# LE GRAND
# Robert & Collins

ANGLAIS - FRANÇAIS

Nouvelle édition 2008

© Copyright 1995, 2000, 2008 HarperCollins Publishers and Dictionnaires Le Robert
first edition / première édition 1995
second edition / seconde édition 2000

HarperCollins Publishers
Westerhill Road, Bishopbriggs, Glasgow G64 2QT, Great Britain

ISBN-13 978-0-00-725443-9

www.collinslanguage.com

Collins ® is a registered trademark of HarperCollins Publishers Limited
All rights reserved. Printed in France. No part of this book may be used or reproduced in any manner whatsoever without written permission except in the case of brief quotations embodied in critical articles and reviews. For information address HarperCollins Publishers, Westerhill Road, Bishopbriggs, Glasgow G64 2QT, Great Britain.

A catalogue record for this book is available from the British Library.

When you buy a Collins dictionary or thesaurus and register on www.collinslanguage.com for the free online and digital services, you will not be charged by HarperCollins for access to Collins free Online Dictionary content or Collins free Online Thesaurus content on that website. However, your operator's charges for using the internet on your computer will apply. Costs vary from operator to operator. HarperCollins is not responsible for any charges levied by online service providers for accessing Collins free Online Dictionary or Collins free Online Thesaurus on www.collinslanguage.com using these services.

HarperCollins does not warrant that the functions contained in www.collinslanguage.com content will be uninterrupted or error free, that defects will be corrected, or that www.collinslanguage.com or the server that makes it available are free of viruses or bugs. HarperCollins is not responsible for any access difficulties that may be experienced due to problems with network, web, online or mobile phone connections.

Dictionnaires Le Robert
25, avenue Pierre de Coubertin
75013 Paris - France

ISBN 978-2-84902-412-6
tome 1 : 978-2-84902-410-2
tome 2 : 978-2-84902-411-9

« Toute représentation ou reproduction, intégrale ou partielle, faite sans le consentement de l'auteur ou de ses ayants droit ou ayants cause, est illicite » (loi du 11 mars 1957, alinéa premier de l'article 40). Cette représentation ou reproduction, par quelque procédé que ce soit, constituerait une contrefaçon sanctionnée par les articles 425 et suivants du Code pénal. La loi du 11 mars 1957 n'autorise, aux termes des alinéas 2 et 3 de l'article 41, que les copies ou reproductions strictement réservées à l'usage privé du copiste et non destinées à une utilisation collective, d'une part, et, d'autre part, que les analyses et les courtes citations dans un but d'exemple et d'illustration.

Tous droits réservés / All rights reserved
Photocomposition / Typesetting MCP Jouve, Saran, France
Imprimé en France par Jouve / Printed in France by Jouve

# LE GRAND
# Robert
# & Collins

DICTIONNAIRE
FRANÇAIS-ANGLAIS/ANGLAIS-FRANÇAIS

\*\*

ANGLAIS- FRANÇAIS

# TROISIÈME ÉDITION/THIRD EDITION

*Direction éditoriale/Publishing Director*
MARIANNE DURAND - CATHERINE LOVE

*Responsable éditorial/Editorial Director*
MARTYN BACK

*Rédaction de la mise à jour/Revision editors*
MARTYN BACK - GAËLLE AMIOT-CADEY
et/and
SILKE ZIMMERMANN

*Conception technique et maquette/Design and layout*
MAUD DUBOURG

*Dictionnaire de synonymes français sous la responsabilité de/Chief editor of French thesaurus*
DOMINIQUE LE FUR

*Lecture-correction/Proofreaders*
ANNE-MARIE LENTAIGNE/ANNICK VALADE

*Informatique éditoriale/Data management*
SEBASTIEN PETTOELLO

*Cartes/Maps*
JEAN-PIERRE CRIVELLARI

| TEXTE | TEXT |
|---|---|
| établi à partir de la dernière édition du | based on the latest edition of the |
| **ROBERT & COLLINS SENIOR** | **COLLINS-ROBERT FRENCH DICTIONARY** |

Un dictionnaire Le Robert & Collins
A Collins-Robert dictionary
Première édition/First edition
par/by
BERYL T. ATKINS
ALAIN DUVAL - ROSEMARY C. MILNE
et/and
PIERRE-HENRI COUSIN
HÉLÈNE M.A. LEWIS - LORNA A. SINCLAIR
RENÉE O. BIRKS - MARIE-NOËLLE LAMY

## DEUXIÈME ÉDITION/SECOND EDITION

*Direction éditoriale/Publishing Director*
société Dictionnaires Le Robert/HarperCollins
PIERRE VARROD - LORNA SINCLAIR KNIGHT

*Responsable éditorial/Editorial Director*
MARTYN BACK - MICHELA CLARI

*Chef de projet/Project management*
DOMINIQUE LE FUR

*Rédaction/Editors*
MARTYN BACK - DOMINIQUE LE FUR
CATHERINE LOVE, SABINE CITRON, JANET GOUGH

et/and
*(Dictionnaire de synonymes Français/French Thesaurus)*
Henri Bertaud du Chazaud
d'après le DICTIONNAIRE DE SYNONYMES ET CONTRAIRES
© Dictionnaires Le Robert 1992

*Secrétariat d'édition et correction/Editorial staff*
MARIANNE EBERSBERG
Françoise Maréchal, Brigitte Orcel, Chantal Rieu-Labourdette
Anne-Marie Lentaigne, Michel Heron, Nadine Noël-Lefort, Murielle Zarka-Richard

*Informatique éditoriale/Data management*
KAMAL LOUDIYI

*Cartes/Maps*
Société CART Paris

*Conception technique
et maquette/Design*
GONZAGUE RAYNAUD

## PREMIÈRE ÉDITION/FIRST EDITION

*Direction rédactionnelle/Project management*
ALAIN DUVAL - VIVIAN MARR

*Coordination rédactionnelle/Editorial coordination*
DOMINIQUE LE FUR - SABINE CITRON

*Principaux collaborateurs/Main contributors*
KATHLEEN MICHAM - DIANA FERI
KEITH FOLEY - EDWIN CARPENTER - FRANÇOISE MORCELLET

*Autres collaborateurs/Other contributors*
Janet Gough - Mark Tuddenham - Hélène Bernaert - Chantal Testa
Jean-Benoît Ormal-Grenon - Cécile Aubinière-Robb
Harry Campbell - Christèle Éon - Phyllis Gautier

et/and
(Dictionnaire de synonymes Français/French Thesaurus)
Henri Bertrand du Chazaud
d'après le DICTIONNAIRE DE SYNONYMES ET CONTRAIRES
© Dictionnaires Le Robert 1992

*Administration, secrétariat/Editorial staff*
Gail Norfolk - Silke Zimmermann - Sylvie Fontaine

*Correction/Proofreading*
Élisabeth Huault
Patricia Abbou - Elspeth Anderson - Pierre Bancel
Isobel Gordon - Michel Heron - Anne-Marie Lentaigne
Thierry Loisel - Françoise Maréchal - Brigitte Orcel
Chantal Rieu-Labourdette

*Informatique éditoriale/Computing and keyboarding*
Kamal Loudiyi
Monique Hébrard - Catherine Valat
Chantal Combes - Sylvette Robson - Lydia Vigné

*Coordination*
Dominique Lopin

*Cartes/Maps*
société CART Paris

*Couverture*
Caumon

*Conception technique et maquette/Design*
Gonzague Raynaud

# CONTENTS / SOMMAIRE

| | | |
|---:|:---:|:---|
| Introduction | VIII-IX | Introduction |
| Using the Dictionary | X-XXVII | Guide d'utilisation |
| Abbreviations | XXVIII-XXIX | Abréviations |
| Pronunciation | XXX-XXXII | Prononciation |
| ENGLISH-FRENCH DICTIONARY | 1-1138 | DICTIONNAIRE ANGLAIS-FRANÇAIS |
| ENGLISH THESAURUS | 1141-1378 | SYNONYMES ANGLAIS |
| Language in use: a grammar of communication in French and English | 1379-1410 | Grammaire active de l'anglais et du français |
| APPENDICES | | ANNEXES |
| The English verb | 1412 | Le verbe anglais |
| Numbers, time and dates | 1418 | Nombres, heures et dates |
| Weights, measures and temperatures | 1424 | Poids, mesures et températures |

*Note on trademarks* ®

Entered words which we have reason to believe constitute trademarks have been designated as such. However, neither the presence nor the absence of such designation should be regarded as affecting the legal status of any trademark.

*Les marques déposées* ®

Les termes qui constituent à notre connaissance une marque déposée ont été désignés comme tels. La présence ou l'absence de cette désignation ne peut toutefois être considérée comme ayant valeur juridique.

# INTRODUCTION

This third edition of the COLLINS-ROBERT COMPREHENSIVE FRENCH DICTIONARY continues a thirty-year tradition of excellence in bilingual lexicography, documenting the very latest additions to the English and French languages, and offering reliable, up-to-date translations with an unmistakable ring of authenticity.

With over half a million references and many useful extra features, this dictionary gives a fascinating overview of modern French and english, providing an invaluable reference tool for translators, teachers and advanced students alike.

Like all the reference works in the Collins-Robert range, this dictionary makes extensive use of lexical and statistical data gleaned from our electronic **corpora**. These vast analytical databases contain a huge variety of authentic texts in English and French, and our lexicographers are able to consult them as they compile and edit entries. Our corpora are not only useful for identifying new words, meanings and turns of phrase, but also for ensuring that example sentences and translations properly represent natural usage.

Among this dictionary's extra features, you will find helpful **translation tips** that advise on common pitfalls and false friends, as well as **encyclopaedic notes** explaining the meaning and connotations of words that cannot be translated because they refer to aspects of culture. The **Language in Use** supplement, a practical guide to self-expression in a wide variety of contexts, is linked to the dictionary itself by a system of cross-references, while full-colour bilingual **maps** illustrate and complement the geographical names listed in the dictionary.

This dictionary is unique in its inclusion of two extensive **thesauri**, once again cross-referenced from the main dictionary text. Translators will find this feature of particular interest, as it provides them with a ready source of inspiration as they look for the most apposite synonyms and nuances of a given translation.

Last but by no means least, entry layout and typography have been redesigned for this edition, improving clarity and making the dictionary easier on the eye than ever before.

We hope you enjoy using this dictionary as much as we have enjoyed compiling, augmenting, and refining it over the years.

The editors

# INTRODUCTION

C'est une tradition de trente années d'excellence en lexicographie bilingue qui se perpétue avec cette troisième édition du *Grand Robert & Collins*. Comme les éditions précédentes, elle rend compte des dernières évolutions du français et de l'anglais, tout en proposant des traductions fiables, modernes et résolument authentiques.

Avec plus d'un demi-million de références et de nombreuses aides destinées à guider le lecteur, ce dictionnaire offre une formidable vue d'ensemble sur les usages du français et de l'anglais contemporains. Il fournit aux traducteurs, aux enseignants et aux étudiants avancés un outil de référence particulièrement performant.

Comme tous les ouvrages de la gamme Robert & Collins, ce dictionnaire s'appuie largement sur les informations lexicales issues de nos **corpus** électroniques. Ces vastes bases de données analytiques réunissent un large éventail de textes littéraires et journalistiques dans les deux langues. Consultés par nos lexicographes lors de la rédaction des articles, les corpus servent non seulement à identifier de nouveaux mots, sens ou tournures mais aussi à garantir que les exemples et les traductions reflètent parfaitement l'usage réel.

Parmi les points forts de ce dictionnaire, vous trouverez des **conseils de traduction** portant sur les pièges les plus courants et les faux amis. Des **notes encyclopédiques** explicitent le sens et les connotations de mots à fort contenu culturel. Le supplément **Grammaire active**, guide pratique d'expression abordant une grande variété de situations, est lié au dictionnaire proprement dit par un système de renvois. Les entrées géographiques du dictionnaire sont, quant à elles, complétées par un **atlas bilingue** en couleurs.

Unique en son genre, cet ouvrage s'enrichit de deux **dictionnaires de synonymes** très complets, accessibles eux aussi à partir du texte principal grâce à des renvois. Le traducteur qui cherche les synonymes et les nuances les plus justes pour une traduction donnée trouvera ainsi à sa disposition une source d'inspiration d'une grande richesse.

Enfin la présentation des articles et la typographie ont été entièrement repensées pour cette édition, ce qui augmente considérablement la clarté et la lisibilité de l'ensemble.

Nous avons eu beaucoup de plaisir à élaborer ce grand dictionnaire au fil des ans ; notre souhait le plus cher est que vous puissiez partager ce plaisir en l'utilisant.

Les rédacteurs

# USING THE DICTIONARY

## WORD ORDER

**kabbalistique** /kabalistik/ ADJ ⇒ **cabalistique**
**caldron** /'kɔːldrən/ N ⇒ **cauldron**

Alphabetical order is followed throughout. If two variant spellings are not alphabetically adjacent, each is treated as a separate headword; where the information is not duplicated, there is a cross-reference to the form treated in depth. For the alphabetical order of compounds in French, see **COMPOUNDS**.

**honor** /'ɒnəʳ/ (US) ⇒ **honour**
**honour** (Brit), **honor** (US) /'ɒnəʳ/ SYN

American variations in spelling are treated in the same fashion.

**ICAO** /ˌaɪsiːeɪˈəʊ/ N (abbrev of **International Civil Aviation Organization**) OACI f
**Icarus** /'ɪkərəs/ N Icare m
**ICBM** /ˌaɪsiːbiːˈem/ N (abbrev of **intercontinental ballistic missile**) ICBM m

Proper names, as well as abbreviations and acronyms, will be found in their alphabetical place in the word list.

**raie¹** /ʀɛ/ SYN NF [1] (= trait) line; (Agr = sillon) furrow; (= éraflure) mark, scratch ♦ **faire une**
**raie²** /ʀɛ/ SYN NF (= poisson) skate, ray; (Culin) skate ♦ **raie bouclée** thornback ray ♦ **raie manta** manta ray ♦ **raie électrique** electric
**blow¹** /bləʊ/ SYN (vb: pret **blew**, ptp **blown**)
  N [1] ♦ **to give a blow** (through mouth) souffler ; (through nose) se moucher
**blow²** /bləʊ/ SYN
  N [1] (lit) (= impact) coup m ; (with fist) coup m de poing ♦ **to come to blows** en venir aux mains ♦ **at one blow** du premier coup ♦ **to cushion** or

Superior numbers are used to separate words of like spelling: **raie¹**, **raie²**; **blow¹**, **blow²**.

## COMPOUNDS

**body** /'bɒdɪ/ SYN
  **body search** N fouille f corporelle ♦ **to carry out a body search on sb** fouiller qn ♦ **to submit to** or **undergo a body search** se faire fouiller
  **body shop** N (for cars) atelier m de carrosserie
  **body snatcher** N (Hist) déterreur m, -euse f de cadavres
  **body stocking** N combinaison f de danse
  **body-surf** VI faire du body(-surf)
  **body-surfing** N (NonC) body(-surf) m
  **body swerve** N (Sport) écart m ♦ **to give sb/sth a body swerve** * (fig) éviter qn/qch ♦ **thanks, I think I'll give that a body swerve** non merci, je préfère éviter
  **body warmer** N gilet m matelassé

Entries may include sections headed **COMP** (compounds). In these will be found English hyphenated words, such as **body-surf** (under **body**), and **point-to-point** (under **point**), and unhyphenated combinations of two or more elements, such as **hazardous waste** (under **hazardous**), **air traffic control** (under **air**).

The order of compounds is alphabetical. Parts of speech are shown, and when there is more than one, this is signalled by a lozenge.

Single words such as **blackbird** and **partygoer**, which are made up of two elements, but are not hyphenated, appear as headwords in the main alphabetical list.

English spelling is variable in this area, and there are possible alternatives: **backhander/back-hander**, **paintbrush/paint brush/paint-brush** etc. If the single word form is the most common, this will be treated as a headword; **paintbrush** therefore does not appear in the entry **paint**. When looking for a word of this type, users should bear in mind that it may be found either in a compound section, or as a headword.

**casque** /kask/
  **COMP Casque bleu** blue helmet ou beret ♦ **les Casques bleus** the UN peacekeeping force, the blue helmets ou berets
  **casque de chantier** hard hat
  **casque colonial** pith helmet, topee
  **casque intégral** full-face helmet
  **casque à pointe** spiked helmet
  **casque de visualisation** helmet-mounted display

On the French side, only unhyphenated combinations, such as **gaz naturel** and **modèle déposé**, appear in compound sections. Alphabetical order is not affected by linking prepositions, thus **Casque bleu** precedes **casque à pointe**. The part of speech is given where it could be ambiguous or where there is more than one. Hyphenated words, such as **arrière-pensée** and **lave-glace**, are treated as headwords. If a word can appear both with or without a hyphen, both spellings are given.

# GUIDE D'UTILISATION

## ORDRE DES MOTS

Le principe général est l'ordre alphabétique. Les variantes orthographiques qui ne se suivent pas immédiatement dans l'ordre alphabétique figurent à leur place dans la nomenclature avec un renvoi à la forme qui est traitée. Pour l'ordre d'apparition des composés, voir ci-dessous **LES COMPOSÉS**.

**kabbalistique** /kabalistik/ **ADJ** ⇒ cabalistique
**caldron** /'kɔːldrən/ **N** ⇒ cauldron

Les variantes orthographiques américaines sont traitées de la même manière.

**honor** /'ɒnər/ (US) ⇒ honour
**honour** (Brit), **honor** (US) /'ɒnər/ SYN

Les noms propres, ainsi que les sigles et acronymes, figurent à leur place dans l'ordre alphabétique général.

**ICAO** /ˌaɪsiːeɪ'əʊ/ **N** (abbrev of International Civil Aviation Organization) OACI f
**Icarus** /'ɪkərəs/ **N** Icare m
**ICBM** /ˌaɪsiːbiː'em/ **N** (abbrev of intercontinental ballistic missile) ICBM m

Les homographes sont suivis d'un chiffre qui permet de les distinguer.

**raie¹** /Rɛ/ SYN **NF** ⟦1⟧ (= trait) line; (Agr = sillon) furrow; (= éraflure) mark, scratch ♦ **faire une**
**raie²** /Rɛ/ SYN **NF** (= poisson) skate, ray; (Culin) skate ♦ **raie bouclée** thornback ray ♦ **raie manta** manta ray ♦ **raie électrique** electric ray
**blow¹** /bləʊ/ SYN (vb: pret blew, ptp blown)
⟦N⟧ ⟦1⟧ ♦ **to give a blow** (through mouth) souffler ; (through nose) se moucher
**blow²** /bləʊ/ SYN
⟦N⟧ ⟦1⟧ (lit) (= impact) coup m ; (with fist) coup m de poing ♦ **to come to blows** en venir aux mains ♦ **at one blow** du premier coup ♦ **to cushion** or

## LES COMPOSÉS

Certains articles comportent une section ⟦COMP⟧ (composés). En anglais, y figurent des groupes de mots avec trait d'union tels que **body-surf** (sous **body**) et **point-to-point** (sous **point**) ainsi que des groupes de mots sans trait d'union tels que **hazardous waste** (sous **hazardous**) et **air traffic control** (sous **air**).

**body** /'bɒdɪ/ SYN
**body search N** fouille f corporelle ♦ **to carry out a body search on sb** fouiller qn ♦ **to submit to** or **undergo a body search** se faire fouiller
**body shop** N (for cars) atelier m de carrosserie
**body snatcher** N (Hist) déterreur m, -euse f de cadavres
**body stocking** N combinaison f de danse
**body-surf** VI faire du body(-surf)
**body-surfing** N (NonC) body(-surf) m
**body swerve** N (Sport) écart m ♦ **to give sb/sth a body swerve** * (fig) éviter qn/qch ♦ **thanks, I think I'll give that a body swerve** non merci, je préfère éviter
**body warmer** N gilet m matelassé

Chaque composé est donné dans l'ordre alphabétique. Les catégories grammaticales sont mentionnées et, lorsqu'il y en a plusieurs, sont séparées par un losange.

Les mots soudés tels que **blackbird** et **partygoer** apparaissent comme des entrées normales à leur place dans l'ordre alphabétique.

L'orthographe anglaise est assez variable dans ce domaine et il existe souvent plusieurs variantes : **backhander/back-hander, paintbrush/paint brush/paint-brush**, etc. Si la forme en un seul mot est la plus fréquente, le composé est présenté comme entrée à part entière. Ainsi **paintbrush** n'apparaît pas sous **paint**. Lors de sa recherche, l'utilisateur doit donc garder à l'esprit qu'un mot de ce type peut se trouver soit dans un groupe de composés, soit dans l'ordre alphabétique général.

En français, les composés sans trait d'union comme **gaz naturel** ou **modèle déposé** apparaissent sous le premier mot, dans la catégorie ⟦COMP⟧. La présence de prépositions n'influe pas sur l'ordre alphabétique : ainsi, **Casque bleu** précède **casque à pointe**. Les catégories grammaticales sont indiquées lorsqu'il y a un risque d'erreur ou que le composé traité appartient à plusieurs catégories grammaticales. Les composés à trait d'union comme **arrière-pensée** ou **lave-glace** sont traités comme des entrées à part entière et donnés à leur place dans l'ordre alphabétique général. Lorsque les deux orthographes, avec et sans trait d'union, sont possibles, elles sont toutes deux signalées à l'utilisateur.

**casque** /kask/
⟦COMP⟧ **Casque bleu** blue helmet ou beret ♦ **les Casques bleus** the UN peacekeeping force, the blue helmets ou berets
**casque de chantier** hard hat
**casque colonial** pith helmet, topee
**casque intégral** full-face helmet
**casque à pointe** spiked helmet
**casque de visualisation** helmet-mounted display

## PLURALS

Irregular plural forms of English words are given in the English-French side, those of French words and compounds in the French-English side.

**cheval** (pl **-aux**) /ʃ(ə)val, o/ SYN
　NM ① (= *animal*) horse; (= *viande*) horsemeat
**abat-son** (pl **abat-sons**) /abasɔ̃/ NM louvre (*Brit*) *ou* louver (*US*) (boards)

In French, all plurals which do not consist of *headword + s* are shown, eg: **cheval, -aux**.

Regular plurals are not shown in English.
– Most English nouns take *-s* in the plural: **bed-s, site-s**.
– Nouns that end in *-s, -x, -z, -sh* and some in *-ch* [tʃ] take *-es* in the plural: **boss-es, box-es, dish-es, patch-es**.
– Nouns that end in *-y* not preceded by a vowel change the *-y* to *-ies* in the plural: **lady-ladies, berry-berries** (but **tray-s, key-s**).

**ail** (pl **ails** *ou* **aulx**) /aj, o/ NM garlic; → **gousse, saucisson, tête**
**aulx** /o/ NMPL → **ail**
**child** /tʃaɪld/ SYN (pl **children** /'tʃɪldrən/)
　N ① enfant *mf* ◆ **when still a child, he...** tout
**children** /'tʃɪldrən/ NPL of **child**) → **home**

Plural forms of the headword which differ substantially from the singular form are listed in their alphabetical place in the word list with a cross-reference, and repeated under the singular form.

**chic** /ʃik/ SYN
　ADJ INV ① (= *élégant*) [*chapeau, toilette, personne*] stylish, smart ◆ **chic et choc** smart and stylish

French invariable plurals are marked INV on the English-French side for ease of reference.

## GENDERS

**belle** /bɛl/ ADJ, NF → **beau**

Feminine forms in French which are separated alphabetically from the masculine form in the word list are shown as separate headwords with a cross-reference to the masculine form.

**blanchisseur** /blɑ̃ʃisœʀ/ SYN NM (*lit*) launderer; [*d'argent sale*] money launderer
**blanchisseuse** /blɑ̃ʃisøz/ NF laundress
**baladeur, -euse** /baladœʀ, øz/
　ADJ wandering, roving ◆ **avoir la main baladeuse** *ou* **les mains baladeuses** to have wandering *ou* groping* hands ◆ **un micro baladeur circulait dans le public** a microphone circulated round the audience
　NM (= *magnétophone*) Walkman ®, personal stereo
　NF **baladeuse** (= *lampe*) inspection lamp

A feminine headword requiring a different translation from its masculine form is given either a separate entry or a separate category in the case of complex entries.

In the English-French side the feminine forms of French adjectives are given only where these are not regular. The following are considered regular adjective inflections:
　　-, e; -ef, -ève; -eil, -eille; -er, -ère; -et, -ette; -eur, -euse; -eux, -euse; -ien, -ienne; -ier, -ière; -if, -ive; -il, -ille; -on, -onne; -ot, -otte

**gardener** /'gɑːdnəʳ/ N jardinier *m*, -ière *f*

When the translation of an English noun could be either masculine or feminine, according to sex, the feminine form of the French noun translation is always given.

## PLURIEL

Les formes plurielles qui présentent des difficultés sont données dans la langue de départ.

En français, les pluriels autres que ceux qui se forment par le simple ajout du -s sont indiqués ; celui des composés avec trait d'union est également donné.

**cheval** (pl **-aux**) /ʃ(ə)val, o/ SYN
   NM 1 (= *animal*) horse; (= *viande*) horsemeat
**abat-son** (pl **abat-sons**) /abasɔ̃/ NM louvre (*Brit*) *ou* louver (*US*) (boards)

En anglais, les pluriels formés régulièrement ne sont pas donnés.
– La plupart des noms prennent -s au pluriel : **bed-s, site-s**.
– Les noms se terminant par -s, -x, -z, -sh et -ch [tʃ] prennent -es au pluriel : **boss-es, box-es, dish-es, patch-es**.
– Les noms se terminant par -y non précédé d'une voyelle changent au pluriel le -y en -ies : **lady-ladies, berry-berries** (mais **tray-s, key-s**).

Quand le pluriel d'un mot est très différent du singulier, il figure à sa place dans la nomenclature générale avec un renvoi ; il est répété sous le singulier.

**ail** (pl **ails** *ou* **aulx**) /aj, o/ NM garlic; → **gousse, saucisson, tête**
**aulx** /o/ NMPL → **ail**
**child** /tʃaɪld/ SYN (pl **children** /'tʃɪldrən/)
   N 1 enfant *mf* • **when still a child, he...** tout
**children** /'tʃɪldrən/ NPL of **child** → **home**

Dans la partie anglais-français, les mots français invariables au pluriel sont suivis de l'indication INV.

**chic** /ʃik/ SYN
   ADJ INV 1 (= *élégant*) [*chapeau, toilette, personne*] stylish, smart • **chic et choc** smart and stylish

## GENRE

Les formes féminines des mots français qui ne suivent pas directement le masculin dans l'ordre alphabétique sont données à leur place normale dans la nomenclature, avec un renvoi au masculin ; elles sont répétées sous celui-ci.

**belle** /bɛl/ ADJ, NF → **beau**

Un mot féminin exigeant une traduction différente du masculin fait l'objet soit d'un article séparé soit d'une catégorie bien individualisée dans le cas d'articles complexes.

**blanchisseur** /blɑ̃ʃisœʀ/ SYN NM (*lit*) launderer; [*d'argent sale*] money launderer
**blanchisseuse** /blɑ̃ʃisøz/ NF laundress
**baladeur, -euse** /baladœʀ, øz/
   ADJ wandering, roving • **avoir la main baladeuse** *ou* **les mains baladeuses** to have wandering *ou* groping * hands • **un micro baladeur circulait dans le public** a microphone circulated round the audience
   NM (= *magnétophone*) Walkman ®, personal stereo
   NF **baladeuse** (= *lampe*) inspection lamp

Dans la partie anglais-français, le féminin des adjectifs français se construisant régulièrement n'est pas indiqué. Sont considérées comme régulières les formes suivantes :
   -, e ; -ef, -ève ; -eil, -eille ; -er, -ère ; -et, -ette ; -eur, -euse ; -eux, -euse ; -ien, -ienne ; -ier, -ière ; -if, -ive ; -il, -ille ; -on, -onne ; -ot, -otte.

Quand un nom anglais peut recevoir une traduction au masculin ou au féminin, selon le sexe, la forme du féminin est toujours mentionnée.

**gardener** /'gɑːdnəʳ/ N jardinier *m*, -ière *f*

# USING THE DICTIONARY

## SET PHRASES AND IDIOMS

**break** /breɪk/ <u>SYN</u> (vb: pret **broke**, ptp **broken**)
œuvre de pionnier ◆ **to break one's back** (*lit*) se casser la colonne vertébrale ◆ **he almost broke his back trying to lift the stone** il s'est donné un tour de reins en essayant de soulever la pierre ◆ **he's breaking his back to get the job finished in time** il s'échine à finir le travail à temps ◆ **to break the back of a task** (*Brit*) faire le plus dur *or* le plus gros d'une tâche ◆ **to break sb's heart** briser le cœur de qn ◆ **to break one's heart over sth** avoir le cœur brisé par qch ◆ **it breaks my heart to think that…** cela me brise le cœur de penser que… ; → **ball¹, barrier, bone, bread, code, ice, path¹, record, surface, wind¹**

Set phrases and idiomatic expressions are also placed under the first element or the first word in the phrase which remains constant despite minor variations in the phrase itself.

**To break somebody's heart** and **to break the back of a task** are both included under **break**. **To lend somebody a hand** is however under **hand** because it is equally possible to say **to give somebody a hand**.

Where this "first element" principle has been abandoned a cross-reference alerts the user.

At **break**, cross-references to **ice, record** etc indicate that **to break the ice** and **to break a record** are treated at these entries.

**appointment** /əˈpɔɪntmənt/ <u>SYN</u>
**N** ⓵ (= *arrangement to meet*) rendez-vous *m* ; (= *meeting*) entrevue *f* ◆ **to make an appointment with sb** donner rendez-vous à qn, prendre rendez-vous avec qn ◆ **to make an appointment** [*two people*] se donner rendez-vous ◆ **to keep an appointment** aller *or* se rendre à un rendez-vous ◆ **I have an appointment at 10 o'clock** j'ai (un) rendez-vous à 10 heures ◆ **do**

**fête** /fɛt/ GRAMMAIRE ACTIVE 23.2 <u>SYN</u>
⑦ (*locutions*) ◆ **hier il était à la fête** he had a field day yesterday, it was his day yesterday ◆ **je n'étais pas à la fête** it was no picnic (for me)\*, I was feeling pretty uncomfortable ◆ **il n'avait jamais été à pareille fête** he was having the time of his life ◆ **être de la fête** to be one of the party ◆ **ça va être ta fête**‡ you've got it coming to you\*, you're going to get it in the neck‡ ◆ **faire sa fête à qn**‡ to bash sb up‡ ◆ **faire la fête**\* to live it up\*, to have a wild time ◆ **faire fête à qn** to give sb a warm welcome *ou* reception ◆ **le chien fit fête à son maître** the dog made a fuss of its master ◆ **elle se faisait une fête d'y aller/de cette rencontre** she was really looking forward to going/to this meeting ◆ **ce n'est pas tous les jours fête** it's not everyday that we have an excuse to celebrate

Certain very common French and English verbs, such as **faire** and **make**, form the basis of a very large number of phrases:

> **faire honneur à, faire du ski, faire la fête** etc.
> **to make sense of something, to make an appointment, to make a mistake** etc.

We have considered such verbs to have a diminished meaning and in such cases the set phrases will be found under the second element, eg: **faire la fête** under **fête**, **to make sense of something** under **sense**.

The following is a list of verbs which we consider to have a diminished meaning:

French: **avoir, être, faire, donner, mettre, passer, porter, prendre, remettre, reprendre, tenir, tirer**
English: **be, become, come, do, get, give, go, have, lay, make, put, set, take.**

## LES LOCUTIONS ET EXEMPLES

Les formules figées et les expressions idiomatiques figurent sous le premier terme qui reste inchangé, quelles que soient les modifications que l'on apporte à l'expression en question.
**Chercher une aiguille dans une botte** ou **meule de foin, chercher midi à quatorze heures** sont traités sous **chercher**.
Lorsque ce principe a été abandonné, un renvoi prévient l'utilisateur.

**chercher** /ʃɛʀʃe/ SYN ▸ conjug 1 ◂
[6] (*locutions*) ◆ **chercher midi à quatorze heures** to complicate the issue ◆ **chercher la petite bête** to split hairs ◆ **chercher une aiguille dans une botte** *ou* **meule de foin** to look for a needle in a haystack ◆ **chercher des poux dans la tête de qn** ＊ to try to make trouble for sb ◆ **chercher querelle à qn** to try to pick a quarrel with sb ◆ **cherchez la femme !** cherchez la femme!;
→ crosse, fortune, histoire, noise, salut

Un certain nombre de verbes français et anglais, tels que **faire** et **make**, servent à former un très grand nombre de locutions verbales :
    **faire honneur à, faire du ski, faire la fête,** etc. ;
    **to make sense of something, to make an appointment, to make a mistake,** etc.
En pareil cas l'expression figurera sous le second élément : **faire la fête** sous **fête, to make sense of something** sous **sense**.
La liste qui suit indique les verbes que nous avons considérés comme "vides" à cet égard :
en français :   avoir, être, faire, donner, mettre, passer, porter, prendre, remettre, reprendre, tenir, tirer ;
en anglais :   be, become, come, do, get, give, go, have, lay, make, put, set, take.

**appointment** /əˈpɔɪntmənt/ SYN
[N] [1] (= *arrangement to meet*) rendez-vous *m* ; (= *meeting*) entrevue *f* ◆ **to make an appointment with sb** donner rendez-vous à qn, prendre rendez-vous avec qn ◆ **to make an appointment** *[two people]* se donner rendez-vous ◆ **to keep an appointment** aller *or* se rendre à un rendez-vous ◆ **I have an appointment at 10 o'clock** j'ai (un) rendez-vous à 10 heures ◆ **do**

**fête** /fɛt/ GRAMMAIRE ACTIVE 23.2 SYN
[7] (*locutions*) ◆ **hier il était à la fête** he had a field day yesterday, it was his day yesterday ◆ **je n'étais pas à la fête** it was no picnic (for me) ＊, I was feeling pretty uncomfortable ◆ **il n'avait jamais été à pareille fête** he was having the time of his life ◆ **être de la fête** to be one of the party ◆ **ça va être ta fête** ＊ you've got it coming to you ＊, you're going to get it in the neck ＊ ◆ **faire sa fête à qn** ＊ to bash sb up ＊ ◆ **faire la fête** ＊ to live it up ＊, to have a wild time ◆ **faire fête à qn** to give sb a warm welcome *ou* reception ◆ **le chien fit fête à son maître** the dog made a fuss of its master ◆ **elle se faisait une fête d'y aller/de cette rencontre** she was really looking forward to going/to this meeting ◆ **ce n'est pas tous les jours fête** it's not everyday that we have an excuse to celebrate

USING THE DICTIONARY

## INDICATING MATERIAL

General indicating material takes the following forms:

### In parentheses ( )

**décent, e** /desɑ̃, ɑ̃t/ SYN **ADJ** (= *bienséant*) decent, proper; (= *discret, digne*) proper; (= *acceptable*) [*logement, salaire*] decent; [*prix*] reasonable, fair ◆ **je**

– Synonyms preceded by =.

**climber** /ˈklaɪməʳ/ **N** (= *person*) grimpeur *m*, -euse *f* ; (= *mountaineer*) alpiniste *mf*, ascensionniste *mf* ; (*fig pej* : also **social climber**) arriviste *mf* (*pej*) ; (= *plant*) plante *f* grimpante ; (also **rock-climber**) varappeur *m*, -euse *f*

**décaper** /dekape/ SYN ▸ conjug 1 ◂ **VT** (*gén*) to clean, to cleanse; (*à l'abrasif*) to scour; (*à l'acide*) to pickle; (*à la brosse*) to scrub; (*au papier de verre*)

– Partial definitions and other information which guide the user.

**employment** /ɪmˈplɔɪmənt/ SYN
**N** (*NonC* = *jobs collectively*) emploi *m* NonC ; (= *a job*) emploi *m*, travail *m* ; (*modest*) place *f* ; (*important*) situation *f*

**accessible** /aksesibl/ SYN **ADJ** [*lieu*] accessible (*à* to); [*personne*] approachable; [*œuvre*] accessible; [*but*] attainable; (*Ordin*) accessible ◆ **parc acces-**

– Syntactical information to allow the non-native speaker to use the word correctly. This is given after the translation.

**ordain** /ɔːˈdeɪn/ SYN **VT** ① [*God, fate*] décréter (*that* que) ; [*law*] décréter (*that* que), prescrire (*that* que + *subj*) ; [*judge*] ordonner (*that* que + *subj*) ◆ **it**

### In square brackets [ ]

**décroître** /dekʀwatʀ/ SYN ▸ conjug 55 ◂ **VI** [*nombre, population, intensité, pouvoir*] to decrease, to diminish, to decline; [*eaux, fièvre*] to subside, to go down; [*popularité*] to decline, to drop; [*vitesse*] to

– Within verb entries, typical noun subjects of the headword.

**fade** /feɪd/ SYN
**VI** ① [*colour*] passer, perdre son éclat ; [*material*] passer, se décolorer ; [*light*] baisser, diminuer ; [*flower*] se faner, se flétrir ◆ **guaranteed not to fade** [*fabric*] garanti bon teint ◆ **the daylight was fast fading** le jour baissait rapidement

**bajoues** /baʒu/ **NFPL** [*d'animal*] cheeks, pouches; [*de personne*] jowls, heavy cheeks

– Within noun entries, typical noun complements of the headword.

**branch** /brɑːntʃ/ SYN
**N** ① [*of tree, candelabra*] branche *f* ; [*of river*] bras *m*, branche *f* ; [*of mountain chain*] ramification *f* ; [*of road*] embranchement *m* ; [*of railway*] bifurca-

**défaire** /defɛʀ/ SYN ▸ conjug 60 ◂
**VT** ① (= *démonter*) [+ *échafaudage*] to take down, to dismantle; [+ *installation électrique*] to dismantle; [+ *sapin de Noël*] to take down
② (= *découdre, dénouer*) [+ *couture, tricot*] to undo, to unpick (Brit); [+ *écheveau*] to undo, to unravel, to unwind; [+ *corde, nœud, ruban*] to undo, to untie; [+ *cheveux, nattes*] to undo

– Typical objects of verbs preceded by +.

**impair** /ɪmˈpɛəʳ/ SYN **VT** [+ *abilities, faculties*] détériorer, diminuer ; [+ *relations*] porter atteinte à ; [+ *negotiations*] entraver ; [+ *health*] abîmer, détériorer ; [+ *sight, hearing*] abîmer, affaiblir ; [+ *mind, strength*] diminuer

**élancé, e** /elɑ̃se/ SYN (ptp de **élancer**) **ADJ** [*clocher, colonne, taille, personne*] slender

– Typical noun complements of adjectives.

**distinct** /dɪsˈtɪŋkt/ SYN **ADJ** ① (= *definite*) [*impression, preference, likeness, advantage, disadvantage*] net *before n* ; [*increase, progress*] sensible, net *before n* ; [*possibility*] réel ◆ **there was a distinct**

**joliment** /ʒɔlimɑ̃/ SYN **ADV** ① (= *élégamment*) [*décoré, habillé*] nicely ◆ **il l'a joliment arrangé !** (*iro*) he sorted him out nicely *ou* good and proper! *

– Typical verb or adjective complements of adverbs.

**briskly** /ˈbrɪsklɪ/ SYN **ADV** [*move*] vivement ; [*walk*] d'un bon pas ; [*speak*] brusquement ; [*act*] sans tarder ◆ **these goods are selling briskly** (*Comm etc*) ces articles se vendent (très) bien

# GUIDE D'UTILISATION

## INDICATIONS D'EMPLOI

Les indications guidant le lecteur prennent les formes suivantes :

### Entre parenthèses ( )

– Les synonymes précédés du signe =.

**décent, e** /desɑ̃, ɑ̃t/ SYN **ADJ** (= *bienséant*) decent, proper; (= *discret, digne*) proper; (= *acceptable*) [*logement, salaire*] decent; [*prix*] reasonable, fair ◆ **je**

**climber** /ˈklaɪməʳ/ **N** (= *person*) grimpeur *m*, -euse *f* ; (= *mountaineer*) alpiniste *mf*, ascensionniste *mf* ; (*fig pej* : *also* **social climber**) arriviste *mf* (*pej*) ; (= *plant*) plante *f* grimpante ; (*also* **rock-climber**) varappeur *m*, -euse *f*

– Les définitions partielles et autres précisions susceptibles de guider l'usager.

**décaper** /dekape/ SYN ▶ conjug 1 ◀ **VT** (*gén*) to clean, to cleanse; (*à l'abrasif*) to scour; (*à l'acide*) to pickle; (*à la brosse*) to scrub; (*au papier de verre*)

**employment** /ɪmˈplɔɪmənt/ SYN
**N** (*NonC* = *jobs collectively*) emploi *m* NonC ; (= *a job*) emploi *m*, travail *m* ; (*modest*) place *f* ; (*important*) situation *f*

– Les indications d'ordre grammatical permettant au lecteur étranger d'utiliser le mot correctement. Elles sont données après la traduction.

**accessible** /aksesibl/ SYN **ADJ** [*lieu*] accessible (*à to*); [*personne*] approachable; [*œuvre*] accessible; [*but*] attainable; (*Ordin*) accessible ◆ **parc acces-**

**ordain** /ɔːˈdeɪn/ SYN **VT** [1] [*God, fate*] décréter (*that que*) ; [*law*] décréter (*that que*), prescrire (*that que* + *subj*) ; [*judge*] ordonner (*that que* + *subj*) ◆ **it**

### Entre crochets [ ]

– Les noms sujets précisant le sens d'une entrée verbe.

**décroître** /dekʁwatʁ/ SYN ▶ conjug 55 ◀ **VI** [*nombre, population, intensité, pouvoir*] to decrease, to diminish, to decline; [*eaux, fièvre*] to subside, to go down; [*popularité*] to decline, to drop; [*vitesse*] to

**fade** /feɪd/ SYN
**VI** [1] [*colour*] passer, perdre son éclat ; [*material*] passer, se décolorer ; [*light*] baisser, diminuer ; [*flower*] se faner, se flétrir ◆ **guaranteed not to fade** [*fabric*] garanti bon teint ◆ **the daylight was fast fading** le jour baissait rapidement

– Les noms compléments d'une entrée nom.

**bajoues** /baʒu/ **NFPL** [*d'animal*] cheeks, pouches; [*de personne*] jowls, heavy cheeks

**branch** /brɑːntʃ/ SYN
**N** [1] [*of tree, candelabra*] branche *f* ; [*of river*] bras *m*, branche *f* ; [*of mountain chain*] ramification *f* ; [*of road*] embranchement *m* ; [*of railway*] bifurca-

– Les compléments d'objet d'une entrée verbe précédés du signe +.

**défaire** /defɛʁ/ SYN ▶ conjug 60 ◀
**VT** [1] (= *démonter*) [+ *échafaudage*] to take down, to dismantle; [+ *installation électrique*] to dismantle; [+ *sapin de Noël*] to take down
[2] (= *découdre, dénouer*) [+ *couture, tricot*] to undo, to unpick (Brit); [+ *écheveau*] to undo, to unravel, to unwind; [+ *corde, nœud, ruban*] to undo, to untie; [+ *cheveux, nattes*] to undo

**impair** /ɪmˈpɛəʳ/ SYN **VT** [+ *abilities, faculties*] détériorer, diminuer ; [+ *relations*] porter atteinte à ; [+ *negotiations*] entraver ; [+ *health*] abîmer, détériorer ; [+ *sight, hearing*] abîmer, affaiblir ; [+ *mind, strength*] diminuer

– Les noms que peut qualifier une entrée adjectif.

**élancé, e** /elɑ̃se/ SYN (ptp de **élancer**) **ADJ** [*clocher, colonne, taille, personne*] slender

**distinct** /dɪsˈtɪŋkt/ SYN **ADJ** [1] (= *definite*) [*impression, preference, likeness, advantage, disadvantage*] net *before n* ; [*increase, progress*] sensible, net *before n* ; [*possibility*] réel ◆ **there was a distinct**

– Les verbes ou adjectifs modifiés par une entrée adverbe.

**joliment** /ʒɔlimɑ̃/ SYN **ADV** [1] (= *élégamment*) [*décoré, habillé*] nicely ◆ **il l'a joliment arrangé !** (*iro*) he sorted him out nicely *ou* good and proper! *

**briskly** /ˈbrɪsklɪ/ SYN **ADV** [*move*] vivement ; [*walk*] d'un bon pas ; [*speak*] brusquement ; [*act*] sans tarder ◆ **these goods are selling briskly** (*Comm etc*) ces articles se vendent (très) bien

**aboiement** /abwamɑ̃/ **NM** [1] [de chien] bark ◆ **aboiements** barking (NonC)
**clignement** /kliɲ(ə)mɑ̃/ **NM** blinking (NonC)
**aerodynamics** /ˌɛərəʊdaɪˈnæmɪks/ **N** (NonC) aérodynamique f
**implement** /ˈɪmplɪmənt/ SYN
[N] outil m, instrument m ◆ **implements** équipement m (NonC), matériel m (NonC); (for garden-

NonC stands for "uncountable" and serves to mark nouns which are not normally used in the plural or with the indefinite article or with numerals. NonC occurs only as a warning device in cases where a non-native speaker might otherwise use the word wrongly. There has been no attempt to give an exhaustive account of "uncountability" in English. NonC has also been used as an indicator to distinguish meanings in the source language.

**tympan** /tɛ̃pɑ̃/ **NM** [1] (Anat) eardrum, tympanum (SPÉC)

SPÉC stands for "technical term".

This indicates that the common English word is "eardrum" and that "tympanum" is restricted to the vocabulary of specialists.

**bêtise** /betiz/ SYN **NF**
[4] (= bonbon) ◆ **bêtise de Cambrai** ≃ mint humbug (Brit), ≃ piece of hard mint candy (US)

**AEA** /ˌeɪiːˈeɪ/ **N** (Brit) (abbrev of **Atomic Energy Authority**) ≃ CEA m

≃ is used when the source language headword or phrase has no equivalent in the target language and is therefore untranslatable. In such cases the nearest cultural equivalent is given.

**achards** /aʃaʀ/ **NMPL** *spicy relish made with finely chopped fruit and vegetables*
**Yorkshire** /ˈjɔːkʃəʳ/
[N] Yorkshire m ◆ **in Yorkshire** dans le Yorkshire
[COMP] **Yorkshire pudding N** (Brit Culin) *pâte à crêpe cuite qui accompagne un rôti de bœuf*

Sometimes it is accompanied by an explanatory gloss (in italics). Such a gloss may be given alone in cases where there is no cultural equivalent in the target language.

**toi** /twa/ **PRON PERS** [1] (sujet, objet) you
vu ? **toi** ? who saw him? did you? ◆ **toi mentir** ? ce n'est pas possible YOU tell a lie? I can't believe it ◆ **toi qui le connais bien, qu'en penses-tu** ? you know him well, so what do you think?
**her** /hɜːʳ/
[PERS PRON] [1] (direct) (unstressed) la ; (before vowel) l' ; (stressed) elle ◆ **I see her** je la vois ◆ **I have seen her** je l'ai vue ◆ **I know HIM but I have never seen HER** lui je le connais, mais elle je ne l'ai jamais vue

Small capitals are used to indicate the spoken stress in certain English expressions.

### Field labels

Labels indicating subject fields occur in the following cases :

**cuirasse** /kɥiʀas/ SYN **NF** (Hist) [de chevalier] breastplate; [de navire] armour(-plate ou -plating) (Brit), armor(-plate ou -plating) (US); [d'ani-
**cell** /sel/ SYN
[N] [1] (gen, Bot, Phot, Telec) cellule f ; (Elec) élément m (de pile) ◆ **to form a cell** (Pol) créer une cellule
[2] (Police etc) cellule f ◆ **he spent the night in the cells** il a passé la nuit au poste or en cellule ;
→ condemn

– To differentiate various meanings of the headword.

**étouffoir** /etufwaʀ/ **NM** (Mus) damper ◆ **quel étouffoir ici !** * it's very stuffy in here!
**parabola** /pəˈræbələ/ **N** parabole f (Math)

– When the meaning in the source language is clear but may be ambiguous in the target language.

A full list of the abbreviated field labels is given on pages XXVIII and XXIX.

**GUIDE D'UTILISATION**

*NonC* signifie "non comptable". Il est utilisé pour indiquer qu'un nom ne s'emploie pas normalement au pluriel et ne se construit pas, en règle générale, avec l'article indéfini ou un numéral. *NonC* a pour but d'avertir le lecteur étranger dans les cas où celui-ci risquerait d'employer le mot de manière incorrecte ; mais notre propos n'est nullement de donner une liste exhaustive de ces mots en anglais. *NonC* est parfois utilisé comme indication dans la langue de départ, lorsque c'est le seul moyen de distinguer emplois "non comptables" et "comptables".

**aboiement** /abwamɑ̃/ NM [1] *[de chien]* bark ◆ **aboiements** barking *(NonC)*

**clignement** /kliɲ(ə)mɑ̃/ NM blinking *(NonC)*

**aerodynamics** /ˈɛərəʊdaɪˈnæmɪks/ N *(NonC)* aérodynamique *f*

**implement** /ˈɪmplɪmənt/ SYN
N outil *m*, instrument *m* ◆ **implements** équipement *m (NonC)*, matériel *m (NonC)* ; *(for garden-*

SPÉC signifie "terme de spécialiste".

Dans l'exemple ci-contre le mot anglais d'usage courant est "eardrum" et "tympanum" ne se rencontre que dans le vocabulaire des spécialistes.

**tympan** /tɛ̃pɑ̃/ NM [1] *(Anat)* eardrum, tympanum *(SPÉC)*

≃ introduit une équivalence culturelle, lorsque ce que représente le terme de la langue de départ n'existe pas ou n'a pas d'équivalent exact dans la langue d'arrivée, et n'est donc pas à proprement parler traduisible.

**bêtise** /betiz/ SYN NF
[4] *(= bonbon)* ◆ **bêtise de Cambrai** ≃ mint humbug *(Brit)*, ≃ piece of hard mint candy *(US)*

**AEA** /ˌeɪiːˈeɪ/ N *(Brit)* (abbrev of **Atomic Energy Authority**) ≃ CEA *m*

Une glose explicative accompagne parfois l'équivalent culturel choisi ; elle peut être donnée seule lorsqu'il n'existe pas d'équivalent culturel assez proche dans la langue d'arrivée.

**achards** /aʃaʀ/ NMPL *spicy relish made with finely chopped fruit and vegetables*

**Yorkshire** /ˈjɔːkʃəʳ/
N Yorkshire *m* ◆ **in Yorkshire** dans le Yorkshire
COMP **Yorkshire pudding** N *(Brit Culin)* pâte à crêpe cuite qui accompagne un rôti de bœuf

On a eu recours aux petites capitales pour indiquer, dans certaines expressions anglaises, l'accent d'insistance qui rend ou requiert une nuance particulière du français.

**toi** /twa/ PRON PERS [1] *(sujet, objet)* you ◆ **vu ? toi ?** who saw him? did you? ◆ **toi mentir ? ce n'est pas possible** YOU tell a lie? I can't believe it ◆ **toi qui le connais bien, qu'en penses-tu ?** you know him well, so what do you think?

**her** /hɜːʳ/
PERS PRON [1] *(direct) (unstressed)* la ; *(before vowel)* l' ; *(stressed)* elle ◆ **I see her** je la vois ◆ **I have seen her** je l'ai vue ◆ **I know HIM but I have never seen HER** lui je le connais, mais elle je ne l'ai jamais vue

### Domaines

Les indications de domaine figurent dans les cas suivants :

– Pour indiquer les différents sens d'un mot et introduire les traductions appropriées.

**cuirasse** /kɥiʀas/ SYN NF *(Hist) [de chevalier]* breastplate; *[de navire]* armour(-plate *ou* -plating) *(Brit)*, armor(-plate *ou* -plating) *(US)*; *[d'ani-*

**cell** /sɛl/ SYN
N [1] *(gen, Bot, Phot, Telec)* cellule *f* ; *(Elec)* élément *m (de pile)* ◆ **to form a cell** *(Pol)* créer une cellule
[2] *(Police etc)* cellule *f* ◆ **he spent the night in the cells** il a passé la nuit au poste *or* en cellule ; → **condemn**

– Quand la langue de départ n'est pas ambiguë, mais que la traduction peut l'être.

**étouffoir** /etufwaʀ/ NM *(Mus)* damper ◆ **quel étouffoir ici !**\* it's very stuffy in here!

**parabola** /pəˈræbələ/ N parabole *f (Math)*

La liste des indications de domaine apparaissant sous forme abrégée figure pages XXVIII et XXIX.

# USING THE DICTIONARY

## STYLE LABELS

A dozen or so indicators of register are used to mark non-neutral words and expressions. These indicators are given for both source and target languages and serve mainly as a warning to the reader using the foreign language. The following paragraphs explain the meaning of the most common style labels, of which a complete list is given, with explanations, on pages XXVIII and XXIX.

**agréer** /agʀee/ SYN ▸ conjug 1 ◂ *(frm)*
  VT (= *accepter*) [+ *demande, excuses*] to accept;

**heretofore** /ˌhɪətʊˈfɔːʳ/ ADV *(frm)* (= *up to specified point*) jusque-là ; (= *up to now*) jusqu'ici

*frm* denotes formal language such as that used on official forms, in pronouncements and other formal communications.

**accro** * /akʀo/ *(abrév de accroché)*
  ADJ 1 *(Drogue)* ◆ **être accro** to have a habit , to be hooked* ◆ **être accro à l'héroïne** to be hooked on heroin *

**kidology** * /kɪˈdɒlədʒɪ/ N *(Brit)* bluff *m*

* indicates that the expression, while not forming part of standard language, is used by all educated speakers in a relaxed situation but would not be used in a formal essay or letter, or on an occasion when the speaker wishes to impress.

**taulard, -arde**⁂ /tolaʀ, aʀd/ NM,F convict, con⁂

**kisser**⁂ /ˈkɪsəʳ/ N gueule⁂ *f*

⁂ indicates that the expression is used by some but not all educated speakers in a very relaxed situation. Such words should be handled with extreme care by non-native speakers unless they are very fluent in the language and are very sure of their company.

**baiser²** /beze/ SYN ▸ conjug 1 ◂
  VT 1 *(frm)* [+ *main, visage, sol*] to kiss
  VI (*⁂* : *sexuellement*) to screw⁂, to fuck⁂ ◆ **il**/

**arse**⁂ /ɑːs/ *(esp Brit)*
  N cul⁂ *m* ◆ **shift** or **move your arse!** (= *move*

*⁂* means "Danger !" Such words are liable to offend in any situation, and therefore are to be avoided by the non-native speaker.

**indéfrisable** † /ɛ̃defʀizabl/ NF perm, permanent *(US)*

**botheration** †* /ˌbɒðəˈreɪʃən/ EXCL flûte !*, la barbe !*

† denotes old-fashioned terms which are no longer in wide current use but which the foreign user is likely to find in reading.

**gageure** /gaʒyʀ/ SYN NF ( †† = *pari*) wager

†† denotes obsolete words which the user will normally find only in classical literature.

**ordalie** /ɔʀdali/ NF *(Hist)* ordeal

The use of † and †† should not be confused with the label *Hist*. *Hist* does not apply to the expression itself but denotes the historical context of the object it refers to.

**ostentatoire** /ɔstɑ̃tatwaʀ/ SYN ADJ *(littér)* ostentatious

**beseech** /bɪˈsiːtʃ/ SYN (pret, ptp **besought** or **beseeched**) VT *(liter)* 1 (= *ask for*) [+ *permission*] demander instamment, solliciter ; [+ *pardon*] implorer

*liter, littér* denote an expression which belongs to literary or poetic language.
The user should not confuse these style labels with the field labels *Literat, Littérat* which indicate that the expression belongs to the field of literature. Similarly the user should note that the abbreviation *lit* indicates the literal, as opposed to the figurative *fig*, meaning of a word.

**camer (se)** /kame/ ▸ conjug 1 ◂ VPR *(arg Drogue)* to be on drugs

**sorted** /ˈsɔːtɪd/ ADJ 1 * (= *arranged*) arrangé ◆ **in a few months everything should be sorted** dans quelques mois tout devrait être arrangé 2 *(Drugs sl)* ◆ **are you sorted?** tu as ce qu'il te faut ?

For the purpose of this dictionary the indicators *sl* (slang) and *arg* (argot) mark specific areas of vocabulary restricted to clearly defined groups of speakers (eg schoolchildren, soldiers, etc) and for this reason a field label is added to the label *sl* or *arg* marking the departure language expression.

The labels and symbols above are used to mark either an individual word or phrase, or a whole category, or even a complete entry. Where a headword is marked with asterisks, any phrases in the entry will only have asterisks if they are of a different register from the headword.

## NIVEAUX DE LANGUE

Une quinzaine d'indications de registre accompagnent les mots et expressions qui présentent un écart par rapport à la langue courante. Ces indications sont données aussi bien dans la langue de départ que dans la langue d'arrivée et constituent avant tout un avertissement au lecteur utilisant la langue étrangère. Les paragraphes suivants précisent le sens des principaux niveaux de langue, dont la liste complète figure sous forme abrégée sur les pages XXVIII et XXIX.

*frm* indique le style administratif, les formules officielles, la langue soignée.

**agréer** /agʀee/ SYN ▸ conjug 1 ◂ *(frm)*
  **VT** (= *accepter*) [+ *demande, excuses*] to accept;

**heretofore** /ˌhɪətʊˈfɔːʳ/ **ADV** *(frm)* (= *up to specified point*) jusque-là ; (= *up to now*) jusqu'ici

\* marque la majeure partie des expressions familières et les incorrections de langage employées dans la langue de tous les jours. Ce signe conseille au lecteur d'être prudent.

**accro** \* /akʀo/ (abrév de **accroché**)
  **ADJ** ⃞1 *(Drogue)* ◆ **être accro** to have a habit, to be hooked \* ◆ **être accro à l'héroïne** to be hooked on heroin \*

**kidology** \* /kɪˈdɒlədʒɪ/ **N** *(Brit)* bluff *m*

\*⁎\* marque les expressions très familières qui sont à employer avec la plus grande prudence par le lecteur étranger, qui devra posséder une grande maîtrise de la langue et savoir dans quel contexte elles peuvent être utilisées.

**taulard, -arde**⁎\*⁎ /tolaʀ, aʀd/ **NM,F** convict, con⁎\*⁎

**kisser**⁎\*⁎ /ˈkɪsəʳ/ **N** gueule⁎\*⁎ *f*

\*⁎\* marque le petit nombre d'expressions courantes que le lecteur étranger doit pouvoir reconnaître, mais dont l'emploi risque d'être ressenti comme fortement indécent ou injurieux.

**baiser²** /beze/ SYN ▸ conjug 1 ◂
  **VT** ⃞1 *(frm)* [+ *main, visage, sol*] to kiss
  **VI** (\*⁎\* : *sexuellement*) to screw\*⁎\*, to fuck\*⁎\* ◆ **il/**

**arse**\*⁎\* /ɑːs/ *(esp Brit)*
  **N** cul\*⁎\* *m* ◆ **shift** *or* **move your arse!** (= *move*

† marque les termes ou expressions démodés, qui ont quitté l'usage courant mais que l'étranger peut encore rencontrer au cours de ses lectures.

**indéfrisable** † /ɛ̃defʀizabl/ **NF** perm, permanent *(US)*

**botheration** †\* /ˌbɒðəˈreɪʃən/ **EXCL** flûte !\*, la barbe !\*

†† marque les termes ou expressions archaïques, que le lecteur ne rencontrera en principe que dans les œuvres classiques.

**gageure** /ɡaʒyʀ/ SYN **NF** ( †† = *pari*) wager

On évitera de confondre ces signes avec l'indication *Hist*, qui ne marque pas le niveau de langue du mot lui-même mais souligne que l'objet désigné ne se rencontre que dans un contexte historiquement daté.

**ordalie** /ɔʀdali/ **NF** *(Hist)* ordeal

*littér*, *liter* marquent les expressions de style poétique ou littéraire.
Le lecteur veillera à ne pas confondre ces indications avec *lit* d'une part (sens propre, emploi littéral) et *Littérat*, *Literat* de l'autre (domaine de la littérature).

**ostentatoire** /ɔstɑ̃tatwaʀ/ SYN **ADJ** *(littér)* ostentatious

**beseech** /bɪˈsiːtʃ/ SYN (pret, ptp **besought** *or* **beseeched**) **VT** *(liter)* ⃞1 (= *ask for*) [+ *permission*] demander instamment, solliciter ; [+ *pardon*] implorer

Les indications *arg* (argot) et *sl* (slang) désignent les termes appartenant au vocabulaire de groupes restreints (tels que les écoliers, les militaires) et l'indication du domaine approprié leur est adjointe dans la langue de départ.

**camer (se)** /kame/ ▸ conjug 1 ◂ **VPR** *(arg Drogue)* to be on drugs

**sorted** /ˈsɔːtɪd/ **ADJ** ⃞1 \* (= *arranged*) arrangé ◆ **in a few months everything should be sorted** dans quelques mois tout devrait être arrangé ⃞2 *(Drugs sl)* ◆ **are you sorted?** tu as ce qu'il te faut ?

Les indications de niveau de langue peuvent soit s'attacher à un mot ou à une expression isolés, soit marquer une catégorie entière ou même un article complet. Lorsqu'un mot est suivi d'astérisques, les locutions et exemples de l'article ne prendront à leur tour l'astérisque que si elles appartiennent à un niveau de langue différent.

# USING THE DICTIONARY

## PUNCTUATION

**légitime** /leʒitim/ SYN
ADJ 1 (= *légal*) [*droits, gouvernement*] legitimate, lawful; [*union, femme*] lawful;

**alluring** /əˈljʊərɪŋ/ ADJ séduisant, charmant

A comma is used to separate translations which have the same or very similar meanings.

**direct, e** /diʀɛkt/ SYN
ADJ 1 (= *sans détour*) [*route, personne, reproche, regard*] direct; [*question*] direct, straight; [*allusion*] direct, pointed (*épith*) ◆ **c'est le chemin le plus**

**melting** /ˈmeltɪŋ/
ADJ [*snow*] fondant ; (*fig*) [*voice, look*] attendri ; [*words*] attendrissant

A semi-colon separates translations which are not interchangeable. As a general rule, indicators are given to differentiate between non-interchangeable translations.

**danger** /dɑ̃ʒe/ SYN NM danger ◆ **un grave danger nous menace** we are in serious *ou* grave danger ◆ **courir un danger** to run a risk ◆ **en cas de danger** in case of emergency ◆ **il est hors de**

**sailboarding** /ˈseɪlˌbɔːdɪŋ/ N planche *f* à voile ◆ **to go sailboarding** faire de la planche à voile

A black lozenge precedes every new phrase.

**ravi, e** /ʀavi/ SYN (ptp de ravir) ADJ (= *enchanté*) delighted ◆ **je n'étais pas franchement ravi de sa décision** I wasn't exactly overjoyed about his decision ◆ **ravi de vous connaître** delighted *ou* pleased to meet you

**freshly** /ˈfreʃlɪ/ ADV [*ground, grated, dug*] fraîchement ◆ **freshly baked bread** du pain qui sort *or* frais sorti du four ◆ **freshly caught fish** du

In the translation of phrases, an alternative translation of only part of the phrase is preceded by either *or* or *ou*.

**académie** /akademi/ NF 1 (= *société savante*) 2 (= *école*) academy ◆ **académie de dessin/danse** art/dancing school, academy of art/dancing ◆ **académie de cinéma** film school

**eyetooth** /ˈaɪtuːθ/ N (pl **eyeteeth** /ˈaɪtiːθ/) canine *f* supérieure ◆ **I'd give my eyeteeth\* for a car like that/to go to China** qu'est-ce que je ne donnerais pas pour avoir une voiture comme ça/pour aller en Chine

An oblique / indicates alternatives in the source language which are reflected exactly in the target language.

**abouter** /abute/ ▸ conjug 1 ◂ VT to join (up) (end to end)

**bromide** /ˈbrəʊmaɪd/ N 1 (*Chem, Typ*) bromure *m* ; (*Med \**) bromure *m* (de potassium)

Parentheses within illustrative phrases or their translations indicate that the material they contain is optional.

**esteem** /ɪsˈtiːm/ SYN
VT 1 (= *think highly of*) [+ *person*] avoir de l'estime pour, estimer ; [+ *quality*] apprécier ◆ **our (highly) esteemed colleague** notre (très) estimé collègue *or* confrère

Such parentheses may be given for phrases in both source and target language.

# PONCTUATION

Une virgule sépare les traductions considérées comme équivalentes ou pratiquement équivalentes.

**légitime** /leʒitim/ SYN
ADJ 1 (= *légal*) [*droits, gouvernement*] legitimate, lawful; [*union, femme*] lawful;

**alluring** /əˈljʊərɪŋ/ ADJ séduisant, charmant

---

Un point-virgule sépare les traductions qui ne sont pas interchangeables. En règle générale, le point-virgule est accompagné d'une indication qui précise la différence de sens.

**direct, e** /dirɛkt/ SYN
ADJ 1 (= *sans détour*) [*route, personne, reproche, regard*] direct; [*question*] direct, straight; [*allusion*] direct, pointed (*épith*) ◆ **c'est le chemin le plus**

**melting** /ˈmeltɪŋ/
ADJ [*snow*] fondant ; (*fig*) [*voice, look*] attendri ; [*words*] attendrissant

---

Un losange noir précède chaque exemple.

**danger** /dɑ̃ʒe/ SYN NM danger ◆ **un grave danger nous menace** we are in serious *ou* grave danger ◆ **courir un danger** to run a risk ◆ **en cas de danger** in case of emergency ◆ **il est hors de**

**sailboarding** /ˈseɪlˌbɔːdɪŋ/ N planche *f* à voile ◆ **to go sailboarding** faire de la planche à voile

---

Les traductions offrant plusieurs variantes interchangeables à partir d'un tronc commun sont séparées par *ou* ou par *or*.

**ravi, e** /ʀavi/ SYN (ptp de ravir) ADJ (= *enchanté*) delighted ◆ **je n'étais pas franchement ravi de sa décision** I wasn't exactly overjoyed about his decision ◆ **ravi de vous connaître** delighted *ou* pleased to meet you

**freshly** /ˈfreʃlɪ/ ADV [*ground, grated, dug*] fraîchement ◆ **freshly baked bread** du pain qui sort *or* frais sorti du four ◆ **freshly caught fish** du

---

Le trait oblique / permet de regrouper des expressions de sens différent ayant un élément en commun, lorsque cette structure est reflétée dans la langue d'arrivée.

**académie** /akademi/ NF 1 (= *société savante*) 2 (= *école*) academy ◆ **académie de dessin/danse** art/dancing school, academy of art/dancing ◆ **académie de cinéma** film school

**eyetooth** /ˈaɪtuːθ/ N (pl **eyeteeth** /ˈaɪtiːθ/) canine *f* supérieure ◆ **I'd give my eyeteeth\* for a car like that/to go to China** qu'est-ce que je ne donnerais pas pour avoir une voiture comme ça/pour aller en Chine

---

Les parenthèses figurant à l'intérieur des expressions ou de leur traduction indiquent que les mots qu'elles contiennent sont facultatifs.

**abouter** /abute/ ▸ conjug 1 ◂ VT to join (up) (end to end)

**bromide** /ˈbrəʊmaɪd/ N 1 (*Chem, Typ*) bromure *m* ; (*Med* \*) bromure *m* (de potassium)

---

Ces parenthèses peuvent figurer en corrélation.

**esteem** /ɪsˈtiːm/ SYN
VT 1 (= *think highly of*) [+ *person*] avoir de l'estime pour, estimer ; [+ *quality*] apprécier ◆ **our (highly) esteemed colleague** notre (très) estimé collègue *or* confrère

## CROSS-REFERENCES

**sainteté** /sɛ̃te/ NF 1 [de personne] saintliness, godliness; [de Évangile, Vierge] holiness; [de lieu] holiness, sanctity; [de mariage] sanctity; → **odeur**

These are used to refer the user to the headword under which a certain compound or idiom has been treated (see **SET PHRASES AND IDIOMS** p. XIV).

**vendredi** /vɑ̃dʀədi/ NM Friday ◆ **Vendredi** (= personnage de Robinson Crusoé) Man Friday ◆ **c'était un vendredi treize** it was Friday the thirteenth ; *pour autres loc voir* **samedi**

**Friday** /ˈfraɪdɪ/ N vendredi m ◆ **Friday the thirteenth** vendredi treize ; → **good** ; *pour autres loc voir* **Saturday**

They are also used to draw the user's attention to the full treatment of such words as numerals, days of the week and months of the year under certain key words. The key words which have been treated in depth are: French: **six, sixième, soixante, samedi, septembre**. English: **six; sixth, sixty, Saturday, September**.

## SYNONYMS

**dictionnaire** /diksjɔnɛʀ/ SYN NM dictionary ◆ **dictionnaire analogique** thesaurus ◆ **dictionnaire de langue/de rimes** language/rhyme dictionary ◆ **dictionnaire de données**

**dictionary** /ˈdɪkʃənrɪ/ SYN
N dictionnaire m ◆ **to look up a word in a dictionary** chercher un mot dans un dictionnaire ◆ **it's not in the dictionary** ce n'est pas dans le dictionnaire ◆ **French dictionary** dictionnaire

Words which are cross-referred to the thesaurus are followed by the indicator SYN.
The indicator SYN tells the user the word is treated in the thesaurus, with a full list of synonyms.

## CROSS-REFERENCES TO LANGUAGE IN USE

**refuse¹** /rɪˈfjuːz/ LANGUAGE IN USE 8.3, 9.3, 12 SYN

Words which are also covered in **LANGUAGE IN USE** are shown by a cross-reference at the top of the entry.
In this example, the user is referred to topics on **Disagreement** (chapter 12), **Intentions and Desires** (chapter 8, § 3), and **Permission** (chapter 9, § 3).

## VERBS

**baisser** /bese/ SYN ► conjug 1 ◄

**arise** /əˈraɪz/ SYN (pret **arose** ptp **arisen** /əˈrɪzn/) VI
1 [difficulty] survenir, surgir ; [question] se pré-

Tables of French and English verbs are included in the supplements at the end of each volume (vol. 1 for French verbs and vol. 2 for English verbs). At each verb headword in the French-English side of the dictionary, a number refers the user to these tables. The preterite and past participle of English strong verbs are given at the main verb entry.

VPR **se baisser** (pour ramasser) to bend down, to stoop; (pour éviter) to duck ◆ **il n'y a qu'à se baisser (pour les ramasser)** (lit) they're lying thick on the ground; (fig) they're there for the taking

In the French-English part of the dictionary, verbs which are true pronominals are treated in a separate grammatical category.

**grandir** /gʀɑ̃diʀ/ SYN ► conjug 2 ◄
VT 1 (= faire paraître grand) [microscope] to magnify ◆ **grandir les dangers/difficultés** to exaggerate the dangers/difficulties ◆ **ces chaussures te grandissent** those shoes make you (look) taller ◆ **il se grandit en se mettant sur la pointe des pieds** he made himself taller by standing on tiptoe

Pronominal uses which indicate a reciprocal, reflexive or passive sense are shown only if the translation requires it. In such cases they may be given within the transitive category of the verb as an illustrative phrase.

**étendu, e¹** /etɑ̃dy/ SYN (ptp de **étendre**) ADJ

**broken** /ˈbrəʊkən/ SYN
VB (ptp of **break**)
ADJ 1 (= cracked, smashed) [cup, window, branch, biscuits etc] cassé ; (= uneven, rugged) [ground] acci-

If the translation of a past participle cannot be reached directly from the verb entry or if the past participle has adjectival value then the past participle is treated as a headword.

## RENVOIS

Ils renvoient le lecteur à l'article dans lequel est traitée une certaine expression, où figure un certain composé (voir **LOCUTIONS ET EXEMPLES** p. XV).

Ils attirent également l'attention de l'usager sur certains mots-clés qui ont été traités en profondeur ; pour les numéraux, **six, sixième** et **soixante** ; pour les jours de la semaine, **samedi** ; pour les mois de l'année **septembre**. Dans la nomenclature anglaise, ce seront les mots **six, sixth, sixty, Saturday, September**.

**sainteté** /sɛ̃tte/ **NF** [1] [*de personne*] saintliness, godliness; [*de Évangile, Vierge*] holiness; [*de lieu*] holiness, sanctity; [*de mariage*] sanctity; → **odeur**

**vendredi** /vɑ̃dʀədi/ **NM** Friday ◆ **Vendredi** (= *personnage de Robinson Crusoé*) Man Friday ◆ **c'était un vendredi treize** it was Friday the thirteenth ; *pour autres loc voir* **samedi**

**Friday** /ˈfraɪdɪ/ **N** vendredi *m* ◆ **Friday the thirteenth** vendredi treize ; → **good** ; *pour autres loc voir* **Saturday**

## SYNONYMES

Les mots faisant l'objet d'un développement synonymique sont suivis de l'indication SYN.
Cette indication invite l'usager à se reporter au dictionnaire de synonymes où il trouvera une liste d'équivalents.

**dictionnaire** /diksjɔnɛʀ/ SYN **NM** dictionary ◆ **dictionnaire analogique** thesaurus ◆ **dictionnaire de langue/de rimes** language/rhyme dictionary ◆ **dictionnaire de données**

**dictionary** /ˈdɪkʃənrɪ/ SYN
**N** dictionnaire *m* ◆ **to look up a word in a dictionary** chercher un mot dans un dictionnaire ◆ **it's not in the dictionary** ce n'est pas dans le dictionnaire ◆ **French dictionary** dictionnaire

## RENVOIS À LA GRAMMAIRE ACTIVE

Les mots qui font l'objet d'un développement dans la Grammaire active sont accompagnés de l'indication **GRAMMAIRE ACTIVE** suivie d'un ou de plusieurs numéros. Ces numéros renvoient à la rubrique correspondante de la section grammaticale.
Dans l'exemple ci-contre, l'usager est renvoyé aux rubriques **la Suggestion** (chapitre 1, § 1), **Propositions** (chapitre 3), **la Permission** (chapitre 9, § 1) et **l'Obligation** (chapitre 10, § 4).

**permettre** /pɛʀmɛtʀ/ **GRAMMAIRE ACTIVE 1.1, 3, 9.1, 10.4** SYN ► conjug 56 ◄

## VERBES

Les tables de conjugaison des verbes français et anglais sont données en annexe à la fin de chaque tome : tome 1 pour les verbes français et tome 2 pour les verbes anglais. Dans la nomenclature française, chaque verbe est suivi d'un numéro qui renvoie le lecteur à ces tables. Le prétérit et le participe passé des verbes forts anglais sont donnés après le verbe dans le corps de l'article. Une liste des principaux verbes forts figure également en annexe du tome 2.

**baisser** /bese/ SYN ► conjug 1 ◄

**arise** /əˈraɪz/ SYN (pret **arose** ptp **arisen** /əˈrɪzn/) **VI**
[1] [*difficulty*] survenir, surgir ; [*question*] se pré-

Dans la partie français-anglais, les emplois véritablement pronominaux des verbes sont traités dans une catégorie à part.

**VPR se baisser** (*pour ramasser*) to bend down, to stoop; (*pour éviter*) to duck ◆ **il n'y a qu'à se baisser (pour les ramasser)** (*lit*) they're lying thick on the ground; (*fig*) they're there for the taking

Les emplois pronominaux à valeur réciproque, réfléchie ou passive, ne figurent que lorsque la traduction l'exige. En pareil cas, ils peuvent être simplement donnés dans la catégorie appropriée du verbe transitif, à titre d'exemple.

**grandir** /gʀɑ̃diʀ/ SYN ► conjug 2 ◄
**VT** [1] (= *faire paraître grand*) [*microscope*] to magnify ◆ **grandir les dangers/difficultés** to exaggerate the dangers/difficulties ◆ **ces chaussures te grandissent** those shoes make you (look) taller ◆ **il se grandit en se mettant sur la pointe des pieds** he made himself taller by standing on tiptoe

Si la traduction d'un participe passé ne peut se déduire directement à partir du verbe, ou si le participe a pris une valeur adjective, il est traité comme mot à part entière et figure à sa place alphabétique dans la nomenclature.

**étendu, e**[1] /etɑ̃dy/ SYN (ptp de **étendre**) **ADJ**

**broken** /ˈbrəʊkən/ SYN
**VB** (ptp of **break**)
**ADJ** [1] (= *cracked, smashed*) [*cup, window, branch, biscuits etc*] cassé ; (= *uneven, rugged*) [*ground*] acci-

USING THE DICTIONARY XXVI

**AOC** /aose/ NF (abrév de **appellation d'origine contrôlée**) ◆ **fromage/vin AOC** AOC cheese/wine (with a guarantee of origin)

### AOC

**AOC** is the highest French wine classification. It indicates that the wine meets strict requirements concerning the vineyard of origin, the type of vine grown, the method of production, and the volume of alcohol present. → **VDQS**

## CULTURAL NOTES

Extra information on culturally significant events, institutions, traditions and customs that cannot be given in an ordinary translation or gloss is given in the form of notes following the relevant entry.

◆ ◆ ◆ ◆ ◆ ◆ ◆ ◆ ◆ ◆ ◆ ◆ ◆ ◆ ◆ ◆ ◆ ◆ ◆ ◆ ◆ ◆ ◆ ◆

**aller** /ale/

SYN ► conjug 9 ◄

1 - VERBE INTRANSITIF
2 - VERBE IMPERSONNEL
3 - VERBE AUXILIAIRE
4 - VERBE PRONOMINAL
5 - LOCUTIONS EXCLAMATIVES
6 - NOM MASCULIN

◆ ◆ ◆ ◆ ◆ ◆ ◆ ◆ ◆ ◆ ◆ ◆ ◆ ◆ ◆ ◆ ◆ ◆ ◆ ◆ ◆ ◆ ◆ ◆

**1 - VERBE INTRANSITIF**

**1** [= SE DÉPLACER, PARTIR] to go ◆ **où vas-tu ?** where are you going? ◆ **il t'attend, va !** he's waiting for you, go on!

> **aller** se traduit souvent par un verbe spécifique en anglais.

◆ **j'allais par les rues désertes** I walked ou wandered through the empty streets ◆ **il allait trop vite quand il a eu son accident** he was driving ou going too fast when he had his accident ◆ **en ville, on va plus vite à pied qu'en voiture** in town it is quicker to walk than to go by car ◆ **aller à Paris en voiture/en avion** to drive/fly to Paris ◆ **il y est allé à** ou **en vélo** he cycled there, he went there on his bike ◆ **j'irai à pied** I'll walk, I'll go on foot ◆ **où sont allés les 300 €  ?** (= qu'a-t-on acheté avec ?) what did the €300 go on?; (= où l'argent est-il passé ?) where did that €300 go?

◆ **aller et venir** (entre deux endroits) to come and go; (dans une pièce) to pace up and down

◆ **ça va, ça vient** ◆ **tu sais, la chance, ça va ça vient** luck comes and goes, you know, you win some, you lose some ◆ **avec lui l'argent, ça va, ça vient** when it comes to money, it's easy come, easy go with him

◆ **aller** + préposition (= se rendre) ◆ **aller à** to go to ◆ **aller à Caen/à la campagne** to go to Caen/to the country ◆ **aller au lit/à l'église/à l'école** to go to bed/to church/to school ◆ **aller en Allemagne** to go to Germany ◆ **aller chez le boucher/chez un ami** to go to the butcher's/to a friend's (place) ◆ **je vais sur** ou **vers Lille** (en di-

## COMPLEX ENTRIES

Entries that are very long because they cover function words (**to, do, à, faire** etc) or words that are used in a large number of set structures (**time, head, affaire, heure** etc) are given special treatment in this dictionary.

Complex entries with more than one part of speech begin with a special "menu" that shows how they are structured.

Special notes inside the entry either explain important points of grammar and usage that cannot be properly demonstrated by examples alone, or refer you to another part of the dictionary. The word BUT (or MAIS) introduces exceptions to any general point that has been made.

The beginning of each semantic category is clearly signposted with indicators in boxes, and set structures have been given special prominence to make them easy to locate.

Finally, in entries where there are long sequences of examples containing set collocates, these collocates are highlighted to make them stand out clearly.

## NOTES CULTURELLES

Des informations concernant des événements culturellement importants, des traditions et coutumes ou des institutions, qui ne pouvaient être données dans le corps même des articles sous forme de traductions ou de simples gloses, sont présentées dans des notes placées juste en-dessous de l'entrée.

> **A Levels**
>
> Diplôme britannique préparé en deux ans, qui sanctionne la fin des études secondaires et permet l'accès à l'enseignement supérieur. Contrairement au baccalauréat français, dont le résultat est global, les **A levels** sont obtenus séparément dans un nombre limité de matières (trois en moyenne) choisies par le candidat. Le système d'inscription dans l'enseignement supérieur étant sélectif, les élèves cherchent à obtenir les meilleures mentions possibles afin de pouvoir choisir plus facilement leur université.
> En Écosse, l'équivalent des **A levels** est le « Higher », ou « Higher Grade », qui se prépare en un an et porte sur cinq matières au maximum. → **GCSE**

## ARTICLES LONGS

Les articles qui sont particulièrement longs, soit parce qu'ils traitent de mots-outils (**à, faire, to, do** etc.), soit parce qu'ils couvrent beaucoup d'expressions lexicales (**affaire, heure, head, time** etc.), bénéficient d'un traitement spécifique dans notre dictionnaire.

Les articles comprenant plus d'une catégorie grammaticale s'ouvrent par un "menu" qui présente leur structure.

Des notes à l'intérieur même des articles expliquent certains points de grammaire et d'usage importants que les exemples seuls ne peuvent parfaitement illustrer. Le mot MAIS (ou BUT) attire l'attention de l'usager sur des exceptions aux règles énoncées.

Chaque catégorie sémantique est clairement signalée par un indicateur mis en relief et les structures importantes sont présentées de manière à être très facilement repérables.

Dans certaines séquences d'exemples très longues, les collocateurs les plus fréquents sont mis en valeur.

> **get** /get/
>
> vb: pret, ptp **got**, ptp (US) **gotten**
>
> 1 - TRANSITIVE VERB
> 2 - INTRANSITIVE VERB
> 3 - COMPOUNDS
> 4 - PHRASAL VERBS
>
> **1 - TRANSITIVE VERB**
>
> ▶ When **get** is part of a set combination, eg **get the sack, get hold of, get sth right**, look up the other word.
>
> 1 [= HAVE, RECEIVE, OBTAIN] avoir
>
> avoir covers a wide range of meanings, and like **get** is unspecific.
>
> ◆ **I go whenever I get the chance** j'y vais dès que j'en ai l'occasion ◆ **he's got a cut on his finger** il a une coupure au doigt ◆ **he got a fine** il a eu une amende ◆ **she gets a good salary** elle a un bon salaire ◆ **not everyone gets a pension** tout le monde n'a pas la retraite ◆ **you need to get permission from the owner** il faut avoir la permission du propriétaire ◆ **I got a lot of presents** j'ai eu beaucoup de cadeaux ◆ **he got first prize** il a eu le premier prix ◆ **you may get a surprise** tu pourrais avoir une surprise
>
> Some **get** + noun combinations may take a more specific French verb.
>
> ◆ **we can get sixteen** CHANNELS nous pouvons recevoir seize chaînes ◆ **it was impossible to get** HELP il était impossible d'obtenir de l'aide ◆ **he got** HELP **from the others** il s'est fait aider par les autres ◆ **first I need to get a better** IDEA **of the situation** je dois d'abord me faire une meilleure idée de la situation ◆ **I think he got the wrong** IMPRESSION je pense qu'il s'est fait des idées ◆ **they get** LUNCH **at school** ils déjeunent or ils mangent à l'école ◆ **he got his** MONEY **by exploiting others** il s'est enrichi en exploitant les autres ◆ **if I'm not working I get no** PAY si je ne travaille pas je ne suis pas payé

# ABRÉVIATIONS ET SIGNES CONVENTIONNELS
# ABBREVIATIONS AND SPECIAL SYMBOLS

## SIGNES CONVENTIONNELS / SPECIAL SYMBOLS

| | | |
|---:|:---:|:---|
| marque déposée | ® | registered trademark |
| langage familier | * | informal language |
| langage très familier | *_*_ | very informal language |
| langage vulgaire | *_*_*_ | offensive language |
| emploi vieilli | † | old-fashioned term or expression |
| emploi archaïque | †† | archaic term or expression |
| renvoi au dictionnaire des synonymes | SYN | cross-reference to the thesaurus |
| voir entrée | → | see entry |
| voir variante | ⇒ | see alternative form |

## MARQUES DE DOMAINES / FIELD LABELS

| | | | | | | |
|---:|:---|:---|---:|:---|:---|:---|
| administration | **Admin** | administration | | militaire | **Mil** | military |
| agriculture | **Agr** | agriculture | | mines | **Min** | mining |
| anatomie | **Anat** | anatomy | | minéralogie | **Minér, Miner** | mineralogy |
| antiquité | **Antiq** | ancient history | | musique | **Mus** | music |
| archéologie | **Archéol, Archeol** | archaeology | | mythologie | **Myth** | mythology |
| architecture | **Archit** | architecture | | nautique | **Naut** | nautical, naval |
| astrologie | **Astrol** | astrology | | physique nucléaire | **Nucl Phys** | nuclear physics |
| astronomie | **Astron** | astronomy | | optique | **Opt** | optics |
| automobile | **Aut** | automobiles | | informatique | **Ordin** | computing |
| aviation | **Aviat** | aviation | | ornithologie | **Orn** | ornithology |
| biologie | **Bio** | biology | | parlement | **Parl** | parliament |
| botanique | **Bot** | botany | | pharmacie | **Pharm** | pharmacy |
| chimie | **Chim, Chem** | chemistry | | philatélie | **Philat** | philately |
| cinéma | **Ciné, Cine** | cinema | | philosophie | **Philos** | philosophy |
| commerce | **Comm** | commerce | | phonétique | **Phon** | phonetics |
| informatique | **Comput** | computing | | photographie | **Phot** | photography |
| construction | **Constr** | building trade | | physique | **Phys** | physics |
| cuisine | **Culin** | cookery | | physiologie | **Physiol** | physiology |
| écologie | **Écol, Ecol** | ecology | | politique | **Pol** | politics |
| économique | **Écon, Econ** | economics | | psychologie, psychiatrie | **Psych** | psychology, psychiatry |
| enseignement | **Éduc, Educ** | education | | radio | **Rad** | radio |
| électricité, électronique | **Élec, Elec** | electricity, electronics | | chemin de fer | **Rail** | rail(ways) |
| finance | **Fin** | finance | | religion | **Rel** | religion |
| football | **Ftbl** | football | | sciences | **Sci** | science |
| géographie | **Géog, Geog** | geography | | école | **Scol** | school |
| géologie | **Géol, Geol** | geology | | sculpture | **Sculp** | sculpture |
| géométrie | **Géom, Geom** | geometry | | ski | **Ski** | skiing |
| gouvernement | **Govt** | government | | sociologie | **Sociol, Soc** | sociology |
| grammaire | **Gram** | grammar | | Bourse | **St Ex** | Stock Exchange |
| gymnastique | **Gym** | gymnastics | | chirurgie | **Surg** | surgery |
| héraldique | **Hér, Her** | heraldry | | arpentage | **Surv** | surveying |
| histoire | **Hist** | history | | technique | **Tech** | technical |
| industrie | **Ind** | industry | | télécommunications | **Téléc, Telec** | telecommunications |
| droit, juridique | **Jur** | law, legal | | industrie textile | **Tex** | textiles |
| linguistique | **Ling** | linguistics | | théâtre | **Théât, Theat** | theatre |
| littérature | **Littérat, Literat** | literature | | télévision | **TV** | television |
| mathématique | **Math** | mathematics | | typographie | **Typ** | typography |
| médecine | **Méd, Med** | medicine | | université | **Univ** | university |
| météorologie | **Mét, Met** | meteorology | | médecine vétérinaire | **Vét, Vet** | veterinary medicine |
| métallurgie | **Métal, Metal** | metallurgy | | zoologie | **Zool** | zoology |

## AUTRES ABRÉVIATIONS / OTHER ABBREVIATIONS

|  |  |  |
|---|---|---|
| abréviation | **abrév, abbr** | abbreviated, abbreviation |
| adjectif | **adj** | adjective |
| adverbe | **adv** | adverb |
| approximativement | **approx** | approximately |
| argot | **arg** | slang |
| article | **art** | article |
| attribut | **attrib** | predicative |
| australien, Australie | **Austral** | Australian, Australia |
| auxiliaire | **aux** | auxiliary |
| belgicisme | **Belg** | Belgian idiom |
| britannique, Grande-Bretagne | **Brit** | British, Great Britain |
| canadien, Canada | **Can** | Canadian, Canada |
| mot composé | **COMP** | compound, in compounds |
| comparatif | **compar** | comparative |
| conditionnel | **cond** | conditional |
| conjonction | **conj** | conjunction |
| conjugaison | **conjug** | conjugation |
| défini | **déf, def** | definite |
| démonstratif | **dém, dem** | demonstrative |
| dialectal, régional | **dial** | dialect |
| diminutif | **dim** | diminutive |
| direct | **dir** | direct |
| écossais, Écosse | **Écos** | Scottish, Scotland |
| par exemple | **eg** | for example |
| épithète | **épith** | before noun |
| surtout | **esp** | especially |
| et cætera, et cetera | **etc** | et cetera |
| euphémisme | **euph** | euphemism |
| par exemple | **ex** | for example |
| exclamation | **excl** | exclamation |
| féminin | **f, fem** | feminine |
| au figuré | **fig** | figuratively |
| féminin pluriel | **fpl** | feminine plural |
| langue soignée | **frm** | formal language |
| futur | **fut** | future |
| en général, généralement | **gén, gen** | in general, generally |
| helvétisme | **Helv** | Swiss idiom |
| humoristique | **hum** | humorous |
| impératif | **impér, imper** | imperative |
| impersonnel | **impers** | impersonal |
| indéfini | **indéf, indef** | indefinite |
| indicatif | **indic** | indicative |
| indirect | **indir** | indirect |
| infinitif | **infin** | infinitive |
| inséparable | **insep** | inseparable |
| interrogatif | **interrog** | interrogative |
| invariable | **inv** | invariable |
| irlandais, Irlande | **Ir** | Irish, Ireland |
| ironique | **iro** | ironic |
| irrégulier | **irrég, irreg** | irregular |
| littéral, au sens propre | **lit** | literally |
| littéraire | **littér, liter** | literary |
| locution | **LOC** | locution |
| masculin | **m, masc** | masculine |
| masculin et féminin | **mf** | masculine and feminine |
| masculin pluriel | **mpl** | masculine plural |
| nom | **n** | noun |
| nord de l'Angleterre | **N Angl** | North of England |
| négatif | **nég, neg** | negative |
| nord de l'Angleterre | **N Engl** | North of England |
| nom féminin | **nf** | feminine noun |
| nom masculin | **nm** | masculine noun |
| nom masculin et féminin | **nmf** | masculine and feminine noun |
| nom masculin, féminin | **nm,f** | masculine, feminine noun |
| non comptable | **NonC** | uncountable |
| nom pluriel | **npl** | plural noun |
| numéral | **num** | numeral |
| néo-zélandais, Nouvelle-Zélande | **NZ** | New Zealand |
| objet | **obj** | object |
| opposé | **opp** | opposite |
| emploi réfléchi | **o.s.** | oneself |
| passif | **pass** | passive |
| péjoratif | **péj, pej** | pejorative |
| personnel | **pers** | personal |
| particule de verbe | **phr vb elem** | phrasal verb element |
| pluriel | **pl** | plural |
| possessif | **poss** | possessive |
| préfixe | **préf, pref** | prefix |
| préposition | **prép, prep** | preposition |
| prétérit | **prét, pret** | preterite |
| pronom | **pron** | pronoun |
| proverbe | **Prov** | proverb |
| participe présent | **prp** | present participle |
| participe passé | **ptp** | past participle |
| quelque chose | **qch** | something |
| quelqu'un | **qn** | somebody, someone |
| relatif | **rel** | relative |
| quelqu'un | **sb** | somebody, someone |
| écossais, Écosse | **Scot** | Scottish, Scotland |
| séparable | **sep** | separable |
| singulier | **sg** | singular |
| argot | **sl** | slang |
| terme de spécialiste | **SPÉC, SPEC** | specialist term |
| quelque chose | **sth** | something |
| subjonctif | **subj** | subjunctive |
| suffixe | **suf** | suffix |
| superlatif | **superl** | superlative |
| américain, États-Unis | **US** | American, United States |
| généralement | **usu** | usually |
| verbe | **vb** | verb |
| verbe intransitif | **vi** | intransitive verb |
| verbe pronominal | **vpr** | pronominal verb |
| verbe transitif | **vt** | transitive verb |
| verbe à particule inséparable | **vt fus** | phrasal verb with inseparable particle |
| verbe transitif et intransitif | **vti** | transitive and intransitive verb |
| verbe transitif indirect | **vt indir** | indirect transitive verb |

# PRONONCIATION DE L'ANGLAIS

**La notation phonétique**

La notation adoptée est celle de l'Association phonétique internationale. L'ouvrage de base qui nous a constamment servi d'outil de référence est l'*English Pronouncing Dictionary* de Daniel Jones, qui, mis à jour par le Professeur A.C. Gimson, continue de faire autorité en France et partout ailleurs où l'on apprend l'anglais britannique.

La transcription correspond à la *received pronunciation (RP)*, variété de l'anglais britannique la plus généralement étudiée dans le monde d'aujourd'hui. Elle correspond également, à quelques exceptions près, à celle de la 14ᵉ édition de l'*English Pronouncing Dictionary (EPD)* (Cambridge University Press). Ce système de transcription présente l'avantage d'utiliser des signes qui indiquent clairement la distinction à la fois quantitative et qualitative qui existe entre les voyelles tendues et relâchées (par exemple : [i:], [ɪ] ; [ɜ:], [ə]).

## TRANSCRIPTION PHONÉTIQUE DE L'ANGLAIS
## PHONETIC TRANSCRIPTION OF ENGLISH

### CONSONNES

| | |
|---|---|
| [p] | **p**at, **p**ope |
| [b] | **b**at, **b**a**b**y |
| [t] | **t**ab, **st**ru**t** |
| [d] | **d**ab, men**ded** |
| [k] | **c**ot, **k**iss, **ch**ord |
| [g] | **g**ot, a**g**o**g** |
| [f] | **f**ine, ra**ff**e |
| [v] | **v**ine, ri**v**er |
| [s] | pot**s**, **s**it, ri**c**e |
| [z] | pod**s**, bu**zz** |
| [θ] | **th**in, ma**ths** |
| [ð] | **th**is, o**th**er |
| [ʃ] | **sh**ip, **s**ugar |
| [ʒ] | mea**s**ure |
| [tʃ] | **ch**ance |
| [dʒ] | **j**ust, e**dg**e |
| [l] | **l**itt**l**e, p**l**ace |
| [r] | **r**an, sti**rr**ing |
| [m] | ra**m**, **mummy** |
| [n] | ra**n**, **n**ut |
| [ŋ] | ra**ng**, ba**n**k |
| [h] | **h**at, re**h**eat |
| [j] | **y**et, mi**lli**on |
| [w] | **w**et, be**w**ail |
| [x] | lo**ch** |

### VOYELLES ET DIPHTONGUES

| | |
|---|---|
| [i:] | b**ea**d, s**ee** |
| [ɑ:] | b**ar**d, c**al**m |
| [ɔ:] | b**or**n, c**or**k |
| [u:] | b**oo**n, f**oo**l |
| [ɜ:] | b**ur**n, f**er**n, w**or**k |
| [ɪ] | s**i**t, p**i**ty |
| [e] | s**e**t, l**e**ss |
| [æ] | s**a**t, **a**pple |
| [ʌ] | f**u**n, c**o**me |
| [ɒ] | f**o**nd, w**a**sh |
| [ʊ] | f**u**ll, s**oo**t |
| [ə] | compos**er**, **a**bove |
| [eɪ] | b**ay**, f**a**te |
| [aɪ] | b**uy**, l**ie** |
| [ɔɪ] | b**oy**, v**oi**ce |
| [əʊ] | n**o**, ag**o** |
| [aʊ] | n**ow**, pl**ough** |
| [ɪə] | t**ier**, b**eer** |
| [ɛə] | t**are**, f**air** |
| [ʊə] | t**our** |

### DIVERS

| | |
|---|---|
| | Un caractère en italique représente un son qui peut ne pas être prononcé |
| [ʳ] | représente un [r] entendu s'il forme une liaison avec la voyelle du mot suivant |
| [ˈ] | accent tonique |
| [ˌ] | accent secondaire |

| | |
|---|---|
| | Pour des raisons d'économie de place, une seule prononciation est donnée pour chaque mot, à l'exclusion des variantes communes. La prononciation ainsi transcrite est celle la plus fréquemment entendue selon l'*EPD*, ou, dans le cas de néologismes et de mots nouveaux, selon les membres de l'équipe Collins-Le Robert. Il a été jugé inutile de compliquer la tâche de l'utilisateur en indiquant la prononciation de mots sortant du cadre du vocabulaire britannique. Ainsi, **aluminium, aluminum** sont transcrits : /ˌæljʊˈmɪnɪəm/, /əˈluːmɪnəm/, bien que la seconde forme, exclusivement américaine, ne s'entende normalement qu'avec un accent américain. Il s'agit, dans de tels cas, d'une approximation qui ne met pas en cause la compréhension du mot employé. |
| **Les formes réduites** | Certains mots monosyllabiques, en nombre limité, ayant une fonction plus structurale que lexicale, sont sujets, surtout à l'intérieur d'un énoncé, à une réduction vocalique plus ou moins importante. Le mot **and**, isolé, se prononce /ænd/ ; mais, dans la chaîne parlée, il se prononcera, à moins d'être accentué, /ənd, ən, n/ selon le débit du locuteur et selon le contexte. Les mots qui sont le plus souvent touchés par cette réduction vocalique sont les suivants : *a, an, and, as, at, but, for, from, of, some, than, that, the, them, to, us, am, is, are, was, were, must, will, would, shall, should, have, has, had, do, does, can, could* |
| **L'accent tonique** | Voir tableau page suivante. |
| **L'accent secondaire** | Dans un mot, toute syllabe accentuée en plus de celle qui porte l'accent tonique porte un accent secondaire, c'est-à-dire un accent ayant moins d'intensité que l'accent tonique. L'accent secondaire est noté au moyen du signe (ˌ) devant la syllabe intéressée. Par exemple : **composition** /ˌkɒmpəˈzɪʃən/ (accent secondaire sur /ˌkɒm/ ; accent tonique sur /ˈzɪʃ/). |
| **Les composés** | La prononciation des mots ou groupes de mots rassemblés dans la catégorie **comp** d'un article n'est pas indiquée, car elle correspond à celle du mot-souche suivie de celle du mot ou des mots formant le reste du composé mais avec une restriction importante : pour des raisons pratiques, on considérera que la grande majorité des composés à deux éléments ne sont accentués que sur le premier élément, cette accentuation s'accompagnant d'une chute de la voix. Exemple : **'foodstuffs, 'food prices'**. |
| **L'accent de phrase** | À la différence du français dont l'accent de phrase (syllabe allongée) tombe normalement sur la dernière syllabe des groupes de souffle, l'anglais met en relief la syllabe accentuée de chaque mot apportant un nouvel élément d'information. Dans la pratique cela veut dire que les mots lexicaux reçoivent un accent de phrase, tandis que les mots grammaticaux n'en reçoivent pas (voir ci-dessus **Les formes réduites**). Il est logique, dans un tel système, que même les mots lexicaux ne soient pas accentués s'ils n'apportent pas de nouveaux éléments d'information ; c'est le cas, notamment, de mots ou de concepts répétés dans une même séquence ; ils sont accentués une première fois, mais ils perdent leur accent par la suite. De même, lorsqu'une idée est répétée dans une même séquence, les mots qui l'expriment ne sont plus mis en relief lors de sa réapparition. Par contre, les éléments contrastifs de la phrase anglaise sont toujours fortement accentués.<br>Exemple : *John's recently bought himself a car, and Peter's got a new one too.*<br>  Accents sur : John, recently, bought, car, Peter, too.<br>  Accents contrastifs sur : **John** (facultatif) et **Peter**. Absence d'accent sur : **'s got a new one**, qui n'apporte aucun nouvel élément d'information et pourrait être supprimé : (**and Peter, too**). |
| **L'intonation** | L'intonation en anglais, beaucoup plus qu'en français, révèle le sentiment du locuteur vis-à-vis des propos qu'il tient. Dans les deux langues, l'intonation est liée à l'accent de phrase. L'intonation française, tout comme l'accent de phrase, se manifeste sur la dernière syllabe des groupes de souffle : légère montée de la voix à l'intérieur de la phrase, avec une chute ou une montée sur la syllabe finale, selon qu'il s'agit d'une déclarative ou d'une interrogative. En anglais, l'intonation est liée au sens, et se manifeste sur toutes les syllabes accentuées de la phrase (voir ci-dessus **L'accent de phrase**). La phrase anglaise type présente une intonation commençant relativement haut, et descendant progressivement vers le grave sur les syllabes accentuées. Sur la dernière syllabe accentuée de la phrase, la voix marque soit une chute, soit une montée, plus importante qu'en français, selon le type de phrase : une chute, s'il s'agit d'une indication de finalité (déclaratives, impératives, etc) ; une montée s'il s'agit d'une invitation au dialogue (interrogatives, requêtes polies, etc). Plus le discours est animé et plus l'écart entre l'aigu et le grave se creuse. Des mots ayant un sens affectif intense tendent à faire monter la voix beaucoup plus haut que n'exigent les habitudes du discours français. |

# L'ACCENT TONIQUE

Tout mot anglais isolé, de deux syllabes ou plus, porte un accent tonique. Cet accent est noté au moyen du signe (') placé devant la syllabe intéressée ; par exemple : **composer** /kəm'pəʊzə'/. Le francophone doit veiller à bien placer l'accent tonique sous peine de poser de sérieux problèmes de compréhension à ses interlocuteurs. Le tableau suivant indique un certain nombre de suffixes qui permettent de prévoir la place de l'accent tonique sur de nombreux mots. Ce tableau est donné à titre indicatif et ne prétend pas être exhaustif.

## TABLEAU DES SUFFIXES DÉTERMINANT LA POSITION DE L'ACCENT TONIQUE

| | SUFFIXE | EXEMPLE | EXCEPTIONS | REMARQUES |
|---|---|---|---|---|
| ACCENT SUR SYLLABE FINALE | -ee | refu'gee | 'coffee, 'toffee, com'mittee, 'pedigree | |
| | -eer | engi'neer | | |
| | -ese | Japa'nese | | |
| | -esque | pictu'resque | | |
| | -ette | quar'tette | 'etiquette, 'omelette | |
| | -ate | cre'ate | | verbes de 2 syllabes |
| | -fy | de'fy | | verbes de 2 syllabes |
| | -ise, -ize | ad'vise | | verbes de 2 syllabes |
| ACCENT SUR PÉNULTIÈME | -ial | com'mercial | 'Arabic, a'rithmetic, 'Catholic, 'heretic, 'lunatic, 'politics | les suffixes **-ical, -ically** ne modifient pas la place de l'accent tonique, et n'admettent pas d'exceptions, par exemple : po'litical, po'litically, arith'metical |
| | -ian | I'talian | | |
| | -ic, -ics | eco'nomics | | |
| | -ion | infor'mation | 'dandelion, ('television)* | |
| | -ish | di'minish | im'poverish | verbes en **-ish** |
| | -itis | appendi'citis | (meta'morphosis)* | ° NB : Les mots placés entre parenthèses ont aussi une accentuation conforme au modèle |
| | -osis | diag'nosis | | |
| ACCENT SUR ANTÉPÉNULTIÈME | -ety | so'ciety | | |
| | -ity | sin'cerity | | |
| | -itive | com'petitive | | |
| | -itude | 'attitude | | |
| | -grapher | pho'tographer | | |
| | -graphy | pho'tography | | |
| | -logy | bi'ology | | |
| | -ate | ap'preciate | | pour les verbes de 2 syllabes, voir plus haut |
| | -fy | 'pacify | | |
| | -ise, -ize | 'advertise | 'characterize, 'regularize, 'liberalize, 'nationalize | pour les verbes de 2 syllabes, voir plus haut |

# DICTIONNAIRE ANGLAIS-FRANÇAIS

# ENGLISH-FRENCH DICTIONARY

**A, a¹** /eɪ/

**N** ① (= letter) A, a m ◆ **A for Able** ≈ A comme André ◆ **to know sth from A to Z** connaître qch de A à Z ◆ **24a** (in house numbers) 24 bis ◆ **to get from A to B** aller d'un endroit à un autre ◆ **on the A4** (Brit ◆ road) sur la (route) A4
② (Mus) la m ; → **key**
③ (Scol) excellent (de 15 à 20 sur 20)
④ (Elec) (abbrev of **ampere(s)**) A

**COMP** **A-1** ADJ super*
**A2** N (= British exam) seconde moitié des épreuves pour les A levels
**A3 (paper)** N (papier m) A3 m
**A4 (paper)** N (papier m) A4 m
**A and M college** N (US) ≈ école f supérieure d'agriculture
**A-bomb** N bombe f A or atomique
**A levels** NPL (Brit Scol) ≈ baccalauréat m ◆ **to do an A level in geography** ≈ passer l'épreuve de géographie au baccalauréat
**A-line dress** N robe f trapèze inv
**the A-list** N le gratin, le dessus du panier ◆ **to be on the A-list** faire partie du gratin
**A number 1** ADJ (US) ⇒ **A-1**
**A-OK*** ADJ super*
**A-road** N (Brit) ≈ route f nationale → **ROADS**
**A shares** NPL (Fin, St Ex) actions fpl ordinaires (sans droit de vote)
**A-side** N [of record] face f A
**A-test** N essai m nucléaire
**A to Z** ® N (pl **A to Zs**) plan m avec répertoire des rues ◆ **a Glasgow A to Z, an A to Z of Glasgow** un plan de Glasgow avec répertoire des rues

■ **A LEVELS**

Diplôme britannique préparé en deux ans, qui sanctionne la fin des études secondaires et permet l'accès à l'enseignement supérieur. Contrairement au baccalauréat français, dont le résultat est global, les **A levels** sont obtenus séparément dans un nombre limité de matières (trois en moyenne) choisies par le candidat. Le système d'inscription dans l'enseignement supérieur étant sélectif, les élèves cherchent à obtenir les meilleures mentions possibles afin de pouvoir choisir plus facilement leur université.
En Écosse, l'équivalent des **A levels** est le « Higher », ou « Higher Grade », qui se prépare en un an et porte sur cinq matières au maximum. → **GCSE**

**a²** /eɪ, ə/ INDEF ART (before vowel or mute h: "an") ① un, une ◆ **a tree** un arbre ◆ **an apple** une pomme ◆ **such a hat** un tel or pareil chapeau ◆ **so large a country** un si grand pays
② (def art in French) le, la, les ◆ **he smokes a pipe** il fume la pipe ◆ **to set an example** donner l'exemple ◆ **I've read a third of the book** j'ai lu le tiers du livre ◆ **we haven't a penny** nous n'avons pas le sou ◆ **a woman hates violence** les femmes détestent la violence
③ (absent in French) ◆ **she was a doctor** elle était médecin ◆ **as a soldier** en tant que soldat ◆ **my uncle, a sailor, said that...** mon oncle, un marin or qui était marin, disait que... ◆ **she's a widow** elle est veuve ◆ **what a pleasure!** quel plaisir ! ◆ **what a lovely day!** quelle belle journée ! ◆ **to make a fortune** faire fortune
④ un(e) certain(e) ◆ **I have heard of a Mr Gordon who...** j'ai entendu parler d'un certain M. Gordon qui...
⑤ le or la même ◆ **they are much of an age** ils sont du même âge ◆ **they are of a size** ils sont de la même grandeur
⑥ (= a single) un(e) seul(e) ◆ **to empty a glass at a draught** vider un verre d'un trait ◆ **at a blow** d'un seul coup
⑦ (with abstract nouns) du, de la, des ◆ **to make a noise/a fuss** faire du bruit/des histoires
⑧ ◆ **a few survivors** quelques survivants ◆ **a great many flowers** beaucoup de fleurs
⑨ (= per) ◆ **£4 a person** or **head** 4 livres par personne ◆ **€5 a kilo** 5 € le kilo ◆ **twice a month** deux fois par mois ◆ **twice a year** deux fois par an or l'an ◆ **80km an hour** 80 kilomètres-heure, 80 kilomètres à l'heure

**AA** /ˌeɪˈeɪ/ N ① (Brit) (abbrev of **Automobile Association**) société de dépannage
② (abbrev of **Alcoholics Anonymous**) → **alcoholic**
③ (US Univ) (abbrev of **Associate in Arts**) ≈ DEUG m de lettres

**A/A** /eɪˈeɪ/ (abbrev of **articles of association**) (Jur) statuts mpl

**AAA** /ˌeɪeɪˈeɪ/ N ① (Brit) abbrev of **Amateur Athletics Association**
② (US) /ˈtrɪplˌeɪ/ (abbrev of **American Automobile Association**) société de dépannage

**Aachen** /ˈɑːxən/ N Aix-la-Chapelle

**A & E** /ˌeɪændˈiː/ N (abbrev of **Accident and Emergency**) → **accident**

**A & R** N (abbrev of **artists and repertoire**) ◆ **A & R man** (Brit Mus) découvreur m de talents

**AAR** /ˌeɪeɪˈɑːr/ (abbrev of **against all risks**) (Insurance) tous risques

**aardvark** /ˈɑːdvɑːk/ N oryctérope m

**aardwolf** /ˈɑːdwʊlf/ N (pl **aardwolves**) (= animal) protèle m

**Aaron** /ˈɛərən/
**N** Aaron m
**COMP** **Aaron's beard** N (= plante) millepertuis m (à grandes feuilles)
**Aaron's rod** N (= plant) bouillon-blanc m

**AAU** /ˌeɪeɪˈjuː/ N (US) (abbrev of **Amateur Athletic Union**) association d'athlétisme amateur

**AAUP** /ˌeɪeɪjuːˈpiː/ N abbrev of **American Association of University Professors**

**AB** /eɪˈbiː/ N ① (abbrev of **able(-bodied) seaman**) → **able**
② (US) (abbrev of **Bachelor of Arts**) ◆ **to have an AB in French** ≈ avoir une licence de français ; → **bachelor** ; → **DEGREE**

**ABA** /ˌeɪbiːˈeɪ/ N abbrev of **Amateur Boxing Association**

**abaca** /ˈæbəkə/ N (= plant, fibre) abaca m

**aback** /əˈbæk/ ADV ◆ **to be taken aback** être interloqué or décontenancé

**abacus** /ˈæbəkəs/ N (pl **abacuses** or **abaci** /ˈæbəsaɪ/)
① boulier m, abaque m
② (Archit) abaque m

**abaft** /əˈbɑːft/ (Naut)
**ADV** sur or vers l'arrière
**PREP** en arrière de, sur l'arrière de

**abalone** /ˌæbəˈləʊnɪ/ N ormeau m, haliotide f

**abandon** /əˈbændən/ SYN
**VT** ① (= forsake) [+ person, car] abandonner ◆ **to abandon o.s. to** [+ despair, pleasure] s'abandonner à, se laisser aller à ; [+ sleep] s'abandonner à ◆ **to abandon o.s. to one's fate** accepter son destin
② [+ property, right, project, idea, principles, pretence] renoncer à ; [+ course of action] abandonner, renoncer à ◆ **to abandon the attempt to do sth** renoncer à faire qch ◆ **play was abandoned** (Sport) le match a été interrompu or reporté
③ (Jur) [+ cargo] faire (acte de) délaissement de ◆ **to abandon ship** abandonner le navire ◆ **to abandon any claim** (Jur) renoncer à toute prétention
**N** (NonC) abandon m ◆ **to dance with abandon** danser avec abandon ◆ **with (gay) abandon** avec (une belle) désinvolture

**abandoned** /əˈbændənd/ SYN ADJ ① (= forsaken) [person, place] abandonné
② (= dissolute) débauché
③ (= wild) [dancing] frénétique ; [emotion] éperdu

**abandonee** /əˌbændəˈniː/ N abandonnataire mf

**abandonment** /əˈbændənmənt/ SYN N abandon m ; (Jur) [of action] désistement m ; [of property, right] cession f ; [of cargo] délaissement m

**abase** /əˈbeɪs/ VT (= humiliate) [+ person] mortifier, humilier ; (= degrade) [+ person] abaisser, avilir ; [+ person's qualities, actions] rabaisser, ravaler ◆ **to abase o.s. so far as to do sth** s'abaisser or s'humilier jusqu'à faire qch

**abasement** /əˈbeɪsmənt/ N (= moral decay) dégradation f, avilissement m ; (= humiliation) humiliation f, mortification f

**abashed** /əˈbæʃt/ ADJ confus

**abate** /əˈbeɪt/
**VI** [storm, emotions, pain] s'apaiser, se calmer ; [noise, flood] baisser ; [violence] se calmer ; [fever] baisser, décroître ; [wind] se modérer ; (Naut) mollir ◆ **the crime wave shows no sign of abating** on n'enregistre aucune baisse du taux de criminalité
**VT** [+ tax] baisser ; (Jur) [+ writ] annuler ; [+ sentence] remettre

**abatement** /əˈbeɪtmənt/ N (NonC, gen) réduction f ◆ **abatement of the levy** (Fin) abattement m sur le prélèvement ; → **noise**

**abattoir** /ˈæbətwɑːr/ N abattoir m

**abbess** /ˈæbɪs/ N abbesse f

**Abbevillian** /æbˈvɪlɪən/ ADJ, N abbevillien m

**abbey** /ˈæbɪ/ SYN N abbaye f ◆ **Westminster Abbey** l'abbaye f de Westminster

**abbot** /ˈæbət/ N abbé m, (Père m) supérieur m

# abbr. | abortifacient

**abbr., abbrev.** (abbrev of **abbreviation, abbreviated**) abrév.

**abbreviate** /əˈbriːvɪeɪt/ SYN VT abréger (*to* en), raccourcir

**abbreviation** /əˌbriːvɪˈeɪʃən/ SYN N abréviation f

**ABC** /ˌeɪbiːˈsiː/
- N [1] (= *alphabet*) abc m, alphabet m ◆ **it's as easy or simple as ABC** * c'est simple comme bonjour
- [2] abbrev of **Associated British Cinemas**
- [3] abbrev of **Australian Broadcasting Commission**
- [4] (abbrev of **American Broadcasting Corporation**) ABC f
- NPL **ABCs** ◆ **the ABCs of sth** le b.a-ba de qch

**ABD** /ˌeɪbiːˈdiː/ N (*US Univ*) (abbrev of **all but dissertation**) étudiant(e) n'ayant plus que sa thèse à rédiger pour compléter son doctorat ◆ **she was still ABD after four years** au bout de quatre ans, elle n'avait toujours pas rédigé sa thèse

**abdicate** /ˈæbdɪkeɪt/ SYN
- VT [*+ right*] renoncer à ; [*+ post, responsibility*] se démettre de ◆ **to abdicate the throne** abdiquer
- VI abdiquer

**abdication** /ˌæbdɪˈkeɪʃən/ SYN N [*of king*] abdication f, renonciation f ; [*of mandate etc*] démission f (*of de*) ; [*of right*] renonciation f (*of à*), désistement m (*of de*)

**abdicative** /æbˈdɪkətɪv/ ADJ abdicataire

**abdicator** /ˈæbdɪˌkeɪtəʳ/ N abdicataire mf

**abdomen** /ˈæbdəmən, æbˈdəʊmən/ N abdomen m

**abdominal** /æbˈdɒmɪnl/ SYN
- ADJ abdominal
- NPL **abdominals** abdominaux mpl

**abduct** /æbˈdʌkt/ SYN VT enlever, kidnapper

**abduction** /æbˈdʌkʃən/ N enlèvement m, rapt m ; → **child**

**abductor** /æbˈdʌktəʳ/ N [1] (= *kidnapper*) ravisseur m, -euse f
- [2] (*Anat*) abducteur m

**abed** † /əˈbed/ ADV (*liter*) au lit, couché ◆ **to lie abed** rester couché

**Abel** /ˈeɪbl/ N Abel m

**Abelian** /əˈbiːlɪən/ ADJ abélien

**aber** /ˈæbəʳ/ N (*Geog*) aber m

**Aberdeen Angus** /ˌæbəˈdiːn ˈæŋgəs/ N (*Agr*) (Aberdeen-)Angus m

**Aberdonian** /ˌæbəˈdəʊnɪən/
- N habitant(e) m(f) or natif m, -ive f d'Aberdeen
- ADJ d'Aberdeen

**aberrance** /əˈberəns/ N aberrance f

**aberrant** /əˈberənt/ ADJ aberrant, anormal

**aberration** /ˌæbəˈreɪʃən/ N aberration f

**abet** /əˈbet/ SYN VT encourager, soutenir ◆ **to abet sb in a crime** aider qn à commettre un crime ; → **aid**

**abetter, abettor** /əˈbetəʳ/ N complice mf

**abeyance** /əˈbeɪəns/ SYN N (*NonC*) ◆ **to be in abeyance** [*law, custom*] ne pas être en vigueur ◆ **to fall into abeyance** tomber en désuétude ◆ **the question is in abeyance** la question reste en suspens

**abhor** /əbˈhɔːʳ/ SYN VT abhorrer ; → **nature**

**abhorrence** /əbˈhɒrəns/ N horreur f (*of de*), aversion f (*of pour*) ◆ **to hold in abhorrence, have an abhorrence of** avoir horreur de, avoir en horreur

**abhorrent** /əbˈhɒrənt/ SYN ADJ odieux

**abide** /əˈbaɪd/ SYN (pret, ptp **abided** or **abode**)
- VT [1] (neg only = *tolerate*) ◆ **I can't abide her** je ne peux pas la supporter or la souffrir ◆ **I can't abide living here** je ne supporte pas de vivre ici
- [2] (*liter* = *await*) attendre
- VI † (= *endure*) durer ; (= *live*) demeurer
- ▶ **abide by** VT FUS [*+ rule, decision*] respecter ; [*+ consequences*] accepter, supporter ; [*+ promise*] rester or demeurer fidèle à ; [*+ resolve*] maintenir, s'en tenir à ◆ **they agreed to abide by the terms of the contract** ils ont accepté de se conformer aux termes du contrat ◆ **I abide by what I said** je maintiens ce que j'ai dit

**abiding** /əˈbaɪdɪŋ/ SYN ADJ (*liter*) constant, éternel ; → **law**

**Abidjan** /ˌæbɪˈdʒɑːn/ N Abidjan

**ability** /əˈbɪlɪtɪ/ SYN N [1] (*gen*) aptitude f (*to do sth à faire qch*), capacité f (*to do sth pour faire qch*) ◆ **people have lost confidence in the government's ability to keep inflation in check** les gens ne croient plus que le gouvernement est capable de maîtriser l'inflation ◆ **the virus's ability to infect the cells of the human immune system** la capacité du virus à infecter les cellules du système immunitaire humain ◆ **to have faith in sb's/one's ability** or **abilities** croire en qn/en soi ◆ **to the best of one's ability** or **abilities** de son mieux ◆ **he has the ability to bring out the best in people** avec lui, les gens donnent le meilleur d'eux-mêmes ◆ **ability to pay** (*Fin, Jur*) solvabilité f ◆ **ability to pay tax** (*Fin, Jur*) capacité f or faculté f contributive
- [2] (*NonC* = *aptitude*) talent m ◆ **a person of great ability** une personne de grand talent ◆ **he has a certain artistic ability** il a un certain don or talent artistique ◆ **her drama teacher spotted her ability** son professeur d'art dramatique a découvert son talent
- [3] (*Scol etc* = *mental powers*) ◆ **abilities** compétences fpl

**abiogenesis** /ˌeɪbaɪəʊˈdʒenɪsɪs/ N (*Bio*) abiogenèse f

**abiotic** /ˌeɪbaɪˈɒtɪk/ ADJ abiotique

**abject** /ˈæbdʒekt/ SYN ADJ [1] (= *wretched*) [*misery, poverty*] noir ◆ **the abject state of sth** l'état lamentable de qch
- [2] (= *servile*) [*person, obedience, surrender*] servile ◆ **an abject apology** de plates excuses fpl
- [3] (= *contemptible*) [*person, stupidity*] méprisable ; [*failure*] lamentable

**abjectly** /ˈæbdʒektlɪ/ ADV [*apologize*] platement ◆ **he has abjectly failed** il a lamentablement échoué ◆ **to be abjectly poor** être dans une misère noire ◆ **abjectly miserable** profondément malheureux

**abjuration** /ˌæbdʒʊəˈreɪʃən/ N [*of rights*] renoncement m (*of à*) ; [*of religion*] abjuration f

**abjure** /əbˈdʒʊəʳ/ VT [*+ one's rights*] renoncer (publiquement or par serment) à ◆ **to abjure one's religion** abjurer sa religion, apostasier

**Abkhaz** /æbˈkɑːz/, **Abkhazi** /æbˈkɑːzɪ/
- ADJ abkhaze
- N (pl **Abkhaz**) [1] (= *person*) Abkhaze mf
- [2] (= *language*) abkhaze m

**Abkhazia** /æbˈkɑːzɪə/ N Abkhazie f

**Abkhazian** /æbˈkɑːzɪən/ ADJ, N ⇒ **Abkhaz**

**ablate** /æbˈleɪt/ VT (*Med*) pratiquer l'ablation de

**ablation** /æbˈleɪʃən/ N (*Med*) ablation f

**ablative** /ˈæblətɪv/
- N ablatif m ◆ **in the ablative** à l'ablatif
- ADJ ablatif
- COMP **ablative absolute** N ablatif m absolu

**ablaut** /ˈæblaʊt/ N (*Ling*) apophonie f

**ablaze** /əˈbleɪz/ SYN ADJ [1] (*lit*) en feu, en flammes ◆ **to set sth ablaze** mettre le feu à qch ◆ **to be ablaze** flamber
- [2] (*fig*) ◆ **his eyes were ablaze with anger** ses yeux lançaient des éclairs ◆ **ablaze with light** resplendissant de lumière ◆ **the garden is ablaze with colour** c'est une débauche de couleurs dans le jardin

**able** /ˈeɪbl/ SYN
- ADJ [1] ◆ **to be able to do sth** (= *have means or opportunity to*) pouvoir faire qch ; (= *know how to*) savoir faire qch ; (= *be capable of*) être capable de faire qch ; (= *be in position to*) être en mesure de or à même de faire qch ◆ **I wasn't able to help him** je n'ai pas pu l'aider ◆ **I ran fast and so was able to catch the bus** en courant vite j'ai réussi à attraper l'autobus ◆ **he is able to read and write** il sait lire et écrire ◆ **able to pay** en mesure de payer ◆ **you are better able to do it than he is** vous êtes mieux à même de le faire que lui ◆ **she was hardly able to see** (*due to darkness, fog etc*) elle arrivait à peine à voir ; (*due to poor eyesight*) elle voyait à peine
- [2] (= *clever*) capable, compétent ◆ **an able man** un homme très capable or très compétent ◆ **she is one of our ablest pupils** c'est une de nos meilleures élèves
- [3] (*Med* = *healthy*) sain
- COMP **able-bodied** SYN ADJ (*gen* = *not disabled*) valide ; (*Mil*) [*recruit*] bon pour le service

**able-bodied seaman** N ⇒ **able seaman**

**able-minded** ADJ (= *not mentally handicapped*) sain d'esprit ; (= *intelligent*) intelligent

**able rating** (*Brit* = *seaman*) matelot m breveté

**able seaman** N (pl **able seamen**) matelot m breveté or de deuxième classe

**ablet** /ˈæblət/ N (= *fish*) ablette f

**ablution** /əˈbluːʃən/ N ablution f ◆ **to perform one's ablutions** (*hum*) faire ses ablutions

**ably** /ˈeɪblɪ/ ADV (= *competently*) de façon très compétente ; (= *skilfully*) habilement ◆ **he was ably assisted by his brother** son frère l'assistait avec compétence ◆ **he did it perfectly ably** il s'en est tiré d'une manière tout à fait compétente

**ABM** /ˌeɪbiːˈem/ N (abbrev of **antiballistic missile**) → **antiballistic**

**abnegate** /ˈæbnɪgeɪt/ VT [*+ responsibility*] nier ; [*+ one's rights*] renoncer à ; [*+ one's religion*] abjurer

**abnegation** /ˌæbnɪˈgeɪʃən/ N (= *denial*) reniement m, désaveu m (*of de*) ; (= *renunciation*) renoncement m (*of à*) ; (also **self-abnegation**) abnégation f

**abnormal** /æbˈnɔːməl/ SYN ADJ anormal

**abnormality** /ˌæbnɔːˈmælɪtɪ/ SYN N [1] (*gen*) anomalie f ; (= *deformity*) difformité f, malformation f ◆ **genetic abnormalities** anomalies fpl génétiques
- [2] (*NonC*) caractère m anormal, anormalité f

**abnormally** /æbˈnɔːməlɪ/ ADV anormalement ◆ **a city with an abnormally high rate of HIV infection** une ville présentant un taux anormalement élevé de séropositivité ◆ **the cells were growing abnormally** les cellules se développaient de manière anormale

**Abo** * /ˈæbəʊ/ N (*Austral pej*) aborigène mf

**aboard** /əˈbɔːd/
- ADV [1] (= *on plane, boat*) à bord ◆ **to go aboard** (s')embarquer, monter à bord ◆ **to take aboard** embarquer ◆ **all aboard!** (*on train, bus, car*) en voiture ! ; (*on ship*) tout le monde à bord !
- [2] (= *alongside ship*) le long du bord ◆ **close aboard** bord à bord
- PREP à bord de ◆ **aboard the train/bus** dans le train/le bus ◆ **aboard ship** à bord

**abode** /əˈbəʊd/
- VB pret, ptp of **abide**
- N (*frm*) (= *home*) demeure f ◆ **place of abode** (*Jur*) domicile m ◆ **right of abode** (*Jur*) droit m de résidence ◆ **to take up one's abode** élire domicile ◆ **the abode of the gods** le séjour des dieux ; → **fixed, humble**

**abolish** /əˈbɒlɪʃ/ SYN VT [*+ practice, custom, slavery, apartheid, tax*] abolir ; [*+ law*] abroger, abolir

**abolishment** /əˈbɒlɪʃmənt/ N ⇒ **abolition**

**abolition** /ˌæbəʊˈlɪʃən/ N abolition f

**abolitionist** /ˌæbəʊˈlɪʃənɪst/ N (*Hist*) abolitionniste mf, antiesclavagiste mf

**abominable** /əˈbɒmɪnəbl/ SYN
- ADJ abominable
- COMP **the abominable snowman** N l'abominable homme m des neiges

**abominably** /əˈbɒmɪnəblɪ/ ADV [*treat, behave, suffer*] abominablement, d'une manière abominable ◆ **abominably rude/cruel** d'une grossièreté/cruauté abominable ◆ **it's abominably cold** il fait un froid de loup

**abominate** /əˈbɒmɪneɪt/ SYN VT abominer, abhorrer

**abomination** /əˌbɒmɪˈneɪʃən/ N abomination f ◆ **I hold him in abomination** (*liter*) je l'ai en abomination, je l'abomine ◆ **this coffee is an abomination** * ce café est abominable

**Aboriginal** /ˌæbəˈrɪdʒənl/ (*in Australia*)
- ADJ aborigène (australien)
- N ⇒ **Aborigine**

**aboriginal** /ˌæbəˈrɪdʒənl/ SYN
- ADJ [*person*] autochtone , aborigène ; [*plant, animal*] aborigène
- N (= *person*) autochtone mf, aborigène mf ; (= *plant*) plante f aborigène ; (= *animal*) animal m aborigène

**Aborigine** /ˌæbəˈrɪdʒɪnɪ/ N (*in Australia*) Aborigène mf (australien)

**abort** /əˈbɔːt/
- VI (*Med, fig*) avorter ; (*Mil, Space*) échouer ; (*Comput*) abandonner
- VT (*Med*) faire avorter ; (*Comput*) abandonner ; [*+ mission, operation*] abandonner, interrompre ; [*+ deal, agreement, plan*] faire échouer ◆ **an aborted coup** une tentative avortée de coup d'État, un coup d'État manqué ◆ **an aborted attempt** une tentative avortée
- N (*Comput*) abandon m

**abortifacient** /əˌbɔːtɪˈfeɪʃənt/ ADJ, N (*Med*) abortif m

**abortion** /ə'bɔːʃən/
N 1 *(Med) (gen)* avortement *m* ; *(= termination)* avortement *m*, interruption *f* volontaire de grossesse ◆ **to have an abortion** (se faire) avorter
2 *[of plans, scheme, mission] (= abandoning)* abandon *m* ; *(= failure)* échec *m*
COMP **abortion law reform** N réforme *f* de la loi sur l'avortement
**abortion pill** N pilule *f* abortive

**abortionist** /ə'bɔːʃənɪst/ N avorteur *m*, -euse *f* ; → **backstreet**

**abortive** /ə'bɔːtɪv/ ADJ 1 *(= unsuccessful) [attempt]* avorté ; *[coup, operation, mission]* avorté, manqué ; *[plan]* qui a échoué
2 *(Med) [method]* abortif, d'avortement

**abortively** /ə'bɔːtɪvlɪ/ ADV *(= in vain)* en vain

**ABO system** /ˌeɪbiː'əʊ/ N *(Med)* système *m* ABO

**aboulia** /ə'buːlɪə/ N *(Psych)* aboulie *f*

**abound** /ə'baʊnd/ SYN VI *[fish, resources etc]* abonder ; *[river, town, area etc]* abonder *(in* en), regorger *(in* de)

**about** /ə'baʊt/ SYN

► When **about** is an element in a phrasal verb, eg **bring about, come about, turn about, wander about**, look up the verb.

ADV 1 *(= approximately)* à peu près, environ ◆ **there were about 25 and now there are about 30** il y en avait environ *or* à peu près 25 et à présent il y en a une trentaine ◆ **it's about 11 o'clock** il est environ *or* à peu près 11 heures ◆ **about 11 o'clock** vers 11 heures ◆ **she's about as old as you** elle a à peu près votre âge ◆ **that's about right** c'est à peu près ça ◆ **that's about it** *or* **all** c'est à peu près tout ◆ **it's about time!** * il est grand temps ! ◆ **I've had about enough!** * je commence à en avoir assez !
2 *(= here and there)* ◆ **shoes lying about** des chaussures qui traînent (çà et là) ◆ **to throw one's arms about** gesticuler, agiter les bras en tous sens
3 *(= near, in circulation)* par ici ◆ **he's somewhere about** il est quelque part par ici, il est dans les parages ◆ **is anyone about?** il y a quelqu'un ? ◆ **there was nobody about** il n'y avait personne ◆ **there's a lot of flu about** il y a beaucoup de cas de grippe en ce moment ◆ **there is a rumour about that...** le bruit court que... ◆ **she's up and about again** elle est de nouveau sur pied ◆ **you should be out and about!** ne restez donc pas enfermé !
4 *(= all round)* ◆ **all about** tout autour ◆ **to glance about** jeter un coup d'œil autour de soi
5 *(opposite direction)* ◆ **to turn sth (the other way) about** retourner qch ◆ **it's the other way about** *(fig)* c'est le contraire ◆ **about turn!, about face!** *(Brit Mil)* demi-tour, marche ! ◆ **to go** *or* **put about** *(Naut)* virer de bord ; → **ready, right**
6 *(set structures)*
♦ **to be about to do sth** aller faire qch ◆ **I was about to go out when...** j'allais sortir quand... ◆ **he was about to say no but changed his mind** il allait dire non, mais il a changé d'avis ◆ **I was just about to do it** j'étais sur le point de le faire ◆ **the film is just about to start** le film va commencer ◆ **I'm not about to tell her she's wrong!** * ce n'est pas moi qui lui dirai qu'elle se trompe !
PREP 1 *(= concerning)* au sujet de, concernant ◆ **I need to see you about this contract** j'ai besoin de vous voir au sujet de ce contrat ◆ **advice about contraception** des conseils sur la contraception ◆ **he never complains about his job** il ne se plaint jamais de son travail ◆ **she knows a lot about cars** elle s'y connaît en voitures ◆ **to tell sb about sth** *(= mention it)* dire qch à qn ; *(= discuss it)* dire qch à qn, parler de qch à qn ◆ **if you were gay, would you tell your boss about it?** si tu étais homosexuel, tu le dirais à ton patron ? ◆ **is there a problem? would you like to tell me about it?** il y a quelque chose qui ne va pas ? tu veux m'en parler ? ◆ **to speak about sth** parler de qch ◆ **he wants to talk to you – what about?** il veut te parler – de quoi ? ◆ **I'm sorry about that problem with the car** je suis désolé de ces ennuis avec la voiture ◆ **I feel bad about having said that** je me sens coupable d'avoir dit cela ◆ **I heard nothing about it** je n'en ai pas entendu parler ◆ **a book about cats** un livre sur les chats ◆ **what's the film/book about?** quel est le sujet du film/du livre ? ◆ **what's all this about?** de quoi s'agit-il ? ◆ **I know what it's all about** je sais de quoi il retourne ◆ **politics is (all) about compromise** la politique est une affaire de compromis ◆ **I don't know what to do about the cats when we go on holiday** je ne sais pas quoi faire des chats quand nous partirons en vacances ◆ **you can't let this go on: what are you going to do about it?** ça ne peut pas continuer comme ça, qu'est-ce que vous allez faire ? ; → **how, what**
2 *(= near to)* près de ◆ **I dropped it (somewhere) about here** je l'ai laissé tomber par ici ◆ **it happened round about last week** ça s'est passé il y a environ une semaine
3 *(= somewhere in)* quelque part dans ◆ **(somewhere) about the house** quelque part dans la maison
4 *(= surrounding)* autour de ◆ **the countryside (round) about Edinburgh** la campagne autour d'Édimbourg ◆ **she had a string of pearls about her neck, a string of pearls hung about her neck** elle portait un collier de perles (autour du cou)
5 *(= with, on sb's person)* sur ◆ **I've got it about me somewhere** je l'ai sur moi, quelque part ◆ **to have drugs about one's person** avoir de la drogue sur soi
6 *(describing characteristics)* ◆ **there's something sinister about him** il a quelque chose de sinistre, il a un côté sinistre ◆ **there's something interesting about him** il a un côté intéressant ◆ **there's something charming about him** il a un certain charme ◆ **there's something odd about all this** il y a quelque chose qui cloche là-dedans
7 *(= occupied with)* ◆ **what are you about?** qu'est-ce que vous faites ? ◆ **mind what you're about!** faites (un peu) attention ! ◆ **while we're about it** pendant que nous y sommes

**about-face** /ə'baʊtfeɪs/, **about-turn** /ə'baʊt'tɜːn/
VI *(Mil)* faire demi-tour ; *(fig)* faire volte-face
N *(Mil)* demi-tour *m* ; *(fig)* volte-face *f* ◆ **to do an about-face** faire demi-tour ; *(fig)* faire volte-face

**above** /ə'bʌv/ SYN

► When **above** is an element in a phrasal verb, eg **get above**, look up the verb.

ADV 1 *(= overhead, higher up)* au-dessus, en haut ◆ **from above** d'en haut ◆ **the view from above** la vue d'en haut ◆ **the flat above** l'appartement *m* au-dessus *or* du dessus ◆ **the powers above** *(= of higher rank)* les autorités *fpl* supérieures ; *(= in heaven)* les puissances *fpl* célestes ◆ **orders from above** des ordres *mpl* venant d'en haut ◆ **a warning from above** un avertissement (venu) d'en haut
2 *(= more)* ◆ **boys of 16 and above** les garçons à partir de 16 ans, les garçons de 16 ans et plus ◆ **seats are available at €15 and above** il y a des places à partir de 15 € ; → **over**
3 *(= earlier : in book etc)* ci-dessus, plus haut ◆ **as above** comme ci-dessus, comme plus haut ◆ **the address as above** l'adresse *m* ci-dessus
4 *(= upstream)* en amont, plus haut
PREP 1 *(= higher than, superior to)* au-dessus de, plus haut que ◆ **above it** plus haut ◆ **above the horizon** au-dessus de l'horizon ◆ **above all (else)** par-dessus tout, surtout ◆ **he put his hands above his head** il a levé les mains au-dessus de sa tête ◆ **he values honesty above everything else** pour lui, il n'y a rien de plus important que l'honnêteté, il place l'honnêteté au-dessus de tout ; → **average**
2 *(= more than)* plus de ◆ **children above seven years of age** les enfants de plus de sept ans *or* au-dessus de sept ans ◆ **it will cost above $10** ça coûtera plus de 10 dollars ◆ **temperatures above 40 degrees** des températures supérieures à 40 degrés ◆ **wage rises of 3% above inflation** des augmentations de salaire supérieures de 3% à l'inflation ; → **over**
3 *(= beyond)* au-delà de ◆ **that is quite above me** ce livre me dépasse ◆ **this book is above me** ce livre est trop compliqué pour moi ; → **head**
4 *(= too proud, honest etc for)* ◆ **he is above such behaviour** il est incapable de se conduire ainsi ◆ **he's not above stealing/theft** il irait jusqu'à voler/jusqu'au vol ◆ **he's not above playing with the children** il ne dédaigne pas de jouer avec les enfants ◆ **they're not above changing the rules to suit their own purposes** ils iraient jusqu'à modifier les règles en leur faveur ◆ **he thought he was above failure** *(gen)* il croyait être infaillible ; *(in specific situation, task etc)* il pensait qu'il ne pouvait pas échouer ◆ **to get above o.s.** avoir des idées de grandeur
5 *(= over)* ◆ **I couldn't hear what she was saying above the barking** les aboiements m'empêchaient d'entendre ce qu'elle disait
6 *(= upstream from)* en amont de, plus haut que
7 *(= north of)* au nord de, au-dessus de
ADJ mentionné ci-dessus, précité ◆ **the above decree** le décret précité
N ◆ **the above is a photo of...** ci-dessus nous avons une photo de... ◆ **please translate the above** veuillez traduire ce qui se trouve au-dessus
COMP **above board** ADJ *[person, action]* régulier, correct ADV cartes sur table
**above ground** ADJ *(gen)* au-dessus du sol, à la surface ; *[swimming pool]* hors sol
**above-mentioned** ADJ susmentionné, précité
**above-named** ADJ susnommé
**above-the-line advertising** N *(Comm)* publicité-média *f*

**abracadabra** /ˌæbrəkə'dæbrə/ EXCL abracadabra !

**abrade** /ə'breɪd/ VT user en frottant *or* par le frottement ; *[+ skin etc]* écorcher, érafler ; *(Geol)* éroder

**Abraham** /'eɪbrəhæm/ N Abraham *m*

**abrasion** /ə'breɪʒən/ SYN *(frm)* N 1 *(Med) [of skin]* écorchure *f* ; *[of teeth]* abrasion *f*
2 *(NonC = damage)* abrasion *f*

**abrasive** /ə'breɪsɪv/ SYN
ADJ 1 *[substance, surface]* abrasif
2 *[person, personality, manner, speech]* caustique ; *[voice]* acerbe ; *[wit]* corrosif
N abrasif *m*

**abrasively** /ə'breɪsɪvlɪ/ ADV *[say, reply]* d'une voix acerbe ◆ **he was abrasively aggressive** il a été d'une agressivité caustique

**abreaction** /ˌæbrɪ'ækʃən/ N abréaction *f*

**abreast** /ə'brest/ SYN ADV 1 *[horses, vehicles, ships]* de front ; *[people]* de front, côte à côte ◆ **to walk three abreast** marcher trois de front ◆ **(in) line abreast** *[ships]* en ligne de front ◆ **abreast of sb/sth** *(= in line with)* à la hauteur de qn/qch ◆ **to draw abreast of sb/sth** arriver à la hauteur de qn/qch
2 *(fig)* ◆ **abreast of sth** *(= aware of)* au courant de qch ◆ **to keep abreast of sth** se tenir au courant de qch ◆ **to be abreast of the times** être de son temps, marcher avec son temps

**abridge** /ə'brɪdʒ/ SYN VT *[+ book]* abréger ; *[+ article, speech]* raccourcir, abréger ; *[+ interview]* écourter ; *[+ text]* réduire

**abridgement** /ə'brɪdʒmənt/ SYN N 1 *(= shortened version)* résumé *m*, abrégé *m*
2 *(NonC)* diminution *f*, réduction *f*

**abroad** /ə'brɔːd/ SYN ADV 1 *(= in foreign country)* à l'étranger ◆ **to go/be abroad** aller/être à l'étranger ◆ **news from abroad** nouvelles *fpl* de l'étranger ; → **home**
2 *(= far and wide)* au loin ; *(= in all directions)* de tous côtés, dans toutes les directions ◆ **scattered abroad** éparpillé de tous côtés *or* aux quatre vents ◆ **there is a rumour abroad that...** le bruit circule *or* court que... ; → **noise**
3 *( † = out of doors)* (au) dehors, hors de chez soi

**abrogate** /'æbrəʊgeɪt/ VT *(frm)* abroger, abolir

**abrogation** /ˌæbrəʊ'geɪʃən/ N *(frm)* abrogation *f*

**abrupt** /ə'brʌpt/ SYN ADJ 1 *(= sudden) [change, rise, fall]* soudain, brusque ; *[resignation, dismissal]* soudain ; *[movement, turn]* brusque ; *[departure]* précipité ◆ **to come to an abrupt end** se terminer brusquement ◆ **to bring an abrupt end to sth** mettre brusquement fin *or* un terme à qch ◆ **to come to an abrupt halt** *or* **stop** s'arrêter brusquement
2 *(= brusque) [person, manner, comment]* abrupt
3 *(= steep) [hillside, precipice]* abrupt, raide

**abruptly** /ə'brʌptlɪ/ ADV 1 *(= suddenly) [stop, move, turn]* brusquement
2 *(= brusquely) [say, ask]* abruptement
3 *(= steeply) [rise]* en pente raide

**abruptness** /ə'brʌptnɪs/ N 1 *(= suddenness)* soudaineté *f* ; *(= haste)* précipitation *f*
2 *(= brusqueness) [of person, behaviour]* brusquerie *f*
3 *(= steepness)* ◆ **the abruptness of the slope** la pente raide

**ABS** /ˌeɪbiː'es/
N (abrev of **anti-lock braking system**) ABS *m*
COMP **ABS brakes** NPL freins *mpl* ABS

**abs** /æbz/ * NPL abdos * *mpl*

**abscess** /ˈæbses/ N abcès m

**abscissa** /æbˈsɪsə/ N (pl **abscissas** or **abscissae** /æbˈsɪsiː/) (Math) abscisse f

**abscond** /əbˈskɒnd/ SYN VI s'enfuir, prendre la fuite (from de)

**absconder** /əbˈskɒndəʳ/ N fugitif m, -ive f ; (from prison) évadé(e) m(f)

**absconding** /əbˈskɒndɪŋ/
ADJ en fuite
N fuite f ; [of prisoner] évasion f

**abseil** /ˈæbseɪl/ (Brit)
VI descendre en rappel ◆ **to abseil down a cliff** descendre une falaise en rappel
N (descente f en) rappel m ◆ **abseil device** descendeur m

**abseiling** /ˈæbseɪlɪŋ/ N (Brit) (descente f en) rappel m

**absence** /ˈæbsəns/ SYN
N 1 (= being away) absence f ; [of defendant from trial] non-comparution f, défaut m ◆ **during/in the absence of sb** pendant/en l'absence de qn ◆ **sentenced in his absence** (Jur) condamné par contumace ◆ **absence makes the heart grow fonder** (Prov) l'éloignement renforce les sentiments ◆ **absence without leave** absence f irrégulière ◆ **an absence of three months** une absence de trois mois ; → **conspicuous, leave, unauthorized**
2 (NonC = lack) manque m, défaut m ◆ **in the absence of accurate information** faute de données précises
COMP **absence of mind** N (= distraction) distraction f ; (= forgetfulness) absence f

**absent** /ˈæbsənt/ SYN
ADJ 1 (= away) absent (from de) ◆ **to be** or **go absent without leave** être absent sans permission ◆ **to absent friends!** (buvons) à la santé des absents !
2 (= inattentive) distrait
3 (= lacking) ◆ **her name was absent from the list** son nom n'était pas sur la liste
VT /æbˈsent/ ◆ **to absent o.s.** s'absenter (from de)
COMP **absent-minded** SYN ADJ [person] (gen) distrait ; (= forgetful) absent ; [air, manner] absent, distrait
**absent-mindedly** ADV (= distractedly) distraitement ; (= inadvertently) par inadvertance
**absent-mindedness** N (= distraction) distraction f ; (= forgetfulness) absence f

**absentee** /ˌæbsənˈtiː/
N absent(e) m(f) ; (habitual) absentéiste mf
COMP **absentee ballot** N (US Pol) vote m par correspondance
**absentee landlord** N propriétaire mf absentéiste
**absentee rate** N taux m d'absentéisme
**absentee voter** (US) N électeur m, -trice f qui vote par correspondance

**absenteeism** /ˌæbsənˈtiːɪzəm/ N absentéisme m

**absently** /ˈæbsəntlɪ/ SYN ADV distraitement

**absinth(e)** /ˈæbsɪnθ/ N absinthe f

**absolute** /ˈæbsəluːt/ SYN
ADJ 1 (= complete, unqualified) [refusal, command, majority, silence, poverty] absolu ; (Jur) [proof] irréfutable, formel ◆ **an absolute truth** une vérité absolue ◆ **she has absolute faith** or **confidence in him** elle lui fait entièrement confiance ◆ **it's an absolute necessity** c'est indispensable ◆ **it's an absolute fact that...** c'est un fait indiscutable or il est indiscutable que... ◆ **in absolute terms** dans l'absolu ◆ **the divorce was made absolute** le (jugement de) divorce a été prononcé
2 (used for emphasis) ◆ **it's an absolute scandal** c'est un véritable scandale, c'est vraiment scandaleux ◆ **that's absolute nonsense** or **rubbish** * c'est n'importe quoi * ◆ **it was an absolute nightmare** c'était un vrai cauchemar ◆ **an absolute idiot** * un parfait crétin *
3 (= unlimited) [power] absolu, souverain ; [monarch] absolu
4 (Math, Phys) [value] absolu ; (Chem) [alcohol] absolu, anhydre
N absolu m
COMP **absolute liability** N (Fin, Jur) responsabilité f objective
**absolute monopoly** N monopole m absolu
**absolute pitch** N (Mus) oreille f absolue
**absolute undertaking** N (Jur) engagement m de responsabilité absolue
**absolute veto** N veto m absolu
**absolute zero** N zéro m absolu

**absolutely** /ˌæbsəˈluːtlɪ/ SYN ADV 1 (= completely) absolument ◆ **I absolutely agree** je suis absolument or tout à fait d'accord ◆ **to be absolutely right** avoir entièrement raison ◆ **to lie absolutely still** rester parfaitement immobile, faire le mort ◆ **absolutely everything** absolument tout ◆ **it's absolutely scandalous** * c'est un véritable scandale, c'est scandaleux ◆ **absolutely!** (expressing agreement) absolument ! ◆ **absolutely not!** (expressing disagreement) jamais de la vie !, sûrement pas !
2 /ˈæbsəluːtlɪ/ (Gram) absolument ◆ **verb used absolutely** verbe dans son emploi absolu

**absolution** /ˌæbsəˈluːʃən/ SYN N absolution f ◆ **the Absolution** (in liturgy) l'absoute f

**absolutism** /ˈæbsəluːtɪzəm/ SYN N (Pol) absolutisme m ; (Rel) prédestination f

**absolutist** /ˈæbsəluːtɪst/ SYN ADJ, N (Pol) absolutiste mf

**absolutory** /æbˈsɒljʊtərɪ/ ADJ absolutoire

**absolve** /əbˈzɒlv/ SYN VT (from sin, of crime) absoudre (from, of de) ; (Jur) acquitter (of de) ; (from obligation, oath) décharger, délier (from de)

**absorb** /əbˈsɔːb/ SYN VT 1 (lit, fig) absorber ; [+ sound, shock] amortir ; [+ atmosphere of place] s'imprégner de ; [+ lesson] assimiler ◆ **to absorb surplus stocks** absorber les surplus
2 ◆ **to become absorbed in one's work/in a book** s'absorber dans son travail/dans la lecture d'un livre ◆ **to be absorbed in a book** être plongé dans un livre ◆ **to be completely absorbed in one's work** être tout entier à son travail

**absorbency** /əbˈsɔːbənsɪ/ N pouvoir m absorbant ; (Chem, Phys) absorptivité f

**absorbent** /əbˈsɔːbənt/
ADJ absorbant
N absorbant m
COMP **absorbent cotton** N (US) coton m hydrophile

**absorbing** /əbˈsɔːbɪŋ/ ADJ absorbant ; (fig) [book, film] passionnant, captivant ; [work] absorbant

**absorptance** /əbˈsɔːptəns/ N (Phys) facteur m d'absorption, absorptance f

**absorption** /əbˈsɔːpʃən/
N 1 (Phys, Physiol) absorption f ; [of shock] amortissement m ; [of person into group etc] absorption f, intégration f
2 (fig) concentration f (d'esprit) ◆ **his absorption in his studies prevented him from...** ses études l'absorbaient à tel point qu'elles l'empêchaient de...
COMP **absorption costing** N coûts mpl complets
**absorption spectrum** N spectre m d'absorption

**absorptivity** /ˌæbsɔːpˈtɪvɪtɪ/ N absorptivité f

**absquatulate** * /æbˈskwɒtʃəleɪt/ VI se tirer *, mettre les voiles *

**abstain** /əbˈsteɪn/ SYN VI (gen, Rel, Pol) s'abstenir (from de ; from doing sth de faire qch) ; (from alcohol) s'abstenir complètement de boire de l'alcool

**abstainer** /əbˈsteɪnəʳ/ N 1 (also **total abstainer**) ◆ **he's an abstainer** il ne boit jamais d'alcool
2 (Pol) abstentionniste mf

**abstemious** /əbˈstiːmɪəs/ SYN ADJ (frm) [person] sobre, frugal ; [meal] frugal

**abstemiously** /æbˈstiːmjəslɪ/ ADV sobrement

**abstemiousness** /əbˈstiːmɪəsnɪs/ N (NonC, frm) [of person] (from drinking) sobriété f ; (from eating) frugalité f ; [of meal] frugalité f

**abstention** /əbˈstenʃən/ SYN N (from voting) abstention f ; (from drinking) abstinence f ◆ **400 votes with 3 abstentions** 400 voix et 3 abstentions

**abstinence** /ˈæbstɪnəns/ SYN N (gen, Rel) abstinence f (from de) ; (from alcohol) (also **total abstinence**) abstention d'alcool

**abstinent** /ˈæbstɪnənt/ SYN ADJ sobre, tempérant ; (Rel) abstinent

**abstract** /ˈæbstrækt/ SYN
ADJ [idea, number, noun, art, artist] abstrait ◆ **abstract expressionism** expressionnisme m abstrait
N 1 (Philos) abstrait m ; (= idea) abstraction f ◆ **in the abstract** dans l'abstrait

2 (= summary) (for thesis, conference) résumé m, abrégé m ◆ **abstract of accounts** (Fin) extrait m de compte
3 (= work of art) œuvre f abstraite
VT /æbˈstrækt/ 1 (gen, Chem = remove) extraire
2 (= steal) soustraire (sth from sb qch à qn), dérober
3 (= summarize) [+ book] résumer

**abstracted** /æbˈstræktɪd/ SYN ADJ [person] (= absent-minded) distrait ; (= preoccupied) préoccupé, absorbé

**abstractedly** /æbˈstræktɪdlɪ/ ADV distraitement

**abstraction** /æbˈstrækʃən/ SYN N
1 (= absent-mindedness) distraction f ◆ **with an air of abstraction** d'un air distrait
2 (= concept) idée f abstraite, abstraction f
3 (= act of removing) extraction f ; (hum = stealing) appropriation f

**abstruse** /æbˈstruːs/ SYN ADJ abstrus

**abstruseness** /æbˈstruːsnɪs/ N caractère m abstrus

**absurd** /əbˈsɜːd/ SYN
ADJ absurde ◆ **it's absurd!** c'est absurde !
N (Philos) ◆ **the absurd** l'absurde m

**absurdist** /əbˈsɜːdɪst/ ADJ [writer] de l'absurde ; [humour] absurde ; [book, play] fondé sur l'absurde

**absurdity** /əbˈsɜːdɪtɪ/ SYN N absurdité f

**absurdly** /əbˈsɜːdlɪ/ ADV [demand, laugh] de façon ridicule ; [expensive, young, rich] ridiculement

**ABTA** /ˈæbtə/ N (abbrev of **Association of British Travel Agents**) ≈ Syndicat m national des agences de voyage

**Abu Dhabi** /ˌæbuːˈdɑːbɪ/ N Abou Dhabi

**abulia** /əˈbuːlɪə/ N (Psych) aboulie f

**abundance** /əˈbʌndəns/ SYN N (= plenty) abondance f, profusion f ◆ **in abundance** en abondance ◆ **the sea bed yields up an abundance of food** on trouve de la nourriture en abondance au fond de la mer ◆ **he has an abundance of energy** il a de l'énergie à revendre

**abundant** /əˈbʌndənt/ SYN ADJ abondant ◆ **there is abundant evidence that he is guilty** les preuves de sa culpabilité abondent ◆ **seals are abundant in these waters** ces eaux abondent en phoques

**abundantly** /əˈbʌndəntlɪ/ ADV abondamment, copieusement ◆ **to grow abundantly** pousser à foison ◆ **it was abundantly clear that...** il était tout à fait clair que... ◆ **he made it abundantly clear to me that...** il m'a bien fait comprendre or m'a bien précisé que...

**abuse** /əˈbjuːz/ SYN
VT 1 (= misuse) [+ power, privilege] abuser de
2 (verbally) injurier, insulter
3 (physically) (= ill-treat) malmener, maltraiter
4 [+ person] (sexually) faire subir des abus sexuels à ◆ **(sexually) abused children** les enfants victimes d'abus sexuels
N /əˈbjuːs/ 1 [of power, authority] abus m ◆ **the system is open to abuse** le système présente des risques d'abus
2 (= unjust practice) abus m ◆ **to remedy abuses** réprimer les abus
3 (NonC = curses, insults) insultes fpl, injures fpl ; (= ill-treatment) (gen) mauvais traitements mpl (of infligés à) ; (Soc, Jur) maltraitance f ; (sexual) abus m sexuel, sévices mpl sexuels

**abuser** /əˈbjuːzəʳ/ N 1 (gen) ◆ **abusers of the system** les gens qui exploitent le système
2 (Soc, Jur, gen) auteur m de sévices ; (also **sex abuser**) auteur m de sévices sexuels

**Abu Simbel** /ˌæbuːˈsɪmbl/ N Abou Simbel

**abusive** /əˈbjuːsɪv/ SYN ADJ 1 (= offensive) [speech, words] injurieux ◆ **to use abusive language to sb** injurier qn ◆ **he was very abusive** (= rude) il s'est montré très grossier
2 (Soc, Jur) [parents] qui exercent des sévices sur leurs enfants ◆ **children from an abusive home** les enfants maltraités par leurs parents
3 (= wrongly used) abusif, mauvais

**abusively** /əˈbjuːsɪvlɪ/ ADV [refer to] injurieusement ◆ **to shout/scream abusively at sb** crier/hurler des insultes à qn

**abusiveness** /əˈbjuːsɪvnɪs/ N 1 (= rudeness) grossièreté f
2 (= violence) ◆ **their father's abusiveness continued** leur père a continué à leur faire subir des sévices

**abut** /əˈbʌt/
- **VI** ◆ **to abut on** or **onto** être contigu (-guë f) à
- **VT** être contigu (-guë f) à

**abutment** /əˈbʌtmənt/ **N** (Archit) contrefort m, piédroit m ; (esp on bridge) butée f

**abuzz** /əˈbʌz/ **ADJ** ◆ **the office was abuzz with the news** la nouvelle courait dans tout le bureau

**abysmal** /əˈbɪzməl/ SYN **ADJ** [taste, quality] épouvantable, catastrophique* ; [failure] retentissant ◆ **the play was an abysmal failure** la pièce a été un échec retentissant ◆ **his work was quite abysmal** son travail était tout à fait exécrable

**abysmally** /əˈbɪzməlɪ/ **ADV** [bad, low, unsuccessful] atrocement ; [play] atrocement mal ◆ **abysmally ignorant** d'une ignorance crasse ◆ **the government has failed abysmally** le gouvernement a échoué lamentablement

**abyss** /əˈbɪs/ SYN **N** (lit, fig) abîme m, gouffre m ; (in sea) abysse m

**abyssal** /əˈbɪsəl/ **ADJ** (Geog) abyssal

**Abyssinia** /ˌæbɪˈsɪnɪə/ **N** Abyssinie f

**Abyssinian** /ˌæbɪˈsɪnɪən/
- **ADJ** abyssinien, abyssin (rare) ◆ **the Abyssinian Empire** l'empire m d'Éthiopie
- **N** 1 Abyssinien(ne) m(f)
- 2 (also **Abyssinian cat**) (chat m) abyssin m

**AC** /eɪˈsiː/ **N** (abbrev of **alternating current**) → **alternating**

**a/c N** (abbrev of **account**) C, compte m

**acacia** /əˈkeɪʃə/ **N** acacia m

**Acad** abbrev of **academy, academic**

**academe** /ˈækədiːm/, **academia** /ˌækəˈdiːmɪə/ **N** (NonC) le monde universitaire

**academic** /ˌækəˈdemɪk/ SYN
- **ADJ** 1 (= of studying, colleges) (Univ) universitaire ; (Scol) scolaire ; [failure, progress] scolaire ◆ **academic freedom** liberté f de l'enseignement
- 2 (= theoretical) théorique, spéculatif ◆ **academic debate** discussion f sans portée pratique or toute théorique
- 3 (= scholarly) [style, approach] intellectuel ◆ **a dry academic approach** une approche aride et scolaire
- 4 (= of no practical use) ◆ **that's all quite academic, it's an academic question** c'est (une question) purement théorique ◆ **out of purely academic interest** par simple curiosité
- 5 [art, portrait] académique
- 6 (= academically able) doué pour les études ◆ **the less academic pupils** les élèves moins doués pour les études
- **N** (= university teacher) universitaire mf
- **COMP academic advisor N** directeur m, -trice f d'études
- **academic dean N** (US) ≈ président(e) m(f) de faculté
- **academic dress N** toge f et toque f de professeur (or d'étudiant)
- **academic gown N** toge f de professeur (or d'étudiant)
- **academic officers NPL** personnel m enseignant et cadres mpl administratifs
- **academic rank N** grade m
- **academic year N** année f universitaire

**academically** /ˌækəˈdemɪkəlɪ/ **ADV** [competent] sur le plan scolaire ; [sound] intellectuellement ◆ **academically gifted** doué pour les études ◆ **academically qualified** possédant des diplômes

**academicals** /ˌækəˈdemɪkəlz/ **NPL** toge f et toque f de professeur (or d'étudiant)

**academician** /əˌkædəˈmɪʃən/ **N** académicien(ne) m(f)

**academicism** /ˌækəˈdemɪsɪzəm/ **N** académisme m

**academy** /əˈkædəmɪ/
- **N** 1 (= private college) école f privée, collège m, pensionnat m ◆ **military/naval academy** école f militaire/navale ◆ **academy of music** conservatoire m ; → **police**
- 2 (= society) académie f, société f ◆ **the (Royal) Academy** l'Académie f royale britannique des beaux-arts → **French**
- **COMP Academy Award N** oscar m

**Acadia** /əˈkeɪdjə/ **N** (Geog) Acadie f

**acanthus** /əˈkænθəs/ **N** (pl **acanthuses** or **acanthi** /əˈkænθaɪ/) acanthe f

**a capella** /ɑːkəˈpelə/ **ADJ, ADV** (Mus) a cap(p)ella

**Acapulco** /ˌækəˈpʊlkəʊ/ **N** (Geog) Acapulco

**acariasis** /ˌækəˈraɪəsɪs/ **N** (Med) acariose f

**acaricide** /əˈkærɪˌsaɪd/ **N** acaricide m

**acarid** /ˈækərɪd/ **N** (= parasite) acarien m

**acarpous** /eɪˈkɑːpəs/ **ADJ** [plant] acarpe

**acarus** /ˈækərəs/ **N** (pl **acari** /ˈækəˌraɪ/) (= parasite) acarus m

**ACAS, Acas** /ˈeɪkæs/ **N** (abbrev of **Advisory, Conciliation and Arbitration Service**) organisme d'arbitrage des conflits du travail

**acc.** (Banking) abbrev of **account**

**Accadian** /əˈkeɪdɪən/ **ADJ, N** akkadien(ne) m(f)

**accede** /ækˈsiːd/ SYN **VI** 1 (= agree) ◆ **to accede to** [+ request] agréer, donner suite à ; [+ suggestion] agréer, accepter
- 2 (= gain position) entrer en possession ◆ **to accede to office** entrer en fonction ◆ **to accede to the throne** monter sur le trône
- 3 (= join) adhérer, se joindre (to à)

**accelerando** /ækˌseləˈrændəʊ/ **ADV** (Mus) accelerando

**accelerate** /ækˈseləreɪt/ SYN
- **VT** [+ movement, growth] accélérer ; [+ work] activer ; [+ events] précipiter, hâter ◆ **to accelerate the process of reform/modernization** accélérer le processus de réformes/de modernisation
- **VI** accélérer

**accelerated** /ækˈseləreɪtɪd/ **ADJ** accéléré ◆ **accelerated program** (US Univ) cursus m intensif

**acceleration** /ækˌseləˈreɪʃən/ SYN
- **N** accélération f ◆ **repayment by acceleration** (Fin) remboursement m par déchéance du terme
- **COMP acceleration clause N** (Fin) clause f d'accélération

**accelerator** /ækˈseləreɪtəʳ/ **N** (of car, Phys, Phot) accélérateur m ◆ **to step on the accelerator** appuyer sur l'accélérateur or le champignon*

**accelerometer** /ækˌseləˈrɒmɪtəʳ/ **N** accéléromètre m

**accent** /ˈæksənt/ SYN
- **N** 1 (= intonation, pronunciation) accent m ◆ **to speak French without an accent** parler français sans accent (étranger) ◆ **she speaks with a Yorkshire accent** elle parle avec l'accent du Yorkshire ◆ **a strong French accent** un fort accent français
- 2 (= stress on part of word) accent m (tonique)
- 3 (= written mark) accent m ; → **acute**
- 4 (liter = way of speaking) ◆ **accents** accents mpl, paroles fpl ◆ **in accents of rage** avec des accents de rage (dans la voix)
- **VT** /ækˈsent/ 1 (= emphasize) [+ word] accentuer, mettre l'accent sur ; [+ syllable] accentuer
- 2 (= make prominent) accentuer, mettre en valeur

**accentor** /ækˈsentəʳ/ **N** (= bird) accenteur m

**accentuate** /ækˈsentjʊeɪt/ SYN **VT** (= emphasize) [+ inequality, hostility, tendency] accentuer ; [+ physical feature] faire ressortir ; (= draw attention to) attirer l'attention sur

**accentuation** /ækˌsentjʊˈeɪʃən/ **N** accentuation f

**accept** /əkˈsept/ LANGUAGE IN USE 11.2, 11.3, 12.1, 12.2, 18.3, 25 SYN **VT** 1 [+ gift, invitation, apology] accepter ; [+ goods] prendre livraison de ; [+ excuse, fact, report, findings] admettre, accepter ; [+ one's duty] se soumettre à ; [+ one's fate] accepter, se résigner à ; [+ task] se charger de, accepter ; (Comm) [+ bill] accepter ◆ **I accept that...** je conviens que... ◆ **it is generally** or **widely accepted that...** il est généralement admis que...
- 2 (= allow) [+ action, behaviour] admettre, accepter
- 3 (Med) [+ transplanted organ] assimiler

**acceptability** /əkˌseptəˈbɪlɪtɪ/ **N** acceptabilité f

**acceptable** /əkˈseptəbl/ SYN
- **ADJ** 1 (= reasonable) [offer, suggestion] acceptable (also Ling) ; (morally) [behaviour] admissible ◆ **I hope you will find this acceptable** j'espère que cela vous conviendra ◆ **if this offer is acceptable to you** si la présente offre est à votre convenance
- 2 (= welcome) bienvenu, opportun ; [gift] qui fait plaisir ◆ **the money was most acceptable** l'argent était vraiment le bienvenu
- **COMP acceptable daily intake N** (Med) dose f quotidienne admissible

**acceptable quality level N** [of industrial product] niveau m de qualité acceptable

**acceptably** /əkˈseptəblɪ/ **ADV** 1 (= properly) [behave, treat] de façon acceptable, d'une manière décente ◆ (= sufficiently) ◆ **acceptably accurate** d'une précision satisfaisante ◆ **acceptably safe** d'un niveau de sécurité satisfaisant ◆ **noise levels were acceptably low** les niveaux sonores étaient suffisamment bas pour être tolérables
- 2 (= adequately) [play] à peu près comme il faut, d'une manière convenable

**acceptance** /əkˈseptəns/ LANGUAGE IN USE 19.5 SYN
- **N** 1 [of invitation, gift] acceptation f ; [of proposal] consentement m (of à) ; (Comm) [of bill] acceptation f ; [of delivered goods] réception f
- 2 (= approval) réception f favorable, approbation f ◆ **the idea met with general acceptance** l'idée a reçu l'approbation générale
- **COMP acceptance house N** banque f d'acceptation

**acceptation** /ˌæksepˈteɪʃən/ **N** 1 (= meaning) acception f, signification f
- 2 (= approval) approbation f

**accepted** /əkˈseptɪd/ SYN **ADJ** accepté ; [fact] reconnu ; [idea] répandu ; [behaviour, pronunciation] admis ◆ **... in the accepted sense of the word** ... dans le sens usuel or courant du mot

**acceptor** /əkˈseptəʳ/ **N** (Comm) accepteur m

**access** /ˈækses/ SYN
- **N** 1 (NonC) (= way of approach) accès m, abord m ; (Jur) (= through lane etc) droit m de passage ; (into property) droit m d'accès ; (= permission to see, use) accès m ◆ **easy of access** d'accès facile, facilement accessible ◆ **access to the house is via a narrow path** on accède à la maison par un sentier étroit ◆ **to give access to...** donner accès à... ◆ **to have access to sb** avoir accès auprès de qn, avoir ses entrées chez qn ◆ **to have (right of) access to papers** avoir accès à des documents ◆ **to have access to (an) education** avoir accès or droit à l'éducation ◆ **these children now have access to (an) education** ces enfants peuvent désormais bénéficier d'une scolarisation ; → **gain**
- 2 (= way of entry) ◆ **there is another access to this room** cette pièce a un autre accès
- 3 (Jur: in divorce) droit m de visite ◆ **he has (no) access to his children** il (n') a (pas) le droit de visite
- 4 (Comput) ◆ **access port/time** port m/temps m d'accès ; → **random**
- 5 (= sudden outburst) [of anger, remorse, melancholy] accès m ; [of generosity] élan m
- **VT** (Comput) [+ file etc] accéder à
- **COMP access course N** (Univ) cours intensif permettant aux personnes sans baccalauréat d'accéder aux études supérieures
- **access land** (Brit) **N** espaces naturels ouverts au public
- **access provider N** fournisseur m d'accès
- **access road N** route f d'accès ; [of motorway] bretelle f d'accès or de raccordement ◆ **there is an access road for Melun** (to motorway) Melun est raccordé (à l'autoroute)

**accessary** /ækˈsesərɪ/ (Jur)
- **N** complice mf ◆ **accessary before/after the fact** complice mf par instigation/par assistance
- **ADJ** complice (to de)

**accessibility** /ækˌsesɪˈbɪlɪtɪ/ SYN **N** accessibilité f

**accessible** /ækˈsesəbl/ SYN **ADJ** 1 [place] accessible, d'accès facile ; [knowledge] à la portée de tous, accessible ; [person] accessible, d'un abord facile
- 2 (= able to be influenced) ouvert, accessible (to à)

**accession** /ækˈseʃən/
- **N** 1 (= gaining of position) accession f (to à) ; (to fortune, property) accession f (to à), entrée f en possession (to de) ◆ **accession (to the throne)** avènement m
- 2 (= addition, increase) accroissement m, augmentation f ◆ **the accession of new members to the party** l'adhésion f de membres nouveaux au parti
- 3 (= consent) accord m, assentiment m ; (to treaty, agreement) adhésion f
- 4 (in library, museum) nouvelle acquisition f
- **VT** [+ library book etc] mettre au catalogue

**accessorize** /ækˈsesəraɪz/ **VT** accessoiriser

**accessory** /ækˈsesərɪ/ SYN
- **ADJ** 1 (= additional) accessoire, auxiliaire
- 2 (Jur) ⇒ **accessary**

## accidence | account

**accidence** /ˈæksɪdəns/ N (Ling) morphologie f flexionnelle ; (Philos) accident m

**accident** /ˈæksɪdənt/ SYN
N 1 (= mishap, disaster) accident m ◆ **to meet with** or **have an accident** avoir un accident ◆ **road accident** accident m de la route or de la circulation ◆ **accidents in the home** accidents mpl domestiques ◆ **it's an accident waiting to happen** (fig) c'est une bombe à retardement
2 (= unforeseen event) événement m fortuit, accident m ; (= chance) hasard m, chance f ◆ **it's no accident that...** ce n'est pas un hasard si...
◆ **by accident** [injure, break] accidentellement ; [meet, find] par hasard
3 (Philos) accident m
COMP **Accident and Emergency Unit** N (service m des) urgences fpl
**accident figures** NPL statistiques fpl concernant les accidents
**accident insurance** N assurance f (contre les) accidents
**accident prevention** N (in home, factory) prévention f des accidents ; (on roads) prévention f routière
**accident-prone** ADJ ◆ **to be accident-prone** être sujet aux accidents, attirer les accidents
**accident protection** N (on roads) prévention f routière
**accident statistics** NPL statistiques fpl des accidents
**Accident Unit** N ⇒ **Accident and Emergency Unit**

**accidental** /ˌæksɪˈdentl/ SYN
ADJ 1 (= happening by chance) [shooting, poisoning, overdose, death] accidentel ◆ **the accidental discovery of the explosives** la découverte fortuite des explosifs ◆ **the cure was an accidental discovery** le traitement a été découvert par hasard
2 (= of secondary importance) [effect, benefit] secondaire, accessoire
3 (Mus, Philos) accidentel
N (Mus) accident m
COMP **accidental damage** N (Insurance) accident(s) m(pl)
**accidental injury** N (Insurance) accident m

**accidentally** /ˌæksɪˈdentəlɪ/ SYN ADV [shoot, kill] accidentellement ◆ **it was discovered quite accidentally** on l'a découvert par hasard ◆ **accidentally on purpose*** comme par hasard

**acclaim** /əˈkleɪm/ SYN
VT (= applaud) acclamer ◆ **to acclaim sb king** proclamer qn roi
N acclamations fpl ◆ **it met with great public/critical acclaim** cela a été salué unanimement par le public/les critiques

**acclamation** /ˌækləˈmeɪʃən/ SYN N acclamation f
◆ **to be elected/nominated by acclamation** être élu/nommé par acclamation

**acclamatory** /əˈklæmətəri/ ADJ enthousiaste

**acclimate** /əˈklaɪmət/ VTI (US) ⇒ **acclimatize**

**acclimatization** /əˌklaɪmətaɪˈzeɪʃən/ SYN, **acclimation** (US) /ˌæklaɪˈmeɪʃən/ N (lit) acclimatation f ; (fig : to new situation etc) accoutumance f (to à)

**acclimatize** /əˈklaɪmətaɪz/ SYN, **acclimate** (US) /əˈklaɪmət/
VT (lit, fig) acclimater (to à)
VI (to new place, climate) s'acclimater (to à) ◆ **to acclimatize to a new job** s'accoutumer or se faire à un nouveau travail

**acclivity** /əˈklɪvɪtɪ/ N montée f

**accolade** /ˈækəʊleɪd/ N accolade f ; (fig) marque f d'approbation ◆ **the ultimate accolade** la consécration ultime

**accommodate** /əˈkɒmədeɪt/ SYN VT 1 (= provide lodging or housing for) loger ; (= contain) [car] contenir ; [house] contenir, recevoir ◆ **the hotel/room can accommodate 60 people** l'hôtel/la salle peut recevoir or accueillir 60 personnes
2 (= supply) équiper (sb with sth qn de qch), fournir (sb with sth qch à qn) ; (= satisfy) [+ demand etc] accéder à ◆ **to accommodate sb with a loan** consentir un prêt à qn ◆ **I think we can accommodate you** je crois que nous pouvons satisfaire à votre demande
3 (= adapt) [+ plans, wishes] accommoder, adapter (to à) ◆ **to accommodate o.s. to sth** s'adapter à qch, s'accommoder à qch

**accommodating** /əˈkɒmədeɪtɪŋ/ SYN ADJ (= obliging) obligeant ; (= easy to deal with) accommodant, conciliant

**accommodation** /əˌkɒməˈdeɪʃən/ SYN
N 1 [of person] logement m ◆ **accommodations** (US) logement m ◆ **"accommodation (to let)"** « appartements or chambres à louer » ◆ **we have no accommodation available** nous n'avons pas de chambres ◆ **we have no accommodation suitable for children** nous n'avons pas de chambres pour les enfants ◆ **"office accommodation to let"** « bureaux à louer » ; → **seating**
2 (= compromise) compromis m ◆ **to make** or **reach (an) accommodation with sb** arriver à or trouver un compromis avec qn
3 (Anat, Psych) accommodation f
4 (Fin) prêt m, crédit m ◆ **to take accommodation** contracter un emprunt, faire un prêt
COMP **accommodation address** N adresse f de domiciliation
**accommodation bill** N (Comm) billet m or effet m de complaisance
**accommodation bureau** N agence f de logement
**accommodation ladder** N [of ship] échelle f de coupée
**accommodation officer** N responsable mf de l'hébergement
**accommodation party** N (Fin) avaliseur m
**accommodation road** N route f à usage restreint
**accommodation train** N (US) (train m) omnibus m

**accompaniment** /əˈkʌmpənɪmənt/ N accompagnement m, complément m ; (Mus) accompagnement m ; (Culin) accompagnement m, garniture f ◆ **they marched to the accompaniment of a military band** ils ont défilé au son d'une fanfare militaire

**accompanist** /əˈkʌmpənɪst/ N (Mus) accompagnateur m, -trice f

**accompany** /əˈkʌmpənɪ/ SYN VT 1 (gen) accompagner ◆ **accompanied by** accompagné de or par ◆ **cold accompanied by fever** rhume m accompagné de fièvre ◆ **accompanying letter** lettre f d'accompagnement
2 (Mus) accompagner (on à)

**accomplice** /əˈkʌmplɪs/ SYN N complice mf ◆ **to be an accomplice to** or **in a crime** tremper dans un crime, être complice d'un crime

**accomplish** /əˈkʌmplɪʃ/ SYN VT accomplir, exécuter ; [+ task] accomplir, achever ; [+ desire] réaliser ; [+ journey] effectuer ◆ **to accomplish one's object** arriver à ses fins

**accomplished** /əˈkʌmplɪʃt/ SYN ADJ [person] (gen) doué ; [musician, skater etc] accompli ◆ **they gave an accomplished performance** ils ont très bien joué (or chanté etc) ◆ **she's very accomplished** elle est très douée ◆ **an accomplished pianist** un pianiste accompli

**accomplishment** /əˈkʌmplɪʃmənt/ SYN N
1 (= achievement) œuvre f accomplie, projet m réalisé
2 (= skill) talent m ◆ **a woman of many accomplishments** une femme aux multiples talents or très talentueuse
3 (NonC = completion) ◆ **on accomplishment of the project** quand le projet aura été mené à bien

**accord** /əˈkɔːd/ SYN
VT [+ favour, status, right, honour, privilege] accorder (to à) ; [+ respect] témoigner ◆ **to accord priority to** accorder la priorité à ◆ **to accord great importance to sth** accorder beaucoup d'importance à qch ◆ **she insisted she be accorded the same treatment as her male colleagues** elle a insisté pour avoir droit au même traitement que ses collègues masculins ◆ **he was accorded a hero's welcome** il a été accueilli en héros
VI s'accorder, concorder (with avec)
N 1 (NonC = agreement) consentement m, accord m ◆ **of his own accord** de lui-même ◆ **the problem disappeared of its own accord** le problème s'est résolu tout seul ◆ **with one accord** d'un commun accord ◆ **to be in accord with** être d'accord avec
2 (= treaty) traité m, pacte m

**accordance** /əˈkɔːdəns/ SYN N accord m (with avec), conformité f (with à) ◆ **in accordance with** conformément à, suivant, en accord avec ◆ **to be in accordance with** être conforme à, correspondre à

**according** /əˈkɔːdɪŋ/ LANGUAGE IN USE 26.1, 26.2 ADV
1 (gen) ◆ **according to** selon ◆ **according to him they've gone** selon lui or d'après lui ils sont partis ◆ **classified according to size** classés par ordre de grandeur ◆ **everything went according to plan** tout s'est passé comme prévu ◆ **according to what he says...** d'après ce qu'il dit... ◆ **to act according to the law** agir conformément à la loi
2 ◆ **according as** selon que + subj, suivant que + indic

**accordingly** /əˈkɔːdɪŋlɪ/ SYN ADV
1 (= appropriately) [act, pay, plan] en conséquence
2 (= consequently) par conséquent

**accordion** /əˈkɔːdɪən/
N accordéon m
COMP **accordion file** N (US) dossier m à soufflet
**accordion pleat** N pli m (en) accordéon

**accordionist** /əˈkɔːdɪənɪst/ N accordéoniste mf

**accost** /əˈkɒst/ VT accoster, aborder ; (Jur) accoster

**account** /əˈkaʊnt/ SYN
N 1 (Comm, Fin) compte m ◆ **to open an account** ouvrir un compte ◆ **put it on my account** (in shop) vous le mettrez à or sur mon compte ; (in hotel) vous le mettrez sur mon compte or sur ma note ◆ **to pay a sum into one's account** (Banking) verser une somme à son compte ◆ **I have an account with them** (at shop) ils me font crédit ◆ **in account with** en compte avec ◆ **accounts payable** comptes mpl clients, comptes mpl créditeurs ◆ **accounts receivable** comptes mpl fournisseurs, effets mpl à recevoir ◆ **"to account rendered"** « facture non payée » ◆ **on account** à compte ◆ **payment on account** acompte m, à-valoir m, paiement m à compte ◆ **to pay £50 on account** verser un acompte de 50 livres ◆ **cash or account?** (in hotel, bar) vous payez comptant ou je le mets sur votre note ? ; (in shop) vous payez comptant ou je le mets sur votre compte ? ◆ **they have the Michelin account** (Advertising) ce sont eux qui font la publicité de Michelin ◆ **to settle** or **square accounts with sb** (fig) régler son compte à qn ; → **bank²**, **current**, **settle²**
2 ◆ **accounts** (= calculation) comptabilité f, comptes mpl ; (= department) (service m) comptabilité f ◆ **to do/keep the accounts** faire/tenir la comptabilité or les comptes
3 (= report) compte rendu m ◆ **to give an account of sth** faire le compte rendu de qch or un exposé sur qch ◆ **by her own account** d'après ce qu'elle dit, d'après ses dires ◆ **by all accounts** d'après l'opinion générale, au dire de tous ◆ **he gave a good account of himself** (= made a good impression) il s'en est bien tiré, il a fait bonne impression
4 (= importance) ◆ **of little account** peu important ◆ **of no account** sans importance ◆ **your statement is of no account to them** ils n'attachent aucune importance or valeur à votre déclaration
5 (set structures)
◆ **on** + **account** ◆ **on account of** à cause de ◆ **on no account, not on any account** en aucun cas, sous aucun prétexte ◆ **on no account must you leave** vous ne devez partir sous aucun prétexte ◆ **on this** or **that account** pour cette raison ◆ **on her account** à cause d'elle ◆ **I was worried on her account** je m'inquiétais pour elle ◆ **don't leave on my account** ne partez pas à cause de moi
◆ **to call** or **hold sb to account** demander des comptes à qn ◆ **they can't be held to account for this** ils ne peuvent pas être tenus responsables de cela
◆ **to leave sth out of account** ne pas tenir compte de qch
◆ **to take** + **account of sth/sb, to take sth/sb into account** tenir compte de qch/qn ◆ **these facts must be taken into account** ces faits doivent entrer en ligne de compte ◆ **to take little account of sth** faire peu de cas de qch ◆ **to take no account of sth** ne pas tenir compte de qch
◆ **to turn** or **put sth to good account** mettre qch à profit, tirer parti de qch
VT estimer, juger ◆ **to account o.s. lucky** s'estimer heureux ◆ **to account sb (to be) innocent** considérer qn comme innocent
COMP **account book** N livre m de comptes
**account day** N (on Stock Exchange) terme m, jour m de liquidation
**account executive** N (Advertising) responsable mf du budget

**account holder** N (Banking) titulaire mf d'un compte
**account number** N (Fin) numéro m de compte
**accounts department** N (service m) comptabilité f
▶ **account for** VT FUS [1] (= explain, justify) [+ expenses] rendre compte de, justifier de ; [+ one's conduct] justifier ; [+ circumstances] expliquer ◆ **poor sanitation accounts for the recent outbreaks of disease** les mauvaises conditions d'hygiène expliquent les récentes épidémies ◆ **there's no accounting for tastes** des goûts et des couleurs on ne dispute pas (Prov), chacun son goût (Prov) ◆ **everyone is accounted for** on n'a oublié personne ◆ **three people have not yet been accounted for** (after accident etc) trois personnes n'ont pas encore été retrouvées
[2] (= represent) représenter ◆ **this accounts for 10% of the total** ceci représente 10% du chiffre total ◆ **the Greens account for 10% of the vote** les Verts totalisent or représentent 10% des voix ◆ **this area accounts for most of the country's mineral wealth** cette région produit or possède la plus grande partie des ressources minières du pays
[3] (= kill, destroy : shooting etc) tuer ; (Fishing = catch) attraper ◆ **he accounted for four enemy planes** il a abattu quatre avions ennemis

**accountability** /ə,kaʊntə'bɪlɪtɪ/ SYN N responsabilité f ; (financial) responsabilité f financière
**accountable** /ə'kaʊntəbl/ SYN ADJ responsable (for de) ◆ **to be accountable to sb for sth** être responsable de qch or répondre de qch devant qn ◆ **he is not accountable for his actions** (= need not account for) il n'a pas à répondre de ses actes ; (= is not responsible for) il n'est pas responsable de ses actes
**accountancy** /ə'kaʊntənsɪ/ N (= subject) comptabilité f ; (= profession) profession f de comptable ◆ **to study accountancy** faire des études de comptable or de comptabilité
**accountant** /ə'kaʊntənt/ N comptable mf ◆ **accountant's office** agence f comptable
**accounting** /ə'kaʊntɪŋ/
N comptabilité f
COMP **accounting period** N exercice m comptable
**accounting policy** N politique f comptable
**accounting practices** NPL pratique f comptable
**accounting procedures** NPL procédures fpl comptables
**accounting standards** NPL normes fpl comptables
**accounting system** N système m comptable
**accounting year** N ⇒ accounting period

**accouterments** /ə'ku:tərmənts/ NPL (US) ⇒ accoutrements
**accoutre** /ə'ku:tər/ VT (esp Mil) équiper (with de)
**accoutred** /ə'ku:təd/ ADJ (esp Mil) équipé (with de)
**accoutrements** /ə'ku:trəmənts/, **accouterments** (US) /ə'ku:tərmənts/ NPL (Mil) équipement m ; (gen) attirail m
**accredit** /ə'kredɪt/ SYN VT [1] (= credit) [+ rumour] accréditer ◆ **to accredit sth to sb** attribuer qch à qn ◆ **he is accredited with having discovered the site** on lui attribue la découverte de ce site
[2] [+ representative, ambassador] accréditer (to auprès de) ; → accredited
**accreditation** /ə,kredɪ'teɪʃn/
N [1] (US Scol, Univ) habilitation f
[2] ◆ **media accreditation** accréditation f presse
COMP **accreditation officer** N (US Scol) inspecteur m d'académie
**accredited** /ə'kredɪtɪd/ SYN ADJ [person] accrédité, autorisé ; [opinion, belief] admis, accepté ; [agent] accrédité ◆ **accredited institution** (Univ, Scol) établissement scolaire ou universitaire dont les diplômes sont reconnus par l'État ◆ **accredited representative** représentant m accrédité (to auprès de)
**accrescent** /æ'kresnt/ ADJ [fleur] accrescent
**accrete** /ə'kri:t/
VI s'accumuler
VT accumuler
**accretion** /ə'kri:ʃən/ N [1] (= increase, growth) accroissement m (organique)
[2] (= result of growth : Geol etc) concrétion f, addition f ; [of wealth etc] accroissement m, accumulation f
**accruals** /ə'kru:əlz/ NPL (Fin) compte m de régularisation (du passif)

**accrue** /ə'kru:/ SYN
VI [1] [money, advantages] revenir (to à)
[2] (Fin) [interest] courir
COMP **accrued alimony** N (Jur) pension f alimentaire due
**accrued charges** NPL charges fpl à payer
**accrued expenses** NPL frais mpl à payer
**accrued income** N recettes fpl échues
**accrued interest** N intérêts mpl courus
**acct** N (abbrev of **account**) cpte m
**acculturate** /ə'kʌltʃəreɪt/ VT acculturer
**acculturation** /ə,kʌltʃə'reɪʃən/ N acculturation f
**accumulate** /ə'kju:mjʊleɪt/ SYN
VT accumuler
VI s'accumuler ◆ **to allow interest to accumulate** laisser courir les intérêts
**accumulation** /ə,kju:mjʊ'leɪʃən/ SYN N [1] (NonC) accumulation f
[2] (= objects accumulated) amas m, tas m
**accumulative** /ə'kju:mjʊlətɪv/ ADJ qui s'accumule ; (Fin) cumulatif
**accumulator** /ə'kju:mjʊleɪtər/ N [1] (Elec) accumulateur m, accus * mpl
[2] (Brit = bet) report m
**accuracy** /'ækjʊrəsɪ/ SYN N [of figures, clock] exactitude f ; [of aim, shot, story, report] précision f ; [of translation] exactitude f, fidélité f ; [of judgement, assessment] justesse f
**accurate** /'ækjʊrɪt/ SYN ADJ [information, figures, description] exact ; [typist] bon ; [missile] précis ; [measurement, clock, assessment, prediction] juste ; [translation, account, memory] fidèle ; [spelling] correct ◆ **his father or, to be accurate, his stepfather...** son père ou, pour être exact, son beau-père... ◆ **the newspaper is well-known for its accurate reporting** ce journal est réputé pour l'exactitude de ses informations ◆ **the tests are 90% accurate** ces tests sont fiables à 90% ◆ **the scales were accurate to half a gram** la balance avait une précision de l'ordre du demi-gramme
**accurately** /'ækjʊrɪtlɪ/ SYN ADV [reflect, report, tell] exactement, avec exactitude ; [calculate, predict, reproduce] exactement ; [describe, measure, draw] avec précision ; [type, spell] correctement ; [translate] fidèlement
**accursed** /ə'kɜ:st/ SYN, **accurst** /ə'kɜ:st/ ADJ († or liter) maudit
**accusal** /ə'kju:zl/ N accusation f
**accusation** /,ækjʊ'zeɪʃən/ SYN N accusation f ; (Jur) accusation f, plainte f ◆ **to bring an accusation against sb** (Jur) porter plainte or déposer (une) plainte contre qn
**accusative** /ə'kju:zətɪv/
N accusatif m ◆ **in the accusative** à l'accusatif
ADJ accusatif
**accusatorial** /ə,kju:zə'tɔ:rɪəl/ ADJ accusateur (-trice f) ; (Jur) accusatoire
**accusatory** /ə'kju:zətərɪ/ ADJ accusateur (-trice f)
**accuse** /ə'kju:z/ SYN VT accuser (sb of sth qn de qch) ◆ **they accused him of stealing the car or of having stolen the car** ils l'ont accusé d'avoir volé la voiture ◆ **they stand accused of murder** (Jur) ils sont accusés de meurtre
**accused** /ə'kju:zd/ N (pl accused) (Jur) accusé(e) m(f), inculpé(e) m(f)
**accuser** /ə'kju:zər/ N accusateur m, -trice f
**accusing** /ə'kju:zɪŋ/ ADJ accusateur (-trice f)
**accusingly** /ə'kju:zɪŋlɪ/ ADV d'une manière accusatrice
**accustom** /ə'kʌstəm/ SYN VT habituer, accoutumer (sb to sth qn à qch ; sb to doing sth qn à faire qch) ◆ **to accustom o.s. to** s'habituer à, s'accoutumer à
**accustomed** /ə'kʌstəmd/ SYN ADJ [1] (= used) habitué, accoutumé (to à ; to do sth, to doing sth à faire qch) ◆ **to become** or **get accustomed to sth/to doing sth** s'habituer or s'accoutumer à qch/à faire qch ◆ **I am not accustomed to such treatment** je n'ai pas l'habitude qu'on me traite subj de cette façon
[2] (= usual) habituel, coutumier
**AC/DC** /,eɪsi:'di:si:/
N (abbrev of **alternating current/direct current**) → alternating, direct
ADJ ◆ **he's AC/DC** * il marche à voile et à vapeur *

**ace** /eɪs/ SYN
N [1] (Cards, Dice, Dominoes) as m ; (Tennis = shot) ace m ◆ **ace of diamonds** as m de carreau
[2] (fig) ◆ **to have** or **keep an ace up one's sleeve** avoir une carte maîtresse or un atout en réserve ◆ **to have the ace in one's hand** (Brit), **to have an ace in the hole** avoir un atout en réserve ◆ **to play one's ace** jouer sa meilleure carte ◆ **to hold all the aces** avoir tous les atouts en main ◆ **as black as the ace of spades** noir comme du charbon ◆ **to come within an ace of sth** être à deux doigts de qch ; → clean
[3] (= pilot, racing driver etc) as m ◆ **he's aces** * (US) il est super *
ADJ super * ◆ **an ace driver** un as du volant
COMP **Ace Bandage** ® N (US) bande f Velpeau ®
**acellular** /eɪ'seljʊlər/ ADJ (Bio) acellulaire
**acephalous** /ə'sefələs/ ADJ [animal] acéphale
**acerbic** /ə'sɜ:bɪk/ ADJ [taste] âpre ; [wit, humour] acerbe, caustique
**acerbity** /ə'sɜ:bɪtɪ/ N âpreté f, aigreur f
**acescence** /ə'sesns/ N acescence f
**acescent** /ə'sesnt/ ADJ acescent
**acetamide** /,æsɪ'tæmaɪd/ N (Chem) acétamide m
**acetate** /'æsɪteɪt/ N acétate m
**acetic** /ə'si:tɪk/ ADJ acétique ◆ **acetic acid** acide m acétique
**acetification** /ə,setɪfɪ'keɪʃən/ N (Chem) acétification f
**acetify** /ə'setɪfaɪ/
VT acétifier
VI s'acétifier
**acetometer** /,æsɪ'tɒmɪtər/ N acétimètre m
**acetone** /'æsɪtəʊn/ N acétone f
**acetyl** /ə'si:taɪl/ N (Chem) acétyle m
**acetylcholine** /,æsɪtaɪl'kəʊli:n/ N acétylcholine f
**acetylene** /ə'setɪli:n/
N acétylène m
COMP **acetylene burner** N chalumeau m à acétylène
**acetylene lamp** N lampe f à acétylène
**acetylene torch** N ⇒ acetylene burner
**acetylene welding** N soudure f à l'acétylène
**ache** /eɪk/ SYN
VI faire mal, être douloureux ◆ **my head aches** j'ai mal à la tête ◆ **to be aching all over** (after exercise) être courbaturé ; (from illness) avoir mal partout ◆ **it makes my heart ache** cela me brise or me fend le cœur ◆ **her heart ached for them** elle souffrait pour eux ◆ **to be aching** or **to ache to do sth** mourir d'envie de faire qch, brûler de faire qch
N [1] (physical) douleur f, souffrance f ◆ **all his aches and pains** toutes ses douleurs, tous ses maux ◆ **he's always complaining of aches and pains** il se plaint toujours d'avoir mal partout ; → toothache
[2] (fig) peine f ; → heartache
**achene** /ə'ki:n/ N [of plant] akène m
**Acheulean** /ə'ʃu:lɪən/, **Acheulian** /ə'ʃu:lɪən/ ADJ (Archeol) acheuléen ◆ **the Acheulean** l'acheuléen m
**achieve** /ə'tʃi:v/ SYN
VT (gen) accomplir, réaliser ; [+ aim, standard] atteindre, parvenir à ; [+ success] obtenir ; [+ fame] parvenir à ; [+ victory] remporter ◆ **what they have achieved** ce qu'ils ont accompli or réalisé ◆ **how did you achieve that?** comment est-ce que vous avez réussi à faire ça ? ◆ **to achieve something in life** arriver à quelque chose dans la vie ◆ **I feel I've really achieved something today** j'ai l'impression d'avoir fait quelque chose de valable aujourd'hui ; → underachieve
VI (= be successful) réussir
**achievement** /ə'tʃi:vmənt/ SYN
N [1] (= success, feat) exploit m, réussite f
[2] (Scol) ◆ **the level of achievement** le niveau des élèves
[3] (NonC = completion) accomplissement m, réalisation f
COMP **achievement test** N (Scol) test m de niveau (dans les écoles primaires)
**achiever** /ə'tʃi:vər/ N (= successful person) gagneur m, -euse f ◆ **high-/low-achiever** sujet m doué/ peu doué
**achillea** /,ækɪ'li:ə/ N (= plant) achillée f
**Achilles** /ə'kɪli:z/
N Achille m

**Achilles' heel** N (fig) talon m d'Achille
**Achilles' tendon** N (Anat) tendon m d'Achille

**aching** /'eɪkɪŋ/ ADJ douloureux, endolori ◆ **to have an aching heart** avoir le cœur gros

**achingly** /'eɪkɪŋlɪ/ ADV [funny, sad, beautiful] à pleurer

**achondroplasia** /eɪˌkɒndrəʊ'pleɪzɪə/ N achondroplasie f

**achromat** /'ækrəˌmæt/ N (also **achromat lens**) achromat m

**achromatic** /ˌeɪkrəʊ'mætɪk/ ADJ achromatique

**achromatism** /ə'krəʊməˌtɪzəm/ N (Opt) achromatisme m

**achromatize** /ə'krəʊmətaɪz/ VT achromatiser

**achy**\* /'eɪkɪ/ ADJ [legs, muscles, joints] douloureux ◆ **I feel achy all over** j'ai mal partout

**acid** /'æsɪd/ SYN
N ① acide m
② (Drugs \*) acide\* m ◆ **to drop acid** \* prendre de l'acide\*
③ ◆ **Acid** ⇒ **Acid house**
ADJ ① (= sour) acide
② (= sharp) [person] revêche ; [voice] aigre ; [remark] mordant, acide
COMP **acid drop** N bonbon m acidulé
**acid head**\*\* N (Drugs) drogué(e) m(f) au LSD
**Acid house** N acid music f
**Acid house party** N acid party f
**acid jazz** N acid jazz m
**acid-proof** ADJ résistant aux acides
**acid rain** N pluies fpl acides
**acid rock** N (Mus) acid rock m
**acid test** N (fig) test m ◆ **to pass the acid test** passer le test

**acidic** /ə'sɪdɪk/ ADJ acide

**acidify** /ə'sɪdɪfaɪ/ VT acidifier

**acidimeter** /ˌæsɪ'dɪmɪtər/ N acidimètre m

**acidimetry** /ˌæsɪ'dɪmɪtrɪ/ N acidimétrie f

**acidity** /ə'sɪdɪtɪ/ SYN
N acidité f
COMP **acidity regulator** N régulateur m d'acidité

**acidly** /'æsɪdlɪ/ ADV [say, reply] d'un ton acide

**acidosis** /ˌæsɪ'dəʊsɪs/ N (Med) acidose f

**acidulate** /ə'sɪdjʊleɪt/ VT aciduler

**acidulous** /ə'sɪdjʊləs/ ADJ acidulé

**acinetobacter** /ˌæsɪ'niːtəʊbæktər/ N acinetobacter m

**ack-ack** /'ækˈæk/
N défense f contre avions, DCA f
COMP **ack-ack fire** N tir m de DCA
**ack-ack guns** NPL canons mpl antiaériens or de DCA

**acknowledge** /ək'nɒlɪdʒ/ SYN VT ① (= admit) avouer, admettre ; [+ error] reconnaître, avouer ◆ **to acknowledge sb as leader** reconnaître qn pour chef ◆ **to acknowledge o.s. beaten** s'avouer vaincu or battu
② (also **acknowledge receipt of**) [+ letter, parcel] accuser réception de ◆ **to acknowledge a gift from sb** remercier qn pour or d'un cadeau
③ (= express thanks for) [+ person's action, services, help] manifester sa gratitude pour, se montrer reconnaissant de ; [+ applause, cheers] saluer pour répondre à
④ (= indicate recognition of) [+ greeting] répondre à ◆ **I smiled at him but he didn't even acknowledge me** je lui ai souri mais il a fait comme s'il ne me voyait pas ◆ **he didn't even acknowledge my presence** il a fait comme si je n'étais pas là ◆ **to acknowledge a child** (Jur) reconnaître un enfant

**acknowledged** /ək'nɒlɪdʒd/ SYN ADJ [leader, expert etc] reconnu (de tous) ; [child] reconnu ; [letter] dont on a accusé réception

**acknowledgement** /ək'nɒlɪdʒmənt/ SYN
N ① (NonC) reconnaissance f ; [of one's error etc] aveu m ◆ **in acknowledgement of your help** en reconnaissance or en remerciement de votre aide ◆ **to raise one's arm in acknowledgement** remercier d'un geste
② [of money] reçu m, récépissé m, quittance f ; [of letter] accusé m de réception ◆ **acknowledgements** (in preface etc) remerciements mpl ◆ **to quote without acknowledgement** faire une citation sans mentionner la source
COMP **acknowledgement slip** N (Comm) accusé m de réception

**aclinic line** /ə'klɪnɪk/ N (Geog) ligne f aclinique

**ACLU** /ˌeɪsiːel'juː/ N (abbrev of **American Civil Liberties Union**) Ligue f des droits de l'homme

**acme** /'ækmɪ/ N point m culminant

**acne** /'æknɪ/ N acné f

**acolyte** /'ækəʊlaɪt/ N acolyte m

**aconite** /'ækənaɪt/ N aconit m

**acorn** /'eɪkɔːn/
N gland m
COMP **acorn cup** N cupule f

**acoustic** /ə'kuːstɪk/
ADJ acoustique ; → **coupler**
COMP **acoustic feature** N (Phon) trait m distinctif acoustique
**acoustic feedback** N (Recording) effet m Larsen, réaction f acoustique
**acoustic guitar** N guitare f acoustique
**acoustic hood** N (Comput) capot m insonorisant
**acoustic neuroma** N neurome m acoustique
**acoustic phonetics** N (NonC) phonétique f acoustique
**acoustic regeneration** N ⇒ **acoustic feedback**
**acoustic screen** N (in office) cloison f insonorisante

**acoustically** /ə'kuːstɪkəlɪ/ ADV [poor, perfect] du point de vue de l'acoustique ; [play] en acoustique

**acoustician** /ˌækuː'stɪʃən/ N acousticien(ne) m(f)

**acoustics** /ə'kuːstɪks/ N ① (Phys: + sg vb) acoustique f
② [of room etc] (+ pl vb) acoustique f

**acoustoelectronic** /əˌkuːstəʊˌɪlek'trɒnɪk/ ADJ électroacoustique ◆ **acoustoelectronic engineer** électroacousticien(ne) m(f)

**acoustoelectronics** /əˌkuːstəʊˌɪlek'trɒnɪks/ N (NonC) électroacoustique f

**ACPO** /'ækpəʊ/ N (abbrev of **Association of Chief Police Officers**) (Brit) syndicat m des officiers de police

**acquaint** /ə'kweɪnt/ SYN VT ① (= inform) ◆ **to acquaint sb with sth** aviser qn de qch, renseigner qn sur qch ◆ **to acquaint sb with the situation** mettre qn au courant or au fait de la situation
② ◆ **to be acquainted with** [+ person, subject] connaître ; [+ fact] savoir, être au courant de ◆ **to become** or **get acquainted with sb** faire la connaissance de qn ◆ **to become acquainted with the facts** prendre connaissance des faits ◆ **to get acquainted** faire connaissance

**acquaintance** /ə'kweɪntəns/ SYN N ① (NonC) connaissance f ◆ **to make sb's acquaintance** faire la connaissance de qn ◆ **to improve upon acquaintance** gagner à être connu ◆ **to have some acquaintance with French** avoir une certaine connaissance du français, savoir un peu le français ◆ **a person of my acquaintance** une connaissance ; → **claim**
② (= person) relation f, connaissance f ◆ **to have a wide circle of acquaintances** avoir des relations très étendues ◆ **she's an acquaintance of mine** je la connais un peu, c'est une de mes relations ◆ **old acquaintances** de vieilles connaissances fpl

**acquaintanceship** /ə'kweɪntənsʃɪp/ N relations fpl, cercle m de connaissances ◆ **a wide acquaintanceship** de nombreuses relations fpl

**acquiesce** /ˌækwɪ'es/ SYN VI acquiescer, consentir ◆ **to acquiesce in an opinion** se ranger à une opinion or à un avis ◆ **to acquiesce in a proposal** donner son accord or son assentiment à une proposition

**acquiescence** /ˌækwɪ'esns/ SYN N consentement m, assentiment m

**acquiescent** /ˌækwɪ'esnt/ ADJ consentant

**acquire** /ə'kwaɪər/ SYN VT [+ house, car, knowledge, money, fame, experience] acquérir ; [+ company] acheter ; [+ language] apprendre ; [+ habit] prendre, contracter ; [+ reputation] se faire ◆ **to acquire a taste for sth** prendre goût à qch ◆ **she has acquired a new husband** (hum) elle s'est dotée d'un nouveau mari

**acquired** /ə'kwaɪəd/
ADJ acquis ◆ **acquired characteristic** caractère m acquis ◆ **it's an acquired taste** on finit par aimer ça, c'est un goût qui s'acquiert
COMP **acquired immune deficiency syndrome** N syndrome m immunodéficitaire acquis

**acquired immunity** N immunité f acquise

**acquirement** /ə'kwaɪəmənt/ N (NonC) acquisition f (of de)

**acquirer** /ə'kwaɪərər/ N acquéreur m

**acquisition** /ˌækwɪ'zɪʃən/ SYN N acquisition f ; (\*= person) recrue f (to pour) ◆ **acquisition of holdings** (Fin) prise f de participation

**acquisitive** /ə'kwɪzɪtɪv/ SYN ADJ (for money) âpre au gain ; (= greedy) avide (of de) ◆ **acquisitive instinct** instinct m de possession ◆ **to have an acquisitive nature** avoir l'instinct de possession très développé

**acquisitiveness** /ə'kwɪzɪtɪvnɪs/ SYN N instinct m de possession, goût m de la propriété

**acquit** /ə'kwɪt/ SYN VT ① (Jur) acquitter, décharger (of de)
② ◆ **to acquit o.s. well in battle** bien se conduire or se comporter au combat ◆ **it was a difficult job but he acquitted himself well** c'était une tâche difficile mais il s'en est bien tiré
③ [+ debt] régler, s'acquitter de

**acquittal** /ə'kwɪtl/ SYN N [of person, debt] acquittement m

**acre** /'eɪkər/ N ≈ demi-hectare m, ≈ arpent † m, ≈ acre f ◆ **he owns a few acres in Sussex** il possède quelques hectares dans le Sussex ◆ **the rolling acres of the estate** la vaste étendue du domaine ◆ **acres of**\* (fig) des kilomètres et des kilomètres de ; → **god**

**acreage** /'eɪkərɪdʒ/ N aire f, superficie f ◆ **what acreage have you?** combien avez-vous d'hectares ? ◆ **to farm a large acreage** cultiver or exploiter de grandes superficies

**acrid** /'ækrɪd/ SYN ADJ [taste, smell] âcre ; [remark, style] acerbe, mordant

**acridity** /ə'krɪdɪtɪ/ N [of taste, smell] âcreté f ; [of language, remark, tone] caractère m acerbe, causticité f

**Acrilan** ® /'ækrɪlæn/ N Acrilan ® m

**acrimonious** /ˌækrɪ'məʊnɪəs/ SYN ADJ acrimonieux

**acrimoniously** /ˌækrɪ'məʊnɪəslɪ/ ADV avec acrimonie

**acrimony** /'ækrɪmənɪ/ SYN N acrimonie f

**acrobat** /'ækrəbæt/ N acrobate mf

**acrobatic** /ˌækrəʊ'bætɪk/ ADJ acrobatique

**acrobatics** /ˌækrəʊ'bætɪks/ NPL (lit) acrobatie f ; (fig) acrobaties fpl ◆ **to do acrobatics** (lit) faire des acrobaties or de l'acrobatie ◆ **political/linguistic acrobatics** des acrobaties fpl politiques/linguistiques

**acrocyanosis** /ˌækrəʊˌsaɪə'nəʊsɪs/ N acrocyanose f

**acrogen** /'ækrədʒən/ N (= plant) acrogène m

**acrogenous** /ə'krɒdʒɪnəs/ ADJ [plant] acrogène

**acrolein** /ə'krəʊlɪn/ N acroléine f

**acromegalic** /ˌækrəʊmɪ'gælɪk/ ADJ (Med) acromégalique

**acromegaly** /ˌækrəʊ'megəlɪ/ N (Med) acromégalie f

**acromion** /ə'krəʊmɪən/ N (pl **acromia** /ə'krəʊmɪə/) acromion m

**acronym** /'ækrənɪm/ N acronyme m

**acrophobia** /ˌækrə'fəʊbɪə/ N acrophobie f

**Acropolis** /ə'krɒpəlɪs/ N Acropole f

**acrosome** /'ækrəʊzəʊm/ N acrosome m

**across** /ə'krɒs/

► When **across** is an element in a phrasal verb, eg **come across, run across, stumble across**, look up the verb.

PREP ① (= from one side to other of) d'un côté à l'autre de ◆ **across it** d'un côté à l'autre ◆ **a bridge across the river** un pont sur le fleuve ◆ **to walk across the road** traverser la rue
② (= on other side of) de l'autre côté de ◆ **across it** de l'autre côté ◆ **he lives across the street (from me/him)** il habite en face (de chez moi/lui) ◆ **the shop across the road** le magasin d'en face, le magasin de l'autre côté de la rue ◆ **territories across the sea** territoires mpl d'outre-mer ◆ **from across the Channel** de l'autre côté de la Manche, d'outre-Manche
③ (= crosswise over) en travers de, à travers ◆ **across** in travers ◆ **to go across the fields** or **across country** aller or prendre à travers champs ◆ **a plank across a door** une planche en travers d'une porte ◆ **with his arms folded across his chest** les bras croisés sur la poitrine

ADV (= from one side to other) ◆ **the river is 5km across** le fleuve a 5 km de large ◆ **the plate is 30cm across** l'assiette fait 30 cm de diamètre ◆ **to help sb across** aider qn à traverser ◆ **to get**

**sth across** (= make clear) faire comprendre qch (to sb à qn) ◆ **across from** en face de ◆ **we're across this problem** (= dealing with) on s'occupe du problème ; (= informed about) on est au courant du problème

**COMP** **across-the-board** ADJ [cuts, increases] général ; see also **board**

**acrostic** /əˈkrɒstɪk/ N acrostiche m

**acroter** /əˈkrəʊtəʳ/ N acrotère m

**acrylic** /əˈkrɪlɪk/ ADJ, N acrylique m ◆ **acrylic paint** peinture f acrylique

**act** /ækt/ SYN

**N** ⓵ (= deed) acte m ◆ **in the act of doing sth** en train de faire qch ◆ **caught in the act** pris sur le fait or en flagrant délit

⓶ (Jur) loi f

⓷ [of play] acte m ; (in circus etc) numéro m ◆ **they're a brilliant act** (Theat) ils font un numéro superbe ◆ **he's a class act*** c'est un crack* or un as * ◆ **it was a class act*** (= performance etc) c'était génial ◆ **she'll be a hard or tough act to follow** il sera difficile de l'égaler ◆ **he's just putting on an act** il joue la comédie ◆ **it's just an act** c'est du cinéma ◆ **to get in on the act*** s'imposer ◆ **to get one's act together*** se ressaisir, se reprendre en main

**VI** ⓵ (= do sth) agir ◆ **the government must act now** le gouvernement doit agir immédiatement or prendre des mesures immédiates ◆ **you have acted very generously** vous avez été très généreux ◆ **to act for the best** faire pour le mieux ◆ **to act on sb's behalf, to act for sb** agir au nom de qn, représenter qn ◆ **the Board, acting by a majority** (Admin) le conseil statuant à la majorité ◆ **acting on a proposal from the Commission** (Admin) sur proposition de la Commission

⓶ (= behave) agir, se comporter ◆ **to act like a fool** agir or se comporter comme un imbécile

⓷ (Theat) jouer ◆ **have you ever acted before?** avez-vous déjà fait du théâtre (or du cinéma) ? ◆ **she's not crying, she's only acting** elle ne pleure pas, elle fait semblant or elle joue la comédie

⓸ (= serve) servir, faire office (as de) ◆ **the table acts as a desk** la table sert de bureau ◆ **she acts as his assistant** elle lui sert d'assistante

⓹ [medicine, chemical] (= have an effect) agir (on sur)

**VT** (Theat) [+ part] jouer, tenir ◆ **to act Hamlet** jouer or tenir le rôle d'Hamlet, incarner Hamlet ◆ **to act the part of...** (Theat, fig) tenir le rôle de... ◆ **to act the fool*** or **act stupid*** faire l'idiot(e)

**COMP** **Acts of the Apostles** NPL (Rel) Actes mpl des Apôtres

**Act of Congress** N loi f (adoptée par le Congrès)

**act of contrition** N (Rel) acte m de contrition

**act of faith** N acte m de foi

**act of God** N catastrophe f naturelle

**Act of Parliament** N loi f (adoptée par le Parlement)

**act of war** N acte m de guerre

▶ **act on** VT FUS ⇒ **act upon**

▶ **act out** VT SEP [+ event] faire un récit mimé de ; [+ fantasies] vivre ; [+ emotions] exprimer, mimer

▶ **act up*** VI [person] se conduire mal ◆ **the car has started acting up** la voiture s'est mise à faire des caprices

▶ **act upon** VT FUS [+ advice, suggestion] suivre, se conformer à ; [+ order] exécuter ◆ **I acted upon your letter at once** j'ai fait le nécessaire dès que j'ai reçu votre lettre

**actin** /ˈæktɪn/ N actine f

**acting** /ˈæktɪŋ/ SYN

**ADJ** ◆ **acting headmaster** directeur m suppléant ◆ **acting president/head of department/police superintendent** etc président m/chef m de section/commissaire m etc par intérim

**N** (Cine, Theat = performance) jeu m, interprétation f ◆ **his acting is very good** il joue très bien ◆ **I like his acting** j'aime son jeu ◆ **he has done some acting** il a fait du théâtre (or du cinéma)

**COMP** **acting profession** N métier m de comédien ◆ **to be in the acting profession** être comédien(ne) m(f)

**actinia** /ækˈtɪnɪə/ N actinie f

**actinic** /ækˈtɪnɪk/ ADJ actinique

**actinide** /ˈæktɪˌnaɪd/ N actinide m

**actinium** /ækˈtɪnɪəm/ N actinium m

**actinobiology** /ˌæktɪnəʊbaɪˈɒlədʒɪ/ N (Bio) actinologie f

**actinolite** /ækˈtɪnəˌlaɪt/ N actinote f

**actinometer** /ˌæktɪˈnɒmɪtəʳ/ N (Phys) actinomètre m

**actinomycete** /ˌæktɪnəʊmaɪˈsiːt/ N actinomycète m

**actinomycosis** /ˌæktɪnəʊmaɪˈkəʊsɪs/ N actinomycose f

**actinotherapy** /ˌæktɪnəʊˈθerəpɪ/ N actinothérapie f

**action** /ˈækʃən/ SYN

**N** ⓵ (NonC) (= activity) action f ◆ **through** or **by volcanic action** sous l'action des volcans ◆ **swift action is needed** il faut agir rapidement ◆ **the time has come for action** il est temps d'agir ◆ **to take action** agir, prendre des mesures ◆ **to go into action** entrer en action, passer à l'action ; see also **7** ◆ **to put into action** [+ plan] mettre à exécution ; [+ one's principles, a suggestion] mettre en action or en pratique ; [+ machine] mettre en marche ◆ **to go into action** [person, team] entrer en action ; [plan] entrer en vigueur ◆ **let's go where the action is*** allons là où il se passe quelque chose* ◆ **the Internet is where the action is nowadays** Internet, c'est là que ça se passe ◆ **they want a piece** or **slice of the action*** or **their share of the action** ils veulent être dans le coup*

◆ **in action** ◆ **it's interesting to see the rescue teams in action** il est intéressant de voir les équipes de secours en action ◆ **this is democracy in action** c'est la démocratie à l'œuvre, c'est une manifestation concrète de la démocratie

◆ **out of action** (machine) en panne ; (person) hors de combat ◆ **the lift has been out of action for a week** l'ascenseur est en panne depuis une semaine ◆ **to put sth out of action** mettre qch hors d'usage or hors service ; [+ machine] détraquer ◆ **their aim was to put the enemy's runways out of action** ils avaient pour objectif de rendre inutilisables les pistes d'atterrissage ennemies ◆ **his illness put him out of action for six weeks** sa maladie l'a mis hors de combat or hors circuit pendant six semaines

⓶ (= deed) acte m ◆ **to judge sb by his actions** juger qn sur ses actes ◆ **to suit the action to the word** joindre le geste à la parole ◆ **actions speak louder than words** (Prov) les actes sont plus éloquents que les paroles

⓷ (= effect) [of medicine, chemical] effet m ◆ **the action of sunlight on the skin** l'effet du soleil sur la peau

⓸ (= mechanism) mécanisme m, marche f ; [of piano] action f, mécanique f ; [of clock etc] mécanique f

⓹ (Theat) [of play] intrigue f, action f ◆ **action!** (Cine) action ! ◆ **the action (of the play) takes place in Greece** l'action (de la pièce) se passe en Grèce

⓺ (Jur) procès m, action f en justice ◆ **action for damages/libel** procès m or action f en dommages-intérêts/en diffamation ◆ **to bring an action against sb** intenter une action or un procès contre qn, poursuivre qn en justice

⓻ (Mil) combat m ◆ **to go into action** [unit, person] aller or marcher au combat ; [army] engager le combat ◆ **killed in action** tombé au champ d'honneur (frm) or au combat ◆ **to see action** combattre, voir le feu ; → **enemy**

**NPL** **actions** (= gestures accompanying song) ◆ **to do the actions (to a song)** mimer les paroles (d'une chanson)

**VT** (Admin) exécuter

**COMP** **action committee** N comité m d'action

**action film** N film m d'action

**action group** N groupe m d'action

**action man** N (pl **action men**) aventurier m

**action movie** N (esp US) ⇒ **action film**

**action-packed** ADJ [film] plein d'action ; [weekend] bien rempli

**action painting** N tachisme m

**action point** N décision f, action f

**action replay** N (Brit TV Sport) répétition immédiate d'une séquence ; (= slow-motion) ralenti m

**action stations** NPL (Mil) postes mpl de combat ◆ **action stations!** à vos postes !

**actionable** /ˈækʃnəbl/ ADJ [claim] recevable ; [person] passible de poursuites

**activate** /ˈæktɪveɪt/ SYN

**VT** (gen) activer ; (= make radioactive) rendre radioactif

**COMP** **activated sludge** N boues fpl radioactives

**activation** /ˌæktɪˈveɪʃən/ N (NonC) activation f

**active** /ˈæktɪv/ SYN

**ADJ** ⓵ [person, life, population] actif ; [mind, imagination] vif, actif ; [file, case] en cours ◆ **active volcano** volcan m en activité ◆ **to take an active part in sth** prendre une part active à qch ◆ **to be an active member of** or **be active in an organization** être un membre actif d'une organisation ◆ **to give active consideration to sth** soumettre qch à une étude attentive ◆ **we're giving active consideration to the idea of doing...** nous examinons sérieusement la possibilité or le projet de faire... ◆ **in active employment** en activité ◆ **active childbirth** accouchement m sauvage or accroupi

⓶ (Brit Mil) ◆ **the active list** l'armée f active ◆ **to be on the active list** être en activité (de service)

⓷ (Gram) ◆ **active voice** voix f active, actif m ◆ **in the active (voice)** à la voix active

⓸ (Comm) ◆ **active assets** capital m productif ◆ **active money** monnaie f or argent m en circulation ◆ **active partner** partenaire m actif ◆ **Germany has an active trade balance** l'Allemagne a une balance commerciale excédentaire

**COMP** **active duty** N (esp US Mil) ⇒ **active service**

**active euthanasia** N euthanasie f active

**active ingredient** N principe m actif

**active service** N (Brit Mil) service m actif ◆ **on active service** en campagne ◆ **he saw active service in Italy and Germany** il a servi en Italie et en Allemagne

**active suspension** N [of vehicle] suspension f active

**actively** /ˈæktɪvlɪ/ ADV [campaign, support, promote, involve] activement ; [encourage, discourage] vivement ; [consider] sérieusement ◆ **to be actively seeking employment** rechercher activement un emploi

**activism** /ˈæktɪvɪzəm/ N activisme m

**activist** /ˈæktɪvɪst/ N activiste mf

**activity** /ækˈtɪvɪtɪ/ SYN

**N** ⓵ (NonC) [of person] activité f ; [of town, port] mouvement m

⓶ ◆ **activities** activités fpl, occupations fpl ◆ **business activities** activités fpl professionnelles

**COMP** **activity chart** N (Comm) graphique m des activités

**activity holiday** N vacances fpl actives, vacances fpl à thème

**activity method** N (Scol) méthode f active

**actor** /ˈæktəʳ/ SYN N acteur m, comédien m ◆ **to be a good/bad actor** (lit) être (un) bon/mauvais acteur ; (fig) savoir/ne pas savoir jouer la comédie

**actress** /ˈæktrɪs/ SYN N actrice f, comédienne f

**actual** /ˈæktjʊəl/ SYN

**ADJ** ⓵ (= real) [number, cost, reason] réel ; [figures] exact ◆ **there is no actual contract** il n'y a pas vraiment or à proprement parler de contrat ◆ **to take an actual example...** pour prendre un exemple concret... ◆ **an actual fact** un fait réel ◆ **in actual fact** en fait ◆ **you met an actual film star?*** vous avez rencontré une vraie star de cinéma ? ◆ **the film used the actual people involved as actors** on a fait appel à des gens qui avaient eux-mêmes vécu les événements ◆ **actual size** grandeur f nature ◆ **actual size: 15cm** taille réelle : 15 cm ◆ **his actual words were...** les mots exacts qu'il a employés étaient...

⓶ (= proper) ◆ **the actual film doesn't start till 8.55** le film ne commence qu'à 20 h 55 ◆ **this is the actual house** (as opposed to its outbuildings) voici la maison elle-même ; (previously mentioned) voici la maison en question

**NPL** **actuals** (Fin) chiffres mpl réels

**COMP** **actual bodily harm** N (Jur) coups mpl et blessures fpl

**actual total loss** N (Insurance) perte f totale absolue

⚠ Be careful not to translate **actual** by **actuel**, which generally means 'current' or 'topical'.

**actuality** /ˌæktjʊˈælɪtɪ/ N ⓵ (NonC) réalité f ◆ **in actuality** en réalité

⓶ ◆ **actualities** réalités fpl, conditions fpl réelles or actuelles

**actualize** /ˈæktjʊəlaɪz/ VT réaliser ; (Philos) actualiser

**actually** /ˈæktjʊəlɪ/ SYN ADV ⓵ (gen) en fait ; (= truth to tell) en fait, à vrai dire ◆ **actually I don't know him at all** en fait or à vrai dire je ne le connais pas du tout ◆ **his name is Smith, ac-**

**tually** en fait, il s'appelle Smith ◆ **the person actually in charge is...** la personne véritablement responsable or la personne responsable en fait, c'est... ◆ **actually you were quite right** en fait or au fond vous aviez entièrement raison ◆ **I don't actually feel like going** au fond je n'ai pas envie d'y aller, je n'ai pas vraiment envie d'y aller ◆ **I'm in the middle of something actually** en fait, je suis en train de faire quelque chose ◆ **actually, before I forget, she asked me to give you this** au fait, avant que je n'oublie *subj* or que j'oublie *subj*, elle m'a demandé de te donner ça ◆ **I bet you've never done that! - actually I have** je parie que tu n'as jamais fait ça ! - en fait, si ◆ **so, you're a doctor? - a surgeon, actually** donc, vous êtes médecin ? - chirurgien, plutôt

2 (= *truly, even : often showing surprise*) vraiment ◆ **are you actually going to buy it?** est-ce que tu vas vraiment l'acheter ? ◆ **if you actually own a house** si vous êtes vraiment or bel et bien propriétaire d'une maison ◆ **what did he actually say?** qu'est-ce qu'il a dit exactement or au juste ? ◆ **did it actually happen?** est-ce que ça s'est vraiment or réellement passé ? ◆ **it's actually taking place right now** ça se produit en ce moment même

⚠ Be careful not to translate **actually** by **actuellement**, which generally means 'currently'.

**actuarial** /ˌæktjʊˈɛərɪəl/ ADJ actuariel ◆ **actuarial expectation** espérance f mathématique ◆ **actuarial tables** tableaux *mpl* d'espérance de vie

**actuary** /ˈæktjʊərɪ/ N actuaire *mf*

**actuate** /ˈæktjʊeɪt/ SYN VT [+ *device*] mettre en marche

**actuator** /ˈæktjʊeɪtə'/ N actionneur *m*

**acuity** /əˈkjuːɪtɪ/ N acuité *f*

**acumen** /ˈækjʊmen/ SYN N flair *m*, perspicacité *f* ◆ **business acumen** sens *m* aigu des affaires

**acupoint** /ˈækjʊpɔɪnt/ N point *m* d'acupuncture

**acupressure** /ˈækjʊpreʃə'/ N shiatsu *m*

**acupuncture** /ˈækjʊpʌŋktʃə'/ N acupuncture *f*

**acupuncturist** /ˌækjʊˈpʌŋktʃərɪst/ N acupuncteur *m*, -trice *f*

**acute** /əˈkjuːt/ SYN

ADJ 1 (= *extreme*) [*situation, problem, shortage*] grave ; [*embarrassment*] profond ; [*anxiety, pain*] vif ◆ **to live in acute poverty** vivre dans une extrême pauvreté

2 (= *keen, perceptive*) [*person*] perspicace ; [*observer, mind*] perspicace, pénétrant ; [*powers of observation*] pénétrant ; [*intelligence*] aigu (-guë *f*) ◆ **to have an acute awareness of sth** être pleinement conscient de qch ◆ **to have acute hearing** avoir l'oreille fine ◆ **to have an acute sense of smell** avoir l'odorat très développé

3 (*Med*) [*appendicitis, leukaemia, case*] aigu (-guë *f*) ◆ **acute beds** lits *mpl* réservés aux urgences

4 (*Ling*) ◆ **e acute** e accent aigu

COMP **acute accent** N accent *m* aigu
**acute angle** N angle *m* aigu
**acute-angled** ADJ acutangle

**acutely** /əˈkjuːtlɪ/ ADV 1 (= *extremely*) [*embarrassing, unhappy, difficult*] extrêmement ; [*aware, conscious*] pleinement

2 (= *strongly*) [*feel, suffer*] intensément

3 (= *perceptively*) [*observe*] avec perspicacité

**acuteness** /əˈkjuːtnɪs/ SYN N 1 [*of medical condition*] violence *f*

2 [*of person*] perspicacité *f* ; [*of senses*] finesse *f*

**acv** /ˌeɪsiːˈviː/ N (abbrev of **actual cash value**) valeur *f* effective au comptant

**acyclic** /eɪˈsaɪklɪk/ ADJ (*Chem*) acyclique

**AD** /eɪˈdiː/ N 1 (abbrev of **Anno Domini**) ap. J-C

2 (*US Mil*) (abbrev of **active duty**) → **active**

**ad*** /æd/ N (abbrev of **advertisement**) (= *announcement*) annonce *f* ; (*Comm*) pub* *f* ; → **small**

**A/D** /ˌeɪˈdiː/ (abbrev of **analogue-digital**) → **analogue**

**a/d** /ˌeɪˈdiː/ (abbrev of **after date**) ◆ **payable 3 days a/d** (*Comm*) payable à 3 jours de date

**Ada** /ˈeɪdə/ N Ada

**adage** /ˈædɪdʒ/ N adage *m*

**Adam** /ˈædəm/

N Adam *m* ◆ **I don't know him from Adam*** je ne le connais ni d'Ève ni d'Adam ◆ **it's as old as Adam** c'est vieux comme le monde, ça remonte au déluge

COMP **Adam's ale*** Château-la-Pompe* *m*
**Adam's apple** N pomme *f* d'Adam

**adamant** /ˈædəmənt/ SYN ADJ inflexible ◆ **to be adamant that...** maintenir catégoriquement que...

**adamantly** /ˈædəməntlɪ/ ADV [*say, refuse*] catégoriquement ; [*opposed*] résolument

**adapt** /əˈdæpt/ SYN

VT [+ *device, room, plan, idea*] adapter (*sth to sth* qch à qch) ◆ **to adapt o.s.** s'adapter, se faire (*to* à) ◆ **to adapt a novel for television** adapter un roman pour la télévision

VI s'adapter ◆ **he adapts easily** il s'adapte bien or à tout ◆ **she's very willing to adapt** elle est très accommodante

**adaptability** /əˌdæptəˈbɪlɪtɪ/ SYN N [*of person*] faculté *f* d'adaptation

**adaptable** /əˈdæptəbl/ SYN ADJ adaptable

**adaptation** /ˌædæpˈteɪʃən/ SYN N adaptation *f* (*of* de ; *to* à)

**adapted** /əˈdæptɪd/ ADV adapté (*for, to* à ; *from* de)

**adapter** /əˈdæptə'/
N 1 (= *device*) adaptateur *m* ; (*Brit* = *plug*) prise *f* multiple
2 (= *person*) adaptateur *m*, -trice *f*
COMP **adapter ring** N (*for camera*) bague *f* d'adaptation

**adaption** /əˈdæpʃən/ N ⇒ **adaptation**

**adaptive** /əˈdæptɪv/ ADJ [*mechanism, process*] d'adaptation ◆ **the human body is remarkably adaptive** le corps humain s'adapte remarquablement bien ◆ **to have an adaptive approach to business** avoir une grande capacité d'adaptation en affaires

**adaptor** /əˈdæptə'/ N ⇒ **adapter**

**ADC** /ˌeɪdiːˈsiː/ N 1 (abbrev of **aide-de-camp**) → **aide**
2 (abbrev of **analogue-digital converter**) → **analogue**

**ADD** /ˌeɪdiːˈdiː/ N (*Med*) (abbrev of **attention deficit disorder**) → **attention**

**add** /æd/ LANGUAGE IN USE 26.2 SYN VT 1 ajouter (*to* à) ◆ **add some more pepper** ajoutez encore or rajoutez un peu de poivre ◆ **to add insult to injury...** (et) pour comble... ◆ **that would be adding insult to injury** ce serait vraiment dépasser la mesure or aller trop loin ◆ **added to which** or **this...** ajoutez à cela que... ; *see also* **added**

2 [+ *figures*] additionner ; [+ *column of figures*] totaliser

3 (= *say besides*) ajouter (*that* que) ◆ **there is nothing to add** il n'y a rien à ajouter

▶ **add in** VT SEP [+ *details*] inclure, ajouter ; [+ *considerations*] faire entrer en ligne de compte

▶ **add on** VT SEP rajouter

▶ **add to** VT FUS [+ *amount, numbers*] augmenter ; [+ *anxiety, danger*] accroître, ajouter à

▶ **add together** VT SEP [+ *figures*] additionner ; [+ *advantages, drawbacks*] faire la somme de

▶ **add up**
VI [*figures, results*] se recouper ◆ **these figures don't add up (right)** or **won't add up** ces chiffres ne font pas le compte (exact) ◆ **it all adds up*** (*fig*) tout concorde, tout s'explique ◆ **it doesn't add up*** (*fig*) cela ne rime à rien, il y a quelque chose qui cloche*

VT SEP 1 [+ *figures*] additionner ◆ **to add up a column of figures** totaliser une colonne de chiffres

2 [+ *advantages, reasons*] faire la somme de

▶ **add up to** VT FUS [*figures*] s'élever à, se monter à ; (* = *mean*) signifier, se résumer à

**added** /ˈædɪd/
ADJ [*advantage, benefit*] supplémentaire ◆ **"no added colouring/salt"** (*on packets*) « sans adjonction de colorants/de sel »
COMP **added time** N (*Sport*) temps *m* additionnel
**added value** N valeur *f* ajoutée

**addend** /ˈædend/ N (*Math*) second terme *m* de l'addition

**addendum** /əˈdendəm/ SYN N (pl **addenda** /əˈdendə/) addenda *m*

**adder** /ˈædə'/
N (= *snake*) vipère *f*
COMP **adder's tongue** N (= *plant*) langue-de-serpent *f*

**addict** /ˈædɪkt/ SYN
N (*to drugs*) intoxiqué(e) *m(f)*, toxicomane *mf* ; (*fig*) intoxiqué(e) *m(f)* ◆ **he's a TV/chocolate addict** c'est un accro* de la télé/du chocolat ◆ **he's an addict now** il ne peut plus s'en passer ◆ **gaming addict** intoxiqué(e) *m(f)* du jeu ; → **drug, heroin**

VT /əˈdɪkt/ ◆ **to addict o.s. to** devenir dépendant de

**addicted** /əˈdɪktɪd/ SYN ADJ adonné (*to* à) ◆ **to become addicted to...** s'adonner à... ◆ **addicted to drink/drugs** adonné à la boisson/aux stupéfiants ◆ **he's addicted to drugs** c'est un toxicomane ◆ **he's addicted to cigarettes** c'est un fumeur invétéré ◆ **to be addicted to football*** se passionner pour le football, être un mordu* or un fana* de football

**addiction** /əˈdɪkʃən/ SYN N goût *m* (*to* pour) ; (*Med*) dépendance *f*, accoutumance *f* (*to* à) ◆ **this drug causes addiction** cette drogue crée une dépendance or un effet d'accoutumance ; → **drug**

**addictive** /əˈdɪktɪv/ ADJ 1 [*drug*] qui crée une dépendance or une accoutumance ◆ **cigarettes are highly addictive** les cigarettes créent une forte dépendance ◆ **addictive habit** dépendance *f* ◆ **people with addictive personalities** les gens qui deviennent facilement dépendants

2 (*fig* = *enjoyable*) ◆ **crosswords/these biscuits are addictive** les mots croisés/ces biscuits, c'est comme une drogue

**adding** /ˈædɪŋ/
N (*NonC*) ⇒ **addition** 1
COMP **adding machine** N machine *f* à calculer

**Addis Ababa** /ˌædɪsˈæbəbə/ N Addis-Abeba

**Addison's disease** /ˈædɪsənz/ N (*Med*) maladie *f* d'Addison, maladie bronzée

**addition** /əˈdɪʃən/ SYN N 1 (*Math etc*) addition *f*

2 (*to tax, income, profit*) surcroît *m* (*to* de) ; (= *fact of adding*) adjonction *f* ◆ **there's been an addition to the family** la famille s'est agrandie ◆ **he is a welcome addition to our team** son arrivée enrichit notre équipe ◆ **this is a welcome addition to the series/collection** *etc* ceci enrichit la série/la collection *etc*

◆ **in addition** de plus, de surcroît ◆ **in addition to** en plus de

**additional** /əˈdɪʃənl/ SYN
ADJ additionnel ; (= *extra*) supplémentaire, de plus ◆ **additional benefits** (*Fin*) avantages *mpl* supplémentaires ◆ **additional charge** (*Fin*) supplément *m* de prix ◆ **additional agreement** (*Jur*) accord *m* complémentaire
COMP **Additional Member System** N (*Pol*) mode de scrutin à double vote, combinant représentation proportionnelle et scrutin majoritaire (*en vigueur en Allemagne*)

**additionality** /əˌdɪʃəˈnælɪtɪ/ N (*in EU*) additionnalité *f*

**additionally** /əˈdɪʃənəlɪ/ ADV 1 (= *further*) [*worry, burden*] davantage

2 (= *moreover*) en outre, de plus

**additive** /ˈædɪtɪv/ ADJ, N additif *m* ◆ **additive-free** sans additifs

**addle** /ˈædl/
VT (*lit*) faire pourrir ; (*fig*) embrouiller
COMP **addle-headed*** ADJ écervelé, brouillon

**addled** /ˈædld/ ADJ [*egg*] pourri ; (*fig*) [*brain*] embrouillé ; [*person*] aux idées confuses

**add-on** /ˈædɒn/
N 1 (*Comput*) accessoire *m*
2 (*Telec*) conférence *f* à trois
ADJ 1 (*Comput*) [*component, equipment, memory*] complémentaire
2 ◆ **add-on fare** (*for plane ticket*) tarif *m* complémentaire

**address** /əˈdres/ LANGUAGE IN USE 24.5 SYN
N 1 [*of person*] (*on letter etc*) adresse *f* ◆ **to change one's address** changer d'adresse or de domicile ◆ **he has left this address** il n'est plus à cette adresse ; → **name**

2 (*Comput, Ling*) adresse *f*

3 (= *speech*) discours *m*, allocution *f* ; → **public**

4 (= *way of speaking*) conversation *f* ; (= *way of behaving*) abord *m*

5 ◆ **form** or **manner of address** titre *m* (*à employer en s'adressant à qn*)

6 (†, *liter*) ◆ **addresses** cour *f*, galanterie *f* ◆ **to pay one's addresses to a lady** faire la cour à une dame

VT 1 (= *put address on*) [+ *envelope, parcel*] mettre or écrire l'adresse sur ; (= *direct*) [+ *speech, writing, complaints*] adresser (*to* à) ◆ **this is addressed to**

**you** [letter etc] ceci vous est adressé ; [words, comments] ceci s'adresse à vous ◆ **to address o.s. to a task** s'atteler à une tâche ◆ **to address (o.s. to) an issue** aborder un problème

[2] (= speak to) s'adresser à ; [+ crowd] haranguer ; (= write to) adresser un écrit ◆ **he addressed the meeting** il a pris la parole devant l'assistance ◆ **don't address me as "Colonel"** ne m'appelez pas « Colonel » ; → **chair**

[COMP] **address book** N carnet m d'adresses

**addressee** /ˌædreˈsiː/ N destinataire mf ; (Ling) allocutaire mf

**addresser** /əˈdresər/ N expéditeur m, -trice f

**addressing** /əˈdresɪŋ/
[N] (Comput) adressage m
[COMP] **addressing machine** N machine f à adresser

**Addressograph** ® /əˈdresəʊɡrɑːf/ N (US) machine à imprimer des adresses

**addressor** /əˈdresər/ N ⇒ **addresser**

**adduce** /əˈdjuːs/ SYN VT (frm) [+ proof, reason] apporter, fournir ; [+ authority] invoquer, citer

**adductor** /əˈdʌktər/ N (Anat) adducteur m

**Adelaide** /ˈædəleɪd/ N Adelaïde

**Aden** /ˈeɪdn/ N Aden ◆ **the Gulf of Aden** le golfe d'Aden

**adenine** /ˈædənɪn/ N adénine f

**adenitis** /ˌædəˈnaɪtɪs/ N adénite f

**adenocarcinoma** /ˌædɪnəʊkɑːsɪˈnəʊmə/ N (pl **adenocarcinomas** or **adenocarcinomata** /ˌædɪnəʊkɑːsɪˈnəʊmətə/) adénocarcinome m

**adenoidal** /ˌædɪˈnɔɪdl/ ADJ adénoïde ◆ **in an adenoidal voice** en parlant du nez

**adenoids** /ˈædɪnɔɪdz/ NPL végétations fpl (adénoïdes)

**adenoma** /ˌædɪˈnəʊmə/ N (pl **adenomas** or **adenomata** /ˌædɪˈnəʊmətə/) (Med) adénome m

**adenopathy** /ˌædɪˈnɒpəθɪ/ N (Med) adénopathie f

**adenosine** /əˈdenəsiːn/ N adénosine f

**adept** /ˈædept/ SYN
[N] expert m (in, at en)
[ADJ] /əˈdept/ expert (in, at à, en, dans ; at doing sth à faire qch), compétent (in en) ◆ **he's adept with numbers** il manie bien les chiffres

**adequacy** /ˈædɪkwəsɪ/ SYN N [of reward, punishment, amount] caractère m adéquat ; [of description] à-propos m ; [of person] compétence f, capacité f ; (Ling) adéquation f

**adequate** /ˈædɪkwɪt/ SYN ADJ [1] (gen) adéquat ; [amount, supply] suffisant, adéquat ; [tool] adapté (to sth à qch), qui convient (to sth à qch) ◆ **to be adequate for sb's needs** répondre aux besoins de qn ◆ **to be adequate to the task** [person] être à la hauteur de la tâche ◆ **to be adequate to do sth** être adéquat pour faire qch ◆ **there are no words adequate to express my gratitude** les mots ne suffisent pas pour exprimer ma gratitude
[2] (= not outstanding) [performance, essay] acceptable
[3] (Ling) adéquat

**adequately** /ˈædɪkwɪtlɪ/ ADV de manière adéquate ◆ **I speak Turkish adequately** mes connaissances en turc sont suffisantes

**ADHD** /ˌeɪdiːeɪtʃˈdiː/ N (abbrev of **attention deficit hyperactivity disorder**) ADHD m

**adhere** /ədˈhɪər/ SYN VI [1] (= stick) adhérer, coller (to à)
[2] (= be faithful to) ◆ **to adhere to** [+ party] adhérer à, donner son adhésion à ; [+ rule] obéir à ; [+ resolve] persister dans, maintenir ◆ **the plan must be adhered to** il faut se conformer au plan

**adherence** /ədˈhɪərəns/ N adhésion f (to à)

**adherent** /ədˈhɪərənt/ SYN N (= sympathizer) sympathisant(e) m(f), partisan m ; (= member of group) adhérent(e) m(f) ; [of religion, doctrine] adepte mf

**adhesion** /ədˈhiːʒən/ N (lit, Med, Tech) adhérence f ; (fig = support) adhésion f

**adhesive** /ədˈhiːzɪv/ SYN
[ADJ] [paper, label, stamp] adhésif, collant ; [dressing, plaster, properties] adhésif ; → **self**
[N] adhésif m
[COMP] **adhesive tape** N (= sticking plaster) sparadrap m ; (Stationery) ruban m adhésif, scotch ® m

**adhesiveness** /ədˈhiːsɪvnɪs/ N adhésivité f

**ad hoc** /ˌædˈhɒk/
[ADJ] [decision, solution, arrangement, measure, approach, payment] ad hoc inv ◆ **ad hoc committee** comité m ad hoc ◆ **on an ad hoc basis** ponctuellement
[ADV] de manière ad hoc

**ADI** /ˌeɪdiːˈaɪ/ N (Med) (abbrev of **acceptable daily intake**) dose f quotidienne admissible

**adieu** /əˈdjuː/ SYN N, EXCL (pl **adieus** or **adieux** /əˈdjuːz/) adieu m ◆ **to bid sb adieu** † faire ses adieux à qn

**ad infinitum** /ˌædɪnfɪˈnaɪtəm/ ADV à l'infini

**ad interim** /ˌædˈɪntərɪm/
[ADV] par intérim
[ADJ] (Jur) [judgement] provisoire

**adipic acid** /əˈdɪpɪk/ N acide m adipique

**adipocyte** /ˈædɪpəʊˌsaɪt/ N adipocyte m

**adipose** /ˈædɪpəʊs/ ADJ adipeux

**adiposity** /ˌædɪˈpɒsɪtɪ/ N adiposité f

**adipsia** /eɪˈdɪpsɪə/ N adipsie f

**adjacency** /əˈdʒeɪsnsɪ/ N contiguïté f

**adjacent** /əˈdʒeɪsənt/ SYN ADJ (Math) [angle] adjacent ; [street, room, building] adjacent (to à) ; [territory] limitrophe

**adjectival** /ˌædʒekˈtaɪvəl/ ADJ adjectif, adjectival

**adjectivally** /ˌædʒekˈtaɪvəlɪ/ ADV [use] adjectivement

**adjective** /ˈædʒektɪv/ N adjectif m

**adjoin** /əˈdʒɔɪn/ SYN
[VT] être contigu (-guë f) à
[VI] se toucher, être contigu (-guë f)

**adjoining** /əˈdʒɔɪnɪŋ/ SYN ADJ voisin, attenant ◆ **the room adjoining the kitchen** la pièce à côté de or attenant à la cuisine ◆ **in the adjoining room** dans la pièce voisine or d'à côté

**adjourn** /əˈdʒɜːn/ SYN
[VT] ajourner, reporter (to, for, until à) ◆ **to adjourn sth until the next day** ajourner or remettre or reporter qch au lendemain ◆ **to adjourn sth for a week** remettre or renvoyer qch à huitaine ◆ **to adjourn a meeting** (= break off) suspendre la séance ; (= close) lever la séance
[VI] [1] (= break off) suspendre la séance ; (= close) lever la séance ◆ **the meeting adjourned** on a suspendu or levé la séance ◆ **Parliament adjourned** (= concluded debate) la séance de la Chambre a été levée ; (= interrupted debate) la Chambre a suspendu or interrompu la séance ; (= recessed) les vacances parlementaires ont commencé
[2] (= move) se retirer (to dans, à), passer (to à) ◆ **to adjourn to the drawing room** passer au salon

**adjournment** /əˈdʒɜːnmənt/ SYN N [of meeting] suspension f, ajournement m ; [of court case] remise f, renvoi m ◆ **to move the adjournment** (Parl) demander la clôture
[COMP] **adjournment debate** N (Parl) ≈ débat m de clôture

**adjudge** /əˈdʒʌdʒ/ SYN VT [1] (= pronounce, declare) déclarer ◆ **he was adjudged the winner** il a été déclaré gagnant
[2] (Jur) (= pronounce) prononcer, déclarer ; (= decree) décider ; (= award) [+ costs, damages] adjuger, accorder (to sb à qn) ◆ **to adjudge sb bankrupt** déclarer qn en faillite ◆ **the court adjudged that...** le tribunal a décidé que... ◆ **the court shall adjudge costs** le tribunal statue sur les frais

**adjudicate** /əˈdʒuːdɪkeɪt/ SYN
[VT] [+ competition] juger ; [+ claim] décider
[VI] (frm) se prononcer (upon sur)

**adjudication** /əˌdʒuːdɪˈkeɪʃən/ SYN N [1] jugement m, décision f (du juge etc)
[2] (Jur) ◆ **adjudication of bankruptcy** déclaration f de faillite

**adjudicator** /əˈdʒuːdɪkeɪtər/ N juge m (d'une compétition etc)

**adjunct** /ˈædʒʌŋkt/
[N] [1] (= thing) accessoire m ; (= person) adjoint(e) m(f), auxiliaire mf
[2] (Gram) adjuvant m
[ADJ] [1] (= added, connected) accessoire, complémentaire
[2] (= subordinate) [person] subordonné, auxiliaire

**adjure** /əˈdʒʊər/ VT adjurer, supplier (sb to do sth qn de faire qch)

**adjust** /əˈdʒʌst/ SYN
[VT] [1] [+ height, speed, flow, tool] ajuster, régler ; [+ knob, lever, length of clothes] ajuster ; [+ machine, engine, brakes] régler, mettre au point ; [+ formula, plan, production, terms] ajuster, adapter (to à) ; (Admin) [+ salaries, wages, prices] réajuster, rajuster ; (= correct) [+ figures etc] rectifier ; [+ differences] régler ; [+ hat, tie, clothes] rajuster ◆ **you can adjust the seat to three different heights** on peut régler or ajuster le siège à trois hauteurs différentes ◆ **do not adjust your set** (TV) ne changez pas le réglage de votre téléviseur ◆ **to adjust sth to meet requirements** adapter qch aux conditions requises ◆ **the terms have been adjusted in your favour** on a ajusté les conditions en votre faveur ◆ **we have adjusted all salaries upwards/downwards** nous avons réajusté tous les salaires à la hausse/à la baisse ◆ **figures adjusted for seasonal variation(s)** données corrigées des variations saisonnières ◆ **to adjust o.s. to a new situation** s'adapter à une situation nouvelle ◆ **to adjust o.s. to new demands** faire face à de nouvelles exigences
[2] (Insurance) ◆ **to adjust a claim** régler une demande d'indemnité
[VI] [person] s'adapter (to à) ; [device, machine] se régler, s'ajuster ◆ **the seat adjusts to various heights** on peut régler or ajuster le siège à différentes hauteurs

**adjustability** /əˌdʒʌstəˈbɪlɪtɪ/ N (NonC) [of seat, lamp] possibilité f de réglage

**adjustable** /əˈdʒʌstəbl/ SYN
[ADJ] (= movable) [strap, chair, height, angle] réglable ; [rate] ajustable ; [dates, hours] flexible ◆ **adjustable timetable** (Scol, Univ) horaire m aménagé
[COMP] **adjustable spanner** N (Brit) clé f universelle

**adjusted** /əˈdʒʌstɪd/ ADJ (Psych) ◆ **badly/well/normally adjusted** mal/bien/normalement adapté

**adjuster** /əˈdʒʌstər/ N expert m (en assurances)

**adjustment** /əˈdʒʌstmənt/ SYN N (to height, speed, knob, lever, machine, engine) réglage m ; (to clothes) retouches fpl ; (to plan, terms etc) ajustement m (to de) ; (to wages, prices etc) réajustement m, rajustement m (to de) ◆ **the text needs a lot of adjustment** ce texte a vraiment besoin d'une mise au point ◆ **to make adjustments** (psychologically, socially) s'adapter (to à) ◆ "exchange flat for house – cash adjustment" « échangerais appartement contre maison : règlement de la différence au comptant »

**adjustor** /əˈdʒʌstər/ N ⇒ **adjuster**

**adjutant** /ˈædʒətənt/ N [1] (Mil) adjudant-major m
[2] (also **adjutant bird**) marabout m

**adland** * /ˈædlænd/ N le monde de la pub *

**Adlerian** /ædˈlɪərɪən/ ADJ de Adler

**ad lib** /ædˈlɪb/ SYN
[ADV] [continue] ad libitum, à volonté ; (Mus) ad libitum
[N] ◆ **ad-lib** (Theat) improvisation(s) f(pl), paroles fpl improvisées ; (= witticism) mot m d'esprit impromptu
[ADJ] [speech, performance, comment] improvisé, impromptu
[VI] (Theat etc) improviser
[VT] ( * : gen, also Theat) [+ speech, joke] improviser

**Adm.** [1] (abbrev of **Admiral**) Am
[2] abbrev of **Admiralty**

**adman** * /ˈædmæn/ N (pl **-men**) publicitaire mf

**admass** /ˈædmæs/
[N] masse(s) f(pl)
[COMP] [culture, life] de masse, de grande consommation

**admin** * /ˈædmɪn/ N (abbrev of **administration 1**)

**administer** /ədˈmɪnɪstər/ SYN
[VT] [1] (= manage) [+ business, company] gérer, administrer ; [+ sb's affairs, funds] gérer ; [+ property] régir ; [+ public affairs, department, country] administrer
[2] (= dispense) [+ alms] distribuer (to à) ; [+ justice] rendre, dispenser ; [+ punishment, sacraments, medicine, drug, relief] administrer (to à) ◆ **to administer the law** appliquer la loi ◆ **to administer an oath to sb** faire prêter serment à qn ◆ **the oath has been administered to the witness** le témoin a prêté serment
[COMP] **administered price** N (US) prix m imposé (par le fabricant)

**administrate** /ədˈmɪnɪˌstreɪt/ **VT** gérer, administrer

**administration** /ədˌmɪnɪˈstreɪʃən/ SYN
**N** 1 (NonC = management) [of business, company, public affairs, department, country] administration f ; [of funds] gestion f ; (= paperwork) administration f ; (Jur) [of estate, inheritance] curatelle f ◆ **his new job involves a lot of administration** son nouveau poste est en grande partie administratif
2 (esp US Pol) (= government) gouvernement m ; (= ministry) ministère m ◆ **under previous administrations** sous les gouvernements précédents ◆ **the Clinton administration** l'administration Clinton
3 (NonC) [of justice, remedy, sacrament] administration f ; [of oath] prestation f
**COMP** **administration order N** (Jur) ordonnance instituant l'administrateur judiciaire d'une succession ab intestat

**administrative** /ədˈmɪnɪstrətɪv/ SYN
**ADJ** [work, post, staff] administratif ; [skills] d'administrateur ; [costs, expenses] d'administration ◆ **administrative machinery** rouages mpl administratifs
**COMP** **administrative assistant N** assistant(e) m(f) chargé(e) des tâches administratives
**administrative court N** (US Jur) tribunal m administratif
**administrative expenses NPL** (Comm) frais mpl d'administration
**administrative law N** droit m administratif
**administrative officer N** employé(e) m(f) chargé(e) des tâches administratives

**administratively** /ədˈmɪnɪstrətɪvlɪ/ **ADV** d'un point de vue administratif

**administrator** /ədˈmɪnɪstreɪtəʳ/ **N** [of business, public affairs etc] administrateur m, -trice f ; (Jur) [of estate, inheritance] curateur m, -trice f

**admirable** /ˈædmərəbl/ SYN **ADJ** admirable

**admirably** /ˈædmərəblɪ/ **ADV** admirablement

**admiral** /ˈædmərəl/ **N** 1 (= naval officer) amiral m (d'escadre) ◆ **Admiral of the Fleet** ≈ Amiral m de France
2 (= butterfly) vanesse f, paon-de-jour m ; → **red**

**admiralship** /ˈædmərəlʃɪp/ **N** amirauté f

**admiralty** /ˈædmərəltɪ/
**N** amirauté f
**COMP** **Admiralty Board N** (Brit) ≈ ministère m de la Marine
**admiralty court N** (US) tribunal m maritime

**admiration** /ˌædməˈreɪʃən/ SYN **N** admiration f (of, for pour) ◆ **to be the admiration of...** faire l'admiration de...

**admire** /ədˈmaɪəʳ/ LANGUAGE IN USE 13 SYN **VT** admirer

**admirer** /ədˈmaɪərəʳ/ **N** 1 admirateur m, -trice f
2 († = suitor) soupirant † m

**admiring** /ədˈmaɪərɪŋ/ **ADJ** admiratif

**admiringly** /ədˈmaɪərɪŋlɪ/ **ADV** avec admiration

**admissibility** /ədˌmɪsəˈbɪlɪtɪ/ **N** admissibilité f ; (Jur, Fin) recevabilité f

**admissible** /ədˈmɪsəbl/ SYN **ADJ** 1 (Jur) [document, appeal, witness] recevable ◆ **to rule a piece of evidence admissible** déclarer une preuve recevable ◆ **admissible as evidence/in court** recevable comme preuve/devant le tribunal
2 (= acceptable) [behaviour, subject] acceptable

**admission** /ədˈmɪʃən/ SYN
**N** 1 (= entry) (to organization, university, school, hospital) admission f ; (to museum, zoo, theatre) entrée f ◆ **"admission free"** « entrée gratuite » ◆ **"no admission to minors"** « entrée interdite aux mineurs » ◆ **a visa is necessary for admission to this country** il faut un visa pour entrer dans ce pays ◆ **admission to a school** admission f à une école ◆ **to gain admission to sb** trouver accès auprès de qn ◆ **to gain admission to a school/club** être admis dans une école/un club ◆ **to grant sb admission to a society** admettre qn dans une association
2 (= person admitted) entrée f
3 (Jur) [of evidence etc] acceptation f, admission f
4 (= confession) aveu m ◆ **by** or **on one's own admission** de son propre aveu ◆ **it's an admission of guilt** c'est un aveu, c'est un aveu
**COMP** **admission fee N** droits mpl d'admission
**admissions form N** (US Univ) dossier m d'inscription

**admissions office N** (US Univ) service m des inscriptions
**admissions officer N** (Univ) responsable mf du service des inscriptions

**admit** /ədˈmɪt/ LANGUAGE IN USE 15.1, 18.1, 18.3, 26.3 SYN
**VT** 1 (= let in) [+ person] laisser entrer, faire entrer ; [+ light, air] laisser passer, laisser entrer ◆ **children not admitted** entrée interdite aux enfants ◆ **this ticket admits two** ce billet est valable pour deux personnes
2 (= have space for) [halls, harbours etc] contenir, (pouvoir) recevoir
3 (= acknowledge, recognize) reconnaître, admettre (that que) ◆ **to admit the truth of sth** reconnaître or admettre que qch est vrai ◆ **he admitted that this was the case** il a reconnu or admis que tel était le cas ◆ **I must admit that...** je dois reconnaître or admettre que... ◆ **I must admit I was wrong, I was wrong I admit** je reconnais que j'ai eu tort, j'ai eu tort, j'en conviens
4 [criminal, wrongdoer] avouer (that que) ; [+ crime, murder etc] reconnaître avoir commis ◆ **he admitted stealing the books** il a reconnu avoir volé les livres ◆ **you'll never get him to admit it** vous ne le lui ferez jamais avouer or reconnaître ◆ **to admit one's guilt** reconnaître sa culpabilité, s'avouer coupable
5 [+ claim] faire droit à ◆ **to admit sb's evidence** (Jur) admettre comme valable le témoignage de qn, prendre en considération les preuves fournies par qn
**COMP** **admitting office N** (US Med) service m des admissions

▶ **admit of VT FUS** admettre, permettre ◆ **it admits of no delay** cela n'admet or ne peut souffrir aucun retard ; → **excuse**

▶ **admit to VT FUS** reconnaître ; [+ crime] reconnaître avoir commis ◆ **to admit to a feeling of...** avouer avoir un sentiment de...

**admittance** /ədˈmɪtəns/ SYN **N** droit m d'entrée, admission f (to sth à qch), accès m (to sth à qch ; to sb auprès de qn) ◆ **I gained admittance to the hall** on m'a laissé entrer dans la salle ◆ **I was denied** or **refused admittance** on m'a refusé l'entrée ◆ **admittance: £5** droit d'entrée : 5 livres ◆ **"no admittance"** « accès interdit au public » ◆ **no admittance except on business** accès interdit à toute personne étrangère au service

**admittedly** /ədˈmɪtɪdlɪ/ **ADV** ◆ **admittedly this is true** il faut reconnaître or convenir que c'est vrai ◆ **it's only a theory, admittedly, but...** il est vrai que ce n'est qu'une théorie, mais...

**admixture** /ədˈmɪkstʃəʳ/ **N** mélange m, incorporation f ◆ **X with an admixture of Y** X additionné de Y

**admonish** /ədˈmɒnɪʃ/ SYN **VT** 1 (= reprove) admonester, réprimander (for doing sth pour avoir fait qch ; about, for pour, à propos de)
2 (= warn) avertir, prévenir (against doing sth de ne pas faire qch), mettre en garde (against contre) ; (Jur) avertir
3 (= exhort) exhorter, engager (to do sth à faire qch)
4 (liter = remind) ◆ **to admonish sb of a duty** † rappeler qn à un devoir

**admonishment** /ədˈmɒnɪʃmənt/ **N** (frm) 1 (= rebuke) remontrance f, réprimande f
2 (= warning) avertissement m

**admonition** /ˌædməʊˈnɪʃən/ SYN **N** 1 (= rebuke) remontrance f, admonestation f
2 (= warning) avertissement m, admonition f ; (Jur) avertissement m

**admonitory** /ədˈmɒnɪtərɪ/ SYN **ADJ** réprobateur (-trice f)

**ad nauseam** /ˌædˈnɔːsɪæm/ **ADV** [repeat] ad nauseam, à satiété ; [do] jusqu'à saturation, à satiété ◆ **to talk ad nauseam about sth** raconter des histoires à n'en plus finir sur qch

**adnominal** /ˌædˈnɒmɪnl/ **ADJ, N** (Ling) adnominal m

**ado** /əˈduː/ **N** agitation f ◆ **much ado about nothing** beaucoup de bruit pour rien ◆ **without further** or **more ado** sans plus de cérémonie

**adobe** /əˈdəʊbɪ/
**N** pisé m
**COMP** **adobe wall N** mur m en pisé

**adolescence** /ˌædəʊˈlesns/ SYN **N** adolescence f

**adolescent** /ˌædəʊˈlesnt/ SYN **ADJ, N** adolescent(e) m(f)

**Adonis** /əˈdəʊnɪs/ **N** (Myth, fig) Adonis m

**adopt** /əˈdɒpt/ SYN **VT** 1 [+ child] adopter
2 [+ idea, method] adopter ; [+ career] choisir ; (Pol) [+ motion] adopter ; [+ candidate] choisir ; (Jur, Admin) [+ wording] retenir

**adopted** /əˈdɒptɪd/ **ADJ** [child] adopté ; [country] d'adoption, adoptif ◆ **adopted son** fils m adoptif ◆ **adopted daughter** fille f adoptive

**adoption** /əˈdɒpʃən/ SYN
**N** [of child, country, law] adoption f ; [of career, idea, method] choix m ◆ **a Londoner by adoption** un Londonien d'adoption
**COMP** **adoption agency N** agence f d'adoption

**adoptive** /əˈdɒptɪv/ **ADJ** [parent, child] adoptif ; [country] d'adoption

**adorable** /əˈdɔːrəbl/ SYN **ADJ** adorable

**adorably** /əˈdɔːrəblɪ/ **ADV** ◆ **she is adorably sweet** elle est absolument adorable ◆ **he's adorably innocent** il est d'une naïveté charmante

**adoration** /ˌædəˈreɪʃən/ SYN **N** adoration f

**adore** /əˈdɔːʳ/ SYN **VT** adorer

**adoring** /əˈdɔːrɪŋ/ **ADJ** [expression] d'adoration ; [eyes] remplis d'adoration ◆ **his adoring wife** sa femme qui est en adoration devant lui

**adoringly** /əˈdɔːrɪŋlɪ/ **ADV** avec adoration

**adorn** /əˈdɔːn/ SYN **VT** [+ room] orner (with de) ; [+ dress] orner, parer (with de) ◆ **to adorn o.s.** se parer

**adornment** /əˈdɔːnmənt/ SYN **N** 1 (in room) ornement m ; (on dress) parure f
2 (NonC) décoration f

**ADP** /ˌeɪdiːˈpiː/ **N** (abbrev of **automatic data processing**) → **automatic**

**adrate** * /ˈædreɪt/ **N** tarif m publicitaire or des annonces

**adrenal** /əˈdriːnl/
**ADJ** surrénal
**N** (also **adrenal gland**) surrénale f

**adrenalin(e)** /əˈdrenəlɪn/
**N** adrénaline f ◆ **he felt the adrenalin(e) flowing** il a eu une poussée d'adrénaline
**COMP** **adrenaline rush N** poussée f d'adrénaline

**adrenergic** /ˌædrəˈnɜːdʒɪk/ **ADJ** adrénergique

**Adriatic** /ˌeɪdrɪˈætɪk/
**ADJ** [coast] adriatique
**N** ◆ **Adriatic (Sea)** (mer f) Adriatique f

**adrift** /əˈdrɪft/ SYN **ADV, ADJ** [ship] à la dérive ; (fig) à l'abandon ◆ **to go adrift** [ship] aller à la dérive ◆ **to be (all) adrift** (fig) divaguer ◆ **to turn sb adrift** (fig) laisser qn se débrouiller tout seul ◆ **to come adrift** * [wire, connection] se détacher ; [plans] tomber à l'eau ◆ **to be five points/seconds adrift of...** (Sport) être cinq points/secondes derrière...

**adroit** /əˈdrɔɪt/ SYN **ADJ** adroit, habile

**adroitly** /əˈdrɔɪtlɪ/ **ADV** adroitement, habilement

**adroitness** /əˈdrɔɪtnɪs/ SYN **N** adresse f, dextérité f

**ADSL** /ˌeɪdiːesˈel/ **N** (abbrev of **Asynchronous Digital Subscriber Line**) ADSL m

**adsorb** /ædˈsɔːb/ (Phys)
**VI** être adsorbé
**VT** adsorber

**adsorption** /ædˈsɔːpʃən/ **N** (Phys) adsorption f

**adspeak** * /ˈædspiːk/ **N** style m or jargon m publicitaire

**adsuki bean** /ædˈzuːkɪ/, **aduki bean** /əˈduːkɪ/ **N** petit haricot rouge d'origine japonaise

**ADT** /ˌeɪdiːˈtiː/ **N** (US) abbrev of **Atlantic Daylight Time**

**adulate** /ˈædjʊleɪt/ **VT** aduler, flagorner

**adulation** /ˌædjʊˈleɪʃən/ SYN **N** adulation f

**adulator** /ˈædjʊleɪtəʳ/ **N** adulateur m, -trice f

**adulatory** /ˌædjʊˈleɪtərɪ, (US) ˈædʒələtɔːrɪ/ **ADJ** élogieux

**adult** /ˈædʌlt/ SYN
**N** adulte mf ◆ **adults only** (Cine etc) réservé aux adultes, interdit aux moins de 18 ans
**ADJ** 1 [person, animal] adulte ◆ **we were very adult about it** nous nous sommes comportés en adultes
2 [film, book] pour adultes (seulement)
**COMP** **adult audience N** public m d'adultes
**adult classes NPL** cours mpl pour adultes
**adult education**, **adult learning N** enseignement m pour adultes
**Adult Education Centre N** (Brit) centre m de formation pour adultes

**adult literacy** N alphabétisation f des adultes
**adult publishing** N publications fpl pour adultes

**adulterant** /əˈdʌltərənt/
- N (produit m) adultérant m
- ADJ adultérant

**adulterate** /əˈdʌltəreɪt/ SYN
- VT frelater, falsifier ◆ **adulterated milk** lait m falsifié
- ADJ /əˈdʌltərɪt/ [goods, wine] falsifié, frelaté

**adulteration** /əˌdʌltəˈreɪʃən/ N frelatage m, falsification f

**adulterer** /əˈdʌltərər/ N adultère m

**adulteress** /əˈdʌltərɪs/ N femme f adultère

**adulterous** /əˈdʌltərəs/ ADJ adultère

**adultery** /əˈdʌltərɪ/ N adultère m

**adulthood** /ˈædʌlthʊd/ N âge m adulte

**adumbrate** /ˈædʌmbreɪt/ SYN VT esquisser, ébaucher ; [+ event] faire pressentir, préfigurer

**ad val.** /ˈædvæl/ ADJ, ADV (Comm) abbrev of **ad valorem**

**ad valorem** /ˌædvəˈlɔːrəm/
- ADJ, ADV (Comm) ad valorem, sur la valeur
- COMP **ad valorem tax** N taxe f ad valorem

**advance** /ədˈvɑːns/ LANGUAGE IN USE 19.3 SYN
- N 1 (= progress, movement forward) avance f, marche f en avant ; [of science, ideas] progrès mpl ; (Mil) avance f, progression f ◆ **with the advance of (old) age** avec l'âge ◆ **to make advances in technology** faire des progrès en technologie
 ◆ **in advance** [book, warn, prepare, announce] à l'avance ; [thank, pay, decide] à l'avance, d'avance ◆ **to send sb on in advance** envoyer qn en avant ◆ **$10 in advance** 10 dollars d'avance ◆ **he arrived in advance of the others** il est arrivé en avance sur les autres ◆ **to be in advance of one's time** être en avance sur son temps ◆ **a week in advance** une semaine à l'avance ◆ **luggage in advance** bagages mpl enregistrés
 2 (in prices, wages) hausse f, augmentation f (in de)
 3 (= sum of money) avance f (on sur) ◆ **an advance against security** une avance sur nantissement
- NPL **advances** (= overtures of friendship) avances fpl ◆ **to make advances to sb** faire des avances à qn ◆ **unwelcome advances** avances importunes
- VT 1 (= move forward) [+ date, time] avancer ; (Mil) [+ troops] avancer ; [+ work, knowledge, project] faire progresser or avancer ; [+ interest, growth] développer ; [+ cause] promouvoir ; (= promote) [+ person] élever, promouvoir (to à)
 2 (= suggest, propose) [+ reason, explanation] avancer ; [+ opinion] avancer, émettre
 3 (= pay on account) avancer, faire une avance de ; (= lend) prêter
 4 (US Pol) [+ campaign] organiser
- VI 1 (= go forward) avancer, s'avancer (on, towards vers) ; [army] avancer (on sur) ; (during a battle) [troops] se porter en avant ◆ **he advanced upon me** il est venu vers or a marché sur moi ◆ **the advancing army** l'armée f en marche
 2 (= progress) [work, civilization, mankind] progresser, faire des progrès ; [person] (in rank) recevoir de l'avancement ; (Mil) monter en grade
 3 (= rise) [prices] monter, augmenter
- COMP **advance booking** N ◆ "advance booking advisable" « il est conseillé de louer les places à l'avance » ◆ **advance booking (office)** (guichet m de) location f
**advance copy** N [of book] exemplaire m de lancement ; [of speech] texte m distribué à l'avance (à la presse)
**advance deposit** N dépôt m préalable
**advance factory** N usine-pilote f
**advance guard** N (Mil) avant-garde f
**advance information sheet(s)** N(PL) (Publishing) bonnes feuilles fpl (destinées à la promotion d'un livre)
**advance man** N (pl **advance men**) (US Pol) organisateur m (de campagne électorale)
**advance notice** N préavis m, avertissement m
**advance party** N (Mil) groupe m de reconnaissance ; (fig) éclaireurs mpl
**advance payment** N (Fin) paiement m anticipé or par anticipation
**advance post** N (Mil) poste m avancé
**advance publicity** N publicité f d'amorçage
**advance warning** N ⇒ **advance notice**

**advanced** /ədˈvɑːnst/ SYN
- ADJ [student, society, ideas, stage] avancé ; [child] avancé, en avance ; [disease] à un stade avancé ; [level, studies, class] supérieur(e) m(f) ; [test, skill] poussé ; [design] sophistiqué ; [equipment] de pointe ◆ **advanced mathematics/physics** cours m supérieur de mathématiques/physique ◆ **he is very advanced for his age** il est très avancé or très en avance pour son âge ◆ **at an advanced age** à un âge avancé ◆ **advanced in years** d'un âge avancé ◆ **a man of advanced years** un homme d'âge avancé ◆ **the day/season is well advanced** la journée/saison est bien avancée
- COMP **advanced gas-cooled reactor** N réacteur m à gaz avancé
**Advanced level** N (Brit Scol) (frm) ⇒ **A levels** ; → **A**
**Advanced Photo System** N SING APS
**advanced skills teacher** N (Brit Scol) enseignant chevronné recevant un salaire relativement élevé
**advanced standing** N (US Univ) ◆ **to receive advanced standing** ≈ être admis par équivalence

**advancement** /ədˈvɑːnsmənt/ SYN N
 1 (= improvement) progrès m, avancement m
 2 (= promotion) avancement m, promotion f

**advantage** /ədˈvɑːntɪdʒ/ SYN
- N 1 avantage m ◆ **to have an advantage over sb**, **to have the advantage of sb** avoir un avantage sur qn ◆ **that gives you an advantage over me** cela vous donne un avantage sur moi ◆ **to get the advantage of sb** prendre l'avantage sur qn (by doing sth en faisant qch) ◆ **to have the advantage of numbers** avoir l'avantage du nombre (over sur) ◆ **to take advantage of sb** profiter de qn ; [employer etc] exploiter qn ; (sexually) abuser de qn ◆ **I took advantage of the opportunity** j'ai profité de l'occasion ◆ **to turn sth to (one's) advantage** tirer parti de qch, tourner qch à son avantage ◆ **I find it to my advantage** j'y trouve mon compte ◆ **it is to his advantage to do it** c'est dans son intérêt de le faire
 ◆ **to + best advantage** au mieux ◆ **they don't organize their investments to best advantage** ils n'investissent pas leur argent au mieux or de la manière la plus avantageuse ◆ **a T-shirt in which her body is shown to its best advantage** un T-shirt qui met son corps en valeur
 2 (Tennis) avantage m ◆ **to play the advantage rule** (Rugby, Football) laisser la règle de l'avantage
- VT avantager ◆ **advantaged** (= privileged) privilégié

**advantageous** /ˌædvənˈteɪdʒəs/ SYN ADJ avantageux (to pour)

**advantageously** /ˌædvənˈteɪdʒəslɪ/ ADV de façon avantageuse

**advection** /ədˈvekʃən/ N advection f

**advent** /ˈædvənt/ SYN
- N 1 venue f, avènement m
 2 (Rel) ◆ **Advent** l'Avent m
- COMP **Advent Calendar** N calendrier m de l'Avent
**Advent Sunday** N dimanche m de l'Avent

**Adventist** /ˈædvəntɪst/ N adventiste mf

**adventitious** /ˌædvenˈtɪʃəs/ SYN ADJ fortuit, accidentel ; (Bot, Med) adventice

**adventure** /ədˈventʃər/ SYN
- N aventure f ◆ **to have an adventure** avoir une aventure
- VI s'aventurer, se risquer (on dans)
- COMP [story, film] d'aventures
**adventure holiday** N (Brit) circuit m aventure
**adventure playground** N (Brit) aire f de jeux

**adventurer** /ədˈventʃərər/ SYN N aventurier m

**adventuresome** /ədˈventʃəsəm/ ADJ (US) [person] aventureux

**adventuress** /ədˈventʃərɪs/ N aventurière f

**adventurism** /ədˈventʃərɪzəm/ N aventurisme m

**adventurist** /ədˈventʃərɪst/
- N (Pol: also **political adventurist**) aventuriste mf ; (Comm) aventurier m, -ière f
- ADJ (Pol) aventuriste ; (Comm) sans scrupules

**adventurous** /ədˈventʃərəs/ SYN ADJ [person, journey] aventureux ; [approach, project] audacieux ◆ **the adventurous spirit of the early settlers** l'esprit d'aventure or aventureux des premiers pionniers ◆ **to become more adventurous** devenir plus aventureux, s'enhardir

**adventurously** /ədˈventʃərəslɪ/ ADV aventureusement, audacieusement

**adverb** /ˈædvɜːb/ N adverbe m

**adverbial** /ədˈvɜːbɪəl/ ADJ adverbial

**adverbially** /ədˈvɜːbɪəlɪ/ ADV [use] adverbialement

**adversarial** /ˌædvəˈsɛərɪəl/ ADJ [politics] de confrontation ◆ **the adversarial system** le système de débat contradictoire

**adversary** /ˈædvəsərɪ/ SYN N adversaire mf

**adverse** /ˈædvɜːs/ SYN
- ADJ [effect, reaction, consequences] négatif ; [conditions, comment, decision] défavorable ; [publicity, weather] mauvais ; [wind] contraire ◆ **adverse weather conditions** conditions fpl météorologiques défavorables
- COMP **adverse trade balance** N balance f commerciale déficitaire

**adversely** /ˈædvɜːslɪ/ ADV défavorablement ◆ **to affect sth adversely** avoir un effet défavorable sur qch ◆ **to comment adversely on sth** faire des commentaires défavorables sur qch

**adversity** /ədˈvɜːsɪtɪ/ SYN N 1 (NonC) adversité f ◆ **in adversity** dans l'adversité
 2 (= event) malheur m

**advert¹** /ədˈvɜːt/ VI (frm) ◆ **to advert to sth** faire référence à qch, se référer à qch

**advert²** * /ˈædvɜːt/ N (Brit) (abbrev of **advertisement**) (= announcement) annonce f (publicitaire) ; (Comm) publicité f, pub * f

**advertise** /ˈædvətaɪz/ SYN
- VT 1 [+ goods] faire de la publicité pour ◆ **I've seen that soap advertised on television** j'ai vu une publicité pour ce savon à la télévision
 2 (in newspaper etc) ◆ **to advertise a flat (for sale)** mettre or insérer une annonce pour vendre un appartement ◆ **I saw it advertised in a shop window** j'ai vu une annonce là-dessus dans une vitrine
 3 (= draw attention to) afficher ◆ **don't advertise your ignorance!** inutile d'afficher votre ignorance ! ◆ **don't advertise the fact that…** essaie de ne pas trop laisser voir que…, ne va pas crier sur les toits que…
- VI 1 (in order to sell) faire de la publicité or de la réclame ◆ **it pays to advertise** la publicité paie
 2 (in order to find) chercher par voie d'annonce ◆ **to advertise for a secretary** faire paraître une annonce pour trouver une secrétaire ◆ **to advertise for sth** chercher qch par voie d'annonce

**advertisement** /ədˈvɜːtɪsmənt/ LANGUAGE IN USE 19.1, 20.1 SYN
- N 1 (Comm) publicité f ◆ **I saw an advertisement for that new car on the TV** j'ai vu une publicité pour cette nouvelle voiture à la télévision ◆ **I made tea during the advertisements** j'ai fait le thé pendant la publicité ◆ **he's not a good advertisement** or **an advertisement for his school** (esp Brit) il ne donne pas une bonne image de son école
 2 (private: in newspaper etc) annonce f ◆ **to put an advertisement in a paper** (Brit) mettre une annonce dans un journal ◆ **I got it through an advertisement** je l'ai eu par or grâce à une annonce ; → **classified**, **small**
 3 (NonC) réclame f, publicité f ; → **self**
- COMP **advertisement column** N petites annonces fpl
**advertisement hoarding** N panneau m publicitaire

**advertiser** /ˈædvətaɪzər/ N annonceur m

**advertising** /ˈædvətaɪzɪŋ/
- N (= activity) publicité f ; (= advertisements) réclames fpl ◆ **a career in advertising** une carrière dans la publicité
- COMP [firm, work] publicitaire
**advertising agency** N agence f de publicité
**advertising allowance** N budget m publicitaire or publicité
**advertising brief** N (Comm) résumé m des objectifs publicitaires, brief * m
**advertising budget** N (Comm) budget m publicitaire or publicité
**advertising campaign** N campagne f publicitaire
**advertising manager** N directeur m, -trice f de la publicité
**advertising medium** N support m publicitaire
**advertising rates** NPL tarifs mpl publicitaires
**advertising revenues** NPL recettes fpl publicitaires
**advertising space** N espace m publicitaire
**advertising standards** NPL (Comm) normes fpl publicitaires

## advertorial | affect

**Advertising Standards Authority** N (Brit) ≈ Bureau m de vérification de la publicité
**advertising strategy** N stratégie f publicitaire ; → **jingle**

**advertorial** /ˌædvəˈtɔːrɪəl/
N publireportage m
ADJ de publireportage

**advice** /ədˈvaɪs/ LANGUAGE IN USE 2.1, 2.2 SYN
N (NonC) [1] conseils mpl, avis m ◆ **a piece of advice** un avis, un conseil ◆ **to seek advice from sb** demander conseil à qn ◆ **to take medical/legal advice** consulter un médecin/un avocat ◆ **to take** or **follow sb's advice** suivre le(s) conseil(s) de qn ◆ **on the advice of his doctor** sur le conseil de son médecin ◆ **against the advice of his doctor** contre l'avis de son médecin
[2] (Comm = notification) avis m ◆ **as per advice of** or **from...** suivant avis de... ◆ **advice of dispatch** avis m d'expédition
COMP **advice column** N (Press) courrier m du cœur
**advice columnist** N (US) rédacteur m, -trice f de la rubrique du courrier du cœur
**advice line** N service m de conseil par téléphone
**advice note** N (Comm) avis m

**advisability** /ədˌvaɪzəˈbɪlɪtɪ/ SYN N opportunité f (of sth de qch ; of doing sth de faire qch)

**advisable** /ədˈvaɪzəbl/ LANGUAGE IN USE 1.1 SYN ADJ conseillé, recommandé ◆ **it is advisable to be vaccinated** il est conseillé de se faire vacciner ◆ **I do not think it advisable for you to come with me** je vous déconseille de m'accompagner

**advise** /ədˈvaɪz/ LANGUAGE IN USE 1, 2.1, 2.2, 21.3 SYN
VT [1] (= give advice to) conseiller, donner des conseils à (sb on or about sth qn sur or à propos de qch) ◆ **to advise sb to do sth** conseiller à qn de faire qch, recommander à qn de faire qch ◆ **to advise sb against sth** déconseiller qch à qn ◆ **to advise sb against doing sth** conseiller à qn de ne pas faire qch
[2] (= recommend) [+ course of action] recommander ◆ **I shouldn't advise your going to see him** je ne vous conseillerais or recommanderais pas d'aller le voir ◆ **you would be well/ill advised to wait** vous feriez bien/vous auriez tort d'attendre
[3] (= inform) ◆ **to advise sb of sth** aviser or informer qn de qch, faire part à qn de qch ◆ **keep me advised of developments** tenez-moi au courant de la suite des événements
COMP **advising bank** N (Fin) banque f notificatrice

**advisedly** /ədˈvaɪzɪdlɪ/ ADV en connaissance de cause

**advisement** /ədˈvaɪzmənt/ N (US) ◆ **to take sth under advisement** considérer qch avec soin

**adviser, advisor** /ədˈvaɪzəʳ/ SYN N conseiller m, -ère f ◆ **French/maths adviser** (Scol Admin) conseiller m, -ère f pédagogique de français/de maths ; → **educational, legal, spiritual**

**advisory** /ədˈvaɪzərɪ/ SYN
ADJ [group, board, role, work] consultatif ; [service] de conseils ◆ **in an advisory capacity** à titre consultatif
N (esp US = announcement) alerte f
COMP **advisory committee** N (Pol) comité m consultatif
**advisory opinion** N (Jur) avis m consultatif de la cour

**advocaat** /ˈædvəʊˌkɑː/ N advocaat m (liqueur hollandaise à base d'œufs)

**advocacy** /ˈædvəkəsɪ/ N [of cause etc] plaidoyer m (of en faveur de)

**advocate** /ˈædvəkɪt/ SYN
N [1] (= upholder) [of cause etc] défenseur m, avocat(e) m(f) ◆ **to be an advocate of** être partisan(e) de ◆ **to become the advocate of** se faire le champion (or la championne) de ; → **devil**
[2] (Scot Jur) avocat m (plaidant) ; → **lord** → LAWYER
VT /ˈædvəkeɪt/ recommander, préconiser

**advt** (abbrev of **advertisement**) publicité f

**adynamia** /ˌædɪˈneɪmɪə/ N adynamie f

**adze, adz** (US) /ædz/ N herminette f, doloire f

**adzuki bean** /ædˈzuːkɪ/ N petit haricot rouge d'origine japonaise

**AEA** /ˌeɪiːˈeɪ/ N (Brit) (abbrev of **Atomic Energy Authority**) ≈ CEA m

**AEC** /ˌeɪiːˈsiː/ N (US) (abbrev of **Atomic Energy Commission**) ≈ CEA m

**aedes** /eɪˈiːdiːz/ N aèdes m, aédès m

**AEEU** /ˌeɪiːiːˈjuː/ N (Brit) (abbrev of **Amalgamated Engineering and Electrical Union**) syndicat

**Aegean** /iːˈdʒiːən/ ADJ égéen ◆ **Aegean (Sea)** (mer f) Égée f ◆ **the Aegean Islands** les îles fpl de la mer Égée

**Aegeus** /iːˈdʒiːəs/ N Égée m

**aegis, egis** (US) /ˈiːdʒɪs/ SYN N égide f ◆ **under the aegis of...** sous l'égide de...

**aegrotat** /ˈaɪgrəʊˌtæt/ N (Brit Univ) équivalence f d'obtention d'un examen (accordée à un bon étudiant malade)

**Aeneas** /ɪˈniːəs/ N Énée m

**Aeneid** /ɪˈniːɪd/ N Énéide f

**aeolian** /iːˈəʊlɪən/
ADJ éolien
COMP **aeolian harp** N harpe f éolienne

**Aeolus** /ˈiːələs/ N Éole m

**aeon** /ˈiːɒn/ N temps m infini, période f incommensurable ◆ **through aeons of time** à travers des éternités

**aerate** /ˈɛəreɪt/ VT [+ liquid] gazéifier ; [+ blood] oxygéner ; [+ soil] retourner ◆ **aerated water** eau f gazeuse

**aerator** /ˈɛəreɪtəʳ/ N agent m aérateur

**aerial** /ˈɛərɪəl/
ADJ [1] (= in the air) aérien
[2] (= immaterial) irréel, imaginaire
N (esp Brit : Telec etc) antenne f ; → **indoor**
COMP **aerial cableway** N téléphérique m
**aerial camera** N appareil m photo pour prises de vues aériennes
**aerial input** N puissance f reçue par l'antenne
**aerial ladder** N (US) échelle f pivotante
**aerial mast** N mât m d'antenne
**aerial photograph** N photographie f aérienne
**aerial railway** N téléphérique m
**aerial survey** N levé m aérien
**aerial tanker** N ravitailleur m en vol

**aerialist** /ˈɛərɪəlɪst/ N voltigeur m, -euse f

**aerie** /ˈɛərɪ/ N (esp US) aire f (d'aigle etc)

**aerobatics** /ˌɛərəʊˈbætɪks/ NPL acrobatie(s) f(pl) aérienne(s)

**aerobe** /ˈɛərəʊb/ N (Bio) aérobie m

**aerobic** /ɛəˈrəʊbɪk/ ADJ [exercise, respiration] aérobie (SPEC) ; [workout] d'aérobic

**aerobics** /ɛəˈrəʊbɪks/ N (NonC) aérobic f ◆ **to do aerobics** faire de l'aérobic ◆ **my aerobics class** mon cours d'aérobic

**aerobiosis** /ˌɛərəʊbaɪˈəʊsɪs/ N aérobiose f

**aerodigestive** /ˌɛərəʊdaɪˈdʒestɪv/ ADJ aérodigestif

**aerodrome** /ˈɛərədrəʊm/ N (Brit) aérodrome m

**aerodynamic** /ˌɛərəʊdaɪˈnæmɪk/
ADJ aérodynamique
COMP **aerodynamic braking** N [of aircraft, spacecraft] freinage m aérodynamique

**aerodynamically** /ˌɛərəʊdaɪˈnæmɪkəlɪ/ ADV [efficient] d'un point de vue aérodynamique ; [designed, built] de façon aérodynamique

**aerodynamics** /ˌɛərəʊdaɪˈnæmɪks/ N (NonC) aérodynamique f

**aerodyne** /ˈɛərəʊˌdaɪn/ N aérodyne m

**aero-engine** /ˈɛərəʊˌendʒɪn/ N (gen) moteur m d'avion ; (= jet engine) réacteur m

**aerofoil** /ˈɛərəʊˌfɔɪl/, **airfoil** (US) /ˈɛəfɔɪl/ N [of plane] plan m de sustentation

**aerogram** /ˈɛərəʊˌgræm/ N [1] (= air letter) aérogramme m
[2] (= radio telegram) radiotélégramme m

**aerograph** /ˈɛərəʊˌgrɑːf/ N météorographe m

**aerolite** /ˈɛərəlaɪt/ N aérolithe m

**aerology** /ɛəˈrɒlədʒɪ/ N (Phys) aérologie f

**aeromodelling** /ˈɛərəʊˌmɒdlɪŋ/ N aéromodélisme m

**aeronaut** /ˈɛərənɔːt/ N aéronaute mf

**aeronautic(al)** /ˌɛərəˈnɔːtɪk(əl)/
ADJ aéronautique
COMP **aeronautic(al) engineering** N aéronautique f

**aeronautics** /ˌɛərəˈnɔːtɪks/ N (NonC) aéronautique f

**aeropause** /ˈɛərəpɔːz/ N aéropause f

**aeroplane** /ˈɛərəpleɪn/ N (Brit) avion m

**aerosol** /ˈɛərəsɒl/
N [1] (= system) aérosol m
[2] (= container, contents) bombe f
COMP [insecticide, paint] en aérosol, en bombe ; [perfume] en atomiseur

**aerospace** /ˈɛərəʊspeɪs/ ADJ [industry, project] aérospatial

**aerostat** /ˈɛərəstæt/ N (= aircraft) aérostat m

**aerostation** /ˌɛərəˈsteɪʃən/ N aérostation f

**aerothermodynamic** /ˌɛərəʊθɜːməʊdaɪˈnæmɪk/ ADJ aérothermique

**aerugo** /ɪˈruːgəʊ/ N vert-de-gris m

**Aeschylus** /ˈiːskələs/ N Eschyle m

**Aesculapius** /ˌiːskjʊˈleɪpɪəs/ N Esculape m

**Aesop** /ˈiːsɒp/ N Ésope m ◆ **Aesop's Fables** les fables fpl d'Ésope

**aesthete** (Brit), **esthete** (US) /ˈiːsθiːt/ N esthète mf

**aesthetic(al)** (Brit), **esthetic(al)** (US) /iːsˈθetɪk(əl)/ ADJ esthétique

**aesthetically** (Brit), **esthetically** (US) /iːsˈθetɪkəlɪ/ ADV esthétiquement

**aestheticism** (Brit), **estheticism** (US) /iːsˈθetɪsɪzəm/ N esthétisme m

**aesthetics** (Brit), **esthetics** (US) /iːsˈθetɪks/ N (NonC) esthétique f

**aestivate** /ˈiːstɪveɪt/ VI [animal] estiver

**aestivation** /ˌiːstɪˈveɪʃən/ N [of animal] estivation f

**aether** /ˈiːθəʳ/ N ⇒ **ether**

**aetiology** /ˌiːtɪˈɒlədʒɪ/ N étiologie f

**AEU** /ˌeɪiːˈjuː/ N (Brit) (abbrev of **Amalgamated Engineering Union**) ancien syndicat

**af** (abbrev of **advance freight**) fret payé d'avance

**a.f.** /ˈeɪˈef/ N (abbrev of **audio frequency**) audiofréquence f

**AFA** /ˌeɪefˈeɪ/ N (Brit) abbrev of **Amateur Football Association**

**afar** /əˈfɑːʳ/ ADV (liter) au loin ◆ **from afar** de loin

**AFB** /ˌeɪefˈbiː/ N (US) abbrev of **Air Force Base**

**AFC** /ˌeɪefˈsiː/ N [1] (abbrev of **Association Football Club**) AFC
[2] abbrev of **automatic frequency control**

**AFDC** /ˌeɪefdiːˈsiː/ N (US Admin) abbrev of **Aid to Families with Dependent Children**

**affability** /ˌæfəˈbɪlɪtɪ/ SYN N affabilité f, amabilité f

**affable** /ˈæfəbl/ SYN ADJ affable

**affably** /ˈæfəblɪ/ ADV avec affabilité, affablement

**affair** /əˈfɛəʳ/ SYN N [1] (= event) affaire f ◆ **it was a scandalous affair** ce fut un scandale ◆ **it was an odd affair altogether** c'était vraiment (une histoire or une affaire) bizarre ◆ **affair of honour** affaire f d'honneur ◆ **the Suez affair** l'affaire f de Suez
[2] (esp Brit = concern) affaire f ◆ **this is not her affair** ce n'est pas son affaire, cela ne la regarde pas ◆ **that's my affair** c'est mon affaire, ça ne regarde que moi ◆ **it's not your affair what I do in the evenings** ce que je fais le soir ne te regarde pas
[3] (= business of any kind) ◆ **affairs** affaires fpl ◆ **in the present state of affairs** les choses étant ce qu'elles sont, étant donné les circonstances actuelles ◆ **it was a dreadful state of affairs** la situation était épouvantable ◆ **affairs of state** les affaires fpl d'État ◆ **to put one's affairs in order** (business) mettre de l'ordre dans ses affaires ; (belongings) mettre ses affaires en ordre ◆ **your private affairs don't concern me** votre vie privée ne m'intéresse pas ◆ **she never interferes with his business affairs** elle n'intervient jamais dans ses activités professionnelles or dans ses affaires ; → **current, foreign**
[4] (also **love affair**) liaison f, aventure f ◆ **to have an affair with sb** avoir une liaison or une aventure avec qn ◆ **they're having an affair** ils sont amants
[5] (* = thing) machin m ◆ **that red affair over there** ce machin rouge, là-bas

**affect** /əˈfekt/ SYN
VT [1] (= have effect on) [+ result, experiment, numbers] avoir un effet or des conséquences sur, modifier ; [+ decision, career, the future] influer sur ; (Jur) avoir une incidence sur ; (= have detrimental effect on) [+ person] atteindre, toucher ; [+ conditions, substance, health] détériorer ◆ **this will certainly affect the way we approach the**

**problem** cela va certainement influer sur la façon dont nous aborderons le problème ◆ **you mustn't let it affect you** ne te laisse pas décourager *or* abattre par ça

② (= *concern*) concerner, toucher ◆ **this decision affects all of us** cette décision nous concerne tous ◆ **it does not affect me personally** cela ne me touche pas personnellement

③ (*emotionally* = *move*) émouvoir, affecter ; (= *sadden*) affecter, toucher ◆ **she was deeply affected by the news** elle a été très affectée *or* touchée par la nouvelle

④ [*disease*] [+ *organ, powers of recuperation*] attaquer, atteindre ; [*drug*] agir sur

⑤ (= *feign*) [+ *ignorance, surprise*] affecter, feindre

⑥ († ÷ *have liking for*) affectionner ◆ **she affects bright colours** elle a une prédilection pour *or* elle affectionne les couleurs vives

**N** /ˈæfɛkt/ (*Psych*) affect *m*

**affectation** /ˌæfɛkˈteɪʃən/ SYN **N** ① (= *pretence*) affectation *f*, simulation *f* ◆ **an affectation of interest/indifference** une affectation d'intérêt/d'indifférence

② (= *artificiality*) affectation *f*, manque *m* de naturel ◆ **her affectations annoy me** ses manières affectées *or* ses poses *fpl* m'agacent

**affected** /əˈfɛktɪd/ SYN **ADJ** (= *insincere*) [*person, behaviour*] affecté, maniéré ; [*accent, clothes*] affecté ◆ **to be affected** [*person*] poser

**affectedly** /əˈfɛktɪdlɪ/ ADV avec affectation, d'une manière affectée

**affecting** /əˈfɛktɪŋ/ SYN ADJ touchant, émouvant

**affection** /əˈfɛkʃən/ SYN **N** ① (= *fondness*) affection *f*, tendresse *f* (*for, towards* pour) ◆ **to win sb's affection(s)** se faire aimer de qn, gagner l'affection *or* le cœur de qn ◆ **I have a great affection for her** j'ai beaucoup d'affection pour elle

② (*Med*) affection *f*, maladie *f*

**affectionate** /əˈfɛkʃənɪt/ SYN ADJ [*person, tone*] affectueux, tendre ; [*memories*] tendre ◆ **your affectionate daughter** (*letter-ending*) votre fille affectionnée

**affectionately** /əˈfɛkʃənɪtlɪ/ ADV affectueusement ◆ **yours affectionately** (*letter-ending*) (bien) affectueusement (à vous)

**affective** /əˈfɛktɪv/ ADJ affectif (*also Ling*)

**Affenpinscher** /ˈæfənˌpɪnʃəʳ/ **N** (= *dog*) Affenpinscher *m*

**affidavit** /ˌæfɪˈdeɪvɪt/ **N** (*Jur*) déclaration *f* écrite sous serment ◆ **to swear an affidavit (to the effect that)** déclarer par écrit sous serment (que)

**affiliate** /əˈfɪlɪeɪt/ SYN

**VT** affilier (*to, with* à) ◆ **to affiliate o.s.** s'affilier (*to, with* à)

**N** /əˈfɪlɪət/ membre *m* affilié

**affiliated** /əˈfɪlɪeɪtɪd/ ADJ [*organisation, union, club, society*] affilié ◆ **affiliated company** (*Comm*) (*gen*) filiale *f* ; (*on balance sheet*) société *f* liée *or* apparentée

**affiliation** /əˌfɪlɪˈeɪʃən/

**N** ① (*Comm etc*) affiliation *f*

② (*Jur*) attribution *f* de paternité

③ (= *connection*) affiliation *f*, attaches *fpl*

COMP **affiliation order N** jugement *m* en constatation de paternité
**affiliation proceedings** NPL action *f* en recherche de paternité

**affine** /ˈæfaɪn/ ADJ (*Math*) affine

**affinity** /əˈfɪnɪtɪ/ SYN

**N** ① (*gen, Bio, Chem, Ling, Math, Philos*) affinité *f* (*with, to* avec ; *between* entre) ; (= *connection, resemblance*) ressemblance *f*, rapport *m* ◆ **the affinity of one thing to another** la ressemblance d'une chose avec une autre

② (*Jur = relationship*) affinité *f* (*to, with* avec)

③ (= *liking*) attrait *m*, attirance *f* (*with, for* pour) ◆ **there is a certain affinity between them** ils ont des affinités

COMP **affinity card N** carte de paiement grâce à laquelle un pourcentage des paiements est versé à une organisation caritative

**affirm** /əˈfɜːm/ SYN VT affirmer, soutenir (*that* que)

**affirmation** /ˌæfəˈmeɪʃən/ SYN **N** affirmation *f*, assertion *f*

**affirmative** /əˈfɜːmətɪv/ SYN

**N** (*Ling*) affirmatif *m* ◆ **in the affirmative** à l'affirmatif ◆ **to answer in the affirmative** répondre affirmativement *or* par l'affirmative

**ADJ** affirmatif ◆ **if the answer is affirmative** si la réponse est affirmative, si la réponse est positive

COMP **affirmative action N** mesures *fpl* de discrimination positive

> **AFFIRMATIVE ACTION**
>
> Ce terme désigne les mesures de discrimination positive prises aux États-Unis dans les années 1960 en faveur des femmes et des minorités ethniques. À l'instigation de l'administration Kennedy, les catégories sous-représentées ont bénéficié d'un système de quotas en matière d'emploi et pour les inscriptions universitaires. En 1972, la loi sur l'égalité de l'emploi (Equal Employment Opportunities Act) a institué une commission chargée de faire respecter ces mesures. En réaction, certains groupes majoritaires (hommes et Blancs, par exemple), qui s'estimaient lésés par cette discrimination à rebours, se sont mobilisés pour faire assouplir la politique de quotas.

**affirmatively** /əˈfɜːmətɪvlɪ/ ADV affirmativement

**affix** /əˈfɪks/

**VT** [+ *seal, signature*] apposer, ajouter (*to* à) ; [+ *stamp*] coller (*to* à)

**N** /ˈæfɪks/ (*Gram*) affixe *m*

**afflatus** /əˈfleɪtəs/ **N** inspiration *f*

**afflict** /əˈflɪkt/ SYN VT toucher ◆ **depression afflicts people of all ages** la dépression touche des gens de tout âge ◆ **diabetes afflicts millions of people worldwide** le diabète touche des millions de personnes dans le monde ◆ **to be afflicted by** *or* **with gout** souffrir de la goutte

**affliction** /əˈflɪkʃən/ SYN **N** ① (*NonC*) affliction *f*, détresse *f* ◆ **people in affliction** les gens dans la détresse

② ◆ **the afflictions of old age** les misères *fpl* de la vieillesse

**affluence** /ˈæfluəns/ SYN **N** (= *plenty*) abondance *f* ; (= *wealth*) richesse *f* ◆ **to rise to affluence** parvenir à la fortune

**affluent** /ˈæfluənt/ SYN

**ADJ** (= *plentiful*) abondant ; (= *wealthy*) riche ◆ **to be affluent** vivre dans l'aisance ◆ **the affluent society** la société d'abondance

**N** (*Geog*) affluent *m*

**afflux** /ˈæflʌks/ **N** ① (*Med*) afflux *m*

② [*of people etc*] affluence *f*, afflux *m*

**afford** /əˈfɔːd/ SYN VT ① (*financially*) ◆ **to be able to afford to buy sth** avoir les moyens d'acheter qch ◆ **he can well afford a new car** il a tout à fait les moyens de s'acheter une nouvelle voiture ◆ **he couldn't afford the £10 entrance fee** il n'avait pas les moyens *or* ne pouvait pas se payer une entrée à 10 livres ◆ **I can't afford the prices they charge** leurs prix sont trop élevés pour moi ◆ **we can't afford to lose any more customers** nous ne pouvons pas nous permettre de perdre d'autres clients ◆ **I can't afford the time to do it** je n'ai pas le temps de le faire ; → **ill**

② (= *allow o.s.*) se permettre ◆ **he can't afford (to make) a mistake** il ne peut pas se permettre (de faire) une erreur ◆ **we can't afford to lose any more customers** nous ne pouvons pas nous permettre de perdre d'autres clients ◆ **I can't afford the time to do it** je n'ai pas le temps de le faire ; → **ill**

③ (*frm*) (= *provide*) fournir, procurer ◆ **to afford sb great pleasure** procurer un grand plaisir à qn ◆ **this will afford me an opportunity to say…** ceci me fournira l'occasion de dire… ◆ **the helmet affords little protection in an accident** ce casque ne protège pas beaucoup en cas d'accident

**affordable** /əˈfɔːdəbl/ ADJ abordable ◆ **easily affordable** très abordable

**afforest** /æˈfɒrɪst/ VT reboiser

**afforestation** /æˌfɒrɪˈsteɪʃən/ **N** boisement *m* ◆ **afforestation policy** politique *f* de boisement

**affranchise** /æˈfræntʃaɪz/ VT affranchir

**affray** /əˈfreɪ/ **N** (= *fight*) échauffourée *f*, rixe *f* ◆ **he was convicted of affray** il a été reconnu coupable de violences en réunion

**affricate** /ˈæfrɪkɪt/ **N** (*Phon*) affriquée *f*

**affricative** /əˈfrɪkətɪv/ ADJ, N (*Phon*) affriquée *f*

**affright** /əˈfraɪt/ († , *liter*)

**VT** effrayer, terrifier

**N** effroi *m*, épouvante *f*

**affront** /əˈfrʌnt/ SYN

**VT** ① (= *insult*) faire un affront à, outrager

② (= *face*) affronter, braver

**N** affront *m*, insulte *f*

**affusion** /əˈfjuːʒən/ **N** affusion *f*

**Afghan** /ˈæfɡæn/

**ADJ** afghan

**N** ① Afghan(e) *m(f)*

② (= *language*) afghan *m*

③ (*also* **Afghan hound**) lévrier *m* afghan

**Afghani** /æfˈɡænɪ/

**ADJ** afghan

**N** ① (= *person*) Afghan(e) *m(f)*

② (= *language*) afghan *m*

**Afghanistan** /æfˈɡænɪstæn/ **N** Afghanistan *m*

**aficionado** /əˌfɪsjəˈnɑːdəʊ/ **N** ◆ **he's an aficionado of jazz** *or* **a jazz aficionado** c'est un fana* *or* un mordu* du jazz

**afield** /əˈfiːld/ ADV ◆ **far afield** [*be*] au loin ; [*go*] loin ◆ **countries further afield** pays *mpl* plus lointains ◆ **very far afield** très loin ◆ **too far afield** trop loin ◆ **to explore farther afield** pousser plus loin l'exploration ◆ **to go farther afield for help/support** (*fig*) chercher plus loin de l'aide/un soutien

**afire** /əˈfaɪəʳ/ ADJ, ADV (*liter*) (*lit*) en feu, embrasé (*liter*) ; (*fig*) enflammé (*with* de)

**aflame** /əˈfleɪm/ SYN (*liter*)

**ADJ** ① (= *on fire*) en flammes

② (*with light, colour*) embrasé (*liter*) ◆ **to be aflame with colour** briller de vives couleurs, flamboyer

③ (*emotionally*) [*cheeks*] enflammé ◆ **she was aflame with anger/pride** elle était enflammée de colère/d'orgueil ◆ **his heart was aflame with passion** son cœur était enflammé par la passion

**ADV** (*with light, colour*) ◆ **to set sth aflame** embraser qch

**aflatoxin** /ˌæfləˈtɒksɪn/ **N** (*Bio*) aflatoxine *f*

**AFL-CIO** /ˌeɪɛfˌɛlˈsiːaɪˈəʊ/ **N** (abbrev of **American Federation of Labor and Congress of Industrial Organizations**) fédération des syndicats indépendants américains

**afloat** /əˈfləʊt/

**ADV** ① (= *on water*) ◆ **to stay** *or* **keep afloat** [*person*] garder la tête hors de l'eau ; [*object*] surnager ; [*boat*] rester à flot ◆ **to set/keep a boat afloat** mettre/maintenir un bateau à flot ◆ **the largest passenger ship afloat** le plus grand paquebot en exploitation

② (= *on board ship*) sur l'eau, en mer ◆ **service afloat** service *m* à bord ◆ **to serve afloat** servir en mer

③ (= *solvent*) ◆ **to stay** *or* **keep afloat** [*person, company*] se maintenir à flot ◆ **to set a business/scheme afloat** lancer une affaire/un projet

④ (= *in circulation*) ◆ **to be afloat** [*rumour*] circuler, être en circulation

⑤ (*Fin*) ◆ **to keep bills afloat** faire circuler des effets

**ADJ** (*Comm*) ◆ **afloat price** prix *m* à flot *or* à bord

**aflutter** /əˈflʌtəʳ/ ADJ ◆ **to set sb's heart aflutter** faire battre le cœur de qn

**afocal** /eɪˈfəʊkəl/ ADJ (*Phot*) afocal

**afoot** /əˈfʊt/ SYN ADV ① (= *in progress*) ◆ **there is something afoot** il se prépare quelque chose ◆ **there is a plan afoot to demolish it** on a formé le projet *or* on envisage de le démolir

② († , *liter*) [*go, come*] à pied ◆ **to be afoot** être sur pied

**afore** /əˈfɔːʳ/ CONJ († † *or dial*) avant que de, avant que ◆ **afore he went** avant de partir, avant qu'il ne parte

**aforementioned** /əˈfɔːˌmɛnʃənd/, **aforenamed** /əˈfɔːneɪmd/, **aforesaid** /əˈfɔːsɛd/ ADJ susdit, susmentionné

**aforethought** /əˈfɔːθɔːt/ ADJ prémédité ; → **malice**

**a fortiori** /ˌeɪˌfɔːtɪˈɔːraɪ/ ADV a fortiori

**afoul** /əˈfaʊl/ ADV (*esp US*) ◆ **to run afoul of sb** se mettre qn à dos, s'attirer le mécontentement de qn ◆ **to run afoul of a ship** entrer en collision avec un bateau

**afp** /ˌeɪɛfˈpiː/ **N** (abbrev of **alpha-fetoprotein**) AFP *f*

**afraid** /əˈfreɪd/ SYN ADJ ① (= *frightened*) ◆ **to be afraid** avoir peur ◆ **don't be afraid!** n'ayez pas peur !, ne craignez rien ! ◆ **to look afraid** avoir l'air effrayé ◆ **to be afraid of sb/sth** avoir peur de qn/qch, craindre qn/qch ◆ **you have nothing to be afraid of** vous n'avez aucune raison d'avoir peur ◆ **he is not afraid of hard work** il n'a pas peur de travailler dur ◆ **she's furious – I was afraid of that** elle est furieuse – c'est ce que je craignais ◆ **I am afraid of hurting him** *or* **that I might hurt him** j'ai peur *or* je crains de lui faire mal ◆ **I am afraid he will** *or* **might hurt me** je crains *or* j'ai peur qu'il (ne) me fasse mal ◆ **I am afraid to go** *or* **of going** je n'ose pas y aller, j'ai peur d'y aller ◆ **to be afraid for sb/sth** avoir peur pour qn/qch ◆ **to be afraid for one's life** craindre pour sa vie ; → **shadow**

[2] *(expressing polite regret)* ◆ **I'm afraid I can't do it** je regrette *or* je suis désolé, (mais) je ne pourrai pas le faire ◆ **I am afraid I shall not be able to come** je suis désolé de ne pouvoir venir, je crains de ne pas pouvoir venir ◆ **are you going? – I'm afraid not/I'm afraid so** vous y allez ? – hélas non/hélas oui ◆ **it's a bit stuffy in here, I'm afraid** je regrette *or* je suis désolé, mais on étouffe un peu ici

**afresh** /əˈfreʃ/ SYN ADV de nouveau ◆ **to start afresh** recommencer

**Africa** /ˈæfrɪkə/ N Afrique *f* ; → **south**

**African** /ˈæfrɪkən/

ADJ africain ; → **south**

N Africain(e) *m(f)*

COMP **African-American** ADJ afro-américain N Afro-Américain(e) *m(f)*

**African-Caribbean** ADJ afro-antillais N Afro-Antillais(e) *m(f)*

**African elephant** N éléphant *m* d'Afrique

**African National Congress** N Congrès *m* national africain

**African violet** N saintpaulia *m*

**Africanism** /ˈæfrɪkənɪzəm/ N *(Ling)* africanisme *m*

**Africanization** /æfrɪkənaɪˈzeɪʃən/ N africanisation *f*

**Africanize** /ˈæfrɪkəˌnaɪz/ VT africaniser

**Afrikaans** /ˌæfrɪˈkɑːns/

N *(= language)* afrikaans *m*

ADJ afrikaans

**Afrikaner** /ˌæfrɪˈkɑːnəʳ/

N Afrikaner *mf*

ADJ afrikaner

**afro** /ˈæfrəʊ/

ADJ ◆ **to go afro** * s'africaniser ◆ **afro hair style** coiffure *f* afro *

COMP **Afro-American** ADJ afro-américain N Afro-Américain(e) *m(f)*

**Afro-Asian** ADJ afro-asiatique

**Afro-Caribbean** ADJ afro-antillais

**AFT** /ˌeɪefˈtiː/ N *(US)* (abbrev of **American Federation of Teachers**) *syndicat*

**aft** /ɑːft/ *(Naut, Aviat)*

ADV à *or* vers l'arrière ◆ **wind dead aft** vent *m* en poupe, vent *m* arrière ◆ **"lavatories aft"** « toilettes à l'arrière »

ADJ *[cabin, deck, engine]* arrière

**after** /ˈɑːftəʳ/ SYN

> ▸When **after** is an element in a phrasal verb, eg **ask after**, **look after**, **take after**, look up the verb.

PREP [1] *(time)* après ◆ **after that** après cela, après ça ◆ **after dinner** après le dîner ; see also **comp** ◆ **after this date** passé cette date ◆ **after a week/ten minutes** au bout d'une semaine/de dix minutes ◆ **shortly after 10 o'clock** peu après 10 heures ◆ **it was after 2 o'clock** il était plus de 2 heures ◆ **it was 20 after 3** *(US)* il était 3 heures 20 ◆ **after seeing her** après l'avoir vue ◆ **after which he sat down** après quoi il s'est assis ◆ **after what has happened** après ce qui s'est passé ; → **day, hour**

[2] *(order)* après ◆ **the noun comes after the verb** le substantif vient après le verbe ◆ **after Germany, America is Britain's second-biggest customer** l'Amérique est le plus gros client de la Grande-Bretagne après l'Allemagne ◆ **after you, sir** après vous, Monsieur ◆ **after you with the salt** * passez-moi le sel s'il vous plaît (quand vous aurez fini)

[3] *(place)* ◆ **come in and shut the door after you** entrez et (re)fermez la porte (derrière vous) ◆ **he shut the door after her** il a refermé la porte derrière elle

[4] *(set structures)*

◆ **after all** après tout ◆ **to succeed after all** réussir malgré *or* après tout ◆ **after all, no one made him go** après tout, personne ne l'a obligé à y aller ◆ **after all, you'd expect her to say that** évidemment, il n'est pas étonnant qu'elle dise ça ◆ **it's only two days, after all** après tout *or* au fond, ça fait seulement deux jours

◆ **after all** + *verbe* ◆ **after all I said to him** après tout ce que je lui ai dit ◆ **after all I've done for you!** après tout ce que j'ai fait pour toi !, quand je pense à tout ce que j'ai fait pour toi ! ◆ **after all that happened, it's not surprising** avec tout ce qui est arrivé *or* quand on pense à tout ce qui est arrivé ça n'a rien d'étonnant

[5] *(succession)* ◆ **day after day** jour après jour, tous les jours ◆ **(for) kilometre after kilometre** sur des kilomètres et des kilomètres ◆ **kilometre after kilometre of forest** des kilomètres et des kilomètres de forêt ◆ **you tell me lie after lie** tu me racontes mensonge sur mensonge ◆ **she gave one excuse after another** elle a avancé une excuse après l'autre ◆ **time after time** maintes (et maintes) fois ◆ **she ate three biscuits, one after the other** elle a mangé trois biscuits l'un après l'autre *or* d'affilée ◆ **they went out one after the other** *(= individually)* ils sont sortis les uns après les autres ; *(= in a line)* ils sont sortis à la file

[6] *(pursuit, inquiry)* ◆ **to be after sb/sth** chercher qn/qch ; *(after loss, disappearance etc)* rechercher qn/qch ◆ **you should go after her** tu devrais essayer de la rattraper ◆ **the police are after him for this robbery** il est recherché par la police *or* la police est à ses trousses pour ce vol ◆ **she's after a green hat** elle cherche *or* voudrait un chapeau vert ◆ **what are you after?** *(= want)* qu'est-ce que vous voulez *or* désirez ? ; *(= have in mind)* qu'avez-vous en tête ? ◆ **I see what he's after** je vois où il veut en venir ◆ **she's always after her children** * *(= nagging)* elle est toujours après ses enfants *

[7] *(manner = according to)* ◆ **after El Greco** d'après le Greco ◆ **after the old style** à la vieille mode, à l'ancienne ; → **heart, name**

ADV *(place, order, time)* après, ensuite ◆ **for years after** pendant des années après cela ◆ **soon after** bientôt après ◆ **the week after** la semaine d'après, la semaine suivante ◆ **what comes after?** qu'est-ce qui vient ensuite ?, et ensuite ?

CONJ après (que) ◆ **after he had closed the door, she spoke** après qu'il eut fermé la porte, elle parla ◆ **after he had closed the door, he spoke** après avoir fermé la porte, il a parlé

ADJ ◆ **in after years** plus tard (dans la vie), par la suite

NPL *(Brit = dessert)* ◆ **afters** * le dessert

COMP **after-dinner drink** N digestif *m*

**after-dinner speaker** N orateur *m* (de fin de repas) ◆ **he's a good after-dinner speaker** il fait de très bonnes allocutions *or* de très bons discours (de fin de repas)

**after-hours drinking** N consommation *f* de boissons après la fermeture des pubs *(or* du pub) ; see also **hour**

**after-image** N image *f* rémanente

**after-lunch** ADJ ◆ **to have an after-lunch nap** faire la sieste

**after-sales service** N service *m* après-vente

**after-school** ADJ *[activities etc]* extrascolaire ◆ **after-school club** *(Brit)or* **center** *(US)* garderie *f*

**after-sun** ADJ *[lotion, cream]* après-soleil N *(= lotion)* lotion *f* après-soleil ; *(= cream)* crème *f* après-soleil

**after-tax** ADJ après impôts

**after-treatment** N *(Med)* soins *mpl* ; *[of fabric]* apprêt *m*

**afterbirth** /ˈɑːftəbɜːθ/ N placenta *m*

**afterburner** /ˈɑːftəbɜːnəʳ/, **afterburning** /ˈɑːftəbɜːnɪŋ/ N postcombustion *f*

**aftercare** /ˈɑːftəkeəʳ/ N *[of convalescent]* postcure *f* ; *[of appliance, product]* entretien *m* ◆ **(prisoner) aftercare** assistance *f* (aux anciens détenus)

**afterdamp** /ˈɑːftədæmp/ N *(Min)* mofette *f*

**afterdeck** /ˈɑːftədek/ N *[of ship]* arrière-pont *m*, pont *m* arrière

**aftereffects** /ˈɑːftərɪˌfekts/ NPL *[of events etc]* suites *fpl*, répercussions *fpl* ; *[of treatment]* réaction *f* ; *[of illness]* séquelles *fpl* ; *(Psych)* after-effect *m*

**afterglow** /ˈɑːftəgləʊ/ N *[of setting sun]* dernières lueurs *fpl*, derniers reflets *mpl* ; *[of person] (after exercise)* sensation *f* de bien-être

**afterimage** /ˈɑːftərˌɪmɪdʒ/ N *(Physiol)* image *f* rémanente

**afterlife** /ˈɑːftəlaɪf/ N vie *f* après la mort

**aftermarket** /ˈɑːftəˌmɑːkɪt/ N *(for cars)* marché *m* de la rechange automobile

**aftermath** /ˈɑːftəmæθ/ SYN N suites *fpl*, conséquences *fpl*, séquelles *fpl* ◆ **the aftermath of war** le contrecoup *or* les conséquences de la guerre ◆ **in the aftermath of the riots** à la suite des émeutes

**afternoon** /ˈɑːftəˈnuːn/

N après-midi *m or f* ◆ **in the afternoon, afternoons** * l'après-midi ◆ **at 3 o'clock in the afternoon** à 3 heures de l'après-midi ◆ **on Sunday afternoon(s)** le dimanche après-midi ◆ **every afternoon** l'après-midi, chaque après-midi ◆ **on the afternoon of 2 December** l'après-midi du 2 décembre, le 2 décembre dans l'après-midi ◆ **he will go this afternoon** il ira cet après-midi ◆ **good afternoon!** *(on meeting sb)* bonjour ! ; *(on leaving sb)* au revoir ! ◆ **have a nice afternoon!** bon après-midi ! ◆ **in the early afternoon** tôt dans l'après-midi ◆ **this afternoon** cet après-midi ◆ **tomorrow/yesterday afternoon** demain/hier après-midi ◆ **the next** *or* **following afternoon** l'après-midi suivant ◆ **the afternoon before** l'après-midi précédant ◆ **every Sunday afternoon** le dimanche après-midi ◆ **one summer afternoon** (par) un après-midi d'été

COMP *[lecture, class, train, meeting etc]* (de) l'après-midi

**afternoon performance** N *(Theat)* matinée *f*

**afternoon session** N séance *f* de l'après-midi

**afternoon tea** N thé *m* (de cinq heures)

**afterpains** /ˈɑːftəpeɪnz/ NPL tranchées *fpl* utérines

**aftershave** /ˈɑːftəʃeɪv/ N (lotion *f*) après-rasage *m inv*

**aftershock** /ˈɑːftəʃɒk/ N *[of earthquake]* réplique *f*

**aftertaste** /ˈɑːftəteɪst/ N *(lit, fig)* arrière-goût *m*

**afterthought** /ˈɑːftəθɔːt/ N pensée *f* après coup ◆ **I had an afterthought** cela m'est venu après coup ◆ **I had afterthoughts** *or* **an afterthought about my decision** j'ai eu après coup des doutes sur ma décision ◆ **the window was added as an afterthought** la fenêtre a été ajoutée après coup

**afterward(s)** /ˈɑːftəwəd(z)/ ADV après, ensuite, plus tard, par la suite

**afterword** /ˈɑːftəwɜːd/ N postface *f*

**AG** /eɪˈdʒiː/ N [1] abbrev of **Adjutant General**

[2] (abbrev of **Attorney General**) → **attorney**

**Aga** ® /ˈɑːgə/ N *(Brit) grand fourneau de cuisine en fonte*

**again** /əˈgen/ SYN ADV [1] *(= once more)* de nouveau ◆ **here we are again!** nous revoilà !, nous voilà de nouveau ! ◆ **it's him again!** c'est encore lui ! ◆ **he was soon well again** il s'est vite remis ◆ **she is home again** elle est rentrée chez elle, elle est de retour chez elle ◆ **what's his name again?** comment s'appelle-t-il déjà ? ◆ **to begin again** recommencer ◆ **to see again** revoir

◆ **again and again, time and again** à plusieurs reprises, maintes et maintes fois ◆ **I've told you again and again** je te l'ai dit et répété (je ne sais combien de fois)

◆ **(all) over again** ◆ **start all over again** recommencez au début *or* à partir du début, reprenez au commencement ◆ **he had to count them over again** il a dû les recompter

◆ **as... again** ◆ **as much again** deux fois autant ◆ **he is as old again as Christine** il a deux fois l'âge de Christine

[2] *(with neg)* ◆ **not... again** ne... plus ◆ **I won't do it again** je ne le ferai plus ◆ **never again** jamais plus, plus jamais ◆ **I won't do it ever again** je ne le ferai plus jamais ◆ **never again!** c'est bien la dernière fois ! ◆ **not again!** encore !

[3] *(emphatic = besides, moreover)* là encore, encore une fois ◆ **but there again** mais là encore ◆ **then again, and again** d'autre part, d'un autre côté ◆ **again, it is not certain that...** et d'ailleurs *or* et encore il n'est pas sûr que...

**against** /əˈgenst/ LANGUAGE IN USE 9.2, 12.1, 12.2 SYN

> ▸When **against** is an element in a phrasal verb, eg **go against**, **run up against**, **take against**, look up the verb.

PREP [1] contre ◆ **an upsurge in racism against immigrants** une montée du racisme contre les immigrants ◆ **a demonstration against the government's reforms** une manifestation contre les réformes du gouvernement ◆ **he did it against my wishes** il l'a fait contre mon gré ◆ **I've got nothing against him/it** je n'ai rien contre lui/rien contre (cela) ◆ **the weather is against us** la météo ne nous est pas favorable ◆ **to be against capital punishment** être contre la peine de mort ◆ **I'm against it** je suis contre (cela) ◆ **to be (dead) against sth** être (farouchement) opposé à qch ◆ **to hit one's head against the mantelpiece** se cogner la tête contre la cheminée ◆ **to lean against a wall** s'appuyer contre un mur *or* au mur ◆ **push the chairs right back against the wall** repoussez les chaises tout contre le mur ◆ **to work against the clock** travailler contre la montre, faire la course contre la montre *(fig)* ◆ **Tyson's fight against Bruno** le combat entre Tyson et Bruno, le combat opposant Tyson à Bruno ◆ **against the law adj** contraire à la loi adv contrairement à la loi ◆ **there's no law against it** *(lit)* il n'y a pas de loi qui l'interdise ; *(fig)* ce n'est pas interdit ◆ **I'm against helping him at all** je ne suis pas d'avis qu'on l'aide *subj* ◆ **now we're up against it!** nous voici au pied du mur ! ◆ **against my will** (= *despite myself*) malgré moi, à contrecœur ; (= *despite my opposition*) contre ma volonté ; → **grain, odds, vote**

2 (= *in contrast to*) sur ◆ **against the light** à contre-jour ◆ **the trees stood out against the sunset** les arbres se détachaient sur le (soleil) couchant

3 *(comparison)* par rapport à ◆ **the strength of the pound against the dollar** la fermeté de la livre par rapport au dollar ◆ **the pound is down against the euro** la livre a baissé par rapport à l'euro ◆ **against that, it might be said…** en revanche *or* par contre on pourrait dire…

◆ **as against** ◆ **my rights as against his** mes droits comparés aux siens ◆ **90% of one-parent families are poor, as against 22% with two parents** 90% des familles monoparentales sont pauvres, et seulement 22% des foyers où il y a deux parents ; → **over, word**

4 (= *in preparation for*) en prévision de ◆ **to have the roof repaired against the rainy season** faire réparer le toit en prévision de la saison des pluies

**agalactia** /ˌæɡəˈlæktɪə/ **N** agalactie *f*
**agalloch** /əˈɡælək/ **N** calambac *m*
**Agamemnon** /ˌæɡəˈmemnən/ **N** Agamemnon *m*
**agamic** /əˈɡæmɪk/ **ADJ** agame
**agamogenesis** /ˌæɡəməʊˈdʒenɪsɪs/ **N** *(Bio)* agamie *f*
**agapanthus** /ˌæɡəˈpænθəs/ **N** agapanthe *f*
**agape** /əˈɡeɪp/ **ADJ, ADV** bouche bée
**agar(-agar)** /ˌeɪɡəˈeɪɡəʳ/ **N** agar-agar *m*, gélose *f*
**agaric** /əˈɡærɪk/ **N** agaric *m*
**agate** /ˈæɡət/ **N** agate *f*
**agave** /əˈɡeɪvɪ/ **N** agave *m*

**age** /eɪdʒ/ SYN
N 1 (= *length of life*) âge *m* ◆ **what's her age?, what age is she?** quel âge a-t-elle ? ◆ **when I was your age** quand j'avais votre âge ◆ **I have a daughter your age or the same age as you** j'ai une fille de votre âge ◆ **be** *or* **act your age!** allons, sois raisonnable ! ◆ **he is ten years of age** il a dix ans ◆ **you don't look your age** vous ne faites pas votre âge ◆ **he is twice your age** il a le double de votre âge ◆ **we are of an age** nous sommes du même âge ◆ **to be under age** *(Jur etc)* être mineur ◆ **to be of age** être majeur ◆ **to come of age** *(lit)* atteindre sa majorité ; *(fig)* *[issue, idea]* faire son chemin ◆ **the age of reason** l'âge *m* de raison ◆ **age of consent** *(Jur)* âge *m* de consentement ; → **middle**

2 (= *latter part of life*) vieillesse *f*, âge *m* ◆ **the infirmities of age** les infirmités *fpl* de la vieillesse *or* de l'âge ; → **old**

3 *(Geol etc)* âge *m* ; *(Hist, Literat)* époque *f*, siècle *m* ; → **enlightenment, stone**

4 (*gen pl*: * = *long time*) ◆ **I haven't seen him for ages** il y a une éternité que je ne l'ai vu ◆ **she stayed for ages** *or* **for an age** elle est restée (là) pendant une éternité *or* un temps fou

VI vieillir, prendre de l'âge ◆ **she had aged beyond her years** elle paraissait *or* faisait maintenant plus que son âge ◆ **to age well** *[wine]* s'améliorer en vieillissant ; *[person]* vieillir bien ◆ **he has aged a lot** il a beaucoup vieilli, il a pris un coup de vieux

VT 1 vieillir ◆ **her make-up really ages her** son maquillage la vieillit beaucoup
2 *[+ wine etc]* laisser vieillir
3 *[+ accounts]* classer par antériorité *or* par ancienneté ◆ **to age inventories** classer *or* analyser le stock par date d'entrée

COMP d'âge
**age allowance** N *(Brit Tax)* abattement *m* vieillesse
**age bracket** N ⇒ **age group**

**age discrimination** N *(US)* discrimination *f* pour raisons d'âge, âgisme *f*
**age group** N tranche *f* d'âge ◆ **the 40-50 age group** la tranche d'âge de 40 à 50 ans, les 40 à 50 ans
**age limit** N limite *f* d'âge
**age-old** ADJ séculaire, antique
**age range** N ◆ **children in the age range 12-14** les enfants (âgés) de 12 à 14 ans

**aged** /eɪdʒd/ SYN
ADJ 1 âgé de ◆ **a boy aged ten** un garçon (âgé) de dix ans
2 /ˈeɪdʒɪd/ (= *old*) âgé, vieux (vieille *f*), vieil *m before vowel*
NPL **the aged** les personnes *fpl* âgées ◆ **the aged and infirm** les gens *mpl* âgés et infirmes

**ageing** /ˈeɪdʒɪŋ/
ADJ *[person, population, transport system]* vieillissant ; *[hairstyle etc]* qui fait paraître plus vieux (vieille *f*)
N vieillissement *m*

**ageism** /ˈeɪdʒɪzəm/ **N** âgisme *m*
**ageist** /ˈeɪdʒɪst/
ADJ faisant preuve d'âgisme
N personne *f* faisant preuve d'âgisme
**ageless** /ˈeɪdʒlɪs/ ADJ *[person]* sans âge ; *[beauty]* toujours jeune

**agency** /ˈeɪdʒənsɪ/ SYN
N 1 (= *body, organization*) agence *f*, bureau *m* ; *(Govt)* organisme *m* ◆ **they hired their nanny through an agency** ils sont passés par une agence pour trouver leur nounou ◆ **to meet sb through an agency** rencontrer qn par l'intermédiaire d'une agence ◆ **press/adoption agency** agence de presse/d'adoption ◆ **aid agency** organisation *f* humanitaire ◆ **he has the sole agency for…** il a l'exclusivité de… ◆ **this garage has the Citroën agency** ce garage est le concessionnaire Citroën ; → **advertising, news, tourist**

2 (= *means*) intermédiaire *m*, entremise *f* ◆ **the matter was discussed through the agency of a third party** ils en ont discuté par l'intermédiaire d'un tiers ◆ **a settlement was reached through the agency of the UN** ils sont parvenus à un accord par l'entremise *or* l'intermédiaire de l'ONU ◆ **through the agency of water** par l'action de l'eau

COMP **agency agreement** N contrat *m* de représentation
**agency fee** N frais *mpl* d'agence
**agency nurse** N infirmier *m*, -ière *f* intérimaire
**agency spokesperson** N porte-parole *m* de l'agence

**agenda** /əˈdʒendə/ SYN N ordre *m* du jour, programme *m* ◆ **on the agenda** à l'ordre du jour ◆ **to set the agenda** *(fig)* donner le ton ◆ **to have an agenda** *(fig)* avoir une idée en tête ◆ **they denied having a hidden agenda** ils ont nié avoir des intentions cachées ◆ **what's on the agenda (for) today?** *(fig)* qu'y a-t-il au programme aujourd'hui ?

(!) In French, **agenda** means 'diary'.

**agenesis** /eɪˈdʒenɪsɪs/ **N** agénésie *f*
**agent** /ˈeɪdʒənt/ SYN
N 1 *(Comm)* (= *person*) agent *m*, concessionnaire *mf* (*of*, *for* de) ; (= *firm*) concessionnaire *m* ◆ **agent for Ford cars** concessionnaire *m* Ford ; → **foreign, free, special**
2 (= *thing, person, also Ling*) agent *m* ; → **chemical, principal**
COMP **Agent Orange** N *(Agr, Mil)* agent *m* orange
**agent provocateur** N agent *m* provocateur
**agentive** /ˈeɪdʒəntɪv/ **N** *(Ling)* agentif *m*
**ageratum** /ˌædʒəˈreɪtəm/ **N** ageratum *m*
**aggiornamento** /ædˌdʒɔːrnəˈmentəʊ/ **N** aggiornamento *m*

**agglomerate** /əˈɡlɒmərɪt/
VT agglomérer
VI s'agglomérer
ADJ aggloméré
**agglomeration** /əˌɡlɒməˈreɪʃən/ **N** agglomération *f*

**agglutinate** /əˈɡluːtɪneɪt/
VT agglutiner
VI s'agglutiner
ADJ agglutiné ; *(Ling)* agglutinant
COMP **agglutinating language** N langue *f* agglutinante
**agglutination** /əˌɡluːtɪˈneɪʃən/ **N** agglutination *f*

**agglutinative** /əˈɡluːtɪnətɪv/ ADJ *[substance, language]* agglutinant
**agglutinin** /əˈɡluːtɪnɪn/ **N** agglutinine *f*
**agglutinogen** /ˌæɡluˈtɪnədʒən/ **N** *(Physiol)* agglutinogène *m*
**aggrandize** /əˈɡrændaɪz/ VT agrandir, grandir
**aggrandizement** /əˈɡrændɪzmənt/ **N** agrandissement *m* ; *[of influence]* accroissement *m*

**aggravate** /ˈæɡrəveɪt/
VT 1 *[+ illness]* aggraver, (faire) empirer ; *[+ quarrel, situation]* envenimer ; *[+ pain]* augmenter
2 (= *annoy*) exaspérer, agacer
COMP **aggravated assault** N *(Jur)* violences *fpl* avec voies de fait
**aggravated burglary** N *(Jur)* cambriolage *m* avec voies de fait

**aggravating** /ˈæɡrəveɪtɪŋ/ ADJ 1 (= *worsening*) *[circumstances]* aggravant
2 (= *annoying*) exaspérant, agaçant
**aggravation** /ˌæɡrəˈveɪʃən/ SYN N 1 *(NonC* = *exacerbation)* *[of problem, situation, illness]* aggravation *f*
2 (= *annoyance*) contrariété *f* ◆ **I don't need all this aggravation** je pourrais me passer de toutes ces contrariétés ◆ **the aggravation of having to do sth** la contrariété d'avoir à faire qch

**aggregate** /ˈæɡrɪɡɪt/ SYN
N 1 ensemble *m*, total *m* ◆ **in the aggregate** dans l'ensemble, en somme ◆ **on aggregate** ≃ au total des points *(dans le groupe de sélection)*
2 *(Constr, Geol)* agrégat *m*
ADJ global, total ◆ **aggregate value** valeur *f* totale *or* globale
VT /ˈæɡrɪɡeɪt/ 1 (= *gather together*) agréger, rassembler
2 (= *amount to*) s'élever à, former un total de
VI s'agréger, s'unir en un tout

**aggression** /əˈɡreʃən/ SYN N *(also Psych)* agression *f* ; (= *aggressiveness*) agressivité *f* ; → **non-aggression**
**aggressive** /əˈɡresɪv/ SYN ADJ *[person, behaviour, speech]* agressif ; *[salesman, ad etc]* accrocheur ; *(Mil etc) [tactics, action]* offensif ; *(Psych)* agressif
**aggressively** /əˈɡresɪvlɪ/ ADV agressivement
**aggressiveness** /əˈɡresɪvnɪs/ **N** agressivité *f*
**aggressor** /əˈɡresəʳ/ SYN N agresseur *m*
**aggrieved** /əˈɡriːvd/ SYN ADJ (= *angry*) fâché, contrarié ; (= *unhappy*) chagriné, mécontent ; → **party**

**aggro*** /ˈæɡrəʊ/ N *(Brit)* (abbrev of **aggravation**) (= *emotion*) agressivité *f* ; (= *physical violence*) grabuge* *m* ; (= *hassle*) embêtements *mpl* ◆ **don't give me any aggro** ne fais pas d'histoires*

**aghast** /əˈɡɑːst/ SYN ADJ atterré *(at* de), frappé d'horreur
**agile** /ˈædʒaɪl/ SYN ADJ agile, leste
**agilely** /ˈædʒaɪllɪ/ ADV agilement, avec agilité
**agility** /əˈdʒɪlɪtɪ/ SYN N agilité *f*, souplesse *f*
**Agincourt** /ˈædʒɪnˌkɔːt/ **N** Azincourt
**aging** /ˈeɪdʒɪŋ/ **N, ADJ** ⇒ **ageing**
**agio** /ˈædʒɪəʊ/ **N** agio *m*
**agiotage** /ˈædʒɪətɪdʒ/ **N** agiotage *m*
**agism** /ˈeɪdʒɪzəm/ **N** ⇒ **ageism**
**agist** /ˈeɪdʒɪst/ **N, ADJ** ⇒ **ageist**

**agitate** /ˈædʒɪteɪt/ SYN
VT 1 *[+ liquid]* agiter, remuer
2 (= *excite, upset*) perturber
VI ◆ **to agitate for/against sth** faire campagne *or* mener une campagne en faveur de/contre qch
**agitated** /ˈædʒɪteɪtɪd/ ADJ inquiet (-ète *f*), agité ◆ **to be very agitated** être dans tous ses états
**agitatedly** /ˈædʒɪteɪtɪdlɪ/ ADV avec agitation
**agitation** /ˌædʒɪˈteɪʃən/ SYN N 1 *[of person]* agitation *f* ◆ **in a state of agitation** agité
2 (= *social unrest*) agitation *f*, troubles *mpl* ; (= *deliberate stirring up*) campagne *f* (*for* pour ; *against* contre)
3 *[of liquid]* agitation *f*, mouvement *m*
**agitato** /ˌædʒɪˈtɑːtəʊ/ ADV *(Mus)* agitato
**agitator** /ˈædʒɪteɪtəʳ/ SYN N 1 (= *person*) agitateur *m*, -trice *f*, fauteur *m* (de troubles)
2 (= *device*) agitateur *m*

**agitprop** /ˈædʒɪtˌprɒp/
**N** agit-prop *f inv*
**ADJ** agit-prop *inv*

**aglow** /əˈgləʊ/ **ADJ** *[sky]* embrasé *(liter)* ; *[fire]* rougeoyant, incandescent ◆ **the rising sun sets the landscape aglow** le soleil levant embrase le paysage ◆ **aglow with health** rayonnant de santé ◆ **she was aglow with pride** elle rayonnait de fierté

**AGM** /ˌeɪdʒiːˈem/ **N** *(Brit)* (abbrev of **annual general meeting**) AG *f*, assemblée *f* générale

**agnail** /ˈægneɪl/ **N** petite peau *f*, envie *f*

**agnosia** /ægˈnəʊzɪə/ **N** agnosie *f*

**agnostic** /ægˈnɒstɪk/ **ADJ, N** agnostique *mf*

**agnosticism** /ægˈnɒstɪsɪzəm/ **N** agnosticisme *m*

**ago** /əˈgəʊ/ **ADV** ◆ **a week ago** il y a huit jours ◆ **how long ago?** il y a combien de temps (de cela) ? ◆ **a little while ago** il y a peu de temps ◆ **he died long ago** il est mort il y a longtemps, il y a longtemps qu'il est mort ◆ **he left ten minutes ago** il est sorti il y a dix minutes *or* depuis dix minutes ◆ **as long ago as 1950** déjà en 1950, dès 1950 ◆ **no longer ago than yesterday** pas plus tard qu'hier ; → **long**[1]

**agog** /əˈgɒg/ SYN **ADJ** en émoi ◆ **to be agog (with excitement) about sth** être en émoi à cause de qch ◆ **to set agog** mettre en émoi ◆ **to be agog to do sth** brûler d'envie de faire qch ◆ **agog for news** impatient d'avoir des nouvelles

**agonize** /ˈægənaɪz/ **VI** ◆ **to agonize over** *or* **about sth** se tourmenter à propos de qch ◆ **to agonize over how to do sth** se ronger les sangs pour savoir comment faire qch

> (!) In French, **agoniser** means 'to be dying'.

**agonized** /ˈægənaɪzd/ **ADJ** *[look]* angoissé ; *[cry, letter]* déchirant

**agonizing** /ˈægənaɪzɪŋ/ **ADJ** *[death]* atroce ; *[feeling, decision, choice]* déchirant

**agonizingly** /ˈægənaɪzɪŋlɪ/ **ADV** atrocement

**agony** /ˈægənɪ/ SYN
**N** *(= mental pain)* angoisse *f* ; *(= physical pain)* douleur *f* atroce ◆ **she remembered the agony she had felt** elle se souvenait de l'angoisse qu'elle avait ressentie ◆ **it was agony** la douleur était atroce ◆ **death agony** agonie *f* ◆ **to be in agony** souffrir le martyre ◆ **to suffer agonies** souffrir le martyre *or* mille morts ◆ **to suffer agonies of doubt/indecision** être en proie aux affres du doute/de l'indécision ◆ **to be in an agony of indecision** être tourmenté par l'indécision ◆ **to be in an agony of impatience** mourir d'impatience ; → **prolong**
**COMP** **agony aunt*** **N** *(Brit Press) rédactrice de la rubrique du courrier du cœur*
**agony column*** **N** *(Brit Press)* courrier *m* du cœur
**agony uncle*** **N** *(Brit Press) rédacteur de la rubrique du courrier du cœur*

> (!) **agony** is only translated **agonie** when it means 'death agony'.

**agoraphobia** /ˌægərəˈfəʊbɪə/ **N** agoraphobie *f*

**agoraphobic** /ˌægərəˈfəʊbɪk/ **ADJ** agoraphobe

**agouti** /əˈguːtɪ/ **N** (pl **agoutis** *or* **agouties**) *(= animal)* agouti *m*

**AGR** /ˌeɪdʒiːˈɑːʳ/ **N** (abbrev of **advanced gas-cooled reactor**) → **advanced**

**agrammatical** /ˌeɪgrəˈmætɪkəl/ **ADJ** agrammatical

**agranulocytosis** /əˈgrænjʊləʊsaɪˈtəʊsɪs/ **N** agranulocytose *f*

**agraphia** /ˌeɪˈgræfɪə/ **N** agraphie *f*

**agrarian** /əˈgreərɪən/
**ADJ** *[reform, laws]* agraire ◆ **Agrarian Revolution** réforme(s) *f(pl)* agraire(s)
**N** *(Pol Hist)* agrarien(ne) *m(f)*

**agree** /əˈgriː/ LANGUAGE IN USE 11, 12, 26.1, 26.3 SYN
**VT** [1] *(= consent)* consentir *(to do sth* à faire qch), accepter *(to do sth* de faire qch) ; *[+ statement, report]* accepter *or* reconnaître la véracité de ◆ **he agreed to do it** il a consenti à *or* accepté de le faire
[2] *(= admit)* reconnaître, admettre *(that* que) ◆ **I agree (that) I was wrong** je reconnais *or* conviens que je me suis trompé
[3] *(= come to an agreement)* convenir *(to do sth* de faire qch), se mettre d'accord *(to do sth* pour faire qch) ; *[+ time, price]* se mettre d'accord sur, convenir de ; *(= be of same opinion)* être d'accord *(with* avec ; *that* que) ◆ **everyone agrees that we should stay** tout le monde s'accorde à reconnaître que nous devrions rester ◆ **they agreed (amongst themselves) to do it** ils ont convenu de le faire, ils se sont mis d'accord *or* se sont accordés pour le faire ◆ **it was agreed** c'était convenu ◆ **to agree to disagree** *or* **differ** en rester là, accepter que chacun reste sur ses positions ◆ **I agree that it's difficult** je suis d'accord que c'est difficile ◆ **the delivery was three days later than agreed** la livraison a été effectuée trois jours après la date convenue ◆ **unless otherwise agreed** *(Jur)* sauf accord contraire, sauf convention contraire
**VI** [1] *(= hold same opinion)* être d'accord *(with* avec), être du même avis *(with* que) ◆ **I (quite) agree** je suis (tout à fait) d'accord ◆ **I don't agree (at all)** je ne suis pas (du tout) d'accord ◆ **I agree about trying again tomorrow** je suis d'accord avec l'idée de réessayer demain ◆ **they all agreed about how dull the play had been** tous ont été d'accord pour dire que la pièce était très ennuyeuse ◆ **she agrees with me that it is unfair** elle est d'accord avec moi pour dire que *or* elle trouve comme moi que c'est injuste ◆ **he entirely agrees with me** il est tout à fait d'accord *or* en plein accord avec moi ◆ **I can't agree with you there** je ne suis absolument pas d'accord avec vous sur ce point ◆ **I don't agree with children smoking** je n'admets pas que les enfants fument *subj*
[2] *(= come to terms)* se mettre d'accord *(with* avec) ; *(= get on well)* s'entendre (bien), s'accorder (bien) ◆ **to agree about** *or* **on sth** se mettre d'accord sur qch, convenir de qch ◆ **we haven't agreed about the price/about where to go** nous ne nous sommes pas mis d'accord sur le prix/sur l'endroit où aller, nous n'avons pas convenu du prix/de l'endroit où aller ◆ **they agreed as to** *or* **on how to do it/as to what it should cost** ils sont tombés *or* se sont mis d'accord sur la manière de le faire/sur le prix que cela devrait coûter
◆ **to agree to** ◆ **to agree to a proposal** accepter une proposition, donner son consentement à une proposition ◆ **he won't agree to that** il ne sera jamais d'accord, il n'acceptera pas ◆ **I agree to your marriage/your marrying her** je consens à votre mariage/à ce que vous l'épousiez ◆ **he agreed to the project** il a donné son adhésion au projet
[3] *[ideas, stories, assessments]* concorder, coïncider *(with* avec) ◆ **his explanation agrees with the facts I already knew** son explication correspond à ce que je savais déjà ◆ **these statements do not agree with each other** ces affirmations ne concordent pas
[4] *(Gram)* s'accorder *(with* avec ; *in* en)
[5] *(= suit the health of)* ◆ **sea air agrees with invalids** l'air marin est bon pour les malades *or* réussit aux malades ◆ **the heat does not agree with her** la chaleur l'incommode ◆ **onions don't agree with me** les oignons ne me réussissent pas

**agreeable** /əˈgriːəbl/ SYN **ADJ** [1] *(= pleasant, friendly)* agréable ◆ **she was always agreeable to them** elle était toujours agréable avec eux
[2] *(frm = willing)* ◆ **if you are agreeable, we can start immediately** si vous le voulez bien *or* si vous y consentez, nous pouvons commencer immédiatement ◆ **to be agreeable to (doing) sth** consentir volontiers à (faire) qch ◆ **I am quite agreeable** volontiers ◆ **I am quite agreeable to doing it** je le ferai très volontiers
[3] *(frm = acceptable)* ◆ **we can start the work tomorrow, if that's agreeable** nous pouvons commencer le travail demain si vous n'y voyez pas d'inconvénient ◆ **is that agreeable to you?** est-ce que cela vous convient ?, cela vous agrée-t-il ? *(frm)*

**agreeably** /əˈgriːəblɪ/ **ADV** *[chat, spend time]* agréablement ; *[say, smile]* aimablement ◆ **agreeably surprised** agréablement surpris

**agreed** /əˈgriːd/ LANGUAGE IN USE 11
**ADJ** [1] d'accord ◆ **we are agreed** nous sommes d'accord *(about* au sujet de, à propos de ; *on* sur) ◆ **the ministers were agreed** les ministres sont tombés d'accord
[2] *[time, place, amount]* convenu ◆ **it's all agreed** c'est tout décidé *or* convenu ◆ **as agreed** comme convenu ◆ **it's agreed that...** il est convenu que... + *indic* ◆ **(is that) agreed?** entendu ?, d'accord ? ◆ **agreed!** entendu !, d'accord !
**COMP** **agreed procedure** **N** *(Ind)* procédure *f* conventionnelle

**agreement** /əˈgriːmənt/ SYN
**N** [1] *(= mutual understanding)* accord *m*, harmonie *f* ◆ **to be in agreement on a subject** être d'accord sur un sujet ◆ **by (mutual) agreement** *(= both thinking same)* d'un commun accord ; *(without quarrelling)* à l'amiable
[2] *(= arrangement, contract)* accord *m* ; *(Pol, frm)* pacte *m* ◆ **to come to an agreement** parvenir à une entente, tomber d'accord ◆ **to sign an agreement** signer un accord ◆ **the Helsinki agreement** les accords *mpl* d'Helsinki ; → **gentleman**
[3] *(Gram)* accord *m*
**COMP** **agreement to sell** **N** *(Jur)* promesse *f* de vente

**agribusiness** /ˈægrɪˌbɪznɪs/ **N** agro-industries *fpl*

**agricultural** /ˌægrɪˈkʌltʃərəl/
**ADJ** agricole
**COMP** **agricultural college** **N** école *f* d'agriculture
**agricultural engineer** **N** ingénieur *m* agronome
**agricultural expert** **N** expert *m* agronome
**agricultural show** **N** exposition *f* agricole
**agricultural worker** **N** travailleur *m* agricole

**agriculture** /ˈægrɪkʌltʃəʳ/ SYN **N** agriculture *f* ◆ **Minister/Ministry of Agriculture** *(Brit)*, **Secretary/Department of Agriculture** *(US)* ministre *m*/ministère *m* de l'Agriculture

**agricultur(al)ist** /ˌægrɪˈkʌltʃər(əl)ɪst/ **N** agronome *mf* ; *(= farmer)* agriculteur *m*

**agrifoodstuffs** /ˈægrɪˈfuːdstʌfs/ **NPL** agro-alimentaire *m*

**agrimony** /ˈægrɪmənɪ/ **N** *(= plant)* aigremoine *f*

**agri(-)tourism** /ˌægrɪtʊərɪzəm/ **N** tourisme *m* vert, agritourisme *m*

**agrobiology** /ˌægrəʊbaɪˈɒlədʒɪ/ **N** agrobiologie *f*

**agrochemical** /ˌægrəʊˈkemɪkəl/
**ADJ** agrochimique
**N** produit *m* chimique à usage agricole ◆ **agrochemicals** *[industry]* agrochimie *f*

**agro(-)forestry** /ˌægrəʊˈfɒrɪstrɪ/ **N** *(Agr)* agroforesterie *f*

**agrology** /əˈgrɒlədʒɪ/ **N** agrologie *f*

**agronomics** /ˌægrəˈnɒmɪks/ **N** *(NonC: Econ)* économie *f* agraire *or* agricole

**agronomist** /əˈgrɒnəmɪst/ **N** agronome *mf*

**agronomy** /əˈgrɒnəmɪ/ **N** agronomie *f*

**aground** /əˈgraʊnd/ SYN **ADV, ADJ** *[ship]* échoué ◆ **to be aground** toucher le fond ◆ **to be fast aground** être bien échoué ◆ **to run aground** s'échouer, se jeter à la côte

**ague** †† /ˈeɪgjuː/ **N** *(Med)* fièvre *f*

**ah** /ɑː/ **EXCL** ah !

**aha** /ɑːˈhɑː/ **EXCL** ah, ah !

**Ahasuerus** /əˌhæzjʊˈɪərəs/ **N** Assuérus *m*

**ahead** /əˈhed/ SYN

> ▸ When **ahead** is an element in a phrasal verb, eg **book ahead, draw ahead, fire ahead, go ahead**, look up the verb.

**ADV** [1] *(in space)* en avant, devant ◆ **stay here, I'll go on ahead** restez ici, moi je vais en avant *or* devant ◆ **to get ahead** *(lit, fig)* prendre de l'avance ◆ **full speed ahead!** *(on ship, also fig)* en avant toute !
[2] *(in classification, sport etc)* en tête ◆ **to be five points ahead** avoir une avance de cinq points *etc* ◆ **the goal put Scotland 2-1 ahead** grâce à ce but, l'Écosse menait 2 à 1
[3] *(in time) [book]* à l'avance ◆ **ahead of time** *[decide, announce]* d'avance ; *[arrive, be ready]* avant l'heure, en avance ◆ **the project's ahead of schedule** le projet est plus avancé que prévu ◆ **the project's two months ahead of schedule** le projet est en avance de deux mois sur le planning *or* sur le programme prévu ◆ **ahead of the meeting** avant la réunion ◆ **two hours ahead of the next car** avec deux heures d'avance sur la voiture suivante ◆ **he's two hours ahead of you** il a deux heures d'avance sur vous ◆ **clocks here are two hours ahead of clocks over there** les pendules d'ici ont deux heures d'avance sur celles de là-bas, il y a un décalage horaire de deux heures entre ici et là-bas ◆ **the months ahead** les mois à venir ◆ **there are difficult times ahead** l'avenir s'annonce difficile ◆ **to think** *or* **plan ahead** prévoir (à l'avance) ◆ **looking** *or* **thinking ahead five years, what...** essayez d'imaginer la situation dans cinq ans : qu'est-ce que... ◆ **to plan ahead** faire des pro-

jets ✦ **to be ahead of one's time** être en avance sur son temps ✦ **what is** or **lies ahead** ce que l'avenir nous réserve ✦ **what is** or **lies ahead for him/us** ce que l'avenir lui/nous réserve

**ahem** /əˈhem/ EXCL hum !

**ahold** /əˈhəʊld/ N (esp US) ✦ **to get ahold of sb** (= contact) contacter qn, joindre qn ; (= grab) saisir qn ✦ **to get ahold of sth** (= obtain) mettre la main sur qch ; (= grab) saisir qch ✦ **to get ahold of o.s.** (= pull o.s. together) se ressaisir ; (= control o.s.) se maîtriser

**ahoy** /əˈhɔɪ/ EXCL (Naut) ohé ! ✦ **ship ahoy!** ohé du navire !

**AI** /eɪˈaɪ/ N ① (abbrev of **artificial intelligence**) IA f, intelligence f artificielle
② (abbrev of **artificial insemination**) IA f, insémination f artificielle
③ abbrev of **Amnesty International**

**ai** /ˈɑːɪ/ N (pl **ais**) (= animal) aï m, paresseux m

**AID** /ˌeɪaɪˈdiː/ N ① (abbrev of **artificial insemination by donor**) IAD f
② (US) abbrev of **Agency for International Development**
③ (US Admin) abbrev of **Aid to Families with Dependent Children**

**aid** /eɪd/ SYN
N ① (NonC) (= help) aide f, assistance f ; (international) aide f ✦ **by** or **with the aid of sb** avec l'aide de qn ✦ **by** or **with the aid of sth** à l'aide de qch
✦ **in aid of** (esp Brit) ✦ **sale in aid of the blind** vente f (de charité) au profit des aveugles ✦ **what is the meeting in aid of?** * c'est dans quel but or en quel honneur*, cette réunion ?
② (= helper) aide mf, assistant(e) m(f) ; (gen pl = equipment, apparatus) aide f ✦ **audio-visual aids** supports mpl or moyens mpl audiovisuels ✦ **teaching aids** outils mpl or matériel m pédagogique(s) ; → **deaf**
VT [+ person] aider ; [+ progress, recovery] contribuer à ✦ **to aid one another** s'entraider, s'aider les uns les autres ✦ **to aid sb to do sth** aider qn à faire qch ✦ **to aid and abet (sb)** (Jur) être complice (de qn)
COMP **aid agency** N organisation f humanitaire
**aid climbing** N (Climbing) escalade f artificielle
**aid worker** N personne qui travaille pour une organisation humanitaire

**aide** /eɪd/
N aide mf, assistant(e) m(f) ; (US Pol) conseiller m, -ère f
COMP **aide-de-camp** N (pl **aides-de-camp**) aide m de camp
**aide-mémoire** N (pl **aides-mémoire**) mémorandum m

**AIDS, Aids, aids** /eɪdz/
N (abbrev of **acquired immune deficiency syndrome**) sida m
COMP **AIDS patient** N sidéen(ne) m(f), malade mf du sida
**AIDS-related** ADJ associé au sida
**AIDS-related complex** N ARC m
**AIDS test** N test m de dépistage du sida
**AIDS victim** N ⇒ **AIDS patient**

**aigrette** /eˈgret/ N aigrette f

**aiguillette** /ˌeɪgwiˈlet/ N (Mil) aiguillette f

**AIH** /ˌeɪaɪˈeɪtʃ/ N (abbrev of **artificial insemination by husband**) IAC f

**aikido** /ˈaɪkɪdəʊ/ N aïkido m

**ail** /eɪl/
VT affliger ✦ **what ails you?** † qu'avez-vous ?
VI être souffrant

**ailanthus** /eɪˈlænθəs/ N ailante m

**aileron** /ˈeɪlərɒn/ N [of plane] aileron m

**ailing** /ˈeɪlɪŋ/ ADJ souffrant ✦ **she is always ailing** elle est de santé fragile, elle a une petite santé ✦ **an ailing company** une compagnie qui périclite

**ailment** /ˈeɪlmənt/ N affection f ✦ **all his (little) ailments** tous ses maux mpl

**AIM** /ˌeɪaɪˈem/ N (Brit) (abbrev of **Alternative Investment Market**) AIM m, nouveau marché m (second marché de Londres)

**aim** /eɪm/ SYN
N ① ✦ **his aim is bad** il vise mal ✦ **to take aim (at sb/sth)** viser (qn/qch) ✦ **to miss one's aim** manquer la cible
② (= purpose) but m ✦ **with the aim of doing sth** dans le but de faire qch ✦ **her aim is to work in London** elle a pour but de travailler à Londres

✦ **the aim of this policy is to...** cette politique vise à... ✦ **the aim of this government is to...** le but que s'est fixé le gouvernement est de... ✦ **his aims are open to suspicion** ses visées or ses ambitions sont suspectes ✦ **political aims** finalités fpl or buts mpl politiques
VT ① (= direct) [+ hosepipe, extinguisher] pointer, diriger ; [+ gun] braquer (at sur) ; [+ missile] pointer (at sur) ; [+ blow] allonger, décocher (at à) ; [+ remark] diriger (at contre) ✦ **to aim a gun at sb** braquer un revolver sur qn, viser qn avec un revolver ✦ **to aim a stone at sb** (= throw) lancer une pierre sur or à qn ✦ **his remarks are aimed at his father** ses remarques visent son père
② (= intend) viser, aspirer (to do sth, at doing sth à faire qch)
VI viser ✦ **to aim at** (lit) viser ; (fig) viser, aspirer à ; → **high**

**aimless** /ˈeɪmlɪs/ SYN ADJ [person, way of life] sans but, désœuvré ; [activity, pursuit] qui ne mène à rien, futile

**aimlessly** /ˈeɪmlɪslɪ/ ADV [wander, drift] sans but ; [chat] à bâtons rompus

**aimlessness** /ˈeɪmlɪsnɪs/ N ✦ **a mood of aimlessness and despair** une sensation d'errance (liter) et de désespoir ✦ **his sense of aimlessness** le sentiment qu'il éprouvait de ne pas avoir de but dans la vie

**ain't**‡ /eɪnt/ ⇒ **am not, is not, are not, has not, have not** ; → **be, have**

**air** /ɛəʳ/ SYN
N ① air m ✦ **in the open air** en plein air ✦ **a change of air** un changement d'air ✦ **I need some air!** j'ai besoin d'air ! ✦ **to go out for a breath of (fresh) air** sortir prendre l'air ✦ **to take the air** † prendre le frais ✦ **to throw sth (up) into the air** jeter or lancer qch en l'air ✦ **the balloon rose up into the air** le ballon s'est élevé (dans les airs) ✦ **(seen) from the air** vu d'en haut ✦ **I can't live on air** je ne peux pas vivre de l'air du temps ✦ **to be walking** or **treading on air** être aux anges, ne pas se sentir de joie ✦ **to pull** or **pluck a figure out of the air** donner un chiffre au hasard ✦ **to give sb the air** * (US) [employer] virer * or renvoyer qn ; [girlfriend etc] plaquer* qn
✦ **by air** par avion ✦ **to transport sth by air** transporter qch par avion ✦ **to go by air** aller en avion, voyager par avion
✦ **in the air** (fig) ✦ **there's something in the air** il se prépare quelque chose, il se trame quelque chose ✦ **there's a rumour in the air that...** le bruit court que... ✦ **it's still all in the air** ce ne sont encore que des projets en l'air or de vagues projets ✦ **all her plans were up in the air** (= vague) tous ses projets étaient vagues or flous ✦ **all her plans have gone up in the air** (= destroyed) tous ses projets sont tombés à l'eau ✦ **he went up in the air** * **when he heard the news** (in anger) il a bondi en apprenant la nouvelle ; (in excitement) il a sauté d'enthousiasme en apprenant la nouvelle ✦ **to be up in the air about** *... (= angry) être très monté or très en colère à l'idée de... ; (= excited) être tout en émoi or très excité à l'idée de...
✦ **off (the) air** ✦ **to go off (the) air** quitter l'antenne
✦ **on (the) air** (Rad) à la radio, sur les ondes, à l'antenne ; (TV) à l'antenne ✦ **you're on (the) air** vous êtes à l'antenne, vous passez à l'antenne ✦ **he's on (the) air every day** il passe tous les jours à la radio ✦ **the station is on the air** la station émet ✦ **the programme goes** or **is on (the) air every week** l'émission passe (sur l'antenne) or est diffusée toutes les semaines
② († = breeze) brise f, léger souffle m
③ (= manner) air m ✦ **with an air of bewilderment/superiority** d'un air perplexe/supérieur ✦ **with a proud air** d'un air fier, avec une mine hautaine ✦ **she has an air about her** elle a de l'allure, elle a un certain chic ✦ **to put on airs, to give o.s. airs** se donner de grands airs ✦ **airs and graces** minauderies fpl ✦ **to put on airs and graces** minauder
④ (Mus) air m
VT ① [+ clothes, room, bed] aérer
② [+ anger] exhaler ; [+ opinions] faire connaître ; [+ idea, proposal] mettre sur le tapis
③ (TV, Rad = be broadcast) diffuser
VI (esp US * = broadcast) être diffusé
COMP **air alert** N alerte f aérienne
**air ambulance** N (= plane) avion m sanitaire ; (= helicopter) hélicoptère m sanitaire
**air base** N base f aérienne
**air battle** N bataille f aérienne
**air bed** N (Brit) matelas m pneumatique

**air brake** N (on truck) frein m à air comprimé ; (on plane) frein m aérodynamique, aérofrein m
**air brick** N brique f évidée or creuse
**air bridge** N pont m aérien
**air-brush** N aérographe m VT (lit) retoucher à l'aérographe ; (fig) embellir
**air bubble** N (in liquids) bulle f d'air ; (in glass, metal) soufflure f
**air burst** N explosion f aérienne
**air cargo** N (Comm) fret m aérien
**air cast** N attelle f gonflable
**air chamber** N chambre f à air
**air chief marshal** N (Brit) général m d'armée aérienne
**air commodore** N (Brit) général m de brigade aérienne
**air-con** N ⇒ **air conditioning**
**air-condition** VT climatiser
**air-conditioned** ADJ climatisé
**air conditioner** N climatiseur m
**air conditioning** N climatisation f, air m conditionné
**air consignment note** N (Comm) lettre f de transport aérien
**air-cool** VT (Tech) refroidir par air
**air-cooled** ADJ [+ engine] à refroidissement par air ; (US *) [+ room] climatisé
**air corridor** N couloir m aérien
**air cover** N couverture f aérienne
**air crash** N accident m d'avion
**air current** N courant m atmosphérique
**air cushion** N coussin m pneumatique ; (Tech) matelas m or coussin m d'air
**air cylinder** N bouteille f d'air comprimé
**air disaster** N catastrophe f aérienne
**air display** N meeting m aérien
**air-dry** VT sécher à l'air
**air duct** N conduit m d'aération
**air engine** N moteur m à air ; (using compressed air) moteur m à air comprimé
**air express** N (US) cargo m aérien
**air ferry** N avion m transbordeur
**air filter** N filtre m à air
**air flow** N courant m atmosphérique ; (in wind tunnel) écoulement m d'air
**air force** N armée f de l'air, aviation f militaire
**air-force blue** ADJ bleu gris inv
**Air Force One** N (US) l'avion m présidentiel
**air freight** N (= goods) fret m aérien ; (= method) transport m aérien ✦ **to send by air freight** expédier par voie aérienne or par avion
**air freshener** N désodorisant m
**air guitar** N (hum) guitare f imaginaire dont on fait semblant de jouer en écoutant de la musique
**air hole** N trou m d'aération
**air hostess** N (Brit) hôtesse f de l'air
**air intake** N arrivée f d'air, prise f d'air
**air-kiss** VT envoyer un baiser à
**air lane** N couloir m aérien or de navigation aérienne
**air letter** N aérogramme m
**air marshal** N général m de corps aérien
**air mass** N (Weather) masse f d'air
**air mattress** N matelas m pneumatique
**air miles** NPL miles mpl
**air miss** N quasi-collision f
**air pistol** N pistolet m à air comprimé
**air pocket** N trou m or poche f d'air
**air power** N puissance f aérienne
**air pressure** N pression f atmosphérique
**air pump** N compresseur m, machine f pneumatique
**air purifier** N purificateur m d'air
**air rage** N comportement agressif de passager(s) dans un avion
**air raid** N attaque f aérienne, raid m aérien
**air-raid precautions** NPL défense f passive
**air-raid shelter** N abri m antiaérien
**air-raid warden** N préposé(e) m(f) à la défense passive
**air-raid warning** N alerte f (aérienne)
**air rifle** N carabine f à air comprimé
**air-sea base** N base f aéronavale
**air-sea missile** N missile m air-mer
**air-sea rescue** N sauvetage m en mer (par hélicoptère etc)
**air shaft** N (in mine) puits m d'aérage ; (on ship) manche f à vent
**air show** N (= trade exhibition) salon m de l'aéronautique ; (= flying display) meeting m aérien
**air shuttle** N navette f aérienne
**air sock** N manche f à air
**air space** N espace m aérien ✦ **French air space** l'espace m aérien français
**air stream** N courant m atmosphérique ; (Ling) colonne f d'air
**air superiority** N supériorité f aérienne
**air surfing** N (Sport) sky-surf m

**air suspension** N (in vehicle) suspension f pneumatique
**air terminal** N aérogare f
**air ticket** N billet m d'avion
**air time** N temps m d'antenne
**air-to-air** ADJ (Mil) air-air inv, avion-avion inv
**air-to-ground** ADJ (Mil) air-sol inv
**air-to-sea** ADJ (Mil) air-mer inv
**air-to-surface** ADJ ⇒ **air-to-ground**
**air traffic control** N contrôle m du trafic aérien
**air traffic controller** N contrôleur m, -euse f de la navigation aérienne, aiguilleur m du ciel
**air valve** N soupape f
**air vent** N prise f d'air
**air vice marshal** N (Brit) général m de division aérienne
**air waves** † NPL ondes fpl (hertziennes) ◆ **on the air waves** (= on radio) sur les ondes
**air waybill** N (Comm) lettre f de transport aérien

**airbag** /'ɛəbæg/ N (in vehicle) airbag ® m

**airborne** /'ɛəbɔːn/ ADJ [+ troops] aéroporté ◆ **the plane was airborne** l'avion avait décollé

**Airbus** ® /'ɛəbʌs/ N Airbus ® m

**aircraft** /'ɛəkrɑːft/
 N (pl inv) avion m
 COMP **aircraft carrier** N porte-avions m inv

**aircraft(s)man** /'ɛəkrɑːft(s)mən/ N (pl **-men**) (Brit) soldat m de deuxième classe (de l'armée de l'air)

**aircrew** /'ɛəkruː/ N équipage m

**airdrome** /'ɛədrəʊm/ N (US) aérodrome m

**airdrop** /'ɛədrɒp/
 VT parachuter
 N parachutage m

**Airedale** /'ɛədeɪl/ N (also **Airedale terrier**) airedale m

**airfare** /'ɛəfɛəʳ/ N prix m du billet d'avion ◆ **she paid my airfare** elle a payé mon billet d'avion

**airfield** /'ɛəfiːld/ N terrain m d'aviation, (petit) aérodrome m

**airfoil** /'ɛəfɔɪl/ N (US) ⇒ **aerofoil**

**airframe** /'ɛəfreɪm/ N cellule f (d'avion)

**airgun** /'ɛəgʌn/ N fusil m or carabine f à air comprimé

**airhead**‡ /'ɛəhed/ N cruche* f

**airily** /'ɛərɪlɪ/ SYN ADV [say, dismiss] avec désinvolture

**airiness** /'ɛərɪnɪs/ SYN N ◆ **feeling of airiness** impression f d'espace

**airing** /'ɛərɪŋ/ SYN
 N (fig) ◆ **to give an idea an airing** mettre une idée sur le tapis
 COMP **airing cupboard** N (Brit) placard-séchoir m

**airless** /'ɛəlɪs/ SYN ADJ [1] [room] privé d'air ◆ **it is airless in here** il n'y a pas d'air ici, cela sent le renfermé ici
 [2] [weather] lourd

**airlift** /'ɛəlɪft/
 N pont m aérien
 VT évacuer par pont aérien

**airline** /'ɛəlaɪn/ N [1] (also **airline company**) compagnie f aérienne
 [2] (diver's) voie f d'air

**airliner** /'ɛəlaɪnəʳ/ N avion m de ligne, (avion m) long-courrier m or moyen-courrier m

**airlock** /'ɛəlɒk/ N [1] (in spacecraft, caisson etc) sas m
 [2] (in pipe) bulle f d'air

**airmail** /'ɛəmeɪl/
 N poste f aérienne ◆ **by airmail** par avion
 VT [+ letter, parcel] expédier par avion
 COMP **airmail edition** N édition f par avion
 **airmail letter** N lettre f par avion
 **airmail paper** N papier m pelure
 **airmail stamp, airmail sticker** N étiquette f « par avion »

**airman** /'ɛəmən/
 N (pl **-men**) aviateur m ; (Brit) soldat m de l'armée de l'air ; (US) soldat m de première classe
 COMP **airman first class** N (US) caporal m

**airmobile** /'ɛəməbiːl/ ADJ (US Mil) aéroporté

**airplane** /'ɛəpleɪn/ N (US) avion m

**airplay** /'ɛəpleɪ/ N (on radio) temps m de passage à l'antenne ◆ **to get a lot of airplay** passer souvent à l'antenne

**airport** /'ɛəpɔːt/
 N aéroport m
 COMP **airport bus** N bus m de l'aéroport
 **airport lounge** N salon m d'aéroport
 **airport police** N ≈ police f de l'air et des frontières
 **airport tax(es)** N(PL) taxes fpl d'aéroport

**airscrew** /'ɛəskruː/ N (Brit) hélice f

**airshed** /'ɛəʃed/ N hangar m (d'aviation)

**airship** /'ɛəʃɪp/ N dirigeable m

**airsick** /'ɛəsɪk/ ADJ ◆ **to be airsick** avoir le mal de l'air ◆ **I get airsick** je souffre du mal de l'air

**airsickness** /'ɛəsɪknɪs/ N mal m de l'air

**airside** /'ɛəsaɪd/ N partie de l'aéroport la plus proche des pistes

**airspeed** /'ɛəspiːd/
 N [of aircraft] vitesse f relative
 COMP **airspeed indicator** N badin m, anémomètre m

**airstrike** /'ɛəstraɪk/ N ⇒ **air raid**

**airstrip** /'ɛəstrɪp/ N piste f (d'atterrissage)

**airtight** /'ɛətaɪt/ ADJ hermétique

**airway** /'ɛəweɪ/
 N (= route) voie f aérienne ; (= airline company) compagnie f aérienne ; (= ventilator shaft) conduit m d'air
 NPL **airways** voies fpl respiratoires

**airwoman** /'ɛəwʊmən/ N (pl **-women**) aviatrice f ; (in air force) auxiliaire f de l'armée de l'air

**airworthiness** /'ɛəwɜːðɪnɪs/ N navigabilité f ; → **certificate**

**airworthy** /'ɛəwɜːðɪ/ ADJ en état de navigation

**airy** /'ɛərɪ/ SYN
 ADJ [1] (= spacious) [room, building] clair et spacieux
 [2] (= lightweight) [fabric] léger
 [3] (= casual) [manner, gesture, wave] désinvolte
 [4] (= empty) [promise, idea] en l'air
 COMP **airy-fairy** * ADJ (Brit) [idea, person] farfelu

**AIS** /ˌeɪaɪ'es/ N (Publishing) (abbrev of **advance information sheet**) bonnes feuilles fpl (destinées à la promotion d'un livre)

**aisle** /aɪl/ SYN N [1] [of church] (central) allée f centrale ; (side) bas-côté m ◆ **to take a girl up the aisle** † mener une jeune fille à l'autel ◆ **to walk up the aisle with sb** (fig) épouser qn
 [2] [of theatre, cinema, supermarket] allée f ; [of plane, train, coach] couloir m ◆ **aisle seat** (on plane etc) place f côté couloir

**aitch** /eɪtʃ/ N (= letter) H, h m ◆ **aitch bone** (Culin) culotte f (de bœuf) ; → **drop**

**Ajaccio** /ə'ʒæsjəʊ/ N Ajaccio

**ajar** /ə'dʒɑːʳ/ ADJ, ADV entrouvert, entrebâillé

**Ajax** /'eɪdʒæks/ N Ajax m

**AK** abbrev of **Alaska**

**AKA, aka** /ˌeɪkeɪ'eɪ/ (abbrev of **also known as**) alias

**akene** /ə'kiːn/ N [of plant] akène f

**akimbo** /ə'kɪmbəʊ/ ADJ ◆ **with arms akimbo** les poings sur les hanches

**akin** /ə'kɪn/ ADJ ◆ **akin to** (= similar) qui tient de, qui ressemble à, analogue à ; (= of same family as) parent de, apparenté à

**Akita** /æ'kiːtə/ N (= dog) Akita Inu m

**Akkadian** /ə'keɪdɪən/ ADJ, N akkadien m

**AL, Ala.** abbrev of **Alabama**

**Alabama** /ˌælə'bæmə/ N Alabama m ◆ **in Alabama** en Alabama

**alabaster** /'æləbɑːstəʳ/
 N albâtre m
 ADJ (lit, fig) d'albâtre

**à la carte** /ˌælɑː'kɑːt/ ADJ, ADV (Culin) à la carte

**alacrity** /ə'lækrɪtɪ/ N empressement m ◆ **with alacrity** avec empressement

**Aladdin** /ə'lædɪn/
 N Aladin m
 COMP **Aladdin's cave** N (fig) caverne f d'Ali Baba

**alanine** /'ælə,niːn/ N alanine f

**alar** /'eɪləʳ/ ADJ alaire

**alarm** /ə'lɑːm/ SYN
 N [1] (= warning) alarme f, alerte f ◆ **to raise the alarm** donner l'alarme or l'éveil ◆ **alarms and excursions** (Theat) bruits mpl de bataille en coulisse ; (fig) branle-bas m de combat ; → **burglar, false**
 [2] (NonC = fear) inquiétude f, alarme f ◆ **to cause sb alarm** mettre qn dans l'inquiétude, alarmer qn
 [3] ⇒ **alarm clock**
 VT [1] (= frighten) [+ person] alarmer, éveiller des craintes chez ; [+ animal, bird] effaroucher, faire peur à ◆ **to become** or **be alarmed** [person] prendre peur, s'alarmer ; [animal] prendre peur, s'effaroucher
 [2] (= warn) alerter, alarmer
 COMP **alarm bell** N sonnerie f d'alarme ◆ **the court's decision has set alarm bells ringing in government** la décision du tribunal a alerté or inquiété le gouvernement
 **alarm call** N (Telec) appel m du service réveil ◆ **I'd like an alarm call (for 6 am)** je voudrais être réveillé (à 6 heures)
 **alarm clock** N réveil m
 **alarm signal** N signal m d'alarme
 **alarm system** N système m d'alarme

**alarming** /ə'lɑːmɪŋ/ SYN ADJ alarmant

**alarmingly** /ə'lɑːmɪŋlɪ/ ADV [rise, deteriorate] de façon alarmante ◆ **the deadline is alarmingly close** la date limite se rapproche de manière inquiétante ◆ **alarmingly quickly** à une vitesse alarmante ◆ **an alarmingly high divorce rate** un taux de divorce qui atteint des niveaux alarmants ◆ **alarmingly, there was a sharp fall in house prices** fait alarmant, il y a eu une forte chute des prix de l'immobilier

**alarmism** /ə'lɑːmɪzəm/ N alarmisme m

**alarmist** /ə'lɑːmɪst/ ADJ, N alarmiste mf

**alas** /ə'læs/ EXCL hélas !

**Alas.** abbrev of **Alaska**

**Alaska** /ə'læskə/ N Alaska m ◆ **in Alaska** en Alaska ◆ **Alaska Highway** route f de l'Alaska ◆ **Alaska Range** chaîne f de l'Alaska ; → **bake**

**Alaskan** /ə'læskən/
 ADJ de l'Alaska
 N habitant(e) m(f) de l'Alaska

**alb** /ælb/ N aube f (d'un prêtre)

**albacore** /'ælbəkɔːʳ/ N (= fish) albacore m

**Albania** /æl'beɪnɪə/ N Albanie f

**Albanian** /æl'beɪnɪən/
 ADJ albanais
 N [1] (= person) Albanais(e) m(f)
 [2] (= language) albanais m

**albatross** /'ælbətrɒs/ N (also Golf) albatros m ; (= burden) boulet m ◆ **to be an albatross around sb's neck** être un boulet pour qn

**albedo** /æl'biːdəʊ/ N (Phys) albédo m

**albeit** /ɔːl'biːɪt/ CONJ (frm) bien que + subj

**Alberta** /æl'bɜːtə/ N Alberta m

**Albigensian** /ˌælbɪ'dʒensɪən/
 ADJ albigeois ◆ **the Albigensian Heresy** l'hérésie f cathare
 N Albigeois(e) m(f)

**Albigensianism** /ˌælbɪ'dʒensɪəˌnɪzəm/ N (Hist) albigéisme m

**albinism** /'ælbɪnɪzəm/ N albinisme m

**albino** /æl'biːnəʊ/ N albinos mf ◆ **albino rabbit** lapin m albinos

**Albion** /'ælbɪən/ N Albion f

**albite** /'ælbaɪt/ N albite f

**album** /'ælbəm/
 N (= book, record etc) album m
 COMP **album cover** N pochette f (de disque)

**albumen, albumin** /'ælbjʊmɪn/ N (= egg white) albumen m, blanc m de l'œuf ; (= endosperm) albumen m ; (Physiol) albumine f

**albuminous** /æl'bjuːmɪnəs/ ADJ albumineux

**albuminuria** /ælˌbjuːmɪ'njʊərɪə/ N (Med) albuminurie f

**Alcestis** /æl'sestɪs/ N Alceste f

**alchemical** /æl'kemɪkəl/ ADJ alchimique

**alchemist** /'ælkɪmɪst/ N alchimiste m

**alchemy** /'ælkɪmɪ/ N (lit, fig) alchimie f

**alcohol** /'ælkəhɒl/
 N alcool m
 COMP **alcohol abuse** N abus m d'alcool
 **alcohol abuser** N alcoolique mf
 **alcohol consumption** N consommation f d'alcool
 **alcohol content** N [of drink] teneur f en alcool
 **alcohol-free** ADJ sans alcool

**alcoholic** /ˌælkə'hɒlɪk/ SYN
ADJ [person] alcoolique ; [drink] alcoolisé
N alcoolique mf ◆ **Alcoholics Anonymous** Alcooliques mpl anonymes

**alcoholism** /'ælkəhɒlɪzəm/ N alcoolisme m

**alcoholization** /ˌælkəhɒlaɪ'zeɪʃən/ N alcoolisation f

**alcoholize** /'ælkəhɒlaɪz/ VT alcooliser

**alcoholometer** /ˌælkəhɒ'lɒmɪtə'/ N alcoomètre m

**alcopop** /'ælkəˌpɒp/ N (Brit) prémix m

**Alcoran** /ˌælkɒ'rɑːn/ N (Rel) l'Alcoran m, le Coran

**alcove** /'ælkəʊv/ SYN (in room) alcôve f ; (in wall) niche f ; (in garden) tonnelle f, berceau m

**aldehyde** /'ældɪhaɪd/ N aldéhyde m

**al dente** /ˌæl'dentɪ/ ADJ (Culin) al dente inv

**alder** /'ɔːldə'/
N aulne or aune m
COMP **alder buckthorn** N bourdaine f

**alderman** /'ɔːldəmən/ N (pl **-men**) alderman m, conseiller m, -ère f municipal(e) ; (Hist) échevin m

**Alderney** /'ɔːldənɪ/ N (Geog) Aurigny f

**aldose** /'ældəʊs/ N aldose m

**aldosterone** /æl'dɒstəˌrəʊn/ N aldostérone f

**ale** /eɪl/ N bière f, ale f ; → **brown, light², pale¹**

**aleatoric** /ˌælɪə'tɒrɪk/ ADJ (Mus) aléatoire

**aleatory** /'eɪlɪətərɪ/ ADJ aléatoire

**alehouse** †† /'eɪlˌhaʊs/ N taverne f

**aleph** /'ɑːlɪf/ N (Ling) aleph m

**Aleppo** /ə'lepəʊ/ N Alep

**alert** /ə'lɜːt/ SYN
N alerte f ◆ **to give the alert** donner l'alerte ◆ **on the alert** (gen) sur le qui-vive ; (Mil) en état d'alerte ◆ **to put the forces on full alert** (Mil) mettre les troupes en état d'alerte maximale
ADJ 1 (= watchful) vigilant
2 (= aware) ◆ **to be alert to sth** avoir conscience de qch
3 (= acute) [old person] alerte ; [child] éveillé ◆ **to be mentally alert** avoir l'esprit vif
VT alerter ; (fig) éveiller l'attention de (to sur) ◆ **we are now alerted to the dangers** nous sommes maintenant sensibilisés aux dangers

**alertly** /ə'lɜːtlɪ/ ADV [look, watch] d'un œil alerte

**alertness** /ə'lɜːtnɪs/ SYN N (NonC) 1 (= watchfulness) [of person, animal] vigilance f
2 (= liveliness) [of person] vivacité f ◆ **mental alertness** vivacité f d'esprit

**aleurone** /ə'lʊərən/ N aleurone m

**Aleut** /æ'luːt/ N Aléoute mf

**Aleutian** /ə'luːʃən/ ADJ ◆ **the Aleutian Islands, the Aleutians** les (îles fpl) Aléoutiennes fpl

**alevin** /'ælvɪn/ N alevin m

**alewife** /'eɪlwaɪf/ N (pl **-wives**) alose f

**Alexander** /ˌælɪg'zɑːndə'/
N Alexandre m
COMP **Alexander technique** N technique d'Alexander, consistant à prendre conscience de sa posture de manière à l'améliorer
**Alexander the Great** N Alexandre m le Grand

**alexanders** /ˌælɪg'zɑːndəz/ N (= plant) maceron m

**Alexandria** /ˌælɪg'zɑːndrɪə/ N Alexandrie

**alexandrine** /ˌælɪg'zændrɪn/ ADJ, N alexandrin m

**alexia** /ə'leksɪə/ N alexie f

**ALF** /ˌeɪel'ef/ N (Brit) (abbrev of **Animal Liberation Front**) Front britannique de libération des animaux

**alfalfa** /æl'fælfə/ N luzerne f, alfalfa m

**alfresco** /æl'freskəʊ/ ADJ, ADV en plein air

**alga** /'ælgə/ N (pl **algae** /'æld ʒiː/) (gen pl) algue(s) f(pl)

**algal** /'ælgəl/ ADJ algal

**Algarve** /æl'gɑːv/ N (Geog) ◆ **the Algarve** l'Algarve m

**algebra** /'ældʒɪbrə/ N algèbre f

**algebraic** /ˌældʒɪ'breɪɪk/ ADJ algébrique

**Algeria** /æl'dʒɪərɪə/ N Algérie f

**Algerian** /æl'dʒɪərɪən/
ADJ algérien
N Algérien(ne) m(f)

**algesic** /æl'dʒiːzɪk/ ADJ algique

**algid** /'ældʒɪd/ ADJ (Med) algide

**algidity** /æl'dʒɪdɪtɪ/ N (Med) algidité f

**Algiers** /æl'dʒɪəz/ N Alger

**algin** /'ældʒɪn/ N algine f

**alginate** /'ældʒɪneɪt/ N (Chem) alginate m

**alginic acid** /æl'dʒɪnɪk/ N (Chem) acide m alginique

**algolagnia** /ˌælgə'lægnɪə/ N (Psych) algolagnie f

**algology** /æl'gɒlədʒɪ/ N algologie f

**Algonquian** /æl'gɒŋkwɪən/, **Algonquin** /æl'gɒŋkwɪn/ ADJ algonquian, algonkin

**algorithm** /'ælgəˌrɪðəm/ N (Comput, Ling) algorithme m

**algorithmic** /ˌælgə'rɪðmɪk/ ADJ algorithmique

**Alhambra** /æl'hæmbrə/ N Alhambra m

**alias** /'eɪlɪəs/ SYN
ADV alias
N faux nom m, nom m d'emprunt ; [of writer] pseudonyme m

**Ali Baba** /ˌælɪ'bɑːbɑː/ N Ali Baba m

**alibi** /'ælɪbaɪ/ SYN
N (Police) alibi m ; (*: gen) excuse f, alibi m (hum)
VI (US *) trouver des excuses (for sth pour expliquer qch ; for doing sth pour avoir fait qch)
VT (US) ◆ **to alibi sb*** trouver des excuses à qn

**Alice** /'ælɪs/
N Alice f ◆ **Alice in Wonderland** Alice au pays des merveilles
COMP **Alice band** N (Brit) bandeau m (pour les cheveux)

**alien** /'eɪlɪən/ SYN
N 1 (from abroad) étranger m, -ère f ◆ **resident/non-resident alien** étranger m, -ère f résident(e)/non résident(e)
2 (from outer space) extra-terrestre mf
ADJ 1 (= foreign) [forces, environment, concept] étranger (to sb/sth à qn/qch)
2 (= from outer space) [spacecraft, species, civilization] extraterrestre ◆ **alien being** extraterrestre mf

**alienate** /'eɪlɪəneɪt/ SYN VT (also Jur) aliéner ◆ **this has alienated all his friends** ceci (lui) a aliéné tous ses amis ◆ **she has alienated all her friends** elle s'est aliéné tous ses amis (by doing sth en faisant qch)

**alienated** /'eɪlɪəneɪtɪd/ ADJ (= estranged) étranger (from à) ; (Psych) aliéné ◆ **to become alienated from sb/sth** se détacher de qn/qch

**alienation** /ˌeɪlɪə'neɪʃən/ SYN N 1 (= estrangement) désaffection f, éloignement m (from de)
2 (Jur, Psych) aliénation f

**alienist** /'eɪlɪənɪst/ N aliéniste mf

**aliform** /'ælɪfɔːm/ ADJ aliforme

**alight¹** /ə'laɪt/ SYN VI [person] descendre (from de) ; [bird] se poser (on sur)
▶ **alight on** VT FUS [+ fact] apprendre par hasard ; [+ idea] tomber sur

**alight²** /ə'laɪt/ SYN ADJ 1 (= lit) ◆ **to be alight** [candle, fire] être allumé ; [building] être en feu ◆ **try and keep the fire alight** ne laissez pas éteindre le feu ◆ **to set sth alight** mettre le feu à qch ◆ **bushes alight with fireflies** buissons mpl illuminés par des lucioles
2 (= radiant) ◆ **to be alight** [eyes] briller, pétiller ; [face] rayonner ◆ **his eyes were alight with laughter** ses yeux pétillaient ◆ **her face was alight with happiness** son visage rayonnait de bonheur

**align** /ə'laɪn/ SYN
VT 1 aligner, mettre en ligne ; [+ wheels] régler le parallélisme de
2 (Fin, Pol) aligner (on, with sur) ◆ **to align o.s. with sb** s'aligner sur qn
VI [persons] s'aligner (with sur) ; [objects] être alignés

**alignment** /ə'laɪnmənt/ SYN N (lit, fig) alignement m ; [of car wheels] parallélisme m ; → **non-alignment**

**alike** /ə'laɪk/ SYN
ADJ ◆ **to be alike** [people] se ressembler, être semblables ◆ **they all look alike to me** pour moi, ils se ressemblent tous ◆ **no two are exactly alike** il n'y en a pas deux qui soient exactement identiques ◆ **the sisters were remarkably alike in appearance** la ressemblance physique entre les sœurs était remarquable
ADV 1 (= in the same way) [treat, speak, think, dress] de la même façon
2 (= equally) ◆ **winter and summer alike** été comme hiver ◆ **the southern and northern states alike** les États du nord comme ceux du sud ; → **share**

**alimentary** /ˌælɪ'mentərɪ/ ADJ alimentaire ◆ **alimentary canal** tube m digestif

**alimony** /'ælɪmənɪ/ N (Jur) pension f alimentaire

**aliphatic** /ˌælɪ'fætɪk/ ADJ aliphatique

**aliterate** /eɪ'lɪtərət/
N ennemi(e) m(f) de la lecture
ADJ antilecture

**alive** /ə'laɪv/ SYN ADJ 1 (= living) vivant, en vie ; (= in existence) au monde ◆ **to burn alive** brûler vif ◆ **to bury sb alive** enterrer qn vivant ◆ **he must be taken alive** [prisoner] il faut le prendre or capturer vivant ◆ **while alive, he...** de son vivant, il... ◆ **it's good to be alive** il fait bon vivre ◆ **no man alive could do it** personne au monde ne serait capable de le faire ◆ **to do sth as well as anyone alive** faire qch aussi bien que n'importe qui ◆ **to keep sb alive** (lit) maintenir qn en vie ◆ **to stay alive** rester en vie, survivre ◆ **he's going to be eaten alive by the press** la presse ne va en faire qu'une bouchée ◆ **we were eaten alive by mosquitoes** nous avons été dévorés par les moustiques
2 (fig = lively) ◆ **to bring alive** [meeting etc] animer ; [past] faire revivre ◆ **to keep alive** [tradition] préserver ; [memory] garder ◆ **to come alive** s'animer
3 (frm) ◆ **alive to** sensible à ◆ **I am very alive to the honour you do me** je suis très sensible à l'honneur que vous me faites ◆ **to be alive to one's interests** veiller à ses intérêts ◆ **to be alive to a danger** être conscient d'un danger
4 (= alert) alerte, vif ; (= active) actif, plein de vie ◆ **to be alive and kicking*** (= living) être bien en vie ; (= full of energy) être plein de vie ◆ **look alive!*** allons, remuez-vous !
5 ◆ **alive with insects/tourists** etc grouillant d'insectes/de touristes etc

**alkali** /'ælkəlaɪ/ N (pl **alkalis** or **alkalies**) alcali m

**alkalimeter** /ˌælkə'lɪmɪtə'/ N alcalimètre m

**alkalimetry** /ˌælkə'lɪmɪtrɪ/ N alcalimétrie f

**alkaline** /'ælkəlaɪn/ ADJ alcalin

**alkalinity** /ˌælkə'lɪnɪtɪ/ N alcalinité f

**alkalize** /'ælkəlaɪz/ VT (Chem) alcaliniser

**alkaloid** /'ælkəlɔɪd/ N alcaloïde m

**alkalosis** /ˌælkə'ləʊsɪs/ N (Med) alcalose f

**alkane** /'ælkeɪn/ N alcane m

**alkanet** /'ælkənet/ N (= Alkanna) orcanette f, orcanète f ; (= Anchusa) buglosse f officinale

**alkene** /'ælkiːn/ N (Chem) alcène m

**alkie*, alky*** /'ælkɪ/ N alcoolo* mf, poivrot(e)* m(f)

**alkyne** /'ælkaɪn/ N alcyne m

❖ ❖ ❖ ❖ ❖ ❖ ❖ ❖ ❖ ❖ ❖ ❖ ❖

## **all** /ɔːl/ SYN

1 - ADJECTIVE
2 - PRONOUN
3 - ADVERB
4 - NOUN
5 - SET STRUCTURES
6 - COMPOUNDS

▶ When **all** is part of a set combination, eg **in all seriousness/probability**, **beyond all doubt**, **of all people**, look up the noun.

❖ ❖ ❖ ❖ ❖ ❖ ❖ ❖ ❖ ❖ ❖ ❖ ❖

**1 - ADJECTIVE**

tout (le), toute (la), tous (les), toutes (les) ◆ **all the time** tout le temps ◆ **all my life** toute ma vie ◆ **all kinds of** toutes sortes de ◆ **all the others** tous (toutes) les autres ◆ **all that** tout cela ◆ **all that is irrelevant** tout cela n'a aucun rapport ◆ **he went on about loyalty and all that*** il parlait de loyauté et tout ça* ◆ **loss of appetite, sleepless nights and all that** la perte d'appétit, les nuits blanches, et tout le reste

Articles or pronouns often need to be added in French:

◆ **all day** toute la journée ◆ **all three** tous les trois ◆ **all three said the same** ils ont tous les trois dit la même chose ◆ **all three accused were found guilty of fraud** les accusés ont tous (les) trois été jugés coupables de fraude ; see also **set structures**

**2 - PRONOUN**

1 [= EVERYTHING] tout ◆ **all or nothing** tout ou rien ◆ **all is well** tout va bien ◆ **that's all** c'est tout ◆ **you can't see all of Paris in a day** on ne peut pas voir tout Paris en une journée ◆ **if that's all it is, it's not important** si ce n'est que ça, ce n'est pas bien grave

◆ **it all** tout ◆ **he drank it all** il a tout bu ◆ **he's seen it all, done it all** il a tout vu, tout fait ◆ **it all happened so quickly** tout s'est passé si vite

◆ **all that** *(subject of relative clause)* tout ce qui ◆ **that's all that matters** c'est tout ce qui importe ◆ **you can have all that's left** tu peux prendre tout ce qui reste

◆ **all (that)** *(object of relative clause)* tout ce que ; *(after verb taking "de")* tout ce dont ◆ **all I want is to sleep** tout ce que je veux, c'est dormir ◆ **that is all he said** c'est tout ce qu'il a dit ◆ **we saw all there was to see** nous avons vu tout ce qu'il y avait à voir ◆ **all I remember is...** tout ce dont je me souviens, c'est... BUT ◆ **it was all I could do not to laugh** j'ai eu toutes les peines du monde à me retenir de rire

◆ **all of the** tout le *m*, toute la *f*, tous les *mpl*, toutes les *fpl* ◆ **all of the work** tout le travail ◆ **all of the cooking** toute la cuisine ◆ **all of the cakes** tous les gâteaux

◆ **all of it** ◆ **I gave him some soup and he ate all of it** je lui ai donné de la soupe et il a tout mangé ◆ **I didn't read all of it** je ne l'ai pas lu en entier ◆ **not all of it was true** ce n'était pas entièrement vrai

◆ **all of them** tous *mpl*, toutes *fpl* ◆ **all of them failed** ils ont tous échoué ◆ **I love his short stories, I've read all of them** j'aime beaucoup ses nouvelles, je les ai toutes lues

◆ **all of** + *number (= at least)* ◆ **it took him all of three hours** ça lui a pris trois bonnes heures ◆ **it weighed all of 30 kilos** ça pesait bien 30 kilos ◆ **exploring the village took all of ten minutes** *(iro = only)* la visite du village a bien dû prendre dix minutes

2 [PLURAL] tous *mpl*, toutes *fpl* ◆ **we all sat down** nous nous sommes tous assis ◆ **they've invited us all** ils nous ont tous invités ◆ **the girls all knew that...** les filles savaient toutes que... ◆ **they all came with their husbands** elles sont toutes venues avec leurs maris ◆ **they were all broken** ils étaient tous cassés ◆ **the peaches? I've eaten them all!** les pêches ? je les ai toutes mangées ! BUT ◆ **evening, all!*** *(greeting people)* bonsoir, tout le monde ! ; see also **each, sundry**

**all who** tous ceux qui *mpl*, toutes celles qui *fpl* ◆ **all who knew him loved him** tous ceux qui le connaissaient l'appréciaient ◆ **education should be open to all who want it** l'éducation devrait être accessible à tous ceux qui veulent en bénéficier

◆ **the worst/biggest/most** *etc* **of all** ◆ **this was the worst** *or* **biggest disappointment of all** ça a été la plus grosse déception ◆ **this result was the most surprising of all** ce résultat était le plus surprenant ◆ **best of all, the reforms will cost nothing** et surtout, ces réformes ne coûteront rien

**3 - ADVERB**

1 [= ENTIRELY] tout ◆ **she was dressed all in white** elle était habillée tout en blanc

When used with a feminine adjective starting with a consonant, **tout** agrees:

◆ **she came in all dishevelled** elle est arrivée tout ébouriffée ◆ **she went all red** elle est devenue toute rouge

◆ **all by oneself, all alone** tout seul ◆ **he had to do it all by himself** il a dû le faire tout seul ◆ **she's all alone** elle est toute seule ◆ **she left her daughters all alone in the flat** elle a laissé ses filles toutes seules dans l'appartement

2 [IN SCORES] ◆ **the score was two all** *(tennis, squash)* les joueurs étaient à deux jeux *(or sets)* partout ; *(other sports)* le score était de deux à deux ◆ **what's the score? – two all** quel est le score ? – deux partout *or* deux à deux

**4 - NOUN**

[= UTMOST] ◆ **I decided to give it my all** j'ai décidé de donner mon maximum ◆ **he puts his all into every game** il s'investit complètement dans chaque match

**5 - SET STRUCTURES**

◆ **all along** *(= from the start)* depuis le début ; *(= the whole length of)* tout le long de ◆ **I feared that all along** je l'ai craint depuis le début ◆ **all along the road** tout le long de la route

◆ **all but** *(= nearly)* presque, pratiquement ; *(= all except)* tous sauf ◆ **he is all but forgotten now** il est presque *or* pratiquement tombé dans l'oubli ◆ **the party won all but six of the seats** le parti a remporté tous les sièges sauf six ◆ **this would exclude all but those able to pay** cela exclurait tout le monde sauf ceux qui peuvent payer ◆ **the plant will stand all but the harshest winters** cette plante supportera bien le froid, à moins que l'hiver ne soit des plus rudes

◆ **all for** ◆ **to be all for sth** être tout à fait pour qch ◆ **I'm all for giving him a chance** je suis tout à fait pour lui donner une chance ◆ **I'm all for it** je suis tout à fait pour *

◆ **all in*** *(= exhausted)* lessivé *, crevé * ◆ **after a day's skiing I was all in** j'étais lessivé * *or* crevé * au bout d'une journée de ski ◆ **you look all in** tu as l'air lessivé * *or* crevé * ; see also **all-in**

◆ **all in all** *(= altogether)* l'un dans l'autre ◆ **we thought, all in all, it wasn't a bad idea** nous avons pensé que, l'un dans l'autre, ce n'était pas une mauvaise idée

◆ **all one** ◆ **it's all one** c'est du pareil au même ◆ **it's all one to them** c'est du pareil au même pour eux

◆ **all over** *(= everywhere)* partout ◆ **I looked for you all over** je vous ai cherché partout ◆ **I'm aching all over** j'ai mal partout ◆ **she was all over flour*** elle était couverte de farine, elle avait de la farine partout ◆ **all over France** partout en France BUT ◆ **he was trembling all over** il tremblait de tous ses membres ◆ **embroidered all over** recouvert de broderies ◆ **all over the country** dans tout le pays ◆ **all over the world** à travers le monde, dans le monde entier ◆ **that's him all over*** c'est bien lui !, on le reconnaît bien là !

◆ **to be all over** *(= finished)* être fini ◆ **it's all over!** c'est fini ! ◆ **it's all over between us** tout est fini entre nous ◆ **it'll be all over with him** ce sera un homme fini

◆ **to be all over sb*** *(= affectionate with)* ◆ **they were all over each other** ils étaient pendus au cou l'un de l'autre ◆ **when they hear about the money, they'll be all over you** quand ils sauront que tu as cet argent, ils ne vont plus te lâcher ◆ **Celtic were all over Rangers*** *(= dominating)* le Celtic a complètement dominé *or* baladé * les Rangers

◆ **all the more** ◆ **this was all the more surprising since...** c'était d'autant plus surprenant que... ◆ **all the more so since...** d'autant plus que...

◆ **all the better!** tant mieux !

◆ **all too** ◆ **it was all too obvious he didn't mean it** on voyait bien qu'il n'en pensait rien ◆ **the evening passed all too quickly** la soirée a passé bien trop rapidement

◆ **all up** ◆ **it is all up with him*** il est fichu *

◆ **all very** ◆ **that's all very well but...** c'est bien beau mais... ◆ **it was all very embarrassing** c'était vraiment très gênant

◆ **and all** ◆ **the dog ate the sausage, mustard and all** le chien a mangé la saucisse, moutarde comprise, le chien a mangé la saucisse avec la moutarde et tout * ◆ **what with the snow and all, we didn't go** avec la neige et tout le reste, nous n'y sommes pas allés

◆ **as all that** ◆ **it's not as important/urgent as all that** ce n'est pas si important/urgent que ça

◆ **for all...** *(= despite)* malgré ◆ **for all its beauty, the city may be losing its individuality** malgré sa beauté, la ville est peut-être en train de perdre son individualité ◆ **for all that** malgré tout

◆ **for all I know...** ◆ **for all I know he could be right** il a peut-être raison, je n'en sais rien ◆ **for all I know or care, they're still living together** ils vivent peut-être encore ensemble, mais c'est le dernier de mes soucis

◆ **if... at all** ◆ **they won't attempt it, if they have any sense at all** ils ne vont pas essayer s'ils ont un peu de bon sens ◆ **the little grammar they learn, if they study grammar at all** le peu de grammaire qu'ils apprennent, si tant est qu'il étudient la grammaire ◆ **very rarely if at all** très rarement pour ne pas dire jamais ◆ **if at all possible** dans la mesure du possible

◆ **in all** en tout ◆ **5 people in all witnessed the accident** 5 personnes en tout ont vu l'accident

◆ **no... at all** ◆ **it makes no difference at all** ça ne fait aucune différence ◆ **I have no regrets at all** je n'ai aucun regret, je ne regrette rien

◆ **none at all** ◆ **have you any comments? – none at all!** vous avez des commentaires à faire ? – absolument aucun !

◆ **not... at all** *(= not in the least)* pas... du tout ◆ **I don't mind at all** ça ne me gêne pas du tout ◆ **are you disappointed? – not at all!** vous êtes déçu – pas du tout *or* pas le moins du monde !

◆ **thank you! – not at all!** merci ! – de rien *or* je vous en prie !

◆ **not all that** *(= not so)* ◆ **it isn't all that far** ce n'est pas si loin que ça

◆ **not all there** ◆ **he's not all there*** il lui manque une case *

**6 - COMPOUNDS**

**all-American** ADJ cent pour cent américain
**all-around** ADJ *(US)* → **all-round**
**All Blacks** NPL *(Rugby)* All Blacks *mpl*
**all clear** N ◆ **all clear (signal)** (signal *m* de) fin *f* d'alerte ◆ **all clear!** *(= you can go through)* la voie est libre ; *(= the alert is over)* l'alerte est passée ; *(Mil)* fin d'alerte ! ◆ **to give sb the all clear** *(fig)* *(gen)* donner le feu vert à qn ; *(doctor to patient)* dire à qn que tout va bien
**all-conquering** ADJ *[hero, team]* qui triomphe de tous
**all-consuming** ADJ *[passion]* dévorant
**all-dancing*** ADJ → **all-singing, all-dancing**
**all-day** ADJ qui dure toute la journée
**all-dayer** N *(= show) spectacle qui dure toute une journée* ; *(= meeting) réunion qui dure toute une journée*
**all-embracing** ADJ global
**all-expenses-paid** ADJ tous frais payés
**all-fired*** ADV *(US)* ◆ **what's so all-fired important about it?** qu'est-ce que ça a de si important ?
**All Fools' Day** N le premier avril
**all found** ADJ logé et nourri
**all fours** NPL ◆ **on all fours** à quatre pattes
**all get-out*** N *(US)* ◆ **angry as all get-out** vachement * en colère
**All Hallows** N la Toussaint
**all-important** ADJ de la plus haute importance, capital
**all in** ADJ set structures
**all-in** ADJ *(Brit) [price]* net, tout compris *inv* ; *[insurance policy]* tous risques ; *(Comm) [tariff]* tout compris ◆ **the holiday cost £80 all-in** *(Brit)* les vacances ont coûté 80 livres tout compris
**all-inclusive** ADJ *[price, rate]* tout compris *inv*, net ; *[policy]* tous risques
**all-in-one** N combinaison *f* ADJ ◆ **an all-in-one outfit** une combinaison ◆ **an all-in-one sleepsuit** une grenouillère ◆ **all-in-one shampoo and conditioner** shampooing (et baume démêlant) deux en un ◆ **all-in-one detergent and fabric conditioner** lessive *f* avec adoucissant incorporé
**all-in wrestling** N catch *m*
**all-metal body** N *[of car]* carrosserie *f* toute en tôle
**all-nighter** N *spectacle qui dure toute la nuit*
**all-night pass** N *(Mil)* permission *f* de nuit
**all-night service** N *(Comm etc)* permanence *f or* service *m* de nuit
**all-night showing** N *(Cine) projection ininterrompue pendant toute la nuit*
**all out** ADV ◆ **to go all out** *(physically)* y aller à fond ◆ **to go all out for growth/monetary union** jeter toutes ses forces dans la bataille pour la croissance/l'union monétaire
**all-out effort** N effort *m* maximum
**all-out strike** N grève *f* totale
**all-out war** N guerre *f* totale ◆ **an all-out war on inflation** une guerre totale contre l'inflation
**all-over** ADJ (qui est) sur toute la surface
**all-over pattern** N *dessin or motif qui recouvre toute une surface*
**all-party** ADJ *(Pol)* multipartite, où tous les partis sont représentés
**all-pervading, all-pervasive** ADJ *[influence, presence]* qui se fait sentir partout
**all-points bulletin** N *(US)* message *m* à toutes les patrouilles (*on* à propos de)
**all-powerful** ADJ tout-puissant
**all-purpose** ADJ *[flour, vehicle, cleaner]* tous usages ; *[knife, spanner, glue]* universel
**all-right*** ADJ *(US)* ◆ **an all-right guy** un type sûr *or* réglo *
**all righty** * EXCL *(US)* OK *
**all-risks insurance** N assurance *f* tous risques
**all-round** ADJ *[sportsman]* complet (-ète *f*) ; *[improvement]* général, sur toute la ligne
**all-rounder** N *(Cricket)* joueur *m* complet ◆ **to be a good all-rounder** être bon en tout
**All Saints' Day** N (le jour de) la Toussaint
**all-seater** ADJ *(Brit Sport) [stadium, stand]* n'ayant que des places assises
**all-singing, all-dancing*** ADJ *(Brit fig hum)* polyvalent
**All Souls' Day** N le jour *or* la fête des Morts
**all-star** ADJ *(Theat etc)* ◆ **all-star performance, show with an all-star cast** plateau *m* de vedettes
**all-terrain bike** N vélo *m* tout-terrain, VTT *m*
**all-terrain vehicle** N véhicule *m* tout-terrain

**all-time** ADJ → all-time
**all told** ADV en tout
**all-weather** ADJ toute saison
**all-weather court** N (Tennis) (court m en) quick ® m
**all-wheel-drive** N voiture f à quatre (or six etc) roues motrices
**all-year-round** ADJ [sport] que l'on pratique toute l'année ; [resort] ouvert toute l'année

### ALL-AMERICAN

Titre honorifique décerné aux meilleurs sportifs des universités américaines, qui constituent une sorte d'équipe fictive dans leur discipline respective. Le terme désigne également l'archétype de l'Américain idéal, sain de corps et d'esprit, « bien sous tous rapports ».

**Allah** /ˈælə/ N Allah m

**allay** /əˈleɪ/ VT [+ fears] modérer, apaiser ; [+ pain, thirst] soulager, apaiser ◆ **to allay suspicion** dissiper les soupçons

**allcomers** /ˈɔːlkʌməz/ NPL (Sport) ◆ **the British allcomers record** la meilleure performance jamais réalisée sur sol britannique

**allegation** /ˌælɪˈɡeɪʃən/ SYN N allégation f

**allege** /əˈledʒ/ SYN VT alléguer, prétendre (that que) ◆ **to allege illness** prétexter or alléguer une maladie ◆ **he is alleged to have said that…** il aurait dit que…, on prétend qu'il a dit que…

**alleged** /əˈledʒd/ SYN ADJ (gen) présumé ; [reason] allégué

**allegedly** /əˈledʒɪdlɪ/ LANGUAGE IN USE 26.3 ADV (esp Jur) ◆ **the crime he had allegedly committed** le crime qu'il aurait commis ◆ **allegedly illegal immigrants** les immigrants qui seraient en situation illégale ◆ **he's ill, allegedly** (he says) il est soi-disant malade ; (someone says) il est prétendument malade

**allegiance** /əˈliːdʒəns/ N allégeance f (to à) ◆ **the oath of allegiance** (Brit) le serment d'allégeance

**allegoric(al)** /ˌælɪˈɡɒrɪk(əl)/ ADJ allégorique

**allegorically** /ˌælɪˈɡɒrɪkəlɪ/ ADV [interpret] allégoriquement ; [speak, write] de façon allégorique

**allegorist** /ˈælɪɡərɪst/ N allégoriste mf

**allegorization** /ˌælɪɡəraɪˈzeɪʃən/ N allégorisation f

**allegorize** /ˈælɪɡəraɪz/ VTI allégoriser

**allegory** /ˈælɪɡərɪ/ SYN N allégorie f

**allegretto** /ˌælɪˈɡretəʊ/ ADV, N (Mus) allegretto m

**allegro** /əˈleɡrəʊ/ ADV, N (Mus) allegro m

**allele** /əˈliːl/ N (Bio) allèle m

**alleluia** /ˌælɪˈluːjə/ EXCL alléluia !

**Allen key** /ˈælənkɪ/, **Allen wrench** (US) /ˈælənrentʃ/ N clé f à six pans, clé f Allen

**allergen** /ˈælədʒən/ N allergène m

**allergenic** /ˌæləˈdʒenɪk/ ADJ allergénique

**allergic** /əˈlɜːdʒɪk/ SYN ADJ (Med, * fig) allergique (to à)

**allergist** /ˈælədʒɪst/ N allergologue mf

**allergy** /ˈælədʒɪ/ SYN N allergie f (to à) ◆ **an allergy to dust**, **a dust allergy** une allergie à la poussière

**alleviate** /əˈliːvɪeɪt/ VT [+ pain] soulager, calmer ; [+ sorrow] adoucir ; [+ thirst] apaiser, calmer

**alleviation** /əˌliːvɪˈeɪʃən/ N (NonC) [of suffering, condition, pain] soulagement m ; [of poverty] réduction f ; [of symptoms] atténuation f ; [of sorrow] adoucissement m ; [of thirst] apaisement m

**alley** /ˈælɪ/ SYN
N (between buildings) ruelle f ; (in garden) allée f ; (US : between counters) passage m ◆ **this is right up my alley*** c'est tout à fait mon rayon * ; → blind, bowling
COMP **alley cat** N chat m de gouttière ◆ **she's got the morals of an alley cat*** elle couche à droite et à gauche *

**alleyway** /ˈælɪweɪ/ N ruelle f

**alliance** /əˈlaɪəns/ SYN N [of states, persons] alliance f ◆ **to enter into an alliance with…** s'allier avec…

**allied** /ˈælaɪd/ SYN
ADJ 1 (= in league) allié (against sb/sth contre qn/qch ; with sb/sth à qch ; with sb/sth avec qn/qch)
2 (= associated) [industries] assimilé, apparenté ; [conditions] apparenté ; [subjects] connexe ◆ **lectures on subjects allied to health** conférences fpl sur des sujets liés à la santé ◆ **allied products** (Jur) produits mpl assimilés ou apparentés
3 (= coupled) ◆ **allied to** or **with sth** allié à qch ◆ **an interest rate rise allied with a stock market slump** une augmentation des taux d'intérêts conjuguée à une chute de la Bourse
4 (Bio) de la même famille or espèce
COMP **allied health professional** N (US) médecin ou infirmière dont les prestations sont remboursées par une mutuelle

**alligator** /ˈælɪɡeɪtər/
N alligator m
COMP **alligator pear** N (= avocado) avocat m

**allis shad** /ˈælɪs/ N (= fish) alose f commune

**alliterate** /əˈlɪtəreɪt/ VI [person] faire des allitérations

**alliteration** /əˌlɪtəˈreɪʃən/ N allitération f

**alliterative** /əˈlɪtərətɪv/ ADJ allitératif

**allocate** /ˈæləʊkeɪt/ SYN VT 1 (= allot) [+ task] allouer, attribuer (to sb à qn) ; [+ money] affecter (to à)
2 (= apportion) répartir, distribuer (among parmi)
3 (Jur, Fin) ventiler

**allocation** /ˌæləʊˈkeɪʃən/ SYN N 1 (= allotting) affectation f ; (to individual) attribution f
2 (= apportioning) répartition f
3 (= money allocated) part f, allocation f
4 (Jur, Fin) ventilation f ◆ **allocation of overheads** ventilation f des frais généraux

**allochthonous** /əˈlɒkθənəs/ ADJ allochtone

**allogamy** /əˈlɒɡəmɪ/ N allogamie f

**allograft** /ˈæləʊɡrɑːft/ N allogreffe f

**allograph** /ˈæləʊɡrɑːf/ N (Ling) allographe m

**allomorph** /ˈæləʊmɔːf/ N (Ling) allomorphe m

**allopathic** /ˌæləʊˈpæθɪk/ ADJ allopathique

**allopathy** /əˈlɒpəθɪ/ N (NonC) allopathie f

**allophone** /ˈæləʊfəʊn/ N (Ling) allophone m

**allophonic** /ˌæləʊˈfɒnɪk/ ADJ (Ling) allophone

**allosaurus** /ˌæləʊˈsɔːrəs/ N allosaure m

**allosteric** /ˌæləʊˈsterɪk/ ADJ ◆ **allosteric function** allostérie f

**allot** /əˈlɒt/ SYN VT 1 (= allocate) attribuer, assigner (sth to sb qch à qn) ◆ **everyone was allotted a piece of land** chacun a reçu un terrain en lot ◆ **to do sth in the time allotted (to one)** faire qch dans le temps qui (vous) est imparti or assigné ◆ **to allot sth to a certain use** affecter or destiner qch à un certain usage
2 (= share among group) répartir, distribuer

**allotment** /əˈlɒtmənt/ SYN N 1 (Brit = ground for cultivation) jardin m ouvrier
2 (= division of shares) partage m, lotissement m ; (= distribution of shares) distribution f, part f

**allotrope** /ˈælətrəʊp/ N variété f allotropique

**allotropic** /ˌælətrɒpɪk/ ADJ (Chem) allotropique

**allotropy** /əˈlɒtrəpɪ/ N (Chem) allotropie f

**allottee** /əlɒˈtiː/ N attributaire mf

**allow** /əˈlaʊ/ LANGUAGE IN USE 9, 10.4, 12 SYN VT
1 (= permit) permettre, autoriser ; (= tolerate) tolérer, souffrir ◆ **to allow sb sth** permettre qch à qn ◆ **to allow sb to do sth** permettre à qn de faire qch, autoriser qn à faire qch ◆ **to allow sb in/out/past** etc permettre à qn d'entrer/de sortir/de passer etc ◆ **to allow sth to happen** laisser qch se produire ◆ **to allow o.s. to be persuaded** se laisser persuader ◆ **allow us to help you** permettez que nous vous aidions, permettez-nous de vous aider ◆ **we are not allowed much freedom** on nous accorde peu de liberté ◆ **smoking is not allowed** il est interdit or défendu de fumer ◆ **no children/dogs allowed** interdit aux enfants/chiens ◆ **please allow 28 days for delivery** délai de livraison : 28 jours à réception de la commande ◆ **I will not allow such behaviour** je ne tolérerai or souffrirai pas une telle conduite
2 (= grant) [+ money] accorder, allouer ◆ **to allow sb £30 a month** allouer or accorder à qn 30 livres par mois ◆ **to allow sb a thousand pounds damages** (Jur) accorder à qn mille livres de dommages et intérêts ◆ **to allow space for** prévoir or ménager de la place pour ◆ **to allow sb a discount** faire bénéficier qn d'une remise, consentir une remise à qn ◆ **allow (yourself) an hour to cross the city** comptez une heure pour traverser la ville ◆ **allow 5cm for shrinkage** prévoyez 5 cm (de plus) pour le cas où le tissu rétrécirait
3 (= agree as possible) [+ claim] admettre
4 (= concede) admettre (that que) ◆ **allowing that…** en admettant que… + subj
▸ **allow for** VT FUS tenir compte de ; [+ money spent, funds allocated] (by deduction) déduire pour ; (by addition) ajouter pour ◆ **allowing for the circumstances** compte tenu des circonstances ◆ **after allowing for his expenses** déduction faite de or en tenant compte de ses dépenses ◆ **we must allow for the cost of the wood** il faut compter (avec) le prix du bois ◆ **allowing for the shrinking of the material** en tenant compte du rétrécissement du tissu or du fait que le tissu rétrécit ◆ **to allow for all possibilities** parer à toute éventualité
▸ **allow of** VT FUS admettre, souffrir

**allowable** /əˈlaʊəbl/ SYN ADJ permis, admissible ; (Tax) déductible ◆ **allowable against tax** déductible des impôts

**allowance** /əˈlaʊəns/ SYN N 1 (= money given to sb) allocation f ; (for lodgings, food etc) indemnité f ; (from separated husband) pension f alimentaire ; (= salary) appointements mpl ; (= food) ration f ; (esp US = pocket money) argent m de poche ◆ **he makes his mother an allowance** il verse une rente or une pension à sa mère ◆ **his father gives him an allowance of $800 per month** son père lui verse 800 dollars par mois ◆ **rent allowance** allocation f de logement ◆ **London allowance** prime f de vie chère or indemnité f de résidence pour poste basé à Londres ◆ **allowance in kind** prestation f en nature ◆ **allowance for quarters** (Mil) indemnité f de logement ; → car, clothing, family
2 (Comm, Fin = discount) réduction f ◆ **tax allowances** sommes fpl déductibles
3 (= concession) ◆ **you must learn to make allowances** il faut savoir faire la part des choses ◆ **to make allowance(s) for sb** se montrer indulgent envers qn, essayer de comprendre qn ◆ **to make allowance(s) for sth** tenir compte de qch, prendre qch en considération

**alloy** /ˈælɔɪ/ SYN
N alliage m
VT /əˈlɔɪ/ (Metal) allier, faire un alliage de
COMP **alloy steel** N acier m allié
**alloy wheels** NPL roues fpl en alliage léger

**all right** /ˈɔːlraɪt/ SYN
ADJ 1 (= satisfactory) bien ◆ **he's all right** il est bien or valable * ◆ **do you like the champagne? – it's all right** aimez-vous ce champagne ? – il n'est pas mal ◆ **it's all right** ça va ; (= don't worry) ce n'est pas grave ◆ **is it all right if…?** ça vous dérange si… ? ◆ **that's all right, don't worry** ce n'est pas grave ◆ **is everything all right?** tout va bien ? ◆ **it's** or **that's all right by me** d'accord ◆ **see you later, all right?** à tout à l'heure, d'accord ?
2 (= safe, well) ◆ **to be all right** (= healthy) aller bien, être en bonne santé ; (= safe) être sain et sauf ◆ **someone should see if she's all right** quelqu'un devrait aller voir si elle va bien ◆ **the car will be all right there overnight** la voiture ne risque rien à passer la nuit là
3 (= well-provided) ◆ **to be all right for money/paper** etc avoir assez d'argent/de papier etc ◆ **we're all right for the rest of our lives** nous sommes tranquilles or nous avons tout ce qu'il nous faut pour le restant de nos jours ◆ **I'm all right Jack*** moi, je suis peinard *
EXCL (in approval, exasperation) ça va ! * ; (in agreement) d'accord ! ; (esp US : in triumph) bravo !
ADV 1 (= without difficulty) sans problème ◆ **he's getting on all right** il se débrouille pas mal ◆ **did you get home all right last night?** tu es bien rentré chez toi, hier soir ? ◆ **I managed that all right, but I couldn't…** j'ai réussi à faire ça sans problème, mais je n'ai pas pu… ◆ **he's doing all right for himself** il se débrouille bien
2 (= definitely) ◆ **he's at home all right, but he's not answering the phone** il est chez lui c'est sûr, c'est simplement qu'il ne répond pas au téléphone ◆ **you'll get the money back all right** vous serez remboursé, c'est sûr ◆ **it's warm enough all right!** il fait bien chaud, ça c'est vrai !
3 (expressing agreement) ◆ **can you help? – all right, what do you want me to do?** pouvez-vous m'aider ? – certainement, que puis-je faire pour vous ? ◆ **you say I was wrong; all right but…** vous dites que j'avais tort ; d'accord or admettons, mais…

**all-right** | **also**     ENGLISH-FRENCH  24

4 (summoning attention) ✦ **all right, let's get started** bon, allons-y ✦ **all right, who's in charge here?** bon, qui est responsable ici ?
5 (introducing a challenge, threat) ✦ **all right, what's the joke?** bon, qu'est-ce qu'il y a de drôle ?

**all-right*** /ˈɔːlˈraɪt/ ADJ (US) ✦ **an all-right guy** un type sûr or réglo *

**allseed** /ˈɔːlsiːd/ N (= plant) radiole f

**allspice** /ˈɔːlspaɪs/ N piment m de la Jamaïque

**all-time** /ˈɔːltaɪm/
ADJ sans précédent, de tous les temps ✦ **he's my all-time favourite** c'est mon préféré ✦ **"Casablanca" is one of the all-time greats** or **great films** « Casablanca » est l'un des plus grands films de tous les temps or un grand classique du cinéma ✦ **he's one of the all-time greats** il fait partie des plus grands ✦ **all-time record** record m absolu ✦ **the pound has reached an all-time low** la livre a atteint le niveau le plus bas jamais enregistré ✦ **to be at an all-time low** être au plus bas
ADV ✦ **an all-time best performance** un record personnel ✦ **the all-time worst performance of that song** la pire interprétation qu'il y ait jamais eu de cette chanson ✦ **John's all-time favourite artist** l'artiste préféré de John

**allude** /əˈluːd/ VI ✦ **to allude to** [person] faire allusion à ; [letter etc] avoir trait à, se rapporter à

**allure** /əˈljʊər/ SYN
VT (= attract) attirer ; (= entice) séduire
N charme m, attrait m

**alluring** /əˈljʊərɪŋ/ ADJ séduisant, charmant

**alluringly** /əˈljʊərɪŋlɪ/ ADV ✦ **to smile alluringly** avoir un sourire séduisant ✦ **alluringly mysterious** séduisant par son côté mystérieux

**allusion** /əˈluːʒən/ SYN N allusion f

**allusive** /əˈluːsɪv/ ADJ allusif, qui contient une allusion

**allusively** /əˈluːsɪvlɪ/ ADV par allusion

**allusiveness** /əˈluːsɪvnɪs/ N caractère m allusif

**alluvia** /əˈluːvɪə/ NPL of alluvium

**alluvial** /əˈluːvɪəl/ ADJ [ground] alluvial ; [deposit] alluvionnaire

**alluvium** /əˈluːvɪəm/ N (pl **alluviums** or **alluvia**) alluvion f

**ally** /ˈælaɪ/ SYN
VT allier, unir (with avec) ✦ **to ally o.s. with** s'allier avec
N /ˈælaɪ/ (gen) allié(e) m(f) ; (Pol) allié(e) m(f), coalisé(e) m(f) ✦ **the Allies** (Mil Hist) les Alliés mpl

**allyl** /ˈælaɪl/ N allyle m

**alma mater** /ˌælmæˈmɑːtər/ N alma mater f inv

**almanac** /ˈɔːlmənæk/ N almanach m, annuaire m ; → nautical

**almandine** /ˈælməndɪn/ N almandin m, almandine f

**almighty** /ɔːlˈmaɪtɪ/ SYN
ADJ 1 tout-puissant, omnipotent ✦ **Almighty God** Dieu Tout-Puissant ✦ **the almighty dollar** le dollar tout-puissant
2 (* = tremendous) [row, scandal] énorme ✦ **an almighty din** un vacarme de tous les diables
N ✦ **the Almighty** le Tout-Puissant
ADV * extrêmement, énormément

**almond** /ˈɑːmənd/
N amande f ; (also **almond tree**) amandier m ✦ **split almonds** amandes fpl effilées ; → burnt, sugar
COMP (oil, paste) d'amande
**almond-eyed** ADJ aux yeux en amande
**almond-shaped** ADJ [eyes etc] en amande
**almond willow** N (= tree) saule m des vanniers

**almoner** † /ˈɑːmənər/ N (Brit) **(lady) almoner** assistante f sociale (attachée à un hôpital)

**almost** /ˈɔːlməʊst/ SYN ADV presque ✦ **I had almost forgotten about it** j'avais presque oublié ✦ **he almost fell/died** il a failli tomber/mourir ✦ **you're almost there** vous y êtes presque ✦ **I can almost do it** j'arrive presque à le faire, j'y arrive presque ✦ **almost finished/cooked/cold** presque terminé/cuit/froid ✦ **almost always** presque toujours ✦ **he's almost certainly been murdered** il est pratiquement certain or très probable qu'il a été assassiné ✦ **almost a month** presque un mois, près d'un mois

**alms** /ɑːmz/ N aumône f ✦ **to give alms** faire l'aumône or la charité ✦ **alms box** tronc m des pauvres ✦ **alms house** (Hist) hospice m

**aloe** /ˈæləʊ/
N aloès m ; → bitter
COMP **aloe vera** N (= plant) aloe vera f ; (= extract) (extrait m d')aloès m

**aloft** /əˈlɒft/ ADV (also **up aloft**) en haut, en l'air ; (on ship) dans la mâture ; (hum = in heaven) au ciel

**Aloha** /əˈləʊə/ N (US) ✦ **the Aloha State** Hawaï m

**alone** /əˈləʊn/ SYN ADJ, ADV 1 (= by o.s.) seul ✦ **all alone** tout(e) seul(e) ✦ **quite alone** tout à fait seul(e) ✦ **you can't do it alone** vous ne pouvez pas le faire seul ✦ **she brought up two children alone** elle a élevé deux enfants toute seule ✦ **a gunman acting alone** un bandit armé agissant seul ✦ **to go it alone*** faire cavalier seul ✦ **don't leave them alone together** ne les laissez pas seuls ensemble ✦ **we'd never spent such a long time alone together** nous n'avions jamais passé autant de temps seuls ensemble or en tête à tête ✦ **I was alone with her/my thoughts** j'étais seul avec elle/mes pensées ✦ **I need to get her alone** il faut que je lui parle en tête-à-tête or entre quat'z'yeux *
✦ **let alone** encore moins ✦ **he can't read, let alone write** il ne sait pas lire, (et) encore moins écrire ✦ **he can't afford food, let alone clothes** il n'a pas de quoi s'acheter de la nourriture, sans parler de vêtements or encore moins des vêtements
2 (= only) seul ✦ **he alone could tell you** lui seul pourrait vous le dire ✦ **you alone can do it** vous êtes le seul à pouvoir le faire ✦ **we are not alone in thinking this** nous ne sommes pas les seuls à le penser ✦ **pride alone prevented her from giving up** seul l'orgueil l'a empêchée d'abandonner ✦ **we must have gained 100 members from this alone** nous devons avoir gagné 100 membres de plus rien qu'avec cela ✦ **man cannot live by bread alone** (Prov) l'homme ne vit pas seulement de pain ✦ **that charm which is hers (and hers) alone** ce charme qui lui est propre or qui n'appartient qu'à elle
3 (= lonely) seul ✦ **I feel so alone** je me sens si seul
4 (= in peace) ✦ **to leave** or **let sb alone** laisser qn tranquille, laisser qn en paix ✦ **leave** or **let me alone!** laisse-moi tranquille !, fiche-moi la paix ! ✦ **leave** or **let him alone to do it** laisse-le faire tout seul ✦ **leave** or **let the book alone!** ne touche pas au livre ! ✦ **I advise you to leave the whole business alone** je vous conseille de ne pas vous en mêler ✦ **leave** or **let well alone** le mieux est l'ennemi du bien (Prov)

**along** /əˈlɒŋ/

▶When **along** is an element in a phrasal verb, eg **go along, play along, string along**, look up the verb.

ADV 1 ✦ **come along!** allez venez !, venez donc ! ✦ **I'll be along in a moment** j'arrive tout de suite ✦ **she'll be along tomorrow** elle viendra demain ✦ **how is John getting along?** et John, ça va bien ?, quelles nouvelles de John ?
2 ✦ **come along with me** venez avec moi ✦ **I came along with six others** il est venu accompagné de six autres ✦ **she escaped from the fire along with her baby** elle a échappé à l'incendie et son bébé aussi ✦ **bring your friend along** amène ton ami ✦ **along here** par là ✦ **get along with you!*** (= go away) fiche le camp !*, décampe !* ; (= you can't mean it) tu plaisantes or rigoles * ?
3 (set structures)
✦ **all along** (space) d'un bout à l'autre ; (time) depuis le début ✦ **I could see all along that he would refuse** je savais depuis le début qu'il allait refuser ✦ **that's what I've been saying all along** c'est ce que je n'ai pas arrêté de dire
PREP le long de ✦ **to walk along the beach** se promener le long de or sur la plage ✦ **the railway runs along the beach** la ligne de chemin de fer longe la plage ✦ **the trees along the road** les arbres au bord de la route or qui bordent la route ✦ **they built houses along the river** ils ont construit des maisons le long de la rivière ✦ **all along the street** tout le long de la rue ✦ **somewhere along the way he lost a glove** il a perdu un gant en chemin or quelque part ✦ **somewhere along the way** or **the line*** someone made a mistake à un moment donné, quelqu'un a commis une erreur ✦ **to proceed along the lines suggested** agir or procéder conformément à la ligne d'action proposée

**alongside** /əˈlɒŋˈsaɪd/
PREP (= along : also Naut) le long de ; (= beside) à côté de, près de ✦ **to work alongside sb** travailler aux côtés de qn ✦ **to come alongside the quay** [ship] accoster le quai ✦ **the road runs alongside the beach** la route longe la plage ✦ **to stop alongside the kerb** [vehicle] s'arrêter le long du trottoir ✦ **the car drew up alongside me** la voiture s'est arrêtée à côté de moi or à ma hauteur
ADV 1 (Naut) (ships = beside one another) bord à bord, à couple ✦ **to come alongside** accoster ✦ **to make fast alongside** (quayside) s'amarrer à or au quai ; (another vessel) s'amarrer bord à bord, s'amarrer à or en couple ✦ **to pass alongside of a ship** longer un navire
2 (people = side by side) côte à côte

**aloof** /əˈluːf/ SYN ADJ 1 (= standoffish) [person, character] distant ✦ **he was very aloof with me** il s'est montré très distant à mon égard ✦ **she kept very (much) aloof** elle a gardé or conservé ses distances
2 (= uninvolved) ✦ **to hold o.s.** or **remain aloof** se tenir à l'écart (from sb/sth de qn/qch)

**aloofness** /əˈluːfnɪs/ N attitude f distante, réserve f

**alopecia** /ˌæləʊˈpiːʃə/ N alopécie f

**aloud** /əˈlaʊd/ SYN ADV [read] à haute voix, à voix haute ; [laugh, think, wonder] tout haut

**alp** /ælp/ N (= peak) pic m ; (= mountain) montagne f ; (= pasture) alpage m, alpe f ✦ **the Alps** les Alpes fpl

**alpaca** /ælˈpækə/ N (= animal, wool) alpaga m

**alpenhorn** /ˈælpənˌhɔːn/ N cor m des Alpes

**alpenstock** /ˈælpənstɒk/ N alpenstock m

**alpha** /ˈælfə/
N 1 (= letter) alpha m ✦ **alpha particle** particule f alpha
2 (Brit Scol, Univ) ≈ très bien ✦ **alpha plus** ≈ excellent
COMP **alpha-carotene** N alpha-carotène m
**alpha-cellulose** N alpha-cellulose f
**alpha decay** N désintégration f alpha
**alpha-fetoprotein** N alpha-fœto-protéine f
**alpha rhythm** N rythme m alpha
**alpha wave** N onde f alpha

**alphabet** /ˈælfəbet/ N alphabet m ✦ **alphabet soup** (Culin) potage m aux pâtes (en forme de lettres) ; ( * fig pej) salade f de sigles

**alphabetic(al)** /ˌælfəˈbetɪk(əl)/ ADJ alphabétique ✦ **to put in alphabetical order** classer par ordre alphabétique ✦ **to be in alphabetical order** être dans l'ordre alphabétique

**alphabetically** /ˌælfəˈbetɪkəlɪ/ ADV par ordre alphabétique, alphabétiquement

**alphabetize** /ˈælfəbətaɪz/ VT classer par ordre alphabétique

**alphanumeric** /ˌælfənjuːˈmerɪk/ ADJ alphanumérique

**alpine** /ˈælpaɪn/
ADJ [scenery, village] des Alpes, alpin ; [mountain, chalet] (= in the Alps) des Alpes ; (= alpine-style) alpin ; [troops, skiing, skier] alpin ; [plant] (on lower slopes) alpestre ; (on higher slopes) alpin ; [meadow, pasture, climate] alpestre
N (= plant) plante f alpine
COMP **alpine accentor** N (= bird) accenteur m alpin
**alpine chough** N (= bird) crave m des Alpes
**alpine hut** N refuge m de montagne

**alpinist** /ˈælpɪnɪst/ N alpiniste mf

**Al Qaeda** /ˌælˈkaɪdə/ N Al-Qaida

**already** /ɔːlˈredɪ/ SYN ADV déjà ✦ **(that's) enough already!*** (esp US) (expressing impatience) maintenant, ça suffit !

**alright** /ˌɔːlˈraɪt/ ADJ, ADV ⇒ all right

**Alsace** /ælˈsæs/ N Alsace f

**Alsace-Lorraine** /ˈælsæsləˈreɪn/ N Alsace-Lorraine f

**Alsatian** /ælˈseɪʃən/
N 1 (= person) Alsacien(ne) m(f)
2 (Brit : also **Alsatian dog**) chien m loup, berger m allemand
ADJ alsacien, d'Alsace

**also** /ˈɔːlsəʊ/ SYN
ADV 1 (= too) aussi, également ✦ **her cousin also came** son cousin aussi est venu or est venu également

**2** (= moreover) de plus, également ◆ **also I must explain that...** de plus, je dois vous expliquer que..., je dois également vous expliquer que...
**COMP** **also-ran** N (Sport) autre concurrent m (non classé) ; (Racing) cheval m non classé ; (* = person) perdant(e) m(f)

**Alta** abbrev of **Alberta**

**Altamira** /ˌæltəˈmiːrə/ N ◆ **the Altamira caves** les grottes fpl d'Altamira

**altar** /ˈɒltəʳ/
**N** (Rel) autel m ◆ **high altar** maître-autel m ◆ **he was sacrificed on the altar of productivity** il a été immolé sur l'autel de la productivité
**COMP** **altar boy** N enfant m de chœur
**altar cloth** N nappe f d'autel
**altar piece** N retable m
**altar rail(s)** N(PL) clôture f or balustre m (du chœur) ; (Rel) table f de communion

**alter** /ˈɒltəʳ/ SYN
**VT** **1** (gen) changer, modifier ; (stronger) transformer ; (= adapt) adapter, ajuster ; [+ painting, poem, speech etc] retoucher ; (stronger) remanier ; [+ garment] retoucher ; (stronger) transformer ◆ **to alter one's plans** modifier or transformer ses projets ◆ **to alter one's attitude** changer d'attitude (to envers) ◆ **that alters the case** voilà qui est différent or qui change tout ◆ **to alter course** [ship] changer de cap or de route ◆ **to alter sth for the better** changer qch en mieux, améliorer qch ◆ **to alter sth for the worse** changer qch en mal, altérer qch
**2** (US = castrate) châtrer, castrer
**VI** changer ◆ **to alter for the better** [circumstances] s'améliorer ; [person, character] changer en mieux ◆ **to alter for the worse** [circumstances] empirer, s'aggraver ; [person, character] changer en mal

**alteration** /ˌɒltəˈreɪʃən/ SYN N **1** (= change) (to plan, rules etc) modification f, changement m ; (to behaviour, diet) changement m ◆ **to make alterations to existing arrangements** apporter des modifications aux dispositions existantes ◆ **an alteration in the rules** une modification des règlements ◆ **to make alterations to a garment/text/painting** retoucher un vêtement/texte/tableau ◆ **textual alterations** retouches fpl au texte ◆ **climatic alterations** changements mpl climatiques ◆ **to make alterations to a team** modifier une équipe ◆ **the alterations to the house** les transformations fpl apportées à la maison ◆ **they're having alterations made to their house** ils font faire des travaux ◆ **"closed for alterations"** (shop, building) « fermé pour travaux » ◆ **alteration of route** (on ship) (deliberate) changement m de route ; (involuntary) déroutement m
**2** (NonC = altering) [of structure, building] transformation f ; [of climate] changements mpl ; [of garment] retouches fpl ◆ **did you see any alteration in his behaviour?** avez-vous remarqué un changement dans son comportement ?
◆ **"times and programmes are subject to alteration"** « les horaires et les programmes peuvent être modifiés »

**altercation** /ˌɒltəˈkeɪʃən/ N (frm) altercation f ◆ **to have an altercation** se disputer, avoir une altercation

**alter ego** /ˌæltərˈiːgəʊ/ N alter ego m ◆ **he is my alter ego** c'est mon alter ego

**alternate** /ɒlˈtɜːnɪt/ SYN
**ADJ** **1** (= successive) [actions, periods, colours] alterné ◆ **cover with alternate slices of tomato and mozzarella** recouvrir en alternant tranches de tomate et de mozzarella ◆ **a week of alternate rain and sunshine** une semaine où la pluie et le beau temps ont alterné
**2** (= every second) ◆ **on alternate days** un jour sur deux ◆ **he works on alternate days** il travaille un jour sur deux ◆ **they work on alternate days** (taking turns) ils travaillent un jour sur deux, à tour de rôle ◆ **to take alternate weeks off** être en congé une semaine sur deux ◆ **he lives alternate months in Brussels and London** il habite un mois à Bruxelles, un mois à Londres ◆ **to read alternate lines** lire une ligne sur deux
**3** (US) ⇒ **alternative** adj
**4** (Bot, Math) alterne
**5** (Poetry) ◆ **alternate rhymes** rimes fpl alternées or croisées
**N** (US) remplaçant(e) m(f), suppléant(e) m(f)
**VT** /ˈɒltɜːneɪt/ faire alterner, employer alternativement or tour à tour ◆ **to alternate crops** alterner les cultures, pratiquer l'assolement

**VI** **1** (= occur etc in turns) alterner (with avec), se succéder (tour à tour)
**2** ◆ **to alternate between French and English** passer du français à l'anglais (et vice versa) ◆ **he alternates between aggression and indifference** il passe de l'agressivité à l'indifférence ◆ **in the desert the temperature alternates between boiling and freezing** dans le désert la température est tantôt torride, tantôt glaciale
**3** (= interchange regularly) se relayer, travailler (or jouer etc) en alternance
**4** (Elec) changer périodiquement de sens

**alternately** /ɒlˈtɜːnɪtlɪ/ ADV tour à tour ◆ **he would alternately bully and charm people** il se montrait tour à tour tyrannique et charmant, il se montrait tantôt tyrannique, tantôt charmant ◆ **she became alternately angry and calm** elle passait de la colère au calme, et du calme à la colère ◆ **I lived alternately with my mother and my grandmother** je vivais tantôt avec ma mère, tantôt avec ma grand-mère

**alternating** /ˈɒltəneɪtɪŋ/ ADJ alternant, en alternance ; [movement] alternatif ◆ **alternating series** (Math) série f alternée ◆ **alternating current** (Elec) courant m alternatif

**alternation** /ˌɒltəˈneɪʃən/ N alternance f ; [of emotions etc] alternatives fpl

**alternative** /ɒlˈtɜːnətɪv/ SYN
**ADJ** **1** (gen) autre ; (Philos) [proposition] alternatif ; (Mil) [position] de repli ; (Tech) de rechange ◆ **people will be offered alternative employment where possible** d'autres emplois seront proposés lorsque cela sera possible ◆ **alternative proposal** contre-proposition f ◆ **the only alternative method** la seule méthode de rechange ◆ **alternative route** (for drivers) itinéraire m de délestage ◆ **Alternative Vote** vote m alternatif
**2** (= non-traditional) parallèle, alternatif ; [lifestyle] alternatif, différent ◆ **alternative school** (US) école privée ayant adopté des méthodes nouvelles ◆ **alternative education** (US) enseignement privé basé sur des méthodes nouvelles ◆ **alternative comedian** nouveau comique m ◆ **alternative comedy** nouvelle comédie f ◆ **alternative (sources of) energy** (sources fpl d') énergie f de substitution
**N** (= choice) (between two) alternative f, choix m ; (among several) choix m ; (= solution) (only one) alternative f, seule autre solution f ; (one of several) autre solution f, solution f de rechange ; (Philos) terme m d'une alternative or d'un dilemme ◆ **she had no alternative but to accept** elle n'avait pas d'autre solution que d'accepter, elle a été obligée d'accepter ◆ **there's no alternative** il n'y a pas le choix
**COMP** **alternative medicine** N médecine f alternative or douce
**alternative technology** N les technologies fpl douces

**alternatively** /ɒlˈtɜːnətɪvlɪ/ SYN ADV autrement

**alternator** /ˈɒltəneɪtəʳ/ N (Brit Elec) alternateur m

**althaea** /ælˈθiːə/ N (= plant) althæa f

**although** /ɔːlˈðəʊ/ LANGUAGE IN USE 26.3 SYN CONJ
**1** bien que + subj, quoique + subj ◆ **although it's raining there are 20 people here already** bien qu'il pleuve or malgré la pluie, il y a déjà 20 personnes ◆ **I'll do it, although I don't want to** je vais le faire bien que je n'en aie pas envie or même si je n'en ai pas envie ◆ **although poor they were honest** ils étaient pauvres mais honnêtes, bien que pauvres, ils étaient honnêtes ◆ **although young he knew that...** bien qu'il fût jeune, il savait que..., malgré sa jeunesse il savait que... ◆ **although he might agree to go** quand bien même il accepterait d'y aller, même s'il accepte d'y aller ◆ **the room, although small, was quite comfortable** la pièce était confortable, bien que petite
**2** (= but) mais ◆ **I don't think this is going to work, although it's worth a try** je ne pense pas que ça va marcher, mais ça vaut la peine d'essayer

**altimeter** /ˈæltɪmiːtəʳ/ N altimètre m

**altimetry** /ælˈtɪmɪtrɪ/ N altimétrie f

**altitude** /ˈæltɪtjuːd/ SYN N (= height above sea level) altitude f ; [of building] hauteur f ◆ **altitudes** (gen pl = high place) hauteur(s) f(pl), altitude f ◆ **it is difficult to breathe at these altitudes** or **at this altitude** il est difficile de respirer à cette altitude ◆ **altitude sickness** mal m d'altitude or des montagnes

**alto** /ˈæltəʊ/
**N** **1** (female voice) contralto m ; (male voice) haute-contre f
**2** (= instrument) alto m
**ADJ** (female) de contralto ; (male) de haute-contre ; (instrument) d'alto ◆ **alto clef** clef f d'ut ◆ **alto saxophone/flute** saxophone m/flûte f alto

**altocumulus** /ˌæltəʊˈkjuːmjʊləs/ N (pl **altocumuli** /ˌæltəʊˈkjuːmjʊlaɪ/) (= cloud) altocumulus m

**altogether** /ˌɔːltəˈgeðəʳ/ SYN
**ADV** **1** (= completely) [stop, disappear] complètement ; [different] tout à fait ◆ **that's another matter altogether** c'est une tout autre affaire ◆ **it is altogether out of the question** il n'en est absolument pas question ◆ **you don't believe him? – no, not altogether** vous ne le croyez pas ? – non, pas vraiment ◆ **such methods are not altogether satisfactory** de telles méthodes ne sont pas vraiment satisfaisantes ◆ **I'm not altogether happy about this** je n'en suis pas vraiment satisfait
**2** (= in all) en tout ◆ **what do I owe you altogether?** je vous dois combien en tout ?, combien vous dois-je au total ? ◆ **altogether, he played in 44 test matches** en tout, il a joué dans 44 matchs internationaux ◆ **taken altogether** à tout prendre ◆ **altogether, it wasn't very pleasant** ce n'était somme toute pas très agréable
**N** (hum) ◆ **in the altogether*** tout nu, en costume d'Adam (or d'Ève)*

**altoist** /ˈæltəʊɪst/ N (Mus) saxophoniste mf alto

**altostratus** /ˌæltəʊˈstreɪtəs/ N (pl **altostrati** /ˌæltəʊˈstreɪtaɪ/) (= cloud) altostratus m

**altruism** /ˈæltruɪzəm/ N altruisme m

**altruist** /ˈæltruɪst/ N altruiste mf

**altruistic** /ˌæltrʊˈɪstɪk/ ADJ altruiste

**altruistically** /ˌæltruːˈɪstɪkəlɪ/ ADV par altruisme

**ALU** /ˌeɪelˈjuː/ N (Comput) (abbrev of **arithmetical logic unit**) UAL f

**alum** /ˈæləm/ N alun m

**alumina** /əˈluːmɪnə/ N alumine f

**aluminiferous** /əˌluːmɪˈnɪfərəs/ ADJ alumineux

**aluminium** (Brit) /ˌæljʊˈmɪnɪəm/, **aluminum** (US) /əˈluːmɪnəm/
**N** aluminium m
**COMP** [pot, pan etc] en aluminium
**aluminium bronze** N bronze m d'aluminium
**aluminium foil** N papier m aluminium
**aluminium oxide** N oxyde m d'aluminium

**aluminize** /əˈluːmɪnaɪz/ VT (Tech) aluminer

**aluminothermy** /əˌluːmɪnəʊˈθɜːmɪ/ N aluminothermie f

**alumna** /əˈlʌmnə/ N (pl **alumnae** /əˈlʌmniː/) (US) (Scol) ancienne élève f ; (Univ) ancienne étudiante f

**alumnus** /əˈlʌmnəs/ N (pl **alumni** /əˈlʌmnaɪ/) (US) (Scol) ancien élève m ; (Univ) ancien étudiant m

**alunite** /ˈæljʊnaɪt/ N alunite f

**alveolar** /ælˈvɪələʳ/ ADJ alvéolaire ◆ **alveolar ridge** alvéoles fpl dentaires

**alveolus** /ælˈvɪələs/ N (pl **alveoli** /ælˈvɪəlaɪ/) alvéole f

**always** /ˈɔːlweɪz/ SYN
**ADV** toujours ◆ **he's always late** il est toujours en retard ◆ **I'll always love you** je t'aimerai toujours ◆ **I can always come back later** je peux toujours revenir plus tard ◆ **there's always tomorrow** demain, il fera jour ◆ **office always open** bureau m ouvert en permanence
◆ **as always** comme toujours
**COMP** **always-on** ADJ [Internet connection] permanent

**alyssum** /ˈælɪsəm/ N (= plant) alysse f

**Alzheimer's (disease)** /ˈæltshaɪməz(dɪˌziːz)/ N maladie f d'Alzheimer

**AM** /eɪˈem/ **1** (abbrev of **amplitude modulation**) AM ; → **modulation**
**2** (Brit) abbrev of **Assembly Member**

**am¹** /æm/ → **be**

**am²** /eɪˈem/ ADV (abbrev of **ante meridiem**) du matin

**AMA** /ˌeɪemˈeɪ/ N abbrev of **American Medical Association**

**amalgam** /əˈmælgəm/ N amalgame m (of de, entre)

**amalgamate** /əˈmælɡəmeɪt/ SYN
  **VT** [+ metals] amalgamer ; [+ companies, shares] (faire) fusionner, unifier
  **VI** [metals] s'amalgamer ; [companies] fusionner, s'unifier ; [ethnic groups] se mélanger

**amalgamation** /əˌmælɡəˈmeɪʃən/ SYN **N** [of organizations, businesses, schools] fusion f (into sth en qch) ; [of regiments] amalgame m ; [of legal systems] unification f ; [of genres, concepts] mélange m ; [of metals] amalgamation f ◆ **the amalgamation of our regiment with...** l'amalgame or le regroupement de notre régiment avec...

**amanuensis** /əˌmænjʊˈensɪs/ **N** (pl **amanuenses** /əˌmænjʊˈensiːz/) (= secretary, assistant) secrétaire mf ; (= copyist) copiste mf

**amaretto** /ˌæməˈretəʊ/ **N** (Culin) amaretto m

**amaryllis** /ˌæməˈrɪlɪs/ **N** amaryllis f

**amass** /əˈmæs/ SYN **VT** [+ objects] amasser, accumuler ; [+ fortune] amasser

**amateur** /ˈæmətəʳ/
  **N** (also Sport) amateur m
  **COMP** [painter, sports, player] amateur inv ; [photography etc] d'amateur
  **amateur dramatics** NPL théâtre m amateur
  **amateur interest N** ◆ **to have an amateur interest in sth** s'intéresser à qch en amateur
  **amateur status N** statut m d'amateur

**amateurish** /ˈæmətərɪʃ/ SYN **ADJ** (pej) d'amateur, de dilettante ◆ **the acting was rather amateurish** le jeu des acteurs n'était pas très professionnel

**amateurishly** /ˈæmətərɪʃlɪ/ **ADV** (pej) en amateur

**amateurishness** /ˈæmətərɪʃnɪs/ **N** (pej) amateurisme m, dilettantisme m

**amateurism** /ˈæmətərɪzəm/ **N** amateurisme m (also pej), dilettantisme m

**amatory** /ˈæmətərɪ/ **ADJ** (frm, liter) [feelings] amoureux ; [poetry] galant ; [letter] d'amour

**amaurosis** /ˌæmɔːˈrəʊsɪs/ **N** amaurose f

**amaze** /əˈmeɪz/ SYN **VT** stupéfier, ébahir ◆ **you amaze me!** (iro) pas possible !

**amazed** /əˈmeɪzd/ **ADJ** [person, glance, expression] stupéfait, ébahi ◆ **to be amazed at (seeing) sth** être stupéfait de (voir) qch ◆ **I'd be amazed** ça m'étonnerait

**amazement** /əˈmeɪzmənt/ SYN **N** stupéfaction f ◆ **she listened in amazement** elle écoutait, stupéfaite

**amazing** /əˈmeɪzɪŋ/ **ADJ** incroyable, étonnant ◆ **it's amazing!** c'est incroyable !, ça alors ! ◆ **"amazing new offer"** (Comm) « offre sensationnelle »

**amazingly** /əˈmeɪzɪŋlɪ/ **ADV** étonnamment ◆ **she coped amazingly (well)** elle s'en est étonnamment bien tirée ◆ **amazingly (enough), he got it right first time** chose étonnante, il a réussi du premier coup

**Amazon** /ˈæməzən/ **N** 1 (= river) Amazone f ◆ **the Amazon Basin** le bassin amazonien or de l'Amazone ◆ **the Amazon jungle/rainforest** la jungle/la forêt amazonienne
  2 (Myth) Amazone f ; (pej) virago f, grande bonne femme f

**Amazonia** /ˌæməˈzəʊnɪə/ **N** (Geog) Amazonie f

**Amazonian** /ˌæməˈzəʊnɪən/ **ADJ** (Geog) amazonien

**ambassador** /æmˈbæsədəʳ/ SYN **N** (lit, fig) ambassadeur m ◆ **the French ambassador (to Italy)** l'ambassadeur m de France (en Italie) ◆ **ambassador-at-large** ambassadeur m extraordinaire ◆ **try to be an ambassador for the school** essayez de vous montrer digne de or d'être un bon ambassadeur de votre école

**ambassadorial** /æmˌbæsəˈdɔːrɪəl/ **ADJ** d'ambassadeur, de l'ambassadeur

**ambassadorship** /æmˈbæsədəʃɪp/ **N** fonction f d'ambassadeur, ambassade f

**ambassadress** † /æmˈbæsɪdrɪs/ **N** (lit, fig) ambassadrice † f

**amber** /ˈæmbəʳ/
  **N** ambre m
  **ADJ** [jewellery] d'ambre ◆ **amber-coloured** ambré ◆ **amber light** (Brit) [of traffic lights] feu m orange ◆ **the lights are at amber** les feux sont à l'orange ◆ **the scheme has been given an amber light** ce projet a reçu un feu vert provisoire
  **COMP** **amber nectar N** (hum) bière f

**ambergris** /ˈæmbəɡriːs/ **N** ambre m gris

**amberjack** /ˈæmbədʒæk/ **N** (= fish) sériole f

**ambi...** /ˈæmbɪ/ **PREF** ambi...

**ambiance** /ˈæmbɪəns/ **N** ⇒ **ambience**

**ambidextrous** /ˌæmbɪˈdekstrəs/ **ADJ** ambidextre

**ambience** /ˈæmbɪəns/ **N** ambiance f, atmosphère f

**ambient** /ˈæmbɪənt/
  **ADJ** [temperature, noise, humidity] ambiant
  **N** (Phot) lumière f d'ambiance
  **COMP** **ambient music N** musique f d'ambiance

**ambiguity** /ˌæmbɪˈɡjuːɪtɪ/ SYN **N** 1 (NonC) [of word, phrase] ambiguïté f (also Ling), équivoque f ; (in thought, speech = lack of clarity) ambiguïté f, obscurité f
  2 (= ambiguous phrase etc) ambiguïté f, expression f ambiguë

**ambiguous** /æmˈbɪɡjʊəs/ SYN **ADJ** [word, phrase] ambigu (-guë f) (also Ling), équivoque ; [thought] obscur ; [past] douteux, équivoque

**ambiguously** /æmˈbɪɡjʊəslɪ/ **ADV** [say, describe] de façon ambiguë ◆ **ambiguously worded** exprimé en termes ambigus

**ambiophony** /ˌæmbɪˈɒfənɪ/ **N** ambiophonie f

**ambisexual** /ˌæmbɪˈseksjʊəl/ **ADJ** (Bio) ambisexué

**ambit** /ˈæmbɪt/ **N** [of person] sphère f d'attributions, compétence f ; [of authority etc] étendue f, portée f

**ambition** /æmˈbɪʃən/ SYN **N** ambition f ◆ **it is my ambition to...** mon ambition est de..., j'ai l'ambition de...

**ambitious** /æmˈbɪʃəs/ SYN **ADJ** ambitieux ◆ **to be ambitious to do sth** ambitionner de faire qch ◆ **to be ambitious for sb** avoir de l'ambition pour qn ◆ **my father was very ambitious for me to set up my own business** mon père avait beaucoup d'ambition pour moi et voulait que je monte ma propre affaire ◆ **to be ambitious for** or **of** (frm) **sth** ambitionner qch

**ambitiously** /æmˈbɪʃəslɪ/ **ADV** ambitieusement

**ambivalence** /æmˈbɪvələns/ **N** ambivalence f

**ambivalent** /æmˈbɪvələnt/ **ADJ** ambivalent

**amble** /ˈæmbl/ SYN
  **VI** 1 [person] aller or marcher d'un pas tranquille ◆ **to amble in/out** etc entrer/sortir etc d'un pas tranquille ◆ **to amble along** [person] aller sans se presser ◆ **he ambled up to me** il s'est avancé vers moi sans se presser
  2 [horse] aller l'amble, ambler
  **N** 1 [of person] pas m or allure f tranquille
  2 [of horse] amble m

**amblyopia** /ˌæmblɪˈəʊpɪə/ **N** (Med) amblyopie f

**ambrosia** /æmˈbrəʊzɪə/ **N** ambroisie f

**ambrosial** /æmˈbrəʊzɪəl/ **ADJ** (au parfum or au goût) d'ambroisie

**ambulacrum** /ˌæmbjʊˈleɪkrəm/ **N** ambulacre m

**ambulance** /ˈæmbjʊləns/
  **N** ambulance f ; → **flying**
  **COMP** **ambulance chaser*** **N** (pej) avocat qui encourage les victimes d'accidents à engager des poursuites
  **ambulance driver N** ambulancier m, -ière f
  **ambulance man N** (pl **ambulance men**) (= driver) ambulancier m ; (= nurse) infirmier m (d'ambulance) ; (carrying stretcher) brancardier m
  **ambulance nurse N** infirmier m, -ière f (d'ambulance)
  **ambulance train N** train m sanitaire
  **ambulance woman N** ambulancière f
  **ambulance workers** NPL ambulanciers mpl

▸ **AMBULANCE CHASER**
    Aux États-Unis, le « chasseur d'ambulances » est un avocat peu scrupuleux qui incite les victimes d'accidents à engager des poursuites afin d'obtenir des dommages et intérêts, sur lesquels il touchera une commission. Par extension, l'expression désigne quiconque cherche à tirer profit du malheur des autres.

**ambulant** /ˈæmbjʊlənt/ **ADJ** ambulant ; (Med) ambulatoire

**ambulate** /ˈæmbjʊleɪt/ **VI** déambuler

**ambulation** /ˌæmbjʊˈleɪʃən/ **N** déambulation f

**ambulatory** /ˈæmbjʊləteərɪ/ **ADJ** (US Med) ambulatoire ◆ **ambulatory patient/care** malade mf/traitement m ambulatoire

**ambuscade** /ˌæmbəˈskeɪd/
  **N** embuscade f, guet-apens m

  **VT** (= wait for) tendre une embuscade à ; (= attack) faire tomber dans une embuscade

**ambush** /ˈæmbʊʃ/ SYN
  **N** embuscade f, guet-apens m ◆ **troops in ambush** troupes fpl embusquées ◆ **to be** or **lie in ambush** se tenir en embuscade ◆ **to be** or **lie in ambush for sb** tendre une embuscade à qn ; → **fall**
  **VT** (= wait for) tendre une embuscade à ; (= attack) faire tomber dans une embuscade

**am-dram** /ˈæmdræm/ **N** (abbrev of **amateur dramatics**) théâtre m amateur

**ameba** /əˈmiːbə/ **N** ⇒ **amoeba**

**ameliorate** /əˈmiːlɪəreɪt/
  **VT** améliorer
  **VI** s'améliorer

**amelioration** /əˌmiːlɪəˈreɪʃən/ **N** amélioration f

**amen** /ˈɑːmen/
  **EXCL** (Rel) amen, ainsi soit-il ◆ **amen to that!** tout à fait !
  **N** amen m inv ◆ **to say amen to...**, **to give one's amen to...** (Rel, fig) dire amen à...

**amenable** /əˈmiːnəbl/ SYN **ADJ** 1 (= answerable) [person] responsable (to sb envers qn ; for sth de qch) ◆ **amenable to the law** responsable devant la loi
  2 (= tractable, responsive) [person] maniable, souple ◆ **he is amenable to argument** c'est un homme qui est prêt à se laisser convaincre ◆ **amenable to discipline** disciplinable ◆ **amenable to kindness** sensible à la douceur ◆ **amenable to reason** raisonnable, disposé à entendre raison
  3 ◆ **amenable to** (= within the scope of) qui relève de, du ressort de

**amend** /əˈmend/ SYN
  **VT** [+ rule] amender, modifier ; (Parl) amender ; [+ wording] modifier ; [+ mistake] rectifier, corriger ; [+ habits] réformer
  **VI** s'amender

**amendable** /əˈmendəbl/ **ADJ** amendable

**amendment** /əˈmendmənt/ SYN **N** 1 (to rule, law, constitution) amendement m (to sth à qch) ◆ **to table an amendment** présenter un amendement ; → **first**
  2 (to contract) avenant m (to sth à qch)
  3 (to letter, script, text) modification f
  4 (NonC = changing) [of rule, law] révision f ; [of behaviour] amélioration f ; [of mistake] rectification f

**amends** /əˈmendz/ SYN NPL ◆ **to make amends** (= apologize) faire amende honorable ; (by doing sth) se racheter ◆ **to make amends to sb for sth** dédommager qn de qch, faire réparation à qn de qch ◆ **to make amends for an injury** (with money) compenser un dommage ; (with kindness) réparer un tort ◆ **I'll try to make amends** j'essaierai de me racheter

**amenity** /əˈmiːnɪtɪ/ SYN
  **N** 1 (gen pl) ◆ **amenities** (= pleasant features) agréments mpl ; (= facilities) aménagements mpl , équipements mpl (locaux) ◆ **public amenities** (Jur) équipements mpl collectifs ◆ **houses lacking the most basic amenities** des maisons sans le moindre confort ◆ **hotels with modern amenities** des hôtels avec tout le confort moderne ◆ **social amenities such as a day nursery** des équipements sociaux, tels que les crèches de jour ◆ **local amenities will include shops and offices** les équipements locaux comprendront des magasins et des bureaux
  2 (NonC = pleasantness) [of district, climate, situation] charme m, agrément m
  NPL **amenities** † (= courtesies) civilités fpl, politesses fpl
  **COMP** **amenity bed N** (Brit Med) lit d'hôpital réservé aux malades qui paient un supplément
  **amenity society N** (Brit) association f pour la sauvegarde de l'environnement

**Amenophis** /əˈmenəʊfɪs/ **N** (Myth) Aménophis m

**amenorrhoea**, **amenorrhea** (US) /ˌeɪmenəˈrɪə/ **N** aménorrhée f

**Amen-Ra** /ˌɑːmənˈrɑː/ **N** (Myth) Amon-Rê m

**Amerasian** /ˌæməˈreɪʒən/
  **ADJ** amérasien
  **N** Amérasien(ne) m(f)

**America** /əˈmerɪkə/ **N** Amérique f ◆ **the Americas** les Amériques fpl ; → **north**, **united**

**American** /əˈmerɪkən/
**ADJ** américain ; [*ambassador, embassy*] des États-Unis, américain ◆ **as American as apple pie** typiquement américain
**N** 1 (= *person*) Américain(e) m(f)
2 (* = *American English*) américain m ◆ **what's that in good** or **plain American?** (*US*) ≈ ça veut dire quoi en bon français ?
**COMP** **American catfish N** poisson-chat m américain
**American cheese N** (*US*) cheddar m américain
**the American Civil War N** la guerre de Sécession
**the American Dream N** le rêve américain
**American English N** anglais m américain
**American football N** football m américain
**American Indian N** Indien(ne) m(f) d'Amérique **ADJ** des Indiens d'Amérique
**American Legion N** (*US*) organisme d'aide aux anciens combattants → LEGION
**American mustard N** (*Culin*) moutarde f américaine
**American plan N** (*US : in hotels*) (chambre f avec) pension f complète
**American Standards Association N** association f américaine de normalisation

※ **AMERICAN DREAM**
Pour beaucoup d'Américains, le « rêve américain » désigne un ensemble de valeurs et de principes inscrits dans la déclaration d'Indépendance de 1776 et qui définissent globalement une certaine conception de la vie : individualisme, ardeur au travail, égalité des chances pour tous, justice et liberté universelles. L'expression est parfois utilisée par dérision pour dénoncer le contraste entre ces idéaux et le matérialisme qui caractérise certains aspects de la vie américaine contemporaine.

**Americana** /əˌmerɪˈkɑːnə/ **N** (*NonC*) objets ou documents appartenant à l'héritage culturel américain
**americanism** /əˈmerɪkənɪzəm/ **N** américanisme m
**Americanization** /əˌmerɪkənaɪˈzeɪʃən/ **N** américanisation f
**Americanize** /əˈmerɪkənaɪz/ **VT** américaniser
**Americanized** /əˈmerɪkənaɪzd/ **ADJ** américanisé ◆ **to become Americanized** s'américaniser
**americium** /ˌæməˈrɪsɪəm/ **N** américium m
**Amerind** /ˈæmərɪnd/ **N** 1 Indien(ne) m(f) d'Amérique
2 (= *language*) langue f amérindienne
**Amerindian** /ˌæməˈrɪndɪən/
**ADJ** amérindien(ne)
**N** Amérindien(ne) m(f)
**amethyst** /ˈæmɪθɪst/
**N** améthyste f
**COMP** [*jewellery*] d'améthyste ; [*colour*] violet d'améthyste *inv*
**ametropia** /ˌæmɪˈtrəʊpɪə/ **N** amétropie f
**Amex** /ˈæmeks/ **N** 1 ® (*US*) (abbrev of **American Express**) American Express® f ◆ **Amex card** carte f American Express®
2 (*US*) (abbrev of **American Stock Exchange**) Amex f (*deuxième bourse américaine*)
**amiability** /ˌeɪmɪəˈbɪlɪtɪ/ **N** amabilité f, gentillesse f (*to, towards* envers)
**amiable** /ˈeɪmɪəbl/ **SYN ADJ** aimable, gentil
**amiably** /ˈeɪmɪəblɪ/ **ADV** [*chat*] gentiment ; [*say, reply*] aimablement ; [*nod, grin*] avec amabilité
**amianthus** /ˌæmɪˈænθəs/ **N** amiante m
**amicable** /ˈæmɪkəbl/ **SYN ADJ** [*feeling*] amical ; [*relationship*] amical, d'amitié ◆ **amicable settlement** (*Jur*) arrangement m à l'amiable
**amicably** /ˈæmɪkəblɪ/ **ADV** amicalement ; (*Jur*) à l'amiable
**amid(st)** /əˈmɪd(st)/ **PREP** [+ *shouts, trees*] au milieu de ◆ **he was forced to resign amid allegations of corruption** il a été forcé de démissionner à la suite d'accusations de corruption ◆ **... amidst reports of fresh rioting** ... tandis que l'on signale de nouvelles émeutes
**amide** /ˈæmaɪd/ **N** amide m
**amidships** /əˈmɪdʃɪps/ **ADV** (*Naut*) au milieu ou par le milieu du navire
**amidst** /əˈmɪdst/ **PREP** ⇒ **amid**
**amine** /əˈmiːn/ **N** amine f
**amino acid** /əˈmiːnəʊˈæsɪd/ **N** acide m aminé

**amino resin N** résine f aminique
**Amish** /ˈɑːmɪʃ/
**NPL** ◆ **the Amish** les Amish mpl
**ADJ** Amish *inv* ◆ **an Amish man/woman** un/une Amish
**amiss** /əˈmɪs/ **SYN**
**ADJ** ◆ **there is something amiss** il y a quelque chose qui cloche ◆ **have I said/done something amiss?** j'ai dit/fait quelque chose qu'il ne fallait pas ?
**ADV** 1 ◆ **to take sth amiss** (= *be offended*) mal prendre qch
2 * ◆ **a little politeness wouldn't go** or **come amiss** (= *would be welcome*) un peu de politesse ne ferait pas de mal ◆ **a drink wouldn't go amiss** un verre ne serait pas de refus
3 (= *unfavourably*) ◆ **to speak amiss of sb** dire du mal de qn
**amitosis** /ˌæmɪˈtəʊsɪs/ **N** (*Bio*) amitose f
**amitotic** /ˌæmɪˈtɒtɪk/ **ADJ** (*Bio*) amitotique
**amity** /ˈæmɪtɪ/ **N** (*frm*) amitié f
**Amman** /əˈmɑːn/ **N** Amman
**ammeter** /ˈæmɪtər/ **N** ampèremètre m
**ammo** * /ˈæməʊ/ **N** abbrev of **ammunition**
**ammonal** /ˈæmənl/ **N** ammonal m
**ammonia** /əˈməʊnɪə/ **N** (gaz m) ammoniac m ; (= *liquid*) ammoniaque f ; → **household, liquid**
**ammoniate** /əˈməʊnɪeɪt/ **VT** (*Chem*) mélanger ou traiter avec de l'ammoniaque
**ammoniation** /əˌməʊnɪˈeɪʃən/ **N** (*Chem*) ammoniation f
**ammonify** /əˈmɒnɪfaɪ/ **VT** (*Chem*) traiter ou imprégner avec de l'ammoniaque
**ammonite** /ˈæmənaɪt/ **N** (*Geol*) ammonite f
**ammonium** /əˈməʊnɪəm/
**N** ammonium m
**COMP** **ammonium chloride N** chlorure m d'ammonium
**ammunition** /ˌæmjʊˈnɪʃən/ **SYN**
**N** munitions fpl ◆ **round of ammunition** cartouche f ◆ **this has given ammunition to their critics** cela a donné des armes à leurs détracteurs
**COMP** **ammunition belt N** ceinturon m
**ammunition dump N** dépôt m de munitions
**ammunition pouch N** cartouchière f
**amnesia** /æmˈniːzɪə/ **N** amnésie f
**amnesiac** /æmˈniːzɪæk/ **ADJ** amnésique
**amnesty** /ˈæmnɪstɪ/ **SYN**
**N** amnistie f ◆ **under an amnesty** en vertu d'une amnistie
**VT** amnistier
**COMP** **Amnesty International N** Amnesty International
**amnia** /ˈæmnɪə/ **NPL** of **amnion**
**amniocentesis** /ˌæmnɪəʊsænˈtiːsɪs/ **N** (pl **amnioceteses** /ˌæmnɪəʊsænˈtiːsiːz/) amniocentèse f
**amnion** /ˈæmnɪən/ **N** (pl **amnions** or **amnia**) (*Anat*) amnios m
**amniotic** /ˌæmnɪˈɒtɪk/ **ADJ** (*Anat*) amniotique ◆ **amniotic fluid/cavity** liquide m/cavité f amniotique ◆ **amniotic sac** poche f des eaux
**amoeba** /əˈmiːbə/ (pl **amoebas, amoebæ** /əˈmiːbiː/) **N** amibe f
**amoebiasis** /ˌæmɪˈbaɪəsɪs/ **N** (*Bio*) amibiase f
**amoebic** /əˈmiːbɪk/ **ADJ** amibien ◆ **amoebic dysentery** dysenterie f amibienne
**amok** /əˈmɒk/ **SYN ADV** ◆ **to run amok** (= *lose self-control*) [*person*] perdre tout contrôle de soi-même ; [*crowd, imagination, emotions*] se déchaîner ; (= *go on killing spree*) être pris d'un accès de folie meurtrière ◆ **the dog ran amok in the sheep field** le chien s'est déchaîné dans le pré des moutons ◆ **this is an example of political correctness run amok** c'est un exemple des excès du politiquement correct
**among(st)** /əˈmʌŋ(st)/ **PREP** parmi, entre ◆ **among(st) the crowd** parmi la foule ◆ **among(st) the various things he gave me, there was...** parmi les diverses choses qu'il m'a données, il y avait... ◆ **to count sb among(st) one's friends** compter qn parmi ses amis ◆ **to be sitting among(st) the audience** être assis au milieu des or parmi les spectateurs ◆ **divide the chocolates among(st) you** partagez-vous les chocolats ◆ **settle it among(st) yourselves** arrangez cela entre vous ◆ **don't quarrel among(st) yourselves** ne vous disputez pas, pas de disputes entre vous ◆ **to be among(st) friends** être entre amis ◆ **among(st) others, among(st) other things** entre autres (choses) ◆ **this is among(st) the things we must do** ceci fait partie des choses que nous avons à faire ◆ **he is among(st) those who know** il est de ces gens qui savent, il fait partie de ceux qui savent ◆ **among(st) the French** chez les Français
**amontillado** /əˌmɒntɪˈlɑːdəʊ/ **N** (*Culin*) amontillado m
**amoral** /eɪˈmɒrəl/ **ADJ** amoral
**amorality** /ˌeɪməˈrælɪtɪ/ **N** amoralité f
**amoroso** /ˌæməˈrəʊsəʊ/
**ADV** (*Mus*) amoroso
**N** (= *sherry*) genre de xérès très doux
**amorous** /ˈæmərəs/ **SYN ADJ** amoureux ◆ **to make amorous advances to** faire des avances à (*connotations sexuelles*)
**amorously** /ˈæmərəslɪ/ **ADV** amoureusement
**amorphous** /əˈmɔːfəs/ **ADJ** (*also Miner*) amorphe ; (*fig*) [*personality*] amorphe ; [*style, ideas*] informe, sans forme
**amortization** /əˌmɔːtaɪˈzeɪʃən/ **N** amortissement m
**amortize** /əˈmɔːtaɪz/
**VT** [+ *debt*] amortir
**COMP** **amortized mortgage loan N** prêt m hypothécaire à remboursements périodiques
**amortizement** /əˈmɔːtɪzmənt/ **N** ⇒ **amortization**
**amount** /əˈmaʊnt/ **LANGUAGE IN USE 5.3 SYN N**
1 (= *total*) montant m, total m ; (= *sum of money*) somme f ◆ **the amount of a bill** le montant d'une facture ◆ **to** or **in the amount of** (*Fin, Comm*) à concurrence de ◆ **debts to the amount of $200** dettes fpl qui se montent à 200 dollars
2 (= *quantity*) quantité f ◆ **I have an enormous amount of work** j'ai énormément de travail ◆ **quite an amount of...** beaucoup de... ◆ **any amount of...** quantité de..., énormément de... ◆ **she's got any amount of friends** elle a énormément or des quantités d'amis ◆ **I've got any amount of time** j'ai tout le temps qu'il (me) faut, j'ai tout mon temps
3 (*NonC* = *value, importance*) importance f, signification f ◆ **the information is of little amount** ce renseignement n'a pas grande importance
▶ **amount to VT FUS** 1 (*Math etc*) [*sums, figures, debts*] s'élever à, se monter à
2 (= *be equivalent to*) équivaloir à ◆ **it amounts to the same thing** cela revient au même ◆ **it amounts to stealing** cela revient or équivaut à du vol ◆ **it amounts to a change in policy** cela représente un changement de politique ◆ **he will never amount to much** il ne fera jamais grand-chose ◆ **one day he will amount to something** un jour il sera quelqu'un
**amour** † /əˈmʊər/ **N** intrigue f amoureuse †, liaison f
**amour-propre** /ˌæmʊəˈprɒprə/ **N** amour-propre m
**amp** /æmp/ **N** 1 (*also* **ampere**) ampère m ◆ **a 13-amp plug** une prise de 13 ampères
2 * (abbrev of **amplifier**) ampli * m
3 abbrev of **ampoule**
**ampelopsis** /ˌæmpɪˈlɒpsɪs/ **N** ampélopsis m
**amperage** /ˈæmpərɪdʒ/ **N** ampérage m
**ampere** /ˈæmpeər/
**N** ampère m
**COMP** **ampere-hour N** ampère-heure m
**ampersand** /ˈæmpəsænd/ **N** esperluette f
**amphetamine** /æmˈfetəmiːn/ **N** amphétamine f
**amphiarthrosis** /ˌæmfɪɑːˈθrəʊsɪs/ **N** amphiarthrose f
**amphibia** /æmˈfɪbɪə/ **NPL** amphibiens mpl
**amphibian** /æmˈfɪbɪən/
**ADJ** [*animal, vehicle, tank*] amphibie
**N** 1 (= *animal*) amphibie m
2 (*Mil*) (= *tank*) char m amphibie ; (= *car*) voiture f amphibie ; (= *aircraft*) avion m amphibie
**amphibious** /æmˈfɪbɪəs/ **ADJ** [*animal, vehicle*] amphibie
**amphibole** /ˈæmfɪbəʊl/ **N** (*Miner*) amphibole f
**amphibology** /ˌæmfɪˈbɒlədʒɪ/ **N** amphibologie f
**amphimixis** /ˌæmfɪˈmɪksɪs/ **N** (pl **amphimixes** /ˌæmfɪˈmɪksiːz/) (*Bio*) amphimixie f

**amphioxus** /ˌæmfɪˈɒksəs/ N (pl **amphioxi** or **amphioxuses**) amphioxus m

**amphiprotic** /ˌæmfɪˈprəʊtɪk/ ADJ amphotère

**amphisbaena** /ˌæmfɪsˈbiːnə/ N (Myth) amphisbène m

**amphitheatre** (Brit), **amphitheater** (US) /ˈæmfɪˌθɪətəʳ/ N (Hist, Theat, gen) amphithéâtre m ; (in mountains) cirque m

**amphora** /ˈæmfərə/ N (pl **amphoras** or **amphorae** /ˈæmfəˌriː/) amphore f

**amphoteric** /ˌæmfəˈterɪk/ ADJ amphotère

**ampicillin** /ˌæmpɪˈsɪlɪn/ N (Med) ampicilline f

**ample** /ˈæmpl/ SYN ADJ ① (= more than adequate) [space, amount, resources] amplement suffisant (for sb/sth pour qn/qch) ; [parking-space, money] largement assez de ◆ **to have ample evidence or proof that...** avoir des preuves solides que... ◆ **there are ample grounds for believing that...** on a tout lieu de croire que... ◆ **there is ample justification for his behaviour** son comportement est amplement justifié ◆ **to have ample means** avoir de gros moyens ◆ **there'll be ample opportunity to discuss it later** on aura largement or amplement l'occasion d'en discuter plus tard ◆ **to have ample opportunities to do sth** avoir plus d'une occasion de faire qch ◆ **to have ample reason to do sth** avoir de solides raisons de faire qch ◆ **there is ample room for sb/sth** il y a largement la place pour qn/qch ◆ **there is ample room for improvement** il y a encore bien du chemin or bien des progrès à faire ◆ **to have ample time (to do sth)** avoir largement or amplement le temps (de faire qch) ◆ **to make ample use of sth** largement utiliser qch ◆ **she was given ample warning** elle a été suffisamment prévenue

② (= large) [bosom, breasts] généreux ; [stomach] gros (grosse f) ; [waist] épais (épaisse f) ; [garment] ample ◆ **her ample cleavage** son décolleté planureux

**amplexicaul** /æmˈpleksɪˌkɔːl/ ADJ amplectif

**amplification** /ˌæmplɪfɪˈkeɪʃən/ N amplification f ◆ **amplification of previous evidence** (Jur) amplification f des offres de preuve

**amplifier** /ˈæmplɪfaɪəʳ/ N amplificateur m, ampli* m

**amplify** /ˈæmplɪfaɪ/ SYN VT [+ sound, movement, force] amplifier ; [+ instrument] amplifier le son de ; [+ statement, idea] développer ; [+ story] amplifier

**amplitude** /ˈæmplɪtjuːd/ N ① (Astron, Phys) amplitude f ; → **modulation**
② [of style, thought] ampleur f

**amply** /ˈæmplɪ/ SYN ADV largement, amplement ◆ **my patience was amply rewarded** ma patience a été largement or amplement récompensée

**ampoule** (Brit), **ampule** (US) /ˈæmpuːl/ N ampoule f (pour seringue)

**ampulla** /æmˈpʊlə/ N (pl **ampullae** /æmˈpʊliː/) (Anat) ampoule f

**amputate** /ˈæmpjʊteɪt/ SYN VT amputer ◆ **to amputate sb's arm/leg** amputer qn du bras/de la jambe

**amputation** /ˌæmpjʊˈteɪʃən/ N amputation f ◆ **to carry out the amputation of a limb** pratiquer l'amputation d'un membre

**amputee** /ˌæmpjʊˈtiː/ N amputé(e) m(f)

**Amsterdam** /ˈæmstədæm/ N Amsterdam

**Amtrak** /ˈæmtræk/ N (in US) société mixte de transports ferroviaires interurbains pour voyageurs

**amuck** /əˈmʌk/ SYN ADV ⇒ **amok**

**Amu Darya** /ˌɑːmʊˈdɑːrjə/ N (Geog) Amou-Daria m

**amulet** /ˈæmjʊlɪt/ N amulette f

**amuse** /əˈmjuːz/ SYN VT ① (= cause mirth to) amuser, divertir
② (= entertain, occupy) distraire, amuser ◆ **to amuse o.s. by doing sth** s'amuser à faire qch ◆ **to amuse o.s. with sth/sb** s'amuser avec qch/aux dépens de qn ◆ **you'll have to amuse yourselves** il va vous falloir trouver de quoi vous distraire or de quoi vous occuper

**amused** /əˈmjuːzd/ ADJ [person, look, smile, attitude] amusé ◆ **she seemed amused at my suggestion** ma suggestion a semblé l'amuser ◆ **I was amused to see/hear that...** ça m'a amusé de voir/d'entendre que... ◆ **to keep sb amused** distraire qn ◆ **to keep o.s. amused** se distraire,

s'occuper ◆ **we are not amused** (hum) nous ne trouvons pas cela drôle

**amusedly** /əˈmjuːzɪdlɪ/ ADV avec amusement, d'un air amusé

**amusement** /əˈmjuːzmənt/ N
① (NonC) amusement m, divertissement m ◆ **look of amusement** regard m amusé ◆ **to hide one's amusement** dissimuler son envie de rire ◆ **to do sth for amusement** faire qch pour se distraire ◆ **(much) to my amusement** à mon grand amusement ◆ **there was general amusement at this** ceci a fait rire tout le monde
② (= diversion, pastime) distraction f ◆ **amusements** (Brit: in arcade) jeux mpl d'arcade ◆ **a town with plenty of amusements** une ville qui offre beaucoup de distractions
COMP **amusement arcade** N (Brit) galerie f de jeux vidéo
**amusement park** N (esp Brit = fairground) parc m d'attractions

**amusing** /əˈmjuːzɪŋ/ SYN ADJ amusant, drôle

**amusingly** /əˈmjuːzɪŋlɪ/ ADV [talk, write] d'une manière amusante ◆ **the amusingly named Susan Swishtail** cette femme au nom amusant de Susan Swishtail

**amygdalin** /əˈmɪɡdəlɪn/ N amygdaline f

**amyl alcohol** /ˈæmɪlˌælkəhɒl/ N alcool m amylique

**amylase** /ˈæmɪleɪz/ N (Physiol) amylase f

**amyl nitrite** /ˌæmɪlˈnaɪtraɪt/ N nitrite m amylique

**amyotrophy** /ˌæmɪˈɒtrəfɪ/ N amyotrophie f

**an** /æn, ən, n/
INDEF ART → **a²**
CONJ †† si

**Anabaptism** /ˌænəˈbæptɪzəm/ N (Rel) anabaptisme m

**Anabaptist** /ˌænəˈbæptɪst/ N, ADJ anabaptiste mf

**anabatic** /ˌænəˈbætɪk/ ADJ (Weather) anabatique

**anabiosis** /ˌænəbaɪˈəʊsɪs/ N anabiose f

**anabolic** /ˌænəˈbɒlɪk/ ADJ anabolique ◆ **anabolic steroid** stéroïde m anabolisant

**anabolism** /əˈnæbəˌlɪzəm/ N (Physiol) anabolisme m

**anabolite** /əˈnæbəˌlaɪt/ N anabolite m

**anachronism** /əˈnækrənɪzəm/ N anachronisme m

**anachronistic** /əˌnækrəˈnɪstɪk/ ADJ anachronique

**anacoluthon** /ˌænəkəˈluːθɒn/ N (pl **anacolutha** /ˌænəkəˈluːθə/) anacoluthe f

**anaconda** /ˌænəˈkɒndə/ N eunecte m, anaconda m

**Anacreon** /əˈnækrɪɒn/ N Anacréon m

**anacreontic** /əˌnækrɪˈɒntɪk/
ADJ anacréontique
N poème m anacréontique

**anacrusis** /ˌænəˈkruːsɪs/ N (pl **anacruses** /ˌænəˈkruːsiːz/) (Mus, Prosody) anacrouse f

**anadromous** /əˈnædrəməs/ ADJ [fish] anadrome

**anaemia** (Brit), **anemia** (US) /əˈniːmɪə/ N anémie f ; → **pernicious**

**anaemic** (Brit), **anemic** (US) /əˈniːmɪk/ SYN N, ADJ (Med, fig) anémique ◆ **to become anaemic** s'anémier

**anaerobic** /ˌænɛəˈrəʊbɪk/ ADJ anaérobie

**anaerobiosis** /ˌænɛərəʊbaɪˈəʊsɪs/ N anaérobiose f

**anaesthesia** (Brit), **anesthesia** (US) /ˌænɪsˈθiːzɪə/ N anesthésie f

**anaesthetic** (Brit), **anesthetic** (US) /ˌænɪsˈθetɪk/ SYN
N anesthésique m ◆ **under anaesthetic** sous anesthésie ◆ **to give sb an anaesthetic** anesthésier qn
ADJ anesthésique

**anaesthetics** /ˌænɪsˈθetɪks/ N (Brit : NonC) anesthésiologie f

**anaesthetist** (Brit), **anesthetist** (US) /æˈniːsθɪtɪst/ N (médecin m) anesthésiste mf

**anaesthetize** (Brit), **anesthetize** (US) /æˈniːsθɪtaɪz/ VT anesthésier

**anaglyph** /ˈænəɡlɪf/ N anaglyphe m

**Anaglypta®** /ˌænəˈɡlɪptə/ N papier m peint gaufré

**anagram** /ˈænəɡræm/ N anagramme f

**anagrammatize** /ˌænəˈɡræməˌtaɪz/ VT anagrammatiser, anagrammer

**anal** /ˈeɪnəl/ ADJ anal ◆ **anal sex** sodomie f ◆ **anal retentive** qui fait une fixation au stade anal ◆ **you're so anal!*** ce que tu es maniaque !

**analects** /ˈænəlekts/ NPL (Literat) analecta mpl, anthologie f

**analeptic** /ˌænəˈleptɪk/ ADJ analeptique

**analgesia** /ˌænælˈdʒiːzɪə/ N analgésie f

**analgesic** /ˌænælˈdʒiːsɪk/ ADJ, N analgésique m

**anally** /ˈeɪnəlɪ/ ADV ◆ **anally retentive** qui fait de la fixation au stade anal

**analog** /ˈænəlɒɡ/ N (US) ⇒ **analogue**

**analogic(al)** /ˌænəˈlɒdʒɪk(əl)/ ADJ analogique

**analogous** /əˈnæləɡəs/ ADJ analogue (to, with à)

**analogue** /ˈænəlɒɡ/
N analogue m
ADJ analogique
COMP **analogue device** N unité f analogique
**analogue-digital converter** N convertisseur m analogique-numérique
**analogue watch** N montre f à lecture analogique

**analogy** /əˈnælədʒɪ/ SYN N analogie f (between entre ; with avec) ◆ **to argue from analogy** raisonner par analogie ◆ **by analogy** par analogie (with avec)

**analysand** /əˈnælɪˌsænd/ N (Psych) sujet m en analyse

**analyse, analyze** (US) /ˈænəlaɪz/ LANGUAGE IN USE 26.1 SYN VT ① analyser, faire l'analyse de ; (Gram) [+ sentence] faire l'analyse logique de
② (Psych) psychanalyser

**analyser, analyzer** (US) /ˈænəlaɪzəʳ/ N analyseur m ◆ **blood/image analyser** analyseur m de sang/d'images

**analysis** /əˈnæləsɪs/ LANGUAGE IN USE 26.1 SYN N (pl **analyses** /əˈnæləsiːz/) ① analyse f ; (Gram) [of sentence] analyse f logique ◆ **in the ultimate** or **last** or **final analysis** en dernière analyse, finalement
② (Psych) psychanalyse f ◆ **to be in analysis** être en analyse

**analyst** /ˈænəlɪst/ N ① (gen) analyste mf
② (= psychoanalyst) (psych)analyste mf ; → **news**

**analytic(al)** /ˌænəˈlɪtɪk(əl)/ ADJ analytique ◆ **analytic(al) mind** esprit m analytique ◆ **analytic(al) psychology** psychologie f analytique or des profondeurs

**analytically** /ˌænəˈlɪtɪkəlɪ/ ADV [think] d'une manière analytique ◆ **to be analytically intelligent** avoir une intelligence analytique

**analyze** /ˈænəlaɪz/ VT (US) ⇒ **analyse**

**analyzer** /ˈænəlaɪzəʳ/ N (US) ⇒ **analyser**

**anamnesis** /ˌænæmˈniːsɪs/ N (pl **anamneses** /ˌænæmˈniːsiːz/) anamnèse f

**anamnestic** /ˌænæmˈnestɪk/ ADJ anamnestique

**anamorphosis** /ˌænəˈmɔːfəsɪs/ N (pl **anamorphoses** /ˌænəˈmɔːfəsiːz/) anamorphose f

**anapaest, anapest** (US) /ˈænəpiːst/ N anapeste m

**anaphase** /ˈænəˌfeɪz/ N anaphase f

**anaphora** /əˈnæfərə/ N (Ling, Rhetoric) anaphore f

**anaphoric** /ˌænəˈfɒrɪk/ ADJ (Ling) anaphorique

**anaphrodisiac** /ˌænæfrəˈdɪzɪæk/ ADJ, N anaphrodisiaque m

**anaphylactic** /ˌænəfɪˈlæktɪk/ ADJ anaphylactique

**anaphylactic shock** /ˌænəfɪˈlæktɪkˈʃɒk/ N choc m anaphylactique

**anaphylaxis** /ˌænəfɪˈlæksɪs/ N (Med) anaphylaxie f

**anaplasty** /ˈænəˌplæstɪ/ N anaplastie f

**anarchic(al)** /æˈnɑːkɪk(əl)/ ADJ anarchique

**anarchism** /ˈænəkɪzəm/ N anarchisme m

**anarchist** /ˈænəkɪst/ SYN N, ADJ anarchiste mf

**anarchistic** /ˌænəˈkɪstɪk/ ADJ anarchique

**anarcho...** /æˈnɑːkəʊ/ PREF anarcho... ◆ **anarcho-syndicalism** anarcho-syndicalisme m

**anarchy** /ˈænəkɪ/ SYN N anarchie f

**anarthria** /ænˈɑːθrɪə/ N anarthrie f

**anasarca** /ˌænəˈsɑːkə/ N anasarque f

**anastigmatic** /ˌænəstɪɡˈmætɪk/ ADJ (Phot) anastigmate

**anastrophe** /əˈnæstrəfɪ/ N anastrophe f

**anathema** /əˈnæθəmə/ SYN N (Rel, fig) anathème m ◆ **the whole idea of exploiting people was anathema to him** il avait en abomination l'idée d'exploiter les gens

**anathematize** /əˈnæθɪmətaɪz/ SYN VT frapper d'anathème

**Anatolia** /ˌænəˈtəʊlɪə/ N Anatolie f

**Anatolian** /ˌænəˈtəʊlɪən/
  ADJ anatolien
  N (= person) Anatolien(ne) m(f)

**anatomical** /ˌænəˈtɒmɪkəl/ ADJ anatomique

**anatomically** /ˌænəˈtɒmɪkəlɪ/ ADV [correct, different] d'un point de vue anatomique, anatomiquement

**anatomist** /əˈnætəmɪst/ N anatomiste mf

**anatomize** /əˈnætəmaɪz/ SYN VT disséquer

**anatomy** /əˈnætəmɪ/ SYN N (Med, Sci) anatomie f ; (fig) [of country etc] structure f ◆ **a delicate part of one's anatomy** (hum) une partie sensible de son anatomie ◆ **he had spots all over his anatomy** * il avait des boutons partout, il était couvert de boutons

**ANC** /ˌeɪenˈsiː/ N (abbrev of **African National Congress**) ANC m

**ancestor** /ˈænsɪstər/ SYN N (lit) ancêtre mf, aïeul m ; (fig) ancêtre mf

**ancestral** /ænˈsestrəl/ ADJ ancestral ◆ **ancestral home** demeure f ancestrale

**ancestress** † /ˈænsɪstrɪs/ N aïeule f

**ancestry** /ˈænsɪstrɪ/ SYN N [1] (= lineage) ascendance f
[2] (NonC = ancestors collectively) ancêtres mpl, aïeux mpl ◆ **to trace one's ancestry** constituer son arbre généalogique

**anchor** /ˈæŋkər/
  N ancre f ; (fig) point m d'ancrage ◆ **to be** or **ride at anchor** être à l'ancre or au mouillage ◆ **to come to** or **drop anchor** mouiller or jeter l'ancre ◆ **anchors away!** (on ship) levez l'ancre ! ; (fig) mettons les voiles ! * ; → **cast, ride, up, weigh**
  VT [1] [+ ship] mettre à l'ancre
  [2] (= tie down) arrimer
  [3] (US) [+ TV show] présenter
  VI [ship] mouiller, jeter l'ancre
  COMP **anchor ice** N glaces fpl de fond

**anchorage** /ˈæŋkərɪdʒ/
  N [of ship] mouillage m, ancrage m
  COMP **anchorage dues** NPL [of ship] droits mpl de mouillage or d'ancrage
  **anchorage point** N (in vehicle) point m d'ancrage

**anchorite** /ˈæŋkəraɪt/ N anachorète m

**anchorman** /ˈæŋkəmæn/ N (pl -men) (esp US) (Rad, TV) présentateur m ; (in team, organization) pilier m, pivot m

**anchorwoman** /ˈæŋkəwʊmən/ N (pl -women) (esp US) (Rad, TV) présentatrice f ; (in team, organization) pilier m, pivot m

**anchovy** /ˈæntʃəvɪ/
  N anchois m
  COMP **anchovy paste** N beurre m d'anchois
  **anchovy sauce** N sauce f aux anchois, anchoïade f

**ancient** /ˈeɪnʃənt/ SYN
  ADJ [1] [painting, document, custom] ancien ◆ **in ancient days** dans les temps anciens ◆ **ancient history** histoire f ancienne ◆ **it's ancient history** * c'est de l'histoire ancienne ◆ **(scheduled as an) ancient monument** (Brit) (classé) monument m historique ◆ **the Ancient World** le monde m antique, l'Antiquité f ◆ **Ancient Greece** la Grèce ancienne or antique ◆ **the Ancient Greeks** les Grecs mpl de l'Antiquité ◆ **ancient Rome** la Rome antique ◆ **ancient rocks** de vieilles roches fpl
  [2] (* : gen hum) [person] très vieux (vieille f) ; [clothes, object, car] antique, antédiluvien * ◆ **this is positively ancient** cela remonte à Mathusalem or au déluge ◆ **he's getting pretty ancient** il se fait vieux
  NPL **the ancients** les anciens mpl

**anciently** /ˈeɪnʃəntlɪ/ ADV (frm) anciennement, autrefois

**ancillary** /ænˈsɪlərɪ/ SYN ADJ [service, help, forces] auxiliaire ◆ **ancillary to** subordonné à ◆ **(hospital) ancillary workers** personnel m des services auxiliaires (des hôpitaux), agents mpl des hôpitaux ◆ **ancillary staff** (Brit Scol) agents mpl (d'un établissement scolaire) ◆ **ancillary costs** (Fin, Comm) frais mpl accessoires or annexes

**and** /ænd, ənd, nd, ən/ SYN CONJ [1] et ◆ **a man and a woman** un homme et une femme ◆ **his table and chair** sa table et sa chaise ◆ **and how!** et comment ! * ◆ **and?** et alors ? ◆ **on Saturday and/or Sunday** (Admin) samedi et/ou dimanche ; (gen) samedi ou dimanche ou les deux ◆ **great artists like Monet and Picasso** de grands artistes comme Monet ou Picasso
[2] (in numbers) ◆ **three hundred and ten** trois cent dix ◆ **two thousand and eight** deux mille huit ◆ **two pounds and six pence** deux livres (et) six pence ◆ **an hour and twenty minutes** une heure vingt (minutes) ◆ **five and three quarters** cinq trois quarts
[3] (+ infin vb) ◆ **try and come** tâchez de venir ◆ **wait and see** on verra bien, attendez voir
[4] (repetition, continuation) ◆ **better and better** de mieux en mieux ◆ **now and then** de temps en temps ◆ **for hours and hours** pendant des heures et des heures ◆ **I rang and rang** j'ai sonné et resonné ◆ **he talked and talked/waited and waited** il a parlé/attendu pendant des heures ◆ **and so on and so forth** et ainsi de suite ◆ **he goes on and on** * quand il commence il n'y a plus moyen de l'arrêter
[5] (with compar adj) ◆ **uglier and uglier** de plus en plus laid ◆ **more and more difficult** de plus en plus difficile
[6] (with neg or implied neg) ni ◆ **to go out without a hat and coat** sortir sans chapeau ni manteau ◆ **you can't buy and sell here** on ne peut ni acheter ni vendre ici
[7] (phrases) ◆ **eggs and bacon** œufs mpl au bacon ◆ **summer and winter (alike)** été comme hiver ◆ **a carriage and pair** une voiture à deux chevaux
[8] (implying cond) ◆ **flee and you are lost** fuyez et vous êtes perdu, si vous fuyez vous êtes perdu

**Andalucia, Andalusia** /ˌændəlʊˈsiːə/ N Andalousie f

**Andalucian, Andalusian** /ˌændəlʊˈsiːən/ ADJ andalou (-ouse f)

**andante** /ænˈdæntɪ/ ADV, N (Mus) andante m

**AND circuit** /ænd/ N (Comput) circuit m ET

**Andean** /ˈændɪən/ ADJ des Andes, andin

**Andes** /ˈændiːz/ N Andes fpl

**andesite** /ˈændɪzaɪt/ N andésite f

**andiron** /ˈændaɪən/ N chenet m

**Andorra** /ænˈdɔːrə/ N (principauté f d')Andorre f

**Andorran** /ænˈdɔːrən/
  ADJ andorran
  N Andorran(e) m(f)

**Andrew** /ˈændruː/ N André m

**androecium** /ænˈdriːsɪəm/ N (pl **androecia** /ænˈdriːsɪə/) androcée m

**androgen** /ˈændrədʒən/ N (Physiol) androgène m

**androgyne** /ˈændrədʒaɪn/ N androgyne mf

**androgynous** /ænˈdrɒdʒɪnəs/ ADJ androgyne

**androgyny** /ænˈdrɒdʒɪnɪ/ N androgynie f

**android** /ˈændrɔɪd/ ADJ, N androïde m

**Andromache** /ænˈdrɒməkɪ/ N Andromaque f

**Andromeda** /ænˈdrɒmɪdə/ N Andromède f

**androsterone** /ænˈdrɒstəˌrəʊn/ N androstérone f

**anecdotage** /ˈænɪkˌdəʊtɪdʒ/ N (hum) âge m où l'on radote

**anecdotal** /ˌænɪkˈdəʊtəl/ ADJ [book, speech] plein d'anecdotes ◆ **anecdotal evidence suggests the treatment can be effective** dans des cas isolés, ce traitement s'est révélé efficace ◆ **there have been anecdotal reports of people being mysteriously healed** il y aurait eu quelques cas de guérisons miraculeuses

**anecdote** /ˈænɪkdəʊt/ SYN N anecdote f

**anechoic** /ˌænɪˈkəʊɪk/ ADJ (Phys) anéchoïque, sourd

**anemia** /əˈniːmɪə/ N (US) ⇒ **anaemia**

**anemic** /əˈniːmɪk/ ADJ (US) ⇒ **anaemic**

**anemograph** /əˈneməʊɡrɑːf/ N (= instrument) anémographe m

**anemometer** /ˌænɪˈmɒmɪtər/ N anémomètre m

**anemone** /əˈnemənɪ/ N anémone f ; → **sea**

**anemophilous** /ˌænɪˈmɒfɪləs/ ADJ [plant] anémophile

**anemophily** /ˌænɪˈmɒfɪlɪ/ N [of plant] anémophilie f

**anencephalic** /ˌænensəˈfælɪk/ ADJ anencéphale

**anencephaly** /ˌænenˈsefəlɪ/ N anencéphalie f

**anent** /əˈnent/ PREP (Scot) concernant, à propos de

**aneroid** /ˈænərɔɪd/ ADJ anéroïde ◆ **aneroid (barometer)** baromètre m anéroïde

**anesthesia** /ˌænɪsˈθiːzɪə/ N (US) ⇒ **anaesthesia**

**anesthesiologist** /ˌænɪsˌθiːzɪˈɒlədʒɪst/ N (US) (médecin m) anesthésiste mf

**anesthesiology** /ˈænɪsˌθiːzɪˈɒlədʒɪ/ N (US) anesthésiologie f

**anesthetic** /ˌænɪsˈθetɪk/ N, ADJ (US) ⇒ **anaesthetic**

**anesthetist** /æˈniːsθɪtɪst/ N (US) ⇒ **anaesthetist**

**anesthetize** /æˈniːsθɪtaɪz/ VT (US) ⇒ **anaesthetize**

**aneurism, aneurysm** /ˈænjʊrɪzəm/ N anévrisme m

**anew** /əˈnjuː/ SYN ADV (liter) de nouveau ◆ **to be born anew** renaître ◆ **to start life anew in a fresh place** recommencer sa vie ailleurs

**angel** /ˈeɪndʒəl/ SYN
  N ange m ; (* = person) ange m, amour m ; (Theat %) commanditaire mf ◆ **angel of Darkness** ange m des Ténèbres ◆ **the Angel of Death** l'Ange m de la mort ◆ **be an angel** * **and fetch me my gloves** apporte-moi mes gants, tu seras un ange ◆ **speak** or **talk of angels!** * quand on parle du loup (on en voit la queue) ! ◆ **to go where angels fear to tread** s'aventurer en terrain dangereux ; → **fool¹, guardian**
  COMP **angel cake** N ≈ gâteau m de Savoie
  **angel dust** * N (Drugs) angel dust m, poussière f d'ange
  **angel food cake** N (US) ⇒ **angel cake**
  **angel shark** N ange m de mer
  **angels-on-horseback** NPL (Brit Culin) huîtres bridées de lard servies sur toasts

**Angeleno** /ˌændʒəˈliːnəʊ/ N (US) habitant(e) m(f) de Los Angeles

**angelfish** /ˈeɪndʒəlfɪʃ/ N (pl **angelfish**) scalaire m ; (= shark) ange m de mer

**angelic** /ænˈdʒelɪk/ SYN ADJ angélique

**angelica** /ænˈdʒelɪkə/ N angélique f

**angelical** /ænˈdʒelɪkəl/ ADJ angélique

**angelically** /ænˈdʒelɪkəlɪ/ ADV [behave, sing] comme un or des ange(s) ◆ **she smiled angelically** elle a eu un sourire angélique

**Angelino** /ˌændʒəˈliːnəʊ/ N ⇒ **Angeleno**

**angelus** /ˈændʒɪləs/ N (= prayer, bell) angélus m

**anger** /ˈæŋɡər/ SYN
  N colère f ; (violent) fureur f ◆ **to act in anger** agir sous l'empire or sous le coup de la colère, agir sous le coup de la colère ◆ **words spoken in anger** mots prononcés sous l'empire or sous le coup de la colère ◆ **to move sb to anger** mettre qn en colère ◆ **his anger knew no bounds** sa colère or son emportement ne connut plus de bornes ◆ **in great anger** furieux
  VT mettre en colère, irriter ; (greatly) rendre furieux ◆ **to be easily angered** se mettre facilement en colère, s'emporter facilement

**angina** /ænˈdʒaɪnə/ N angine f ◆ **angina (pectoris)** angine f de poitrine ◆ **to have angina** faire de l'angine de poitrine

**angiogram** /ˈændʒɪəʊɡræm/ N (Med) angiographie f

**angiography** /ˌændʒɪˈɒɡrəfɪ/ N angiographie f

**angiology** /ˌændʒɪˈɒlədʒɪ/ N angiologie f, angéiologie f

**angioma** /ˌændʒɪˈəʊmə/ N (pl **angiomas** or **angiomata** /ˌændʒɪˈəʊmətə/) (Med) angiome m

**angioplasty** /ˈændʒɪəʊˌplæstɪ/ N (Med) angioplastie f

**angiosperm** /ˈændʒɪəˌspɜːm/ N (= plant) angiosperme f

**angiospermous** /ˌændʒɪəˈspɜːməs/ ADJ [plant] angiosperme

**angiotensin** /ˌændʒɪəˈtensɪn/ N angiotensine f

**angle¹** /ˈæŋɡl/ SYN
  N [1] (also Math) angle m
  ◆ **at an angle** en biais (to par rapport à) ◆ **at an angle of...** formant un angle de... ◆ **cut at an angle** [pipe, edge] coupé en biseau ◆ **the building stands at an angle to the street** le bâtiment fait un angle avec la rue
  [2] (= aspect, point of view) aspect m ◆ **the various angles of a topic** les divers aspects mpl d'un su-

**angle** | **annex**  ENGLISH-FRENCH  30

jet ♦ **to study a topic from every angle** étudier un sujet sous toutes ses faces or sous tous les angles ♦ **his article has a new angle on the question** son article apporte un éclairage nouveau sur la question ♦ **from the parents' angle** du point de vue des parents ♦ **let's have your angle on it** ♦ donnez-nous votre point de vue là-dessus or sur la question

**VT** 1 * [+ *information, report*] présenter sous un certain angle ♦ **he angled his article towards middle-class readers** il a rédigé son article à l'intention des classes moyennes or de façon à plaire au lecteur bourgeois

2 (*Tennis*) ♦ **to angle a shot** croiser sa balle, jouer la diagonale

3 [+ *lamp etc*] régler à l'angle voulu ♦ **she angled the lamp towards her desk** elle a dirigé la lumière (de la lampe) sur son bureau

**COMP** **angle bracket** N chevron m
**angle iron** N fer m, équerre f
**angle of incidence** N angle m d'incidence

**angle²** /ˈæŋgl/ SYN **VI** 1 (*lit*) pêcher à la ligne ♦ **to angle for trout** pêcher la truite

2 (= *try to get*) ♦ **to angle for sb's attention** chercher à attirer l'attention de qn ♦ **to angle for compliments** aller à la pêche aux compliments ♦ **to angle for a rise in salary/for an invitation** chercher à obtenir une augmentation de salaire/à se faire inviter ♦ **she's angling for a husband** elle fait la chasse au mari, elle cherche à se caser

**Anglepoise** ® /ˈæŋgl.pɔɪz/ N (*Brit* : also **Anglepoise lamp**) lampe f d'architecte

**angler** /ˈæŋglər/ N pêcheur m, -euse f (à la ligne) ♦ **angler (fish)** lotte f de mer

**Angles** /ˈæŋglz/ NPL (*Hist*) Angles mpl

**Anglican** /ˈæŋglɪkən/ ADJ, N anglican(e) m(f) ♦ **the Anglican Communion** la communion or la communauté anglicane

**Anglicanism** /ˈæŋglɪkənɪzəm/ N anglicanisme m

**anglicism** /ˈæŋglɪsɪzəm/ N anglicisme m

**anglicist** /ˈæŋglɪsɪst/ N angliciste mf

**anglicize** /ˈæŋglɪsaɪz/ VT angliciser

**angling** /ˈæŋglɪŋ/ N pêche f (à la ligne)

**Anglo*** /ˈæŋgləʊ/ N ⇒ **Anglo-American**

**Anglo-** /ˈæŋgləʊ/ PREF anglo-

**Anglo-American** /ˈæŋgləʊəˈmerɪkən/
ADJ anglo-américain
N (*US*) Anglo-Américain(e) m(f) (*Américain d'origine anglo-saxonne*)

**Anglo-Asian** /ˈæŋgləʊˈeɪʃn/
ADJ britannique originaire du sous-continent indien
N Britannique originaire du sous-continent indien

**Anglo-Catholic** /ˈæŋgləʊˈkæθəlɪk/ ADJ, N anglo-catholique mf

**Anglo-Catholicism** /ˈæŋgləʊkəˈθɒlɪsɪzəm/ N anglo-catholicisme m

**Anglo-French** /ˈæŋgləʊˈfrentʃ/
ADJ franco-britannique
N (= *language*) anglo-normand m

**Anglo-Indian** /ˈæŋgləʊˈɪndɪən/ N (= *British person in India*) Anglais(e) m(f) des Indes ; (= *person of British and Indian descent*) métis(se) m(f) d'Anglais(e) et d'Indien(ne)

**Anglo-Irish** /ˈæŋgləʊˈaɪərɪʃ/
NPL **the Anglo-Irish** les Anglo-Irlandais mpl
ADJ anglo-irlandais

**Anglomania** /ˌæŋgləʊˈmeɪnɪə/ N anglomanie f

**Anglo-Norman** /ˌæŋgləʊˈnɔːmən/
ADJ anglo-normand
N 1 (= *person*) Anglo-Normand(e) m(f)
2 (= *language*) anglo-normand m

**anglophile** /ˈæŋgləʊfaɪl/ ADJ, N anglophile mf

**anglophilia** /ˌæŋgləʊˈfɪlɪə/ N anglophilie f

**anglophobe** /ˈæŋgləʊfəʊb/ ADJ, N anglophobe mf

**anglophone** /ˈæŋgləˌfəʊn/ ADJ, N anglophone mf

**Anglo-Saxon** /ˈæŋgləʊˈsæksən/
ADJ anglo-saxon
N 1 (= *person*) Anglo-Saxon(ne) m(f)
2 (= *language*) anglo-saxon m

• **ANGLO-SAXON**
• Langue de la famille des langues germaniques, parlée en Grande-Bretagne entre le V^e siècle et la conquête normande (1066), et dont l'anglais actuel est partiellement dérivé. Beaucoup de mots d'usage très courant, par exemple « man », « child », « eat », « love » ou « harvest » sont d'origine **anglo-saxonne**.

**Anglosphere** /ˈæŋgləʊsfɪər/ N ♦ **the Anglosphere** les pays anglophones

**Angola** /æŋˈgəʊlə/ N Angola m

**Angolan** /æŋˈgəʊlən/
ADJ angolais
N Angolais(e) m(f)

**angora** /æŋˈgɔːrə/
N 1 (= *cat/rabbit*) (chat m/lapin m) angora m inv ; (= *goat*) chèvre f angora inv
2 (= *wool*) laine f angora inv, angora m inv
ADJ [*cat, rabbit etc*] angora inv ; [*sweater*] (en) angora

**angostura** /ˌæŋgəˈstjʊərə/
N angostura f
**COMP** **angostura bitters** ® N bitter m additionné d'angustura

**angrily** /ˈæŋgrɪlɪ/ ADV [*say, react*] avec colère ; [*leave*] en colère

**angry** /ˈæŋgrɪ/ SYN ADJ [*person*] en colère, fâché (*with sb* contre qn ; *at sth* à cause de qch ; *about sth* à propos de qch) ; [*look*] furieux ; [*reply*] plein or vibrant de colère ; (*fig*) [*sea*] mauvais, démonté ♦ **to get angry** se fâcher, se mettre en colère ♦ **to make sb angry** mettre qn en colère ♦ **he was angry at being dismissed** il était furieux d'avoir été renvoyé or qu'on l'ait renvoyé ♦ **in an angry voice** sur le ton de la colère ♦ **you won't be angry if I tell you?** tu ne vas pas te fâcher si je te le dis ? ♦ **this sort of thing makes me really angry** ce genre de chose me met hors de moi ♦ **there were angry scenes when it was announced that...** la colère de la foule a éclaté quand on a annoncé que... ♦ **angry young man** (*Literat*) jeune homme m en colère ♦ **the blow left an angry scar on his forehead** le coup lui a laissé une vilaine cicatrice au front

**angst** /æŋst/ N angoisse f existentielle

**angstrom** /ˈæŋstrəm/ N angström or angstrœm m

**Anguilla** /æŋˈgwɪlə/ N Anguilla f

**anguilliform** /æŋˈgwɪlɪˌfɔːm/ ADJ anguilliforme

**anguine** /ˈæŋgwɪn/ ADJ anguine

**anguish** /ˈæŋgwɪʃ/ SYN N (*mental*) angoisse f, anxiété f ; (*physical*) supplice m ♦ **to be in anguish** (*mentally*) être dans l'angoisse or angoissé ; (*physically*) être au supplice, souffrir le martyre

**anguished** /ˈæŋgwɪʃt/ ADJ (*mentally*) angoissé ; (*physically*) plein de souffrance

**angular** /ˈæŋgjʊlər/ SYN ADJ anguleux ; [*face*] anguleux, osseux ; [*features*] anguleux ; [*movement*] dégingandé, saccadé

**anhidrosis** /ˌænhɪˈdrəʊsɪs/ N anhidrose f

**anhidrotic** /ˌænhɪˈdrɒtɪk/ ADJ, N antisudoral m

**anhydrite** /ænˈhaɪdraɪt/ N anhydrite f

**anhydrous** /ænˈhaɪdrəs/ ADJ (*Chem*) anhydre

**aniline** /ˈænɪliːn/
N aniline f
**COMP** **aniline dyes** NPL colorants mpl à base d'aniline

**anima** /ˈænɪmə/ N (*Psych*) anima m

**animal** /ˈænɪməl/ SYN
N (*lit*) animal m ; (**pej* = *person*) brute f ♦ **I like animals** j'aime les animaux or les bêtes ♦ **man is a social animal** l'homme est un animal sociable ♦ **the animal in him** (*pej*) la bête en lui, son côté bestial ♦ **he's nothing but an animal** c'est une brute ♦ **there's no such animal** (*fig*) ça n'existe pas ♦ **they're two different animals** (*fig*) ce sont deux choses complètement différentes
ADJ [*instinct*] animal ♦ **animal spirits** entrain m, vivacité f ♦ **full of animal spirits** plein d'entrain or de vie
**COMP** **animal cracker** N (*US*) cracker en forme d'animal
**animal experimentation** N (*NonC*) expérimentation f animale or sur les animaux
**animal fat** N graisse f animale
**animal husbandry** N (*NonC*) élevage m
**the animal kingdom** N le règne animal

**Animal Liberation Front** N Front m britannique de libération des animaux
**animal liberationist** N militant du mouvement de libération des animaux
**animal lover** N personne f qui aime les animaux
**animal magnetism** N (= *sex appeal*) sex-appeal m
**animal rights** NPL droits mpl des animaux
**animal rights campaigner** N défenseur m des droits des animaux
**animal sanctuary** N refuge m pour animaux
**animal testing** N expérimentation f animale

**animalcule** /ˌænɪˈmælkjuːl/ N (*Bio*) animalcule m

**animate** /ˈænɪmɪt/ SYN
ADJ (= *living*) vivant, animé ; (*Ling*) animé
VT /ˈænɪmeɪt/ (= *make lively*) [+ *discussion*] animer, rendre vivant

**animated** /ˈænɪmeɪtɪd/ SYN ADJ 1 (= *lively*) animé ♦ **to become animated** s'animer ♦ **the talk was growing animated** la conversation s'animait or s'échauffait
2 (*Cine*) animé ♦ **animated film** dessin m animé, film m d'animation

**animatedly** /ˈænɪmeɪtɪdlɪ/ ADV avec animation ♦ **he pointed animatedly at the package** tout agité, il désigna le paquet

**animation** /ˌænɪˈmeɪʃən/ SYN N 1 [*of person*] vivacité f, entrain m ; [*of face*] animation f ; [*of scene, street etc*] activité f, animation f
2 (*Cine*) animation f ; → **suspend**

**animato** /ˌænɪˈmɑːtəʊ/ ADV (*Mus*) animato

**animator** /ˈænɪmeɪtər/ N (*Cine*) animateur m, -trice f

**animatronics** /ˌænɪməˈtrɒnɪks/ N (*NonC: Cine*) animatronique f

**animism** /ˈænɪmɪzəm/ N animisme m

**animist** /ˈænɪmɪst/ ADJ, N animiste mf

**animosity** /ˌænɪˈmɒsɪtɪ/ SYN N animosité f (*against, towards* envers)

**animus** /ˈænɪməs/ N 1 (*NonC*) ⇒ **animosity**
2 (*Psych*) animus m

**anion** /ˈænaɪən/ N (*Chem*) anion m

**anise** /ˈænɪs/ N anis m

**aniseed** /ˈænɪsiːd/
N graine f d'anis
**COMP** [*flavoured*] à l'anis

**anisette** /ˌænɪˈzet/ N anisette f

**anisotropy** /ˌænaɪˈsɒtrəpɪ/ N (*Bot, Miner*) anisotropie f

**Anjou** /ˈɑːʒuː/ N Anjou m

**Ankara** /ˈæŋkərə/ N Ankara m

**ankle** /ˈæŋkl/
N cheville f
**COMP** **ankle biter*** N (*Austral*) môme* mf, moutard* m
**ankle boot** N bottine f
**ankle bracelet** N bracelet m de cheville
**ankle-deep** ADJ ♦ **he was ankle-deep in water** l'eau lui montait or il avait de l'eau jusqu'à la cheville ♦ **the water is ankle-deep** l'eau vient (jusqu')à la cheville
**ankle joint** N articulation f de la cheville
**ankle sock** N (*Brit*) socquette f
**ankle strap** N bride f

**anklebone** /ˈæŋklbəʊn/ N astragale m

**anklet** /ˈæŋklɪt/ N bracelet m or anneau m de cheville ; (*US*) socquette f

**ankylose** /ˈæŋkɪləʊz/ VI (*Med*) s'ankyloser

**ankylosis** /ˌæŋkɪˈləʊsɪs/ N ankylose f

**ankylostomiasis** /ˈæŋkɪˌlɒstəˈmaɪəsɪs/ N ankylostomiase f

**annalist** /ˈænəlɪst/ N annaliste m

**annals** /ˈænəlz/ SYN NPL annales fpl ♦ **unique in the annals of...** unique dans les annales de...

**Annam** /æˈnæm/ N Annam m

**Annapurna** /ˌænəˈpʊənə/ N Annapurna m

**annatto** /əˈnætəʊ/ N (pl **annattos**) (= *tree*) rocouyer m ; (= *dye*) rocou m

**Anne** /æn/ N Anne f ; → **queen**

**anneal** /əˈniːl/ VT [+ *glass, metal*] recuire

**annelid** /ˈænəlɪd/ ADJ, N (= *worm*) annélide m

**annex** /əˈneks/ SYN
VT annexer
N /ˈæneks/ (= *building, document*) annexe f

**annexation** /ˌænekˈseɪʃən/ N (= act) annexion f (of de) ; (= territory) territoire m annexe

**annexe** /ˈæneks/ SYN N (Brit) ⇒ **annex** noun

**Annie Oakley** \* /ˌæniˈəʊklɪ/ N (US) billet m de faveur

**annihilate** /əˈnaɪəleɪt/ SYN VT [+ army, fleet] anéantir ; [+ space, time] annihiler, supprimer ; [+ effect] annihiler ; (fig : in game, argument) écraser

**annihilation** /əˌnaɪəˈleɪʃən/ SYN N (Mil) anéantissement m ; (fig) suppression f

**anniversary** /ˌænɪˈvɜːsərɪ/
■ (= date, event) anniversaire m (of de) ◆ **it's our anniversary** c'est l'anniversaire de notre mariage ; → **wedding**
COMP **anniversary dinner** N dîner m commémoratif or anniversaire

**Anno Domini** /ˌænəʊˈdɒmɪnaɪ/ ADV (frm) après Jésus-Christ ◆ **Anno Domini 1965** 1965 après J.-C.

**annotate** /ˈænəʊteɪt/ SYN VT annoter

**annotation** /ˌænəʊˈteɪʃən/ SYN N annotation f, note f

**announce** /əˈnaʊns/ LANGUAGE IN USE 24 SYN VT annoncer ◆ **to announce the birth/death of...** faire part de la naissance/du décès de... ◆ **"I won't do it!" he announced** « je refuse ! » annonça-t-il ◆ **it is announced from London that...** on apprend de Londres que...

**announcement** /əˈnaʊnsmənt/ SYN N (gen) annonce f ; (esp Admin) avis m ; [of birth, marriage, death] avis m ; (privately inserted or circulated) faire-part m inv

**announcer** /əˈnaʊnsəʳ/ SYN N [1] (Rad, TV) présentateur m, -trice f
[2] (at airport, station) annonceur m, -euse f

**annoy** /əˈnɔɪ/ SYN VT (= vex) ennuyer, agacer ; (= deliberately irritate) [+ person, animal] agacer, énerver ; (= inconvenience) importuner, ennuyer ◆ **to be/get annoyed with sb** être/se mettre en colère contre qn ◆ **to be annoyed about sth** être contrarié par qch ◆ **to be annoyed about a decision** être mécontent d'une décision ◆ **to be annoyed with sb about sth** être mécontent de qn à propos de qch ◆ **to get annoyed with a machine** se mettre en colère or s'énerver contre une machine ◆ **don't get annoyed!** ne vous fâchez or énervez pas ! ◆ **I am very annoyed that he hasn't come** je suis très ennuyé or contrarié qu'il ne soit pas venu ◆ **I am very annoyed with him for not coming** je suis très mécontent qu'il ne soit pas venu

**annoyance** /əˈnɔɪəns/ SYN N [1] (= displeasure) contrariété f, mécontentement m ◆ **with a look of annoyance** d'un air contrarié or mécontent ◆ **he found to his great annoyance that...** il s'est aperçu à son grand mécontentement que...
[2] (= cause of annoyance) tracas m, ennui m

**annoying** /əˈnɔɪɪŋ/ SYN ADJ agaçant ; (= very irritating) ennuyeux ◆ **the annoying thing about it is that...** ce qui est agaçant or ennuyeux dans cette histoire c'est que... ◆ **how annoying!** que c'est agaçant or ennuyeux !

**annoyingly** /əˈnɔɪɪŋlɪ/ ADV [behave] de façon énervante or agaçante ◆ **she was annoyingly vague/cheerful** elle était si vague/gaie que c'était énervant or agaçant ◆ **he was annoyingly successful** sa réussite avait quelque chose d'énervant or d'agaçant

**annual** /ˈænjʊəl/ SYN
ADJ annuel ◆ **annual general meeting** assemblée f générale annuelle
N [1] (= plant) plante f annuelle ; → **hardy**
[2] (= book) publication f annuelle ; (children's) album m
COMP **annual percentage rate** N (Fin) taux m effectif global
**annual ring** (on tree) anneau m de croissance, cerne m

**annualize** /ˈænjʊəlaɪz/ VT annualiser

**annually** /ˈænjʊəlɪ/ SYN ADV annuellement, tous les ans ◆ **$5,000 annually** 5 000 dollars par an

**annuity** /əˈnjuːɪtɪ/
■ (= regular income) rente f ; (for life) rente f viagère, viager m ; (= investment) viager m ◆ **to invest money in an annuity** placer de l'argent en viager ; → **defer**¹, **life**
COMP **annuity bond** N titre m de rente

**annul** /əˈnʌl/ SYN VT [+ law] abroger, abolir ; [+ decision, judgement] casser, annuler ; [+ marriage] annuler

**annular** /ˈænjʊləʳ/
ADJ annulaire
COMP **annular eclipse** N (Astron) éclipse f annulaire
**annular ligament** N (Anat) ligament m annulaire

**annulment** /əˈnʌlmənt/ SYN N annulation f

**Annunciation** /əˌnʌnsɪˈeɪʃən/ N Annonciation f

**anode** /ˈænəʊd/ N anode f

**anodic** /əˈnɒdɪk/ ADJ anodique

**anodize** /ˈænədaɪz/ VT anodiser

**anodyne** /ˈænəʊdaɪn/ SYN
N (Med) analgésique m, calmant m ; (fig liter) baume m
ADJ (Med) antalgique, analgésique ; (fig liter) apaisant

**anoint** /əˈnɔɪnt/ SYN VT oindre (with de), consacrer or bénir par l'onction ◆ **to anoint sb king** sacrer qn roi ◆ **the anointed King** le roi consacré ◆ **the press have anointed her queen of detective fiction** la presse l'a sacrée reine du roman policier

**anointing** /əˈnɔɪntɪŋ/ N (Rel) ◆ **anointing of the sick** onction f des malades

**anomalous** /əˈnɒmələs/ SYN ADJ (Med) anormal, irrégulier ; (Gram) anormal ; (fig) anormal

**anomaly** /əˈnɒmælɪ/ SYN N anomalie f

**anomie, anomy** /ˈænəʊmɪ/ N (NonC) anomie f

**anon**¹ /əˈnɒn/ ADV († † or hum = soon) sous peu ◆ **... of which more anon** ... nous y reviendrons ◆ **see you anon** à tout à l'heure ; → **ever**

**anon**² /əˈnɒn/ ADJ (abbrev of **anonymous**) anonyme ◆ **"Anon"** (at end of text) « Anonyme »

**anonymity** /ˌænəˈnɪmɪtɪ/ N anonymat m ◆ **to preserve one's anonymity** garder l'anonymat ◆ **on condition of anonymity** [speak] à titre officieux, officieusement

**anonymize** /əˈnɒnɪmaɪz/ VT rendre anonyme

**anonymized** /əˈnɒnɪmaɪzd/ ADJ rendu anonyme

**anonymous** /əˈnɒnɪməs/ SYN ADJ [1] anonyme ◆ **an anonymous caller claiming to represent the group** un coup de téléphone anonyme d'une personne affirmant représenter le groupe ◆ **an anonymous woman called to say that...** une femme qui n'a pas donné son nom a appelé pour dire que... ◆ **to remain anonymous** garder l'anonymat ◆ **an anonymous(-looking) hotel** un hôtel impersonnel ◆ **huge anonymous apartment blocks** d'énormes immeubles impersonnels
[2] ◆ **Overeaters/Narcotics Anonymous** Boulimiques/Toxicomanes mpl anonymes ; → **alcoholic**, **gambler**

**anonymously** /əˈnɒnɪməslɪ/ ADV [send, give, publish] anonymement ; [speak, quote, live] sous couvert de l'anonymat

**anopheles** /əˈnɒfɪliːz/ N, PL INV (= insect) anophèle m

**anorak** /ˈænəræk/ N (esp Brit) [1] (= jacket) anorak m
[2] (\* = unstylish person) ringard(e) m(f)

**anorectic** /ˌænəˈrektɪk/ ADJ ⇒ **anorexic**

**anorexia** /ˌænəˈreksɪə/ N anorexie f ◆ **anorexia nervosa** anorexie f mentale

**anorexic** /ˌænəˈreksɪk/ ADJ, N anorexique mf

**anosmia** /ænˈɒzmɪə/ N (Med) anosmie f

**another** /əˈnʌðəʳ/
ADJ [1] (= one more) un... de plus, encore un ◆ **take another ten** prenez-en encore dix ◆ **to wait another hour** attendre une heure de plus or encore une heure ◆ **I won't wait another minute!** je n'attendrai pas une minute de plus ! ◆ **without another word** sans ajouter un mot, sans un mot de plus ◆ **another beer?** vous reprendrez bien une bière ? ◆ **in another 20 years** dans 20 ans ◆ **and another thing...** \* (= what's more) et autre chose...
[2] (= similar) un autre, un second ◆ **there is not another book like it, there is not another such book** ce livre est unique en son genre ◆ **he will be another Hitler** ce sera un second or nouvel Hitler
[3] (= different) un autre ◆ **that's quite another matter** c'est une tout autre question, c'est tout autre chose ◆ **do it another time** vous le ferez plus tard
PRON [1] un(e) autre, encore un(e) ◆ **in one form or another** sous une forme ou une autre ◆ **he was opening bottles one after another** il ouvrait des bouteilles les unes après les autres ◆ **between** or **what with one thing and another** en fin de compte ; see also **after**, **thing**
[2] **one another** ⇒ **each other** ; → **each**

**A. N. Other** /ˌeɪenˈʌðəʳ/ N (Brit) ≈ monsieur X m, ≈ madame X f

**anoxaemia, anoxemia** (US) /ˌænɒkˈsiːmɪə/ N anoxémie f

**anoxia** /əˈnɒksɪə/ N anoxie f

**anoxic** /əˈnɒksɪk/ ADJ anoxique

**ansaphone** ® /ˈɑːnsəˌfəʊn/ N répondeur m (téléphonique)

**ansate** /ˈænseɪt/ ADJ ansé

**Anschluss** /ˈænʃlʊs/ N (Hist) Anschluss m

**ANSI** /ˌeɪenesˈaɪ/ N (US) (abbrev of **American National Standards Institute**) ANSI m, institut m américain de normalisation

**answer** /ˈɑːnsəʳ/ SYN
■ [1] (= reply) réponse f ◆ **to get** or **receive an answer** recevoir une réponse ◆ **to write sb an answer** répondre à qn (par écrit) ◆ **his only answer was to shrug his shoulders** pour toute réponse il a haussé les épaules, il a répondu par un haussement d'épaules ◆ **there's no answer** (Telec) ça ne répond pas ◆ **I knocked but there was no answer** j'ai frappé mais il n'y a pas eu de réponse or mais on ne m'a pas répondu ◆ **in answer to your letter** (Comm) en réponse à votre lettre ◆ **I could find no answer** je n'ai rien trouvé à répondre ◆ **she's got an answer to everything, she's always got an answer** elle a réponse à tout ◆ **answer to a charge** (Jur) réponse f à une accusation ◆ **the answer to my prayer** (Rel) l'exaucement m de ma prière ◆ **it's the answer to a maiden's prayer** \* (hum) c'est ce dont j'ai toujours rêvé ◆ **for her he was the answer to a maiden's prayer** \* (hum) c'était l'homme de ses rêves ◆ **there's no answer to that!** que voulez-vous répondre à ça ? ◆ **Belgium's answer to Sylvester Stallone** le Sylvester Stallone belge ◆ **it's the poor man's answer to caviar** c'est le caviar du pauvre
[2] (= solution) solution f ◆ **there must be an answer** il doit y avoir une solution ◆ **there is no easy answer** (fig) c'est un problème difficile à résoudre, il n'y a pas de réponse toute faite ◆ **he knows all the answers** il a réponse à tout
VT [1] [+ letter, question] répondre à ; [+ criticism] répondre à ; (sharply) répliquer à ◆ **answer me!** répondez-moi ! ◆ **to answer the bell** or **door** aller or venir ouvrir (la porte), aller voir qui est à la porte or qui est là ◆ **to answer the bell** [servant summoned] répondre au coup de sonnette ◆ **to answer the phone** répondre au téléphone ◆ **I didn't answer a word** je n'ai rien répondu, je n'ai pas soufflé mot
[2] (= fulfil, solve) [+ description] répondre à, correspondre à ; [+ prayer] exaucer ; [+ problem] résoudre ; [+ need] répondre à, satisfaire ◆ **it answers the purpose** cela fait l'affaire ◆ **this machine answers several purposes** cet appareil a plusieurs utilisations
[3] (Jur) ◆ **to answer a charge (of assault)** répondre d'une accusation (d'agression)
[4] (Naut) ◆ **to answer the helm** obéir à la barre
VI [1] (= say, write in reply) répondre
[2] (= succeed) [plan etc] faire l'affaire, réussir
[3] ◆ **he answers to the name of "Baby Boy"** il répond au nom de « Baby Boy », il s'appelle « Baby Boy » ◆ **he answers to that description** il répond à cette description
COMP **answer-back (code)** N indicatif m
**answering machine** N répondeur m (téléphonique)
**answering service** N permanence f téléphonique

▶ **answer back**
VI, VT SEP répondre (avec impertinence) ((to) sb à qn) ◆ **don't answer back!** ne réponds pas !
■ ◆ **answer-back** → **answer**

▶ **answer for** VT FUS (= be responsible for) [+ sb's safety etc] répondre de ◆ **to answer for the truth of sth** répondre de l'exactitude de qch ◆ **he has a lot to answer for** il a bien des comptes à rendre

**answerable** /ˈɑːnsərəbl/ SYN ADJ [1] (= accountable) [person] responsable (to sb devant qn ; for sth de qch) ◆ **I am answerable to no one** je n'ai de comptes à rendre à personne

**answerphone** ② (= having an answer) [question] qui admet une réponse ; [argument] réfutable

**answerphone** /ˈɑːnsəfəʊn/ N répondeur m (téléphonique)

**ant** /ænt/
- N fourmi f ◆ **to have ants in one's pants\*** ne pas (pouvoir) tenir en place
- COMP **ant-heap, ant-hill** N fourmilière f

**anta** /ˈæntə/ N (pl **antae** /ˈænti:/) ante f

**antacid** /ˈæntˈæsɪd/
- ADJ alcalin, antiacide
- N (médicament m) alcalin m, antiacide m

**antagonism** /ænˈtæɡənɪzəm/ SYN N antagonisme m (between entre), opposition f (to à) ◆ **to show antagonism to an idea** se montrer hostile à une idée

**antagonist** /ænˈtæɡənɪst/ SYN N antagoniste mf, adversaire mf

**antagonistic** /ænˌtæɡəˈnɪstɪk/ SYN ADJ [force, interest] antagonique, antagoniste ◆ **to be antagonistic to sth** être opposé or hostile à qch ◆ **to be antagonistic to sb** être en opposition avec qn ◆ **two antagonistic ideas/decisions** deux idées/décisions antagoniques or antagonistes

**antagonize** /ænˈtæɡənaɪz/ SYN VT [+ person] contrarier, se mettre à dos ◆ **I don't want to antagonize him** je ne veux pas le contrarier or me le mettre à dos

**Antarctic** /æntˈɑːktɪk/
- N Antarctique m
- ADJ ① antarctique, austral
- ② ⇒ **Antarctic Ocean**
- COMP **Antarctic Circle** N cercle m Antarctique **Antarctic Ocean** N océan m Antarctique or Austral

**Antarctica** /æntˈɑːktɪkə/ N Antarctique m

**Antares** /ænˈtɛəriːz/ N (Astron) Antarès f

**ante** /ˈænti/
- N (Cards: in poker) première mise f ◆ **to raise** or **up the ante\*** (fig) placer la barre plus haut
- VI (Cards) faire une première mise ; (US \* = pay) casquer\*
- ▸ **ante up** VI (Cards) augmenter la mise ; (US \* = pay) casquer\*

**anteater** /ˈæntiːtə/ N fourmilier m

**antebellum** /ˌæntɪˈbeləm/ ADJ (US Hist) d'avant la guerre de Sécession

**antecedent** /ˌæntɪˈsiːdənt/ SYN
- ADJ antérieur (-eure f) (to à)
- N ① (Gram, Math, Philos) antécédent m
- ② ◆ **the antecedents of sb** les antécédents de qn

**antechamber** /ˈæntɪˌtʃeɪmbə/ N antichambre f

**antedate** /ˈæntɪˈdeɪt/ VT ① (= give earlier date to) [+ document] antidater
- ② (= come before) [+ event] précéder

**antediluvian** /ˌæntɪdɪˈluːvɪən/ SYN ADJ antédiluvien ; (\* hum) [person, hat] antédiluvien\* (hum)

**antefix** /ˈæntɪˌfɪks/ N (pl **antefixes** or **antefixa** /ˈæntɪˌfɪksə/) antéfixe f

**antelope** /ˈæntɪləʊp/ N (pl **antelope** or **antelopes**) antilope f

**antenatal** /ˈæntɪˈneɪtl/
- N (= examination) examen m prénatal
- ADJ prénatal ◆ **antenatal clinic** service m de consultation prénatale ◆ **to attend an antenatal clinic** aller à la consultation prénatale ◆ **antenatal ward** salle f de surveillance prénatale

**antenna** /ænˈtenə/ N (pl **antennas** or **antennae** /ænˈteniː/) antenne f

**antepenult** /ˌæntɪpɪˈnʌlt/ N (Ling) antépénultième f

**antepenultimate** /ˈæntɪpɪˈnʌltɪmɪt/ ADJ antépénultième

**ante-post** /ˈæntɪˈpəʊst/ (Brit Gambling)
- ADJ [bet] engagé avant le jour de la course ◆ **the ante-post favourite** le favori d'avant la course
- ADV ◆ **to bet ante-post** parier avant le jour de la course

**anterior** /ænˈtɪərɪə/ ADJ antérieur (-eure f) (to à)

**anteroom** /ˈæntɪrʊm/ SYN N antichambre f, vestibule m

**anteversion** /ˌæntɪˈvɜːʃən/ N antéversion f

**anthelmintic** /ˌænθəlˈmɪntɪk/ N (Med) anthelminthique m, vermifuge m

**anthem** /ˈænθəm/ SYN N hymne m ; → **national**

**anthemis** /ænˈθiːmɪs/ N (= plant) anthémis f

**anther** /ˈænθə/ N anthère f

**antheridium** /ˌænθəˈrɪdɪəm/ N (pl **antheridia** /ˌænθəˈrɪdɪə/) anthéridie f

**antherozoid** /ˈænθərəˈzəʊɪd/ N anthérozoïde m

**anthesis** /ænˈθiːsɪs/ N anthèse f

**anthologist** /ænˈθɒlədʒɪst/ N anthologiste mf

**anthologize** /ænˈθɒləˌdʒaɪz/ VT faire une anthologie de

**anthology** /ænˈθɒlədʒɪ/ SYN N anthologie f

**Anthony** /ˈæntənɪ/ N Antoine m

**anthracene** /ˈænθrəsiːn/ N anthracène m

**anthraces** /ˈænθrəˌsiːz/ NPL of **anthrax**

**anthracite** /ˈænθrəsaɪt/
- N anthracite m
- ADJ ◆ **anthracite (grey)** (gris) anthracite inv

**anthracnose** /ænˈθræknəʊs/ N anthracnose f

**anthracosis** /ˌænθrəˈkəʊsɪs/ N (Med) anthracose f

**anthraquinone** /ˌænθrəkwɪˈnəʊn/ N anthraquinone f

**anthrax** /ˈænθræks/ N (pl **anthraces**) (= disease, boil) anthrax m

**anthropic** /ænˈθrɒpɪk/ ADJ anthropique

**anthropocentric** /ˌænθrəʊpəʊˈsentrɪk/ ADJ anthropocentrique

**anthropocentrism** /ˌænθrəʊpəʊˈsentrɪzəm/ N anthropocentrisme m

**anthropogenesis** /ˌænθrəʊpəʊˈdʒenɪsɪs/ N anthropogenèse f

**anthropogeny** /ˌænθrəˈpɒdʒɪnɪ/ N anthropogénie f

**anthropoid** /ˈænθrəʊpɔɪd/ ADJ, N anthropoïde m

**anthropological** /ˌænθrəpəˈlɒdʒɪkəl/ ADJ anthropologique

**anthropologist** /ˌænθrəˈpɒlədʒɪst/ N anthropologue mf

**anthropology** /ˌænθrəˈpɒlədʒɪ/ N anthropologie f

**anthropometry** /ˌænθrəˈpɒmɪtrɪ/ N anthropométrie f

**anthropomorphic** /ˌænθrəʊpəˈmɔːfɪk/ ADJ anthropomorphe, anthropomorphique

**anthropomorphism** /ˌænθrəʊpəˈmɔːfɪzəm/ N anthropomorphisme m

**anthropomorphist** /ˌænθrəʊpəˈmɔːfɪst/ ADJ, N anthropomorphiste mf

**anthropomorphize** /ˌænθrəʊpəˈmɔːfaɪz/ VT anthropomorphiser

**anthropomorphous** /ˌænθrəʊpəˈmɔːfəs/ ADJ anthropomorphe

**anthropophagi** /ˌænθrəʊˈpɒfəgaɪ/ NPL anthropophages mpl

**anthropophagous** /ˌænθrəʊˈpɒfəgəs/ ADJ anthropophage

**anthropophagy** /ˌænθrəʊˈpɒfədʒɪ/ N anthropophagie f

**anthroposophical** /ˌænθrəʊpəˈsɒfɪkəl/ ADJ anthroposophique

**anthroposophy** /ˌænθrəˈpɒsəfɪ/ N anthroposophie f

**anti\*** /ˈæntɪ/
- ADJ ◆ **he's rather anti** il est plutôt contre
- N ◆ **the antis** ceux qui sont contre
- PREP ◆ **to be anti sth** être contre qch

**anti...** /ˈæntɪ/ PREF anti..., contre...

**anti-abortion** /ˈæntɪəˈbɔːʃən/ N ◆ **anti-abortion campaign** campagne f contre l'avortement

**anti-abortionist** /ˈæntɪəˈbɔːʃənɪst/ N adversaire mf de l'avortement

**anti-ageing** /ˈæntɪˈeɪdʒɪŋ/ ADJ anti-âge inv

**anti-aircraft** /ˈæntɪˈɛəkrɑːft/ ADJ [gun, missile] antiaérien ◆ **anti-aircraft defence** défense f contre avions, DCA f

**anti-allergic** /ˈæntɪəˈlɜːdʒɪk/ ADJ antiallergique

**anti-apartheid** /ˈæntɪˈpɑːteɪt, ˈæntɪˈpɑːtaɪd/ ADJ anti-apartheid

**anti-authority** /ˈæntɪɔːˈθɒrɪtɪ/ ADJ contestataire

**antibacterial** /ˌæntɪbækˈtɪərɪəl/ ADJ antibactérien

**antiballistic** /ˌæntɪbəˈlɪstɪk/ ADJ [missile] antibalistique

**antibiotic** /ˌæntɪbaɪˈɒtɪk/ ADJ, N antibiotique m ◆ **to be on antibiotics** être sous antibiotiques

**antibody** /ˈæntɪˌbɒdɪ/ N anticorps m

**anti-bourgeois** /ˌæntɪˈbʊəʒwɑː/ ADJ antibourgeois

**anticathode** /ˌæntɪˈkæθəʊd/ N anticathode f

**Antichrist** /ˈæntɪkraɪst/ N Antéchrist m

**anti-Christian** /ˌæntɪˈkrɪstɪən/ ADJ antichrétien

**antichurch** /ˌæntɪˈtʃɜːtʃ/ ADJ anticlérical

**anticipate** /ænˈtɪsɪpeɪt/ SYN
- VT ① (= expect, foresee) prévoir, s'attendre à ◆ **we don't anticipate any trouble** nous ne prévoyons pas d'ennuis ◆ **I anticipate that he will come** je m'attends à ce qu'il vienne ◆ **do you anticipate that it will be easy?** pensez-vous que ce sera facile ? ◆ **I anticipate seeing him tomorrow** je pense le voir demain ◆ **the attendance is larger than I anticipated** je ne m'attendais pas à ce que l'assistance soit aussi nombreuse ◆ **as anticipated** comme prévu
- ② (= use, deal with or get before due time) [+ pleasure] savourer à l'avance ; [+ grief, pain] souffrir à l'avance ; [+ success] escompter ; [+ wishes, objections, command, needs, request] aller au devant de, devancer ; [+ blow, attack, events] anticiper ◆ **to anticipate one's income/profits** anticiper sur son revenu/sur ses bénéfices
- ③ (= precede) ◆ **to anticipate sb's doing sth** faire qch avant qn ◆ **they anticipated Columbus' discovery of America, they anticipated Columbus in discovering America** ils ont découvert l'Amérique avant Christophe Colomb
- VI (= act too soon) agir avec précipitation ◆ **don't anticipate!** pas si vite !
- COMP **anticipated profit** N (Fin) bénéfice m escompté

**anticipation** /ænˌtɪsɪˈpeɪʃən/ SYN N
- ① (= expectation, foreseeing) attente f
- ② (= acting too soon) précipitation f
- ③ (= experiencing etc in advance) [of pleasure] attente f ; [of grief, pain] appréhension f ; [of profits, income] jouissance f anticipée ◆ **anticipation of sb's wishes** etc empressement m à aller au-devant des désirs etc de qn
- ④ ◆ **in anticipation** par anticipation, à l'avance ◆ **thanking you in anticipation** en vous remerciant d'avance, avec mes remerciements anticipés ◆ **in anticipation of a fine week** en prévision d'une semaine de beau temps ◆ **we wait with growing anticipation** nous attendons avec une impatience grandissante

**anticipatory** /ænˈtɪsɪpeɪtərɪ/
- ADJ (Phon) régressif
- COMP **anticipatory breach** N (Jur) rupture f de contrat par anticipation

**anticlerical** /ˌæntɪˈklerɪkl/ ADJ, N anticlérical(e) m(f)

**anticlericalism** /ˌæntɪˈklerɪkəlɪzəm/ N anticléricalisme m

**anticlimactic** /ˌæntɪklaɪˈmæktɪk/ ADJ décevant

**anticlimax** /ˈæntɪˈklaɪmæks/ SYN N [of style, thought] chute f (dans le trivial) ◆ **the ceremony was an anticlimax** la cérémonie n'a pas été à la hauteur de l'attente ◆ **what an anticlimax!** quelle douche froide !

**anticline** /ˈæntɪklaɪn/ N anticlinal m

**anticlockwise** /ˈæntɪˈklɒkwaɪz/ ADJ, ADV (Brit) dans le sens inverse des aiguilles d'une montre ◆ **in an anticlockwise direction** dans le sens inverse des aiguilles d'une montre

**anticoagulant** /ˈæntɪkəʊˈæɡjʊlənt/ ADJ, N anticoagulant m

**anticonvulsant** /ˌæntɪkənˈvʌlsənt/ ADJ, N antispasmodique m, anticonvulsivant m

**anticorrosive** /ˈæntɪkəˈrəʊsɪv/
- ADJ anticorrosion
- N produit m anticorrosion inv

**antics** /ˈæntɪks/ NPL [of child, animal] cabrioles fpl, gambades fpl ; [of clown] bouffonneries fpl, singeries fpl ◆ **all his antics** (pej) tout le cinéma\* qu'il a fait ◆ **he's up to his antics again** il fait de nouveau des siennes\*

**anticyclone** /ˌæntɪˈsaɪkləʊn/ N anticyclone m

**antidandruff** /ˌæntɪˈdændrʌf/ ADJ antipelliculaire

**antidazzle** /ˈæntɪˌdæzl/ ADJ [glass, coating] antireflet f inv ◆ **antidazzle headlights** phares mpl antiéblouissants

**antidepressant** /ˈæntɪdɪˈpresənt/
- **N** antidépresseur m
- **ADJ** antidépresseur

**antidiuretic** /ˌæntɪˌdaɪjʊˈretɪk/ **ADJ, N** (Med) antidiurétique m

**anti(-)doping** /ˈæntɪˈdəʊpɪŋ/ **ADJ** antidopage

**antidotal** /ˈæntɪdəʊtəl/ **ADJ** antivenimeux

**antidote** /ˈæntɪdəʊt/ **SYN** N (Med, fig) antidote m (for, to à, contre), contrepoison m (for, to de)

**antidumping** /ˈæntɪˌdʌmpɪŋ/ N antidumping m ◆ **antidumping agreement** convention f antidumping

**antiemetic** /ˌæntɪɪˈmetɪk/ **ADJ, N** (Med) antiémétique m

**anti-establishment** /ˌæntɪɪsˈtæblɪʃmənt/ **ADJ** contestataire

**antifoaming agent** /ˌæntɪˈfəʊmɪŋ/ **N** (Chem) agent m antimousse

**antifreeze** /ˈæntɪfriːz/ **N** antigel m

**anti-friction** /ˌæntɪˈfrɪkʃən/ **ADJ** antifriction inv

**antigen** /ˈæntɪdʒən/ **N** antigène m

**antiglare** /ˈæntɪglɛər/ **ADJ** ⇒ **antidazzle**

**anti-globalization** /ˌæntɪˌgləʊbəlaɪˈzeɪʃən/ **N** antimondialisation f ◆ **anti-globalization protesters** des manifestants antimondialisation

**Antigone** /ænˈtɪgənɪ/ **N** Antigone f

**Antigua** /ænˈtiːgjʊə/ **N** Antigua ◆ **Antigua and Barbuda** Antigua et Barbuda

**Antiguan** /ænˈtiːgən/
- **ADJ** antiguais
- **N** Antiguais(e) m(f)

**antihero** /ˈæntɪˌhɪərəʊ/ **N** (pl **antiheroes**) antihéros m

**antiheroine** /ˈæntɪˈherəʊɪn/ **N** antihéroïne f

**antihistamine** /ˌæntɪˈhɪstəmɪn/ **N** (produit m) antihistaminique m

**anti-inflammatory** /ˌæntɪɪnˈflæmət(ə)rɪ/ **ADJ** (Med) anti-inflammatoire

**anti-inflation** /ˌæntɪɪnˈfleɪʃən/ **ADJ** anti-inflationniste

**anti-inflationary** /ˌæntɪɪnˈfleɪʃənərɪ/ **ADJ** anti-inflationniste

**anti-intellectualism** /ˌæntɪˌɪntɪˈlektʃʊəlɪzəm/ **N** anti-intellectualisme m

**anti-interference** /ˌæntɪˌɪntəˈfɪərəns/ **ADJ** antiparasite

**anti-knock** /ˈæntɪnɒk/ **N** antidétonant m

**Antilles** /ænˈtɪliːz/ **N** ◆ **the Antilles** les Antilles fpl ◆ **the Greater/the Lesser Antilles** les Grandes/Petites Antilles fpl

**antilock** /ˈæntɪlɒk/ **ADJ** (Aut) ◆ **antilock braking system** système m antiblocage ou ABS ◆ **antilock brakes** freins mpl ABS ◆ **antilock device** dispositif m antiblocage

**antilogarithm** /ˌæntɪˈlɒgərɪθəm/ **N** antilogarithme m

**antilogy** /ænˈtɪlədʒɪ/ **N** antilogie f

**antimacassar** /ˌæntɪməˈkæsər/ **N** têtière f, appui-tête m

**antimagnetic** /ˌæntɪmægˈnetɪk/ **ADJ** antimagnétique

**antimalarial** /ˌæntɪməˈlɛərɪəl/ **ADJ, N** (Med) antimalarique m, antipaludéen m

**antimarketeer** /ˌæntɪmɑːkəˈtɪər/ **N** (Brit Pol) adversaire mf du Marché commun

**antimatter** /ˈæntɪˌmætər/ **N** antimatière f

**antimissile** /ˈæntɪˈmɪsaɪl/ **ADJ** antimissile

**antimony** /ˈæntɪmənɪ/ **N** antimoine m

**antimycotic** /ˌæntɪmaɪˈkɒtɪk/ **ADJ, N** antimycosique m

**anti-Nazi** **ADJ, N** antinazi(e) m(f)

**antineutrino** /ˌæntɪnjuːˈtriːnəʊ/ **N** antineutrino m

**antineutron** /ˌæntɪˈnjuːtrɒn/ **N** antineutron m

**antinode** /ˈæntɪnəʊd/ **N** (Phys) ventre m

**antinomy** /ænˈtɪnəmɪ/ **N** antinomie f

**antinovel** /ˈæntɪˌnɒvəl/ **N** (Literat) antiroman m

**antinuclear** /ˈæntɪˈnjuːklɪər/ **ADJ** antinucléaire

**antinuke** * /ˌæntɪˈnjuːk/ **ADJ** antinucléaire

**Antioch** /ˈæntɪɒk/ **N** Antioche f

**antioxidant** /ˌæntɪˈɒksɪdənt/ **N** antioxydant m

**antiparticle** /ˈæntɪˌpɑːtɪkl/ **N** antiparticule f

**antipasto** /ˌæntɪˈpæstəʊ/ (pl **antipasti**) **N** antipasto m

**antipathetic** /ˌæntɪpəˈθetɪk/ **ADJ** antipathique (to à)

**antipathy** /ænˈtɪpəθɪ/ **SYN** N antipathie f, aversion f (against, to pour)

**antiperistaltic** /ˌæntɪˌperɪˈstæltɪk/ **ADJ** antipéristaltique

**antipersonnel** /ˌæntɪpɜːsəˈnel/ **ADJ** (Mil) antipersonnel inv

**antiperspirant** /ˌæntɪˈpɜːspɪrənt/
- **N** déodorant m
- **ADJ** anti(-)transpiration

**antiphon** /ˈæntɪfən/ **N** (Rel) antienne f

**antiphonary** /ænˈtɪfənərɪ/ **N** antiphonaire m

**antiphony** /ænˈtɪfənɪ/ **N** (Mus) antienne f

**antiphrasis** /ænˈtɪfrəsɪs/ **N** antiphrase f

**antipodean** /ænˌtɪpəˈdɪən/ **ADJ** d'Australie ou de Nouvelle-Zélande

**antipodes** /ænˈtɪpədiːz/ **NPL** (esp Brit) antipodes mpl

**antipollution** /ˌæntɪpəˈluːʃən/ **ADJ** antipollution

**antiproton** /ˌæntɪˈprəʊtɒn/ **N** antiproton m

**antiquarian** /ˌæntɪˈkwɛərɪən/
- **ADJ** d'antiquaire ◆ **antiquarian bookseller** libraire mf spécialisé(e) dans le livre ancien ◆ **antiquarian collection** collection f d'antiquités
- **N** 1 amateur m d'antiquités
- 2 (Comm) antiquaire mf ◆ **antiquarian's shop** magasin m d'antiquités

**antiquary** /ˈæntɪkwərɪ/ **N** (= collector) collectionneur m, -euse f d'antiquités ; (= student) archéologue mf ; (Comm) antiquaire mf

**antiquated** /ˈæntɪkweɪtɪd/ **SYN** **ADJ** [factory, prison, industry] vétuste ; [machinery, equipment] vétuste, archaïque ; [system, practice] archaïque ; [idea, belief] vieillot (-otte f) ; [person] vieux jeu inv

**antique** /ænˈtiːk/ **SYN**
- **ADJ** (= very old) [furniture etc] ancien ; ( † = ancient) [civilization etc] antique ; (* hum) antédiluvien *
- **N** (= sculpture, ornament etc) objet m d'art (ancien) ; (= furniture) meuble m ancien ◆ **it's a genuine antique** c'est un objet (or un meuble) d'époque
- **COMP** **antique dealer** **N** antiquaire mf **antique shop** **N** magasin m d'antiquités

**antiqued** /ænˈtiːkt/ **ADJ** [furniture, pine] verni à l'ancienne ; [finish] à l'ancienne ; [leather] vieilli, patiné

**antiquity** /ænˈtɪkwɪtɪ/ **SYN** N 1 (NonC = great age) ancienneté f
2 (= ancient times) antiquité f ◆ **in antiquity** dans l'Antiquité
3 ◆ **antiquities** (= buildings) monuments mpl antiques ; (= works of art) objets mpl d'art antiques, antiquités fpl

**anti-racism** /ˈæntɪˈreɪsɪzəm/ **N** antiracisme m

**anti-racist** /ˈæntɪˈreɪsɪst/ **ADJ** antiraciste, contre le racisme

**anti-religious** /ˌæntɪrɪˈlɪdʒəs/ **ADJ** antireligieux

**anti(-)retroviral** /ˌæntɪˌretrəʊˈvaɪərəl/
- **N** antirétroviral m
- **ADJ** antirétroviral, e

**antirevolutionary** /ˌæntɪˌrevəˈluːʃnərɪ/ **ADJ, N** (Pol) antirévolutionnaire mf

**anti-riot** /ˈæntɪˈraɪət/ **ADJ** antiémeute

**anti-roll bar** /ˈæntɪˈrəʊlbɑːr/ **N** barre f antiroulis, stabilisateur m

**antirrhinum** /ˌæntɪˈraɪnəm/ **N** muflier m, gueule-de-loup f

**anti-rust** /ˈæntɪˈrʌst/ **ADJ** [paint, spray etc] antirouille inv

**antiscorbutic** /ˌæntɪskɔːˈbjuːtɪk/ **ADJ, N** (Med) antiscorbutique m

**antisegregationist** /ˌæntɪsegrəˈgeɪʃənɪst/ **ADJ, N** antiségrégationniste mf

**anti-Semite** /ˈæntɪˈsiːmaɪt/ **N** antisémite mf

**anti-Semitic** /ˌæntɪsɪˈmɪtɪk/ **ADJ** antisémite

**anti-Semitism** /ˈæntɪˈsemɪtɪzəm/ **N** antisémitisme m

**antisepsis** /ˌæntɪˈsepsɪs/ **N** antisepsie f

**antiseptic** /ˌæntɪˈseptɪk/ **SYN** **ADJ, N** antiseptique m

**antiserum** /ˌæntɪˈsɪərəm/ **N** (pl **antiserums** or **antisera** /ˌæntɪˈsɪərə/) antisérum m

**anti-skid** /ˈæntɪˈskɪd/ **ADJ** antidérapant

**anti-slavery** /ˈæntɪˈsleɪvərɪ/ **ADJ** antiesclavagiste

**anti-smoking** /ˈæntɪˈsməʊkɪŋ/ **ADJ** antitabac

**antisocial** /ˈæntɪˈsəʊʃəl/ **SYN** **ADJ** [person] sauvage ; [behaviour, activity] antisocial, asocial ; [habit] antisocial ◆ **he arrived at an antisocial hour** il est arrivé à une heure inique ◆ **don't be antisocial***, **come and join us** ne sois pas si sauvage, viens nous rejoindre

**antispasmodic** /ˌæntɪspæzˈmɒdɪk/ **ADJ, N** antispasmodique m

**antistatic** /ˈæntɪˈstætɪk/ **ADJ** antistatique

**antistrike** /ˈæntɪˈstraɪk/ **ADJ** antigrève

**antisubmarine** /ˌæntɪˌsʌbməˈriːn/ **ADJ** anti-sous-marin

**antisymmetric** /ˌæntɪsɪˈmetrɪk/ **ADJ** antisymétrique

**anti-tank** /ˈæntɪˈtæŋk/ **ADJ** antichar f inv ◆ **anti-tank mines** mines fpl antichars

**anti-terrorist** /ˈæntɪˈterərɪst/ **ADJ** antiterroriste

**anti-theft** /ˈæntɪˈθeft/ **ADJ** ◆ **anti-theft device** (for vehicle, bike) antivol m ; (gen) dispositif m contre le vol, dispositif m antivol

**antithesis** /ænˈtɪθɪsɪs/ **N** (pl **antitheses** /ænˈtɪθɪsiːz/) 1 (= direct opposite) antithèse f (to, of de)
2 (= contrast) contraste m
3 (Literat) antithèse f

**antithetic(al)** /ˌæntɪˈθetɪk(əl)/ **ADJ** antithétique

**antithetically** /ˌæntɪˈθetɪkəlɪ/ **ADV** par antithèse

**antitoxic** /ˈæntɪˈtɒksɪk/ **ADJ** antitoxique

**antitoxin** /ˈæntɪˈtɒksɪn/ **N** antitoxine f

**antitrades** /ˈæntɪtreɪdz/ **NPL** (Met, Naut) contre-alizés mpl

**antitrinitarian** /ˌæntɪˌtrɪnɪˈtɛərɪən/ **N** (Rel) antitrinitaire mf

**antitrust** /ˈæntɪˈtrʌst/ **ADJ** ◆ **antitrust commission** (US) commission f antitrust inv ◆ **antitrust law** (esp US) loi f antitrust inv

**antitussive** /ˌæntɪˈtʌsɪv/ **ADJ, N** (Med) antitussif m

**antivenin** /ˈæntɪˈvenɪn/ **N** anavenin m

**antiviral** /ˈæntɪˈvaɪrəl/ **ADJ** (Med) antiviral

**antivirus** /ˈæntɪˈvaɪrəs/ **ADJ** [program, software] antivirus inv

**antivivisection** /ˌæntɪˌvɪvɪˈsekʃən/ **N** antivivisection f, antivivisectionnisme m

**antivivisectionist** /ˌæntɪˌvɪvɪˈsekʃənɪst/ **N** adversaire mf de la vivisection

**antiwar** /ˈæntɪwɔːr/ **ADJ** antiguerre inv

**antiwrinkle** /ˈæntɪˈrɪŋkl/ **ADJ** antirides inv

**antler** /ˈæntlər/ **N** bois m (de cerf) ◆ **the antlers** les bois mpl, la ramure ◆ **a fine set of antlers** une belle ramure

**antlion** /ˈæntlaɪən/ **N** (Zool) fourmilion m, fourmi-lion m

**Antonine Wall** /ˈæntənaɪn/ **N** (Brit Hist) mur m d'Antonin

**antonomasia** /ˌæntənəˈmeɪzɪə/ **N** antonomase f

**antonym** /ˈæntənɪm/ **N** antonyme m

**antonymous** /ænˈtɒnɪməs/ **ADJ** antonymique

**antonymy** /ænˈtɒnɪmɪ/ **N** antonymie f

**antsy** * /ˈæntsɪ/ **ADJ** (US) nerveux, agité

**Antwerp** /ˈæntwɜːp/ **N** Anvers

**Anubis** /əˈnjuːbɪs/ **N** (Myth) Anubis m

**anuresis** /ˌænjʊˈriːsɪs/ **N** (Med) rétention f urinaire

**anuria** /əˈnjʊərɪə/ **N** (Med) anurie f

**anus** /ˈeɪnəs/ **N** anus m

**anvil** /ˈænvɪl/
- **N** enclume f ◆ **forged on the anvil of…** (fig) forgé sur l'enclume de…
- **COMP** **anvil cloud** **N** cumulonimbus m

**anxiety** /æŋˈzaɪətɪ/ **SYN** N 1 (= concern, also Psych) anxiété f ◆ **deep anxiety** angoisse f ◆ **this is a great (cause of) anxiety to me** ceci m'inquiète énormément, ceci me donne énormément de soucis ◆ **anxiety neurosis** (Psych) anxiété f névrotique
2 (= keen desire) grand désir m, désir m ardent ◆ **his anxiety to do well** son grand désir de réussir ◆ **in his anxiety to be gone he left his pen behind** il était si pressé de partir qu'il en a oublié son stylo, dans son souci de partir au plus vite il a oublié son stylo

**anxious** /ˈæŋkʃəs/ SYN ADJ 1 (= *worried*) *[person, face, look]* anxieux (*about sth* à propos de qch ; *about doing sth* à l'idée de faire qch) ; *[feeling]* d'anxiété ♦ **to keep an anxious eye on sb** surveiller qn d'un œil inquiet ♦ **she is anxious about my health** mon état de santé l'inquiète beaucoup

2 (= *worrying*) *[time, situation, wait]* angoissant

3 (= *eager*) ♦ **to be anxious to do sth** tenir beaucoup à faire qch ♦ **not to be very anxious to do sth** n'avoir guère envie de faire qch ♦ **to be anxious that...** tenir beaucoup à ce que... + *subj* ♦ **to be anxious for sth** attendre qch avec impatience ♦ **anxious for praise** avide de louanges ♦ **she was anxious for him to leave** elle avait hâte qu'il s'en aille

**anxiously** /ˈæŋkʃəslɪ/ ADV 1 (= *worriedly*) *[say, ask]* anxieusement ♦ **to look anxiously at sb/sth** jeter un regard anxieux à qn/qch

2 (= *eagerly*) *[wait for]* impatiemment

**anxiousness** /ˈæŋkʃəsnɪs/ N ⇒ **anxiety**

**any** /ˈenɪ/

ADJ 1 (*negative contexts = some*) ♦ **I haven't got any money/books** je n'ai pas d'argent/de livres ♦ **you haven't got any excuse** vous n'avez aucune excuse ♦ **this pan hasn't got any lid** cette casserole n'a pas de couvercle ♦ **there isn't any sign of life** il n'y a aucun signe de vie, il n'y a pas le moindre signe de vie ♦ **I don't see any reason not to allow it** je ne vois pas pourquoi cela serait défendu ♦ **without any difficulty (at all)** sans (la moindre) difficulté ♦ **the impossibility of giving them any advice** l'impossibilité de leur donner le moindre conseil ♦ **I have hardly any money left** il ne me reste presque plus d'argent ♦ **"no parking at any time"** « stationnement interdit 24 heures sur 24 » ♦ **no animals of any sort are allowed** les animaux sont strictement interdits ♦ **I can't see you at any other time** je ne suis disponible pour vous voir qu'à ce moment-là

2 (*questions, hypotheses = some*) ♦ **have you got any butter?** avez-vous du beurre ? ♦ **did they find any survivors?** ont-ils trouvé des survivants ? ♦ **if you see any children** si vous voyez des enfants ♦ **are there any others?** y en a-t-il d'autres ? ♦ **is it any use trying?** est-ce que cela vaut la peine d'essayer ? ♦ **do you have any complaints?** avez-vous à vous plaindre de quelque chose ? ♦ **do you want any particular brand of whisky?** vous voulez une marque de whisky particulière ? ♦ **if for any reason you disagree** si, pour une raison ou une autre, vous n'êtes pas d'accord ♦ **if you should have any problems** si vous avez un problème quelconque, si vous avez des problèmes ♦ **if you have any money** si vous avez de l'argent ♦ **he can do it if any man can** si quelqu'un peut le faire, c'est bien lui ♦ **if it is in any way inconvenient to you** (*frm*) si cela vous cause un dérangement quel qu'il soit, si cela vous cause le moindre dérangement

3 (= *no matter which*) n'importe quel, quelconque ; (= *each and every*) tout ♦ **take any two points** prenez deux points quelconques ♦ **take any card you like** prenez n'importe quelle carte, prenez la carte que vous voulez ♦ **come at any time** venez à n'importe quelle heure ♦ **at any hour of the day (or night)** à toute heure du jour (ou de la nuit) ♦ **any time now** d'un moment à l'autre, très bientôt ♦ **any pupil who breaks the rules will be punished** tout élève qui enfreindra le règlement sera puni ♦ **any actor will tell you that performing is not easy** n'importe quel acteur vous dira que ce n'est pas facile de jouer ♦ **any other judge would have been more lenient** tout autre juge aurait été plus clément ♦ **"valid at any station in Belgium"** « valable dans toutes les gares belges » ♦ **he's not just any (old*) footballer** ce n'est pas n'importe quel footballeur ♦ **they're not just any old * shoes, they're handmade** ce ne sont pas des chaussures quelconques, elles sont faites main ♦ **they eat any old thing*** ils mangent n'importe quoi ; → **day, minute**[1]

4 (*phrases*) ♦ **they have any amount of money** ils ont énormément d'argent ♦ **we have any amount of time** nous avons tout le *or* notre temps ♦ **there are any number of ways to do it** il y a mille façons de le faire ; → **case**[1], **rate**[1], **event**

PRON 1 (*negative contexts*) ♦ **she has two brothers but I haven't got any** elle a deux frères mais moi je n'en ai pas ♦ **I don't believe any of them has done it** je ne crois pas qu'aucun d'eux l'ait fait ♦ **I have hardly any left** il ne m'en reste presque plus

2 (*questions, hypotheses*) ♦ **have you got any?** en avez-vous ? ♦ **if any of you can sing** si l'un d'entre vous *or* si quelqu'un parmi vous sait chanter ♦ **if any of them come out** s'il y en a parmi eux qui sortent, si quelques-uns d'entre eux sortent ♦ **if any of them comes out** si l'un d'entre eux sort ♦ **few, if any, will come** il viendra peu de gens, si tant est qu'il en vienne, il ne viendra pas grand-monde, voire personne

3 (= *no matter which*) ♦ **any of those pens will do** n'importe lequel de ces stylos fera l'affaire

ADV 1 (*negative contexts*) ♦ **she is not any more intelligent than her sister** elle n'est pas plus intelligente que sa sœur ♦ **we can't go any further** nous ne pouvons pas aller plus loin ♦ **I won't wait any longer** je n'attendrai pas plus longtemps ♦ **without any more discussion they left** ils sont partis sans ajouter un mot ♦ **I can't imagine things getting any better for the unemployed** je ne pense pas que la situation puisse s'améliorer pour les chômeurs ♦ **the room didn't look any too clean** * la pièce ne faisait vraiment pas propre

♦ **not... any more** ne... plus ♦ **I can't hear him any more** je ne l'entends plus ♦ **don't do it any more!** ne recommence pas ! ♦ **is he rich? – not any more** est-ce qu'il est riche ? – plus maintenant ♦ **are you still in touch? – not any more** êtes-vous toujours en contact ? – non, plus maintenant

2 (*questions, hypotheses, comparisons*) un peu ♦ **are you feeling any better?** vous sentez-vous un peu mieux ? ♦ **do you want any more soup?** voulez-vous encore de la soupe *or* encore un peu de soupe ? ♦ **any colder and we'd have frozen to death** si la température avait encore baissé, nous serions morts de froid ♦ **if you see any more beautiful painting than this** si vous voyez jamais plus belle peinture que celle-ci ♦ **I couldn't do that any more than I could fly** je ne serais pas plus capable de faire cela que de voler

3 * (= *at all*) ♦ **the rope didn't help them any** la corde ne leur a pas servi à grand-chose *or* ne leur a servi à rien du tout

**anybody** /ˈenɪbɒdɪ/ PRON 1 (*negative contexts = somebody*) ♦ **I can't see anybody** je ne vois personne ♦ **there is hardly anybody there** il n'y a presque personne ♦ **without anybody seeing him** sans que personne (ne) le voie ♦ **it's impossible for anybody to see him today** personne ne peut le voir aujourd'hui

2 (*questions, hypotheses = somebody*) quelqu'un ♦ **was (there) anybody there?** est-ce qu'il y avait quelqu'un ? ♦ **did anybody see you?** est-ce que quelqu'un t'a vu ?, est-ce qu'on t'a vu ? ♦ **anybody want my sandwich?** quelqu'un veut mon sandwich ? ♦ **if anybody can do it, he can** si quelqu'un peut le faire c'est bien lui

3 (*affirmatives = no matter who*) ♦ **anybody who wants to do it should say so now** si quelqu'un veut le faire qu'il le dise tout de suite ♦ **anybody could tell you** n'importe qui pourrait vous le dire ♦ **anybody would have thought he had lost** on aurait pu croire *or* on aurait cru qu'il avait perdu ♦ **bring anybody you like** amenez qui vous voudrez ♦ **anybody who had heard him speak would agree** quiconque l'a entendu parler serait d'accord ♦ **anybody with any sense would know that!** toute personne sensée sait ça ! ♦ **anybody but Robert** n'importe qui d'autre que *or* tout autre que Robert ♦ **bring somebody to help us, anybody will do** amenez quelqu'un pour nous aider, n'importe qui fera l'affaire ♦ **he's not just anybody*, he's the boss** ce n'est pas le premier venu *or* n'importe qui, c'est le patron ; → **else**

**anyhow** /ˈenɪhaʊ/ ADV 1 (= *in any case, at all events*) en tout cas, de toute façon ♦ **whatever you say, they'll do it anyhow** vous pouvez dire ce que vous voulez, ils le feront de toute façon *or* quand même ♦ **you can try anyhow** vous pouvez toujours essayer

2 (* = *carelessly, haphazardly* : also **any old how**) n'importe comment ♦ **he just did it anyhow** il l'a fait n'importe comment ♦ **the books were all anyhow on the floor** les livres étaient tous en désordre par terre

3 (= *no matter how*) ♦ **do it anyhow you like** faites-le comme vous voulez ♦ **the house was locked and I couldn't get in anyhow** la maison était fermée à clé et je n'avais aucun moyen d'entrer ♦ **anyhow I do it, it always fails** de quelque façon que je m'y prenne ça ne réussit jamais

4 (* : *summing up, changing subject*) bon ♦ **anyhow, it's time I was going** bon, il faut que j'y aille

**anymore** /ˌenɪˈmɔːʳ/ ADV ne... plus ♦ **I couldn't trust him anymore** je ne pouvais plus lui faire confiance ; see also **any adv**

**anyone** /ˈenɪwʌn/ PRON ⇒ **anybody**

**anyplace*** /ˈenɪpleɪs/ ADV (*US*) ⇒ **anywhere**

**anyroad**‡ /ˈenɪrəʊd/ ADV (*Brit*) (= *anyway*) en tout cas ♦ **anyroad, he was in a right lather** * en tout cas, il était vachement en colère*

**anything** /ˈenɪθɪŋ/ PRON 1 (*negative contexts = something*) ♦ **there isn't anything to be done** il n'y a rien à faire ♦ **there wasn't anything in the box** il n'y avait rien dans la boîte ♦ **we haven't seen anything** nous n'avons rien vu ♦ **he won't eat meat or cheese or anything*** il ne veut manger ni viande ni fromage ni rien* ♦ **hardly anything** presque rien ♦ **without anything happening** sans qu'il se passe *subj* rien

♦ **anything but** ♦ **this is anything but pleasant** ceci n'a vraiment rien d'agréable ♦ **anything but!** pas du tout !, bien au contraire !

2 (*questions, hypotheses = something*) ♦ **was there anything in the box?** est-ce qu'il y avait quelque chose dans la boîte ? ♦ **did you see anything?** avez-vous vu quelque chose ? ♦ **are you doing anything tonight?** vous faites quelque chose ce soir ?, avez-vous quelque chose de prévu pour ce soir ? ♦ **is there anything in this idea?** peut-on tirer quoi que ce soit de cette idée ? ♦ **can anything be done?** y a-t-il quelque chose à faire ?, peut-on faire quelque chose ? ♦ **can't anything be done?** n'y a-t-il rien à faire ?, ne peut-on faire quelque chose ? ♦ **have you heard anything of her?** avez-vous de ses nouvelles ? ♦ **if anything should happen to me** s'il m'arrivait quelque chose *or* quoi que ce soit ♦ **if I see anything I'll tell you** si je vois quelque chose je te le dirai ♦ **he must have anything between 15 and 20 apple trees** il doit avoir quelque chose comme 15 ou 20 pommiers ; → **else**

♦ **if anything...** ♦ **if anything it's an improvement** ce serait plutôt une amélioration ♦ **it is, if anything, even smaller** c'est peut-être encore plus petit

3 (*with adj*) ♦ **I didn't see anything interesting** je n'ai rien vu d'intéressant ♦ **did you see anything interesting?** tu as vu quelque chose d'intéressant ? ♦ **is there anything more tiring/boring than...?** y a-t-il rien de plus fatigant/ennuyeux que... ?

4 (= *no matter what*) ♦ **say anything (at all)** dites n'importe quoi ♦ **take anything you like** prenez ce que vous voudrez ♦ **anything else would disappoint her** s'il en était autrement elle serait déçue ♦ **anything else is impossible** il n'y a pas d'autre possibilité ♦ **I'll try anything else** j'essaierai n'importe quoi d'autre ♦ **I'd give anything to know the secret** je donnerais n'importe quoi pour connaître le secret ♦ **this isn't just anything** ce n'est pas n'importe quoi ♦ **they eat anything** (= *they're not fussy*) ils mangent de tout

♦ **like anything*** ♦ **he ran like anything** il s'est mis à courir comme un dératé* *or* un fou ♦ **she cried like anything** elle a pleuré comme une Madeleine* ♦ **we laughed like anything** on a ri comme des fous, qu'est-ce qu'on a pu rire ! ♦ **they worked like anything** ils ont travaillé d'arrache-pied *or* comme des fous* ♦ **it's raining like anything** il pleut *or* tombe des cordes*

♦ **as... as anything*** ♦ **it's as big as anything** c'est très très grand ♦ **it was as silly as anything** c'était idiot comme tout*

**anytime** /ˈenɪtaɪm/ ADV ⇒ **any time**

**anyway** /ˈenɪweɪ/, **anyways*** (*US*) /ˈenɪweɪz/ ADV ⇒ **anyhow**

**anywhere** /ˈenɪwɛəʳ/ ADV 1 (*affirmatives*) (= *no matter where*) n'importe où, partout ♦ **I'd live anywhere in France** je vivrais n'importe où en France ♦ **the oldest rock paintings anywhere in North America** les peintures rupestres les plus anciennes de toute l'Amérique du Nord ♦ **there are more of this species in these waters than anywhere in the world** il y a plus de représentants de cette espèce dans ces eaux que partout ailleurs dans le monde ♦ **put it down anywhere** pose-le n'importe où ♦ **you can find that soap anywhere** ce savon se trouve partout ♦ **go anywhere you like** va où tu veux ♦ **anywhere you go it's the same (thing)** où qu'on aille c'est la même chose ♦ **anywhere else** partout ailleurs ♦ **miles from anywhere*** loin de tout ♦ **there were anywhere between 200 and 300 people at the meeting** le nombre de personnes présentes à la réunion pouvait aller de 200 à 300 ◆ **the time of death could have been anywhere from two to five days ago** la mort aurait pu survenir entre deux et cinq jours auparavant

2 (*negatives*) nulle part ◆ **they didn't go anywhere** ils ne sont allés nulle part ◆ **we haven't been anywhere this summer** nous ne sommes allés nulle part cet été ◆ **this species is not to be found anywhere else** cette espèce ne se trouve nulle part ailleurs ◆ **we're not going anywhere in particular** nous n'allons nulle part en particulier ◆ **we can't afford to eat anywhere expensive** nous ne pouvons pas nous permettre d'aller dans un restaurant cher ◆ **that had not happened anywhere in human history** cela ne s'était jamais produit dans l'histoire de l'humanité ◆ **we aren't anywhere near**＊ **Paris** nous sommes loin de Paris ◆ **the house isn't anywhere near**＊ **big enough** la maison est loin d'être assez grande ◆ **you aren't anywhere near it!**＊ (*guessing etc*) tu n'y es pas du tout ! ◆ **it won't get you anywhere** cela ne vous mènera à rien ◆ **we're not getting anywhere** cela ne nous mène à rien ◆ **I'm not earning any money, so I'm not going anywhere** je ne gagne pas d'argent, alors je ne vais nulle part ◆ **he came first and the rest didn't come anywhere**＊ (*Sport etc*) il est arrivé premier et les autres étaient loin derrière

3 (*interrogatives*) quelque part ◆ **have you seen it anywhere?** l'avez-vous vu quelque part ? ; → **else**

**Anzac** /ˈænzæk/ **N** (= *soldier*) soldat australien ou néo-zélandais

**AOB, a.o.b.** /ˌeɪəʊˈbiː/ (*abbrev of* **any other business**) autres sujets *mpl* à l'ordre du jour

**AOCB** /ˌeɪəʊsiːˈbiː/ **N** (*abbrev of* **any other competent business**) ⇒ **AOB**

**AONB** /ˌeɪəʊenˈbiː/ **N** (*Brit*) (*abbrev of* **Area of Outstanding Natural Beauty**) → **area**

**aorist** /ˈeəɒrɪst/ **N** aoriste *m*

**aorta** /eɪˈɔːtə/ **N** (*pl* **aortas** *or* **aortae** /eɪˈɔːtiː/) aorte *f*

**aortic** /eɪˈɔːtɪk/ **ADJ** (*Anat*) aortique

**aortitis** /ˌeɪɔːˈtaɪtɪs/ **N** aortite *f*

**Aosta** /ɑːˈɒstə/ **N** Aoste *m*

**AP** /eɪˈpiː/ **N** (*abbrev of* **Associated Press**) agence de presse

**apace** /əˈpeɪs/ **ADV** (*frm*) rapidement, vite

**Apache** /əˈpætʃɪ/ **N** (= *person*) Apache *mf*

**APACS** /ˈæpæks/ **N** (*abbrev of* **Association for Payment Clearing Services**) association britannique des services de compensation

**apart** /əˈpɑːt/ SYN

▶ When **apart** is an element in a phrasal verb, eg **fall apart, keep apart, tear apart, tell apart**, look up the verb.

**ADV** 1 (= *separated*) ◆ **houses a long way apart** maisons (fort) éloignées l'une de l'autre *or* à une grande distance l'une de l'autre ◆ **set equally apart** espacés à intervalles réguliers ◆ **their birthdays were two days apart** leurs anniversaires étaient à deux jours d'intervalle ◆ **to stand with one's feet apart** se tenir les jambes écartées ; → **class, world**

2 (= *on one side*) à part, à l'écart ◆ **to hold o.s. apart** se tenir à l'écart (*from* de) ◆ **joking apart** plaisanterie à part, blague à part＊ ◆ **that apart** à part cela, cela mis à part

◆ **apart from** ◆ **apart from these difficulties** en dehors de *or* à part ces difficultés, ces difficultés mises à part ◆ **apart from the fact that...** en dehors du fait que...

3 (= *separately, distinctly*) séparément ◆ **they are living apart now** ils sont séparés maintenant ◆ **he lives apart from his wife** il est séparé de sa femme, il n'habite plus avec sa femme ◆ **you can't tell the twins apart** on ne peut distinguer les jumeaux l'un de l'autre ◆ **we'll have to keep those boys apart** il va falloir séparer ces garçons

4 (= *into pieces*) en pièces, en morceaux ◆ **to take apart** démonter, désassembler ; → **come, fall, tear**[1]

**apartheid** /əˈpɑːteɪt, əˈpɑːtaɪd/ **N** apartheid *m* ◆ **the apartheid laws** la législation permettant l'apartheid

**apartment** /əˈpɑːtmənt/ SYN **N** 1 (*esp US* = *flat*) appartement *m* ◆ **apartment building** *or* **house** (= *block*) immeuble *m* (*de résidence*) ; (= *divided house*) maison *f* (divisée en appartements)

2 (*Brit*) (= *room*) pièce *f* ; (= *bedroom*) chambre *f* ◆ **a five-apartment house** une maison de cinq pièces ◆ **furnished apartments** meublé *m*

**apathetic** /ˌæpəˈθetɪk/ **ADJ** apathique

**apathetically** /ˌæpəˈθetɪklɪ/ **ADV** avec apathie

**apathy** /ˈæpəθɪ/ SYN **N** apathie *f*

**apatite** /ˈæpətaɪt/ **N** apatite *f*

**APB** /ˌeɪpiːˈbiː/ **N** (*US*) (*abbrev of* **all-points bulletin**) message *m* à toutes les patrouilles ◆ **to put out an APB** envoyer un message à toutes les patrouilles

**APC** /ˌeɪpiːˈsiː/ **N** (*abbrev of* **armoured personnel carrier**) → **armoured**

**ape** /eɪp/ SYN

**N** (*grand*) singe *m* ◆ **big ape** (＊ *pej*) = *person*) grande brute *f* ◆ **to go ape**＊＊ (*esp US*) (= *angry*) se mettre en rogne＊ ; (= *excited*) s'emballer＊ (*over* pour) ; → **apeshit**

**VT** (*pej* = *imitate*) singer (*pej*)

**APEC** /ˈeɪpek/ **N** (*abbrev of* **Asia Pacific Economic Cooperation**) APEC *f*, Coopération *f* économique Asie-Pacifique

**apeman** /ˈeɪpmæn/ **N** anthropoïde *m*, homme-singe *m*

**Apennines** /ˈæpənaɪnz/ **NPL** Apennin *m*

**aperient** /əˈpɪərɪənt/ **ADJ, N** laxatif *m*

**aperitif** /əˌperɪˈtiːf/ **N** apéritif *m*

**aperture** /ˈæpətʃʊə/ SYN **N** (= *hole*) trou *m*, ouverture *f* ; (= *gap*) brèche *f*, trouée *f* ; (*Phot*) ouverture *f* (du diaphragme)

**apeshit**＊＊ /ˈeɪpʃɪt/ **ADJ** (*esp US*) ◆ **to go apeshit** (= *angry*) se mettre en rogne＊ ; (= *excited*) s'emballer ; → **ape**

**apetalous** /eɪˈpetələs/ **ADJ** (*Bot*) apétale

**APEX** /ˈeɪpeks/ **N** 1 (*abbrev of* **Association of Professional, Executive, Clerical and Computer Staff**) *syndicat*

2 (*also* **apex**) (*abbrev of* **advance purchase excursion**) ◆ **APEX fare/ticket** prix *m*/billet *m* APEX

**apex** /ˈeɪpeks/ **N** (*pl* **apexes** *or* **apices**) (*Geom, Med*) sommet *m* ; [*of tongue*] apex *m*, pointe *f* ; (*fig*) sommet *m*, point *m* culminant

**apgar score** /ˈæpgɑː/ **N** (*Med*) indice *m or* score *m* d'Apgar

**aphaeresis** /əˈfɪərɪsɪs/ **N** (*Ling*) aphérèse *f*

**aphasia** /æˈfeɪzɪə/ **N** aphasie *f*

**aphasic** /æˈfeɪzɪk/ **ADJ** aphasique

**aphelion** /æpˈhiːlɪən/ **N** (*pl* **aphelia** /æpˈhiːlɪə/) (*Astron*) aphélie *f*

**aphesis** /ˈæfɪsɪs/ **N** (*Ling*) aphérèse *f*

**aphid** /ˈeɪfɪd/ **N** puceron *m*

**aphis** /ˈeɪfɪs/ **N** (*pl* **aphides** /ˈeɪfɪdiːz/) aphidé *m*

**aphonia** /əˈfəʊnɪə/ **N** (*Med*) aphonie *f*

**aphonic** /əˈfɒnɪk/ **ADJ** 1 [*person*] aphone

2 (= *silent*) [*consonant etc*] muet

**aphorism** /ˈæfərɪzəm/ SYN **N** aphorisme *m*

**aphorist** /ˈæfərɪst/ **N** auteur *m* d'aphorismes

**aphoristic** /ˌæfəˈrɪstɪk/ **ADJ** aphoristique

**aphrodisiac** /ˌæfrəʊˈdɪzɪæk/ **ADJ, N** aphrodisiaque *m*

**Aphrodite** /ˌæfrəˈdaɪtɪ/ **N** Aphrodite *f*

**aphyllous** /əˈfɪləs/ **ADJ** (*Bot*) aphylle

**apian** /ˈeɪpɪən/ **ADJ** des abeilles

**apiarist** /ˈeɪpɪərɪst/ **N** apiculteur *m*, -trice *f*

**apiary** /ˈeɪpɪərɪ/ **N** rucher *m*

**apices** /ˈeɪpɪsiːz/ **NPL** of **apex**

**apiculture** /ˈeɪpɪˌkʌltʃə/ **N** apiculture *f*

**apiece** /əˈpiːs/ SYN **ADV** (= *for each person*) chacun(e), par personne ; (= *for each thing*) chacun(e), pièce *inv*

**aplanatic** /ˌæpləˈnætɪk/ **ADJ** aplanétique

**aplasia** /əˈpleɪzɪə/ **N** aplasie *f*

**aplastic** /eɪˈplæstɪk/ **ADJ** aplastique ◆ **COMP aplastic anaemia, aplastic anemia** (*US*) **N** anémie *f* aplastique

**aplenty** /əˈplentɪ/ **ADV** (*liter*) en abondance

**aplomb** /əˈplɒm/ SYN **N** (*liter*) sang-froid *m*, assurance *f*

**apnoea, apnea** (*US*) /æpˈniːə/ **N** (*Med*) apnée *f*

**Apocalypse** /əˈpɒkəlɪps/ **N** Apocalypse *f* (*also fig*)

**apocalyptic** /əˌpɒkəˈlɪptɪk/ **ADJ** apocalyptique

**apocarpous** /ˌæpəˈkɑːpəs/ **ADJ** (*Bot*) apocarpe

**apocopate** /əˈpɒkəpeɪt/ **VT** raccourcir par apocope

**apocope** /əˈpɒkəpɪ/ **N** apocope *f*

**Apocrypha** /əˈpɒkrɪfə/ **NPL** apocryphes *mpl*

**apocryphal** /əˈpɒkrɪfəl/ SYN **ADJ** apocryphe

**apodal** /ˈæpədl/ **ADJ** apode

**apodous** /ˈæpədəs/ **ADJ** apode

**apoenzyme** /ˌæpəʊˈenzaɪm/ **N** apoenzyme *m or f*

**apogamy** /əˈpɒgəmɪ/ **N** apogamie *f*

**apogee** /ˈæpəʊdʒiː/ **N** apogée *m*

**apolitical** /ˌeɪpəˈlɪtɪkəl/ **ADJ** apolitique

**Apollo** /əˈpɒləʊ/ **N** (*Myth*) Apollon *m* ; (*Space*) Apollo *m*

**apologetic** /əˌpɒləˈdʒetɪk/ SYN **ADJ** [*smile, letter*] d'excuse ; [*manner, tone*] contrit ◆ **with an apologetic air** d'un air contrit ◆ **to be apologetic (about sth)** se montrer très contrit (au sujet de qch) ◆ **to be profusely apologetic** [*person*] se confondre *or* se répandre en excuses ◆ **he didn't look in the least apologetic** il n'avait du tout l'air désolé

**apologetically** /əˌpɒləˈdʒetɪkəlɪ/ **ADV** [*say, smile*] d'un air contrit, pour s'excuser

**apologetics** /əˌpɒləˈdʒetɪks/ **N** (*NonC*) apologétique *f*

**apologia** /ˌæpəˈləʊdʒɪə/ **N** apologie *f*

**apologist** /əˈpɒlədʒɪst/ **N** apologiste *mf* (*for* de)

**apologize** /əˈpɒlədʒaɪz/ LANGUAGE IN USE 18.1 SYN **VI** s'excuser ◆ **to apologize to sb (for sth)** s'excuser (de qch) auprès de qn, faire *or* présenter des excuses à qn (pour qch) ◆ **she apologized to them for her son** elle leur a demandé d'excuser la conduite de son fils ◆ **to apologize profusely** se confondre *or* se répandre en excuses

**apologue** /ˈæpəlɒg/ **N** apologue *m*

**apology** /əˈpɒlədʒɪ/ SYN **N** 1 (= *expression of regret*) excuses *fpl* ◆ **a letter of apology** une lettre d'excuses ◆ **to make an apology for sth/for having done sth** s'excuser de qch/d'avoir fait qch, faire *or* présenter ses excuses pour qch/pour avoir fait qch ◆ **there are apologies from Mr Watt** (*for absence at meeting*) M. Watt vous prie d'excuser son absence ◆ **to send one's apologies** envoyer une lettre d'excuse, envoyer un mot d'excuse ◆ **to offer** *or* **make one's apologies** présenter ses excuses ◆ **to make no apology** *or* **apologies for sth** assumer pleinement qch ◆ **with apologies to Shakespeare** (*hum*) au risque que Shakespeare se retourne dans sa tombe

2 (= *defence: for beliefs etc*) apologie *f*

3 (*pej*) ◆ **it was an apology for** *or* **a feeble apology for a speech/bed** en fait de *or* comme discours/lit c'était plutôt minable＊ ◆ **he gave me an apology for a smile** il m'a gratifié d'une sorte de grimace qui se voulait être un sourire ◆ **we were given an apology for a lunch** on nous a servi un soi-disant déjeuner

**apomorphine** /ˌæpəˈmɔːfiːn/ **N** apomorphine *f*

**aponeurosis** /ˌæpənjʊəˈrəʊsɪs/ **N** (*pl* **aponeuroses** /ˌæpənjʊəˈrəʊsiːz/) aponévrose *f*

**aponeurotic** /ˌæpənjʊəˈrɒtɪk/ **ADJ** aponévrotique

**apophthegm** /ˈæpəθem/ **N** apophtegme *m*

**apophyge** /əˈpɒfɪdʒɪ/ **N** escape *f*

**apoplectic** /ˌæpəˈplektɪk/

**ADJ** apoplectique ◆ **apoplectic fit** (*Med, fig*) attaque *f* d'apoplexie

**N** apoplectique *mf*

**apoplexy** /ˈæpəpleksɪ/ **N** 1 († = *heart attack*) apoplexie *f*

2 (*fig* = *rage*) fureur *f*

**apoprotein** /ˌæpəˈprəʊtiːn/ **N** apoprotéine *f*

**aporia** /əˈpɔːrɪə/ **N** (*Philos*) aporie *f*

**aposiopesis** /ˌæpəʊˌsaɪəˈpiːsɪs/ **N** (*pl* **aposiopeses** /ˌæpəʊˌsaɪəˈpiːsiːz/) aposiopèse *f*

**apostasy** /əˈpɒstəsɪ/ **N** apostasie *f*

**apostate** /əˈpɒstɪt/ **ADJ, N** apostat(e) *m(f)*

**apostatize** /əˈpɒstətaɪz/ **VI** apostasier

**a posteriori** /ˌeɪpɒsˌterɪˈɔːraɪ, ˌeɪpɒsˌterɪˈɔːriː/ **ADJ, ADV** a posteriori ◆ **a posteriori reasoning** raisonnement *m* a posteriori

**apostil** /əˈpɒstɪl/ **N** (*Jur*) apostille *f*

**apostle** /əˈpɒsl/ SYN

**N** (*Hist, Rel, fig*) apôtre *m* ◆ **Apostles' Creed** symbole *m* des apôtres, Credo *m* ◆ **to say the Apostles' Creed** dire le Credo

COMP **apostle spoon** N *petite cuiller décorée d'une figure d'apôtre*

**apostolate** /æ'pɒstəlɪt/ N apostolat *m*

**apostolic** /ˌæpəs'tɒlɪk/ ADJ apostolique

**apostrophe** /ə'pɒstrəfɪ/ N *(Gram, Literat)* apostrophe *f*

**apostrophize** /ə'pɒstrəfaɪz/ VT apostropher

**apothecary** /ə'pɒθɪkərɪ/
N apothicaire *m*
COMP **apothecaries' measure** N *système britannique de mesure des fluides en pharmacie*
**apothecaries' weight** N *ancien système pondéral britannique, utilisé en pharmacie*

**apothecium** /ˌæpə'θiːsɪəm/ N (pl **apothecia** /ˌæpə'θiːsɪə/) apothécie *f*

**apotheosis** /əˌpɒθɪ'əʊsɪs/ SYN N (pl **apotheoses** /əˌpɒθɪ'əʊsiːz/) [1] *(= epitome)* archétype *m*
[2] *(= high point)* apothéose *f*

**apotheosize** /ə'pɒθɪəˌsaɪz/ VT apothéoser

**appal** *(Brit)*, **appall** *(US)* /ə'pɔːl/ SYN VT consterner ; *(= frighten)* épouvanter ◆ **I am appalled at your behaviour** votre conduite me consterne

**Appalachian** /ˌæpə'leɪʃən/ ADJ, N ◆ **the Appalachian Mountains, the Appalachians** les (monts *mpl*) Appalaches *mpl*

**appall** /ə'pɔːl/ VT *(US)* ⇒ **appal**

**appalling** /ə'pɔːlɪŋ/ SYN ADJ *[sight, behaviour, weather]* épouvantable ; *[suffering, crime, ignorance, poverty]* effroyable, épouvantable

**appallingly** /ə'pɔːlɪŋlɪ/ ADV [1] *(= badly) [behave]* de manière épouvantable
[2] *(= extremely) [difficult, busy]* terriblement

**appanage** /'æpənɪdʒ/ N *[of person]* apanage *m*

**apparatchik** /ˌæpə'rættʃiːk/ N apparatchik *m*

**apparatus** /ˌæpə'reɪtəs/ SYN N (pl **apparatus** *or* **apparatuses**) *(also Anat)* appareil *m* ; *(for filming, camping etc)* équipement *m* ; *(in laboratory etc)* instruments *mpl* ; *(in gym)* agrès *mpl* ◆ **camping apparatus** équipement *m* de camping ◆ **heating apparatus** appareil *m* de chauffage ◆ **apparatus work** *(in gym)* exercices *mpl* aux agrès ◆ **the apparatus of government** l'appareil *m* d'État ◆ **critical apparatus** *(Literat)* appareil *m or* apparat *m* critique

**apparel** *(Brit † or US)* /ə'pærəl/ *(liter)*
N *(NonC)* habillement *m*
VT vêtir

**apparent** /ə'pærənt/ SYN ADJ [1] *(= seeming) [success, contradiction, interest]* apparent ◆ **the apparent coup attempt** l'apparente tentative de coup d'état
[2] *(= obvious)* évident *(to sb* pour qn) ◆ **it is apparent that...** il est évident que... ◆ **it is apparent to me that...** il me semble évident que... ◆ **for no apparent reason** sans raison apparente ; → **heir**

**apparently** /ə'pærəntlɪ/ SYN ADV apparemment ; *(= according to rumour)* à ce qu'il paraît ◆ **this is apparently the case** il semble que ce soit le cas, c'est le cas apparemment ◆ **apparently, they're getting a divorce** ils sont en instance de divorce, à ce qu'il paraît ◆ **I thought he was coming – apparently not** je pensais qu'il venait – apparemment non *or* il semble que non ◆ **to be apparently calm** paraître calme ◆ **an apparently harmless question** une question apparemment *or* en apparence anodine ◆ **the murders follow an apparently random pattern** ces meurtres ont apparemment été commis au hasard

**apparition** /ˌæpə'rɪʃən/ SYN N *(= spirit, appearance)* apparition *f*

**appassionato** /əˌpæsjə'nɑːtəʊ/ ADV *(Mus)* appassionato

**appeal** /ə'piːl/ SYN
VI [1] *(= request publicly)* lancer un appel *(for sth* pour qch) ◆ **to appeal for the blind** lancer un appel au profit des *or* pour les aveugles ◆ **to appeal for calm** lancer un appel au calme ◆ **to appeal for funds** *(Fin)* faire un appel de fonds ◆ **he appealed for silence** il a demandé le silence ◆ **he appealed for tolerance** il a appelé à la tolérance ◆ **to appeal to the country** *(Pol)* en appeler au pays
[2] *(= beg)* faire appel *(to* à) ◆ **she appealed to his generosity** elle a fait appel à sa générosité, elle en a appelé à sa générosité ◆ **to appeal to sb for money/help** demander de l'argent/des secours à qn ◆ **I appeal to you!** je vous le demande instamment !, je vous en supplie ! ; → **better**[1]
[3] *(Jur)* interjeter appel, se pourvoir en appel ◆ **to appeal to the supreme court** se pourvoir en cassation ◆ **to appeal against a judgement** *(Brit)* appeler d'un jugement ◆ **to appeal against a decision** *(Brit)* faire appel d'une décision
[4] *(= attract)* ◆ **to appeal to sb** *[object, idea]* plaire à qn ; *[person]* plaire à qn ◆ **it doesn't appeal to me** cela ne m'intéresse pas, cela ne me dit rien* ◆ **the idea appealed to him** cette idée l'a séduit ◆ **it appeals to the imagination** cela parle à l'imagination ◆ **does that appeal?*** ça te dit ?*
VT *(Jur = appeal against)* faire appel de
N [1] *(= public call)* appel *m* ◆ **appeal to arms** appel *m* aux armes ◆ **appeal for funds** *(Comm, Fin)* appel *m* de fonds ◆ **he made a public appeal for the blind** il a lancé un appel au profit des aveugles
[2] *(by individual: for help etc)* appel *m (for* à) ; *(for money)* demande *f (for* de) ; *(= supplication)* prière *f*, supplication *f* ◆ **with a look of appeal** d'un air suppliant *or* implorant ◆ **appeal for help** appel *m* au secours
[3] *(Jur)* appel *m*, pourvoi *m* ◆ **notice of appeal** infirmation *f* ◆ **act of appeal** acte *m* d'appel ◆ **with no right of appeal** sans appel ◆ **acquitted on appeal** acquitté en seconde instance ; → **enter, lodge, lord**
[4] *(= attraction) [of person, object]* attrait *m*, charme *m* ; *[of plan, idea]* intérêt *m*
COMP **Appeal Court** N *(Jur)* cour *f* d'appel
**appeal fund** N fonds *m* d'aide *(constitué à partir de dons publics)*
**appeal(s) tribunal** N *(Jur)* ≃ cour *f* d'appel

**appealing** /ə'piːlɪŋ/ ADJ *(= moving)* émouvant, attendrissant ; *[look]* pathétique ; *(= begging)* suppliant, implorant ; *(= attractive)* attirant, attachant

**appealingly** /ə'piːlɪŋlɪ/ ADV [1] *(= charmingly)* ◆ **appealingly naïve/modest** d'une charmante naïveté/modestie
[2] *(= beseechingly) [look at]* d'un air implorant ; *[say]* d'un ton implorant

**appear** /ə'pɪə^r/ SYN VI [1] *(= become visible) [person, sun etc]* apparaître, se montrer ; *[ghost, vision]* apparaître, se manifester *(to sb* à qn)
[2] *(= arrive)* arriver, se présenter ◆ **he appeared from nowhere** il est apparu comme par miracle *or* comme par un coup de baguette magique ◆ **where did you appear from?** d'où est-ce que tu sors ?
[3] *(Jur etc)* comparaître ◆ **to appear before a court** comparaître devant un tribunal ◆ **to appear on a charge of...** être jugé pour... ◆ **to appear for sb** plaider pour qn, représenter qn ◆ **to appear for the defence/for the accused** plaider pour la défense/pour l'accusé ; → **fail, failure**
[4] *(Theat)* ◆ **to appear in "Hamlet"** jouer dans « Hamlet » ◆ **to appear as Hamlet** jouer Hamlet ◆ **to appear on TV** passer à la télévision
[5] *(= be published) [magazine etc]* paraître, sortir, être publié
[6] *(= seem : physical aspect)* paraître, avoir l'air ◆ **they appear (to be) ill** ils ont l'air malades
[7] *(= seem : on evidence)* paraître *(that* que + *indic)* ◆ **he came then? – so it appears** *or* **so it would appear** il est donc venu ? – il semblerait ◆ **it appears that he did say that** il paraît qu'il a bien dit cela ; see also **8** ◆ **he got the job or so it appears** *or* **so it would appear** il a eu le poste à ce qu'il paraît, il paraît qu'il a eu le poste ◆ **as will presently appear** comme il paraîtra par la suite, comme on le verra bientôt ◆ **it's raining! – (iro) so it appears!** il pleut ! – on dirait ! *(iro)*
[8] *(= seem : by surmise)* sembler *(that* que *gen* + *subj)* ◆ **there appears to be a mistake** il semble qu'il y ait une erreur ◆ **it appears he did say that** il semble avoir bien dit cela, il semble bien qu'il a dit cela ◆ **it appears to me they are mistaken** il me semble qu'ils ont tort ◆ **how does it appear to you?** qu'en pensez-vous ?

**appearance** /ə'pɪərəns/ SYN N [1] *(= act)* apparition *f*, arrivée *f* ◆ **to make an appearance** faire son apparition, se montrer, se présenter ◆ **to make a personal appearance** apparaître en personne ◆ **to put in an appearance** faire acte de présence ◆ **appearance money** cachet *m*
[2] *(Jur)* ◆ **appearance before a court** comparution *f* devant un tribunal
[3] *(Theat)* ◆ **since his appearance in "Hamlet"** depuis qu'il a joué dans « Hamlet » ◆ **in order of appearance** par ordre d'entrée en scène ◆ **his appearance on TV** son passage à la télévision
[4] *(= publication)* parution *f*
[5] *(= look, aspect)* apparence *f*, aspect *m* ◆ **to have a good appearance** *[person]* faire bonne figure ◆ **at first appearance** au premier abord, à première vue ◆ **the appearance of the houses** l'aspect *m* des maisons ◆ **it had all the appearances of a murder** cela avait tout l'air d'un meurtre, cela ressemblait fort à un meurtre ◆ **his appearance worried us** la mine qu'il avait *or* son apparence nous a inquiétés ◆ **appearances are deceptive** il ne faut pas se fier aux apparences, les apparences peuvent être trompeuses ◆ **to judge by appearances** juger sur les *or* d'après les apparences ◆ **you shouldn't judge** *or* **go by appearances** il ne faut pas se fier aux apparences ◆ **for appearances' sake, (in order) to keep up appearances** pour sauver les apparences ◆ **to** *or* **by all appearances** selon toute apparence ◆ **contrary to** *or* **against all appearances** contrairement aux apparences, contre toute apparence

**appease** /ə'piːz/ SYN VT apaiser, calmer

**appeasement** /ə'piːzmənt/ SYN N apaisement *m* ; *(Pol)* apaisement, conciliation *f*

**appellant** /ə'pelənt/
N partie *f* appelante, appelant(e) *m(f)*
ADJ appelant

**appellate** /ə'pelɪt/ ADJ *(US Jur)* ◆ **appellate court** cour *f* d'appel ◆ **appellate jurisdiction** juridiction *f* d'appel

**appellation** /ˌæpe'leɪʃən/ N appellation *f*, désignation *f*

**append** /ə'pend/ SYN VT *[+ notes]* joindre, ajouter ; *[+ document]* joindre, annexer ; *[+ signature]* apposer ; *(Comput)* ajouter *(à la fin d'un fichier)*

**appendage** /ə'pendɪdʒ/ SYN N *(frm)* appendice *m*

**appendectomy** /ˌæpen'dektəmɪ/, **appendicectomy** /əˌpendɪ'sektəmɪ/ N appendicectomie *f*

**appendices** /ə'pendɪsiːz/ NPL of **appendix**

**appendicitis** /əˌpendɪ'saɪtɪs/ N appendicite *f* ◆ **to have appendicitis** avoir une crise d'appendicite ◆ **was it appendicitis?** c'était une appendicite ?

**appendix** /ə'pendɪks/ SYN N (pl **appendixes** *or* **appendices**) [1] *(Anat)* appendice *m* ◆ **to have one's appendix out** se faire opérer de l'appendicite
[2] *[of book]* appendice *m* ; *[of document]* annexe *f*

**apperceive** /ˌæpə'siːv/ VT *(Psych)* percevoir *(par aperception)*

**apperception** /ˌæpə'sepʃən/ N aperception *f*, appréhension *f*

**appertain** /ˌæpə'teɪn/ SYN VI *(= belong)* appartenir *(to* à) ; *(= form part)* faire partie *(to* de) ; *(= relate)* se rapporter *(to* à), relever *(to* de)

**appetence** /'æpɪtəns/ N *(= desire)* appétence *f*

**appetite** /'æpɪtaɪt/ SYN
N [1] *(for food)* appétit *m* ◆ **he has no appetite** il n'a pas d'appétit ◆ **to have a good appetite** avoir bon appétit ◆ **to eat with appetite** manger de bon appétit ◆ **skiing gives you an appetite** le ski ouvre l'appétit
[2] *(for danger, success)* goût *m* ◆ **his appetite for power** son goût du pouvoir ◆ **I have no appetite for this sort of book** je n'aime pas beaucoup ce genre de livre, je n'ai pas de goût pour ce genre de livre ◆ **the government has little appetite for tax cuts** le gouvernement n'est pas enclin à réduire les impôts ; → **spoil**
COMP **appetite depressant, appetite suppressant** N coupe-faim *m inv*

**appetizer** /'æpɪtaɪzə^r/ SYN N *(= drink)* apéritif *m* ; *(= food)* amuse-gueule *m inv* ; *(US = starter)* entrée *f*

**appetizing** /'æpɪtaɪzɪŋ/ SYN ADJ *(lit, fig)* appétissant

**appetizingly** /'æpɪtaɪzɪŋlɪ/ ADV de manière appétissante

**Appian** /'æpɪən/ ADJ ◆ **the Appian Way** la voie Appienne

**applaud** /ə'plɔːd/ SYN VT *[+ person, thing]* applaudir ; *(fig) [+ decision, efforts]* applaudir à, approuver

**applause** /ə'plɔːz/ SYN N *(NonC)* applaudissements *mpl*, acclamation *f* ◆ **to win the applause of...** être applaudi *or* acclamé par... ◆ **there was loud applause** les applaudissements ont crépité ◆ **a round of applause** une salve d'applaudissements ◆ **let's have a round of applause**

**for Lucy!** (Theat) applaudissons Lucy !, un ban * pour Lucy !

**apple** /'æpl/
- N pomme f ; (also **apple tree**) pommier m ◆ **he's/it's the apple of my eye** je tiens à lui/j'y tiens comme à la prunelle de mes yeux ◆ **apple of discord** pomme f de discorde ◆ **the (Big) Apple*** (US) New York ◆ **one bad** or **rotten apple can spoil the whole barrel** (Prov) il suffit d'une brebis galeuse pour contaminer tout le troupeau ◆ **the two things are apples and oranges** (esp US) on ne peut pas comparer deux choses si différentes ; → **Adam, cooking, eating**
- COMP **apple blossom** N fleur f de pommier
- **apple brandy** N eau-de-vie f de pommes
- **apple core** N trognon m de pomme
- **apple fritter** N beignet m aux pommes
- **apple-green** ADJ vert pomme inv
- **the Apple Isle*** N (Austral) la Tasmanie
- **apple orchard** N champ m de pommiers, pommeraie f
- **apple pie** N tarte f aux pommes
- **apple-pie bed** N (Brit) lit m en portefeuille
- **apple-pie order** N ◆ **in apple-pie order** parfaitement en ordre
- **apple sauce** N (Culin) compote f de pommes ; (US * fig) bobards * mpl
- **apple tart** N tarte f aux pommes ; (individual) tartelette f aux pommes
- **apple turnover** N chausson m aux pommes

**applecart** /'æplkɑːt/ N → **upset**

**applejack** /'æpldʒæk/ N (US) ⇒ **apple brandy**

**applet** /'æplɪt/ N microprogramme m

**appliance** /ə'plaɪəns/ SYN ① (= device) appareil m ◆ **electrical/domestic appliances** appareils mpl électriques/ménagers ◆ **household appliance** appareil m électroménager
② (Brit : also **fire appliance**) voiture f de pompiers
③ [of skill, knowledge] application f

**applicability** /ˌæplɪkə'bɪlɪtɪ/ N applicabilité f

**applicable** /ə'plɪkəbl/ SYN ADJ applicable (to à)

**applicant** /'æplɪkənt/ N (for job) candidat(e) m(f), postulant(e) m(f) ; (Jur) requérant(e) m(f) ; (Admin: for money, assistance etc) demandeur m, -euse f

**application** /ˌæplɪ'keɪʃən/ SYN
- N ① (= request) demande f (for de) ◆ **application for a job** candidature f à un poste ◆ **application for membership** demande f d'adhésion ◆ **on application to sb for sth** s'adresser à qn pour obtenir qch ◆ **to make application to sb for sth** s'adresser à qn pour obtenir qch ◆ **to submit an application** faire une demande ◆ **details may be had on application to...** s'adresser à... pour tous renseignements
② (= act of applying) application f (of sth to sth de qch à qch) ◆ **for external application only** (Pharm) réservé à l'usage externe
③ (= diligence) application f, attention f
④ (= relevancy) portée f, pertinence f ◆ **his arguments have no application to the present case** ses arguments ne s'appliquent pas au cas présent
⑤ (Comput) application f ; see also **comp**
- COMP **application development** N développement m d'applications
- **application form** N (gen: for benefits etc) formulaire m de demande ; (for job) formulaire m de demande d'emploi ; (for important post) dossier m de candidature ; (Univ) dossier m d'inscription
- **application program** N ⇒ **applications program**
- **application software** N logiciel m d'application
- **applications package** N (Comput) progiciel m d'application
- **applications program** N (Comput) (programme m d')application f

**applicator** /'æplɪkeɪtə'/ N applicateur m

**applied** /ə'plaɪd/
- ADJ appliqué
- COMP **applied arts** NPL arts mpl appliqués
- **applied psychology** N psychologie f appliquée
- **applied research** N recherche f appliquée
- **applied sciences** NPL sciences fpl appliquées

**appliqué** /æ'pliːkeɪ/
- VT coudre (en application)
- N (= ornament) application f ; (= end product : also **appliqué work**) travail m d'application

**apply** /ə'plaɪ/ LANGUAGE IN USE 19.1, 26.1 SYN
- VT ① [+ paint, ointment, dressing] appliquer, mettre (to sur) ◆ **to apply heat to sth** (gen) exposer qch à la chaleur ; (Med) traiter qch par la thermothérapie ◆ **to apply a match to sth** mettre le feu à qch avec une allumette, allumer qch avec une allumette
② [+ theory] appliquer (to à), mettre en pratique or en application ; [+ rule, law] appliquer (to à) ◆ **we can't apply this rule to you** nous ne pouvons pas appliquer cette règle à votre cas
③ ◆ **to apply pressure on sth** exercer une pression sur qch ◆ **to apply pressure on sb** faire pression sur qn ◆ **to apply the brakes** actionner les freins, freiner
④ ◆ **to apply one's mind** or **o.s. to (doing) sth** s'appliquer à (faire) qch ◆ **to apply one's attention to...** porter or fixer son attention sur...
- VI s'adresser, avoir recours (to sb for sth à qn pour obtenir qch) ◆ **apply at the office/to the manager** adressez-vous au bureau/au directeur ; (on notice) s'adresser au bureau/au directeur ◆ **to apply to university** faire une demande d'inscription à l'université ◆ **right to apply to the courts against decisions by...** (Jur) droit m de recours contre des décisions de...
▶ **apply for** VT FUS [+ scholarship, grant] faire une demande de ; [+ money, assistance] demander ◆ **to apply for a job** faire une demande d'emploi (to sb auprès de qn), poser sa candidature pour un poste ◆ **to apply for a divorce** (Jur) formuler une demande en divorce ; → **patent**
▶ **apply to** VT FUS [gen] s'appliquer à ; [remarks] s'appliquer à, se rapporter à ◆ **this does not apply to you** ceci ne s'applique pas à vous, ceci ne vous concerne pas ; → **apply** vi

**appoggiatura** /əˌpɒdʒə'tʊərə/ N (pl **appoggiaturas** or **appoggiature** /əˌpɒdʒə'tʊəreɪ/) appoggiature f

**appoint** /ə'pɔɪnt/ SYN VT ① (= fix, decide) [+ date, place] fixer
② (= nominate) ◆ **to appoint sb (to a post)** nommer qn (à un poste) ◆ **to appoint sb manager** nommer qn directeur ◆ **to appoint a new secretary** engager une nouvelle secrétaire
③ († = ordain) prescrire, ordonner (that que + subj), décider (that que + indic)

**appointed** /ə'pɔɪntɪd/ ADJ [time, hour, place] convenu ; [task] fixé ; [representative, agent] attitré ◆ **at the appointed time** à l'heure convenue ; → **well²**

**appointee** /əpɔɪn'tiː/ N candidat(e) m(f) retenu(e), titulaire mf du poste ; (esp US) délégué m (or ambassadeur m etc) nommé pour des raisons politiques

**appointive** /ə'pɔɪntɪv/ ADJ (US) [position] pourvu par nomination

**appointment** /ə'pɔɪntmənt/ SYN
- N ① (= arrangement to meet) rendez-vous m ; (= meeting) entrevue f ◆ **to make an appointment with sb** donner rendez-vous à qn, prendre rendez-vous avec qn ◆ **to make an appointment** [two people] se donner rendez-vous ◆ **to keep an appointment** aller or se rendre à un rendez-vous ◆ **I have an appointment at 10 o'clock** j'ai (un) rendez-vous à 10 heures ◆ **do you have an appointment?** (to caller) vous avez (pris) rendez-vous ? ◆ **I have an appointment to see Mr Martin** j'ai rendez-vous avec M. Martin ◆ **to see sb by appointment** voir qn sur rendez-vous ◆ **"viewing by appointment"** (in house-buying) « visite f sur rendez-vous » ; → **break**
② (= selection, nomination) nomination f, désignation f (to a post à un poste) ; (= office assigned) poste m ; (= posting) affectation f ◆ **there are still several appointments to be made** il y a encore plusieurs postes à pourvoir ◆ **"by appointment to Her Majesty the Queen"** (Comm) « fournisseur de S.M. la Reine » ◆ **"appointments (vacant)"** (Press) « offres d'emploi »
- COMP **appointments bureau, appointments office** N agence f or bureau m de placement

**apportion** /ə'pɔːʃən/ SYN VT [+ money] répartir, partager ; [+ land, property] lotir ; [+ blame] répartir ◆ **to apportion sth to sb** assigner qch à qn

**apportionment** /ə'pɔːʃənmənt/ SYN N (US Pol) répartition f des sièges (par districts)

**apposite** /'æpəzɪt/ SYN ADJ (frm) pertinent, juste

**appositely** /'æpəzɪtlɪ/ ADV pertinemment

**appositeness** /'æpəzɪtnɪs/ N pertinence f

**apposition** /ˌæpə'zɪʃən/ N apposition f ◆ **in apposition** en apposition

**appositional** /ˌæpə'zɪʃənl/ ADJ en apposition

**appraisal** /ə'preɪzəl/ SYN
- N évaluation f
- COMP **appraisal interview** N entretien m d'évaluation
- **appraisal method** N méthode f d'évaluation

**appraise** /ə'preɪz/ VT [+ property, jewellery] évaluer, estimer (la valeur or le coût de) ; [+ importance] évaluer, apprécier ; [+ worth] estimer, apprécier

**appraiser** /ə'preɪzə'/ N (US) [of property, value, asset] expert m

**appreciable** /ə'priːʃəbl/ SYN ADJ appréciable, sensible

**appreciably** /ə'priːʃəblɪ/ ADV sensiblement

**appreciate** /ə'priːʃɪeɪt/ LANGUAGE IN USE 4, 13 SYN
- VT ① (= assess, be aware of) [+ fact, difficulty, sb's attitude] se rendre compte de, être conscient de ◆ **to appreciate sth at its true value** apprécier qch à sa juste valeur ◆ **yes, I appreciate that** oui, je comprends bien or je m'en rends bien compte ◆ **I fully appreciate the fact that...** je me rends parfaitement compte du fait que... ◆ **they did not appreciate the danger** ils ne se sont pas rendu compte du danger
② (= value, esteem, like) [+ help] apprécier ; [+ music, painting, books] apprécier, goûter ; [+ person] apprécier (à sa juste valeur), faire (grand) cas de
③ (= be grateful for) être sensible à, être reconnaissant de ◆ **we do appreciate your kindness/your work/what you have done** nous vous sommes très reconnaissants de votre gentillesse/du travail que vous avez fait/de ce que vous avez fait ◆ **we should appreciate an early reply, an early reply would be appreciated** (Comm:in letter) nous vous serions obligés de bien vouloir nous répondre dans les plus brefs délais ◆ **we deeply appreciate this honour** nous sommes profondément reconnaissants de l'honneur qui nous est fait ◆ **he felt that nobody appreciated him** il avait le sentiment que personne ne l'appréciait
④ (= raise in value) hausser la valeur de
- VI (Fin etc) [currency] s'apprécier ; [object, property] prendre de la valeur

**appreciation** /əˌpriːʃɪ'eɪʃən/ SYN N ① (= judgement, estimation) appréciation f, évaluation f ; (Art, Literat, Mus) critique f
② (= gratitude) reconnaissance f ◆ **she smiled her appreciation** elle a remercié d'un sourire ◆ **in appreciation of...** en remerciement de...
③ (Fin) appréciation f

**appreciative** /ə'priːʃɪətɪv/ SYN ADJ ① (= grateful) [person] reconnaissant (of sth de qch)
② (= admiring) [person, murmur, laughter, whistle] approbateur (-trice f) ◆ **to be appreciative of sb's cooking** apprécier la cuisine de qn
③ (frm = aware) ◆ **to be appreciative of sth** se rendre compte de qch

**appreciatively** /ə'priːʃɪətɪvlɪ/ ADV (= with pleasure) avec plaisir ; (= gratefully) avec reconnaissance

**apprehend** /ˌæprɪ'hend/ SYN VT ① (= arrest) appréhender, arrêter
② (= fear) redouter, appréhender

**apprehension** /ˌæprɪ'henʃən/ SYN N ① (= fear) appréhension f, inquiétude f
② (frm = arrest) arrestation f

**apprehensive** /ˌæprɪ'hensɪv/ SYN ADJ inquiet (-ète f), plein d'appréhension ◆ **to be apprehensive for sb** être inquiet pour qn ◆ **to be apprehensive about the future** avoir peur de l'avenir ◆ **he was apprehensive about taking the job on** il était inquiet à la perspective d'accepter ce poste ◆ **they were apprehensive that their request would be turned down** ils craignaient que leur requête ne soit refusée

**apprehensively** /ˌæprɪ'hensɪvlɪ/ ADV avec appréhension

**apprentice** /ə'prentɪs/ SYN
- N apprenti(e) m(f) ; (Archit, Mus etc) élève mf ◆ **to place sb as an apprentice to...** mettre qn en apprentissage chez... ◆ **plumber's/joiner's apprentice** apprenti m plombier/menuisier
- VT mettre or placer en apprentissage (to chez), placer comme élève (to chez) ◆ **he is apprenticed to a joiner/plumber** etc il est en apprentissage chez un menuisier/plombier etc ◆ **he is apprenticed to an architect** c'est l'élève d'un architecte
- COMP **apprentice electrician** N apprenti m électricien
- **apprentice plumber** N apprenti m plombier

**apprenticeship** /əˈprentɪʃɪp/ **N** apprentissage m

**apprise** /əˈpraɪz/ **VT** informer (sb of sth qn de qch) ♦ **to be apprised of sth** être informé de or sur qch

**appro** * /ˈæprəʊ/ **N** (Brit) (abbrev of **approval**) ♦ **on appro** à or sous condition, à l'essai

**approach** /əˈprəʊtʃ/ SYN

**VI** [person, vehicle] (s')approcher ; [date, season, death, war] approcher, être proche

**VT** 1 [+ place, person] s'approcher de ♦ **I saw him approaching me** je l'ai vu qui s'approchait de moi

2 (= tackle) [+ problem, subject, task] aborder ♦ **it all depends on how one approaches it** tout dépend de la façon dont on aborde la question

3 (= speak to) ♦ **to approach sb about sth** s'adresser à qn à propos de qch, aller voir qn pour qch ♦ **a man approached me in the street** un homme m'a abordé dans la rue ♦ **he is easy/difficult to approach** (fig) il est d'un abord facile/difficile ; see also **noun 3**

4 (= get near to) approcher de ♦ **we are approaching the time when...** le jour approche où... ♦ **she is approaching 30** elle va sur ses 30 ans ♦ **it was approaching midnight** il était près de or presque minuit ♦ **winds were approaching hurricane force** le vent approchait force 12 ♦ **she spoke to him with something approaching sarcasm** elle lui a parlé sur un ton qui frisait le sarcasme

**N** 1 [of person, vehicle] approche f, arrivée f ♦ **the cat fled at his approach** le chat s'est enfui à son approche ♦ **we watched his approach** nous l'avons regardé arriver

2 [of date, season, death etc] approche f ♦ **at the approach of Easter** à l'approche de Pâques

3 (fig) approche f, démarche f ♦ **his approach to the problem** son approche du problème, sa façon d'aborder le problème ♦ **I like his approach (to it)** j'aime sa façon de s'y prendre ♦ **a new approach to teaching French** une nouvelle approche de l'enseignement du français ♦ **to make approaches to sb** (gen) faire des ouvertures fpl à qn, faire des démarches fpl auprès de qn ; (amorous) faire des avances fpl à qn ♦ **to make an approach to sb** (Comm, gen) faire une proposition à qn ♦ **he is easy/not easy of approach** (frm) il est d'un abord facile/difficile ; see also **transitive verb 3**

4 (= access route : to town) voie f d'accès ; (Climbing) marche f d'approche ♦ **a town easy/not easy of approach** une ville d'accès facile/difficile ♦ **the approach to the top of the hill** le chemin qui mène au sommet de la colline ♦ **the station approach** les abords mpl de la gare

5 (= approximation) ressemblance f (to à), apparence f (to de) ♦ **some approach to gaiety** une certaine apparence de gaieté ♦ **this is the nearest approach to an apology we have heard from Mr King** c'est tout ce que M. King a trouvé à dire en guise d'excuse

COMP **approach light** **N** (for planes) balise f **approach lights** **NPL** (for planes) balisage m, balises fpl

**approach march** **N** (Climbing) marche f d'approche

**approach road** **N** (gen) route f d'accès ; (to motorway) voie f de raccordement, bretelle f

**approach shot** **N** (Golf) approche f

**approach stage** **N** (in plane) phase f d'approche

**approachability** /əˌprəʊtʃəˈbɪlɪtɪ/ **N** facilité f d'abord

**approachable** /əˈprəʊtʃəbl/ SYN **ADJ** [place, idea, text] accessible ; [person] d'abord facile, approchable, accessible

**approaching** /əˈprəʊtʃɪŋ/ **ADJ** [crisis, death, retirement, election] prochain ; [storm, winter, date] qui approche ♦ **the approaching vehicle** le véhicule venant en sens inverse

**approbation** /ˌæprəˈbeɪʃən/ **N** approbation f ♦ **a nod of approbation** un signe de tête approbateur

**appropriate** /əˈprəʊprɪɪt/ SYN

**ADJ** [time, remark] opportun ; [place, response, word, level, name] approprié ; [treatment] adapté ; [person, authority, department] compétent ♦ **to take appropriate action** prendre des mesures appropriées ♦ **he is the appropriate person to ask** c'est à lui qu'il faut le demander ♦ **she's a most appropriate choice** c'est la personne idéale ♦ **to be appropriate for sb/sth** convenir à qn/qch ♦ **what is it appropriate to wear for a dinner party?** quelle est la tenue appropriée pour un dîner ? ♦ **to be appropriate to sth** être approprié à qch ♦ **an outfit appropriate to the job** une tenue appropriée à l'emploi ♦ **a job appropriate to his talents** un emploi à la mesure de ses talents ♦ **it is appropriate that...** il est opportun que... ♦ **it seemed appropriate to end with a joke** il semblait opportun de finir par une plaisanterie ♦ **it would not be appropriate for me to comment** ce n'est pas à moi de faire des commentaires

**VT** /əˈprəʊprɪeɪt/ 1 (= take for one's own use) s'approprier

2 (= set aside for special use) [+ funds] affecter (to, for à)

**appropriately** /əˈprəʊprɪɪtlɪ/ **ADV** [act, respond] comme il faut, de façon appropriée ; [dress] de façon appropriée ; [speak] avec à-propos, avec pertinence ; [called, titled] de façon appropriée ; [designed] convenablement ♦ **appropriately named** bien nommé ♦ **appropriately, the winner is British** comme de juste, le gagnant est britannique

**appropriateness** /əˈprəʊprɪɪtnɪs/ SYN **N** [of moment, decision] opportunité f ; [of remark, word] justesse f

**appropriation** /əˌprəʊprɪˈeɪʃən/ SYN

**N** (= act : also Jur) appropriation f ; (= funds assigned) dotation f ; (US Pol) crédit m budgétaire

COMP **appropriation account** **N** (Comm) compte m d'affectation

**appropriation bill** **N** (US Pol) projet m de loi de finances

**Appropriations Committee** **N** (US Pol) commission des finances de la Chambre des représentants (examinant les dépenses)

**approval** /əˈpruːvəl/ SYN **N** approbation f, assentiment m ♦ **to give a nod of approval, to nod one's approval** hocher la tête en signe d'approbation ♦ **to meet with sb's approval** avoir l'approbation de qn ♦ **to pat sb on the shoulder in approval** donner une petite tape sur l'épaule de qn en signe d'approbation

♦ **on approval** (Comm) à l'essai ♦ **the book will be sent to you on approval** le livre vous sera envoyé en examen gratuit

**approve** /əˈpruːv/ LANGUAGE IN USE 12.2, 13, 26.3 SYN

**VT** [+ action, publication, medicine, drug] approuver ; [+ decision] ratifier, homologuer ; [+ request] agréer ♦ **to be approved by...** recueillir or avoir l'approbation de... ♦ **"read and approved"** « lu et approuvé »

COMP **approved school** † **N** (Brit) maison f de correction †

▶ **approve of** **VT FUS** [+ behaviour, idea] approuver ; [+ person] avoir bonne opinion de ♦ **I don't approve of his conduct** je n'approuve pas sa conduite ♦ **I don't approve of your decision** je n'approuve pas or je désapprouve la décision que vous avez prise ♦ **she doesn't approve of drinking/smoking** elle n'approuve pas qu'on boive/fume subj ♦ **he doesn't approve of me** il n'a pas bonne opinion de moi ♦ **we approve of our new neighbours** nos nouveaux voisins nous semblent tout à fait bien

**approving** /əˈpruːvɪŋ/ **ADJ** approbateur (-trice f), approbatif

**approvingly** /əˈpruːvɪŋlɪ/ **ADV** d'un air or d'un ton approbateur

**approx** abbrev of **approximately**

**approximate** /əˈprɒksɪmɪt/ SYN

**ADJ** [time, amount, description] approximatif ♦ **a sum approximate to what is needed** une somme voisine or proche de celle qui est requise ♦ **figures approximate to the nearest euro** chiffres mpl arrondis à l'euro près

**VI** /əˈprɒksɪmeɪt/ être proche, se rapprocher (to de)

**approximately** /əˈprɒksɪmətlɪ/ SYN **ADV** 1 (= about : with numbers) approximativement ♦ **we have approximately 40 pupils** nous avons approximativement 40 élèves

2 (= roughly) [true] plus ou moins ♦ **the figures were approximately correct** les chiffres étaient à peu près corrects ♦ **the word means approximately...** en gros or grosso modo, ce mot veut dire...

**approximation** /əˌprɒksɪˈmeɪʃən/ SYN **N** approximation f

**appurtenance** /əˈpɜːtɪnəns/ **N** (Jur) (gen pl) ♦ **appurtenances** installations fpl, accessoires mpl ♦ **the house and its appurtenances** (= outhouses etc) l'immeuble avec ses dépendances ; (= rights, privileges etc) l'immeuble avec ses circonstances et dépendances or ses appartenances

**APR** /ˌeɪpiːˈɑːʳ/ **N** (abbrev of **annual(ized) percentage rate**) taux m annuel

**Apr** abbrev of **April**

**apraxia** /əˈpræksɪə/ **N** (Med) apraxie f

**après-ski** /ˌæpreɪˈskiː/ **N** (= period) après-ski m

**apricot** /ˈeɪprɪkɒt/

**N** abricot m ; (also **apricot tree**) abricotier m

COMP **apricot jam** **N** confiture f d'abricots

**apricot tart** **N** tarte f aux abricots

**April** /ˈeɪprəl/

**N** avril m ; pour loc voir **September**

COMP **April fool** **N** (= person) victime f d'un poisson d'avril ; (= joke) poisson m d'avril ♦ **to make an April fool of sb** faire un poisson d'avril à qn

**April Fools' Day** **N** le premier avril

**April showers** **NPL** ≈ giboulées fpl de mars

**a priori** /ˌeɪpraɪˈɔːraɪ, ˌɑːprɪˈɔːriː/ **ADJ, ADV** a priori

**apron** /ˈeɪprən/ SYN **N** 1 (= garment) tablier m ♦ **tied to his mother's apron strings** pendu aux jupes de sa mère

2 (in airport) aire f de stationnement

3 (Tech) (= protective plate) tablier m

4 (Theat: also **apron stage**) avant-scène f

5 (Phot) bande f gaufrée

**apropos** /ˌæprəˈpəʊ/ SYN (frm)

**ADV** à propos ♦ **apropos, I have often wondered what happened to him** à propos, je me suis souvent demandé ce qu'il était devenu

PREP ♦ **apropos (of) sth** à propos de qch

**ADJ** opportun, pertinent ♦ **it seems apropos to do that** cela semble opportun or judicieux de faire cela

**APS** /ˌeɪpiːˈes/ **N** (abbrev of **Advanced Photo System**) APS m

**apse** /æps/ **N** abside f

**apsidal** /æpˈsaɪdl/ **ADJ** (Astron) absidal

**apsis** /ˈæpsɪs/ **N** (Astron) apside f

**APT** /ˌeɪpiːˈtiː/ **N** (Brit) (abbrev of **Advanced Passenger Train**) ≈ TGV m, ≈ train m à grande vitesse

**apt** /æpt/ SYN **ADJ** 1 (= appropriate) [remark, comment, reply] juste, pertinent

2 (frm = inclined, tending) ♦ **to be apt to do sth** avoir tendance à faire qch ♦ **he is apt to be late** il a tendance à être en retard ♦ **one is apt to believe that...** (frm) on croirait volontiers que..., on pourrait croire que... ♦ **this is apt to occur** il faut s'y attendre

3 (= gifted) [pupil] doué, intelligent

**apt.** (abbrev of **apartment**) appt

**apterous** /ˈæptərəs/ **ADJ** aptère

**aptitude** /ˈæptɪtjuːd/ LANGUAGE IN USE 16.4 SYN

**N** aptitude f (for à), disposition f (for pour) ♦ **to have an aptitude for learning** être fait pour les études ♦ **he has no aptitude for languages** il n'est pas doué pour les langues ♦ **she shows great aptitude** elle est très douée ♦ **he has a real aptitude for saying exactly the wrong thing** il a le don de dire ce qu'il ne faut pas

COMP **aptitude test** **N** test m d'aptitude

**aptly** /ˈæptlɪ/ **ADV** [describe, remark] judicieusement, avec à-propos ; [called, titled] judicieusement ♦ **aptly, his place was taken by his wife** comme de juste, sa femme a pris sa place

**aptness** /ˈæptnɪs/ SYN **N** 1 (= suitability) [of remark etc] à-propos m, justesse f

2 (= giftedness) ⇒ **aptitude**

**Apulia** /əˈpjuːlɪə/ **N** Pouilles fpl

**apyretic** /ˌæpaɪˈretɪk/ **ADJ** apyrétique

**apyrexia** /ˌæpaɪˈreksɪə/ **N** apyrexie f

**aquaculture** /ˈækwəˌkʌltʃəʳ/ **N** ⇒ **aquafarming**

**aquaerobics** /ˈækwɛəˌrəʊbɪks/ **N** (NonC) aérobic f en piscine

**aquafarming** /ˈækwəˌfɑːmɪŋ/ **N** aquaculture f

**aqualung** /ˈækwəlʌŋ/ **N** scaphandre m autonome

**aquamarine** /ˌækwəməˈriːn/

**N** (= stone) aigue-marine f ; (= colour) bleu vert m inv

**ADJ** bleu-vert inv

**aquanaut** /ˈækwənɔːt/ **N** scaphandrier m, plongeur m

**aquaplane** /ˈækwəpleɪn/

**N** aquaplane m

**VI** 1 (Sport) faire de l'aquaplane

2 (Brit : while driving) faire de l'aquaplaning or de l'aquaplanage

**aquaplaning** /'ækwəpleɪnɪŋ/ N (Brit) aquaplaning m, aquaplanage m

**aquaria** /ə'kweərɪə/ NPL of **aquarium**

**Aquarian** /ə'kweərɪən/ N (personne née sous le signe du) Verseau m

**aquarium** /ə'kweərɪəm/ N (pl **aquariums** or **aquaria**) aquarium m

**Aquarius** /ə'kweərɪəs/ N (Astron) Verseau m ◆ **I'm (an) Aquarius** (Astrol) je suis (du) Verseau

**aquatic** /ə'kwætɪk/ ADJ [animal, plant] aquatique ; [sport] nautique

**aquatint** /'ækwətɪnt/ N aquatinte f

**aquavit** /'ækwəvɪt/ N (Culin) aquavit m

**aqueduct** /'ækwɪdʌkt/ N (= canal) aqueduc m ; (= pipe) canalisation f d'amenée d'eau

**aqueous** /'eɪkwɪəs/ ADJ aqueux ◆ **aqueous humour** humeur f aqueuse

**aquiculture** /'ækwɪˌkʌltʃər, ˌeɪkwɪ'kʌltʃər/ N ⇒ **aquafarming**

**aquifer** /'ækwɪfər/ N (Geog) aquifère m

**aquilegia** /ˌækwɪ'liːdʒɪə/ N (Bot) ancolie f

**aquiline** /'ækwɪlaɪn/ ADJ [nose, profile] aquilin

**Aquinas** /ə'kwaɪnəs/ N ◆ **(St) Thomas Aquinas** (saint) Thomas d'Aquin

**AR** abbrev of **Arkansas**

**A/R** (abbrev of **all risks (insurance)**) (assurance f) tous risques

**Arab** /'ærəb/
N ① (= person) Arabe mf ; → **street**
② (= horse) cheval m arabe or anglo-arabe
ADJ arabe ◆ **the Arab States** les États mpl arabes ◆ **the United Arab Emirates** les Émirats mpl arabes unis ◆ **the Arab-Israeli conflict** le conflit israélo-arabe ◆ **the Arab League** la Ligue arabe

**arabesque** /ˌærə'besk/ N arabesque f

**Arabia** /ə'reɪbɪə/ N Arabie f

**Arabian** /ə'reɪbɪən/ ADJ arabe, d'Arabie ◆ **Arabian Desert** désert m d'Arabie ◆ **Arabian Gulf** golfe m Persique ◆ **the Arabian Nights** les Mille et Une Nuits fpl ◆ **Arabian Sea** mer f d'Arabie

**Arabic** /'ærəbɪk/
ADJ arabe ; → **gum²**
N (= language) arabe m ◆ **written Arabic** l'arabe m littéral
COMP **Arabic numeral** N chiffre m arabe

**arabica bean** /ə'ræbɪkə/ N grain m d'arabica

**Arabist** /'ærəbɪst/ N (= scholar) arabisant(e) m(f) ; (= politician) pro-Arabe mf

**arabization** /ˌærəbaɪ'zeɪʃən/ N arabisation f

**arabize** /'ærəbaɪz/ VT arabiser

**arable** /'ærəbl/ SYN
ADJ [land] arable, cultivable ; [farm] agricole
COMP **arable farmer** N cultivateur m, -trice f
**arable farming** N culture f

**Araby** † /'ærəbɪ/ N (Geog) Arabie f

**arachnid** /ə'ræknɪd/ N ◆ **arachnids** arachnides mpl

**arachnoid** /ə'ræknɔɪd/ (Anat)
N arachnoïde f
ADJ arachnoïdien

**arachnology** /ˌæræk'nɒlədʒɪ/ N (Zool) arachnologie f

**arachnophobia** /əˌræknə'fəʊbɪə/ N (Psych) arachnophobie f

**aragonite** /ə'rægəˌnaɪt/ N aragonite f

**Araldite** ® /'ærəldaɪt/ N Araldite ® m

**ARAM** /ˌeɪəɪ'em/ N (abbrev of **Associate of the Royal Academy of Music**) membre de l'Académie nationale britannique de musique

**Aramaic** /ˌærə'meɪɪk/ N araméen m

**Aran** /'ærən/ N ◆ **the Aran Islands** les îles fpl d'Aran

**Ararat** /'ærəræt/ N (Geog) ◆ **(Mount) Ararat** le mont Ararat, l'Ararat m

**araucaria** /ˌærɔː'keərɪə/ N (Bot) araucaria m

**arbalest** /'ɑːbəlɪst/ N (Mil) arbalète f

**arbiter** /'ɑːbɪtər/ SYN N (= judge) arbitre m ; (= mediator) médiateur m, -trice f ◆ **the Supreme Court is the final arbiter of any dispute over constitutional rights** la Cour suprême est l'ultime arbitre en cas de litige concernant les droits constitutionnels ◆ **to be an arbiter of taste/style** etc être une référence en matière de bon goût/de style etc

**arbitrage** /'ɑːbɪtrɪdʒ/ N (Fin) arbitrage m, opération f d'arbitrage

**arbitrager, arbitrageur** /ˌɑːbɪtræ'ʒɜːr/ N arbitragiste mf

**arbitrarily** /'ɑːbɪtrərəlɪ/ ADV arbitrairement

**arbitrary** /'ɑːbɪtrərɪ/ SYN ADJ arbitraire

**arbitrate** /'ɑːbɪtreɪt/ SYN
VT arbitrer, juger
VI arbitrer

**arbitration** /ˌɑːbɪ'treɪʃən/ SYN
N arbitrage m ◆ **to go to arbitration** recourir à l'arbitrage ; → **refer**
COMP **arbitration clause** N clause f compromissoire
**arbitration tribunal** N tribunal m arbitral

**arbitrator** /'ɑːbɪtreɪtər/ SYN N arbitre m, médiateur m, -trice f

**arbor** /'ɑːbər/ N (US) ⇒ **arbour**

**arboreal** /ɑː'bɔːrɪəl/ ADJ [shape] arborescent ; [animal, technique] arboricole

**arboretum** /ˌɑːbə'riːtəm/ N (pl **arboretums** or **arboreta** /ˌɑːbə'riːtə/) arboretum m

**arboriculture** /'ɑːbərɪˌkʌltʃər/ N arboriculture f

**arboriculturist** /ˌɑːbərɪ'kʌltʃərɪst/ N arboriculteur m, -trice f

**arborization** /ˌɑːbəraɪ'zeɪʃən/ N arborisation f

**arbour, arbor** (US) /'ɑːbər/ N tonnelle f, charmille † f

**arbutus** /ɑː'bjuːtəs/ N arbousier m

**ARC** /ˌeɪɑː'siː/ N ① (abbrev of **AIDS-related complex**) ARC m
② (abbrev of **American Red Cross**) Croix-Rouge f américaine

**arc** /ɑːk/ SYN
N arc m
VI ① décrire un arc (de cercle) ◆ **the rocket arced down into the sea** la fusée a décrit un arc avant de retomber dans la mer
② (Elec) former un arc (électrique)
COMP **arc lamp, arc light** N lampe f à arc ; (Cine, TV) sunlight m
**arc welding** N soudure f à l'arc

**arcade** /ɑː'keɪd/
N (= series of arches) arcade f, galerie f ; (= shopping precinct) passage m, galerie f marchande ; (Brit : also **amusement arcade**) salle f de jeux vidéo
COMP **arcade game** N (Brit) jeu m vidéo, jeu m d'arcade

**Arcadia** /ɑː'keɪdɪə/ N Arcadie f

**Arcadian** /ɑː'keɪdɪən/
ADJ arcadien, d'Arcadie
N Arcadien(ne) m(f)

**Arcady** /'ɑːkədɪ/ N (Poetry, Literat) Arcadie f

**arcane** /ɑː'keɪn/ ADJ ésotérique, obscur

**arch¹** /ɑːtʃ/ SYN
N ① (= monument) arc m ; (inside building) arc m, voûte f ; [of bridge, natural feature] arche f
② [of eyebrow] arcade f ; [of foot] cambrure f, voûte f plantaire ; → **fallen**
VI (s')arquer
VT arquer, cambrer ◆ **the cat arched his back** le chat a fait le gros dos

**arch²** /ɑːtʃ/ SYN ADJ ① (= cunning) [glance, person] malicieux
② (= superior) [look, remark] condescendant

**arch³** /ɑːtʃ/ SYN
ADJ (gen) grand, par excellence ◆ **an arch traitor** un grand traître, le traître par excellence ◆ **an arch villain** un parfait scélérat ◆ **the arch villain** le méchant par excellence ◆ **the Prime Minister's arch-critic** le principal critique du Premier ministre
PREF arch(i)
COMP **arch-enemy, arch-foe** N ennemi m juré ◆ **the Arch-enemy** (Rel) Satan m

**Archaean, Archean** (US) /ɑː'kiːən/ ADJ archéen

**archaeological, archeological** (US) /ˌɑːkɪə'lɒdʒɪkəl/ ADJ archéologique

**archaeologist, archeologist** (US) /ˌɑːkɪ'ɒlədʒɪst/ N archéologue mf

**archaeology, archeology** (US) /ˌɑːkɪ'ɒlədʒɪ/ N archéologie f

**archaeopteryx** /ˌɑːkɪ'ɒptərɪks/ N archéoptéryx m

**Archaeozoic, Archeozoic** (US) /ˌɑːkɪə'zəʊɪk/ ADJ archéozoïque

**archaic** /ɑː'keɪɪk/ SYN ADJ archaïque

**archaism** /'ɑːkeɪɪzəm/ N archaïsme m

**archangel** /'ɑːkˌeɪndʒəl/ N archange m ◆ **the Archangel Michael** l'archange m Michel, saint Michel archange

**archbishop** /'ɑːtʃ'bɪʃəp/ N archevêque m

**archbishopric** /'ɑːtʃ'bɪʃəprɪk/ N archevêché m

**archdeacon** /'ɑːtʃ'diːkən/ N archidiacre m

**archdiocese** /'ɑːtʃ'daɪəsɪs/ N archidiocèse m

**archduchess** /'ɑːtʃ'dʌtʃɪs/ N archiduchesse f

**archduchy** /'ɑːtʃ'dʌtʃɪ/ N archiduché m

**archduke** /'ɑːtʃ'djuːk/ N archiduc m

**arched** /ɑːtʃt/ SYN ADJ [window, alcove] cintré ; [roof] cintré, en voûte ; [ceiling, doorway] en voûte ; [bridge] à arches ; [eyebrows] voûté (liter) ◆ **with an arched back** (convex) le dos voûté ; (concave) la taille cambrée, les reins cambrés

**archeological** /ˌɑːkɪə'lɒdʒɪkəl/ ADJ (US) ⇒ **archaeological**

**archeologist** /ˌɑːkɪ'ɒlədʒɪst/ N (US) ⇒ **archaeologist**

**archeology** /ˌɑːkɪ'ɒlədʒɪ/ N (US) ⇒ **archaeology**

**archer** /'ɑːtʃər/ SYN N archer m

**Archers** /'ɑːtʃəz/ NPL (Brit) ◆ **The Archers** feuilleton radiophonique

⁂ **THE ARCHERS**

**The Archers** est un feuilleton fleuve diffusé quotidiennement depuis 1951 par la BBC (Radio 4), avec un succès constant auprès des auditeurs de tous âges. Il retrace la vie d'une famille d'un village fictif, Ambridge, et de ses institutions locales, le pub et le club de cricket en particulier. Au fil des années, l'histoire s'est enrichie de thèmes plus contemporains tels que le racisme, la drogue, les familles monoparentales ou l'ordination des femmes.

**archery** /'ɑːtʃərɪ/ N tir m à l'arc

**archetypal** /'ɑːkɪtaɪpəl/ ADJ archétypal

**archetypally** /ˌɑːkɪ'taɪpəlɪ/ ADV exemplairement

**archetype** /'ɑːkɪtaɪp/ SYN N archétype m

**archetypical** /ˌɑːkɪ'tɪpɪkəl/ ADJ ⇒ **archetypal**

**archfiend** /ˌɑːtʃ'fiːnd/ N ◆ **the archfiend** le malin, Satan m

**archidiaconal** /ˌɑːkɪdaɪ'ækənl/ ADJ archidiocésain

**archil** /'ɑːtʃɪl/ N orseille f

**archimandrite** /ˌɑːkɪ'mændraɪt/ N (Rel) archimandrite m

**Archimedes** /ˌɑːkɪ'miːdiːz/
N Archimède m
COMP **Archimedes' principle** N principe m d'Archimède
**Archimedes' screw** N vis f d'Archimède

**archipelago** /ˌɑːkɪ'pelɪgəʊ/ N (pl **archipelagos** or **archipelagoes**) archipel m

**archiphoneme** /ˌɑːkɪ'fəʊniːm/ N archiphonème m

**architect** /'ɑːkɪtekt/ SYN N architecte m ; (fig) architecte m, artisan m ; → **naval**

**architectonic** /ˌɑːkɪtek'tɒnɪk/ ADJ (Art) architectonique

**architectonics** /ˌɑːkɪtek'tɒnɪks/ N (NonC : Archit, Philos) architectonique f

**architectural** /ˌɑːkɪ'tektʃərəl/ ADJ architectural

**architecturally** /ˌɑːkɪ'tektʃərəlɪ/ ADV [innovative, interesting] du point de vue architectural ◆ **architecturally, it represents a significant advance** du point de vue architectural, ça représente un progrès important

**architecture** /'ɑːkɪtektʃər/ SYN N architecture f

**architrave** /'ɑːkɪtreɪv/ N (Archit) architrave f ; [of door, window] encadrement m

**archive** /'ɑːkaɪv/
N ① (also **archives**) (= records) archives fpl ◆ **video/film archive** archives cinématographiques
② (Comput) archive f
VT archiver
ADJ d'archives ◆ **archive material/film** documentation f/film m d'archives ◆ **archive file** (Comput) fichier m d'archives

**archiver** /'ɑːkaɪvər/ N archiveur m

**archivist** /'ɑːkɪvɪst/ N archiviste mf

**archly** /'ɑːtʃlɪ/ ADV 1 (= cunningly) malicieusement
2 (= in a superior way) avec condescendance

**archness** /'ɑːtʃnɪs/ N malice f

**archpriest** /'ɑːtʃ'priːst/ N archiprêtre m

**arch-rival** /ˌɑːtʃ'raɪvəl/ N (= person, company) principal rival m ◆ **United and Liverpool are arch-rivals** United et Liverpool sont des adversaires acharnés

**archway** /'ɑːtʃweɪ/ N voûte f (d'entrée), porche m ; (longer) passage m voûté

**Arctic** /'ɑːktɪk/ SYN
ADJ (Geog) arctique ; (fig = very cold) glacial
N ◆ **the Arctic (regions)** les régions fpl arctiques, l'Arctique m
COMP **arctic char(r)** N (= fish) omble m chevalier
**Arctic Circle** N cercle m polaire arctique
**arctic fox** N renard m polaire
**arctic hare** N lièvre m polaire
**Arctic Ocean** N océan m Arctique
**arctic skua** N (Orn) labbe m parasite
**arctic tern** N (Orn) sterne f arctique

**Ardennes** /ɑː'den/ N (Geog) ◆ **the Ardennes** les Ardennes fpl

**ardent** /'ɑːdənt/ SYN ADJ 1 (= enthusiastic) [person, opponent, feminist, desire, belief, appeal] ardent ; [admirer, supporter] fervent
2 (= passionate) [lover, lovemaking] passionné
◆ **she's ardently socialist** c'est une fervente socialiste

**ardently** /'ɑːdəntlɪ/ ADV 1 (= enthusiastically) [oppose, support, defend] avec ardeur, ardemment
◆ **she's ardently socialist** c'est une fervente socialiste
2 (= passionately) [kiss, respond] passionnément

**ardour** (Brit), **ardor** (US) /'ɑːdəʳ/ SYN N ardeur f, ferveur f

**arduous** /'ɑːdjʊəs/ SYN ADJ [work, conditions, journey, task] ardu, difficile

**arduously** /'ɑːdjʊəslɪ/ ADV péniblement, laborieusement

**arduousness** /'ɑːdjʊəsnɪs/ N difficulté f

**are** /ɑːʳ, əʳ/ → **be**

**area** /'ɛərɪə/ SYN
N 1 (= surface measure) superficie f ◆ **this field has an area of 2 hectares** ce champ a une superficie de 2 hectares or a 2 hectares de superficie
2 (= region) région f ; (Mil, Pol) (large) territoire m ; (smaller) secteur m, zone f ◆ **the London area** la région londonienne or de Londres ◆ **in the whole area** dans toute la région ; → **sterling**
3 (fig) [of knowledge, enquiry] domaine m, champ m ◆ **in this area** dans ce domaine ◆ **the areas of disagreement** les zones fpl de désaccord
4 (Brit = courtyard) courette f en contrebas (sur la rue)
5 (with specified function) ◆ **dining area** (= part of room) coin m salle à manger ◆ **sleeping area** coin m chambre ◆ **play/parking area** (= part of building, housing estate etc) aire f de jeux/de stationnement
6 (Ftbl = penalty area) surface f de réparation
COMP **area code** N (Telec) indicatif m de zone
**area manager** N directeur m régional
**area office** N agence f régionale
**area of outstanding natural beauty** N site m naturel exceptionnel

**areaway** /'ɛərəweɪ/ N (US) ⇒ **area** 4

**areca** /'ærɪkə/ N arec m, aréquier m

**arena** /ə'riːnə/ SYN N (lit, fig) arène f ◆ **the political arena** l'arène f politique ◆ **to enter the arena** (fig) descendre dans l'arène

**arenaceous** /ˌærɪ'neɪʃəs/ ADJ (Geol) arénacé ; (Bot) arénicole

**aren't** /ɑːnt/ ⇒ **are not, am not** ; → **be**

**areola** /ə'rɪələ/ N (pl **areolas** or **areolae** /ə'rɪəˌliː/) (Anat) aréole f

**arête** /ə'reɪt/ N (Geog) arête f

**argentic** /ɑː'dʒentɪk/ ADJ argentique

**argentiferous** /ˌɑːdʒən'tɪfərəs/ ADJ argentifère

**Argentina** /ˌɑːdʒən'tiːnə/ N Argentine f

**Argentine** /'ɑːdʒəntaɪn/
N 1 (Geog †) **the Argentine** l'Argentine f ◆ **in the Argentine** en Argentine
2 ⇒ **Argentinian**
ADJ argentin

**argentine** /'ɑːdʒəntaɪn/ N (= fish) argentin m

**Argentinean** /ˌɑːdʒən'tɪnɪən/ ADJ (US) ⇒ **Argentinian**

**Argentinian** /ˌɑːdʒən'tɪnɪən/
ADJ argentin
N Argentin(e) m(f)

**argentite** /'ɑːdʒənˌtaɪt/ N argentite f

**arginine** /'ɑːdʒɪˌnaɪn/ N arginine f

**argon** /'ɑːgɒn/ N argon m

**Argonaut** /'ɑːgənɔːt/ N Argonaute m

**Argos** /'ɑːgɒs/ N Argos

**argosy** /'ɑːgəsɪ/ N (liter) galion m

**argot** /'ɑːgəʊ/ SYN N argot m

**arguable** /'ɑːgjʊəbl/ ADJ discutable, contestable
◆ **it is arguable that…** on peut soutenir que…

**arguably** /'ɑːgjʊəblɪ/ ADV ◆ **he is arguably the greatest footballer of all time** c'est sans doute le plus grand footballeur de tous les temps

**argue** /'ɑːgjuː/ SYN
VI 1 (= dispute, quarrel) se disputer (with sb avec qn ; about sth au sujet or à propos de qch) ◆ **they are always arguing** ils se disputent tout le temps ◆ **don't argue!** pas de discussion ! ◆ **stop arguing!** (to others arguing) arrêtez de vous disputer ! ◆ **no one can argue with that** personne ne peut contester cela
2 (= debate) argumenter (frm) (against sb contre qn ; about sth sur qch) ◆ **he argued against going** il a donné les raisons qu'il avait de ne pas y aller ◆ **they argued (about it) for hours** ils ont discuté (à ce sujet) pendant des heures ◆ **to argue from sth** tirer argument de qch
3 (Jur etc) [fact, evidence] témoigner (against sth contre qch ; for, in favour of sth en faveur de qch)
◆ **they argued in favour of imposing sanctions** ils ont plaidé en faveur de l'imposition de sanctions ◆ **it argues well for him** cela parle en sa faveur
VT 1 ◆ **to argue sb into/out of doing sth** persuader/dissuader qn de faire qch ◆ **to argue sb into/out of a scheme** persuader/dissuader qn d'adopter un projet
2 (= debate) [+ case] discuter, débattre ◆ **a well-argued case** une argumentation solide ◆ **to argue one's way out of a situation** se sortir d'une situation à force d'argumentation or d'arguments ◆ **to argue the toss*** (gen pej) discuter le coup*
3 (= show evidence of) dénoter, indiquer ◆ **it argues a certain lack of feeling** cela dénote or indique un certain manque de sensibilité
4 (= maintain) soutenir (that que) ◆ **she argued that the sale of the property would be illegal** elle soutenait qu'il serait illégal de vendre la propriété ◆ **to argue one's case** présenter ses arguments ◆ **the company has four days to argue its case** la société a quatre jours pour présenter ses arguments ◆ **to argue the case for sth** défendre qch, se prononcer en faveur de qch

▸ **argue out** VT SEP [+ problem] discuter or débattre (à fond)

**argufy** /'ɑːgjʊfaɪ/ VI (hum or dial) se chamailler

**argument** /'ɑːgjʊmənt/ LANGUAGE IN USE 26.2 SYN N
1 (= debate) discussion f, débat m ◆ **it is beyond argument** c'est indiscutable ◆ **you've only heard one side of the argument** tu n'as entendu qu'une seule version de l'affaire or de l'histoire ◆ **for argument's sake** à titre d'exemple ◆ **he is open to argument** il est prêt à écouter les arguments ◆ **it is open to argument that…** on peut soutenir que…
2 (= dispute) dispute f, discussion f ◆ **to have an argument** se disputer (with sb avec qn) ◆ **he has had an argument with a tree** (hum) il s'est bagarré* avec un arbre (hum)
3 (= reasons advanced) argument m ◆ **his argument is that…** il soutient que…, son argument est que… ◆ **there is a strong argument in favour of** or **for doing sth** il y a de bonnes raisons pour faire qch ◆ **there is a strong argument in favour of his resignation** il y a de bonnes raisons pour qu'il démissionne subj ◆ **the argument that Europe needs Britain** le raisonnement selon lequel l'Europe a besoin de la Grande-Bretagne ; → **line¹**
4 (= synopsis) sommaire m, argument m

ⓘ When **argument** means 'discussion' or 'dispute' it is not translated by the French word **argument**.

**argumentation** /ˌɑːgjʊmən'teɪʃən/ N argumentation f

**argumentative** /ˌɑːgjʊ'mentətɪv/ SYN ADJ ergoteur, raisonneur

**argy-bargy*** /'ɑːdʒɪ'bɑːdʒɪ/ N (pl **-bargies**) (Brit) discutailleries* fpl ◆ **to have an argy-bargy (about sth)** avoir une discussion animée (à propos de qch)

**aria** /'ɑːrɪə/ N aria f

**Ariadne** /ˌærɪ'ædnɪ/ N Ariane f

**Arian** /'ɛərɪən/
N Arien(ne) m(f)
ADJ arien

**Arianism** /'ɛərɪənɪzəm/ N arianisme m

**ARIBA** /ə'riːbə/ (abbrev of **Associate of the Royal Institute of British Architects**) membre de l'institut britannique des architectes

**arid** /'ærɪd/ SYN ADJ (lit, fig) aride

**aridity** /ə'rɪdɪtɪ/ N (lit, fig) aridité f

**Aries** /'ɛəriːz/ N (Astron) Bélier m ◆ **I'm (an) Aries** (Astrol) je suis (du) Bélier

**aright** /ə'raɪt/ SYN ADV bien, correctement ◆ **did I hear aright?** ai-je bien entendu ? ◆ **to set things aright** mettre bon ordre à l'affaire

**arioso** /ˌɑːrɪ'əʊzəʊ/ N (pl **ariosos** or **ariosi** /ˌɑːrɪ'əʊzɪː/) (Mus) arioso m

**arise** /ə'raɪz/ SYN (pret **arose** ptp **arisen** /ə'rɪzn/) VI 1 [difficulty] survenir, surgir ; [question] se présenter, se poser ; [cry] s'élever ; [problem] se poser ◆ **if the question arises** le cas échéant ◆ **should the need arise** en cas de besoin, si le besoin s'en fait sentir ◆ **should the occasion arise** si l'occasion se présente ◆ **doubts have arisen about the safety of this procedure** la sécurité de cette procédure a été remise en question
2 (= result) résulter, provenir (from de)
3 († , liter) [person] se lever ; [sun] se lever, paraître, poindre (liter)

**aristo*** /'ærɪstəʊ/ N (Brit) (abbrev of **aristocrat**) aristo* mf

**aristocracy** /ˌærɪs'tɒkrəsɪ/ SYN N aristocratie f

**aristocrat** /'ærɪstəkræt/ SYN N aristocrate mf

**aristocratic** /ˌærɪstə'krætɪk/ SYN ADJ aristocratique

**Aristophanes** /ˌærɪs'tɒfəniːz/ N Aristophane m

**Aristotelian** /ˌærɪstə'tiːlɪən/ ADJ aristotélicien

**Aristotelianism** /ˌærɪstə'tiːlɪənɪzəm/ N aristotélisme m

**Aristotle** /'ærɪstɒtl/ N Aristote m

**arithmetic** /ə'rɪθmətɪk/
N arithmétique f
ADJ /ˌærɪθ'metɪk/ arithmétique
COMP **arithmetic logic unit** N (Comput) unité f arithmétique et logique
**arithmetic mean** N moyenne f arithmétique
**arithmetic progression** N progression f arithmétique

**arithmetical** /ˌærɪθ'metɪkəl/ ADJ arithmétique

**arithmetician** /əˌrɪθmə'tɪʃən/ N arithméticien(ne) m(f)

**Ariz.** abbrev of **Arizona**

**Arizona** /ˌærɪ'zəʊnə/ N Arizona m

**ark** /ɑːk/ N (Hist) arche f ◆ **Ark of the Covenant** (Rel) arche f d'alliance ◆ **it's out of the ark*** c'est vieux comme Hérode, c'est antédiluvien ; → **Noah**

**Ark.** abbrev of **Arkansas**

**Arkansas** /'ɑːkənsɔː/ N Arkansas m

**arm¹** /ɑːm/ SYN
N 1 (Anat) bras m ◆ **to hold sth/sb in one's arms** tenir qch/qn dans ses bras ◆ **he had a coat over his arm** il avait un manteau sur le bras ◆ **take my arm** prenez mon bras ◆ **to give one's arm to sb** donner le bras à qn ◆ **on her husband's arm** au bras de son mari ◆ **arm in arm** bras dessus bras dessous ◆ **to take sb in one's arms** prendre qn dans ses bras ◆ **to put one's arm round sb** passer son bras autour des épaules de qn ◆ **to put one's arm round sb's waist** tenir qn par la taille ◆ **to drop one's arms, to let one's arms drop** or **fall** baisser les bras ◆ **to spread one's arms wide (apart)** écarter les bras ◆ **with one's arms wide (outspread)** les bras écartés ◆ **with one's arms by** or **at one's sides** les bras le long du corps ◆ **with folded arms** les bras croisés
◆ **within arm's reach** à portée de (la) main
◆ **at arm's length** à bout de bras ◆ **to hold sth at arm's length** tenir qch à bout de bras ◆ **to keep sb at arm's length** tenir qn à distance

**2** (figurative expressions) ◆ **to welcome sb/sth with open arms** accueillir qn/qch à bras ouverts ◆ **in the arms of Morpheus** (liter) dans les bras de Morphée ◆ **a list as long as your arm** une liste longue comme le bras* ◆ **the long arm of the law** le bras de la justice ◆ **to have a long arm** (fig) avoir le bras long ◆ **to put the arm on sb*** (US) (gen) forcer la main à qn (to do sth pour qu'il fasse qch) ; (= make sb pay up) faire cracher‡ qn ◆ **I'd give my right arm for that/to do that** je donnerais n'importe quoi pour ça/pour faire ça ◆ **that must have cost them an arm and a leg*** ça a dû leur coûter les yeux de la tête*

**3** [of garment] manche f ; [of armchair] bras m, accoudoir m

**4** [of crane, record-player] bras m ; [of spectacle frames] branche f

**5** [of sea, lake, river] bras m ◆ **an arm of the sea** un bras de mer

**6** [of organization] branche f ; → **fleet**[1]

**COMP** **arm's-length agreement** N (Jur) contrat m conclu dans les conditions normales du commerce
**arm's-length price** N (Fin) prix m fixé dans les conditions normales de la concurrence
**arm's-length relationship** N relation f distante
**arm-twisting*** N pressions fpl directes
**arm-wrestle** VI ◆ **to arm-wrestle with sb** faire un bras de fer avec qn
**arm-wrestling** N bras m de fer ◆ **an arm-wrestling match** une partie de bras de fer

**arm**[2] /ɑːm/ SYN
**VT** [+ person, nation] armer ◆ **to arm o.s. with patience** s'armer de patience
**VI** (s')armer, prendre les armes (against contre)

**Armada** /ɑːˈmɑːdə/ SYN N Armada f

**armadillo** /ˌɑːməˈdɪləʊ/ N tatou m

**Armageddon** /ˌɑːməˈgedn/ N (lit, fig) Armageddon m

**armagnac** /ˈɑːmənjæk/ N (Culin) armagnac m

**Armalite** ® /ˈɑːməlaɪt/ N fusil automatique rapide et ultraléger

**armament** /ˈɑːməmənt/ N **1** (gen pl = fighting strength) force f de frappe
**2** (NonC = preparation for war) armement m

**armaments** /ˈɑːməmənts/
**NPL** armement m
**COMP** **armaments depot** N dépôt m d'armes
**armaments factory** N usine f d'armement
**armaments industry** N industrie f d'armement

**armature** /ˈɑːmətjʊəʳ/ N (gen) armature f ; [of animal] carapace f

**armband** /ˈɑːmbænd/ N brassard m ; (for swimming) brassard m gonflable ; (mourning) brassard m de deuil, crêpe m

**armchair** /ˈɑːmtʃɛəʳ/
**N** fauteuil m ◆ **armchair general/traveller** stratège m/voyageur m en chambre
**COMP** **armchair banking** N services mpl (bancaires) télématiques
**armchair shopping** N (by post, telephone) achats par correspondance ou par téléphone ; (by computer, television) téléachats mpl

**armed** /ɑːmd/ SYN ADJ (lit, fig) armé (with de) ; [missile] muni d'une charge explosive ◆ **to go armed** (lit) porter une arme ◆ **to go armed with statistics** etc s'armer de statistiques etc ◆ **armed to the teeth** armé jusqu'aux dents ◆ **armed conflict/struggle** conflit m armé / lutte f armée ◆ **the armed forces** les forces fpl armées ◆ **armed neutrality** neutralité f armée ◆ **armed robbery** vol m or attaque f à main armée

**-armed** /ɑːmd/ ADJ (in compounds) **1** (Anat) ◆ **long-/short-armed** aux bras longs/courts
**2** (Mil) ◆ **nuclear-/missile-armed** armé d'engins nucléaires/de missiles

**Armenia** /ɑːˈmiːnɪə/ N Arménie f

**Armenian** /ɑːˈmiːnɪən/
**ADJ** arménien
**N** **1** (= person) Arménien(ne) m(f)
**2** (= language) arménien m

**armful** /ˈɑːmfʊl/ N brassée f ◆ **in armfuls** à pleins bras ◆ **he gathered up the clothes in armfuls** il a ramassé les vêtements à pleins bras ◆ **he arrived with armfuls of presents** il est arrivé avec des cadeaux plein les bras

**armhole** /ˈɑːmhəʊl/ N emmanchure f

**armistice** /ˈɑːmɪstɪs/ SYN
**N** armistice m
**COMP** **Armistice Day** N le 11 novembre, l'Armistice m

**armlet** /ˈɑːmlɪt/ N (= armband) brassard m ; (= bracelet) bracelet m

**armor** /ˈɑːməʳ/ N (US) ⇒ **armour**

**armorer** /ˈɑːmərəʳ/ N (US) ⇒ **armourer**

**armorial** /ɑːˈmɔːrɪəl/
**ADJ** armorial ◆ **armorial bearings** armoiries fpl
**N** armorial m

**Armorica** /ɑːˈmɒrɪkə/ N (Antiq) Armorique f

**armory** /ˈɑːmərɪ/ N (US) ⇒ **armoury**

**armour** (Brit), **armor** (US) /ˈɑːməʳ/ SYN
**N** **1** (NonC) [of knight] armure f ◆ **in full armour** armé de pied en cap ; → **suit**
**2** (Mil) (NonC = armour-plating) blindage m ; (collectively) (= vehicles) blindés mpl ; (= forces) forces fpl blindées
**COMP** **armour-clad** ADJ [vehicle] blindé ; [ship] cuirassé, blindé
**armour-piercing** ADJ (Mil) [mine, gun] antichar ; [shell, bullet] perforant
**armour-plate** N (for vehicle) blindage m ; (for ship) cuirasse f
**armour-plated** ADJ ⇒ **armour-clad**
**armour-plating** N ⇒ **armour-plate**

**armoured** (Brit), **armored** (US) /ˈɑːməd/
**ADJ** [vehicle, division, units] blindé
**COMP** **armoured car** N voiture f blindée
**armoured personnel carrier** N (véhicule m) blindé m de transport de troupes

**armourer** (Brit), **armorer** (US) /ˈɑːmərəʳ/ N armurier m

**armoury** (Brit), **armory** (US) /ˈɑːmərɪ/ SYN N
**1** dépôt m d'armes, arsenal m
**2** (US = arms factory) usine f d'armement

**armpit** /ˈɑːmpɪt/ N aisselle f ◆ **to be up to one's armpits in water** avoir de l'eau jusqu'aux épaules

**armrest** /ˈɑːmrest/ N accoudoir m

**arms** /ɑːmz/
**NPL** **1** (= weapons) armes fpl ◆ **under arms** sous les armes ◆ **in arms** en armes ◆ **to arms!** aux armes ! ◆ **to call to arms** [rebel leader] appeler aux armes ; [government] appeler sous les drapeaux ◆ **to take up arms against sb/sth** (lit) prendre les armes contre qn/qch ; (fig) s'insurger contre qn/qch
◆ **up in arms** ◆ **to be up in arms against sb/the authorities** être en rébellion ouverte contre qn/les autorités ◆ **to be up in arms against a decision** s'élever contre or partir en guerre contre une décision ◆ **they are up in arms about the price of petrol** ils s'insurgent contre le prix de l'essence ◆ **she was up in arms about it** ça l'a mise hors d'elle
**2** (Her) armoiries fpl , armes fpl ; → **coat**
**COMP** **arms cache, arms dump** N cache f d'armes
**arms control** N contrôle m des armements
**arms dealer** N marchand m d'armes
**arms dump** ⇒ **arms cache**
**arms embargo** N embargo m sur les armes
**arms exports** N exportations fpl d'armes
**arms factory** N usine f d'armement
**arms limitation** N limitation f des armements
**arms manufacturer** N fabricant m d'armes
**arms race** N course f aux armements
**arms sales** N ventes fpl d'armes
**arms trade** N commerce m des armes

**army** /ˈɑːmɪ/ SYN
**N** **1** armée f (de terre) ◆ **to be in the army** être dans l'armée, être militaire ◆ **to go into the army** s'engager (dans l'armée) ◆ **to go into the army** [professional] s'engager dans l'armée ; [conscript] partir au service (militaire) ; → **occupation, territorial**
**2** (fig) armée f
**COMP** [life, nurse, uniform] militaire ; [family] de militaires
**army ant** N fourmi f légionnaire
**army corps** N corps m d'armée
**army-issue** ADJ [rifle] de l'armée ◆ **police say the grenade was army-issue** la police dit que c'était une grenade de l'armée
**Army List** N annuaire m militaire, annuaire des officiers de carrière (de l'armée de terre)
**army officer** N officier m (de l'armée de terre)
**army surplus** N (NonC) surplus mpl de l'armée
**army-surplus** ADJ [boots, jacket etc] des surplus de l'armée ; [store] de surplus (de l'armée)

**Arolla pine** /əˈrɒlə/ N arolle m or f

**aroma** /əˈrəʊmə/ SYN N arôme m

**aromatherapist** /əˌrəʊməˈθerəpɪst/ N aromathérapeute mf

**aromatherapy** /əˌrəʊməˈθerəpɪ/ N aromathérapie f

**aromatic** /ˌærəʊˈmætɪk/ SYN
**ADJ** aromatique
**N** aromate m

**aromatization** /əˌrəʊmətaɪˈzeɪʃən/ N aromatisation f

**aromatize** /əˈrəʊmətaɪz/ VT aromatiser

**arose** /əˈrəʊz/ VB pt of **arise**

**around** /əˈraʊnd/ SYN

▶ When **around** is an element in a phrasal verb, eg **come around, move around, potter around**, look up the verb.

**ADV** **1** (= surrounding) autour ◆ **all around** tout autour, de tous côtés ◆ **for miles around** sur or dans un rayon de plusieurs kilomètres
**2** (= near, in circulation) dans les parages ◆ **he is somewhere around** il est dans les parages ◆ **you haven't seen Susan around, have you?** vous n'auriez pas vu Susan dans les parages, par hasard ? ◆ **she'll be around soon** elle sera bientôt là ◆ **is he around?*** (est-ce qu')il est là ? ◆ **there's a lot of flu around** il y a beaucoup de cas de grippe en ce moment
◆ **to have been around*** ◆ **he's been around*** (travelled) il a pas mal roulé sa bosse* ; (experienced) il n'est pas né d'hier or de la dernière pluie ◆ **it's been around*** for more than 20 years ça existe depuis plus de 20 ans
**3** (opposite direction) ◆ **to turn sth (the other way) around** retourner qch ◆ **it's the other way around** c'est le contraire
**PREP** **1** (= surrounding) autour de ◆ **around the fire** autour du feu ◆ **around it** autour ◆ **the first building around the corner** le premier immeuble au coin de la rue ◆ **it's just around the corner** (lit) c'est juste au coin ; (fig = very near) c'est à deux pas (d'ici) ; (= very soon) ce n'est pas loin ; see also **corner**
**2** (= somewhere in) ◆ **they are (somewhere) around the house** ils sont quelque part dans la maison
**3** (= approximately) environ, à peu près ◆ **around 2 kilos** environ à peu près 2 kilos, 2 kilos environ ◆ **around 1800** vers or aux alentours de 1800 ◆ **around 10 o'clock** vers 10 heures

**arousal** /əˈraʊzəl/ N (sexual) excitation f (sexuelle) ; (emotional) éveil m

**arouse** /əˈraʊz/ SYN VT **1** (= awaken) [+ person] réveiller, éveiller ◆ **to arouse sb from his sleep** tirer qn du sommeil
**2** (= cause) [+ suspicion, curiosity etc] éveiller ; [+ anger] exciter, provoquer ; [+ contempt] susciter, provoquer
**3** (= stimulate) stimuler, réveiller* ; (= stir to action) pousser à agir, secouer ◆ **that aroused him to protest** cela l'a poussé à protester

**aroused** /əˈraʊzd/ ADJ (sexually) excité

**arpeggio** /ɑːˈpedʒɪəʊ/ N arpège m

**arquebus** /ˈɑːkwɪbəs/ N (Mil Hist) arquebuse f

**arr.** **1** (on timetable) (abbrev of **arrives, arrival**) arr., arrivée
**2** (Mus) (abbrev of **arranged**) adaptation de

**arrack** /ˈærək/ N (Culin) arack m

**arraign** /əˈreɪn/ VT (Jur) traduire en justice ; (fig) accuser, mettre en cause

**arraignment** /əˈreɪnmənt/ N (Jur) ≈ lecture f de l'acte d'accusation

**Arran** /ˈærən/ N île f d'Arran

**arrange** /əˈreɪndʒ/ SYN
**VT** **1** (= put in order) [+ room, clothing] arranger ; [+ books, objects] ranger, mettre en ordre ; [+ flowers] arranger, disposer ◆ **to arrange one's hair** arranger sa coiffure ◆ **a room arranged as a play area** une pièce aménagée en espace de jeu
**2** (= decide on) [+ meeting] arranger, organiser ; [+ date] fixer ; [+ plans, programme] arrêter, convenir de ; [+ arranged marriage] arranger ◆ **it was arranged that...** il a été décidé or convenu que... + cond ◆ **I have something arranged for tonight** j'ai quelque chose de prévu pour ce soir
**3** († = settle) [+ dispute] régler, arranger
**4** (Mus) arranger, adapter ◆ **to arrange sth for violin and piano** faire un arrangement de qch pour violon et piano

**arrangement** | **arthropod** ENGLISH-FRENCH 42

**VI** (= fix details) s'arranger, prendre des or ses dispositions ◆ **we have arranged for the goods to be dispatched** nous avons fait le nécessaire pour que les marchandises soient expédiées ◆ **to arrange for sb's luggage to be sent up** faire monter les bagages de qn ◆ **to arrange with sb to do sth** décider avec qn de faire qch, s'entendre avec qn pour faire qch
**COMP** **arranged marriage** N mariage m arrangé

**arrangement** /əˈreɪndʒmənt/ SYN N 1 [of room, furniture] arrangement m, agencement m ; [of flowers, hair, clothing] arrangement m ; → **flower**
2 (= agreement) arrangement m ◆ **to do sth by arrangement with sb** s'entendre or s'arranger avec qn pour faire qch ◆ **larger sizes by arrangement** tailles fpl supérieures sur demande ◆ **price by arrangement** prix m à débattre ◆ **to come to an arrangement with sb** parvenir à un arrangement avec qn, s'arranger or s'entendre avec qn (to do sth pour faire qch) ◆ **by arrangement with Covent Garden** avec l'autorisation f de Covent Garden ; → **exceptional**
3 (= sth decided) arrangement m ◆ **arrangements** (= plans, preparations) dispositions fpl, préparatifs mpl ◆ **this arrangement suited everyone** cet arrangement convenait à tous ◆ **the arrangement whereby he should visit her monthly** l'arrangement selon lequel il doit aller la voir une fois par mois ◆ **I write to confirm these arrangements** je vous écris pour confirmer ces dispositions ◆ **I want to change the arrangements we made** je veux changer les dispositions que nous avons prises ◆ **to make arrangements for a holiday** faire des préparatifs pour des vacances, organiser des vacances (à l'avance) ◆ **to make arrangements for sth to be done** prendre des dispositions pour faire faire qch ◆ **can you make arrangements to come tomorrow?** pouvez-vous vous arranger pour venir demain ?
4 (Mus) adaptation f, arrangement m

**arranger** /əˈreɪndʒər/ N 1 (Mus) arrangeur m, -euse f
2 (= organizer) organisateur m, -trice f

**arrant** /ˈærənt/ ADJ (frm) [fool, liar, coward] fieffé † before n ; [hypocrisy] consommé, éhonté ◆ **his arrant stupidity** son imbécillité totale ◆ **that's the most arrant nonsense I've ever heard** je n'ai jamais rien entendu de plus absurde

**arras** /ˈærəs/ N tapisserie f

**array** /əˈreɪ/ SYN
**VT** 1 (Mil) [+ troops] déployer, disposer
2 (liter = clothe) [+ person] revêtir (in de)
**N** 1 (Mil) rang m, ordre m ◆ **in battle array** en ordre de bataille
2 [of objects] étalage m ; [of people] assemblée f ◆ **an array of solar panels** une batterie de panneaux solaires
3 (Math etc : also Comput) tableau m ◆ **array of figures** tableau m
4 (= ceremonial dress) habit m d'apparat ; (= fine clothes) atours mpl (iro)

**arrears** /əˈrɪəz/ NPL arriéré m ◆ **rent in arrears** arriéré de loyers ◆ **to get** or **fall into arrears** accumuler des arriérés ◆ **she is three months in arrears with her rent, her rent is three months in arrears** elle doit trois mois de loyer, elle a un arriéré de trois mois sur son loyer ◆ **he fell into arrears with his mortgage/his rent** il a pris du retard dans le remboursement de son emprunt logement/dans le paiement de son loyer ◆ **to be/get in arrears with one's correspondence** avoir/prendre du retard dans sa correspondance ◆ **arrears of work** travail m en retard

**arrest** /əˈrest/ SYN
**VT** 1 [police] [+ suspect] arrêter, appréhender ◆ **he can't get arrested** * (fig) personne ne veut de lui
2 [+ person's attention, interest] retenir, attirer
3 [+ growth, development, progress] (= stop) arrêter ; (= hinder) entraver ; (= retard) retarder ◆ **measures to arrest inflation** des mesures pour arrêter l'inflation ◆ **to arrest (the course of) a disease** (Med) enrayer une maladie
**N** 1 [of person] arrestation f ◆ **under arrest** en état d'arrestation ; (Mil) aux arrêts ◆ **to put sb under arrest** arrêter qn ; (Mil) mettre qn aux arrêts ◆ **to make an arrest** procéder à une arrestation ◆ **open/close arrest** (Mil) = arrêts mpl simples/de rigueur
2 (Jur) ◆ **arrest of judgement** suspension f d'exécution d'un jugement
**COMP** **arrested development** N (Med) arrêt m de croissance ; (Psych) atrophie f de la personnalité

**arresting officer** N (Police) policier ayant procédé à l'arrestation
**arrest warrant** N mandat m d'arrêt

**arresting** /əˈrestɪŋ/ SYN ADJ (frm = striking) frappant, saisissant

**arrestment** /əˈrestmənt/ N (Scot, Jur) saisie f

**arrhythmia** /əˈrɪðmɪə/ N (NonC) arythmie f

**arris** /ˈærɪs/ N (Constr) arête f

**arrival** /əˈraɪvəl/ LANGUAGE IN USE 24.1 SYN
**N** 1 (NonC) [of person, vehicle, letter, parcel] arrivée f ; (Comm) [of goods in bulk] arrivage m ◆ **on arrival** à l'arrivée ◆ **arrivals and departures** (Rail etc) arrivées fpl et départs mpl
2 (= consignment) ◆ **an arrival of** un arrivage de ◆ **who was the first arrival?** (= person) qui est arrivé le premier ? ◆ **a new arrival** un nouveau venu, une nouvelle venue ; (hum = baby) un(e) nouveau-né(e) ◆ **the latest arrival** le dernier arrivé
**COMP** **arrival board** N (US) ⇒ **arrivals board**
**arrival platform** N quai m d'arrivée
**arrivals board** N tableau m des arrivées
**arrivals lounge** N salon m d'arrivée
**arrival time** N heure f d'arrivée

**arrive** /əˈraɪv/ SYN **VI** 1 [person, vehicle, letter, goods] arriver ◆ **to arrive at a town** arriver à or atteindre une ville ◆ **as soon as he arrives** dès qu'il arrivera, dès son arrivée ◆ **arriving Paris (at) 14.43** (on timetable etc) arrivée f à Paris (à) 14h43 ◆ **to arrive on the scene** (lit) (= turn up) arriver (sur place) ; (fig) (= become a factor) faire son apparition ◆ **the moment has arrived when we must go** le moment est venu pour nous de partir
2 (= succeed) arriver, réussir ◆ **you know you've arrived when people recognise you in the street** on sait qu'on a réussi quand les gens vous reconnaissent dans la rue

▶ **arrive at** VT FUS [+ decision, solution] aboutir à, parvenir à ; [+ perfection] atteindre ◆ **to arrive at a price** [one person] fixer un prix ; [two people] se mettre d'accord sur un prix ◆ **they finally arrived at the idea of selling it** ils en sont finalement venus à l'idée de le vendre

**arrogance** /ˈærəgəns/ SYN N arrogance f, morgue f

**arrogant** /ˈærəgənt/ SYN ADJ arrogant, plein de morgue

**arrogantly** /ˈærəgəntlɪ/ ADV [behave, say] avec arrogance ◆ **arrogantly casual/careless** d'une désinvolture/insouciance arrogante

**arrogate** /ˈærəgeɪt/ VT (frm) 1 (= claim unjustly) [+ authority, right] revendiquer à tort, s'arroger ; [+ victory] s'attribuer
2 (= attribute unjustly) attribuer injustement (to sb à qn)

**arrow** /ˈærəʊ/ SYN
**N** (= weapon, directional sign) flèche f ◆ **to shoot** or **loose off an arrow** décocher une flèche
**VT** [+ item on list etc] cocher ; [+ route, direction] flécher ◆ **to arrow sth in** (= insert) indiquer l'emplacement de

**arrowhead** /ˈærəʊhed/ N 1 [of arrow] fer m or pointe f de flèche
2 (Bot) sagittaire f, flèche f d'eau

**arrowroot** /ˈærəʊruːt/ N (for cooking) arrow-root m ; (= plant) maranta f

**arroyo** /əˈrɔɪəʊ/ N (US Geog) arroyo m

**arse** ** /ɑːs/ (esp Brit)
**N** cul ** m ◆ **shift** or **move your arse!** (= move over) bouge ton cul !** ; (= hurry up) magne-toi le cul !** ◆ **get (up) off your arse** (= stand up) lève ton cul de là ** ; (fig) bouge-toi le cul ** ◆ **if you fancy that girl, don't sit on your arse, ask her out** si cette fille te plaît, bouge-toi le cul ** et invite-la à sortir ◆ **he doesn't know his arse from his elbow** il comprend rien à rien * ; → **ass², pain**
**VT** ◆ **I can't be arsed** j'ai la flemme *

▶ **arse about** **, **arse around** ** VI déconner **

**arsehole** ** /ˈɑːshəʊl/ N (Brit) trou m du cul ** ◆ **you arsehole!** trou du cul !**

**arselicker** ** /ˈɑːslɪkər/ N lèche-cul ** mf

**arsenal** /ˈɑːsɪnl/ SYN N arsenal m

**arsenic** /ˈɑːsnɪk/
**N** arsenic m
**COMP** **arsenic acid** N acide m arsénique
**arsenic poisoning** N empoisonnement m à l'arsenic

**arsenical** /ɑːˈsenɪkəl/ ADJ [substance] arsenical ◆ **arsenical poisoning** empoisonnement m à l'arsenic

**arsenide** /ˈɑːsənaɪd/ N arséniure m

**arsenite** /ˈɑːsɪnaɪt/ N arsénite m

**arsenopyrite** /ˌɑːsɪnəʊˈpaɪraɪt/ N mispickel m

**arsine** /ˈɑːsiːn/ N arsine f

**arson** /ˈɑːsn/ N incendie m volontaire or criminel

**arsonist** /ˈɑːsənɪst/ N (gen) incendiaire mf ; (= maniac) pyromane mf

**art¹** /ɑːt/ SYN
**N** 1 (NonC) art m ◆ **art for art's sake** l'art pour l'art ◆ **to study art** (gen) faire des études d'art ; (Univ) faire les beaux-arts ◆ **the arts** (= humanities) les lettres fpl ; (= plastic arts) les arts mpl ; → **work**
2 (= human skill) art m, habileté f ◆ **the art of embroidering/embroidery** l'art m de broder/de la broderie ◆ **to do sth with art** faire qch avec art or habileté ◆ **arts and crafts** artisanat m (d'art) ; → **black, fine², state**
3 (Univ) ◆ **Arts** lettres fpl ◆ **Faculty of Arts** faculté f des Lettres (et Sciences humaines) ◆ **he's doing Arts** il fait des (études de) lettres ; → **bachelor, master**
4 (= cunning) artifice m, ruse f ◆ **to use every art in order to do sth** user de tous les artifices pour faire qch
**COMP** **art collection** N collection f d'œuvres d'art
**art collector** N collectionneur m, -euse f d'art
**art college** N ≈ école f des beaux-arts
**art dealer** N marchand m de tableaux
**art deco** N art m déco **ADJ** art déco inv
**art director** N (Cine) directeur m, -trice f artistique
**art exhibition** N exposition f (d'œuvres) d'art
**art form** N moyen m d'expression artistique
**art gallery** N (= museum) musée m d'art ; (= shop) galerie f (de tableaux or d'art)
**art-house** ADJ [film, cinema] d'art et d'essai
**art nouveau** N art m nouveau, modern style m
**art paper** N papier m couché
**art school** N ≈ école f des beaux-arts
**Arts Council** N organisme gouvernemental britannique responsable du financement des activités culturelles
**Arts degree** N (Univ) ≈ licence f ès lettres
**arts student** N étudiant(e) m(f) de or en lettres
**art student** N étudiant(e) m(f) des or en beaux-arts

**art²** /ɑːt/ ( ††, liter : also **thou art**) ⇒ **you are** ; → **be**

**artefact** /ˈɑːtɪfækt/ N objet m (fabriqué), artefact m

**artel** /ɑːˈtel/ N artel m

**Artemis** /ˈɑːtɪmɪs/ N Artémis f

**artemisia** /ˌɑːtɪˈmiːzɪə/ N armoise f

**arterial** /ɑːˈtɪərɪəl/ ADJ 1 (Anat) artériel
2 (Rail) ◆ **arterial line** grande ligne f ◆ **arterial road** route f or voie f à grande circulation, (grande) artère f

**arterialization** /ɑːˌtɪərɪəlaɪˈzeɪʃən/ N (Physiol) artérialisation f

**arteriography** /ɑːˌtɪərɪˈɒgrəfɪ/ N artériographie f

**arteriole** /ɑːˈtɪərɪəʊl/ N artériole f

**arteriosclerosis** /ɑːˌtɪərɪəʊsklɪˈrəʊsɪs/ N artériosclérose f

**arteriosclerotic** /ɑːˌtɪərɪəʊsklɪˈrɒtɪk/ ADJ artériosclereux

**arteritis** /ˌɑːtəˈraɪtɪs/ N (Med) artérite f

**artery** /ˈɑːtərɪ/ N (Anat) artère f ; (fig = road) artère f, route f or voie f à grande circulation

**artesian well** /ɑːˈtiːzɪənwel/ N puits m artésien

**artful** /ˈɑːtfʊl/ SYN ADJ rusé, malin (-igne f) ◆ **he's an artful one** * c'est un petit malin * ◆ **artful dodger** roublard(e) * m(f)

**artfully** /ˈɑːtfəlɪ/ ADV 1 (= skilfully) [arranged, constructed, designed] ingénieusement
2 (= cunningly) avec ruse

**artfulness** /ˈɑːtfʊlnɪs/ N (= cunning) astuce f, ruse f ; (= skill) adresse f, habileté f

**arthralgia** /ɑːˈθrældʒə/ N (Med) arthralgie f

**arthritic** /ɑːˈθrɪtɪk/ ADJ, N arthritique mf

**arthritis** /ɑːˈθraɪtɪs/ N arthrite f ; → **rheumatoid**

**arthrography** /ɑːˈθrɒgrəfɪ/ N arthrographie f

**arthropod** /ˈɑːθrəpɒd/ N arthropode m

**Arthurian** /ɑːˈθjʊərɪən/ ADJ du roi Arthur, d'Arthur ◆ **Arthurian legend** or **legends** la légende du roi Arthur, le cycle d'Arthur

**artic**\* /ˈɑːtɪk/ N (Brit) (abbrev of **articulated lorry**) → **articulate**

**artichoke** /ˈɑːtɪtʃəʊk/ N artichaut m ; → **globe, Jerusalem**

**article** /ˈɑːtɪkl/ SYN
[N] [1] (= object) objet m ; (Comm) article m, marchandise f ◆ **article of clothing** pièce f d'habillement ◆ **articles of clothing** vêtements mpl ◆ **article of food** produit m or denrée f alimentaire ◆ **articles of value** objets mpl de valeur
[2] (Press) article m ; → **leading**[1]
[3] (Jur etc) [of treaty, document] article m ◆ **articles of apprenticeship** contrat m d'apprentissage ◆ **article of faith** article m de foi ◆ **the Thirty-Nine Articles** (Rel) les trente-neuf articles de foi de l'Église anglicane ◆ **articles of war** (US Mil) code m de justice militaire
[4] (Gram) article m ; → **definite, indefinite**
[VT] [1] [+ apprentice] (to trade) mettre en apprentissage (to chez) ; (to profession) mettre en stage (to chez, auprès de)
[2] (Jur) stipuler
[COMP] **articled clerk** N (Brit) avocat(e) m(f) stagiaire
**articles of association** NPL (Jur) statuts mpl

**articulacy** /ɑːˈtɪkjʊləsɪ/ N faculté f d'expression

**articulate** /ɑːˈtɪkjʊlɪt/ SYN
[ADJ] [1] [speech] net, distinct ; [thought] clair, net ; [person] qui s'exprime bien, qui sait s'exprimer
[2] (Anat, Bot) articulé
[VT] /ɑːˈtɪkjʊleɪt/ [1] [+ word, sentence] articuler ; (fig) [+ plan, goal] exprimer clairement
[2] (Anat, Bot) articuler
[VI] articuler
[COMP] **articulated lorry** N (Brit) semi-remorque m

**articulately** /ɑːˈtɪkjʊlɪtlɪ/ ADV (= fluently) avec aisance ; (= clearly) clairement

**articulation** /ɑːˌtɪkjʊˈleɪʃən/ N articulation f

**articulatory phonetics** /ɑːˌtɪkjʊˈleɪtərɪfəʊˈnetɪks/ N (NonC) phonétique f articulatoire

**artifact** /ˈɑːtɪfækt/ N ⇒ **artefact**

**artifice** /ˈɑːtɪfɪs/ SYN N [1] (= stratagem) artifice m, ruse f
[2] (NonC = cunning) adresse f, art m
[3] (NonC ✝ = artificiality) stratagème m

**artificer** /ɑːˈtɪfɪsəʳ/ SYN N (Mil) mécanicien m

**artificial** /ˌɑːtɪˈfɪʃəl/ SYN
[ADJ] [1] (= synthetic) [light, flowers] artificiel ; [leather, jewel] synthétique, artificiel ◆ **artificial climbing** escalade f artificielle ◆ **artificial hair** cheveux mpl postiches ◆ **artificial arm/leg** bras m/jambe f artificiel(le) ◆ **artificial limb** prothèse f, membre m artificiel ◆ **artificial manure** engrais mpl chimiques ◆ **artificial silk** soie f artificielle ◆ **artificial teeth** fausses dents fpl, prothèse f dentaire
[2] (= affected) [manner] artificiel, affecté ; [tears] feint, factice ; [smile] forcé ; [person] affecté
[COMP] **artificial horizon** N horizon m artificiel
**artificial insemination (by donor)** N insémination f artificielle (par un donneur)
**artificial intelligence** N intelligence f artificielle
**artificial respiration** N respiration f artificielle

**artificiality** /ˌɑːtɪfɪʃɪˈælɪtɪ/ N manque m de naturel

**artificially** /ˌɑːtɪˈfɪʃəlɪ/ ADV artificiellement

**artillery** /ɑːˈtɪlərɪ/ SYN N artillerie f

**artilleryman** /ɑːˈtɪlərɪmən/ N (pl **-men**) artilleur m

**artiness**\* /ˈɑːtɪnɪs/ N genre m prétentieux

**artisan** /ˌɑːtɪˈzæn/ SYN N artisan m ◆ **the artisans** (collectively) l'artisanat m

**artisanal** /ˈɑːtɪzənəl/ ADJ artisanal

**artist** /ˈɑːtɪst/ N artiste mf ; → **con³, piss, rip-off**

**artiste** /ɑːˈtiːst/ N (esp Brit) (= performer) artiste mf ; → **variety**

**artistic** /ɑːˈtɪstɪk/ SYN
[ADJ] [talent, design, heritage, freedom] artistique ; [person] qui a un sens artistique
[COMP] **artistic director** N directeur m, -trice f artistique

**artistically** /ɑːˈtɪstɪkəlɪ/ ADV [1] [gifted, successful] du point de vue artistique
[2] [arranged, presented] avec art

**artistry** /ˈɑːtɪstrɪ/ SYN N (NonC) art m, talent m artistique

**artless** /ˈɑːtlɪs/ SYN ADJ [1] (= straightforward) [person, beauty] naturel ; [behaviour, comment, simplicity] ingénu
[2] (pej = without art, skill) [object] grossier ; [translation] lourd

**artlessly** /ˈɑːtlɪslɪ/ ADV ingénument

**artlessness** /ˈɑːtlɪsnɪs/ N (NonC) [1] (= straightforwardness) [of person, beauty] naturel m ; [of behaviour, comment, simplicity] ingénuité f
[2] (pej = lack of art, skill) grossièreté f ; [translation] lourdeur f

**artsy**\* /ˈɑːtsɪ/ ADJ (US) ⇒ **arty**

**artsy-craftsy**\* /ˈɑːtsɪˈkrɑːftsɪ/ ADJ (US) ⇒ **arty-crafty**

**artsy-fartsy**\*⁺ /ˈɑːtsɪˈfɑːtsɪ/ ADJ (US) ⇒ **arty-farty**

**artwork** /ˈɑːtwɜːk/ N (Publishing) iconographie f ; (= painting, sculpture) œuvre f d'art ; (US = objects) objets mpl d'art

**arty**\* /ˈɑːtɪ/, **artsy**\* (US) /ˈɑːtsɪ/ ADJ [person] qui se donne le genre artiste or bohème ; [clothes] faussement bohème

**arty-crafty**\* /ˈɑːtɪˈkrɑːftɪ/, **artsy-craftsy**\* (US) /ˈɑːtsɪˈkrɑːftsɪ/ ADJ (pej) [object, style] (exagérément) artisanal ; [person] qui affiche un genre artiste or bohème

**arty-farty**\*⁺ /ˈɑːtɪˈfɑːtɪ/, **artsy-fartsy**\*⁺ (US) /ˈɑːtsɪˈfɑːtsɪ/ ADJ (pej) [person] poseur ; [book, film] prétentieux ◆ **an arty-farty man/woman** un poseur/une poseuse

**arum** /ˈɛərəm/ N (Bot: also **arum lily**) arum m

**ARV** /ˌeɪɑːˈviː/ N (US) (abbrev of **American Revised Version**) traduction américaine de la Bible

**arvee**\* /ɑːˈviː/ N (US) (abbrev of **recreational vehicle**) → **recreational**

**arvo**\* /ˈɑːvəʊ/ (pl **arvos**) N (Austral) après-midi m or f

**Aryan** /ˈɛərɪən/
[N] Aryen(ne) m(f)
[ADJ] aryen

**aryl** /ˈærɪl/ N aryle m

**AS** /eɪˈes/ [1] abbrev of **American Samoa**
[2] (US) (abbrev of **Associate in Sciences**) = titulaire mf d'un DEUG de sciences

---

**as** /æz, əz/
LANGUAGE IN USE 17.1, 26.2 SYN

1 - CONJUNCTION
2 - PREPOSITION
3 - ADVERB

▶ For set combinations in which **as** is not the first word, eg **such... as, the same... as, dressed/disguised as, acknowledge as**, look up the other word.

---

**1 - CONJUNCTION**

[1] [= WHILE] alors que ◆ **as she was falling asleep she heard a noise** elle entendit un bruit alors qu'elle commençait à s'endormir ◆ **he saw the accident as he was going to school** il a vu l'accident en allant à l'école ◆ **another policeman has been killed as fighting continued this morning** un autre policier a été tué tandis que or alors que les combats continuaient ce matin ◆ **all the jury's eyes were upon him as he continued** les jurés ne le quittaient pas des yeux tandis qu'il or alors qu'il continuait à parler

[2] [WITH COMPARATIVE] ◆ **things will get more difficult as the year goes on** ça va devenir de plus en plus difficile au fur et à mesure que la fin de l'année approche ◆ **he grew deafer as he got older** il devenait de plus en plus sourd en vieillissant

[3] [= JUST WHEN] (juste) au moment où, alors que ◆ **he came in as I was leaving** il est arrivé (juste) au moment où je partais or alors que je partais

[4] [= BECAUSE] étant donné que, comme ◆ **as he hasn't phoned, we don't know where he is** comme il or étant donné qu'il n'a pas téléphoné, nous ne savons pas où il est ◆ **patient as she is, she'll probably put up with it** patiente comme elle est, elle arrivera probablement à le supporter

> **parce que** or **car** can also be used, but not at the beginning of the sentence.

◆ **this is important as it reduces the effectiveness of the drug** c'est important parce que or car cela diminue l'efficacité du médicament

[5] [= THOUGH] ◆ **long as it was, I didn't find the journey boring** bien que le trajet ait été long, je ne me suis pas ennuyé ◆ **unlikely/amazing as it may seem** aussi improbable/surprenant que cela paraisse ◆ **hard as it is to believe,...** aussi incroyable que cela puisse paraître,... ◆ **(as) important as the president is...** pour or si important que soit le président...

[6] [INDICATING MANNER] comme ◆ **do as you like** faites comme vous voulez ◆ **France, as you know, is...** la France, comme vous le savez, est... ◆ **as (is) usual** comme d'habitude, comme à l'ordinaire ◆ **as often happens** comme c'est souvent le cas ◆ **she is very gifted, as is her brother** elle est très douée, comme son frère ◆ **they are fine as they are** ils sont très bien comme ça ◆ **I'm okay as I am** je me trouve très bien comme ça ◆ **knowing him as I do, I am sure he'll refuse** le connaissant comme je le connais, je suis sûr qu'il refusera ◆ **don't tidy up, leave it as it is** ne range rien, laisse ça comme ça ◆ **A is to B as C is to D, as A is to B so C is to D** C est à D ce que A est à B ◆ **the village, situated as it is near a motorway,...** le village, étant situé non loin d'une autoroute,...

**2 - PREPOSITION**

[1] [= IN THE CAPACITY OF] comme ◆ **he works as a waiter** il travaille comme serveur BUT ◆ **Olivier as Hamlet** (Theat) Olivier dans le rôle de Hamlet

[2] [= BEING] en tant que ◆ **Napoleon, as a statesman, was...** Napoléon, en tant qu'homme d'État, était... ◆ **as a mother of five children, she is well aware...** en tant que mère de cinq enfants, elle sait très bien...

[3] [= WHEN] ◆ **as a child, she was rather shy** (lorsqu'elle or quand elle était) enfant, elle était plutôt timide ◆ **as a young woman, she was very interested in politics** lorsqu'elle or quand elle était jeune, elle s'intéressait beaucoup à la politique

**3 - ADVERB**

[1] [= IN THE WAY] comme ◆ **you'll have it by noon as agreed** vous l'aurez pour midi comme convenu ◆ **he came as agreed** il est venu comme convenu or prévu ◆ **as in all good detective stories** comme dans tout bon roman policier ◆ **"m" as in mother** « m » comme mère

[2] [SET STRUCTURES]
◆ **as.... as** (in comparisons of equality) aussi... que ◆ **I am as tall as you** je suis aussi grand que toi ◆ **is it as far as that?** c'est vraiment aussi loin que ça ?
◆ **as much as** autant que ◆ **you ate as much as me**\*or as I did tu as mangé autant que moi ◆ **you spend as much as me**\*or as I do tu dépenses autant que moi
◆ **twice/half** etc **as...** ◆ **she's twice as nice as her sister** elle est deux fois plus gentille que sa sœur ◆ **it's half as expensive** ça coûte deux fois moins cher ◆ **it's twice/three times as expensive** ça coûte deux fois/trois fois plus cher
◆ **not as** or **not so... as** pas aussi... que ◆ **I am not so** or **not as ambitious as you** je ne suis pas aussi ambitieux que toi ◆ **it's not so** or **not as bad as all that** ce n'est pas si terrible que ça
◆ **as for** (when changing subject) quant à ◆ **as for her mother...** quant à sa mère... ◆ **as for that...** (= regarding) pour ce qui est de ça..., quant à cela...
◆ **as from** (referring to past) depuis ; (referring to present, future) à partir de ◆ **as from last Tuesday** depuis mardi dernier ◆ **as from today/next Tuesday** à partir d'aujourd'hui/de mardi prochain
◆ **as if, as though** comme si ◆ **he was staggering as if** or **as though he'd been drinking** il titubait comme s'il avait bu ◆ **it was as if** or **as though he was still alive** c'était comme s'il était toujours vivant ◆ **it's not as if** or **as though he was nice-looking** ce n'est pas comme s'il était beau garçon ◆ **as if!**\* tu parles !\*
◆ **as if to** comme pour ◆ **as if to confirm his prediction there was a loud explosion** comme pour confirmer ses prédictions on entendit une forte explosion ◆ **he looked at me as if to say...** il m'a regardé avec l'air de dire...

◆ **as it is** (= *in fact*) dans l'état actuel des choses ; (= *already*) comme ça ◆ **as it is, it doesn't make much difference** dans l'état actuel des choses, ça ne fait pas grande différence ◆ **I've got quite enough to do as it is** j'ai bien assez à faire comme ça

◆ **as it were** pour ainsi dire, en quelque sorte ◆ **I have become, as it were, two people** je suis devenu, pour ainsi dire *or* en quelque sorte, non pas une, mais deux personnes

◆ **as of** (*from past time*) depuis ; (*from present, future time*) à partir de ; (= *up to*) jusqu'à ◆ **as of last Tuesday** depuis mardi dernier ◆ **as of today/next Tuesday** à partir d'aujourd'hui/de mardi prochain ◆ **as of yesterday, the city has recorded 751 homicides this year** jusqu'à hier, la ville avait enregistré 751 meurtres cette année ◆ **the balance of your account as of 16 June** (= *on*) le solde de votre compte au 16 juin

◆ **as of now** pour l'instant ◆ **as of now, I have no definite plans** pour l'instant, je ne sais pas encore ce que je vais faire

◆ **as regards** → **regard**

◆ **as such** (= *in itself*) en soi ; (= *in that capacity*) en tant que tel *or* telle, à ce titre ◆ **the work as such is boring but the pay is good** le travail en soi est ennuyeux mais le salaire est correct ◆ **they are the best players in the world and, as such**, are highly paid ce sont les meilleurs joueurs du monde et, en tant que tels *or* à ce titre, ils touchent un salaire très élevé ◆ **he was still a novice and they treated him as such** ce n'était qu'un débutant et ils le traitaient comme tel

◆ **not/no... as such** pas à proprement parler, pas vraiment ◆ **I'm not a beginner as such** je ne suis pas à proprement parler un débutant, je ne suis pas vraiment débutant ◆ **he had no qualifications as such** il n'avait à proprement parler aucune qualification

◆ **as to** (*when changing subject*) quant à ◆ **as to her mother...** quant à sa mère... ◆ **as to that** (= *regarding that*) pour ce qui est de ça, quant à cela ◆ **to question sb as to his intentions** (= *about*) interroger qn sur ses intentions ◆ **they should make decisions as to whether students need help** il faudrait qu'ils décident si les étudiants ont besoin d'aide (ou non) ◆ **he inquired as to what the problem was** il demanda ce qui n'allait pas

◆ **as yet** → **yet**

◆ **as you were** * (*to correct oneself*) non, je me trompe ◆ **it was in 1990 he won the trophy, as you were, 1992** c'est en 1990 qu'il a remporté la coupe, non, je me trompe, en 1992 ◆ **as you were!** (*Mil*) repos !

---

**A/s** (abbrev of **account sales**) compte *m* de ventes

**a/s** (abbrev of **after sight**) ◆ **payable 30 days a/s** (*Comm*) payable à trente jours de vue

**ASA** /ˌeɪes'eɪ/ ① (*Brit*) (abbrev of **Advertising Standards Authority**) → **advertising**
② (*Brit*) (abbrev of **Amateur Swimming Association**) *fédération de natation*
③ (abbrev of **American Standards Association**) ◆ **100/200 ASA** 100/200 ASA

**ASA/BS** /ˌeɪeseɪbiː'es/ N abbrev of **American Standards Association/British Standard**

**asafoetida** /ˌæsə'fetɪdə/ N (*Bot*) ase *f* fétide

**a.s.a.p.** * /ˌeɪeseɪ'piː/ (abbrev of **as soon as possible**) aussitôt que possible

**asbestos** /æz'bestəs/
N amiante *m*, asbeste *m*
COMP **asbestos mat** N plaque *f* d'amiante

**asbestosis** /ˌæzbes'təʊsɪs/ N asbestose *f*

**ASBO** /'æsbəʊ/ N (*Brit*) (abbrev of **Antisocial Behaviour Order**) *décision de justice visant à empêcher une personne reconnue coupable d'incivilités de récidiver en restreignant sa liberté de mouvement ou d'action*

**ascariasis** /ˌæskə'raɪəsɪs/ N ascaridiase *f*, ascaridiose *f*

**ascarid** /'æskərɪd/ N ascaride *m*, ascaris *m*

**ascend** /ə'send/ SYN
VI monter, s'élever (*to* à, jusqu'à) ; (*in time*) remonter (*to* à) ◆ **in ascending order** en ordre croissant
VT [+ *ladder*] monter à ; [+ *mountain*] gravir, faire l'ascension de ; [+ *river*] remonter ; [+ *staircase*] monter ◆ **to ascend the throne** monter sur le trône
COMP **ascending scale** N (*Mus*) gamme *f* ascendante *or* montante

**ascendancy** /ə'sendənsɪ/ SYN N (= *influence*) ascendant *m*, empire *m* (*over* sur) ; (= *rise to power etc*) montée *f*, ascension *f*

**ascendant** /ə'sendənt/ SYN
N (*Astrol, fig*) ascendant *m* ◆ **to be in the ascendant** (*Astrol*) être à l'ascendant ◆ **his fortunes are in the ascendant** tout lui sourit
ADJ (*gen*) dominant ; (*Astrol*) ascendant

**ascender** /ə'sendər/ N hampe *f* montante

**ascension** /ə'senʃən/
N ascension *f* ◆ **the Ascension** (*Rel*) l'Ascension *f*
COMP **Ascension Day** N l'Ascension *f*
**Ascension Island** N l'île *f* de l'Ascension

**ascensionist** /ə'senʃənɪst/ N ascensionniste *mf*

**ascent** /ə'sent/ SYN N [*of mountain etc*] ascension *f* ; (*fig: in time*) retour *m* ; (*in rank*) montée *f*, avancement *m*

**ascertain** /ˌæsə'teɪn/ SYN
VT (*gen*) établir ; [+ *person's age, name, address etc*] vérifier ◆ **to ascertain that sth is true** s'assurer *or* vérifier que qch est vrai
COMP **ascertained goods** NPL (*Jur*) marchandises *fpl* déterminées

**ascertainable** /ˌæsə'teɪnəbl/ ADJ vérifiable

**ascertainment** /ˌæsə'teɪnmənt/ N constatation *f*, vérification *f*

**ascetic** /ə'setɪk/ SYN
ADJ ascétique
N ascète *mf*

**asceticism** /ə'setɪsɪzəm/ SYN N ascétisme *m*

**ASCII** /'æskiː/
N (abbrev of **American Standard Code for Information Interchange**) ASCII *m*
COMP **ASCII file** N fichier *m* ASCII

**ascites** /ə'saɪtiːz/ N ascite *f*

**ascitic** /ə'sɪtɪk/ ADJ ascitique

**asclepias** /ə'skliːpɪəs/ N (*Bot*) asclépiade *f*

**ascomycete** /ˌæskəmaɪ'siːt/ N (*Bot*) ascomycète *m*

**ascomycetous** /ˌæskəmaɪ'siːtəs/ ADJ (*Bot*) ascomycète

**ascorbic acid** /ə'skɔːbɪk'æsɪd/ N acide *m* ascorbique

**ascribable** /ə'skraɪbəbl/ ADJ [*virtue, piece of work*] attribuable ; [*fault, blame*] imputable (*to* à)

**ascribe** /ə'skraɪb/ SYN VT [+ *virtue, piece of work*] attribuer (*to* à) ; [+ *fault, blame*] imputer (*to* à)

**ascription** /ə'skrɪpʃən/ N [*of book, painting, characteristic*] attribution *f* (*to sb/sth* à qn/qch) ; [*of blame*] imputation *f* (*to sb/sth* à qn/qch)

**ASD** /ˌeɪes'diː/ N (abbrev of **autistic spectrum disorder**) TSA *m*

**ASEAN** /ˌeɪesiː'æn/ N (abbrev of **Association of South-East Asian Nations**) ASEAN *f*

**asemantic** /ˌeɪsɪ'mæntɪk/ ADJ asémantique

**asepsis** /ə'sepsɪs/ N (*Med*) asepsie *f*

**aseptic** /eɪ'septɪk/ ADJ aseptique ◆ **aseptic tank** (*Space*) cuve *f* WC

**asexual** /eɪ'seksjʊəl/ ADJ asexué ◆ **asexual reproduction** reproduction *f* asexuée

**asexuality** /ˌeɪseksjʊ'ælɪtɪ/ N (*Bio*) asexualité *f*

**asexually** /eɪ'seksjʊəlɪ/ ADV [*reproduce*] par multiplication asexuée

**ASH** /æʃ/ N (*Brit*) (abbrev of **Action on Smoking and Health**) *comité contre le tabagisme*

**ash¹** /æʃ/ N (*Bot: also* **ash tree**) frêne *m* ; → **mountain**

**ash²** /æʃ/
N [*of fire, coal, cigarette*] cendre *f* ◆ **ashes** (*of the dead*) cendres *fpl* ◆ **to reduce sth to ashes** réduire qch en cendres ◆ **ashes to ashes, dust to dust** (*Rel*) tu es poussière et tu retourneras en poussière ◆ **the Ashes** (*Cricket*) *trophée des matchs Australie-Angleterre* ; → **sackcloth**
COMP **ash-bin** N (*for ashes*) cendrier *m* (*de poêle etc*) ; (*for rubbish*) poubelle *f*, boîte *f* à ordures
**ash blond(e)** ADJ blond(e) cendré *inv*
**ash-coloured** ADJ gris cendré *inv*
**ash pan** N cendrier *m* (*de poêle etc*)
**Ash Wednesday** N (*Rel*) mercredi *m* des Cendres

**ashamed** /ə'ʃeɪmd/ SYN ADJ honteux ◆ **to be** *or* **feel ashamed, to be ashamed of o.s.** avoir honte ◆ **to be ashamed of sb/sth** avoir honte de qn/qch ◆ **it's nothing to be ashamed of** il n'y a aucune raison d'en avoir honte ◆ **I am ashamed of her** elle me fait honte, j'ai honte d'elle ◆ **you ought to** *or* **should be ashamed (of yourself)!** vous devriez avoir honte ! ◆ **to be ashamed of o.s. for doing sth** avoir honte d'avoir fait qch ◆ **to be ashamed about sth** avoir honte de qch ◆ **to be ashamed to do sth** avoir honte de faire qch ◆ **I'm too ashamed to tell anyone** j'ai trop honte pour le dire à quiconque ◆ **I've done nothing, I'm ashamed to say** à ma honte je dois dire que je n'ai rien fait, c'est honteux à dire, mais je n'ai rien fait ◆ **she was ashamed that she had been so nasty** elle avait honte d'avoir été aussi méchante

**ashamedly** /ə'ʃeɪmɪdlɪ/ ADV honteusement, non sans honte

**ashcan** /'æʃkæn/ N (*US*) poubelle *f*

**ashen** /'æʃn/ ADJ ① (*liter*) (= *pale*) [*face*] terreux, livide ; (= *greyish*) cendré, couleur de cendre
② (= *of ashwood*) en (bois de) frêne

**Ashkenazi** /ˌæʃkə'nɑːzɪ/
ADJ ashkénaze
N ashkénaze *mf*

**Ashkenazic** /ˌæʃkə'nɑːzɪk/ ADJ ashkénaze

**ashlar** /'æʃlər/ N pierre *f* de taille (*équarrie*)

**ashman** /'æʃmən/ N (pl **-men**) (*US*) éboueur *m*

**ashore** /ə'ʃɔːr/ SYN ADV (= *on land*) à terre ; (= *to the shore*) vers la rive, vers le rivage ◆ **to go ashore** débarquer, descendre à terre ◆ **to set** *or* **put sb ashore** débarquer qn ◆ **to run ashore** (*Naut*) s'échouer, se jeter à la côte ◆ **to swim ashore** rejoindre la rive à la nage

**ashram** /'æʃrəm/ N ashram *m*

**ashtray** /'æʃtreɪ/ N cendrier *m*

**ashy** /'æʃɪ/ ADJ ① (= *ash-coloured*) cendré, couleur de cendre ; (= *pale*) terreux, livide
② (= *covered with ashes*) couvert de cendres

**Asia** /'eɪʃə/
N Asie *f*
COMP **Asia Minor** N Asie *f* Mineure

**Asian** /'eɪʃn/
ADJ ① (= *from Asia*) asiatique ◆ **Asian flu** (*Med*) grippe *f* asiatique
② (*Brit* = *from Indian subcontinent*) originaire du sous-continent indien, indo-pakistanais
N ① (= *person from Asia*) Asiatique *mf*
② (*Brit* = *person from Indian subcontinent*) personne originaire du sous-continent indien, Indo-Pakistanais(e) *m(f)*
COMP **Asian-American** ADJ américain d'origine asiatique N Américain(e) *m(f)* d'origine asiatique

**Asiatic** /ˌeɪsɪ'ætɪk/
ADJ ⇒ **Asian**
N (*offensive usage*) ⇒ **Asian**

**aside** /ə'saɪd/ SYN

▶ When **aside** is an element in a phrasal verb, eg **brush aside, cast aside, put aside, stand aside**, look up the verb.

ADV ◆ **joking aside** plaisanterie *or* blague * à part ◆ **aside from** (*esp US*) à part
N (*esp Theat*) aparté *m* ◆ **to say sth in an aside** dire qch en aparté

**asinine** /'æsɪnaɪn/ SYN ADJ (*frm*) sot, idiot

**ask** /ɑːsk/ LANGUAGE IN USE 4, 9.1, 26.1 SYN
VT ① (= *inquire*) demander ◆ **to ask sb sth** demander qch à qn ◆ **to ask sb about sth** interroger qn *or* questionner qn au sujet de qch ◆ **to ask (sb) a question** poser une question (à qn) ◆ **I don't know, ask your father** je ne sais pas, demande à ton père ◆ **ask him if he has seen her** demande-lui s'il l'a vue ◆ **asked whether this was true, he replied...** quand on lui a demandé si c'était vrai, il a répondu... ◆ **don't ask me!** * allez savoir ! *, est-ce que je sais (moi) ! * ◆ **I ask you!** * (*in exasperation*) je vous demande un peu ! * ◆ **I'm not asking you!** * (= *keep quiet*) je ne te demande rien (à toi) ! *

② (= *request*) demander ◆ **to ask sb to do sth** demander à qn de faire qch, prier qn de faire qch ◆ **to ask that sth (should) be done** demander que qch soit fait ◆ **to ask sb for sth** demander qch à qn ◆ **he asked to go on the picnic** il a demandé à se joindre *or* s'il pouvait se joindre au pique-nique ◆ **I don't ask much from you** je ne t'en demande pas beaucoup ◆ **it's not much to ask!** ce n'est pas trop demander !, ce n'est pas grand-chose ! ◆ **that's asking a lot/too much!** c'est beaucoup/trop (en) demander ! ◆ **that's asking the impossible** c'est demander l'impossible ◆ **how much are they asking for it?** ils en demandent *or* veulent combien ? ◆ **he is ask-**

**ing £80,000 for the house** il demande 80 000 livres or veut 80 000 livres pour la maison

③ (= invite) inviter ◆ **to ask sb to (come to) the theatre** inviter qn (à aller) au théâtre ◆ **to ask sb to lunch** inviter qn à déjeuner ◆ **I was asked into the drawing room** on m'a prié d'entrer au salon ◆ **how about asking Sabine?** et si on invitait Sabine ?, et si on demandait à Sabine de venir ? ◆ **to ask sb in/out/up** etc demander à qn or prier qn d'entrer/de sortir/de monter etc

Ⅵ demander ◆ **to ask about sth** s'informer de qch, se renseigner sur qch ◆ **to ask around** (= make enquiries) demander autour de soi ◆ **it's there for the asking\*** il suffit de le demander (pour l'obtenir), on l'a comme on veut ◆ **now you're asking!\*** est-ce que je sais (moi) !*

Ⓝ (US) ◆ **that's a big ask\*** c'est beaucoup demander

ⒸⓄⓂⓅ **asking price** N (Comm) prix m de départ, prix m demandé au départ

▸ **ask after** VT FUS [+ person] demander des nouvelles de ◆ **to ask after sb's health** s'informer de la santé de qn

▸ **ask along** VT SEP ◆ **they didn't ask me along** ils ne m'ont pas demandé de les accompagner

▸ **ask back** VT SEP ① (for a second visit) réinviter ② (on a reciprocal visit) ◆ **to ask sb back** rendre son invitation à qn ③ (to one's home) ◆ **to ask sb back for coffee** inviter qn à prendre le café

▸ **ask for** VT FUS [+ help, permission, money] demander ; [+ person] demander à voir ◆ **he asked for his pen back** il a demandé (qu'on lui rende) son stylo ◆ **they are asking for trouble\*** ils cherchent les ennuis or les embêtements ◆ **she was asking for it!\*** (= deserved it) elle l'a bien cherché !*, elle ne l'a pas volé !* ; → **moon**

▸ **ask in** VT SEP inviter à entrer ◆ **to ask sb in for a drink** inviter qn à (entrer) prendre un verre

▸ **ask out** VT SEP inviter à sortir ◆ **he asked her out to dinner/to see a film** il l'a invitée (à dîner)/au restaurant/au cinéma

▸ **ask over** VT SEP inviter (à la maison) ◆ **let's ask Paul over** si on invitait Paul à venir nous voir ?

▸ **ask round** VT SEP inviter (à la maison)

**askance** /əˈskɑːns/ SYN ADV ◆ **to look askance at** (= sideways) regarder de côté ; (= suspiciously/disapprovingly) regarder d'un air soupçonneux/d'un œil désapprobateur ◆ **to look askance at a suggestion** se formaliser d'une suggestion

**askew** /əˈskjuː/ SYN ADJ, ADV de travers, de guingois ◆ **something is askew** (US fig) il y a quelque chose qui ne tourne pas rond *

**aslant** /əˈslɑːnt/
ADV de travers
PREP en travers de

**asleep** /əˈsliːp/ SYN ADJ (= sleeping) endormi ◆ **to be asleep** dormir, être endormi ◆ **to be fast** or **sound asleep** dormir profondément or à poings fermés ◆ **to fall asleep** s'endormir
② (= numb) [finger etc] engourdi

**ASLEF, Aslef** /ˈæzlef/ N (Brit) (abbrev of Associated Society of Locomotive Engineers and Firemen) syndicat

**ASM** /ˌeɪesˈem/ N (Theat) (abbrev of assistant stage manager) régisseur m adjoint

**asocial** /eɪˈsəʊʃəl/ ADJ asocial

**asp¹** /æsp/ N (= snake) aspic m

**asp²** /æsp/ N (= tree) ⇒ **aspen**

**asparagine** /əˈspærədʒiːn/ N asparagine f

**asparagus** /əˈspærəgəs/
N (NonC) asperges fpl
ⒸⓄⓂⓅ **asparagus fern** N asparagus m
**asparagus spears** NPL asperges fpl
**asparagus tips** NPL pointes fpl d'asperges

**aspartame** /əˈspɑːteɪm/ N aspartam(e) m

**aspartic acid** /əˈspɑːtɪk/ N acide m aspartique

**ASPCA** /ˌeɪespiːsiːˈeɪ/ N (abbrev of American Society for the Prevention of Cruelty to Animals) SPA américaine

**aspect** /ˈæspekt/ SYN N ① (= facet, element) [of question, subject etc] aspect m, angle m ◆ **to study every aspect of a question** étudier une question sous toutes ses faces or sous ses angles ◆ **seen from this aspect...** vu sous cet angle...
② (liter = appearance) air m, mine f ◆ **of fierce aspect** à la mine or à l'aspect féroce

③ (= face) [of building etc] exposition f, orientation f ◆ **the house has a southerly aspect** la maison est exposée or orientée au midi
④ (Gram) aspect m

**aspen** /ˈæspən/ N tremble m ◆ **to shake** or **tremble like an aspen** trembler comme une feuille

**aspergillosis** /ˌæsp3ːdʒɪˈləʊsɪs/ N (pl **aspergilloses** /ˌæspɜːdʒɪˈləʊsiːz/) aspergillose f

**aspergillus** /ˌæspəˈdʒɪləs/ N (pl **aspergilli** /ˌæspəˈdʒɪlaɪ/) aspergille f

**asperity** /æsˈperɪtɪ/ SYN N ① (NonC) [of manner, style, voice] aspérité f ; [of person] rudesse f
② (gen pl) [of climate, weather] rigueur(s) f(pl)

**aspermia** /əˈspɜːmɪə/ N aspermie f

**aspersion** /əsˈpɜːʃən/ N (untruthful) calomnie f ; (truthful) médisance f ; → **cast**

**aspersorium** /ˌæspəˈsɔːrɪəm/ N (pl **aspersoriums** or **aspersoria** /ˌæspəˈsɔːrɪə/) aspersoir m

**asphalt** /ˈæsfælt/
N asphalte m
VT asphalter
ⒸⓄⓂⓅ [road] asphalté
**asphalt jungle** N jungle f des rues

**asphodel** /ˈæsfədəl/ N (Bot) asphodèle m

**asphyxia** /æsˈfɪksɪə/ N asphyxie f

**asphyxiate** /æsˈfɪksɪeɪt/ SYN
VT asphyxier
VI s'asphyxier

**asphyxiation** /æsˌfɪksɪˈeɪʃən/ N asphyxie f

**aspic** /ˈæspɪk/ N (Culin) gelée f (pour hors-d'œuvre) ◆ **chicken in aspic** aspic m de volaille

**aspidistra** /ˌæspɪˈdɪstrə/ N aspidistra m

**aspirant** /ˈæspɪrənt/ SYN
N aspirant(e) m(f), candidat(e) m(f) (to, after à)
ADJ [artist, poet, writer] en herbe

**aspirate** /ˈæspərɪt/
N aspirée f
ADJ aspiré ◆ **aspirate h** h aspiré
VT /ˈæspəreɪt/ aspirer

**aspiration** /ˌæspəˈreɪʃən/ SYN N (also Ling) aspiration f

**aspirational** /ˌæspəˈreɪʃənəl/ ADJ [person] ambitieux ; [product] qui fait chic

**aspirator** /ˈæspəreɪtər/ N aspirateur m

**aspire** /əsˈpaɪər/ SYN VI ◆ **to aspire after** or **to sth** aspirer or viser à qch ◆ **to aspire to do sth** aspirer à faire qch ◆ **to aspire to fame** briguer la célébrité ◆ **to aspire to a second car** ambitionner de s'acheter une deuxième voiture ◆ **we can't aspire to that** nos prétentions ne vont pas jusque-là

**aspirin** /ˈæsprɪn/ N (pl **aspirin** or **aspirins**) (= substance) aspirine f ; (= tablet) (comprimé m d')aspirine

**aspiring** /əsˈpaɪrɪŋ/ SYN ADJ [artist, poet, writer] en herbe ; [manager, officer] potentiel

**asquint** /əˈskwɪnt/ ADV du coin de l'œil

**ass¹** /æs/ SYN N ① âne m ◆ **she-ass** ânesse f ◆ **ass's foal** ânon m
② († * pej) idiot(e) m(f), imbécile mf ◆ **a silly ass** un pauvre imbécile ◆ **he is a perfect ass** il est bête comme ses pieds * ◆ **to make an ass of o.s.** se rendre ridicule, se conduire comme un idiot or imbécile ◆ **don't be an ass!** (action) ne fais pas l'imbécile ! ; (speech) ne dis pas de sottises !

**ass²** ** /æs/ SYN (US)
N cul* ** m ◆ **to chew sb's ass** engueuler qn ǂ ◆ **to kiss sb's ass** lécher le cul à qn* ** ◆ **kiss my ass!** va te faire foutre !* ǂ ◆ **to work one's ass off** bosser comme un dingue*, se casser le cul* ǂ ◆ **my ass!** mon cul !* ǂ ◆ **stick it** or **shove it up your ass!** tu peux te le foutre au cul !* ǂ ◆ **to have one's ass in a sling** être dans la merde* ◆ **to get one's ass in gear** se remuer le cul* ǂ ◆ **a piece of ass** (= sex) une baise* ǂ ; (= girl) une fille bonne à baiser* ǂ ; → **bust²**
ⒸⓄⓂⓅ **ass-backward** ** ADJ (= reversed) cul par-dessus tête * ; (= confused) bordélique ǂ ADV (= in reverse) cul par-dessus tête * ; (= in confused manner) de façon bordélique ǂ
**ass kisser** ** ǂ N lèche-cul* **mf inv
**ass-wipe** ** ǂ N papier m cul* **

**assai** /æˈsaɪ/ ADV assai

**assail** /əˈseɪl/ SYN VT (lit) attaquer, assaillir ; (fig : with questions, doubts etc) assaillir (with de)

**assailant** /əˈseɪlənt/ N agresseur m, assaillant(e) m(f)

**Assam** /æˈsæm/ N Assam m

**assassin** /əˈsæsɪn/ SYN N (Pol) assassin m

**assassinate** /əˈsæsɪneɪt/ SYN VT (Pol) assassiner

**assassination** /əˌsæsɪˈneɪʃən/ N (Pol) assassinat m ◆ **assassination attempt** tentative f d'assassinat

**assault** /əˈsɔːlt/ SYN
N ① (Mil, Climbing) assaut m (on de) ◆ **taken by assault** emporté or pris d'assaut ◆ **to make an assault on...** donner l'assaut à..., aller or monter à l'assaut de...
② (Jur) agression f ◆ **assault and battery** coups mpl et blessures fpl, voies fpl de fait ◆ **the assault on the old lady** l'agression dont a été victime la vieille dame ◆ **assault on sb's good name** atteinte f à la réputation de qn ; → **aggravate, common, indecent**
VT agresser ; (Jur : attack) se livrer à des voies de fait sur ; (= attack sexually) se livrer à des violences sexuelles sur, violenter ◆ **to assault sb's sensibilities** blesser la sensibilité de qn
ⒸⓄⓂⓅ **assault course** N (Mil) parcours m du combattant
**assault photographer** * N (pej) paparazzi m
**assault rifle** N fusil m d'assaut

**assay** /əˈseɪ/ SYN
N essai m (d'un métal précieux etc)
VT ① [+ mineral, ore] essayer
② († = try) essayer, tenter (to do sth de faire qch)
ⒸⓄⓂⓅ **assay office** N (US) laboratoire m d'essais (d'un hôtel des monnaies)

**assegai** /ˈæsəgaɪ/ N (Mil) sagaie f

**assemblage** /əˈsemblɪdʒ/ N ① [of device, machine] assemblage m, montage m
② (= collection) [of things] collection f, ensemble m ; [of people] assemblée f

**assemble** /əˈsembl/ SYN
VT [+ objects, ideas] assembler ; [+ people] rassembler, réunir ; (Tech) [+ device, machine] monter, assembler
VI se réunir, se rassembler

**assembler** /əˈsemblər/ N (Comput) assembleur m

**assembly** /əˈsemblɪ/ SYN
N ① (= meeting) assemblée f, réunion f ; (Scol) réunion de tous les élèves de l'établissement pour la prière, les annonces etc ◆ **the Welsh Assembly** l'assemblée galloise ◆ **the Northern Ireland assembly** le parlement d'Irlande du Nord ◆ **in open assembly** en séance publique ; → **unlawful**
② (= assembling of framework, machine) assemblage m, montage m ; (= whole unit) assemblage m ◆ **the engine assembly** le bloc moteur ; → **tail**
③ (Mil = call) rassemblement m (sonnerie)
④ (Pol) assemblée f
⑤ (Comput) assemblage m
ⒸⓄⓂⓅ **assembly hall** N (for public meetings, stage shows) salle f des fêtes ; (in school) salle f de réunion
**assembly language** N (Comput) langage m d'assemblage
**assembly line** N chaîne f de montage
**assembly plant** N usine f de montage
**assembly point** N lieu m or point m de rassemblement
**assembly room(s)** N(PL) salle f de réunion ; [of town hall] salle f des fêtes
**assembly shop** N atelier m de montage

**assemblyman** /əˈsemblɪmən/ N (pl **-men**) (US) membre m d'une assemblée législative

**assemblywoman** /əˈsemblɪwʊmən/ N (pl **-women**) (US) membre m d'une assemblée législative

**assent** /əˈsent/ SYN
N assentiment m, consentement m ◆ **with one assent** (two people) d'un commun accord ; (more than two people) à l'unanimité ◆ **to give one's assent to** donner son assentiment à ; → **nod, royal**
VI consentir, donner son assentiment (to à)

**assert** /əˈsɜːt/ SYN VT ① (= declare) affirmer, soutenir ; [+ one's innocence] protester de
② (= maintain) [+ claim] défendre ; [+ one's due] revendiquer ; [+ one's authority] faire respecter ◆ **to assert o.s.** or **one's rights** faire valoir ses droits

**assertion** /əˈsɜːʃən/ SYN N ① (= statement) affirmation f, assertion f ; → **self**
② [of one's rights] revendication f

**assertive** /əˈsɜːtɪv/ SYN ADJ [tone, voice] assuré ; [personality] affirmé ◆ **assertive behaviour** or **manner** assurance f ◆ **to be assertive** [person] avoir de l'assurance, avoir confiance en soi ◆ **to**

become more assertive [person] prendre de l'assurance, s'affirmer

**assertively** /əˈsɜːtɪvlɪ/ ADV avec assurance

**assertiveness** /əˈsɜːtɪvnɪs/
■ N assurance f, confiance f en soi
■ COMP **assertiveness training** N (NonC) stages mpl d'affirmation de la personnalité ◆ **assertiveness training course** stage m d'affirmation de la personnalité

**assess** /əˈses/ SYN
■ VT 1 (= estimate) estimer, évaluer
2 [+ payment] fixer or déterminer le montant de ; [+ income tax] établir ; [+ rateable property] calculer la valeur imposable de ; [+ damages] fixer ; → basis
3 (fig = evaluate) [+ situation] évaluer ; [+ time, amount] estimer, évaluer ; [+ candidate] juger (la valeur de)
■ COMP **assessed income** N revenu m imposable

**assessable** /əˈsesəbl/ ADJ imposable ◆ **assessable income** (or **profits** etc) (Fin) assiette f de l'impôt

**assessment** /əˈsesmənt/ SYN
■ N 1 (= evaluation) [of situation, effect, risk] évaluation f ; [of prospects, chances, needs] estimation f ; [of damage] évaluation f, estimation f ◆ **he gave his assessment of the situation** il a dit ce qu'il pensait de la situation, il a donné son analyse de la situation
2 (= appraisal) [of person] évaluation f ; (on pupil's report) appréciation f des professeurs ◆ **I should be interested to hear your assessment of him** ça m'intéresserait de savoir ce que vous pensez de lui ; → **continuous, self**
3 (Med, Psych, Soc) [of patient, case] examen m ◆ **neurological assessment** diagnostic m neurologique
4 (= critique) [of book, film, play] jugement m ; [of plan, policy, idea] opinion f
5 (Fin, Tax, Jur) [of finances] estimation f ; [of rateable property] calcul m (de la valeur imposable) ; [of damages] fixation f ◆ **appeals against assessments made by the taxman** opposition f aux estimations du fisc ◆ **income assessment** évaluation f du revenu ◆ **tax assessment** calcul m de l'impôt
■ COMP **assessment centre** N (for jobseekers) centre m d'évaluation (des demandeurs d'emploi)
**assessment method** N (gen) méthode f d'évaluation ◆ **the assessment method** (Educ) le contrôle des connaissances ; (Univ) le contrôle continu
**assessment procedure** N procédure f d'évaluation
**assessment process** N processus m d'évaluation
**assessment tests** NPL (Brit Educ) examens nationaux de contrôle des connaissances pour les élèves du secondaire

**assessor** /əˈsesər/ N 1 (Jur) (juge m) assesseur m
2 [of property] expert m ◆ **assessor of taxes** (US) contrôleur m, -euse f des contributions directes
3 (in exam) examinateur m, -trice f, correcteur m, -trice f ; (in sport) juge m

**asset** /ˈæset/ SYN
■ N 1 bien m ◆ **assets** biens mpl, avoir m, capital m ; (Comm, Fin, Jur) actif m ◆ **assets and liabilities** actif m et passif m ◆ **their assets amount to £1m** leur actif est d'un or s'élève à un million de livres ; → **liquid**
2 (= advantage) avantage m, atout m ◆ **he is one of our greatest assets** c'est un de nos meilleurs éléments
■ COMP **asset management** N (Fin) gestion f d'actifs
**asset-stripper** N (Fin) repreneur m d'entreprises (en faillite)
**asset-stripping** N (Fin) dépeçage m
**asset value** N (Fin) valeur f des actifs

**asseverate** /əˈsevəreɪt/ VT affirmer solennellement ; [+ one's innocence, loyalty] protester de

**asseveration** /əˌsevəˈreɪʃən/ N (frm) affirmation f solennelle

**asshole**\*\*\* /ˈæshəʊl/ N (US lit, also fig = person) trou m du cul\*\*\*

**assibilate** /əˈsɪbɪleɪt/ VT (Phon) assibiler

**assibilation** /əˌsɪbɪˈleɪʃən/ N (Phon) assibilation f

**assiduity** /ˌæsɪˈdjuːɪtɪ/ N assiduité f, zèle m

**assiduous** /əˈsɪdjʊəs/ SYN ADJ assidu

**assiduously** /əˈsɪdjʊəslɪ/ ADV [study, work] assidûment ◆ **to assiduously avoid doing sth** prendre bien soin d'éviter de faire qch

**assign** /əˈsaɪn/ SYN VT 1 (= allot) [+ office] assigner ; [+ seat, room] attribuer ; [+ date] assigner, fixer (to sb/sth à qn/qch) ; [+ meaning] donner, attribuer (to à) ◆ **to assign sb a task** confier une tâche à qn ◆ **they cannot assign many hours to outside jobs** ils ne peuvent pas consacrer beaucoup d'heures aux missions à l'extérieur ◆ **to assign blame** chercher des responsables ◆ **to assign a reason for sth** donner la raison de qch
2 (= appoint) [+ person] affecter (to à) ◆ **to assign an FBI agent to the case** affecter un agent du FBI à l'affaire
3 (Jur) [+ property, right] céder, faire cession de (to sb à qn), transférer (to sb au nom de qn)

**assignation** /ˌæsɪgˈneɪʃən/ N 1 (= appointment) rendez-vous m (souvent galant)
2 (= allocation) attribution f ; [of money] allocation f ; [of person, room] affectation f
3 (Jur) cession f, transfert m (de biens)

**assignee** /ˌæsaɪˈniː/ N (Jur) cessionnaire mf

**assignment** /əˈsaɪnmənt/ SYN N 1 (= task) mission f ; (Scol) devoir m ; (Univ) devoir m ; (= essay) dissertation f ◆ **to be on (an) assignment** être en mission
2 (NonC = allocation) attribution f ; [of money] allocation f ; [of person, room] affectation f
3 (Jur) ◆ **assignment of contract** cession f des droits et obligations découlant d'un or du contrat

**assignor** /ˌæsaɪˈnɔːr/ N (Jur) cédant m

**assimilate** /əˈsɪmɪleɪt/
■ VT 1 (= absorb) [+ food, knowledge] assimiler
2 (= compare) comparer, assimiler (to à), rapprocher (to de)
■ VI s'assimiler, être assimilé

**assimilation** /əˌsɪmɪˈleɪʃən/ N (= absorption) assimilation f ; (= comparison) assimilation f (to à), comparaison f, rapprochement m (to avec) ; (Phon) assimilation f

**Assisi** /əˈsiːzɪ/ N Assise

**assist** /əˈsɪst/ SYN
■ VT aider (to do sth, in doing sth à faire qch) ◆ **to assist sb in/out** etc aider qn à entrer/sortir etc ◆ **to assist one another** s'entraider ◆ **assisted by** avec le concours de
■ VI (= help) aider ◆ **to assist in (doing) sth** aider à (faire) qch
■ N (Sport) action f qui aide un coéquipier à marquer un point
■ COMP **assisted passage** N (Travel) billet m subventionné
**assisted place** N (Brit Scol) place réservée dans une école privée à un élève de milieu modeste dont les frais de scolarité sont payés par l'État
**assisted suicide** N suicide m assisté

**assistance** /əˈsɪstəns/ SYN N aide f, assistance f ◆ **to give assistance to sb** prêter assistance à qn ◆ **to come to sb's assistance** venir en aide à qn, porter assistance à qn ◆ **can I be of assistance?** puis-je vous aider ?, puis-je vous être utile ?

**assistant** /əˈsɪstənt/ SYN
■ N
1 (= aid) assistant(e) m(f) ◆ **foreign language assistant** (Scol) assistant(e) m(f) ; (Univ) lecteur m, -trice f
2 (= deputy) adjoint(e) m(f)
3 (= sales assistant) vendeur m, -euse f ; → **shop**
■ COMP adjoint, sous-
**assistant editor** N rédacteur m, -trice f adjoint(e), assistant(e) m(f) de rédaction
**assistant judge** N (US Jur) juge m adjoint
**assistant librarian** N bibliothécaire mf adjoint(e)
**assistant manager** N directeur m, -trice f adjoint(e), sous-directeur m, -trice f
**assistant master** †, **assistant mistress** † N (Brit Scol) professeur m (qui n'a pas la responsabilité d'une section)
**assistant priest** N vicaire m
**assistant principal** N (US Scol) directeur m, -trice f adjoint(e) ; (in a French lycée) censeur m
**assistant professor** N (US Univ) ≈ maître m assistant
**assistant referee** N (Ftbl) juge m de touche
**assistant secretary** N secrétaire mf adjoint(e), sous-secrétaire mf
**assistant teacher** N (primary) instituteur m, -trice f ; (secondary) professeur m (qui n'a pas la responsabilité d'une section)

**assistantship** /əˈsɪstəntʃɪp/ N (US Univ) poste m d'étudiant(e) chargé(e) de travaux dirigés

**assizes** /əˈsaɪzɪz/ NPL (Jur) assises fpl

**assn.** abbrev of **association**

**assoc.** abbrev of **association** and **associated**

**associate** /əˈsəʊʃɪɪt/ SYN
■ ADJ uni, associé ◆ **associate director** directeur m, -trice f adjoint(e) ◆ **associate judge** (Jur) juge m assesseur ◆ **Associate Justice** (US Jur) juge m de la Cour suprême ◆ **associate professor** (US Univ) ≈ maître m de conférences
■ N 1 (= fellow worker) associé(e) m(f), collègue mf ; (Jur: also **associate in crime**) complice mf ◆ **to be associates in an undertaking** participer conjointement à une entreprise ; → **business**
2 [of a society] membre m, associé(e) m(f) ; [of learned body] (membre m) correspondant m ◆ **associate's degree** (US Univ) ≈ DEUG m
■ VT /əˈsəʊʃɪeɪt/ 1 [+ ideas, things] associer ◆ **to associate one thing with another** associer une chose à or avec une autre
2 ◆ **to be associated with sth** être associé à qch ◆ **to associate o.s.** or **be associated with sb in an undertaking** s'associer à or avec qn dans une entreprise ◆ **to be associated with a plot** tremper dans un complot ◆ **I should like to associate myself with what has been said** je voudrais me faire l'écho de cette opinion ◆ **I don't wish to be associated with it** je préfère que mon nom ne soit pas mêlé à ceci
■ VI /əˈsəʊʃɪeɪt/ ◆ **to associate with sb** fréquenter qn, être en relations avec qn
■ COMP **associated company** N société f associée

**association** /əˌsəʊsɪˈeɪʃən/ SYN
■ N 1 (NonC = connection) association f (with avec), fréquentation f (with de) ◆ **in association with** en association avec ◆ **by association of ideas** par (une) association d'idées ◆ **to be guilty by association** être incriminé (à cause de ses relations)
2 (= organization) association f ◆ **to form an association** constituer une société ; → **freedom**
3 (= connotation) ◆ **full of historic associations** portant l'empreinte du passé ◆ **this word has nasty associations** ce mot a des connotations fpl désagréables
■ COMP **association football** N (Brit) football m (association)
**Association for Payment Clearing Services** N (Fin) association britannique des services de compensation
**Association of British Ports** N association des ports britanniques
**Association of South-East Asian Nations** N Association f des nations de l'Asie du Sud-Est

**associative** /əˈsəʊʃɪətɪv/ ADJ (Math) associatif ◆ **associative storage** (Comput) mémoire f associative

**assonance** /ˈæsənəns/ N assonance f

**assort** /əˈsɔːt/ SYN
■ VT classer, classifier
■ VI [colours etc] s'assortir, aller bien (with avec)

**assorted** /əˈsɔːtɪd/ SYN ADJ 1 (= mixed) [shapes, styles, colours, items] différent ◆ **in assorted sizes** dans toutes les tailles ◆ **assorted wild flowers** des fleurs des champs de différentes sortes
2 (= matched) ◆ **an oddly assorted group** un groupe hétérogène ◆ **a strangely assorted pair** un couple qui ne semble pas bien assorti ; → **ill, well²**

**assortment** /əˈsɔːtmənt/ SYN N [of objects] collection f, assortiment m ; [of people] mélange m ◆ **this shop has a good assortment** il y a beaucoup de choix dans ce magasin, ce magasin est bien achalandé ◆ **an assortment of people/guests** des gens/des invités (très) divers

**asst.** abbrev of **assistant**

**assuage** /əˈsweɪdʒ/ VT (liter) [+ hunger, desire, thirst] assouvir ; [+ pain] soulager, apaiser ; [+ anger] apaiser ; [+ person] apaiser, calmer

**assume** /əˈsjuːm/ LANGUAGE IN USE 26.3 SYN VT
1 (= accept, presume, suppose) supposer, présumer ◆ **assuming** or **if we assume this to be true...** en supposant que or supposons que ceci soit vrai... ◆ **let us assume that...** supposons que... + subj ◆ **you resigned, I assume?** vous avez démissionné, je suppose or présume ? ◆ **you are assuming a lot** vous faites bien des suppositions
2 (= take on) [+ responsibility, burden] assumer, endosser ; [+ power, importance, possession] prendre ; [+ title, right, authority] s'arroger, s'attribuer ; [+ name] adopter, prendre ; [+ attitude] adopter ; [+ air] prendre ◆ **to assume control of sth** prendre en main la direction de qch ◆ **to assume the role of arbiter** assumer le rôle d'arbitre ◆ **to assume a look of innocence** prendre

un air innocent ◆ **to go under an assumed name** utiliser un nom d'emprunt *or* un pseudonyme

**assumption** /əˈsʌmpʃən/ SYN
**N** 1 (= *supposition*) supposition *f*, hypothèse *f* ◆ **on the assumption that...** en supposant que... + *subj* ◆ **to go on the assumption that...** présumer que...
2 [*of power etc*] appropriation *f* ; [*of indifference*] affectation *f*
3 (*Rel*) ◆ **the Assumption** l'Assomption *f*
COMP **Assumption Day** N (= *religious festival*) l'Assomption *f* ; (= *public holiday*) le 15 août

**assurance** /əˈʃʊərəns/ SYN **N** 1 (= *certainty*) assurance *f*, conviction *f* ◆ **in the assurance that...** avec la conviction *or* l'assurance que...
2 (= *self-confidence*) assurance *f*
3 (= *promise*) promesse *f*, assurance *f* ◆ **you have my assurance that...** je vous promets *or* assure que...
4 (*Brit* = *insurance*) assurance *f* ; → **life**

**assure** /əˈʃʊər/ LANGUAGE IN USE 11.3, 18.1 SYN **VT**
1 (= *tell positively*) assurer ; (= *convince, reassure*) convaincre, assurer (*sb of sth* qn de qch) ◆ **it is so, I (can) assure you** c'est vrai, je vous assure ; → **rest**
2 (= *ensure*) [+ *happiness, success*] garantir, assurer
3 (*Brit* = *insure*) assurer

**assured** /əˈʃʊəd/ SYN **ADJ, N** assuré(e) *m(f)* (*of de*) ◆ **will you be assured of a good salary?** aurez-vous l'assurance d'avoir un bon salaire ?

**assuredly** /əˈʃʊərɪdlɪ/ ADV assurément ◆ **most assuredly** sans aucun doute

**asswipe***** /ˈæswaɪp/ N (*US*) trou *m* du cul*****

**Assyria** /əˈsɪrɪə/ N Assyrie *f*

**Assyrian** /əˈsɪrɪən/
ADJ assyrien
**N** Assyrien(ne) *m(f)*

**Assyriologist** /əˌsɪrɪˈɒlədʒɪst/ N assyriologue *mf*

**Assyriology** /əˌsɪrɪˈɒlədʒɪ/ N assyriologie *f*

**AST** /ˌeɪɛsˈtiː/ (*US, Can*) (abbrev of **Atlantic Standard Time**) → **Atlantic**

**astatine** /ˈæstətiːn/ N astate *m*

**aster** /ˈæstər/ N aster *m*

**astereognosis** /əˌstɪərɪəʊɡˈnəʊsɪs/ N astéréognosie *f*

**asterisk** /ˈæstərɪsk/
**N** astérisque *m*
**VT** marquer d'un astérisque

**asterism** /ˈæstərɪzəm/ N (*in text*) triple astérisque *m*

**Asterix** /ˈæstərɪks/ N Astérix *m*

**astern** /əˈstɜːn/ ADV (*Naut*) à l'arrière ◆ **slow astern!** (en) arrière doucement ! ◆ **to go** *or* **come astern** (*using engine*) faire machine arrière ; (*using sail*) culer ◆ **astern of** à l'arrière de

**asteroid** /ˈæstərɔɪd/
**N** astéroïde *m*
COMP **asteroid belt** N ceinture *f* d'astéroïdes

**asthenia** /æsˈθiːnɪə/ N (*Med*) asthénie *f*

**asthenosphere** /əsˈθiːnəʊsfɪər/ N asthénosphère *f*

**asthma** /ˈæsmə/ N asthme *m* ◆ **asthma sufferer** asthmatique *mf*

**asthmatic** /æsˈmætɪk/ ADJ, N asthmatique *mf*

**asthmatically** /æsˈmætɪkəlɪ/ ADV comme un (*or* une) asthmatique

**astigmatic** /ˌæstɪɡˈmætɪk/ ADJ, N astigmate *mf*

**astigmatism** /æsˈtɪɡmətɪzəm/ N astigmatisme *m*

**astir** /əˈstɜːr/ ADJ, ADV 1 (= *excited*) agité, en émoi
2 († = *out of bed*) debout *inv*, levé

**ASTMS** /ˌeɪɛstiːɛmˈɛs/ N (*Brit*) (abbrev of **Association of Scientific, Technical and Managerial Staffs**) *syndicat*

**astonish** /əˈstɒnɪʃ/ SYN VT étonner ; (*stronger*) stupéfier ◆ **you astonish me!** (*also iro*) vous m'étonnez !

**astonished** /əˈstɒnɪʃt/ ADJ étonné, stupéfait ◆ **I am astonished that...** cela m'étonne *or* m'ahurit que... + *subj*

**astonishing** /əˈstɒnɪʃɪŋ/ SYN ADJ étonnant ; (*stronger*) ahurissant, stupéfiant ◆ **that is astonishing, coming from them** venant d'eux, c'est ahurissant *or* étonnant ◆ **with an astonishing lack of discretion** avec un incroyable manque de discrétion

**astonishingly** /əˈstɒnɪʃɪŋlɪ/ ADV étonnamment, incroyablement ◆ **astonishingly (enough), he was right** chose étonnante, il avait raison

**astonishment** /əˈstɒnɪʃmənt/ SYN N étonnement *m*, surprise *f* ; (*stronger*) ahurissement *m*, stupéfaction *f* ◆ **look of astonishment** regard *m* stupéfait ◆ **to my astonishment** à mon grand étonnement, à ma stupéfaction ; → **stare**

**astound** /əˈstaʊnd/ VT stupéfier, étonner, ébahir

**astounded** /əˈstaʊndɪd/ ADJ abasourdi, ébahi ◆ **I am astounded** j'en reste abasourdi, je n'en crois pas mes yeux *or* mes oreilles

**astounding** /əˈstaʊndɪŋ/ SYN ADJ stupéfiant, ahurissant

**astoundingly** /əˈstaʊndɪŋlɪ/ ADV [*good, bad, talented*] incroyablement

**astragal** /ˈæstrəɡəl/ N (*Archit, Anat*) astragale *m*

**astragalus** /æˈstræɡələs/ N (pl **astragali** /æˈstræɡəlaɪ/) (*Anat*) astragale *m*

**astrakhan** /ˌæstrəˈkæn/
**N** astrakan *m*
COMP [*coat*] d'astrakan

**astral** /ˈæstrəl/
ADJ astral
COMP **astral projection** N projection *f* astrale

**astray** /əˈstreɪ/ SYN ADV (*lit, fig*) ◆ **to go astray** s'égarer ◆ **to lead sb astray** (*fig*) détourner qn du droit chemin, dévoyer qn (*liter*)

**astride** /əˈstraɪd/
ADJ, ADV à califourchon, à cheval ◆ **to ride astride** monter à califourchon
PREP à califourchon sur, à cheval sur

**astringent** /əsˈtrɪndʒənt/
ADJ (*Med*) astringent ; (*fig*) dur, sévère ◆ **astringent lotion** lotion *f* astringente
**N** (*Med*) astringent *m*

**astrobiology** /ˌæstrəʊbaɪˈɒlədʒɪ/ N astrobiologie *f*, exobiologie *f*

**astrochemistry** /ˌæstrəʊˈkemɪstrɪ/ N astrochimie *f*

**astrodome** /ˈæstrədəʊm/ N (*Aviat*) astrodôme *m*

**astrolabe** /ˈæstrəleɪb/ N (*Astron*) astrolabe *m*

**astrologer** /əsˈtrɒlədʒər/ N astrologue *mf*

**astrological** /ˌæstrəˈlɒdʒɪkəl/
ADJ astrologique
COMP **astrological chart** N thème *m* astral

**astrologically** /ˌæstrəˈlɒdʒɪkəlɪ/ ADV d'un point de vue astrologique

**astrologist** /əsˈtrɒlədʒɪst/ N astrologue *mf*

**astrology** /əsˈtrɒlədʒɪ/ N astrologie *f*

**astronaut** /ˈæstrənɔːt/ SYN N astronaute *mf*

**astronautic(al)** /ˌæstrəˈnɔːtɪk(əl)/ ADJ astronautique

**astronautics** /ˌæstrəˈnɔːtɪks/ N (*NonC*) astronautique *f*

**astronomer** /əsˈtrɒnəmər/
**N** astronome *mf*
COMP **Astronomer Royal** N (*Brit*) titre honorifique attribué aux astronomes éminents

**astronomical** /ˌæstrəˈnɒmɪkəl/
ADJ 1 (= *enormous*) [*amount, cost, price*] astronomique ◆ **the odds against another attack were astronomical** une nouvelle attaque était des plus improbables
2 (*Astron*) [*observatory, instrument, society*] d'astronomie ; [*telescope, observation*] astronomique
COMP **astronomical clock** N horloge *f* astronomique
**astronomical unit** N unité *f* astronomique

**astronomically** /ˌæstrəˈnɒmɪkəlɪ/ ADV
1 (= *enormously*) [*rise, increase*] dans des proportions astronomiques ; [*high*] effroyablement ◆ **to be astronomically expensive** coûter un prix astronomique
2 (*Astron*) [*interesting, important*] d'un point de vue astronomique

**astronomy** /əsˈtrɒnəmɪ/ N astronomie *f*

**astrophotography** /ˌæstrəʊfəˈtɒɡrəfɪ/ N astrophotographie *f*

**astrophysicist** /ˌæstrəʊˈfɪzɪsɪst/ N astrophysicien(ne) *m(f)*

**astrophysics** /ˌæstrəʊˈfɪzɪks/ N (*NonC*) astrophysique *f*

**Astroturf** ® /ˈæstrəʊtɜːf/ N gazon *m* artificiel

**Asturian** /æˈstʊərɪən/ ADJ asturien

**Asturias** /æˈstʊərɪæs/ N Asturies *fpl*

**astute** /əsˈtjuːt/ SYN ADJ fin, astucieux, intelligent

**astutely** /əsˈtjuːtlɪ/ ADV avec finesse, astucieusement

**astuteness** /əsˈtjuːtnɪs/ SYN N (*NonC*) finesse *f*, astuce *f*, intelligence *f*

**Asuncion** /æˌsʊntsɪˈɒn/ N Asunción

**Asunción** /æˌsʊnsɪˈəʊn/ N Asunción

**asunder** /əˈsʌndər/ ADV (*liter*) (= *apart*) écartés, éloignés (l'un de l'autre) ; (= *in pieces*) en morceaux

**ASV** /ˌeɪɛsˈviː/ N (*US*) (abbrev of **American Standard Version**) *traduction américaine de la bible*

**Aswan** /æsˈwɑːn/
**N** Assouan
COMP **the Aswan (High) Dam** N le (haut) barrage d'Assouan

**asylum** /əˈsaɪləm/ SYN
**N** 1 (*NonC*) asile *m*, refuge *m* ◆ **political asylum** asile *m* politique
2 († *also* **lunatic asylum**) asile *m* (d'aliénés) †
COMP **asylum seeker** N demandeur *m*, -euse *f* d'asile

**asymmetric(al)** /ˌeɪsɪˈmetrɪk(əl)/
ADJ asymétrique
COMP **asymmetric(al) bars** NPL (*Sport*) barres *fpl* asymétriques

**asymmetry** /æˈsɪmɪtrɪ/ N asymétrie *f*

**asymptomatic** /ˌeɪsɪmptəˈmætɪk/ ADJ asymptomatique

**asymptote** /ˈæsɪmtəʊt/ N (*Math*) asymptote *f*

**asynchronous** /æˈsɪŋkrənəs/ ADJ (*Comput*) asynchrone

**asyndeton** /æˈsɪndɪtən/ N (pl **asyndeta** /æˈsɪndɪtə/) (*Gram*) asyndète *f*

**asynergia** /ˌæsɪnˈɜːdʒɪə/, **asynergy** /əˈsɪnədʒɪ/ N asynergie *f*

**AT** /ˌeɪˈtiː/ (abbrev of **alternative technology**) → **alternative**

**at** /æt/

▸ When **at** is an element in a phrasal verb, eg **look at**, look up the verb. When it is part of an expression such as **at all**, **at best** or **at first**, look up the other word.

PREP 1 (*place, position, time*) à ◆ **at the table** à la table ◆ **at my brother's** chez mon frère ◆ **at home** à la maison, chez soi ◆ **to arrive at the house** arriver à la maison ◆ **to dry o.s. at the fire** se sécher devant le feu ◆ **to stand at the window** se tenir à *or* devant la fenêtre ◆ **at her heels** sur ses talons ◆ **at 10 o'clock** à 10 heures ◆ **at a time like this** à un moment pareil ◆ **at my time of life** à mon âge ; → **hand, sea**
2 ◆ **where are we at?*** (*progress*) où en sommes-nous ? ; (*US : position*) où sommes-nous ? ◆ **this is where it's at*** (*fashion*) c'est là que ça se passe *
3 (*activity*) ◆ **they were at their needlework** elles étaient en train de coudre
◆ **at it *** ◆ **while we are at it** pendant que nous y sommes *or* qu'on y est * ◆ **they are at it again!** les voilà qui recommencent !, voilà qu'ils remettent ça ! * ◆ **they are at it all day** ils font ça toute la journée
4 (*state, condition*) en ◆ **good/bad at languages** bon/mauvais en langues ; → **war**
5 (*manner*) ◆ **at full speed** à toute allure ◆ **at 80km/h** à 80 km/h ◆ **he was driving at 80km/h** il faisait du 80 (à l'heure)
6 (*cause*) par, de ◆ **to be surprised at sth** être étonné de qch ◆ **annoyed at** contrarié par ◆ **angry at sb** en colère contre qn ◆ **angry at sth** en colère à cause de qch ◆ **at the request of...** à la demande de...
7 (*rate, value*) ◆ **at a higher rate** à un taux plus élevé ◆ **he sells them at 6 euros a kilo** il les vend 6 euros le kilo
8 ( * = *nagging*) ◆ **she's been at me the whole day** elle m'a harcelé *or* tanné * toute la journée ◆ **she was on at her husband to buy a new car** elle harcelait *or* tannait* son mari pour qu'il achète *subj* une nouvelle voiture ◆ **he's always on at me *** il est toujours après moi *
**N** (= *symbol : in email address*) arobase *f*
COMP **at-home** N réception *f* (*chez soi*)
**at-risk register** N (*Social Work*) registre *m* des enfants en risque de maltraitance

**atactic** /eɪˈtæktɪk/ ADJ (*Med*) ataxique

**Atalanta** /ətəˈlæntə/ N (*Myth*) Atalante f
**ataractic** /ˌætəˈræktɪk/ ADJ ataraxique
**ataraxia** /ˌætəˈræksɪə/ N ataraxie f
**ataraxic** /ˌætəˈræksɪk/ ADJ ataraxique
**ataraxy** /ˈætəˌræksɪ/ N ataraxie f
**atavism** /ˈætəvɪzəm/ N atavisme m
**atavistic** /ˌætəˈvɪstɪk/ ADJ atavique
**ataxia** /əˈtæksɪə/ N ataxie f
**ataxic** /əˈtæksɪk/ ADJ ataxique
**ataxy** /əˈtæksɪ/ N ataxie f
**ATB** /ˌeɪtiːˈbiː/ N (*abbrev of* **all-terrain bike**) VTT m
**ATC** /ˌeɪtiːˈsiː/ N (*Brit*) (*abbrev of* **Air Training Corps**) préparation à l'école de l'air
**ate** /et, eɪt/ VB pt of **eat**
**Athanasian** /ˌæθəˈneɪʃən/ ADJ ◆ **the Athanasian Creed** le symbole de saint Athanase
**Athanasius** /ˌæθəˈneɪʃəs/ N Athanase m
**atheism** /ˈeɪθɪɪzəm/ SYN N athéisme m
**atheist** /ˈeɪθɪɪst/ SYN N athée mf
**atheistic(al)** /ˌeɪθɪˈɪstɪk(əl)/ ADJ athée
**athematic** /ˌæθɪˈmætɪk/ ADJ (*Ling*) athématique
**Athena** /əˈθiːnə/ N Athéna f
**athenaeum** /ˌæθɪˈniːəm/ N association f littéraire (*or* culturelle)
**Athene** /əˈθiːnɪ/ N ⇒ **Athena**
**Athenian** /əˈθiːnɪən/
 N Athénien(ne) m(f)
 ADJ athénien
**Athens** /ˈæθɪnz/ N Athènes f
**athermanous** /æˈθɜːmənəs/ ADJ athermane
**atheroma** /ˌæθəˈrəʊmə/ N (*pl* **atheromas** *or* **atheromata** /ˌæθəˈrəʊmətə/) (*Med*) athérome m
**atherosclerosis** /ˌæθərəʊskləˈrəʊsɪs/ N (*Med*) athérosclérose f
**athetosis** /ˌæθəˈtəʊsɪs/ N athétose f
**athirst** /əˈθɜːst/ ADJ (*liter : lit, fig*) altéré, assoiffé (*for* de)
**athlete** /ˈæθliːt/ SYN
 N (*in competitions*) athlète mf
 COMP **athlete's foot** N (*Med*) mycose f du pied ◆ **to have athlete's foot** avoir une mycose aux pieds
 **athletes' village** N village m des athlètes
**athletic** /æθˈletɪk/ SYN
 ADJ 1 (*Sport*) [*club, association, competition*] d'athlétisme ; [*activity, achievement*] athlétique
 2 (= *muscular*) [*person, body, build*] athlétique
 COMP **athletic coach** N (*US Scol, Univ*) entraîneur m (sportif)
 **athletic sports** NPL athlétisme m
 **athletic support(er)** N suspensoir m
**athletically** /æθˈletɪkəlɪ/ ADV 1 (*Sport*) [*talented*] d'un point de vue athlétique
 2 (= *agilely*) [*jump*] avec agilité
**athleticism** /æθˈletɪsɪzəm/ N constitution f athlétique
**athletics** /æθˈletɪks/ N (*NonC*) (*Brit*) athlétisme m ; (*US*) sport m
**Athos** /ˈæθɒs/ N ◆ (**Mount**) **Athos** le mont Athos
**athwart** /əˈθwɔːt/
 ADV en travers ; (*Naut*) par le travers
 PREP en travers de ; (*Naut*) par le travers de
**atishoo** /əˈtɪʃuː/ EXCL atchoum !
**Atlantic** /ətˈlæntɪk/
 ADJ [*coast, current*] atlantique ; [*winds, island*] de l'Atlantique
 N ⇒ **Atlantic Ocean** ; → **north**
 COMP **Atlantic Charter** N Pacte m atlantique
 **Atlantic liner** N transatlantique m
 **the Atlantic Ocean** l'Atlantique m, l'océan m Atlantique
 **the Atlantic Provinces** NPL (*Can*) les Provinces fpl atlantiques
 **Atlantic Standard Time** N l'heure f normale de l'Atlantique
**Atlanticism** /ətˈlæntɪsɪzəm/ N (*Pol*) atlantisme m
**Atlanticist** /ətˈlæntɪsɪst/ ADJ, N (*Pol*) atlantiste mf
**Atlantis** /ətˈlæntɪs/ N Atlantide f
**atlas** /ˈætləs/
 N 1 (= *book*) atlas m
 2 (*Myth*) ◆ **Atlas** Atlas m
 COMP **Atlas cedar** N cèdre m de l'Atlas

**the Atlas Mountains** NPL (les monts mpl de) l'Atlas m
**ATM** /ˌeɪtiːˈem/ N (*US*) (*abbrev of* **Automated Teller Machine**) GAB m, DAB m
**atmosphere** /ˈætməsfɪər/ SYN N (*lit, Phys*) atmosphère f ; (*fig*) atmosphère f, ambiance f ◆ **I can't stand atmospheres** je ne peux pas supporter une ambiance hostile
**atmospheric** /ˌætməsˈferɪk/
 ADJ 1 (*Met, Phys*) atmosphérique
 2 (= *evocative*) [*music, film, book*] évocateur (-trice f)
 COMP **atmospheric pressure** N pression f atmosphérique
**atmospherics** /ˌætməsˈferɪks/ N 1 (*NonC: Rad, Telec* = *interference*) bruit m atmosphérique
 2 (* = *ambience, atmosphere*) ambiance f, atmosphère f
**atoll** /ˈætɒl/ N atoll m
**atom** /ˈætəm/ SYN
 N atome m ; (*fig*) grain m, parcelle f ◆ **smashed to atoms** réduit en miettes ◆ **not an atom of truth** pas la moindre parcelle de vérité ◆ **if you had an atom of sense** si tu avais un gramme or un atome de bon sens
 COMP **atom bomb** N bombe f atomique
 **atom smasher** N (*Phys*) accélérateur m (de particules)
**atomic** /əˈtɒmɪk/
 ADJ atomique
 COMP **atomic age** N ère f atomique
 **atomic bomb** N bombe f atomique
 **atomic clock** N horloge f atomique
 **atomic energy** N énergie f atomique or nucléaire
 **Atomic Energy Authority** (*in Brit*), **Atomic Energy Commission** (*in US*) N ≈ Commissariat m à l'énergie atomique
 **atomic number** N nombre m or numéro m atomique
 **atomic physicist** N physicien(ne) m(f) nucléaire
 **atomic physics** N physique f nucléaire
 **atomic pile** N pile f atomique
 **atomic-powered** ADJ (fonctionnant à l'énergie) nucléaire or atomique
 **atomic power station** N centrale f nucléaire or atomique
 **atomic reactor** N réacteur m nucléaire or atomique
 **atomic structure** N structure f atomique
 **atomic theory** N théorie f atomique
 **atomic warfare** N guerre f nucléaire or atomique
 **atomic weapon** N arme f atomique or nucléaire
 **atomic weight** N poids m or masse f atomique
**atomize** /ˈætəmaɪz/ VT pulvériser, atomiser
**atomizer** /ˈætəmaɪzər/ N atomiseur m
**atonal** /æˈtəʊnl/ ADJ atonal
**atonality** /ˌeɪtəʊˈnælɪtɪ/ N atonalité f
**atone** /əˈtəʊn/ SYN VI ◆ **to atone for** [+ *sin*] expier ; [+ *mistake*] racheter, réparer
**atonement** /əˈtəʊnmənt/ N (*NonC*) (*for sin, misdeed*) expiation f (*for sth* de qch) ; (*for mistake*) réparation f (*for sth* de qch) ◆ **in atonement for** [+ *sin, misdeed*] en expiation de ; [+ *mistake*] en réparation de ◆ **to make atonement** (*for sin*) faire acte d'expiation ◆ **to make atonement for** [+ *sin, misdeed*] expier ; [+ *mistake*] réparer ◆ **he was ready to make atonement for what he'd done wrong** il était prêt à réparer le mal qu'il avait fait ; → **day**
**atonic** /æˈtɒnɪk/ ADJ [*syllable*] atone ; [*muscle*] atonique
**atop** /əˈtɒp/
 ADV en haut, au sommet
 PREP en haut de, au sommet de
**ATP** /ˌeɪtiːˈpiː/ N (*abbrev of* **adenosine triphosphate**) ATP m
**atrabilious** /ˌætrəˈbɪlɪəs/ ADJ (*liter*) atrabilaire
**Atreus** /ˈeɪtrɪəs/ N Atrée m
**atria** /ˈeɪtrɪə/ NPL of **atrium**
**Atridae** /ˈeɪtrɪdeɪ/ NPL Atrides mpl
**atrium** /ˈeɪtrɪəm/ N (*pl* **atria**) 1 (*Anat*) orifice m de l'oreillette
 2 (*Archit*) atrium m (couvert d'une verrière)
**atrocious** /əˈtrəʊʃəs/ SYN ADJ [*crime*] atroce ; (* = *very bad*) [*memory, behaviour*] épouvantable ;

[*weather*] épouvantable, affreux ; [*food, accent*] épouvantable, atroce
**atrociously** /əˈtrəʊʃəslɪ/ ADV [*behave, sing, play*] de façon épouvantable, atrocement mal ◆ **atrociously bad** [*film, restaurant*] horriblement mauvais
**atrocity** /əˈtrɒsɪtɪ/ SYN N atrocité f
**atrophy** /ˈætrəfɪ/
 N atrophie f
 VT atrophier
 VI s'atrophier
**atropine** /ˈætrəpiːn/ N (*Med*) atropine f
**att.** 1 (*Comm*) abbrev of **attached**
 2 abbrev of **attorney**
**attaboy*** /ˈætəbɔɪ/ EXCL (*in encouragement*) vas-y ! ; (*in congratulation*) bravo !
**attach** /əˈtætʃ/ SYN
 VT 1 (= *join*) (*gen*) attacher, lier ; (*to letter*) joindre ◆ **document attached to a letter** document m joint à une lettre ◆ **the attached letter** la lettre ci-jointe ◆ **I attach a report from...** (*in letter*) je joins à cette lettre un rapport de... ◆ **to attach conditions to sth** soumettre qch à des conditions ◆ **to attach o.s. to a group** se joindre à un groupe, entrer dans un groupe ◆ **to be attached to sb/sth** (= *fond of*) être attaché à qn/qch ◆ **he's attached*** (= *married etc*) il n'est pas libre
 2 (= *attribute*) [+ *value*] attacher, attribuer (*to* à) ◆ **to attach credence to sth** ajouter foi à qch ; → **importance**
 3 (*Jur*) [+ *person*] arrêter, appréhender ; [+ *goods, salary*] saisir
 4 [+ *employee, troops*] affecter (*to* à) ◆ **he is attached to the Foreign Office** il est attaché au ministère des Affaires étrangères
 5 (*Phys*) [*compound, atom*] fixer (*to* à)
 VI 1 (*frm = belong*) être attribué, être imputé (*to* à) ◆ **no blame attaches to you** le blâme ne repose nullement sur vous ◆ **salary attaching to a post** salaire m afférent à un emploi (*frm*)
 2 (*Phys*) [*compound, atom*] se fixer
**attaché** /əˈtæʃeɪ/
 N attaché(e) m(f)
 COMP **attaché case** N mallette f, attaché-case m
**attachment** /əˈtætʃmənt/ SYN N 1 (*NonC*) fixation f
 2 (= *accessory : for tool etc*) accessoire m
 3 (*fig* = *affection*) attachement m (*to* à), affection f (*to* pour)
 4 (*Jur*) (*on person*) arrestation f ; (*on goods, salary*) saisie f (*on* de)
 5 (= *period of practical work, temporary transfer*) stage m ◆ **to be on attachment** faire un stage (*to* à, auprès de, chez)
 6 (*Comput*) fichier m joint ◆ **to send sth as an attachment** envoyer qch en fichier joint
**attack** /əˈtæk/ SYN
 N 1 attaque f (*on* contre) ◆ **to return to the attack** revenir à la charge ◆ **an attack on sb's life** un attentat contre qn ; (*Jur*) un attentat à la vie de qn ◆ **to leave o.s. open to attack** (*fig*) prêter le flanc à la critique ◆ **attack is the best form of defence** le meilleur moyen de défense c'est l'attaque ◆ **to be under attack** (*Mil*) être attaqué (*from* par) ; (*fig*) être en butte aux attaques (*from* de) ◆ **to feel under attack** (*Psych*) se sentir agressé
 2 (*Med etc*) crise f ◆ **asthma attack** crise f d'asthme ◆ **attack of nerves** crise f de nerfs ; → **heart**
 VT 1 [+ *person*] attaquer ◆ **this idea attacks the whole structure of society** cette idée menace toute la structure de la société ◆ **to be attacked by doubts** être assailli par des doutes
 2 [+ *task, problem*] s'attaquer à ; [+ *poverty etc*] combattre
 3 (*Chem*) [+ *metal*] attaquer
 VI attaquer
 COMP **attack dog** N chien m d'attaque
**attackable** /əˈtækəbl/ ADJ attaquable
**attacker** /əˈtækər/ SYN N (*gen*) agresseur m ; (*Mil*) attaquant(e) m(f)
**attagirl*** /ˈætəɡɜːl/ EXCL (*in encouragement*) vas-y ! ; (*in congratulation*) bravo !
**attain** /əˈteɪn/ SYN
 VT [+ *aim, rank, age*] atteindre, parvenir à ; [+ *knowledge*] acquérir ; [+ *happiness*] atteindre à ; [+ *one's hopes*] réaliser ◆ **he's well on the way to attaining his pilot's licence** il est en bonne voie pour obtenir sa licence de pilote

VI ◆ **to attain to** *[+ perfection]* atteindre à, toucher à ; *[+ power, prosperity]* parvenir à

**attainable** /əˈteɪnəbl/ ADJ accessible *(by* à), à la portée *(by* de)

**attainder** /əˈteɪndər/ N *(Jur)* mort *f* civile ; → **bill¹**

**attainment** /əˈteɪnmənt/ SYN

N 1 *(NonC)* *[of knowledge]* acquisition *f* ; *[of happiness]* conquête *f* ; *[of hopes]* réalisation *f*

2 *(gen pl = achievement)* réalisations *fpl*

COMP **attainment target** N *(Brit Educ) niveau que les élèves sont censés atteindre dans les différentes matières du programme*

**attar** /ˈætər/ N essence *f* ◆ **attar of roses** essence de rose

**attempt** /əˈtempt/ SYN

VT essayer, tenter *(to do sth* de faire qch) ; *[+ task]* entreprendre, s'attaquer à ◆ **attempted escape/murder/theft** *etc* tentative *f* d'évasion/de meurtre/de vol *etc* ◆ **to attempt suicide** essayer *or* tenter de se suicider

N 1 tentative *f* ◆ **an attempt at escape** une tentative d'évasion ◆ **an attempt at humour** une tentative de plaisanterie ◆ **to make one's first attempt** faire sa première tentative, essayer pour la première fois ◆ **to make an attempt at doing sth** *or* **to do sth** essayer de faire qch, chercher à faire qch ◆ **to be successful at the first attempt** réussir du premier coup ◆ **he failed at the first attempt** la première fois, il a échoué ◆ **he had to give up the attempt** il lui a fallu (y) renoncer ◆ **he made no attempt to help us** il n'a rien fait pour nous aider, il n'a pas essayé de *or* cherché à nous aider ◆ **to make an attempt on the record** essayer de *or* tenter de battre le record ◆ **he made two attempts at it** il a essayé *or* tenté par deux fois de le faire ◆ **it was a good attempt on his part but...** il a vraiment essayé mais... ◆ **rebels were arrested in an attempt to prevent an uprising** on a arrêté des rebelles pour tenter d'empêcher une insurrection

2 *(= attack)* attentat *m* ◆ **an attempt on sb's life** un attentat contre qn

**attend** /əˈtend/ LANGUAGE IN USE 19.3, 19.5, 25.1 SYN

VT 1 *[+ meeting, lecture]* assister à, être à ; *[+ classes, course of studies]* suivre ; *[+ church, school]* aller à ◆ **the meeting was well attended** il y avait beaucoup de monde à la réunion ; see also **well²**

2 *(= serve, accompany)* servir, être au service de ◆ **to attend a patient** *[doctor]* soigner un malade ◆ **attended by a maid** servi par une *or* accompagné d'une femme de chambre ◆ **a method attended by great risks** une méthode qui comporte de grands risques

VI 1 *(= be present)* être présent *or* là ◆ **will you attend?** est-ce que vous y serez ?

2 *(= pay attention)* faire attention *(to* à)

▸ **attend on** † VT FUS ⇒ **attend upon**

▸ **attend to** VT FUS *(= pay attention to)* *[+ lesson, speech]* faire attention à ; *[+ advice]* prêter attention à ; *(= deal with, take care of)* s'occuper de ◆ **to attend to a customer** s'occuper d'un client, servir un client ◆ **are you being attended to?** *(in shop)* est-ce qu'on s'occupe de vous ?

▸ **attend upon** † VT FUS *[+ person]* être au service de

**attendance** /əˈtendəns/ SYN

N 1 service *m* ◆ **to be in attendance** être de service ◆ **he was in attendance on the queen** il escortait la reine ◆ **attendance on a patient** *(Med)* visites *fpl* à un malade ; → **dance**

2 *(= being present)* présence *f* ◆ **regular attendance at** assiduité *f* à ◆ **in attendance** présent ◆ **is my attendance necessary?** est-il nécessaire que je sois présent *or* là ?

3 *(= number of people present)* assistance *f* ◆ **a large attendance** une nombreuse assistance ◆ **what was the attendance at the meeting?** combien de gens y avait-il à la réunion ?

COMP **attendance allowance** N *(Brit) (for councillors)* indemnité *f* d'élu ; *(for the handicapped) allocation pour soins constants donnée aux personnes handicapées*

**attendance centre** N *(Brit Jur)* ≈ centre *m* de réinsertion

**attendance officer** N *(Brit Scol) inspecteur chargé de faire respecter l'obligation scolaire*

**attendance order** N *(Brit) injonction exigeant des parents l'assiduité scolaire de leur enfant*

**attendance record** N ◆ **his attendance record is bad** il est souvent absent

**attendance register** N *(= book)* registre *m* de(s) présence(s)

**attendance sheet** N feuille *f* d'appel

**attendant** /əˈtendənt/ SYN

N 1 *[of museum etc]* gardien(ne) *m(f)* ; *[of petrol station]* pompiste *mf* ; *(= servant)* domestique *mf*, serviteur † *m*

2 *(US : in hospital)* garçon *m* de salle ; († *= doctor)* médecin *m* (de famille)

3 *(= companion, escort)* ◆ **attendants** membres *mpl* de la suite *(on* de) ◆ **the prince and his attendants** le prince et sa suite

ADJ 1 *(= accompanying)* *[person]* qui accompagne ◆ **to be attendant on** *or* **upon sb** accompagner qn ◆ **the attendant crowd** la foule qui était présente

2 *(frm = associated)* ◆ **old age and its attendant ills** la vieillesse et les maux qui l'accompagnent ◆ **country life with all its attendant benefits** la vie à la campagne, avec tous les avantages qu'elle présente *or* comporte ◆ **the attendant circumstances** les circonstances *fpl* concomitantes ◆ **the attendant rise in prices** la hausse des prix correspondante ◆ **attendant on** *or* **upon sth** *(= linked to)* lié à qch ; *(= due to)* dû (due *f*) à qch

**attendee** /əˌtenˈdiː/ N *(esp US)* participant(e) *m(f)* *(at* à)

**attention** /əˈtenʃən/ LANGUAGE IN USE 26.1 SYN

N 1 *(NonC = consideration, notice, observation)* attention *f* ◆ **may I have your attention?** puis-je avoir votre attention ? ◆ **give me your attention for a moment** accordez-moi votre attention un instant ◆ **he gave her his full attention** il lui a accordé toute son attention ◆ **to call (sb's) attention to sth** attirer l'attention (de qn) sur qch ◆ **to pay attention to...** faire *or* prêter attention à... ◆ **to pay little/no attention to...** prêter peu d'attention/ne prêter aucune attention à... ◆ **to pay special attention to...** faire tout particulièrement attention à..., prêter une attention toute particulière à... ◆ **no attention has been paid to my advice** on n'a fait aucun cas de *or* tenu aucun compte de mes conseils ◆ **it has come to my attention that...** j'ai appris que... ◆ **for the attention of Mrs C. Montgomery** à l'attention de Mme C. Montgomery ◆ **it needs daily attention** il faut s'en occuper tous les jours ◆ **it shall have my earliest attention** *(Comm etc)* je m'en occuperai dès que possible ◆ **I was all attention** * j'étais tout oreilles ; → **attract, catch, hold**

2 *(= kindnesses)* ◆ **attentions** attentions *fpl*, prévenances *fpl* ◆ **to show attentions to** avoir des égards pour ◆ **to pay one's attentions to a woman** faire la cour à *or* courtiser une femme

3 *(Mil)* garde-à-vous *m* ◆ **to stand at/come** *or* **stand to attention** être/se mettre au garde-à-vous ◆ **attention!** garde-à-vous !

COMP **attention deficit disorder** N troubles *mpl* déficitaires de l'attention

**attention-seeking** ADJ cherchant à attirer l'attention N désir *m* d'attirer l'attention

**attention span** N ◆ **his attention span is limited** il n'arrive pas à se concentrer très longtemps

**attentive** /əˈtentɪv/ SYN ADJ 1 prévenant *(to sb* envers qn), empressé *(to sb* auprès de qn) ◆ **attentive to sb's interests** soucieux des intérêts de qn ◆ **attentive to detail** soucieux du détail, méticuleux

2 *[audience, spectator]* attentif *(to* à)

**attentively** /əˈtentɪvlɪ/ ADV attentivement, avec attention ◆ **to listen attentively** écouter de toutes ses oreilles *or* attentivement

**attentiveness** /əˈtentɪvnɪs/ N attention *f*, prévenance *f*

**attenuate** /əˈtenjʊeɪt/

VT 1 *[+ statement]* atténuer, modérer

2 *[+ gas]* raréfier

3 *[+ thread, line]* affiner, amincir

VI s'atténuer, diminuer

ADJ (also **attenuated**) atténué, diminué ; *(fig = refined)* adouci, émoussé

COMP **attenuating circumstances** NPL circonstances *fpl* atténuantes

**attenuation** /əˌtenjʊˈeɪʃən/ N atténuation *f*, diminution *f*

**attenuator** /əˈtenjʊˌeɪtər/ N atténuateur *m*

**attest** /əˈtest/

VT 1 *(= certify)* attester *(that* que) ; *(under oath)* affirmer sous serment *(that* que) ; *(= prove)* attester, témoigner de ; *(Jur)* *[+ signature]* légaliser

2 *(= put on oath)* faire prêter serment à

VI prêter serment ◆ **to attest to sth** attester qch, témoigner de qch

COMP **attested form** N *(Ling)* forme *f* attestée

**attested herd** N *(Brit Agr)* cheptel *m* certifié *(comme ayant été tuberculinisé)*

**attestation** /ˌætesˈteɪʃən/ N attestation *f* *(that* que) ; *(Jur)* attestation *f*, témoignage *m* ; *[of signature]* légalisation *f* ; *(= taking oath)* assermentation *f*, prestation *f* de serment

**Attic** /ˈætɪk/

ADJ *(Hist, Geog)* attique

COMP **Attic salt, Attic wit** N *(fig)* sel *m* attique, esprit *m*

**attic** /ˈætɪk/ SYN

N grenier *m*

COMP **attic room** N mansarde *f*

**Attica** /ˈætɪkə/ N Attique *f*

**Atticism** /ˈætɪˌsɪzəm/ N atticisme *m*

**Attila** /əˈtɪlə/ N Attila *m*

**attire** /əˈtaɪər/ *(frm)*

VT vêtir, parer *(in* de) ◆ **to attire o.s. in...** se parer de... ◆ **elegantly attired** vêtu avec élégance

N *(NonC)* vêtements *mpl*, habits *mpl* ; *(ceremonial)* tenue *f* ; *(hum)* atours *mpl (hum)* ◆ **in formal attire** en tenue de cérémonie

**attitude** /ˈætɪtjuːd/ SYN

N 1 *(= way of standing)* attitude *f*, position *f* ◆ **to strike an attitude** poser, prendre une pose affectée *or* théâtrale

2 *(= way of thinking)* disposition *f*, attitude *f* ◆ **attitude of mind** état *m* *or* disposition *f* d'esprit ◆ **he takes the attitude that life is sacred** il considère que la vie est sacrée ◆ **his attitude towards me** son attitude envers moi *or* à mon égard ◆ **I don't like your attitude** je n'aime pas l'attitude que vous prenez ◆ **if that's your attitude** si c'est ainsi *or* si c'est comme ça * que tu le prends

3 * ◆ **sb with attitude** qn de tonique ◆ **women with attitude** des battantes

COMP **attitude problem** N troubles *mpl* du comportement ◆ **he's got a real attitude problem** il est un peu caractériel

**attitude survey** N *(Comm)* étude *f* de comportement

**attitudinal** /ˌætɪˈtjuːdɪnəl/ ADJ *[change, difference]* d'attitude

**attitudinize** /ˌætɪˈtjuːdɪnaɪz/ VI se donner des airs, adopter des attitudes affectées

**attn** PREP (abbrev of **(for the) attention (of)**) à l'attention de

**attorney** /əˈtɜːnɪ/

N 1 *(Comm, Jur = representative)* mandataire *mf*, représentant(e) *m(f)* ◆ **power of attorney** procuration *f*, pouvoir *m*

2 *(US :* also **attorney-at-law**) avocat(e) *m(f)* ; → **district** ; → LAWYER

COMP **Attorney General** N (pl **Attorneys General** *or* **Attorney Generals**) *(Brit)* ≈ Procureur Général ; *(US)* ≈ Garde *m* des Sceaux, ≈ ministre *m* de la Justice

**attract** /əˈtrækt/ SYN VT 1 *[magnet etc]* attirer ◆ **to attract sb's attention** *(fig)* attirer l'attention de qn ◆ **to attract sb's interest** éveiller l'intérêt de qn

2 *(= charm, interest)* *[person, subject, quality]* attirer, séduire ◆ **what attracted me to her...** ce qui m'a attiré *or* séduit chez elle... ◆ **I am not attracted to her** elle ne m'attire pas ◆ **opposites attract** les contraires s'attirent

**attraction** /əˈtrækʃən/ SYN N 1 *(= attractiveness)* attrait *m* ◆ **the main** *or* **chief attraction of this plan is its simplicity** l'attrait principal de ce projet est sa simplicité ◆ **one of the attractions of family life** un des charmes de la vie de famille ◆ **a charming village, with the added attraction of a beach** un village plein de charme et qui a même une plage ◆ **I don't see the attraction of camping holidays** je ne vois pas ce qu'il y a d'attrayant dans le camping ◆ **politics holds** *or* **has no attraction for me** la politique ne m'attire pas

2 *(NonC)* *(= fact of being attracted)* attirance *f* *(to* pour) ◆ **Phaedra's attraction for her stepson** l'attirance de Phèdre pour son beau-fils ◆ **sexual attraction** attirance physique ◆ **animal attraction** désir *m* animal ; → **physical**

3 *(= source of entertainment)* attraction *f* ◆ **the chief attraction of the party** la grande attraction de la soirée ◆ **local attractions include a museum of modern art** parmi les attractions de la région, il y a un musée d'art moderne

♦ **fairground attraction** attraction f (dans une foire) ♦ **tourist attraction** attraction f touristique ♦ **star attraction** (of place) principale attraction f ; (show, parade) clou m ; (sports team) star f ♦ **box-office attraction** (= star) star f du box-office

④ (NonC: Phys) attraction f ♦ **the attraction of gravity** l'attraction f universelle ♦ **the attraction between two masses** l'attraction entre deux corps

**attractive** /ə'træktɪv/ SYN ADJ ① (= appealing) [person] séduisant, attirant ; [personality, voice, offer] séduisant ; [features, object, prospect] attrayant ; [sound] agréable ; [price, salary] intéressant, attractif ♦ **he was immensely attractive to women** les femmes le trouvaient extrêmement séduisant ♦ **the idea was attractive to her** elle trouvait cette idée séduisante

② (Phys) attractif

**attractively** /ə'træktɪvlɪ/ ADV [dressed] de façon séduisante ; [illustrated, packaged] de façon attrayante ; [furnished] agréablement ♦ **attractively priced, at an attractively low price** à un prix intéressant or attractif ♦ **attractively simple** d'une simplicité séduisante

**attractiveness** /ə'træktɪvnəs/ N [of person] charme m, beauté f ; [of voice, place] charme m ; [of idea, plan] attrait m ♦ **physical attractiveness** attrait m physique

**attributable** /ə'trɪbjʊtəbl/ ADJ attribuable, imputable (to à)

**attribute** /ə'trɪbjuːt/ LANGUAGE IN USE 17.1 SYN
VT attribuer (sth to sb qch à qn) ; [+ feelings, words] prêter, attribuer (to sb à qn) ; [+ crime, fault] imputer (to sb à qn) ♦ **they attribute his failure to his laziness** ils attribuent son échec à sa paresse, ils mettent son échec sur le compte de sa paresse

N /'ætrɪbjuːt/ ① attribut m
② (Gram) attribut m

**attribution** /ˌætrɪ'bjuːʃən/ N (gen) attribution f ♦ **attribution of sth to a purpose** affectation f de qch à un but

**attributive** /ə'trɪbjʊtɪv/
ADJ attributif ; (Gram) attributif
N attribut m ; (Gram) attribut m

**attributively** /ə'trɪbjʊtɪvlɪ/ ADV (Gram) comme épithète

**attrition** /ə'trɪʃən/
N usure f (par frottement) ; → **war**
COMP **attrition rate** N (esp US Comm) [of customers] pourcentage m de clients perdus ; [of subscribers] taux m de désabonnement

**attune** /ə'tjuːn/ VT (lit, fig) ♦ **to become attuned to** (= used to) s'habituer à ♦ **tastes attuned to mine** des goûts en accord avec les miens ♦ **to attune o.s. to (doing) sth** s'habituer à (faire) qch ♦ **to be attuned to sb's needs** (= listening) être à l'écoute des besoins de qn

**ATV** /ˌeɪtiː'viː/ N (US) (abbrev of **all-terrain vehicle**) → **all**

**atypical** /ˌeɪ'tɪpɪkəl/ ADJ atypique

**atypically** /ˌeɪ'tɪpɪkəlɪ/ ADV exceptionnellement ♦ **today, atypically, he was early** exceptionnellement or fait inhabituel, il est arrivé en avance aujourd'hui

**aubergine** /'əʊbəʒiːn/ N (esp Brit) aubergine f

**aubrietia** /ɔː'briːʃə/ N aubriétia m

**auburn** /'ɔːbən/ SYN ADJ auburn inv

**auction** /'ɔːkʃən/
N (vente f aux) enchères fpl, (vente f à la) criée f ♦ **to sell by auction** vendre aux enchères or à la criée ♦ **to put sth up for auction** mettre qch dans une vente aux enchères ; → **Dutch**
VT (also **auction off**) vendre aux enchères or à la criée
COMP **auction bridge** N bridge m aux enchères
**auction house** N société f de vente(s) aux enchères
**auction room** N salle f des ventes
**auction sale** N (vente f aux) enchères fpl, vente f à la criée

**auctioneer** /ˌɔːkʃə'nɪər/ N commissaire-priseur m

**audacious** /ɔː'deɪʃəs/ SYN ADJ audacieux

**audaciously** /ɔː'deɪʃəslɪ/ ADV audacieusement

**audacity** /ɔː'dæsɪtɪ/ SYN N (NonC) audace f ♦ **to have the audacity to do sth** avoir l'audace de faire qch

**audibility** /ˌɔːdɪ'bɪlɪtɪ/ N audibilité f

**audible** /'ɔːdɪbl/ SYN ADJ (gen) audible, perceptible ; [words] intelligible, distinct ♦ **she was hardly audible** on l'entendait à peine ♦ **there was audible laughter** des rires se firent entendre

**audibly** /'ɔːdɪblɪ/ ADV distinctement

**audience** /'ɔːdɪəns/ SYN
N ① (NonC) (Theat) spectateurs mpl, public m ; (of speaker) auditoire m, assistance f ; (Mus, Rad) auditeurs mpl ; (TV) téléspectateurs mpl ♦ **the whole audience applauded** (Theat) toute la salle a applaudi ♦ **those in the audience** les gens dans la salle, les membres de l'assistance or du public ♦ **there was a big audience** les spectateurs étaient nombreux
② (= meeting) audience f ♦ **to grant an audience to sb** donner or accorder audience à qn
COMP **audience appeal** N ♦ **it's got audience appeal** cela plaît au public
**audience chamber** N salle f d'audience
**audience figures** NPL (Rad) indice m d'écoute ; (TV) audimat m
**audience participation** N participation f du public
**audience rating** N (Rad, TV) indice m d'écoute
**audience research** N (Rad, TV) études fpl d'opinion

**audio** /'ɔːdɪəʊ/
ADJ acoustique
N * partie f son ♦ **the audio's on the blink** * il n'y a plus de son
COMP **audio book** N livre-cassette m
**audio conferencing** N audioconférence f
**audio equipment** N équipement m acoustique
**audio frequency** N audiofréquence f
**audio recording** N enregistrement m sonore
**audio system** N système m audio

**audio-** /'ɔːdɪəʊ/
PREF audio-
COMP **audio-cassette** N cassette f audio

**audiology** /ˌɔːdɪ'ɒlədʒɪ/ N (Med) audiologie f

**audiometer** /ˌɔːdɪ'ɒmɪtər/ N audiomètre m

**audiometry** /ˌɔːdɪ'ɒmɪtrɪ/ N (Med) audiométrie f

**audiophile** /'ɔːdɪəʊfaɪl/ N audiophile mf

**audiotape** /'ɔːdɪəʊteɪp/
N ① (= tape) bande f magnétique
② (US = cassette) cassette f audio
VT (US = tape) enregistrer sur cassette audio or sur bande magnétique

**audiotronic** /ˌɔːdɪəʊ'trɒnɪk/ ADJ audio-électronique

**audiotyping** /'ɔːdɪəʊtaɪpɪŋ/ N audiotypie f

**audiotypist** /'ɔːdɪəʊtaɪpɪst/ N audiotypiste mf

**audiovisual** /ˌɔːdɪəʊ'vɪzjʊəl/ ADJ audiovisuel ♦ **audiovisual aids** supports mpl or moyens mpl audiovisuels ♦ **audiovisual methods** méthodes fpl audiovisuelles

**audit** /'ɔːdɪt/
N audit m, vérification f des comptes
VT ① [+ accounts] vérifier, apurer ; [+ company] auditer ♦ **audited statement of accounts** état vérifié des comptes
② (US Univ) ♦ **to audit a lecture course** assister à un cours comme auditeur libre
COMP **Audit Bureau of Circulation** N (Brit) bureau de contrôle du tirage des journaux

**auditing** /'ɔːdɪtɪŋ/ N (Fin) ♦ **auditing of accounts** audit m or vérification f des comptes

**audition** /ɔː'dɪʃən/
N ① (Theat) audition f ; (Cine, TV) (séance f d')essai m ♦ **to give sb an audition** (Theat) auditionner qn ; (Cine) faire faire un essai à qn
② (NonC: frm = power of hearing) ouïe f, audition f
VT auditionner ♦ **he was auditioned for the part** (Theat) on lui a fait passer une audition or on l'a auditionné pour le rôle ; (Cine) on lui a fait faire un essai pour le rôle
VI (Theat) auditionner ♦ **he auditioned for (the part of) Hamlet** (Theat) il a auditionné pour le rôle de Hamlet ; (Cine, TV) on lui a fait faire un essai pour le rôle de Hamlet

**auditor** /'ɔːdɪtər/ N ① (= listener) auditeur m, -trice f
② (Comm) auditeur m, -trice f, vérificateur m, -trice f (des comptes) ; → **internal**
③ (US Univ) auditeur m, -trice f libre

**auditorium** /ˌɔːdɪ'tɔːrɪəm/ N (pl **auditoriums** or **auditoria** /ˌɔːdɪ'tɔːrɪə/) ① auditorium m, salle f
② (US) (for lectures) salle f de conférences ; (for shows) salle f de spectacle

**auditory** /'ɔːdɪtərɪ/
ADJ auditif
COMP **auditory phonetics** N (NonC) phonétique f auditive

**Audubon Society** /'ɔːdəbɒnsə'saɪətɪ/ N (US) société f de protection de la nature

**au fait** /əʊfeɪ/ SYN ADJ au courant, au fait (with de)

**Aug** abbrev of **August**

**Augean Stables** /ɔː'dʒiːən'steɪblz/ NPL ♦ **the Augean Stables** les écuries fpl d'Augias

**augend** /'ɔːdʒend/ N (Math) premier terme m de l'addition

**auger** /'ɔːgər/ N (Carpentry) vrille f ; (= for ground drilling) foreuse f

**aught** /ɔːt/ N ( ††, liter = anything) ♦ **for aught I know** (pour) autant que je sache ♦ **for aught I care** pour ce que cela me fait

**augment** /ɔːg'ment/ SYN
VT augmenter (with, by de), accroître ; (Mus) augmenter ♦ **augmented sixth/third** (Mus) sixte f/tierce f augmentée
VI augmenter, s'accroître

**augmentation** /ˌɔːgmen'teɪʃən/ SYN N augmentation f, accroissement m

**augmentative** /ɔːg'mentətɪv/ ADJ augmentatif

**augur** /'ɔːgər/ SYN
N augure m
VI ♦ **to augur well/ill** être de bon/de mauvais augure (for pour)
VT (= foretell) prédire, prévoir ; (= be an omen of) présager ♦ **it augurs no good** cela ne présage or n'annonce rien de bon

**augury** /'ɔːgjʊrɪ/ SYN N (= omen, sign) augure m, présage m ; (= forecast) prédiction f ♦ **to take the auguries** consulter les augures

**August** /'ɔːgəst/ N août m ; pour loc voir **September**

**august** /ɔː'gʌst/ SYN ADJ (frm) auguste

**Augustan** /ɔː'gʌstən/ ADJ ① d'Auguste ♦ **the Augustan Age** (Latin Literat) le siècle d'Auguste ; (English Literat) l'époque f néoclassique
② ♦ **Augustan Confession** Confession f d'Augsbourg

**Augustine** /ɔː'gʌstɪn/ N Augustin m

**Augustinian** /ˌɔːgəs'tɪnɪən/
ADJ augustinien, de (l'ordre de) saint Augustin
N augustin(e) m(f)

**Augustus** /ɔː'gʌstəs/ N ♦ **(Caesar) Augustus** (César) Auguste m

**auk** /ɔːk/ N pingouin m

**Auld Lang Syne** /ˌɔːldlæŋ'zaɪn/ N le bon vieux temps (chanson écossaise chantée sur le coup de minuit à la Saint-Sylvestre)

**aunt** /ɑːnt/
N tante f ♦ **yes aunt** oui ma tante
COMP **Aunt Sally** N (Brit) (= game) jeu m de massacre ; (fig = person) tête f de Turc

**auntie***, **aunty*** /'ɑːntɪ/ N tantine* f, tata* f ♦ **auntie Mary** tante f Marie ♦ **Auntie** (Brit hum) la BBC

**au pair** /əʊ'pɛər/
ADJ (also **au pair girl**) jeune fille f au pair
N (pl **au pairs**) jeune fille f au pair
VI ♦ **to au pair (for sb)** être au pair (chez qn)

**aura** /'ɔːrə/ N (pl **auras** or **aurae** /'ɔːriː/) [of person] aura f ; [of place] atmosphère f, ambiance f ♦ **he had an aura of serenity about him** il respirait la sérénité ♦ **an aura of mystery** une aura de mystère

**aural** /'ɔːrəl/ ADJ ① (Anat) auriculaire (des oreilles)
② (Educ) ♦ **aural comprehension (work)** compréhension f (orale) ♦ **aural comprehension (test)** exercice m de compréhension (orale) ♦ **aural training** (Mus) dictée f musicale

**aureole** /'ɔːrɪəʊl/ N (Art, Astron) auréole f

**auric** /'ɔːrɪk/ ADJ aurique

**auricle** /'ɔːrɪkl/ N (Anat) [of ear] pavillon m auriculaire, oreille f externe ; [of heart] oreillette f

**Aurignacian** /ˌɔːrɪg'neɪʃən/ ADJ aurignacien

**aurochs** /'ɔːrɒks/ N (pl **aurochs**) aurochs m

**aurora** /ɔː'rɔːrə/ N (pl **auroras** or **aurorae** /ɔː'rɔːriː/) ♦ **aurora borealis/australis** aurore f boréale/australe

**auroral** /ɔː'rɔːrəl/ ADJ auroral

**auscultate** /'ɔːskəlteɪt/ VT ausculter

**auscultation** /ˌɔːskəl'teɪʃən/ N auscultation f

**auspices** /ˈɔːspɪsɪz/ NPL (all senses) auspices mpl ◆ **under the auspices of...** sous les auspices de...

**auspicious** /ɔːsˈpɪʃəs/ SYN ADJ [start] prometteur ; [occasion, day, time] propice ; [sign] de bon augure

**auspiciously** /ɔːsˈpɪʃəslɪ/ ADV favorablement, sous d'heureux auspices ◆ **to start auspiciously** prendre un départ prometteur

**Aussie** */ˈɒzɪ/ ADJ, N ⇒ **Australian**

**austenite** /ˈɒstəˌnaɪt/ N austénite f

**austere** /ɒsˈtɪər/ SYN ADJ [person, building, lifestyle, beauty] austère ; [times, economic policy] d'austérité

**austerely** /ɒsˈtɪəlɪ/ ADV avec austérité

**austerity** /ɒsˈtɛrɪtɪ/ SYN N austérité f ◆ **days or years of austerity** période f d'austérité

**austral** /ˈɔːstrəl/ ADJ austral

**Australasia** /ˌɒstrəˈleɪzɪə/ N Australasie f

**Australasian** /ˌɒstrəˈleɪzɪən/
  ADJ d'Australasie
  N habitant(e) m(f) or natif m, -ive f d'Australasie

**Australia** /ɒsˈtreɪlɪə/ N ◆ **(the Commonwealth of) Australia** l'Australie f

**Australian** /ɒsˈtreɪlɪən/
  ADJ (gen) australien ; [ambassador, embassy] d'Australie
  N 1 Australien(ne) m(f)
  2 (= language variety) australien m
  COMP **Australian Alps** NPL Alpes fpl australiennes
  **Australian Antarctic Territory** N Antarctique f australienne
  **Australian Capital Territory** N Territoire m fédéral de Canberra
  **Australian Rules** N sport australien ressemblant au rugby
  **Australian silky terrier** N (= dog) terrier m australien à poil soyeux, silky m

**australopithecine** /ˌɒstrələʊˈpɪθɪsiːn/ N australopithèque m

**Austria** /ˈɒstrɪə/ N Autriche f ◆ **in Austria** en Autriche

**Austrian** /ˈɒstrɪən/
  ADJ (gen) autrichien ; [ambassador, embassy] d'Autriche
  N Autrichien(ne) m(f)
  COMP **Austrian blind** N rideau m bouillonné
  **Austrian pine** N (Bot) pin m noir d'Autriche

**Austro-** /ˈɒstrəʊ/ PREF austro- ◆ **Austro-Hungarian** austro-hongrois

**Austronesian** /ˌɒstrəʊˈniːʒən/ ADJ, N malayo-polynésien(ne) m(f)

**AUT** /ˌeɪjuːˈtiː/ N (Brit) (abbrev of **Association of University Teachers**) syndicat

**autarchy** /ˈɔːtɑːkɪ/ N autocratie f

**auteur** /ɔːˈtɜːr/ N cinéaste-auteur m

**authentic** /ɔːˈθɛntɪk/ SYN ADJ authentique ◆ **both texts shall be deemed authentic** (Jur) les deux textes feront foi

**authentically** /ɔːˈθɛntɪkəlɪ/ ADV 1 (= genuinely) [furnished, restored] authentiquement ◆ **authentically Chinese dishes** des plats authentiquement chinois, des plats chinois authentiques ◆ **the brass has an authentically tarnished look** l'aspect terni de ce cuivre a l'air authentique
  2 (= accurately) [describe, depict] de façon authentique

**authenticate** /ɔːˈθɛntɪkeɪt/ VT [+ document] authentifier ; [+ report] établir l'authenticité de ; [+ signature] légaliser

**authentication** /ɔːˌθɛntɪˈkeɪʃən/ N [of document] authentification f ; [of report] confirmation f (de l'authenticité de)

**authenticity** /ˌɔːθɛnˈtɪsɪtɪ/ SYN N authenticité f

**author** /ˈɔːθər/ SYN
  N 1 (= writer) écrivain m, auteur m ◆ **author's copy** manuscrit m de l'auteur
  2 [of any work of art] auteur m, créateur m ; [of plan, trouble etc] auteur m
  VT (US, † Brit = be author of) être l'auteur de

**authoress** /ˈɔːθərɪs/ N femme f écrivain

**authorial** /ɔːˈθɔːrɪəl/ ADJ de l'auteur

**authoritarian** /ɔːˌθɒrɪˈtɛərɪən/ SYN
  ADJ autoritaire
  N partisan(e) m(f) de l'autorité

**authoritarianism** /ɔːˌθɒrɪˈtɛərɪənɪzəm/ N autoritarisme m

**authoritative** /ɔːˈθɒrɪtətɪv/ ADJ 1 (= commanding) [person, voice, manner] autoritaire
  2 (= reliable) [person, book, guide] faisant autorité, digne de foi ; [source] sûr, autorisé ; [survey, study, information] sûr, digne de foi
  3 (= official) [statement] officiel

**authoritatively** /ɔːˈθɒrɪtətɪvlɪ/ ADV
  1 (= commandingly) [say, nod, behave] de façon autoritaire
  2 (= reliably) [speak, write] avec autorité

**authority** /ɔːˈθɒrɪtɪ/ SYN N 1 (= power to give orders) autorité f, pouvoir m ◆ **I'm in authority here** c'est moi qui dirige ici ◆ **to be in authority over sb** avoir autorité sur qn ◆ **those in authority** les responsables
  2 (= permission, right) autorisation f (formelle) ◆ **to give sb authority to do sth** habiliter qn à faire qch ◆ **to do sth without authority** faire qch sans autorisation ◆ **she had no authority to do it** elle n'avait pas qualité pour le faire ◆ **on her own authority** de son propre chef, de sa propre autorité ◆ **on whose authority?** avec l'autorisation de qui ? ◆ **to speak with authority** parler avec compétence or autorité ◆ **to carry authority** faire autorité ◆ **I have it on good authority that...** je tiens de bonne source que... ◆ **what is your authority?** sur quoi vous appuyez-vous (pour dire cela) ? ◆ **to say sth on the authority of Plato** dire qch en invoquant l'autorité de Platon
  3 (gen pl = person or group) ◆ **authorities** autorités fpl, corps mpl constitués, administration f ◆ **apply to the proper authorities** adressez-vous à qui de droit or aux autorités compétentes ◆ **the health authorities** les services mpl de la santé publique ◆ **the public/local/district authorities** les autorités fpl publiques/locales/régionales
  4 (= person with special knowledge) autorité f (on en matière de), expert m (on en) ; (= book) autorité f, source f (autorisée) ◆ **to be an authority** [person, book] faire autorité (on en matière de) ◆ **to consult an authority** consulter un avis autorisé

**authorization** /ˌɔːθəraɪˈzeɪʃən/ SYN N 1 (= giving of authority) autorisation f (of, for pour ; to do sth de faire qch)
  2 (= legal right) pouvoir m (to do sth de faire qch)

**authorize** /ˈɔːθəraɪz/ SYN VT autoriser (sb to do sth qn à faire qch) ◆ **to be authorized to do sth** avoir qualité pour faire qch, être autorisé à faire qch ◆ **authorized by custom** sanctionné par l'usage

**authorized** /ˈɔːθəraɪzd/
  ADJ [person, signatory, overdraft] autorisé ; [dealer, representative, bank] agréé ; [signature] social ; [biography] officiel ◆ **"authorized personnel only"** (on door) « entrée réservée au personnel » ◆ **duly authorized officer** (Jur, Fin) représentant m dûment habilité
  COMP **authorized bank** N banque f agréée
  **authorized capital** N (NonC: Fin) capital m social
  **authorized dealer** N distributeur m agréé
  **authorized signature** N (Jur, Fin) signature f sociale
  **the Authorized Version** N (Rel) la Bible de 1611 (autorisée par le roi Jacques I[er])

**authorship** /ˈɔːθəʃɪp/ N [of book, idea etc] paternité f ◆ **to establish the authorship of a book** identifier l'auteur d'un livre, établir la paternité littéraire d'un livre

**autism** /ˈɔːtɪzəm/ N autisme m

**autistic** /ɔːˈtɪstɪk/ ADJ autistique ◆ **autistic spectrum disorder** trouble du spectre autiste

**auto** /ˈɔːtəʊ/ (US)
  N voiture f
  COMP **Auto show** N Salon m de l'auto
  **auto worker** N ouvrier m de l'industrie automobile

**auto-** /ˈɔːtəʊ/ PREF auto-

**autobahn** /ˈɔːtəbɑːn/ N autoroute f (en Allemagne, en Autriche)

**autobank** /ˈɔːtəʊbæŋk/ N distributeur m automatique de billets (de banque)

**autobiographer** /ˌɔːtəʊbaɪˈɒɡrəfər/ N auteur d'une autobiographie

**autobiographic(al)** /ˌɔːtəʊˌbaɪəʊˈɡræfɪk(əl)/ ADJ autobiographique

**autobiography** /ˌɔːtəʊbaɪˈɒɡrəfɪ/ N autobiographie f

**autocade** /ˈɔːtəʊkeɪd/ N (US) cortège m d'automobiles

**autochthonous** /ɔːˈtɒkθənəs/ ADJ autochtone

**autoclave** /ˈɔːtəkleɪv/ N (Chem, Med) autoclave m

**autocracy** /ɔːˈtɒkrəsɪ/ N autocratie f

**autocrat** /ˈɔːtəʊkræt/ SYN N autocrate m

**autocratic** /ˌɔːtəʊˈkrætɪk/ SYN ADJ 1 (= dictatorial) [person, style, behaviour, leadership] autocratique
  2 (Pol) [leader, ruler] absolu ; [government, regime] autocratique

**autocross** /ˈɔːtəʊkrɒs/ N auto-cross m

**Autocue** ® /ˈɔːtəʊkjuː/ N (Brit TV) téléprompteur m

**autocycle** /ˈɔːtəʊsaɪkl/ N (small) cyclomoteur m ; (more powerful) vélomoteur m

**auto-da-fé** /ˌɔːtəʊdɑːˈfeɪ/ N (pl **autos-da-fé** /ˌɔːtəʊdɑːˈfeɪ/) autodafé m

**autodidact** /ˌɔːtəʊˈdaɪdækt/ N (frm) autodidacte mf

**autodrome** /ˈɔːtəʊdrəʊm/ N autodrome m

**autoerotic** /ˌɔːtəʊɪˈrɒtɪk/ ADJ (Psych) autoérotique

**autoeroticism** /ˌɔːtəʊɪˈrɒtɪsɪzəm/ N (Psych) autoérotisme m

**autofocus** /ˈɔːtəʊfəʊkəs/ N (Phot) autofocus m

**autogamic** /ˌɔːtəˈɡæmɪk/ ADJ autogame

**autogamous** /ɔːˈtɒɡəməs/ ADJ (Bio) autogame ◆ **autogamous fertilization** autofécondation f, autogamie f

**autogamy** /ɔːˈtɒɡəmɪ/ N (Bio) autogamie f, autofécondation f

**autogenic** /ˌɔːtəʊˈdʒɛnɪk/ ADJ ◆ **autogenic training** training m autogène

**autogiro** /ˌɔːtəʊˈdʒaɪərəʊ/ N autogire m

**autograph** /ˈɔːtəɡrɑːf/
  N autographe m
  VT [+ book] dédicacer ; [+ other object] signer
  COMP **autograph album** N livre m or album m d'autographes
  **autograph hunter** N collectionneur m, -euse f d'autographes

**autographic** /ˌɔːtəˈɡræfɪk/ ADJ autographique

**autographical** /ˌɔːtəˈɡræfɪkəl/ ADJ autographique

**autography** /ɔːˈtɒɡrəfɪ/ N autographie f

**autohypnosis** /ˌɔːtəʊhɪpˈnəʊsɪs/ N autohypnose f

**autoimmune** /ˌɔːtəʊɪˈmjuːn/ ADJ [reaction, response, disease] auto-immun

**autoinfection** /ˌɔːtəʊɪnˈfɛkʃən/ N auto-infection f

**autoloading** /ˌɔːtəʊˈləʊdɪŋ/ ADJ semi-automatique

**autologous** /ɔːˈtɒləɡəs/ ADJ (Med) autologue

**autolysis** /ɔːˈtɒlɪsɪs/ N (Bio) autolyse f

**automat** /ˈɔːtəmæt/ N distributeur m automatique

**automata** /ɔːˈtɒmətə/ NPL of **automaton**

**automate** /ˈɔːtəmeɪt/ VT automatiser ◆ **automated teller** (= machine) distributeur m automatique de billets, guichet m automatique de banque

**automatic** /ˌɔːtəˈmætɪk/ SYN
  ADJ automatique ; [gesture] machinal ◆ **the automatic choice** le choix naturel ◆ **he has no automatic right to...** il n'a pas automatiquement le droit de... ◆ **they have automatic right to French citizenship** ils ont automatiquement droit à la citoyenneté française
  N (= gun, washing machine) automatique m ; (= car) voiture f à boîte or à transmission automatique ◆ **a Citroën automatic** une Citroën à boîte or transmission automatique
  COMP **automatic data processing** N traitement m automatique de l'information
  **automatic document feeder** N dispositif m d'alimentation automatique
  **automatic exposure** N (Phot) exposition f automatique
  **automatic pilot** N pilote m automatique ◆ **on automatic pilot** (in plane) en pilotage or sur pilote automatique ◆ **to work/drive on automatic pilot*** (fig) travailler/conduire au radar*
  **automatic transmission** N (in car) transmission f automatique

**automatic vending machine** N distributeur m automatique

**automatically** /ˌɔːtəˈmætɪkəlɪ/ ADV automatiquement ; (*without thinking*) machinalement ◆ **automatically void** (*Jur*) nul de plein droit

**automaticity** /ˌɔːtəʊməˈtɪsɪtɪ/ N automaticité f

**automation** /ˌɔːtəˈmeɪʃən/ N (= *technique, system, action*) automatisation f ; (= *state of being automated*) automation f ◆ **industrial automation** productive f

**automatism** /ɔːˈtɒmətɪzəm/ N automatisme m

**automatization** /ɔːˌtɒmətaɪˈzeɪʃən/ N automatisation f

**automatize** /ɔːˈtɒmətaɪz/ VT automatiser

**automaton** /ɔːˈtɒmətən/ N (pl **automatons** or **automata**) automate m

**automobile** /ˈɔːtəməbiːl/ N (*esp US*) automobile f, auto f

**automobilia** /ˌɔːtəməʊˈbiːlɪə/ NPL accessoires mpl auto

**automotive** /ˌɔːtəˈməʊtɪv/ ADJ [1] (*industry, design*) (de l')automobile
[2] (= *self-propelled*) automoteur (-trice f)

**autonomic** /ˌɔːtəˈnɒmɪk/
ADJ (*Physiol*) autonome, végétatif
COMP **autonomic nervous system** N (*Physiol*) système m nerveux autonome, système m neurovégétatif

**autonomous** /ɔːˈtɒnəməs/ SYN ADJ autonome

**autonomously** /ɔːˈtɒnəməslɪ/ ADV de façon autonome

**autonomy** /ɔːˈtɒnəmɪ/ SYN N autonomie f

**autonymous** /ɔːˈtɒnɪməs/ ADJ autonyme

**autopilot** /ˈɔːtəʊpaɪlət/ N pilote m automatique ◆ **on autopilot** (*lit*) sur pilote automatique ◆ **to be on autopilot** * (*fig*) marcher au radar *

**autoplasty** /ˈɔːtəˌplæstɪ/ N autoplastie f

**autopsy** /ˈɔːtɒpsɪ/ SYN N autopsie f

**autoreverse** /ˌɔːtəʊrɪˈvɜːs/ N autoreverse m, lecture f arrière automatique ◆ **a cassette deck with autoreverse** une platine à cassettes (avec) autoreverse

**autoroute** /ˈɔːtəʊruːt/ N autoroute f

**autosome** /ˈɔːtəˌsəʊm/ N autosome m

**autostrada** /ˈɔːtəʊˌstrɑːdɑː/ N autostrade f

**autosuggestion** /ˌɔːtəʊsəˈdʒestʃən/ N autosuggestion f

**autoteller** /ˈɔːtəʊtelər/ N distributeur m automatique de billets

**autotimer** /ˈɔːtəʊtaɪmər/ N [*of oven*] programmateur m (de four)

**autotomy** /ɔːˈtɒtəmɪ/ N autotomie f

**autotrophic** /ˌɔːtəˈtrɒfɪk/ ADJ autotrophe

**autumn** /ˈɔːtəm/
N automne m ◆ **in autumn** en automne ◆ **he's in the autumn of his life** il est à l'automne de sa vie
COMP d'automne, automnal (*liter*)
**autumn crocus** N (*Bot*) colchique m
**autumn leaves** NPL (*dead*) feuilles fpl mortes ; (*on tree*) feuilles fpl d'automne

**autumnal** /ɔːˈtʌmnəl/ ADJ d'automne, automnal (*liter*)

**autunite** /ˈɔːtəˌnaɪt/ N autunite f

**auxiliary** /ɔːgˈzɪlɪərɪ/ SYN
ADJ subsidiaire (*to* à), auxiliaire
N [1] auxiliaire mf ◆ **nursing auxiliary** infirmier m, -ière f auxiliaire, aide-soignant(e) m(f) ◆ **auxiliaries** (*Mil*) auxiliaires mpl
[2] (*Gram*) (verbe m) auxiliaire m
COMP **auxiliary nurse** N aide-soignant(e) m(f)
**auxiliary police** N (*US*) corps m de policiers auxiliaires volontaires
**auxiliary staff** N (*Brit Scol*) personnel m auxiliaire non enseignant
**auxiliary tank** N [*of plane*] réservoir m supplémentaire
**auxiliary verb** N verbe m auxiliaire

**auxin** /ˈɔːksɪn/ N auxine f

**AV** /eɪˈviː/ abbrev of **audiovisual**

**av** (abbrev of **average**) moyenne f

**Av.** N (abbrev of **Avenue**) av.

**a.v., A/V** abbrev of **ad valorem**

**avail** /əˈveɪl/
VT ◆ **to avail o.s. of** [+ *opportunity*] saisir, profiter de ; [+ *right*] user de, valoir de ; [+ *service*] utiliser ◆ **to avail o.s. of the rules of jurisdiction** (*Jur*) invoquer les règles de compétence
VI († *liter*) être efficace, servir ◆ **nought availed** rien n'y faisait ◆ **it availed him nothing** cela ne lui a servi à rien
N ◆ **to no avail** sans résultat, en vain ◆ **your advice was of no avail** vos conseils n'ont eu aucun effet ◆ **it is of no avail to complain** il ne sert à rien de protester ◆ **to little avail** sans grand effet or résultat ◆ **it is of** or **to little avail** cela ne sert pas à grand-chose

**availability** /əˌveɪləˈbɪlɪtɪ/ N [1] [*of material, people*] disponibilité f
[2] (*US* = *validity*) validité f

**available** /əˈveɪləbl/ LANGUAGE IN USE 19.3 SYN ADJ
[1] (= *obtainable*) [*information, product, funding, accommodation*] disponible ◆ **he is not available at the moment** il n'est pas disponible pour l'instant ◆ **television isn't yet available here** on ne dispose pas encore de la télévision ici ◆ **new treatments are becoming available** de nouveaux traitements font leur apparition ◆ **to be available for sb** être à la disposition de qn ◆ **the MP was not available for comment yesterday** (*Press*) hier, le député ne s'est prêté à aucune déclaration ◆ **available for hire** à louer ◆ **money available for spending** argent m disponible ◆ **a car park is available for the use of customers** un parking est à la disposition des clients ◆ **the guide is available from all good bookshops** on peut trouver ce guide dans toutes les bonnes librairies ◆ **this service is available in stores everywhere** tous les magasins proposent ce service ◆ **tickets are available from the box office** on peut se procurer des billets auprès du bureau de location ◆ **to make sth available** rendre qch accessible ◆ **to make sth available to sb** mettre qch à la disposition de qn ◆ **to make o.s. available** se rendre disponible ◆ **to use every available means to do sth** utiliser tous les moyens disponibles pour faire qch ◆ **the next available flight** le prochain vol ◆ **"other sizes/colours available"** (*Comm*) « existe également en d'autres tailles/couleurs » ◆ **in the time available** dans le temps disponible ◆ **information available to patients** les informations fpl à la disposition des patients ◆ **benefits available to employees** les avantages mpl dont peuvent bénéficier les employés
[2] (= *unattached*) (*person*) libre ; (*sexually*) disponible (*sexuellement*)
[3] (*US Pol pej*) [*candidate*] honnête before n

**avalanche** /ˈævəlɑːnʃ/ SYN
N (*lit, fig*) avalanche f
VI tomber en avalanche
COMP **avalanche precautions** NPL mesures fpl de sécurité anti-avalanche
**avalanche warning** N alerte f aux avalanches ; (*on sign*) « attention (aux) avalanches »

**avant-garde** /ˌævɒŋgɑːd/ SYN
N (*gen, Mil*) avant-garde f
COMP [*dress, style*] d'avant-garde

**avarice** /ˈævərɪs/ N avarice f, cupidité f

**avaricious** /ˌævəˈrɪʃəs/ SYN ADJ avare, cupide (*liter*)

**avatar** /ˈævətɑːr/ N [1] (*Rel*) avatar m
[2] (*fig* = *manifestation*) incarnation f
[3] (*Comput*) avatar m

**avdp** N abbrev of **avoirdupois**

**Ave** N (abbrev of **Avenue**) av.

**Ave Maria** /ˈɑːveɪməˈrɪə/ N Ave Maria m inv

**avenge** /əˈvendʒ/ SYN VT [+ *person, thing*] venger ◆ **to avenge o.s.** se venger, prendre sa revanche (*on sb* sur qn)

**avenger** /əˈvendʒər/ N vengeur m, -eresse f

**avenging** /əˈvendʒɪŋ/ ADJ vengeur (-eresse f) (*liter*)

**avens** /ˈævɪnz/ N, PL INV (*Bot*) benoîte f

**avenue** /ˈævənjuː/ SYN N (= *private road*) avenue f ; (= *wide road in town*) avenue f, boulevard m ; (*fig*) route f

**aver** /əˈvɜːr/ VT affirmer, déclarer

**average** /ˈævərɪdʒ/ SYN
N [1] moyenne f ◆ **on average** en moyenne ◆ **a rough average** une moyenne approximative ◆ **to take an average of results** prendre la moyenne des résultats ◆ **above/below average** au-dessus/en-dessous de la moyenne ◆ **to do an average of 70km/h** rouler à or faire une moyenne de 70 km/h, faire du 70 de moyenne *
[2] (*Marine Insurance*) avarie f ◆ **to adjust the average** répartir les avaries
ADJ [*age, wage, price*] moyen ◆ **the average American car owner drives 10,000 miles per year** l'automobiliste américain moyen fait 16 000 kilomètres par an ◆ **an average thirteen-year-old child could understand it** un enfant or n'importe quel enfant de treize ans comprendrait cela ◆ **$2 for a beer is average** il faut compter en moyenne 2 dollars pour une bière ◆ **it was an average piece of work** c'était un travail moyen ◆ **I was only average academically** sur le plan des études, je ne dépassais pas la moyenne
VT [1] (= *find the average of*) établir or faire la moyenne de
[2] (= *reach an average of*) atteindre la moyenne de ◆ **we average eight hours' work a day** nous travaillons en moyenne huit heures par jour ◆ **the sales average 200 copies a month** la vente moyenne est de 200 exemplaires par mois ◆ **we averaged 50km/h the whole way** nous avons fait 50 km/h de moyenne sur ce trajet
COMP **average clause** N (*Insurance*) clause f d'avaries

▶ **average out**
VI ◆ **it'll average out in the end** en fin de compte ça va s'égaliser ◆ **our working hours average out at eight per day** nous travaillons en moyenne huit heures par jour
VT SEP faire la moyenne de

**averagely** /ˈævərɪdʒlɪ/ ADV moyennement

**averager** /ˈævərɪdʒər/ N (*Marine Insurance*) répartiteur m d'avaries, dispatcheur m

**averse** /əˈvɜːs/ SYN ADJ ennemi (*to* de), peu disposé (*to* à) ◆ **to be averse to doing sth** répugner à faire qch ◆ **he is averse to getting up early** il déteste se lever tôt ◆ **I am not averse to an occasional drink** je n'ai rien contre un petit verre de temps à autre

**aversion** /əˈvɜːʃən/ SYN
N [1] (*NonC* = *strong dislike*) aversion f ◆ **he has an aversion to spiders** il a or éprouve de l'aversion pour les araignées ◆ **he has a strong aversion to work** il a horreur de travailler ◆ **I have an aversion to garlic** une chose que je déteste, c'est l'ail ◆ **he has a strong aversion to me** il ne peut pas me souffrir ◆ **I took an aversion to it** je me suis mis à détester cela ◆ **I have an aversion to him** il m'est antipathique
[2] (= *object of aversion*) objet m d'aversion ◆ **my greatest aversion is...** ce que je déteste le plus, c'est... ; → **pet**[1]
COMP **aversion therapy** N (*Psych*) cure f de dégoût or d'interdiction provoquée

**avert** /əˈvɜːt/ VT [+ *danger, accident*] prévenir, éviter ; [+ *blow*] détourner, parer ; [+ *suspicion*] écarter ; [+ *one's eyes, one's thoughts*] détourner (*from* de)

**avian** /ˈeɪvɪən/ ADJ aviaire

**aviary** /ˈeɪvɪərɪ/ N volière f

**aviation** /ˌeɪvɪˈeɪʃən/ SYN
N aviation f
COMP **aviation fuel** N kérosène m
**aviation industry** N aéronautique f

**aviator** /ˈeɪvɪeɪtər/ SYN
N aviateur m, -trice f
COMP **aviator glasses** NPL lunettes fpl sport

**aviculture** /ˈeɪvɪkʌltʃər/ N aviculture f

**aviculturist** /ˌeɪvɪˈkʌltʃərɪst/ N aviculteur m, -trice f

**avid** /ˈævɪd/ SYN ADJ [1] (= *keen*) [*reader, collector, viewer*] passionné ; [*supporter, fan*] fervent
[2] (= *desirous*) ◆ **avid for sth** avide de qch

**avidity** /əˈvɪdɪtɪ/ N avidité f (*for* de)

**avidly** /ˈævɪdlɪ/ ADV avidement, avec avidité

**avifauna** /ˌeɪvɪˈfɔːnə/ N avifaune f

**avionics** /ˌeɪvɪˈɒnɪks/ N (*NonC*) (= *science*) avionique f ; (pl = *circuitry*) avionique f

**avitaminosis** /æˌvɪtəmɪˈnəʊsɪs/ N (*Med*) avitaminose f

**avocado** /ˌævəˈkɑːdəʊ/ N (also **avocado pear**) (*Brit*) avocat m ; (= *tree*) avocatier m

**avocation** /ˌævəʊˈkeɪʃən/ N [1] (= *employment*) métier m, profession f
[2] (= *minor occupation*) passe-temps m inv favori, violon m d'Ingres

**avocet** /ˈævəset/ N avocette f

**Avogadro constant** /ˌævəˈɡɑːdrəʊ/ N *(Phys)* nombre *m* d'Avogadro

**Avogadro's law** N *(Phys)* loi *f* d'Avogadro

**avoid** /əˈvɔɪd/ SYN VT *[+ person, obstacle]* éviter ; *[+ danger]* échapper à, éviter • **to avoid tax** *(legally)* se soustraire à l'impôt ; *(illegally)* frauder le fisc • **to avoid doing sth** éviter de faire qch • **avoid being seen** évitez qu'on ne vous voie • **to avoid sb's eye** fuir le regard de qn • **to avoid notice** échapper aux regards • **I can't avoid going now** je ne peux plus faire autrement que d'y aller, je ne peux plus me dispenser d'y aller • **this way we avoid London** en passant par ici nous évitons Londres • **it is to be avoided like the plague** il faut fuir cela comme la peste ; → **plague**

**avoidable** /əˈvɔɪdəbl/ ADJ évitable

**avoidance** /əˈvɔɪdəns/ SYN N • **his avoidance of me** le soin qu'il met à m'éviter • **his avoidance of his duty** ses manquements *mpl* au devoir • **tax avoidance** évasion *f* fiscale

**avoirdupois** /ˌævədəˈpɔɪz/

**N** 1 *(lit)* système *m* des poids commerciaux *(système britannique des poids et mesures)*

2 *(* = overweight)* embonpoint *m*

**COMP** *conforme aux poids et mesures officiellement établis*

**avoirdupois pound** N livre *f (453,6 grammes)*

**avow** /əˈvaʊ/ VT *(frm = proclaim)* déclarer, affirmer • **to avow o.s. defeated** s'avouer *or* se déclarer battu

**avowal** /əˈvaʊəl/ N *(frm)* aveu *m*

**avowed** /əˈvaʊd/ SYN ADJ *(frm) [enemy, supporter, atheist]* déclaré ; *[aim, intention, purpose]* avoué

**avowedly** /əˈvaʊɪdlɪ/ ADV *(frm)* de son propre aveu

**avulsion** /əˈvʌlʃən/ N *(Med)* avulsion *f*

**avuncular** /əˈvʌŋkjʊləʳ/ ADJ avunculaire

**AWACS** /ˈeɪwæks/ N (abbrev of **Airborne Warning and Control System**) • **AWACS plane** (avion *m*) AWACS *m*

**await** /əˈweɪt/ SYN VT 1 *(= wait for) [+ object, event]* attendre, être dans l'attente de ; *[+ person]* attendre • **parcels awaiting delivery** colis *mpl* en souffrance • **long-awaited event** événement *m* longtemps attendu

2 *(= be in store for)* être réservé à, attendre • **the fate that awaits us** le sort qui nous attend *or* qui nous est réservé

**awake** /əˈweɪk/ SYN (pret **awoke** *or* **awaked** ptp **awoken** *or* **awaked**)

**VI** s'éveiller, se réveiller • **to awake from sleep** sortir du sommeil, s'éveiller • **to awake to one's responsibilities** prendre conscience de ses responsabilités • **to awake to the fact that...** s'apercevoir du fait que... • **to awake from one's illusions** revenir de ses illusions

**VT** 1 *(= wake) [+ person]* éveiller, réveiller

2 *(fig = arouse) [+ suspicion]* éveiller ; *[+ hope, curiosity]* éveiller, faire naître ; *[+ memories]* réveiller

**ADJ** 1 *(= not asleep) (before sleep)* éveillé ; *(after sleep)* réveillé • **are you awake?** est-ce que tu dors ? • **he was instantly awake** il s'est réveillé immédiatement • **to keep sb awake** empêcher qn de dormir • **to lie awake all night** ne pas fermer l'œil de la nuit • **she lies awake at night worrying about it** ça la tracasse tellement qu'elle n'en dort plus • **to shake sb awake** secouer qn pour le réveiller • **to stay** *or* **keep awake** veiller • **I couldn't stay** *or* **keep awake** je n'arrivais pas à rester éveillé • **I don't stay awake at night worrying about that** cela ne m'inquiète pas au point de m'empêcher de dormir ; → **wide**

2 *(= aware)* • **to be awake to sth** être conscient de qch

**awaked** † /əˈweɪkt/ VB pt, ptp of **awake**

**awaken** /əˈweɪkən/ SYN VTI ⇒ **awake**

**awakening** /əˈweɪknɪŋ/ SYN

**N** *(lit, fig)* réveil *m* • **a rude awakening** un réveil brutal

**ADJ** *[interest, passion]* naissant

**award** /əˈwɔːd/ SYN

**VT** *[+ prize etc]* décerner, attribuer *(to* à) ; *[+ sum of money]* allouer, attribuer *(to* à) ; *[+ dignity, honour]* conférer *(to* à) ; *[+ damages]* accorder *(to* à)

**N** 1 *(= prize)* prix *m* ; *(for bravery etc)* récompense *f*, décoration *f* ; *(= scholarship)* bourse *f*

2 *(Jur = judgement)* décision *f*, sentence *f* arbitrale ; *(= sum of money)* montant *m* (*or* dommages-intérêts *mpl*) accordé(s) par le juge

**COMP** **award ceremony, awards ceremony** N cérémonie *f* de remise des prix

**award-winner** N *(= person)* lauréat(e) *m(f)* ; *(= work)* livre *m* (*or* film *m etc*) primé

**award-winning** ADJ *[person, book, film]* primé

**aware** /əˈweəʳ/ SYN ADJ 1 *(= conscious)* conscient *(of* de) ; *(= informed)* au courant, averti *(of* de) • **to become aware of sth/that sth is happening** prendre conscience de qch/que qch se passe • **to be aware of sth** être conscient de qch, avoir conscience de qch • **to be aware that something is happening** être conscient *or* avoir conscience que quelque chose se passe • **I am quite aware of it** je ne l'ignore pas, j'en ai bien conscience • **as far as I am aware** autant que je sache • **not that I am aware of** pas que je sache • **the management need to be made aware of the problem** il faut que la direction prenne conscience de ce problème

2 *(= knowledgeable)* informé, avisé • **politically aware** politisé • **socially aware** au courant des problèmes sociaux

**awareness** /əˈweənɪs/ SYN

**N** *(NonC)* conscience *f (of* de)

**COMP** **awareness programme** N programme *m* de sensibilisation

**awash** /əˈwɒʃ/ ADJ *(Naut)* à fleur d'eau, qui affleure ; *(= flooded)* inondé *(with* de)

**away** /əˈweɪ/ SYN

► When **away** is an element in a phrasal verb, eg **boil away, die away, gabble away, get away**, look up the verb.

**ADV** 1 *(= to or at a distance)* au loin, loin • **far away** au loin, très loin • **the lake is 3km away** le lac est à 3 km (de distance) *or* à une distance de 3 km • **away back in the distance** très loin derrière (dans le lointain) • **away back in prehistoric times** dans les temps reculés de la préhistoire • **away back in 1600** il y a bien longtemps en 1600 • **away back in the 40s** il y a longtemps déjà dans les années 40 • **keep the child away from the fire** tenez l'enfant loin *or* éloigné du feu • **away over there** là-bas au loin *or* dans le lointain, loin là-bas

2 *(= absent)* • **he's away today** *(gen)* il est absent *or* il n'est pas là aujourd'hui ; *[businessman etc]* il est en déplacement aujourd'hui • **he is away in London** il est (parti) à Londres • **when I have to be away** lorsque je dois m'absenter • **she was away before I could speak** elle était partie avant que j'aie pu parler • **now she's away with the idea that...** * la voilà partie avec l'idée que... • **away!** hors d'ici ! • **away with you!** *(= go away)* allez-vous-en ! • **get away!** *, **away with you!** * *(disbelief)* allons ! ne dis pas de bêtises ; → **far, right, brush away, go away**

3 *(Sport)* • **they're playing away this week** ils jouent à l'extérieur cette semaine • **Chelsea are away to Everton on Saturday** Chelsea se déplace à Everton samedi

4 *(as intensifier)* • **to be working away** être en train de travailler • **can I ask you something? – ask away!** je peux te poser une question ? – oui, bien sûr !

**COMP** **away-day** N *(for training)* journée *f* de formation

**away defeat** N *(Sport)* défaite *f* à l'extérieur

**away game, away match** N *(Sport)* match *m* à l'extérieur

**away team** N *(Sport)* (équipe *f* des) visiteurs *mpl*, équipe *f* jouant à l'extérieur

**away win** N *(Sport)* victoire *f* à l'extérieur

**awe** /ɔː/ SYN

**N** *(fearful)* respect *m* mêlé de crainte ; *(admiring)* respect *m* mêlé d'admiration • **to be** *or* **stand in awe of sb** être intimidé par qn, être rempli du plus grand respect pour qn

**VT** inspirer un respect mêlé de crainte à • **in an awed voice** d'une voix (à la fois) respectueuse et intimidée

**COMP** **awe-inspiring** SYN ADJ ⇒ **awesome**

**awe-struck** ADJ *(= frightened)* frappé de terreur ; *(= astounded)* stupéfait

**awesome** /ˈɔːsəm/ ADJ *(= impressive)* impressionnant, imposant ; *(= frightening)* terrifiant ; *(esp US * = excellent)* super *, génial *

**awesomely** /ˈɔːsəmlɪ/ ADV *[talented, complex]* terriblement • **the streets were awesomely quiet** il régnait un calme impressionnant dans les rues

**awful** /ˈɔːfəl/ SYN ADJ 1 affreux, terrible, atroce • **he's an awful bore** il est assommant * • **what awful weather!** quel temps affreux ! *or* de chien ! * • **he's got an awful cheek!** il a un de ces culots ! * *or* un fameux culot ! * • **how awful!** comme c'est affreux !, quelle chose affreuse ! • **it was just awful** c'était vraiment affreux • **his English is awful** son anglais est atroce, il parle anglais comme une vache espagnole • **I feel awful** *(= ill)* je me sens vraiment mal • **an awful lot of time/money** un temps/un argent fou • **there's an awful lot of people/cars/cream** *etc* il y a énormément de monde/voitures/crème *etc* • **I have an awful lot of things to do** j'ai énormément de *or* un tas * de choses à faire • **he drinks an awful lot** il boit énormément *or* comme un trou *

2 *(= dreadful) [news, crime, accident, realization]* épouvantable, terrifiant

**awfully** /ˈɔːflɪ/ SYN ADV *[good, nice, clever]* extrêmement, vraiment ; *[bad, difficult, hot, late]* terriblement • **an awfully big house** une énorme maison • **I'm awfully glad** je suis absolument ravi • **I'm awfully sorry** je suis absolument désolé • **I'm not awfully sure** je n'en suis pas vraiment sûr • **I don't know her awfully well** je ne la connais pas vraiment bien *or* très bien • **thanks awfully** † merci infiniment • **would you mind awfully (if...)?** † est-ce que cela vous ennuierait (si...) ?

**awfulness** /ˈɔːfulnɪs/ N horreur *f* • **the awfulness of it** ce qu'il y a d'affreux *or* de terrible dans cette affaire, ce que cette affaire a d'affreux *or* de terrible

**awhile** /əˈwaɪl/ SYN ADV *(US)* un instant, un moment • **wait awhile** attendez un peu • **not yet awhile** pas de sitôt

**awkward** /ˈɔːkwəd/ SYN ADJ 1 *(= inconvenient, difficult) [question, job, task]* difficile ; *[problem, situation, stage]* délicat • **he's at an awkward age** il est à l'âge ingrat • **it's awkward for me** cela m'est assez difficile, cela ne m'est pas très facile • **tomorrow's awkward (for me); how about Thursday?** demain n'est pas très commode (pour moi) – que pensez-vous de jeudi ? • **you've come at an awkward moment** vous tombez mal • **to put sb in an awkward position** mettre qn dans une position délicate • **to make things awkward for sb** rendre les choses difficiles pour qn • **at an awkward time for sb** au mauvais moment pour qn • **it would be awkward to postpone my trip again** il me serait difficile de reporter à nouveau mon voyage

2 *(= embarrassing) [silence]* gêné • **there was an awkward moment when...** il y a eu un moment de gêne quand... ; see also 1 • **it's all a bit awkward** tout ceci est un peu ennuyeux *or* gênant

3 *(= ill at ease)* • **to be** *or* **feel awkward (with sb)** être mal à l'aise (avec qn) • **I felt awkward about his hand on my knee** ça me gênait de sentir sa main sur mon genou • **I felt awkward about touching him** ça me gênait de le toucher

4 *(= uncooperative) [person]* difficile, peu commode • **he's being awkward (about it)** il fait des difficultés (à ce sujet) • **to be awkward about doing sth** faire des difficultés pour faire qch ; → **customer**

5 *(= cumbersome) [object]* encombrant ; *[shape]* encombrant, malcommode • **awkward to carry/use** difficile à porter/utiliser

6 *(= clumsy) [person]* gauche, maladroit ; *[movement, gesture, phrase]* maladroit ; *[style]* gauche, emprunté ; *[position]* inconfortable

**awkwardly** /ˈɔːkwədlɪ/ ADV 1 *(= clumsily) [move, walk, express o.s., translate]* maladroitement, de façon maladroite ; *[fall]* mal ; *[lie]* dans une position inconfortable ; *[hang]* bizarrement • **awkwardly placed** mal placé

2 *(= embarrassingly)* • **an awkwardly long silence** un long silence gêné

3 *(= embarrassedly) [say, behave, shake hands]* d'un air gêné *or* embarrassé

**awkwardness** /ˈɔːkwədnɪs/ SYN N

1 *(= clumsiness)* gaucherie *f*, maladresse *f*

2 *[of situation]* côté *m* gênant *or* embarrassant

3 *(= discomfort)* embarras *m*, gêne *f*

**awl** /ɔːl/ N alêne *f*, poinçon *m*

**awn** /ɔːn/ N *(Bot)* arête *f*, barbe *f*

**awning** /ˈɔːnɪŋ/ N *[of boat]* taud *m* *or* taude *f*, tente *f* ; *[of shop]* banne *f*, store *m* ; *[of hotel door]* marquise *f* ; *[of tent]* auvent *m* ; *(in garden)* vélum *m*

**awoke** /əˈwəʊk/ VB pt of **awake**

**awoken** /əˈwəʊkən/ VB ptp of **awake**

**AWOL** /ˈeɪwɒl/ *(Mil)* (abbrev of **absent without leave**) • **to go AWOL** * *(fig)* disparaître de la circulation *

**awry** /əˈraɪ/ **ADJ, ADV** 1 (= *askew*) de travers, de guingois *
2 (= *wrong*) de travers ◆ **to go awry** [*plan*] s'en aller à vau-l'eau ; [*undertaking*] mal tourner

**axe, ax** (US) /æks/ SYN
**N** hache *f* ; (*fig: in expenditure etc*) coupe *f* claire or sombre ; (*Mus* * = *guitar*) gratte* *f* ◆ **to have an axe to grind** prêcher pour son saint (*fig*) ◆ **I've no axe to grind** ce n'est pas mon intérêt personnel que j'ai en vue, je ne prêche pas pour mon saint ◆ **when the axe fell** (*fig*) quand le couperet est tombé ◆ **to get** *or* **be given the axe** [*employee*] être mis à la porte ; [*project*] être abandonné

**VT** [*+ scheme, project*] annuler, abandonner ; [*+ jobs*] supprimer ; [*+ employees*] licencier ◆ **to axe expenditure** réduire les dépenses, faire *or* opérer des coupes claires dans le budget

COMP **axe-murderer N** assassin *m* (*qui tue ses victimes à la hache*)

**axel** /ˈæksəl/ **N** (*Skating*) axel *m*

**axeman** * /ˈæksmən/ **N** (pl **-men**) (*Mus* = *guitarist*) guitariste *m* ◆ **(mad) axeman** tueur *m* fou (*qui se sert d'une hache*)

**axenic** /eɪˈziːnɪk/ **ADJ** axénique

**axes** /ˈæksiːz/ **NPL** of **axis**

**axial** /ˈæksɪəl/ **ADJ** axial

**axilla** /ækˈsɪlə/ **N** (*Anat*) aisselle *f*

**axiological** /ˌæksɪəˈlɒdʒɪkəl/ **ADJ** axiologique

**axiology** /ˌæksɪˈɒlədʒɪ/ **N** axiologie *f*

**axiom** /ˈæksɪəm/ SYN **N** axiome *m*

**axiomatic** /ˌæksɪəʊˈmætɪk/ SYN **ADJ** axiomatique ; (= *clear*) évident

**axis** /ˈæksɪs/ SYN **N** (pl **axes**) axe *m* ◆ **the Axis (Powers)** (*Hist*) les puissances *fpl* de l'Axe

**axle** /ˈæksl/ SYN
**N** [*of wheel*] axe *m* ; [*of car*] (also **axle-tree**) essieu *m* ◆ **front/rear axle** essieu *m* avant/arrière
COMP **axle-box N** (*Rail*) boîte *f* d'essieu
**axle cap N** chapeau *m* de roue *or* de moyeu
**axle grease N** graisse *f* à essieux
**axle-pin N** esse *f*, clavette *f* d'essieu

**axolotl** /ˈæksəˌlɒtl/ **N** axolotl *m*

**axon** /ˈæksɒn/ **N** axone *m*

**axone** /ˈæksəʊn/ **N** axone *m*

**ay** /aɪ/ **N, PARTICLE** ⇒ **aye¹**

**ayatollah** /ˌaɪəˈtɒlə/ **N** ayatollah *m*

**aye¹** /aɪ/
PARTICLE (*esp Scot, N Engl*) oui ◆ **aye, aye sir!** (*Naut*) oui, commandant (*or* capitaine *etc*)
**N** oui *m* ◆ **the ayes and noes** (*in voting*) les voix *fpl* pour et contre ◆ **90 ayes and 2 noes** 90 pour et 2 contre ◆ **the ayes have it** les oui l'emportent

**aye²** † /eɪ/ **ADV** (*Scot*) toujours

**aye-aye** /ˈaɪˌaɪ/ **N** aye-aye *m*

**AYH** /ˌeɪwaɪˈeɪtʃ/ **N** (*US*) abbrev of **American Youth Hostels**

**Ayurvedic** /ˈɑːjʊˈveɪdɪk, ˈɑːjʊˈviːdɪk/ **ADJ** ayurvédique

**AZ** abbrev of **Arizona**

**azalea** /əˈzeɪlɪə/ **N** azalée *f*

**azeotropic** /ˌeɪzɪəˈtrɒpɪk/ **ADJ** azéotrope

**Azerbaijan** /ˌæzəbaɪˈdʒɑːn/ **N** Azerbaïdjan *m*

**Azerbaijani** /ˌæzəbaɪˈdʒɑːnɪ/
ADJ azerbaïdjanais
**N** 1 Azerbaïdjanais(e) *m(f)*
2 (= *language*) Azerbaïdjanais *m*

**Azeri** /əˈzeərɪ/
ADJ azéri
**N** Azéri(e) *m(f)*

**AZERTY, azerty** /əˈzɜːtɪ/ **ADJ** ◆ **AZERTY keyboard** clavier *m* AZERTY

**azimuth** /ˈæzɪməθ/ **N** azimut *m*

**azo** /ˈeɪzəʊ/
ADJ (*Chem*) azoïque
COMP **azo dye N** colorant *m* azoïque

**azoic** /əˈzəʊɪk/ **ADJ** (*Bio*) azoïque

**azoospermia** /eɪˌzəʊəˈspɜːmɪə/ **N** azoospermie *f*

**Azores** /əˈzɔːz/ **NPL** Açores *fpl*

**azotaemia, azotemia** (US) /ˌæzəˈtiːmɪə/ **N** azotémie *f*

**azotaemic, azotemic** (US) /ˌæzəˈtiːmɪk/ **ADJ** azotémique

**AZT** /ˌeɪzedˈtiː/ **N** (abbrev of **azidothymidine**) AZT *f*

**Aztec** /ˈæztɛk/
**N** Aztèque *mf*
ADJ aztèque

**azure** /ˈeɪʒəʳ/
**N** azur *m*
ADJ d'azur

# B

**B, b** /biː/

**N** ⓵ (= *letter*) B, b *m* ◆ **B for Baker** ≈ B comme Berthe ◆ **number 7b** (*in house numbers*) numéro *m* 7 ter

⓶ (*Mus*) si *m* ; → **key**

⓷ (*Scol*) bien, ≈ 14 sur 20

⓸ (*Cine*) ◆ **B movie** *or* **picture** †*or film* film *m* de série B

⓹ [*of record*] ◆ **B side** face *f* B

**COMP B-girl** \* **N** (*US*) entraîneuse *f* (de bar)
**B-road N** (*Brit*) route *f* secondaire, route *f* départementale → **ROADS**

**B2B** /ˌbiːtuːˈbiː/ **ADJ** (*Comm*) (abbrev of **business-to-business**) b2b

**B2C** /ˌbiːtuːˈsiː/ **ADJ** (*Comm*) (abbrev of **business-to-consumer**) b2c

**BA** /biːˈeɪ/ **N** (*Univ*) (abbrev of **Bachelor of Arts**) ◆ **to have a BA in French** avoir une licence de français ; → **bachelor** ; → **DEGREE**

**BAA** /ˌbiːeɪˈeɪ/ **N** (abbrev of **British Airports Authority**) → **British**

**baa** /bɑː/

**N** bêlement *m* ◆ **baa!** bé, bê !

**VI** bêler

**COMP baa-lamb N** (*baby talk*) petit agneau *m*

**Baal** /bɑːl/ **N** (*Myth*) Baal *m*

**babble** /ˈbæbl/ **SYN**

**N** [*of baby*] babil *m*, babillage *m* ; [*of stream*] gazouillement *m* ◆ **a babble of voices** un brouhaha de voix

**VI** ⓵ [*baby*] gazouiller, babiller ; [*stream*] jaser, gazouiller

⓶ (= *gabble* : also **babble away**, **babble on**) bredouiller, bafouiller \* ◆ **he was babbling about his holidays** il nous débitait des histoires à n'en plus finir sur ses vacances ◆ **he was babbling about saving the rainforests** il nous débitait des banalités sur la sauvegarde des forêts tropicales

**VT** (also **babble out**) bredouiller ◆ **"don't hurt me, don't hurt me!" he babbled** « ne me faites pas de mal, ne me faites pas de mal ! » bredouilla-t-il ◆ **he was just babbling nonsense** il débitait des inepties

**babbler** /ˈbæbləʳ/ **N** bavard(e) *m(f)*

**babbling** /ˈbæblɪŋ/

**ADJ** [*person*, *baby*, *stream*] babillard

**N** ⇒ **babble** noun

**babe** /beɪb/ **SYN N** ⓵ (*liter*) bébé *m*, enfant *mf* en bas âge ◆ **babe in arms** enfant *mf* au berceau *or* qui vient de naître

⓶ (*esp US* \* = *attractive woman*) jolie pépée \* *f* ◆ **come on babe!** viens ma belle !

⓷ (\* = *inexperienced person*) innocent(e) *m(f)* ◆ **babes in the wood(s)** des jeunes gens naïfs perdus dans un monde impitoyable

**babel** /ˈbeɪbəl/ **N** (= *noise*) brouhaha *m* ; (= *confusion*) tohu-bohu *m* ; → **tower**

**babirusa** /ˌbɑːbɪˈruːsə/ **N** babiroussa *m*

**baboon** /bəˈbuːn/ **N** babouin *m*

**baby** /ˈbeɪbɪ/ **SYN**

**N** ⓵ bébé *m* ◆ **she's just had a baby** elle vient d'avoir un bébé ◆ **the baby of the family** le petit dernier *or* la petite dernière, le benjamin *or* la benjamine ◆ **I've known him since he was a baby** je l'ai connu tout petit *or* tout bébé ◆ **a new baby** un(e) nouveau-né(e) *m(f)* ◆ **don't be such a baby!** (*pej*) ne fais pas l'enfant ! ◆ **he was left holding the baby** \* on lui a refilé le bébé \* ◆ **to throw out the baby with the bathwater** jeter le bébé avec l'eau du bain

⓶ (*US* \*) (= *girlfriend*) copine \* *f*, nana \* *f* ; (= *man*) mec \* *m* ◆ **come on baby!** (*to woman*) viens ma belle ! ; (*to man*) viens mon gars ! \*

⓷ (\* = *special responsibility*) bébé *m* ◆ **the new system is his baby** le nouveau système est son bébé ◆ **that's not my baby** je n'ai rien à voir là-dedans

⓸ (*esp US* \* = *thing*) petite merveille *f*

**ADJ** ◆ **baby vegetables/carrots/sweetcorn** mini-légumes *mpl*/-carottes *fpl*/-épis *mpl* de maïs

**VT** \* [+ *person*] dorloter, cajoler

**COMP** [*clothes etc*] de bébé ; [*rabbit etc*] bébé
**baby-batter N** bourreau *m* d'enfants
**baby-battering N** sévices *mpl* à enfant(s)
**baby-blue** \* **ADJ** [*eyes*] bleu (*plein d'innocence*) ; [*ribbon*, *car*] bleu clair *inv*
**baby blues** \* **NPL** ⓵ (= *depression*) bébé blues \* *m*
⓶ (= *eyes*) yeux *mpl* bleus (*pleins d'innocence*)
**baby boom N** baby-boom *m*
**baby boomer N** enfant *mf* du baby-boom
**Baby-bouncer ®N** Baby Bouncer ® *m*
**baby boy N** petit garçon *m*
**baby brother N** petit frère *m*
**baby buggy N** (*Brit*) poussette *f*
**baby carriage N** (*US*) voiture *f* d'enfant, landau *m*
**baby carrier N** porte-bébé *m*, (sac *m*) kangourou *m*
**baby-doll pyjamas NPL** baby doll *m*
**baby elephant N** éléphanteau *m*
**baby face N** visage *m* poupin
**baby-faced ADJ** au visage poupin
**baby food(s) N(PL)** aliments *mpl* pour bébés
**baby girl N** petite fille *f*
**baby grand N** (also **baby grand piano**) (piano *m*) demi-queue *m*
**Baby-gro ®N** grenouillère *f*
**baby Jesus N** l'enfant *m* Jésus
**baby linen N** layette *f*
**baby milk N** lait *m* maternisé
**baby-minder N** nourrice *f* (*qui s'occupe des enfants pendant que les parents travaillent*)
**baby-scales NPL** pèse-bébé *m*
**baby seat N** siège *m* pour bébés
**baby sister N** petite sœur *f*
**baby-sit VI** faire du baby-sitting
**baby-sitter N** baby-sitter *mf*
**baby-sitting N** garde *f* d'enfants, baby-sitting *m* ◆ **to go baby-sitting** faire du baby-sitting
**baby sling N** porte-bébé *m*, (sac *m*) kangourou *m*

**baby snatcher N** ravisseur *m*, -euse *f* d'enfant ◆ **he/she is a baby snatcher!** \* (*fig*) il/elle les prend au berceau ! \*
**baby talk N** langage *m* enfantin *or* de bébé
**baby tooth** \* **N** (pl **baby teeth**) dent *f* de lait
**baby-walker N** trotteur *m*
**baby wipe N** lingette *f* (*pour bébé*)

**babyhood** /ˈbeɪbɪhʊd/ **N** petite enfance *f*

**babyish** /ˈbeɪbɪɪʃ/ **SYN ADJ** puéril, enfantin

**Babylon** /ˈbæbɪlən/ **N** (*Geog*, *fig*) Babylone

**Babylonian** /ˌbæbɪˈləʊnɪən/

**ADJ** babylonien

**N** Babylonien(ne) *m(f)*

**baccalaureate** /ˌbækəˈlɔːrɪɪt/ **N** licence *f*

**baccara(t)** /ˈbækərɑː/ **N** baccara *m*

**bacchanal** /ˈbækənæl/

**ADJ** bachique

**N** (= *worshipper*) adorateur *m*, -trice *f* de Bacchus ; (= *reveller*) noceur \* *m*, -euse \* *f* ; (= *orgy*) orgie *f*

**bacchanalia** /ˌbækəˈneɪlɪə/ **N** (= *festival*) bacchanales *fpl* ; (= *orgy*) orgie *f*

**bacchanalian** /ˌbækəˈneɪlɪən/, **bacchic** /ˈbækɪk/ **ADJ** bachique

**Bacchus** /ˈbækəs/ **N** Bacchus *m*

**bacciferous** /bækˈsɪfərəs/ **ADJ** baccifère

**bacciform** /ˈbæksɪˌfɔːm/ **ADJ** bacciforme

**baccy** \* /ˈbækɪ/ **N** (abbrev of **tobacco**) tabac *m*

**Bach** /bɑːk/ **N** ◆ **Johann Sebastian Bach** Jean-Sébastien Bach

**bachelor** /ˈbætʃələʳ/

**N** ⓵ (= *unmarried man*) célibataire *m* ; → **confirmed**

⓶ (*Univ*) ◆ **Bachelor of Arts/of Science/of Law** licencié(e) *m(f)* ès lettres/ès sciences/en droit ◆ **Bachelor of Education** licencié(e) *m(f)* en sciences de l'éducation ◆ **bachelor's degree** ≈ licence *f* → **DEGREE**

⓷ (*Hist*) bachelier *m*

**ADJ** [*uncle*, *brother etc*] célibataire ; [*life*, *habits*] de célibataire

**COMP bachelor flat N** garçonnière *f*, studio *m*
**bachelor girl N** célibataire *f*

**bachelorhood** /ˈbætʃələhʊd/ **N** (*gen*) vie *f* de garçon ; (= *celibacy*) célibat *m*

**bacillary** /bəˈsɪlərɪ/ **ADJ** bacillaire

**bacilliform** /bəˈsɪlɪˌfɔːm/ **ADJ** bacilliforme

**bacilluria** /ˌbæsɪˈljʊərɪə/ **N** bacillurie *f*

**bacillus** /bəˈsɪləs/

**N** (pl **bacilli** /bəˈsɪlaɪ/) bacille *m*

**COMP bacillus infection N** (*Med*) infection *f* bacillaire

# back / bæk / SYN

1 - NOUN
2 - ADJECTIVE
3 - ADVERB
4 - TRANSITIVE VERB
5 - INTRANSITIVE VERB
6 - COMPOUNDS
7 - PHRASAL VERBS

## 1 - NOUN

1 [OF PERSON, ANIMAL] dos m ◆ **I've got a bad back** j'ai des problèmes de dos ◆ **to carry sb/sth on one's back** porter qn/qch sur son dos ◆ **with one's back to the light** le dos à la lumière ◆ **to stand** or **sit with one's back to sb/sth** tourner le dos à qn/qch ◆ **back to back** (lit, fig) dos à dos ; see also compounds ◆ **to be on one's back** (lit) être (étendu) sur le dos ; (* = be ill) être alité ◆ **behind sb's back** (also fig) derrière le dos de qn ◆ **he went behind Mr Brown's back to the headmaster** il est allé voir le directeur derrière le dos de M. Brown ◆ **as soon as he turns his back, as soon as his back is turned** (fig) dès qu'il a le dos tourné ◆ **to fall on one's back** tomber à la renverse or sur le dos ◆ **he stood with his back (up) against the wall** il était adossé au mur ◆ **I was glad to see the back of him** * j'étais content de le voir partir ◆ **to have one's back to the wall** (lit) être adossé au mur ; (fig) être le dos au mur, être acculé
◆ **to be on sb's back*** être sur le dos de qn ◆ **my boss is always on my back** mon patron est toujours sur mon dos, j'ai sans arrêt mon patron sur le dos
◆ **to get off sb's back*** laisser qn tranquille, ficher la paix à qn ◆ ▸ **get off my back, will you?** laisse-moi donc tranquille à la fin !, fiche-moi la paix !
◆ **to get** or **put sb's back up** hérisser qn, horripiler qn ◆ **what gets my back up is the way he thinks he's always right** ce qui me hérisse or m'horripile chez lui, c'est qu'il croit qu'il a toujours raison
◆ **to live off the back of sb** exploiter qn ◆ **the rich have always lived off the backs of the poor** les riches ont toujours exploité les pauvres
◆ **to put one's back into sth** mettre toute son énergie dans qch BUT ◆ **put your back into it!*** allons, un peu de nerf !
◆ **to turn one's back on sb/sth** (lit, fig) ◆ **he turned his back on us** il nous a tourné le dos ◆ **you can't just turn your back on your parents** ça ne se fait pas de tourner le dos à ses parents ◆ **he turned his back on the past** il a tourné la page
◆ **on the back of** (= by means of) en profitant de ◆ **they became immensely rich on the back of the property boom** ils ont fait fortune en profitant du boom immobilier

2 [OF OBJECT] [of photo, picture, dress, spoon, book] dos m ; [of chair] dossier m ; [of building] arrière m ; [of fabric] envers m
◆ **at the back** [of building] à l'arrière, derrière ; [of book] à la fin ; [of cupboard, hall, stage] au fond ◆ **at the very back** tout au fond ◆ **there's a car park at the back** il y a un parking à l'arrière or derrière
◆ **at the back of** [+ building] derrière, à l'arrière de ; [+ cupboard, hall, stage] au fond de ◆ **the flour's at the back of the cupboard** la farine est au fond du placard ◆ **he's at the back of all this trouble** c'est lui qui est derrière tous ces problèmes ◆ **ambition is at the back of this** c'est l'ambition qui est à l'origine de tout cela ; → **beyond, mind**
◆ **in back** (US) [of building, car] à l'arrière ◆ **Chuck was in back** Chuck était à l'arrière or derrière
◆ **in back of** (US) [+ building, car] à l'arrière de, derrière ◆ **in back of the house** à l'arrière de or derrière la maison
◆ **in the back** [of car] à l'arrière ◆ **to sit in the back of the car** être (assis) à l'arrière
◆ **out*** or **round the back*** (Brit) derrière ◆ **the toilet's out** or **round the back** les toilettes sont derrière
◆ **back to front** à l'envers, devant derrière ◆ **you've got it on back to front** tu l'as mis à l'envers or devant derrière

3 [OF PART OF BODY] [of head] derrière m ; [of hand] dos m, revers m ◆ **the back of one's neck** la nu-

que ◆ **I know Paris like the back of my hand** je connais Paris comme ma poche

4 [FTBL, HOCKEY etc] arrière m ◆ **right/left back** arrière m droit/gauche

## 2 - ADJECTIVE

1 [= NOT FRONT] [wheel] arrière inv ◆ **the back room** [of house] la pièce du fond ; [of pub, restaurant] l'arrière-salle f, la salle du fond ◆ **back legs** [of animal] pattes fpl de derrière ; see also compounds, backroom

2 [= OVERDUE] [taxes] arriéré ◆ **to owe back rent** devoir un arriéré de loyer

## 3 - ADVERB

▸ When **back** is an element in a phrasal verb, eg **come back, go back, put back**, look up the verb.

1 [IN SPACE, TIME] ◆ **(stand) back!** reculez ! ◆ **stay well back!** n'approchez pas ! ◆ **far back** loin derrière ◆ **a week back*** il y a une semaine ◆ **as far back as 1800** dès 1800, en 1800 déjà

▸ When followed by a preposition, **back** is often not translated.

◆ **meanwhile, back in London...** pendant ce temps-là, à Londres... ◆ **it all started back in 1980** tout a commencé en 1980 ◆ **I saw her back in August** je l'ai vue en août ◆ **he little suspected how worried they were back at home** il était loin de se douter que sa famille s'inquiétait autant ◆ **the house stands back from the road** la maison est en retrait par rapport à la route
◆ **to go back and forth, to go back and forward** [person] faire des allées et venues ; [phone calls, e-mails, letters] être échangé

2 [= RETURNED]
◆ **to be back** [person] être rentré ◆ **he's not back yet** il n'est pas encore rentré ◆ **I'll be back at six** je serai de retour or je rentrerai à six heures ◆ **as soon as I'm back** dès que je serai rentré ◆ **she's now back at work** elle a repris le travail ◆ **the electricity is back** l'électricité est revenue, il y a à nouveau de l'électricité ◆ **the water is back** il y a à nouveau de l'eau ◆ **everything's back to normal** tout est revenu à la normale, tout est rentré dans l'ordre (in fashion) ◆ **black is back** le noir est de nouveau à la mode
◆ **... and back** ◆ **he went to Paris and back** il a fait le voyage de Paris aller et retour ◆ **the journey there and back** le trajet aller et retour ◆ **you can go there and back in a day** tu peux faire l'aller et retour en une journée ◆ **he went to Lyons and then back to Paris** il est allé à Lyon, puis est rentré à Paris

3 [= REIMBURSED] ◆ **"full satisfaction or your money back"** « satisfait ou remboursé » ◆ **I got/want my money back** j'ai récupéré/je veux récupérer mon argent, j'ai été/je veux être remboursé

## 4 - TRANSITIVE VERB

1 [= SUPPORT] [+ person, candidate, plan] soutenir ; [+ statement] confirmer ◆ **they've found a witness to back his claim** ils ont trouvé un témoin qui confirme or corrobore ce qu'il a dit ; → **hilt**

2 [= ACCOMPANY] [+ singer] accompagner

3 [= FINANCE] [+ person, enterprise] financer, commanditer ; [+ loan] garantir ◆ **to back a bill** (Fin) endosser or avaliser un effet

4 [= BET ON] [+ horse, team, contestant] parier sur, miser sur ◆ **I'm backing Manchester to win** je parie que Manchester va gagner ◆ **to back the wrong horse** (lit, fig) miser sur le mauvais cheval ◆ **to back a loser** (lit) miser sur un perdant ; (fig) miser sur le mauvais cheval ◆ **the horse was heavily backed** on avait beaucoup parié sur ce cheval ◆ **to back a horse each way** jouer un cheval gagnant et placé

5 [= REVERSE] [+ vehicle] reculer ; [+ train] refouler ◆ **to back the car in/out** entrer/sortir en marche arrière ◆ **to back a car round a corner** prendre un coin de rue en marche arrière ◆ **to back water** or **the oars** (Naut) nager à culer

6 [= ATTACH BACKING TO] [+ rug, quilt] doubler

## 5 - INTRANSITIVE VERB

1 [= MOVE BACKWARDS] [person, animal] reculer ; [vehicle] reculer, faire marche arrière ◆ **to back in/out** [vehicle] entrer/sortir en marche arrière ; [person] entrer/sortir à reculons

2 [= CHANGE DIRECTION] tourner ◆ **during the night the south wind backed as predicted** au cours de la nuit le vent a tourné au nord comme prévu

## 6 - COMPOUNDS

**back alley** N ruelle f, venelle f
**back benches** NPL (Brit Parl) bancs mpl des députés de base ; → **backbencher**
**back boiler** N (Brit) (petite) chaudière f (à l'arrière d'une cheminée)
**back-breaking** SYN ADJ [work] éreintant
**back burner** N ◆ **to put sth on the back burner** mettre qch en veilleuse or en attente ADJ ◆ **a back burner issue** un problème non urgent
**back catalogue** N (Mus) anciens enregistrements mpl
**back-cloth** N (Brit Theat) ⇒ **backdrop**
**back-comb** VT (Brit) [+ hair] crêper
**back copy** N (Press) ancien or vieux numéro m
**the back country** N (US) la campagne profonde
**back-country** ADJ (US) [road] de campagne ; [expedition] en campagne profonde
**back cover** N [of book, magazine] quatrième f de couverture
**back door** N porte f de derrière ◆ **to do sth by** or **through the back door** faire qch par des moyens détournés ◆ **the Government is privatizing health care through the back door** le gouvernement est en train de privatiser les services de santé par des moyens détournés ◆ **he got into the company by** or **through the back door** il est entré dans la société par la petite porte
**back electromotive force** N (Phys) force f contre-électromotrice
**back-end** N [of bus, train] arrière m ◆ **back-end of the year** (Brit) arrière-saison f
**back-flip** N flip-flap m
**back-formation** N (Ling) dérivation f régressive
**back garden** N (Brit) jardin m (de derrière) ◆ **she's in the back garden cutting the grass** elle est dans le jardin (de derrière) en train de tondre la pelouse ◆ **they were sitting in the back garden** ils étaient assis dans le jardin (de derrière)
**back-heel** (Ftbl) N talonnade f VT ◆ **to back-heel the ball** talonner ◆ **he back-heeled the ball into the net** il a marqué le but d'une talonnade
**back interest** N (Fin) arriérés mpl d'intérêts
**back issue** N [of magazine] vieux or ancien numéro m
**back-kitchen** N arrière-cuisine f
**back-line player** N (US Sport) arrière m
**back-lit** ADJ [stage] éclairé de derrière or par l'arrière ; [screen] rétro-éclairé
**back lot** N (esp US) [of film studio] grand terrain à l'arrière d'un studio de cinéma
**back marker** N (Brit Sport) dernier m, -ière f
**back matter** N [of book] appendice(s) m(pl)
**back number** N [of newspaper etc] vieux or ancien numéro m ◆ **to be a back number** [person] ne plus être dans le coup *
**back-pack** N (Space) appareil m dorsal de survie ; (Sport) sac m à dos
**back-packer** N routard(e) m(f)
**back-packing** N ◆ **to go back-packing** voyager sac au dos
**back pain** N mal m or maux mpl de dos
**back pass** N (Ftbl) passe f en retrait
**back passage** N (Brit = rectum) rectum m
**back pay** N (for employee) rappel m de salaire or de traitement ; (in armed forces) rappel m or arriéré m de solde
**back-pedal** VI rétropédaler, pédaler en arrière ; (fig = retreat) faire marche arrière
**back-pedalling** N (lit) rétropédalage m ; (fig) reculade f
**back pocket** N poche f arrière
**back projection** N rétroprojection f
**back road** N petite route f de campagne
**back-scratching** N (NonC) renvoi m d'ascenseur
**back seat** N siège m or banquette f arrière ◆ **in the back seat** (in car) sur le siège arrière, sur la banquette arrière ◆ **to take a back seat*** (to sth) passer au second plan (par rapport à qch)
**back-seat driver** N ◆ **he's a back-seat driver** il est toujours à donner des conseils (au conducteur)
**back-shop** N arrière-boutique f
**back sight** N [of rifle] cran m de mire ; (Surv) rétrovisée f
**back slang** N ≈ verlan m
**back straight** N (Sport) ligne f droite (opposée à celle de l'arrivée)
**back street** N ruelle f ; (pej) rue f des quartiers pauvres ◆ **he grew up in the back streets of Leeds** il a grandi dans les quartiers pauvres de Leeds ; see also **backstreet**
**back stretch** N ≈ **back straight**
**back talk** * N (NonC: US) ⇒ **backchat**

**back-to-back** ADJ dos à dos ◆ **a row of back-to-back houses** (Brit) une rangée de maisons adossées les unes aux autres ADV ◆ **they showed two episodes back-to-back** ils ont passé deux épisodes de suite
**back tooth** N (pl **back teeth**) molaire f
**back-to-the-office report** N compte rendu m de mission
**back-up light** N (US : of car) feu m de recul, feu m de marche arrière
**back vowel** N voyelle f postérieure

**PHRASAL VERBS**

▶ **back away** VI (se) reculer ◆ **to back away from** [+ problem] prendre ses distances par rapport à

▶ **back down** VI revenir sur sa position

▶ **back off**
  VI 1 (= draw back) reculer
  2 (US *) ◆ **back off Mom, I can make my own decisions** laisse-moi tranquille, maman, je peux prendre mes propres décisions
  VT FUS (= withdraw) abandonner ◆ **the union has backed off that demand** le syndicat a abandonné cette revendication

▶ **back on to** VT FUS [house etc] ◆ **the house backs on to the golf course** l'arrière de la maison donne sur le terrain de golf

▶ **back out**
  VI (lit) [person] sortir à reculons ; [car] sortir en marche arrière (of de) ; (fig) revenir sur ses engagements ◆ **at the last minute he backed out** à la dernière minute il a fait machine arrière
  VT SEP [+ vehicle] sortir en marche arrière

▶ **back out of** * VT FUS [+ deal, agreement] revenir sur ; [+ duty, undertaking] se soustraire à

▶ **back up**
  VI 1 (= reverse) faire marche arrière
  2 (= queue) ◆ **the traffic is backing up for miles behind the accident** l'accident a provoqué des kilomètres de bouchon
  3 [water] refouler
  VT SEP 1 (= support) [+ theory, claim] confirmer ; [+ person] soutenir ◆ **his colleagues backed him up** ses collègues l'ont soutenu ◆ **he said he had never been there and she backed him up** il a dit qu'il n'y était jamais allé et elle a confirmé ses dires
  2 (= reverse) [+ vehicle] faire reculer
  3 (Comput) [+ file] sauvegarder

**backache** /ˈbækeɪk/ N mal m de dos ◆ **I've got (a) backache** j'ai mal au dos

**backbench** /ˈbækbɛntʃ/ ADJ (Brit, Austral Parl) ◆ **backbench MP** député m de base

**backbencher** /ˌbækˈbɛntʃər/ N (Brit Parl) député m de base

  ○ **BACKBENCHER**
  ○
  ○ Député de la Chambre des communes qui
  ○ n'occupe aucune fonction officielle, ni au
  ○ gouvernement, ni dans le cabinet fantôme. Il
  ○ siège donc sur les bancs du fond de la Chambre, contrairement aux « frontbenchers »,
  ○ membres du gouvernement ou de
  ○ l'opposition, qui sont assis aux premiers
  ○ rangs. Par leur position, les **backbenchers** ne
  ○ sont pas tenus de suivre aussi rigoureusement les consignes de vote de leur parti.
  ○ L'expression **back benches** désigne
  ○ l'ensemble des **backbenchers**, toutes appartenances confondues.

**backbite** /ˈbækbaɪt/ VT médire de, débiner*

**backbiting** /ˈbækbaɪtɪŋ/ N médisance f

**backboard** /ˈbækbɔːd/ N (US Sport) panneau m

**backbone** /ˈbækbəʊn/ SYN N 1 [of person, animal] épine f dorsale, colonne f vertébrale ; [of fish] arête f centrale ◆ **English to the backbone** anglais jusqu'à la moelle (des os)
  2 (fig = main part, axis) base f, ossature f ◆ **to be the backbone of an organization** être ou former la base ou l'ossature d'une organisation ◆ **the economic backbone of the country** la base de l'économie du pays
  3 (NonC = strength of character) [of person] courage m, cran * m ; [of government, organization] fermeté f ◆ **he's got no backbone** il n'a pas de cran *

**backchat** * /ˈbæktʃæt/ N (NonC) impertinence f

**backdate** /ˌbækˈdeɪt/ VT [+ cheque] antidater ◆ **increase backdated to January** augmentation f avec effet rétroactif à compter de janvier

**backdoor** /ˈbækdɔːr/ ADJ [loan, attempt etc] déguisé ; [methods] détourné

**backdrop** /ˈbækdrɒp/ N (Theat, fig) toile f de fond

**-backed** /bækt/ ADJ (in compounds) 1 (= with back) à dossier ◆ **low-backed chair** chaise f à dossier bas
  2 (= with backing) doublé de ◆ **rubber-backed carpet** tapis m doublé de caoutchouc
  3 (= supported by) soutenu (by par) ◆ **American-backed** soutenu par les américains

**backer** /ˈbækər/ SYN N (= supporter) partisan(e) m(f) ; (Betting) parieur m, -euse f ; (Fin) [of bill] avaliseur m ; [of firm, play, film, business venture] commanditaire m ◆ **our financial backers** nos bailleurs de fonds, nos commanditaires

**backfire** /ˌbækˈfaɪər/ SYN
  N (in car) (= explosion) raté m (d'allumage) ; (= noise) pétarade f ; (US : for halting a fire) contre-feu m
  VI 1 [car] pétarader, avoir un raté (d'allumage) ; (US = halt a fire) allumer un contre-feu
  2 (fig = miscarry) [plan] avoir l'effet inverse que prévu ◆ **to backfire on sb** se retourner contre qn ◆ **his tactics could backfire (on him)** sa tactique pourrait avoir l'effet inverse ou se retourner contre lui

**backgammon** /ˈbækˌgæmən/ N trictrac m, jacquet m

**background** /ˈbækgraʊnd/ SYN
  N 1 [of picture, photo] arrière-plan m ; [of design] fond m ; [of music, recording] fond m sonore ◆ **on or against a blue background** sur fond bleu ◆ **against a background of drums, maracas and guitars** sur fond de tambours, maracas et guitares ◆ **in the background** [of picture, photo, design] à l'arrière-plan ; [of music, recording] en fond sonore ◆ **who's that in the background?** qui est la personne (qu'on voit) à l'arrière-plan ? ◆ **I could hear voices in the background** j'entendais des voix en bruit de fond ◆ **to blend or fade or disappear into the background** se confondre avec l'arrière-plan
  2 (= sidelines) arrière-plan m, second plan m ◆ **to remain in the background** rester dans l'ombre ◆ **to keep sb in the background** tenir qn à l'écart ◆ **their old rivalry was always there in the background** leur vieille rivalité était toujours là, en filigrane ◆ **to be pushed into the background** être relégué au second plan ◆ **to fade or blend into the background** (= be sidelined) [+ person] s'effacer, disparaître de l'avant-scène ; [+ problem] passer au second plan
  3 (= context, circumstances) contexte m ◆ **what is the background to these events?** dans quel contexte cela s'est-il passé ? ◆ **his article details the historical background to the crisis** son article fait l'historique de la crise ◆ **this decision was taken against a background of violence** cette décision a été prise dans un climat de violence ◆ **can you fill me in on the background to this person's case?** (doctor, social worker) pouvez-vous me rappeler les antécédents ou me résumer le dossier de cette personne ? ; see also **comp**
  4 (= training) formation f ◆ **my background is in engineering** j'ai une formation d'ingénieur ◆ **what educational background does she have?** qu'est-ce qu'elle a fait comme études ? ◆ **what is his professional background?** quelle est son expérience professionnelle ?, quel est son parcours professionnel ?
  5 (= origins) origines fpl, milieu m ◆ **from diverse backgrounds** venant d'horizons différents ◆ **what's his (family) background?** quelles sont ses origines ?, de quel milieu est-il ? ◆ **a man from a working class background** un homme issu d'un milieu ouvrier ◆ **he came from a conventional middle-class family background** il venait d'une famille bourgeoise traditionnelle
  COMP **background music** N musique f de fond ; (in restaurant, bar etc) musique f d'ambiance ◆ **to play sth as background music** passer qch en fond sonore
  **background noise** N bruit m de fond
  **background paper** N document m de référence ou d'information
  **background radiation** N radioactivité f naturelle
  **background reading** N lectures fpl générales (autour du sujet)
  **background story** N (Press) papier m d'ambiance
  **background studies** NPL (études fpl de) culture f générale

**backhand** /ˈbækhænd/
  ADJ [blow] en revers ; [writing] penché à gauche ◆ **backhand drive** (Tennis) coup m droit de dos ◆ **backhand volley/shot** coup m/volée f de revers
  N (Tennis) revers m

**backhanded** /ˌbækˈhændɪd/ SYN ADJ 1 [shot, blow] donné du revers de la main
  2 [action] déloyal ; [compliment] équivoque

**backhander** /ˌbækˈhændər/ N (Brit) 1 (= blow) revers m
  2 (* = reproof) réprimande f, semonce f
  3 (* = bribe) pot-de-vin m

**backing** /ˈbækɪŋ/ SYN
  N 1 (lit) renforcement m ; [of book] endossure f ; [of picture] entoilage m
  2 (Mus) accompagnement m
  3 (fig : Fin, Pol) soutien m
  4 (Betting) paris mpl
  5 (= movement) [of horse, cart etc] recul m ; [of boat] nage f à culer ; [of wind] changement m de direction (en sens inverse des aiguilles d'une montre)
  COMP **backing group** N (Mus) groupe m (accompagnant un chanteur)
  **backing singer** N (Mus) choriste mf
  **backing store** N (Comput) mémoire f auxiliaire
  **backing vocals** NPL (Mus) chœurs mpl

**backlash** /ˈbæklæʃ/ SYN N [of machine] secousse f, saccade f ; [of explosion] contrecoup m, répercussion f ; (Pol, fig) réaction f brutale ◆ **there was a backlash against reforms within the party** il y a eu une réaction brutale contre les réformes au sein du parti

**backless** /ˈbæklɪs/ ADJ [dress etc] dos nu inv

**backlight** /ˈbæklaɪt/ N 1 (Comput) rétro-éclairage m
  2 (Phot) ◆ **backlight compensation** or **control** correction f d'exposition

**backlist** /ˈbæklɪst/ N (liste f des) ouvrages mpl disponibles or en stock

**backlog** /ˈbæklɒg/ SYN N [of rent] arriéré m (de loyers) ◆ **backlog of work** travail m en retard ◆ **backlog of orders** (Comm) commandes fpl en carnet, commandes fpl inexécutées ◆ **backlog of accumulated arrears** (Fin) accumulation f d'arriérés de paiement

**backrest** /ˈbækrɛst/ N [of chair] dossier m

**backroom** /ˈbækrʊm/ N (fig) ◆ **the backroom boys*** (gen) les travailleurs mpl de l'ombre, ceux qui restent dans la coulisse ; (= experts, scientists) les chercheurs mpl anonymes or qui travaillent dans l'ombre

**backshift** /ˈbækʃɪft/ N (= period) poste m de nuit ; (= workers) équipe f de nuit ◆ **to be on the backshift** être de l'équipe de nuit

**backside** /ˈbæksaɪd/ N (= back part) arrière m ; (* = buttocks) derrière m, postérieur m ◆ **to sit on one's backside*** (fig) rester le derrière sur sa chaise *

**backslapping*** /ˈbækˌslæpɪŋ/ N (fig) (grandes) démonstrations fpl d'amitié

**backslash** /ˈbækslæʃ/ N (= symbol) barre f oblique inversée

**backslide** /ˌbækˈslaɪd/ SYN VI récidiver

**backslider** /ˌbækˈslaɪdər/ SYN N récidiviste mf

**backsliding** /ˈbækslaɪdɪŋ/ N récidive f

**backspace** /ˈbækspeɪs/
  VI revenir en arrière
  COMP **backspace key** N ⇒ **backspacer**

**backspacer** /ˌbækˈspeɪsər/ N touche f d'espacement or de rappel arrière

**backspin** /ˈbækspɪn/ N (Tennis, Cricket etc) coupé m ◆ **to give a ball backspin, to put backspin on a ball** couper une balle

**backstage** /ˌbækˈsteɪdʒ/
  ADV derrière la scène, dans les coulisses
  N coulisse(s) f(pl) ◆ **to go backstage** aller dans les coulisses

**backstairs** /ˈbækstɛəz/
  N escalier m de service ; (secret) escalier m dérobé
  ADJ (in servants' quarter) [work, activities] des domestiques ◆ **backstairs gossip** or **rumours** (lit) commérages mpl de domestiques ; (fig) bruits mpl de couloir ◆ **backstairs intrigue** manigances fpl ◆ **the government did a backstairs deal with the opposition** le gouvernement a manigancé quelque chose avec l'opposition

**backstay** /ˈbækˌsteɪ/ N (Naut) bastaque f

**backstitch** /ˌbæk'stɪtʃ/
N point *m* arrière
VT, VI coudre en point arrière

**backstop** /'bækstɒp/ N *(Sport) (= screen, fence)* grillage *m* ; *(US Baseball * = person)* receveur *m*

**backstreet** /'bækstriːt/
ADJ *[hotel, shop]* louche
COMP **backstreet abortion** N avortement *m* clandestin *or* illégal
**backstreet abortionist** N faiseuse *f* d'anges, avorteur *m*, -euse *f (pej)*

**backstroke** /'bækstrəʊk/ N *(Swimming)* dos *m* crawlé

**backswing** /'bækswɪŋ/ N *(Sport)* swing *m* en arrière

**backtrack** /'bæktræk/ VI faire marche arrière *or* machine arrière *(fig)* • **to backtrack on a promise** revenir sur une promesse • **to backtrack home** * *(US)* retourner chez soi

**backup** /'bækʌp/
N *(= support)* appui *m*, soutien *m (from sb* de qn) ; *(= reserves)* réserves *fpl* ; *[of personnel, police etc]* renforts *mpl*
ADJ [1] *[vehicles, supplies, weapons]* supplémentaire, de réserve ; *[pilot, personnel, policeman]* en renfort
[2] *(Comput)* de sauvegarde
COMP **backup copy** N copie *f* sauvegarde
**backup disk** N disque *m* sauvegarde
**backup file** N sauvegarde *f*
**backup store** N mémoire *f* auxiliaire

**backward** /'bækwəd/ SYN
ADJ [1] *(= to the rear) [look, step]* en arrière ; *[somersault]* arrière ; *(fig) [step, move]* rétrograde, en arrière • **backward and forward movement** mouvement *m* de va-et-vient • **backward flow** contre-courant *m* • **he walked out without a backward glance** il est parti sans jeter un regard en arrière
[2] *(= retarded) [district, nation, culture]* arriéré, peu avancé ; *[economy]* arriéré ; *[technology, equipment]* peu moderne ; † *[child]* retardé • **to be socially/economically backward** être en retard *or* être arriéré sur le plan social/économique
[3] *(= reluctant)* peu disposé *(in doing sth* à faire qch) ; *(= hesitant)* hésitant • **he wasn't backward in offering his opinion** il ne s'est pas fait prier pour donner son avis • **he's never been backward in coming forward** *(hum)* il n'a pas peur de se mettre en avant
ADV ⇒ **backwards**
COMP **backward-looking** ADJ *[project, attitude]* rétrograde

**backwardation** /'bækwəˌdeɪʃən/ N *(Stock Exchange)* report *m*

**backwardness** /'bækwədnɪs/ N [1] *[of child]* retard *m* mental ; *(Econ)* retard *m* • **industrial/intellectual backwardness** retard *m* industriel/intellectuel
[2] *(= reluctance, shyness)* réticence *f*, hésitation *f (in doing sth* à faire qch)

**backwards** /'bækwədz/ ADV [1] *(= towards the back)* en arrière • **to fall backwards** tomber en arrière *or* à la renverse • **to flow backwards** aller *or* couler à contre-courant • **to walk backwards and forwards** marcher de long en large, aller et venir • **to go backwards and forwards between two places** aller et venir *or* faire la navette entre deux endroits ; → **lean over**
[2] *(= back foremost)* à rebours • **to go/walk backwards** aller/marcher à reculons *or* à rebours • **the car moved backwards a little** la voiture a reculé un peu
[3] *(= in reverse of usual way)* à l'envers, en commençant par la fin • **to count backwards (from ten to one)** compter à rebours (de dix à un) • **I know the poem backwards** * je connais le poème sur le bout des doigts • **I know this road backwards** * je connais cette route comme ma poche • **he's got it backwards** * *(fig = misunderstood)* il a tout compris de travers
[4] *(fig : in time)* en arrière, vers le passé • **to look backwards** jeter un regard en arrière, remonter dans le passé
[5] *(= retrogressively)* en rétrogradant

**backwash** /'bækwɒʃ/ N *(Naut)* remous *m* ; *(fig)* contre-coup *m (from* provoqué par)

**backwater** /'bækˌwɔːtə^r/ N *[of pool]* eau *f* stagnante ; *[of river]* bras *m* mort ; *(fig = backward place)* trou *m* perdu ; *(fig = peaceful spot)* (petit) coin *m* tranquille • **to live in a backwater** habiter un petit coin tranquille ; *(pej)* habiter un trou perdu

**backwoods** /'bækˌwʊdz/ SYN NPL région *f* (forestière) inexploitée • **to live in the backwoods** *(fig pej)* vivre dans un trou perdu

**backwoodsman** /'bækˌwʊdzmən/ N (pl -men) pionnier *m* ; *(fig pej)* rustre *m*

**backyard** /ˌbæk'jɑːd/ N *(Brit)* arrière-cour *f* ; *(US)* jardin *m* (de derrière) • **in one's own backyard** *(fig)* à sa porte

**baclava** /'bɑːkləˌvɑː/ N baklava *m*

**bacon** /'beɪkən/
N lard *m (généralement en tranches)*, bacon *m* • **bacon and eggs** œufs *mpl* au lard *or* au bacon • **to bring home the bacon** * *(= be breadwinner)* faire bouillir la marmite * ; *(= achieve goal)* décrocher la timbale * ; → **boil**[1], **save**[1], **streaky**
COMP **bacon fat** N gras *m* de lard
**bacon rasher** N tranche *f* de lard
**bacon rind** N couenne *f* de lard
**bacon-slicer** N coupe-jambon *m inv*

**Baconian** /beɪ'kəʊnɪən/ ADJ baconien

**bacteria** /bæk'tɪərɪə/ SYN NPL of **bacterium**

**bacterial** /bæk'tɪərɪəl/ ADJ bactérien

**bactericidal** /bækˌtɪərɪ'saɪdl/ ADJ *(Med)* bactéricide

**bactericide** /bæk'tɪərɪsaɪd/ N *(Med)* (produit *m*) bactéricide *m*

**bacteriological** /bækˌtɪərɪə'lɒdʒɪkəl/ ADJ bactériologique

**bacteriologist** /bækˌtɪərɪ'ɒlədʒɪst/ N bactériologiste *mf*

**bacteriology** /bækˌtɪərɪ'ɒlədʒɪ/ N bactériologie *f*

**bacteriophage** /bæk'tɪərɪəfeɪdʒ/ N bactériophage *m*

**bacteriostatic** /bækˌtɪərɪəʊ'stætɪk/ ADJ bactériostatique

**bacterium** /bæk'tɪərɪəm/ N (pl **bacteria**) bactérie *f*

**Bactrian camel** /'bæktrɪən/ N chameau *m* de Bactriane

**bad** /bæd/ SYN
ADJ (compar **worse** superl **worst**) [1] *(= wicked) [action, habit, behaviour]* mauvais ; *[person]* méchant • **it was a bad thing to do/to say** ce n'était pas bien de faire cela/de dire cela • **it was very bad of you to treat her like that** c'était très mal de votre part de la traiter ainsi • **it's too bad of you** ce n'est vraiment pas bien de votre part • **you bad boy!** vilain !, méchant ! • **bad dog!** vilain chien ! • **he's a bad lot** *or* **sort** *or* **type** * c'est un mauvais sujet ; *(stronger)* c'est un sale type * ; → **blood, breath, language**
[2] *(= inferior, poor quality) [workmanship]* mauvais, de mauvaise qualité • **she speaks very bad English, her English is very bad** elle parle très mal l'anglais, son anglais est très mauvais • **bad quality food/material** *etc* aliments *mpl*/tissu *m etc* de mauvaise qualité • **bad light stopped play** *(Cricket etc)* le match a été interrompu à cause du manque de lumière ; → **penny**
[3] *(= unpleasant) [news, weather, smell]* mauvais • **there's a bad smell in this room** ça sent mauvais dans cette pièce • **it's a bad business** c'est une triste affaire ; see also **news**
[4] *(= difficult, going badly)* • **business is bad** les affaires vont mal • **I didn't know things were so bad between them** je ne savais pas que les choses allaient aussi mal entre eux • **it's not so bad** ce n'est pas si mal • **it's not bad at all** ce n'est pas mal du tout • **(that's) too bad!** *(unsympathetic)* tant pis ! ; *(sympathetic)* quel dommage ! ; *(indignant)* c'est un peu fort ! • **how is he? – (he's) not so bad** comment va-t-il ? – (il ne va) pas trop mal • **she's ill? that's very bad** elle est malade ? c'est vraiment dommage • **I've had a really bad day** j'ai eu une très mauvaise journée • **I'm having a bad hair day** * *(hair problems)* je ne sais pas quoi faire de mes cheveux aujourd'hui ; *(nightmare day)* tout va de travers pour moi aujourd'hui, c'est vraiment un jour sans * • **to come to a bad end** mal finir • **she's been having a really bad time lately** elle traverse une période très difficile • **things are going from bad to worse** les choses vont de mal en pis
[5] *(= serious) [mistake, accident, illness]* grave ; *[sprain, wound]* sérieux • **a bad headache** un sérieux mal de tête • **a bad cold** un mauvais *or* gros rhume • **a bad case of chickenpox/flu** une mauvaise varicelle/grippe • **a bad error of judgement** une grossière erreur de jugement
[6] *(= unwise) [idea, decision, method]* mauvais • **that's not a bad idea!** ce n'est pas une mauvaise idée ! • **it was a bad idea to invite him** c'était une mauvaise idée (que) de l'inviter • **it wouldn't be a bad thing (to do that)** ça ne ferait pas de mal (de faire cela), ce ne serait pas une mauvaise idée (de faire cela)
[7] *(= unfavourable) [report, publicity]* mauvais ; *[opinion]* mauvais, triste ; *[result]* mauvais, malheureux • **bad publicity** une mauvaise publicité
[8] *(= ill)* • **to feel bad** se sentir mal • **to have a bad back** *(on one occasion)* avoir mal au dos ; *(= have back problems)* avoir des problèmes de dos • **to have a bad head** * avoir mal à la tête • **his bad leg** sa mauvaise jambe, sa jambe malade
[9] *(= guilty, uncomfortable)* • **to feel bad about doing sth** *(= reproach oneself)* s'en vouloir d'avoir fait qch • **I feel bad about it** je m'en veux (de l'avoir fait) • **she feels very bad about the way she treated him** elle s'en veut de l'avoir traité ainsi • **I feel bad about firing him, but there's no alternative** je m'en veux de devoir le licencier, mais je n'ai pas le choix • **just get it over with and don't feel bad about it** arrête d'hésiter, et ne te fais pas de reproches
[10] *(= spoiled) [food]* mauvais, gâté ; *[tooth]* carié • **to go bad** *[food]* se gâter, pourrir ; *[milk]* tourner ; *[bread]* moisir ; *[teeth]* se carier
[11] *(= false) [coin, money]* faux (fausse *f*)
[12] *(= harmful)* mauvais • **bad for the health/the eyes** mauvais pour la santé/les yeux • **not all forms of sugar are bad for you** toutes les formes de sucre ne sont pas mauvaises • **this is bad for you** ce n'est pas bon pour vous • **can exercise be bad for you?** l'exercice peut-il faire du mal ?, est-ce qu'il peut être mauvais de faire de l'exercice ? • **it's bad for business** c'est mauvais pour les affaires
[13] *(= not skilled or talented)* • **to be bad at...** être mauvais en... • **bad at English/spelling** mauvais en anglais/en orthographe • **I'm bad at languages** je ne suis pas doué pour les langues • **he's bad at remembering birthdays** il n'est pas doué pour se rappeler les anniversaires
N *(NonC)* mauvais *m* • **to take the good with the bad** prendre le bon avec le mauvais • **he's gone to the bad** * il a mal tourné • **I am 50p to the bad** * j'en suis de 50 pence * • **I'm in bad** ‡ **with him** *(esp US)* je ne suis pas dans ses petits papiers *, je suis mal vu de lui
ADV • **he's got it bad** * *(about hobby etc)* c'est une marotte chez lui ; *(about person)* il l'a dans la peau ‡
COMP **bad apple** N *(fig = person)* brebis *f* galeuse
**bad cheque** N chèque *m* sans provision
**bad claim** N *(Insurance)* réclamation *f* mal fondée
**bad debt** N créance *f* douteuse *or* irrécouvrable
**bad-mannered** ADJ mal élevé
**bad-mouth** * VT débiner *
**bad-tempered** ADJ *[person]* qui a mauvais caractère ; *(on one occasion)* de mauvaise humeur ; *[look, answer]* désagréable

**baddie** * /'bædɪ/ N méchant *m*

**baddish** /'bædɪʃ/ ADJ pas fameux, pas brillant

**baddy** * /'bædɪ/ N méchant *m*

**bade** /bæd, beɪd/ VB pt of **bid**

**badge** /bædʒ/ SYN N *[of team, association]* insigne *m* ; *[of an order, police]* plaque *f* ; *(Mil)* insigne *m* ; *(sew-on, stick-on: for jeans etc)* badge *m* ; *(Scouting)* badge *m* ; *(fig = symbol)* symbole *m*, signe *m* (distinctif) • **his badge of office** l'insigne *m* de sa fonction

**badger** /'bædʒə^r/ SYN
N *(= animal, brush)* blaireau *m* • **the Badger State** *(US)* le Wisconsin
VT harceler, importuner *(with* de) • **to badger sb to do sth** *or* **into doing sth** harceler qn jusqu'à ce qu'il fasse qch, tanner * (la peau à) qn pour qu'il fasse qch • **to badger sth out of sb** soutirer qch à qn à force de le harceler
COMP **badger baiting** N *combats où l'on force des blaireaux à se battre avec des chiens*

**badinage** /'bædɪnɑːʒ/ N *(NonC: frm)* badinage *m*

**badlands** /'bædlændz/ NPL bad-lands *fpl*

**badly** /'bædlɪ/ SYN ADV (compar **worse** superl **worst**) [1] *(= poorly) [behave, function, start, end, sleep, designed, taught, written]* mal • **the project was very badly managed** le projet a été très mal géré • **badly dressed** mal habillé • **to treat sb badly, to behave badly towards sb** mal se comporter avec qn • **some people react badly to this medicine** certaines personnes réagissent mal à ce médicament • **he took it very badly** il a très mal pris la chose • **to go badly** mal se passer • **things aren't going too badly** ça ne se passe pas trop mal, les choses ne vont pas trop

mal ◆ **things are going pretty badly for me at the moment** tout va assez or plutôt mal pour moi en ce moment ◆ **to do** or **perform badly** [athlete] faire une mauvaise performance ; [pupil, student, company, economy] avoir de mauvais résultats ; [political party] (in opinion polls) ne pas être populaire ; (in elections) obtenir de mauvais résultats ◆ **the dollar is doing badly** le dollar n'est pas très fort ◆ **you did badly out of it, you came off badly** tu n'as pas été gâté ◆ **she didn't come off too badly in the debate** elle ne s'est pas trop mal débrouillée dans ce débat ◆ **to be badly off** (financially) être dans la gêne ◆ **they're not so badly off** (gen) ils ne s'en tirent pas si mal que ça ◆ **to be badly off for sth** manquer de qch
[2] (= unfavourably) ◆ **to speak badly of sb** dire du mal de qn ◆ **to think badly of sb** avoir une mauvaise opinion de qn ◆ **nobody will think badly of you if...** personne ne t'en voudra si... ◆ **to reflect badly on sb** donner une mauvaise image de qn
[3] (= seriously) [wound, injure] grièvement, gravement ; [affect] gravement ; [disrupt] sérieusement, gravement ◆ **his schoolwork suffered very badly after his mother died** son travail scolaire s'est beaucoup ressenti de la mort de sa mère ◆ **she was badly shaken after the accident** elle a été très secouée à la suite de cet accident ◆ **they were badly defeated** ils ont subi une sévère or cuisante défaite, ils ont été sévèrement battus ◆ **he was badly beaten** (physically) il a reçu de très mauvais coups ◆ **to go badly wrong** très mal tourner ◆ **something is badly wrong with him** il ne va pas bien du tout ◆ **the badly disabled** les grands infirmes mfpl, les grands invalides mfpl
[4] [want, need] ◆ **to want sth badly** avoir très envie de qch ◆ **I need it badly** j'en ai absolument besoin ◆ **I am badly in need of advice** j'ai grand besoin de conseils ◆ **I badly need a haircut** j'ai vraiment besoin de me faire couper les cheveux ◆ **the house badly needs a coat of paint** la maison a sacrément besoin d'un coup de peinture or a besoin d'un bon coup de peinture ◆ **we need the money badly** nous avons vraiment besoin de cet argent ◆ **they will get their badly needed medical supplies** ils vont recevoir les médicaments qui leur font cruellement défaut

**badman** */ˈbædmæn/ N (pl -men) (US) bandit m ; (in movies) méchant m

**badminton** /ˈbædmɪntən/
**N** badminton m
**COMP** **badminton court** N court m de badminton
**badminton racket** N raquette f de badminton

**badness** /ˈbædnɪs/ N (NonC) [1] (= poor quality) mauvaise qualité f, mauvais état m
[2] (= wickedness) méchanceté f

**Baffin** /ˈbæfɪn/ N ◆ **Baffin Bay** mer f or baie f de Baffin ◆ **Baffin Island** terre f de Baffin

**baffle** /ˈbæfl/ SYN
**VT** [+ person] déconcerter, dérouter ; [+ pursuers] semer ; [+ plot] déjouer ; [+ hope, expectation] décevoir, tromper ; [+ description, explanation] échapper à, défier
**N** (= device) déflecteur m ; (in loudspeaker) baffle m
**COMP** **baffle-board, baffle-plate** N déflecteur m ; (in loudspeaker) baffle m

**bafflement** /ˈbæflmənt/ N confusion f

**baffling** /ˈbæflɪŋ/ ADJ déconcertant, déroutant

**BAFTA** /ˈbæftə/ N (abbrev of **British Academy of Film and Television Arts**) Académie britannique chargée de promouvoir le cinéma et la télévision

**bag** /bæg/ SYN
**N** [1] (gen) sac m ◆ **paper bag** sac m en papier ◆ **travel/sports/beach bag** sac m de voyage/sport/plage ◆ **bin** (Brit) or **garbage** (US) **bag** sac m poubelle ◆ **blood bag** pochette f de sang ◆ **tea/coffee bag** sachet m de thé/café ◆ **a bag of apples** un sac de pommes ◆ **a bag of crisps** (Brit) un paquet de chips ◆ **a bag of sweets** (plastic sachet) un sachet de bonbons ; (paper bag) un sachet de bonbons ◆ **a bag of chips** (Brit) = un cornet de frites ; → **gamebag, moneybag**
[2] (= sag) poche f ◆ **the net must have a good bag to it** la poche du filet doit être profonde ◆ **to have bags under the** or **one's eyes** avoir des poches sous les yeux
[3] (figurative expressions) ◆ **she was just a bag of bones** elle n'avait plus que la peau sur les os ◆ **it's in the bag** * c'est dans le sac * or dans la poche * ◆ **a mixed bag** un mélange ◆ **bag and baggage** avec armes et bagages ◆ **the whole bag of tricks** * tout le bataclan *, tout le fourbi * ◆ **he was left holding the bag** * (US) il s'est retrouvé avec tout sur les bras ◆ **it's not my bag** * ce n'est pas mon truc * ; → **cat**
[4] * ◆ **an old bag** (= woman) une vieille teigne
[5] (Hunting) (= amount killed) tableau m de chasse ◆ **to get a good bag** faire bonne chasse, faire un beau tableau
**NPL** **bags** * [1] (Brit) (= lots) des tas *, plein ◆ **bags of** plein de *, des tas de *
[2] ◆ **bags I go first!** * (Brit) moi d'abord ! ◆ **bags you speak to her first!** à toi de lui parler d'abord !
**VT** [1] * (Brit) (= grab) s'approprier ◆ **Anne has already bagged that seat** Anne s'est déjà approprié cette place
[2] (Hunting = kill) tuer
[3] (also **bag up**) [+ flour, goods] mettre en sac, ensacher
**VI** (also **bag out**) [garment] pocher
**COMP** **bag lady** * N clocharde f
**bag snatcher** N voleur m, -euse f à l'arraché
**bag-snatching** N vol m à l'arraché

**bagatelle** /ˌbægəˈtel/ N [1] (= trifle) bagatelle f
[2] (Mus) divertissement m
[3] (= board game) sorte de flipper
[4] (Billiards) billard m anglais, billard à blouses

**bagel** /ˈbeɪgl/ N (Culin) bagel m

**bagful** /ˈbægfʊl/ N sac m plein, plein sac m

**baggage** /ˈbægɪdʒ/ SYN
**N** [1] (NonC = luggage) bagages mpl ; (Mil) équipement m ; → **bag, emotional**
[2] († * = pert girl) coquine † f
**COMP** **baggage allowance** N poids m de bagages autorisé
**baggage car** N (esp US) fourgon m
**baggage check** N (US = receipt) bulletin m de consigne ; (= security check) contrôle m des bagages
**baggage checkroom** N (US) consigne f
**baggage elastic** N pieuvre f
**baggage hall** N ⇒ **baggage reclaim (area)**
**baggage handler** N bagagiste m
**baggage locker** N (casier m de) consigne f automatique
**baggage reclaim (area)** N (in airport) livraison f des bagages
**baggage room** N consigne f
**baggage tag** N étiquette f à bagages
**baggage train** N (Mil) train m des équipages
**baggage wagon** N ⇒ **baggage car**

**bagging** /ˈbægɪŋ/ N (= fabric) toile f à sac

**baggy** /ˈbægɪ/ SYN ADJ [1] (= puffy) gonflé, bouffant
[2] [jacket, coat] trop ample, flottant ; (fashionably) ample ◆ **his trousers were baggy at the knees** son pantalon faisait des poches aux genoux

**Baghdad** /bægˈdæd/ N Bagdad

**bagpiper** /ˈbægpaɪpəʳ/ N joueur m, -euse f de cornemuse

**bagpipes** /ˈbægpaɪps/ NPL cornemuse f

**baguette** /bæˈget/ N baguette f

**bah** /bɑː/ EXCL bah !

**Baha'i** /bəˈhaɪ/
**ADJ** bahaï
**N** Bahaï(e) m(f)

**Baha'ist** /bəˈhaːɪst/ N (Rel) bahaï mf, baha'i mf

**Bahama** /bəˈhɑːmə/ ADJ, N ◆ **the Bahama Islands, the Bahamas** les Bahamas fpl

**Bahamian** /bəˈheɪmɪən/
**ADJ** bahamien
**N** Bahamien(ne) m(f)

**Bahrain** /bɑːˈreɪn/ N Bahreïn

**Bahraini** /bɑːˈreɪnɪ/
**ADJ** bahreïni
**N** Bahreïni mf

**Bahrein** /bɑːˈreɪn/ N Bahreïn

**Baikal** /baɪˈkɑːl/ N ◆ **Lake Baikal** le lac Baïkal

**bail¹** /beɪl/ SYN
**N** (Jur) mise f en liberté sous caution ; (= sum) caution f ; (= person) caution f, répondant m ◆ **on bail** sous caution ◆ **to free sb on bail** mettre qn en liberté provisoire sous caution ◆ **to go** or **stand bail for sb** se porter or se rendre garant de qn ◆ **to find bail for sb** fournir une caution pour qn (pour sa mise en liberté provisoire) ◆ **to ask for/grant/refuse bail** demander/accorder/refuser la mise en liberté sous caution ◆ **to put up bail for sb** payer la caution de qn ; → **jump, remand**
**VT** [1] (Jur: also **bail out**) faire mettre en liberté provisoire sous caution
[2] [+ goods] mettre en dépôt
**COMP** **bail bandit** * N (Brit) condamné qui commet une infraction pendant qu'il est en liberté provisoire sous caution
**bail bond** N (US Jur) (= document) cautionnement m
**bail bondsman** N (pl **bail bondsmen**) (US Jur) garant m (d'un condamné en liberté sous caution)
▶ **bail out** VT SEP [1] ⇒ **bail¹** vt 1
[2] (fig) (gen) sortir d'affaire ; (financially) renflouer ◆ **to bail o.s. out** s'en sortir

**bail²** /beɪl/ N (Cricket) ◆ **bails** bâtonnets mpl (qui couronnent le guichet)

**bail³** /beɪl/
**VT** [+ boat] écoper ; [+ water] vider
**N** écope f
▶ **bail out**
**VI** (of aircraft) sauter (en parachute)
**VT SEP** [+ boat] écoper ; [+ water] vider

**bailee** /beɪˈliː/ N (Jur) dépositaire m

**bailey** /ˈbeɪlɪ/
**N** (= wall) mur m d'enceinte ; (= courtyard) cour f intérieure ; → **old**
**COMP** **Bailey bridge** N pont m Bailey

**bailiff** /ˈbeɪlɪf/ N (Jur) huissier m ; (Brit) [of estate, lands] régisseur m, intendant m ; (Hist) bailli m, gouverneur m

**bailiwick** /ˈbeɪlɪwɪk/ N [1] (Jur) juridiction f, circonscription f
[2] (esp US = speciality) domaine m

**bailment** /ˈbeɪlmənt/ N (Criminal Law) mise f en liberté sous caution

**bailor** /ˈbeɪləʳ/ N (Jur) déposant m

**bailout** /ˈbeɪlaʊt/ N [of company] sauvetage m, renflouement m

**bain-marie** /ˌbeɪnməˈriː, bɛ̃mɑˈri/ N (pl **bains-marie**) bain-marie m

**bairn** /bɛən/ N (Scot, N Engl) enfant mf

**bait** /beɪt/ SYN
**N** (Fishing, Hunting) amorce f, appât m ; (fig) appât m, leurre m ◆ **to rise to** or **take** or **swallow the bait** (lit, fig) mordre à l'hameçon
**VT** [1] [+ hook] amorcer ; [+ trap] appâter, garnir d'un appât
[2] (= torment) tourmenter ; → **bear²**

**baize** /beɪz/ N (Snooker) tapis m ◆ **(green) baize door** porte recouverte de feutre vert, généralement menant au quartier des domestiques

**bake** /beɪk/
**VT** [1] [+ food] faire cuire au four ◆ **she bakes her own bread** elle fait son pain elle-même ◆ **to bake a cake** faire (cuire) un gâteau ◆ **baked apples** pommes fpl au four ; → **half**
[2] [+ pottery, bricks] cuire (au four) ◆ **earth baked by the sun** sol desséché or cuit par le soleil
**VI** [1] [bread, cakes] cuire (au four)
[2] ◆ **she bakes every Tuesday** (bread) elle fait du pain tous les mardis ; (cakes) elle fait de la pâtisserie or des gâteaux tous les mardis
[3] [pottery etc] cuire ◆ **we are baking in this heat** * on cuit * or on grille * par cette chaleur ◆ **it's baking (hot) today!** * il fait une de ces chaleurs aujourd'hui !
**COMP** **baked Alaska** N omelette f norvégienne
**baked beans** NPL haricots mpl blancs à la sauce tomate
**baked potato** N pomme f de terre cuite au four

**bakehouse** /ˈbeɪkhaʊs/ N boulangerie f (lieu de fabrication)

**Bakelite** ® /ˈbeɪkəlaɪt/ N bakélite ® f

**baker** /ˈbeɪkəʳ/
**N** boulanger m, -ère f ◆ **baker's (shop)** boulangerie f
**COMP** **a baker's dozen** N treize m à la douzaine
**baker's oven** N four m à pain

**bakery** /ˈbeɪkərɪ/ N boulangerie(-pâtisserie) f

**bakeware** /ˈbeɪkwɛəʳ/ N (NonC) plats mpl et moules mpl à gâteaux

**Bakewell tart** /ˈbeɪkwelˈtɑːt/ N tarte f de Bakewell

**baking** /ˈbeɪkɪŋ/
**N** [1] (NonC = process) cuisson f (au four) ◆ **after baking** après la cuisson ◆ **use wholemeal flour**

**baklava | ballet**

**in your baking** faites votre pain (or vos gâteaux etc) à la farine complète ◆ **she's busy doing her baking** elle est en train de faire son pain (or des gâteaux etc)
⟨2⟩ (in bakery = batch of bread) fournée f
**COMP baking dish** N plat m allant au four
**baking powder** N levure f chimique
**baking sheet** N ⇒ baking tray
**baking soda** N bicarbonate m de soude
**baking tin** N (for cakes) moule m (à gâteaux) ; (for tarts) moule m à tarte, tourtière f
**baking tray** N plaque f de four

**baklava** /'bɑːklə.vɑː/ N (Culin) baklava m

**baksheesh** /'bækʃiːʃ/ N bakchich m

**Baku** /bæ'kuː/ N (Geog) Bakou

**Balaclava, Balaklava** /ˌbælə'klɑːvə/ N (Geog) Balaklava ◆ **balaclava (helmet)** (Brit) passe-montagne m

**balalaika** /ˌbælə'laɪkə/ N balalaïka f

**balance** /'bæləns/ SYN
⟨N⟩ ⟨1⟩ (NonC = equilibrium) équilibre m ◆ **to keep/lose one's balance** (lit, fig) garder/perdre son équilibre ◆ **off balance** (lit, fig) en équilibre instable ◆ **to throw sb off balance** (lit) faire perdre l'équilibre à qn ; (fig) déconcerter qn ◆ **the balance of nature** l'équilibre m de la nature ◆ **to strike a balance** trouver le juste milieu ◆ **he has no sense of balance** il n'a aucun sens des proportions or de la mesure ◆ **the balance of his mind was disturbed** il n'avait plus toute sa raison ◆ **a nice balance of humour and pathos** un délicat dosage d'humour et de pathétique
◆ **on balance** à tout prendre, tout compte fait
⟨2⟩ (= scales) balance f ◆ **to be** or **hang in the balance** être en jeu ◆ **his life was hanging in the balance** (gen) sa vie était en jeu ; [sick person] il était entre la vie et la mort ◆ **to hold the balance** faire pencher la balance ; → **spring**
⟨3⟩ (Comm, Fin) solde m ; (also **bank balance**) solde m (d'un compte) ◆ **what's my balance?** (in bank) quelle est la position de mon compte ? ◆ **credit/debit balance** solde m créditeur/débiteur ◆ **balance in hand** solde m créditeur ◆ **balance carried forward** (gen) solde m à reporter ; (on balance sheet) report m à nouveau ◆ **balance due** solde m débiteur ◆ **to pay off the balance of an account** solder un compte ◆ **sterling balances** balances fpl sterling
⟨4⟩ (= remainder) reste m
⟨5⟩ [of clock, watch] régulateur m, balancier m
⟨VT⟩ ⟨1⟩ (= maintain equilibrium of) tenir en équilibre ; (= place in equilibrium) mettre or poser en équilibre ; [+ wheels] équilibrer ; (fig) équilibrer, compenser ◆ **I balanced the glass on top of the books** j'ai posé le verre en équilibre sur les livres ◆ **the seal balanced the ball on its nose** le phoque tenait le ballon en équilibre sur son nez ◆ **more and more women are having to balance the needs of career and family** de plus en plus de femmes doivent jongler entre carrière et famille
⟨2⟩ (= compare etc) balancer, peser ; [+ two arguments, two solutions] comparer ◆ **this must be balanced against that** il faut peser le pour et le contre
⟨3⟩ (= counterbalance) (in weighing, symmetrical display etc) équilibrer ; (in value, amount) compenser, contrebalancer ◆ **they balance each other** [two objects] (in weighing) ils se font contrepoids ; (in symmetrical display) ils s'équilibrent
⟨4⟩ (Comm, Fin) ◆ **to balance an account** arrêter un compte ◆ **to balance the budget** équilibrer le budget ◆ **to balance the books** arrêter les comptes, dresser le bilan ◆ **to balance the cash** faire la caisse
⟨VI⟩ ⟨1⟩ [two objects] se faire contrepoids ; [acrobat etc] se maintenir en équilibre ; [scales] être en équilibre ◆ **to balance on one foot** se tenir en équilibre sur un (seul) pied
⟨2⟩ (Comm, Fin) [accounts] s'équilibrer, être en équilibre
**COMP balance of payments** N balance f des paiements ◆ **balance of payments surplus/deficit** excédent m/déficit m de la balance des paiements
**balance of power** N (gen) équilibre m des forces ; (in government) équilibre m des pouvoirs ◆ **the European balance of power** l'équilibre m européen
**balance of terror** N équilibre m de la terreur
**balance of trade** N (Econ) balance f commerciale
**balance sheet** SYN N bilan m
**balance weight** N contrepoids m
**balance wheel** N balancier m

▶ **balance out** VT SEP (fig) contrebalancer, compenser

**balanced** /'bælənst/ SYN ADJ (gen) équilibré ◆ **balanced views** vues fpl sensées or mesurées

**balancing** /'bælənsɪŋ/ N ⟨1⟩ (= equilibrium) mise f en équilibre, stabilisation f ◆ **to do a balancing act** (Theat) faire de l'équilibrisme ; (fig) jongler
⟨2⟩ (Comm, Fin) ◆ **balancing of accounts** règlement m or solde m des comptes ◆ **balancing of the books** balances fpl (mensuelles)

**balanitis** /ˌbælə'naɪtɪs/ N balanite f

**balata** /'bælətə/ N (= gum) balata f

**balcony** /'bælkənɪ/ SYN N ⟨1⟩ balcon m
⟨2⟩ (Theat) fauteuils mpl or stalles fpl de deuxième balcon

**bald** /bɔːld/ SYN
⟨ADJ⟩ ⟨1⟩ (gen) chauve ; [tyre] lisse ◆ **as bald as a coot**\* or **an egg**\* chauve comme une boule de billard\* or comme un œuf ◆ **to be going bald** perdre ses cheveux, devenir chauve
⟨2⟩ [style] plat, sec (sèche f) ◆ **a bald statement** une simple exposition de faits ◆ **a bald lie** un mensonge flagrant or non déguisé
**COMP bald eagle** N aigle m d'Amérique
**bald-faced** ADJ ◆ **a bald-faced lie** un mensonge éhonté
**bald-headed** ADJ chauve, à (la) tête chauve
**bald patch** N [of person] (petite) tonsure f ; [of animal] place f dépourvue de poils ; [of carpet etc] coin m dégarni or pelé

**baldachin** /'bɔːldəkən/, **baldachino** /ˌbældə'kiːnəʊ/ N baldaquin m

**balderdash** /'bɔːldədæʃ/ SYN N balivernes fpl

**balding** /'bɔːldɪŋ/ ADJ qui devient chauve, atteint de calvitie naissante

**baldly** /'bɔːldlɪ/ ADV [say, state] abruptement

**baldness** /'bɔːldnɪs/ SYN N [of person] calvitie f ; [of tyre] état m lisse ; [of mountains etc] nudité f ; [of style] platitude f, pauvreté f

**baldric** /'bɔːldrɪk/ N (Hist) baudrier m

**baldy**\* /'bɔːldɪ/
⟨ADJ⟩ (= balding) dégarni ; (= bald) chauve
⟨N⟩ tête f d'œuf

**bale¹** /beɪl/
⟨N⟩ [of cotton, hay] balle f
⟨VT⟩ (also **bale up**) mettre en balles

**bale²** /beɪl/ VT (Naut) ⇒ **bail³** vt

▶ **bale out** ⇒ **bail out** ; → **bail³**

**Balearic** /ˌbælɪ'ærɪk/ ADJ, N ◆ **the Balearic Islands, the Balearics** les (îles fpl) Baléares fpl

**baleful** /'beɪlfʊl/ ADJ sinistre, menaçant ◆ **to give sb/sth a baleful look** regarder qn/qch d'un œil torve

**balefully** /'beɪlfəlɪ/ ADV [look] d'un œil torve ; [say] d'un ton sinistre or menaçant

**baler** /'beɪlər/ N (Agr = machine) ramasseuse-presse f

**Bali** /'bɑːlɪ/ N Bali

**Balinese** /ˌbɑːlɪ'niːz/
⟨ADJ⟩ balinais
⟨N⟩ ⟨1⟩ (= person) Balinais(e) m(f)
⟨2⟩ (= language) balinais m

**balk** /bɔːk/ SYN
⟨N⟩ (Agr) terre f non labourée ; (Constr) (on ceiling) solive f ; (= building timber) bille f
⟨VT⟩ contrecarrer
⟨VI⟩ [horse] se dérober (at devant) ◆ **to balk at doing sth** [person] regimber pour faire qch

**Balkan** /'bɔːlkən/ ADJ, N ◆ **the Balkans** les Balkans mpl ◆ **the Balkan States** les États mpl balkaniques ◆ **the Balkan Peninsula** la péninsule Balkanique

**balkanization** /ˌbɔːlkənaɪ'zeɪʃən/ N balkanisation f

**balkanize** /'bɔːlkənaɪz/ VT (Pol) balkaniser

**ball¹** /bɔːl/ SYN
⟨N⟩ ⟨1⟩ (gen, Cricket, Golf, Hockey, Tennis) balle f ; (inflated: Ftbl) ballon m ; (Billiards) bille f, boule f ; (Croquet) boule f ◆ **as round as a ball** rond comme une boule or bille ◆ **behind the eight ball**\* (US fig) dans le pétrin\* ◆ **cat curled up in a ball** chat m couché en rond or pelotonné (en boule) ◆ **tennis/golf etc ball** balle f de tennis/de golf etc ◆ **croquet ball** boule f de croquet ◆ **ball of fire, ball lightning** (Met) éclair m en boule ◆ (fig phrases) (US) ◆ **that's the way the ball bounces!**\* c'est la vie ! ◆ **to keep a lot of balls in the air** faire plein de choses à la fois ◆ **take the ball and run with it!** vas-y fonce !\*, saisis ta chance ! ◆ **to keep the ball rolling** (= maintain conversation) alimenter la conversation ; (= maintain activity) maintenir le mouvement ; (= maintain interest) soutenir l'intérêt ◆ **to start** or **set the ball rolling**\* lancer une affaire (or la conversation etc) ◆ **he's got the ball at his feet** c'est à lui de saisir cette chance ◆ **the ball is with you** or **in your court** (c'est) à vous de jouer ◆ **to have something on the ball**\* (US) en avoir là-dedans\* or dans le ciboulot\* ◆ **to be on the ball**\* (= competent) être à la hauteur (de la situation or des circonstances) ; (= alert) ouvrir l'œil et le bon\* ◆ **he's a real ball of fire**\* il est débordant d'activité ◆ **the whole ball of wax** (US) absolument tout ; → **eyeball, play, tennis**
⟨3⟩ [of rifle etc] balle f ◆ **ball and chain** (lit, fig) boulet m ; → **cannonball**
⟨4⟩ [of wool, string] pelote f, peloton m ◆ **to wind sth up into a ball** mettre qch en pelote
⟨5⟩ (Culin) [of meat, fish] boulette f ; [of potato] croquette f
⟨6⟩ (in ball bearings) bille f (de roulement)
⟨7⟩ (Anat) ◆ **ball of the foot** (partie f antérieure de la) plante f du pied ◆ **ball of the thumb** (partie f charnue du) pouce m ; → **eyeball**
**NPL balls**\*‡ ⟨1⟩ (= testicles) couilles\*‡ fpl ◆ **to have sb by the balls** tenir qn par les couilles\*‡ ◆ **to break sb's balls** casser les couilles\*‡ à qn
⟨2⟩ (Brit = nonsense) conneries\*‡ fpl, couillonnades\*‡ fpl ◆ **balls! quelles conneries !**\*‡
⟨3⟩ (Brit = courage) ◆ **to have balls** avoir des couilles\*‡ ◆ **to have the balls to do sth** avoir le cran de faire qch\*
⟨VT⟩ ⟨1⟩ [+ wool etc] mettre en pelote, pelotonner
⟨2⟩ (\*‡ esp US = have sex with) s'envoyer\*‡
⟨VI⟩ ⟨1⟩ (= form into ball) s'agglomérer
⟨2⟩ (\*‡ esp US = have sex) s'envoyer en l'air\*
**COMP ball-and-socket joint** N (joint m à) rotule f
**ball bearings** NPL roulement m à billes
**ball boy** N (Tennis) ramasseur m de balles
**ball cartridge** N cartouche f à balle
**ball control** N (NonC: Ftbl, Basketball etc) contrôle m du ballon
**ball game** N (= sport) jeu m de balle (or ballon) ; (US) (= match) match m de base-ball ◆ **it's a whole new ball game**\*, **it's not the same ball game**\* c'est une tout autre histoire
**ball girl** N (Tennis) ramasseuse f de balles
**ball joint** N (Tech) joint m à rotule
**ball-point (pen)** N stylo m (à) bille, (pointe f) Bic ® m
**ball-shaped** ADJ sphérique
**balls-up**\*‡, **ball-up**\*‡ (US) N bordel\*‡ m ◆ **he made a balls-up of the job** il a foutu le bordel\*‡ or salopé le boulot\* ◆ **the meeting was a balls-up** (Brit) la réunion a été bordélique\*‡

▶ **balls up**\*‡
⟨VT SEP⟩ foutre la merde\*‡ or le bordel\*‡ dans ◆ **be/get ballsed up**\*‡ être/se retrouver dans la merde jusqu'au cou\*‡
⟨N⟩ ◆ **balls-up**\*‡ → **ball¹**

▶ **ball up**
⟨VI⟩ (Ski etc) botter
⟨VT SEP⟩\*‡ ⇒ **balls up**

**ball²** /bɔːl/
⟨N⟩ (= dance) bal m ◆ **to give a ball** donner un bal ◆ **to open the ball** (lit, fig) ouvrir le bal ◆ **to have a ball**\* s'amuser comme des fous, se marrer\*
**COMP ball gown** N robe f de bal

**ballad** /'bæləd/ N (Mus) romance f ; (Literat) ballade f

**ballade** /bæ'lɑːd/ N (Literat, Mus) ballade f

**ballan wrasse** /'bælən/ N (= fish) grande vieille f

**ballast** /'bæləst/ SYN
⟨N⟩ ⟨1⟩ (NonC) (in plane, ship) lest m ◆ **ship in ballast** vaisseau m en lest ◆ **to sail in ballast** être sur lest
⟨2⟩ (= stone, clinker) pierraille f ; (Rail) ballast m
⟨VT⟩ ⟨1⟩ [+ plane, ship] lester
⟨2⟩ [+ road] empierrer, caillouter ; [+ railway] ballaster

**ballbreaker**‡ /'bɔːlˌbreɪkər/ N chieuse‡ f

**ballcock** /'bɔːlkɒk/ N robinet m à flotteur

**ballerina** /ˌbælə'riːnə/ N ballerine f

**ballet** /'bæleɪ/
⟨N⟩ ⟨1⟩ (= show, work of art) ballet m
⟨2⟩ (NonC = type of dance) danse f classique
**COMP ballet dancer** N danseur m, -euse f classique
**ballet lesson** N cours m de danse (classique)
**ballet master** N maître m de ballet

ENGLISH-FRENCH 60

**ballet mistress** N maîtresse f de ballet
**ballet school** N école f de danse (classique)
**ballet shoe** N chausson m de danse
**ballet skirt** N jupe f de danseuse

**balletic** /bæˈletɪk/ ADJ [movement, grace, style] de danseur de ballet

**balletomane** /ˈbælɪtəʊmeɪn/ N ballet(t)omane mf

**ballistic** /bəˈlɪstɪk/
ADJ balistique ◆ **to go ballistic*** piquer une crise*
COMP **ballistic missile** N engin m balistique

**ballistics** /bəˈlɪstɪks/ N (NonC) balistique f

**balloon** /bəˈluːn/ SYN
N ① (for transport) ballon m, aérostat m ◆ **navigable/captive balloon** ballon m dirigeable/captif ◆ **to go up in a balloon** monter en ballon ◆ **the balloon went up*** (fig) l'affaire a éclaté ◆ **(meteorological** or **weather) balloon** ballon-sonde m ; → **barrage**
② (= toy) ballon m
③ (for brandy: also **balloon glass**) verre m ballon inv ; (Chem: also **balloon flask**) ballon m
④ (in drawings, comic: for speech etc) bulle f
VI ◆ **to go ballooning** faire une (or des) ascension(s) en ballon
② (= swell out) gonfler, être ballonné
COMP **balloon tyre** N pneu m ballon

**balloonist** /bəˈluːnɪst/ N aéronaute mf

**ballot** /ˈbælət/ SYN
N ① (Pol etc) (= paper) bulletin m de vote ; (= method of voting) scrutin m ; (= round of voting) tour m de scrutin ◆ **to vote by ballot** voter par scrutin ◆ **first/second ballot** premier/second tour m de scrutin ◆ **to take a ballot** procéder à un scrutin or à un vote
② (= drawing of lots) tirage m au sort
VI ① (Pol etc) voter à bulletin secret ◆ **union members are currently balloting on the offer** les membres du syndicat votent actuellement sur cette proposition (à bulletins secrets)
② (= draw lots) tirer au sort ◆ **to ballot for a place on the committee** tirer au sort pour avoir un siège au comité
VT faire voter (à bulletin secret), consulter (au moyen d'un vote à bulletin secret) ◆ **the union is balloting members on strike action** le syndicat fait voter la base (à bulletin secret) sur la décision de faire grève
COMP **ballot box** N urne f (électorale) ◆ **we accept the verdict of the ballot box** nous acceptons le verdict des urnes
**ballot-box stuffing** N (US Pol) bourrage m des urnes
**ballot paper** N bulletin m de vote
**ballot rigging** N (Brit) fraude f électorale

**balloting** /ˈbælətɪŋ/ N (US Pol) scrutin m

**ballpark** /ˈbɔːlpɑːk/
N (US) stade m de base-ball ◆ **to be in the (right) ballpark** (fig)[estimates, figures] être dans la bonne fourchette ◆ **the figures were in the ballpark of our estimates** les chiffres rentraient dans la fourchette de nos premières estimations ◆ **we're in the same ballpark** (in estimates, figures) on arrive à peu près à la même somme ◆ **the two companies are not in the same ballpark** les deux sociétés ne sont pas comparables
ADJ [figure, estimate] approximatif

**ballplayer** /ˈbɔːlˌpleɪəʳ/ N (US) joueur m de baseball

**ballroom** /ˈbɔːlrʊm/
N [of hotel] salle f de danse ; [of mansion] salle f de bal
COMP **ballroom dancing** N (NonC) danse f de salon

**ballsy**‡ /ˈbɔːlzɪ/ ADJ [person, attempt] gonflé*

**bally** †* /ˈbælɪ/ ADJ (before n) (Brit) sacré*, satané

**ballyhoo*** /ˌbælɪˈhuː/ N (pej) (= publicity) battage* m, bourrage m de crâne* ; (= nonsense) balivernes fpl

**balm** /bɑːm/ SYN
N ① (lit, fig) baume m
② (= plant) mélisse f officinale ; (also **lemon balm**) citronnelle f
COMP **balm of Gilead** N (Bot: American) peuplier m de l'Ontario

**Balmoral** /bælˈmɒrəl/ N résidence d'été de la famille royale britannique, située dans le nord-est de l'Écosse

**balmy** /ˈbɑːmɪ/ SYN ADJ ① (liter) (= fragrant) embaumé, parfumé ; (= mild) doux (douce f) ◆ **balmy weather** temps doux
② (= like balm) balsamique

**baloney*** /bəˈləʊnɪ/ N (NonC: esp US) balivernes fpl

**BALPA** /ˈbælpə/ N (abbrev of **British Airline Pilots' Association**) syndicat

**balsa** /ˈbɔːlsə/ N (also **balsa wood**) balsa m

**balsam** /ˈbɔːlsəm/
N ① (= substance) baume m
② (= plant) balsamine f
③ (Chem) oléorésine f
COMP **balsam fir** N sapin m baumier

**balsamic** /bɔːlˈsæmɪk/ ADJ [vinegar] balsamique

**balti** /ˈbɔːltɪ, ˈbæltɪ/ N (Culin) plat indien mijoté dans une petite poêle

**Baltic** /ˈbɔːltɪk/
N ◆ **the Baltic** (= sea) la (mer) Baltique ◆ **the Baltics** les pays baltes
ADJ [trade, port] de la Baltique ◆ **the Baltic Sea** la Baltique ◆ **the Baltic States** les pays baltes
**the Baltic Exchange** N (Fin) bourse de commerce de Londres

**baluster** /ˈbæləstəʳ/ N balustre m ◆ **balusters** rampe f d'escalier

**balustrade** /ˌbæləsˈtreɪd/ N balustrade f

**bamboo** /bæmˈbuː/
N bambou m
COMP [chair, fence] de or en bambou
**Bamboo Curtain** N (Pol) rideau m de bambou
**bamboo shoots** NPL pousses fpl de bambou

**bamboozle*** /bæmˈbuːzl/ VT ① (= deceive) embobiner* ◆ **I was bamboozled into believing he was a qualified doctor** on m'a embobiné* en me faisant croire que c'était un médecin qualifié
② (= perplex) déboussoler* ◆ **she was quite bamboozled** elle ne savait plus où elle en était, elle était complètement déboussolée*

**ban** /bæn/ SYN
N interdit m ; (Comm) embargo m ◆ **to put a ban on sth/sb's doing sth** interdire qch/à qn de faire qch
VT (gen) interdire (sth qch ; sb from doing sth à qn de faire qch) ; (= exclude) [+ person] exclure (from de) ◆ **banned substance** (Sport) substance prohibée ◆ **Ban the Bomb Campaign** campagne f contre la bombe atomique

**banal** /bəˈnɑːl/ SYN ADJ banal, ordinaire

**banality** /bəˈnælɪtɪ/ SYN N banalité f

**banana** /bəˈnɑːnə/
N (= fruit) banane f ; (= tree) bananier m
ADJ ◆ **to go bananas**⁑ devenir dingue* ; (= get angry) piquer une crise*
COMP **banana-boat** N bananier m (cargo)
**banana peel** N ⇒ **banana skin**
**banana republic** N (pej) république f bananière
**banana skin** N peau f de banane ◆ **to slip on a banana skin** glisser sur une peau de banane
**banana split** N banana split m inv

**band¹** /bænd/ SYN
N (gen) bande f ; (narrow) bandelette f ; [of barrel] cercle m ; [of metal wheel] bandage m ; (leather) lanière f ; [of cigar] bague f ; [of hat] ruban m ; (Rad) bande f ; (= magnetic tape) bande f (magnétique) ; [of gramophone record] plage f ; (= drivebelt) bande f or courroie f de transmission ; (Educ) tranche f ◆ **bands of the spectrum** bandes fpl du spectre ◆ **metal band** bande f métallique ◆ **to vary within a narrow band** [figures, prices etc] varier à l'intérieur d'une fourchette étroite ; → **elastic, frequency, rubber¹, waistband, waveband**
VT [+ tax, property] ◆ **to be banded** être réparti par tranches
COMP **banded pack** N (Comm) [of same product] vente f groupée ; [of two different products] vente f jumelée
**band-pass filter** N (Elec) filtre m passe-bande
**band-saw** N (Tech) scie f à ruban
▶ **band together** VI se grouper ; (= form a gang) former une bande

**band²** /bænd/ SYN N ① (= group) bande f, troupe f
② (Mus) (gen) orchestre m ; (brass only) fanfare f ◆ **members of the band** musiciens mpl ; → **brass, one-man**

**bandage** /ˈbændɪdʒ/ SYN
N (for wound) bande f ; (Med = prepared dressing) bandage m, pansement m ; (blindfolding) bandeau m ◆ **head swathed in bandages** tête f enveloppée de pansements or de bandages ; → **crêpe**
VT (also **bandage up**) [+ broken limb] bander ; [+ wound] mettre un pansement or un bandage sur ; [+ person] mettre un pansement or un bandage à

**Band-Aid** ® /ˈbændeɪd/
N (lit) pansement m adhésif
COMP (fig) [measures] de fortune ; [solution] bricolé ◆ **a Band-Aid approach** une méthode qui tient du rafistolage

**bandan(n)a** /bænˈdænə/ N foulard m

**B & B** /ˌbiːənˈbiː/ N (abbrev of **bed and breakfast**) → **bed**

**bandbox** /ˈbændbɒks/ N carton m à chapeau(x) ◆ **he looked as if he had just stepped out of a bandbox** il avait l'air de sortir d'une boîte

**bandeau** /ˈbændəʊ/ N (pl **bandeaux** /ˈbændəʊz/) bandeau m

**banderilla** /ˌbændəˈriːə/ N banderille f

**banderillero** /ˌbændərɪˈɛərəʊ/ N banderillero m

**banderol(e)** /ˈbændərəʊl/ N (= scroll, streamer, flag) banderole f

**bandicoot** /ˈbændɪkuːt/ N (Zool) péramèle m

**banding** /ˈbændɪŋ/ N ① (Brit) [of school pupils] répartition f en groupes de niveaux (dans le primaire)
② [of houses] répartition f par tranches

**bandit** /ˈbændɪt/ SYN N (lit, fig) bandit m ; → **one**

**banditry** /ˈbændɪtrɪ/ N (NonC) banditisme m

**bandleader** /ˈbændˌliːdəʳ/, **bandmaster** /ˈbændˌmɑːstəʳ/ N chef m d'orchestre ; (Mil etc) chef m de musique or de fanfare

**bandolier** /ˌbændəʊˈlɪəʳ/ N cartouchière f

**bandsman** /ˈbændzmən/ N (pl **-men**) musicien m (d'orchestre or de fanfare)

**bandstand** /ˈbændstænd/ N kiosque m (à musique)

**bandwagon** /ˈbændˌwægən/ N (fig) ◆ **to jump** or **climb** or **leap on the bandwagon** suivre le mouvement, prendre le train en marche ◆ **all these companies jumping on the Internet bandwagon** toutes ces entreprises ne font que prendre le train du Net en marche

**bandwidth** /ˈbændwɪdθ/ N (Comput) bande f passante

**bandy¹** /ˈbændɪ/ SYN VT [+ ball, reproaches] se renvoyer ; [+ jokes] échanger ◆ **to bandy blows (with sb)** échanger des coups (avec qn) ◆ **to bandy words (with sb)** discuter (avec qn)
▶ **bandy about , bandy around** VT SEP (pej) [+ story, report] faire circuler ; [+ figures, sums] avancer ◆ **to bandy sb's name about** parler de qn ◆ **to have one's name bandied about** faire parler de soi ◆ **his name is being bandied about in all the newspapers** il a son nom dans tous les journaux

**bandy²** /ˈbændɪ/ SYN
ADJ [leg] arqué
COMP **bandy-legged** ADJ [person] bancal ; [horse] arqué ◆ **to be bandy-legged** avoir les jambes arquées

**bane** /beɪn/ SYN N ① fléau m, peste f ◆ **he's/it's the bane of my life*** il/cela m'empoisonne la vie ◆ **rain is the bane of holiday-makers** la pluie est le fléau numéro un des vacanciers ◆ **spots can be the bane of a teenager's life** les boutons peuvent empoisonner la vie d'un adolescent
② (liter) (= poison) poison m

**baneberry** /ˈbeɪnbərɪ/ N actée f

**baneful** /ˈbeɪnfʊl/ SYN ADJ (liter) funeste, fatal ; [poison] mortel

**banefully** /ˈbeɪnfəlɪ/ ADV funestement

**bang** /bæŋ/ SYN
N ① (= noise) [of gun, explosives] détonation f, boum m ; (supersonic) bang m (supersonique) ; [of door] claquement m ◆ **the door closed with a bang** la porte a claqué ◆ **to go off with a bang** [fireworks] détoner, éclater ◆ **to go with a bang*** être un franc succès ◆ **to get more bang for the buck** or **more bangs for your bucks*** (esp US) en avoir pour son argent ◆ **to end** or **finish not with a bang but a whimper** finir en queue de poisson
② (= blow) coup m (violent)
ADV * ◆ **to go bang** éclater ◆ **bang in the middle** au beau milieu, en plein milieu ◆ **bang against**

**banger | bap**

**the wall** tout contre le mur ◆ **I ran bang into a traffic jam** je suis tombé en plein dans un embouteillage ◆ **to hit the target bang on** (Brit) frapper en plein dans la cible or le mille ◆ **his answer was bang on** (Brit) sa réponse est tombée pile ◆ **she arrived bang on time** (Brit) elle est arrivée à l'heure pile ◆ **the play's bang up to date** cette pièce est complètement d'actualité ◆ **bang goes my chance of promotion** je peux faire une croix sur mes chances de promotion, je peux dire adieu à mes chances de promotion ◆ **bang goes the fantasy of retiring at 35** * on peut dire adieu au rêve de prendre sa retraite à 35 ans ; → **slap**
    **EXCL** (firearm) pan ! ; (explosion) boum !
    **VT** 1 frapper violemment ◆ **to bang one's fist on the table** taper du poing sur la table, frapper la table du poing ◆ **to bang one's head against** or **on sth** se cogner la tête contre or sur qch ◆ **talking to him is like banging your head against a brick wall*** autant parler à un mur que d'essayer de discuter avec lui ◆ **to bang the door** (faire) claquer la porte ◆ **he banged the window shut** il a claqué la fenêtre
    2 (*,* = have sex with) baiser*,*
    **VI** 1 [door] claquer ; (repeatedly) battre ; [fireworks] éclater ; [gun] détoner
    2 ◆ **to bang on** or **at the door** donner de grands coups dans la porte ◆ **to bang on the table** taper du poing sur la table, frapper la table du poing
▸ **bang about*, bang around*** **VI** faire du bruit or du potin *
▸ **bang away VI** [guns] tonner ; [workman etc] faire du vacarme
▸ **bang down VT SEP** poser or jeter brusquement ◆ **to bang down the lid** rabattre violemment le couvercle ◆ **to bang down the receiver** (on telephone) raccrocher brutalement
▸ **bang into VT FUS** (= collide with) se cogner contre, heurter ◆ **I banged into a table** je me suis cogné contre une table or j'ai heurté une table ◆ **the taxi banged into another car** le taxi est rentré dans or a percuté or a heurté une autre voiture
▸ **bang on*** **VI** continuer à laïusser * ◆ **to bang on about sth** laïusser * sur qch
▸ **bang out VT SEP** [+ tune] taper
▸ **bang to VI** [door, window] se fermer en claquant
▸ **bang together VT SEP** [+ objects] cogner l'un(e) contre l'autre ◆ **I could have banged their heads together!*** j'en aurais pris un pour taper sur l'autre !
▸ **bang up*** **VT SEP** (Brit) [+ prisoner] boucler *, coffrer *

**banger** /'bæŋə'/ **N** (Brit) 1 (* = sausage) saucisse f ◆ **bangers and mash** saucisses fpl à la purée
    2 (* = old car) (vieux) tacot * m, (vieille) guimbarde f
    3 (= firework) pétard m

**Bangkok** /bæŋ'kɒk/ **N** Bangkok

**Bangladesh** /ˌbæŋglə'deʃ/ **N** Bangladesh m

**Bangladeshi** /ˌbæŋglə'deʃɪ/
    **ADJ** du Bangladesh
    **N** habitant(e) m(f) or natif m, -ive f du Bangladesh

**bangle** /'bæŋgl/ **N** jonc m, bracelet m

**bangs** /bæŋz/ **NPL** (US = fringe) frange f (droite)

**bang-up*** /'bæŋʌp/ **ADJ** (US) formidable, impec *

**banish** /'bænɪʃ/ **SYN VT** [+ person] exiler (from de ; to en, à), bannir (from de) ; [+ cares, fear] bannir, chasser

**banishment** /'bænɪʃmənt/ **SYN N** bannissement m, exil m

**banister** /'bænɪstə'/ **N** ⇒ **bannister**

**banjax*** /'bændʒæks/ **VT** (US) assommer

**banjaxed*** /'bændʒækst/ **ADJ** (US) nase *

**banjo** /'bændʒəʊ/ **N** (pl **banjos** or **banjoes**) banjo m

**Banjul** /bæn'dʒuːl/ **N** (Geog) Banjul

**bank¹** /bæŋk/ **SYN**
    **N** 1 (= mound) [of earth, snow, flowers] talus m ; (Rail = embankment) remblai m ; [of road, racetrack] bord m relevé ; (in horse-racing) banquette f irlandaise ; (= coal face) front m de taille ; (= pithead) carreau m ; [of sand] (in sea, river) banc m ◆ **a bank of clouds** un amoncellement de nuages
    2 (= edge) [of river, lake] bord m, rive f ; (above water level) berge f ; [of canal] bord m, berge f ◆ **the**

**banks** [of river, lake] le rivage ◆ **the left/right bank** (in Paris) la Rive gauche/droite
    3 (in flying) virage m incliné or sur l'aile
    **VT** 1 (also **bank up**) [+ road] relever (dans un virage) ; [+ river] endiguer ; [+ earth] amonceler ◆ **to bank the fire** couvrir le feu
    2 ◆ **to bank an aircraft** faire faire à un avion un virage sur l'aile
    **VI** 1 [snow, clouds etc] s'amonceler
    2 [pilot, aircraft] virer (sur l'aile)

**bank²** /bæŋk/ **SYN**
    **N** 1 (= institution) banque f ; (= office) agence f (bancaire), banque f ◆ **bank of issue** banque f d'émission ◆ **the Bank of France** la Banque de France ◆ **the Bank of England** la Banque d'Angleterre ◆ **it's as safe as the Bank of England** ça ne court aucun risque, c'est de tout repos ; → **saving**
    2 (Betting) banque f ◆ **to break the bank** faire sauter la banque
    3 (Med) banque f ; → **blood, eyebank**
    **VT** [+ money] mettre or déposer à la banque ; (Med) [+ blood] entreposer, conserver
    **VI** ◆ **to bank with Lloyds** avoir un compte à la Lloyds ◆ **who do you bank with?** à quelle banque êtes-vous ?, où avez-vous votre compte bancaire ?
    **COMP** [cheque, credit, staff] bancaire
    **bank acceptance N** acceptation f bancaire
    **bank account N** compte m bancaire, compte m en banque
    **bank balance N** solde m bancaire
    **bank bill N** (US) billet m de banque ; (Brit) effet m bancaire
    **bank-book N** livret m or carnet m de banque
    **bank card N** carte f d'identité bancaire
    **bank charges NPL** (Brit) frais mpl bancaires
    **bank clerk N** (Brit) employé(e) m(f) de banque
    **bank deposit N** dépôt m bancaire
    **bank draft N** traite f bancaire
    **bank employee N** employé(e) m(f) de banque
    **Bank for International Settlements N** Banque f des règlements internationaux
    **Bank Giro, Bank Giro Credit N** (Brit) (paiement m par) virement m bancaire
    **bank holiday N** jour m férié
    **bank loan N** crédit m bancaire
    **bank manager N** directeur m d'agence (bancaire) ◆ **my bank manager** mon banquier
    **bank rate N** taux m d'escompte
    **bank robber N** braqueur m, -euse f de banque
    **bank robbery N** cambriolage m de banque
    **bank statement N** relevé m de compte
    **bank transfer N** ◆ **by bank transfer** par virement bancaire ; → **job**
▸ **bank on VT FUS** (= count on) compter sur ◆ **I wouldn't bank on it** il ne faut pas compter dessus

**bank³** /bæŋk/
    **N** 1 (= row, tier) [of organ] clavier m ; [of typewriter] rang m ; (Elec) [of switches] rangée f ◆ **bank of oars** rangée f d'avirons
    2 (= rowers' bench) banc m (de rameurs)
    **VT** (Sport) ◆ **double/single banked rowing** nage f à couple/en pointe
▸ **bank up VT SEP** 1 (= arrange in tiers) étager, disposer par étages
    2 → **bank¹ vt 1**

**bankable** /'bæŋkəbl/ **ADJ** (Comm) bancable, négociable en banque ◆ **to be bankable** [film star etc] être une valeur sûre

**banker** /'bæŋkə'/
    **N** (Betting, Fin) banquier m
    **COMP** **banker's card N** carte f d'identité bancaire
    **banker's draft N** traite f bancaire
    **banker's order N** (Brit) prélèvement m automatique
    **banker's reference N** références fpl bancaires

**banking¹** /'bæŋkɪŋ/ **N** [of aircraft] virage m sur l'aile

**banking²** /'bæŋkɪŋ/
    **N** (Fin) (= transaction) opérations fpl de banque or bancaires ; (= profession) profession f de banquier, la Banque ◆ **to study banking** faire des études bancaires
    **COMP** **banking hours NPL** heures fpl d'ouverture des banques
    **banking house N** banque f, établissement m bancaire ◆ **the big banking houses** les grandes banques fpl
    **banking industry N** secteur m bancaire
    **banking product N** produit m bancaire
    **banking services NPL** services mpl bancaires

**banknote** /'bæŋknəʊt/ **N** (Brit) billet m de banque

**bankroll*** /'bæŋkrəʊl/ (esp US)
    **N** fonds mpl, finances fpl
    **VT** financer

**bankrupt** /'bæŋkrʌpt/ **SYN**
    **N** 1 (Jur) failli(e) m(f)
    2 (*fig = penniless person) fauché(e) * m(f)
    **ADJ** 1 (Jur) failli ◆ **to go bankrupt** [person, business] faire faillite ◆ **to be bankrupt** [person] être en faillite ◆ **to be declared bankrupt** être déclaré or mis en faillite
    2 (*fig = penniless) fauché *
    3 (= completely lacking) ◆ **spiritually/morally etc bankrupt** dépourvu or dénué de spiritualité/de moralité etc ◆ **bankrupt of ideas** etc dépourvu or dénué d'idées etc
    **VT** 1 (Jur) [+ person] mettre en faillite
    2 (*fig) ruiner
    **COMP** **bankrupt's certificate N** concordat m
    **bankrupt's estate N** actif m de la faillite

**bankruptcy** /'bæŋkrəptsɪ/ **SYN**
    **N** 1 (Jur) faillite f ◆ **to file for** or **declare bankruptcy** déposer son bilan, se déclarer en faillite
    2 (*fig = pennilessness) ruine f
    3 (fig = lack) ◆ **spiritual/moral etc bankruptcy** manque m de spiritualité/de moralité etc
    **COMP** **Bankruptcy Court N** (Brit) = tribunal m de commerce
    **bankruptcy estate N** masse f or actif m de la faillite
    **bankruptcy petition N** assignation f des créanciers
    **bankruptcy proceedings NPL** procédure f de faillite, procédure f de règlement judiciaire

**banksia** /'bæŋksɪə/ **N** (Bot) banksia m

**banner** /'bænə'/ **SYN**
    **N** bannière f, étendard m ; (Rel, fig) bannière f ; (Comput: on web page) bannière f, bandeau m
    **COMP** **banner ad N** (Comput: on web page) bannière f ou bandeau m publicitaire
    **banner headlines NPL** (Press) gros titres mpl ◆ **in banner headlines** en gros titres, sur cinq colonnes à la une

**banning** /'bænɪŋ/ **N** (= prohibition) [of activity, publication, film, organization, substance] interdiction f ◆ **the banning of right-wing parties** l'interdiction f des partis de droite ◆ **the banning of anti-apartheid leaders** l'interdiction f frappant les dirigeants du mouvement anti-apartheid ◆ **the banning of cars from city centres** l'interdiction f de la circulation automobile dans les centre-villes ◆ **the banning of three athletes from the Olympic Games** l'exclusion f de trois athlètes des Jeux olympiques

**bannister** /'bænɪstə'/ **SYN N** rampe f (d'escalier) ◆ **to slide down the bannister(s)** descendre sur la rampe

**bannock** /'bænək/ **N** (Culin) gâteau écossais à base d'orge ou d'avoine

**banns** /bænz/ **NPL** bans mpl (de mariage) ◆ **to call the banns** publier les bans

**banquet** /'bæŋkwɪt/ **SYN**
    **N** (= ceremonial dinner) banquet m ; (= lavish meal) festin m
    **VI** faire un banquet, festoyer
    **COMP** **banqueting hall N** salle f de(s) banquet(s)

**banquette** /ˌbæŋ'ket/ **N** banquette f

**banshee** /bæn'ʃiː/ **N** fée f (dont les cris présagent la mort)

**bantam** /'bæntəm/
    **N** coq m nain, poule f naine
    **COMP** **bantam-weight N** (Boxing) poids m coq

**banter** /'bæntə'/ **SYN**
    **N** badinage m, plaisanteries fpl
    **VI** badiner, plaisanter

**bantering** /'bæntərɪŋ/ **ADJ** plaisantin, badin

**Bantu** /'bæntuː/
    **ADJ** bantou
    **N** (pl **Bantu** or **Bantus**) 1 (= people) ◆ **Bantu(s)** Bantous mpl
    2 (= language) bantou m

**banyan** /'bænɪən/ **N** banian m

**baobab** /'beɪəʊbæb/ **N** baobab m

**BAOR** /ˌbiːeɪəʊ'ɑː'/ **N** (abbrev of **British Army of the Rhine**) troupes britanniques stationnées en RFA

**bap** /bæp/ **N** (Brit Culin) petit pain m

**baptism** /'bæptɪzəm/ SYN N baptême m ◆ **baptism of fire** baptême du feu

**baptismal** /bæp'tɪzməl/
- ADJ de baptême
- COMP **baptismal font** N fonts mpl baptismaux **baptismal name** N nom m de baptême **baptismal vows** NPL vœux mpl du baptême

**baptist** /'bæptɪst/
- N ① baptiste m ◆ **(Saint) John the Baptist** saint Jean-Baptiste
- ② (Rel) ◆ **Baptist** baptiste mf
- ADJ (Rel) ◆ **Baptist** baptiste
- COMP **the Baptist Church** N l'Église f baptiste

**baptistry** /'bæptɪstrɪ/ N baptistère m

**baptize** /bæp'taɪz/ SYN VT (Rel, fig) baptiser

**bar¹** /bɑːʳ/ SYN
- N ① (= block, slab) [of metal] barre f ; [of wood] planche f ; [of gold] lingot m ; [of chocolate] tablette f ◆ **bar of soap** savonnette f, pain m de savon ◆ **bar of gold** lingot m (d'or)
- ② (= rod) [of window, cage] barreau m ; [of grate] barre f ; [of door] barre f, bâcle f ; (Sport) barre f ; (Ftbl) (= crossbar) barre f transversale ; [of ski-lift] perche f ; [of electric fire] résistance f ◆ **a two-bar electric fire** un radiateur électrique à deux résistances ◆ **to be/put sb behind (prison) bars** être/mettre qn derrière les barreaux ; → **anti-roll bar, parallel**
- ③ [of river, harbour] barre f
- ④ (fig = obstacle) obstacle m ◆ **to be a bar to progress** empêcher le or faire obstacle au progrès ◆ **his criminal record was a bar to getting a job** son casier judiciaire l'empêchait de trouver du travail ; → **colour**
- ⑤ [of light] raie f ; [of colour] bande f
- ⑥ (NonC: Jur) (= profession) barreau m ; (in court) barre f ◆ **to call** (Brit)or **admit** (US) **sb to the bar** inscrire qn au barreau ◆ **to be called** (Brit)or **admitted** (US) **to the bar** s'inscrire au barreau ◆ **to read for the bar** préparer le barreau ◆ **the prisoner at the bar** l'accusé(e) m(f)
- ⑦ (= public house) café m, bar m ; [of hotel, theatre] bar m ; [of station] café m, bar m ; (at open-air shows etc) buvette f ; → **coffee, public**
- ⑧ (= counter : for drinks) comptoir m ◆ **to have a drink at the bar** prendre un verre au comptoir ◆ **sock/hat bar** (Comm) rayon m des chaussettes/des chapeaux ◆ **heel bar** talon-minute m
- ⑨ (Mus) mesure f ; (also **bar line**) barre f de mesure ◆ **the opening bars** les premières mesures fpl ; → **double**
- ⑩ (Brit Mil) barrette f (portée sur le ruban d'une médaille) ; (US Mil) galon m
- ⑪ (Weather) bar m
- VT ① (= obstruct) [+ road] barrer ◆ **to bar sb's way** or **path** barrer le passage à qn, couper la route à qn ◆ **to bar the way to progress** faire obstacle au progrès
- ② (= put bars on) [+ window] munir de barreaux ◆ **to bar the door** mettre la barre à la porte ◆ **to bar the door against sb** (lit, fig) barrer la porte à qn
- ③ (= exclude, prohibit) [+ person] exclure (from de) ; [+ action, thing] défendre ◆ **to bar sb from doing sth** interdire à qn de faire qch ◆ **many jobs were barred to them** de nombreux emplois leur étaient interdits ◆ **they were barred from the country/the pub** il leur était interdit d'entrer dans le pays/le bar ◆ **she bars smoking in her house** elle défend qu'on fume subj chez elle ◆ **to be barred** (Jur)[contract provisions] se prescrire ; → **hold**
- ④ (= stripe) rayer, barrer
- COMP **bar billiards** N (NonC: Brit) billard m russe **bar chart** N ⇒ **bar graph** **bar code** N (Comm) code à barres, code-barre m **bar-coded** ADJ avec code à barres, avec code-barre **bar-code reader** N lecteur m de code à barres or de code-barre **bar game** N jeu de société pratiqué dans les pubs **bar girl** * N (US) entraîneuse f de bar **bar graph** N graphique m en barres or en tuyaux d'orgue **bar snack** N collation servie dans les bars **bar-tailed godwit** N (Orn) barge f rousse

**bar²** /bɑːʳ/ PREP sauf, à l'exception de ◆ **bar none** sans exception ◆ **bar one** sauf un(e) ; see also **shouting**

**Barabbas** /bəˈræbəs/ N Barabbas m

**baraesthesia** /ˌbærɪsˈθiːzɪə/ N baresthésie f

**barb¹** /bɑːb/ SYN
- N ① [of fish hook] barbillon m ; [of arrow] barbelure f ; [of feather] barbe f
- ② (= cutting remark) pique f ◆ **the barbs of criticism** les traits mpl acérés de la critique
- ③ (Dress) barbette f
- VT [+ arrow] garnir de barbelures, barbeler ; [+ fish hook] garnir de barbillons
- COMP **barb wire** N fil m de fer barbelé

**barb²** /bɑːb/ N (= horse) (cheval m) barbe m

**Barbadian** /bɑːˈbeɪdɪən/
- ADJ barbadien
- N Barbadien(ne) m(f)

**Barbados** /bɑːˈbeɪdɒs/ N Barbade f ◆ **in Barbados** à la Barbade

**barbarian** /bɑːˈbɛərɪən/ SYN ADJ, N (Hist, fig) barbare mf

**barbaric** /bɑːˈbærɪk/ SYN ADJ (Hist, fig) barbare, de barbare

**barbarism** /ˈbɑːbərɪzəm/ SYN N ① (NonC) barbarie f
- ② (Ling) barbarisme m

**barbarity** /bɑːˈbærɪtɪ/ SYN N barbarie f, cruauté f ◆ **the barbarities of modern warfare** la barbarie or les atrocités fpl de la guerre moderne

**barbarize** /ˈbɑːbəraɪz/ VT ① [+ people] ramener à l'état barbare
- ② [+ language] corrompre

**Barbarossa** /ˌbɑːbəˈrɒsə/ N Barberousse m

**barbarous** /ˈbɑːbərəs/ SYN ADJ (Hist, Ling, fig) barbare

**barbarously** /ˈbɑːbərəslɪ/ ADV cruellement, inhumainement

**Barbary** /ˈbɑːbərɪ/
- N Barbarie f, États mpl barbaresques
- COMP **Barbary ape** N magot m **the Barbary Coast** N les côtes fpl de Barbarie **Barbary duck** N canard m de Barbarie **Barbary horse** N (cheval m) barbe m

**barbate** /ˈbɑːbeɪt/ ADJ (Bio) barbu

**barbecue** /ˈbɑːbɪkjuː/ (vb: prp **barbecuing**)
- N barbecue m ◆ **to have a barbecue** faire un barbecue
- VT faire cuire au barbecue
- COMP **barbecue sauce** N sauce f barbecue **barbecue set** N (grill) barbecue m

**barbed** /bɑːbd/
- ADJ ① [arrow] barbelé
- ② (fig) [words, wit] acéré
- COMP **barbed wire** N fil m de fer barbelé **barbed wire entanglements** NPL (réseau m de) barbelés mpl **barbed wire fence** N haie f (de fils) barbelés mpl

**barbel** /ˈbɑːbəl/ N (= fish) barbeau m ; (smaller) barbillon m ; (= filament) barbillon m

**barbell** /ˈbɑːbel/ N (Sport) barre f d'haltères

**barber** /ˈbɑːbəʳ/
- N coiffeur m (pour hommes) ◆ **barber's** (Brit) salon m de coiffure (pour hommes) ◆ **to go to the barber's** aller chez le coiffeur
- COMP **barber's pole** N enseigne f de coiffeur

**barbershop** /ˈbɑːbəʃɒp/
- N ① (US: = shop) salon m de coiffure (pour hommes)
- ② (Mus) mélodies fpl sentimentales (chantées en harmonie étroite)
- COMP **barbershop quartet** N (Mus) groupe de quatre hommes chantant en harmonie étroite

**barbican** /ˈbɑːbɪkən/ N barbacane f

**barbicel** /ˈbɑːbɪsel/ N (Orn) barbicelle f

**Barbie** ® /ˈbɑːbɪ/ N (also **Barbie doll**) poupée f Barbie ®

**barbitone** /ˈbɑːbɪtəʊn/ N véronal m

**barbiturate** /bɑːˈbɪtjʊrɪt/
- N barbiturique m
- COMP **barbiturate poisoning** N le barbiturisme

**barbituric** /ˌbɑːbɪˈtjʊərɪk/ ADJ barbiturique

**barbs** ‡ /bɑːbz/ NPL (US) barbituriques mpl

**barbule** /ˈbɑːbjuːl/ N (Orn) barbule f

**Barcalounger** ® /ˈbɑːkəlaʊndʒəʳ/ N (US) fauteuil m réglable

**barcarol(l)e** /ˌbɑːkəˈrəʊl/ N barcarolle f

**Barcelona** /ˌbɑːsɪˈləʊnə/ N Barcelone f

**bard¹** /bɑːd/ N (= minstrel) (esp Celtic) barde m ; [of Ancient Greece] aède m ; (Poetry, also hum = poet) poète m ◆ **the Bard of Avon** le chantre d'Avon (Shakespeare)

**bard²** /bɑːd/ (Culin)
- N barde f (de lard)
- VT barder

**bardic** /ˈbɑːdɪk/ ADJ (esp Celtic) [poetry etc] du barde, des bardes

**bare** /bɛəʳ/ SYN
- ADJ ① (= naked, uncovered) [person, skin, sword, floor etc] nu ; [hill, summit] pelé ; [countryside, tree] dénudé, dépouillé ; (Elec) [wire] dénudé, à nu ◆ **bare to the waist** nu jusqu'à la ceinture ◆ **in his bare skin** * tout nu ◆ **he killed the wolf with his bare hands** il a tué le loup à mains nues ◆ **to fight with bare hands** se battre à main nue ◆ **there are bare patches on the lawn** la pelouse est pelée par endroits ◆ **the dog had a few bare patches on his back** le chien avait la peau du dos pelée par endroits ◆ **with his head bare** nu-tête inv ◆ **to sleep on bare boards** coucher sur la dure ◆ **the bare bones** les grandes lignes fpl, les lignes fpl essentielles ◆ **to strip sth down to the bare bones** réduire qch à l'essentiel or à sa plus simple expression ; see also comp ◆ **she told him the bare bones of the story** elle lui a raconté les grandes lignes or les lignes essentielles de l'histoire ◆ **ace/king bare** (Cards) as m/roi m sec ; → **lay**
- ② (= empty, unadorned) [garden] dénudé ; [wall] nu ; [style] dépouillé ◆ **a room bare of furniture** une pièce vide ◆ **a bare cupboard** un placard vide or dégarni ◆ **a bare statement of facts** un simple énoncé des faits ◆ **they only told us the bare facts** ils ne nous ont raconté que les faits à l'état brut
- ③ (= absolute) ◆ **the bare necessities (of life)** le strict nécessaire ◆ **to provide people with the bare necessities of life** assurer aux gens le minimum vital ◆ **we're happy with the bare necessities of life** nous nous contentons du strict minimum ◆ **the bare essentials** le strict nécessaire ◆ **the bare essentials of furnishing** les meubles mpl de base ◆ **a bare majority** une faible majorité ◆ **the bare minimum** le plus strict minimum
- ④ (= mere) ◆ **the match lasted a bare 18 minutes** le match n'a pas duré plus de 18 minutes ◆ **sales grew at a bare two percent a year** les ventes n'ont pas augmenté de plus de deux pour cent par an
- VT mettre à nu, découvrir ; [+ sword] dégainer, tirer du fourreau ; [+ electrical wire] dénuder, mettre à nu ◆ **to bare one's head** se découvrir ◆ **to bare one's chest/breasts** montrer son torse/sa poitrine ◆ **to bare one's teeth** [person, animal] montrer les dents (at à) ◆ **he bared his teeth in a smile** il a grimacé un sourire ◆ **to bare one's soul (to sb)** mettre son cœur à nu (à qn)
- COMP **bare-ass(ed)** ‡ ADJ cul-nu ‡ **bare-bones** ADJ (esp US) réduit à l'essentiel or à sa plus simple expression **bare-knuckle** ADJ [fight] à mains nues ; [confrontation] à couteaux tirés **bare owner** N nu(e)-propriétaire m(f) **bare ownership, bare property** N nue-propriété f

**bareback** /ˈbɛəbæk/
- ADV à cru ◆ **bareback rider** cavalier m, -ière f qui monte à cru
- VI ( * = have unprotected sex) avoir des rapports sexuels non protégés

**barebacking** * /ˈbɛəbækɪŋ/ N (= unprotected sex) rapports mpl sexuels non protégés

**barefaced** /ˌbɛəˈfeɪst/ SYN ADJ [lie, liar] éhonté ◆ **it is barefaced robbery** c'est un or du vol manifeste

**barefoot(ed)** /ˈbɛəfʊt(ɪd)/
- ADV nu-pieds, (les) pieds nus
- ADJ aux pieds nus

**bareheaded** /ˌbɛəˈhedɪd/
- ADV nu-tête inv, (la) tête nue
- ADJ nu-tête inv ; [woman] en cheveux †

**barelegged** /ˌbɛəˈlegd/
- ADV nu-jambes, (les) jambes nues
- ADJ aux jambes nues

**barely** /ˈbɛəlɪ/ SYN ADV ① (= only just) à peine, tout juste ◆ **he can barely read** c'est tout juste or à peine s'il sait lire, il sait tout juste or à peine lire ◆ **the temperature barely rose above freezing** la température est à peine montée au-dessus de zéro ◆ **barely visible/perceptible** à peine visible/perceptible ◆ **her voice was barely audible** sa voix était à peine audible, on entendait à

## bareness | barrel

**bareness** /ˈbɛənɪs/ N [of person] nudité f ; [of room] dénuement m ; [of furniture] pauvreté f ; [of style] (= poverty) sécheresse f, pauvreté f ; (= simplicity) dépouillé m

peine sa voix ◆ **he was barely able to speak** il pouvait à peine parler ◆ **she was barely conscious** elle était à peine consciente ◆ **barely concealed** or **disguised resentment/contempt** une rancœur/un mépris mal dissimulé(e) ◆ **she had barely begun to speak when...** elle avait à peine commencé de parler lorsque... ◆ **the car was barely a year old** la voiture avait à peine un an ◆ **barely half the graduates had found jobs** à peine la moitié des diplômés avaient trouvé des emplois ◆ **the truce is holding, barely** la trêve est respectée, (mais) tout juste

② ◆ **a barely furnished room** (= *poorly furnished*) une pièce pauvrement meublée ; (= *scantily furnished*) une pièce très peu meublée

③ (= *plainly*) sans ambages ◆ **to state a fact barely** ne pas tourner autour du pot

**Barents Sea** /ˈbærənts siː/ N mer f de Barents

**baresthesia** /ˌbærɪsˈθiːzɪə/ N (US) ⇒ baraesthesia

**barf**✶ /bɑːf/ VI (US) dégueuler✶

**barfly**✶ /ˈbɑːflaɪ/ N (US) pilier m de bistro(t)

**bargain** /ˈbɑːɡɪn/ SYN
N ① (= *transaction*) marché m, affaire f ◆ **to make** or **strike** or **drive a bargain** conclure un marché (with avec) ◆ **it's a bargain!**✶ (= *agreed*) c'est convenu or entendu ! ◆ **a good bargain** une bonne affaire ◆ **a bargain's a bargain** on ne peut pas revenir sur un marché conclu ◆ **to keep one's side of the bargain** (*fig*) tenir ses engagements ; → **best, drive**
◆ **into the bargain** par-dessus le marché, en plus ◆ **... and we get paid into the bargain** ... et en plus nous sommes payés
② (= *good buy*) occasion f ◆ **it's a (real) bargain!** c'est une véritable occasion or affaire !
VI ① (= *haggle*) ◆ **to bargain with sb** marchander avec qn ◆ **to bargain over an article** marchander un article
② (= *negotiate*) négocier (with avec) ◆ **to bargain with sb for sth** négocier qch avec qn
③ (= *count on*) ◆ **to bargain for sth** s'attendre à qch ◆ **I didn't bargain for that** je ne m'attendais pas à cela ◆ **I got more than I bargained for** je ne m'attendais pas à cela ◆ **to bargain on sth** compter sur qch ◆ **to bargain on doing sth** penser faire qch ◆ **to bargain on sb's doing sth** s'attendre à ce que qn fasse qch
COMP **bargain basement** N coin m des (bonnes) affaires
**bargain-hunter** N personne f à l'affût des bonnes occasions
**bargain-hunting** N chasse f aux (bonnes) occasions
**bargain offer** N (Comm) offre f exceptionnelle ◆ **this week's bargain offer** la promotion de la semaine
**bargain price** N prix m avantageux
**bargain sale** N soldes fpl

**bargaining** /ˈbɑːɡənɪŋ/
N marchandage m ◆ **that gives us more bargaining power** cela nous met en position de force pour négocier ; → **collective**
COMP **bargaining chip** N ◆ **to use sth as a bargaining chip** se servir de qch comme argument dans une négociation
**bargaining position** N position f de négociation ◆ **to be in a weak/strong bargaining position** être en mauvaise/bonne position pour négocier
**bargaining table** N table f de négociations

**barge** /bɑːdʒ/ SYN
N (on river, canal) chaland m ; (large) péniche f ; (with sail) barge f ◆ **the admiral's barge** la vedette de l'amiral ◆ **motor barge** chaland m automoteur, péniche f automotrice ◆ **state barge** barque f de cérémonie
VI ◆ **he barged through the crowd** il bousculait les gens pour passer
COMP **barge pole** N gaffe f ◆ **I wouldn't touch it with a barge pole**✶ (Brit) (revolting) je n'y toucherais pas avec des pincettes ; (risky) je ne m'y frotterais pas

▶ **barge about, barge around** VI aller et venir comme un troupeau d'éléphants✶

▶ **barge in** VI (= *enter*) faire irruption ; (= *interrupt*) interrompre la conversation ; (= *interfere*) se mêler de ce qui ne vous regarde pas

▶ **barge into** VT FUS ① (= *knock against*) [+ person] rentrer dans✶ ; [+ thing] donner or se cogner

contre ◆ **to barge into a room** faire irruption dans une pièce, entrer sans façons dans une pièce
② (= *interfere in*) [+ discussion] (clumsily) intervenir mal à propos dans ; (rudely) intervenir impoliment dans ; [+ affair] s'immiscer dans

▶ **barge through** VI traverser comme un ouragan

**bargeboard** /ˈbɑːdʒbɔːd/ N (Constr) bordure f de rive or de pignon

**bargee** /bɑːˈdʒiː/ N (Brit) batelier m, marinier m

**bargeman** /ˈbɑːdʒmən/ N (pl **-men**) batelier m, marinier m

**barite** /ˈbɛəraɪt/ N (US Miner) barytine f

**baritone** /ˈbærɪtəʊn/
N (= *voice, singer, instrument*) baryton m
COMP [voice, part] de baryton

**barium** /ˈbɛərɪəm/
N baryum m
COMP **barium enema** N (Med) lavement m baryté
**barium meal** N (Med) (bouillie f de) sulfate m de baryum

**bark¹** /bɑːk/
N [of tree] écorce f ◆ **to strip the bark off a tree** écorcer un arbre
VT [+ tree] écorcer ◆ **to bark one's shins** s'écorcher or s'égratigner les jambes

**bark²** /bɑːk/ SYN
N [of dog] aboiement m ; [of fox] glapissement m ; (✶ = *cough*) toux f sèche ◆ **to let out a bark** (*lit*) aboyer ; (= *cough*) tousser ◆ **his bark is worse than his bite** il fait plus de bruit que de mal, chien qui aboie ne mord pas
VI [dog] aboyer (at après) ; [fox] glapir ; [gun] aboyer ; (= *speak sharply*) aboyer ; (= *cough*) tousser ◆ **to bark at sb** aboyer après qn ◆ **to bark up the wrong tree** faire fausse route
VT ◆ « **leave me in peace!** » **he barked** « laisse-moi tranquille ! » aboya-t-il

▶ **bark out** VT SEP [+ order] glapir

**bark³** /bɑːk/ N (liter) barque f ; (Naut) trois-mâts m inv or quatre-mâts m inv carré

**barkeeper** /ˈbɑːkiːpəʳ/ N (US) barman m, barmaid f

**barker** /ˈbɑːkəʳ/ N [of fairground] bonimenteur m, aboyeur † m

**barking** /ˈbɑːkɪŋ/
N [of dog] aboiement m ; [of fox] glapissement m
ADJ (Brit ✶ : also **barking mad**) complètement cinglé✶ or frappé✶

**barley** /ˈbɑːlɪ/
N orge f ◆ **Scotch barley** orge m mondé ; → **pearl**
EXCL (N Engl, Scot : in games) pouce !
COMP **barley beer** N cervoise f
**barley field** N champ m d'orge
**barley sugar** N sucre m d'orge
**barley water** N (esp Brit) ≃ orgeat m
**barley wine** N sorte de bière très forte et sucrée

**barleycorn** /ˈbɑːlɪkɔːn/ N grain m d'orge

**barm** /bɑːm/ N levure f (de bière)

**barmaid** /ˈbɑːmeɪd/ N (esp Brit) serveuse f (de bar)

**barman** /ˈbɑːmən/ N (pl **-men**) barman m

**Bar Mitzvah, bar mitzvah** /ˌbɑːˈmɪtsvə/ N bar-mitsva f

**barmy** † ✶ /ˈbɑːmɪ/ ADJ (Brit) timbré✶, maboul✶

**barn** /bɑːn/
N ① grange f ◆ **it's a great barn of a house**✶ c'est une énorme bâtisse
② (US) (for horses) écurie f ; (for cattle) étable f
COMP **barn dance** N (= *dance*) danse f campagnarde or paysanne ; (= *party*) bal m campagnard
**barn dancing** N (NonC) danse f campagnarde or paysanne
**barn door** N ◆ **it's as big as a barn door** c'est gros comme une maison
**barn egg** N = œuf m de poule élevée en liberté
**barn owl** N chat-huant m

**barnacle** /ˈbɑːnəkl/ N ① (= *shellfish*) bernache f, anatife m ; (pej = *person*) crampon✶ m ; (✶ = *old sailor*) vieux loup de mer✶ m
② (also **barnacle goose**) bernache (nonnette) f, bernacle f

**Barnardos** /bəˈnɑːdəʊz/ N (Brit) association caritative qui vient en aide aux enfants défavorisés

**barney**✶ /ˈbɑːnɪ/ N (Brit = *quarrel*) prise f de bec✶

**barnstorm** /ˈbɑːnstɔːm/ VI (Theat) jouer sur les tréteaux ; (US Pol) faire une tournée électorale (dans les circonscriptions rurales)

**barnstormer** /ˈbɑːnstɔːməʳ/ N (Theat) acteur m ambulant ; (US Pol) orateur m électoral

**barnstorming** /ˈbɑːnstɔːmɪŋ/
N (Theat) ≃ tournée f théâtrale ; (US Pol) tournée f or campagne f électorale (dans les circonscriptions rurales)
ADJ ✶ [performance] emballant

**barnyard** /ˈbɑːnjɑːd/
N basse-cour f
COMP **barnyard fowl(s)** N(PL) volaille f

**barogram** /ˈbærəʊɡræm/ N barogramme m

**barograph** /ˈbærəʊɡrɑːf/ N barographe m

**barometer** /bəˈrɒmɪtəʳ/ N (lit, fig) baromètre m ◆ **the barometer is set fair** le baromètre est au beau fixe ◆ **a good barometer of public opinion** un bon baromètre de l'opinion publique ; → **aneroid**

**barometric** /ˌbærəʊˈmetrɪk/ ADJ barométrique

**baron** /ˈbærən/
N ① (= *nobleman*) baron m
② (= *magnate*) baron m ◆ **cattle baron** magnat m du bétail ◆ **press/tobacco/coffee baron** magnat m de la presse/du tabac/du café ◆ **industrial baron** magnat m de l'industrie, gros industriel m ◆ **drug(s) baron** baron m de la drogue
COMP **baron of beef** N double aloyau m de bœuf

**baroness** /ˈbærənɪs/ N baronne f

**baronet** /ˈbærənɪt/ N (Brit) baronnet m

**baronetcy** /ˈbærənɪtsɪ/ N dignité f de baronnet

**baronial** /bəˈrəʊnɪəl/
ADJ (lit) de baron ; (fig) seigneurial
COMP **baronial hall** N demeure f seigneuriale

**barony** /ˈbærənɪ/ N baronnie f

**baroque** /bəˈrɒk/ SYN ADJ, N (Archit, Art, Mus) baroque m

**baroreceptor** /ˈbærəʊrɪˌseptəʳ/ N (Anat) barorécepteur m, barocepteur m

**baroscope** /ˈbærəskəʊp/ N baroscope m

**barperson** /ˈbɑːpɜːsn/ N (= *man*) barman m, serveur m (de bar) ; (= *woman*) serveuse f (de bar)

**barque** † /bɑːk/ N ⇒ bark³

**barrack¹** /ˈbærək/
N caserne f, quartier m ; → **barracks**
COMP **barrack life** N vie f de caserne
**barrack room** N chambrée f ◆ **barrack-room language** propos mpl de caserne or de corps de garde ◆ **to be a barrack-room lawyer** se promener toujours avec le code sous le bras
**barrack square** N cour f (de caserne)

**barrack²** /ˈbærək/ VT (esp Brit) chahuter, conspuer (frm)

**barracking** /ˈbærəkɪŋ/ N huées fpl

**barracks** /ˈbærəks/
N caserne f, quartier m ◆ **cavalry barracks** quartier m de cavalerie ◆ **in barracks** à la caserne, au quartier ; → **confine, naval**
COMP **barracks bag** N (US) sac m (de soldat)

**barracuda** /ˌbærəˈkjuːdə/ N (pl **barracuda** or **barracudas**) barracuda m

**barrage** /ˈbærɑːʒ/ SYN
N ① [of river] barrage m
② (Mil) tir m de barrage ; (fig) [of questions, reproaches] pluie f ; [of words] flot m, déluge m
COMP **barrage balloon** N ballon m de barrage

**barratry** /ˈbærətrɪ/ N (Marine Insurance) baraterie f

**barred** /bɑːd/
ADJ [window etc] muni de barreaux
COMP **barred warbler** N (Orn) fauvette f épervière
**barred woodpecker** N (Orn) (pic m) épeichette f

**-barred** /bɑːd/ ADJ (in compounds) ◆ **five-barred gate** barrière f à cinq barreaux

**barrel** /ˈbærəl/
N ① (= *cask*) [of wine] tonneau m, fût m ; [of cider] futaille f ; [of beer] tonneau m ; [of herring] caque f ; [of oil] baril m ; [of tar] tonne f ; (small) baril m ◆ **to have sb over a barrel** tenir qn à sa merci ◆ **to pay cash on the barrel** (US) payer rubis sur l'ongle ; → **biscuit, scrape**
② [of gun] canon m ; [of fountain pen] corps m ; [of key] canon m ; [of lock, clock] barillet m ◆ **to give sb both barrels**✶ (fig) engueuler qn✶

**ANGLAIS-FRANÇAIS**

**VT** [+ wine, cider etc] mettre en fût (or en futaille etc)
**VI** (US *) foncer*, aller à toute pompe *
**COMP** **barrel-chested** ADJ au torse puissant
**barrel-house jazz** N (US) jazz m de bastringue
**barrel organ** N orgue m de Barbarie
**barrel roll** N (Aviat) tonneau m
**barrel-shaped** ADJ en forme de barrique or de tonneau ; [person] gros (grosse f) comme une barrique
**barrel vault** N voûte f en berceau

**barrelhead** /ˈbærəlhed/ N (US) ◆ **to pay cash on the barrelhead** payer rubis sur l'ongle

**barren** /ˈbærən/ SYN
ADJ ① (†† = infertile) [woman, plant, tree] stérile
② (= dry) [land, landscape] aride
③ (fig) [film, book] dénué or dépourvu d'intérêt ; [discussion, period of time] stérile ; [lifestyle] vide de sens ; [surroundings] monotone ; [style] aride, sec (sèche f) ◆ **his latest book is barren of interest** son dernier livre est dénué or dépourvu d'intérêt ◆ **a government barren of new ideas** un gouvernement qui ne sait plus innover
N (esp US) ◆ **barren(s)** (gen pl) lande(s) f(pl)
**COMP** **Barren Grounds, Barren Lands** NPL toundra f canadienne

**barrenness** /ˈbærənnɪs/ N ① († = infertility) [of woman, plant, tree, land] stérilité f
② (= dryness) [of land, landscape] aridité f
③ (fig) [of film, book, surroundings] manque m d'intérêt ; [of lifestyle] monotonie f ; [of discussion] stérilité f ; [of style] aridité f, sécheresse f

**barrette** /bəˈret/ N (US) barrette f

**barricade** /ˌbærɪˈkeɪd/ SYN
N barricade f
VT [+ street] barricader ◆ **to barricade o.s. (in)** se barricader ◆ **police barricaded them in** la police les a empêchés de sortir

**barrier** /ˈbærɪəʳ/ SYN
N barrière f ; (Rail: also **ticket barrier**) portillon m (d'accès) ; (fig) obstacle m, barrière f (to à) ◆ **age is no barrier to success** l'âge n'est pas un obstacle à la réussite ◆ **a trade barrier** une barrière douanière ◆ **to put up barriers to sb/sth** dresser or élever des obstacles sur le chemin de qn/qch ◆ **to break down barriers** supprimer les barrières ; → **language, sound¹**
**COMP** **barrier contraceptive** N contraceptif m local
**barrier cream** N crème f protectrice
**barrier method** N méthode f de contraception locale
**barrier reef** N barrière f or récif m de corail ◆ **the Great Barrier Reef** la Grande Barrière (de corail or d'Australie)

**barring** /ˈbɑːrɪŋ/ PREP excepté, sauf ◆ **barring accidents** sauf accident, à moins d'accident(s) ◆ **barring the unforeseen** sauf imprévu

**barrio** /ˈbærɪəʊ/ N (US) quartier m latino-américain

**barrister** /ˈbærɪstəʳ/ N (Brit : also **barrister-at-law**) avocat m → **LAWYER**

**barroom** /ˈbɑːruːm/ N (US) salle f de bar ◆ **barroom discussion/philosophy** discussion/philosophie de comptoir

**barrow¹** /ˈbærəʊ/
N (also **wheelbarrow**) brouette f ; (esp Brit : also **coster's barrow**) voiture f des quatre saisons ; (Rail: also **luggage barrow**) diable m ; (also **hand barrow**) charrette f à bras ; (Min) wagonnet m ◆ **to wheel sth in a barrow** brouetter qch
**COMP** **barrow-boy** N marchand m des quatre saisons

**barrow²** /ˈbærəʊ/ N (Archeol) tumulus m

**Bart** /bɑːt/ N (Brit) abbrev of **baronet**

**bartender** /ˈbɑːˌtendəʳ/ N (US) barman m, barmaid f

**barter** /ˈbɑːtəʳ/
N échange m, troc m
VT échanger, troquer (for contre)
VI faire un échange or un troc
▶ **barter away** VT [+ rights, liberty] vendre ; [+ one's honour] faire trafic de

**Bartholomew** /bɑːˈθɒləmjuː/ N Barthélemy m ◆ **the Massacre of St Bartholomew** (Hist) (le massacre de) la Saint-Barthélemy

**baryon** /ˈbærɪɒn/
N (Phys) baryon m
**COMP** **baryon number** N nombre m baryonique

**barysphere** /ˈbærɪˌsfɪəʳ/ N barysphère f

**barytes** /bəˈraɪtiːz/ N (Miner) barytine f

**barytone** /ˈbærɪtəʊn/ N (Mus) baryton m (instrument)

**basal** /ˈbeɪsl/ ADJ (lit, fig) fondamental ; (Physiol) basal

**basalt** /ˈbæsɔːlt/ N basalte m

**bascule** /ˈbæskjuːl/
N bascule f
**COMP** **bascule bridge** N pont m à bascule

**base¹** /beɪs/ SYN
N ① (= lowest part) base f, partie f inférieure ; [of column, wall, skull, brain] base f, pied m ; [of building] soubassement m ; [of tree, lamp] pied m ; [of statue] socle m ◆ **the base of the spine** le coccyx
② (= headquarters, also Mil) base f ; [of company, organization] siège m ◆ **London is my base** je suis basé à Londres ◆ **the FBI decided to use an old cinema as their base** le FBI a décidé d'utiliser un ancien cinéma comme base ◆ **political/electoral base** assise f politique/électorale ◆ **army/air force base** base militaire/de l'armée de l'air ◆ **to return to base** rejoindre sa base ; → **air, naval**
③ (= basis) point m de départ ◆ **to use** or **take sth as one's base** prendre qch comme point de départ ◆ **the novel takes real-life events as its base** ce roman prend des faits réels comme point de départ
④ (= main ingredient) base f
⑤ (Chem, Math, Ling) base f ◆ **base 2/10 etc** (Comput) base 2/10 etc
⑥ (Baseball) base f ◆ **he's way off base*** (US) il déraille ◆ **to touch base with sb\*** reprendre contact avec qn ◆ **we'll touch base this afternoon\*** on se tient au courant or on s'appelle cet après-midi ◆ **I'll touch base with you about the schedule\*** il faut qu'on parle du programme, toi et moi ◆ **to touch** or **cover all the bases** (US) penser à tout
VT ① (= derive from) baser, fonder (on, around sur) ◆ **this conclusion is based on an erroneous assumption** cette conclusion est fondée sur des prémisses erronées ◆ **your pension will be based on your existing salary** votre retraite sera fonction de votre salaire actuel ◆ **these figures are based on past experience of book sales** ces chiffres sont basés sur les ventes de livres enregistrées dans le passé ◆ **the novel is largely based on** or **around his experiences as a policeman** le roman se fonde en grande partie sur son expérience d'agent de police
② (= locate base of) [+ person, organization, job] (also Mil) ◆ **to base sb/sth somewhere** baser qn/qch quelque part ◆ **the post will be based in London but will involve considerable travel** le poste sera basé à Londres mais il exigera de nombreux déplacements ◆ **they've decided to base their operation in London instead of Glasgow** ils ont choisi Londres plutôt que Glasgow comme base de leurs opérations ◆ **I am based in** or **at Glasgow** je suis basé à Glasgow, j'opère à partir de Glasgow ◆ **the company is based in Glasgow** l'entreprise a son siège or est basée à Glasgow
**COMP** **base camp** N (Climbing) camp m de base
**base coat** N [of paint] première couche f
**base form** N (Ling) forme f de base
**base jumping** N base-jump m
**base lending rate** N (Fin) taux m de base bancaire
**base line** N (Baseball) ligne f des bases ; (Surv) base f ; [of diagram] ligne f zéro ; (Tennis) ligne f de fond ; (Art) ligne f de fuite
**base period** N (Stat) période f de référence or de base
**base rate** N (Fin) ⇒ **base lending rate**
**base year** N (Fin) année f de référence

**base²** /beɪs/ SYN
ADJ ① (= contemptible) [person, behaviour, crime, betrayal, action, motive, thoughts, emotions] vil (vile f), indigne ; [instincts] bas (basse f) ; [task] ingrat
② (liter) [birth, descent] bas (basse f) ◆ **of base descent** de basse extraction
③ (= counterfeit) [coin] faux (fausse f)
④ (US) ⇒ **bass¹** adj
**COMP** **base metal** N métal m vil

**baseball** /ˈbeɪsbɔːl/
N base-ball or baseball m
**COMP** **baseball cap** N casquette f de base(-)ball

**barrelhead | basic**

▪ **BASEBALL**
▪ Sport national américain, très répandu aussi
▪ au Canada, dont certaines qualités - l'esprit
▪ de camaraderie et de compétition, par ex-
▪ emple - ont été popularisées par le cinéma et
▪ en viennent à symboliser l'« American way of
▪ life ».
▪ En plus de la célèbre casquette, le base-ball
▪ est à l'origine d'un certain nombre
▪ d'expressions courantes telles que « ballpark
▪ figure » (chiffre approximatif), a « whole new
▪ ball game » (une autre histoire) ou « to get to
▪ first base » (franchir le premier obstacle).

**baseboard** /ˈbeɪsbɔːd/ N (US Constr) plinthe f

**-based** /beɪst/ ADJ (in compounds) ◆ **to be London-based** être basé à Londres ◆ **an oil-based economy** une économie basée sur le pétrole ◆ **sea-/land-based missile** missile m marin/terrestre

**Basel** /ˈbɑːzəl/ N Bâle

**baseless** /ˈbeɪslɪs/ SYN ADJ sans fondement

**baseline costs** /ˌbeɪslaɪnˈkɒsts/ NPL (Fin) coûts mpl de base

**basely** /ˈbeɪslɪ/ ADV bassement, vilement

**baseman** /ˈbeɪsmən/ (pl **-men**) N (Baseball) gardien m de base

**basement** /ˈbeɪsmənt/
N sous-sol m ◆ **in the basement** au sous-sol
**COMP** **basement flat** N appartement m en sous-sol

**baseness** /ˈbeɪsnɪs/ SYN N ① [of person, behaviour, crime, betrayal] ignominie f ; [of action, motive, thoughts, instincts, emotions] bassesse f
② (liter) ◆ **the baseness of his birth** or **descent** sa basse extraction

**basenji** /bəˈsendʒɪ/ N (= dog) basenji m, terrier m du Congo

**bases¹** /ˈbeɪsiːz/ NPL of **basis**

**bases²** /ˈbeɪsɪz/ NPL of **base¹**

**bash*** /bæʃ/
N ① coup m ; (with fist) coup m de poing ◆ **to give sb a bash on the nose** donner un coup de poing sur le nez de qn ◆ **the car bumper has had a bash** le pare-chocs est cabossé or bosselé
② ◆ **to have a bash at sth/at doing sth \*** s'essayer à qch/à faire qch ◆ **I'll have a bash (at it)\***, **I'll give it a bash\*** je vais tenter le coup ◆ **have a bash!\*** vas-y, essaie !
③ († = party) surboum ††f
VT frapper, cogner ◆ **to bash one's head against a wall** se cogner la tête contre un mur ◆ **to bash sb on the head** assommer qn
▶ **bash about\***, **bash around\*** VT SEP [+ person] (= hit) flanquer* des coups ; (= ill-treat) [+ person] maltraiter, rudoyer ; [+ object] malmener
▶ **bash in \*** VT SEP [+ door] enfoncer ; [+ hat, car] cabosser, défoncer ; [+ lid, cover] défoncer ◆ **to bash sb's head in** défoncer le crâne de qn*
▶ **bash on** VI continuer (with sth avec qch)
▶ **bash up \*** VT SEP [+ car] bousiller* ; (Brit) [+ person] tabasser*

**basher*** /ˈbæʃəʳ/
N cogneur* m
◆ (in compounds) ◆ **he's a queer-basher**⁎ il casse du pédé⁎

**bashful** /ˈbæʃfʊl/ SYN ADJ timide, qui manque d'assurance

**bashfully** /ˈbæʃfəlɪ/ ADV d'un air embarrassé

**bashfulness** /ˈbæʃfʊlnɪs/ N timidité f

**bashibazouk** /ˌbæʃɪbəˈzuːk/ N bachi-bouzouk m

**bashing*** /ˈbæʃɪŋ/
N rossée* f, raclée* f ◆ **to take a bashing** [team, regiment] prendre une raclée* or une dérouillée⁎ ; [car, carpet etc] en prendre un (vieux or sacré) coup*
◆ (in compounds) ◆ **union-bashing** dénigrement m systématique des syndicats ; → **Paki, queer**

**BASIC, Basic** /ˈbeɪsɪk/ N (Comput) basic m

**basic** /ˈbeɪsɪk/ SYN
ADJ ① (= fundamental) [difficulty, principle, problem, essentials] fondamental ; (= elementary) [rule] élémentaire ◆ **the four basic operations** (Math) les quatre opérations fondamentales ◆ **basic French** le français fondamental or de base ◆ **a basic knowledge of Russian/electronics** une connaissance de base du russe/de l'électronique ◆ **basic research** recherche f fondamentale

## basically | bathing

♦ **basic vocabulary** vocabulaire *m* de base ♦ **basic English** l'anglais *m* fondamental ♦ **basic needs** besoins *mpl* essentiels

[2] (= *forming starting point*) [*salary, working hours*] de base ♦ **a basic suit to which one can add accessories** un petit tailleur neutre auquel on peut ajouter des accessoires ♦ **a basic black dress** une petite robe noire

[3] (*Chem*) basique ♦ **basic salt** sel *m* basique ♦ **basic slag** scorie *f* de déphosphoration

**NPL** **the basics** l'essentiel *m* ♦ **to get down to the basics** en venir à l'essentiel ♦ **to get back to basics** revenir au b.a.-ba ♦ **a new back-to-basics drive** une nouvelle campagne prônant un retour à la simplicité

**COMP** **basic airman** N (pl **basic airmen**) (*US*) soldat *m* de deuxième classe (de l'armée de l'air)
**basic industry** N industrie *f* de base
**basic overhead expenditure** N (*Fin*) frais *mpl* généraux essentiels
**basic rate** N (*Fin, Comm*) taux *m* de référence ♦ **basic rate of (income) tax** taux *m* de base de l'impôt sur le revenu
**basic training** N (*Mil*) ♦ **to do one's basic training** faire ses classes
**basic wage** N salaire *m* de base

**basically** /'beɪsɪklɪ/ **LANGUAGE IN USE 26.2** SYN ADV au fond ♦ **it's basically simple** au fond, c'est simple ♦ **it's basically the same** c'est pratiquement la même chose ♦ **he's basically lazy** au fond, il est paresseux, il est fondamentalement paresseux ♦ **basically, it's easy** au fond or en fait, c'est simple ♦ **basically we agree** nous sommes d'accord sur le fond

**basidium** /bæ'sɪdɪəm/ N (pl **basidia** /bæ'sɪdɪə/) basideɪ *f*

**basil** /'bæzl/ N (= *plant*) basilic *m*

**basilar** /'bæsɪlər/ ADJ basilaire

**basilica** /bə'zɪlɪkə/ N basilique *f*

**basilisk** /'bæzɪlɪsk/ N (= *mythical beast, lizard*) basilic *m*

**basin** /'beɪsn/ N [1] (*gen*) cuvette *f*, bassine *f* ; (*for food*) bol *m* ; (*wide: for cream etc*) jatte *f* ; (*also* **washbasin, wash-hand basin**) lavabo *m* ; [*of lavatory*] cuvette *f* ; [*of fountain*] vasque *f* ; → **sugar**
[2] (*Geog*) [*of river*] bassin *m* ; (= *valley*) cuvette *f* ; (= *harbour*) bassin *m* ; → **catchment, tidal**

**basinful** /'beɪsnfʊl/ N [*of milk*] bolée *f* ; [*of water*] pleine cuvette *f* ♦ **I've had a basinful**‡ j'en ai par-dessus la tête * or ras le bol * (*of de*)

**basis** /'beɪsɪs/ SYN

N (pl **bases**) (*lit, fig*) base *f* ♦ **a possible basis for negotiation** un éventuel point de départ des négociations ♦ **on that basis** dans ces conditions ♦ **on the basis of what you've told me** d'après ce que vous m'avez dit ♦ **basis for assessing VAT** assiette *f* de la TVA
♦ **on a + basis** ♦ **on a temporary basis** temporairement ♦ **on an equal basis** sur un pied d'égalité ♦ **the shops are operated on a voluntary basis** les magasins sont tenus par des bénévoles ♦ **on a mileage basis** en fonction du kilométrage ♦ **open on a 24-hour basis** ouvert 24 heures sur 24 ♦ **paid on a daily/day-to-day/regular basis** payé à la journée/au jour le jour/régulièrement

**COMP** **basis point** N (*Fin*) point *m* de base

**bask** /bɑːsk/ SYN

VI ♦ **to bask in the sun** [*person*] se dorer au soleil, se prélasser au soleil ; [*animal*] se prélasser au soleil ♦ **the team were basking in the glory of their victory** l'équipe savourait sa victoire ♦ **we can all bask in reflected glory when our team does well** nous pouvons tous tirer fierté des succès de notre équipe ♦ **to bask in sb's praise** savourer les éloges de qn ♦ **to bask in sb's favour** jouir de la faveur de qn

**COMP** **basking shark** N requin *m* pèlerin

**basket** /'bɑːskɪt/

N (*gen*) corbeille *f* ; (*also* **shopping basket**) (*one-handled*) panier *m* ; (*deeper, two-handled*) cabas *m* ; (*also* **clothes basket**) corbeille *f* or panier *m* à linge (sale) ; (*also* **wastepaper basket**) corbeille *f* (à papier) ; (*on person's back*) hotte *f* ; (*on donkey*) panier *m* ; (*for game, fish, oysters*) bourriche *f* ; (*Basketball*) panier *m* ; (*on ski stick*) rondelle *f* (de ski) ♦ **a basket of currencies/products** (*Econ*) un panier de devises/produits ♦ **a basket(ful) of eggs** un panier d'œufs ♦ **to make a basket** (*Basketball*) marquer un panier ; → **laundry, luncheon, picnic, workbasket**

**COMP** [*handle etc*] de panier
**basket case**‡ N (= *country*) cas *m* désespéré ♦ **he's a basket case** [*person*] (= *crazy*) il est cinglé* ; (= *inadequate*) c'est un paumé* ; (= *nervous*) c'est un paquet de nerfs*
**basket chair** N chaise *f* en osier
**basket maker** N vannier *m*

**basketball** /'bɑːskɪtbɔːl/
N basket(-ball) *m*
**COMP** **basketball player** N basketteur *m*, -euse *f*

**basketry** /'bɑːskɪtrɪ/ N ⇒ **basketwork**

**basketweave** /'bɑːskɪtwiːv/ N (= *cloth*) tissage *m* ; (= *cane*) tressage *m*

**basketwork** /'bɑːskɪtwɜːk/ N vannerie *f*

**Basle** /bɑːl/ N ⇒ **Basel**

**basmati** /bəz'mætɪ/ N (*also* **basmati rice**) (riz *m*) basmati *m*

**Basotho** /bə'suːtuː/ N (pl **Basothos**) Basotho *mf*

**Basque** /bæsk/
N [1] (= *person*) Basque *m*, Basque *f* or Basquaise *f*
[2] (= *language*) basque *m*
ADJ basque ♦ **a Basque woman** une Basque or Basquaise ♦ **the Basque Country** le Pays basque ♦ **the Basque Provinces** les provinces *fpl* basques

**basque** /bæsk/ N guêpière *f*

**bas-relief** /'bæsrɪˌliːf/ N bas-relief *m*

**bass¹** /beɪs/ SYN (*Mus*)
N (= *part, singer, guitar*) basse *f* ; (*also* **double bass**) contrebasse *f* ; → **double**
ADJ [*voice*] de basse ; [*note*] grave ; (= *low-sounding*) bas (basse *f*), grave
**COMP** **bass-baritone** N baryton-basse *m*
**bass clarinet** N clarinette *f* basse
**bass clef** N clef *f* de fa
**bass drum** N grosse caisse *f*
**bass flute** N flûte *f* basse
**bass guitar** N guitare *f* basse
**bass guitarist** N bassiste *mf*
**bass horn** N serpent *m*
**bass player** N (*Mus*) bassiste *mf*
**bass-relief** ADJ ⇒ **bas-relief**
**bass strings** NPL basses *fpl*
**bass trombone** N trombone *m* basse
**bass tuba** N tuba *m* d'orchestre
**bass viol** N viole *f* de gambe

**bass²** /bæs/ N (= *fish*) (*freshwater*) perche *f* ; (*sea*) bar *m*, loup *m*

**basset** /'bæsɪt/
N (*also* **basset hound**) basset *m*
**COMP** **basset horn** N (*Mus*) cor *m* de basset

**bassi** /'bæsɪ/ NPL of **basso** → **basso continuo, basso profundo**

**bassinet** /ˌbæsɪ'net/ N berceau *m* en osier

**bassist** /'beɪsɪst/ N bassiste *mf*

**bassline** /'beɪslaɪn/ N (ligne *f* de) basse *f*

**basso continuo** /ˌbæsəʊkən'tɪnjʊəʊ/ N (pl **bassos** *or* **bassi continuo**) (*Mus*) basse *f* continue

**bassoon** /bə'suːn/ N basson *m* ; → **double**

**bassoonist** /bə'suːnɪst/ N basson *m*, bassoniste *mf*

**basso profundo** /ˌbæsəʊprə'fʌndəʊ/ N (pl **bassos** *or* **bassi profundo**) (*Mus*) basse *f* profonde

**Bass Strait** /'bæstreɪt/ N ♦ **the Bass Strait** le détroit de Bass

**bastard** /'bɑːstəd/ SYN
N [1] (*lit*) enfant naturel(le) *m(f)*, bâtard(e) *m(f)*
[2] (*‡ pej* = *unpleasant person*) salaud‡ *m*, salope‡ *f*
[3] *‡* ♦ **he's a lucky bastard!** c'est un drôle de veinard !* ♦ **you old bastard!** sacré vieux !* ♦ **poor bastard** pauvre type* ♦ **silly bastard!** quel corniaud !*
ADJ [*child*] naturel, bâtard, [*language, dialect*] corrompu, abâtardi ; (*Typ*) [*character*] d'un autre œil ♦ **bastard title** faux-titre *m*

**bastardized** /'bɑːstədaɪzd/ ADJ [*language*] corrompu, abâtardi

**bastardy** /'bɑːstədɪ/ N (*Jur*) bâtardise *f*

**baste¹** /beɪst/ VT (*Sewing*) bâtir, faufiler

**baste²** /beɪst/ VT (*Culin*) arroser

**basting thread** /'beɪstɪŋ/ N faufil *m*

**bastion** /'bæstɪən/ SYN N bastion *m*

**Basutoland** /bə'suːtəʊlænd/ N Bas(o)utoland *m*

**bat¹** /bæt/ SYN N (= *animal*) chauve-souris *f* ♦ **an old bat** une vieille bique * ♦ **to have bats in the belfry** * avoir une araignée au plafond * ♦ **he ran like a bat out of hell** * il a couru comme un dératé * ♦ **her new Ferrari goes like a bat out of hell** sa nouvelle Ferrari est un vrai bolide * ; → **blind**

**bat²** /bæt/ (*Sport etc*)
N [1] (*Baseball, Cricket*) batte *f* ; (*Table Tennis*) raquette *f* ♦ **off one's own bat** de sa propre initiative, de son propre chef ♦ **right off the bat** (*US*) sur-le-champ ♦ **he's a good bat** (*Baseball, Cricket*) il manie bien la batte
[2] (= *blow*) coup *m*
VI (*Baseball, Cricket*) ♦ **he bats well but is a poor bowler** il manie bien la batte, mais n'est pas bon lanceur ♦ **Smith was batting** Smith était à la batte ♦ **to go in to bat (for England)** passer à la batte (pour l'équipe anglaise) ♦ **to go (in) to bat for sb** * (= *support*) intervenir en faveur de qn
VT [1] [+ *ball*] frapper (*avec une batte, raquette etc*)
[2] * (= *hit*) cogner*, flanquer un coup à* ♦ **to bat sth around** (*US fig*)(= *discuss*) discuter de qch (à bâtons rompus)

**bat³** /bæt/ VT ♦ **he didn't bat an eyelid** (*Brit*)*or* **an eye** (*US*) il n'a pas sourcillé or bronché ♦ **without batting an eyelid** (*Brit*)*or* **an eye** (*US*) sans sourciller or broncher

**batch** /bætʃ/ SYN
N [*of loaves*] fournée *f* ; [*of people*] groupe *m* ; [*of prisoners*] convoi *m* ; [*of recruits*] contingent *m*, fournée *f* ; [*of letters*] paquet *m* ; (*Comm*) [*of goods*] lot *m* ; [*of concrete*] gâchée *f*
**COMP** **batch file** N (*Comput*) fichier *m* batch
**batch mode** N (*Comput*) ♦ **in batch mode** en temps différé
**batch-process** VT (*Comput*) traiter par lots
**batch processing** N (*Comput*) traitement *m* par lots
**batch production** N production *f* par lots

**bated** /'beɪtɪd/ ADJ ♦ **with bated breath** en retenant son souffle

**bath** /bɑːθ/ SYN
N (pl **baths** /bɑːðz/) [1] bain *m* ; (*also* **bath tub**) baignoire *f* ♦ **to take** *or* **have** (*Brit*) **a bath** prendre un bain ♦ **to give sb a bath** baigner qn, donner un bain à qn ♦ **while I was in my** *or* **the bath** pendant que j'étais dans *or* que je prenais mon bain ♦ **room with (private) bath** (*in hotel*) chambre *f* avec salle de bains (particulière) ; → **blood, eyebath, Turkish**
[2] (*Chem, Phot, Tech*) bain *m* ; (*Phot* = *container*) cuvette *f*
**NPL** **baths** (*for swimming*) piscine *f* ; (*for washing*) (établissement *m* de) bains(-douches) *mpl* ; (*Hist*) thermes *mpl*
VT (*Brit*) baigner, donner un bain à
VI (*Brit*) prendre un bain
**COMP** **bath bomb** N sels *mpl* de bain effervescents
**bath cube** N sels *mpl* de bain en cube
**bath oil** N huile *f* pour le bain
**bath pearls** NPL perles *fpl* de bain
**bath salts** NPL sels *mpl* de bain
**bath sheet** N drap *m* de bain
**bath towel** N serviette *f* de bain

**Bath bun** /'bɑːθˌbʌn/ N (*Brit*) ≈ pain *m* aux raisins

**bathchair**† /'bɑːθtʃeər/ N fauteuil *m* roulant, voiture *f* d'infirme

**bathe** /beɪð/ SYN
VT (*gen, also fig*) baigner ; [+ *wound*] laver ♦ **to bathe one's eyes** se baigner or se bassiner les yeux ♦ **to bathe one's feet** prendre un bain de pieds ♦ **bathed in tears** baigné de larmes ♦ **to be bathed in sweat** être en nage ♦ **to bathe the baby** (*US*) baigner l'enfant ♦ **bathed in light** baigné or inondé de lumière
VI (*Brit*) se baigner, prendre un bain (*de mer ou de rivière*) ; (*US*) prendre un bain (*dans une baignoire*)
N (*Brit*) bain *m* (*de mer ou de rivière*) ♦ **an enjoyable bathe** une baignade agréable ♦ **to take** *or* **have a bathe** se baigner ♦ **let's go for a bathe** allons nous baigner

**bather** /'beɪðər/ N baigneur *m*, -euse *f*

**bathetic** /bə'θetɪk/ ADJ (*Literat*) qui passe du sublime au ridicule

**bathhouse** /'bɑːθhaʊs/ N bains *mpl* publics

**bathing** /'beɪðɪŋ/
N bains *mpl*, baignade(s) *f(pl)* ♦ **bathing prohibited** défense de se baigner, baignade interdite ♦ **safe bathing** baignade *f* sans (aucun) danger ; → **sea**
**COMP** **bathing beauty** N naïade *f*
**bathing cap** N bonnet *m* de bain

**bathing costume** SYN N (Brit) maillot m (de bain)
**bathing hut** N cabine f (de bains)
**bathing machine** N cabine f de bains roulante
**bathing suit** N (esp US) ⇒ **bathing costume**
**bathing trunks** NPL (Brit) maillot m or slip m de bain
**bathing wrap** N peignoir m (de bain), sortie f de bain

**bathmat** /ˈbɑːθmæt/ N tapis m de bain

**bathos** /ˈbeɪθɒs/ SYN N (Literat) chute f du sublime au ridicule

**bathrobe** /ˈbɑːθrəʊb/ N peignoir m (de bain)

**bathroom** /ˈbɑːθrʊm/
　**N** salle f de bains ◆ **to go to** or **use the bathroom** (esp US) aller aux toilettes
　COMP **bathroom cabinet** N armoire f de toilette
　**bathroom fittings** NPL (= main fixtures) appareils mpl or installations fpl sanitaires ; (= accessories) accessoires mpl de salle de bains
　**bathroom scales** NPL balance f, pèse-personne m inv

**Bathsheba** /bæθˈʃiːbə/ N Bethsabée f

**bathtub** /ˈbɑːθtʌb/ N (esp US) baignoire f ; (round) tub m

**bathwater** /ˈbɑːθwɔːtəʳ/ N eau f du bain

**bathyal** /ˈbæθɪəl/ ADJ bathyal

**bathymeter** /bəˈθɪmɪtəʳ/ N bathymètre m

**bathymetric** /ˌbæθɪˈmetrɪk/ ADJ bathymétrique

**bathymetry** /bəˈθɪmətrɪ/ N bathymétrie f

**bathyscaphe** /ˈbæθɪskeɪf/ N (Naut) bathyscaphe m

**bathysphere** /ˈbæθɪsfɪəʳ/ N bathysphère f

**batik** /bəˈtiːk/ N batik m

**batiste** /bæˈtiːst/ N batiste f

**batman** /ˈbætmən/ N (pl -men) (Brit Mil) ordonnance f

**baton** /ˈbætən/ SYN
　**N** (Mil, Mus) bâton m, baguette f ; (Brit) [of policeman] matraque f ; [of French traffic policeman] bâton m ; [of relay race] témoin m ◆ **to hand on** or **pass the baton to sb** passer le flambeau à qn
　COMP **baton charge** N charge f (de police etc) à la matraque
　**baton round** N (Mil) balle f en plastique
　**baton twirler** N majorette f (menant un défilé)

**batrachian** /bəˈtreɪkɪən/ (Zool)
　**N** batracien m
　ADJ batracien

**bats** ⁕ /bæts/ ADJ toqué ⁕, timbré ⁕

**batsman** /ˈbætsmən/ N (pl -men) (Cricket) batteur m

**battalion** /bəˈtælɪən/ SYN N (Mil, fig) bataillon m

**batten¹** /ˈbætn/ SYN
　**N** (Carpentry) latte f ; [of roofing] volige f ; [of flooring] latte f, planche f (de parquet) ; (Naut) latte f (de voile) ; (Theat) herse f
　VT latter ; [+ roof] voliger ; [+ floor] planchéier
　▶ **batten down** VT SEP (Naut) ◆ **to batten down the hatches** fermer les écoutilles, condamner les panneaux

**batten²** /ˈbætn/ SYN VI (= prosper illegitimately) s'engraisser (on sb aux dépens de qn ; on sth de qch) ; (= feed greedily) se gorger, se gaver (on de)

**batter¹** /ˈbætəʳ/ N (Culin) (for frying) pâte f à frire ; (for pancakes) pâte f à crêpes ◆ **fried fish in batter** poisson m frit (enrobé de pâte à frire)

**batter²** /ˈbætəʳ/ SYN
　VT 1 (= strike repeatedly) battre, frapper ; [+ baby] maltraiter, martyriser ◆ **ship battered by the waves** navire m battu par les vagues ◆ **town battered by bombing** ville f ravagée or éventrée par les bombardements
　2 (Typ) [+ type] endommager
　VI ◆ **to batter at the door** cogner or frapper à la porte à coups redoublés
　**N** (US Sport) batteur m
　▶ **batter about** VT SEP [+ person] rouer de coups, rosser
　▶ **batter down** VT SEP [+ wall] démolir, abattre ; (Mil) battre en brèche
　▶ **batter in** VT SEP [+ door] enfoncer, défoncer ; [+ skull] défoncer

**battered** /ˈbætəd/ SYN ADJ 1 (= maltreated) battu ◆ **battered children** enfants mpl battus ◆ **battered child syndrome** syndrome m de l'enfant battu ◆ **battered wife** femme f battue
　2 (= in poor condition) [hat, pan] cabossé, bosselé ; [face] (lit) meurtri, (fig) buriné ; [furniture, house] délabré ◆ **a battered old car** une vieille bagnole cabossée ⁕

**batterer** /ˈbætərəʳ/ N personne qui bat son conjoint ou ses enfants ; → **wife**

**battering** /ˈbætərɪŋ/
　**N** ◆ **the town took a dreadful battering during the war** la ville a été dreadful éprouvée pendant la guerre ◆ **he got such a battering** on l'a roué de coups, on l'a rossé ; → **baby**
　COMP **battering ram** N (Mil) bélier m

**battery** /ˈbætərɪ/ SYN
　**N** 1 (= guns) batterie f
　2 (Elec) [of torch, radio] pile f ; [of vehicle] batterie f
　3 (= number of similar objects) batterie f ◆ **to undergo a battery of tests** subir une batterie de tests ◆ **a battery of questions** une pluie or un feu nourri de questions
　4 (Agr) batterie f
　5 (Jur) voie f de fait ; → **assault**
　COMP **battery acid** N électrolyte m
　**battery charger** N chargeur m de batterie
　**battery-driven** ADJ à piles ; [car] électrique
　**battery egg** N œuf m produit en batterie
　**battery farm** N (Brit) élevage m en batterie
　**battery fire** N (Mil) tir m par salves
　**battery hen** N poulet m d'élevage en batterie, poulet m de batterie
　**battery lead connection** N (in car) cosse f de batterie
　**battery-operated, battery-powered** ADJ à pile(s) ; [car] électrique
　**battery set** N (= radio) poste m à piles

**battle** /ˈbætl/ SYN
　**N** 1 (Mil) bataille f, combat m ◆ **to fight a battle** se battre, lutter (against contre) ◆ **to lead an army into battle** mener une armée au combat ◆ **the Battle of Britain** la bataille d'Angleterre ◆ **killed in battle** tué au combat
　2 (fig) combat m, lutte f ◆ **to have a battle of wits** jouer au plus fin ◆ **battle of wills** (partie f de) bras m de fer ◆ **life is a continual battle** la vie est un combat perpétuel or une lutte perpétuelle ◆ **a political battle** une lutte or un combat politique ◆ **to do battle for/against** lutter pour/contre ◆ **the battle against crime** la lutte contre le crime ◆ **to fight sb's battles** se battre à la place de qn ◆ **we are fighting the same battle** nous nous battons pour la même cause ◆ **that's half the battle** ⁕ c'est déjà pas mal ⁕ ◆ **getting an interview is only half the battle** quand on obtient un entretien la partie n'est pas encore gagnée ◆ **battle for control of sth/to control sth** lutte f or combat m pour obtenir le contrôle de qch/pour contrôler qch ◆ **to lose/win the battle** perdre/gagner la bataille ◆ **to win the battle but lose the war** gagner une bataille mais perdre la guerre ; → **cancer, join, losing, Nile**
　VI (lit, fig) se battre, lutter (against contre ; to do sth pour faire qch) ◆ **sailors constantly battling with the elements** des marins luttant sans cesse contre les éléments
　COMP **battle array** N ◆ **in battle array** en ordre de bataille
　**battle-axe** N (= weapon) hache f d'armes ; (⁕ pej = woman) virago f
　**battle cruiser** N croiseur m cuirassé
　**battle cry** SYN N cri m de guerre
　**battle dress** N (Mil) tenue f de campagne or de combat
　**battle fatigue** N psychose f traumatique (du soldat)
　**battle hardened** ADJ aguerri
　**battle lines** NPL lignes fpl de combat ◆ **the battle lines are drawn** chacun a choisi son camp
　**battle order** N ⇒ **battle array**
　**battle royal** N (= quarrel) bataille f en règle
　**battle-scarred** ADJ (lit) [troops, country] marqué par les combats ; (fig) [person] marqué par la vie ; (⁕ hum) [furniture] endommagé, abîmé
　**battle zone** N zone f de combat
　▶ **battle out** VT SEP ◆ **Leeds battled it out with Manchester in the final** Leeds s'est mesuré à or avec Manchester en finale ◆ **the three political parties battled it out** les trois partis politiques se sont livré une bataille acharnée

**battledore** /ˈbætldɔːʳ/ N (Sport) raquette f ◆ **battledore and shuttlecock** (jeu m de) volant m

**battlefield** /ˈbætlfiːld/ SYN, **battleground** /ˈbætlɡraʊnd/ N (Mil, fig) champ m de bataille

**battlements** /ˈbætlmənts/ NPL (= wall) remparts mpl ; (= crenellation) créneaux mpl

**battleship** /ˈbætlʃɪp/ SYN N cuirassé m

**battleships** /ˈbætlʃɪps/ N (NonC = game) bataille f navale

**batty** ⁕ /ˈbætɪ/ ADJ (esp Brit) ⇒ **bats**

**bauble** /ˈbɔːbl/ SYN N babiole f, colifichet m ; [of jester] marotte f

**baud** /bɔːd/ (Comput)
　**N** baud m
　COMP **baud rate** N vitesse f en bauds

**bauera** /ˈbaʊərə/ N (Bot) bauera f

**bauhinia** /bɔːˈhɪnɪə/ N (Bot) bauhinia f, bauhinie f

**baulk** /bɔːlk/ N, VT, VI ⇒ **balk**

**bauxite** /ˈbɔːksaɪt/ N bauxite f

**Bavaria** /bəˈvɛərɪə/ N Bavière f

**Bavarian** /bəˈvɛərɪən/
　ADJ bavarois ◆ **Bavarian Alps** Alpes fpl bavaroises
　**N** Bavarois(e) m(f)
　COMP **Bavarian cream** N (Culin) bavaroise f

**bawd** †† /bɔːd/ N (= prostitute) catin † f

**bawdiness** /ˈbɔːdɪnɪs/ N paillardise f

**bawdy** /ˈbɔːdɪ/ SYN ADJ paillard

**bawdyhouse** †† /ˈbɔːdɪhaʊs/ N maison f de tolérance ††

**bawl** /bɔːl/ SYN
　VI 1 (= shout) brailler, hurler (at contre)
　2 (⁕ = weep) brailler, beugler ⁕
　VT brailler, hurler
　▶ **bawl out** VT SEP 1 ⇒ **bawl** vt
　2 (⁕ = scold) engueuler ⁕

**bay¹** /beɪ/ SYN N (Geog) baie f ; (small) anse f ◆ **the Bay of Biscay** le golfe de Gascogne ◆ **the Bay State** (US) le Massachusetts

**bay²** /beɪ/
　**N** (also **bay tree, sweet bay**) laurier(-sauce) m
　COMP **bay leaf** N (pl **bay leaves**) feuille f de laurier
　**bay rum** N lotion capillaire
　**bay wreath** N couronne f de laurier

**bay³** /beɪ/ SYN
　**N** 1 (= alcove) renfoncement m ; [of window] baie f
　2 (Rail) voie f d'arrêt ; → **bomb, loading, parking, sick**
　COMP **bay window** N bow-window m, bay-window f

**bay⁴** /beɪ/ SYN
　**N** (Hunting, fig) ◆ **to be at bay** être aux abois ◆ **to bring to bay** acculer ◆ **to keep** or **hold at bay** (fig) tenir à distance or en échec
　VI aboyer (at à, après), donner de la voix ◆ **to bay at the moon** aboyer or hurler à la lune ◆ **to bay for blood** (Brit fig) crier vengeance ◆ **to bay for sb's blood** (Brit) réclamer la tête de qn (fig)

**bay⁵** /beɪ/ SYN
　ADJ [horse] bai
　**N** cheval m bai ◆ **red bay** (= horse) alezan m

**Baykal** /baɪˈkɑːl/ N ◆ **Lake Baykal** le lac Baïkal

**bayonet** /ˈbeɪənɪt/ SYN
　**N** baïonnette f ; → **fix**
　VT passer à la baïonnette
　COMP **bayonet bulb** N (Elec) ampoule f à baïonnette
　**bayonet charge** N charge f à la baïonnette
　**bayonet drill** N (NonC) ⇒ **bayonet practice**
　**bayonet fitting** N (Elec) douille f à baïonnette
　**bayonet-fitting bulb** N ⇒ **bayonet bulb**
　**bayonet point** N ◆ **at bayonet point** à (la pointe de) la baïonnette
　**bayonet practice** N (NonC) exercices mpl de baïonnette
　**bayonet socket** N (Elec) douille f à baïonnette

**bayou** /ˈbaɪjuː/ N (US) bayou m, marécages mpl

**bazaar** /bəˈzɑːʳ/ SYN N (in East) bazar m ; (= large shop) bazar m ; (= sale of work) vente f de charité

**bazoo** ⁕ /bəˈzuː/ N (US) gueule ⁕ f, bouche f

**bazooka** /bəˈzuːkə/ N bazooka m

**BB** /biːˈbiː/
　**N** (abbrev of **Boys' Brigade**) → **boy**
　COMP **BB gun** N (US) carabine f à air comprimé

**BBB** /biːbiːˈbiː/ N (US) (abbrev of **Better Business Bureau**) organisme américain de déontologie

# BBC | beach

**BBC** /ˌbiːbiːˈsiː/ N (abbrev of **British Broadcasting Corporation**) BBC f

**BBQ** /ˌbiːbiːˈkjuː/ N abbrev of **barbecue**

**BBS** /ˌbiːbiːˈes/ N (Comput) (abbrev of **bulletin board system**) BBS m, babillard m

**BC** /biːˈsiː/ N 1 (abbrev of **Before Christ**) av. J.-C.
2 (abbrev of **British Columbia**) → **British**

**BCD** /ˌbiːsiːˈdiː/ N (Comput) (abbrev of **binary-coded decimal**) DCB f

**BCG** /ˌbiːsiːˈdʒiː/ N (abbrev of **bacille Calmette et Guérin**) BCG m

**BD** /biːˈdiː/ N 1 (abbrev of **bank draft**) → **bank²**
2 (Univ) (abbrev of **Bachelor of Divinity**) licence de théologie

**BDD** /ˌbiːdiːˈdiː/ N (abbrev of **body dysmorphic disorder**) → **body**

**BDS** /ˌbiːdiːˈes/ N (Univ) (abbrev of **Bachelor of Dental Surgery**) diplôme de chirurgie dentaire

**BE** /biːˈiː/ N (Comm) (abbrev of **bill of exchange**) → **bill¹**

◆ ◆ ◆ ◆ ◆ ◆ ◆ ◆ ◆ ◆ ◆ ◆ ◆ ◆ ◆ ◆ ◆ ◆ ◆ ◆ ◆ ◆ ◆

**be** /biː/ SYN

vb: pres **am**, **is**, **are**, pret **was**, **were**, ptp **been**

1 - COPULATIVE VERB
2 - AUXILIARY VERB
3 - MODAL VERB
4 - INTRANSITIVE VERB
5 - IMPERSONAL VERB
6 - COMPOUNDS

◆ ◆ ◆ ◆ ◆ ◆ ◆ ◆ ◆ ◆ ◆ ◆ ◆ ◆ ◆ ◆ ◆ ◆ ◆ ◆ ◆ ◆ ◆

### 1 - COPULATIVE VERB

1 [JOINING SUBJECT AND PREDICATE] être ◆ **the sky is blue** le ciel est bleu ◆ **who is that? – it's me!** qui est-ce ? – c'est moi ! ◆ **she is English** elle est anglaise ◆ **they are friendly** ils sont sympathiques ◆ **if I were you I would refuse** à votre place or si j'étais vous, je refuserais ◆ **and even if it were true...** et même si c'était vrai...

> The following translations use **ce** + **être** because they contain an article or possessive in French:

◆ **she is an Englishwoman** c'est une Anglaise ◆ **they are friendly people** ce sont des gens sympathiques ◆ **they are my best friends** ce sont mes meilleurs amis ◆ **it's the most expensive** c'est le plus cher

2 [WITH OCCUPATION] être

> No article is used in French, unless the noun is qualified by an adjective.

◆ **he wants to be a doctor** il veut être médecin ◆ **she is a lawyer** elle est avocate ◆ **she's a well-known lawyer** c'est une avocate renommée

3 [REFERRING TO HEALTH] aller ◆ **how are you?** comment allez-vous ? ◆ **I'm better now** je vais mieux maintenant ◆ **she's none too well** elle ne va pas très bien

4 [= COST] coûter ◆ **how much is it?** combien ça coûte ? ◆ **the book is €3** le livre coûte 3 €

5 [MATH = EQUAL] faire ◆ **two and two are four** deux et deux font quatre ◆ **three times two is six** trois fois deux font six

6 [WITH CERTAIN ADJECTIVES : TRANSLATED 'AVOIR'] ◆ **to be cold/hot/hungry/thirsty/ashamed/right/wrong** avoir froid/chaud/faim/soif/honte/raison/tort

> Note how French makes the person, not the part of the body, the subject of the sentence in the following:

◆ **my feet are cold** j'ai froid aux pieds ◆ **my hands are frozen** j'ai les mains gelées

7 [WITH AGE] avoir ◆ **how old is he?** quel âge a-t-il ? ◆ **he's 25** il a vingt-cinq ans ◆ **she's about my age** elle a à peu près mon âge ◆ **he will be three next week** il aura trois ans la semaine prochaine ◆ **she was 40 on Sunday** elle a eu quarante ans dimanche

### 2 - AUXILIARY VERB

1 [IN CONTINUOUS TENSES]
◆ **to be** + -ing

> French does not distinguish between simple and continuous actions as much as English does.

◆ **I'm coming!** j'arrive ! ◆ **she's always complaining** elle se plaint constamment, elle est toujours en train de se plaindre ◆ **what have you been doing this week?** qu'est-ce que tu as fait cette semaine ? ◆ **what's been keeping you?** qu'est-ce qui t'a retenu ? ◆ **I have just been packing my case** je viens de faire ma valise ◆ **it's a pity you aren't coming with us – but I am coming!** c'est dommage que tu ne viennes pas avec nous – mais si, je viens ! ◆ **will you be seeing her tomorrow?** est-ce que vous allez la voir demain ?

> être en train de + infinitive emphasizes that one is in the middle of the action:

◆ **I haven't got time, I'm cooking the dinner** je n'ai pas le temps, je suis en train de préparer le repas ◆ **I was just writing to him when he phoned** j'étais en train de lui écrire quand il m'a appelé

> The imperfect tense is used for continuous action in the past.

◆ **he was driving too fast** il conduisait trop vite
◆ **have/had been** ... + for/since

> French uses the present and imperfect where English uses the perfect and past perfect.

◆ **I've been waiting for you for an hour** je t'attends depuis une heure, ça fait une heure que je t'attends ◆ **I've been waiting for you since six o'clock** je t'attends depuis six heures ◆ **I'd been at university for six weeks when my father got ill** j'étais à l'université depuis six semaines quand mon père est tombé malade

2 [IN TAG QUESTIONS: SEEKING CONFIRMATION] n'est-ce pas ? ◆ **he's a friend of yours, isn't he?** c'est un ami à toi, n'est-ce pas ? ◆ **they were surprised, weren't they?** ils ont été surpris, n'est-ce pas or non ? ◆ **she wasn't happy, was she?** elle n'était pas heureuse, n'est-ce pas ? ◆ **so it's all done, is it?** tout est fait, alors ? ◆ **you are not ill, are you?** tu n'es pas malade j'espère ?

3 [IN TAG RESPONSES] ◆ **they're getting married – oh are they?** ils vont se marier – ah bon or ah oui ? ◆ **he's going to complain about you – oh is he?** il va porter plainte contre toi – ah vraiment ? ◆ **she is pretty – no, she isn't** elle est jolie – non, je ne trouve pas

> When answering questions, **oui** or **non** may be used alone.

◆ **he's always late, isn't he? – yes, he is** il est toujours en retard, n'est-ce pas ? – oui ◆ **is it what you expected? – no it isn't** est-ce que tu t'attendais à ça ? – non ; → **so, neither, nor**

4 [IN PASSIVES] être ◆ **he was killed** il a été tué ◆ **he was struck by a car** il a été renversé par une voiture

> The passive is used less in French than in English. It is often expressed by **on** + active verb when there is no obvious agent.

◆ **the door was shut in his face** on lui a fermé la porte au nez ◆ **it is said that...** on dit que...

> The reflexive can express the established way of doing something.

◆ **peaches are sold by the kilo** les pêches se vendent au kilo ◆ **oysters are usually eaten raw** les huîtres se mangent généralement crues

### 3 - MODAL VERB

1 [= WILL] ◆ **the talks are to start tomorrow** les négociations doivent commencer demain ◆ **they are to be married in the summer** ils doivent se marier cet été ◆ **now the old lady has died, her house is to be sold** maintenant que la vieille dame est décédée, sa maison doit être mise en vente ◆ **you must work harder if you are to succeed** tu dois travailler davantage si tu veux réussir

2 [= MUST] ◆ **you are to follow these instructions exactly** tu dois suivre ces instructions scrupuleusement ◆ **you are not to touch that** tu ne dois pas y toucher ◆ **no, YOU are to do it!** non, c'est à toi de le faire ! ◆ **I am not to speak to him** on m'a défendu de lui parler ◆ **this door is not to be opened** cette porte ne doit pas être ouverte, il est interdit or défendu d'ouvrir cette porte ◆ **I wasn't to tell you his name** je ne devais pas or je n'étais pas supposé te dire son nom

3 [= SHOULD] ◆ **he is to be pitied** il est à plaindre ◆ **not to be confused with...** à ne pas confondre avec... ◆ **is it to be wondered at if...?** faut-il s'étonner si... ?

4 [= CAN] ◆ **these birds are to be found all over the world** on trouve ces oiseaux dans le monde entier ◆ **little traffic was to be seen** il n'y avait pas beaucoup de circulation

5 [= BE DESTINED TO] ◆ **this was to have serious repercussions** cela devait avoir de graves répercussions ◆ **they were never to return** ils ne devaient jamais revenir

6 [IN CONDITIONAL CLAUSES: FRM] ◆ **were I to** or **if I were to tell him, what could he do?** à supposer que je le lui dise, que pourrait-il faire ? ◆ **how would he react, were he to find out?** comment réagirait-il s'il venait à tout découvrir ?
◆ **were it not for...** (frm) n'eût été... ◆ **were it not for my friendship for him...** n'eût été l'amitié que je lui porte...

### 4 - INTRANSITIVE VERB

1 [= EXIST, OCCUR, REMAIN, BE SITUATED] être ; (= take place) avoir lieu ◆ **to be or not to be** être ou ne pas être ◆ **he is there at the moment, but he won't be there much longer** il est là en ce moment mais il ne va pas rester très longtemps ◆ **there he was, sitting at the table** il était là, assis à la table ◆ **be that as it may** quoi qu'il en soit ◆ **the match is tomorrow** le match a lieu demain ◆ **Christmas Day is on a Wednesday this year** Noël tombe un mercredi cette année ◆ **leave it as it is** laissez-le tel quel
◆ **there** + **be** (= there exist(s)) il y a ◆ **there is a mouse in the room** il y a une souris dans la pièce ◆ **there are pigeons on the roof** il y a des pigeons sur le toit ◆ **there was once a castle here** autrefois, il y avait un château ici ◆ **I thought there would be problems** je pensais qu'il y aurait des problèmes ◆ **there must be an answer** il doit y avoir une solution ◆ **there being no alternative solution...** comme il n'y a aucune autre solution... ◆ **there is nothing more beautiful** il n'y a or il n'est (liter) rien de plus beau BUT ◆ **there were three of us** nous étions trois ◆ **let there be light and there was light** que la lumière soit et la lumière fut
◆ **there's/there are** (pointing out sth) voilà ◆ **there's the church** voilà l'église ◆ **there are the others** voilà les autres ◆ **there's democracy for you!** (iro) voilà ce qu'on appelle or c'est ce qu'on appelle de la démocratie ◆ **here is/are** voici ◆ **here's your key** voici ta clé ◆ **here are the tickets** voici les billets ◆ **here you are at last!** te voici enfin ! BUT ◆ **here you are!** (= take this) tenez or tiens !

2 [TO A PLACE]
◆ **to have + been** ◆ **I have already been to Paris** j'ai déjà été or je suis déjà allé à Paris ◆ **I have been to see my aunt** je suis allé voir ma tante ◆ **the postman has already been** le facteur est déjà passé ◆ **he has been and gone** il est venu et reparti

### 5 - IMPERSONAL VERB

1 [WEATHER, TEMPERATURE] faire ◆ **it's fine/cold/dark** il fait beau/froid/nuit ◆ **it's 20 degrees in the shade** il fait 20 degrés à l'ombre ◆ **it's windy/foggy** il y a du vent/du brouillard

2 [TIME] être ◆ **it's morning** c'est le matin ◆ **it's 6 o'clock** il est 6 heures ◆ **tomorrow is Friday** demain c'est vendredi ◆ **it is 14 June today** nous sommes le 14 juin (aujourd'hui), c'est le 14 juin (aujourd'hui)

3 [EMPHATIC] ◆ **it's me who does all the work** c'est moi qui fais tout le travail ◆ **it was me who decided to finish the relationship** c'est moi qui ai décidé de rompre ◆ **it was then we realised that...** c'est alors que nous nous sommes rendu compte que... ◆ **it was they who suggested that...** ce sont eux qui ont suggéré que... ◆ **it was they who had suggested that...** c'étaient eux qui avaient suggéré que... ◆ **how is it that you got back so early?** comment se fait-il que tu sois rentré si tôt ? ◆ **why is it that she is so popular?** pourquoi a-t-elle tant de succès ?

### 6 - COMPOUNDS

**the be-all and end-all** N le but suprême (of de) ◆ **for women today, marriage is not the be-all and end-all** pour les femmes d'aujourd'hui, le mariage n'est pas le but suprême

---

**beach** /biːtʃ/ SYN

N [of sea] plage f ; (= shore) grève f ; [of lake] rivage m ◆ **private/sandy beach** plage f privée/de sable

VT [+ boat] échouer

COMP **beach bag** N sac m de plage
**beach ball** N ballon m de plage
**beach buggy** N buggy m

**beach bum** ‡ N *jeune qui passe son temps à traîner sur les plages*
**beach flea** N talitre *m*
**beach house** N maison *f* en bord de plage
**beach hut** N cabine *f* de bain *or* de plage
**beach party** N fête *f* (*or* soirée *f*) sur la plage
**beach towel** N serviette *f* de plage
**beach umbrella** N parasol *m*

**beachcomber** /ˈbiːtʃˌkəʊməʳ/ SYN N *(= person) (lit)* ramasseur *m* d'épaves ; *(fig = idler)* propre *mf* à rien ; *(= wave)* vague *f* déferlante

**beachhead** /ˈbiːtʃhed/ N *(Naut)* tête *f* de pont

**beachwear** /ˈbiːtʃwɛəʳ/ N tenue(s) *f(pl)* de plage

**beacon** /ˈbiːkən/ SYN
N [1] *(= danger signal)* phare *m*, signal *m* lumineux ; *(= lantern itself)* fanal *m* ; *(for ships)* balise *f* ; *(for planes)* balise *f*, phare *m* ; *(fig) (= person)* figure *f* phare • **a moral beacon** un guide moral ; → **Belisha beacon, radio**
[2] *(Hist: on hills)* feu *m* (d'alarme)
[3] *(= hill : gen in place-names)* colline *f*
COMP **beacon light** N balise *f* lumineuse
**beacon school** N *(Brit)* école *f* modèle

**bead** /biːd/ SYN N [1] *[of glass, coral, amber etc]* perle *f* ; *[of rosary]* grain *m* • **(string of) beads** collier *m* ; → **tell**
[2] *(= drop) [of dew]* perle *f* ; *[of sweat]* goutte *f* ; *(= bubble)* bulle *f* • **his forehead was covered in beads of sweat** la sueur lui perlait au front
[3] *[of gun]* guidon *m* • **to draw a bead on sb/sth** viser qn/qch

**beaded** /ˈbiːdəd/ ADJ *[fabric, dress]* perlé, orné de perles • **his forehead was beaded with sweat** la sueur perlait à son front

**beading** /ˈbiːdɪŋ/ N *(Carpentry)* baguette *f* ; *(Archit)* chapelet *m* ; *(Dress)* broderie *f* perlée, garniture *f* de perles

**beadle** /ˈbiːdl/ N *(Brit Univ)* appariteur *m*, huissier *m* ; *(Rel)* bedeau *m*

**beady** /ˈbiːdɪ/
ADJ • **to watch sth with beady eyes** regarder qch avec des yeux de fouine
COMP **beady-eyed** ADJ *(bright-eyed)* aux yeux en boutons de bottines ; *(pej)* aux yeux de fouine

**beagle** /ˈbiːgl/
N beagle *m*
VI chasser avec des beagles

**beak** /biːk/ SYN N [1] *[of bird, turtle etc]* bec *m* ; (‡ : also **beaked nose**) nez *m* crochu
[2] *(Brit ‡ = judge)* juge *m* ; *(Brit Scol † * = headmaster)* protal * *m*

**beaker** /ˈbiːkəʳ/ N gobelet *m* ; *(wide)* coupe *f* ; *(Chem)* vase *m* à bec

**beam** /biːm/ SYN
N [1] *(Archit)* poutre *f* ; *(thick)* madrier *m* ; *(small)* poutrelle *f* ; → **crossbeam**
[2] *(Sport: in gym)* poutre *f*
[3] *[of ship] (= transverse member)* barrot *m* ; *(= greatest width)* largeur *f* • **on the beam** par le travers • **on the port beam** à bâbord • **on the starboard beam** à tribord ; → **broad**
[4] *[of scales]* fléau *m* ; *[of engine]* balancier *m* ; *[of plough]* age *m* ; *[of loom]* rouleau *m*
[5] *[of light, sunlight]* rayon *m*, trait *m* ; *[of lighthouse, headlight, searchlight]* faisceau *m* (lumineux) ; *(Phys)* faisceau *m* ; *(for guiding ships, planes)* chenal *m* de radioguidage • **to be on/be off (the) beam** être/ne pas être dans le chenal de radioguidage • **to be on (the) beam** * *(fig)* être sur la bonne voie • **to be off (the) beam** * *(Brit)*, **to be off the beam** * *(US) (fig)* dérailler * • **to be way off beam** * *(Brit fig)* être complètement à côté de la plaque * ; → **electron**
[6] *(= smile)* sourire *m* épanoui
VI [1] (also **beam down**) *[sun]* rayonner, darder ses rayons
[2] *(= smile)* • **she beamed** son visage s'est épanoui en un large sourire • **at the sight of the money she beamed at me** elle a levé vers moi un visage épanoui *or* rayonnant en voyant l'argent • **her face was beaming with joy** son visage rayonnait de joie • **beaming with pride, she showed them her ring** rayonnante de fierté, elle leur a montré sa bague
[3] *(Rad, Telec)* • **soon we will be beaming into your homes via the Astra satellite** bientôt nos émissions vous parviendront chez vous grâce au satellite Astra
[4] *(Sci Fi)* • **they beamed up to their spaceship** ils ont été téléportés dans leur vaisseau spatial
VT [1] *(Rad, Telec) [+ message]* transmettre par émission dirigée • **to beam a programme to the Arab-speaking countries** diffuser un programme à l'intention des pays de langue arabe
[2] • **"welcome" she beamed** « bienvenue » dit-elle d'un air radieux
[3] *(Sci Fi)* • **aliens were beamed down to earth** des extraterrestres ont été téléportés sur terre • **he was beamed up into the spacecraft** il a été téléporté dans le vaisseau spatial
COMP *(Naut) [sea, wind]* de travers
**beam balance** N balance *f* à fléau
**beam compass** N compas *m* à verge
**beam-ends** NPL *(Naut)* • **on her beam-ends** couché sur le côté *or* le flanc • **to be on one's beam-ends** * être dans la dèche ‡ *or* dans la gêne

**beaming** /ˈbiːmɪŋ/ SYN ADJ *[sun]* radieux, resplendissant ; *[smile, face]* rayonnant, radieux, épanoui

**bean** /biːn/
N *(Bot, Culin)* haricot *m* ; (also **green bean**) haricot *m* vert ; (also **broad bean**) fève *f* ; *[of coffee]* grain *m* ; *(US *) (= head)* tête *f*, tronche * *f* ; *(= brain)* cervelle *f* • **to be full of beans** * *(Brit)* être en pleine forme, péter le feu * • **to know how many beans make five** *(Brit)* avoir du bon sens • **he doesn't know beans about it** * *(US)* il n'y connaît absolument rien • **it isn't worth a bean** * ça ne vaut pas un clou * • **it doesn't amount to a hill** *or* **row of beans** * ça ne vaut pas un clou • **he hasn't a bean** * *(Brit)* il n'a pas le sou *or* un radis * • **it won't cost you a bean** * ça ne vous coûtera pas un centime • **hello, old bean!** † * salut mon pote ! * ; → **bake, kidney, spill**[1]
VT * frapper à la tête
COMP **bean counter** * N *(pej)* petit(e) comptable *mf*
**bean curd** N fromage *m* de soja
**bean goose** N *(Orn)* oie *f* des moissons
**bean sprouts** NPL ⇒ **beanshoots**

**beanbag** /ˈbiːnbæg/ N *(chair)* sacco *m* ; *(for throwing)* balle *f* lestée

**beanery** * /ˈbiːnərɪ/ N *(US)* gargote *f (pej)*

**beanfeast** * /ˈbiːnfiːst/, **beano** † * /ˈbiːnəʊ/ N *(Brit) (= meal)* gueuleton ‡ *m* ; *(= spree)* bombe * *f*, nouba * *f*

**beanpole** /ˈbiːnpəʊl/ N *(lit)* perche *f* ; (* *fig*) (grande) perche * *f*

**beanshoots** /ˈbiːnʃuːts/ NPL *(Culin)* germes *mpl* de soja

**beanstalk** /ˈbiːnstɔːk/ N tige *f* de haricot

**bear**[1] /bɛəʳ/ SYN (pret **bore**, ptp **borne**)
VT [1] *(= carry) [+ burden, arms, message]* porter • **music borne on the wind** musique *f* portée par le vent • **to bear away** emporter • **to bear back** rapporter • **it is a cross he has to bear** c'est une croix qu'il doit porter • **we each have our cross to bear** chacun a *or* porte sa croix • **the strong current bore us towards the sea** la force du courant nous a entraînés *or* emportés vers la mer ; → **mind**
[2] *(= show) [+ inscription, mark, traces, signature]* porter • **to bear some resemblance to...** ressembler à... • **to bear no relation to...** être sans rapport avec..., n'avoir aucun rapport avec...
[3] *(= be known by) [+ name]* porter
[4] • **he bore himself like a soldier** *(= carried himself)* il avait une allure de soldat ; *(= conducted himself)* il se comportait en soldat
[5] *(= feel)* avoir en soi, porter • **the love/hatred he bore her** l'amour/la haine qu'il lui portait *or* qu'il avait à son égard • **to bear sb ill will** en avoir contre qn ; → **grudge**
[6] *(= bring, provide)* apporter, fournir • **to bear witness to sth** *[thing, result etc]* témoigner de qch ; *[person]* attester qch • **to bear false witness** porter un faux témoignage • **to bear sb company** † tenir compagnie à qn
[7] *(= sustain, support) [+ weight, person]* supporter • **to bear the weight of...** supporter le poids de... • **to bear comparison with...** soutenir la comparaison avec... • **to bear the expense of sth** prendre les frais de qch à sa charge • **to bear the responsibility for sth** assumer la responsabilité de qch
[8] *(= endure) [+ person]* supporter, souffrir ; *[+ event]* supporter • **I cannot bear (the sight of) that man** je ne peux pas souffrir *or* voir cet homme • **he can't bear the smell of garlic** il ne supporte pas l'odeur de l'ail • **she cannot bear being laughed at** elle ne supporte pas qu'on se moque *subj* d'elle • **she can't bear being** *or* **to be wrong** elle ne supporte pas d'avoir tort *or* de se tromper • **his language will not bear repeating** ses propos sont trop grossiers pour être rapportés • **it doesn't bear thinking about!** mieux vaut ne pas y penser ! ; → **brunt, grin**
[9] *(= produce, yield) [+ interest]* rapporter, produire • **to bear fruit** *(lit, fig)* produire des fruits • **investment which bears 5%** *(Fin)* placement *m* qui rapporte 5% • **to bear interest at 5%** *(Fin)* produire *or* rapporter un intérêt de 5%
[10] *(= give birth to)* donner naissance à, mettre au monde • **she has borne him three daughters** elle lui a donné trois filles ; → **born**
[11] *(= push, press)* entraîner, porter • **he was borne along by the crowd** il s'est trouvé entraîné *or* emporté par la foule
VI [1] *(= move)* se diriger • **to bear right/left** prendre sur la droite/la gauche *or* à droite/à gauche • **bear towards the church** allez vers l'église • **bear north at the windmill** prenez la direction nord au moulin • **to bear off** *(Naut)* virer (de bord)
[2] *[fruit, tree etc]* donner, produire
[3] *(= lean, press)* porter, appuyer *(on* sur) • **he bore heavily on his stick** *(liter)* il s'appuyait lourdement sur sa canne • **these taxes bear most heavily on the poor** ces impôts pèsent plus lourdement sur les pauvres
♦ **to bring... to bear** • **to bring one's energies to bear on sth** consacrer *or* mettre toute son énergie à qch • **to bring one's mind to bear on sth** porter son attention sur qch • **to bring pressure to bear on sth** exercer une pression sur qch • **to bring pressure to bear on sb** faire pression sur qn • **to bring a telescope to bear on sth** braquer une lunette sur qch • **to bring a gun to bear on a target** pointer un canon sur un objectif
▸ **bear down** VI [1] *(= approach)* • **to bear down on** *[ship]* venir sur ; *[person]* foncer sur
[2] *(= press)* appuyer fermement, peser *(on* sur)
[3] *[woman in labour]* pousser
▸ **bear in (up)on** VT FUS *(pass only)* • **it was gradually borne in (up)on me that...** la conviction s'est faite peu à peu en moi que..., il est apparu de plus en plus évident à mes yeux que...
▸ **bear on** VT FUS ⇒ **bear upon**
▸ **bear out** VT SEP confirmer, corroborer • **to bear sb out, to bear out what sb says** corroborer les dires de qn, corroborer ce que qn dit • **the result bears out our suspicions** le résultat confirme nos soupçons • **you will bear me out that...** vous serez d'accord avec moi (pour dire) que...
▸ **bear up** VI ne pas se laisser abattre *or* décourager • **he bore up well after the death of his father** il a supporté courageusement la mort de son père • **bear up!** courage ! • **how are you? – bearing up!** * comment ça va ? – on fait aller *
▸ **bear upon** VT FUS *(= be relevant to)* se rapporter à, avoir trait à ; *(= concern)* intéresser, concerner
▸ **bear with** VT FUS *[+ person, sb's moods etc]* supporter patiemment • **bear with me a little longer** je vous demande encore un peu de patience

**bear**[2] /bɛəʳ/
N [1] *(= animal)* ours(e) *m(f)* • **he's like a bear with a sore head** * il est d'une humeur massacrante *or* de dogue, il n'est pas à prendre avec des pincettes • **the Great/the Little Bear** *(Astron)* la Grande/la Petite Ourse ; → **grizzly, koala, polar**
[2] *(pej = person)* ours *m (pej)*
[3] *(Stock Exchange)* baissier *m*
VT *(Stock Exchange)* chercher à faire baisser
VI *(Stock Exchange)* jouer à la baisse
COMP **bear-baiting** N combat *m* d'ours et de chiens
**bear cub** N ourson *m*
**bear garden** N *(fig)* pétaudière *f*
**bear hug** N • **he gave me a big bear hug** il m'a serré très fort dans ses bras
**bear market** N *(Stock Exchange)* marché *m* (orienté) à la baisse, marché *m* baissier
**bear pit** N fosse *f* aux ours
**the Bear State** N *(US)* l'Arkansas *m*

**bearable** /ˈbɛərəbl/ SYN ADJ supportable, tolérable

**bearberry** /ˈbɛəbərɪ/ N busserole *f*

**beard** /bɪəd/ SYN
N [1] barbe *f* ; *(small, pointed)* barbiche *f*, bouc *m* • **to have** *or* **wear** † *a beard* porter la barbe • **a man with a beard** un homme barbu *or* à barbe, un barbu
[2] *[of fish, oyster]* branchie *f* ; *[of goat]* barbiche *f* ; *[of grain]* barbe *f*, arête *f* ; *[of hook etc]* barbe *f*, barbelure *f* ; *(Typ)* talus *m*

**VT** (= *face up to*) affronter, braver ◆ **to beard the lion in his den** aller braver le lion dans sa tanière

**bearded** /ˈbɪədɪd/ SYN

**ADJ** barbu ◆ **a bearded man** un barbu

**COMP** **bearded collie** N (= *dog*) colley *m* barbu
**the bearded lady** N la femme à barbe
**bearded tit** N mésange *f* à moustache
**bearded vulture** N gypaète *m*

**beardless** /ˈbɪədlɪs/ SYN **ADJ** imberbe, sans barbe ◆ **beardless youth** (*fig*) (petit) jeunet *m*

**bearer** /ˈbɛərəʳ/ SYN

**N** 1 [*of letter, news, burden*] porteur *m*, -euse *f* ; [*of tradition*] tenant(e) *m(f)* ; (*at funeral*) porteur *m* ; (= *servant*) serviteur *m*

2 [*of cheque, name, title*] porteur *m* ; [*of passport*] titulaire *mf*

3 (= *fruit tree*) ◆ **a good bearer** un arbre qui donne bien

**COMP** **bearer bill** N (*Fin*) effet *m* au porteur
**bearer bond** N titre *m* au porteur
**bearer cheque** N chèque *m* au porteur

**bearing** /ˈbɛərɪŋ/ SYN

**N** 1 (= *relation, aspect*) relation *f*, rapport *m* ◆ **to have a** *or* **some bearing on sth** influer sur qch ◆ **to have no bearing on the subject** n'avoir aucun rapport avec le sujet

2 [*of ship*] position *f* ◆ **to take a compass bearing** prendre un relèvement au compas ◆ **to take a ship's bearings** faire le point ◆ **to take** *or* **get one's bearings** s'orienter, se repérer ◆ **to lose one's bearings** (*fig*) être désorienté, perdre le nord

3 (= *posture, behaviour*) allure *f* ◆ **military bearing** allure *f* martiale ◆ **noble bearing** allure *f or* maintien *m* noble ◆ **queenly bearing** port *m* de reine

4 (*frm*) ◆ **it is beyond (all) bearing** c'est absolument insupportable

5 (*in machine*) palier *m* ; → **ball¹, main**

6 (*Heraldry*) → **armorial**

**ADJ** (*in compounds*) ◆ **carbon-/oxygen-bearing** *etc* contenant du carbone/de l'oxygène *etc* ◆ **an interest-bearing deposit account** un compte de dépôt qui rapporte des intérêts

**bearish** /ˈbɛərɪʃ/

**ADJ** 1 [*market*] à la baisse ◆ **to be bearish (on sth)** (= *speculate*) spéculer à la baisse (sur qch)

2 [*person*] bourru

**COMP** **bearish tendency** N tendance *f* à la baisse, tendance *f* baissière

**bearskin** /ˈbɛəskɪn/

**N** (*Mil Dress*) bonnet *m* à poil

**COMP** **bearskin rug** N tapis *m* en peau d'ours

**beast** /biːst/ SYN **N** 1 bête *f*, animal *m* ◆ **the king of the beasts** le roi des animaux ◆ **beast of burden** bête *f* de somme *or* de charge ◆ **beast of prey** prédateur *m* ◆ **beasts** (*Agr*) bétail *m*, bestiaux *mpl* ◆ **the Beast** (*Rel*) l'Antéchrist *m*, la Bête de l'Apocalypse ◆ **the mark of the Beast** la marque de la Bête ◆ **a good thriller is a rare beast indeed** (*hum*) un bon thriller est vraiment une denrée rare ◆ **this is a very different beast from...** ça n'a vraiment rien à voir avec... ; → **wild**

2 (*pej* = *person : cruel*) brute *f* ; (* : *disagreeable*) vache* *f*, chameau* *m* ◆ **a sex beast*** un maniaque sexuel

**beastliness** † /ˈbiːstlɪnɪs/ **N** (*NonC*) (= *act, quality*) bestialité *f* ; [*of language*] obscénité *f* ; (* = *unpleasantness*) caractère *m* infect ; [*of person*] méchanceté *f*, rosserie* *f*

**beastly** † /ˈbiːstlɪ/ SYN

**ADJ** [*person, conduct*] bestial, brutal ; [*language*] obscène ; [*food, sight*] dégoûtant, répugnant ; (* : *less strong*) infect*, abominable ; [*child, trick*] sale, vilain *both before n* ◆ **what beastly weather!*** quel temps infect !*, quel sale temps ! ◆ **it's a beastly business*** c'est une sale affaire ◆ **to be beastly to sb*** être infect* avec qn, se conduire de façon abominable avec qn

**ADV** (*Brit* *) méchamment*, terriblement

**beat** /biːt/ SYN (vb: pret **beat**, ptp **beaten**)

**N** 1 [*of heart, pulse*] battement *m* ; [*of drums*] battement *m*, roulement *m* ; (*Acoustics*) battement *m* ◆ **to march to the beat of the drum** marcher au (son du) tambour ◆ **80 beats a minute** [*of heart*] 80 pulsations *fpl* par minute ; see also **drum**

2 (*Mus*) temps *m* ; [*of conductor's baton*] battement *m* (de la mesure) ; (*Jazz*) rythme *m* ◆ **strong/weak beat** (*Mus*) temps *m* fort/faible ◆ **there are three beats to a bar** c'est une mesure à trois temps ◆ **he answered without missing a beat** il a répondu sans se démonter ◆ **she never misses a beat** (*fig*) elle a toujours une longueur d'avance

3 [*of policeman*] (= *round*) ronde *f* ; (= *area*) secteur *m* ; [*of sentry*] ronde *f* ◆ **the policeman on the beat noticed it** l'agent l'a remarqué pendant qu'il effectuait sa ronde ◆ **we need to put more officers on the beat** il faut augmenter le nombre des policiers affectés aux rondes ◆ **policeman on the beat** îlotier *m* ◆ **that's off my beat** (*fig*) cela n'est pas de mon domaine *or* de mon rayon* ; → **offbeat**

4 (*Hunting*) battue *f*

5 (* = **beatnik**) beatnik *mf*

**ADJ** 1 (* : also **dead-beat**) claqué*, crevé*

2 * beatnik *inv*

**VT** 1 (= *strike*) [+ *person, animal*] battre, frapper ; [+ *carpet*] battre ; [+ *eggs, cream*] fouetter, battre ; [+ *metal*] battre ◆ **to beat sth flat** aplatir qch ◆ **to beat sb with a stick** donner des coups de bâton à qn ◆ **to beat sb to death** battre qn à mort ◆ **she beat the flames with her jacket** elle essayait d'étouffer les flammes avec sa veste ◆ **to beat a drum** battre du tambour ◆ **to beat a drum for sth*** (*US* = *publicize*) faire du battage* autour de qch ◆ **to beat the retreat** (*Mil*) battre la retraite ◆ **to beat a retreat** (*Mil, fig*) battre en retraite ◆ **beat it!*** fiche le camp !*, fous le camp !* ◆ **to beat one's breast** (*liter :lit, fig*) se frapper la poitrine ◆ **to beat a way through sth** se frayer un passage *or* un chemin à travers qch ◆ **to beat the forest/the moors** (*Hunting*) battre les bois/les landes ◆ **to beat the bushes to do sth** (*US*) se donner de la peine pour faire qch ◆ **beating the air with its wings** battant l'air de ses ailes ◆ **the bird beats its wings** l'oiseau bat des ailes ◆ **to beat time** battre la mesure ◆ **to beat the bounds** (*Brit Hist*) *marquer les limites d'une paroisse (au cours d'une procession)* ; → **dead, tattoo²**

2 (= *defeat*) battre, vaincre ◆ **the army was beaten** l'armée a été battue ◆ **to beat sb to the top of a hill** arriver au sommet d'une colline avant qn ◆ **to beat sb at chess** battre qn aux échecs ◆ **to beat sb into second place** reléguer qn à la seconde place, battre qn et lui prendre la première place ◆ **to beat sb hollow** (*Brit*) *or* **hands down** *or* **into a cocked hat** battre qn à plate(s) couture(s) ◆ **to beat the record** battre le record ◆ **to beat the system** contourner le système ◆ **to beat the charge*** *or* **the rap*** (*US*) [*accused person*] se tirer d'affaire ◆ **to beat sb to it** couper l'herbe sous le pied à qn, devancer qn ◆ **coffee beats tea any day*** le café vaut tout le thé du monde ◆ **the police confess themselves beaten** la police s'avoue vaincue ◆ **this problem has got me beaten** *or* **beat*** ce problème me dépasse complètement ◆ **if you can't beat them, join them** si tu n'es pas sûr de les vaincre, mets-toi de leur côté ◆ **that beats everything!*** ça, c'est le bouquet !*, faut le faire !* ◆ **his behaviour takes some beating*** il dépasse les bornes ◆ **that will take some beating!*** (*admiring*) pour faire mieux, il faudra se lever de bonne heure !* ◆ **that beats me*** cela me dépasse ◆ **it beats me how you can speak to her*** je ne comprends pas *or* ça me dépasse que tu lui adresses *subj* la parole ◆ **can you beat that** *or* **it!*** faut le faire !*

**VI** 1 [*rain, wind*] battre ; [*sun*] (also **beat down**) taper*, cogner* ◆ **to beat at the door** cogner à la porte ◆ **the rain was beating against the window** la pluie battait contre la vitre ◆ **the waves beat against the cliff** les vagues battent la falaise ◆ **he doesn't beat about the bush** il n'y va pas par quatre chemins, il ne tourne pas autour du pot ◆ **well, not to beat about the bush, he...** bref, il...

2 [*heart, pulse, drum*] battre ◆ **her heart was beating with joy** son cœur battait *or* palpitait de joie ◆ **with beating heart** le cœur battant ◆ **his pulse began to beat quicker** son pouls s'est mis à battre plus fort ◆ **they heard the drums beating** ils entendaient le roulement des tambours

3 (*Naut*) ◆ **to beat (to windward)** louvoyer au plus près

**COMP** **Beat Generation** N beat generation *f*
**beat-up*** **ADJ** déglingué*, bousillé*

▸ **beat back** VT SEP [+ *enemy, flames*] repousser

▸ **beat down**

**VI** ◆ **the rain was beating down** il pleuvait à verse ◆ **the sun was beating down** le soleil tapait* *or* cognait* dur ; see also **beat vi 1**

**VT SEP** 1 (= *reduce*) [+ *prices*] faire baisser ; [+ *person*] faire baisser ses prix à ◆ **I beat him down to £8** je l'ai fait descendre à 8 livres

2 ◆ **the rain has beaten down the wheat** la pluie a couché les blés

▸ **beat in** VT SEP [+ *door*] défoncer ◆ **to beat sb's brains in*** défoncer le crâne à qn

▸ **beat off** VT SEP [+ *attack, attacker, competition*] repousser

▸ **beat out** VT SEP 1 [+ *fire*] étouffer ◆ **he beat out the flames with a blanket** il a étouffé les flammes avec une couverture

2 [+ *metal*] marteler, étaler *or* amincir au marteau ◆ **to beat one's brains out*** (*US*) se creuser la cervelle

3 ◆ **to beat out the rhythm** marquer le rythme, battre la mesure

4 (*esp US* = *beat*) battre

▸ **beat up**

**VT SEP** [+ *eggs, cream*] fouetter, battre ; (* *fig*) [+ *person*] passer à tabac, tabasser*

**VT REFL** ◆ **to beat o.s. up*** culpabiliser, s'en vouloir ◆ **don't beat yourself up about it** ne te culpabilise pas

**ADJ** ◆ **beat-up*** déglingué*, bousillé*

**N** ◆ **beating-up** → **beating**

▸ **beat up on*** VT FUS (*US*) (= *hit*) tabasser* ; (= *bully*) intimider ; (= *criticize*) descendre en flammes*

**beatable** /ˈbiːtəbl/ **ADJ** qui peut être battu

**beatbox** /ˈbiːtbɒks/ **N** (*Mus*) boîte *f* à rythmes

**beaten** /ˈbiːtn/ SYN

**VB** ptp of **beat**

**ADJ** 1 [*metal*] battu, martelé ; [*earth, path*] battu ◆ **beaten track** chemin *m or* sentier *m* battu ◆ **off the beaten track** (*lit, fig*) hors des sentiers battus

2 (= *defeated*) battu, vaincu

3 (= *exhausted*) claqué*, crevé*

**COMP** **beaten-up*** **ADJ** déglingué*, bousillé*

**beater** /ˈbiːtəʳ/ **N** 1 (= *gadget*) (*for carpet*) tapette *f* ; (*for eggs* = *whisk*) fouet *m* ; (*rotary*) batteur *m* ; (*Tex*) peigne *m* ; → **wife**

2 (*Shooting*) rabatteur *m*

**beatific** /ˌbiːəˈtɪfɪk/ **ADJ** béatifique ◆ **to wear a beatific smile** sourire aux anges, arborer un sourire béat

**beatifically** /ˌbiːəˈtɪfɪkəlɪ/ **ADV** béatement

**beatification** /biːˌætɪfɪˈkeɪʃən/ **N** béatification *f*

**beatify** /biːˈætɪfaɪ/ **VT** béatifier

**beating** /ˈbiːtɪŋ/ SYN

**N** 1 (= *punishment*) correction *f*, raclée* *f* ; (= *series of blows*) passage *m* à tabac ◆ **to give sb a beating** flanquer une correction *or* une raclée* à qn, passer qn à tabac ◆ **to get a beating** recevoir une correction *or* une raclée*, être passé à tabac

2 (*NonC*) [*of metal*] batte *f* ; [*of drums*] battement *m*, roulement *m* ; [*of carpet*] battage *m*

3 (= *defeat*) défaite *f* ◆ **to take a beating*** (= *rough time*) [*person*] en voir de toutes les couleurs*, passer un mauvais quart d'heure* ; (*Sport*) se faire battre à plate(s) couture(s), se faire piler* ◆ **the car takes a beating on that road*** la voiture en voit de dures sur cette route ; → **beat vt 2**

4 [*of wings, heart etc*] battement *m*

5 (*Shooting*) battue *f*

**COMP** **beating-up*** N passage *m* à tabac, raclée* *f*

**beatitude** /biːˈætɪtjuːd/ **N** béatitude *f* ◆ **the Beatitudes** les béatitudes

**beatnik** /ˈbiːtnɪk/ **N, ADJ** beatnik *mf*

**beau** /bəʊ/ SYN **N** (pl **beaus** *or* **beaux**) (= *dandy*) élégant *m*, dandy *m* ; (= *suitor*) galant *m* ; (*US* = *boyfriend*) petit ami* *m*

**Beaufort scale** /ˈbəʊfətˌskeɪl/ **N** échelle *f* de Beaufort

**beaut*** /bjuːt/ **N** ◆ **what a beaut!** quelle merveille !*

**beauteous** /ˈbjuːtɪəs/ **ADJ** (*liter*) ⇒ **beautiful adj**

**beautician** /bjuːˈtɪʃən/ **N** esthéticien(ne) *m(f)*, visagiste *mf*

**beautification** /ˌbjuːtɪfɪˈkeɪʃən/ **N** embellissement *m*

**beautiful** /ˈbjuːtɪfʊl/ SYN

**ADJ** [*person, music, picture, clothes*] beau (belle *f*), bel *m before vowel* ; [*weather*] superbe, splendide ;

[dinner] magnifique ◆ **really beautiful** de toute beauté ◆ **the beautiful game** (Brit) le football m
**N** ◆ **the beautiful** le beau

**beautifully** /'bjuːtɪflɪ/ ADV [sew, drive etc] admirablement, à la perfection ; [quiet, empty] merveilleusement ◆ **that will do beautifully** cela convient parfaitement, c'est tout à fait ce qu'il faut

**beautify** /'bjuːtɪfaɪ/ SYN VT embellir, orner ◆ **to beautify o.s.** se faire une beauté

**beauty** /'bjuːtɪ/ SYN
**N** ① (NonC) beauté f ◆ **to mar** or **spoil** or **ruin the beauty of sth** déparer qch ◆ **beauty is only skin-deep** (Prov) la beauté est quelque chose de superficiel ◆ **beauty is in the eye of the beholder** (Prov) la beauté est quelque chose de subjectif ◆ **the beauty of it is that**\*... (fig) le plus beau, c'est que... ◆ **that's the beauty of it**\* (fig) c'est ça qui est formidable\*
② (= person) beauté f ◆ **she is a beauty** elle est d'une grande beauté, c'est une beauté ◆ **she's no beauty**\* elle n'est pas une beauté ◆ **Beauty and the Beast** la Belle et la Bête
③ \* ◆ **his goal was a real beauty** son but était vraiment superbe ◆ **isn't this car a beauty!** elle est pas superbe, cette voiture ?
COMP **beauty competition**, **beauty contest** N concours m de beauté
**beauty cream** N crème f de beauté
**beauty editor** N rédacteur m, -trice f de la rubrique beauté
**beauty pageant** N (US) ⇒ **beauty contest**
**beauty parlour** N institut m or salon m de beauté
**beauty preparations** NPL produits mpl de beauté
**beauty queen** N reine f de beauté
**beauty salon** N ⇒ **beauty parlour**
**beauty shop** N (US) ⇒ **beauty parlour**
**beauty sleep** N ◆ **off you go to bed now, you need your beauty sleep** va te coucher maintenant pour être frais et dispos demain matin
**beauty specialist** N esthéticien(ne) m(f), visagiste m
**beauty spot** N (on skin) (natural) grain m de beauté ; (applied) mouche f ; (in countryside) site m pittoresque
**beauty treatment** N soins mpl de beauté

**beaux** /bəʊz/ NPL of **beau**

**beaver** /'biːvəʳ/
**N** ① (= animal) castor m ; (= fur) fourrure f de castor m ; (= hat) chapeau m de castor m ◆ **to work like a beaver** travailler d'arrache-pied ;
→ **eager**
② \*\*(esp US) foufoune\*\*f, chatte\*\*f
**VI** (Brit) ◆ **to beaver away**\* **at sth** travailler d'arrache-pied à qch
COMP [coat, hat] (en poil) de castor
**the Beaver State** N (US) l'Oregon m

**Beaverboard** ® /'biːvəbɔːd/ N (Constr) (panneau m d')aggloméré m (de bois)

**bebop** /'biːbɒp/ N (Mus) be-bop m

**becalm** /bɪ'kɑːm/ VT ◆ **to be becalmed** (Naut) être encalminé ; (fig) [economy, stock market, talks] faire du sur-place

**became** /bɪ'keɪm/ VB pt of **become**

**because** /bɪ'kɒz/ LANGUAGE IN USE 17.1, 26.3 SYN CONJ parce que ◆ **I did it because you asked me to** je l'ai fait parce que tu me l'as demandé ◆ **I won't go out because it's raining** je ne sortirai pas parce qu'il pleut or à cause de la pluie ◆ **it's all the more surprising because we were not expecting it** c'est d'autant plus surprenant que nous ne nous y attendions pas ◆ **if I did it, it was because it had to be done** je l'ai fait parce qu'il fallait bien le faire ◆ **because he lied, he was punished** il a été puni pour avoir menti or parce qu'il avait menti ◆ **we are annoyed because the weather is bad** nous sommes contrariés parce qu'il fait mauvais ◆ **not because he was offended but because he was angry** non qu'il fût offusqué mais parce qu'il était furieux ◆ **because he was leaving** à cause de son départ
◆ **because of** à cause de, en raison de ◆ **because of his age** en raison de son âge, vu son âge

**bechamel** /ˌbeɪʃəˈmɛl/ N (also **bechamel sauce**) (sauce f) béchamel f

**beck**¹ /bek/ N ◆ **to be at sb's beck and call** être à l'entière disposition de qn, être constamment à la disposition de qn ◆ **to have sb at one's beck and call** faire marcher qn à la baguette or au doigt et à l'œil

**beck**² /bek/ N (N Engl) ruisseau m, ru m

**beckon** /'bekən/ SYN
**VI** ① (= signal) faire signe (to sb à qn) ◆ **he beckoned to her to follow him** il lui a fait signe de le suivre
② (= be attractive) [bright lights, fame] attirer
**VT** ① (= signal) faire signe à ◆ **he beckoned me in/back/over** etc il m'a fait signe d'entrer/de revenir/d'approcher etc
② (= attract) attirer

**become** /bɪ'kʌm/ SYN (pret **became**, ptp **become**)
**VI** devenir, se faire ◆ **to become famous** etc devenir célèbre etc ◆ **to become king** devenir roi ◆ **to become a doctor** devenir or se faire médecin ◆ **to become old** vieillir, se faire vieux ◆ **to become thin** maigrir ◆ **to become fat** grossir ◆ **to become accustomed to...** s'accoutumer à..., s'habituer à... ◆ **to become interested in...** commencer à s'intéresser à... ◆ **to become known** [person] commencer à être connu, se faire connaître ◆ **we are fast becoming a nation of cynics** nous nous transformons rapidement en une nation de cyniques
IMPERS VB ◆ **what has become of him?** qu'est-il devenu ? ◆ **I don't know what will become of her** je ne sais pas ce qu'elle va devenir
**VT** (liter, frm) ① (= suit) aller à ◆ **her hat does not become her** son chapeau ne lui sied pas (frm)
② (= befit) convenir à, être digne de ◆ **it does not become him to speak thus** il lui sied mal (frm) de parler ainsi

**becoming** /bɪ'kʌmɪŋ/ SYN ADJ [behaviour, speech] convenable, bienséant ; [clothes, hair style] seyant, qui va bien ◆ **her hat is not becoming** son chapeau ne lui va pas or n'est pas seyant

**becomingly** /bɪ'kʌmɪŋlɪ/ ADV ① (= attractively) [smile, blush] de façon charmante ◆ **she was dressed becomingly in black** elle était habillée en noir, ce qui lui allait fort bien
② (= suitably) convenablement, d'une manière convenable

**becquerel** /ˌbekəˈrel/ N becquerel m

**BECTU** /'bektuː/ N (Brit) (abbrev of **Broadcasting Entertainment Cinematograph and Theatre Union**) syndicat

**BEd** /biː'ed/ N (abbrev of **Bachelor of Education**) → **bachelor**

**bed** /bed/ SYN
**N** ① (= furniture) lit m ◆ **a room with two beds** une chambre à deux lits ◆ **to book in (at a hotel) for bed and breakfast** (Brit) réserver une chambre avec le petit déjeuner (à l'hôtel) ◆ **to sleep in separate beds** faire lit à part ◆ **to make the bed** faire le lit ◆ **to turn down the bed** préparer le lit (en repliant le haut des draps) ◆ **to change the bed** changer les draps (du lit) ◆ **to be in bed** être couché ; (through illness) être alité, garder le lit ◆ **to get into bed** se coucher, se mettre au lit ◆ **before bed** avant de se coucher ◆ **to get out of bed** se lever ◆ **to get out of bed on the wrong side**, **to get up (on) the wrong side of the bed**\* (US) se lever du pied gauche ◆ **to get sb to bed** réussir à coucher qn ◆ **to put sb to bed** coucher qn ◆ **to go to bed** se coucher ◆ **to go to bed with sb**\* (= have sex with) coucher avec qn\* ◆ **to get into bed with sb** (fig) s'allier à qn ◆ **to go home to bed** rentrer se coucher ◆ **as you make your bed so you must lie on it** (Prov) comme on fait son lit on se couche ;
→ **campbed**, **deathbed**, **feather**
② (liter) ◆ **she was brought to bed of a boy** †† elle accoucha d'un garçon
③ (Press) ◆ **to put a paper to bed**\* mettre un journal sous presse ◆ **the paper has gone to bed** le journal est sous presse ◆ **to put sth to bed** (fig) mener qch à bien
④ (= layer) [of coal] couche f, gisement m ; [of clay] couche f, lit m ; [of coral] banc m ; [of ore] gisement m ; [of mortar] bain m (de mortier) ; [of oysters] banc m
⑤ (= base) [of engine] berceau m ; [of lathe] banc m ; [of machine] base f, bâti m ; [of truck] plateau m ; [of building] assises fpl ◆ **on a bed of lettuce/rice** sur un lit de laitue/riz
⑥ (= bottom) [of sea] fond m ; [of river] lit m
⑦ (in garden) [of vegetables] planche f ; (square) carré m ; [of flowers] parterre m, massif m ; (strip) platebande f ; (oval, circular) corbeille f ◆ **life is not a bed of roses** la vie n'est pas une partie de plaisir ◆ **my job isn't exactly a bed of roses**\* mon travail n'est pas drôle tous les jours
**VT** ① **to bed (out) plants** repiquer des plantes
② [+ foundations] asseoir ◆ **to bed stones in mortar** cimenter or sceller des pierres
③ († \*) [+ woman] coucher avec\*

COMP **bed and board** N le gîte or le vivre et le couvert
**bed and breakfast** N (gen) chambre f et petit déjeuner m, chambre f d'hôte ◆ **we stayed at bed and breakfasts** or **bed-and-breakfast places** nous avons logé dans des chambres d'hôtes ◆ **price for bed and breakfast** prix m pour la chambre et le petit déjeuner
**bed bath** N toilette f (d'un malade)
**bed jacket** N liseuse f
**bed linen** N (NonC) draps mpl de lit (et taies fpl d'oreillers), literie f
**bed of nails** N (lit) lit m de clous ◆ **it's a bed of nails** (Brit fig) c'est extrêmement pénible
**bed pad** N (waterproof) alaise f ; (for extra comfort) molleton m
**bed-settee** N canapé-lit m
**bed-sitting room** N (Brit) chambre f meublée
**bed-wetting** N incontinence f nocturne

▸ **bed down**
**VI** (= go to bed) (aller) se coucher ; (= spend night) coucher
**VT** [+ children etc] coucher

**bedaub** /bɪ'dɔːb/ VT barbouiller (with de)

**bedazzle** /bɪ'dæzl/ SYN VT éblouir

**bedbug** /'bedbʌg/ N punaise f des lits

**bedchamber** †† /'bed,tʃeɪmbəʳ/ N chambre f à coucher

**bedclothes** /'bedkləʊðz/ SYN NPL couvertures fpl et draps mpl (de lit)

**bedcover** /'bedkʌvəʳ/ N couvre-lit m, dessus-de-lit m inv

**beddable**\* /'bedəbl/ ADJ baisable\*\*\*

**-bedded** /'bedɪd/ ADJ (in compounds) ◆ **twin-bedded room** chambre f à deux lits

**bedding** /'bedɪŋ/
**N** literie f ; (Mil) matériel m de couchage ; (for animals) litière f
COMP **bedding out** N [of plants] repiquage m
**bedding(-out) plants** NPL plantes fpl à repiquer

**bedeck** /bɪ'dek/ SYN VT parer, orner (with de) ; (slightly pej) attifer\* (with de)

**bedevil** /bɪ'devl/ SYN VT (= confuse) [+ issue, person] embrouiller ; (= torment) [+ person] tourmenter, harceler
◆ **bedevilled by** ◆ **the project has been bedevilled by poor management** le projet a pâti d'une mauvaise gestion ◆ **he was bedevilled by ill health** il a été miné par des problèmes de santé ◆ **the police, bedevilled by corruption and low morale** la police, minée par la corruption et le découragement

**bedfellow** /'bed,feləʊ/ N (lit) ◆ **they were bedfellows for a night** ils ont partagé le même lit une nuit ◆ **they are strange bedfellows** ils forment une drôle de paire or un drôle de couple

**bedhead** /'bedhed/ N tête f de lit, chevet m

**bedlam** /'bedləm/ SYN ① (= uproar) chahut m ◆ **the crowd went absolutely mad – it was bedlam** la foule est devenue complètement folle – c'était le cirque ◆ **he's causing bedlam at the hotel** il fait du chahut dans l'hôtel ◆ **the room was a bedlam of banging and shouting** la pièce retentissait de coups et de cris
② (Hist) maison f de fous †

**Bedlington terrier** /'bedlɪŋtən/ N terrier m Bedlington

**bedmate**\* /'bedmeɪt/ N ⇒ **bedfellow**

**Bedouin** /'beduɪn/
**N** (pl **Bedouin** or **Bedouins**) Bédouin(e) m(f)
ADJ bédouin

**bedpan** /'bedpæn/ N bassin m (hygiénique)

**bedplate** /'bedpleɪt/ N (Tech) assise f, semelle f

**bedpost** /'bedpəʊst/ N colonne f de lit

**bedraggled** /bɪ'drægld/ SYN ADJ [clothes, ][person] débraillé ; [hair] embroussaillé ; (= wet) trempé

**bedridden** /'bedrɪdn/ SYN ADJ alité, cloué au lit ; (permanently) grabataire

**bedrock** /'bedrɒk/ SYN N (Geol) soubassement m ; (fig) base f

**bedroll** /'bedrəʊl/ N tapis m de couchage

**bedroom** /'bedrʊm/
**N** chambre f (à coucher) ; → **spare**
COMP **bedroom farce** N (Theat) comédie f de boulevard
**bedroom scene** N ≈ scène f d'amour
**bedroom slipper** N pantoufle f
**bedroom suburb** N (US fig) banlieue-dortoir f
**bedroom suite** N chambre f à coucher (mobilier)

**-bedroomed** /ˈbedrʊmd/ ADJ (in compounds) ♦ a two-/four-bedroomed house une maison avec deux/quatre chambres ♦ a one-bedroomed flat un (appartement) deux-pièces

**Beds** N abbrev of **Bedfordshire**

**bedside** /ˈbedsaɪd/
- N chevet m ♦ at his bedside à son chevet
- COMP [book, lamp] de chevet
  **bedside manner** N [of doctor] comportement m envers les malades ♦ he has a good bedside manner il sait parler à ses malades
  **bedside rug** N descente f de lit
  **bedside table** N table f de chevet or de nuit

**bedsit** /ˈbedsɪt/, **bedsitter** /ˈbedsɪtəʳ/ N (Brit) chambre f meublée

**bedsocks** /ˈbedsɒks/ NPL chaussettes fpl (de lit)

**bedsore** /ˈbedsɔːʳ/ N escarre f

**bedspread** /ˈbedspred/ N dessus-de-lit m inv, couvre-lit m

**bedspring** /ˈbedsprɪŋ/ N (US) (= framework) sommier m à ressorts ; (= single spring) ressort m de sommier

**bedstead** /ˈbedsted/ N châlit m, bois m de lit

**bedstraw** /ˈbedstrɔː/ N (= plant) gaillet m

**bedtime** /ˈbedtaɪm/
- N heure f du coucher ♦ it is bedtime il est l'heure d'aller se coucher or d'aller au lit ♦ his bedtime is 7 o'clock il se couche à 7 heures ♦ it's past your bedtime tu devrais être déjà couché
- COMP **bedtime drink** N boisson f chaude (prise avant d'aller se coucher)
  **bedtime reading** N ♦ it's my favourite bedtime reading c'est ce que je préfère lire le soir, au lit
  **bedtime story** N ♦ to tell a child a bedtime story raconter une histoire à un enfant avant qu'il s'endorme

**bee** /biː/
- N ① abeille f ♦ to have a bee in one's bonnet * avoir une idée fixe (about en ce qui concerne), avoir une marotte ♦ they crowded round him like bees round a honeypot ils se pressaient autour de lui comme des mouches sur un pot de confiture ♦ it's the bee's knees * c'est extra * or super * ♦ he thinks he's the bee's knees * il se croit sorti de la cuisse de Jupiter * ; → **bumblebee, busy, queen**
  ② (esp US = meeting) réunion entre voisins ou voisines pour effectuer des activités en commun ♦ they have a sewing bee on Thursdays elles se réunissent pour faire de la couture le jeudi ; → **spelling**
- COMP **bee eater** N (= bird) guêpier m
  **bee sting** N piqûre f d'abeille

**Beeb** * /biːb/ N (Brit) ♦ **the Beeb** la BBC

**beech** /biːtʃ/
- N (also **beech tree**) hêtre m ; (= wood) (bois m de) hêtre ; → **copper**
- COMP [hedge, chair] de hêtre
  **beech grove** N hêtraie f

**beechmast** /ˈbiːtʃmɑːst/ N (NonC) faînes fpl (tombées)

**beechnut** /ˈbiːtʃnʌt/ N faîne f

**beechwood** /ˈbiːtʃwʊd/ N (= material) (bois m de) hêtre m ; (= group of trees) bois m de hêtres

**beef** /biːf/ SYN
- N ① (NonC) bœuf m ♦ **roast beef** rôti m de bœuf, rosbif m ♦ there's too much beef on him * il a trop de viande *, il est trop gros ; → **bully³, corned beef**
  ② (esp US) ♦ what's your beef? * (= complaint) qu'est-ce que tu as à râler ? *
- VI ( * = complain) rouspéter *, râler * (about contre)
- COMP **beef cattle** N bœufs mpl de boucherie
  **beef olive** N paupiette f de bœuf
  **beef sausage** N ≈ saucisse f de Strasbourg
  **beef tea** N bouillon m (de viande)
  **beef tomato** N tomate f à farcir
▶ **beef up** VT SEP [+ speech, essay] étoffer ; [+ team] renforcer

**beefburger** /ˈbiːfˌbɜːgəʳ/ N ≈ hamburger m

**beefcake** * /ˈbiːfkeɪk/ N (hum) monsieur-muscles * m

**beefeater** /ˈbiːfiːtəʳ/ N (Brit) hallebardier m (de la Tour de Londres)

**beefsteak** /ˈbiːfsteɪk/
- N bifteck m, steak m
- COMP **beefsteak fungus** N fistuline f
  **beefsteak tomato** N tomate f à farcir

**beefwood** /ˈbiːfwʊd/ N filao m

**beefy** * /ˈbiːfɪ/ ADJ ① (= strong) costaud * f inv ; (= fat) bien en chair
② [flavour] de bœuf

**beehive** /ˈbiːhaɪv/
- N (gen) (lit, fig) ruche f ; (= hair style) choucroute * f
- COMP **the Beehive State** N (US) l'Utah m

**beekeeper** /ˈbiːˌkiːpəʳ/ N apiculteur m, -trice f

**beekeeping** /ˈbiːˌkiːpɪŋ/ N apiculture f

**beeline** /ˈbiːlaɪn/ N ♦ **in a beeline** à vol d'oiseau, en ligne droite ♦ to make a beeline for (= go straight to) se diriger tout droit or en droite ligne vers ; (= rush towards) se ruer sur, filer droit sur

**Beelzebub** /bɪˈelzɪbʌb/ N Belzébuth m

**Beemer** * /ˈbiːməʳ/ N BM * f (voiture)

**been** /biːn/ VB ptp of **be**

**beep** /biːp/
- N (esp Brit) [of watch] bip m ; [of answering machine] signal m sonore, bip m (sonore) ♦ after the beep après le bip or le signal sonore
- VI faire bip
- VT ♦ to beep the or one's horn klaxonner

**beeper** /ˈbiːpəʳ/ N ⇒ **bleeper**

**beer** /bɪəʳ/
- N bière f ♦ **life's not all beer and skittles** * (Brit) la vie n'est pas une partie de plaisir ; → **ginger**
- COMP **beer barrel** N tonneau m à or de bière
  **beer belly** * N bedaine * f (de buveur de bière)
  **beer bottle** N canette f (de bière)
  **beer bust** * N (US) (= party) soirée f bière inv ; (= drinking spree) soûlerie * f à la bière
  **beer can** N boîte f de bière (vide)
  **beer drinker** N buveur m, -euse f de bière
  **beer engine** N pompe f à bière
  **beer garden** N (Brit) jardin m attenant à un pub (où l'on peut amener ses consommations)
  **beer glass** N bock m
  **beer gut** * N ⇒ **beer belly**
  **beer pump** N ⇒ **beer engine**
  **beer-swilling** ADJ (pej) qui s'envoie de la bière à tire-larigot *

**beerfest** /ˈbɪəfest/ N (US) fête f de la bière

**beermat** /ˈbɪəmæt/ N dessous m de verre, dessous m de bock

**beery** /ˈbɪərɪ/ ADJ [atmosphere, room, breath] qui sent la bière ; [party, evening] où la bière coule à flots ; [person] un peu éméché *, parti *

**beeswax** /ˈbiːzwæks/
- N cire f d'abeille
- VT [+ floor, furniture] cirer, encaustiquer

**beet** /biːt/
- N betterave f ♦ **red beet** (US) betterave f (potagère) ; → **sugar**
- COMP **beet sugar** N sucre m de betterave

**beetle¹** /ˈbiːtl/
- N (gen) scarabée m ; (more technically) coléoptère m ; → **black, Colorado, stag**
- VI ♦ to beetle in/through * etc entrer/traverser etc en vitesse
- COMP **beetle-browed** ADJ (bushy eyebrows) aux sourcils broussailleux ; (= sullen) renfrogné
▶ **beetle off** * VI décamper, ficher le camp *

**beetle²** /ˈbiːtl/ N (= mallet) mailloche f ; (heavier) mouton m

**beetling** /ˈbiːtlɪŋ/ ADJ ♦ **beetling brow** front m proéminent ♦ **beetling cliffs** falaises fpl surplombantes

**beetroot** /ˈbiːtruːt/ N (Brit) betterave f (potagère or rouge) ♦ to go beetroot * devenir rouge comme une tomate, devenir cramoisi ♦ **beetroot salad** salade f de betterave(s)

**befall** /bɪˈfɔːl/ SYN (pret **befell** /bɪˈfel/) (ptp **befallen** /bɪˈfɔːlən/) (liter : only infin and 3rd pers)
- VI arriver ♦ whatever may befall quoi qu'il puisse arriver, quoi qu'il advienne
- VT arriver à, échoir à ♦ a misfortune befell him il lui arriva un malheur

**befit** /bɪˈfɪt/ VT (frm) convenir à ♦ the luxurious ambience befitting such an occasion le cadre luxueux qui convient à une telle occasion ♦ they offered him a post befitting his experience ils lui ont offert un poste en rapport avec or qui correspondait à son expérience ♦ it ill befits him to speak thus (frm) mal de parler ainsi ♦ it ill befits them to complain about this ils sont mal placés pour s'en plaindre ♦ he is a cautious man, as befits a high-ranking politician il est prudent, comme il sied à un homme politique de haut niveau

**befitting** /bɪˈfɪtɪŋ/ SYN ADJ convenable, seyant ♦ with befitting humility avec l'humilité qui convient or qui sied (frm)

**befog** /bɪˈfɒg/ VT (= puzzle) brouiller, embrouiller ; (= obscure) [+ origin, meaning] obscurcir ♦ she was quite befogged (o.f) elle était dans le brouillard le plus complet

**before** /bɪˈfɔːʳ/ SYN

▶ When **before** is an element in a phrasal verb, eg **come before, go before**, look up the verb.

PREP ① (time) avant ♦ I got there before you je suis arrivé avant vous, je vous ai devancé ♦ that was before my time (= before I was here) je n'étais pas encore là ; (= before I was born) je n'étais pas encore né ♦ she died before I was born je n'étais pas né quand elle est morte, elle est morte avant ma naissance ♦ before Christ avant Jésus-Christ ♦ the day before yesterday avant-hier m ♦ he came the year before last il est venu il y a deux ans ♦ the programme before last l'avant-dernier programme m ♦ the day before their departure la veille de leur départ ♦ two days before Christmas l'avant-veille f de Noël ♦ before it, before now, before then avant (cela or ça), auparavant ♦ you should have done it before now vous devriez l'avoir déjà fait ♦ before long sous peu, d'ici peu ♦ before doing sth avant de faire qch
② (order, rank) avant ♦ ladies before gentlemen les dames avant les messieurs ♦ before everything avant tout ♦ she puts her family before her job pour elle, sa famille passe avant son travail
③ (place, position) devant ♦ he stood before me il était (là) devant moi ♦ before my (very) eyes sous mes (propres) yeux ♦ turn left at the junction before the roundabout tournez à gauche au croisement avant le rond-point ♦ he said it before us all il l'a dit en notre présence or devant nous tous ♦ before a lawyer par-devant notaire ♦ to appear before a court/a judge comparaître devant un tribunal/un juge ♦ he brought the case before the court il a saisi le tribunal de l'affaire ♦ the question before us la question qui nous occupe ♦ the task before him la tâche qu'il a devant lui or qui l'attend ; → **carry**
④ (= rather than) plutôt que ♦ he would die before betraying his country il mourrait plutôt que de trahir sa patrie ♦ to put death before dishonour préférer la mort au déshonneur

ADV ① (time) avant, auparavant ♦ the day before la veille ♦ the evening before la veille au soir ♦ the week/year before la semaine/l'année d'avant or précédente ♦ two days before l'avant-veille f, deux jours avant or auparavant ♦ I have read that book before j'ai déjà lu ce livre ♦ I had read it before je l'avais déjà lu, je l'avais lu auparavant ♦ I said before that… j'ai déjà dit… ♦ she has never met him before c'est la première fois qu'elle le rencontre, elle ne l'a encore jamais rencontré ♦ it has never happened before c'est la première fois que cela arrive ♦ long before longtemps auparavant ♦ to continue as before faire comme par le passé ♦ he should have told me before il aurait dû me le dire avant or plus tôt
② (order) avant ♦ that chapter and the one before ce chapitre et le précédent or et celui d'avant

CONJ ① (time) avant de + infin, avant que (+ ne) + subj ♦ I did it before going out je l'ai fait avant de sortir ♦ go and see him before he goes allez le voir avant son départ or avant qu'il (ne) parte ♦ before I come/go/return avant mon arrivée/mon départ/mon retour ♦ we will need a year before it is finished il nous faudra un an pour l'achever ♦ it will be a long time before he comes again il ne reviendra pas d'ici longtemps ♦ it will be six weeks before the boat returns le bateau ne reviendra pas avant six semaines ♦ before you could say Jack Robinson en moins de deux, en moins de temps qu'il n'en faut pour le dire ♦ get out before I call the police! sors ou j'appelle la police ! ♦ before I forget, your mother phoned avant que je n'oublie subj or que j'oublie subj, votre mère a téléphoné
② (= rather than) plutôt que de + infin ♦ he will die before he surrenders il mourra plutôt que de se rendre

COMP **before-and-after test** N test m « avant-après »

**before-tax** ADJ *[income]* brut ; *[profit]* avant impôts

**beforehand** /bɪˈfɔːhænd/ SYN ADV à l'avance ◆ **you must tell me beforehand** il faut me le dire à l'avance ◆ **to make preparations well beforehand** faire des préparatifs bien à l'avance

**befoul** /bɪˈfaʊl/ VT *(liter : lit, fig)* souiller *(liter)*, salir

**befriend** /bɪˈfrend/ SYN VT *(= be friend to)* se lier d'amitié avec ; *(= help)* venir en aide à, aider

**befuddle** /bɪˈfʌdl/ VT *(= confuse)* brouiller l'esprit *or* les idées de ; *(= make tipsy)* griser, émécher ◆ **befuddled with drink** éméché *

**beg** /beg/ SYN

VT 1 *[+ money, alms, food]* mendier

2 *[+ favour]* solliciter, quémander ◆ **to beg sb's pardon** demander pardon à qn ◆ **(I) beg your pardon** *(apologizing)* je vous demande pardon ; *(not having heard)* pardon ?, vous disiez ? ◆ **to beg (sb's) forgiveness** demander pardon (à qn) ◆ **I beg to point out that...** *(frm)* je me permets de (vous) faire remarquer que..., qu'il me soit permis de faire remarquer que... ◆ **I beg to differ** *(frm)* permettez-moi d'être d'un autre avis, je me permets de ne pas partager cet avis ◆ **I beg to inform you that...** *(frm)* je tiens à *or* j'ai l'honneur *(frm)* de vous faire savoir que... ◆ **to beg leave to do sth** *(frm)* solliciter l'autorisation de faire qch

3 *(= entreat)* supplier ◆ **to beg (of) sb to do sth** supplier qn de faire qch ◆ **I beg (of) you!** je vous en supplie !, de grâce !

4 ◆ **to beg the question** *(= raise the question)* poser *or* soulever la question ; *(= evade the issue)* éluder la question ; *(= assume sth already proved)* présumer la question résolue

VI 1 mendier, demander la charité ◆ **to beg for money** mendier ◆ **to beg for food** mendier de la nourriture ◆ **to sit up and beg** *[dog]* faire le beau ◆ **I'll have that sausage if it's going begging** * donne-moi cette saucisse s'il n'y a pas d'amateurs

2 *(= entreat)* supplier ◆ **to beg for mercy/help** demander grâce/de l'aide ; see also **vt**

▸ **beg off** * VI se faire excuser *(from* de)

**began** /bɪˈgæn/ VB pt of **begin**

**beget** †† /bɪˈget/ (pret **begot** *or* **begat** /bɪˈgæt/) (ptp **begotten**) VT *(lit)* engendrer ; *(fig)* engendrer, causer ◆ **the only begotten Son of the Father** le Fils unique engendré par le Père

**begetter** /bɪˈgetəʳ/ N *(frm : fig)* créateur *m*, -trice *f*

**beggar** /ˈbegəʳ/ SYN

N 1 mendiant(e) *m(f)*, mendigot(e) * *m(f)* ; *(fig = very poor person)* indigent(e) *m(f)*, pauvre *m*, -esse *f* ◆ **beggars can't be choosers** *(Prov)* nécessité fait loi *(Prov)* ◆ **beggar's opera** opéra *m* de quat' sous

2 *( * = fellow)* ◆ **poor beggar!** pauvre diable ! * ◆ **a lucky beggar** un veinard * ◆ **a funny little beggar** un drôle de petit bonhomme

VT *(lit)* réduire à la mendicité ; *(fig = ruin)* mettre sur la paille, ruiner ◆ **to beggar description** défier toute description ◆ **to beggar belief** défier la raison ◆ **the arrogance of the man beggars belief** l'arrogance de cet homme défie la raison

COMP **beggar-my-neighbour** N *(Cards)* bataille *f* ◆ **beggar-my-neighbour policy** *(Econ)* politique *f* protectionniste

**beggarly** /ˈbegəlɪ/ SYN ADJ *[amount]* piètre, misérable ; *[existence]* misérable, sordide ; *[meal]* maigre, piètre, pauvre ; *[wage]* dérisoire, de famine

**beggary** /ˈbegərɪ/ N mendicité *f*

**begging** /ˈbegɪŋ/

N mendicité *f* ◆ **to live by begging** vivre de charité *or* d'aumône ; see also **beg**

ADJ ◆ **begging letter** lettre *f* quémandant de l'argent

COMP **begging bowl** N sébile *f* ◆ **to hold out a begging bowl** *(fig)* tendre la main *(fig)*

**begin** /bɪˈgɪn/ SYN (pret **began**, ptp **begun**)

VT 1 *(= start) [+ work, book, song, letter]* commencer *(to do sth, doing sth* à faire qch) ; *[+ task]* entreprendre ; *[+ attack]* déclencher ◆ **to begin a cheque book/a page** commencer un nouveau carnet de chèques/une nouvelle page ◆ **to begin a journey** partir en voyage ◆ **he began the day with a glass of milk** il a bu un verre de lait pour bien commencer la journée ◆ **to begin the day right** bien commencer la journée, se lever du pied droit ◆ **to begin life as...** débuter dans la vie comme... ◆ **that doesn't (even) begin to compare with...** cela est loin d'être comparable à..., cela n'a rien de comparable avec... ◆ **it soon began to rain** il n'a pas tardé à pleuvoir ◆ **I'd begun to think you weren't coming** je commençais à croire que tu ne viendrais pas ◆ **to begin sth again** recommencer qch *(to do sth* à faire qch) ◆ **"listen, darling" he began** « écoute, chérie » commença-t-il

2 *(= originate, initiate) [+ discussion]* commencer, ouvrir ; *[+ conversation]* amorcer, engager ; *[+ quarrel, argument, dispute]* faire naître ; *[+ reform, movement, series of events]* déclencher ; *[+ fashion]* lancer ; *[+ custom, policy]* inaugurer ; *[+ war]* causer ; *[+ rumour]* faire naître

VI 1 commencer *(with* par) ◆ **let's begin!** commençons !, allons-y ! ◆ **we must begin at once** il faut commencer *or* nous y mettre immédiatement ◆ **well, to begin at the beginning...** bon, commençons par le commencement... ◆ **it's beginning rather well/badly** cela commence plutôt bien/mal ◆ **to begin in business** se lancer dans les affaires ◆ **before October begins** avant le début octobre *or* le début du mois d'octobre ◆ **to begin again** recommencer ◆ **he began afresh in a new country** il est reparti à zéro dans un nouveau pays ◆ **school begins again on Tuesday** les cours reprennent mardi, la rentrée (des classes) est mardi ◆ **the classes begin again soon** *(after short break)* les cours reprennent bientôt ; *(after summer break)* c'est bientôt la rentrée ◆ **beginning from Monday** à partir de lundi ◆ **he began in the sales department/as a clerk** il a débuté dans le service des ventes/comme employé de bureau ◆ **he began as a Marxist** il a commencé par être marxiste, au début *or* au départ il était marxiste ◆ **he began with the intention of writing a thesis** au début son intention était d'écrire *or* il avait l'intention d'écrire une thèse ◆ **to begin by doing sth** commencer par faire qch ◆ **begin by putting everything away** commence par tout ranger ◆ **to begin with sth** commencer *or* débuter par qch ◆ **begin with me!** commencez par moi ! ◆ **we only had €20 to begin with** nous n'avions que 20 € pour commencer *or* au début ◆ **to begin with there were only three of them but later...** (tout) d'abord ils n'étaient que trois, mais plus tard... ◆ **the spelling is wrong, to begin with** d'abord, l'orthographe est fausse ◆ **begin on a new page** prenez une nouvelle page ◆ **the fields begin where the garden ends** au bout du jardin il y a des champs

2 *(= make a start)* ◆ **to begin on** *[+ book]* commencer (à écrire *or* à lire) ; *[+ course of study]* commencer, entreprendre ◆ **I began on the job last week** j'ai commencé à travailler *or* j'ai débuté dans ce travail la semaine dernière

3 *[shooting, fight, quarrel]* commencer ; *[music, noise, guns]* commencer, retentir ; *[fire]* prendre, se déclarer ; *[river]* prendre sa source ; *[road]* partir *(at* de) ; *[political party, movement, custom]* commencer, naître ◆ **that's when the trouble begins** c'est alors *or* là que les ennuis commencent ◆ **it all began when he refused to pay** toute cette histoire a commencé *or* tout a commencé quand il a refusé de payer ◆ **since the world began** depuis le commencement du monde, depuis que le monde est monde

**beginner** /bɪˈgɪnəʳ/ SYN N 1 *(= novice)* débutant(e) *m(f)*, novice *mf* ◆ **it's just beginner's luck** c'est la chance des débutants

2 *(= originator)* auteur *m*, cause *f*

**beginning** /bɪˈgɪnɪŋ/ SYN

N 1 *[of speech, book, film, career etc]* début *m*, commencement *m* ◆ **from the beginning** dès le début, dès le commencement ◆ **from beginning to end** du début à la fin ◆ **to start again at** *or* **from the beginning** recommencer depuis le début ◆ **in the beginning** *(gen)* au début ; *(Bible)* au commencement ◆ **to make a beginning** commencer, débuter ◆ **the beginning of the academic year** la rentrée (universitaire *or* scolaire) ◆ **the beginning of the world** le commencement *or* l'origine *f* du monde ◆ **the beginning of negotiations** l'amorce *f or* l'ouverture *f* des négociations ◆ **it was the beginning of the end for him** ce fut pour lui le commencement de la fin ◆ **since the beginning of time** depuis le commencement du monde, depuis que le monde est monde

2 *(= origin)* origine *f*, commencement *m* ◆ **the shooting was the beginning of the rebellion** la fusillade a été à l'origine de la révolte ◆ **fascism had its beginnings in Italy** le fascisme prit naissance en Italie ◆ **to come from humble beginnings** *[person]* être d'origine modeste *or* d'un milieu humble

ADJ ◆ **beginning learner** *or* **student** débutant(e) *m(f)*

**begone** †† /bɪˈgɒn/ EXCL *(liter)* partez !, hors d'ici ! *(liter)*

**begonia** /bɪˈgəʊnɪə/ N bégonia *m*

**begot** /bɪˈgɒt/ VB pt of **beget**

**begotten** /bɪˈgɒtn/ VB ptp of **beget**

**begrimed** /bɪˈgraɪmd/ ADJ *(liter)* noirci, sale

**begrudge** /bɪˈgrʌdʒ/ SYN VT ⇒ **grudge vt**

**begrudgingly** /bɪˈgrʌdʒɪŋlɪ/ ADV à contrecœur, de mauvaise grâce

**beguile** /bɪˈgaɪl/ SYN VT 1 *(= swindle)* abuser, duper ◆ **to beguile sb with promises** bercer qn de promesses, endormir qn avec des promesses ◆ **to beguile sb into doing sth** amener qn par la supercherie à faire qch

2 *(= charm)* séduire, captiver ; *(= amuse)* distraire

3 *(liter)* ◆ **to beguile the time (doing sth)** faire passer le temps (en faisant qch)

**beguiling** /bɪˈgaɪlɪŋ/ SYN ADJ *[woman, charm]* captivant, séduisant ; *[ideas, theory]* séduisant ; *[story]* captivant

**begum** /ˈbeɪgəm/ N bégum *f*

**begun** /bɪˈgʌn/ VB ptp of **begin**

**behalf** /bɪˈhɑːf/ SYN N ◆ **on behalf of** *(= in the interest of)* en faveur de, pour ; *(= as a representative of)* au nom de ◆ **she made an emotional appeal on her son's behalf** elle a lancé un appel chargé d'émotion en faveur de son fils ◆ **he spoke on my behalf** *(= to support me)* il m'a soutenu ◆ **to come on sb's behalf** venir de la part de qn ◆ **on behalf of all of us, I would like to say how sorry we are** en notre nom à tous, je voudrais vous dire que nous sommes vraiment désolés ◆ **to plead on sb's behalf** plaider en faveur de qn ◆ **he was worried on my behalf** il s'inquiétait pour moi *or* à mon sujet

♦ **to act on behalf of sb** agir pour qn *or* pour le compte de qn ◆ **the solicitors acting on behalf of the police officers** les avocats qui agissaient pour le compte des officiers de police ◆ **she acts on behalf of clients in buying and selling shares** elle achète et vend des actions pour des clients

**behave** /bɪˈheɪv/ SYN VI 1 *(= conduct o.s.)* se conduire, se comporter ◆ **to behave (o.s.) well/badly** bien/mal se conduire *or* se comporter ◆ **to behave well towards sb** bien se comporter à l'égard de *or* envers qn, bien agir envers qn ◆ **to behave wisely** agir sagement ◆ **to behave like an honest man** se comporter *or* se conduire en honnête homme ◆ **he was behaving strangely** il avait un comportement bizarre

2 *( * = conduct o.s. well)* bien se tenir ; *[child]* être sage ◆ **he knows how to behave in society** il sait se tenir dans le monde ◆ **behave (yourself)!** *(physical behaviour)* sois sage !, tiens-toi bien ! ; *(sth said)* ne dis pas n'importe quoi !

3 *[natural entity, substance]* se comporter ; *[machine]* marcher, fonctionner ◆ **an alloy that behaves like plastic** un alliage qui se comporte comme le plastique ◆ **we are studying how electrons behave within atoms** nous étudions le comportement des électrons à l'intérieur des atomes

**behaviour, behavior** (US) /bɪˈheɪvjəʳ/ SYN

N 1 *(= manner, bearing)* conduite *f*, comportement *m* ◆ **to be on one's best behaviour** * se conduire de son mieux ; *[child]* se montrer d'une sagesse exemplaire

2 *(= conduct towards others)* conduite *f*, comportement *m (to sb, towards sb* envers qn, à l'égard de qn)

3 *[of machines]* fonctionnement *m*

COMP **behaviour modification** N modification *f* du comportement

**behaviour patterns** NPL types *mpl* de comportement

**behaviour therapy** N thérapie *f* comportementale

**behavioural, behavioral** (US) /bɪˈheɪvjərəl/ ADJ 1 *[sciences, studies]* behavioriste

2 *[pattern]* de comportement ◆ **behavioural problems** troubles *mpl* du comportement

**behaviourism, behaviorism** (US) /bɪˈheɪvjərɪzəm/ N behaviorisme *m*

**behaviourist, behaviorist** (US) /bɪˈheɪvjərɪst/ ADJ, N behavioriste *mf*

**behead** /bɪˈhed/ VT décapiter

**beheading** /bɪˈhedɪŋ/ N décapitation *f*

**beheld** /bɪˈheld/ VB pt, ptp of **behold**

## behemoth | belligerent

**behemoth** /bɪˈhiːmɒθ/ N (= *creature*) béhémot(h) m ; (*fig*) monstre m ingérable

**behest** /bɪˈhest/ SYN N (*frm*) commandement m, ordre m ◆ **at the behest of...** sur l'ordre de...

**behind** /bɪˈhaɪnd/ SYN

▶ When **behind** is an element in a phrasal verb, eg **fall behind**, **lag behind**, **stay behind**, look up the verb.

ADV ⓵ (= *in or at the rear*) derrière, en arrière ◆ **to follow a long way behind/not far behind** suivre de loin/d'assez près ; → **fall behind**
⓶ (= *late*) en retard ◆ **to be behind with one's studies/payments** être en retard dans ses études/ses paiements ◆ **to be behind with one's work** avoir du travail en retard, être en retard dans son travail ◆ **I'm too far behind to catch up now** j'ai pris trop de retard pour me rattraper maintenant

PREP ⓵ (*lit, fig* = *at the back of*) derrière ◆ **behind the table** derrière la table ◆ **come out from behind the door** sortez de derrière la porte ◆ **walk close behind me** suivez-moi de près ◆ **she closed the door behind her** elle a fermé la porte derrière elle ◆ **an employee with seven years' service behind her** une employée ayant sept ans d'ancienneté ◆ **behind my back** (*lit*) dans mon dos ; (*fig*) derrière mon dos, à mon insu ◆ **to put sth behind one** (*fig*) oublier qch, refuser de penser à qch ◆ **behind the scenes** (*Theat, fig*) dans les coulisses ◆ **what is behind this?** (*fig*) qu'y a-t-il là-dessous ? ; → **bar¹**, **schedule**
⓶ (*support*) ◆ **he has the Communists behind him** il a les communistes derrière lui ◆ **she's the one behind this scheme** c'est elle qui est à l'origine de ce projet ◆ **the motives behind her decision** les motivations *fpl* profondes de sa décision
⓷ (= *responsible for*) ◆ **who was behind the attack?** qui est derrière cet attentat ?, qui est le commanditaire de cet attentat ?
⓸ (= *less advanced than*) en retard sur, en arrière de ◆ **her son is behind the other pupils** son fils est en retard sur les autres élèves
⓹ (*time*) ◆ **behind time** en retard ◆ **to be behind the times** être en retard sur son temps, ne pas être de son époque ◆ **their youth is far behind them** leur jeunesse est loin derrière eux

N (* = *buttocks*) derrière m, postérieur* m

**behindhand** /bɪˈhaɪndhænd/ SYN ADV en retard (*with* dans)

**behold** /bɪˈhəʊld/ SYN (pret, ptp **beheld**) VT (*liter*) voir ◆ **behold!** regardez ! ◆ **behold thy servant** voici ton serviteur ◆ **and behold I am with you** et voici que je suis avec vous ; → **lo**

**beholden** /bɪˈhəʊldən/ SYN ADJ (*frm*) ◆ **to be beholden** être redevable (*to sb for sth* à qn de qch)

**beholder** /bɪˈhəʊldəʳ/ N → **beauty**

**behove** /bɪˈhəʊv/, **behoove** (*US*) /bɪˈhuːv/ IMPERS VT (*frm*) incomber, appartenir (*sb to do sth* à qn de faire qch), être du devoir or de l'intérêt (*sb to do sth* de qn de faire qch) ◆ **it ill behoves me/him** *etc* **to...** il me/lui *etc* sied mal de...

**beige** /beɪʒ/ SYN ADJ, N beige m

**Beijing** /ˈbeɪdʒɪŋ/ N Beijing

**being** /ˈbiːɪŋ/ SYN N ⓵ (NonC = *existence*) existence f ◆ **to come into being** prendre naissance ◆ **when the world came into being** lorsque le monde fut créé, au moment de la naissance du monde ◆ **to bring** or **call into being** faire naître, susciter ◆ **to bring a plan into being** exécuter or réaliser un plan ◆ **then in being** qui existait alors
⓶ être m, créature f ◆ **human beings** les êtres *mpl* humains ◆ **beings from outer space** des extraterrestres *mpl* ; → **supreme**
⓷ (= *essential nature*) être m, essence f ◆ **with all** or **every fibre of my being** de tout mon être ◆ **I wanted to be an actress with every fibre of my being** je désirais être actrice de tout mon être

**Beirut** /beɪˈruːt/ N Beyrouth

**bejewelled, bejeweled** (*US*) /bɪˈdʒuːəld/ ADJ [*person*] paré de bijoux ; [*thing*] incrusté de joyaux ; (*fig*) [*grass*] émaillé (*with* de)

**bel** /bel/ N bel m

**belabour, belabor** (*US*) /bɪˈleɪbəʳ/ SYN VT rouer de coups ; (*fig: with words*) invectiver

**Belarus** /ˌbeləˈrʊs/ N Bélarus m, Biélorussie f

**Belarussian** /ˌbeləˈrʌʃən/
ADJ bélarusse, biélorusse
N (= *person*) Bélarusse *mf*, Biélorusse *mf*

**belated** /bɪˈleɪtɪd/ SYN ADJ [*apology, greetings, measures*] tardif

**belatedly** /bɪˈleɪtɪdlɪ/ ADV tardivement

**belay** /bɪˈleɪ/
VT ⓵ (*Naut*) amarrer
⓶ (*Climbing*) assurer
VI (*Climbing*) assurer
N assurage m, assurance f
COMP **belaying cleat** N taquet m (d'amarrage) ◆ **belaying pin** N cabillot m (d'amarrage)

**bel canto** /belˈkæntəʊ/ N (*Mus*) bel canto m

**belch** /beltʃ/ SYN
VI [*person*] avoir un renvoi, éructer
VT (also **belch forth** or **out**) : (*liter*) [*volcano, gun*] [+*smoke, flames*] vomir, cracher
N renvoi m, éructation f

**beleaguered** /bɪˈliːgəd/ SYN ADJ ⓵ [*city*] assiégé, investi ; [*army*] cerné
⓶ (*fig*) aux abois

**belemnite** /ˈbeləmnaɪt/ N (= *fossil*) bélemnite f

**belfry** /ˈbelfrɪ/ N beffroi m ; [*of church*] clocher m, beffroi m ; → **bat¹**

**Belgian** /ˈbeldʒən/
ADJ (gen) belge, de Belgique ; [*ambassador, embassy*] de Belgique ◆ **Belgian French** le français de Belgique
N Belge *mf* ◆ **the king of the Belgians** le roi des Belges

**belgicism** /ˈbeldʒɪsɪzəm/ N belgicisme m

**Belgium** /ˈbeldʒəm/ N Belgique f

**Belgrade** /belˈgreɪd/ N Belgrade

**belie** /bɪˈlaɪ/ VT (= *fail to justify*) [+*hopes*] démentir, tromper ; (= *prove false*) [+*words*] donner le démenti à, démentir ; [+*proverb*] faire mentir ; (= *misrepresent*) [+*facts*] donner une fausse impression or idée de

**belief** /bɪˈliːf/ SYN
N ⓵ (NonC = *acceptance as true*) croyance f (*in* en, à) ◆ **belief in ghosts** croyance f aux revenants ◆ **belief in God** croyance f en Dieu ◆ **he has lost his belief in God** il ne croit plus en Dieu, il a perdu la foi (en Dieu) ◆ **worthy of belief** digne de foi ◆ **it is beyond** or **past (all) belief** c'est incroyable, c'est à ne pas (y) croire ◆ **wealthy beyond belief** incroyablement riche
⓶ (*Rel*) (= *faith*) foi f ; (= *doctrine*) credo m
⓷ (= *conviction*) opinion f, conviction f ◆ **in the belief that...** persuadé que..., convaincu que... ◆ **it is my belief that...** je suis convaincu or persuadé que... ◆ **to the best of my belief** (pour) autant que je sache ; → **strong**
⓸ (NonC = *trust*) confiance f, foi f (*in* en) ◆ **he has no belief in doctors** il n'a aucune confiance dans les médecins ◆ **he has no belief in the future** il ne croit pas en l'avenir
COMP **belief system** N système m de croyances

**believable** /bɪˈliːvəbl/ SYN ADJ croyable

**believe** /bɪˈliːv/ LANGUAGE IN USE 6.2, 26.2 SYN
VT ⓵ (= *accept truth of*) [+*statement, account, evidence, person*] croire ◆ **to believe what sb says** croire ce que dit qn ◆ **I don't believe a word of it** je n'en crois rien or pas un mot ◆ **I don't believe it!** (*in exasperation*) ce n'est pas vrai ! ; (*in incredulity, triumph*) ce n'est pas possible or vrai ! ◆ **don't you believe it!** * ne va pas croire ça ! * ◆ **and would you believe it, he's younger than me!** et figurez-vous qu'il est plus jeune que moi ! ◆ **he could hardly believe his eyes/ears** il en croyait à peine ses yeux/ses oreilles ◆ **if he is to be believed** à l'en croire, s'il faut l'en croire ◆ **believe it or not, he...** c'est incroyable, mais il... ◆ **believe me** crois-moi, tu peux me croire ◆ **believe you me*** tu peux m'en croire ◆ **I believe you, thousands wouldn't*** (*hum*) moi, je te crois, mais je dois être le seul !
⓶ (= *think*) croire ◆ **I believe I'm right** je crois avoir raison, je crois que j'ai raison ◆ **I don't believe he will come** je ne crois pas qu'il viendra or qu'il vienne ◆ **he is believed to be ill** on le croit malade ◆ **he is believed to have a chance of succeeding** on lui donne des chances de succès ◆ **that is believed to be true** cela passe pour vrai ◆ **I have every reason to believe that...** j'ai tout lieu de croire que... ◆ **I believe so** je crois que oui, je crois ◆ **I believe not** je crois que non, je ne (le) crois pas ◆ **I don't know what to believe** je ne sais que croire or à quoi m'en tenir ; → **make**

VI croire ; (*Rel*) croire, avoir la foi ◆ **to believe in** [+*God*] croire en ; [+*ghosts, promises, antibiotics etc*] croire à ◆ **to believe in sb** croire en qn, avoir confiance en qn ◆ **to believe in a method** être partisan d'une méthode ◆ **I don't believe in doctors** je n'ai pas confiance dans les médecins ◆ **I don't believe in letting children do what they want** je ne suis pas d'avis qu'il faille laisser les enfants faire ce qu'ils veulent

**believer** /bɪˈliːvəʳ/ SYN N ⓵ (= *advocate*) partisan(e) *m(f)* ◆ **a believer in capital punishment** un partisan de la peine capitale ◆ **I'm a great believer in giving rewards for achievement** je suis tout à fait partisan de récompenser la réussite ◆ **she's a firm believer in herbal medicines** elle croit profondément aux vertus de la phytothérapie
⓶ (*Rel*) croyant(e) *m(f)* ◆ **to be a believer** être croyant, avoir la foi ◆ **to be a believer in ghosts/in astrology** croire aux fantômes/à l'astrologie

**Belisha beacon** /bɪˈliːʃəbiːkən/ N lampadaire m (à globe orange marquant un passage pour piétons)

**belittle** /bɪˈlɪtl/ VT [+*person, action, object*] déprécier, rabaisser ◆ **to belittle o.s.** se déprécier

**Belize** /beˈliːz/ N Belize m ◆ **in Belize** au Belize

**Belizean** /beˈliːzɪən/
ADJ bélizien
N Bélizien(ne) *m(f)*

**bell¹** /bel/
N ⓵ [*of church, school*] cloche f ; (also **handbell**) clochette f ; (*on toy, cat's collar, clothes etc*) grelot m ; (*on cows*) cloche f, clarine f ; (*on goats, sheep*) clochette f ; (*at door*) sonnette f ; (*on cycle, typewriter*) timbre m ; [*of telephone*] sonnerie f ◆ **great bell** bourdon m, grosse cloche f ◆ **the first bell for mass was ringing** le premier coup de la messe sonnait ◆ **to give sb a bell*** (*Brit* = *phone sb*) passer un coup de fil* à qn ◆ **there's the bell!** (*door*) on sonne !, ça sonne ! * ; (*telephone*) le téléphone (sonne) ! ◆ **bells** (*Naut*) coups *mpl* de cloche ◆ **eight bells** huit coups *mpl* piqués ◆ **to sound four/six/eight bells** piquer quatre/six/huit coups ◆ **bells and whistles*** accessoires *mpl* fantaisie ; → **answer**, **chime**, **ring²**
⓶ [*of flower*] calice m, clochette f ; [*of trumpet*] pavillon m

VT mettre une cloche à ◆ **to bell the cat** (*fig*) attacher le grelot (*fig*)

COMP **bell-bottomed trousers, bell-bottoms** NPL (pantalon m à) pattes *fpl* d'éléphant ; (*Naut*) pantalon m de marine ◆ **bell buoy** N bouée f à cloche ◆ **bell captain** N (*US*) chef des grooms dans un hôtel ◆ **bell glass** N cloche f (en verre) ◆ **bell heather** N bruyère f cendrée ◆ **bell jar** N cloche f (en verre) ◆ **bell metal** N bronze m à cloches ◆ **bell pepper** N (*US*) (= *capsicum*) poivron m ◆ **bell pull** N [*of door*] poignée f de sonnette ; [*of room*] cordon m de sonnette ◆ **bell push** N bouton m de sonnette ◆ **bell-ringer** N sonneur m, carillonneur m ◆ **bell-ringing** N *art du sonneur* ◆ **bell rope** N (*in belfry*) corde f de cloche ; (*in room*) cordon m de sonnette ◆ **bell-shaped** ADJ en forme de cloche or de clochette ◆ **bell tent** N tente f conique ◆ **bell tower** N clocher m

**bell²** /bel/
N [*of stag*] bramement m
VI bramer

**belladonna** /ˌbeləˈdɒnə/ N (= *plant, drug*) belladone f

**bellboy** /ˈbelbɔɪ/ N groom m, chasseur m

**belle** /bel/ N beauté f, belle f ◆ **the belle of the ball** la reine du bal

**bellflower** /ˈbelflaʊəʳ/ N campanule f

**bellfounder** /ˈbelfaʊndəʳ/ N fondeur m de cloches

**bellhop** /ˈbelhɒp/ N (*US*) ⇒ **bellboy**

**bellicose** /ˈbelɪkəʊs/ ADJ (*frm*) belliqueux, guerrier

**bellicosity** /ˌbelɪˈkɒsɪtɪ/ N (*frm*) caractère m belliqueux

**belligerence** /bɪˈlɪdʒərəns/, **belligerency** /bɪˈlɪdʒərənsɪ/ N belligérance f

**belligerent** /bɪˈlɪdʒərənt/
N belligérant(e) *m(f)*
ADJ [*person*] belliqueux ; [*voice, remarks, statement, policies, mood*] agressif

**belligerently** /bɪˈlɪdʒərəntlɪ/ ADV [say, ask, demand] sur un ton agressif ; [stare, look] d'un air belliqueux or agressif

**bellow** /ˈbeləʊ/ SYN
- VI [animals] mugir ; [esp cow, bull] beugler, meugler ; [person] brailler, beugler* (with de) ; [wind, ocean] mugir
- VT (also **bellow out**) [+ song, order] brailler, hurler ; [+ blasphemies] vociférer
- N [of animal] mugissement m ; [of esp cow, bull] beuglement m, meuglement m ; [of person] hurlement m, beuglement* m ; [of storm, ocean] mugissement m

**bellows** /ˈbeləʊz/ NPL [of forge, organ] soufflerie f ; [of fire] soufflet m ◆ **a pair of bellows** un soufflet

**Bell's palsy** /ˌbelzˈpɔːlzɪ/ N (Med) paralysie f de Bell

**bellwether** /ˈbelˌweðəʳ/ N (US) (= sheep) sonnailler m ; (fig) indicateur m

**belly** /ˈbelɪ/ SYN
- N ① (= abdomen) ventre m ; (fat) panse* f, bedaine* f ◆ **your eyes are bigger than your belly!** tu as les yeux plus grands que le ventre ! ◆ **to go belly up*** se casser la figure*
② [of container] panse f, ventre m ; [of violin] table f (d'harmonie) ; [of guitar] table f (d'harmonie), ventre m ; [of ship] ventre m ; [of sail] creux m
③ (Culin) ◆ **belly of pork** poitrine f de porc
- VT [wind] gonfler, enfler
- VI (also **belly out**) se gonfler, s'enfler
- COMP **belly button*** N nombril m
**belly dance** N danse f du ventre
**belly dancer** N danseuse f du ventre
**belly flop** N (Swimming) ◆ **to do a belly flop** faire un plat
**belly-landing** N (in plane) atterrissage m sur le ventre ◆ **to make a belly-landing** atterrir or se poser sur le ventre
**belly laugh** N gros rire m (gras)
**belly tank** N (in plane) réservoir m de secours
**belly-up** ADV ◆ **to go belly-up** (= fail) [company] se planter*, se ramasser* ; [scheme] capoter*

**bellyache** /ˈbelɪeɪk/
- N mal m de or au ventre ◆ **to have a bellyache** avoir mal au ventre
- VI * ronchonner*, bougonner*

**bellyaching*** /ˈbelɪeɪkɪŋ/ N ronchonnements* mpl, bougonnements* mpl

**bellyband** /ˈbelɪbænd/ N sous-ventrière f

**bellyful** /ˈbelɪfʊl/ N [of food] ventre m plein ◆ **he'd had a bellyful**‡ (fig) il en avait plein le dos*, il en avait ras le bol*

**belong** /bɪˈlɒŋ/ SYN VI ① ◆ **belong to** (= be the property of) appartenir à ◆ **this book belongs to me** ce livre m'appartient, ce livre est à moi ◆ **lands which belong to the Crown** des terres fpl qui appartiennent à la Couronne ◆ **the lid belongs to this box** le couvercle va avec cette boîte, c'est le couvercle de cette boîte ◆ **the handwriting belongs to a male** c'est une écriture masculine or d'homme ◆ **... but the last word belonged to Roseanne** ... mais c'est Roseanne qui a eu le dernier mot
② (= be member, inhabitant etc) ◆ **to belong to a society** faire partie or être membre d'une société ◆ **to belong to a town** [native] être originaire or natif d'une ville ; [inhabitant] habiter une ville
③ (= be in right place) être à sa place ◆ **to feel that one doesn't belong** se sentir étranger ◆ **you don't belong here** tu n'es pas à ta place ici ◆ **people need to feel they belong** les gens ont besoin de sentir qu'ils ont leur place dans la société ◆ **to belong together** aller ensemble ◆ **socks that don't belong together** des chaussettes dépareillées ◆ **the book belongs on this shelf** le livre va sur ce rayon ◆ **put it back where it belongs** remets-le à sa place ◆ **murder belongs under the heading of capital crimes** le meurtre rentre dans la catégorie des crimes capitaux ◆ **his attitude belongs to a bygone era** c'est une attitude d'un autre âge ◆ **the future belongs to democracy** l'avenir est dans la démocratie
④ (Jur) ◆ **this case belonged to the Appeal Court** ce procès ressortissait à la cour d'appel

**belonging** /bɪˈlɒŋɪŋ/ SYN N ◆ **a sense of belonging** un sentiment d'appartenance

**belongings** /bɪˈlɒŋɪŋz/ SYN NPL affaires fpl, possessions fpl ◆ **personal belongings** objets mpl or effets mpl personnels

**Belorussia** /ˌbeləʊˈrʌʃə/ N ⇒ **Byelorussia**

**Belorussian** /ˌbeləʊˈrʌʃən/ ADJ, N ⇒ **Byelorussian**

**beloved** /bɪˈlʌvɪd, bɪˈlʌvd/ SYN
- ADJ bien-aimé, chéri ◆ **beloved by all** aimé de tous ◆ **dearly beloved brethren...** mes bien chers frères...
- N bien-aimé(e) m(f)

**below** /bɪˈləʊ/ SYN

▶ When **below** is an element in a phrasal verb, eg **go below**, look up the verb.

- PREP ① (= under) sous ; (= lower than) au-dessous de ◆ **below the bed** sous le lit ◆ **on the bed and below it** sur le lit et en dessous ◆ **her skirt is well below her knees** sa jupe est bien au-dessous du genou ◆ **below average/sea level** au-dessous de la moyenne/du niveau de la mer ◆ **below freezing point** au-dessous de zéro ◆ **below the horizon** au-dessous de l'horizon ◆ **below the surface** sous la surface ◆ **to be below sb in rank** occuper un rang inférieur à qn, être au-dessous de qn
② (river) en aval de ◆ **the Thames below Oxford** la Tamise en aval d'Oxford
③ (= unworthy of) ◆ **it would be below my dignity to speak to him** je m'abaisserais en lui parlant ◆ **he feels housework is below him** pour lui, faire le ménage c'est s'abaisser, il trouve que les tâches ménagères sont indignes de lui
- ADV ① (= at lower level) plus bas, en contrebas ; (= at lowest level) en bas ; (= directly underneath) au-dessous ◆ **you can see the town spread out below** on voit la ville qui s'étale plus bas or en contrebas ◆ **the canopy of trees shades the ground below** la voûte des arbres fait de l'ombre sur le sol au-dessous ◆ **below, we could see the valley** plus bas or en bas, on apercevait la vallée, on apercevait la vallée en contrebas ◆ **the road below** la route en contrebas ◆ **a window with a view to the street below** une fenêtre avec vue sur la rue en bas ◆ **lying in our bunks, she above, me below** couchés dans nos lits superposés, elle en haut, moi en bas ◆ **several thousand feet below** (from mountain top) plusieurs milliers de mètres plus bas ; (from aeroplane) plusieurs milliers de mètres au-dessous ◆ **down below** plus bas, en contrebas ◆ **far below** beaucoup plus bas, loin en contrebas ◆ **from below** d'en bas
② (= downstairs) en bas ◆ **she heard two men talking below** elle a entendu deux hommes qui parlaient en bas ◆ **the floor below** l'étage m au-dessous ◆ **they live two floors below** ils habitent deux étages plus bas or au-dessous ◆ **the people (in the flat) below** les gens mpl de l'appartement (du dessous) or d'en dessous ◆ **voices from below** des voix fpl venant d'en bas
③ (later in document) [mentioned, summarized] plus bas, ci-dessous ◆ **please write to me at the address below** veuillez m'écrire à l'adresse ci-dessous ◆ **listed below are some of the books we have in stock** vous trouverez ci-dessous une liste de certains des livres que nous avons en stock ◆ **see below** voir ci-dessous or plus bas ◆ **see the picture below** voir l'illustration ci-dessous ◆ **as stated below** comme indiqué ci-dessous or plus bas
④ (in hierarchy) plus bas, au-dessous
⑤ (on boat) en bas ◆ **to go below** descendre
⑥ (expressing temperature) au-dessous ◆ **it will be extremely cold, with temperatures at zero or below** il fera extrêmement froid, avec des températures tombant à zéro ou au-dessous ◆ **it was twenty (degrees) below*** il faisait moins vingt
⑦ (liter = on earth) ◆ **here below** ici-bas
⑧ (liter = in hell : also **down below**) en enfer
- COMP **below stairs** ADV ◆ **life below stairs at Buckingham Palace** la vie des domestiques de Buckingham Palace ADJ des domestiques ◆ **the below-stairs world of a 1920s country house** l'univers des domestiques d'une gentilhommière des années 20
**below-the-line advertising** N publicité f hors média

**belt** /belt/ SYN
- N ① (Dress, Judo, fig) ceinture f ; (Mil etc) ceinturon m, ceinture f ; (= corset) gaine f ◆ **shoulder belt** baudrier m ◆ **he has ten years' experience under his belt*** il a dix années d'expérience à son actif ◆ **blow below the belt** (Boxing, also fig) coup m bas ◆ **to hit below the belt** porter un coup bas ◆ **that was below the belt!** (fig) c'était un coup bas or en traître ! ◆ **to pull in or tighten one's belt** (fig) se serrer la ceinture ◆ **to be a black belt (in judo** etc**)** être ceinture noire (de judo etc) ◆ **to give sb the belt** (= punishment) punir qn à coups d'étrivière ; → **safety**
② (= tract of land) région f ◆ **industrial belt** région f industrielle ◆ **the cotton belt** la région de culture du coton ; → **green**
③ (= drivebelt) courroie f
④ (US = road) route f de ceinture
⑤ (= region) région f
- VT ① (= thrash) administrer une correction à, donner une raclée* à ; (= hit) flanquer or coller un gnon‡ à ◆ **she belted him (one) in the eye**‡ elle lui a flanqué or collé un gnon‡ dans l'œil
② (US) ⇒ **belt out**
- VI (esp Brit * = rush) ◆ **to belt in/out/across** etc entrer/sortir/traverser etc à toutes jambes or à toute blinde‡ ◆ **he belted down the street** il a descendu or dévalé la rue à fond de train
- COMP **belt-and-braces** ADJ (fig) ◆ **it was a belt-and-braces job*** on a fait ça pour se donner une marge de sécurité or pour être vraiment tranquilles
**belt bag** N banane f
**belt pulley** N poulie f de courroie ; → **conveyor**

▶ **belt down**‡ VT SEP (US) [+ drink] descendre‡, se taper‡

▶ **belt out** VT SEP ◆ **to belt out a song** chanter une chanson à tue-tête

▶ **belt up** VI ① (= put on seat belt) attacher sa ceinture
② (Brit * = be quiet) la boucler*, la fermer* ◆ **belt up!** la ferme !*, boucle-la !*

**belter*** /ˈbeltəʳ/ N (= shot, kick) boulet m (de canon) ; (= match, game) super match* m ; (= party) super soirée* f ◆ **it's a belter!** (song) ça décoiffe ! ◆ **she's a belter!** (singer) elle a du coffre !

**belting*** /ˈbeltɪŋ/ N (= beating) raclée* f ◆ **to give sb a good belting** filer une bonne raclée* à qn

**beltway** /ˈbeltweɪ/ N (US : motorway-type) périphérique m

**beluga** /bɪˈluːgə/ N (= fish, caviar) bél(o)uga m

**belvedere** /ˌbelvɪˈdɪəʳ/ N belvédère m

**bemoan** /bɪˈməʊn/ VT pleurer, déplorer

**bemuse** /bɪˈmjuːz/ VT rendre perplexe

**bemused** /bɪˈmjuːzd/ ADJ [person, expression, smile] perplexe

**bemusedly** /bɪˈmjuːzɪdlɪ/ ADV [stare, gaze] d'un air perplexe ; [say] sur un ton perplexe

**bemusement** /bɪˈmjuːzmənt/ N perplexité f

**ben** /ben/ (Scot)
- N mont m, sommet m
- COMP **Ben Nevis** N Ben Nevis m

**bench** /bentʃ/ SYN
- N ① (= seat) (Brit Parl) banc m ; (in tiers) gradin m ; (padded) banquette f ◆ **on the bench** (Sport) sur le banc de touche ; → **back, Opposition**
② (Jur) ◆ **the Bench** (= court) la cour, le tribunal ; (= judges collectively) les magistrats mpl ◆ **to be raised to the bench** être nommé juge ◆ **to be on the bench** (permanent office) être juge (or magistrat) ; (when in court) siéger au tribunal ◆ **to appear before the bench** comparaître devant le tribunal ◆ **the Bench has ruled that...** la cour a décrété que... ; → **king**
③ (also **workbench**) [of factory, workshop] établi m ; [of laboratory] paillasse f
- VT (US Sport *) [+ player] exclure du jeu (souvent comme pénalisation)
- COMP **bench lathe** N tour m à banc
**bench-press** VT (Weight Lifting) soulever
**bench scientist** N expérimentateur m, -trice f
**bench seat** N banquette f
**bench study** N étude-pilote f
**bench test** N essai m
**bench vice** N étau m d'établi

**bencher** /ˈbentʃəʳ/ N (Brit Jur) ≈ membre m de l'ordre des avocats ; → **backbencher**

**benchmark** /ˈbentʃmɑːk/
- N (= reference point) point m de référence, repère m ; (in surveying) repère m de nivellement ; (Comput) an m d'essai ◆ **the 1984 bench mark** (Stat) l'année f de référence 1984
- ADJ (= benchmark price) prix m de base or de référence ◆ **benchmark test** (Comput) test m d'évaluation de performance
- VT (= compare) comparer ◆ **to benchmark against** mesurer à l'aune de

**benchmarking** /ˈbentʃmɑːkɪŋ/ N benchmarking m, étalonnage m concurrentiel

**benchwarmer*** /ˈbentʃwɔːməʳ/ N (US Sport) joueur m (médiocre) en réserve

**bend** /bend/ SYN (vb: pret, ptp **bent**)
  N ⟦1⟧ [of river] coude m, détour m ; [of tube, pipe] coude m ; [of arm] pli m, saignée f ; [of knee] pli m ; [of road] virage m, coude m ; (Naut = knot) nœud m de jonction ♦ **there is a bend in the road** la route fait un coude ♦ **bends for 8km** (on road) virages mpl sur 8 km ♦ **to take a bend** [car] prendre un virage or un tournant ♦ **round the bend**⁑ (Brit) tombé sur la tête*, cinglé* ♦ **to drive sb round the bend*** (Brit) rendre qn chèvre*
  ⟦2⟧ (Med) ♦ **the bends*** la maladie des caissons
  VT ⟦1⟧ [+ back, body] courber ; [+ leg, arm] plier ; [+ knee, leg] fléchir, plier ; [+ head] baisser, pencher ; [+ branch] courber, faire ployer ; [+ light ray] réfracter ; [+ rail, pipe, rod, beam] tordre, courber ; [+ bow] bander ; (Naut) [+ cable] étalinguer ; [+ sail] enverguer ♦ **to bend the rules*** faire une entorse au règlement ♦ **to bend at right angles** couder ♦ **to bend out of shape** fausser, gauchir ♦ **to get bent out of shape*** (about sth) (US) s'énerver (à cause de qch) ♦ **to be (all) bent out of shape*** être contrarié ♦ **with her head bent over a book** la tête penchée or courbée sur un livre ♦ **on bended knee(s)** à genoux ♦ **to go down on bended knee (to** or **before sb)** s'agenouiller or se mettre à genoux (devant qn) ♦ **to bend the elbow*** (= drink) lever le coude ♦ **to bend o.s. to sb's will** (liter) se plier à la volonté de qn ♦ **to bend sb to one's will** (liter) mettre qn sous son joug ♦ **to bend sb's ear** (gen) accaparer (l'attention de) qn ; (* pej) casser les pieds à qn* ; see also **bent¹**
  ⟦2⟧ (= direct) ♦ **all eyes were bent on him** tous les regards étaient braqués sur lui ♦ **the Government bent its efforts to lowering unemployment** le gouvernement a concentré ses efforts sur la lutte contre le chômage
  VI [person] se courber ; [branch, instrument etc] être courbé, plier ; [river, road] faire un coude, tourner ; (fig = submit) se soumettre, céder (to à) ♦ **to bend backward/forward** se pencher en arrière/en avant
  COMP **bend sinister** N (Heraldry) barre f de bâtardise ; → **double**, **hairpin**

▶ **bend back**
  VI [wire etc] se recourber ; [person] se pencher en arrière
  VT SEP replier, recourber

▶ **bend down**
  VI [person] se courber, se baisser ; [tree, branch] ployer, plier
  VT SEP [+ wire] replier, recourber ; [+ branch] faire ployer

▶ **bend over**
  VI [person] se pencher ♦ **to bend over backwards to help sb*** se mettre en quatre pour aider qn
  VT SEP replier

**bendable** /ˈbendəbl/ ADJ flexible

**bender** /ˈbendəʳ/ N ⟦1⟧ (= tool for bending) cintreuse f
  ⟦2⟧ ♦ **to go on a bender**⁑ aller se cuiter*
  ⟦3⟧ (= tent) hutte f (improvisée)
  ⟦4⟧ ⁑ (péj = homosexual) tapette⁑ f

**bendy*** /ˈbendɪ/
  ADJ [branch] flexible ; [river, road] sinueux
  COMP **bendy straw** N paille f courbée

**beneath** /bɪˈniːθ/ SYN
  PREP ⟦1⟧ (= under) sous ♦ **beneath the table** sous la table ♦ **to labour beneath a burden** (liter) ployer sous un fardeau
  ⟦2⟧ (= lower than) au-dessous de, sous ♦ **the town beneath the castle** la ville (située) au-dessous du château
  ⟦3⟧ (= unworthy of) indigne de ♦ **it is beneath my notice** cela ne mérite pas mon attention or que je m'y arrête subj ♦ **he regards the critics as beneath his notice** il se considère au-dessus des critiques ♦ **she considered it beneath her to lie** elle pensait que mentir aurait été indigne d'elle ♦ **she married beneath her** elle a fait une mésalliance ♦ **they took jobs that were far beneath them** ils ont accepté des emplois qui étaient vraiment indignes d'eux
  ADV dessous, au-dessous ♦ **the flat beneath** l'appartement m au-dessous or du dessous

**Benedict** /ˈbenɪdɪkt/ N Benoît m

**Benedictine** /ˌbenɪˈdɪktɪn/
  N (Rel) bénédictin(e) m(f)
  ADJ (Rel) bénédictin

**benedictine** /ˌbenɪˈdɪktɪn/ N (= liqueur) Bénédictine f

**benediction** /ˌbenɪˈdɪkʃən/ N (= blessing) bénédiction f ; (at table) bénédicité m ; (Rel = office) salut m

**benefaction** /ˌbenɪˈfækʃən/ N (= good deed) bienfait m ; (= gift) donation f, don m

**benefactor** /ˈbenɪfæktəʳ/ N bienfaiteur m

**benefactress** † /ˈbenɪfæktrɪs/ N bienfaitrice f

**benefice** /ˈbenɪfɪs/ N bénéfice m (Rel)

**beneficence** /bɪˈnefɪsəns/ N ⟦1⟧ (NonC = generosity) bienfaisance f
  ⟦2⟧ (= act) acte m or œuvre f de bienfaisance

**beneficent** /bɪˈnefɪsənt/ ADJ [person] bienfaisant ; [thing] salutaire

**beneficial** /ˌbenɪˈfɪʃəl/ SYN
  ADJ salutaire, bénéfique (to à) ♦ **alcohol in moderation may have a beneficial effect on the heart** la consommation modérée d'alcool pourrait avoir un effet salutaire or bénéfique sur le cœur ♦ **exercise is most beneficial when...** l'exercice est surtout salutaire or bénéfique lorsque... ♦ **beneficial to health** bon pour la santé ♦ **the change will be beneficial to you** le changement vous fera du bien or vous sera salutaire
  COMP **beneficial owner** N (Jur) usufruitier m, -ière f

**beneficially** /ˌbenɪˈfɪʃəlɪ/ ADV avantageusement

**beneficiary** /ˌbenɪˈfɪʃərɪ/ N [of will etc] bénéficiaire mf, légataire mf ; [of person] ayant droit m ; [of insurance] bénéficiaire mf ; (Rel) bénéficier m

**benefit** /ˈbenɪfɪt/ SYN
  N ⟦1⟧ bienfait m, avantage m ♦ **it's to your benefit** c'est dans votre intérêt ♦ **to be of benefit to sb** être utile à qn ♦ **I hope what I have written will be of benefit to someone who may feel the same way** j'espère que ce que j'ai écrit servira à quelqu'un qui partage mon opinion ♦ **did he get much benefit from his holiday?** est-ce que ses vacances lui ont fait du bien ? ♦ **he's beginning to feel the benefit of his stay in the country** il commence à ressentir les bienfaits de son séjour à la campagne ♦ **he had the benefit of the work I had put in** il a profité de mon travail ♦ **without the benefit of** sans l'avantage de ♦ **to give sb the benefit of the doubt** accorder à qn le bénéfice du doute ♦ **the benefits of a good education** les bienfaits d'une bonne éducation
  ♦ **for + benefit** ♦ **for the benefit of your health** dans l'intérêt de votre santé ♦ **a concert for the benefit of the refugees** un concert au profit des réfugiés ♦ **we're doing all this for his benefit** c'est pour lui que nous faisons tout cela ♦ **he's not really hurt, he's just crying for your benefit** il ne s'est pas vraiment fait mal, il pleure juste pour attirer votre attention
  ⟦2⟧ (Admin = money) allocation f, prestation f ♦ **unemployment benefit** (formerly) allocation f (de) chômage ♦ **to be on benefit(s)** recevoir des allocations ; → **sickness** ; → **DSS**
  ⟦3⟧ (= perk) avantage m
  ⟦4⟧ (= charity performance) représentation f de bienfaisance
  VT faire du bien à ; (financially) profiter à
  VI [person] se trouver bien (from, by de) ; (financially) gagner (from or by doing sth à faire qch) ; [work, situation] être avantagé (from par) ♦ **he will benefit from a holiday** des vacances lui feront du bien
  COMP **benefit association** N (US) ⇒ **benefit society**
  **benefit club** N assurance f mutuelle, caisse f de secours mutuel
  **benefit in kind** N (Comm) avantage m en nature
  **benefit match** N (Sport) match m au profit d'un joueur
  **benefit of clergy** N (= privileges) privilège m du clergé ; (= rites) rites mpl de l'Église, rites mpl religieux ♦ **marriage without benefit of clergy** mariage non béni par l'Église
  **benefit performance** N représentation f de bienfaisance
  **benefit society** N (US) société f de prévoyance, (société f) mutuelle f

**Benelux** /ˈbenɪlʌks/ N Benelux m ♦ **the Benelux countries** les pays du Benelux

**benevolence** /bɪˈnevələns/ N ⟦1⟧ (NonC = kindness) bienveillance f ; (= generosity) bienfaisance f, générosité f
  ⟦2⟧ (= gift, act) bienfait m
  ⟦3⟧ (Hist) don m forcé (au souverain)

**benevolent** /bɪˈnevələnt/ ADJ ⟦1⟧ (= kind) bienveillant (to envers) ♦ **a benevolent smile** un sourire bienveillant or plein de bonté
  ⟦2⟧ (= charitable) [organization, society] de bienfaisance ♦ **benevolent fund** fonds m de secours

**benevolently** /bɪˈnevələntlɪ/ ADV avec bienveillance or bonté

**BEng** /biːˈendʒ/ N abbrev of **Bachelor of Engineering**

**Bengal** /beŋˈɡɔːl/
  N Bengale m ♦ **the Bay of Bengal** le golfe du Bengale
  COMP **Bengal light** N feu m de Bengale
  **Bengal tiger** N tigre m du Bengale

**Bengali** /beŋˈɡɔːlɪ/
  ADJ bengali f inv
  N ⟦1⟧ (= person) Bengali mf
  ⟦2⟧ (= language) bengali m

**benighted** /bɪˈnaɪtɪd/ ADJ ⟦1⟧ (fig = uncultured) [person] plongé dans (les ténèbres de) l'ignorance ; [policy etc] à courte vue, aveugle
  ⟦2⟧ († lit) surpris par la nuit

**benign** /bɪˈnaɪn/, **benignant** /bɪˈnɪɡnənt/ ADJ
  ⟦1⟧ (= kindly) bienveillant, affable ; (= beneficial) bienfaisant, salutaire ; [climate] doux (douce f)
  ⟦2⟧ (= harmless) [research, substance, process] inoffensif
  ⟦3⟧ (Med) [tumour] bénin (-igne f)
  ⟦4⟧ ♦ **benign neglect** laisser-faire m ♦ **a policy of benign neglect of the economy** une politique de laisser-faire en matière économique, une politique économique non-interventionniste ♦ **the best thing for these moors is benign neglect** la meilleure chose qu'on puisse faire pour cette lande, c'est de la laisser en friche

**benignly** /bɪˈnaɪnlɪ/ ADV avec bienveillance

**Benin** /beˈniːn/ N Bénin m

**Beninese** /ˌbenɪˈniːz/
  ADJ béninois
  N Béninois(e) m(f)

**benison** /ˈbenɪzn/ N bénédiction f

**Benjamin** /ˈbendʒəmɪn/ N Benjamin m ♦ **Benjamins*** (US) (= bills) billets mpl de 100 dollars ; (= money) fric* m

**benny**⁑ /ˈbenɪ/ N (Drugs) (comprimé m de) benzédrine f

**bent¹** /bent/ SYN
  VB pt, ptp of **bend**
  ADJ ⟦1⟧ [wire, pipe] tordu
  ⟦2⟧ (esp Brit * = dishonest) véreux, ripou* ♦ **a bent copper** un ripou*
  ⟦3⟧ (Brit pej ⁑ = homosexual) homo*
  ⟦4⟧ ♦ **to be bent on doing sth** être résolu or décidé à faire qch, vouloir absolument faire qch ♦ **he is bent on seeing me** il veut absolument me voir ♦ **he is bent on pleasure** il ne recherche que son plaisir
  N ⟦1⟧ (= aptitude) dispositions fpl, aptitudes fpl (for pour) ♦ **to have a bent for languages** avoir des dispositions pour les langues
  ⟦2⟧ (= liking) penchant m, goût m ♦ **to have a bent for** or **towards sth** avoir du goût or un penchant pour qch ♦ **to follow one's bent** suivre son inclination ♦ **of literary bent** tourné vers les lettres

**bent²** /bent/ N (also **bent grass**) agrostide f

**benthos** /ˈbenθɒs/ N (Bio) benthos m

**bentonite** /ˈbentənaɪt/ N (Miner) bentonite f

**bentwood** /ˈbentwʊd/ ADJ [furniture] en bois courbé

**benumb** /bɪˈnʌm/ VT [+ limb] engourdir, endormir

**benumbed** /bɪˈnʌmd/ ADJ (= cold) [person] transi (de froid) ; [fingers] engourdi par le froid ; (= frightened) transi de peur ; (= shocked) paralysé

**Benzedrine** ® /ˈbenzɪdriːn/ N benzédrine f

**benzene** /ˈbenziːn/ N benzène m

**benzine** /ˈbenziːn/ N benzine f

**benzoate** /ˈbenzəʊeɪt/ N (Chem) benzoate m

**benzocaine** /ˈbenzəʊkeɪn/ N benzocaïne f

**benzodiazepine** /ˌbenzəʊdaɪˈeɪzəpiːn/ N benzodiazépine f

**benzoic** /benˈzəʊɪk/ ADJ (Chem) benzoïque ♦ **benzoic acid** acide m benzoïque

**benzoin¹** /ˈbenzəʊɪn/ N (= resin) benjoin m ; (= shrub) styrax m (benjoin)

**benzoin²** /ˈbenzəʊɪn/ N (Chem) benzoïne f

**benzol(e)** /ˈbenzɒl/ **N** (Chem) benzol m

**bequeath** /bɪˈkwiːð/ SYN **VT** (in will) léguer (to à) ; (fig) [+ tradition] transmettre, léguer (to à)

**bequest** /bɪˈkwest/ SYN **N** legs m

**berate** /bɪˈreɪt/ **VT** admonester (liter), réprimander

**Berber** /ˈbɜːbəʳ/
**ADJ** berbère
**N** ① (= person) Berbère mf
② (= language) berbère m

**berberis** /ˈbɜːbərɪs/ **N** berbéris m, épine-vinette f

**bereave** /bɪˈriːv/ SYN **VT** ① (pret, ptp **bereft**) (= deprive) priver, déposséder (of de) ; see also **bereft**
② (pret, ptp gen **bereaved**) (by death) ravir (sb of sb qn à qn)

**bereaved** /bɪˈriːvd/ **ADJ** endeuillé, affligé

**bereavement** /bɪˈriːvmənt/ SYN **N** (= loss) perte f ; (NonC = state) deuil m ◆ **a sad bereavement** une perte cruelle ◆ **in his bereavement** dans son deuil ◆ **owing to a recent bereavement** en raison d'un deuil récent ◆ **bereavement counselling** thérapie f du deuil

**bereft** /bɪˈreft/
**VB** pt, ptp of **bereave**
**ADJ** (liter) ◆ **bereft of** privé or démuni de ◆ **bereft of hope** désespéré ◆ **he is bereft of reason** il a perdu la raison

**beret** /ˈbereɪ/ **N** béret m

**Berezina** /bɪrɪziːˈnɑː/ **N** (Geog, Hist) Bérézina f

**berg*** /bɜːg/ **N** abbrev of **iceberg**

**bergamot** /ˈbɜːgəmɒt/ **N** bergamote f

**bergschrund** /ˈberkʃrʊnt/ **N** (Geol) rimaye f

**beriberi** /ˈberɪˈberɪ/ **N** béribéri m

**Bering** /ˈbeɪrɪŋ/ **ADJ** ◆ **Bering Sea/Strait** mer f/détroit m de Béring

**berk**‡ /bɜːk/ **N** (Brit) connard‡ m, connasse‡ f

**berkelium** /bɜːˈkiːlɪəm/ **N** berkélium m

**Berks** **N** abbrev of **Berkshire**

**Berlin** /bɜːˈlɪn/
**N** ① Berlin ◆ **East/West Berlin** Berlin Est/Ouest
② (= carriage) ◆ **berlin** berline f
COMP **the Berlin Wall** **N** le mur de Berlin ◆ **Berlin wool** **N** laine f à broder

**Berliner** /bɜːˈlɪnəʳ/ **N** Berlinois(e) m(f)

**berm** /bɜːm/ **N** (US) accotement m, bas-côté m

**Bermuda** /bɜːˈmjuːdə/
**N** Bermudes fpl
COMP **Bermuda shorts** **NPL** bermuda m ◆ **the Bermuda Triangle** **N** le triangle des Bermudes

**Bern** /bɜːn/ **N** Berne

**Bernard** /ˈbɜːnəd/ **N** Bernard m

**Bernese** /bɜːˈniːz/
**ADJ** bernois ◆ **Bernese Oberland** Oberland m bernois ◆ **Bernese Mountain Dog** bouvier m bernois
**N** Bernois(e) m(f)

**berry** /ˈberɪ/
**N** baie f ; → **brown**
**VI** ◆ **to go berrying** aller cueillir des baies

**bersagliere** /ˌbeəsɑːˈljeərɪ/ **N** bersaglier m

**berserk** /bɜːˈsɜːk/ SYN **ADJ** fou furieux (folle furieuse f) ◆ **to go berserk** devenir fou furieux, se déchaîner

**berth** /bɜːθ/ SYN
**N** ① [of plane, train, ship] couchette f ◆ **to find a soft berth** (fig) trouver une bonne planque*
② (Naut = place for ship) mouillage m, poste m d'amarrage ◆ **to give a wide berth to a ship** passer au large d'un navire ◆ **to give sb a wide berth** éviter qn, se tenir à une distance respectueuse de qn ◆ **you should give him a wide berth** vous devriez l'éviter à tout prix
**VI** (at anchor) mouiller ; (alongside) venir à quai, accoster
**VT** [+ ship] (= assign place) donner or assigner un poste d'amarrage à ; (perform action) amarrer, faire accoster

**beryl** /ˈberɪl/ **N** béryl m

**beryllium** /beˈrɪlɪəm/ **N** béryllium m

**beseech** /bɪˈsiːtʃ/ SYN **VT** (pret, ptp **besought** or **beseeched**) **VT** (liter) ① (= ask for) [+ permission] demander instamment, solliciter ; [+ pardon] implorer
② (= entreat) conjurer (liter), supplier (sb to do sth qn de faire qch)

**beseeching** /bɪˈsiːtʃɪŋ/
**ADJ** [voice, look] suppliant, implorant
**N** (NonC) supplications fpl

**beseechingly** /bɪˈsiːtʃɪŋlɪ/ **ADV** d'un air or d'un ton suppliant ◆ **she looked beseechingly into his eyes** elle le regarda d'un air suppliant ◆ **"how could it happen?" I asked him, beseechingly** « comment est-ce possible ? » lui ai-je demandé d'un ton suppliant

**beset** /bɪˈset/ (pret, ptp **beset**) **VT** [dangers, fears] assaillir ; [temptations] entourer ◆ **a path beset with obstacles** un chemin semé d'obstacles ◆ **beset with difficulties** [enterprise, journey] semé de difficultés ◆ **he is beset with difficulties** les difficultés l'assaillent (de toutes parts) ◆ **beset with** or **by doubts** assailli par le doute

**besetting** /bɪˈsetɪŋ/ **ADJ** ◆ **his besetting sin** son grand défaut

**beside** /bɪˈsaɪd/ SYN **PREP** ① (= at the side of) à côté de, auprès de ◆ **she sat down beside him** elle s'est assise à côté or auprès de lui ◆ **beside it** à côté
② (= compared with) à côté de
③ (= except) ◆ **beside him, no one agreed with me** à part lui, personne n'était d'accord avec moi
④ (phrases) ◆ **that's beside the point** cela n'a rien à voir (avec la question) ◆ **it's quite beside the point to suggest that...** il est tout à fait inutile de suggérer que... ◆ **to be beside o.s. (with anger)*** être hors de soi ◆ **he was quite beside himself with excitement*** il était dans un grand état d'excitation ◆ **he is beside himself with joy*** il est transporté de joie, il ne se sent pas de joie

**besides** /bɪˈsaɪdz/ SYN
**ADV** ① (= in addition) en plus, en outre (frm) ◆ **you'll earn money and gain valuable experience besides** tu gagneras de l'argent et en plus ça te donnera une expérience précieuse ◆ **and many more besides** et bien d'autres encore ◆ **he wrote a novel and several short stories besides** il a écrit un roman et aussi plusieurs nouvelles
② (= moreover) d'ailleurs, du reste
**PREP** ① (= in addition to) en plus de, en dehors de ◆ **she has other qualities, besides intelligence and humour** elle a d'autres qualités en plus or en dehors de l'intelligence et de l'humour ◆ **she has many good qualities, besides being beautiful** non seulement elle est belle, mais en plus elle a beaucoup de qualités ◆ **there was only one person besides him who knew her** à part lui or en dehors de lui, il n'y avait qu'une personne qui la connaissait ◆ **others besides ourselves** d'autres que nous ◆ **there were three of us besides Jacques** nous étions trois sans compter Jacques ◆ **besides this book I bought some CDs** outre ce livre, j'ai acheté des CD ◆ **besides which he was unwell** sans compter qu'il était souffrant, et en plus il était souffrant
② (= apart from) sauf, sinon ◆ **no one besides you** personne sauf vous, personne d'autre que vous ◆ **who besides them could have done it?** qui aurait pu faire cela, sinon eux ?, qui d'autre qu'eux aurait pu le faire ◆ **who besides yourself has a key to this room?** qui à part vous a la clé de cette pièce ?, qui d'autre que vous a la clé de cette pièce ?

**besiege** /bɪˈsiːdʒ/ SYN **VT** ① [+ town] assiéger, mettre le siège devant
② (fig = surround) assaillir ◆ **besieged by journalists** assailli par des journalistes
③ (fig = pester) assaillir, harceler (with de) ◆ **besieged with questions** assailli de questions

**besieger** /bɪˈsiːdʒəʳ/ **N** (lit) assiégeant(e) m(f)

**besmear** /bɪˈsmɪəʳ/ **VT** (lit) barbouiller (with de) ; (fig) salir, souiller (liter)

**besmirch** /bɪˈsmɜːtʃ/ **VT** ternir, entacher

**besom** /ˈbiːzəm/ **N** balai m de bouleau

**besotted** /bɪˈsɒtɪd/ SYN **ADJ** ① (= drunk) abruti, hébété (with de)
② (= infatuated) entiché, fou (folle f) (with de)
③ (= foolish) idiot, imbécile

**besought** /bɪˈsɔːt/ **VB** pt, ptp of **beseech**

**bespatter** /bɪˈspætəʳ/ **VT** éclabousser (with de)

**bespeak** /bɪˈspiːk/ (pret **bespoke**, ptp **bespoken** or **bespoke**) **VT** ① (= order) [+ goods] commander ; [+ room, place] retenir, réserver
② (= indicate) témoigner de ; [+ weakness, fault] accuser

**bespectacled** /bɪˈspektɪkld/ **ADJ** à lunettes

**bespoke** /bɪˈspəʊk/
**VB** pt, ptp of **bespeak**
**ADJ** (Brit) [goods] fait sur commande ; [garments] fait sur mesure ; [tailor etc] à façon ◆ **bespoke software** (Comput) logiciel m sur mesure

**bespoken** /bɪˈspəʊkən/ **VB** ptp of **bespeak**

**besprinkle** /bɪˈsprɪŋkl/ **VT** (liter) (with liquid) arroser, asperger (with de) ; (with powder) saupoudrer (with de) ; (= dot with) parsemer (with de)

**Bess** /bes/ **N** (dim of **Elizabeth**) ◆ **Good Queen Bess** (Brit Hist) la reine Élisabeth (I$^{re}$)

**Bessarabia** /ˌbesəˈreɪbɪə/ **N** Bessarabie f

**Bessemer converter** /ˈbesɪməʳ/ **N** Bessemer m

**Bessemer process** /ˈbesɪməʳ/ **N** (Metal) procédé m Bessemer

**best** /best/ LANGUAGE IN USE 2.2, 7.4, 23 SYN
**ADJ** superl of **good** le meilleur, la meilleure ◆ **the best novel he's written** le meilleur roman qu'il ait écrit ◆ **the best pupil in the class** le meilleur élève de la classe ◆ **Belgian beer is the best in the world** la bière belge est la meilleure du monde or au monde ◆ **the best route to Paris** le meilleur chemin or itinéraire pour Paris ◆ **the best thing about Spain/living abroad is...** ce qu'il y a de mieux en Espagne/quand on vit à l'étranger, c'est... ◆ **the best thing about her is...** sa plus grande qualité, c'est... ◆ **the best thing to do is to wait** le mieux c'est d'attendre ◆ **the best years of one's life** les plus belles années de sa vie ◆ **in one's best clothes** vêtu de ses plus beaux vêtements ◆ **may the best man win!** que le meilleur gagne ! ◆ **to put one's best foot forward** (in walking) allonger le pas ; (= do one's best) faire de son mieux ◆ **she's his best girl** †* c'est sa petite amie ◆ **best before...** (Comm:on product) à consommer de préférence avant... ◆ **to have the best diamond** (Cards) être maître à carreau ◆ **best!** (at end of letter) amitiés ; see also **comp** ; → **behaviour, second-best, wish**
◆ **the best part of*** (= most of) la plus grande partie de ◆ **for the best part of an hour/month** pendant près d'une heure/d'un mois ◆ **it took the best part of an hour** ça m'a pris une petite heure

**N** ① ◆ **the best** le mieux, le meilleur ◆ **she's the best in the class at maths/drawing** elle est la meilleure de la classe en maths/en dessin ◆ **to get the best out of sb/sth** tirer le maximum de qn/qch ◆ **to get the best of the bargain** or **of it** l'emporter, avoir le dessus ◆ **to have** or **get the best of both worlds** gagner sur les deux tableaux ◆ **the best there is** ce qu'il y a de mieux ◆ **to save the best for last** garder le meilleur pour la fin ◆ **the best is yet to come** il y a mieux ◆ **the best of it is that...** le plus beau de l'affaire c'est que... ◆ **the final is the best of three matches** (Sport) la finale se dispute au meilleur des trois matchs ◆ **to be the best of friends** être les meilleurs amis (du monde) ◆ **even the best of us can make mistakes** tout le monde peut se tromper ◆ **the best of plans can go astray** les meilleurs projets peuvent échouer ◆ **he can sing with the best of them*** il sait chanter comme pas un* ◆ **even at the best of times** même dans les circonstances les plus favorables ◆ **he's not very patient (even) at the best of times but...** il n'est jamais particulièrement patient mais...

◆ **all the best!*** (= goodbye) salut !* ; (at end of letter) amicalement, amitiés ◆ **all the best to your sister** mes amitiés à ta sœur ◆ **all the best for your exam** bonne chance pour ton examen

◆ **at best** au mieux

◆ **do + best** ◆ **to do one's (level) best (to come)** faire tout son possible (pour venir) ◆ **do the best you can!** faites de votre mieux !, faites pour le mieux ! ◆ **it's the best I can do** je ne peux pas faire mieux ◆ **well, I did my best** eh bien, j'ai fait de mon mieux

◆ **for the best** ◆ **it's (all) for the best** c'est pour le mieux ◆ **to do sth for the best** faire qch dans les meilleures intentions

◆ **to be at one's best** (= on form) être en pleine forme* or en train ◆ **the roses are at their best just now** les roses sont de toute beauté en ce moment ◆ **that is Racine at his best** voilà du meilleur Racine

♦ **to look one's best** être resplendissant ; *[+ woman]* être en beauté ♦ **I always like to look my best** j'aime bien être à mon avantage ♦ **she looks her best in blue** c'est le bleu qui l'avantage le plus

♦ **to make the best of sth** s'accommoder de qch (du mieux que l'on peut) ♦ **to make the best of a bad job** faire contre mauvaise fortune bon cœur ♦ **to make the best of one's opportunities** profiter au maximum des occasions qui se présentent

♦ **to the best of...** ♦ **to the best of my ability/knowledge/recollection** autant que je puisse/que je sache/que je me souvienne ♦ **to the best of my (knowledge and) belief** autant que je sache ♦ **I avoided it to the best of my power** je l'ai évité autant que j'ai pu

[2] *(= clothes)* ♦ **in one's Sunday best** * endimanché, sur son trente et un ♦ **(to keep sth) for best** * (garder qch) pour les grandes occasions

**ADV** superl of **well** le mieux, le plus ♦ **the best dressed man in Paris** l'homme *m* le mieux habillé de Paris ♦ **the best loved actor** l'acteur *m* le plus aimé ♦ **I like apples best** ce que je préfère, ce sont les pommes ♦ **I like strawberries best of all** j'aime les fraises par-dessus tout ♦ **that is the hat which suits her best** voilà le chapeau qui lui va le mieux ♦ **I helped him as best I could** je l'ai aidé de mon mieux *or* du mieux que j'ai pu ♦ **he thought it best to accept** il a trouvé *or* jugé préférable d'accepter ♦ **do as you think best** faites à votre idée, faites pour le mieux ♦ **you know best** vous savez mieux que personne, c'est vous le mieux placé pour en juger, vous êtes (le) meilleur juge en la matière ♦ **you had best go at once** tu ferais mieux de t'en aller tout de suite ♦ **the best-laid plans of mice and men oft go awry** même les projets les mieux élaborés peuvent échouer

**VT** *(= defeat, win over)* battre, l'emporter sur

**COMP** **best-before date** **N** *(Comm)* date *f* limite d'utilisation *or* de consommation
**best boy** **N** *(Cine) assistant du chef électricien ou du technicien*
**best friend** **N** meilleur(e) ami(e) *m(f)* ♦ **she is her best friend** c'est sa meilleure amie
**best man** **N** (pl **best men**) *(at wedding)* ≈ garçon *m* d'honneur, ≈ témoin *m*
**best-selling** **ADJ** *[+ book, writer]* à succès ; *[+ record]* qui remporte un grand succès

> **BEST MAN**
>
> Choisi parmi les amis ou les proches parents du marié, le **best man** est à la fois le témoin et le garçon d'honneur. Traditionnellement responsable du bon déroulement de la journée, il doit veiller à ce que le marié soit à l'heure et à ce que les invités soient bien accueillis. Pendant la réception, il lui revient de lire les messages de félicitations, d'annoncer les orateurs, de prononcer le discours humoristique d'usage et de porter un toast aux nouveaux mariés.

**bestial** /ˈbestɪəl/ SYN **ADJ** *(lit, fig)* bestial

**bestiality** /ˌbestɪˈælɪtɪ/ **N** bestialité *f*

**bestiary** /ˈbestɪərɪ/ **N** bestiaire *m (recueil)*

**bestir** /bɪˈstɜːʳ/ **VT** ♦ **to bestir o.s.** se remuer, se démener, s'activer

**bestow** /bɪˈstəʊ/ SYN **VT** *(frm)* [1] *(= grant) [+ favour, sb's hand]* accorder *(on, upon* à) ; *[+ title]* conférer *(on, upon* à)
[2] *(= devote) [+ energy]* consacrer, employer *(upon* à) ; *[+ admiration]* accorder ♦ **to bestow friendship on sb** prendre qn en amitié ♦ **the attention bestowed on this boy** l'attention dont ce garçon est l'objet

**bestowal** /bɪˈstəʊəl/ **N** *(NonC: frm)* octroi *m*

**bestraddle** /bɪˈstrædl/ **VT** *[+ horse, bicycle]* enfourcher ; *[+ wall]* chevaucher ; *[+ chair]* se mettre à califourchon sur

**bestrew** /bɪˈstruː/ (pret **bestrewed**, ptp **bestrewed** *or* **bestrewn**) /bɪˈstruːn/ **VT** *(liter)* parsemer, joncher *(with* de)

**bestride** /bɪˈstraɪd/ SYN (pret **bestrode** /bɪˈstrəʊd/) (ptp **bestridden** /bɪˈstrɪdn/) **VT** [1] *[+ chair]* être à cheval *or* à califourchon sur ; *[+ horse, bicycle]* enfourcher
[2] *[+ brook, ditch]* enjamber

**bestseller** /bestˌseləʳ/ **N** *(= book)* best-seller *m*, livre *m* à succès, succès *m* de librairie ; *(Comm) (other article)* article *m* très demandé ; *(= author)* auteur *m* à succès

**bet** /bet/ SYN (pret, ptp **bet** *or* **betted**)
**VI** parier *(against* contre ; *on* sur ; *with* avec) ♦ **to bet 10 to 1** parier *or* miser à 10 contre 1 ♦ **to bet on horses** parier *or* jouer aux courses ♦ **to bet on a horse** jouer un cheval, miser sur un cheval ♦ **don't bet on it!**, **I wouldn't bet on it!** ne compte pas trop dessus
**VT** [1] ♦ **to bet £10 on a horse** parier *or* miser 10 livres sur un cheval ♦ **she bet me $10 he would refuse** elle m'a parié 10 dollars qu'il refuserait
[2] ♦ **I bet he'll come!** je te parie qu'il viendra ! ♦ **I'll bet you anything (you like)** je te parie tout ce que tu veux ♦ **bet you won't do it** * (je te parie que) t'es pas capable de le faire * ♦ **you bet!** * un peu ! *, tu parles ! * ♦ **bet you can't!** * chiche ! * ♦ **you can bet your boots** * *or* **your bottom dollar** * *or* **your life** * **that...** tu peux parier tout ce que tu veux *or* parier ta chemise que... ♦ **to bet the ranch** *or* **farm on sb/sth** *(US fig)* tout miser sur qn/qch
**N** [1] *(lit)* pari *m* ♦ **to make** *or* **lay a bet (on sth/sb)** parier (sur qch/qn), faire un pari (sur qch/qn) ♦ **to accept** *or* **take (on) a bet** accepter un pari ♦ **to win a bet** gagner un pari ♦ **place your bets!** *(in casino)* faites vos jeux ! ♦ **want a bet?** * (qu'est-ce que) tu paries ? *
[2] ♦ **this is your best bet** c'est ce que vous avez de mieux à faire ♦ **it's a good** *or* **safe bet that she'll turn up** il est à peu près certain qu'elle viendra ♦ **Liverpool look a good** *or* **safe bet for the championship** Liverpool a toutes les chances de gagner le championnat ♦ **all bets are off** *(fig)* impossible de dire ce qui va se passer ; → **hedge**

**beta** /ˈbiːtə/
**N** bêta *m*
**COMP** **beta blocker** **N** *(Med, Pharm)* bêta-bloquant *m*
**beta-blocking** **ADJ** bêta-bloquant
**beta carotene** **N** bétacarotène *m*
**beta decay** **N** désintégration *f* bêta *or* négatogène
**beta globulin** **N** transferrine *f*
**beta particle** **N** particule *f* bêta
**beta ray** **N** rayon *m* bêta
**beta rhythm** **N** rythme *m* bêta

**betake** /bɪˈteɪk/ (pret **betook**, ptp **betaken**) /bɪˈteɪkən/ **VT** ♦ **to betake o.s. to...** (s'en) aller à..., se rendre à...

**betatron** /ˈbiːtəˌtrɒn/ **N** *(Phys)* bêtatron *m*

**betcha** ‡ /ˈbetʃə/ **EXCL** ♦ **(you) betcha!** un peu ! *, tu parles ! *

**betel** /ˈbiːtəl/
**N** bétel *m*
**COMP** **betel nut** **N** noix *f* de bétel

**Betelgeuse** /ˈbiːtlˌdʒɜːz/ **N** *(Astron)* Bételgeuse *f*

**Bethany** /ˈbeθənɪ/ **N** Béthanie

**bethink** † /bɪˈθɪŋk/ (pret, ptp **bethought**) **VT** ♦ **to bethink o.s.** réfléchir, considérer ♦ **to bethink o.s. of sth/to do/that** s'aviser de qch/de faire/que

**Bethlehem** /ˈbeθlɪhem/ **N** Bethléem

**bethought** /bɪˈθɔːt/ **VB** pt, ptp of **bethink**

**betide** /bɪˈtaɪd/ SYN **VTI** ♦ **whatever (may) betide** quoi qu'il advienne *or* arrive *subj* ; → **woe**

**betimes** † /bɪˈtaɪmz/ SYN **ADV** *(= early)* de bonne heure, tôt ; *(= quickly)* promptement, vite ; *(= in good time)* à temps, assez tôt

**betoken** /bɪˈtəʊkən/ SYN **VT** *(frm) (= forecast)* présager, annoncer ; *(= indicate)* dénoter, être signe de

**betony** /ˈbetənɪ/ **N** bétoine *f*

**betook** /bɪˈtʊk/ **VB** pt of **betake**

**betray** /bɪˈtreɪ/ SYN **VT** [1] *(= be disloyal to) [+ one's country]* trahir, être traître à ; *[+ friends]* trahir ; *[+ spouse, partner]* tromper, trahir ; *(fig) [+ hope etc]* trahir, décevoir ; *[+ ideals, principles]* trahir ♦ **he has betrayed our trust** il a trahi notre confiance, il a commis un abus de confiance
[2] *(= give up treacherously) [+ person, secret]* livrer *(to* à), trahir ♦ **to betray sb into enemy hands** livrer qn à l'ennemi *or* aux mains de l'ennemi
[3] *(= disclose) [+ age, fears, intentions, facts, truth]* trahir, révéler ♦ **to betray o.s.** se trahir ♦ **his speech betrayed the fact that he had been drinking** on devinait à l'écouter qu'il avait bu

**betrayal** /bɪˈtreɪəl/ SYN **N** *[of country, ally etc]* trahison *f* ; *[of age, secret, plan]* divulgation *f* ; *[of fears, intentions]* manifestation *f* (involontaire) ; *[of facts, truth]* révélation *f* ♦ **a betrayal of trust** un abus de confiance ♦ **to feel a sense of betrayal** se sentir trahi

**betrayer** /bɪˈtreɪəʳ/ **N** *[of country]* traître(sse) *m(f)* *(of* à, envers) ; *[of friend]* dénonciateur *m*, -trice *f* *(of* de) ♦ **she killed her betrayer** elle a tué celui qui l'avait trahie

**betroth** /bɪˈtrəʊð/ **VT** ( ††, *liter*) fiancer *(to* à, avec), promettre en mariage *(to* à)

**betrothal** /bɪˈtrəʊðəl/ **N** *(liter)* fiançailles *fpl* *(to* avec)

**betrothed** /bɪˈtrəʊðd/ **ADJ, N** *(pl inv: liter or hum)* fiancé(e) *m(f)*

**better**[1] /ˈbetəʳ/ LANGUAGE IN USE 1, 2.2, 7.1, 7.4, 23.4
SYN
**ADJ** compar of **good** meilleur ♦ **that book is better than this one** ce livre-là est meilleur que celui-ci ♦ **she is a better dancer than her sister, she is better at dancing than her sister** elle danse mieux que sa sœur ♦ **she is better at dancing than at singing** elle danse mieux qu'elle ne chante ♦ **these products are better for the environment** ces produits polluent moins ♦ **he's a better man than his brother** il est mieux que son frère ♦ **you're a better man than I!** tu es vraiment très fort ! ♦ **he's no better than a thief** c'est un voleur ni plus ni moins ♦ **she's no better than she should be!** † *(= slightly dishonest)* ce n'est pas l'honnêteté qui l'étouffe ! * ; *(loose morals)* elle n'est pas d'une vertu farouche ! ♦ **he is much better now** *(in health)* il va *or* se porte bien mieux maintenant ♦ **how are you? – much better** comment allez-vous ? – bien mieux ♦ **to grow better** s'améliorer ♦ **his writing is better since he got a new pen** son écriture est meilleure depuis qu'il a un nouveau stylo ♦ **(it's getting) better and better!** (ça va) de mieux en mieux ! ♦ **that's better!** voilà qui est mieux ! ♦ **it** *or* **things couldn't be better!** ça ne pourrait pas mieux aller ! ♦ **it would be better to stay at home** il vaudrait mieux rester à la maison ♦ **wouldn't it be better to refuse?** ne vaudrait-il pas mieux refuser ? ♦ **better not!** mieux vaut pas ! ♦ **better not wake him!** mieux vaut ne pas le réveiller ! ♦ **it is better not to promise anything than to let him down** il vaut mieux ne rien promettre que de le décevoir ♦ **a better class of hotel** un hôtel de catégorie supérieure ♦ **he has seen better days** il a connu des jours meilleurs ♦ **this hat has seen better days** ce chapeau n'est plus de la première fraîcheur ♦ **his better half** * *(hum)* sa moitié * *(hum)* ♦ **his better nature stopped him from...** ses bons sentiments, reprenant le dessus, l'ont empêché de... ♦ **to appeal to sb's better nature** faire appel au bon cœur de qn ♦ **to go one better than sb** damer le pion à qn ♦ **the better part of a year/of 200km** *etc* près d'un an/de 200 km *etc* ♦ **to hope for better things** espérer mieux

♦ **to get better** ♦ **he got better very quickly after his illness** il s'est très vite remis de sa maladie ♦ **the weather is getting better** le temps s'améliore ♦ **this book gets better towards the end** ce livre s'améliore vers la fin ♦ **his technique got better as he grew older** sa technique s'est affirmée avec l'âge

**ADV** compar of **well** mieux ♦ **he sings better than you** il chante mieux que toi ♦ **he sings better than he dances** il chante mieux qu'il ne danse ♦ **I like it better than I used to** je l'aime mieux qu'autrefois *or* que je ne l'aimais autrefois ♦ **better dressed** mieux habillé ♦ **better known** plus *or* mieux connu ♦ **better known as** mieux connu sous le nom de ♦ **better late than never** *(Prov)* mieux vaut tard que jamais *(Prov)*

♦ **better off** ♦ **they are better off than we are** *(= richer)* ils ont plus d'argent que nous ; *(= more fortunate)* ils sont dans une meilleure position que nous ♦ **he is better off at his sister's than living alone** il est mieux chez sa sœur que s'il vivait tout seul ♦ **he is better off where he is** il est mieux là où il est

♦ **better still** ♦ **write to her, or better still go and see her** écris-lui, ou mieux encore va la voir

♦ **had better** ♦ **I had better do it** *(= must do it)* il faut que je le fasse ; *(= would be preferable to do it)* il vaut mieux que je le fasse ♦ **hadn't you better speak to him?** ne vaudrait-il pas mieux que tu lui parles *subj* ?

♦ **the better (...)** ♦ **the better I know him the more I admire him** mieux je le connais plus je l'admire ♦ **the better to see/hear** pour mieux voir/entendre ♦ **so much the better!** tant mieux !

♦ **all the better** ♦ **he was all the better for it** il s'en est trouvé mieux ♦ **it would be all the better for a lick of paint** un petit coup de peinture ne lui ferait pas de mal ◆ **all the better!** tant mieux !

**N** ⓵ ◆ **it's a change for the better** c'est une amélioration ◆ **to get the better of sb** triompher de qn ◆ **to get the better of sth** venir à bout de qch

◆ **for better or (for) worse** pour le meilleur ou pour le pire ◆ **for better or for worse, the Net has become a truly international means of communication** qu'on s'en réjouisse ou non, il est un fait que le Net est devenu un moyen de communication vraiment international

② ◆ **one's betters** ses supérieurs mpl

**VT** [+ sb's achievements] dépasser ; [+ record, score] améliorer ◆ **to better o.s.** améliorer sa condition

**better²** /'betəʳ/ **N** (= person betting) parieur m, -euse f ; (at races) turfiste mf (qui parie sur les chevaux)

**betterment** /'betəmənt/
**N** amélioration f ; (Jur) [of property] plus-value f
**COMP** **betterment tax N** (Jur) impôt m sur les plus-values

**betting** /'betɪŋ/
**N** pari(s) m(pl) ◆ **the betting was brisk** les paris allaient bon train ◆ **what is the betting on Omar?** quelle cote fait Omar ? ◆ **the betting was 2 to 1 on Baby Boy** la cote était 2 contre 1 sur Baby Boy, Baby Boy avait une cote de 2 contre 1 ◆ **what's the betting he'll leave?** combien on parie qu'il partira ? ◆ **the betting is he won't succeed** il y a peu de chances (pour) qu'il réussisse
**COMP** **betting man N** (pl **betting men**) ◆ **if I were a betting man I'd say that...** si j'avais l'habitude de faire des paris je dirais que...
**betting news N** résultats mpl des courses
**betting office N** bureau m de paris, , ≈ bureau m du PMU
**betting shop N** (Brit) bureau m de paris (appartenant à un bookmaker), ≈ bureau m du PMU
**betting slip** (Brit) ≈ ticket m de PMU
**betting tax N** impôt m sur les paris

**bettor** /'betəʳ/ **N** → **better²**

**between** /bɪ'twi:n/ SYN
**PREP** ⓵ entre ◆ **sit between those two boys** asseyez-vous entre ces deux garçons ◆ **F comes between E and G** F se trouve or vient entre E et G ◆ **a captain comes between a lieutenant and a major** le grade de capitaine se situe entre celui de lieutenant et celui de commandant ◆ **between 5 and 6 o'clock** entre 5 et 6 heures ◆ **between 6 and 7 kilometres/litres etc** entre 6 et 7 kilomètres/litres etc ◆ **she is between 25 and 30** elle a entre 25 et 30 ans ◆ **the ferry goes between Dover and Calais** le ferry fait la navette entre Douvres et Calais ◆ **the four boys have five oranges between them** les quatre garçons ont cinq oranges en tout or à eux tous ◆ **you will have time to rest between flights** vous aurez le temps de vous reposer entre les deux vols ◆ **the train does not stop between here and London** le train est direct d'ici (à) Londres, le train ne s'arrête pas entre ici et Londres ◆ **between now and next week we must...** d'ici la semaine prochaine nous devons... ◆ **no one can come between us** personne ne peut nous séparer ◆ **to choose between two cars** choisir entre deux voitures ◆ **the difference between them** la différence entre eux ◆ **the match between England and Scotland** le match entre l'Angleterre et l'Écosse ◆ **the war between the two countries** la guerre entre les deux pays ◆ **the distance between them** la distance qui les sépare (l'un de l'autre), la distance entre eux ◆ **a comparison between the two books** une comparaison entre les deux livres, une comparaison des deux livres ◆ **divide the sweets between the two children** partagez les bonbons entre les deux enfants ◆ **between you and me, he is not very clever** entre nous, il n'est pas très intelligent ◆ **between housework and study I have no time for going out** entre le ménage et mes études je n'ai pas le temps de sortir

② (indicating cooperation) ◆ **the boys managed to lift the box between (the two of) them** à eux deux les garçons sont arrivés à soulever la caisse ◆ **we got the letter written between us** à nous tous nous avons réussi à écrire la lettre ◆ **you should manage it between you** en vous y mettant tous ensemble, vous devriez y arriver

**ADV** au milieu, dans l'intervalle ◆ **her visits are few and far between** ses visites sont très espacées or très rares

◆ **in between** ◆ **rows of trees with grass in between** des rangées d'arbres séparés par de l'herbe ◆ **in between the two world wars** pendant l'entre-deux-guerres, entre les deux guerres mondiales ◆ **two flights with a four-hour wait in between** deux vols avec une attente de quatre heures entre les deux

**betweentimes** /bɪ'twi:n,taɪmz/ **ADV** dans l'intervalle, entre-temps

**betwixt** /bɪ'twɪkst/
**PREP** ( ††, liter, dial) ⇒ **between**
**ADV** ◆ **betwixt and between** entre les deux, ni l'un ni l'autre

**bevatron** /'bevətrɒn/ **N** (Phys) bévatron m

**bevel** /'bevəl/
**N** (= surface) surface f oblique ; (also **bevel edge**) biseau m ; (= tool : also **bevel square**) fausse équerre f
**VT** biseauter, tailler de biais or en biseau
**COMP** en biseau
**bevel gear N** engrenage m conique
**bevelled edge N** bord m biseauté
**bevelled mirror N** glace f biseautée
**bevel wheel N** roue f dentée conique

**beverage** /'bevərɪdʒ/ SYN **N** boisson f

**bevvied**⁕ /'bevɪd/ **ADJ** (Brit : also **bevvied up**) soûl ◆ **to get bevvied** se soûler la gueule⁕, se biturer⁕

**bevvy**⁕ /'bevɪ/ (Brit) **N** ⓵ (= a drink) verre m, pot⁕ m ; (= alcohol in general) boisson f ◆ **to go for a bevvy** aller prendre un verre or un pot ◆ **he fancied a few bevvies** il avait envie d'aller écluser quelques godets⁕ ◆ **he's back on the bevvy** il s'est remis à picoler⁕

② (= drinking session) beuverie f ◆ **to go out on the bevvy** aller picoler⁕

**bevy** /'bevɪ/ SYN (gen) bande f, troupe f ; [of girls, beauties] essaim m ; [of larks, quails] volée f ; [of roe deer] harde f

**bewail** /bɪ'weɪl/ SYN **VT** [+ one's lot] se lamenter sur, déplorer ; [+ sb's death] pleurer

**beware** /bɪ'wɛəʳ/ LANGUAGE IN USE 2.3 SYN **VTI** ◆ **to beware** prendre garde (of sb/sth à qn/qch ; of doing sth de faire qch), se méfier (of sth de qch) ◆ **beware of falling** prenez garde de tomber ◆ **beware of being deceived, beware lest you are** or **lest you be deceived** (frm) prenez garde qu'on ne vous trompe subj ◆ **beware of listening to him** gardez-vous de l'écouter ◆ **beware (of) how you speak** faites attention à ce que vous dites, surveillez vos paroles ◆ **"beware of the dog"** « (attention,) chien méchant » ◆ **"beware of pickpockets"** « attention aux pickpockets » ◆ **"trespassers beware"** « défense d'entrer » ◆ **"beware of imitations"** « méfiez-vous des contrefaçons »

**bewhiskered** /bɪ'wɪskəd/ **ADJ** (liter) barbu (or moustachu)

**Bewick's swan** /'bju:iks/ **N** cygne m de Bewick

**bewilder** /bɪ'wɪldəʳ/ SYN **VT** dérouter ; (stronger) abasourdir

**bewildered** /bɪ'wɪldəd/ SYN **ADJ** [person, look] perplexe

**bewildering** /bɪ'wɪldərɪŋ/ **ADJ** déroutant, déconcertant ; (stronger) ahurissant

**bewilderingly** /bɪ'wɪldərɪŋlɪ/ **ADV** d'une façon déroutante or déconcertante ; (stronger) d'une façon ahurissante ◆ **it is bewilderingly complicated** c'est d'un compliqué déconcertant

**bewilderment** /bɪ'wɪldəmənt/ **N** confusion f, perplexité f ; (stronger) ahurissement m

**bewitch** /bɪ'wɪtʃ/ SYN **VT** ensorceler, enchanter ; (fig) charmer, enchanter

**bewitching** /bɪ'wɪtʃɪŋ/ **ADJ** [look, smile] enchanteur (-teresse f) ; [face, person] séduisant, ravissant

**bewitchingly** /bɪ'wɪtʃɪŋlɪ/ **ADV** d'une façon séduisante or enchanteresse ◆ **bewitchingly beautiful** belle à ravir

**bey** /beɪ/ **N** bey m ◆ **Hassan Bey** Hassan Bey

**beyond** /bɪ'jɒnd/ SYN
**PREP** ⓵ (place) au-delà de, de l'autre côté de ◆ **beyond the Pyrenees** au-delà des Pyrénées ◆ **you can't go beyond the barrier** vous ne pouvez pas aller au-delà de la barrière, vous ne pouvez pas dépasser la barrière ◆ **beyond the convent walls** en dehors des or par-delà les murs du couvent ◆ **the countries beyond the sea** les pays mpl d'au-delà des mers, les pays mpl d'outre-mer

② (in time) plus de ◆ **she won't stay much beyond a month** elle ne restera pas beaucoup plus d'un mois ◆ **beyond next week/June** au-delà de or après la semaine prochaine/juin ◆ **it was beyond the middle of June** on avait dépassé la mi-juin ◆ **beyond bedtime** passé l'heure du coucher

③ (= surpassing, exceeding) au-dessus de ◆ **a task beyond her abilities** une tâche au-dessus de ses capacités ◆ **this work is quite beyond him** ce travail le dépasse complètement ◆ **it was beyond her to pass the exam** réussir à l'examen était au-dessus de ses forces ◆ **maths is quite beyond me** les maths, ça me dépasse⁕ ◆ **it's beyond me why he hasn't left her**⁕ je ne comprends pas or ça me dépasse⁕ qu'il ne l'ait pas quittée ◆ **beyond my reach** hors de ma portée ◆ **beyond doubt adj** hors de doute, indubitable adv à n'en pas douter, indubitablement ◆ **that is beyond human understanding** cela dépasse l'entendement humain ◆ **he is beyond caring** il ne s'en fait plus du tout ◆ **beyond repair** irréparable ◆ **beyond his means** au-dessus de ses moyens ; → **compare, grave¹, help**

④ (with neg or interrog) sauf, excepté ◆ **he gave her no answer beyond a grunt** il ne lui a répondu que par un grognement, pour toute réponse il a émis un grognement

**ADV** au-delà, plus loin, là-bas ◆ **the year 2000 and beyond** l'an 2000 et au-delà ◆ **the room beyond** la pièce d'après ◆ **the lands beyond** les terres fpl lointaines

**N** au-delà m ◆ **in** or **at the back of beyond** au diable⁕, en pleine cambrousse⁕ ◆ **the great Beyond** l'au-delà

**bezant** /'bezənt/ **N** besant m

**bezel** /'bezl/
**N** [of chisel] biseau m ; [of gem] facette f ; (holding gem) chaton m ; (holding watch glass) portée f
**VT** tailler en biseau

**bezique** /bɪ'zi:k/ **N** bésigue m

**bezoar** /'bi:zɔ:ʳ/ **N** bézoard m

**b.f.** /bi:'ef/ (abbrev of **brought forward**) report m

**BFI** /'bi:ef'aɪ/ **N** (abbrev of **British Film Institute**) organisme m officiel du cinéma britannique

**BFPO** /,bi:efpi:'əʊ/ **N** (Brit) abbrev of **British Forces Post Office**

**bhaji** /'bɑ:dʒɪ/ **N** (pl **bhaji**) bhaji m (beignet indien à base de légumes)

**bhang** /bæŋ/ **N** chanvre m indien

**bhangra** /'bæŋgrə/ **N** musique de danse de la communauté indo-pakistanaise du Royaume-Uni, combinant rythmes pop et traditionnels

**bhp** /,bi:eɪtʃ'pi:/ abbrev of **brake horsepower**

**Bhutan** /bu:'tɑ:n/ **N** Bhoutan m

**Bhutanese** /,bu:tə'ni:z/
**ADJ** bhoutanais
**N** (= person) Bhoutanais(e) m(f)

**bi**⁕ /baɪ/ **ADJ** (= bisexual) bi⁕

**Biafra** /bɪ'æfrə/ **N** Biafra m

**Biafran** /bɪ'æfrən/
**ADJ** biafrais
**N** Biafrais(e) m(f)

**biannual** /baɪ'ænjʊəl/ **ADJ** semestriel

**biannually** /baɪ'ænjʊəlɪ/ **ADV** deux fois par an, semestriellement

**bias** /'baɪəs/ SYN
**N** ⓵ (= inclination) tendance f, inclination f (towards à), penchant m (towards pour) ; (= prejudice) préjugé m, parti m pris (towards pour ; against contre), prévention f (towards en faveur de ; against contre) ; (Jur) distorsion f ◆ **a strong bias towards...** un penchant marqué pour... ◆ **he is without bias** il n'a aucun parti pris, il est sans préjugés

② (Sewing) biais m ◆ **cut on the bias** coupé dans le biais

③ (Sport) [of bowls] (= weight) poids placé à l'intérieur d'une boule ; (= swerve) déviation f

**VT** (= give inclination) influencer (towards en faveur de ; against contre) ; (= prejudice) prévenir (towards en faveur de ; against contre)
**COMP** **bias binding N** biais m

**bias(s)ed** /'baɪəst/ **ADJ** [person, jury] qui n'est pas impartial ; [judgement] qui n'est pas objectif ; [report] déformé, tendancieux

**biathlete** /baɪ'æθli:t/ **N** biathlète mf

**biathlon** /baɪ'æθlən/ **N** (Sport) biathlon m

**bib** /bɪb/ N ① [of child] bavoir m
② [of apron] bavette f ◆ **in her best bib and tucker** * sur son trente et un
③ (= fish) tacaud m

**bibcock** /ˈbɪbkɒk/ N robinet m à bec courbe

**Bible** /ˈbaɪbl/
N (lit) Bible f ; (fig) bible f, évangile m ; → **holy**
COMP **Bible-basher** * N prédicateur m, -trice f frénétique *
**Bible-bashing** * N ◆ **he really likes Bible-bashing** il brandit sa Bible à tout va * ◆ **a Bible-bashing preacher** un prêcheur qui brandit sa Bible à tout va *
**the Bible Belt** N (US) les États du sud des USA, profondément protestants
**Bible class** N (Scol) classe f d'instruction religieuse ; (Rel) catéchisme m
**Bible college** N université f de théologie
**Bible oath** N serment m (prêté) sur la Bible
**Bible school** N (US) cours m d'été d'instruction religieuse
**Bible stories** NPL histoires fpl tirées de la Bible
**Bible study** N étude f de la Bible ; (in group) lecture f commentée de la Bible
**Bible-thumper** * N (pej) ⇒ **Bible-basher**
**Bible-thumping** * N ⇒ **Bible-bashing**

**biblical** /ˈbɪblɪkəl/ ADJ biblique ◆ **to know sb in the biblical sense** connaître qn dans le sens biblique du terme

**Biblicist** /ˈbɪblɪsɪst/ N (Rel = scholar) bibliste mf, bibliciste mf ; (pej) bibliste

**bibliographer** /ˌbɪblɪˈɒɡrəfər/ N bibliographe mf

**bibliographic(al)** /ˌbɪblɪəʊˈɡræfɪk(əl)/ ADJ bibliographique

**bibliography** /ˌbɪblɪˈɒɡrəfɪ/ N bibliographie f

**bibliomania** /ˌbɪblɪəʊˈmeɪnɪə/ N bibliomanie f

**bibliomaniac** /ˌbɪblɪəʊˈmeɪnɪæk/ N bibliomane mf

**bibliophile** /ˈbɪblɪəʊfaɪl/ N bibliophile mf

**bibulous** /ˈbɪbjʊləs/ ADJ adonné à la boisson ; [look] aviné ; [evening, party] bien arrosé

**bicameral** /baɪˈkæmərəl/ ADJ bicaméral ◆ **bicameral system** bicamér(al)isme m

**bicarb** * /ˈbaɪkɑːb/ N (abbrev of **bicarbonate of soda**) bicarbonate m (de soude)

**bicarbonate** /baɪˈkɑːbənɪt/
N bicarbonate m
COMP **bicarbonate of soda** bicarbonate m de soude

**bicentenary** /ˌbaɪsenˈtiːnərɪ/ ADJ, N bicentenaire m

**bicentennial** /ˌbaɪsenˈtenɪəl/ ADJ, N (US) bicentenaire m

**bicephalous** /baɪˈsefələs/ ADJ bicéphale

**biceps** /ˈbaɪseps/ N (pl inv) biceps m

**bichloride** /baɪˈklɔːraɪd/ N bichlorure m

**bichon frise** /ˌbiːʃɒnˈfriːzeɪ/ N (= dog) bichon m (à poil frisé)

**bichromate** /baɪˈkrəʊmɪt/ N bichromate m

**bicker** /ˈbɪkər/ SYN VI (= quarrel) se chamailler (over, about à propos de) ◆ **they are always bickering** ils sont toujours à se chamailler or toujours en bisbille *

**bickering** /ˈbɪkərɪŋ/
N chamailleries fpl
ADJ ① [person] querelleur
② [stream] murmurant ; [flame] tremblotant, vacillant

**bickie** * /ˈbɪkɪ/ N (Brit) petit gâteau m, biscuit m

**bicolour, bicolor** (US) /ˈbaɪˌkʌlər/ ADJ bicolore

**biconcave** /baɪˈkɒnkeɪv/ ADJ (Opt) biconcave

**biconditional** /ˌbaɪkənˈdɪʃənl/ N (Math) (relation f d')équivalence f

**biconvex** /baɪˈkɒnveks/ ADJ (Opt) biconvexe

**bicuspid** /baɪˈkʌspɪd/
ADJ bicuspide
N (dent f) prémolaire f

**bicycle** /ˈbaɪsɪkl/
N bicyclette f, vélo m ◆ **to ride a bicycle** faire de la bicyclette or du vélo ; → **racing**
VI † faire de la bicyclette, aller à bicyclette
COMP [lamp, chain, wheel] de bicyclette, de vélo
**bicycle bell** N sonnette f de bicyclette
**bicycle clip** N pince f de cycliste
**bicycle kick** N (Ftbl) coup m de pied retourné
**bicycle pump** N pompe f à bicyclette
**bicycle rack** N (on ground) râtelier m à bicyclettes ; (on car) porte-vélos m inv
**bicycle rickshaw** N vélo-pousse m
**bicycle shed** N abri m à bicyclettes
**bicycle shop** N magasin m de cycles
**bicycle touring** N (Sport) cyclotourisme m

**bicyclist** † /ˈbaɪsɪklɪst/ N cycliste mf

**bid** /bɪd/ SYN (pret **bade** or **bid**, ptp **bidden** or **bid**)
VT ① (liter = command) ordonner, enjoindre (liter) (sb to do sth à qn de faire qch) ◆ **he was bidden to come** on lui a ordonné de venir ◆ **do what I bid you** fais ce que je te dis or t'ordonne
② (= say) dire ◆ **to bid sb good morning** dire bonjour à qn ◆ **to bid sb welcome** souhaiter la bienvenue à qn ; → **farewell**
③ († = invite) inviter, convier
④ (= offer) [+ amount] offrir, faire une offre de ; (at auction) faire une enchère de ◆ **he is bidding 500 euros for the painting** il fait une offre or une enchère de 500 euros pour ce tableau ◆ **I did not bid (high) enough** je n'ai pas offert assez ◆ **the one that bids most** le plus offrant
⑤ (Cards) demander ◆ **he bid three spades** il a demandé trois piques
VI ① (= make an offer) faire une offre, proposer un prix ◆ **to bid for sth** faire une offre pour qch ; (at auction) faire une enchère pour qch ◆ **to bid against sb** renchérir sur qn ◆ **to bid on** (US Comm) [+ contract etc] soumissionner
② (phrases) ◆ **to bid for power/fame** viser or ambitionner le pouvoir/la gloire ◆ **to bid fair to do sth** (liter) sembler devoir faire qch, promettre de faire qch ◆ **everything bids fair to be successful** (liter) tout semble annoncer or promettre le succès
N ① (= offer) offre f ; (at auction) enchère f ◆ **to make a bid for** faire une offre pour ; (at auction) faire une enchère pour ◆ **a high bid** une forte enchère ◆ **a higher bid** une surenchère ◆ **to make a higher bid** surenchérir
② (Cards) demande f, annonce f ◆ **to raise the bid** monter ◆ **to make no bid** (Bridge) passer parole ◆ "**no bid**" « parole », « passe »
③ (= attempt) tentative f ◆ **escape/suicide bid** tentative f d'évasion/de suicide ◆ **to make a bid for power** tenter de s'emparer du pouvoir ◆ **to make a bid for freedom** tenter de s'évader ◆ **he scaled the wall in a bid to escape** il a escaladé le mur pour tenter de s'évader ◆ **in a desperate bid for a better life abroad** tentant désespérément de trouver une vie meilleure à l'étranger ◆ **to make a bid to do sth** tenter de faire qch ◆ **she tried acupuncture in a bid to stop smoking** elle a essayé l'acupuncture pour tenter d'arrêter de fumer
COMP **bid bond** N caution f de soumission
**bid price** N (for shares) cours m d'achat

**biddable** /ˈbɪdəbl/ ADJ ① [child] docile, obéissant
② (Cards) ◆ **biddable suit** couleur f demandable

**bidden** /ˈbɪdn/ VB ptp of **bid**

**bidder** /ˈbɪdər/ N (at sale) enchérisseur m, offrant m ; (for contract) soumissionnaire m ◆ **the highest bidder** le plus offrant ◆ **the lowest bidder** (for contract) le soumissionnaire le moins cher ◆ **successful bidder** (in auction, for contract) adjudicataire mf ◆ **there were no bidders** personne n'a fait d'offre

**bidding** /ˈbɪdɪŋ/ SYN
N ① (NonC, at sale) enchère(s) f(pl) ◆ **bidding up** surenchères fpl ◆ **bidding was brisk** les enchères étaient vives ◆ **the bidding is closed** l'enchère est faite, c'est adjugé ◆ **to raise the bidding** (at sale) surenchérir
② (NonC) (Cards) enchères fpl ◆ **to open the bidding** (Bridge) ouvrir (les enchères)
③ († = order) ordre m, commandement m ◆ **at whose bidding?** j'ai fait ce qu'il m'a ordonné or demandé ◆ **I did his bidding** ◆ **at sb's bidding** sur l'ordre or à l'injonction de qn ◆ **he needed no second bidding** il ne se l'est pas fait dire deux fois
COMP **bidding war** N (Fin) guerre f des enchères

**biddy** /ˈbɪdɪ/ N ◆ **old biddy** vieille bonne femme f

**bide** /baɪd/
VI († or liter or dial) ⇒ **abide** vi
VT ① ◆ **to bide one's time** se réserver, attendre son heure or le bon moment
② († or liter or dial) ⇒ **abide** vt

**bidet** /ˈbiːdeɪ/ N bidet m

**bidirectional** /ˌbaɪdɪˈrekʃənl/ ADJ bidirectionnel

**biennial** /baɪˈenɪəl/
ADJ ① (= happening every two years) biennal, bisannuel
② (= lasting two years) biennal
③ [plant] bisannuel
N (= plant) bisannuel m

**biennially** /baɪˈenɪəlɪ/ ADV tous les deux ans

**bier** /bɪər/ N (for coffin) brancards mpl (de cercueil) ; (for corpse) bière f

**biff** † * /bɪf/
N coup m de poing, baffe * f ◆ **biff!** (onomatopoeia) vlan !, pan !
VT cogner sur, flanquer une baffe à * ◆ **to biff sb on the nose** flanquer * son poing dans or sur la figure de qn

**bifid** /ˈbaɪfɪd/ ADJ bifide

**bifidus** /ˈbɪfɪdəs/ N (Bio, Culin) bifidus m

**bifocal** /ˈbaɪˈfəʊkəl/
ADJ bifocal, à double foyer
NPL **bifocals** lunettes fpl à double foyer

**bifurcate** /ˈbaɪfɜːkeɪt/
VI bifurquer
ADJ à deux branches

**bifurcation** /ˌbaɪfɜːˈkeɪʃən/ N bifurcation f, embranchement m

**big** /bɪɡ/ SYN
ADJ ① (in size) [person, fruit, parcel, book] gros (grosse f) ; [person, building, tree] grand ◆ **a big fellow** un grand gaillard ◆ **a big man** un homme grand et fort ◆ **a big drop in share prices** une forte baisse du prix des actions ◆ **to grow big** or **bigger** grossir ; (= taller) grandir ◆ **a big stick** un gros bâton ; see also **stick** ◆ **big with child** grosse, enceinte ; → **drum**
② (in age) grand, aîné ◆ **a big boy/girl** un grand garçon/une grande fille ◆ **my big brother** mon grand frère, mon frère aîné ◆ **to grow** or **get bigger** grandir ◆ **to be a big brother to sb** servir de conseiller à qn ; see also **comp** ◆ **you're a big boy/girl now!** (lit, fig) tu es un grand garçon/une grande fille maintenant ! ◆ **I am big enough to know...** je suis assez grand pour savoir...
③ (= important, serious) [problem, difference, mistake] gros ; [question, issue] grand ; [step] important ; [decision] grand, important ◆ **what's the big hurry?** * il n'y a pas le feu ! * ◆ **he's a big fish** c'est un gros poisson * ◆ **he's a big fish** or (US) **frog in a small pond** c'est une gloire locale ◆ **boots are big this year** (= fashionable) les bottes sont in * cette année ◆ **this is my/his big day** c'est le grand jour (pour moi/lui) ◆ **try and get some rest - we have a big day ahead of us** essaie de te reposer : nous avons une journée bien remplie devant nous ◆ **a big event** un événement marquant ◆ **to have big ideas** voir grand ◆ **but, and it's a big but...** mais, car il y a un mais... ◆ **a big lie** un gros mensonge ◆ **the bigger they are, the harder they fall** plus haut ils sont arrivés, plus dure sera la chute ◆ **to do things in a big way** faire les choses en grand ◆ **a tragedy? that's rather a big word** une tragédie ? c'est un bien grand mot ; see also **way**
④ (* = grand) [words] ambitieux ◆ **big talk** fanfaronnades fpl , grands discours mpl ◆ **to get/be too big for one's boots** attraper/avoir la grosse tête * ◆ **he's got a big head** il est crâneur *, il a la grosse tête * ◆ **he's got a big mouth** il ne sait pas se taire or la boucler * ◆ **why can't you keep your big mouth shut!** pas moyen que tu te taises ! *, tu aurais mieux fait de la boucler ! * ; see also **comp, bigmouth**
⑤ (= generous) grand, généreux **a heart as big as yours** un cœur aussi grand or aussi généreux que le vôtre ◆ **that's big of you!** * (iro) quelle générosité ! (iro) ◆ **to be big on** * [+ person] adorer, être un fan * de ; [+ thing] être grand amateur or un fana * de ; see also **hand**
ADV ◆ **to talk big** * fanfaronner, se faire mousser * ◆ **to act big** * frimer *, faire l'important ◆ **to go over big** * avoir un succès fou or monstre * ◆ **to make it big** * avoir un succès fou * ◆ **his speech went down big with his audience** * ses auditeurs ont été emballés * par son discours
COMP **the Big Apple** * N New York
**big band** N (Mus) big band m, grand orchestre m (des années 40-50)
**big bang** N (Phys) big-bang or big bang m ◆ **the Big Bang** (on British Stock Exchange) le Big Bang (informatisation de la Bourse de Londres)
**Big Ben** N (Brit) Big Ben m
**big-boned** ADJ bien or fortement charpenté
**Big Brother** N (Pol etc) Big Brother m, l'État m omniprésent ◆ **Big Brother is watching you** on vous espionne

**big bucks**‡ des gros sous* mpl, des biffetons‡ mpl
**big bug**‡ N grosse légume* f, huile* f
**big business** N (NonC) les grandes entreprises fpl, les grandes firmes fpl ◆ **the lottery has become big business** la loterie rapporte beaucoup d'argent or rapporte gros ◆ **tourism in Hong Kong is big business** le tourisme est un secteur florissant à Hong-Kong
**big cat** N fauve m, grand félin m
**big cheese**‡ N grosse légume* f, huile* f
**the big city** N la grande ville
**big dipper** N [of fairground] montagnes fpl russes ◆ **the Big Dipper** (US Astron) la Grande Ourse
**the Big Eight** N (US Univ) les grandes universités du Midwest
**big end** N (in car) tête f de bielle
**the Big Four** N (Pol) les Quatre (Grands) ; (Brit = banks) les quatre grandes banques anglaises
**big game** N gros gibier m ◆ **big game hunter** chasseur m de gros gibier ◆ **big game hunting** chasse f au gros gibier
**big-hearted** ADJ au grand cœur ◆ **to be big-hearted** avoir bon cœur, avoir du cœur ◆ **a big-hearted fellow** un homme de cœur
**big-hitter** N (Sport) frappeur m,-euse f ; (fig = powerful person) poids m lourd
**The Big Issue** N (Brit) journal des sans-abri
**big money** * N ◆ **he's making big money** il se fait un paquet de fric* or un fric fou*‡
**big-mouthed*** ADJ fort en gueule* ◆ **to be big-mouthed** être fort en gueule*, avoir une grande gueule*‡
**big name** * N (= authority) grand nom m ◆ **he's a big name in politics** (person) c'est un grand nom de la politique
**big noise** * N (Brit) grand ponte * m ◆ **she's a big noise in linguistics** c'est un grand ponte * de la linguistique
**big one**‡ N (US = a thousand dollars) (billet m de) mille dollars mpl
**big science** N la recherche scientifique à gros budget
**the big screen** N (Cine) le grand écran
**big shot** * N grand ponte * m
**big-sounding** ADJ [idea, plan etc] prétentieux ; [name] ronflant, pompeux
**big-style** ADJ ⇒ big-time
**the Big Ten** N → the Big Eight
**big-ticket** ADJ (US) ◆ **big-ticket item** or **purchase** gros achat m
**big time** * N ◆ **to make the big time** percer
**big-time*** ADJ [politician, industrialist] de première catégorie ; [part, role] de premier plan ; [farming] sur une grande échelle ◆ **big-time gambler** flambeur‡ m ADV ◆ **you screwed up big-time!** tu as cafouillé quelque chose de bien ! *
**big toe** N gros orteil m
**big top** N (= circus) cirque m ; (= main tent) grand chapiteau m
**big wheel** N (in fairground etc) grande roue f ; ( * = important person) huile * f ; → **apple**, **deal**¹

**bigamist** /ˈbɪɡəmɪst/ N bigame mf
**bigamous** /ˈbɪɡəməs/ ADJ bigame
**bigamy** /ˈbɪɡəmɪ/ N bigamie f
**Bigfoot** /ˈbɪɡfʊt/ N ⇒ Sasquatch
**biggie**‡ /ˈbɪɡɪ/ N (= success) (song, record) tube * m ; (film) succès * m ◆ **now it's the biggie** (= anything important) maintenant, on passe aux choses sérieuses
**biggish** * /ˈbɪɡɪʃ/ ADJ assez or relativement grand
**bighead*** /ˈbɪɡhɛd/ N crâneur * m, -euse * f
**bigheaded** * /ˌbɪɡˈhɛdɪd/ ADJ crâneur *
**bight** /baɪt/ N 1 (Geog) baie f, anse f ; (larger) golfe m
2 [of rope] boucle f
**bigmouth*** /ˈbɪɡmaʊθ/ N grande gueule*‡ f ◆ **he is just a bigmouth** il a or c'est une grande gueule*‡
**bignonia** /bɪɡˈnəʊnɪə/ N bignonia m
**bigot** /ˈbɪɡət/ SYN N 1 (Philos, Pol) fanatique mf, sectaire mf ; (Rel) bigot(e) m(f)
2 (US = racist) raciste mf
**bigoted** /ˈbɪɡətɪd/ SYN ADJ 1 (Rel) bigot ; (Pol etc) [person] fanatique, sectaire ; [attitude, devotion] fanatique
2 (US = racist) raciste
**bigotry** /ˈbɪɡətrɪ/ SYN N (NonC) 1 (Rel) bigoterie f ; (Philos, Pol etc) fanatisme m, sectarisme m
2 (US = racist) racisme m
**bigwig*** /ˈbɪɡwɪɡ/ N grosse légume*‡ f, huile * f
**Bihar** /bɪˈhɑːʳ/ N Bihâr m
**bijection** /baɪˈdʒɛkʃən/ N bijection f

**bijective** /baɪˈdʒɛktɪv/ ADJ bijectif
**bijou** /ˈbiːʒuː/ ADJ (Brit) ◆ **"bijou residence for sale"** « maison à vendre, véritable bijou »
**bike** /baɪk/
N (abbrev of **bicycle**) vélo m ; (= motorbike) moto f ◆ **on your bike!** * (Brit) (= go away) dégage ! * ; (= no way) tu plaisantes !
VI * faire du vélo ◆ **to bike to work** aller au travail à vélo ◆ **to bike 10km** faire 10 km à vélo
COMP **bike lane** N piste f cyclable
**bike rack** N (on floor) râtelier m à bicyclettes ; (on car roof) porte-vélos m inv
**bike shed** N abri m à bicyclettes
**bike shop** N magasin m de cycles
**biker** */ˈbaɪkəʳ/ N motard(e) m(f)
**bikeway** /ˈbaɪkweɪ/ N piste f cyclable
**bikini** /bɪˈkiːnɪ/
N bikini ® m
COMP **bikini bottom(s)*** N(PL) bas m de bikini ®
**bikini briefs**, **bikini pants** NPL mini-slip m
**bikini line** N (ligne f du) maillot f ◆ **to do one's bikini line** s'épiler le maillot
**bikini top** N haut m de bikini ®
**bikini wax** N épilation f (à la cire) du maillot
**bilabial** /baɪˈleɪbɪəl/
ADJ bilabial
N bilabiale f
**bilabiate** /baɪˈleɪbɪeɪt/ ADJ (Bot) bilabié
**bilateral** /baɪˈlætərəl/ ADJ bilatéral
**bilaterally** /baɪˈlætərəlɪ/ ADV bilatéralement
**Bilbao** /bɪlˈbɑːəʊ/ N Bilbao
**bilberry** /ˈbɪlbərɪ/ N myrtille f
**bile** /baɪl/ SYN
N 1 (Physiol) bile f
2 (fig = anger) mauvaise humeur f
3 (Hist = choler) bile f
COMP **bile duct** N canal m biliaire
**bile stone** N calcul m biliaire
**bilevel** /baɪˈlɛvl/ ADJ sur or à deux niveaux
**bilge** /bɪldʒ/ N 1 (Naut) (= rounded part of hull) bouchain m, renflement m ; (= bottom of hold) fond m de cale, sentine f
2 (also **bilge water**) eau f de cale or de sentine
3 (‡ = nonsense) idioties fpl, foutaises*‡ fpl
**bilharzia** /bɪlˈhɑːzɪə/, **bilharziasis** /ˌbɪlhɑːˈzaɪəsɪs/ N bilharziose f
**biliary** /ˈbɪlɪərɪ/ ADJ (Anat) biliaire
**bilingual** /baɪˈlɪŋɡwəl/ ADJ bilingue
**bilingualism** /baɪˈlɪŋɡwəlɪzəm/ N bilinguisme m
**bilious** /ˈbɪlɪəs/ SYN ADJ 1 (Med) bilieux ◆ **bilious attack** crise f de foie
2 (fig) maussade, irritable
**biliousness** /ˈbɪlɪəsnɪs/ N (NonC: Med) affection f hépatique
**bilirubin** /ˌbɪlɪˈruːbɪn/ N bilirubine f
**biliverdin** /ˌbɪlɪˈvɜːdɪn/ N biliverdine f
**bilk** /bɪlk/ SYN VT (esp US) [+ creditor] filouter, blouser * ◆ **to bilk sb's efforts** mettre des bâtons dans les roues à qn
**Bill** /bɪl/ N dim of **William**
**bill**¹ /bɪl/ SYN
N 1 (for product, work done) facture f ; (for gas etc) note f ; [of restaurant] addition f ; [of hotel] note f ◆ **have you paid the milk bill?** as-tu payé le lait ? ◆ **a pile of bills in the post** une pile de factures dans le courrier ◆ **may I have the bill please** l'addition (or la note) s'il vous plaît ◆ **put it on my bill please** mettez-le sur ma note, s'il vous plaît ◆ **the factory has a high wages bill** l'usine a d'importantes sorties en salaires, le poste salaires est élevé dans l'entreprise ; → **foot**, **pay**, **settle**²
2 (= written statement) état m, liste f
3 (Comm, Fin etc) effet m, traite f ◆ **to meet a bill** faire honneur à un effet ◆ **to draw a bill on…** tirer une traite sur… ◆ **bills payable** (Fin) effets mpl à payer ◆ **bills receivable** (Fin) effets mpl à recevoir ◆ **exchequer bill** bon m du Trésor ; → **endorse**
4 (US = banknote) billet m (de banque) ◆ **5-dollar bill** billet m de 5 dollars
5 (Parl) projet m de loi ◆ **to propose/pass/throw out a bill** présenter/voter/rejeter un projet de loi ◆ **the bill passed the Commons** (Brit) le projet de loi a été voté à la Chambre des communes
6 (Jur) plainte f, requête f

7 (= poster, advertisement) (Theat etc) affiche f ; [of house for sale] écriteau m ; (= public notice) placard m ◆ **to head** or **top the bill** être en vedette, être en tête d'affiche ◆ **to fit** or **fill the bill** (gen) faire l'affaire ; (for job) avoir le profil ◆ **we need someone with leadership qualities, and she fits the bill perfectly** il nous faut quelqu'un qui ait des qualités de chef et elle fait tout à fait l'affaire or elle a le profil requis ◆ **she fits the bill as a leader** elle a tout à fait le profil d'un chef ; → **handbill**, **stick**
VT 1 [+ goods] facturer ◆ **to bill sb for sth** envoyer la facture de qch à qn
2 [+ play] mettre à l'affiche, annoncer ◆ **he is billed to play Hamlet** il est à l'affiche dans le rôle de Hamlet
COMP **bill of attainder** N décret m de confiscation de biens et de mort civile
**bill broker** N (Fin) courtier m d'escompte
**bill of costs** N état m de frais
**bill of entry** N (Customs) déclaration f d'entrée en douane
**bill of exchange** N (Comm) lettre f de change ◆ **foreign bill of exchange** traite f sur l'étranger
**bill of fare** N menu m, carte f (du jour)
**bill of goods** N (US) ◆ **to sell sb a bill of goods** * rouler * qn
**bill of health** N (Naut) patente f (de santé) ; → **clean**
**bill of indictment** N acte m d'accusation
**bill of lading** N (Comm) connaissement m
**bill of quantities** N (Constr) métré m (devis)
**bill of rights** N déclaration f des droits ◆ **the Bill of Rights** (US Hist) la Déclaration des droits
**bill of sale** N acte m or contrat m de vente

- **BILL OF RIGHTS**
- Ensemble des dix premiers amendements ajoutés à la Constitution américaine en 1791 et qui définissent les droits individuels des citoyens et les pouvoirs respectifs du gouvernement fédéral et des États. Ainsi le premier amendement garantit la liberté de culte et de réunion et la liberté de la presse, le second le droit au port d'armes, le sixième le droit à un procès équitable. → **FIFTH AMENDMENT**

**bill**² /bɪl/ SYN
N 1 [of bird] bec m ; → **scissor**
2 (Geog) promontoire m, bec m ◆ **Portland Bill** la presqu'île de Portland
VI [birds] se becqueter ◆ **to bill and coo** (lit, fig) roucouler
**bill**³ /bɪl/ N 1 (= tool) serpe f
2 (Hist = weapon) hache f d'armes
**billabong** /ˈbɪləbɒŋ/ N (Austral) plan m d'eau, mare f
**billboard** /ˈbɪlbɔːd/ N panneau m d'affichage
**billet**¹ /ˈbɪlɪt/ SYN
N (Mil) (= document) billet m de logement ; (= accommodation) cantonnement m (chez l'habitant) ◆ **a cushy billet**‡ (fig) un fromage *, une planque *
VT (Mil) ◆ **to billet a soldier (on sb)** loger un soldat (chez qn), cantonner un soldat (chez qn) ◆ **to billet soldiers on a town** cantonner des soldats dans une ville
**billet**² /ˈbɪlɪt/ N [of wood etc] billette f (also Archit)
**billeting** /ˈbɪlɪtɪŋ/
N (Mil) cantonnement m
COMP **billeting officer** N chef m de cantonnement
**billfold** /ˈbɪlfəʊld/ N (US) portefeuille m
**billhook** /ˈbɪlhʊk/ N serpette f
**billiard** /ˈbɪljəd/
N (NonC) ◆ **billiards** (jeu m de) billard m ◆ **to have a game of billiards** faire une partie de billard
COMP **billiard ball** N boule f de billard
**billiard cue** N queue f de billard
**billiard table** N (table f de) billard m
**billing**¹ /ˈbɪlɪŋ/ N 1 (of posters) affichage m
2 (Theat) ◆ **to get top** or **star/second billing** figurer en tête d'affiche/en deuxième place à l'affiche
**billing**² /ˈbɪlɪŋ/ N (lit, fig) ◆ **billing and cooing** roucoulements mpl
**billing**³ /ˈbɪlɪŋ/ N (Comm) facturation f
**Billingsgate** /ˈbɪlɪŋzɡeɪt/ N ancien marché au poisson du quartier de Billingsgate à Londres

**billion** /ˈbɪljən/ N (pl **billion** or **billions**) (= thousand million) milliard m ; (Brit † = million million) billion m

**billionaire** /ˌbɪljəˈnɛəʳ/ N milliardaire mf

**billionth** /ˈbɪljənθ/ ADJ milliardième

**billow** /ˈbɪləʊ/ SYN
  N (liter) ◆ **the billows** les flots mpl (liter)
  VI [sail] se gonfler ; [cloth] onduler ; [smoke] s'élever en tourbillons or en volutes, tournoyer
▶ **billow out** VI [sail etc] se gonfler

**billowy** /ˈbɪləʊɪ/ SYN ADJ [sea] houleux, agité ; [waves] gros (grosse f) ; [sail] gonflé (par le vent) ; [smoke] en (grosses) volutes

**billposter** /ˈbɪlˌpəʊstəʳ/, **billsticker** /ˈbɪlˌstɪkəʳ/ N colleur m d'affiches

**billy**[1] /ˈbɪlɪ/ N (US = club) matraque f

**billy**[2] /ˈbɪlɪ/ N (also **billy can**) gamelle f

**billy goat** /ˈbɪlɪɡəʊt/
  N bouc m
  COMP **billy goat beard** N bouc m (barbe)

**billy-ho** *ⁿ*, **billy-o(h)** *ⁿ* /ˈbɪləʊ/ N ◆ **like billy-oh** [laugh, run, work] comme un fou

**bilobate** /baɪˈləʊbeɪt/ ADJ bilobé

**bimanous** /ˈbɪmənəs/ ADJ (Bio) bimane

**bimanual** /baɪˈmænjʊəl/ ADJ bimanuel

**bimbo*** /ˈbɪmbəʊ/ N (pl **bimbos**) (pej) ravissante idiote f

**bimetallic** /ˌbaɪmɪˈtælɪk/ ADJ bimétallique ◆ **bimetallic strip** bilame m

**bimetallism** /baɪˈmetəlɪzəm/ N bimétallisme m

**bimillenary** /ˌbaɪmɪˈliːnərɪ/ ADJ, N bimillénaire m

**bimonthly** /ˈbaɪˈmʌnθlɪ/
  ADJ (= twice a month) bimensuel ; (= every two months) bimestriel
  ADV deux fois par mois, tous les deux mois

**bin** /bɪn/
  N ① [of coal, corn] coffre m ; [of bread] boîte f ; (larger) huche f
  ② (Brit Wine) casier m (à bouteilles)
  ③ (Brit : also **rubbish bin**) boîte f à ordures, poubelle f
  VT (* = throw away) mettre or jeter à la poubelle
  COMP **bin bag** N (grand) sac m poubelle
  **bin card** N (Comm) fiche f d'inventaire ; (Comput) carte f stock
  **bin end** N (Wine) fin f de série
  **bin liner** N sac m poubelle

**binary** /ˈbaɪnərɪ/
  ADJ binaire
  N (= the binary system) système m binaire ◆ **in binary** en binaire
  COMP **binary code** N (Comput) code m binaire
  **binary form** N (Mus) forme f binaire
  **binary notation** N (Math) numération f binaire
  **binary number** N (Math) nombre m binaire
  **binary star** N (Astron) étoile f double
  **binary system** N (Math) système m binaire
  **binary weapon** N (Mil) arme f binaire

**binaural** /baɪˈnɔːrəl/ ADJ (Physiol) biaural, binaural

**bind** /baɪnd/ SYN (pret, ptp **bound**)
  VT ① (= fasten) [+ thing] attacher ; [+ two or more things] attacher, lier ; [+ person, animal] lier, attacher (to à) ; [+ prisoner] ligoter ◆ **he bound the files (together) with string** il a attaché or lié (ensemble) les dossiers avec une ficelle ◆ **bound hand and foot** pieds et poings liés ◆ **bound by gratitude to sb** attaché à qn par la reconnaissance ◆ **to be bound together** [people, ideas] être liés
  ② (= encircle) entourer (with de), ceindre (liter) (with de) ; (Med) [+ artery] ligaturer ; [+ wound] bander
  ③ [+ book] relier ◆ **bound in calf** relié (en) veau
  ④ [= oblige, pledge] obliger, contraindre (sb to do sth qn à faire qch) ◆ **to bind o.s. to sth/to do sth** s'engager à qch/à faire qch ◆ **to bind sb to a promise** astreindre qn à tenir une promesse ◆ **to bind by an oath** lier par (un) serment ◆ **to bind sb as an apprentice (to)** mettre qn en apprentissage (chez) ; → **bound**[3]
  ⑤ (= stick together) (also Chem, Phys) lier ; (Med) [+ bowels] resserrer ◆ **bind the mixture with an egg** (Culin) lier la préparation avec un œuf
  VI [rule] être obligatoire ; [agreement] engager ; [machinery] se coincer, se gripper ; [brakes] se bloquer
  N ① (Mus) liaison f

② (Brit * = nuisance) ◆ **what a bind you've got to go** quelle barbe* que tu doives partir ◆ **this meeting is a terrible bind** cette réunion me casse les pieds* ◆ **to be in a bind** être dans le pétrin*, être coincé
▶ **bind down** VT SEP (fig) obliger, contraindre, astreindre (sb to do sth qn à faire qch) ◆ **to be bound down (to do sth)** être obligé or contraint (de faire qch), être astreint (à faire qch)
▶ **bind on**
  VT SEP attacher (avec une corde etc)
  VI * rouspéter *, geindre * (about à propos de)
▶ **bind over** VT SEP (esp Brit Jur) mettre en liberté conditionnelle ◆ **to bind sb over to keep the peace** relaxer qn sous condition qu'il ne trouble subj pas l'ordre public ◆ **he was bound over for six months** on l'a relaxé sous peine de comparaître en cas de récidive dans les six mois
▶ **bind to** VT FUS (Chem) se lier à
▶ **bind together** VT SEP (lit) [+ sticks] lier ; (fig) [+ people] unir
▶ **bind up** VT SEP [+ wound] panser, bander ; (fig) lier, attacher ◆ **his money is bound up in shares** son argent est immobilisé dans des actions ◆ **your life is bound up in hers** votre existence est étroitement liée à la sienne ◆ **the future of their country is inextricably bound up with Europe** l'avenir de leur pays est inextricablement lié à celui de l'Europe ◆ **to be totally bound up with sb** se dévouer entièrement à qn ◆ **to be totally bound up with one's work** se donner corps et âme à son travail

**binder** /ˈbaɪndəʳ/ N ① (Agr) (= machine) lieuse f
② (for papers) classeur m ; → **ring**[1]
③ (Constr) (= cement, mortar) liant m, agglomérant m
④ (US = agreement in deal) engagement m, option f d'achat

**bindery** /ˈbaɪndərɪ/ N atelier m de reliure

**binding** /ˈbaɪndɪŋ/ SYN
  N ① [of book] reliure f ; → **cloth**, **half**
  ② (Textiles = tape) extrafort m ; → **bias**
  ③ [of skis] fixation f
  ADJ [rule] obligatoire ; [agreement, promise] qui lie, qui engage ; [price] ferme ◆ **to be binding on sb** lier qn, engager qn ◆ **a promise is binding** on est lié par une promesse ◆ **binding effect** (Jur: of agreement) force f obligatoire ◆ **measure binding on each contracting party** (Jur) mesure f exécutoire pour chaque partie contractante
  COMP **binding screw** N (Tech) vis f de serrage or de blocage

**bindweed** /ˈbaɪndwiːd/ N liseron m

**binge** /bɪndʒ/
  VI (gen) faire des excès ; (on alcohol) se soûler, boire avec frénésie ; (on food) manger à l'excès ; (spending) dépenser comme un fou ◆ **to binge on chocolate** s'empiffrer* de chocolat ◆ **to binge on chartreuse** se soûler à la chartreuse
  N ◆ **a drinking binge** une beuverie ◆ **to go on a binge** ⇒ **to binge**
  COMP **binge drinker** N buveur, -euse m/f excessif, -ive
  **binge drinking** N consommation excessive d'alcool dans un laps de temps relativement court

**bingo** /ˈbɪŋɡəʊ/
  N bingo m
  EXCL ◆ **bingo!** * eurêka ! *

**binman** /ˈbɪnmæn/ N (pl **-men**) (= dustman) boueux m, éboueur m

**binnacle** /ˈbɪnəkl/ N (Naut) habitacle m

**binocular** /bɪˈnɒkjʊləʳ/
  ADJ binoculaire
  NPL **binoculars** jumelle(s) f(pl)

**binomial** /baɪˈnəʊmɪəl/ ADJ, N (Math) binôme m ◆ **binomial distribution** distribution f binomiale ◆ **the binomial theorem** le théorème (de binôme) de Newton

**bint**ⁿ /bɪnt/ N (Brit) nana* f

**binuclear** /baɪˈnjuːklɪəʳ/ ADJ binucléaire

**bio...** /ˈbaɪəʊ/ PREF bio...

**bioassay** /ˌbaɪəʊˈæseɪ/
  N titrage m or dosage m biologique
  VT faire un titrage or dosage biologique de

**bioastronautics** /ˈbaɪəʊˌæstrəˈnɔːtɪks/ N (NonC) bioastronautique f

**bioastronomy** /ˌbaɪəʊəˈstrɒnəmɪ/ N bioastronomie f

**biobank** /ˈbaɪəʊbæŋk/ N biobanque f

**biocatalyst** /ˌbaɪəʊˈkætəlɪst/ N biocatalyseur m

**biochemical** /ˌbaɪəʊˈkemɪkəl/ ADJ biochimique ◆ **biochemical oxygen demand** demande f biochimique d'oxygène

**biochemist** /ˌbaɪəʊˈkemɪst/ N biochimiste mf

**biochemistry** /ˌbaɪəʊˈkemɪstrɪ/ N biochimie f

**biocidal** /ˌbaɪəʊˈsaɪdl/ ADJ (Chem) biocide

**biocide** /ˈbaɪəʊsaɪd/ N (Chem) biocide m

**bioclimatology** /ˈbaɪəʊˌklaɪmətɒlədʒɪ/ N bioclimatologie f

**biocoenosis, biocenosis** (US) /ˌbaɪəʊsɪˈnəʊsɪs/ N (Bio) biocénose f

**biocompatible** /ˌbaɪəʊkəmˈpætɪbəl/ ADJ biocompatible

**biodegradability** /ˈbaɪəʊdɪˌɡreɪdəˈbɪlɪtɪ/ N biodégradabilité f

**biodegradable** /ˌbaɪəʊdɪˈɡreɪdəbl/ ADJ biodégradable

**biodegradation** /ˌbaɪəʊˌdeɡrəˈdeɪʃən/ N biodégradation f

**biodiesel** /ˈbaɪəʊˌdiːzəl/ N biodiesel m, gasoil d'origine végétale

**biodiversity** /ˌbaɪəʊdaɪˈvɜːsɪtɪ/ N biodiversité f

**biodynamic** /ˌbaɪəʊdaɪˈnæmɪk/ ADJ biodynamique

**bioenergetic** /ˌbaɪəʊenəˈdʒetɪk/ ADJ bioénergétique

**bioenergy** /ˌbaɪəʊˈenədʒɪ/ N (Psych) bioénergie f

**bioengineering** /ˈbaɪəʊˌendʒɪˈnɪərɪŋ/ N bioingénierie f

**bioethanol** /ˌbaɪəʊˈeθənɒl/ N bioéthanol m

**bioethics** /ˌbaɪəʊˈeθɪks/ N (NonC) bioéthique f

**biofeedback** /ˌbaɪəʊˈfiːdbæk/ N biofeedback m

**biofibres, biofibers** (US) /ˌbaɪəʊˈfaɪbəz/ NPL biofibres fpl

**biofuel** /ˈbaɪəʊfjʊəl/ N biocarburant m

**biogenesis** /ˌbaɪəʊˈdʒenɪsɪs/ N biogenèse f

**biogenetic** /ˌbaɪəʊdʒɪˈnetɪk/ ADJ (Bio) biogénétique

**biogenetics** /ˌbaɪəʊdʒɪˈnetɪks/ N biogénétique f

**biogeography** /ˌbaɪəʊdʒɪˈɒɡrəfɪ/ N biogéographie f

**biographer** /baɪˈɒɡrəfəʳ/ N biographe mf

**biographic(al)** /ˌbaɪəʊˈɡræfɪk(əl)/ ADJ biographique

**biography** /baɪˈɒɡrəfɪ/ SYN N biographie f

**bioinformatics** /ˈbaɪəʊˌɪnfəˈmætɪks/ N bioinformatique f

**biological** /ˌbaɪəˈlɒdʒɪkəl/
  ADJ (gen) biologique ; [detergent, washing powder] aux enzymes
  COMP **biological clock** N horloge f biologique
  **biological control** N (Agr) lutte f biologique
  **biological diversity** N diversité f biologique
  **biological father** N père m biologique
  **biological mother** N mère f biologique
  **biological parents** NPL parents mpl biologiques
  **biological warfare** N guerre f biologique
  **biological weapons** NPL armes fpl biologiques

**biologically** /ˌbaɪəʊˈlɒdʒɪkəlɪ/ ADV biologiquement

**biologist** /baɪˈɒlədʒɪst/ N biologiste mf

**biology** /baɪˈɒlədʒɪ/ N biologie f

**bioluminescence** /ˌbaɪəʊˌluːmɪˈnesns/ N bioluminescence f

**bioluminescent** /ˌbaɪəʊˌluːmɪˈnesnt/ ADJ bioluminescent

**biomass** /ˈbaɪəʊmæs/ N biomasse f

**biomathematics** /ˈbaɪəʊˌmæθəˈmætɪks/ N (NonC) biomathématique(s) f(pl)

**biome** /ˈbaɪəʊm/ N biome m

**biomechanics** /ˌbaɪəʊmɪˈkæniks/ N (NonC) biomécanique f

**biomedical** /ˌbaɪəʊˈmedɪkəl/ ADJ biomédical ◆ **biomedical engineering** génie biomédical

**biometric** /ˌbaɪəˈmetrɪk/ ADJ [data, technology, device] biométrique

**biometrics** /ˌbaɪəˈmetrɪks/, **biometry** /baɪˈɒmɪtrɪ/ N (NonC) biométrie f

**bionic** /baɪˈɒnɪk/ ADJ bionique

**bionics** /baɪˈɒnɪks/ N (NonC) bionique f

**biophysical** /ˌbaɪəʊˈfɪzɪkəl/ ADJ biophysique

**biophysicist** /ˌbaɪəʊˈfɪzɪsɪst/ N biophysicien(ne) m(f)

**biophysics** /ˌbaɪəʊˈfɪzɪks/ N (NonC) biophysique f

**biopic**\* /ˈbaɪəʊˌpɪk/ N film m biographique

**biopiracy** /ˌbaɪəʊˈpaɪərəsi/ N biopiraterie f

**biopsy** /ˈbaɪɒpsi/ N biopsie f

**biorhythm** /ˈbaɪəʊˌrɪðəm/ N biorythme m

**biosphere** /ˈbaɪəsfɪəʳ/ N biosphère f

**biosynthesis** /ˌbaɪəʊˈsɪnθɪsɪs/ N biosynthèse f, anabolisme m

**biosynthetic** /ˈbaɪəʊˌsɪnˈθetɪk/ ADJ biosynthétique

**biota** /baɪˈəʊtə/ N biote m

**biotechnology** /ˌbaɪəʊtekˈnɒlədʒɪ/ N biotechnologie f

**bioterror** /ˈbaɪəʊˌterəʳ/ N bioterrorisme m ◆ **bioterror attack** attaque bioterroriste

**bioterrorism** /ˌbaɪəʊˈterərɪzm/ N bioterrorisme m

**bioterrorist** /ˌbaɪəʊˈterərɪst/
- N bioterroriste mf
- ADJ [attack, threat] bioterroriste

**biotic** /baɪˈɒtɪk/ ADJ biotique

**biotin** /ˈbaɪətɪn/ N (Bio) biotine f

**biotite** /ˈbaɪəˌtaɪt/ N biotite f

**biotope** /ˈbaɪəˌtəʊp/ N biotope m

**biotype** /ˈbaɪəˌtaɪp/ N biotype m

**biowarfare** /ˈbaɪəʊˌwɔːfɛəʳ/ N guerre f biologique

**bioweapon** /ˈbaɪəʊˌwepən/ N arme f biologique

**bipartisan** /ˌbaɪˈpɑːtɪzæn/ ADJ biparti or bipartite ◆ **bipartisan politics** politique f qui fait l'unanimité

**bipartisanship** /ˌbaɪpɑːtɪˈzænʃɪp/ N (Pol) bipartisme m

**bipartite** /baɪˈpɑːtaɪt/ ADJ (Bio, Pol) biparti or bipartite ; (Jur) [document] rédigé en double

**biped** /ˈbaɪped/ ADJ, N bipède m

**biphenyl** /baɪˈfiːnaɪl/ N (Chem) diphényle m

**bipinnate** /baɪˈpɪneɪt/ ADJ (Bio) bipenné

**biplane** /ˈbaɪpleɪn/ N (avion m) biplan m

**bipod** /ˈbaɪpɒd/ N bipied m

**bipolar** /baɪˈpəʊləʳ/ ADJ bipolaire ◆ **bipolar disorder** or **illness** troubles mpl bipolaires ◆ **to be bipolar**\* souffrir de troubles bipolaires

**bipolarity** /ˌbaɪpəʊˈlærɪtɪ/ N (Phys) bipolarité f

**bipolarization** /baɪˌpəʊləraɪˈzeɪʃən/ N bipolarisation f

**bipolarize** /baɪˈpəʊləraɪz/ VT bipolariser

**biquadratic** /ˌbaɪkwɒˈdrætɪk/ (Math)
- ADJ biquadratique
- N équation f biquadratique or du quatrième degré

**birch** /bɜːtʃ/
- N (also **birch tree**) bouleau m ; (also **birch wood**) (bois m de) bouleau m ; (for whipping) verge f, fouet m ◆ **the birch** (Jur) la peine du fouet (avec les verges)
- VT fouetter
- COMP de bouleau
- **birch plantation** N boulaie f, plantation f de bouleaux

**birching** /ˈbɜːtʃɪŋ/ N peine du fouet (avec les verges)

**bird** /bɜːd/
- N ① oiseau m ; (Culin) volaille f ◆ **bird of ill omen** (liter) oiseau m de mauvais augure or de malheur ◆ **a bird in the hand is worth two in the bush** (Prov) un tiens vaut mieux que deux tu l'auras (Prov) ◆ **birds of a feather flock together** (Prov) qui se ressemble s'assemble (Prov) ◆ **they're birds of a feather** (gen) ils se ressemblent beaucoup ; (pej) ils sont à mettre dans le même sac ◆ **a little bird told me**\* mon petit doigt me l'a dit ◆ **the bird has flown** (fig) l'oiseau s'est envolé ◆ **to give sb the bird** †\* (Theat, Sport) huer or siffler qn ; (= send sb packing) envoyer bouler\* or paître\* qn ◆ **to get the bird** †\* (Theat) se faire siffler or huer ◆ **for the birds**‡ (= worthless) nul\* ; (= silly) débile\* ◆ **he'll have to be told about the birds and the bees** (hum) il va falloir lui expliquer que les bébés ne naissent pas dans les choux ; → **early**
- ② (‡ = fellow) oiseau\* m (pej), type\* m ◆ **he's a queer bird** c'est un drôle d'oiseau or de numéro\* ◆ **he's a cunning old bird** c'est un vieux singe or rusé
- ③ (Brit ‡ = girl) nana\* f, gonzesse‡ f
- ④ (‡ = prison) ◆ **five years' bird** cinq ans de taule‡ ◆ **to do bird** faire de la taule‡
- COMP **bird bath** N vasque f (pour les oiseaux) ◆ **bird brain**\* N (pej) étourneau m, tête f de linotte ◆ **bird-brained**\* ADJ qui a une cervelle d'oiseau, écervelé ◆ **bird call** N cri m d'oiseau ◆ **bird cherry** N (Bot) merisier m à grappes ◆ **bird dog** N (US) chien m de chasse (pour le gibier à plume) ◆ **bird fancier** N aviculteur m, -trice f ◆ **bird feeder** N mangeoire f, trémie f ◆ **bird flu** N grippe f aviaire ◆ **bird-like** ADJ [eyes, features] d'oiseau ◆ **bird nesting** N ◆ **to go bird nesting** aller dénicher les oiseaux ◆ **bird of paradise** N oiseau m de paradis ◆ **bird of passage** N (lit, fig) oiseau m de passage ◆ **bird of prey** N oiseau m de proie ◆ **bird sanctuary** N réserve f ornithologique ◆ **birds' eggs** NPL œufs mpl d'oiseaux ◆ **bird's-eye view** N (fig) vue f d'ensemble, vue f générale ◆ **a bird's-eye view of Paris** (from plane) Paris vu d'avion ◆ **bird's foot** N (pl **bird's foots**) (= plant) pied-d'oiseau m ◆ **bird's-foot trefoil** N lotier m ◆ **bird's nest** N nid m d'oiseau(x) ◆ **bird's-nest orchid** N néottie f ◆ **bird's-nest soup** N soupe f aux nids d'hirondelles ◆ **bird-spotter** N ornithologue mf amateur ◆ **bird strike** N impact m d'oiseau (provoquant un accident aérien) ◆ **bird table** N (in garden) mangeoire f ◆ **bird-watcher** N ornithologue mf amateur ◆ **bird-watching** N ornithologie f (pratiquée en amateur) ◆ **to go bird-watching** aller observer les oiseaux

**birdcage** /ˈbɜːdkeɪdʒ/ N cage f à oiseaux ; (large) volière f

**birdie** /ˈbɜːdɪ/
- N ① (baby talk) (gentil) petit oiseau m ◆ **watch the birdie!**\* (for photo) le petit oiseau va sortir !
- ② (Golf) birdie m
- VT (Golf) ◆ **to birdie a hole** faire un birdie

**birdlime** /ˈbɜːdlaɪm/ N glu f

**birdseed** /ˈbɜːdsiːd/ N (NonC) graines fpl (pour les oiseaux)

**birdsong** /ˈbɜːdsɒŋ/ N chant m des oiseaux

**birefringence** /ˌbaɪrɪˈfrɪndʒəns/ (Phys) biréfringence f

**birefringent** /ˌbaɪrɪˈfrɪndʒənt/ ADJ (Phys) biréfringent

**biretta** /bɪˈretə/ N barrette f

**biriani** /ˌbɪrɪˈɑːnɪ/ N ⇒ **biryani**

**birling** /ˈbɜːlɪŋ/ N (US) sport de bûcheron, consistant à faire tourner avec les pieds, sans tomber, un tronc d'arbre flottant

**Birman** /ˈbɜːmən/ N (also **Birman cat**) birman m

**Biro** ® /ˈbaɪərəʊ/ N (Brit) stylo m (à) bille, Bic ® m

**birth** /bɜːθ/ LANGUAGE IN USE 24.1 SYN
- N ① (= being born) naissance f ; (also **childbirth**) accouchement m, couches fpl ; [of animal] mise f bas ◆ **at birth** à la naissance ◆ **during the birth** pendant l'accouchement ◆ **to give birth to** [woman] donner naissance à ; [animal] mettre bas ◆ **blind/deaf from** or **since birth** aveugle/sourd de naissance ◆ **the village/country of one's birth** son village/pays natal
- ② (= parentage) naissance f, extraction f ◆ **Scottish by birth** écossais de naissance ◆ **of good birth** bien né, de bonne famille ◆ **of humble birth** de basse extraction
- ③ (fig) [of movement, idea] naissance f, éclosion f ; [of new era] naissance f, commencement m ; [of trend, project] naissance f, lancement m ; [of phenomenon] apparition f
- COMP **birth certificate** N (original) acte m de naissance ; (copy) extrait m de naissance ◆ **birth control** N régulation f or contrôle m des naissances ◆ **birth control pill** ⇒ **birth pill** ◆ **birth defect** N défaut m de naissance ◆ **birth father** N père m biologique, géniteur m ◆ **birth mother** N mère f biologique, génitrice f ◆ **birth parents** NPL parents mpl biologiques, géniteurs mpl ◆ **birth pill** N pilule f contraceptive ◆ **birth plan** N projet m d'accouchement ◆ **birth rate** N (taux m de) natalité f ◆ **births, marriages and deaths** NPL (in newspaper) carnet m du jour ◆ **birth weight** N poids m à la naissance

**birthdate** /ˈbɜːθdeɪt/ N date f de naissance

**birthday** /ˈbɜːθdeɪ/ LANGUAGE IN USE 23.3
- N anniversaire m ◆ **what did you get for your birthday?** qu'est-ce que tu as eu pour ton anniversaire ? ; → **happy**
- COMP **birthday cake** N gâteau m d'anniversaire ◆ **birthday card** N carte f d'anniversaire ◆ **Birthday Honours** N (Brit) ⇒ **Honours List** ; → **honour** ; → **HONOURS LIST** ◆ **birthday party** N ◆ **she is having a birthday party** elle a organisé une petite fête or une soirée pour son anniversaire ◆ **birthday present** N cadeau m d'anniversaire ◆ **birthday suit**\* N (hum) ◆ **in one's birthday suit** en costume d'Adam (or d'Ève)\*, dans le plus simple appareil (hum)

**birthing** /ˈbɜːθɪŋ/
- ADJ [equipment, room] d'accouchement
- COMP **birthing chair** N chaise f d'accouchement ◆ **birthing pool** N piscine f or bassin m d'accouchement ◆ **birthing stool** N tabouret m d'accouchement

**birthmark** /ˈbɜːθmɑːk/ N tache f de vin

**birthplace** /ˈbɜːθpleɪs/ N (gen, Admin) lieu m de naissance ; (= house) maison f natale ◆ **the birthplace of civilization** le berceau de la civilisation

**birthright** /ˈbɜːθraɪt/ N (lit) [of firstborn] droit m d'aînesse ◆ **it is the birthright of every Englishman** (fig) c'est un droit que chaque Anglais a or acquiert à sa naissance

**birthstone** /ˈbɜːθstəʊn/ N pierre f porte-bonheur

**birthwort** /ˈbɜːθwɜːt/ N aristoloche f

**biryani** /ˌbɪrɪˈɑːnɪ/ N biriani m (plat indien à base de riz)

**BIS** /ˌbiːaɪˈes/ N (abbrev of **Bank for International Settlements**) BIS f

**Biscay** /ˈbɪskeɪ/ N Biscaye f ◆ **the Bay of Biscay** le Golfe de Gascogne

**biscuit** /ˈbɪskɪt/
- N ① (Brit) petit gâteau m sec, biscuit m ◆ **that takes the biscuit!**‡ ça c'est le bouquet !\* ◆ **he takes the biscuit!**‡ il décroche le pompon ! \* ; → **digestive**, **ship**, **water**
- ② (US) biscuit m sec
- ADJ (also **biscuit-coloured**) (couleur) biscuit inv, beige
- COMP **biscuit barrel** N boîte f à biscuits ◆ **biscuit-firing** N (Pottery) dégourdi m ◆ **biscuit ware** N (Pottery) biscuit m

**bisect** /baɪˈsekt/ SYN
- VT couper or diviser en deux ; (Math) couper en deux parties égales
- VI [road etc] bifurquer

**bisection** /baɪˈsekʃən/ N (Math) division f en deux parties égales ; [of angle] bissection f

**bisector** /baɪˈsektəʳ/ N (Math) bissectrice f

**bisexual** /ˌbaɪˈseksjʊəl/ ADJ ① [person] bisexuel ② [organism, animal] bisexué

**bisexuality** /ˌbaɪseksjʊˈælɪtɪ/ N bisexualité f

**bishop** /ˈbɪʃəp/ N ① (Rel) évêque m ; (as term of address) Monseigneur ② (Chess) fou m

**bishopric** /ˈbɪʃəprɪk/ SYN N (= diocese) évêché m ; (= function) épiscopat m

**Bismarck** /ˈbɪsmɑːk/ N (Hist) Bismarck m

**bismuth** /ˈbɪzməθ/ N bismuth m

**bison** /ˈbaɪsn/ N (pl inv) bison m

**bisque** /bɪsk/ N (Culin, Sport) bisque f ; (Pottery) biscuit m

**bissextile** /bɪˈsekstaɪl/
- N année f bissextile
- ADJ bissextile

**bistable** /baɪˈsteɪbl/ ADJ (Comput) bistable

**bistoury** /ˈbɪstʊrɪ/ N bistouri m

**bistre** /ˈbɪstəʳ/ ADJ, N bistre m

**bistro** /ˈbiːstrəʊ/ N petit restaurant m (style bistrot)

**bisulphate** /baɪˈsʌlfeɪt/ N bisulfate m

**bit**[1] /bɪt/ SYN N ① [of horse] mors m ◆ **to get** or **take the bit between one's teeth** (lit, fig) prendre le mors aux dents ; → **champ**[1]
② (= tool) mèche f ; → **brace**, **centre**

**bit²** /bɪt/

**N** 1 *(= piece) [of bread]* morceau *m* ; *[of paper, string]* bout *m* ; *[of book, talk etc]* passage *m* ; *(= tiny amount)* peu *m* ◆ **a bit of garden** un bout de jardin, un tout petit jardin ◆ **a tiny little bit** un tout petit peu ◆ **there's a bit of the soldier in him** il y a un peu du soldat en lui ◆ **a bit of advice** un petit conseil ◆ **a bit of news** une nouvelle ◆ **a bit of luck** une chance ◆ **what a bit of luck!** * quelle chance *or* veine ! * ◆ **in bits and pieces** *(= broken)* en morceaux, en miettes ; *(= dismantled)* en pièces détachées ; *(fig) (plan, scheme)* en ruines ◆ **bring all your bits and pieces** * apporte toutes tes petites affaires ◆ **bits and bobs** * petites affaires *fpl* ◆ **to come to bits** *(= break)* s'en aller *or* tomber en morceaux ; *(= dismantle)* se démonter ◆ **he went to bits** * il a craqué * ◆ **bit by bit** *(= gradually)* petit à petit ; *(= piecemeal)* par morceaux ◆ **and a bit over** et même un peu plus ◆ **to do one's bit** fournir sa part d'effort ◆ **he's got a bit on the side** ‡ il a une maîtresse ◆ **for him, I was just a bit on the side** ‡ pour lui, je n'étais qu'une aventure

2 *(phrases)* ◆ **a bit** un peu ◆ **a bit of money** un peu d'argent ◆ **it is** *or* **that is a bit much** *(= expensive)* c'est un peu exagéré ! ; *(= unfair)* c'est un peu fort * ! ◆ **a good bit of** *or* **quite a bit of money** pas mal d'argent ◆ **he paid a good bit for it** ça lui a coûté assez cher *(lit)* ◆ **I'm a bit/a little bit/a good bit late** je suis un peu/un petit peu/très en retard ◆ **it's a good bit further than we thought** c'est bien *or* beaucoup plus loin que nous ne pensions ◆ **a good bit bigger** bien *or* beaucoup plus grand ◆ **every bit as good as** tout aussi bon que ◆ **every bit of the wall** le mur tout entier ◆ **he's every bit a soldier** il est militaire jusqu'à la moelle ◆ **I'm a bit of a socialist** je suis socialiste sur les bords * ◆ **he seems to be a bit of an expert** il a l'air de s'y connaître (pas mal) ◆ **she's a bit of a liar** elle est un brin *or* un tantinet menteuse ◆ **it was a bit of a shock** ça (nous) a plutôt fait un choc ◆ **that's a bit of all right** ‡ c'est super * *or* chouette * ◆ **he's/she's a bit of all right** ‡ *(= attractive)* il/elle est plutôt bien balancé(e) * ◆ **not a bit** pas du tout ◆ **not a bit of it!** pas du tout !, pas le moins du monde ! ◆ **it's not a bit of use** cela ne sert strictement *or* absolument à rien ◆ **he wasn't a bit the wiser** *or* **the better for it** il n'en était pas plus avancé ; → **much**

3 *(of time)* ◆ **after a bit** après un moment ◆ **a good** *or* **quite a bit** un bon bout de temps * ◆ **wait a bit** attendez un instant *or* un peu

4 *( † = coin)* pièce *f* ; → **threepenny, two**

5 *(Comput)* bit *m*

**ADJ** *(Theat)* ◆ **bit part** petit rôle *m* , panne * *f* *(Theat)*

**COMP** **bit-map** *(Comput)* **N** 1 *(NonC = mode)* mode point *m*

2 (also **bit-map(ped) image**) image *f* en mode point ; **ADJ** (also **bit-mapped**) *[graphics]* en mode point, par points ◆ **bit-map font** police *f* en mode point *or* par points

**bit player** * **N** *(Theat, Cine, fig)* figurant(e) *m(f)*

**bit³** /bɪt/ SYN **VB** pt of **bite**

**bitch** /bɪtʃ/

**N** 1 *(dog)* chienne *f* ; *(canines generally)* femelle *f* ; *(fox)* renarde *f* ; *(wolf)* louve *f* ◆ **terrier bitch** terrier *m* femelle

2 *‡ *(pej = woman)* garce ‡ *f* ; *(= subordinate, slave)* esclave *mf* ◆ **she's a bitch** elle est rosse *, c'est une garce ‡

3 ‡ ◆ **that bitch of a car** cette putain de bagnole ‡ ◆ **that bitch of a job** cette saloperie de boulot ‡ ◆ **it's a bitch** c'est la merde ‡ ◆ **life's a bitch (and then you die)** chienne de vie *

4 *(esp US)* ◆ **what's your bitch?** ‡ *(= complaint)* qu'est-ce que tu as à râler ? *

**VI** ( * = *complain)* rouspéter *, râler * ◆ **to bitch about sb** dire du mal de qn

**bitchiness** * /ˈbɪtʃɪnɪs/ **N** vacherie * *f*

**bitching** ‡ /ˈbɪtʃɪŋ/ **ADJ** *(esp US)* du tonnerre

**bitchy** * /ˈbɪtʃɪ/ **ADJ** rosse *, vache * ◆ **to be bitchy to sb** être vache * avec qn ◆ **he was bitchy about it** il a été vache * (à ce sujet) ◆ **that was a bitchy thing to do** c'était (un coup) vache *

**bite** /baɪt/ SYN (vb: pret **bit**, ptp **bitten**)

**N** 1 *[of dog etc]* morsure *f* ; *[of snake, insect]* piqûre *f* ◆ **face covered in (insect) bites** visage couvert de piqûres d'insectes ; → **bark², fleabite**

2 *(= piece bitten off)* bouchée *f* ; *(= something to eat)* morceau *m*, quelque chose (à manger) ◆ **in two bites** en deux bouchées ◆ **chew each bite carefully** mâchez bien chaque bouchée ◆ **to take a bite out of** *(lit) [+ apple etc]* manger une bouchée de ; *(esp US fig) [+ savings, budget]* faire un trou dans ◆ **to get a second** *or* **another bite at the cherry, to have two bites at the cherry** avoir une seconde chance

3 * ◆ **a bite (to eat)** un casse-graine ◆ **I'll get a bite on the train** je mangerai un morceau dans le train ◆ **come and have a bite** venez manger un morceau

4 *(Fishing)* touche *f* ◆ **I haven't had a bite all day** je n'ai pas eu une seule touche aujourd'hui ◆ **got a bite?** * ça a mordu ?

5 *[of sauce etc]* piquant *m* ◆ **there's a bite in the air** l'air est piquant ◆ **his speech didn't have much bite** son discours manquait de mordant

**VT** *[person, animal]* mordre ; *[snake, insect]* piquer, mordre ◆ **to bite one's nails** se ronger les ongles ◆ **to bite sth in two** couper qch en deux d'un coup de dents ◆ **to bite one's lips/fingers** se mordre les lèvres/les doigts ◆ **to bite one's tongue** *(lit, fig)* se mordre la langue ◆ **to bite one's tongue** *or* **one's lip** *(fig)* tenir sa langue ◆ **it won't bite (you)!** * *(hum)* ça ne mord pas ! * ◆ **what's biting you?** ‡ qu'est-ce que tu as à râler ? * ◆ **to bite the bullet** * serrer les dents *(fig)* ◆ **to bite the dust** *(lit, fig)* mordre la poussière ◆ **to bite the hand that feeds one** cracher dans la soupe * ◆ **once bitten twice shy** *(Prov)* chat échaudé craint l'eau froide *(Prov)* ◆ **to be bitten with** * **the desire to do sth** mourir d'envie de faire qch ◆ **to get bitten** ‡ *(= be cheated)* se faire avoir *, se faire rouler * ; → **biter**

**VI** *[dog]* mordre ; *[fish]* mordre (à l'hameçon) ; *[insect]* piquer ; *[cold, frost, wind]* mordre, pincer ; *[cogs]* s'engrener ; *[anchor, screw]* mordre ◆ **to bite into sth** *[person]* mordre (dans) qch ; *[acid]* mordre sur qch

**COMP** **bite-size(d)** * **ADJ** *(lit) [piece of food]* petit ; *[biscuit, chocolate bar]* miniature ◆ **bite-size(d) cheeses** mini-fromages *mpl* ◆ **bite-size(d) chunks** petits morceaux *mpl* ◆ **cut the food into bite-size(d) chunks** coupez la nourriture en petits morceaux ◆ **bite-size(d) chunks of information** informations *fpl* brèves de lecture aisée ◆ **classical music in bite-size(d) chunks** des extraits de musique classique

▸ **bite back**

**VI** *(= respond)* réagir, rendre la pareille

**VT SEP** *[+ words, retort]* ravaler

▸ **bite off** **VT SEP** arracher d'un coup de dent(s) ◆ **she bit off a piece of apple** elle a mordu dans la pomme ◆ **he has bitten off more than he can chew** il a eu les yeux plus grands que le ventre, il a visé trop haut ◆ **to bite sb's head off** * rembarrer qn (brutalement)

▸ **bite on** **VT FUS** mordre

▸ **bite through** **VT FUS** *[+ tongue, lip]* mordre (de part en part) ; *[+ string, thread]* couper *or* casser avec les dents

**biter** /ˈbaɪtəʳ/ **N** ◆ **the biter bit** tel est pris qui croyait prendre

**biting** /ˈbaɪtɪŋ/ SYN **ADJ** *[cold]* âpre, mordant ; *[winter]* dur, rude ; *[wind]* piquant, cinglant ; *(fig) [style, wit, remarks]* mordant, caustique ◆ **biting irony** ironie *f* mordante *or* cinglante ◆ **biting sarcasm** sarcasme *m* acerbe *or* mordant ◆ **biting insects** insectes *mpl* piqueurs *or* voraces

**bitingly** /ˈbaɪtɪŋlɪ/ **ADV** *[speak]* d'un ton mordant *or* caustique

**bitten** /ˈbɪtn/ **VB** ptp of **bite**

**bitter** /ˈbɪtəʳ/ SYN

**ADJ** 1 *[taste]* amer, âpre ◆ **it was a bitter pill (to swallow)** la pilule était dure à avaler

2 *[cold, weather]* glacial ; *[wind]* glacial, cinglant ; *[winter]* rude, rigoureux

3 *[person]* amer ; *[critic, criticism]* acerbe ; *[disappointment, reproach, tears]* amer ; *[fate, sorrow]* pénible, cruel ; *[hatred]* acharné, profond ; *[opposition, protest]* violent ; *[remorse]* cuisant ; *[sight, look]* amer, plein d'amertume ; *[suffering]* âpre, cruel ; *[tone]* amer ◆ **to the bitter end** jusqu'au bout ◆ **his bitter enemy** son ennemi acharné ◆ **he was always a bitter enemy of corruption** il a toujours été un adversaire acharné de la corruption ◆ **I feel (very) bitter about the whole business** toute cette histoire me remplit d'amertume ◆ **bitter and twisted** aigri

**N** 1 *(Brit = beer) sorte de bière brune anglaise*

2 *(Pharm)* amer *m*

**NPL** **bitters** *(= drink)* bitter *m*, amer *m* ◆ **gin and bitters** cocktail *m* au gin et au bitter

**COMP** **bitter aloes** **NPL** aloès *m* (médicinal)

**bitter lemon** **N** Schweppes ® *m* au citron

**bitter orange** **N** orange *f* amère, bigarade *f*

**bitterling** /ˈbɪtəlɪŋ/ **N** *(= fish)* bouvière *f*

**bitterly** /ˈbɪtəlɪ/ **ADV** *[regret, weep]* amèrement ; *[say, think]* avec amertume ; *[criticize, denounce, reproach]* âprement ; *[oppose, contest, fight]* farouchement ; *[ashamed]* profondément ◆ **bitterly disappointed** amèrement déçu ◆ **bitterly jealous** atrocement jaloux ◆ **to be bitterly resentful of sb's success** en vouloir amèrement à qn de son succès ◆ **opinions are bitterly divided** les avis sont profondément partagés ◆ **it's bitterly cold** il fait un froid de canard ◆ **on a bitterly cold day** par une journée glaciale

**bittern** /ˈbɪtɜːn/ **N** *(= bird)* butor *m*

**bitterness** /ˈbɪtənɪs/ SYN **N** *(NonC: gen)* amertume *f* ; *[of opposition etc]* violence *f*

**bittersweet** /ˈbɪtəswiːt/

**ADJ** *(lit, fig)* aigre-doux (-douce *f*)

**N** *(= plant)* douce-amère *f* ; *(fig)* amère douceur *f*

**bitty** * /ˈbɪtɪ/ **ADJ** *(Brit)* décousu

**bitumen** /ˈbɪtjʊmɪn/ **N** bitume *m*

**bituminize** /bɪˈtjuːmɪnaɪz/ **VT** bitumer

**bituminous** /bɪˈtjuːmɪnəs/ **ADJ** bitumineux

**bivalency** /baɪˈveɪlənsɪ/ **N** *(Chem)* bivalence *f*

**bivalent** /ˈbaɪˈveɪlənt/ **ADJ** bivalent

**bivalve** /ˈbaɪvælv/ **ADJ, N** bivalve *m*

**bivouac** /ˈbɪvʊæk/

**N** bivouac *m*

**VI** bivouaquer

**bivvy** * /ˈbɪvɪ/

**N** *(= bivouac)* bivouac *m* ; *(= tent)* canadienne *f*

**VI** bivouaquer, camper

**bi-weekly** /ˈbaɪˈwiːklɪ/

**ADJ** *(= twice in a week)* bihebdomadaire ; *(US = fortnightly)* bimensuel

**ADV** *(= twice a week)* deux fois par semaine ; *(US = fortnightly)* tous les quinze jours

**biz** ‡ /bɪz/ **N** (abbrev of **business**) ◆ **it's the biz** *(= great)* c'est génial ; → **show**

**bizarre** /bɪˈzɑːʳ/ SYN **ADJ** bizarre

**bk** 1 abbrev of **book**

2 abbrev of **bank**

**BL** /biːˈel/ 1 (abbrev of **British Library**) → **British**

2 (abbrev of **Bachelor of Law**) → **bachelor**

3 (abbrev of **bill of lading**) → **bill¹**

**blab** /blæb/ SYN

**VI** 1 *(= tell secret)* manger le morceau ‡

2 *(= chatter)* jaser

**VT** (also **blab out**) *[+ secret]* laisser échapper, aller raconter

**blabber** * /ˈblæbəʳ/ **VI** (also **blabber on**) ⇒ **blab vi 1**

**blabbermouth** * /ˈblæbəˌmaʊθ/ **N** *(pej)* grande bouche * *f*, grande gueule ‡ *f*

**black** /blæk/ SYN

**ADJ** 1 *[hair, clouds, smoke etc]* noir ◆ **eyes as black as sloes** des yeux noirs comme (du) jais, des yeux de jais ◆ **black and blue** *(fig)* couvert de bleus ◆ **to beat sb black and blue** battre qn comme plâtre, rouer qn de coups ◆ **black gold** *(= oil)* l'or *m* noir ◆ **"black tie"** *(on invitation)* « tenue de soirée exigée » ◆ **you can scream till you're black in the face but...** tu peux toujours t'égosiller *or* t'époumoner mais... ; see also **comp, belt, coal, jet², pitch², potn**

2 (also **Black**) *[person, race, skin]* noir ; *[music, culture]* noir, black * ; *[art]* nègre ◆ **you never see a black face around here** on ne voit jamais de Noirs par ici ◆ **black man** Noir *m* ◆ **black woman** Noire *f* ◆ **black people** les Noirs *mpl* ◆ **the Black community/population** la communauté/population noire ◆ **Black American** Noir(e) *m(f)* américain(e) ◆ **Black America** l'Amérique *f* noire ◆ **black college** *(US Univ)* université *f* noire ◆ **black consciousness** identité *f* noire ◆ **black consciousness movement** mouvement *m* de revendication de l'identité noire ◆ **Black English** l'anglais *m* des Noirs américains ◆ **Black Nationalism** *(US)* mouvement *m* nationaliste noir ◆ **Black Studies** études *fpl* afro-américaines ◆ **Black Madonna** Madone *f* noire ; see also **comp**

3 *(= dark)* noir ◆ **the sky was black with birds** le ciel était noir d'oiseaux ⇒ **pitch**

4 *(= dirty)* noir ◆ **his hands were black** il avait les mains noires ◆ **he was as black as a sweep** il

était noir de la tête aux pieds ◆ **their faces were black with coal-dust** leurs visages étaient noircis par le charbon

⑤ (*without milk*) *[coffee]* noir ; *[tea]* nature ◆ **to take** *or* **drink one's coffee/tea black** boire son café/thé sans lait, ne pas mettre de lait dans son café/thé

⑥ (*liter*) (= *wicked*) *[crime, action]* noir ; *[thought]* mauvais ◆ **a black deed** un crime, un forfait (*liter*) ◆ **he painted their conduct in the blackest colours** il a présenté leur conduite sous les couleurs les plus noires ◆ **he's not as black as he's painted** il n'est pas aussi mauvais qu'on le dit

⑦ (= *gloomy*) *[thoughts, prospects]* noir ; *[grief]* intense, violent ; *[rage]* noir ; *[despair]* sombre ◆ **things are looking black** les choses se présentent très mal ◆ **it's a black outlook** *or* **things are looking black for him** ses affaires se présentent très mal ◆ **a black day on the roads** une sombre journée sur les routes ◆ **it's a black day for England** c'est un jour (bien) triste pour l'Angleterre ; (*stronger*) c'est un jour de deuil pour l'Angleterre

⑧ (*angry*) ◆ **to give sb a black look** lancer un regard noir à qn ◆ **I got some black looks from John** j'ai eu des regards noirs de la part de John, John m'a lancé des regards noirs ◆ **his face was as black as thunder, he looked as black as thunder** il avait l'air furibond

**N** ① (= *colour*) noir *m*, couleur *f* noire ; (*mourning*) noir *m*, deuil *m* ◆ **dressed in black** habillé de noir ◆ **to wear black for sb** porter le deuil de qn ◆ **there it is in black and white** c'est écrit noir sur blanc ◆ **black and white** (*Art*) dessin *m* en noir et blanc ◆ **to swear that black is white** (*fig*) (*obstinate person*) se refuser à l'évidence, nier l'évidence ; (*liar*) mentir effrontément ◆ **to be in the black** * (*Fin*) être créditeur ◆ **to get (back) into the black** ne plus être à découvert ; → **lampblack**

② (*Snooker, Billiards*) boule *f* noire

③ (= *person*) Noir(e) *m(f)*, Black * *mf*

④ (= *darkness*) ténèbres *fpl*, obscurité *f* ; (*outdoors only*) nuit *f* noire

**VT** ① (= *blacken*) noircir ; *[+ shoes]* cirer ◆ **to black one's face** se noircir le visage ◆ **to black sb's eye (for him)** pocher l'œil à qn

② (*Brit*) *[+ cargo, firm, goods]* boycotter

**COMP** **Black Africa** N Afrique *f* Noire
**black art(s)** N(PL) magie *f* noire, sciences *fpl* occultes
**black bag** N sac-poubelle *m*
**black-ball** N vote *m* contre **VT** blackbouler
**black bass** N achigan *m*
**black bear** N ours *m* noir
**black beetle** N cafard *m*, cancrelat *m*
**black belt** N (*Sport* = *belt, wearer*) ceinture *f* noire
**black body** N (*Phys*) corps *m* noir
**black books** NPL ◆ **she was in his black books** elle n'était pas dans ses petits papiers*, elle était mal vue (de lui)
**black box (recorder)** N (*in plane*) boîte *f* noire ; (= *mysterious device*) boîte *f* noire
**black bread** N pain *m* noir
**black bryony** N tamier *m*
**black cab** N (*Brit*) taxi *m* anglais
**black cap** N (= *bird*) fauvette *f* à tête noire ; (*Brit Jur Hist*) bonnet *m* noir (*que mettait un juge avant de prononcer la peine de mort*)
**black cherry** N (= *fruit*) cerise *f* noire ; (= *tree*) cerisier *m* noir
**black cohosh** N actée *f* à grappes noires, herbe *f* à punaises
**black comedy** N comédie *f* noire
**Black Country** N Pays *m* noir (*région industrielle des Midlands*)
**Black Death** N (*Hist*) peste *f* noire
**black disc** N (*Mus*) disque *m* noir, vinyle *m*, microsillon *m*
**black earth** N (*Geog*) terre *f* noire, tchernoziom *m*
**black economy** N économie *f* parallèle *or* souterraine
**black eye** N œil *m* poché *or* au beurre noir* ◆ **to give sb a black eye** pocher l'œil à qn
**Black Forest** N Forêt-Noire *f*
**Black Forest gateau** N forêt-noire *f*
**Black Friar** N frère *m* prêcheur, dominicain *m*
**black frost** N gel *m*
**black goods** N (= *boycotted*) marchandises *fpl* boycottées
**black grouse** N tétras-lyre *m*, coq *m* de bruyère
**black guillemot** N petit guillemot *m*, grylle *m*
**black-headed gull** N mouette *f* rieuse
**black-hearted** ADJ mauvais, malfaisant

**black hole** N (*Astron, also fig*) trou *m* noir ◆ **the Black Hole of Calcutta** (*Brit Hist*) le cachot de Calcutta ◆ **it's like the Black Hole of Calcutta in here** on étouffe ici
**black horehound** N ballote *f*
**black humour** N humour *m* noir
**black ice** N verglas *m*
**black kite** N (= *bird*) milan *m* noir
**black knight** N (*Comm*) chevalier *m* noir
**black light** N (*Phys*) lumière *f* noire
**black magic** N SYN magie *f* noire
**Black Maria** * N (*Brit*) panier *m* à salade *
**black mark** N (*fig*) ◆ **that gets a black mark** c'est zéro * ◆ **that's a black mark for** *or* **against him** c'est un mauvais point pour lui
**black market** N marché *m* noir ◆ **on the black market** au marché noir
**black marketeer** N profiteur *m*, -euse *f* (*vendant au marché noir*)
**black mass** N messe *f* noire
**black medick** N (= *plant*) lupuline *f*
**black money** N argent *m* (gagné au) noir
**black mulberry** N (= *tree*) mûrier *m* noir ; (= *fruit*) mûre *f* noire
**Black Muslim** N Musulman(e) noir(e) *m(f)*, Black Muslim *mf*
**black-necked grebe** N grèbe *m* à cou noir
**black nightshade** N (= *plant*) morelle *f* noire
**black-on-black** ADJ *[violence]* entre noirs
**Black Panthers** NPL (*Hist*) Panthères *fpl* noires
**Black Papers** NPL (*Brit Scol*) livres blancs sur le système éducatif
**black pepper** N poivre *m* noir
**black poplar** N peuplier *m* noir
**Black Power (movement)** N Black Power *m*, pouvoir *m* noir
**the Black Prince** N (*Brit Hist*) le Prince Noir
**black pudding** N (*Brit*) boudin *m* noir
**black redstart** N rouge-queue *m* noir
**Black Rod** N (*Brit Parl*) fonctionnaire rattaché à la Chambre des lords, chargé de convoquer les Communes lors de l'ouverture de la session parlementaire
**black rot** N black-rot *m*
**the Black Sea** N la mer Noire
**black sea bream** N (= *fish*) dorade *f* grise
**Black September** N (*Pol*) Septembre *m* noir
**black sheep** SYN N ◆ **the black sheep of the family** la brebis galeuse (de la famille)
**black spot** N (also **accident black spot** : *Brit*) point *m* noir
**black-tailed godwit** N barge *f* à queue noire
**black tern** N guifette *f* noire
**black-throated diver** N plongeon *m* arctique
**black-tie** ADJ *[dinner, function]* habillé, en smoking ; see also **adj 1**
**black velvet** N cocktail *m* de champagne et de stout
**Black Watch** N (*Brit Mil*) Black Watch *mpl* (*régiment écossais*)
**black widow (spider)** N veuve *f* noire
**black woodpecker** N pic *m* noir

▶ **black out**
**VI** (= *faint*) s'évanouir
**VT SEP** ① (*in wartime*) *[+ town, building]* faire le black-out dans ◆ **a power cut blacked out the building** (*in peacetime*) une panne d'électricité a plongé l'immeuble dans l'obscurité (totale) ◆ **to black out the stage** (*Theat*) faire l'obscurité *or* le noir sur scène
② (= *censor*) censurer

**blackamoor** †† /'blækəmʊəʳ/ N nègre † *m*

**blackberry** /'blækbəri/ N mûre *f* ◆ **blackberry bush** mûrier *m*, ronce *f*

**blackberrying** /'blækbərɪŋ/ N ◆ **to go blackberrying** aller cueillir des mûres

**blackbird** /'blækbɜːd/ N merle *m*

**blackboard** /'blækbɔːd/ N tableau *m* (noir) ◆ **blackboard duster** chiffon *m* ◆ **the blackboard jungle** la loi de la jungle (dans les classes) ◆ **blackboard rubber** frottoir *m*

**blackcock** /'blækɒk/ N (= *male black grouse*) tétras-lyre *m*, coq *m* de bruyère

**blackcurrant** /ˌblæk'kʌrənt/ N (= *fruit, bush*) cassis *m*

**blacken** /'blækən/ SYN
**VT** ① (*with dirt, soot, dust*) noircir, salir ◆ **his hands were blackened with filth** il avait les mains noires de crasse
② (*with paint, cosmetics etc*) noircir, barbouiller de noir
③ (*with smoke, by fire*) noircir ◆ **blackened remains** restes *mpl* calcinés
④ (*fig* = *discredit*) salir, noircir, ternir
**VI** *[sky]* noircir, s'assombrir ; *[furniture]* noircir, devenir noir

**blackened** /'blækənd/ ADJ (*US Culin*) noirci au gril

**blackfly** /'blækflaɪ/ N puceron *m* noir

**blackguard** † /'blægɑːd/ N canaille *f*, fripouille *f*

**blackguardly** † /'blægɑːdlɪ/ ADJ *[deed, person]* infâme, ignoble

**blackhead** /'blækhed/ N (*Med*) point *m* noir

**blacking** /'blækɪŋ/ N ① *[of shoes]* cirage *m* (noir) ; *[of stoves]* pâte *f* à noircir
② *[of goods, cargo]* boycottage *m*

**blackish** /'blækɪʃ/ ADJ tirant sur le noir, noirâtre (*pej*)

**blackjack** /'blækdʒæk/
**N** (= *flag*) pavillon *m* noir (*des pirates*) ; (= *drinking vessel*) pichet *m* ; (*Min*) blende *f* ; (*US* = *weapon*) matraque *f* ; (*Cards*) black-jack *m*, ≈ vingt-et-un *m*
**VT** (= *beat*) matraquer ; (= *coerce*) contraindre sous la menace (*sb into doing sth* qn à faire qch)

**blacklead** /'blækled/
**N** mine *f* de plomb, graphite *m*
**VT** *[+ stove]* frotter à la mine de plomb

**blackleg** /'blækleg/ (*Brit*)
**N** jaune *m*, briseur *m* de grève
**VI** briser la grève

**blacklist** /'blæklɪst/ SYN
**N** liste *f* noire
**VT** *[+ person]* mettre sur la liste noire ; *[+ book]* mettre à l'index (*lit, fig*)

**blackmail** /'blækmeɪl/ SYN
**N** chantage *m* ◆ **emotional blackmail** chantage *m* affectif
**VT** faire chanter, faire du chantage auprès de ◆ **to blackmail sb into doing sth** forcer qn par le chantage à faire qch

**blackmailer** /'blækmeɪləʳ/ N maître-chanteur *m*

**blackness** /'blæknɪs/ SYN N *[of colour, substance]* couleur *f or* teinte *f* noire, noir *m* ; *[of night]* obscurité *f*, ténèbres *fpl* ; *[of hands, face]* saleté *f*, crasse *f*

**blackout** /'blækaʊt/ SYN N ① (= *amnesia*) trou *m* de mémoire ; (= *fainting*) étourdissement *m*, évanouissement *m* ◆ **to have a blackout** avoir une absence
② (= *power cut*) panne *f* d'électricité
③ (*Theat*) obscurcissement *m* de la scène ; (*during war*) black-out *m* ; → **news**

**blackshirt** /'blækʃɜːt/ N (*Pol*) chemise *f* noire

**blacksmith** /'blæksmɪθ/ N (*shoes horses*) maréchal-ferrant *m* ; (*forges iron*) forgeron *m*

**blackthorn** /'blækθɔːn/ N épine *f* noire, prunellier *m*

**blacktop** /'blæktɒp/ N (*US*) bitume *m*

**blackwater fever** /ˌblækwɔːtə'fiːvəʳ/ N fièvre *f* bilieuse hémoglobinurique

**blackwood** /'blækˌwʊd/ N bois *m* d'amourette

**bladder** /'blædəʳ/
**N** (*Anat*) vessie *f* ; (*Bot*) vésicule *f* ; (*Ftbl etc*) vessie *f* (*de ballon*) ; → **gall**[1]
**COMP** **bladder kelp, bladder wrack** N fucus *m* vésiculeux
**bladder senna** N baguenaudier *m*

**bladdernut** /'blædəˌnʌt/ N staphylier *m*

**bladderwort** /'blædəwɜːt/ N utriculaire *f*

**blade** /bleɪd/ N ① *[of knife, tool, weapon, razor]* lame *f* ; *[of chopper, guillotine]* couperet *m* ; *[of tongue]* dos *m* ; *[of oar]* plat *m*, pale *f* ; *[of spade]* fer *m* ; *[of turbine]* aube *f* ; *[of propeller]* pale *f*, aile *f* ; *[of windscreen wiper]* caoutchouc *m*, balai *m* ; *[of grass, maize]* brin *m* ; *[of cereal]* pousse *f* ; *[of leaf]* limbe *m* ◆ **wheat in the blade** blé *m* en herbe ; → **shoulder**
② (*liter* = *sword*) lame *f*
③ († = *gallant*) gaillard *m* ◆ **a gay blade** un joyeux luron

**-bladed** /'bleɪdɪd/ ADJ (*in compounds*) ◆ **two-bladed knife** canif *m* à deux lames

**blaeberry** /'bleɪbəri/ N (*Brit*) myrtille *f*

**blag** * /blæg/ **VT** (*Brit*) *[+ ticket]* obtenir à l'esbroufe * (*out of* *or* *off sb* de qn) ◆ **he blagged his way into the nightclub** il est entré dans la boîte de nuit à l'esbroufe *

**blah*** /blɑː/
N boniment *m*, blablabla * *m* ◆ **blah, blah, blah** bla, bla, bla * ◆ **the blahs** (US) le cafard ‡
ADJ (US) barbant ‡, peu attrayant

**Blairite** /ˈblɛəraɪt/ N, ADJ (Brit Pol) blairiste *mf*

**blamable** /ˈbleɪməbl/ ADJ blâmable

**blame** /bleɪm/ SYN
VT 1 (= fix responsibility on) ◆ **to blame sb for sth, to blame sth on sb** * rejeter la responsabilité de qch sur qn, mettre qch sur le dos de qn * ◆ **I'm not to blame** ce n'est pas ma faute ◆ **you have only yourself to blame, you have no one but yourself to blame** tu ne peux t'en prendre qu'à toi-même, tu l'auras cherché ◆ **I blame the parents** à mon avis c'est la faute des parents, je tiens les parents pour responsables ◆ **politicians get blamed** *or* **get the blame for everything** les hommes politiques sont tenus pour responsables de tout ◆ **she blames her job for destroying her marriage** elle dit que c'est son travail qui a brisé son mariage ◆ **who/what is to blame** *or* **whom/what are we to blame for this accident?** à qui/à quoi attribuer cet accident ? ◆ **faulty brakes were to blame** (= deserve the blame) cela était dû à un mauvais fonctionnement des freins ◆ **faulty brakes were blamed** (= received the blame) on a mis en cause le mauvais fonctionnement des freins ; → **workman**
2 (= censure) condamner, blâmer ◆ **to blame sb for doing sth** reprocher à qn de faire qch ◆ **to blame sb for sth** reprocher qch à qn ◆ **it's no use blaming your subordinates for everything** ça ne sert à rien de tenir ses subordonnés pour responsables de tous les problèmes *or* de tout imputer à ses subordonnés ◆ **to blame o.s. for sth/for having done sth** se reprocher qch/d'avoir fait qch ◆ **he was greatly to blame for doing that** il a eu grand tort de faire cela ◆ **don't blame me if you can't keep up with your workload!** ce n'est pas ma faute si tu ne t'en sors pas avec ton travail ! ◆ **you can't blame him for wanting to leave** vous ne pouvez lui reprocher de vouloir s'en aller ◆ **he's leaving, and you can't blame him!** il part, et on ne peut pas lui en vouloir *or* on le comprend ! ◆ **you look angry – can you blame me?** tu as l'air en colère – ça t'étonne ?
N 1 (= responsibility) faute *f*, responsabilité *f* ◆ **to put** *or* **lay** *or* **place** *or* **throw the blame for sth on sb** rejeter la responsabilité de qch sur qn ◆ **to bear** *or* **take the blame (for sth)** supporter la responsabilité (de qch)
2 (= censure) blâme *m*, reproches *mpl* ◆ **without blame** exempt de blâme, irréprochable

**blameless** /ˈbleɪmlɪs/ SYN ADJ irréprochable

**blamelessly** /ˈbleɪmlɪslɪ/ ADV [behave, live] de façon irréprochable

**blameworthy** /ˈbleɪmwɜːðɪ/ SYN ADJ [action] répréhensible ; [person] blâmable

**blanch** /blɑːntʃ/
VT (gen, Agr, Culin) blanchir ◆ **blanched almonds** amandes *fpl* (é)mondées *or* épluchées
VI [person] blêmir

**blancmange** /bləˈmɒnʒ/ N (esp Brit) blanc-manger *m*

**bland** /blænd/ SYN ADJ [taste, food] fade ; [book, film] fade, terne ; [person, character] terne, falot ; [smile, expression] terne

**blandish** /ˈblændɪʃ/ VT flatter, cajoler

**blandishment** /ˈblændɪʃmənt/ N (gen pl) flatterie(s) *f(pl)*

**blandly** /ˈblændlɪ/ ADV [say, reply] platement ; [smile] mollement

**blandness** /ˈblændnɪs/ N [of taste, food, book, film] fadeur *f* ; [of person] manque *m* de personnalité

**blank** /blæŋk/ SYN
ADJ 1 [paper] blanc (blanche *f*) ; [page] blanc (blanche *f*), vierge ; [map] muet ; [cheque] en blanc ◆ **to give sb a blank cheque (to do sth)** (fig) donner à qn carte blanche (pour faire qch) ◆ **blank cartridge** cartouche *f* à blanc ◆ **blank space** blanc *m*, (espace *m*) vide *m* ◆ **blank form** formulaire *m*, imprimé *m* (à remplir) ◆ **please leave blank** (on form) laisser en blanc s.v.p.
2 (= unrelieved) [wall] aveugle ; [silence, darkness] profond ; [refusal, denial] absolu, net ; (= empty) [life etc] dépourvu d'intérêt, vide ; (= expressionless) [face] sans expression ; [look] sans expression, vide ; (= puzzled) déconcerté, dérouté ◆ **to look blank** (= expressionless) être sans expression ; (= puzzled) avoir l'air interdit ◆ **a look of blank astonishment** un regard ébahi ◆ **his mind went blank** il a eu un blanc
3 (Poetry) ◆ **blank verse** vers *mpl* blancs *or* non rimés
N 1 (= void) blanc *m*, (espace *m*) vide *m* ; (fig = gap) lacune *f*, trou *m* ◆ **she left several blanks in her answers** elle a laissé plusieurs de ses réponses en blanc ◆ **your departure has left a blank** votre départ a laissé un vide ◆ **my mind was a blank** j'avais la tête vide, j'ai eu un blanc
2 (= form) formulaire *m* ◆ **telegraph blank** formule *f* de télégramme
3 [of target] but *m* ; (Dominoes) blanc *m* ; [of coin, medal, record] flan *m* ; [of key] ébauche *f* ; (= cartridge) cartouche *f* à blanc ◆ **to draw a blank** (fig) (= fail in search etc) échouer, faire chou blanc ; (mentally) avoir un trou ◆ **double blank** (Dominoes) double blanc *m*
VT * [+ person] snober

▸ **blank out** VT SEP [+ feeling, thought] faire abstraction de

**blanket** /ˈblæŋkɪt/ SYN
N couverture *f* ; [of snow etc] couche *f* ; [of fog] manteau *m*, nappe *f* ; [of smoke] nuage *m* ◆ **born on the wrong side of the blanket** † illégitime, adultérin † ; → **electric, wet**
ADJ [ban, condemnation] général ; [bombing] intensif ; [coverage] complet (-ète *f*)
VT 1 [snow] recouvrir ; [fog, smoke] recouvrir, envelopper
2 [+ sounds] étouffer, assourdir
3 (Naut) déventer
COMP **blanket bath** N toilette *f* (de malade alité) ◆ **to give sb a blanket bath** faire la toilette de qn dans son lit
**blanket bombing** N (Mil) bombardements *mpl* intensifs, tapis *m* de bombes
**blanket cover** N ◆ **this insurance policy gives blanket cover** cette police d'assurances couvre tous les risques *or* est tous risques
**blanket finish** N arrivée *f* très serrée *or* dans un mouchoir
**blanket policy** N police *f* d'assurance tous risques
**blanket stitch** N point *m* de feston
**blanket-stitch** VTI border au point de feston

▸ **blanket out** VT noyer

**blankety-blank*** /ˈblæŋkɪtɪˈblæŋk/ ADJ (euph) ⇒ **blinking adj**

**blankly** /ˈblæŋklɪ/ ADV 1 (= expressionlessly) ◆ **to look** *or* **stare blankly at sb/sth** fixer qn/qch le regard vide *or* d'un air absent
2 (= uncomprehendingly) [look at, stare at, say] d'un air ébahi

**blankness** /ˈblæŋknɪs/ N (NonC: in eyes, face) air *m* mort, absence *f* d'expression ; [of life] vide *m*

**blare** /blɛəʳ/ SYN
N (gen) vacarme *m* ; [of hooter, car horn] bruit *m* strident ; [of radio, music] beuglement *m* ; [of trumpet] sonnerie *f*
VI (also **blare out**) [music, horn etc] retentir ; [loud voice] trompeter, claironner ; [radio] beugler
VT (also **blare out**) [+ music] faire retentir

**blarney*** /ˈblɑːnɪ/
N boniment * *m*, bobards * *mpl* ◆ **he's kissed the Blarney stone** c'est un beau parleur
VT [+ person] enjôler, embobeliner *
VI manier la flatterie

**blasé** /ˈblɑːzeɪ/ SYN ADJ blasé (about de) ◆ **he's acting blasé** il joue les blasés

**blaspheme** /blæsˈfiːm/ SYN VTI blasphémer (against contre)

**blasphemer** /blæsˈfiːməʳ/ N blasphémateur *m*, -trice *f*

**blasphemous** /ˈblæsfɪməs/ SYN ADJ [person] blasphémateur (-trice *f*) ; [words] blasphématoire

**blasphemously** /ˈblæsfɪməslɪ/ ADV de façon blasphématoire

**blasphemy** /ˈblæsfɪmɪ/ SYN N blasphème *m* ◆ **to utter blasphemy** blasphémer ◆ **it is blasphemy to say that** c'est blasphémer que de dire cela

**blast** /blɑːst/ SYN
N 1 (= sound) [of bomb] explosion *f* ; [of space rocket] grondement *m*, rugissement *m* ; [of trumpets etc] fanfare *f*, sonnerie *f* ; [of whistle, car horn] coup *m* strident ◆ **a blast on the siren** un coup de sirène ◆ **to blow a blast on the bugle** donner un coup de clairon ◆ **hearing those old records was a blast from the past** * entendre ces vieux disques nous ramenait des années en arrière ◆ **a letter from Paul! what a blast from the past!** * une lettre de Paul ! ça me ramène des années en arrière !
◆ **at full blast** ◆ **a radio on at full blast** * une radio à plein(s) tube(s) * ◆ **the heating was on at full blast** * le chauffage était au maximum
2 (= explosion) explosion *f* ; (= shock wave) [of bomb etc] souffle *m* ; (= gust) [of furnace] souffle *m* (d'air chaud) ◆ **blast victims** victimes *fpl* de l'explosion ◆ **blast of air/steam** jet *m* d'air/de vapeur ◆ **blast of wind** coup *m* de vent, rafale *f*
3 (liter = wind) → **icy**
4 (* = fun) fête *f*, foire *f* ◆ **to have a blast** faire la foire ◆ **it was a blast** ça a été le pied * ◆ **to get a blast out of sth** trouver qch marrant *
VT 1 [lightning] [+ tree] foudroyer ; (with explosive) [+ rocks] faire sauter ; (= blight) [+ plant] détruire ; (fig) [+ reputation, hopes, future] anéantir, briser ; (verbally) attaquer à boulets rouges *or* violemment
2 (= shoot) ◆ **he blasted the policeman with a shotgun** il a tiré sur le policier avec un fusil de chasse
3 (* = criticize) éreinter ◆ **"it's a disgrace!" he blasted** « c'est une honte ! » fulmina-t-il
4 (= shoot out) [+ air, water] souffler
EXCL (Brit *) la barbe ! * ◆ **blast him!** il est embêtant *or* empoisonnant ! *
COMP **blast effect** N effet *m* de souffle
**blast furnace** N haut fourneau *m*
**blast-off** SYN N (Space) lancement *m*, mise *f* à feu

▸ **blast away** VI [music, band] brailler ; [gun] retentir ◆ **to blast away with a rifle/shotgun** *etc* tirer continuellement avec un fusil/fusil de chasse *etc*

▸ **blast off**
VI [rocket etc] être mis à feu ; (US fig ‡) partir
N ◆ **blast-off** → **blast**

▸ **blast out**
VI [music, radio] brailler
VT SEP [+ song, tune] brailler

**blasted** /ˈblɑːstɪd/ SYN ADJ 1 [heath] désolé, desséché ; [tree] foudroyé, frappé par la foudre ; (fig) [hopes] anéanti
2 (‡ = annoying) fichu * before n ◆ **he's a blasted nuisance** c'est un enquiquineur *, il nous enquiquine *

**blasting** /ˈblɑːstɪŋ/ N (in mine, quarry) minage *m* ◆ **"blasting in progress"** « attention, tir de mines » ◆ **to give sb a blasting for sth/for having done sth** attaquer violemment qn pour qch/pour avoir fait qch

**blastoderm** /ˈblæstəʊdɜːm/ N blastoderme *m*

**blastomere** /ˈblæstəʊˌmɪəʳ/ N blastomère *m*

**blastopore** /ˈblæstəʊˌpɔːʳ/ N blastopore *m*

**blastula** /ˈblæstjʊlə/ N (pl **blastulas** *or* **blastulae** /ˈblæstjʊliː/) (Bio) blastula *f*

**blatancy** /ˈbleɪtənsɪ/ N (= flagrance) caractère *m* flagrant, évidence *f* ; (= showiness) aspect *m* criard *or* voyant

**blatant** /ˈbleɪtənt/ SYN ADJ [injustice, lie etc] criant, flagrant ; [bully, social climber] éhonté ; [coward, thief] fieffé ◆ **a blatant liar** un menteur éhonté, un fieffé menteur

**blatantly** /ˈbleɪtəntlɪ/ ADV [false, untrue, unfair] manifestement ; [sexist, prejudiced] ouvertement ; [disregard, encourage] de façon éhontée ◆ **it's blatantly obvious that...** il n'est que trop évident que..., il est manifeste que...

**blather*** /ˈblæðəʳ/
VI raconter *or* débiter des bêtises, parler à tort et à travers ; (Scot * = chat) bavarder
N 1 (NonC) bêtises *fpl*, blabla * *m* ; (Scot * = chat) causette *f* ◆ **to have a blather** * (Scot) bavarder, causer
2 (= person) ◆ **she's a blather** * elle dit n'importe quoi, elle dit tout ce qui lui passe par la tête

**blatherskite**‡ /ˈblæðəskaɪt/ N (= chatterbox) moulin *m* à paroles ; (NonC US = nonsense) bêtises *fpl*

**blaze¹** /bleɪz/ SYN
N 1 (= cheering fire) (belle) flambée *f* ; (= conflagration) incendie *m* ; (= light from fire) lueur *f* des flammes *or* du brasier ◆ **forest blaze** incendie *m* de forêt ◆ **all in a blaze** en flammes
2 (= shine) [of gems, beauty etc] éclat *m*, splendeur *f* ◆ **blaze of day** éclat *m* du jour ◆ **blaze of light** torrent *m* de lumière ◆ **blaze of colour** flamboiement *m* de couleur(s) ◆ **in a blaze of glory** auréolé de gloire
3 (= outburst) [of rage, passion etc] explosion *f*, flambée *f* ◆ **in a blaze of anger he killed her**

dans le feu de la colère or dans une explosion de colère il l'a tuée

**NPL** **blazes**☆ ◆ **go to blazes!** va te faire voir ! ◆ **what the blazes!** qu'est-ce que ça peut bien fiche ! ◆ **how the blazes!** comment diable ! ◆ **what the blazes have you done now?** qu'est-ce que tu as encore fichu ? ◆ **like blazes** comme un fou or dingue*, furieusement ◆ **he ran like blazes** il a filé comme un zèbre ◆ **he worked like blazes** il a travaillé comme une brute or un dingue*

**VI** 1 [fire] flamber ; [sun] flamboyer, darder ses rayons
2 [colour] flamboyer ; [jewel, light] resplendir, jeter un vif éclat ; [anger] éclater ; (fig) resplendir (with de) ◆ **a garden blazing with colour** un jardin resplendissant de couleurs

▶ **blaze abroad** VT SEP (liter) [+ news etc] crier sur tous les toits

▶ **blaze away** VI [fire etc] flamber (toujours) ; [soldiers, guns] maintenir un feu nourri (at contre)

▶ **blaze down** VI [sun] flamboyer, darder ses rayons

▶ **blaze forth** VI (liter) [sun] apparaître soudain (dans tout son éclat) ; [anger] éclater

▶ **blaze out** VI [sun] apparaître soudain ; [light] ruisseler ; [anger, hatred] éclater

▶ **blaze up** VI [fire] s'enflammer, s'embraser (liter) ; (fig) [person] éclater, s'emporter ; [anger] éclater

**blaze²** /bleɪz/
**N** (= mark) [of horse etc] étoile f ; [of tree] encoche f
**VT** [+ tree] faire une encoche à ◆ **to blaze a trail** (lit) frayer un or le chemin ; (fig) montrer la voie, faire un travail de pionnier

**blazer** /'bleɪzəʳ/ **N** blazer m

**blazing** /'bleɪzɪŋ/ **ADJ** 1 [building etc] en feu, en flammes ; [torch] enflammé ; [sun] éclatant, ardent ; (fig) [eyes] flamboyant, qui jette des éclairs ; [jewel] étincelant ; [colour] très vif ◆ **a blazing hot day** un jour de canicule
2 *(= angry) furibond, furibard*

**blazon** /'bleɪzn/
**N** (Heraldry) blason m
**VT** (Heraldry) blasonner ; (fig : also **blazon abroad**, **blazon forth**) [+ virtues, story] proclamer, claironner

**bldg** abbrev of **building**

**bleach** /bliːtʃ/ SYN
**N** décolorant m ; (= liquid) eau f oxygénée ◆ **(household) bleach** eau f de Javel
**VT** 1 [sun, bleach etc] [+ linen, bones, etc] blanchir ◆ **bleaching agent** produit m à blanchir, décolorant m ◆ **bleaching powder** (chlorure m) décolorant m
2 [+ hair] décolorer, oxygéner ; [+ jeans] délaver ; [+ flour] raffiner ; [+ paper] blanchir ◆ **to bleach one's hair** se décolorer or s'oxygéner les cheveux ◆ **bleached hair** cheveux mpl décolorés or oxygénés
3 (Phot) [+ image] blanchir
**VI** blanchir

▶ **bleach out** VT SEP [+ colour] enlever

**bleachers** /'bliːtʃəz/ **N** (US) gradins mpl (de stade en plein soleil)

**bleak¹** /bliːk/ **N** (= fish) ablette f

**bleak²** /bliːk/ SYN **ADJ** [country, landscape] morne, désolé ; [room] nu, austère ; [weather, wind] froid, glacial ; (fig) [existence] sombre, désolé ; [prospect] triste, morne ; [smile] pâle ; [voice, tone] monocorde, morne ◆ **it looks** or **things look rather bleak for him** les choses se présentent plutôt mal pour lui

**bleakly** /'bliːklɪ/ **ADV** [look] d'un air désolé, sombrement ; [speak] d'un ton morne, sombrement

**bleakness** /'bliːknɪs/ **N** [of landscape] aspect m morne or désolé ; [of room, furnishings] austérité f ; [of weather] froid m, rigueurs fpl ; [of prospects, future] aspect m sombre or décourageant

**blearily** /'blɪərɪlɪ/ **ADV** [look] avec un regard trouble

**bleary** /'blɪərɪ/ SYN **ADJ** 1 [eyes] (from sleep, fatigue) trouble, voilé ; (from illness) chassieux ; (from tears, wind etc) larmoyant ◆ **bleary-eyed** aux yeux troubles or chassieux or larmoyants
2 [outline] indécis, vague

**bleat** /bliːt/
**VI** 1 [sheep] bêler ; [goat] bêler, chevroter
2 [person, voice] bêler, chevroter ; (* = talk nonsense) débiter des idioties, débloquer* ; (*

= complain) se plaindre (about de) ◆ **what are you bleating about?**☆ qu'est-ce que tu as à te lamenter ?
**VT** (also **bleat out**) dire d'une voix bêlante, chevroter
**N** [of sheep] bêlement m ; [of voice, goat] bêlement m, chevrotement m

**bleb** /bleb/ **N** [of skin] cloque f, ampoule f ; [of glass, water] bulle f

**bled** /bled/ **VB** pt, ptp of **bleed**

**bleed** /bliːd/ **VI** (pret, ptp **bled**)
**VI** 1 saigner, perdre du sang ◆ **his nose is bleeding** il saigne du nez ◆ **the wound bled profusely** la plaie saignait copieusement ◆ **his heart is bleeding** il a le cœur saigne ◆ **my heart bleeds for you** (gen iro) tu me fends le cœur (iro), tu vas me faire pleurer (iro) ; → **death**
2 [plant] pleurer, perdre sa sève
**VT** 1 (Med) [+ person] saigner, faire une saignée à ; [+ brakes, radiator] purger
2 (* fig = get money from) tirer de l'argent à, faire casquer☆ ◆ **to bleed sb dry** or **white** saigner qn à blanc
**N** saignement m ; → **nosebleed**

**bleeder** /'bliːdəʳ/ **N** 1 (Med * = haemophiliac) hémophile mf
2 (Brit ☆) gars* m ◆ **poor bleeder!** le pauvre gars ! ◆ **lucky bleeder!** veinard !*

**bleeding** /'bliːdɪŋ/
**N** 1 (= taking blood from) saignée f ; (= losing blood) saignement m ; (more serious) hémorragie f ◆ **bleeding from the nose** saignement m de nez ◆ **to stop the bleeding** arrêter l'hémorragie
2 [of plant] écoulement m de sève
**ADJ** 1 [wound] saignant ; [person] qui saigne, ensanglanté ◆ **bleeding heart** (pej = person) âme f sensible ◆ **bleeding-heart Liberal** (fig, pej) libéral(e) m(f) trop sentimental(e)
2 (Brit ☆ = bloody) maudit before n ◆ **that bleeding car** cette maudite voiture
**ADV** (Brit ☆ = bloody) vachement☆, fichtrement☆

**bleep** /bliːp/
**N** 1 (Rad, TV = noise) top m
2 (* = pager) bip m
**VI** [transmitter] émettre des signaux
**VT** (using pager) biper

**bleeper** /'bliːpəʳ/ **N** (= pager) bip m

**blemish** /'blemɪʃ/ SYN
**N** (= defect) défaut m, imperfection f ; (on fruit) tache f ; (fig) (moral) souillure f (liter), tare f ; (inborn) défaut m ◆ **there's a blemish in this cup** cette tasse a un défaut ◆ **to find a blemish in sth** (fig) trouver à redire à qch ◆ **a blemish on his reputation** une tache or une souillure (liter) à sa réputation ◆ **without (a) blemish** (lit) sans imperfection ; (fig) sans tache, sans souillure (liter)
**VT** [+ beauty etc] gâter ; [+ reputation, honour] ternir, flétrir

**blemished** /'blemɪʃt/ **ADJ** [+ fruit] talé, meurtri, abîmé ; [+ skin] abîmé

**blench** /blentʃ/ **VI** 1 (= flinch) sursauter ◆ **without blenching** sans sourciller, sans broncher
2 (= turn pale) pâlir or blêmir (de peur)

**blend** /blend/ SYN
**N** (= mixture) [of tea, whisky, wine etc] mélange m ; [of colours, styles] mariage m ; [of cultures] fusion f ; [of qualities] ensemble m ◆ **an excellent blend of tea** un excellent mélange de thés, un excellent thé ◆ **Brazilian blend** (= coffee) café m du Brésil ◆ **our own blend** « mélange (spécial de la maison) »
**VT** (also **blend in**) mélanger, mêler (with à, avec), faire un mélange (sth with sth de qch avec qch) ; [+ teas, coffees etc] mélanger, faire un mélange de ; [+ wines] couper, mélanger ; [+ qualities] joindre, unir (with à) ; [+ ideas] fusionner ; [+ colours, styles] fondre, mêler
**VI** (also **blend in**, **blend together**) se mêler, se mélanger (with à, avec), former un mélange (with avec), se confondre (into en) ; [voices, perfumes] se confondre, se mêler ; [styles] se marier, s'allier ; [ideas, political parties, races] fusionner ; [colours] (= shade into one another) se fondre ; (= go well together) aller bien ensemble ◆ **the colours blend (in) well** les couleurs vont bien ensemble

**blended** /'blendɪd/ **ADJ** ◆ **a blended tea/wine** un mélange de thés/vins ◆ **blended whisky** du whisky blended or de mélange

**blender** /'blendəʳ/ **N** (industrial) malaxeur m ; (= liquidizer) mixer m

**blennorrhoea, blennorrhea** (US) /ˌblenə'rɪə/ **N** blennorrhée f

**blenny** /'blenɪ/ **N** (= fish) blennie f

**blepharitis** /ˌblefə'raɪtɪs/ **N** (Med) blépharite f

**bless** /bles/ SYN (pret, ptp **blest** or **blessed** /blest/)
**VT** [God, priest, person, fate] bénir ◆ **God bless the king!** Dieu bénisse le roi ! ◆ **to be blessed with** avoir la chance de posséder, être doté de ◆ **God did not bless them with...** Dieu ne leur accorda pas le bonheur d'avoir... ◆ **Nature blessed him with...** la Nature l'a doué de... ◆ **I was never blessed with children** je n'ai jamais connu le bonheur d'avoir des enfants ◆ **she'll bless you for this!** (iro) elle va te bénir ! ◆ **bless you!** * mille fois merci !, tu es un ange ! ; (sneezing) à vos souhaits ! ◆ **and Paul, bless him** or **bless his heart**, had no idea that... et ce brave Paul (dans son innocence) ne savait pas que...
◆ **bless his little heart!** qu'il est mignon !
◆ **bless my soul!** †* mon Dieu !, Seigneur !
◆ **well, I'm blessed!** * par exemple !, ça alors ! *
◆ **I'm** or **I'll be blessed if I remember!** * c'est bien le diable * si je m'en souviens !

**blessed** /'blesɪd/ SYN
**ADJ** 1 (Rel) (= holy) béni, saint ; (= beatified) bienheureux ◆ **Blessed Virgin** Sainte Vierge f
◆ **Blessed Sacrament** Saint Sacrement m
◆ **blessed be God!** (que) Dieu soit béni ! ◆ **the Blessed John of...** le bienheureux Jean de...
◆ **the Blessed Elizabeth the Good** la bienheureuse Élisabeth la Bonne
2 (Rel, liter = happy) bienheureux, heureux ◆ **blessed are the pure in heart** bienheureux or heureux ceux qui ont le cœur pur ◆ **of blessed memory** d'heureuse mémoire
3 (liter = giving joy) [thing] béni ; [person] cher
4 (esp Brit * : for emphasis) sacré * before n, satané before n ◆ **that child is a blessed nuisance!** cet enfant, quelle peste or quel poison ! * ◆ **the whole blessed day** toute la sainte journée * ◆ **every blessed evening** tous les soirs que le bon Dieu fait *
**NPL** **the Blessed** les bienheureux mpl

**blessedly** /'blesɪdlɪ/ **ADV** (liter) [cool, quiet] merveilleusement ; [brief] fort heureusement

**blessedness** /'blesɪdnɪs/ **N** SYN (Rel) béatitude f ; (= happiness) bonheur m, félicité f

**blessing** /'blesɪŋ/ SYN **N** 1 (= divine favour) grâce f, faveur f ; (= prayer) bénédiction f ; (at meal) bénédicité m ; (= approval) bénédiction f ◆ **with God's blessing we shall succeed** nous réussirons par la grâce de Dieu ◆ **the priest pronounced the blessing** le prêtre a donné la bénédiction ◆ **to ask a** or **the blessing** (at meal) dire le bénédicité ◆ **the plan had his blessing** * il avait donné sa bénédiction à ce projet *
2 (= benefit) bien m, bienfait m ◆ **the blessings of civilization** les bienfaits de la civilisation ◆ **what a blessing that the weather was fine!** quelle chance qu'il ait fait beau !, heureusement qu'il a fait beau ! ◆ **this rain has been a real blessing** * cette pluie a été une vraie bénédiction * ◆ **it was a blessing in disguise** à quelque chose malheur est bon (Prov) ; → **count¹**

**blest** /blest/ (liter)
**VB** pt, ptp of **bless**
**ADJ** heureux

**blether** /'bleðəʳ/ **VI, N** = **blather**

**blew** /bluː/ **VB** pt of **blow¹**

**blight** /blaɪt/ SYN
**N** [of cereals] rouille f, charbon m ; [of potato] mildiou m ; [of rose] rouille f ; [of fruit trees] cloque f ◆ **this marriage was a blight on his happiness** ce mariage a terni son bonheur ◆ **she's been a blight on his life** elle a gâché son existence ◆ **what a blight that woman is!**☆ cette femme est un vrai fléau or une véritable plaie ! * ◆ **urban blight** dégradation f urbaine
**VT** [disease] [+ plants] rouiller ; [+ wheat etc] nieller ; [wind] saccager ; (fig) [+ hopes] anéantir, détruire ; [+ career, life] gâcher, briser ; [+ future] gâcher

**blighter** /'blaɪtəʳ/ **N** (Brit) type* m, bonne femme f ◆ **a funny blighter** un drôle de numéro * ◆ **silly blighter** imbécile m ◆ **lucky blighter!** quel(le) veinard(e) ! * ◆ **you blighter!** espèce de chameau ! *

**Blighty** †* /'blaɪtɪ/ **N** (Brit Mil) Angleterre f

**blimey**☆ /'blaɪmɪ/ **EXCL** (Brit) mince alors ! *, merde alors ! ☆

**blimp** /blɪmp/ N ① (Brit) ◆ **a (Colonel) Blimp\*** une (vieille) culotte de peau (pej)
② (esp US = balloon) petit dirigeable m de reconnaissance

**blind** /blaɪnd/ SYN
**ADJ** ① (= unable to see) aveugle ◆ **a blind man** un aveugle ◆ **a blind boy** un garçon aveugle ◆ **to go blind** perdre la vue, devenir aveugle ◆ **the accident left him blind** cet accident l'a rendu aveugle, il a perdu la vue dans cet accident ◆ **blind in one eye** borgne ◆ **blind in the left eye** aveugle de l'œil gauche ◆ **blind from birth** aveugle de naissance ◆ **(as) blind as a bat** myope comme une taupe ◆ **to be struck blind** être frappé de cécité ◆ **to be blind with rage/tears** être aveuglé par la rage/par les larmes ◆ **there's none so blind as those that won't see** (Prov) il n'est pire aveugle que celui qui ne veut pas voir
② (fig = unwilling to see) aveugle ◆ **love is blind** l'amour est aveugle ◆ **to be blind to sb's faults** ne pas voir les défauts de qn ◆ **to be blind to the consequences of one's actions** ne pas se rendre compte des conséquences de ses actes ◆ **I am not blind to that consideration** cela ne m'échappe pas ◆ **to turn a blind eye (to sth)** fermer les yeux (sur qch) ; → **colour**
③ (= unthinking) [panic, obedience] aveugle ◆ **blind faith (in sth)** foi f aveugle (en qch)
④ [flying, landing, corner, turning] sans visibilité ◆ **on sb's blind side** hors du champ visuel de qn
⑤ (= without openings) [building, wall, window] aveugle
⑥ (*: for emphasis) ◆ **she never takes a blind bit of notice (of sb/sth)** elle n'écoute jamais (qn/qch) ◆ **it won't make a blind bit of difference** ça ne changera strictement rien ◆ **it's not a blind bit of use** ça ne sert strictement à rien ◆ **nobody can do a blind thing without her permission** on ne peut strictement rien faire sans sa permission
**VT** aveugler, rendre aveugle ; [sun, light] aveugler, éblouir ; (fig) aveugler, empêcher de voir ◆ **the war blinded** les aveugles mpl de guerre ◆ **her love blinded her to his faults** son amour l'aveuglait au point qu'elle ne voyait pas ses défauts ; → **science**
**N** ① [of window] store m ◆ **to lower/raise the blinds** baisser/lever les stores ; → **Venetian**
② (= pretence) paravent m ◆ **this action is only a blind** cette action n'est qu'un paravent
③ ◆ **to go on a blind\*** (aller) se soûler la gueule\*
④ (Hunting) affût m
**NPL** **the blind** les aveugles mpl ◆ **it's the blind leading the blind** c'est un aveugle qui conduit un aveugle
**ADV** ① ◆ **to drive/fly blind** conduire/voler sans visibilité
② ◆ **to bake sth blind** cuire qch à blanc
③ ◆ **to swear blind that…\*** jurer ses grands dieux que…
④ (Brit) ◆ **blind drunk\*** complètement bourré\*
**COMP** **blind alley** N (lit, fig) impasse f
**blind bid** N (Comm) offre faite sans connaître le montant des offres concurrentes
**blind corner** N virage m sans visibilité
**blind date** N (= meeting) rendez-vous m arrangé (avec quelqu'un qu'on ne connaît pas) ; (= person) inconnu(e) m(f) (avec qui on a rendez-vous) ◆ **on a blind date** lors d'un rendez-vous arrangé ◆ **to go on a blind date** sortir avec quelqu'un qu'on ne connaît pas ◆ **to go on a blind date with sb** aller à un rendez-vous arrangé avec qn
**blind man's buff** N colin-maillard m
**blind spot** N (in eye) tache f aveugle ; (in road) section f sans visibilité ; (in car, plane) angle m mort ◆ **to have a blind spot about sth** ne rien comprendre à qch ◆ **computers are a blind spot with me** je ne comprends rien aux ordinateurs ◆ **he has a blind spot where she's concerned** il ne voit pas ses défauts
**blind-stitch** N point m perdu **VI** coudre à points perdus
**blind summit** N (on road) sommet m de côte à visibilité réduite
**blind test** N (Marketing) test m (en) aveugle
**blind trust** N (Fin) fiduciaire qui gère la fortune de quelqu'un sans l'informer de la manière dont elle l'investit

**blinder** /ˈblaɪndər/ N ① (US) œillère f
② (Brit) ◆ **to play a blinder\*** jouer merveilleusement bien

**blindfold** /ˈblaɪndfəʊld/
**VT** bander les yeux à or de
**N** bandeau m
**ADJ** (also **blindfolded**) aux yeux bandés
**ADV** (also **blindfolded**) les yeux bandés ◆ **it's so easy! I could do it blindfold** (c'est si facile que) je le ferais les yeux bandés

**blinding** /ˈblaɪndɪŋ/ ADJ [light] aveuglant ; [pain] fulgurant

**blindingly** /ˈblaɪndɪŋli/ ADV ◆ **it is blindingly obvious** c'est d'une évidence flagrante, ça saute aux yeux

**blindly** /ˈblaɪndli/ SYN ADV ① (= unseeingly) [grope, stumble, shoot] à l'aveuglette ◆ **she stared blindly at the wall** elle fixait le mur comme si elle ne le voyait pas
② (= unquestioningly) [follow, accept, obey] aveuglément ◆ **a blindly obedient follower** un disciple inconditionnel

**blindness** /ˈblaɪndnɪs/ N cécité f ; (fig) aveuglement m (to devant) ◆ **blindness to the truth** refus m de voir la vérité ; → **colour**

**blindworm** /ˈblaɪndwɜːm/ N orvet m

**bling\*** /blɪŋ/, **bling-bling\*** /ˈblɪŋblɪŋ/ N (= jewellery) bijoux lourds et clinquants

**blini(s)** /ˈblɪni(z)/ NPL blinis mpl

**blink** /blɪŋk/ SYN
**N** [of eyes] clignotement m (des yeux), battement m des paupières ; [of sun] (petit) rayon m ; [of hope] lueur f ; (= glimpse) coup m d'œil ◆ **in the blink of an eye** en un clin d'œil ◆ **my telly's on the blink\*** ma télé est détraquée
**VI** ① cligner des yeux ; (= half-close eyes) plisser les yeux
② [light] vaciller
**VT** ◆ **to blink one's eyes** cligner des yeux ◆ **to blink back the tears** refouler les larmes (d'un battement de paupières)

**blinker** /ˈblɪŋkər/ N ① (Brit) ◆ **blinkers** (for horse) œillères fpl ; (in car) feux mpl de détresse, clignotants mpl ◆ **to wear blinkers** (fig) avoir des œillères
② (also **blinker light**) (feu m) clignotant m

**blinkered** /ˈblɪŋkəd/ ADJ (Brit) ① (pej = narrow-minded) [person, approach, attitude] borné ◆ [view] étroit ◆ **to be blinkered** [person] avoir des œillères ◆ **to be blinkered to sth, to have a blinkered view of sth** or **approach to sth** voir qch avec des œillères
② [horse] qui porte des œillères

**blinking** /ˈblɪŋkɪŋ/
**ADJ** (Brit *) sacré* before n ◆ **blinking idiot** espèce f d'idiot
**N** [of eyes] clignement m (d'yeux) ; [of light] vacillement m

**blintz(e)** /blɪnts/ N (US Culin) sorte de crêpe fourrée

**blip** /blɪp/ N ① (on radar etc) spot m ; (= beep) bip m
② (on graph) petite déviation f ; (fig = aberration) petite anomalie f (passagère)

**bliss** /blɪs/ SYN N ① (Rel) béatitude f ; (gen) félicité f, bonheur m suprême or absolu
② (* fig) ◆ **what bliss to collapse into a chair!** quelle volupté de se laisser tomber dans un fauteuil ! ◆ **the concert was bliss** le concert était divin ◆ **it's bliss!** c'est merveilleux !, c'est divin !

▶ **bliss out\*** VT SEP (esp US) ◆ **to be blissed out** être au septième ciel

**blissful** /ˈblɪsfʊl/ SYN ADJ (Rel, gen) bienheureux ; (* = wonderful) divin, merveilleux ◆ **to be in blissful ignorance** être dans l'ignorance la plus totale

**blissfully** /ˈblɪsfʊli/ ADV [smile] d'un air béat ; [happy, quiet, ignorant, unaware] parfaitement

**blister** /ˈblɪstər/ SYN
**N** (on skin) ampoule f, cloque f ; (on paintwork) cloque f ; (in glass) bulle f
**VI** [skin] se couvrir de cloques ; [paintwork] cloquer ; [metal, glass] former des soufflures
**VT** [+ paint] faire cloquer
**COMP** **blister pack** N (for pills etc) plaquette f ; (for pens, plugs etc) blister m
**blister-packed** ADJ [pills etc] en plaquette ; [pens, plugs etc] sous blister

**blistered** /ˈblɪstəd/ ADJ [skin, feet, hands] couvert d'ampoules ; [paintwork] cloqué

**blistering** /ˈblɪstərɪŋ/
**N** [of skin] formation f d'ampoules ; [of paint] boursouflage m
**ADJ** ① (= scorching) [heat] torride ; [day] torride, de canicule ; [sun] brûlant ◆ **a blistering pace** or **speed** une vitesse foudroyante
② (= scathing) [attack, criticism, speech] cinglant

**blithe** /blaɪð/ SYN ADJ (liter) joyeux, allègre

**blithely** /ˈblaɪðli/ ADV allégrement

**blithering\*** /ˈblɪðərɪŋ/ ADJ ◆ **blithering idiot** crétin fini\* ◆ **you blithering idiot!** espèce d'idiot !

**blithesome** /ˈblaɪðsəm/ ADJ ⇒ **blithe**

**BLitt** /biːˈlɪt/ N abbrev of **Bachelor of Literature**

**blitz** /blɪts/ SYN
**N** (= army attack) attaque f éclair inv ; (= air attack) bombardement m (aérien) ◆ **the Blitz** (Brit Hist) le Blitz ◆ **to have a blitz on sth\*** s'attaquer à qch
**VT** ① (= bomb) bombarder ◆ **blitzed houses** maisons fpl bombardées ◆ **to blitz sth in a food processor\*** passer qch au mixer
② (\* fig = go to work on) s'attaquer à

**blitzed\*** /blɪtst/ ADJ (= drunk) bourré\*

**blitzkrieg** /ˈblɪtskriːɡ/ N ① (Mil Hist) guerre f éclair
② (* fig = attack) attaque f éclair ◆ **an advertising blitzkrieg** une intense campagne publicitaire

**blizzard** /ˈblɪzəd/ SYN N tempête f de neige ; (in Arctic) blizzard m ; (fig) avalanche f

**BLM** /biːelˈem/ N (US) (abbrev of **Bureau of Land Management**) services américains de l'aménagement du territoire

**bloated** /ˈbləʊtɪd/ ADJ ① (= swollen) [stomach, body, corpse] gonflé ; [face] bouffi
② (after eating) ◆ **to feel bloated** se sentir ballonné
③ (= over-large) [bureaucracy] hypertrophié ; [budget, ego] démesuré
④ (= self-important : also **bloated with pride**) [person] gonflé d'orgueil

**bloater** /ˈbləʊtər/ N hareng m saur or fumé

**blob** /blɒb/ SYN N (= drop : gen) (grosse) goutte f ; [of ink] pâté m, tache f ; (= stain) tache f

**bloc** /blɒk/ SYN N ① (Pol) bloc m
② ◆ **en bloc** en bloc, en gros

**block** /blɒk/ SYN
**N** ① [of stone] bloc m ; [of wood] bille f ; [of blacksmith, butcher, executioner] billot m ; [of chocolate] tablette f ◆ **blocks** (= toy) cubes mpl, jeu m de construction ◆ **a block of ice cream** un litre (or demi-litre etc) de glace ◆ **butcher's block** billot m de boucher ◆ **on the block** (US) [buy] aux enchères ; [pay] rubis sur l'ongle ◆ **to die on the block** périr sur le billot or l'échafaud ; → **chip**
② [of buildings] pâté m (de maisons) ◆ **a block of flats** (Brit) un immeuble ◆ **to take a stroll round the block** faire le tour du pâté de maisons, faire un tour dans le coin ◆ **she lived three blocks away** (US) elle habitait trois rues plus loin
③ (= part of prison, hospital etc) quartier m, pavillon m ; [of factory etc] bâtiment m
④ (= obstruction) [of traffic] embouteillage m ; [of pipe] obstruction f ; (Med, Psych) blocage m ◆ **I've got a (mental) block about that whole period** j'ai un trou de (de mémoire), je n'ai aucun souvenir de cette période ◆ **I couldn't do it – I had a mental block about it** (fig:frightened etc) je n'ai pas pu le faire, c'est plus fort que moi ◆ **he's/I've got a block** [writer] c'est le vide or blocage total ; → **roadblock**
⑤ [of tickets] série f ; [of shares] tranche f ; [of seats] groupe m
⑥ (Brit Typography) cliché m (plaque)
⑦ (also **block and tackle**) palan m, moufles mpl
⑧ (*: = head) caboche* f, ciboulot* m ; → **knock off**
⑨ (Brit = writing pad) bloc-notes m ; (also **artist's block**) bloc m à dessin
⑩ (Comput) sélection f
⑪ (Fin) [of shares] paquet m ; (larger) bloc m
⑫ (also **starting block**) ◆ **to be first/fast off the (starting) blocks** être le premier à/ne pas attendre pour se lancer ◆ **to be quick/slow off** or **out of the blocks** (fig) être rapide/lent à réagir or à la détente\*
**VT** ① [+ pipe etc] boucher, bloquer ; [+ road] bloquer, barrer ; [+ harbour, wheel] bloquer ; [+ progress, traffic] entraver, gêner ; (Football) [+ opponent] gêner ; [+ transaction, credit, negotiations] bloquer ; (Med) anesthésier, neutraliser ◆ **the leaves blocked the drain** les feuilles mortes ont bouché or bloqué le puisard

**to block sb's way** barrer le chemin à qn ◆ **to block the ball** (Sport) bloquer (la balle)
② [+ title, design] graver au fer
③ (Comput) sélectionner
**VI** [wheel] (se) bloquer
**COMP** **block association** N association f de copropriétaires (d'un immeuble)
**block booking** N réservation f groupée or en bloc
**block calendar** N éphéméride f
**block capitals** NPL ⇒ **block letters**
**block diagram** N (Comput, Geog) bloc-diagramme m ; (Elec) schéma m (de principe)
**blocked currency** N (Fin) monnaie f non convertible
**block grant** N (Brit Admin) dotation f or enveloppe f gouvernementale (accordée aux autorités locales)
**block letters** NPL majuscules fpl, capitales fpl ◆ **in block letters** en majuscules
**block release** N (Brit Educ) système de stages de formation alternant avec l'activité professionnelle
**block system** N (for trains) bloc-système m, bloc m automatique à signaux lumineux
**block vote** N vote m groupé
**block voting** N (pratique f du) vote m groupé
▶ **block in** VT SEP (= sketch out) esquisser
▶ **block off** VT SEP [+ part of road etc] interdire, condamner ; (accidentally) obstruer
▶ **block out** VT SEP ① (= obscure) [+ view] boucher ; [+ light] empêcher de passer
② (from mind) [+ thoughts, idea] refouler, repousser
③ (= sketch) [+ scheme, design] ébaucher
▶ **block up** VT SEP [+ gangway] encombrer ; [+ pipe etc] bloquer, boucher ; [+ window, entrance] murer, condamner ; [+ hole] boucher, bloquer ; (Comput) [+ text] sélectionner

**blockade** /blɒˈkeɪd/ SYN
**N** (Mil) blocus m ; (fig) barrage m ◆ **under blockade** en état de blocus ◆ **to break/raise the blockade** forcer/lever le blocus ◆ **to run a blockade** forcer un blocus
**VT** ① (Mil) [+ town, port] bloquer, faire le blocus de ; (fig) bloquer, obstruer
② (US) [+ traffic] bloquer ; [+ street] encombrer
**COMP** **blockade runner** N briseur m de blocus

**blockage** /ˈblɒkɪdʒ/ SYN N (gen) obstruction f ; (Med) obstruction f, blocage m ; (intestinal) occlusion f ; (mental) blocage m ; (fig) bouchon m

**blockboard** /ˈblɒkbɔːd/ N (Constr) panneau m contreplaqué (à âme lattée)

**blockbuster*** /ˈblɒkˌbʌstəʳ/ N (= bomb) bombe f de gros calibre ; (= film) film m à grand succès ; (= book) best-seller m ; (= argument) argument m massue ◆ **he's a real blockbuster** il est d'une efficacité à tout casser*

**blockhead*** /ˈblɒkhed/ N (pej) imbécile mf, crétin(e) m(f)

**blockhouse** /ˈblɒkhaʊs/ N (Mil) casemate f, blockhaus m

**blog** /blɒg/ (Comput)
**N** blog m, blogue m
**VT** bloguer sur
**VI** bloguer

**blogger** /ˈblɒgəʳ/ N (Comput) bloggeur, -euse* mf

**blogging** /ˈblɒgɪŋ/ N (Comput) blogging m

**bloke*** /bləʊk/ N (Brit) type* m, mec*‡ m

**blokey***, **blok(e)ish*** /ˈbləʊkɪʃ/ ADJ (Brit) [behaviour, activity] de mec* ; [man] macho* ◆ **a blokey sense of humour** un humour typiquement masculin

**blond(e)** /blɒnd/
**ADJ** blond
**N** blond(e) m(f) ; → **ash²**, **platinum**
**COMP** **blonde bombshell*** N blonde f explosive

**blonde** /blɒnd/ N (also **blonde lace**) blonde f

**blood** /blʌd/ SYN
**N** ① (NonC) sang m ◆ **to give** or **donate blood** donner son sang ◆ **the blood rushed to his face** le sang lui est monté au visage ◆ **to beat/whip sb till the blood comes** battre/fouetter qn jusqu'au sang ◆ **it's like trying to get blood out of** or **from a stone** c'est comme si on parlait à un mur ◆ **his blood ran cold** son sang s'est figé or s'est glacé dans ses veines ◆ **you make my blood run cold** vous me donnez le frisson ◆ **it makes my blood boil** cela me fait bouillir ◆ **my blood was boiling** je bouillais (de rage) ◆ **his blood is up** il est très monté ◆ **bad blood** animosité f ◆ **there is bad blood between**

**them** le torchon brûle (entre eux) ◆ **this firm needs new** or **fresh** or **young blood** cette maison a besoin d'un or de sang nouveau ◆ **he believes in putting blood, sweat and tears into any job he does** il se donne à fond dans tout ce qu'il fait ◆ **he's out for blood*** il cherche quelqu'un sur qui passer sa colère ◆ **to be out for** or **after sb's blood*** vouloir la peau* de qn ◆ **I've already apologized! what do you want, blood?*** je me suis déjà excusé ! qu'est-ce que tu veux, que je me mette à genoux ? ◆ **to have blood on one's hands** (fig) avoir du sang sur les mains ◆ **to spill** or **shed blood** (in conflict, war) faire couler le sang ◆ **his blood will be on your head** (liter) vous aurez sa mort sur la conscience ; → **cold**, **flesh**, **sweat**
② (= heredity) sang m ◆ **the ties of blood** les liens mpl du sang ◆ **blood is thicker than water** (Prov) la voix du sang est la plus forte ◆ **it's in his blood** il a cela dans le sang ◆ **of Irish blood** de sang irlandais ; → **blue**
③ († = dashing young man) petit-maître † m
④ (US ‡ also **blood brother**) frère m
**NPL** **bloods** (Med) ◆ **to take bloods** faire une prise de sang
**VT** (Hunting) [+ hounds] acharner, donner le goût du sang à ; (fig) [+ troops] donner le baptême du feu à
**COMP** **blood alcohol (level)** N (Med) taux m d'alcoolémie
**blood-and-thunder** ADJ (Brit) ◆ **a blood-and-thunder speech** un discours mélodramatique ◆ **blood-and-thunder novel** roman m à sensation
**blood bank** N (Med) banque f du sang
**blood bath** N (fig) bain m de sang, massacre m
**blood blister** N pinçon m
**blood brother** N frère m de sang
**blood-caked** ADJ couvert de sang coagulé
**blood cell** N cellule f sanguine ◆ **red/white blood cell** globule m rouge/blanc
**blood cholesterol (level)** N cholestérolémie f
**blood clot** N caillot m de sang
**blood corpuscle** N globule m sanguin
**blood count** N (Med) numération f globulaire
**blood donor** N donneur m, -euse f de sang
**blood doping** N dopage m par autotransfusion
**blood feud** N vendetta f
**blood flow** N circulation f sanguine ◆ **blood flow to the brain/stomach** l'afflux m de sang au cerveau/à l'estomac
**blood group** N (Med) groupe m sanguin
**blood grouping** N (Med) recherche f du groupe sanguin
**blood heat** N température f du sang
**blood lust** N soif f de sang
**blood money** N prix m du sang
**blood orange** N (orange f) sanguine f
**blood plasma** N plasma m sanguin
**blood poisoning** N septicémie f
**blood pressure** N tension f (artérielle) ◆ **to have high/low blood pressure** faire de l'hypertension/hypotension ◆ **to take sb's blood pressure** prendre la tension de qn ◆ **his blood pressure went up/down** (Med) sa tension a monté/a baissé ◆ **his blood pressure shot up at the news** (fig) il a failli avoir une attaque en apprenant la nouvelle
**blood product** N produit m sanguin
**blood pudding** N (US) boudin m noir
**blood-red** N, ADJ rouge m sang inv
**blood relation** N parent(e) m(f) (par le sang)
**blood sample** N prélèvement m de sang ◆ **to take a blood sample** faire une prise de sang
**blood sausage** N (US) ⇒ **blood pudding**
**blood sister** N sœur f de sang
**blood sports** NPL sport mpl sanguinaires
**blood substitute** N (Med) succédané m de plasma sanguin
**blood sugar** N sucre m dans le sang ◆ **blood sugar level** taux m de sucre dans le sang
**blood supply** N (= blood vessels) système m de circulation sanguine ; (= flow of blood) circulation f (du sang or sanguine) ◆ **skin ulcers are usually caused by poor blood supply** les ulcères sur la peau sont généralement dus à une mauvaise circulation ◆ **to increase blood supply to the pelvis** augmenter l'afflux de sang au pelvis
**blood test** N (Med) analyse f or examen m de sang
**blood-test** VT faire une analyse de sang à
**blood transfusion** N transfusion f sanguine
**blood type** N ⇒ **blood group**
**blood vessel** N vaisseau m sanguin ; → **burst**

**bloodcurdling** /ˈblʌdkɜːdlɪŋ/ SYN ADJ à (vous) figer or tourner* le sang, qui (vous) fige le sang

**bloodhound** /ˈblʌdhaʊnd/ N (= dog) limier m ; (* = detective) détective m, limier m

**bloodied** /ˈblʌdɪd/ ADJ sanglant, ensanglanté ◆ **bloodied but unbowed** vaincu mais sa fierté intacte

**bloodily** /ˈblʌdɪlɪ/ ADV [kill] d'une manière sanglante ; [defeat, repress] dans le sang

**bloodiness** /ˈblʌdɪnɪs/ N (lit) état m sanglant

**bloodless** /ˈblʌdlɪs/ SYN ADJ ① (= pallid) [face, lips] blême, exsangue (liter)
② (= without bloodshed) [coup, revolution, victory] sans effusion de sang ◆ **the Bloodless Revolution** (Brit Hist) la révolution de 1688-89 en Angleterre

**bloodlessly** /ˈblʌdlɪslɪ/ ADV sans effusion de sang

**bloodletting** /ˈblʌdˌletɪŋ/ N (Med) saignée f

**bloodline** /ˈblʌdlaɪn/ N lignée f

**bloodmobile** /ˈblʌdməˌbiːl/ N (US) centre m mobile de collecte du sang

**bloodshed** /ˈblʌdʃed/ SYN N effusion f de sang, carnage m ◆ **without bloodshed** sans effusion de sang

**bloodshot** /ˈblʌdʃɒt/ ADJ [eyes] injecté (de sang) ◆ **to become bloodshot** s'injecter de sang

**bloodstain** /ˈblʌdsteɪn/ N tache f de sang

**bloodstained** /ˈblʌdsteɪnd/ ADJ taché de sang, ensanglanté

**bloodstock** /ˈblʌdstɒk/ N (NonC) bêtes fpl de race (pure) or de sang

**bloodstone** /ˈblʌdstəʊn/ N (Miner) héliotrope m

**bloodstream** /ˈblʌdstriːm/ N système m sanguin

**bloodsucker** /ˈblʌdˌsʌkəʳ/ N (lit, fig) sangsue f

**bloodthirstiness** /ˈblʌdˌθɜːstɪnɪs/ N [of person, animal] soif f de sang ; [of book, story] cruauté f, caractère m sanguinaire

**bloodthirsty** /ˈblʌdˌθɜːstɪ/ SYN ADJ [+ person, animal] assoiffé de sang, sanguinaire ; [+ disposition, tale] sanguinaire

**bloody** /ˈblʌdɪ/ SYN
**ADJ** ① (lit) sanglant, ensanglanté ; [battle, history] sanglant ; (= blood-coloured) rouge, rouge sang inv ◆ **a bloody nose** un nez en sang ◆ **to give sb a bloody nose** (in contest) donner or infliger un camouflet à qn ; (in war) faire subir une défaite à qn ◆ **with bloody hands** les mains couvertes de sang or ensanglantées ◆ **a bloody sun** un soleil rouge sang
② (Brit *‡) foutu‡ before n, sacré* before n ◆ **this bloody machine won't start!** cette bon Dieu‡ de machine or cette foutue‡ machine refuse de démarrer ! ◆ **shut the bloody door!** (mais) nom de Dieu*‡ veux-tu fermer la porte ! ◆ **it's a bloody nuisance** ce que c'est emmerdant‡ ◆ **you bloody fool!** espèce de con !*‡ ◆ **you've got a bloody cheek** or **nerve!** tu charries !‡ ◆ **those bloody doctors!** ces bon Dieu‡ de médecins !, ces foutus‡ médecins ! ◆ **bloody hell!** merde alors !‡ ◆ **it's a bloody miracle he wasn't killed!** c'est un sacré* miracle qu'il n'en ait réchappé !
③ († * = awful) affreux, atroce ◆ **we had a perfectly bloody evening with them** ils nous ont fait passer une soirée (drôlement) barbante*
**ADV** (Brit *‡) vachement*‡ ◆ **not bloody likely!** tu te fous de moi !‡, tu te fous de ma gueule !‡ ◆ **I've bloody (well) lost it!** je l'ai perdu nom de Dieu !‡
**VT** ensanglanter, souiller de sang (liter)
**COMP** **Bloody Mary** N (= cocktail) bloody mary m
**bloody-minded*** ADJ (Brit) [person] qui fait toujours des difficultés ; [attitude] buté ◆ **he's being bloody-minded** il le fait pour emmerder le monde‡
**bloody-mindedness*** N ◆ **out of sheer bloody-mindedness** (rien que) pour emmerder le monde‡

**bloom** /bluːm/ SYN
**N** ① fleur f
② (NonC) [of flower, plant] floraison f ; (fig) épanouissement m, floraison f ◆ **in bloom** [tree] en fleurs ; [flower] éclos ◆ **in full bloom** [tree] en pleine floraison ; [flower] épanoui ◆ **roses in full bloom** roses fpl épanouies ◆ **to burst** or **come into bloom** fleurir, s'épanouir ◆ **in the bloom of her youth** (fig liter) dans la fleur de sa jeunesse, en pleine jeunesse
③ [of fruit, skin] velouté m ◆ **the bloom had gone from her cheek** ses joues avaient perdu leurs fraîches couleurs
**VI** [flower] éclore ; [tree] fleurir ; [person] être florissant ◆ **blooming with health** resplendissant de santé

## bloomer | bludge

**bloomer** /ˈbluːməʳ/
**N** * bévue f, gaffe f ♦ **to make a bloomer** faire une gaffe, mettre les pieds dans le plat
**NPL bloomers** (Dress) culotte f bouffante

**blooming** /ˈbluːmɪŋ/ **ADJ** (Brit) ⓵ [tree] en fleur, fleuri ; [looks, health] florissant
⓶ ⇒ **blinking** adj

**blooper**⁑ /ˈbluːpəʳ/ **N** (esp US) gaffe f

**blossom** /ˈblɒsəm/ SYN
**N** ⓵ (NonC) floraison f, fleur(s) f(pl) ♦ **a spray of blossom** une petite branche fleurie, un rameau en fleur(s) ♦ **tree in blossom** arbre m en fleur(s) ♦ **pear trees in full blossom** poiriers mpl en pleine floraison ♦ **to come into blossom** fleurir, s'épanouir ♦ **peach blossom** fleur f de pêcher ; → **orange**
⓶ (= flower) fleur f
**VI** fleurir ; [person] s'épanouir ♦ **to blossom (out) into** devenir

**blot** /blɒt/ SYN
**N** [of ink] tache f, pâté m ; (fig) tache f, souillure f (liter) ♦ **a blot on his character** or **on his escutcheon** une tache à sa réputation ♦ **to be a blot on the landscape** déparer le paysage
**VT** ⓵ (= spot with ink) tacher, faire des pâtés sur ♦ **you've really blotted your copybook*** (Brit) ta réputation a pris un coup*
⓶ (= dry) [+ ink, page] sécher
**COMP blotting-pad N** (bloc m) buvard m
**blotting-paper N** (papier m) buvard m

▶ **blot out VT SEP** [+ words] biffer, rayer ; [+ memories] effacer ; [fog etc] [+ view] voiler, masquer ; [sound] étouffer, couvrir

**blotch** /blɒtʃ/
**N** ⓵ (on skin) (= mark) tache f, marbrure f ; (= spot) bouton m
⓶ [of ink, colour] tache f
**VT** [+ paper, written work] tacher, barbouiller, faire des taches sur ♦ **blotched with** taché de, couvert de taches de

**blotchy** /ˈblɒtʃɪ/ **ADJ** [skin, complexion] marbré, couvert de taches or de marbrures ; [drawing, written work] couvert de taches, barbouillé

**blotter** /ˈblɒtəʳ/ **N** ⓵ (= block) (bloc m) buvard m ; (= sheet) buvard m ; (also **hand blotter**) tampon m buvard ; (= desk pad) sous-main m inv
⓶ (US = notebook) registre m

**blotto**⁑ /ˈblɒtəʊ/ **ADJ** bourré⁑, bituré⁑

**blouse** /blaʊz/ **N** [of woman] corsage m, chemisier m ; [of workman, artist, peasant] blouse f, sarrau m ; (US Mil) vareuse f

**blouson** /ˈbluːzɒn/ **N** blouson m

**blow¹** /bləʊ/ SYN (vb: pret blew, ptp blown)
**N** ⓵ ♦ **to give a blow** (through mouth) souffler ; (through nose) se moucher
⓶ (= wind) coup m de vent, bourrasque f
⓷ (Drugs *) (Brit = marijuana) herbe * f ; (US = cocaine) coke * f
**VI** ⓵ [wind, ship] pousser ; [+ leaves] chasser, faire voler ♦ **the wind blew the ship off course** le vent a fait dévier le navire (de sa route) or a dérouté le navire ♦ **a gust of wind blew her hat off** un coup de vent a fait s'envoler son chapeau ♦ **the wind blew the chimney down** le vent a fait tomber or a renversé la cheminée ♦ **the wind blew away the clouds** le vent a chassé or dispersé les nuages ♦ **the wind blew the door open/shut** un coup de vent a ouvert/fermé la porte ♦ **it was blowing a gale** le vent soufflait en tempête ♦ **it's blowing great guns*** il fait un vent à décorner les bœufs* ; → **ill**
⓶ (= drive air into) [+ fire] souffler sur ; [+ bellows] faire marcher ♦ **to blow one's nose** se moucher ♦ **to blow an egg** vider un œuf (en soufflant dedans) ♦ **to blow smoke in sb's face** (lit) souffler la fumée à la figure de qn ; (US fig) induire qn en erreur ♦ **to blow smoke up sb's ass**⁑⁑ (US) lécher le cul de qn⁑⁑
⓷ (= make by blowing) [+ bubbles] faire ; [+ glass] souffler ♦ **to blow a kiss** envoyer un baiser ♦ **to blow smoke rings** faire des ronds de fumée
⓸ [+ trumpet, horn] jouer de, souffler dans ♦ **the referee blew his whistle** l'arbitre a sifflé ; see also **whistle** ♦ **to blow one's own trumpet** or (US) **horn** se faire mousser*, chanter ses propres louanges ♦ **he blew the dust off the record** il a enlevé la poussière du disque en soufflant dessus
⓹ (Drugs ⁑) ♦ **to blow grass** fumer de l'herbe
⓺ (= destroy) [+ safe] faire sauter ♦ **to blow a fuse** (lit) faire sauter un plomb or un fusible ♦ **to blow a tyre** [driver, vehicle] crever ♦ **the car blew a tyre** la voiture a crevé ♦ **to blow a gasket** (in car) griller* or casser un joint de culasse ♦ **to blow a gasket** *or (US) **one's cork** *or (US) **one's stack** *or **one's top** *or **a fuse*** piquer une crise* ♦ **that blew the lid off the whole business*** c'est cela qui a fait découvrir le pot aux roses ♦ **the whole plan has been blown sky-high*** tout le projet a volé en éclats ♦ **to blow sth out of the water*** (fig) réduire qch à néant
⓻ (⁑ = spend extravagantly) [+ wages, money] claquer* ♦ **I blew $60 on a new hat** j'ai claqué* 60 dollars pour un nouveau chapeau
⓼ (* = spoil, fail) rater, gâcher ♦ **he blew it (with her)** il a tout loupé* or raté (avec elle) ♦ **to blow one's lines** (US) s'emmêler les pinceaux *
⓽ (esp US *⁑ = fellate) tailler une pipe à⁑
⓾ (phrases) ♦ **to blow sb's mind**⁑ (= astound) en boucher un coin à qn*, en mettre plein la vue à qn* ♦ **to blow the gaff**⁑ (Brit) (= reveal a secret) vendre la mèche ; (= leave) mettre les voiles ♦ **to blow the gaff on sb**⁑ (Brit) dénoncer or vendre qn ♦ **he realized he was blown**⁑ il a compris qu'il était grillé* ♦ **blow the expense!** tant pis pour la dépense !, au diable la dépense !* ♦ **well, I'm blowed!**⁑ ça alors !*, par exemple ! ♦ **I'll be blowed if I'll do it!** pas question que je le fasse !, je veux être pendu si je le fais !* ♦ **blow it!*** la barbe !*, zut !*
**VI** ⓵ [wind] souffler ♦ **the wind was blowing hard** le vent soufflait très fort, il faisait grand vent ♦ **the wind was blowing from the south** le vent soufflait du sud ♦ **to see which way the wind blows** (fig) regarder or voir de quel côté souffle le vent ♦ **she blows hot and cold with me** avec moi elle souffle le chaud et le froid ♦ **the government has been blowing hot and cold on the subject of peace talks** le gouvernement souffle le chaud et le froid en ce qui concerne les pourparlers de paix
⓶ (= move with wind) ♦ **the door blew open/shut** un coup de vent a ouvert/a fermé la porte ♦ **his hat blew out of the window** son chapeau s'est envolé par la fenêtre ♦ **the question/agreement is blowing in the wind*** la question/l'accord est dans l'air
⓷ [whistle] retentir ; [foghorn] mugir ♦ **when the whistle blows** au coup de sifflet
⓸ (= breathe out hard) souffler ; (= breathe hard) [person] souffler, être à bout de souffle ; [animal] souffler ♦ **to blow on one's fingers** souffler dans ses doigts ♦ **to blow on one's soup** souffler sur sa soupe ; → **puff**
⓹ [whale] souffler (par les évents)
⓺ [fuse, light bulb] sauter ; [tyre] éclater
⓻ (⁑ = leave) filer *
**EXCL** * la barbe !*, zut !*

**COMP blow-dry N** brushing m **VT** ♦ **to blow-dry sb's hair** faire un brushing à qn
**blow dryer N** sèche-cheveux m inv
**blow job**⁑⁑ **N** pipe⁑⁑ f ♦ **to give sb a blow job** tailler une pipe à qn⁑⁑
**blow-up N** explosion f ; (⁑ = quarrel) engueulade⁑ f, prise f de bec* ; (Phot *) agrandissement m

▶ **blow away*** **VT SEP** (esp US) ⓵ (= kill) descendre*, flinguer*
⓶ (= defeat) écraser, battre à plate(s) couture(s)
⓷ (= surprise) sidérer

▶ **blow down**
**VI** [tree, fence etc] être abattu par le vent, tomber
**VT SEP** [wind] faire tomber ; [person] faire tomber (en soufflant)

▶ **blow in**
**VI** (* = turn up) s'amener*, débarquer* ; (unexpectedly) arriver or débarquer* à l'improviste
**VT SEP** ⓵ [+ door, window] enfoncer
⓶ ♦ **look what the wind's blown in!*** (hum) regardez qui s'amène !*

▶ **blow off**
**VI** ⓵ [hat] s'envoler
⓶ (Brit ⁑) lâcher un pet, péter
**VT SEP** ⓵ [+ hat] emporter
⓶ [+ air] laisser échapper, lâcher ♦ **to blow off steam*** (fig) se défouler

▶ **blow out**
**VI** [light] s'éteindre ; [tyre] éclater ; [fuse] sauter
**VT SEP** ⓵ [+ light] éteindre ; [+ candle] souffler ♦ **the storm blew itself out** la tempête a fini par s'apaiser
⓶ (= puff out) [+ one's cheeks] gonfler
⓷ ♦ **to blow one's brains out** se faire sauter or se brûler la cervelle ♦ **to blow sb's brains out** faire sauter la cervelle à qn
⓸ (esp US * = let down, reject) [+ person] envoyer balader*, laisser tomber
**N** ♦ **blow-out** → **blow-out**

▶ **blow over**
**VI** [storm, dispute] se calmer
**VT SEP** [+ tree] renverser, abattre

▶ **blow up**
**VI** ⓵ [bomb] exploser, sauter ♦ **the whole thing has blown up** (fig) tout a été fichu en l'air* ♦ **his allegations could blow up in his face** ses allégations pourraient se retourner contre lui
⓶ [wind] se lever ; [storm] se préparer
⓷ (* : with anger, indignation) exploser*, sauter au plafond ♦ **to blow up at sb** s'emporter contre qn, se mettre en colère contre qn
⓸ (= start up) [affair, crisis] se déclencher
**VT SEP** ⓵ [+ mine] (faire) exploser, faire sauter ; [+ building, bridge] faire sauter
⓶ [+ tyre] gonfler ♦ **blown up with pride** gonflé or bouffi d'orgueil ♦ **the media blew up the story** les médias ont grossi l'affaire
⓷ * [+ photo] agrandir ; [+ event] exagérer
⓸ (* = reprimand) [+ person] passer un (bon) savon à *
**N** ♦ **blow-up** → **blow¹**

**blow²** /bləʊ/ SYN
**N** ⓵ (lit) (= impact) coup m ; (with fist) coup m de poing ♦ **to come to blows** en venir aux mains ♦ **at one blow** du premier coup ♦ **to cushion** or **soften the blow** (fig) amortir le choc ♦ **strike**
⓶ (fig = sudden misfortune) coup m, malheur m ♦ **it was a terrible blow for them** cela a été un coup terrible pour eux
**COMP blow-by-blow ADJ** (fig) ♦ **he gave me a blow-by-blow account** il ne m'a fait grâce d'aucun détail

**blow³** /bləʊ/ **VI** ( ††, liter) [flowers] fleurir, s'épanouir

**blower** /ˈbləʊəʳ/ **N** ⓵ [of grate] tablier m or rideau m de cheminée ; [of ventilation] ventilateur m (soufflant), machine f à vent ; (Min) jet m de grisou
⓶ (Brit † ⁑ = telephone) bigophone * m ♦ **to get on the blower to sb** passer un coup de bigophone⁑ à qn ; → **glassblower**

**blowfly** /ˈbləʊflaɪ/ **N** mouche f à viande

**blowgun** /ˈbləʊɡʌn/ **N** (US) sarbacane f

**blowhard*** /ˈbləʊhɑːd/ **N** (US) vantard(e) m(f)

**blowhole** /ˈbləʊhəʊl/ **N** [of whale] évent m ; (= air vent) évent m, bouche f d'aération ♦ **blowholes** (in ingot) soufflures fpl

**blowlamp** /ˈbləʊlæmp/ **N** (Brit) lampe f à souder, chalumeau m

**blown** /bləʊn/ ptp of **blow¹**

**-blown** /bləʊn/ **ADJ** (in compounds) → **fly¹**, **windblown**

**blow-out** /ˈbləʊaʊt/ **N** ⓵ [of tyre] éclatement m ♦ **he had a blow-out** il a eu un pneu qui a éclaté
⓶ (Elec) ♦ **there's been a blow-out** les plombs ont sauté
⓷ [of gas well, oil well] jaillissement m
⓸ (* = meal) gueuleton⁑ m ♦ **to have a blow-out** faire un gueuleton⁑ or une bouffe⁑

**blowpipe** /ˈbləʊpaɪp/ **N** (= weapon) sarbacane f ; (in laboratory, industrial process) chalumeau m ; (in glass-making) canne f (de souffleur), fêle f

**blowsy** /ˈblaʊzɪ/ **ADJ** [woman] débraillé

**blowtorch** /ˈbləʊtɔːtʃ/ **N** lampe f à souder, chalumeau m

**blowy*** /ˈbləʊɪ/ **ADJ** venté, venteux

**blowzy** /ˈblaʊzɪ/ **ADJ** ⇒ **blowsy**

**BLS** /ˌbiːelˈes/ **N** (US) (abbrev of **Bureau of Labor Statistics**) institut de statistiques du travail

**BLT** /ˌbiːelˈtiː/ **N** (abbrev of **bacon, lettuce and tomato**) ♦ **a BLT sandwich** un sandwich bacon, laitue, tomate

**blub** /blʌb/ **VI** (Brit = cry) pleurer comme un veau

**blubber** /ˈblʌbəʳ/
**N** [of whale] blanc m de baleine
**VI** (= cry) pleurer comme un veau ♦ **stop blubbering!** arrête de chialer !⁑

**blubbery** /ˈblʌbərɪ/ **ADJ** (= fat) plein de graisse

**bludge**⁑ /blʌdʒ/ (Austral)
**VI** vivre en parasite ♦ **to bludge on sb** vivre aux crochets de qn
**VT** [+ friends] vivre aux crochets de

**bludgeon** /ˈblʌdʒən/ SYN
- **N** gourdin m, matraque f
- **VT** matraquer, asséner un coup de gourdin or de matraque à ◆ **he bludgeoned me into doing it** (fig) il m'a forcé la main (pour que je le fasse)

**bludger**\* /ˈblʌdʒəʳ/ N (Austral = person) parasite m

**blue** /bluː/ SYN
- **ADJ** ⓵ bleu ◆ **to go** or **turn blue** devenir bleu ◆ **blue with cold** bleu de froid ◆ **to be blue in the face** (lit) avoir le visage cyanosé ◆ **you can talk till you are blue in the face** tu peux toujours parler ◆ **you can shout till you're blue in the face**\*, **nobody will come** tu auras beau crier ou tu pourras crier tout ce que tu voudras\*, personne ne viendra ◆ **I've told you till I'm blue in the face**\* je me tue à te le dire ◆ **once in a blue moon** tous les trente-six du mois ◆ **the wide** or **wild blue yonder** (liter) l'inconnu m ◆ **like a blue streak**\* [run, go] comme une flèche, au triple galop ◆ **to have a blue fit**\* piquer une crise\* ◆ **to be in a blue funk** avoir la frousse\* or la trouille\* ; see also comp, black, murder, true
- ⓶ (\* = miserable) cafardeux, triste **to feel blue** broyer du noir, avoir le cafard
- ⓷ (\* = obscene) [talk, language] cochon\*, obscène ; [book, film] porno\* inv
- **N** ⓵ (= colour) bleu m, azur m ; → navy, Prussian, sky
- ⓶ (= sky) azur m (liter), ciel m ◆ **to come out of the blue** (gen) être complètement inattendu ; [pleasant thing] tomber du ciel ◆ **to go off into the blue** (= into the unknown) partir à l'aventure ; (= out of touch) disparaître de la circulation\* ; → bolt
- ⓷ (liter = sea) ◆ **the blue** la mer, les flots mpl
- ⓸ (\* = depression) ◆ **the blues** le cafard ◆ **to have the blues** avoir le cafard, broyer du noir
- ⓹ (Mus) ◆ **the blues** le blues
- ⓺ (Brit Univ) ◆ **the Dark/Light Blues** l'équipe f d'Oxford/de Cambridge ◆ **to get one's blue for rugby** devenir membre de l'équipe de rugby (surtout de l'université d'Oxford ou de Cambridge) ◆ **he was a rowing blue at Oxford** il faisait partie de l'équipe d'aviron de l'université d'Oxford
- ⓻ (in washing) bleu m
- **VT** (Brit \* = squander) [+ inheritance, fortune, money] croquer\*, dilapider ◆ **to blue money on sth** dilapider de l'argent pour acheter qch
- **COMP The Blue Angel** N (Cine) L'Ange bleu **blue-arsed fly**\*\* N (Brit) ◆ **to run about** or **around like a blue-arsed fly** courir dans tous les sens, ne plus savoir où donner de la tête **blue asbestos** N amiante m bleue **blue baby** N enfant m bleu **Blue Beret** N béret m bleu **blue-black** ADJ noir bleuté inv **blue blood** N sang m bleu or noble **blue-blooded** ADJ de sang noble, aristocratique **blue book** N (Brit Parl) livre m bleu, publication officielle du gouvernement ; (US Scol etc) cahier m d'examen **Blue Boy** N (Art) Blue Boy **blue cheese** N (fromage m) bleu m **blue chips, blue-chip securities** NPL valeurs fpl de premier ordre, placements mpl de tout repos or de père de famille **blue collar worker** N col m bleu **blue disease** N (Med) maladie f bleue **blue-eyed** ADJ aux yeux bleus ◆ **the blue-eyed boy** (fig) le chouchou\*, le chéri **blue fin tuna, blue fin tunny** N thon m rouge **Blue Flag** (on beach) drapeau m bleu **blue fox** N (= animal) renard m bleu **blue-green algae** NPL (Bio) cyanophycées fpl **blue gum** N (= tree) gommier m bleu, eucalyptus m (globulus) **Blue Helmet** N casque m bleu **the Blue Hen State** N (US) le Delaware **blue jeans** NPL blue-jean(s) m(pl) **blue law**\* N (US) loi limitant les activités publiques le dimanche **blue-pencil** VT corriger **Blue Peter** N ⓵ (on ship) pavillon m de partance ⓶ (Brit TV) émission télévisée pour enfants **blue riband, blue ribbon** (US) N ◆ **the blue riband** or **ribbon** le ruban bleu ; [event, competition] de très haut niveau ; [prize] prestigieux ; [committee, panel] éminent **blue rinse** N rinçage m bleuté ◆ **the blue rinse brigade** les rombières\* fpl **blue-rinsed** ADJ [+ hair] aux reflets bleutés ; [+ woman] à la chevelure bleutée **blue shark** N requin m bleu

**blue-sky** ADJ (US) [stock, bond] douteux ; [project, research] sans but pratique ◆ **blue-sky laws** lois protégeant le public contre les titres douteux
**blue-sky** VI \* lancer des idées
**blue tit** N mésange f bleue
**blue whale** N baleine f bleue
**blue whiting** N (= fish) merlan m bleu, poutassou m

- **BLUE PETER**
- Célèbre émission télévisée pour enfants dont les programmes vont du documentaire sur des sujets intéressant les enfants à la recette de cuisine et à la confection d'objets artisanaux. Les badges **Blue Peter** récompensent les spectateurs qui participent aux émissions ou se rendent utiles à la collectivité.

**Bluebeard** /ˈbluːbɪəd/ N Barbe-Bleue m

**bluebell** /ˈbluːbel/ N jacinthe f des bois ; (Scot = harebell) campanule f

**blueberry** /ˈbluːbərɪ/ N myrtille f

**bluebird** /ˈbluːbɜːd/ N oiseau m bleu

**bluebottle** /ˈbluːbɒtl/ N ⓵ mouche f bleue or à viande
- ⓶ (= plant) bleuet m
- ⓷ (†\* = policeman) poulet\* m, flic\* m

**bluegrass** /ˈbluːɡrɑːs/
- **N** (US = plant) pâturin m des champs
- **COMP bluegrass music** N musique f bluegrass **the Bluegrass State** N le Kentucky

**blueish** /ˈbluːɪʃ/ ADJ ⇒ bluish

**bluemouth** /ˈbluːmaʊθ/ N (= fish) sébaste m

**blueness** /ˈbluːnɪs/ N bleu m

**blueprint** /ˈbluːprɪnt/ SYN N (print, process) bleu m ; (US = Ozalid) ozalid ® m ; (fig) plan m, projet m (for de)

**bluesman** /ˈbluːzmən/ N (pl bluesmen /ˈbluːzmen/) (Mus) chanteur m de blues, bluesman m

**bluestocking** † /ˈbluːˌstɒkɪŋ/ N bas-bleu m

**bluesy** /ˈbluːzɪ/ ADJ (Mus) dans le style du blues

**bluethroat** /ˈbluːθrəʊt/ N (= bird) gorge-bleue f à miroir

**bluey**\* /ˈbluːɪ/
- **ADJ** (= bluish) bleuté ◆ **bluey green** vert bleuâtre or bleuté ◆ **bluey grey** gris bleu
- **N** (Austral \* = redhead) rouquin(e)\* m(f)

**bluff¹** /blʌf/
- **ADJ** ⓵ [person] carré, direct
- ⓶ [cliff, coast] à pic, escarpé
- **N** (= headland) promontoire m

**bluff²** /blʌf/ SYN
- **VI** (also Cards) bluffer\*
- **VT** ⓵ [+ person] bluffer\*, donner le change à ◆ **we bluffed him into believing...** nous l'avons si bien bluffé\* qu'il a cru… ◆ **he bluffed his way through** (it) il y est allé au culot ◆ **to bluff one's way out of a situation** se tirer d'une situation délicate en bluffant
- ⓶ (Cards) [+ opponent] bluffer\*
- **N** (esp Cards) bluff m ◆ **he called my bluff** (fig) il m'a pris au mot ◆ **let's call his bluff** on va le mettre au pied du mur

**bluffer** /ˈblʌfəʳ/ N bluffeur m, -euse f

**bluffness** /ˈblʌfnɪs/ N [of person] côté m direct

**bluish** /ˈbluːɪʃ/ ADJ tirant sur le bleu ; (pej) bleuâtre ◆ **bluish grey** gris bleuté ◆ **bluish white** blanc bleuté or aux reflets bleus

**blunder** /ˈblʌndəʳ/ SYN
- **N** (= gaffe) bévue f, gaffe\* f ; (= error) faute f, bourde f ◆ **to make a blunder** faire une bévue or une gaffe\* ◆ **social blunder** impair m
- **VI** ⓵ (= make mistake) faire une bourde or une faute
- ⓶ (= move clumsily) avancer d'un pas maladroit ◆ **to blunder in/out** etc entrer/sortir etc d'un pas maladroit ◆ **to blunder against** or **into sth** buter or se cogner contre qch ◆ **he blundered his way through his speech** il s'est embrouillé dans son discours ◆ **to blunder into sth** (fig) s'engager par erreur dans qch
- **VT** [+ affair, business] gâcher, saboter

**blunderbuss** /ˈblʌndəbʌs/ N tromblon m, espingole f

**blunderer** /ˈblʌndərəʳ/ N gaffeur m, -euse f

**blundering** /ˈblʌndərɪŋ/
- **ADJ** [person] gaffeur\*, maladroit ; [words, act] maladroit, malavisé
- **N** maladresse f

**blunge** /blʌndʒ/ VT (Ceramics) mélanger

**blunt** /blʌnt/ SYN
- **ADJ** ⓵ [blade, knife] émoussé, peu tranchant ; [pencil] mal taillé, épointé ; [point, needle] émoussé, épointé ◆ **with a blunt instrument** (Jur, Police) avec un instrument contondant
- ⓶ (fig = outspoken) [person] brusque ; [fact] brutal ◆ **he was very blunt** il n'a pas mâché ses mots
- **VT** [+ blade, knife, point, sword] émousser ; [+ pencil, needle] épointer ; (fig) [+ palate, feelings, appetite] émousser ; [+ threat] désamorcer ; [+ impact] atténuer, limiter ; [+ criticism] atténuer

**bluntly** /ˈblʌntlɪ/ ADV [speak] sans ménagements, sans mettre de gants

**bluntness** /ˈblʌntnɪs/ N ⓵ [of blade, knife] manque m de tranchant ; [of needle, pencil] pointe f émoussée
- ⓶ (= frankness) franc-parler m ; (= brusqueness) brusquerie f

**blur** /blɜːʳ/ SYN
- **N** ⓵ (= smear, blot) tache f, bavure f
- ⓶ (= vague form) masse f indistincte ◆ **a blur of colours and forms** une masse confuse de couleurs et de formes ◆ **the evening passed in a blur** la soirée a passé dans une sorte de brouillard
- ⓷ (= mist : on mirror etc) buée f
- **VT** ⓵ [+ shining surface] embuer, troubler ; [+ writing, inscription] estomper, effacer ; [+ view, outline] estomper
- ⓶ [+ sight, judgement] troubler, brouiller ◆ **eyes blurred with tears** yeux mpl voilés de larmes
- ⓷ (fig) [+ distinction, boundary] brouiller, rendre flou
- **VI** [vision] se voiler

**blurb** /blɜːb/ N notice f publicitaire ; [of book] (texte m de) présentation f, texte m de couverture (or au volet de jaquette)

**blurred** /blɜːd/ SYN
- **ADJ** [photo, image, outline, inscription] flou ; [eyesight] troublé ◆ **to become blurred** s'estomper ◆ **the issue is threatening to become blurred** on risque de perdre de vue le vrai problème ◆ **class distinctions are becoming blurred** les distinctions entre les classes s'estompent ◆ **his memory of what happened was rather blurred** il avait un souvenir assez flou de ce qui s'était passé
- **COMP blurred vision** N vue f trouble

**blurry**\* /ˈblɜːrɪ/ ADJ [photo, image, outline, inscription] flou ; [eyesight] troublé

**blurt** /blɜːt/ VT (also blurt out) [+ word] lâcher, jeter ; [+ information, secrets] laisser échapper, lâcher étourdiment or à l'étourdie

**blush** /blʌʃ/ SYN
- **VI** ⓵ rougir, devenir rouge (with de) ◆ **to blush deeply** rougir très fort, devenir tout rouge ◆ **to blush to the roots of one's hair** or **up to the ears** rougir jusqu'aux oreilles
- ⓶ (fig = be ashamed) rougir, avoir honte ◆ **I blush for him** j'ai honte pour lui ◆ **I blush to say so** je rougis de le dire
- **N** rougeur f ◆ **with a blush** en rougissant ◆ **without a blush** sans rougir ◆ **the first blush of dawn** (liter) les premières rougeurs fpl de l'aube ◆ **the blush of the rose** (liter) l'incarnat m de la rose (liter) ◆ **at the first blush** (= at first sight) au premier aspect, de prime abord ; → spare

**blusher** /ˈblʌʃəʳ/ N fard m à joues

**blushing** /ˈblʌʃɪŋ/ ADJ (with shame) le rouge au front ; (from embarrassment) le rouge aux joues ◆ **the blushing bride** (hum) la mariée rougissante

**bluster** /ˈblʌstəʳ/ SYN
- **VI** ⓵ [wind] faire rage, souffler violemment or en rafales ; [storm] faire rage, se déchaîner
- ⓶ (= rage) tempêter, fulminer (at sb contre qn) ; [boast] fanfaronner
- **N** (NonC = boasting) fanfaronnade(s) f(pl)

**blusterer** /ˈblʌstərəʳ/ N fanfaron(ne) m(f), bravache m

**blustering** /ˈblʌstərɪŋ/
- **ADJ** fanfaron
- **N** (NonC = boasting) fanfaronnades fpl

**blustery** /ˈblʌstərɪ/ SYN ADJ *[wind]* de tempête, qui souffle en rafales ; *[weather, day]* venteux, à bourrasques

**Blu-Tack** ® /ˈbluːtæk/ N pâte f adhésive

**Blvd** N (abbrev of **Boulevard**) Bd, Bld

**BM** /ˌbiːˈem/ N ① (abbrev of **British Museum**) British Museum m
② (abbrev of **Bachelor of Medicine**) (= *diploma*) diplôme de médecine ; (= *person*) diplômé de médecine

**BMA** /ˌbiːemˈeɪ/ N (abbrev of **British Medical Association**) = ordre m des médecins

**BME** /ˌbiːemˈiː/ N ① (abbrev of **Black and Minority Ethnics**) ◆ **BME communities** les communautés noires et les minorités ethniques
② (abbrev of **biomedical engineering**) génie m biomédical

**BMI** /ˌbiːemˈaɪ/ N *(Med)* (abbrev of **body mass index**) IMC m

**BMus** N (abbrev of **Bachelor of Music**) diplômé(e) m(f) des études musicales

**BMX** /ˌbiːemˈeks/ N abbrev of **bicycle motocross**
① (= *sport*) bicross m
② (also **BMX bike**) (vélo m de) bicross m

**BO** * /ˌbiːˈəʊ/ ① (abbrev of **body odour**) odeur f corporelle ◆ **he's got BO** il sent la transpiration
② *(US)* abbrev of **box office**
③ (abbrev of **branch office**) → **branch**

**boa** /ˈbəʊə/
N (= *snake, fur or feather wrap*) boa m
COMP **boa constrictor** N (boa m) constricteur m

**Boadicea** /ˌbəʊædɪˈsiːə/ N Boadicée f

**boar** /bɔːʳ/
N (*wild*) sanglier m ; (= *male pig*) verrat m ◆ **young (wild) boar** marcassin m ◆ **boar's head** *(Culin)* hure f (de sanglier)
COMP **boar-hunting** N chasse f au sanglier

**board** /bɔːd/ SYN
N ① (= *piece of wood*) planche f ; († *or hum* = *table*) table f ◆ **the boards** *(Theat)* les planches fpl, la scène
◆ **above board** ◆ **it is all quite above board** c'est tout ce qu'il y a de plus régulier, c'est tout à fait dans les règles
◆ **across the board** systématiquement ◆ **they cut salaries across the board** ils ont réduit les salaires à tous les niveaux ◆ **prices fell across the board** les prix ont chuté partout
② *(NonC = cardboard)* carton m NonC ; (= *piece of board : for games*) tableau m
③ *(NonC = provision of meals)* pension f ◆ **board and lodging** *(Brit)* (chambre f avec) pension f ◆ **full board** *(Brit)* pension f complète ; → **bed, half**
④ (= *group of officials, council*) conseil m, comité m ◆ **he is on the board (of directors), he has a seat on the board (of directors)** il siège au conseil d'administration ◆ **medical board** commission f médicale
⑤ *(NonC: on ship, plane)* bord m
◆ **on board** ◆ **to come** (*or* **go**) **on board** monter à bord, embarquer ◆ **to take goods on board** embarquer des marchandises ◆ **on board the Queen Elizabeth** à bord du Queen Elizabeth ◆ **on board (ship)** à bord ◆ **welcome on board!** *(fig)* bienvenue (dans notre équipe) ! ◆ **to take sth on board** * (= *take note of*) prendre note de qch ; (= *accept responsibility for*) prendre qch sur soi ; (= *undertake*) assumer qch
◆ **to go by the board** *[plan, attempt]* échouer ; *[principles, hopes, dreams]* être abandonné ; *[business, firm]* aller à vau-l'eau
VT ① (= *go on to*) *[+ ship, plane]* monter à bord de ; *[+ ship]* (*in attack*) monter à l'abordage de, prendre à l'abordage ; (*for inspection*) arraisonner ; *[+ train, bus]* monter dans
② (= *cover with boards*) couvrir *or* garnir de planches, planchéier
③ (= *feed, lodge*) prendre en pension *or* comme pensionnaire
VI ① (= *lodge*) ◆ **to board with sb** être en pension chez qn
② *[passengers]* embarquer ◆ **your flight is now boarding** l'embarquement a commencé ◆ **"flight A123 is now boarding at gate 3"** « vol A123 : embarquement immédiat porte 3 »
COMP *[of board of directors]* *[decision etc]* du conseil d'administration
**board game** N jeu m de société *(se jouant sur un tableau)*
**board meeting** N réunion f du conseil d'administration
**board of directors** N conseil m d'administration
**board of education** N *(US Scol)* ≈ conseil m d'établissement
**board of examiners** N *(Scol, Univ)* jury m d'examen
**board of governors** N *(Brit Scol)* ≈ conseil m d'établissement *(d'un lycée ou d'un IUT)*
**board of health** N *(US)* service m municipal d'hygiène ; *(Mil)* conseil m de révision
**board of inquiry** N commission f d'enquête
**board of managers** N *(Brit Scol)* ≈ conseil m d'établissement *(d'une école primaire)*
**board of pardons** N *(US Jur)* commission f de remises de peine
**board of parole** N *(US Jur)* commission f de mise en liberté surveillée
**board of regents** N ⇒ **board of trustees**
**Board of Trade** N *(in Brit)* ≈ ministère m du Commerce
**board of trade** N *(US)* chambre f de commerce
**board of trustees** N *(US Univ)* ≈ conseil m d'université
**board room** N salle f de conférence ; *(in large organization)* salle f du conseil
**board school** N *(Hist)* école f communale

▶ **board out** VT SEP *[+ person]* mettre en pension *(with chez)*

▶ **board up** VT SEP *[+ door, window]* condamner (à l'aide de planches)

**boarded-up** /ˈbɔːdɪdʌp/ ADJ ◆ **a boarded-up window/door** une fenêtre/porte condamnée

**boarder** /ˈbɔːdəʳ/ N ① pensionnaire mf ◆ **to take in boarders** prendre des pensionnaires
② *(Brit Scol)* interne mf, pensionnaire mf ; → **day**

**boarding** /ˈbɔːdɪŋ/
N ① *[of floor]* planchéiage m ; *[of fence]* planches fpl
② *[of ship, plane]* embarquement m ; *(in attack on ship)* abordage m ; *(for inspection of ship)* arraisonnement m
COMP **boarding card** N *(Brit : for plane, ship)* carte f d'embarquement
**boarding fees** NPL pension f *(dans une école privée)*
**boarding house** N pension f (de famille) ; *(Scol)* internat m ◆ **to live at a boarding house** vivre dans une *or* en pension
**boarding kennels** NPL pension f pour chiens
**boarding officer** N officier m chargé de l'arraisonnement
**boarding party** N *(on ship)* section f d'abordage
**boarding pass** N ⇒ **boarding card**
**boarding school** N pension f, pensionnat m ◆ **to send a child to boarding school** mettre un enfant en pension ◆ **to be at boarding school** être en pension

**boardwalk** /ˈbɔːdwɔːk/ N *(US)* passage m en bois, trottoir m en planches ; *(on beach)* promenade f (en planches)

**boarfish** /ˈbɔːfɪʃ/ N (= *fish*) sanglier m

**boarhound** /ˈbɔːhaʊnd/ N vautre m ◆ **pack of boarhounds** vautrait m

**boart** /bɔːt/ N bort m

**boast** /bəʊst/ SYN
N rodomontade f, fanfaronnade f ◆ **it was her proud boast that she had twice travelled round the world** elle se vantait *or* s'enorgueillissait d'avoir fait le tour du monde à deux reprises ◆ **it is their boast that no one went hungry** ils se vantent *or* s'enorgueillissent de ce que personne n'ait eu faim
VI se vanter *(about, of de)* ◆ **without boasting** *or* **without wishing to boast, I may say that…** sans (vouloir) me vanter, je peux dire que…
◆ **that's nothing to boast about** il n'y a pas de quoi se vanter
VT être fier de posséder, se glorifier d'avoir ◆ **the church boasts a fine steeple** l'église possède *or* est dotée d'un beau clocher

**boaster** /ˈbəʊstəʳ/ N vantard(e) m(f), fanfaron(ne) m(f)

**boastful** /ˈbəʊstfʊl/ SYN ADJ *[person, words]* fanfaron, vantard

**boastfully** /ˈbəʊstfəlɪ/ ADV en se vantant, avec forfanterie

**boasting** /ˈbəʊstɪŋ/ N vantardise f, fanfaronnade(s) f(pl)

**boat** /bəʊt/
N *(gen)* bateau m ; (= *small light boat*) embarcation f ; (= *ship*) navire m, bâtiment m ; (= *vessel*) vaisseau m ; (= *liner*) paquebot m ; (= *rowing-boat*) barque f, canot m ; (= *sailing-boat*) voilier m ; (= *barge*) chaland m, péniche f ◆ **to go by boat** prendre le bateau ◆ **to cross the ocean by boat** traverser l'océan en bateau *or* en paquebot ◆ **to take the boat at Dover** s'embarquer à *or* prendre le bateau à Douvres ◆ **we're all in the same boat** nous sommes tous logés à la même enseigne, nous sommes tous dans la même galère ; → **burn¹, lifeboat, miss, rock¹**
VI ◆ **to go boating** aller faire une partie de canot ◆ **to boat up/down the river** remonter/descendre la rivière en bateau
COMP **boat deck** N pont m des embarcations
**boat hook** N gaffe f
**boat people** NPL boat people mpl
**boat race** N course f d'aviron, régate(s) f(pl) ◆ **the Boat Race** la course d'aviron *(entre les universités d'Oxford et de Cambridge)*
**boat-shaped** ADJ en forme de bateau
**boat train** N train m (qui assure la correspondance avec le ferry)

**boatbuilder** /ˈbəʊtˌbɪldəʳ/ N constructeur m naval *or* de bateaux

**boatbuilding** /ˈbəʊtˌbɪldɪŋ/ N *(NonC)* construction f navale

**boater** /ˈbəʊtəʳ/ N (= *hat*) canotier m

**boatful** /ˈbəʊtfʊl/ N *[of goods]* cargaison f ; *[of people]* plein bateau m, cargaison f *(hum)*

**boathouse** /ˈbəʊthaʊs/ N hangar m *or* abri m à bateaux

**boating** /ˈbəʊtɪŋ/
N canotage m
COMP *[club, accident]* de canotage
**boating holiday** N vacances fpl en bateau
**boating trip** N excursion f en bateau

**boatload** /ˈbəʊtləʊd/ N *[of goods etc]* cargaison f ; *[of people]* plein bateau m, cargaison f *(hum)*

**boatman** /ˈbəʊtmən/ N (pl **-men**) (= *boat-hire proprietor*) loueur m de canots ; *(actually rowing)* passeur m

**boatswain** /ˈbəʊsn/
N maître m d'équipage
COMP **boatswain's chair** N sellette f
**boatswain's mate** N second maître m
**boatswain's pipe** N sifflet m

**boatyard** /ˈbəʊtjɑːd/ N chantier m naval

**Bob** /bɒb/ N (dim of **Robert**) Bob m ◆ **Bob's your uncle!** * *(Brit)* le tour est joué !

**bob¹** /bɒb/ SYN
VI ① ◆ **to bob (up and down)** *(in the air)* pendiller ; *(in water)* danser sur l'eau ◆ **to bob for apples** jeu consistant à essayer d'attraper avec les dents des pommes flottant sur l'eau
② (= *curtsy*) faire une (petite) révérence
③ *(Fishing)* pêcher à la ligne flottante
N ① (= *curtsy*) (petite) révérence f ; (= *nod*) (bref) salut m de tête ; (= *jerky movement*) petite secousse f, petit coup m
② (= *weight*) *[of pendulum]* poids m ; *[of plumbline]* plomb m ; (= *float*) bouchon m

▶ **bob down** VI (= *duck*) baisser la tête ; *(straight)* se baisser subitement

▶ **bob up** VI remonter brusquement

**bob²** * /bɒb/
N (pl inv: Brit) shilling m ◆ **five bob** cinq shillings mpl ◆ **he's not short of a bob or two** il n'est pas à court d'argent ◆ **that must be worth a few bob!** ça doit coûter les yeux de la tête !
COMP **bob-a-job** N *(Brit)* collecte organisée par les scouts en échange de petits travaux à domicile
**bob-a-job week** N *(Brit)* semaine de la collecte organisée par les scouts en échange de petits travaux à domicile

**bob³** /bɒb/
N (= *curl*) boucle f ; *(gen = short haircut)* coiffure f courte ; (= *haircut: chin-length all round*) coupe f au carré ; (= *horse's tail*) queue f écourtée
VT *[+ hair]* couper au carré ; *[+ horse's tail]* écourter

**bob⁴** /bɒb/ N (= *sleigh : also* **bobsled, bobsleigh**) bobsleigh m, bob m ; (= *runner*) patin m

**bobbin** /ˈbɒbɪn/
N *[of thread, wire]* bobine f ; *[of sewing machine]* bobine f ; *[of lace]* fuseau m
COMP **bobbin lace** N dentelle f aux fuseaux

**bobble** /ˈbɒbl/
N ① *(Brit = pom-pom)* pompon m
② *(US* * *= mistake etc)* cafouillage * m
VT *(US* * *= handle ineptly)* cafouiller *
COMP **bobble hat** N *(Brit)* bonnet m à pompon

**Bobby** /ˈbɒbɪ/ N dim of **Robert**
**bobby*** /ˈbɒbɪ/ N (= *policeman*) flic* m
**bobby-dazzler** †* /ˌbɒbɪˈdæzləʳ/ N (Brit) (= object) truc m sensass †* inv ; (= girl) jolie pépée †* f
**bobby pin** /ˈbɒbɪpɪn/ N (esp US) pince f à cheveux
**bobbysocks, bobbysox*** /ˈbɒbɪsɒks/ NPL (US) socquettes fpl
**bobbysoxer*** /ˈbɒbɪsɒksəʳ/ N (US) minette* f (des années 40)
**bobcat** /ˈbɒbkæt/ N (US) lynx m
**bobolink** /ˈbɒbəlɪŋk/ N (= *bird*) bobolink m, goglu m (Can)
**bobtail** /ˈbɒbteɪl/ N (= *tail*) queue f écourtée ; (= *horse/dog*) cheval m/chien m écourté
**bobtailed** /ˈbɒbteɪld/ ADJ écourté
**bobwhite** /ˈbɒb.waɪt/ N (= *bird*) colin m
**Boccaccio** /bɒˈkɑːtʃɪəʊ/ N (Literat) Boccace m
**Boche*** /bɒʃ/ (pej)
N Boche* m (pej)
ADJ boche* (pej)
**bock** /bɒk/ N (US : also **bock beer**) [1] (NonC) bière f bock
[2] (= *glass of beer*) bock m
**BOD** /ˌbiːəʊˈdiː/ N (abbrev of **biological oxygen demand**) DBO f
**bod*** /bɒd/ N [1] (Brit = *person*) type* m ; → **odd-bod**
[2] (= *body*) physique m, corps m
**bodacious*** /bəʊˈdeɪʃəs/ ADJ (US) fabuleux*
**bode** /bəʊd/ SYN
VI ◆ **to bode well (for)** être de bon augure (pour)
◆ **it bodes ill (for)** cela est de mauvais augure (pour), cela ne présage rien de bon (pour)
VT présager, augurer
**bodega** /bəʊˈdiːgə/ N (US) épicerie f portoricaine
**bodge*** /bɒdʒ/ (Brit)
VT bricoler*
N (also **bodge job**) bricolage m (*)
**Bodhisattva** /ˌbəʊdɪˈsætvə/ N bodhisattva m
**bodice** /ˈbɒdɪs/
N [1] [of *dress*] corsage m ; [of *peasant's dress*] corselet m
[2] (= *undergarment*) cache-corset m
COMP **bodice ripper*** N roman m rose sur fond historique
**bodice-ripping*** ADJ ◆ **bodice-ripping novel/film** roman m/film m rose sur fond historique
**-bodied** /ˈbɒdɪd/ ADJ (in compounds) → **able, full**
**bodily** /ˈbɒdɪlɪ/ SYN
ADV [lift] à bras-le-corps ; [carry] dans ses etc bras ◆ **the explosion flung him bodily to the ground** l'explosion l'a plaqué au sol
ADJ [need, comfort] matériel ; [pain] physique ◆ **bodily functions** fonctions fpl physiologiques ◆ **bodily fluids** fluides mpl organiques ◆ **bodily illness** troubles mpl physiques ◆ **bodily injury** blessure f corporelle ◆ **bodily harm** blessures fpl ; → **actual, grievous**
**bodkin** /ˈbɒdkɪn/ N (= *big darning needle*) aiguille f à repriser ; (for threading tape) passe-lacet m ; (for leather) alêne f ; ( †† = *hairpin*) épingle f à cheveux
**body** /ˈbɒdɪ/ SYN
N [1] [of *man, animal*] corps m ◆ **the (human) body** le corps (humain) ◆ **the female body** le corps de la femme ◆ **the body's natural defences** la défense de l'organisme ◆ **to sell one's body** vendre son corps ◆ **you only want me for my body!** il n'y a que mon corps qui t'intéresse ! ◆ **a part of the body** une partie du corps ◆ **just enough to keep body and soul together** juste assez pour subsister ◆ **to belong to sb body and soul** appartenir à qn corps et âme ; → **sound²**
[2] (= *corpse*) cadavre m, corps m
[3] (= *organization, entity*) organisme m, organe m ◆ **official body** organisme m officiel ; → **governing, legislative, regulatory**
[4] (= *main part*) [of *structure*] [of *dress*] corsage m, corps m (de robe) ; [of *car*] carrosserie f ; [of *plane*] fuselage m ; [of *ship*] coque f ; [of *church*] nef f ; [of *camera*] boîtier m ; [of *speech, document*] fond m, corps m ◆ **in the body of the hall** dans la salle proprement dite
[5] (= *bulk, majority*) masse f ◆ **the great body of readers** la masse des lecteurs ◆ **the main body of the army** le gros de l'armée

[6] (= *mass, accumulation*) masse f ◆ **a large body of people** une masse de gens, une foule nombreuse ◆ **the student body** les étudiants ◆ **body of troops** corps m de troupes ◆ **a large body of water** une large étendue d'eau ◆ **a strong body of evidence** une forte accumulation de preuves ◆ **a strong body of opinion was against it** une large partie de l'opinion était contre ◆ **a large** or **substantial** or **considerable body of information** une importante documentation ◆ **a large body of literature on...** une abondante bibliographie sur... ◆ **in a body** en bloc ◆ **taken in a body** pris ensemble, dans leur ensemble
[7] * (= *man*) bonhomme* m ; (= *woman*) bonne femme* f ◆ **an inquisitive old body** une vieille fouine ◆ **a pleasant little body** une gentille petite dame
[8] (Med, Phys etc = *piece of matter*) corps m ◆ **heavenly body** corps m céleste ; → **foreign**
[9] (NonC) [of *wine, paper*] corps m ◆ **a white wine with some body** un vin blanc qui a du corps ◆ **to give one's hair body** donner du volume à ses cheveux
[10] (= *garment*) body m
COMP **body armour** N (NonC) gilet m d'armes
**body bag** N (esp Mil) housse f mortuaire
**body belt** N ceinture f d'haltérophilie or de force
**body blow** N (Boxing) coup m au corps ; (fig : *disappointment*) coup m dur
**body building** N culturisme m ◆ **body-building exercises** exercices mpl de culturisme or de musculation
**body-check** (Sport) N body-check m (on à) VT faire un body-check à
**body clock** N horloge f biologique
**body copy** N (Advertising) texte m
**body corporate** N (Jur) personne f morale
**body count** N ◆ **to do a body count** (of *those present*) compter les présents ; (of *fatalities*) compter le nombre des morts
**body double** N doublure f
**body dysmorphic disorder** N dysmorphophobie f
**body fascism** N discrimination fondée sur l'apparence physique
**body fluids** NPL fluides mpl organiques
**body image** N schéma m corporel
**body language** N (lit) langage m du corps ◆ **the body language is good between the two leaders** (fig) le courant passe bien entre les deux leaders
**body lotion** N lait m corporel or pour le corps
**body mass** N masse f corporelle
**body mass index** N indice m de masse corporelle
**body mike** N (on *clip*) micro m cravate inv ; (*clandestine*) micro m caché
**body odour** N odeur f corporelle
**body part** N partie f du corps
**body piercing** N piercing m
**body politic** N ◆ **the body politic** le corps politique
**body popping** N (NonC) smurf m
**body repairs** NPL (for *cars*) travaux mpl de carrosserie
**body repair shop** N ⇒ **body shop**
**body scanner** N scanner m, scanographe m
**body search** N fouille f corporelle ◆ **to carry out a body search on sb** fouiller qn ◆ **to submit to** or **undergo a body search** se faire fouiller
**body shop** N (for *cars*) atelier m de carrosserie
**body snatcher** N (Hist) déterreur m, -euse f de cadavres
**body stocking** N combinaison f de danse
**body-surf** VI faire du body(-surf)
**body-surfing** N (NonC) body(-surf) m
**body swerve** N (Sport) écart m ◆ **to give sb/sth a body swerve** * (fig) éviter qn/qch ◆ **thanks, I think I'll give that a body swerve** non merci, je préfère éviter
**body warmer** N gilet m matelassé
**bodybuilder** /ˈbɒdɪˌbɪldəʳ/ N [1] (= *carmaker*) carrossier m
[2] (= *food*) aliment m énergétique
[3] (Sport) (= *person*) culturiste mf ; (= *apparatus*) extenseur m
**bodyguard** /ˈbɒdɪgɑːd/ N (= *person*) garde m du corps ; (= *group*) gardes mpl du corps
**bodyshaper** /ˈbɒdɪˌʃeɪpəʳ/ N body m
**bodyshell** /ˈbɒdɪʃel/ N [of *car*] carrosserie f, caisse f
**bodysuit** /ˈbɒdɪsuːt/ N combinaison f
**bodywork** /ˈbɒdɪwɜːk/ N [of *car*] carrosserie f
**Boeotia** /bɪˈəʊʃɪə/ N Béotie f

**Boeotian** /bɪˈəʊʃɪən/ ADJ béotien
**Boer** /ˈbəʊəʳ/
N Boer mf ◆ **the Boer War** la guerre des Boers
ADJ boer f inv
**boffin*** /ˈbɒfɪn/ N (Brit) expert m
**boffo*** /ˈbɒfəʊ/ ADJ (US) sensationnel
**bog** /bɒg/ SYN
N [1] marais m, marécage m ; [of *peat*] tourbière f
[2] (Brit * = *lavatory*) chiottes** fpl
VT (also **bog down**) : gen pass [+ *cart etc*] embourber, enliser ◆ **to be** or **get bogged down** (lit, fig) s'embourber, s'enliser (in dans)
COMP **bog oak** N chêne m des marais
**bog paper*** N (Brit) PQ* m
**bog roll*** N (Brit) (= *roll*) rouleau m de PQ* ; (NonC = *paper*) PQ* m ◆ **there's no bog roll** il n'y a pas de PQ*
**bog-standard*** ADJ (Brit) ordinaire
**bogey** /ˈbəʊgɪ/ SYN
N [1] (*frightening*) démon m ; (= *bugbear*) bête f noire ◆ **this is a bogey for them** (fig) c'est leur bête noire ◆ **age is a real bogey for actresses** vieillir est la terreur des comédiennes
[2] (Golf) bogey or bogée m
[3] (*: in *nose*) crotte f de nez
VT (Golf) ◆ **to bogey a hole** faire un bogey
**bogeyman** /ˈbəʊgɪmæn/ N (pl -**men**) croque-mitaine m, père m fouettard
**boggle** /ˈbɒgl/ SYN
VI [1] (= *be alarmed, amazed*) être ahuri ◆ **the mind boggles!** on croit rêver ! ◆ **stories that make the mind boggle** des histoires à dormir debout
[2] (= *hesitate*) hésiter (at à), reculer (at devant)
VT (US) ◆ **to boggle sb's mind** époustoufler qn
**boggy** /ˈbɒgɪ/ SYN ADJ [ground] marécageux, bourbeux, tourbeux
**bogie** /ˈbəʊgɪ/ N (= *wagon*) bogie m ; (esp Brit = *trolley*) diable m
**Bogotá** /ˌbɒgəˈtɑː/ N Bogotá
**bogue** /bəʊg/ N (= *fish*) bogue m
**bogus** /ˈbəʊgəs/ SYN ADJ faux (fausse f) ◆ **a bogus marriage** un mariage blanc ◆ **measures to deter bogus asylum seekers** des mesures fpl visant à décourager les faux demandeurs d'asile
**bogy** /ˈbəʊgɪ/ N ⇒ **bogey**
**Bohemia** /bəʊˈhiːmɪə/ N Bohême f
**Bohemian** /bəʊˈhiːmɪən/
N [1] (Geog) Bohémien(ne) m(f)
[2] ( † = *gipsy*) bohémien(ne) m(f)
[3] (= *artist, writer etc*) bohème mf
ADJ [1] (Geog) bohémien
[2] ( † = *gipsy*) bohémien
[3] [artist, surroundings] bohème ◆ **Bohemian life** la (vie de) bohème
**Bohemianism** /bəʊˈhiːmɪənɪzəm/ N (vie f de) bohème f
**boho*** /ˈbəʊhəʊ/ ADJ, N branché(e)* m(f)
**boil¹** /bɔɪl/ LANGUAGE IN USE 26.1 SYN
VI [1] [water etc] bouillir ◆ **the kettle is boiling** l'eau bout (dans la bouilloire) ◆ **to begin to boil** se mettre à bouillir, entrer en ébullition ◆ **to boil fast/gently** bouillir à gros bouillons/à petits bouillons ◆ **to let the kettle/the vegetables boil dry** laisser s'évaporer complètement l'eau de la bouilloire/des légumes ◆ **the potatoes were boiling** (Culin) les pommes de terre bouillaient ; → **potn**
[2] [sea] bouillonner ; (fig) [person] bouillir (with de) ◆ **he was boiling with rage** il bouillait (de rage) ; see also **boiling** ; → **blood**
VT [1] [+ *water*] faire bouillir ; (= *bring to the boil*) amener à ébullition
[2] [+ *food*] (faire) cuire à l'eau, (faire) bouillir ◆ **boiled bacon** lard m bouilli ◆ **boiled beef** bœuf m bouilli, pot-au-feu m ◆ **boiled egg** œuf m à la coque ◆ **boiled ham** jambon m cuit ◆ **boiled potatoes** pommes fpl à l'anglaise or à l'eau ◆ **boiled sweet** (Brit) bonbon m à sucer, ≈ berlingot m ; → **hard, soft**
[3] [+ *washing*] ◆ **to boil the whites** faire bouillir le (linge) blanc ◆ **boiled shirt*** chemise f empesée
N ◆ **on the boil** (lit) bouillant, qui bout ; (* fig) [situation, project] en ébullition ◆ **off the boil** (lit) qui ne bout plus ; (* fig) [situation] en voie d'apaisement ; [project] au ralenti ◆ **to bring sth to the boil** (Brit) or **a** (US) **boil** faire bouillir qch ◆ **to come to the** (Brit) or **a** (US) **boil** venir à ébullition ◆ **to go off the boil** (lit) cesser de bouillir ;

## boil | bomblet    ENGLISH-FRENCH    94

(*fig) [person] baisser ◆ **the situation has come to the boil** la situation a atteint le or son point critique ◆ **the issue has brought tempers to the boil** cette question a échauffé les esprits

**COMP** **boil-in-a-bag, boil-in-the-bag** ADJ que l'on cuit dans le sachet

▶ **boil away** VI ① (= *go on boiling*) (continuer de) bouillir

② (= *evaporate completely*) s'évaporer, se réduire (par ébullition)

▶ **boil down**

**VI** ① (*lit*) [*jam etc*] se réduire

② (*fig*) revenir (*to* à) ◆ **it all boils down to the same thing** tout cela revient absolument au même ◆ **all the arguments boil down to this** tous les arguments se résument à ceci

**VT SEP** ① (*lit*) [+ *sauce etc*] faire réduire (par ébullition)

② (*fig*) [+ *text*] réduire (*to* à), abréger

▶ **boil over** VI ① [*water*] déborder ; [*milk*] se sauver, déborder ◆ **the pot boiled over** la casserole a débordé

② (*with rage*) bouillir (*with* de) ◆ **their anger boiled over into violence** leur colère a dégénéré en violence

▶ **boil up** VI (*lit*) [*milk*] monter ◆ **anger was boiling up in him** la moutarde lui montait au nez

**boil²** /bɔɪl/ SYN N (*Med*) furoncle *m*, clou *m*

**boiler** /'bɔɪlə<sup>r</sup>/

**N** ① (*for hot water, steam*) chaudière *f* ; (*Brit* : *for washing clothes*) lessiveuse *f* ; (= *pan*) casserole *f* ; → **double, potboiler**

② (= *fowl*) poule *f* à faire au pot

**COMP** **boiler house** N bâtiment *m* des chaudières

**boiler room** N (*gen*) salle *f* des chaudières ; [*of ship*] chaufferie *f*, chambre *f* de chauffe

**boiler suit** N (*Brit*) bleu(s) *m(pl)* (de travail or de chauffe)

**boilermaker** /'bɔɪlə,meɪkə<sup>r</sup>/ N chaudronnier *m*

**boilermaking** /'bɔɪlə,meɪkɪŋ/ N grosse chaudronnerie *f*

**boilerman** /'bɔɪləmæn/ N (pl -men) (= *person in charge of boiler*) chauffeur *m*

**boilerplate** /'bɔɪləpleɪt/ N (*Comput*) paragraphes *mpl* passe-partout

**boiling** /'bɔɪlɪŋ/

**N** [*of water etc*] ébullition *f*

**ADJ** ① [*water, oil*] bouillant ◆ **the whole boiling lot*** (*Brit*) tout le bataclan*, tout le bazar* ◆ **it's boiling (hot) today*** il fait une chaleur terrible aujourd'hui ◆ **I'm boiling (hot)!*** je meurs de chaleur !

② (*fig* = *angry*) bouillant de colère, en rage ◆ **he is boiling** il bout de colère

③ (*Culin*) ◆ **boiling beef** bœuf *m* pour pot-au-feu ◆ **boiling fowl** poule *f* à faire au pot

**ADV** ◆ **boiling hot** (*lit*) tout bouillant (*fig*) adj

**COMP** **boiling point** N point *m* d'ébullition ◆ **at boiling point** (*fig*) en ébullition ◆ **to reach boiling point** (*fig*) atteindre un point de non-retour

**boiling water reactor** N (*Phys*) réacteur *m* à eau (ordinaire) bouillante

**boisterous** /'bɔɪstərəs/ SYN ADJ [*person, crowd, behaviour*] tapageur, turbulent ; [*game*] tumultueux ; (*fig*) [*wind*] furieux

**boisterously** /'bɔɪstərəslɪ/ ADV tumultueusement

**boisterousness** /'bɔɪstərəsnɪs/ N [*of person, crowd, behaviour*] gaieté *f* turbulente ; [*of game*] tumulte *m*

**bold** /bəʊld/ SYN

**ADJ** ① (= *brave*) [*person, action*] hardi, intrépide ◆ **to grow bold** s'enhardir ◆ **a bold step** une démarche osée or audacieuse ◆ **a bold stroke** un coup d'audace ; → **face**

② [*person, look*] (= *forward*) hardi, effronté (*pej*) ; (= *not shy*) assuré ◆ **to be** or **make so bold as to do sth** (*frm*) avoir l'audace de faire qch ◆ **to make bold with sth** (*frm*) prendre la liberté de se servir de qch ◆ **if I may make so bold...** (*frm*) si je peux me permettre de faire remarquer... ◆ **as bold as brass** d'une impudence peu commune, culotté*

③ (*Art, Literat* = *striking*) hardi, vigoureux ◆ **to bring out in bold relief** faire ressortir vigoureusement ◆ **to paint in bold strokes** [*artist*] avoir une touche puissante

④ (*Typography*) en grasse, gras (grasse *f*)

**N** (*NonC: Typography*) caractères *mpl* gras ◆ **in bold** en (caractères) gras

**COMP** **bold-faced** ADJ effronté

**boldly** /'bəʊldlɪ/ ADV ① (= *bravely*) hardiment, audacieusement

② (= *confidently, not shyly*) [*declare, announce, claim*] avec assurance ; [*gaze*] effrontément ◆ **to smile boldly** sourire avec assurance

③ (= *strikingly*) ◆ **boldly patterned/checked** à grands motifs/carreaux ◆ **boldly coloured** (*one colour*) de couleur voyante ; (*contrasting colours*) de couleurs voyantes

**boldness** /'bəʊldnɪs/ N ① (= *braveness, daring*) [*of person, action, plan, idea*] audace *f* ; [*of gaze*] audace *f*, aplomb *m*

② [*of colour, design*] vigueur *f*

**bole** /bəʊl/ N fût *m*, tronc *m* (d'arbre)

**bolero** /bə'lɛərəʊ/ N ① (= *music, dance*) boléro *m*

② /'bɒlərəʊ/ (also **bolero jacket**) boléro *m*

**boletus** /bəʊ'liːtəs/ N (pl **boletuses** or **boleti** /bəʊ'liːtaɪ/) bolet *m*

**bolide** /'bəʊlaɪd/ N (*Astron*) bolide *m*

**Bolivar** /'bɒlɪvɑː<sup>r</sup>/ N (*Hist*) Bolivar *m*

**Bolivia** /bə'lɪvɪə/ N Bolivie *f*

**Bolivian** /bə'lɪvɪən/

**ADJ** (*gen*) bolivien ; [*ambassador, embassy*] de Bolivie

**N** Bolivien(ne) *m(f)*

**boliviano** /bə,lɪvɪ'ɑːnəʊ/ N boliviano *m*

**boll** /bəʊl/

**N** graine *f* (du cotonnier, du lin)

**COMP** **boll weevil** N anthonome *m* (du cotonnier)

**bollard** /'bɒləd/ N (*on quay*) bitte *f* d'amarrage ; (*Brit*) (*on road*) borne *f*

**bollix*** /'bɒlɪks/ VT (*US* : also **bollix up**) ⇒ **balls up** vt sep ; → **ball¹**

**bollocking*** /'bɒləkɪŋ/ N engueulade* *f* ◆ **to give sb a bollocking** engueuler qn* ◆ **I got a real bollocking from him** il m'a bien engueulé*

**bollocks*** /'bɒləks/ N (*Brit*) ⇒ **balls** ; → **ball¹**

**Bollywood*** /'bɒlɪwʊd/ N Bollywood *m* (le Hollywood du cinéma indien, à Bombay)

**Bologna** /bə'lɒnjə/ N Bologne

**bolognese** /bɒlə'njeɪz/ ADJ ◆ **bolognese sauce** sauce *f* bolognaise

**bolometer** /bəʊ'lɒmɪtə<sup>r</sup>/ N (*Phys*) bolomètre *m*

**boloney*** /bə'ləʊnɪ/ N ⇒ **baloney**

**Bolshevik** /'bɒlʃəvɪk/

**N** Bolchevik *mf*

**ADJ** bolchevique

**Bolshevism** /'bɒlʃəvɪzəm/ N bolchevisme *m*

**Bolshevist** /'bɒlʃəvɪst/ N, ADJ bolcheviste *mf*

**bolshie*, bolshy*** /'bɒlʃɪ/ (*Brit pej*)

**N** (*Pol*) rouge *mf*

**ADJ** (*Pol*) rouge ◆ **he's rather bolshie** il ne pense qu'à enquiquiner le monde*, c'est un mauvais coucheur ◆ **he turned bolshie** il a commencé à râler*

**bolster** /'bəʊlstə<sup>r</sup>/ SYN

**N** ① [*of bed*] traversin *m*

② (*Constr*) racinal *m*, sous-poutre *f*

**VT** (also **bolster up**) [+ *person, morale*] soutenir (*with* par)

**bolt** /bəʊlt/ SYN

**N** ① [*of door, window*] verrou *m* ; [*of lock*] pêne *m* ; (*for nut*) boulon *m* ; [*of crossbow*] carreau *m* ; [*of rifle*] culasse *f* mobile ; (*Climbing* : also **expansion bolt**) piton *m* à expansion ; → **shoot**

② [*of cloth*] rouleau *m*

③ (= *lightning*) éclair *m* ◆ **it was a bolt from the blue** c'était totalement inattendu

④ (*set phrase*)

◆ **to make a bolt for...** ◆ **he made a bolt for the door** il a fait un bond or a bondi vers la porte ◆ **to make a bolt for it*** filer* or se sauver à toutes jambes

**ADV** ◆ **bolt upright** droit comme un piquet or comme un i ◆ **she sat bolt upright** (*suddenly*) elle s'est redressée d'un coup

**VI** ① (= *run away*) [*horse*] s'emballer ; [*person*] filer* ; se sauver

② (= *move quickly*) se précipiter, foncer* ◆ **he bolted along the corridor** il a enfilé le couloir à toutes jambes

③ [*plant*] monter

**VT** ① [+ *food*] engouffrer, engloutir

② [+ *door, window*] verrouiller, fermer au verrou ◆ **bolt the door!** mettez or poussez le(s) verrou(s) !

③ (*Tech*) [+ *beams*] boulonner

④ (*US* * = *stop*) abandonner, laisser tomber

**COMP** **bolt cutters** NPL coupe-boulons *m*

**bolt-hole** N (*Brit*) [*of animal*] terrier *m*, trou *m* ; [*of person*] abri *m*, refuge *m*

**bolt-on** ADJ ◆ **bolt-on extra** * option *f* ◆ **bolt-on goodies** gadgets *mpl* (en option) ◆ **bolt-on acquisitions** (*Comm*) achats *mpl* d'entreprises déjà opérationnelles

▶ **bolt in**

**VI** (= *rush in*) entrer comme un ouragan

**VT SEP** (= *lock in*) enfermer au verrou

▶ **bolt on** VT SEP (*Tech*) boulonner ; → **bolt-on**

▶ **bolt out** VI (= *rush out*) sortir comme un ouragan

**boltrope** /'bəʊltrəʊp/ N ralingue *f*

**bolus** /'bəʊləs/ N (pl **boluses**) (*Med*) bol *m*

**bomb** /bɒm/ SYN

**N** ① (= *explosive device*) bombe *f* ◆ **letter/parcel bomb** lettre *f*/paquet *m* piégé(e) ◆ **the Bomb** la bombe atomique ◆ **to put a bomb under sb*** (*fig*) secouer (les puces à) qn* ◆ **his party went like a bomb*** (*Brit*) sa réception a été (un succès) du tonnerre* ◆ **the record went down a bomb*** (*Brit*) le disque a fait un malheur or un tabac* ◆ **this car goes like a bomb*** (*Brit*) cette bagnole est un vrai bolide* ◆ **the car cost a bomb*** (*Brit*) la bagnole * a coûté les yeux de la tête ◆ **we made a bomb*** (*fig, Brit*) on a gagné une fortune or un bon paquet* ; → **A, car, H**

② (*US* * = *flop*) fiasco *m*, bide* *m*

**VT** [+ *town*] bombarder ; → **dive¹**

**VI** ① (*US* * = *flop*) être un fiasco or un bide*

② (* = *go quickly*) ◆ **to bomb along** foncer, bomber ◆ **we bombed down the road** nous avons foncé le long de la rue ◆ **we bombed down to London** nous avons bombé* jusqu'à Londres

**COMP** **bomb aimer** N (= *airman*) bombardier *m*

**bomb attack** N attentat *m* à la bombe

**bomb bay** N soute *f* à bombes

**bomb belt** N ceinture *f* explosive

**bomb crater** N (*Geog*) entonnoir *m*

**bomb disposal** N déminage *m* ◆ **bomb disposal expert** démineur *m* ; (*Mil*) artificier *m* ◆ **bomb disposal squad** or **unit** équipe *f* de déminage

**bomb factory** N fabrique *f* de bombes

**bomb scare** N alerte *f* à la bombe

**bomb shelter** N abri *m* (antiaérien)

**bomb site** N lieu *m* bombardé

▶ **bomb out**

**VI** (* = *collapse*) s'effondrer

**VT SEP** [+ *house*] détruire par un bombardement ◆ **the family was bombed out** la famille a dû abandonner sa maison bombardée ◆ **bombed out families** familles *fpl* sinistrées (*par un bombardement*)

**bombard** /bɒm'bɑːd/ SYN VT bombarder (*with* de)

**bombardier** /,bɒmbə'dɪə<sup>r</sup>/ N (= *soldier*) caporal *m* d'artillerie ; (= *airman*) bombardier *m* (aviateur)

**bombardment** /bɒm'bɑːdmənt/ SYN N bombardement *m*

**bombast** /'bɒmbæst/ N grandiloquence *f*, boursouflure *f*

**bombastic** /bɒm'bæstɪk/ ADJ [*style, person*] grandiloquent, pompeux

**bombastically** /bɒm'bæstɪkəlɪ/ ADV [*speak*] avec grandiloquence, avec emphase ; [*write*] dans un style ampoulé

**Bombay** /bɒm'beɪ/

**N** ① Bombay

② ◆ **Bombay (cat)** Bombay *m*

**COMP** **Bombay duck** N (*Culin*) poisson *m* salé (indien)

**bombazine** /,bɒmbə'ziːn/ N bombasin *m*

**bombed*** /bɒmd/ ADJ (*esp US*) (= *drunk*) bourré* ; (= *on drugs*) défoncé*

**bomber** /'bɒmə<sup>r</sup>/

**N** (= *aircraft*) bombardier *m* ; (*terrorist*) plastiqueur *m*

**COMP** **bomber command** N commandement *m* tactique aérien

**bomber jacket** N blouson *m* d'aviateur

**bomber pilot** N pilote *m* de bombardier

**bombing** /'bɒmɪŋ/

**N** (*from plane*) bombardement *m* ; (*by terrorist*) attentat *m* à la bombe ; → **dive¹**

**ADJ** [*raid, mission, plane*] de bombardement

**bomblet** /'bɒmlɪt/ N mini-bombe *f*

**bombproof** /ˈbɒmpruːf/ ADJ 1 (lit) [bunker etc] à l'épreuve des bombes
2 (* fig) indestructible

**bombshell** /ˈbɒmʃel/ N 1 († = bomb) obus m
2 (= shock) • **to come like a bombshell** faire l'effet d'une bombe • **the decision was a legal/political bombshell** cette décision a fait l'effet d'une bombe dans les milieux juridiques/politiques • **this news was a bombshell** la nouvelle a fait l'effet d'une bombe • **to drop a** or **one's bombshell** lâcher une bombe* (fig) • **then came the bombshell** et puis ça a été le coup de théâtre
3 * • **she's a real bombshell** c'est une fille canon !*

**bombsight** /ˈbɒmsaɪt/ N viseur m de bombardement

**bombyx** /ˈbɒmbɪks/ N bombyx m

**bona fide** /ˌbəʊnəˈfaɪd/ SYN ADJ [member, traveller, student etc] authentique, vrai ; [offer] sérieux

**bona fides** /ˌbəʊnəˈfaɪdiːz/ N bonne foi f

**bonanza** /bəˈnænzə/
N (= windfall) aubaine f ; (= boom) boom m ; (US Min) riche filon m • **a property/sales bonanza** un boom immobilier/sur les ventes • **the North Sea oil bonanza** la manne pétrolière de la mer du Nord
COMP **the Bonanza State** N (US) le Montana **bonanza year** N année f exceptionnelle

**Bonaparte** /ˈbəʊnəpɑːt/ N Bonaparte m

**bonbon** /ˈbɒnbɒn/ N bonbon m

**bonce*** /bɒns/ N (Brit = head) tronche* f

**bond** /bɒnd/ SYN
N 1 (= agreement) engagement m, contrat m • **to enter into a bond** s'engager (to do sth à faire qch)
2 (= link) lien(s) m(pl), attachement m • **to break a bond with the past** rompre les liens avec le passé • **bonds** (= chains) fers mpl, chaînes fpl ; (fig = ties) liens mpl • **marriage bonds** liens mpl conjugaux ; → **pair**
3 (Comm, Fin) bon m, titre m
4 (NonC: Comm = custody of goods) entreposage m (en attendant le paiement de la taxe) • **to put sth into bond** entreposer qch en douane • **to take goods out of bond** dédouaner des marchandises
5 (= adhesion between surfaces) adhérence f
6 (Constr) appareil m
7 (Chem) liaison f
8 (also **bond paper**) papier m à lettres de luxe
VT 1 (Comm) [+ goods] entreposer
2 (= stick) coller ; [+ bricks] liaisonner
3 (Fin) lier (par une garantie financière)
4 (= place under bond) placer sous caution ; (= put up bond for) se porter caution pour
VI 1 (= stick together) coller
2 (Psych) se lier • **to bond with one's baby** s'attacher à son bébé • **we bonded immediately** nous nous sommes tout de suite liés d'amitié, nous avons tout de suite sympathisé
COMP **bonded goods** NPL (Comm) marchandises fpl en douane
**bonded labour** N (Brit: NonC) travail m non rémunéré (pour le compte d'un créancier)
**bonded warehouse** N entrepôt m des douanes
**bond market** N (Fin) marché m obligataire
**bond washing** N (Fin) vente de valeurs à revenu fixe (pour raisons fiscales)

**bondage** /ˈbɒndɪdʒ/
N 1 (lit) esclavage m, servage m • **to be in bondage to sb** (Hist) être le serf de qn
2 (fig) esclavage m, asservissement m • **the bondage of dieting/heroin addiction** l'esclavage que représentent les régimes/que représente l'héroïnomanie
3 (= sexual practice) bondage m
COMP [gear, magazine] de bondage

**bondholder** /ˈbɒndˌhəʊldər/ N (Fin) porteur m d'obligations or de bons

**bonding** /ˈbɒndɪŋ/ N 1 (Constr) liaison f ; [of wood, plastic etc] collage m ; (Elec) système m or circuit m régulateur de tension
2 (Psych) formation f de liens affectifs ; (in general parlance) action f de sympathiser

**bondsman** /ˈbɒndzmən/ N (pl -men) (Hist) serf m, esclave m ; (Jur) garant m, caution f

**bone** /bəʊn/
N 1 os m ; [of fish] arête f • **bones** [of the dead] ossements mpl, os mpl ; (* = dice) dés mpl (à jouer) • **on the bone** à l'os • **to cut costs to the bone** réduire les coûts au strict minimum • **chilled** or **frozen to the bone** transi de froid, glacé jusqu'à la moelle (des os) • **my old bones** (hum) mes vieux os, ma vieille carcasse * • **to have a bone to pick with sb** avoir un compte à régler avec qn • **he made no bones about saying what he thought** il n'a pas hésité à dire ce qu'il pensait • **he made no bones about it *** il n'y est pas allé par quatre chemins or avec le dos de la cuiller* • **there are no bones broken** (lit) il n'y a rien de cassé ; (fig) il y a plus de peur que de mal, il n'y a rien de grave • **he won't make old bones** il ne fera pas de vieux os • **that was a bit close** or **near to the bone** [remark] c'était un peu limite • **to work one's fingers to the bone** s'user au travail, s'épuiser à la tâche ; → **anklebone, bag, feel, skin**
2 (NonC = substance) os m • **a handle (made) of bone** un manche en os
3 [of corset] baleine f
VT [+ meat, fowl] désosser ; [+ fish] ôter les arêtes de
COMP [buttons, handle etc] en os
**bone-chilling** ADJ à vous glacer le sang
**bone china** N porcelaine f tendre
**bone-dry** ADJ absolument sec (sèche f)
**bone-idle***, **bone-lazy** ADJ fainéant, paresseux comme une couleuvre
**bone marrow** N (Anat) moelle f osseuse
**bone meal** N engrais m (de cendres d'os)
**bone of contention** N pomme f de discorde
**bone-shaker** N (= car) vieille guimbarde f, tacot * m ; (= dilapidated cycle) vieux clou * m
**bone structure** N (NonC: gen) ossature f ; [of face] ossature f de la tête
▶ **bone up** VT SEP, **bone up on*** VT FUS [+ subject] bûcher*, potasser*

**boned** /bəʊnd/ ADJ 1 [meat] désossé ; [fish] sans arêtes
2 [corset] baleiné

**bonehead*** /ˈbəʊnhed/ N crétin(e) * m(f), abruti(e) * m(f)

**boneheaded*** /ˈbəʊnˌhedɪd/ ADJ idiot, abruti *

**boneless** /ˈbəʊnlɪs/ ADJ [meat] désossé, sans os ; [fish] sans arêtes

**boner** /ˈbəʊnər/ N 1 (US * = blunder) gaffe f, bourde f • **to pull a boner** faire une gaffe*, mettre les pieds dans le plat
2 (= erection) • **to have a boner***bander*

**bonesetter** /ˈbəʊnˌsetər/ N rebouteux m

**boneyard*** /ˈbəʊnjɑːd/ N (US) cimetière m

**bonfire** /ˈbɒnfaɪər/
N feu m (de joie) ; (for rubbish) feu m (de jardin)
COMP **Bonfire Night** N (Brit) le 5 novembre → GUY FAWKES NIGHT

**bong** /bɒŋ/ N 1 (= sound) bong m
2 (* = pipe) bong m

**bongo (drum)** /ˈbɒŋɡəʊ(drʌm)/ N (tambour m) bongo m

**bonhomie** /ˈbɒnɒmiː/ N bonhomie f

**bonk** /bɒŋk/
N 1 (* = hit) coup m ; (with hand) beigne * f, pain * m
2 (Brit * = sex) • **to have a bonk** s'envoyer en l'air*
VI (Brit * = have sex) s'envoyer en l'air*
VT 1 (* = hit) frapper, filer un coup à * ; (with hand also) filer une beigne * or un pain * à
2 (Brit * = have sex with) s'envoyer*, sauter*
EXCL bang

**bonkers*** /ˈbɒŋkəz/ ADJ cinglé *, dingue *

**bonking*** /ˈbɒŋkɪŋ/ N (NonC: Brit) partie f de jambes en l'air*

**Bonn** /bɒn/ N Bonn

**bonnet** /ˈbɒnɪt/ N 1 (= hat) [of woman] bonnet m ; [of child] béguin m, bonnet m ; → **bee, sun**
2 (Brit : of car) capot m
3 (Archit) auvent m ; [of chimney] capuchon m
4 (= sail) bonnette f

**bonny** /ˈbɒnɪ/ SYN ADJ (esp N Engl, Scot) joli, beau (belle f)

**bonsai** /ˈbɒnsaɪ/ N (pl inv) bonsaï m

**bonus** /ˈbəʊnəs/ SYN
N prime f, bonus m ; (Brit Fin) dividende m exceptionnel ; (Educ, cycle racing) bonification f • **bonus of €150** 500 € de prime • **as a bonus** (fig) en prime • **an added bonus** (fig) un avantage supplémentaire ; → **incentive**
COMP **bonus issue** N (Fin) émission f d'actions gratuites
**bonus number** N (Lottery) numéro m complémentaire
**bonus pack** N offre f promotionnelle
**bonus point** N (in game, quiz etc) point m (en prime)
**bonus share** N action f gratuite

**bonxie** /ˈbɒŋksɪ/ N (= bird) stercoraire m

**bony** /ˈbəʊnɪ/ SYN
ADJ 1 [tissue] osseux ; [knee, person] anguleux, maigre, décharné
2 [fish] plein d'arêtes ; [meat] plein d'os
COMP **bony fish** N poisson m osseux, ostéichtyen m (SPÉC)

**bonze** /bɒnz/ N (Rel) bonze m

**bonzer*** /ˈbɒnzər/ ADJ (Austral) super *

**boo** /buː/
EXCL hou !, peuh ! • **he wouldn't say boo to a goose *** il n'ose jamais ouvrir le bec *
VT [+ actor, play] huer, siffler • **to be booed off the stage** sortir de scène sous les huées or les sifflets
VI huer
N huée f

**boob*** /buːb/
N 1 (Brit = mistake) gaffe f ; (= silly person) ballot * m, nigaud(e) m(f)
2 (= breast) sein m, nichon* m
VI (Brit) gaffer
COMP **boob job** N • **to have a boob job** se faire refaire les seins
**boob tube*** N (Dress = sun top) bain m de soleil ; (US = TV set) télé f

**boo-boo*** /ˈbuːbuː/ N boulette f, bourde f

**booby** /ˈbuːbɪ/
N nigaud(e) m(f), bêta(sse) * m(f)
COMP **booby hatch** N [of ship] écoutille m ; (US * pej = mental hospital) cabanon* m, maison f de fous *
**booby prize** N prix m de consolation (décerné au dernier)
**booby trap** N traquenard m ; (Mil) objet m piégé
**booby-trapped** ADJ [car, door etc] piégé

**boodle** †* /ˈbuːdl/ N (= money) oseille* f, pèze* m ; (US = bribe) pot-de-vin m • **the whole boodle** (US) le tout, tous les trucs *

**booger*** /ˈbuːɡər/ N (US) crotte f de nez

**boogeyman*** /ˈbuːɡɪmæn/ N (US) ⇒ **bogeyman**

**boogie*** /ˈbuːɡɪ/
N (= dance) • **to have a boogie** guincher * • **to go for a boogie** aller guincher * or se trémousser *
VI guincher *
COMP **boogie-woogie** N boogie-woogie m

**boohoo*** /ˌbuːˈhuː/
VI pleurnicher, brailler *
EXCL ouin ! ouin !

**booing** /ˈbuːɪŋ/ N (NonC) huées fpl ; (Theat) sifflets mpl

**book** /bʊk/ SYN
N 1 livre m, bouquin * m • **the (Good) Book** la Bible ; → **bank², telephone, textbook**
2 (= chapter) [of Bible etc] livre m ; [of poem] chant m • **the Book of Job/Kings** etc (Bible) le livre de Job/des Rois etc
3 (also **exercise book**) cahier m ; → **notebook**
4 [of tickets, stamps, cheques etc] carnet m • **book of matches** pochette f d'allumettes ; → **chequebook, passbook**
5 (Accounting) **the books** les comptes mpl • **to keep the books of a firm** tenir les comptes d'une entreprise • **to be on the books** [employee] faire partie du personnel ; [member] être inscrit • **already on the books** [regulation] qui figure déjà dans les textes ; [member] déjà inscrit au registre • **to go on the books** [law] entrer en vigueur
6 (Betting) • **to keep a book on sth** prendre les paris sur qch • **to make a book** (= take bets) inscrire les paris ; (= bet) parier • **to open** or **start a book (on sth)** ouvrir les paris (sur qch)
7 (= libretto) [of opera etc] livret m
8 (phrases) • **to bring sb to book** obliger qn à rendre des comptes • **by the book** selon les règles • **to close the book on sth** considérer qch comme une affaire classée • **to go by the book, to stick to the book** appliquer strictement le règlement • **to be in sb's bad books *** être mal vu de qn • **I am in his good books *** je suis dans ses petits papiers *, il m'a à la bonne * ; • **in my book*** **he's unreliable** à mon avis or d'après moi on ne peut pas se fier à lui • **he knew the**

## bookable | bootleg

**district like a book** il connaissait la région comme sa poche ◆ **that's one for the book** or **books!**⁎ c'est à marquer d'une pierre blanche !, il faut faire une croix à la cheminée ! ; → **suit, throw**

**VT** 1 (= *reserve*) réserver ; [+ *room, table*] retenir, réserver ◆ **to book one's seat in advance** réserver sa place à l'avance ◆ **tonight's performance is fully booked** (Theat) on joue à guichets fermés ce soir ◆ **the hotel is fully booked (until September)** l'hôtel est complet (jusqu'en septembre) ◆ **I'm booked for tomorrow lunch** je suis pris demain à déjeuner ◆ **to book sb through to Birmingham** (on train) assurer à qn une réservation jusqu'à Birmingham ◆ **I've booked my holiday** j'ai fait les réservations pour mes vacances ; → **solid**

2 (*Police*) [+ *driver etc*] dresser un procès-verbal or PV⁎ à ; (*Football*) [+ *player*] montrer un carton jaune à ◆ **to be booked for speeding** attraper une contravention pour excès de vitesse ◆ **to be booked** (*Football*) recevoir un carton jaune

3 (*Comm, Fin*) [+ *order*] inscrire, enregistrer ◆ **to book goods to sb's account** inscrire des marchandises au compte de qn

**VI** (*at hotel, on arrival*) se présenter à la réception ; (= *reserve in advance*) réserver une chambre

**COMP book club** N cercle m de lecture, club m du livre
**Book of Common Prayer** N missel de l'Église anglicane (jusqu'en 1980)
**book ends** NPL serre-livres m inv
**book fair** N salon m du livre
**book jacket** N jaquette f
**book-keeper** N comptable mf
**book-keeping** N comptabilité f
**book knowledge, book learning** N connaissances fpl livresques
**book lover** N bibliophile mf
**book post** N tarif m livres
**book review** N compte rendu m de livre
**book rights** NPL droits mpl de publication
**book token** N (Brit) bon-cadeau m (*négociable en librairie*), chèque-livre m
**book value** N (Fin) valeur f comptable

▸ **book in** (Brit)
**VI** (at hotel etc, on arrival) se présenter à la réception ; (= reserve in advance) réserver une chambre
**VT SEP** (at reception) se présenter à la réception ; (= reserve room for) réserver une chambre pour

▸ **book up** (Brit)
**VI** réserver
**VT SEP** retenir, réserver ◆ **the school booked up all the seats on the coach** l'école a réservé toutes les places dans le car ◆ **the tour is booked up** on ne prend plus d'inscriptions pour l'excursion ◆ **the hotel is booked up until September** l'hôtel est complet jusqu'en septembre ; see also **book vt 1**

**bookable** /'bʊkəbl/ ADJ (Brit) 1 [*seat etc*] qu'on peut réserver ◆ **seats are bookable in advance** on peut retenir ses places (à l'avance) ◆ **seats bookable from 6 June** location (des places) ouverte dès le 6 juin
2 (Sport) [*offence*] passible d'un avertissement

**bookbinder** /'bʊkbaɪndəʳ/ N relieur m, -euse f
**bookbinding** /'bʊkbaɪndɪŋ/ N (NonC) reliure f
**bookcase** /'bʊkkeɪs/ N bibliothèque f (meuble)
**Booker Prize** /'bʊkə,praɪz/ N (Brit) ◆ **the Booker Prize** le Booker Prize

- **BOOKER PRIZE**
- Prix littéraire britannique créé en 1969 par un industriel (M. Booker) pour récompenser une œuvre de fiction écrite par un romancier originaire du Royaume-Uni, d'Irlande ou du Commonwealth. La cérémonie de remise du prix est diffusée en direct à la télévision, et le choix du jury suscite souvent des controverses.

**bookie**⁎ /'bʊkɪ/ N book⁎ m, bookmaker m
**booking** /'bʊkɪŋ/ **LANGUAGE IN USE 21.4**
**N** 1 (*esp Brit*) réservation f ◆ **to make a booking** louer, réserver, faire une réservation
2 (*Football*) ◆ **there were three bookings at the game** il y a eu trois cartons jaunes lors de ce match
**COMP booking clerk** N (Brit = railway employee) préposé(e) m(f) aux réservations
**booking fee** N frais mpl de location
**booking office** N (Brit : for railway, theatre) bureau m de) location f

**bookish** /'bʊkɪʃ/ SYN ADJ [*person*] studieux, scolaire (*pej*) ; [*word, phrase*] livresque
**booklet** /'bʊklɪt/ N brochure f, plaquette f
**bookmaker** /'bʊkmeɪkəʳ/ N bookmaker m
**bookmaking** /'bʊkmeɪkɪŋ/
**N** (NonC) métier m de bookmaker
**COMP bookmaking firm** N bookmaker m
**bookmark** /'bʊkmɑːk/
**N** marque-page m, signet m ; (Comput) signet m
**VT** (Comput) mettre un signet à
**bookmobile** /'bʊkmə,biːl/ N (US) bibliobus m
**bookplate** /'bʊkpleɪt/ N ex-libris m
**bookrest** /'bʊkrest/ N lutrin m
**bookseller** /'bʊk,seləʳ/ N libraire mf ; → **secondhand**
**bookshelf** /'bʊkʃelf/ N étagère f (à livres) ; (in bookcase) rayon m (de bibliothèque)
**bookshop** /'bʊkʃɒp/ N (esp Brit) librairie f ; → **secondhand**
**bookstall** /'bʊkstɔːl/ N (Brit : in station, airport) kiosque m à journaux ; [*of secondhand books*] étalage m de bouquiniste
**bookstand** /'bʊkstænd/ N (US) 1 (= bookrest, lectern) lutrin m
2 (= bookstall : in station, airport) kiosque m à journaux ◆ **to hit the bookstands**⁎ [*book*] sortir en librairie
**bookstore** /'bʊkstɔːʳ/ N (esp US) librairie f
**bookworm** /'bʊkwɜːm/ N (fig) rat m de bibliothèque
**Boolean** /'buːlɪən/ ADJ booléen

**boom¹** /buːm/
**N** 1 (= *barrier : across river etc*) barrage m (de radeaux, de chaînes etc), bôme f
2 [*of boat*] gui m ; (Tech: also **derrick boom**) bras m ; [*of crane*] flèche f ; [*of microphone, camera*] perche f, girafe f
**COMP boom operator** N (Cine, TV) perchiste mf

**boom²** /buːm/ SYN
**N** (= *sound*) [*of sea, waves*] grondement m, mugissement m ; [*of wind*] mugissement m, hurlements mpl ; [*of guns, thunder*] grondement m ; [*of storm*] rugissement m ; [*of organ*] ronflement m ; [*of voices*] rugissement m, grondement m ◆ **sonic boom** [*of aircraft*] bang m supersonique
**VI** 1 [*sea*] gronder, mugir ; [*wind*] hurler, mugir (sourdement) ; [*thunder*] gronder, rouler
2 (also **boom out**) [*organ*] ronfler ; [*guns*] tonner, gronder ; [*voice*] retentir ; [*person*] tonner, tonitruer
**VT** ◆ **"never!" he boomed** « jamais ! » dit-il d'une voix tonitruante or retentissante
**COMP boom box**⁎ N (US) ghetto-blaster m

**boom³** /buːm/ SYN
**VI** 1 [*trade*] être en expansion or en plein essor ◆ **business is booming** les affaires prospèrent
2 [*prices*] monter en flèche
**VT** (US ⁎) [+ *market, sales*] développer ; (= publicize) [+ person, place] promouvoir
**N** (in business, transactions) montée f en flèche, boom m ; (for firm) forte progression f ; (for product) popularité f, vogue f ◆ **a property boom** un boom sur l'immobilier ◆ **an export boom** un boom sur les exportations
**COMP boom and bust** ADJ ⇒ **boom-bust**
**boom baby** N bébé m du baby-boom
**boom-bust** ADJ [*economy, market*] en dents de scie ◆ **the boom-bust pattern of the economy in recent years** l'évolution f en dents de scie de l'économie ces dernières années ◆ **property is a boom-bust business** l'immobilier est un marché en dents de scie, l'immobilier connaît des hauts et des bas
**boom time** N période f de prospérité, boom m
**boom town** N ville f en plein développement, ville f champignon

**boomerang** /'buːməræŋ/ SYN
**N** (lit, fig) boomerang m
**VI** (fig) [*words, actions*] faire boomerang

**booming** /'buːmɪŋ/ ADJ [*sound*] retentissant ; [*voice*] tonitruant, retentissant

**boomlet** /'buːmlɪt/ N (Econ) expansion f de faible amplitude

**boon** /buːn/ SYN
**N** 1 (= *blessing*) bénédiction⁎ f, aubaine f ◆ **it would be a boon if he went** quelle aubaine s'il s'en allait ◆ **this new machine is a great boon** cette nouvelle machine est une bénédiction⁎ ◆ **it is a boon to me** cela m'est très précieux

2 († † = *favour*) faveur f
**COMP boon companion** † N joyeux compère m, compagnon m de virée

**boondocks**⁎ /'buːndɒks/ NPL (US) ◆ **the boondocks** le bled⁎ (pej)

**boondoggle**⁎ /'buːndɒgl/ VI (US) 1 (= work uselessly) passer son temps à des tâches secondaires
2 (esp Pol) créer des emplois bidon⁎

**boonies**⁎ /'buːnɪz/ NPL (US) ⇒ **boondocks**

**boor** /bʊəʳ/ N (coarse) rustre m ; (ill-mannered) malotru(e) m(f), butor m

**boorish** /'bʊərɪʃ/ SYN ADJ rustre, grossier
**boorishly** /'bʊərɪʃlɪ/ ADV [*behave*] en rustre, avec grossièreté ; [*speak*] sans tact
**boorishness** /'bʊərɪʃnɪs/ N manque m de savoir-vivre, grossièreté f

**boost** /buːst/ SYN
**VT** 1 (= *increase*) [+ *price*] hausser, faire monter ; [+ *output, productivity*] accroître, augmenter ; [+ *sales*] stimuler, faire monter en flèche ; [+ *product*] promouvoir ; [+ *confidence etc*] renforcer ◆ **to boost the economy** stimuler l'économie
2 (= do publicity for) [+ *person, product*] faire de la réclame or du battage⁎ pour
3 (Elec) survolter ; [+ *car engine*] suralimenter ; [+ *spacecraft*] propulser
**N** ◆ **to give a boost to** [+ *economy, sales*] stimuler ; [+ *project*] relancer ◆ **to give a boost to sb's morale** remonter le moral à qn

**booster** /'buːstəʳ/
**N** (Elec) (= device) survolteur m ; (= charge) charge f d'appoint ; (Rad) amplificateur m ; (Rail) booster m ; (Space: also **booster rocket**) fusée f de lancement, booster m ; (Med: also **booster shot**, **booster dose**) (piqûre f de) rappel m ; (US ⁎ = supporter) supporter m actif or enthousiaste
**COMP booster cushion** N (Brit : in car) rehausseur m
**booster seat** N (in car) rehausseur m

**boot¹** /buːt/ SYN
**N** 1 (gen) botte f ; (also **ankle boot**) bottine f, boot m ; [*of soldier, workman etc*] (grosse) chaussure f, brodequin m ◆ **the boot is on the other foot** (Brit) les rôles sont renversés ◆ **to quake** or **shake** or **tremble** or **shiver in one's boots** trembler comme une feuille ◆ **to fill one's boots with sth** (Brit) se remplir les poches de qch ◆ **his heart was in his boots** il avait la mort dans l'âme ◆ **to give sb the boot**⁑ flanquer⁎ qn à la porte, sacquer⁎ qn ◆ **to get** or **be given the boot**⁑ être flanqué⁎ à la porte, être sacqué⁎ ◆ **to put the boot in**⁑ (Brit) (= attack physically) rentrer dans le chou⁑ des gens ; (fig) enfoncer le couteau dans la plaie ◆ **to put the boot into sb/sth**⁑ (Brit) débiner⁎ or éreinter qn/qch ◆ **Boots** † (Brit) garçon m d'hôtel ; → **bet, big, die¹, lick**

2 (Brit) [*of car etc*] coffre m, malle f (arrière)
**VT** 1 (⁎ = kick) donner or flanquer⁎ des coups de pied à ◆ **to boot sb out** (lit, fig) flanquer⁎ qn à la porte
2 (Comput: also **boot up**) amorcer
**COMP boot boy**⁎ N (Brit) skinhead m (qui porte des rangers)
**boot camp** N (US Mil) camp m d'entraînement (pour nouvelles recrues)
**boot-polish** N cirage m
**boot sale** N (Brit) brocante f, vide-grenier m
**boot-scraper** N décrottoir m

**boot²** /buːt/ N ◆ **to boot** par-dessus le marché, en plus, de plus, par surcroît ◆ **and his insolence to boot** sans parler de son insolence

**bootblack** † /'buːtblæk/ N cireur m (de chaussures)

**bootee** /'buːtiː/ N [*of baby*] petit chausson m (tricoté) ; [*of woman*] bottillon m

**booth** /buːð/ N [*of fair*] baraque f (foraine) ; [*of cinema, language laboratory, telephone etc*] cabine f ; [*of restaurant*] box m, (also **voting booth**) isoloir m ◆ **booth-babe**⁎ hôtesse f (dans une foire commerciale)

**bootjack** /'buːtdʒæk/ N tire-botte m

**bootlace** /'buːtleɪs/ N lacet m (de chaussure) ◆ **to pull o.s. up by one's (own) bootlaces** se faire tout seul, se hisser à la force du poignet

**bootleg** /'buːtleg/
**VI** faire de la contrebande d'alcool or de boissons alcoolisées
**VT** vendre or importer en contrebande, fabriquer illicitement

**bootlegger | boss**

**ADJ** [spirits] de contrebande ; [software, tape, copy, edition] pirate

**N** (= illicit recording) enregistrement m pirate

**bootlegger**‡ /'buːtlɛɡəʳ/ **N** bootlegger m

**bootless** /'buːtlɪs/ **ADJ** [1] (= without boots) sans bottes
[2] (liter = to no avail) infructueux

**bootlicker**‡ /'buːtlɪkəʳ/ **N** lèche-botte* mf inv

**bootmaker** /'buːtmeɪkəʳ/ **N** bottier m

**bootstrap** /'buːtstræp/ **N** [1] (lit) tirant m de botte
◆ **to pull o.s. up by one's (own) bootstraps** se faire tout seul, se hisser à la force du poignet
◆ **he's British/a republican etc to his bootstraps** (Austral) il est britannique/républicain etc jusqu'au bout des ongles
[2] (Comput) programme m amorce, amorce f

**booty** /'buːtɪ/ **N** butin m

**booze**‡ /buːz/
**N** (NonC) boisson(s) f(pl) alcoolisée(s) ◆ **bring the booze** apporte à boire ◆ **I'm going to buy some booze** je vais acheter à boire ◆ **to go on the booze** se mettre à picoler‡ ◆ **he's on the booze** il picole‡ ◆ **he's off the booze** il ne boit plus
**VI** picoler‡
**COMP booze cruise N** traversée en ferry pour acheter des boissons alcoolisées bon marché

**booze-up N** (Brit) beuverie f

**boozer**‡ /'buːzəʳ/ **N** [1] (= drunkard) soûlard(e)‡ m(f)
[2] (Brit = pub) bistro(t)* m

**boozy**‡ /'buːzɪ/ **ADJ** [person] pochard‡, soûlard‡
◆ **a boozy party** une (partie de) soûlographie*

**bop¹** /bɒp/
**N** [1] (Mus) bop m
[2] (= dance) ◆ **to have a bop*** guincher*
**VI** guincher*

**bop²**‡ /bɒp/ **VT** (= hit) cogner‡, taper

▶ **bop off VI** (US) filer

**bo-peep** /bəʊ'piːp/ **N** cache-cache m ◆ **Little Bo-Peep** la petite bergère (chanson enfantine)

**boraces** /'bɔːrəˌsiːz/ **NPL** of **borax**

**boracic** /bə'ræsɪk/ **ADJ** borique

**borage** /'bɒrɪdʒ/ **N** bourrache f

**borate** /'bɔːreɪt/ **N** (Chem) borate m

**borax** /'bɔːræks/ **N** (pl **boraxes** or **boraces**) borax m

**borazon** /'bɔːrəzɒn/ **N** (Chem) borazon m

**Bordeaux** /bɔː'dəʊ/
**N** [1] (Geog) Bordeaux ◆ **native of Bordeaux** Bordelais(e) m(f)
[2] (= wine) bordeaux m
**COMP Bordeaux mixture N** (Agr) bouillie f bordelaise

**bordello** /bɔː'deləʊ/ **N** maison f de tolérance

**border** /'bɔːdəʳ/ SYN
**N** [1] (= edge, side) [of lake] bord m, rive f ; [of woods, field] lisière f, bordure f
[2] (Pol, Geog) (= frontier) frontière f ◆ **within the borders of Serbia** à l'intérieur des frontières de la Serbie ◆ **to escape over the border** s'enfuir en passant la frontière ◆ **on the borders of France** aux frontières françaises ; → **Borders**
[3] (fig = boundary) frontière f ◆ **beyond the borders of their homeland** au-delà des frontières de leur pays
[4] (in garden) bordure f, platebande f ; → **herbaceous**
[5] (= edging) [of carpet, dress] bord m ; [of picture] encadrement m, cadre m ◆ **black border** [of notepaper] liseré m noir
**VT** [1] [trees etc = line edges of] border ; (= surround) entourer, encadrer
[2] ◆ **France borders Germany** la France touche à l'Allemagne, la France et l'Allemagne ont une frontière commune
**COMP** [state, post] frontière inv ; [zone, town] frontière inv, frontalier ; [search] à la frontière
**border collie N** border colley m
**border dispute N** différend m sur une question de frontière(s)
**border guard N** garde-frontière mf
**border incident N** incident m de frontière
**bordering countries NPL** pays mpl avoisinants or limitrophes
**border patrol N** (US Police) patrouille f frontalière
**border police N** police f des frontières
**border raid N** incursion f
**border State N** État m frontalier

**border taxes NPL** taxes fpl douanières
**border terrier N** border terrier m, terrier m border

▶ **border (up)on VT FUS** [1] [country etc] être limitrophe de, avoisiner ◆ **the two countries border (up)on one another** les deux pays ont une frontière commune or se touchent ◆ **his estate borders (up)on mine** sa propriété et la mienne se touchent
[2] (fig = come near to being) être voisin or proche de, frôler ◆ **to border (up)on insanity** être voisin or frôler la folie ◆ **it borders (up)on fanaticism** cela touche au fanatisme, cela frise le fanatisme ◆ **with a boldness bordering (up)on insolence** avec une hardiesse qui frise l'insolence

**borderer** /'bɔːdərəʳ/ **N** frontalier m, -ière f

**borderland** /'bɔːdəlænd/ **N** région f limitrophe

**borderline** /'bɔːdəlaɪn/ SYN
**N** ligne f de démarcation
**ADJ** ◆ **it's borderline** c'est un cas limite ◆ **borderline case** cas m limite

**Borders** /'bɔːdəz/ **NPL** (Brit Geog) ◆ **the Borders** la région du sud-est de l'Écosse

**bore¹** /bɔːʳ/ SYN
**VT** [1] [+ hole] percer ; [+ well] forer, creuser ; [+ tunnel] creuser, percer
[2] [+ rock] forer
**VI** forer, sonder ◆ **to bore for oil** forer (le sous-sol) pour extraire du pétrole, rechercher du pétrole par sondage or forage
**N** [1] (also **borehole**) trou m de sonde
[2] [of tube, pipe, shot, gun, wind instrument] calibre m ◆ **a 12-bore shotgun, a 12-bore*** un fusil de (calibre) 12

**bore²** /bɔːʳ/ SYN
**VT** ennuyer, assommer ◆ **to bore sb rigid** or **stiff** or **stupid** or **silly** or **to death** or **to tears*, to bore the pants off sb**‡ pomper l'air à qn*
**N** [1] (= person) raseur m, -euse f, casse-pieds* mf inv, importun(e) m(f) ◆ **what a bore he is!** ce qu'il peut être ennuyeux or raseur !*
[2] († * = nuisance, annoyance) corvée f ◆ **it's a frightful bore** quelle barbe !*, quelle corvée ! ◆ **what a bore this meeting is!** quelle corvée, cette réunion !

**bore³** /bɔːʳ/ **VB** pt of **bear¹**

**bore⁴** /bɔːʳ/ **N** (= tidal wave) mascaret m

**Boreas** /'bɔːrɪəs/ **N** (Myth) Borée m

**bored** /bɔːd/ **ADJ** [person] qui s'ennuie ; [look] de quelqu'un qui s'ennuie ◆ **to be bored (with doing sth)** s'ennuyer (à faire qch) ◆ **I am bored with this work/book/film** ce travail/livre/film m'ennuie ◆ **to be bored rigid** or **stiff** or **stupid** or **silly** or **to death** or **to tears*** s'ennuyer à mourir, s'emmerder‡

**boredom** /'bɔːdəm/ SYN **N** ennui m ◆ **his boredom with the whole proceedings** l'ennui que lui inspirait toute cette cérémonie

**borehole** /'bɔːhəʊl/ **N** trou m de sonde

**borer** /'bɔːrəʳ/ **N** [1] (= tool) (for wood) vrille f, foret m ; (for metal cylinders) alésoir m ; (for a well, mine) foret m, sonde f ; (= person) foreur m, perceur m
[2] (= insect) insecte m térébrant

**boric** /'bɔːrɪk/ **ADJ** borique

**boring¹** /'bɔːrɪŋ/
**N** [of tunnel] percement m ; [of well] forage m ; [of wood] perçage m ; [of metal] perçage m, alésage m (Tech)
**COMP boring machine N** (gen) perforatrice f ; (for metal cylinders) alésoir m

**boring²** /'bɔːrɪŋ/ SYN **ADJ** [person, place, job, life, film, book] ennuyeux ; [colour, taste, food] fade ; [clothes] sans originalité

**boringly** /'bɔːrɪŋlɪ/ **ADV** [speak, write etc] de façon ennuyeuse ◆ **it was boringly predictable** c'était tout ce qu'il y a de plus prévisible

**borlotti bean** /bɔː'lɒtɪ/ **N** variété de haricot rouge

**born** /bɔːn/
**ADJ** [1] né ◆ **to be born** naître ◆ **to be born again** renaître ; see also **comp** ◆ **born in Paris** né à Paris ◆ **the town where he was born** la ville où il est né, sa ville natale ◆ **Napoleon was born in 1769** Napoléon est né en 1769 ◆ **three sons born to her** trois fils nés d'elle ◆ **every baby born into the world** tout enfant qui vient au monde ◆ **when he was born** quand il est né ◆ **she was born blind/deaf** elle est aveugle/sourde, elle est aveugle/sourde de naissance ◆ **the baby born dead** l'enfant était mort-né ◆ **he was born evil** il a de la mauvaise graine* ◆ **he was born stupid** il a toujours été stupide ◆ **a Parisian born and bred** un Parisien de souche ◆ **he wasn't born yesterday*** il n'est pas né d'hier or de la dernière pluie ◆ **in all my born days*** de toute ma vie ◆ **born of poor parents** né de parents pauvres ◆ **people born to riches** ceux qui naissent riches ◆ **poets are born, not made** on naît poète, on ne le devient pas ◆ **qualities born in him** qualités fpl innées (en lui) ◆ **misfortunes born of war** malheurs mpl dus à la guerre ◆ **anger born of frustration** colère f issue de la frustration ◆ **there's one born every minute*** je (or il etc) tombe toujours dans le panneau* ; → **first, highborn, lowborn, newborn, silver, stillborn**
[2] (= innate) ◆ **a born poet** un poète-né ◆ **a born actress** une actrice-née ◆ **born fool** parfait idiot m ; → **loser**
**COMP born-again ADJ** ◆ **born-again Christian** évangéliste mf ◆ **he's a born-again cyclist/socialist etc** (fig = convert) il s'est converti au cyclisme/socialisme etc

**-born** /bɔːn/ **ADJ** (in compounds) ◆ **Chicago-born** originaire de Chicago, né à Chicago ◆ **Australian-born** originaire d'Australie, né en Australie

**borne** /bɔːn/ **VB** ptp of **bear¹**

**Borneo** /'bɔːnɪəʊ/ **N** Bornéo f ◆ **in Borneo** à Bornéo

**boron** /'bɔːrɒn/ **N** bore m

**borosilicate glass** /ˌbɒrəʊ'sɪlɪkət/ **N** verre m de borosilicate

**borough** /'bʌrə/ **N** municipalité f ; (in London) arrondissement m ; (Brit Parl) circonscription f électorale urbaine

**borrow** /'bɒrəʊ/ SYN **VT** [+ money, word, book] emprunter (from à) ; (fig) [+ idea etc] emprunter (from à), adapter (from de) ◆ **a borrowed word** un mot d'emprunt ◆ **a word borrowed from Greek** un mot emprunté au grec ◆ **to borrow trouble** (US) voir toujours tout en noir ◆ **borrow 1** (Math in subtraction) je retiens 1

**borrower** /'bɒrəʊəʳ/ **N** emprunteur m, -euse f

**borrowing** /'bɒrəʊɪŋ/
**N** (Fin, Ling) emprunt m
**COMP borrowing rate N** (Econ, Fin) taux m d'intérêt des emprunts

**borsch(t)** /bɔːʃ(t)/ **N** bortsch or bortch m

**borstal** † /'bɔːstəl/
**N** (Brit Jur) ≈ maison f de redressement †
**COMP borstal boy N** jeune délinquant m

**bort** /bɔːt/, **bortz** /bɔːts/ **N** (Tech) bort m

**borzoi** /'bɔːzɔɪ/ **N** (lévrier m) barzoï m

**bosh** † * /bɒʃ/ **N** niaiseries fpl

**bosk** /bɒsk/, **bosket** /'bɒskɪt/ **N** (= plantation) bosquet m ; (= thicket) fourré m

**bos'n** /'bəʊsn/ **N** ⇒ **boatswain**

**Bosnia** /'bɒznɪə/
**N** Bosnie f
**COMP Bosnia-Herzegovina N** Bosnie-Herzégovine f

**Bosnian** /'bɒznɪən/
**ADJ** bosniaque
**N** Bosniaque mf

**bosom** /'bʊzəm/ SYN
**N** [of person] poitrine f, seins mpl ; [of dress] corsage m ; (fig) sein m, milieu m ◆ **in the bosom of the family** au sein de la famille ◆ **the bosom of the earth** (liter) les entrailles fpl (liter) de la terre
**COMP bosom friend N** ami(e) m(f) intime or de cœur

**bosomy** /'bʊzəmɪ/ **ADJ** à la poitrine généreuse

**boson** /'bəʊzɒn/ **N** (Phys) boson m

**Bosphorus** /'bɒsfərəs/, **Bosporus** /'bɒspərəs/ **N** ◆ **the Bosphorus** le Bosphore

**bosquet** /'bɒskɪt/ **N** ⇒ **bosk**

**BOSS** /bɒs/ **N** (in South Africa) abbrev of **Bureau of State Security**

**boss¹** * /bɒs/ SYN
**N** patron(ne) m(f), chef m ; [of gang etc] caïd‡ m ; (US Pol) chef m (du parti) ◆ **to be one's own boss** être son propre patron ◆ **we'll have to show him who's boss** il va falloir lui montrer qui commande ici ◆ **who's the boss round here?** qui est le chef ici ? ◆ **it's his wife who's the boss** c'est sa femme qui porte la culotte*
**VT** [+ person] mener, régenter ; [+ organization] diriger, faire marcher
**ADJ** (US ‡ = terrific) formidable, terrible*

▶ **boss about\*** , **boss around\*** VT SEP [+ person] mener à la baguette ◆ **I don't like being bossed around** je n'aime pas qu'on me donne des ordres

**boss²** /bɒs/ SYN
 N (= knob) [of shield] ombon m ; [of vault, ceiling] bossage m ; [of machine component] mamelon m, bossage m ; [of propeller] moyeu m
 COMP **boss-eyed** ADJ ◆ **to be boss-eyed** loucher

**bossa nova** /ˌbɒsəˈnəʊvə/ N bossa-nova f

**bossiness\*** /ˈbɒsɪnɪs/ N autoritarisme m

**bossy\*** /ˈbɒsɪ/ ADJ autoritaire, tyrannique ◆ **she's very bossy** elle mène tout le monde à la baguette, c'est un vrai gendarme\*

**Boston** /ˈbɒstən/
 N Boston
 COMP **Boston baked beans** NPL (US) haricots blancs cuits avec du petit salé et de la mélasse **Boston ivy** N (US) vigne f vierge **Boston terrier** N (= dog) boston terrier m, terrier m Boston

**Bostonian** /bɒsˈtəʊnɪən/ N Bostonien(ne) m(f)

**bosun** /ˈbəʊsn/ N ⇒ boatswain

**botanic(al)** /bəˈtænɪk(əl)/ ADJ botanique ◆ **botanic(al) garden(s)** jardin m botanique

**botanical** /bəˈtænɪkəl/ ADJ (gen pl = medicine) médicament m à base de plantes

**botanist** /ˈbɒtənɪst/ N botaniste mf

**botanize** /ˈbɒtənaɪz/ VI herboriser

**botany** /ˈbɒtənɪ/
 N (NonC) botanique f
 COMP **botany wool** N laine f mérinos

**BOTB** /ˌbiːəʊtiːˈbiː/ N (abbrev of **British Overseas Trade Board**) office britannique du commerce extérieur

**botch** /bɒtʃ/ SYN
 VT (also **botch up**) (= repair crudely) rafistoler\* ; (= bungle) bâcler, saboter ◆ **a botched job\*** un travail bâclé or de cochon\*
 N (also **botch-up**) ◆ **to make a botch of sth** bâcler or saboter qch

**both** /bəʊθ/
 ADJ les deux, l'un(e) et l'autre ◆ **both books are his** les deux livres sont à lui, les livres sont à lui tous les deux ◆ **on both sides** des deux côtés, de part et d'autre ◆ **to hold sth in both hands** tenir qch à or des deux mains ◆ **you can't have it both ways** il faut choisir
 PRON tous (les) deux m, toutes (les) deux f, l'un(e) et l'autre m(f) ◆ **both (of them) were there, they were both there** ils étaient là tous les deux ◆ **from both of us** de nous deux ◆ **both of us agree** nous sommes d'accord tous les deux ◆ **both alike** l'un comme l'autre
 ADV ◆ **both this and that** non seulement ceci mais aussi cela, aussi bien ceci que cela ◆ **both you and I saw him** nous l'avons vu vous et moi, vous et moi (nous) l'avons vu ◆ **both Paul and I came** Paul et moi sommes venus tous les deux ◆ **she was both laughing and crying** elle riait et pleurait à la fois ◆ **he can both read and write** il sait et lire et écrire

**bother** /ˈbɒðəʳ/ SYN
 VT (= annoy) ennuyer ; (= pester) harceler ; (= worry) inquiéter, ennuyer ◆ **don't bother me!** laisse-moi tranquille !, fiche-moi la paix ! \*, ne viens pas m'embêter ! \* ◆ **don't bother him with your problems** ne l'embête pas or ne l'ennuie pas avec tes problèmes ◆ **I'm sorry to bother you** je m'excuse de vous déranger ◆ **does it bother you if I smoke?** ça vous dérange si je fume ? ◆ **to bother o.s. about sth** se tracasser au sujet de qch, se mettre martel en tête au sujet de qch ◆ **to be bothered about sb/sth** se faire du souci or s'inquiéter au sujet de qn/qch ◆ **which do you prefer? – I'm not bothered\*** lequel tu préfères ? – ça m'est égal ◆ **it doesn't bother me\*** ça m'est égal ◆ **to get (all hot and) bothered\* (about sth)** se mettre dans tous ses états (à propos de qch) ◆ **I can't be bothered going out** ça m'est égal de sortir, je n'ai pas le courage de sortir ◆ **are you going? – no, I can't be bothered** tu y vas ? – non, je n'en ai pas envie or non, ça me casse les pieds\* ◆ **his leg bothers him a lot** sa jambe le fait pas mal souffrir ◆ **bother that child!** quelle barbe ce gosse ! \*
 VI se donner la peine (to do sth de faire qch) ◆ **please don't bother to get up!** ne vous donnez pas la peine de vous lever ! ◆ **you needn't bother to come** ce n'est pas la peine de venir ◆ **don't bother about me/about my lunch** ne vous occupez pas de moi/de mon déjeuner, ne

vous tracassez pas pour moi/pour mon déjeuner ◆ **I'll do it – please don't bother** je vais le faire – non ce n'est pas la peine or ne vous donnez pas cette peine ◆ **why bother?** à quoi bon ?
 N \* ① (= nuisance) barbe\* f ◆ **what a bother it all is!** quelle barbe ! \*
 ② (NonC = problems) ennui m, embêtement\* m ◆ **she's having or she's in a spot of bother** elle a des ennuis or des embêtements\* en ce moment ◆ **we had a spot or bit of bother with the car** on a eu un petit embêtement\* avec la voiture
 ③ (= effort) mal m ◆ **to go to (all) the bother of doing sth** se donner beaucoup de mal pour faire qch ◆ **it's not worth (going to) the bother of...** ça ne vaut pas la peine de... ◆ **it is no bother (at all)** il n'y a pas de problème ◆ **he found it without any bother** il l'a trouvé sans aucune difficulté ◆ **he is no bother to look after** il est facile à garder ◆ **save yourself a lot of bother and have it done professionally** épargnez-vous beaucoup de mal et laissez les professionnels s'en occuper
 ④ (Brit \* = violence) bagarre f, baston‡ m or f
 EXCL (esp Brit) \* flûte ! \*, la barbe ! \*

**botheration** †\* /ˌbɒðəˈreɪʃən/ EXCL flûte ! \*, la barbe ! \*

**bothersome\*** /ˈbɒðəsəm/ SYN ADJ ennuyeux, gênant

**Bothnia** /ˈbɒθnɪə/ N ◆ **Gulf of Bothnia** golfe m de Botnie

**Botox** ® /ˈbəʊtɒks/ N Botox m

**Botswana** /ˌbɒtˈswɑːnə/ N Botswana m

**bottle** /ˈbɒtl/
 N ① (= container, contents) bouteille f ; (also **perfume bottle**) flacon m ; (also **medicine bottle**) flacon m, fiole f ; (wide-mouthed) bocal m ; (goatskin) outre f ; (of stone) cruche f, cruchon m ; (for beer) canette f ; (also **baby's bottle**) biberon m ◆ **wine bottle** bouteille f à vin ◆ **to drink a bottle of wine** boire une bouteille de vin ◆ **we'll discuss it over a bottle** nous en discuterons en prenant un verre ◆ **he is too fond of the bottle\*** il aime trop la bouteille ◆ **to take to the bottle\*** se mettre à boire or picoler‡ ◆ **her husband's on the bottle\*** son mari picole\* ◆ **child brought up on the bottle** enfant m élevé or nourri au biberon ; → hot, ink
 ② (Brit \*) ◆ **he's got a lot of bottle** il a un drôle de cran ◆ **to lose one's bottle** perdre courage
 VT [+ wine] mettre en bouteille(s) ; [+ fruit] mettre en bocal or en conserve ◆ **to bottle it** ‡ se dégonfler\*
 COMP **bottle bank** N conteneur m de collecte du verre usagé
 **bottle blonde** N (pej) fausse blonde f
 **bottled beer** N bière f en canette
 **bottled fruit** N fruits mpl en bocal or en conserve
 **bottled gas** N gaz m en bouteille
 **bottled wine** N vin m en bouteille(s)
 **bottle-feed** VT nourrir au biberon
 **bottle glass** N verre m à bouteilles
 **bottle-green** ADJ vert m bouteille m
 **bottle-opener** N décapsuleur m, ouvre-bouteille m
 **bottle party** N soirée f (où chacun apporte une bouteille)
 **bottle rack** N porte-bouteilles m inv, casier m à bouteilles
 **bottle shop** N (Austral) magasin m de vins et spiritueux
 **bottle-top** N capsule f
 **bottle-washer** N laveur m, -euse f de bouteilles, plongeur m, -euse f ; → cook

▶ **bottle out**‡ VI (Brit) se dégonfler\*

▶ **bottle up** VT SEP (fig) [+ feelings etc] contenir, refouler

**bottlebrush** /ˈbɒtlbrʌʃ/
 N rince-bouteille(s) m inv
 COMP **bottlebrush moustache** N moustache f en brosse

**bottleneck** /ˈbɒtlnek/ SYN N (lit) goulot m ; (fig) [road] rétrécissement m de la chaussée ; [traffic] embouteillage m, bouchon m ; [production etc] goulet m d'étranglement

**bottler** /ˈbɒtləʳ/ N (= company) société f de mise en bouteille or d'embouteillage

**bottling plant** /ˈbɒtlɪŋ/ N usine f de mise en bouteille or d'embouteillage

**bottom** /ˈbɒtəm/ SYN
 N ① [of box] (outside) bas m ; (inside) fond m ; [of glass, well] fond m ; [of dress, heap, page] bas m ; [of tree, hill] pied m ; [of sea, lake, river] fond m ; [of garden] fond m, bas m ; [of chair] siège m, fond m ; [of ship] carène f ◆ **"bottom"** (on label) « bas » ◆ **at the bottom of page ten** en or au bas de la page dix ◆ **at the bottom of the hill** au pied or au bas de la colline ◆ **the name at the bottom of the list** le nom en bas de la liste ◆ **he's at the bottom of the list** (fig) il est en queue de liste ◆ **to be at the bottom of the heap** or **pile** (fig) être en bas de l'échelle ◆ **to be (at the) bottom of the class** être le dernier de la classe ◆ **to knock the bottom out of an argument** démolir un argument ◆ **the bottom has fallen out of the market** le marché s'est effondré ◆ **the bottom fell out of his world** son monde s'est effondré or a basculé ◆ **at the bottom of the table** en bout de table, au bout de la table ◆ **the ship went to the bottom** le navire a coulé ◆ **the ship touched the bottom** le navire a touché le fond ◆ **to go bottom up** (= capsize) se renverser ◆ **the ship was floating bottom up** le navire flottait la quille en l'air
 ② (= buttocks) derrière m, postérieur\* m ◆ **bottoms up!** \* cul sec !
 ③ (fig = origin, foundation) base f, origine f ◆ **to be at the bottom of sth** être à l'origine de qch ◆ **to get to the bottom of a mystery** aller jusqu'au fond d'un mystère ◆ **we can't get to the bottom of it** impossible de découvrir le fin fond de cette histoire or affaire
 ◆ **at bottom** au fond
 ADJ [shelf] du bas, inférieur(e) m(f) ; [step, rung etc] premier ; [price] le plus bas ; [part of garden etc] du fond ◆ **bottom dollar** dernier dollar m ; → bet ◆ **to put sth away in one's bottom drawer** (Brit) mettre qch de côté pour son trousseau ◆ **bottom floor** [of building] rez-de-chaussée m ◆ **bottom gear** (in car) première f (vitesse) ◆ **bottom half** [of box] partie f inférieure ; [of class, list] deuxième moitié f ◆ **bottom land** (US) terre f alluviale ◆ **bottom lands** (US) plaine f alluviale ◆ **the bottom line** (= financial result) le résultat financier ◆ **the bottom line is that...** le fond du problème c'est que... ◆ **she says £95 is her bottom line** elle dit qu'elle ne descendra pas en dessous de 95 livres ◆ **the bottom right-hand corner** le coin en bas à droite ◆ **bottom round** (US Culin) gîte m à la noix ; → rock²
 COMP **bottom feeder** N (= fish) espèce f benthique ; (\* pej) (= person) vautour m, charognard m
 **bottom-up** ADJ ◆ **bottom-up design/information** conception f/information f ascendante ◆ **bottom-up planning** planification f de bas en haut or de la base au sommet, planification f pyramidale

▶ **bottom out\*** VI [figures, sales, graph] atteindre son niveau plancher ; [recession] atteindre son plus bas niveau

**bottomless** /ˈbɒtəmlɪs/ SYN ADJ [pit, well] sans fond ; [supply] inépuisable ◆ **he's a bottomless pit\*** il a un appétit d'ogre

**bottommost** /ˈbɒtəmməʊst/ ADJ le plus bas

**bottomry** /ˈbɒtəmrɪ/ N (Marketing) hypothèque f à la grosse aventure

**botulism** /ˈbɒtjʊlɪzəm/ N botulisme m

**bouclé** /buːˈkleɪ/
 N (laine f or tissu m) bouclette f
 ADJ en laine or en tissu bouclette

**boudoir** /ˈbuːdwɑːʳ/ N boudoir m

**bouffant** /ˈbuːfɒŋ/
 N (= hairdo) coiffure f bouffante
 ADJ [hairdo] bouffant

**bougainvill(a)ea** /ˌbuːɡənˈvɪlɪə/ N bougainvillée f, bougainvillier m

**bough** /baʊ/ N (liter) rameau m, branche f

**bought** /bɔːt/ VB pt, ptp of **buy**

**bouillon** /ˈbuːjɒn/
 N bouillon m, consommé m
 COMP **bouillon cube** N bouillon cube m

**boulder** /ˈbəʊldəʳ/
 N rocher m (rond), grosse pierre f ; (smaller) (gros) galet m
 COMP **boulder clay** N (Geol) dépôt m (argileux) erratique

**boulevard** /ˈbuːləvɑːʳ/ N boulevard m

**bounce** /baʊns/ SYN
 VI ① [ball] rebondir ; [person] bondir (into dans ; out of hors de) ◆ **to bounce in/out etc** [person] entrer/sortir etc d'un bond ◆ **the child bounced up and down on the bed** l'enfant faisait des bonds sur le lit ◆ **the car bounced along the road** la voiture faisait des bonds sur la route

◆ **the ball bounced down the stairs** la balle a rebondi de marche en marche ◆ **to bounce off sth** *[light, sound etc]* se réverbérer sur qch ◆ **the heat/light bounced off the white walls** la chaleur/lumière se réverbérait sur les murs blancs, les murs blancs réverbéraient la chaleur/lumière

2 * *[cheque]* être sans provision, être refusé pour non-provision

3 *(= be returned) [e-mail message]* être retourné *or* renvoyé (à l'expéditeur)

VT 1 *[+ ball]* faire rebondir ; *[+ light, heat etc]* renvoyer, réverbérer ◆ **use a mirror to bounce light onto the subject's face** servez-vous d'un miroir pour renvoyer *or* réverbérer la lumière sur le visage du sujet ◆ **they bounce radio waves off the moon** ils émettent des ondes radio qui se réverbèrent sur la surface de la lune ◆ **to bounce one's ideas off sb** * soumettre ses idées à qn, tester ses idées sur qn * ◆ **to bounce sb into doing sth** pousser qn à faire qch

2 (‡ = eject) *[+ person]* vider‡, flanquer * à la porte *(out of* de)

3 * *[+ cheque]* refuser

N 1 *(= rebound) [of ball]* bond *m*, rebond *m*

2 *(= springiness)* ◆ **there's not much bounce in this pitch** les balles ne rebondissent pas bien sur ce terrain

3 *(NonC)* ◆ **this ball hasn't much bounce left** cette balle ne rebondit plus beaucoup ◆ **to give your hair bounce** pour donner du volume à vos cheveux ◆ **he's got plenty of bounce** * il a beaucoup d'allant, il est très dynamique

▸ **bounce back** VI se remettre très vite

**bouncer** /ˈbaʊnsəʳ/ N *(at pub, dance hall etc)* videur *m*

**bouncing** /ˈbaʊnsɪŋ/ SYN

ADJ ◆ **a beautiful bouncing baby** un beau bébé qui respire la santé

COMP **bouncing bomb** N bombe *f* à ricochets

**bouncy** /ˈbaʊnsɪ/

ADJ *[ball, mattress]* élastique ; *[hair]* vigoureux ; *[person]* dynamique, plein d'allant

COMP **bouncy castle** N château *m* gonflable *(servant de trampoline géant pour enfants)*

**bound¹** /baʊnd/ SYN

N *(lit, fig)* ◆ **bounds** limite(s) *f(pl)*, bornes *fpl* ◆ **his ambition knows no bounds** son ambition est sans bornes ◆ **to keep within bounds** *(fig)* rester dans la juste mesure, user de modération ; *(lit)* rester dans les limites ◆ **to break bounds** *(Mil)* violer la consigne ◆ **within the bounds of probability** dans les limites du probable ◆ **within the bounds of possibility** dans la limite du possible ◆ **to go over** *or* **pass over the bounds** dépasser les bornes

◆ **out of bounds** *(place etc)* dont l'accès est interdit ; *(Scol)* interdit aux élèves ; *(Sport)* hors du terrain, sorti ◆ **it's out of bounds to soldiers** c'est interdit *or* consigné aux soldats

VT *(gen pass) [+ country]* borner ◆ **bounded by** borné *or* limité par

**bound²** /baʊnd/ SYN

N bond *m*, saut *m* ◆ **at a bound** d'un saut, d'un bond ; → **leap**

VI *[person]* bondir, sauter ; *[horse]* bondir, faire un bond *or* des bonds ◆ **to bound in/away/back** *etc* entrer/partir/revenir *etc* en bondissant *or* d'un bond ◆ **the horse bounded over the fence** le cheval sauta la barrière (d'un bond)

**bound³** /baʊnd/ SYN

VB (pt, ptp of **bind**)

ADJ 1 lié, attaché ; *(Ling) [morpheme]* lié ◆ **bound hand and foot** pieds *mpl* et poings *mpl* liés ; → **earthbound, icebound, spellbound**

2 *[book etc]* relié ◆ **bound in boards** cartonné

3 *(= obliged)* obligé ◆ **to be bound by law/an oath** *etc* **to do sth** être tenu par la loi/un serment à faire qch ◆ **you are not bound to do it** vous n'êtes pas obligé de le faire ◆ **I am bound to confess** je suis forcé d'avouer ◆ **to feel bound to do sth** se sentir obligé de faire qch ; → **duty, honour**

4 *(= certain)* **to be bound to do sth** ◆ **he's bound to say no** il dira sûrement non ◆ **it is bound to rain** il va sûrement pleuvoir, il ne peut pas manquer de pleuvoir ◆ **it was bound to happen** cela devait arriver, c'était à prévoir

5 *(= destined)* ◆ **bound for** *[person]* en route pour ; *[parcel]* à destination de ; *[train]* en direction de, à destination de ; *[ship, plane]* à destination de, en route pour ; *(= about to leave)* en partance pour ◆ **ship bound for Australia** *(before sailing)* navire *m* en partance pour l'Australie ; *(en route)* navire *m* à destination de *or* en route pour l'Australie ◆ **where are you bound (for)?** où allez-vous ?

**-bound** /baʊnd/ ADJ *(in compounds)* ◆ **Australia-bound** à destination de l'Australie ◆ **Paris-bound traffic** la circulation dans le sens province-Paris ; → **northbound, outward**

**boundary** /ˈbaʊndərɪ/ SYN

N limite *f*, frontière *f* ◆ **to score a boundary** *(Cricket) envoyer une balle jusqu'aux limites du terrain*

COMP **boundary changes** NPL *(Brit Pol)* ◆ **to make boundary changes** effectuer un redécoupage des circonscriptions, redécouper la carte des circonscriptions

**Boundary Commission** N *(Brit Pol) organisme chargé du redécoupage de circonscriptions*

**boundary line** N ligne *f* frontière *inv or* de démarcation ; *(Sport: gen)* limites *fpl* du terrain ; *(Basketball)* ligne *f* de touche

**boundary-stone** N borne *f*, pierre *f* de bornage *(Jur)*

**bounden duty** /ˈbaʊndənˈdjuːtɪ/ N devoir *m* impérieux

**bounder** † * /ˈbaʊndəʳ/ N *(esp Brit)* butor *m*, goujat *m*

**boundless** /ˈbaʊndlɪs/ SYN ADJ *[space]* infini ; *[trust]* illimité ; *[ambition, devotion]* sans bornes

**bounteous** /ˈbaʊntɪəs/, **bountiful** /ˈbaʊntɪfʊl/ ADJ *[harvest]* abondant ; *[rain]* bienfaisant ; *[person]* généreux

**bounty** /ˈbaʊntɪ/

N 1 *(NonC = generosity)* générosité *f*, libéralité *f*

2 *(= gift)* don *m* ; *(= reward)* prime *f*

COMP **bounty-fed farmers** NPL agriculteurs *mpl* qui ne vivent que de subventions

**bounty hunter** N chasseur *m* de primes

**bouquet** /ˈbʊkeɪ/ SYN

N 1 *[of flowers]* bouquet *m*

2 *[of wine]* bouquet *m*

COMP **bouquet garni** N (pl **bouquets garnis**) *(Culin)* bouquet garni *m*

**Bourbon** /ˈbʊəbən/ N *(Hist)* Bourbon *m*

**bourbon** /ˈbɜːbən/ N *(US)* (whisky) bourbon *m*

**bourgeois** /ˈbʊəʒwɑː/ SYN

ADJ bourgeois

N *(pl inv)* bourgeois(e) *m(f)*

**bourgeoisie** /ˌbʊəʒwɑːˈziː/ N bourgeoisie *f*

**bourse** /bʊəs/ N *(Econ)* bourse *f*

**bout** /baʊt/ SYN N 1 *(= period)* période *f* ; *[of malaria etc]* attaque *f*, accès *m* ◆ **bout of rheumatism** crise *f* de rhumatisme ◆ **bout of fever** accès *m* de fièvre ◆ **a bout of bronchitis** une bronchite ◆ **a bout of flu** une grippe ◆ **he's had several bouts of illness** il a été malade plusieurs fois ◆ **a bout of work(ing)** une période de travail intensif ◆ **drinking bout** beuverie *f*

2 *(Boxing, Wrestling)* combat *m* ; *(Fencing)* assaut *m*

**boutique** /buːˈtiːk/ N *(= shop)* boutique *f (de mode ou d'objets branchés)* ◆ **hat/teenage boutique** *(= within a store)* rayon *m* des chapeaux/des jeunes

**Bouvier des Flandres** /ˈbuːvɪeɪdeɪˈflɑːndəz/ N *(= dog)* bouvier *m* des Flandres

**bouzouki** /buːˈzuːkɪ/ N *(Mus)* bouzouki *m*

**bovine** /ˈbəʊvaɪn/ SYN ADJ *(lit, fig)* bovin ◆ **bovine spongiform encephalopathy** encéphalopathie *f* spongiforme bovine

**bovver** ‡ /ˈbɒvəʳ/ N *(Brit)* bagarre *f* ◆ **don't give me no bovver** viens pas me chercher ‡

**bovver** ‡ /ˈbɒvə/ N *(Brit)* ◆ **bovver boy** hooligan *m* ◆ **bovver boots** rangers *mpl*

**bovver boy** ‡ N *(Brit)* loubard * *m*

**bow¹** /bəʊ/ SYN

N 1 *(= weapon etc)* arc *m* ◆ **to draw the bow** tirer à l'arc ; → **crossbow, longbow, string**

2 *(Mus)* archet *m*

3 *(= curve) [of rainbow etc]* arc *m* ; → **saddlebow**

4 *(= knot) [of ribbon etc]* nœud *m*

VI *(Mus)* manier l'archet

COMP **bow and arrow** N *(= child's game)* arc *m* et flèches, jeu *m* de tir à l'arc

**bow compass** N compas *m* à balustre

**bow-legged** ADJ aux jambes arquées

**bow legs** NPL jambes *fpl* arquées

**bow tie** N nœud *m* papillon

**bow window** N bow-window *m (en arc-de-cercle)*

**bow²** /baʊ/ SYN

N *(with head)* salut *m* ; *(with body)* révérence *f* ◆ **to make a (deep) bow** saluer (bas) ◆ **to make a bow to sb** faire un salut à qn, saluer qn ◆ **to give sb a gracious bow** adresser un gracieux salut à qn ◆ **to make one's bow (as a pianist** *etc***)** *(fig)* faire ses débuts (de pianiste *etc*) ◆ **to take a bow** saluer

VI 1 *(in greeting)* saluer, incliner la tête ◆ **to bow to sb** saluer qn ◆ **to bow and scrape** faire des courbettes ; see also **bowing²**

2 *(= bend) [branch etc] (in wind)* fléchir, se courber ; *(under weight)* ployer ; *[person]* se courber

3 *(fig = submit)* s'incliner *(before, to* devant ; *under* sous), se soumettre *(before, to* à ; *under* sous) ◆ **to bow before the storm** laisser passer l'orage ◆ **we must bow to your greater knowledge** *(iro)* nous devons nous incliner devant votre grand savoir ◆ **to bow to sb's opinion** se soumettre à l'opinion de qn ◆ **to bow to the inevitable** s'incliner devant les faits *or* devant l'inévitable ◆ **to bow to the majority** s'incliner devant la majorité

VT courber ◆ **to bow one's back** courber le dos ◆ **to bow one's knee** fléchir le genou ◆ **to bow one's head** pencher *or* courber la tête ◆ **his head was bowed in thought** il méditait la tête penchée ◆ **to bow one's consent** signifier son consentement par une inclination de tête ◆ **to bow sb in/out** faire entrer/faire sortir qn en saluant ◆ **to bow o.s. out** saluer pour prendre congé

▸ **bow down**

VI *(lit, fig)* s'incliner *(to sb* devant qn)

VT SEP *(lit)* faire plier, courber ; *(fig)* écraser, briser

▸ **bow out** VI *(fig)* tirer sa révérence *(fig)* ; see also **bow²**

**bow³** /baʊ/ SYN

N 1 *(often pl) [of ship]* avant *m*, proue *f* ◆ **in the bows** à l'avant, en proue ◆ **on the port bow** par bâbord devant ◆ **on the starboard bow** par tribord devant

2 *(= oarsman)* nageur *m* de l'avant

COMP **bow doors** NPL *(on ferry)* porte(s) *f(pl)* d'étrave

**bow wave** N lame *f or* vague *f* d'étrave

**Bow Bells** /ˈbəʊˈbelz/ NPL *les cloches de l'église de St-Mary-le-Bow à Londres* ◆ **born within the sound of Bow Bells** né en plein cœur de Londres → COCKNEY

**bowdlerization** /ˌbaʊdləraɪˈzeɪʃən/ N expurgation *f*

**bowdlerize** /ˈbaʊdləraɪz/ SYN VT *[+ book]* expurger

**bowel** /ˈbaʊəl/

N *(gen pl: Anat) [of person]* intestin(s) *m(pl)* ; *[of animal]* boyau(x) *m(pl)*, intestin(s) *m(pl)* ◆ **to empty** *or* **relieve one's bowels** déféquer ◆ **bowels** *(fig)* entrailles *fpl* ◆ **bowels of the earth** entrailles *fpl* de la terre ; → **move, movement**

COMP **bowel cancer** N cancer *m* des intestins

**bowel complaint** N dérangement *m* intestinal

**bower** /ˈbaʊəʳ/ N *(= arbour)* tonnelle *f* ; († †, *liter = cottage)* chaumière *f* ; *[of lady]* boudoir *m*

**bowerbird** /ˈbaʊəbɜːd/ N *(oiseau) m* jardinier *m*

**bowie knife** /ˈbəʊɪ/ N couteau *m* de chasse

**bowing¹** /ˈbəʊɪŋ/ N *(Mus)* technique *f* d'archet ; *(marked on score)* indications *fpl* d'archet ◆ **his bowing was very sensitive** il avait un coup d'archet très délicat ◆ **to mark the bowing** indiquer *or* introduire les coups d'archet

**bowing²** /ˈbaʊɪŋ/ N ◆ **bowing and scraping** salamalecs *mpl*, courbettes *fpl* ; see also **bow²**

**bowl¹** /bəʊl/ SYN N 1 *(= container) (gen)* bol *m* ; *(larger)* saladier *m*, jatte *f* ; *(for water)* cuvette *f* ; *(for fruit)* coupe *f* ; *[of beggar]* sébile *f* ; *(US Sport)* championnat *m*, coupe *f* ◆ **a bowl of milk** un bol de lait ◆ **a bowl of water** une cuvette d'eau ◆ **a bowl of punch** un bol de punch ; → **finger, salad, sugar**

2 *[of wineglass]* coupe *f* ; *[of pipe]* fourneau *m* ; *[of spoon]* creux *m* ; *[of lamp]* globe *m* ; *[of lavatory, sink]* cuvette *f*

3 *(Geog)* bassin *m*, cuvette *f*

**bowl²** /bəʊl/

N *(Sport)* boule *f* ◆ **(game of) bowls** *(Brit)* (jeu *m* de) boules *fpl* ; *(in Provence)* pétanque *f*, boules *fpl* ; *(US = skittles)* bowling *m*

VI 1 *(Brit)* jouer aux boules ; *(US)* jouer au bowling ; *(in Provence)* jouer à la pétanque ; *(Cricket)* lancer (la balle) *(to* à)

**bowler | bracket**  ENGLISH-FRENCH  100

[2] ♦ **to bowl down the street** [*person, car*] descendre la rue à bonne allure ♦ **to bowl along, to go bowling along** [*car*] rouler bon train
**VT** [1] (*Sport*) [+ *bowl, hoop*] faire rouler ; [+ *ball*] lancer
[2] (*Cricket*) [+ *ball*] servir ; [+ *batsman*] (also **bowl out**) éliminer (*en lançant la balle contre les guichets*)
▸ **bowl down*** VT SEP renverser
▸ **bowl out** VT SEP [+ *batsman*] éliminer (*en lançant la balle contre les guichets*)
▸ **bowl over** VT SEP [1] [+ *ninepins*] renverser, faire tomber
[2] (*fig*) stupéfier, sidérer* ♦ **she was bowled over by him** (= *impressed*) il l'a éblouie ♦ **he was bowled over to find his wife was expecting twins** quelle émotion d'apprendre que sa femme attendait des jumeaux ♦ **I was bowled over by the beauty of Cornwall** j'ai été émerveillé par la (beauté de la) Cornouailles ♦ **we've been bowled over by the offers of help from the public** nous avons été stupéfaits par toutes ces propositions d'aide (émanant) du public ♦ **I was bowled over with admiration at the way Henry performed** la performance de Henry m'a laissé muet d'admiration

**bowler**[1] /ˈbəʊləʳ/ N (*Brit*) joueur m, -euse f de boules ; (*US*) joueur m, -euse f de bowling ; (*in Provence*) joueur m, -euse f de pétanque, bouliste mf ; (*Cricket*) lanceur m, -euse f (*de la balle*)
**bowler**[2] /ˈbəʊləʳ/ N (*Brit* : also **bowler hat**) (chapeau m) melon m
**bowline** /ˈbəʊlɪn/ N (= *knot*) nœud m de chaise ; (= *rope*) bouline f
**bowling** /ˈbəʊlɪŋ/
N bowling m
COMP **bowling alley** N bowling m
**bowling green** N terrain m de boules (*sur gazon*)
**bowling match** N (*Brit*) concours m de boules ; (*US*) concours m de bowling ; (*in Provence*) concours m de pétanque
**bowman** /ˈbəʊmən/ N (*pl* -**men**) (*Archery*) archer m
**bowshot** /ˈbəʊʃɒt/ N (*Archery*) trajectoire f (*d'une flèche*)
**bowsprit** /ˈbəʊsprɪt/ N beaupré m
**bowstring** /ˈbəʊstrɪŋ/ N corde f
**bow-wow** /ˈbaʊwaʊ/ (*baby talk*)
N toutou m
EXCL /ˌbaʊˈwaʊ/ ouah, ouah !

**box**[1] /bɒks/ SYN
N [1] boîte f ; (= *crate*) caisse f ; (also **cardboard box**) (boîte f en) carton m ; (= *casket*) coffret m ; († = *trunk*) malle f ; (* = *set-top box*) décodeur m, set-top box f ♦ **a box of matches/chocolates** une boîte d'allumettes/de chocolats ♦ **the box*** (*esp Brit*) (= *television*) (à) la télé* ♦ **to be first out of the box with sth** (*US*) être le premier à faire qch ♦ **to come out of the box with sth** (*US*) se lancer dans qch ♦ **to think outside the box** être innovant ♦ **to be out of one's box*** (*Brit*) (*through drink*) être pété** ; (*through drugs*) être défoncé** ; (= *crazy*) être débile * ; → **icebox, letterbox, toolbox**
[2] (*for money*) caisse f ; (*in church*) tronc m ; → **strongbox**
[3] [*of axle, steering*] carter m ; → **axle, gearbox**
[4] (*Theat*) loge f ; [*of coachman*] siège m (du cocher) ; (*for jury, press*) banc m ; (also **witness-box**) barre f ; (*in stable*) box m ; → **horsebox, sentry, signal**
[5] (also **wine box**) cubitainer ® m
[6] (*Sport* = *protection*) coquille f
[7] (* *Ftbl* = *penalty area*) surface f de réparation
[8] (*Brit* = *road junction*) zone f (de carrefour) d'accès réglementé
[9] (*Printing*) encadré m
VT mettre en boîte *or* en caisse *etc*
COMP **box calf** N box(-calf) m
**box camera** N appareil m (photographique) (rudimentaire)
**boxed set** N coffret m
**box file** N boîte f à archives
**box girder** N (*Constr*) poutre-caisson f
**box junction** N (*Brit*) zone f (de carrefour) d'accès réglementé
**box kite** N cerf-volant m cellulaire
**box lunch** N panier-repas m
**box number** N (*Post*: *in newspaper*) référence f d'annonce ; *see also* **post office**
**box pleat** N (*Sewing*) pli m creux
**box spanner** N (*Brit*) clé f polygonale
**box spring** N sommier m à ressorts
**box stall** N (*US*) box m

▸ **box in** VT SEP [+ *bath, sink*] encastrer ♦ **to feel boxed in** se sentir confiné *or* à l'étroit ♦ **house boxed in by tall buildings** maison f coincée entre de grands immeubles
▸ **box off** VT SEP compartimenter
▸ **box up** VT SEP mettre en boîte ; (*fig*) enfermer
**box**[2] /bɒks/ SYN
VI (*Sport*) boxer, faire de la boxe ♦ **to box clever** (*Brit*) bien manœuvrer
VT [1] (*Sport*) boxer avec, boxer *
[2] ♦ **to box sb's ears** chauffer les oreilles à qn, gifler *or* claquer qn, flanquer * une claque *or* une gifle à qn
N ♦ **a box on the ear** une claque, une gifle
**box**[3] /bɒks/
N (= *plant*) buis m
COMP en *or* de buis
**box elder** N négondo m
**boxboard** /ˈbɒksbɔːd/ N carton m d'emballage
**boxcar** /ˈbɒkskɑːʳ/ N [*of train*] wagon m (de marchandises) couvert
**boxer**[1] /ˈbɒksəʳ/ N SYN
N (*Sport*) boxeur m
NPL **boxers** ⇒ **boxer shorts**
COMP **boxer shorts** NPL boxer-short m
**boxer**[2] /ˈbɒksəʳ/ N (= *dog*) boxer m
**boxing** /ˈbɒksɪŋ/ SYN
N boxe f
COMP [*gloves, match*] de boxe
**boxing ring** N ring m (de boxe)
**Boxing Day** /ˈbɒksɪŋdeɪ/ N (*Brit*) le lendemain de Noël

• **BOXING DAY**
•
• **Boxing Day** est un jour férié en Grande-
• Bretagne ; il est fixé le 26 décembre, ou le 27 si
• Noël tombe un samedi. C'était à l'origine le
• jour où l'on donnait les étrennes (une « boîte
• de Noël » ou « Christmas box ») au facteur et
• aux artisans. Aujourd'hui, cette journée est
• surtout consacrée aux sports, au repos ou à la
• poursuite des festivités de Noël.

**box office** /ˈbɒksɒfɪs/ (*Theat*)
N (= *office*) bureau m de location ; (= *window*) guichet m (de location) ♦ **this show will be good box office** ce spectacle fera recette
COMP **box-office attraction** N spectacle m à (grand) succès
**box-office receipts** NPL recette f
**box-office success** N pièce f *etc* qui fait courir les foules *or* qui fait recette ; (= *film*) succès m au box-office
**boxroom** /ˈbɒksrʊm/ N (*Brit*) débarras m
**boxwood** /ˈbɒkswʊd/ N buis m
**boxy*** /ˈbɒksɪ/ ADJ [*building*] en forme de boîte, qui ressemble à une boîte ; [*car*] en forme de caisse à savon
**boy** /bɔɪ/ SYN
N [1] (= *child*) garçon m, enfant m ; (= *young man*) jeune m (homme m), garçon m ; (= *son*) fils m, garçon m ; (*Scol*) élève m, garçon m ♦ **little boy** petit garçon m, garçonnet m ♦ **beggar boy** petit mendiant m ♦ **English boy** petit *or* jeune Anglais m ♦ **come here, my boy** viens ici mon petit *or* mon grand ♦ **bad boy!, naughty boy!** vilain ! ♦ **the Jones boy** le petit Jones ♦ **I lived here as a boy** j'habitais ici quand j'étais petit *or* enfant ♦ **he knew me from a boy** il me connaissait depuis mon (*or* son) enfance, il me connaissait depuis tout petit ♦ **boys will be boys!** les garçons, on ne les changera jamais ! ♦ **he was as much a boy as ever** il était toujours aussi gamin ♦ **sit down, boys** (*Scol*) (*to small boys*) asseyez-vous, mes enfants ; (*to sixth formers etc*) asseyez-vous, messieurs *or* mes amis ; → **choirboy, day, old, page**[2]
[2] (* = *fellow*) ♦ **my dear boy** mon cher (ami) ♦ **old boy** mon vieux ♦ **the old boy** (= *boss*) le patron ; (= *father*) le paternel * ♦ **a night out with the boys** une sortie avec les copains ; → **wide**
[3] (= *native servant*) boy m
EXCL * bigre !
COMP **boy band** N (*Brit Mus*) boys band m
**boy-meets-girl story** N (*film, novel etc*) histoire f romantique conventionnelle
**boy racer*** N (*Brit*) jeune fou m du volant
**Boys' Brigade** N (*Brit*) organisation *de scoutisme*
**boy scout** † N (*Catholic*) scout m ; (*non-Catholic*) éclaireur m
**the boys in blue*** NPL (*Brit*) les défenseurs mpl de l'ordre

**boy soprano** N soprano m
**boy wonder*** N jeune prodige m
**boycott** /ˈbɔɪkɒt/ SYN
VT [+ *person, product, place*] boycotter
N boycottage m, boycott m
**boyfriend** /ˈbɔɪfrend/ SYN N petit ami m
**boyhood** /ˈbɔɪhʊd/ N enfance f, adolescence f
**boyish** /ˈbɔɪɪʃ/ ADJ [*male's behaviour*] d'enfant, de garçon ; [*smile*] gamin ; (*pej*) enfantin, puéril (puérile f) ; (= *tomboyish*) [*girl*] garçonnier ; [*behaviour*] garçonnier, de garçon ♦ **he looks very boyish** il fait très jeune ♦ **his boyish good looks** son air de beau garçon
**boyishly** /ˈbɔɪɪʃlɪ/ ADV comme un garçon ♦ **boyishly cut hair** cheveux mpl coupés à la garçonne
**Boyle's law** /bɔɪlz/ N loi f de la compressibilité des gaz, ≈ loi de Mariotte
**boyo*** /ˈbɔɪəʊ/ N (*Brit dial*) gars * m ♦ **listen, boyo** écoute, mon gars *
**boysenberry** /ˈbɔɪzənbərɪ/ N boysenberry f (*variété de mûre*)
**bozo*** /ˈbəʊzəʊ/ N (*esp US*) bozo * m, drôle de type** m
**BP** /biːˈpiː/ N abbrev of **blood pressure**
**Bp** abbrev of **Bishop**
**bpi** /ˌbiːpiːˈaɪ/ N (abbrev of **bits per inch**) bits mpl par pouce
**bps** /ˌbiːpiːˈes/ N (abbrev of **bits per second**) bits mpl par seconde
**BR** /biːˈɑːʳ/
N (*formerly*) (abbrev of **British Rail**) → **British**
NPL abbrev of **bills receivable**
**Br** N (abbrev of **Brother**) fr
**bra** /brɑː/ N (abbrev of **brassière**) soutien-gorge m ♦ **half-cup bra** balconnet m, soutien-gorge m pigeonnant
**Brabant** /brəˈbænt/ N Brabant m
**brace** /breɪs/ SYN
N [1] attache f, agrafe f ; (*Med*) appareil m orthopédique ; (*Constr*) entretoise f, étrésillon m ; (*US Mil* = *stand to attention*) garde-à-vous m rigide ♦ **brace(s)** (*for teeth*) appareil m dentaire *or* orthodontique ♦ **brace (and bit)** (= *tool*) vilebrequin m (à main)
[2] (*pl inv* = *pair*) [*of animals, pistols*] paire f
[3] (*Mus, Typography*: *also* **brace bracket**) accolade f
NPL **braces** (*Brit Dress*) bretelles fpl
VT [1] (= *support, strengthen*) soutenir, consolider ; [+ *structure*] entretoiser, étrésillonner ; [+ *beam*] armer (*with* de), soutenir
[2] ♦ **to brace o.s.** (*lit*) s'arc-bouter ; (*fig*) rassembler ses forces (*to do sth* à faire qch), fortifier son âme (*to do sth* pour faire qch) ♦ **he braced his leg against the door** il a bloqué la porte avec sa jambe ♦ **brace yourself for the news!** tenez-vous bien que je vous raconte *subj* la nouvelle ! *or* que je vous ai dise une bien bonne ! *
[3] [*climate etc*] fortifier, tonifier
▸ **brace up**
VT SEP [+ *person*] revigorer, remonter ♦ **to brace o.s. up** rassembler ses forces (*to do sth* pour faire qch) (*by having a drink*) reprendre des forces (*hum*)
EXCL ♦ **brace up!** du courage !
**bracelet** /ˈbreɪslɪt/ N [1] bracelet m
[2] ♦ **bracelets*** (= *handcuffs*) menottes fpl, bracelets mpl (*hum*)
**bracer*** /ˈbreɪsəʳ/ N (= *drink*) remontant m
**brachiopod** /ˈbreɪkɪəpɒd/ N brachiopode m
**brachycephalic** /ˌbrækɪsɪˈfælɪk/ ADJ (*Anthropology*) brachycéphale
**brachydactylic** /ˌbrækɪdækˈtɪlɪk/ ADJ brachydactyle
**brachydactylous** /ˌbrækɪˈdæktɪləs/ ADJ brachydactyle
**bracing** /ˈbreɪsɪŋ/ SYN ADJ [*air, climate*] fortifiant, tonifiant ♦ **a bracing wind** un vent vivifiant
**bracken** /ˈbrækən/ N (*NonC*) fougère f
**bracket** /ˈbrækɪt/
N [1] (= *angled support*) support m ; [*of shelf*] tasseau m, équerre f ; (*Archit*) console f, corbeau m
[2] [*of lamp*] fixation f
[3] (= *small shelf*) rayon m, étagère f
[4] (*Typography*) (also **round bracket**) parenthèse f ; (also **square bracket**) crochet m ; (*Mus, Typography*: *also* **brace bracket, curly bracket**) accolade f ♦ **in brackets** entre parenthèses

**5** (fig = group) tranche f ♦ **the lower/upper income bracket** la tranche des petits/des gros revenus ♦ **he's in the £30,000-a-year bracket** il est dans la tranche (de revenus) des 30 000 livres par an ♦ **price bracket** fourchette f de prix ♦ **tax bracket** tranche f d'imposition ♦ **age bracket** classe f d'âge

**VT** 1 (Typography) [+ sentence etc] mettre entre parenthèses or entre crochets

2 (= join by brackets) réunir par une accolade ; (fig : also **bracket together**) [+ names, persons] mettre dans le même groupe or dans la même catégorie ; [+ candidates etc] mettre ex æquo, accoler ; (fig = link in one's mind) mettre dans le même sac ♦ **bracketed first** (Scol, Sport etc) premiers ex æquo

3 (Mil) [+ target] encadrer

**COMP** **bracket lamp** N applique f

**bracketing** /ˈbrækətɪŋ/ N 1 (Gram) parenthésage m

2 (Phot) bracketing m (d'exposition)

**brackish** /ˈbrækɪʃ/ ADJ [water, taste] saumâtre

**bract** /brækt/ N (= leaf) bractée f

**brad** /bræd/
 **N** semence f, clou m de tapissier
 **COMP** **brad awl** N poinçon m

**bradycardia** /ˌbrædɪˈkɑːdɪə/ N (Med) bradycardie f

**bradykinin** /ˌbrædɪˈkaɪnɪn/ N bradykinine f

**brae** /breɪ/ N (Scot) pente f, côte f

**brag** /bræg/ SYN
 **VI** se vanter (about, of de)
 **VT** ♦ **to brag that one has done sth** se vanter d'avoir fait qch
 **N** 1 (= boast) vantardise f, fanfaronnades fpl
 2 ⇒ **braggart**
 3 (Cards) jeu de cartes semblable au poker

**braggadocio** /ˌbrægəˈdəʊtʃɪəʊ/ N fanfaron m

**braggart** /ˈbrægət/ SYN N vantard(e) m(f), fanfaron(ne) m(f)

**bragging** /ˈbrægɪŋ/ N vantardise f (about à propos de)

**Brahma** /ˈbrɑːmə/ N 1 (= god) Brahmâ m
 2 (US = animal) zébu m américain

**Brahman** /ˈbrɑːmən/ N (pl **Brahmans**) 1 (= person) brahmane m
 2 ⇒ **Brahma 2**

**Brahmaputra** /ˌbrɑːməˈpuːtrə/ N Brahmâpoutre m, Brahmâputra m

**Brahmin** /ˈbrɑːmɪn/ N (pl **Brahmin** or **Brahmins**) ⇒ **Brahman 1**

**braid** /breɪd/ SYN
 **VT** 1 (esp US) (= plait) tresser, natter ; (= interweave) entrelacer (with avec)
 2 (= trim with braid) [+ clothing, material] galonner, soutacher
 **N** 1 (esp US) = plait of hair) tresse f, natte f
 2 (NonC = trimming) soutache f, ganse f, galon m ; (Mil) galon m ♦ **gold braid** galon m d'or or doré

**braided** /ˈbreɪdɪd/ ADJ galonné

**brail** /breɪl/ VT [+ sail] carguer

**Braille** /breɪl/
 **N** braille m
 **ADJ** braille inv

**brain** /breɪn/ SYN
 **N** 1 (Anat) cerveau m ; (fig) cerveau m, tête f ♦ **brains** (Anat, Culin) cervelle f ♦ **he's got that on the brain!** il ne pense qu'à ça ! ♦ **he's got politics on the brain** * il n'a que la politique en tête ♦ **his brain reeled** la tête lui a tourné ♦ **to beat sb's brains out** * estourbir qn* ♦ **to blow sb's brains out** * brûler la cervelle à qn ♦ **calves' brain** (Culin) cervelle f de veau ; → **pick, rack¹**
 2 (gen pl = intelligence) ♦ **brains** intelligence f ♦ **he's got brains** il est intelligent ♦ **the brains of the family** c'est le cerveau de la famille ♦ **she's the brain(s) of the operation** c'est elle le cerveau de l'opération
 **VT** (* = knock out) [+ person] assommer
 **COMP** [disease] du cerveau, cérébral ; [operation] au cerveau
 **brain-box*** N tête* f, cerveau m
 **brain-child** N idée f personnelle, invention f personnelle ♦ **it's his brain-child** c'est lui qui l'a inventé
 **brain damage** N lésions fpl cérébrales

**brain-damaged** ADJ atteint de lésions cérébrales ♦ **the accident left him severely brain-damaged** l'accident a provoqué (chez lui) des lésions cérébrales
**brain dead** ADJ (Med) dans un coma dépassé ; (* = stupid) balourd*
**brain death** N mort f cérébrale
**brain drain** N exode m or fuite f des cerveaux
**brain fever** N fièvre f cérébrale
**brain food** N aliments mpl bénéfiques au cerveau
**brain pan** N boîte f crânienne
**brain scan** N scanographie f du cerveau, scanner m cérébral
**brain scanner** N scanner m, tomodensitomètre m
**brains trust** N (= panel of experts) groupe m d'experts or de spécialistes ; (US = advisory experts : also **brain trust**) brain-trust m
**brain surgeon** N neurochirurgien(ne) m(f)
**brain-teaser** N casse-tête f
**brain trust** N (US) → **brains trust**
**brain tumour** N tumeur f au cerveau
**brain wave** N (Brit = idea) idée f géniale, inspiration f
**brain waves** NPL (Psych) ondes fpl cérébrales

**brainless** /ˈbreɪnlɪs/ SYN ADJ [person] sans cervelle, stupide ; [idea] stupide ♦ **to be brainless** [person] n'avoir rien dans la tête

**brainpower** /ˈbreɪnpaʊəʳ/ N intelligence f

**brainstem** /ˈbreɪnstem/ N (Anat) tronc m cérébral

**brainstorm** /ˈbreɪnstɔːm/
 **N** (Med) congestion f cérébrale ; (Brit fig = sudden aberration) moment m d'aberration ; (US = brilliant idea) idée f géniale
 **VI** faire du remue-méninges, faire du brainstorming
 **VT** explorer

**brainstorming** /ˈbreɪnstɔːmɪŋ/
 **N** remue-méninges m, brainstorming m
 **COMP** **brainstorming session** N (séance f de) brainstorming m, séance f de remue-méninges

**brainwash** /ˈbreɪnwɒʃ/ VT faire un lavage de cerveau à ♦ **he was brainwashed into believing that...** on a réussi à lui faire croire or à lui mettre dans la tête que...

**brainwashing** /ˈbreɪnwɒʃɪŋ/ N [of prisoners etc] lavage m de cerveau ; * [of public etc] bourrage* m de crâne, intox* f

**brainwork** /ˈbreɪnwɜːk/ N travail m intellectuel

**brainy*** /ˈbreɪnɪ/ ADJ intelligent, doué

**braise** /breɪz/ VT braiser

**brake¹** /breɪk/ N (= bracken) fougère f ; (= thicket) fourré m

**brake²** /breɪk/ N (= vehicle) break m

**brake³** /breɪk/ SYN
 **N** [of machine, vehicle] frein m ♦ **to put on** or **apply the brakes** freiner ♦ **to act as a brake on sb's activities** mettre un frein aux activités de qn ; → **handbrake, slam on**
 **VI** freiner
 **COMP** **brake band** N bande f de frein
 **brake block** N sabot m or patin m de frein
 **brake cable** N [of vehicle] câble m de frein
 **brake disc** N disque m de frein
 **brake drum** N tambour m de frein
 **brake fluid** N liquide m de freins, lockheed ® m
 **brake horsepower** N puissance f au frein or effective
 **brake lever** N frein m à main
 **brake light** N (feu m de) stop m
 **brake lining** N garniture f de frein
 **brake pad** N plaquette f de frein
 **brake pedal** N pédale f de frein
 **brake shoe** N mâchoire f de frein
 **brake-van** N (Brit) [of train] fourgon m à frein

**brakeman** /ˈbreɪkmən/ N (pl **-men**) (US) chef m de train

**braking** /ˈbreɪkɪŋ/
 **N** freinage m
 **COMP** **braking distance** N distance f de freinage
 **braking power** N puissance f de freinage

**bramble** /ˈbræmbl/ N 1 (= thorny shrub) roncier m, roncière f
 2 (= blackberry) (bush) ronce f des haies, mûrier m sauvage ; (berry) mûre f (sauvage)

**brambling** /ˈbræmblɪŋ/ N (= bird) pinson m du nord

**bran** /bræn/
 **N** son m (de blé)
 **COMP** **bran loaf** N pain m au son

**bran mash** N bran m or son m mouillé
**bran tub** N (Brit) pêche f miraculeuse (jeu)

**branch** /brɑːntʃ/ SYN
 **N** 1 [of tree, candelabra] branche f ; [of river] bras m, branche f ; [of mountain chain] ramification f ; [of road] embranchement m ; [of railway] bifurcation f, raccordement m ; [of pipe] branchement m ; [of family] rameau m, branche f ; (Ling) rameau m ; [of subject, science etc] branche f ; (Admin) division f, section f ♦ **he did not belong to their branch of the service** (Mil) il n'appartenait pas à leur arme ; → **olive, root**
 2 (Comm) [of store] succursale f ; [of company] succursale f, filiale f ; [of bank] agence f, succursale f ; [of police force] antenne f ; [of industry] branche f, secteur m
 3 (Comput) branchement m
 4 (US = stream) ruisseau m
 **VI** 1 [tree] se ramifier
 2 [road] bifurquer ; [river] se diviser ♦ **the road branches off the main road at...** la route quitte la grand-route à...
 **COMP** **branch depot** N (Comm) dépôt m auxiliaire
 **branch line** N [of railway] ligne f secondaire
 **branch manager** N (gen) directeur m de succursale etc ; [of bank] directeur m d'agence or de succursale
 **branch office** N succursale f ; [of bank] agence f, succursale f
 **branch water** * N (US) eau f plate

▸ **branch off** VI [road] bifurquer
▸ **branch out** VI [person, company] étendre ses activités ♦ **the firm is branching out into the publishing business** la compagnie étend ses activités à l'édition

**branchia** /ˈbræŋkɪə/ N (pl **branchiae** /ˈbræŋkiː/) branchie f

**branching** /ˈbrɑːntʃɪŋ/
 **N** (Gram) branchement m, arborescence f
 **COMP** **branching rules** NPL règle f de formation d'arbre

**brand** /brænd/ SYN
 **N** 1 (= trademark : also **brand name**) marque f (de fabrique) ♦ **that rum is an excellent brand** c'est une excellente marque de rhum ♦ **a brand of chocolate** une marque de chocolat
 2 (= mark) [of cattle, property] marque f ; [of prisoner] flétrissure f ; (fig = stigma) marque f, stigmate m
 3 (also **branding-iron**) fer m à marquer
 4 (= burning wood) tison m ; → **firebrand**
 5 ( †, liter = sword) glaive m (liter), épée f
 **VT** [+ cattle, property] marquer ; (fig) [+ person] cataloguer (as comme) ♦ **he was branded (as) a traitor** (fig) on l'a catalogué comme traître ♦ **to brand sth on sb's memory** graver qch dans la mémoire de qn
 **COMP** **brand acceptance** N (Comm) accueil m réservé à une (or la) marque
 **brand awareness** N (Comm) notoriété f de (la) marque
 **branded goods** NPL (Comm) produits mpl de marque
 **brand image** N (Comm) image f de marque
 **branding-iron** N fer m à marquer
 **brand leader** N (Comm) leader m du marché
 **brand loyalty** N (Comm) fidélité f à la marque
 **brand manager** N (Comm) responsable mf de produit
 **brand name** N (Comm) marque f
 **brand-new** ADJ tout neuf (toute neuve f), flambant neuf (neuve f)

**Brandenburg Gate** /ˈbrændənbɜːg/ N ♦ **the Brandenburg Gate** la porte de Brandebourg

**brandish** /ˈbrændɪʃ/ SYN VT brandir

**brandling** /ˈbrændlɪŋ/ N (= worm) ver m annelé or de fumier

**brandy** /ˈbrændɪ/
 **N** cognac m ♦ **brandy and soda** fine f à l'eau ♦ **plum brandy** eau-de-vie f de prune or de quetsche
 **COMP** **brandy butter** N beurre sucré et aromatisé au cognac
 **brandy snap** N (Culin) cornet m croquant

**brash** /bræʃ/ SYN ADJ 1 (= overconfident) [person] effronté, culotté* ; [behaviour, style] impertinent
 2 (= bold) [colour] criard ; [perfume] qui cocotte*

**brashly** /ˈbræʃlɪ/ ADV (pej) [say, behave] avec outrecuidance ♦ **to be brashly confident** or **assertive** faire preuve d'outrecuidance

**brashness | break**

**brashness** /ˈbræʃnɪs/ N (NonC) (pej) ① (= overconfidence) [of person] outrecuidance f
② (= boldness) [of colour] aspect m criard

**Brasilia** /brəˈzɪljə/ N Brasilia

**brass** /brɑːs/ SYN
N ① (NonC) cuivre m (jaune), laiton m ; → **bold**
② (= tablet) plaque f mortuaire (en cuivre)
③ (= object/ornament of brass) objet m/ornement m en cuivre ◆ **to do/clean the brass(es)** faire/astiquer les cuivres ◆ **the brass** (Mus) les cuivres mpl ◆ **the (top) brass** ✱ les huiles ✱ fpl
④ (NonC ✱) (= impudence) toupet m, culot m ; (Brit = money) pognon ✱ m
COMP [ornament etc] en or ou de cuivre
**brass band** N fanfare f, orchestre m de cuivres
**brassed off** ✱ ADJ (Brit) ◆ **to be brassed off with sth** en avoir ras le bol ✱ de qch
**brass farthing** N ◆ **it's not worth a brass farthing** cela ne vaut pas un clou ✱ ou un pet de lapin ✱ ; → **care**
**brass foundry** N fonderie f de cuivre
**brass hat** ✱ N (Mil) huile ✱ f
**brass knuckles** NPL coup m de poing américain
**brass monkey** ✱ N (Brit) ◆ **it's brass monkey weather** ou **brass monkeys, it's cold enough to freeze the balls off a brass monkey** on se les gèle ✱, on caille ✱
**brass neck** ✱ N ◆ **he's got a brass neck** il a du toupet ✱ ou du culot ✱
**brass plate** N plaque f de cuivre ; [of church] plaque f mortuaire or commémorative
**brass ring** N (US fig) ◆ **to go** or **reach for the brass ring** essayer de décrocher la timbale ✱
**brass rubbing** N (= action) décalquage m par frottement ; (= object) décalque m
**brass tacks** ✱ NPL ◆ **to get down to brass tacks** en venir aux faits or aux choses sérieuses

**brasserie** /ˈbrɑːsərɪ/ N brasserie f

**brassica** /ˈbræsɪkə/ N crucifère f, brassicacée f

**brassie** /ˈbrɑːsɪ/ N (Golf) ⇒ **brassy noun**

**brassière** † /ˈbræsɪəʳ/ N soutien-gorge m

**brassware** /ˈbrɑːswɛəʳ/ N (NonC) chaudronnerie f d'art, dinanderie f

**brassy** /ˈbrɑːsɪ/
ADJ ① (= yellow) [hair] d'un blond cuivré artificiel
② (= harsh) [sound] métallique ; [voice] claironnant ; [laugh] éclatant
③ (pej = flashy) [woman] à l'allure tapageuse
④ (✱ pej = impudent) [person] culotté ✱
N (Golf) brassie m

**brat** /bræt/ N (pej) (sale) môme ✱ mf, (sale) gosse ✱ mf ◆ **all these brats** toute cette marmaille ✱ ◆ **one of his brats** un de ses gosses ✱

**Bratislava** /ˌbrætɪˈslɑːvə/ N Bratislava

**bratpack** /ˈbrætpæk/ N jeunes loups mpl

**bravado** /brəˈvɑːdəʊ/ SYN N (pl **bravados** or **bravadoes**) bravade f

**brave** /breɪv/ SYN
ADJ ① [person, smile, attempt, action] courageux ◆ **to be as brave as a lion** être courageux comme un lion, être intrépide ◆ **be brave!** du courage ! ◆ **be brave and tell her** prends ton courage à deux mains et va lui dire ; → **face**
② (liter = fine) beau (belle f), élégant ◆ **it's a brave new world!** (iro) on n'arrête pas le progrès ! (iro)
N ① ◆ **the bravest of the brave** des braves parmi les braves
② (= Indian warrior) guerrier m indien, brave m
VT [+ danger, person, sb's anger] braver, affronter
▶ **brave out** VT SEP ◆ **to brave it out** faire face à la situation

**bravely** /ˈbreɪvlɪ/ ADV [fight, struggle, try, speak, smile] bravement ◆ **the flag was flying bravely** le drapeau flottait fièrement

**bravery** /ˈbreɪvərɪ/ N (NonC) courage m, bravoure f

**bravissimo** /brɑːˈvɪsɪˌməʊ/ EXCL bravissimo

**bravo** /ˈbrɑːˈvəʊ/ EXCL, N (pl **bravoes** or **bravos**) bravo m

**bravura** /brəˈvʊərə/ SYN N (also Mus) bravoure f

**brawl** /brɔːl/ SYN
VI se bagarrer ✱, se quereller
N rixe f, bagarre f ◆ **drunken brawl** querelle f d'ivrognes

**brawler** /ˈbrɔːləʳ/ N adversaire mf (dans une bagarre)

**brawling** /ˈbrɔːlɪŋ/
ADJ bagarreur ✱, querelleur
N rixe f, bagarre f

**brawn** /brɔːn/ SYN N ① (Brit Culin) fromage m de tête
② (= muscle) muscle(s) m(pl) ; (= strength) muscle m ◆ **to have plenty of brawn** être bien musclé, avoir du muscle ◆ **he is all brawn and no brain** (hum) il est tout en muscles et sans cervelle

**brawny** /ˈbrɔːnɪ/ SYN ADJ [arms] musculeux ; [person] musclé

**bray** /breɪ/
N [of ass] braiment m ; [of trumpet] sonnerie f, son m éclatant
VI [ass] braire ; [trumpet] sonner

**braze** /breɪz/ VT souder (au laiton)

**brazen** /ˈbreɪzn/
ADJ ① (pej = shameless) [person, action, attitude, lie] effronté ◆ **I'm brazen about asking for things** je ne me gêne pas pour demander ◆ **they are brazen about their sales tactics** ils ne font pas mystère de leur stratégie de vente ◆ **a brazen hussy** une dévergondée
② (= made of brass) en or de laiton
③ (liter = brass-coloured) [light, sun] cuivré
④ (= harsh) [sound] métallique
VT ◆ **to brazen it out** crâner ✱
COMP **brazen-faced** ADJ effronté

**brazenly** /ˈbreɪznlɪ/ ADV effrontément

**brazier**[1] /ˈbreɪzɪəʳ/ N [of fire] brasero m

**brazier**[2] /ˈbreɪzɪəʳ/ N (= craftsman) chaudronnier m

**Brazil** /brəˈzɪl/ N Brésil m

**brazil** /brəˈzɪl/ N (also **brazil nut**) noix f du Brésil

**Brazilian** /brəˈzɪlɪən/
ADJ brésilien, du Brésil
N Brésilien(ne) m(f)

**BRCS** /ˌbiːɑːsiːˈes/ N (abbrev of **British Red Cross Society**) → **British**

**breach** /briːtʃ/ SYN
N ① (Jur etc = violation) [of agreement] non-respect m ; [of rules, order] infraction f ; [of law] violation f ; [of friendship, good manners, discipline] manquement m (of à) ◆ **breach of contract** rupture f de contrat, inexécution f de contrat ◆ **a breach of decorum** un manquement au protocole ◆ **breach of faith** déloyauté f ◆ **breach of the peace** atteinte f à l'ordre public ◆ **breach of privilege** (US Pol) atteinte f portée aux prérogatives parlementaires ◆ **breach of promise** rupture f de promesse de mariage ◆ **action for breach of promise** ≈ action f en dommages-intérêts (pour rupture de promesse de mariage) ◆ **breach of professional secrecy** violation f du secret professionnel ◆ **breaches in security** des manquements mpl aux règles de sécurité ◆ **breach of trust** abus m de confiance ◆ **players in breach of league rules** les joueurs qui contreviennent au règlement de la ligue ◆ **we are advised that we are not in breach of the law** on nous a fait savoir que nous ne violions pas la loi or que nous n'étions pas dans l'illégalité
② (= estrangement) brouille f, désaccord m
③ (= gap : in wall) brèche f, trou m ◆ **to make a breach in the enemy's lines** (Mil) percer les lignes ennemies ◆ **to make a breach in sb's defences** entamer la résistance de qn, faire une brèche dans la défense de qn ◆ **a breach in relations between the two countries** une rupture des relations entre les deux pays ◆ **to step into the breach** (fig) s'engouffrer dans la brèche
VT ① [+ wall] ouvrir une brèche dans, faire une trouée dans ; (Mil) [+ enemy lines, defences] percer
② ◆ **to breach security** ne pas respecter les règles de sécurité
VI [whale] sauter hors de l'eau

**bread** /brɛd/ SYN
N ① pain m ◆ **a loaf of bread** un pain, une miche de pain ◆ **new bread** pain m frais ◆ **bread fresh from the oven** du pain sortant du four ◆ **an invalid on a diet of bread and milk** un invalide qui se nourrit de pain et de lait ◆ **to put sb on (dry) bread and water** mettre qn au pain (sec) et à l'eau ◆ **the bread and wine** (Rel) les (deux) espèces fpl ◆ **to break bread** (Rel) [congregation] recevoir la communion ; [priest] administrer la communion ◆ **bread and butter** du pain et du beurre ; see also **comp**
② (fig phrases) ◆ **writing is his bread and butter** sa plume est son gagne-pain, il vit de sa plume ◆ **to earn one's bread** gagner son pain or sa vie ◆ **to take the bread out of sb's mouth** ôter à qn le pain de la bouche ◆ **he knows which side his bread is buttered** il sait où est son intérêt ◆ **to throw** or **cast one's bread upon the water(s)** agir de façon désintéressée ◆ **bread and circuses** du pain et des jeux ; → **brown, gingerbread, slice**
③ (✱ = money) fric ✱ m, oseille ✱ f
COMP **bread-and-butter** ADJ (fig) [job etc] alimentaire ; (= reliable) [player etc] sur qui l'on peut compter
**bread-and-butter letter** N lettre f de château, lettre f de remerciements (pour hospitalité reçue)
**bread-and-butter pudding** N pudding m (à base de pain beurré)
**bread line** N (US) file f d'attente pour la soupe populaire ◆ **to be on the bread line** ✱ (Brit) vivre en-dessous du seuil de pauvreté ◆ **to be near the bread line** (Brit) être presque sans le sou
**bread poultice** N cataplasme m à la mie de pain
**bread pudding** N pudding or pouding m
**bread sauce** N sauce f à la mie de pain

**breadbasket** /ˈbrɛdˌbɑːskɪt/
N corbeille f à pain ; (fig) (= granary) grenier m ; (✱ = stomach) estomac m
ADJ (Econ etc) fondamental

**breadbin** /ˈbrɛdbɪn/ N boîte f à pain ; (larger) huche f à pain

**breadboard** /ˈbrɛdbɔːd/ N planche f à pain ; (Comput, Elec) montage m expérimental

**breadbox** /ˈbrɛdbɒks/ N (US) ⇒ **breadbin**

**breadcrumb** /ˈbrɛdkrʌm/ N miette f de pain ◆ **breadcrumbs** (Culin:as topping) chapelure f ◆ **fried in breadcrumbs** pané

**breaded** /ˈbrɛdɪd/ ADJ pané

**breadfruit** /ˈbrɛdfruːt/ N (pl **breadfruit** or **breadfruits**) (= tree) arbre m à pain, artocarpe m ; (= fruit) fruit m à pain

**breadknife** /ˈbrɛdnaɪf/ N (pl **-knives**) couteau m à pain

**breadstick** /ˈbrɛdstɪk/ N gressin m

**breadth** /brɛtθ/ SYN N ① (= width) largeur f ◆ **this field is 100 metres in breadth** ce champ a 100 mètres de large ; see also **hair's breadth** ; → **hair**
② (fig) [of mind, thought] largeur f ; [of style] ampleur f ; (Art) largeur f d'exécution ; (Mus) jeu m large ◆ **breadth of tone** (Mus) ampleur f du son

**breadthwise** /ˈbrɛtθwaɪz/ ADV en largeur, dans la largeur

**breadwinner** /ˈbrɛdˌwɪnəʳ/ N soutien m de famille

**break** /breɪk/ SYN (vb: pret **broke**, ptp **broken**)
N ① (= interruption) (in conversation) interruption f, pause f ; (in TV programme) interruption f ; (in journey) arrêt m ; (Brit Scol) récréation f ◆ **I need a break** (= few minutes) j'ai besoin d'une pause ; (= holiday) j'ai besoin de vacances ; (= change) j'ai besoin de me changer les idées ◆ **to take a break** (= few minutes) faire une pause ; (= holiday) prendre des vacances ; (= change) se changer les idées ◆ **cigarette** or **smoke break** pause-cigarette f ◆ **six hours without a break** six heures de suite, six heures d'affilée ◆ **after the break** (Rad, TV = advertisements) après la publicité ◆ **a break in transmission** (Rad) une interruption (due à un incident technique) ◆ **break in circuit** (Elec) rupture f de circuit ◆ **a break in the clouds** une éclaircie ◆ **a break in the weather** un changement de temps ◆ **with a break in her voice** d'une voix entrecoupée
◆ **to make a break** ◆ **to make a break for it** prendre la fuite ◆ **he made a break for the door** il s'est élancé vers la porte
② (= fracture) cassure f, rupture f ; [of relationship] rupture f, brouille f ◆ **he spoke of the need for a break with the past** il a dit qu'il fallait rompre avec le passé
③ (liter) ◆ **at break of day** au point du jour, à l'aube
④ (✱ = luck, opportunity) chance f, veine ✱ f ◆ **to have a good/bad break** avoir une période de veine ✱/de déveine ✱ ◆ **he's had all the breaks** il a eu toutes les veines ✱ ◆ **she got her first big break in the Broadway play "Sarafina"** elle a percé dans « Sarafina », une pièce montée à Broadway ◆ **to give sb a break** donner une chance à qn ◆ **give me a break!** ✱ (= leave me alone) fichez-moi la paix ! ✱
⑤ (Sport, Snooker) série f ◆ **to have a break of serve** (Tennis) prendre le service de son adversaire, faire le break

**VT** 1 *(= smash, fracture, tear)* casser ; *[+ skin]* écorcher ◆ **to break sth in two** casser qch en deux ◆ **the child has broken all his toys** l'enfant a cassé *or* brisé tous ses jouets ◆ **to break one's neck** se rompre *or* se casser le cou ; see also **breakneck** ◆ **I'll break his neck if I catch him doing that again*** *(fig)* si je l'y reprends, je lui tords le cou* ◆ **to break one's leg** se casser la jambe ◆ **break a leg!*** *(Theat)* merde !* ◆ **the bone is not broken** il n'y a pas de fracture ◆ **his skin is not broken** il ne s'est pas écorché ◆ **to break open** *[+ door]* enfoncer, forcer ; *[+ packet]* ouvrir ; *[+ lock, safe]* fracturer, forcer ◆ **to break ground on a new building** *(US)* commencer la construction d'un nouveau bâtiment, commencer à construire un nouveau bâtiment ◆ **to break new** *or* **fresh ground** *(fig)* innover, faire œuvre de pionnier ◆ **to break one's back** *(lit)* se casser la colonne vertébrale ◆ **he almost broke his back trying to lift the stone** il s'est donné un tour de reins en essayant de soulever la pierre ◆ **he's breaking his back to get the job finished in time** il s'échine à finir le travail à temps ◆ **to break the back of a task** *(Brit)* faire le plus dur *or* le plus gros d'une tâche ◆ **to break sb's heart** briser le cœur de qn ◆ **to break one's heart over sth** avoir le cœur brisé par qch ◆ **it breaks my heart to think that...** cela me brise le cœur de penser que... ; → **ball¹, barrier, bone, bread, code, ice, path¹, record, surface, wind¹**

2 *(= fail to observe)* *[+ promise]* manquer à ; *[+ treaty]* violer ; *[+ commandment]* désobéir à ◆ **to break the law** violer la loi ◆ **to break a vow** rompre un serment ; → **bound¹, camp¹, cover, faith, jail, parole, rank¹, Sabbath**

3 *(= weaken)* *[+ courage, spirit]* abattre, briser ; *[+ strike]* briser ; *[+ horse]* dresser ; *(Mil)* *[+ officer]* casser ◆ **to break sb** *(morally)* causer la perte de qn ; *(financially)* ruiner qn ◆ **this will make or break him** *(financially)* cela fera sa fortune ou sa ruine ; *(morally)* cela sera son salut ou sa perte ◆ **to break sb of a habit** faire perdre une habitude à qn ◆ **to break a habit** se débarrasser *or* se défaire d'une habitude ◆ **to break the bank** *(Betting)* faire sauter la banque ◆ **it won't break the bank*** cela ne va pas te (*or* nous *or* les *etc*) ruiner

4 *(= interrupt)* *[+ silence, spell, fast]* rompre ; *[+ current, circuit]* couper ◆ **to break sb's serve** *(Tennis)* prendre le service de qn ◆ **to break one's journey** faire une étape (*or* des étapes)

5 *[+ fall]* amortir, adoucir

6 *[+ news]* révéler, annoncer ◆ **try to break it to her gently** essayez de le lui annoncer avec ménagement

**VI** 1 *(= fracture)* *(gen)* (se) casser, se briser ; *[stick, rope]* se casser, se rompre ; *[bone]* se casser, se fracturer ; *[heart]* se briser ◆ **to break in two** se casser en deux

2 *[clouds]* se disperser, se dissiper

3 *[storm]* éclater, se déchaîner ; *[wave]* déferler ◆ **she tried to reach the house before the storm broke** elle a essayé d'atteindre la maison avant que l'orage éclate ; → **water**

4 *[news, story]* éclater, se répandre

5 *(= weaken, change)* *[health]* se détériorer ; *[voice]* *(boy's)* muer ; *(in emotion)* se briser, s'étrangler *(with* sous le coup de) ; *[weather]* se gâter ◆ **the heat wave was breaking** la vague de chaleur touchait à sa fin ◆ **he broke under torture** il a craqué sous la torture ◆ **his courage** *or* **spirit broke** son courage l'a abandonné

6 *(in relationship, friendship)* ◆ **to break with sb** rompre avec qn

7 *(Boxing)* se dégager

8 *[dawn]* poindre ; *[day]* se lever, poindre

9 *(= pause)* ◆ **we broke for lunch** nous nous sommes arrêtés *or* nous avons fait une pause pour le déjeuner

10 *(set structures)*

◆ **to break even** rentrer dans ses fonds

◆ **to break free** se libérer, se dégager

◆ **to break loose** *[person, animal]* s'échapper *(from* de) ; *[boat]* rompre ses amarres, partir à la dérive

◆ **to break with sb/sth** rompre avec qn/qch ◆ **to break with tradition/the past** rompre avec la tradition/avec le passé

**COMP** **break dancer** N smurfeur *m*, -euse *f*

**break dancing** N smurf *m*

**break-even chart** N *(Comm)* graphique *m* de rentabilité

**break-even point** N *(Comm)* seuil *m* de rentabilité

**break-in** SYN N cambriolage *m*

**break point** N *(Tennis)* balle *f* de break ; *(Comput)* point *m* de rupture

**break-up** SYN N *[of ship]* dislocation *f* ; *[of ice]* débâcle *f* ; *[of friendship]* rupture *f* ; *[of empire]* démembrement *m* ; *[of political party]* scission *f*, schisme *m*

**break-up value** N *(Fin)* valeur *f* de liquidation

▸ **break away**

**VI** 1 *[piece of cliff, railway coach]* se détacher *(from* de) ; *[boat]* rompre ses amarres, partir à la dérive ◆ **to break away from a group** se séparer d'un groupe

2 *(Football)* déborder ; *(Racing)* s'échapper, se détacher du peloton

**VT SEP** détacher *(from* de)

▸ **break down**

**VI** 1 *(= fail, cease to function)* *[vehicle, machine]* tomber en panne ; *[health]* se détériorer ; *[argument]* s'effondrer ; *[resistance]* céder ; *[negotiations, plan]* échouer ◆ **after negotiations broke down...** après l'échec *m or* la rupture des négociations...

2 *(= weep)* fondre en larmes, éclater en sanglots

3 *(Chem)* *(= decompose)* se décomposer

**VT SEP** 1 *(= demolish)* démolir, mettre en morceaux ; *[+ door]* enfoncer ; *[+ opposition]* briser

2 *(= analyse)* *[+ accounts]* analyser, détailler ; *[+ sales figures, costs]* ventiler ; *[+ substance]* décomposer ◆ **he broke down his argument into three points** il a décomposé son raisonnement en trois points

▸ **break forth** VI *(liter)* *[light, water]* jaillir ; *[storm]* éclater

▸ **break in**

**VI** 1 *(= interrupt, intrude)* interrompre ◆ **to break in on sb/sth** interrompre qn/qch

2 *(= enter illegally)* entrer par effraction

**VT SEP** 1 *[+ door]* enfoncer ; *[+ cask]* défoncer

2 *(= tame, train)* *[+ horse]* dresser ; *(esp US)* *[+ engine, car]* roder ◆ **it took a month to break in my new running shoes** cela a pris un mois avant que mes nouvelles chaussures de course se fassent ◆ **it will take you six months before you're broken in* (to the job)** vous mettrez six mois à vous faire au métier

**N** ◆ **break-in** → **break**

▸ **break into** VT FUS 1 *(= enter illegally)* *[+ house]* entrer par effraction dans ◆ **to break into a safe** fracturer *or* forcer un coffre-fort ◆ **to break into the cashbox** forcer la caisse

2 *(= use part of)* *[+ savings]* entamer ◆ **to break into a new box of sth** entamer une nouvelle boîte de qch

3 *(Comm)* ◆ **to break into a new market** percer sur un nouveau marché ◆ **she finally broke into films after an acclaimed singing career** elle a fini par percer au cinéma après une brillante carrière de chanteuse

4 *(= begin suddenly)* ◆ **to break into song** se mettre à chanter ◆ **she broke into a smile** elle s'est mise à sourire ◆ **he broke into a long explanation** il s'est lancé dans une longue explication ◆ **to break into a trot** *[horse]* prendre le trot ◆ **to break into a run** se mettre à courir

▸ **break off**

**VI** 1 *[piece, twig]* se détacher net, se casser net

2 *(= stop)* s'arrêter *(doing sth* de faire qch) ◆ **he broke off in mid-sentence** il s'est arrêté au milieu d'une phrase ◆ **to break off from work** faire une pause

3 *(= end relationship)* rompre *(with sb* avec qn)

4 *(Snooker)* commencer la partie

**VT SEP** 1 *(gen)* casser, détacher ; *[+ piece of chocolate]* casser

2 *(= end, interrupt)* *[+ engagement, negotiations]* rompre ; *[+ habit]* rompre avec, se défaire de ; *[+ work]* interrompre, cesser

▸ **break out**

**VI** 1 *[epidemic, fire]* éclater, se déclarer ; *[storm, war, argument]* éclater ◆ **to break out in spots** se couvrir de boutons ◆ **to break out into a sweat** suer, prendre une suée* ; *(from fear etc)* commencer à avoir des sueurs froides ◆ **he broke out into a stream of insults** il a déversé un chapelet d'injures

2 *(= escape)* s'échapper, s'évader *(of* de)

**VT FUS** *[+ champagne etc]* sortir

▸ **break through**

**VI** *(Mil)* faire une percée ; *[sun]* percer les nuages

**VT FUS** *[+ defences, obstacles]* enfoncer, percer ◆ **to break through sb's reserve** faire sortir qn de sa réserve ◆ **to break through the crowd** se frayer un passage à travers la foule

▸ **break up**

**VI** 1 *[ice]* craquer, se fêler ; *[road]* être défoncé ; *[ship in storm]* se disloquer ; *[partnership]* cesser, prendre fin ; *[health]* se détériorer ◆ **the weather is breaking up** le temps se gâte ◆ **their marriage broke up** leur couple s'est brisé ◆ **to break up with sb** rompre avec qn

2 *(= disperse)* *[clouds, crowd, meeting]* se disperser ; *[group]* se disperser, se séparer ; *[friends]* se quitter, se séparer ◆ **the schools break up tomorrow** *(Brit)* les vacances (scolaires) commencent demain

3 *(US* = laugh)* se tordre de rire

4 *[telephone line]* couper ◆ **you're breaking up** je ne te capte plus

**VT SEP** 1 *(lit)* mettre en morceaux, morceler ; *[+ house]* démolir ; *[+ ground]* ameublir ; *[+ road]* défoncer ◆ **to break sth up into three pieces** casser qch en trois morceaux

2 *(fig)* *[+ coalition]* briser, rompre ; *[+ empire]* démembrer ◆ **to break up a marriage/a home** désunir un couple/les membres d'une famille ◆ **to do sth to break up one's day** faire qch pour faire une coupure dans la journée

3 *(= disperse)* *[+ crowd, meeting]* disperser ◆ **break it up!** séparez-vous ! ; *(said by policeman)* circulez ! ◆ **police used tear gas to break up the demonstration** la police a utilisé du gaz lacrymogène pour disperser les manifestants

4 *(US* = make laugh)* donner le fou rire à

**N** 1 ◆ **break-up** → **break**

2 ◆ **breaking-up** → **breaking**

**breakable** /ˈbreɪkəbl/ SYN

**ADJ** cassable, fragile

**NPL** **breakables** objets *mpl* fragiles

**breakage** /ˈbreɪkɪdʒ/ N *(in chain)* rupture *f* ; *[of glass, china]* casse *f*, bris *m* ◆ **to pay for breakages** payer la casse

**breakaway** /ˈbreɪkəˌweɪ/

**N** *(separating)* séparation *f* *(from* d'avec), rupture *f* *(from* avec) ; *(Sport)* échappée *f* ; *(Boxing)* dégagement *m*

**ADJ** *[group, movement]* séparatiste, dissident ; *(Pol)* *[state, region]* séparatiste

**breakdown** /ˈbreɪkdaʊn/ SYN

**N** 1 *[of machine, vehicle, electricity supply]* panne *f*

2 *[of communications etc]* rupture *f* ; *[of railway system etc]* interruption *f* (subite) de service ; *(fig)* *[of moral values etc]* érosion *f*, dégradation *f*

3 *(Med)* *(mental)* dépression *f* nerveuse ; *(physical)* effondrement *m*

4 *(= analysis)* analyse *f* ; *(into categories)* décomposition *f* *(into* en) ; *[of sales figures, costs etc]* ventilation *f* ◆ **give me a breakdown of these results** faites-moi l'analyse de ces résultats

5 *(Ecol)* *[of matter]* décomposition *f*

**COMP** *[gang, service]* de dépannage

**breakdown truck, breakdown van** N *(Brit)* dépanneuse *f*

**breaker** /ˈbreɪkəʳ/ N 1 *(= wave)* brisant *m*

2 *[of cars]* *(= person)* casseur *m* ; *(= business)* casse *f* ◆ **to send to the breaker's** *[+ ship, car]* envoyer à la casse ◆ **breaker's yard** casse *f* ; → **housebreaker, lawbreaker**

3 *(= machine)* concasseur *m*, broyeur *m* ; → **icebreaker**

4 *(= CB user)* cibiste *mf*

**breakfast** /ˈbrekfəst/

**N** petit déjeuner *m* ◆ **to have breakfast** déjeuner, prendre le (petit) déjeuner ; → **wedding**

**VI** déjeuner *(off, on* de)

**COMP** **breakfast bar** N bar *m* américain *(dans une cuisine américaine)*

**breakfast cereals** NPL céréales *fpl*

**breakfast cloth** N nappe *f* (ordinaire)

**breakfast cup** N déjeuner *m* *(tasse)*

**breakfast meeting** N petit déjeuner *m* d'affaires

**breakfast room** N salle *f* à manger *(où l'on prend le petit déjeuner)*

**breakfast set** N service *m* à petit déjeuner

**breakfast table** N ◆ **they were still sitting at the breakfast table** ils étaient encore assis à la table du petit déjeuner

**breakfast TV** N la télévision du matin

**breaking** /ˈbreɪkɪŋ/

**N** *[of cup, chair]* bris *m* ; *[of bone, limb]* fracture *f* ; *(Jur)* *[of window, seals]* bris *m* ; *[of promise]* manquement *m* *(of* à) ; *[of treaty, law]* violation *f* *(of* de) ; *[of commandment]* désobéissance *f* *(of* à) ; *[of silence, spell]* rupture *f* ; *[of journey]* interruption *f* *(of* de)

**ADJ** ◆ **breaking news** dernières nouvelles *fpl*

**breaking and entering** N (Jur) effraction f
**breaking-point** N [of object] point m de rupture ◆ **to try sb's patience to breaking-point** pousser à bout la patience de qn ◆ **she has reached breaking-point** elle est à bout, elle n'en peut plus ◆ **the situation has reached breaking-point** (Pol etc) la situation a atteint le point de rupture
**breaking strain, breaking stress** N (Tech) point m de rupture
**breaking-up** N [of school, college] début m des vacances, fin f des cours ; [of meeting etc] clôture f, levée f

**breakneck** /'breɪknek/ ADJ ◆ **at breakneck speed** [run] à une allure folle, à fond de train ; [drive] à une allure folle, à tombeau ouvert

**breakout** /'breɪkaʊt/ N évasion f

**breakthrough** /'breɪkθruː/ SYN
N 1 (Mil) percée f ; (in research etc) découverte f capitale ◆ **a major breakthrough in medical research** une découverte capitale dans le domaine de la recherche médicale ◆ **this summit could represent a significant breakthrough in improving relations between the two countries** ce sommet pourrait constituer une étape décisive dans l'amélioration des relations entre les deux pays
◆ **to make a breakthrough** ◆ **the company looks poised to make a significant breakthrough in China** il est pratiquement certain que cette entreprise va percer sur le marché chinois ◆ **scientists say they have made a breakthrough in finding the cause of this disease** les chercheurs disent qu'ils ont fait une avancée capitale dans la recherche de la cause de cette maladie
**breakthrough bleeding** N (Med) métrorragie f

**breakwater** /'breɪkˌwɔːtər/ SYN N brise-lames m inv, digue f

**bream** /briːm/ N (pl inv) brème f

**breast** /brest/ SYN
N 1 (= chest) [of man, woman] poitrine f ; [of animal] poitrine f, poitrail m ; (Culin) [of chicken] blanc m ; → **beat, clean**
2 [of woman] sein m, mamelle †f (liter) ; [of man] sein m ◆ **baby at the breast** enfant mf au sein
3 (Min) front m de taille ; → **chimney**
VT 1 (= face) [+ waves, storm, danger] affronter
2 [+ hill] atteindre le sommet de ◆ **to breast the tape** (Sport) franchir la ligne d'arrivée (le premier)
**breast cancer** N cancer m du sein
**breast enlargement** N augmentation f mammaire
**breast-fed** ADJ nourri au sein
**breast-feed** VT allaiter, donner le sein à VI allaiter
**breast-feeding** N allaitement m maternel or au sein
**breast milk** N lait m maternel
**breast-pocket** N poche f de poitrine
**breast pump** N tire-lait m inv
**breast-stroke** N brasse f ◆ **to swim breast-stroke** nager la brasse
**breast wall** N (Constr) mur m de soutènement

**breastbone** /'brestbəʊn/ N sternum m ; [of bird] bréchet m

**breastplate** /'brestpleɪt/ N (= armour) plastron m (de cuirasse) ; [of priest] pectoral m

**breastwork** /'brestwɜːk/ N (Mil) parapet m ; (on ship) rambarde f

**breath** /breθ/ SYN
N 1 haleine f, souffle m, respiration f ◆ **bad breath** mauvaise haleine f ◆ **to have bad breath** avoir mauvaise haleine ◆ **to get one's breath back** (esp Brit) reprendre haleine, retrouver son souffle ◆ **to catch one's breath** ◆ **out of breath** à bout de souffle, essoufflé, hors d'haleine ◆ **to take breath** respirer, reprendre haleine ◆ **to take a deep breath** respirer à fond ◆ **take a deep breath!** (fig) accroche-toi bien ! * ◆ **to take sb's breath away** couper le souffle à qn ◆ **save your breath!** inutile de perdre or gaspiller ta salive ! ◆ **to be short of breath** avoir le souffle court ◆ **to gasp for breath** haleter ◆ **to stop for breath** s'arrêter pour reprendre haleine ◆ **below** or **beneath** or **under one's breath** [say, talk] à voix basse, tout bas ◆ **to laugh under one's breath** rire sous cape ◆ **to say sth (all) in one breath** dire qch d'un trait ◆ **it was the breath of life to him** c'était (toute) sa vie, cela lui était aussi précieux que la vie même ◆ **his last** or **dying breath** son dernier soupir ◆ **with one's dying breath**

en mourant ◆ **to draw one's last breath** (liter) rendre l'âme, rendre le dernier soupir ;
→ **hold, same, waste**
2 (air in movement) souffle m ◆ **there wasn't a breath of air** il n'y avait pas un souffle d'air ◆ **to go out for a breath of (fresh) air** sortir prendre l'air ◆ **a breath of fresh air** (fig) une bouffée d'air frais ◆ **a little breath of wind** un (léger) souffle d'air ◆ **not a breath of scandal** pas le moindre soupçon de scandale
**breath test** N alcootest ® m, éthylotest m
**breath-test** VT faire subir l'alcootest ® à

**breathable** /'briːðəbl/ ADJ [air, atmosphere] respirable ; [fabric, garment] respirant

**breathalyse, breathalyze** (US) /'breθəlaɪz/ VT (esp Brit) faire subir l'alcootest ® à

**Breathalyser** ®, **Breathalyzer** ® (US) /'breθəlaɪzər/ N alcootest ® m, éthylomètre m

**breathe** /briːð/ SYN
VI [person, fabric, garment] respirer ◆ **to breathe deeply** or **heavily** (after running etc) haleter, souffler (fort) ; (in illness) respirer péniblement ◆ **to breathe hard** souffler (fort), haleter ◆ **to breathe freely** or **again** or **more easily** (fig) (pouvoir) respirer ◆ **she is still breathing** (= be alive) elle respire encore ◆ **red wine should be allowed to breathe before drinking** il faut faire respirer le vin rouge avant de le boire ◆ **to breathe down sb's neck** (fig) talonner qn ◆ **Newcastle are breathing down Liverpool's neck at the top of the table** Newcastle talonne Liverpool en haut du classement ◆ **I've got the bank manager breathing down my neck** j'ai le directeur de la banque sur le dos
VT 1 [+ air] respirer ◆ **to breathe one's last (breath)** rendre le dernier soupir ◆ **to breathe air into sth** insuffler de l'air or souffler dans qch ◆ **to breathe new life into sb** redonner goût à la vie ou du courage à qn ◆ **to breathe fire over** or **about sth** fulminer contre qch
2 (= utter) [+ sigh] pousser ; [+ prayer] murmurer ◆ **to breathe a sigh of relief** pousser un soupir de soulagement ◆ **don't breathe a word (about it)!** n'en dis rien à personne !, motus (et bouche cousue) !
3 (Ling) aspirer
▶ **breathe in** VI, VT SEP aspirer, inspirer
▶ **breathe out** VI, VT SEP expirer

**breather*** /'briːðər/ N 1 (= short rest) moment m de repos or répit ◆ **to give sb a breather** laisser souffler qn
2 (= fresh air) **let's go (out) for a breather** sortons prendre l'air

**breathily** /'breθɪlɪ/ [speak] d'une voix essoufflée ; [sing] d'une voix sourde

**breathing** /'briːðɪŋ/
N 1 respiration f, souffle m ; [of singer, flautist etc] respiration f ◆ **heavy breathing** respiration f bruyante
2 (Ling) aspiration f ◆ **rough/smooth breathing** (Greek Gram) esprit m rude/doux
**breathing apparatus** N appareil m respiratoire
**breathing space** (fig) ◆ **to give sb a breathing space** donner à qn le temps de souffler or un moment de répit

**breathless** /'breθlɪs/ SYN ADJ 1 (= out of breath) (from exertion) essoufflé, à bout de souffle, hors d'haleine ; (from illness) qui a du mal à respirer ; [voice] essoufflé ◆ **to make sb breathless** essouffler qn ◆ **breathless from doing sth** essoufflé d'avoir fait qch ◆ **at a breathless pace** à une allure folle
2 (emotionally) [excitement] fébrile ◆ **she was breathless with excitement** elle avait le souffle coupé par l'excitation ◆ **he was breathless with anticipation** il retenait son souffle

**breathlessly** /'breθlɪslɪ/ ADV (lit) [say, ask] en haletant, à bout de souffle ; (fig) (= excitedly) [wait, watch] en retenant son souffle

**breathlessness** /'breθlɪsnɪs/ N difficulté f respiratoire

**breathtaking** /'breθteɪkɪŋ/ SYN ADJ époustouflant

**breathtakingly** /'breθteɪkɪŋlɪ/ ADV ◆ **breathtakingly beautiful** d'une beauté à vous couper le souffle ◆ **breathtakingly simple** d'une simplicité stupéfiante

**breathy** /'breθɪ/ ADJ [voice] voilé

**breccia** /'bretʃɪə/ N (Geol) brèche f

**bred** /bred/
VB pt, ptp of **breed**
ADJ (in compounds) ◆ **well-bred** bien élevé ;
→ **country, ill**

**bredren*, bredrin*** /'bredrɪn/ N 1 (= friend) pote m
2 (NonC) ◆ **my bredren** (= my friends) mes potes mpl *

**breech** /briːtʃ/
N 1 [of gun] culasse f
2 (Med) ◆ **breech (birth** or **delivery)** (accouchement m par le siège m ◆ **he was a breech*** il s'est présenté par le siège
VT [+ gun] munir d'une culasse

**breechblock** /'briːtʃblɒk/ N bloc m de culasse

**breechcloth** /'briːtʃklɒθ/ N (US) pagne m (d'étoffe)

**breeches** /'brɪtʃɪz/
NPL ◆ **(pair of) breeches** (also knee breeches) haut-de-chausses m ; (also riding breeches) culotte f (de cheval) ◆ **his wife wears the breeches** c'est sa femme qui porte la culotte
COMP /'brɪtʃɪz/
**breeches buoy** N bouée-culotte f

**breechloader** /'briːtʃˌləʊdər/ N (Mil) arme f qui se charge par la culasse

**breed** /briːd/ SYN (pret, ptp **bred**)
VT [+ animals] élever, faire l'élevage de ; ††
[+ children] élever ; (fig = give rise to) [+ hatred, resentment, violence, confusion, despair] engendrer ◆ **he breeds horses** il fait l'élevage de chevaux, il élève des chevaux ◆ **to breed in/out a characteristic** faire acquérir/faire perdre une caractéristique (par la sélection) ◆ **to be bred for sth/to do sth** [animals] être élevé pour qch/pour faire qch ; [people] être conditionné pour qch/pour faire qch ; → **born, cross, familiarity**
VI [animals] se reproduire, se multiplier ◆ **they breed like rabbits** ils se multiplient comme des lapins
N [of animal] (= race) race f, espèce f ; (within race) type m ; [of plant] espèce f ; (fig) sorte f, espèce f ;
→ **crossbreed, half**

**breeder** /'briːdər/ N 1 (Phys: also **breeder reactor**) sur(ré)générateur m
2 (Agr etc = person) éleveur m, -euse f ;
→ **cattle, plant, stockbreeder**

**breeding** /'briːdɪŋ/ SYN
N 1 (= reproduction) reproduction f, procréation f
2 (Agr = raising) élevage m ; → **cattle**
3 (= upbringing) ◆ **(good) breeding** (bonne) éducation f , bonnes manières fpl , savoir-vivre m ◆ **to lack breeding** manquer de savoir-vivre or d'éducation
4 (Phys) surrégénération f
**breeding ground** N (lit) zone f de reproduction ◆ **breeding ground for revolution/germs** terrain m propice à la révolution/aux microbes ◆ **breeding ground for talent/revolutionaries** pépinière f de talents/de révolutionnaires
**breeding season** N [of animals] saison f des amours

**breeks** /briːks/ NPL (Scot) pantalon m

**breeze**[1] /briːz/ SYN
N 1 (= wind) brise f ◆ **gentle breeze** petite brise f , brise f légère ◆ **stiff breeze** vent m frais ◆ **there is quite a breeze** cela souffle ; → **sea**
2 * ◆ **it's a breeze** c'est facile comme tout, c'est fastoche * ◆ **to do sth in a breeze** faire qch les doigts dans le nez *
VI ◆ **to breeze in/out** etc (jauntily) entrer/sortir etc d'un air dégagé ; (briskly) entrer/sortir etc en coup de vent ◆ **to breeze through sth*** faire qch les doigts dans le nez *

**breeze**[2] /briːz/
N (= cinders) cendres fpl (de charbon)
**breeze block** N (Brit) parpaing m (de laitier)

**breezeway** /'briːzweɪ/ N (US) passage couvert reliant deux bâtiments

**breezily** /'briːzɪlɪ/ ADV jovialement

**breezy** /'briːzɪ/ SYN ADJ 1 (= windy) [day] de brise ; [place] venteux, éventé ◆ **it's breezy today** il y a du vent aujourd'hui
2 (= cheery) [person, manner] pétulant ; [style] pétulant, enlevé ; [melody] enjoué ; [clothes] gai ;
→ **bright**

**Bremen** /'breɪmən/ N (Geog) Brême f

**Bren carrier** /'bren,kærɪər/ N ⇒ **Bren gun carrier**

**Bren gun** /ˈbrenɡʌn/
**N** fusil-mitrailleur *m*
**COMP** **Bren gun carrier** **N** chenillette *f* (pour fusil-mitrailleur)

**Brenner Pass** /ˈbrenəʳ/ **N** (col *m* du) Brenner *m*

**brent goose** /ˌbrentˈɡuːs/ **N** bernache *f* cravant

**brethren** /ˈbreðrɪn/ **NPL** 1 (††, *Rel*) frères *mpl*
2 (= *fellow members*) [*of trade union etc*] camarades *mpl*

**Breton** /ˈbretən/
**ADJ** breton
**N** 1 Breton(ne) *m(f)*
2 (= *language*) breton *m*

**breve** /briːv/ **N** (*Typography*) brève *f* ; (*Mus*) double ronde *f*

**brevet** /ˈbrevɪt/ **N** (*esp Mil*) brevet *m*

**breviary** /ˈbriːvɪərɪ/ **N** bréviaire *m*

**brevity** /ˈbrevɪtɪ/ SYN **N** (= *shortness*) brièveté *f* ; (= *conciseness*) concision *f* ; (= *abruptness*) [*of reply*] laconisme *m* ; [*of manner*] brusquerie *f* ◆ **brevity is the soul of wit** (*Prov*) les plaisanteries les plus courtes sont les meilleures

**brew** /bruː/ SYN
**N** 1 [*of beer*] brassage *m* ; (= *amount brewed*) brassin *m* ; → **home**
2 [*of tea*] infusion *f* ; [*of herbs*] tisane *f* ◆ **what's this brew* in the jug?** (*hum*) qu'est-ce que c'est que ce liquide *or* cette mixture dans la cruche ?
**VT** [+ *beer*] brasser ; [+ *tea*] faire infuser, préparer ; [+ *punch*] préparer, mélanger ; (*fig*) [+ *scheme, mischief, plot*] tramer, mijoter*
**VI** 1 (= *make beer*) brasser, faire de la bière
2 [*beer*] fermenter ; [*tea*] infuser ; (*fig*) [*storm*] couver, se préparer ; [*plot*] se tramer ◆ **there's trouble brewing** il y a de l'orage dans l'air, ça va barder* ◆ **something's brewing** il se trame quelque chose
**COMP** **brew-up*** **N** (*Brit*) ◆ **let's have a brew-up** on va se faire du thé

▸ **brew up**
**VI** 1 (*Brit* * = *make tea*) faire du thé
2 [*storm, dispute*] se préparer, couver
**N** ◆ **brew-up*** → **brew**

**brewer** /ˈbruːəʳ/
**N** brasseur *m*
**COMP** **brewer's droop**‡ **N** (*NonC: Brit hum*) impuissance *f* (passagère) due à l'alcool ◆ **to get brewer's droop** bander mou‡
**brewer's yeast** **N** levure *f* de bière

**brewery** /ˈbruːərɪ/ **N** brasserie *f* (*fabrique*)

**briar** /ˈbraɪəʳ/ **N** ⇒ **brier**

**bribe** /braɪb/ SYN
**N** pot-de-vin *m* ◆ **to take a bribe** se laisser corrompre *or* acheter, accepter un pot-de-vin ◆ **to offer a bribe** faire une tentative de corruption, offrir un pot-de-vin ◆ **I'll give the child a sweet as a bribe to be good** je donnerai un bonbon à l'enfant pour qu'il se tienne tranquille
**VT** acheter, soudoyer ; [+ *witness*] suborner ◆ **to bribe sb into silence** acheter le silence de qn ◆ **to bribe sb to do sth** soudoyer *or* corrompre qn pour qu'il fasse qch ◆ **to let o.s. be bribed** se laisser soudoyer

**bribery** /ˈbraɪbərɪ/ SYN **N** corruption *f* ; (*Jur*) [*of witness*] subornation *f* ◆ **bribery and corruption** (*Jur*) corruption *f* ◆ **open to bribery** corruptible

**bric-à-brac** /ˈbrɪkəbræk/ **N** (*NonC*) bric-à-brac *m* ◆ **bric-à-brac dealer** brocanteur *m*

**brick** /brɪk/
**N** 1 (*for building*) brique *f* ◆ **made of brick** en brique(s) ◆ **it has not damaged the bricks and mortar** ça n'a pas endommagé les murs ◆ **to put one's money into bricks and mortar** investir dans la pierre *or* l'immobilier ◆ **you can't make bricks without straw** (*Prov*) à l'impossible nul n'est tenu (*Prov*) ◆ **he came down on me like a ton of bricks!*** il m'est tombé sur le râble !*, il m'a passé un de ces savons !* ◆ **you might as well talk to a brick wall*** autant parler à un mur ◆ **to run one's head against** *or* **come up against a brick wall** se heurter à un mur ◆ **to drop a brick*** (*fig*) faire une gaffe* *or* une bourde* ; → **built, cat**
2 (*Brit* = *toy*) cube *m* (*de construction*) ◆ **box of bricks** jeu *m* or boîte *f* de construction
3 ◆ **a brick of ice cream** une glace (*empaquetée*)
4 († * = *person*) type *m* sympa*, fille *f* sympa* ◆ **be a brick!** sois sympa* *or* chic !
**COMP** [*house*] en brique(s)
**brick-built** **ADJ** en brique(s)
**brick-kiln** **N** four *m* à briques
**brick red** **N, ADJ** (rouge *m*) brique *inv*

▸ **brick in** **VT SEP** ⇒ **brick up**

▸ **brick off** **VT SEP** [+ *area*] (em)murer

▸ **brick up** **VT SEP** [+ *door, window*] murer

**brickbat** /ˈbrɪkbæt/ **N** (*lit*) morceau *m* de brique ; (* *fig*) critique *f*

**brickie*** /ˈbrɪkɪ/ **N** (*Brit*) abbrev of **bricklayer**

**bricklayer** /ˈbrɪkˌleɪəʳ/ **N** maçon *m*

**bricklaying** /ˈbrɪkˌleɪɪŋ/ **N** (*NonC*) maçonnerie *f*

**brickwork** /ˈbrɪkwɜːk/ **N** briquetage *m*, brique *f*

**brickworks** /ˈbrɪkwɜːks/, **brickyard** /ˈbrɪkjɑːd/ **N** briqueterie *f*

**bridal** /ˈbraɪdl/
**ADJ** [*feast*] de noce(s) ; [*bed, chamber, procession*] nuptial ; [*bouquet*] de la mariée
**COMP** **bridal gown** **N** robe *f* de mariée
**bridal party** **N** famille *f* et amis *mpl* de la mariée
**bridal shop** **N** magasin *m* de robes de mariées
**bridal shower** **N** (*US*) *fête en l'honneur de la future mariée*
**bridal suite** **N** suite *f* nuptiale
**bridal veil** **N** voile *m* de mariée
**bridal wear** **N** (*NonC*) vêtements *mpl* de mariée

**bride** /braɪd/
**N** (*about to be married*) (future) mariée *f* ; (*just married*) (jeune) mariée *f* ◆ **the bride and (bride) groom** les jeunes mariés *mpl* ◆ **the bride of Christ** (*Rel*) l'épouse *f* du Christ
**COMP** **bride price** **N** *dot payée par le fiancé*
**bride-to-be** **N** future mariée *f* ◆ **his bride-to-be** sa future femme, sa promise (*hum*)

**bridegroom** /ˈbraɪdɡruːm/ **N** (*about to be married*) (futur) marié *m* ; (*just married*) (jeune) marié *m*

**bridesmaid** /ˈbraɪdzmeɪd/ **N** demoiselle *f* d'honneur

**bridge¹** /brɪdʒ/ SYN
**N** 1 pont *m* ◆ **to build/throw a bridge across a river** construire/jeter un pont sur un fleuve ◆ **to build bridges between two communities/organizations** jeter un pont entre deux communautés/organisations ◆ **don't cross your bridges before you come to them** (*Prov*) chaque chose en son temps (*Prov*) ◆ **let's cross that bridge when we come to it** on s'occupera de ce problème-là en temps et en heure ; → **burn¹, drawbridge, footbridge**
2 (*on ship*) passerelle *f* (de commandement)
3 [*of nose*] arête *f*, dos *m* ; [*of spectacles*] arcade *f* ; [*of violin*] chevalet *m*
4 (*Dentistry*) bridge *m*
**VT** [+ *river*] construire *or* jeter un pont sur ◆ **to bridge a gap** (*fig*) (*in knowledge, facts*) combler une lacune (*in* dans) ; (*in budget*) combler un trou (*in* dans) ◆ **to bridge the gap** *or* **divide** (*between people*) combler le fossé (*between* entre)
**COMP** **bridge-builder** **N** (*fig*) médiateur *m*, -trice *f*
**bridge-building** **N** (*Mil*) pontage *m* ; (*fig*) efforts *mpl* de rapprochement
**Bridge of Sighs** **N** pont *m* des Soupirs

**bridge²** /brɪdʒ/
**N** (*Cards*) bridge *m* ◆ **to play bridge** bridger, jouer au bridge ; → **auction, contract**
**COMP** **bridge party** **N** soirée *f* or réunion *f* de bridge
**bridge player** **N** bridgeur *m*, -euse *f*
**bridge roll** **N** petit pain *m* (brioché)

**bridgehead** /ˈbrɪdʒhed/ **N** (*Mil*) tête *f* de pont

**bridgework** /ˈbrɪdʒwɜːk/ **N** (*esp US Dentistry*) bridge *m*

**bridging** /ˈbrɪdʒɪŋ/
**N** (*Climbing*) opposition *f*
**COMP** **bridging loan** **N** (*Brit Fin*) prêt-relais *m*

**bridle** /ˈbraɪdl/ SYN
**N** [*of horse*] bride *f* ; (*fig*) frein *m*, contrainte *f*
**VT** [+ *horse*] brider ; [+ *one's emotions*] refréner, tenir en bride ◆ **to bridle one's tongue** se taire, tenir sa langue
**VI** (*in anger*) regimber, se rebiffer ; (*in scorn*) lever le menton (*en signe de mépris*)
**COMP** **bridle path** **N** piste *f* cavalière

**bridleway** /ˈbraɪdlweɪ/ **N** piste *f* cavalière

**brief** /briːf/ SYN
**ADJ** 1 (= *short*) [*period, career, visit, glimpse, moment, interval*] bref ◆ **for a brief moment, I thought she was going to hit him** pour un (bref) instant, j'ai cru qu'elle allait le frapper
2 (= *concise*) [*description, statement*] bref ◆ **a brief note** un mot ◆ **a brief history** un résumé succinct ◆ **I shall be brief** je serai bref ◆ **to be brief, the same thing happened again** bref *or* en deux mots, il s'est passé la même chose
3 (= *skimpy*) [*skirt, shorts*] très court
**N** 1 (= *task*) mission *f* ; (*Jur*) dossier *m* ◆ **their brief is to investigate the cause of the accident** ils ont pour mission d'enquêter sur la cause de l'accident ◆ **she has a brief to prepare a report for 3 June** elle a été chargée de préparer un rapport pour le 3 juin ◆ **to hold a brief for sb** (*Jur*) représenter qn en justice ◆ **I hold no brief for those who...** (*fig*) je ne me fais pas l'avocat *or* le défenseur de ceux qui... ◆ **I hold no brief for him** (*fig*) je ne prends pas sa défense ◆ **to have a watching brief for...** veiller aux intérêts de... ◆ **to take a brief** (*Jur*) accepter de plaider une cause
◆ **in brief** en bref ◆ **in brief then, do you agree?** en bref, vous êtes d'accord ? ◆ **the news in brief** les actualités en bref
2 (*Mil* = *instructions*) briefing *m* ◆ **his brief is to...** la tâche qui lui a été assignée consiste à...
3 (*Brit* * = *lawyer*) avocat *m*
**NPL** **briefs** (= *pants*) slip *m*
**VT** 1 [+ *barrister*] confier une cause à
2 (= *give order to*) briefer, donner des instructions à ; (= *bring up to date*) mettre au courant (*on sth* de qch) ◆ **the pilots were briefed** les pilotes ont reçu leur briefing *or* bref ◆ **we brief our salesmen once a week** nous faisons un briefing hebdomadaire à l'intention de nos représentants

**briefcase** /ˈbriːfkeɪs/ **N** serviette *f* ; (*handleless*) porte-documents *m inv*

**briefer** /ˈbriːfəʳ/ **N** (= *spokesperson*) porte-parole *m inv*

**briefing** /ˈbriːfɪŋ/ SYN **N** (*for soldiers, airmen*) briefing *m*, dernières instructions *fpl* ; (*gen*) briefing *m* ; (= *notes*) notes *fpl*

**briefly** /ˈbriːflɪ/ SYN **ADV** 1 (= *for short time*) [*smile, glance, pause*] un bref instant ; [*speak, visit*] brièvement
2 (= *concisely*) [*tell, reply, describe*] en peu de mots ◆ **put briefly, his argument was this** en deux mots *or* en bref, voici quel était son argument ◆ **the facts, briefly, are these** en deux mots *or* en bref, les faits sont les suivants

**briefness** /ˈbriːfnɪs/ **N** (*NonC*) 1 (= *shortness*) [*of visit, career*] brièveté *f* ; [*of interval*] courte durée *f*
2 (= *conciseness*) [*of description, statement*] brièveté *f*

**brier** /ˈbraɪəʳ/
**N** 1 (= *wood*) (racine *f* de) bruyère *f* ; (also **brier pipe**) pipe *f* de bruyère
2 (= *wild rose*) églantier *m* ; (= *thorny bush*) ronces *fpl* ; (= *thorn*) épine *f*
**COMP** **brier rose** **N** églantine *f*

**brig** /brɪɡ/ **N** (= *ship*) brick *m*

**Brig.** (abbrev of **brigadier**) ◆ **Brig. A. Robert** le général A. Robert

**brigade** /brɪˈɡeɪd/ SYN **N** (*Mil, fig*) brigade *f* ◆ **one of the old brigade** (*fig*) un vétéran, un vieux de la vieille ; → **blue, fire, green**

**brigadier** /ˌbrɪɡəˈdɪəʳ/
**N** (*Brit*) général *m* de brigade
**COMP** **brigadier general** **N** (pl **brigadier generals**) (*US*) (*in army*) général *m* de brigade ; (*in airforce*) général *m* de brigade aérienne

**brigand** /ˈbrɪɡənd/ **N** brigand *m*, bandit *m*

**brigandage** /ˈbrɪɡəndɪdʒ/ **N** brigandage *m*

**brigantine** /ˈbrɪɡəntiːn/ **N** (= *ship*) brigantin *m*

**bright** /braɪt/ SYN
**ADJ** 1 (= *vivid, shining*) [*colour, light*] vif ; [*room, water*] clair ; [*clothes, bird, flower*] (*one colour*) d'une couleur vive ; (*two or more colours*) aux couleurs vives ; [*star, eyes*] brillant ; [*metal*] luisant ◆ **bright red/yellow/blue** rouge/jaune/bleu vif *inv* ◆ **her eyes bright with excitement, she...** les yeux brillants d'excitation, elle...
2 [*day, weather*] radieux ; [*sunshine, sun*] éclatant ◆ **to become brighter** [*weather*] s'éclaircir ◆ **bright intervals** *or* **periods** éclaircies *fpl* ◆ **the outlook is brighter** on prévoit une amélioration (du temps)
3 (= *clever*) [*person*] intelligent ; [*child*] éveillé, intelligent ◆ **she's as bright as a button** elle est très vive d'esprit ◆ **full of bright ideas** plein de bonnes idées ◆ **to have the bright idea of doing sth** avoir la bonne idée de faire qch

4 *(= cheerful) [person, smile, voice]* jovial ◆ **bright and breezy** *[person, manner]* décontracté et jovial

5 *(= promising) [future, outlook, prospects, start]* brillant ; *(= positive) [moment]* bon ◆ **the future looks bright (for him)** l'avenir s'annonce bien (pour lui) ◆ **the outlook is brighter** les perspectives d'avenir sont plus prometteuses ◆ **brighter days** des jours plus heureux ◆ **bright spot** lueur *f* d'espoir ◆ **to look on the bright side** prendre les choses du bon côté ◆ **(looking) on the bright side,...** si l'on prend les choses du bon côté,...

6 ◆ **to be (up) bright and early** se lever de bon matin ◆ **to arrive bright and early** arriver de bon matin

ADV *(liter)* ◆ **to shine bright** briller

COMP **bright-eyed** ADJ *[person]* aux yeux brillants ◆ **bright-eyed idealism** idéalisme *m* fervent ◆ **bright-eyed and bushy-tailed** * en pleine forme

**the bright lights** NPL les lumières *fpl* de la grande ville ◆ **the bright lights of New York** les lumières *fpl* de New York

**bright spark** * N petit(e) futé(e) * *m(f)*

**bright young things** NPL la génération qui monte

**brighten** /ˈbraɪtn/ SYN (also **brighten up**)

VT 1 *(= make cheerful) [+ room, spirits, person]* égayer ; *[+ conversation]* égayer, animer ; *[+ prospects, situation, future]* améliorer

2 *(= make shine)* faire briller, rendre (plus) brillant ; *[+ metal]* faire reluire ; *[+ colour]* aviver

VI 1 *[weather, sky]* s'éclaircir, se dégager

2 *[eyes]* s'éclairer, s'allumer ; *[expression]* s'éclairer, s'épanouir ; *[person]* s'égayer, s'animer ; *[prospects, future]* s'améliorer, se présenter sous un meilleur jour

COMP **brightening agent** N *[of washing powder]* agent *m* blanchissant

**brightly** /ˈbraɪtlɪ/ ADV 1 *(with light) [sparkle]* de mille feux ◆ **to burn brightly** *[fire, substance]* flamber ; *[light]* étinceler ◆ **brightly lit** bien éclairé

2 ◆ **the stars were shining brightly** les étoiles brillaient *(= vividly)* ◆ **brightly coloured** *(one colour)* d'une couleur vive ; *(two or more colours)* aux couleurs vives ◆ **brightly painted** *(one colour)* peint d'une couleur vive ; *(two or more colours)* peint avec des couleurs vives ◆ **brightly patterned** *(one colour)* avec des motifs d'une couleur vive ; *(two or more colours)* avec des motifs aux couleurs vives

3 *(= cheerfully) [say, answer, smile]* jovialement

**brightness** /ˈbraɪtnɪs/

N *(NonC)* 1 *(= vividness) [of colour]* vivacité *f* ; *[of clothes, fire, sunshine, eyes]* éclat *m* ; *[of star, daylight, room]* luminosité *f* ; *[of light]* intensité *f* ; *[of metal]* brillant *m* ; (TV, Comput) *[of screen]* luminosité *f*

2 *(= light)* lumière *f*

3 *(= cheerfulness) [of person, expression, tone]* vivacité *f*, jovialité *f* ; *[of smile]* éclat *m*, jovialité *f*

4 *(= intelligence)* intelligence *f*

5 *(= promise) [of prospects, future]* caractère *m* prometteur

COMP **brightness control** N réglage *m* de la luminosité

**Bright's disease** /ˈbraɪtsdɪˌziːz/ N mal *m* de Bright, néphrite *f* chronique

**brill¹** /brɪl/ N (pl **brill** or **brills**) barbue *f*

**brill²** * /brɪl/ ADJ *(Brit)* (abbrev of **brilliant**) super * *inv*

**brilliance** /ˈbrɪljəns/ SYN, **brilliancy** /ˈbrɪljənsɪ/ N

1 *(= splendour : lit, fig)* éclat *m*, brillant *m*

2 *(= great intelligence)* intelligence *f* supérieure

**brilliant** /ˈbrɪljənt/ SYN ADJ 1 *(= clever) [person, mind, book, performance]* brillant ; *[idea]* génial

2 *(= successful) [career]* brillant ; *[future]* radieux ; *[success]* éclatant ; *[victory]* brillant, éclatant

3 *(= bright) [light, sunshine, colour, smile]* éclatant

4 *(Brit * = excellent)* génial *, super * *inv* ◆ **I'll help – brilliant!** je vais aider – super ! * ◆ **she's brilliant with children** elle est super * avec les enfants ◆ **brilliant at sth** super bon * (bonne * *f*) en qch ◆ **to be brilliant at doing sth** être drôlement * doué pour faire qch ◆ **yoga is brilliant for stress reduction** or **for reducing stress** le yoga est génial * or super * pour combattre le stress

**brilliantine** /ˈbrɪljənˌtiːn/ N brillantine *f*

**brilliantly** /ˈbrɪljəntlɪ/ ADV 1 *(= cleverly) [write, play, perform]* brillamment ; *[simple, funny]* remarquablement

2 *(= superbly) [succeed, work]* magnifiquement ◆ **he was brilliantly successful** il a magnifiquement réussi

3 *(= brightly) [lit, illuminated]* bien ; *[shine]* d'un vif éclat ◆ **to smile brilliantly** sourire de toutes ses dents ◆ **brilliantly coloured** *(one colour)* d'une couleur vive ; *(two or more colours)* aux couleurs vives ◆ **a brilliantly sunny day** une journée radieuse

4 *(Brit * = excellently)* ◆ **she played/drove brilliantly** elle a super bien * joué/conduit

**Brillo** ® /ˈbrɪləʊ/ N (also **Brillo pad**) tampon *m* Jex ®

**brim** /brɪm/ SYN

N *[of cup, hat, lake]* bord *m* ◆ **to be full to the brim with sth** *(lit)* être plein à ras bord de qch ; *(fig)* déborder de qch

VI déborder *(with* de) ◆ **brimming with** *(lit)* plein à ras bord de ; *(fig)* débordant de ◆ **her eyes were brimming with tears** ses yeux étaient *or* elle avait les yeux noyés de larmes

▸ **brim over** VI *(lit, fig)* déborder *(with* de)

**brimful** /ˈbrɪmˈfʊl/ SYN ADJ *(lit)* plein à ras bord ; *(fig)* débordant *(with* de)

**brimless** /ˈbrɪmlɪs/ ADJ *[hat]* sans bord

**brimstone** /ˈbrɪmstəʊn/ N soufre *m* ; → **fire**

**brindle(d)** /ˈbrɪndl(d)/ ADJ moucheté, tavelé

**brine** /braɪn/ N 1 *(= salt water)* eau *f* salée ; *(Culin)* saumure *f*

2 *(liter) (= sea)* mer *f*, océan *m* ; *(= sea water)* eau *f* de mer

**bring** /brɪŋ/ LANGUAGE IN USE 17.1, 26.3 SYN (pret, ptp **brought**)

VT 1 *[+ person, animal, vehicle, peace]* amener ; *[+ object, news, information]* apporter ◆ **to bring sb up/down/across** faire monter/faire descendre/faire traverser qn (avec soi) ◆ **to bring sth up/down** monter/descendre qch ◆ **I brought him up his breakfast** je lui ai monté son petit déjeuner ; → **bacon, bed**

2 *(= cause)* amener ◆ **the hot weather brings storms** le temps chaud provoque *or* amène des orages ◆ **this song brought her international fame** la chanson lui a assuré une renommée internationale ◆ **his books brought him a good income** ses livres lui rapportaient bien *or* lui étaient d'un bon rapport ◆ **to bring good/bad luck** porter bonheur/malheur ◆ **to bring a blush to sb's cheeks** faire rougir qn, faire monter le rouge aux joues de qn ◆ **to bring tears to sb's eyes** faire venir les larmes aux yeux de qn ◆ **that brought him to the verge of insanity** cela l'a mené *or* amené au bord de la folie ◆ **to bring sth (up)on o.s.** s'attirer qch ◆ **to bring sb to book** faire rendre des comptes à qn ◆ **to bring sth to a close** *or* **an end** mettre fin à qch ◆ **to bring sb to his feet** faire lever qn ◆ **to bring sb to justice** traduire qn en justice ◆ **to bring sb low** abaisser qn ◆ **to bring sth to sb's knowledge** signaler qch à qn, porter qch à la connaissance de qn ◆ **to bring sth to mind** rappeler qch, évoquer qch ◆ **to bring sth into question** *(= throw doubt on)* remettre qch en question ◆ **to bring sth to pass** *(liter)* causer qch ◆ **to bring sth to perfection** porter qch à la perfection ◆ **to bring sth into play** *or* **line** faire jouer qch, faire entrer qch en ligne de compte ◆ **to bring sb to his senses** ramener qn à la raison ◆ **to bring into the world** mettre au monde ; → **bear¹, head, light¹**

3 *(+ infin = persuade)* amener *(sb to do sth* qn à faire qch) ◆ **he brought him to understand that...** il l'a amené à comprendre que... ◆ **I cannot bring myself to speak to him** je ne peux me résoudre à lui parler

4 *(Jur)* ◆ **to bring an action against sb** intenter un procès à qn ◆ **to bring a charge against sb** inculper qn ◆ **the case was brought before Lord MacLeod** la cause fut entendue par Lord MacLeod ◆ **to bring evidence** fournir des preuves

COMP **bring-and-buy sale** N *(Brit)* vente *f* de charité *or* de bienfaisance

▸ **bring about** VT SEP 1 *[+ reforms, review]* amener, provoquer ; *[+ war]* causer, provoquer ; *[+ accident]* provoquer, occasionner ; *[+ sb's ruin]* entraîner, amener

2 *[+ boat]* faire virer de bord

▸ **bring along** VT SEP ◆ **to bring sth along (with one)** apporter qch (avec soi) ◆ **to bring sb along (with one)** amener qn (avec soi) ◆ **may I bring along a friend?** est-ce que je peux amener un ami ?

▸ **bring back** VT SEP 1 *[+ person]* ramener ; *[+ object]* rapporter ◆ **to bring a spacecraft back to earth** récupérer un vaisseau spatial ◆ **her holiday brought back her health** ses vacances lui ont rendu la santé ◆ **a rest will bring him back to normal** du repos le remettra d'aplomb

2 *(= call to mind)* rappeler (à la mémoire)

▸ **bring down** VT SEP 1 *(= cause to fall)* abattre ; *(= cause to land) [+ kite etc]* ramener au sol ; *[+ plane]* faire atterrir ; *(= shoot down) [+ animal, bird, plane]* abattre

2 *[+ dictator, government]* faire tomber ; *[+ temperature, prices, cost of living]* faire baisser ; *[+ swelling]* réduire ; *(Math) [+ figure]* abaisser ◆ **his action brought down everyone's wrath upon him** son action lui a attiré *or* lui a valu la colère de tout le monde ; → **house**

▸ **bring forth** VT SEP *(liter) [+ fruit]* produire ; *[+ child]* mettre au monde ; *[+ animal]* mettre bas ; *(fig) [+ protests, criticism]* attirer

▸ **bring forward** VT SEP 1 *[+ person]* faire avancer ; *[+ chair etc]* avancer ; *[+ witness]* produire ; *[+ evidence, proof, argument]* avancer

2 *(= advance time of) [+ meeting]* avancer

3 *(Accounting) [+ figure, amount]* reporter

▸ **bring in** VT SEP 1 *[+ person]* faire entrer ; *[+ object]* rentrer

2 *(= introduce) [+ fashion]* lancer ; *[+ custom, legislation]* introduire ◆ **to bring in the police/the troops** faire intervenir la police/l'armée ◆ **to bring in a bill** *(Parl)* présenter *or* déposer un projet de loi

3 *[+ income]* rapporter ◆ **to bring in interest** rapporter des intérêts

4 *(Jur)* ◆ **to bring in a verdict** *[jury]* rendre un verdict ◆ **to bring in a verdict of guilty** déclarer qn coupable

▸ **bring off** VT SEP 1 *[+ people from wreck]* sauver

2 *[+ plan, aim, deal]* mener à bien ; *[+ attack, hoax]* réussir ◆ **he didn't manage to bring it off** il n'a pas réussi son coup

▸ **bring on** VT SEP 1 *(= cause) [+ illness, quarrel]* provoquer, causer ◆ **to bring on sb's cold** enrhumer qn

2 *(Agr etc) [+ crops, flowers]* faire pousser

3 *(Theat) [+ person]* amener ; *[+ thing]* apporter sur (la) scène

▸ **bring out** VT SEP 1 *[+ person]* faire sortir ; *[+ object]* sortir ; *[+ meaning]* mettre en évidence ; *[+ colour]* faire ressortir ; *[+ qualities]* faire valoir, mettre en valeur ◆ **it brings out the best in him** c'est dans des cas comme celui-là qu'il se montre sous son meilleur jour

2 *[+ book]* publier, faire paraître ; *[+ actress, new product]* lancer

▸ **bring over** VT SEP 1 *[+ person]* amener ; *[+ object]* apporter

2 *(= convert) [+ person]* convertir, gagner *(to* à)

▸ **bring round** VT SEP 1 *(to one's house etc) [+ person]* amener, faire venir ; *[+ object]* apporter ◆ **to bring the conversation round to football** amener la conversation sur le football

2 *[+ unconscious person]* ranimer

3 *(= convert) [+ person]* convertir, gagner *(to* à)

▸ **bring through** VT SEP *[+ sick person]* sauver

▸ **bring to** VT SEP 1 *[+ ship]* arrêter, mettre en panne

2 *[+ unconscious person]* ranimer

▸ **bring together** VT SEP 1 *(= put in touch) [+ people]* mettre en contact, faire se rencontrer

2 *(= end quarrel between)* réconcilier

3 *[+ facts etc]* rassembler

▸ **bring under** VT SEP *(fig)* assujettir, soumettre

▸ **bring up** VT SEP 1 *[+ person]* faire monter ; *[+ object]* monter

2 *[+ child, animal]* élever ◆ **well/badly brought-up child** enfant *m* bien/mal élevé

3 *(= vomit)* vomir, rendre

4 *(= call attention to) [+ fact, allegation, problem]* mentionner ; *[+ question]* soulever ◆ **we shan't bring it up again** nous n'en reparlerons plus

5 *(= stop) [+ person, vehicle]* (faire) arrêter ◆ **the question brought him up short** la question l'a arrêté net

6 *(Jur)* ◆ **to bring sb up before a court** citer *or* faire comparaître qn devant un tribunal

7 ◆ **to bring up to date** *[+ accounts, correspondence etc]* mettre à jour ; *[+ method etc]* moderniser ◆ **to bring sb up to date on sth** mettre qn au courant (des derniers développements) de qch

**brink** /brɪŋk/ SYN N (lit, fig) bord m ◆ **on the brink of sth** à deux doigts de qch, au bord de qch ◆ **on the brink of doing sth** à deux doigts de faire qch, sur le point de faire qch ◆ **to be on the brink** être au bord du précipice ◆ **they pulled back from the brink** ils s'en sont sortis

**brinkmanship** /'brɪŋkmənʃɪp/ N stratégie f de la corde raide ◆ **a game of political brinkmanship has begun at Westminster with the careers of some ministers on the line** les politiciens de Westminster ont entamé une partie de poker, où se joue la carrière de plusieurs ministres

**briny** /'braɪnɪ/
ADJ saumâtre, salé ◆ **the briny deep** (liter) la grande bleue
N ◆ **the briny** †* la grande bleue

**brio** /'briːəʊ/ N brio m

**briony** /'braɪənɪ/ N bryone f

**briquet(te)** /brɪ'ket/ N briquette f, aggloméré m

**brisk** /brɪsk/ SYN ADJ ① [person] (= lively) vif, animé ; (= abrupt in manner) brusque
② [movement] vif, rapide ◆ **brisk pace** allure f (très) vive ◆ **to take a brisk walk** marcher or se promener d'un bon pas ◆ **at a brisk trot** au grand trot ; → **start**
③ [attack] vigoureux, vivement mené ; [trade] actif, florissant ; [demand] important ◆ **business is brisk** les affaires marchent (bien) ◆ **trading was brisk** (on Stock Exchange) le marché était actif ◆ **the betting was brisk** les paris allaient bon train
④ [beer] mousseux ; [champagne, cider] pétillant
⑤ [air, weather, day] frais (fraîche f) et vivifiant

**brisket** /'brɪskɪt/ N poitrine f de bœuf

**briskly** /'brɪsklɪ/ SYN ADV [move] vivement ; [walk] d'un bon pas ; [speak] brusquement ; [act] sans tarder ◆ **these goods are selling briskly** ces articles se vendent (très) bien

**briskness** /'brɪsknɪs/ N ① (= liveliness) [of walk, movement] vivacité f ; [of trade] dynamisme m
② (= abruptness) brusquerie f

**brisling** /'brɪzlɪŋ/ N sprat m

**bristle** /'brɪsl/ SYN
N [of beard, brush] poil m ; [of boar] soie f ; [of plant] poil m ◆ **a brush with nylon bristles** une brosse en nylon ®
VI ① [animal hair] se hérisser ◆ **a shirt bristling with pins** une chemise hérissée d'épingles ◆ **bristling with difficulties** hérissé de difficultés ◆ **a town bristling with police** une ville grouillante de policiers
② (fig) [person] s'irriter (at de), se hérisser ◆ **he bristled at the suggestion** il s'est hérissé à cette suggestion
COMP **bristle brush** N brosse f en soie de sanglier

**bristly** /'brɪslɪ/ ADJ [animal] au(x) poil(s) raide(s) or dur(s) ; [moustache, beard] aux poils raides ; [hair] raide ; [chin, cheek] mal rasé ◆ **you're very bristly today\*** tu piques drôlement aujourd'hui *

**Bristol** /'brɪstəl/ N ◆ **Bristol Channel** canal m de Bristol ◆ **Bristol board** (Art, Comm) bristol m ; → **shipshape**

**bristols**⁎ /'brɪstəlz/ NPL roberts⁎ mpl

**Brit\*** /brɪt/ N Britannique mf

**Britain** /'brɪtən/ N (also **Great Britain**) Grande-Bretagne f → **GREAT BRITAIN, UNITED KINGDOM**

**Britannia** /brɪ'tænɪə/
N Britannia f
COMP **Britannia metal** N métal m anglais

**Britannic** /brɪ'tænɪk/ ADJ ◆ **His** or **Her Britannic Majesty** sa Majesté britannique

**britches** /'brɪtʃəz/ NPL ⇒ **breeches**

**Briticism** /'brɪtɪsɪzəm/ N briticisme m

**British** /'brɪtɪʃ/
ADJ britannique ; (loosely) anglais ; [ambassador, embassy] de Grande-Bretagne ◆ **British English** l'anglais m britannique
NPL **the British** les Britanniques mpl ; (loosely) les Anglais mpl
COMP **British Airports Authority** N administration f des aéroports britanniques ◆ **British Antarctic Territory** N Territoire m britannique de l'Antarctique ◆ **British Asian** ADJ britannique originaire du sous-continent indien N Britannique originaire du sous-continent indien ◆ **the British Broadcasting Corporation** N la BBC ◆ **British Columbia** N Colombie f britannique ◆ **British Columbian** ADJ de la Colombie britannique N habitant(e) m(f) de la Colombie britannique ◆ **the British Commonwealth** N le Commonwealth ◆ **British Council** N British Council m (organisme chargé de promouvoir la langue et la culture britanniques dans le monde) ◆ **British Empire** N (Hist) Empire m britannique ◆ **British Honduras** N Honduras m britannique ◆ **British India** N l'Empire m des Indes ◆ **the British Isles** NPL les îles fpl Britanniques → **GREAT BRITAIN, UNITED KINGDOM** ◆ **British Legion** N organisme d'aide aux anciens combattants → **LEGION** ◆ **the British Library** N la bibliothèque nationale de Grande-Bretagne ◆ **British Lions** NPL (Rugby) équipe de rugby composée d'internationaux anglais, gallois, écossais et irlandais ◆ **British Rail** N (formerly) chemins de fer britanniques ◆ **British Red Cross Society** N Croix f Rouge britannique ◆ **British shorthair** N (= cat) British m or européen m à poil court ◆ **British Summer Time** N l'heure f d'été britannique ◆ **British Telecom** N société britannique de télécommunications

**Britisher\*** /'brɪtɪʃər/ N (US) Britannique mf ; (loosely) Anglais(e) m(f)

**Britishism** /'brɪtɪʃɪzəm/ N (Ling) briticisme m

**Britishness** /'brɪtɪʃnɪs/ N côté m typiquement britannique, britannicité f

**Briton** /'brɪtən/ N ① Britannique mf
② (Hist) Breton(ne) m(f) (de Grande-Bretagne)

**Britpop** /'brɪtpɒp/ N musique pop britannique des années 90

**Brittany** /'brɪtənɪ/
N Bretagne f
COMP **Brittany spaniel** N épagneul m breton

**brittle** /'brɪtl/ SYN
ADJ ① (= breakable) [twig, hair, nails] cassant
② (= fragile) [agreement, peace] fragile
③ [person, personality] sec (sèche f) ; [laugh, voice] crispé
COMP **brittle-bone disease** N (old age) ostéoporose f ; (genetic) maladie f des os de verre, ostéogenèse f imparfaite

**Brittonic** /brɪ'tɒnɪk/ ADJ brittonique

**bro**⁎ /brəʊ/ N (US) ① (= friend) pote\* m ◆ **hi, bro!** salut, vieux\* or mon pote\* !
② (= brother) frangin\* m

**Bro.** (Rel) abbrev of **Brother**

**broach** /brəʊtʃ/ SYN
VT [+ barrel] mettre en perce ; [+ box, supplies] entamer ; [+ subject, topic] entamer, aborder
N (Culin) broche f ; (= tool) perçoir m, foret m

**broad** /brɔːd/ SYN
ADJ ① (= wide) [road, shoulders, smile] large ◆ **the lake is 200 metres broad** le lac a 200 mètres de large or de largeur ◆ **a garden about 6 metres long and 3 metres broad** un jardin d'environ 6 mètres de long et 3 mètres de large ◆ **to grow broader** s'élargir ◆ **to make broader** élargir ◆ **broad in the shoulder** [person] large d'épaules ; [garment] un peu large aux épaules ; see also comp ◆ **broad in the beam** [ship] ventru ; (* : pej) [person] fort de l'arrière-train ◆ **he's got a broad back** (fig) il a bon dos ◆ **it's as broad as it's long\*** (fig) c'est du pareil au même * ◆ **a broad expanse of lawn** une vaste étendue de pelouse ; → **-gauge**
② (= approximate, general) [aims, objectives, term] général ; [phonetic transcription] large ◆ **the broad outlines** les grandes lignes fpl ◆ **in the broadest sense of the word** au sens (le plus) large du terme ◆ **in broad terms** grosso modo ◆ **to be in broad agreement** être d'accord sur l'essentiel ◆ **he distinguished three broad possibilities** il a distingué trois grandes possibilités ◆ **to paint sth with a broad brush** (fig) décrire qch à grands traits ; see also comp ◆ **broad construction** (US Jur) interprétation f large
③ (= wide-ranging) [category, range] large ; [coalition] vaste ; [education] diversifié ; [syllabus] étendu ◆ **a broad spectrum of opinion** un large éventail d'opinions ◆ **a film with broad appeal** un film grand public ◆ **the agreement won broad support in Congress** cet accord a été largement soutenu par le Congrès ◆ **to have broad implications** avoir de vastes implications
④ (= unsubtle) [hint] à peine voilé ; [humour] grivois ; [comedy] grossier ; [joke] gras (grasse f)
⑤ (Ling) [accent] prononcé ◆ **to speak broad Scots** (accent) parler avec un fort accent écossais ; (dialect) s'exprimer en dialecte écossais ◆ **to say sth in broad Yorkshire** dire qch en dialecte du Yorkshire
⑥ (= full) ◆ **in broad daylight** en plein jour ◆ **it was broad daylight** il faisait grand jour
⑦ (= liberal) [mind, ideas] large, libéral
N ① (= widest part) ◆ **the broad of the back** le milieu du dos ◆ **the (Norfolk) Broads** (Geog) les lacs et estuaires du Norfolk
② (US ⁎ pej) (= woman) nana⁎ f ; (= prostitute) putain⁎ f
COMP **broad-based** ADJ [support, government] réunissant des tendances très variées, large ; [tax] à assiette large ◆ **broad bean** N (esp Brit) fève f ◆ **broad-brimmed** ADJ [hat] à larges bords ◆ **broad-brush** ADJ (fig) [analysis, report] schématique, sommaire ◆ **Broad Church** N (Rel) groupe libéral au sein de l'Église anglicane ◆ **the Labour Party is a broad church** le parti travailliste accueille des courants très divers ◆ **broad jump** N (US Sport) saut m en longueur ◆ **broad-minded** SYN ADJ ◆ **he is broad-minded** il a les idées larges ◆ **broad-mindedness** N largeur f d'esprit ◆ **broad-shouldered** ADJ large d'épaules ◆ **broad-spectrum** ADJ (Med) à large spectre, à spectre étendu, polyvalent

**broadband** /'brɔːdbænd/ (Telec)
N transmission f à large bande
ADJ à large bande

**broadcast** /'brɔːdkɑːst/ SYN (pret, ptp **broadcast**)
VT ① [+ news, speech, programme] (Rad) (radio-) diffuser, émettre ; (TV) téléviser, émettre ; (fig) [+ news, rumour etc] répandre ◆ **don't broadcast it!\*** (fig) ne va pas le crier sur les toits !
② (Agr) [+ seed] semer (à la volée)
VI (Rad, TV) [station] émettre ; [actor, interviewee etc] participer à une émission ; [interviewer] faire une émission
N (Rad, TV) émission f ◆ **live/recorded broadcast** émission f en direct/en différé ◆ **repeat broadcast** reprise f, rediffusion f
ADJ (Rad) (radio)diffusé ; (TV) télévisé ◆ **broadcast account of a match** (Rad) reportage m radiodiffusé d'un match ; (TV) reportage m télévisé d'un match ◆ **broadcast journalism** (TV) journalisme m télévisé ; (Rad) journalisme m radio ◆ **broadcast satellite** satellite m de radiodiffusion
ADV [sow] à la volée

**broadcaster** /'brɔːdkɑːstər/ N (Rad, TV) personnalité f de la radio or de la télévision

**broadcasting** /'brɔːdkɑːstɪŋ/
N (Rad) radiodiffusion f ; (TV) télévision f ◆ **that is the end of broadcasting for tonight** ainsi prennent fin nos émissions de la journée ◆ **broadcasting was interrupted** les émissions ont été interrompues ◆ **a career in broadcasting** une carrière à la radio (or à la télévision)
COMP **Broadcasting House** N siège de la BBC à Londres ◆ **Broadcasting Standards Authority** N ≈ Conseil m supérieur de l'audiovisuel ◆ **Broadcasting Standards Council** N (Brit) ≈ Conseil m supérieur de l'audiovisuel ◆ **broadcasting station** N station f de radio, poste m émetteur ; → **British**

**broadcloth** /'brɔːdklɒθ/ N drap m fin (en grande largeur)

**broaden** /'brɔːdn/ SYN (also **broaden out** : lit, fig)
VT élargir ◆ **to broaden one's outlook** élargir ses horizons
VI s'élargir

**broadleaved** /,brɔːd'liːvd/
ADJ à feuilles larges ◆ **broadleaved tree** (arbre m) feuillu m ◆ **broadleaved woodland** forêt f de feuillus
COMP **broadleaved spindle tree** N fusain m à feuilles larges ◆ **broadleaved whitebeam** N sorbier m à feuilles larges

**broadloom** /'brɔːdluːm/ ADJ [carpet] en grande largeur

**broadly** /'brɔːdlɪ/ ADV ① (= generally) [agree, accept, define] dans les grandes lignes, d'une manière générale ; [welcome] généralement ; [support] largement ◆ **this is broadly true** c'est vrai, grosso modo ◆ **broadly similar** à peu près sem-

## broadness | brow

blable ◆ **broadly-based** large ◆ **broadly speaking** en gros, généralement parlant
　2 *[hint]* fortement
　3 ◆ **to smile broadly** avoir un large sourire

**broadness** /ˈbrɔːdnɪs/ N *[of road]* largeur f ; *[of joke, story]* grossièreté f, vulgarité f ; *[of accent]* caractère m prononcé

**broadsheet** /ˈbrɔːdʃiːt/ N (Hist, Typ) placard m ; (Press) (= *large-format newspaper*) journal m grand format ; (= *serious newspaper*) journal m de qualité → TABLOIDS, BROADSHEETS

**broadside** /ˈbrɔːdsaɪd/ SYN
　N 1 (= *side of ship*) flanc m
　2 (= *discharge of guns*) bordée f ◆ **to fire a broadside** lâcher une bordée
　3 (= *criticism*) attaque f cinglante ; (= *insults*) bordée f d'injures or d'invectives ◆ he let him have a broadside il l'a incendié*, il l'a descendu en flammes*
　ADV 1 (*in ship*) ◆ **to turn broadside (on)** virer en présentant le flanc ◆ **to hit sth broadside (on)** heurter qch par le travers ◆ **to be moored broadside to sth** être amarré le long de qch
　2 (*in car*) ◆ **he** or **his car hit me broadside (on)** il m'a heurté de côté

**broadsword** /ˈbrɔːdsɔːd/ N épée f à deux tranchants, glaive † m

**broadways** /ˈbrɔːdweɪz/, **broadwise** /ˈbrɔːdwaɪz/ ADV en largeur, dans le sens de la largeur

**brocade** /brəʊˈkeɪd/
　N brocart m
　COMP de brocart

**broccoli** /ˈbrɒkəlɪ/ N brocoli m

**brochure** /ˈbrəʊʃjʊəʳ/ SYN N *[of college, vacation course]* prospectus m ; *[of hotel, travel agent]* brochure f, dépliant m (touristique)

**brock** /brɒk/ N (Brit : *rare*) (= *badger*) blaireau m

**brogue¹** /brəʊɡ/ N (= *shoe*) chaussure f de marche, richelieu m

**brogue²** /brəʊɡ/ N (= *accent*) (Irish) accent m irlandais ; (*gen*) accent m du terroir

**broil** /brɔɪl/
　VT (US Culin) griller, faire cuire sur le gril ; (*fig*) griller* ◆ **broiling sun** soleil m brûlant
　VI (*also fig*) griller

**broiler** /ˈbrɔɪləʳ/
　N 1 (= *fowl*) poulet m (à rôtir)
　2 (US = *grill*) rôtisserie f, gril m
　COMP **broiler house** N éleveuse f
　**broiler pan** N (US) plateau m à grillades (*avec poignée*)

**broiling** /ˈbrɔɪlɪŋ/ ADJ (*esp US*) *[sun]* brûlant ; *[summer]* torride

**broke** /brəʊk/ SYN
　VB pt of **break**
　ADJ 1 (= *broken*) ◆ **if it ain't broke, don't fix it** * s'il n'y a pas de gros problèmes, il ne faut rien changer
　2 (* = *penniless*) à sec*, fauché* ◆ **to be dead** or **stony broke** être fauché (comme les blés)*, être (complètement) à sec* ◆ **to go broke** faire faillite ◆ **to go for broke** jouer le tout pour le tout, jouer le grand jeu or son va-tout

**broken** /ˈbrəʊkən/ SYN
　VB ptp of **break**
　ADJ 1 (= *cracked, smashed*) *[cup, window, branch, biscuits etc]* cassé ; (= *uneven, rugged*) *[ground]* accidenté ; *[road]* défoncé ; *[surface]* raboteux ; *[coastline]* dentelé ◆ **pieces of broken glass** des éclats mpl de verre ◆ **pieces of broken crockery** des morceaux mpl de vaisselle
　2 (Med = *fractured*) *[neck, leg, rib, tooth, nail]* cassé ; *[bone, hand, foot]* fracturé ◆ **broken bones** fractures fpl ◆ "**do not use on broken skin**" « ne pas utiliser sur plaie ouverte »
　3 (= *not working*) *[machine, phone]* détraqué ◆ **the coffee machine is broken** la machine à café est détraquée ◆ **he sounds like a broken record** on dirait un disque rayé
　4 (*fig* = *ruined*) *[body, mind]* brisé ; *[health]* délabré ; *[spirit]* abattu ◆ **to be broken in body and mind** avoir le corps et le cœur brisés ◆ **the scandal left him a broken man** ce scandale l'a brisé or a fait de lui un homme brisé ◆ **to have a broken heart** avoir le cœur brisé ◆ **she died of a broken heart** elle est morte de chagrin, elle est morte le cœur brisé ◆ **he is a broken reed** on ne peut pas compter sur lui
　5 (= *interrupted*) *[journey]* interrompu ; *[sleep]* (= *disturbed*) interrompu ou (= *restless*) agité ; *[voice, line]* brisé ◆ **I've had several broken nights** j'ai eu plusieurs mauvaises nuits ◆ **a spell of broken weather** un temps variable ◆ **broken cloud** ciel m couvert avec des éclaircies ◆ **broken sunshine** soleil m intermittent ◆ **(to speak in) broken English/French** (parler un) mauvais anglais/français
　6 (= *violated*) *[promise, contract, engagement]* rompu ; *[appointment]* manqué
　7 (*by divorce*) *[marriage]* brisé ◆ **he comes from a broken home** il vient d'un foyer désuni
　COMP **broken chord** N (Mus) arpège m
　**broken-down** SYN ADJ (= *out of order*) *[car]* en panne ; *[machine]* détraqué ; (= *dilapidated*) *[house]* délabré
　**broken-hearted** SYN ADJ au cœur brisé
　**broken lots** NPL (Comm) articles mpl dépareillés
　**broken numbers** NPL (Math) fractions fpl
　**broken veins** NPL couperose f
　**broken white line** N ligne f blanche discontinue
　**broken-winded** ADJ poussif

**brokenly** /ˈbrəʊkənlɪ/ ADV *[say]* d'une voix entrecoupée ; *[sob]* par à-coups

**broker** /ˈbrəʊkəʳ/ SYN
　N 1 (= *stockbroker*) ≃ courtier m (en bourse), ≃ agent m de change
　2 (= *commissioned agent*) courtier m ; (*in shipping*) courtier m maritime ◆ **wine broker** courtier m en vins
　3 (= *secondhand dealer*) brocanteur m ; → **pawnbroker**
　VT *[+ deal, agreement]* négocier ◆ **a UN-brokered ceasefire** un cessez-le-feu négocié sous l'égide de l'ONU

**brokerage** /ˈbrəʊkərɪdʒ/, **broking** /ˈbrəʊkɪŋ/ N (= *trade, commission*) courtage m

**brolly** * /ˈbrɒlɪ/ N (Brit) pépin* m, parapluie m

**bromate** /ˈbrəʊmeɪt/ N (Chem) bromate m

**brome** /brəʊm/ N (*also* **brome grass**) brome m

**bromeliad** /brəʊˈmiːlɪæd/ N broméliacée f

**bromic** /ˈbrəʊmɪk/ ADJ (Chem) bromique

**bromide** /ˈbrəʊmaɪd/ N 1 (Chem, Typ) bromure m ; (Med *) bromure m (de potassium) ◆ **bromide paper** papier m au (gelatino-)bromure d'argent
　2 (*fig*) banalité f or platitude f euphorisante

**bromine** /ˈbrəʊmiːn/ N brome m

**bromism** /ˈbrəʊmɪzəm/, **brominism** (US) /ˈbrəʊmɪnɪzəm/ N bromisme m

**bronchi** /ˈbrɒŋkaɪ/ NPL of **bronchus**

**bronchial** /ˈbrɒŋkɪəl/ ADJ *[infection]* des bronches, bronchique ◆ **bronchial tubes** bronches fpl

**bronchiectasis** /ˌbrɒŋkɪˈektəsɪs/ N bronchectasie f

**bronchiole** /ˈbrɒŋkɪəʊl/ N bronchiole f

**bronchitic** /brɒŋˈkɪtɪk/ ADJ bronchitique

**bronchitis** /brɒŋˈkaɪtɪs/ N (NonC) bronchite f ◆ **to have bronchitis** avoir or faire une bronchite

**bronchodilator** /ˌbrɒŋkəʊdaɪˈleɪtəʳ/ N (Med) bronchodilatateur m

**bronchopathy** /brɒŋˈkɒpəθɪ/ N bronchopathie f

**bronchopneumonia** /ˌbrɒŋkəʊnjuːˈməʊnɪə/ N (NonC) bronchopneumonie f

**bronchopulmonary** /ˌbrɒŋkəʊˈpʌlmənərɪ/ ADJ bronchopulmonaire

**bronchoscope** /ˈbrɒŋkəskəʊp/ N (Med) bronchoscope m

**bronchoscopy** /brɒŋˈkɒskəpɪ/ N bronchoscopie f

**bronchus** /ˈbrɒŋkəs/ N (pl **bronchi**) bronche f

**bronco** /ˈbrɒŋkəʊ/ N cheval m semi-sauvage (de l'Ouest américain), bronco m

**broncobuster** * /ˈbrɒŋkəʊbʌstəʳ/ N (US) cowboy m (*qui dompte les chevaux sauvages*)

**brontosaurus** /ˌbrɒntəˈsɔːrəs/ N (pl **brontosauruses** or **brontosauri** /ˌbrɒntəˈsɔːraɪ/) brontosaure m

**Bronx** /brɒŋks/ N ◆ **the Bronx** le Bronx ◆ **Bronx cheer** (US) huées fpl

**bronze** /brɒnz/ SYN
　N (= *metal, colour, work of art*) bronze m
　VI se bronzer, brunir
　VT *[+ metal]* bronzer ; *[+ skin]* brunir, faire bronzer
　COMP en bronze ; (= *colour*) (couleur f de) bronze
　**the Bronze Age** N l'âge m du bronze
　**bronze medal** N médaille f de bronze

**bronzed** /brɒnzd/ ADJ *[skin, person]* bronzé

**bronzer** /ˈbrɒnzəʳ/ N autobronzant m

**bronzing powder** /ˈbrɒnzɪŋˌpaʊdəʳ/ N poudre f de soleil

**brooch** /brəʊtʃ/ N broche f

**brood** /bruːd/ SYN
　N *[of birds]* couvée f, nichée f ; *[of mice]* nichée f ; *[of children]* progéniture f, nichée f (hum) ; *[of vipers, scoundrels]* engeance f ◆ **she has a great brood of children** elle a une nombreuse progéniture ◆ **I'm going to take my brood home*** je vais remmener ma progéniture à la maison
　VI *[bird]* couver ; *[storm, danger]* couver, menacer ; *[person]* broyer du noir, ruminer ◆ **to brood on** *[person]* *[+ misfortune]* remâcher ; *[+ plan]* ruminer ; *[+ the past]* ressasser ◆ **to brood over sth** *[night etc]* planer sur qch ; *[storm]* couver sur qch ; (*oppressively*) peser sur qch
　COMP **brood hen** N couveuse f
　**brood mare** N (jument f) poulinière f

**brooding** /ˈbruːdɪŋ/
　ADJ 1 (= *disturbing*) troublant
　2 (= *reflective*) rêveur, songeur ; (= *gloomy*) maussade, soucieux
　N rumination f

**broody** /ˈbruːdɪ/ ADJ 1 *[hen]* (= *ready to lay eggs*) prêt à pondre ; (= *ready to sit on eggs*) prêt à couver
　2 (* hum) ◆ **to be feeling broody** *[person]* avoir envie d'avoir un enfant
　3 (= *pensive*) mélancolique

**brook¹** /brʊk/ SYN
　N ruisseau m
　COMP **brook lamprey** N (= *fish*) lamproie f de rivière
　**brook trout** N (= *fish*) truite f de rivière

**brook²** /brʊk/ VT (*liter*) *[+ contradiction, delay, reply]* souffrir ◆ **it brooks no argument** c'est incontestable

**brooklet** /ˈbrʊklɪt/ N ruisselet m, petit ruisseau m

**brookweed** /ˈbrʊkwiːd/ N samole m

**broom** /brʊm/
　N 1 (= *plant*) genêt m
　2 (= *brush*) balai m ◆ **a new broom sweeps clean** (Prov) tout nouveau, tout beau (Prov) ◆ **this firm needs a new broom** cette compagnie a besoin d'un bon coup de balai or a besoin de sang neuf
　COMP **broom closet** N (US) ⇒ **broom cupboard**
　**broom cupboard** N (Brit) placard m à balais

**broomrape** /ˈbrʊmˌreɪp/ N orobanche f

**broomstick** /ˈbrʊmstɪk/ N manche m à balai

**Bros.** (Comm) (abbrev of **Brothers**) ◆ **Martin Bros.** Martin Frères

**broth** /brɒθ/ N bouillon m

**brothel** /ˈbrɒθl/
　N maison f close or de passe
　COMP **brothel-creepers** * NPL (Brit) *chaussures d'homme en daim à semelles de crêpe*

**brother** /ˈbrʌðəʳ/ SYN
　N 1 (*gen, Rel*) frère m ◆ **older/younger brother** frère m aîné/cadet ◆ **Brother Paul** Frère Paul ; → **lay⁴**
　2 (*in trade unions etc*) camarade m ; (US : *also* **soul brother**) frère m (de couleur)
　ADJ ◆ **his brother prisoners** etc ceux qui sont (or étaient) prisonniers etc comme lui, les autres prisonniers mpl etc ◆ **his brother officers** ses compagnons mpl d'armes
　COMP **brother-in-arms** N (pl **brothers-in-arms**) (*liter*) frère m d'armes
　**brother-in-law** N (pl **brothers-in-law**) beau-frère m

**brotherhood** /ˈbrʌðəhʊd/ SYN N 1 (NonC) (*lit*) fraternité f ; (*fig*) fraternité f, confraternité f ◆ **brotherhood of man** fraternité f des hommes
　2 (= *association* : *esp Rel*) confrérie f ; (US) corporation f ◆ **the Brotherhood** (Freemasonry) la franc-maçonnerie

**brotherly** /ˈbrʌðəlɪ/ SYN ADJ fraternel ◆ **brotherly love** l'amour m fraternel

**brougham** /ˈbruːəm/ N coupé m de ville

**brought** /brɔːt/ VB pt, ptp of **bring**

**brouhaha** * /ˈbruːhɑːhɑː/ N histoires* fpl

**brow** /braʊ/ SYN N 1 (= *forehead*) front m ; (= *arch above eye*) arcade f sourcilière ; (*also* **eyebrow**) sourcil m ; → **beetling, highbrow, knit, sweat**
　2 *[of hill]* sommet m ; *[of cliff]* bord m ; (Min) tour f d'extraction

**browband** /ˈbraʊˌbænd/ N frontail m

**browbeat** /ˈbraʊbiːt/ SYN (pret **browbeat**, ptp **browbeaten**) VT intimider, persécuter ◆ **to browbeat sb into doing sth** forcer qn à faire qch

**browbeaten** /ˈbraʊbiːtn/ ADJ intimidé

**brown** /braʊn/ SYN
ADJ 1 brun, marron inv ; [hair] châtain ; [boots, shoes, leather] marron ◆ **light brown hair** cheveux mpl châtain clair inv ◆ **light brown material** étoffe f marron clair ◆ **in a brown study** † plongé dans ses pensées or méditations ◆ **to go brown** [leaves] roussir ; → **nut**
2 (= tanned) [person, skin] bronzé ◆ **to go brown** bronzer ◆ **as brown as a berry** tout bronzé
3 (= dusky-skinned) brun de peau
4 (US) ◆ **to do sth up brown**‡ (fig) soigner qch dans les moindres détails
N brun m, marron m ◆ **her hair was a rich, deep brown** ses cheveux étaient d'un beau brun foncé
VT 1 [sun] [+ skin, person] bronzer, hâler
2 (Culin) [+ meat, fish, potatoes, onions] faire dorer ; [+ sauce] faire roussir
3 (Brit) ◆ **he is browned off** †* il en a marre* or ras le bol*‡
VI 1 [leaves] roussir
2 [person, skin] brunir
3 (Culin) dorer
COMP **brown ale** N sorte de bière brune
**brown bear** N ours m brun
**brown belt** N (Judo etc) ceinture f marron
**brown bread** N pain m bis
**brown coal** N lignite m
**brown dwarf** N (Astron) naine f brune
**brown fat (tissue)** N (Anat) tissu m adipeux brun
**brown flour** N farine f complète
**brown goods** NPL (Comm) produits mpl audiovisuels or bruns
**brown-nose**‡ N lèche-cul*‡ m inv, lèchebottes* mf VT lécher le cul à or de*‡, lécher les bottes de*
**brown owl** N (= bird) chat-huant m ; (in Brownie Guides) cheftaine f
**brown paper** N papier m d'emballage, papier m Kraft
**brown rat** N surmulot m
**brown rice** N riz m complet
**brown sauce** N (Brit Culin) sauce brune relevée
**Brown Shirt** N (Hist) Chemise f brune
**brown sugar** N cassonade f, sucre m brun
**brown trout** N (= fish) truite f brune

**brownbag**\* /ˈbraʊnbæɡ/ VT (US) ◆ **to brownbag it**, **to brownbag one's lunch** apporter son repas (dans un sac en papier)

**brownfield** /ˈbraʊnfiːld/ ADJ ◆ **brownfield site** ancien terrain m industriel

**brownie** /ˈbraʊnɪ/ N 1 (= fairy) lutin m, farfadet m
2 ◆ **Brownie (Guide)** jeannette f ◆ **to win** or **get** or **earn Brownie points**\* (fig hum) obtenir des bons points
3 ◆ **Brownie** ® (= camera) brownie m kodak ®
4 (esp US = cake) brownie m (petit gâteau au chocolat)

**browning** /ˈbraʊnɪŋ/ N (Brit Culin) produit préparé pour roux brun

**brownish** /ˈbraʊnɪʃ/ ADJ tirant sur le brun

**brownout** /ˈbraʊnaʊt/ N (US) (Mil) camouflage m partiel des lumières ; (Elec) panne f partielle

**brownstone** /ˈbraʊnstəʊn/ N (US) (= material) grès m brun ; (= house) bâtiment m de grès brun

**browse** /braʊz/
VI 1 (in bookshop, library) feuilleter les livres ; (in other shops) regarder sans acheter ◆ **to browse through a book** feuilleter or parcourir un livre ◆ **I'm just browsing** (in shop) je regarde seulement, merci
2 (Comput) surfer or naviguer sur le Net
3 [animal] brouter, paître
VT 1 [+ animals] brouter, paître
2 ◆ **to browse the Net** surfer or naviguer sur le Net
N ◆ **to have a browse** ⇒ **browse** vi 1

**browser** /ˈbraʊzəʳ/ N 1 (Comput) navigateur m
2 (in shop) "**browsers welcome**" « entrée libre »

**brucellosis** /ˌbruːsəˈləʊsɪs/ N brucellose f

**brucine** /ˈbruːsiːn/ N brucine f

**bruise** /bruːz/ SYN
VT 1 [+ person, part of body] faire un bleu à, contusionner ; [+ finger] faire un pinçon à ; [+ fruit] abîmer, taler ; [+ lettuce] froisser ◆ **to bruise one's foot** se faire un bleu au pied ◆ **to be bruised all over** avoir le corps bleu or être couvert de bleus, être tout contusionné
2 (= crush) (lit) écraser, piler ; (fig) [+ ego, feelings, pride] blesser ◆ **bruised heart** (liter) cœur m meurtri or blessé ◆ **bruised spirit** (liter) esprit m meurtri ◆ **to feel bruised** se sentir secoué
VI [fruit] se taler, s'abîmer ◆ **peaches bruise easily** les pêches se talent facilement ◆ **he bruises easily** il se fait facilement des bleus
N (on person) bleu m, ecchymose f ; (on fruit) meurtrissure f, talure f ◆ **body covered with bruises** corps m couvert d'ecchymoses or de bleus

**bruised** /bruːzd/ ADJ 1 [person, body, skin, elbow etc] contusionné ◆ **bruised all over** couvert de bleus, tout contusionné
2 [fruit] meurtri, talé ; [vegetables] abîmé, meurtri
3 (fig) [ego, feelings, pride] blessé ◆ **to feel bruised** [person] être blessé

**bruiser**\* /ˈbruːzəʳ/ N malabar* m, cogneur* m

**bruising** /ˈbruːzɪŋ/
N bleus mpl, contusions fpl ◆ **light** or **minor/heavy** or **severe bruising** contusions fpl légères/graves
ADJ éprouvant

**Brum**\* /brʌm/ N (Brit) Birmingham

**brum**\* /brʊm/ EXCL (baby talk) ◆ **brum, brum!** broum, broum !

**Brummie**\* /ˈbrʌmɪ/ N (Brit) ◆ **he's a Brummie** il est de Birmingham

**brunch** /brʌntʃ/ N brunch m

**Brunei** /ˈbruːnaɪ/ N Brunei m

**brunette** /bruːˈnet/
N (femme f) brune f, brunette f
ADJ [person, skin] brun ; [eyes] marron inv ; [hair] châtain

**brunt** /brʌnt/ SYN ◆ **the brunt** [of attack, blow] le (plus gros du) choc ; [of argument, displeasure] le poids ◆ **to bear the brunt of the assault** soutenir or essuyer le plus fort de l'attaque ◆ **to bear the brunt of the work** faire le (plus) gros du travail ◆ **to bear the brunt of the expense** payer le (plus) gros des frais ◆ **he bore the brunt of it all** c'est lui qui a porté le poids de l'affaire

**bruschetta** /bruˈsketə/ N bruschetta f

**brush** /brʌʃ/ SYN
N 1 brosse f ; (also **paint brush**) pinceau m, brosse f ; (= broom) balai m ; (short-handled = hearth brush etc) balayette f ; (also **scrubbing brush**) brosse f (dure) ; (also **bottle brush**) goupillon m, rince-bouteilles m inv ; (also **shaving brush**) blaireau m ◆ **nail/clothes/hat brush** brosse f à ongles/à habits/à chapeau ; → **pastry, tar¹**
2 ◆ (= act of brushing) coup m de brosse ◆ **give your coat a brush** donne un coup de brosse à ton manteau ◆ **to give one's hair a brush** donner un coup de brosse à ses cheveux, se brosser les cheveux
3 (= light touch) effleurement m
4 [fox's tail] queue f
5 (NonC = undergrowth) broussailles fpl, taillis m
6 (= skirmish) accrochage m, escarmouche f ◆ **to have a brush with the law** avoir des démêlés mpl avec la justice, avoir maille à partir avec la justice ◆ **to have a brush with sb** (= quarrel) avoir un accrochage or une prise de bec* avec qn
7 (Elec) [of commutator] balai m ; [of dynamo] frottoir m ; (= discharge) décharge f
8 (for drums) balai m
VT 1 [+ carpet] balayer ; [+ clothes, hair etc] brosser, donner un coup de brosse à ◆ **to brush one's teeth** se brosser les dents ◆ **to brush one's hair** se brosser les cheveux ◆ **hair brushed back, brushed-back hair** cheveux ramenés or rejetés en arrière ◆ **he brushed the chalk off his coat** il a enlevé (à la main or à la brosse) les traces de craie qui étaient sur son manteau
2 (= touch lightly) frôler, effleurer
3 (Tech) [+ wool] gratter ◆ **brushed cotton** pilou m, finette f ◆ **brushed nylon** ® nylon m gratté
VI ◆ **to brush against sb/sth** effleurer or frôler qn/qch ◆ **to brush past sb/sth** frôler qn/qch en passant
COMP **brush discharge** N (Elec) décharge f en aigrette, aigrette f (lumineuse)
**brush maker** N (= manufacturer) fabricant m de brosses ; (= employee) brossier m, -ière f
**brush-off**\* N ◆ **to give sb the brush-off** envoyer balader* qn ◆ **to get the brush-off** se faire envoyer sur les roses*
**brush-stroke** N coup m or trait m de pinceau
**brush-up** N coup m de brosse ◆ **to give one's German a brush-up**\* rafraîchir ses notions d'allemand ; → **wash**
▶ **brush aside** VT SEP [+ argument, objections] balayer (d'un geste) ; [+ protester, objector] repousser
▶ **brush away** VT SEP [+ tears] essuyer ; [+ mud, dust] (on clothes) enlever à la brosse or à la main ; (on floor) balayer ; [+ insects] chasser
▶ **brush down** VT SEP [+ person, garment] donner un coup de brosse à ; [+ horse] brosser
▶ **brush off**
VI ◆ **the mud brushes off easily** avec un coup de brosse la boue s'enlève facilement
VT SEP 1 [+ mud, snow] enlever (à la brosse or à coups de balai) ; [+ insect] balayer, écarter d'un geste ; [+ fluff on coat] enlever (à la brosse or à la main)
2 (= dismiss) [+ offer, challenge, threat etc] repousser
N ◆ **brush-off**\* → **brush**
▶ **brush up**
VT SEP 1 [+ crumbs, dirt] ramasser avec une brosse or à la balayette
2 [+ wool] gratter
3 (\* = revise, improve) rafraîchir (ses notions de) ◆ **to brush up (on) one's English** rafraîchir son anglais or ses notions d'anglais
N ◆ **brush-up** → **brush**

**brushmark** /ˈbrʌʃmɑːk/ N marque f de pinceau

**brushwood** /ˈbrʌʃwʊd/ N (= undergrowth) broussailles fpl, taillis m ; (= cuttings) menu bois m, brindilles fpl

**brushwork** /ˈbrʌʃwɜːk/ N (Art) facture f

**brusque** /bruːsk/ ADJ brusque

**brusquely** /ˈbruːsklɪ/ ADV [behave, speak] avec brusquerie, avec rudesse

**brusqueness** /ˈbruːsknɪs/ N brusquerie f, rudesse f

**Brussels** /ˈbrʌslz/
N Bruxelles
COMP [lace] de Bruxelles
**Brussels sprouts** NPL (also **Brussel sprouts**) choux mpl de Bruxelles

**brutal** /ˈbruːtl/ SYN ADJ 1 (= cruel, violent) [person, treatment, attack, régime] brutal ; [film, scene] violent
2 (= unmitigated) [frankness, reality, change, reply] brutal
3 (= harsh) [winter, climate] rude
4 (liter = animal-like) [instincts] animal

**brutalism** /ˈbruːtəlɪzəm/ N (Archit) brutalisme m

**brutality** /bruːˈtælɪtɪ/ N violence f

**brutalization** /ˌbruːtəlaɪˈzeɪʃən/ N (= ill-treatment) brutalités fpl, mauvais traitements mpl ; (= dehumanization) déshumanisation f

**brutalize** /ˈbruːtəlaɪz/ VT 1 (= ill-treat) brutaliser
2 (= make brutal) rendre brutal

**brutally** /ˈbruːtəlɪ/ ADV [suppress, say] brutalement ; [murder] sauvagement ◆ **to put it brutally,...** pour dire les choses de façon brutale,... ◆ **brutally frank** d'une franchise brutale ◆ **in a brutally competitive world** dans un monde livré à une concurrence sans merci

**brute** /bruːt/
N (= animal) brute f, bête f ; (= person) (cruel) brute f, brutal m ; (coarse) brute f (épaisse) ◆ **this machine is a brute!**\* quelle vacherie de machine !‡
ADJ 1 (= animal-like) animal
2 [strength, passion] brutal ◆ **by (sheer) brute force** par la force

**brutish** /ˈbruːtɪʃ/ ADJ (= animal-like) brutal

**bryological** /ˌbraɪəˈlɒdʒɪkəl/ ADJ bryologique

**bryologist** /braɪˈɒlədʒɪst/ N bryologue mf

**bryology** /braɪˈɒlədʒɪ/ N bryologie f

**bryony** /ˈbraɪənɪ/ N (= plant) bryone f

**bryophyte** /ˈbraɪəfaɪt/ N bryophyte f
**bryozoan** /ˌbraɪəˈzəʊən/ N bryozoaire m
**BS** /biːˈes/ ① (abbrev of **British Standard**) norme f britannique
② (US) (abbrev of **Bachelor of Science**) ◆ **to have a BS in biology** avoir une licence de biologie ; → **bachelor** ; → DEGREE
③ abbrev of **balance sheet**
④ (abbrev of **bill of sale**) acte m de vente
⑤ (esp US : ⁑) ⇒ **bullshit**
**BSA** /ˌbiːesˈeɪ/ ① (US) (abbrev of **Boy Scouts of America**) scouts américains
② (abbrev of **Broadcasting Standards Authority**) ≈ CSA m
**BSC** /ˌbiːesˈsiː/ N (Brit) (abbrev of **Broadcasting Standards Council**) ≈ CSA m
**BSc** /ˌbiːesˈsiː/ N (Univ) (abbrev of **Bachelor of Science**) ◆ **to have a BSc in biology** avoir une licence de biologie ; → **bachelor** ; → DEGREE
**BSE** /ˌbiːesˈiː/ N (abbrev of **bovine spongiform encephalopathy**) ESB f
**BSI** /ˌbiːesˈaɪ/ N (Brit) (abbrev of **British Standards Institution**) ≈ AFNOR f
**B Sky B** /ˌbiːskaɪˈbiː/ N (abbrev of **British Sky Broadcasting**) principale chaîne britannique de télévision par satellite
**BST** /ˌbiːesˈtiː/ N (abbrev of **British Summer Time**) → **British**
**BT** /biːˈtiː/ N (abbrev of **British Telecom**) → **British**
**Bt** abbrev of **Baronet**
**BTEC** /ˈbiːtek/ N (Brit) abbrev of **Business and Technology Education Council** ① (= organization) → **business**
② (= diploma) diplôme en gestion, sciences et techniques etc
**btu** /ˌbiːtiːˈjuː/ N (abbrev of **British thermal unit**) → **thermal**
**BTW** ⁑, **btw** ⁑ (abbrev of **by the way**) → **by**
**bub** ⁑ /bʌb/ N (US) mec ⁑ m
**bubble** /ˈbʌbl/ SYN
Ⓝ ① (gen: also **air bubble**) bulle f ; (in glass) bulle f, soufflure f ; (in paint) boursouflure f ; (in metal) soufflure f, boursouflement m ◆ **to blow bubbles** faire des bulles ◆ **soap bubble** bulle f de savon ◆ **the bubble burst** (fig) (gen) le rêve s'est envolé ; (Econ) la chance a tourné ◆ **to burst sb's bubble** faire revenir or redescendre qn (brutalement) sur terre
② (Med = sterile chamber) bulle f
③ (= sound) glouglou m
Ⓥ ① [liquid] bouillonner, dégager des bulles ; [champagne] pétiller ; [gas] barboter ; (= gurgle) faire glouglou, glouglouter
② * (= cry) pleurnicher *
COMP **bubble and squeak** N (Brit) purée aux choux et à la viande hachée
**bubble bath** N bain m moussant
**bubble-car** N (Brit) petite voiture f (à toit transparent)
**bubble chamber** N (Phys) chambre f à bulles
**bubble company** N (Comm, Fin) compagnie f véreuse
**bubble-jet printer** N imprimante f à bulles d'encre
**bubble memory** N (Comput) mémoire f à bulles
**bubble pack** N (for pills etc) plaquette f ; (in shop: for pens, plugs etc) blister m
**bubble wrap** N emballage m à bulles
▸ **bubble out** Ⓥ [liquid] sortir à gros bouillons
▸ **bubble over** Ⓥ (lit, fig) déborder ◆ **to bubble over with joy** déborder de joie
▸ **bubble under** * Ⓥ (fig) être latent, couver
▸ **bubble up** Ⓥ (lit) [liquid] monter en bouillonnant ; (fig) [excitement etc] monter
**bubble-gum** N /ˈbʌblɡʌm/ N chewing-gum m
**bubblehead** ⁑ /ˈbʌblhed/ N (esp US : pej) andouille * f, crétin(e) * m(f)
**bubblejet printer** /ˈbʌbldʒet/ N imprimante f à jet d'encre
**bubbly** /ˈbʌblɪ/ SYN
ADJ (lit, fig) pétillant
Ⓝ * (= champagne) champagne m, champ ⁑ m ; (= sparkling wine) mousseux m
**bubo** /ˈbjuːbəʊ/ N (Med) bubon m
**bubonic** /bjuːˈbɒnɪk/ ADJ bubonique ◆ **bubonic plague** peste f bubonique
**buccal** /ˈbʌkl/ ADJ buccal

**buccaneer** /ˌbʌkəˈnɪəʳ/ SYN N (Hist) boucanier m ; (fig) flibustier m, pirate m
**buccaneering** /ˌbʌkəˈnɪərɪŋ/ ADJ (pej, fig) aventurier, intrigant
**buccinator** /ˈbʌksɪneɪtəʳ/ N (Anat) (muscle m) buccinateur m
**Bucharest** /ˌbuːkəˈrest/ N Bucarest
**buck** /bʌk/
Ⓝ ① (= male deer, rabbit, hare etc) mâle m
② († = dandy) élégant m, dandy m
③ (US * = dollar) dollar m ◆ **to be down to one's last buck** être sur la paille ◆ **to make a buck** se faire du fric ⁑ ◆ **to make a few bucks on the side** se faire un peu de pognon ⁑ à côté, se faire un petit à-côté * ; (at sb's expense) se sucrer en douce * ◆ **to make a fast** or **quick buck** gagner du fric ⁑ facile ◆ **to get more bang for the buck** or **more bangs for your bucks** * (esp US) tirer le maximum de profit de son argent
④ ( * = responsibility) ◆ **to pass the buck** refiler la responsabilité aux autres ◆ **the buck stops here** la responsabilité commence ici
⑤ (= sawhorse) chevalet m, baudet m ; (Gym) cheval m d'arçons
⑥ ◆ **the horse gave a buck** le cheval a lancé une ruade
Ⓥ ① [horse] lancer or décocher une ruade
② (= object to) ◆ **to buck at sth** ⁑ regimber devant qch
③ (US) ◆ **to buck for sth** * rechercher qch
Ⓥⓣ ◆ **to buck the trend/system** se rebiffer contre la tendance/le système
COMP **buck-naked** * (esp US) ADJ à poil *, nu comme un ver
**buck private** N (US Mil) deuxième classe m inv
**buck rabbit** N lapin m mâle
**buck sergeant** N (US Mil) simple sergent m
**buck's fizz** N (= cocktail) mimosa m
**buck teeth** N ◆ **to have buck teeth** avoir les dents en avant
**buck-toothed** ADJ qui a les dents en avant
▸ **buck up** *
Ⓥ ① (= hurry up) se grouiller *, se magner ⁑ ; (= exert o.s.) se remuer *, se magner ⁑ ◆ **buck up!** remue-toi ! *, grouille-toi ! *, active un peu ! *
② (= cheer up) se secouer ◆ **buck up!** courage !
Ⓥ SEP ① (= cheer up) [+ person] remonter le moral de, ravigoter *
② ◆ **you'll have to buck up your ideas** il va falloir que tu te secoues subj un peu *
**buckbean** /ˈbʌkbiːn/ N ményanthe m
**buckboard** /ˈbʌkbɔːd/ N (US) sorte de calèche
**bucked** ⁑ /bʌkt/ ADJ tout content
**bucket** /ˈbʌkɪt/
Ⓝ ① seau m ◆ **bucket of water** seau m d'eau ◆ **to weep buckets** * pleurer toutes les larmes de son corps ◆ **chain of buckets** chaîne f de seaux ◆ **they made a chain of buckets to fight the fire** ils ont fait la chaîne pour combattre l'incendie ; → **kick**, **rain**
② (of dredger, grain elevator) godet m ; (of pump) piston m ; (of wheel) auget m
Ⓥ ① [rain] ◆ **it's bucketing (down)** *, **the rain is bucketing down** * il pleut à seaux, il tombe des cordes
② (= hurtle) aller à fond de train
COMP **bucket elevator** N noria f, élévateur m à godets
**bucket seat** N (siège-)baquet m
**bucket shop** N (= stockbrokers) bureau m or maison f de contrepartie, bureau m de courtier marron ; (for air tickets) organisme de vente de billets d'avion à prix réduit
**bucketful** /ˈbʌkɪtful/ N plein seau m ◆ **to produce/get sth by the bucketful** * produire/obtenir des masses * de qch
**Buckeye State** /ˈbʌkaɪsteɪt/ (US) N ◆ **the Buckeye State** l'Ohio m
**Buck House** * /ˌbʌkˈhaʊs/ N (Brit) ⇒ **Buckingham Palace**
**Buckingham Palace** /ˌbʌkɪŋəmˈpælɪs/ N palais m de Buckingham
**buckle** /ˈbʌkl/ SYN
Ⓝ ① (of shoe, belt) boucle f
② (= distortion) (of wheel) voilure f ; (of metal) gauchissement m, flambage m
Ⓥⓣ ① [+ belt, shoe etc] boucler, attacher
② [+ wheel] voiler ; [+ metal] gauchir, fausser
Ⓥ ① [belt, shoe] se boucler, s'attacher
② [metal] gauchir, se déformer ; [wheel] se voiler

▸ **buckle down** * Ⓥ se coller au boulot * ◆ **to buckle down to a job** s'atteler à un boulot * ◆ **buckle down to it!** au boulot ! *
▸ **buckle in** VT SEP (into seat) attacher
▸ **buckle on** VT SEP [+ armour] revêtir, endosser ; [+ sword] ceindre
▸ **buckle to** * Ⓥ s'y mettre, s'y coller *
**buckra** ⁑ /ˈbʌkrə/ N (US pej) Blanc m
**buckram** /ˈbʌkrəm/ N bougran m
**Bucks** N abbrev of **Buckinghamshire**
**bucksaw** /ˈbʌksɔː/ N scie f à refendre
**buckshee** ⁑ /bʌkˈʃiː/ ADJ, ADV (Brit) gratis inv, à l'œil *
**buckshot** /ˈbʌkʃɒt/ N chevrotine(s) f(pl)
**buckskin** /ˈbʌkskɪn/ N peau f de daim
**buckthorn** /ˈbʌkθɔːn/ N nerprun m, bourdaine f
**buckwheat** /ˈbʌkwiːt/ N sarrasin m, blé m noir
**bucolic** /bjuːˈkɒlɪk/
ADJ bucolique, pastoral
Ⓝ (Literat) ◆ **the Bucolics** les Bucoliques fpl
**bud**[1] /bʌd/ SYN
Ⓝ ① [of tree, plant] bourgeon m, œil m ; [of grafting] écusson m ◆ **to be in bud** bourgeonner ◆ **a poet** etc **in the bud** un poète etc en herbe ; → **nip**[1]
② [of flower] bouton m ◆ **in bud** en bouton ; → **rosebud**
③ [Anat] papille f ; → **taste**
Ⓥ [tree, plant] bourgeonner, se couvrir de bourgeons ; [flower] former des boutons ; [horns] (commencer à) poindre or percer ; [talent etc] (commencer à) percer
Ⓥⓣ [+ tree] greffer, écussonner
**bud**[2] * /bʌd/ N (esp US) ⇒ **buddy**
**Budapest** /ˌbjuːdəˈpest/ N Budapest
**Buddha** /ˈbʊdə/ N Bouddha m
**Buddhism** /ˈbʊdɪzəm/ N bouddhisme m
**Buddhist** /ˈbʊdɪst/
Ⓝ bouddhiste mf
ADJ [monk, nation] bouddhiste ; [religion, art, dogma] bouddhique
**budding** /ˈbʌdɪŋ/ SYN ADJ [plant] bourgeonnant ; [flower] en bouton ; (fig) [poet etc] en herbe ; [passion] naissant
**buddle** /ˈbʌdl/ N batée f
**buddleia** /ˈbʌdlɪə/ N buddleia m, lilas m de Chine
**buddy** * /ˈbʌdɪ/
Ⓝ (US) copain m, pote ⁑ m ; (esp US) (of Aids sufferer) buddy mf (bénévole accompagnant une personne atteinte du sida) ◆ **hi there, buddy!** salut, mon pote ! ⁑ ◆ **buddy movie** or **film** film qui raconte l'histoire de deux amis
COMP **buddy-buddy** * ADJ (esp US) ◆ **Paul and Mark are very buddy-buddy, Paul is very buddy-buddy with Mark** Paul et Mark sont très copains or copains comme cochons ◆ **a buddy-buddy movie** un film qui a pour héros deux amis
**budge** /bʌdʒ/ SYN
Ⓥ (= move) bouger ; (fig) changer d'avis ◆ **I will not budge an inch** (= move from here) je ne bougerai pas d'ici ; (= change my mind) rien ne me fera changer d'avis ◆ **she won't budge on this** elle est intraitable sur ce sujet
Ⓥⓣ faire bouger ◆ **you can't budge him** (fig) il reste inébranlable, vous ne le ferez pas changer d'avis
▸ **budge over** *, **budge up** * Ⓥ se pousser
**budgerigar** /ˈbʌdʒərɪɡɑːʳ/ N perruche f
**budget** /ˈbʌdʒɪt/ SYN
Ⓝ (gen, Fin) budget m ; (Parl) budget m, loi f de finances ◆ **my budget won't stretch** or **run to steak nowadays** mon budget ne me permet plus d'acheter de bifteck ◆ **to be on a tight budget** disposer d'un budget modeste
ADJ ① (Econ, Fin) [spending, credit] budgétaire ◆ **budget cuts** (Econ) compressions fpl budgétaires
② (= cut-price) [tour, holiday, price] pour petits budgets, économique
Ⓥ dresser or préparer un budget ◆ **to budget for sth** (Econ) inscrire or porter qch au budget, budgéter qch ; (gen) inscrire qch à son budget
Ⓥⓣ budgéter, budgétiser ◆ **to budget one's time** planifier son temps ◆ **budgeted balance sheet** bilan m provisionnel ◆ **a budgeted expense** une dépense budgétée
COMP **budget account** N (Comm) compte-crédit m

**budget day** N (Parl) jour m de la présentation du budget
**budget deficit** N (Econ) découvert m budgétaire
**budget heading** N (Econ, Comm) poste m budgétaire
**budget period** N période f budgétaire
**budget plan** N (US Comm) système m de crédit
**budget speech** N (Parl) discours m de présentation du budget
**budget surplus** N (Econ) excédent m budgétaire

### BUDGET

Le **budget** de la nation est présenté au Parlement britannique au printemps par le chancelier de l'Échiquier qui rend publiques les prévisions du gouvernement pour l'année à venir et précise en particulier les modifications apportées à la fiscalité et au régime des prestations sociales. L'intervention du ministre est diffusée intégralement à la télévision, et les contribuables peuvent donc prendre connaissance « en direct » des augmentations frappant certains produits, essence, alcool et tabac notamment.

**-budget** /ˈbʌdʒɪt/ ADJ (in compounds) ◆ **big-budget** à gros budget ; → **low¹**

**budgetary** /ˈbʌdʒɪtrɪ/
 ADJ budgétaire
 COMP **budgetary control** N contrôle m budgétaire
 **budgetary deficit** N déficit m budgétaire
 **budgetary year** N exercice m budgétaire

**budgeting** /ˈbʌdʒɪtɪŋ/ N [of company, institution] prévisions fpl budgétaires ◆ **with careful budgeting**... si l'on équilibre soigneusement le budget...

**budgie*** /ˈbʌdʒɪ/ N abbrev of **budgerigar**

**Buenos Aires** /ˌbweɪnɒsˈaɪrɪz/ N Buenos Aires

**buff¹** /bʌf/ SYN
 N ① (= leather) (peau f de) buffle m ; (= colour) (couleur f) chamois m ◆ **in the buff*** à poil*
 ② (= polishing disc) polissoir m ◆ **buff wheel** meule f à polir
 ADJ ① (en peau) de buffle, en buffle
 ② (also **buff-coloured**) (couleur) chamois inv ◆ **buff envelope** enveloppe f (en papier) bulle
 VT (= polish) polir

**buff²*** /bʌf/ SYN N (= enthusiast) mordu(e)* m(f) ◆ **a film buff** un(e) mordu(e)* de cinéma

**buffalo** /ˈbʌfələʊ/ N (pl **buffalo** or **buffaloes**) (= wild ox) buffle m, bufflesse f ; (esp in US) bison m ; → **water**

**buffer¹** /ˈbʌfəʳ/ SYN
 N (lit, fig) tampon m ; (Brit) (on train) tampon m ; (at terminus) butoir m ; (US) (on car) pare-chocs m inv ; (Comput) mémoire f tampon
 VT [+ shocks] amortir ; (Chem) tamponner
 COMP **buffer fund** N fonds m régulateur
 **buffer memory** N (Comput) mémoire f tampon
 **buffer solution** N (Chem) solution f tampon
 **buffer state** N (Pol) état m tampon
 **buffer stock** N (Comm) stock m de sécurité or de régularisation
 **buffer zone** N zone f tampon

**buffer²** /ˈbʌfəʳ/ N (for polishing) polissoir m

**buffer³*** /ˈbʌfəʳ/ N (Brit) ◆ **(old) buffer** vieux fossile* m

**buffet¹** /ˈbʌfɪt/ SYN
 N (= blow) (with hand) gifle f, soufflet m ; (with fist) coup m de poing ◆ **the buffets of fate** (fig) les coups mpl du sort
 VT (with hand) frapper, souffleter ; (with fist) donner un coup de poing à ◆ **buffeted by the waves** battu or ballotté par les vagues ◆ **buffeted by the wind** secoué par le vent ◆ **buffeted by events** (fig) secoué par les événements

**buffet²** /ˈbʊfeɪ/
 N (= refreshment bar, sideboard) buffet m ◆ **cold buffet** (in menu) viandes fpl froides
 COMP **buffet car** N (Brit) [of train] voiture-buffet f, buffet m
 **buffet lunch** N lunch m
 **buffet meal** N buffet m
 **buffet supper** N buffet m dînatoire

**buffeting** /ˈbʌfɪtɪŋ/
 N [of person, object] bourrades fpl, coups mpl ; [of wind, rain etc] assaut m ◆ **to get a buffeting from the waves** être ballotté (de tous côtés) par les vagues
 ADJ [wind] violent

**buffing** /ˈbʌfɪŋ/ N polissage m

**buffoon** /bəˈfuːn/ SYN N bouffon m, pitre m

**buffoonery** /bəˈfuːnərɪ/ N (NonC) bouffonnerie(s) f(pl)

**bug** /bʌg/ SYN
 N ① (= bedbug etc) punaise f ; (esp US = any insect) insecte m, bestiole * f ◆ **big bug*** (= important person) grosse légume * f, huile f ; → **firebug**
 ② (* = germ) microbe m ◆ **he picked up a bug on holiday** il a attrapé un microbe pendant ses vacances ◆ **the flu bug** le virus de la grippe
 ③ (= defect, snag) défaut m, inconvénient m ; (Comput) bogue m
 ④ (* = hidden microphone) micro m (caché)
 ⑤ (US * = car) petite voiture f, coccinelle * f
 ⑥ (= enthusiasm) ◆ **to be bitten by** or **get the jogging bug** attraper le virus du jogging
 ⑦ (US) ◆ **a basketball bug*** (= enthusiast) un(e) mordu(e)* de basket
 VT ① * [+ phone etc] brancher sur table d'écoute ; [+ room etc] poser or installer des micros (cachés) dans
 ② (* = annoy) embêter*, casser les pieds à *
 COMP **bug-eyed** ADJ aux yeux exorbités
 **bug-hunter** N entomologiste mf, chasseur m de petites bestioles *
 **bug-ridden** ADJ infesté de punaises

▶ **bug out*** VI (US) foutre le camp*

**bugaboo** /ˈbʌgəbuː/ N croquemitaine m, loup-garou m

**bugbear** /ˈbʌgbɛəʳ/ SYN N (= obsession) bête f noire ; (= ogre) croquemitaine m, ogre m

**bugger** /ˈbʌgəʳ/
 N ① († or Jur = sodomite) pédéraste m
 ② (Brit *₁) salaud * m ◆ **silly bugger** pauvre con * m ◆ **to play silly buggers** déconner * ◆ **lucky bugger** veinard * m ◆ **poor little bugger** pauvre petit bonhomme * m
 ③ (Brit) ◆ **it's a bugger*₁** (= difficulty, annoyance) c'est casse-couilles *₁ or casse-pieds *
 EXCL ◆ **bugger (it** or **me)!*₁** merde ! *
 VT ① (Jur) sodomiser
 ② (Brit *₁) ◆ **well, I'm buggered!** merde alors ! * ◆ **I'll be** or **I'm buggered if I'm going to do that!** je préfère plutôt crever (que de faire ça) ! * ◆ **bugger all** que dalle * ◆ **bugger him!** il peut aller se faire foutre ! *₁ ◆ **bugger the consequences!** je me fous des conséquences ! *

▶ **bugger about*₁**, **bugger around*₁** (Brit)
 VI glandouiller * ◆ **to bugger around with sth** (= play around with) faire le con avec qch *₁
 VT SEP emmerder *, faire chier *

▶ **bugger off*₁** VI (Brit) foutre le camp *

▶ **bugger up*₁** VT SEP (Brit) foutre en l'air *

**buggered*₁** /ˈbʌgəd/ (Brit)
 VB pt, ptp of **bugger**
 ADJ (= ruined) [machine] foutu *, nase * ; (= exhausted) [person] nase *

**buggery** /ˈbʌgərɪ/ N sodomie f

**bugging** /ˈbʌgɪŋ/ N utilisation f d'appareils d'écoute ◆ **bugging device** appareil m d'écoute (clandestine)

**buggy¹** /ˈbʌgɪ/ N (horse-drawn) boghei m ; (also **beach buggy**) buggy m ; (also **moon buggy**) jeep ® f lunaire ; (US * = car) bagnole * f ; (also **baby buggy**) (Brit = pushchair) poussette(-canne) f ; (US = pram) voiture f d'enfant

**buggy²*** /ˈbʌgɪ/ ADJ (Computing = full of bugs) plein de bugs

**bughouse*** /ˈbʌghaʊs/ N (US = asylum) asile m, maison f de dingues *

**bugle** /ˈbjuːgl/ N clairon m ◆ **bugle call** sonnerie f de clairon

**bugler** /ˈbjuːgləʳ/ N (joueur m de) clairon m

**bugs*** /bʌgz/ ADJ (US) cinglé *, dingue *

**build** /bɪld/ SYN (vb: pret, ptp **built**)
 N (= physique) carrure f, charpente f ◆ **man of strong build** homme m solidement bâti or charpenté ◆ **of medium build** de corpulence moyenne ◆ **of slim build** fluet ◆ **he's got the build of a wrestler** il a une carrure de catcheur, il est bâti comme un catcheur ◆ **of the same build as**... de même carrure que...
 VT [+ house, town] bâtir, construire ; [+ bridge, ship, machine] construire ; [+ temple] bâtir, édifier ; [+ nest] faire, bâtir ; [+ theory, plan] bâtir, construire ; [+ empire, company] fonder, bâtir ; (in games) [+ words, sequence] former ◆ **the house is being built** sa maison se bâtit ◆ **the architect who built the palace** l'architecte qui a bâti or qui a fait bâtir le palais ◆ **this car was not built for speed** cette voiture n'était pas conçue pour la vitesse ◆ **to build castles in the air** or **in Spain** faire des châteaux en Espagne ◆ **to build a mirror into a wall** encastrer un miroir dans un mur ◆ **house built into the hillside** maison f bâtie à flanc de colline ◆ **his theory is not built on facts** (fig) sa théorie n'est pas basée or construite sur des faits
 VI bâtir ; [edifice] se bâtir ◆ **to build (up)on a piece of land** bâtir sur un terrain ◆ **to build upon sand** (lit, fig) bâtir sur le sable ◆ **it's a good start, something to build on** (fig) c'est une base solide sur laquelle on peut bâtir ◆ **to build upon sb/a promise** † (frm) faire fond sur qn/ une promesse

▶ **build in**
 VT SEP (lit) [+ wardrobe etc] encastrer (into dans) ; (fig) [+ safeguards] intégrer (into à) ; see also **build vt**
 ADJ ◆ **built-in** → **built**

▶ **build on** VT SEP [+ room, annex] ajouter (to à)

▶ **build up**
 VI [business connection etc] se développer ; [pressure] s'accumuler ; [tension, excitement] monter, augmenter
 VT SEP ① (= establish) [+ reputation] édifier, bâtir ; [+ business] créer, monter ; [+ theory] échafauder ; (= increase) [+ production, forces] accroître, augmenter ; [+ pressure] accumuler ; [+ tension, excitement] augmenter, faire monter ◆ **to build up one's strength** prendre des forces
 ② (= cover with houses) [+ area, land] urbaniser
 ③ (fig = publicize) [+ person, reputation] faire de la publicité pour, faire du battage * autour de
 N ◆ **build-up** → **build-up**
 ADJ ◆ **built-up** → **built**

**builder** /ˈbɪldəʳ/ N ① [of houses etc] (= owner of firm) entrepreneur m ; (= worker) maçon m ; [of ships, machines] constructeur m ◆ **builder's labourer** ouvrier m du bâtiment ; → **organ**
 ② (fig) fondateur m, -trice f, créateur m, -trice f ; → **empire**

**building** /ˈbɪldɪŋ/ SYN
 N ① (= edifice) bâtiment m, construction f ; (imposing) édifice m ; (= habitation or offices) immeuble m ; (Jur, Insurance: in contract etc) immeuble m ; → **public**
 ② (NonC) construction f ◆ **the building of the church took seven years** il a fallu sept ans pour construire l'église ; → **body**, **empire**
 COMP **building block** N (toy) cube m ; (fig) composante f
 **building contractor** N entrepreneur m (en bâtiment)
 **building industry** N (industrie f du) bâtiment m
 **building labourer** N ouvrier m du bâtiment
 **building land** N terrain m à bâtir
 **building materials** NPL matériaux mpl de construction
 **building permit** N permis m de construire
 **building plot** N (petit) terrain m à bâtir
 **buildings insurance** N (NonC) assurance f sur le capital immobilier
 **building site** N chantier m (de construction)
 **building society** N (Brit) ≈ société f de crédit immobilier
 **building trade** N ⇒ **building industry**
 **the building trades** NPL les métiers mpl du bâtiment
 **building workers** NPL ouvriers mpl du bâtiment
 **building works** NPL travaux mpl de construction

**build-up** /ˈbɪldʌp/ SYN N ① (= increase) [of pressure] intensification f ; [of gas] accumulation f ; (Mil) [of troops] rassemblement m ; [of production] accroissement m ; (Comm) [of stock etc] accumulation f ; [of tension, excitement] montée f ◆ **arms build-up** (Mil) accumulation f des armements
 ② (fig = presentation) présentation f publicitaire, battage * m ◆ **to give sb/sth a good build-up** faire une bonne publicité pour qn/qch, faire beaucoup de battage * autour de qn/qch

**built** /bɪlt/
 VB pt, ptp of **build**
 ADJ ① (Constr) ◆ **built of brick/stone** (construit) en briques/pierres ◆ **built to last** fait pour durer ◆ **a car built for speed** une voiture conçue pour faire de la vitesse ◆ **Anne isn't exactly built for speed*** (hum) Anne n'est pas vraiment du genre rapide * (hum)
 ② [person] ◆ **heavily** or **solidly built** costaud, solidement charpenté ◆ **powerfully built** puissamment charpenté ◆ **slightly built** fluet ◆ **to be built like a tank** (Brit) [machine etc] être tout ce

qu'il y a de plus solide ◆ **he's built like a tank** or **like a brick shithouse**⁂(Brit) c'est une véritable armoire à glace, il est superbaraqué⁂ ; → **well²**

**COMP** **built-in** SYN ADJ [*oven, wardrobe, mirror, beam*] encastré ; (*fig*) [*desire etc*] inné ; see also **obsolescence** ◆ **built-in cupboard** placard *m* (encastré) **built-up** ADJ [*Dress*] [*shoulders*] rehaussé ; [*shoes*] à semelle compensée ◆ **built-up area** agglomération *f* (urbaine)

**-built** /bɪlt/ ADJ (*in compounds*) ◆ **pine-built house** maison *f* (construite) en bois de pin ◆ **French-built ship** navire *m* de construction française ; → **clinker**

**Bukhara** /buˈkɑːrə/ N Boukhara

**bulb** /bʌlb/ N 1 [*of plant*] bulbe *m*, oignon *m* ◆ **bulb of garlic** tête *f* d'ail ◆ **tulip bulb** bulbe *m* or oignon *m* de tulipe ◆ **bulb fibre** terreau *m* enrichi (pour bulbes)
2 (*Elec*) ampoule *f*
3 (*Chem*) ballon *m* ; [*of thermometer*] cuvette *f*

**bulbous** /ˈbʌlbəs/ ADJ [*plant*] bulbeux ; [*nose*] gros (grosse *f*), bulbeux

**bulbul** /ˈbʊlbʊl/ N (= *bird*) bulbul *m*

**Bulgar** † /ˈbʌlɡəʳ/ N Bulgare *mf*

**Bulgaria** /bʌlˈɡɛərɪə/ N Bulgarie *f*

**Bulgarian** /bʌlˈɡɛərɪən/
ADJ bulgare
N 1 (= *person*) Bulgare *mf*
2 (= *language*) bulgare *m*

**bulge** /bʌldʒ/ SYN
N 1 (*in surface, metal*) bombement *m* ; (*in cheek*) gonflement *m* ; (*in column*) renflement *m* ; (*in jug, bottle*) panse *f*, ventre *m* ; (*in plaster*) bosse *f* ; (*in tyre*) soufflure *f*, hernie *f* ; (*in pocket, jacket*) renflement *m* ; (*Brit Mil*) saillant *m* ◆ **the Battle of the Bulge** (*Hist*) la bataille des Ardennes
2 (= *increase*) [*of numbers*] augmentation *f* temporaire ; [*of sales, prices, profits*] hausse *f*, poussée *f* ; [*of birth rate*] poussée *f* ◆ **the postwar bulge** l'explosion *f* démographique de l'après-guerre
VI (*also* **bulge out**) (= *swell*) se renfler, bomber ; (= *stick out*) faire or former saillie ; [*plaster*] être bosselé ; [*pocket, sack, cheek*] être gonflé (*with* de) ◆ **my address book is bulging with new numbers** mon carnet d'adresses est bourré de nouveaux numéros

**bulging** /ˈbʌldʒɪŋ/ ADJ 1 (= *protruding*) [*eyes*] globuleux ; [*muscles*] saillant ; [*stomach*] protubérant ; [*forehead, wall*] bombé
2 (= *full*) [*pockets, suitcase*] bourré (*with* de) ; [*wallet*] bien garni

**bulgur** /ˈbʌlɡəʳ/ N (*also* **bulgur wheat**) boulgour *m*

**bulimia** /bəˈlɪmɪə/ N (*also* **bulimia nervosa**) boulimie *f*

**bulimic** /bəˈlɪmɪk/ ADJ boulimique

**bulk** /bʌlk/ SYN
N 1 (= *great size*) [*of thing*] grosseur *f*, grandeur *f* ; [*of person*] corpulence *f* ; (= *large volume*) masse *f*, volume *m*
◆ **in bulk** (*Comm*) (= *in large quantities*) en gros ; (*not prepacked*) en vrac
◆ **the bulk of** (= *most of*) la majeure partie de, la plus grande partie de, le (plus) gros de ◆ **the bulk of the working community** la plus grande partie or l'ensemble *m* de la population ouvrière ◆ **the bulk of the work is done** le plus gros du travail est fait
2 (*in food*) fibre *f* (végétale)
3 (= *ship's cargo*) cargaison *f* (en cale)
ADJ [*order, supplies etc*] en gros ◆ **bulk mailing** mailing *m* à grande diffusion ◆ **bulk mail** envois *mpl* en nombre
VI ◆ **to bulk large** (**in** sb's **life/thoughts**) occuper une place importante (dans la vie/les pensées de qn)
VT (*Customs*) estimer ◆ **to bulk a container** estimer le contenu d'un conteneur
**COMP** **bulk-buy** VI [*trader*] acheter en gros ; [*individual*] acheter par or en grosses quantités
**bulk-buying** N [*of trader*] achat *m* en gros ; [*of individual*] achat *m* par or en grosses quantités
**bulk cargo** N (*Comm*) cargaison *f* en vrac
**bulk carrier** N transporteur *m* de vrac
**bulk transport** N transport *m* en vrac

**bulkhead** /ˈbʌlkhed/ N (*Brit : on ship*) cloison *f*

**bulkiness** /ˈbʌlkɪnɪs/ N [*of parcel, luggage*] grosseur *f*, volume *m* ; [*of person*] corpulence *f*

**bulky** /ˈbʌlkɪ/ ADJ [*parcel, suitcase*] volumineux, encombrant ; [*book*] épais (-aisse *f*) ; [*person*] gros (grosse *f*), corpulent

**bull¹** /bʊl/
N 1 taureau *m* ◆ **to take** or **seize** or **grasp the bull by the horns** prendre or saisir le taureau par les cornes ◆ **like a bull in a china shop** comme un éléphant dans un magasin de porcelaine ◆ **to go at it like a bull at a gate*** foncer tête baissée ◆ **the Bull** (*Astron*) le Taureau ; → **bull's-eye, cock, John, strong**
2 (= *male of elephant, whale etc*) mâle *m*
3 (*Stock Exchange*) haussier *m*
4 (*Mil* : = *cleaning, polishing*) fourbissage *m*
5 (⁂ = *nonsense*) ⇒ **bullshit** noun
VT [+ *stocks, shares*] pousser à la hausse ◆ **to bull the market** pousser les cours à la hausse
**COMP** [*elephant, whale etc*] mâle
**bull bars** NPL (*Brit : on car*) barres *fpl* antibuffles
**bull calf** N jeune taureau *m*, taurillon *m*
**bull-dyke**⁂ N (*pej*) gouine *f*⁂ (*pej*) aux allures de camionneur
**bull huss** N (= *fish*) (grande) roussette *f*
**bull market** N (*Stock Exchange*) marché *m* haussier or à la hausse
**bull mastiff** N (= *dog*) mastiff *m*, dogue *m* anglais
**bull neck** N cou *m* de taureau
**bull-necked** ADJ au cou de taureau, épais (épaisse *f*) d'encolure
**bull session*** N (*US*) discussion *f* entre hommes
**bull terrier** N bull-terrier *m*

**bull²** /bʊl/ N (*Rel*) bulle *f*

**bulldog** /ˈbʊldɒɡ/
N bouledogue *m* ◆ **French bulldog** bouledogue français
**COMP** [*tenacity*] à toute épreuve
**bulldog breed** N (*fig*) ◆ **he is one of the bulldog breed** il est d'une ténacité à toute épreuve
**bulldog clip** N (*Brit*) pince *f* à dessin

**bulldoze** /ˈbʊldəʊz/ SYN VT (*lit*) passer au bulldozer ◆ **to bulldoze sb into doing sth*** forcer qn à faire qch, faire pression sur qn pour qu'il fasse qch ◆ **the government bulldozed*** **the bill through parliament** le gouvernement a fait du forcing* pour que le parlement adopte *subj* le projet de loi

**bulldozer** /ˈbʊldəʊzəʳ/ N bulldozer *m*

**bullet** /ˈbʊlɪt/ SYN
N balle *f* (*projectile*) ◆ **to get** or **be given the bullet*** (*Brit*) se faire virer*
**COMP** **bullet-headed** ADJ à (la) tête ronde
**bullet hole** N trou *m* de balle
**bullet point** N (= *dot*) point *m* centré ; (*fig*) point *m* important
**bullet-resistant** ADJ [*material, jacket*] pare-balles *inv*
**bullet train** N train à grande vitesse (*japonais*)
**bullet wound** N blessure *f* par balle

**bulletin** /ˈbʊlɪtɪn/ SYN
N bulletin *m*, communiqué *m* ◆ **health bulletin** bulletin *m* de santé ; → **news**
**COMP** **bulletin board** N (*gen*) tableau *m* d'affichage ; (*Comput*) panneau *m* d'affichage (électronique)

**bulletproof** /ˈbʊlɪtpruːf/
ADJ [*garment*] pare-balles *inv* ; [*car, glass*] blindé
VT blinder

**bullfight** /ˈbʊlfaɪt/ N course *f* de taureaux, corrida *f*

**bullfighter** /ˈbʊlfaɪtəʳ/ N torero *m*

**bullfighting** /ˈbʊlfaɪtɪŋ/ N courses *fpl* de taureaux ; (= *art*) tauromachie *f* ◆ **bullfighting has been banned here** les courses de taureaux sont interdites ici

**bullfinch** /ˈbʊlfɪntʃ/ N bouvreuil *m*

**bullfrog** /ˈbʊlfrɒɡ/ N grenouille-taureau *f*, ouaouaron *m* (*Can*)

**bullhead** /ˈbʊlhed/ N (= *fish*) chabot *m*

**bullhorn** /ˈbʊlhɔːn/ N (*US*) porte-voix *m inv*, mégaphone *m*

**bullion¹** /ˈbʊljən/ N (*NonC*) encaisse-or *f* ; (*also* **gold bullion**) or *m* en barre or en lingot(s) ; (*also* **silver bullion**) argent *m* en lingot(s)

**bullion²** /ˈbʊljən/ N (= *fringe*) frange *f* de cannetille

**bullish** /ˈbʊlɪʃ/ SYN ADJ (*Stock Exchange*) haussier

**bullock** /ˈbʊlək/
N bœuf *m* ; (*young*) bouvillon *m*
**COMP** **bullock cart** N char *m* à bœufs

**bullpen*** /ˈbʊlpen/ N (*US*) 1 (*Baseball*) (= *area*) zone *f* d'entraînement des lanceurs ; (= *players*) lanceurs *mpl* à l'entraînement
2 (= *office*) bureau *m* paysager
3 (= *cell*) local *m* de garde à vue

**bullring** /ˈbʊlrɪŋ/ N arène *f* (*pour courses de taureaux*)

**bull's-eye** /ˈbʊlzaɪ/ N 1 [*of target*] mille *m*, centre *m* ◆ **to get a bull's-eye, to hit the bull's-eye** (*lit, fig*) faire mouche, mettre dans le mille
2 (= *sweet*) gros bonbon *m* à la menthe
3 (= *window*) œil-de-bœuf *m*, oculus *m* ; (*in glass*) boudine *f*

**bullshit**⁂ /ˈbʊlʃɪt/
N connerie(s) *f(pl)*⁂, foutaise(s) *f(pl)*⁂ ◆ **(that's) bullshit!** c'est des conneries or de la foutaise !⁂
VI déconner⁂, dire des conneries⁂
VT raconter des conneries à⁂

**bullshitter**⁂ /ˈbʊlʃɪtəʳ/ N ◆ **to be a bullshitter** raconter des conneries⁂

**bullwhip** /ˈbʊlwɪp/
N fouet *m* (à longue mèche tressée)
VT fouetter

**bully¹** /ˈbʊlɪ/ SYN
N 1 tyran *m* ; (*esp Scol*) petit(e) dur(e) *m(f)*, (petite) brute *f*
2 (*Brit Hockey: also* **bully-off**) engagement *m* (du jeu)
VT (= *persecute*) tyranniser, persécuter ; (= *treat cruelly*) malmener, brutaliser ; (= *frighten*) intimider ; (*Scol*) brutaliser, brimer ◆ **to bully sb into doing sth** contraindre qn par la menace à faire qch
VI être une brute
**COMP** **bully boy*** N dur *m*, brute *f*
**bully-boy** ADJ ◆ **bully-boy tactics/politics** manœuvres *fpl*/politique *f* d'intimidation
▶ **bully off**
VI (*Brit*) mettre la balle en jeu, engager (le jeu)
N ◆ **bully-off** → **bully¹**

**bully²**⁂ /ˈbʊlɪ/ SYN
ADJ † épatant †
EXCL ◆ **bully for you!** t'es un chef !⁂

**bully³** /ˈbʊlɪ/ N (*Mil: also* **bully beef**) corned-beef *m*, singe *m*⁂

**bullying** /ˈbʊlɪɪŋ/
ADJ [*person, manner*] tyrannique, brutal
N (*psychological*) brimade(s) *f(pl)* ; (*physical*) brutalités *fpl*

**bulrush** /ˈbʊlrʌʃ/ N jonc *m*

**bulwark** /ˈbʊlwək/ SYN N (= *rampart*) rempart *m*, fortification *f* ; (= *breakwater*) brise-lames *m inv* ; (*fig* = *defence*) rempart *m* ; [*of ship*] bastingage *m*

**bum¹*** /bʌm/ (*esp US*)
N (= *vagrant*) clodo* *m*, clochard *m* ; (= *good-for-nothing*) bon à rien *m* ◆ **to get** or **be given the bum's rush*** être mis en quarantaine or à l'index ◆ **to give sb the bum's rush**⁂ mettre qn en quarantaine or à l'index ◆ **to live on the bum** vivre en clochard
ADJ (= *bad*) minable*, de camelote* ; (= *false*) faux (fausse *f*) ◆ **a bum rap**⁂ une accusation bidon*, une fausse accusation ◆ **a bum steer** un mauvais tuyau*, un tuyau crevé* ◆ **to give sb a bum steer** refiler un mauvais tuyau or un tuyau crevé à qn*
VT 1 (= *scrounge*) taper* les autres
2 (*Brit : loaf : also* **bum about** or **around**) vadrouiller*
VT [+ *money, food*] taper* ◆ **to bum a meal/cigarette off sb** taper* qn d'un repas/d'une cigarette

**bum²**⁂ /bʌm/ (*Brit*)
N (= *bottom*) derrière *m*, arrière-train* *m* ◆ **to put bums on seats** remplir les salles
**COMP** **bum boy**⁂ N (*pej*) pédale*⁂ *f*

**bumbag** /ˈbʌmbæɡ/ N (sac *m*) banane *f*

**bumbershoot** † * /ˈbʌmbəʃuːt/ N (*US*) pépin* *m*, parapluie *m*

**bumble** /ˈbʌmbl/ VI 1 (= *walk*) marcher en titubant or d'un pas chancelant ◆ **to bumble about** or **around (a place)** s'affairer d'une façon désordonnée (dans un endroit) ◆ **we bumbled about on the computer** nous tapotions sur l'ordinateur
2 (= *speak*) bafouiller ◆ **to bumble on about sth** bafouiller or rabâcher qch

**bumblebee** /ˈbʌmblbiː/ N bourdon *m*

**bumbling** /ˈbʌmblɪŋ/ **ADJ** (= inept) empoté ; (= muttering) rabâcheur

**bumboat** /ˈbʌmbəʊt/ **N** canot m d'approvisionnement

**bumf*** /bʌmf/ **N** (Brit) (pej = forms etc) paperasses fpl, paperasserie f ; (= toilet paper) PQ⁕ m

**bumfreezer** †⁕ /ˈbʌmfriːzər/ **N** blouson m court

**bumfuck**⁕⁕ (US) /ˈbʌmfʌk/ **N** ✦ **he comes from bumfuck, Iowa** il vient du trou du cul du monde⁕⁕

**bummer**⁕ /ˈbʌmər/ **N** ① (Drugs) mauvais trip⁕ m ② (annoying) ✦ **you're working on Sunday? what a bummer!** tu travailles dimanche ? quelle poisse !⁕ ✦ **I had a bummer of a day** j'ai eu une journée vraiment pourrie⁕

**bump** /bʌmp/ SYN
  **N** ① (= blow) choc m, coup m ; (= jolt) cahot m, secousse f ✦ **he sat down with a bump** il s'est assis lourdement ✦ **he came down to earth with a bump**⁕ le retour à la réalité a été brutal pour lui ✦ **the news brought us back to earth with a bump**⁕ la nouvelle nous a brutalement rappelés à la réalité
  ② (= lump on head, in road, Ski) bosse f
  ③ (= rising air current) (soudain) courant m ascendant
  ④ (Rowing) heurt m
  **VT** [car] [+ another car] heurter, tamponner ; [+ boat] heurter ; (esp US = dislodge) déloger ✦ **to bump one's head/knee** se cogner la tête/le genou (against contre) ✦ **he was bumped from the flight** il est resté en rade⁕ à cause du surbooking sur son vol
  **VI** ✦ **to bump along** cahoter, bringuebaler ✦ **to bump down** (= sit) s'asseoir brusquement ✦ **the economy continues to bump along the bottom** (Brit) l'économie est toujours au creux de la vague
  **EXCL** boum !, pan !
  **COMP bump-start VT** [+ car] (by pushing) démarrer en poussant ; (by running down a hill) démarrer dans une descente **N** ✦ **to give a car a bump-start** démarrer une voiture en la poussant

▶ **bump into VT FUS** ① [person] butter contre, se cogner contre ; [vehicle] entrer en collision avec, rentrer dans⁕
  ② (⁕ = meet) rencontrer par hasard, tomber sur⁕

▶ **bump off**⁕ **VT SEP** liquider⁕, supprimer ; (with gun) descendre⁕

▶ **bump up**
  **VI** ✦ **the car bumped up onto the pavement** la voiture a grimpé sur le trottoir
  **VT SEP** ① (= increase sharply) [+ prices, sales, points, profits] faire grimper
  ② ✦ **he was bumped up to first class on his flight home** au retour, il a eu droit à un surclassement or à une place en première

▶ **bump up against VT FUS** ⇒ **bump into**

**bumper** /ˈbʌmpər/ SYN
  **N** ① [of car] pare-chocs m inv ✦ **to be bumper-to-bumper** être pare-chocs contre pare-chocs, être à touche-touche
  ② (= full glass) rasade f, plein verre m
  **ADJ** [crop, issue] exceptionnel, sensationnel
  **COMP bumper car** auto f tamponneuse **bumper sticker, bumper strip N** autocollant m (pour voiture)

**bumph**⁕ /bʌmf/ **N** ⇒ **bumf**

**bumpkin** /ˈbʌmpkɪn/ **N** (pej : also **country bumpkin**) plouc⁕ mf, péquenaud⁕ m

**bumptious** /ˈbʌmpʃəs/ SYN **ADJ** suffisant, prétentieux

**bumpy** /ˈbʌmpɪ/ **ADJ** [road] bosselé, cahoteux ; [forehead] couvert de bosses ; [ride] cahoteux ; [crossing] agité ✦ **we had a bumpy flight/drive/crossing** nous avons été très secoués or chahutés ⁕ pendant le vol/sur la route/pendant la traversée

**bun** /bʌn/
  **N** ① (Culin: also **bread bun**) petit pain m au lait ; (= cake) petit gâteau m ✦ **to have a bun in the oven**⁕ avoir un polichinelle dans le tiroir⁕, être en cloque⁕
  ② (= hairstyle) chignon m ✦ **she had her hair in a bun** elle portait un chignon
  ③ (US) ✦ **to get a bun on**⁕ (= get drunk) prendre une biture⁕ ✦ **he had a bun on** il tenait une de ces bitures !⁕
  **NPL buns**⁕ (esp US = buttocks) fesses fpl

**COMP bun-fight**⁕ **N** thé m (servi pour un grand nombre de personnes)

**Buna** ® /ˈbuːnɑː/ **N** buna ® m

**bunch** /bʌntʃ/ SYN
  **N** ① [of flowers, watercress, herbs] bouquet m ; [of hair] touffe f, houppe f ; [of bananas] régime m ; [of radishes, asparagus] botte f ; [of twigs] poignée f, paquet m ; [of keys] trousseau m ; [of ribbons] nœud m, flot m ✦ **bunch of flowers** bouquet m (de fleurs) ✦ **bunch of grapes** grappe f de raisins ✦ **to wear one's hair in bunches** (Brit) porter des couettes ✦ **the pick of the bunch** (fig) le dessus du panier ✦ **to give sb a bunch of fives** envoyer un coup de poing dans la figure de qn
  ② [of people] groupe m, bande f ✦ **the best of the bunch** le meilleur de la bande or de l'équipe ✦ **the best of a bad bunch**⁕ le or les moins médiocre(s) ✦ **what a bunch!** quelle équipe !⁕
  ③ (Sport) [of runners, cyclists] peloton m
  **VT** [+ flowers] mettre en bouquets ; [+ vegetables, straw] botteler, mettre en bottes

▶ **bunch together**
  **VI** se serrer, s'agglutiner
  **VT SEP** [+ people, things] grouper, concentrer

▶ **bunch up**
  **VI** ✦ **don't bunch up so much, space out!** ne vous entassez pas les uns sur les autres, écartez-vous !
  **VT SEP** ① [+ dress, skirt] retrousser, trousser
  ② ✦ **they sat bunched up on the bench** ils étaient (assis) serrés sur le banc

**bunco**⁕ /ˈbʊŋkəʊ/ (US)
  **N** (= swindle) arnaque⁕ f, escroquerie f
  **VT** arnaquer⁕, escroquer
  **COMP bunco squad N** ≈ brigade f de répression des fraudes

**buncombe**⁕ /ˈbʌŋkəm/ **N** (US) ⇒ **bunkum**

**bundle** /ˈbʌndl/ SYN
  **N** ① [of clothes, goods] paquet m, ballot m ; [of hay] botte f ; [of letters, papers] liasse f ; [of linen] paquet m ; [of firewood] fagot m ; [of sticks] fagotin m, poignée f ✦ **he's a bundle of nerves** c'est un paquet de nerfs ✦ **he's a bundle of laughs**⁕ (iro) il n'est vraiment pas marrant⁕ ✦ **to drop one's bundle**⁕ (Austral fig) baisser les bras ✦ **bundle (of joy)** (= baby) (petit) bout m de chou ✦ **she's a bundle of mischief**⁕ elle est très espiègle
  ② (⁕ = money) ✦ **a bundle** beaucoup de fric⁕ ✦ **to make a bundle** faire son beurre⁕ ✦ **it cost a bundle**⁕ ça a coûté bonbon⁕, ça a coûté beaucoup de fric⁕
  ③ (= great deal) beaucoup ✦ **we've learned a bundle of lessons** nous avons beaucoup appris ✦ **I don't go a bundle on it**⁕ ça ne me botte⁕ pas, ça ne m'emballe pas beaucoup ✦ **I don't go a bundle on him**⁕ il ne me branche pas ce type-là⁕
  ④ (Comput) lot m
  **VT** ① (also **bundle up**) empaqueter, mettre en paquet ; [+ clothes] faire un paquet or ballot de ; [+ hay] botteler ; [+ papers, banknotes] mettre en liasse ; [+ letters] mettre en paquet ; [+ sticks] mettre en faisceau
  ② [+ put hastily] ✦ **to bundle sth into a corner** fourrer or entasser qch dans un coin ✦ **to bundle sb into the house** pousser qn dans la maison sans ménagement ✦ **to bundle sb into a car** pousser qn dans une voiture (sans ménagement) ✦ **he bundled her into her winter coat** il l'a emmitouflée dans son manteau d'hiver
  ③ (Comput) [+ software] intégrer
  **COMP bundled software N** (NonC: Comput) progiciel m

▶ **bundle off VT SEP** [+ person] faire sortir (en toute hâte), pousser dehors (sans façons) ✦ **he was bundled off to Australia** on l'a expédié en Australie

▶ **bundle out VT SEP** pousser dehors (sans façons), faire sortir (en toute hâte)

▶ **bundle up VT SEP** ① ⇒ **bundle vt 1**
  ② emmitoufler

**bung** /bʌŋ/
  **N** ① [of cask] bondon m, bonde f
  ② (⁕ = bribe) dessous-de-table m
  **VT** ① (esp Brit : also **bung up**) [+ cask] boucher
  ② (Brit ⁕ = throw) balancer⁕

▶ **bung in**⁕ **VT SEP** (= include) rajouter (par-dessus le marché)

▶ **bung out**⁕ **VT SEP** flanquer⁕ à la porte ; [+ rubbish] jeter

▶ **bung up VT SEP** ① (= block up) [+ pipe etc] boucher, obstruer ✦ **his eyes were/his nose was bunged up**⁕ il avait les yeux bouffis/le nez bouché or pris ✦ **I'm all bunged up**⁕ j'ai un gros rhume (de cerveau)
  ② → **bung vt 1**

**bungaloid** /ˈbʌŋɡəlɔɪd/ **ADJ** (pej) de bungalow, genre or style bungalow ✦ **bungaloid growth** extension f pavillonnaire

**bungalow** /ˈbʌŋɡələʊ/ **N** (petit) pavillon m (de plain pied) ; (in East) bungalow m

**bungee** /ˈbʌndʒiː/
  **N** (for securing luggage etc) sandow m, tendeur m
  **COMP bungee cord N** élastique m (pour saut à l'élastique)
  **bungee jumping N** saut m à l'élastique
  **bungee rope N** ⇒ **bungee cord**

**bunghole** /ˈbʌŋhəʊl/ **N** bonde f

**bungle** /ˈbʌŋɡl/ SYN
  **VT** [+ attempt, robbery] rater ; [+ piece of work] gâcher, bousiller ✦ **he bungled it** il s'y est mal pris, il a tout bousillé ✦ **it was a bungled job** c'était fait n'importe comment ✦ **a bungled attempt/burglary** une tentative/un cambriolage qui a mal tourné
  **VI** s'y prendre mal, faire les choses n'importe comment
  **N** fiasco m, ratage m

**bungler** /ˈbʌŋɡlər/ **N** bousilleur⁕ m, -euse⁕ f ✦ **he's a bungler** il bousille⁕ tout, il est incompétent

**bungling** /ˈbʌŋɡlɪŋ/ SYN
  **ADJ** [person] maladroit, incompétent ; [attempt] maladroit, gauche
  **N** (NonC) gâchis m, bousillage⁕ m

**bunion** /ˈbʌnjən/ **N** (Med) oignon m

**bunk** /bʌŋk/ SYN
  **N** ① (= bed on ship, train) couchette f
  ② (Brit) ✦ **to do a bunk**⁕ mettre les bouts⁕ or les voiles⁕
  ③ ⁕ abbrev of **bunkum**
  **VI** ① (⁕ : also **bunk down**) coucher, camper (dans un lit de fortune)
  ② (Brit ⁕ : also **bunk off**) mettre les bouts⁕ or les voiles⁕
  **COMP bunk beds NPL** lits mpl superposés
  **bunk-up**⁕ **N** ✦ **to give sb a bunk-up** soulever qn par derrière or par en dessous

**bunker** /ˈbʌŋkər/
  **N** ① (for coal) coffre m ; [of ship] soute f (à charbon or à mazout)
  ② (Golf) bunker m ; (fig) obstacle m
  ③ (Mil) blockhaus m, bunker m ✦ **(nuclear) bunker** bunker m or abri m antinucléaire
  **VT** ① [+ coal, oil] mettre en soute ✦ **to bunker a ship** mettre du charbon or du mazout en soute
  ② (Golf) ✦ **to bunker one's shot** envoyer la balle dans un bunker ✦ **to be bunkered** (Golf) se trouver dans un bunker ; (⁕ fig) se trouver face à un obstacle, se trouver dans une impasse
  **VI** [ship] charbonner, mazouter
  **COMP bunker mentality N** ✦ **to have a bunker mentality** être toujours sur la défensive

**bunkhouse** /ˈbʌŋkhaʊs/ **N** (esp US) bâtiment-dortoir m

**bunkum**⁕ /ˈbʌŋkəm/ **N** foutaise(s)⁕ f(pl) ✦ **to talk bunkum** dire n'importe quoi, déconner⁕ ✦ **that's all bunkum** c'est n'importe quoi, tout ça, c'est des conneries⁕⁕

**bunny** /ˈbʌnɪ/ **N** ① (also **bunny rabbit**) lapin m ✦ **he's not a happy bunny**⁕ il n'est pas bien dans ses baskets⁕
  ② (US ⁕ = pretty girl) jolie fille f or nana⁕ f ; (also **bunny girl**) hôtesse f (dans un club Playboy) ; → **ski, snow**

**Bunsen burner** /ˈbʌnsnˈbɜːnər/ **N** bec m Bunsen

**bunting**¹ /ˈbʌntɪŋ/ **N** (= bird) bruant m ; → **reed**

**bunting**² /ˈbʌntɪŋ/ **N** (NonC) (= material) étamine f (à pavillon) ; (= flags etc) banderoles fpl

**buoy** /bɔɪ/ SYN
  **N** bouée f, balise f flottante ✦ **to put down a buoy** mouiller une bouée ; → **lifebuoy, mooring**
  **VT** [+ waterway] baliser ; [+ net] liéger
  **COMP buoy rope N** orin m

▶ **buoy up VT SEP** (lit) maintenir à flot ; (fig) soutenir ✦ **they felt buoyed up by their recent successes** leurs récents succès les avaient regonflés⁕

**buoyancy** /ˈbɔɪənsɪ/
- **N** ① [of ship, object] flottabilité f ; [of liquid] poussée f
- ② (= lightheartedness) gaieté f, entrain m
- ③ (Fin) ◆ **the buoyancy of the markets** la fermeté des marchés
- COMP **buoyancy aid** N gilet m de sauvetage
- **buoyancy chamber, buoyancy tank** N [of ship] caisson m étanche

**buoyant** /ˈbɔɪənt/ SYN **ADJ** ① [ship, object] capable de flotter, flottable ; [liquid] dans lequel les objets flottent ◆ **fresh water is not so buoyant as salt water** l'eau douce ne porte pas si bien que l'eau salée
- ② (= lighthearted) [person] enjoué, plein d'entrain or d'allant ; [mood] gai, optimiste ; [step] léger, élastique
- ③ (Fin) [market] soutenu, actif

**buoyantly** /ˈbɔɪəntlɪ/ **ADV** [walk, float] légèrement ; (fig) avec entrain

**BUPA** /ˈbuːpə/ **N** (abbrev of **British United Provident Association**) association britannique d'assurance-maladie privée

**bupivacaine** /bjuːˈpɪvəkeɪn/ **N** (Med) bupivacaïne f

**buppie**\* /ˈbʌpɪ/ **N** yuppie mf noir(e)

**buprestid** /bjuːˈprestɪd/ **N** bupreste m

**bur¹** /bɜːʳ/
- **N** [of plant] bardane f ; (\* pej = person) pot m de colle (pej) ◆ **chestnut bur** bogue f
- COMP **bur reed** N sparganier m

**bur²** /bɜːʳ/
- **N** (Ling) grasseyement m ◆ **to speak with a bur** grasseyer
- **VTI** ◆ **to bur (one's Rs)** prononcer les R grasseyés

**Burberry** ® /ˈbɜːbərɪ/ **N** imperméable m (de la marque Burberry)

**burble** /ˈbɜːbl/
- **VI** ① [stream] murmurer
- ② (pej) [person] marmonner ◆ **what's he burbling (on) about?** qu'est-ce qu'il est encore en train de raconter ? ◆ **he burbled on about freedom** il radotait sur le thème de la liberté
- **VT** marmonner
- **N** [of stream] murmure m

**burbling** /ˈbɜːblɪŋ/
- **N** (NonC) ① [of stream] murmure m
- ② [of person] jacassements mpl
- **ADJ** [person] qui n'arrête pas de jacasser

**burbot** /ˈbɜːbət/ **N** (pl burbot or burbots) lotte f (de rivière)

**burbs**\*, **'burbs**\* /bɜːbz/ **NPL** (US) (abbrev of suburbs) ◆ **the burbs** la banlieue

**burden** /ˈbɜːdn/ SYN
- **N** ① (lit) fardeau m, charge f ; → beast
- ② (fig) fardeau m, charge f ; [of taxes, years] poids m ; [of debts] fardeau m ; (Fin, Jur = debt weighing on company's balance sheet or on an estate) encombrement m ◆ **to be a burden to...** être un fardeau pour... ◆ **the burden of the expense** les frais mpl à charge ◆ **burden of proof** (Jur) charge f de la preuve ◆ **the burden of proof lies or rests with him** la charge de la preuve lui incombe, il lui incombe d'en fournir la preuve ; → **tax**
- ③ (Naut) [of ship] jauge f, tonnage m ◆ **ship of 4,000 tons' burden** navire m qui jauge 4 000 tonneaux
- ④ (= chorus) refrain m
- ⑤ (= chief theme) substance f, fond m ◆ **the burden of their complaint** leur principal grief or sujet de plainte
- **VT** (= oppress) accabler (with de) ◆ **to be burdened with debt** être accablé de dettes ◆ **I don't like to burden other people with my worries** je n'aime pas infliger (le récit de) mes soucis aux autres ◆ **to be burdened by guilt** être tenaillé par la culpabilité, être rongé de remords ◆ **to be burdened by regret** être accablé de regrets

**burdensome** /ˈbɜːdnsəm/ **ADJ** [load] lourd, pesant ; [task, restriction] pénible

**burdock** /ˈbɜːdɒk/ **N** bardane f

**bureau** /ˈbjʊərəʊ/ SYN
- **N** (pl **bureaus** or **bureaux**) ① (esp Brit = writing desk) bureau m, secrétaire m
- ② (US = chest of drawers) commode f (souvent à miroir)
- ③ (= office) bureau m ; → **information, travel**
- ④ (esp US = government department) service m (gouvernemental) ◆ **federal bureau** (US) bureau m fédéral
- COMP **Bureau of Indian Affairs** N (US) organisme responsable des affaires amérindiennes
- **Bureau of Prisons** N (US) administration f pénitentiaire

### BUREAU OF INDIAN AFFAIRS

Organisme américain responsable des affaires amérindiennes. D'abord rattaché au ministère de la Guerre à sa création en 1824, il était responsable de l'administration des réserves. Aujourd'hui, il relève du ministère de l'Intérieur et a pour mission d'améliorer les conditions de vie des populations autochtones, et en particulier de leur apporter formation et assistance technique pour la gestion de leurs ressources.

**bureaucracy** /bjʊəˈrɒkrəsɪ/ SYN **N** bureaucratie f

**bureaucrat** /ˈbjʊərəʊkræt/ SYN **N** bureaucrate mf

**bureaucratese**\* /ˌbjʊərəʊkræˈtiːz/ **N** jargon m administratif

**bureaucratic** /ˌbjʊərəʊˈkrætɪk/ **ADJ** bureaucratique

**bureaucratize** /bjʊəˈrɒkrətaɪz/ **VT** bureaucratiser

**bureaux** /ˈbjʊərəʊz/ **NPL** of **bureau**

**burette** /bjʊəˈret/ **N** éprouvette f graduée

**burg**\* /bɜːg/ **N** (US pej = town) bled\* m, patelin\* m

**burgeon** /ˈbɜːdʒən/ **VI** (liter) [flower] (commencer à) éclore ; [plant] bourgeonner, se couvrir de bourgeons ; [talent] naître ; [population] être en pleine croissance ; [trade, industry] être en plein essor

**burgeoning** /ˈbɜːdʒənɪŋ/ **ADJ** [industry, market, demand, growth, career, popularity] en plein essor ; [population] en pleine croissance ; [numbers, costs, debt] croissant ◆ **the burgeoning pacifist movement** le mouvement pacifiste en plein essor ◆ **a young man with burgeoning talent** un jeune homme dont le talent grandit de jour en jour

**burger** /ˈbɜːgəʳ/
- **N** hamburger m
- COMP **burger bar** N fast-food m (où l'on sert des hamburgers)

**burgess** /ˈbɜːdʒɪs/ **N** ① (Brit Hist) (= citizen) bourgeois m, citoyen m ; (Parl) député m (représentant au Parlement d'un bourg ou d'une circonscription universitaire)
- ② (US Hist) député m

**burgh** /ˈbʌrə/ **N** (Scot) ville f (possédant une charte)

**burgher** /ˈbɜːgəʳ/ **N** (†† or liter) citoyen(ne) m(f)

**burglar** /ˈbɜːgləʳ/ SYN
- **N** cambrioleur m, -euse f ; → **cat**
- COMP **burglar alarm** N (système m d')alarme f
- **burglar-proof** **ADJ** [house] muni d'un système d'alarme ; [lock] incrochetable

**burglarize** /ˈbɜːgləraɪz/ **VT** (US) cambrioler

**burglary** /ˈbɜːglərɪ/ SYN **N** cambriolage m

**burgle** /ˈbɜːgl/
- **VT** cambrioler, dévaliser
- **VI** cambrioler

**burgomaster** /ˈbɜːgəˌmɑːstəʳ/ **N** bourgmestre m

**Burgundian** /bɜːˈgʌndɪən/
- **ADJ** bourguignon, de Bourgogne
- **N** Bourguignon(ne) m(f)

**Burgundy** /ˈbɜːgəndɪ/ **N** ① (Geog) Bourgogne f
- ② (= wine) bourgogne m
- ③ (= colour) ◆ **burgundy** bordeaux

**burial** /ˈberɪəl/ SYN
- **N** (= interment) enterrement m, inhumation f ; (religious) sépulture f ; (= ceremony) funérailles fpl, obsèques fpl ; [of hopes etc] mort f, fin f ◆ **Christian burial** sépulture f chrétienne ◆ **burial at sea** funérailles fpl en mer
- COMP **burial ground** N cimetière m
- **burial mound** N tumulus m
- **burial place** N lieu m de sépulture
- **burial service** N office m des morts, service m funèbre
- **burial vault** N tombeau m

**burin** /ˈbjʊərɪn/ **N** burin m (à graver)

**burk**\* /bɜːk/ **N** (Brit) ⇒ **berk**

**burke** /bɜːk/ **VT** (= suppress) [+ scandal] étouffer ; (= shelve) [+ question] escamoter

**Burkina-Faso** /bɜːˈkiːnəˈfæsəʊ/ **N** Burkina-Faso m

**burlap** /ˈbɜːlæp/ **N** (esp US) toile f d'emballage, toile f à sac

**burlesque** /bɜːˈlesk/ SYN
- **N** ① (= parody) [of book, poem etc] parodie f ; [of society, way of life] caricature f
- ② (NonC: Literat) (genre m) burlesque m
- ③ (US = striptease) revue f déshabillée (souvent vulgaire)
- **ADJ** [poem etc] burlesque ; [description] caricatural
- **VT** (= make ridiculous) tourner en ridicule ; (= parody) [+ book, author] parodier

**burly** /ˈbɜːlɪ/ SYN **ADJ** de forte carrure, solidement charpenté ◆ **a big burly fellow**\* un grand gaillard baraqué\* ◆ **a burly policeman** un grand gaillard d'agent

**Burma** /ˈbɜːmə/ **N** Birmanie f

**Burmese** /bɜːˈmiːz/
- **ADJ** birman, de Birmanie ◆ **the Burmese Empire** l'Empire m birman
- **N** ① (pl inv) Birman(e) m(f)
- ② (= language) birman m
- COMP **Burmese cat** N (chat m) birman m

**burn¹** /bɜːn/ SYN (vb: pret, ptp **burned** or (Brit) **burnt**)
- **N** ① (Med) brûlure f ◆ **cigarette burn** brûlure f de cigarette ; → **degree**
- ② (Space) [of rocket] (durée f de) combustion f
- **VT** ① (gen) brûler ; [+ town, building] incendier, mettre le feu à ◆ **to burn to a cinder** or **crisp** carboniser, calciner ◆ **to be burnt to death** être brûlé vif, mourir carbonisé ◆ **to be burnt alive** être brûlé vif ◆ **to be burnt at the stake** être brûlé sur le bûcher ◆ **to burn o.s.** se brûler ◆ **to burn one's finger** se brûler le doigt ◆ **he burned a hole in his coat with a cigarette** il a fait un trou à son manteau avec une cigarette ◆ **you could get your fingers burnt over this** (fig) vous risquez de vous brûler les doigts dans cette affaire ◆ **to get burned** (fig) se brûler les doigts ◆ **money burns a hole in my pocket** l'argent me fond dans les mains ◆ **to burn one's boats/one's bridges** brûler ses vaisseaux/les ponts ◆ **to burn the candle at both ends** brûler la chandelle par les deux bouts ; → **midnight**
- ② (Culin) [+ meat, toast, cakes] laisser brûler ; [+ sauce, milk] laisser attacher
- ③ [acid] brûler, ronger ; [sun] [+ person, skin] brûler ◆ **delicious curries which won't burn your throat** de délicieux currys qui ne vous emporteront pas la bouche ◆ **the date was burned into his memory** la date se grava dans sa mémoire
- **VI** ① [wood, meat, cakes etc] brûler ; [milk, sauce] attacher ◆ **you left all the lights burning** vous avez laissé toutes les lumières allumées ◆ **her skin burns easily** elle a la peau facilement brûlée par le soleil, elle attrape facilement des coups de soleil ◆ **my head is burning** j'ai la tête brûlante ◆ **his wound was burning** la blessure le cuisait ◆ **his face was burning with cold** le froid lui brûlait le visage ◆ **her face was burning** (from heat, embarrassment) elle était cramoisie
- ② [person] (lit) être brûlé vif ; (fig) brûler (with de) ◆ **he was burning to get his revenge** or **burning for revenge** il brûlait (du désir) de se venger ◆ **he was burning with ambition** il brûlait d'ambition
- ③ ◆ **acid burns into metal** l'acide ronge le métal ◆ **his eyes burned into mine** (romantically) il m'a regardé avec des yeux de braise ; (threateningly) son regard était fixé sur moi ◆ **her words burned into my brain** ses paroles sont restées gravées dans ma mémoire
- ④ (Space) [rocket] brûler
- COMP **burns unit** N (Med) service m des grands brûlés

▶ **burn away**
- **VI** ① (= go on burning) ◆ **the fire was burning away** le feu flambait or brûlait bien
- ② (= be consumed) se consumer
- **VT SEP** détruire (par le feu) ; [+ paint] brûler (au chalumeau)

▶ **burn down**
- **VI** ① [house etc] brûler complètement, être réduit en cendres
- ② [fire, candle] baisser
- **VT SEP** [+ building] incendier ◆ **the house was burnt down** la maison a été réduite en cendres or calcinée

▶ **burn off** **VT SEP** [+ paint etc] brûler (au chalumeau)

▶ **burn out**

**VI** [fire, candle] s'éteindre ; [light bulb] griller, sauter

**VT SEP** ① [+ candle] laisser brûler jusqu'au bout ; [+ lamp] griller ◆ **the candle burnt itself out** la bougie est morte ◆ **he burnt himself out** il s'est abîmé la santé

② (= force out by fire) [+ enemy troops etc] forcer à sortir en mettant le feu ◆ **they were burnt out of house and home** un incendie a détruit leur maison avec tout ce qu'ils possédaient

▶ **burn up**

**VI** ① [fire etc] flamber, monter

② [rocket etc in atmosphere] se volatiliser, se désintégrer

③ ◆ **to be burning up (with fever)** être brûlant (de fièvre)

**VT SEP** ① [+ rubbish] brûler

② **burned up with jealousy** mort de jalousie

③ (US * = make angry) foutre en rogne*

**burn²** /bɜːn/ **N** (Scot) ruisseau m

**burner** /'bɜːnəʳ/ **N** [of gas cooker] brûleur m ; [of lamp] bec m (de gaz) ; → **back, Bunsen burner, charcoal, front**

**burnet** /'bɜːnɪt/ **N** (= plant) (also **salad burnet**) pimprenelle f ; (also **great burnet**) sanguisorbe f officinale

**Burnham scale** /'bɜːnəm,skeɪl/ **N** (Brit Scol Admin) grille f indiciaire des enseignants

**burning** /'bɜːnɪŋ/ SYN

**ADJ** ① (= on fire) [town, forest] en flammes ; [fire, candle] allumé ; [coals] ardent ; [feeling] cuisant ◆ **the burning bush** le buisson ardent ◆ **with a burning face** (from shame) le rouge au front ; (from embarrassment) le rouge aux joues

② (fig) [thirst, fever] brûlant ; [faith] ardent, intense ; [indignation] violent ; [words] véhément, passionné ; [topic] brûlant, passionnant ◆ **a burning question** une question brûlante ◆ **it's a burning* shame that...** c'est une honte or un scandale que... + subj

**N** ① ◆ **there is a smell of burning** ça sent le brûlé or le roussi ◆ **I could smell burning** je sentais une odeur de brûlé

② (= setting on fire) incendie m, embrasement m ◆ **they ordered the burning of the town** ils ont ordonné l'incendie de la ville, ils ont ordonné qu'on mette le feu à la ville

**burnish** /'bɜːnɪʃ/ **VT** [+ metal] brunir, polir ◆ **burnished hair** (beaux) cheveux mpl brillants ◆ **burnished skin** (belle) peau f dorée ◆ **burnished leaves** feuilles fpl aux reflets dorés ◆ **to burnish sb's image** redorer le blason de qn, rehausser l'image de qn

**burnisher** /'bɜːnɪʃəʳ/ **N** (= person) brunisseur m, -euse f ; (= tool) brunissoir m

**burnous(e)** , **burnoos** (US) /bɜː'nuːs/ **N** burnous m

**burnout** /'bɜːnaʊt/ **N** ① (Elec) ◆ **there's been a burnout** les circuits sont grillés

② (fig) épuisement m

**Burns' Night** /'bɜːnz,naɪt/ **N** (Brit) fête écossaise à la gloire du poète Robert Burns

- **BURNS' NIGHT**
- Fête écossaise, le 25 janvier, commémorant l'anniversaire de la naissance du poète national écossais Robert Burns (1759-1796). À cette occasion, les Écossais se réunissent pour un dîner (Burns' supper) qui comprend traditionnellement du haggis, apporté au son de la cornemuse, qui se mange accompagné d'une purée de rutabagas et de pommes de terre (neeps and tatties). Après les toasts d'usage, l'assistance lit des poèmes et chante des chansons de Burns.

**burnt** /bɜːnt/

**VB** pt, ptp of **burn¹**

**ADJ** brûlé, carbonisé ◆ **a burnt child dreads the fire** (Prov) chat échaudé craint l'eau froide (Prov) ◆ **burnt smell/taste** odeur f/goût m de brûlé

**COMP** **burnt almond N** amande f grillée, praline f
  **burnt lime N** chaux f vive
  **burnt offering N** holocauste m
  **burnt orange ADJ** orange foncé inv
  **burnt sacrifice N** ⇒ **burnt offering**
  **burnt sienna N** terre f de sienne or d'ombre brûlée
  **burnt sugar N** caramel m
  **burnt umber N** ⇒ **burnt sienna**

**burp*** /bɜːp/

**VI** roter*, avoir un renvoi

**VT** ◆ **to burp a baby** faire faire son rot* or son renvoi à un bébé

**N** rot* m, renvoi m

**COMP** **burp gun** ‡ **N** (US) (= pistol) pistolet m automatique ; (= submachine gun) sulfateuse ‡ f (Mil), mitraillette f

**burqa** /bɜːkə/ **N** burqa f or m

**burr** /bɜːʳ/ **N** ⇒ **bur²**

**burrito** /bə'riːtəʊ/ **N** (Culin) burrito m

**burro** /'bʊrəʊ/ **N** âne m

**burrow** /'bʌrəʊ/ SYN

**N** terrier m

**VI** [rabbit] creuser un terrier ; [dog] creuser (la terre) ◆ **to burrow under** [person] (in earth) se creuser un chemin sous ; (under blanket) se réfugier sous ; (= feel around in) fouiller sous ◆ **to burrow into the past** fouiller dans le passé

**VT** creuser ◆ **to burrow one's way underground** (se) creuser (un chemin) sous terre

**bursa** /'bɜːsə/ **N** (pl bursas or bursae /'bɜːsiː/) (Anat) bourse f

**bursar** /'bɜːsəʳ/ **N** ① (= administrator : gen) intendant(e) m(f) ; (in private school, hospital) économe mf

② (Brit = student) (élève mf) boursier m, -ière f

**bursary** /'bɜːsərɪ/ **N** (Brit) bourse f (d'études)

**bursitis** /bɜː'saɪtɪs/ **N** hygroma m

**burst** /bɜːst/ SYN (vb: pret, ptp burst)

**N** [of shell, bomb] explosion f, éclatement m ; [of anger, indignation] explosion f ; [of anger, laughter] éclat m ; [of affection, eloquence] élan m, transport m ; [of activity] vague f ; [of enthusiasm] accès m, montée f ; [of thunder] coup m ; [of applause] salve f ; [of flames] jaillissement m, jet m ◆ **to put on a burst of speed** faire une pointe de vitesse ◆ **a burst of gunfire** une rafale (de balles)

**ADJ** (Med) ◆ **burst appendix** crise f d'appendicite ◆ **burst ulcer** perforation f d'ulcère ◆ **burst eardrum** rupture f du tympan ◆ **burst blood vessel** vaisseau m éclaté ◆ **burst pipe** (Plumbing) tuyau m éclaté

**VI** ① [shell] éclater, faire explosion ; [pipe, boiler] éclater ; [dam] se rompre ; [bubble, balloon, abscess] crever ; [tyre] (= blow out) éclater ; (= puncture) crever ; (Med) [boil, spot] crever ; [appendix, ulcer] se perforer ◆ **to burst open** [door] s'ouvrir violemment ; [container] s'éventrer ◆ **my lungs are bursting** je suis à bout de souffle

② ◆ **to be bursting (at the seams*)** [bag, room] être plein à craquer (with de) ◆ **to fill a sack to bursting point** remplir un sac à craquer ◆ **to be bursting with health** déborder de santé ◆ **to be bursting with impatience** brûler d'impatience ◆ **to be bursting with pride** éclater d'orgueil ◆ **to be bursting with joy** déborder de joie ◆ **I was bursting to tell you*** je mourais d'envie de vous le dire ◆ **to be bursting*** [person] avoir une envie pressante

③ (= move etc suddenly) se précipiter, se jeter (into dans ; out of hors de)

④ (= begin etc suddenly) ◆ **the horse burst into a gallop** le cheval a pris le galop ◆ **he suddenly burst into speech/song** il s'est mis tout d'un coup à parler/chanter ◆ **the truth burst (in) upon him** la vérité lui a soudain sauté aux yeux ◆ **the applause burst upon our ears** les applaudissements ont éclaté à nos oreilles ◆ **to burst into tears** fondre en larmes ◆ **to burst into bloom** [flower] s'épanouir (soudain) ◆ **to burst into flames** prendre feu (soudain) ◆ **the sun burst through the clouds** le soleil a percé les nuages ◆ **the oil burst from the well** le pétrole a jailli du puits

**VT** [+ balloon, bubble] crever ; [+ tyre] (= blow out) faire éclater ; (= puncture) crever ; [+ pipe] faire sauter ◆ **to burst open** [+ door] ouvrir violemment ; [+ container] éventrer ◆ **the river has burst its banks** le fleuve a rompu ses digues ◆ **to burst one's sides with laughter** se tordre de rire ◆ **to burst a blood vessel** (Med) (se) faire éclater une veine, (se) rompre un vaisseau ◆ **he almost burst a blood vessel*** (with anger etc) il a failli prendre un coup de sang or avoir une attaque*

▶ **burst forth VI** (liter) [person] sortir précipitamment ; [sun] surgir

▶ **burst in**

**VI** entrer en trombe or en coup de vent, faire irruption ◆ **he burst in (on us/them etc)** il a fait irruption (chez nous/eux etc) ◆ **to burst in on a**

conversation interrompre brutalement une conversation

**VT SEP** [+ door] enfoncer

▶ **burst out VI** ① ◆ **to burst out of a room** se précipiter hors d'une pièce, sortir d'une pièce en trombe

② ◆ **she's bursting out of that dress** elle éclate de partout or elle est très boudinée* dans cette robe

③ (in speech) s'exclamer, s'écrier ◆ **"that's cruel!" she burst out** « c'est cruel ! » s'exclama-t-elle

④ ◆ **to burst out laughing** éclater de rire ◆ **to burst out crying** fondre en larmes

**bursting** /'bɜːstɪŋ/ **N** (Comput) déliassage m

**burthen** †† /'bɜːðən/ ⇒ **burden**

**burton** /'bɜːtn/ **N** (Brit) ◆ **he's gone for a burton*** il est fichu* or foutu* ‡ ◆ **it's gone for a burton*** (= broken) c'est fichu* or foutu* ‡ ; (= lost) ça a disparu

**Burundi** /bə'rʊndɪ/ **N** Burundi m

**Burundian** /bə'rʊndɪən/

**ADJ** burundais

**N** Burundais(e) m(f)

**bury** /'berɪ/ SYN

**VT** ① (gen) enterrer ; (at funeral) enterrer, inhumer ◆ **to bury sb alive** enterrer qn vivant ◆ **he was buried at sea** son corps fut immergé (en haute mer) ◆ **buried by an avalanche** enseveli par une avalanche ◆ **he buried his wife on Friday** il a enterré sa femme vendredi ; → **dead**

② [+ treasure] enterrer, enfouir ; [+ quarrel] enterrer, oublier ◆ **the dog buried a bone** le chien a enterré un os ◆ **to bury one's head in the sand** pratiquer la politique de l'autruche ◆ **they agreed to bury their differences** ils ont décidé d'enterrer la hache de guerre, ils ont décidé d'oublier leurs désaccords ◆ **to bury the hatchet** or (US) **the tomahawk** enterrer la hache de guerre

③ (= conceal) enfouir, cacher ◆ **to bury o.s. under the blankets** s'enfouir sous les couvertures ◆ **to bury one's face in one's hands** se couvrir or se cacher la figure de ses mains ◆ **the bullet was buried deep in the woodwork** la balle était fichée profondément dans le bois ◆ **a village buried in the country** un village perdu en pleine campagne ◆ **she buried herself in the country** elle est allée s'enterrer à la campagne ◆ **they buried the story** ils ont enterré cette nouvelle

④ (= engross) plonger ◆ **to bury one's head** or **o.s. in a book** se plonger dans un livre ◆ **to bury o.s. in one's studies** se plonger dans ses études ◆ **buried in one's work** plongé or absorbé dans son travail ◆ **buried in thought** plongé dans une rêverie or dans ses pensées

⑤ (= plunge) [+ hands, knife] enfoncer, plonger (in dans)

**COMP** **burying beetle N** nécrophore m

▶ **bury away VT SEP** ◆ **to be buried away** être enterré (fig)

**bus** /bʌs/

**N** (pl buses, (US) buses or busses) ① bus m, autobus m ; (long-distance) autocar m, car m ◆ **all buses stop here** arrêt m fixe or obligatoire ; → **double, miss, trolley**

② ‡ (= car) bagnole* f ; (= plane) (vieux) coucou* m

③ (Comput) bus m

**VI** ① (* = go by bus) prendre l'autobus (or le car)

② (US * : in café) travailler comme aide-serveur, desservir

**VT** ◆ **to bus children to school** transporter des enfants à l'école en car ; → **bussing**

**COMP** **bus conductor N** receveur m, -euse f d'autobus or de bus
  **bus depot N** dépôt m d'autobus or de bus
  **bus driver N** conducteur m, -trice f d'autobus or de bus
  **bus lane N** (Brit) voie f réservée aux autobus
  **bus pass N** (Brit) carte f d'autobus or de bus
  **bus route N** ◆ **the house is/is not on a bus route** la maison est/n'est pas sur un trajet d'autobus or de bus
  **bus service N** réseau m or service m d'autobus
  **bus shelter N** Abribus ® m
  **bus station N** gare f d'autobus ; (for coaches) gare f routière
  **bus stop N** arrêt m d'autobus or de bus
  **bus ticket N** ticket m d'autobus or de bus

**busbar** /'bʌsbɑːʳ/ **N** (Comput) bus m

**busboy** /'bʌsbɔɪ/ **N** (US) aide-serveur m

**busby** /ˈbʌzbɪ/ N (Brit) bonnet m à poil (de soldat)

**bush¹** /bʊʃ/ SYN
- N ① (= shrub) buisson m ◆ **he had a great bush of hair** il avait une épaisse tignasse ; → beat, burning, rosebush
② (= thicket) taillis m, fourré m ; (NonC = brushwood) broussailles fpl ◆ **the bush** (in Africa, Australia) le bush ◆ **to take to the bush** partir or se réfugier dans la brousse
- COMP **bush baby** N (= animal) galago m
**bush jacket** N saharienne f
**bush-league*** ADJ (US Baseball) de catégorie médiocre
**bush leaguer*** N (US Baseball) joueur m de catégorie médiocre ; (fig) minus mf
**bush meat** N viande f de brousse
**bush telegraph** N (lit) téléphone m de brousse ; (*fig) téléphone m arabe

**bush²** /bʊʃ/ N (= metal sleeve) bague f

**bushed** /bʊʃt/ ADJ ① * (= exhausted) flapi*, claqué* ; (= puzzled) ahuri
② (Austral) perdu en brousse

**bushel** /ˈbʊʃl/ N (Brit = measure) boisseau m ; → hide¹

**bushfighting** /ˈbʊʃfaɪtɪŋ/ N guérilla f

**bushfire** /ˈbʊʃfaɪər/ N feu m de brousse

**bushhammer** /ˈbʊʃhæmər/ N boucharde f

**bushing** /ˈbʊʃɪŋ/ N (esp US = metal sleeve) bague f

**Bushman** /ˈbʊʃmən/ N (pl -men) (in South Africa) Bochiman m, Bushman m

**bushman** /ˈbʊʃmən/ N (pl -men) (in Australia) broussard* m

**bushranger** /ˈbʊʃreɪndʒər/ N (in Australia) forçat m réfugié dans la brousse, broussard* m ; (in Canada, US) trappeur m

**bushwhack** /ˈbʊʃwæk/ (US)
- VI se frayer un chemin à travers la brousse
- VT (= ambush) tendre une embuscade à

**bushwhacker** /ˈbʊʃwækər/ N (= frontiersman) colon m de la brousse ; (= guerilla soldier) guérillero m ; (= bandit) bandit m de la brousse ; (in Australia = lumberjack) bûcheron m

**bushwhacking** /ˈbʊʃwækɪŋ/ N (US) ⇒ bushfighting

**bushy** /ˈbʊʃɪ/ ADJ [land, ground] broussailleux, couvert de buissons ; [shrub] épais (épaisse f) ; [tree] touffu ; [beard, eyebrows, hair] touffu, broussailleux

**busily** /ˈbɪzɪlɪ/ SYN ADV (= actively, eagerly) activement ; (pej = officiously) avec trop de zèle ◆ **to be busily occupied in sth/in doing sth** être très occupé or activement occupé à qch/à faire qch

**business** /ˈbɪznɪs/ SYN
- N ① (NonC = commerce) affaires fpl ◆ **it's good for business** ça fait marcher les affaires ◆ **the business section** (in newspaper) la rubrique affaires ◆ **to do business with sb** faire des affaires avec qn ◆ **business is business** les affaires sont les affaires ◆ **his business is cattle rearing** il a une affaire d'élevage de bestiaux ◆ **his line of business** sa partie ◆ **what line of business is he in?** qu'est-ce qu'il fait (dans la vie) ? ◆ **the music business** le secteur musical ◆ **to know one's business** connaître son affaire, s'y connaître ◆ **to get down to business** (fig) passer aux choses sérieuses ◆ **he means business*** il ne plaisante pas ◆ **"business as usual"** (lit) « nous restons ouverts pendant les travaux » ◆ **it's business as usual, despite the bomb** la vie continue, en dépit de l'attentat ◆ **it's the business!*** c'est super ! ◆ **she's the business!*** elle est vraiment géniale ! *
- ◆ in + business ◆ **to be in business** être dans les affaires ◆ **to be in the grocery business** être dans l'alimentation ◆ **to be in business for o.s.** travailler pour son propre compte, être à son compte ◆ **to set up in business as a butcher** etc s'établir (comme) boucher etc ◆ **young people seeking a career in business** les jeunes qui veulent faire carrière dans les affaires ◆ **she's in the publishing business** elle travaille dans l'édition ◆ **now we're in business!*** (fig) maintenant nous sommes prêts ! ◆ **all we need is a microphone and we're in business*** tout ce qu'il nous faut c'est un micro et le tour est joué
- ◆ out of business ◆ **to go out of business** [businessman] fermer ; [company] cesser ses activités, fermer ◆ **to put out of business** [+ company, businessman] faire fermer ◆ **this will put us out of business** cela nous obligera à mettre la clé sous la porte
- ◆ on business ◆ **to go to Paris on business** aller à Paris pour affaires ◆ **to be away on business** être en déplacement pour affaires ; → mix, nobody
② (NonC = volume of trade) ◆ **our business has doubled in the last year** notre chiffre d'affaires a doublé par rapport à l'année dernière ◆ **most of the shop's business comes from women** la clientèle du magasin est essentiellement féminine ◆ **he gets a lot of business from the Americans** il travaille beaucoup avec les Américains ◆ **during the ten days of the fair, business was excellent** pendant les dix jours de la foire, les affaires ont très bien marché ◆ **business is good/booming** les affaires marchent bien/sont prospères ◆ **to lose business** perdre des clients
③ (= commercial enterprise) commerce m, affaire f ◆ **he has a little business in the country** il tient un petit commerce or il a une petite affaire à la campagne ◆ **he owns a grocery business** il a un commerce d'alimentation ◆ **a small business** une petite entreprise ◆ **a family business** une entreprise familiale
④ (= task, duty) affaire f, devoir m ◆ **the business of the day** les affaires courantes ◆ **it's all part of the day's business** cela fait partie de la routine journalière ◆ **the business before the meeting** l'ordre m du jour de l'assemblée ◆ **we're not in the business of misleading the public** notre propos n'est pas de tromper le public ◆ **it's time the government got on with the business of dealing with inflation** il est temps que le gouvernement s'occupe sérieusement du problème de l'inflation ◆ **to make it one's business to do sth** se charger de faire qch ◆ **that's none of his business** cela ne le regarde pas, ce n'est pas ses affaires ◆ **it's your business to do it** c'est à vous de le faire ◆ **you've no business to do that** ce n'est pas à vous de faire cela ◆ **I really had no business being there** je n'avais rien à faire dans cet endroit ◆ **that's my business!** ça me regarde ! ◆ **my private life is my own business** ma vie privée ne regarde que moi ◆ **mind your own business!*** mêlez-vous de vos affaires or de ce qui vous regarde ! ◆ **I know my own business** je ne veux pas me mêler de ce qui ne me regarde pas ◆ **to go about one's business** s'occuper de ses propres affaires ◆ **to send sb about his business** envoyer promener* qn
⑤ (= difficult job) ◆ **finding a flat is quite a business** c'est toute une affaire de trouver un appartement ◆ **moving house is a costly business** les déménagements sont coûteux, un déménagement entraîne des frais ◆ **parenting can be a stressful business** cela peut être stressant d'élever des enfants
⑥ (pej) affaire f, histoire f ◆ **a wretched business** une affaire regrettable ◆ **there's some funny business going on** il se passe quelque chose de louche or de pas catholique* ; → bad
⑦ ◆ **to do its business*** [animal] faire ses besoins
- COMP [lunch, meeting, trip] d'affaires
**business accounting** N comptabilité f d'entreprise
**business activity** N activité f industrielle et commerciale
**business address** N [of individual] adresse f professionnelle ; [of company] adresse f du siège social
**Business and Technology Education Council** N (Brit) organisme habilité à conférer des diplômes en gestion, sciences et techniques etc
**business associate** N associé(e) m(f) ◆ **Jones & Co are business associates of ours** nous sommes en relations commerciales avec Jones & Cie
**business card** N carte f de visite (professionnelle)
**business centre** N centre m des affaires
**business class** N classe f affaires
**business college** N école f de commerce
**business contact** N relation f de travail
**business cycle** N cycle m économique
**business day** N jour m ouvrable
**business deal** N affaire f
**business district** N centre m d'affaires
**business end** N ◆ **the business end of a knife** le côté opérant or la partie coupante d'un couteau ◆ **the business end of a rifle** le canon d'un fusil
**business expenses** NPL frais mpl généraux
**business girl** N jeune femme f d'affaires
**business hours** NPL [of shops etc] heures fpl d'ouverture, heures fpl d'affluence (Can) ; [of offices] heures fpl de bureau, heures fpl d'affaires (Can)
**business letter** N lettre f commerciale
**business manager** N (in company) directeur m, -trice f commercial(e) ; (of sports team) manager m ; (of theatre) directeur m, -trice f
**business park** N parc m d'activités
**business people** NPL hommes mpl et femmes fpl d'affaires
**business plan** N [of company] plan m de développement
**business proposition** N proposition f
**business reply service** N (on envelope) enveloppe f pré-affranchie
**business school** N ⇒ business college
**business sense** N ◆ **to have business sense** avoir le sens des affaires
**business studies** NPL (Univ) études fpl commerciales or de commerce
**business suit** N complet m, complet-veston m
**business trip** N voyage m d'affaires ◆ **to be on a business trip** être en voyage d'affaires

**businesslike** /ˈbɪznɪslaɪk/ SYN ADJ [person] qui agit en professionnel ; [firm, transaction] sérieux ; [manner, method, style] de professionnel ; [appearance] sérieux ◆ **this is a very businesslike knife!*** ça c'est un couteau (sérieux) ! *

**businessman** /ˈbɪznɪsmæn/ SYN N (pl -men) homme m d'affaires ◆ **big businessman** brasseur m d'affaires ◆ **he's a good businessman** il a le sens des affaires

**businesswoman** /ˈbɪznɪswʊmən/ N (pl -women) femme f d'affaires ◆ **she's a good businesswoman** elle a le sens des affaires

**busing** /ˈbʌsɪŋ/ N ⇒ bussing

**busk** /bʌsk/ VI (Brit) jouer (or chanter) dans la rue

**busker** /ˈbʌskər/ N (Brit) musicien(ne) m(f) ambulant or des rues

**busload** /ˈbʌsləʊd/ N ◆ **a busload of children** un autobus or un autocar plein d'enfants ◆ **they came by the busload** or **in busloads** ils sont venus par cars entiers

**busman** /ˈbʌsmən/ N (pl -men) (= driver) conducteur m d'autobus ; (= conductor) receveur m ◆ **to take a busman's holiday** se servir de ses compétences professionnelles en vacances

**bussing** /ˈbʌsɪŋ/ N ramassage m scolaire (surtout aux USA comme mesure de déségrégation)

**bust¹** /bʌst/ SYN
- N ① (Sculp) buste m
② (Anat) buste m, poitrine f
- COMP **bust measurement** N tour m de poitrine

**bust²** /bʌst/ SYN
- ADJ ① (* = broken) fichu*, foutu‡
② (‡ = bankrupt) ◆ **to go bust** faire faillite ◆ **to be bust** être fauché*, être à sec*
- N ① (‡ = spree) bombe* f, bringue* f
② * (also **drugs bust**) (= police raid) descente f de police (pour saisie de drogue) ◆ **Australia's biggest ever cocaine bust** la plus grosse saisie de cocaïne jamais effectuée en Australie
③ (US * = failure) fiasco m
- VT ① ‡ ◆ **burst** vt ◆ **to bust a gut** (lit) attraper une hernie ; (fig) se donner un mal de chien* (to do sth, doing sth pour faire qch) ◆ **to bust one's ass** (US) s'éreinter*, se crever le cul‡ (to do sth pour faire qch) ◆ **I'll bust your ass for you!** (US) je vais te casser la gueule !‡
② ‡ [police] (= break up) [+ crime ring etc] démanteler ; (= arrest) [+ person] choper*, arrêter ; (= raid) [+ place] perquisitionner ; (esp US) (= demote) [+ police officer] rétrograder
③ (US *) [+ horse] dresser
- VI * ⇒ **burst** vi ◆ **New York or bust!** New York ou rien !
- COMP **bust-up**‡ N engueulade‡ f ◆ **to have a bust-up with sb** s'engueuler avec qn‡
- ▶ **bust out*** VI (= escape) ◆ **he bust out (of jail)** il s'est fait la malle (de la prison) *
- ▶ **bust up**‡
  - VI [friends] se brouiller, rompre après une engueulade‡ (with sb avec qn)
  - VT SEP (fig) [+ marriage, friendship] flanquer en l'air *
- N ◆ **bust-up**‡ → bust²

**bustard** /ˈbʌstəd/ N outarde f

**buster**‡ /ˈbʌstər/ N ◆ **hi, buster!** salut mon pote ! *

**bustier** /ˈbuːstɪər/ N bustier m

**bustle¹** /ˈbʌsl/ SYN
- VI s'affairer, s'agiter ◆ **to bustle about** s'affairer ◆ **to bustle in/out** etc entrer/sortir etc d'un

air affairé ◆ **to be bustling with** (fig) [place, streets etc] grouiller de ; see also **bustling**
**N** affairement m, remue-ménage m

**bustle²** /ˈbʌsl/ **N** (Dress) tournure f

**bustling** /ˈbʌslɪŋ/
**ADJ** [person] affairé ; [place] bruyant, agité ◆ **bustling with life** plein de vie, plein d'animation, trépidant
**N** ⇒ **bustle¹** noun

**busty** * /ˈbʌsti/ **ADJ** [woman] forte de poitrine ◆ **she's rather busty** elle a beaucoup de poitrine, il y a du monde au balcon *

**busy** /ˈbɪzi/ LANGUAGE IN USE 27.5 SYN
**ADJ** 1 [person] (= occupied) occupé (doing sth à faire qch ; with sth à qch) ; (= active) énergique ◆ **he's busy cooking** il est en train de faire la cuisine ◆ **he's busy playing with the children** il est occupé à jouer avec les enfants ◆ **too busy to do sth** trop occupé pour faire qch ◆ **he was busy at his work** il était tout entier à or absorbé dans son travail ◆ **she's always busy** (= active) elle n'arrête pas ; (= not free) elle est toujours prise or occupée ◆ **as busy as a bee** très occupé ◆ **she's a real busy bee** elle est toujours à s'activer, elle est débordante d'activité ◆ **to keep o.s. busy** trouver à s'occuper ◆ **to get busy** s'y mettre
2 [day] chargé ; [period] de grande activité ; [place] plein de mouvement d'animation ; [street] passant, animé ; [town] animé, grouillant d'activité ◆ **a busy time** une période de grande activité ◆ **to keep a factory busy** fournir du travail à une usine ◆ **the shop is at its busiest in summer** c'est en été qu'il y a le plus d'affluence dans le magasin
3 [telephone line, room etc] occupé
**VT** ◆ **to busy o.s.** s'appliquer, s'occuper (doing sth à faire qch ; with sth à qch)
**N** ( * = detective) flic * m
**COMP** **Busy Lizzie** N impatiente f, impatiens f
**busy signal** N (US) tonalité f occupé inv

**busybody** /ˈbɪzi,bɒdi/ SYN **N** fouineur m, -euse f

**but** /bʌt/ SYN
**CONJ** 1 (coordinating) mais ◆ **I would like to do it but I have no money** j'aimerais le faire, mais je n'ai pas d'argent ◆ **she was poor but she was honest** elle était pauvre, mais honnête
2 (contradicting) mais ◆ **he's not English but Irish** il n'est pas anglais, mais irlandais ◆ **he wasn't singing, but he was shouting** il ne chantait pas, plutôt il criait ◆ **poor, but happy** pauvre, mais heureux ◆ **she's like her sister, but thinner** elle ressemble à sa sœur, mais en plus mince ◆ **not once, but twice** pas une fois mais deux
3 (subordinating) ◆ **I never eat asparagus but I remember that evening** je ne mange jamais d'asperges sans me souvenir de cette soirée ◆ **never a day goes by but she complains about the weather** il ne se passe pas un jour sans qu'elle se plaigne du temps ◆ **it never rains but it pours** un malheur n'arrive jamais seul
4 (set structures)
◆ **but then** ◆ **Michael is selfish but then so was his father** Michael est égoïste, mais il faut dire que son père l'était aussi ◆ **he might score tonight, but then again, he's not been on form recently** peut-être qu'il marquera un but ce soir, mais il faut dire qu'il n'a pas la forme ces derniers temps
5 (emphatic) ◆ **but that's crazy!** mais c'est insensé !
**ADV** seulement, ne... que ◆ **she's but a child** (liter) ce n'est qu'une enfant ◆ **I cannot help but think** je suis bien obligé de penser, je ne peux m'empêcher de penser ◆ **the chocolate was placed where I couldn't help but see it** le chocolat était placé à un endroit où il était impossible de ne pas le voir ◆ **you can but try** (to sb trying sth) vous pouvez toujours essayer ; (after sth has gone wrong) ça valait quand même la peine d'essayer ◆ **if I could but tell you why** (liter) si je pouvais seulement vous dire pourquoi ◆ **she left but a few minutes ago** (liter) il n'y a que quelques minutes qu'elle est partie ◆ **Napoleon, to name but one, stayed here** Napoléon, pour n'en citer qu'un, a séjourné ici
**PREP** sauf, excepté ◆ **no one but me could do it** personne sauf moi ne pourrait le faire, je suis le seul à pouvoir or qui puisse le faire ◆ **they've all gone but me** ils sont tous partis sauf moi ◆ **who could do it but me?** qui pourrait le faire sinon moi ? ◆ **no one but him** personne d'autre que lui ◆ **France won all but two of its matches** la France a gagné tous ses matchs sauf deux ◆ **anything but that** tout mais pas ça ◆ **he didn't speak anything but Greek** il ne parlait que le grec ◆ **they gave us nothing but bread to eat** ils ne nous ont donné que du pain à manger ◆ **he's nothing but a thief** ce n'est qu'un voleur ◆ **there was nothing for it but to jump** il n'y avait plus qu'à sauter ◆ **the last house but one** l'avant-dernière maison ◆ **the next house but one** la deuxième maison (à partir d'ici), pas la maison voisine mais la suivante
◆ **but for** ◆ **but for you/that I would be dead** sans vous/cela je serais mort ◆ **but for his illness, we'd have gone on holiday** s'il n'avait pas été malade, nous serions partis en vacances ◆ **I could definitely live in Scotland, but for the weather** je pourrais tout à fait vivre en Écosse si le temps n'était pas si mauvais ◆ **the car park was empty but for a delivery van** le parking était vide, sauf pour une camionnette de livraison
**N** ◆ **no buts about it!** il n'y a pas de mais (qui tienne) ! ; → **if**

**butadiene** /ˌbjuːtəˈdaɪiːn/ **N** butadiène m

**butane** /ˈbjuːteɪn/
**N** butane m ; (US : for camping) Butagaz® m
**COMP** **butane gas** N gaz m butane, Butagaz® m

**butanoic acid** /ˌbjuːtəˈnəʊɪk/ **N** acide m butanoïque or butyrique

**butanol** /ˈbjuːtənɒl/ **N** (Chem) butanol m

**butanone** /ˈbjuːtənəʊn/ **N** (Chem) butanone f

**butch** * /bʊtʃ/
**ADJ** hommasse
**N** gouine * f (hommasse)

**butcher** /ˈbʊtʃəʳ/ SYN
**N** 1 (for meat) boucher m ◆ **at the butcher's** chez le boucher ◆ **to have a butcher's (hook)** * (Brit) jeter un coup d'œil → RHYMING SLANG
2 (US = candy etc seller) vendeur m ambulant
**VT** [+ animal] tuer, abattre ; [+ person] égorger ; (fig) massacrer
**COMP** **butcher meat** N viande f de boucherie
**butcher's boy** N garçon m boucher, livreur m (du boucher)
**butcher's shop** N boucherie f (magasin)
**butcher's wife** N (pl **butchers' wives**) bouchère f, femme f du (or de) boucher

**butcherbird** /ˈbʊtʃəbɜːd/ **N** pie-grièche f

**butcher's-broom** N fragon m

**butchery** /ˈbʊtʃəri/ SYN **N** 1 (NonC) (lit) abattage m ; (fig) boucherie f, massacre m
2 (= slaughterhouse) abattoir m

**butler** /ˈbʌtləʳ/
**N** maître m d'hôtel, majordome m
**COMP** **butler's pantry** N office m
**butler's tray** N (petit) plateau m (de service)

**Butlins**® /ˈbʌtlɪnz/ **N** (Brit) chaîne de villages de vacances

▪ **BUTLINS**
Chaîne de villages de vacances proposant logement, restauration et activités de loisirs pour tous les âges et toutes les bourses. Les distractions sont organisées par des animateurs vêtus d'un costume rouge et qui, pour cette raison, sont surnommés « redcoats ».

**butt¹** /bʌt/ SYN **N** (for wine, rainwater etc) (gros) tonneau m

**butt²** /bʌt/ SYN
**N** (= end) (gros) bout m ; [of rifle] crosse f ; [of cigarette] mégot m ; (US * = cigarette) clope * f ; (US * = bottom) cul ** m
**COMP** **butt-cheeks** NPL fesses * fpl, cul ** m
**butt-naked** * ADJ, ADV (esp US) à poil *

**butt³** /bʌt/ SYN **N** (= target) cible f ; (= earth mound) butte f (de tir) ◆ **the butts** le champ de tir, le polygone (de tir) ◆ **to be a butt for ridicule** être un objet de risée, être en butte au ridicule ◆ **the butt of a practical joker** la victime d'un farceur

**butt⁴** /bʌt/ SYN
**N** coup m de tête ; [of goat etc] coup m de corne
**VT** 1 [goat] donner un coup de corne à ; [person] donner un coup de tête à
2 (= place end on) abouter
▸ **butt in** VI (= interfere) s'immiscer dans les affaires des autres, intervenir ; (= say sth) dire son mot, mettre son grain de sel ◆ **I don't want to butt in** je ne veux pas déranger ◆ **to butt in on sth** s'immiscer dans qch
▸ **butt into** VT FUS [+ meeting, conversation] intervenir dans, s'immiscer dans
▸ **butt out*** VI (US) ◆ **to butt out of sth** ne pas se mêler de qch ◆ **butt out!** mêle-toi de ce qui te regarde ! *

**butter** /ˈbʌtəʳ/
**N** beurre m ◆ **he looks as if butter wouldn't melt in his mouth** on lui donnerait le bon Dieu sans confession ; → **bread**, **peanut**
**VT** [+ bread etc] beurrer ; [+ vegetables] mettre du beurre sur
**COMP** **butter-and-eggs** N (NonC) linaire f
**butter bean** N (Brit) (gros) haricot m blanc
**butter cloth** N mousseline f à beurre, étamine f
**butter cooler** N pot m à (rafraîchir le) beurre
**butter dish** N beurrier m
**butter icing** N glaçage m au beurre
**butter knife** N (pl **butter knives**) couteau m à beurre
**butter muslin** N mousseline f à beurre, étamine f ; (= dress material) mousseline f
**butter paper** N papier m à beurre, papier m sulfurisé
▸ **butter up*** VT SEP (esp Brit fig) passer de la pommade à

**butterball** * /ˈbʌtəbɔːl/ **N** (US) patapouf * m, rondouillard(e) m(f)

**buttercup** /ˈbʌtəkʌp/ **N** bouton m d'or, renoncule f des champs

**buttered** /ˈbʌtəd/ **ADJ** [potatoes] au beurre

**butterfingers** /ˈbʌtəˌfɪŋɡəz/ **N** maladroit(e) m(f), manche * m ◆ **butterfingers!** quel empoté tu fais !

**butterfly** /ˈbʌtəflaɪ/
**N** papillon m ◆ **to have butterflies in one's stomach** * avoir le trac * ◆ **to break a butterfly on a wheel** (Brit) ne pas y aller avec le dos de la cuillère *
**COMP** **butterfly bush** N buddleia m
**butterfly effect** N effet m papillon
**butterfly knot** N nœud m papillon
**butterfly net** N filet m à papillons
**butterfly nut** N papillon m, écrou m à ailettes
**butterfly stroke** N brasse f papillon inv

**buttermilk** /ˈbʌtəmɪlk/ **N** babeurre m

**butternut** /ˈbʌtənʌt/ **N** (= plant : also **butternut squash**) courge f musquée

**butterscotch** /ˈbʌtəskɒtʃ/ **N** caramel m dur (au beurre)

**buttery** /ˈbʌtəri/
**ADJ** [taste] de beurre ; (= spread with butter) [bread] beurré ; [fingers] couvert de beurre
**N** [of college, school] dépense f, office f

**buttock** /ˈbʌtək/ **N** fesse f ◆ **buttocks** [of person] fesses fpl ; [of animal] croupe f

**button** /ˈbʌtn/
**N** 1 [of garment, door, bell, lamp, fencing foil] bouton m ◆ **chocolate buttons** pastilles fpl de chocolat ◆ **Buttons** * (esp Brit) (in hotel) groom m, chasseur m ◆ **she knew which buttons to press** * to get what she wanted elle savait s'y prendre pour obtenir ce qu'elle voulait ◆ **to be (right) on the button** * avoir (tout à fait) raison
2 [of plant] bouton m
3 (US * = tip of chin) pointe f de menton
**VT** 1 (also **button up**) [+ garment] boutonner
2 ◆ **to button one's lip** * la fermer * ◆ **button your lip!**, **button it!** boucle-la ! *, la ferme ! *
**VI** [garment] se boutonner
**COMP** **button-down** ADJ (lit) [collar] boutonné ; (fig = square) conformiste
**button lift** N (Ski) téléski m à perche
**button mushroom** N (petit) champignon m de couche or de Paris
**button rose** N (= plant) rose f pompon
**button-through** ADJ [skirt] boutonné tout du long ◆ **button-through dress** robe f chemisier

**buttoned-up** * /ˈbʌtndʌp/ **ADJ** [person] coincé *

**buttonhole** /ˈbʌtnhəʊl/ SYN
**N** 1 [of garment] boutonnière f
2 (Brit = flower) fleur f (portée à la boutonnière) ◆ **to wear a buttonhole** avoir or porter une fleur à sa boutonnière
**VT** 1 (fig) [+ person] accrocher *
2 (Sewing) faire du point de boutonnière sur
**COMP** **buttonhole stitch** N (Sewing) point m de boutonnière

**buttonhook** /ˈbʌtnhʊk/ **N** tire-bouton m

**buttress** /ˈbʌtrɪs/ SYN
**N** (Archit) contrefort m, éperon m ; (also **flying buttress**) arc-boutant m ; (fig) (= defence) défense

# butty | by

*f*, rempart *m* (*against* contre) ; (= *support*) pilier *m* (*of* de)

**VT** (*Archit*) étayer ; (*fig*) [+ *argument*] étayer

**butty** * /ˈbʌtɪ/ **N** (*Brit dial*) sandwich *m*

**butyl** /ˈbjuːtaɪl/
**ADJ** (*Chem*) butylique
**COMP** **butyl alcohol N** alcool *m* butylique
**butyl rubber N** butylcaoutchouc *m*, caoutchouc *m* butylique

**butyraceous** /ˌbjuːtɪˈreɪʃəs/ **ADJ** butyreux

**butyric acid** /bjuːˈtɪrɪk/ **N** (*Chem*) acide *m* butyrique

**butyrin** /ˈbjuːtɪrɪn/ **N** butyrine *f*

**buxom** /ˈbʌksəm/ **ADJ** [*woman*] plantureuse

**buy** /baɪ/ SYN (pret, ptp **bought**)
**VT** 1 (= *purchase*) acheter (*sth from sb* qch à qn ; *sth for sb* qch pour *or* à qn) ◆ **to buy o.s. sth** s'acheter qch ◆ **the things that money cannot buy** les choses qui ne s'achètent pas ◆ **to buy petrol** prendre de l'essence ◆ **to buy a train ticket** prendre un billet de train ◆ **to buy a theatre ticket** réserver une place de théâtre ◆ **to buy and sell goods** acheter et revendre des marchandises ◆ **to buy a pig in a poke** * acheter chat en poche ◆ **to buy sth cheap** acheter qch bon marché *or* pour une bouchée de pain ◆ **to buy (one's way) into a company** (*Comm*) prendre une participation dans une entreprise ◆ **the victory was dearly bought** la victoire fut chèrement payée ◆ **I'd like to buy you lunch** j'aimerais t'inviter à déjeuner ◆ **to buy time** gagner du temps ◆ **£100,000 will buy you a flat in Glasgow** avec 100 000 livres, vous pourrez vous acheter un appartement à Glasgow

2 (= *bribe*) [+ *person*] acheter, corrompre ◆ **to buy one's way into a business** avoir recours à la corruption pour entrer dans une affaire

3 ( * = *believe*) croire ◆ **he won't buy that explanation** il n'est pas question qu'il avale * *subj* cette explication ◆ **they bought the whole story** ils ont avalé * *or* gobé * toute l'histoire ◆ **all right, I'll buy it** (bon,) d'accord *or* je marche *

4 (= *die*) ◆ **to buy it** * *or* **buy the farm** * casser sa pipe *

**N** affaire *f* ◆ **that house is a good/bad buy** cette maison est une bonne/mauvaise affaire ◆ **tomatoes are a good buy at the moment** les tomates sont bon marché en ce moment

**COMP** **buy-back ADJ** [*price, clause*] de rachat
**buy-back option N** option *f* *or* possibilité *f* de rachat

▸ **buy back**
**VT SEP** racheter
**ADJ** ◆ **buy-back** → **buy**

▸ **buy in VT SEP** (*Brit*) [+ *goods*] s'approvisionner en, stocker ; [+ *stocks, shares*] acquérir, acheter

▸ **buy into VT FUS** 1 [+ *business, organization*] acheter des parts de ; [+ *industry*] investir dans
2 ( * = *believe*) croire

▸ **buy off VT SEP** (= *bribe*) [+ *person, group*] acheter (le silence de) ◆ **policies designed to buy off the working classes** des mesures destinées à s'attirer les votes des travailleurs

▸ **buy out VT SEP** [+ *business partner*] désintéresser, racheter la part de ◆ **he bought his brother out for $7,000** il a racheté la part de son frère pour 7 000 dollars ◆ **to buy o.s. out** (*from army*) se racheter (*d'un engagement dans l'armée*)

▸ **buy over VT SEP** (= *bribe*) corrompre, acheter

▸ **buy up VT SEP** acheter tout ce qu'il y a de, rafler *

**buyer** /ˈbaɪəʳ/
**N** 1 (*gen*) acheteur *m*, -euse *f*, acquéreur *m* ◆ **house-/car-buyers** les gens *mpl* qui achètent un logement/une voiture
2 (*for business, firm, shop etc*) acheteur *m*, -euse *f* (professionnel(le))
**COMP** **buyer's market N** marché *m* acheteur *or* à la hausse

**buying** /ˈbaɪɪŋ/
**N** achat *m*
**COMP** **buying behaviour N** (*Comm*) comportement *m* des acheteurs
**buying group N** centrale *f* d'achat
**buying order N** (*Comm*) ordre *m* d'achat
**buying power N** pouvoir *m* d'achat
**buying spree N** ◆ **to go on a buying spree** se mettre à dépenser sans compter, faire des folies *or* folles dépenses

**buyout** /ˈbaɪaʊt/ **N** rachat *m* (d'entreprise) ◆ **leveraged buyout** rachat *m* d'entreprise financé par l'endettement ; see also **management**

**buzz** /bʌz/
**N** 1 [*of insect*] bourdonnement *m*, vrombissement *m*
2 [*of conversation*] bourdonnement *m*, brouhaha *m* ◆ **a buzz of approval** un murmure d'approbation ◆ **slowly the buzz of conversation resumed** peu à peu le murmure des conversations a repris
3 ( * = *telephone call*) coup *m* de fil * ◆ **to give sb a buzz** donner *or* passer un coup de fil * à qn
4 (*Rad, Telec etc* = *extraneous noise*) friture *f*
5 ( * = *sensation*) ◆ **driving fast gives me a buzz, I get a buzz from driving fast** je prends mon pied quand je conduis vite * ◆ **it gives you a buzz, you get a buzz from it** [*drug*] tu t'éclates quand tu prends ça *
**ADJ** (= *trendy*) en vogue, dernier cri
**VI** 1 [*insect*] bourdonner, vrombir
2 [*ears*] tinter, bourdonner ◆ **my head is buzzing** j'ai des bourdonnements (dans la tête) ◆ **my head is buzzing with thoughts** j'ai la tête qui bourdonne d'idées *or* bourdonnante d'idées
3 [*hall, town*] être (tout) bourdonnant (*with* de)
**VT** 1 (= *call by buzzer*) [+ *person*] appeler (par interphone) ; (*US* * = *telephone*) donner *or* passer un coup de fil * à
2 (*in plane*) [+ *building*] raser ; [+ *other plane*] frôler
**COMP** **buzz bomb N** V1 *m inv*
**buzz cut N** coupe *f* tondeuse
**buzz saw N** scie *f* mécanique *or* circulaire
**buzz word N** mot *m* à la mode

▸ **buzz about** *, **buzz around** * **VI** s'affairer

▸ **buzz off** * **VI** décamper *, foutre le camp *

**buzzard** /ˈbʌzəd/ **N** 1 (= *falcon*) buse *f* ; (= *vulture*) urubu *m*
2 (*pej*) ◆ **old buzzard** (= *man*) vieux schnock * *m* ; (= *woman*) vieille bique * *f*

**buzzer** /ˈbʌzəʳ/ **N** 1 (= *intercom*) interphone *m*
2 (= *factory hooter*) sirène *f*, sifflet *m*
3 (*electronic: on cooker, timer etc*) sonnerie *f*

**buzzing** /ˈbʌzɪŋ/
**N** 1 ⇒ **buzz**
2 (*in ears*) tintement *m*, bourdonnement *m*
**ADJ** [*insect*] bourdonnant, vrombissant ; [*sound*] confus, sourd

**BVDs** ® /ˌbiːviːˈdiːz/ **NPL** (*US*) sous-vêtements *mpl* (d'homme)

**b/w** (abbrev of **black and white**) NB

**bwana** /ˈbwɑːnə/ **N** bwana *m*

✦✦✦✦✦✦✦✦✦✦✦✦✦✦✦✦✦✦✦✦✦

## **by** /baɪ/ SYN

1 - PREPOSITION
2 - ADVERB
3 - COMPOUNDS

▸ When **by** is the second element in a phrasal verb, eg **go by**, **put by**, **stand by**, look up the verb. When it is part of a set combination, eg **by myself**, **by the sea**, **by degrees**, **by night**, **surrounded by**, look up the other word.

✦✦✦✦✦✦✦✦✦✦✦✦✦✦✦✦✦✦✦✦✦

### 1 - PREPOSITION

1 [= CLOSE TO] à côté de, près de ◆ **come and sit by me** viens t'asseoir à côté de *or* près de moi ◆ **the house by the church** la maison à côté de l'église ◆ **her cousins are over there, and she's sitting by them** ses cousins sont là-bas et elle est assise à côté (d'eux) BUT ◆ **sitting by the fire** assis auprès *or* au coin du feu ◆ **I've got it by me** je l'ai sous la main

▸ **by it** and **by them**, when **them** refers to things, are translated by **à côté** alone:

◆ **her bag was on the table and her keys right by it** son sac était sur la table et ses clés juste à côté

2 [= PAST] à côté de ◆ **he rushed by me without seeing me** dans sa précipitation il est passé à côté de moi sans me voir

3 [= VIA] par ◆ **which route did you come by?** par où êtes-vous passés ? ◆ **I went by Dover** je suis passé par Douvres ◆ **by land and (by) sea** par terre et par mer ◆ **he came in by the window** il est entré par la fenêtre

4 [= NOT LATER THAN] pour ◆ **I'll be back by midnight** je serai de retour pour minuit ◆ **can you do it by tomorrow?** pouvez-vous le faire pour demain ? ◆ **applications must be submitted by 21 April** les candidatures doivent nous parvenir pour le 21 avril

5 [IN YEAR, ON DATE, ON DAY] ◆ **by 1990 the figure had reached...** en 1990, ce chiffre avait atteint... ◆ **by 2010 the figure will have reached...** en 2010, cette somme aura atteint... ◆ **by 30 September we had paid out $500** au 30 septembre nous avions payé 500 dollars ◆ **by yesterday it was clear that...** dès hier on savait que..., il était déjà clair hier que... ◆ **by tomorrow/Tuesday, I'll be in France** demain/mardi, je serai en France ; → **now**, **then**, **time**

6 [= ACCORDING TO] ◆ **by my calculations** d'après mes calculs ◆ **by my watch it is 9 o'clock** il est 9 heures à ma montre ◆ **by the terms of Article 1** aux termes de l'article 1

7 [* = FOR] ◆ **it's fine** *or* **all right by me** je n'ai rien contre * ◆ **if that's okay by you** si ça vous va

8 [MARGIN OF DIFFERENCE] de ◆ **wider by a metre** plus large d'un mètre ◆ **the bullet missed me by inches** la balle m'a raté de quelques centimètres ; → **far**, **half**

9 [DIMENSIONS] ◆ **a room three metres by four** une pièce de trois mètres sur quatre

10 [POINTS OF COMPASS] ◆ **south by south-west** sud quart sud-ouest ◆ **south-west by south** sud-ouest quart sud

11 [IN OATHS] ◆ "**I swear by Almighty God to...**" « je jure devant Dieu de... » ◆ **by heck** *, **there's money to be made in this business!** fichtre * ! il y a vraiment de l'argent à gagner dans cette affaire !

12 [METHOD, MEANS, MANNER] à ◆ **to do sth by hand/by machine** faire qch à la main/à la machine ◆ **to sell by the metre/the kilo** vendre au mètre/au kilo ◆ **to pay by the hour** payer à l'heure ◆ **to rent a house by the month** louer une maison au mois

◆ **by** + -*ing* en ◆ **by leaving early he missed the rush** en partant de bonne heure il a évité la foule ◆ **by saving hard he managed to buy a small flat** en économisant beaucoup, il a réussi à s'acheter un petit appartement

13 [WITH MEANS OF TRANSPORT] en ◆ **by bus/car/taxi** en bus/voiture/taxi ◆ **by plane/train** en avion/train ◆ **by bicycle** à bicyclette, à vélo

14 [WITH AGENT] par ◆ **he was killed by lightning** il a été tué par la foudre ◆ **he had been warned by his neighbour** il avait été prévenu par son voisin ◆ **I was surprised by their reaction** j'ai été surpris par leur réaction ◆ **he had a daughter by his first wife** il a eu une fille de sa première femme

▸ When there is no clear agent, the active is more natural in French:

◆ **he was disappointed by it** ça l'a déçu

15 [= CREATED, WRITTEN BY] de ◆ **a painting by Van Gogh** un tableau de Van Gogh ◆ **who's it by?** c'est de qui ?

16 [SET STRUCTURES]

◆ **by and by** (= *in a minute*) dans un instant ; (= *soon*) bientôt ◆ **I'll be with you by and by** je suis à vous dans un instant ◆ **you'll be sorry by and by** tu vas bientôt le regretter, tu ne seras pas long à le regretter ◆ **by and by we heard voices** au bout d'un certain temps, nous avons entendu des voix ; see also **compounds**

◆ **by and large** globalement ◆ **by and large, I still think this is true** globalement, je crois toujours que c'est vrai

◆ **by the way, by the by** au fait, à propos ◆ **by the way, did you know it was Ann's birthday?** au fait *or* à propos, tu savais que c'était l'anniversaire d'Ann ?

### 2 - ADVERB

[= ALONG, PAST] ◆ **he'll be by any minute** il sera là dans un instant ◆ **a train hurtled by** un train passa à toute allure

### 3 - COMPOUNDS

**by-and-by** * **N** (*hum*) ◆ **in the sweet by-and-by** un de ces jours
**by-election N** élection *f* (législative) partielle
**by-law N** (*Brit*) arrêté *m* (municipal)
**by-line N** (*Press*) signature *f* (en tête d'un article)
**by-play N** (*Theat*) jeu *m* de scène secondaire
**by-product N** (*lit*) sous-produit *m*, dérivé *m* ; (*fig*) sous-produit *m*, conséquence *f* (indirecte)
**by-road N** chemin *m* détourné, chemin *m* de traverse

**by-your-leave** N ◆ **without so much as a by-your-leave** sans même demander la permission

**Byblos** /ˈbaɪblɒs/ N (Antiq) Byblos

**bye¹** /baɪ/
- N ◆ **by the bye** à propos, au fait
- COMP **bye-election** N ⇒ by-election ; → by **bye-law** N ⇒ by-law ; → by

**bye²** * /baɪ/ EXCL (abbrev of **goodbye**) au revoir !
◆ **bye for now!** à tout à l'heure !

**bye-bye** * /ˈbaɪˈbaɪ/
- EXCL au revoir !
- N (baby talk) ◆ **to go to bye-byes** aller au dodo*, aller faire dodo*

**Byelorussia** /ˌbjelaʊˈrʌʃə/ N Biélorussie f

**Byelorussian** /ˌbjelaʊˈrʌʃən/
- ADJ biélorusse
- N Biélorusse mf

**bygone** /ˈbaɪgɒn/
- ADJ passé, d'autrefois ◆ **in bygone days** dans l'ancien temps, jadis
- N ◆ **let bygones be bygones** oublions le passé, passons l'éponge (là-dessus)

**BYO** /ˌbiːwaɪˈəʊ/ N (Austral) (abbrev of **bring your own**) restaurant non autorisé à vendre de l'alcool où l'on peut apporter son propre vin, etc

**BYOB** /ˌbiːwaɪəʊˈbiː/ (abbrev of **bring your own bottle** or **beer** or **booze**) apportez à boire

**bypass** /ˈbaɪpɑːs/ SYN
- N 1 (= road) route f or bretelle f de contournement ◆ **the Carlisle bypass** la route qui contourne Carlisle
  2 (Tech = pipe etc) conduit m de dérivation, by-pass m inv
  3 (Elec) dérivation f, by-pass m inv
  4 (Med) pontage m ◆ **he's had a charisma bypass*** il est totalement dépourvu de charme ◆ **he's had a humour bypass*** il n'a pas le sens de l'humour
- VT 1 [+ town, village] contourner, éviter
  2 [+ source of supply, material] éviter d'utiliser, se passer de ; [+ part of programme, method] omettre ; [+ regulations] contourner ◆ **he bypassed his foreman and went straight to see the manager** il est allé trouver le directeur sans passer par le contremaître
- COMP **bypass engine** [of aircraft] turboréacteur m à double flux **bypass operation** N, **bypass surgery** N (Med) pontage m

**byre** /ˈbaɪər/ N (dial) étable f

**byssinosis** /ˌbɪsɪˈnəʊsɪs/ N (Med) byssinose f

**byssus** /ˈbɪsəs/ N (pl **byssuses** or **byssi** /ˈbɪsaɪ/) byssus m

**bystander** /ˈbaɪˌstændər/ SYN N spectateur m, -trice f ◆ **bystander effect** phénomène selon lequel les gens qui assistent à un incident ou à un crime ont moins tendance à intervenir s'ils ne sont pas seuls

**byte** /baɪt/ N (Comput) octet m

**byway** /ˈbaɪweɪ/ N chemin m (écarté) ; (fig) [of subject] élément m annexe ; → highway

**byword** /ˈbaɪwɜːd/ N (Brit) ◆ **he** or **his name was a byword for meanness** son nom était devenu synonyme d'avarice

**Byzantine** /baɪˈzæntaɪn/ ADJ 1 (lit) byzantin, de Byzance ◆ **the Byzantine Empire** l'Empire m byzantin
2 (fig) (= complicated) d'une complexité byzantine

**Byzantium** /baɪˈzæntɪəm/ N Byzance f

# C

**C, c** /siː/
**N** 1 (= letter) C, c m ◆ **C for Charlie** ≈ C comme Camille
2 (Mus) do m, ut m ; → **key, middle**
3 (Comput) C m
4 (Scol = mark) assez bien (12 sur 20)
**ABBR** 1 (abbrev of **Celsius, Centigrade**) C
2 (US etc) abbrev of **cent**
3 abbrev of **century**
4 (abbrev of **circa**) vers
5 abbrev of **centime**
6 abbrev of **cubic**

**C4** (Brit TV) (abbrev of **Channel 4**) → **channel**
**C5** (Brit TV) (abbrev of **Channel 5**) → **channel**
**CA¹** abbrev of **California**
**CA²** /siːˈeɪ/ **N** 1 (abbrev of **chartered accountant**) → **charter**
2 (abbrev of **Central America**) → **central**
**C/A** (Fin) 1 (abbrev of **capital account**) → **capital**
2 (abbrev of **current account**) → **current**
3 (abbrev of **credit account**) → **credit**

**ca.** **PREP** (abbrev of **circa**) vers
**c.a.** /siːˈeɪ/ **NPL** (Fin) (abbrev of **current assets**) actif m de roulement
**CAA** /ˌsiːeɪˈeɪ/ **N** 1 (Brit) (abbrev of **Civil Aviation Authority**) → **civil**
2 (US) abbrev of **Civil Aeronautics Authority**
**CAB** /ˌsiːeɪˈbiː/ **N** (Brit) (abbrev of **Citizens' Advice Bureau**) → **citizen**
**cab** /kæb/ **SYN**
**N** 1 (= taxi) taxi m ; (horse-drawn) fiacre m ◆ **by cab** en taxi, en fiacre
2 [of lorry, train] (= driver's cab) cabine f
**COMP** **cab rank, cab stand N** station f de taxis
**cabal** /kəˈbæl/ **N** cabale f
**cabala** /kəˈbɑːlə/ **N** ⇒ **cabbala**
**cabalistic** /ˌkæbəˈlɪstɪk/ **ADJ** ⇒ **cabbalistic**
**cabana** /kəˈbɑːnə/ **N** (US) cabine f (de plage)
**cabaret** /ˈkæbəreɪ/ **N** cabaret m ; (= floor show) spectacle m (de cabaret)
**cabbage** /ˈkæbɪdʒ/
**N** chou m ◆ **he was little more than a cabbage* after the accident** il n'était plus qu'un légume* après l'accident
**COMP** **cabbage lettuce N** laitue f pommée
**cabbage rose N** rose f cent-feuilles
**cabbage tree N** palmiste m
**cabbage white (butterfly) N** piéride f du chou
**cabbala** /kəˈbɑːlə/ **N** cabale f (juive)
**cabbalistic** /ˌkæbəˈlɪstɪk/ **ADJ** cabalistique
**cabbie***, **cabby*** /ˈkæbɪ/, **cabdriver** /ˈkæbˌdraɪvəʳ/ **N** [of taxi] chauffeur m (de taxi), taxi* m ; [of horse-drawn cab] cocher m
**caber** /ˈkeɪbəʳ/ **N** (Scot Sport) tronc m ◆ **to toss the caber** lancer le tronc ◆ **tossing the caber** le lancement du tronc

**cabin** /ˈkæbɪn/ **SYN**
**N** (= hut) cabane f, hutte f ; [of boat] cabine f ; (= railway signal box) cabine f d'aiguillage ; [of lorry, train] (= driver's cabin) cabine f ; → **log¹**
**COMP** **cabin boy N** mousse m
**cabin class N** (on ship) deuxième classe f
**cabin crew N** (on plane) équipage m
**cabin cruiser N** cruiser m
**cabin trunk N** malle-cabine f
**cabinet** /ˈkæbɪnɪt/ **SYN**
**N** 1 (= furniture) meuble m (de rangement) ; (glass-fronted) vitrine f ; (= filing cabinet) classeur m ; → **medicine**
2 (Brit Parl) cabinet m, ≈ Conseil m des ministres ◆ **to form a cabinet** former un gouvernement
3 (US Pol) organe qui conseille le Président
**COMP** (Parl) [crisis, decision, post] ministériel
**Cabinet meeting N** réunion f du Cabinet or du Conseil des ministres
**Cabinet minister N** membre m du Conseil des ministres ; → **reshuffle**

▸ **CABINET**

Au Royaume-Uni, **Cabinet** désigne l'équipe gouvernementale. Composée d'une vingtaine de ministres choisis par le Premier ministre, ce conseil soumet des projets de lois au Parlement et défend la politique gouvernementale.
Aux États-Unis en revanche, le **Cabinet** est un organe purement consultatif, qui conseille le président. Ses membres n'appartiennent pas nécessairement au monde politique ; ce sont souvent de hauts fonctionnaires choisis pour leurs compétences et dont la nomination est approuvée par le Sénat. Le « kitchen cabinet » est un groupe de conseillers officieux du président.

**cabinetmaker** /ˈkæbɪnɪtˌmeɪkəʳ/ **N** ébéniste m
**cabinetmaking** /ˈkæbɪnɪtˌmeɪkɪŋ/ **N** ébénisterie f
**cabinetwork** /ˈkæbɪnɪtwɜːk/ **N** (= craft, furniture) ébénisterie f
**cable** /ˈkeɪbl/
**N** (gen) câble m ; (= nautical measure) encablure f ◆ **by cable** par câble ; → **overhead**
**VT** [+ news] câbler, télégraphier (sth to sb qch à qn) ; [+ city, homes] câbler ◆ **to cable sb** (= send cable to) câbler à qn
**COMP** **cable car N** téléphérique m ; (on rail) funiculaire m
**cable-knit ADJ** [sweater] à torsades
**cable-laying N** pose f de câbles ◆ **cable-laying ship** câblier m
**cable network N** réseau m câblé
**cable railway N** funiculaire m
**cable release N** (Phot) déclencheur m souple
**cable stitch N** (Knitting) point m de torsade
**cable television N** télévision f par câble
**cablecast** /ˈkeɪblkɑːst/ (TV)
**N** émission f de télévision par câble
**VT** transmettre par câble
**cablegram** † /ˈkeɪblɡræm/ **N** câblogramme † m

**cablevision** /ˈkeɪblˌvɪʒən/ **N** ⇒ **cable television** ; → **cable**
**cableway** /ˈkeɪblweɪ/ **N** benne f suspendue
**cabling** /ˈkeɪblɪŋ/ **N** (NonC) (= cables) câbles mpl ; (= process) câblage m
**cabochon** /ˈkæbəʃɒn/ **N** (Miner) cabochon m
**caboodle*** /kəˈbuːdl/ **N** ◆ **the whole caboodle** tout le bazar*, tout le tintouin*
**caboose** /kəˈbuːs/ **N** (Brit = ship's kitchen) coquerie f ; (US) [of train] fourgon m de queue
**cabotage** /ˌkæbəˈtɑːʒ/ **N** fait de réserver le trafic intérieur aux transporteurs d'un pays
**cabriole** /ˈkæbrɪəʊl/ **N** (also **cabriole leg**) pied m Louis XV
**cabriolet** /ˈkæbrɪəleɪ/ **N** (= car, carriage) cabriolet m
**ca' canny*** /kɔːˈkænɪ/ **EXCL** (Scot) doucement !
**cacao** /kəˈkɑːəʊ/ **N** (= bean) cacao m ; (= tree) cacaoyer m
**cachalot** /ˈkæʃəlɒt/ **N** (= animal) cachalot m
**cache** /kæʃ/
**N** 1 (= place) cachette f ◆ **a cache of weapons** une cache d'armes
2 (Comput) mémoire f tampon
**VT** mettre dans une cachette
**COMP** **cache memory N** (Comput) mémoire cache
**cachectic** /kəˈkektɪk/ **ADJ** cachectique
**cachepot** /ˈkæʃpɒt, kæʃˈpəʊ/ **N** cache-pot m
**cachet** /ˈkæʃeɪ/ **N** (all senses) cachet m
**cachexia** /kəˈkeksɪə/ **N** (Med) cachexie f
**cachou** /ˈkæʃuː/ **N** (= sweet) cachou m
**cack*** /kæk/
**N** (Brit lit, fig) merde*⸸ f
**COMP** **cack-handed* ADJ** (Brit) maladroit
**cackle** /ˈkækl/ **SYN**
**N** [of hen] caquet m ; [of people] (= laugh) gloussement m ; (= talking) caquetage m, jacasserie f
**VI** [hens] caqueter ; [people] (= laugh) glousser ; (= talk) caqueter, jacasser
**cacodyl** /ˈkækədaɪl/ **N** cacodyle m
**cacography** /kæˈkɒɡrəfɪ/ **N** cacographie f
**cacophonous** /kæˈkɒfənəs/ **ADJ** cacophonique, discordant
**cacophony** /kæˈkɒfənɪ/ **N** cacophonie f
**cactaceous** /kækˈteɪʃəs/ **ADJ** ◆ **cactaceous plants** cactées fpl, cactacées fpl
**cactus** /ˈkæktəs/ **N** (pl **cactuses** or **cacti** /ˈkæktaɪ/) cactus m
**CAD** /kæd/ **N** (abbrev of **computer-aided design**) CAO f
**cad** † */kæd/ **N** goujat m, mufle m
**cadaver** /kəˈdeɪvəʳ, kəˈdɑːvəʳ/ **N** cadavre m
**cadaverous** /kəˈdævərəs/ **ADJ** (lit, fig) [complexion] cadavéreux ; [appearance] cadavérique
**CADCAM** /ˈkædˌkæm/ **N** (abbrev of **computer-aided design and manufacture**) CFAO f

**caddie** /'kædɪ/ (Golf)
- N caddie or caddy m
- VI ◆ **to caddie for sb** être le caddie de qn
- COMP **caddie car, caddie cart** N (= trolley) chariot m ; (motorized) chariot m électrique, golfette f

**caddis fly** /'kædɪs/ N (= insect) trichoptère m

**caddish** †* /'kædɪʃ/ ADJ [person] grossier, mufle ◆ **a caddish thing to do** une muflerie

**caddis worm** /'kædɪs/ N larve f du trichoptère

**caddy¹** /'kædɪ/ N ① (also **tea caddy**) boîte f à thé ② (US = shopping trolley) chariot m, caddie ® m

**caddy²** /'kædɪ/ N ⇒ caddie

**cade** /keɪd/ N cade m

**cadence** /'keɪdəns/ N (= intonation) modulation f (de la voix) ; (= rhythm) cadence f, rythme m ; (Mus) cadence f

**cadenza** /kə'denzə/ N (Mus) cadence f

**cadet** /kə'det/
- N ① (Mil etc) élève m officier (d'une école militaire ou navale) ; (Police) élève mf agent de police ; (Scol) collégien qui poursuit une préparation militaire ② (= younger son) cadet m
- ADJ cadet
- COMP **cadet corps** N (in school) peloton m de préparation militaire ; (Police) corps m d'élèves policiers (de moins de 18 ans) ◆ **cadet school** N école f militaire

**cadge*** /kædʒ/ (Brit) VT ◆ **to cadge £10 from** or **off sb** taper* qn de 10 livres ◆ **to cadge a meal from** or **off sb** se faire payer* un repas par qn ◆ **to cadge a lift from** or **off sb** se faire emmener en voiture par qn

**cadger** /'kædʒəʳ/ N (Brit) parasite m ; [of money] tapeur* m, -euse* f ; [of meals] pique-assiette mf inv

**cadi** /'kɑːdɪ/ N (Rel) cadi m

**Cadiz** /kə'dɪz/ N Cadix

**cadmium** /'kædmɪəm/
- N cadmium m
- COMP **cadmium yellow** N (jaune m de) cadmium m

**cadre** /'kædrɪ/ N (Mil, Pol, fig) cadre m

**caduceus** /kə'djuːsɪəs/ N (Myth, Med) caducée m

**caducous** /kə'djuːkəs/ ADJ (Bot, Zool) caduc (-uque f)

**CAE** /ˌsiːeɪ'iː/ N (abbrev of computer-aided engineering) IAO f

**caecal, cecal** (US) /'siːkəl/ ADJ cæcal

**caecum** (pl **caeca** /'siːkə/), **cecum** (US) (pl **ceca** /'siːkə/) /'siːkəm/ N caecum m

**Caesar** /'siːzəʳ/ N ◆ **Julius Caesar** Jules César m ◆ **Caesar salad** salade f César

**Caesarea** /ˌsiːzə'rɪə/ N Césarée

**Caesarean, Caesarian** /siː'zɛərɪən/ ADJ césarien ◆ **Caesarean (operation** or **section)** (Med) césarienne f

**caesium, cesium** (US) /'siːzɪəm/ N cæsium m

**caespitose, cespitose** (US) /'sespɪˌtəʊs/ ADJ cespiteux

**caesura** /sɪ'zjʊərə/ N (pl **caesuras** or **caesurae** /sɪ'zjʊəriː/) césure f

**CAF** /ˌsiːeɪ'ef/ (abbrev of cost and freight) → cost

**café** /'kæfeɪ/ SYN
- N (Brit) snack(-bar) m
- COMP **café bar** N ◆ **café society** N (NonC) beau monde m

**cafeteria** /ˌkæfɪ'tɪərɪə/ N (gen) cafétéria f ; (US Scol) cantine f ; (US Univ) restaurant m universitaire

**cafetière** /ˌkæfə'tjɛəʳ/ N cafetière f à piston

**caff*** /kæf/ N ⇒ café

**caffein(e)** /'kæfiːn/ N caféine f ◆ **caffein(e)-free** sans caféine

**caftan** /'kæftæn/ N caf(e)tan m

**cage** /keɪdʒ/ SYN
- N cage f ; [of elevator] cabine f ; (Min) cage f
- VT ① (also **cage up**) mettre en cage, encager ② * (= imprison) mettre en prison, mettre à l'ombre
- COMP **cage(d) bird** N oiseau m en cage or captif

**cagey*** /'keɪdʒɪ/ ADJ [person] (= discreet) cachottier ; (= suspicious) méfiant ◆ **she is cagey about her age** elle n'aime pas avouer son âge ◆ **the company was cagey about releasing its results** la compagnie était réticente à divulguer ses résultats

**cagily*** /'keɪdʒəlɪ/ ADV avec méfiance

**caginess*** /'keɪdʒɪnɪs/ N (= reservedness) réticence f ; (= suspiciousness) méfiance f

**cagoule** /kə'guːl/ N anorak m, K-way ® m

**cahoots*** /kə'huːts/ N ◆ **to be in cahoots (with)** être de mèche (avec)*

**CAI** /ˌsiːeɪ'aɪ/ N (abbrev of computer-aided instruction) EAO m

**caiman** /'keɪmən/ N (pl **-mans**) caïman m

**Cain** /keɪn/ N Caïn m ◆ **to raise Cain*** (= make a noise) faire un boucan de tous les diables* ; (= make a fuss) faire tout un scandale (about à propos de)

**Caine Mutiny** /keɪn/ N (Literat, Cine) ◆ "The Caine Mutiny" « Ouragan sur le Caine »

**cairn** /kɛən/ N ① (= pile of stones) cairn m ② (also **cairn terrier**) cairn m

**cairngorm** /'kɛəngɔːm/ N ① (= stone) quartz m fumé ② ◆ **Cairngorm Mountains, Cairngorms** monts mpl Cairngorm

**Cairo** /'kaɪərəʊ/ N Le Caire

**caisson** /'keɪsən/ N (Mil, Naut) caisson m

**cajole** /kə'dʒəʊl/ SYN VT cajoler ◆ **to cajole sb into doing sth** faire faire qch à qn à force de cajoleries

**cajolery** /kə'dʒəʊlərɪ/ N cajoleries fpl

**Cajun** /'keɪdʒən/ (US)
- ADJ cajun
- N Cajun mf

**cake** /keɪk/ SYN
- N ① gâteau m ; (= fruit cake) cake m ; (= sponge cake) génoise f, gâteau m de Savoie ◆ **cakes and ale** (fig) plaisirs mpl ◆ **it's selling** or **going like hot cakes*** cela se vend comme des petits pains ◆ **it's a piece of cake*** c'est du gâteau* ◆ **he takes the cake*** à lui le pompon ◆ **that takes the cake!*** ça, c'est le bouquet* or le comble ! ◆ **they want a slice of the cake, they want a fair share of the cake** ils veulent leur part du gâteau ◆ **you can't have your cake and eat it** on ne peut pas avoir le beurre et l'argent du beurre ; → Christmas, fish ② [of chocolate] tablette f ; [of wax, tobacco] pain m ◆ **cake of soap** savonnette f , (pain m de) savon m
- VI [mud] sécher, former une croûte ; [blood] (se) coaguler
- VT ◆ **mud caked his forehead** la boue formait une croûte sur son front ; see also **caked**
- COMP **cake mix** N préparation f pour gâteaux ◆ **cake pan** N (US) moule m à gâteau ◆ **cake shop** N pâtisserie f ◆ **cake stand** N assiette f montée or à pied ; (tiered) serviteur m ; (in shop) présentoir m (à gâteaux) ◆ **cake tin** N (for storing) boîte f à gâteaux ; (Brit) (for baking) moule m à gâteau

**caked** /keɪkt/ ADJ [blood] coagulé ; [mud] séché ◆ **his clothes were caked with** or **in blood/mud** ses vêtements étaient maculés de sang séché/crottés

**cakewalk** /'keɪkwɔːk/ N (Mus) cake-walk m

**CAL** /ˌsiːeɪ'el/ N (abbrev of computer-aided learning) EAO m

**Cal.** abbrev of California

**cal.** /kæl/ N (abbrev of (small) calorie) cal

**calabash** /'kæləbæʃ/ N (= fruit) calebasse f, gourde f ; (= tree) calebassier m ; (Mus) calebasse f (utilisée comme bongo ou maraca)

**calaboose*** /'kæləbuːs/ N (US) taule* f

**calabrese** /ˌkælə'breɪzɪ/ N brocoli m

**Calabria** /kə'læbrɪə/ N Calabre f

**Calabrian** /kə'læbrɪən/
- ADJ calabrais
- N Calabrais(e) m(f)

**caladium** /kə'leɪdɪəm/ N caladium m

**calamine** /'kæləmaɪn/
- N calamine f
- COMP **calamine lotion** N lotion f calmante à la calamine

**calamitous** /kə'læmɪtəs/ SYN ADJ [event, decision] calamiteux ; [person] infortuné

**calamity** /kə'læmɪtɪ/ SYN N calamité f

**calcareous** /kæl'kɛərɪəs/
- ADJ calcaire
- COMP **calcareous clay** N marne f

**calceolaria** /ˌkælsɪə'lɛərɪə/ N calcéolaire f

**calcic** /'kælsɪk/ ADJ calcique

**calcicolous** /kæl'sɪkələs/ ADJ calcicole

**calciferol** /kæl'sɪfərɒl/ N (Chem) calciférol m

**calciferous** /kæl'sɪfərəs/ ADJ (Chem) calcifère

**calcification** /ˌkælsɪfɪ'keɪʃən/ N calcification f

**calcifugal** /ˌkælsɪ'fjuːgəl/, **calcifugous** /kæl'sɪfjəgəs/ ADJ calcifuge

**calcify** /'kælsɪfaɪ/
- VT calcifier
- VI se calcifier

**calcination** /ˌkælsɪ'neɪʃən/ N calcination f

**calcine** /'kælsaɪn/
- VT calciner
- VI se calciner

**calcite** /'kælsaɪt/ N (Miner) calcite f

**calcium** /'kælsɪəm/
- N calcium m
- COMP **calcium carbonate** N carbonate m de calcium ◆ **calcium chloride** N chlorure m de calcium ◆ **calcium citrate** N citrate m de chaux or de calcium ◆ **calcium lactate** N lactate m de calcium ◆ **calcium oxide** N oxyde m de calcium

**calculability** /ˌkælkjʊlə'bɪlɪtɪ/ N calculabilité f

**calculable** /'kælkjʊləbl/ ADJ calculable

**calculate** /'kælkjʊleɪt/ SYN
- VT ① [+ speed, weight, distance, numbers] calculer (also Math) ◆ **to calculate the cost of sth** calculer le prix de qch ◆ **he calculated that he would have enough money to do it** il a calculé qu'il aurait assez d'argent pour le faire ② (= reckon, judge) [+ probability, consequence, risk] évaluer ◆ **to calculate one's chances of escape** évaluer les chances qu'on a de s'évader ③ (US = suppose) supposer, estimer ④ (fig) ◆ **it is calculated to do...** (= intended) c'est destiné à faire... ◆ **their actions were calculated to terrify farmers into abandoning their land** leurs actions étaient destinées à terrifier les fermiers afin qu'ils abandonnent leurs terres ◆ **this was not calculated to reassure me** (= didn't have the effect of) cela n'était pas fait pour me rassurer ◆ **their statement was hardly calculated to deter future immigrants** leur déclaration n'était certes pas faite pour dissuader de futurs immigrants
- VI (Math) calculer, faire des calculs

▶ **calculate on** VT FUS ◆ **to calculate on doing sth** compter faire qch, avoir l'intention de faire qch ◆ **she calculated on spending three days in Glasgow** elle comptait passer trois jours à Glasgow ◆ **he is calculating on delaying the elections until spring** il a l'intention de repousser les élections jusqu'au printemps

**calculated** /'kælkjʊleɪtɪd/ SYN ADJ [action, decision, insult] délibéré ◆ **a calculated gamble** or **risk** un risque calculé ; → **calculate**

**calculating** /'kælkjʊleɪtɪŋ/ SYN ADJ ① (= scheming, unemotional) [person] calculateur (-trice f) ◆ **to give sb a calculating look** regarder qn d'un air calculateur ◆ **his eyes were calculating and calm** son regard était calme et calculateur ◆ **a cold and calculating criminal** un criminel froid et calculateur ② (= cautious) prudent, prévoyant ③ ◆ **calculating machine** ⇒ **calculator** 1

**calculatingly** /'kælkjʊleɪtɪŋlɪ/ ADV (pej) avec calcul

**calculation** /ˌkælkjʊ'leɪʃən/ SYN N ① (Math, fig) calcul m ◆ **to make a calculation** faire or effectuer un calcul ◆ **by my calculations** d'après mes calculs ◆ **it upset his calculations** cela a déjoué ses calculs ② (NonC = scheming) attitude f calculatrice ◆ **cold, cruel calculation** une attitude calculatrice, froide et cruelle

**calculator** /'kælkjʊleɪtəʳ/ N ① (= machine) machine f à calculer, calculatrice f ; (pocket) calculatrice f (de poche), calculette f ② (= table of figures) table f

**calculus** /'kælkjʊləs/ N (pl **calculuses** or **calculi** /'kælkjʊlaɪ/) (Math, Med) calcul m ; → **differential, integral**

**Calcutta** /kælˈkʌtə/ N Calcutta

**caldera** /kælˈdɛərə/ N (Geog) calde(i)ra f

**caldron** /ˈkɔːldrən/ N ⇒ cauldron

**Caledonia** /ˌkælɪˈdəʊnɪə/ N Calédonie f

**Caledonian** /ˌkælɪˈdəʊnɪən/
ADJ calédonien
N (liter) Calédonien(ne) m(f)

**calendar** /ˈkæləndəʳ/
N 1 calendrier m
2 (= directory) annuaire m ◆ university calendar (Brit) ≈ livret m de l'étudiant
3 (Jur) rôle m
VT (= index) classer (par ordre de date) ; (= record) inscrire sur un calendrier
COMP **calendar month** N mois m calendaire
**calendar year** N année f calendaire

**calender** /ˈkælɪndəʳ/ (Tech)
N calandre f
VT calandrer

**calends** /ˈkæləndz/ NPL calendes fpl ◆ at the Greek calends (fig) aux calendes grecques

**calendula** /kæˈlendjʊlə/ N (= plant) souci m

**calf¹** /kɑːf/
N (pl calves) 1 (= young cow or bull) veau m ◆ a cow in or with calf une vache pleine ; → fat
2 (also calfskin) (cuir m de) veau m, vachette f ; (for shoes, bags) box(-calf) m
3 [of elephant] éléphanteau m ; [of deer] faon m ; [of whale] baleineau m ; [of buffalo] buffletin m
COMP **calf love** N amour m juvénile
**calf's-foot jelly** N (Culin) gelée de bouillon de pied de veau

**calf²** /kɑːf/ N (pl calves) (Anat) mollet m

**caliber** /ˈkælɪbəʳ/ N (US) ⇒ calibre

**calibrate** /ˈkælɪbreɪt/ VT [+ instrument, tool] étalonner, calibrer ; [+ level, amount] calibrer

**calibration** /ˌkælɪˈbreɪʃən/ N étalonnage m, calibrage m

**calibre, caliber** (US) /ˈkælɪbəʳ/ SYN N (lit, fig) calibre m ◆ a man of his calibre un homme de cette envergure or de ce calibre

**calico** /ˈkælɪkəʊ/ N (pl calicoes or calicos) calicot m ; (US) indienne f

**Calif.** abbrev of California

**California** /ˌkælɪˈfɔːnɪə/
N Californie f
COMP **California poppy** N (= plant) eschscholtzia m, pavot m de Californie

**Californian** /ˌkælɪˈfɔːnɪən/
ADJ californien
N Californien(ne) m(f)

**californium** /ˌkælɪˈfɔːnɪəm/ N californium m

**Caligula** /kəˈlɪgjʊlə/ N (Antiq) Caligula m

**calipers** /ˈkælɪpəz/ NPL (US) ⇒ callipers

**caliph** /ˈkeɪlɪf/ N calife m

**caliphate** /ˈkeɪlɪfeɪt/ N califat m

**calisthenics** /ˌkælɪsˈθenɪks/ N (NonC) gymnastique f suédoise

**calk¹** /kɔːk/
VT [+ shoe, horseshoe] munir de crampons
N [of shoe, horseshoe] crampon m

**calk²** /kɔːk/ VT [+ drawing, design] décalquer, calquer

**call** /kɔːl/ LANGUAGE IN USE 26.3, 27 SYN
N 1 (= shout) appel m, cri m ◆ within call à portée de (la) voix ◆ a call for help un appel au secours ; → roll
2 [of bird] cri m ; [of bugle, trumpet] sonnerie f ; [of drum] batterie f
3 (also telephone call) coup m de téléphone, coup m de fil* ◆ to make a call téléphoner, passer un coup de téléphone or de fil* ◆ there's a call for you on te demande au téléphone, il y a un appel pour toi ◆ I have a call for you from London [operator] on vous appelle de Londres, j'ai un appel pour vous de Londres ◆ I'm putting your call through [operator] je vous mets en communication ◆ I want to pay for the three calls I made je voudrais régler mes trois communications (téléphoniques) ; → local, long¹, trunk
4 (= summons, invitation) (also Comput) appel m ; [of justice] exigence f ; [of conscience] voix f ; (Theat) (= actor's reminder) appel m ; (also curtain call) rappel m ; (= vocation) vocation f ; (Rel: in Presbyterian church) nomination f ◆ to have or receive a call to... (Rel) être nommé pasteur à... ◆ to be on call [doctor etc] être de garde ◆ to give sb an early morning call réveiller qn de bonne heure ◆ I'd like a call at 7am j'aimerais qu'on me réveille subj à 7 heures ◆ they put out a call for him (Telec, Rad etc) on l'a fait appeler, on a lancé un appel à son intention ◆ call for capital (Fin) appel m de fonds ◆ the call of the unknown l'attrait m de l'inconnu ◆ the call of the sea l'appel m du large ◆ the call of duty l'appel m du devoir ◆ a call of nature (euph) un besoin naturel
5 (= short visit : also Med) visite f ◆ to make or pay a call on sb rendre visite à qn, aller voir qn ◆ I have several calls to make (gen) j'ai plusieurs choses à faire ; [doctor] j'ai plusieurs visites à faire ◆ place or port of call [of ship] (port m d')escale f ; see also pay
6 (= demand) ◆ there have been calls for new security measures on a demandé de nouvelles mesures de sécurité ◆ there's not much call for these articles ces articles ne sont pas très demandés ◆ money repayable at or on call/at three months' call (Fin) argent m remboursable sur demande/à trois mois ◆ I have many calls on my time je suis très pris or très occupé ◆ the UN has too many calls on its resources on fait trop appel aux ressources de l'ONU ◆ to have first call on sb's time avoir la priorité dans l'emploi du temps de qn
7 (= need) ◆ there is no call for you to worry il n'y a pas lieu de vous inquiéter ◆ there was or you had no call to say that vous n'aviez aucune raison de dire cela, vous n'aviez pas à dire cela
8 (Bridge) annonce f ; (Cards) demande f ◆ whose call is it? à qui de parler or d'annoncer ? ◆ it's your/their etc call (fig) c'est à toi/eux etc de décider
VT 1 [+ person] appeler ; (from afar) héler ; [+ sb's name] appeler, crier ◆ to call sb in/out/up etc crier à qn d'entrer/de sortir/de monter etc ◆ "hello!" he called « bonjour ! » cria-t-il ◆ let's call it a day!* ça suffira pour aujourd'hui ! ◆ we called it a day* at 3 o'clock à 3 heures, on a décidé d'arrêter ; → shot, tune
2 (= give name to) appeler ◆ to be called s'appeler ◆ what are you called? comment vous appelez-vous ? ◆ they call each other by their surnames ils s'appellent par leur nom de famille ◆ to call sth by its proper name désigner qch par son vrai nom ◆ he is called after his father on lui a donné or il porte le nom de son père ◆ he calls himself a colonel il se prétend colonel ◆ are you calling me a liar? dites tout de suite que je suis un menteur ◆ he called her a liar il l'a traitée de menteuse ◆ she calls me lazy and selfish elle dit que je suis fainéant et égoïste, elle me traite de fainéant et d'égoïste ; → name, so, spade
3 (= consider) trouver, considérer ◆ would you call French a difficult language? diriez-vous que le français est une langue difficile ? ◆ I call that a shame je trouve que c'est (vraiment) dommage ◆ that's what I call rudeness c'est ce que j'appelle de la grossièreté ◆ shall we call it $10? (agreeing on price) disons 10 dollars ?
4 (= summon) appeler, convoquer ; (= waken) réveiller ◆ to call a doctor appeler or faire venir un médecin ◆ call me at eight réveillez-moi à huit heures ◆ London calling (Rad) ici Londres ◆ to call the police/an ambulance appeler la police/une ambulance ◆ the fire brigade was called on a appelé les pompiers ◆ call me a taxi! appelez-moi un taxi ! ◆ to call a meeting convoquer une assemblée ◆ a meeting has been called for Monday une réunion est prévue lundi ◆ he felt called to be a teacher sa vocation était d'enseigner ; → case¹, duty, evidence, witness
5 (= telephone) appeler ◆ don't call us, we'll call you ce n'est pas la peine de nous appeler, on vous appellera
6 (Bridge) ◆ to call three spades annoncer or demander trois piques ◆ to call game demander la sortie
7 (US Sport) [+ game] arrêter, suspendre
8 (phrases) → account, arms, banns, bar¹, being, bluff², close¹
VI 1 [person] appeler, crier ; [bird] pousser un cri ◆ I have been calling for five minutes cela fait cinq minutes que j'appelle ◆ to call (out) to sb appeler qn ; (from afar) héler qn
2 (= visit : also call in) passer ◆ she called (in) to see her mother elle est passée voir sa mère ◆ he was out when I called (in) il n'était pas là quand je suis passé chez lui ◆ will you call (in) at the grocer's? voulez-vous passer or vous arrêter chez l'épicier ? ◆ to call (in) at a port/at Dover [ship] faire escale dans un port/à Douvres
3 (= telephone) appeler ◆ who's calling? c'est de la part de qui ? ◆ to call in sick téléphoner pour dire qu'on est malade
COMP **call centre** N (Telec) centre m d'appels
**call girl** N call-girl f
**call-in, call-in program** N (US Rad) émission f à lignes ouvertes
**call letters** NPL (US Telec) indicatif m (d'appel)
**call loan** N (Fin) prêt m exigible
**call money** N (NonC: Fin) taux m de l'argent au jour le jour
**call number** N (US) [of library book] cote f
**call option** N (Stock Exchange) option f d'achat
**call-out charge, call-out fee** N frais mpl de déplacement
**call-over** N appel m nominal ; (Mil) appel m
**call screening** N (Telec) filtrage m des appels
**call sign, call signal** N (Telec) indicatif m (d'appel)
**call slip** N (in library) fiche f de prêt
**call-up** N (= military service) appel m (sous les drapeaux), convocation f ; [of reservists] rappel m ◆ general call-up (in wartime) mobilisation f générale, levée f en masse ◆ to get a call-up into a squad (Sport) être sélectionné pour jouer dans une équipe
**call-up papers** NPL papiers mpl militaires
**call waiting** N (Telec) signal m d'appel

► **call aside** VT SEP [+ person] prendre à part

► **call away** VT SEP ◆ to be called away on business être obligé de s'absenter pour affaires ◆ to be called away from a meeting devoir quitter une réunion

► **call back** (Telec)
VI rappeler
VT SEP rappeler

► **call down** VT SEP 1 [+ curses] appeler (on sb sur la tête de qn)
2 (US * = scold) enguirlander*, attraper

► **call for** VT FUS 1 (= summon) [+ person] appeler ; [+ food, drink] demander, commander ; (fig) [+ courage] exiger, nécessiter ◆ to call for measures against demander que des mesures soient prises contre ◆ the situation calls for a new approach la situation nécessite or exige une nouvelle approche ◆ this contract calls for the development of... ce contrat prévoit le développement de... ◆ strict measures are called for des mesures strictes sont nécessaires, il est nécessaire de prendre des mesures strictes ◆ such rudeness was not called for une telle grossièreté n'était pas justifiée ◆ to call for sb's resignation réclamer la démission de qn
2 (= collect) ◆ I'll call for you at 6 o'clock je passerai vous prendre à 6 heures ◆ he called for the books il est passé chercher les livres

► **call forth** VT SEP (liter) [+ protest] soulever, provoquer ; [+ remark] provoquer

► **call in**
VI → call
VT SEP 1 [+ doctor] faire venir, appeler ; [+ police] appeler ◆ he was called in to lead the inquiry on a fait appel à lui pour mener l'enquête
2 [+ money, library books] faire rentrer ; [+ banknotes] retirer de la circulation ; [+ faulty machines etc] rappeler ◆ the bank called in his overdraft la banque l'a obligé à couvrir son découvert or à approvisionner son compte ◆ to call in one's chips* (esp Brit) (fig) utiliser son influence

► **call off**
VI se décommander
VT SEP 1 [+ appointment, trip, wedding] annuler ; [+ agreement] rompre, résilier ; [+ match] (= cancel) annuler ; (= cut short) interrompre ◆ to call off a deal résilier or annuler un marché ◆ to call off a strike (before it starts) annuler une grève ; (after it starts) mettre fin à une grève ◆ they called off their engagement ils ont rompu leurs fiançailles ◆ he called off their engagement il a rompu ses fiançailles
2 [+ dog] rappeler ◆ to call off the dogs (fig) cesser ses attaques

► **call on** VT FUS 1 (= visit person) rendre visite à, aller or passer voir ◆ our representative will call on you notre représentant passera vous voir
2 (also call upon) ◆ to call on sb to do sth (= invite) prier qn de faire qch ; (= order) mettre qn en demeure de faire qch ◆ I now call on Mr Austin to speak je laisse maintenant la parole à M. Austin ◆ to call on sb for sth demander or réclamer qch à qn ◆ to call on God invoquer le nom de Dieu

## call out
**vi** pousser un or des cri(s) ◆ **to call out for sth** demander qch à haute voix ◆ **to call out to sb** héler qn

**VT SEP** ① [+ *doctor*] appeler ; [+ *troops, fire brigade, police*] faire appel à ◆ **to call workers out (on strike)** lancer un ordre de grève

② (*for duel*) appeler sur le terrain

## call over
**VT SEP** appeler ◆ **he called me over to see the book** il m'a appelé pour que je vienne voir le livre

**N** ◆ **call-over** → **call**

## call round
**vi** ◆ **to call round to see sb** passer voir qn ◆ **I'll call round in the morning** je passerai dans la matinée

## call up
**VT SEP** ① (*Mil*) [+ *reinforcements*] appeler ; [+ *troops*] mobiliser ; [+ *reservists*] rappeler

② (*esp US Telec*) appeler (au téléphone), téléphoner à

③ (= *recall*) [+ *memories*] évoquer

④ (*Comput*) ◆ **to call up a file** ouvrir un fichier

**N** ◆ **call-up** → **call**

## call upon VT FUS ⇒ call on 2

**calla** /ˈkælə/ **N** (also **calla lily**) gouet *m*

**Callanetics** ® /ˌkælə'netɪks/ **N** (NonC) gymnastique douce caractérisée par la répétition fréquente de légers exercices musculaires

**callbox** /ˈkɔːlbɒks/ **N** (Brit) cabine *f* (téléphonique) ; (US) ≈ dispositif *m* or borne *f* d'urgence

**callboy** /ˈkɔːlbɔɪ/ **N** (Theat) avertisseur *m* ; [of hotel] chasseur *m*, groom *m*

**caller** /ˈkɔːlər/ | LANGUAGE IN USE 27.5

**N** (= visitor) visiteur *m*, -euse *f* ; (Brit Telec) demandeur *m*, -euse *f*

**COMP** **caller display, caller ID display N** affichage *m* du numéro

**calligramme, calligram** (US) /ˈkælɪgræm/ **N** calligramme *m*

**calligrapher** /kəˈlɪgrəfər/ **N** calligraphe *mf*

**calligraphic** /ˌkælɪˈgræfɪk/ **ADJ** calligraphique

**calligraphy** /kəˈlɪgrəfɪ/ **N** calligraphie *f*

**calling** /ˈkɔːlɪŋ/ SYN

**N** ① (= *occupation*) métier *m*, état † *m* ; (= *vocation*) vocation *f* ◆ **he is a doctor by calling** il est médecin par vocation ◆ **a man dedicated to his calling** un homme qui se consacre entièrement à son métier

② (NonC) [of meeting etc] convocation *f*

**COMP** **calling card N** carte *f* de visite

**calliope** /kəˈlaɪəpɪ/ **N** orgue *m* à vapeur

**callipers** (Brit) /ˈkælɪpəz/ **NPL** ① (Math) compas *m*

② (Med) (for limb) gouttière *f* ; (for foot) étrier *m* ; (= leg-irons) appareil *m* orthopédique

**callisthenics** /ˌkælɪsˈθenɪks/ **N** (NonC) ⇒ **calisthenics**

**callose** /ˈkæləʊz/ **N** callose *f*

**callosity** /kæˈlɒsɪtɪ/ **N** callosité *f*

**callous** /ˈkæləs/ SYN **ADJ** ① (*fig*) dur, sans cœur ◆ **callous to** insensible à

② (Med) calleux

**calloused** /ˈkæləst/ **ADJ** calleux

**callously** /ˈkæləslɪ/ **ADV** [*treat, behave, act, speak*] avec dureté, durement ; [*decide, suggest*] cyniquement

**callousness** /ˈkæləsnɪs/ **N** [of person, statement] dureté *f* ; [of behaviour] froideur *f*, insensibilité *f* ; [of crime] inhumanité *f*

**callow** /ˈkæləʊ/ **ADJ** inexpérimenté, novice ◆ **a callow youth** un blanc-bec\*

**callus** /ˈkæləs/ **N** (pl **calluses**) cal *m*, durillon *m*

**callused** /ˈkæləst/ **ADJ** ⇒ **calloused**

**calm** /kɑːm/ SYN

**ADJ** calme ◆ **the weather is calm** le temps est calme ◆ **the sea was dead calm** la mer était d'huile ◆ **to grow calm** se calmer ◆ **to keep** or **remain calm** garder son calme or sang-froid ◆ **keep calm!** du calme ! ◆ **(cool,) calm and collected** maître (maîtresse *f*) de soi(-même) ◆ **on calm reflection** après avoir réfléchi calmement ◆ **calm(er) waters** (lit, fig) eaux fpl (plus) calmes

**N** ① (= *calm period*) période *f* de calme or de tranquillité ; (after movement, agitation) accalmie *f* ◆ **a dead calm** (on sea) un calme plat ◆ **the calm before the storm** (lit, fig) le calme qui précède la tempête

② (= *calmness*) calme *m* ; (under stress) calme *m*, sang-froid *m*

**VT** calmer

**VI** [sea, wind] calmir (liter), se calmer

## calm down
**VI** se calmer, s'apaiser ◆ **calm down!** du calme !, calmez-vous !

**VT SEP** [+ person] calmer, apaiser

**calming** /ˈkɑːmɪŋ/ **ADJ** calmant, apaisant

**calmly** /ˈkɑːmlɪ/ **ADV** calmement

**calmness** /ˈkɑːmnɪs/ SYN **N** [of person] calme *m* ; (under stress) sang-froid *m* ; [of sea, elements] calme

**calmodulin** /kælˈmɒdjʊlɪn/ **N** calmoduline *f*

**Calor gas** ® /ˈkæləgæs/ **N** (Brit) butane *m*, Butagaz ® *m*

**caloric** /kəˈlɒrɪk/

**ADJ** thermique

**N** chaleur *f*

**COMP** **caloric energy N** énergie *f* thermique

**Calorie** /ˈkælərɪ/ **N** grande calorie, kilocalorie *f*

**calorie** /ˈkælərɪ/

**N** calorie *f*

**COMP** **calorie-conscious** \* **ADJ** ◆ **she's too calorie-conscious** elle pense trop aux calories

**calorie-controlled diet N** ◆ **to be on a calorie-controlled diet** suivre un régime basses calories

**calorie-free ADJ** sans calories ; → **low¹**

**calorific** /ˌkæləˈrɪfɪk/

**ADJ** calorifique

**COMP** **calorific value N** valeur *f* calorifique

**calorimeter** /ˌkæləˈrɪmɪtər/ **N** calorimètre *m*

**calorimetry** /ˌkæləˈrɪmɪtrɪ/ **N** (Phys) calorimétrie *f*

**calorize** /ˈkæləraɪz/ **VT** (Tech) caloriser

**calque** /kælk/ **N** (also Ling) calque *m* (on de)

**calumniate** /kəˈlʌmnɪeɪt/ **VT** calomnier

**calumny** /ˈkæləmnɪ/ **N** calomnie *f* ; (Jur) diffamation *f*

**Calvados** /ˈkælvəˌdɒs/ **N** (= *brandy*) calvados *m*

**calvary** /ˈkælvərɪ/ **N** (= *monument*) calvaire *m* ◆ **Calvary** le Calvaire

**calve** /kɑːv/ **VI** [*animal*] vêler, mettre bas ; [*glacier*] vêler

**calves** /kɑːvz/ **NPL** of **calf¹, calf²**)

**Calvin cycle** /ˈkælvɪn/ **N** cycle *m* de Calvin

**Calvinism** /ˈkælvɪnɪzəm/ **N** calvinisme *m*

**Calvinist** /ˈkælvɪnɪst/ **ADJ, N** calviniste *mf*

**Calvinistic** /ˌkælvɪˈnɪstɪk/ **ADJ** calviniste

**calyces** /ˈkeɪlɪsiːz/ **NPL** of **calyx**

**calypso** /kəˈlɪpsəʊ/ **N** calypso *m*

**calyx** /ˈkeɪlɪks/ **N** (pl **calyxes** or **calyces**) [of flower] calice *m*

**calzone** /kælˈtsəʊnɪ/ **N** calzone *f*, pizza *f* soufflée

**CAM** /kæm/ **N** (abbrev of **computer-aided manufacture**) FAO *f*

**cam** /kæm/ **N** ① (on camshaft) came *f*

② \* (also **camshaft**) arbre *m* à cames

**camaraderie** /ˌkæməˈrɑːdərɪ/ **N** camaraderie *f*

**camber** /ˈkæmbər/

**N** [of road] profil *m*, pente *f* transversale ; [of beam] cambrure *f*, courbure *f* ; [of plane wing] courbure *f* ; [of boat deck] tonture *f*

**VT** [+ road] bomber ; [+ beam] cambrer ; [+ deck] donner une tonture à

**VI** [beam] être cambré ; [road] bomber, être bombé

**cambium** /ˈkæmbɪəm/ **N** (pl **cambiums** or **cambia** /ˈkæmbɪə/) [of plant] cambium *m*

**Cambodia** /kæmˈbəʊdɪə/ **N** Cambodge *m*

**Cambodian** /kæmˈbəʊdɪən/

**ADJ** cambodgien

**N** ① Cambodgien(ne) *m(f)*

② (= *language*) khmer *m*

**Cambrian** /ˈkæmbrɪən/

**ADJ** [*period*] cambrien

**COMP** **Cambrian Mountains NPL** monts *mpl* Cambriens

**cambric** /ˈkeɪmbrɪk/ **N** batiste *f*

**Cambs** abbrev of **Cambridgeshire**

**camcorder** /ˈkæmˌkɔːdər/ **N** caméscope *m*

**came** /keɪm/ **VB** pt of **come**

**camel** /ˈkæməl/

**N** (gen) chameau *m* ; (also **she-camel**) chamelle *f* ; (= *dromedary*) dromadaire *m* ; (also **racing camel**) méhari *m* ; → **straw**

**COMP** (in colour) [coat] (de couleur) fauve inv **the Camel Corps N** (Mil) les méharistes mpl **camel hair, camel's hair N** poil *m* de chameau **ADJ** [brush, coat] en poil de chameau **camel train N** caravane *f* de chameaux

**camellia** /kəˈmiːlɪə/ **N** camélia *m*

**Camembert** /ˈkæməmˌbɛə/ **N** (Culin) camembert *m*

**cameo** /ˈkæmɪəʊ/ **N** ① (= *object*) camée *m*

② (Cine) ◆ **cameo (part** or **appearance)** brève apparition *f* (d'une grande vedette)

**camera** /ˈkæmərə/

**N** ① (stills) appareil *m* (photographique), appareil-photo *m* ; (film, video) caméra *f* ◆ **on camera** filmé, enregistré ; → **aerial, capture, colour, film**

② (Jur) ◆ **in camera** à huis clos

**COMP** **camera crew N** (Cine, TV) équipe *f* de prise de vues

**camera obscura N** chambre *f* noire (appareil)

**camera operator N** caméraman *m* (caméramans pl), cameraman *m* (cameramen pl), cadreur *m*

**camera phone N** (téléphone *m*) portable *m* appareil photo

**camera-ready copy N** (Typography) copie *f* prête à la reproduction

**camera-shy ADJ** qui déteste être pris en photo

⚠ In French, **caméra** only means a film or video camera.

**cameraman** /ˈkæmərəmæn/ **N** (pl **-men**) caméraman *m* (caméramans pl), cadreur *m* ; (on credits) « prise de vue(s) »

**camerawoman** /ˈkæmərəˌwʊmən/ **N** (pl **camerawomen** /ˈkæmərəˌwɪmɪn/) (Cine) (femme *f*) caméraman *m* or cadreur *m*

**camerawork** /ˈkæmərəwɜːk/ **N** (NonC) prise *f* de vue(s)

**camerlengo** /ˌkæməˈleŋgəʊ/ **N** camerlingue *m*

**Cameroon** /ˌkæməˈruːn/ **N** Cameroun *m*

**Cameroonian** /ˌkæməˈruːnɪən/

**ADJ** camerounais

**N** Camerounais(e) *m(f)*

**camiknickers** /ˈkæmɪˌnɪkəz/ **NPL** chemise-culotte *f* ; (modern) teddy *m*

**camisole** /ˈkæmɪsəʊl/ **N** caraco *m*

**camomile** /ˈkæməʊmaɪl/

**N** camomille *f*

**COMP** **camomile shampoo N** shampoing *m* à la camomille

**camomile tea N** (infusion *f* de) camomille *f*

**camouflage** /ˈkæməflɑːʒ/ SYN

**N** camouflage *m*

**VT** camoufler

**camp¹** /kæmp/ SYN

**N** ① (lit) camp *m* ; (less permanent) campement *m* ◆ **to be in camp** camper ◆ **to go to camp** partir camper ◆ **to break camp** lever le camp ◆ **to set up camp** installer son camp ; (fig) s'installer ; → **concentration, foot, holiday, pitch¹**

② (fig) camp *m*, parti *m* ◆ **in the same camp** dans le même camp, du même bord ◆ **the Blair camp** les partisans de Blair, le camp de Blair

**VI** camper ◆ **to go camping** partir camper

**COMP** **camp chair N** ⇒ **camping chair** ; → **camping**

**camp counsellor N** (US Scol) animateur *m*, -trice *f* (de camp de vacances)

**camp follower N** (fig) sympathisant(e) *m(f)* ; (Mil † = prostitute) prostituée *f*, fille *f* à soldats \* ; (Mil † = civilian worker) civil *m* accompagnant une armée

**camp ground N** ⇒ **camping ground** ; → **camping**

**camp meeting N** (US Rel) rassemblement *m* religieux (en campement ou sous un chapiteau)

**camp site N** ⇒ **camping site** ; → **camping**

**camp stool N** ⇒ **camping stool** ; → **camping**

**camp stove N** ⇒ **camping stove** ; → **camping**

## camp out
**vi** camper, vivre sous la tente ◆ **we'll have to camp out in the kitchen** \* nous allons devoir camper or il va falloir que nous campions subj dans la cuisine

**camp²** * /kæmp/ SYN
ADJ 1 (= *affected*) [*person, behaviour, talk*] affecté, maniéré ; (= *over-dramatic*) [*person*] cabotin ; [*gestures*] théâtral ; (= *affecting delight in bad taste*) qui aime le kitsch, qui fait parade de mauvais goût ; (= *fashionable because of poor taste*) kitsch *inv*
2 (= *effeminate*) efféminé ; (= *homosexual*) [*man*] qui fait pédé‡ *or* tapette‡ ; [*manners, clothes*] de pédé‡, de tapette‡ ◆ **to be as camp as a row of tents** * être pédé comme un phoque‡
N (also **high camp**) (*of manners*) affectation *f* ; (*effeminate*) manières *fpl* efféminées
VT ◆ **to camp it up** cabotiner

**Campagna (di Roma)** /kæmˈpɑːnjə(dɪˈrəʊmə)/ N (*Geog*) Campanie *f*

**campaign** /kæmˈpeɪn/ SYN
N (*Mil, fig*) campagne *f* ◆ **to lead** *or* **conduct** *or* **run a campaign for/against** mener une campagne *or* faire campagne pour/contre ; → **advertising, election, publicity**
VI (*Mil*) faire campagne ; (*fig*) mener une *or* faire campagne (*for* pour ; *against* contre)
COMP **campaign trail** N (*Pol*) ◆ **to be on the campaign trail** être en tournée électorale
**campaign worker** N (*Pol*) membre *m* de l'état-major (*d'un candidat*)

**campaigner** /kæmˈpeɪnəʳ/ N ◆ **old campaigner** (= *war veteran*) vétéran *m* ◆ **a campaigner for/against electoral reform** un(e) militant(e) pour/contre la réforme électorale ◆ **a human rights/peace/environmental campaigner** un(e) militant(e) des droits de l'homme/de la paix/de la protection de l'environnement ◆ **his qualities as a campaigner** (*Pol*) ses qualités en tant que candidat en campagne (électorale)

**Campania** /kæmˈpeɪnɪə/ N Campanie *f*

**campanile** /ˌkæmpəˈniːlɪ/ N campanile *m*

**campanology** /ˌkæmpəˈnɒlədʒɪ/ N (*NonC*) art *m* du carillonnement

**campanula** /kæmˈpænjʊlə/ N (= *plant*) campanule *f*

**campbed** /kæmpˈbed/ N (*Brit*) lit *m* de camp

**camper** /ˈkæmpəʳ/ N 1 (= *person*) campeur *m*, -euse *f*
2 (also **camper van**) camping-car *m*

**campfire** /ˈkæmpfaɪəʳ/ N feu *m* de camp

**camphone** /ˈkæmfəʊn/ N (téléphone *m*) portable *m* appareil photo

**camphor** /ˈkæmfəʳ/ N camphre *m*

**camphorated** /ˈkæmfəreɪtɪd/
ADJ camphré
COMP **camphorated oil** N huile *f* camphrée

**camping** /ˈkæmpɪŋ/
N camping *m* (*activité*)
COMP **camping chair** N chaise *f* de camping, chaise *f* pliante
**Camping gas** N (*Brit* = *gas*) butane *m* ; (*US* = *stove*) camping-gaz ® *m inv*
**camping ground, camping site** N (*commercialized*) (terrain *m* de) camping *m* ; (*clearing etc*) endroit *m* où camper
**camping stool** N pliant *m*
**camping stove** N réchaud *m* de camping, camping-gaz ® *m inv*
**camping van** N camping-car *m*, autocaravane *f* ; → **camp¹**

**campion** /ˈkæmpɪən/ N (= *plant*) lychnis *m*

**campus** /ˈkæmpəs/
N (pl **campuses**) (*Univ*) (*gen*) campus *m* ; (= *building complex*) campus *m*, complexe *m* universitaire ; (*fig*) monde *m* universitaire ; → **off, on**
COMP **campus police** N (*US Univ*) vigiles *mpl*

**campy** ‡ /ˈkæmpɪ/ ADJ ⇒ **camp²** adj

**campylobacter** /ˈkæmpɪləʊˌbæktəʳ/ N (*Bio*) campylobacter *m*

**CAMRA** /ˈkæmrə/ N (*Brit*) (abbrev of **Campaign for Real Ale**) *association qui cherche à améliorer la qualité de la bière*

**camshaft** /ˈkæmʃɑːft/ N arbre *m* à cames

**can¹** /kæn/ LANGUAGE IN USE 3, 4, 9.2, 15.4
MODAL AUX VB (neg **cannot**, cond, pret **could**)
1 (*indicating possibility: in neg improbability*) ◆ **the situation can change from day to day** la situation peut changer d'un jour à l'autre ◆ **it could be true** cela pourrait être vrai, il se peut que cela soit vrai ◆ **she could still decide to go** elle pourrait encore décider d'y aller ◆ **you could be making a big mistake** tu fais peut-être *or* tu es peut-être en train de faire une grosse erreur ◆ **can he have done it already?** est-il possible qu'il l'ait déjà fait ? ◆ **could he have done it without being seen?** est-ce qu'il aurait pu le faire *or* lui aurait-il été possible de le faire sans être vu ? ◆ **can** *or* **could you be hiding something from us?** est-il possible *or* se peut-il que vous nous cachiez *subj* quelque chose ? ◆ **he could have changed his mind without telling you** il aurait pu changer d'avis sans vous le dire ◆ **(perhaps) he could have forgotten** il a peut-être oublié ◆ **it could have been you who got hurt** cela aurait aussi bien pu être vous le blessé ◆ **you can't be serious!** (ce n'est pas possible,) vous ne parlez pas sérieusement ! ◆ **that cannot be!** † c'est impossible ! ◆ **as big/pretty** *etc* **as can** *or* **could be** aussi grand/joli *etc* qu'il est possible de l'être ◆ **as soon as can** *or* **could be** aussitôt *or* dès que possible, le plus vite possible ◆ **he can't have known about it until you told him** (il est) impossible qu'il l'ait su avant que vous (ne) lui en ayez parlé ◆ **she can't be very clever if she failed this exam** elle ne doit pas être très intelligente pour avoir été recalée à cet examen ◆ **things can't be as bad as you say they are** la situation n'est sûrement pas aussi mauvaise que tu le dis
2 (*stressed, expressing astonishment*) ◆ **he CAN'T be dead!** ce n'est pas possible, il n'est pas mort ! ◆ **how CAN you say that?** comment pouvez-vous *or* osez-vous dire ça ? ◆ **where CAN he be?** où peut-il bien être ? ◆ **what CAN it be?** qu'est-ce que cela peut bien être ? ◆ **what COULD she have done with it?** qu'est-ce qu'elle a bien pu en faire ?
3 (= *am etc able to*) (je) peux *etc* ◆ **he can lift the suitcase if he tries hard** il peut soulever la valise s'il fait l'effort nécessaire ◆ **help me if you can** aidez-moi si vous (le) pouvez ◆ **more cake? – no, I really couldn't** encore du gâteau ? – non, je n'ai vraiment plus faim ◆ **he will do what he can** il fera ce qu'il pourra, il fera son possible ◆ **he will help you all he can** il vous aidera de son mieux ◆ **can you come tomorrow?** pouvez-vous venir demain ? ◆ **he couldn't speak because he had a bad cold** il ne pouvait pas parler parce qu'il avait un mauvais rhume ◆ **I could have done that 20 years ago but can't now** il y a 20 ans j'aurais pu le faire mais (je ne peux) plus maintenant ◆ **he could have helped us if he'd wanted to** il aurait pu nous aider s'il l'avait voulu ◆ **he could have described it but he refused to do so** il aurait pu *or* su le décrire mais il a refusé (de le faire)
4 (= *know how to*) (je) sais *etc* ◆ **he can read and write** il sait lire et écrire ◆ **he can speak Italian** il parle italien, il sait parler (l')italien ◆ **she could not swim** elle ne savait pas nager
5 (*with verbs of perception*) ◆ **I can see you** je vous vois ◆ **they could hear him speak** ils l'entendaient parler ◆ **can you smell it?** tu le sens ? ◆ **I could see them coming in** je les voyais entrer *or* qui entraient ◆ **he could hear her shouting** il l'entendait crier
6 (= *have the right to, have permission to*) (je) peux *etc* ◆ **you can go** vous pouvez partir ◆ **can I have some milk? – yes, you can** puis-je avoir du lait ? – mais oui, bien sûr ◆ **could I have a word with you? – yes, of course you could** est-ce que je pourrais vous parler un instant (s'il vous plaît) ? – oui bien sûr ◆ **I could have left earlier but decided to stay** j'aurais pu partir plus tôt, mais j'ai décidé de rester ◆ **I can't go out** je ne peux pas sortir, je n'ai pas le droit de sortir ◆ **I couldn't leave until the meeting ended** il m'était impossible de partir *or* je ne pouvais pas partir avant la fin de la réunion
7 (*indicating suggestion*) ◆ **you could try telephoning him** tu pourrais (toujours) lui téléphoner ◆ **you could have been a little more polite** (*indicating reproach*) tu aurais pu être un peu plus poli ◆ **you could have told me before** tu aurais pu me le dire avant *or* plus tôt
8 (= *be occasionally capable of*) ◆ **she can be very unpleasant** elle peut (parfois) être très désagréable ◆ **it can be very cold here** il peut faire très froid ici, il arrive qu'il fasse très froid ici
9 (* : "*could*" = *want to*) ◆ **I could smack him!** je le giflerais !, je pourrais le gifler ! ◆ **I could have smacked him** je l'aurais giflé ◆ **I could have wept** j'en aurais pleuré
COMP **can-do** * ADJ (*US*) [*person, organization*] dynamique

**can²** /kæn/
N 1 (*for milk, oil, water, petrol*) bidon *m* ; (*for garbage*) boîte *f* à ordures, poubelle *f* ◆ **(to be left) to carry the can** * (*Brit*) payer les pots cassés
2 [*of preserved food*] boîte *f* (de conserve) ; [*of hair spray, deodorant*] bombe *f*, aérosol *m* ◆ **a can of fruit** une boîte de fruits (en conserve) ◆ **a can of beer/cola** une canette *or* une boîte de bière/coca ◆ **meat in cans** de la viande en boîte *or* en conserve ◆ **a can of worms** * un sac de nœuds * ◆ **to open a can of worms** * ouvrir la boîte de Pandore (*liter*), déclencher un sac de nœuds *
3 (*Cine*) [*of film*] boîte *f* ◆ **it's in the can** * c'est dans la boîte
4 (*US* ‡) (= *lavatory*) waters *mpl*, chiottes‡ *fpl* ; (= *buttocks*) postérieur * *m*
5 (*US* ‡ = *jail*) taule‡ *f*, prison *f*
VT 1 [+ *food*] mettre en boîte(s) *or* en conserve ◆ **canned fruit/salmon** fruits *mpl*/saumon *m* en boîte *or* en conserve ◆ **canned food, canned goods** conserves *fpl* ◆ **canned heat** (*US*) méta ® *m* ◆ **canned music** * musique *f* enregistrée ◆ **canned laughter** (*Rad, TV*) rires *mpl* en conserve *or* préenregistrés ◆ **to be canned** ‡ (*fig* = *drunk*) être rétamé‡ *or* rond * ◆ **can it!** ‡ (*US*) ferme-la ! *, la ferme ! *
2 (*US* * = *dismiss from job*) virer *, renvoyer
COMP **can crusher** N broyeur *m* (*de boîtes*)
**can opener** N ouvre-boîtes *m inv*

**Canaan** /ˈkeɪnən/ N terre *f* *or* pays *m* de C(h)anaan

**Canaanite** /ˈkeɪnənaɪt/ N C(h)ananéen(ne) *m(f)*

**Canada** /ˈkænədə/
N Canada *m*
COMP **Canada balsam** N baume *m* de *or* du Canada
**Canada Day** N *le 1ᵉʳ juillet, fête nationale canadienne*
**Canada goose** N bernache *f* du Canada

**Canadian** /kəˈneɪdɪən/
ADJ (*gen*) canadien ; [*ambassador, embassy*] du Canada, canadien
N Canadien(ne) *m(f)* ; → **French**
COMP **Canadian elk** N orignal *m*
**Canadian English** N (= *language variety*) anglo-canadien *m*, anglais *m* du Canada
**Canadian French** N (= *language variety*) franco-canadien *m*, français *m* du Canada

**canal** /kəˈnæl/
N 1 canal *m*
2 (*Anat*) conduit *m*, canal *m* ; → **alimentary**
COMP **canal barge, canal boat** N chaland *m*, péniche *f*
**the Canal Zone** N (*Brit : Suez*) la zone du canal de Suez ; (*US : Panama*) la zone du canal de Panama

**canalization** /ˌkænəlaɪˈzeɪʃən/ N canalisation *f*

**canalize** /ˈkænəlaɪz/ VT canaliser

**canapé** /ˈkænəpeɪ/ N (*Culin*) canapé *m*

**canard** /kæˈnɑːd/ N canard * *m*, bobard * *m*

**Canaries** /kəˈnɛərɪz/ NPL ⇒ **Canary Islands** ; → **canary**

**canary** /kəˈnɛərɪ/
N 1 (= *bird*) canari *m*, serin *m*
2 (= *wine*) vin *m* des Canaries
COMP (also **canary yellow**) (de couleur) jaune serin *inv*, jaune canari *inv*
**canary grass** N alpiste *m*
**the Canary Islands, the Canary Isles** NPL les (îles *fpl*) Canaries *fpl*
**canary seed** N (= *millet*) millet *m*

**canasta** /kəˈnæstə/ N canasta *f*

**Canberra** /ˈkænbərə/ N Canberra

**cancan** /ˈkænkæn/ N (also **French cancan**) cancan *m*

**cancel** /ˈkænsəl/ LANGUAGE IN USE 21.4 SYN
VT 1 [+ *reservation, room booked, travel tickets, plans*] annuler ; (= *annul, revoke*) [+ *agreement, contract*] résilier, annuler ; [+ *order, arrangement, meeting, performance, debt*] annuler ; [+ *cheque*] faire opposition à ; [+ *taxi, coach or car ordered, appointment, party*] décommander, annuler ; [+ *stamp*] oblitérer ; [+ *mortgage*] lever ; [+ *decree, will*] révoquer ; [+ *application*] retirer ; [+ *ticket*] (= *punch*) poinçonner ; (= *stamp*) oblitérer
2 [+ *flight, train etc*] annuler ; (= *withdraw permanently*) supprimer
3 (*Math*) [+ *figures, amounts*] éliminer
4 (= *cross out, delete*) barrer, rayer
VI [*tourist etc*] se décommander

▸ **cancel out** VT SEP (*Math*) [+ *noughts*] barrer ; [+ *amounts*] annuler, éliminer ; (*fig*) neutraliser ◆ **they cancel each other out** (*Math*) ils s'annulent ; (*fig*) ils se neutralisent

**cancellation** /ˌkænsəˈleɪʃən/ SYN N [*of event, order, debt, flight, train, reservation, hotel room*] annulation *f* ; [*of agreement, contract*] annulation *f*, résiliation *f* (*Jur*) ; [*of mortgage*] levée *f* ; [*of decree, will*]

révocation f ; [of stamp] oblitération f ; [of writing, numbers] biffage m ; (Math) élimination f
• **cancellation of a cheque** opposition f à un chèque • **cancellation fee** taxe f d'annulation
• **cancellations will not be accepted after...** (for travel, hotel) les réservations ne peuvent être annulées après... ; (Theat) les locations ne peuvent être annulées après...

**cancer** /ˈkænsəʳ/ SYN
- N [1] (Med) cancer m ; (fig) fléau m • **she has cancer** elle a un cancer • **lung/breast cancer** cancer m du poumon/du sein • **his battle against cancer** sa bataille contre le cancer
- [2] (Astron) • **Cancer** le Cancer • **I'm (a) Cancer** (Astrol) je suis (du) Cancer ; → **tropic**
- COMP **cancer-causing** ADJ cancérigène **cancer patient** N cancéreux m, -euse f **cancer-producing** ADJ cancérigène **cancer research** N cancérologie f ; (in appeals, funds, charities) recherche f sur or contre le cancer **cancer specialist** N cancérologue mf **cancer stick** ⁕ N (Brit pej) cigarette f, clope ⁎ f

**Cancerian** /kænˈsɪərɪən/ N • **to be a Cancerian** être (du) Cancer

**cancerophobia** /ˌkænsərəʊˈfəʊbɪə/ N cancérophobie f

**cancerous** /ˈkænsərəs/ ADJ cancéreux

**candela** /kænˈdiːlə/ N (Phys) candela f

**candelabra** /ˌkændɪˈlɑːbrə/ (pl **candelabra** or **candelabras**) N candélabre m

**candelabrum** /ˌkændɪˈlɑːbrəm/ N (pl **candelabrums** or **candelabra**) ⇒ **candelabra**

**candid** /ˈkændɪd/ SYN
- ADJ [person, smile, criticism] franc (franche f), sincère ; [report, biography] qui ne cache rien • **he gave me his candid opinion of it** il m'a dit franchement ce qu'il en pensait • **candid shots of his friends** photos prises sur le vif
- COMP **Candid Camera** N (= TV programme) la Caméra cachée

(!) **candid** is not translated by the French word **candide**, which means 'naive'.

**candida** /ˈkændɪdə/ N (Med) candidose f

**candidacy** /ˈkændɪdəsɪ/ N (esp US) candidature f

**candidate** /ˈkændɪdeɪt/ SYN N candidat(e) m(f)
• **to stand as/be a candidate** se porter/être candidat • **a candidate for president** un candidat à la présidence • **they are candidates for relegation** (Football) ils risquent la relégation
• **the obese are prime candidates for heart disease** les obèses sont particulièrement exposés aux maladies cardiaques • **A-level candidates** ≈ candidats mpl au baccalauréat

**candidature** /ˈkændɪdətʃəʳ/ N (Brit) candidature f

**candidiasis** /ˌkændɪˈdaɪəsɪs/ N candidose f

**candidly** /ˈkændɪdlɪ/ ADV [admit, confess] avec franchise ; [say, reply] avec franchise, franchement

**candidness** /ˈkændɪdnɪs/ N franchise f, sincérité f

**candied** /ˈkændɪd/
- ADJ (Culin) [whole fruit] glacé, confit ; [cherries, angelica etc] confit
- COMP **candied peel** N écorce f d'orange (or de citron etc) confite

**candle** /ˈkændl/
- N [1] (wax: household, on cakes etc) bougie f ; (tallow: tall, decorative) chandelle f ; [of church] cierge m • **the game isn't worth the candle** le jeu n'en vaut pas la chandelle • **he can't hold a candle to his brother** il n'arrive pas à la cheville de son frère ; → **burn¹, Roman**
- [2] ⇒ **candle-power**
- COMP **candle grease** N (from household candle) suif m ; (from others) cire f **candle pin** N (US) quille f **candle-power** N (Elec) • **a 20 candle-power lamp** une (lampe de) 20 bougies

**candleholder** /ˈkændlˌhəʊldəʳ/ N bougeoir m

**candlelight** /ˈkændllaɪt/
- N • **by candlelight** à la lueur d'une bougie
- COMP **candlelight dinner** N dîner m aux chandelles

**candlelit** /ˈkændllɪt/
- ADJ [room, restaurant] éclairé à la bougie or aux chandelles
- COMP **candlelit dinner** N dîner m aux chandelles

**Candlemas** /ˈkændlməs/ N la Chandeleur

**candlenut** /ˈkændlnʌt/ N (also **candlenut tree**) bancoulier m

**candlestick** /ˈkændlstɪk/ N (flat) bougeoir m ; (tall) chandelier m

**candlewick** /ˈkændlwɪk/ N chenille f (de coton)
• **a candlewick bedspread** un couvre-lit en chenille

**C & M** /ˌsiːəndˈem/ N (abbrev of **care and maintenance**) entretien m

**candour, candor** (US) /ˈkændəʳ/ SYN N franchise f, sincérité f

**C & W** /ˌsiːəndˈdʌblju:/ (abbrev of **country-and-western**) ⇒ **country**

**candy** /ˈkændɪ/
- N sucre m candi ; (US) bonbon(s) m(pl) • **it's like taking candy from a baby** c'est simple comme bonjour
- VT [+ sugar] faire candir ; [+ fruit] glacer, confire
- VI se candir, se cristalliser
- COMP **candy-ass** ⁕⁎ N (US) couille molle ⁕⁎ f **candy bar** N (US) confiserie f en barre **candy-floss** N (Brit) barbe f à papa **candy store** N (US) confiserie f (souvent avec papeterie et tabac) **candy-striped** ADJ à rayures multicolores **candy striper** N (US) jeune fille s'occupant d'œuvres de bienfaisance dans un hôpital

**candytuft** /ˈkændɪtʌft/ N (= plant) ibéris m (en ombelle)

**cane** /keɪn/
- N [1] [of bamboo etc] canne f ; (for plants) tuteur m ; (in basket- and furniture-making) rotin m, jonc m ; → **sugar**
- [2] (= walking stick) canne f ; [of officer, rider] badine f, jonc m ; (for punishment) trique f, bâton m ; (Scol) verge f, baguette f • **the schoolboy got the cane** l'écolier a reçu des coups de baguette
- VT (gen) donner des coups de trique or de bâton à ; (Scol) donner des coups de baguette à
- COMP **caned** ADJ [chair, furniture] en rotin **cane sugar** N (NonC) sucre m de canne

**cang(ue)** /kæŋ/ N cangue f

**canine** /ˈkeɪnaɪn/
- ADJ canin • **canine (tooth)** (Anat) canine f
- COMP **canine corps** N (US Police) corps m des maîtres-chiens

**caning** /ˈkeɪnɪŋ/ N • **to get a caning** (lit) recevoir la trique ; (Scol) recevoir des coups de baguette

**canister** /ˈkænɪstəʳ/ N boîte f • **a canister of tear-gas** une bombe lacrymogène

**canker** /ˈkæŋkəʳ/ SYN
- N (Med) ulcère m ; (gen syphilitic) chancre m ; (on plant, fig) chancre m
- VT (Med) ronger
- COMP **canker-worm** N ver m

**cankerous** /ˈkæŋkərəs/ ADJ [sore] rongeur ; [tissue] chancreux

**canna** /ˈkænə/ N (= plant) canna m, balisier m

**cannabis** /ˈkænəbɪs/ N [1] (= plant) chanvre m indien
- [2] (= resin) cannabine f
- [3] (= drug) cannabis m

**cannel(l)oni** /ˌkænɪˈləʊnɪ/ N (NonC) cannelloni mpl

**cannery** /ˈkænərɪ/ N (US) fabrique f de conserves, conserverie f

**cannibal** /ˈkænɪbəl/ ADJ, N cannibale mf, anthropophage mf

**cannibalism** /ˈkænɪbəlɪzəm/ N cannibalisme m, anthropophagie f

**cannibalistic** /ˌkænɪbəˈlɪstɪk/ ADJ [person, tribe] cannibale ; [practices] de cannibale

**cannibalization** /ˌkænɪbəlaɪˈzeɪʃən/ N [of machine, product] cannibalisation f

**cannibalize** /ˈkænɪbəlaɪz/ VT (Tech) [+ machine, car] démonter pour en réutiliser les pièces
• **cannibalized parts** pièces fpl récupérées

**cannily** /ˈkænɪlɪ/ ADV astucieusement

**canniness** /ˈkænɪnɪs/ N (= thriftiness) économie f ; (= shrewdness) ruse f

**canning** /ˈkænɪŋ/
- N mise f en conserve or en boîte
- COMP **canning factory** N fabrique f de conserves, conserverie f **canning industry** N industrie f de la conserve, conserverie f

**cannon** /ˈkænən/ SYN
- N (pl **cannon** or **cannons**) [1] (Mil) canon m ; → **water**
- [2] (Tech) canon m
- [3] (Brit Billiards) carambolage m
- VI (Brit Billiards) caramboler • **to cannon off the red** caramboler la rouge • **to cannon into** or **against sth** percuter qch • **to cannon into** or **against sb** se heurter à qn
- COMP **cannon fodder** N chair f à canon ⁎ **cannon-shot** N • **within cannon-shot** à portée de canon

**cannonade** /ˌkænəˈneɪd/ N canonnade f

**cannonball** /ˈkænənbɔːl/
- N boulet m de canon
- COMP **cannonball serve** N (Tennis) service m boulet de canon

**cannot** /ˈkænɒt/ LANGUAGE IN USE 16.3, 16.4 NEG of **can¹**

**cannula** /ˈkænjʊlə/ N (pl **cannulas** or **cannulae** /ˈkænjʊliː/) (Med) canule f

**canny** /ˈkænɪ/ SYN ADJ (= cautious) prudent, circonspect ; (= shrewd) malin (-igne f), futé ; (= careful with money) regardant ⁎ (pej), économe • **canny answer** réponse f de Normand ; → **ca' canny**

**canoe** /kəˈnuː/
- N (gen) canoë m ; (= dug-out) pirogue f ; (Sport) kayak m ; → **paddle**
- VI (Sport) faire du canoë-kayak, (in dug-out) aller en pirogue

**canoeing** /kəˈnuːɪŋ/ N (Sport) canoë-kayak m

**canoeist** /kəˈnuːɪst/ N canoéiste mf

**canola** /kəˈnəʊlə/ N (US = plant) colza m

**canon** /ˈkænən/ SYN
- N [1] (Mus, Rel, Tech) canon m ; (= criterion) canon m, critère m • **canon of the mass** (Rel) canon m de la messe
- [2] (Rel = chapter member) chanoine m
- COMP **canon law** N (Rel) droit m canon

**cañon** /ˈkænjən/ N (US) ⇒ **canyon**

**canonical** /kəˈnɒnɪkəl/ ADJ (Rel) canonique, conforme aux canons de l'Église ; (Mus) en canon ; (= accepted) autorisé, qui fait autorité
• **canonical dress** (Rel) vêtements mpl sacerdotaux

**canonicate** /kəˈnɒnɪkeɪt/ N canonicat m

**canonization** /ˌkænənaɪˈzeɪʃən/ N (Rel) canonisation f

**canonize** /ˈkænənaɪz/ VT (Rel, fig) canoniser

**canonry** /ˈkænənrɪ/ N canonicat m

**canoodle** † ⁎ /kəˈnuːdl/ VI se faire des mamours ⁎

**Canopic** /kəˈnəʊpɪk/ ADJ • **Canopic jar** (or **urn** or **vase**) canope m

**canopied** /ˈkænəpɪd/ ADJ [bed] à baldaquin

**canopy** /ˈkænəpɪ/ SYN N [of bed] baldaquin m, ciel m de lit ; [of throne etc] dais m ; [of tent etc] marquise f ; [of rain forest] canopée f ; (Archit) baldaquin m ; [of parachute] voilure f ; [of cockpit] verrière f ; (fig) [of sky, heavens, foliage] voûte f

**cant¹** /kænt/ SYN
- N [1] (= insincere talk) paroles fpl hypocrites ; (= stock phrases) phrases fpl toutes faites, clichés mpl
- [2] (= jargon) jargon m, argot m de métier • **lawyers' cant** jargon m juridique ; → **thief**
- VI parler avec hypocrisie or affectation

**cant²** /kænt/ SYN
- N [1] (= slope, steepness) pente f, déclivité f ; (= sloping surface) plan m incliné • **this wall has a definite cant** ce mur penche très nettement
- [2] (= jolt) secousse f, à-coup m
- VI (= tilt) pencher, s'incliner
- VT (= tilt) incliner, pencher ; (= overturn) retourner d'un coup sec

**can't** /kɑːnt/ ⇒ **cannot** ; → **can¹**

**Cantab.** (abbrev of **Cantabrigiensis**) de Cambridge

**cantabile** /kænˈtɑːbɪlɪ/ ADJ, ADV (Mus) cantabile

**Cantabrian** /kænˈteɪbrɪən/ ADJ, N • **the Cantabrians, the Cantabrian Mountains** les (monts mpl) Cantabriques mpl

**cantaloup(e)** /ˈkæntəluːp/ N cantaloup m

**cantankerous** /kænˈtæŋkərəs/ SYN ADJ irascible

**cantankerousness** /kænˈtæŋkərəsnɪs/ N (= ill temper) caractère m acariâtre

**cantata** /kænˈtɑːtə/ N cantate f

**canteen** /kænˈtiːn/ N  
[1] (= restaurant) cantine f  
[2] (Mil) (= flask) bidon m ; (= mess tin) gamelle f  
[3] ◆ **a canteen of cutlery** une ménagère  
[4] ◆ **canteen culture** * (Brit) esprit m de corps de garde

**canter** /ˈkæntəʳ/ SYN
N petit galop m ◆ **to go for a canter** aller faire une promenade à cheval (au petit galop) ◆ **to win in** or **at a canter** * (Brit fig) gagner haut la main, arriver dans un fauteuil *
VI aller au petit galop
VT mener or faire aller au petit galop

**Canterbury** /ˈkæntəbərɪ/
N Cantorbéry
COMP **Canterbury bell** N (= plant) campanule f
**Canterbury Tales** NPL (Literat) Contes mpl de Cantorbéry

**cantharid** /ˈkænθərɪd/ N (= insect) cantharide f

**canthus** /ˈkænθəs/ N (pl canthi /ˈkænθaɪ/) (Anat) canthus m

**canticle** /ˈkæntɪkl/ N cantique m, hymne m ◆ **the Canticles** le cantique des cantiques

**cantilena** /ˌkæntɪˈleɪnə/ N (Mus) cantilène f

**cantilever** /ˈkæntɪliːvəʳ/
N (Tech) cantilever m ; (Archit) corbeau m, console f
COMP **cantilever beam** N poutre f en console
**cantilever bridge** N pont m cantilever inv

**canting** /ˈkæntɪŋ/ SYN ADJ (= hypocritical) hypocrite, tartufe

**cantle** /ˈkæntl/ N troussequin m

**canto** /ˈkæntəʊ/ N chant m (d'un poème)

**canton** /ˈkæntɒn/
N (Admin) canton m
VT [1] [+ land] diviser en cantons
[2] [+ soldiers] cantonner

**cantonal** /ˈkæntənl/ ADJ cantonal

**Cantonese** /ˌkæntəˈniːz/
ADJ cantonais
N [1] (pl inv = person) Cantonais(e) m(f)
[2] (= language) cantonais m
NPL **the Cantonese** les Cantonais mpl

**cantonment** /kənˈtuːnmənt/ N cantonnement m

**cantor** /ˈkæntɔːʳ/ N (Rel) chantre m

**Cantuar.** (Brit Rel) (abbrev of **Cantuariensis**) de Cantorbéry

**Canuck** * /kəˈnʌk/ N (often pej) Canadien(ne) m(f) français(e)

**Canute** /kəˈnjuːt/ N Canut m

**canvas¹** /ˈkænvəs/
N [1] (Art, Naut, also of tent) toile f ; (Sewing) canevas m ◆ **under canvas** (= in a tent) sous la tente ; [ship] sous voiles
[2] (= painting) toile f, tableau m
COMP en or de toile
**canvas chair** N chaise f pliante (en toile)
**canvas shoes** NPL (gen) chaussures fpl en toile ; (rope-soled) espadrilles fpl

**canvas²** /ˈkænvəs/ ⇒ **canvass**

**canvaser** /ˈkænvəsəʳ/ N (US) ⇒ **canvasser**

**canvass** /ˈkænvəs/ SYN
VT [1] (Pol) [+ district] faire du démarchage électoral dans ; [+ person] solliciter la voix or le suffrage de ; (US = scrutinize votes) pointer
[2] [sales rep] [+ district, customers] prospecter
[3] (= seek support of) [+ influential person] solliciter le soutien de
[4] (= seek opinion of) [+ person] sonder (on à propos de) ◆ **to canvass opinions (on sth)** sonder l'opinion or faire un sondage d'opinion (sur qch)
[5] (= discuss) [+ matter, question] débattre, examiner à fond
VI [1] (Pol) [candidate] faire campagne ◆ **to canvass for sb** (Pol) solliciter les voix pour qn ; (gen) faire campagne pour qn
[2] [sales rep] visiter la clientèle ; (door to door) faire du démarchage
N ⇒ **canvassing**

**canvasser, canvaser** (US) /ˈkænvəsəʳ/ N [1] (esp Brit Pol: for support) agent m électoral (qui sollicite les voix des électeurs) ; (US : checking votes) scrutateur m, -trice f
[2] (= sales rep) placier m ; (door to door) démarcheur m ◆ **"no canvassers"** « accès interdit aux colporteurs »

**canvassing** /ˈkænvəsɪŋ/ N [1] (Pol) démarchage m électoral ; (when applying for job, membership etc) visites fpl de candidature ; (US = inspection of votes) vérification f des votes
[2] (by sales rep) démarchage m

**canyon** /ˈkænjən/ SYN N canyon m, cañon m, gorge f

**canyoning** /ˈkænjənɪŋ/ N canyoning m

**CAP** /ˌsiːeɪˈpiː/ N (Pol) (abbrev of **Common Agricultural Policy**) PAC f

**cap** /kæp/ SYN
N [1] (= headgear) [of man, woman, boy] casquette f ; [of jockey, judge] toque f ; [of soldier] calot m ; [of sailor] bonnet m ; [of gendarme] képi m ; [of skullcap] calotte f ; [of cardinal] barrette f ◆ **cap and gown** (Univ) costume m universitaire ◆ **to go cap in hand to sb** aller quémander qch (auprès) de qn ◆ **if the cap fits(, wear it)** il n'y a que la vérité qui blesse, qui se sent morveux (qu'il) se mouche ◆ **to set one's cap at sb** † [woman] jeter son dévolu sur qn ◆ **cap and bells** marotte f (de bouffon) ; → **black, feather, nightcap, thinking**
[2] (Brit Sport) ◆ **he won his first England cap against France** il a été sélectionné pour la première fois dans l'équipe d'Angleterre à l'occasion de son match contre la France ◆ **Davis has won 50 caps for Wales** Davis compte 50 sélections dans l'équipe du pays de Galles ◆ **Elwood is the team's only new cap** Elwood est le seul nouveau joueur sélectionné dans l'équipe
[3] (= lid, cover) [of pen] capuchon m ; [of tooth] couronne f ; [of vehicle radiator, tyre-valve] bouchon m ; (Archit) chapiteau m, couronnement m ; [of mushroom] chapeau m ; [of bottle] (screw-off) bouchon m ; (pry-off) capsule f ; → **axle, kneecap, toecap**
[4] (= contraceptive) diaphragme m
[5] (also **percussion cap**) capsule f fulminante ; (for toy gun) amorce f
VT [1] (= put cover on) (gen) couvrir d'une capsule, d'un capuchon etc ; [+ bottle etc] capsuler ; (Mil) [+ shell] visser la fusée de ; (Dentistry) [+ tooth] couronner ; [+ snow]
[2] [+ person] coiffer ; (Univ) conférer un grade universitaire à ◆ **he was capped four times for England** (Brit Sport) il a joué quatre fois dans l'équipe d'Angleterre
[3] (= surpass, improve on) [+ sb's words] renchérir sur ; [+ achievements] surpasser ◆ **he capped this story/quotation (with another one)** il a trouvé une histoire/une citation encore meilleure que celle-ci ◆ **to cap it all** pour couronner le tout ◆ **that caps it all!** * ça, c'est le bouquet * or le comble !
[4] (= limit) [+ spending, taxes] imposer un plafond à, plafonner ◆ **cap-and-trade system** système de plafond et échange ◆ **he has the power to cap city councils that spend excessively** il a le pouvoir d'imposer des restrictions budgétaires aux conseils municipaux qui dépensent trop ; see also **charge, rate¹**

**cap.** * /kæp/ N (abbrev of **capital letter**) → **capital**

**capability** /ˌkeɪpəˈbɪlɪtɪ/ SYN N [1] aptitude f to do sth, of doing sth à faire qch), capacité f (to do sth, for doing sth de or à faire qch) ◆ **mental capability** aptitudes fpl or capacités fpl intellectuelles ◆ **within/beyond one's capabilities** dans ses/au-dessus de ses capacités
[2] [of machine] potentiel m ; (Mil = range of weapons etc) capacité f ◆ **NATO's nuclear capabilities** le potentiel ou la capacité nucléaire de l'OTAN ◆ **we have the military capability to defend the area** nous avons le potentiel or la capacité militaire nécessaire pour défendre cette région ◆ **they have the capability to produce their own nuclear weapons** ils sont en mesure de produire leurs propres armements nucléaires

**capable** /ˈkeɪpəbl/ LANGUAGE IN USE 15.4 SYN ADJ
[1] [person] capable (of de) ; [event, situation] susceptible (of de) ◆ **he is capable of great warmth/tenderness** il est capable de (montrer) beaucoup de chaleur/de tendresse ◆ **he was capable of murder** il était capable de commettre un meurtre ◆ **sports cars capable of 150 mph** des voitures fpl de sport pouvant atteindre les 240 km/h ◆ **a ship capable of carrying 650 people** un bateau pouvant transporter 650 personnes
[2] (= competent) capable

**capably** /ˈkeɪpəblɪ/ ADV avec compétence

**capacious** /kəˈpeɪʃəs/ SYN ADJ [hall, hotel] vaste, d'une grande capacité ; [container] d'une grande contenance or capacité

**capacitance** /kəˈpæsɪtəns/ N (Elec) capacitance f

**capacitate** /kəˈpæsɪteɪt/ VT (Jur) ◆ **to be capacitated to do sth** être habilité à faire qch

**capacitor** /kəˈpæsɪtəʳ/ N (Elec) condensateur m

**capacity** /kəˈpæsɪtɪ/ SYN
N [1] [of container] contenance f ; [of hall, hotel] capacité f ◆ **filled** or **full to capacity** [box, suitcase] bourré ; [hall, bus] comble, bondé ; [refugee camp, hospital] saturé ◆ **the hall has a seating capacity of 400** la salle a 400 places assises ◆ **the tank has a capacity of 100 litres** le réservoir a une capacité or une contenance de 100 litres ◆ **a 40,000 capacity stadium** un stade pouvant accueillir 40 000 personnes ◆ **lung capacity** capacité f pulmonaire
[2] (= capability, inclination) capacité(s) f(pl), aptitude f ◆ **his tremendous capacity for hard work** son énorme capacité à travailler dur ◆ **capacity to do** or **for doing sth** capacité f à faire qch ◆ **mental capacity** capacités fpl intellectuelles ◆ **capacities** capacités fpl
[3] (= production potential) capacité f de production ; (= output, production) rendement m ◆ **to work at** or **(full) capacity** [factory] fonctionner à plein rendement ◆ **I'm not working at (full) capacity today** je ne suis pas très productif aujourd'hui ◆ **we are increasing (our) capacity** nous augmentons notre capacité de production ◆ **we haven't yet reached (full) capacity** nous n'avons pas encore atteint notre rendement maximum ◆ **spare** or **excess capacity** surcapacité f ◆ **production capacity** capacité f de production ◆ **productive capacity** capacité f de production ◆ **military capacity** capacités fpl militaires ◆ **earning capacity** capacité f à gagner de l'argent ◆ **(electricity-)generating capacity** capacité f de production (d'électricité)
[4] (frm = position, status) qualité f, titre m ◆ **in my capacity as a doctor** en ma qualité de médecin ◆ **in his official capacity** à titre officiel ◆ **in a personal capacity** à titre personnel ◆ **in an advisory capacity** à titre consultatif ◆ **we must not employ him in any capacity whatsoever** il ne faut pas l'employer à quelque titre que ce soit
[5] (= legal power) capacité f juridique (to do sth de faire qch) ◆ **to have the capacity to do sth** avoir la capacité or qualité pour faire qch
COMP **capacity attendance** N ◆ **there was a capacity attendance** c'était plein or bondé
**capacity audience** N ◆ **they were hoping for a capacity audience** ils espéraient faire salle comble ◆ **the show attracted** or **drew capacity audiences all over Europe** le spectacle a fait salle comble dans toute l'Europe ◆ **her speech was delivered to a capacity audience** elle a prononcé son discours devant une salle comble
**capacity booking** N ◆ **there was capacity booking** toutes les places étaient louées or retenues, on jouait à guichets fermés
**capacity crowd** N ◆ **there was a capacity crowd** il n'y avait plus une place (de) libre ; (Sport) le stade était comble

**caparison** /kəˈpærɪsn/ (liter)
N caparaçon m
VT [+ horse] caparaçonner

**cape¹** /keɪp/ N (full length) cape f ; (half length) pèlerine f ; [of policeman, cyclist] pèlerine f

**cape²** /keɪp/ SYN
N (Geog) cap m ; (= high cape) promontoire m
COMP **Cape Canaveral** N le Cap Canaveral
**Cape Cod** N le cap Cod
**Cape Coloureds** NPL (in South Africa) métis mpl sud-africains
**Cape Horn** N le cap Horn
**Cape of Good Hope** N le cap de Bonne-Espérance
**Cape Province** N province f du Cap
**Cape Town** N Le Cap
**Cape Verde** N Cap-Vert m ◆ **the Cape Verde Islands** les îles fpl du Cap-Vert

**caped** /keɪpt/ ADJ portant une cape

**caper¹** /ˈkeɪpəʳ/ SYN
VI (also **caper about**) [child, elf] gambader (de joie)
N [1] (= leap, jump) cabriole f, gambade f
[2] (fig = prank) ◆ **capers** farces fpl ◆ **that was quite a caper** * ça a été une vraie partie de rigolade * ◆ **what a caper!** * (= fuss) quelle histoire !
◆ **she served six months in prison for the helicopter caper** * elle a fait six mois de prison pour le coup de l'hélicoptère

**caper²** /ˈkeɪpəʳ/
N (Culin) câpre f ; (= shrub) câprier m
COMP **caper sauce** N sauce f aux câpres

**capercaillie, capercailzie** /ˌkæpəˈkeɪlɪ/ N grand tétras m, grand coq m de bruyère

**Capernaum** /kəˈpɜːnɪəm/ N Capharnaüm

**capeskin** /ˈkeɪpskɪn/ N (US) peau f souple pour ganterie

**capful** /ˈkæpfʊl/ N (= measure of liquid) ◆ **one capful to four litres of water** un bouchon (plein) pour quatre litres d'eau

**capillarity** /ˌkæpɪˈlærɪti/ N capillarité f

**capillary** /kəˈpɪləri/ ADJ, N (Bio, Bot) capillaire m

**capital** /ˈkæpɪtl/ SYN
  ADJ 1 (= essential, important) capital ◆ **of capital importance** d'une importance capitale
  2 (= chief, principal) capital, principal
  3 ◆ **capital letter** majuscule f, capitale f ◆ **capital A, B etc** A, B etc majuscule ◆ **Art/Life with a capital A/L** l'Art/la Vie avec un grand A/V
  4 (Jur) capital
  5 († * = splendid) épatant*, fameux*
  N 1 (also **capital city**) capitale f
  2 (also **capital letter**) majuscule f, capitale f
  3 (= money and property) capital m (en espèces et en nature) ; (= money only) capital m, capitaux mpl ◆ **capital invested** mise f de fonds ◆ **capital and labour** le capital et la main-d'œuvre ◆ **to make capital out of** (fig) tirer parti or profit de ; → **working**
  4 (Archit) chapiteau m
  COMP **capital account** N (Fin, Econ) compte m capital
  **capital allowances** NPL déductions fpl fiscales pour investissements
  **capital assets** NPL actif m immobilisé
  **capital budget** N (Fin) budget m d'investissement
  **capital city** N capitale f
  **capital cost** N coût m d'investissement
  **capital employed** N (Fin) capital m investi
  **capital equipment** N (NonC) biens mpl d'équipement
  **capital expenditure** N dépenses fpl d'investissement
  **capital formation** N (Fin) formation f du capital
  **capital gains** NPL augmentation f de capital, plus-values fpl (en capital)
  **capital gains tax** N impôt m sur les plus-values (en capital)
  **capital goods** NPL biens mpl d'équipement
  **capital intensive** ADJ [industry etc] (à forte intensité) capitalistique
  **capital investment** N (Fin) dépenses fpl d'investissement, investissement m de capitaux
  **capital levy** N prélèvement m or impôt m sur le capital
  **capital movement** N (Fin) mouvement m de(s) capitaux
  **capital offence** N crime m capital
  **capital punishment** N peine f capitale, peine f de mort
  **capital reserves** NPL réserves fpl et provisions fpl
  **capital sentence** N condamnation f à mort
  **capital ship** N grosse unité f de guerre
  **capital stock** N capital m social
  **capital structure** N (Fin) structure f du capital
  **capital sum** N capital m
  **capital transactions** NPL transactions fpl en capital
  **capital transfer tax** N (Brit) impôt m sur le transfert des capitaux

**capitalism** /ˈkæpɪtəlɪzəm/ SYN N capitalisme m

**capitalist** /ˈkæpɪtəlɪst/ ADJ, N capitaliste mf

**capitalistic** /ˌkæpɪtəˈlɪstɪk/ ADJ capitaliste

**capitalization** /kəˌpɪtəlaɪˈzeɪʃən/ N capitalisation f

**capitalize** /kəˈpɪtəlaɪz/
  VT 1 (Fin) [+ property, plant] capitaliser ; [+ company] constituer le capital social de (par émission d'actions) ; (= make profit) tirer profit or parti de ◆ **over-/under-capitalized** (Fin) sur-/sous-capitalisé
  2 (Typography = put into capitals) mettre en majuscule(s)
  VI (fig) ◆ **to capitalize on** [+ circumstances, information] exploiter, tirer profit de ; [+ public ignorance, sb's naivety] exploiter ; [+ talents, one's image] tirer parti de ; (financially) monnayer

**capitate** /ˈkæpɪteɪt/ ADJ [plant] capité

**capitation** /ˌkæpɪˈteɪʃən/
  N (Fin: also **capitation tax**) capitation f
  COMP **capitation allowance** N (Brit Scol) dotation f forfaitaire par élève (accordée à un établissement)

**Capitol** /ˈkæpɪtl/
  N ◆ **the Capitol** (US) le Capitole (siège du Congrès américain) ; (Roman Hist) le Capitole
  COMP **Capitol Hill** N (US) (= hill) Capitol Hill m ; (= assembly) le Congrès américain

**Capitoline** /ˈkæpɪtəˌlaɪn/
  ADJ capitolin
  N Capitolin m

**capitulate** /kəˈpɪtjʊleɪt/ SYN VI (Mil, fig) capituler

**capitulation** /kəˌpɪtjʊˈleɪʃən/ SYN N 1 (Mil, fig) capitulation f
  2 (= summary) récapitulation f, sommaire m
  3 (Jur) ◆ **capitulations** capitulation f

**capo** /ˈkæpəʊ/ N (US) capo m

**capon** /ˈkeɪpən/ N chapon m

**capped-rate** /ˈkæpt,reɪt/ ADJ (Fin) à taux d'intérêt plafonné

**cappuccino** /ˌkæpʊˈtʃiːnəʊ/ N cappuccino m

**Capri** /kəˈpriː/ N Capri f ◆ **in Capri** à Capri

**capriccio** /kəˈprɪtʃɪəʊ/ N (Mus) capriccio m, caprice m

**caprice** /kəˈpriːs/ SYN N 1 (= change of mood) saute f d'humeur ; (= whim) caprice m
  2 (Mus) capriccio m

**capricious** /kəˈprɪʃəs/ SYN ADJ capricieux, fantasque

**capriciously** /kəˈprɪʃəsli/ ADV capricieusement

**Capricorn** /ˈkæprɪkɔːn/ N (Astron, Geog) Capricorne m ◆ **I'm (a) Capricorn** (Astrol) je suis (du) Capricorne ; → **tropic**

**caps** /kæps/ NPL (abbrev of **capital letters**) → **capital**

**capsicum** /ˈkæpsɪkəm/ N poivron m

**capsid** /ˈkæpsɪd/ N (Zool, Agr, Bio) capside m

**capsize** /kæpˈsaɪz/ SYN
  VI se renverser ; [ship] chavirer
  VT renverser ; [+ ship] faire chavirer

**capstan** /ˈkæpstən/
  N [of ship] cabestan m
  COMP **capstan lathe** N (Brit) tour m revolver

**capsulate(d)** /ˈkæpsjʊˌleɪt(ɪd)/ ADJ capsulaire

**capsule** /ˈkæpsjuːl/ SYN
  N (all senses) capsule f
  ADJ [description, résumé] succinct

**Capt.** N (Mil) (abbrev of **Captain**) ◆ **Capt. P. Martin** (on envelope) le Capitaine P. Martin

**captain** /ˈkæptɪn/ SYN
  N (Army, US Airforce) capitaine m ; (in civil aircraft) commandant m de bord ; (Navy) capitaine m (de vaisseau) ; [of Merchant Navy] capitaine m ; (Sport) capitaine m (d'équipe) ; (US Police: also **precinct captain**) ≈ commissaire m (de quartier) ◆ **school captain** (Brit) élève (des classes terminales) chargé d'un certain nombre de responsabilités ◆ **captain of industry** capitaine m d'industrie ◆ "**this is your captain speaking**" « ici votre commandant de bord »
  VT (Sport) [+ team] être le capitaine de ; (in army, navy) commander ; (fig) diriger

**captaincy** /ˈkæptənsi/ N (Mil) grade m de capitaine ; (Sport) capitanat m ◆ **to get one's captaincy** (Mil) être promu or passer capitaine ◆ **during his captaincy (of the team)** (Sport) quand il était capitaine (de l'équipe)

**captainship** /ˈkæptɪnˌʃɪp/ N capitanat m

**caption** /ˈkæpʃən/
  N 1 (Press) (= heading) sous-titre m ; (under illustration) légende f
  2 (Cine) sous-titre m
  VT [+ illustration] légender, mettre une légende à ; (Cine) sous-titrer

**captious** /ˈkæpʃəs/ ADJ (liter) [person] chicanier, vétilleux (liter) ; [remark] critique

**captivate** /ˈkæptɪveɪt/ SYN VT captiver, fasciner

**captivating** /ˈkæptɪveɪtɪŋ/ ADJ captivant

**captive** /ˈkæptɪv/ SYN
  N captif m, -ive f ◆ **to take sb captive** faire qn prisonnier ◆ **to hold sb captive** garder qn en captivité ; (fig) captiver qn, tenir qn sous le charme
  ADJ [person] prisonnier ; [animal, bird, balloon, customer] captif ◆ **a captive audience** un public captif ◆ **to be captive to sth** (fig) être prisonnier de qch
  COMP **captive-bred** ADJ élevé en captivité
  **captive breeding** N reproduction f en captivité
  **captive market** N (Comm) marché m captif

**captivity** /kæpˈtɪvɪti/ SYN N captivité f ◆ **in captivity** en captivité

**captor** /ˈkæptə(r)/ N (unlawful) ravisseur m ; (lawful) personne f qui capture

**capture** /ˈkæptʃə(r)/ SYN
  VT [+ animal, soldier] capturer ; [+ escapee] reprendre ; [+ city] prendre, s'emparer de ; (fig) [+ attention] capter ; [+ interest] gagner ; (Art) reproduire, rendre ◆ **they have captured a large part of that market** ils ont conquis une grande partie de ce marché ◆ **to capture sth on camera/film** photographier/filmer qch
  N [of town, treasure, escapee] capture f

**capuche** /kəˈpuːʃ/ N capuce m

**capuchin** /ˈkæpjʊʃɪn/ N 1 cape f (avec capuchon)
  2 (Rel) ◆ **Capuchin** capucin(e) m(f)

**capybara** /ˌkæpɪˈbɑːrə/ N cabiai m

**car** /kɑː(r)/ SYN
  N 1 (= automobile) voiture f ; → **racing, saloon, sports**
  2 (US = carriage) wagon m, voiture f ; → **dine, freight**
  3 (also **tramcar**) (voiture f de) tramway m, tram m
  4 [of lift, elevator] cabine f (d'ascenseur)
  5 [of airship] nacelle f
  COMP [wheel, door, seat, tyre etc] de voiture ; [travel etc] en voiture
  **car alarm** N alarme f de voiture, alarme f auto
  **car allowance** N indemnité f de déplacement (en voiture)
  **car bomb** N voiture f piégée
  **car bomber** N auteur m d'un attentat à la voiture piégée
  **car bombing** N attentat m à la voiture piégée
  **car boot** N (Brit) coffre m
  **car-boot sale** N (Brit) brocante f, vide-grenier m
  **car chase** N course-poursuite f (en voiture)
  **car coat** N manteau m court
  **car crime** N (NonC) (Brit) délits mpl commis sur des véhicules
  **car dealer** N concessionnaire mf automobile
  **car expenses** NPL frais mpl de déplacement (en voiture)
  **car-fare** N (US) prix m du trajet (en bus)
  **car-ferry** N [of sea] ferry(-boat) m ; [of river, small channel] bac m (pour voitures)
  **car hire** N location f de voitures ◆ **car hire company** société f de location de voitures
  **car industry** N industrie f automobile
  **car insurance** N assurance f automobile
  **car journey** N voyage m en voiture ; (shorter) trajet m en voiture
  **car keys** NPL clés fpl de voiture
  **car licence** N vignette f (auto)
  **car maintenance** N mécanique f auto ◆ **car maintenance classes** cours fpl de mécanique auto
  **car-maker, car manufacturer** N constructeur m automobile
  **car number** N numéro m d'immatriculation
  **car park** N (Brit) parking m, parc m de stationnement
  **car part** N (Brit) pièce f détachée (de voiture)
  **car phone** N téléphone m de voiture
  **car-pool** N 1 (= people sharing car trips) groupe m de covoiturage
  2 (= cars owned by organisation) (parc m de) voitures fpl de service
  **car radio** N autoradio m
  **car rental** N location f de voitures
  **car rug** N plaid m
  **car-sharing** N covoiturage m
  **car sick** ADJ ◆ **to be car sick** être malade en voiture, avoir le mal de la route
  **car sickness** N mal m des transports
  **car sleeper** N train m autos-couchettes
  **car stereo** N autoradio m
  **car thief** N (Brit) voleur m de voitures
  **car transporter** N (= lorry) camion m transportant des automobiles ; (= train) wagon m transportant des automobiles
  **car wash** N (= action) lavage m de voitures ; (= place) portique m de lavage automatique
  **car-worker** N ouvrier m, -ière f de l'industrie automobile

**Car-Boot Sale, Garage Sale**

◆ Type de brocante très populaire en Grande-Bretagne, où chacun vide sa cave ou son grenier. Les articles sont présentés dans des coffres de voitures et la vente a souvent lieu sur un parking ou dans un champ. Les brocanteurs d'un jour doivent s'acquitter d'une petite contribution pour participer à la vente. Aux États-Unis et en Australie, les ventes de ce genre s'appellent **garage sales** ou **yard sales**.

**carabid** /ˈkærəbɪd/ **N** carabe *m*
**caracal** /ˈkærəkæl/ **N** (= *animal, fur*) caracal *m*
**Caracas** /kəˈrækəs/ **N** Caracas
**caracole** /ˈkærəkəʊl/ **VI** caracoler
**carafe** /kəˈræf/ **N** carafe *f* ; (*small*) carafon *m*
**carambola** /ˌkærəmˈbəʊlə/ **N** (= *plant, dish*) carambole *f*
**caramel** /ˈkærəməl/ **N** caramel *m* ◆ **caramel cream** crème *f* (au) caramel
**caramelize** /ˈkærəməlaɪz/
 **VT** caraméliser
 **VI** se caraméliser
**carapace** /ˈkærəpeɪs/ **N** carapace *f*
**carat** /ˈkærət/ **N** carat *m* ◆ **24 carat gold** or *m* à 24 carats
**caravan** /ˈkærəvæn/
 **N** (*Brit* : *towed behind car*) caravane *f* ; [*of gipsy*] roulotte *f* ; (= *group* : *in desert etc*) caravane *f*
 **VI** ◆ **to go caravanning** faire du caravaning
 **COMP** **caravan site N** [*of tourists*] camping *m* pour caravanes ; [*of gipsies*] campement *m*
**caravanette** /ˈkærəvəˈnet/ **N** (*Brit*) auto-camping *f*, voiture-camping *f*
**caravanner** /ˈkærəˈvænər/ **N** caravanier *m*, -ière *f*
**caravanserai** /ˌkærəˈvænsəraɪ/, **caravansary** /ˌkærəˈvænsərɪ/ **N** caravansérail *m*
**caravel** /ˈkærəvel/ **N** (= *ship*) caravelle *f*
**caraway** /ˈkærəweɪ/
 **N** carvi *m*
 **COMP** **caraway seeds NPL** graines *fpl* de carvi
**carb*** /kɑːb/ **N** (= *carbohydrate*) glucide *m* ◆ **a low-carb diet** un régime pauvre en glucides
**carbamate** /ˈkɑːbəmeɪt/ **N** carbamate *m*
**carbide** /ˈkɑːbaɪd/ **N** carbure *m*
**carbine** /ˈkɑːbaɪn/ **N** carabine *f*
**carbocyclic** /ˌkɑːbəʊˈsaɪklɪk/ **ADJ** (*Chem*) carbocyclique
**carbohydrate** /ˌkɑːbəʊˈhaɪdreɪt/ **N** hydrate *m* de carbone ◆ **carbohydrates** (*in diets etc*) glucides *mpl*
**carbolic** /kɑːˈbɒlɪk/
 **ADJ** phéniqué
 **COMP** **carbolic acid N** phénol *m*
 **carbolic soap N** savon *m* au crésol, crésyl ® *m*
**carbon** /ˈkɑːbən/
 **N** (*Chem*) carbone *m* ; (*Art, Elec*) charbon *m* ; (= *paper, copy*) carbone *m*
 **COMP** **carbon-14 dating N** ⇒ **carbon dating**
 **carbon arc N** (*Elec*) arc *m* électrique (à électrodes de charbon)
 **carbon brush N** (*Elec*) balai *m*
 **carbon copy N** [*of typing etc*] carbone *m* ; (*fig*) réplique *f* **ADJ** (*fig*) identique
 **carbon credit N** droit *m* d'émission de gaz carbonique
 **carbon-date VT** dater au carbone 14
 **carbon dating N** datation *f* au carbone 14
 **carbon dioxide N** gaz *m* carbonique
 **carbon emissions NPL** émissions *fpl* de carbone
 **carbon fibre N** fibre *f* de carbone
 **carbon footprint N** empreinte *f* carbone
 **carbon microphone N** microphone *m* à charbon
 **carbon monoxide N** oxyde *m* de carbone
 **carbon offset, carbon offsetting N** compensation *f* carbone
 **carbon paper N** (papier *m*) carbone *m*
 **carbon ribbon N** ruban *m* de machine à écrire
 **carbon tissue N** ⇒ **carbon paper**
**carbonaceous** /ˌkɑːbəˈneɪʃəs/ **ADJ** charbonneux ; (*Chem*) carboné
**carbonade** /ˌkɑːbəˈneɪd/ **N** (*Culin*) carbonade *f* ◆ **beef carbonade** carbonade de bœuf
**carbonado** /ˌkɑːbəˈneɪdəʊ/ **N** 1 (*Culin*) carbonade *f*
 2 (= *diamond*) carbonado *m*

**carbonate** /ˈkɑːbənɪt/ **N** carbonate *m*
**carbonated** /ˈkɑːbəneɪtɪd/ **ADJ** [*water, drink*] gazeux
**carbonic** /kɑːˈbɒnɪk/ **ADJ** carbonique
**carboniferous** /ˌkɑːbəˈnɪfərəs/ **ADJ** carbonifère
**carbonization** /ˌkɑːbənaɪˈzeɪʃən/ **N** carbonisation *f*
**carbonize** /ˈkɑːbənaɪz/ **VT** carboniser
**carbonless paper** /ˌkɑːbənlɪsˈpeɪpər/ **N** papier *m* autocopiant
**carborne** /ˈkɑːbɔːn/ **ADJ** (US) transporté en voiture
**Carborundum** ® /ˌkɑːbəˈrʌndəm/ **N** carborundum ® *m*, silicium *m* de carbone
**carboxylase** /kɑːˈbɒksɪˌleɪz/ **N** carboxylase *f*
**carboxyl group** /kɑːˈbɒksaɪl/ **N** (*Chem*) groupe *m* carboxylique
**carboxylic acid** /ˌkɑːbɒkˈsɪlɪk/ **N** (*Chem*) acide *m* carboxylique
**carboy** /ˈkɑːbɔɪ/ **N** bonbonne *f*
**carbuncle** /ˈkɑːbʌŋkl/ **N** 1 (= *jewel*) escarboucle *f*
 2 (*Med*) furoncle *m*
**carburation** /ˌkɑːbjʊˈreɪʃən/ **N** carburation *f*
**carburettor, carburetor** (US) /ˌkɑːbjʊˈretər/ **N** carburateur *m*
**carcass** /ˈkɑːkəs/ **SYN** 1 [*of animal*] carcasse *f*, cadavre *m* ; (*Butchery*) carcasse *f* ; (= *human corpse*) cadavre *m* ; (*hum, iro* = *body*) carcasse *f* ◆ **chicken carcass** os *mpl* de poulet
 2 [*of vehicle, boat, machine*] carcasse *f*
**carcinogen** /kɑːˈsɪnədʒən/ **N** substance *f* cancérigène or cancérogène
**carcinogenesis** /ˌkɑːsɪnəʊˈdʒenɪsɪs/ **N** cancérogenèse *f*, carcinogenèse *f*
**carcinogenic** /ˌkɑːsɪnəˈdʒenɪk/
 **N** ⇒ **carcinogen**
 **ADJ** cancérigène or cancérogène
**carcinoma** /ˌkɑːsɪˈnəʊmə/ **N** (pl **carcinomas** or **carcinomata** /ˌkɑːsɪˈnəʊmətə/) carcinome *m*
**carcinomatoid** /ˈkɑːsɪˈnəʊməˌtɔɪd/ **ADJ** carcinomateux
**carcinomatous** /ˌkɑːsɪˈnəʊmətəs/ **ADJ** carcinomateux
**card¹** /kɑːd/
 **N** 1 (*gen*) carte *f* ; (also **playing card**) carte *f* (à jouer) ; (also **postcard**) carte *f* (postale) ; (also **index card**) fiche *f* ; (also **member's card**) carte *f* de membre or d'adhérent ; (also **press card**) carte *f* de presse ; (also **visiting card**) carte *f* (de visite) ; (also **invitation card**) carton *m* or carte *f* d'invitation ; (*at dance, races*) programme *m* ; (= *piece of cardboard*) (morceau *m* de) carton *m* ◆ **identity card** carte *f* d'identité ◆ **game of cards** partie *f* de cartes ◆ **to play cards** jouer aux cartes ◆ **high/low card** haute/basse carte *f* ; → **court, face, scorecard, trump¹**
 2 (*fig phrases*) ◆ **to hold all the cards** avoir tous les atouts (dans son jeu or en main) ◆ **to put** or **lay one's cards on the table** jouer cartes sur table ◆ **to have a card up one's sleeve** avoir un atout dans sa manche ◆ **to play** or **keep one's cards close to one's chest, to play** or **keep one's cards close to the vest** (US) cacher son jeu ◆ **to throw in the cards** abandonner la partie ◆ **it's on the cards** or (US) **in the cards that...** * il y a de grandes chances (pour) que... + *subj* ◆ **to get one's cards** † * (*Brit*) [*employee*] être mis à la porte, être licencié ◆ **to ask for one's cards** (*Brit*) [*employee*] demander son compte ◆ **he's (quite) a card!** † * c'est un rigolo ! * ; → **play**
 **VT** 1 (= *put on cards*) ficher, mettre sur fiches
 2 (US) ◆ **to card sb** * (= *check sb's identity*) contrôler l'identité de qn
 **COMP** **card-carrying member N** membre *m*, adhérent(e) *m(f)*
 **card catalogue N** catalogue *m*, fichier *m* (de bibliothèque etc)
 **card game N** (= *bridge, whist etc*) jeu *m* de cartes ; (= *game of cards*) partie *f* de cartes
 **card-holder N** [*of political party, organization etc*] membre *m*, adhérent(e) *m(f)* ; [*of library*] lecteur *m*, -trice *f* ; [*of restaurant etc*] détenteur *m*, -trice *f* de carte de fidélité ; [*of credit cards*] titulaire *mf* d'une carte (or d'une cartes) de crédit
 **card hopper N** (*Comput*) magasin *m* d'alimentation
 **card index N** fichier *m*
 **card-index VT** ficher, mettre sur fiches
 **card player N** joueur *m*, -euse *f* de cartes

**card punch N** perforatrice *f* de cartes
**card reader N** (*Comput*) lecteur *m* de cartes
**card stacker N** (*Comput*) case *f* de réception
**card table N** table *f* de jeu or à jouer
**card trick N** tour *m* de cartes
**card vote N** vote *m* sur carte (*même nombre de voix que d'adhérents représentés*)
**card²** /kɑːd/ (*Tech*)
 **N** carde *f*
 **VT** [+ *wool, cotton*] carder
**cardamom** /ˈkɑːdəməm/ **N** cardamome *f*
**cardboard** /ˈkɑːdbɔːd/
 **N** carton *m* NonC
 **ADJ** [*bookcover*] cartonné ; [*doll*] de or en carton ◆ **cardboard box** (boîte *f* en) carton *m* ◆ **cardboard cutout** (*lit*) figurine *f* de carton à découper ; (*fig*) homme *m* de paille ◆ **cardboard city** * endroit de la ville où dorment les sans-abri ◆ **he sleeps in cardboard city** * il dort sous les ponts, c'est un SDF
**carder** /ˈkɑːdər/ **N** (*for textiles*) cardeuse *f*
**cardiac** /ˈkɑːdɪæk/
 **ADJ** cardiaque
 **COMP** **cardiac arrest N** arrêt *m* du cœur
**cardialgia** /ˌkɑːdɪˈældʒɪə/ **N** cardialgie *f*
**cardie*** /ˈkɑːdɪ/ **N** abbrev of **cardigan**
**cardigan** /ˈkɑːdɪɡən/ **N** cardigan *m*, gilet *m* (de laine)
**cardinal** /ˈkɑːdɪnl/ **SYN**
 **ADJ** [*number, point, vowel*] cardinal ◆ **the four cardinal virtues** les quatre vertus *fpl* cardinales ◆ **of cardinal importance/significance** d'une importance/portée capitale
 **N** (*Rel*) cardinal *m* ; → **college**
 **COMP** **cardinal fish N** apogon *m*
 **cardinal red N, ADJ** rouge cardinal inv, pourpre
 **cardinal sin N** (*Rel, fig*) péché *m* capital
**cardio...** /ˈkɑːdɪəʊ/ **PREF** cardio- ◆ **cardiovascular** cardiovasculaire
**cardiogram** /ˈkɑːdɪəɡræm/ **N** cardiogramme *m*
**cardiograph** /ˈkɑːdɪəɡrɑːf/ **N** cardiographe *m*
**cardiography** /ˌkɑːdɪˈɒɡrəfɪ/ **N** cardiographie *f*
**cardiological** /ˌkɑːdɪəˈlɒdʒɪkəl/ **ADJ** cardiologique
**cardiologist** /ˌkɑːdɪˈɒlədʒɪst/ **N** cardiologue *mf*
**cardiology** /ˌkɑːdɪˈɒlədʒɪ/ **N** cardiologie *f*
**cardiopulmonary** /ˌkɑːdɪəʊˈpʌlmənərɪ/
 **ADJ** cardiopulmonaire
 **COMP** **cardiopulmonary resuscitation N** (*Med*) réanimation *f* cardiorespiratoire
**cardiovascular** /ˌkɑːdɪəʊˈvæskjʊlər/ **ADJ** cardiovasculaire
**carditis** /kɑːˈdaɪtɪs/ **N** (*Med*) cardite *f*
**cardoon** /kɑːˈduːn/ **N** cardon *m*
**cardphone** /ˈkɑːdfəʊn/ **N** téléphone *m* à carte
**cardsharp** /ˈkɑːdʃɑːp/, **cardsharper** /ˈkɑːdʃɑːpər/ **N** tricheur *m*, -euse *f* (*professionnel*)
**cardy** /ˈkɑːdɪ/ **N** abbrev of **cardigan**
**CARE** /keər/ **N** (abbrev of **Cooperative for American Relief Everywhere**) organisation humanitaire américaine
**care** /keər/ **SYN**
 **N** 1 (= *attention, heed*) attention *f*, soin *m* ◆ **with the greatest care** avec le plus grand soin ◆ **the house has been restored with loving care** la maison a été restaurée avec un soin tout particulier or avec le plus grand soin ◆ **children need tough discipline and loving care** les enfants ont besoin d'une discipline rigoureuse, de soins et d'affection ◆ **"(handle) with care"** (*on parcels*) « fragile » ◆ **it got broken despite all our care** ça s'est cassé bien que nous y ayons fait très attention ◆ **have a care!** † prenez garde ! ◆ **convicted of driving without due care and attention** (*Jur*) condamné pour conduite dangereuse

 ◆ **care of, in care of** (US) (*on letters*) chez, aux bons soins de

 ◆ **to take + care** faire attention ◆ **take care not to catch cold, take care that you don't catch cold** faites attention de or à ne pas prendre froid ◆ **take care!** (*as warning*) (fais) attention ! ; (*as good wishes*) fais bien attention (à toi) ! ◆ **you should take more care with** or **over your work** vous devriez apporter plus d'attention or plus de soin à votre travail ◆ **he took care to explain why...** il a pris soin d'expliquer pourquoi... ; see also **tender³**

 2 (= *charge, responsibility*) garde *f* ◆ **he was left in his aunt's care** on l'a laissé à la garde de sa

tante ◆ **to be in care of sb** *(frm)* être sous la garde *or* la surveillance de qn ◆ **he is in (the) care of Dr Harrison** c'est le docteur Harrison qui le soigne ◆ **the four children in her care** les quatre enfants dont elle a la responsabilité ◆ **I leave** *or* **put it in your care** je vous le confie

♦ **to take + care of** *[+ book, details, arrangements]* s'occuper de, se charger de ; *[+ valuables]* garder ; *[+ person, animal]* prendre soin de, s'occuper de ◆ **to take good care of sb** bien s'occuper de qn ◆ **to take good care of sth** prendre grand soin de qch ◆ **you should take more** *or* **better care of yourself** tu devrais faire plus attention (à ta santé) ◆ **I'll take care of him!** *(threateningly)* je vais m'occuper de lui ! ◆ **I'll take care of that** je vais m'en occuper ◆ **he can take care of himself** * il peut *or* sait se débrouiller * tout seul ◆ **that can take care of itself** * cela s'arrangera tout seul

[3] *(= anxiety)* souci *m* ◆ **he hasn't a care in the world** il n'a pas le moindre souci ◆ **full of cares, full of care** † accablé de soucis ◆ **the cares of State** les responsabilités *fpl* de l'État

[4] *(Med)* soins *mpl* ◆ **medical** *or* **clinical care** soins *mpl* médicaux ◆ **nursing care** soins *mpl* aux malades ◆ **palliative care** soins *mpl* palliatifs ◆ **primary (health) care** soins *mpl* médicaux de base *or* élémentaires ◆ **care in the community** *soins en dehors du milieu hospitalier* ; see also **child, health, intensive**

[5] *(for vulnerable children)* **to put** *or* **take a child into (council) care** ≈ mettre un enfant à la DDASS ◆ **to be in care** ≈ être à la DDASS ◆ **to be/be put in foster care** être/être placé en famille d'accueil

**VI** [1] ◆ **he really cares** c'est vraiment important pour lui ◆ **I don't care!, as if I cared!** * ça m'est égal !, je m'en moque !, je m'en fiche ! * ◆ **what do I care?** * qu'est-ce que ça peut me faire ? ◆ **for all I care** * pour ce que cela me fait ◆ **I couldn't care less** * **what people say** je me fiche pas mal * de ce que les gens peuvent dire ◆ **he doesn't care a damn** ‡ *or* **two hoots** * *or* **a brass farthing** * il s'en fiche * comme de l'an quarante *or* de sa première chemise ◆ **who cares!** ‡ qu'est-ce que ça peut bien faire ! ; → **naught**

♦ **to care about sb/sth** *(= feel interest, anxiety, sorrow for)* se soucier de qn/qch ; *(= be interested in)* s'intéresser à qn/qch ◆ **money is all he cares about** il n'y a que l'argent qui l'intéresse *subj* ◆ **to care deeply about sth** être profondément concerné par qch ◆ **to care deeply about sb** être profondément attaché à qn ◆ **she doesn't care about that** elle se soucie peu de cela, elle se moque *or* elle se fiche * de ça

[2] *(= like)* aimer ◆ **would you care to take off your coat?** voulez-vous retirer votre manteau ? ◆ **I shouldn't care to meet him** je n'aimerais pas le rencontrer, ça ne me dirait rien de le rencontrer ◆ **I don't much care for it** cela ne me dit rien ◆ **I don't care for him** il ne me plaît pas tellement *or* beaucoup ◆ **would you care for a cup of tea?** voulez-vous (prendre) une tasse de thé ? ◆ **thank you, I don't care for tea** merci, je n'aime pas le thé ◆ **would you care for a walk?** voulez-vous faire une promenade ?

**COMP** **care and maintenance** **N** entretien *m* ◆ **the plant was put on a care and maintenance basis** l'usine a été fermée *(les installations continuant de bénéficier d'un entretien minimum en prévision d'une éventuelle réaffectation ultérieure)*
**care assistant** **N** *(Brit)* aide-soignant(e) *m(f)*
**care attendant** **N** *(Brit)* aide *mf* à domicile
**care home** **N** ≈ foyer *m* de la DDASS
**care label** **N** *(on garment)* instructions *fpl* de lavage
**care order** **N** *(Brit Jur, Social Work)* ordre *m* de placement à l'assistance publique
**care plan** **N** *(Med, Soc Work)* projet *m* de soins
**care-worker** **N** travailleur *m*, -euse *f* social(e) ; → **child, health**

▸ **care for** **VT FUS** *[+ invalid]* soigner ; *[+ child]* s'occuper de ◆ **well-cared for** *[invalid]* qu'on soigne bien ; *[child]* dont on s'occupe bien ; *[hands, hair]* soigné ; *[garden]* bien entretenu ; *[house]* bien tenu

**careen** /kə'ri:n/
**VT** *[+ ship]* caréner, mettre *or* abattre en carène
**VI** *[ship]* donner de la bande *(de façon dangereuse)*

**career** /kə'rɪəʳ/ SYN
**N** [1] *(= profession, occupation)* carrière *f*, profession *f* ◆ **journalism is his career** il fait carrière dans le journalisme ◆ **he is making a career (for himself) in advertising** il est en train de faire carrière dans la publicité
[2] *(= life, development, progress)* vie *f*, carrière *f* ◆ **he studied the careers of the great** il a étudié la vie des grands hommes ◆ **his university career** sa carrière universitaire
[3] *(= movement)* ◆ **in full career** en pleine course
**VI** (also **career along**) aller à toute vitesse *or* à toute allure ◆ **to career up/down** *etc* monter/descendre *etc* à toute allure
**COMP** *[soldier, diplomat]* de carrière
**career break** **N** *(to look after one's children)* congé *m* parental ; *(for further education)* congé *m* de formation
**career development** **N** déroulement *m* de carrière
**career girl** **N** jeune femme *f* ambitieuse ◆ **she's a career girl** elle s'intéresse avant tout à sa carrière, elle est très ambitieuse
**career move** **N** changement *m* d'emploi, étape *f* dans un plan de carrière ◆ **a good/bad career move** *(= decision , also hum)* une bonne/mauvaise décision sur le plan professionnel
**career prospects** **NPL** possibilités *fpl* d'avancement, débouchés *mpl*
**careers advisor, careers counselor** *(US)* **N** conseiller *m*, -ère *f* d'orientation professionnelle
**careers guidance** **N** *(Brit)* orientation *f* professionnelle
**careers office** **N** centre *m* d'orientation professionnelle
**careers officer, careers teacher** **N** *(Brit Scol)* ⇒ **careers advisor**
**career woman** **N** femme *f* qui s'intéresse avant tout à sa carrière

**careerism** /kə'rɪərɪzəm/ **N** carriérisme *m*

**careerist** /kə'rɪərɪst/ **N** *(pej)* carriériste *mf (pej)*

**carefree** /'kɛəfri:/ SYN **ADJ** sans souci, insouciant

**careful** /'kɛəfʊl/ SYN **ADJ** [1] *(= painstaking) [writer, worker]* consciencieux, soigneux ; *[work]* soigné ; *[planning, study, examination]* minutieux ◆ **managing your workload takes careful planning** gérer sa charge de travail demande une organisation minutieuse ◆ **we have made a careful study of the report** nous avons étudié le rapport soigneusement, nous avons procédé à une étude minutieuse du rapport ◆ **after giving this problem careful thought, I believe...** après avoir longuement réfléchi à ce problème, je pense que... ◆ **long hair needs careful attention** les cheveux longs demandent beaucoup de soin ◆ **after careful consideration of the facts...** après avoir soigneusement examiné les faits..., après un examen minutieux des faits...
[2] *(= cautious)* prudent ; *(= acting with care)* soigneux ◆ **(be) careful!** (fais) attention ! ◆ **she's very careful about what she eats** elle fait très attention à ce qu'elle mange ◆ **be careful with the glasses** fais attention aux verres ◆ **be careful of the dog** (faites) attention au chien ◆ **be careful what you do/say to him** faites attention à ce que vous faites/vous lui dites ◆ **careful on those stairs!** faites attention à ces escaliers ! ◆ **be careful (that) he doesn't hear you** faites attention à ce qu'il ne vous entende pas ◆ **be careful to shut the door** n'oubliez pas de fermer la porte ◆ **he was careful to point out that...** il a pris soin de faire remarquer que... ◆ **be careful not to drop it, be careful (that) you don't drop it** faites attention à ne pas le laisser tomber ◆ **he was careful not to offend them** il a pris soin de ne pas les offenser ◆ **we have to be very careful not to be seen** nous devons faire bien attention de ne pas être vus ◆ **you can't be too careful** *(gen)* on n'est jamais trop prudent ◆ **if we are not careful we're going to lose this election** si nous ne faisons pas attention, nous allons perdre les élections
[3] *(= rather miserly)* économe ; *(pej)* regardant ◆ **he is very careful with (his) money** il est très regardant

**carefully** /'kɛəfəlɪ/ **ADV** [1] *(= painstakingly) [look at, consider, plan, write, place, explain]* soigneusement, avec soin ; *[listen, read]* attentivement
[2] *(= cautiously) [drive, choose]* prudemment, avec précaution ; *[reply]* avec circonspection ◆ **we must go carefully here** *(fig)* il faut nous montrer prudents

**carefulness** /'kɛəfʊlnɪs/ **N** soin *m*, attention *f*

**caregiver** /'kɛə,gɪvəʳ/ **N** ⇒ **carer**

**careless** /'kɛəlɪs/ SYN **ADJ** [1] *(= taking little care)* négligent, insouciant *(of* de) ; *(= done without care) [action]* inconsidéré, irréfléchi ; *[work]* bâclé ◆ **to be careless in sth** se montrer négligent dans qch ◆ **it was careless of her to do that** elle a fait preuve de négligence en faisant cela ◆ **how careless of me!** comme j'ai été négligent ! ◆ **careless driver** conducteur *m* négligent ◆ **convicted of careless driving** condamné pour conduite dangereuse ◆ **careless mistake** faute *f* d'inattention ◆ **his spelling is careless** il ne fait pas attention à son orthographe
[2] *(= carefree)* sans souci, insouciant

**carelessly** /'kɛəlɪslɪ/ **ADV** [1] *(= inattentively, thoughtlessly) [leave, discard, place, handle, allow]* négligemment
[2] *(= casually) [say]* avec insouciance ; *[throw, toss]* négligemment ◆ **a shirt carelessly open at the neck** une chemise au col négligemment ouvert

**carelessness** /'kɛəlɪsnɪs/ SYN **N** *(NonC)* négligence *f* ◆ **the carelessness of his work** le peu de soin qu'il apporte (*or* a apporté) à son travail

**carer** /'kɛərəʳ/ **N** *(professional)* travailleur *m* social ; *(Brit) (= relative, friend) personne qui s'occupe d'un proche dépendant*

**caress** /kə'res/ SYN
**N** caresse *f*
**VT** caresser

**caret** /'kærət/ **N** *(Typography)* lambda *m (signe d'insertion)*

**caretaker** /'kɛə,teɪkəʳ/ SYN
**N** *(Brit)* gardien(ne) *m(f)* (d'immeuble), concierge *mf* ◆ **caretaker government/president** gouvernement *m*/président(e) *m(f)* intérimaire
**COMP** **caretaker manager** **N** directeur *m*, -trice *f* par intérim

**careworn** /'kɛəwɔ:n/ **ADJ** rongé par les soucis

**cargo** /'kɑ:gəʊ/ SYN
**N** (pl **cargoes** *or* **cargos**) cargaison *f*, chargement *m*
**COMP** **cargo boat** **N** cargo *m*
**cargo plane** **N** avion-cargo *m*

**carhop** /'kɑ:hɒp/ **N** *(US) (serving food)* serveur *m*, -euse *f (dans un restaurant drive-in)* ; *(parking cars)* gardien *m* de parking *(qui gare les voitures)*

**Carib** /'kærɪb/
**ADJ** caraïbe
**N** Caraïbe *mf*

**Caribbean** /,kærɪ'bi:ən, *(esp US)* kə'rɪbɪən/ **ADJ** caribéen, des Caraïbes ◆ **a Caribbean island** une île des Caraïbes ◆ **the Caribbean (Sea)** la mer des Antilles *or* des Caraïbes ◆ **the Caribbean Islands** les petites Antilles *fpl*

**caribou** /'kærɪbu:/ **N** (pl **caribous** *or* **caribou**) caribou *m*

**caricature** /'kærɪkətjʊəʳ/ SYN
**N** [1] *(Art, fig)* caricature *f*
[2] *(NonC)* (art *m* de la) caricature *f*
**VT** *(Art, fig)* caricaturer

**caricaturist** /,kærɪkə'tjʊərɪst/ **N** caricaturiste *mf*

**CARICOM** /'kærɪ,kɒm/ **N** abbrev of **Caribbean Community and Common Market**

**caries** /'kɛəri:z/ **N** *(pl inv)* carie *f*

**carillon** /kə'rɪljən/ **N** carillon *m*

**caring** /'kɛərɪŋ/ **ADJ** *[parent]* aimant ; *[teacher]* bienveillant ◆ **we want a caring society** nous voulons une société à visage humain ◆ **the caring professions** les professions *fpl* à vocation sociale ◆ **a child needs a caring environment** un enfant a besoin d'être entouré d'affection

**cariogenic** /,kɛərɪəʊ'dʒenɪk/ **ADJ** *(Med)* cariogène, cariant

**carious** /'kɛərɪəs/ **ADJ** carié, gâté

**carjacker** /'kɑ:,dʒækəʳ/ **N** pirate *m* de la route

**carjacking** /'kɑ:,dʒækɪŋ/ **N** piraterie *f* sur la route

**carline** /'kɑ:lɪn/ **N** (also **carline thistle**) carline *f*

**carload** /'kɑ:ləʊd/ **N** *[of books etc]* voiturée *f* ◆ **a carload of people** une voiture pleine de gens

**Carmelite** /'kɑ:məlaɪt/ **ADJ, N** carmélite *f*

**carminative** /'kɑ:mɪnətɪv/ **ADJ** *(Med)* carminatif

**carmine** /'kɑ:maɪn/ **ADJ, N** carmin *m*

**carnage** /'kɑ:nɪdʒ/ SYN **N** carnage *m*

**carnal** /'kɑ:nl/
**ADJ** *(liter)* charnel †
**COMP** **carnal knowledge** **N** *(Jur)* acte *m or* union *f* charnel(le) ◆ **to have carnal knowledge of sb** connaître qn charnellement

**carnally** /'kɑ:nlɪ/ **ADV** *[desire]* charnellement

**carnation** /kɑ:'neɪʃən/
**N** *(= plant)* œillet *m*
**ADJ** *(= pink)* rose ; *(= red)* incarnat

**carnauba wax** /kɑːˈnaʊbə/ N carnauba m
**carnelian** /kɑːˈniːljən/ N (Miner) cornaline f
**carnet** /ˈkɑːneɪ/ N (Jur, Comm) passavant m
**carnification** /ˌkɑːnɪfɪˈkeɪʃən/ N carnification f
**carnival** /ˈkɑːnɪvəl/ SYN
  N carnaval m ; (US = fair) fête f foraine
  COMP [hat, procession] de carnaval
**carnivora** /kɑːˈnɪvərə/ NPL carnivores mpl
**carnivore** /ˈkɑːnɪvɔːʳ/ N 1 carnivore m
  2 (* : hum = non-vegetarian) carnivore m, amateur m de viande
**carnivorous** /kɑːˈnɪvərəs/ ADJ [animal, plant] carnivore ◆ **carnivorous guests will enjoy the excellent game** les amateurs de viande ne seront pas déçus par le gibier
**carny**\* /ˈkɑːnɪ/ N (US) (= carnival) foire f, fête f foraine ; (= person) forain m
**carob** /ˈkærəb/
  N ◆ **carob (powder)** (poudre f de) caroube f
  COMP **carob tree** N caroubier m
**carol** /ˈkærəl/ SYN
  N (= song) chant m joyeux ; (also **Christmas carol**) chant m de Noël ◆ **carol-singers** groupe de gens qui chantent des chants de Noël
  VI (liter) chanter joyeusement ; [birds] chanter ; [small birds] gazouiller
  COMP **carol service** N (Rel) messe ou culte de l'Avent, où l'on chante des chants de Noël
**Caroline Islands** /ˈkærəlaɪn/ NPL (Geog) Carolines fpl
**Carolingian** /ˌkærəˈlɪndʒɪən/ ADJ (Hist) carolingien
**caroller** /ˈkærələʳ/ N chanteur m, -euse f
**carom** /ˈkærəm/ (Billiards)
  N carambolage m
  VI caramboler
**carotene** /ˈkærətiːn/ N carotène m
**carotenoid** /kəˈrɒtɪnɔɪd/ N (Chem) caroténoïde m
**carotid** /kəˈrɒtɪd/
  N carotide f
  ADJ carotidien
  COMP **carotid artery** N carotide f
**carousal** /kəˈraʊzəl/ N beuverie f, ribote † f
**carouse** /kəˈraʊz/ VI faire ribote †
**carousel** /ˌkæruːˈsel/ N 1 (esp US = merry-go-round) manège m (de chevaux de bois etc)
  2 (Phot: for slides) magasin m ou panier m circulaire (pour diapositives)
  3 (at airport: for luggage) carrousel m, tapis m roulant à bagages
**carp**[1] /kɑːp/ N (pl **carp** or **carps**) (= fish) carpe f
**carp**[2] /kɑːp/ SYN VI critiquer ◆ **to carp at** [+ person] critiquer, blâmer ; [+ thing, action] trouver à redire à
**carpal** /ˈkɑːpl/
  ADJ (Anat) carpien
  COMP **carpal tunnel syndrome** N (Med) syndrome m du canal carpien
**Carpathians** /kɑːˈpeɪθɪənz/ NPL ◆ **the Carpathians** les Carpates fpl
**carpel** /ˈkɑːpl/ N [of plant] carpelle m
**Carpentaria** /ˌkɑːpənˈtɛərɪə/ N ◆ **Gulf of Carpentaria** golfe m de Carpentarie
**carpenter** /ˈkɑːpɪntəʳ/ SYN
  N charpentier m ; (= joiner) menuisier m
  VI (in building) faire de la charpenterie ; [joiner] faire de la menuiserie
**carpentry** /ˈkɑːpɪntrɪ/ N (NonC) charpenterie f ; (= joinery) menuiserie f
**carpet** /ˈkɑːpɪt/
  N tapis m ; (fitted) moquette f ◆ **to be on the carpet**\* (fig) [subject] être sur le tapis ; [person scolded] être sur la sellette ; → **fitted, red, sweep**
  VT 1 [+ floor] recouvrir d'un tapis ; (with fitted carpet) recouvrir d'une moquette, moquetter ◆ a **garden carpeted with flowers** un jardin tapissé de fleurs
  2 († \*\* = scold) [+ person] houspiller
  COMP **carpet bombing** N (Mil) bombardement m intensif
  **carpet slippers** NPL pantoufles fpl
  **carpet sweeper** N balai m mécanique
  **carpet tile** N dalle f de moquette
  **carpet-weaver** N carpettier m
**carpetbagger**\* /ˈkɑːpɪtbægəʳ/ N (US) (Pol) candidat(e) m(f) parachuté(e) ; (Fin) opportuniste

mf (qui cherche à profiter financièrement du changement de statut d'une société de crédit immobilier) ; (Hist) carpetbagger m
**carpeting** /ˈkɑːpɪtɪŋ/ N (NonC) moquette f ; → **wall**
**carpi** /ˈkɑːpaɪ/ NPL of **carpus**
**carping** /ˈkɑːpɪŋ/
  ADJ [person] chicanier, qui trouve à redire à tout ; [manner] chicanier ; [criticism] mesquin ; [voice] malveillant
  N chicanerie f, critique f (malveillante)
**carport** /ˈkɑːpɔːt/ N auvent m (pour voiture)
**carpus** /ˈkɑːpəs/ N (pl **carpi**) (Anat) carpe m
**carr.** (abbrev of **carriage**) port m
**carrageen** /ˈkærəgiːn/ N (= seaweed) carragheen m
**carrel(l)** /ˈkærəl/ N box m (dans une bibliothèque)
**carriage** /ˈkærɪdʒ/ SYN
  N 1 (horse-drawn) voiture f (de maître), équipage m ◆ **carriage and pair/four** voiture f or équipage m à deux/quatre chevaux
  2 (Brit) [of train] voiture f, wagon m (de voyageurs)
  3 (NonC: Brit) (Comm = conveyance of goods) transport m, factage m ◆ **carriage forward** (en) port dû ◆ **carriage free** franco de port ◆ **carriage paid** (en) port payé
  4 [of typewriter] chariot m ; [of printing press] train m ; (Mil: also **gun-carriage**) affût m
  5 [of person] (= bearing) maintien m, port m
  COMP **carriage clock** N pendulette f
  **carriage drive** N allée f (pour voitures), grande allée f
  **carriage return** N (Typography) retour m (du) chariot
  **carriage trade** N (Comm) clientèle f riche, grosse clientèle f
**carriageway** /ˈkærɪdʒweɪ/ N (Brit) chaussée f ; → **dual**
**carrick bend** /ˈkærɪk/ N nœud m d'ajut
**carrier** /ˈkærɪəʳ/
  N 1 (Comm) (= company) entreprise f de transports ; (= passenger airline) compagnie f aérienne ; (= truck owner etc) entrepreneur m de transports, transporteur m, camionneur m ◆ **by carrier** (= by road) par la route, par camion ; (= by rail) par chemin de fer ◆ **express carrier** messageries fpl
  2 (for luggage: on car, cycle etc) porte-bagages m inv ; (= bag) sac m (en plastique)
  3 (Med = person) porteur m, -euse f
  4 (also **aircraft carrier**) porte-avions m inv ; (also **troop carrier**) [+ plane] appareil m transporteur (de troupes) ; (= ship) transport m
  COMP **carrier bag** N (Brit) sac m (en plastique)
  **carrier pigeon** N pigeon m voyageur
  **carrier wave** N (Rad) (onde f) porteuse f
**carrion** /ˈkærɪən/
  N (NonC) charogne f
  COMP **carrion crow** N corneille f noire
  **carrion feeder** N charognard m
  **carrion flesh** N charogne f
**carrot** /ˈkærət/
  N (lit, fig) carotte f ◆ **to dangle a carrot in front of sb, to offer sb a carrot** (fig) tendre une carotte à qn
  COMP **carrot and stick** ADJ (fig) alternant la carotte et le bâton
  **carrot cake** N gâteau m à la carotte
  **carrot-top** N (\* : hum = redhead) rouquin(e) \* m(f)
  ◆ **carrot-tops** (Culin) fanes fpl
**carroty** /ˈkærətɪ/ ADJ [hair] carotte inv, roux (rousse f)
**carrousel** /ˌkærəˈsel/ N (US) ⇒ **carousel**
**carry** /ˈkærɪ/ SYN
  VT 1 (= bear, transport) [person] porter ; [vehicle] transporter ; [+ goods, heavy loads] transporter ; [+ message, news] porter ◆ **she was carrying the child in her arms** elle portait l'enfant dans ses bras ◆ **this ship carries coal/passengers** ce bateau transporte du charbon/des passagers ◆ **this coach carries 30 people** ce car peut transporter 30 personnes ◆ **he carried the plates through to the kitchen** il a emporté les assiettes à la cuisine ◆ **as fast as his legs could carry him** à toutes jambes ◆ **the sea carried the boat westward** la mer a emporté le bateau vers l'ouest ◆ **to carry sth in one's head** connaître qch par cœur ◆ **he carried his audience with him** il a enthousiasmé son auditoire, il a emporté la conviction de son audi-

toire ◆ **enough food to carry us through the winter** assez de provisions pour nous durer or nous faire \* tout l'hiver ; → **can**[2], **coal**, **torch**
  2 (= have on one's person) [+ identity card, documents] porter or avoir (sur soi) ; [+ matches, cigarettes, money] avoir (sur soi) ; [+ umbrella, gun, sword] porter
  3 [+ disease] être porteur de ◆ **people carrying the AIDS virus** des porteurs mpl du virus du sida
  4 (= have, be provided with) [+ label, tag] porter, être muni de ; [+ warning, notice] comporter ◆ **it carries a five-year guarantee** c'est garanti cinq ans
  5 (= involve, lead to, entail) avoir comme conséquence(s), produire ; [+ consequences] entraîner ; [+ risk] comporter ◆ **this job carries a lot of responsibility** ce travail comporte beaucoup de responsabilités ◆ **it also carries extra pay** cela comporte aussi un supplément de salaire ◆ **this offence carries a penalty of £100** ce délit est passible d'une amende de 100 livres ◆ **a crime which carries the death penalty** un crime passible de la peine de mort ◆ **to carry a crop** donner or produire une récolte ◆ **to carry authority** faire autorité ; → **conviction, interest, mortgage, weight**
  6 (= support) [pillar etc] supporter, soutenir, porter ◆ **the ship was carrying too much canvas** or **sail** le navire portait trop de toile
  7 (Comm) [+ goods, stock] stocker, vendre ◆ **we don't carry that article** nous ne faisons pas cet article
  8 (Tech) [pipe] [+ water, oil] amener ; [wire] [+ sound] conduire
  9 (= extend) faire passer ◆ **they carried the pipes under the street** ils ont fait passer les tuyaux sous la rue ◆ **to carry sth too far** or **to excess** (fig) pousser qch trop loin ◆ **this basic theme is carried through the book** ce thème fondamental se retrouve tout au long du livre
  10 (= win) gagner, remporter ; [+ enemy's position] emporter d'assaut ◆ **to carry the day** gagner (la partie), l'emporter ; (Mil) être vainqueur ◆ **to carry all** or **everything before one** marcher en vainqueur, l'emporter sur tous les tableaux ◆ **he carried his point** il a eu gain de cause ◆ **the motion/bill was carried (by 302 votes to 197)** la motion/le projet de loi a été voté(e) (par 302 voix contre 197) ◆ **he will carry Ohio** (US Pol) [presidential candidate] il va l'emporter dans l'Ohio
  11 ◆ **to carry o.s.** (physical) se tenir ; (behaviour) se comporter, se conduire ◆ **she carries herself very well** elle se tient très bien ◆ **he carries himself like a soldier** il a le port d'un militaire ◆ **he carries himself with dignity** il a un maintien fort digne ◆ **he carried his head erect** il tenait la tête bien droite
  12 [newspaper etc] [+ story, details] rapporter ◆ **all the papers carried (the story of) the murder** l'histoire du meurtre était dans tous les journaux, tous les journaux ont parlé du meurtre ◆ **the papers all carried a photograph of the explosion** dans tous les journaux on trouvait une photo de l'explosion
  13 (Math) retenir ◆ **... and carry three** ... et je retiens trois
  14 (Med) [+ child] attendre ◆ **when she was carrying her third son** quand elle était enceinte de or quand elle attendait son troisième fils
  VI [voice, sound] porter
  COMP **carry-on**\* N 1 (pej) histoires \* fpl ◆ **what a carry-on (about nothing)!** \* que d'histoires (pour rien) ! \*
  2 (= luggage) bagage m à main
  **carry-out** ADJ [meal etc] à emporter N (= food) snack m à emporter ; (= drink) boisson f à emporter
▶ **carry away** VT SEP 1 (lit) [+ sick or injured person] emporter ; [+ thing] emporter, enlever ; [tide, wind] emporter
  2 (fig) transporter ◆ **he was carried away by his friend's enthusiasm** il a été transporté par l'enthousiasme de son ami ◆ **to get carried away by sth**\* s'emballer \* pour qch ◆ **don't get carried away!**\* ne t'emballe pas ! \*, du calme !
  ◆ **I got carried away**\* (with excitement etc) je me suis laissé emporter (by par) ; (forgetting time) je n'ai pas vu passer l'heure
▶ **carry back** VT SEP (lit) [+ things] rapporter ; (fig) reporter ; (Fin) reporter (sur comptes antérieurs)
  ◆ **the music carried me back to my youth** la musique m'a reporté à l'époque de ma jeunesse
▶ **carry forward** VT SEP (Accounting, gen) reporter (to à) ◆ **carried forward** à reporter

▶ **carry off** VT SEP ① (lit) [+ thing] emporter, enlever ; (= kidnap) enlever, ravir
② (fig) [+ prizes, honours] remporter ◆ **to carry it off well** bien s'en tirer ◆ **to carry it off**\* réussir (son coup)
③ (euph) ◆ **he was carried off by pneumonia** il a été emporté par une pneumonie

▶ **carry on**
VI ① (= continue) continuer (doing sth à or de faire qch) ◆ **carry on!** continuez ! ◆ **carry on with your work!** continuez votre travail ! ◆ **if you carry on like that...** si tu continues comme ça...
② (\* = make a scene) faire une scène, faire des histoires ◆ **you do carry on!** tu en fais des histoires ! ◆ **don't carry on so!** ne fais (donc) pas tant d'histoires or toute une scène ! \*
③ (= have an affair) ◆ **to be carrying on with sb**\* avoir une liaison avec qn
VT SEP ① (= conduct) [+ business, trade] faire marcher, diriger ; [+ correspondence] entretenir ; [+ conversation] soutenir ; [+ negotiations] mener
② (= continue) [+ business, conversation] continuer, poursuivre ; [+ tradition] entretenir, continuer
VT FUS ◆ **he carried on a passionate affair with Mrs Gilbert** il avait une liaison passionnée avec Mme Gilbert
N ◆ **carry-on**\* → **carry**

▶ **carry out** VT SEP ① (lit) [+ thing, sick or injured person, meal] emporter ◆ **the current carried him out (to sea)** le courant l'a entraîné vers le large
② (fig = put into action) [+ plan] exécuter, mettre en œuvre ; [+ order] exécuter ; [+ idea, threat] mettre à exécution, donner suite à ; [+ obligation] s'acquitter de ; [+ experiment] se livrer à, effectuer ; [+ search, investigation, inquiry] mener, procéder à, conduire ; [+ reform] effectuer, mettre en œuvre ; [+ the law, regulations] appliquer
◆ **to carry out one's duty** faire son devoir ◆ **to carry out one's duties** s'acquitter de ses fonctions ◆ **to carry out a promise** respecter or tenir une promesse

▶ **carry over** VT SEP ① (lit) faire passer du côté opposé, faire traverser
② (from one page to the other) reporter ; (Accounting, Stock Exchange) reporter ◆ **to carry over stock from one season to the next** (in shop) stocker des marchandises d'une saison à l'autre

▶ **carry through** VT SEP [+ plan] mener à bonne fin, exécuter ; [+ person] soutenir dans l'épreuve ◆ **his courage carried him through** son courage lui a permis de surmonter l'épreuve

▶ **carry up** VT SEP monter

**carryall** /ˈkærɪɔːl/ N (US) (sac m) fourre-tout m inv

**carrycot** /ˈkærɪkɒt/ N (Brit) (gen) porte-bébé m ; (wicker) moïse m

**carrying-on** /ˌkærɪɪŋˈɒn/ N ① (NonC) [of work, business etc] continuation f
② (often pl: pej) ◆ **carryings-on**\* façons fpl de se conduire or de faire

**cart** /kɑːt/
N (horse-drawn) charrette f ; (also **tip-cart**) tombereau m ; (also **hand cart**) voiture f à bras ; (US : for luggage, shopping) chariot m ◆ **to put the cart before the horse** mettre la charrue avant les bœufs
VT [+ goods] (in van, truck) transporter (par camion), camionner ; (in cart) charroyer, charrier ; (\* : also **cart about**, **cart around**) [+ shopping, books] trimballer\*, coltiner
COMP **cart horse** N cheval m de trait
**cart track** N chemin m rural or de terre

▶ **cart away**, **cart off** VT SEP [+ goods] emporter ; [+ garbage] ramasser

**cartage** /ˈkɑːtɪdʒ/ N (in van, truck) camionnage m, transport m ; (in cart) charroi m

**carte blanche** /ˌkɑːtˈblɑːntʃ/ N (NonC) carte f blanche ◆ **to give sb carte blanche to do sth** donner carte blanche à qn pour faire qch

**cartel** /kɑːˈtel/ N cartel m

**carter** /ˈkɑːtər/ N charretier m

**Cartesian** /kɑːˈtiːzɪən/
ADJ, N cartésien(ne) m(f)
COMP **Cartesian coordinates** NPL (Math) coordonnées fpl cartésiennes

**Cartesianism** /kɑːˈtiːzɪənɪzəm/ N cartésianisme m

**Carthage** /ˈkɑːθɪdʒ/ N Carthage f

**Carthaginian** /ˌkɑːθəˈdʒɪnɪən/
N (Rel) Carthaginois m
ADJ carthaginois

**Carthusian** /kɑːˈθjuːzɪən/
ADJ de(s) chartreux ◆ **a Carthusian monk** un chartreux
N chartreux m, -euse f

**cartilage** /ˈkɑːtɪlɪdʒ/ N cartilage m

**cartilaginous** /ˌkɑːtɪˈlædʒɪnəs/
ADJ cartilagineux
COMP **cartilaginous fish** N poisson m cartilagineux, chondrichtyen m (SPÉC)

**cartload** /ˈkɑːtləʊd/ N charretée f

**cartogram** /ˈkɑːtəɡræm/ N cartogramme m

**cartographer** /kɑːˈtɒɡrəfər/ N cartographe mf

**cartographic(al)** /ˌkɑːtəˈɡræfɪk(əl)/ ADJ cartographique

**cartography** /kɑːˈtɒɡrəfɪ/ N cartographie f

**cartomancy** /ˈkɑːtəmænsɪ/ N cartomancie f

**carton** /ˈkɑːtən/ SYN N (for yogurt, cream) pot m (en carton) ; (for milk, squash) carton m, brick m ; (for ice cream) boîte f (en carton) ; (for cigarettes) cartouche f

**cartoon** /kɑːˈtuːn/ SYN
N [of newspaper etc] dessin m (humoristique) ; (Cine, TV) dessin m animé ; (Art = sketch) carton m ◆ **cartoon strip** (esp Brit) bande f dessinée
VT caricaturer, ridiculiser (par un dessin humoristique)

**cartoonist** /kɑːˈtuːnɪst/ N [of newspaper etc] caricaturiste mf, dessinateur m, -trice f humoristique ; (Cine, TV) dessinateur m, -trice f de dessins animés, animateur m, -trice f

**cartouche** /kɑːˈtuːʃ/ N (Art, Archeol) cartouche m

**cartridge** /ˈkɑːtrɪdʒ/ SYN
N [of rifle etc] cartouche f ; [of cannon] gargousse f ; [of stylus] cellule f ; [of recording tape, typewriter or printer ribbon, pen] cartouche f ; [of camera] chargeur m ; (Comput) chargeur m, cartouche f
COMP **cartridge belt** N (= belt) (ceinture-)cartouchière f ; (= strip) bande f (de mitrailleuse)
**cartridge case** N [of rifle] douille f, étui m (de cartouche) ; [of cannon] douille f
**cartridge clip** N chargeur m (d'arme à feu)
**cartridge paper** N papier m à cartouche, papier m fort
**cartridge player** N lecteur m de cartouche

**cartwheel** /ˈkɑːtwiːl/ N (lit) roue f de charrette ◆ **to do** or **turn a cartwheel** faire la roue

**cartwright** /ˈkɑːtraɪt/ N charron m

**caruncle** /ˈkærəŋkl/ N [of bird] caroncule f

**carve** /kɑːv/ SYN
VT tailler ; (= sculpt) sculpter ; (= chisel) ciseler ; (Culin) découper ◆ **carved out of** or **in wood/ivory** en bois/ivoire sculpté ◆ **carved in(to) the wood/the stone** sculpté dans le bois/la pierre ◆ **to carve one's initials on** or **in sth** graver ses initiales sur qch ◆ **to carve one's way through sth** se frayer un chemin à travers qch à coups de hache (or d'épée etc) ◆ **to carve a road through the jungle** percer une route à travers la jungle ◆ **to carve a niche for o.s.**, **to carve o.s. a niche** se faire une place ◆ **to carve o.s. a career (as)** faire carrière (comme) ; see also **stone**
COMP **carve-up**\* N (fig) [of inheritance] partage m ; [of estate, country] morcellement m

▶ **carve out** VT SEP [+ piece of wood] découper (from dans) ; [+ piece of land] prendre (from à) ; [+ statue, figure] sculpter, tailler ; (fig) [+ reputation, market share, role] se tailler ◆ **to carve out a career (for o.s.) (as)** faire carrière (comme)

▶ **carve up**
VT SEP ① [+ meat] découper ; (fig) [+ country] morceler
② (\* = disfigure) [+ person] amocher⁑ à coups de couteau ; \* [+ sb's face] taillader, balafrer
③ (\* fig) [+ play, performer] massacrer\*, éreinter ; [+ candidate, opponent] tailler en pièces
N ◆ **carve-up**\* → **carve**

**carver** /ˈkɑːvər/ N ① (Culin = knife) couteau m à découper ◆ **carvers** service m à découper
② (= person) personne f qui découpe
③ (Brit = chair) chaise f de salle à manger avec accoudoirs

**carvery** /ˈkɑːvərɪ/ N grill m

**carving** /ˈkɑːvɪŋ/
N ① (Art) sculpture f
② (NonC: Culin) découpage m
COMP **carving knife** N (pl **carving knives**) couteau m à découper

**caryatid** /ˌkærɪˈætɪd/ N (pl **caryatids** or **caryatides** /ˌkærɪˈætɪˈdiːz/) cariatide f

**caryophyllaceous** /ˌkærɪəʊfɪˈleɪʃəs/ ADJ caryophyllé

**caryopsis** /ˌkærɪˈɒpsɪs/ N (pl **caryopses** /ˌkærɪˈɒpsiːz/, or **caryopsides** /ˌkærɪˈɒpsɪˈdiːz/) caryopse m

**Casablanca** /ˌkæsəˈblæŋkə/ N Casablanca

**Casanova** /ˌkæsəˈnəʊvə/ N (also fig) Casanova m

**cascade** /kæsˈkeɪd/ SYN
N cascade f ; (fig) [of ribbons, silks, lace] flot m ; [of sparks] pluie f
VI tomber en cascade

**cascara** /kæsˈkɑːrə/ N (Pharm) cascara sagrada f

**case**¹ /keɪs/ LANGUAGE IN USE 26.2 SYN
N ① (= fact, eventuality, example) cas m ◆ **is it the case that...?** est-il vrai que... ? ◆ **that's not the case** ce n'est pas le cas ◆ **if that's the case** en ce cas, dans ce cas-là ◆ **as is the case here** comme c'est le cas ici ◆ **that** or **such** (frm) **being the case** par conséquent ◆ **in such a case** en pareil cas ◆ **if such is the case** (now) si tel est le cas ; (= if it happens) le cas échéant, en pareil cas ◆ **put the case that...** admettons que... + subj ◆ **as the case may be** selon le cas ◆ **it's a clear case of sexual harassment** c'est un cas flagrant de harcèlement sexuel ◆ **in this case** dans ce cas ◆ **in that case** dans ce cas-là ◆ **in no case** en aucun cas ◆ **in the present case** dans le cas présent ◆ **as in the case of...** comme dans le cas de... ◆ **in the case in point** en l'occurrence ◆ **here is a case in point** en voici un bon exemple, en voici un exemple typique ◆ **in your case** dans votre cas ◆ **in most cases** dans la plupart des cas ◆ **in nine cases out of ten** neuf fois sur dix ◆ **a difficult case** un cas difficile
◆ **in case** ◆ **in case he comes** au cas où or pour le cas où il viendrait ◆ **I'm supposed to be in charge here, in case you've forgotten!**\* je suis censé commander ici, au cas où vous l'auriez oublié ! ◆ **she's nervous about something, in case you didn't notice** il y a quelque chose qui la rend nerveuse, au cas où vous ne l'auriez pas remarqué ◆ **in case of** en cas de ◆ **(just) in case** à tout hasard, au cas où ◆
◆ **in any case** en tout cas, de toute façon
② (Med etc) cas m ◆ **six cases of pneumonia** six cas de pneumonie ◆ **the most serious cases were sent to hospital** les cas les plus graves or les malades les plus atteints ont été envoyés à l'hôpital ◆ **it's a hopeless case** son cas est désespéré ◆ **he's a hopeless case** (fig) c'est un cas pathologique \* ◆ **he's a hard case** c'est un dur\* ◆ **she's a real case!** c'est un cas\* or un sacré numéro\* (celle-là) ! ◆ **to be on sb's case**⁑ enquiquiner\* qn ◆ **to get on sb's case**⁑ prendre la tête à qn\* ◆ **get off my case!**⁑ lâche-moi les baskets !⁑, ne me prends pas la tête !\*
③ (Jur) affaire f, procès m ◆ **he's a suspect in the case** c'est un suspect dans cette affaire or ce procès ◆ **to try a case** juger une affaire ◆ **to win one's case** (Jur) gagner son procès ; (fig) avoir gain de cause ◆ **the case for the defendant** or **defence** les arguments mpl en faveur de l'accusé, les arguments mpl de la défense ◆ **the case for the prosecution** les arguments mpl contre l'accusé, les arguments mpl de l'accusation ◆ **there is no case against...** il n'y a pas lieu de poursuites contre... ◆ **he's working on the Gibson case** il s'occupe de l'affaire Gibson ◆ **case before the Court** affaire f portée devant le tribunal ◆ **his case was called today** son affaire est venue aujourd'hui devant le tribunal ◆ **to take a case to the High Court** saisir le tribunal de grande instance d'une affaire
④ (= argument, reasoning) arguments mpl ◆ **to make out one's case** présenter ses arguments ◆ **to make a case for sth** plaider en faveur de qch ◆ **to make (out) a good case for sth** réunir or présenter de bons arguments en faveur de qch ◆ **to make out a good case for doing sth** bien expliquer pourquoi il faudrait faire qch ◆ **there is a strong case for/against compulsory vaccination** il y a or aurait beaucoup à dire en faveur de la/contre la vaccination obligatoire ◆ **there's a case for saying that...** on peut à raison or légitimement dire que... ◆ **there's a case for refusing to sign the contract** il y a des arguments or des raisons pour refuser de signer le contrat ◆ **that is my case** voilà mes arguments ◆ **a case of conscience** un cas de conscience ◆ **to have a good/strong case** avoir de bons/solides arguments

5 (Gram) cas m ◆ **the nominative case** le nominatif ◆ **the accusative case** l'accusatif m

COMP **case conference** N (Med, Social Work) réunion de spécialistes pour parler d'un patient ou d'un cas social
**case file** N (Jur, Med, Social Work) dossier m
**case grammar** N (Gram) grammaire f des cas
**case history** N (Social Work) passé m du (or d'un) cas social ; (Med) (= past facts) antécédents mpl médicaux ; (= past and present development) évolution f de la maladie
**case law** N (NonC: Jur) droit m jurisprudentiel
**case load** N (Social Work) dossiers mpl (confiés à un assistant social) ◆ **to have a heavy case load** avoir beaucoup de dossiers à traiter
**case notes** NPL (Jur, Med, Social Work) (notes fpl pour l'établissement d'un) dossier m
**case papers** NPL (Jur, Med, Social Work) pièces fpl du dossier
**case study** N étude f de cas ◆ **case study method** (US Univ) méthode f des cas
**case system** N (Gram) système m casuel
**case work** N (Social Work) travail m avec des cas (sociaux) individuels
**case worker** N (Social Work) ≈ assistant(e) social(e)

**case²** /keɪs/ SYN
N 1 (Brit = suitcase) valise f ; (= packing case) caisse f ; (= crate : for bottles etc) caisse f ; (for peaches, lettuce, oysters etc) cageot m ; (= box) boîte f ; (= chest) coffre m ; (for goods on display) vitrine f ; (for jewels) coffret m ; (for watch, pen, necklace etc) écrin m ; (for camera, binoculars etc) étui m ; (= covering) enveloppe f ; (Bookbinding) couverture f ; (= casing of machine) boîte f ; (in car engine) carter m ◆ **violin/umbrella** etc **case** étui m à violon/parapluie etc ; → **bookcase, pillowcase**
2 (Typography) casse f ; → **lower¹, upper**
VT 1 mettre dans une caisse ou un cageot etc, mettre en boîte
2 ◆ **to case the joint**\* [burglars etc] surveiller la maison (avant un mauvais coup)
COMP **cased edition** N (of book) édition f sous coffret
**case-harden** VT (Metal) cémenter ; (fig) endurcir
**case knife** N (pl **case knives**) (US) couteau m à gaine
**case-sensitive** ADJ (Comput) sensible à la casse

**caseation** /ˌkeɪsɪˈeɪʃən/ N 1 (Med) caséification f
2 [of cheese] caséification f, caséation f

**casebook** /ˈkeɪsbʊk/ N (Social Work) comptes rendus mpl or rapports mpl de cas sociaux (réunis dans un registre)

**casein** /ˈkeɪsiːɪn/ N caséine f

**casemate** /ˈkeɪsmeɪt/ N (= blockhouse) casemate f

**casement** /ˈkeɪsmənt/ N (= window) fenêtre f (à battants), croisée f ; (= frame) battant m de fenêtre ; (liter) fenêtre f

**caseous** /ˈkeɪsɪəs/ ADJ (Culin, Med) caséeux

**cash** /kæʃ/ SYN
N (NonC) 1 (= notes and coins) espèces fpl, argent m ◆ **how much cash is there in the till?** combien d'argent y a-t-il dans la caisse ? ◆ **I want to be paid in cash and not by cheque** je veux être payé en espèces et non par chèque ◆ **to pay in cash** payer en argent comptant or en espèces ◆ **cash or charge?** (esp US) (in shop) vous payez en espèces ou par carte ? ◆ **to take the cash to the bank** porter l'argent à la banque ◆ **ready cash** (argent m) liquide m ◆ **how much do you have in (ready) cash?** combien avez-vous en liquide ? ; → **hard, petty, spot**
2 ◆ **cash down** (= immediate payment) argent m comptant ◆ **to pay cash (down)** payer comptant or cash ◆ **discount for cash** escompte m or remise f au comptant ◆ **cash with order** payable à la commande ◆ **cash on delivery** paiement m à la livraison, livraison f contre espèces or contre remboursement ◆ **cash on shipment** comptant m à l'expédition
3 (\* = money in general) argent m, sous\* mpl ◆ **how much cash have you got?** combien d'argent as-tu ?, qu'est-ce que tu as comme argent ? ◆ **I have no cash** je n'ai pas un sou or un rond\* ◆ **to be short of cash** être à court d'argent ◆ **I am out of cash** je suis à sec\*, je n'ai plus de sous\*
VT [+ cheque] encaisser, toucher ◆ **to cash sb a cheque** donner à qn de l'argent contre un chèque ; [bank] payer un chèque à qn ◆ **to cash a bill** encaisser une facture
COMP (gen) [problems, calculations etc] d'argent
**cash account** N compte m de caisse
**cash advance** N (Fin) crédit m de caisse
**cash-and-carry** N libre-service m de gros, cash and carry m inv ADJ [goods, business] de gros, de cash and carry
**cash bar** N bar m payant (à une réception)
**cash bonus** N prime f en espèces
**cash card** N carte f bancaire (permettant le retrait d'argent aux distributeurs de billets)
**cash cow**\* N (Comm) mine f d'or (fig)
**cash crop** N culture f de rapport or commerciale
**cash dealings** NPL transactions fpl immédiates
**cash deficit** N déficit m or découvert m de trésorerie
**cash desk** N [of shop, restaurant] caisse f ; [of cinema, theatre] guichet m
**cash discount** N escompte m or remise f au comptant
**cash dispenser** N distributeur m (automatique) de billets
**cash economy** N économie f monétaire
**cash flow** N marge f brute d'autofinancement, cash-flow m ◆ **cash flow problems** difficultés fpl de trésorerie
**cash-flow statement** N état m de trésorerie
**cash holdings** NPL avoirs mpl en caisse or en numéraire
**cash income** N revenu m monétaire
**cash in hand** N espèces fpl en caisse, encaisse f
ADV **$100, cash in hand** 100 dollars, de la main à la main
**cash machine** N (US) ⇒ **cash dispenser**
**cash offer** N offre f d'achat avec paiement comptant ◆ **he made me a cash offer** il m'a offert de l'argent
**cash payment** N paiement m comptant, versement m en espèces
**cash point** N (in shop) caisse f ; (Brit = cash dispenser) distributeur m (automatique) de billets
**cash price** N prix m (au) comptant
**cash prize** N prix m en espèces
**cash receipts** NPL recettes fpl de caisse
**cash reduction** N ⇒ **cash discount**
**cash register** N caisse f (enregistreuse)
**cash reserves** NPL liquidités fpl
**cash sale** N vente f (au) comptant
**cash squeeze** N (Econ) restrictions fpl de crédit
**cash terms** NPL conditions fpl au comptant
**cash transaction** N affaire f or opération f au comptant

▶ **cash in** VT SEP [+ bonds, savings certificates] réaliser, se faire rembourser

▶ **cash in on** VT FUS tirer profit de

▶ **cash up** VI (Brit) faire sa caisse

**cashable** /ˈkæʃəbl/ ADJ [cheque] encaissable, payable à vue

**cashback** /ˈkæʃbæk/ N 1 (= discount) remise f
2 (at supermarket etc) retrait d'espèces à la caisse d'un magasin

**cashbook** /ˈkæʃbʊk/ N livre m de caisse

**cashbox** /ˈkæʃbɒks/ N caisse f

**cashew** /ˈkæʃuː/ N anacardier m ; (also **cashew nut**) noix f de cajou

**cashier¹** /kæˈʃɪər/ SYN
N (Comm, Banking) caissier m, -ière f
COMP **cashier's check** N (US) chèque m de banque
**cashier's desk** N (US) caisse f

**cashier²** /kæˈʃɪər/ SYN VT (Mil) casser ; (gen) renvoyer, congédier

**cashless** /ˈkæʃlɪs/ ADJ ◆ **the cashless society** or **economy** la société sans argent (où l'on ne paie plus qu'en argent électronique)

**cashmere** /kæʃˈmɪər/
N cachemire m
COMP de or en cachemire

**casing** /ˈkeɪsɪŋ/ N (gen) revêtement m, enveloppe f ; [of door, window] chambranle m ; [of tyre] chape f ; [of oil well] cuvelage m

**casino** /kəˈsiːnəʊ/ N casino m

**cask** /kɑːsk/ N (gen) tonneau m, fût m ; (large) pièce f, barrique f ; (small) baril m ◆ **wine in cask** vin m en fût

**casket** /ˈkɑːskɪt/ SYN N [of jewels etc] coffret m, boîte f ; (esp US = coffin) cercueil m

**Caspian** /ˈkæspɪən/ ADJ ◆ **the Caspian Sea** la mer Caspienne

**casque** /kæsk/ N [of bird] casque m

**Cassandra** /kəˈsændrə/ N (Myth, fig) Cassandre f

**cassata** /kəˈsɑːtə/ N (Culin) cassate f

**cassation** /kæˈseɪʃən/ N cassation f

**cassava** /kəˈsɑːvə/ N (= plant) manioc m ; (= flour) farine f de manioc

**casserole** /ˈkæsərəʊl/
N (Brit Culin = utensil) cocotte f ; (= food) ragoût m
VT [+ meat] (faire) cuire en or à la cocotte
COMP **casserole dish** N cocotte f

⚠ **casserole** is not translated by the French word **casserole**, which means 'saucepan'.

**cassette** /kæˈset/
N (Recording) cassette f ; (Phot) recharge f
COMP **cassette deck** N platine f (à) cassettes
**cassette player** N lecteur m de cassettes
**cassette recorder** N magnétophone m à cassettes

**cassia** /ˈkæsɪə/ N 1 (= senna) cassier m
2 (= cinnamon tree) cannelier m ; (= bark) cannelle f (de Ceylan)

**Cassiopeia** /ˌkæsɪəˈpiːə/ N (Myth, Astron) Cassiopée f

**cassis** /kæˈsiːs/ N cassis m

**cassiterite** /kəˈsɪtəraɪt/ N (Miner) cassitérite f

**cassock** /ˈkæsək/ N soutane f

**cassowary** /ˈkæsəwɛərɪ/ N casoar m

**cast** /kɑːst/ SYN (vb: pret, ptp **cast**)
N 1 (= throw) [of dice, net] coup m ; (Fishing) lancer m
2 (Art, Tech = act of casting metal) coulage m, coulée f
3 (= mould) moule m ; (in plaster, metal etc) moulage m ; [of medallion etc] empreinte f ◆ **to have one's leg in a cast** (Med) avoir une jambe dans le plâtre ◆ **cast of features** (fig) traits mpl (du visage) ◆ **cast of mind** or **thought** mentalité f , tournure f d'esprit ◆ **a man of quite a different cast** un homme d'une tout autre trempe ; → **plaster**
4 (Theat) (= allocation of parts) distribution f ; (= actors collectively) acteurs mpl ◆ **cast (and credits)** (Cine, TV) générique m ◆ **cast list** (Theat etc) distribution f ◆ **he was in the cast of Evita** il a joué dans Evita
5 [of snake] dépouille f ; [of worm] déjections fpl
6 (Med = squint) strabisme m ◆ **to have a cast in one eye** avoir un œil qui louche, loucher d'un œil
VT 1 (= throw) [+ dice] jeter ; [+ net, fishing line, stone] lancer, jeter ◆ **to cast anchor** (Naut) jeter l'ancre, mouiller (l'ancre) ◆ **to cast sb into jail** jeter qn en prison ◆ **to cast sb's horoscope** tirer or dresser l'horoscope de qn ◆ **to cast o.s. on sb's mercy** (liter) s'en remettre à la clémence (liter) de qn, remettre son sort entre les mains de qn ◆ **to cast a vote** voter ◆ **to cast aspersions on sth/sb** dénigrer qch/qn ◆ **to cast the blame on sb** rejeter la responsabilité sur qn ◆ **to cast doubt on sth** jeter un doute sur qch ◆ **to cast a look at sth** jeter un regard sur qch ◆ **to cast a shadow on** or **over sb/sth** (lit) projeter une ombre sur qn/qch ; (fig) jeter une ombre sur qn/qch ◆ **to cast a light on sth** (lit) éclairer qch ◆ **to cast one's eye(s) round a room** promener ses regards sur une pièce, balayer une pièce du regard ◆ **to cast one's eye(s) in the direction of...** porter les yeux or son regard du côté de... ◆ **to cast a critical eye on sth** considérer qch d'un œil critique ◆ **to cast a greedy eye** or **greedy eyes on sth** dévorer qch des yeux ; → **die², light¹, lot², spell¹**
2 (= shed) ◆ **to cast its skin** [snake] muer ◆ **to cast a shoe** [horse] perdre un fer
3 (Art, Tech) [+ plaster] couler ; [+ metal] couler, fondre ; [+ statue] mouler ; → **mould¹, 1**
4 [+ play, film] distribuer les rôles de ◆ **he was cast as Hamlet** or **for the part of Hamlet** on lui a donné le rôle de Hamlet
5 (= describe) étiqueter, cataloguer ◆ **to cast o.s. as** se présenter comme
VI (Fishing) lancer sa ligne
COMP **cast-iron** N fonte f ADJ de or en fonte ; (fig) [will, constitution] de fer ; [excuse, alibi] inattaquable, (en) béton \* ; [case] solide
**cast-off clothes, cast-offs** NPL vêtements mpl dont on ne veut plus ; (pej) vieilles nippes \* fpl or frusques \* fpl ◆ **the cast-offs from society** les laissés pour compte (de la société)

▶ **cast about, cast around** VI ◆ **to cast about for sth** chercher qch ◆ **she has been casting around for a good excuse to...** elle cherche une bonne excuse pour... ◆ **to cast about for how to do/how to reply** chercher le moyen de faire/la façon de répondre

- **cast aside** VT SEP rejeter, mettre de côté ; *(fig)* [+ *person*] rejeter, abandonner ; [+ *object*] abandonner, se défaire de
- **cast away** VT SEP rejeter ; *(fig)* se défaire de ◆ **to be cast away** *(on ship)* être naufragé
- **cast back**
  VI *(fig, liter)* revenir *(to* à*)*
  VT SEP ◆ **to cast one's thoughts back** se reporter en arrière
- **cast down** VT SEP [+ *object*] jeter par terre ; [+ *eyes*] baisser ; [+ *weapons*] déposer, mettre bas ◆ **to be cast down** *(fig, liter)* être abattu
- **cast in** VI, VT SEP ◆ **to cast in (one's lot) with sb** partager le sort de qn
- **cast off**
  VI [+ *ship*] larguer les amarres, appareiller ; *(Knitting)* rabattre les mailles
  VT SEP *(on ship)* larguer les amarres de ; *(Knitting)* arrêter ; [+ *bonds, chains*] *(lit)* se défaire de, se libérer de ; *(fig)* s'affranchir de ◆ **cast off eight stitches at the beginning of the next row** *(Knitting)* rabattez huit mailles au début du prochain rang
  N, ADJ ◆ **cast-off** → **cast**
- **cast on** *(Knitting)*
  VI monter les mailles
  VT SEP [+ *stitch, sleeve*] monter ◆ **cast on 159 stitches** montez 159 mailles
- **cast out** VT SEP *(liter)* chasser
- **cast up** VT SEP ⓵ *(lit)* lancer en l'air ◆ **to cast one's eyes up** lever les yeux au ciel
  ⓶ ◆ **the ship was cast up on a beach** le navire s'est échoué sur une plage ◆ **cast up by the sea** rejeté par la mer
  ⓷ *(Math)* calculer
  ⓸ *(fig = reproach)* ◆ **to cast sth up to** or **at sb** reprocher qch à qn

**castanets** /ˌkæstə'nets/ NPL castagnettes *fpl*

**castaway** /'kɑːstəweɪ/ N naufragé(e) *m(f)* ; *(fig : from society etc)* réprouvé(e) *m(f)*, paria *m*

**caste** /kɑːst/ SYN
  N caste *f*, classe *f* sociale ◆ **to lose caste** déroger, déchoir
  COMP **caste mark** N *(in India)* signe *m* de (la) caste ; *(fig)* signe *m* distinctif (d'un groupe)
  **caste system** N système *m* des castes

**castellated** /'kæstəleɪtɪd/
  ADJ *(Archit)* crénelé, de style féodal
  COMP **castellated nut** N *(Tech)* écrou *m* crénelé

**caster** /'kɑːstə<sup>r</sup>/
  N ⓵ *(= sifter)* saupoudroir *m*
  ⓶ *(= wheel)* roulette *f*
  COMP **caster angle** N [*of car*] angle *m* de chasse
  **caster sugar** N *(Brit)* sucre *m* en poudre

**castigate** /'kæstɪgeɪt/ SYN VT [+ *person*] châtier *(liter)*, corriger ; [+ *book etc*] éreinter ; [+ *theory, vice*] fustiger *(liter)*

**castigation** /ˌkæstɪ'geɪʃən/ N [*of person*] châtiment *m*, correction *f* ; [*of book etc*] éreintement *m*

**Castile** /kæ'stiːl/ N Castille *f*

**Castilian** /kæs'tɪlɪən/
  ADJ castillan
  N ⓵ Castillan(e) *m(f)*
  ⓶ *(= language)* espagnol *m*, castillan *m*

**casting** /'kɑːstɪŋ/
  N *(NonC = act of throwing)* lancer *m*, lancement *m* ; *(Tech = act)* fonte *f*, coulée *f* ; *(= object)* pièce *f* fondue ; *(Art)* moulage *m* ; *(Theat)* distribution *f* ; *(Cine)* casting *m*
  COMP **casting couch** N ◆ **she got the role on the casting couch** elle a couché pour avoir ce rôle
  **casting director** N *(Theat)* responsable *mf* de la distribution ; *(Cine)* directeur *m*, -trice *f* du casting
  **casting vote** N voix *f* prépondérante ◆ **to have a** or **the casting vote** avoir voix prépondérante

**castle** /'kɑːsl/ SYN
  N ⓵ château *m* (fort) ; → **build**
  ⓶ *(Chess)* tour *f*
  VI *(Chess)* roquer

**castling** /'kɑːslɪŋ/ N *(Chess)* roque *f*

**castor**[1] /'kɑːstə<sup>r</sup>/ N ⇒ **caster**

**castor**[2] /'kɑːstə<sup>r</sup>/
  N ⓵ *(= beaver)* castor *m*
  ⓶ *(Med)* castoréum *m*
  COMP **castor oil** N huile *f* de ricin
  **castor oil plant** N ricin *m*

**castrate** /kæs'treɪt/ VT [+ *animal, man*] châtrer, castrer ; *(fig)* [+ *personality*] émasculer ; [+ *text, film, book*] expurger

**castration** /kæs'treɪʃən/ N castration *f*

**castrato** /kæs'trɑːtəʊ/ N *(pl* **castrato** or **castrati** /kæs'trɑːtiː/*)* castrat *m*

**Castroism** /'kæstrəʊɪzəm/ N *(Pol)* castrisme *m*

**Castroist** /'kæstrəʊɪst/ ADJ, N *(Pol)* castriste *mf*

**casual** /'kæʒjʊl/ SYN
  ADJ ⓵ *(= nonchalant)* [*person, manner, attitude, tone, glance, wave*] désinvolte ; [*chat, conversation*] informel ◆ **he tried to sound casual** il a essayé de parler avec désinvolture ◆ **to the casual eye** or **observer** pour le simple observateur ◆ **he ran a casual eye down the page** il a négligemment parcouru la page ◆ **to be casual about sth** *(pej)* prendre qch à la légère or avec désinvolture ◆ **her casual attitude (to safety/discipline)** la désinvolture dont elle fait preuve (en matière de sécurité/discipline)
  ⓶ *(= occasional)* [*drinker, drug use, relationship*] occasionnel ; [*sexual partner*] occasionnel ◆ **a casual acquaintance** une (simple) connaissance ◆ **a casual affair** une passade, une aventure ◆ **casual contact** contacts *mpl* ordinaires ◆ **casual drug users** les consommateurs *mpl* (de drogue) occasionnels ◆ **casual sex** rapports *mpl* sexuels occasionnels ◆ **to have casual sex** faire l'amour au hasard d'une rencontre
  ⓷ *(= by chance)* [*remark, comment*] fait en passant ; [*meeting, encounter*] fortuit ; [*spark*] accidentel ; [*visitor, caller*] de passage
  ⓸ *(= informal)* [*clothes, shoes*] sport *inv*, décontracté ◆ **casual wear** vêtements *mpl* sport *inv*, tenue *f* décontractée
  ⓹ *(= temporary)* [*work, employment, job, labour*] temporaire ; [*farm worker*] *(daily)* journalier ; *(seasonally)* saisonnier ◆ **casual labourer** *(on building site)* ouvrier *m* sans travail fixe ; *(on farm)* *(daily)* journalier *m*, -ière *f* ; *(seasonally)* saisonnier *m*, -ière *f* ◆ **on a casual basis** à titre temporaire
  N ⓵ ◆ **casuals** *(= clothes)* vêtements *mpl* sport *inv* ; *(= shoes)* chaussures *fpl* sport *inv*
  ⓶ *(= worker)* *(in office)* employé(e) *m(f)* temporaire ; *(in factory)* ouvrier *m*, -ière *f* temporaire

**casualization** /ˌkæʒjʊlaɪ'zeɪʃən/ N *(of employment)* précarisation *f* (de l'emploi)

**casualize** /'kæʒjʊlaɪz/ VT précariser

**casually** /'kæʒjʊlɪ/ ADV ⓵ *(= nonchalantly)* [*mention, say, ask, walk, lean*] avec désinvolture
  ⓶ *(= accidentally)* par hasard
  ⓷ *(= informally)* [*dress*] de façon décontractée, décontracté * *inv*

**casualness** /'kæʒjʊlnɪs/ N [*of speech, manner*] désinvolture *f* ; [*of dress*] style *m* décontracté

**casualty** /'kæʒjʊltɪ/ SYN
  N ⓵ *(Mil)* *(= dead)* mort(e) *m(f)* ; *(= wounded)* blessé(e) *m(f)* ◆ **casualties** les morts *mpl* et blessés *mpl* ; *(= dead)* les pertes *fpl*
  ⓶ *(= accident victim)* accidenté(e) *m(f)*, victime *f* ; *(= accident)* accident *m*
  COMP **casualty department** N service *m* des urgences
  **casualty list** N *(in war)* état *m* des pertes ; *(after accident)* liste *f* des victimes
  **casualty ward** N salle *f* des urgences

**casuarina** /ˌkæzjʊə'riːnə/ N *(= tree)* casuarina *m*

**casuist** /'kæzjʊɪst/ N casuiste *mf*

**casuistic** /ˌkæzjʊ'ɪstɪk/ ADJ casuistique

**casuistry** /'kæzjʊɪstrɪ/ N *(NonC)* casuistique *f* ; *(instance of this)* arguments *mpl* de casuiste

**CAT**
  N ⓵ /ˌsiː'eɪ'tiː/ *(abbrev of* **computer-aided teaching***)* EAO *m*
  ⓶ /kæt/ *(abbrev of* **computerized axial tomography***)* scanographie *f*, tomodensitométrie *f*, scanner * *m*
  COMP **CAT scan** N scanographie *f*, tomodensitométrie *f*, scanner * *m* ◆ **to have a CAT scan** se faire faire une scanographie or un scanner *
  **CAT scanner** N tomodensitomètre *m*, scanner * *m*

**cat** /kæt/ SYN
  N ⓵ chat *m* ; *(specifically female)* chatte *f* ; *(= species)* félin *m* ; *(* pej = woman)* mégère *f* ◆ **the big cats** les fauves *mpl* ; → **tabby, tom**
  ⓶ ⇒ **cat-o'-nine-tails**
  ⓷ *(phrases)* ◆ **to let the cat out of the bag** vendre la mèche ◆ **the cat's out of the bag** ce n'est plus un secret maintenant ◆ **to look like the cat that got the cream** *(esp Brit)*or *that ate the canary* avoir l'air content de soi ◆ **to wait for the cat to jump, to wait to see which way the cat jumps** attendre pour voir d'où vient le vent ◆ **(has the) cat got your tongue?** * tu as perdu ta langue ? ◆ **to fight** or **be at each other like cat and dog** *(lit)* se battre comme des chiffonniers ; *(fig)* être or s'entendre comme chien et chat ◆ **to fight like Kilkenny cats** *(† Brit)* se battre comme des chiffonniers ◆ **he doesn't have a cat in hell's chance of winning** il n'a pas l'ombre d'une chance de gagner ◆ **a cat may look at a king** *(Prov)* un chien regarde bien un évêque *(Prov)* ◆ **to be like a cat on a hot tin roof** or **a cat on hot bricks** être sur des charbons ardents ◆ **when** or **while the cat's away the mice will play** *(Prov)* quand le chat n'est pas là, les souris dansent ◆ **that set the cat among the pigeons** ça a été le pavé dans la mare ◆ **he thinks he's the cat's whiskers** or **the cat's miaow** * il se prend pour le nombril du monde *
  ◆ **to be a bag of cats** * *(Ir)* être d'une humeur massacrante or de chien *(pej)* ◆ **look what the cat dragged in** or **brought in!** * *(pej)* regarde donc un peu qui pointe son nez ! ◆ **you look like something the cat dragged in** or **brought in!** * *(pej)* non mais regarde à quoi tu ressembles ! ; see also **comp** ; → **bell**[1], **grin, rain, room, skin**
  ⓸ *(US* *)* *(= man)* gars * *m*, type * *m* ; *(= woman)* gonzesse* *f*, nana * *f* ◆ **cool cat** type *m* (or nana *f*) cool *
  ⓹ ◆ **cats and dogs** *(= dodgy shares)* actions *fpl* de valeur douteuse ; *(= less popular goods)* articles *mpl* peu demandés
  ⓺ *(* = catalytic converter)* pot *m* catalytique
  COMP **cat-and-mouse** N, ADJ *(fig)* ◆ **to play (at) cat-and-mouse with sb, to play a cat-and-mouse game with sb** jouer au chat et à la souris avec qn
  **cat-basket** N *(for carrying)* panier *m* pour chat ; *(for sleeping)* corbeille *f* pour chat
  **cat burglar** N monte-en-l'air* *m inv*
  **cat door** N chatière *f*
  **cat fight** * N *(esp US : between women)* crêpage *m* de chignon *
  **cat flap** N ⇒ **cat door**
  **cat-lick** N toilette *f* de chat, brin *m* de toilette ◆ **to give o.s. a cat-lick** faire une toilette de chat *or* un brin de toilette
  **cat litter** N litière *f* (pour chats)
  **cat-o'-nine-tails** N *(pl inv)* martinet *m*, chat-à-neuf-queues *m*
  **cat's-cradle** N *(jeu m des)* figures *fpl* (que l'on forme entre ses doigts avec de la ficelle)
  **cat's-eye** N *(= gemstone)* œil-de-chat *m* ; *(Brit : on road)* *(clou m à)* catadioptre *m*, cataphote ® *m*
  **cat's-paw** N dupe *f* (qui tire les marrons du feu)
  **cat's-whisker** N *(Rad)* chercheur *m* (du détecteur à galène)

**catabolic** /ˌkætə'bɒlɪk/ ADJ *(Physiol)* catabolique

**catabolism** /kə'tæbəlɪzəm/ N *(Physiol)* catabolisme *m*

**catabolite** /kə'tæbəlaɪt/ N catabolite *m*

**catachresis** /ˌkætə'kriːsɪs/ N catachrèse *f*

**cataclysm** /'kætəklɪzəm/ N cataclysme *m*

**cataclysmic** /ˌkætə'klɪzmɪk/ ADJ cataclysmique

**catacombs** /'kætəkuːmz/ NPL catacombes *fpl*

**catafalque** /'kætəfælk/ N catafalque *m*

**Catalan** /'kætəlæn/
  N Catalan(e) *m(f)* ; *(= language)* catalan *m*
  ADJ catalan

**catalectic** /ˌkætə'lektɪk/ ADJ catalectique

**catalepsy** /'kætəlepsɪ/ N catalepsie *f*

**cataleptic** /ˌkætə'leptɪk/ ADJ cataleptique

**catalogue, catalog** *(US)* /'kætəlɒg/ SYN
  N *(gen)* catalogue *m* ; *(in library)* fichier *m* ; *(US Univ etc = brochure)* brochure *f* (d'un établissement d'enseignement supérieur)
  VT cataloguer

**cataloguer** /'kætəlɒgə<sup>r</sup>/ N catalogueur *m*, -euse *f*

**Catalonia** /ˌkætə'ləʊnɪə/ N Catalogne *f*

**catalpa** /kə'tælpə/ N *(= tree)* catalpa *m*

**catalyse** /'kætəlaɪz/ VT *(Chem)* catalyser

**catalysis** /kə'tælɪsɪs/ N *(pl* **catalyses** /kə'tælə,siːz/*)* catalyse *f*

**catalyst** /'kætəlɪst/ N *(Chem, fig)* catalyseur *m*

**catalytic** /ˌkætə'lɪtɪk/
  ADJ *(Tech)* catalytique ; *(fig)* [*person*] qui agit comme un catalyseur ; [*role*] de catalyseur
  COMP **catalytic converter** N [*of vehicle*] pot *m* catalytique
  **catalytic cracker** N craqueur *m* catalytique

**catalyze** /ˈkætəlaɪz/ VT (*US Chem, fig*) catalyser

**catamaran** /ˌkætəməˈræn/ N catamaran *m*

**catamite** /ˈkætəmaɪt/ N (= *homosexual*) mignon *m*, giton *m* (*liter*)

**Catania** /kəˈteɪnɪə/ N (*Geog*) Catane

**cataphoresis** /ˌkætəfəˈriːsɪs/ N cataphorèse *f*, électrophorèse *f*

**cataphoric** /ˌkætəˈfɒrɪk/ ADJ (*Ling*) cataphorique

**cataplexy** /ˈkætəˌpleksɪ/ N cataplexie *f*

**catapult** /ˈkætəpʌlt/ SYN

N (*Brit* = *slingshot*) lance-pierre(s) *m inv* ; (= *war machine, device on aircraft carrier*) catapulte *f*

VT catapulter

COMP **catapult-launched** ADJ catapulté

**catapult launching** N catapultage *m*

**cataract** /ˈkætərækt/ SYN N 1 (= *waterfall*) cataracte *f*

2 (*in eye*) cataracte *f*

**catarrh** /kəˈtɑːʳ/ N rhume *m* (chronique), catarrhe *m*

**catarrhal** /kəˈtɑːrəl/ ADJ catarrheux

**catastrophe** /kəˈtæstrəfɪ/ SYN N catastrophe *f*

**catastrophic** /ˌkætəˈstrɒfɪk/ ADJ catastrophique

**catastrophically** /ˌkætəˈstrɒfɪklɪ/ ADV de façon catastrophique • **catastrophically inept** d'une ineptie catastrophique • **to go catastrophically wrong** tourner à la catastrophe • **supplies were at catastrophically low levels** les vivres étaient tombés à un niveau catastrophique

**catatonia** /ˌkætəˈtəʊnɪə/ N (*NonC*) catatonie *f*

**catatonic** /ˌkætəˈtɒnɪk/ ADJ catatonique

**catbird** /ˈkætbɜːd/ N (*US*) • **to be (sitting) in the catbird seat** * être en position de force

**catcall** /ˈkætkɔːl/ SYN

N sifflet *m*

VI siffler

**catch** /kætʃ/ SYN (vb: pret, ptp **caught**)

N 1 (= *act, thing caught*) prise *f*, capture *f* ; (*Fishing*) (= *several fish*) pêche *f* ; (= *one fish*) prise *f* • **good catch!** (*Sport*) bien rattrapé ! • **the fisherman lost his whole catch** le pêcheur a perdu toute sa pêche • **he's a good catch** * (*as husband*) c'est un beau parti

2 (* = *concealed drawback*) attrape *f*, entourloupette * *f* • **there must be a catch (in it)** il y a anguille sous roche • **where's the catch?** qu'est-ce qui se cache là-dessous ?

3 [*of buckle*] ardillon *m* ; (*Brit* : *on door*) loquet *m* ; [*of latch*] mentonnet *m* ; [*of wheel*] cliquet *m* ; (*Brit* : *on window*) loqueteau *m*

4 (*fig*) • **with a catch in one's voice** d'une voix entrecoupée

5 (*Mus*) canon *m*

6 (= *ballgame*) jeu *m* de balle ; (= *tag*) (jeu *m* du) chat *m*

VT 1 [+ *ball*] attraper ; [+ *object*] attraper, saisir ; [+ *fish, mice, thief*] attraper • **to catch an animal in a trap** prendre un animal dans un piège *or* au piège • **to catch sb by the arm, to catch sb's arm** prendre qn par le bras • **to be caught between two people/alternatives** être pris entre deux personnes/possibilités • **a toaster with a tray to catch the breadcrumbs** un grille-pain avec un plateau pour ramasser les miettes de pain • **you can usually catch me (in) around noon** * en général on peut me trouver vers midi • **I dialled her number hoping to catch her before she went to work** je lui ai téléphoné en espérant l'avoir * *or* la joindre avant qu'elle (ne) parte au travail • **hello Adrienne, glad I caught you** * bonjour Adrienne, je suis content de te trouver *or* que tu sois là • **can I ring you back? you've caught me at a bad time** je peux vous rappeler ? je suis occupé en ce moment • **(I'll) catch you later!** * à plus ! *, à plus tard ! ; → **crab**[1], **sun**

2 (= *take by surprise*) surprendre • **to catch sb doing sth** surprendre qn à faire qch • **to be caught unprepared** être pris au dépourvu • **to catch sb by surprise** prendre qn à l'improviste • **to be caught cold** (*esp Brit*) (*Sport*) être pris au dépourvu • **she caught herself dreaming of Spain** elle se surprit à rêver de l'Espagne • **I caught myself feeling sorry for them** je me suis surpris à les plaindre • **if I catch them at it!** * si je les y prends ! • **if I catch you at it again!** * que je t'y reprenne ! • **(you won't) catch me doing that again!** * (il n'y a) pas de danger que je recommence *subj* !, c'est bien la dernière fois que je le fais ! • **to catch sb in the act** prendre qn sur le fait *or* en flagrant délit • **we were caught in a storm** nous avons été pris dans *or* surpris par un orage • **to get caught by sb** se faire *or* se laisser attraper par qn

3 [+ *bus, train etc*] (= *be in time for*) attraper ; (= *get on board*) prendre • **he didn't catch his train** il a manqué son train • **to catch the post** arriver à temps pour la levée • **he caught the ferry to France** (= *go by*) il a pris le ferry pour aller en France • **did you catch the news/that film last night?** (*TV*) tu as vu *or* pu voir les informations/ce film hier soir ?

4 (= *trap*) • **I caught my skirt on the branch, the branch caught my skirt** ma jupe s'est accrochée à la branche • **I caught my skirt in the door, the door caught my skirt** ma jupe s'est prise dans la porte • **the top of the lorry caught the bridge** le haut du camion a accroché le pont • **she caught him with her elbow** elle lui a donné un coup de coude (sans le faire exprès) • **to catch one's foot in sth** se prendre le pied dans qch

5 (= *understand, hear*) saisir, comprendre • **to catch the meaning of sth** saisir le sens de qch • **I didn't catch what he said** je n'ai pas saisi ce qu'il a dit

6 [+ *flavour*] sentir, discerner • **to catch the sound of sth** percevoir le bruit de qch

7 (*Med*) [+ *disease*] attraper • **to catch a cold** attraper un rhume • **to catch cold** attraper *or* prendre froid • **to catch one's death of cold** *, **to catch one's death** ‡ attraper la crève ‡

8 (*phrases*) • **to catch sb's attention** *or* **eye** attirer l'attention de qn • **to catch the chairman's eye** obtenir la parole • **to catch the Speaker's eye** (*Brit Parl*) obtenir la parole (*à la Chambre des communes*) • **to be caught between envy and admiration** osciller entre l'envie et l'admiration • **to catch sb a blow** donner un coup à qn • **she caught him one** *or* **caught him a blow on the nose** * elle lui a flanqué * un coup sur le nez • **to catch the light** accrocher la lumière • **his speech caught the mood of the assembly** son discours traduisait *or* reflétait l'humeur de l'assemblée • **to catch sb with his (***or* **her** *etc***) pants** *or* **trousers down** (*fig*) surprendre qn dans une situation embarrassante • **you'll catch it!** * tu vas écoper ! * • **he caught it all right!** * qu'est-ce qu'il a pris ! * • **to catch sb on the wrong foot, to catch sb off balance** (*lit*) prendre qn à contre-pied ; (*fig*) prendre qn au dépourvu ; → **breath, fire, glimpse, likeness, nap**[1], **sight**

VI 1 [*fire, wood, ice*] prendre ; (*Culin*) attacher

2 [*lock*] fermer

3 • **her dress caught in the door/on a nail** sa robe s'est prise dans la porte/s'est accrochée à un clou

COMP **catch 22** * N • **it's a catch 22 situation** il n'y a pas moyen de s'en sortir, c'est une situation inextricable

**catch-all** N fourre-tout *m inv* (*fig*) ADJ [*regulation, clause etc*] général, fourre-tout *inv* • **catch-all phrase** expression *f* passe-partout *inv*

**catch-as-catch-can** N catch *m*

**catch phrase** N (*constantly repeated*) rengaine *f* ; (= *vivid, striking phrase*) accroche *f*, slogan *m* accrocheur

**catch question** N colle * *f*

**catch-up** * N • **to play catch-up** [*losing player, team*] essayer de revenir à la marque ; (*fig*) essayer de rattraper son retard

▸ **catch at** VT FUS [+ *object*] (essayer d')attraper

▸ **catch on** VI 1 (= *become popular*) [*fashion*] se répandre ; [*song*] devenir populaire, marcher

2 (= *understand*) saisir, comprendre (*to sth* qch)

▸ **catch out** VT SEP (*esp Brit*) (= *catch napping*) prendre en défaut ; (= *catch in the act*) prendre sur le fait • **to catch sb out in a lie** surprendre qn en train de mentir, prendre qn à mentir • **to be caught out (by sth)** être pris par surprise (par qch) • **he'll get caught out some day** un beau jour il se fera prendre

▸ **catch up**

VI 1 se rattraper, combler son retard ; (*with studies*) se rattraper, se remettre au niveau ; (*with news, gossip*) se remettre au courant • **to catch up on** *or* **with one's work** se (re)mettre à jour dans son travail • **to catch up on one's sleep** rattraper *or* combler son retard de sommeil • **to catch up on** *or* **with sb** (*going in the same direction*) rattraper qn, rejoindre qn ; (*in work etc*) rattraper qn • **the police caught up with him in Vienna** la police l'a attrapé à Vienne • **the truth/illness has finally caught up with him** la vérité/la maladie a fini par le rattraper

2 • **to be** *or* **get caught up in sth** (*in net etc*) être pris dans qch ; (*fig*) (*in activity, campaign etc*) être pris dans qch ; (*in sb's enthusiasm etc*) être gagné par qch ; (*in sb's ideas etc*) être emballé par qch ; (*in circumstances etc*) être prisonnier de qch ; (*in scandal*) être mêlé à qch

VT SEP 1 [+ *person*] rattraper

2 (= *interrupt*) [+ *person*] interrompre, couper la parole à

3 (= *pick up quickly*) ramasser vivement

4 [+ *hair*] relever ; [+ *curtain*] retenir

**catcher** /ˈkætʃəʳ/

N 1 (*Baseball*) attrapeur *m*

2 → **mole**[1], **rat**

COMP **catcher's mitt** N gant *m* de baseball

**catchfly** /ˈkætʃˌflaɪ/ N silène *m*

**catching** * /ˈkætʃɪŋ/ SYN ADJ [*disease*] contagieux ; (*fig*) [*laughter, enthusiasm*] contagieux, communicatif ; [*habit, mannerism*] contagieux

**catchment** /ˈkætʃmənt/

N captage *m*

COMP **catchment area** N (*Brit Geog*: also **catchment basin**) bassin *m* hydrographique ; [*of hospital*] circonscription *f* hospitalière ; [*of school*] secteur *m* de recrutement scolaire

**catchpenny** /ˈkætʃˌpenɪ/ (*pej*) ADJ clinquant, accrocheur

**catchup** /ˈkætʃəp/ N (*US*) ⇒ **ketchup**

**catchword** /ˈkætʃwɜːd/ SYN N (= *slogan*) slogan *m* ; (*Pol*) mot *m* d'ordre, slogan *m* ; (*Printing*) [*of foot of page*] réclame *f* ; [*of top of page*] mot-vedette *m* ; (*Theat* = *cue*) réplique *f*

**catchy** * /ˈkætʃɪ/ SYN ADJ [*tune*] entraînant ; [*title, name, slogan*] accrocheur

**catechism** /ˈkætɪkɪzəm/ N catéchisme *m*

**catechist** /ˈkætɪkɪst/ N catéchiste *mf*

**catechistic(al)** /ˌkætɪˈkɪstɪk(əl)/ ADJ catéchistique

**catechize** /ˈkætɪkaɪz/ SYN VT (*Rel*) catéchiser ; (*fig*) (= *teach*) instruire (*par questions et réponses*) ; (= *examine*) interroger, questionner

**categoric(al)** /ˌkætɪˈɡɒrɪk(əl)/ ADJ catégorique

**categorically** /ˌkætɪˈɡɒrɪkəlɪ/ ADV catégoriquement

**categorization** /ˌkætɪɡəraɪˈzeɪʃən/ N catégorisation *f*

**categorize** /ˈkætɪɡəraɪz/ VT classer par catégories

**category** /ˈkætɪɡərɪ/ SYN

N catégorie *f*

COMP **Category A prisoner** N (*Brit*) *détenu condamné pour meurtre, vol à main armée ou terrorisme*

**catenane** /ˈkætɪˌneɪn/ N caténane *f*

**cater** /ˈkeɪtəʳ/ SYN VI (= *provide food*) s'occuper de la nourriture, préparer un *or* des repas (*for* pour) • **to cater for** (*Brit*)*or* **to** (*US*) (*sb's needs*) pourvoir à ; (*sb's tastes*) satisfaire • **this magazine caters for all ages** ce magazine s'adresse à tous les âges • **the playgroup caters mainly for 3- and 4-year-olds** cette garderie est destinée essentiellement aux enfants de 3 et 4 ans

**cater-corner(ed)** /ˌkeɪtəˈkɔːnəʳ(d)/ ADV (*US*) en diagonale (*from, to* par rapport à)

**caterer** /ˈkeɪtərəʳ/ N (*providing meals*) traiteur *m* ; (*providing supplies*) fournisseur *m* (*en alimentation*)

**catering** /ˈkeɪtərɪŋ/

N (*providing meals*) restauration *f* ; (*providing supplies*) approvisionnement *m*, ravitaillement *m* • **the catering for our reception was done by Smith and Lee** nous avons pris Smith and Lee comme traiteur pour notre réception

COMP **catering industry** N industrie *f* de la restauration

**catering manager** N intendant(e) *m(f)*

**catering school** N école *f* hôtelière

**catering trade** N restauration *f*

**caterpillar** /ˈkætəpɪləʳ/

N (= *grub, vehicle track*) chenille *f*

COMP [*vehicle, wheel*] à chenilles

**Caterpillar track** ® N chenille *f*

**Caterpillar tractor** ® N autochenille *f*

**caterwaul** /ˈkætəwɔːl/

VI 1 (*lit*) [*cat*] miauler

2 (* *fig*) [*person*] brailler, pousser des braillements

N 1 (*lit*) [*of cat*] miaulement *m*

2 (*fig*) [*of person*] braillements *mpl*, hurlements *mpl*

**caterwauling** /ˈkætəwɔːlɪŋ/ **N** [of cat] miaulement m ; [of music] cacophonie f ; [of person] braillements mpl, hurlements mpl

**catfight** /ˈkætfaɪt/ **N** crêpage m de chignon

**catfish** /ˈkætfɪʃ/ **N** (pl **catfish** or **catfishes**) poisson-chat m

**catfood** /ˈkætfuːd/ **N** nourriture f pour chats

**catgut** /ˈkætɡʌt/ **N** (Mus, Sport) boyau m (de chat) ; (Med) catgut m

**Cath.** abbrev of **Cathedral**

**Cathar** /ˈkæθəʳ/
- **N** (pl **Cathars** or **Cathari** /ˈkæθəraɪ/) Cathare mf
- **ADJ** cathare

**catharsis** /kəˈθɑːsɪs/ **N** (pl **catharses** /kəˈθɑːsiːz/) (Literat, Psych) catharsis f

**cathartic** /kəˈθɑːtɪk/
- **ADJ** (Literat, Med, Psych) cathartique
- **N** (Med) purgatif m, cathartique m

**Cathay** /kæˈθeɪ/ **N** Cathay m

**cathead** /ˈkæthed/ **N** (on ship) bossoir m

**cathedra** /kəˈθiːdrə/ **N** cathèdre f

**cathedral** /kəˈθiːdrəl/
- **N** cathédrale f
- **COMP** **cathedral church N** cathédrale f
- **cathedral city N** évêché m, ville f épiscopale

**Catherine** /ˈkæθərɪn/
- **N** Catherine f ◆ **Catherine the Great** (Hist) la Grande Catherine, Catherine la Grande
- **COMP** **Catherine wheel N** (= firework) soleil m

**catheter** /ˈkæθɪtəʳ/ **N** cathéter m

**catheterize** /ˈkæθɪtəˌraɪz/ **VT** [+ bladder, person] sonder

**cathiodermie** /ˌkæθɪəʊˈdɜːmɪ/ **N** ionophorèse f

**cathode** /ˈkæθəʊd/
- **N** cathode f
- **COMP** [ray] cathodique
- **cathode ray tube N** tube m cathodique

**catholic** /ˈkæθəlɪk/ SYN
- **ADJ** 1 (Rel) ◆ **Catholic** catholique
- 2 (= varied, all-embracing) [tastes, person] éclectique ; (= universal) universel ◆ **to be catholic in one's tastes** avoir des goûts éclectiques
- **N** ◆ **Catholic** catholique mf
- **COMP** **the Catholic Church N** l'Église f catholique
- **Catholic school N** école f catholique

**Catholicism** /kəˈθɒlɪsɪzəm/ **N** catholicisme m

**catholicity** /ˌkæθəˈlɪsɪtɪ/ **N** (= variety) éclectisme m

**cathouse**‡ /ˈkæthaʊs/ **N** (US) bordel‡ m

**Catiline** /ˈkætɪˌlaɪn/ **N** (Antiq) Catilina m

**cation** /ˈkætaɪən/ **N** (Chem) cation m

**catkin** /ˈkætkɪn/ **N** chaton m

**catlike** /ˈkætlaɪk/
- **ADJ** félin
- **ADV** comme un chat

**catmint** /ˈkætmɪnt/ **N** herbe f aux chats

**catnap**\* /ˈkætnæp/
- **VI** sommeiller, faire un (petit) somme
- **N** (petit) somme m ◆ **to take a catnap** sommeiller, faire un (petit) somme

**catnip** /ˈkætnɪp/ **N** (US) ⇒ **catmint**

**Cato** /ˈkeɪtəʊ/ **N** Caton m

**catoptric** /kəˈtɒptrɪk/ **ADJ** catoptrique

**catoptrics** /kəˈtɒptrɪks/ **N** (NonC) catoptrique f

**catsuit** /ˈkætsuːt/ **N** combinaison-pantalon f

**catsup** /ˈkætsəp/ **N** (US) ketchup m

**cattery** /ˈkætərɪ/ **N** pension f pour chats

**cattily**\* /ˈkætɪlɪ/ **ADV** méchamment

**cattiness**\* /ˈkætɪnɪs/ **N** méchanceté f, rosserie\* f

**cattle** /ˈkætl/ SYN
- **N** bétail m ◆ **the prisoners were treated like cattle** les prisonniers étaient traités comme du bétail ◆ **a herd of cattle** un troupeau de bovins ◆ "**cattle crossing**" « passage m de troupeaux » ; → **head**
- **COMP** **cattle breeder N** éleveur m (de bétail)
- **cattle breeding N** élevage m (de bétail)
- **cattle-cake N** (Agr) tourteau m
- **cattle drive N** (US) déplacement m de bétail
- **cattle grid** (Brit), **cattle guard** (US) **N** grille à même la route permettant aux voitures mais non au bétail de passer
- **cattle market N** foire f or marché m aux bestiaux

**cattle plague N** peste f bovine

**cattle raising N** ⇒ **cattle breeding**

**cattle shed N** étable f

**cattle show N** concours m agricole

**cattle truck N** (= lorry) fourgon m à bestiaux ; (Brit : on train) fourgon m or wagon m à bestiaux

**cattleman** /ˈkætlmən/ **N** (pl **-men**) vacher m, bouvier m

**cattleya** /ˈkætlɪə/ **N** cattleya m

**catty**\* /ˈkætɪ/ **ADJ** (pej) [person, gossip, criticism] rosse\*, vache\* ◆ **catty remark** vacherie\* f ◆ **to be catty about sb/sth** dire des vacheries\* sur qn/qch

**catty-corner(ed)** /ˌkætɪˈkɔːnə(d)/ **ADV** (US) ⇒ **cater-corner(ed)**

**Catullus** /kəˈtʌləs/ **N** Catulle m

**CATV** /ˌsiːeɪtiːˈviː/ **N** (abbrev of **community antenna television**) → **community**

**catwalk** /ˈkætwɔːk/ **N** (Constr, Theat) passerelle f ; (Fashion) podium m ◆ **the models on the catwalk** les mannequins mpl du défilé

**Caucasia** /kɔːˈkeɪzɪə/ **N** Caucase m

**Caucasian** /kɔːˈkeɪzɪən/
- **ADJ** (= of Caucasia) caucasien ; (= white) blanc m (blanche f)
- **N** (= person from Caucasia) Caucasien(ne) m(f) ; (= White) Blanc m, Blanche f

**caucasoid** /ˈkɔːkəsɔɪd/
- **ADJ** de race blanche or caucasique
- **N** Blanc m, Blanche f

**Caucasus** /ˈkɔːkəsəs/ **N** ◆ **the Caucasus** le Caucase

**caucus** /ˈkɔːkəs/ SYN **N** (pl **caucuses**) (US) (= committee) comité m électoral ; (= meeting) réunion f du comité électoral ; (Brit pej) coterie f politique

**caudal** /ˈkɔːdl/ **ADJ** caudal

**caudate** /ˈkɔːdeɪt/ **ADJ** [animal] caudé

**caught** /kɔːt/ **VB** pt, ptp of **catch**

**caul** /kɔːl/ **N** (Anat) coiffe f ◆ **to be born with a caul** naître coiffé (lit)

**cauldron** /ˈkɔːldrən/ **N** chaudron m ◆ **a cauldron of intrigue/ethnic strife** un foyer d'intrigues/de conflit ethnique

**caulescent** /kɔːˈlesnt/ **ADJ** caulescent

**cauliflower** /ˈkɒlɪflaʊəʳ/
- **N** chou-fleur m
- **COMP** **cauliflower cheese N** (Culin) chou-fleur m au gratin
- **cauliflower ear**\* **N** oreille f en feuille de chou

**caulk** /kɔːk/ **VT** [+ ship] calfater

**causal** /ˈkɔːzəl/ **ADJ** causal ; (Gram) causal, causatif ◆ **causal link** m causal

**causalgia** /kɔːˈzælɡɪə/ **N** causalgie f

**causality** /kɔːˈzælɪtɪ/ **N** causalité f

**causally** /ˈkɔːzəlɪ/ **ADV** causalement ◆ **to be causally related** avoir un lien or une relation de cause à effet

**causation** /kɔːˈzeɪʃən/ **N** 1 (= causing) causalité f
2 (= cause-effect relation) relation f de cause à effet

**causative** /ˈkɔːzətɪv/
- **ADJ** causal ; (Gram) causal, causatif ◆ **causative of** (frm) (qui est) cause de
- **N** (Gram) mot m causal or causatif

**cause** /kɔːz/ LANGUAGE IN USE 16.1 SYN
- **N** 1 (gen, also Philos) cause f ; (= reason) cause f, raison f, motif m ◆ **cause and effect** la cause et l'effet m ◆ **the relation of cause and effect** la relation de cause à effet ◆ **the cause of his failure** la cause de son échec ◆ **to be the cause of sth** être cause de qch, causer qch ◆ **cause of action** (Jur) fondement m (d'une action en justice) ◆ **cause of loss** (Jur) fait m générateur du sinistre ◆ **she has no cause to be angry** elle n'a aucune raison de se fâcher ◆ **there's no cause for anxiety** il n'y a pas lieu de s'inquiéter or de raison de s'inquiéter or de quoi s'inquiéter ◆ **with (good) cause** à juste titre ◆ **not without cause** non sans raison ◆ **without cause** sans cause or raison or motif ◆ **without good cause** sans raison or cause or motif valable ◆ **cause for complaint** sujet m de plainte
2 (= purpose) cause f, parti m ◆ **to make common cause with sb** (frm) faire cause commune avec qn ◆ **to work in a good cause** travailler pour la or une bonne cause ◆ **it's all in a good cause** c'est pour une bonne cause ; → **lost**
3 (Jur) cause f ◆ **to plead sb's cause** plaider la cause de qn ◆ **cause list** rôle m des audiences

- **VT** causer, occasionner ◆ **to cause damage/an accident** causer des dégâts/un accident ◆ **to cause grief to sb** causer du chagrin à qn ◆ **to cause trouble** causer des ennuis ◆ **to cause trouble to sb** causer des ennuis à qn ◆ **I don't want to cause you any trouble** je ne veux pas vous déranger ◆ **to cause sb to do sth** faire faire qch à qn ◆ **to cause sth to be done** faire faire qch

'**cause**\* /kɒz, kəz/ **CONJ** ⇒ **because**

**causeway** /ˈkɔːzweɪ/ **N** chaussée f

**caustic** /ˈkɔːstɪk/ SYN
- **ADJ** (Chem, fig) caustique ◆ **caustic remark** remarque f caustique
- **N** substance f caustique, caustique m
- **COMP** **caustic soda N** soude f caustique

**caustically** /ˈkɔːstɪklɪ/ **ADV** (say, describe) de façon caustique ◆ **to be caustically funny** [person] avoir un humour caustique ; [book] être d'un humour caustique

**causticity** /kɔːˈstɪsɪtɪ/ **N** causticité f

**cauterization** /ˌkɔːtəraɪˈzeɪʃən/ **N** (Med) cautérisation f

**cauterize** /ˈkɔːtəraɪz/ **VT** cautériser

**cautery** /ˈkɔːtərɪ/ **N** cautère m

**caution** /ˈkɔːʃən/ SYN
- **N** 1 (NonC = circumspection) prudence f, circonspection f ◆ **proceed with caution** (gen) agissez avec prudence or circonspection ; (in vehicle) avancez lentement
2 (= warning) avertissement m (de la police) ; (= rebuke) réprimande f ◆ "**caution**" (on label) « attention » ◆ **he got off with a caution** il s'en est tiré avec une réprimande
3 († \* = rascal) numéro\* m, phénomène\* m
- **VT** avertir, donner un avertissement à ; (Brit Police: on charging suspect) mettre en garde (un suspect que toute déclaration de sa part peut être retenue contre lui) ◆ **to caution sb against sth** mettre qn en garde contre qch ◆ **to caution sb against doing sth** déconseiller à qn de faire qch
- **COMP** **caution money N** (Jur) cautionnement m

> ⚠ **caution** is not translated by the French word **caution**, whose meanings include 'guarantee', 'deposit' and 'support'.

**cautionary** /ˈkɔːʃənərɪ/ **ADJ** (servant) d'avertissement ; (Jur) donné en garantie ◆ **a cautionary tale** un récit édifiant

**cautious** /ˈkɔːʃəs/ SYN **ADJ** [person, welcome, response, optimism] prudent, circonspect

**cautiously** /ˈkɔːʃəslɪ/ **ADV** [move] avec précaution ; [say, react] prudemment, avec prudence ; [welcome, accept] avec circonspection ◆ **cautiously optimistic** d'un optimisme prudent

**cautiousness** /ˈkɔːʃəsnɪs/ **N** circonspection f

**cavalcade** /ˌkævəlˈkeɪd/ SYN
- **N** cavalcade f
- **VI** cavalcader

**cavalier** /ˌkævəˈlɪəʳ/ SYN
- **N** (gen, Mil) cavalier m ; (Brit Hist) royaliste m (partisan de Charles Iᵉʳ et de Charles II)
- **ADJ** 1 (Brit Hist) royaliste
2 [person, behaviour, attitude] cavalier
- **COMP** **Cavalier King Charles Spaniel N** (= dog) épagneul m cavalier King Charles

**cavalierly** /ˌkævəˈlɪəlɪ/ **ADV** cavalièrement

**cavalry** /ˈkævəlrɪ/ SYN
- **N** cavalerie f ; → **household**
- **COMP** **cavalry charge N** charge f de cavalerie
- **cavalry officer N** officier m de cavalerie
- **cavalry twill N** drap m sergé pour culotte de cheval, tricotine f

**cavalryman** /ˈkævəlrɪmən/ **N** (pl **-men**) cavalier m

**cavatina** /ˌkævəˈtiːnə/ **N** (Mus) cavatine f

**cave**¹ /keɪv/ SYN
- **N** caverne f, grotte f
- **VI** ◆ **to go caving** faire de la spéléologie
- **COMP** **cave dweller N** (in prehistory) homme m des cavernes ; (in historical times) troglodyte mf
- **cave-in N** [of floor, building] effondrement m, affaissement m ; (\* = defeat, surrender) effondrement m
- **cave painting N** peinture f rupestre
- **caving-in N** ⇒ **cave-in**

## cave | cement

▸ **cave in**
- **VI** ① [floor, building] s'effondrer, s'affaisser ; [wall, beam] céder
- ② (* = yield) se dégonfler*, caner*
- **N** ◆ **cave-in, caving-in** → **cave**

**cave²** †* /keɪv/ **EXCL** (Brit Scol) ◆ **cave!** pet pet !*, vingt-deux !* ◆ **to keep cave** faire le guet

**caveat** /ˈkævɪæt/ **SYN N** (gen) avertissement m ; (Jur) notification f d'opposition ◆ **caveat emptor** sans garantie du fournisseur, aux risques de l'acheteur

**caveman** /ˈkeɪvmæn/ **N** (pl **-men**) homme m des cavernes

**caver** /ˈkeɪvəʳ/ **N** spéléologue mf

**cavern** /ˈkævən/ **SYN N** caverne f

**cavernous** /ˈkævənəs/ **SYN ADJ** [room, building, space etc] énorme ; [eyes] cave (liter), enfoncé ; [mouth] immense ; [voice, laugh] caverneux ; [yawn] profond

**cavetto** /kəˈvetəʊ/ **N** cavet m

**caviar(e)** /ˈkævɪɑːʳ/ **N** caviar m

**cavicorn** /ˈkævɪˌkɔːn/ **ADJ** cavicorne

**cavil** /ˈkævɪl/ **SYN VI** ergoter, chicaner (about, at sur)

**caving** /ˈkeɪvɪŋ/ **N** spéléologie f

**cavitation** /ˌkævɪˈteɪʃən/ **N** cavitation f

**cavity** /ˈkævɪtɪ/ **SYN**
- **N** (gen) cavité f ; (Med: in rotten tooth) carie f ; (Phon) orifice m ◆ **to have cavities (in one's teeth)** avoir des caries
- **COMP** **cavity wall N** mur m creux ◆ **cavity wall insulation** isolation f des murs creux

**cavort*** /kəˈvɔːt/ **VI** (= jump about) [children] s'ébattre ◆ **while you were cavorting (around) in Paris...** pendant que tu prenais du bon temps à Paris... ◆ **they were cavorting (around) in the pool** ils faisaient les fous dans la piscine

**cavortings** /kəˈvɔːtɪŋz/ **NPL** ébats mpl

**cavy** /ˈkeɪvɪ/ **N** (= guinea pig) cobaye m, cochon m d'Inde

**caw** /kɔː/
- **VI** croasser
- **N** croassement m

**cawing** /ˈkɔːɪŋ/ **N** (NonC) croassement m

**cay** /keɪ/ **N** (= sandbank) banc m de sable ; (= coral reef) récif m or banc m de corail

**Cayenne** /ˈkeɪen/ **N** (also **Cayenne pepper**) (poivre m de) Cayenne m

**cayman** /ˈkeɪmən/ **N** (pl **-mans**) ① caïman m
- ② ◆ **the Cayman Islands** les îles fpl Caïmans

**CB** /ˌsiːˈbiː/
- **ABBR** ① (abbrev of **Citizens' Band Radio**) (= activity) CB f ; (= set) poste m de CB
- ② (Mil) (abbrev of **confined to barracks**) → **confined**
- ③ (abbrev of **Companion (of the Order) of the Bath**) titre honorifique
- **COMP** **CB user N** cibiste mf

**CBC** /ˌsiːbiːˈsiː/ **N** (abbrev of **Canadian Broadcasting Corporation**) Société f Radio-Canada (organisme de radiotélévision publique canadien)

**CBE** /ˌsiːbiːˈiː/ **N** (abbrev of **Companion (of the Order) of the British Empire**) titre honorifique

**CBI** /ˌsiːbiːˈaɪ/ **N** (abbrev of **Confederation of British Industry**) conseil du patronat en Grande-Bretagne

**CBS** /ˌsiːbiːˈes/ **N** abbrev of **Columbia Broadcasting System**

**CC** /ˌsiːˈsiː/ (in Brit: formerly) (abbrev of **County Council**) → **county**

**cc** /ˌsiːˈsiː/ ① (abbrev of **cubic centimetre(s)**) cm³
- ② (abbrev of **carbon copy, carbon copies**) → **carbon**

**CCA** /ˌsiːsiːˈeɪ/ **N** ① (US Jur) (abbrev of **Circuit Court of Appeals**) cour f d'appel
- ② (Brit) (abbrev of **centre for contemporary art**) centre m d'art contemporain

**CCTV** /ˌsiːsiːtiːˈviː/ **N** (abbrev of **closed-circuit television**) → **closed**

**CD** /ˌsiːˈdiː/
- **N** ① (abbrev of **compact disc**) CD m
- ② (abbrev of **Corps Diplomatique**) CD m
- ③ (abbrev of **Civil Defence**) → **civil**
- ④ (US) (abbrev of **Congressional District**) → **congressional**
- **COMP** **CD burner N** graveur m de CD
- **CD player N** platine f laser
- **CD-writer N** graveur m de CD

**cd** (abbrev of **candela**) cd

**CDC** /ˌsiːdiːˈsiː/ **N** (US) (abbrev of **Center for Disease Control and Prevention**) → **centre** ; → **CENTERS FOR DISEASE CONTROL**

**CD-I** ® /ˌsiːdiːˈaɪ/ **N** (abbrev of **compact disc interactive**) CD-I m, disque m compact interactif

**Cdr.** (Mil) (abbrev of **Commander**) ◆ **Cdr. J. Thomas** (on envelope) le commandant J. Thomas

**CD-ROM** /ˌsiːdiːˈrɒm/
- **N** (abbrev of **compact disc read-only memory**) CD-ROM m, cédérom m
- **COMP** **CD-ROM drive N** lecteur m (de) CD-ROM

**CDT** /ˌsiːdiːˈtiː/ **N** ① (US) (abbrev of **Central Daylight Time**) → **central**
- ② (Brit) (abbrev of **Craft, Design and Technology**) EMT f

**CDTV** /ˌsiːdiːtiːˈviː/ **N** (NonC) (abbrev of **compact disc television**) télévision f interactive

**CDV** /ˌsiːdiːˈviː/, **CD-video** /ˌsiːdiːˈvɪdɪəʊ/ **N** (abbrev of **compact disc video**) CD-V m, vidéodisque m compact

**CE** /ˌsiːˈiː/ **N** (abbrev of **Church of England**) → **church**

**cease** /siːs/ **SYN**
- **VI** [activity, noise etc] cesser, s'arrêter ◆ **to cease from work** cesser le travail ◆ **to cease from doing sth, to cease to do sth** cesser or arrêter de faire qch ◆ **I never cease to be amazed by people's generosity** la générosité des gens ne cesse de m'étonner
- **VT** [+ work, activity] cesser, arrêter ◆ **to cease doing sth** cesser or arrêter de faire qch ◆ **to cease fire** (Mil) cesser le feu ◆ **to cease trading** (Comm) fermer, cesser ses activités
- **N** ◆ **without cease** sans cesse

**ceasefire** /ˈsiːsfaɪəʳ/ **N** (Mil) cessez-le-feu m inv

**ceaseless** /ˈsiːslɪs/ **SYN ADJ** incessant, continuel

**ceaselessly** /ˈsiːslɪslɪ/ **ADV** sans arrêt, sans cesse

**cecal** /ˈsiːkəl/ **ADJ** (US) ⇒ **caecal**

**cecum** /ˈsiːkəm/ **N** (pl **ceca**) (US) ⇒ **caecum**

**cedar** /ˈsiːdəʳ/
- **N** cèdre m ◆ **cedar of Lebanon** cèdre m du Liban
- **COMP** de or en cèdre
- **cedar wood N** (bois m de) cèdre m

**cede** /siːd/ **SYN VT** céder

**cedilla** /sɪˈdɪlə/ **N** cédille f ◆ **"c" cedilla** « c » cédille

**Ceefax** ® /ˈsiːfæks/ **N** télétexte ® m (de la BBC)

**ceilidh** /ˈkeɪlɪ/ **N** bal folklorique écossais ou irlandais

**ceiling** /ˈsiːlɪŋ/
- **N** plafond m ◆ **to fix a ceiling for** or **put a ceiling on prices/wages** fixer un plafond pour les prix/salaires ◆ **to hit the ceiling*** (= get angry) sortir de ses gonds, piquer une crise* ; [prices] crever le plafond ◆ **prices have reached their ceiling at 160 pence** les prix plafonnent à 160 pence
- **COMP** [lamp, fan, covering] de plafond ; (fig) [rate, charge] plafond inv
- **ceiling decoration N** décoration f de plafond
- **ceiling price N** prix m plafond inv

**celadon** /ˈselədɒn/ **N** (= porcelain) céladon m

**celandine** /ˈseləndaɪn/ **N** chélidoine f

**celeb*** /səˈleb/ **N** célébrité f, vedette f

**Celebes** /ˈselɪbiːz or seˈliːbɪz/ **N** (Geog) Célèbes fpl

**celebrant** /ˈselɪbrənt/ **N** célébrant m, officiant m

**celebrate** /ˈselɪbreɪt/ **LANGUAGE IN USE 25.1 SYN**
- **VT** [+ person] célébrer, glorifier ; [+ event] célébrer, fêter ◆ **to celebrate the anniversary of sth** commémorer qch ◆ **to celebrate mass** (Rel) célébrer la messe
- **VI** ① (Rel) célébrer (l'office)
- ② faire la fête ◆ **let's celebrate!** * il faut fêter ça ! ; (with drink) il faut arroser ça !*

**celebrated** /ˈselɪbreɪtɪd/ **SYN ADJ** (= famous) célèbre

**celebration** /ˌselɪˈbreɪʃən/ **SYN**
- **N** ① (also **celebrations**) fête(s) f(pl) ; (at Christmas) (family event etc) fête f, festivités fpl ; (public event) cérémonies fpl, fête(s) f(pl) ◆ **we must have a celebration!** il faut fêter ça ! ◆ **to join in the celebrations** participer à la fête or aux festivités ◆ **the victory celebrations** les cérémonies marquant la victoire
- ② (NonC = act of celebrating) [of event] (also Rel) célébration f ; [of past event] commémoration f ; [of sb's virtues etc] éloge m, louange f ◆ **in celebration of** (victory etc) pour fêter or célébrer ; (past victory etc) pour commémorer ; (sb's achievements) pour célébrer
- **COMP** [dinner, outing etc] de fête ; (for past event) commémoratif

**celebratory** /ˌselɪˈbreɪtərɪ/ **ADJ** de célébration ◆ **how about a celebratory drink?** et si on prenait un verre pour fêter ça ?

**celebrity** /sɪˈlebrɪtɪ/ **SYN N** (= fame, famous person) célébrité f

**celeriac** /səˈlerɪæk/ **N** céleri(-rave) m

**celerity** /sɪˈlerɪtɪ/ **N** (liter) célérité f

**celery** /ˈselərɪ/
- **N** céleri m (ordinaire or à côtes) ◆ **a bunch** or **head of celery** un pied de céleri ◆ **a stick of celery** une branche de céleri
- **COMP** [seeds, salt] de céleri

**celesta** /sɪˈlestə/ **N** célesta m

**celestial** /sɪˈlestɪəl/ **SYN ADJ** (lit, fig) céleste

**celiac** /ˈsiːlɪæk/ **ADJ** (esp US) ⇒ **coeliac**

**celibacy** /ˈselɪbəsɪ/ **N** célibat m

**celibate** /ˈselɪbɪt/ **ADJ, N** (= unmarried) [priest, nun] célibataire mf ; (= sexually inactive) chaste

**cell** /sel/ **SYN**
- **N** ① (gen, Bot, Phot, Telec) cellule f ; (Elec) élément m (de pile) ◆ **to form a cell** (Pol) créer une cellule
- ② (Police etc) cellule f ◆ **he spent the night in the cells** il a passé la nuit au poste or en cellule ; → **condemn**
- **COMP** **cell culture N** (Bio) culture f de cellules
- **cell therapy N** thérapie f cellulaire
- **cell wall N** (Bio) paroi f cellulaire

**cella** /ˈselə/ **N** (pl **cellae** /ˈseliː/) cella f

**cellar** /ˈseləʳ/ **N** ① (for wine, coal) cave f ; (for food etc) cellier m ◆ **in the cellar** à la cave
- ② (= store for wine) cave f (à vins) ◆ **he keeps an excellent cellar** il a une excellente cave ; → **coal, saltcellar**

**cellist** /ˈtʃelɪst/ **N** violoncelliste mf

**cellmate** /ˈselmeɪt/ **N** compagnon m, compagne f de cellule

**cello** /ˈtʃeləʊ/
- **N** violoncelle m
- **COMP** de violoncelle

**Cellophane** ® /ˈseləfeɪn/ **N** cellophane ® f

**cellphone** /ˈselfəʊn/ **N** téléphone m cellulaire

**cellular** /ˈseljʊləʳ/
- **ADJ** ① (Anat, Bio etc) cellulaire
- ② [blanket] en cellular
- **COMP** **cellular phone N** ⇒ **cellular telephone**
- **cellular radio N** (Rad) radio f cellulaire
- **cellular telephone N** téléphone m cellulaire

**cellulase** /ˈseljʊˌleɪz/ **N** cellulase f

**cellule** /ˈseljuːl/ **N** (Pol, Bio) cellule f

**cellulite** /ˈseljʊlaɪt/ **N** cellulite f (gonflement)

**cellulitis** /ˌseljʊˈlaɪtɪs/ **N** cellulite f (inflammation)

**Celluloid** ® /ˈseljʊlɔɪd/
- **N** celluloïd m
- **COMP** en celluloïd

**cellulose** /ˈseljʊləʊs/
- **N** cellulose f
- **COMP** cellulosique, en or de cellulose
- **cellulose acetate N** acétate m de cellulose
- **cellulose varnish N** vernis m cellulosique

**celom** /ˈsiːləʊm/ **N** (esp US) cœlome m

**Celsius** /ˈselsɪəs/ **ADJ** Celsius inv ◆ **degrees Celsius** degrés mpl Celsius

**Celt** /kelt, selt/ **N** Celte mf

**Celtic** /ˈkeltɪk, ˈseltɪk/
- **ADJ** celtique, celte
- **N** (= language) celtique m

**cembalo** /ˈtʃembələʊ/ **N** (pl **cembalos** or **cembali** /ˈtʃembəliː/) (Mus) clavecin m

**cement** /səˈment/ **SYN**
- **N** ① (Constr, fig) ciment m
- ② (Chem, Dentistry) amalgame m
- ③ ⇒ **cementum**
- **VT** (Constr, fig) cimenter ; (Chem) cémenter ; (Dentistry) obturer
- **COMP** **cement mixer N** bétonnière f, bétonneuse f

**cementation** /ˌsiːmenˈteɪʃən/ N (Constr, fig) cimentation f ; [of metals] cémentation f

**cementum** /sɪˈmentəm/ N (Anat) cément m

**cemetery** /ˈsemɪtrɪ/ SYN cimetière m

**cenotaph** /ˈsenɑːf/ N cénotaphe m

**Cenozoic** /ˌsiːnəʊˈzəʊɪk/ (Geol)
ADJ cénozoïque
N ◆ the Cenozoic le Cénozoïque

**censer** /ˈsensəʳ/ N encensoir m

**censor** /ˈsensəʳ/ SYN
N censeur m
VT censurer

**censorious** /senˈsɔːrɪəs/ SYN ADJ [person, comments] critique, sévère

**censoriously** /senˈsɔːrɪəslɪ/ ADV sévèrement

**censorship** /ˈsensəʃɪp/ N (NonC) (= censoring) censure f ; (= function of censor) censorat m

**censurable** /ˈsenʃərəbl/ ADJ blâmable, critiquable

**censure** /ˈsenʃəʳ/ SYN
VT (publicly) réprimander publiquement ; (= blame) critiquer
N critique f, blâme m
COMP **censure motion** N motion f de censure ; → vote

**census** /ˈsensəs/
N (pl **censuses**) recensement m ◆ **to take a census of the population** faire le recensement de la population ◆ **the increase between censuses** l'augmentation f intercensitaire
COMP **census enumerator, census taker** (US) N agent m recenseur

**cent** /sent/ N [1] ◆ **per cent** pour cent
[2] (= coin) cent m ; (= unit of euro) cent m, centime m d'euro ◆ **I haven't a cent*** je n'ai pas un centime or rond*

**cent.** [1] abbrev of **centigrade**
[2] abbrev of **central**
[3] abbrev of **century**

**centaur** /ˈsentɔːʳ/ N centaure m

**centaurea** /senˈtɔːrɪə/ N (= plant) centaurée f

**Centaurus** /senˈtɔːrəs/ N (Myth, Astron) Centaure m

**centenarian** /ˌsentɪˈnɛərɪən/ ADJ, N centenaire mf

**centenary** /senˈtiːnərɪ/ (esp Brit)
ADJ centenaire
N (= anniversary) centenaire m ; (= century) siècle m ◆ **he has just passed his centenary** il vient de fêter son centième anniversaire or son centenaire
COMP **centenary celebrations** NPL fêtes fpl du centenaire

**centennial** /senˈtenɪəl/ (esp US)
ADJ (= 100 years old) centenaire, séculaire ; (= every 100 years) séculaire (frm)
N centenaire m, centième anniversaire m
COMP **the Centennial State** N (US) Colorado m

**center** /ˈsentəʳ/ N (US) ⇒ **centre**

**centesimal** /senˈtesɪməl/ ADJ centésimal

**centigrade** /ˈsentɪgreɪd/ ADJ [thermometer, scale] centigrade ; [degree] centigrade, Celsius inv

**centigramme, centigram** (US) /ˈsentɪgræm/ N centigramme m

**centilitre, centiliter** (US) /ˈsentɪˌliːtəʳ/ N centilitre m

**centimetre, centimeter** (US) /ˈsentɪˌmiːtəʳ/ N centimètre m

**centipede** /ˈsentɪpiːd/ N mille-pattes m inv

**cento** /ˈsentəʊ/ N centon m

**central** /ˈsentrəl/ SYN
ADJ [courtyard, committee, control, command, idea, character] central ; [location] central, proche du centre ; [flat, house, office] proche du centre ; [planning] centralisé ; [aim, fact, role] essentiel ◆ **central London/Poland** le centre de Londres/de la Pologne ◆ **of central importance** d'une importance capitale ◆ **to be central to sth** jouer un rôle essentiel dans qch, être au centre de qch
N (US) central m téléphonique
COMP **Central African** ADJ centrafricain
**Central African Republic** N République f centrafricaine
**Central America** N Amérique f centrale
**Central American** ADJ d'Amérique centrale N habitant(e) m(f) d'Amérique centrale
**Central Asia** N Asie f centrale
**Central Asian** ADJ d'Asie centrale
**central bank** N banque f centrale
**central casting** N (NonC: esp US Cine) service m du casting (d'un studio de cinéma) ◆ **straight out of central casting** (fig) caricatural
**Central Committee** N (Pol) comité m central
**Central Daylight Time** N (US) heure f d'été du Centre (des États-Unis)
**Central Europe** N Europe f centrale
**Central European** ADJ d'Europe centrale N habitant(e) m(f) d'Europe centrale
**Central European Time** N (Geog) heure f d'Europe centrale
**central government** N pouvoir m central
**central heating** N chauffage m central
**central locking** N [of car] verrouillage m centralisé
**central locking device** N [of car] condamnation f électromagnétique des serrures
**central nervous system** N système m nerveux central
**central processing unit** N (Comput) unité f centrale
**central reservation** N (Brit) [of road, motorway] terre-plein m central
**Central Standard Time** N (US) heure f normale du Centre (des États-Unis)

**centralism** /ˈsentrəlɪzəm/ N (Pol) centralisme m

**centralist** /ˈsentrəlɪst/ ADJ, N (Pol) centraliste mf

**centrality** /senˈtrælɪtɪ/ N (= central role) rôle m central ◆ **the centrality of rice to their economy** le rôle central du riz dans leur économie ◆ **the centrality of the hotel's location is ideal** (= central location) ce qui est idéal, c'est que l'hôtel est situé dans le centre-ville

**centralization** /ˌsentrəlaɪˈzeɪʃən/ N centralisation f

**centralize** /ˈsentrəlaɪz/ SYN
VT centraliser
VI se centraliser, être centralisé
COMP **centralized economy** N économie f centralisée

**centrally** /ˈsentrəlɪ/
ADV [1] (= in middle) [positioned, placed] au centre
[2] (= near city centre) [located, situated] dans le centre ◆ **very centrally situated** tout près du centre ◆ **he lives centrally** il habite dans le centre or près du centre
[3] (= primarily) ◆ **to be centrally important** être d'une importance capitale, occuper une place centrale ◆ **the novel is centrally concerned with the subject of unhappiness** la tristesse est le motif central de ce roman
[4] (Admin, Pol) [organize] de façon centralisée ◆ **centrally based** centralisé ◆ **centrally planned economy** économie f dirigée or centralisée
COMP **centrally heated** ADJ équipé du chauffage central ◆ **the house is centrally heated** la maison a le chauffage central

**centre, center** (US) /ˈsentəʳ/ SYN
N [1] (gen, Comput) centre m ◆ **the centre of the target** le centre de la cible, le mille ◆ **in the centre** au centre ◆ **centre of attraction** (lit) centre m d'attraction ; (fig) point m de mire ◆ **she was the centre of attention or interest** elle a été le centre d'attention or d'intérêt ◆ **she likes to be the centre of attention** elle aime être le point de mire ◆ **the man at the centre of the controversy** l'homme au cœur de la controverse ◆ **a centre of industry/commerce** un centre industriel/commercial ◆ **a party of the centre** (Pol) un parti du centre ; → **city, community, job**
[2] (= place for specific activity) centre m ◆ **adult education centre** centre m d'enseignement (postscolaire) pour adultes ◆ **law/business consultancy centre** boutique f de droit/de gestion ; → **civic, community, job**
VT (gen, Comput) centrer ◆ **to centre the ball** (Football) centrer ◆ **the fighting has been centred around the capital** les combats se sont concentrés autour de la capitale ◆ **the silk industry was centred in Valencia** l'industrie de la soie était concentrée à Valence ◆ **to be centred** (mentally) être équilibré
VI [1] [thoughts, hatred] se concentrer (on, in sur) ; [problem, discussion] tourner (on autour de)
[2] (Archery) frapper au centre
COMP [row etc] central
**Center for Disease Control and Prevention** N (US) organisme de santé publique
**centre armrest** N (in car, bus, train) accoudoir m central
**centre bit** N (for drill) mèche f, foret m, mèche f anglaise
**centre court** N (Tennis) court m central
**centre-forward** N (Sport) avant-centre m
**centre-half** N (Sport) demi-centre m
**centre of gravity** N centre m de gravité
**centre parties** NPL (Pol) partis mpl du centre
**centre spread** N (Advertising) pages fpl centrales
**centre-stage** N (lit, fig) ◆ **to take centre-stage** occuper le devant de la scène
**centre three-quarter** N (Sport) trois-quarts m centre
**centre vowel** N (Phon) voyelle f centrale

> **CENTERS FOR DISEASE CONTROL**
>
> Les **Centers for Disease Control and Prevention** (ou **CDC**) sont un organisme américain de santé publique dont le siège se trouve à Atlanta, en Géorgie. Son rôle est d'élaborer des règlements sanitaires et des normes de sécurité, de collecter et d'analyser les informations relatives à la santé publique et d'organiser la prévention des maladies transmissibles. Il doit son renom international au rôle de pionnier qu'il a joué dans la détection du virus HIV et dans l'identification de ses modes de transmission.

**centreboard** /ˈsentəbɔːd/ N [of sailing vessel] dérive f

**-centred** /ˈsentəd/ ADJ (in compounds) basé sur

**centrefold** /ˈsentəfəʊld/ N (Press) double page f (détachable) ; (= pin-up picture) photo f de pin up (au milieu d'un magazine)

**centrepiece** /ˈsentəpiːs/ N [1] (= key feature, event) ◆ **the centrepiece of the town** le joyau de la ville ◆ **the centrepiece of their campaign strategy** le pivot or la clé de voûte de leur stratégie électorale ◆ **the centrepiece of the summit will be the signing of a treaty** le moment le plus important du sommet sera la signature du traité
[2] [of table] milieu m de table

**centrifugal** /sentrɪˈfjʊgəl/
ADJ centrifuge
COMP **centrifugal force** N force f centrifuge

**centrifuge** /ˈsentrɪfjuːʒ/
N centrifugeur m, centrifugeuse f
VT centrifuger

**centriole** /ˈsentrɪəʊl/ N centriole m

**centripetal** /senˈtrɪpɪtl/
ADJ centripète
COMP **centripetal force** N force f centripète

**centrism** /ˈsentrɪzəm/ N centrisme m

**centrist** /ˈsentrɪst/ ADJ, N centriste mf

**centromere** /ˈsentrəˌmɪəʳ/ N centromère m

**centrosome** /ˈsentrəsəʊm/ N (Bio) centrosome m

**centrosphere** /ˈsentrəˌsfɪəʳ/ N centrosphère f

**centurion** /senˈtjʊərɪən/ N centurion m

**century** /ˈsentjʊrɪ/
N [1] siècle m ◆ **several centuries ago** il y a plusieurs siècles ◆ **in the twentieth century** au vingtième siècle
[2] (Mil Hist) centurie f
[3] (Cricket) cent courses fpl
COMP **centuries-old** ADJ séculaire, vieux (vieille f) de plusieurs siècles
**century note*** N (US) billet m de cent dollars

**CEO** /ˌsiːiːˈəʊ/ N (abbrev of **chief executive officer**) → **chief**

**cep** /sep/ N (= mushroom) cèpe m

**cephalic** /sɪˈfælɪk/
ADJ céphalique
COMP **cephalic index** N (Med) indice m céphalique

**cephalopod** /ˈsefələpɒd/ N céphalopode m

**cephalosporin** /ˌsefələʊˈspɔːrɪn/ N céphalosporine f

**cephalothorax** /ˌsefələʊˈθɔːræks/ N (pl **cephalothoraxes** or **cephalothoraces** /ˌsefələˈθɔːrəsiːz/) céphalothorax m

**Cepheid variable** /ˈsiːfɪɪd/ N (Astron) céphéide f

**ceramic** /sɪˈræmɪk/
ADJ [art] céramique ; [cup, vase] en céramique
N [1] (NonC) céramique f
[2] (objet m en) céramique f
COMP **ceramic hob** N table f de cuisson en vitrocéramique

**cerastes** /səˈræstiːz/ N céraste m

**cerate** /ˈsɪərɪt/ N cérat m

**Cerberus** /ˈsɜːbərəs/ N Cerbère m

**cercaria** /səˈkɛərɪə/ N (pl **cercariae** /səˈkɛərɪiː/) cercaire f

**cereal** /ˈsɪərɪəl/
- N (= plant) céréale f ; (= grain) grain m (de céréale) ◆ **baby cereal** Blédine ® f ◆ **breakfast cereal** céréale f
- ADJ de céréale(s)

**cerebellum** /ˌserɪˈbeləm/ N (pl **cerebellums** or **cerebella** /ˌserɪˈbelə/) cervelet m

**cerebra** /ˈserɪbrə/ NPL of **cerebrum**

**cerebral** /ˈserɪbrəl/
- ADJ cérébral
- COMP **cerebral death** N mort f cérébrale
  **cerebral haemorrhage** N (Med) hémorragie f cérébrale
  **cerebral palsy** N paralysie f cérébrale

**cerebration** /ˌserɪˈbreɪʃən/ N (frm) cogitation f

**cerebrospinal** /ˌserɪbrəʊˈspaɪnl/ ADJ (Anat, Med) cérébrospinal

**cerebrovascular** /ˌserɪbrəʊˈvæskjʊlər/ ADJ (Med) vasculaire cérébral

**cerebrum** /ˈserɪbrəm/ N (pl **cerebrums** or **cerebra**) (Anat) cerveau m

**ceremonial** /ˌserɪˈməʊnɪəl/ SYN
- ADJ [rite] cérémoniel ; [dress] de cérémonie ; (US) [office, post] honorifique
- N cérémonial m NonC ; (Rel) cérémonial m, rituel m

**ceremonially** /ˌserɪˈməʊnɪəlɪ/ ADV selon le cérémonial d'usage

**ceremonious** /ˌserɪˈməʊnɪəs/ SYN ADJ solennel ; (slightly pej) cérémonieux

**ceremoniously** /ˌserɪˈməʊnɪəslɪ/ ADV solennellement, avec cérémonie ; (slightly pej) cérémonieusement

**ceremony** /ˈserɪmənɪ/ SYN N [1] (= event) cérémonie f ; → master
- [2] (NonC) cérémonies fpl, façons fpl ◆ **to stand on ceremony** faire des cérémonies, faire des manières ◆ **with ceremony** cérémonieusement ◆ **without ceremony** sans cérémonie(s)

**cerise** /səˈriːz/ ADJ (de) couleur cerise, cerise inv

**cerium** /ˈsɪərɪəm/ N cérium m

**CERN** /sɜːn/ N (abbrev of **Conseil européen pour la recherche nucléaire**) CERN m

**cert** /sɜːt/ N (Brit) certitude f ◆ **it's a dead cert** ça ne fait pas un pli*, c'est couru* ◆ **he's a (dead) cert for the job** il est sûr et certain de décrocher le poste*

**cert.** [1] abbrev of **certificate**
[2] abbrev of **certified**

**certain** /ˈsɜːtən/ LANGUAGE IN USE 6.2, 15.1, 16.1, 26.3 SYN
- ADJ [1] (= sure) certain ◆ **to be** or **feel certain (about** or **of sth)** être certain (de qch) ◆ **are you absolutely certain (about** or **of that)?** en es-tu absolument certain ? ◆ **you don't sound very certain** tu n'en as pas l'air très sûr ◆ **certain of oneself** sûr de soi ◆ **to be certain that...** être certain que... ◆ **be certain to go!** allez-y sans faute ! ◆ **I am not certain who/why/when/how...** je ne sais pas avec certitude qui/pourquoi/quand/comment... ◆ **we are not certain what is happening** nous ne sommes pas certains de or nous ne savons pas au juste ce qui se passe
- ◆ **to make certain** ◆ **to make certain that...** (= check, ensure) s'assurer que... ◆ **to make certain of sth** (= get facts about) s'assurer de qch ; (= be sure of getting) s'assurer qch
- ◆ **for certain** (= definitely) ◆ **he's up to something, that's for certain** il manigance quelque chose, c'est une certitude or c'est sûr et certain ◆ **he'll do it for certain** il le fera, c'est certain ◆ **to know sth for certain** savoir qch avec certitude ◆ **to know for certain that...** avoir la certitude que... ◆ **to know for certain what/where...** savoir avec certitude ce qui or que/où... ◆ **we know for certain of ten fatalities** nous savons avec certitude qu'il y a au moins dix victimes ◆ **I don't know for certain, I can't say for certain** je n'en suis pas certain or sûr ◆ **I can't say for certain that...** je ne peux pas affirmer que...
- [2] (= assured, guaranteed) [defeat, success, victory, death] certain after n ◆ **nothing's certain in this world** il n'y a rien de certain dans ce monde ◆ **one thing is certain...** une chose est certaine... ◆ **he's a certain winner/loser** il est sûr de gagner/perdre ◆ **there's certain to be strong opposition to these proposals** ces propositions se heurteront certainement à une forte opposition ◆ **he is certain to come** il viendra sans aucun doute ◆ **it is certain that...** il est certain que... ◆ **he was 99% certain of winning** il était à 99% certain de gagner ◆ **to my certain knowledge, she has never been there** je sais pertinemment qu'elle n'y est jamais allée
- [3] (= particular) [person, matter, place, manner, type] certain before n ◆ **of a certain age** d'un certain âge ◆ **in certain circumstances** dans certaines circonstances ◆ **on a certain day in spring** un certain jour de printemps ◆ **there is a certain knack to doing it** il faut un certain coup de main pour le faire ◆ **a certain Mrs Wendy Smith** une certaine Mme Wendy Smith ◆ **a certain number of people** un certain nombre de personnes ◆ **at certain times** à certains moments
- [4] (= slight) [impatience, bitterness, courage] certain before n ◆ **to a certain extent** or **degree** dans une certaine mesure
- PRON certains ◆ **certain of our members have not paid** certains or quelques uns de nos membres n'ont pas payé

**certainly** /ˈsɜːtənlɪ/ LANGUAGE IN USE 26.3 ADV
[1] (= undoubtedly) certainement, assurément ◆ **it is certainly true that...** on ne peut pas nier que... + subj or indic ◆ **your answer is almost certainly right** il est presque certain que votre réponse est juste
[2] (= definitely) ◆ **it certainly impressed me** cela m'a vraiment impressionné ◆ **I shall certainly be there** j'y serai sans faute, je ne manquerai pas d'y être ◆ **such groups most certainly exist** il est absolument certain que de tels groupes existent, de tels groupes existent, c'est une certitude
[3] (expressing agreement) certainement ◆ **wouldn't you agree? – oh, certainly** vous ne croyez pas ? – oh si, bien sûr ◆ **had you forgotten? – certainly not** vous aviez oublié ? – certainement pas
[4] (expressing willingness) certainement, bien sûr ◆ **could you help me? – certainly** pourriez-vous m'aider ? – certainement or bien sûr
[5] (= granted) certes ◆ **certainly, she has potential, but...** certes, elle a des capacités mais...

**certainty** /ˈsɜːtəntɪ/ SYN N [1] (= fact, quality) certitude f ◆ **for a certainty** à coup sûr, sans aucun doute ◆ **to bet on a certainty** parier en étant sûr de gagner ◆ **she is a certainty for the gold medal** elle est pratiquement sûre de gagner la médaille d'or ◆ **his success is a certainty** son succès est certain or ne fait aucun doute ◆ **that reunification will eventually happen is a certainty** il ne fait aucun doute que la réunification finira par se faire ◆ **it is a moral certainty** c'est une certitude morale ◆ **faced with the certainty of disaster...** face à un désastre inévitable... ◆ **there are no certainties in modern Europe** il n'y a aucune certitude dans l'Europe moderne ◆ **there is too little certainty about the future** l'avenir est trop incertain ◆ **they cannot plan for the future with any degree of certainty** il y a trop d'incertitude, ils ne peuvent pas faire de projets d'avenir
[2] (NonC = conviction) certitude f, conviction f ◆ **to say sth with some certainty** affirmer qch avec assurance

**CertEd** /ˌsɜːtˈed/ N (abbrev of **Certificate in Education**) ≈ CAPES m

**certifiable** /ˌsɜːtɪˈfaɪəbl/ ADJ [1] [fact, statement] qu'on peut certifier
[2] (* = mad) bon à enfermer

**certifiably** /ˌsɜːtɪˈfaɪəblɪ/ ADV ◆ **certifiably safe** conforme aux normes de sécurité ◆ **certifiably mad*** or **insane*** bon à enfermer

**certificate** /səˈtɪfɪkɪt/ SYN N [1] (= legal document) certificat m, acte m ◆ **certificate of airworthiness**, **certificate of seaworthiness** certificat m de navigabilité ◆ **certificate of origin/value** (Comm) certificat m d'origine/de valeur ◆ **certificate of posting** récépissé m ◆ **certificate of shipment** (Comm) certificat m d'expédition ◆ **birth certificate** acte m or extrait m de naissance ; → **death**, **marriage**
[2] (= academic document) diplôme m ; (for skilled or semi-skilled work) qualification f professionnelle ◆ **Certificate of Secondary Education** (Brit Scol: formerly) ≈ brevet m (d'études du premier cycle) (dans une seule matière) → **teacher**

**certificated** /səˈtɪfɪkeɪtɪd/ ADJ diplômé

**certification** /ˌsɜːtɪfɪˈkeɪʃən/ N [1] (NonC) certification f, authentification f
[2] (= document) certificat m

**certify** /ˈsɜːtɪfaɪ/ SYN
- VT [1] certifier, attester (that que) ◆ **certified as a true copy** (Jur) certifié conforme ◆ **to certify sb (insane)** (Psych) déclarer qn atteint d'aliénation mentale ◆ **she was certified dead** elle a été déclarée morte ◆ **the painting has been certified (as) genuine** le tableau a été authentifié
- [2] (Fin) [+ cheque] certifier
- [3] (Comm) [+ goods] garantir ◆ **to send by certified mail** (US Post) ≈ envoyer avec accusé de réception
- VI ◆ **to certify to sth** attester qch
- COMP **certified milk** N (US) lait soumis aux contrôles d'hygiène réglementaires
  **certified public accountant** N (US) expert-comptable mf, comptable mf agréé(e) (Can)
  **certified teacher** N (US Scol) professeur m diplômé

**certitude** /ˈsɜːtɪtjuːd/ N certitude f, conviction f absolue

**cerulean** /sɪˈruːlɪən/ ADJ (liter) bleu ciel inv, azuré

**cerumen** /sɪˈruːmen/ N cérumen m

**ceruminous** /sɪˈruːmɪnəs/ ADJ cérumineux

**ceruse** /səˈruːs/ N céruse f

**cervical** /ˈsɜːvɪkəl/
- ADJ cervical
- COMP **cervical cancer** N cancer m du col de l'utérus
  **cervical smear** N frottis m vaginal

**cervix** /ˈsɜːvɪks/ N (pl **cervixes** or **cervices** /səˈvaɪsiːz/) col m de l'utérus

**Cesarean, Cesarian** /siːˈzɛərɪən/ ADJ (US) ⇒ **Caesarean**

**cesium** /ˈsiːzɪəm/ N (esp US) ⇒ **caesium**

**cespitose** /ˈsespɪˌtəʊs/ ADJ (US) ⇒ **caespitose**

**cessation** /seˈseɪʃən/ N cessation f ◆ **cessation of hostilities** cessation f des hostilités

**cession** /ˈseʃən/ N cession f ◆ **act of cession** acte m de cession

**cesspit** /ˈsespɪt/ N fosse f d'aisance ; (fig) cloaque m

**cesspool** /ˈsespuːl/ N ⇒ **cesspit**

**cestoid** /ˈsestɔɪd/ ADJ ◆ **cestoid worm** cestode m

**cesura** /sɪˈzjʊərə/ N césure f

**CET** /ˌsiːiːˈtiː/ (abbrev of **Central European Time**) → **central**

**cetacean** /sɪˈteɪʃən/ ADJ, N cétacé m

**cetane** /ˈsiːteɪn/
- N (Chem) cétane m
- COMP **cetane number** N [of fuel] indice m de cétane

**Cetnik** /ˈtʃetnɪk/ N (Pol) tchetnik m

**Ceylon** /sɪˈlɒn/ N (formerly) (= island) Ceylan f ; (= state) Ceylan m ◆ **in Ceylon** à Ceylan

**Ceylonese** /ˌsɪlɒˈniːz/ (formerly)
- ADJ ceylanais
- N Ceylanais(e) m(f)

**cf** (abbrev of **confer**) cf

**c/f** (Fin) (abbrev of **carried forward**) → **carry forward**

**CFC** /ˌsiːefˈsiː/ N (abbrev of **chlorofluorocarbon**) CFC m

**CFE** /ˌsiːefˈiː/
- N (Brit) (abbrev of **college of further education**) → **college**
- NPL (abbrev of **Conventional Forces in Europe**) FCE fpl

**CFI, cfi** /ˌsiːefˈaɪ/ N (abbrev of **cost, freight and insurance**) CAF

**CFS** /ˌsiːefˈes/ N (abbrev of **chronic fatigue syndrome**) → **chronic**

**CG** /siːˈdʒiː/ abbrev of **coastguard**

**cg** (abbrev of **centigram(me)(s)**) cg

**CGA** /ˌsiːdʒiːˈeɪ/
- N (abbrev of **colour graphics adaptor**) → **colour**
- COMP **CGA card** N carte f graphique CGA
  **CGA monitor** N moniteur m CGA

**CGI** /ˌsiːdʒiːˈaɪ/ N (abbrev of **computer-generated imagery**) images fpl générées par ordinateur

**CGT** /ˌsiːdʒiːˈtiː/ N (abbrev of **capital gains tax**) → **capital**

**CH** (abbrev of **Companion of Honour**) titre honorifique

**Ch.** abbrev of **chapter**

**c.h.** (abbrev of **central heating**) → **central**

**cha-cha** /'tʃɑːtʃɑː/ N (Mus) cha-cha-cha m

**Chad** /tʃæd/
- N Tchad m ◆ **Lake Chad** le lac Tchad
- ADJ tchadien

**chador** /'tʃʌdəʳ/ N tchador m

**chafe** /tʃeɪf/ SYN
- VT ① (= rub against) frotter contre ; (= irritate) irriter ◆ **his shirt chafed his neck** sa chemise frottait contre son cou ou lui irritait le cou ◆ **his neck was chafed** il avait le cou irrité
② (= wear out) [+ collar, cuffs, rope] user (en frottant) ; [+ ship's cable] raguer
③ (= rub) frotter, frictionner ◆ **she chafed the child's hands to warm them** elle a frotté ou frictionné les mains de l'enfant pour les réchauffer
- VI s'user ; [rope] raguer ◆ **his wrists chafed against the ropes binding them** ses poignets frottaient contre les cordes qui les entravaient ◆ **to chafe at sth** (fig) s'irriter de qch ◆ **he chafed at having to take orders from her** cela l'irritait de recevoir des ordres d'elle ◆ **to chafe at the bit** ronger son frein ◆ **he chafed against these restrictions** ces restrictions l'irritaient

**chaff¹** /tʃɑːf/ SYN
- N (NonC: Agr) [of grain] balle f ; (= cut straw) menue paille f ; → **wheat**
- VT [+ straw] hacher

**chaff²** /tʃɑːf/ SYN
- N (NonC = banter) taquinerie f
- VT taquiner

**chaffinch** /'tʃæfɪntʃ/ N pinson m

**chafing dish** /'tʃeɪfɪŋdɪʃ/ N poêlon m (de table)

**chagrin** /'ʃæɡrɪn/
- N (= deception) déception f, dépit m ; (= annoyance) contrariété f ◆ **much to my chagrin** à ma grande déception
- VT (frm) (= deceive) dépiter, décevoir ; (= annoy) contrarier

**chain** /tʃeɪn/ SYN
- N ① (gen, also ornamental) chaîne f ◆ **chains** (= fetters) chaînes fpl ◆ **chain of office** [of mayor] chaîne f (insigne de la fonction de maire) ◆ **to keep a dog on a chain** tenir un chien à l'attache ◆ **in chains** enchaîné ◆ **(snow) chains** (for car) chaînes fpl (à neige) ◆ **to pull the chain** [of lavatory] tirer la chasse (d'eau) or la chaîne ; → **ball¹**, **bicycle**
② [of mountains, atoms etc] chaîne f ; (fig) [of ideas] enchaînement m ; [of events] série f, suite f ◆ **chain of shops** chaîne f de magasins ◆ **to make a chain** [people] faire la chaîne ; → **bucket**
③ (Tech) (for measuring) chaîne f d'arpenteur ; (= measure) chaînée f
- VT (lit, fig) enchaîner ; [+ door] mettre la chaîne à ◆ **he was chained to the wall** il était enchaîné au mur
- COMP **chain gang** N chaîne f de forçats
**chain letter** N lettre f faisant partie d'une chaîne ◆ **chain letters** chaîne f (de lettres)
**chain lightning** N éclairs mpl en zigzag
**chain-link fence** N grillage m
**chain mail** N (NonC) cotte f de mailles
**chain of command** N (Mil) voies fpl hiérarchiques
**chain reaction** N (Phys, fig) réaction f en chaîne
**chain saw** N tronçonneuse f
**chain-smoke** VI fumer cigarette sur cigarette
**chain smoker** N grand(e) or gros(se) fumeur m, -euse f
**chain stitch** N (Sewing) (point m de) chaînette f
**chain store** N grand magasin m à succursales multiples
▶ **chain down** VT SEP enchaîner
▶ **chain up** VT SEP [+ animal] mettre à l'attache

**chainwheel** /'tʃeɪnwiːl/ N [of bike] plateau m de (or du) pédalier

**chair** /tʃɛəʳ/
- N ① chaise f ; (= armchair) fauteuil m ; (= seat) siège m ; (Univ) chaire f ; (= wheelchair) fauteuil m roulant ; (US = electric chair) chaise f (électrique) ◆ **to take a chair** s'asseoir ◆ **dentist's chair** fauteuil m de dentiste ◆ **to hold the chair of French** (Univ) être titulaire de or avoir la chaire de français ◆ **to go to the chair** (US) passer à la chaise (électrique) ; → **deck**, **easy**, **highchair**
② (at meeting etc = function) fauteuil m présidentiel, présidence f ◆ **to take the chair**, **to be in the chair** présider ◆ **to address the chair** s'adresser au président ◆ **chair! chair!** à l'ordre !
③ (Admin) ⇒ **chairman**, **chairwoman**
- VT ① (Admin) [+ meeting] présider
② [+ hero] porter en triomphe
- COMP **chair back** N dossier m (de chaise)

**chairlift** /'tʃɛəlɪft/ N télésiège m

**chairman** /'tʃɛəmən/ SYN N (pl **-men**) président m (d'un comité etc) ◆ **Mr Chairman** Monsieur le Président ◆ **Madam Chairman** Madame la Présidente ◆ **chairman and chief executive officer** président-directeur m général, P.D.G. m ◆ **Chairman Mao** le président Mao

**chairmanship** /'tʃɛəmənʃɪp/ N présidence f (d'un comité etc) ◆ **under the chairmanship of...** sous la présidence de...

**chairperson** /'tʃɛəˌpɜːsn/ N président(e) m(f)

**chairwarmer*** /'tʃɛəˌwɔːməʳ/ N (US) rond-de-cuir m (paresseux)

**chairwoman** /'tʃɛəwʊmən/ N (pl **-women**) présidente f

**chaise** /ʃeɪz/ N cabriolet m

**chaise longue** /'ʃeɪzˈlɒŋ/ N (pl **chaise longues**) méridienne f

> (!) **chaise longue** in French means 'deckchair'.

**chakra** /'tʃækrə/ N (Rel) chakra m

**chalcedony** /kæl'sedənɪ/ N (Miner) calcédoine f

**chalcocite** /'kælkəˌsaɪt/ N chalcosine f

**chalcography** /kæl'kɒɡrəfɪ/ N (Art) chalcographie f

**chalcolithic** /ˌkælkəʊ'lɪθɪk/ ADJ chalcolithique

**chalcopyrite** /ˌkælkə'paɪraɪt/ N (Miner) chalcopyrite f

**chalet** /'ʃæleɪ/ N (gen) chalet m ; [of motel] bungalow m

**chalice** /'tʃælɪs/ N (Rel) calice m ; (liter = wine cup) coupe f

**chalk** /tʃɔːk/
- N (NonC) craie f ◆ **a piece of chalk** une craie, un morceau de craie ◆ **they're as different as chalk and cheese** (Brit) c'est le jour et la nuit ◆ **by a long chalk** (Brit) de loin ◆ **he's the biggest by a long chalk** de loin le plus grand ◆ **did he win? – not by a long chalk** est-ce qu'il a gagné ? – non, loin de là or loin s'en faut ; → **French**
- VT (= write with chalk) écrire à la craie ; (= rub with chalk) frotter de craie ; [+ billiard cue] mettre du bleu sur ; [+ luggage] marquer à la craie
- COMP **chalk board** N (US) tableau m (noir)
**chalk dust** N poussière f de craie
**chalk talk** N (US) conférence f illustrée au tableau noir
▶ **chalk out** VT SEP (lit) [+ pattern] esquisser, tracer (à la craie) ; (fig) [+ project] esquisser ; [+ plan of action] tracer
▶ **chalk up** VT SEP ① ◆ **chalk it up** mettez-le sur mon ardoise or compte ◆ **he chalked it up to experience** il l'a mis au compte de l'expérience
② [+ achievement, victory] remporter

**chalkface** /'tʃɔːkfeɪs/ N (NonC: Brit Scol: hum) ◆ **at the chalkface** en classe

**chalkpit** /'tʃɔːkpɪt/ N carrière f de craie

**chalkstone** /'tʃɔːkˌstəʊn/ N tophus m

**chalkstripe** /'tʃɔːkˌstraɪp/ ADJ [suit] à rayures, rayé

**chalky** /'tʃɔːkɪ/ ADJ [soil] crayeux, calcaire ; [water] calcaire ; [complexion] crayeux, blafard

**challenge** /'tʃælɪndʒ/ SYN
- N ① (= difficult task) défi m ◆ **the government's first challenge is to get the economy going** le premier défi qu'aura à relever le gouvernement est la reprise économique ◆ **he sees the job as a great challenge** il considère ce travail comme un véritable défi ◆ **the challenge of the 21st century** le défi du 21ᵉ siècle ◆ **to issue** or **put out a challenge** lancer un défi ◆ **to take up the challenge** relever le défi ◆ **I need the challenge of new ideas** j'ai besoin de nouvelles idées qui me stimulent
◆ **challenge for sth** [of competitor, candidate] ◆ **Hunter's challenge for the party leadership** la tentative de Hunter pour prendre la tête du parti ◆ **how did he finance his challenge for the presidency?** comment a-t-il financé sa candidature à la présidence ?
◆ **to rise to the challenge** se montrer à la hauteur
◆ **to be** or **pose a challenge to sb** or **sth** ◆ **a general strike is a political challenge to any government** les grèves générales sont un problème politique pour quelque gouvernement que ce soit ◆ **fundamentalists started to pose a serious challenge to the ruling establishment** les fondamentalistes commençaient à poser un sérieux problème à la classe dirigeante ◆ **it was a challenge to his skill** c'était un défi à son savoir-faire ◆ **the situation poses a serious challenge to the country's political system** la situation représente un sérieux défi pour le système politique national ◆ **this action is a challenge to authority** c'est un acte qui défie l'autorité
② (by sentry) sommation f
③ (Jur) [of juror, jury] récusation f
- VT ① (= compete against) (Sport) jouer contre ◆ **she is challenging him in elections called for May 17** elle sera son adversaire aux élections du 17 mai ◆ **in the hope of challenging the company's supremacy** dans l'espoir de disputer à cette entreprise sa position de leader ◆ **to challenge sb to a game** proposer à qn de faire une partie ◆ **to challenge sb to a duel** provoquer qn en duel
◆ **to challenge sb to do sth** mettre qn au défi de faire qch
◆ **to challenge sb for sth** [+ position] disputer qch à qn
② (= question) demander des explications à ◆ **when the editor was challenged, he said...** lorsqu'on lui a demandé des explications, le rédacteur a dit que...
◆ **to challenge sb over** or **about sth** demander des explications à qn au sujet de qch ◆ **he was challenged over the absence of women on the committee** on lui a demandé des explications sur l'absence de femmes dans le comité
③ (= call into question) [+ statement, idea] contester ◆ **this view is challenged by conservationists** ce point de vue est contesté par les défenseurs de l'environnement ◆ **to challenge sb's authority to do sth** contester à qn le droit de faire qch
④ (= question authority of) [+ person] défier ◆ **she would never dare to challenge him** elle n'oserait jamais le défier
⑤ (= tax) demander un effort à ◆ **the job didn't challenge me** ce travail ne me demandait aucun effort
⑥ [police] interpeller ; [sentry] faire une sommation à
⑦ (Jur) [+ juror, jury] récuser

**-challenged** /'tʃælɪndʒd/ ADJ ① (esp US euph) ◆ **visually-challenged** malvoyant ◆ **physically-challenged** handicapé
② (hum) ◆ **vertically-challenged** de petite taille ◆ **intellectually-challenged** limité intellectuellement

**challenger** /'tʃælɪndʒəʳ/ N (Sport, Pol, also fig) adversaire mf, challenger m ◆ **she received more votes than her challenger** elle a obtenu plus de voix que son adversaire or challenger

**challenging** /'tʃælɪndʒɪŋ/ ADJ [look, tone] de défi ; [remark, speech] provocateur (-trice f) ; [job, work] difficile, qui représente un challenge ; [book] stimulant ◆ **he found himself in a challenging situation** il s'est trouvé là devant une gageure ◆ **this is a very challenging situation** cette situation est une véritable gageure

**challengingly** /'tʃælɪndʒɪŋlɪ/ ADV ① (= defiantly) [say, announce] avec un air de défi ◆ **to look challengingly at sb** lancer un regard de défi à qn
② (= demandingly) ◆ **challengingly difficult** difficile mais stimulant

**chalybite** /'kælɪˌbaɪt/ N sidérite f, sidérose f

**chamber** /'tʃeɪmbəʳ/ SYN
- N ① († , frm = room) salle f, pièce f ; (also **bedchamber**) chambre f
② (= hall) chambre f ◆ **the Upper/Lower Chamber** (Parl) la Chambre haute/basse ; → **audience**, **second¹**
③ [of revolver] chambre f ; (Anat) cavité f ◆ **the chambers of the eye** les chambres fpl de l'œil
- NPL **chambers** (Brit) ① († = lodgings) logement m, appartement m ; [of bachelor] garçonnière f
② [of barrister, judge, magistrate] cabinet m ; [of solicitor] étude f ◆ **to hear a case in chambers** (Jur) ≈ juger un cas en référé
- COMP **chamber concert** N concert m de musique de chambre
**chamber music** N musique f de chambre

**Chamber of Commerce** N Chambre *f* de commerce
**the Chamber of Deputies** N la Chambre des députés
**Chamber of Horrors** N cabinet *m* des horreurs
**Chamber of Trade** N Chambre *f* des métiers
**chamber orchestra** N orchestre *m* (de musique) de chambre
**chamber pot** N pot *m* de chambre, vase *m* de nuit †

**chamberlain** /ˈtʃeɪmbəlɪn/ N chambellan *m* ; → **lord**

**chambermaid** /ˈtʃeɪmbəmeɪd/ N femme *f* de chambre

**chambray** /ˈtʃæmbreɪ/ N *(US)* batiste *f*

**chameleon** /kəˈmiːlɪən/ N caméléon *m* ♦ **he's a real chameleon** *(fig)* c'est un véritable caméléon

**chamfer** /ˈtʃæmfəʳ/
N *(= bevel)* chanfrein *m* ; *(= groove)* cannelure *f*
VT chanfreiner, canneler

**chammy** * /ˈʃæmɪ/ N ⇒ **chamois**

**chamois** /ˈʃæmwɑː/
N *(pl inv)* 1 *(= animal)* chamois *m*
2 /ˈʃæmɪ/ (also **chamois cloth**) chamois *m*
COMP **chamois leather** N peau *f* de chamois

**chamomile** /ˈkæməʊmaɪl/ N ⇒ **camomile**

**champ¹** /tʃæmp/
VI mâchonner ♦ **to champ at the bit** *(lit, fig)* ronger son frein
VT mâchonner

**champ²** * /tʃæmp/ N champion(ne) *m(f)*

**champagne** /ʃæmˈpeɪn/
N 1 *(= wine)* champagne *m*
2 *(Geog)* ♦ **Champagne** Champagne *f*
COMP (also **champagne-coloured**) champagne *inv*
**champagne cup** N cocktail *m* au champagne
**champagne glass** N *(wide)* coupe *f* à champagne ; *(tall and narrow)* flûte *f* à champagne
**champagne lifestyle** N grand train *m* de vie
**champagne socialist** N ♦ **to be a champagne socialist** appartenir à la gauche caviar

**champers** * /ˈʃæmpəz/ N *(NonC)* champ* *m*, champagne *m*

**champion** /ˈtʃæmpjən/ SYN
N 1 champion(ne) *m(f)*, défenseur *m* ♦ **the champion of free speech** le champion de la liberté d'expression
2 *(Sport = person, animal)* champion(ne) *m(f)* ♦ **world champion** champion(ne) *m(f)* du monde ♦ **boxing champion** champion *m* de boxe ♦ **skiing champion** champion(ne) *m(f)* de ski ♦ **Champions' League** *(Ftbl)* Ligue des champions
ADJ 1 *[show animal]* champion ♦ **champion swimmer/skier** *etc* champion(ne) *m(f)* de natation/de ski *etc*
2 *(dial = excellent) [meal, holiday, film]* du tonnerre* ♦ **that's champion!** c'est super !*, c'est champion !*
VT *[+ person]* prendre fait et cause pour ; *[+ action, cause, sb's decision]* se faire le champion de, défendre

**championship** /ˈtʃæmpjənʃɪp/ N 1 *(Sport)* championnat *m* ♦ **world championship** championnat *m* du monde ♦ **boxing championship** championnat *m* de boxe ♦ **world boxing championship** championnat *m* du monde de boxe
2 *(NonC) [of cause etc]* défense *f*

**chance** /tʃɑːns/ LANGUAGE IN USE 16.2, 16.3 SYN
N 1 *(= luck)* hasard *m* ♦ **(totally) by chance, by (sheer) chance** (tout à fait) par hasard, par (pur) hasard ; *(= fortunately)* par chance ♦ **have you a pen on you by (any) chance?** auriez-vous par hasard un stylo sur vous ? ♦ **it was not (by) chance that he came** ce n'est pas par hasard qu'il est venu, ce n'est pas un hasard s'il est venu ♦ **to trust (o.s.) to chance** s'en remettre au hasard ♦ **a game of chance** un jeu de hasard ♦ **to leave things to chance** laisser faire le hasard ♦ **he left nothing to chance** il n'a rien laissé au hasard
2 *(= possibility)* chance(s) *f(pl)*, possibilité *f* ♦ **to stand a chance (of doing sth)** avoir une bonne chance (de faire qch) ♦ **to stand no chance (of doing sth)** ne pas avoir la moindre chance (de faire qch) ♦ **he hasn't much chance** *or* **doesn't stand much chance of winning** il n'a pas beaucoup de chances de gagner ♦ **he's still in with a chance** il a encore une petite chance ♦ **on the chance that you might return** dans le cas *or* au cas où vous reviendriez ♦ **I went there on the chance of seeing him** j'y suis allé dans l'espoir de le voir ♦ **the chances are that...** il y a de grandes chances que... + *subj*, il est très possible que... + *subj* ♦ **the chances are against that happening** il y a peu de chances pour que cela arrive *subj* ♦ **the chances are against him** il y a peu de chances pour qu'il réussisse ♦ **there is little chance of his coming** il est peu probable qu'il vienne ♦ **you'll have to take a chance on his coming** tu verras bien s'il vient ou non ♦ **he's taking no chances** il ne veut rien laisser au hasard, il ne veut prendre aucun risque ♦ **that's a chance we'll have to take** c'est un risque que nous allons devoir prendre *or* que nous devons courir ♦ **no chance!***, **not a chance!*** pas de danger !*, jamais ! ; → **off**
3 *(= opportunity)* occasion *f* ♦ **I had the chance to go** *or* **of going** j'ai eu l'occasion d'y aller, l'occasion m'a été donnée d'y aller ♦ **if there's a chance of buying it** s'il y a une possibilité d'achat ♦ **to lose a chance** laisser passer une occasion ♦ **she was waiting for her chance** elle attendait son heure ♦ **she was waiting for her chance to speak** elle attendait *or* guettait l'occasion de parler ♦ **now's your chance!** *(in conversation, traffic etc)* vas-y ! ; *(in career etc)* saute sur l'occasion !, à toi de jouer ! ♦ **this is his big chance** c'est le grand moment pour lui ♦ **give him another chance** laisse-lui encore une chance ♦ **he has had every chance** il a eu toutes les chances ♦ **he never had a chance in life** il n'a jamais eu sa chance dans la vie ♦ **give me a chance to show you what I can do** donnez-moi la possibilité de vous montrer ce que je sais faire ♦ **you'll have your chance** *(= your turn will come)* votre tour viendra
ADJ de hasard, accidentel ♦ **a chance companion** un compagnon rencontré par hasard ♦ **a chance discovery** une découverte accidentelle ♦ **a chance meeting** une rencontre de hasard *or* fortuite
VT 1 *(= risk) [+ rejection, fine]* risquer, courir le risque de ♦ **to chance doing sth** se risquer à faire qch, prendre le risque de faire qch ♦ **I'll go round without phoning and chance finding him there** je vais passer chez lui sans téléphoner en espérant l'y trouver ♦ **I want to see her alone but I'll have to chance finding her husband there** je voudrais la voir seule, mais il faut que je prenne le risque que son mari soit là ♦ **I'll chance it!*** je vais risquer le coup !* ♦ **to chance one's arm*** risquer le tout (pour le tout) ♦ **to chance one's luck** tenter *or* courir sa chance
2 *(frm = happen)* ♦ **to chance to do sth** faire qch par hasard ♦ **I chanced to hear his name** j'ai entendu son nom par hasard, il s'est trouvé que j'ai entendu son nom ♦ **it chanced that I was there** il s'est trouvé que j'étais là
▸ **chance upon** VT FUS *(frm) [+ person]* rencontrer par hasard ; *[+ thing]* trouver par hasard

**chancel** /ˈtʃɑːnsəl/
N chœur *m (d'une église)*
COMP **chancel screen** N clôture *f* du chœur, jubé *m*

**chancellery** /ˈtʃɑːnsələrɪ/ N chancellerie *f*

**chancellor** /ˈtʃɑːnsələʳ/
N *(Hist, Jur, Pol)* chancelier *m* ; *(Brit Univ)* président(e) *m(f)* honoraire ; *(US Univ)* président(e) *m(f)* d'université
COMP **Chancellor of the Exchequer** N *(Brit)* chancelier *m* de l'Échiquier, ≃ ministre *m* des Finances ; → **lord** ; → **TREASURY**

**chancellorship** /ˈtʃɑːnsələʃɪp/ N fonctions *fpl* de chancelier

**chancer** * /ˈtʃɑːnsəʳ/ N arnaqueur* *m*, -euse* *f* ; *(= child)* loustic* *m*

**chancery** /ˈtʃɑːnsərɪ/ N 1 *(Brit, Jur)* cour *f* de la chancellerie *(une des cinq divisions de la Haute Cour de justice anglaise)* ♦ **ward in chancery** pupille *mf (sous tutelle judiciaire)*
2 *(US)* ⇒ **chancellery**
3 *(US* : also **court of chancery**) ≃ cour *f* d'équité *or* de la chancellerie

**chancre** /ˈʃæŋkəʳ/ N *(Med)* chancre *m*

**chancroid** /ˈʃæŋkrɔɪd/ N chancrelle *f*

**chancy** * /ˈtʃɑːnsɪ/ ADJ *(= risky)* risqué, hasardeux ; *(= doubtful)* aléatoire, problématique

**chandelier** /ˌʃændəˈlɪəʳ/ N lustre *m*

**chandler** /ˈtʃɑːndləʳ/ N ♦ **(ship's) chandler** shipchandler *m*, marchand *m* de fournitures pour bateaux

**change** /tʃeɪndʒ/ LANGUAGE IN USE 21.4 SYN
N 1 *(= alteration)* changement *m (from, in* de ; *into* en) ♦ **a change for the better** un changement en mieux, une amélioration ♦ **a change for the worse** un changement en mal ♦ **change in the weather** changement *m* de temps ♦ **change in public opinion** revirement *m* de l'opinion publique ♦ **change in attitudes** changement *m* d'attitude, évolution *f* des attitudes ♦ **a change in government policy** un changement dans la politique du gouvernement ♦ **(just) for a change** pour changer un peu ♦ **by way of a change** histoire de changer* ♦ **to make a change in sth** changer qch ♦ **to make a change of direction** *(fig)* changer son fusil d'épaule *(fig)* ♦ **to have a change of heart** changer d'avis ♦ **it makes a change** ça change un peu ♦ **it will be a nice change** cela nous fera un changement, voilà qui nous changera agréablement ! ; *(iro)* ça nous changera ! *(iro)* ♦ **a picnic will be** *or* **make a nice change from being stuck indoors** un pique-nique nous changera de rester toujours enfermé à l'intérieur ♦ **the change (of life)** le retour d'âge, la ménopause
2 *(= substitution)* changement *m* ♦ **change of address** changement *m* d'adresse ♦ **change of air** changement *m* d'air ♦ **a change of air will do us good** un changement d'air *or* changer d'air nous fera du bien ♦ **he brought a change of clothes** il a apporté des vêtements de rechange ♦ **I need a change of clothes** il faut que je me change *subj* ♦ **change of scene** *(Theat, fig)* changement *m* de décor ♦ **change of horses** relais *m* ♦ **change of job** changement *m* de travail *or* de poste
3 *(NonC)* changement *m*, variété *f* ♦ **she likes change** elle aime le changement *or* la variété ♦ **political change** changement *m* politique
4 *(NonC = money)* monnaie *f* ♦ **small change** petite monnaie *f* ♦ **can you give me change for this note/of £5?** pouvez-vous me faire la monnaie de ce billet/de 5 livres ? ♦ **keep the change** gardez la monnaie ♦ **"no change given"** « faites l'appoint » ♦ **you don't get much change from a fiver these days** aujourd'hui il ne reste jamais grand-chose d'un billet de cinq livres ♦ **you won't get much change out of him*** tu perds ton temps avec lui
5 ♦ **the Change** *(= the Stock Exchange)* la Bourse ♦ **on the Change** en Bourse
VT 1 *(by substitution)* changer de ♦ **to change (one's) clothes** changer de vêtements, se changer ♦ **to change one's shirt/skirt** *etc* changer de chemise/jupe *etc* ♦ **to change one's address** changer d'adresse ♦ **to change the baby/his nappy** changer le bébé/ses couches ♦ **to change hands** *(= one's grip)* changer de main ; *[goods, property, money]* changer de mains ♦ **to change the scene** *(Theat)* changer le décor ♦ **to change trains/stations/buses** changer de train/de gare/d'autobus ♦ **to change one's name/seat** changer de nom/place ♦ **to change one's opinion** *or* **mind** changer d'avis ♦ **to change sb's mind (about sth)** faire changer qn d'avis (à propos de qch) ; → **bed, colour, gear, guard, subject, track, tune, wheel**
2 *(= exchange)* échanger *(X for Y* X contre Y) ♦ **to change places (with sb)** *(lit)* changer de place (avec qn) ♦ **I wouldn't like to change places with you** *(fig)* je n'aimerais pas être à votre place ♦ **to change sides** *or* **ends** *(Tennis)* changer de côté ; *(Football etc)* changer de camp ♦ **to change sides** *(fig:in argument etc)* changer de camp
3 *[+ banknote, coin]* faire la monnaie de, changer ; *[+ foreign currency]* changer *(into* en)
4 *(= alter, modify, transform)* changer, transformer *(X into Y* X en Y) ♦ **the witch changed him into a cat** la sorcière l'a changé en chat ♦ **drugs changed him into a person we didn't recognize** les drogues l'ont changé au point qu'on ne le reconnaissait plus ♦ **this has changed my ideas** cela m'a fait changer d'idée ♦ **success has greatly changed her** la réussite l'a complètement transformée
VI 1 *(= become different)* changer, se transformer ♦ **you've changed a lot!** tu as beaucoup changé ! ♦ **he will never change** il ne changera jamais, on ne le changera pas ♦ **his mood changed from resignation to rage** il est passé de la résignation à la fureur ♦ **the prince changed into a swan** le prince s'est changé en cygne ♦ **the water had changed to ice** l'eau s'était changée en glace
2 *(= change clothes)* se changer ♦ **I must change at once** je dois me changer tout de suite, il faut que je me change *subj* tout de suite ♦ **she**

**changed into an old skirt** elle s'est changée et a mis une vieille jupe

③ *(on bus, plane, train journey)* changer ◆ **you must change at Edinburgh** vous devez changer à Édimbourg ◆ **all change!** tout le monde descend !

④ *[moon]* entrer dans une nouvelle phase

COMP **change machine** N distributeur m de monnaie

**change purse** N *(US)* porte-monnaie m inv
▸ **change around** VT SEP changer de place
▸ **change down** VI *(Brit : in car gears)* rétrograder
▸ **change over** VI *(gen)* passer *(from* de ; *to* à) ; *[two people]* faire l'échange ; *(Sport = change ends)* *(Tennis)* changer de côté ; *(Football etc)* changer de camp
▸ **change round** VT SEP ⇒ **change around**
▸ **change up** VI *(Brit : in car gears)* passer la vitesse supérieure

**changeability** /ˌtʃeɪndʒəˈbɪlɪtɪ/ N *[of circumstances, weather]* variabilité f

**changeable** /ˈtʃeɪndʒəbl/ SYN ADJ *[person]* changeant, inconstant ; *[character]* versatile, changeant ; *[colour]* changeant ; *[weather, wind, circumstances]* variable

**changeless** /ˈtʃeɪndʒlɪs/ SYN ADJ *[rite]* immuable, invariable ; *[person]* constant ; *[character]* inaltérable

**changeling** /ˈtʃeɪndʒlɪŋ/ N enfant mf changé(e) *(substitué à un enfant volé)*

**changeover** /ˈtʃeɪndʒəʊvər/ N changement m, passage m ; *(NonC: Mil) [of guard]* relève f ◆ **the changeover from dictatorship to democracy** le passage de la dictature à la démocratie

**changing** /ˈtʃeɪndʒɪŋ/

ADJ *[wind, prices, interest rates]* variable, changeant ; *[expression]* mobile ; *[social attitudes, principles]* qui change, qui évolue ◆ **a changing society** une société en mutation

N *(NonC)* acte m de (se) changer, changement m ◆ **the changing of the guard** la relève de la garde

COMP **changing-room** N *(Brit Sport)* vestiaire m

**channel** /ˈtʃænl/ SYN

N ① *(= bed of river etc)* lit m ; *(= navigable passage)* chenal m ; *(between two land masses)* bras m de mer ; *(for irrigation) (small)* rigole f ; *(canal)* canal m ; *(in street)* caniveau m ; *(= duct)* conduit m ◆ **the (English) Channel** la Manche

② *(= groove in surface)* rainure f ; *(Archit)* cannelure f

③ *(TV)* chaîne f

④ *(Customs)* ◆ **red/green channel** file f marchandises à déclarer/rien à déclarer

⑤ *(fig)* direction f ◆ **he directed the conversation into a new channel** il a orienté la conversation dans une nouvelle direction ◆ **channel of communication** voie f de communication ◆ **the government used all the diplomatic channels available** le gouvernement a utilisé toutes les voies diplomatiques possibles ◆ **they applied for asylum through the official channels** ils ont fait une demande d'asile par voie officielle ◆ **to go through the usual channels** *(Admin)* suivre la filière (habituelle)

⑥ *(Comput)* canal m

VT ① *(= make channels for : for irrigation)* creuser des rigoles (or des canaux) dans ; *[+ street]* pourvoir d'un or de caniveau(x) ◆ **the river channelled its way towards...** la rivière a creusé son lit vers...

② *(fig) [+ crowd]* canaliser *(into* vers) ; *[+ energies, efforts, resources]* canaliser, diriger *(towards, into* vers) ; *[+ information]* canaliser *(into, towards* vers), concentrer *(into, towards* dans)

③ *(Archit)* canneler

COMP **Channel ferry** N *(Brit)* ferry m transmanche inv
**channel-hop** VI *(Brit TV)* zapper\*
**channel-hopping** N *(Brit TV)* zapping\* m
**Channel Islander** N habitant(e) m(f) des îles Anglo-Normandes
**the Channel Islands, the Channel Isles** NPL *(Geog)* les îles fpl Anglo-Normandes
**channel-surf** VI *(US)* ⇒ **channel-hop**
**channel-surfing** N *(US)* ⇒ **channel-hopping**
**the Channel tunnel** N le tunnel sous la Manche
▸ **channel off** VT SEP *(lit) [+ water]* capter ; *(fig) [+ energy, resources]* canaliser

**chant** /tʃɑːnt/ SYN

N *(Mus)* chant m (lent), mélopée f ; *(Rel Mus)* psalmodie f ; *[of crowd, demonstrators, audience etc]* chant m scandé

VT *(= sing)* chanter lentement ; *(= recite)* réciter ; *(Rel)* psalmodier ; *[crowd, demonstrators etc]* scander, crier sur l'air des lampions

VI chanter ; *(Rel)* psalmodier ; *[crowd, demonstrators etc]* scander des slogans

**chantey** /ˈtʃæntɪ/ N *(US)* chanson f de marin

**Chanukah** /ˈhɑːnəkə/ N Hanoukka f

**chaos** /ˈkeɪɒs/ SYN

N chaos m

COMP **chaos theory** N théorie f du chaos

**chaotic** /keɪˈɒtɪk/ SYN ADJ chaotique

**chaotically** /keɪˈɒtɪklɪ/ ADV de façon chaotique ◆ **he's chaotically untidy/disorganized** il est effroyablement désordonné/désorganisé

**chap**¹ /tʃæp/

N *(Med)* gerçure f, crevasse f

VI se gercer, se crevasser

VT gercer, crevasser

COMP **Chap Stick** ® N pommade f rosat or pour les lèvres

**chap**² /tʃæp/ N ⇒ **chop**²

**chap**³ * /tʃæp/ SYN N *(= man)* gars m ◆ **old chap** *(term of address)* mon vieux\* ◆ **he was a young chap** c'était un jeune gars\* ◆ **a nice chap** un chic type\*, un bon gars\* ◆ **the poor old chap** le pauvre vieux\* ◆ **poor little chap** pauvre petit m ◆ **he's very deaf, poor chap** il est très sourd, le pauvre garçon or le pauvre vieux\* ◆ **be a good chap and say nothing** *(o.f)* sois gentil, ne dis rien

**chap.** *(abbrev of* **chapter**) chap

**chaparral** /ˌtʃæpəˈræl/ N *(Geog)* chaparral m

**chapat(t)i** /tʃəˈpætɪ, tʃəˈpɑːtɪ/ N (pl **chapat(t)i** or **chapat(t)is** or **chapat(t)ies**) chapati m

**chapel** /ˈtʃæpəl/

N ① chapelle f ; → **lady**

② *(= nonconformist church)* église f (non conformiste) ◆ **a chapel family** une famille non conformiste

③ *[of print union]* section f syndicale *(dans l'édition)*

COMP **chapel of ease** N *(église f)* succursale f
**chapel of rest** N chapelle f ardente

**chaperon(e)** /ˈʃæpərəʊn/

N chaperon m ◆ **she was the chaperon(e)** elle faisait office de chaperon

VT chaperonner

**chaplain** /ˈtʃæplɪn/ N *(in armed forces, prison, school, hospital)* aumônier m ; *(to nobleman)* chapelain m

**chaplaincy** /ˈtʃæplɪnsɪ/ N ① *(= building, room)* aumônerie f

② *(NonC = work) (in armed forces, prison, school, hospital)* aumônerie f ; *(for nobleman)* chapellenie f

**chaplainship** /ˈtʃæplɪnʃɪp/ N chapellenie f

**chaplet** /ˈtʃæplɪt/ N *[of flowers]* guirlande f, chapelet m ; *(Archit, Rel)* chapelet m

**chappy**⁑ /ˈtʃæpɪ/ N ⇒ **chap**³

**chaps** /tʃæps/ NPL *(US)* jambières fpl de cuir *(portées par les cow-boys)*

**chaptalization** /ˌtʃæptəlaɪˈzeɪʃən/ N *(Agr)* chaptalisation f

**chaptalize** /ˈtʃæptəlaɪz/ VT *(Agr) [+ wine]* chaptaliser

**chapter** /ˈtʃæptər/ SYN

N ① *[of book]* chapitre m ◆ **in chapter four** au chapitre quatre ◆ **to give** or **quote chapter and verse** citer ses références or ses autorités

② *(Rel)* chapitre m

③ *(fig = period)* chapitre m, épisode m ◆ **a chapter of accidents** une succession de mésaventures, une kyrielle de malheurs ◆ **this chapter is now closed** ce chapitre est maintenant clos

④ *(= branch of society, club, organization etc)* branche f, section f

COMP **chapter room** N *(Rel)* salle f capitulaire or du chapitre

**chapterhouse** /ˈtʃæptəhaʊs/ N *(Rel)* chapitre m *(lieu)*

**char**¹ /tʃɑːr/ SYN

VT *(= burn black)* carboniser

VI être carbonisé

**char**² † * /tʃɑːr/ *(Brit)*

N *(= charwoman)* femme f de ménage

VI *(also* **go out charring**) faire des ménages

**char**³ † * /tʃɑːr/ N *(Brit = tea)* thé m

**char**⁴ /tʃɑːr/ N *(= fish)* omble m

**char-à-banc** † /ˈʃærəbæŋ/ N *(Brit)* (auto)car m *(décapotable)*

**character** /ˈkærɪktər/ SYN

N ① *(= temperament, disposition) [of person]* caractère m, tempérament m ◆ **he has the same character as his brother** il a le même caractère que son frère ◆ **it's very much in character (for him)** c'est bien de lui, cela lui ressemble tout à fait ◆ **that was not in character (for him)** cela ne lui ressemblait pas, ce n'était pas dans son caractère

② *(= nature) [of country, village]* caractère m ; *[of book, film]* caractère m, nature f ◆ **the state farms were semi-military in character** les fermes d'État étaient de nature quasi-militaire ◆ **he stressed the global character of the modern economy** il a mis l'accent sur le caractère international de l'économie moderne

③ *(NonC = strength, energy, determination etc)* caractère m ◆ **to have character** avoir du caractère ◆ **it takes character to say such a thing** il faut avoir du caractère pour dire une chose pareille ; see also **strength**

④ *(= outstanding individual)* personnage m ; *(\* = original person)* numéro\* m, phénomène\* m ◆ **he's quite a character!**\* c'est un sacré numéro\* or un phénomène !\* ◆ **he's a queer** or **an odd character** c'est un curieux personnage

⑤ réputation f ◆ **of good/bad character** de bonne/mauvaise réputation, qui a une bonne/qui a mauvaise réputation ◆ **evidence of good character** *(Jur)* preuve f de moralité

⑥ *(= testimonial)* références fpl

⑦ *(Literat)* personnage m ; *(Theat)* personnage m, rôle m ◆ **one of Shakespeare's characters** un des personnages de Shakespeare ◆ **he played the character of Hamlet** il a joué (le rôle de) Hamlet

⑧ *(Typography)* caractère m, signe m ◆ **Gothic characters** caractères mpl gothiques

⑨ *(Comput)* caractère m ◆ **characters per inch** caractères mpl par pouce ◆ **characters per second** caractères/seconde mpl

COMP **character actor** N acteur m de genre
**character actress** N actrice f de genre
**character assassination** N diffamation f
**character-building, character-forming** ADJ qui forme le caractère
**character comedy** N comédie f de caractère
**character part** N rôle m de composition
**character reference** N certificat m de (bonne) moralité
**character set** N *(Typography)* chasse f (de caractères) ; *(Comput)* jeu m de caractères
**character sketch** N portrait m or description f rapide
**character space** N *(Typography)* espace f
**character string** N *(Comput)* chaîne f de caractères
**character witness** N *(Jur)* témoin m de moralité

**characterful** /ˈkærɪktəfʊl/ ADJ *[place, building]* de caractère, qui a du cachet

**characteristic** /ˌkærɪktəˈrɪstɪk/ SYN

ADJ caractéristique ◆ **with (his) characteristic enthusiasm** avec l'enthousiasme qui le caractérise

N *(gen, Math)* caractéristique f

**characteristically** /ˌkærɪktəˈrɪstɪkəlɪ/ ADV ◆ **he was characteristically laconic** comme à son habitude, il a été laconique ◆ **she proposed a characteristically brilliant solution** elle a proposé une excellente solution, comme à son habitude ◆ **he replied in characteristically robust style** il a répondu dans ce style robuste qui le caractérise ◆ **characteristically, she refused** comme on pouvait s'y attendre, elle a refusé

**characterization** /ˌkærɪktəraɪˈzeɪʃən/ N *(gen)* caractérisation f ; *(by playwright, novelist etc)* manière f de camper les personnages ; *(by actor)* interprétation f ◆ **characterization in Dickens** la manière dont Dickens campe ses personnages

**characterize** /ˈkærɪktəraɪz/ SYN VT ① *(= be typical of)* caractériser, être caractéristique de ; *(Literat)* camper un (or des) personnage(s)

◆ **to be characterized by** se caractériser par ◆ **the election campaign was characterized by violence** la campagne électorale s'est caractérisée par une atmosphère de violence

② *(= describe)* qualifier ◆ **both companies have characterized the talks as friendly** les deux entreprises ont qualifié les discussions d'« amicales »

**characterless** /ˈkærɪktələs/ ADJ sans caractère, fade

**charade** /ʃəˈrɑːd/ SYN ① (fig) comédie f
② (= game) ◆ **charades** charades fpl en action

**charbroiled** /ˈtʃɑːˌbrɔɪld/ ADJ (US) ⇒ **chargrilled**

**charcoal** /ˈtʃɑːkəʊl/
**N** charbon m de bois
**COMP** [drawing, sketch] au charbon ; (= colour : also **charcoal-grey**) gris foncé inv, (gris) anthracite inv
◆ **charcoal burner** N (= person) charbonnier m ; (= stove) réchaud m à charbon de bois

**chard** /tʃɑːd/ N (also **Swiss chard**) bettes fpl, blettes fpl

✦✦✦✦✦✦✦✦✦✦✦✦✦✦✦✦✦✦✦✦✦✦✦✦

**charge** /tʃɑːdʒ/ SYN

1 - NOUN
2 - TRANSITIVE VERB
3 - INTRANSITIVE VERB
4 - COMPOUNDS
5 - PHRASAL VERBS

✦✦✦✦✦✦✦✦✦✦✦✦✦✦✦✦✦✦✦✦✦✦✦✦

**1 - NOUN**

① [JUR] inculpation f, chef m d'accusation ◆ **what is the charge?** quelle est le chef d'accusation ? ◆ **the charge was murder** il était (or j'étais etc) inculpé de meurtre ◆ **the charge was read** on lui a lu l'acte m d'accusation ◆ **no charge was brought against him** il n'y a pas eu de poursuites (judiciaires), il n'a pas été poursuivi or inculpé ◆ **the charge was dropped** l'inculpation a été retirée, on a cessé les poursuites ◆ **to press charges (against sb)** engager des poursuites (contre qn) ◆ **to bring or lay a charge against sb** porter plainte or déposer une plainte contre qn ◆ **to give sb in charge** remettre qn à la police ◆ **they were convicted on all three charges** ils ont été reconnus coupables pour les trois chefs d'accusation ◆ **to be on a murder charge** être inculpé de meurtre ◆ **he was arrested on a charge of murder** il a été arrêté sous l'inculpation de meurtre ◆ **to be on a charge** [soldier] être aux arrêts

② [= ACCUSATION] accusation f (of de) ◆ **he denied or repudiated these charges** il a repoussé or rejeté ces accusations ◆ **there were many charges of cruelty** on les (or nous etc) a fréquemment accusés de cruauté ◆ **the charges made against him** les accusations fpl or les charges fpl portées contre lui ◆ **charges that he had betrayed his friends** des accusations selon lesquelles il aurait trahi ses amis

③ [= ATTACK] (esp Mil) charge f, attaque f ; [of police, bull] charge f ◆ **the police made three charges into the crowd** la police a chargé la foule par trois fois ◆ **to sound the charge** (Mil) sonner la charge ; → **baton, bayonet**

④ [= FEE] prix m ◆ **what's the charge?** ça coûte combien ?, ça revient à combien ? ◆ **is there a charge?** faut-il payer ?, y a-t-il quelque chose à payer ? ◆ **at a charge of...** pour..., moyennant... ◆ **for a small charge, we can supply...** pour un prix modique, nous pouvons fournir... ◆ **there's no charge for this, no charge is made for this** c'est gratuit ◆ **there is an extra or additional charge for...** il y a un supplément (à payer) pour... ◆ **to make a charge for sth** facturer qch ◆ **he made no charge for mending it** il n'a pas facturé la réparation, il n'a rien fait payer pour la réparation ◆ **he made a charge of £20 for doing it** il a facturé 20 livres pour le faire ◆ **charge for admission** droit m d'entrée ◆ **"no charge for admission"** « entrée libre » ◆ **charge for delivery** (Comm) frais mpl de port ; → **bank², delivery, free, reverse**

⑤ [= RESPONSIBILITY] ◆ **I've been given charge of this class** on m'a donné la responsabilité or la charge de cette classe ◆ **the patients in or under her charge** les malades mpl dont elle a la charge
◆ **in charge** ◆ **who's in charge here?** qui est le or la responsable ? ◆ **look, I'm in charge here!** c'est moi qui commande ici ! ◆ **the person in charge** le or la responsable ◆ **I left him in charge** je lui ai laissé la charge de tout
◆ **in charge of** ◆ **to be in charge of** [+ firm, department] diriger, être à la tête de ; [+ ship, plane] commander ; [+ operation, project] diriger, être responsable de ; [+ children, animals] s'occuper de, avoir la charge de ◆ **a few months later, he was in charge of the shop** au bout de quelques mois, il dirigeait le magasin ◆ **he's in charge of the shop when I'm out** c'est lui qui s'occupe du magasin or qui surveille le magasin lorsque je m'absente ◆ **while in charge of a motor vehicle, he...** alors qu'il était au volant d'un véhicule, il... ◆ **to put sb in charge of** [+ firm, department, operation, project] confier à qn la direction de ; [+ ship, plane] confier à qn le commandement de ; [+ children, animals] confier aux soins or à la garde de qn ◆ **to put sb in charge of doing sth** charger qn de faire qch
◆ **to take charge** (in firm, project etc) prendre or assurer la direction (of de) ; (in ship, plane) prendre or assurer le commandement (of de) ◆ **he took charge of the situation at once** il a immédiatement pris la situation en main ◆ **will you take charge of the children while I'm away?** est-ce que tu veux bien te charger des enfants pendant mon absence ?

⑥ [= PERSON or THING CARED FOR] ◆ **she took her charges for a walk** elle a emmené les personnes dont elle avait la charge en promenade

⑦ [REL] (= priest's parish) cure f ◆ **the priest's charges** (= parishioners) les ouailles fpl du curé

⑧ [= FINANCIAL BURDEN] charge f, fardeau m (on pour) ◆ **to be a charge on...** constituer une charge or un fardeau pour...

⑨ [= INSTRUCTIONS : FRM] recommandation f, instruction f ◆ **to have strict charge to do sth** avoir reçu l'ordre formel de faire qch ◆ **the judge's charge to the jury** (Jur) les recommandations données aux jurés par le juge

⑩ [ELEC, PHYS] charge f ◆ **to put a battery on charge** mettre une batterie en charge ◆ **there is no charge left in the battery** la batterie est déchargée or à plat ◆ **an electrical charge** une charge or un fardeau pour... ◆ **it still gives me a charge*** (fig) ça me fait toujours de l'effet

⑪ [OF FIREARM, ROCKET] charge f ; → **depth**

⑫ [HERALDRY] meuble m

**2 - TRANSITIVE VERB**

① [= ACCUSE] (gen) accuser ; (Jur) inculper ◆ **to find sb guilty/not guilty as charged** déclarer qn coupable/non coupable ◆ **he charged that some companies had infringed the regulations** (US) il a allégué que certaines compagnies avaient enfreint le règlement
◆ **to charge sb with** (gen) accuser qn de ; (Jur) inculper qn de ◆ **to charge sb with doing or having done sth** accuser qn d'avoir fait qch ◆ **he was charged with murder/with stealing a car** (Jur) il a été inculpé de meurtre/de vol de voiture ; see also **transitive verb 6**

② [= ATTACK] [troops] charger, attaquer ; [police, bull] charger

③ [IN PAYMENT] [+ person] facturer à ; [+ amount] facturer (for pour) ◆ **to charge a commission** facturer une commission ◆ **to charge £100 a day** facturer 100 livres par jour ◆ **to charge a fair price** facturer or prendre un prix raisonnable ◆ **to charge sb a fee of £200** facturer 200 livres à qn
◆ **to charge sb for sth** ◆ **I charged him £20 for this table** je lui ai facturé 20 livres pour cette table, je lui ai fait payer cette table 20 livres ◆ **how much do you charge for mending shoes?** combien prenez-vous pour réparer des chaussures ? ◆ **to charge sb too much for sth** faire payer qch trop cher à qn ◆ **I won't charge you for that** je ne vous facturerai or compterai rien pour cela

④ (= record as debt : also **charge up**) mettre sur le compte, porter au compte or au débit (to sb de qn) ◆ **to charge a book** (US: in library) inscrire un livre au registre du prêt ; → **cash**
◆ **to charge sth to sb** ◆ **charge all these purchases to my account** mettez tous ces achats sur mon compte ◆ **I can charge it to the company** je peux le faire payer or rembourser à la société

⑤ [+ FIREARM, BATTERY] (also Phys) charger

⑥ [= COMMAND : FRM] ◆ **to charge sb to do sth** ordonner à qn or sommer qn de faire qch ◆ **to charge sb with sth** confier qch à qn

**3 - INTRANSITIVE VERB**

① [= RUSH] se précipiter, foncer ◆ **to charge in/out** entrer/sortir en coup de vent ◆ **to charge up/down** grimper/descendre à toute vitesse ◆ **to charge through** passer en coup de vent ; → **charge off**

② [MIL] ◆ **to charge (down) on the enemy** fondre or foncer sur l'ennemi

③ [BATTERY] se (re)charger, être en charge

**4 - COMPOUNDS**

◆ **charge account** N (Comm) compte m
◆ **charge-cap** VT (Brit) fixer un plafond aux impôts locaux à
◆ **charge capping** N (Brit) plafonnement m des impôts locaux
◆ **charge card** N (Brit Comm) carte f de paiement
◆ **charge carrier** N (Elec) porteur m (de charges)
◆ **charge hand** N (Brit) sous-chef m d'équipe
◆ **charge nurse** N (Brit) infirmier m, -ière f en chef (responsable d'une salle ou d'un pavillon)
◆ **charge sheet** N (Brit Police) ≈ procès-verbal m

**5 - PHRASAL VERBS**

▸ **charge down** VT SEP (Rugby) ◆ **to charge a kick down** contrer un coup de pied ; see also **charge intransitive verb**

▸ **charge off**
**VI** partir en courant
**VT SEP** (Comm) [+ machine] amortir ◆ **they charged off drilling costs as business expenses** ils ont imputé les coûts de forage à l'exploitation ◆ **to charge off an expense** passer une dépense en charge

▸ **charge up**
**VI** [battery] se (re)charger, être en charge
**VT SEP** [+ firearm, battery] (also Phys) charger

**chargeable** /ˈtʃɑːdʒəbl/ ADJ ① [Jur] [crime, offence] passible de poursuites ◆ **chargeable with sth** [person] passible de poursuites pour qch
② (= payable) [fee] à payer ◆ **a late entry fee of $20 is chargeable** il y a un supplément de 20 dollars à payer pour les inscriptions en retard ◆ **fees chargeable by the solicitor** honoraires mpl qu'il faut payer à l'avocat ◆ **the lowest lending rates chargeable by UK banks** les taux les plus bas pratiqués par les banques du Royaume-Uni
③ (= assignable) [expenses] (to tax office) déductible ; (to employer) à la charge de l'employeur ◆ **chargeable to sb** à facturer à qn, à porter au compte de qn ◆ **chargeable to an account** imputable sur un compte
④ (= taxable) [asset] imposable

**chargeback** /ˈtʃɑːdʒbæk/ N [of credit card] recréditation f

**charged** /tʃɑːdʒd/ ADJ ① (Elec) [particles] chargé
② (fig) ◆ **charged with emotion, emotionally charged** plein d'émotion ◆ **a highly charged atmosphere** une atmosphère très tendue

**chargé d'affaires** /ˌʃɑːʒeɪdæˈfɛəʳ/ N (pl **chargés d'affaires**) chargé m d'affaires

**charger** /ˈtʃɑːdʒəʳ/ N ① [of battery, firearm] chargeur m
② (Mil = horse) cheval m (de combat)

**chargrilled** /ˈtʃɑːˌgrɪld/ ADJ (Brit Culin) grillé au feu de bois

**charily** /ˈtʃɛərɪlɪ/ ADV prudemment, avec prudence or circonspection

**chariot** /ˈtʃærɪət/ N char m

**charioteer** /ˌtʃærɪəˈtɪəʳ/ N conducteur m de char, aurige m

**charisma** /kæˈrɪzmə/ N (Rel, fig) charisme m

**charismatic** /ˌkærɪzˈmætɪk/ ADJ ① (= fascinating) [person, personality, charm] charismatique
② (Rel) [church, movement] charismatique ◆ **charismatic Christian** charismatique mf

**charitable** /ˈtʃærɪtəbl/ SYN ADJ ① (= helping the needy) [organization, foundation, institution] caritatif ; [donation] à une œuvre d'intérêt public ◆ **charitable work** bonnes œuvres fpl ◆ **to have charitable status** avoir le statut d'organisation caritative
② (= kindly) [person, thought, deed, gesture] charitable (to sb envers qn) ◆ **to take a charitable view of sth** être indulgent pour qch

**charitably** /ˈtʃærɪtəblɪ/ ADV charitablement

**charity** /ˈtʃærɪtɪ/ SYN
**N** ① (NonC) charité f ◆ **for charity's sake, out of charity** par (pure) charité ◆ **charity begins at home** (Prov) charité bien ordonnée commence par soi-même (Prov) ◆ **sister of Charity** (Rel) sœur f de charité ; → **cold, faith**
② (= charitable action) acte m de charité, action f charitable
③ (NonC = alms) charité f, aumône f ◆ **to live on charity** vivre d'aumônes ◆ **to collect for charity** faire une collecte pour une œuvre (charitable) ◆ **the proceeds go to charity** les fonds recueillis sont versés à des œuvres

[4] (= *charitable society*) organisation f caritative, œuvre f de bienfaisance
- **COMP** **charity sale** N vente f de charité or de bienfaisance
**charity shop** N boutique vendant des articles d'occasion au profit d'une organisation caritative
**charity toss** N (*Basketball*) lancer m franc

**charlady** /ˈtʃɑːleɪdɪ/ N (*Brit*) femme f de ménage

**charlatan** /ˈʃɑːlətən/ SYN
- **N** charlatan m
- **ADJ** charlatanesque

**Charlemagne** /ˈʃɑːləmeɪn/ N Charlemagne m

**Charles** /tʃɑːlz/ N Charles m

**charleston** /ˈtʃɑːlstən/ N charleston m

**charley horse*** /ˈtʃɑːlɪhɔːs/ N (*US*) crampe f, spasme m

**Charlie** /ˈtʃɑːlɪ/ N ✦ **he must have looked a proper Charlie!*** (*Brit*) il a dû avoir l'air fin or malin ! ✦ **I felt a right Charlie!*** (*Brit*) j'ai vraiment eu l'air idiot ! ✦ **Charlie Chaplin** (*as film character*) Charlot m

**charlie *** /ˈtʃɑːlɪ/ N (*Drugs = cocaine*) coke* f

**charlock** /ˈtʃɑːlɒk/ N (= *plant*) moutarde f sauvage or des champs

**charlotte** /ˈʃɑːlət/ N (*Culin*) charlotte f ✦ **apple charlotte** charlotte f aux pommes

**charm** /tʃɑːm/ SYN
- **N** [1] (= *attractiveness*) charme m, attrait m ✦ **a lady's charms** les charmes d'une dame ✦ **to have a lot of charm** avoir beaucoup de charme ✦ **to fall victim to sb's charms** succomber aux charmes de qn
- [2] (= *spell*) charme m, enchantement m ✦ **to hold sb under a charm** tenir qn sous le charme ✦ **it works like a charm*** ça marche à merveille ✦ **the plan worked like a charm*** tout s'est déroulé exactement comme prévu
- [3] (*for bracelet*) breloque f ; (= *amulet*) charme m, amulette f
- **VT** (= *attract, please*) charmer, enchanter ; (= *cast spell on*) enchanter, ensorceler ; [+ *snakes*] charmer ✦ **to have** or **lead a charmed life** être béni des dieux ✦ **to charm sth out of sb** obtenir qch de qn par le charme or en lui faisant du charme ✦ **to charm one's way somewhere** s'introduire quelque part grâce à son charme ✦ **to charm one's way out of a situation** se sortir d'une situation grâce à son charme ✦ **he could charm the birds off** or **out of the trees** il sait vraiment y faire
- **COMP** **charm bracelet** N bracelet m à breloques
**charmed circle** N ✦ **they seemed part of a charmed circle** ils semblaient comme protégés par un enchantement
**charm offensive** N (*hum*) offensive f de charme
**charm price** N prix m psychologique
**charm school** N cours m de maintien

**charmer** /ˈtʃɑːmər/ N charmeur m, -euse f ; → **snake**

**charming** /ˈtʃɑːmɪŋ/ SYN ADJ (*also iro*) charmant

**charmingly** /ˈtʃɑːmɪŋlɪ/ ADV [*behave, smile*] d'une façon charmante ✦ **charmingly naive/simple** d'une naïveté/simplicité charmante

**charmless** /ˈtʃɑːmlɪs/ ADJ dénué de charme

**charnel-house** † /ˈtʃɑːnlhaʊs/ N ossuaire m, charnier m

**charr** /tʃɑːr/ N ⇒ **char**[4]

**chart** /tʃɑːt/ SYN
- **N** [1] (= *map*) carte f (*marine*)
- [2] (= *graph*) graphique m ; (= *diagram*) diagramme m ; (= *table*) tableau m ; (*Med*) courbe f ✦ **temperature chart** (= *sheet*) feuille f de température ; (= *line*) courbe f de température
- [3] (*Mus*) ✦ **the charts** le Top 50, le hit-parade, le palmarès de la chanson ✦ **in the charts** au Top 50 ou au hit-parade ✦ **to reach the charts** figurer au Top 50 ou au hit-parade ✦ **to top the charts** être en tête des meilleures ventes or du Top 50 ou du hit-parade
- **VT** [1] (= *draw on map*) [+ *route, journey*] porter sur la carte
- [2] (*on graph*) [+ *sales, profits, results*] faire le graphique or la courbe de ✦ **this graph charts the progress made last year** ce graphique montre les progrès accomplis l'an dernier
- [3] (*fig = plan*) organiser, planifier
- **COMP** **chart topper** N (*Mus*) tube m
**chart-topping** ADJ qui vient en tête des meilleures ventes or du Top 50

**charter** /ˈtʃɑːtər/ SYN
- **N** [1] (= *document*) charte f ; [*of society, organization*] statuts mpl, acte m constitutif ✦ **the Charter of the United Nations** la Charte des Nations unies ✦ **it's a muggers' charter** (*fig*) c'est un encouragement pour les agresseurs ; → **citizen**
- [2] (*NonC*) [*of boat, plane, coach, train etc*] affrètement m ✦ **on charter** sous contrat d'affrètement
- [3] (*also* **charter flight**) (*vol m*) charter m
- **VT** [1] accorder une charte à, accorder un privilège (par une charte) à
- [2] [+ *plane etc*] affréter
- **COMP** **chartered accountant** N (*Brit, Can*) expert-comptable mf, comptable mf agréé(e) (*Can*)
**chartered company** N société f privilégiée
**chartered society** N compagnie f à charte
**chartered surveyor** N expert m immobilier
**charter flight** N (*vol m*) charter m ✦ **to take a charter flight to Rome** aller à Rome en charter
**charter member** N (*US*) membre m fondateur
**charter party** N (*Jur*) charte-partie f
**charter plane** N (*avion m*) charter m
**charter train** N train m charter

**charterer** /ˈtʃɑːtərər/ N affréteur m

**Charterhouse** /ˈtʃɑːtəˌhaʊs/ N (*Literat*) ✦ "**The Charterhouse of Parma**" « La Chartreuse de Parme »

**Chartism** /ˈtʃɑːtɪzəm/ N (*Hist*) chartisme m

**Chartist** /ˈtʃɑːtɪst/ N (*Hist*) ✦ **the Chartists** les chartistes mpl

**chartreux** /ʃɑːtrʌ/ N (= *cat*) chartreux m

**charwoman** † /ˈtʃɑːˌwʊmən/ N (pl **-women**) femme f de ménage

**chary** /ˈtʃɛərɪ/ ADJ [1] (= *cautious*) prudent, circonspect ✦ **to be chary of doing sth** hésiter à faire qch
[2] (= *stingy*) pingre, ladre † (*also liter*) (*of* de) ✦ **he is chary of praise** il est avare de compliments

**chase**[1] /tʃeɪs/ SYN
- **N** (= *action*) chasse f, poursuite f ; (*Racing = steeple-chase*) steeple m ✦ **a high-speed car chase** une course-poursuite en voiture ✦ **the chase for the championship** (*Sport*) la course au titre (de champion) ✦ **to give chase (to sb)** donner la chasse (à qn), se lancer à la poursuite (de qn) ✦ **US fighters gave chase to two enemy planes** des chasseurs américains ont donné la chasse à or se sont lancés à la poursuite de deux avions ennemis ✦ **they ran out and the police gave chase** ils sont sortis en courant et la police leur a donné la chasse or s'est lancée à leur poursuite ✦ **in chase of** à la poursuite de ✦ **the chase** (*Sport*) la chasse (à courre) ; (= *huntsmen*) la chasse, les chasseurs mpl ; → **paper, steeple-chase, wild**
- **VT** poursuivre, donner la chasse à ; [+ *success, women, job etc*] courir après ✦ **he chased him down the hill** il l'a poursuivi jusqu'au bas de la colline ✦ **she chased the thief for 100 metres** elle a poursuivi le voleur sur 100 mètres ✦ **2,000 unemployed people chasing five jobs** 2 000 chômeurs qui se disputent cinq emplois ✦ **to chase the dragon*** (*Drugs*) fumer de l'héroïne
- **VI** [1] (*lit, fig*) ✦ **to chase after sb** courir après qn
[2] (= *rush*) ✦ **to chase up/down/out** etc monter/descendre/sortir etc au grand galop ✦ **to chase about, to chase here and there** (*Brit*) courir à droite et à gauche

▶ **chase away**
- **VI** * filer*, se tirer*
- **VT SEP** [+ *person, animal*] chasser, faire partir

▶ **chase down** VT SEP [1] (= *track down*) retrouver
[2] (*US = catch*) rattraper

▶ **chase off** ⇒ **chase away**

▶ **chase up*** VT SEP [+ *information*] rechercher ; [+ *sth already asked for*] réclamer ✦ **to chase sb up for sth** relancer qn pour qch ✦ **I'll chase it up for you** (= *hurry things along*) je vais essayer d'activer les choses

**chase**[2] /tʃeɪs/ VT (*Tech*) [+ *diamond*] sertir, enchâsser (*in* dans) ; [+ *silver*] ciseler ; [+ *metal*] repousser ; [+ *screw*] fileter

**chaser** /ˈtʃeɪsər/ N [1] (= *pursuer*) poursuivant m
[2] (= *engraver*) graveur m sur métaux ; (= *lathe tool*) peigne m (à fileter)
[3] (* = *drink*) verre pris pour en faire descendre un autre

**chasm** /ˈkæzəm/ N (*lit, fig*) gouffre m, abîme m

**Chassidic** /həˈsɪdɪk/ ADJ (*Rel*) hassidique

**Chassidim** /ˈhæsɪˌdɪm/ NPL hassidim mpl

**Chassidism** /ˈhæsɪdɪzəm/ N hassidisme m

**chassis** /ˈʃæsɪ/ SYN N (pl **chassis** /ˈʃæsɪz/) [*of car*] châssis m ; [*of plane*] train m d'atterrissage ; (*US* * = *body*) châssis* m

**chaste** /tʃeɪst/ SYN
- **ADJ** [*person*] chaste, pur ; [*style*] sobre
- **COMP** **chaste tree** N gattilier m, agnus-castus m

**chastely** /ˈtʃeɪstlɪ/ ADV [*behave*] chastement ; [*dress*] avec sobriété, simplement

**chasten** /ˈtʃeɪsn/ SYN VT (= *punish*) châtier, corriger ; (= *subdue*) assagir, calmer ; (= *rebuke*) réprimander

**chastened** /ˈtʃeɪsnd/ ADJ [*person*] assagi, calmé ; [*style*] châtié

**chasteness** /ˈtʃeɪstnɪs/ N (*NonC*) [1] (*sexual*) [*of person, relationship*] chasteté f
[2] (*frm = simplicity*) [*of style*] sobriété f

**chastening** /ˈtʃeɪsnɪŋ/ ADJ [*thought*] qui fait réfléchir (à deux fois) ✦ **the accident had a chastening effect on him** l'accident l'a fait réfléchir

**chastise** /tʃæsˈtaɪz/ SYN VT (= *scold*) réprimander ; (= *punish*) punir, châtier ; (= *beat*) battre, corriger

**chastisement** /ˈtʃæstɪzmənt/ N (*NonC*) [1] (= *criticism*) condamnation f, fustigation f (*liter*)
[2] († = *punishment*) châtiment m

**chastity** /ˈtʃæstɪtɪ/ SYN
- **N** chasteté f
- **COMP** **chastity belt** N ceinture f de chasteté

**chasuble** /ˈtʃæzjʊbl/ N chasuble f

**chat** /tʃæt/ SYN
- **N** (*NonC*) bavardage m ; (= *casual conversation*) brin m de conversation or de causette * ; (*Internet*) participation f à un forum de discussion ✦ **to have a chat** bavarder un peu, faire un brin de conversation or de causette * ✦ **I must have a chat with him about this** il faut que je lui en parle or que je lui en touche un mot
- **VI** bavarder, causer (*with, to* avec) ; (*Internet*) chatter
- **COMP** **chat room** N (*on the Web*) forum m de discussion
**chat show** N (*Brit TV*) causerie f télévisée
**chat-up line** N (*Brit*) ✦ **that's his usual chat-up line** c'est son entrée en matière habituelle pour draguer*

▶ **chat up*** VT SEP (*Brit*) baratiner*, faire du plat* à

**chatline** /ˈtʃætlaɪn/ N (*for dating*) ≈ téléphone m rose

**chattel** /ˈtʃætl/
- **NPL** **chattels** (*gen*) biens mpl, possessions fpl ; (*Jur*) biens meubles mpl ✦ **with all his goods and chattels** avec tout ce qu'il possède (or possédait etc)
- **COMP** **chattel mortgage** N (*Jur, Fin*) nantissement m de biens meubles

**chatter** /ˈtʃætər/ SYN
- **VI** bavarder, jacasser (*pej*) ; [*children, monkeys*] jacasser ; [*birds*] jacasser, jaser ✦ **his teeth were chattering** il claquait des dents
- **N** [*of person*] bavardage m ; [*of birds, children, monkeys*] jacassement m ; [*of teeth*] claquement m

**chatterbox*** /ˈtʃætəbɒks/, **chatterer** /ˈtʃætərər/ N moulin m à paroles, bavard(e) m(f) ✦ **to be a chatterbox** être bavard comme une pie

**chattering** /ˈtʃætərɪŋ/
- **N** bavardage m
- **COMP** **the chattering classes*** NPL (*Brit esp pej*) les intellos* mpl

**chatty*** /ˈtʃætɪ/ ADJ [*person*] bavard ; [*style*] familier, qui reste au niveau du bavardage ; [*letter*] plein de bavardages ✦ **she was a regular Chatty Cathy*** (*US*) c'était un vrai moulin à paroles *

**Chaucerian** /tʃɔːˈsɪərɪən/ ADJ de Chaucer, chaucérien

**chauffeur** /ˈʃəʊfər/
- **N** chauffeur m (de maître)
- **VT** ✦ **to chauffeur sb around** or **about** servir de chauffeur à qn
- **COMP** **chauffeur-driven car** N voiture f avec chauffeur

**chauvinism** /ˈʃəʊvɪnɪzəm/ N (*gen*) chauvinisme m ; (= *male chauvinism*) machisme m, phallocratie f

**chauvinist** /ˈʃəʊvɪnɪst/
- **N** (= *male chauvinist*) phallocrate m, machiste m ; (= *jingoist*) chauvin(e) m(f)

## chauvinistic | cheeky

**ADJ** (= *male chauvinist*) phallocrate, machiste ; (= *jingoistic*) chauvin ◆ **male chauvinist pig** phallocrate *m*

**chauvinistic** /ˌʃəʊvɪˈnɪstɪk/ **ADJ** (= *male chauvinistic*) machiste, phallocrate ; (= *jingoistic*) chauvin

**chav**✱ /tʃæv/ **N** (Brit) caillera✱ *mf*

**chaw** /tʃɔː/ (*dial*) ⇒ **chew**

**chayote** /tʃɑːˈjəʊteɪ/ **N** cristophine *f*

**cheap** /tʃiːp/ SYN

**ADJ** 1 (= *inexpensive*) [*goods, services, housing, café, price, labour*] bon marché *inv* ; [*rate, fare*] réduit ; [*loan, credit*] à faible taux d'intérêt ; [*currency, pound, dollar*] déprécié ◆ **cheaper** meilleur marché *inv*, moins cher (chère *f*) ◆ **it's 10 pence cheaper** ça coûte 10 pence de moins ◆ **a cheap electrician** un électricien pas cher ◆ **the cheapest seats are around £15** les places les moins chères sont autour de 15 livres ◆ **calls cost 36p per minute cheap rate** (*Telec*) les appels coûtent 36 pence la minute en tarif réduit ◆ **cheap edition** (*Printing*) édition *f* populaire *or* bon marché ◆ **it was going cheap**✱ cela se vendait à bas prix ◆ **it is cheaper to buy than to rent** cela revient moins cher d'acheter que de louer ◆ **to be cheap to run** ne pas revenir cher à l'emploi ◆ **these cars are very cheap to produce** la production de ces voitures est très bon marché ◆ **quality doesn't come cheap** la qualité se paie ◆ **it's cheap at the price**✱ [*goods, services*] à ce prix-là, c'est bon marché ; [*thing suffered*] ce n'est pas cher payé ◆ **cheap and cheerful**✱ pas cher et sans prétentions ◆ **human life is cheap in wartime** la vie humaine ne vaut pas grand-chose en temps de guerre ; → **dirt**

2 (*pej* = *poor-quality*) [*wine, material, brand, copy, imitation, perfume, seat*] bon marché ; [*cut of meat*] de qualité inférieure ; [*jewellery*] de pacotille ; [*hotel, café*] de second ordre ◆ **cheap and nasty**✱ [*wine, plastic*] minable et bon marché

3 (*pej*) ◆ **on the cheap**✱ [*buy, employ*] au rabais ; [*decorate*] à bas prix ◆ **it was a bad idea, done on the cheap** c'était une mauvaise idée, réalisée avec de petits moyens

4 (*pej* = *unworthy*) [*remark, question, opportunism, sensationalism*] de bas étage ; [*joke, jibe, trick, ploy, gimmick, woman*] facile ; [*behaviour, attitude*] minable ◆ **to feel cheap** se sentir minable ◆ **to look cheap** [*person*] avoir l'air minable ; [*clothes, make-up*] faire bon marché ◆ **to make o.s. cheap** s'avilir ◆ **cheap thrills** sensations *fpl* fortes

**ADV** [*buy*] (= *inexpensively*) bon marché ; (= *cut-price*) au rabais

**COMP cheap money N** (*Econ*) argent *m* bon marché

**cheap-rate ADJ** à tarif réduit
**cheap shot N** coup *m* bas

**cheapen** /ˈtʃiːpən/ SYN

**VT** baisser le prix de ; (*fig*) déprécier ◆ **to cheapen o.s.** se déprécier, s'abaisser

**VI** baisser, devenir moins cher

**cheapie**✱ /ˈtʃiːpɪ/

**ADJ** pas cher

**N** (= *ticket/meal etc*) billet *m*/repas *m etc* pas cher

**cheapjack** /ˈtʃiːpdʒæk/ **ADJ** de mauvaise qualité

**cheaply** /ˈtʃiːplɪ/ **ADV** [*buy, sell*] bon marché ; [*borrow, produce, decorate, furnish, eat*] à bon marché ; [*live*] à peu de frais ; [*available*] à moindre prix ◆ **two can live as cheaply as one** (*Prov*) = quand il y en a pour l'un, il y en a pour l'autre

**cheapness** /ˈtʃiːpnɪs/ **N** (*lit*) bas prix *m*

**cheapo**✱ /ˈtʃiːpəʊ/ **ADJ** bon marché

**cheapshot** /ˈtʃiːpʃɒt/ **VT** (US) débiner✱, dénigrer

**cheapskate**✱ /ˈtʃiːpskeɪt/ **N** radin✱ *mf*, avare *mf*

**cheat** /tʃiːt/ SYN

**VT** (= *deceive*) tromper, duper ; (= *defraud*) frauder ; (= *swindle*) escroquer ; (*fig*) [+ *time etc*] tromper ◆ **to cheat sb at cards** tricher aux cartes en jouant avec qn ◆ **to cheat sb out of sth** escroquer qch à qn ◆ **to cheat sb into doing sth** faire faire qch à qn en le trompant ◆ **to feel cheated** (= *swindled*) se sentir floué ; (= *betrayed*) se sentir trahi

**VI** (*at cards, games*) tricher (*at à*) ; (= *defraud*) frauder ◆ **to cheat on sb**✱ (= *be unfaithful to*) tromper qn

**N** (also **cheater** : US) 1 (= *person*) tricheur *m*, -euse *f*

2 (= *deception*) tricherie *f*, triche✱ *f* ◆ **it's a bit of a cheat to use ready-prepared meals** c'est un peu de la triche d'utiliser des plats cuisinés

**cheater** /ˈtʃiːtər/ **N** (US) ⇒ **cheat**

**cheating** /ˈtʃiːtɪŋ/

**N** (NonC, *at cards, games*) tricherie *f* ; (= *deceit*) tromperie *f* ; (= *fraud*) fraude *f* ; (= *swindle*) escroquerie *f*

**ADJ** tricheur

**Chechen** /ˈtʃetʃən/

**N** (pl **Chechen** or **Chechens**) (= *person*) Tchétchène *mf*

**ADJ** tchétchène

**Chechenia** /tʃetˈʃenɪə/, **Chechnya** /ˈtʃetʃnɪə/ **N** Tchétchénie *f*

**check¹** /tʃek/ **N** (US) ⇒ **cheque**

**check²** /tʃek/ SYN

**N** 1 (= *setback*) [*of movement*] arrêt *m* brusque ; (*Mil*) échec *m*, revers *m* ◆ **to hold** or **keep in check** (*gen*) [+ *emotions etc*] contenir, maîtriser ; (*Mil*) tenir en échec ◆ **to put a check on** mettre un frein à ◆ **to act as a check upon** constituer un frein à ◆ **checks and balances** (*Pol*) freins *mpl* et contrepoids *mpl*

2 (= *examination*) [*of papers, passport, ticket*] contrôle *m* ; [*of luggage*] vérification *f* ; (*at factory door*) pointage *m* ◆ **to make a check on** contrôler ◆ **to keep a check on** surveiller ◆ **check!**✱ (US = OK) d'accord !, OK !✱

3 (*Chess*) échec *m* ◆ **in check** en échec ◆ **check!** échec au roi !

4 (US) [*of left luggage*] ticket *m* de consigne ; (*Theat*) ticket *m* de vestiaire ; [*of restaurant*] addition *f*

**VT** 1 (also **check out**) (= *examine, verify*) [+ *accounts, figures, statement, quality etc*] vérifier ; [+ *tickets, passports*] contrôler ; (= *mark off*) pointer, faire le pointage de ; (= *tick off*) cocher ◆ **to check a copy against the original** comparer une copie à l'original, collationner une copie avec l'original ◆ **I'll have to check whether** or **if there's an age limit** il faudra que je vérifie s'il y a une limite d'âge

2 [+ *baggage to be loaded*] enregistrer

3 (✱ : also **check out** = *look at*) mater✱, viser✱ ◆ **check his shoes!** vise (un peu) or mate un peu ses chaussures !

4 (= *stop*) [+ *enemy*] arrêter ; [+ *advance*] enrayer ; (= *restrain*) [+ *excitement*] refréner, contenir ; [+ *anger*] maîtriser, réprimer ◆ **he was going to protest, but she checked him** il allait protester, mais elle l'a retenu ◆ **to check o.s.** se contrôler, se retenir ◆ **it is hoped that sex education will help check the spread of AIDS** on espère que l'éducation sexuelle aidera à enrayer la progression du sida

5 (= *rebuke*) réprimander

6 (*Chess*) faire échec à

7 (US) [+ *coats*] (*in cloakroom*) mettre au vestiaire ; [+ *luggage*] (= *register*) faire enregistrer ; [+ *left luggage*] mettre à la consigne

**VI** 1 ◆ **is Matthew there? – hold on, I'll just check** est-ce que Matthew est là ? – attends, je vais voir

2 (= *pause*) s'arrêter (*momentanément*)

3 (also **check out** = *confirm each other*) [*figures, stories*] correspondre, s'accorder

**COMP check-in N** (*at airport*) enregistrement *m* (des bagages) ◆ **your check-in time is half-an-hour before departure** présentez-vous à l'enregistrement des bagages une demi-heure avant le départ

**check-out N** (*Comm*) caisse *f* (*dans un libre-service*)
**check-out time N** (*in hotel*) heure *f* limite d'occupation

▶ **check in**

**VI** (*in hotel*) (= *arrive*) arriver ; (= *register*) remplir une fiche (d'hôtel) ; (*at airport*) se présenter à l'enregistrement

**VT SEP** faire remplir une fiche (d'hôtel) à ; (*at airport*) enregistrer

**N** ◆ **check-in** → **check²**

▶ **check off VT SEP** pointer, cocher

▶ **check on VT FUS** [+ *information, time etc*] vérifier ◆ **to check on sb** voir ce que fait qn ◆ **just go and check on the baby** va jeter un coup d'œil sur le bébé

▶ **check out**

**VI** 1 (*from hotel*) régler sa note

2 → **check²** vi 3

3 (✱ *euph* = *die*) passer l'arme à gauche✱, mourir

**VT SEP** 1 → **check²** vt 1

2 (✱ = *look at*) jeter un œil à✱

3 [+ *luggage*] retirer ; [+ *person*] contrôler la sortie de ; [+ *hotel guest*] faire payer sa note à

**N** ◆ **check-out** → **check²**

▶ **check over VT SEP** examiner, vérifier

▶ **check up VI** se renseigner, vérifier ◆ **to check up on sth** vérifier qch ◆ **to check up on sb** se renseigner sur qn ; → **checkup**

### CHECKS AND BALANCES

Dans le système politique américain, les « freins et contrepoids » sont des mécanismes qui tendent à garantir l'équilibre des pouvoirs par une stricte séparation entre l'exécutif, le législatif et le judiciaire, et à empêcher la domination d'un de ces pouvoirs sur les autres. Dans l'esprit des auteurs de la Constitution, la liberté est assurée par le fait qu'il est toujours possible de contester les pouvoirs du président, du Congrès, des tribunaux ou de l'administration des États.

**check³** /tʃek/

**N** (gen pl) ◆ **checks** (= *pattern*) carreaux *mpl*, damier *m* ; (= *cloth*) tissu *m* à carreaux ◆ **broken check** pied-de-poule *m*

**COMP** ⇒ **checked**

**checkbook** /ˈtʃekbʊk/ **N** (US) carnet *m* de chèques, chéquier *m*

**checked** /tʃekt/ **ADJ** 1 [*tablecloth, suit, pattern*] à carreaux

2 (*Phon*) [*vowel*] entravé

**checker** /ˈtʃekər/ **N** 1 (= *examiner*) ◆ **fact checker** vérificateur *m*, -trice *f* ◆ **work checker** contrôleur *m*, -euse *f* du travail ; → **grammar, spell³**

2 (US) (*in supermarket*) caissier *m*, -ière *f* ; (*in cloakroom*) préposé(e) *m(f)* au vestiaire

**checkerboard** /ˈtʃekəbɔːd/

**N** (US) (*Chess*) échiquier *m* ; (*Checkers*) damier *m*

**COMP checkerboard pattern N** motif *m* à damiers

**Checker cab** ® /ˈtʃekəˌkæb/ **N** (US) ancien modèle de taxi américain à damier

**checkered** /ˈtʃekəd/ **ADJ** (US) ⇒ **chequered**

**checkers** /ˈtʃekəz/ **NPL** (US) jeu *m* de dames

**checking** /ˈtʃekɪŋ/

**N** (NonC) [*of equipment, system, facts, exam paper, document*] vérification *f* ; [*of ticket, passport*] contrôle *m* ; (*Med*) examen *m* médical ◆ **to do some checking on sb/sth** effectuer des vérifications sur qn/qch

**COMP checking account N** (US *Fin*) compte *m* courant

**checking deposit N** dépôt *m* à vue

**checklist** /ˈtʃeklɪst/ **N** check-list *f*, liste *f* de contrôle

**checkmate** /ˈtʃekmeɪt/

**N** (*Chess*) (échec *m* et) mat *m* ; (*fig*) échec *m* total, fiasco *m*

**VT** (*Chess*) mettre (échec et) mat ; (*fig*) [+ *person*] coincer✱, faire échec à ; [+ *plans etc*] déjouer

**checkpoint** /ˈtʃekpɔɪnt/

**N** (*at border, in motor rally*) (poste *m* de) contrôle *m*

**COMP Checkpoint Charlie N** Checkpoint *m* Charlie

**checkroom** /ˈtʃekrʊm/ **N** (US = *cloakroom*) vestiaire *m*

**checkup** /ˈtʃekʌp/ **N** (*gen*) contrôle *m*, vérification *f* ; (*Med*) bilan *m* de santé, check-up *m* ◆ **to go for** or **have a checkup** (*Med*) se faire faire un bilan (de santé)

**cheddar** /ˈtʃedər/ **N** (fromage *m* de) cheddar *m*

**cheddite** /ˈtʃedaɪt/ **N** cheddite *f*

**cheek** /tʃiːk/ SYN

**N** 1 (= *part of face*) joue *f* ◆ **cheek by jowl** côte à côte ◆ **cheek by jowl with** tout près de ◆ **to dance cheek to cheek** danser joue contre joue ◆ **to turn the other cheek** tendre l'autre joue ; → **tongue**

2 (= *buttock*) fesse *f*

3 (= *impudence*) effronterie *f*, toupet✱ *m*, culot✱ *m* ◆ **to have the cheek to do sth** avoir le toupet✱ *or* le culot✱ de faire qch ◆ **what (a) cheek!**✱, **of all the cheek!**✱ quel culot !✱, quel toupet !✱ ◆ **the cheek of it!**✱ ce toupet !✱

**VT** (Brit) [+ *person*] être insolent avec, narguer

**COMP cheek pouch N** [*of animal*] abajoue *f*

**cheekbone** /ˈtʃiːkbəʊn/ **N** pommette *f*

**cheekily** /ˈtʃiːkɪlɪ/ **ADV** (Brit) [*say*] avec insolence ; [*grin*] d'un air effronté

**cheekiness** /ˈtʃiːkɪnɪs/ **N** effronterie *f*, toupet✱ *m*, culot✱ *m*

**cheeky** /ˈtʃiːkɪ/ SYN **ADJ** [*child*] effronté, insolent ; [*remark*] impertinent ◆ **cheeky child** petit(e) effronté(e) *m(f)* ◆ **(you) cheeky monkey!*** quel toupet !*

**cheep** /tʃiːp/
**N** *[of bird]* piaulement *m* ; *[of mouse]* couinement *m* ◆ **cheep, cheep!** cui-cui !
**VI** *[bird]* piauler ; *[mouse]* couiner

**cheer** /tʃɪər/ SYN
**N** 1 ◆ **cheers** acclamations *fpl*, applaudissements *mpl*, hourras *mpl*, bravos *mpl* ◆ **to give three cheers for** acclamer ◆ **three cheers for...!** un ban pour... !, hourra pour... ! ◆ **three cheers!** hourra ! ◆ **the children gave a loud cheer** les enfants ont poussé des acclamations ◆ **cheers!*** *(esp Brit)* *(= your health!)* à la vôtre !* *(or* à la tienne !*)* ; *(= goodbye)* salut !, tchao !* ; *(= thanks)* merci !
2 ( † = *cheerfulness)* gaieté *f*, joie *f* ◆ **words of cheer** paroles *fpl* d'encouragement ◆ **be of good cheer!** prenez courage !
3 ( †† = *food etc)* chère † *f* ◆ **good cheer** bonne chère
**VT** 1 (also **cheer up**) *[+ person]* remonter le moral à, réconforter ; *[+ room]* égayer
2 *(= applaud)* acclamer, applaudir
**VI** applaudir, pousser des vivats *or* des hourras
▶ **cheer on** VT SEP *[+ person, team]* encourager
▶ **cheer up**
**VI** *(= be gladdened)* s'égayer, se dérider ; *(= be comforted)* prendre courage, prendre espoir ◆ **cheer up!** courage !
**VT SEP** ⇒ cheer vt 1

**cheerful** /ˈtʃɪəfʊl/ SYN ADJ *[person]* joyeux, gai ; *[mood, colour, occasion, place, atmosphere]* gai ; *[smile, expression, voice, conversation]* enjoué ; *[news, prospect, outlook, belief]* réjouissant ◆ **to be cheerful about sth** se réjouir de qch ◆ **to sound cheerful** avoir l'air réjoui ; → **cheap**

**cheerfully** /ˈtʃɪəfʊlɪ/ ADV 1 *(= happily)* *[smile, say, greet]* joyeusement, gaiement
2 *(= enthusiastically)* *[work]* avec enthousiasme ◆ **she went cheerfully off to work** elle partit gaiement au travail
3 *(= blithely)* *[ignore]* allégrement
4 *(= gladly)* ◆ **I could cheerfully strangle him*** je l'étranglerais avec joie

**cheerfulness** /ˈtʃɪəfʊlnɪs/ SYN N *[of person]* bonne humeur *f*, gaieté *f* ; *[of smile, conversation, place]* gaieté *f*

**cheerily** /ˈtʃɪərɪlɪ/ ADV gaiement, avec entrain

**cheeriness** /ˈtʃɪərɪnɪs/ N gaieté *f*, jovialité *f*

**cheering** /ˈtʃɪərɪŋ/ SYN
**N** *(NonC)* acclamations *fpl*, hourras *mpl*
**ADJ** *[news, sight]* réconfortant, réjouissant

**cheerio*** /ˌtʃɪərɪˈəʊ/ EXCL *(esp Brit)* 1 *(= goodbye)* salut !*, tchao !*
2 ( † = *your health)* à la vôtre *(or* à la tienne*)* !

**cheerleader** /ˈtʃɪəliːdər/ N *(Sport)* pom-pom girl *f* ; *(fig)* meneur *m*, -euse *f (qui œuvre pour une cause, une personnalité politique)*

**cheerless** /ˈtʃɪəlɪs/ SYN ADJ *[person, thing]* morne, triste

**cheery** /ˈtʃɪərɪ/ SYN ADJ gai, joyeux

**cheese** /tʃiːz/
**N** fromage *m* ◆ **Dutch cheese** fromage *m* de Hollande ◆ **"say cheese!"** *(for photograph)* « un petit sourire ! » ◆ **big cheese*** gros bonnet *m* ; → **cottage, cream, lemon**
**VT** 1 *(Brit* *)* ◆ **to be cheesed (off)** en avoir marre* ◆ **to be cheesed off with sth** en avoir marre de qch*
2 *(US)* ◆ **cheese it!*** *(= look out)* vingt-deux !* ; *(= run away)* tire-toi !*
**COMP** *[sandwich]* au fromage
**cheese and wine (party)** N ≈ buffet *m* campagnard
**cheese dip** N sauce au fromage dans laquelle on trempe des légumes etc en bâtonnets
**cheese dish** N ⇒ **cheeseboard**
**cheese straw** N allumette *f* au fromage
**cheese wire** N fil *m* à couper le beurre

**cheeseboard** /ˈtʃiːzbɔːd/ N *(= dish)* plateau *m* à fromage(s) ; *(with cheeses on it)* plateau *m* de fromages

**cheeseburger** /ˈtʃiːzbɜːgər/ N hamburger *m* au fromage, cheeseburger *m*

**cheesecake** /ˈtʃiːzkeɪk/ N *(NonC)* *(Culin)* cheesecake *m*, gâteau *m* au fromage blanc ; *(* *fig)* photo *f* (de fille) déshabillée

**cheesecloth** /ˈtʃiːzklɒθ/ N *(for cheese)* étamine *f*, mousseline *f* à fromage ; *(for clothes)* toile *f* à beurre

**cheeseparing** /ˈtʃiːzˌpɛərɪŋ/
**N** économie(s) *f(pl)* de bouts de chandelles
**ADJ** *[person]* pingre, qui fait des économies de bouts de chandelles ; *[attitude, action]* mesquin

**cheesy** /ˈtʃiːzɪ/ ADJ 1 *(lit)* qui a un goût de fromage, qui sent le fromage
2 *(* *= naff)* moche*, ringard*
3 * *[grin]* large
4 *(* *= banal)* rebattu

**cheetah** /ˈtʃiːtə/ N guépard *m*

**chef** /ʃef/ N chef *m* (de cuisine)

**chef d'œuvre** /ʃeɪˈdɜːvrə/ N *(pl* **chefs d'œuvre***)* chef-d'œuvre *m*

**cheiromancer** /ˈkaɪərəmænsər/ N ⇒ **chiromancer**

**cheiromancy** /ˈkaɪərəmænsɪ/ N ⇒ **chiromancy**

**Chekhov** /ˈtʃekɒf/ N Tchekhov *m*

**chelate** /ˈkiːleɪt/ *(Chem)*
**VT** chélater
**N** chélate *m*
**COMP** **chelating agent** N chélateur *m*

**chelicera** /kɪˈlɪsərə/ N *(pl* **chelicerae** /kɪˈlɪsəriː/*)* chélicère *f*

**cheloid** /ˈkiːlɔɪd/ N chéloïde *f*

**Chelsea Pensioner** /ˌtʃelsɪˈpenʃənər/ N *(Brit)* ancien combattant résidant au « Chelsea Royal Hospital »

**chemical** /ˈkemɪkəl/ SYN
**ADJ** chimique
**N** *(gen pl)* produit *m* chimique
**COMP** **chemical agent** N agent *m* chimique
**chemical castration** N castration *f* chimique
**chemical engineer** N ingénieur *m* en génie chimique
**chemical engineering** N génie *m* chimique
**chemical plant** N usine *f* chimique
**chemical toilet** N toilettes *fpl* chimiques
**chemical warfare** N guerre *f* chimique
**chemical weapons** NPL armes *fpl* chimiques

**chemically** /ˈkemɪkəlɪ/ ADV chimiquement

**chemiluminescence** /ˌkemɪˌluːmɪˈnesns/ N *(Chem)* chimiluminescence *f*

**chemiluminescent** /ˌkemɪˌluːmɪˈnesnt/ ADJ *(Chem)* chimiluminescent

**chemise** /ʃəˈmiːz/ N *(= undergarment)* chemise *f* (de femme) ; *(= dress)* robe-chemisier *f*

**chemist** /ˈkemɪst/ N 1 *(= researcher etc)* chimiste *mf*
2 *(Brit = pharmacist)* pharmacien(ne) *m(f)* ◆ **chemist's (shop)** pharmacie *f*

**chemistry** /ˈkemɪstrɪ/
**N** chimie *f* ◆ **they work so well together because the chemistry is right** ils travaillent très bien ensemble parce que le courant passe
**COMP** *[laboratory, lesson, teacher]* de chimie
**chemistry set** N panoplie *f* de chimiste

**chemo*** /ˈkiːməʊ/ N (abbrev of **chemotherapy**) chimio* *f*

**chemoreceptor** /ˌkeməʊrɪˈseptər/ N *(Physiol)* chimiorécepteur *m*

**chemosynthesis** /ˌkeməʊˈsɪnθɪsɪs/ N *(Bio)* chimiosynthèse *f*

**chemotaxis** /ˌkeməʊˈtæksɪs/ N chimiotactisme *m*

**chemotherapeutic** /ˌkiːməʊθerəˈpjuːtɪk/ ADJ chimiothérapique

**chemotherapist** /ˌkiːməʊˈθerəpɪst/ N chimiothérapeute *mf*

**chemotherapy** /ˌkeməʊˈθerəpɪ/ N chimiothérapie *f*

**chenille** /ʃəˈniːl/ N *(= fabric)* chenille *f*

**Chennai** /tʃɪˈnaɪ/ N Chennai *(nouveau nom de Madras)*

**Cheops** /ˈkiːɒps/ N *(Antiq)* Khéops *or* Chéops *m*

**Chephren** /ˈkefrən/ N *(Antiq)* Khéphren *or* Chéphren *m*

**cheque, check** *(US)* /tʃek/
**N** chèque *m* ◆ **cheque for £10** chèque *m* de 10 livres ◆ **cheque to** *or* **in the amount of $10** chèque *m* de 10 dollars ◆ **to pay by cheque** payer par chèque ◆ **to cross a cheque** *(Brit)* barrer un chèque ◆ **bad** *or* **dud*** *or* **rubber*** **cheque** chèque sans provision *or* en bois*
**COMP** **cheque account** N compte-chèque *m*
**cheque card** N *(Brit)* carte *f* d'identité bancaire ; → **traveller**

**chequebook** /ˈtʃekbʊk/
**N** carnet *m* de chèques, chéquier *m*
**COMP** **chequebook journalism** N *(pej)* pratique qui consiste à payer des sommes considérables pour obtenir les confidences exclusives de personnes impliquées dans une affaire

**chequered, checkered** *(US)* /ˈtʃekəd/
**ADJ** 1 *(= varied)* *[history, career, past]* en dents de scie
2 *(= checked)* *[tablecloth, dress, shirt, pattern]* à carreaux ◆ **chequered floor** *or* **tiles** carrelage *m*
**COMP** **chequered flag** N *(Motor Racing)* drapeau *m* à damier

**Chequers** /ˈtʃekəz/ N *(Brit)* résidence secondaire officielle du Premier ministre

**chequers** /ˈtʃekəz/ N jeu *m* de dames

**Cheremiss** /ˌtʃɛərəˈmɪs/ N *(= language)* tchérémisse *m*

**cherish** /ˈtʃerɪʃ/ SYN VT *[+ person]* chérir, aimer ; *[+ feelings, opinion]* entretenir ; *[+ hope, illusions]* nourrir, caresser ; *[+ memory]* chérir

**cherished** /ˈtʃerɪʃt/ ADJ *[dream, belief, ambition, memory]* cher ◆ **a cherished memory of mine** un souvenir qui m'est cher

**Chernobyl** /tʃɜːˈnəʊbl/ N Tchernobyl

**chernozem** /ˈtʃɜːnəʊˌzem/ N tchernoziom *m*

**Cherokee** /ˈtʃerəkiː/ N *(= person)* Cherokee *mf*

**cheroot** /ʃəˈruːt/ N petit cigare *m*

**cherry** /ˈtʃerɪ/
**N** 1 *(= fruit)* cerise *f* ; (also **cherry tree**) cerisier *m* ◆ **wild cherry** *(= fruit)* merise *f* ; *(= tree)* merisier *m* ; → **bite**
2 *(* *= virginity)* ◆ **to take sb's cherry** dépuceler qn ◆ **to lose one's cherry** se faire dépuceler*
**COMP** *(= colour)* *(rouge)* cerise *inv* ; *(liter) [lips]* vermeil ; *(Culin) [pie, tart]* aux cerises
**cherry blossom** N *(NonC)* fleurs *fpl* de cerisier
**cherry bomb** N *(US)* pétard *m* (rond et rouge)
**cherry brandy** N *(= liqueur)* liqueur *f* de cerise
**cherry laurel** N *(= tree)* laurier-cerise *m*
**cherry orchard** N cerisaie *f*
**cherry-pick** VT trier sur le volet
**cherry picker** N *(= vehicle)* grue *f* à nacelle
**cherry plum** N *(= tree)* (prunier *m*) myrobolan *m*
**cherry-red** ADJ *(rouge)* cerise *inv*
**cherry tomato** N tomate *f* cerise

**chert** /tʃɜːt/ N *(Miner)* chert *m*

**cherub** /ˈtʃerəb/ N 1 *(pl* **cherubs***)* chérubin *m*, petit ange *m*
2 *(pl* **cherubim** /ˈtʃerəbɪm/*)* *(Rel)* chérubin *m*

**cherubic** /tʃeˈruːbɪk/ SYN ADJ angélique

**chervil** /ˈtʃɜːvɪl/ N cerfeuil *m*

**Ches.** abbrev of **Cheshire**

**Cheshire cat** /ˌtʃeʃəˈkæt/ N → **grin**

**chess** /tʃes/
**N** échecs *mpl*
**COMP** **chess piece** N ⇒ **chessman**
**chess set** N jeu *m* d'échecs

**chessboard** /ˈtʃesbɔːd/ N échiquier *m*

**chessman** /ˈtʃesmæn/ N *(pl* **-men**) pièce *f* (de jeu d'échecs)

**chessplayer** /ˈtʃesˌpleɪər/ N joueur *m*, -euse *f* d'échecs

**chest**[1] /tʃest/ SYN
**N** *(= box)* coffre *m*, caisse *f* ; *(= tea chest)* caisse *f* ; → **medicine, toolchest**
**COMP** **chest freezer** N congélateur-bahut *m*
**chest of drawers** N commode *f*

**chest**[2] /tʃest/
**N** *(Anat)* poitrine *f*, cage *f* thoracique *(Med frm)* ◆ **to have a weak chest** être faible des bronches ◆ **to get something off one's chest*** dire ce que l'on a sur le cœur
**COMP** **chest cold** N inflammation *f* des voies respiratoires
**chest expander** N extenseur *m* *(pour développer les pectoraux)*
**chest infection** N infection *f* des voies respiratoires
**chest pain** N *(NonC)* ⇒ **chest pains**
**chest pains** NPL douleurs *fpl* de poitrine
**chest specialist** N spécialiste *mf* des voies respiratoires

**chesterfield** /ˈtʃestəfiːld/ N canapé *m*, chesterfield *m*

**chestnut** /ˈtʃesnʌt/
**N** ① (= fruit) châtaigne f ; (Culin) châtaigne f, marron m ◆ **to pull sb's chestnuts out of the fire** tirer les marrons du feu pour qn ; → **horse, Spanish, sweet**
② (also **chestnut tree**) châtaignier m, marronnier m
③ (= horse) alezan m
④ (pej) ◆ **(old) chestnut*** (= story) vieille histoire f rabâchée ; (= joke) vieille blague* f usée
**ADJ** (also **chestnut-brown**) châtain ◆ **chestnut hair** cheveux mpl châtains
**COMP chestnut horse N** (cheval m) alezan m

**chesty** /ˈtʃestɪ/ **ADJ** (Brit) [person] fragile de la poitrine ; [cough] de poitrine

**Chetnik** /ˈtʃetnɪk/ **N** (Pol, Hist) tchetnik m

**cheval glass** /ʃəˈvælglɑːs/ **N** psyché f (glace)

**chevron** /ˈʃevrən/ **N** chevron m

**chew** /tʃuː/ **SYN**
**VT** [+ food] mâcher, mastiquer ; [+ betel, coca etc] chiquer ; [+ pencil] mâchonner, mordiller ; [+ lip] mordiller ◆ **to chew tobacco** chiquer ◆ **to chew the cud** (lit, fig) ruminer ◆ **to chew the fat*** tailler le bout de gras*, tailler une bavette*
**N** ① (= action) mastication f
② (Brit = sweet) bonbon m ; [of tobacco] chique f
**COMP chewing gum N** chewing-gum m

▶ **chew on VT FUS** (fig) [+ facts, problem] tourner et retourner

▶ **chew out VT SEP** engueuler

▶ **chew over VT SEP** [+ problem etc] (= think over) tourner et retourner ; (= discuss) discuter de

▶ **chew up VT SEP** mâchonner, mâchouiller*

**chewy** /ˈtʃuːɪ/
**ADJ** [food] difficile à mâcher ◆ **a chewy wine** un vin corsé et généreux
**COMP chewy toffee N** caramel m mou

**Cheyenne** /ʃaɪˈæn/ **N** (= person) Cheyenne mf

**chi** /kaɪ/ **N** (= letter) chi m

**chiaroscuro** /kɪˌɑːrəsˈkʊərəʊ/ **N** clair-obscur m

**chiasma** /kaɪˈæzmə/ **N** (pl **chiasmas** or **chiasmata** /kaɪˈæzmətə/) (Anat) chiasma m, chiasme m

**chiasmus** /kaɪˈæzməs/ **N** (pl **chiasmi** /kaɪˈæzmaɪ/) (Ling) chiasme m

**chic** /ʃiːk/ **SYN**
**ADJ** chic inv, élégant
**N** chic m, élégance f

**chicane** /ʃɪˈkeɪn/ **N** (Motor Racing) chicane f

**chicanery** /ʃɪˈkeɪnərɪ/ **N** (= legal trickery) chicane f ; (= false argument) chicane f, chicanerie f

**Chicano** /tʃɪˈkɑːnəʊ/ **N** (US) Mexicain(e) m(f) américain(e), Chicano mf

**chichi*** /ˈʃiːʃiː/ **ADJ** trop recherché

**chick** /tʃɪk/ **N**
**COMP** ① (= chicken) poussin m ; (= nestling) oisillon m ; → **day**
② (* = child) poulet* m, coco* m ◆ **come here chick!** viens ici mon coco or mon petit poulet !
③ (* = girl) pépée* f, poulette* f
**COMP chick flick*** **N** film destiné au public féminin ou particulièrement apprécié par celui-ci
**chick lit** **N** genre romanesque décrivant de jeunes femmes actives et leur vie sentimentale

**chickadee** /ˈtʃɪkəˌdiː/ **N** mésange f à tête noire

**chicken** /ˈtʃɪkɪn/
**N** poulet m ; (very young) poussin m ◆ **you're a big chicken at times!** (pej) quelle poule mouillée tu fais parfois ! * ◆ **to run around like a headless chicken** or **like a chicken with its head cut off** courir dans tous les sens, ne pas savoir où donner de la tête ◆ **which came first, the chicken or the egg?** qui vient en premier, l'œuf ou la poule ? ◆ **it's a chicken and egg situation*** c'est la vieille histoire de l'œuf et de la poule ◆ **don't count your chickens (before they're hatched)** il ne faut pas vendre la peau de l'ours (avant de l'avoir tué) → **spring**
**ADJ** (* pej = cowardly) froussard* ◆ **to play chicken** jouer au premier qui se dégonfle*
◆ **he's too chicken to try it** il est trop dégonflé* pour essayer
**chicken farmer N** éleveur m de poules or de volailles, volailleur m
**chicken farming N** élevage m avicole or de volailles or de poules
**chicken-fried steak N** steak pané et poêlé
**chicken-hearted ADJ** peureux
**chicken liver N** foie(s) m(pl) de volaille

**chicken run N** poulailler m
**chicken wire N** grillage m

▶ **chicken out*** **VI** se dégonfler* ◆ **he chickened out of his exams** au moment de ses examens, il s'est dégonflé* ◆ **he chickened out of asking her to dinner** il s'est dégonflé* au moment de l'inviter à dîner

**chickenfeed** /ˈtʃɪkɪnfiːd/ **N** ① (lit) nourriture f pour volaille
② (esp US * = insignificant sum) somme f dérisoire, bagatelle f

**chickenpox** /ˈtʃɪkɪnpɒks/ **N** varicelle f

**chickenshit*** /ˈtʃɪkɪnʃɪt/ (US)
**N** ① (= coward) dégonflé(e)* m(f)
② (NonC = worthless) ◆ **to be chickenshit** être de la merde**
**ADJ** ① (= cowardly) dégonflé*
② (= worthless) de merde**

**chickpea** /ˈtʃɪkpiː/ **N** pois m chiche

**chickweed** /ˈtʃɪkwiːd/ **N** mouron m blanc or des oiseaux

**chicory** /ˈtʃɪkərɪ/ **N** (for coffee) chicorée f ; (= endive) endive f ; (= frisée) chicorée f frisée

**chide** /tʃaɪd/ **SYN** (pret **chided** or **chid** /tʃɪd/) (ptp **chided** or **chidden** /ˈtʃɪdn/) **VT** gronder, réprimander

**chief** /tʃiːf/ **SYN**
**N** ① [of organization, tribe] chef m ◆ **too many chiefs and not enough Indians*** trop de chefs et pas assez d'exécutants ; → **commander, editor, lord**
② (* = boss) patron m ◆ **yes, chief!** oui, chef or patron !
**ADJ** principal
**COMP chief assistant N** premier assistant m
**chief constable N** (Brit Police) ≈ directeur m (de police)
**chief education officer N** (Scol) ≈ recteur m d'académie
**chief engineer N** (on ship) ingénieur m en chef
**Chief Executive N** (Brit : in local government) directeur m ; (US Pol) chef m de l'Exécutif, président m des États-Unis
**chief executive officer N** [of company] directeur m général
**chief inspector N** (gen) inspecteur m principal or en chef ; (Brit Police) commandant m (des gardiens de la paix)
**chief inspector of schools N** (Brit Scol) ≈ inspecteur m général
**chief master sergeant N** (US Airforce) major m
**chief of police** **N** ≈ préfet m de police
**chief of staff N** (Mil) chef m d'état-major
◆ **(White House) Chief of Staff** (US) secrétaire mf général (de la Maison-Blanche)
**chief of state N** chef m d'État
**chief operating officer N** président, e m,f
**chief petty officer N** (on ship) ≈ maître m
**chief priest N** archiprêtre m
**chief rabbi N** grand rabbin m
**Chief Secretary (to the Treasury) N** (Brit Pol) ≈ ministre m délégué au budget
**chief state school officer N** (US Scol) ≈ recteur m d'académie
**chief superintendent N** (Brit Police) ≈ commissaire m divisionnaire
**chief technician N** (gen) technicien m en chef ; (Mil) sergent m (de l'armée de l'air)
**chief town N** chef-lieu m
**chief warrant officer N** (Mil) adjudant m chef
**chief whip N** (Brit Parl) chef des parlementaires responsable de la discipline de vote → **lord**

  CHIEF WHIP

  En Grande-Bretagne, le parti gouvernemental et celui de l'opposition ont chacun leur **Chief Whip**, qui est le responsable de la discipline du parti à la Chambre des communes. Il tient les députés informés des activités parlementaires et fait remonter l'opinion des députés jusqu'à la direction du parti. Il veille également à ce que les députés participent aux scrutins importants ; son rôle est donc particulièrement décisif lorsque le gouvernement ne dispose que d'une faible majorité aux Communes.

**chiefly** /ˈtʃiːflɪ/ **SYN** **ADV** principalement, surtout

**chieftain** /ˈtʃiːftən/ **N** chef m (de clan, de tribu)

**chiffchaff** /ˈtʃɪfˌtʃæf/ **N** pouillot m véloce

**chiffon** /ˈʃɪfɒn/
**N** mousseline f de soie
**ADJ** [dress] en mousseline (de soie)

**chignon** /ˈʃiːnjɒŋ/ **N** chignon m

**Chihuahua** /tʃɪˈwɑːwɑː/ **N** chihuahua m

**chikungunya (fever)** /ˌtʃɪkənˈgʊnjə/ **N** chikungunya m

**chilblain** /ˈtʃɪlbleɪn/ **N** engelure f

**child** /tʃaɪld/ **SYN** (pl **children** /ˈtʃɪldrən/)
**N** ① enfant mf ◆ **when still a child, he…** tout enfant, il… ◆ **don't be such a child** ne fais pas l'enfant ◆ **she has three children** elle a trois enfants ◆ **children's publishing** l'édition f jeunesse ◆ **to be with child** † être enceinte
② (fig) produit m, fruit m ◆ **the child of his imagination** le produit or le fruit de son imagination ; → **brain**
**COMP** [labour] des enfants ; [psychology, psychiatry] de l'enfant, infantile ; [psychologist, psychiatrist] pour enfants
**child abduction N** (Jur) enlèvement m d'enfant
**child abuse N** (gen) maltraitance f d'enfant(s) ; (sexual) abus m sexuel sur enfant, sévices mpl sexuels infligés à enfant
**child abuser N** (gen) auteur m de sévices sur enfant(s) ; (sexual) auteur m de sévices sexuels or d'abus sexuels sur enfant(s)
**child battering N** mauvais traitements mpl à enfant, maltraitance f d'enfant(s)
**child benefit N** (Brit) ≈ allocations fpl familiales
**child care N** protection f infantile or de l'enfance, assistance f à l'enfance
**child-care center N** (US) crèche f, garderie f
**child-care worker N** travailleur m, -euse f social(e) (s'occupant d'enfants)
**child-free ADJ** ◆ **we are child-free** nous avons fait le choix de ne pas avoir d'enfants
**child guidance N** soutien m psychopédagogique ◆ **child guidance centre** or **clinic** centre m psychopédagogique
**child-killer N** infanticide mf
**child lock N** [of door] (serrure f de) sécurité f enfants
**child molester** † **N** auteur m de sévices sexuels or d'abus sexuels sur enfant(s)
**child neglect N** délaissement m d'enfant
**child prodigy N** enfant mf prodige
**Child Protection Register N** (Brit) registre des enfants en danger selon les services locaux de la protection de l'enfance
**child sex abuser N** (gen) auteur m de sévices sexuels or abus sexuels sur enfants
**child's play N** (fig) ◆ **it's child's play** c'est enfantin, c'est un jeu d'enfant (to sb pour qn)
**Child Support Agency N** (Brit) organisme chargé de faire respecter le paiement des pensions alimentaires chez les couples divorcés → **DSS**
**child welfare N** protection f de l'enfance
◆ **Child Welfare Centre** centre m or service m de protection de l'enfance

**childbearing** /ˈtʃaɪldˌbɛərɪŋ/ **N** (NonC) maternité f ◆ **constant childbearing** grossesses fpl répétées ◆ **of childbearing age** en âge d'avoir des enfants

**childbed** /ˈtʃaɪldbed/ **N** ◆ **in childbed** en couches

**childbirth** /ˈtʃaɪldbɜːθ/ **SYN N** accouchement m
◆ **in childbirth** en couches

**childhood** /ˈtʃaɪldhʊd/ **SYN N** enfance f ◆ **in his childhood he…** tout enfant il… ; → **second¹**

**childish** /ˈtʃaɪldɪʃ/ **SYN ADJ** ① [behaviour] puéril (puérile f) ◆ **childish reaction** réaction f puérile
◆ **don't be so childish** ne fais pas l'enfant ◆ **he was very childish about it** il s'est montré très puéril à ce sujet
② [ailment, disease] infantile ◆ **childish games** jeux mpl d'enfant

**childishly** /ˈtʃaɪldɪʃlɪ/ **ADV** (pej) [say, behave, act] puérilement, d'une manière puérile ◆ **childishly simple** simple comme bonjour, d'une simplicité enfantine

**childishness** /ˈtʃaɪldɪʃnɪs/ **N** (slightly pej) puérilité f, enfantillage m

**childless** /ˈtʃaɪldlɪs/ **ADJ** sans enfants

**childlessness** /ˈtʃaɪldlɪsnɪs/ **N** fait de ne pas avoir d'enfants

**childlike** /ˈtʃaɪldlaɪk/ **SYN ADJ** d'enfant, enfantin

**Childline** ® /ˈtʃaɪldˌlaɪn/ **N** ≈ SOS Enfants en péril (numéro de téléphone mis à la disposition des enfants maltraités)

**childminder** /ˈtʃaɪldˌmaɪndər/ **N** (Brit) assistante f maternelle, nourrice f

**childminding** /ˈtʃaɪldˌmaɪndɪŋ/ N (Brit) garde f d'enfants (en bas âge)

**childproof** /ˈtʃaɪldpruːf/ ADJ [door etc] sans danger pour les enfants ◆ **childproof (door) lock** (serrure f de) sécurité f enfants ◆ **the house is childproof**✳ (= safe) la maison est sans danger pour les enfants ; (= cannot be damaged) les enfants ne peuvent rien abîmer dans la maison

**children** /ˈtʃɪldrən/ NPL of **child** → **home**

**childrenswear** /ˈtʃɪldrənzweəʳ/ N (= clothing) vêtements mpl pour enfants ; (= department) rayon m enfants

**Chile** /ˈtʃɪlɪ/
N Chili m
COMP **Chile pine** N (= tree) araucaria m

**Chilean** /ˈtʃɪlɪən/
ADJ chilien
N Chilien(ne) m(f)

**chili** /ˈtʃɪlɪ/
N (pl **chilies**) piment m (rouge)
COMP **chili con carne** N chili con carne m
**chili dog** N (US) hot dog au chili con carne
**chili powder** N piment m (rouge) en poudre, poudre f de piment (rouge)

**chill** /tʃɪl/ SYN
N [1] (lit) fraîcheur f, froid m ◆ **there's a chill in the air** il fait assez frais or un peu froid ◆ **to take the chill off** [+ wine] chambrer ; [+ water, room] réchauffer un peu
[2] (fig) froid m, froideur f ◆ **to cast a chill over** jeter un froid sur ◆ **there was a certain chill in the way she looked at me** il y avait une certaine froideur dans sa façon de me regarder ◆ **it sent a chill down my spine** j'en ai eu un frisson dans le dos ◆ **he felt a certain chill as he remembered...** il a eu un or le frisson en se rappelant...
[3] (Med) refroidissement m ◆ **to catch a chill** prendre froid, attraper un refroidissement
ADJ (liter) frais (fraîche f), froid ; (fig) froid, glacial
VT [1] (lit) [+ person] faire frissonner, donner froid à ; [+ wine, melon] faire rafraîchir ; [+ champagne] frapper ; [+ meat] réfrigérer ; [+ dessert] mettre au frais ; [+ plant] geler ; [+ casting, metal] tremper en coquille ◆ **to be chilled to the bone** or **marrow** être transi
[2] (fig) [+ enthusiasm] refroidir ◆ **to chill sb's blood** glacer le sang de qn ; → **spine**
VI [1] [wine] rafraîchir
[2] ⇒ **chill out**
COMP **chill cabinet** N (Brit) vitrine f réfrigérante
**chill-out**✳ ADJ [music] relaxant ◆ **chill-out room** (in rave club) salle f de repos (dans une boîte de nuit)

▶ **chill out**✳ VI se relaxer, décompresser✳ ◆ **chill out !** relax !

**chiller**✳ /ˈtʃɪləʳ/
N (= film) film m d'épouvante ; (= book) roman m d'épouvante
COMP **chiller cabinet** N ⇒ **chill cabinet**

**chilli** /ˈtʃɪlɪ/ N ⇒ **chili**

**chilliness** /ˈtʃɪlɪnɪs/ N (= cold) froid m ; (= coolness) fraîcheur f ; (fig) froideur f

**chilling** /ˈtʃɪlɪŋ/ ADJ [1] (= frightening) [effect, reminder, story, sight, prospect, sound, look, thought] effrayant, qui fait froid dans le dos ; → **bone**, **spine**
[2] (= freezing) [wind] glacial

**chillingly** /ˈtʃɪlɪŋlɪ/ ADV [say, describe] d'une façon qui fait froid dans le dos ◆ **the voice was chillingly familiar** la voix était familière et cela faisait froid dans le dos

**chillness** /ˈtʃɪlnɪs/ N ⇒ **chilliness**

**chilly** /ˈtʃɪlɪ/ SYN ADJ [1] ✳ [weather, wind, air, water, room] froid ; [day, afternoon] frais (fraîche f) ◆ **to be** or **feel chilly** [person] avoir froid ◆ **it's chilly today** il fait frais aujourd'hui
[2] (= unfriendly) [person, manner, look, smile, response, reception] froid ; [relationship] distant

**chime** /tʃaɪm/ SYN
N carillon m ◆ **to ring the chimes** carillonner ◆ **a chime of bells** un carillon ◆ **door chimes** carillon m de porte
VI [bells, voices] carillonner ; [clock] sonner
VT [+ bells, hours] sonner

▶ **chime in** VI (fig) [person] (in agreement, approval) suivre le mouvement ◆ **he chimed in with another complaint** il a suivi le mouvement, et il s'est plaint à son tour ◆ **"why?" Bob chimed in** « pourquoi ? » répéta Bob

**chimera** /kaɪˈmɪərə/ N (liter) chimère f

**chimerical** /kaɪˈmerɪkəl/ ADJ chimérique

**chimney** /ˈtʃɪmnɪ/
N (Archit, Geog, Naut, Sport) cheminée f ; [of lamp] verre m
COMP **chimney breast** N (Brit) manteau m de (la) cheminée
**chimney-climbing** N (Climbing) ramonage m
**chimney corner** N coin m du feu
**chimney pot** N tuyau m de cheminée
**chimney-pot hat**✳ N (chapeau m) tuyau m de poêle
**chimney stack** N (Brit = group of chimneys) souche f de cheminée ; [of factory] tuyau m de cheminée
**chimney sweep** N ramoneur m

**chimneypiece** /ˈtʃɪmnɪpiːs/ N (Brit) (dessus m or tablette f de) cheminée f

**chimp**✳ /tʃɪmp/ N ⇒ **chimpanzee**

**chimpanzee** /ˌtʃɪmpænˈziː/ N chimpanzé m

**chin** /tʃɪn/
N menton m ◆ **to keep one's chin up**✳ tenir bon, tenir le coup✳ ◆ **(keep your) chin up!**✳ courage !, du cran ! ◆ **to take it on the chin**✳ encaisser✳ ; → **double**
VI (US ✳) bavarder
COMP **chin-chin!** † ✳ EXCL tchin-tchin !✳
**chin job**✳ N lifting m du menton ◆ **to have a chin job** se faire rectifier le menton
**chinning bar** N (Sport) barre f fixe
**chin-up** N (Sport) ◆ **to do chin-ups** faire des tractions à la barre fixe

**China** /ˈtʃaɪnə/
N Chine f
COMP **China Sea** N mer f de Chine
**China tea** N thé m de Chine

**china** /ˈtʃaɪnə/ SYN
N [1] (NonC = material, dishes) porcelaine f ◆ **a piece of china** une porcelaine ; → **bone**
[2] (✳ = friend) poteau ✳ m
COMP [cup, plate, figure etc] de or en porcelaine
**china cabinet** N dressoir m
**china clay** N kaolin m
**china industry** N industrie f de la porcelaine

**Chinaman** † /ˈtʃaɪnəmən/ N (pl **-men**) Chinois m

**Chinatown** /ˈtʃaɪnətaʊn/ N quartier m chinois

**chinaware** /ˈtʃaɪnəweəʳ/ N (NonC) (objets mpl de) porcelaine f

**chincherinchee** /ˌtʃɪntʃərɪnˈtʃiː/ N (= plant) ornithogale m (thyrsoides)

**chinchilla** /tʃɪnˈtʃɪlə/
N chinchilla m
COMP **chinchilla coat** N manteau m de chinchilla

**chine** /tʃaɪn/ N (Culin) longe f

**chiné** /ˈʃiːneɪ/ ADJ chiné

**Chinese** /tʃaɪˈniːz/
ADJ (gen) chinois ; [ambassador, embassy] de Chine ; [teacher] de chinois
N [1] (pl inv) Chinois(e) m(f)
[2] (= language) chinois m
[3] (✳ : also **Chinese meal**) (repas m) chinois m ; (✳ : also **Chinese restaurant**) (restaurant m) chinois m
NPL **the Chinese** les Chinois mpl
COMP **Chinese burn**✳ N torture f indienne
**Chinese cabbage** N ⇒ **Chinese leaves**
**Chinese gooseberry** † N kiwi m
**Chinese lantern** N lanterne f vénitienne
**Chinese leaves** NPL chou m chinois
**Chinese puzzle** N casse-tête m inv chinois
**Chinese whispers** NPL (Brit) (= game) jeu m du téléphone ; (fig = garbled messages) téléphone m arabe
**Chinese white** N, ADJ blanc m de zinc

**Chink** ✳✳ /tʃɪŋk/ N (pej) Chin(e)toque mf (pej)

**chink**¹ /tʃɪŋk/ SYN N (= slit, hole) [of wall] fente f, fissure f ; [of door] entrebâillement m ◆ **the chink in the armour** le défaut de la cuirasse

**chink**² /tʃɪŋk/
N (= sound) tintement m (de verres, de pièces de monnaie)
VT faire tinter
VI tinter

**chinless** /ˈtʃɪnlɪs/
ADJ (lit) qui a le menton fuyant ; (fig = feeble) mou (molle f)
COMP **chinless wonder**✳ N (Brit) (aristo) chiffe f molle✳

**chinos** /ˈtʃiːnəʊz/ NPL chinos mpl

**chinstrap** /ˈtʃɪnstræp/ N [of helmet etc] jugulaire f

**chintz** /tʃɪnts/
N chintz m
COMP **chintz curtains** NPL rideaux mpl de chintz

**chintzy** /ˈtʃɪntsɪ/ ADJ [1] [style] rustique
[2] (US ✳ = mean) moche✳, mesquin

**chinwag**✳ /ˈtʃɪnwæg/ N causerie f ◆ **to have a chinwag (with sb)** tailler une bavette✳ or papoter (avec qn)

**chip** /tʃɪp/ SYN
N [1] (gen) fragment m ; [of wood] copeau m, éclat m ; [of glass, stone] éclat m ; (Elec) microplaquette f ; **he's/she's a chip off the old block** c'est bien le fils/la fille de son père ◆ **to have a chip on one's shoulder** être aigri ◆ **to have a chip on one's shoulder because...** n'avoir jamais digéré✳ le fait que... ◆ **Chips** menuisier m ; → **polystyrene**
[2] (Culin) (Brit) frite f ; (US) (also **potato chip**) chips f ◆ **would you like some chips?** (Brit) tu veux des frites ? ; (US) tu veux des chips ? ◆ **egg and chips** œuf-frites ◆ **steak and chips** steak-frites
[3] (Comput) puce f
[4] (= break) [of stone, crockery, glass] ébréchure f ; [of furniture] écornure f ◆ **this cup has a chip** cette tasse est ébréchée
[5] (Poker etc) jeton m, fiche f ◆ **to cash in one's chips**✳ (fig) passer l'arme à gauche✳ ◆ **he's had his chips**✳ il est cuit✳ or fichu✳ ◆ **when the chips are down**✳ dans les moments cruciaux ◆ **in the chips**✳ (US) plein aux as✳
[6] (Golf: also **chip shot**) coup m coché
VT [1] (= damage) [+ cup, plate] ébrécher ; [+ furniture] écorner ; [+ varnish, paint] écailler ; [+ stone] écorner, enlever un éclat de ◆ **to chip wood** faire des copeaux ◆ **the chicken chipped the shell open** le poussin a cassé sa coquille
[2] (Brit) [+ vegetables] couper en lamelles
[3] (= cut deliberately) tailler
[4] (Golf) ◆ **to chip the ball** cocher
VI [cup, plate] s'ébrécher ; [furniture] s'écorner ; [varnish, paint] s'écailler
COMP **chip and PIN** N système m d'identification par carte à puce et code confidentiel
**chip and PIN card** N carte f à puce électronique
**chip basket** N (Brit) panier m à frites
**chip pan** N (Brit) friteuse f
**chip shop** N (Brit) friterie f
**chip slicer** N coupe-frites m inv

▶ **chip at** VT FUS [1] [+ rock, wood, ice] tailler petit à petit
[2] (✳ = make fun of) se ficher de✳

▶ **chip away**
VI [paint etc] s'écailler ◆ **to chip away at** [+ rock, wood, ice] tailler petit à petit ; [+ sb's authority, lands] grignoter, réduire petit à petit ; [+ law, decision] réduire petit à petit la portée de
VT SEP [+ paint etc] enlever or décaper petit à petit (au couteau etc)

▶ **chip in** VI [1] (= interrupt) dire son mot, mettre son grain de sel
[2] (✳ = contribute) contribuer, souscrire (à une collecte etc) ◆ **he chipped in with 2 euros** il y est allé de (ses) 2 euros✳

▶ **chip off** ⇒ **chip away**

**chipboard** /ˈtʃɪpbɔːd/ N (US) carton m ; (Brit) panneau m de particules, aggloméré m

**chipmunk** /ˈtʃɪpmʌŋk/ N tamia m, suisse m (Can)

**chipolata** /ˌtʃɪpəˈlɑːtə/ N (Brit) chipolata f

**chipped** /tʃɪpt/
ADJ [cup, bone, tooth] ébréché ; [enamel, step, windowsill] abîmé ; [paint, nail varnish] écaillé
COMP **chipped potatoes** N (pommes fpl de terre) frites fpl

**Chippendale** /ˈtʃɪpəndeɪl/ ADJ [chair] chippendale inv

**chipper**✳ /ˈtʃɪpəʳ/ ADJ (= happy) joyeux, gai ; (= smart) chic inv

**chippings** /ˈtʃɪpɪŋz/ NPL gravillons mpl ◆ **"loose chippings"** « attention gravillons »

**chippy**✳ /ˈtʃɪpɪ/
N (Brit) [1] friterie f
[2] (Brit = carpenter) menuisier m
ADJ aigri

**chiromancer** /ˈkaɪərəmænsəʳ/ N chiromancien(ne) m(f)

**chiromancy** /ˈkaɪərəmænsɪ/ N chiromancie f

**chiropodist** /kɪˈrɒpədɪst/ N (Brit) pédicure mf

**chiropody** /kɪˈrɒpədɪ/ N (Brit) (= science) podologie f ; (= treatment) soins mpl du pied, traitement m des maladies des pieds

**chiropractic** /ˌkaɪərəˈpræktɪk/ N (NonC) chiropraxie or chiropractie f

**chiropractor** /ˈkaɪərəpræktər/ N chiropracteur m

**chirp** /tʃɜːp/
- **VI** [birds] pépier, gazouiller ; [crickets] chanter, striduler (liter) ; (* fig) [person] pépier, couiner* (pej)
- **N** [of birds] pépiement m, gazouillis m ; [of crickets] chant m, stridulation f

**chirpy*** /ˈtʃɜːpɪ/ ADJ [person] gai, de bonne humeur ; [voice, mood] gai

**chirrup** /ˈtʃɪrəp/ ⇒ chirp

**chisel** /ˈtʃɪzl/
- **N** [of carpenter, sculptor, silversmith] ciseau m ; [of stonemason] burin m ; (= blunt chisel) matoir m ; (= hollow chisel) gouge f ; (= mortise chisel) bédane m ; (= roughing-out chisel) ébauchoir m ; → **cold**
- **VT** [1] (Engraving) buriner
- [2] (* = swindle) [+ thing] resquiller ; [+ person] rouler*, posséder*

**chiselled** /ˈtʃɪzld/ ADJ [features] buriné ◆ **finely chiselled features** traits mpl finement ciselés

**chiseller***, **chiseler*** (US) /ˈtʃɪzlər/ N (= crook) escroc m, filou m ; (= scrounger) resquilleur m, -euse f

**chi-square** /ˈkaɪskwɛər/ N ◆ **chi-square distribution** loi f du chi-deux ◆ **chi-square test** test m du chi-deux

**chit**[1] /tʃɪt/ N ◆ **she's a mere chit of a girl** ce n'est qu'une gosse* or une gamine*

**chit**[2] /tʃɪt/ N (gen) bulletin m de livraison ; (= receipt) reçu m ; (= note) note f

**chitchat*** /ˈtʃɪttʃæt/ N bavardage m

**chitin** /ˈkaɪtɪn/ N (Bio) chitine f

**chiton** /ˈkaɪtɒn/ N chiton m

**chitterlings** /ˈtʃɪtəlɪŋz/ NPL tripes fpl (de porc)

**chitty** /ˈtʃɪtɪ/ N ⇒ chit[2]

**chiv*** /tʃɪv/ N surin* m, couteau m

**chivalresque** /ˌʃɪvəlˈresk/, **chivalric** /ʃɪˈvælrɪk/ ADJ chevaleresque

**chivalrous** /ˈʃɪvəlrəs/ SYN ADJ (= courteous) chevaleresque ; (= gallant) galant

**chivalrously** /ˈʃɪvəlrəslɪ/ ADV de façon chevaleresque

**chivalry** /ˈʃɪvəlrɪ/ SYN N [1] chevalerie f ◆ **the rules/the age of chivalry** les règles fpl/l'âge m de la chevalerie ◆ **the age of chivalry is not dead** (iro) on sait encore être galant aujourd'hui
- [2] (= quality) qualités fpl chevaleresques ; (= gallantry) galanterie f
- [3] (collective: Hist = knights) chevalerie f

**chives** /tʃaɪvz/ NPL ciboulette f, civette f

**chiv(v)y*** /ˈtʃɪvɪ/ VT (Brit) [1] (also **chiv(v)y along**) [+ person, animal] chasser, pourchasser
- [2] (= pester) ne pas laisser la paix à ◆ **she chiv(v)ied him into writing the letter** elle l'a harcelé jusqu'à ce qu'il écrive la lettre
- ► **chiv(v)y up** VT SEP [+ person] faire activer

**chlamydia** /kləˈmɪdɪə/ N (Med) chlamydia f

**chloasma** /kləʊˈæzmə/ N (pl **chloasmata** /kləʊˈæzmətə/) chloasma m

**chloral** /ˈklɔːrəl/ N chloral m

**chloramphenicol** /ˌklɔːræmˈfenɪkɒl/ N (Med) chloramphénicol m

**chlorate** /ˈklɔːreɪt/ N chlorate m

**chlorella** /klɔːˈrelə/ N chlorelle f

**chloric** /ˈklɔːrɪk/
- **ADJ** chlorique
- **COMP** **chloric acid** N acide m chlorique

**chloride** /ˈklɔːraɪd/
- **N** chlorure m
- **COMP** **chloride of lime** N chlorure m de chaux

**chlorinate** /ˈklɒrɪneɪt/ VT [+ water] chlorer, javelliser ; (Chem) chlorurer

**chlorination** /ˌklɒrɪˈneɪʃən/ N [of water] javellisation f

**chlorine** /ˈklɔːriːn/
- **N** chlore m
- **COMP** **chlorine dioxide** N bioxyde m or dioxyde m de chlore

**chlorite** /ˈklɔːraɪt/ N (= mineral, salt) chlorite f

**chlorofluorocarbon** /ˌklɔːrəˈflʊərəʊˈkɑːbən/ N chlorofluorocarbone m

**chloroform** /ˈklɒrəfɔːm/
- **N** chloroforme m
- **VT** chloroformer

**chlorophyll** /ˈklɒrəfɪl/ N chlorophylle f

**chloropicrin** /ˌklɔːrəʊˈpɪkrɪn/ N chloropicrine f

**chloroplast** /ˈklɔːrəʊplæst/ N chloroplaste m

**chloroquine** /ˈklɔːrəʊkwiːn/ N chloroquine f

**chlorosis** /klɔːˈrəʊsɪs/ N (Med, Bot) chlorose f

**chlorotic** /klɔːˈrɒtɪk/ ADJ chlorotique

**chlorous acid** /ˈklɔːrəs/ N (Chem) acide m chloreux

**chlorpromazine** /klɔːˈprɒməziːn/ N (Pharm) chlorpromazine f

**chlortetracycline** /klɔːˌtetrəˈsaɪkliːn/ N (Pharm) chlortétracycline f

**ChM** N (Brit) (abbrev of **Master of Surgery**) diplôme de chirurgie

**choc*** /tʃɒk/
- **N** abbrev of **chocolate**
- **COMP** **choc-ice** N esquimau ® m

**chocaholic*** /ˌtʃɒkəˈhɒlɪk/ N accro* mf du chocolat

**chock** /tʃɒk/
- **N** [of wheel] cale f ; [of barrel] cale f, chantier m ; (for ship) chantier m, cale f
- **VT** [+ wheel] caler ; [+ ship] mettre sur le chantier or sur cales
- **COMP** **chock-a-block***, **chock-full*** ADJ [basket, pan, box] plein à ras bord (with, of de) ; [room] plein à craquer (with, of de) ; [town] bondé, comble

**chocker*** /ˈtʃɒkər/ ADJ ⇒ **chock-a-block** ; → **chock**

**chocolate** /ˈtʃɒklɪt/
- **N** chocolat m ◆ **(drinking) chocolate** chocolat m ◆ **a chocolate** un chocolat, une crotte de chocolat ; → **dessert, milk, plain**
- **COMP** (= made of chocolate) en chocolat ; (= containing, flavoured with chocolate) (au) chocolat, chocolaté ; (= colour : also **chocolate brown**) chocolat inv
- **chocolate bar** N barre f de or au chocolat
- **chocolate biscuit** N biscuit m au chocolat
- **chocolate-box** ADJ [landscape, village] de carte postale
- **chocolate chip cookie** N biscuit m aux pépites de chocolat
- **chocolate drop** N pastille f au chocolat
- **chocolate eclair** N éclair m au chocolat

**chocolaty** /ˈtʃɒklɪtɪ/ ADJ [taste] de chocolat

**choice** /tʃɔɪs/ LANGUAGE IN USE 10.1 SYN
- **N** [1] (= act or possibility of choosing) choix m ◆ **to make a choice** faire un choix, choisir ◆ **to make** or **take one's choice** faire son choix ◆ **to have no choice** ne pas avoir le choix ◆ **be careful in your choice** faites attention en choisissant ◆ **he didn't have a free choice** il n'a pas été libre de choisir ◆ **to have a very wide choice** avoir l'embarras du choix ◆ **he had no choice but to obey** il ne pouvait qu'obéir ◆ **from** or **for choice** de or par préférence ◆ **he did it from choice** il l'a fait de son plein gré, il a choisi de le faire ◆ **the house of your (own) choice** la maison de votre choix ◆ **the drug/weapon of choice** la drogue/l'arme favorite or de choix ◆ **it's your choice!** * c'est ton problème ! * ; → **Hobson's choice**
- [2] (= thing or person chosen) choix m ◆ **this book would be my choice** c'est ce livre que je choisirais
- [3] (= variety to choose from) choix m, variété f ◆ **a wide choice of dresses** un grand choix de robes
- **ADJ** [1] [goods, fruit] de choix ◆ **choicest** de premier choix
- [2] [word, phrase] (= well-chosen) bien choisi

**choir** /ˈkwaɪər/
- **N** [1] (Mus) chœur m, chorale f ; (Rel) chœur m, maîtrise f ◆ **to sing in the choir** faire partie du chœur or de la chorale, chanter dans la maîtrise
- [2] (Archit, Rel) chœur m
- **VTI** chanter en chœur
- **COMP** **choir organ** N petit orgue m ; (= keyboard) positif m
- **choir practice** N ◆ **to go to choir practice** aller à la chorale

**choir school** N maîtrise f, manécanterie f (rattachée à une cathédrale)
- **choir-stall** N stalle f (du chœur)

**choirboy** /ˈkwaɪəbɔɪ/ N (Rel) enfant m de chœur

**choirgirl** /ˈkwaɪəgɜːl/ N (Rel) enfant f de chœur

**choirmaster** /ˈkwaɪəmɑːstər/ N (Mus) chef m de(s) chœur(s) ; (Rel) maître m de chapelle

**choke** /tʃəʊk/ SYN
- **VT** [1] [+ person, voice, breathing] étrangler ◆ **the fumes choked her** la fumée l'a fait suffoquer ◆ **to choke the life out of sb** étrangler qn ◆ **in a voice choked with sobs** d'une voix étranglée par les sanglots
- [2] (fig) [+ fire] étouffer ; [+ pipe, tube] boucher, engorger ◆ **flowers choked by weeds** fleurs fpl étouffées par les mauvaises herbes ◆ **street choked with traffic** rue f engorgée or embouteillée
- **VI** [1] étouffer, s'étrangler ◆ **to choke to death** mourir étouffé ◆ **he choked on some bread** il s'est étranglé en avalant un morceau de pain de travers ◆ **she choked on a fish bone** elle s'est étranglée avec une arête ◆ **she was choking with anger** la rage l'étouffait, elle étouffait de rage ◆ **he was choking with laughter** il s'étranglait de rire
- [2] (* : esp US = crack under pressure) craquer*
- **N** [of engine] starter m ; (= inductor coil) bobine f de réactance, inductance f de protection
- **COMP** **choke chain** N collier m étrangleur

► **choke back** VT SEP [+ feelings] réprimer, contenir ; [+ tears] refouler ; [+ words] ravaler

► **choke down** VT SEP [+ rage] contenir ; [+ sobs] ravaler, étouffer

► **choke off** VT SEP (fig) [+ suggestions etc] étouffer (dans l'œuf) ; [+ discussion] empêcher ◆ **raising taxes could choke off the recovery** une augmentation des impôts pourrait empêcher la reprise

► **choke up**
- **VI** s'engorger, se boucher
- **VT SEP** [+ pipe, drain] engorger, boucher

**choked** /tʃəʊkt/ ADJ [1] (= strangled) étranglé ◆ **in a choked voice** d'une voix étranglée ◆ **choked with emotion** d'une voix étranglée par l'émotion
- [2] (Brit *) (= moved) (très) ému ; (= angry) (très) vexé or contrarié ◆ **I still feel choked about him leaving** je n'ai pas encore encaissé* or digéré* qu'il soit parti

**choker** /ˈtʃəʊkər/ N [1] (= scarf) foulard m, écharpe f ; (= collar) col m droit ; (= necklace) collier m (de chien)
- [2] * ◆ **what a choker!** c'est difficile à encaisser* or digérer* ! ◆ **losing at Wembley was a choker!** on n'a pas encaissé* or digéré* d'avoir perdu à Wembley !

**choking** /ˈtʃəʊkɪŋ/
- **N** suffocation f
- **ADJ** [fumes, dust] étouffant

**cholagogic** /ˌkɒləˈgɒdʒɪk/ ADJ cholagogue

**cholagogue** /ˈkɒləgɒg/ N cholagogue m

**cholangiography** /kəˌlændʒɪˈɒgrəfɪ/ N (Med) cholangiographie f

**cholecystectomy** /ˌkɒlɪsɪˈstektəmɪ/ N cholécystectomie f

**cholecystitis** /ˌkɒlɪsɪsˈtaɪtɪs/ N cholécystite f

**cholera** /ˈkɒlərə/
- **N** choléra m
- **COMP** [epidemic] de choléra ; [victim, symptoms] du choléra

**choleric** /ˈkɒlərɪk/ SYN ADJ colérique, coléreux

**cholesterol** /kəˈlestərɒl/ N cholestérol m

**cholesterolaemia** /kəˌlestərəˈliːmɪə/ N (Med) cholestérolémie f

**cholic acid** /ˈkəʊlɪk/ N acide m cholique

**choline** /ˈkəʊliːn/ N (Bio) choline f

**cholinesterase** /ˌkəʊlɪˈnestəreɪs/ N cholinestérase f

**chomp*** /tʃɒmp/ VTI mâcher bruyamment ◆ **to chomp (away) on** or **at sth** dévorer qch à belles dents

**Chomskyan** /ˈtʃɒmskɪən/ ADJ chomskien, de Chomsky

**choo-choo** /ˈtʃuːtʃuː/ N (baby talk) train m, tchoutchou m (baby talk)

**choose** /tʃuːz/ SYN (pret **chose**, ptp **chosen**)
- **VT** [1] (= select) choisir ; (= elect) élire ◆ **which will you choose?** lequel choisirez-vous ? ◆ **they**

**chose a president** ils ont élu un président ◆ **he was chosen (as) leader** ils l'ont pris pour chef ◆ **the Chosen (People)** le peuple élu ◆ **the chosen (few)** les (quelques) élus mpl ◆ **there is little** or **not much to choose between them** il n'y a guère de différence entre eux ◆ **there is nothing to choose between them** ils se valent ; (pej) ils ne valent pas mieux l'un que l'autre ◆ **in a few (well-)chosen words** en quelques mots choisis

**2** (= opt) décider, juger bon (to do sth de faire qch), vouloir (to do sth faire qch) ◆ **he chose not to speak** il a jugé bon de se taire, il a préféré se taire ◆ **I didn't choose to do so** (= decided not to) j'ai décidé de ne pas le faire ; (= did it unwillingly) je ne l'ai pas fait de mon propre gré

**VI** choisir ◆ **as you choose** comme vous voulez or l'entendez, à votre gré ◆ **if you choose** si cela vous dit ◆ **to choose between/among** faire un choix entre/parmi ◆ **there's not much to choose from** il n'y a pas tellement de choix

**choos(e)y** * /ˈtʃuːzɪ/ ADJ [person] difficile (à satisfaire) ◆ **I'm not choos(e)y** je ne suis pas difficile ◆ **you can't be choos(e)y in your position** votre situation ne vous permet pas de faire la fine bouche ◆ **I'm choos(e)y about the people I go out with** je ne sors pas avec n'importe qui

**chop¹** /tʃɒp/ SYN

**N** **1** (Culin) côtelette f ◆ **mutton/pork chop** côtelette f de mouton/de porc ; → **loin**

**2** (= blow) coup m (de hache etc) ◆ **you're (the) next for the chop** (Brit) tu es le prochain à y passer * ◆ **to get the chop** (Brit) [employee] se faire sacquer * or virer * ; [project] être annulé

**3** (Tennis) volée f coupée or arrêtée

**VT** **1** couper ◆ **to chop wood** couper du bois ◆ **to chop one's way through sth** se frayer un chemin (à coups de hache) à travers qch ◆ **to chop a project** * (fig = cancel) annuler un projet ; (= reduce costs, bills) faire des coupes sombres dans, réduire à la portion congrue

**2** [+ meat, vegetables] hacher

**3** (Sport) [+ ball] couper

**COMP** **chop-chop** * EXCL au trot !*, et que ça saute !* ADV fissa *

**chopping block** N billot m
**chopping board** N planche f à hacher
**chopping knife** N (pl **chopping knives**) hachoir m (couteau)
**chop suey** N chop suey m

▶ **chop at** VT FUS [+ person etc] essayer de frapper ; (with axe) [+ wood] taillader
▶ **chop down** VT SEP [+ tree] abattre
▶ **chop off** VT SEP trancher, couper ◆ **they chopped off his head** on lui a tranché la tête
▶ **chop up** VT SEP hacher, couper en morceaux

**chop²** /tʃɒp/

**VI** **1** (Naut) [wind] varier ; [waves] clapoter

**2** (Brit fig) ◆ **to chop and change** changer constamment d'avis ◆ **he's always chopping and changing** c'est une vraie girouette, il ne sait pas ce qu'il veut

**VT** (pej) ◆ **to chop logic** ergoter, discutailler

**chop³** * /tʃɒp/ N (= food) bouffe * f

**chophouse** /ˈtʃɒphaʊs/ N (petit) restaurant m, gargote f (pej)

**choplogic** /ˈtʃɒp,lɒdʒɪk/ N (NonC: pej) raisonnement m tordu *

**chopper** /ˈtʃɒpər/

**N** **1** (for cutting) couperet m, hachoir m ; (Agr) coupe-racines m inv

**2** (* = helicopter) hélico * m, hélicoptère m ; (US * = motorcycle) chopper m ; (Brit = cycle) vélo m à haut guidon

**VI** (US * = go by helicopter) se rendre en hélicoptère (to à)

**choppers** * /ˈtʃɒpəz/ NPL (= teeth) ratiches * fpl ; (= false teeth) râtelier * m

**choppy** /ˈtʃɒpɪ/ SYN ADJ [lake] clapoteux ; [sea] agité ; [wind] variable

**chops** /tʃɒps/ NPL [of jaws] [of animal] mâchoires fpl ; [= cheeks] [of person] joues fpl ; [of animals] bajoues fpl ; (Tech) [of vice] mâchoires fpl ; → **lick**

**chopsticks** /ˈtʃɒpstɪks/ NPL baguettes fpl (pour manger)

**choral** /ˈkɔːrəl/

**ADJ** choral, chanté en chœur

**COMP** **choral society** N chorale f

**chorale** /kɒˈrɑːl/ N choral m

**chord** /kɔːd/

**N** (Anat, Geom: also of harp etc) corde f ; (Mus) accord m ◆ **to strike** or **touch a chord, to touch the right chord** (fig) toucher la corde sensible ; → **vocal**

**COMP** **chord change** N changement m d'accord
**chord progression** N suite f d'accords

**chordate** /ˈkɔːdeɪt/ N [animal] cordé m

**chore** /tʃɔːr/ N SYN (everyday) travail m de routine ; (unpleasant) corvée f ◆ **the chores** les tâches fpl ménagères ◆ **to do the chores** faire le ménage

**chorea** /kɒˈrɪə/ N (Med) chorée f

**choreal** /kɒˈrɪəl/ ADJ choréique

**choreograph** /ˈkɒrɪəˌgrɑːf/ VT **1** chorégraphier
**2** (fig = stage) monter, mettre en scène (fig)

**choreographer** /ˌkɒrɪˈɒgrəfər/ N chorégraphe mf

**choreographic** /ˌkɒrɪəʊˈgræfɪk/ ADJ chorégraphique

**choreography** /ˌkɒrɪˈɒgrəfɪ/ N chorégraphie f

**chorioid** /ˈkɔːrɪˌɔɪd/

**ADJ** choroïdien
**N** choroïde f

**chorion** /ˈkɔːrɪən/ N (Bio) chorion m

**chorionic villus sampling** /ˌkɔːrɪˈɒnɪk/ N (Med) prélèvement m de villosités choriales

**chorister** /ˈkɒrɪstər/ N (Rel) choriste mf

**chorizo** /tʃɒˈriːzəʊ/ N chorizo m

**choroid** /ˈkɔːrɔɪd/

**ADJ** choroïdien
**N** choroïde f

**chortle** /ˈtʃɔːtl/ SYN

**VI** glousser ◆ **he was chortling over the newspaper** la lecture du journal le faisait glousser
**N** gloussement m

**chorus** /ˈkɔːrəs/ SYN

**N** (pl **choruses**) **1** (Mus, Theat = song, singers, speakers) chœur m ◆ **in chorus** en chœur ◆ **she's in the chorus** (at concert) elle chante dans le chœur ; (Theat) elle fait partie de la troupe ◆ **a chorus of praise/objections** un concert de louanges/protestations

**2** (= part of song) refrain m ◆ **to join in the chorus** [one person] reprendre le refrain ; [several people] reprendre le refrain en chœur

**VT** [+ song] chanter or réciter en chœur ; [+ verse] réciter en chœur ◆ **"yes," they chorused** « oui » répondirent-ils en chœur

**COMP** **chorus girl** N (Theat) girl f
**chorus line** N (Theat: in musical) chœurs mpl

**chose** /tʃəʊz/ VB pt of **choose**

**chosen** /ˈtʃəʊzn/ VB (ptp of **choose**) → **choose** vt 1

**chough** /tʃʌf/ N crave m à bec rouge

**choux** /ʃuː/ N (Culin: also **choux pastry**) pâte f à choux

**chow¹** /tʃaʊ/ N (= dog) chow-chow m

**chow²** * /tʃaʊ/ N (esp US = food) bouffe * f, boustifaille * f

▶ **chow down** * VI (esp US) manger, bouffer * ◆ **to chow down on sth** bouffer qch

**chowder** /ˈtʃaʊdər/ N soupe f épaisse de palourdes ; → **clam**

**chow mein** /tʃaʊˈmeɪn/ N chow mein m, nouilles fpl sautées

**Chrimbo** * /ˈkrɪmbəʊ/ N (Brit) ⇒ **Christmas**

**chrism** /ˈkrɪzəm/ N (Rel) (saint) chrême m

**chrisom** /ˈkrɪzəm/ N (= robe) tavaïolle f

**Chrissake(s)** * /ˈkraɪseɪk(s)/ N (esp US) ◆ **for Chrissake(s)** nom de Dieu *

**Christ** /kraɪst/

**N** le Christ, Jésus-Christ

**EXCL** ◆ **Christ!** * nom de Dieu !*, Bon Dieu (de Bon Dieu) !* ◆ **Christ (only) knows!** Dieu seul le sait !*

**COMP** **the Christ Child** N l'enfant m Jésus

**Christadelphian** /ˌkrɪstəˈdelfɪən/ ADJ, N christadelphe mf

**christen** /ˈkrɪsn/ SYN VT (Rel, also Naut) baptiser ; (gen) (= name) appeler, nommer ; (= nickname) surnommer ; (= use for first time) étrenner ◆ **to christen sb after...** donner à qn le nom de... ◆ **he was christened Robert but everyone calls him Bob** son nom de baptême est Robert mais tout le monde l'appelle Bob

**Christendom** /ˈkrɪsndəm/ N chrétienté f

**christening** /ˈkrɪsnɪŋ/

**N** baptême m
**COMP** **christening robe** N robe f de baptême

**Christian** /ˈkrɪstɪən/

**ADJ** (lit) chrétien ; (fig) charitable, compatissant ◆ **the Christian era** l'ère f chrétienne ◆ **early Christian** paléochrétien

**N** chrétien(ne) m(f) ◆ **to become a Christian** se faire chrétien

**COMP** **Christian Democrat** N démocrate-chrétien(ne) m(f)
**Christian Democratic** ADJ démocrate-chrétien
**Christian name** N prénom m, nom m de baptême ◆ **my Christian name is Julie** je m'appelle Julie, mon prénom est Julie
**Christian Science** N science f chrétienne
**Christian Scientist** N scientiste mf chrétien(ne)

**christiania** /ˌkrɪstɪˈɑːnɪə/ N (Ski) christiania m

**Christianity** /ˌkrɪstɪˈænɪtɪ/ N (= faith, religion) christianisme m ; (= character) caractère m or qualité f du chrétien ◆ **his Christianity did not prevent him from...** le fait d'être chrétien ne l'a pas empêché de...

**Christianize** /ˈkrɪstɪənaɪz/ VT christianiser

**christie** /ˈkrɪstɪ/ N (Ski) christiania m

**Christlike** /ˈkraɪstlaɪk/ ADJ qui ressemble or semblable au Christ ◆ **he had a Christlike forbearance** il avait une patience d'ange

**Christmas** /ˈkrɪsməs/ LANGUAGE IN USE 23.2

**N** Noël m ◆ **at Christmas** à Noël ◆ **the week before Christmas** la semaine précédant Noël ◆ **for Christmas** pour Noël ◆ **she spent Christmas with us** elle a passé (la) Noël chez nous ◆ **it's as if Christmas had come early!** (fig) c'est comme si c'était Noël ! ◆ **I thought all my Christmases had come at once** pour moi c'était Noël avant l'heure !, c'est comme si tous mes vœux étaient exaucés ! ; → **father, happy, merry**

**COMP** [visit, gift] de Noël
**Christmas box** N (Brit) étrennes fpl (offertes à Noël)
**Christmas cake** N gâteau m de Noël (gros cake décoré au sucre glace)
**Christmas card** N carte f de Noël
**Christmas carol** N chant m de Noël, noël m ; (Rel) cantique m de Noël
**Christmas Day** N le jour de Noël
**Christmas dinner** N ≈ repas m de Noël
**Christmas Eve** N la veille de Noël
**Christmas Island** N l'île f Christmas
**Christmas party** N fête f de Noël
**Christmas present** N cadeau m de Noël
**Christmas pudding** N (esp Brit) (plum-)pudding m (pudding traditionnel de Noël)
**Christmas rose** N rose f de Noël
**Christmas stocking** N ◆ **I got it in my Christmas stocking** ≈ je l'ai trouvé dans mon soulier or dans la cheminée or sous l'arbre (de Noël)
**Christmas time** N la période de Noël or des fêtes ◆ **at Christmas time** à Noël
**Christmas tree** N arbre m de Noël

**Christmassy** * /ˈkrɪsməsɪ/ ADJ [atmosphere] de Noël ◆ **the town is looking very Christmassy** la ville a un air de fête pour Noël

**Christmastide** /ˈkrɪsməstaɪd/ N (période f des) fêtes fpl de fin d'année

**Christology** /krɪˈstɒlədʒɪ/ N christologie f

**Christopher** /ˈkrɪstəfər/ N Christophe m

**christy** /ˈkrɪstɪ/ N (Ski) ⇒ **christie**

**chromatic** /krəˈmætɪk/

**ADJ** (Art, Mus) chromatique

**COMP** **chromatic aberration** N aberration f chromatique
**chromatic printing** N impression f polychrome
**chromatic scale** N gamme f chromatique

**chromatics** /krəˈmætɪks/ N (NonC) science f des couleurs

**chromatid** /ˈkrəʊmətɪd/ N chromatide f

**chromatin** /ˈkrəʊmətɪn/ N (Bio) chromatine f

**chromatography** /ˌkrəʊməˈtɒgrəfɪ/ N chromatographie f

**chrome** /krəʊm/

**N** chrome m

**COMP** [fittings etc] chromé
**chrome dioxide** N dioxyde m de chrome
**chrome lacquer** N laque f or peinture f laquée (à base de chrome)
**chrome steel** N acier m chromé
**chrome yellow** N jaune m de chrome

**chromite** /ˈkrəʊmaɪt/ N (Miner) chromite f

**chromium** /ˈkrəʊmɪəm/
- N chrome m
- COMP **chromium dioxide** N bioxyde m or dioxyde m de chrome
- **chromium-plated** ADJ chromé
- **chromium-plating** N chromage m
- **chromium steel** N acier m chromé

**chromo** /ˈkrəʊməʊ/ N (pl **chromos**) chromo m

**chromolithograph** /ˌkrəʊməʊˈlɪθəɡrɑːf/ N chromolithographie f

**chromolithography** /ˌkrəʊməʊlɪˈθɒɡrəfɪ/ N chromolithographie f

**chromosomal** /ˌkrəʊməˈsəʊml/ ADJ (Bio) chromosomique

**chromosome** /ˈkrəʊməsəʊm/
- N chromosome m
- COMP **chromosome map** N (Bio) carte f génétique or des chromosomes

**chromosphere** /ˈkrəʊməsfɪəʳ/ N (Astron) chromosphère f

**chromous** /ˈkrəʊməs/ ADJ (Chem) chromeux

**chronaxie, chronaxy** /ˈkrəʊnæksɪ/ N chronaxie f

**chronic** /ˈkrɒnɪk/ SYN
- ADJ ① (= lasting, severe) [illness, depression, pain, problem, shortage, unemployment] chronique
- ② (= inveterate) [smoker, liar, alcoholism, alcoholic] invétéré, incorrigible ; [worrier, idealist] incorrigible
- ③ (Brit * = terrible) [film, singing, food] nul ; [weather] dégueulasse*, pourri*
- COMP **chronic fatigue syndrome** N syndrome m de fatigue chronique

**chronically** /ˈkrɒnɪkəlɪ/ ADV ① (Med) ♦ **to be chronically sick/depressed** souffrir de maladie/dépression chronique ♦ **the chronically ill** or **sick** les malades mpl chroniques
② (= extremely) [tired, overworked, overloaded, underfunded] terriblement ♦ **chronically jealous** en proie à une jalousie chronique ♦ **chronically overcrowded** (extrêmement) surpeuplé

**chronicle** /ˈkrɒnɪkl/ SYN
- N chronique f ♦ **(the Book of) Chronicles** (Bible) le livre des Chroniques ♦ **a chronicle of disasters** une succession de catastrophes
- VT faire la chronique de, enregistrer au jour le jour

**chronicler** /ˈkrɒnɪkləʳ/ SYN N chroniqueur m

**chronobiology** /ˌkrɒnəbaɪˈɒlədʒɪ/ N chronobiologie f

**chronograph** /ˈkrɒnəɡrɑːf/ N chronographe m

**chronological** /ˌkrɒnəˈlɒdʒɪkəl/ SYN ADJ chronologique ♦ **chronological age** âge m réel ♦ **in chronological order** par ordre chronologique

**chronologically** /ˌkrɒnəˈlɒdʒɪkəlɪ/ ADV chronologiquement

**chronology** /krəˈnɒlədʒɪ/ N chronologie f

**chronometer** /krəˈnɒmɪtəʳ/ N chronomètre m

**chronometry** /krəˈnɒmɪtrɪ/ N chronométrie f

**chrysalis** /ˈkrɪsəlɪs/ N (pl **chrysalises** /ˈkrɪsəlɪsɪz/) chrysalide f

**chrysanthemum** /krɪˈsænθəməm/, **chrysanth*** /krɪˈsænθ/ N chrysanthème m

**chryselephantine** /ˌkrɪselɪˈfæntɪn/ ADJ chryséléphantin

**chrysoberyl** /ˈkrɪsəˌberɪl/ N (Miner) chrysobéryl m

**chrysolite** /ˈkrɪsəlaɪt/ N (Miner) chrysolit(h)e f

**chrysoprase** /ˈkrɪsəpreɪz/ N (Miner) chrysoprase f

**chthonian** /ˈθəʊnɪən/, **chthonic** /ˈθɒnɪk/ ADJ chtonien

**chub** /tʃʌb/ N (pl **chub** or **chubs**) chevesne m, chevaine m

**Chubb lock** ® /ˈtʃʌblɒk/ N (Brit) serrure incrochetable

**chubby** /ˈtʃʌbɪ/ SYN ADJ [person, arm] potelé ♦ **chubby-cheeked, chubby-faced** joufflu

**chuck¹** /tʃʌk/ SYN
- VT ① (* = throw) lancer, jeter ; (in bin) balancer *
- ② (* = give up) [+ job, hobby] lâcher, laisser tomber* ; [+ boyfriend, girlfriend] plaquer*, laisser tomber* ♦ **chuck it!** assez !, ça va ! *, laisse tomber !*
- ③ ♦ **he chucked her under the chin** il lui a caressé le menton

- N ① ♦ **to give sb a chuck under the chin** caresser le menton à qn
- ② ♦ **to give sb the chuck*** balancer qn * ♦ **he got the chuck*** (from job) il s'est fait virer * ♦ **she gave him the chuck*** (from relationship) elle l'a plaqué *

▶ **chuck away** * VT SEP (= throw out) [+ old clothes, books] balancer * ; (= waste) [+ money] jeter par les fenêtres ; [+ opportunity] laisser passer

▶ **chuck in** * VT SEP [+ job, hobby] lâcher, laisser tomber *

▶ **chuck out** * VT SEP [+ useless article, old clothes, books] balancer * ; [+ person] vider *, sortir *

▶ **chuck up** * VT SEP ① [+ job, hobby] lâcher, laisser tomber *
- ② (= vomit) dégueuler *, vomir

**chuck²** /tʃʌk/
- N (= tool) mandrin m
- VT (= fix in a chuck) fixer sur un mandrin

**chuck³** /tʃʌk/ N (also **chuck steak**) morceau m dans le paleron

**chucker-out** * /ˈtʃʌkərˈaʊt/ N (Brit) videur * m

**chuckle** /ˈtʃʌkl/
- N gloussement m, petit rire m ♦ **we had a good chuckle over it** ça nous a bien fait rire
- VI rire (over, at de), glousser

**chuffed*** /tʃʌft/ ADJ (Brit) vachement * content (about de) ♦ **he was quite chuffed about it** il était vachement * content

**chug** /tʃʌɡ/
- N [of machine] souffle m ; [of car, railway engine] teuf-teuf m
- VI [machine] souffler ; [car] haleter, faire teuf-teuf

▶ **chug along** VI [car, train] avancer en haletant or en faisant teuf-teuf

**chug-a-lug*** /ˈtʃʌɡəlʌɡ/ VT (US) boire d'un trait

**chukka, chukker** /ˈtʃʌkəʳ/
- N (Polo) période f (de 7,5 minutes)
- COMP **chukka boot** N (Sport) botte f de polo

**chum** † * /tʃʌm/
- N copain * m, copine * f
- VI (= share lodgings) crécher ensemble *

▶ **chum up** * VI fraterniser (with avec)

**chummy*** /ˈtʃʌmɪ/ ADJ sociable, (très) liant ♦ **she is very chummy with him** elle est très copine avec lui *

**chump** /tʃʌmp/ N ① * (= fool) ballot * m, crétin(e) * m(f)
② (* = head) citron * m, caboche * f ♦ **he's off his chump** il est timbré * or toqué *, il a perdu la boule *
③ (Culin) ♦ **chump chop** côte f de mouton

**chunder*** /ˈtʃʌndəʳ/ VI (esp Austral) dégueuler *

**chunk** /tʃʌŋk/ SYN N [of wood, metal, dough] gros morceau m ; [of bread] quignon m

**chunky** /ˈtʃʌŋkɪ/ SYN ADJ [person] trapu ; [jumper, cardigan, shoes, jewellery] gros (grosse f) ♦ **chunky pieces of meat** de gros morceaux de viande

**Chunnel*** /ˈtʃʌnəl/ N (abbrev of **Channel Tunnel**) → **channel**

**chunter** /ˈtʃʌntəʳ/ VI (Brit) (also **chunter on**) bougonner *

**church** /tʃɜːtʃ/
- N ① (= building) église f ; [of French Protestants] église f, temple m
- ② (NonC) ♦ **to go to church** (for service, gen) aller à l'église f ; [Catholic] aller à la messe ; [Protestant] aller au temple ♦ **he doesn't go to church any more** il ne va plus à l'église ♦ **to be in church** être à l'église or à la messe ♦ **after church** après l'office, (for Catholics) après la messe
- ③ (= whole body of Christians) ♦ **the Church** l'Église f ♦ **the Church Militant** l'Église f militante
- ④ (= denomination) ♦ **the Church of England** l'Église f anglicane ♦ **the Church of Rome** l'Église f catholique ♦ **the Church of Scotland/Ireland** l'Église f d'Écosse/d'Irlande ; → **high**
- ⑤ (= religious orders) ♦ **Church** ordres mpl ♦ **he has gone into the Church** il est entré dans les ordres
- VI (Rel) faire assister à une messe
- COMP **Church Army** N (Rel) organisation anglicane semblable à l'Armée du Salut
- **Church Commissioners** NPL (Brit) représentants de l'Église et de l'État chargés de gérer les biens de l'Église anglicane
- **Church Fathers** NPL Pères mpl de l'Église
- **church hall** N salle f paroissiale
- **Church of Christ, Scientist** N (Rel) Église f scientiste du Christ
- **church owl** N chouette f des clochers, effraie f
- **church school** N (Brit) école f confessionnelle
- **church service** N office m
- **church wedding** N ♦ **they want a church wedding** ils veulent se marier à l'église

**churchgoer** /ˈtʃɜːtʃɡəʊəʳ/ N pratiquant(e) m(f)

**churchgoing** /ˈtʃɜːtʃɡəʊɪŋ/ ADJ pratiquant

**Churchillian** /tʃəˈtʃɪlɪən/ ADJ churchillien

**churching** /ˈtʃɜːtʃɪŋ/ N (Rel) ♦ **the churching of women** la messe de relevailles

**churchman** /ˈtʃɜːtʃmən/ N (pl **-men**) (= clergy) ecclésiastique m ♦ **he is/is not a good churchman** (= churchgoer) il est/n'est pas pratiquant

**churchwarden** /ˌtʃɜːtʃˈwɔːdn/ N ① (= person) bedeau m, marguillier m
② (= pipe) longue pipe en terre

**churchwoman** /ˈtʃɜːtʃˌwʊmən/ N (pl **churchwomen** /ˈtʃɜːtʃˌwɪmɪn/) (= clergy) ecclésiastique f ♦ **she is/is not a good churchwoman** elle est/n'est pas pratiquante

**churchy*** /ˈtʃɜːtʃɪ/ ADJ (pej) [person] bigot ♦ **a churchy person** une grenouille de bénitier * (pej)

**churchyard** /ˈtʃɜːtʃjɑːd/ N cimetière m (autour d'une église)

**churl** /tʃɜːl/ N ① † (= ill-mannered person) rustre m, malotru m ; (= bad-tempered person) ronchon m, personne f revêche
② (Hist) manant † m

**churlish** /ˈtʃɜːlɪʃ/ SYN ADJ [person, behaviour] (= rude) grossier ; (= surly) revêche ♦ **it would be churlish to complain** il serait malvenu de se plaindre

**churlishly** /ˈtʃɜːlɪʃlɪ/ ADV [say, refuse] (= rudely) grossièrement ; (= surlily) d'un ton revêche

**churlishness** /ˈtʃɜːlɪʃnɪs/ SYN N (= bad manners) grossièreté f ; (= bad temper) mauvaise humeur f

**churn** /tʃɜːn/ SYN
- N baratte f ; (Brit = milk can) bidon m
- VT ① [+ butter] baratter
- ② (also **churn up**) [+ water] faire bouillonner ♦ **to churn sb up*** (fig) retourner * qn
- ③ [+ engine] faire tourner
- VI [water, sea] bouillonner ♦ **his stomach was churning** (feeling sick) il avait l'estomac barbouillé ; (from nerves) son cœur se serra

▶ **churn out** VT SEP [+ objects] débiter ; [+ essays, letters, books] produire à la chaîne, pondre en série *

▶ **churn up** VT SEP ⇒ **churn** vt 2

**chute** /ʃuːt/ N ① glissière f ; → **coal, refuse²**
② (in river) rapide m
③ * ⇒ **parachute**
④ (Sport, for toboggans) piste f ; (Brit = children's slide) toboggan m

**chutney** /ˈtʃʌtnɪ/ N condiment m (à base de fruits) ♦ **apple/tomato chutney** condiment m à la pomme/à la tomate

**chutzpa(h)** * /ˈxʊtspə/ N (US) culot * m

**chyle** /kaɪl/ N (Physiol) chyle m

**chyme** /kaɪm/ N chyme m

**CI** (abbrev of **Channel Islands**) → **channel**

**CIA** /ˌsiːaɪˈeɪ/ N (US) (abbrev of **Central Intelligence Agency**) CIA f

**ciao** /tʃaʊ/ INTERJ tchao !, salut ! *

**ciborium** /sɪˈbɔːrɪəm/ N (pl **ciboria** /sɪˈbɔːrɪə/) (Rel = vessel) ciboire m

**cicada** /sɪˈkɑːdə/ N (pl **cicadas** or **cicadae** /sɪˈkɑːdiː/) cigale f

**cicatricle** /ˈsɪkəˌtrɪkl/ N (Bio) cicatricule f

**cicatrix** /ˈsɪkətrɪks/ (pl **cicatrices** /ˌsɪkəˈtraɪsiːz/) N (Med) cicatrice f

**cicatrize** /ˈsɪkəˌtraɪz/ VI (Med) (se) cicatriser

**Cicero** /ˈsɪsərəʊ/ N Cicéron m

**cicero** /ˈsɪsərəʊ/ N cicéro m

**cicerone** /ˌtʃɪtʃəˈrəʊnɪ/ N (pl **cicerones** or **ciceroni** /ˌtʃɪtʃəˈrəʊnɪ/) cicérone m

**Ciceronian** /ˌsɪsəˈrəʊnɪən/ ADJ cicéronien

**CID** /ˌsiːaɪˈdiː/
- ABBR (Brit) (abbrev of **Criminal Investigation Department**) ≈ PJ f, ≈ police f judiciaire

**COMP** [operation, team etc] de la PJ
**CID man** (pl **CID men**), **CID officer** N ≈ inspecteur m de police judiciaire or de la PJ

**cider** /ˈsaɪdəʳ/
**N** cidre m
**COMP** **cider-apple** N pomme f à cidre
**cider-press** N pressoir m à cidre
**cider vinegar** N vinaigre m de cidre

**CIF, c.i.f.** /ˌsiːaɪˈef/ (abbrev of **cost, insurance, freight**) CAF

**cig** * /sɪɡ/ N (esp Brit) ⇒ **ciggie**

**cigar** /sɪˈɡɑːʳ/
**N** 1 cigare m
2 (esp US) ◆ **close but no cigar!** pas mal mais ce n'est pas ça or la bonne réponse !
**COMP** [box etc] à cigares
**cigar case** N étui m à cigares, porte-cigares m inv
**cigar holder** N fume-cigare m inv
**cigar lighter** N (in car) allume-cigare m inv
**cigar-shaped** ADJ en forme de cigare

**cigarette** /ˌsɪɡəˈret/ SYN
**N** cigarette f
**COMP** [box etc] à cigarettes
**cigarette ash** N cendre f de cigarette
**cigarette butt** N ⇒ **cigarette end**
**cigarette card** N carte avec des publicités ou des jeux, dans les paquets de cigarettes
**cigarette case** N étui m à cigarettes, porte-cigarettes m inv
**cigarette end** N mégot m
**cigarette holder** N fume-cigarette m inv
**cigarette lighter** N (gen) briquet m ; (in car) allume-cigare m inv
**cigarette machine** N distributeur m de paquets de cigarettes
**cigarette paper** N papier m à cigarettes

**ciggie** *, **ciggy** * /ˈsɪɡɪ/ N (Brit) clope * f, tige * f

**ciliary** /ˈsɪlɪərɪ/
**ADJ** ciliaire
**COMP** **ciliary body** N corps m or zone f ciliaire

**CIM** /ˌsiːaɪˈem/ N (Comput) (abbrev of **computer-integrated manufacturing**) FIO f

**C.-in-C.** (abbrev of **Commander-in-Chief**) → **commander**

**cinch** /sɪntʃ/
**N** 1 (US = saddle girth) sous-ventrière f, sangle f (de selle)
2 ◆ **it's a cinch** ** (= certain) c'est du tout cuit *, c'est du gâteau * ; (= easy) c'est l'enfance de l'art
**VT** 1 [+ horse] sangler ; [+ saddle] attacher par une sangle (de selle)
2 (fig) [+ success] rendre sûr, assurer

**cinchona** /sɪŋˈkəʊnə/ N (= tree, bark) quinquina m

**cinchonine** /ˈsɪŋkənɪːn/ N cinchonine f

**cinder** /ˈsɪndəʳ/
**N** cendre f ◆ **cinders** (= burnt coal) cendres fpl (de charbon) ; [of furnace, volcano] scories fpl ◆ **to rake out the cinders** racler les cendres (du foyer) ◆ **burnt to a cinder** réduit en cendres
**COMP** **cinder block** N (US) parpaing m
**cinder track** N (piste f) cendrée f

**Cinderella** /ˌsɪndəˈrelə/ N Cendrillon f ◆ **the Cinderella of sciences** la Cendrillon des sciences

**Cinders** * /ˈsɪndəz/ N (= Cinderella) Cendrillon f

**cineaste** /ˈsɪnɪæst/ N cinéphile mf

**cine-camera** /ˌsɪnɪˈkæmərə/ N (Brit) caméra f

**cine-film** /ˈsɪnɪfɪlm/ N (Brit) film m

**cinema** /ˈsɪnəmə/ SYN (esp Brit)
**N** cinéma m ◆ **to go to the cinema** aller au cinéma
**COMP** **cinema complex** N complexe m or cinéma m multisalle(s)
**cinema-going** N fréquentation f des cinémas ADJ ◆ **the cinema-going public** le public qui fréquente les cinémas

**cinemagoer** /ˈsɪnəməɡəʊəʳ/ N (gen) personne qui fréquente les cinémas ; (= film enthusiast) cinéphile mf

**Cinemascope** ® /ˈsɪnəməskəʊp/ N cinémascope ® m

**cinematic** /ˌsɪnɪˈmætɪk/ ADJ filmique

**cinematograph** /ˌsɪnɪˈmætəɡrɑːf/ N (Brit) cinématographe m

**cinematographer** /ˌsɪnɪməˈtɒɡrəfəʳ/ N directeur m de la photo

**cinematographic** /ˈsɪnɪˌmætəˈɡræfɪk/ ADJ cinématographique

**cinematography** /ˌsɪnɪməˈtɒɡrəfɪ/ N cinématographie f

**cineol** /ˈsɪnɪˌɒl/ N eucalyptol m

**cine projector** /ˈsɪnɪprəˌdʒektəʳ/ N (Brit) projecteur m de cinéma

**Cinerama** ® /ˌsɪnəˈrɑːmə/ N Cinérama ® m

**cineraria** /ˌsɪnəˈrɛərɪə/ N (= plant) cinéraire f

**cinerary** /ˈsɪnərərɪ/ ADJ cinéraire

**cinnabar** /ˈsɪnəbɑːʳ/ N cinabre m

**cinnamon** /ˈsɪnəmən/
**N** cannelle f
**COMP** [cake, biscuit] à la cannelle ; (in colour) cannelle inv

**Cinque** /sɪŋk/ ADJ (Brit Hist) ◆ **the Cinque Ports** les Cinq Ports mpl (ancienne confédération des cinq ports du Kent et du Sussex)

**cipher** /ˈsaɪfəʳ/ SYN
**N** 1 (= secret writing) chiffre m, code m secret ◆ **in cipher** en chiffre, en code
2 (= message) message m chiffré or codé
3 (= Arabic numeral) chiffre m (arabe) ; (= zero) zéro m ◆ **he's a mere cipher** ce n'est qu'un chiffre
4 (= monogram) chiffre m, monogramme m
**VT** [+ calculations, communications] chiffrer

**cipolin** /ˈsɪpəlɪn/ N (= marble) cipolin m

**circa** /ˈsɜːkə/ PREP circa, vers

**circadian** /sɜːˈkeɪdɪən/ ADJ circadien

**circle** /ˈsɜːkl/ SYN
**N** 1 (= shape) cercle m ; [of hills, houses, vehicles] cercle m ; [of mountains] cirque m ; (Gym) soleil m ; (Astron = orbit) orbite f ◆ **to stand in a circle** faire (un) cercle, se tenir en cercle ◆ **to draw a circle** tracer un cercle ◆ **to have circles around** or **under one's eyes** avoir des cernes ◆ **to come full circle** revenir à son point de départ ◆ **they were going** or **running round in circles** (fig) ils tournaient en rond ; → **wheel**
2 (= group of persons) cercle m, groupe m ◆ **a close circle of friends** un cercle d'amis proches ◆ **an inner circle of advisers** un groupe de proches conseillers ◆ **in political/financial circles** dans les milieux mpl politiques/financiers ◆ **in some circles** dans certains milieux
3 (Brit Theat) balcon m
**VT** 1 (= go round outside of sth) contourner ; (= keep moving round sth) tourner autour de ; (liter = encircle) entourer, encercler
2 (= draw circle round) entourer
**VI** [birds] faire or décrire des cercles ; [aircraft] tourner (en rond) ◆ **the cyclists circled round him** les cyclistes ont tourné autour de lui

▶ **circle about, circle (a)round** VI faire or décrire des cercles, tourner

**circlet** /ˈsɜːklɪt/ N petit cercle m ; [of hair] bandeau m ; [of arm] brassard m ; [of finger] anneau m

**circuit** /ˈsɜːkɪt/
**N** 1 (= lap) tour m, circuit m ◆ **to make a circuit of a room/a garden** faire le tour d'une pièce/d'un jardin ◆ **I did several circuits of the area to find a parking space** j'ai dû faire le tour du quartier plusieurs fois pour or avant de trouver une place où me garer
2 (Cine, Theat: houses visited by same company) tournée f ; (houses owned by same owner) groupe m
3 (Sport = series of races, matches etc) circuit m ◆ **the tennis circuit** le circuit du tennis ◆ **the Scottish cathedrals circuit** (Tourism) le circuit des cathédrales d'Écosse
4 (Elec) circuit m ; → **closed, short**
5 (esp Brit Sport = track) circuit m, parcours m ; (Athletics) piste f ◆ **ten laps of the circuit** (Racing) dix tours du circuit ; (Athletics) dix tours de la piste
6 (Brit Jur) (= journey) tournée f (des juges d'assises) ; (= district) circonscription f (judiciaire) ◆ **he is on the eastern circuit** il fait la tournée de l'est
**COMP** **circuit board** N (Comput) circuit m imprimé
**circuit breaker** N (Elec) disjoncteur m
**circuit court** N (Jur) tribunal m itinérant
**circuit judge** N (Jur) juge m(f) itinérant(e)
**circuit training** N (Sport) entraînement m (selon un programme préétabli)

**circuitous** /sɜːˈkjʊɪtəs/ SYN ADJ (route, road) tortueux ; [journey] plein de détours ; [means] détourné ; [method] indirect, détourné

**circuitously** /sɜːˈkjʊɪtəslɪ/ ADV (lit) [approach, reach] en faisant des détours ; (fig) [speak] de façon contournée

**circuitry** /ˈsɜːkɪtrɪ/ N (Elec) circuits mpl

**circular** /ˈsɜːkjʊləʳ/
**ADJ** [outline, saw, ticket] circulaire ◆ **circular tour** voyage m circulaire, circuit m
**N** (= printed advertisement etc) prospectus m ; (also **circular letter**) circulaire f

**circularity** /ˌsɜːkjʊˈlærɪtɪ/ N circularité f

**circularize** /ˈsɜːkjʊləraɪz/ VT [+ person, firm] envoyer des circulaires or des prospectus à

**circulate** /ˈsɜːkjʊleɪt/ SYN
**VI** (gen) circuler ; (at party etc) se mêler aux invités or à la fête
**VT** [+ object, bottle] faire circuler ; [+ news, rumour] propager ; [+ document] (from person to person) faire circuler ; (= send out) diffuser
**COMP** **circulating capital** N capitaux mpl circulants
**circulating decimal** N (Math) fraction f périodique
**circulating library** N bibliobus m
**circulating medium** N monnaie f d'échange

**circulation** /ˌsɜːkjʊˈleɪʃən/ SYN
**N** (NonC) (Anat, Bot, Fin, Med) circulation f ; [of news, rumour] propagation f ; [of newspaper etc] tirage m ◆ **a magazine with a circulation of 10,000** un magazine qui tire à 10 000 exemplaires ◆ **he has poor circulation** (Med) il a une mauvaise circulation ◆ **in circulation** (Fin) en circulation ◆ **to put into circulation** (Fin) mettre en circulation ◆ **to take out of** or **withdraw from circulation** (Fin) retirer de la circulation ◆ **he's now back in circulation** * il est à nouveau dans le circuit * ◆ **to be out of circulation** * [person] avoir disparu de la circulation * ; → **drop out**
**COMP** **circulation manager** N (Press) directeur m du service de la diffusion

**circulatory** /ˌsɜːkjʊˈleɪtərɪ/ ADJ circulatoire

**circumcise** /ˈsɜːkəmsaɪz/ VT [+ male] circoncire ; [+ female] exciser

**circumcision** /ˌsɜːkəmˈsɪʒən/ N [of male] circoncision f ; [of female] excision f ◆ **the Circumcision** (Rel) (la fête de) la Circoncision

**circumference** /səˈkʌmfərəns/ SYN N circonférence f

**circumflex** /ˈsɜːkəmfleks/
**ADJ** circonflexe
**N** accent m circonflexe

**circumlocution** /ˌsɜːkəmləˈkjuːʃən/ N circonlocution f

**circumlocutory** /ˌsɜːkəmˈlɒkjʊtərɪ/ ADJ périphrastique

**circumlunar** /ˌsɜːkəmˈluːnəʳ/ ADJ autour de la lune ◆ **circumlunar flight** vol m autour de la lune

**circumnavigate** /ˌsɜːkəmˈnævɪɡeɪt/ VT [+ cape] doubler, contourner ◆ **to circumnavigate the globe** faire le tour du monde en bateau

**circumnavigation** /ˈsɜːkəmˌnævɪˈɡeɪʃən/ N circumnavigation f

**circumpolar** /ˌsɜːkəmˈpəʊləʳ/ ADJ (Geog, Astron) circumpolaire

**circumscribe** /ˈsɜːkəmskraɪb/ SYN VT (gen) circonscrire ; [+ powers] limiter

**circumspect** /ˈsɜːkəmspekt/ SYN ADJ circonspect (about sth à l'égard de qch or sur qch) ◆ **to be circumspect in one's behaviour** faire preuve de circonspection ◆ **to be circumspect in one's language** s'exprimer avec circonspection

**circumspection** /ˌsɜːkəmˈspekʃən/ N circonspection f

**circumspectly** /ˈsɜːkəmspektlɪ/ ADV avec circonspection

**circumstance** /ˈsɜːkəmstəns/ SYN N
1 circonstance f ; (= fact, detail) circonstance f, détail m ◆ **in** or **under the present circumstances** dans les circonstances actuelles, vu l'état des choses ◆ **in** or **under no circumstances** en aucun cas or en aucune circonstance ◆ **under similar circumstances** en pareil cas, en ou dans de pareilles circonstances ◆ **to take the circumstances into account** tenir compte des circonstances ◆ **a victim of circumstance** une victime des circonstances ; → **attenuate, extenuate, pomp**

## circumstantial | cladding

ENGLISH-FRENCH 152

2 (= *financial condition*) ◆ **circumstances** situation *f* financière *or* pécuniaire ◆ **in easy circumstances** dans l'aisance, à l'aise ◆ **in poor circumstances** gêné, dans la gêne ◆ **what are his circumstances?** quelle est sa situation financière *or* pécuniaire ? ◆ **if our circumstances allow it** si nos moyens nous le permettent

**circumstantial** /ˌsɜːkəmˈstænʃəl/ SYN ADJ 1 (*Jur*) [*case*] fondé sur des présomptions ◆ **circumstantial evidence** présomptions *fpl* , preuves *fpl* indirectes ◆ **much of the evidence is circumstantial** il s'agit surtout de présomptions

2 (= *detailed*) [*account, report, description*] détaillé, circonstancié

3 (= *anecdotal*) [*reasons, factors, detail*] anecdotique

**circumstantiate** /ˌsɜːkəmˈstænʃieɪt/ VT (*frm*) [+ *evidence*] confirmer en donnant des détails sur ; [+ *event*] donner des détails circonstanciés sur

**circumvent** /ˌsɜːkəmˈvent/ VT [+ *person*] circonvenir ; [+ *law, regulations, rule*] tourner ; [+ *sb's plan, project*] faire échouer

**circumvention** /ˌsɜːkəmˈvenʃən/ N [*of plan, project*] mise *f* en échec ◆ **the circumvention of the guard/rule proved easy** circonvenir le garde/tourner le règlement s'avéra facile

**circus** /ˈsɜːkəs/
N (pl **circuses**) 1 (*Hist, Theat*) cirque *m*
2 (*in town*) rond-point *m*
COMP [*animal, clown*] de cirque

**cirl bunting** /sɜːl/ N (= *bird*) (bruant *m*) zizi *m*

**cirque** /sɜːk/ N (*Geol*) cirque *m*

**cirrhosis** /sɪˈrəʊsɪs/ N cirrhose *f*

**cirrocumulus** /ˌsɪrəʊˈkjuːmjələs/ N (pl **cirrocumuli** /ˌsɪrəʊˈkjuːmjəlaɪ/) (= *cloud*) cirrocumulus *m*

**cirrostratus** /ˌsɪrəʊˈstrɑːtəs/ N (pl **cirrostrati** /ˌsɪrəʊˈstrɑːtaɪ/) (= *cloud*) cirrostratus *m*

**cirrus** /ˈsɪrəs/ N (pl **cirri** /ˈsɪraɪ/) 1 (= *cloud*) cirrus *m*
2 [*of plant*] vrille *f*

**CIS** /ˌsiːaɪˈes/ N (abbrev of **Commonwealth of Independent States**) CEI *f*

**cisplatin** /sɪsˈplætɪn/ N (*Pharm*) cisplatine *m*

**cissy** /ˈsɪsɪ/ N ⇒ **sissy**

**Cistercian** /sɪsˈtɜːʃən/
N cistercien(ne) *m(f)*
ADJ cistercien ◆ **Cistercian Order** ordre *m* de Cîteaux ◆ **a Cistercian monk** un cistercien

**cistern** /ˈsɪstən/ SYN N citerne *f* ; [*of lavatory*] réservoir *m* de la chasse d'eau ; [*of barometer*] cuvette *f*

**cistron** /ˈsɪstrən/ N cistron *m*

**citadel** /ˈsɪtədl/ SYN N citadelle *f*

**citation** /saɪˈteɪʃən/ SYN N (*gen, US Jur, Mil*) citation *f*

**cite** /saɪt/ SYN VT (*gen, Jur, Mil*) citer ; (*Sport* = *sanction*) sanctionner ◆ **to cite as an example** citer en exemple ◆ **to cite sb to appear** (*Jur*) citer qn ; → **dispatch**

**cither** /ˈsɪθəʳ/ , **cithern** /ˈsɪθən/ N cistre *m*

**citified** /ˈsɪtɪˌfaɪd/ ADJ (*pej*) qui a pris les manières de la ville

**citizen** /ˈsɪtɪzn/ SYN
N [*of town*] habitant(e) *m(f)* ; [*of state*] citoyen(ne) *m(f)* ; (*Admin*) ressortissant(e) *m(f)* ; (*Hist*) bourgeois(e) *m(f)* ; (= *townsman*) citadin(e) *m(f)* ◆ **the citizens of Paris** les habitants *mpl* de Paris, les Parisiens *mpl* ◆ **French citizen** citoyen(ne) *m(f)* français(e) ; (*when abroad*) ressortissant *m* français ◆ **citizen of the world** citoyen *m* du monde ; → **fellow**
COMP **Citizens' Advice Bureau** N centre *m* d'information sur les droits des citoyens
**citizen's arrest** N arrestation *f* effectuée par un simple citoyen conformément au droit coutumier ◆ **to make a citizen's arrest** effectuer une arrestation, en tant que particulier, conformément au droit coutumier
**Citizen's Band Radio** N CB *f*, bande *f* de fréquences publique
**Citizen's Charter** N (*Brit*) charte mise en place par le gouvernement britannique en 1991 et visant à améliorer la qualité des services publics

- **Citizens' Advice Bureau**
- Les **Citizens' Advice Bureaux** ont été créés en 1939 pour diffuser auprès de la population britannique la réglementation applicable en temps de guerre. Transformés par la suite en organismes d'assistance gratuite, ils dispensent des conseils sur tout problème concernant l'endettement des ménages, le logement, l'assurance maladie, les services sociaux ou les droits du consommateur. Le service, financé par des fonds publics, emploie dans ses nombreuses antennes locales des cadres salariés qui forment et gèrent un volant de personnels bénévoles.

**citizenry** /ˈsɪtɪznrɪ/ N (*esp US*) ◆ **the citizenry** l'ensemble *m* des citoyens

**citizenship** /ˈsɪtɪznʃɪp/ N citoyenneté *f* ◆ **citizenship papers** (*US*) déclaration *f* de naturalisation

**citrate** /ˈsɪtreɪt/ N citrate *m*

**citric** /ˈsɪtrɪk/
ADJ citrique
COMP **citric acid** N acide *m* citrique

**citrine** /ˈsɪtrɪn/ N (*Miner*) citrine *f*

**citron** /ˈsɪtrən/ N (= *fruit*) cédrat *m* ; (= *tree*) cédratier *m*

**citronella** /ˌsɪtrəˈnelə/ N (= *grass*) citronnelle *f* ; (= *oil*) (huile *f* de) citronnelle *f*

**citrus** /ˈsɪtrəs/ N (pl **citruses**) (= *tree*) citrus *m* ; (= *fruit*) agrume *m*

**cittern** /ˈsɪtɜːn/ N cistre *m*

**city** /ˈsɪtɪ/ SYN
N 1 (*gen*) (grande) ville *f* ◆ **the city** (= *population*) la ville ◆ **large cities like Leeds** les grandes villes comme Leeds ◆ **life in the modern city** la vie dans les villes modernes
2 (*Brit*) ◆ **the City** la City (*centre financier à Londres*) ◆ **he's (something) in the City\*** il travaille dans la City
COMP [*streets*] de la ville ; [*offices, authorities*] municipal ; (*Brit Press*) [*editor, page, news*] financier
**City and Guilds (examination)** N (*Brit*) ≈ certificat *m* d'aptitude professionnelle
**city centre** N centre *m* de la ville, centre-ville *m*
**city college** N (*US Univ*) université *f* (*financée par la ville*)
**city councilman** N (*US*) (pl **city councilmen**) conseiller *m* municipal
**city desk** N (*Brit*) antenne *f* financière ; (*US*) antenne *f* locale
**city dweller** N citadin(e) *m(f)*
**city editor** N (*Brit*) responsable *mf* de la rubrique financière (*dans un journal*) ; (*US*) rédacteur *m* en chef (*pour les nouvelles locales*)
**city fathers** NPL édiles *mpl*
**city hall** N (*lit*) mairie *f* ; (*in large towns*) hôtel *m* de ville ; (*US fig* = *city authorities*) administration *f* municipale
**city manager** N (*US*) administrateur *m* communal (*payé par une municipalité et faisant fonction de maire*)
**city planner** N (*US*) urbaniste *mf*
**city planning** N (*US*) urbanisme *m*
**city police** N (*US*) police *f* municipale
**city slicker\*** N citadin(e) *m(f)* sophistiqué(e)
**city-state** N cité *f*
**city technology college** N (*Brit*) établissement *m* d'enseignement technologique

- **City Nicknames**
- Si l'on sait que « The Big Apple » désigne la ville de New York (« apple » est en réalité un terme d'argot signifiant « grande ville »), on connaît moins les surnoms donnés aux autres grandes villes américaines. Chicago est surnommée « Windy City » à cause des rafales soufflant du lac Michigan, La Nouvelle-Orléans doit son sobriquet de « Big Easy » à son style de vie décontracté, et l'industrie automobile a donné à Detroit son surnom de « Motown ».
- D'autres villes sont familièrement désignées par leurs initiales : « LA » pour Los Angeles, « Big D » pour Dallas, ou par des diminutifs : « Vegas » pour Las Vegas, « Frisco » pour San Francisco, « Philly » pour Philadelphie.

**cityfied** /ˈsɪtɪˌfaɪd/ ADJ (*pej*) ⇒ **citified**

**cityscape** /ˈsɪtɪskeɪp/ N paysage *m or* panorama *m* urbain

**civet** /ˈsɪvɪt/ N (= *animal, substance*) civette *f*

**civic** /ˈsɪvɪk/ SYN
ADJ [*pride, duty, rights, movement*] civique ; [*authorities, administration, building*] municipal ; [*life*] des citoyens ◆ **civic event/reception** cérémonie *f*/réception *f* officielle locale ◆ **civic leader** notable *m*
COMP **civic centre** N (*Brit*) centre *m* administratif (municipal)
**civic hall** N salle *f* municipale
**civic society** N (= *local organization*) association *f* culturelle (*organisant des manifestations à caractère régional*) ; (= *civilized values*) valeurs *fpl* civiques
**Civic Trust** N (*Brit*) groupement de bénévoles se consacrant à la mise en valeur du patrimoine

**civics** /ˈsɪvɪks/ N instruction *f* civique

**civies\*** /ˈsɪvɪz/ NPL (*US*) ⇒ **civvies** ; → **civvy**

**civil** /ˈsɪvl/ SYN
ADJ 1 (= *civic or non-military*) civil ◆ **civil commotion** émeute *f* ◆ **civil divorce** divorce non reconnu par l'église ◆ **civil marriage** mariage *m* civil ◆ **civil wedding** mariage *m* civil ◆ **to have a civil wedding** se marier civilement
2 (= *polite*) civil, poli ◆ **that's very civil of you** vous êtes bien aimable ; → **tongue**
COMP **Civil Aviation Authority** N (*Brit*) ≈ Direction *f* générale de l'aviation civile
**civil defence** N défense *f* passive
**civil disobedience** N désobéissance *f* civile ◆ **civil disobedience campaign** campagne *f* de désobéissance civile
**civil engineer** N ingénieur *m* civil
**civil engineering** N génie *m* civil
**civil law** N (= *system*) code *m* civil ; (= *study*) droit *m* civil
**civil liberties** NPL libertés *fpl* civiques
**civil list** N (*Brit*) liste *f* civile (*allouée à la famille royale*)
**civil rights** NPL droits *mpl* civils ◆ **civil rights activist** *or* **campaigner** militant(e) *m(f)* pour les droits civils ◆ **civil rights group** groupe *m* d'action pour les droits civils ◆ **civil rights leader** chef *m* de file du mouvement pour les droits civils ◆ **civil rights movement** mouvement *m* pour les droits civils
**civil servant** N fonctionnaire *mf*
**civil service** N fonction *f* publique, administration *f* ◆ **civil service examination** concours *m* d'entrée dans la fonction publique ◆ **civil service recruitment** recrutement *m* de(s) fonctionnaires
**Civil Service Commission** N commission *f* de recrutement dans la fonction publique
**civil war** N guerre *f* civile ◆ **the (American) Civil War** la guerre de Sécession ; see also **Spanish**

**civilian** /sɪˈvɪlɪən/
N civil(e) *m(f)* (*opposé à militaire*)
ADJ civil

**civility** /sɪˈvɪlɪtɪ/ N courtoisie *f*, civilité † *f* ◆ **civilities** civilités *fpl*

**civilization** /ˌsɪvɪlaɪˈzeɪʃən/ SYN N civilisation *f*

**civilize** /ˈsɪvɪlaɪz/ SYN VT civiliser

**civilized** /ˈsɪvɪlaɪzd/ SYN ADJ 1 (= *socially advanced*) [*society, country, world, people*] civilisé ; [*values*] de civilisation ◆ **to become civilized** se civiliser
2 (= *refined*) [*person, behaviour, conversation, place, meal*] raffiné ; [*time of day*] (tout à fait) convenable ◆ **I know we disagree, but we could at least be civilized about it** je sais que nous ne sommes pas d'accord, mais nous pourrions au moins essayer de rester aimables

**civilizing** /ˈsɪvɪlaɪzɪŋ/ ADJ civilisateur (-trice *f*)

**civilly** /ˈsɪvɪlɪ/ ADV poliment

**civism** /ˈsɪvɪzəm/ N civisme *m*

**civvy\*** /ˈsɪvɪ/ abbrev of **civilian**
NPL **civvies** vêtements *mpl* civils ◆ **in civvies** (habillé) en civil *or* en bourgeois\*
COMP **civvy street** N (*Brit*) vie *f* civile ◆ **to be in civvy street** être civil *or* pékin \*

**CJD** /ˌsiːdʒeɪˈdiː/ N (abbrev of **Creutzfeldt-Jakob disease**) MCJ *f* ◆ **(new) variant CJD** (nouvelle) variante de MCJ

**cl** (abbrev of **centilitre(s)**) cl

**clack** /klæk/
N claquement *m* ; [*of pump etc*] clapet *m* ; (*fig* = *talk*) jacasserie *f*, caquet *m*
VI claquer ; (*fig*) jacasser ◆ **this will set tongues clacking** cela va faire jaser

**clad** /klæd/ ADJ habillé, vêtu (*in de*) ◆ **clad with** (*liter* = *covered with*) revêtu de

**cladding** /ˈklædɪŋ/ N [*of building*] habillage *m*, revêtement *m* ; [*of nuclear reactor*] gainage *m* ◆ **timber** *or* **wood(en) cladding** bardage *m*

**clade** /kleɪd/ **N** (Bio) clade m

**cladism** /ˈklædɪzəm/ **N** cladisme m

**cladistics** /kləˈdɪstɪks/ **N** (NonC) cladisme m

**cladogram** /ˈkleɪdəʊˌgræm/ **N** cladogramme m

**claim** /kleɪm/ LANGUAGE IN USE 26.2 SYN

**VT** ① (= demand) réclamer (from sb à qn) ; [+ right, privilege] revendiquer ; [+ sb's attention] demander, solliciter ◆ **to claim diplomatic immunity** invoquer l'immunité diplomatique ◆ **to claim the right to decide** revendiquer le droit de décider ◆ **the group which claimed responsibility for the attack** le groupe qui a revendiqué l'attentat ◆ **no one has yet claimed responsibility for the explosion** l'explosion n'a pas encore été revendiquée ◆ **to claim damages** réclamer des dommages et intérêts ◆ **an avalanche has claimed the lives of three skiers** une avalanche a coûté la vie à trois skieurs, trois skieurs ont trouvé la mort dans une avalanche ◆ **heart disease claims thousands of lives or victims a year** les maladies cardiovasculaires font des milliers de victimes par an ◆ **to claim a title** (Sport) remporter un titre ; → **credit**

② (= profess) prétendre, déclarer ◆ **to claim acquaintance with sb** prétendre connaître qn ◆ **they claim a 100% success rate** ils déclarent que le taux de réussite est de 100% ◆ **he claims to have seen you** or **(that) he's seen you** il prétend or déclare vous avoir vu, il déclare qu'il vous a vu ◆ **both armies claimed the victory** les deux armées ont revendiqué la victoire

**VI** faire une demande d'indemnité ◆ **to claim on (the** or **one's) insurance** faire jouer son assurance ◆ **to claim for damages** demander des dommages-intérêts

**N** ① (= act of claiming) revendication f, réclamation f ◆ **to lay claim to** prétendre à, avoir des prétentions à ◆ **there are many claims on my time** je suis très pris ◆ **there are many claims on my purse** j'ai beaucoup de frais, mes moyens sont fortement mis à contribution ◆ **that's a big claim to make!** cette prétention est de taille ! ◆ **his claim that he acted legally** son affirmation selon laquelle il aurait agi dans les limites de la loi

② (= formal application) (Insurance) ≈ déclaration f de sinistre, ≈ demande f d'indemnité ; (Social Security) demande f de prestations sociales ◆ **the claims were all paid** (Insurance) les dommages ont été intégralement payés or réglés ◆ **to put in a claim** (gen) faire une réclamation ; (Insurance) faire une déclaration de sinistre or une demande d'indemnité ◆ **they put in a claim for a 3% pay rise** ils ont demandé une augmentation de 3% ◆ **a claim for an extra 3%** une demande d'augmentation de 3% ◆ **benefit claim** demande f de prestations sociales ; → **outstanding, wage**

③ (= right) droit m, titre m ◆ **claim to ownership** titre m de propriété ◆ **he renounced his claim to the throne** il a renoncé à toute prétention à la couronne or à faire valoir ses droits à la couronne ◆ **claims to** or **on sb's friendship** droits mpl à l'amitié de qn ◆ **its only claim to fame is...** son seul titre de gloire est... ◆ **what is his particular claim to fame?** à quel titre est-il connu ? ◆ **he is a busy man, with many claims on his time** c'est un homme très occupé, dont l'emploi du temps est très chargé

④ (Min etc) concession f ; → **stake**

COMP **claim form N** (Admin) (for benefit) (formulaire m de) demande f ; (for expenses) (feuille f pour) note f de frais

**claims adjuster N** (Insurance) agent m général d'assurances

**claimant** /ˈkleɪmənt/ **N** (Brit) [of social benefits] demandeur m, -euse f ; (Jur, Insurance) requérant(e) m(f) ; [of throne] prétendant(e) m(f) (to à) ◆ **benefit claimant** demandeur m (-euse f) de prestations sociales

**clairvoyance** /kleəˈvɔɪəns/ **N** voyance f, (don m de) double vue f

**clairvoyant(e)** /kleəˈvɔɪənt/
**N** voyant(e) m(f), extralucide mf
**ADJ** doué de double vue

**clam** /klæm/
**N** ① (= shellfish) palourde f, clam m
② (US ‡) dollar m
COMP **clam chowder N** (Culin) soupe f de palourdes

▶ **clam up** * **VI** la boucler‡, la fermer‡ ◆ **to clam up like an oyster** se fermer comme une huître ◆ **he clammed up on me** il l'a bouclée‡, il ne m'a plus dit un mot là-dessus

**clambake** /ˈklæmbeɪk/ **N** (US) ① (Culin) barbecue m de fruits de mer
② (= party) réunion f à la bonne franquette

**clamber** /ˈklæmbər/ SYN
**VI** grimper (en s'aidant des mains ou en rampant), se hisser (avec difficulté) ◆ **to clamber up a hill** gravir péniblement une colline ◆ **to clamber over a wall** escalader un mur
**N** escalade f

**clamminess** /ˈklæmɪnɪs/ **N** [of skin, clothes] moiteur f ; [of weather] lourdeur f

**clammy** /ˈklæmɪ/ **ADJ** [skin, hands, handshake, clothes, sheets] moite ; [weather] lourd ◆ **clammy with sweat/fear** moite de sueur/peur

**clamor** /ˈklæmər/ (US) ⇒ **clamour**

**clamorous** /ˈklæmərəs/ **ADJ** ① (= noisy) [voice, noise] tonitruant ; [crowd] bruyant ◆ **clamorous applause** tonnerre m d'applaudissements
② (= vehement) [demand, campaign] véhément

**clamour, clamor** (US) /ˈklæmər/ SYN
**N** (= shouts) clameur f, cris mpl ; (= angry cries) vociférations fpl ; (= demands) revendications fpl or réclamations fpl bruyantes
**VI** pousser des cris ◆ **to clamour against sth/sb** vociférer contre qch/qn ◆ **to clamour for sth/sb** (= shout) demander qch/qn à grands cris ; (= demand) réclamer qch/qn à cor et à cri

**clamp¹** /klæmp/ SYN
**N** (gen) attache f, pince f ; (bigger) crampon m ; (Med) clamp m ; (also **ring clamp**) collier m de serrage ; (Carpentry) valet m (d'établi) ; (Archit) agrafe f ; [of china] agrafe f ; (for parked car) sabot m de Denver ; (Elec) serre-fils m inv ; (on ship, for cables) serre-câbles m inv

**VT** ① (= put clamp on) serrer, attacher ; [+ stones, china] agrafer ; [+ wheel, car] mettre un sabot à ◆ **to clamp sth to sth** fixer qch à qch
② **to clamp shut** or **together** [+ teeth] serrer
③ * [+ embargo, curfew] imposer (on sur)

▶ **clamp down on** *
**VT FUS** [+ person] prendre des mesures autoritaires contre ; [+ inflation, expenditure] mettre un frein à ; [+ the press, the opposition] bâillonner
**N** ◆ **clampdown** → **clampdown**

▶ **clamp together VT SEP** serrer ensemble

**clamp²** /klæmp/
**N** [of bricks] tas m, pile f ; [of potatoes] silo m
**VT** entasser

**clampdown** /ˈklæmpdaʊn/ **N** (gen) répression f (on sth de qch ; on sb contre qn) ◆ **a clampdown on terrorists** la répression or des mesures répressives contre les terroristes ◆ **a clampdown on arms sales** un renforcement des restrictions sur la vente d'armes

**clan** /klæn/ SYN **N** clan m (écossais) ; (fig) famille f

**clandestine** /klænˈdɛstɪn/ **ADJ** clandestin

**clang** /klæŋ/ SYN
**N** bruit m or son m métallique ; (louder) fracas m métallique
**VI** émettre un son métallique ◆ **the gate clanged shut** la grille s'est refermée bruyamment or avec un bruit métallique

**clanger** * /ˈklæŋər/ **N** (Brit) gaffe f ◆ **to drop a clanger** faire une gaffe, gaffer lourdement

**clangor** /ˈklæŋər/ **N** (US) ⇒ **clangour**

**clangorous** /ˈklæŋərəs/ **ADJ** [noise] métallique

**clangour, clangor** (US) /ˈklæŋər/ **N** vacarme m ; (metallic) son m or bruit m métallique

**clank** /klæŋk/
**N** cliquetis m, bruit m métallique (de chaînes etc)
**VI** cliqueter, émettre un son métallique
**VT** faire cliqueter

**clankpin** /ˈklæŋkpɪn/ **N** [of engine] maneton m

**clannish** /ˈklænɪʃ/ **ADJ** (slightly pej = exclusive, unwelcoming) [group] fermé ; [person] qui a l'esprit de clan or de clique

**clannishness** /ˈklænɪʃnɪs/ **N** esprit m de clan or de chapelle

**clansman** /ˈklænzmən/ (pl **-men**), **clanswoman** /ˈklænzˌwʊmən/ (pl **-women**) **N** (in Scotland) membre m d'un clan (écossais)

**clap¹** /klæp/ SYN
**N** (= sound) claquement m, bruit m sec ; [of hands] battement m ; (= action) tape f ; (= applause) applaudissements mpl ◆ **a clap on the back** une tape dans le dos ◆ **to give the dog a clap** (Scot = stroke) caresser le chien ◆ **a clap of thunder** un coup de tonnerre ◆ **he got a good clap** il a été très applaudi

**VT** ① (= applaud) applaudir ◆ **to clap one's hands** battre des mains ◆ **to clap sb on the back/the shoulder** donner à qn une tape dans le dos/sur l'épaule ◆ **to clap a dog** (Scot = stroke) caresser un chien ◆ **he clapped his hand over my mouth** il a mis or plaqué sa main sur ma bouche
② (= put, set) ◆ **to clap sb in irons** jeter qn aux fers ◆ **to clap sb into prison** jeter qn en prison ◆ **to clap eyes on** voir ◆ **to clap hands on sb** prendre qn sur le fait
**VI** taper or frapper dans ses mains ; (= applaud) applaudir

▶ **clap on VT SEP** ◆ **to clap on one's hat** enfoncer son chapeau sur sa tête ◆ **to clap on sail** (Naut) mettre toutes voiles dehors

▶ **clap to VI** claquer

**clap²** ‡ /klæp/ **N** (= disease) ◆ **the clap** la chtouille‡, la chaude-pisse‡

**clapboard** /ˈklæpbɔːd/ **N** bardeau m

**clapometer** * /klæˈpɒmɪtər/ **N** applaudimètre m

**clapped-out** ‡ /ˈklæptaʊt/ **ADJ** (Brit) [person, horse] au bout du rouleau * ; [car, train] pourri * ; [TV, washing machine] fichu *, nase *

**clapper** /ˈklæpər/ **N** [of bell] battant m ◆ **to go like the clappers** ‡ (Brit) aller à toute blinde ‡

**clapperboard** /ˈklæpəˌbɔːd/ **N** clap m, claquette f

**clapping** /ˈklæpɪŋ/ **N** applaudissements mpl

**claptrap** * /ˈklæptræp/ **N** boniment * m, baratin * m

**claque** /klæk/ **N** (Theat) claque f

**Clare** /klɛər/ **N** Claire f ◆ **the Poor Clares** (Rel) clarisses fpl , Pauvres Dames fpl

**claret** /ˈklærət/
**N** (vin m de) bordeaux m (rouge)
**ADJ** (also **claret-coloured**) bordeaux inv

**clarification** /ˌklærɪfɪˈkeɪʃən/ SYN **N** (gen) clarification f, éclaircissement m ; [of wine] collage m ◆ **request for clarification** (Jur) demande f d'éclaircissement

**clarified** /ˈklærɪfaɪd/ **ADJ** [butter, stock, wine, sugar] clarifié

**clarify** /ˈklærɪfaɪ/ SYN
**VT** [+ sugar, butter, wine] clarifier ; (fig) [+ situation] éclaircir, clarifier
**VI** se clarifier ; (fig) s'éclaircir

**clarinet** /ˌklærɪˈnɛt/ **N** clarinette f

**clarinettist** /ˌklærɪˈnɛtɪst/ **N** clarinettiste mf

**clarion** /ˈklærɪən/ (liter)
**N** clairon m
**VT** (frm) ◆ **to clarion (forth)** claironner
COMP **clarion call N** appel m de clairon

**clarity** /ˈklærɪtɪ/ SYN **N** clarté f, précision f ◆ **for the sake of clarity** pour plus de clarté

**clarkia** /ˈklɑːkɪə/ **N** (= plant) clarkia f

**clash** /klæʃ/ SYN
**VI** ① (= bang noisily) [swords, metallic objects] s'entrechoquer ; [cymbals] résonner
② (= do battle) [armies, teams] s'affronter ◆ **to clash with sb** affronter qn ◆ **rioters clashed with the police in the main square** les émeutiers ont affronté la police sur la grand-place, il y a eu des affrontements entre les émeutiers et la police sur la grand-place ◆ **the two parties clash over...** les deux partis sont en désaccord total à propos de...
③ (= conflict) [interests] se heurter, être incompatible or en contradiction (with avec) ; [personalities] être incompatible (with avec) ; [colours] jurer, détonner (with avec)
④ (= coincide) [two events, invitations etc] tomber en même temps (or le même jour etc) ◆ **the dates clash** les deux événements (or rencontres etc) tombent le même jour

**VT** [+ metallic objects] entrechoquer bruyamment ; [+ cymbals] faire résonner ◆ **to clash the gears** faire grincer les vitesses

**N** ① (= sound) choc m or fracas m métallique ◆ **a clash of cymbals** un coup de cymbales
② [of armies, weapons] choc m, heurt m ; (between people, parties) désaccord m ; (with police, troops) affrontement m, échauffourée f ◆ **during a clash with the police** au cours d'un affrontement or d'une échauffourée avec la police ◆ **clashes between police and demonstrators** des heurts mpl entre la police et les manifestants ◆ **I don't want a clash with him about it** je ne veux pas me disputer avec lui à ce sujet ◆ **to have a (verbal) clash with sb** avoir un accrochage * avec qn

3 [of interests] conflit m ◆ **a clash of personalities** une incompatibilité de caractères

4 ◆ **a clash of colours** des couleurs qui détonnent

5 [of dates, events, invitations] coïncidence f fâcheuse

**clasp** /klɑːsp/ SYN

N 1 [of brooch, necklace, purse] fermoir m ; [of belt] boucle f

2 (NonC: in one's arms, of a hand) étreinte f

VT étreindre, serrer ◆ **to clasp sb's hand** serrer la main de qn ◆ **to clasp one's hands (together)** joindre les mains ◆ **with clasped hands** les mains jointes ◆ **to clasp sb in one's arms/to one's heart** serrer qn dans ses bras/sur son cœur

COMP **clasp knife** N (pl **clasp knives**) grand couteau m pliant

**class** /klɑːs/ SYN

N 1 (= group, division) classe f, catégorie f ; (Bot, Ling, Mil, Soc, Zool etc) classe f ; [of ship] type m ; (in Lloyd's Register) cote f ◆ **he's not in the same class as his brother** (fig) il n'arrive pas à la cheville de son frère ◆ **these books are just not in the same class** il n'y a pas de comparaison (possible) entre ces livres ◆ **in a class by itself, in a class of its own** hors concours, unique ◆ **they are in a class apart** ils sont tout à fait à part ◆ **a good class (of) hotel** un très bon hôtel, un hôtel de très bonne classe ◆ **the ruling class** la classe dirigeante ◆ **what class of degree did he get?** (Brit Univ) quelle mention a-t-il obtenue (à sa licence) ? ◆ **first class honours in history** ≈ licence f d'histoire avec mention très bien ; → **middle, working**

2 (= lesson) classe f, cours m ; (= students, pupils) classe f ; (US = year) promotion f scolaire ◆ **to give** or **take a class** faire un cours ◆ **to attend a class** suivre un cours ◆ **the French class** la classe or le cours de français ◆ **an evening class** un cours du soir ◆ **the class of 1990** (US) la promotion or la promo * de 1990

3 (NonC: *) (= distinction, elegance) classe f ◆ **to have class** avoir de la classe

VT classer, classifier ; (Naut Insurance) coter ◆ **he was classed with the servants** il était assimilé aux domestiques

ADJ (= classy) de grande classe

COMP **class action** N (Jur) ◆ **class actions** actions fpl de groupe ◆ **class action suit** recours m collectif en justice

**class bias** N (Soc) préjugés mpl de classe

**class-conscious** ADJ [person] conscient des distinctions sociales ; (pej = snobbish) [person, attitude] snob inv

**class consciousness** N conscience f de classe

**class distinction** N distinction f sociale

**class list** N (Scol) liste f des élèves

**class mark, class number** N (Brit : in library) cote f

**class president** N (US) ≈ chef m de classe

**class rank** N (US Scol, Univ) numéro m de sortie

**class roll** N ⇒ **class list**

**class society** N (Pol) société f de classes

**class struggle** N lutte f des classes

**class system** N système m de classes

**class teacher** N (Brit Scol) professeur m principal

**class war(fare)** N ⇒ **class struggle**

**classic** /ˈklæsɪk/ SYN

ADJ (gen) classique ◆ **it was classic** * c'était le coup classique *

N (= author, work) classique m ; (Racing) classique f ◆ **it is a classic of its kind** (fig) c'est un classique du genre

COMP **classic car** N voiture f ancienne

**classical** /ˈklæsɪkəl/ SYN

ADJ [pianist, economist, Greece, Latin] classique ; [Greek] de l'époque classique ; [album, CD] de musique classique ◆ **classical times** antiquité f gréco-latine ◆ **classical scholar** spécialiste mf en lettres classiques

COMP **classical music** N (NonC) musique f classique, classique m

**classically** /ˈklæsɪkəlɪ/ ADV 1 (Mus, Dancing) ◆ **to be classically trained** avoir reçu une formation classique ◆ **a classically trained pianist/dancer** un pianiste/danseur de formation classique

2 (Hist, Art) ◆ **a classically proportioned building** un bâtiment aux proportions classiques ◆ **a classically inspired church** une église d'inspiration classique ◆ **a classically shaped vase** un vase de forme classique or aux formes classiques

3 (= traditionally) ◆ **classically beautiful/elegant** d'une beauté/élégance classique

4 (= typically) typiquement ◆ **classically English** typiquement anglais ◆ **classically, overweight people underestimate how much they eat** on constate généralement que les personnes qui ont des kilos en trop sous-estiment la quantité de nourriture qu'elles absorbent

**classicism** /ˈklæsɪsɪzəm/ N classicisme m

**classicist** /ˈklæsɪsɪst/ N spécialiste mf de lettres classiques ; (esp Archit) partisan(e) m(f) du classicisme

**classics** /ˈklæsɪks/ N lettres fpl classiques ◆ **to study classics** faire des études de lettres classiques

**classifiable** /ˈklæsɪfaɪəbl/ ADJ qu'on peut classifier

**classification** /ˌklæsɪfɪˈkeɪʃən/ SYN N classification f

**classified** /ˈklæsɪfaɪd/

ADJ 1 classifié

2 (Admin = secret etc) [document] classé secret (classée secrète f) ◆ **classified information** renseignements mpl (classés) secrets ◆ **this is classified information** ces informations sont (classées) secrètes

COMP **classified ad** *, **classified advertisement** N (Press) petite annonce f

**classified results** NPL (Brit Sport) résultats mpl sportifs complets

**classified section** N (Press) (rubrique f des) petites annonces fpl

**classify** /ˈklæsɪfaɪ/ SYN VT 1 classer, classifier

2 (Admin = restrict circulation of) classer secret

**classism** /ˈklɑːsɪzəm/ N (NonC) discrimination f sociale or de classe

**classless** /ˈklɑːslɪs/ ADJ [society] sans classes ; [person] qui n'appartient à aucune classe ; [accent] standard

**classmate** /ˈklɑːsmeɪt/ N (Brit) camarade mf de classe ; (US) camarade mf de promotion (or de classe)

**classroom** /ˈklɑːsrʊm/

N (salle f de) classe f

COMP **classroom assistant** N ≈ assistant, e m,f d'éducation (en école primaire)

**classy** * /ˈklɑːsɪ/ ADJ [person] classe inv * ; [hotel, restaurant] classe inv *, chic inv ; [area, neighbourhood, clothes, car] chic inv ; [watch, image] de luxe ; [performance, album, film] de grande classe ◆ **her flat looks very classy** son appartement fait très classe * or très chic

**clatter** /ˈklætəʳ/

N (= noise) cliquetis m ; (louder) fracas m ◆ **the clatter of cutlery** le bruit or cliquetis de couverts entrechoqués

VI (= rattle) [heels, keys, typewriter, chains] cliqueter ; (= bang) [large falling object, cymbals] résonner ◆ **to clatter in/out/away** etc entrer/sortir/partir etc bruyamment

VT choquer or entrechoquer bruyamment

**clause** /klɔːz/ SYN N 1 (Gram) membre m de phrase, proposition f ◆ **principal/subordinate clause** proposition f principale/subordonnée

2 (Jur) [of contract, law, treaty] clause f ; [of will] disposition f ; → **saving**

**claustrophobia** /ˌklɔːstrəˈfəʊbɪə/ N claustrophobie f ; (fig) atmosphère f oppressante

**claustrophobic** /ˌklɔːstrəˈfəʊbɪk/

ADJ [person] claustrophobe ; [feeling] de claustrophobie ; [room] où l'on se sent claustrophobe ; [atmosphere] oppressant ; [film, thriller] à l'atmosphère oppressante ◆ **to feel claustrophobic** [person] avoir une sensation de claustrophobie ◆ **the house felt too claustrophobic** on se sentait trop à l'étroit dans la maison

N claustrophobe mf

**clavichord** /ˈklævɪkɔːd/ N clavicorde m

**clavicle** /ˈklævɪkl/ N clavicule f

**clavicular** /kləˈvɪkjʊləʳ/, **claviculate** /kləˈvɪkjʊˌleɪt/ ADJ claviculaire

**clavier** /kləˈvɪəʳ/ N (Mus) (= instrument) instrument m à clavier ; (= keyboard) clavier m

**claw** /klɔː/ SYN

N 1 [of cat, lion, small bird etc] griffe f ; [of bird of prey] serre f ; [of lobster etc] pince f ◆ **to get one's claws into sb** * tenir qn entre ses griffes ◆ **to get one's claws on sth** * mettre le grappin sur qch * ◆ **get your claws off (that)!** * bas les pattes ! *

2 (Tech) [of bench] valet m ; [of hammer] pied-de-biche m

VT (= scratch) griffer ; (= rip) déchirer or labourer avec ses griffes ; [bird of prey] déchirer or labourer avec ses serres ; (= clutch) agripper, serrer ◆ **to claw one's way to the top** se hisser en haut de l'échelle

COMP **claw hammer** N marteau m fendu, marteau m à pied-de-biche

▸ **claw at** VT FUS [+ object] essayer de s'agripper à ; [+ person] essayer de griffer

▸ **claw back** VT SEP (Econ) récupérer

**clawback** /ˈklɔːbæk/ N (Econ) récupération f

**clay** /kleɪ/

N argile f, (terre f) glaise f ; (Tennis) terre f battue ◆ **potter's clay** argile f (à potier) ◆ **to play on clay** (Tennis) jouer sur terre battue ; → **china**

COMP **clay court** N (Tennis) court m de terre battue

**clay pigeon** N pigeon m d'argile or de ball-trap ; (US fig) victime f or cible f facile ◆ **clay pigeon shooting** ball-trap m

**clay pipe** N pipe f en terre

**clay pit** N argilière f, glaisière f

**clay-with-flints** N (Geol) argile f à silex

**clayey** /ˈkleɪɪ/ ADJ argileux, glaiseux

**claymore** /ˈkleɪmɔːʳ/ N claymore f

**clean** /kliːn/ SYN

ADJ 1 (= not dirty, having clean habits) propre ; (= non-polluting) [fuel, vehicle, power-station, energy] propre ; [process] non polluant ◆ **to keep sth clean** garder qch propre ◆ **to keep o.s. clean** se laver ◆ **he washed the floor clean** il a bien nettoyé or lavé le sol ◆ **the rain washed it clean** la pluie l'a entièrement nettoyé ◆ **the rain washed the car clean of mud** la pluie a fait partir or a lavé toute la boue de la voiture ◆ **to wipe sth clean** bien essuyer qch ◆ **to have clean hands** (lit, fig) avoir les mains propres ◆ **to be washed clean of sin** être lavé de tout péché ◆ **as clean as a new pin** or **as a whistle** propre comme un sou neuf ; see also **pin noun**

2 (= blank) [sheet of paper] vierge ; (= untarnished) [image, reputation] sans tache ◆ **the doctor gave him a clean bill of health** le médecin l'a trouvé en parfait état de santé ◆ **clean bill of lading** (Comm) connaissement m net or sans réserves ◆ **clean record** (Jur) casier m (judiciaire) vierge ◆ **to have a clean sheet** (Football) n'avoir encaissé aucun but ◆ **let me have a clean copy of your report** donnez-moi une copie propre de votre rapport ◆ **to have a clean (driving) licence** ≈ avoir tous ses points sur son permis ◆ **she has had a clean licence for 25 years** elle n'a commis aucune contravention grave en 25 ans ◆ **to make a clean breast of it** décharger sa conscience, dire ce qu'on a sur la conscience

3 (= pure, smooth) [smell, taste, profile] pur ; [look, sound, edge, stroke, shape] net ; [curve] élégant ◆ **this car has very clean lines** cette voiture a des lignes très pures ◆ **a clean cut** une coupure nette or franche

4 (= efficient, trouble-free) [operation, job] sans bavures ◆ **clean getaway** fuite f sans encombre

5 (= clear, uninterrupted) [shot] direct ◆ **clean leap** saut m sans toucher (l'obstacle) ◆ **a clean ace** (Tennis) un as ◆ **clean break** (Med) fracture f simple ; (fig) rupture f définitive ◆ **to make a clean break** (fig) tourner la page ◆ **to make a clean break with the past** rompre définitivement avec le passé ◆ **clean break (divorce)** (Jur) divorce à la suite duquel les époux, grâce à un versement unique, ne se doivent plus rien ◆ **clean sweep** grand chelem m (fig) ◆ **to make a clean sweep** réussir le grand chelem ◆ **the first club to make a clean sweep of all three trophies** le premier club à remporter les trois trophées

6 (= ritually pure) [animal] pur

7 (= not radioactive) [area, person, object] propre

8 (* = innocent of wrongdoing) ◆ **to be clean** (gen) n'avoir rien à se reprocher ◆ **he's been clean for six months** [criminal] ça fait six mois qu'il se tient à carreau *

9 (* = not in possession of drugs, weapon, stolen property) ◆ **to be clean** n'avoir rien sur soi ◆ **his room was clean** il n'y avait rien dans sa chambre, on n'a rien trouvé dans sa chambre

10 * (= off drugs) clean inv ; (= off alcohol) qui ne touche plus à l'alcool

ADV * ◆ **to cut clean through sth** couper qch de part en part ◆ **the chain saw cut his fingers clean off** la tronçonneuse lui a coupé les doigts tout net ◆ **it broke off clean, it broke off as clean as a whistle** ça a cassé net ◆ **the bullet went clean through his forehead** la balle lui a transpercé le front tout net ◆ **the car went clean through the hedge** la voiture est carrément passée à travers la haie ◆ **the fish jumped clean out of the net** le poisson a sauté carrément hors du filet ◆ **he jumped clean over the fence** il a sauté la barrière sans la toucher ◆ **the thief got clean away** le voleur s'est enfui sans encombre ◆ **I clean forgot** j'ai complètement oublié

♦ **to come clean** *(= confess : gen)* tout déballer* ; *[criminal]* se mettre à table* ◆ **to come clean about sth** tout déballer* sur qch ◆ **he came clean about it** il a lâché le morceau*, il a tout déballé*

N ◆ **to give sth a good clean(up)** bien nettoyer qch

VT *[+ clothes, room, fish]* nettoyer ; *[+ vegetables]* laver ; *[+ blackboard]* essuyer ◆ **to clean one's teeth** se laver les dents ◆ **to clean one's nails** se nettoyer les ongles ◆ **to clean one's face** se débarbouiller, se laver la figure ◆ **to clean the windows** faire les vitres ; → **dry**

VI [1] *(= do housework)* faire le ménage

[2] *(= be cleaned)* se nettoyer ◆ **that floor cleans easily** ce plancher se nettoie facilement *or* est facile à nettoyer

COMP **clean-and-jerk** N *(Weightlifting)* épaulé-jeté *m*

**clean-cut** SYN ADJ bien délimité, net, clair ; *[person]* à l'allure soignée

**clean-limbed** ADJ bien proportionné, bien découplé

**clean-living** ADJ décent, honnête

**clean-out** N nettoyage *m* à fond

**clean room** N *(in factory)* salle *f* blanche

**clean-shaven** ADJ sans barbe ni moustache ; *(= close-shaven)* rasé de près

**clean technology** N technologie *f* propre

▸ **clean off** VT SEP *[+ writing] (from blackboard)* essuyer ; *(from wall)* enlever

▸ **clean out**

VT SEP *[+ drawer, box]* nettoyer à fond ; *[+ cupboard, room]* nettoyer *or* faire à fond ; *(* fig = leave penniless etc) [+ person]* nettoyer* ◆ **the hotel bill cleaned me out*** la note de l'hôtel m'a nettoyé* *or* m'a mis à sec* ◆ **he was cleaned out*** il était fauché *or* à sec* ◆ **the burglars had cleaned out the whole house*** les cambrioleurs avaient complètement vidé la maison

N ◆ **clean-out** → **clean**

▸ **clean up**

VI [1] tout nettoyer, mettre de l'ordre ◆ **she had to clean up after the children's visit** elle a dû tout remettre en ordre après la visite des enfants ◆ **to clean up after sb** nettoyer après qn

[2] *(* fig = make profit)* faire son beurre* ◆ **he cleaned up on that sale*** cette vente lui a rapporté gros, il a touché un joli paquet* sur cette vente

VT [1] *[+ room, mess, person]* nettoyer ◆ **to clean o.s. up** se laver, se débarbouiller

[2] *(fig)* remettre de l'ordre dans les affaires de, épurer ◆ **to clean up one's act*** acheter une conduite*, s'amender ◆ **the new mayor cleaned up the city** le nouveau maire a remis de l'ordre dans la ville ◆ **they are trying to clean up television** ils essaient d'épurer la télévision

**cleaner** /ˈkliːnəʳ/ N [1] *(= woman) (in home)* femme *f* de ménage ; *(in office, school)* femme *f* de service ; *(in hospital)* fille *f* de salle ; *(= man)* agent *m* de service, ouvrier *m* nettoyeur

[2] *(Comm)* teinturier *m*, -ière *f* ; *(= device)* appareil *m* de nettoyage ; *(= household cleaner)* produit *m* d'entretien ; *(= stain-remover)* détachant *m* ◆ **the cleaner's shop** la teinturerie ◆ **he took his coat to the cleaner's** il a donné son pardessus à nettoyer *or* au teinturier ◆ **to take sb to the cleaner's**** *(fig)* plumer* qn ; → **dry, vacuum**

**cleaning** /ˈkliːnɪŋ/

N nettoyage *m* ; *(= housework)* ménage *m* ; → **spring**

COMP **cleaning fluid** N *(for stains)* détachant *m* (liquide)

**cleaning lady, cleaning woman** N femme *f* de ménage

**cleanliness** /ˈklenlɪnɪs/ N propreté *f*, habitude *f* de la propreté ◆ **cleanliness is next to godliness** *(Prov)* la propreté du corps est parente de la propreté de l'âme

**cleanly**[1] /ˈkliːnlɪ/ ADV [1] *(= smoothly) [cut]* de façon bien nette

[2] *(= fairly) [play, fight]* dans les règles ; *(fig)* loyalement

[3] *(= skilfully) [strike, hit, catch]* avec précision

[4] *(= without polluting) [burn]* proprement

**cleanly**[2] /ˈklenlɪ/ *(liter)* ADJ *[person, animal]* propre

**cleanness** /ˈkliːnnɪs/ N propreté *f*

**cleanse** /klenz/ SYN VT nettoyer ; *[+ ditch, drain etc]* curer ; *(Bible = cure)* guérir ; *(fig) [+ person]* laver *(of* de) ; *(Rel) [+ soul etc]* purifier ; *(Pol)* nettoyer, procéder à un nettoyage ethnique de ◆ **to cleanse the blood** *(Med)* dépurer le sang

**cleanser** /ˈklenzəʳ/ SYN N *(= detergent)* détersif *m*, détergent *m* ; *(for complexion)* nettoyant *m*, démaquillant *m*

**cleansing** /ˈklenzɪŋ/

ADJ *(for complexion)* démaquillant ; *(fig)* purifiant ◆ **cleansing cream/lotion** crème *f*/lotion *f* nettoyante *or* démaquillante ◆ **cleansing milk** lait *m* nettoyant *or* démaquillant ◆ **cleansing department** service *m* de voirie

N nettoyage *m*

**cleanup** /ˈkliːnʌp/

N [1] *[of room]* nettoyage *m* ; *[of person]* débarbouillage *m* ; *(fig)* épuration *f*, assainissement *m* ◆ **to give o.s. a cleanup** se laver, se débarbouiller ; see also **clean noun**

[2] *(* fig)* profit *m* ◆ **he made a good cleanup from that business** il a fait son beurre dans cette affaire*, cette affaire lui a rapporté gros

COMP **cleanup campaign** N *(lit, fig)* campagne *f* de nettoyage

◆ ◆ ◆ ◆ ◆ ◆ ◆ ◆ ◆ ◆ ◆ ◆ ◆ ◆ ◆ ◆ ◆ ◆ ◆ ◆ ◆ ◆ ◆ ◆ ◆

## clear /klɪəʳ/ SYN

1 - ADJECTIVE
2 - NOUN
3 - ADVERB
4 - TRANSITIVE VERB
5 - INTRANSITIVE VERB
6 - COMPOUNDS
7 - PHRASAL VERBS

◆ ◆ ◆ ◆ ◆ ◆ ◆ ◆ ◆ ◆ ◆ ◆ ◆ ◆ ◆ ◆ ◆ ◆ ◆ ◆ ◆ ◆ ◆ ◆ ◆

### 1 - ADJECTIVE

[1] [= LUCID, DEFINITE] *[message, motive, proof, explanation, reasoning, style]* clair ; *[commitment]* évident ; *[mind, thought, thinking]* lucide ◆ **they are faced with clear alternatives** ils sont confrontés à des possibilités *or* solutions bien distinctes ◆ **a clear case of homicide** un cas évident d'homicide ◆ **clear indication** signe *m* manifeste *or* certain ◆ **to have a clear head** avoir les idées claires ◆ **to be a clear thinker** être un esprit lucide ◆ **you'll do as I say, is that clear?** tu vas faire ce que je te dis, c'est clair ? ◆ **as clear as day** clair comme le jour *or* comme de l'eau de roche ◆ **as clear as mud*** *(iro)* clair comme de l'encre ; → **crystal**

♦ **to get sth clear** bien comprendre qch ◆ **I think I've got it pretty clear** ça me paraît tout à fait clair ◆ **now let's get this clear...** maintenant, que les choses soient bien claires...

♦ **to make sth clear** bien faire comprendre qch ◆ **to make it clear (to sb) that...** bien faire comprendre (à qn) que... ◆ **I wish to make it clear that...** je tiens à préciser que...

♦ **to be/seem clear (to sb)** ◆ **it's clear to me that...** pour moi, il est clair que... ◆ **it was clear that...** il était clair que... ◆ **the matter is clear to me** pour moi, l'affaire est claire ◆ **it's not clear whether...** on ne sait pas avec certitude si... ◆ **it all seems clear enough to me** tout cela me semble *or* paraît assez clair

♦ **to become clear (to sb)** ◆ **now it becomes clear to me** maintenant, j'y vois (plus) clair ◆ **the matter became clear to me** l'affaire m'a semblé *or* m'est apparue plus claire ◆ **it became clear that...** il était de plus en plus clair *or* évident que... ◆ **it becomes clear to me that...** il me semble *or* paraît de plus en plus clair que... ◆ **it became clear to me that...** j'ai fini par comprendre que...

[2] [= UNDERSTANDABLE] *[person]* clair

♦ **to make o.s. clear** se faire bien comprendre ◆ **do I make myself clear?** me suis-je bien fait comprendre ?

[3] [= SURE] *[person]* ◆ **if you are not clear about anything, ask me** s'il y a quelque chose qui ne vous paraît *or* semble pas clair, dites-le-moi ◆ **it is important to be clear about what the author is saying here** il est important de bien comprendre ce que l'auteur dit ici ◆ **I want to be quite clear on this point** je veux que les choses soient bien claires ◆ **I'm not clear whether you agree or not** je ne suis pas sûr de comprendre si vous êtes d'accord ou pas

[4] [= DISTINCT] *[handwriting, footprint, picture, voice, tone, majority]* net ◆ **as clear as a bell** *[sound]* parfaitement clair ; *[voice]* limpide

[5] [= TRANSPARENT] *[plastic, glass, gel]* transparent ; *[honey]* liquide ; *[water, air]* limpide ◆ **a clear soup** un bouillon

[6] [= PURE IN SOUND] *[voice, tone]* clair

[7] [= BRIGHT] *[light, colour]* vif ◆ **clear blue eyes** des yeux *mpl* bleus limpides ◆ **her eyes were clear and steady** ses yeux étaient clairs et ne cillaient pas

[8] [= UNOBSTRUCTED] *[road, runway]* dégagé, libre ; *[area, view]* dégagé ; *[space]* libre ; *[route]* sans obstacles ◆ **all exits must be kept clear** toutes les sorties doivent rester dégagées ◆ **she keeps her desk clear of clutter** son bureau n'est jamais en désordre ◆ **to get a clear look at sb/sth** apercevoir qn/qch distinctement ; → **all, coast**

[9] [= CLOUDLESS] ◆ **the weather was clear** le temps était clair ◆ **a clear sky** un ciel dégagé ◆ **on a clear day** par temps clair ◆ **the days were warm and clear** les journées étaient chaudes et le ciel dégagé

[10] [= UNBLEMISHED] *[skin]* sans taches, immaculé ; *[complexion]* frais (fraîche *f*)

[11] [= NOT GUILTY] *[conscience]* tranquille ◆ **my conscience is clear, I have a clear conscience** j'ai la conscience tranquille ◆ **he left with a clear conscience** il est parti la conscience tranquille

[12] [= WITHOUT COMMITMENTS] *[afternoon, morning, diary]* libre

[13] [= COMPLETE] *[day, week]* plein ◆ **that gives us four clear days to finish the job** ça nous donne quatre jours pleins pour finir le travail

[14] [= AFTER DEDUCTIONS] net *inv* ◆ **I'll make a clear hundred from the deal** je tirerai cent livres net de la transaction ◆ **a clear profit** un bénéfice net

[15] [= AWAY FROM] ◆ **raise the jack until the wheel is clear of the ground** actionnez le cric jusqu'à ce que la roue ne touche plus le sol ◆ **as soon as he was clear of the terminal building...** dès qu'il fut sorti de l'aérogare...

[16] [BRIT SPORT] *(= ahead of)* ◆ **to be 7 metres/seconds/points clear of sb** avoir 7 mètres/secondes/points d'avance sur qn

[17] [PHON] *[vowel]* clair

### 2 - NOUN

♦ **in clear** en clair ◆ **to send a message in clear** envoyer un message en clair

♦ **to be in the clear*** *(= above suspicion)* être au-dessus de tout soupçon ; *(= no longer suspected)* être blanchi de tout soupçon ; *(= out of debt)* être libre de toutes dettes ; *(= out of danger)* être hors de danger

### 3 - ADVERB

[1] [= DISTINCTLY] → **loud**

[2] [= COMPLETELY] ◆ **the thief got clear away** le voleur s'est enfui sans encombre

[3] [= AWAY] ◆ **to steer** *or* **keep** *or* **stay clear of sb/sth** éviter qn/qch ; → **jump, pull, stand, steer**[2]

♦ **to get clear of sth** *(= go away from)* s'éloigner *or* s'écarter de qch ; *(= rid o.s. of)* se débarrasser de qch ◆ **it will be easier once we get clear of winter** cela sera plus facile une fois l'hiver passé

[4] [= NET] ◆ **he'll get £250 clear** il aura 250 livres net

[5] *[esp US]* ◆ **clear to sth** *(= as far as)* jusqu'à qch ◆ **they went clear to Mexico** ils sont allés jusqu'au Mexique

### 4 - TRANSITIVE VERB

[1] [= CLARIFY] *[+ liquid]* clarifier ; *[+ wine]* coller, clarifier ; *[+ skin]* purifier ; *[+ complexion]* éclaircir ; *(Med) [+ blood]* dépurer, purifier ; *(fig) [+ situation, account]* éclaircir, clarifier ◆ **to clear the air** aérer ; *(fig)* détendre l'atmosphère ◆ **to clear one's head** s'éclaircir les idées

[2] [= REMOVE OBSTACLES ETC FROM] *[+ canal, path, road, railway line]* dégager, déblayer ; *[+ lungs, chest, airway]* dégager ; *[+ pipe]* déboucher ; *[+ land]* défricher ; *[+ computer screen]* effacer ; *(fig) [+ one's conscience]* décharger ; *[+ doubts]* dissiper ◆ **to clear sth of rubbish** déblayer qch ◆ **to clear one's throat** s'éclaircir la voix ◆ **to clear a room** *(of people)* faire évacuer une salle ; *(of things)* débarrasser une salle ◆ **the box is cleared twice a day** *(Post)* la levée a lieu deux fois par jour ◆ **to clear a way** *or* **a path through** (se) frayer un passage à travers ◆ **clear the way!**

# clearance | cleverness

circulez !, dégagez ! * ◆ **to clear the way for...** (lit) faire place à..., libérer le passage pour... ◆ **to clear the way for further discussions** préparer or déblayer le terrain pour des négociations ultérieures ◆ **to clear the ball** (Football) dégager le ballon ; → **court, deck, ground¹, table**

3 [= FIND INNOCENT] [+ person] innocenter, disculper (of de) ◆ **he was cleared of the murder charge** il a été disculpé du meurtre dont on l'accusait ◆ **he will easily clear himself** il se disculpera facilement, il prouvera facilement son innocence ◆ **to clear sb of suspicion** laver qn de tout soupçon

4 [= AUTHORIZE] ◆ **you will have to be cleared by our security department** il faudra que nos services de sécurité vous donnent leur feu vert ◆ **to clear sth with sb** ◆ **we've cleared it with him before beginning** nous avons obtenu son accord avant de commencer ◆ **you must clear the project with the manager** il faut que le directeur donne subj le feu vert à votre projet

5 [= GET PAST OR OVER] sauter par-dessus, franchir ; [+ obstacle] franchir ; [+ rocks] éviter ; [+ harbour] quitter ◆ **the horse cleared the gate by 10cm** le cheval a sauté or a franchi la barrière avec 10 cm de marge ◆ **the car just cleared the lamppost** la voiture a évité le réverbère de justesse ◆ **raise the car till the wheel clears the ground** soulevez la voiture jusqu'à ce que la roue ne touche subj plus le sol ◆ **the boat just cleared the bottom** le bateau a tout juste réussi à passer sans toucher le fond

6 [FIN, COMM] [+ cheque] compenser ; [+ account] solder, liquider ; [+ debt] s'acquitter de ; [+ profit] gagner net ; (Comm) [+ goods] liquider ; (Customs) [+ goods] dédouaner ; [+ port dues] acquitter ; [+ ship] expédier ◆ **"half price to clear"** (Comm) « soldé à moitié prix pour liquider » ◆ **I've cleared £100 on this business** cette affaire m'a rapporté 100 livres net or tous frais payés

**5 – INTRANSITIVE VERB**

1 [= BRIGHTEN, IMPROVE] [weather] s'éclaircir ; [sky] se dégager ; [fog] se dissiper ; [face, expression] s'éclairer ; [complexion] s'éclaircir ; [skin] devenir plus sain ◆ **his brow cleared** son visage s'est éclairé

2 [SHIP] prendre la mer

**6 – COMPOUNDS**

**clear-cut** SYN ADJ [outline, shape] net, précis, nettement défini ; [attitude, proposal, situation] précis, clair ; [problem, division] précis ◆ **clear-cut features** traits mpl nets or bien dessinés
**clear-headed** ADJ lucide
**clear-headedness** N lucidité f
**clear-out** N rangement m complet
**clear round** N (Horse-riding) parcours m sans faute, sans faute m inv ◆ **to do a clear round** faire un sans-faute
**clear-sighted** ADJ [person] clairvoyant, lucide ; [plan] lucide
**clear-sightedness** N [of person] clairvoyance f ; [of plan] réalisme m
**clear-up rate** N ◆ **the clear-up rate for murders** le taux de meurtres résolus

**7 – PHRASAL VERBS**

▶ **clear away**

VI 1 [mist etc] se dissiper
2 (= clear the table) débarrasser, desservir
VT SEP enlever, retirer ◆ **to clear away the dishes** desservir, débarrasser (la table)

▶ **clear off**

VI * filer*, décamper ◆ **clear off!** fichez le camp !*, filez !*
VT SEP 1 (= get rid of) se débarrasser de ; [+ debts] s'acquitter de ; (Comm) [+ stock] liquider ; [+ goods] solder ◆ **to clear off arrears of work** rattraper le retard dans son travail
2 (= remove) [+ things on table etc] enlever

▶ **clear out**

VI * ⇒ **clear off** vi
VT SEP [+ cupboard] vider ; [+ room] nettoyer, débarrasser ; [+ unwanted objects] enlever, jeter ◆ **he cleared everyone out of the room** il a fait évacuer la pièce ◆ **he cleared everything out of the room** il a débarrassé la pièce

▶ **clear up**

VI 1 [weather] s'éclaircir, se lever ◆ **I think it will clear up** je pense que ça va se lever
2 [illness, spots] disparaître ◆ **his skin has cleared up** sa peau est devenue nette
3 (= tidy) ranger, faire des rangements

VT SEP 1 [+ mystery] éclaircir, résoudre ; [+ matter, subject] éclaircir, tirer au clair
2 (= tidy) [+ room] ranger, mettre en ordre ; [+ books, toys] ranger

**clearance** /ˈklɪərəns/ SYN
N 1 (NonC) [of road, path] déblaiement m, dégagement m ; [of land, bomb site] déblaiement m ; [of room, court] évacuation f ; [of litter, objects, rubbish] enlèvement m ; (also **stock clearance**) soldes mpl, liquidation f (du stock)
2 [of boat, car etc] dégagement m, espace m libre ◆ **2 metre clearance** espace m de 2 mètres ◆ **how much clearance is there between my car and yours?** je suis à combien de votre voiture ?
3 [of cheque] compensation f ; (Customs) dédouanement m ; (= permission etc) autorisation f, permis m (de publier etc) ◆ **clearance outwards/inwards** (for ship) permis m de sortie/d'entrée ◆ **the dispatch was sent to the Foreign Office for clearance** la dépêche a été soumise au ministère des Affaires étrangères pour contrôle ◆ **to give (sb) clearance for takeoff** donner (à qn) l'autorisation de décoller
4 (Football) dégagement m
COMP **clearance certificate** N (for ship) congé m de navigation, lettre f de mer
**clearance sale** N liquidation f

**clearing** /ˈklɪərɪŋ/
N 1 (in forest) clairière f
2 (NonC) [of liquid] clarification f ; [of wine] collage m ; [of bowels] purge f ; [of blood] dépuration f
3 (NonC = tidying, unblocking) [of room, cupboard, passage] dégagement m, désencombrement m ; [of litter, objects, rubbish] enlèvement m ; [of land] défrichement m ; [of pipe etc] débouchage m ; [of road] dégagement m, déblaiement m ; [of room, court] évacuation f
4 (Jur) [of accused] disculpation f
5 [of cheque] compensation f ; [of account] liquidation f ; [of debt] acquittement m
COMP **clearing bank** N (Brit) banque f (appartenant à une chambre de compensation)
**clearing house** N (Banking) chambre f de compensation ; (fig : for documents etc) bureau m central

**clearly** /ˈklɪəlɪ/ LANGUAGE IN USE 26.3 SYN ADV
1 (= lucidly) [define, explain, express o.s., think, remember, understand] clairement
2 (= explicitly) [forbidden] explicitement
3 (= distinctly) [see] clairement, nettement ; [speak] distinctement ; [hear] distinctement, nettement ; [label, write] clairement, lisiblement ; [visible] bien, nettement ; [audible] nettement
4 (= obviously) [intelligent, worried, upset, overjoyed] manifestement ◆ **he clearly believes that...** il croit manifestement que... ◆ **he was clearly not expecting us** manifestement, il ne nous attendait pas ◆ **clearly, we must find a solution quickly** il est évident que nous devons trouver une solution rapidement

**clearness** /ˈklɪənɪs/ N 1 [of air, liquid] transparence f, limpidité f ; [of glass] transparence f
2 [of sound, sight, print, thought etc] clarté f, netteté f

**clearway** /ˈklɪəweɪ/ N (Brit) route f à stationnement interdit

**cleat** /kliːt/ N (Carpentry) tasseau m ; (on boat) taquet m ; (on shoe) clou m

**cleavage** /ˈkliːvɪdʒ/ N (lit) (Chem, Geol) clivage m ; (Bio) [of cell] division f ; (between breasts) décolleté m ; (fig) [of opinion] division f, clivage m

**cleave¹** /kliːv/ SYN (pret **cleft** or **clove**, ptp **cleft** or **cloven**)
VT (gen liter) fendre ; (Chem, Geol) cliver ; (Bio, also fig) diviser
VI se fendre ; (Chem, Geol) se cliver ; (Bio) se diviser ◆ **to cleave through the waves** fendre les vagues

**cleave²** /kliːv/ (pret, ptp **cleaved**) VI (liter) (= stick) coller, adhérer (to à) ; (fig) s'attacher, rester attaché or fidèle (to à)

**cleaver** /ˈkliːvə/ N fendoir m, couperet m

**clef** /klef/ N (Mus) clé or clef f (signe) ; → **bass¹, treble**

**cleft** /kleft/
VB pt, ptp of **cleave¹**
ADJ fendu ; [stick] fourchu ◆ **to be in a cleft stick** se trouver or être dans une impasse ◆ **cleft palate** (Anat) palais m fendu ◆ **a cleft chin** un

menton creusé d'un sillon vertical ◆ **cleft sentence** (Gram) phrase f clivée
N (in rock) crevasse f, fissure f ; (in chin) sillon m

**cleg** /kleg/ N taon m

**clematis** /ˈklemətɪs/ N clématite f

**clemency** /ˈklemənsɪ/ N [of person] clémence f (towards envers) ; [of weather etc] douceur f, clémence f

**clement** /ˈklemənt/ ADJ [person] clément (towards envers) ; [weather] doux (douce f), clément

**clementine** /ˈklemənˌtaɪn/ N clémentine f

**clench** /klentʃ/
VT 1 ◆ **to clench sth (in one's hands)** empoigner or serrer qch dans ses mains ◆ **to clench one's fists/teeth** serrer les poings/les dents
2 ⇒ **clinch** vt
N ⇒ **clinch** noun 1

**Cleopatra** /ˌkliːəˈpætrə/
N Cléopâtre f
COMP **Cleopatra's needle** N l'obélisque m de Cléopâtre

**clerestory** /ˈklɪəstɔːrɪ/ N (Archit) claire-voie f, clair-étage m

**clergy** /ˈklɜːdʒɪ/ SYN N clergé m

**clergyman** /ˈklɜːdʒɪmən/ SYN N ecclésiastique m ; (Protestant) pasteur m ; (Roman Catholic) prêtre m, curé m

**clergywoman** /ˈklɜːdʒɪˌwʊmən/ N (pl **-women**) femme f pasteur

**cleric** /ˈklerɪk/ N ecclésiastique m

**clerical** /ˈklerɪkəl/ SYN
ADJ 1 [job, work, staff] de bureau ; [position, skills] administratif ◆ **clerical error** (in book-keeping) erreur f d'écriture ; (in documentation) erreur f administrative ◆ **clerical worker** employé(e) m(f) de bureau
2 (Rel) [life, training] clérical
COMP **clerical collar** N col m d'ecclésiastique

**clericalism** /ˈklerɪkəlɪzəm/ N cléricalisme m

**clerihew** /ˈklerɪhjuː/ N petit poème m humoristique (pseudo-biographique)

**clerk** /klɑːk, (US) klɜːrk/
N 1 (in office) employé(e) m(f) de bureau ; (Jur) clerc m ◆ **bank clerk** employé(e) m(f) de banque ◆ **desk clerk** (in hotel) réceptionniste mf ◆ **Clerk of the Court** (Jur) greffier m (du tribunal) ; → **head, town**
2 †† (Rel) ecclésiastique m ; (= scholar) clerc †, m, savant m
3 (US = shop assistant) vendeur m, -euse f
4 (Brit Constr) ◆ **clerk of works** conducteur m de travaux
VI 1 (US Jur) ◆ **to clerk for a judge** être assistant(e) m(f) stagiaire d'un juge
2 (US Comm) travailler comme vendeur/vendeuse

**clerkship** /ˈklɑːkʃɪp, (US) ˈklɜːrkʃɪp/ N fonctions fpl d'employé de bureau ; (Med) stage m

**clever** /ˈklevə/ SYN
ADJ 1 (= intelligent) [person, face, eyes] intelligent ◆ **clever girl!** quelle fille intelligente tu fais !
2 (= skilful) [craftsman] habile, adroit ; [sportsman] habile ; [piece of work] astucieux, ingénieux ; (Sport) [shot, pass, header] bien pensé ◆ **clever at doing sth** habile à faire qch, doué pour faire qch ◆ **clever with one's hands** habile or adroit de ses mains
3 (= astute) [plan, trick, idea, accounting, advertising, explanation] astucieux ; [technique] astucieux, ingénieux ; [invention, gadget, design, approach] ingénieux ; [person] malin (-igne f) ; [book, film] astucieusement construit ; [joke] fin ◆ **clever clogs** or **Dick** * (Brit pej) petit malin, petite maligne ◆ **don't be or get clever with me!** ne fais pas le malin avec moi ! ; → **half**
COMP **clever-clever** * ADJ (pej) un peu trop futé

**cleverly** /ˈklevəlɪ/ ADV 1 (= intelligently) intelligemment
2 (= skilfully) ingénieusement ◆ **cleverly designed** d'une conception ingénieuse
3 (often pej = astutely) [plan, disguise] astucieusement ; [construct] d'une façon ingénieuse

**cleverness** /ˈklevənɪs/ SYN N (NonC) 1 (= intelligence) [of person, face, eyes] intelligence f
2 (= skill) [of craftsman] habileté f, adresse f (at sth à qch) ; [of sportsman] habileté f ; [of piece of work] ingéniosité f ; (Sport) [of shot, pass, header] intelligence f
3 (= astuteness) [of person, plan, trick, accounting, advertising] astuce f ; [of technique, idea, invention,

*design, solution, scheme, script*] ingéniosité *f* ; [*of book, film, argument, story*] construction *f* astucieuse ; [*of joke*] finesse *f*

**clew** /kluː/ **N** (US) ⇒ **clue**

**clianthus** /klɪˈænθəs/ **N** clianthus *m*

**cliché** /ˈkliːʃeɪ/ SYN **N** cliché *m*, expression *f* or phrase *f* toute faite

**clichéd** /ˈkliːʃeɪd/ ADJ rebattu, galvaudé

**click** /klɪk/ SYN
**N** déclic *m*, petit bruit *m* sec ; [*of tongue*] claquement *m* ; [*of wheel*] cliquet *m* ; (Phon) clic *m*
**VI** 1 faire un bruit sec, cliqueter ◆ **the door clicked shut** la porte s'est refermée avec un déclic ◆ **the part clicked into place** la pièce s'est mise en place or s'est enclenchée avec un déclic ◆ **suddenly it clicked** * (*fig*) tout à coup ça a fait tilt * ◆ **to click with sb** * (= *hit it off*) se découvrir des atomes crochus * avec qn
2 (* = *be successful*) [*product, invention*] bien marcher
**VT** ◆ **to click one's heels** claquer des talons ◆ **to click one's tongue** faire claquer sa langue ◆ **she clicked the shelf back into place** elle a remis l'étagère en place avec un déclic
COMP **click beetle N** taupin *m*

▸ **click on** VT FUS (Comput) cliquer sur

**clickable** /ˈklɪkəbl/ ADJ (Comput) [*icon, image*] cliquable

**clicking** /ˈklɪkɪŋ/ **N** cliquetis *m*

**clickwrap** /ˈklɪkræp/ ADJ ◆ **clickwrap agreement** contrat *m* au clic

**client** /ˈklaɪənt/ SYN
**N** client(e) *m(f)*
COMP **client state N** (Pol) pays *m* satellite

**clientele** /ˌkliːɑːnˈtel/ SYN **N** (Comm) clientèle *f* ; (Theat) habitués *mpl*

**cliff** /klɪf/ SYN
**N** [*of seashore*] falaise *f* ; [*of mountains*] escarpement *m* ; (Climbing) à-pic *m*
COMP **cliff-dweller N** (lit) troglodyte *mf* ; (US) habitant(e) *m(f)* de gratte-ciel

**cliffhanger** * /ˈklɪfˌhæŋəʳ/ **N** récit *m* (or situation *f* etc) à suspense ; (= *moment of suspense*) moment *m* d'angoisse

**cliffhanging** * /ˈklɪfˌhæŋɪŋ/ ADJ tendu, à suspense ◆ **cliffhanging vote** * vote *m* à suspense

**clifftop** /ˈklɪftɒp/
**N** ◆ **a clifftop** le sommet d'une falaise
ADJ [*walk, setting*] sur le sommet d'une falaise

**climacteric** /klaɪˈmæktərɪk/
**N** climatère *m* ; (*esp US Med*) ménopause *f*
ADJ climatérique ; (*fig*) crucial, dangereux

**climactic** /klaɪˈmæktɪk/ SYN ADJ ◆ **it was a climactic moment** ça a été un moment-clé or un moment décisif ◆ **the climactic scene of the film, where Joan is burned at the stake** la scène la plus forte du film, où Jeanne est brûlée sur le bûcher

**climate** /ˈklaɪmɪt/ SYN
**N** climat *m* ◆ **the climate of opinion** (les courants *mpl* de) l'opinion *f*
COMP **climate change N** changement *m* climatique

**climatic** /klaɪˈmætɪk/ ADJ climatique

**climatically** /klaɪˈmætɪkəlɪ/ ADV climatiquement

**climatologist** /ˌklaɪməˈtɒlədʒɪst/ **N** climatologue *mf*, climatologiste *mf*

**climatology** /ˌklaɪməˈtɒlədʒɪ/ **N** climatologie *f*

**climax** /ˈklaɪmæks/ SYN
**N** 1 (= *high point*) point *m* culminant, apogée *m* ◆ **the climax of his political career** l'apogée *m* de sa vie politique ◆ **to come to a climax** atteindre son paroxysme ◆ **to build** or **work up to a climax** [*events*] atteindre un paroxysme ; [*orator*] parachever son discours ◆ **the tournament is building up to a tremendous climax** le tournoi s'achemine vers une conclusion palpitante ◆ **this brought matters to a climax** cela a porté l'affaire à son paroxysme, cela a porté les événements à leur point culminant ◆ **a firework display brought the festival to a fitting climax** le festival se conclut en beauté par un feu d'artifice
2 (= *orgasm*) orgasme *m* ◆ **to bring sb to climax** faire jouir qn
**VI** ◆ **this performance climaxed a season of staggering success for Bailey** cette prestation a marqué le point culminant d'une saison extraordinaire pour Bailey ◆ **the reception was climaxed by a brilliant display of fireworks** la réception s'est conclue or terminée en beauté sur un magnifique feu d'artifice
**VT** 1 (= *reach high point*) ◆ **I felt the novel climaxed a little too quickly** j'ai trouvé que l'on atteignait un peu vite le point culminant du roman ◆ **a busy schedule of matches which climaxed with victory in the Heineken Trophy** une rapide succession de matches qui s'est conclue or terminée en beauté avec une victoire dans le Heineken Trophy
2 (= *reach orgasm, orgasm*) jouir

**climb** /klaɪm/ SYN
**VT** (also **climb up**) [+ *stairs, steps, slope*] monter, grimper ; [+ *hill*] grimper, escalader ; [+ *tree*] grimper dans or sur ; [+ *ladder*] grimper à , monter sur ; [+ *rope*] monter à ; [+ *cliff, wall*] escalader ; [+ *mountain*] gravir, faire l'ascension de ◆ **the record climbed three places** le disque a gagné trois places (au hit-parade) ◆ **shares climbed three points** les actions ont augmenté de trois points ◆ **to be climbing the wall** (= *crazy*) être dingue
**VI** 1 (*lit, fig* : also **climb up**) monter, grimper ; [*aircraft, rocket*] monter, prendre de l'altitude ; [*sun*] monter ; [*prices, shares, costs*] augmenter ; (Sport) escalader, grimper ; (also **rock-climb**) varapper
2 ◆ **to climb down a tree** descendre d'un arbre ◆ **to climb down a mountain** descendre d'une montagne, effectuer la descente d'une montagne ◆ **to climb over a wall/an obstacle** escalader un mur/un obstacle ◆ **to climb into an aircraft/a boat** monter or grimper à bord d'un avion/bateau ◆ **to climb out of a hole** se hisser hors d'un trou ◆ **to climb to power** accéder au pouvoir
**N** [*of hill*] montée *f*, côte *f* ; (Climbing) ascension *f* ; [*of aircraft*] montée *f*, ascension *f*
COMP **climb-down** * **N** reculade *f*, dérobade *f*

▸ **climb down**
**VI** 1 (*lit : from tree, wall*) descendre ; (Climbing) descendre, effectuer une descente
2 (* = *abandon one's position*) en rabattre
**N** ◆ **climb-down** → **climb**

▸ **climb up** VT, VI → **climb**

**climber** /ˈklaɪməʳ/ **N** (= *person*) grimpeur *m*, -euse *f* ; (= *mountaineer*) alpiniste *mf*, ascensionniste *mf* ; (*fig pej* : also **social climber**) arriviste *mf* (*pej*) ; (= *plant*) plante *f* grimpante ; (also **rock-climber**) varappeur *m*, -euse *f*

**climbing** /ˈklaɪmɪŋ/
ADJ [*person, bird*] grimpeur ; [*plant*] grimpant ; [*plane, sun*] ascendant
**N** montée *f*, escalade *f* ; (Sport) alpinisme *m* ; (also **rock-climbing**) varappe *f* ; (*fig pej* : also **social climbing**) arrivisme *m* (*pej*) ◆ **to go climbing** (= *mountaineering*) faire de l'alpinisme ; (= *rock-climbing*) faire de la varappe
COMP **climbing boot N** chaussure *f* de montagne
**climbing frame N** cage *f* à poules
**climbing irons** NPL crampons *mpl*
**climbing speed N** [*of aircraft*] vitesse *f* ascensionnelle
**climbing wall N** (Sport) mur *m* d'escalade

**clime** /klaɪm/ **N** (liter) (= *climate*) climat *m* ; (= *country*) contrée *f* ◆ **in sunnier climes** sous des cieux plus cléments

**clinch** /klɪntʃ/ SYN
**VT** (also **clench**) (Tech) [+ *nail, rivet*] river ; (Naut) étalinguer ; (*fig*) [+ *argument*] mettre un point final à ; [+ *bargain*] conclure ◆ **to clinch the deal** conclure l'affaire ◆ **to clinch an agreement** sceller un pacte ◆ **that clinches it** comme ça c'est réglé, ça coupe court à tout *
**VI** (Boxing) combattre corps à corps
**N** 1 (Tech) rivetage *m* ; (Naut) étalingure *f*
2 (Boxing) corps-à-corps *m* ◆ **to get into a clinch** s'accrocher
3 (* = *embrace*) étreinte *f* ◆ **in a clinch** enlacés

**clincher** * /ˈklɪntʃəʳ/ ADJ argument *m* décisif

**clinching** /ˈklɪntʃɪŋ/ ADJ convaincant, concluant

**cline** /klaɪn/ **N** cline *m*

**cling** /klɪŋ/ SYN (pret, ptp **clung**) **VI** 1 (= *hold tight*) se cramponner, s'accrocher (*to* à) ◆ **to cling together, to cling to one another** se tenir étroitement enlacés, se cramponner l'un à l'autre ◆ **despite the opposition of all he clung to his opinion** il s'est cramponné à or a maintenu son opinion envers et contre tous ◆ **to cling to a belief** se raccrocher à une croyance ◆ **to cling to the belief that...** se raccrocher à la notion que...
2 (= *stick*) adhérer, (se) coller (*to* à) ; [*clothes*] coller ◆ **to cling together, to cling to one another** rester or être collés l'un à l'autre

**Clingfilm, clingfilm** ® /ˈklɪŋfɪlm/ **N** film *m* alimentaire (transparent), Scellofrais ® *m*

**clinging** /ˈklɪŋɪŋ/
ADJ 1 (*pej* = *overdependent*) [*person*] collant, crampon *inv* *
2 [*material, garment*] collant, moulant
3 [*smell*] tenace
COMP **clinging vine** * **N** (US) pot *m* de colle *

**clingstone** /ˈklɪŋstəʊn/ **N** (also **clingstone peach**) (pêche *f*) pavie *f*

**clingwrap** /ˈklɪŋræp/ **N** ⇒ **Clingfilm**

**clingy** * /ˈklɪŋɪ/ ADJ 1 (*pej* = *overdependent*) [*person*] collant, crampon * *inv*
2 [*material, garment*] collant, moulant

**clinic** /ˈklɪnɪk/ **N** (= *private nursing home, consultant's teaching session*) clinique *f* ; (= *health centre*) centre *m* médicosocial or d'hygiène sociale ; (also **outpatients' clinic**) service *m* de consultation (externe), dispensaire *m* (municipal)

**clinical** /ˈklɪnɪkəl/
ADJ 1 (Med) [*test, research, practice, medicine*] clinique ; [*waste*] médical
2 (*fig pej* = *dispassionate*) [*person, attitude, tone, term*] froidement objectif ; [*detachment*] froid
3 (*pej* = *austere*) [*room, building, decor, style*] austère, froid ; [*colour*] froid
COMP **clinical depression N** dépression *f* (nerveuse)
**clinical psychologist N** psychologue *mf* clinicien(ne)
**clinical psychology N** psychologie *f* clinique
**clinical thermometer N** thermomètre *m* médical
**clinical trial N** (Med) essai *m* clinique

**clinically** /ˈklɪnɪkəlɪ/ ADV 1 (Med) [*prove*] cliniquement ◆ **clinically dead** cliniquement mort ◆ **to be clinically insane** être fou au sens médical du terme, être un malade mental ◆ **to be clinically depressed** souffrir de dépression (nerveuse), faire de la dépression (nerveuse)
2 (= *dispassionately*) [*say*] d'un ton froidement objectif, avec une froide objectivité

**clinician** /klɪˈnɪʃən/ **N** clinicien(ne) *m(f)*

**clink**[1] /klɪŋk/
**VT** faire tinter ◆ **to clink glasses with sb** trinquer avec qn
**VI** tinter, résonner
**N** tintement *m* (de verres etc)

**clink**[2] * /klɪŋk/ **N** (= *prison*) taule * *f*, bloc * *m* ◆ **in clink** en taule *

**clinker** /ˈklɪŋkəʳ/
**N** 1 (= *burnt out coal*) mâchefer *m*, scories *fpl*
2 (= *paving material*) brique *f* vitrifiée
3 (US * = *mistake*) (Mus) pavé *m* ; (gen) couac *m* ; (= *failed film, play etc*) four * *m*, bide * *m*
COMP **clinker-built** ADJ [*ship*] (bordé) à clins

**clinometer** /klaɪˈnɒmɪtəʳ/ **N** (Surv) clinomètre *m*

**Clio** /ˈklaɪəʊ/ **N** (Myth) Clio *f*

**clip**[1] /klɪp/ SYN
**N** (for papers) trombone *m* ; (for tube) collier *m*, bague *f* ; (also **cartridge clip**) chargeur *m* ; (= *brooch*) clip *m*
**VT** 1 [+ *papers*] attacher (avec un trombone) ◆ **to clip a brooch on one's dress** fixer une broche sur sa robe
2 (US) ◆ **to clip** * **the customers** estamper * les clients
COMP **clip art N** (NonC ; Comput) images *fpl* numériques insérables
**clip-clop N** ◆ **the clip-clop of hooves** les claquements *mpl* de sabots
**clip frame N** sous-verre *m*
**clip-on** ADJ avec clip ◆ **clip-on sunglasses** lunettes de soleil que l'on fixe sur ses lunettes de vue

▸ **clip on**
VT SEP [+ *brooch*] fixer ; [+ *document etc*] attacher (avec un trombone)
ADJ ◆ **clip-on** → **clip**[1]

▸ **clip together** VT SEP attacher

**clip**[2] /klɪp/ SYN
**VT** 1 (= *cut, snip*) couper (avec des ciseaux) ; [+ *hedge*] tailler ; [+ *sheep, dog*] tondre ; [+ *ticket*] poinçonner ; [+ *article from newspaper*] découper ; [+ *hair*] rogner, couper ◆ **to clip sb's wings** rogner les ailes à qn
2 (* = *hit*) donner une baffe à * ; (= *collide with*) accrocher ◆ **I clipped him on the jaw** * je lui ai

clipboard | close ENGLISH-FRENCH 158

envoyé le poing dans la mâchoire* ◆ **to clip sb's heels** cogner dans les pieds de qn

3 *(= reduce time)* ◆ **to clip a few seconds off a record** améliorer un record de quelques secondes

N 1 ◆ **to give sth a clip** ⇒ **to clip sth** ; → **clip vt 1**

2 *(Cine, Rad)* court extrait *m* ; *(TV)* clip *m*

3 *(* = blow)* taloche* *f*, marron‡ *m* ◆ **to give sb a clip round the ear** filer une claque à qn*

4 *(US)* ◆ **at a clip** à toute vitesse

COMP **clip joint**‡ N *(pej)* boîte *f* où l'on se fait tondre *or* fusiller* ◆ **that's a real clip joint** c'est vraiment le coup de fusil dans cette boîte*

**clipboard** /ˈklɪpbɔːd/ N *(gen)* écritoire *f* à pince ; *(Comput)* bloc-notes *m*, presse-papiers *m inv*

**clipped** /klɪpt/ ADJ *[tone, voice]* sec (sèche *f*) ◆ **he has a clipped way of speaking** il avale ses mots *or* les syllabes (en parlant) ◆ **in a clipped voice** d'un ton sec

**clipper** /ˈklɪpəʳ/

N *(= plane, ship)* clipper *m*

NPL **clippers** (= *tool*) tondeuse *f* ; → **hair, hedge, nail**

**clippie** †‡ /ˈklɪpɪ/ N *(Brit = conductress)* receveuse *f*

**clipping** /ˈklɪpɪŋ/ N 1 *[of newspaper etc]* coupure *f* de presse *or* de journal

2 ◆ **clippings** *[of grass, hedge]* chutes *fpl* ; *[of nails]* bouts *mpl* d'ongles (qu'on a coupés)

**clique** /kliːk/ SYN N *(pej)* coterie *f (pej)*, clique* *f*

**cliquey** /ˈkliːkɪ/, **cliquish** /ˈkliːkɪʃ/ ADJ *(pej)* exclusif, qui a l'esprit de clique *or* de chapelle

**cliquishness** /ˈkliːkɪʃnɪs/ N *(pej)* esprit *m* de clique *or* de chapelle

**clit***‡ /klɪt/ N clitoris *m*

**clitoral** /ˈklɪtərəl/ ADJ clitoridien

**clitoridectomy** /ˌklɪtərɪˈdektəmɪ/ N clitoridectomie *f*

**clitoris** /ˈklɪtərɪs/ N clitoris *m*

**Cllr** *(Brit)* abbrev of **Councillor**

**cloaca** /kləʊˈeɪkə/ N (pl **cloacae** /kləʊˈeɪkiː/) *[of animal]* cloaque *m*

**cloak** /kləʊk/ SYN

N grande cape *f* ; *[of shepherd etc]* houppelande *f* ◆ **as a cloak for sth** pour cacher *or* masquer qch ◆ **a cloak of mist** une nappe de brouillard ◆ **under the cloak of darkness** sous le manteau *or* le voile de la nuit

VT *(fig)* masquer, cacher ; *(= dress)* revêtir d'un manteau ◆ **cloaked with respectability/mystery** empreint de respectabilité/de mystère

COMP **cloak-and-dagger** ADJ clandestin ◆ **the cloak-and-dagger boys*** les membres *mpl* du service secret, les barbouzes‡ *fpl* ◆ **a cloak-and-dagger story** un roman d'espionnage

**cloakroom** /ˈkləʊkrʊm/

N 1 *[of coats etc]* vestiaire *m* ; *(Brit = left luggage)* consigne *f* ◆ **to put** *or* **leave in the cloakroom** *[+ clothes]* mettre *or* déposer au vestiaire ; *[+ luggage]* mettre à la consigne

2 *(Brit = toilet) (public)* toilettes *fpl* ; *(in house)* cabinets *mpl*

COMP **cloakroom attendant** N *(in theatre)* préposé(e) *m(f)* au vestiaire

**cloakroom ticket** N *(for clothes)* numéro *m* de vestiaire ; *(for luggage)* bulletin *m* de consigne

**clobber*** /ˈklɒbəʳ/

N *(NonC: Brit = belongings)* barda* *m*

VT *(= hit)* tabasser‡ ; *(fig)* frapper de plein fouet ◆ **to be clobbered by the rise in interest rates** être mis à mal par la hausse des taux d'intérêt

**cloche** /klɒʃ/ N *(Agr, Dress)* cloche *f*

**clock** /klɒk/

N 1 *(large)* horloge *f* ; *(smaller)* pendule *f* ◆ **it's midday by the church clock** il est midi à l'horloge de *or* au clocher de l'église ◆ **it lasted two hours by the clock** cela a duré deux heures d'horloge ◆ **to keep one's eyes on the clock, to watch the clock** surveiller l'heure ◆ **they're watching the premises round the clock** ils surveillent les locaux vingt-quatre heures sur vingt-quatre ◆ **to work round the clock** travailler vingt-quatre heures d'affilée ; *(fig)* travailler sans relâche ◆ **to work against the clock** travailler contre la montre ◆ **to do sth by the clock** *or* **according to the clock** faire qch en respectant l'horaire ◆ **to put the clock(s) back/forward** retarder/avancer l'horloge ◆ **to put** *or* **turn the clock back** *(fig)* revenir en arrière ◆ **you can't put the clock back** ce qui est fait est fait ◆ **this decision will put the clock back 50 years** cette décision va nous ramener 50 ans en arrière ; → **grandfather, o'clock, sleep**

2 * *(= meter) [of taxi]* compteur *m*, taximètre *m* ; *(= milometer)* ≈ compteur *m* (kilométrique) ◆ **there were 50,000 miles on the clock** la voiture avait 80 000 kilomètres au compteur

3 *(Comput)* horloge *f*

VT 1 *(Sport) [+ runner]* chronométrer ◆ **he clocked four minutes for the 1,500 metres** il a fait le 1 500 mètres en quatre minutes

2 *(Brit)* ◆ **he clocked him one**‡ *(= hit)* il lui a collé un pain‡ *or* un marron‡

3 *(Brit * = notice)* voir

4 ◆ **to clock a car*** *(= tamper with)* trafiquer* le compteur d'une voiture

COMP **clock card** N *(for clocking in)* carte *f* de pointage

**clock-golf** N jeu *m* de l'horloge

**clock-radio** N radio-réveil *m*

**clock repairer** N horloger *m* réparateur

**clock-tower** N clocher *m*

**clock-watcher** N *(pej)* ◆ **he's a terrible clock-watcher** il ne fait que guetter l'heure de sortie, il a les yeux fixés sur la pendule

**clock-watching** N ◆ **to be guilty of clock-watching** passer son temps à surveiller les aiguilles de la pendule

▸ **clock in**

VI *(at work)* pointer (à l'arrivée)

VT SEP ◆ **he clocked in three hours' work** il a fait trois heures de travail

▸ **clock off** VI *(from work)* pointer (à la sortie)

▸ **clock on** VI ⇒ **clock in vi**

▸ **clock out** VI ⇒ **clock off**

▸ **clock up** VT SEP 1 ⇒ **clock in vt sep**

2 ◆ **he clocked up 250 miles** *(in car)* il a fait 250 miles au compteur

**clockface** /ˈklɒkfeɪs/ N cadran *m (d'une horloge)*

**clockmaker** /ˈklɒkˌmeɪkəʳ/ N horloger *m*, -ère *f*

**clockwise** /ˈklɒkwaɪz/ ADV, ADJ dans le sens des aiguilles d'une montre

**clockwork** /ˈklɒkwɜːk/

N *(= mechanism) [of clock]* mouvement *m* (d'horloge) ; *[of toy etc]* mécanisme *m*, rouages *mpl* ◆ **to go** *or* **run like clockwork** *(fig)* aller comme sur des roulettes ; → **regular**

COMP *[toy, train, car]* mécanique ; *(fig)* précis, régulier

**clockwork precision** N ◆ **with clockwork precision** avec la précision d'une horloge

**clod** /klɒd/ N 1 *[of earth etc]* motte *f* (de terre *etc*)

2 *(* pej)* balourd(e)* *m(f)*

**clodhopper*** /ˈklɒdˌhɒpəʳ/ N *(pej) (= person)* lourdingue* *m* ; *(= shoe)* godillot* *m*, croquenot* *m*

**clodhopping*** /ˈklɒdˌhɒpɪŋ/ ADJ *[person]* lourdingue* ◆ **clodhopping shoes** *or* **boots** godillots* *mpl*, croquenots* *mpl*

**clog** /klɒg/ SYN

N *(= shoe) (wooden)* sabot *m* ; *(with wooden soles)* socque *m*, galoche † *f*

VT (also **clog up**) *[+ pores, arteries, lungs]* obstruer ; *[+ pipe]* boucher, encrasser ; *[+ streets, system]* congestionner ◆ **clogged with traffic** congestionné, embouteillé

VI (also **clog up**) *[pipe etc]* se boucher, s'encrasser

**cloister** /ˈklɔɪstəʳ/

N *(Archit, Rel)* cloître *m*

VT *(Rel)* cloîtrer ◆ **to lead a cloistered life** mener une vie monacale *or* de cloître

**clone** /kləʊn/

N *(also Comput)* clone *m*

VT cloner

**clonic** /ˈklɒnɪk/ ADJ clonique

**cloning** /ˈkləʊnɪŋ/ N clonage *m*

**clonk** /klɒnk/

N *(= sound)* bruit *m* sourd

VI *(= make sound)* émettre un bruit sourd

**clonus** /ˈkləʊnəs/ N clonus *m*

**close[1]** /kləʊs/ SYN

ADJ 1 *(= near)* proche ◆ **an agreement seems close** il semble qu'on s'approche d'un accord ◆ **in close proximity to sb/sth** dans le voisinage immédiat de qn/qch ◆ **at close quarters** de très près ◆ **to shoot sb at close range** tirer sur qn à bout portant ◆ **to have a close shave** *(lit)* se (faire) raser de près ◆ **it was a close shave***or* **thing***or* **call*** je l'ai (*or* il l'a *etc*) échappé belle ◆ **the house is close to the shops** la maison est près *or* proche des magasins ◆ **his birthday is close to mine** son anniversaire est proche du mien ◆ **she was very close to her brother** *(in age)* il y avait très peu de différence d'âge entre son frère et elle ; *(in friendship)* elle était très proche de son frère ; see also **3** ◆ **to be close to success** être près de réussir ◆ **to be very close to success** être à deux doigts de réussir ◆ **to be close to starvation** être au bord de la famine ◆ **to be close to tears** être au bord des larmes ◆ **to be close to doing sth** être à deux doigts de faire qch ◆ **to be too close to call** *[results]* être très serré ; → **bone, comfort, home**

2 *(= similar)* ◆ **close to** proche de ◆ **it was something close to obsession** cela tenait de l'obsession ◆ **she felt something close to loathing for the man** elle éprouvait un sentiment proche de la haine pour cet homme ◆ **she regarded him with something that was close to fear** elle le regardait avec une sorte de peur ◆ **her desire was closer to passion than love** son désir tenait plus de la passion que de l'amour

3 *(= intimate) [friend, relative, partner, adviser]* proche ; *[relationship]* profond ; *[cooperation, ties, links, connection]* étroit ; *[friendship]* intime ; *[resemblance]* fort ◆ **she is very close to her brother** elle est très proche de son frère ◆ **we are very close** nous sommes très proches ◆ **a close circle of friends** un cercle d'amis proches ◆ **to be in/keep in close contact with sb** être/rester en contact étroit avec qn ◆ **to be/feel close to sb** être/se sentir proche de qn ◆ **a source close to the president** une source proche du président

4 *(= careful) [examination, inspection, study]* attentif ; *[questioning, reasoning]* serré ; *[investigation, enquiry, checking]* minutieux ; *[translation]* fidèle ; *[account]* détaillé ; *[argument]* précis ◆ **to pay close attention to sth** faire bien attention à qch ◆ **the children were paying close attention to the teacher** les enfants écoutaient le professeur avec beaucoup d'attention ◆ **to be (kept) in close confinement** être sous bonne garde ◆ **(up)on closer inspection** *or* **examination** après un examen plus minutieux ◆ **to have a closer look at sth** regarder qch de plus près ◆ **to keep sb/sth under close surveillance, to keep a close eye** *or* **watch on sb/sth** surveiller qn/qch de près

5 *(= dense) [handwriting, ranks]* serré ; *[grain, texture]* fin ◆ **I find it difficult to read such close print** j'ai du mal à lire un texte si serré ◆ **in close formation** *or* **order** en formation serrée

6 *(= decided by a small amount) [election, contest, race, finish]* serré

7 *(= stuffy) [room]* mal aéré ; *[atmosphere, air]* lourd ◆ **it's very close in here** ça manque d'air ici ◆ **it's very close today** (= *humid*) il fait très lourd aujourd'hui

8 *(= secretive)* ◆ **to be close (about sth)** *[person]* rester secret (quant à qch)

9 *[vowel]* fermé

ADV 1 ◆ **close to sb/sth** près de qn/qch ◆ **sit close up to me** assieds-toi tout près de moi ◆ **close against the wall** tout contre le mur ◆ **close behind (sb/sth)** juste derrière (qn/qch) ◆ **he followed close behind me** il me suivait de près ◆ **close by (sb/sth)** tout près (de qn/qch) ◆ **to get close (to sb/sth)** s'approcher (de qn/qch) ◆ **to get closer (to sb/sth)** se rapprocher (de qn/qch) ◆ **to be close at hand** *or* **to hand** *[object]* être à portée de main ; *[place]* être à proximité ; *[date, event]* être proche ◆ **to hold sb close** serrer qn dans ses bras ◆ **shut close, close shut** hermétiquement fermé *or* clos ◆ **their two heads were close together** leurs deux têtes étaient tout près l'une de l'autre ◆ **the tables were pushed close together** on a rapproché les tables ◆ **to come closer together** se rapprocher ◆ **to look at sth close to** *or* **up** regarder qch de très près

2 ◆ **close to** *or* **on** (= *almost*) près de ◆ **close to** *or* **on ten thousand pounds** près de dix mille livres ◆ **he is close on 60** il a près de 60 ans ◆ **it's close on midnight** il est près de minuit

N *(= enclosure)* clos *m* ; *[of cathedral]* enceinte *f* ; *(Scot = alleyway)* passage *m*, couloir *m*

COMP **close combat** N *(gen)* corps à corps *m*, close-combat *m (SPEC)*

**close company** N *(Brit Fin) société dont le nombre d'actionnaires est limité*

**close-cropped** ADJ *[hair]* (coupé) ras ; *[grass]* ras

**close-fisted** ADJ avare, grippe-sou *inv*, pingre

**close-fitting** ADJ *[clothes]* ajusté, près du corps

**close-grained** ADJ *[wood]* au grain serré

**close-harmony singing** N chant *m* dans une tessiture restreinte *or* rapprochée *or* réduite

**close-knit** ADJ *[group, community]* très uni

**close-mouthed** ADJ taciturne, peu bavard

**close-run** ADJ ◆ **close-run race** course f très serrée ◆ **it was a close-run thing** ils sont arrivés dans un mouchoir

**close-set** ADJ [eyes] rapprochés

**close-shaven** ADJ rasé de près

**close-up** N gros plan m ◆ **in close-up** en gros plan

**close²** /kləʊz/ SYN

 N (= end) fin f, conclusion f ◆ **to come to a close** se terminer, prendre fin ◆ **to draw to a close** tirer à sa fin ◆ **to draw to a close** or **bring sth to a close** mettre fin à qch ◆ **the close of (the) day** (liter) la tombée du jour ◆ **towards the close of the century** vers la fin du siècle

 VT 1 (= shut) fermer ; [+ eyes, door, factory, shop] fermer ; [+ pipe, tube, opening] boucher ; [+ road] barrer ◆ **road closed to traffic** route f interdite à la circulation ◆ **to close one's mind to new ideas** fermer son esprit à toute idée nouvelle ; → **ear¹**, **eye**

 2 (= bring to an end) [+ proceedings, discussion] mettre fin à, clore ; (Fin) [+ account] arrêter, clore ; [+ bargain] conclure ◆ **to close the meeting** lever la séance

 3 (= bring together) serrer, rapprocher ◆ **to close the gap between two objects** réduire l'intervalle entre deux objets ◆ **to close the gap between...** (fig) combler le fossé entre... ◆ **Britain is closing the gap on** or **with Japan** la Grande-Bretagne comble son retard sur le Japon ◆ **to close ranks** (Mil, also fig) serrer les rangs

 4 [+ electrical circuit] fermer

 VI 1 [door, box, lid, drawer] fermer, se fermer ; [museum, theatre, shop] fermer ◆ **the door closed** la porte s'est fermée ◆ **the door/box closes badly** la porte/la boîte ferme mal ◆ **the shop closes at 6 o'clock** le magasin ferme à 18 heures ◆ **the shop closes on Sundays** le magasin est fermé le dimanche ◆ **his eyes closed** ses yeux se fermèrent ◆ **his fingers closed around the pencil** ses doigts se sont refermés sur le crayon

 2 (= end) [session] se terminer, prendre fin ; [speaker] terminer, finir ◆ **the meeting closed abruptly** la séance a pris fin or s'est terminée brusquement ◆ **he closed with an appeal to their generosity** il a terminé par un appel à leur générosité ◆ **shares closed at 120p** les actions étaient cotées à or valaient 120 pence en clôture

 COMP **close-down** N [of shop, business etc] fermeture f (définitive) ; (Brit Rad, TV) fin f des émissions

 **close-out sale** N (US) liquidation f avant fermeture

 **close season** N (Brit) (Hunting) période f de fermeture de la chasse ; (Fishing) période f de fermeture de la pêche ; (Football) intersaison f

▶ **close down**

 VI [business, shop] fermer (définitivement) ; (Brit Rad, TV) terminer les émissions

 VT SEP 1 [+ shop, business] fermer (définitivement)

 2 (Football) [+ player] marquer à la culotte

 N ◆ **close-down** → **close²**

▶ **close in**

 VI [hunters etc] se rapprocher, approcher ; [evening, darkness, night] tomber ; [fog] descendre ◆ **the days are closing in** les jours raccourcissent (de plus en plus) ◆ **to close in on sb** (= approach) s'approcher or se rapprocher de qn ; (in race, pursuit) rattraper qn ◆ **the police are closing in on the killer** (lit) (= approaching) la police resserre son étau autour du meurtrier ; (fig) (= nearer to finding) le filet de la police se resserre autour du meurtrier

 VT SEP clôturer, enclore

▶ **close off** VT SEP [+ room] condamner ; [+ road etc] barrer

▶ **close on** VT FUS 1 (= get nearer to: in race, achievement etc) rattraper

 2 (US) ⇒ **close in on** ; → **close in** vi

▶ **close out** VT SEP (US Comm) [+ stock] liquider (avant fermeture)

▶ **close up**

 VI [people in line etc] se rapprocher, se serrer ; (Mil) serrer les rangs ; [wound] se refermer

 VT SEP [+ house, shop] fermer (complètement) ; [+ pipe, tube, opening] fermer, obturer, boucher ; [+ wound] refermer, recoudre

▶ **close with** VT FUS 1 (= strike bargain with) conclure un marché avec, tomber d'accord avec

 2 (= agree to) [+ offer, conditions] accepter

**closed** /kləʊzd/ SYN

 ADJ [door, eyes] fermé, clos ; [road] barré ; [pipe, opening etc] bouché, obturé ; [class, economy] fermé ; (Ling) [syllable] couvert ◆ **"closed"** (notice, gen) « fermé » ; (Theat) « relâche » ◆ **the shop is closed** (now) le magasin est fermé (maintenant) ◆ **the shop is closed on Sundays** le magasin ferme le dimanche ◆ **to find the door closed** (lit, fig) trouver porte close ◆ **to have a closed mind** avoir l'esprit étroit ◆ **closed session** (Jur) huis m clos ◆ **maths is a closed book to me** * je ne comprends rien aux maths ◆ **behind closed doors** (fig) à l'abri des indiscrets ◆ **closed staff hospital** (US) hôpital où des médecins agréés peuvent traiter leurs propres malades

 COMP **closed-circuit television** N télévision f en circuit fermé

 **closed company** N (Brit Fin) société dont le nombre d'actionnaires est limité

 **closed-door** ADJ [meeting, session] à huis clos

 **closed-end trust** N (Fin) société f d'investissement à capital fixe

 **closed primary** N (US Pol) élection primaire réservée aux membres d'un parti

 **closed season** N (US) (Hunting) période f de fermeture de la chasse ; (Fishing) période f de fermeture de la pêche

 **closed set** N (Math) ensemble m fermé

 **closed shop** N atelier or organisation qui n'admet que des travailleurs syndiqués ◆ **the unions insisted on a closed-shop policy** les syndicats ont exigé l'exclusion des travailleurs non syndiqués

**closely** /ˈkləʊslɪ/ ADV 1 (= strongly) [linked, connected, associated] étroitement ; [resemble] beaucoup ◆ **we are closely related** nous sommes proches parents ◆ **fruits closely related to the orange** des fruits mpl très proches de l'orange ◆ **closely identified with sth** étroitement associé à qch ◆ **closely involved with a campaign/project** étroitement associé à une campagne/un projet ◆ **to become closely involved with sb** (romantically) se lier intimement à qn ◆ **a closely knit community** une communauté très unie

 2 (= carefully) [look at, study] de près ; [listen] attentivement ◆ **to monitor sth closely** suivre qch de près ◆ **to question sb closely** presser qn de questions ◆ **a closely guarded secret/prisoner** un secret/prisonnier bien gardé

 3 (= tightly) ◆ **he held her closely to him** il la serrait or la tenait serrée (tout) contre lui ◆ **they crowded more closely around the television** ils se sont pressés davantage autour de la télévision ◆ **closely followed by sb/sth** suivi de près par qn/qch ◆ **to stick closely to the subject** rester près du sujet

 4 (= densely) ◆ **closely typed** aux caractères serrés ◆ **closely written** à l'écriture serrée

 5 (= intimately) ◆ **to work closely with sb** travailler en étroite collaboration avec qn

 6 (= keenly) [fought, contested] âprement

**closeness** /ˈkləʊsnɪs/ N 1 [of cloth, weave] texture f or contexture f serrée ; [of friendship] solidité f ; [of translation, reproduction] fidélité f ; [of examination, interrogation, study] minutie f, rigueur f ; [of reasoning] logique f ; [of pursuit] vigueur f ; [of pursuers] proximité f ◆ **closeness of blood relationship** proche degré m de parenté ◆ **the closeness of the resemblance** la grande ressemblance

 2 (= proximity) proximité f

 3 [of weather, atmosphere] lourdeur f ; [of room] manque m d'air

 4 (= stinginess) avarice f

**closet** /ˈklɒzɪt/

 N 1 (US = cupboard) armoire f, placard m ; (for hanging clothes) penderie f

 2 (esp US = small room) cabinet m (de travail), (petit) bureau m

 3 (also **water closet**) cabinets mpl, waters mpl

 4 (fig) ◆ **to come out of the closet** * se montrer au grand jour

 VT (gen pass) enfermer (dans un cabinet de travail etc) ◆ **he was closeted with his father for several hours** son père et lui sont restés enfermés plusieurs heures à discuter ◆ **she closeted herself (away) in her bedroom** elle s'est cloîtrée dans sa chambre

 ADJ ( * fig = secret) honteux, qui n'ose pas s'avouer ◆ **a closet homosexual** un(e) homosexuel(le) refoulé(e) or qui ne s'assume pas ◆ **he's a closet fascist** c'est un fasciste refoulé or un crypto-fasciste

**closing** /ˈkləʊzɪŋ/

 N (NonC) [of factory, house, shop] fermeture f ; [of meeting] clôture f ; (Fin) clôture f

 ADJ 1 (= final) final, dernier ◆ **closing remarks** observations fpl finales ◆ **closing speech** discours m de clôture ◆ **closing price** (on Stock Exchange) cours m en clôture

 2 (= concluding) [speech, ceremony] de clôture ◆ **closing date** (for applications) date f limite de dépôt ; (Fin, Jur) date f de réalisation (d'une opération) ◆ **closing time** (Brit) heure f de fermeture (d'un magasin, d'un café etc) ◆ **when is closing time?** à quelle heure fermez-vous ? ◆ **"closing time!"** « on ferme ! » ; → **early**

 COMP **closing-down sale** N (Brit Comm) liquidation f totale (avant fermeture définitive)

 **closing-out sale** N (US) ⇒ **close-out sale** ; → **close²**

**closure** /ˈkləʊʒəʳ/ N 1 [of factory, business] fermeture f ; → **lane**

 2 (Parl) clôture f ◆ **to move the closure** (Parl) demander la clôture ◆ **closure rule** (US Pol) règlement m limitant le temps de parole

 3 ◆ **to get** or **achieve closure** (on deal) conclure ; (on past) tourner la page sur qch

**clot** /klɒt/

 N 1 [of blood, milk] caillot m ◆ **a clot in the lung/on the brain** une embolie pulmonaire/cérébrale ◆ **a clot in the leg** une thrombose à la jambe

 2 (Brit ‡ pej = person) ballot * m, cruche * f

 VT [+ blood] coaguler

 VI [blood] (se) coaguler

 COMP **clotted cream** N (Brit) sorte de crème fraîche épaisse

 **clotting factor** N (Med) facteur m de coagulation

**cloth** /klɒθ/ SYN

 N 1 (NonC) tissu m, étoffe f ; [of linen, cotton] toile f ; [of wool] drap m ; (Bookbinding) toile f ; (Naut) toile f, voile f ◆ **bound in cloth** [book] relié (en) toile ◆ **cloth of gold** drap m d'or ; → **oilcloth**

 2 (= tablecloth) nappe f ; (= duster) chiffon m, linge m ; → **dishcloth**, **tea**

 3 (Rel) ◆ **the cloth** (collective) le clergé ◆ **out of respect for his cloth** par respect pour son sacerdoce

 COMP (= made of cloth) de or en tissu, de or en étoffe

 **cloth-binding** N [of books] reliure f (en) toile

 **cloth-bound** ADJ [book] relié (en) toile

 **cloth cap** N (Brit) casquette f (d'ouvrier)

 **cloth-eared** ‡ ADJ (= deaf) sourdingue ‡, dur de la feuille ‡

 **cloth ears** ‡ N ◆ **wake up cloth ears!** hé ! tu es sourd ou quoi ?‡

**clothe** /kləʊð/ SYN VT habiller, vêtir (in, with de) ; (fig) revêtir, couvrir (in, with de)

**clothes** /kləʊðz/ SYN

 NPL 1 vêtements mpl, habits mpl ◆ **with one's clothes on** (tout) habillé ◆ **with one's clothes off** déshabillé ◆ **to put on one's clothes** s'habiller ◆ **to take off one's clothes** se déshabiller ; → **plain**

 2 (also **bedclothes**) draps mpl et couvertures fpl

 COMP **clothes basket** N panier m à linge

 **clothes brush** N brosse f à habits

 **clothes drier**, **clothes dryer** N séchoir m (à linge), sèche-linge m

 **clothes hanger** N cintre m

 **clothes horse** N séchoir m (à linge) ; (fig) mannequin m ◆ **she's just a clothes horse** * (US) à part la mode, rien ne l'intéresse

 **clothes line** N corde f (à linge)

 **clothes manufacturer** N fabricant m de vêtements, confectionneur m

 **clothes moth** N mite f

 **clothes peg** N (Brit) pince f à linge

 **clothes pole**, **clothes prop** N perche f or support m pour corde à linge

 **clothes rack** N (in shop) portant m de vêtements

 **clothes rope** N ⇒ **clothes line**

 **clothes shop** N magasin m de vêtements

 **clothes tree** N (US) portemanteau m

**clothespin** /ˈkləʊðzpɪn/ N (US, Scot) ⇒ **clothes peg** ; → **clothes**

**clothier** /ˈkləʊðɪəʳ/ N (= clothes seller) marchand m (de vêtements) de confection ; (= cloth dealer, maker) drapier m

**clothing** /ˈkləʊðɪŋ/

 N (NonC) 1 (= clothes) vêtements mpl ◆ **an article of clothing** un vêtement, une pièce d'habillement

## cloture | clutch

**2** (= act of clothing) habillage m ; (of monks, nuns) prise f d'habit ; (= providing with clothes) habillement m

**COMP** **clothing allowance** N indemnité f vestimentaire

**cloture** /ˈkləʊtʃər/ (US Pol)
- **N** clôture f
- **COMP** **cloture rule** N règlement m limitant le temps de parole

**cloud** /klaʊd/ SYN
- **N** 1 (in sky) nuage m, nuée f (liter) ; [of smoke, dust etc] nuage m ; [of insects, arrows etc] nuée f ; [of gas] nappe f ◆ **to have one's head in the clouds** être dans les nuages or dans la lune ◆ **to be on cloud nine** ◆ être aux anges or au septième ciel ◆ **every cloud has a silver lining** (Prov) à quelque chose malheur est bon (Prov) ◆ **under a cloud** (fig) (= under suspicion) en butte aux soupçons ; (= in disgrace) en disgrâce
- **2** (= cloudiness) [of liquid] nuage m ; [of mirror] buée f ; [of marble] tache f noire
- **VT** [+ liquid] rendre trouble ; [+ mirror] embuer ; [+ prospects, career] assombrir ; [+ reputation] ternir ◆ **a clouded sky** un ciel couvert or nuageux ◆ **a clouded expression** or **face** un air sombre or attristé ◆ **a clouded mind** un esprit obscurci ◆ **to cloud the issue** embrouiller les choses
- **VI** (also **cloud over**) [sky] se couvrir (de nuages), s'obscurcir ; (fig) [face, expression] s'assombrir, se rembrunir
- **COMP** **cloud chamber** N (Phys) chambre f à brouillard

**cloud cover** N couche f de nuages
**cloud-cuckoo-land** N ◆ **she lives in cloud-cuckoo-land** elle plane complètement, elle n'a pas les pieds sur terre

**cloudberry** /ˈklaʊdbərɪ/ N baie jaune, de la famille de la framboise

**cloudburst** /ˈklaʊdbɜːst/ N grosse averse f

**cloudiness** /ˈklaʊdɪnɪs/ N [of sky] état m or aspect m nuageux ; [of liquid] aspect m trouble ; [of mirror] buée f

**cloudless** /ˈklaʊdlɪs/ ADJ (lit, fig) sans nuages

**cloudy** /ˈklaʊdɪ/ SYN ADJ [sky] nuageux, couvert ; [liquid] trouble ; [diamond etc] taché, nuageux ; [leather] marbré ; (fig) [ideas] nébuleux, embrumé (fig) ◆ **it was cloudy, it was a cloudy day** le temps était couvert

**clout** /klaʊt/
- **N** 1 (= blow) coup m de poing (or de canne etc)
- **2** ( * = influence) influence f, poids m ◆ **he's got** or **he carries** or **he wields a lot of clout** c'est un homme de poids
- **3** (dial) (= cloth) chiffon m ; (= garment) vêtement m
- **VT** [+ object] frapper ; [+ person] donner un coup de poing (or de canne etc) à

**clove¹** /kləʊv/ N clou m de girofle ◆ **oil of cloves** essence f de girofle ◆ **clove of garlic** gousse f d'ail

**clove²** /kləʊv/
- **VB** pt of **cleave¹**
- **COMP** **clove hitch** N (= knot) demi-clé f

**cloven** /ˈkləʊvn/
- **VB** ptp of **cleave¹**
- **COMP** **cloven-footed** ADJ [animal] aux sabots fendus ; [devil] aux pieds fourchus
- **cloven hoof** N [of animal] sabot m fendu ; [of devil] pied m fourchu

**clover** /ˈkləʊvər/ N trèfle m ◆ **to be in clover** * être or vivre comme un coq en pâte ; → **four**

**cloverleaf** /ˈkləʊvəliːf/ N (= leaf) feuille f de trèfle ; (= road intersection) (croisement m en) trèfle m

**Clovis** /ˈkləʊvɪs/ N (Hist) Clovis m

**clown** /klaʊn/
- **N** 1 [of circus etc] clown m ; (Theat) bouffon m ; (fig) (= funny person) clown m, pitre m ; (= idiot) imbécile m
- **VI** (fig : also **clown about, clown around**) faire le clown or le pitre

**clowning** /ˈklaʊnɪŋ/ N (NonC) pitreries fpl, singeries fpl

**clownish** /ˈklaʊnɪʃ/ ADJ [person, behaviour, sense of humour] clownesque

**cloy** /klɔɪ/
- **VT** écœurer (with de)
- **VI** perdre son charme

**cloying** /ˈklɔɪɪŋ/ ADJ (lit) écœurant ; (fig) sirupeux

**cloyingly** /ˈklɔɪɪŋlɪ/ ADV ◆ **cloyingly sentimental** d'une sentimentalité écœurante, dégoulinant de sentimentalité

**cloze test** /ˈkləʊz‚test/ N texte m à trous or blancs

**club** /klʌb/ SYN
- **N** 1 (social, sports) club m ◆ **tennis club** club m de tennis ◆ **sports/drama club** club m sportif/de théâtre ◆ **yacht club** yacht-club m , club m nautique ◆ **literary club** cercle m littéraire ◆ **he is dining at his club** il dîne à son club or son cercle ◆ **join the club!** (fig) tu n'es pas le or la seul(e) ! ◆ **to be in the club** ⁑ (Brit = pregnant) être en cloque ⁑ ; → **benefit, youth**
- **2** (also **night club**) boîte f de nuit, boîte f ◆ **the club scene** le monde des boîtes de nuit ◆ **London's club scene** la nuit londonienne
- **3** (= weapon) (gen) massue f, gourdin m ; (= truncheon) matraque f ; (also **golf club**) club m ; → **Indian**
- **4** (Cards) trèfle m ◆ **clubs** trèfles mpl ◆ **the ace of clubs** l'as m de trèfle ◆ **the six of clubs** le six de trèfle ◆ **he played a club** il a joué (un or du) trèfle ◆ **clubs are trumps** atout trèfle ◆ **a low/high club** un petit/gros trèfle ◆ **have you any clubs?** avez-vous du trèfle ? ◆ **I haven't any clubs** je n'ai pas de trèfle ◆ **three tricks in clubs** trois levées à trèfle
- **VT** [+ person] frapper avec un gourdin or une massue ; (with truncheon) matraquer ◆ **to club sb with a rifle** frapper qn à coups de crosse ◆ **they club the baby seals to death** ils tuent les bébés phoques à coups de massue or gourdin
- **VI** ◆ **to go clubbing** sortir en boîte *
- **COMP** [premises, secretary etc] du club

**club car** N (US : on train) wagon-restaurant m
**club chair** N fauteuil m club inv
**club class** N classe f club
**club foot** N (pl **club feet**) pied-bot m
**club-footed** ADJ pied bot inv
**club member** N membre m d'un club
**club moss** N (= plant) pied-de-loup m, lycopode m
**club root** N (Agr) hernie f du chou
**club sandwich** N club sandwich m, ≈ sandwich m mixte
**club soda** N (US) eau f de seltz
**club steak** N (US) (bifteck m pris dans la) queue f de filet
**club subscription** N cotisation f (à un club)

► **club together** VI (esp Brit) se cotiser ◆ **to club together to buy sth** se cotiser pour acheter qch

**clubbable** * /ˈklʌbəbl/ ADJ sociable

**clubber** * /ˈklʌbər/ N (Brit) noctambule mf, habitué(e) m(f) des boîtes de nuit

**clubbing** * /ˈklʌbɪŋ/ N (Brit) sorties fpl en boîte * ◆ **to go clubbing** sortir en boîte *

**clubhouse** /ˈklʌbhaʊs/ N (Sport) pavillon m, clubhouse m

**clubland** /ˈklʌblænd/ N (NonC) 1 (esp Brit : for nightclubs) le monde des boîtes de nuit
**2** (Brit : for gentlemen's clubs) quartier des clubs chics à Londres

**clubman** /ˈklʌbmən/ N (pl **-men**) membre m d'un club ; (= man about town) homme m du monde, mondain m ◆ **he is not a clubman** il n'est pas homme à fréquenter les clubs or les cercles

**clubroom** /ˈklʌbrʊm/ N salle f de club or de réunion

**cluck** /klʌk/
- **VI** [hens, people] glousser
- **N** gloussement m

**clue, clew** (US) /kluː/ SYN N (gen) indication f, indice m ; (in crime) indice m ; (in crossword) définition f ◆ **the killer left behind few clues as to his identity** le meurtrier n'a laissé que peu d'indices sur son identité ◆ **he gave few clues about when he intends to leave** il n'a pas donné beaucoup d'indications sur le moment de son départ ◆ **have the police found any clues as to who killed him?** la police a-t-elle trouvé des indices quant à l'identité du meurtrier ? ◆ **to find the clue to sth** découvrir or trouver la clé de qch ◆ **they may have found the clue to the cause of this disease** ils ont peut-être découvert or trouvé la cause de cette maladie ◆ **the condition of your cat's fur can be a clue to his state of health** l'aspect du pelage de votre chat peut être une indication de son état de santé ◆ **a person's record collection is often a big clue to their character** la collection de disques d'une personne en dit souvent long sur son caractère ◆ **my hesitation gave her the clue to what I was thinking about** mon hésitation lui a permis de deviner à quoi je pensais ◆ **the outside of the building gives little clue to what goes on inside** il est difficile de deviner, quand on voit l'extérieur du bâtiment, ce qui s'y passe à l'intérieur ◆ **give me a clue!** mets-moi sur la voie ! ◆ **I'll give you a clue** je vais te mettre sur la voie, je vais te donner un indice ◆ **I haven't a clue!** * (fig) je n'en ai pas la moindre idée !, aucune idée ! * ◆ **he hasn't a clue what he's going to do about it** * il n'a pas la moindre idée de ce qu'il va faire à ce sujet ◆ **you haven't got a clue what I'm talking about, have you?** * tu n'as pas la moindre idée de ce que je raconte, n'est-ce pas ? ◆ **I haven't got a clue where she's gone** * je n'ai pas la moindre idée de l'endroit où elle est allée, je ne sais pas du tout où elle est allée

► **clue in** ⁑ VT SEP mettre au courant or au parfum * (on or about sth à propos de qch)

► **clue up** ⁑ VT SEP mettre au parfum * (on de) ◆ **to be clued up** être au parfum * ◆ **to get clued up about** or **on sth** se renseigner sur qch ◆ **he's pretty clued up on the current political situation** il est assez au courant de la situation politique actuelle

**clueless** * /ˈkluːlɪs/ ADJ ◆ **he's clueless** il ne sait rien de rien *

**clumber spaniel** /ˈklʌmbər/ N épagneul m Clumber, clumber m

**clump¹** /klʌmp/ SYN
- **N** [of shrubs] massif m ; [of trees] bouquet m ; [of flowers] touffe f ; (larger) massif m ; [of grass] touffe f
- **VT** ◆ **clump (together)** rassembler

**clump²** /klʌmp/ SYN
- **N** (= noise) bruit m de pas lourd(s) or pesant(s)
- **VI** (also **clump about**) marcher d'un pas lourd or pesant

**clumpy** /ˈklʌmpɪ/ ADJ ◆ **clumpy shoes** godillots * mpl, croquenots * mpl

**clumsily** /ˈklʌmzɪlɪ/ ADV (= inelegantly) gauchement, maladroitement ; (= tactlessly) sans tact

**clumsiness** /ˈklʌmzɪnɪs/ N [of person, action] gaucherie f, maladresse f ; [of tool etc] incommodité f, caractère m peu pratique ; [of shape, form] lourdeur f ; (fig = tactlessness) [of person, remark] maladresse f, manque m de tact or de discrétion

**clumsy** /ˈklʌmzɪ/ SYN ADJ [person, action] gauche, maladroit ; [tool etc] incommode, peu pratique ; [shape, form] lourd, disgracieux ; [painting, forgery] maladroit ; (fig = tactless) [person, apology, remark] maladroit ; [style] gauche, lourd

**clung** /klʌŋ/ VB pt, ptp of **cling**

**Cluniac** /ˈkluːnɪæk/ ADJ, N clunisien m

**clunk** /klʌŋk/
- **N** 1 (= sound) bruit m sourd
- **2** (US ⁑ = stupid person) pauvre imbécile mf
- **VI** (= make sound) faire un bruit sourd

**clunker** ⁑ /ˈklʌŋkər/ N (US = old car) guimbarde * f

**clunky** * /ˈklʌŋkɪ/ ADJ [vehicle] bringuebalant ◆ **a clunky old car** une vieille guimbarde ◆ **clunky shoes** godillots * mpl

**cluster** /ˈklʌstər/ SYN
- **N** [of flowers, blossom, fruit] grappe f ; [of bananas] régime m ; [of trees] bouquet m ; [of bees] essaim m ; [of people] (petit) groupe m, rassemblement m ; [of houses, islands] groupe m ; [of stars] amas m ; (Ling) groupe m, agglomérat m ◆ **a sapphire set in a cluster of diamonds** un saphir entouré de brillants
- **VI** [people] se rassembler, se grouper (around autour de) ; [flowers, blossom, fruit] être rassemblé (en grappe or en bouquet) (around autour de)
- **COMP** **cluster bomb** N bombe f à fragmentation
- **cluster pack** N (Comm) emballage m groupé, pack m

**clutch** /klʌtʃ/ SYN
- **N** 1 (= action) étreinte f, prise f
- **2** [of car] embrayage m ; (also **clutch pedal**) pédale f d'embrayage ◆ **to let in the clutch** débrayer ◆ **to let out the clutch** embrayer ◆ **clutch play** garde f d'embrayage
- **3** [of chickens, eggs] couvée f ◆ **a clutch of** (fig) [+ prizes etc] un lot de ; [+ people, companies] une poignée de
- **4** (fig) ◆ **to fall into sb's/sth's clutches** tomber entre les griffes de qn/qch ◆ **to get out of sb's/sth's clutches** se tirer des griffes or des pattes de qn/qch
- **5** (US ⁑ = crisis) crise f
- **VT** (= grasp) empoigner, saisir ; (= hold tightly) serrer fort ; (= hold on to) se cramponner à

**clutter** /'klʌtəʳ/ SYN
- **N** ① (NonC = disorder, confusion) désordre m, pagaïe * f ◆ **in a clutter** en désordre
② (= objects lying about) fouillis m, pagaille * f, pagaïe * f ◆ **the clutter of bottles and crockery in the kitchen** le fouillis de bouteilles et de vaisselle dans la cuisine
- **VT** (also **clutter up** : lit, fig) encombrer (with de)

**Clytemnestra** /,klaɪtɪm'nestrə/ N Clytemnestre f

**cm** abbrev of **centimetre(s)**

**Cmdr** (Mil) abbrev of **Commander**

**CMV** /,si:em'vi:/ N (abbrev of **cytomegalovirus**) CMV m

**CNAA** /,si:enər'eɪ/ N (Brit Educ) (abbrev of **Council for National Academic Awards**) organisme qui valide les diplômes de l'enseignement supérieur décernés en dehors des universités

**CND** /,si:en'di:/ N (in Brit) (abbrev of **Campaign for Nuclear Disarmament**) mouvement pour le désarmement nucléaire

**CNN** /,si:en'en/ N (abbrev of **Cable News Network**) CNN f

**CO** /si:'əu/ ① (Mil) (abbrev of **Commanding Officer**) → **commanding**
② (Brit Admin) (abbrev of **Commonwealth Office**) ministère m des Affaires étrangères et du Commonwealth
③ (abbrev of **conscientious objector**) → **conscientious**
④ abbrev of **Colorado**

**Co** (US) abbrev of **Colorado**

**Co.** ① (Comm) (abbrev of **company**) Cie ◆ **Joe and Co.** * **are coming** Joe et compagnie or et sa bande * vont venir
② abbrev of **County**

**c/o** /,keərəv/ (abbrev of **care of**) chez, aux bons soins de

**coacervate** /kəu'æsəvɪt/ N coacervat m

**coach** /kəutʃ/ SYN
- **N** ① (horse-drawn) carrosse m ; (= stagecoach) diligence f, coche m ; (Brit = bus) car m, autocar m ; (Brit) [of train] voiture f, wagon m ◆ **coach and four** carrosse m à quatre chevaux
② (= tutor) répétiteur m, -trice f ; (Sport: gen) entraîneur m ; (Ski) moniteur m, -trice f
- **VT** donner des cours particuliers à ; (Sport) entraîner ◆ **to coach sb for an exam** préparer qn à un examen ◆ **he had been coached in what to say** on lui avait fait répéter ce qu'il aurait à dire
- **COMP** **coach building** N (Brit) carrosserie f (construction)
**coach class** N (US) (= economy class) classe f économique
**coach driver** N (Brit) chauffeur m, -euse f de car
**coach operator** N (Brit) compagnie f d'autocars
**coach park** N (Brit) parking m pour autocars
**coach party** N groupe m voyageant en car
**coach station** N (Brit) gare f routière
**coach trip** N (Brit) excursion f en car

**coachbuilder** /'kəutʃ,bɪldəʳ/ N (Brit) carrossier m

**coaching** /'kəutʃɪŋ/ N (Sport) entraînement m ; (Scol) cours mpl particuliers

**coachload** /'kəutʃləud/ N (Brit) ◆ **a coachload of tourists** un car plein de touristes

**coachman** /'kəutʃmən/ N (pl **-men**) cocher m

**coachwork** /'kəutʃwɜ:k/ N (NonC: Brit) carrosserie f

**coadjutant** /kəu'ædʒutənt/ N assistant(e) m(f), aide mf

**coadjutor** /kəu'ædʒutəʳ/ N (Rel) coadjuteur m (d'un évêque)

**coagulant** /kəu'ægjulənt/ N coagulant m

**coagulate** /kəu'ægjuleɪt/
- **VT** coaguler
- **VI** se coaguler

**coagulation** /kəu,ægju'leɪʃən/
- **N** coagulation f
- **COMP** **coagulation factor** N (Med) facteur m de coagulation

**coagulum** /kəu'ægjuləm/ N coagulum m

**coal** /kəul/
- **N** charbon m ◆ **a piece of coal** un morceau de charbon ◆ **as black as coal** noir comme du charbon ◆ **to be on hot coals** être sur des charbons ardents ◆ **it's like carrying** or **taking coals to Newcastle** c'est comme porter de l'eau à la rivière † ; → **heap**, **soft**
- **VT** fournir or ravitailler en charbon ◆ **to coal ship** (Naut) charbonner
- **VI** (Naut) [ship] charbonner
- **COMP** [fire] de charbon ; [box, shed] à charbon
**coal basin** N bassin m houiller
**coal-black** ADJ noir comme du charbon
**Coal Board** N (Brit : formerly) ≃ Charbonnages mpl
**coal-burning** ADJ à charbon, qui marche au charbon
**coal cellar** N cave f à charbon
**coal chute** N goulotte f à charbon
**coal cutter** N haveur m
**coal depot** N dépôt m de charbon
**coal face** N front m de taille
**coal fire** N feu m de charbon or de cheminée
**coal-fired power station** N centrale f thermique or électrique au charbon
**coal gas** N gaz m (de houille)
**coal hod** N seau m à charbon
**coal hole** N petite cave f à charbon
**coal industry** N industrie f houillère or charbonnière, charbonnages mpl
**coaling station** N dépôt m de charbon
**coal measures** NPL (Geol) gisements mpl houillers
**coal merchant** N charbonnier m, marchand m de charbon
**coal mine** N houillère f, mine f de charbon
**coal miner** N mineur m
**coal mining** N charbonnage m
**coal oil** N (US) pétrole m lampant, kérosène m
**coal pit** N ⇒ **coal mine**
**coal scuttle** N seau m à charbon
**coal strike** N grève f des mineurs
**coal tar** N coaltar m, goudron m de houille
**coal tit** N (= bird) mésange f noire
**coal yard** N dépôt m de charbon

**coaldust** /'kəuldʌst/ N poussier m, poussière f de charbon

**coalesce** /,kəuə'les/ SYN VI (lit, fig) s'unir, se fondre

**coalescence** /,kəuə'lesəns/ N (lit, fig) fusion f, union f

**coalescent** /,kəuə'lesnt/ ADJ coalescent

**coalfield** /'kəulfi:ld/ N gisement m de houille

**coalfish** /'kəulfɪʃ/ N (pl **coalfish** or **coalfishes**) lieu m noir, colin m

**coalition** /,kəuə'lɪʃən/ SYN
- **N** coalition f
- **COMP** **coalition government** N (Pol) gouvernement m de coalition

**coalman** /'kəulmən/ N (pl **-men**) ① (= merchant) charbonnier m, marchand m de charbon
② (= delivery man) charbonnier m

**coaptation** /,kəuæp'teɪʃən/ N (Surg) coaptation f

**coarse** /kɔ:s/ SYN
- **ADJ** ① (in texture) [fabric, feathers, fur, features, grass, gravel, powder] grossier ; [face] aux traits grossiers ◆ **coarse cloth** drap m grossier ◆ **coarse linen** grosse toile f ◆ **coarse salt** gros sel m ◆ **coarse sand** sable m à gros grains, gros sable m ◆ **coarse sandpaper** papier m de verre à gros grain ◆ **coarse skin** peau f rêche ◆ **coarse weave** texture f grossière
② (= common) ordinaire, grossier ◆ **coarse red wine** gros rouge m
③ (pej = uncouth) [person] grossier ; [manners] grossier, vulgaire ; (= indecent) [language, joke] grossier, cru ; [laugh] gros (grosse f), gras (grasse f) ; [accent] commun, vulgaire
- **COMP** **coarse fishing** N pêche f à la ligne (pour poissons autres que le saumon et la truite)
**coarse-grained** ADJ à gros grain
**coarse-grain salt** N gros sel m

**coarsely** /'kɔ:slɪ/ ADV ① (= in large pieces) [chop, grate, grind] grossièrement ◆ **coarsely woven cloth** tissu m de texture grossière
② (= uncouthly, vulgarly) [speak] d'une voix or d'un ton vulgaire ; [laugh] grassement, vulgairement ; [say] grossièrement, vulgairement ; [behave] vulgairement

**coarsen** /'kɔ:sn/ SYN
- **VI** [voice] s'érailler ; [features] s'épaissir ; [laugh, language] devenir vulgaire
- **VT** [+ voice] érailler ; [+ features] épaissir

**coarseness** /'kɔ:snɪs/ SYN N (NonC) ① (in texture) [of grain, sand] grossièreté f ; [of material] grossièreté f, rudesse f ; [of skin] rugosité f ; [of grass] rigidité f
② (= vulgarity) [of person, behaviour, language, laugh, accent] vulgarité f

**coast** /kəust/ SYN
- **N** côte f ; (= coastline) littoral m ◆ **from coast to coast** (in US, Britain) d'est en ouest ◆ **the coast is clear** la voie or le champ est libre
- **VI** ① ◆ **to coast along/down** [motorist, cyclist] avancer/descendre en roue libre ◆ **to coast along** (fig) (= encounter few problems) avancer (sans problèmes) ; (= take things easy) se la couler douce * ◆ **to coast through** (fig) passer sans difficultés
② [ship] caboter

**coastal** /'kəustəl/ ADJ [defence, state] côtier ◆ **coastal navigation** navigation f côtière ◆ **coastal traffic** navigation f côtière, cabotage m

**coaster** /'kəustəʳ/
- **N** ① (= ship) caboteur m
② (= drip mat) dessous m de verre or de bouteille ; (= wine tray) présentoir m à bouteilles ; → **roller**
- **COMP** **coaster brake** N (US) [of cycle] frein m à rétropédalage

**coastguard** /'kəustgɑ:d/
- **N** ① (= service) ≃ gendarmerie f maritime
② (= person) membre m de la gendarmerie maritime ; (Hist) garde-côte m
- **COMP** **coastguard station** N (bureau m de la) gendarmerie f maritime
**coastguard vessel** N (vedette f) garde-côte m

**coastguard(s)man** /'kəustgɑ:d(z)mən/ N (pl **-men**) (esp US) ⇒ **coastguard** noun ②

**coastline** /'kəustlaɪn/ N littoral m

**coat** /kəut/ SYN
- **N** ① (gen) manteau m ; (also **overcoat**, **topcoat**) pardessus m ◆ **winter coat** manteau m d'hiver or pour l'hiver ◆ **to cut one's coat according to one's cloth** vivre selon ses moyens ; → **housecoat**, **morning**, **sport**
② [of animal] pelage m, livrée f ; [of horse] robe f ◆ **winter coat** pelage m d'hiver
③ (= covering) [of paint, tar etc] couche f ; [of plastic] enveloppe f ; → **base¹**, **topcoat**
- **VT** [dust, frost, conditioner, plastic] (re)couvrir ; [person] (with glue, paste, ointment) enduire ; (with chocolate) enrober ; (with breadcrumbs etc) paner ; (with egg, batter) tremper (with dans) ◆ **to coat the wall with paint** passer une couche de peinture sur le mur, enduire le mur de peinture ◆ **his tongue was coated** (Med) il avait la langue chargée ◆ **coated lens** (Phot) objectif m traité
- **COMP** **coat hanger** N cintre m
**coat of arms** N (Heraldry) blason m, armoiries fpl, écu m
**coat of mail** N cotte f de mailles
**coat rack** N ⇒ **coatstand**
**coat-tails** NPL queue f de pie (habit) ◆ **to be hanging on sb's coat-tails** être pendu aux basques de qn ◆ **to ride on sb's coat-tails** (US Pol) se faire élire dans le sillage de qn

**-coated** /'kəutɪd/ ADJ (in compounds) recouvert de ◆ **chocolate-coated** enrobé de chocolat

**coati** /kəu'ɑ:tɪ/ N (= animal) coati m

**coating** /'kəutɪŋ/ SYN N (gen) couche f ; (on saucepan etc) revêtement m

**coatstand** /'kəutstænd/ N portemanteau m

**co-author** /'kəu,ɔ:θəʳ/
- **N** coauteur m
- **VT** [+ book, play, report] cosigner

**coax** /kəuks/ SYN VT amadouer ◆ **to coax sb into/out of doing sth** amener qn à faire qch/à ne pas faire qch en l'amadouant ◆ **to coax sth out of sb** obtenir qch de qn par en amadouant

**coaxial** /kəu'æksɪəl/
- **ADJ** (gen, Geom, Elec) coaxial
- **COMP** **coaxial cable** N (TV) câble m coaxial

**coaxing** /'kəuksɪŋ/
- **N** câlineries fpl, cajolerie(s) f(pl)
- **ADJ** enjôleur, câlin

**coaxingly** /'kəuksɪŋlɪ/ ADV [speak, ask] d'une manière câline, d'un ton enjôleur ; [look] d'un air câlin or enjôleur

**cob** /kɒb/ N (= swan) cygne m mâle ; (= horse) cob m ; (also **cob-nut**) grosse noisette f ; (Brit : also **cob loaf**) miche f (de pain) ; [of maize] épi m (de maïs) ; → **corn¹**

**cobalt** /ˈkəʊbɒlt/ N cobalt m ♦ **cobalt 60** cobalt m 60, cobalt m radioactif ♦ **cobalt blue** bleu m de cobalt ♦ **cobalt bomb** bombe f au cobalt

**cobber**⁑ /ˈkɒbəʳ/ N (Austral) pote⁑ m

**cobble** /ˈkɒbl/
**VT** ♦ **to cobble together** [+ object, figures] bricoler* ; [+ solution, agreement] bricoler*, concocter*
**N** ⇒ **cobblestone**

**cobbled** /ˈkɒbld/ ADJ ♦ **cobbled street** rue f pavée

**cobbler** /ˈkɒbləʳ/ N [1] cordonnier m ♦ **cobbler's wax** poix f de cordonnier
[2] (US Culin) tourte f aux fruits
[3] (US = drink) (sorte f de) punch m (glacé)
[4] (Brit) ♦ **that's a load of cobblers!**⁑ (= nonsense) c'est de la connerie !⁑

**cobblestone** /ˈkɒblstəʊn/ N pavé m rond

**cobnut** /ˈkɒbnʌt/ N noisette f

**COBOL, Cobol** /ˈkəʊbɒl/ N (Comput) COBOL m

**cobra** /ˈkəʊbrə/ N cobra m

**cobweb** /ˈkɒbweb/ N toile f d'araignée ♦ **to blow or clear away the cobwebs** (fig) remettre les idées en place

**cobwebbed** /ˈkɒbwebd/ ADJ couvert de toiles d'araignée

**coca** /ˈkəʊkə/ N [1] (= shrub) coca m or f
[2] (NonC = dried leaves) coca f

**cocaine** /kəˈkeɪn/ N cocaïne f ♦ **cocaine addict** cocaïnomane mf ♦ **cocaine addiction** cocaïnomanie f

**cocainism** /kəʊˈkeɪnɪzəm/ N cocaïnomanie f

**cocainization** /ˌkəʊkeɪnaɪˈzeɪʃən/ N cocaïnisation f

**coccid** /ˈkɒksɪd/ N coccidie f

**coccus** /ˈkɒkəs/ N (pl **cocci** /ˈkɒksaɪ/) coccidie f

**coccygeal** /kɒkˈsɪdʒɪəl/ ADJ coccygien

**coccyx** /ˈkɒksɪks/ N (pl **coccyges** /kɒkˈsaɪdʒiːz/) coccyx m

**co-chairman** /ˌkəʊˈtʃɛəmən/ N (pl **-men**) coprésident(e) m(f)

**co-chairmanship** /kəʊˈtʃɛəmənʃɪp/ N coprésidence f

**Cochin China** /ˌkəʊtʃɪnˈtʃaɪnə/ N Cochinchine f

**cochineal** /ˌkɒtʃɪˈniːl/ N (= insect) cochenille f ; (= colouring) colorant m rouge

**cochlea** /ˈkɒklɪə/ N (pl **cochleae** /ˈkɒklɪiː/) (Anat) limaçon m

**cochlear** /ˈkɒklɪəʳ/ ADJ cochléaire

**cock** /kɒk/ SYN
**N** [1] (esp Brit = rooster) coq m ; (= male bird) (oiseau m) mâle m ♦ **he thinks he's the cock of the walk** il est vaniteux comme un paon ; → **fighting, gamecock, weather**
[2] (= tap) robinet m
[3] [of rifle] chien m ♦ **at full cock** armé ♦ **at half cock** au cran de repos ; see also **half**
[4] [of hay] meulon m ; [of corn, oats] moyette f
[5] (⁑ = penis) bite⁑ f
**VT** [1] [+ gun] armer
[2] ♦ **to cock one's ears** (lit) dresser les oreilles ; (fig) dresser l'oreille ♦ **to cock one's eye at...** jeter un regard interrogateur à... ♦ **to cock a snook at...** * (Brit) faire la nique à...
**COMP** [bird] mâle
**cock-a-doodle-doo** EXCL cocorico !
**cock-a-hoop** ADJ fier comme Artaban ADV d'un air triomphant
**cock-a-leekie soup** N (Scot) potage à la volaille et aux poireaux
**cock-and-bull story** N (pej) histoire f à dormir debout
**cock lobster** N homard m (mâle)
**cock sparrow** N moineau m (mâle)
**cock-teaser**⁑ N allumeuse⁑ f
**cock-up**⁑ N (Brit) foirade* f, couille⁑ f ♦ **there's been a cock-up** il y a eu une couille⁑ ♦ **he made a cock-up of the job** il a salopé le boulot⁑ ♦ **the meeting was a cock-up** la réunion a complètement foiré*

▸ **cock up**⁑ (Brit)
**VT SEP** saloper⁑ ; [+ exam] foirer⁑
**VI** merder⁑, foirer⁑
**N** ♦ **cock-up** → **cock**

**cockade** /kɒˈkeɪd/ N cocarde f

**Cockaigne** /kɒˈkeɪn/ N ♦ **(the land of) Cockaigne** le pays de Cocagne

**cockamamie*** /ˌkɒkəˈmeɪmɪ/ ADJ (US) farfelu

**cockatoo** /ˌkɒkəˈtuː/ N cacatoès m

**cockchafer** /ˈkɒkˌtʃeɪfəʳ/ N hanneton m

**cockcrow** /ˈkɒkkrəʊ/ N ♦ **at cockcrow** au chant du coq, à l'aube

**cocked** /kɒkt/ ADJ ♦ **cocked hat** chapeau m à cornes ; (two points) bicorne m ; (three points) tricorne m ♦ **to knock or beat sb into a cocked hat*** battre qn à plate(s) couture(s)

**cocker** /ˈkɒkəʳ/ N (also **cocker spaniel**) cocker m

**cockerel** /ˈkɒkərəl/ N jeune coq m

**cockeyed*** /ˈkɒkaɪd/ ADJ (= cross-eyed) qui louche ; (= crooked) de travers, de traviole* ; (= mad, absurd) qui ne tient pas debout, dingue* ; (= drunk) soûl*, schlass⁑ inv

**cockfight** /ˈkɒkfaɪt/ N combat m de coqs

**cockfighting** /ˈkɒkˌfaɪtɪŋ/ N combats mpl de coqs

**cockieleekie soup** /ˌkɒkɪliːˈkiːsuːp/ N ⇒ **cock-a-leekie soup** ; → **cock**

**cockily** /ˈkɒkɪlɪ/ ADV avec impudence or effronterie

**cockiness** /ˈkɒkɪnɪs/ N impudence f, effronterie f

**cockle** /ˈkɒkl/ N (= shellfish) coque f ♦ **it warmed the cockles of his heart** († or hum) cela lui a réchauffé le cœur

**cockleshell** /ˈkɒklʃɛl/ N (= shellfish) (coquille f de) coque f ; (= boat) petit canot m, coquille f de noix

**cockney** /ˈkɒknɪ/
**N** [1] (= person) cockney mf
[2] (= dialect) cockney m
**ADJ** cockney, londonien

• **COCKNEY**
Les véritables **cockneys** sont les personnes nées à portée du son des Bow Bells, c'est-à-dire des cloches de l'église de Sainte-Mary-le-Bow dans la City, mais on y inclut tous les habitants de l'est londonien. Le mot désigne aussi le parler des habitants de ces quartiers et, par extension, n'importe quel accent, argot ou parler populaire londonien. → **RHYMING SLANG**

**cockpit** /ˈkɒkpɪt/
**N** [of aircraft] poste m de pilotage, cockpit m ; [of yacht, racing car] cockpit m ; (for cockfighting) arène f ; (fig) arènes fpl
**COMP cockpit voice recorder** N enregistreur m de vol

**cockroach** /ˈkɒkrəʊtʃ/ N cafard m, blatte f

**cockscomb** /ˈkɒkskəʊm/ N [1] [of cockerel] crête f (de coq)
[2] (= plant) crête-de-coq f
[3] († = dandy) fat m, poseur m, muscadin † m

**cocksucker**⁑ /ˈkɒkˌsʌkəʳ/ N enfoiré⁑ m, enculé⁑ m

**cocksure** /ˈkɒkʃʊəʳ/ ADJ (pej) (trop) sûr de soi, outrecuidant

**cocktail** /ˈkɒkteɪl/
**N** (lit, fig) cocktail m (boisson) ♦ **fruit cocktail** salade f de fruits ♦ **prawn cocktail** (Brit), **shrimp cocktail** (US) coupe f or cocktail de crevettes ; → **Molotov**
**COMP cocktail bar** N bar m américain, cocktail-bar m
**cocktail cabinet** N meuble m bar
**cocktail dress** N robe f de cocktail
**cocktail lounge** N bar m (de luxe, dans un hôtel)
**cocktail onion** N petit oignon m (au vinaigre)
**cocktail party** N cocktail m
**cocktail sausage** N petite saucisse f (pour l'apéritif)
**cocktail shaker** N shaker m
**cocktail stick** N pique f (à apéritif)
**cocktail waitress** N (US) serveuse f (de bar)

**cocky*** /ˈkɒkɪ/ SYN ADJ (pej) effronté, impudent

**cocoa** /ˈkəʊkəʊ/
**N** (= drink) chocolat m ; (= powder) cacao m
**COMP cocoa bean** N fève f de cacao
**cocoa butter** N beurre m de cacao

**coconut** /ˈkəʊkənʌt/
**N** noix f de coco
**COMP coconut ice** N (NonC) confiserie à la noix de coco
**coconut matting** N tapis m (de) coco
**coconut oil** N huile f de (noix de) coco
**coconut palm** N cocotier m
**coconut shy** N jeu m de massacre
**coconut tree** N cocotier m

**cocoon** /kəˈkuːn/
**N** cocon m ♦ **wrapped in a cocoon of blankets** emmitouflé dans des couvertures
**VT** (fig) [+ object] envelopper avec soin ; [+ child] couver ♦ **cocooned from** (fig) à l'abri de ♦ **cocooned in the bosom of one's family** bien à l'abri au sein de sa famille

**COD** /ˌsiːəʊˈdiː/ [1] (Brit) (abbrev of **cash on delivery**) → **cash**
[2] (US) (abbrev of **collect on delivery**) → **collect²**

**cod** /kɒd/
**N** (pl **cod** or **cods**) (= fish) morue f ; (Culin: fresh) morue f fraîche, cabillaud m ♦ **dried cod** merluche f
**ADJ** (Brit *) (= not genuine) faux (fausse f), prétendu ; (= assumed) [accent] faux (fausse f)
**COMP cod-liver oil** N huile f de foie de morue
**the Cod War** N (Brit) la guerre de la morue

**coda** /ˈkəʊdə/ N épilogue m ; (Mus) coda f

**coddle** /ˈkɒdl/ VT [1] [+ child, invalid] dorloter, choyer
[2] (Culin) [+ eggs] cuire à feu doux au bain-marie

**code** /kəʊd/ LANGUAGE IN USE 27.1 SYN
**N** code m ♦ **code of behaviour/of honour** code m de conduite/de l'honneur ♦ **in code** en code ♦ **to dial a code** (to access service) taper un code ; (area code) taper un indicatif ♦ **what's the code for Germany?** quel est l'indicatif de l'Allemagne ? ♦ **to break a secret code** déchiffrer or décrypter un code secret ; → **highway, Morse, penal, zip**
**VT** coder
**COMP code dating** N (Comm) inscription f de date codée (sur les denrées périssables)
**code letter** N lettre f (employée dans un code)
**code name** N nom m de code
**code-name** VT ♦ **an operation code-named "Condor"** une opération qui a pour nom de code « Condor »
**code number** N (gen) numéro m de code ; (= access code) code m d'accès ; (Telec = dialling code) indicatif m ; (Tax) code numérique désignant chaque tranche d'imposition
**code of conduct** N code m de conduite
**code of ethics** N (gen) code m (d')éthique ; [of profession] (code m de) déontologie f
**code of practice** N (gen) déontologie f ; (= set of rules) règlements mpl et usages mpl
**code word** N (lit) mot m de passe ; (fig : Pol) mot m codé

**coded** /ˈkəʊdɪd/ ADJ [1] (= in code) [message, instructions] codé ♦ **in coded form** codé, sous forme de code ♦ **a coded telephone warning** un avertissement téléphonique codé
[2] (= indirect) [criticism, attack, reference] voilé ♦ **in coded language** en termes voilés, à mots couverts
[3] (Telec) [signal] codé

**codeine** /ˈkəʊdiːn/ N codéine f

**co-dependent** /ˌkəʊdɪˈpɛndənt/ (esp US Psych)
**N** codépendant(e) m(f)
**ADJ** codépendant

**codex** /ˈkəʊdɛks/ N (pl **codices**) manuscrit m (ancien)

**codfish** /ˈkɒdfɪʃ/ N (pl **codfish** or **codfishes**) morue f

**codger*** /ˈkɒdʒəʳ/ N ♦ **old codger** drôle de vieux bonhomme m

**codices** /ˈkəʊdɪsiːz/ NPL of **codex**

**codicil** /ˈkɒdɪsɪl/ N codicille m

**codify** /ˈkəʊdɪfaɪ/ VT codifier

**coding** /ˈkəʊdɪŋ/
**N** (NonC) [of telegram, message] encodage m ; (Comput) codage m ; → **tax**
**COMP coding sheet** N (Comput) feuille f de programmation

**codling** /ˈkɒdlɪŋ/ N (= fish) morue f ; (young) jeune or petite morue

**codon** /ˈkəʊdɒn/ N codon m

**codpiece** /ˈkɒdpiːs/ N braguette f (portée aux XVᵉ et XVIᵉ siècles)

**co-driver** /ˈkəʊdraɪvəʳ/ N (in race) copilote m ; [of lorry, bus] deuxième chauffeur m

**codswallop*** /ˈkɒdzwɒləp/ N (NonC: Brit) bobards* mpl, foutaises⁑ fpl

**coed*** /ˈkəʊˈɛd/
**ADJ** abbrev of **coeducational**
**N** (US) étudiante f (dans un établissement mixte)

**co-edit** /ˌkəʊˈɛdɪt/ VT [+ book] coéditer

**co-edition** /ˌkəʊɪˈdɪʃən/ N coédition f
**coeducation** /ˈkəʊˌedjʊˈkeɪʃən/ N éducation f mixte
**coeducational** /ˈkəʊˌedjʊˈkeɪʃənl/ ADJ [school, teaching] mixte
**coefficient** /ˌkəʊɪˈfɪʃənt/ N coefficient m
**coelacanth** /ˈsiːləkænθ/ N (= fish) cœlacanthe m
**coelenterate** /sɪˈlentəreɪt/ N (= animal) cœlentéré m
**coeliac** /ˈsiːlɪˌæk/ ADJ cœliaque ◆ **coeliac disease** cœlialgie f
**coelioscopy** /ˌsiːlɪˈɒskəpɪ/ N (Med) cœlioscopie f
**coelom** /ˈsiːləm/ N cœlome m
**coelostat** /ˈsiːləˌstæt/ N cœlostat m
**coenurus** /siːˈnjʊərəs/ N (pl **coenuri** /siːˈnjʊəraɪ/) cénure m, cœnure m
**coenzyme** /kəʊˈenzaɪm/ N coenzyme m or f
**coequal** /ˌkəʊˈiːkwəl/ ADJ, N égal(e) m(f)
**coerce** /kəʊˈɜːs/ VT contraindre ◆ **to coerce sb into doing sth** contraindre qn à faire qch
**coercion** /kəʊˈɜːʃən/ N contrainte f, coercition f
**coercive** /kəʊˈɜːsɪv/ ADJ coercitif
**coeval** /kəʊˈiːvəl/
  ADJ contemporain (with de), du même âge (with que)
  N contemporain(e) m(f)
**coexist** /ˈkəʊɪgˈzɪst/ VI coexister (with avec)
**coexistence** /ˈkəʊɪgˈzɪstəns/ N coexistence f ; → **peaceful**
**coexistent** /ˈkəʊɪgˈzɪstənt/ ADJ coexistant (with avec)
**coextensive** /ˈkəʊɪkˈstensɪv/ ADV ◆ **coextensive with** (in space) de même étendue que ; (in time) de même durée que
**cofactor** /ˈkəʊˌfæktər/ N cofacteur m
**C of C** (abbrev of **Chamber of Commerce**) → **chamber**
**C of E** /ˌsiːəˈviː/ N (Brit) (abbrev of **Church of England**) → **church**
**coffee** /ˈkɒfɪ/
  N café m ◆ **a cup of coffee** une tasse de café ◆ **one** or **a coffee** un café ◆ **black coffee** café noir ◆ **white coffee** (Brit), **coffee with milk** (US) (gen) café m au lait ◆ **a white coffee** (Brit), **a coffee with milk** (US) (in café: when ordering) un café-crème
  COMP (= coffee flavoured) au café ; (= coffee coloured) (dark) couleur café inv ; (light) café au lait inv
  **coffee bar** N (Brit) café m, cafétéria f
  **coffee bean** N grain m de café
  **coffee break** N pause-café f
  **coffee cake** N (Brit : coffee-flavoured) moka m (au café) ; (US : served with coffee) gâteau m (que l'on sert avec le café)
  **coffee-coloured** ADJ (dark) couleur café inv ; (light) couleur café au lait inv
  **coffee cup** N tasse f à café
  **coffee filter** N filtre m à café
  **coffee grinder** N moulin m à café
  **coffee grounds** NPL marc m de café
  **coffee house** N (Hist) café m (au 18ᵉ siècle)
  **coffee machine** N (in café etc) percolateur m ; (= vending machine) machine f à café
  **coffee-maker** N (electric) cafetière f électrique ; (non-electric) cafetière f
  **coffee mill** N moulin m à café
  **coffee morning** N (gen) réunion f de femmes qui se retrouvent pour bavarder autour d'une tasse de café ; (for fund-raising) vente f de charité (où l'on sert le café)
  **coffee percolator** N ⇒ **coffee-maker**
  **coffee service, coffee set** N service m à café
  **coffee shop** N (= restaurant) cafétéria f ; (= shop) brûlerie f
  **coffee spoon** N cuiller f à café
  **coffee table** N table f basse
  **coffee table book** N beau livre m (grand format)
  **coffee tree** N caféier m
  **coffee whitener** N succédané m de lait
**coffeepot** /ˈkɒfɪpɒt/ N cafetière f
**coffer** /ˈkɒfər/ N ① coffre m, caisse f (fig) ◆ **coffers** (= funds) coffres mpl ◆ **the coffers (of State)** les coffres mpl de l'État
  ② (Hydraulics) caisson m
  ③ (also **coffer dam**) batardeau m
**coffin** /ˈkɒfɪn/
  N cercueil m, bière f ◆ **coffin nail** ( †* = cigarette) sèche* f
  COMP **coffin dodger** * N (hum) vieux débris m

**C of I** /ˌsiːəvˈaɪ/ N (Brit) (abbrev of **Church of Ireland**) → **church**
**cofinance** /kəʊfaɪˈnæns/ VT cofinancer
**C of S** /ˌsiːəvˈes/ N ① (Brit) (abbrev of **Church of Scotland**) → **church**
  ② (Mil) (abbrev of **Chief of Staff**) → **chief**
**cog** /kɒg/
  N (= tooth) dent f (d'engrenage) ; (= wheel) roue f dentée ◆ **he's only a cog in the wheel** or **machine** il n'est qu'un rouage (de la machine) ◆ **a system of cogs** un engrenage
  COMP **cog wheel** N roue f dentée
**cogency** /ˈkəʊdʒənsɪ/ N [of argument etc] puissance f, force f
**cogent** /ˈkəʊdʒənt/ SYN ADJ (= compelling) irrésistible ; (= convincing) puissant, convaincant ; (= relevant) pertinent, (fait) à-propos
**cogently** /ˈkəʊdʒəntlɪ/ ADV [argue, speak, express] de façon convaincante
**cogitate** /ˈkɒdʒɪteɪt/ SYN
  VI méditer, réfléchir ((up)on sur) ; (hum) cogiter ((up)on sur)
  VT [+ scheme] méditer
**cogitation** /ˌkɒdʒɪˈteɪʃən/ SYN N (NonC) réflexion f ; (hum) **cogitations** fpl
**cognac** /ˈkɒnjæk/ N cognac m
**cognate** /ˈkɒgneɪt/ SYN
  ADJ apparenté, analogue (with à), de même origine or source (with que) ; (Ling) [word, language] apparenté ; (Jur) parent
  N (Ling) mot m apparenté ; (Jur) cognat m, parent m proche
**cognation** /kɒgˈneɪʃən/ N cognation f
**cognition** /kɒgˈnɪʃən/ SYN N (NonC) connaissance f ; (Philos) cognition f
**cognitive** /ˈkɒgnɪtɪv/
  ADJ cognitif
  COMP **cognitive meaning** N (Ling) sens m cognitif
  **cognitive psychology** N psychologie f cognitive
  **cognitive therapy** N thérapie f cognitive
**cognizance** /ˈkɒgnɪzəns/ N ① (Jur, gen: frm) connaissance f ◆ **to take/have cognizance of...** prendre/avoir connaissance de... ◆ **this is outside his cognizance** ceci n'est pas de sa compétence ◆ **this case falls within the cognizance of the court** (Jur) cette affaire est de la compétence du tribunal
  ② (Heraldry) emblème m
**cognizant** /ˈkɒgnɪzənt/ ADJ (frm) instruit, ayant connaissance (of de) ; (Jur) compétent (of pour)
**cognomen** /kɒgˈnəʊmən/ N (pl **cognomens** or **cognomina** /kɒgˈnɒmɪnə/) (= surname) nom m de famille ; (= nickname) surnom m
**cognoscente, cognoscenti** /ˌkɒgnəʊˈʃentɪ, kɒnjəʊˈʃentɪ/ NPL ◆ **the cognoscenti** les spécialistes, les connaisseurs
**cogwheel** /ˈkɒgwiːl/ N roue f dentée
**cohabit** /kəʊˈhæbɪt/ VI cohabiter (with avec)
**cohabitant** /kəʊˈhæbɪtənt/ N ⇒ **cohabitee**
**cohabitation** /ˌkəʊhæbɪˈteɪʃən/ N cohabitation f
**cohabitee** /ˌkəʊhæbɪˈtiː/, **cohabiter** /kəʊˈhæbɪtər/ N (Admin) concubin(e) m(f)
**coheir** /ˈkəʊˈɛər/ N cohéritier m
**coheiress** /ˈkəʊˈɛərɪs/ N cohéritière f
**cohere** /kəʊˈhɪər/ VI ① (fig) être cohérent, se tenir
  ② (lit = stick) adhérer
**coherence** /kəʊˈhɪərəns/ N ① (fig) cohérence f
  ② (lit) adhérence f
**coherent** /kəʊˈhɪərənt/ SYN ADJ cohérent ◆ **incapable of coherent speech** incapable de s'exprimer de façon cohérente
**coherently** /kəʊˈhɪərəntlɪ/ ADV de façon cohérente
**cohesion** /kəʊˈhiːʒən/ N cohésion f
**cohesive** /kəʊˈhiːsɪv/ ADJ cohésif
**cohort** /ˈkəʊhɔːt/ N (gen, Mil) cohorte f ; (pej = supporter) acolyte m
**COI** /ˌsiːəʊˈaɪ/ N (Brit) (abbrev of **Central Office of Information**) service d'information gouvernemental
**coif** /kɔɪf/ N (= headdress) coiffe f ; (= skullcap) calotte f
**coiffed** /kɔɪft/ ADJ (frm) coiffé
**coiffure** /kwɒˈfjʊər/ N (frm) coiffure f
**coiffured** /kwɒˈfjʊəd/ ADJ (frm) ⇒ **coiffed**

**coil** /kɔɪl/ SYN
  VT [+ rope] enrouler ; [+ hair] enrouler, torsader ; (Elec) [+ wire] embobiner ; (Naut) [+ ship's rope] gléner ◆ **the snake coiled itself (up)** le serpent s'est lové
  VI [river] onduler, serpenter ; [rope] s'enrouler (round, about autour de) ; [snake] se lover
  N ① (= loops, roll) [of rope, wire] rouleau m ; (Naut) (on ship) glène f ; [of hair] rouleau m ; (at back of head) chignon m ; (over ears) macaron m
  ② (one loop) spire f ; [of cable] tour m ; [of hair] boucle f ; [of snake, smoke] anneau m
  ③ (Elec) bobine f ; (one loop) spire f
  ④ (Med) ◆ **the coil*** (= contraceptive) le stérilet
  COMP **coil spring** N ressort m hélicoïdal
**coin** /kɔɪn/ SYN
  N ① pièce f de monnaie ◆ **a 10p coin** une pièce de 10 pence ; → **toss**
  ② (NonC) monnaie f ◆ **current coin** monnaie f courante ◆ **in (the) coin of the realm** (frm) en espèces (sonnantes et trébuchantes) ◆ **to pay sb back in his own coin** (liter) rendre à qn la monnaie de sa pièce
  VT ① [+ money, medal] frapper ◆ **he is coining money** or **it (in)** (fig) il fait des affaires en or
  ② (fig) [+ word, phrase] inventer ◆ **to coin a phrase...** (hum iro) si je peux m'exprimer ainsi...
  COMP **coin box** N (= phone box) cabine f téléphonique (à pièces) ; (part of vending machine) caisse f
  **coin-operated** ADJ automatique ◆ **coin-operated laundry** (abbr: **coin-op**) laverie f automatique
**coinage** /ˈkɔɪnɪdʒ/ N (NonC) ① (= coins) monnaie f ; (= system) système m monétaire
  ② (= act) [of money] frappe f ; (fig) [of word etc] création f, invention f
**coincide** /ˌkəʊɪnˈsaɪd/ SYN VI coïncider (with avec)
**coincidence** /kəʊˈɪnsɪdəns/ SYN N coïncidence f
**coincident** /kəʊˈɪnsɪdənt/ ADJ (frm) identique (with à)
**coincidental** /kəʊˌɪnsɪˈdentl/ SYN ADJ fortuit ◆ **it's entirely coincidental** c'est une pure coïncidence
**coincidentally** /kəʊˌɪnsɪˈdentlɪ/ ADV par coïncidence ◆ **quite** or **purely coincidentally** par pure coïncidence
**coinsurance** /ˌkəʊɪnˈʃʊərəns/ N (US Med) assurance dont les cotisations sont payées pour moitié par l'entreprise
**coir** /kɔɪr/
  N coco m, coir m
  COMP **coir matting** N (NonC) tapis m de coco
**coital** /ˈkɔɪtəl/ ADJ coïtal
**coition** /kəʊˈɪʃən/ N coït m
**coitus** /ˈkɔɪtəs/
  N coït m
  COMP **coitus interruptus** N coït m interrompu ◆ **to practise coitus interruptus** pratiquer le coït interrompu
**Coke** ® /kəʊk/ N coca ® m
**coke**¹ /kəʊk/
  N coke m
  COMP **coke oven** N four m à coke
**coke²**‡ /kəʊk/ N (= drug) coco f, coke f
**cokehead**‡ /ˈkəʊkhed/ N cocaïnomane mf
**col** /kɒl/ N (Geol, Geog) col m
**Col.** (Mil) (abbrev of **Colonel**) ◆ **Col. T. Richard** (on envelope) le Colonel T. Richard
**col.** ① abbrev of **column**
  ② abbrev of **colour**
**COLA** /ˈkəʊlə/ N (US) (abbrev of **cost-of-living adjustment**) → **cost**
**cola**¹ /ˈkəʊlə/
  N cola or kola m
  COMP **cola nut** N noix f de cola
**cola²** /ˈkəʊlə/ NPL of **colon**
**colander** /ˈkʌləndər/ N passoire f
**colchicine** /ˈkɒltʃɪˌsiːn/ N colchicine f
**colcothar** /ˈkɒlkəθɑːr/ N colcotar m
**cold** /kəʊld/ LANGUAGE IN USE 7.5 SYN
  ADJ ① [day, drink, meal, meat, metal, water] froid ◆ **to be as cold as ice** [object] être froid comme de la glace ; [room] être glacial ; [person] être glacé aux yeux aux os ◆ **it's a cold morning/day** il fait froid ce matin/aujourd'hui ◆ **I'm cold** j'ai froid ◆ **I'm freezing cold** je suis gelé ◆ **my feet are cold** j'ai froid aux pieds ◆ **to get cold feet**

**coldly** /ˈkəʊldlɪ/ ADV [look, say] froidement ; [behave] avec froideur

**coldness** /ˈkəʊldnɪs/ N (lit, fig) froideur f

**coleopteran** /ˌkɒlɪˈɒptərən/ N coléoptère m

**coleslaw** /ˈkəʊlslɔː/ N salade f de chou cru

**coley** /ˈkəʊlɪ/ N lieu noir m, colin m

**colic** /ˈkɒlɪk/ N coliques fpl

**colicky** /ˈkɒlɪkɪ/ ADJ [baby] qui souffre de coliques ; [pain] dû à des coliques ; (fig) [disposition] grincheux

**coliform** /ˈkɒlɪfɔːm/ ADJ coliforme

**Coliseum** /ˌkɒlɪˈsiːəm/ N Colisée m

**colitis** /kɒˈlaɪtɪs/ N colite f

**collaborate** /kəˈlæbəreɪt/ SYN VI (also pej) collaborer ◆ **to collaborate with sb on** or **in sth** collaborer avec qn à qch

**collaboration** /kəˌlæbəˈreɪʃən/ SYN N (also pej) collaboration f (in à) ; (= piece of work) œuvre f produite en commun

**collaborationist** /kəˌlæbəˈreɪʃənɪst/ N collaborationniste mf

**collaborative** /kəˈlæbərətɪv/ ADJ fait en collaboration, commun

**collaboratively** /kəˈlæbərətɪvlɪ/ ADV [work] en collaboration (with avec)

**collaborator** /kəˈlæbəreɪtər/ SYN N (gen) collaborateur m, -trice f ; (pej : in World War II) collaborateur m, -trice f, collabo* mf

**collage** /kɒˈlɑːʒ/ N (Art) collage m

**collagen** /ˈkɒlədʒən/ N (Bio) collagène m

**collapsar** /kəˈlæpsər/ N (Astron) trou m noir

**collapse** /kəˈlæps/ SYN

 VI 1 [person, building, roof, floor, bridge, scaffolding] s'écrouler, s'effondrer ; [balloon] se dégonfler ; [beam] s'affaisser ; (fig) [one's health] se délabrer ; [government] s'écrouler ; [coalition] se disloquer ; [business, communism, defences, market, prices, system] s'effondrer ; [civilization, society, institution] s'écrouler ; [plan, scheme] s'écrouler, tomber à l'eau ; [company] faire faillite ; [talks, legal case, trial] échouer ; [agreement] tomber à l'eau ; [marriage] se solder par un échec ; (* : with laughter) être écroulé de rire ◆ **he collapsed at work and was taken to hospital** il a eu un grave malaise à son travail et on l'a emmené à l'hôpital ◆ **she collapsed onto her bed, exhausted** elle s'est écroulée or effondrée sur son lit, épuisée ◆ **his lung collapsed** (Med) il a fait un collapsus pulmonaire ◆ **collapsed lung** (Med) collapsus m pulmonaire

 2 (lit : fold for storage etc) [table, chairs] se plier

 VT 1 [+ table, chair] plier

 2 (fig) [+ paragraphs, items] réduire, comprimer

 N [of person, building, roof, bridge, scaffolding] écroulement m, effondrement m ; [of beam] affaissement m ; [of lung] collapsus m ; [of health] délabrement m ; [of government] chute f ; [of coalition] dislocation f ; [of company] faillite f ; [of business, communism, defences, market, prices, system] effondrement m ; [of talks, agreement, marriage, legal case, trial] échec m ; [of civilization, empire, plan, scheme] effondrement m, écroulement m ◆ **the country faces economic collapse** le pays risque l'effondrement de son économie ◆ **a 90% collapse in profits** une chute des profits de 90% ◆ **this led to a collapse in confidence in the economy** cela a eu pour effet de détruire la confiance dans l'économie ◆ **the collapse in demand for cars** l'effondrement de la demande de voitures

**collapsible** /kəˈlæpsəbl/ ADJ [table, chair, umbrella] pliant

**collar** /ˈkɒlər/ SYN

 N (attached: on garment) col m ; (separate, for men) faux-col m ; (for women) col m, collerette f ; (for dogs, horses etc) collier m ; (= part of animal's neck) collier m ; (Culin) [of beef, mutton etc] collier m ; (Tech: on pipe etc) bague f ◆ **to get hold of sb by the collar** saisir qn au collet ; → blue, white

 VT 1 * [+ person] (lit) mettre la main au collet de ; [+ book, object] faire main basse sur ◆ **I managed to collar her for long enough to talk about...** j'ai réussi à la coincer* assez longtemps pour pouvoir lui parler de...

 2 (Tech) [+ pipe etc] baguer

 COMP **collar button** N (US) bouton m de col

**collared dove** N tourterelle f turque

**collarbone** /ˈkɒləbəʊn/ N clavicule f

**collarstud** /ˈkɒləstʌd/ N (Brit) bouton m de col

**collate** /kɒˈleɪt/ VT 1 (= gather) réunir, rassembler

 2 (= compare) collationner (with avec)

 3 (Rel) nommer (to à)

**collateral** /kɒˈlætərəl/

 ADJ 1 (= parallel) parallèle ; [fact, phenomenon] concomitant ; (Jur, Med) collatéral

 2 (= subordinate) secondaire, accessoire ; (Fin) subsidiaire ◆ **collateral security** (Fin) nantissement m

 3 (Mil) ◆ **collateral damage** dommages mpl collatéraux

 N 1 (Fin) nantissement m ◆ **securities lodged as collateral** titres mpl remis en nantissement

 2 (Jur) collatéral(e) m(f)

**collateralize** /kɒˈlætərəlaɪz/ VT garantir par nantissement

**collation** /kɒˈleɪʃən/ N 1 (= gathering) collecte f

 2 (= comparison) collationnement m

**colleague** /ˈkɒliːg/ SYN N collègue mf

**collect¹** /ˈkɒlɛkt/ N (Rel) collecte f (prière)

**collect²** /kəˈlɛkt/ LANGUAGE IN USE 27.6 SYN

 VT 1 (= gather together, assemble) [+ valuables, wealth] accumuler, amasser ; [+ facts, information, documents] rassembler, recueillir ; [+ evidence, proof] rassembler ◆ **the collected works of Shakespeare** les œuvres fpl complètes de Shakespeare ◆ **she collected (together) a group of volunteers** elle a réuni un groupe de volontaires ◆ **the dam collects the water from the mountains** le barrage retient l'eau des montagnes ◆ **to collect paper for recycling** mettre le papier de côté pour le recycler ◆ **to collect one's wits** rassembler ses esprits ◆ **to collect o.s.** (= regain control of o.s.) se reprendre ; (= reflect quietly) se recueillir ◆ **to collect one's thoughts** se recueillir, se concentrer

 2 (= pick up) ramasser ◆ **the children collected (up) the books for the teacher** les enfants ont ramassé les livres pour le professeur ◆ **these vases collect the dust** ces vases attirent la poussière

 3 (= obtain) [+ money, subscriptions, signatures] recueillir ; [+ taxes, dues, fines] percevoir ; [+ rents] encaisser, toucher ◆ **collect on delivery** (US) paiement m à la livraison, livraison f contre remboursement ◆ **she collected the prize for best writer** elle a reçu le prix du meilleur écrivain

 4 (= take official possession of) [bus or railway company] [+ luggage etc] venir chercher (à domicile) ; [ticket collector] [+ tickets] ramasser ◆ **to collect letters** (Brit Post) faire la levée du courrier ◆ **the rubbish is collected twice a week** les ordures sont ramassées deux fois par semaine ◆ **the firm collects the empty bottles** la compagnie récupère les bouteilles vides ◆ **to collect goods/an order** (Comm) retirer des marchandises/une commande

 5 (as hobby) [+ stamps, antiques, coins] collectionner, faire collection de ◆ **she collects* poets/lame ducks** etc (fig) elle collectionne* les poètes/canards boiteux etc

 6 (= call for) [+ person] aller chercher, (passer) prendre ◆ **I'll collect you in the car/at 8 o'clock** je t'irai vous chercher or je passerai vous prendre en voiture/à 8 heures ◆ **to collect one's mail/one's keys** etc (passer) prendre son courrier/ses clés etc ◆ **I'll come and collect the book this evening** je passerai prendre le livre ce soir ◆ **the bus collects the children each morning** l'autobus ramasse les enfants tous les matins

 VI 1 [people] se rassembler, se réunir ; [things] s'amasser, s'entasser ; [dust, water] s'accumuler ◆ **a crowd had collected outside the building** une foule s'était rassemblée devant le bâtiment

 2 (for charity) ◆ **to collect for the injured** faire la quête or quêter pour les blessés

 3 (* = make money) se faire du fric* ◆ **he really collected on that deal** il s'est fait un sacré paquet de fric* sur cette affaire

 ADV (US Telec) ◆ **to call collect** téléphoner en PCV

 COMP **collect call** N (US Telec) communication f en PCV

**collecting bank** ADJ (Fin) banque f présentatrice

**collectable** /kəˈlɛktəbl/ ADJ ◆ **a collectable antique** or **item** une pièce de collection

**collected** /kəˈlɛktɪd/ SYN ADJ serein

**collection** /kəˈlɛkʃən/ SYN

 N 1 (= group) [of records, coins, stamps, paintings] collection f ◆ **winter/summer collection** (Fashion) collection f d'hiver/d'été

 2 (= anthology) [of stories, essays, songs] recueil m

 3 ◆ **a collection of buildings/people** (= a number of) un ensemble de bâtiments/personnes ◆ **there was a collection of books on the table** il y avait un assortiment de livres sur la table

**4** (= pick-up) [of goods, refuse] ramassage m ◆ **your curtains are ready for collection** vos rideaux sont prêts, vous pouvez venir les chercher
**5** (Brit Post) [of mail] levée f
**6** [of money] (for charity) collecte f ; (in church) quête f ◆ **to take the collection** faire la quête ◆ **to take a collection (for sb/sth)** faire une collecte (au profit de qn/qch or pour qn/qch)
**7** (NonC = act of gathering) [of taxes] perception f, collecte f, levée f ; [of rents] encaissement m ; [of information, signatures] collecte f
**COMP** **collection box** N (Rel) tronc m
**collection charges** NPL (Fin, Comm) frais mpl d'encaissement
**collection plate** N (Rel) plateau m pour la quête
**collection tin** N ⇒ collection box

**collective** /kəˈlektɪv/
**ADJ** collectif
**N** coopérative f
**COMP** **collective agreement** N (on working conditions) convention f collective
**collective bargaining** N (négociations fpl pour une) convention f collective de travail
**collective noun** N collectif m
**collective unconscious** N inconscient m collectif

**collectively** /kəˈlektɪvlɪ/ ADV collectivement

**collectivism** /kəˈlektɪvɪzəm/ N collectivisme m

**collectivist** /kəˈlektɪvɪst/ ADJ, N collectiviste mf

**collectivization** /kəˌlektɪvaɪˈzeɪʃən/ N collectivisation f

**collectivize** /kəˈlektɪvaɪz/ VT collectiviser

**collector** /kəˈlektər/
**N** [of taxes] percepteur m ; [of dues] receveur m ; [of rent, cash] encaisseur m ; [of stamps, coins etc] collectionneur m, -euse f ◆ **ticket collector** contrôleur m, -euse f
**COMP** **collector's item** N pièce f de collection

**colleen** /ˈkɒliːn/ N jeune Irlandaise f ; (in Ireland) jeune fille f

**college** /ˈkɒlɪdʒ/
**N** **1** (= institution for higher education) établissement m d'enseignement supérieur ; (for professional training) école f professionnelle, collège m technique ; (= university) université f ◆ **College of Advanced Technology** (Brit) ≈ IUT m, ≈ Institut m universitaire de technologie ◆ **college of agriculture** institut m agronomique ◆ **college of art** école f des beaux-arts ◆ **college of domestic science** école f or centre m d'enseignement ménager ◆ **College of Education** (Brit) ≈ IUFM m, ≈ institut m universitaire de formation des maîtres ◆ **College of Further Education** (Brit) centre m de formation continue ◆ **college of music** conservatoire m de musique ◆ **to go to college** (gen) faire des études supérieures ; (specifically university) aller à l'université ◆ **college catalog(ue)** (US Univ) livret m de l'étudiant ◆ **college staff** corps m enseignant ; → **naval, teacher**
**2** (within a university) (Brit) collège m ; (US) faculté f
**3** (= club) société f ; (= learned society) académie f ◆ **College of Physicians/Surgeons** Académie f de médecine/de chirurgie ◆ **the College of Cardinals** le Sacré Collège ; → **electoral**
**COMP** **college-bound** ADJ (US Scol) ◆ **college-bound student** élève mf qui se destine aux études universitaires ◆ **college-bound program** programme m de préparation aux études universitaires

◦ **COLLEGE**
◦ Terme désignant de façon générale un établissement d'enseignement supérieur, le plus souvent une université. En Grande-Bretagne, un **college** peut aussi bien enseigner les arts plastiques ou la musique que préparer des brevets de technicien supérieur en coiffure ou en secrétariat.
◦ Certaines universités, dont Oxford et Cambridge, sont organisées en **colleges**, qui sont responsables de l'organisation de l'enseignement ; la délivrance des diplômes reste la prérogative des universités.
◦ Aux États-Unis, les universités sont administrativement divisées en **colleges**, qui correspondent à des facultés, par exemple « College of Arts and Sciences » et « College of Medicine ». Les « junior **colleges** » ou « community **colleges** » sont des établissements de premier cycle universitaire, qui assurent également la formation continue des adultes salariés. Les diplômes de troisième cycle universitaire sont décernés par une « graduate school ». → **DEGREE** → , **OXBRIDGE**

**collegial** /kəˈliːdʒɪəl/ ADJ collégial

**collegiate** /kəˈliːdʒɪɪt/
**ADJ** [life] de collège ; (Can) [studies] secondaire
**COMP** **collegiate church** N collégiale f

**col legno** /kɒlˈlegnəʊ/ ADV (Mus) col legno

**collenchyma** /kəˈleŋkɪmə/ N collenchyme m

**collide** /kəˈlaɪd/ SYN VI **1** (lit) [vehicles, trains, planes] entrer en collision, se heurter ; [people] se heurter ◆ **to collide with** [+ vehicle, train, plane] entrer en collision avec, heurter ; [+ person] heurter ; [+ ship] aborder
**2** (fig) se heurter (with à), entrer en conflit (with avec)

**collider** /kəˈlaɪdər/ N collisionneur m

**collie** /ˈkɒlɪ/ N colley m

**collier** /ˈkɒlɪər/ N **1** (= miner) mineur m
**2** (= ship) charbonnier m

**colliery** /ˈkɒlɪərɪ/ N (Brit) houillère f, mine f (de charbon)

**collimator** /ˈkɒlɪˌmeɪtər/
**N** collimateur m
**COMP** **collimator viewfinder** N (Phot) viseur m à cadre lumineux

**collision** /kəˈlɪʒən/ SYN
**N** **1** (lit) collision f, heurt m ; (of trains) collision f ; (of boats) abordage m ◆ **to come into collision with** [+ car, train] entrer en collision avec, heurter ; [+ boat] aborder
**2** (fig) conflit m, opposition f
**COMP** **collision course** N ◆ **to be on a collision course** [ship] être sur une route de collision ; (fig) aller au-devant de l'affrontement (with avec)
**collision damage waiver** N (Insurance) clause d'exclusion des dommages dus à une collision, donnant droit à une réduction des frais de contrat

**collocate** /ˈkɒləkət/ (Ling)
**N** cooccurrent m
**VI** /ˈkɒləkeɪt/ [words] être cooccurrents ◆ **to collocate with...** être le cooccurrent de...

**collocation** /ˌkɒləˈkeɪʃən/ N (Ling) collocation f

**collodion** /kəˈləʊdɪən/ N (Med, Phot) collodion m

**colloid** /ˈkɒlɔɪd/ N (Chem, Physiol) colloïde m

**colloidal** /kɒˈlɔɪdl/ ADJ (Chem, Med) colloïdal

**colloquial** /kəˈləʊkwɪəl/ SYN ADJ familier

**colloquialism** /kəˈləʊkwɪəlɪzəm/ N expression f familière

**colloquially** /kəˈləʊkwɪəlɪ/ ADV familièrement, dans le langage parlé

**colloquium** /kəˈləʊkwɪəm/ N (pl colloquiums or colloquia /kəˈləʊkwɪə/) colloque m

**colloquy** /ˈkɒləkwɪ/ N colloque m, conversation f

**collotype** /ˈkɒləʊˌtaɪp/ N (= process) phototypie f

**collude** /kəˈluːd/ VI s'associer (dans une affaire louche)

**collusion** /kəˈluːʒən/ SYN N collusion f ◆ **in collusion with...** en complicité avec..., de connivence avec...

**collusive** /kəˈluːsɪv/ ADJ (frm pej) collusoire (frm)

**collywobbles*** /ˈkɒlɪˌwɒblz/ NPL ◆ **to have the collywobbles** (= be scared) avoir la frousse* or la trouille* ; (= have stomach trouble) avoir la chiasse*

**Colo.** abbrev of **Colorado**

**colobus** /ˈkɒləbəs/ N (= monkey) colobe m

**cologarithm** /kəʊˈlɒɡərɪðəm/ N (Math) cologarithme m

**Cologne** /kəˈləʊn/ N **1** Cologne
**2** ◆ **(eau de) Cologne** eau f de Cologne

**Colombia** /kəˈlɒmbɪə/ N Colombie f

**Colombian** /kəˈlɒmbɪən/
**ADJ** colombien
**N** Colombien(ne) m(f)

**colon¹** /ˈkəʊlən/ N (pl colons or cola) (Anat) côlon m

**colon²** /ˈkəʊlən/ N (pl colons) (Gram) deux-points m inv

**colonel** /ˈkɜːnl/ N colonel m ◆ **Colonel Smith** le colonel Smith ; (on envelope) le Colonel Smith

**colonial** /kəˈləʊnɪəl/
**ADJ** **1** colonial
**2** [house] en style du 18ᵉ siècle, style 18ᵉ → **HOUSE**
**N** colonial(e) m(f)
**COMP** **Colonial Office** N ministère m des Colonies

**colonialism** /kəˈləʊnɪəlɪzəm/ N colonialisme m

**colonialist** /kəˈləʊnɪəlɪst/ ADJ, N colonialiste mf

**colonic** /kəʊˈlɒnɪk/
**ADJ** du côlon
**COMP** **colonic irrigation** N lavage m de l'intestin

**colonist** /ˈkɒlənɪst/ SYN N colon m (habitant etc d'une colonie)

**colonitis** /ˌkɒləˈnaɪtɪs/ N (Med) colite f

**colonization** /ˌkɒlənaɪˈzeɪʃən/ N colonisation f

**colonize** /ˈkɒlənaɪz/ SYN VT coloniser

**colonized** /ˈkɒlənaɪzd/ ADJ colonisé

**colonizer** /ˈkɒlənaɪzər/ N colonisateur m, -trice f

**colonnade** /ˌkɒləˈneɪd/ N colonnade f

**colonnaded** /ˌkɒləˈneɪdɪd/ ADJ à colonnades

**colonoscope** /kəˈlɒnəˌskəʊp/ N coloscope m

**colonoscopy** /ˌkɒləˈnɒskəpɪ/ N (Med) coloscopie f

**colony** /ˈkɒlənɪ/ SYN N (all senses) colonie f ; → **leper**

**colophon** /ˈkɒləfən/ N (= emblem) logotype m, colophon m ; (= end text in book) achevé m d'imprimer ; (= end text in manuscript) colophon m

**color** (etc) /ˈkʌlər/ (US) ⇒ **colour**

**Colorado** /ˌkɒləˈrɑːdəʊ/
**N** (= state) Colorado m ◆ **in Colorado** dans le Colorado
**COMP** **Colorado beetle** N doryphore m

**colorant** /ˈkʌlərənt/ N (US) ⇒ **colourant**

**coloration** /ˌkʌləˈreɪʃən/ N coloration f, coloris m ; → **protective**

**coloratura** /ˌkɒlərəˈtʊərə/
**N** coloratura f
**ADJ** [voice, part] de coloratura

**colorcast** /ˈkʌləˌkɑːst/
**N** émission f en couleurs
**VT** retransmettre en couleurs

**colorectal** /ˌkəʊləʊˈrektəl/ ADJ colorectal

**colorimeter** /ˌkʌləˈrɪmɪtər/ N (Phys) colorimètre m

**colorimetry** /ˌkʌləˈrɪmɪtrɪ/ N (Chem) colorimétrie f

**colossal** /kəˈlɒsl/ SYN ADJ (lit, fig) colossal

**colossally** /kəˈlɒsəlɪ/ ADV [expensive, destructive] effroyablement ; [improve, increase] de façon phénoménale ◆ **colossally powerful** d'une puissance colossale

**colossi** /kəˈlɒsaɪ/ NPL of **colossus**

**Colossians** /kəˈlɒʃənz/ N Colossiens mpl

**colossus** /kəˈlɒsəs/ N (pl colossi or colossuses) colosse m ◆ **the Colossus of Rhodes** le Colosse de Rhodes

**colostomy** /kəˈlɒstəmɪ/
**N** colostomie f
**COMP** **colostomy bag** N poche f pour colostomie

**colostrum** /kəˈlɒstrəm/ N colostrum m

**colour** (Brit), **color** (US) /ˈkʌlər/ SYN
**N** **1** (= hue) couleur f ◆ **what colour is it?** de quelle couleur est-ce ? ◆ **there's not enough colour in it** cela manque de couleur ◆ **to change colour** changer de couleur ◆ **to take the colour out of sth** décolorer qch ; → **primary**
**2** (fig) ◆ **the colour of a newspaper** la couleur or les opinions fpl d'un journal ◆ **let's see the colour of your money*** fais voir la couleur de ton fric* ◆ **a symphony/a poem full of colour** une symphonie pleine/un poème plein de couleur ◆ **to give** or **lend colour to a tale** colorer un récit ◆ **to give a false colour to sth** présenter qch sous un faux jour, déformer qch ◆ **under (the) colour of...** sous prétexte or couleur de...
**3** (= complexion) teint m, couleur f (du visage) ◆ **to change colour** changer de couleur or de visage

## colourant | combustion

♦ **to lose (one's) colour** pâlir, perdre ses couleurs ♦ **to get one's colour back** reprendre des couleurs ♦ **he looks an unhealthy colour** il a très mauvaise mine ♦ **he had gone a funny colour** il avait pris une couleur bizarre ♦ **to have a high colour** être rougeaud ; → **off**

④ *(Art)* (= *pigment*) matière f colorante, couleur f ; (= *paint*) peinture f ; (= *dye*) teinture f ; (= *shades, tones*) coloris m, couleur f ♦ **to paint sth in bright/dark colours** (lit) peindre qch de couleurs vives/sombres ; (fig) peindre qch sous de belles couleurs/sous des couleurs sombres ♦ **to see sth in its true colours** voir qch sous son vrai jour ; see also **colours** npl ; → **local, watercolour**

⑤ *[of race]* couleur f ♦ **his colour counted against him** sa couleur jouait contre lui ♦ **it is not a question of colour** ce n'est pas une question de race ♦ **people of colour** † gens mpl de couleur

**NPL** **colours** (= *symbol of allegiance*) couleurs fpl (d'un club, d'un parti etc) ; *(Mil)* couleurs fpl, drapeau m ; *(Naut) [of ship]* couleurs fpl, pavillon m ♦ **to get** or **win one's colours** *(Sport)* être sélectionné pour (faire partie de) l'équipe ♦ **to salute the colours** saluer le drapeau ♦ **to fight with the colours** combattre sous les drapeaux ♦ **to stick to one's colours** rester fidèle à ses principes or à ce qu'on a dit ♦ **he showed his true colours when he said...** il s'est révélé tel qu'il est vraiment quand il a dit... ; → **flying, nail, troop**

**VT** ① *(lit)* (= *give colour to*) colorer, donner de la couleur à ; *(with paint)* peindre ; *(with crayons etc)* colorier ; (= *dye*) teindre ; (= *tint*) teinter ♦ **to colour sth red** colorer (or colorier etc) qch en rouge ♦ **to colour (in) a picture** colorier une image

② *(fig)* [+ *story, description*] colorer ; [+ *facts*] (= *misrepresent*) fausser ; (= *exaggerate*) exagérer ; see also **coloured** adj 2

**VI** *[thing]* se colorer ; *[person]* rougir

**COMP** **color line** N *(US)* ⇒ **colour bar**
**colour bar** N *(Brit)* discrimination f raciale
**colour-blind** ADJ daltonien ; *(fig = non-discriminatory)* sans discrimination raciale
**colour blindness** N daltonisme m, achromatopsie f
**colour camera** *(TV)* caméra f couleur inv
**colour code** N code m couleurs
**colour-code** VT codifier par couleurs
**colour film** N *(for camera)* pellicule f couleur(s) ; *(for movie camera; in cinema)* film m en couleur(s)
**colour filter** *(Phot)* filtre m coloré
**colour photograph** N photo f en couleur(s)
**colour photography** N photographie f en couleur(s)
**colour printer** N imprimante f couleur
**colour scheme** N combinaison f de(s) couleurs ♦ **to choose a colour scheme** assortir les couleurs or les tons
**colour sergeant** N *(Brit Mil)* ≈ sergent-chef m
**colour slide** N diapositive f en couleur(s)
**colour supplement** N *(Brit Press)* supplément m illustré
**colour television** N télévision f en couleur(s)

**colourant** /ˈkʌlərənt/ N colorant m

**coloured, colored** *(US)* /ˈkʌləd/

**ADJ** ① (= *not black or white*) [glass, water] coloré ; [chalk, pencil, bead] de couleur ; [picture, photo, television] en couleur(s) ; [fabric, garment] de couleur ; [drawing] colorié ♦ **to be coloured pink/blue** être coloré en rose/en bleu ♦ **brightly coloured** aux couleurs vives ♦ **coffee-coloured** couleur café inv ♦ **gold-coloured** doré ♦ **mauve-coloured** (couleur) mauve ♦ **muddy-coloured** couleur de boue ♦ **a straw-coloured hat** un chapeau couleur paille

② (= *exaggerated*) ♦ **a highly coloured tale** un récit enjolivé

③ † *[person]* de couleur

④ *(in South Africa) [person]* métis (métisse f)

**NPL** **coloureds** † *(US, Brit)* personnes fpl de couleur ; *(in South Africa)* métis mpl ; → **cape²**

**colourfast, colorfast** *(US)* /ˈkʌləfɑːst/ ADJ grand teint inv

**colourfastness** /ˈkʌləˌfɑːstnɪs/ N ♦ **to test** or **check for colourfastness** vérifier si les couleurs résistent au lavage

**colourful, colorful** *(US)* /ˈkʌləfʊl/ SYN ADJ
① (= *bright*) [flowers, clothes, poster, design] aux couleurs vives
② (= *exciting*) [story, account, history, character, figure] pittoresque, haut en couleur

③ (*euph* = *immoral*) [past, career, background] mouvementé

④ (*euph* = *vulgar*) [language] très libre

**colourfully, colorfully** *(US)* /ˈkʌləfəli/ ADV
① (= *brightly*) [dressed, painted, decorated] de couleurs vives
② (= *excitingly*) [describe] dans un style pittoresque or haut en couleur
③ (*euph* = *vulgarly*) [swear, call] d'une manière expressive

**colouring, coloring** *(US)* /ˈkʌlərɪŋ/
**N** ① (= *complexion*) teint m ♦ **high colouring** teint m coloré
② *(NonC)* coloration f ; *[of drawings etc]* coloriage m ; *(fig) [of news, facts etc]* travestissement m, dénaturation f
③ (= *hue*) coloris m, coloration f
④ *(in food)* colorant m (alimentaire)
**COMP** **colouring book** N album m à colorier

**colourist, colorist** *(US)* /ˈkʌlərɪst/ N *(Art, Hairdressing)* coloriste mf ; *(Printing)* chromiste mf

**colourization, colorization** *(US)* /ˌkʌləraɪˈzeɪʃən/ N *(Cine)* colorisation f

**colourize, colorize** *(US)* /ˈkʌləraɪz/ VT *(Cine)* coloriser

**colourless, colorless** *(US)* /ˈkʌləlɪs/ SYN ADJ *(lit)* sans couleur, incolore ; *(fig)* terne, fade

**colourway** /ˈkʌləweɪ/ N *(Brit)* coloris m

**colposcope** /ˈkɒlpəskəʊp/ N *(Med)* colposcope m

**colt** /kəʊlt/ N ① (= *horse*) poulain m ; *(fig* = *a youth)* petit jeune m (pej), novice m
② ♦ **Colt** ® (= *pistol*) colt m

**colter** /ˈkəʊltər/ N *(US Agr)* coutre m

**coltish** /ˈkəʊltɪʃ/ ADJ (= *frisky*) guilleret, folâtre ; (= *inexperienced*) jeunet, inexpérimenté

**coltsfoot** /ˈkəʊltsfʊt/ N (pl **coltsfoots**) (= *plant*) pas-d'âne m inv, tussilage m

**colugo** /kəˈluːgəʊ/ N galéopithèque m

**Columbia** /kəˈlʌmbɪə/ N *(US)* ♦ **(District of) Columbia** (le district fédéral de) Columbia ; → **British**

**Columbine** /ˈkɒləmbaɪn/ N *(Theat)* Colombine f

**columbine** /ˈkɒləmbaɪn/ N ancolie f

**Columbus** /kəˈlʌmbəs/
**N** ♦ **(Christopher) Columbus** Christophe Colomb m
**COMP** **Columbus Day** N *(US)* jour férié le deuxième lundi d'octobre, commémorant la découverte de l'Amérique par Christophe Colomb

**column** /ˈkɒləm/ SYN
**N** *(all senses)* colonne f ; → **fifth**
**COMP** **column inch** N dans un journal, espace de 2,5 centimètres sur la largeur d'une colonne

**columnist** /ˈkɒləmnɪst/ SYN N *(Press)* chroniqueur m, échotier m, -ière f

**colure** /kəˈlʊər/ N *(Astron)* colure m

**colza** /ˈkɒlzə/ N (= *plant*) colza m

**coma** /ˈkəʊmə/ SYN N coma m ♦ **in a coma** dans le coma

**comatose** /ˈkəʊmətəʊs/ SYN ADJ comateux

**comb** /kəʊm/ SYN
**N** ① peigne m ; (*large-toothed*) démêloir m ♦ **to run a comb through one's hair, to give one's hair a comb** se donner un coup de peigne, se peigner
② *(for horse)* étrille f ; *(Tech: for wool etc)* peigne m, carde f ; *(Elec)* balai m
③ *[of fowl]* crête f ; *[of helmet]* cimier m
④ (= *honeycomb*) rayon m de miel
**VT** ① peigner ; [+ *wool, fabric*] peigner, carder ; [+ *horse*] étriller ♦ **to comb one's hair** se peigner ♦ **to comb sb's hair** peigner qn
② *(fig* = *search*) [+ *area, hills, town*] fouiller, ratisser ♦ **he combed (through) the papers looking for evidence** il a dépouillé le dossier à la recherche d'une preuve

**COMP** **comb-over*** N *(pej)* mèche rabattue sur un crâne chauve
▶ **comb out** VT SEP [+ *hair*] peigner, démêler ♦ **they combed out the useless members of the staff** on a passé le personnel au peigne fin et éliminé les incapables

**combat** /ˈkɒmbæt/ SYN
**N** combat m ; → **close¹, unarmed**
**VT** combattre, lutter contre
**COMP** **combat car** N *(véhicule m)* blindé m léger de campagne
**combat duty** N ♦ **on combat duty** en service commandé
**combat fatigue** N psychose f traumatique *(du soldat)*
**combat jacket** N veste f de treillis
**combat knife** N (pl **combat knives**) poignard m
**combat neurosis** N ⇒ **combat fatigue**
**combat-ready** ADJ prêt à combattre or au combat
**combat troops** NPL troupes fpl de combat
**combat trousers** NPL treillis m
**combat zone** N zone f de combat

**combatant** /ˈkɒmbətənt/ SYN ADJ, N combattant(e) m(f)

**combative** /ˈkɒmbətɪv/ ADJ combatif

**combe** /kuːm/ N ⇒ **coomb**

**comber** /ˈkəʊmər/ N (= *fish*) serran m, perche f de mer

**combination** /ˌkɒmbɪˈneɪʃən/ SYN
**N** *(gen, Chem, Math: also of lock)* combinaison f ; *[of people]* association f, coalition f ; *[of events]* concours m ; *[of interests]* coalition f ♦ **(motor-cycle) combination** *(Brit)* side-car m
**NPL** **combinations** (= *undergarment*) combinaison-culotte f (de femme)
**COMP** **combination lock** N serrure f à combinaison
**combination sandwich** N *(US)* gros sandwich m mixte
**combination therapy** N thérapie f combinée

**combinational** /ˌkɒmbɪˈneɪʃənl/ ADJ combinatoire

**combine** /kəmˈbaɪn/ SYN
**VT** combiner *(with avec)*, joindre *(with à)* ; *(Chem)* combiner ♦ **he combined generosity with discretion** il alliait la générosité à la discrétion ♦ **they combined forces/efforts** ils ont uni or joint leurs forces/efforts ♦ **to combine business with pleasure** mélanger le travail et l'agrément, joindre l'utile à l'agréable
**VI** s'unir, s'associer ; *[parties]* fusionner ; *[workers]* s'associer ; *(Chem)* se combiner ; *(fig)* se liguer *(against contre)* ; *[events]* concourir *(to do sth à faire qch)*
**N** /ˈkɒmbaɪn/ ① association f ; *(Comm, Fin)* trust m, cartel m ; *(Jur)* corporation f
② *(also* **combine harvester**) moissonneuse-batteuse f
**COMP** **combining form** N *(Ling)* élément m de mot

**combined** /kəmˈbaɪnd/
**ADJ** ① (= *mixed*) ♦ **combined with** conjugué à or avec
② (= *joint*) [efforts] conjugué, combiné
③ (= *total*) [salaries] joint ♦ **combined assets** capital m commun ♦ **their combined wealth** leurs fortunes réunies
④ ♦ **combined clock and radio** radio-réveil m
**COMP** **combined forces** NPL *(Mil)* forces f alliées
**combined honours** N *(Brit Univ)* ♦ **to do combined honours** faire un double cursus
**combined operation** N *(Mil)* opération f combinée

**combo*** /ˈkɒmbəʊ/ N *(Mus)* petite formation f musicale

**combustible** /kəmˈbʌstɪbl/ ADJ [material] combustible ; *(fig)* [situation, atmosphere] explosif, critique

**combustion** /kəmˈbʌstʃən/
**N** combustion f ; → **internal, spontaneous**
**COMP** **combustion chamber** N chambre f d'explosion

## come /kʌm/ SYN

vb: pret **came**, ptp **come**

1 - INTRANSITIVE VERB
2 - TRANSITIVE VERB
3 - NOUN
4 - COMPOUNDS
5 - PHRASAL VERBS

### 1 - INTRANSITIVE VERB

**1** venir ; (= arrive) venir, arriver ◆ **come here** venez ici ◆ **no one has come** personne n'est venu ◆ **come and see me soon, come see me soon** (US) venez me voir bientôt ◆ **he has come to mend the television** il est venu réparer la télévision ◆ **the time will come when...** un jour viendra où..., il viendra un temps où... ◆ **he has come a long way** (lit) il est venu de loin ; (fig = made great progress) il a fait du chemin ◆ **help came in time** les secours sont arrivés à temps ◆ **when did he come?** quand est-il arrivé ? ◆ **to come home** rentrer (chez soi or à la maison) ◆ **coming!** j'arrive ! ◆ **come, come!, come now!** allons !, voyons ! ◆ **when your turn comes** quand ce sera (à) votre tour, quand votre tour viendra ◆ **she is coming\* six** elle va sur ses six ans, elle va avoir six ans ◆ **she had it coming to her\*** elle l'a or l'avait (bien) cherché ◆ **he got what was coming to him** il n'a eu que ce qu'il méritait ◆ **come again?\*** comment ?, pardon ? ◆ **I don't know whether I'm coming or going** je ne sais plus où donner de la tête

♦ **to come** + preposition ◆ **you go on, I'll come AFTER (you)** allez-y, je vous suis ◆ **the rain came closely AFTER the thunderclap** la pluie a suivi de près le coup de tonnerre ◆ **it came AS a shock to him** cela lui a fait un choc ◆ **it came AS a surprise to him** cela l'a (beaucoup) surpris ◆ **to come BEFORE sb/sth** venir avant qn/qch ◆ **to come BEFORE a judge** (Jur) [accused] comparaître devant un juge ; [case] être entendu par un juge ◆ **to come BEHIND sb/sth** suivre qn/qch ◆ **to come BETWEEN two people** (fig = cause trouble) (venir) se mettre entre deux personnes ◆ **to come FOR sb/sth** venir chercher or venir prendre qn/qch ◆ **he has come FROM Edinburgh** il est venu d'Édimbourg ◆ **he has just come FROM Edinburgh** il arrive d'Édimbourg ◆ **to come FROM** (fig = originate from) [person] venir de, être originaire or natif de ; [object, commodity] provenir or venir de ◆ **he comes FROM a very poor family** il vient or il est issu d'une famille très pauvre ◆ **I know where you're coming from\*** (fig) je te comprends ◆ **it came INTO my head that...** il m'est venu à l'esprit que... ◆ **to come INTO sight** apparaître, devenir visible ◆ **they came TO a town** ils sont arrivés à une ville, ils ont atteint une ville ◆ **to come TO a decision** parvenir à or prendre une décision ◆ **to come TO an end** toucher à sa fin ◆ **to come TO the throne** monter sur le trône ◆ **so it has come TO this!** nous en sommes donc là ! ◆ **if it comes TO that, you shouldn't have done it either** à ce compte-là or à ce moment-là\* tu n'aurais pas dû le faire non plus ◆ **if it comes TO that, why did you go?** dans ce cas-là or à ce moment-là, pourquoi y es-tu allé ? ◆ **when it comes TO mathematics, no one can beat her** pour ce qui est des mathématiques, elle est imbattable ◆ **come WITH me** venez avec moi ; → **agreement, bloom, blossom, blow², effect, grief**

♦ **to come** + -ing ◆ **to come running/shouting etc** arriver en courant/en criant etc ◆ **to come hurrying** arriver en toute hâte

♦ **to come** + infinitive'(= be finally in a position to) en venir à, finir par ◆ **I have come to believe him** j'en suis venu à le croire ◆ **she will be six come August** elle aura six ans au mois d'août or en août ◆ **a week come Monday** il y aura huit jours lundi

**2** [= HAVE ONE'S PLACE] venir, se trouver, être placé ◆ **May comes before June** mai vient avant or précède juin ◆ **July comes after June** juillet vient après or suit juin ◆ **this passage comes on page 10** ce passage se trouve à la page 10 ◆ **the adjective must come before the noun** l'adjectif doit être placé devant or précéder le substantif ◆ **a princess comes before a duchess** une princesse prend le pas or a la préséance sur une duchesse ◆ **to come first/second** (in race) arriver premier/deuxième ; (in exam) être classé premier/deuxième

**3** [= HAPPEN] arriver (to à), se produire ◆ **no harm will come to him** il ne lui arrivera rien de mal ◆ **economic recovery came slowly** la reprise économique a été lente ◆ **how do you come to be so late?** comment se fait-il que vous soyez si en retard ? ◆ **come what may** quoi qu'il arrive subj

♦ **to come of sth** ◆ **nothing came of it** il n'en est rien résulté ◆ **that's what comes of not doing as you're told!** voilà ce que c'est que de désobéir !, voilà ce qui arrive quand on désobéit ! ◆ **no good will come of it** ça ne mènera à rien de bon, il n'en sortira rien de bon

♦ **how come?\*** comment ça se fait ? ◆ **how come you can't find it?\*** comment se fait-il que tu n'arrives subj pas à le trouver ?

**4** [= BE AVAILABLE] ◆ **this dress comes in three sizes** cette robe existe or se fait en trois tailles ◆ **she's as clever as they come** elle est futée comme pas une\* ◆ **how do you like your tea? – as it comes** comment voulez-vous votre thé ? – peu importe or ça m'est égal

**5** [\* = REACH ORGASM] jouir

### 2 - TRANSITIVE VERB

[\*] ◆ **that's coming it a bit strong!** faut pas pousser !\*, ça, c'est un peu fort ! ; → **innocent**

### 3 - NOUN

[\*\* = SEMEN] foutre\*\*m

### 4 - COMPOUNDS

**come-at-able\*** ADJ accessible
**come-hither\*** ADJ ◆ **she gave him a come-hither look** elle lui a lancé un regard aguichant
**come-on\*** N (gen = lure) attrape-nigaud m, truc\* m ◆ **to give sb the come-on** (sexual) provoquer qn, allumer\* qn
**come-to-bed eyes** NPL ◆ **she has come-to-bed eyes** elle a un regard provocant or aguicheur

### 5 - PHRASAL VERBS

▶ **come about** VI **1** (impers = happen) se faire impers + que + subj, arriver, se produire ◆ **how does it come about that you are here?** comment se fait-il que vous soyez ici ? ◆ **this is why it came about** voilà pourquoi c'est arrivé or cela s'est produit

**2** [wind] tourner, changer de direction

▶ **come across**

VI **1** (= cross) traverser

**2** ◆ **he comes across as an honest man** il donne l'impression d'être un honnête homme ◆ **his speech came across very well** son discours a fait bonne impression ◆ **his speech came across very badly** son discours n'a pas fait d'effet or n'a pas passé la rampe ◆ **despite his attempts to hide them, his true feelings came across quite clearly** malgré ses efforts pour les cacher, ses vrais sentiments se faisaient sentir clairement

**3** (US \* = keep promise etc) s'exécuter, tenir parole

VT FUS (= find or meet by chance) [+ thing] trouver par hasard, tomber sur ; [+ person] rencontrer par hasard, tomber sur ◆ **if you come across my watch...** si vous tombez sur ma montre...

▶ **come across with\*** VT FUS [+ money] se fendre de\*, y aller de\* ; [+ information] donner, vendre ◆ **he came across with £10** il s'est fendu\* de 10 livres ◆ **the criminal came across with the names of his accomplices** le criminel a donné\* ses complices

▶ **come along** VI **1** (imper only) ◆ **come along!** (impatiently) allons or voyons, dépêchez-vous ! ; (in friendly tone) (allez,) venez !

**2** (= accompany) venir, suivre ◆ **could my sister come along as well?** est-ce que ma sœur peut venir aussi ? ◆ **why don't you come along?** pourquoi ne viendrais-tu pas ? ◆ **come along with me** venez avec moi, suivez-moi

**3** (= arrive by chance) ◆ **it was lucky you came along** c'est une chance que vous soyez venu ◆ **he waited a long time for the perfect job to come along** il a attendu longtemps avant que l'emploi idéal ne se présente subj

**4** (= progress) avancer, faire des progrès ; [plants, children] pousser ; [plans] avancer ◆ **he's coming along in French** il fait des progrès en français ◆ **how is your broken arm? – it's coming along quite well** comment va votre bras cassé ? – il or ça se remet bien ◆ **my book isn't coming along at all well** mon livre n'avance pas bien

▶ **come around** VI ⇒ **come round**

▶ **come at** VT FUS attaquer ◆ **he came at me with an axe** il s'est jeté sur moi en brandissant une hache

▶ **come away** VI **1** (= leave) partir, s'en aller ◆ **she had to come away before the end** elle a dû partir avant la fin ◆ **come away from there!** sors de là !, écarte-toi de là !

**2** (= become detached) [button etc] se détacher, partir ◆ **it came away in my hands** cela m'est resté dans les mains

▶ **come back** VI [person] revenir ; [fashion] revenir à la mode ◆ **he came back two hours later** il est revenu deux heures plus tard ◆ **he came back strongly into the game** (Sport) il est revenu en force dans le jeu ◆ **to come back from injury/defeat** (Sport) faire son come-back après une blessure/défaite ◆ **I asked her to come back with me** je lui ai demandé de me raccompagner ◆ **now I come back to what I was saying...** pour en revenir à ce que je disais... ◆ **I'll come back to you on that one\*** nous en reparlerons (plus tard) ◆ **his face/name is coming back to me** son visage/son nom me revient (à la mémoire or à l'esprit)

▶ **come back with** VT FUS répondre par ◆ **when accused, he came back with a counteraccusation** quand on l'a accusé, il a répondu par une contre-accusation

▶ **come by**

VI passer (par là) ◆ **he came by yesterday and told us** il est venu or passé (par là) hier et nous l'a raconté

VT FUS (= obtain) [+ object] obtenir, se procurer ; [+ idea, opinion] se faire ◆ **how did you come by that book?** comment vous êtes-vous procuré ce livre ?

▶ **come down** VI **1** (from ladder, stairs) descendre (from de) ; (from mountain) descendre, faire la descente (from de) ; [aircraft] descendre ◆ **come down from there at once!** descends de là tout de suite ! ◆ **to come down in the world** (fig) descendre dans l'échelle sociale, déchoir ◆ **her hair comes down to her shoulders** ses cheveux lui descendent jusqu'aux épaules or lui tombent sur les épaules ◆ **to come down (strongly) for** or **in favour of** or **on the side of sth** (fig) prendre (fermement) position en faveur de qch ◆ **he came down on the side of the President** il s'est rangé du côté du président, il a pris parti pour le président

**2** ◆ **the problem comes down to money** le problème se résume à or se réduit à une question d'argent ◆ **it all comes down to the fact that people are very dependent on their cars** tout le problème réside dans le fait que les gens ne peuvent pas se passer de leurs voitures ◆ **when it comes down to it, are we really free to speak our mind?** au fond, sommes-nous vraiment libres de dire ce que nous pensons ?

**3** [buildings etc] (= be demolished) être démoli, être abattu ; (= fall down) s'écrouler

**4** (= drop) [prices] baisser ◆ **if you buy three, the price comes down to £2** si vous en achetez trois, le prix est ramené à 2 livres

**5** (= be transmitted) [tradition etc] être transmis (de père en fils)

▶ **come down on** VT FUS **1** (= punish) punir ◆ (= rebuke) s'en prendre à ◆ **he came down on me like a ton of bricks\*** il m'est tombé dessus à bras raccourcis

2 ◆ **they came down on me*** **for a subscription** ils m'ont mis le grappin dessus * pour que je souscrive

▸ **come down with** VT FUS 1 *(= become ill from)* attraper ◆ **to come down with flu** attraper une grippe

2 *( * = pay out)* allonger ⁑

▸ **come forward** VI se présenter *(as* comme) ◆ **several witnesses have come forward** plusieurs personnes se sont présentées comme témoins ◆ **who will come forward as a candidate?** qui va se présenter comme candidat *or* se porter candidat ? ◆ **after the burglary, her neighbours came forward with help/money** après le cambriolage, ses voisins ont offert de l'aider/lui ont offert de l'argent ◆ **to come forward with a suggestion** faire une suggestion ◆ **to come forward with an answer** suggérer une réponse

▸ **come in** VI 1 *[person]* entrer ; *[train, plane etc]* arriver ; *[tide]* monter ◆ **reports are now coming in of a terrorist attack** des informations nous parviennent selon lesquelles il y aurait eu un attentat terroriste ◆ **when** *or* **where do I come in?** *(fig)* quand est-ce que j'entre en jeu, moi ? ◆ **where does your brother come in?** *(fig) (= how is he involved?)* qu'est-ce que ton frère a à voir là-dedans ? ; *(= what's to be done with him?)* qu'est-ce qu'on fait de ton frère là-dedans ?, qu'est-ce que ton frère devient là-dedans ? ◆ **this is where we came in!** *(fig)* nous sommes revenus à la case départ !

2 *[fashion]* devenir à la mode

3 *(in a race)* arriver ◆ **he came in fourth** il est arrivé quatrième ◆ **he came in first in geography** *(Scol)* il a eu la meilleure note en géographie, il a été premier en géographie

4 *(Pol = be elected to power)* être élu, arriver au pouvoir ◆ **the socialists came in at the last election** les socialistes sont arrivés au pouvoir aux dernières élections

5 ◆ **he has £20,000 coming in every year** il touche *or* encaisse 20 000 livres chaque année ◆ **if I'm not working my pay won't be coming in** si je ne travaille pas, je ne toucherai pas ma paie ◆ **we have no money coming in at the moment** nous n'avons aucune rentrée d'argent en ce moment

6 ◆ **to come in handy** *or* **useful** avoir son utilité, venir à propos ◆ **to come in handy** *or* **useful for sth** servir à qch, être commode pour qch

▸ **come in for** VT FUS *(= receive) [+ criticism]* être l'objet de, subir, être en butte à ; *[+ reproach]* subir ; *[+ praise]* recevoir

▸ **come into** VT FUS 1 *(= inherit)* hériter de, entrer en possession de ◆ **to come into some money** *(gen)* recevoir une somme d'argent ; *(by inheritance)* hériter (d'une somme d'argent) ◆ **to come into one's own** se réaliser, trouver sa voie

2 *(= play a role)* ◆ **logic doesn't really come into it** la logique n'a pas grand-chose à voir là-dedans

▸ **come near to** VT FUS ◆ **to come near to doing sth** faillir faire qch, être à deux doigts de faire ◆ **I came near to telling her everything** pour un peu je lui aurais tout dit, j'étais à deux doigts de tout lui dire ◆ **he came near to (committing) suicide** il a été à deux doigts de se suicider

▸ **come off**

VI 1 *[button]* se détacher, se découdre ; *[stains, marks]* s'enlever, partir

2 *(= take place)* avoir lieu, se produire ◆ **her wedding did not come off after all** son mariage n'a finalement pas eu lieu

3 *(= succeed) [plan]* se réaliser ; *[attempt, experiment]* réussir

4 *(= acquit o.s.)* s'en tirer, s'en sortir ◆ **he came off well by comparison with his brother** il s'en est très bien tiré en comparaison de son frère ◆ **to come off best** gagner

5 *(Theat) [actor]* sortir de scène ; *[play]* s'arrêter, cesser d'être donné

6 *( ⁑ = reach orgasm)* venir ⁑, jouir

VT FUS 1 ◆ **a button came off his coat** un bouton s'est détaché *or* décousu de son manteau ◆ **he came off his bike** il est tombé de son vélo ◆ **to come off the gold standard** *(Fin)* abandonner l'étalon-or

2 *[+ drugs, medication]* arrêter

3 ◆ **come off it!*** et puis quoi encore ?, à d'autres !

▸ **come on**

VI 1 *(= follow)* suivre ; *(= continue to advance)* continuer d'avancer

2 *(imper only)* ◆ **come on, try again!** allons *or* allez, encore un effort !

3 *(= progress, develop)* faire des progrès, avancer ◆ **how are your lettuces/plans coming on?** où en sont vos laitues/vos projets ? ◆ **my lettuces are coming on nicely** mes laitues poussent bien ◆ **my plans are coming on nicely** mes plans avancent ◆ **how are the children? – they are coming on** comment vont les enfants ? – ils poussent bien *or* ça pousse ! *

4 *(= start) [night]* tomber ; *[illness]* se déclarer ; *[storm]* survenir, éclater ; *[seasons]* arriver ◆ **it came on to rain, the rain came on** il s'est mis à pleuvoir ◆ **I feel a cold coming on** je sens que je m'enrhume

5 *(= arise for discussion or judgement) [subject]* être soulevé, être mis sur le tapis ; *[question]* être posé ◆ **his case comes on this afternoon** *(Jur)* son affaire viendra devant le juge cet après-midi

6 *[actor]* entrer en scène ; *[play]* être joué *or* donné ◆ **"Hamlet" is coming on next week** on donne « Hamlet » la semaine prochaine

7 *(US fig)* ◆ **he came on quite sincere** il a donné l'impression d'être tout à fait sincère ◆ **he came on as a fine man** il a fait l'effet d'être un homme bien

VT FUS ⇒ **come upon**

▸ **come on to** VT FUS 1 *(= start discussing) [+ question, topic, issue]* aborder ◆ **I'll come on to that in a moment** j'aborderai cela dans un moment

2 *(sexually)* ◆ **to come on to sb*** draguer qn *

▸ **come out** VI 1 *(gen)* sortir *(of* de) ; *[sun, stars]* paraître, se montrer ; *[flower]* pousser, sortir ; *[spots, rash]* sortir ; *[secret, news]* être divulgué *or* révélé ; *[truth]* se faire jour ; *[book, magazine]* paraître, sortir, être publié ; *[film]* sortir ; *(Scol etc : in exams)* se classer ; *[qualities]* se manifester, se révéler, se faire remarquer ; *[stain]* s'en aller, partir ; *[dye, colour] (= run)* déteindre ; *(= fade)* passer, se faner ; *(Math) [problem]* se résoudre ; *[division etc]* tomber juste ◆ **he came out third in French** il s'est classé *or* il est troisième en français

2 ◆ **to come out well** être réussi ◆ **this photo didn't come out well** cette photo n'a rien donné *or* n'est pas réussie ◆ **the photo came out well** la photo est réussie *or* est très bonne ◆ **you always come out well in photos** tu es toujours très bien sur les photos, tu es très photogénique

3 *(with preposition)* ◆ **the total comes out at** *or* **to 500** le total s'élève à 500 ◆ **to come out in a rash** *(Med)* avoir une éruption ◆ **to come out for/against sth** *(fig)* se déclarer ouvertement pour/contre qch, prendre position pour/contre qch ◆ **to come out of o.s.** *or* **one's shell** sortir de sa coquille *or* réserve *(fig)*

4 *(Brit :* also **to come out on strike)** se mettre en grève, faire grève

5 (also **to come out of the closet)** *[homosexual]* se déclarer ouvertement homosexuel, faire son coming-out ◆ **she came out as a lesbian** elle s'est ouvertement déclarée lesbienne

6 *(= go into society)* faire ses débuts dans le monde

7 *(= result from)* ◆ **come out of** être né de

▸ **come out with*** VT FUS *(= say)* sortir *, dire ◆ **you never know what she's going to come out with next** on ne sait jamais ce qu'elle va sortir * *or* dire ◆ **come out with it!** dis ce que tu as à dire !, accouche ! ⁑

▸ **come over**

VI 1 *(lit)* venir ◆ **he came over to England for a few months** il est venu passer quelques mois en Angleterre ◆ **his family came over with the Normans** sa famille s'est installée ici du temps des Normands ◆ **he came over to our side** *(fig)* il est passé de notre côté ◆ **he came over to our way of thinking** il s'est rangé à notre avis

2 *( * = feel suddenly)* ◆ **to come over giddy** *or* **funny** se sentir mal tout d'un coup, se sentir tout chose * ◆ **she came over faint** elle a failli s'évanouir *or* tourner de l'œil * ◆ **she came over all shy** tout à coup la timidité la saisit *or* elle fut prise de timidité

3 *(= make impression)* ◆ **he came over well in his speech** son discours l'a bien mis en valeur ◆ **his speech came over well** son discours a fait bonne impression ◆ **he came over as a fine politician** il a donné l'impression d'être un bon homme politique

VT FUS *[influences, feelings] [+ person]* saisir, s'emparer de ◆ **a feeling of shyness came over her** la timidité la saisit, elle fut saisie de timidité ◆ **a sudden change came over him** un changement soudain s'est fait jour en lui ◆ **I don't know what came over her to speak like that!** je ne sais pas ce qui lui a pris de parler comme ça ! ◆ **what's come over you?** qu'est-ce qui vous prend ?

▸ **come round** VI 1 faire le tour *or* un détour ◆ **the road was blocked and we had to come round by the farm** la route était bloquée et nous avons dû faire un détour par la ferme

2 *(= drop in)* venir, passer ◆ **do come round and see me one evening** passez me voir un de ces soirs

3 *(= recur regularly)* revenir périodiquement ◆ **your birthday will soon come round again** ce sera bientôt à nouveau ton anniversaire

4 *(= change one's mind)* changer d'avis ◆ **perhaps in time she will come round** peut-être qu'elle changera d'avis avec le temps ◆ **he came round to our way of thinking in the end** il a fini par se ranger à notre avis

5 *(= regain consciousness)* revenir à soi, reprendre connaissance ; *(= get better)* se rétablir, se remettre *(after* de)

6 *(= throw off bad mood etc)* se radoucir, redevenir aimable ◆ **leave her alone, she'll soon come round** laissez-la tranquille, elle reviendra bientôt à d'autres sentiments

7 *[boat]* venir au vent

▸ **come through**

VI 1 *(= cope)* s'en tirer, s'en sortir

2 *(= arrive)* ◆ **reports of fighting are coming through** on raconte qu'il y a des combats ◆ **his divorce has come through** son divorce a été prononcé ◆ **the call came through** *(Telec)* on a reçu *or* eu la communication

3 ◆ **what came through most was her enthusiasm for the project** ce qui ressortait surtout *or* ce qui était frappant, c'était son enthousiasme pour le projet

4 ◆ **she came through for us** elle nous a donné satisfaction ◆ **they came through on their promises** ils ont respecté leurs promesses, ils ont tenu parole

VT FUS *(= survive) [+ illness, danger, war]* survivre à

▸ **come through with** VT FUS *(US)* ⇒ **come up with**

▸ **come to**

VI 1 *(= regain consciousness)* revenir à soi, reprendre connaissance

2 *[ship] (= stop)* s'arrêter

VT FUS *[cost, sum]* revenir à, se monter à ◆ **how much does it come to?** cela fait combien ?, cela se monte à combien ? ◆ **it comes to £20** ça fait 20 livres en tout ◆ **it comes to much less per metre if you buy a lot** cela revient beaucoup moins cher le mètre si vous en achetez beaucoup ◆ **it comes to the same thing** *(fig)* ça revient au même *or* à la même chose ◆ **he will never come to much** *(fig)* il ne sera *or* fera jamais grand-chose

▸ **come together** VI *(= assemble)* se rassembler ; *(= meet)* se rencontrer ◆ **to come together again** *(fig)* se réconcilier

▸ **come under** VT FUS 1 *(= be subjected to) [+ sb's influence, domination]* tomber sous, subir ; *[+ attack, criticism]* être l'objet de, essuyer

2 *(= be classified under)* être classé sous ◆ **that comes under "towns"** c'est classé *or* cela se trouve sous la rubrique « villes » ◆ * **this comes under another department** *(Admin, Comm)* c'est du ressort *or* de la compétence d'un autre service

▸ **come up** VI 1 monter ◆ **do you come up to York often?** est-ce que vous venez *or* montez souvent à York ? ◆ **he came up to me** il s'est approché de moi, il est venu vers moi ◆ **he came up to me with a smile** il m'a abordé en souriant ◆ **he came up to Oxford last year** *(Brit)* il est entré à (l'université d')Oxford l'année dernière ◆ **"coming up!"** *(in restaurant)* « ça marche ! » * ◆ **he has come up in the world** *(fig)* il a grimpé les échelons

2 *(Jur) [accused]* comparaître *(before* devant) ; *[case]* être entendu *(before* par)

3 *[plant]* sortir, pointer ◆ **the tulips haven't come up yet** les tulipes ne sont pas encore sorties

4 *[sun]* se lever

5 *(= arise) [matter for discussion]* être soulevé, être mis sur le tapis ; *[question]* se poser, être soulevé ◆ **the question of a subsidy came up** la question d'une subvention s'est posée *or* a été soulevée ◆ **I'm afraid something's come up** malheureusement j'ai un empêchement

6 *[job, vacancy]* se présenter

- **come up against** VT FUS se heurter à or contre (fig) ♦ **he came up against total opposition to his plans** il s'est heurté à une opposition radicale à ses projets ♦ **to come up against sb** entrer en conflit avec qn
- **come upon** VT FUS (= find or meet by chance) [+ object] trouver par hasard, tomber sur ; [+ person] rencontrer par hasard, tomber sur
- **come up to** VT FUS ① (= reach up to) s'élever jusqu'à, arriver à ♦ **the water came up to his knees** l'eau lui montait or arrivait jusqu'aux genoux ♦ **my son comes up to my shoulder** mon fils m'arrive à l'épaule ♦ **it's just coming up to five minutes to six** il est presque six heures moins cinq
  ② (= equal) répondre à ♦ **to come up to sb's hopes** réaliser les or répondre aux espoirs de qn ♦ **his work has not come up to our expectations** son travail n'a pas répondu à notre attente
- **come up with** VT FUS [+ object, money, funds] fournir ; [+ idea, plan] proposer, suggérer ♦ **she comes up with some good ideas** elle propose or suggère de bonnes idées

**comeback** /ˈkʌmbæk/ SYN N (Theat etc) retour m ; (= response) réplique f ; (= redress) recours m ♦ **to make** or **stage a comeback** [fashion] revenir ; [politician] revenir sur la scène politique ; [entertainer] faire un come-back ♦ **to have no comeback** n'avoir aucun recours

**Comecon** /ˈkɒmɪˌkɒn/ N (formerly) (abbrev of Council for Mutual Economic Aid) COMECON m

**comedian** /kəˈmiːdɪən/ SYN N ① (Theat) [of variety] comique m ; [of plays] comédien m ; (stand-up) humoriste mf ; (fig) comique m
② († † = author) auteur m de comédies

**comedic** /kəˈmiːdɪk/ ADJ (frm) [moment, incident, performer] de comédie

**comedienne** /kəˌmiːdɪˈen/ N (Theat) [of variety] actrice f comique ; [of plays] comédienne f ; (stand-up) humoriste f

**comedo** /ˈkɒmɪdəʊ/ (pl **comedos** or **comedones** /ˌkɒmɪˈdəʊniːz/) (Med) comédon m

**comedown**\* /ˈkʌmdaʊn/ SYN N dégringolade\* f, déchéance f ♦ **it was rather a comedown for him to have to work for his brother** c'était assez humiliant pour lui de devoir travailler pour son frère

**comedy** /ˈkɒmɪdɪ/ SYN N (= play : also fig) comédie f ; (NonC = style of play) la comédie, le genre comique ♦ **"The Comedy of Errors"** « La Comédie des Méprises » ♦ **comedy of manners** comédie f de mœurs ♦ **high comedy** haute comédie f ♦ **low comedy** farce f ♦ **cut (out) the comedy!**\* (fig) pas de comédie ! ; → **musical**

**comeliness** /ˈkʌmlɪnɪs/ N (liter) beauté f

**comely** /ˈkʌmlɪ/ ADJ (liter = beautiful) beau (belle f) ; († † = proper) bienséant

**comer** /ˈkʌməʳ/ N arrivant(e) m(f) ♦ **open to all comers** ouvert à tous ♦ **they decided to give the job to the first comer** ils ont décidé d'offrir le poste au premier candidat qui se présenterait ; → **latecomer, newcomer**

**comestible** † /kəˈmestɪbl/
  ADJ comestible
  N (gen pl) ♦ **comestibles** denrées fpl comestibles, comestibles mpl

**comet** /ˈkɒmɪt/ N comète f

**cometary** /ˈkɒmɪtrɪ/, **cometic** /kɒˈmetɪk/ ADJ cométaire

**comeuppance**\* /ˌkʌmˈʌpəns/ N ♦ **to get one's comeuppance** avoir ce qu'on mérite ♦ **at last he's got his comeuppance** il a finalement eu ce qu'il méritait ♦ **he got his comeuppance!** il ne l'a pas volé !\*, il l'a bien cherché !

**comfit** /ˈkʌmfɪt/ N dragée f

**comfort** /ˈkʌmfət/ SYN
  N ① (= well-being) confort m, bien-être m ♦ **he has always been used to comfort** il a toujours eu tout le or son confort ♦ **to live in comfort** vivre dans l'aisance or à l'aise ♦ **comforts** fpl (= material goods) aises fpl, commodités fpl (de la vie) ♦ **every (modern) comfort** tout le confort moderne ♦ **he likes his comforts** il aime ses aises ♦ **he has never lacked comforts** il n'a jamais manqué des choses matérielles
  ② (= consolation) consolation f, réconfort m ♦ **to take comfort from sth** trouver du réconfort or une consolation dans qch ♦ **your presence is/you are a great comfort to me** votre présence est/vous êtes pour moi d'un grand réconfort
  ♦ **if it's any comfort to you** si ça peut te consoler ♦ **it is a comfort to know that...** c'est un soulagement or c'est consolant de savoir que... ♦ **to take comfort from the fact that/from the knowledge that...** trouver rassurant le fait que/de savoir que... ; → **cold**
  ③ (= peace of mind) ♦ **too close for comfort** dangereusement près
  VT (= console) consoler ; (bring relief to) soulager ; († † = hearten) réconforter, encourager
  COMP **comfort eating** N suralimentation f par compensation
  **comfort station** N (US euph) toilette(s) f(pl)
  **comfort zone** N zone f de confort

**comfortable** /ˈkʌmfətəbl/ SYN ADJ ① [chair, clothes, room, journey, life, position, majority] confortable ; [temperature] agréable ♦ **to be a comfortable winner of sth** remporter qch haut la main
  ② (= physically at ease) ♦ **are you comfortable there?** vous êtes bien ? ♦ **would you prefer to sit here? – no thanks, I'm quite comfortable where I am** préféreriez-vous vous asseoir là ? – non merci, je me trouve très bien ici ♦ **to feel comfortable** se sentir bien ♦ **you don't look very comfortable** vous n'avez pas l'air bien installé ♦ **to make o.s. comfortable** (in armchair etc) s'installer confortablement ; (= make o.s. at home) se mettre à l'aise ♦ **to be comfortable** (Med) être dans un état satisfaisant
  ③ (= mentally at ease) [person] à l'aise ♦ **I'm not comfortable at formal dinners** je ne suis pas à l'aise dans les dîners protocolaires ♦ **to be** or **feel comfortable doing sth** être à l'aise pour faire qch ♦ **to feel comfortable with sb/sth** être à l'aise avec qn/qch ♦ **I am not very comfortable about it** cela me met mal à l'aise
  ④ (financially) [person, family] aisé ♦ **to have a comfortable income** avoir des revenus confortables ♦ **he is in comfortable circumstances** il est (financièrement) à l'aise
  ⑤ (= undemanding) [job] de tout repos
  ⑥ (= kindly) ♦ **she was a comfortable grandmotherly woman** c'était une femme avec qui on se sentait à l'aise, comme on peut l'être avec une grand-mère
  ⑦ (= comforting) [belief] rassurant

**comfortably** /ˈkʌmfətəblɪ/ ADV ① (physically) [sit, settle, sleep] confortablement ♦ **comfortably furnished** confortablement meublé
  ② (financially) [live] à l'aise, confortablement ♦ **to be comfortably off** être (financièrement) à l'aise
  ③ (= easily) [manage, win, fit, afford] sans difficulté

**comforter** /ˈkʌmfətəʳ/ N ① (= person) consolateur m, -trice f (liter)
  ② (= scarf) cache-nez m inv ; (= dummy-teat) tétine f, sucette f
  ③ (US = quilt) édredon m

**comforting** /ˈkʌmfətɪŋ/ SYN ADJ [words, thoughts, feeling] réconfortant ; [voice] apaisant ♦ **it is comforting to think that...** il est réconfortant de penser que...

**comfortless** /ˈkʌmfətlɪs/ SYN ADJ [room] sans confort ; [person] désolé, triste ; [thought, prospect] peu réconfortant, triste

**comfrey** /ˈkʌmfrɪ/ N consoude f

**comfy**\* /ˈkʌmfɪ/ ADJ [chair, room etc] confortable ♦ **are you comfy?** êtes-vous bien ?

**comic** /ˈkɒmɪk/ SYN
  ADJ comique, amusant ; (Theat) comique, de la comédie
  N ① (= person) (acteur m) comique m, actrice f comique
  ② (esp Brit = magazine) comic m ♦ **the comics** (within newspaper etc) les bandes fpl dessinées
  COMP **comic book** N (esp US) magazine m de bandes dessinées or de BD\*
  **comic opera** N opéra m comique
  **comic relief** N (Theat) intervalle m comique ; (fig) moment m de détente (comique)
  **comic strip** N bande f dessinée, BD\* f
  **comic verse** N poésie f humoristique

**comical** /ˈkɒmɪkəl/ SYN ADJ cocasse, comique

**comically** /ˈkɒmɪkəlɪ/ ADV [say, behave] comiquement, de façon comique ♦ **comically naive** d'une naïveté comique

**coming** /ˈkʌmɪŋ/ SYN
  N ① arrivée f, venue f ♦ **coming and going** va-et-vient m ♦ **comings and goings** allées fpl et venues fpl ♦ **coming away/back/down/in/out** etc départ m/retour m/descente f/entrée f/sortie f etc
  ② (Rel) avènement m ; → **second**[1]
  ADJ ① (= approaching) [weeks, months, years] à venir, prochain before n ; [election, battle] prochain before n, futur after n ; [revolution] prochain before n, futur after n, qui se prépare (or préparait) ♦ **the coming year** l'année f à venir, l'année f prochaine ♦ **coming generations** les générations fpl à venir or futures
  ② (= promising) ♦ **a coming politician** un homme politique d'avenir ; → **up**
  ③ (= becoming significant) ♦ **it's the coming thing**\* c'est le truc\* qui devient à la mode
  COMP **coming of age** N passage m à l'âge adulte

**coming out** N [of debutante] débuts mpl dans le monde ♦ **his coming out** [of homosexual] la révélation de son homosexualité, sa sortie du placard\*

**Comintern** /ˈkɒmɪnˌtɜːn/ N Komintern m

**comity** /ˈkɒmɪtɪ/ N courtoisie f ♦ **comity of nations** (Jur) courtoisie f internationale

**comm.** ① abbrev of **commerce**
  ② abbrev of **commercial**
  ③ abbrev of **committee**

**comma** /ˈkɒmə/
  N ① (Gram) virgule f ; → **invert**
  ② (Mus) comma m
  COMP **comma bacillus** N (Med) bacille m virgule

**command** /kəˈmɑːnd/ SYN
  VT ① (= order) ordonner, donner l'ordre (sb to do sth à qn de faire qch) ♦ **to command that...** ordonner or donner l'ordre que... + subj ♦ **to command sth to be done** donner l'ordre de (faire) faire qch
  ② (= be in control of) [+ army, ship] commander ; [+ passions, instincts] maîtriser, dominer
  ③ (= be in position to use) [+ money, services, resources] disposer de, avoir à sa disposition
  ④ (= deserve and get) [+ respect] commander ; [+ support] obtenir, inspirer ♦ **to command attention** forcer l'attention ♦ **that commands a high price** cela se vend très cher
  ⑤ [place, building] (= overlook) avoir vue sur, donner sur ; (= overlook and control) commander, dominer
  VI (= be in command) (Mil, Naut) commander, avoir le commandement ; (gen) commander ; (= order) commander, donner un ordre
  N ① (= order) ordre m ; (Mil) commandement m ; (Comput) commande f ♦ **at** or **by the command of...** sur l'ordre de... ♦ **at the word of command** au commandement
  ② (NonC: Mil = power, authority) commandement m ♦ **to be in command of...** être à la tête de..., avoir sous ses ordres... ♦ **to have/take command of...** avoir/prendre le commandement de... ♦ **under the command of...** sous le commandement or les ordres de... ♦ **who's in command here?** (gen) qui est-ce qui commande ici ? ; → **second**[1]
  ③ (Mil) (= troops) troupes fpl ; (= district) région f militaire ; (= military authority) commandement m ; → **high**
  ④ (fig = possession, mastery) maîtrise f, possession f ♦ **command of the seas** maîtrise f des mers ♦ **he has a command of three foreign languages** il possède trois langues étrangères ♦ **his command of English** sa maîtrise de l'anglais ♦ **to have sth at one's command** avoir qch à sa disposition ♦ **all the money at my command** tout l'argent à ma disposition or dont je peux disposer ♦ **to be at sb's command** être à la disposition de qn, être prêt à obéir à qn ♦ **to be in full command of one's faculties** être en pleine possession de ses moyens
  COMP **command and control** N (Mil) commandement m
  **command economy** N économie f planifiée
  **command key** N (Comput) touche f de commande
  **command language** N (Comput) ordres mpl de gestion
  **command line** N (Comput) ligne f de commande
  **command module** N (Space) module m de commande
  **command performance** N (Theat) ≈ représentation f de gala (à la requête du souverain)
  **command post** N (Mil) poste m de commandement

**commandant** /ˈkɒmənˌdænt/ N (Mil) commandant m (d'un camp militaire, d'une place forte etc)

**commandeer** /ˌkɒmənˈdɪəʳ/ SYN VT réquisitionner

**commander** /kəˈmɑːndəʳ/ SYN
**N** 1 (gen) chef m ; (Mil) commandant m ; (Naut) capitaine m de frégate ; (Brit Police) ≃ commissaire m (de police) divisionnaire, ≃ divisionnaire m ; → **lieutenant, wing**
2 [of order of chivalry] commandeur m
COMP **commander in chief** N (pl **commanders in chief**) (Mil) commandant m en chef, généralissime m

**commandership** /kəˈmɑːndəʃɪp/ N commanderie f

**commanding** /kəˈmɑːndɪŋ/ SYN
ADJ 1 (= powerful) ◆ **to be in a commanding position** être en position de force ◆ **to have a commanding lead** avoir une avance respectable
2 (= authoritative) [person, voice, manner, look, air] plein d'autorité ; [tone] de commandement, plein d'autorité
3 (= overlooking) ◆ **the house offers a commanding view of the capital** depuis la maison, on domine la capitale ◆ **the castle stands in a commanding position overlooking the lake** le château domine le lac
COMP **commanding officer** N (Mil) commandant m

**commandingly** /kəˈmɑːndɪŋlɪ/ ADV [behave] de manière imposante ; [speak] d'un ton imposant

**commandment** /kəˈmɑːndmənt/ N commandement m (de Dieu ou de l'Église) ◆ **the Ten Commandments** les dix commandements mpl, le décalogue (frm)

**commando** /kəˈmɑːndəʊ/ N (pl **commandos** or **commandoes**) (all senses) commando m

**commemorate** /kəˈmeməreɪt/ SYN VT commémorer

**commemoration** /kəˌmeməˈreɪʃən/ SYN N commémoration f

**commemorative** /kəˈmemərətɪv/ SYN ADJ commémoratif

**commence** /kəˈmens/ SYN VTI commencer (to do sth, doing sth à faire qch) ◆ **to commence proceedings against...** (Jur) former un recours contre... (devant une juridiction)

**commencement** /kəˈmensmənt/ N
1 commencement m, début m ; [of law] date f d'entrée en vigueur
2 (Univ: Cambridge, Dublin, US) remise f des diplômes

**commend** /kəˈmend/ SYN VT (= praise) louer, faire l'éloge de ; (= recommend) recommander, conseiller ; (= entrust) confier (to à), remettre (to aux soins de) ◆ **to commend o.s. to** [person] se recommander à ; [idea, project] être du goût de ◆ **his scheme did not commend itself to the public** son projet n'a pas été du goût du public ◆ **his speech had little to commend it** son projet n'a pas grand-chose qui le fasse recommander ◆ **commend me to Mr White** † (frm) présentez mes respects à M. White (frm), rappelez-moi au bon souvenir de M. White ◆ **to commend one's soul to God** recommander son âme à Dieu

**commendable** /kəˈmendəbl/ SYN ADJ louable

**commendably** /kəˈmendəblɪ/ ADV [behave] de façon louable ◆ **commendably restrained** d'une retenue louable ◆ **his speech was commendably short** son discours avait le mérite d'être bref

**commendam** /kəˈmendæm/ N commende f

**commendation** /ˌkɒmenˈdeɪʃən/ SYN N
1 (= praise) éloges mpl (for sth pour qch)
2 (= recommendation) recommandation f
3 (= award) récompense f (for sth pour qch)
4 (NonC: † = entrusting) remise f (to sb à qn, aux soins de qn)

**commensal** /kəˈmensəl/ N (Bio) commensal(e) m(f)

**commensalism** /kəˈmensəlɪzəm/ N (Bio) commensalisme m

**commensurable** /kəˈmenʃərəbl/ ADJ commensurable (with, to avec)

**commensurate** /kəˈmenʃərɪt/ SYN ADJ (= of equal extent) de même mesure (with que) ; (Math) coétendu (with à), de même mesure (with que) ; (= proportionate) proportionné (with, to à)

**comment** /ˈkɒment/ LANGUAGE IN USE 6.3 SYN
**N** (spoken, written) commentaire m, remarque f ; (written) annotation f ◆ **his action went or passed without comment** son action n'a donné lieu à aucun commentaire ◆ **he let it pass without comment** il ne l'a pas relevé ◆ **"no comment"** (Press) « je n'ai rien à dire » ◆ **he passed a sarcastic comment** il a fait une observation or une remarque sarcastique ◆ **put your comments in the margin** inscrivez vos commentaires dans la marge ◆ **teacher's comments** (Scol:on report) appréciations fpl du professeur
VT [+ text] commenter ◆ **he commented that...** il a remarqué que..., il a fait la remarque que...
VI faire des commentaires ◆ **to comment on sth** commenter qch, faire des commentaires sur qch

**commentary** /ˈkɒməntərɪ/ SYN
N (= remarks) commentaire m, observation f ; (Rad, TV: on news, events) commentaire m ; (Sport) reportage m ; → **running**
COMP **commentary box** N (Sport) cabine f de reportage

**commentate** /ˈkɒmenteɪt/
VI (Rad, TV) faire un reportage (on sur)
VT (Rad, TV) [+ match] commenter

**commentator** /ˈkɒmenteɪtəʳ/ SYN N 1 (Rad, TV) reporter m
2 (on texts etc) commentateur m, -trice f

**commerce** /ˈkɒmɜːs/ SYN N 1 (Comm) commerce m, affaires fpl ◆ **he is in commerce** il est dans le commerce or dans les affaires ◆ **Secretary/Department of Commerce** (US) ≃ ministre m/ministère m du Commerce ; → **chamber**
2 (fig = intercourse, dealings) relations fpl, rapports mpl

**commercial** /kəˈmɜːʃəl/ SYN
ADJ [dealings, art, attaché, radio, TV] commercial ; [world] du commerce ; [value] marchand, commercial ; [district] commerçant ◆ **to produce sth on a commercial scale** fabriquer or produire qch à une échelle industrielle ◆ **Christmas has become very commercial** les fêtes de Noël sont devenues une affaire commerciale ; → **establishment**
N (Rad, TV) publicité f, spot m publicitaire
COMP **commercial artist** N dessinateur m de publicité, créateur m, -trice f publicitaire
**commercial bank** N banque f commerciale or de commerce
**commercial break** N (TV, Rad) page f de publicité
**commercial college** N école f de commerce
**commercial law** N droit m commercial
**commercial traveller** N voyageur m or représentant m de commerce, commis-voyageur † m
**commercial vehicle** N véhicule m utilitaire

**commercialese** /kəˌmɜːʃəˈliːz/ N jargon m commercial

**commercialism** /kəˈmɜːʃəlɪzəm/ N (NonC) (attitude) mercantilisme m (pej), esprit m commerçant ; (on large scale) affairisme m (pej) ; (= business practice) (pratique f du) commerce m, (pratique f des) affaires fpl

**commercialization** /kəˌmɜːʃəlaɪˈzeɪʃən/ N commercialisation f

**commercialize** /kəˈmɜːʃəlaɪz/ VT commercialiser

**commercialized** /kəˈmɜːʃəlaɪzd/ ADJ (pej) commercial

**commercially** /kəˈmɜːʃəlɪ/ ADV 1 (= financially) [viable, competitive] commercialement ◆ **to be commercially minded** avoir le sens des affaires
2 (= on a large scale) [produce] à échelle commerciale
3 (= publicly) [available] dans le commerce

**commie*** /ˈkɒmɪ/ ADJ, N (pej) (abbrev of **communist**) coco* mf (pej)

**comminuted** /ˈkɒmɪˌnjuːtɪd/ ADJ (Med) comminutif

**commis chef** /ˈkɒmɪʃef/ N commis m de cuisine

**commiserate** /kəˈmɪzəreɪt/ VI (= show commiseration) témoigner de la sympathie (with à) ; (= feel commiseration) éprouver de la commisération (with pour) ◆ **I do commiserate with you** je compatis ◆ **I went to commiserate with him on his exam results** je suis allé m'apitoyer avec lui sur ses résultats d'examen

**commiseration** /kəˌmɪzəˈreɪʃən/ N commisération f

**commissar** † /ˈkɒmɪsɑːʳ/ N commissaire m du peuple (en URSS etc)

**commissariat** /ˌkɒmɪˈseərɪət/ N (Mil) intendance f ; (Admin, Pol) commissariat m ; (= food supply) ravitaillement m

**commissary** /ˈkɒmɪsərɪ/ N 1 (US Mil etc = shop) intendance f
2 (US Mil = officer) intendant m
3 (US Cine) restaurant m du studio
4 (= representative) représentant m ; (Rel) [of bishop] délégué m (d'un évêque)

**commission** /kəˈmɪʃən/ SYN
**N** 1 (gen) ordres mpl, instructions fpl ; (to artist etc) commande f ◆ **he gave the artist a commission** il a passé une commande à l'artiste
2 (Comm) commission f, courtage m ◆ **on a commission basis** à la commission ◆ **he gets 10% commission** il reçoit une commission de 10%
3 (= errand) commission f
4 (NonC) [of crime etc] perpétration f (liter) (Jur)
5 (= official warrant) pouvoir m, mandat m ; (Mil) brevet m ◆ **to get one's commission** être nommé officier ◆ **to give up one's commission** démissionner
6 (NonC = delegation of authority etc) délégation f de pouvoir or d'autorité, mandat m
7 (= body of people) commission f, comité m ; → **royal**
8 (NonC) [of ship] armement m (d'un navire) ◆ **to put in commission** armer ◆ **to take out of commission** désarmer ◆ **in commission** en armement, en service ◆ **out of commission** (Naut) hors de service ; (Naut = in reserve) en réserve ; (gen = not in working order) hors service
VT 1 donner pouvoir or mission à, déléguer ◆ **he was commissioned to inquire into...** il a été chargé de faire une enquête sur...
2 [+ artist] passer une commande à ; [+ book, painting, article] commander ◆ **this work was commissioned by the town council** cette œuvre a été commandée or commanditée par le conseil municipal
3 [+ officer in armed forces] nommer à un commandement ◆ **he was commissioned in 1990** il a été nommé officier en 1990 ◆ **he was commissioned sub-lieutenant** il a été nommé or promu au grade de sous-lieutenant
4 [+ ship] mettre en service, armer
COMP **commission agent** N (= bookmaker) bookmaker m ; (Comm) courtier m
**commissioned officer** N (Mil etc) officier m
**Commission for Racial Equality** N (Brit) commission pour l'égalité des races → **EOC, EEOC**
**commissioning editor** N responsable mf de publication
**commission of inquiry** N commission f d'enquête

**commissionaire** /kəˌmɪʃəˈnɛəʳ/ N (Brit, Can) commissionnaire m (d'un hôtel etc), portier m

**commissioner** /kəˈmɪʃənəʳ/
**N** membre m d'une commission, commissaire m ; (Brit Police) ≃ préfet m de police ; (US Police) (commissaire m) divisionnaire m ; → **high, lord**
COMP **commissioner for oaths** N (Jur) officier ayant qualité pour recevoir les déclarations sous serment
**commissioner of education** N (US Scol, Univ) ≃ recteur m, ≃ doyen m
**Commissioner of Official Languages** N (Can) Commissaire m aux langues officielles

**commit** /kəˈmɪt/ SYN
VT 1 [+ crime, sacrilege] commettre ; [+ mistake] commettre, faire ◆ **to commit hara-kiri** faire hara-kiri ◆ **to commit perjury** se parjurer ; (Jur) faire un faux serment ◆ **to commit suicide** se suicider
2 (= consign) [+ letter etc] confier (to à), remettre (to à la garde de, aux soins de) ; [+ person] (gen) confier (to à) ; (for mental health reasons) faire interner ◆ **to commit sb to sb's care** confier qn à la garde de qn ◆ **to commit sb (to prison)** (Jur) faire incarcérer qn ◆ **to commit sb for trial** (Jur) mettre qn en accusation ◆ **to commit sth to writing** or **to paper** consigner or coucher qch par écrit ◆ **to commit sth to the flames** (liter) livrer qch aux flammes ◆ **to commit sth to memory** apprendre qch par cœur
3 (Parl) [+ bill] renvoyer à une commission
4 ◆ **to commit o.s.** s'engager (to sth à qch ; to doing sth à faire qch) ◆ **to be committed to a policy** s'être engagé à poursuivre une politique ◆ **I'm afraid I'm committed** je regrette, je me suis déjà engagé
VI ◆ **to commit to sth/sb** s'engager à qch/envers qn

**committing magistrate** N (US Jur) juge m d'instruction

**commitment** /kə'mɪtmənt/ SYN
N ① (gen) engagement m ; (= responsibility, obligation) charges fpl, responsabilité(s) f(pl) ; (Comm, Fin) engagement m financier ; (= Comm, Fin) engagement m financier ◆ "without commitment" (Comm) « sans obligation d'achat » ◆ teaching commitments (heures fpl d')enseignement m ◆ he has heavy teaching commitments il a un enseignement chargé ◆ to have a commitment to another firm (Comm etc) avoir des obligations envers une autre société
② (Jur: also commitment order) mandat m de dépôt
③ (Parl) [of bill] renvoi m à une commission
**commitment fee** N (Fin) commission f d'engagement

**committal** /kə'mɪtl/
N ① (NonC) remise f (to à, aux soins de) ; (to prison) incarcération f, emprisonnement m ; (for mental health reasons) internement m ; (= burial) mise f en terre ◆ **committal for trial** mise f en accusation
② (NonC) [of crime etc] perpétration f (liter) (Jur)
③ (Parl) ⇒ commitment 3
**committal order** N (Jur) mandat m de dépôt
**committal proceedings** NPL ≃ mise f en accusation

**committed** /kə'mɪtɪd/ ADJ [writer] engagé ; [Christian etc] convaincu ; [parent] dévoué, attentif ◆ a **committed supporter** un ardent défenseur, un adepte convaincu

**committee** /kə'mɪtɪ/
N commission f, comité m ; (Parl) commission f ◆ **to be** or **sit on a committee** faire partie d'une commission or d'un comité ; → management
**committee meeting** N réunion f de commission or de comité
**committee member** N membre m d'une commission or d'un comité
**committee of inquiry** N (Parl) commission f d'enquête
**Committee of the Whole** N (US Pol) séance de commission étendue à la chambre entière
**committee stage** N (Brit Parl) étape de discussion d'un projet de loi en commission

**committeeman** /kə'mɪtɪmæn/ N (pl -men) (esp US) ① (= member of committee) membre m d'un comité
② (Pol) responsable d'un parti pour une circonscription électorale

**committeewoman** /kə'mɪtɪwʊmən/ N (pl -women) (esp US) ① (= member of committee) membre m d'un comité
② (Pol) responsable d'un parti pour une circonscription électorale

**commode** /kə'məʊd/ N ① (= chest of drawers) commode f
② (also night-commode) chaise f percée

**commodious** /kə'məʊdɪəs/ ADJ spacieux, vaste

**commodity** /kə'mɒdɪtɪ/
N produit m de base, matière f première ; (= consumer goods) produit m, article m ; (= food) denrée f ◆ **staple commodities** produits mpl de base ◆ **household commodities** articles mpl de ménage ◆ **dollar commodities** matières fpl premières négociées en dollars
**commodity exchange** N bourse f du commerce or des marchandises
**commodity loan** N financement m de marchandises gagées
**commodity markets** NPL bourse f de marchandises
**commodity-producing countries** NPL pays mpl de production primaire
**commodity trade** N négoce m de matières premières

**commodore** /'kɒmədɔːʳ/ N (Mil) contre-amiral m ; [of ship] commodore m ; [of yacht club] président m ; [of shipping line] doyen m (des capitaines)

**common** /'kɒmən/ LANGUAGE IN USE 5.4 SYN
ADJ ① (= not unusual) courant, fréquent ; [plant] commun ◆ **a common name** un nom courant ◆ **this is a common problem** c'est un problème qui se pose souvent ◆ **it's quite common** c'est très courant, ça n'a rien d'extraordinaire ◆ **it's a common experience** cela arrive à tout le monde, c'est une chose qui arrive à tout le monde ◆ **a common occurrence** une chose fréquente or répandue ◆ **in common parlance** dans le langage courant ◆ **is this common practice?** cela se fait couramment ? ◆ **this is an increasingly common practice** cela se fait de plus en plus ◆ **a common sight** un spectacle familier ◆ **common or garden** (esp Brit) [plant] commun ◆ **he's just a common or garden office boy** il n'est qu'un vulgaire or simple garçon de bureau ◆ **the common or garden variety** le modèle standard or ordinaire ◆ **the Book of Common Prayer** (Rel) le livre du rituel anglican
② (= used by or affecting many) [interest, cause, language] commun ◆ **to make common cause with sb** faire cause commune avec qn ◆ **by common consent** d'un commun accord ◆ **common ground** point m commun, terrain m d'entente ◆ **there is no common ground for negotiations** il n'y a aucun terrain d'entente pour (entreprendre) des négociations ◆ **it's common knowledge** chacun sait que..., il est de notoriété publique que... ◆ **the common belief that...** l'idée largement répandue que... ◆ **common ownership** copropriété f ◆ **common prostitute** (Admin, Jur) prostituée f ◆ **common wall** mur m mitoyen
◆ **common to** ◆ **it's something common to all young children** c'est quelque chose qui se trouve chez tous les jeunes enfants ◆ **a belief common to Jews and Christians** une croyance partagée par les juifs et les chrétiens
◆ **in common** en commun ◆ **they have nothing in common** ils n'ont rien de commun ◆ **in common with** en commun avec ◆ **to hold in common** partager
③ (= ordinary) commun, ordinaire ◆ **the common man** l'homme m du commun or du peuple ◆ **the common people** le peuple, les gens mpl du commun (pej) ◆ **the common herd** (pej) la plèbe, la populace (pej) ◆ **the common run of mankind** le commun des hommes or des mortels ◆ **out of the common run** hors du commun, exceptionnel
④ (= basic) ◆ **it is only common courtesy to apologise** la politesse la plus élémentaire veut qu'on s'excuse subj ◆ **a common soldier** un simple soldat
⑤ (= vulgar) [accent, clothes, person] commun, vulgaire ◆ **they're as common as muck** * ils sont d'un vulgaire !
⑥ (Math) commun ◆ **common denominator/factor** dénominateur m/facteur m commun ◆ **common multiple** commun multiple m ; see also **low¹**
⑦ (Gram) [gender] non marqué ; [noun] commun
⑧ (Mus) ◆ **common time** or **measure** (= duple) mesure f à deux temps ; (= quadruple) mesure f à quatre temps ◆ **common chord** accord m parfait
N (land) terrain m communal ◆ **right of common** (Jur) [of land] communauté f de jouissance ; [of property] droit m de servitude
**Common Agricultural Policy** N politique f agricole commune
**common area charges** NPL (US) charges fpl locatives
**common assault** N (Jur) voie f de fait simple
**common carrier** N transporteur m (public), entreprise f de transport public
**the common cold** N le rhume
**common core, common-core syllabus** N (Educ) tronc m commun
**common crab** N dormeur m, tourteau m
**common currency** N (NonC) ◆ **to be common currency** [idea, story] être généralement admis ◆ **to become common currency** se répandre
**Common Entrance** N (Brit Scol) examen d'entrée dans l'enseignement privé
**Common External Tariff** N (Pol) tarif m douanier commun
**common gull** N goéland m cendré
**common land** N terrain m communal
**common law** N le droit coutumier
**common-law** ADJ ◆ **common-law wife** concubine f ◆ **common-law marriage** concubinage m
**common lodging house** N hospice m, asile m de nuit
**the Common Market** N le Marché commun
**common market** N (= free trade organization) organisation f de libre-échange, marché m commun (entre pays quelconques)
**common room** N (Brit) salle f commune ; (= staffroom) salle f des professeurs
**common salt** N sel m (ordinaire)
**common stock** N (US Stock Exchange) actions fpl cotées en Bourse

**commonality** /,kɒmə'nælɪtɪ/ N ① [of manufactured products] standardisation f ◆ **we are looking for commonalities** nous cherchons à utiliser des composants communs à plusieurs produits
② (= thing in common) point m commun ◆ **our commonalities** ce que nous avons en commun

**commoner** /'kɒmənəʳ/ N (= not noble) roturier m, -ière f ; (at Oxford Univ etc) étudiant(e) m(f) non boursier (-ière) ; (Brit Jur: with common land rights) personne f qui a droit de vaine pâture

**commonly** /'kɒmənlɪ/ ADV ① (= frequently) [use, occur, prescribe] fréquemment ; [called] couramment ◆ **more commonly known as...** plus connu sous le nom de... ◆ **eating disorders are more commonly found among women students** on constate que les troubles alimentaires sont plus fréquents chez les étudiantes ◆ **such a shrub is not commonly found in this country** cet arbuste n'est pas commun dans ce pays ◆ **it is commonly the case that...** il est fréquent que... + subj
② (= generally) [accept, associate, think, believe] généralement ◆ **it is commonly believed that...** on croit généralement que... ◆ **the commonly held view** l'opinion f généralement répandue
③ (pej = vulgarly) [behave, speak, dress] vulgairement, d'une façon vulgaire or commune

**commonness** /'kɒmənnɪs/ N (NonC) (= frequency) fréquence f ; (= ordinariness) caractère m commun or ordinaire, banalité f (pej) ; (= universality) caractère m général or universel ; (= vulgarity) vulgarité f

**commonplace** /'kɒmənpleɪs/ SYN
ADJ banal, commun, ordinaire ◆ **such things are commonplace** de telles choses sont courantes or sont monnaie courante
N lieu m commun, banalité f
**commonplace book** N recueil m de citations

**commons** /'kɒmənz/ NPL ① ◆ **the commons** le peuple, le tiers état ◆ **the Commons** (Parl) les Communes fpl ; → **house**
② (= food) nourriture f (partagée en commun) ◆ **to be on short commons** faire maigre chère, être réduit à la portion congrue

**commonsense** /'kɒmən'sens/
N sens m commun, bon sens m
ADJ [approach, view, precaution, solution] plein de bon sens

**commonsensical** /,kɒmən'sensɪkl/ ADJ plein de bon sens

**commonweal** /'kɒmən,wiːl/ N (= general good) bien m public ; (= people) État m

**commonwealth** /'kɒmənwelθ/
N ① ◆ **the (British) Commonwealth (of Nations)** le Commonwealth ◆ **Minister** or **Secretary of State for Commonwealth Affairs** (Brit) ministre m du Commonwealth
② (Brit Hist) ◆ **the Commonwealth** la république de Cromwell
③ †† ⇒ commonweal
④ ◆ **the Commonwealth of Australia/Puerto Rico** etc le Commonwealth d'Australie/de Porto-Rico etc ◆ **Commonwealth of Independent States** Communauté f des États indépendants
**Commonwealth Games** NPL Jeux mpl du Commonwealth

### COMMONWEALTH

Le **Commonwealth**, ou **Commonwealth of Nations**, est une communauté d'États souverains (en général d'anciens territoires britanniques) qui compte une cinquantaine de membres, parmi lesquels le Royaume-Uni, l'Australie, le Canada, l'Inde, la Jamaïque, le Kenya, la Nouvelle-Zélande et la République sud-africaine. Tous ces pays reconnaissent le souverain britannique comme chef du **Commonwealth** et se réunissent lors de conférences annuelles pour débattre de questions d'ordre politique ou économique. Chaque État membre est représenté dans les autres pays du **Commonwealth** par un Haut-Commissariat (High Commission) qui fait fonction d'ambassade.

**commotion** /kə'məʊʃən/ SYN N ① (= noise) ◆ **to make a commotion** faire du tapage ◆ **what a commotion!** quel brouhaha or vacarme !
② (= upheaval) ◆ **to cause a commotion** semer la perturbation ◆ **what a commotion!** quel cirque ! ◆ **to be in a state of commotion** [crowd] être agité ; [town] être en émoi
③ (Pol = uprising) insurrection f, troubles mpl ; → **civil**

**comms** /kɒms/ abbrev of **communications**
NPL communication f

**communal** /ˈkɒmjunl/ SYN ADJ (= of whole community) [profit, good] communautaire, de la communauté ; (= shared) commun ◆ **a communal bathroom** une salle de bains commune ◆ **communal life** la vie collective

ADJ [software, package, program] de communication

**communalize** /ˈkɒmjunəlaɪz/ VT (Jur) communaliser

**communally** /ˈkɒmjunəlɪ/ ADV en commun ; [agree, decide] en commun, collectivement ; [live] en communauté

**communautaire** /kəˌmjuːnəʊˈtɛər/ ADJ (EC) pro-européen

**commune** /kəˈmjuːn/ SYN
VI ① converser intimement, avoir un entretien à cœur ouvert (with avec) ◆ **to commune with nature** communier avec la nature
② (US Rel) communier
N /ˈkɒmjuːn/ ① (= group of people living together) communauté f ◆ **to live in a commune** vivre en communauté
② (= administrative division) commune f
③ (French Hist) ◆ **the Commune** la Commune

**communicability** /kəˌmjuːnɪkəˈbɪlɪtɪ/ N (gen) communicabilité f ; (Med) transmissibilité f

**communicable** /kəˈmjuːnɪkəbl/ ADJ communicable ; (Med) transmissible

**communicant** /kəˈmjuːnɪkənt/
N ① (Rel) communiant(e) m(f)
② (= informant) informateur m, -trice f
ADJ ① qui communique (avec), communicant
② (Rel) ◆ **communicant member** fidèle mf, pratiquant(e) m(f)

**communicate** /kəˈmjuːnɪkeɪt/ SYN
VT ① [+ news etc] communiquer, transmettre ; [+ illness] transmettre (to à) ; [+ feelings, enthusiasm] communiquer, faire partager
② (Rel) donner la communion à
VI ① communiquer (with avec) ◆ **to communicate with sb by letter/by telephone** communiquer avec qn par lettre/par téléphone ◆ **I no longer communicate with him** je n'ai plus aucun contact avec lui
② [rooms] communiquer ◆ **communicating rooms** des pièces fpl qui communiquent or communicantes
③ (Rel) communier, recevoir la communion

**communication** /kəˌmjuːnɪˈkeɪʃən/ SYN
N ① (NonC) communication f ◆ **to be in communication with sb** être en contact or relations avec qn ◆ **to be in radio communication with sb** communiquer avec qn par radio ◆ **there is/has been no communication between them** il n'y a/n'y a eu aucun contact entre eux
② (= message transmitted) communication f
③ (= roads, railways, telegraph lines etc) ◆ **communications** communications fpl ; (Mil) liaison f, communications fpl
COMP **communication cord** N (Brit: on train) sonnette f d'alarme
**communication gap** N manque m or absence f de communication
**communication line** N (Mil etc) ligne f de communication
**communication science** N sciences fpl de la communication
**communication skills** NPL techniques fpl de communication
**communications satellite** N satellite m de communication
**communications zone** N (zone f des) arrières mpl

**communicative** /kəˈmjuːnɪkətɪv/ SYN ADJ
① (= talkative) communicatif, expansif
② [difficulties etc] de communication ◆ **communicative competence** compétence f à la communication

**communicativeness** /kəˈmjuːnɪkətɪvnɪs/ N communicabilité f

**communicator** /kəˈmjuːnɪkeɪtər/ N communicateur m, -trice f

**communion** /kəˈmjuːnɪən/ SYN
N (gen) communion f ; (Rel) (= religious group) communion f ; (= denomination) confession f ; (also **Holy Communion**) communion f ◆ **a communion of interests** des intérêts mpl en commun ◆ **to make one's communion** communier ◆ **to make one's Easter communion** faire ses pâques ◆ **to take communion** recevoir la communion

COMP **communion rail** N (Rel) balustre m du chœur (où l'on vient communier)
**communion service** N office m de communion
**communion table** N sainte table f

**communiqué** /kəˈmjuːnɪkeɪ/ SYN N communiqué m

**communism** /ˈkɒmjunɪzəm/ SYN N communisme m

**communist** /ˈkɒmjunɪst/ SYN ADJ, N communiste mf ◆ **the Communist Manifesto** le Manifeste communiste

**communistic** /ˌkɒmjuˈnɪstɪk/ ADJ communisant

**community** /kəˈmjuːnɪtɪ/ SYN
N ① (= group) communauté f ◆ **the black community** la communauté noire ◆ **a community of nuns** une communauté de religieuses ◆ **community leaders** les chefs de file de la communauté ◆ **the French community in Edinburgh** la colonie française d'Édimbourg ◆ **the business community** le monde des affaires ◆ **the student community** les étudiants , le monde étudiant ◆ **for the good of the community** pour le bien de la collectivité
② (= local people) ◆ **leaders in the community** les leaders de la population locale ◆ **the Prime Minister wants to involve the community in decision-making** le Premier ministre veut impliquer la population dans la prise de décision
③ (= area, place) ◆ **councillors discussed the high levels of unemployment in their community** les conseillers municipaux ont parlé des taux de chômage élevés dans leurs quartiers ◆ **40 miles from the remote community where he lives** à 64 kilomètres du village isolé où il habite ◆ **they don't live in the community, so they don't know the people** ils ne vivent pas sur place, alors ils ne connaissent pas les gens ◆ **handicapped people are helped to live in the community** on aide les handicapés à vivre de manière indépendante ◆ **we have helped the people in this community** nous avons aidé les gens autour de nous
④ (= solidarity) ◆ **a real feeling of community exists in this building** il existe un vrai sentiment de communauté dans cet immeuble ◆ **community of interests** communauté f d'intérêts
⑤ (Pol = EU) ◆ **the Community** la Communauté
COMP **community antenna distribution** N câblodistribution f
**community antenna television** N télévision f par câble
**community association** N (Brit) association f de quartier (reconnue d'utilité publique)
**Community budget** N (Pol) budget m communautaire
**community care** N (NonC: Brit Social Work = home care) service m d'aide à domicile ; (also **community care programme**) programme visant à déléguer la responsabilité de l'État aux collectivités locales en matière d'aide sociale
**community centre** N foyer m municipal, ≈ MJC f
**community charge** N (Brit Pol: formerly) ancien impôt local, fondé sur le principe de la capitation
**community chest** N (US) fonds m commun
**community college** N (US Univ) centre m universitaire (de premier cycle)
**community correctional center** N (US) centre m de détention
**community education** N (Brit) cours mpl organisés par les municipalités
**community health centre** N centre m médico-social
**community home** N (Brit) ① (= children's home) ≈ foyer m de la DDASS ◆ **he grew up in a community home** il a grandi à la DDASS
② (for young offenders) centre m d'éducation surveillée
**community hospital** N (US Med) hôpital m communal
**Community law** N droit m communautaire
**community life** N (Social Work) vie f associative
**community medicine** N médecine f générale
**community policeman** N (pl **community policemen**) (Brit) ≈ îlotier m
**community policing** N ≈ îlotage m
**community property** N (US Jur) communauté f des biens entre époux
**Community regulations** NPL (Pol) règlements mpl communautaires
**community school** N (Brit) école servant de maison de la culture
**community service** N (Jur) travaux mpl d'intérêt général

**community singing** N chants mpl en chœur (improvisés)
**community spirit** N sens m or esprit m communautaire
**community worker** N animateur m, -trice f socioculturel(le)

 Be cautious about translating **community** by **communauté**.

**communize** /ˈkɒmjuːnaɪz/ VT ① (= impose communism on) imposer le communisme à
② [+ land, factories, peoples] collectiviser

**commutability** /kəˌmjuːtəˈbɪlɪtɪ/ N interchangeabilité f, permutabilité f ; (Jur) commuabilité f

**commutable** /kəˈmjuːtəbl/ ADJ ① (= exchangeable) interchangeable, permutable
② (Jur) [sentence] commuable (to en)
③ ◆ **within commutable distance** à une distance que l'on peut facilement parcourir tous les jours

**commutation** /ˌkɒmjuˈteɪʃən/
N ① (= exchange) échange m, substitution f ; (Fin) échange m ; (Elec, Jur) commutation f
② (Jur) ◆ **commutation of punishment** commutation f de peine
③ (US) trajet m journalier
COMP **commutation ticket** N carte f d'abonnement

**commutative** /kəˈmjuːtətɪv/ ADJ (Math) ◆ **commutative laws** lois fpl commutatives

**commutator** /ˈkɒmjuˌteɪtə/ N commutateur m

**commute** /kəˈmjuːt/ SYN
VT ① (= exchange) substituer (into à), échanger (for, into pour, contre, avec) ; (Elec) commuer
② (Jur) commuer (into en) ◆ **commuted sentence** (Jur) sentence f commuée
VI faire un or le trajet régulier, faire la navette (between entre ; from de)
N (= single journey) trajet m quotidien

**commuter** /kəˈmjuːtər/ SYN
N banlieusard(e) m(f) (qui fait un trajet régulier pour se rendre à son travail), navetteur m, -euse f ◆ **I work in London but I'm a commuter** je travaille à Londres mais je fais la navette tous les jours
COMP **the commuter belt** N (Brit) la grande banlieue
**commuter train** N train m de banlieue

**commuting** /kəˈmjuːtɪŋ/ N (NonC) migrations fpl quotidiennes, trajets mpl réguliers, migrations fpl pendulaires (SPEC) ◆ **commuting every day is hell!** être dans les transports tous les jours, c'est l'enfer !

**Comoro** /ˈkɒməˌrəʊ/ N ◆ **the Comoro Islands, the Comoros** les Comores fpl

**compact** /kəmˈpækt/ SYN
ADJ (lit) (in size) compact ; (fig) (= concise) [style] concis, condensé ◆ **a compact mass** une masse compacte ◆ **the house is very compact** la maison n'a pas de place perdue
VT (gen pass) (lit) rendre compact, resserrer ; (fig) condenser ◆ **compacted of** †† composé de
N /ˈkɒmpækt/ ① (= agreement) contrat m, convention f ; (informal) entente f
② (also **powder compact**) poudrier m
③ (US : also **compact car**) (voiture f) compacte f, voiture f de faible encombrement
④ (also **compact camera**) (appareil-photo m) compact m
COMP **compact disc** N disque m compact
**compact disc player** N lecteur m de CD, platine f laser
**compact video disc** N compact-disc m vidéo

**compactly** /kəmˈpæktlɪ/ ADV (lit) [store, fold up] de façon compacte ; (fig) [write] dans un style concis, d'une manière concise ◆ **compactly built** [car] d'une facture compacte, compact ; [person] trapu

**compactness** /kəmˈpæktnɪs/ N (NonC) (lit : in size) [of room, building, computer, equipment] compacité f ; (fig = conciseness) [of style, writing] concision f

**companion** /kəmˈpænjən/ SYN
N ① compagnon m, compagne f ; (also **lady companion**) dame f de compagnie ; (in order of knighthood) compagnon m ◆ **travelling companions** compagnons mpl de voyage ◆ **companions in arms/in misfortune** compagnons mpl d'armes/d'infortune
② (= one of pair of objects) pendant m (to à)

③ (= handbook) manuel m ◆ **a companion to literature** un manuel de littérature
COMP **companion hatch** N ⇒ companionway
**companion ladder** N (Navy) échelle f ; (Merchant Navy) escalier m
**companion piece** N pendant m (to à)
**companion volume** N volume m qui va de pair (to avec), autre volume m

**companionable** /kəm'pænjənəbl/ SYN ADJ [person] de compagnie agréable ; [evening, group] sympathique ◆ **to sit in companionable silence** être assis dans un silence complice

**companionship** /kəm'pænjənʃɪp/ SYN N (NonC)
① (= friendliness) ◆ **I enjoy the companionship at the club** j'apprécie la camaraderie or l'esprit cordial du cercle
② (= company) compagnie f ◆ **she keeps a cat for companionship** elle a un chat, ça lui fait une compagnie

**companionway** /kəm'pænjənweɪ/ N (on ship) escalier m menant aux cabines ; [of small vessel] escalier m ; (in yacht) (also **companion hatch**) capot m (d'escalier)

**company** /'kʌmpənɪ/ LANGUAGE IN USE 25.1 SYN
N ① compagnie f ◆ **to keep sb company** tenir compagnie à qn ◆ **to keep company with** fréquenter ◆ **to part company with** se séparer de ◆ **in company** en public or société ◆ **in company with** en compagnie de ◆ **he's good company** on ne s'ennuie pas avec lui ◆ **he's bad company** il n'est pas d'une compagnie très agréable ◆ **she keeps a cat, it's company for her** elle a un chat, ça lui fait une compagnie ; → **two**
② (= guests) compagnie f ◆ **we are expecting company** nous attendons des visites or des invités ◆ **we've got company** nous avons de la visite* ◆ **to be in good company** (lit, fig) être en bonne compagnie ; → **present**
③ (= companions) compagnie f, fréquentation f ◆ **to keep** or **get into good/bad company** avoir de bonnes/mauvaises fréquentations ◆ **she is no(t) fit company for your sister** ce n'est pas une compagnie or une fréquentation pour votre sœur ◆ **a man is known by the company he keeps** (Prov) dis-moi qui tu hantes, je te dirai qui tu es (Prov)
④ (Comm, Fin) entreprise f, société f, compagnie f ◆ **Smith & Company** Smith et Compagnie ◆ **shipping company** compagnie f de navigation ◆ **the Company*** (US = CIA) la CIA ◆ **... and company*** (also pej) ... et compagnie ; → **affiliate, holding**
⑤ (= group) compagnie f ; [of actors] troupe f, compagnie f ◆ **National Theatre Company** la troupe du Théâtre National ◆ **ship's company** équipage m
⑥ (Mil) compagnie f
COMP **Companies Act** N (Jur) loi f sur les sociétés
**company car** N voiture f de fonction
**company commander** N (Mil) capitaine m (de compagnie)
**company director** N directeur m général
**company doctor** N médecin m du travail
**company law** N droit m des sociétés
**company lawyer** N avocat m d'entreprise ; (working within company) juriste m
**company man** N (pl **company men**) employé m dévoué ◆ **he's a real company man** il a vraiment l'esprit maison
**company manners*** NPL (Brit) belles manières fpl
**company policy** N politique f de l'entreprise
**company secretary** N (Brit Comm) secrétaire m général
**company sergeant-major** N (Mil) adjudant m
**company time** N temps m de travail
**company union** N (US) syndicat m maison

**comparability** /ˌkɒmpərə'bɪlɪtɪ/ N comparabilité f ◆ **pay comparability** alignement m des salaires (sur ceux d'autres secteurs industriels)

**comparable** /'kɒmpərəbl/ LANGUAGE IN USE 5.3, 5.4 SYN ADJ comparable (with, to à) ◆ **the two things are not comparable** il n'y a pas de comparaison possible entre ces deux choses

**comparableness** /'kɒmpərəblnɪs/ N comparabilité f

**comparably** /'kɒmpərəblɪ/ ADV ◆ **comparably sized buildings** des bâtiments ayant des dimensions comparables ◆ **comparably qualified students** des étudiants possédant des qualifications comparables

**comparative** /kəm'pærətɪv/ SYN
ADJ ① (= relative) [ease, safety, peace, silence, freedom, cost] relatif ◆ **he's a comparative stranger (to me)** je le connais relativement peu ◆ **to be a comparative newcomer/beginner** être relativement nouveau/débutant
② (involving comparison) [study, analysis, method] comparatif ; [literature, religion, linguistics, law, data] comparé ◆ **comparative form** (Gram) comparatif m ◆ **comparative mythologist** spécialiste mf de mythologie comparée
N (Gram) comparatif m ◆ **in the comparative** au comparatif
COMP **comparative advertising** N publicité f comparative

**comparatively** /kəm'pærətɪvlɪ/ LANGUAGE IN USE 5.3 ADV ① (= relatively) relativement
② (involving comparison) comparativement

**compare** /kəm'pεər/ LANGUAGE IN USE 5.1, 5.3, 5.4, 26.3 SYN
VT ① comparer (with à, avec) ◆ **compare the first letter with the second** comparez la première lettre à or avec la seconde ◆ **compared to** or **with...** comparé à... ◆ **to compare notes with sb** (fig) échanger ses impressions or ses vues avec qn ◆ **the poet compared her eyes to stars** le poète compara ses yeux à des étoiles ◆ **the book compares and contrasts the North and South Poles** ce livre compare les pôles Nord et Sud et met en évidence leurs différences
② (Gram) [+ adjective, adverb] donner les comparatifs de
VI être comparable (with à) ◆ **how do the cars compare for speed?** quelles sont les vitesses respectives des voitures ? ◆ **how do the prices compare?** est-ce que les prix sont comparables ? ◆ **it doesn't** or **can't compare with the previous one** il n'y a aucune comparaison avec le précédent ◆ **he can't compare with you** il n'y a pas de comparaison (possible) entre vous et lui ◆ **it compares very favourably** cela soutient la comparaison
N ◆ **beyond** or **without** or **past compare** (adverbial use) incomparablement ; (adjectival use) sans comparaison possible

**comparison** /kəm'pærɪsn/ LANGUAGE IN USE 5.1, 5.4, 26.3 SYN
N ① comparaison f (with avec ; to à) ◆ **in comparison with** or **to...**, **by comparison with...** par comparaison avec..., par rapport à... ◆ **by** or **in comparison** par comparaison ◆ **for comparison** pour comparaison ◆ **to make a comparison** faire une comparaison ◆ **to stand** or **bear comparison (with)** soutenir la comparaison (avec) ◆ **there's no comparison** ça ne se compare pas
② (Gram) comparaison f ◆ **degrees of comparison** degrés mpl de comparaison
COMP **comparison test** N essai m comparatif

**compartment** /kəm'pɑːtmənt/ SYN N compartiment m ; → **freezer, glove**

**compartmentalization** /ˌkɒmpɑːˌtmentəlaɪ'zeɪʃən/ N compartimentage m, compartimentation f

**compartmentalize** /ˌkɒmpɑː'tmentəlaɪz/ VT compartimenter

**compass** /'kʌmpəs/ SYN
N ① boussole f ; (on ship) compas m ; → **point**
② (Math) ◆ **compasses, a pair of compasses** compas m
③ (fig) (= extent) étendue f ; (= reach) portée f ; (= scope) rayon m, champ m ; (Mus) [of voice] étendue f, portée f ◆ **within the compass of sth** dans les limites de qch ◆ **within the compass of sb** dans les possibilités de qn ◆ **to be within the compass of a committee** relever des compétences d'un comité ; → **narrow**
VT (= go round) faire le tour de ; (= surround) encercler, entourer
COMP **compass card** N rose f des vents
**compass course** N route f magnétique
**compass rose** N ⇒ compass card
**compass saw** N scie f à guichet

**compassion** /kəm'pæʃən/ SYN
N compassion f
COMP **compassion fatigue** N lassitude f des donateurs, fatigue f de la compassion

**compassionate** /kəm'pæʃənət/ SYN
ADJ compatissant ◆ **on compassionate grounds** pour raisons de convenance personnelle or de famille
COMP **compassionate leave** N (Mil) permission f exceptionnelle (pour raisons de famille)

**compassionately** /kəm'pæʃənətlɪ/ ADV [look, say] avec compassion ; [release] par compassion

**compatibility** /kəmˌpætə'bɪlɪtɪ/ SYN N compatibilité f (with avec)

**compatible** /kəm'pætɪbl/ SYN
ADJ ① [people] fait pour s'entendre ◆ **a compatible board of directors** un conseil d'administration sans problèmes de compatibilité d'humeur ◆ **to be compatible with sb** bien s'entendre avec qn
② (= reconcilable) [ideas, aims, interests] (also Comput, Telec) compatible (with sth avec qch) ◆ **an IBM-compatible computer** un ordinateur compatible IBM
N (Comput) compatible m ◆ **an IBM-compatible** un compatible IBM

**compatibly** /kəm'pætɪblɪ/ ADV de façon compatible

**compatriot** /kəm'pætrɪət/ N compatriote mf

**compel** /kəm'pel/ LANGUAGE IN USE 10.1 SYN VT
① [+ person] (physically) contraindre, obliger ; (legally, morally) obliger ; (psychologically) pousser ◆ **to be compelled to do sth** (physically) être contraint or obligé de faire qch ; (psychologically) se sentir poussé à faire qch, éprouver l'envie profonde or irrésistible de faire qch ◆ **to feel morally compelled to do sth** se sentir moralement obligé or tenu de faire qch
② [+ admiration etc] imposer, forcer ◆ **to compel obedience/respect from sb** imposer l'obéissance/le respect à qn

**compelling** /kəm'pelɪŋ/ SYN ADJ ① (= convincing) [argument] irréfutable ; [evidence] incontestable ; [reason, need] impérieux ◆ **to make a compelling case for sth** réunir des arguments irréfutables en faveur de qch ◆ **to have a compelling interest in doing sth** avoir le plus grand intérêt à faire qch
② (= riveting) [story, account, film, book] fascinant ◆ **his new novel makes compelling reading** son nouveau roman est passionnant

**compellingly** /kəm'pelɪŋlɪ/ ADV [write, tell] d'une manière fascinante ; [persuasive, attractive] irrésistiblement

**compendia** /kəm'pendɪə/ NPL of compendium

**compendious** /kəm'pendɪəs/ ADJ concis

**compendium** /kəm'pendɪəm/ N (pl **compendiums** or **compendia**) ① (= summary) abrégé m
② (Brit) ◆ **compendium of games** boîte f de jeux

**compensate** /'kɒmpənseɪt/ SYN
VI compenser (by en) ◆ **to compensate for sth** compenser qch
VT (= indemnify) dédommager, indemniser (for de) ; (= pay) rémunérer (for pour) ; (in weight, strength etc) compenser, contrebalancer ; (Tech) compenser, neutraliser

**compensation** /ˌkɒmpən'seɪʃən/ SYN
N (= indemnity) (gen, Psych) compensation f ; (financial) dédommagement m, indemnisation f ; (= payment) rémunération f ; (in weight, strength etc) contrepoids m ; (Tech) compensation f, neutralisation f ◆ **in compensation** (financial) en dédommagement
COMP **Compensation Fund** N (Stock Exchange) caisse f de garantie

**compensatory** /ˌkɒmpən'seɪtərɪ/ ADJ (gen) compensateur (-trice f) ◆ **compensatory levy** (Econ:of EU) prélèvement m compensatoire

**compère** /'kɒmpεər/ (Brit)
N animateur m, -trice f
VT [+ show] animer, présenter

**compete** /kəm'piːt/ SYN VI ① (gen) rivaliser ◆ **his poetry can't compete with Eliot's** sa poésie ne peut pas rivaliser avec celle d'Eliot ◆ **we can't compete with their financial resources** vu leurs ressources financières, il nous est impossible de rivaliser avec eux ◆ **to compete with sb for a prize** disputer un prix à qn ◆ **they will compete for the history prize** ils se disputeront le prix d'histoire

◆ **to be competing** être en lice ◆ **ten students were competing for six places** dix candidats étaient en lice pour six places ◆ **2300 candidates are competing for 486 seats** il y a 2300 candidats en lice pour 486 sièges ◆ **who's competing?** qui s'est présenté ? ◆ **there were only four people competing** il n'y avait que quatre concurrents

② (Comm) être en concurrence ◆ **to compete for a contract** être en concurrence pour obtenir un contrat ◆ **there are six firms competing for a share in the market** six entreprises se font concurrence pour une part du marché ◆ **they are forced to compete with the multinationals** ils sont obligés d'entrer en concurrence or en compétition avec les multinationales

## competence | compliment

**competence** ...
3 (Sport) concourir (against sb avec qn ; for sth pour (obtenir) qch ; to do sth pour faire qch) ◆ **to compete in a race** participer à une course ◆ **he's competing against world-class athletes** il concourt avec or il est en compétition avec des athlètes de réputation mondiale ◆ **there were only four teams/runners competing** il n'y avait que quatre équipes/coureurs sur les rangs
4 [animals, plants] être en concurrence

**competence** /'kɒmpɪtəns/ SYN N 1 (gen, Ling) compétence f (for pour ; in en)
2 (Jur) compétence f ◆ **within the competence of the court** de la compétence du tribunal

**competency** /'kɒmpɪtənsɪ/ N 1 ⇒ competence
2 (= money, means) aisance f, moyens mpl

**competent** /'kɒmpɪtənt/ SYN ADJ 1 (= proficient) [person] compétent (at sth dans qch ; to do sth pour faire qch) ◆ **to be competent at** or **in maths** être compétent en mathématiques ◆ **to feel competent to do sth** se sentir compétent pour or capable de faire qch
2 (= satisfactory) [work, performance] satisfaisant ◆ **to do a competent job** faire un travail satisfaisant ◆ **a competent knowledge of the language** une connaissance suffisante de la langue
3 (Jur) [court] compétent ; [evidence] admissible, recevable ; [person] habile ; → **court**

**competently** /'kɒmpɪtəntlɪ/ ADV [handle, perform, play] (= proficiently) avec compétence, de façon compétente ; (= satisfactorily) suffisamment bien, assez bien

**competing** /kəm'piːtɪŋ/ ADJ contradictoire, en concurrence ◆ **competing interests** intérêts mpl contradictoires

**competition** /ˌkɒmpɪ'tɪʃən/ SYN
N 1 (NonC) compétition f, rivalité f (for pour) ; (Comm) concurrence f ◆ **unfair competition** concurrence f or compétition f déloyale ◆ **there was keen competition for it** on se l'est âprement disputé, il y a eu beaucoup de concurrence pour l'avoir ◆ **in competition with** en concurrence avec
2 (= event, game) concours m (for pour) ; (Sport) compétition f ; (= car race) course f ◆ **to go in for a competition** se présenter à un concours ◆ **beauty/swimming competition** concours m de beauté/de natation ◆ **I won it in a newspaper competition** je l'ai gagné en faisant un concours dans le journal ◆ **to choose by competition** choisir au concours
3 (NonC = competitors) (gen) concurrence f ; (Sport) autres concurrents mpl ◆ **he was waiting to see what the competition would be like** il attendait de voir qui lui ferait concurrence or qui seraient ses rivaux
COMP **competition car** N voiture f de compétition

**competitive** /kəm'petɪtɪv/ SYN
ADJ 1 (Comm) [society, system] compétitif ; [market, prices, rates] compétitif, concurrentiel ; [product] concurrentiel ◆ **to gain a competitive advantage** or **edge (over sb)** obtenir un avantage concurrentiel (sur qn)
2 (= ambitious) [person] qui a (or avait) l'esprit de compétition ◆ **I'm a very competitive person** j'ai un esprit de compétition très développé
3 (Sport) [spirit, tennis, match] de compétition ◆ **his competitive ability** sa capacité à être compétitif ◆ **to gain a competitive advantage** or **edge (over sb)** avoir un avantage dans la compétition (sur qn)
4 (Educ) [entry, selection] par concours ◆ **competitive examination** concours m
COMP **competitive advantage** N avantage m concurrentiel
**competitive bidding, competitive tendering** N appel m d'offres
**competitive edge** N avantage m concurrentiel

**competitively** /kəm'petɪtɪvlɪ/ ADV 1 (Comm) ◆ **both models are competitively priced** les deux modèles sont à des prix compétitifs ◆ **a very competitively priced car** une voiture à prix très compétitif
2 (in competitions) en compétition, en lice ◆ **I stopped playing competitively in 1995** j'ai arrêté la compétition en 1995

**competitiveness** /kəm'petətɪvnɪs/ N compétitivité f

**competitor** /kəm'petɪtəʳ/ SYN N (also Comm) concurrent(e) m(f)

**compilation** /ˌkɒmpɪ'leɪʃən/ N compilation f

**compile** /kəm'paɪl/ SYN VT (gen, Comput) compiler ; [+ dictionary] élaborer ; [+ list, catalogue, inventory] dresser

**compiler** /kəm'paɪləʳ/ N (gen) compilateur m, -trice f ; [of dictionary] rédacteur m, -trice f ; (Comput) compilateur m

**complacence** /kəm'pleɪsəns/, **complacency** /kəm'pleɪsənsɪ/ N contentement m de soi, suffisance f

**complacent** /kəm'pleɪsənt/ SYN ADJ (= self-satisfied) content de soi, suffisant ◆ **he's so complacent!** il est tellement suffisant ! ◆ **we are confident, but not complacent** nous sommes confiants, mais nous restons prudents ◆ **to be complacent about sth** (= unconcerned) sous-estimer qch ◆ **we cannot afford to be complacent about the huge task which faces us** nous ne pouvons pas nous permettre de sous-estimer l'ampleur de la tâche qui nous attend

**complacently** /kəm'pleɪsəntlɪ/ ADV avec suffisance

**complain** /kəm'pleɪn/ SYN VI 1 se plaindre (of, about de) ◆ **to complain that...** se plaindre que... + subj or indic or de ce que... + indic ◆ **how are you? – I can't complain** * comment vas-tu ? – je ne peux pas me plaindre
2 (= make a complaint) formuler une plainte or une réclamation (against contre), se plaindre ◆ **you should complain to the manager** vous devriez vous plaindre au directeur ◆ **to complain to the court of justice** (Jur) saisir la Cour de justice

**complainant** /kəm'pleɪnənt/ N (Jur) plaignant(e) m(f), demandeur m, -deresse f

**complaint** /kəm'pleɪnt/ SYN N 1 (= expression of discontent) plainte f ; (= reason for complaint) grief m, sujet m de plainte ; (Jur) plainte f ; (Comm) réclamation f ◆ **complaints department** (Comm) service m des réclamations ◆ **don't listen to his complaints** n'écoutez pas ses plaintes or ses récriminations ◆ **I have no complaint(s), I have no cause for complaint** je n'ai aucun sujet or motif de plainte, je n'ai pas lieu de me plaindre ◆ **to make a complaint** (Comm) se plaindre (about de), faire une réclamation ◆ **to lodge or lay a complaint against...** (Jur) porter plainte contre... ; → **police**
2 (Med) maladie f, affection f ◆ **what is his complaint?** de quoi souffre-t-il ?, de quoi se plaint-il ? ◆ **a heart complaint** une maladie de cœur ◆ **bowel complaint** affection f intestinale

**complaisance** /kəm'pleɪzəns/ N complaisance f, obligeance f

**complaisant** /kəm'pleɪzənt/ ADJ complaisant, obligeant

**-complected** /kəm'plektɪd/ ADJ (in compounds) (US) ⇒ **-complexioned**

**complement** /'kɒmplɪmənt/ SYN
N (gen, Gram, Math) complément m ; [of staff etc] personnel m, effectif m ◆ **with full complement** au grand complet
VT /'kɒmplɪment/ compléter, être le complément de

**complementary** /ˌkɒmplɪ'mentərɪ/ SYN
ADJ (gen, Math) complémentaire
COMP **complementary angle** N (Math) angle m complémentaire
**complementary colour** N couleur f complémentaire
**complementary DNA** N (Bio) ADN m complémentaire
**complementary medicine** N médecine f parallèle or douce

**complete** /kəm'pliːt/ SYN
ADJ 1 (= whole) [list, set] complet (-ète f) ◆ **the complete works of Shakespeare** les œuvres fpl complètes de Shakespeare ◆ **no garden is complete without a bed of roses** sans un parterre de rosiers, un jardin est incomplet
2 ◆ **complete with sth** (= also having) avec qch ◆ **a large hotel complete with swimming pool** un grand hôtel avec piscine ◆ **a house complete with furniture** une maison meublée ◆ **to come complete with sth** être pourvu de qch
3 (= entire) tout inv entier ◆ **a complete tenement block was burnt to the ground** un immeuble entier a été démoli par les flammes, un immeuble a été complètement démoli par les flammes
4 (= finished) [work] achevé ◆ **the task is now complete** la tâche est accomplie
5 (= total, full) [change, surprise, disaster, failure] complet (-ète f) ; [lack] total ; [approval] entier ; [idiot, liar] fini ◆ **in complete agreement** en parfait accord ◆ **in complete contrast to sb/sth** à l'opposé de qn/qch, contrairement à qn/qch ◆ **to take complete control of sth** prendre le contrôle complet de qch ◆ **at last her happiness was complete** enfin son bonheur était complet ◆ **he is the complete opposite of me** il est tout le contraire de moi ◆ **to my complete satisfaction** à mon entière satisfaction ◆ **she's a complete bitch** ** c'est une vraie peau de vache **
6 (= accomplished) ◆ **he is the complete filmmaker/footballer** † c'est le parfait cinéaste/footballeur
VT 1 (= finish) [+ collection] compléter ; [+ piece of work] achever, terminer ◆ **and to complete his happiness/misfortune** et pour comble de bonheur/d'infortune ◆ **comble** m ; (Jur) [of contract, sale] exécution f ◆ **and just to complete things** et pour couronner le tout ◆ **to complete an order** exécuter une commande
2 (= fill in) [+ form, questionnaire] remplir

**completely** /kəm'pliːtlɪ/ SYN ADV totalement, complètement ◆ **completely and utterly** totalement ◆ **almost completely** presque entièrement

**completeness** /kəm'pliːtnɪs/ N caractère m complet ; [of report, study] exhaustivité f ◆ **at varying stages of completeness** à différents stades d'achèvement

**completion** /kəm'pliːʃən/ SYN
N [of work] achèvement m ; [of happiness, misfortune] comble m ; (Jur) [of contract, sale] exécution f ◆ **near completion** près d'être achevé ◆ **payment on completion of contract** paiement m à la signature du contrat
COMP **completion date** N (Jur) (for work) date f d'achèvement (des travaux) ; (in house-buying) date f d'exécution du contrat

**completist** /kəm'pliːtɪst/ N collectionneur m, -euse f (qui cherche à avoir une collection complète)

**complex** /'kɒmpleks/ SYN
ADJ complexe
N 1 complexe m ◆ **industrial/mining complex** complexe m industriel/minier ◆ **housing complex** (ensemble m de) résidences fpl ; (high rise) grand ensemble m ; → **cinema**
2 (Psych) complexe m ◆ **he's got a complex about it** ça lui a donné un complexe, il en fait (tout) un complexe ; → **guilt, inferiority**

**complexion** /kəm'plekʃən/ SYN N [of face] teint m ; (fig) caractère m, aspect m ◆ **that puts a new** or **different complexion on the whole affair** l'affaire se présente maintenant sous un tout autre aspect or jour

**-complexioned** /kəm'plekʃənd/ ADJ (in compounds) ◆ **dark-complexioned** de or au teint mat, mat de teint ◆ **fair-complexioned** de or au teint clair, clair de teint

**complexity** /kəm'pleksɪtɪ/ SYN N complexité f

**compliance** /kəm'plaɪəns/ SYN
N (NonC) 1 (= acceptance) acquiescement m (with à) ; (= conformity) conformité f (with avec) ◆ **in compliance with...** conformément à..., en accord avec...
2 (= submission) basse complaisance f, servilité f
COMP **compliance lawyer, compliance officer** N conseiller m fiscal

**compliant** /kəm'plaɪənt/ ADJ [person] accommodant ; [child] docile ◆ **to be compliant with** être conforme à ; [person] se conformer à

**complicate** /'kɒmplɪkeɪt/ SYN VT compliquer (with de) ; (= muddle) embrouiller ◆ **that complicates matters** cela complique les choses ◆ **she always complicates things** elle complique toujours tout, elle se crée des problèmes

**complicated** /'kɒmplɪkeɪtɪd/ SYN ADJ (= involved) compliqué, complexe ; (= muddled) embrouillé

**complication** /ˌkɒmplɪ'keɪʃən/ SYN N (gen, Med) complication f

**complicit** /kəm'plɪsɪt/ ADJ 1 (= knowing) [look, wink, silence] complice
2 (= involved) ◆ **complicit in sth** complice de qch ◆ **he was complicit in allowing it to happen** il a été complice en laissant la chose se produire

**complicity** /kəm'plɪsɪtɪ/ SYN N complicité f (in dans)

**compliment** /'kɒmplɪmənt/ SYN
N 1 compliment m ◆ **to pay sb a compliment** faire or adresser un compliment à qn ◆ **to return the compliment** (fig) retourner le compliment, renvoyer l'ascenseur

**ANGLAIS-FRANÇAIS**

**2** (frm) ♦ **compliments** compliments mpl, respects mpl, hommages mpl (frm) ♦ **give him my compliments** faites-lui mes compliments ♦ **(I wish you) the compliments of the season** (je vous présente) tous mes vœux ♦ **with the compliments of Mr Green** avec les hommages or les compliments de M. Green ♦ **"with compliments"** « avec nos compliments »
**VT** /ˈkɒmplɪment/ complimenter, féliciter (on de), faire des compliments à (on de, sur)
**COMP** **compliments slip** N (Comm) ≃ papillon m (avec les bons compliments de l'expéditeur)

**complimentary** /ˌkɒmplɪˈmentərɪ/ SYN ADJ
**1** (= flattering) [person] élogieux ; [remark] élogieux, flatteur ♦ **to be complimentary about sb/sth** faire des compliments sur qn/qch
**2** (= free) [ticket, drink] gratuit ♦ **complimentary copy** exemplaire m offert à titre gracieux

**complin(e)** /ˈkɒmplɪn/ N (Rel) complies fpl

**comply** /kəmˈplaɪ/ SYN VI **1** [person] obtempérer
♦ **to comply with** ♦ **to comply with the rules** observer or respecter le règlement ♦ **to comply with sb's wishes** se conformer aux désirs de qn ♦ **to comply with a request** faire droit à une requête, accéder à une demande ♦ **to comply with a clause** observer or respecter une disposition
**2** [equipment, object] (to specifications etc) être conforme (with à)

**component** /kəmˈpəʊnənt/ SYN
**ADJ** composant, constituant ♦ **the component parts** les parties fpl constituantes
**N** (gen, also Econ) élément m ; (Chem) composant m ; [of machine, car] pièce f ♦ **components factory** usine f de pièces détachées

**componential** /ˌkɒmpəˈnenʃəl/ ADJ componentiel ♦ **componential analysis** (Ling) analyse f componentielle

**comport** /kəmˈpɔːt/
**VT** ♦ **to comport o.s.** se comporter, se conduire
**VI** convenir (with à), s'accorder (with avec)

**comportment** /kəmˈpɔːtmənt/ N comportement m, conduite f

**compose** /kəmˈpəʊz/ SYN VT **1** [+ written text, music] composer
**2** (= constitute) composer
♦ **to be composed of** se composer de ♦ **the force would be composed of troops from NATO countries** cette force se composerait de troupes des pays de l'OTAN
**3** (= calm) ♦ **to compose o.s.** se calmer ♦ **to compose one's features** composer son visage ♦ **to compose one's thoughts** mettre de l'ordre dans ses pensées
**4** (= typeset) composer

**composed** /kəmˈpəʊzd/ SYN ADJ calme, posé

**composedly** /kəmˈpəʊzɪdlɪ/ ADV calmement, posément

**composer** /kəmˈpəʊzər/ N (Mus) compositeur m, -trice f

**composite** /ˈkɒmpəzɪt/ SYN
**ADJ** (gen, Archit, Phot) composite ; (Bot, Math) composé
**N** (Archit) (ordre m) composite m ; (= plant) composée f, composacée f
**COMP** **composite motion** N (Pol) motion f de synthèse
**composite school** N (Can) école f polyvalente
**composite vote** N vote m groupé

**composition** /ˌkɒmpəˈzɪʃən/ SYN
**N** **1** (= act of composing) composition f ♦ **music/verse of her own composition** de la musique/des vers de sa composition
**2** (= thing composed) composition f, œuvre f ; (Scol = essay) rédaction f ♦ **one of her most famous compositions** une de ses œuvres les plus célèbres
**3** (= parts composing whole) composition f, constitution f ; (= mixture of substances) composition f (of de) ♦ **to study the composition of a substance** étudier la constitution d'une substance
**4** (Gram) [of sentence] construction f ; [of word] composition f
**5** (= temperament, make-up) nature f, constitution f intellectuelle (or morale)
**6** (Jur) accommodement m, compromis m, arrangement m (avec un créancier) ♦ **to come to a composition** (frm) venir à composition (frm), arriver à une entente or un accord
**COMP** [substance] synthétique
**composition rubber** N caoutchouc m synthétique

**compositional** /ˌkɒmpəˈzɪʃənl/ ADJ [style] de composition ; [skills, tools] de compositeur

**compositor** /kəmˈpɒzɪtər/ N (Typography) compositeur m, -trice f

**compos mentis** /ˌkɒmpɒsˈmentɪs/ ADJ sain d'esprit

**compost** /ˈkɒmpɒst/ SYN
**N** compost m
**VT** composter
**COMP** **compost heap** N tas m de compost

**composure** /kəmˈpəʊʒər/ SYN N calme m, sang-froid m ♦ **to lose (one's) composure** (gen) perdre contenance ; (= get angry) perdre son sang-froid

**compote** /ˈkɒmpəʊt/ N compote f ; (US = dish) compotier m

**compound** /ˈkɒmpaʊnd/ SYN
**N** **1** (Chem) composé m (of de) ; (Gram) (mot m) composé m
**2** (= enclosed area) enclos m, enceinte f
**ADJ** (Chem) composé, combiné ; (Math) [number, fraction] complexe ; (Med) [fracture] compliqué ; (Tech) [engine] compound inv ; (Gram) [tense, word] composé ; [sentence] complexe ♦ **compound time** (Mus) la mesure composée
**VT** /kəmˈpaʊnd/ **1** (Chem, Pharm) [+ mixture] composer (of de) ; [+ ingredients] combiner, mélanger ; (fig) [+ problem, difficulties] aggraver
**2** (Jur etc) [+ debt, quarrel] régler à l'amiable, arranger par des concessions mutuelles ♦ **to compound a felony** composer or pactiser (avec un criminel)
**VI** /kəmˈpaʊnd/ (Jur etc) composer, transiger (with avec ; for au sujet de, pour), s'arranger à l'amiable (with avec ; for au sujet de) ♦ **to compound with one's creditors** s'arranger à l'amiable or composer avec ses créanciers
**COMP** **compound interest** N intérêts mpl composés

**compounding** /ˈkɒmpaʊndɪŋ/ N (Ling) composition f

**comprehend** /ˌkɒmprɪˈhend/ SYN
**VT** **1** (= understand) comprendre, saisir
**2** (= include) comprendre, englober
**VI** comprendre

**comprehending** /ˌkɒmprɪˈhendɪŋ/ ADJ compréhensif

**comprehensibility** /ˌkɒmprɪhensəˈbɪlətɪ/ N intelligibilité f

**comprehensible** /ˌkɒmprɪˈhensəbl/ ADJ compréhensible

**comprehensibly** /ˌkɒmprɪˈhensəblɪ/ ADV de façon compréhensible or intelligible

**comprehension** /ˌkɒmprɪˈhenʃn/ SYN N
**1** (= understanding) compréhension f, entendement m ♦ **that is beyond my comprehension** cela dépasse ma compréhension or mon entendement
**2** (Scol) exercice m de compréhension
**3** (= inclusion) inclusion f

**comprehensive** /ˌkɒmprɪˈhensɪv/ SYN
**ADJ** **1** (= broad, inclusive) [description, report, review, survey] détaillé, complet (-ète f) ; [knowledge] vaste, étendu ; [planning] global ♦ **comprehensive measures** mesures fpl d'ensemble ♦ **comprehensive insurance (policy)** (Insurance) assurance f tous risques
**2** (Brit Scol) [education, system] polyvalent ♦ **comprehensive school** établissement m polyvalent d'enseignement secondaire ♦ **to go comprehensive** abandonner les critères sélectifs d'entrée
**N** ⇒ **comprehensive school**

  **COMPREHENSIVE SCHOOL**

  Créées dans les années 60 par le gouvernement travailliste de l'époque, les **comprehensive schools** sont des établissements polyvalents d'enseignement secondaire conçus pour accueillir tous les élèves sans distinction et leur offrir des chances égales, par opposition au système sélectif des « grammar schools ». La majorité des enfants britanniques fréquentent aujourd'hui une **comprehensive school**, mais les « grammar schools » n'ont pas toutes disparu.

**comprehensively** /ˌkɒmprɪˈhensɪvlɪ/ ADV complètement ♦ **we were comprehensively beaten** nous avons été battus à plate couture ♦ **to be**

**complimentary | compunction**

**comprehensively insured** avoir une assurance tous risques

**compress** /kəmˈpres/ SYN
**VT** [+ substance] comprimer ; [+ essay, facts] condenser, concentrer ; (Comput) [+ data] compresser ♦ **compressed air** air m comprimé
**VI** (gen) se comprimer ; [gas] se condenser
**N** /ˈkɒmpres/ compresse f

**compression** /kəmˈpreʃən/ SYN
**N** (gen, Comput) compression f
**COMP** **compression pistol** N ensemble m pistolet compresseur
**compression ratio** N [of vehicle] taux m de compression

**compressor** /kəmˈpresər/
**N** compresseur m
**COMP** **compressor program** N (Comput) programme m de compression
**compressor unit** N groupe m compresseur

**comprise** /kəmˈpraɪz/ SYN VT **1** (= include) comprendre, être composé de ♦ **to be comprised of** se composer de
**2** (= make up) constituer ♦ **women comprise 80% of the workforce** les femmes constituent 80% de l'effectif

**compromise** /ˈkɒmprəmaɪz/ SYN
**N** compromis m ♦ **to come to** or **reach a compromise** aboutir à un compromis ♦ **to agree to a compromise** accepter un compromis
**VI** transiger (over sur), aboutir à or accepter un compromis
**VT** [+ reputation, safety, security, plan] compromettre ♦ **to compromise o.s.** se compromettre
**COMP** **compromise decision** N décision f de compromis
**compromise solution** N solution f de compromis

**compromising** /ˈkɒmprəmaɪzɪŋ/ ADJ compromettant

**Comptometer** ® /ˌkɒmpˈtɒmɪtər/
**N** machine f comptable
**COMP** **Comptometer operator** N mécanographe mf

**comptroller** /kənˈtrəʊlər/
**N** (Admin, Fin) contrôleur m, -euse f (des finances)
**COMP** **Comptroller General** N (US Jur, Pol) ≃ président m de la Cour des comptes

**compulsion** /kəmˈpʌlʃən/ SYN N contrainte f ♦ **under compulsion** de force, sous la contrainte ♦ **you are under no compulsion** vous n'êtes nullement obligé, rien ne vous force

**compulsive** /kəmˈpʌlsɪv/ SYN ADJ **1** (= habitual) ♦ **to be a compulsive gambler/liar** être un joueur/menteur invétéré ♦ **to be a compulsive eater** ne pas pouvoir s'empêcher de manger, être boulimique
**2** (Psych) [behaviour, desire, need] compulsif ; → **obsessive**
**3** (= irresistible) [reading] fascinant ♦ **the programme was compulsive viewing** l'émission était fascinante

**compulsively** /kəmˈpʌlsɪvlɪ/ ADV **1** [lie] compulsivement ; [behave, gamble, talk] d'une façon compulsive ♦ **to eat compulsively** être boulimique ♦ **she is compulsively tidy** elle est tellement ordonnée que cela tourne à l'obsession
**2** (= irresistibly) ♦ **compulsively readable** d'une lecture fascinante ♦ **the series is compulsively watchable** ce feuilleton est fascinant, on n'arrive pas à décrocher de ce feuilleton

**compulsorily** /kəmˈpʌlsərɪlɪ/ ADV [purchased, retired] d'office

**compulsory** /kəmˈpʌlsərɪ/ LANGUAGE IN USE 10.3 SYN
**ADJ** **1** (= obligatory) [education, test, school subject, military service] obligatoire ; [retirement] obligatoire, d'office ; [redundancies] d'office
**2** (= compelling) [powers] coercitif
**N** **the compulsories** NPL (Skating) les figures fpl imposées
**COMP** **compulsory liquidation** N (Fin) liquidation f forcée
**compulsory purchase (order)** N (Brit) (ordre m d')expropriation f (pour cause d'utilité publique)

**compunction** /kəmˈpʌŋkʃən/ N remords m, scrupule m ; (Rel) componction f ♦ **without the slightest** or **the least compunction** sans le moindre scrupule or remords ♦ **he had no com-**

punction about doing it il n'a eu aucun scrupule à le faire

**computation** /ˌkɒmpjʊ'teɪʃən/ **N** ① (gen) calcul m ② (NonC) estimation f, évaluation f (of de)

**computational** /ˌkɒmpjʊ'teɪʃənl/
**ADJ** statistique, quantitatif
**COMP** **computational linguistics N** (NonC) linguistique f computationnelle

**compute** /kəm'pju:t/ **SYN** **VT** calculer ◆ **to compute sth at...** évaluer or estimer qch à...

**computer** /kəm'pju:tə'/
**N** ① (electronic) ordinateur m ; (mechanical) calculatrice f ◆ **he is in computers** il est dans l'informatique ◆ **on computer** sur ordinateur ◆ **to do sth by computer** faire qch sur ordinateur ; → digital, personal
② (= person) calculateur m, -trice f
**COMP** **the computer age N** l'ère f informatique or de l'ordinateur
**computer agency N** bureau m d'informatique
**computer-aided ADJ** assisté par ordinateur
**computer-aided design N** conception f assistée par ordinateur
**computer architecture N** architecture f informatique
**computer-assisted ADJ** ⇒ computer-aided
**computer code N** code m machine
**computer-controlled ADJ** géré par ordinateur
**computer crime N** (= illegal activities) criminalité f informatique ; (= illegal act) délit m informatique
**computer dating service N** club m de rencontres sélectionnées par ordinateur
**computer error N** erreur f informatique
**computer game N** jeu m électronique
**computer-generated ADJ** [graphics] généré par ordinateur ; [image] de synthèse
**computer graphics N** (NonC) (= field) infographie f ; (= pictures) images fpl de synthèse
**computer-integrated manufacturing N** fabrication f assistée par ordinateur
**computer language N** langage m de programmation, langage m machine
**computer literacy N** compétence f (en) informatique
**computer-literate ADJ** initié à l'informatique
**computer model N** modèle m informatique
**computer nerd*** **N** (pej) cinglé(e)* m(f) d'informatique
**computer operator N** opérateur m, -trice f
**computer peripheral N** périphérique m d'ordinateur
**computer printout N** listage m or listing m d'ordinateur
**computer program N** programme m informatique
**computer programmer N** programmeur m, -euse f
**computer programming N** programmation f
**computer science N** informatique f
**computer scientist N** informaticien(ne) m(f)
**computer studies NPL** l'informatique f
**computer system N** système m informatique
**computer typesetting N** composition f informatique
**computer virus N** virus m informatique

**computerese*** /kəmˌpju:tə'ri:z/ **N** jargon m informatique

**computerist** /kəm'pju:tərɪst/ **N** (US) informaticien(ne) m(f)

**computerization** /kəmˌpju:tərɑɪ'zeɪʃən/ **N** informatisation f

**computerize** /kəm'pju:təraɪz/
**VT** informatiser
**COMP** **computerized axial tomography N** scanographie f, tomodensitométrie f
**computerized stocktaking N** (Comm) inventaire m informatisé

**computing** /kəm'pju:tɪŋ/
**N** informatique f
**COMP** [service, facility, problem] informatique ; [course, department] d'informatique

**comrade** /'kɒmreɪd/ **SYN**
**N** camarade mf
**COMP** **comrade-in-arms N** compagnon m d'armes

**comradely** /'kɒmreɪdlɪ/ **ADJ** amical

**comradeship** /'kɒmreɪdʃɪp/ **N** camaraderie f

**Comsat** ® /'kɒmsæt/ **N** (US) abbrev of **Communications Satellite Corporation**

**con¹** /kɒn/ **VT** ① († = study) apprendre par cœur ② [+ ship] gouverner ; (US) piloter

**con²** /kɒn/ **PREP, N** contre m ; → **pro¹**

**con³** * /kɒn/
**VT** arnaquer*, escroquer ◆ **to con sb into doing sth** amener qn à faire qch en l'abusant or en le dupant ◆ **I've been conned!** on m'a eu !*, je me suis fait avoir !* ◆ **he conned his way into the building** il est entré dans l'immeuble par ruse
**N** ① ◆ **it was all a big con** (= empty boasting etc) tout ça c'était de la frime* ; (= swindle) c'était une vaste escroquerie or arnaque*
② * (abbrev of **convict**) taulard* m
**COMP** **con artist*** **N** arnaqueur* m
**con game** * **N** con trick
**con man** * **N** (pl **con men**) escroc m
**con trick** * **N** escroquerie f

**Con. N** (Brit) ① abbrev of **Conservative** ② abbrev of **constable**

**con amore** /kɒnæ'mɔ:rɪ/ **ADV** (Mus) con amore

**conation** /kəʊ'neɪʃən/ **N** conation f

**con brio** /kɒn'bri:əʊ/ **ADV** (Mus) con brio

**conc. N** (abbrev of **concessions**) ◆ **admission £5 (conc. £4)** entrée 5 livres (tarif réduit 4 livres)

**concatenate** /kɒn'kætɪˌneɪt/ **VT** enchaîner

**concatenation** /kɒnˌkætɪ'neɪʃən/ **N** [of circumstances] enchaînement m ; (Ling, Comput) concaténation f

**concave** /'kɒn'keɪv/ **SYN** **ADJ** concave

**concavity** /kɒn'kævɪtɪ/ **N** concavité f

**concavo-concave** /kɒn'keɪvəʊ/ **ADJ** (Opt) biconcave

**concavo-convex** /kɒn'keɪvəʊ/ **ADJ** (Opt) convexo-concave

**conceal** /kən'si:l/ **SYN** **VT** (= hide) [+ object] cacher, dissimuler ; (= keep secret) [+ news, event] garder or tenir secret ; [+ emotions, thoughts] dissimuler ◆ **to conceal sth from sb** cacher qch à qn ◆ **to conceal the fact that...** dissimuler le fait que... ◆ **concealed lighting** éclairage m indirect ◆ **concealed turning** or **road** intersection f cachée

**concealment** /kən'si:lmənt/ **SYN** **N** (NonC) dissimulation f ; (Jur) [of criminal] recel m ; [of background, knowledge, truth, facts] occultation f ; (= place of concealment) cachette f

**concede** /kən'si:d/ **LANGUAGE IN USE 11.1** **SYN**
**VT** [+ privilege] concéder, accorder ; [+ point] concéder ; (Sport) [+ match] concéder ◆ **to concede that...** concéder or reconnaître que... ◆ **to concede victory** s'avouer vaincu
**VI** céder

**conceit** /kən'si:t/ **SYN** **N** ① (NonC = pride) vanité f, suffisance f
② (= witty expression) trait m d'esprit, expression f brillante ◆ **he is wise in his own conceit** (liter) il se croit très sage ◆ **conceits** (Literat) concetti mpl

**conceited** /kən'si:tɪd/ **SYN** **ADJ** vaniteux, suffisant

**conceitedly** /kən'si:tɪdlɪ/ **ADV** [say] avec suffisance ◆ **I don't mean that conceitedly** je ne dis pas cela par vanité

**conceivable** /kən'si:vəbl/ **SYN** **ADJ** concevable, imaginable ◆ **it is hardly conceivable that...** il est à peine concevable que... + subj

**conceivably** /kən'si:vəblɪ/ **ADV** de façon concevable, en théorie ◆ **she may conceivably be right** il est concevable or il se peut bien qu'elle ait raison

**conceive** /kən'si:v/ **SYN**
**VT** [+ child, idea, plan] concevoir ◆ **to conceive a hatred/love for sb/sth** concevoir de la haine/de l'amour pour qn/qch ◆ **I cannot conceive why he wants to do it** je ne comprends vraiment pas pourquoi il veut le faire
**VI** [woman] ◆ **unable to conceive** qui ne peut pas avoir d'enfants ◆ **to conceive of** concevoir, avoir le concept de ◆ **I cannot conceive of anything better** je ne conçois rien de mieux ◆ **I cannot conceive of a better way to do it** je ne conçois pas de meilleur moyen de le faire

**concelebrant** /kən'selɪˌbrənt/ **N** (Rel) concélébrant m

**concelebrate** /kən'selɪbreɪt/ **VT** (Rel) concélébrer

**concelebration** /kənˌselɪ'breɪʃən/ **N** (Rel) concélébration f

**concentrate** /'kɒnsəntreɪt/ **SYN**
**VT** [+ attention] concentrer (on sur) ; [+ hopes] reporter (on sur) ; [+ supplies] concentrer, rassembler ; (Chem, Mil) concentrer ◆ **it concentrates the mind** cela fait réfléchir
**VI** ① (= direct thoughts, efforts etc) se concentrer, concentrer or fixer son attention (on sur) ◆ **to concentrate on doing sth** s'appliquer à faire qch ◆ **I just can't concentrate!** je n'arrive pas à me concentrer ! ◆ **try to concentrate a little more** essaie de te concentrer un peu plus or de faire un peu plus attention ◆ **concentrate on getting yourself a job** essaie avant tout de or occupe-toi d'abord de te trouver du travail ◆ **concentrate on getting well** occupe-toi d'abord de ta santé ◆ **the terrorists concentrated on the outlying farms** les terroristes ont concentré leurs attaques sur les fermes isolées ◆ **today I shall concentrate on the 16th century** (giving speech etc) aujourd'hui je traiterai en particulier le 16ᵉ siècle
② (= converge) [troops, people] se concentrer, converger ◆ **the crowds began to concentrate round the palace** la foule a commencé à se concentrer or à se rassembler autour du palais
**ADJ, N** (Chem) concentré m

**concentrated** /'kɒnsəntreɪtɪd/ **ADJ** ① [liquid, substance] concentré ◆ **in a concentrated form** sous une forme concentrée
② (= focused) [effort] intense ; [attack] en règle

**concentration** /ˌkɒnsən'treɪʃən/ **SYN**
**N** concentration f
**COMP** **concentration camp N** camp m de concentration

**concentric** /kən'sentrɪk/ **ADJ** concentrique

**concept** /'kɒnsept/ **SYN**
**N** notion f, idée f ; (Philos, Marketing etc) concept m
**COMP** **concept album N** (Mus) album m concept

**conceptacle** /kən'septəkl/ **N** conceptacle m

**conception** /kən'sepʃən/ **SYN** **N** idée f, conception f ; (Med) conception f ◆ **he has not the slightest conception of teamwork** il n'a pas la moindre idée de ce qu'est le travail en équipe ◆ **a new conception of democracy** une nouvelle conception de la démocratie ; → immaculate

**conceptual** /kən'septjʊəl/
**ADJ** conceptuel
**COMP** **conceptual art N** art m conceptuel

**conceptualism** /kən'septjʊəlɪzəm/ **N** conceptualisme m

**conceptualization** /kənˌseptjʊəlaɪ'zeɪʃən/ **N** conceptualisation f

**conceptualize** /kən'septjʊəˌlaɪz/ **VT** concevoir, conceptualiser

**conceptually** /kən'septjʊəlɪ/ **ADV** du point de vue conceptuel

**concern** /kən's3:n/ **LANGUAGE IN USE 6.2, 26.2** **SYN**
**VT** ① (= trouble, worry) inquiéter ◆ **to be concerned by sth** s'inquiéter de qch, être inquiet de qch ◆ **what concerns me is that...** ce qui me préoccupe, c'est que... ; see also **concerned**
② (= interest) intéresser, importer à ◆ **all that concerns me is his health** ce qui m'importe, c'est qu'il soit en bonne santé ◆ **these considerations do not concern us here** ces considérations ne nous intéressent pas ici ◆ **to concern o.s. in** or **with** s'occuper de, s'intéresser à ◆ **we are concerned only with facts** nous ne nous occupons que des faits
③ (= affect) concerner ; (= be the business of) regarder, être l'affaire de ◆ **that doesn't concern you** cela ne vous regarde pas, ce n'est pas votre affaire ◆ **to whom it may concern** (frm) à qui de droit ◆ **as concerns...** en ce qui concerne... ◆ **where we are concerned** en ce qui nous concerne

◆ **as far as + concerned** ◆ **as far as I'm concerned there is blame on both sides** à mon avis, ils ne sont innocents ni l'un ni l'autre ◆ **as far as he is concerned** en ce qui le concerne, quant à lui ◆ **as far as starting a family is concerned, the trend is...** pour ce qui est de faire des enfants, la tendance est...

◆ **noun/pronoun + concerned** ◆ **the persons concerned** les intéressés mpl ◆ **those most closely concerned** les personnes les plus touchées ◆ **the department concerned** (= in question) le service en question or dont il s'agit ; (= relevant) le service compétent

④ (= be about) [report etc] se rapporter à

**N** ① (= anxiety) inquiétude f ; (stronger) anxiété f ◆ **they have expressed concern about the situation** ils se sont dits inquiets de la situation ◆ **there is growing public concern over the situation** les gens sont de plus en plus inquiets de cette situation, devant cette situation, l'inquiétude du public est croissante ◆ **he was filled with concern** il était très soucieux or préoccupé ◆ **a look of concern** un regard inquiet

♦ **it is of great concern to us (that)** c'est un grand souci pour nous (que) ♦ **this is a matter of great concern to us** c'est une question qui nous préoccupe beaucoup ♦ **there is no cause for concern** il n'y a pas lieu de s'inquiéter ♦ **there is concern that there would be an increase in drug addiction** on craint qu'il n'y ait une augmentation des cas de toxicomanie

② (= *interest*) préoccupation f ♦ **the concerns of local people** les préoccupations des gens d'ici ♦ **the electorate's main concern is with the economy** les électeurs se préoccupent avant tout de l'état de l'économie, les électeurs s'intéressent surtout à l'état de l'économie ♦ **excessive concern about healthy eating** l'obsession de se nourrir sainement ♦ **it is of no concern to him** cela n'a aucun intérêt pour lui

③ (= *solicitude*) sollicitude f ♦ **I did it out of concern for you** je l'ai fait par égard pour toi

④ (= *business*) affaire f ; (= *responsibility*) responsabilité f ♦ **it's no concern of his** ce n'est pas son affaire, cela ne le regarde pas ♦ **what concern is it of yours?** en quoi est-ce que cela vous regarde ?

⑤ (*Comm*: also **business concern**) entreprise f, affaire f ; → going

⚠️ Be cautious about translating **to concern** by *concerner*.

**concerned** /kən'sɜːnd/ SYN ADJ ① (= *worried*) [*parent, neighbour, look*] préoccupé, inquiet (-ète f) (*for sb/sth* pour qn/qch) ♦ **to be concerned about sb** se faire du souci pour qn ♦ **to be concerned about sth** être inquiet de qch ♦ **to be concerned that...** être inquiet que... + *subj* ♦ **I am concerned to hear that...** j'apprends avec inquiétude que... ; see also **concern**

② (= *keen*) ♦ **to be concerned to do sth** tenir à faire qch ♦ **they are more concerned to save face than to...** ils se soucient davantage de ne pas perdre la face que de...

**concerning** /kən'sɜːnɪŋ/ SYN PREP concernant, en ce qui concerne

**concert** /'kɒnsət/ SYN
Ⓝ ① (*Mus*) concert m ♦ **in concert** en concert
② [*of voices etc*] unisson m, chœur m ♦ **in concert** à l'unisson, en chœur
③ (*fig*) ♦ **a concert of colours** une harmonie de couleurs ♦ **in concert with** de concert avec
Ⓥ /kən'sɜːt/ concerter, arranger (ensemble)
COMP [*ticket, date*] de concert
**concert grand** N piano m de concert
**concert hall** N salle f de concert
**concert party** N (*Mus*) concert m populaire (*donné en plein air ou dans une salle des fêtes*)
**concert performer** N concertiste mf
**concert pianist** N pianiste mf de concert
**concert pitch** N (*Mus*) diapason m (de concert) ♦ **at concert pitch** (*fig* = *on top form*) au maximum or à l'apogée de sa forme
**concert tour** N tournée f de concerts

**concertante** /ˌkɒntʃə'tæntɪ/ ADJ (*Mus*) concertant

**concerted** /kən'sɜːtɪd/ SYN ADJ concerté

**concertgoer** /'kɒnsətgəʊə'/ N amateur m de concerts, personne f allant régulièrement au concert

**concertina** /ˌkɒnsə'tiːnə/
Ⓝ concertina m
Ⓥ ♦ **the vehicles concertinaed into each other** les véhicules se sont emboutis or télescopés (les uns les autres)
COMP **concertina crash** N (= *car accident*) carambolage m

**concertino** /ˌkɒntʃə'tiːnəʊ/ N (*Mus* = *group, concerto*) concertino m

**concertmaster** /'kɒnsət'mɑːstə'/ N (*US*) premier violon m

**concerto** /kən'tʃɛətəʊ/
Ⓝ (pl **concertos** or **concerti** /kən'tʃɛəti:/) concerto m (*for* pour)
COMP **concerto grosso** /'grɒsəʊ/ N (pl **concerto grossos** or **concerti grossi** /'grɒsi:/) concerto m grosso

**concession** /kən'seʃən/ SYN N (*gen, Jur*) concession f ; (*Comm*) réduction f

**concessionaire** /kənˌseʃə'nɛə'/ N (*US*) concessionnaire mf

**concessionary** /kən'seʃənərɪ/
ADJ (*Fin, Jur etc*) concessionnaire ; (*Comm*) [*ticket, fare*] à prix réduit ♦ **concessionary aid** aide f libérale
Ⓝ concessionnaire mf

**concessioner** /kən'seʃənə'/ N (*US*) ⇒ **concessionaire**

**conch** /kɒntʃ/ N (pl **conches** or **conchs**) (= *shell, Anat*) conque f ; (*Archit*) voûte f semi-circulaire, (voûte f d')abside f

**concha** /'kɒŋkə/ N (pl **conchae** /'kɒŋkiː/) (*Anat*) conque f

**conchoid** /'kɒŋkɔɪd/ N (*Geom*) conchoïde f

**conchology** /kɒŋ'kɒlədʒɪ/ N conchyliologie f

**conciliar** /kən'sɪlɪə'/ ADJ (*Rel*) conciliaire

**conciliate** /kən'sɪlɪeɪt/ SYN VT ① (= *appease*) apaiser ; (= *win over*) se concilier (l'appui de)
② (= *reconcile*) [+ *opposing views or factions, extremes*] concilier

**conciliation** /kənˌsɪlɪ'eɪʃən/ SYN
Ⓝ (*NonC*) ① (*in politics, industrial relations*) conciliation f
② (= *appeasement*) [*of person*] apaisement m
③ (= *resolution*) [*of dispute, differences*] règlement m
COMP **conciliation board** N (*in industrial relations*) conseil m d'arbitrage
**conciliation service** N (*gen*) service m de conciliation ; (*in industrial relations*) service m de règlement amiable

**conciliator** /kən'sɪlɪeɪtə'/ N conciliateur m, -trice f ; (*in industrial relations*) médiateur m

**conciliatory** /kən'sɪlɪətərɪ/ SYN ADJ [*person, tone, gesture, mood, statement*] conciliant ; [*spirit*] de conciliation ; [*procedure*] conciliatoire

**concise** /kən'saɪs/ SYN ADJ (= *short*) concis ; (= *shortened*) abrégé

**concisely** /kən'saɪslɪ/ ADV de façon concise

**conciseness** /kən'saɪsnɪs/, **concision** /kən'sɪʒən/ N concision f

**conclave** /'kɒnkleɪv/ N (*Rel*) conclave m ; (*fig*) assemblée f (secrète), réunion f (privée) ♦ **in conclave** (*fig*) en réunion privée

**conclavist** /'kɒnkleɪvɪst/ N (*Rel*) conclaviste m

**conclude** /kən'kluːd/ SYN
Ⓥ ① (= *end*) [+ *business, agenda*] conclure, terminer ♦ **"to be concluded"** (*in magazine*) « suite et fin au prochain numéro » ; (*in TV programme*) « suite et fin au prochain épisode »
② (= *arrange*) [+ *treaty*] conclure, aboutir à
③ (= *infer*) conclure, déduire (*from* de ; *that* que)
④ (*US* = *decide*) décider (*to do sth* de faire qch)
Ⓥ (= *end*) [*things, events*] se terminer, s'achever (*with* par, sur) ; [*person*] conclure ♦ **to conclude I must say...** pour conclure or en conclusion je dois dire...

**concluding** /kən'kluːdɪŋ/ ADJ final

**conclusion** /kən'kluːʒən/ LANGUAGE IN USE 26.1, 26.2
SYN N ① (= *end*) conclusion f, fin f ♦ **in conclusion** pour conclure, finalement, en conclusion ♦ **to bring to a conclusion** mener à sa conclusion or à terme
② (= *settling*) [*of treaty etc*] conclusion f
③ (= *opinion, decision*) conclusion f, déduction f ♦ **to come to the conclusion that...** conclure que... ♦ **to draw a conclusion from...** tirer une conclusion de... ♦ **this leads one to the conclusion that...** ceci amène à conclure que... ; → **foregone, jump**
④ (*Philos*) conclusion f
⑤ ♦ **to try conclusions with sb** se mesurer avec or contre qn

**conclusive** /kən'kluːsɪv/ SYN ADJ concluant, probant

**conclusively** /kən'kluːsɪvlɪ/ ADV de façon concluante or probante

**concoct** /kən'kɒkt/ SYN VT (*lit, fig*) concocter

**concoction** /kən'kɒkʃən/ SYN N mélange m, préparation f

**concomitant** /kən'kɒmɪtənt/
ADJ concomitant
Ⓝ événement m concomitant

**concord** /'kɒŋkɔːd/ N ① concorde f, harmonie f ♦ **in complete concord** en parfaite harmonie
② (*Gram*) accord m ♦ **to be in concord with...** s'accorder avec...
③ (*Mus*) accord m

**concordance** /kən'kɔːdəns/ N ① (= *agreement*) accord m
② (= *index*) index m ; (*Bible, Ling*) concordance f

**concordant** /kən'kɔːdənt/ ADJ concordant, s'accordant (*with* avec)

**concordat** /kɒn'kɔːdæt/ N concordat m

**Concorde** /'kɒnkɔːd/ N (= *plane*) Concorde m ♦ **in Concorde** en Concorde

**concourse** /'kɒnkɔːs/ N ① (*in building, station*) hall m ; (*in pedestrian precinct*) parvis m, piazza f ; (*US* : *in a park*) carrefour m ; (*US* = *street*) cours m, boulevard m
② [*of people, vehicles*] affluence f

**concrescence** /kən'kresns/ N concrescence f

**concrescent** /kən'kresnt/ ADJ concrescent

**concrete** /'kɒnkriːt/ SYN
ADJ ① [*floor, wall, steps*] en béton ; [*block*] de béton
② (= *definite, not abstract*) concret (-ète f)
Ⓝ ① béton m ♦ **nothing is yet set or embedded in concrete** rien n'est encore arrêté or décidé ; → **prestressed, reinforce**
② (*Philos*) ♦ **the concrete** le concret
Ⓥ bétonner
COMP **concrete jungle** N jungle f de béton
**concrete mixer** N bétonneuse f

**concretion** /kən'kriːʃən/ N concrétion f

**concretize** /'kɒnkrɪtaɪz/ VT concrétiser

**concubine** /'kɒnkjʊbaɪn/ SYN N concubine f

**concupiscence** /kən'kjuːpɪsəns/ N (*frm*) concupiscence f

**concupiscent** /kən'kjuːpɪsənt/ ADJ (*frm*) concupiscent

**concur** /kən'kɜː'/ SYN VI ① (= *agree*) [*person*] être d'accord, s'entendre (*with sb* avec qn ; *in sth* sur or au sujet de qch) ; [*opinions*] converger
② (= *happen together*) coïncider, arriver en même temps ; (= *contribute*) concourir (*to* à) ♦ **everything concurred to bring about this result** tout a concouru à produire ce résultat

**concurrence** /kən'kʌrəns/ N (*frm*) ① (= *consent*) accord m
② (= *coincidence*) coïncidence f ♦ **a concurrence of events** une coïncidence, un concours de circonstances
③ (= *consensus*) ♦ **a concurrence of opinion** une convergence de vues

**concurrent** /kən'kʌrənt/ SYN ADJ ① (= *occurring at same time*) concomitant, simultané ♦ **concurrent with her acting career, she managed to...** parallèlement à sa carrière d'actrice, elle a réussi à... ♦ **concurrent with** en même temps que ♦ **he was given concurrent sentences totalling 24 years** il a été condamné à 24 ans de prison par confusion des peines
② (*frm* = *acting together*) concerté
③ (*frm* = *in agreement*) [*views etc*] concordant
④ (*Math, Tech*) concourant

**concurrently** /kən'kʌrəntlɪ/ ADV simultanément

**concuss** /kən'kʌs/ VT ① (*Med*: *gen pass*) commotionner ♦ **to be concussed** être commotionné
② (= *shake*) secouer violemment, ébranler

**concussion** /kən'kʌʃən/ SYN N ① (*Med*) commotion f (cérébrale)
② (= *shaking*) ébranlement m, secousse f

**condemn** /kən'dem/ LANGUAGE IN USE 14, 26.3 SYN VT ① (*gen, Jur, Med, fig*) condamner (*to* à) ♦ **to condemn sb to death** condamner qn à mort ♦ **the condemned man** le condamné ♦ **the condemned cell** la cellule des condamnés
② [+ *building*] déclarer inhabitable, condamner ; (*Mil, Tech*) [+ *materials*] réformer, déclarer inutilisable

**condemnation** /ˌkɒndem'neɪʃən/ SYN N (*gen, Jur, fig*) condamnation f ; (*US Jur*) [*of property*] expropriation f pour cause d'utilité publique ♦ **the murder drew unanimous condemnation from the press** l'assassinat a été unanimement condamné par la presse

**condemnatory** /kəndem'neɪtərɪ/ ADJ réprobateur (-trice f)

**condensate** /kɒn'denseɪt/ N (*Chem*) condensat m

**condensation** /ˌkɒnden'seɪʃən/ SYN N condensation f

**condense** /kən'dens/ SYN
Ⓥ condenser, concentrer ; [+ *gas*] condenser ; [+ *rays*] concentrer ; (*fig*) condenser, résumer ♦ **condensed book** livre m condensé
Ⓥ se condenser, se concentrer
COMP **condensed milk** N lait m concentré

**condenser** /kən'densə'/ N (*Elec, Tech*) condensateur m ; [*of gas*] condenseur m ; [*of light*] condensateur m

**condescend** /ˌkɒndɪ'send/ SYN VI
① condescendre (*to do sth* à faire qch), daigner

(to do sth faire qch) ◆ **to condescend to sb** se montrer condescendant envers or à l'égard de qn

② (= stoop to) s'abaisser (to à), descendre (to à, jusqu'à)

**condescending** /ˌkɒndɪˈsendɪŋ/ SYN ADJ condescendant (to or towards sb avec qn) ◆ **in a condescending way** avec condescendance

**condescendingly** /ˌkɒndɪˈsendɪŋlɪ/ ADV avec condescendance

**condescension** /ˌkɒndɪˈsenʃən/ N condescendance f

**condign** /kənˈdaɪn/ ADJ (= fitting) adéquat, proportionné ; (= deserved) mérité

**condiment** /ˈkɒndɪmənt/ N condiment m

**condition** /kənˈdɪʃən/ SYN

Ⓝ ① (= determining factor) condition f ◆ **condition of sale** condition f de vente ◆ **condition of a contract** (Jur) condition f d'un contrat ◆ **he made the condition that no one should accompany him** il a stipulé que personne ne devait l'accompagner ◆ **on this condition** à cette condition ◆ **I'll lend you my car on condition that** or (US) **on the condition that you don't damage it** je vous prête ma voiture à condition que vous ne l'abîmiez subj pas ◆ **you can go on holiday on condition that** or (US) **on the condition that you pass your exam** tu partiras en vacances à condition de réussir ton examen ; → **term**

② (= circumstance) condition f ◆ **under** or **in the present conditions** dans les conditions or circonstances actuelles ◆ **working/living conditions** conditions fpl de travail/de vie ◆ **weather conditions** conditions fpl météorologiques ◆ **the human condition** la condition humaine

③ (NonC = state, nature) état m, condition f ◆ **physical/mental condition** état m physique/mental ◆ **in condition** [thing] en bon état ; [person] en forme, en bonne condition physique ◆ **in good condition** en bon état ◆ **it's out of condition** c'est en mauvais état ◆ **he's out of condition** il n'est pas en forme ◆ **she was in no condition** or **was not in a condition** or **not in any condition to go out** elle n'était pas en état de sortir ◆ **she is in an interesting condition** * (euph) elle est dans une position intéressante †

④ (NonC: frm = social position) position f, situation f

Ⓥ ① (= determine) déterminer, conditionner ◆ **his standard of living is conditioned by his income** son niveau de vie dépend de ses revenus

② (= bring into good condition) [+ animal] mettre en forme ; [+ thing] remettre en bon état ; [+ hair, skin] traiter ; → **air**

③ (Psych, fig) [+ person, animal] provoquer un réflexe conditionné chez, conditionner ; (by propaganda) [+ person] conditionner ◆ **he was conditioned into believing that...** il a été conditionné à croire que... ◆ **conditioned reflex** réflexe m conditionné ◆ **conditioned response** réaction f conditionnée

**conditional** /kənˈdɪʃənl/ SYN

ADJ ① (gen) [offer, acceptance, support, ceasefire] conditionnel ◆ **to be conditional (up)on sth** dépendre de qch ◆ **his appointment is conditional (up)on his passing his exams** il sera nommé à condition qu'il soit reçu à ses examens

② (Gram) conditionnel

Ⓝ (Gram) conditionnel m ◆ **in the conditional** au conditionnel

COMP **conditional access** N (TV) accès m limité aux abonnés
**conditional discharge** N (Brit Jur) condamnation f avec sursis ◆ **a one-year conditional discharge** un an de prison avec sursis
**conditional sale agreement** N (Comm) accord m conditionnel de vente

**conditionally** /kənˈdɪʃnəlɪ/ ADV [agree] sous condition, à certaines conditions ◆ **she said yes, conditionally** elle a dit oui, mais à certaines conditions

**conditioner** /kənˈdɪʃənər/ N (for hair) après-shampooing m ; (for skin) crème f traitante ; → **fabric**

**conditioning** /kənˈdɪʃənɪŋ/ SYN

Ⓝ (Psych) conditionnement m ; [of hair] traitement m

ADJ traitant

**condo** /ˈkɒndəʊ/ N (US) (abbrev of **condominium unit**) → **condominium**

**condole** /kənˈdəʊl/ VI exprimer or présenter ses condoléances (with sb à qn)

**condolence** /kənˈdəʊləns/ LANGUAGE IN USE 24.4 N ◆ **condolences** condoléances fpl ◆ **to offer one's condolences to sb** présenter ses condoléances à qn ◆ **message/letter of condolence** message m/lettre f de condoléances ◆ **book of condolence(s)** registre m de condoléances

**condom** /ˈkɒndəm/ N préservatif m

**condominium** /ˌkɒndəˈmɪnɪəm/

Ⓝ (pl condominiums) ① condominium m
② (US) (= ownership) copropriété f ; (= building) immeuble m (en copropriété) ; (= rooms) appartement m (dans un immeuble en copropriété)

COMP **condominium unit** N appartement m en copropriété ; → **House**

**condonation** /ˌkɒndəʊˈneɪʃən/ N (Fin) remise f d'une dette

**condone** /kənˈdəʊn/ SYN VT (= tolerate) admettre, laisser faire ; (= overlook) fermer les yeux sur ; (= forgive) pardonner ◆ **we cannot condone that kind of behaviour** nous ne pouvons pas admettre ce genre de comportement, nous ne pouvons pas laisser faire cela ◆ **to condone adultery** (Jur) ≃ pardonner un adultère ◆ **to condone a student** (Educ) repêcher un étudiant ◆ **to condone a student's exam results** remonter les notes d'un étudiant

**condor** /ˈkɒndɔːr/ N condor m

**conduce** /kənˈdjuːs/ VI ◆ **to conduce to** conduire à, provoquer

**conducive** /kənˈdjuːsɪv/ ADJ ◆ **conducive to** propice à or favorable à ◆ **to be conducive to** prédisposer à

**conduct** /ˈkɒndʌkt/ SYN

Ⓝ ① (= behaviour) conduite f, comportement m ◆ **good/bad conduct** bonne/mauvaise conduite f or tenue f ◆ **his conduct towards me** son attitude avec moi, son comportement envers moi ; → **disorderly**

② (= leading) conduite f ; → **safe**

Ⓥ /kənˈdʌkt/ ① (= lead) conduire, mener ◆ **he conducted me round the gardens** il m'a fait faire le tour des jardins ◆ **conducted visit** visite f guidée

② (= direct, manage) diriger ◆ **to conduct one's business** diriger ses affaires ◆ **to conduct an orchestra** diriger un orchestre ◆ **to conduct an inquiry** (Jur) conduire or mener une enquête ◆ **to conduct sb's case** (Jur) assurer la défense de qn

③ ◆ **to conduct o.s.** se conduire, se comporter

④ (Elec, Phys) [+ heat etc] conduire, être conducteur m, -trice f de

COMP **conducted tour** N (Brit) excursion f accompagnée, voyage m organisé ; [of building] visite f guidée
**conducting tissue** N [of plant] tissu m conducteur
**conduct mark** N (Scol) avertissement m
**conduct report** N (Scol) rapport m (sur la conduite d'un élève)
**conduct sheet** N (Mil) feuille f or certificat m de conduite

**conductance** /kənˈdʌktəns/ N (Elec, Phys) conductance f

**conduction** /kənˈdʌkʃən/ N (Elec, Phys) conduction f

**conductive** /kənˈdʌktɪv/

ADJ (Elec, Phys) conducteur (-trice f)

COMP **conductive education** N enseignement adapté aux aptitudes physiques des handicapés moteurs

**conductivity** /ˌkɒndʌkˈtɪvɪtɪ/ N (Elec, Phys) conductivité f

**conductor** /kənˈdʌktər/ Ⓝ ① (= leader) conducteur m, chef m ; (Mus) [of orchestra] chef m d'orchestre ; [of choir] chef m de chœur

② [of bus] receveur m ; (US) [of train] chef m de train

③ (Phys) (corps m) conducteur m ; → **lightning**

**conductress** /kənˈdʌktrɪs/ N receveuse f

**conduit** /ˈkɒndɪt/ N ① (for water) conduite f d'eau, canalisation f ; (for cables) gaine f
② (= person) intermédiaire mf

**condylar** /ˈkɒndɪlər/ ADJ condylien

**condyle** /ˈkɒndɪl/ N (Anat) condyle m

**condyloma** /ˌkɒndɪˈləʊmə/ N (pl **condylomas** or **condylomata** /ˌkɒndɪˈləʊmətə/) condylome m

**cone** /kəʊn/ N (gen) cône m ; (= road cone) cône m de signalisation ; [of tree] cône m ; [of pine tree] pomme f ; [of ice cream] cornet m

▸ **cone off** VT SEP [+ road] placer des cônes de signalisation sur

**coney** /ˈkəʊnɪ/ N ⇒ **cony**

**confab** * /ˈkɒnfæb/ N (brin m de) causette * f

**confabulate** /kənˈfæbjʊleɪt/ VI s'entretenir, deviser

**confabulation** /kənˌfæbjʊˈleɪʃən/ N conciliabule m, conversation f

**confection** /kənˈfekʃən/ N ① (Culin) (= sweet) sucrerie f, friandise f ; (= cake) gâteau m, pâtisserie f ; (= dessert) dessert m (sucré) ; (Dress) vêtement m de confection

② (= action, process) confection f

**confectioner** /kənˈfekʃənər/

Ⓝ (= sweet-maker) confiseur m, -euse f ; (= cake-maker) pâtissier m, -ière f ◆ **confectioner's (shop)** confiserie f (-pâtisserie f)

COMP **confectioner's sugar** N (US) sucre m glace

**confectionery** /kənˈfekʃənərɪ/

Ⓝ (= sweets) confiserie f ; (Brit = cakes etc) pâtisserie f

COMP **confectionery sugar** N (US) sucre m glace

**confederacy** /kənˈfedərəsɪ/ SYN N ① (Pol = group of states) confédération f ◆ **the Confederacy** (US Hist) les États mpl confédérés

② (= conspiracy) conspiration f

**confederate** /kənˈfedərɪt/ SYN

ADJ ① confédéré
② (US Hist) ◆ **Confederate** confédéré
Ⓝ ① confédéré(e) m(f) ; (in criminal act) complice mf
② (US Hist) ◆ **Confederate** Confédéré m
VT /kənˈfedəreɪt/ confédérer
VI se confédérer

**confederation** /kənˌfedəˈreɪʃən/ N confédération f

**confer** /kənˈfɜːr/ SYN

VT conférer, accorder (on à) ◆ **to confer a title** conférer un titre ◆ **to confer a degree (on)** (at ceremony) remettre un diplôme (à)

VI conférer, s'entretenir (with sb avec qn ; on or about sth de qch)

**conferee** /ˌkɒnfɜːˈriː/ N (at congress) congressiste mf

**conference** /ˈkɒnfərəns/ SYN

Ⓝ (= meeting, Pol) conférence f, congrès m ; (especially academic) congrès m, colloque m (on sur) ; (= discussion) conférence f, consultation f ◆ **to be in conference** être en conférence ◆ **(the) conference decided...** les participants à la conférence or les congressistes ont décidé... ; → **press**

COMP **conference call** N (Telec) audioconférence f, téléconférence f
**conference centre** N (= town) ville f de congrès ; (= building) palais m des congrès ; (in institution) centre m de conférences
**conference committee** N (US Pol) commission interparlementaire de compromis sur les projets de loi
**conference hall** N salle f de conférences
**conference member** N congressiste mf
**conference room** N salle f de conférences
**conference table** N (lit, fig) table f de conférence

**conferencing** /ˈkɒnfərənsɪŋ/ N (Telec) ◆ **conferencing (facility)** possibilité f de réunion-téléphone

**conferment** /kənˈfɜːmənt/ N (Univ) [of degree] remise f (de diplômes) ; [of title, favour] octroi m

**confess** /kənˈfes/ SYN

VT ① [+ crime] avouer, confesser ; [+ mistake] reconnaître, avouer ◆ **he confessed that he had stolen the money** il a avoué qu'il avait volé l'argent ◆ **to confess (to) a liking for sth** reconnaître qu'on aime qch ◆ **she confessed herself guilty/ignorant of...** elle a confessé qu'elle était coupable/ignorante de...

② (Rel) [+ faith] confesser, proclamer ; [+ sins] confesser, se confesser de ; [+ penitent] confesser

VI ① avouer, passer aux aveux ◆ **to confess to** [+ crime] avouer, confesser ; [+ mistake] reconnaître, avouer ◆ **to confess to having done sth** avouer or reconnaître avoir fait qch ; see also ②

② (Rel) se confesser

**confessedly** /kənˈfesɪdlɪ/ ADV (= generally admitted) de l'aveu de tous ; (= on one's own admission) de son propre aveu ◆ **a confessedly terrorist**

**group** un groupe terroriste qui se revendique comme tel

**confession** /kənˈfeʃən/ SYN N 1 *(= admission of guilt) [of mistake, crime]* aveu *m* ; *(Jur)* aveux *mpl* • **to make a full confession** faire des aveux complets

2 *(Rel)* confession *f* • **to go to confession** aller se confesser • **to hear sb's confession** confesser qn • **to make one's confession** se confesser • **to make a confession (of faith)** faire une confession (de foi) • **general confession** confession *f* générale • **to be of the Protestant confession** *(= denomination)* être de confession protestante • **"Confessions of a Taxi Driver"** *(as title of book, article etc)* « les Confessions d'un chauffeur de taxi »

**confessional** /kənˈfeʃənl/ *(Rel)*

N confessionnal *m* • **under the seal of the confessional** sous le secret de la confession

ADJ confessionnel

**confessor** /kənˈfesəʳ/ N *(Rel)* confesseur *m* ; *(= confidant)* confident(e) *m(f)*

**confetti** /kənˈfeti:/ N *(NonC)* confettis *mpl*

**confidant** /ˌkɒnfɪˈdænt/ SYN N confident *m*

**confidante** /ˌkɒnfɪˈdænt/ N confidente *f*

**confide** /kənˈfaɪd/ SYN VT 1 *[+ object, person, job, secret]* confier *(to sb* à qn) • **to confide sth to sb's care** confier qch à la garde *or* aux soins de qn • **to confide secrets to sb** confier des secrets à qn

2 avouer en confidence • **she confided to me that...** elle m'a avoué en confidence que..., elle m'a confié que...

▸ **confide in** VT FUS 1 *(= tell secrets to)* s'ouvrir à, se confier à • **to confide in sb about sth** confier qch à qn • **to confide in sb about what one is going to do** révéler à qn ce qu'on va faire

2 *(= have confidence in) [+ sb's ability]* se fier à, avoir confiance en • **you can confide in me** vous pouvez me faire confiance

**confidence** /ˈkɒnfɪdəns/ LANGUAGE IN USE 19.4 SYN

N 1 *(= trust, hope)* confiance *f* • **to have confidence in sb/sth** avoir confiance en qn/qch, faire confiance à qn/qch • **to put one's confidence in sb/sth** mettre sa confiance en qn/qch • **to have every confidence in sb/sth** faire totalement confiance à qn/qch, avoir pleine confiance en qn/en *or* dans qch • **to have confidence in the future** faire confiance à l'avenir • **I have every confidence that he will come back** je suis sûr *or* certain qu'il reviendra • **motion of no confidence** *(Pol etc)* motion *f* de censure ; → **vote**

2 *(= self-confidence)* confiance *f* en soi, assurance *f* • **he lacks confidence** il manque d'assurance

3 *(NonC)* confidence *f* • **to take sb into one's confidence** faire des confidences à qn, se confier à qn • **he told me that in confidence** il me l'a dit en confidence *or* confidentiellement ; → **strict**

4 *(= private communication)* confidence *f* • **they exchanged confidences** ils ont échangé des confidences

COMP **confidence game** N abus *m* de confiance, escroquerie *f*

**confidence man** N (pl **confidence men**) escroc *m*

**confidence trick** N ⇒ **confidence game**

**confidence trickster** N ⇒ **confidence man**

**confident** /ˈkɒnfɪdənt/ SYN ADJ 1 *(= self-assured) [person]* sûr de soi, assuré ; *[manner, smile, prediction]* confiant ; *[performance]* plein d'assurance ; *[reply]* assuré • **to be in (a) confident mood** être confiant

2 *(= sure)* • **to be confident of sth** *[person]* être sûr de qch • **to be confident of success** être sûr de réussir • **to be** *or* **feel confident about sth** avoir confiance en qch • **to be confident that...** être sûr que...

**confidential** /ˌkɒnfɪˈdenʃəl/ SYN

ADJ 1 *(= secret) [information, document, advice, discussion, tone]* confidentiel • **he became very confidential** il a pris un ton très confidentiel • **to say sth in a confidential whisper** chuchoter qch d'un ton confidentiel • **in a confidential tone** sur le ton de la confidence

2 *(= trusted) [servant, clerk]* de confiance

COMP **confidential secretary** N secrétaire *mf* particulier (-ière *f*)

**confidentiality** /ˈˈkɒnfɪˈˈdenʃɪˈælɪtɪ/ N confidentialité *f*

**confidentially** /ˌkɒnfɪˈdənʃəlɪ/ SYN ADV 1 *(= privately) [discuss]* confidentiellement • **to write confidentially to sb** envoyer une lettre confidentielle à qn • **all information will be treated confidentially** tous les renseignements resteront confidentiels

2 *(= confidingly) [speak, whisper]* sur le ton de la confidence • **confidentially, I don't like him at all** *(= between ourselves)* tout à fait entre nous, je ne l'aime pas du tout

**confidently** /ˈkɒnfɪdəntlɪ/ ADV *[predict, assert]* avec beaucoup d'assurance ; *[expect]* en toute confiance ; *[stride, walk]* d'un pas assuré ; *[smile]* d'un air assuré ; *[speak]* avec assurance

**confiding** /kənˈfaɪdɪŋ/ ADJ confiant

**confidingly** /kənˈfaɪdɪŋlɪ/ ADV *[say, speak]* sur un ton de confidence • **he leaned towards her confidingly** il s'est penché vers elle comme pour lui faire une confidence

**configuration** /kənˌfɪgjʊˈreɪʃən/ N *(gen, Ling, Comput)* configuration *f*

**configure** /kɒnˈfɪgə/ VT *(gen, Comput)* configurer

**confine** /kənˈfaɪn/ SYN

VT 1 *(= imprison)* emprisonner, enfermer ; *(= shut up)* confiner, enfermer *(in* dans) • **to confine a bird in a cage** enfermer un oiseau dans une cage • **to be confined to the house/to one's room/to bed** être obligé de rester chez soi/de garder la chambre/de garder le lit • **to confine sb to barracks** *(Mil)* consigner qn

2 *(= limit) [+ remarks]* limiter • **to confine o.s. to doing sth** se borner à faire qch • **to confine o.s. to generalities** s'en tenir à des généralités • **the damage is confined to the back of the car** seul l'arrière de la voiture est endommagé

NPL **confines** /ˈkɒnfaɪnz/ *(lit, fig)* limites *fpl* • **within the confines of...** dans les limites de...

**confined** /kənˈfaɪnd/ SYN ADJ *[atmosphere, air]* confiné • **in a confined space** dans un espace restreint *or* réduit • **confined to barracks/base** *(Mil)* consigné • **to be confined** † *(in childbirth)* accoucher, être en couches

**confinement** /kənˈfaɪnmənt/ SYN N *(Med* †*)* couches *fpl* ; *(= imprisonment)* détention *f*, incarcération *f* *(Jur)* • **confinement to barracks** *(Mil)* consigne *f* au quartier • **to get ten days' confinement to barracks** *(Mil)* attraper dix jours de consigne • **confinement to bed** alitement *m* • **confinement to one's room/the house** obligation *f* de garder la chambre/de rester chez soi ; → **close**[1]

**confirm** /kənˈfɜːm/ LANGUAGE IN USE 19.5, 21.3, 21.4 SYN VT 1 *[+ statement, claim, theory, report, news, suspicion]* confirmer, corroborer ; *[+ arrangement, reservation]* confirmer *(with sb* auprès de qn) ; *[+ authority]* (r)affermir, consolider ; *[+ one's resolve]* fortifier, raffermir ; *[+ treaty, appointment]* ratifier ; *(Jur) [+ decision]* entériner, homologuer ; *[+ election]* valider • **to confirm sth to sb** confirmer qch à qn • **to confirm sb in an opinion** confirmer *or* fortifier qn dans une opinion • **to be confirmed in one's opinion** voir son opinion confirmée • **his new play confirms him as a leading playwright** sa nouvelle pièce le confirme dans sa position de grand auteur dramatique • **we confirm receipt of your letter** nous avons bien reçu votre courrier, nous accusons réception de votre courrier

2 *(Rel)* confirmer

**confirmand** /ˈkɒnfɜːmænd/ N *(Rel)* confirmand *m*

**confirmation** /ˌkɒnfəˈmeɪʃən/ SYN N 1 *[of statement, claim, theory, suspicion, arrangement, appointment]* confirmation *f* ; *[of treaty]* ratification *f* ; *(Jur)* entérinement *m* • **she looked at me for confirmation** *(confidently)* elle m'interrogea du regard pour (avoir) confirmation • **the confirmation of** *or* **for a booking** la confirmation d'une réservation • **"subject to confirmation"** « à confirmer » • **that's subject to confirmation** cela reste à confirmer • **all timings are subject to confirmation when booking** tous les horaires doivent être confirmés lors des réservations

2 *(Rel)* confirmation *f*

**confirmed** /kənˈfɜːmd/ SYN

ADJ 1 *(= inveterate) [non-smoker, meat-eater, atheist]* convaincu ; *[bachelor]* endurci • **I am a confirmed admirer of...** je suis un fervent admirateur de...

2 *(= definite) [booking, reservation]* confirmé

COMP **confirmed credit** N crédit *m* confirmé

**confirmed letter of credit** N lettre *f* de crédit confirmée

**confiscate** /ˈkɒnfɪskeɪt/ SYN VT confisquer *(sth from sb* qch à qn)

**confiscation** /ˌkɒnfɪsˈkeɪʃən/ SYN N confiscation *f*

**confiscatory** /kənˈfɪskətərɪ/ ADJ confiscatoire

**confit** /ˈkɒnfiː/ N confit *m* • **confit of duck** confit de canard

**Confiteor** /kənˈfɪtɪɔːʳ/ N confiteor *m inv*

**conflagration** /ˌkɒnfləˈgreɪʃən/ N incendie *m*, sinistre *m* ; *(fig)* conflagration *f*

**conflate** /kənˈfleɪt/ VT assembler, réunir

**conflation** /kənˈfleɪʃən/ N assemblage *m*, réunion *f*

**conflict** /ˈkɒnflɪkt/ SYN

N conflit *m*, lutte *f* ; *(= quarrel)* dispute *f* ; *(Mil)* conflit *m*, combat *m* ; *(Jur)* conflit *m* ; *(fig) [of interests, ideas, opinions]* conflit *m* • **armed conflict** *(Mil)* conflit *m* armé • **to be in conflict (with)** être en conflit (avec) • **to come into conflict with...** entrer en conflit *or* en lutte avec... • **a great deal of conflict** un conflit considérable

VI /kənˈflɪkt/ 1 être en conflit *(with* avec) • **the interests of pedestrians conflict with those of motorists** les intérêts des piétons sont en conflit avec ceux des automobilistes • **these countries' interests conflict** les intérêts de ces deux pays sont contradictoires, il y a conflit d'intérêts entre ces deux pays

2 *[opinions, ideas]* s'opposer, se heurter ; *[dates]* coïncider • **that conflicts with what he told me** ceci est en contradiction avec *or* contredit ce qu'il m'a raconté

**conflicting** /kənˈflɪktɪŋ/ SYN ADJ *(= incompatible) [views, opinions, demands, evidence]* contradictoire ; *(= divided) [emotions, loyalties]* conflictuel

**confluence** /ˈkɒnflʊəns/ N *[of rivers]* *(= place)* confluent *m* ; *(= act)* confluence *f* ; *(fig = crowd)* foule *f*, assemblée *f*

**conform** /kənˈfɔːm/ SYN VI 1 se conformer *(to, with* à) ; *[actions, sayings]* être en conformité *(to* avec)

2 *(gen, Rel)* être conformiste *mf*

**conformable** /kənˈfɔːməbl/ ADJ 1 conforme *(to* à)

2 *(= in agreement with)* en conformité, en accord *(to* avec)

3 *(= submissive)* docile, accommodant

**conformal** /kənˈfɔːməl/ ADJ *(Geog)* conforme

**conformation** /ˌkɒnfɔˈmeɪʃən/ SYN N conformation *f*, structure *f*

**conformism** /kənˈfɔːmɪzəm/ N conformisme *m*

**conformist** /kənˈfɔːmɪst/ SYN ADJ, N *(gen, Rel)* conformiste *mf*

**conformity** /kənˈfɔːmɪtɪ/ SYN N *(= likeness)* conformité *f* ; *(= conformism)* conformisme *m* ; *(Rel) adhésion à la religion conformiste* • **in conformity with** conformément à

**confound** /kənˈfaʊnd/ SYN VT *(= perplex)* déconcerter ; *(frm = defeat) [+ enemy, plans]* confondre *(frm)* ; *(= mix up)* confondre *(A with B* A avec B), prendre *(A with B* A pour B) • **confound it!*** la barbe !* • **confound him!*** qu'il aille au diable !, (que) le diable l'emporte ! † • **it's a confounded nuisance!*** c'est la barbe !*, quelle barbe !*

**confoundedly*** † /kənˈfaʊndɪdlɪ/ ADV bigrement*, diablement*

**confraternity** /ˌkɒnfrəˈtɜːnɪtɪ/ N *(Rel)* confrérie *f*

**confront** /kənˈfrʌnt/ SYN VT 1 *(= bring face to face)* confronter *(with* avec), mettre en présence *(with* de) • **the police confronted the accused with the witnesses** la police a confronté l'accusé avec les témoins • **the police confronted the accused with the evidence** la police a présenté les preuves à l'accusé • **she decided to confront him with what she'd learnt** elle a décidé de lui dire ce qu'elle avait appris • **to confront two witnesses** confronter deux témoins (entre eux)

2 *[+ enemy, danger]* affronter, faire face à ; *(= defy)* affronter, défier • **the problems which confront us** les problèmes auxquels nous sommes confrontés • **to be confronted with money problems** être confronté à des problèmes d'argent • **they are forced to confront fundamental moral problems** ils sont forcés de faire face à des problèmes fondamentaux de morale • **the candidates confronted each other during a televised debate** les candidats se sont affrontés lors d'un débat télévisé

**confrontation** /ˌkɒnfrənˈteɪʃn/ SYN N
[1] (military) affrontement m ; (in human relationships) conflit m, affrontement m
[2] (= act of confronting) confrontation f (of sb with sth de qn à or avec qch)

**confrontational** /ˌkɒnfrənˈteɪʃənəl/ ADJ (gen) conflictuel ◆ **to be confrontational** [person] être agressif, rechercher la confrontation

**Confucian** /kənˈfjuːʃən/
ADJ confucéen
N confucianiste mf

**Confucianism** /kənˈfjuːʃənɪzəm/ N confucianisme m

**Confucius** /kənˈfjuːʃəs/ N Confucius m

**confuse** /kənˈfjuːz/ SYN VT [1] (= throw into disorder) [+ opponent] confondre ; [+ plans] semer le désordre dans, bouleverser ; (= perplex) jeter dans la perplexité ; (= embarrass) embarrasser ; (= disconcert) troubler ; (= mix up) [+ person] embrouiller ; [+ ideas] embrouiller, brouiller ; [+ memory] brouiller ◆ **you're just confusing me** tu ne fais que m'embrouiller (les idées) ◆ **to confuse the issue** compliquer or embrouiller les choses
[2] ◆ **to confuse A with B** confondre A avec B, prendre A pour B ◆ **to confuse two problems** confondre deux problèmes

**confused** /kənˈfjuːzd/ SYN ADJ [person] (= muddled) désorienté ; (= perplexed) déconcerté ; (= embarrassed) confus, embarrassé ; [opponent] confondu ; [mind] embrouillé, confus ; [sounds, voices] confus, indistinct ; [memories] confus, vague ; [ideas, situation] confus, embrouillé ◆ **to have a confused idea** avoir une vague idée ◆ **to get confused** (= muddled up) ne plus savoir où on en est, s'y perdre ; (= embarrassed) se troubler

**confusedly** /kənˈfjuːzɪdlɪ/ ADV [1] (= in bewilderment) [shake one's head] avec perplexité
[2] (= in disorder) confusément

**confusing** /kənˈfjuːzɪŋ/ SYN ADJ déroutant ◆ **it's all very confusing** on ne s'y retrouve plus, on s'y perd

**confusingly** /kənˈfjuːzɪŋlɪ/ ADV (do, write, say) d'une manière qui prête à confusion ◆ **the two names are confusingly similar** la similitude des deux noms prête à confusion

**confusion** /kənˈfjuːʒən/ SYN N (= disorder, muddle) confusion f, désordre m ; (= embarrassment) confusion f, trouble m ; (= mixing up) confusion f (of X with Y de X avec Y) ◆ **he was in a state of confusion** la confusion régnait dans son esprit, il avait l'esprit troublé ◆ **the books lay about in confusion** les livres étaient en désordre or pêle-mêle ; → throw

**confute** /kənˈfjuːt/ VT [+ person] démontrer l'erreur de ; [+ notion] réfuter

**conga** /ˈkɒŋɡə/ N (= dance) conga f

**congeal** /kənˈdʒiːl/
VI [fat, grease, oil] (se) figer ; [milk] (se) cailler ; [blood] se coaguler ; [paint] sécher
VT [+ fat, grease, oil] faire figer ; [+ milk] faire cailler ; [+ blood] coaguler

**congener** /kənˈdʒiːnər/ N (Bot, Zool, gen) congénère mf

**congenial** /kənˈdʒiːnɪəl/ SYN ADJ (frm) [atmosphere, environment, work, place] agréable (to sb pour qn) ; [person] sympathique, agréable ◆ **to be in congenial company** être en agréable compagnie ◆ **he found few people congenial to him** il trouvait peu de gens à son goût

**congenital** /kənˈdʒenɪtl/ SYN ADJ [dislike, aversion, mistrust] (also Med) congénital ; [liar] de naissance

**congenitally** /kənˈdʒenɪtəlɪ/ ADV [lazy, suspicious etc] (also Med) de naissance

**conger** /ˈkɒŋɡər/ N (also **conger eel**) congre m, anguille f de roche

**congested** /kənˈdʒestɪd/ SYN ADJ [1] (= busy) [place] congestionné ; [telephone lines] surchargé ◆ **congested traffic** encombrements mpl ◆ **congested with traffic** embouteillé
[2] (Med = blocked) [nose] bouché ; [lungs] congestionné ◆ **I feel very congested** j'ai vraiment les bronches prises

**congestion** /kənˈdʒestʃən/ SYN
N [of town, countryside] surpeuplement m ; [of street, traffic] encombrement m, embouteillage m ; (Med) congestion f
COMP **congestion charge** N taxe f embouteillage (système de péage électronique urbain instauré pour réduire la circulation automobile)

**congestive** / kənˈdʒestɪv/ ADJ (Med) congestif

**conglomerate** /kənˈɡlɒmərɪt/ SYN
VT conglomérer (frm), agglomérer
VI s'agglomérer
ADJ /kənˈɡlɒmərɪt/ conglomérer (also Geol), aggloméré
N (gen, Econ, Geol) conglomérat m

**conglomeration** /kənˌɡlɒməˈreɪʃən/ SYN N (= group) [of objects] assemblage m (hétéroclite) ; [of houses] agglomération f

**Congo** /ˈkɒŋɡəʊ/ N (= country, river) Congo m ◆ **the Democratic/People's Republic of the Congo** la République démocratique/populaire du Congo ◆ **Congo-Kinshasa** Congo-Kinshasa m ◆ **Congo-Brazzaville** Congo-Brazzaville m

**Congolese** /ˌkɒŋɡəʊˈliːz/
ADJ congolais
N (pl inv) Congolais(e) m(f)

**congrats*** /kənˈɡræts/ EXCL bravo !

**congratulate** /kənˈɡrætjʊleɪt/ LANGUAGE IN USE 24.3 SYN VT féliciter, complimenter (sb on sth qn de qch ; sb on doing sth qn d'avoir fait qch) ◆ **to congratulate o.s. on sth/on doing sth** se féliciter de qch/d'avoir fait qch ◆ **we would like to congratulate you on your engagement** nous vous présentons toutes nos félicitations à l'occasion de vos fiançailles

**congratulations** /kənˌɡrætjʊˈleɪʃənz/ LANGUAGE IN USE 23.6, 24.1, 24.3 SYN NPL félicitations fpl, compliments mpl ◆ **congratulations!** toutes mes félicitations ! ◆ **congratulations on your success/engagement** (toutes mes) félicitations pour votre succès/à l'occasion de vos fiançailles

**congratulatory** /kənˈɡrætjʊlətərɪ/ ADJ [telegram, letter, message, speech] de félicitations ◆ **to give sb a congratulatory handshake** féliciter qn en lui serrant la main

**congregate** /ˈkɒŋɡrɪɡeɪt/ SYN
VI se rassembler, se réunir (round autour de ; at à)
VT rassembler, réunir

**congregation** /ˌkɒŋɡrɪˈɡeɪʃən/ SYN N rassemblement m, assemblée f ; (Rel) [of worshippers] assemblée f (des fidèles), assistance f ; [of cardinals, monks etc] congrégation f ; (Univ) [of professors] assemblée f générale

**congregational** /ˌkɒŋɡrɪˈɡeɪʃnl/ ADJ [minister] de l'Église congrégationaliste ; [prayer] prononcé par l'ensemble des fidèles ◆ **the Congregational Church** l'Église f congrégationaliste

**Congregationalism** /ˌkɒŋɡrɪˈɡeɪʃənəlɪzəm/ N congrégationalisme m

**Congregationalist** /ˈkɒŋɡrɪˈɡeɪʃənəˠlɪst/ ADJ, N congrégationaliste mf

**congress** /ˈkɒŋɡres/ SYN
N [1] congrès m ◆ **education congress** congrès m de l'enseignement ; → trade
[2] (US Pol) ◆ **Congress** Congrès m ; (= session) session f du Congrès
COMP **congress member** N congressiste mf

**congressional** /kɒŋˈɡreʃənl/ ADJ [1] d'un congrès
[2] (Pol) ◆ **Congressional** (in US, India) du Congrès ◆ **Congressional Directory** annuaire m du Congrès ◆ **Congressional district** circonscription f d'un Représentant ◆ **Congressional Record** Journal m Officiel du Congrès

**congressman** /ˈkɒŋɡresmən/ (US Pol)
N (pl -men) membre m du Congrès, ≈ député m ◆ **Congressman J. Smith said that...** le député J. Smith a dit que...
COMP **congressman-at-large** N représentant non attaché à une circonscription électorale

**congressperson** /ˈkɒŋɡresˌpɜːsən/ N (US Pol) membre m du Congrès, ≈ député m

**congresswoman** /ˈkɒŋɡresˌwʊmən/ N (pl -women) (US Pol) membre m du Congrès, député m

**congruence** /ˈkɒŋɡruəns/ N (Math) congruence f ; (fig) conformité f

**congruent** /ˈkɒŋɡruənt/ ADJ en accord or harmonie (with avec) ; (Math) [number] congru (with à) ; [triangle] isométrique

**congruity** /kɒŋˈɡruːɪtɪ/ N convenance f

**congruous** /ˈkɒŋɡruəs/ ADJ qui s'accorde, en harmonie (to, with avec) ; (Rel) congru

**conic(al)** /ˈkɒnɪk(əl)/
ADJ (de forme) conique
COMP **conic section** N (Math) (section f) conique f

**conidium** /kəʊˈnɪdɪəm/ N (pl **conidia** /kəʊˈnɪdɪə/) [of mushroom] conidie f

**conifer** /ˈkɒnɪfər/ N conifère m

**coniferous** /kəˈnɪfərəs/ ADJ [tree] conifère ; [forest] de conifères

**conjectural** /kənˈdʒektʃərəl/ ADJ conjectural

**conjecture** /kənˈdʒektʃər/ SYN
VT conjecturer
VI conjecturer, faire des conjectures
N conjecture f

**conjoin** /kənˈdʒɔɪn/ (frm)
VT lier, unir ◆ **conjoined twins** (enfants mpl) siamois mpl
VI s'unir

**conjoint** /ˈkɒnˌdʒɔɪnt/ ADJ (frm) [therapy, counselling] de couple

**conjointly** /ˈkɒnˌdʒɔɪntlɪ/ ADV conjointement

**conjugal** /ˈkɒndʒʊɡəl/ SYN ADJ [state, rights, happiness] conjugal

**conjugate** /ˈkɒndʒʊɡeɪt/ (Bio, Gram)
VT conjuguer
VI se conjuguer
COMP **conjugated protein** N hétéroprotéine f

**conjugation** /ˌkɒndʒʊˈɡeɪʃən/ N conjugaison f

**conjunct** /kənˈdʒʌŋkt/ ADJ conjoint

**conjunction** /kənˈdʒʌŋkʃən/ SYN N (Astron, Gram) conjonction f ◆ **in conjunction with** conjointement avec

**conjunctiva** /ˌkɒndʒʌŋkˈtaɪvə/ N (pl **conjunctivas** or **conjunctivae** /ˌkɒndʒʌŋkˈtaɪviː/) (Anat) conjonctive f

**conjunctive** /kənˈdʒʌŋktɪv/ ADJ (Anat, Gram) conjonctif

**conjunctivitis** /kənˌdʒʌŋktɪˈvaɪtɪs/ N conjonctivite f ◆ **to have conjunctivitis** avoir de la conjonctivite

**conjuncture** /kənˈdʒʌŋktʃər/ N conjoncture f

**conjure** /ˈkʌndʒər/ SYN
VT [1] (= appeal to) conjurer (liter) (sb to do sth qn de faire qch)
[2] /ˈkʌndʒər/ faire apparaître (par la prestidigitation) ◆ **he conjured a rabbit from his hat** il a fait sortir un lapin de son chapeau
VI /ˈkʌndʒər/ faire des tours de passe-passe ; (= juggle) jongler (with avec) ; (fig) jongler (with avec) ◆ **a name to conjure with** un nom prestigieux

▶ **conjure away** VT SEP faire disparaître (comme par magie)

▶ **conjure up** VT SEP [+ ghosts, spirits] faire apparaître ; [+ memories] évoquer, rappeler ; [+ meal] préparer à partir de (trois fois) rien ◆ **to conjure up visions of...** évoquer...

**conjurer** /ˈkʌndʒərər/ SYN N prestidigitateur m, -trice f

**conjuring** /ˈkʌndʒərɪŋ/
N prestidigitation f
COMP **conjuring trick** N tour m de passe-passe or de prestidigitation

**conjuror** /ˈkʌndʒərər/ N ⇒ **conjurer**

**conk*** /kɒŋk/
N (Brit = nose) pif* m, blair* m ; (US = head) caboche* f
VT (US) frapper sur la caboche*
COMP **conk-out*** N (US) panne f mécanique

▶ **conk out*** VI [person] (= tire) s'écrouler de fatigue ; [engine, machine] tomber en rade

**conker*** /ˈkɒŋkər/ N (Brit) marron m

**con moto** /kɒnˈməʊtəʊ/ ADV (Mus) con moto

**Conn.** abbrev of **Connecticut**

**connect** /kəˈnekt/ LANGUAGE IN USE 27.4 SYN
VT [1] (= join: gen) [person] [+ machine] connecter (to à) ; [+ plug] brancher (to sur) ; (Tech) [+ pinions] embrayer ; [+ wheels] engrener ; [+ pipes, drains] raccorder (to à) ; [+ shafts etc] articuler, conjuguer ; (Elec) [+ two objects] raccorder, connecter ◆ **to connect sth to the mains** brancher qch sur le secteur ◆ **to connect sth to earth** (Elec) mettre qch à la terre or à la masse ◆ **we haven't been connected yet** (to water, electricity etc services) nous ne sommes pas encore reliés or branchés, nous n'avons pas encore l'eau (or l'électricité etc)

[2] (Telec) [+ caller] mettre en communication (with sb avec qn) ; [+ telephone] brancher ◆ **we're trying to connect you** nous essayons d'obtenir votre communication ◆ **I'm connecting you now** vous êtes en ligne, vous avez votre com-

munication • **connected by telephone** *[person, place]* relié par téléphone *(to, with* à)

[3] *(= associate)* associer *(with, to* à) • **I always connect Paris with springtime** j'associe toujours Paris au printemps • **I'd never have connected them** je n'aurais jamais fait le rapport entre eux ; see also **connected**

[4] *(= form link between) [road, railway]* relier *(with, to* à) ; *[rope etc]* relier, rattacher *(with, to* à) • **the city is connected to the sea by a canal** la ville est reliée à la mer par un canal

VI [1] *(= be joined) [two rooms]* être relié, communiquer ; *[two parts, wires etc]* être connectés *or* raccordés

[2] *[coach, train, plane]* assurer la correspondance *(with* avec) • **this train connects with the Rome express** ce train assure la correspondance avec l'express de Rome

[3] *(* = hit)* • **to connect with the ball** *[golf club etc]* frapper la balle • **my fist connected with his jaw*** je l'ai touché à la mâchoire

[4] *[two people]* se comprendre • **to connect with sb** communiquer avec qn

**connected** /kəˈnektɪd/ SYN ADJ [1] *(gen)* lié • **these matters are not connected at all** ces affaires n'ont aucun lien *or* rapport entre elles • **these two things are connected in my mind** les deux sont liés dans mon esprit • **to be connected with** *(= be related to)* être allié à, être parent de ; *(= have dealings with)* être en contact *or* en relation avec ; *(= have a bearing on)* se rattacher à, avoir rapport à • **people connected with education** ceux qui ont quelque chose à voir avec le monde de l'éducation • **he is connected with many big firms** il a des contacts avec beaucoup de grandes entreprises, il est en relation avec beaucoup de grandes entreprises • **his departure is not connected with the murder** son départ n'a aucun rapport *or* n'a rien à voir avec le meurtre • **he's very well connected** *(= of good family)* il est de très bonne famille, il est très bien apparenté ; *(= of influential family)* sa famille a des relations

[2] *[languages]* affin *(frm)*, connexe ; *(Bot, Jur)* connexe ; *(fig) [argument]* logique ; *[talk, oration]* suivi • **(closely) connected professions** des professions *fpl* connexes • **a (properly) connected sentence** une phrase correctement construite • **connected speech** *(Ling)* la chaîne parlée ; see also **connect**

**Connecticut** /kəˈnetɪkət/ N Connecticut *m* • **in Connecticut** dans le Connecticut

**connecting** /kəˈnektɪŋ/

ADJ *[rooms]* communicant ; *[parts, wires]* raccordé, connecté • **bedroom with connecting bathroom** chambre *f* avec salle de bains attenante

COMP **connecting flight** N (vol *m* de) correspondance *f*

**connecting rod** N *(US) [of vehicle]* bielle *f*

**connection** /kəˈnekʃən/ LANGUAGE IN USE 5.3 SYN

N [1] *(= association)* rapport *m*, lien *m* *(with or to* avec ; *between* entre ) ; *(= relationship)* rapports *mpl*, relations *fpl* *(with or to* avec ; *between* entre) • **this has no connection with what he did** ceci n'a aucun rapport avec ce qu'il a fait • **to form a connection with sb** établir des relations *or* des rapports avec qn • **to break off a connection (with sb)** rompre les relations *or* les rapports (avec qn) • **to build up a connection with a firm** établir des relations d'affaires avec une entreprise • **to have no further connection with sb/sth** ne plus avoir aucun contact avec qn/qch • **in connection with sth** à propos de qch • **in this** *or* **that connection** *(frm)* à ce sujet, à ce propos • **in another connection** *(frm)* dans un autre contexte

[2] *(= associate)* • **a business connection of mine, one of my business connections** une de mes relations d'affaires • **to have important connections** avoir des relations (importantes) • **to have criminal connections** avoir des relations *or* des contacts dans le milieu

[3] *(= kinship)* parenté *f* ; *(= relative)* parent(e) *m(f)* • **connections** famille *f* • **there is some family connection between them** ils ont un lien de parenté • **he is a distant connection** c'est un parent éloigné • **she is a connection of mine** c'est une de mes parentes

[4] *(Transport) (= link)* liaison *f* ; *(= train, bus, plane)* correspondance *f* *(with* avec) • **to miss one's connection** rater la correspondance

[5] *(Elec)* raccordement *m*, branchement *m* ; → **loose**

[6] *(Telec) (= link)* liaison *f* ; *(= act of connecting) (for call)* branchement *m* ; *(= installing)* raccordement *m* • **a telephone/radio/satellite connection** une liaison téléphonique/radio/par satellite • **to break the connection** couper la communication

[7] *(Tech = joint)* raccord *m*

[8] *(Drugs* ✻)* filière *f*

COMP **connection charge, connection fee** N *(Telec)* frais *mpl* de raccordement

**connectionism** /kəˈnekʃənɪzəm/ N connexionnisme *m*

**connective** /kəˈnektɪv/

ADJ *(gen, Gram, Anat)* conjonctif

N *(Gram, Logic)* conjonction *f*

COMP **connective tissue** N *(Bio)* tissu *m* conjonctif

**connectivity** /ˌkɒnekˈtɪvɪtɪ/ N *(Comput)* connectivité *f*

**connector** /kəˈnektəʳ/ N *(gen)* raccord *m*, connecteur *m* ; *(Elec)* pince *f* de bout, pince *f* de courant

**connexion** /kəˈnekʃən/ N ⇒ **connection**

**conning tower** /ˈkɒnɪŋˌtaʊəʳ/ N *[of submarine]* kiosque *m* ; *[of warship]* centre *m* opérationnel

**conniption*** /kəˈnɪpʃən/ N *(US* : also **conniptions)** accès *m* de colère *or* de rage

**connivance** /kəˈnaɪvəns/ SYN N connivence *f*, accord *m* tacite • **this was done with her connivance/in connivance with her** cela s'est fait avec sa connivence *or* son accord tacite/de connivence avec elle

**connive** /kəˈnaɪv/ SYN VI • **to connive at** *(= pretend not to notice)* fermer les yeux sur ; *(= aid and abet)* être de connivence dans, être complice de • **to connive (with sb) in sth/in doing sth** être de connivence (avec qn) dans qch/pour faire qch

**connivent** /kəˈnaɪvənt/ ADJ connivent

**conniving** /kəˈnaɪvɪŋ/ *(pej)*

ADJ intrigant

N *(NonC)* machinations *fpl*, intrigues *fpl*

**connoisseur** /ˌkɒnəˈsɜːʳ/ SYN N connaisseur *m*, -euse *f* *(of* de, en)

**connotation** /ˌkɒnəʊˈteɪʃən/ N *(Ling, Philos)* connotation *f* ; *(Logic)* implication *f*

**connotative** /ˈkɒnəˌteɪtɪv/ ADJ *[meaning]* connotatif

**connote** /kɒˈnəʊt/ VT évoquer, suggérer ; *(Ling, Philos)* connoter

**connubial** /kəˈnjuːbɪəl/ ADJ conjugal

**conoid** /ˈkəʊnɔɪd/ ADJ, N conoïde *m*

**conoidal** /kəʊˈnɔɪdl/ ADJ conoïde

**conquer** /ˈkɒŋkəʳ/ SYN VT *[+ enemy, mountain, illness]* vaincre ; *[+ nation, country]* conquérir ; *[+ fear, obsession]* surmonter, vaincre ; *[+ one's feelings]* dominer ; *[+ one's audience]* subjuguer

**conquering** /ˈkɒŋkərɪŋ/ ADJ victorieux

**conqueror** /ˈkɒŋkərəʳ/ SYN N *(Mil)* conquérant *m* ; *[of mountain etc]* vainqueur *m* ; → **William**

**conquest** /ˈkɒŋkwest/ SYN N conquête *f* • **to make a conquest*** faire une conquête • **she's his latest conquest*** c'est sa dernière conquête*

**conquistador** /kɒnˈkwɪstədɔːʳ/ N *(Hist)* conquistador *m*

**Cons.** *(Brit)* abbrev of **Conservative**

**consanguinity** /ˌkɒnsæŋˈgwɪnɪtɪ/ N consanguinité *f*

**conscience** /ˈkɒnʃəns/ SYN

N conscience *f* • **to have a clear** *or* **an easy conscience** avoir bonne conscience, avoir la conscience tranquille • **he left with a clear conscience** il est parti la conscience tranquille • **he has a bad** *or* **guilty conscience** il a mauvaise conscience, il n'a pas la conscience tranquille • **to have sth on one's conscience** avoir qch sur la conscience • **in (all) conscience** en conscience • **for conscience' sake** par acquit de conscience • **upon my conscience, I swear...** *(frm)* en mon âme et conscience, je jure... • **to make sth a matter of conscience** faire de qch un cas de conscience

COMP **conscience clause** N *(Jur)* clause *f* de conscience

**conscience money** N don *m* d'argent *(pour racheter une faute)*

**conscience-stricken** SYN ADJ pris de remords

**conscientious** /ˌkɒnʃɪˈenʃəs/ SYN ADJ [1] *[person, worker, piece of work]* consciencieux

[2] *[scruple, objection]* de conscience • **conscientious objector** objecteur *m* de conscience

**conscientiously** /ˌkɒnʃɪˈenʃəslɪ/ ADV consciencieusement

**conscientiousness** /ˌkɒnʃɪˈenʃəsnɪs/ N conscience *f*

**conscious** /ˈkɒnʃəs/ SYN

ADJ [1] *(Med, Psych, Philos) [person, memory, mind, thought, prejudice]* conscient • **to become conscious** *[person]* revenir à soi, reprendre connaissance • **below the level of conscious awareness** au-dessous du seuil de conscience • **on a conscious level** à un niveau conscient

[2] *(= aware)* • **conscious of sth** conscient de qch • **to become conscious of sth** prendre conscience de qch, se rendre compte de qch • **she became conscious of him looking at her** elle prit conscience du fait qu'il la regardait, elle se rendit compte qu'il la regardait • **to be conscious of doing sth** avoir conscience de faire qch • **to be conscious that...** être conscient du fait que... • **to become conscious that...** se rendre compte que...

[3] *(after adv)* • **politically conscious** politisé • **environmentally conscious** sensibilisé aux problèmes de l'environnement ; see also **-conscious**

[4] *(= deliberate) [effort, choice, insult]* délibéré • **to make a conscious decision to do sth** prendre délibérément la décision de faire qch • **conscious humour** humour *m* voulu

[5] *(= clearly felt)* • **... he said, with conscious guilt/superiority** ... dit-il, conscient de sa culpabilité/supériorité

N *(Psych)* conscient *m*

**-conscious** /ˈkɒnʃəs/ SUF • **to be health-/price-/image-conscious** faire attention à sa santé/au prix des choses/à son image • **to be security-conscious** être sensibilisé aux problèmes de sécurité

**consciously** /ˈkɒnʃəslɪ/ ADV [1] *(= with full awareness) [remember, think]* consciemment • **to be consciously aware of sth** avoir pleinement conscience de qch

[2] *(= deliberately) [hurt, mislead, deceive]* sciemment

**consciousness** /ˈkɒnʃəsnɪs/ SYN

N [1] *(Med)* connaissance *f* • **to lose consciousness** perdre connaissance • **to regain consciousness** revenir à soi, reprendre connaissance

[2] *(Philos)* conscience *f*

[3] *(= awareness)* conscience *f* *(of* de), sentiment *m* *(of* de) • **the consciousness that he was being watched prevented him from...** le sentiment qu'on le regardait l'empêchait de...

COMP **consciousness-raising** N sensibilisation *f* • **consciousness-raising is a priority** il nous faut d'abord faire prendre conscience aux gens

**conscript** /kənˈskrɪpt/

VT *[+ troops]* enrôler, appeler sous les drapeaux • **we were conscripted to help with the dishes** *(fig, hum)* nous avons été embauchés pour aider à faire la vaisselle ; see also **conscripted**

N /ˈkɒnskrɪpt/ *(Brit)* conscrit *m*, appelé *m*

ADJ *[army]* d'appelés

**conscripted** /kənˈskrɪptɪd/ ADJ *[troops]* enrôlé ; *[workers, labourers]* enrôlé de force

**conscription** /kənˈskrɪpʃən/ N conscription *f*

**consecrate** /ˈkɒnsɪkreɪt/ SYN VT *[+ church, ground]* consacrer ; *[+ bishop]* consacrer, sacrer ; *(fig) [+ custom, one's life]* consacrer *(to* à) • **he was consecrated bishop** il a été sacré *or* consacré évêque

**consecration** /ˌkɒnsɪˈkreɪʃən/ N *(NonC) [of church, cathedral, one's life]* consécration *f* *(to sth* à qch) ; *[of bishop, pope]* consécration *f*, sacre *m*

**consecutive** /kənˈsekjʊtɪv/ SYN ADJ [1] consécutif • **on four consecutive days** pendant quatre jours consécutifs *or* de suite

[2] *(Gram) [clause]* consécutif

**consecutively** /kənˈsekjʊtɪvlɪ/ ADV consécutivement • **he won two prizes consecutively** il a gagné consécutivement *or* coup sur coup deux prix • **... the sentences to be served consecutively** *(Jur)* ... avec cumul de peines

**consensual** /kənˈsensjʊəl/ ADJ *(Jur, Physiol)* consensuel

**consensus** /kənˈsensəs/ SYN

N consensus *m*, accord *m* général • **consensus of opinion** consensus *m* d'opinion • **what is the consensus?** quelle est l'opinion générale ?

ADJ *[decision, view]* collectif

**consent** /kən'sent/ LANGUAGE IN USE 9.3 SYN
VI consentir (to sth à qch ; to do sth à faire qch) ; (= to request) accéder (to sth à qch) ♦ **between consenting adults** (Jur) entre adultes consentants
N consentement m, assentiment m ♦ **to refuse one's consent to sth** refuser son consentement or assentiment à qch ♦ **by common consent** de l'aveu de tous or de tout le monde, de l'opinion de tous ♦ **by mutual consent** (= general agreement) d'un commun accord ; (= private arrangement) de gré à gré, à l'amiable ♦ **divorce by (mutual) consent** divorce m par consentement mutuel ♦ **age of consent** (Jur) âge m légal (pour avoir des relations sexuelles) ; → **silence**
COMP **consent form** N (Med) autorisation f d'opérer

**consentient** /kən'senʃɪənt/ ADJ (frm) d'accord, en accord (with avec)

**consequence** /'kɒnsɪkwəns/ LANGUAGE IN USE 26.3 SYN N [1] (= result, effect) conséquence f, suites fpl ♦ **in consequence** par conséquent ♦ **in consequence of which** par suite de quoi ♦ **as a consequence of sth** en conséquence de qch ♦ **to take** or **face** or **suffer the consequences** accepter or supporter les conséquences (of de)
[2] (NonC = importance) importance f, conséquence f ♦ **it's of no consequence** cela ne tire pas à conséquence, cela n'a aucune importance ♦ **a man of no consequence** un homme de peu d'importance or de peu de poids ♦ **he's of no consequence** lui, il ne compte pas

**consequent** /'kɒnsɪkwənt/ SYN ADJ (= following) consécutif (on à) ; (= resulting) résultant (on de) ♦ **the loss of harvest consequent upon the flooding** la perte de la moisson résultant des or causée par les inondations

**consequential** /ˌkɒnsɪ'kwenʃəl/ ADJ
[1] consécutif, conséquent (to à) ♦ **consequential damages** (Jur) dommages-intérêts mpl indirects
[2] (pej) [person] suffisant, arrogant

**consequently** /'kɒnsɪkwəntlɪ/ LANGUAGE IN USE 17.2 SYN ADV ♦ **consequently, he has been able to...** c'est pourquoi il a pu... ♦ **he has consequently been able to...** il a donc pu... ♦ **he didn't have enough money: consequently, he was unable to...** il n'avait pas assez d'argent : par conséquent, il n'a pas pu... ♦ **who, consequently, did as little as possible** qui, en conséquence, en a fait le moins possible

**conservancy** /kən'sɜːvənsɪ/ N [1] (Brit : commission controlling forests, ports etc) ≈ Office m des eaux et forêts
[2] ⇒ **conservation**

**conservation** /ˌkɒnsə'veɪʃən/ SYN
N sauvegarde f, protection f ; (Phys) conservation f ♦ **energy conservation** économies fpl d'énergie
COMP **conservation area** N (Brit) secteur m sauvegardé

**conservationist** /ˌkɒnsə'veɪʃənɪst/ N défenseur m de l'environnement, écologiste mf

**conservatism** /kən'sɜːvətɪzəm/ N conservatisme m

**conservative** /kən'sɜːvətɪv/ SYN
ADJ [1] conservateur (-trice f) ♦ **the Conservative Party** (Pol) le parti conservateur ♦ **Conservative and Unionist Party** parti m conservateur et unioniste
[2] (= moderate) [assessment] modeste ; (= conventional) [clothes, appearance, style, behaviour] classique, conventionnel ♦ **at a conservative estimate** au bas mot
N (Pol) conservateur m, -trice f

**conservatively** /kən'sɜːvətɪvlɪ/ ADV [dressed] classique inv, d'une manière conventionnelle ♦ **the cost of the operation is conservatively estimated at £500** le coût de l'opération est estimé au bas mot à 500 livres

**conservatoire** /kən'sɜːvətwɑːʳ/ N (Mus) conservatoire m

**conservator** /'kɒnsəˌveɪtəʳ/ N (gen) conservateur m ; (US Jur) tuteur m (d'un incapable)

**conservatorship** /ˌkɒnsəveɪtəʃɪp/ N (US Jur) tutelle f

**conservatory** /kən'sɜːvətrɪ/ SYN N [1] (= greenhouse) jardin m d'hiver (attenante à une maison)
[2] (= school) conservatoire m

**conserve** /kən'sɜːv/
VT conserver, préserver ; [+ one's resources, one's strength] ménager ; [+ energy, electricity, supplies] économiser
N (Culin) confiture f, conserve f (de fruits)

**consider** /kən'sɪdəʳ/ LANGUAGE IN USE 26.1 SYN VT
[1] (= think about) [+ problem, possibility] considérer, examiner ; [+ question, matter, subject] réfléchir à ♦ **I had not considered taking it with me** je n'avais pas envisagé de l'emporter ♦ **everything** or **all things considered** tout bien considéré, tout compte fait ♦ **it is my considered opinion that...** après avoir mûrement réfléchi je pense que... ♦ **he is being considered for the post** on songe à lui pour le poste
[2] (= take into account) [+ facts] prendre en considération ; [+ person's feelings] avoir égard à, ménager ; [+ cost, difficulties, dangers] tenir compte de, considérer ♦ **when one considers that...** quand on considère or pense que...
[3] (= be of the opinion) considérer, tenir ♦ **she considers him very mean** elle le considère comme très avare ♦ **to consider sb responsible** tenir qn pour responsable ♦ **to consider o.s. happy** s'estimer heureux ♦ **consider yourself lucky*** estimez-vous heureux ♦ **consider yourself dismissed** considérez-vous comme renvoyé ♦ **I consider that we should have done it** je considère que or à mon avis nous aurions dû le faire ♦ **consider it (as) done** considérez que c'est chose faite ♦ **I consider it an honour to help you** je m'estime honoré de (pouvoir) vous aider

**considerable** /kən'sɪdərəbl/ SYN ADJ [number, size, amount, influence, success, damage] considérable ♦ **to face considerable difficulties** être confronté à des difficultés considérables or à de grosses difficultés ♦ **we had considerable difficulty in finding you** nous avons eu beaucoup de mal à vous trouver ♦ **to a considerable extent** dans une large mesure ♦ **I've been living in England for a considerable time** je vis en Angleterre depuis longtemps

**considerably** /kən'sɪdərəblɪ/ SYN ADV considérablement

**considerate** /kən'sɪdərɪt/ SYN ADJ prévenant (towards envers), attentionné

**considerately** /kən'sɪdərɪtlɪ/ ADV [behave, say] gentiment

**consideration** /kənˌsɪdə'reɪʃən/ LANGUAGE IN USE 19.5 SYN N [1] (NonC = thoughtfulness) considération f, égard m ♦ **out of consideration for...** par égard pour... ♦ **to show consideration for sb's feelings** ménager les susceptibilités de qn ♦ **show some consideration!** aie un peu plus d'égards !
[2] (NonC = careful thought) considération f ♦ **under consideration** à l'examen, à l'étude ♦ **the matter is under consideration** l'affaire est à l'examen or à l'étude ♦ **to take sth into consideration** prendre qch en considération, tenir compte de qch ♦ **taking everything into consideration...** tout bien considéré or pesé... ♦ **he left it out of consideration** il n'en a pas tenu compte, il n'a pas pris cela en considération ♦ **in consideration of** en considération de, eu égard à ♦ **after due consideration** après mûre réflexion ♦ **please give my suggestion your careful consideration** je vous prie d'apporter toute votre attention à ma suggestion ♦ **he said there should be careful consideration of the future role of the BBC** il a dit qu'il faudrait réfléchir sérieusement au futur rôle de la BBC
[3] (= factor to be taken into account) préoccupation f, considération f ; (= motive) motif m ♦ **money is the first consideration** il faut considérer d'abord or en premier lieu la question d'argent ♦ **many considerations have made me decide that...** plusieurs considérations m'ont amené à décider que... ♦ **it's of no consideration** cela n'a aucune importance ♦ **money is no consideration** l'argent n'entre pas en ligne de compte ♦ **his age was an important consideration** son âge constituait un facteur important
[4] (= reward, payment) rétribution f, rémunération f ♦ **to do sth for a consideration** faire qch moyennant finance or contre espèces ♦ **for a good and valuable consideration** (Jur, Fin) ≈ moyennant contrepartie valable

**considering** /kən'sɪdərɪŋ/ SYN
PREP vu, étant donné ♦ **considering the circumstances** vu or étant donné les circonstances
CONJ vu que, étant donné que ♦ **considering she has no money** vu que or étant donné qu'elle n'a pas d'argent
ADV tout compte fait, en fin de compte ♦ **he played very well, considering** il a très bien joué, tout compte fait or en fin de compte

**consign** /kən'saɪn/ VT [1] (= hand over) [+ person, thing] confier, remettre ♦ **to consign a child to sb's care** confier un enfant aux soins de qn
[2] (= send) [+ goods] expédier (to sb à qn, à l'adresse de qn)

**consignee** /ˌkɒnsaɪ'niː/ N consignataire mf

**consigner** /kən'saɪnəʳ/ N ⇒ **consignor**

**consignment** /kən'saɪnmənt/ SYN
N [1] (NonC) envoi m, expédition f ♦ **goods for consignment abroad** marchandises fpl à destination de l'étranger
[2] (= quantity of goods) (incoming) arrivage m ; (outgoing) envoi m
COMP **consignment note** N (Brit Comm) bordereau m d'expédition

**consignor** /kən'saɪnəʳ/ N expéditeur m, -trice f (de marchandises), consignateur m, -trice f

**consist** /kən'sɪst/ SYN VI [1] (= be composed) se composer (of de), consister (of en) ♦ **what does the house consist of?** en quoi consiste la maison ?, de quoi la maison est-elle composée ?
[2] (= have as its essence) consister (in doing sth à faire qch ; in sth dans qch) ♦ **his happiness consists in helping others** son bonheur consiste à aider autrui

**consistency** /kən'sɪstənsɪ/ N [1] (= texture) consistance f
[2] (fig) [of actions, argument, behaviour] cohérence f, uniformité f ♦ **to lack consistency** (fig) manquer de logique

**consistent** /kən'sɪstənt/ SYN ADJ [policy, approach] cohérent ; [support, opposition] constant ♦ **French policy has not been consistent throughout Africa** la politique de la France en Afrique a été peu cohérente ♦ **his consistent support for free trade** son soutien constant en faveur du libre échange ♦ **he's the team's most consistent player** c'est le joueur le plus régulier de l'équipe ♦ **a consistent pattern of response** des réactions homogènes ♦ **to be consistent with** (= in agreement with) être compatible or en accord avec ; (= compatible with) [injury etc] correspondre à

**consistently** /kən'sɪstəntlɪ/ ADV [1] (= unfailingly) [good, bad] invariablement ♦ **to be consistently successful** réussir invariablement ♦ **you have consistently failed to meet the deadlines** vous avez constamment dépassé les délais
[2] (= logically) avec logique
[3] (= in agreement) conformément (with sth à qch)

**consistory** /kən'sɪstərɪ/ N (Rel) consistoire m

**consolation** /ˌkɒnsə'leɪʃən/ SYN
N consolation f, réconfort m ♦ **if it's any consolation to you...** si ça peut te consoler...
COMP **consolation prize** N prix m de consolation

**consolatory** /kən'sɒlətərɪ/ ADJ consolant, réconfortant

**console¹** /kən'səʊl/ SYN VT consoler (sb for sth qn de qch)

**console²** /'kɒnsəʊl/
N [1] [of organ, language lab] console f ; (Comput) console f ; [of aircraft] tableau m de bord, commandes fpl
[2] (= radio cabinet) meuble m de hi-fi
[3] (Archit) console f
COMP **console game** N jeu m de console
**console table** N console f

**consolidate** /kən'sɒlɪdeɪt/ SYN
VT [1] (= make strong) [+ one's position] consolider ♦ **the government is trying to consolidate voter support ahead of the election** le gouvernement essaie de consolider son électorat avant l'élection
[2] (Comm, Fin = unite) [+ businesses] réunir ; [+ loan, funds, annuities] consolider
VI se consolider, s'affermir
COMP **consolidated balance sheet** N bilan m consolidé
**consolidated deliveries** NPL livraisons fpl groupées
**consolidated fund** N ≈ fonds mpl consolidés
**consolidated laws** NPL (Jur) codification f (des lois)
**consolidated school district** N (US Scol) secteur m scolaire élargi

**consolidation** /kənˌsɒlɪˈdeɪʃən/ SYN
**N** (NonC) ① (= *strengthening*) [*of power, democracy, nation, one's position*] consolidation f
② (Comm = *amalgamation*) [*of companies, divisions*] fusion f
③ (Fin) [*of balance sheet*] consolidation f
**COMP Consolidation Act N** (Jur) codification f

**consoling** /kənˈsəʊlɪŋ/ **ADJ** consolant

**consols** /ˈkɒnsɒlz/ **NPL** (Brit Fin) consolidés mpl

**consomme** /kənˈsɒmeɪ/ **N** (Culin) consommé m

**consonance** /ˈkɒnsənəns/ **N** [*of sounds*] consonance f, accord m ; [*of ideas*] accord m, communion f

**consonant** /ˈkɒnsənənt/
**N** consonne f
**ADJ** (frm) en accord (*with* avec) ◆ **behaviour consonant with one's beliefs** comportement m qui s'accorde avec ses croyances
**COMP consonant cluster N** groupe m consonantique
**consonant shift N** mutation f consonantique

**consonantal** /ˌkɒnsəˈnæntl/ **ADJ** consonantique

**consort** /ˈkɒnsɔːt/ SYN
**N** ① († † = *spouse*) époux m, épouse f
② (also **prince consort**) (prince m) consort m
③ [*of musicians, instruments*] ensemble m
④ (Naut) (= *ship*) conserve f ◆ **in consort de** conserve
**VI** /kənˈsɔːt/ (frm) ① (= *associate*) ◆ **to consort with sb** fréquenter qn, frayer avec qn
② (= *be consistent*) [*behaviour*] s'accorder (*with* avec)

**consortium** /kənˈsɔːtɪəm/ **N** (pl **consortia** /kənˈsɔːtɪə/) consortium m

**conspectus** /kənˈspektəs/ **N** vue f générale

**conspicuous** /kənˈspɪkjʊəs/ SYN
**ADJ** ① (= *attracting attention*) [*person, behaviour, clothes*] peu discret (-ète f), que l'on remarque ◆ **to be conspicuous** se remarquer ◆ **to be conspicuous for sth** se faire remarquer par qch ◆ **to feel conspicuous** sentir que l'on attire les regards ◆ **to look conspicuous, to make o.s. conspicuous** se faire remarquer ◆ **to be conspicuous by one's absence** briller par son absence
② (= *noticeable*) [*success, failure*] manifeste, flagrant ; [*absence, lack*] manifeste, notable ; [*change*] visible, évident ; [*gallantry, bravery*] remarquable
**COMP conspicuous consumption N** (Soc) consommation f ostentatoire

**conspicuously** /kənˈspɪkjʊəslɪ/ **ADV** ① (= *so as to attract attention*) [*behave*] avec ostentation
② (= *noticeably*) [*silent*] ostensiblement ; [*uneasy*] visiblement, manifestement ◆ **to be conspicuously successful** réussir visiblement or manifestement ◆ **to be conspicuously lacking in sth** manquer visiblement or manifestement de qch ◆ **to be conspicuously absent** briller par son absence ◆ **the government has conspicuously failed to intervene** la non-intervention du gouvernement a été remarquée

**conspiracy** /kənˈspɪrəsɪ/ SYN
**N** ① (= *plot*) conspiration f, complot m ◆ **a conspiracy of silence** une conspiration du silence
② (NonC: Jur) ◆ **(criminal) conspiracy** ≈ association f de malfaiteurs ◆ **conspiracy to defraud** etc complot m d'escroquerie etc
**COMP conspiracy theory N** thèse f du complot

**conspirator** /kənˈspɪrətə$^r$/ SYN **N** conspirateur m, -trice f, conjuré(e) m(f)

**conspiratorial** /kənˌspɪrəˈtɔːrɪəl/ **ADJ** [*whisper, smile, wink, nod, activity*] de conspirateur ; [*group, meeting*] de conspirateurs ◆ **in a conspiratorial manner** or **way** avec un air de conspirateur ◆ **to be conspiratorial** avoir l'air de conspirer or comploter ◆ **they were conspiratorial about getting her birthday present** ils complotaient pour lui faire un cadeau d'anniversaire

**conspiratorially** /kənˌspɪrəˈtɔːrɪəlɪ/ **ADV** [*behave, smile*] d'un air conspirateur ; [*say, whisper*] sur le ton de la conspiration, avec un air de conspirateur

**conspire** /kənˈspaɪə$^r$/ SYN
**VI** ① [*people*] conspirer (*against* contre) ◆ **to conspire to do sth** comploter de or se mettre d'accord pour faire qch
② [*events*] conspirer, concourir (*to do sth* à faire qch)
**VT** † comploter, méditer

**constable** /ˈkʌnstəbl/ **N** (Brit : also **police constable**) (in town) agent m de police, gardien m de la paix ; (in country) gendarme m ◆ "**yes, Constable**" « oui, monsieur l'agent » ; → **chief**, **special**

**constabulary** /kənˈstæbjʊlərɪ/ **COLLECTIVE N** (Brit) (in town) (la) police en uniforme ; (in country) (la) gendarmerie ; → **royal**

**Constance** /ˈkɒnstəns/ **N** ◆ **Lake Constance** le lac de Constance

**constancy** /ˈkɒnstənsɪ/ SYN **N** (= *firmness*) constance f, fermeté f ; [*of feelings, love*] constance f ; [*of temperature etc*] invariabilité f, constance f

**constant** /ˈkɒnstənt/ SYN
**ADJ** ① (= *occurring often*) [*quarrels, interruptions*] incessant, continuel, perpétuel
② (= *unchanging*) [*love*] constant ; [*friend*] fidèle, loyal
**N** (Math, Phys) constante f

**constantan** /ˈkɒnstənˌtæn/ **N** constantan m

**Constantine** /ˈkɒnstənˌtaɪn/ **N** Constantin m

**Constantinople** /ˌkɒnstæntɪˈnəʊpl/ **N** Constantinople

**constantly** /ˈkɒnstəntlɪ/ SYN **ADV** constamment, continuellement ◆ **constantly evolving** en évolution constante

**constellation** /ˌkɒnstəˈleɪʃən/ **N** constellation f

**consternation** /ˌkɒnstəˈneɪʃən/ SYN **N** consternation f ◆ **filled with consternation** frappé de consternation, consterné ◆ **there was general consternation** la consternation était générale

**constipate** /ˈkɒnstɪpeɪt/ **VT** constiper

**constipated** /ˈkɒnstɪpeɪtɪd/ **ADJ** (lit, fig) constipé

**constipation** /ˌkɒnstɪˈpeɪʃən/ **N** constipation f

**constituency** /kənˈstɪtjʊənsɪ/
**N** ① (Pol) (= *place*) circonscription f électorale ; (= *people*) électeurs mpl (d'une circonscription)
② (= *group*) ◆ **a powerful political constituency** une force politique puissante ◆ **Mr Jackson had a natural constituency among American Blacks** M. Jackson trouvait un appui politique naturel chez les Noirs américains
**COMP constituency party N** section f locale (du parti)

**constituent** /kənˈstɪtjʊənt/ SYN
**ADJ** [*part, element*] constituant, constitutif ◆ **constituent assembly** (Pol) assemblée f constituante ◆ **constituent power** pouvoir m constituant
**N** ① (Pol) électeur m, -trice f (*de la circonscription d'un député*) ◆ **one of my constituents wrote to me...** quelqu'un dans ma circonscription m'a écrit... ◆ **he was talking to one of his constituents** il parlait à un habitant or un électeur de sa circonscription
② (= *part, element*) élément m constitutif ; (Ling) constituant m ◆ **constituent analysis** (Ling) analyse f en constituants immédiats

**constitute** /ˈkɒnstɪtjuːt/ SYN **VT** ① (= *appoint*) [*+ government, assembly*] constituer ; [*+ people*] désigner ◆ **to be constituted** être constitué ◆ **to constitute sb leader of the group** désigner qn (comme) chef du groupe
② (= *establish*) [*+ organization*] monter, établir ; [*+ committee*] constituer
③ (= *amount to, make up*) faire, constituer ◆ **these parts constitute a whole** toutes ces parties font or constituent un tout ◆ **that constitutes a lie** cela constitue un mensonge ◆ **it constitutes a threat to our sales** ceci représente une menace pour nos ventes ◆ **so constituted that...** fait de telle façon que..., ainsi fait que...

**constitution** /ˌkɒnstɪˈtjuːʃən/ SYN **N** ① (Pol) constitution f ◆ **under the French constitution** selon or d'après la constitution française ◆ **the Constitution State** le Connecticut
② [*of person*] constitution f ◆ **to have a strong/ weak** or **poor constitution** avoir une robuste/chétive constitution ◆ **iron constitution** santé f de fer
③ (= *structure*) composition f, constitution f (of de)

⁂ **CONSTITUTION**

Contrairement à la France ou aux États-Unis, la Grande-Bretagne n'a pas de constitution écrite à proprement parler. Le droit constitutionnel britannique se compose donc d'un ensemble de textes épars qui peut être amendé ou complété par le Parlement.

**constitutional** /ˌkɒnstɪˈtjuːʃənl/ SYN
**ADJ** ① (Pol, Univ) [*reform, amendment*] de la constitution ; [*change, crisis, law*] constitutionnel ; [*monarch*] soumis à une constitution ◆ **constitutional lawyer** spécialiste mf du droit constitutionnel ◆ **we have a constitutional right to demonstrate** de par la constitution, nous avons le droit de manifester ◆ **the constitutional head of state is the Queen** le chef de l'État est, de par la constitution, la reine
② [*weakness, tendency*] constitutionnel
③ (frm = *inherent*) [*optimism, envy*] inhérent
**N** (hum) ◆ **to go for a constitutional\*** faire sa petite promenade or son petit tour
**COMP constitutional monarch N** souverain(e) m(f) d'une monarchie constitutionnelle
**constitutional monarchy N** monarchie f constitutionnelle

**constitutionality** /ˌkɒnstɪtjuːʃəˈnælɪtɪ/ **N** constitutionnalité f

**constitutionalize** /ˌkɒnstɪˈtjuːʃənəlaɪz/ **VT** constitutionnaliser

**constitutionally** /ˌkɒnstɪˈtjuːʃənəlɪ/ **ADV** ① (Pol, Univ = *legally*) [*act*] conformément à la constitution ; [*protected, guaranteed*] par la constitution
② (= *physically*) ◆ **constitutionally frail** de faible constitution
③ (= *inherently*) [*incapable, reserved*] par nature, de nature

**constitutive** /ˈkɒnstɪtjuːtɪv/ **ADJ** constitutif

**constrain** /kənˈstreɪn/ SYN **VT** ① (= *compel*) contraindre (*sb to do sth* qn à faire qch) ◆ **I find myself constrained to write to you** je me vois dans la nécessité de vous écrire ◆ **to be/feel constrained to do sth** être/se sentir contraint or obligé de faire qch
② (= *limit*) limiter
③ (= *restrict*) [*+ liberty, person*] contraindre ◆ **women often feel constrained by family commitments** les femmes trouvent souvent contraignantes les responsabilités familiales

**constrained** /kənˈstreɪnd/ SYN **ADJ** ① (= *awkward*) [*smile, expression*] contraint ; [*voice, silence*] gêné ; [*atmosphere*] de gêne
② (= *limited*) [*resources, budget*] limité

**constraint** /kənˈstreɪnt/ SYN **N** contrainte f ◆ **financial constraints** contraintes financières ◆ **lack of water is the main constraint on development** la pénurie d'eau est la principale entrave au développement ◆ **to speak freely and without constraint** parler librement et sans contrainte ◆ **the constraints placed upon us** les contraintes auxquelles nous sommes soumis

**constrict** /kənˈstrɪkt/ **VT** (gen) resserrer ; (= *tighten*) [*+ muscle etc*] serrer ; (= *hamper*) [*+ movements*] gêner ; (fig) [*convention etc*] limiter

**constricted** /kənˈstrɪktɪd/ **ADJ** ① (= *narrow, limited*) [*artery*] rétréci ; [*throat*] serré ; [*breathing*] gêné ; [*space*] réduit, restreint ; [*freedom*] restreint ; [*movement*] limité ◆ **to feel constricted (by sth)** (lit) se sentir à l'étroit (dans qch) ; (fig) (by convention etc) se sentir limité (par qch)
② (Phon) constrictif

**constricting** /kənˈstrɪktɪŋ/ **ADJ** [*garment*] gênant, étriqué ; [*ideology*] étroit ; (fig) restreignant

**constriction** /kənˈstrɪkʃən/ **N** (esp Med) constriction f, resserrement m, étranglement m

**constrictive** /kənˈstrɪktɪv/ **ADJ** ⇒ **constricting**

**constrictor** /kənˈstrɪktə$^r$/ **N** (Anat) constricteur m ◆ **boa constrictor** (= *snake*) boa m constrictor or constricteur

**construct** /kənˈstrʌkt/ SYN
**VT** construire
**N** /ˈkɒnstrʌkt/ (Philos, Psych) construction f mentale ; (= *machine etc*) construction f

**construction** /kənˈstrʌkʃən/ SYN
**N** ① [*of roads, buildings*] construction f ◆ **in course of construction, under construction** en construction
② (= *building, structure*) construction f, bâtiment m
③ (= *interpretation*) interprétation f ◆ **to put a wrong construction on sb's words** mal interpréter or interpréter à contresens les paroles de qn
④ (Gram) construction f
**COMP construction engineer N** ingénieur m des travaux publics et des bâtiments
**construction industry N** (industrie f du) bâtiment m

**constructional** | **contemplation**

**construction site** N chantier m
**construction worker** N ouvrier m du bâtiment
**constructional** /kənˈstrʌkʃənl/ ADJ de construction ◆ **constructional engineering** construction f mécanique
**constructive** /kənˈstrʌktɪv/ SYN
　ADJ constructif
　COMP **constructive dismissal** N démission f forcée
**constructively** /kənˈstrʌktɪvlɪ/ ADV d'une manière constructive
**constructivism** /kənˈstrʌktɪvɪzəm/ N constructivisme m
**constructivist** /kənˈstrʌktɪvɪst/
　ADJ constructiviste
　N constructiviste mf
**constructor** /kənˈstrʌktər/ N constructeur m, -trice f ; [of ships] ingénieur m des constructions navales
**construe** /kənˈstruː/
　VT 1 (gen = interpret meaning of) interpréter ◆ **her silence was construed as consent** son silence a été interprété comme or pris pour un assentiment ◆ **this was construed as a step forward in the negotiations** cela a été interprété comme un pas en avant dans les négociations ◆ **his words were wrongly construed** ses paroles ont été mal comprises, on a interprété ses paroles à contresens
　2 (Gram = parse etc) [+ sentence] analyser, décomposer ; [+ Latin etc text] analyser
　3 (= explain) [+ poem, passage] expliquer
　VI (Gram) s'analyser grammaticalement ◆ **the sentence will not construe** la phrase n'a pas de construction
**consul** /ˈkɒnsəl/
　N consul m
　COMP **consul general** N (pl **consuls general**) consul m général
**consular** /ˈkɒnsjʊlər/ ADJ consulaire ◆ **consular section** service m consulaire
**consulate** /ˈkɒnsjʊlɪt/
　N consulat m
　COMP **consulate general** N consulat m général
**consulship** /ˈkɒnsəlʃɪp/ N poste m or charge f de consul
**consult** /kənˈsʌlt/ SYN
　VT 1 [+ book, person, doctor] consulter (about sur, au sujet de)
　2 (= show consideration for) [+ person's feelings] avoir égard à, prendre en considération ; [+ one's own interests] consulter
　VI consulter, être en consultation (with avec) ◆ **to consult together over sth** se consulter sur or au sujet de qch
　COMP **consulting engineer** N ingénieur-conseil m
**consulting hours** NPL (Brit Med) heures fpl de consultation
**consulting room** N (Brit esp Med) cabinet m de consultation
**consultancy** /kənˈsʌltənsɪ/ N (= company, group) cabinet-conseil m ◆ **consultancy (service)** service m d'expertise or de consultants
**consultant** /kənˈsʌltənt/ SYN
　N (gen) consultant m, expert-conseil m ; (Brit Med) médecin m consultant, spécialiste m ◆ **he acts as consultant to the firm** il est expert-conseil auprès de la compagnie ; → **management**
　COMP **consultant engineer** N ingénieur-conseil m, ingénieur m consultant
**consultant physician** N médecin-chef m, chef m de service
**consultant psychiatrist** N (médecin-)chef m de service psychiatrique
**consultation** /ˌkɒnsəlˈteɪʃən/ SYN N 1 (NonC) consultation f ◆ **in consultation with** en consultation avec
　2 (meeting) consultation f ◆ **to hold a consultation** conférer (about de), délibérer (about sur)
**consultative** /kənˈsʌltətɪv/ ADJ consultatif ◆ **in a consultative capacity** dans un rôle consultatif
**consumable** /kənˈsjuːməbl/ ADJ (Econ etc) de consommation ◆ **consumable goods** biens mpl or produits mpl de consommation
**consumables** /kənˈsjuːməblz/ NPL (Econ etc) produits mpl de consommation ; (Comput) consommables mpl

**consume** /kənˈsjuːm/ SYN VT [+ food, drink] consommer ; [+ supplies] [+ resources] consommer, dissiper ; [engine fuel] brûler, consommer ; [fire] [+ buildings] consumer, dévorer ◆ **to be consumed with grief** (fig) se consumer de chagrin ◆ **to be consumed with desire** brûler de désir ◆ **to be consumed with jealousy** être rongé par la jalousie
**consumer** /kənˈsjuːmər/ SYN
　N (gen) consommateur m, -trice f ; (= user) abonné(e) m(f) ◆ **gas** etc **consumer** abonné(e) m(f) au gaz etc
　COMP **consumer behaviour** N comportement m du consommateur
**consumer credit** N crédit m à la consommation
**consumer demand** N demande f de consommation or des consommateurs
**consumer durables** NPL biens mpl durables
**consumer electronics** N (NonC) électronique f grand public
**consumer goods** NPL biens mpl de consommation
**consumer group** N association f de consommateurs
**consumer-led recovery** N (Econ) reprise f par la consommation
**consumer market** N (Econ) marché m de la consommation
**consumer price index** N (US) indice m des prix à la consommation, indice m des prix de détail
**consumer protection** N défense f du consommateur ◆ **Secretary of State for** or **Minister of Consumer Protection** (Brit) ministre m chargé de la Défense des consommateurs, ≈ secrétaire m d'État à la Consommation ◆ **Department** or **Ministry of Consumer Protection** ministère m chargé de la Défense des consommateurs, ≈ secrétariat m d'État à la Consommation
**consumer research** N études fpl de marchés
**consumer resistance** N résistance f du consommateur
**consumer sampling** N enquête f auprès des consommateurs
**the Consumers' Association** N (in Brit) association britannique de défense des consommateurs
**consumer society** N société f de consommation
**consumer spending** N (NonC) dépenses fpl de consommation
**consumer watchdog** N organisme m de protection des consommateurs
**consumerism** /kənˈsjuːməˌrɪzəm/ N
　1 (= consumer protection) défense f du consommateur, consumérisme m
　2 (Econ = policy) consumérisme m ◆ **Western consumerism** la société de consommation occidentale
**consumerist** /kənˈsjuːməˌrɪst/ N consumériste mf, défenseur m des consommateurs
**consuming** /kənˈsjuːmɪŋ/ SYN ADJ [desire, passion] dévorant, brûlant
**consummate** /kənˈsʌmɪt/ SYN
　ADJ consommé, achevé
　VT /ˈkɒnsʌmeɪt/ consommer
**consummately** /kənˈsʌmɪtlɪ/ ADV [acted, executed] à la perfection ; [professional, skilful] éminemment
**consummation** /ˌkɒnsʌˈmeɪʃən/ N [of union, esp marriage] consommation f ; [of art form] perfection f ; [of one's desires, ambitions] couronnement m, apogée m
**consumption** /kənˈsʌmpʃən/ SYN N (NonC) 1 [of food, fuel] consommation f ◆ **not fit for human consumption** (lit) non comestible ; (* pej) pas mangeable, immangeable
　2 (Med † = tuberculosis) consomption f (pulmonaire) †, phtisie † f
**consumptive** † /kənˈsʌmptɪv/ ADJ, N phtisique † mf, tuberculeux m, -euse f
**cont.** abbrev of **continued**
**contact** /ˈkɒntækt/ SYN
　N 1 (communicating) contact m ◆ **to be in/come into/get into contact with sb** être/entrer/se mettre en contact or rapport avec qn ◆ **to make contact (with sb)** prendre contact (avec qn) ◆ **we've lost contact (with him)** nous avons perdu contact (avec lui) ◆ **we have had no contact with him for six months** nous sommes sans contact avec lui depuis six mois ◆ **I seem to make no contact with him** je n'arrive pas à communiquer avec lui ◆ **contact with the net** (Volleyball) faute f de filet
　2 (= touching) (Elec) contact m ◆ **point of contact** point m de contact or de tangence ◆ **to**

**make/break the contact** établir/couper le contact ◆ **contact!** (said by pilot) contact !
　3 (= person in secret service etc) agent m de liaison ; (= acquaintance) connaissance f, relation f ◆ **he has some contacts in Paris** il a des relations à Paris, il connaît des gens or il est en relation avec des gens à Paris ◆ **a business contact** une relation de travail
　4 (Med) contaminateur m possible, contact m
　5 ⇒ **contact lens**
　VT [+ person] se mettre en contact or en rapport avec, contacter ◆ **we'll contact you soon** nous nous mettrons en rapport avec vous sous peu
　COMP [adhesive etc] de contact
**contact breaker** N (Elec) interrupteur m, rupteur m
**contact cement** N ciment m de contact
**contact centre** (Brit), **contact center** (US) N centre m de contact
**contact details** NPL coordonnées fpl
**contact lens** N verre m de contact, lentille f (cornéenne)
**contact man** N (pl **contact men**) (Comm) agent m de liaison
**contact number** N ◆ **could you give me your contact number?** pourriez-vous me laisser un numéro de téléphone où je puisse vous joindre ?
**contact print** N (Phot) (épreuve f par) contact m
**contact sport** N sport m de contact
**contagion** /kənˈteɪdʒən/ N contagion f
**contagious** /kənˈteɪdʒəs/ SYN ADJ [disease, person, sense of humour, enthusiasm, laugh] contagieux
**contagium** /kənˈteɪdʒɪəm/ N (pl **contagia** /kənˈteɪdʒɪə/) contage m
**contain** /kənˈteɪn/ SYN VT 1 (= hold) [box, bottle, envelope etc] contenir ; [book, letter, newspaper] contenir, renfermer ; **sea water contains a lot of salt** l'eau de mer contient beaucoup de sel or a une forte teneur en sel ◆ **the room will contain 70 people** la salle peut contenir 70 personnes ; → **self**
　2 (= hold back, control) [+ one's emotions, anger] contenir, maîtriser ◆ **he couldn't contain himself for joy** il ne se sentait pas de joie ◆ **to contain the enemy forces** (Mil) contenir les troupes ennemies
　3 (Math) être divisible par
**contained** /kənˈteɪnd/ ADJ (emotionally) réservé
**container** /kənˈteɪnər/ SYN
　N 1 (= goods transport) conteneur m
　2 (= jug, box etc) récipient m ; (for plants) godet m ; (for food) barquette f
　COMP [of train, ship] porte-conteneurs inv
**container dock** N dock m pour la manutention de conteneurs
**container line** N (Naut) ligne f transconteneurs
**container port** N port m à conteneurs
**container terminal** N terminal m (à conteneurs)
**container transport** N transport m par conteneurs
**containerization** /kənˌteɪnəraɪˈzeɪʃən/ N conteneurisation f
**containerize** /kənˈteɪnəraɪz/ VT mettre en conteneurs, conteneuriser
**containment** /kənˈteɪnmənt/ N (Pol) endiguement m
**contaminant** /kənˈtæmɪnənt/ N polluant m
**contaminate** /kənˈtæmɪneɪt/ SYN VT (lit, fig) contaminer, souiller ; [radioactivity] contaminer ◆ **contaminated air** air m vicié or contaminé
**contamination** /kənˌtæmɪˈneɪʃən/ SYN N (NonC) contamination f
**contango** /kənˈtæŋgəʊ/ N (Brit) report m
**contd.** abbrev of **continued**
**contemplate** /ˈkɒntəmpleɪt/ SYN VT 1 (= plan, consider) [+ action, purchase] envisager ◆ **to contemplate doing sth** envisager de or se proposer de faire qch ◆ **I don't contemplate a refusal from him** je ne m'attends pas à or je n'envisage pas un refus de sa part
　2 (= look at) contempler, considérer avec attention
**contemplation** /ˌkɒntəmˈpleɪʃən/ SYN N (NonC)
　1 (= deep thought) contemplation f, méditation f ◆ **deep in contemplation** plongé dans de profondes méditations
　2 (= act of looking) contemplation f
　3 (= expectation) prévision f ◆ **in contemplation of their arrival** en prévision de leur arrivée

**contemplative** /kənˈtemplətɪv/ SYN
  **ADJ** ① (= thoughtful) [person] songeur, pensif ; [mood] contemplatif ; [walk] méditatif
  ② (Rel) [life, order, prayer] contemplatif
  **N** (Rel) contemplatif m, -ive f

**contemplatively** /kənˈtemplətɪvlɪ/ **ADV** [look, stare, say] d'un air pensif

**contemporaneous** /kənˌtempəˈreɪnɪəs/ **ADJ** contemporain (with de)

**contemporaneously** /kənˌtempəˈreɪnɪəslɪ/ **ADV** à la même époque (with que)

**contemporary** /kənˈtempərərɪ/ SYN
  **ADJ** (= of the same period) contemporain (with de), de la même époque (with que) ; (= modern) contemporain, moderne ◆ **Dickens and contemporary writers** Dickens et les écrivains contemporains or de son époque ◆ **he's bought an 18th century house and is looking for contemporary furniture** il a acheté une maison du 18ᵉ siècle et il cherche des meubles d'époque ◆ **a contemporary narrative** un récit de l'époque ◆ **I like contemporary art** j'aime l'art contemporain or moderne ◆ **it's all very contemporary** c'est tout ce qu'il y a de plus moderne
  **N** contemporain(e) m(f)

**contempt** /kənˈtempt/ SYN **N** mépris m ◆ **to hold in contempt** mépriser, avoir du mépris pour ◆ **in contempt of danger** au mépris or en dépit du danger ◆ **it's beneath contempt** c'est tout ce qu'il y a de plus méprisable, c'est au-dessous de tout ◆ **contempt of court** (Jur) outrage m à la Cour

**contemptible** /kənˈtemptəbl/ SYN **ADJ** méprisable, indigne

**contemptuous** /kənˈtemptjʊəs/ SYN **ADJ** [person, manner] dédaigneux, méprisant ; [dismissal, disregard, look, laugh, remark] méprisant ; [gesture] de mépris ◆ **to be contemptuous of sb/sth** avoir du mépris pour qn/qch

**contemptuously** /kənˈtemptjʊəslɪ/ **ADV** avec mépris, dédaigneusement

**contend** /kənˈtend/ SYN **VI** ① (assert) prétendre (that que)
  ② ◆ **to contend with** combattre, lutter contre ◆ **to contend with sb for sth** disputer qch à qn ◆ **to contend with sb over sth** se disputer or se battre avec qn au sujet de qch ◆ **they had to contend with very bad weather conditions** ils ont dû faire face à des conditions météorologiques déplorables ◆ **we have many problems to contend with** nous sommes aux prises avec de nombreux problèmes ◆ **he has a lot to contend with** il a pas mal de problèmes à résoudre ◆ **I should not like to have to contend with him** je ne voudrais pas avoir affaire à lui ◆ **you'll have me to contend with** vous aurez affaire à moi
  ③ ◆ **to contend for** [+ title, medal, prize] se battre pour ; [+ support, supremacy] lutter pour

**contender** /kənˈtendə*/ **N** prétendant(e) m(f) (for à) ; (in contest, competition, race) concurrent(e) m(f) ; (in election, for a job) candidat m ◆ **presidential contender** candidat m à l'élection présidentielle

**contending** /kənˈtendɪŋ/ **ADJ** opposé, ennemi

**content¹** /kənˈtent/ SYN
  **ADJ** content, satisfait ◆ **to be content with sth** se contenter or s'accommoder de qch ◆ **she is quite content to stay there** elle ne demande pas mieux que de rester là
  **N** contentement m, satisfaction f ; → **heart**
  **VT** [+ person] contenter, satisfaire ◆ **to content o.s. with doing sth** se contenter de or se borner à faire qch

**content²** /ˈkɒntent/ SYN
  **N** ① ◆ **contents** (= thing contained) contenu m ; (= amount contained) contenu m, contenance f ; [of house etc] (gen) contenu m ; (Insurance) biens mpl mobiliers ◆ **(table of) contents** [of book] table f des matières
  ② (NonC) [of book, play, film] contenu m (also Ling) ; [of official document] teneur f ; [of metal] teneur f, titre m ◆ **what do you think of the content of the article?** que pensez-vous du contenu or du fond de l'article ? ◆ **oranges have a high vitamin C content** les oranges sont riches en vitamine C or ont une haute teneur en vitamine C ◆ **gold content** teneur f en or ◆ **the play lacks content** la pièce est mince or manque de profondeur

**COMP** **contents insurance N** (NonC) assurance f sur le contenu de l'habitation
  **content provider N** fournisseur m de contenus

**contented** /kənˈtentɪd/ SYN **ADJ** content, satisfait (with de)

**contentedly** /kənˈtentɪdlɪ/ **ADV** avec contentement ◆ **to smile contentedly** avoir un sourire de contentement

**contentedness** /kənˈtentɪdnɪs/ **N** contentement m, satisfaction f

**contention** /kənˈtenʃən/ SYN **N** ① (= dispute) dispute f ; → **bone**
  ② (= argument, point argued) assertion f, affirmation f ◆ **it is my contention that...** je soutiens que...

**contentious** /kənˈtenʃəs/ SYN **ADJ**
  ① (= controversial) [issue, question] controversé, litigieux ; [view, proposal] controversé
  ② (= argumentative) [person] querelleur

**contentiousness** /kənˈtenʃəsnɪs/ **N** caractère m litigieux

**contentment** /kənˈtentmənt/ SYN **N** contentement m, satisfaction f

**conterminous** /ˌkɒnˈtɜːmɪnəs/ **ADJ** (frm = contiguous) [county, country] limitrophe (with, to de) ; [estate, house, garden] adjacent, attenant (with, to à)

**contest** /kənˈtest/ SYN
  **VT** ① (= argue, debate) [+ question, matter, result] contester, discuter ; (Jur) [+ judgement] attaquer ◆ **to contest sb's right to do sth** contester à qn le droit de faire qch ◆ **to contest a will** (Jur) attaquer or contester un testament
  ② (= compete for) disputer ◆ **to contest a seat** (Parl) disputer un siège ◆ **to contest an election** (Pol) disputer une élection
  **VI** se disputer (with, against avec), contester
  **N** /ˈkɒntest/ (= struggle) (lit, fig) combat m, lutte f (with avec, contre ; between entre) ; (Sport) lutte f ; (Boxing, Wrestling) combat m, rencontre f ; (= competition) concours m ◆ **beauty contest** concours m de beauté ◆ **contest of wills/personalities** lutte f entre des volontés/des personnalités différentes ◆ **the mayoral contest** (la lutte pour) l'élection du maire

**contestant** /kənˈtestənt/ SYN **N** ① (for prize, reward) concurrent(e) m(f)
  ② (in fight) adversaire mf

**contestation** /ˌkɒntesˈteɪʃən/ **N** contestation f

**context** /ˈkɒntekst/ SYN
  **N** contexte m ◆ **in/out of context** dans le/hors contexte ◆ **to put sth in(to) context** mettre qch en contexte ◆ **to see sth in context** regarder qch dans son contexte ◆ **context of situation** (Ling) situation f de discours
  **COMP** **context-sensitive ADJ** (Comput) contextuel

**contextual** /kɒnˈtekstjʊəl/ **ADJ** contextuel, d'après le contexte

**contextualize** /kɒnˈtekstjʊəlaɪz/ **VT** remettre or replacer dans son contexte

**contiguity** /ˌkɒntɪˈgjuːɪtɪ/ **N** contiguïté f

**contiguous** /kənˈtɪgjʊəs/ **ADJ** contigu (-guë f) ◆ **contiguous to** contigu à or avec, attenant à ◆ **the two fields are contiguous** les deux champs se touchent or sont contigus

**continence** /ˈkɒntɪnəns/ **N** continence f

**continent¹** /ˈkɒntɪnənt/ SYN **ADJ** (= chaste) chaste ; (= self-controlled) continent † ; (Med) qui n'est pas incontinent

**continent²** /ˈkɒntɪnənt/ **N** (Geog) continent m ◆ **the Continent** (Brit) l'Europe f continentale ◆ **the Continent of Europe** le continent européen ◆ **on the Continent** (Brit) en Europe (continentale)

**continental** /ˌkɒntɪˈnentl/
  **ADJ** continental ◆ **continental climate** climat m continental
  **N** (Brit) Européen(ne) m(f) (continental(e))
  **COMP** **continental breakfast N** petit déjeuner m continental
  **continental crust N** croûte f continentale
  **continental drift N** dérive f des continents
  **continental quilt N** (Brit) couette f
  **continental shelf N** plate-forme f continentale, plateau m continental
  **continental shields NPL** aires fpl continentales

**contingency** /kənˈtɪndʒənsɪ/ SYN
  **N** ① éventualité f, événement m imprévu or inattendu ◆ **in a contingency, should a contingency arise** en cas d'imprévu ◆ **to provide for all contingencies** parer à toute éventualité

② (Stat) contingence f
  **COMP** **contingency fee N** (US Jur) honoraires versés par un client à son avocat seulement s'il gagne son procès
  **contingency fund N** caisse f de prévoyance
  **contingency planning N** mise f sur pied de plans d'urgence
  **contingency plans NPL** plans mpl d'urgence
  **contingency reserve N** (Fin) fonds mpl de prévoyance
  **contingency sample N** (Space) échantillon m lunaire (prélevé dès l'alunissage)

**contingent** /kənˈtɪndʒənt/ SYN
  **ADJ** contingent ◆ **to be contingent upon sth** dépendre de qch, être subordonné à qch
  **N** (gen, also Mil) contingent m
  **COMP** **contingent liabilities NPL** (Fin) dettes fpl éventuelles

**continua** /kənˈtɪnjʊə/ **NPL** of **continuum**

**continual** /kənˈtɪnjʊəl/ SYN **ADJ** continuel

**continually** /kənˈtɪnjʊəlɪ/ SYN **ADV** continuellement, sans cesse

**continuance** /kənˈtɪnjʊəns/ **N** (= duration) durée f ; (= continuation) continuation f ; [of human race etc] perpétuation f, continuité f

**continuant** /kənˈtɪnjʊənt/ **N** (Phon) continue f

**continuation** /kənˌtɪnjʊˈeɪʃən/ SYN
  **N** ① (no interruption) continuation f
  ② (after interruption) reprise f ◆ **the continuation of work after the holidays** la reprise du travail après les vacances
  ③ [of serial story] suite f
  **COMP** **continuation sheet N** (Admin) feuille f additionnelle

**continue** /kənˈtɪnjuː/ SYN
  **VT** continuer (to do sth or doing sth à or de faire qch) ; [+ piece of work] continuer, poursuivre ; [+ tradition] perpétuer, maintenir ; [+ policy] maintenir ; (after interruption) [+ conversation, work] reprendre ◆ **to be continued** [serial story etc] à suivre ◆ **continued on page 10** suite page 10 ◆ **to continue (on) one's way** continuer or poursuivre son chemin ; se remettre en marche ◆ **"and so", he continued** « et ainsi », reprit-il or poursuivit-il
  **VI** ① (= go on) [road, weather, celebrations] continuer ; (after interruption) reprendre ; [investigations, efforts, incidents] se poursuivre ◆ **his speech continued until 3am** son discours s'est prolongé jusqu'à 3 heures du matin ◆ **sales continue to be affected by the recession** les ventes continuent d'être affectées par la récession
  ◆ **to continue with sth** continuer qch ◆ **he continued with his story/his work/his reading** il a continué son histoire/son travail/sa lecture
  ② (= remain) ◆ **to continue in one's job** continuer à faire le même travail ◆ **she continued as his secretary** elle est restée sa secrétaire ◆ **this continues to be one of the main problems** ceci continue d'être or demeure un des principaux problèmes

**continued** /kənˈtɪnjuːd/ **ADJ** [efforts] soutenu ; [presence, growth, success] constant ◆ **the continued existence of the system of white minority domination** la permanence du système de suprématie de la minorité blanche ◆ **the government's continued support for the coalition** le soutien indéfectible du gouvernement à la coalition

**continuing** /kənˈtɪnjʊɪŋ/ SYN **ADJ** [argument] ininterrompu ; [correspondence] soutenu ◆ **continuing education** formation f permanente or continue

**continuity** /ˌkɒntɪnˈjuːɪtɪ/ SYN
  **N** (gen, Cine, Rad) continuité f
  **COMP** **continuity announcer N** (TV, Rad) speaker(ine) m(f) annonçant la suite des émissions
  **continuity girl N** (Cine, TV) script-girl f, script f

**continuo** /kənˈtɪnjʊˌəʊ/ **N** (Mus) basse f continue

**continuous** /kənˈtɪnjʊəs/ SYN **ADJ** ① continu ◆ **continuous assessment** (Scol, Univ) contrôle m continu des connaissances ◆ **continuous performance** (Cine) spectacle m permanent ◆ **continuous paper** or **stationery** (Comput) papier m en continu
  ② (Gram) [aspect] imperfectif ; [tense] progressif ◆ **in the present/past continuous** à la forme progressive du présent/du passé

**continuously** /kənˈtɪnjʊəslɪ/ **ADV** ① (= uninterruptedly) sans interruption
  ② (= repeatedly) continuellement, sans arrêt

**continuum** /kənˈtɪnjʊəm/ N (pl **continuums** or **continua**) continuum m ♦ **cost continuum** échelle f or éventail m des coûts ♦ **human development from fertilisation onwards is a continuum** le développement humain est une évolution continue qui débute avec la fécondation

**contort** /kənˈtɔːt/ VT 1 [+ one's features, limbs] tordre, contorsionner ♦ **a face contorted by pain** un visage tordu or contorsionné par la douleur
2 (fig) [+ sb's words, story] déformer, fausser

**contortion** /kənˈtɔːʃən/ N [of esp acrobat] contorsion f ; [of features] torsion f, crispation f

**contortionist** /kənˈtɔːʃənɪst/ N contorsionniste mf

**contour** /ˈkɒntʊər/ SYN
N contour m, profil m
VT ♦ **to contour a map** tracer les courbes de niveau sur une carte
COMP **contour flying** N vol m à très basse altitude
**contour line** N courbe f de niveau
**contour map** N carte f avec courbes de niveau

**contoured** /ˈkɒntʊəd/ ADJ [shape, lines] sinueux ♦ **a comfortably contoured seat** un siège bien galbé

**contra** /ˈkɒntrə/ N (Pol) contra f

**contraband** /ˈkɒntrəbænd/ SYN
N contrebande f
COMP [goods] de contrebande

**contrabass** /ˌkɒntrəˈbeɪs/ N contrebasse f

**contrabassoon** /ˌkɒntrəbəˈsuːn/ N contrebasson m

**contraception** /ˌkɒntrəˈsɛpʃən/ N contraception f

**contraceptive** /ˌkɒntrəˈsɛptɪv/
N contraceptif m
ADJ [device, measures] contraceptif, anticonceptionnel

**contract** /ˈkɒntrækt/ SYN
N 1 (= agreement) contrat m ; (US Comm = tender) adjudication f ♦ **marriage contract** contrat m de mariage ♦ **to enter into a contract with sb for sth** passer un contrat avec qn pour qch ♦ **to put work out to contract** sous-traiter un travail ♦ **by contract** par contrat, contractuellement ♦ **under contract (to)** sous contrat (avec) ♦ **on contract** [work] sur contrat ♦ **to be on contract** avoir un contrat ♦ **contract for services** (Jur) contrat m de louage d'ouvrage ♦ **there's a contract out on** or **for him**  (fig:by killer) on a engagé un tueur pour le descendre* ; → **breach**
2 (also **contract bridge**) (bridge m) contrat m
VT /kənˈtrækt/ 1 [+ debts, illness] contracter ; [+ habits, vices] prendre, contracter
2 [+ alliance] contracter
3 (= commit) ♦ **to contract to do sth** s'engager (par contrat) à faire qch ♦ **to contract with sb to do sth** passer un contrat avec qn pour faire qch
4 [+ metal, muscle etc] contracter
5 (Ling) [+ word, phrase] contracter (to en) ♦ **contracted form** forme f contractée
VI /kənˈtrækt/ 1 [metal, muscles] se contracter
2 (Comm) s'engager (par contrat) ♦ **he has contracted for the building of the motorway** il a un contrat pour la construction de l'autoroute
COMP **contract bargaining** N (Jur) négociations fpl salariales
**contracting parties** NPL contractants mpl
**contracting party** N partie f contractante
**contract killer** N tueur m à gages
**contract killing** N meurtre m commis par un tueur à gages
**contract law** N (NonC) droit m contractuel
**contract price** N prix m forfaitaire
**contract work** N travail m à forfait

▶ **contract in** VI s'engager (par contrat)

▶ **contract out**
VI (Brit) se dégager (of de), se soustraire (of à) ♦ **to contract out of a pension scheme** cesser de cotiser à une caisse de retraite
VT SEP [+ work etc] sous-traiter (to sb à qn)

**contractile** /kənˈtræktaɪl/ ADJ contractile

**contraction** /kənˈtrækʃən/ SYN N 1 (NonC) [of metal etc] contraction f
2 (Med) contraction f
3 (Ling) forme f contractée, contraction f ♦ **"can't" is a contraction of "cannot"** « can't » est une forme contractée or une contraction de « cannot »
4 (= acquiring) ♦ **contraction of debts** endettement m

**contractionary** /kənˈtrækʃənərɪ/ ADJ (Econ) ♦ **contractionary pressure** poussée f récessionniste ♦ **contractionary policy** politique f d'austérité

**contractor** /kənˈtræktər/ N 1 (Comm) entrepreneur m ♦ **army contractor** fournisseur m de l'armée ; → **building**
2 (Jur) partie f contractante

**contractual** /kənˈtræktjʊəl/ ADJ contractuel

**contractually** /kənˈtræktjʊəlɪ/ ADV par contrat ♦ **contractually, we have to...** d'après le contrat, nous devons...

**contradict** /ˌkɒntrəˈdɪkt/  LANGUAGE IN USE 26.3  SYN
VT 1 (= deny truth of) [+ person, statement] contredire ♦ **don't contradict!** ne (me) contredis pas !
2 (= be contrary to) [+ statement, event] contredire, démentir ♦ **his actions contradicted his words** ses actions démentaient ses paroles

**contradiction** /ˌkɒntrəˈdɪkʃən/ SYN N contradiction f, démenti m ♦ **to be in contradiction with...** être en contradiction avec..., donner un démenti à... ♦ **a contradiction in terms** une contradiction dans les termes

**contradictory** /ˌkɒntrəˈdɪktərɪ/ SYN ADJ contradictoire, opposé (to à)

**contradistinction** /ˌkɒntrədɪsˈtɪŋkʃən/ N contraste m, opposition f ♦ **in contradistinction to...** en contraste avec..., par opposition à...

**contraflow** /ˈkɒntrəˌfləʊ/ ADJ (Brit) ♦ **contraflow lane** voie f à contresens ♦ **there is a contraflow system in operation on...** une voie a été mise en sens inverse sur... ♦ **contraflow (bus) lane** couloir m (d'autobus) à contre-courant

**contraindicated** /ˈkɒntrəˈɪndɪˌkeɪtɪd/ ADJ (Med) contre-indiqué

**contraindication** /ˈkɒntrəˌɪndɪˈkeɪʃən/ N (Med) contre-indication f

**contralto** /kənˈtræltəʊ/
N (pl **contraltos** or **contralti** /kənˈtræltɪ/) (= voice, person) contralto m
ADJ [voice, part] de contralto ; [aria] pour contralto

**contraption*** /kənˈtræpʃən/ N bidule* m, truc* m

**contrapuntal** /ˌkɒntrəˈpʌntl/ ADJ en contrepoint, contrapuntique

**contrapuntalist** /ˌkɒntrəˈpʌntlɪst/, **contrapuntist** /ˌkɒntrəˈpʌntɪst/ N contrapuntiste mf, contrapontiste mf

**contrarian** /kənˈtrɛərɪən/ ADJ, N anticonformiste mf

**contrarily** /kənˈtrɛərɪlɪ/ ADV 1 (= from contrariness) par esprit de contradiction
2 (= on the contrary) au contraire

**contrariness** /kənˈtrɛərɪnɪs/ N esprit m de contradiction, esprit m contrariant

**contrariwise** /ˈkɒntrərɪˌwaɪz/ ADV 1 (= on the contrary) au contraire, par contre
2 (= in opposite direction) en sens opposé

**contrary** /ˈkɒntrərɪ/ SYN
ADJ 1 (= opposing) [idea, opinion, evidence, information, wind] contraire (to sth à qch) ; [direction] opposé (to sth à qch)
♦ **contrary to** ♦ **it was contrary to public interest** c'était contraire à l'intérêt du public ♦ **contrary to nature** contre nature ♦ **to run contrary to sth** aller à l'encontre de qch
2 /kənˈtrɛərɪ/ (pej = unreasonable) [person, attitude] contrariant
ADV ♦ **contrary to sth** contrairement à qch
N ♦ **the contrary** le contraire ♦ **I think the contrary is true** je pense que c'est le contraire ♦ **on the contrary** au contraire ♦ **quite the contrary!** bien au contraire ! ♦ **come tomorrow unless you hear to the contrary** venez demain sauf avis contraire or sauf contrordre ♦ **I have nothing to say to the contrary** je n'ai rien à redire ♦ **a statement to the contrary** une déclaration affirmant le contraire ♦ **there is considerable evidence to the contrary** il y a énormément de preuves du contraire

**contrast** /ˈkɒntrɑːst/  LANGUAGE IN USE 5.1  SYN
VT mettre en opposition, opposer ♦ **the film contrasts the attitudes of two different social groups** le film oppose or met en opposition les attitudes de deux groupes sociaux différents ♦ **he contrasted the present situation with last year's crisis** il a souligné le contraste entre la situation actuelle et la crise de l'année dernière ♦ **the ideas of the management as contrasted with those of employees** les idées de la direction par opposition à celles des employés ♦ **the atmosphere was relaxed, especially when contrasted with the situation a year ago** l'atmosphère était détendue, surtout comparée à ce qu'elle était l'année dernière ; → **compare**
VI contraster (with avec) ♦ **to contrast strongly** [colour] contraster fortement (with avec), trancher (with sur) ♦ **his statement contrasted starkly with the Prime Minister's own words** il y avait un contraste évident entre sa déclaration et les paroles du Premier ministre
N /ˈkɒntrɑːst/ contraste m (between entre) ♦ **the weather in Florida was quite a contrast to what we'd been used to** le temps en Floride était très différent de ce qu'on avait l'habitude d'avoir ♦ **the peaceful garden provides a welcome contrast to the busy streets nearby** la tranquillité du jardin contraste agréablement avec l'agitation des rues alentour ♦ **to adjust the contrast** (TV) régler le contraste ♦ **to stand out in contrast** (in landscapes, photographs) se détacher (to de, sur), ressortir (to sur, contre) ; [colours] contraster (to avec), trancher (to sur)
♦ **in** or **by contrast, by way of contrast** (= on the other hand) en revanche ♦ **in** or **by contrast, the Times devotes a whole column to the incident** en revanche, le Times consacre une colonne entière à l'incident
♦ **in** + **contrast to** ♦ **in contrast to Christian theology,...** à la différence de la théologie chrétienne,... ♦ **this is** or **stands in stark contrast to what he had said previously** ceci se démarque fortement de ce qu'il avait dit précédemment
COMP **contrast medium** N (Med) substance f de contraste

 When it has an object the verb **to contrast** is not translated by **contraster**.

**contrasting** /kənˈtrɑːstɪŋ/ ADJ très différent, contrasté ♦ **two contrasting views** deux points de vue contrastés

**contrastive** /kənˈtrɑːstɪv/ ADJ contrastif

**contravene** /ˌkɒntrəˈviːn/ VT 1 [+ law] enfreindre, contrevenir à (frm)
2 [+ sb's freedom] nier, s'opposer à ; [+ myth] contredire

**contravention** /ˌkɒntrəˈvɛnʃən/ N infraction f (of à) ♦ **in contravention of the rules** en violation des règles, en dérogation aux règles

**contretemps** /ˈkɒntrətɒm/ N (pl inv) 1 (= mishap) contretemps m
2 (= disagreement) malentendu m

**contribute** /kənˈtrɪbjuːt/ SYN
VT [+ money] contribuer, cotiser ♦ **he has contributed £5** il a offert or donné 5 livres ♦ **to contribute an article to a newspaper** écrire un article pour un journal ♦ **his presence didn't contribute much to the success of the evening** sa présence n'a guère contribué au succès de la soirée
VI ♦ **to contribute to** contribuer à ♦ **he contributed to the success of the venture** il a contribué à assurer le succès de l'affaire ♦ **to contribute to a discussion** prendre part or participer à une discussion ♦ **to contribute to a newspaper** collaborer à un journal ♦ **it all contributed to the muddle** tout cela a contribué au désordre

**contribution** /ˌkɒntrɪˈbjuːʃən/ SYN N [of money, goods etc] contribution f ; (Social Security) cotisation f ; (to publication) article m ♦ **employee's contribution** cotisation f salariale ♦ **employer's contribution** cotisation f patronale → **DSS**

**contributor** /kənˈtrɪbjʊtər/ SYN N (to publication) collaborateur m, -trice f ; [of money, goods] donateur m, -trice f ♦ **contributors' page** (in book) ours m

**contributory** /kənˈtrɪbjʊtərɪ/
ADJ 1 (= partly responsible) [cause, reason] accessoire ♦ **a contributory factor in sth** un des facteurs responsables de qch ♦ **to be contributory to sth** contribuer à qch
2 [pension scheme, fund] contributif
COMP **contributory negligence** N (Jur) faute f de la victime

**contrite** /ˈkɒntraɪt/ SYN ADJ penaud, contrit

**contritely** /kənˈtraɪtlɪ/ ADV d'un air penaud or contrit

**contrition** /kənˈtrɪʃən/ N contrition f

**contrivance** /kənˈtraɪvəns/ SYN N (= tool, machine etc) appareil m, machine f ; (= scheme) invention f, combinaison f ◆ **it is beyond his contrivance** il n'en est pas capable

**contrive** /kənˈtraɪv/ SYN VT ⓵ (= invent, design) [+ plan, scheme] combiner, inventer ◆ **to contrive a means of doing sth** trouver un moyen pour faire qch
⓶ (= manage) ◆ **to contrive to do sth** s'arranger pour faire qch, trouver (le) moyen de faire qch ◆ **can you contrive to be here at 3 o'clock?** est-ce que vous pouvez vous arranger pour être ici à 3 heures ? ◆ **he contrived to make matters worse** il a trouvé moyen d'aggraver les choses

**contrived** /kənˈtraɪvd/ SYN ADJ forcé, qui manque de naturel, tiré par les cheveux

**control** /kənˈtrəʊl/ SYN
Ⓝ ⓵ (NonC) (= authority, power to restrain) autorité f ; (= regulating) [of traffic] réglementation f ; [of aircraft] contrôle m ; [of pests] élimination f, suppression f ◆ **border controls** contrôles mpl à la frontière ◆ **passport control** contrôle m des passeports ◆ **the control of disease/forest fires** la lutte contre la maladie/les incendies de forêt ◆ **control of the seas** (Pol) maîtrise f des mers ◆ **he has no control over his children** il n'a aucune autorité sur ses enfants ◆ **to keep control (of o.s.)** se contrôler ◆ **to lose control (of o.s.)** perdre le contrôle de soi ◆ **to lose control of a vehicle/situation** perdre le contrôle d'un véhicule/d'une situation, ne plus être maître d'un véhicule/d'une situation ◆ **circumstances beyond our control** circonstances fpl indépendantes de notre volonté ◆ **his control of the ball is not very good** (Sport) il ne contrôle pas très bien le ballon ; → **birth, self**

◆ **in control** ◆ **to be in control of a vehicle/situation** être maître d'un véhicule/d'une situation ◆ **who is in control here?** qui or quel est le responsable ici ?

◆ **out of control** ◆ **inflation is out of control** l'inflation est galopante ◆ **the fire burned out of control** l'incendie n'a pas pu être maîtrisé ◆ **the children are quite out of control** les enfants sont déchaînés

◆ **under (...) control** ◆ **to have a vehicle/situation under control** être maître d'un véhicule/d'une situation ◆ **to keep a dog under control** se faire obéir d'un chien ◆ **to have a horse under control** (savoir) maîtriser un cheval ◆ **to bring** or **get under control** [+ fire] maîtriser ; [+ situation] dominer ; [+ gangsters, terrorists, children, dog] maîtriser ; [+ inflation] maîtriser, juguler ◆ **the situation is under control on a** or **on tient la situation bien en main** ◆ **everything's under control** tout est en ordre ◆ **under French control** sous contrôle français ◆ **under government control** sous contrôle gouvernemental

⓶ ◆ **controls** [of train, car, ship, aircraft] commandes fpl ; [of radio, TV] boutons mpl de commande ◆ **to be at the controls** (of train etc) être aux commandes ◆ **volume/tone control** (Rad, TV) réglage m de volume/de sonorité

⓷ ◆ **price controls** le contrôle des prix

⓸ (Phys, Psych etc = standard of comparison) cas m témoin

⓹ (Comput) ◆ **"control W"** « contrôle W »

Ⓥ [+ emotions] maîtriser, dominer ; [+ child, animal] se rendre maître de ; [+ car] avoir or garder la maîtrise de ; [+ crowd] contenir ; [+ organization, business] diriger, être à la tête de ; [+ expenditure] régler ; [+ prices, wages] juguler ; [+ immigration] contrôler ; [+ inflation, unemployment] maîtriser, juguler ; [+ a market] dominer ◆ **to control o.s.** se contrôler, se maîtriser, rester maître de soi ◆ **control yourself!** maîtrisez-vous ! ◆ **she can't control the children** elle n'a aucune autorité sur ses enfants ◆ **to control traffic** régler la circulation ◆ **to control a disease** enrayer une maladie ◆ **to control the spread of malaria** enrayer la progression du paludisme ◆ **to control the ball** (Sport) contrôler le ballon ; see also **controlled**

COMP **control case** N (Med, Psych etc) cas m témoin
**control column** N [of plane] manche m à balai
**control experiment** N expérience f de contrôle
**control freak** ✻ N (pej) personne f qui veut tout régenter
**control group** N (in experiment, survey) groupe m témoin
**control key** N (Comput) touche f contrôle
**control knob** N bouton m de commande or de réglage
**control panel** N [of aircraft, ship] tableau m de bord ; [of TV, computer] pupitre m de commande
**control point** N poste m de contrôle
**control room** N [of ship] poste m de commande ; (for military operation) salle f de commande ; (in radio, TV studio) régie f
**control system** N système m de contrôle
**control tower** N (in airport) tour f de contrôle
**control unit** N (Comput) unité f de commande

**controllable** /kənˈtrəʊləbl/ ADJ [child, animal] discipliné ; [expenditure, inflation, imports, immigration] maîtrisable ; [disease] qui peut être enrayé

**controlled** /kənˈtrəʊld/
ADJ [emotion] contenu ◆ **he was very controlled** il se dominait très bien ◆ **... he said in a controlled voice** ... dit-il en se contrôlant or en se dominant ◆ **controlled economy** (Econ) économie f dirigée or planifiée
COMP **controlled drug, controlled substance** N substance f inscrite au tableau

**-controlled** /kənˌtrəʊld/ ADJ (in compounds) ◆ **a Labour-controlled council** un conseil municipal à majorité travailliste ◆ **a government-controlled organisation** une organisation sous contrôle gouvernemental ◆ **computer-controlled equipment** outillage m commandé par ordinateur ◆ **radio-controlled car** voiture f télécommandée

**controller** /kənˈtrəʊlər/ N ⓵ [of accounts etc] contrôleur m, -euse f, vérificateur m, -trice f
⓶ (= comptroller) contrôleur m, -euse f (des finances)
⓷ (= device) appareil m de contrôle

**controlling** /kənˈtrəʊlɪŋ/ ADJ [factor] déterminant ◆ **controlling interest** (Fin) participation f majoritaire

**controversial** /ˌkɒntrəˈvɜːʃəl/ SYN ADJ [person, theory, decision, proposal, speech] controversé ; [issue] controversé, sujet à controverse ; [action] sujet à controverse

**controversially** /ˌkɒntrəˈvɜːʃəlɪ/ ADV de façon controversée

**controversy** /ˈkɒntrəvɜːsɪ/ SYN N controverse f, polémique f ; (Jur, Fin) différend m ◆ **there was a lot of controversy about it** ça a provoqué or soulevé beaucoup de controverses, ça a été très contesté or discuté ◆ **to cause controversy** provoquer or soulever une controverse ◆ **they were having a great controversy** ils étaient au milieu d'une grande polémique

**controvert** /ˈkɒntrəvɜːt/ VT disputer, controverser

**contumacious** /ˌkɒntjʊˈmeɪʃəs/ ADJ rebelle, insoumis, récalcitrant

**contumacy** /ˈkɒntjʊməsɪ/ N (= resistance) résistance f, opposition f ; (= rebelliousness) désobéissance f, insoumission f ; (Jur) contumace f

**contumelious** /ˌkɒntjʊˈmiːlɪəs/ ADJ (liter) insolent, méprisant

**contumely** /ˈkɒntjuː(ː)mlɪ/ N (liter) mépris m

**contuse** /kənˈtjuːz/ VT (Med) contusionner

**contusion** /kənˈtjuːʒən/ N contusion f

**conundrum** /kəˈnʌndrəm/ N devinette f, énigme f ; (fig) énigme f

**conurbation** /ˌkɒnɜːˈbeɪʃən/ N (Brit) conurbation f

**convalesce** /ˌkɒnvəˈles/ VI relever de maladie, se remettre d'une maladie ◆ **to be convalescing** être en convalescence

**convalescence** /ˌkɒnvəˈlesəns/ SYN N convalescence f

**convalescent** /ˌkɒnvəˈlesənt/ SYN
Ⓝ convalescent(e) m(f)
ADJ convalescent ◆ **convalescent home** maison f de convalescence or de repos

**convection** /kənˈvekʃən/
Ⓝ convection f
COMP [heating] à convection

**convector** /kənˈvektər/ N (also **convector heater**) radiateur m (à convection)

**convene** /kənˈviːn/ SYN
VT convoquer
VI se réunir, s'assembler ; see also **convening**

**convener** /kənˈviːnər/ N (Brit in industrial relations) [of union] responsable mf des délégués syndicaux ; [of other committee] président(e) m(f)

**convenience** /kənˈviːnɪəns/ SYN
Ⓝ ⓵ (NonC) (= suitability, comfort) commodité f ◆ **the convenience of a modern flat** la commodité d'un appartement moderne ◆ **I doubt the convenience of an office in the suburbs** je ne suis pas sûr que un bureau en banlieue soit pratique ◆ **for convenience('s) sake** par souci de commodité ◆ **at your earliest convenience** (Comm) dans les meilleurs délais ◆ **to find sth to one's convenience** trouver qch à sa convenance ◆ **do it at your own convenience** faites-le quand cela vous conviendra ; → **marriage**
⓶ ◆ **conveniences** commodités fpl ◆ **the house has all modern conveniences** la maison a tout le confort moderne
⓷ (Brit euph) toilettes fpl, W.-C. mpl ; → **public**
COMP **convenience foods** NPL aliments mpl tout préparés ; (complete dishes) plats mpl cuisinés
**convenience goods** NPL produits mpl de grande consommation or de consommation courante
**convenience market, convenience store** N (US) commerce m de proximité, dépanneur m (Can)

**convenient** /kənˈviːnɪənt/ SYN ADJ [tool, place] commode ◆ **if it is convenient (to you)** si vous n'y voyez pas d'inconvénient, si cela ne vous dérange pas ◆ **will it be convenient for you to come tomorrow?** est-ce que cela vous arrange or vous convient de venir demain ? ◆ **what would be a convenient time for you?** quelle heure vous conviendrait ? ◆ **is it convenient to see him now?** est-il possible de le voir tout de suite ? ◆ **it is not a very convenient time** le moment n'est pas très bien choisi ◆ **we were looking for a convenient place to stop** nous cherchions un endroit convenable or un bon endroit où nous arrêter ◆ **his cousin's death was very convenient for him** la mort de son cousin l'a bien arrangé or est tombée au bon moment pour lui ◆ **the house is convenient for** or **to shops and buses** la maison est bien située, à proximité des magasins et des lignes d'autobus ◆ **he put it down on a convenient chair** il l'a posé sur une chaise qui se trouvait (là) à portée

**conveniently** /kənˈviːnɪəntlɪ/ ADV ⓵ (= handily) [located, situated] de façon pratique, de façon commode ◆ **conveniently situated for the shops** bien situé pour les magasins ◆ **to be conveniently close or near to sth** être commodément situé à proximité de qch
⓶ (iro = deliberately) [forget, ignore, overlook] fort à propos ◆ **he conveniently forgot to post the letter** comme par hasard, il a oublié de poster la lettre

**convening** /kənˈviːnɪŋ/
ADJ ◆ **convening authority** autorité f habilitée à or chargée de convoquer ◆ **convening country** pays m hôte
Ⓝ convocation f

**convenor** /kənˈviːnər/ N ⇒ **convener**

**convent** /ˈkɒnvənt/ SYN
Ⓝ couvent m ◆ **to go into a convent** entrer au couvent
COMP **convent school** N couvent m

**conventicle** /kənˈventɪkl/ N conventicule m

**convention** /kənˈvenʃən/ SYN
Ⓝ (= meeting, agreement, rule) convention f ; (= accepted behaviour) usage m, convenances fpl ; (= conference, fair) salon m ◆ **according to convention** selon l'usage, selon les convenances ◆ **there is a convention that ladies do not dine here** l'usage veut que les dames ne dînent pas ici ◆ **stamp collectors' convention** salon m de la philatélie
COMP **convention centre** N palais m des congrès

**conventional** /kənˈvenʃənl/ SYN
ADJ ⓵ (= unoriginal) [person, organization, life, clothes] conformiste ; [behaviour, tastes, opinions, expression] conventionnel
⓶ (= traditional) [method, approach] conventionnel ; [argument, belief, product, values] traditionnel, classique ◆ **in the conventional sense** au sens classique du terme
⓷ (= not nuclear) [war, weapon] conventionnel
COMP **Conventional Forces in Europe** NPL Forces fpl conventionnelles en Europe
**conventional medicine** N médecine f traditionnelle
**conventional wisdom** N sagesse f populaire ◆ **conventional wisdom has it that...** selon la sagesse populaire,...

**conventionality** /kənˌvenʃəˈnælɪtɪ/ N [of person, clothes] conformisme m ; [of behaviour, remarks] banalité f

## conventionally | cook

**conventionally** /kənˈvenʃənəlɪ/ ADV (= according to accepted norms) d'une manière conventionnelle, conventionnellement ; (= by agreement) par convention, conventionnellement ◆ **conventionally armed** doté d'armes conventionnelles

**conventioneer** /kɒnvenʃəˈnɪər/ N (esp US Pol) délégué(e) m(f) à la convention d'un parti

**converge** /kənˈvɜːdʒ/ SYN VI converger (on sur)

**convergence** /kənˈvɜːdʒəns/ N convergence f ◆ **convergence criteria** (in EU) critères de convergence

**convergent** /kənˈvɜːdʒənt/, **converging** /kənˈvɜːdʒɪŋ/ ADJ convergent ◆ **convergent thinking** raisonnement m convergent

**conversant** /kənˈvɜːsənt/ SYN ADJ ◆ **to be conversant with** [+ car, machinery] s'y connaître en ; [+ language, science, laws, customs] connaître ; [+ facts] être au courant de ◆ **I am conversant with what he said** je suis au courant de ce qu'il a dit ◆ **I am not conversant with nuclear physics** je ne comprends rien à la physique nucléaire ◆ **I am not conversant with sports cars** je ne m'y connais pas en voitures de sport

**conversation** /ˌkɒnvəˈseɪʃən/ SYN
N conversation f, entretien m ◆ **to have a conversation with sb** avoir une conversation or un entretien avec qn, s'entretenir avec qn ◆ **I have had several conversations with him** j'ai eu plusieurs entretiens or conversations avec lui ◆ **to be in conversation with...** s'entretenir avec..., être en conversation avec... ◆ **they were deep in conversation** ils étaient en grande conversation ◆ **what was your conversation about?** de quoi parliez-vous ? ◆ **she has no conversation** elle n'a aucune conversation ◆ **to make conversation** faire (la) conversation
COMP **conversation piece** N 1 (something interesting) ◆ **her hat was a real conversation piece** son chapeau a fait beaucoup jaser
2 (Art) tableau m de genre, scène f d'intérieur
**conversation stopper** N ◆ **that was a (real) conversation stopper** cela a arrêté net la conversation, cela a jeté un froid

**conversational** /ˌkɒnvəˈseɪʃənl/ ADJ 1 [style] de conversation ; [person] qui a la conversation facile ◆ **his tone was conversational, he spoke in a conversational tone** or **voice** il parlait sur le ton de la conversation ◆ **to adopt a conversational manner** se mettre à parler sur le ton de la conversation ◆ **a conversational gambit** (starting) une astuce pour engager la conversation ; (continuing) une astuce pour alimenter la conversation ◆ **her conversational skills are limited to the weather** ses talents en matière de conversation se limitent à parler du temps ◆ **his conversational ability** or **powers** son don de la conversation ◆ **to learn conversational German** apprendre l'allemand de la conversation courante ◆ **classes in conversational German** des cours mpl de conversation allemande
2 (Comput) conversationnel

**conversationalist** /ˌkɒnvəˈseɪʃənəlɪst/ N causeur m, -euse f ◆ **she's a great conversationalist** elle a de la conversation, elle brille dans la conversation

**conversationally** /ˌkɒnvəˈseɪʃənəlɪ/ ADV [speak, write, describe] sur le ton de la conversation ◆ **"nice day" she said conversationally** « il fait beau » dit-elle en cherchant à engager la conversation

**converse¹** /kənˈvɜːs/ VI converser ◆ **to converse with sb about sth** s'entretenir avec qn de qch

**converse²** /ˈkɒnvɜːs/ SYN
ADJ (= opposite, contrary) [statement] contraire, inverse ; (Math, Philos) inverse ◆ [proposition] inverse, réciproque
N [of statement] contraire m, inverse m ; (Math, Philos) inverse m

**conversely** /kɒnˈvɜːslɪ/ LANGUAGE IN USE 26.3 ADV inversement

**conversion** /kənˈvɜːʃən/ SYN
N (NonC: gen) conversion f ; (Rugby) transformation f ◆ **the conversion of salt water into drinking water** la conversion or la transformation d'eau salée en eau potable ◆ **the conversion of an old house into flats** l'aménagement m or l'agencement m d'une vieille maison en appartements ◆ **improper conversion of funds** détournement m de fonds, malversations fpl ◆ **his conversion to Catholicism** sa conversion au catholicisme
COMP **conversion table** N table f de conversion

**convert** /ˈkɒnvɜːt/ SYN
N converti(e) m(f) ◆ **to become a convert to...** se convertir à...
VT /kənˈvɜːt/ 1 (= transform) transformer (into en) ; (Rel etc) convertir (to à) ◆ **to convert pounds into euros** convertir des livres en euros ◆ **to convert a try** (Rugby) transformer un essai ◆ **he has converted me to his way of thinking** il m'a converti or amené à sa façon de penser
2 (= make alterations to) [+ house] aménager, agencer (into en) ◆ **they have converted one of the rooms into a bathroom** ils ont aménagé une des pièces en salle de bains

**converted** /kənˈvɜːtɪd/ ADJ [barn, chapel, loft] aménagé ; → **preach**

**converter** /kənˈvɜːtər/ N (Elec, Metal) convertisseur m ; (Rad) changeur m de fréquence

**convertibility** /kənˌvɜːtəˈbɪlɪtɪ/ N convertibilité f

**convertible** /kənˈvɜːtəbl/
ADJ (gen) convertible (into en) ◆ **convertible into...** (room, building) aménageable en...
N (= car) (voiture f) décapotable f
COMP **convertible loan stock** N (Fin) titres mpl convertibles

**convertor** /kənˈvɜːtər/ N ⇒ **converter**

**convex** /ˈkɒnveks/ SYN ADJ convexe

**convexity** /kɒnˈveksɪtɪ/ N convexité f

**convexo-concave** /kənˈveksəʊ/ ADJ (Opt) convexo-concave

**convexo-convex** /kənˈveksəʊ/ ADJ (Opt) biconvexe

**convey** /kənˈveɪ/ SYN VT [+ goods, passengers] transporter ; [pipeline etc] amener ; [+ sound] transmettre ; (Jur) [+ property] transférer, transmettre (to à) ; [+ message, opinion, idea] communiquer (to à) ; [+ order, thanks] transmettre (to à) ◆ **to convey to sb that...** faire savoir à qn que... ◆ **I couldn't convey my meaning to him** je n'ai pas pu lui communiquer ma pensée or me faire comprendre de lui ◆ **would you convey my congratulations to him?** voudriez-vous lui transmettre mes félicitations ? ◆ **words cannot convey how I feel** les paroles ne peuvent traduire ce que je ressens ◆ **the name conveys nothing to me** le nom ne me dit rien ◆ **what does this music convey to you?** qu'est-ce que cette musique évoque pour vous ?

**conveyance** /kənˈveɪəns/ SYN N 1 (NonC) transport m ◆ **conveyance of goods** transport m de marchandises ◆ **means of conveyance** moyens mpl de transport
2 (= vehicle) voiture f, véhicule m
3 (Jur) [of property] transmission f, transfert m, cession f ; (= document) acte m translatif (de propriété), acte m de cession

**conveyancer** /kənˈveɪənsər/ N rédacteur m d'actes translatifs de propriété

**conveyancing** /kənˈveɪənsɪŋ/ N (Jur) (= procedure) procédure f translative (de propriété) ; (= operation) rédaction f d'actes translatifs

**conveyor** /kənˈveɪər/
N transporteur m, convoyeur m
COMP **conveyor belt** N convoyeur m, tapis m roulant

**convict** /ˈkɒnvɪkt/ SYN
N prisonnier m, détenu m
VT /kənˈvɪkt/ (Jur) [+ person] déclarer or reconnaître coupable ◆ **he was convicted** il a été déclaré or reconnu coupable ◆ **to convict sb of a crime** reconnaître qn coupable d'un crime ◆ **he is a convicted criminal/murderer** il a été jugé or reconnu (frm) coupable de crime/meurtre
VI /kənˈvɪkt/ [jury] rendre un verdict de culpabilité

**conviction** /kənˈvɪkʃən/ SYN N 1 (Jur) condamnation f ◆ **there were 12 convictions for drunkenness** 12 personnes ont été condamnées pour ivresse ; → **previous, record**
2 (NonC = persuasion, belief) persuasion f, conviction f ◆ **to be open to conviction** être ouvert à la persuasion ◆ **to carry conviction** être convaincant ◆ **his explanation lacked conviction** son explication manquait de conviction or n'était pas très convaincante
3 (= belief) conviction f ◆ **the conviction that...** la conviction selon laquelle... ; → **courage**

**convince** /kənˈvɪns/ LANGUAGE IN USE 6.2, 15.1 SYN VT convaincre, persuader (sb of sth qn de qch) ◆ **he convinced her that she should leave** il l'a persuadée de partir, il l'a convaincue qu'elle devait partir ◆ **I am convinced he won't do it** je suis persuadé or convaincu qu'il ne le fera pas ◆ **a convinced Christian** un chrétien convaincu

**convincing** /kənˈvɪnsɪŋ/ LANGUAGE IN USE 26.3 SYN ADJ 1 (= persuasive) [argument, evidence, performance, picture] convaincant ; [person] convaincant, persuasif ◆ **he was convincing as Richard III** il était convaincant dans le rôle de Richard III
2 (= decisive) [win, victory, lead] net ◆ **to be a convincing winner of a race** gagner une course haut la main

**convincingly** /kənˈvɪnsɪŋlɪ/ ADV 1 (= persuasively) [speak, argue, demonstrate] de façon convaincante
2 (= decisively) [win, beat] haut la main

**convivial** /kənˈvɪvɪəl/ ADJ [person] de bonne compagnie ; [mood, atmosphere, occasion] convivial ◆ **in convivial company** en agréable compagnie

**conviviality** /kənˌvɪvɪˈælɪtɪ/ N convivialité f

**convocation** /ˌkɒnvəˈkeɪʃən/ N (= act) convocation f ; (= assembly) assemblée f, réunion f ; (Rel) assemblée f, synode m ; (US Educ) cérémonie f de remise des diplômes

**convoke** /kənˈvəʊk/ VT convoquer

**convoluted** /ˈkɒnvəluːtɪd/ ADJ 1 (pej = tortuous) [argument, reasoning, sentence, plot] alambiqué
2 (= coiling) [pattern] en volutes ; [shape, object] enroulé

**convolution** /ˌkɒnvəˈluːʃən/
N circonvolution f
NPL **convolutions** [of plot] méandres mpl ◆ **the convolutions of this theory** la complexité infinie de cette théorie

**convolvulus** /kənˈvɒlvjʊləs/ N (pl **convolvuluses** or **convolvuli** /kənˈvɒlvjʊlaɪ/) (= flower) volubilis m ; (= weed) liseron m

**convoy** /ˈkɒnvɔɪ/ SYN
N [of ships, vehicles] convoi m ◆ **in convoy** en convoi
VT convoyer, escorter (to à)

**convulse** /kənˈvʌls/ SYN VT ébranler, bouleverser ◆ **a land convulsed by war** un pays bouleversé par la guerre ◆ **a land convulsed by earthquakes** un pays ébranlé par des tremblements de terre ◆ **to be convulsed (with laughter)** se tordre de rire ◆ **a face convulsed with pain** un visage décomposé or contracté par la douleur

**convulsion** /kənˈvʌlʃən/ SYN N 1 (Med) convulsion f ◆ **to have convulsions** avoir des convulsions ◆ **to go into convulsions of laughter** se tordre de rire
2 (= violent disturbance) [of land] bouleversement m, convulsion f ; [of sea] violente agitation f

**convulsive** /kənˈvʌlsɪv/ ADJ convulsif

**convulsively** /kənˈvʌlsɪvlɪ/ ADV convulsivement

**cony** /ˈkəʊnɪ/ N (US) lapin m ; (also **cony skin**) peau f de lapin

**COO** /ˌsiːəʊˈəʊ/ N (abbrev of **chief operating officer**) → **chief**

**coo¹** /kuː/
VI [doves etc] roucouler ; [baby] gazouiller ; → **bill²**
N roucoulement m, roucoulade f

**coo²** * /kuː/ EXCL (Brit) ça alors !*

**co-occur** /ˌkəʊəˈkɜːr/ VI figurer simultanément, être cooccurrent(s) (with avec)

**co-occurrence** /ˌkəʊəˈkʌrəns/ N cooccurrence f

**cooee** /ˈkuːiː/ EXCL hou ! hou !

**cooing** /ˈkuːɪŋ/ N [of doves] roucoulement m, roucoulade f ; [of baby] gazouillement m

**cook** /kʊk/
N cuisinier m, -ière f ◆ **she is a good cook** elle est bonne cuisinière ◆ **to be head** or **chief cook and bottle-washer*** servir de bonne à tout faire, être le factotum
VT 1 [+ food] (faire) cuire ◆ **cooked breakfast** petit déjeuner m complet à l'anglaise ◆ **cooked meat** viande f froide ◆ **cooked meat(s)** (Comm) = charcuterie f ◆ **to cook sb's goose*** mettre qn dans le pétrin *
2 (Brit * = falsify) [+ accounts] truquer, maquiller ◆ **to cook the books*** truquer les comptes
VI [food] cuire ; [person] faire la cuisine, cuisiner ◆ **she cooks well** elle fait bien la cuisine, elle cuisine bien ◆ **what's cooking?*** (fig) qu'est-ce qui se passe ?
COMP **cook-chill foods** NPL plats mpl cuisinés
**cook-off** N (US) concours m de cuisine
**cook shop** N (Brit) magasin m d'ustensiles de cuisine ; (US) restaurant m

▶ **cook up** * **VT SEP** [+ story, excuse] inventer, fabriquer

**cookbook** /ˈkʊkbʊk/ **N** livre m de cuisine

**cooker** /ˈkʊkə<sup>r</sup>/ **N** 1 (Brit) cuisinière f (fourneau) ; → **gas**
2 (= apple) pomme f à cuire

**cookery** /ˈkʊkərɪ/ **N** (gen, also school etc subject) cuisine f (activité) ◆ **cookery book** (Brit) livre m de cuisine ◆ **cookery teacher** professeur m d'enseignement ménager

**cookhouse** /ˈkʊkhaʊs/ **N** (Mil, Naut) cuisine f

**cookie** /ˈkʊkɪ/
**N** 1 (Culin) (US) petit gâteau m (sec) ; (Brit) cookie m ◆ **that's the way the cookie crumbles!** * c'est la vie ! ◆ **to be caught with one's hand in the cookie jar** (esp US) être pris sur le fait
2 ( * = person) type * m ; (US = girl) jolie fille f ◆ **a smart cookie** un petit malin , une petite maligne ◆ **tough cookie** dur(e) m(f) à cuire
3 (Comput) cookie m
**ADJ** ( * fig) sans originalité
**COMP** **cookie cutter N** (US) forme f à biscuits

**cooking** /ˈkʊkɪŋ/
**N** cuisine f (activité) ◆ **plain/French cooking** cuisine f bourgeoise/française
**COMP** [utensils] de cuisine ; [apples, chocolate] à cuire
**cooking film N** film m alimentaire
**cooking foil N** papier m d'aluminium, papier m alu *
**cooking salt N** (NonC) gros sel m, sel m de cuisine
**cooking time N** temps m de cuisson

**Cook Islands NPL** (Geog) îles fpl Cook

**cookout** /ˈkʊkaʊt/ **N** (US) barbecue m

**Cook's tour** * **N** ◆ **to give sb a Cook's tour of sth** (= tour) faire faire à qn la visite guidée de qch ; (= survey) donner à qn un aperçu de qch

**cooktop** /ˈkʊktɒp/ **N** (esp US) plaque f de cuisson

**cookware** /ˈkʊkwɛə<sup>r</sup>/ **N** batterie f de cuisine

**cool** /kuːl/ **SYN**
**ADJ** 1 (in temperature) frais (fraîche f) ◆ **it is cool** (Weather) il fait frais ◆ **it's getting** or **turning cool(er)** (Weather) il commence à faire frais, ça se rafraîchit ◆ **to get cool** [person] se rafraîchir ◆ **to feel cool** [person] ne pas avoir trop chaud ◆ **I feel quite cool now** j'ai bien moins chaud maintenant ◆ **to keep cool** [person] éviter d'avoir chaud ◆ **it helps you (to) keep cool** ça vous empêche d'avoir chaud ◆ **to keep sth cool** tenir qch au frais ◆ "**keep in a cool place**" « tenir au frais » ◆ "**conserver dans un endroit frais**" ◆ "**store in a cool, dark place**" « conserver au frais et à l'abri de la lumière » ◆ "**serve cool, not cold**" « servir frais mais non glacé » ◆ **his forehead is much cooler now** il a le front beaucoup moins chaud maintenant
2 (= light) [clothing, shirt, dress] léger ◆ **to slip into something cool** passer quelque chose de plus léger
3 (= pale) [colour, blue, green] rafraîchissant
4 (= calm) [person, manner, composure, action, tone, voice] calme ◆ **the police's cool handling of the riots** le calme avec lequel la police a fait face aux émeutes ◆ **to keep a cool head** garder la tête froide ◆ **to keep** or **stay cool** garder son calme ◆ **keep** or **stay cool!** du calme !
5 (= audacious) [behaviour] d'une décontraction insolente ◆ **to be a cool customer** * ne pas avoir froid aux yeux ◆ **as cool as you please** [person] parfaitement décontracté
6 (= unfriendly) [person, relations] froid (with or towards sb avec qn) ◆ **cool and calculating** froid et calculateur ◆ **to get a cool welcome/reception** être fraîchement accueilli/reçu ◆ **the idea met with a cool response** cette idée a été accueillie avec indifférence or n'a guère suscité d'enthousiasme
7 ◆ **to be (as) cool as a cucumber** (= calm, audacious) être d'un calme olympien
8 ( * = trendy) cool * inv ◆ **computers are cool** les ordinateurs, c'est cool * ◆ **he acts cool, but he's really very insecure** il agit de façon calme et détendue mais en fait il n'est pas du tout sûr de lui ◆ **to look cool** avoir l'air cool *
9 (= excellent) super * inv, génial *
10 ( * = acceptable) ◆ **that's cool!** ça c'est cool ! * ◆ **don't worry: it's cool** t'inquiète pas : c'est cool *
11 (= not upset) ◆ **to be cool (about sth)** * [person] rester cool * (à propos de qch)
12 (= full) ◆ **he earns a cool £40,000 a year** * il se fait * la coquette somme de 40 000 livres par an
13 (Mus) [jazz] cool * inv
**ADV** → **play**
**N** 1 fraîcheur f, frais m ◆ **in the cool of the evening** dans la fraîcheur du soir ◆ **to keep sth in the cool** tenir qch au frais
2 * ◆ **keep your cool!** t'énerve pas ! ◆ **he lost his cool** (= panicked) il a paniqué * ; (= got angry) il s'est fichu en rogne *
**VT** 1 [+ air] rafraîchir, refroidir ◆ **to cool one's heels** faire le pied de grue, poireauter * ◆ **to leave sb to cool his heels** faire attendre qn, faire poireauter * qn
2 ◆ **cool it!**\* t'énerve pas ! *, panique pas ! *
**VI** (also **cool down**) [air, liquid] (se) rafraîchir, refroidir
**COMP** **cool bag N** sac m isotherme
**cool box N** glacière f
**cool-headed ADJ** calme, imperturbable

▶ **cool down**
**VI** (lit) refroidir ; (fig) [anger] se calmer, s'apaiser ; [critical situation] se détendre ; * [person] se calmer ◆ **let the situation cool down!** attendez que la situation se détende or que les choses se calment subj !
**VT SEP** (= make colder) faire refroidir ; (= make calmer) calmer

▶ **cool off VI** (= lose enthusiasm) perdre son enthousiasme, se calmer ; (= change one's affections) se refroidir (towards sb à l'égard de qn, envers qn) ; (= become less angry) se calmer, s'apaiser

**coolant** /ˈkuːlənt/ **N** liquide m de refroidissement

**cooler** /ˈkuːlə<sup>r</sup>/ **N** 1 (for food) glacière f
2 (Prison * ) taule‡ f ◆ **in the cooler** en taule‡ ◆ **to get put in the cooler** se faire mettre au frais * or à l'ombre *
3 (= drink) boisson f à base de vin, de jus de fruit et d'eau gazeuse

**coolie** /ˈkuːlɪ/ **N** coolie m

**cooling** /ˈkuːlɪŋ/
**ADJ** [drink, swim, breeze] rafraîchissant
**N** (in engine) refroidissement m
**COMP** **cooling fan N** ventilateur m
**cooling-off period N** (for buyer) délai m de réflexion
**cooling process N** refroidissement m
**cooling rack N** grille f à gâteaux
**cooling system N** circuit m de refroidissement
**cooling tower N** tour f de refroidissement

**coolly** /ˈkuːlɪ/ **ADV** 1 (= calmly) calmement
2 (= in unfriendly way) froidement
3 (= unenthusiastically) froidement, fraîchement
4 (= audaciously) avec une décontraction insolente

**coolness** /ˈkuːlnɪs/ **N** [of water, air, weather] fraîcheur f ; [of welcome] froideur f ; (= calmness) sang-froid m, impassibilité f, flegme m ; (= impudence) toupet * m, culot * m

**coomb** /kuːm/ **N** petite vallée f, combe f

**coon** /kuːn/ **N** 1 abbrev of **raccoon**
2 ( * ‡ pej = Negro) nègre * ‡ m, négresse * ‡ f

**coop** /kuːp/ **SYN**
**N** (also **hen coop**) poulailler m, cage f à poules ◆ **to fly the coop** * se défiler *
**VT** [+ hens] faire rentrer dans le poulailler

▶ **coop up VT SEP** [+ person] enfermer ◆ **to feel cooped up** se sentir enfermé

**co-op** /ˈkəʊɒp/ **N** 1 (= shop) (abbrev of **cooperative**) coopérative f, coop * f
2 (US) (abbrev of **cooperative apartment**) → **cooperative**
3 (US Univ) (abbrev of **cooperative**) coopérative f étudiante

**cooper** /ˈkuːpə<sup>r</sup>/ **N** tonnelier m

**cooperage** /ˈkuːpərɪdʒ/ **N** tonnellerie f

**cooperate** /kəʊˈɒpəreɪt/ **SYN VI** collaborer (with sb avec qn ; in sth à qch ; to do sth pour faire qch), coopérer ◆ **I hope he'll cooperate** j'espère qu'il va se montrer coopératif or qu'il va coopérer

**cooperation** /kəʊˌɒpəˈreɪʃən/ **SYN N** coopération f ◆ **in cooperation with..., with the cooperation of...** en coopération avec..., avec le concours de... ◆ **international judicial cooperation** (Jur) entraide f judiciaire internationale

**cooperative** /kəʊˈɒpərətɪv/ **SYN**
**ADJ** [person, firm, attitude] coopératif ◆ **cooperative apartment** (US) appartement m en copropriété ◆ **cooperative society** (Brit Comm etc) coopérative f , société f coopérative or mutuelle
◆ **Cooperative Commonwealth Federation** (Can Pol) parti m social démocratique (Can)
**N** coopérative f

**cooperatively** /kəʊˈɒpərətɪvlɪ/ **ADV** (= jointly) en coopération ; (= obligingly) obligeamment

**coopt** /kəʊˈɒpt/ **VT** [+ person] (= get help of) s'assurer les services de ; (= cause to join sth) coopter (on to à) ; [+ slogan, policy] récupérer ◆ **coopted member** membre m coopté

**cooption** /kəʊˈɒpʃən/ **N** cooptation f

**coordinate** /kəʊˈɔːdɪnɪt/ **SYN**
**ADJ** (gen, Gram, Math) coordonné ◆ **coordinate geometry** géométrie f analytique
**N** (gen, Math, on map) coordonnée f
**NPL** **coordinates** (Dress) ensemble m (coordonné), coordonnés mpl
**VT** /kəʊˈɔːdɪneɪt/ coordonner (X with Y X à Y) ◆ **coordinating committee** comité m de coordination ◆ **coordinating conjunction** (Ling) conjonction f de coordination

**coordinated** /kəʊˈɔːdɪneɪtɪd/ **ADJ** 1 (= organized) [action, effort, approach, operation] coordonné, concerté
2 (physically) [person] qui a une bonne coordination ; [hands, limbs] aux mouvements coordonnés ; [movements] coordonné ◆ **to be badly coordinated** [person] avoir une mauvaise coordination
3 (= matching) [clothes, designs] coordonné ◆ **colour coordinated** [clothes] aux couleurs assorties

**coordination** /kəʊˌɔːdɪˈneɪʃən/ **N** coordination f ◆ **in coordination with...** en coordination avec...

**coordinator** /kəʊˈɔːdɪneɪtə<sup>r</sup>/ **N** coordinateur m, -trice f

**coot** /kuːt/ **N** 1 (= bird) foulque f ; → **bald**
2 (= fool) ◆ **old coot** ‡ vieux chnoque * m

**co-owner** /ˈkəʊˈəʊnə<sup>r</sup>/ **N** copropriétaire mf

**co-ownership** /ˌkəʊˈəʊnəʃɪp/ **N** copropriété f

**cop** * /kɒp/
**N** 1 (= policeman) flic * m, poulet * m ◆ **to play at cops and robbers** jouer aux gendarmes et aux voleurs
2 (Brit) ◆ **it's not much cop, it's no great cop** ça ne vaut pas grand-chose or tripette
**VT** (Brit = arrest, catch) pincer *, piquer * ; (= steal) piquer *, faucher * ; (= obtain) obtenir ◆ **to cop hold of** (Brit) prendre ◆ **to cop it in** (Brit) écoper *, trinquer * ◆ **to cop a plea** * (US) plaider coupable (pour une charge mineure, afin d'en éviter une plus grave)
**COMP** **cop-out**‡ **N** (= excuse) excuse f bidon * ; (= act) échappatoire f
**cop-shop** * **N** (Brit) maison f Poulaga * , poste m (de police)

▶ **cop off** * **VT FUS** (Brit) ◆ **to cop off with sb** (= get off with) emballer * qn

▶ **cop out** * **VI** se défiler *

**copacetic** * /ˌkəʊpəˈsetɪk/ **ADJ** (US) formidable

**copal** /ˈkəʊpəl/ **N** (= resin) copal m

**coparceny** /kəʊˈpɑːsɪnɪ/ **N** copartage m

**copartner** /ˈkəʊˈpɑːtnə<sup>r</sup>/ **N** coassocié(e) m(f), co-participant(e) m(f)

**copartnership** /ˈkəʊˈpɑːtnəʃɪp/ **N** (Fin) société f en nom collectif ; (gen) coassociation f, coparticipation f ◆ **to go into copartnership with...** entrer en coassociation avec...

**cope**¹ /kəʊp/ **N** (Dress Rel) chape f

**cope**² /kəʊp/ **SYN VI** se débrouiller, s'en sortir ◆ **can you cope?** vous vous en sortirez ?, vous vous débrouillerez ? ◆ **how are you coping without a secretary?** comment vous débrouillez-vous sans secrétaire ? ◆ **he's coping pretty well** il s'en tire or se débrouille pas mal ◆ **I can cope in Spanish** je me débrouille en espagnol ◆ **she just can't cope any more** (= she's overworked etc) elle ne s'en sort plus ; (= work is too difficult for her) elle n'est plus du tout dans la course * , elle est complètement dépassée

▶ **cope with VT FUS** 1 (= deal with, handle) [+ task, person] se charger de, s'occuper de ; [+ situation] faire face à ; [+ difficulties, problems] (= tackle) affronter ; (= solve) venir à bout de ◆ **they cope with 500 applications a day** 500 formulaires leur passent entre les mains chaque jour ◆ **you get the tickets, I'll cope with the luggage** toi tu vas chercher les billets, moi je m'occupe or je me charge des bagages ◆ **I'll cope with him** je m'occupe or je me charge de lui ◆ **he's got a lot**

**to cope with** (work) il a du pain sur la planche ; (problems) il a pas mal de problèmes à résoudre
② (= manage) [+ child, work] s'en sortir avec ◆ **I just can't cope with my son** je ne sais plus quoi faire avec mon fils, je ne m'en sors plus avec mon fils ◆ **we can't cope with all this work** avec tout ce travail nous ne pouvons plus en sortir

**copeck** /ˈkəʊpek/ N (Fin) kopeck m

**Copenhagen** /ˌkəʊpnˈheɪɡən/ N Copenhague

**Copernican** /kəʊˈpɜːnɪkən/
**ADJ** copernicien
**COMP Copernican system** N (Astron) système m copernicien

**Copernicus** /kəˈpɜːnɪkəs/ N Copernic m

**copestone** /ˈkəʊpstəʊn/ N (Archit) couronnement m ; [of wall] chaperon m ; (fig) [of career etc] couronnement m, point m culminant

**copier** /ˈkɒpɪəʳ/ N machine f à photocopier

**co-pilot** /ˈkəʊˌpaɪlət/ N [of aircraft] copilote m, pilote m auxiliaire

**coping** /ˈkəʊpɪŋ/
**N** chaperon m
**COMP coping stone** N ⇒ **copestone**

**copious** /ˈkəʊpɪəs/ SYN ADJ [quantities] grand ; [amount] ample, abondant ; [notes] abondant ; [writer, letter] prolixe

**copiously** /ˈkəʊpɪəslɪ/ ADV [bleed, sweat] abondamment ; [write] longuement ; [cry] à chaudes larmes ◆ **to water a plant copiously** arroser une plante copieusement or abondamment ◆ **copiously illustrated** abondamment illustré

**coplanar** /kəʊˈpleɪnəʳ/ ADJ (Math) coplanaire

**copolymer** /kəʊˈpɒlɪməʳ/ N copolymère m

**copper** /ˈkɒpəʳ/
**N** ① (NonC) cuivre m
② (Brit = money) ◆ **coppers** la petite monnaie ◆ **I gave the beggar a copper** j'ai donné une petite pièce au mendiant
③ (Stock Exchange) ◆ **coppers** les cuprifères mpl
④ (= washtub) lessiveuse f
⑤ (Brit * = policeman) flic* m, poulet* m ◆ **copper's nark** indic* m, mouchard m
**COMP** [mine] de cuivre ; [bracelet] de or en cuivre
**copper beech** N hêtre m pourpre
**copper-bottomed** ADJ [saucepan] avec un fond en cuivre ; [investment] sûr
**copper-coloured** ADJ cuivré
**copper sulphate** N sulfate m de cuivre
**copper wire** N fil m de cuivre

**copperhead** /ˈkɒpəhed/ N (US = snake) vipère f cuivrée

**copperplate** /ˈkɒpəpleɪt/ (in engraving)
**N** planche f (de cuivre) gravée
**ADJ** sur cuivre, en taille-douce ◆ **copperplate handwriting** écriture f moulée, belle ronde f

**coppersmith** /ˈkɒpəsmɪθ/ N artisan m en chaudronnerie d'art

**coppery** /ˈkɒpərɪ/ ADJ cuivré

**coppice** /ˈkɒpɪs/
**N** taillis m, boqueteau m
**VT** [+ tree] élaguer, émonder

**copra** /ˈkɒprə/ N copra m

**co-presidency** /kəʊˈprezɪdənsɪ/ N coprésidence f

**co-president** /kəʊˈprezɪdənt/ N coprésident(e) m(f)

**co-processor** /kəʊˈprəʊsesəʳ/ N (Comput) coprocesseur m

**co-produce** /ˌkəʊprəˈdjuːs/ VT [+ film, album] coproduire

**co-production** /ˌkəʊprəˈdʌkʃən/ N coproduction f

**coprolalia** /ˌkɒprəˈleɪlɪə/ N coprolalie f

**coprolite** /ˈkɒprəlaɪt/ N coprolithe m

**coprology** /kɒˈprɒlədʒɪ/ N coprologie f

**coprophagous** /kɒˈprɒfəɡəs/ ADJ coprophage

**coprophilia** /ˌkɒprəʊˈfɪlɪə/ N coprophilie f

**coprophilic** /ˌkɒprəʊˈfɪlɪk/, **coprophilous** /kəˈprɒfɪləs/ ADJ (growing in or on dung) coprophile

**copse** /kɒps/ N ⇒ **coppice**

**Copt** /kɒpt/ N Copte mf

**'copter*** /ˈkɒptəʳ/ N (abbrev of **helicopter**) hélico* m

**coptic** /ˈkɒptɪk/ ADJ copte ◆ **the Coptic Church** l'Église f copte

**co-publish** /kəʊˈpʌblɪʃ/ VT coéditer, copublier

**copula** /ˈkɒpjʊlə/ N (pl **copulas** or **copulae** /ˈkɒpjʊliː/) (Gram) copule f

**copulate** /ˈkɒpjʊleɪt/ VI copuler

**copulation** /ˌkɒpjʊˈleɪʃən/ N copulation f

**copulative** /ˈkɒpjʊlətɪv/ ADJ (Gram) copulatif

**copy** /ˈkɒpɪ/ SYN
**N** ① (= duplicate) [of painting etc] copie f, reproduction f ; [of letter, document, memo] copie f, double m ; (Phot) [of print] épreuve f ◆ **to take** or **make a copy of sth** faire une copie de qch ; → **carbon, fair¹**
② (= one of series) [of book] exemplaire m ; [of magazine, newspaper] exemplaire m, numéro m ; → **author, presentation**
③ (NonC = text written) (Press) copie f ; (for advertisement) message m, texte m ◆ **it gave him copy for several articles** cela lui a fourni la matière de or un sujet pour plusieurs articles ◆ **that's always good copy** ça fait toujours de la très bonne copie ◆ **the murder will make good copy** le meurtre fera de l'excellente copie ◆ **the journalist handed in his copy** le journaliste a remis son article or papier * ◆ **they are short of copy** ils sont en mal de copie *
④ (Comput) copie f
**VT** ① (also **copy down, copy out**) [+ letter, passage from book] copier
② (= imitate) [+ person, gestures] copier, imiter
③ (Scol etc) copier ◆ **to copy sb's work** copier sur qn ◆ **he copied in the exam** il a copié à l'examen
④ (Comput) copier ◆ **to copy sth to a disk** copier qch sur une disquette
⑤ (Rad, Telec *) copier
⑥ (= send a copy to) envoyer une copie à
**COMP copy and paste** (Comput) N copier-coller m
VT copier-coller
**copy-edit** VT corriger
**copy editor** N (Press) secrétaire mf de rédaction ; [of book] secrétaire mf d'édition
**copy holder** N porte-copie m
**copy machine** N photocopieuse f
**copy press** N presse f à copier
**copy shop** N (esp US) magasin m de reprographie
**copy typist** N dactylo mf

**copybook** /ˈkɒpɪbʊk/
**N** cahier m ; → **blot**
**ADJ** (= trite) banal ; (= ideal, excellent) modèle

**copyboy** /ˈkɒpɪbɔɪ/ N (Press) grouillot m de rédaction

**copycat*** /ˈkɒpɪkæt/
**N** copieur m, -ieuse f
**ADJ** [crime] inspiré par un autre

**copyfight** /ˈkɒpɪfaɪt/ N conflit autour d'une question de droit moral ou de propriété intellectuelle

**copying** /ˈkɒpɪɪŋ/
**N** ◆ **he was disqualified from the exam for copying** il a été recalé à l'examen pour avoir copié
**COMP copying ink** N encre f à copier

**copyist** /ˈkɒpɪɪst/ N copiste mf, scribe m

**copyreader** /ˈkɒpɪriːdəʳ/ N correcteur-rédacteur m, correctrice-rédactrice f

**copyright** /ˈkɒpɪraɪt/
**N** droit m d'auteur, copyright m ◆ **copyright reserved** tous droits (de reproduction) réservés ◆ **out of copyright** dans le domaine public ◆ **copyright social conflict** conflit autour d'une question de droit moral ou de propriété intellectuelle
**VT** [+ book] obtenir les droits exclusifs sur or le copyright de

**copywriter** /ˈkɒpɪraɪtəʳ/ N rédacteur m, -trice f publicitaire

**coquetry** /ˈkɒkɪtrɪ/ N coquetterie f

**coquette** /kəˈket/ N coquette f

**coquettish** /kəˈketɪʃ/ ADJ [woman] coquet ; [look, smile, behaviour] plein de coquetterie

**coquettishly** /kəˈketɪʃlɪ/ ADV avec coquetterie

**cor*** /kɔːʳ/ EXCL (Brit : also **cor blimey**) mince alors !*

**coracle** /ˈkɒrəkl/ N coracle m, canot m (d'osier)

**coracoid** /ˈkɒrəkɔɪd/ N coracoïde m

**coral** /ˈkɒrəl/
**N** corail m
**COMP** [necklace] de corail ; [island] corallien ; (also **coral-coloured**) (couleur) corail inv
**coral lips** NPL (liter) ◆ **her coral lips** ses lèvres de corail

**coral reef** N récif m corallien
**Coral Sea** N mer f de Corail

**cor anglais** /ˌkɔːrˈɒŋɡleɪ/ N (pl **cors anglais** /ˌkɔːzˈɒŋɡleɪ/) cor m anglais

**corbel** /ˈkɔːbəl/ N corbeau m

**cord** /kɔːd/
**N** ① [of curtains, pyjamas] cordon m ; [of windows] corde f ; [of parcel] ficelle f ; (also **umbilical cord**) cordon m ombilical ; → **communication, sash², spinal, vocal**
② (NonC = fabric) ⇒ **corduroy** (Elec) cordon m
**NPL cords** pantalon m en velours côtelé
**VT** (= tie) corder
**COMP** [trousers, skirt, jacket] en velours côtelé
**cord carpet** N tapis m de corde

**cordage** /ˈkɔːdɪdʒ/ N (NonC) cordages mpl

**cordate** /ˈkɔːdeɪt/ ADJ cordé

**corded** /ˈkɔːdɪd/ ADJ [fabric] côtelé

**cordial** /ˈkɔːdɪəl/ SYN
**ADJ** ① (= friendly) [person, tone, relationship, atmosphere, visit] cordial
② (= strong) ◆ **to have a cordial dislike for sb/sth** détester qn/qch cordialement
**N** (Brit) cordial m

**cordiality** /ˌkɔːdɪˈælɪtɪ/ SYN N cordialité f

**cordially** /ˈkɔːdɪəlɪ/ ADV cordialement ◆ **I cordially detest him** je le déteste cordialement

**cordiform** /ˈkɔːdɪfɔːm/ ADJ cordiforme

**cordillera** /ˌkɔːdɪlˈjeərə/ N (Geog) cordillère f

**cordite** /ˈkɔːdaɪt/ N cordite f

**cordless** /ˈkɔːdlɪs/ ADJ à piles, fonctionnant sur piles ◆ **cordless phone** téléphone m sans fil

**Cordoba** /ˈkɔːdəbə/, **Cordova** /ˈkɔːdəvə/ N (Geog) Cordoue

**cordon** /ˈkɔːdn/ SYN
**N** (all senses) cordon m
**VT** (also **cordon off**) [+ crowd] contenir (au moyen d'un cordon de sécurité) ; [+ area] mettre en place un cordon de sécurité autour de
**COMP cordon bleu** ADJ cordon bleu
**cordon sanitaire** N (Med, Pol) cordon m sanitaire

**corduroy** /ˈkɔːdərɔɪ/
**N** velours m côtelé
**NPL corduroys** pantalon m en velours côtelé
**COMP** [trousers, jacket] en velours côtelé ; (US) [road] de rondins

**CORE** /kɔːʳ/ N (US) (abbrev of **Congress of Racial Equality**) défense des droits des Noirs

**core** /kɔːʳ/ SYN
**N** [of fruit] trognon m ; [of magnet, earth] noyau m ; [of cable] âme f, noyau m ; [of atom] noyau m ; [of nuclear reactor] cœur m ; (Comput: also **core memory**) mémoire f centrale ; (fig) [of problem etc] cœur m, essentiel m ◆ **apple core** trognon m de pomme ◆ **the earth's core** le noyau terrestre ◆ **core sample** (Geol) carotte f ◆ **he is rotten to the core** il est pourri jusqu'à la moelle ◆ **English to the core** anglais jusqu'au bout des ongles ; → **hard**
**VT** [+ fruit] enlever le trognon or le cœur de
**COMP** [issue, assumption, subject] fondamental
**core business** N activité f principale
**core curriculum** N (Scol, Univ) tronc m commun
**core strength** N force f musculaire
**core subject** N (Scol, Univ) matière f principale
**core time** N plage f fixe
**core training** N renforcement m musculaire

**co-religionist** /ˌkəʊrɪˈlɪdʒənɪst/ N coreligionnaire mf

**coreopsis** N (= plant) coréopsis m

**corer** /ˈkɔːrəʳ/ N (Culin) vide-pomme m

**co-respondent** /ˈkəʊrɪsˈpɒndənt/ N (Jur) co-défendeur m, -deresse f (dans une affaire d'adultère)

**Corfu** /kɔːˈfuː/ N Corfou f

**corgi** /ˈkɔːɡɪ/ N corgi m

**coriander** /ˌkɒrɪˈændəʳ/ N coriandre f

**Corinth** /ˈkɒrɪnθ/
**N** Corinthe
**COMP Corinth Canal** N le canal de Corinthe

**Corinthian** /kəˈrɪnθɪən/
**ADJ** corinthien
**N** Corinthien(ne) m(f)

**Coriolanus** /ˌkɒrɪəˈleɪnəs/ N Coriolan m

**Coriolis force** /ˌkɒrɪˈəʊlɪs/ N (Astron) force f de Coriolis

**cork** /kɔːk/
- **N** ① (NonC) liège m
- ② (in bottle etc) bouchon m ◆ **to pull the cork out of a bottle** déboucher une bouteille
- ③ (Fishing: also **cork float**) bouchon m flotteur
- **VT** (also **cork up**) [+ bottle] boucher
- **COMP** [mat, tiles, flooring] de liège
- **cork oak** N ⇒ **cork tree**
- **cork-tipped** ADJ à bout de liège
- **cork tree** N chêne-liège m

**corkage** /ˈkɔːkɪdʒ/ N droit m de bouchon (payé par le client qui apporte dans un restaurant une bouteille achetée ailleurs)

**corked** /kɔːkt/ ADJ [wine] qui sent le bouchon

**corker** †* /ˈkɔːkəʳ/ N (= lie) mensonge m de taille, gros mensonge m ; (= story) histoire f fumante* ; (Sport) (= shot, stroke) coup m fumant* ; (= player) crack* m ; (= girl) beau brin* m (de fille)

**corking** †* /ˈkɔːkɪŋ/ ADJ (Brit) épatant †*, fameux*

**corkscrew** /ˈkɔːkskruː/
- **N** tire-bouchon m
- **COMP** **corkscrew curls** NPL anglaises fpl (boucles)

**corkwing** /ˈkɔːkwɪŋ/ N (= fish) crénilabre m commun

**corky** /ˈkɔːkɪ/ ADJ [wine] qui sent le bouchon, bouchonné

**corm** /kɔːm/ N bulbe m (de crocus etc)

**cormorant** /ˈkɔːmərənt/ N cormoran m

**Corn.** (Brit) abbrev of **Cornwall**

**corn**¹ /kɔːn/
- **N** ① (= seed) grain m (de céréale)
- ② (Brit) blé m ; (US) maïs m ◆ **corn on the cob** épis mpl de maïs
- ③ (US = whiskey) bourbon m
- ④ * (= sentimentality) sentimentalité f vieillotte or bébête ; (= humour) humour m bébête
- **COMP** **corn bread** N (US) pain m de maïs
- **corn bunting** N (= bird) (bruant m) proyer m
- **corn crops** NPL céréales fpl
- **corn dog** N (US Culin) saucisse f en beignet
- **corn dolly** N (Brit) poupée f de paille
- **corn exchange** N halle f au blé
- **corn-fed** ADJ [chicken] de grain
- **corn liquor** N (US) eau-de-vie f à base de maïs (de fabrication artisanale)
- **corn meal** N farine f de maïs
- **corn oil** N huile f de maïs
- **corn pone** N (NonC: US) pain m de maïs
- **corn poppy** N coquelicot m
- **corn salad** N doucette f
- **corn syrup** N sirop m de maïs
- **corn whiskey** N (US) whisky m de maïs, bourbon m

**corn**² /kɔːn/ N (Med) cor m ◆ **to tread on sb's corns** (Brit fig) toucher qn à l'endroit sensible, blesser qn dans son amour-propre ◆ **corn plaster** (Med) pansement m pour cor

**cornball*** /ˈkɔːnbɔːl/ (US)
- **N** ◆ **to be a cornball** [person] être très fleur bleue
- **ADJ** cucul (la praline) *

**corncob** /ˈkɔːnkɒb/ N (US) épi m de maïs

**corncockle** /ˈkɔːnˌkɒkl/ N (= plant) nielle f

**Corncracker State** /ˈkɔːnkrækəˌsteɪt/ N ◆ **the Corncracker State** le Kentucky

**corncrake** /ˈkɔːnkreɪk/ N (= bird) râle m des genêts

**corncrib** /ˈkɔːnkrɪb/ N (US Agr) séchoir m à maïs

**cornea** /ˈkɔːnɪə/ N (pl **corneas** or **corneae** /ˈkɔːnɪiː/) cornée f

**corneal** /ˈkɔːnɪəl/ ADJ cornéen ◆ **corneal lenses** lentilles fpl cornéennes, verres mpl cornéens

**corned beef** /ˈkɔːndˈbiːf/ N corned-beef m

**cornelian** /kɔːˈniːlɪən/
- **N** cornaline f
- **COMP** **cornelian cherry** N (= tree) cornouiller m mâle ; (= fruit) cornouille f

**corner** /ˈkɔːnəʳ/ SYN
- **N** ① (= angle) [of page, field, eye, mouth, room, boxing ring] coin m ; [of street, box, table] coin m, angle m ; [of road] tournant m, virage m ; (Climbing) dièdre m ; (Football) corner m, coup m de pied de coin ◆ **to look at sb out of the corner of one's eye** regarder qn du coin de l'œil ◆ **to put a child in the corner** mettre un enfant au coin ◆ **to drive** or **force sb into a corner** (lit) pousser qn dans un coin ; (fig) acculer qn ◆ **to be in a (tight) corner** (fig) être dans le pétrin, être dans une situation difficile ◆ **you'll find the church round the corner** vous trouverez l'église juste après le coin ◆ **the little shop around the corner** la petite boutique du coin ◆ **it's just round the corner** (= very near) c'est à deux pas d'ici ◆ **Christmas is just around the corner** Noël n'est pas loin ◆ **the domestic robot is just around the corner** le robot domestique, c'est pour demain ◆ **to take a corner** (in car) prendre un tournant ; (Football) faire un corner ◆ **to cut a corner** (in car) prendre un virage à la corde ◆ **to cut corners** (fig) prendre des raccourcis (fig) ◆ **to cut corners (on sth)** (financially) rogner sur les coûts (de qch) ◆ **to turn the corner** (lit) tourner au or le coin de la rue ; (fig) passer le moment critique ; [patient] passer le cap
- ② (= cranny, place) ◆ **in every corner of the garden** dans tout le jardin ◆ **treasures hidden in odd corners** des trésors mpl cachés dans des recoins ◆ **in every corner of the house** dans tous les recoins de la maison ◆ **in every corner of Europe** dans toute l'Europe
- ③ (fig = position) ◆ **to fight one's corner** défendre sa position or son point de vue
- ④ (= market) ◆ **to make a corner in wheat** accaparer le marché du blé
- ⑤ (Boxing = person) soigneur m
- **VT** [+ hunted animal] acculer ; (fig = catch to speak to etc) coincer* ◆ **she cornered me in the hall** elle m'a coincé* dans l'entrée ◆ **he's got you cornered** (fig) il t'a coincé*, il t'a mis au pied du mur ◆ **to corner the market** accaparer le marché
- **VI** (in car) prendre un virage
- **COMP** **corner cupboard** N placard m d'angle
- **corner flag** N (Football) piquet m de corner ; (in roadway) dalle f de coin
- **the corner house** N la maison du coin, la maison qui fait l'angle (de la rue)
- **corner kick** N (Football) corner m
- **corner seat** N (gen) siège m d'angle ; (in train) (place f de) coin m
- **corner shop** N (Brit) magasin m or boutique f du coin
- **corner store** N (US) ⇒ **corner shop**

**cornering** /ˈkɔːnərɪŋ/ N ① (in car) amorce f du virage
② [of market] accaparement m, monopolisation f

**cornerstone** /ˈkɔːnəstəʊn/ SYN N (lit, fig) pierre f angulaire ; (= foundation stone) première pierre f

**cornerways fold** /ˈkɔːnəweɪzˈfəʊld/ N pli m en triangle

**cornet** /ˈkɔːnɪt/ N ① (Mus) cornet m (à pistons) ◆ **cornet player** cornettiste mf
② (Brit) [of sweets etc] cornet m ; [of ice cream] cornet m (de glace)

**cornfield** /ˈkɔːnfiːld/ N (Brit) champ m de blé ; (US) champ m de maïs

**cornflakes** /ˈkɔːnfleɪks/ NPL pétales mpl de maïs, corn-flakes mpl

**cornflour** /ˈkɔːnflaʊəʳ/ N (Brit) farine f de maïs, maïzena ® f

**cornflower** /ˈkɔːnflaʊəʳ/
- **N** bleuet m, barbeau m
- **ADJ** (also **cornflower blue**) bleu vif inv, bleu barbeau inv

**cornice** /ˈkɔːnɪs/ N corniche f

**corniche** /ˈkɔːnɪʃ, kɔːˈniːʃ/ N (also **corniche road**) corniche f

**Cornish** /ˈkɔːnɪʃ/
- **ADJ** de Cornouailles, cornouaillais
- **N** (= language) cornique m
- **COMP** **Cornish pasty** N chausson à la viande avec des pommes de terre et des carottes

**Cornishman** /ˈkɔːnɪʃmən/ N (pl **-men**) natif m de Cornouailles

**Cornishwoman** /ˈkɔːnɪʃwʊmən/ N (pl **-women**) native f de Cornouailles

**cornstarch** /ˈkɔːnstɑːtʃ/ N (US) farine f de maïs, maïzena ® f

**cornucopia** /ˌkɔːnjʊˈkəʊpɪə/ N corne f d'abondance

**Cornwall** /ˈkɔːnwəl/ N Cornouailles f ◆ **in Cornwall** en Cornouailles

**corny*** /ˈkɔːnɪ/ ADJ [joke] rebattu, éculé ; [film, novel] (sentimental) à l'eau de rose ; (obvious) bateau* inv ; [song] sentimental ◆ **the corny line "do you come here often?"** la phrase bateau* « vous venez souvent ici ? » ◆ **I know it sounds corny, but...** je sais que ça a l'air idiot mais...

**corolla** /kəˈrɒlə/ N corolle f

**corollary** /kəˈrɒlərɪ/ N corollaire m

**corona** /kəˈrəʊnə/ N (pl **coronas** or **coronae** /kəˈrəʊniː/) (Anat, Astron) couronne f ; (Elec) couronne f électrique ; (Archit) larmier m

**coronary** /ˈkɒrənərɪ/
- **ADJ** (Anat) coronaire ◆ **coronary bypass** pontage m coronarien ◆ **coronary care unit** unité f de soins coronariens ◆ **coronary heart disease** maladie f coronarienne ◆ **coronary thrombosis** infarctus m du myocarde, thrombose f coronarienne
- **N** (= heart attack) infarctus m

**coronation** /ˌkɒrəˈneɪʃən/
- **N** (= ceremony) couronnement m ; (= actual crowning) sacre m
- **COMP** [ceremony, oath, robe] du sacre ; [day] du couronnement
- **coronation chicken** N poulet froid sauce mayonnaise au curry

**coroner** /ˈkɒrənəʳ/ N coroner m (officier chargé de déterminer les causes d'un décès) ◆ **coroner's inquest** enquête f judiciaire (menée par le coroner) ◆ **coroner's jury** jury m (siégeant avec le coroner)

**coronet** /ˈkɒrənɪt/ N [of duke etc] couronne f ; [of lady] diadème m

**coroutine** /ˈkəʊruːtiːn/ N (Comput) coroutine f

**Corp, corp** abbrev of **corporation**

**corpora** /ˈkɔːpərə/ NPL of **corpus**

**corporal**¹ /ˈkɔːpərəl/ N [of infantry, RAF] caporal-chef m ; [of cavalry etc] brigadier-chef m ◆ **Corporal Smith** (on envelope etc) le Caporal-Chef Smith

**corporal**² /ˈkɔːpərəl/ SYN ADJ corporel ◆ **corporal punishment** châtiment m corporel

**corporate** /ˈkɔːpərɪt/ SYN
- **ADJ** ① (Comm) (= of a business) [executive, culture, restructuring, sponsorship, planning etc] d'entreprise ; [finance, image, identity, logo, jet] de l'entreprise ; (= of business in general) [affairs, debt, earnings etc] des entreprises ◆ **corporate America** l'Amérique f des entreprises ◆ **corporate clients** or **customers** entreprises fpl clientes ◆ **the corporate world** le monde de l'entreprise ◆ **corporate crime** la criminalité d'entreprise
- ② (= joint) [decision, responsibility] collectif ; [objective] commun ; [action, ownership] en commun
- **COMP** **corporate advertising** N publicité f institutionnelle
- **corporate body** N personne f morale
- **corporate bond** N (US) (local) obligation f municipale ; (private) obligation f émise par une société privée
- **corporate car** N voiture f de fonction
- **corporate entertaining** NPL soirées, déjeuners etc aux frais d'une entreprise
- **corporate governance** N gouvernance f or gouvernement m d'entreprise
- **corporate headquarters** NPL siège m social
- **corporate hospitality** N soirées aux frais d'une entreprise
- **corporate identity, corporate image** N image f de marque (d'une entreprise)
- **corporate institution** N institution fonctionnant comme une entreprise
- **corporate killing** N (Jur) homicide m involontaire (dont est accusé un chef d'entreprise pour décès par négligence d'un de ses employés)
- **corporate ladder** N ◆ **to move up the corporate ladder** monter dans la hiérarchie d'une entreprise
- **corporate law** N droit m des entreprises
- **corporate lawyer** N juriste mf spécialisé(e) dans le droit des entreprises ; (working for corporation) avocat(e) m(f) d'entreprise ; (= specialist in corporate law) juriste mf d'entreprise
- **corporate name** N raison f sociale
- **corporate property** N biens mpl sociaux
- **corporate raider** N raider m
- **corporate sponsor** N gros sponsor m
- **corporate stock** N actions fpl
- **corporate takeover** N OPA f
- **corporate tax** N impôt m sur les sociétés

**corporately** /ˈkɔːpərɪtlɪ/ ADV ◆ **to be corporately owned** appartenir à une entreprise (or des entreprises)

**corporation** /ˌkɔːpəˈreɪʃən/ SYN
- **N** ① (Brit) [of town] conseil m municipal ◆ **the Mayor and Corporation** le corps municipal, la municipalité

## corporatism | cosh

2 (= firm) société f commerciale ; (US) société f à responsabilité limitée, compagnie f commerciale

3 (Brit *) bedaine* f, brioche* f ◆ **he's developed quite a corporation** il a pris une sacrée brioche*

**COMP** (Brit) [school, property] de la ville, municipal
**corporation lawyer** N (working for corporation) avocat(e) m(f) d'entreprise ; (= specialist in corporation law) juriste mf d'entreprise
**corporation tax** N (Brit) impôt m sur les sociétés

**corporatism** /ˈkɔːpərətɪzəm/ N corporatisme m
**corporatist** /ˈkɔːpərətɪst/ ADJ corporatiste
**corporeal** /kɔːˈpɔːrɪəl/ ADJ corporel, physique
**corps** /kɔːʳ/ SYN
N (pl corps /kɔːz/) corps m ; → **army, diplomatic**
**COMP corps de ballet** N corps m de ballet

**corpse** /kɔːps/ SYN N cadavre m, corps m
**corpulence** /ˈkɔːpjʊləns/ N corpulence f, embonpoint m
**corpulent** /ˈkɔːpjʊlənt/ SYN ADJ corpulent
**corpus** /ˈkɔːpəs/ N (pl **corpuses** or **corpora** /ˈkɔːpərə/) (Literat) corpus m, recueil m ; (Ling) corpus m ; (Fin) capital m ◆ **Corpus Christi** (Rel) la Fête-Dieu

**corpuscle** /ˈkɔːpʌsl/ N 1 (Anat, Bio) corpuscule m
◆ **(blood) corpuscle** globule m sanguin ◆ **red/white corpuscles** globules mpl rouges/blancs
2 (Phys) électron m

**corpus delicti** /dɪˈlɪktaɪ/ N (Jur) corpus delicti m, corps m du délit
**corpus luteum** /ˈluːtɪəm/ N (pl **corpora lutea** /ˈluːtɪə/) (Bio) corps m jaune
**corral** /kəˈrɑːl/ (US)
N corral m
VT [+ cattle] enfermer dans un corral ; (* fig) [+ people, support] réunir

**corrasion** /kəˈreɪʒən/ N (Geol) corrasion f
**correct** /kəˈrekt/ SYN
ADJ 1 (= right) [answer, number, term, estimate, information] correct ; [suspicions] bien fondé ◆ **that's correct!** (confirming guess) exactement ! ; (confirming right answer) c'est juste or exact ! ◆ **"correct money or change only"** (in buses etc) « vous êtes prié de faire l'appoint » ◆ **in the correct order** dans le bon ordre ◆ **to prove correct** s'avérer juste ◆ **have you the correct time?** avez-vous l'heure exacte ? ◆ **at the correct time** au bon moment ◆ **it is correct to say that...** il est juste de dire que... ◆ **it is not correct to say that...** (rationally) il est inexact de dire que... ; (fair) il n'est pas juste de dire que... ; (morally) il n'est pas correct de dire que...

2 ◆ **to be correct** [person] avoir raison ◆ **you are quite correct** vous avez parfaitement raison ◆ **he was correct in his estimates** ses estimations étaient justes ◆ **he is correct in his assessment of the situation** son évaluation de la situation est juste ◆ **to be correct in doing sth** avoir raison de faire qch ◆ **to be correct to do sth** avoir raison de faire qch ◆ **he was quite correct to do it** il a eu tout à fait raison de le faire

3 (= appropriate) [object, method, decision, size, speed, temperature] bon ◆ **in the correct place** au bon endroit ◆ **the correct use of sth** le bon usage de qch ◆ **the correct weight for your height and build** le bon poids pour votre taille et votre corpulence

4 (= proper) [behaviour] correct ; [manners] correct, convenable ; [etiquette, form of address] convenable ; [person] comme il faut ◆ **correct dress must be worn** une tenue correcte est exigée ◆ **it's the correct thing to do** c'est l'usage, c'est ce qui se fait ◆ **socially correct** admis en société

VT 1 [+ piece of work, text, error] corriger ; (Typography) [+ proofs] corriger ◆ **to correct sb's punctuation/spelling** corriger la ponctuation/l'orthographe de qn ◆ **he asked her to correct his English** il lui a demandé de corriger son anglais
2 [+ person] reprendre, corriger ◆ **to correct o.s.** se reprendre, se corriger ◆ **correct me if I'm wrong** reprenez-moi or corrigez-moi si je me trompe ◆ **I stand corrected** je reconnais mon erreur

3 (= rectify) [+ problem] arranger ; [+ eyesight] corriger ; [+ imbalance] redresser
4 († † = punish) réprimander, reprendre
**COMP correcting fluid** N liquide m correcteur

**correction** /kəˈrekʃən/ SYN
N 1 (NonC) [of proofs, essay] correction f ; [of error] correction f, rectification f ◆ **I am open to correction, but...** corrigez-moi si je me trompe, mais...
2 [of school work, proof, text, manuscript] correction f ◆ **a page covered with corrections** une page couverte de corrections
3 († † = punishment) correction f, châtiment m ◆ **house of correction** maison f de correction †
**COMP correction fluid** N liquide m correcteur
**correction tape** N ruban m correcteur

**correctional** /kəˈrekʃənl/ (US)
ADJ [system] pénitentiaire
**COMP correctional facility** N établissement m pénitentiaire
**correctional officer** N gardien(ne) m(f) de prison

**corrective** /kəˈrektɪv/ SYN
ADJ [action] rectificatif ; (Jur, Med) [measures, training] de rééducation, correctif ◆ **corrective surgery** (Med) chirurgie f réparatrice
N correctif m

**correctly** /kəˈrektlɪ/ SYN ADV 1 (= accurately, in right way) [predict] avec justesse, correctement ; [answer, pronounce, cook, perform] correctement
◆ **if I understand you correctly** si je vous ai bien compris ◆ **if I remember correctly** si je me souviens bien
2 (= respectably, decently) [behave] correctement, convenablement

**correctness** /kəˈrektnɪs/ SYN N (NonC) 1 (= rightness, appropriateness) [of decision, action, statement, calculation, spelling] justesse f
2 (= propriety) [of person, behaviour, manners, dress] correction f ◆ **to treat sb with polite correctness** traiter qn avec une correction polie

**Correggio** /kəˈredʒəʊ/ N le Corrège
**correlate** /ˈkɒrɪleɪt/ SYN
VI correspondre (with à), être en corrélation (with avec)
VT mettre en corrélation, corréler (with avec)

**correlation** /ˌkɒrɪˈleɪʃən/ SYN
N corrélation f
**COMP correlation coefficient** N (Statistics) coefficient m de corrélation

**correlational** /ˌkɒrɪˈleɪʃənl/ ADJ corrélationnel
**correlative** /kɒˈrelətɪv/
N corrélatif m
ADJ corrélatif

**correspond** /ˌkɒrɪsˈpɒnd/ LANGUAGE IN USE 5.3 SYN
VI 1 (= agree) correspondre (with à), s'accorder (with avec) ◆ **that does not correspond with what he said** cela ne correspond pas à ce qu'il a dit
2 (= be similar, equivalent) correspondre (to à), être l'équivalent (to de) ◆ **this corresponds to what she was doing last year** ceci est semblable or correspond à ce qu'elle faisait l'année dernière ◆ **his job corresponds roughly to mine** son poste équivaut à peu près au mien or est à peu près l'équivalent du mien
3 (= exchange letters) correspondre (with avec)
◆ **they correspond** ils s'écrivent, ils correspondent

**correspondence** /ˌkɒrɪsˈpɒndəns/ SYN
N 1 (= similarity, agreement) correspondance f (between entre ; with avec)
2 (= letter-writing) correspondance f ◆ **to be in correspondence with sb** entretenir une or être en correspondance avec qn ◆ **to read one's correspondence** lire son courrier or sa correspondance
**COMP correspondence card** N carte-lettre f
**correspondence college** N établissement m d'enseignement par correspondance
**correspondence column** N (Press) courrier m des lecteurs
**correspondence course** N cours m par correspondance

**correspondent** /ˌkɒrɪsˈpɒndənt/ SYN N (gen, Comm, Press, Banking) correspondant(e) m(f)
◆ **foreign/sports correspondent** correspondant étranger/sportif ; → **special**

**corresponding** /ˌkɒrɪsˈpɒndɪŋ/ SYN ADJ correspondant ◆ **corresponding to...** conforme à...
◆ **a corresponding period** une période analogue ◆ **the corresponding period** la période correspondante

**correspondingly** /ˌkɒrɪsˈpɒndɪŋlɪ/ ADV
1 (= proportionally) proportionnellement
2 (= as a result) en conséquence

**corridor** /ˈkɒrɪdɔːʳ/ SYN N couloir m, corridor m
◆ **corridor train** (Brit) train m à couloir ◆ **the corridors of power** les allées fpl du pouvoir
◆ **corridor of uncertainty** (fig) zone f de doute

**corroborate** /kəˈrɒbəreɪt/ SYN VT corroborer, confirmer

**corroboration** /kəˌrɒbəˈreɪʃən/ N confirmation f, corroboration f ◆ **in corroboration of...** à l'appui de..., en confirmation de...

**corroborative** /kəˈrɒbərətɪv/ ADJ qui corrobore (or corroborait etc)

**corrode** /kəˈrəʊd/ SYN
VT (lit, fig) corroder, ronger
VI [metals] se corroder

**corroded** /kəˈrəʊdɪd/ ADJ corrodé
**corrosion** /kəˈrəʊʒən/ N corrosion f
**corrosive** /kəˈrəʊzɪv/ SYN
ADJ (Chem) corrosif ; (fig) (= harmful) [effect, influence, power, emotion] destructeur (-trice f)
N corrosif m

**corrugated** /ˈkɒrəgeɪtɪd/ SYN
ADJ [tin, steel, surface] ondulé ; [roof] en tôle ondulée ; [brow, face] ridé
**COMP corrugated cardboard** N carton m ondulé
**corrugated iron** N tôle f ondulée
**corrugated paper** N papier m ondulé

**corrupt** /kəˈrʌpt/ SYN
ADJ 1 (= dishonest) corrompu ; (= depraved) dépravé ; [practice] malhonnête ◆ **corrupt practices** (= dishonesty) tractations fpl malhonnêtes ; (= bribery etc) trafic m d'influence, malversations fpl
2 [data, text, language] corrompu
3 (liter = putrid) [flesh, corpse] putride
VT (dishonesty) corrompre ; (immorality) dépraver ; (Comput) corrompre
VI corrompre

**corruptible** /kəˈrʌptəbəl/ ADJ corruptible
**corruption** /kəˈrʌpʃən/ SYN
N 1 (NonC: moral) [of person, morals] corruption f
◆ **police corruption** corruption f de la police
2 (Ling) ◆ **"jean" is a corruption of "Genoa"** « jean » est une déformation de « Gênes »
3 (NonC: liter = putrefaction) décomposition f, putréfaction f
**COMP the corruption of minors** N (Jur) le détournement de mineur(s)

**corsage** /kɔːˈsɑːʒ/ N (= bodice) corsage m ; (= flowers) petit bouquet m (de fleurs porté au corsage)
**corsair** /ˈkɔːseəʳ/ N (= ship, pirate) corsaire m, pirate m
**cors anglais** /ˌkɔːzˈɑːŋgleɪ/ NPL of **cor anglais**
**corset** /ˈkɔːsɪt/ SYN N (Dress: also **corsets**) corset m ; (lightweight) gaine f ; (Med) corset m
**corseted** /ˈkɔːsɪtɪd/ ADJ corseté
**Corsica** /ˈkɔːsɪkə/ N Corse f
**Corsican** /ˈkɔːsɪkən/
ADJ corse
N Corse mf
**COMP Corsican pine** N (= tree) pin m laricio or noir (de Corse)

**cortège** /kɔːˈteɪʒ/ N cortège m
**cortex** /ˈkɔːteks/ N (pl **cortices** /ˈkɔːtɪsiːz/) [of plant] cortex m, écorce f ; (Anat) cortex m
**corticoids** /ˈkɔːtɪkɔɪdz/, **corticosteroids** /ˌkɔːtɪkəʊˈstɪərɔɪdz/ NPL corticoïdes mpl
**cortisone** /ˈkɔːtɪzəʊn/ N cortisone f
**corundum** /kəˈrʌndəm/ N corindon m
**coruscate** /ˈkɒrəskeɪt/ VI briller, scintiller
**coruscating** /ˈkɒrəskeɪtɪŋ/ ADJ brillant, scintillant
**corvette** /kɔːˈvet/ N (= ship) corvette f
**corvine** /ˈkɔːvaɪn/ ADJ ◆ **corvine species** (= bird) corvidé m
**corymb** /ˈkɒrɪmb/ N corymbe m
**coryza** /kəˈraɪzə/ N (Med) coryza m
**COS** /ˌsiːəʊˈes/ (abbrev of **cash on shipment**) → **cash**
**cos¹** /kɒs/ N (Brit : also **cos lettuce**) (laitue f) romaine f
**cos²** /kɒs/ N abbrev of **cosine**
**cos³** * /kɒz/ CONJ parce que
**cosecant** /kəʊˈsiːkənt/ N (Math) cosécante f
**cosh** /kɒʃ/ (Brit)
VT * taper sur, cogner* sur
N gourdin m, matraque f ◆ **to be under the cosh** * (Brit) être en difficulté

**cosignatory** /kəʊˈsɪgnətərɪ/ N cosignataire mf

**cosily, cozily** (US) /ˈkəʊzɪlɪ/ ADV [furnished] confortablement ; [settled] douillettement

**cosine** /ˈkəʊsaɪn/ N cosinus m

**cosiness, coziness** (US) /ˈkəʊzɪnɪs/ N (NonC)
1 (= warmth) [of room, pub] atmosphère f douillette
2 (= intimacy) [of evening, chat, dinner] intimité f ◆ **the cosiness of the atmosphere** l'atmosphère f douillette
3 (pej = convenience) [of relationship] complicité f, connivence f

**cosmetic** /kɒzˈmetɪk/ SYN
ADJ [surgery] plastique, esthétique ; [preparation] cosmétique ; (fig) superficiel, symbolique
N cosmétique m, produit m de beauté

**cosmetician** /kɒzmeˈtɪʃən/ N (= chemist) cosmétologue mf ; (= beautician) esthéticienne m(f)

**cosmic** /ˈkɒzmɪk/ SYN
ADJ (lit) cosmique ; (fig) immense, incommensurable ◆ **cosmic dust/rays** poussière f/rayons mpl cosmique(s)
COMP **cosmic string** N corde f cosmique

**cosmogonal** /kɒzˈmɒgənəl/ ADJ cosmogonique

**cosmogonic(al)** /ˌkɒzməˈgɒnɪk(əl)/ ADJ cosmogonique

**cosmogony** /kɒzˈmɒgənɪ/ N cosmogonie f

**cosmographer** /kɒzˈmɒgrəfəʳ/ N cosmographe mf

**cosmography** /kɒzˈmɒgrəfɪ/ N cosmographie f

**cosmological** /ˌkɒzməʊˈlɒdʒɪkəl/ ADJ cosmologique

**cosmology** /kɒzˈmɒlədʒɪ/ N cosmologie f

**cosmonaut** /ˈkɒzmənɔːt/ SYN N cosmonaute mf

**cosmopolitan** /ˌkɒzməˈpɒlɪtən/ SYN ADJ, N cosmopolite mf

**cosmos** /ˈkɒzmɒs/ N cosmos m

**co-sponsor** /ˈkəʊˈspɒnsəʳ/ N (Advertising) commanditaire m associé

**Cossack** /ˈkɒsæk/ N cosaque m

**cosset** /ˈkɒsɪt/ VT dorloter, choyer

**cossie** * /ˈkɒzɪ/ N (Brit, Austral) maillot m (de bain)

**cost** /kɒst/ LANGUAGE IN USE 8.2 SYN
VT (pret, ptp cost) 1 (lit, fig) coûter ◆ **how much does the dress cost?** combien coûte la robe ? ◆ **how much** or **what will it cost to have it repaired?** combien est-ce que cela coûtera de le faire réparer ? ◆ **what does it cost to get in?** quel est le prix d'entrée ? ◆ **it cost him a lot of money** cela lui a coûté cher ◆ **it costs him £22 a week** cela lui revient à or lui coûte 22 livres par semaine, il en a pour 22 livres par semaine ◆ **it costs too much** cela coûte trop cher, c'est trop cher ◆ **it costs the earth** * ça coûte les yeux de la tête ◆ **it cost him an arm and a leg** * ça lui a coûté les yeux de la tête ◆ **I know what it cost him to apologize** je sais ce qu'il lui en a coûté de s'excuser ◆ **it cost her dear** cela lui a coûté cher ◆ **it cost him his job** cela lui a coûté son emploi ◆ **it cost him a great effort** cela lui a coûté or demandé un gros effort ◆ **it cost him a lot of trouble** cela lui a causé beaucoup d'ennuis ◆ **it will cost you your life** il vous en coûtera la vie ◆ **it'll** or **that'll cost you!** * tu vas le sentir passer ! ◆ **politeness costs very little** il ne coûte rien d'être poli ◆ **whatever it costs** (fig) coûte que coûte
2 (pret, ptp costed) (Comm = set price for) [+ article] établir le prix de revient de ; [+ piece of work] évaluer le coût de ◆ **the job was costed at £2,000** le devis pour (l'exécution de) ces travaux s'est monté à 2 000 livres
N coût m ◆ **the cost of repairs** le coût des réparations ◆ **cost, insurance and freight** coût m assurance f et fret m ◆ **to cut the cost of borrowing** (Fin) réduire le loyer de l'argent ◆ **to bear the cost of...** (lit) faire face aux frais m/pl or aux dépenses fpl de... ; (fig) faire les frais de... ◆ **at great cost** (lit, fig) à grands frais ◆ **at little cost** à peu de frais ◆ **at little cost to herself** (fig) sans que cela lui coûte subj beaucoup ◆ **at cost (price)** au prix coûtant ◆ **at the cost of his life/health** au prix de sa vie/santé ◆ **to my cost** (fig) à mes dépens ◆ **at all costs, at any cost** (fig) coûte que coûte, à tout prix ; → **count¹**
NPL **costs** (Jur) dépens mpl, frais mpl judiciaires ◆ **to be ordered to pay costs** (Jur) être condamné aux dépens
COMP **cost accountant** N analyste mf de coûts
**cost accounting** N (NonC) comptabilité f analytique or d'exploitation

**cost analysis** N analyse f des coûts
**cost-benefit analysis** N analyse f coûts-bénéfices
**cost centre** N centre m de coût(s)
**cost conscious** ADJ qui fait attention à ses dépenses
**cost control** N contrôle m des dépenses
**cost-cutting** N compression f or réduction f des coûts ◆ **cost-cutting plan** etc plan m etc de réduction des coûts
**cost-effective** ADJ rentable, d'un bon rapport coût-performance or coût-efficacité
**cost-effectiveness** N rentabilité f, rapport m coût-performance or coût-efficacité
**cost estimate** N devis m, estimation f des coûts
**cost-in-use** N coûts mpl d'utilisation
**cost of living** N coût m de la vie ◆ **cost-of-living adjustment** augmentation f indexée sur le coût de la vie ◆ **cost-of-living allowance** indemnité f de vie chère ◆ **cost-of-living increase** rattrapage m pour cherté de la vie ◆ **cost-of-living index** index m du coût de la vie
**cost-plus** N prix m de revient majoré du pourcentage contractuel ◆ **on a cost-plus basis** à des coûts majorés
**cost-plus pricing** N (Comm) prix m de revient majoré
**cost price** N (Brit) prix m coûtant or de revient
**cost-push inflation** N (Econ) inflation f par les coûts
▶ **cost out** VT SEP [+ project] évaluer le coût de

**co-star** /ˈkəʊstɑːʳ/ (Cine, Theat)
N partenaire mf
VI partager l'affiche (with avec) ◆ **"co-starring X"** « avec X »

**Costa Rica** /ˈkɒstəˈriːkə/ N Costa Rica m

**Costa Rican** /ˈkɒstəˈriːkən/
ADJ costaricain(e), costaricien
N Costaricain(e) m(f), Costaricien(ne)

**coster** /ˈkɒstəʳ/, **costermonger** /ˈkɒstəˌmʌŋgəʳ/ N (Brit) marchand(e) m(f) des quatre saisons

**costing** /ˈkɒstɪŋ/ N estimation f du prix de revient

**costive** /ˈkɒstɪv/ ADJ constipé

**costliness** /ˈkɒstlɪnɪs/ N (= value) (grande) valeur f ; (= high price) cherté f

**costly** /ˈkɒstlɪ/ SYN ADJ (gen) coûteux ; [furs, jewels] de grande valeur, précieux ◆ **a costly business** une affaire coûteuse

**costume** /ˈkɒstjuːm/ SYN
N 1 (gen) costume m ◆ **national costume** costume m national ◆ **in costume** (= fancy dress) déguisé
2 († = lady's suit) tailleur m
COMP **costume ball** N bal m masqué
**costume drama** N (= film/play etc) pièce f/film m etc en costume d'époque ; (genre) (Theat/ Cine etc) théâtre m /cinéma m etc en costume d'époque
**costume jewellery** N bijoux mpl (de) fantaisie
**costume piece** N ⇒ costume drama
**costume play** N pièce f en costume d'époque

**costumier** /kɒsˈtjuːmɪəʳ/, **costumer** (esp US) /kɒsˈtjuːməʳ/ N costumier m, -ière f

**cosy, cozy** (US) /ˈkəʊzɪ/ SYN
ADJ 1 (= warm) [flat, home, room] douillet, cosy ; [restaurant] confortable ◆ **nights in front of a cosy fire** des soirées agréables au coin du feu ◆ **to be cosy** [person] être bien ◆ **it is cosy in here** on est bien ici
2 (= friendly) [atmosphere, evening, chat, dinner] intime
3 (pej = convenient) [arrangement, deal, relationship] commode
N (= tea cosy) couvre-théière m ; (= egg cosy) couvre-œuf m
VI **to cosy up to sb** * caresser qn dans le sens du poil *

**cot** /kɒt/
N (Brit : child's) lit m d'enfant, petit lit m ; (US = folding bed) lit m de camp
COMP **cot death** N mort f subite du nourrisson

**cotangent** /kəʊˈtændʒənt/ N (Math) cotangente f

**Cote d'Ivoire** /ˌkəʊtdiːˈvwɑːʳ/ N ◆ **(the) Cote d'Ivoire** la Côte-d'Ivoire

**cotenancy** /kəʊˈtenənsɪ/ N colocation f

**coterie** /ˈkəʊtərɪ/ N coterie f, cénacle m

**coterminous** /kəʊˈtɜːmɪnəs/ ADJ (= touching) limitrophe ; (= contemporary) contemporain

**cotidal** /kəʊˈtaɪdl/ ADJ cotidal

**cotillion** /kəˈtɪljən/ N cotillon m, quadrille m

**cotinga** /kəˈtɪŋgə/ N cotinga m

**cotoneaster** /kəˌtəʊnɪˈæstəʳ/ N (= plant) cotonéaster m

**cotta** /ˈkɒtə/ N (Rel) rochet m

**cottage** /ˈkɒtɪdʒ/ SYN
N petite maison f (à la campagne), cottage m ; (thatched) chaumière f ; (holiday home) villa f
COMP **cottage cheese** N fromage m blanc (égoutté), cottage m (cheese)
**cottage flat** N (Brit) appartement m dans une maison en regroupant quatre en copropriété
**cottage hospital** N (Brit) petit hôpital m
**cottage industry** N (working at home) industrie f familiale ; (= informally organized industry) industrie f artisanale
**cottage loaf** N (Brit) miche f de pain
**cottage pie** N (Brit) ≈ hachis m Parmentier

**cottager** /ˈkɒtɪdʒəʳ/ N (Brit) paysan(ne) m(f) ; (US) propriétaire mf de maison de vacances

**cottaging** * /ˈkɒtɪdʒɪŋ/ N (Brit) rencontres homosexuelles dans des toilettes publiques

**cottar, cotter¹** /ˈkɒtəʳ/ N (Scot) paysan(ne) m(f)

**cotter²** /ˈkɒtəʳ/ N (Tech: also **cotter pin**) clavette f d'arrêt

**cottid** /ˈkɒtɪd/ N chabot m

**cotton** /ˈkɒtn/
N (NonC) (= plant, fabric) coton m ; (Brit = sewing thread) fil m (de coton) ; → **absorbent, gin**
COMP [shirt, dress] de coton
**cotton batting** N (US) ouate f
**the cotton belt** N le Sud cotonnier (Alabama, Géorgie, Mississippi)
**cotton bud** N (Brit) coton-tige ® m
**cotton cake** N tourteau m de coton
**cotton candy** N (US) barbe f à papa
**cotton goods** NPL cotonnades fpl
**cotton grass** N linaigrette f, lin m des marais
**cotton industry** N industrie f cotonnière or du coton
**cotton lace** N dentelle f de coton
**cotton mill** N filature f de coton
**cotton-picking** ADJ (US pej) sale * before n, sacré before n
**the Cotton State** N l'Alabama m
**cotton waste** N déchets mpl de coton, coton m d'essuyage
**cotton wool** N (Brit) ouate f ◆ **absorbent cotton wool** ouate f or coton m hydrophile ◆ **to bring up a child in cotton wool** élever un enfant dans du coton ◆ **my legs felt like cotton wool** * j'avais les jambes en coton
**cotton yarn** N fil m de coton
▶ **cotton on** * VI (Brit) piger * ◆ **to cotton on to sth** piger * qch, saisir qch
▶ **cotton to** * VT FUS [+ person] avoir à la bonne ; [+ plan, suggestion] apprécier, approuver ◆ **I don't cotton to it much** je ne suis pas tellement pour *, ça ne me botte pas tellement

**cottonseed oil** /ˈkɒtnsiːdɔɪl/ N huile f de coton

**cottontail** /ˈkɒtnteɪl/ N (US) lapin m

**cottonwood** /ˈkɒtnwʊd/ N (US) peuplier m de Virginie

**cotyledon** /ˌkɒtɪˈliːdən/ N cotylédon m

**couch** /kaʊtʃ/
N 1 (= settee) canapé m, divan m, sofa m ; [of doctor] lit m ; [of psychoanalyst] divan m ; (liter = bed) couche f (liter) ◆ **to be on the couch** * (US fig) être en analyse
2 (= couch grass) chiendent m
VT formuler, exprimer ◆ **request couched in insolent language** requête f formulée en termes insolents ◆ **request couched in the following terms** demande f ainsi rédigée
VI [animal] (= lie asleep) être allongé or couché ; (= ready to spring) s'embusquer
COMP **couch grass** N chiendent m
**couch potato** * N mollasson m (qui passe son temps devant la télé)

**couchette** /kuːˈʃet/ N couchette f

**cougar** /ˈkuːgəʳ/ N couguar m

**cough** /kɒf/ SYN
N toux f ◆ **he has a bad cough** il a une mauvaise toux, il tousse beaucoup ◆ **he has a bit of a cough** il tousse un peu ◆ **to give a warning cough** tousser en guise d'avertissement
VI 1 tousser
2 (* = confess) parler ◆ **to cough on** or **to sth** avouer qch
COMP **cough drop** N pastille f pour la toux

**cough mixture** N sirop m pour la toux, (sirop m) antitussif m
**cough sweet** N pastille f pour la toux
**cough syrup** N ⇒ cough mixture
▸ **cough up** VT SEP [1] (lit) expectorer, cracher en toussant
[2] (* fig) [+ money] cracher *

**coughing** /ˈkɒfɪŋ/ N toux f ◆ **to hear coughing** entendre tousser ◆ **coughing fit** quinte f de toux

**could** /kʊd/ LANGUAGE IN USE 1.1, 2.2, 3.1, 4, 9.1, 26.3 VB pt, cond of **can¹**

**couldn't** /ˈkʊdnt/ ⇒ **could not** ; → **can¹**
**could've** /ˈkʊdəv/ ⇒ **could have** ; → **can¹**
**coulee** /ˈkuːleɪ/ N (US) ravine f
**coulis** /ˈkuːli/ N (Culin) coulis m
**couloir** /ˈkuːlwɑːr/ N (Climbing) couloir m
**coulomb** /ˈkuːlɒm/ N coulomb m
**coulter, colter** (US) /ˈkəʊltər/ N (Agr) coutre m
**coumarin** /ˈkuːmərɪn/ N coumarine f

**council** /ˈkaʊnsl/ SYN
N conseil m, assemblée f ◆ **council of war** conseil m de guerre ◆ **city** or **town council** conseil m municipal ◆ **they decided in council that...** l'assemblée a décidé que... ◆ **the Security Council of the UN** le conseil de Sécurité des Nations Unies ; → **lord, parish, privy**
COMP **council chamber** N (Brit) salle f du conseil municipal
**council estate** N (Brit) cité f (de logements sociaux or de HLM)
**council flat** N (Brit) appartement m/maison f loué(e) à la municipalité, ≈ HLM m or f
**council house** N (Brit) maison f louée à la municipalité, ≈ HLM m or f
**council housing** N (Brit) logements mpl sociaux
**council housing estate** N ⇒ **council estate**
**the Council of Economic Advisors** N (US) les Conseillers mpl économiques (du Président)
**Council of Europe** N Conseil m de l'Europe
**Council of Ministers** N (Pol) Conseil m des ministres
**council school** N (Brit) école f publique
**council tax** N (Brit) impôts mpl locaux
**council tenant** N (Brit) locataire mf d'un logement social

**councillor** /ˈkaʊnsɪlər/ N conseiller m, -ère f, membre m d'un conseil ◆ **Councillor X** (form of address) Monsieur le conseiller municipal X, Madame la conseillère municipale X ; → **privy, town**

**councilman** /ˈkaʊnsɪlmæn/ N (pl **-men**) (US) conseiller m

**councilwoman** /ˈkaʊnsɪlwʊmən/ N (pl **-women**) (US) conseillère f

**counsel** /ˈkaʊnsl/ SYN
N [1] (NonC) conseil m ◆ **to take counsel with sb** prendre conseil de qn, consulter qn ◆ **to keep one's own counsel** garder ses pensées pour soi, ne rien dévoiler de ses pensées
[2] (pl inv: Jur) avocat(e) m(f) ◆ **counsel for the defence** (Brit) (avocat m de la) défense f ◆ **counsel for the prosecution** (Brit) avocat m du ministère public ◆ **King's** or **Queen's Counsel** avocat m de la couronne (qui peut néanmoins plaider pour des particuliers) ; → **defending, prosecuting**
VT (frm, liter) recommander, conseiller (sb to do sth à qn de faire qch) ◆ **to counsel caution** recommander or conseiller la prudence

**counselling, counseling** (US) /ˈkaʊnsəlɪŋ/
N (gen = advice) conseils mpl ; (Psych, Social Work) assistance f socio-psychologique ; (Brit Scol) aide f psychopédagogique ◆ **he needs counselling** (= therapy) il a besoin de suivre une thérapie
COMP **counseling service** N (US Univ) service m d'orientation et d'assistance universitaire

**counsellor, counselor** (US) /ˈkaʊnslər/
N [1] (gen) conseiller m, -ère f ; (Psych, Social Work) conseiller m, -ère f socio-psychologique ; (US Educ) conseiller m, -ère f d'orientation
[2] (Ir, US : also **counsellor-at-law**) avocat m

**count¹** /kaʊnt/ LANGUAGE IN USE 4 SYN
N [1] compte m ; [of votes at election] dépouillement m ◆ **to make a count** faire un compte ◆ **at the last count** (gen) la dernière fois qu'on a compté ; (Admin) au dernier recensement ◆ **to be out for the count, to take the count** (Boxing) être mis knock-out, aller au tapis pour le compte ◆ **to be out for the count** * (fig) (= unconscious) être KO*, avoir son compte * ; (= asleep) avoir son compte * ◆ **I'll come and look for you after a count of ten** je compte jusqu'à dix et je viens te chercher ◆ **to keep (a) count of...** tenir le compte de... ◆ **to take no count of...** (fig) ne pas tenir compte de...
◆ **to lose count** ◆ **every time you interrupt you make me lose count** chaque fois que tu m'interromps je perds le fil ◆ **I've lost count** je ne sais plus où j'en suis ◆ **I've lost count of the number of times I've told you** je ne sais plus combien de fois je te l'ai dit ◆ **he lost count of the tickets he had sold** il ne savait plus combien de billets il avait vendus
[2] (Jur) chef m d'accusation ◆ **guilty on three counts** reconnu coupable pour trois chefs d'accusation
[3] (= respect, point of view) ◆ **you're wrong on both counts** tu te trompes doublement ◆ **the movie is unique on several counts** c'est un film unique à plusieurs égards ◆ **a magnificent book on all counts** un livre magnifique à tous les points de vue
VT [1] (= add up) compter ◆ **to count the votes** (Admin, Pol) compter les bulletins ◆ **to count noses*** (US) compter les présents ◆ **to count sheep** compter les moutons ◆ **to count the cost** (lit) calculer la dépense ; (fig) faire le bilan ◆ **without counting the cost** (lit, fig) sans compter ◆ **(you must) count your blessings** estimez-vous heureux ◆ **don't count your chickens (before they're hatched)** (Prov) il ne faut pas vendre la peau de l'ours (avant de l'avoir tué) (Prov) ; → **stand**
[2] (= include) compter ◆ **ten people not counting the children** dix personnes sans compter les enfants ◆ **three more counting Charles** trois de plus, en comptant Charles ◆ **to count sb among one's friends** compter qn parmi ses amis
[3] (= consider) tenir, estimer ◆ **to count sb as dead** tenir qn pour mort ◆ **we must count ourselves fortunate** or **lucky (men)** nous devons nous estimer heureux ◆ **I count it an honour to (be able to) help you** je m'estime honoré de pouvoir vous aider
VI [1] compter ◆ **can he count?** est-ce qu'il sait compter ? ◆ **counting from tonight** à compter de ce soir ◆ **counting from the left** à partir de la gauche
[2] (= be considered) compter ◆ **you count among my best friends** vous comptez parmi or au nombre de mes meilleurs amis ◆ **two children count as one adult** deux enfants comptent pour un adulte ◆ **that doesn't count** cela ne compte pas
[3] (= have importance) compter ◆ **every minute counts** chaque minute compte ◆ **that counts for nothing** cela ne compte pas, cela compte pour du beurre * ◆ **he counts for a lot in that firm** il joue un rôle important dans cette compagnie ◆ **a university degree counts for very little nowadays** de nos jours un diplôme universitaire n'a pas beaucoup de valeur or ne pèse pas lourd *
COMP **count noun** N nom m comptable

▸ **count against** VT FUS desservir ◆ **his lack of experience counts against him** son inexpérience le dessert or joue contre lui
▸ **count down** VI faire le compte à rebours
▸ **count in** * VT SEP compter ◆ **to count sb in on a plan** inclure qn dans un projet ◆ **you can count me in!** je suis de la partie !
▸ **count on** VT FUS ⇒ **count upon**
▸ **count out** VT SEP [1] (Boxing) ◆ **to be counted out** être mis knock-out, être envoyé or aller au tapis pour le compte
[2] [+ money] compter pièce par pièce ; [+ small objects] compter, dénombrer
[3] (= exclude) ◆ **you can count me out of*** **this business** ne comptez pas sur moi dans cette affaire ◆ **count me out!*** c'est sans moi ! *
[4] (Parl only) ◆ **to count out a meeting** ajourner une séance (le quorum n'étant pas atteint) ◆ **to count out the House** (Brit) ajourner la séance (du Parlement)
▸ **count towards** VT FUS ◆ **these contributions will count towards your pension** ces cotisations compteront pour or seront prises en compte pour votre retraite
▸ **count up** VT SEP compter
▸ **count upon** VT FUS compter (sur) ◆ **I'm counting upon you** je compte sur vous ◆ **to count upon doing sth** compter faire qch

**count²** /kaʊnt/ N (= nobleman) comte m

**countability** /ˌkaʊntəˈbɪlɪtɪ/ N (Ling = fact of being countable) fait m d'être comptable ◆ **the prob-lem of countability** le problème de savoir si un (or le etc) substantif est comptable ou non

**countable** /ˈkaʊntəbl/ ADJ (Gram) ◆ **countable noun** nom m comptable

**countdown** /ˈkaʊntdaʊn/ N compte m à rebours

**countenance** /ˈkaʊntɪnəns/ SYN
N [1] (liter = face) expression f du visage m, figure f ; (= expression) mine f ; (= composure) contenance f ◆ **out of countenance** décontenancé ◆ **to keep one's countenance** faire bonne contenance, ne pas se laisser décontenancer
[2] (frm = approval) ◆ **to give countenance to** [+ person] encourager ; [+ plan] favoriser ; [+ rumour, piece of news] accréditer
VT approuver, admettre (sth qch ; sb's doing sth que qn fasse qch)

**counter¹** /ˈkaʊntər/
N [1] (in shop, canteen) comptoir m ; (= position : in bank, post office etc) guichet m ; (in pub) comptoir m, zinc * m ◆ **the girl behind the counter** (in shop) la vendeuse ; (in pub) la serveuse ◆ **available over the counter** [medicine] vendu sans ordonnance ◆ **to buy/sell medicines over the counter** acheter/vendre des médicaments sans ordonnance ; see also **over-the-counter** ◆ **to buy/sell sth under the counter** acheter/vendre qch sous le manteau ; see also **under-the-counter**
[2] (= disc) jeton m
[3] (= measuring, counting device) compteur m ; → **Geiger counter**
COMP **counter hand** N (in shop) vendeur m, -euse f ; (in snack bar) serveur m, -euse f
**counter staff** N (NonC) (in bank) caissiers mpl, -ières fpl, guichetiers mpl ; (in shop) vendeurs mpl, -euses fpl

**counter²** /ˈkaʊntər/ SYN
ADV ◆ **counter to sb's wishes** à l'encontre des or contrairement aux souhaits de qn ◆ **counter to sb's orders** contrairement aux ordres de qn ◆ **to run counter to sth** aller à l'encontre de qch
ADJ ◆ **counter to sth** contraire à qch
N ◆ **to be a counter to sth** contrebalancer qch
VT [+ remark] répliquer à (by, with par) ; [+ decision, order] aller à l'encontre de, s'opposer à ; [+ plan] contrecarrer, contrarier ; [+ blow] parer
VI (fig) riposter, répliquer ; (Boxing, Fencing etc) contrer ◆ **he countered with a right** il a contré d'une droite

**counteract** /ˌkaʊntərˈækt/ SYN VT neutraliser, contrebalancer

**counter-argument** /ˈkaʊntərˌɑːgjʊmənt/ N contre-argument m

**counterattack** /ˈkaʊntərəˌtæk/ (Mil, fig)
N contre-attaque f
VTI contre-attaquer

**counterattraction** /ˈkaʊntərəˌtrækʃən/ N attraction f concurrente, spectacle m rival

**counterbalance** /ˈkaʊntərˌbæləns/ SYN
N contrepoids m
VT contrebalancer, faire contrepoids à

**counterbid** /ˈkaʊntərˌbɪd/ N surenchère f, suroffre f

**counterblast** /ˈkaʊntərˌblɑːst/ N réfutation f or démenti m énergique

**countercharge** /ˈkaʊntərˌtʃɑːdʒ/ N (Jur) contre-accusation f

**countercheck** /ˈkaʊntərˌtʃek/
N deuxième contrôle m or vérification f
VT revérifier

**counterclaim** /ˈkaʊntərˌkleɪm/ N (Jur) demande f reconventionnelle ◆ **to bring a counterclaim** introduire une demande reconventionnelle

**counterclockwise** /ˈkaʊntərˈklɒkˌwaɪz/ ADV, ADJ (US) dans le sens inverse des aiguilles d'une montre

**counterculture** /ˈkaʊntərˌkʌltʃə/ N contre-culture f

**counterdemonstration** /ˈkaʊntərˌdemənˌstreɪʃən/ N (Pol) contre-manifestation f

**counterespionage** /ˈkaʊntərˈespɪəˌnɑːʒ/ N contre-espionnage m

**counterexample** /ˈkaʊntərɪgˌzɑːmpl/ N contre-exemple m

**counterfeit** /ˈkaʊntəfɪt/ SYN
ADJ faux (fausse f) ◆ **counterfeit coin/money** fausse pièce f/monnaie f
N faux m, contrefaçon f

**counterfeiter | course**

**VT** [+ banknote, signature] contrefaire ◆ **to counterfeit money** fabriquer de la fausse monnaie
**counterfeiter** /ˈkaʊntəfɪtəʳ/ **N** faussaire mf
**counterfoil** /ˈkaʊntəfɔɪl/ **N** (Brit) [of cheque etc] talon m, souche f
**counter-gambit** /ˈkaʊntəgæmbɪt/ **N** contregambit m
**counter-inflationary** /ˌkaʊntərɪnˈfleɪʃənrɪ/ **ADJ** (Brit Econ) anti-inflationniste
**counterinsurgency** /ˌkaʊntərɪnˈsɜːdʒənsɪ/ **N** contre-insurrection f
**counterinsurgent** /ˌkaʊntərɪnˈsɜːdʒənt/ **N** contre-insurgé(e) m(f)
**counterintelligence** /ˌkaʊntərɪnˈtelɪdʒəns/ **N** contre-espionnage m
**counterintuitive** /ˌkaʊntərɪnˈtjuːɪtɪv/ **ADJ** contraire à l'intuition
**counterirritant** /ˌkaʊntərˈɪrɪtənt/ **N** (Med) révulsif m
**counterman** /ˈkaʊntəmæn/ **N** (pl -men) (US) serveur m
**countermand** /ˈkaʊntəmɑːnd/ SYN **VT** [+ order] annuler ◆ **unless countermanded** sauf contrordre
**countermeasure** /ˈkaʊntəmeʒəʳ/ **N** contre-mesure f
**countermove** /ˈkaʊntəmuːv/ **N** (Mil) contre-attaque f, riposte f
**counteroffensive** /ˈkaʊntərəfensɪv/ **N** (Mil) contre-offensive f
**counteroffer** /ˈkaʊntərˌɒfəʳ/ **N** contre-offre f, contre-proposition f
**counter-order** /ˈkaʊntərˌɔːdəʳ/ **N** contrordre m
**counterpane** /ˈkaʊntəpeɪn/ **N** dessus-de-lit m inv, couvre-lit m ; (quilted) courtepointe f
**counterpart** /ˈkaʊntəpɑːt/ SYN **N** [of document etc] (= duplicate) double m, contrepartie f ; (= equivalent) équivalent m ; [of person] homologue mf
**counterplea** /ˈkaʊntəpliː/ **N** réplique f
**counterpoint** /ˈkaʊntəpɔɪnt/
  **N** (Mus) contrepoint m
  **VT** (fig) contraster avec
**counterpoise** /ˈkaʊntəpɔɪz/
  **N** (= weight, force) contrepoids m ; (= equilibrium) équilibre m ◆ **in counterpoise** en équilibre
  **VT** contrebalancer, faire contrepoids à
**counterproductive** /ˌkaʊntəprəˈdʌktɪv/ **ADJ** contre-productif
**counter-proposal** /ˌkaʊntəprəˈpəʊzəl/ **N** contre-proposition f
**Counter-Reformation** /ˈkaʊntəˌrefəˈmeɪʃən/ **N** (Hist) Contre-Réforme f
**counter-revolution** /ˈkaʊntəˌrevəˈluːʃən/ **N** contre-révolution f
**counter-revolutionary** /ˈkaʊntəˌrevəˈluːʃənrɪ/ **ADJ, N** contre-révolutionnaire mf
**countershaft** /ˈkaʊntəʃɑːft/ **N** (Tech) arbre m intermédiaire
**counter-shot** /ˈkaʊntəʃɒt/ **N** (Cine) contrechamp m
**countersign** /ˈkaʊntəsaɪn/
  **VT** contresigner
  **N** mot m de passe or d'ordre
**countersink** /ˈkaʊntəsɪŋk/ **VT** [+ hole] fraiser ; [+ screw] noyer
**counter-stroke** /ˈkaʊntəstrəʊk/ **N** (lit, fig) retour m offensif
**countersunk** /ˈkaʊntəsʌŋk/ **ADJ** fraisé
**countertenor** /ˈkaʊntəˈtenəʳ/ **N** (Mus) (= singer) haute-contre m ; (= voice) haute-contre f
**counterterrorism** /ˌkaʊntəˈterərɪzəm/ **N** antiterrorisme m ◆ **counterterrorism official/agent** responsable/agent de l'antiterrorisme
**counterterrorist** /ˌkaʊntəˈterərɪst/ **ADJ** antiterroriste
**countertop** /ˈkaʊntətɒp/ **N** (US) plan m de travail
**counter-turn** /ˈkaʊntətɜːn/ **N** (Ski) contre-virage m
**countervailing** /ˈkaʊntəveɪlɪŋ/ **ADJ** (Fin) ◆ **countervailing duties** droits mpl compensatoires
**counterweight** /ˈkaʊntəweɪt/ **N** contrepoids m
**countess** /ˈkaʊntɪs/ **N** comtesse f
**counting** /ˈkaʊntɪŋ/
  **N** (= school subject) calcul m
  COMP **counting house** † **N** (Brit) salle f or immeuble m des comptables
**countless** /ˈkaʊntlɪs/ SYN **ADJ** innombrable, sans nombre ◆ **on countless occasions** en d'innombrables occasions ◆ **countless millions of...** des millions et des millions de...
**countrified** /ˈkʌntrɪfaɪd/ **ADJ** rustique, campagnard
**country** /ˈkʌntrɪ/ SYN
  **N** 1 pays m ◆ **the different countries of the world** les divers pays mpl du monde ◆ **the country wants peace** le pays désire la paix ◆ **to go to the country** (Brit Pol) appeler le pays aux urnes
  2 (= native land) patrie f, pays m ◆ **to die for one's country** mourir pour son pays ; → **old**
  3 (NonC: as opposed to town) campagne f ◆ **in the country** à la campagne ◆ **the country round the town** les environs mpl de la ville ◆ **the surrounding country** la campagne environnante ◆ **to live off the country** (gen) vivre de la terre ; (Mil) vivre sur le pays
  4 (NonC = region) pays m, région f ◆ **there is some lovely country to the north** il y a de beaux paysages mpl dans le nord ◆ **mountainous country** région f montagneuse ◆ **this is good fishing country** c'est une bonne région pour la pêche ◆ **this is unknown country to me** (lit) je ne connais pas la région ; (fig) je suis en terrain inconnu ; → **open**
  COMP [lifestyle] campagnard, de (la) campagne
  ◆ **country-and-western N** (Mus) musique f country (and western)
  ◆ **country-born ADJ** né à la campagne
  ◆ **country-bred ADJ** élevé à la campagne
  ◆ **country bumpkin N** (pej) péquenaud(e)* m(f) (pej), cul-terreux* m (pej)
  ◆ **country club N** club m de loisirs (à la campagne)
  ◆ **the country code N** (Brit) les us mpl et coutumes fpl de la campagne
  ◆ **country cottage N** cottage m, petite maison f (à la campagne) ; [of weekenders] maison f de campagne
  ◆ **country cousin N** (fig) cousin(e) m(f) de province
  ◆ **country dance** (NonC), **country dancing N** danse f folklorique ◆ **to go country dancing** danser (des danses folkloriques)
  ◆ **country dweller N** campagnard(e) m(f), habitant(e) m(f) de la campagne
  ◆ **country folk NPL** gens mpl de la campagne, campagnards mpl
  ◆ **country gentleman N** (pl country gentlemen) gentilhomme m campagnard
  ◆ **country house N** manoir m, (petit) château m
  ◆ **country life N** vie f à la campagne, vie f campagnarde
  ◆ **country mile\* N** (US) ◆ **to miss sth by a country mile** manquer qch de beaucoup
  ◆ **country music N** (NonC) (musique f) country m
  ◆ **country park N** (Brit) parc m naturel
  ◆ **country people N** (NonC) campagnards mpl, gens mpl de la campagne
  ◆ **country police N** (US) police f régionale, ≈ gendarmerie f
  ◆ **country road N** petite route f (de campagne)
  ◆ **country seat N** manoir m, gentilhommière f
**countryman** /ˈkʌntrɪmæn/ SYN **N** (pl -men) (also **fellow countryman**) compatriote m, concitoyen m ; (opposed to town dweller) habitant m de la campagne, campagnard m
**countryside** /ˈkʌntrɪsaɪd/ SYN
  **N** ◆ **the countryside** la campagne
  COMP **the Countryside Commission N** (Brit) organisme chargé de la protection du milieu rural
**countrywide** /ˈkʌntrɪwaɪd/ **ADJ** à l'échelle nationale
**countrywoman** /ˈkʌntrɪwʊmən/ **N** (pl -women) (also **fellow countrywoman**) compatriote f, concitoyenne f ; (opposed to town dweller) habitante f de la campagne, campagnarde f
**county** /ˈkaʊntɪ/ SYN
  **N** 1 comté m (division administrative), ≈ département m ; → **home**
  2 (= people) habitants mpl d'un comté ◆ **the county** (Brit) (= nobility etc) l'aristocratie f terrienne (du comté)
  **ADJ** (Brit) [voice, accent] aristocratique ◆ **he's very county** il est or fait très aristocratie terrienne
  COMP **county agent N** (US) ingénieur-agronome m
  ◆ **county clerk N** (US Admin) ≈ sous-préfet m
  ◆ **county council N** (in Brit: formerly) ≈ conseil m régional
  ◆ **county court N** ≈ tribunal m de grande instance
  ◆ **county cricket N** (Brit) le cricket disputé entre les comtés
  ◆ **county family N** (Brit) vieille famille f
  ◆ **county jail N** (US) → **county prison**
  ◆ **county police N** (US) police f régionale, ≈ gendarmerie f
  ◆ **county prison N** centrale f
  ◆ **county seat N** (US) ⇒ **county town**
  ◆ **county town N** chef-lieu m
**coup** /kuː/ SYN **N** (beau) coup m (fig) ; (Pol) coup m d'État
**coupé** /ˈkuːpeɪ/ **N** (= car) coupé m
**couple** /ˈkʌpl/ SYN
  **N** couple m ◆ **the young (married) couple** les jeunes mariés, le jeune couple ◆ **a couple of** deux ◆ **I've seen him a couple of times** je l'ai vu deux ou trois fois ◆ **I did it in a couple of hours** je l'ai fait en deux heures environ ◆ **we had a couple\* in the bar** nous avons pris un verre ou deux au bar ◆ **when he's had a couple\* he begins to sing** après un ou deux verres, il se met à chanter ; → **first**
  **VT** 1 (also **couple up**) [+ railway carriages] atteler, (ac)coupler ; [+ ideas, names] associer
  2 ◆ **coupled with** ajouté à ◆ **coupled with the fact that...** venant en plus du fait que...
  **VI** (= mate) s'accoupler
**coupledom** /ˈkʌpldəm/ **N** la vie de couple
**coupler** /ˈkʌpləʳ/ **N** (Comput) coupleur m ; (US : in train) attelage m ◆ **acoustic coupler** (Comput) coupleur m acoustique
**couplet** /ˈkʌplɪt/ **N** distique m
**coupling** /ˈkʌplɪŋ/ **N** 1 (NonC) (= combination) association f
  2 (= device) (in train) attelage m ; (Elec) couplage m
  3 (= sexual intercourse) accouplement m
**coupon** /ˈkuːpɒn/ SYN **N** (= money-off voucher) bon m de réduction ; (= form in newspaper, magazine) bulletin-réponse m ; (for rationed product) ticket m or carte f de rationnement ; [of cigarette packets etc] bon m, vignette f ; → **international**
**courage** /ˈkʌrɪdʒ/ SYN **N** courage m ◆ **I haven't the courage to refuse** je n'ai pas le courage de refuser ◆ **to take/lose courage** prendre/perdre courage ◆ **to take courage from sth** être encouragé par qch ◆ **to have the courage of one's convictions** avoir le courage de ses opinions ◆ **to take one's courage in both hands** prendre son courage à deux mains ; → **Dutch, pluck up**
**courageous** /kəˈreɪdʒəs/ SYN **ADJ** courageux
**courageously** /kəˈreɪdʒəslɪ/ **ADV** courageusement
**courbaril** /ˈkʊəbərɪl/ **N** courbaril m
**courgette** /kʊəˈʒet/ **N** (Brit) courgette f
**courier** /ˈkʊrɪəʳ/
  **N** 1 (= messenger) (gen) messager m ; (Mil) courrier m ; [of urgent mail] coursier m, -ière f
  2 (= tourist guide) guide m
  **VT** (= send) envoyer par coursier
  COMP **courier service N** messagerie f

 **courier** is only translated by the French word **courrier** in the military sense. The commonest sense of **courrier** is 'mail'.

**course** /kɔːs/ SYN
  **N** 1 **of course** bien sûr, bien entendu ◆ **did he do it? – of course!/of course not!** est-ce qu'il l'a fait ? – bien sûr or bien entendu !/bien sûr que non ! ◆ **may I take it? – of course!** est-ce que je peux le prendre ? – bien sûr or mais oui ! ◆ **do you mind? – of course not!** ça vous dérange ? – bien sûr que non ! ◆ **do you love him? – of course I do!/of course I don't!** tu l'aimes ? – bien sûr (que je l'aime) !/bien sûr que non ! ◆ **of course I won't do it!** je ne vais pas faire ça, bien sûr ! ◆ **he denied it; nobody believed him of course** il l'a nié ; bien sûr, personne ne l'a cru ◆ **you'll come on Saturday of course** vous viendrez samedi bien sûr
  2 (= duration, process) [of life, events, time, disease] cours m ◆ **in the normal/ordinary course of things** or **events** en temps normal/ordinaire ◆ **in the course of** au cours de ◆ **in the course of the conversation** au cours de la conversation ◆ **in the course of the next few months** au cours des prochains mois ◆ **in the course of time** avec le temps ◆ **in the course of the week** dans le courant de la semaine ; → **due, matter**
  3 (= direction, way, route) [of river, war] cours m ; [of ship] route f ; [of planet] trajectoire f, orbite f ◆ **to keep** or **hold one's course** poursuivre sa

**coursebook | cover**

route ◆ **to hold (one's) course** (at sea) garder le cap ◆ **on course** [rocket] sur la bonne trajectoire ◆ **on course for** (lit) en route pour ◆ **the team is on course for a place in the finals** l'équipe est bien partie pour une qualification en finale ◆ **to set course for** (at sea) mettre le cap sur ◆ **to change course** (Naut, fig) changer de cap ◆ **to change the course of history** changer le cours de l'histoire ◆ **to get back on course** [ship] reprendre son cap ◆ **to go off course** [ship, aircraft] dévier de son cap ; (fig) faire fausse route ◆ **to let sth take its course** laisser qch suivre son cours ◆ **to let events run their course** laisser les événements suivre leur cours ◆ **the affair/the illness has run its course** l'affaire/la maladie a suivi son cours ; → **middle**

④ (= option) solution f ◆ **we have no other course but to...** nous n'avons pas d'autre solution que de... ◆ **the best course would be to leave at once** la meilleure solution serait de partir immédiatement ◆ **there are several courses open to us** plusieurs possibilités s'offrent à nous ◆ **what course do you suggest?** quel parti (nous) conseillez-vous de prendre ? ◆ **let him take his own course** laissez-le agir à sa guise or comme bon lui semble ◆ **to take a certain course of action** adopter une certaine ligne de conduite

⑤ (Scol, Univ) cours m ; (non-academic) stage m ◆ **he did a three-year computing course** il a fait trois ans d'études en informatique ◆ **the firm sent me on a two-week computing course** mon entreprise m'a envoyé en stage d'informatique pendant deux semaines ◆ **a summer English course** un stage d'anglais d'été ◆ **to do a French course** suivre des cours de français ◆ **a creative writing course** un cours (or un stage) de création littéraire ◆ **the people on the course are really nice** les gens du cours (or du stage) sont vraiment sympathiques ◆ **he gave a course of lectures on Proust** il a donné une série de conférences sur Proust ◆ **I have bought part two of the German course** j'ai acheté la deuxième partie de la méthode or du cours d'allemand ; → **correspondence, foundation, refresher, sandwich**

⑥ (Sport) (gen) parcours m ; (Golf etc) terrain m ; → **assault, golf, racecourse, stay¹**

⑦ [of meal] plat m ◆ **first course** entrée f ◆ **three-/four- course meal** repas m de trois/quatre plats ; → **main**

⑧ (Med) [of injections] série f ◆ **course of pills** traitement m à base de comprimés ◆ **course of treatment** traitement m

⑨ (Constr) assise f (de briques etc) ; → **damp**

[NPL] **courses** (Naut = sails) basses voiles fpl

[VI] ① [water] couler à flots ◆ **tears coursed down her cheeks** les larmes ruisselaient sur ses joues ◆ **it sent the blood coursing through his veins** cela lui fouetta le sang

② (Sport) chasser (le lièvre)

[VT] (Sport) [+ hare] courir, chasser

[COMP] **course of study** N (Scol) programme m scolaire ; (Univ) cursus m universitaire ◆ **course work** N (NonC: Univ) (= assessment) contrôle m continu ; (= work) devoirs mpl (comptant pour le contrôle continu)

**coursebook** /ˈkɔːsbʊk/ N (Scol) manuel m

**courser** /ˈkɔːsəʳ/ N (= person) chasseur m (gén de lièvres) ; (= dog) chien m courant ; (liter) (= horse) coursier m (liter)

**coursing** /ˈkɔːsɪŋ/ N (Sport) chasse f au lièvre

**court** /kɔːt/ SYN

[N] ① (Jur) cour f, tribunal m ◆ **tell the court what you heard** dites à la cour ce que vous avez entendu ◆ **to settle a case out of court** arranger une affaire à l'amiable ◆ **to rule sth out of court** déclarer qch inadmissible ◆ **to take sb to court** poursuivre qn en justice pour qch, intenter un procès contre qn pour qch ◆ **he was brought before the court several times** il est passé plusieurs fois en jugement ◆ **to clear the court** (Jur) faire évacuer la salle ◆ **to give sb a day in court** * (esp US) (fig) donner à qn l'occasion de s'expliquer or de se faire entendre ; → **high, law**

② [of monarch] cour f (royale) ◆ **the Court of St James** la cour de Saint-James ◆ **to be at court** (for short time) être à la cour ; (for long time) faire partie de la cour ◆ **to hold court** (fig) être entouré de sa cour

③ ◆ **to pay court to a woman** † faire sa or la cour à une femme

④ (Tennis) court m ; (Basketball) terrain m ◆ **they've been on court for two hours** (Tennis)

cela fait deux heures qu'ils sont sur le court or qu'ils jouent

⑤ (also **courtyard**) cour f ; (= passage between houses) ruelle f, venelle f

[VT] [+ woman] faire la or sa cour à, courtiser ; [+ sb's favour] solliciter, rechercher ; [+ danger, defeat] aller au-devant de, s'exposer à

[VI] ◆ **they are courting** † ils sortent ensemble ◆ **are you courting?** † tu as un petit copain * (or une petite amie *) ?

[COMP] **court card** N (esp Brit) figure f (de jeu de cartes)

**court case** N procès m, affaire f

**court circular** N bulletin m quotidien de la cour

**court correspondent** N (Brit Press) correspondant(e) m(f) chargé(e) des affaires royales

**courting couple** † N couple m d'amoureux

**court of appeal** (Brit), **court of appeals** (US) N cour f d'appel

**Court of Claims** N (US) tribunal fédéral chargé de régler les réclamations contre l'État

**court of competent jurisdiction** N tribunal m compétent

**court of inquiry** N commission f d'enquête

**Court of International Trade** N (US) tribunal de commerce international

**court of justice** N cour f de justice

**court of last resort** N (US) tribunal m jugeant en dernier ressort

**Court of Session** N (Scot) cour f de cassation

**court order** N (Jur) ordonnance f du (or d'un) tribunal

**court record** N (US Jur) compte rendu m d'audience

**court reporter** N (Jur) greffier m, -ière f (Brit Press) ⇒ **court correspondent**

**court room** N ⇒ **courtroom**

**court shoe** N (Brit) escarpin m

**Courtelle** ® /kɔːˈtel/ N Courtelle ® m

**courteous** /ˈkɜːtɪəs/ SYN ADJ courtois (towards envers)

**courteously** /ˈkɜːtɪəslɪ/ ADV courtoisement

**courtesan** /ˌkɔːtɪˈzæn/ N courtisane f

**courtesy** /ˈkɜːtɪsɪ/ SYN

[N] courtoisie f ◆ **you might have had the courtesy to explain yourself** vous auriez pu avoir la courtoisie de vous expliquer ◆ **will you do me the courtesy of reading it?** auriez-vous l'obligeance de le lire ? ◆ **an exchange of courtesies** un échange de politesses

◆ **courtesy of** ◆ **two glasses of champagne, courtesy of the restaurant** deux verres de champagne offerts par la direction ◆ **illustrations by courtesy of the National Gallery** illustrations reproduites avec l'aimable autorisation de la National Gallery

[COMP] **courtesy bus** N navette f gratuite

**courtesy call** N (= visit) visite f de politesse ; (euph = cold call) démarchage m téléphonique

**courtesy car** N voiture gracieusement mise à la disposition d'un client, véhicule m de remplacement

**courtesy card** N (US) carte f privilège (utilisable dans les hôtels, banques etc)

**courtesy coach** N (Brit) ⇒ **courtesy bus**

**courtesy light** N (in car) plafonnier m

**courtesy title** N titre m de courtoisie

**courtesy visit** N ⇒ **courtesy call**

**courtezan** /ˌkɔːtɪˈzæn/ N courtisane f

**courthouse** /ˈkɔːthaʊs/ N palais m de justice, tribunal m

**courtier** /ˈkɔːtɪəʳ/ SYN N courtisan m, dame f de la cour

**courtly** /ˈkɔːtlɪ/ SYN

[ADJ] élégant, raffiné

[COMP] **courtly love** N (Hist, Literat) amour m courtois

**court martial** /ˈkɔːtˌmɑːʃəl/

[N] (pl **courts martial** or **court martials**) (Mil) cour f martiale ◆ **to be tried by court martial** passer en cour f martiale

[VT] ◆ **court-martial** traduire or faire passer en conseil de guerre

**courtroom** /ˈkɔːtruːm/ N salle f d'audience ◆ **courtroom drama** (Cine, TV) drame m judiciaire

**courtship** /ˈkɔːtʃɪp/ SYN

[N] ◆ **his courtship of her** la cour qu'il lui fait (or faisait etc) ◆ **during their courtship** au temps où ils sortaient ensemble

[COMP] **courtship display** N [of birds, animals] parade f nuptiale

**courtyard** /ˈkɔːtjɑːd/ SYN N cour f (de maison, de château)

**couscous** /ˈkuːskuːs/ N couscous m

**cousin** /ˈkʌzn/ N cousin(e) m(f) ; → **country, first**

**couth** * /kuːθ/

[ADJ] raffiné

[N] bonnes manières fpl

**couture** /kuːˈtjʊə/ N (NonC) haute couture f

**couturier** /kuːˈtʊərɪeɪ/ N grand couturier m

**covalency** /kəʊˈveɪlənsɪ/, **covalence** (US) /kəʊˈveɪləns/ N (Chem) covalence f

**covalent** /kəʊˈveɪlənt/ ADJ (Chem) covalent

**covariance** /kəʊˈvɛərɪəns/ N covariance f

**cove¹** /kəʊv/ SYN N (Geog) crique f, anse f ; (= cavern) caverne f naturelle ; (US) vallon m encaissé

**cove²** * /kəʊv/ N (Brit = fellow) mec * m

**coven** /ˈkʌvn/ N assemblée f de sorcières

**covenant** /ˈkʌvɪnənt/ SYN

[N] (gen) convention f, engagement m formel ; (Brit Fin) engagement m contractuel ; (Jewish Hist) alliance f ◆ **the Covenant** (Scot Hist) le Covenant (de 1638) ; → **deed**

[VT] s'engager (to do sth à faire qch), convenir (to do sth de faire qch) ◆ **to covenant (to pay) £100 per annum to a charity** (Fin) s'engager par contrat à verser 100 livres par an à une œuvre

[VI] convenir (with sb for sth de qch avec qn)

**covenanter** /ˈkʌvɪnəntəʳ/ N (Scot Hist) covenantaire mf (adhérent au Covenant de 1638)

**Coventry** /ˈkɒvəntrɪ/ N Coventry ◆ **to send sb to Coventry** (Brit) mettre qn en quarantaine

◆ ◆ ◆ ◆ ◆ ◆ ◆ ◆ ◆ ◆ ◆ ◆ ◆ ◆ ◆ ◆ ◆ ◆

**cover** /ˈkʌvəʳ/ SYN

1 - NOUN
2 - TRANSITIVE VERB
3 - COMPOUNDS
4 - PHRASAL VERBS

◆ ◆ ◆ ◆ ◆ ◆ ◆ ◆ ◆ ◆ ◆ ◆ ◆ ◆ ◆ ◆ ◆ ◆

**1 - NOUN**

① [FOR PROTECTION] [of table] nappe f ; [of umbrella] fourreau m, étui m ; (over furniture, typewriter) housse f ; (over merchandise, vehicle etc) bâche f ; [of lens] bouchon m ; [of book] couverture f ; (= lid) couvercle m ; (= envelope) enveloppe f ◆ **to read a book from cover to cover** lire un livre de la première à la dernière page ◆ **under separate cover** (Comm) sous pli séparé ; → **first, loose, plain**

② [FOR BED, BEDCOVER] dessus-de-lit m inv ◆ **the covers** (= bedclothes) les couvertures fpl

③ [= SHELTER] abri m ; (Hunting: for game) fourré m, abri m ; (Mil etc = covering fire) feu m de couverture or de protection ◆ **there was no cover for miles around** (Mil, gen) il n'y avait aucun abri à des kilomètres à la ronde ◆ **he was looking for some cover** il cherchait un abri

◆ **to break cover** [animal] débusquer ; [hunted person] sortir à découvert

◆ **to give sb cover** ◆ **the trees gave him cover** (= hid him) les arbres le cachaient ; (= sheltered him) les arbres l'abritaient ◆ **give me cover!** (to soldier etc) couvrez-moi !

◆ **to run for cover** courir se mettre à l'abri ◆ **critics within his own party are already running for cover** c'est déjà le sauve-qui-peut général parmi ses détracteurs à l'intérieur de son propre parti

◆ **to take cover** (= hide) se cacher ; (Mil) se mettre à couvert ; (= shelter) s'abriter, se mettre à l'abri ◆ **to take cover from the rain/the bombing** se mettre à l'abri or s'abriter de la pluie/des bombes ◆ **to take cover from enemy fire** (Mil) se mettre à l'abri du feu ennemi

◆ **under cover** à l'abri, à couvert ◆ **to get under cover** se mettre à l'abri or à couvert ◆ **under cover of darkness** à la faveur de la nuit ◆ **under cover of diplomacy** sous couvert de diplomatie ; → **undercover**

④ [FIN] couverture f, provision f ◆ **to operate without cover** opérer à découvert

⑤ [BRIT INSURANCE] couverture f, garantie f (d'assurances) ; (against contre) ◆ **cover for a building against fire etc** couverture f or garantie f d'un immeuble contre l'incendie etc ◆ **full cover** garantie f totale or tous risques ◆ **fire cover** assurance-incendie f ◆ **they've got no (insurance) cover for** or **on this** ils ne sont pas assurés pour or contre cela ◆ **we must extend our (insurance) cover** nous devons augmenter le montant de notre garantie (d'assurances) ◆ **the (in-**

surance) **cover ends on 5 July** le contrat d'assurances or la police d'assurances expire le 5 juillet

6 [IN ESPIONAGE etc] fausse identité f, couverture f ◆ **what's your cover?** quelle est votre couverture ? ◆ **to blow sb's cover** démasquer qn ◆ **the conference was merely a cover for an illegal political gathering** en fait, la conférence servait de couverture à un rassemblement politique illégal

7 [FOR MEAL] couvert m ◆ **covers laid for six** une table de six couverts

8 [= COVER VERSION] reprise f

### 2 - TRANSITIVE VERB

1 [+ OBJECT, PERSON] couvrir (with de) ◆ **snow covers the ground** la neige recouvre le sol ◆ **ground covered with leaves** sol m couvert de feuilles ◆ **he covered the paper with scribbles** il a couvert la page de gribouillages ◆ **the car covered us in mud** la voiture nous a couverts de boue ◆ **to cover one's eyes** (when crying) se couvrir les yeux ; (against sun etc) se protéger les yeux ◆ **to cover one's face with one's hands** se couvrir le visage des mains ◆ **to be covered in** or **with snow/dust/chocolate** être couvert de neige/de poussière/de chocolat ◆ **covered with confusion** confus ◆ **to cover o.s. with ridicule** se couvrir de ridicule ◆ **to cover o.s. with glory** se couvrir de gloire

2 [+ BOOK, CHAIR] recouvrir, couvrir (with de)

3 [= HIDE] [+ feelings, facts] dissimuler, cacher ; [+ noise] couvrir ◆ **to cover (up) one's tracks** (lit) effacer ses traces ; (fig) brouiller les pistes or les cartes

4 [= PROTECT] [+ person] couvrir, protéger ◆ **the soldiers covered our retreat** les soldats ont couvert notre retraite ◆ **he only said that to cover himself** il n'a dit cela que pour se couvrir ◆ **to cover one's back** or **rear** or **ass**⁑ se couvrir

5 [INSURANCE] couvrir ◆ **the house is covered against fire** etc l'immeuble est couvert contre l'incendie etc ◆ **it doesn't cover you for** or **against flood damage** vous n'êtes pas couvert contre les dégâts des eaux ◆ **it covers (for) fire only** cela ne couvre que l'incendie ◆ **what does your travel insurance cover you for?** contre quoi êtes-vous couvert avec votre assurance voyage ?

6 [POINT GUN AT] [+ person] braquer un revolver sur, braquer* ◆ **to keep sb covered** tenir qn sous la menace d'un revolver ◆ **I've got you covered!** ne bougez pas ou je tire !

7 [SPORT] [+ opponent] marquer

8 [+ DISTANCE] parcourir, couvrir ◆ **we covered 8km in two hours** nous avons parcouru or couvert 8 km en deux heures ◆ **we covered 300 miles on just one tank of petrol** nous avons fait 300 miles on un seul plein d'essence ◆ **to cover a lot of ground** (travelling) faire beaucoup de chemin ; (= deal with many subjects) traiter un large éventail de questions ; (= do large amount of work) faire du bon travail

9 [= BE SUFFICIENT FOR] couvrir ◆ **£50 will cover everything** 50 livres suffiront (à couvrir toutes les dépenses) ◆ **in order to cover the monthly payments** pour faire face aux mensualités ◆ **to cover one's costs** or **expenses** rentrer dans ses frais ◆ **to cover a deficit/a loss** combler un déficit/une perte

10 [= TAKE IN, INCLUDE] englober, comprendre ◆ **his work covers many different fields** son travail englobe de nombreux domaines ◆ **goods covered by this invoice** les marchandises faisant l'objet de cette facture ◆ **in order to cover all possibilities** pour parer à toute éventualité

11 [= DEAL WITH] traiter ◆ **the book covers the subject thoroughly** le livre traite le sujet à fond ◆ **the article covers the 18th century** l'article traite tout le 18ᵉ siècle ◆ **his speech covered most of the points raised** dans son discours il a traité la plupart des points en question ◆ **such factories will not be covered by this report** ce rapport ne traitera pas de ces usines ◆ **no law covers a situation like that** aucune loi ne prévoit une telle situation

12 [PRESS etc] [+ news, story, scandal] assurer la couverture de ; [+ lawsuit] faire le compte rendu de ◆ **he was sent to cover the riots** on l'a envoyé assurer le reportage des émeutes ◆ **all the newspapers covered the story** les journaux ont tous parlé de l'affaire

13 [MUS] reprendre ◆ **to cover a song** reprendre une chanson

14 [= INSEMINATE] [animal] couvrir

### 3 - COMPOUNDS

**cover charge** N (in restaurant) couvert m
**cover crop** N (Agr) culture f dérobée
**covered market** N marché m couvert
**covered wagon** N chariot m couvert or bâché
**cover letter** N (US) ⇒ **covering letter** ; → **covering**
**cover-mounted** ADJ [cassette, CD] donné en prime ; → **covermount**
**cover note** N (Brit Insurance) attestation f provisoire d'assurance
**cover price** N [of newspaper, magazine] prix m de vente (au numéro) ; [of book] prix m conseillé
**cover slip** N (lamelle f) couvre-objet m
**cover story** N (Press) article m principal ; (in espionage etc) couverture f ◆ **our cover story this week** en couverture cette semaine
**cover-up** SYN N ◆ **there's been a cover-up** on a tenté d'étouffer l'affaire
**cover version** N (Mus) reprise f

### 4 - PHRASAL VERBS

▸ **cover for** VT FUS 1 (= protect) [+ person] couvrir, protéger ; (Insurance) [+ risk] couvrir ◆ **why would she cover for him if he's trying to kill her?** pourquoi voudrait-elle le couvrir or le protéger s'il cherche à la tuer ?
2 (= stand in for) remplacer

▸ **cover in** VT SEP [+ trench, grave] remplir

▸ **cover over** VT SEP recouvrir

▸ **cover up**
VI 1 se couvrir ◆ **it's cold, cover up warmly** il fait froid, couvre-toi chaudement
2 ◆ **to cover up for sb** couvrir qn, protéger qn
VT SEP 1 [+ object] recouvrir, envelopper ; [+ child] couvrir
2 (= hide) [+ truth, facts] dissimuler, cacher ; [+ affair] étouffer ; → **cover** transitive verb 3

---

**coverage** /ˈkʌvərɪdʒ/ N 1 (Press, Rad, TV) reportage m ◆ **to give full coverage to an event** assurer la couverture complète d'un événement, traiter à fond un événement ◆ **the match got nationwide coverage** le match a été retransmis or diffusé dans tout le pays ◆ **it got full-page coverage in the main dailies** les principaux quotidiens y ont consacré une page entière
2 (Insurance) couverture f

**coveralls** /ˈkʌvərɔːlz/ NPL bleu(s) m(pl) de travail, salopette f

**covergirl** /ˈkʌvəɡɜːl/ N cover-girl f

**covering** /ˈkʌvərɪŋ/ SYN
N (= wrapping etc) couverture f, enveloppe f ; (= layer) [of snow, dust etc] couche f
COMP **covering fire** N (Mil) feu m de protection or de couverture
**covering letter** N (Brit) lettre f explicative

**coverlet** /ˈkʌvəlɪt/ N dessus-de-lit m inv, couvre-lit m ; (quilted) courtepointe f

**covermount** /ˈkʌvəmaʊnt/ N CD, vidéo etc donné avec un magazine

**covert** /ˈkʌvət/
ADJ [threat] voilé, caché ; [attack] indirect ; [glance] furtif, dérobé ; [operation, action, surveillance] clandestin ; [homosexuality] refoulé
N (Hunting) fourré m, couvert m ; (= animal's hiding place) gîte m, terrier m

**covertly** /ˈkʌvətlɪ/ ADV (gen) en secret ; [watch] à la dérobée ◆ **to film sb covertly** filmer qn à son insu

**covet** /ˈkʌvɪt/ SYN VT (frm) convoiter

**covetous** /ˈkʌvɪtəs/ SYN ADJ (frm) [person, attitude, nature] avide ; [look] de convoitise ◆ **to cast covetous eyes on sth** regarder qch avec convoitise

**covetously** /ˈkʌvɪtəslɪ/ ADV (frm) avec convoitise

**covetousness** /ˈkʌvɪtəsnɪs/ N (frm) convoitise f

**covey** /ˈkʌvɪ/ N compagnie f (de perdrix)

**cow¹** /kaʊ/
N 1 vache f ; (= female) [of elephant etc] femelle f ; (= female buffalo etc) bufflonne f etc femelle ◆ **till the cows come home** jusqu'à la saint-glinglin* or jusqu'à perpète*
2 (⁑ pej = woman) vache* f, chameau* m ◆ **she's a cheeky cow** elle est sacrément* culottée ◆ **you're a lazy cow!** tu es une sacrée* fainéante ! ◆ **that nosey cow** cette sacrée* fouineuse ◆ **silly** or **stupid cow!** pauvre conne !⁑
COMP **cow college** N (US) (= provincial college) boîte f dans un trou perdu* ; (= agricultural college) école f d'agriculture
**cow parsley** N cerfeuil m sauvage

**cow²** /kaʊ/ VT [+ person] effrayer, intimider ◆ **a cowed look** un air de chien battu

**coward** /ˈkaʊəd/ SYN N lâche mf, poltron(ne) m(f)

**cowardice** /ˈkaʊədɪs/, **cowardliness** /ˈkaʊədlɪnɪs/ N lâcheté f

**cowardly** /ˈkaʊədlɪ/ SYN ADJ [person] lâche, poltron ; [action, words] lâche

**cowbell** /ˈkaʊbel/ N cloche f de or à vache

**cowboy** /ˈkaʊbɔɪ/ SYN
N cow-boy m ; (Brit * pej) fumiste m ◆ **to play cowboys and Indians** jouer aux cow-boys et aux Indiens
ADJ (Brit * pej) pas sérieux, fumiste
COMP **cowboy boots** NPL santiags* mpl
**cowboy hat** N chapeau m de cow-boy, feutre m à larges bords

**cowcatcher** /ˈkaʊkætʃər/ N (on locomotive) chasse-pierres m inv

**cower** /ˈkaʊər/ SYN VI (also **cower down**) se tapir, se recroqueviller ◆ **to cower before sb** (fig) trembler devant qn

**cowgirl** /ˈkaʊɡɜːl/ N vachère f à cheval

**cowherd** /ˈkaʊhɜːd/ N vacher m, -ère f, bouvier m, -ière f

**cowhide** /ˈkaʊhaɪd/
N (= skin) peau f or cuir m de vache ; (US = whip) fouet m (à lanière de cuir)
VT (US) fouetter (avec une lanière de cuir)

**cowl** /kaʊl/ N 1 (= hood) capuchon m (de moine) ◆ **cowl neck(line)** col m boule
2 [of chimney] capuchon m

**cowlick** /ˈkaʊlɪk/ N épi m

**cowling** /ˈkaʊlɪŋ/ N capotage m

**cowman** /ˈkaʊmən/ N (pl -men) (Brit) ⇒ **cowherd**

**co-worker** /ˌkəʊˈwɜːkər/ N collègue mf, camarade mf (de travail)

**cowpat** /ˈkaʊpæt/ N bouse f (de vache)

**cowpea** /ˈkaʊpiː/ N (US) dolique m or dolic m

**cowpoke** /ˈkaʊpəʊk/ N (US) cowboy m

**cowpox** /ˈkaʊpɒks/ N vaccine f, cow-pox m ◆ **cowpox vaccine** vaccin m antivariolique

**cowpuncher*** /ˈkaʊpʌntʃər/ N (US) ⇒ **cowboy**

**cowrie, cowry** /ˈkaʊrɪ/ N cauri m

**cowshed** /ˈkaʊʃed/ N étable f

**cowslip** /ˈkaʊslɪp/ N coucou m, primevère f ; (US = marsh marigold) populage m

**cowtown** /ˈkaʊtaʊn/ N (US pej) bled* m, patelin* m

**cox** /kɒks/
N (Rowing) barreur m
VT (Rowing) [+ boat] barrer, gouverner ◆ **coxed four** quatre m barré, quatre m avec barreur
VI (Rowing) barrer

**coxa** /ˈkɒksə/ N (pl **coxae** /ˈkɒksiː/) (Anat) os m coxal

**coxalgia** /kɒkˈsældʒɪə/ N (Med) coxalgie f

**coxalgic** /kɒkˈsældʒɪk/ ADJ coxalgique

**coxcomb** † /ˈkɒkskəʊm/ N fat † m

**coxless** /ˈkɒkslɪs/ ADJ (Rowing) ◆ **coxless four** quatre m sans barreur

**Cox's Orange Pippin** /ˈpɪpɪn/ N cox f (variété anglaise de pomme)

**coxswain** /ˈkɒksn/ N (Rowing) barreur m ; [of ship] patron m

**coy** /kɔɪ/ SYN ADJ 1 (= demure) [person, look, smile] faussement timide ◆ **to go (all) coy*** faire la sainte nitouche (pej)
2 (= evasive) [person] évasif (about sth à propos de qch) ◆ **they maintained a coy refusal to disclose his name** ils ont continué à se montrer évasifs lorsqu'on leur demandait de révéler son nom
3 (= twee) [picture, rhyme] mièvre

**coyly** /ˈkɔɪlɪ/ ADV 1 (= demurely) [describe] par euphémisme ◆ **to look at/smile coyly** regarder/sourire avec une fausse timidité, regarder/sourire avec un air de sainte nitouche (pej)
2 (= evasively) [say, answer, refuse] évasivement

**coyness** /ˈkɔɪnɪs/ N (NonC) 1 (= demureness) [of person] fausse timidité f
2 (= evasiveness) [of person, film, book] réserve f (about sth quant à qch)
3 (= tweeness) [of picture, rhyme] mièvrerie f

**coyote** /ˈkɔɪəʊtɪ/ N coyote m ◆ **the Coyote State** le Dakota du Sud

**coypu** /'kɔɪpuː/ N (pl **coypus** or **coypu**) coypou m, ragondin m

**cozily** /'kəʊzɪlɪ/ ADV (US) ⇒ **cosily**

**coziness** /'kəʊzɪnɪs/ (US) ⇒ **cosiness**

**cozy** /'kəʊzɪ/ (US) ⇒ **cosy**

**cozzie*** /'kɒzɪ/ N (Brit, Austral) ⇒ **cossie**

**CP** /siː'piː/ N ① abbrev of **Cape Province** ② abbrev of **Communist Party**

**c/p** (abbrev of **carriage paid**) → **carriage**

**CPA** /ˌsiːpiː'eɪ/ N (US) (abbrev of **certified public accountant**) → **certify**

**CPI** /ˌsiːpiː'aɪ/ N (US) (abbrev of **Consumer Price Index**) → **consumer**

**cpi** /ˌsiːpiː'aɪ/ (Comput) (abbrev of **characters per inch**) CCPP mpl

**Cpl** (Mil) abbrev of **corporal**

**CPM** /ˌsiːpiː'em/ N (abbrev of **critical path method**) méthode f du chemin critique

**CP/M** /ˌsiːpiː'em/ (abbrev of **Control Program for Microprocessors**) CP/M m

**CPO** /ˌsiːpiː'əʊ/ N (abbrev of **chief petty officer**) → **chief**

**CPR** /ˌsiːpiː'ɑːʳ/ N (abbrev of **cardiopulmonary resuscitation**) réanimation f cardio-pulmonaire

**CPS** /ˌsiːpiː'es/ N (Brit Jur) (abbrev of **Crown Prosecution Service**) ≈ Ministère m public

**cps** /ˌsiːpiː'es/ (Comput) ① (abbrev of **characters per second**) → **character** ② (abbrev of **cycles per second**) cycles mpl par seconde

**CPSA** /ˌsiːpiːes'eɪ/ N (abbrev of **Civil and Public Services Association**) syndicat

**CPU** /ˌsiːpiː'juː/ N (Comput) (abbrev of **central processing unit**) UC f

**cr.** ① abbrev of **credit** ② abbrev of **creditor**

**crab**[1] /kræb/ N ① (= crustacean) crabe m • **crab stick** bâtonnet de surimi • **to catch a crab** (Rowing) plonger la rame trop profond ② (Tech) [of crane] chariot m ③ (also **crab louse**) morpion m ④ (Climbing) mousqueton m

**crab**[2] /kræb/ N (also **crabapple**) pomme f sauvage ; (also **crab(apple) tree**) pommier m sauvage

**crab**[3] /kræby/
VT (US * = spoil) gâcher • **to crab sb's act** gâcher les effets de qn • **to crab a deal** faire rater* une affaire
VI (US * = complain) rouspéter* (about à cause de)

**crabbed** /'kræbd/ ADJ [person] revêche, grincheux • **in a crabbed hand, in crabbed writing** en pattes de mouche

**crabby** /'kræbɪ/ ADJ [person] revêche, grincheux

**crabmeat** /'kræbmiːt/ N chair f de crabe

**crabwise** /'kræbˌwaɪz/ ADV en crabe

**crack** /kræk/ SYN
N ① (= split, slit) fente f, fissure f ; (in glass, mirror, pottery, bone etc) fêlure f ; (in wall) lézarde f, crevasse f ; (in ground, skin) crevasse f ; (Climbing) fissure f ; (in paint, varnish) craquelure f • **through the crack in the door** (= slight opening) par l'entrebâillement de la porte • **leave the window open a crack** laissez la fenêtre entrouverte • **to paper over the cracks** masquer les problèmes • **at the crack of dawn** au point du jour, aux aurores*
② (= noise) [of twigs] craquement m ; [of whip] claquement m ; [of rifle] coup m (sec), détonation f • **a crack of thunder** un coup de tonnerre • **the crack of doom** la trompette du Jugement dernier
③ (= sharp blow) • **to give sb a crack on the head** assener à qn un grand coup sur la tête
④ (* = joke etc) plaisanterie f • **that was a crack at your brother** ça, c'était pour votre frère • **that was a nasty** or **mean crack he made** c'est une vacherie* ce qu'il a dit là, c'était vache* or rosse* de dire ça
⑤ (= try) • **to have a crack at doing sth** essayer (un coup*) de faire qch • **to have a crack at sth** se lancer dans qch, tenter le coup* sur qch • **I'll have a crack at it** je vais essayer (un coup*) ; → **fair**[1]
⑥ (esp Ir) ambiance f • **tourists come to Ireland for the crack** les touristes viennent en Irlande pour l'ambiance
⑦ (= drug) ⇒ **crack cocaine**

VT ① [+ pottery, glass, bone] fêler ; [+ wall] lézarder, crevasser ; [+ ground] crevasser ; [+ nut etc] casser • **to crack one's skull** se fendre le crâne • **to crack sb over the head** assommer qn • **to crack a safe*** percer un coffre-fort • **to crack a market*** (US Comm) réussir à s'implanter sur un marché • **to crack (open) a bottle** ouvrir or déboucher une bouteille • **to crack a book*** (US) ouvrir un livre (pour l'étudier)
② [+ petroleum etc] craquer, traiter par craquage
③ [+ whip] faire claquer • **to crack one's finger joints** faire craquer ses doigts
④ * • **to crack a joke** raconter une blague • **to crack jokes** blaguer*
⑤ [+ code etc] déchiffrer ; [+ spy network] démanteler • **to crack a case** [detective, police] résoudre une affaire • **I think I've cracked it!** je crois que j'ai trouvé !

VI ① [pottery, glass] se fêler ; [ground] se crevasser, se craqueler ; [wall] se fendiller, se lézarder ; [skin] se crevasser ; (from cold) se gercer ; [ice] se craqueler
② [whip] claquer ; [dry wood] craquer • **we heard the pistol crack** nous avons entendu le coup de pistolet
③ [voice] se casser ; [boy's voice] muer
④ (Brit) • **to get cracking** s'y mettre, se mettre au boulot* • **let's get cracking!** allons-y !, au boulot !* • **get cracking!** magnetoi !*, grouille-toi !*
⑤ [person] (from overwork, pressure etc) craquer *

ADJ [sportsman, sportswoman] de première classe, fameux* • **a crack tennis player/skier** un as or un crack du tennis/du ski • **a crack shot** un bon or excellent fusil ; (Mil, Police etc) un tireur d'élite

COMP **crack-brained** ADJ (pej) [person, plan] cinglé • **a crack-brained idea** une idée saugrenue or loufoque*
**crack cocaine** N crack m
**crack house** N crack-house f
**crack-jaw*** ADJ impossible à prononcer, imprononçable • **crack-jaw name** nom m à coucher dehors*
**crack-up*** N [of plan, organization] effondrement m, écroulement m ; [of person] (physical) effondrement m ; (mental) dépression f nerveuse ; (US) (= accident) [of vehicle] collision f, accident m ; [of plane] accident m (d'avion)

▶ **crack down on** VT FUS [+ person] sévir contre ; [+ expenditure, sb's actions] mettre un frein à ; → **crackdown**

▶ **crack on*** VI (Brit) s'y mettre

▶ **crack up***
VI ① (physically) ne pas tenir le coup ; (mentally) craquer* • **I must be cracking up!** (hum) ça ne tourne plus rond chez moi !*
② (US) [vehicle] s'écraser ; [plane] s'écraser (au sol)
③ [person] (with laughter) se tordre de rire, éclater de rire
VT SEP ① (= praise) [+ person, quality, action, thing] vanter, louer ; [+ method] prôner • **he's not all he's cracked up to be** il n'est pas aussi sensationnel qu'on le dit or prétend
② (US = crash) [+ vehicle] emboutir ; [+ plane] faire s'écraser
N • **crack-up** → **crack**

**crackdown** /'krækdaʊn/ N • **crackdown on** mesures fpl énergiques contre, mesures fpl de répression contre

**cracked** /krækt/ SYN
ADJ ① (= damaged) [cup, window, mirror, tooth, bone, rib] fêlé ; [sink, plaster, paintwork, glaze, rubber] craquelé ; [wall, ceiling] lézardé, fissuré ; [lips, skin] gercé ; [stronger] crevassé
② (= unsteady) [voice] cassé • **cracked note** (Mus) couac m
③ (* = mad) [person] toqué*, timbré*
COMP **cracked wheat** N blé m concassé

**cracker** /'krækəʳ/
N ① (= biscuit) cracker m, biscuit m salé
② (= firework) pétard m
③ (Brit : at parties etc : also **Christmas cracker**) diablotin m
④ (Brit) • **to be a cracker** (= excellent) être super* ; (= very funny) être impayable*
⑤ (US) pauvre blanc m (du Sud)
COMP **cracker-barrel** ADJ (US) ≈ du café du commerce
**the Cracker State** N la Géorgie

**crackers*** /'krækəz/ ADJ (Brit) cinglé*, dingue*

**crackhead*** /'krækhed/ N accro* mf du crack

**cracking** /'krækɪŋ/
N (NonC) ① [of petroleum] craquage m, cracking m
② (= cracks: in paint, varnish etc) craquelure f
ADJ ① (Brit) • **a cracking speed** or **pace** un train d'enfer*
② (Brit *) ⇒ **cracking good**
ADV (Brit *) • **cracking good** vachement* bon • **his book's a cracking good read** son livre est vachement* bon • **he tells a cracking good yarn** il en raconte de vachement* bonnes

**crackle** /'krækl/
VI [twigs burning] crépiter ; [sth frying] grésiller
N ① (= noise) [of wood] crépitement m, craquement m ; [of food] grésillement m ; (on telephone etc) crépitement(s) m(pl), friture f
② [of china, porcelain etc] craquelure f
COMP **crackle china** N porcelaine f craquelée

**crackling** /'kræklɪŋ/ N ① (= sound) crépitement m ; (Rad) friture * f NonC
② (Culin) couenne f rissolée (de rôti de porc)

**crackly** /'kræklɪ/ ADJ • **a crackly sound** un crépitement, un grésillement • **the line is crackly** il y a de la friture * sur la ligne

**cracknel** /'kræknl/ N (= biscuit) craquelin m ; (= toffee) nougatine f

**crackpot*** /'krækpɒt/ (pej)
N (= person) tordu(e) * m(f), cinglé(e) * m(f)
ADJ [idea] tordu

**cracksman*** /'kræksmən/ N (pl **-men**) (* = burglar) cambrioleur m, casseur* m

**Cracow** /'krækəʊ/ N Cracovie

**cradle** /'kreɪdl/ SYN
N ① (lit, fig) berceau m • **from the cradle to the grave** du berceau à la tombe • **the cradle of civilization** le berceau de la civilisation • **to rob the cradle*** (fig) les prendre au berceau *
② (= framework for ship) ber m ; (Constr) nacelle f, pont m volant ; [of telephone] support m ; (Med) arceau m
VT • **to cradle a child (in one's arms)** bercer un enfant (dans ses bras) • **she cradled the vase in her hands** elle tenait délicatement le vase entre ses mains • **he cradled the telephone under his chin** il maintenait le téléphone sous son menton
COMP **cradle cap** N (Med) croûte f de lait
**cradle snatcher*** N (pej) • **she's a cradle snatcher** elle les prend au berceau *

**cradlesong** /'kreɪdlsɒŋ/ N berceuse f

**craft** /krɑːft/ SYN
N ① (= skill) art m, métier m ; (= job, occupation) métier m, profession f (généralement de type artisanal) ; (NonC: Scol = subject) travaux mpl manuels ; → **art**[1], **needlecraft**
② (= tradesmen's guild) corps m de métier, corporation f
③ (pl inv) (= boat) embarcation f, petit bateau m ; (= plane) appareil m ; → **aircraft, spacecraft**
④ (NonC = cunning) astuce f, ruse f (pej) • **by craft** par ruse • **his craft in doing that** l'astuce dont il a fait preuve en le faisant
VT • **beautifully crafted** [vase, poem] réalisé avec art
COMP **craft fair** N exposition-vente f d'artisanat
**craft union** N fédération f

**craftily** /'krɑːftɪlɪ/ ADV avec ruse

**craftiness** /'krɑːftɪnɪs/ SYN N astuce f, finesse f, ruse f (pej)

**craftsman** /'krɑːftsmən/ SYN N (pl **-men**) artisan m ; (fig = musician etc) artiste m

**craftsmanship** /'krɑːftsmənʃɪp/ SYN N (NonC) connaissance f d'un métier ; (= artistry) art m • **what craftsmanship!** quel travail ! • **a superb piece of craftsmanship** un or du travail superbe

**craftsperson** /'krɑːftspɜːsən/ N (pl **-people**) artisan(e) m(f) ; (fig = musician etc) artiste mf

**craftswoman** /'krɑːftswʊmən/ N (pl **-women**) artisane f ; (fig = musician etc) artiste f

**crafty** /'krɑːftɪ/ SYN ADJ malin (-igne f), rusé (pej) • **he's a crafty one*** c'est un malin • **a crafty little gadget*** un petit gadget astucieux • **that was a crafty move*** or **a crafty thing to do** c'était un coup très astucieux

**crag** /kræg/ SYN N rocher m escarpé or à pic ; (Climbing) école f d'escalade

**craggy** /'krægɪ/ ADJ ① (Geog) [mountain] escarpé, à pic ; [cliff, outcrop] à pic

2 (= strong-featured) [face, features] taillé à la serpe

**craic** /kræk/ N ⇒ **crack**

**cram** /kræm/ SYN
- VT 1 [+ object] fourrer (into dans) • **to cram books into a case** fourrer des livres dans une valise, bourrer une valise de livres • **we can cram in another book** nous pouvons encore faire de la place pour un autre livre or y faire tenir un autre livre • **to cram food into one's mouth** enfourner* de la nourriture • **we can't cram any more people into the hall/the bus** on ne peut plus faire entrer personne dans la salle/l'autobus • **we were all crammed into one room** nous étions tous entassés dans une seule pièce • **he crammed his hat (down) over his eyes** il a enfoncé son chapeau sur ses yeux
2 [+ place] bourrer (with de) • **a shop crammed with good things** un magasin qui regorge de bonnes choses • **a drawer crammed with letters** un tiroir bourré de lettres • **to cram sb with food** bourrer or gaver qn de nourriture • **to cram o.s. with food** se bourrer or se gaver de nourriture • **he has his head crammed with odd ideas** il a la tête bourrée or farcie d'idées bizarres
3 (Scol) [+ pupil] chauffer*, faire bachoter
- VI 1 [people] s'entasser • **they all crammed into the kitchen** tout le monde s'est entassé dans la cuisine
2 • **to cram for an exam** bachoter, préparer un examen
- COMP **cram-full** ADJ [room, bus] bondé ; [case] bourré (of de)

**crammer** /ˈkræmər/ N (slightly pej) (= tutor) répétiteur m, -trice f (qui fait faire du bachotage) ; (= student) bachoteur m, -euse f ; (= book) précis m, aide-mémoire m inv ; (also **crammer's** = school) boîte f à bac or à bachot*

**cramp¹** /kræmp/ SYN
- N (Med) crampe f • **to have cramp in one's leg** avoir une crampe à la jambe ; → **writer**
- VT (= hinder) [+ person] gêner, entraver • **to cramp sb's progress** gêner or entraver les progrès de qn • **to cramp sb's style*** priver qn de ses moyens • **your presence is cramping my style*** tu me fais perdre mes moyens

**cramp²** /kræmp/
- N (Constr, Tech) agrafe f, crampon m, happe f
- VT [+ stones] cramponner

**cramped** /kræmpt/ SYN ADJ 1 (= not spacious) [flat, room, accommodation] exigu(-guë f) ; [coach, train, plane] où l'on est (or était) à l'étroit ; [space] restreint • **to live in cramped quarters** or **conditions** être logé à l'étroit • **it was cramped in the cockpit** on était à l'étroit dans le cockpit • **to be cramped (for space)** [people] être à l'étroit • **the museum is cramped for space** le musée manque de place
2 (= squashed) [handwriting] en pattes de mouche
3 (= stiff) [muscle, limb] raide

**crampon** /ˈkræmpən/
- N (Climbing, Constr) crampon m
- COMP **crampon technique** N (Climbing) cramponnage m

**cramponning** /ˈkræmpənɪŋ/ N (Climbing) cramponnage m

**cranberry** /ˈkrænbəri/
- N canneberge f, airelle f
- COMP **cranberry sauce** N • **turkey with cranberry sauce** dinde f aux airelles

**crane** /kreɪn/
- N (= bird, machine) grue f
- VT • **to crane one's neck** tendre le cou
- COMP **crane driver, crane operator** N grutier m, -ière f

▶ **crane forward** VI tendre le cou (pour voir etc)

**cranefly** /ˈkreɪnflaɪ/ N tipule f

**cranesbill** /ˈkreɪnzbɪl/ N (= plant) géranium m

**crania** /ˈkreɪnɪə/ NPL of **cranium**

**cranial** /ˈkreɪnɪəl/
- ADJ crânien
- COMP **cranial index** N (Med) indice m céphalique
  **cranial nerve** N (Physiol) nerf m crânien

**craniology** /ˌkreɪnɪˈɒlədʒɪ/ N craniologie f

**craniotomy** /ˌkreɪnɪˈɒtəmɪ/ N craniectomie f, craniotomie f

**cranium** /ˈkreɪnɪəm/ N (pl **craniums** or **crania**) crâne m, boîte f crânienne

**crank¹** /kræŋk/ N (Brit = person) excentrique mf, loufoque* mf • **a religious crank** un fanatique religieux

**crank²** /kræŋk/
- N (= handle) manivelle f
- VT (also **crank up**) [+ car] faire partir à la manivelle ; [+ cine-camera, gramophone etc] remonter (à la manivelle) ; [+ barrel organ] tourner la manivelle de

▶ **crank out** VT produire (avec effort)

**crankcase** /ˈkræŋkkeɪs/ N carter m

**crankpin** /ˈkræŋkpɪn/ N maneton m

**crankshaft** /ˈkræŋkʃɑːft/ N vilebrequin m

**cranky*** /ˈkræŋkɪ/ ADJ (= eccentric) excentrique, loufoque* ; (US = bad-tempered) revêche, grincheux

**cranny** /ˈkrænɪ/ SYN N (petite) faille f, fissure f, fente f ; → **nook**

**crap⁑** /kræp/
- N (= excrement) merde⁑ f ; (= nonsense) conneries⁑ fpl ; (= junk) merde⁑ f, saloperie⁑ f • **the film was crap** le film était merdique⁑
- ADJ ⇒ **crappy**
- VI chier⁑*

▶ **crap out⁑** VI (US = chicken out) se dégonfler*

**crape** /kreɪp/ N 1 ⇒ **crêpe**
2 (for mourning) crêpe m (de deuil) • **crape band** brassard m (de deuil)

**crapehanger⁑** /ˈkreɪpˌhæŋər/ N (US) rabat-joie m inv

**crappy⁑** /ˈkræpɪ/ ADJ merdique⁑

**craps** /kræps/ N (US) jeu m de dés (sorte de zanzi ou de passe anglaise) • **to shoot craps** jouer aux dés

**crapshooter** /ˈkræpʃuːtər/ N joueur m, -euse f de dés

**crapulent** /ˈkræpjʊlənt/ ADJ crapuleux

**crapulous** /ˈkræpjʊləs/ ADJ crapuleux

**crash¹** /kræʃ/ SYN
- N 1 (= noise) fracas m • **a crash of thunder** un coup de tonnerre • **a sudden crash of dishes** un soudain fracas d'assiettes cassées • **crash, bang, wallop!*** badaboum !, patatras !
2 (= accident) [of car] collision f, accident m ; [of aeroplane] accident m (d'avion) • **in a car/plane crash** dans un accident de voiture/d'avion • **we had a crash on the way here** nous avons eu un accident en venant ici
3 (= failure) [of company, firm] faillite f ; [of Stock Exchange] krach m
- ADV • **he went crash into the tree** il est allé se jeter or se fracasser contre l'arbre
- VI 1 [aeroplane] s'écraser (au sol) ; [vehicle] avoir un accident ; [two vehicles] se percuter, entrer en collision • **the cars crashed at the junction** les voitures se sont percutées or sont entrées en collision au croisement • **to crash into sth** rentrer dans qch*, percuter qch • **the plate crashed to the ground** l'assiette s'est fracassée par terre • **the car crashed through the gate** la voiture a enfoncé la barrière
2 [bank, firm] faire faillite • **the stock market crashed** les cours de la Bourse se sont effondrés
3 (⁑ = sleep) pieuter⁑, crécher⁑ • **can I crash at your place for a few days?** est-ce que je peux pieuter⁑ chez toi pendant quelques jours ? • **to crash at sb's place** pieuter⁑ or crécher⁑ chez qn
4 (Comput) tomber en panne
- VT 1 [+ car] avoir une collision or un accident avec • **he crashed the car through the barrier** il a enfoncé la barrière (avec la voiture) • **he crashed the car into a tree** il a percuté un arbre (avec la voiture) • **he crashed the plane** il s'est écrasé (au sol) • **to crash the gears** faire grincer le changement de vitesse
2 ⁑ • **to crash a party** s'incruster dans une fête • **to crash a market** (US Comm) pénétrer en force sur un marché
- COMP **crash barrier** N (Brit) glissière f de sécurité
  **crash course** N cours m intensif
  **crash diet** N régime m draconien
  **crash helmet** N casque m de protection
  **crash-land** VI faire un atterrissage forcé VT poser en catastrophe
  **crash landing** N atterrissage m forcé
  **crash programme** N programme m intensif
  **crash team** N équipe f du service des urgences
  **crash test** N test m de résistance aux chocs
  **crash test dummy** N mannequin m utilisé dans les tests de résistance aux chocs

▶ **crash down, crash in** VI [roof etc] s'effondrer (avec fracas)

▶ **crash out⁑**
- VI (= fall asleep etc) tomber raide
- VT SEP • **to be crashed out** roupiller*

**crash²** /kræʃ/ N (= fabric) grosse toile f

**crashing** † /ˈkræʃɪŋ/ ADJ • **a crashing bore** un raseur de première*

**crashingly** † /ˈkræʃɪŋlɪ/ ADV [boring] terriblement

**crashpad⁑** /ˈkræʃpæd/ N piaule⁑ f de dépannage

**crasis** /ˈkreɪsɪs/ N (pl **crases** /ˈkreɪsiːz/) (Gram) crase f

**crass** /kræs/ SYN ADJ [comment, behaviour, mistake, film, person] grossier ; [joke] lourd ; [stupidity, ignorance] crasse

**crassly** /ˈkræslɪ/ ADV grossièrement

**crassness** /ˈkræsnɪs/ N grossièreté f

**crate** /kreɪt/ SYN
- N 1 [of fruit] cageot m ; [of bottles] caisse f (à claire-voie) ; (esp Naut) caisse f
2 (⁑ = aeroplane) zinc* m ; (⁑ = car) bagnole* f
- VT (also **crate up**) [+ goods] mettre en cageot(s) or en caisse(s)

**crater** /ˈkreɪtər/ SYN N [of volcano, moon] cratère m • **bomb crater** entonnoir m • **shell crater** trou m d'obus, entonnoir m

**cravat(e)** /krəˈvæt/ N cravate f, foulard m (noué autour du cou)

**crave** /kreɪv/ SYN
- VT 1 [+ drink, tobacco etc] avoir un besoin maladif or physiologique de ; [+ chocolate, sweet things] être accro* à ; [+ attention] solliciter ; [+ recognition, fame] avoir soif de • **to crave publicity** avoir besoin de la reconnaissance publique • **to crave affection** avoir grand besoin or soif d'affection
2 (frm) • **to crave permission** solliciter humblement l'autorisation • **he craved permission to leave** il supplia qu'on lui accorde la permission de partir • **may I crave leave to...?** je sollicite humblement l'autorisation de... • **to crave sb's pardon** implorer le pardon de qn
- VI • **crave for** [+ drink, tobacco etc] avoir un besoin maladif or physiologique de ; [+ chocolate, sweet things] être accro* à ; [+ attention] solliciter • **to crave for affection** avoir grand besoin or soif d'affection

**craven** /ˈkreɪvən/ ADJ, N (liter) lâche mf, poltron(ne) m(f)

**cravenly** /ˈkreɪvənlɪ/ ADV (liter) lâchement

**craving** /ˈkreɪvɪŋ/ SYN N (for drink, drugs, tobacco) besoin m (maladif or physiologique) (for de) ; (for affection) grand besoin m, soif f (for de) ; (for freedom) désir m insatiable (for de)

**craw** /krɔː/ N [of bird] jabot m ; [of animal] estomac m • **it sticks in my craw** cela me reste en travers de la gorge

**crawfish** /ˈkrɔːfɪʃ/
- N (pl **crawfish** or **crawfishes**) (esp US) ⇒ **crayfish**
- VI (US ⁑ fig) se défiler*, faire marche arrière

**crawl** /krɔːl/ SYN
- N 1 [of vehicle] allure f très ralentie • **we had to go at a crawl through the main streets** nous avons dû avancer au pas dans les rues principales
2 (Swimming) crawl m • **to do the crawl** nager le crawl, crawler
- VI 1 [animals] ramper, se glisser ; [person] se traîner, ramper • **to crawl in/out etc** entrer/sortir etc en rampant or à quatre pattes • **to crawl on one's hands and knees** aller à quatre pattes • **the child has begun to crawl (around)** l'enfant commence à ramper • **to crawl to sb** (fig) s'aplatir devant qn*, lécher les bottes de or à qn* • **the fly crawled up the wall/along the table** la mouche a grimpé le long du mur/a avancé sur la table • **to make sb's skin crawl** donner la chair de poule à qn • **to crawl with vermin** grouiller de vermine • **the street is crawling* with policemen** la rue grouille d'agents de police ; see also **crawling**
2 [vehicle] avancer au pas or pare-chocs contre pare-chocs
- COMP **crawl space** N (US) (under ground floor) vide m sanitaire ; (under roof) vide m de comble

**crawler** /ˈkrɔːlər/
- N 1 (⁑ = person) lécheur* m, -euse* f, lèche-bottes* mf inv
2 (= vehicle) véhicule m lent
- COMP **crawler lane** N (Brit : on road) file f or voie f pour véhicules lents

**crawling** /ˈkrɔːlɪŋ/ ADJ [insect, movement] rampant ◆ **a baby at the crawling stage** un bébé qui rampe ; see also **crawl**

**crayfish** /ˈkreɪfɪʃ/ N (pl **crayfish** or **crayfishes**) (freshwater) écrevisse f ; (saltwater) (large) langouste f ; (small) langoustine f

**crayon** /ˈkreɪən/
N (= coloured pencil) crayon m (de couleur) ; (Art = pencil, chalk etc) pastel m ; (Art = drawing) crayon m, pastel m
VT crayonner, dessiner au crayon ; (Art) colorier au crayon or au pastel

**craze** /kreɪz/ SYN
N engouement m (for pour)
VT 1 (= make mad) rendre fou
2 [+ glaze, pottery] craqueler ; [+ windscreen] étoiler
VI [glaze, pottery] craqueler ; [windscreen] s'étoiler

**crazed** /kreɪzd/ ADJ 1 (= mad) affolé, rendu fou (folle f) (with de)
2 [glaze, pottery] craquelé ; [windscreen] étoilé

**crazily** /ˈkreɪzɪlɪ/ ADV [shout, gesticulate] comme un fou ; [skid, bounce, whirl, tilt] follement ◆ **crazily jealous/extravagant** follement jaloux/extravagant

**craziness** /ˈkreɪzɪnɪs/ N folie f

**crazy** /ˈkreɪzɪ/ SYN
ADJ 1 (= mad) fou (folle f) ◆ **to go crazy** devenir fou ◆ **to be crazy with worry** être fou d'inquiétude ◆ **it's enough to drive you crazy** c'est à vous rendre fou or dingue* ◆ **it was a crazy idea** c'était une idée folle ◆ **you were crazy to want to go there** tu étais fou or dingue* de vouloir y aller, c'était de la folie de vouloir y aller
◆ **like crazy*** comme un fou or une folle
2 (* = enthusiastic) fou (folle f), fana* f inv (about sb/sth de qn/qch) ◆ **I'm not crazy about it** ça ne m'emballe* pas ◆ **he's crazy about her** il est fou d'elle
3 (fig) [price, height etc] incroyable ; (US = excellent) terrible*, formidable ◆ **the tower leant at a crazy angle** la tour penchait d'une façon menaçante or inquiétante
COMP **crazy bone** N (US) petit juif* m (partie du coude)
**crazy golf** N (NonC: Brit) minigolf m
**crazy house*** N (US) cabanon* m, asile m d'aliénés
**crazy paving** N dallage m irrégulier (en pierres plates)
**crazy quilt** N (US) édredon m (piqué) en patchwork, courtepointe f en patchwork

**CRE** /ˌsiːɑːrˈiː/ N (Brit) (abbrev of Commission for Racial Equality) → commission ; → EOC, EEOC

**creak** /kriːk/ SYN
VI [door hinge, floorboard, bed, bedsprings] grincer ; [shoes, joints] craquer
N [of floorboard, door, hinge, bedsprings] grincement m ; [of shoes, leather, wood, bones] crissement m ◆ **the door opened with a creak** la porte s'ouvrit en grinçant

**creaky** /ˈkriːkɪ/ ADJ 1 (= noisy) [floorboard, stair, door, hinge] grinçant ; [shoes] qui crisse
2 (= old) [system, film, play, equipment] vieillot ; [body, legs] usé

**cream** /kriːm/ SYN
N 1 crème f ◆ **single/double cream** (Brit) crème f fraîche liquide/épaisse ◆ **to take the cream off the milk** écrémer le lait ◆ **the cream of the crop** (= people) le dessus du panier ; (= things) le nec plus ultra ◆ **the cream of society** la crème or la fine fleur de la société ◆ **chocolate cream** chocolat m fourré (à la crème) ◆ **vanilla cream** (= dessert) crème f à la vanille ; (= biscuit) biscuit m fourré à la vanille ; → **clot**
2 (= face cream, shoe cream) crème f ; → **cold, foundation**
ADJ (= cream-coloured) crème inv ; (= made with cream) [cake] à la crème
VT 1 [+ milk] écrémer
2 (Culin) [+ butter] battre ◆ **to cream (together) sugar and butter** travailler le beurre en crème avec le sucre
3 (US * fig) [+ enemy, opposing team] rosser*, rétamer* ; [+ car] bousiller*
COMP **cream cheese** N fromage m frais à tartiner
**cream cracker** N (Brit) cracker m
**creamed potatoes** N purée f de pommes de terre
**cream jug** N (Brit) pot m à crème
**cream of tartar** N crème f de tartre
**cream of tomato soup** N crème f de tomates
**cream puff** N chou m à la crème

**cream soda** N boisson f gazeuse à la vanille
**cream tea** N (Brit) goûter où l'on sert du thé et des scones avec de la crème et de la confiture
▸ **cream off** VT SEP (fig) [+ best talents, part of profits] prélever, écrémer

**creamer** /ˈkriːmər/ N 1 (= to separate cream) écrémeuse f
2 (= milk substitute) succédané m de lait
3 (= pitcher) pot m à crème

**creamery** /ˈkriːmərɪ/ N 1 (on farm) laiterie f ; (= butter factory) laiterie f, coopérative f laitière
2 (= small shop) crémerie f

**creamy** /ˈkriːmɪ/ SYN ADJ crémeux ; [complexion] crème inv, crémeux ◆ **creamy white/yellow** blanc/jaune crème inv

**crease** /kriːs/ SYN
N (made intentionally) (in material, paper) pli m, pliure f ; (in trouser legs, skirt etc) pli m ; (made accidentally) faux pli m, pli m ; (on face) ride f
VT (= crumple) (accidentally) froisser, chiffonner ; (intentionally) plisser
VI se froisser, se chiffonner ◆ **his face creased with laughter** le rire a plissé son visage
COMP **crease-resistant** ADJ infroissable
▸ **crease up**
VT SEP 1 (= crumple) froisser, chiffonner
2 (Brit * = amuse) faire mourir de rire
VI 1 (= crumple) se froisser, se chiffonner
2 (Brit * = laugh) être plié en quatre

**create** /kriːˈeɪt/ SYN
VT (gen) créer ; [+ new fashion] lancer, créer ; [+ work of art, character, role] créer ; [+ impression] produire, faire ; (Comput) [+ file] créer ; [+ problem, difficulty] créer, susciter ; [+ noise, din] faire ◆ **to create a sensation** faire sensation ◆ **two posts have been created** il y a eu deux créations de poste, deux postes ont été créés ◆ **he was created baron** il a été fait baron
VI (Brit * = fuss) faire une scène, faire un foin*

**creatine** /ˈkriːətiːn/ N (Bio) créatine f

**creation** /kriːˈeɪʃən/ SYN N 1 (NonC) création f ◆ **since the creation** or **the Creation** depuis la création du monde
2 (Art, Dress) création f ◆ **the latest creations from Paris** les toutes dernières créations de Paris

**creationism** /kriːˈeɪʃənɪzəm/ N créationnisme m

**creationist** /kriːˈeɪʃənɪst/ ADJ, N créationniste mf

**creationistic** /kriːˌeɪʃəˈnɪstɪk/ ADJ créationniste

**creative** /kriːˈeɪtɪv/ SYN
ADJ 1 (= imaginative) [person, talent, skill, activity, atmosphere] créatif ; [mind] créatif, créateur (-trice f) ; [energy, power] créateur (-trice f) ; [process] de création ◆ **creative toys** (Educ) jouets mpl créatifs or d'éveil
2 (= original) [person] inventif ; [solution] ingénieux ; [design] novateur (-trice f) ◆ **the creative use of language** l'utilisation créative du langage ◆ **with a little creative thinking you can find a solution** avec un peu d'imagination, vous trouverez une solution
COMP **creative accounting** N (pej) manipulation f des chiffres
**creative department** N service m de création
**creative writing** N création f littéraire

**creatively** /kriːˈeɪtɪvlɪ/ ADV de façon créative

**creativity** /ˌkriːeɪˈtɪvɪtɪ/ SYN N créativité f

**creator** /kriːˈeɪtər/ SYN N créateur m, -trice f

**creature** /ˈkriːtʃər/ SYN
N (gen, also fig) créature f ; (= animal) bête f, animal m ; (= human) être m, créature f ◆ **dumb creatures** les bêtes fpl ◆ **the creatures of the deep** les animaux mpl marins ◆ **she's a poor/lovely creature** c'est une pauvre/ravissante créature ◆ **to be a creature of habit** avoir ses (petites) habitudes ◆ **they were all his creatures** (fig pej) tous étaient ses créatures ; → **habit**
COMP **creature comforts** NPL confort m matériel ◆ **he likes his creature comforts** il aime son petit confort

**crèche** /kreɪʃ/ N (Brit) (up to 3 years old) crèche f ; (after 3 years old) (halte-)garderie f

**cred*** /kred/ N (NonC) crédibilité f ; see also **street cred**

**credence** /ˈkriːdəns/
N croyance f, foi f ◆ **to give** or **lend credence to** ajouter foi à
COMP **credence table** N (Rel) crédence f

**credentials** /krɪˈdenʃəlz/ SYN NPL (= identifying papers) pièce f d'identité ; [of diplomat] lettres fpl de créance ; (= references) références fpl ◆ **to have good credentials** avoir de bonnes références

**credibility** /ˌkredəˈbɪlɪtɪ/ SYN
N crédibilité f ◆ **to lose credibility** perdre sa crédibilité
COMP **credibility gap** N manque m de crédibilité
**credibility rating** N ◆ **his credibility rating is not very high** sa crédibilité est très entamée

**credible** /ˈkredɪbl/ SYN ADJ crédible ◆ **it is scarcely credible that...** on a du mal à croire que...

**credibly** /ˈkredɪblɪ/ ADV de façon crédible

**credit** /ˈkredɪt/ SYN
N 1 (Banking, Comm, Fin) crédit m ; (Accounting) crédit m, avoir m ◆ **to give sb credit** faire crédit à qn ◆ **"no credit"** « la maison ne fait pas crédit » ◆ **to buy/sell on credit** acheter/vendre à crédit ◆ **in credit** (account) approvisionné ◆ **am I in credit?** est-ce que mon compte est approvisionné ?
2 (= loan) prêt m ◆ **they're prepared to offer extensive credits** ils sont disposés à fournir des prêts très importants ◆ **Japan provided billions in credits to Russia** le Japon a prêté des milliards à la Russie ◆ **to get credit** trouver des fonds
3 (morally) honneur m ◆ **to his credit we must point out that...** il faut faire remarquer à son honneur or à son crédit que... ◆ **it is to his credit** c'est tout à son honneur ◆ **he is a credit to his family** il fait honneur à sa famille, il est l'honneur de sa famille ◆ **the only people to emerge with any credit** les seuls à s'en sortir à leur honneur ◆ **to give sb credit for his generosity** reconnaître la générosité de qn ◆ **to give sb credit for doing sth** reconnaître que qn a fait qch ◆ **to claim** or **take (the) credit for sth** s'attribuer le mérite de qch ◆ **it does you credit** cela est tout à votre honneur, cela vous fait grand honneur ◆ **credit where credit's due** il faut rendre à César ce qui appartient à César ◆ **on the credit side, he's very good to his mother** il faut dire à sa décharge qu'il est très gentil avec sa mère
4 (Scol) unité f d'enseignement or de valeur, UV f
5 (= belief, acceptance) ◆ **to give credit to** [+ person] ajouter foi à ; [+ event] donner foi à, accréditer ◆ **I gave him credit for more sense** je lui supposais or croyais plus de bon sens ◆ **to gain credit with** s'accréditer auprès de ◆ **his credit with the electorate** son crédit auprès des électeurs
NPL **credits** (Cine) générique m
VT 1 (= believe) [+ rumour, news] croire ◆ **I could hardly credit it** je n'arrivais pas à le croire ◆ **you wouldn't credit it** vous ne le croiriez pas
2 (gen) ◆ **to credit sb/sth with certain powers/qualities** reconnaître à qn/qch certains pouvoirs/certaines qualités ◆ **to be credited with having done...** passer pour avoir fait... ◆ **I credited him with more sense** je lui croyais or supposais plus de bon sens ◆ **it is credited with (having) magical powers** on lui attribue des pouvoirs magiques
3 (Banking) ◆ **to credit £50 to sb** or **to sb's account, to credit sb** or **sb's account with £50** créditer (le compte de) qn de 50 livres, porter 50 livres au crédit de qn
COMP **credit account** N compte m créditeur
**credit agency** N établissement m or agence f de crédit
**credit arrangements** NPL accords mpl de crédit
**credit balance** N solde m créditeur
**credit bureau** N (US) ⇒ **credit agency**
**credit card** N carte f de crédit
**credit charges** NPL coût m du crédit
**credit check** N vérification f de solvabilité ◆ **to run a credit check on sb** vérifier la solvabilité de qn
**credit control** N (= action) encadrement m de crédit ; (= department) (service m de l')encadrement m du crédit
**credit entry** N (Fin) inscription f or écriture f au crédit
**credit facilities** NPL (Banking) ligne f de crédit ; (Comm: to buyer) facilités fpl de paiement or de crédit
**credit hour** N (US Scol, Univ) ≈ unité f de valeur
**credit limit** N limite f or plafond m de crédit
**credit line** N (Banking) ligne f de crédit ; (Cine) mention f au générique ; (in book) mention f de la source
**credit note** N (Brit) avoir m

**credit rating** N indice m de solvabilité
**credit reference agency** N agence f de notation financière or de rating
**credit risk** N ‣ **to be a good/poor credit risk** présenter peu de risques de crédit/un certain risque de crédit
**credit sales** NPL ventes fpl à crédit
**credit side** N (Accounting, also fig) ‣ **on the credit side** à l'actif
**credit slip** N (US) ⇒ **credit note**
**credit squeeze** N restrictions fpl de crédit
**credit terms** NPL conditions fpl de crédit
**credit titles** NPL (Cine) générique m
**credit transfer** N transfert m, virement m
**credit union** N (US) société f de crédit mutuel

**creditable** /ˈkredɪtəbl/ SYN ADJ honorable

**creditably** /ˈkredɪtəblɪ/ ADV [behave, perform, play] honorablement

**creditor** /ˈkredɪtəʳ/
- N créancier m, -ière f
- COMP **creditor nation** N pays m créditeur

**creditworthiness** /ˈkredɪtwɜːðɪnɪs/ N solvabilité f, capacité f d'emprunt

**creditworthy** /ˈkredɪtwɜːðɪ/ ADJ solvable

**credo** /ˈkreɪdəʊ/ N credo m

**credulity** /krɪˈdjuːlɪtɪ/ SYN N crédulité f

**credulous** /ˈkredjʊləs/ SYN ADJ crédule

**credulously** /ˈkredjʊləslɪ/ ADV avec crédulité

**creed** /kriːd/ SYN N credo m ‣ **the Creed** (Rel) le Credo

**creek** /kriːk/ SYN N ① (esp Brit = inlet) crique f, anse f ‣ **to be up the creek (without a paddle)**⁎ (= be wrong) se fourrer le doigt dans l'œil (jusqu'au coude) ⁎ ; (= be in trouble) être dans le pétrin
② (US = stream) ruisseau m, petit cours m d'eau

**creel** /kriːl/ N panier m de pêche

**creep** /kriːp/ SYN (pret, ptp **crept**)
- VI [animal, person, plant] ramper ; (= move silently) se glisser ‣ **to creep between** se faufiler entre ‣ **to creep in/out/away** [person] entrer/sortir/s'éloigner à pas de loup ; [animal] entrer/sortir/s'éloigner sans un bruit ‣ **to creep about/along on tiptoe** marcher/avancer sur la pointe des pieds ‣ **to creep up on sb** [person] s'approcher de qn à pas de loup ; [old age etc] prendre qn par surprise ‣ **old age is creeping on** on se fait vieux ⁎ ‣ **the traffic crept along** les voitures avançaient au pas ‣ **an error crept into it** une erreur s'y est glissée ‣ **a feeling of peace crept over me** un sentiment de paix me gagnait peu à peu or commençait à me gagner
- N ① ‣ **it gives me the creeps** ⁎ cela me donne la chair de poule, cela me fait froid dans le dos
② (pej = person) sale type ⁎ m

**creeper** /ˈkriːpəʳ/ SYN N ① (= plant) plante f rampante ; → **Virginia**
② (US) (= baby garment) barboteuse f
③ ‣ **creepers** (= shoes) chaussures fpl à semelles de crêpe
④ (⁎ = person) lécheur m, -euse f, lèche-bottes ⁎ mf inv

**creeping** /ˈkriːpɪŋ/
- ADJ ① [plant] rampant
② (= gradual) [process, inflation, privatization] rampant ; [change] larvé
- COMP **creeping paralysis** N (Med) paralysie f progressive

**creepy** /ˈkriːpɪ/ SYN
- ADJ [story, place, feeling] qui donne la chair de poule
- COMP **creepy-crawly** ⁎ ADJ qui donne la chair de poule N (pl **creepy-crawlies**) petite bestiole f

**cremate** /krɪˈmeɪt/ VT incinérer

**cremation** /krɪˈmeɪʃən/ N crémation f, incinération f

**cremationist** /krɪˈmeɪʃənɪst/ N crématiste mf

**crematorium** /ˌkreməˈtɔːrɪəm/ (pl **crematoriums** or **crematoria** /ˌkreməˈtɔːrɪə/), **crematory** (US) /ˈkreməˌtɔːrɪ/ N (= place) crématorium m, crématoire m ; (= furnace) four m crématoire

**crème de la crème** /ˌkremdəlɑːˈkrem/ N ‣ **the crème de la crème** le dessus du panier, le gratin ⁎

**crème fraîche** /ˌkremˈfreʃ/ N crème f fraîche

**crenate** /ˈkriːneɪt/ ADJ crénelé

**crenellate, crenelate** (US) /ˈkrenɪleɪt/ VT créneler

**crenellated** /ˈkrenɪleɪtɪd/ ADJ crénelé, à créneaux

**crenellations** /ˌkrenɪˈleɪʃənz/ NPL créneaux mpl

**creole** /ˈkriːəʊl/
- ADJ créole
- N ‣ **Creole** Créole mf
- COMP **the Creole State** N la Louisiane

**creolized** /ˈkriːəˌlaɪzd/ ADJ créolisé

**Creon** /ˈkriːɒn/ N (Myth) Créon m

**creosote** /ˈkrɪəsəʊt/
- N créosote f
- VT créosoter

**crêpe** /kreɪp/
- N ① (= fabric) crêpe m
② (Culin) crêpe f
- COMP **crêpe bandage** N bande f Velpeau ®
**crêpe paper** N papier m crépon
**crêpe rubber** N (for shoes) crêpe m
**crêpe shoes, crêpe-soled shoes** NPL chaussures fpl à semelles de crêpe

**crept** /krept/ VB pt, ptp of **creep**

**crepuscular** /krɪˈpʌskjʊləʳ/ ADJ crépusculaire

**crescendo** /krɪˈʃendəʊ/
- N (pl **crescendos** or **crescendi** /krɪˈʃendɪ/) (Mus, fig) crescendo m inv
- VI (Mus) faire un crescendo

**crescent** /ˈkresnt/ SYN
- N ① croissant m ‣ **the Crescent** (Islamic faith etc) le Croissant
② (= street) rue f (en arc de cercle)
- COMP **crescent moon** N croissant m de lune
**crescent roll** N (Culin) croissant m
**crescent-shaped** ADJ en (forme de) croissant

**cress** /kres/ N cresson m ; → **mustard, watercress**

**crest** /krest/ SYN
- N [of bird, wave, mountain] crête f ; [of helmet] cimier m ; (= long ridge) arête f ; [of road] haut m de côte, sommet m de côte ; (above coat of arms, shield) timbre m ; (on seal etc) armoiries fpl ‣ **the family crest** les armoiries fpl familiales ‣ **he is on the crest of the wave** (= successful) tout lui réussit en ce moment
- VT [+ wave, hill] franchir la crête de ‣ **crested notepaper** papier m à lettres armorié ‣ **crested tit** mésange f huppée

**crestfallen** /ˈkrestˌfɔːlən/ SYN ADJ [person] déconfit ‣ **to look crestfallen** avoir l'air penaud

**cretaceous** /krɪˈteɪʃəs/ ADJ crétacé ‣ **the Cretaceous (period)** (Geol) le crétacé

**Cretan** /ˈkriːtən/
- ADJ crétois
- N Crétois(e) m(f)

**Crete** /kriːt/ N Crète f ‣ **in Crete** en Crète

**cretin** /ˈkretɪn/ N crétin(e) m(f)

**cretinism** /ˈkretɪnɪzəm/ N (Med) crétinisme m

**cretinous** ⁎ /ˈkretɪnəs/ ADJ (Med pej) crétin

**cretonne** /kreˈtɒn/ N cretonne f

**Creutzfeldt-Jakob disease** /ˈkrɔɪtsfelt ˈjækɒb dɪˈziːz/ N (NonC) maladie f de Creutzfeldt-Jakob

**crevasse** /krɪˈvæs/ N (Geol, Climbing) crevasse f

**crevice** /ˈkrevɪs/ SYN N (in rock) fissure f ; (in wall) lézarde f

**crew**¹ /kruː/ SYN
- N [of aircraft, ship] équipage m ; (Cine, Rowing etc) équipe f ; (= group, gang) bande f, équipe f ‣ **what a crew!** ⁎ (pej) tu parles d'une équipe ! ⁎, quelle engeance !
- VI (Sailing) ‣ **to crew for sb** être l'équipier de qn ‣ **would you like me to crew for you?** voulez-vous de moi comme équipier ?
- VT [+ yacht] armer
- COMP **crew cut** N ‣ **to have a crew cut** avoir les cheveux en brosse
**crew-neck sweater** N pull m ras du cou, ras-du-cou m inv

**crew**² /kruː/ VB pt of **crow**²

**crewel** /ˈkruːɪl/ N (= yarn) laine f à tapisserie ; (= work) tapisserie f sur canevas

**crewman** /ˈkruːmən/ N (pl **-men**) (TV etc) équipier m

**crib** /krɪb/ SYN
- N ① (Brit : for infant) berceau m ; (US : for toddler) lit m d'enfant ; (Rel) crèche f
② (= manger) mangeoire f, râtelier m
③ (= plagiarism) plagiat m, copiage m ; (Scol) antisèche ⁎ f
- VT (Scol) copier, pomper ⁎ ‣ **to crib sb's work** copier le travail de qn, copier or pomper ⁎ sur qn
- VI copier ‣ **to crib from a friend** copier sur un camarade ‣ **he had cribbed from Shakespeare** il avait plagié Shakespeare
- COMP **crib death** N (US) mort f subite du nourrisson

**cribbage** /ˈkrɪbɪdʒ/ N jeu de cartes

**crick** /krɪk/
- N crampe f ‣ **crick in the neck** torticolis m ‣ **crick in the back** tour m de reins
- VT ‣ **to crick one's neck** attraper un torticolis ‣ **to crick one's back** se faire un tour de reins

**cricket**¹ /ˈkrɪkɪt/ N (= insect) grillon m, cricri ⁎ m inv

**cricket**² /ˈkrɪkɪt/
- N (Sport) cricket m ‣ **that's not cricket** (fig) cela ne se fait pas, ce n'est pas correct
- COMP [ball, bat, match, pitch] de cricket

### CRICKET

Le **cricket** est souvent considéré comme un sport typiquement anglais, bien qu'il soit pratiqué dans toute la Grande-Bretagne et dans beaucoup de pays du Commonwealth. C'est surtout un sport d'été, dans lequel deux équipes de onze joueurs s'affrontent selon des règles assez complexes.

Comme le base-ball aux États-Unis, ce sport a fourni à la langue courante un certain nombre d'expressions imagées, parmi lesquelles « a sticky wicket » (une situation difficile) ; « to knock someone for six » (démolir qn) ; « to be stumped » (sécher) et le fameux « it's not **cricket** » (cela ne se fait pas, ce n'est pas correct).

**cricketer** /ˈkrɪkɪtəʳ/ N joueur m, -euse f de cricket

**cricketing** /ˈkrɪkɪtɪŋ/ ADJ ‣ **England's cricketing heroes** les héros du cricket anglais ‣ **his cricketing career** sa carrière de joueur de cricket

**cricoid** /ˈkraɪkɔɪd/ ADJ, N (Anat) cricoïde m

**crier** /ˈkraɪəʳ/ N crieur m ; [of law courts] huissier m ; → **town**

**crikey** ⁎ /ˈkraɪkɪ/ EXCL (Brit) mince (alors) !

**crime** /kraɪm/ SYN
- N crime m ‣ **minor crime** délit m ‣ **the scene of the crime** le lieu du crime ‣ **a crime against humanity** un crime contre l'humanité ‣ **perjury is a serious crime** un faux témoignage est un délit grave ‣ **crime and punishment** le crime et le châtiment ‣ **a life of crime** une vie de criminel ‣ **crime is on the increase/decrease** la criminalité augmente/diminue ‣ **crime doesn't pay** le crime ne paye pas ‣ **it's a crime to make him do it** c'est un crime de le forcer à le faire ; → **organized**
- COMP **crime-buster** ⁎ N justicier m, -ière f
**crime fighting** N (NonC) lutte f contre la criminalité
**crime-fighting** ADJ [plan, strategy, group] de lutte contre la criminalité
**crime of passion** N crime m passionnel
**crime prevention** N prévention f de la criminalité
**crime prevention officer** N policier m chargé de la prévention de la criminalité
**crime spree** N série f de délits ‣ **to go on a crime spree** multiplier les délits
**Crime Squad** N brigade f criminelle
**crime wave** N vague f de criminalité
**crime writer** N auteur m de romans policiers

**Crimea** /kraɪˈmɪə/ N ‣ **the Crimea** la Crimée

**Crimean** /kraɪˈmɪən/ ADJ, N ‣ **the Crimean (War)** la guerre de Crimée

**criminal** /ˈkrɪmɪnl/ SYN
- N criminel m, -elle f
- ADJ [action, motive, law] criminel ‣ **a criminal waste of resources** un gaspillage criminel (des ressources) ‣ **it's criminal** ⁎ **to stay indoors today** c'est un crime de rester enfermé aujourd'hui ; → **conspiracy**
- COMP **criminal assault** N (Jur) agression f criminelle, voie f de fait
**criminal code** N code m pénal
**criminal conversation** N (US Jur) adultère m (de la femme)
**criminal court** N cour f d'assises
**criminal damage** N (NonC Jur) dégradations fpl volontaires
**criminal investigation** N enquête f criminelle
**the Criminal Investigation Department** N (in Brit) la police judiciaire, la PJ
**criminal justice system** N (Jur) justice f pénale
**criminal law** N droit m pénal or criminel

**criminal lawyer** N pénaliste m, avocat m au criminel

**criminal negligence** N (NonC: Jur) négligence f coupable or criminelle

**criminal offence** N délit m ◆ **it's a criminal offence to do that** c'est un crime puni par la loi de faire cela

**criminal proceedings** NPL (Jur) ◆ **to take criminal proceedings against sb** poursuivre qn au pénal

**criminal record** N casier m judiciaire ◆ **he hasn't got a criminal record** il a un casier judiciaire vierge

**the Criminal Records Office** N (in Brit) l'identité f judiciaire

**criminality** /ˌkrɪmɪˈnælɪtɪ/ N criminalité f

**criminalization** /ˌkrɪmɪnəlaɪˈzeɪʃən/ N criminalisation f

**criminalize** /ˈkrɪmɪnəlaɪz/ VT criminaliser

**criminally** /ˈkrɪmɪnəlɪ/ ADV ① (Jur) [liable, responsible] pénalement ◆ **to be criminally negligent** faire preuve de négligence coupable or criminelle ◆ **the criminally insane** les psychopathes mpl

② (= scandalously) [underpaid] scandaleusement ◆ **criminally irresponsible** d'une irresponsabilité criminelle ◆ **a criminally wasteful use of resources** un gaspillage criminel (des ressources)

**criminological** /ˌkrɪmɪnəˈlɒdʒɪkəl/ ADJ criminologique

**criminologist** /ˌkrɪmɪˈnɒlədʒɪst/ N criminologiste mf, criminologue mf

**criminology** /ˌkrɪmɪˈnɒlədʒɪ/ N criminologie f

**crimp** /krɪmp/
VT ① [+ hair] crêper, friser ; [+ pastry] pincer
② (US = hinder) gêner, entraver
N (US = person) raseur m, -euse f ◆ **to put a crimp in...** mettre obstacle à..., mettre des bâtons dans les roues de...

**crimped** /krɪmpt/ ADJ [fabric etc] plissé, froncé ; [hair] crêpé

**Crimplene** ® /ˈkrɪmpliːn/ N crêpe m polyester

**crimson** /ˈkrɪmzn/ ADJ, N cramoisi m

**cringe** /krɪndʒ/ SYN
VI (= shrink back) avoir un mouvement de recul, reculer (from devant) ; (fig = humble o.s.) ramper, s'humilier (before devant) ◆ **the very thought of it makes me cringe*** (with embarrassment) rien que d'y penser j'ai envie de rentrer sous terre
COMP **cringe-making*** ADJ (Brit) qui donne des boutons, qui fait grincer les dents

**cringing** /ˈkrɪndʒɪŋ/ ADJ [bow, attitude, person] servile

**crinkle** /ˈkrɪŋkl/
VT [+ paper] froisser, chiffonner
VI se froisser
N fronce f, pli m
COMP **crinkle-cut** ADJ (Brit) [chips, crisps] dentelé

**crinkled** /ˈkrɪŋkld/ ADJ [leaf, paper, clothes] froissé ; [face, head] plein de rides

**crinkly** /ˈkrɪŋklɪ/ ADJ [hair] crépu, crêpelé ; [skin, face, eyes] plissé ; [paper] gaufré

**crinoid** /ˈkraɪnɔɪd/ N crinoïde m

**crinoline** /ˈkrɪnəlɪn/ N crinoline f

**cripple** /ˈkrɪpl/ SYN
N (= lame) estropié(e) m(f), boiteux m, -euse f ; (= disabled) invalide mf, invalide mf ; (from accident, war) invalide mf ; (= maimed) mutilé(e) m(f) ◆ **he's an emotional cripple** il est complètement bloqué sur le plan affectif
VT ① estropier
② (fig) [+ ship, plane] désemparer ; [strikes etc] [+ production, exports etc] paralyser ; [+ person] inhiber, bloquer ◆ **activities crippled by lack of funds** activités paralysées par le manque de fonds

**crippled** /ˈkrɪpld/ SYN
ADJ ① (= physically disabled) [person] (gen) infirme ; (through mutilation) estropié ; [leg, hand] estropié ◆ **the bomb blast left her crippled** l'explosion l'a rendue infirme ◆ **crippled for life** handicapé à vie ◆ **crippled with arthritis** perclus d'arthrite
② (psychologically) ◆ **crippled with shyness** perclus de timidité ◆ **emotionally crippled** bloqué sur le plan affectif
③ (= stricken) [aircraft, ship] désemparé

④ (= dysfunctional) [society, economy, organization] handicapé ◆ **crippled with debt** écrasé de dettes
NPL **the crippled** les estropiés mpl

**crippling** /ˈkrɪplɪŋ/ ADJ ① [disease, illness, injury] invalidant
② (fig) [pain, inflation, strike, effect] paralysant ; [guilt, depression] qui paralyse ; [tax, debt, cost] écrasant ◆ **a crippling blow** un coup dur

**crisis** /ˈkraɪsɪs/
N (pl **crises** /ˈkraɪsiːz/) crise f ◆ **to come to a crisis, to reach crisis point** or **a crisis** atteindre un point critique ◆ **to solve a crisis** dénouer or résoudre une crise ◆ **we've got a crisis on our hands** nous avons un problème urgent, nous sommes dans une situation critique ◆ **the first oil crisis** le premier choc pétrolier, la première crise du pétrole
COMP **crisis centre** N (for large-scale disaster) cellule f de crise ; (for personal help) centre m d'aide ; (for battered women) association f d'aide d'urgence

**crisis management** N (NonC) gestion f de crise

**crisp** /krɪsp/ SYN
ADJ ① (= crunchy) [apple, salad] croquant ; [biscuit, pastry, bacon] croustillant ; [snow] qui crisse ; [leaves] craquant
② [shirt, suit, cotton, linen] tout propre, impeccable
③ (= refreshing) [air] vif, piquant ; [weather] tonifiant ; [day, morning] frais (fraîche f) et piquant(e) ; [wine, sherry] gouleyant, coulant
④ (= clear) [picture, image] net et précis ; [shape] épuré ; [voice, sound] clair ; [style] précis
⑤ (= succinct) [writing, style] épuré ; [phrase] vif ; [statement, speech] concis
⑥ (= brisk) [tone, voice, comment] sec (sèche f)
⑦ (= tight) [curls] serré
N (Brit) ◆ **(potato) crisps** (pommes) chips fpl ◆ **packet of crisps** sachet m or paquet m de chips
VT (Culin: also **crisp up**) (with crispy topping) faire gratiner ; [+ chicken etc] faire dorer

**crispbread** /ˈkrɪspbred/ N pain m scandinave

**crisper** /ˈkrɪspər/ N (= salad crisper) bac m à légumes

**Crispin** /ˈkrɪspɪn/ N Crépin m

**crisply** /ˈkrɪsplɪ/ ADV ① (Culin) ◆ **crisply fried** or **grilled** croustillant
② (= stiffly) ◆ **crisply pressed** or **ironed** parfaitement repassé
③ (= briskly) [say, reply] sèchement

**crispness** /ˈkrɪspnɪs/ N ① (= crunchiness) [of biscuit etc] craquant m
② (= freshness) [of air, weather] fraîcheur f, piquant m
③ (= succinctness) [of style] précision f, tranchant m

**crispy** /ˈkrɪspɪ/ ADJ croquant, croustillant ◆ **crispy noodles** nouilles fpl sautées ◆ **crispy pancakes** crêpes fpl croustillantes

**criss-cross** /ˈkrɪskrɒs/
ADJ [lines] entrecroisés ; (in muddle) enchevêtré ◆ **in a criss-cross pattern** en croisillons
N entrecroisement m, enchevêtrement m
VT entrecroiser (by de)
VI [lines] s'entrecroiser
ADV formant (un) réseau

**crit*** /krɪt/ N [of play, book etc] papier* m, critique f

**criterion** /kraɪˈtɪərɪən/ SYN N (pl **criterions** or **criteria** /kraɪˈtɪərɪə/) critère m

**critic** /ˈkrɪtɪk/ SYN N [of books, painting, music, films etc] critique mf ; (= faultfinder) critique m, détracteur m, -trice f ◆ **film critic** (Press) critique m de cinéma ◆ **he's a strong critic of the government** il est très critique à l'égard du gouvernement ◆ **he is a constant critic of the government** il ne cesse de critiquer le gouvernement ◆ **his wife is his most severe critic** sa femme est son plus sévère critique

**critical** /ˈkrɪtɪkəl/ SYN
ADJ ① (= important) [factor, element, issue] crucial (for or to pour) ◆ **it was critical for him to gain their support** il était crucial pour lui d'obtenir leur soutien
② (= decisive) [moment, point, time] critique, crucial ; [situation, state] critique ◆ **at a critical stage** dans une phase critique ◆ **of critical importance** d'une importance décisive
③ (Med) [patient] dans un état critique ◆ **in a critical condition, on the critical list** dans un

état critique ◆ **to be off the critical list** être dans un état stable
④ (= censorious) [person, attitude, speech, report] critique (of sb/sth à l'égard de qn/qch) ◆ **critical remark** critique f
⑤ (Art, Literat, Mus, Theat) [study, writings, edition] critique ◆ **to meet with critical acclaim** or **praise** être salué par la critique ◆ **to be a critical success** connaître un succès critique
⑥ (Phys) ◆ **to go critical** atteindre le seuil critique
COMP **critical angle** N (Flying, Optics) angle m critique

**critical mass** N (Phys) masse f critique ; (fig) point m critique ◆ **to reach (a) critical mass** (Phys) atteindre une masse critique ; (fig) atteindre un point critique

**critical path** N chemin m critique

**critical path analysis** N analyse f du chemin critique

**critical path method** N méthode f du chemin critique

**critical temperature** N (Phys) température f critique

**critically** /ˈkrɪtɪkəlɪ/ ADV ① (= crucially) ◆ **to be critically important** être d'une importance capitale ◆ **a critically important moment** un moment critique ◆ **the success of the project is critically dependent on his contribution** sa contribution est d'une importance capitale pour la réussite du projet ◆ **to be (running) critically low on sth** manquer sérieusement de qch ◆ **books are in critically short supply** on manque sérieusement de livres
② (Med) [ill, injured] gravement
③ (censoriously) [speak, say] sévèrement
④ (= analytically) [study, examine, watch] d'un œil critique
⑤ (= by critics) ◆ **critically acclaimed** salué par la critique

**criticism** /ˈkrɪtɪsɪzəm/ SYN N critique f ◆ **the decision is open to criticism** cette décision prête le flanc à la critique or est critiquable

**criticize** /ˈkrɪtɪsaɪz/ LANGUAGE IN USE 26.3 SYN VT ① (= assess) [+ book etc] critiquer, faire la critique de
② (= find fault with) [+ behaviour, person] critiquer ◆ **I don't want to criticize, but...** je ne veux pas avoir l'air de critiquer, mais...

**critique** /krɪˈtiːk/ SYN N critique f

**critter*** /ˈkrɪtər/ N (US) créature f ; (= animal) bête f, bestiole f

**croak** /krəʊk/ SYN
VI ① [frog] coasser ; [raven] croasser ; [person] (gen) parler d'une voix rauque ; (due to sore throat) parler d'une voix enrouée ; (* = grumble) maugréer, ronchonner
② (* = die) claquer*, crever*
VT (gen) dire d'une voix rauque ; (due to sore throat) dire d'une voix enrouée ◆ **"help" he croaked feebly** « au secours » appela-t-il d'une voix rauque
N [of frog] coassement m ; [of raven] croassement m ◆ **his voice was a mere croak** il ne proférait que des sons rauques

**croaky** /ˈkrəʊkɪ/ ADJ [voice] (gen) rauque ; (due to sore throat) enroué

**Croat** /ˈkrəʊæt/ N Croate mf

**Croatia** /krəʊˈeɪʃə/ N Croatie f

**Croatian** /krəʊˈeɪʃən/ ADJ croate

**crochet** /ˈkrəʊʃeɪ/
N (NonC: also **crochet work**) (travail m au) crochet m
VT [+ garment] faire au crochet
VI faire du crochet
COMP **crochet hook** N crochet m

**crock** /krɒk/ N ① (= pot) cruche f, pot m de terre ◆ **crocks** (= broken pieces) débris mpl de faïence ◆ **the crocks*** la vaisselle
② * (= horse) vieille rosse f, cheval m fourbu ; (esp Brit = car) vieille bagnole* f, vieux clou* m ; (Sport = injured player) joueur m, -euse f amoché(e) ◆ **he's an old crock** c'est un croulant*

**crocked*** /krɒkt/ ADJ (US) bourré*

**crockery** /ˈkrɒkərɪ/ N (NonC: Brit) (= cups, saucers, plates) vaisselle f ; (= earthenware) poterie f, faïence f

**crocodile** /ˈkrɒkədaɪl/
N ① crocodile m
② (Brit Scol) cortège m en rangs (par deux) ◆ **to walk in a crocodile** aller deux par deux

**COMP** [shoes, handbag] en crocodile, en croco*
**crocodile bird** N pluvian m
**crocodile clip** N pince f crocodile
**crocodile tears** NPL larmes fpl de crocodile

**crocus** /ˈkrəʊkəs/ N (pl **crocuses**) crocus m

**Croesus** /ˈkriːsəs/ N Crésus m ◆ **as rich as Croesus** riche comme Crésus

**croft** /krɒft/ N petite exploitation f agricole

**crofter** /ˈkrɒftər/ N petit exploitant m agricole

**crofting** /ˈkrɒftɪŋ/ N organisation de l'agriculture en petites exploitations

**croissant** /ˈkwæsɒŋ/ N croissant m

**Cro-Magnon man** /ˌkrəʊˈmænjɒn/ N homme m de Cro-Magnon

**Cromalin** ® /ˈkrəʊməlɪn/ N (Typography) Cromalin ® m

**cromlech** /ˈkrɒmlek/ N cromlech m

**Cromwellian** /krɒmˈwelɪən/ ADJ de Cromwell

**crone** /krəʊn/ N vieille ratatinée* f, vieille bique f

**Cronus** /ˈkrəʊnəs/, **Cronos** /ˈkrəʊnɒs/ N (Myth) Cronos m

**crony*** /ˈkrəʊnɪ/ N copain* m, copine* f

**cronyism*** /ˈkrəʊnɪɪzəm/ N copinage* m

**crook** /krʊk/ SYN

N ① [of shepherd] houlette f ; [of bishop] crosse f ; (Mus) [of brass instrument] ton m de rechange
② [of road] angle m ; [of river] coude m
③ (* = thief) escroc m, filou m
VT [+ one's finger] courber, recourber ; [+ one's arm] plier
ADJ (Austral) ① (= sick) malade ; (= injured) blessé
② (= crooked) malhonnête, roublard*

**crooked** /ˈkrʊkɪd/ SYN

ADJ ① (= bent, askew) [line, stick, back] tordu ; [nose, tooth, picture, tie] de travers ; [street] tortueux ◆ **to give a crooked smile** sourire du coin des lèvres ◆ **a crooked old man** un vieillard tout tordu
② (* = dishonest) [person, business] véreux ; [deal, method] malhonnête
ADV * de travers, de traviole*

**crookedly** /ˈkrʊkɪdlɪ/ ADV [smile, grin] du coin des lèvres ; [hang] de travers

**crookedness** /ˈkrʊkɪdnɪs/ N (= dishonesty) malhonnêteté f ; [of features] manque m de symétrie

**croon** /kruːn/ SYN VT, VI (= sing softly) chantonner, fredonner ; (in show business) chanter (en crooner)

**crooner** /ˈkruːnər/ N chanteur m, -euse f de charme, crooner m

**crooning** /ˈkruːnɪŋ/ N (NonC) la chanson de charme

**crop** /krɒp/ SYN

N ① (= produce) produit m agricole, culture f ; (= amount produced) récolte f ; (of fruit etc) récolte f, cueillette f ; (of cereals) moisson f ; (fig) [of problems, questions] série f ; [of people] fournée f ◆ **the crops** (at harvest time) la récolte ◆ **one of the basic crops** l'une des cultures de base ◆ **we had a good crop of strawberries** la récolte or la cueillette des fraises a été bonne ◆ **to get the crops in** rentrer les récoltes ou la moisson
② [of bird] jabot m
③ [of whip] manche m ; (also **riding crop**) cravache f
④ (Hairdressing) ◆ **to give sb a (close) crop** couper ras les cheveux de qn ◆ **Eton crop** cheveux mpl à la garçonne
VT ① [animals: grass] brouter, paître
② [+ tail] écourter ; [+ hair] tondre ◆ **cropped hair** cheveux mpl coupés ras
③ (Phot) recadrer
VI [land] donner or fournir une récolte
COMP **crop circle** N cercle m dans les blés
**crop dusting** N ⇒ **crop spraying**
**crop-eared** ADJ essorillé
**crop rotation** N assolement m, rotation f des cultures
**crop sprayer** N (= device) pulvérisateur m ; (= plane) avion-pulvérisateur m
**crop spraying** N (NonC) pulvérisation f des cultures
**crop top** N T-shirt m (court et ajusté)
▶ **crop out** VI (Geol) affleurer
▶ **crop up** VI ① [questions, problems] survenir, se présenter ◆ **the subject cropped up in the conversation** le sujet a été amené ou mis sur le tapis au cours de la conversation ◆ **something's cropped up and I can't come** j'ai un contretemps, je ne pourrai pas venir ◆ **he was ready for anything that might crop up** il était prêt à toute éventualité
② (Geol) affleurer

**cropper*** /ˈkrɒpər/ N (lit, fig) ◆ **to come a cropper** (= fall) se casser la figure* ; (= fail in attempt) se planter* ; (in exam) se faire coller* or étendre

**cropping** /ˈkrɒpɪŋ/ N (Phot) recadrage m

**croquet** /ˈkrəʊkeɪ/

N croquet m
COMP **croquet hoop** N arceau m de croquet
**croquet mallet** N maillet m de croquet

**croquette** /krəʊˈket/ N croquette f ◆ **potato croquette** croquette f de pommes de terre

**crosier** /ˈkrəʊzər/ N [of bishop] crosse f

**cross** /krɒs/ LANGUAGE IN USE 27.7 SYN

N ① (= mark, emblem) croix f ◆ **to mark/sign with a cross** marquer/signer d'une croix ◆ **the iron cross** la croix de fer ◆ **the Cross** (Rel) la Croix ; → **bear¹**, **market**, **red**, **sign**
② (= mix of breeds) hybride m ◆ **cross between two different breeds** mélange m or croisement m de deux races différentes, hybride m ◆ **it's a cross between a novel and a poem** cela tient du roman et du poème ◆ **a cross between a laugh and a bark** un bruit qui tient du rire et de l'aboiement
③ (NonC) [of material] biais m ◆ **to cut material on the cross** (Sewing) couper du tissu dans le biais ◆ **a skirt cut on the cross** une jupe en biais ◆ **line drawn on the cross** ligne tracée en biais or en diagonale
④ (Sport) centre m ◆ **to hit a cross to sb** centrer sur qn, envoyer un centre sur qn
ADJ ① (= angry) [person] en colère ◆ **to be cross with sb** être fâché or en colère contre qn ◆ **it makes me cross when...** cela me met en colère quand... ◆ **to get cross with sb** se mettre en colère or se fâcher contre qn ◆ **don't be cross with me** ne m'en veuillez pas, il ne faut pas m'en vouloir ◆ **they haven't had a cross word in ten years** ils ne se sont pas disputés une seule fois en dix ans
② (= traverse, diagonal) transversal, diagonal
VT ① [+ room, street, sea, continent, river, bridge] traverser ; [+ threshold, fence, ditch] franchir ◆ **the bridge crosses the river here** c'est ici que le pont franchit or enjambe la rivière ◆ **it crossed my mind that...** il m'est venu à l'esprit que... ◆ **they have clearly crossed the boundary into terrorism** ils ont manifestement basculé dans le terrorisme ◆ **a smile crossed her lips** un sourire se dessina sur ses lèvres ; → **bridge¹**, **floor**, **line¹**, **path¹**
② ◆ **to cross one's arms/legs** croiser les bras/les jambes ◆ **our lines are crossed, we've got a crossed line** (Brit Telec) il y a un problème sur la ligne ◆ **they've got their lines crossed*** (fig) il y a un malentendu quelque part ; → **finger**, **sword**
③ (Rel) ◆ **to cross o.s.** se signer, faire le signe de la croix ◆ **cross my heart (and hope to die)!*** croix de bois, croix de fer(, si je mens je vais en enfer) !*
④ ◆ **to cross a "t"** barrer un « t » ; → **cheque**, **palm¹**
⑤ [+ person] (= anger) contrarier ; (= thwart) contrecarrer les projets de ; [+ plans] contrecarrer ◆ **crossed in love** malheureux en amour
⑥ [+ animals, plants] croiser (with avec) ◆ **to cross two animals/plants** croiser or métisser deux animaux/plantes
VI ① (also **cross over**) ◆ **he crossed from one side of the room to the other to speak to me** il a traversé la pièce pour venir me parler ◆ **to cross from one place to another** passer d'un endroit à un autre ◆ **to cross from Newhaven to Dieppe** faire la traversée de Newhaven à Dieppe
② [roads, paths] se croiser, se rencontrer ; [letters, people] se croiser
COMP **cross-border** ADJ transfrontalier
**cross-Channel ferry** N ferry m qui traverse la Manche
**cross-check** N contre-épreuve f, recoupement m
VT [+ facts] vérifier par recoupement or contre-épreuve VI vérifier par recoupement
**cross-compiler** N (Comput) compilateur m croisé
**cross-country** ADJ à travers champs ◆ **cross-country race** or **running** (cross-country) m ◆ **cross-country skier** skieur m de fond or de randonnée ◆ **cross-country skiing** ski m de fond or de randonnée
**cross-court** ADJ (Tennis) [drive, shot, forehand] croisé
**cross-cultural** ADJ interculturel
**cross-current** N contre-courant m
**cross-curricular** ADJ [approach etc] pluridisciplinaire
**cross-cut chisel** N bédane m
**cross-disciplinary** ADJ interdisciplinaire
**cross-dress** VI se travestir
**cross-dresser** N travesti(e) m(f)
**cross-dressing** N (NonC = transvestism) transvestisme m, travestisme m
**cross-examination** N (esp Jur) contre-interrogatoire m
**cross-examine** SYN VT (Jur) faire subir un contre-interrogatoire à ; (gen) interroger or questionner (de façon serrée)
**cross-eyed** ADJ qui louche, bigleux* ◆ **to be cross-eyed** loucher, avoir un œil qui dit zut* or merde⁑ à l'autre
**cross-fertilization** N (Bio) croisement m
**cross-fertilize** VT croiser, faire un croisement de
**cross-grained** ADJ [wood] à fibres irrégulières ; [person] acariâtre, atrabilaire
**cross hairs** NPL [of telescope, gun] réticule m
**cross holdings** NPL (Stock Exchange) participations fpl croisées
**cross-legged** ADV [sit] en tailleur
**cross-match** VT [+ blood] tester la compatibilité de
**cross-party** ADJ (Brit Pol) [group, agreement] multipartite ; [talks] entre partis, interpartis ; [support] de plusieurs partis ; [committee] composé de membres de différents partis
**cross-ply** ADJ [tyres] à carcasse diagonale
**cross-pollinate** VT (Bio) croiser
**cross-pollination** N pollinisation f croisée
**cross-posting** N (Comput) diffusions fpl multiples ◆ **with apologies for cross-posting** veuillez nous excuser pour les diffusions multiples
**cross-purposes** NPL ◆ **to be at cross-purposes with sb** (= misunderstand) comprendre qn de travers ; (= disagree) être en désaccord avec qn ◆ **I think we are at cross-purposes** je crois qu'il y a malentendu, nous nous sommes mal compris ◆ **we were talking at cross-purposes** notre conversation tournait autour d'un quiproquo
**cross-question** VT faire subir un interrogatoire à
**cross-refer** VT renvoyer (to à)
**cross-reference** N renvoi m, référence f (to à) VT renvoyer
**cross section** N (Bio etc) coupe f transversale ; [population etc] échantillon m
**cross-stitch** N point m de croix VT coudre or broder au point de croix
**cross swell** N houle f croisière
**cross-town** ADJ (US) [bus] qui traverse la ville
**cross trainers** NPL (= shoes) chaussures fpl de cross-training
**cross-training** N (Sport) cross-training m
**cross volley** N (Tennis) volée f croisée
**cross-vote** VI (Pol) voter contre son parti
▶ **cross off** VT SEP [+ item on list] barrer, rayer ; [+ person] radier (from de) ◆ **to cross sb off a list** radier qn d'une liste
▶ **cross out** VT SEP [+ word] barrer, rayer
▶ **cross over** VI traverser ; see also **cross** vi 1

**crossbar** /ˈkrɒsbɑːʳ/ N (Rugby etc) barre f transversale ; [of bicycle] barre f

**crossbeam** /ˈkrɒsbiːm/ N traverse f

**crossbencher** /ˈkrɒsˌbentʃər/ N député m non inscrit

**crossbill** /ˈkrɒsbɪl/ N (= bird) bec-croisé m

**crossbones** /ˈkrɒsbəʊnz/ NPL → **skull**

**crossbow** /ˈkrɒsbəʊ/
N arbalète f
COMP **crossbow archery** N tir m à l'arbalète

**crossbred** /ˈkrɒsbred/
VB pt, ptp of **crossbreed**
ADJ métis(se) m(f)

**crossbreed** /ˈkrɒsbriːd/
N (= animal) hybride m, métis(se) m(f) ; (* pej = person) sang-mêlé mf inv, métis(se) m(f)
VT (pret, ptp **crossbred**) croiser, métisser

**crosscut saw** /ˈkrɒskʌt/ N tronçonneuse f

**crosse** /krɒs/ N (in lacrosse) crosse f

**crossfire** /ˈkrɒsfaɪəʳ/ N (Mil) feux mpl croisés ◆ **exposed to crossfire** (Mil) pris entre deux feux ◆ **caught in a crossfire of questions** pris dans un feu roulant de questions

**crosshatch** /ˈkrɒshætʃ/ VT hachurer

**crosshatching** /ˈkrɒsˌhætʃɪŋ/ N hachures fpl
**crossing** /ˈkrɒsɪŋ/
  N ① (esp by sea) traversée f ◆ **the crossing of the line** le passage de l'équateur or de la ligne
  ② (= road junction) croisement m, carrefour m ; (also **pedestrian crossing**) passage m clouté ; [of railway line] (also **level crossing**) passage m à niveau ◆ **cross at the crossing** (on road) traversez sur le passage clouté or dans les clous * ; → **zebra**
  COMP **crossing guard** N (US) ⇒ **crossing patrol**
  **crossing over** N (Bio) enjambement m, crossing-over m
  **crossing patrol** N (Brit : also **school crossing patrol**) contractuel(le) m(f) (chargé(e) de faire traverser la rue aux enfants)
  **crossing point** N point m de passage ; [of river] gué m
**crossly** /ˈkrɒslɪ/ ADV avec (mauvaise) humeur
**crossover** /ˈkrɒsəʊvəʳ/
  N [of roads] (croisement m par) pont m routier ; [of railway lines] voie f de croisement ; (Mus, Literat, Art) mélange m de genres ◆ **a jazz-rap crossover** un mélange de jazz et de rap
  COMP **crossover bodice** N (Dress) corsage m croisé
**crosspatch** * /ˈkrɒspætʃ/ N grincheux m, -euse f, grognon(ne) m(f)
**crosspiece** /ˈkrɒspiːs/ N traverse f
**crossroads** /ˈkrɒsrəʊdz/ NPL (lit) croisement m, carrefour m ; (fig) carrefour m
**crosstalk** /ˈkrɒstɔːk/ N (Rad, Telec) diaphonie f ; (Brit = conversation) joutes fpl oratoires
**crosstie** /ˈkrɒstaɪ/ N (US) traverse f (de voie ferrée)
**crosswalk** /ˈkrɒswɔːk/ N (US) passage m clouté
**crossway** /ˈkrɒsweɪ/ N (US) croisement m
**crosswind** /ˈkrɒswɪnd/ N vent m de travers
**crosswise** /ˈkrɒswaɪz/ ADV (= in shape of cross) en croix ; (= across) en travers ; (= diagonally) en diagonale
**crossword** /ˈkrɒswɜːd/ N (also **crossword puzzle**) mots mpl croisés
**crosswort** /ˈkrɒswɜːt/ N croisette f
**crotch** /krɒtʃ/ SYN N [of body, tree] fourche f ; [of garment] entrejambes m inv ◆ **a kick in the crotch** un coup de pied entre les jambes
**crotchet** /ˈkrɒtʃɪt/ N (Brit Mus) noire f
**crotchety** /ˈkrɒtʃɪtɪ/ SYN ADJ grognon, grincheux
**crouch** /kraʊtʃ/ SYN
  VI (also **crouch down**) [person, animal] (gen) s'accroupir ; (= snuggle) se tapir ; (before springing) se ramasser
  N position f accroupie
**croup¹** /kruːp/ N (Med) croup m
**croup²** /kruːp/ N [of horse] croupe f
**croupier** /ˈkruːpɪəʳ/ N croupier m
**crouton** /ˈkruːtɒn/ N croûton m
**crow¹** /krəʊ/
  N corbeau m ◆ **as the crow flies** à vol d'oiseau, en ligne droite ◆ **to make sb eat crow*** (US) faire rentrer les paroles dans la gorge à qn ◆ **to eat crow*** (US) faire de plates excuses ; → **carrion**
  COMP **Crow Jim**☆ N racisme m contre les Blancs, racisme m inversé
  **crow's feet** NPL pattes fpl d'oie (rides)
  **crow's-nest** N (on ship) nid m de pie
**crow²** /krəʊ/ SYN
  N [of cock] chant m (du or d'un coq), cocorico m ; [of baby] gazouillis m ; (= triumphant cry) cri m de triomphe
  VI ① (pret **crowed** or **crew**, ptp **crowed**) [cock] chanter
  ② (pret, ptp **crowed**) [baby] gazouiller ; [victor] chanter victoire ◆ **he crowed with delight** il poussait des cris de triomphe ◆ **it's nothing to crow about** il n'y a pas de quoi pavoiser
  ▸ **crow over** VT FUS ◆ **to crow over sb** se vanter d'avoir triomphé de qn, chanter sa victoire sur qn
**crowbar** /ˈkrəʊbɑːʳ/ N (pince f à) levier m
**crowd** /kraʊd/ SYN
  N ① foule f ; (disorderly) cohue f ◆ **in crowds** en foule ◆ **to get lost in the crowd** se perdre dans la foule ◆ **a large crowd** or **large crowds had gathered** une foule immense s'était assemblée ◆ **there was quite a crowd** il y avait beaucoup de monde, il y avait foule ◆ **how big was the crowd?** est-ce qu'il y avait beaucoup de monde ? ◆ **there was quite a crowd at the concert/at the match** il y avait du monde au concert/au match ◆ **the crowd** (Cine, Theat = actors) les figurants mpl ◆ **that would pass in a crowd*** (fig) ça peut passer si on n'y regarde pas de trop près, en courant vite on n'y verrait que du feu * ◆ **crowds of** or **a whole crowd of books/people** des masses * de livres/de gens
  ② (NonC = people in general) ◆ **the crowd** la foule, la masse du peuple ◆ **to follow** or **go with the crowd** suivre la foule or le mouvement
  ③ ( * = group, circle) bande f, clique f ◆ **I don't like that crowd at all** je n'aime pas du tout cette bande ◆ **he's one of our crowd** il fait partie de notre groupe or bande ◆ **the usual crowd** la bande habituelle
  VI ◆ **they crowded into the small room** ils se sont entassés dans la petite pièce ◆ **don't all crowd together** ne vous serrez donc pas comme ça ◆ **to crowd through the gates** passer par le portail ◆ **they crowded round to see...** ils ont fait cercle or se sont attroupés pour voir... ◆ **they crowded round him** ils se pressaient autour de lui ◆ **they crowded up against him** ils l'ont bousculé ◆ **to crowd down/in/up** etc descendre/entrer/monter etc en foule
  VT (= push) [+ objects] entasser (into dans) ; (= jostle) [+ person] bousculer ◆ **pedestrians crowded the streets** les piétons se pressaient dans les rues ◆ **he was crowded off the pavement** la cohue l'a forcé à descendre du trottoir ◆ **don't crowd me** ne me poussez pas, arrêtez de me bousculer ◆ **the houses are crowded together** les maisons sont les unes sur les autres ◆ **a room crowded with children** une pièce pleine d'enfants ◆ **house crowded with furniture** maison f encombrée de meubles ◆ **a house crowded with guests** une maison pleine d'invités ◆ **a week crowded with incidents** une semaine riche en incidents ◆ **memory crowded with facts** mémoire f bourrée de faits ◆ **to crowd on sail** (Naut) mettre toutes voiles dehors ; → **sail**
  COMP **crowd control** N (NonC) ◆ **crowd control was becoming difficult** il devenait difficile de contenir or contrôler la foule ◆ **expert in crowd control** spécialiste mf du service d'ordre
  **crowd-pleaser** N ◆ **to be a crowd-pleaser** plaire aux foules
  **crowd-puller*** N grosse attraction f ◆ **to be a real crowd-puller** attirer les foules
  **crowd scene** N (Cine, Theat) scène f de foule
  **crowd trouble** N (NonC) mouvements mpl de foule
  ▸ **crowd out** VT SEP ◆ **the place was crowded out** l'endroit était bondé ◆ **we shall be crowded out** la cohue nous empêchera d'entrer ◆ **this article was crowded out of yesterday's edition** cet article n'a pas pu être inséré dans l'édition d'hier faute de place ◆ **he's really crowding me out*** il me colle aux fesses ☆
**crowded** /ˈkraʊdɪd/ SYN ADJ ① (= filled with people) [room, street, train, beach] plein de monde, bondé ◆ **the shops are too crowded** il y a trop de monde dans les magasins ◆ **it's getting crowded in there, the place is getting crowded** il commence à y avoir trop de monde ◆ **the people live crowded together in insanitary conditions** les gens vivent les uns sur les autres dans des conditions insalubres ◆ **crowded with people** plein de monde
  ② (= overpopulated) [city, area] surpeuplé ; [conditions] de surpeuplement ◆ **it is a very crowded profession** c'est une filière très encombrée
  ③ (= packed with things) [place] plein à craquer ◆ **a room crowded with furniture** une pièce pleine de meubles
  ④ (= busy) [agenda, day] chargé ; [life] bien rempli
**crowfoot** /ˈkraʊfʊt/ N (pl **crowfoots**) ① (= plant) renoncule f
  ② (for ship's awning) araignée f
  ③ (= spiked ball) chausse-trappe m
**crowing** /ˈkraʊɪŋ/ N [of cockerel] chant m (du coq), cocorico m ; (fig = boasting) vantardise f
**crown** /kraʊn/ SYN
  N ① (lit, fig) couronne f ◆ **crown of roses/thorns** couronne f de roses/d'épines ◆ **to wear the crown** (fig) porter la couronne ◆ **to succeed to the crown** monter sur le trône ◆ **the Crown** (Jur) la Couronne, ≈ le ministère public ◆ **the law officers of the Crown** les conseillers mpl juridiques de la Couronne
  ② (= coin) couronne f (ancienne pièce valant cinq shillings)
  ③ (= top part) [of hill] sommet m, faîte m ; [of tree] cime f ; [of roof] faîte m ; [of arch] clé f ; [of tooth] couronne f ; [of hat] fond m ; [of anchor] diamant m ; (fig = climax, completion) couronnement m ◆ **the crown (of the head)** le sommet de la tête ◆ **the crown of the road** le milieu de la route
  ④ (= size of paper) couronne f (format 0,37 sur 0,47 m)
  VT couronner (with de) ; [draughts] damer ; [+ tooth] couronner ; ( * = hit) flanquer * un coup sur la tête à ◆ **he was crowned king** il fut couronné roi ◆ **all the crowned heads of Europe** toutes les têtes couronnées d'Europe ◆ **work crowned with success** travail m couronné de succès ◆ **the hill is crowned with trees** la colline est couronnée d'arbres ◆ **to crown it all** * **it began to snow** pour comble (de malheur) or pour couronner le tout il s'est mis à neiger ◆ **that crowns it all!** * il ne manquait plus que ça !
  COMP (Brit Jur) [witness, evidence etc] à charge
  **Crown Agent** N (Brit Pol) ≈ délégué(e) m(f) du ministère de la Coopération
  **crown colony** N (Brit) colonie f de la couronne
  **Crown court** N (Jur) Cour f d'assises (en Angleterre et au Pays de Galles)
  **crown estate** N domaine m de la couronne
  **crown green bowling** N (NonC: Brit) jeu de boules sur un terrain légèrement surélevé en son milieu
  **crown jewels** NPL joyaux mpl de la couronne ; ( * hum = male genitals) bijoux mpl de famille * (hum)
  **crown lands** NPL terres fpl domaniales
  **crown law** N droit m pénal
  **crown prince** N prince m héritier
  **crown princess** N princesse f héritière
  **Crown Prosecution Service** N (Brit) ≈ Ministère m public (qui décide si les affaires doivent être portées devant les tribunaux)
  **crown prosecutor** N ≈ procureur m de la République
  **crown wheel** N (Brit : in gears) grande couronne f ◆ **crown wheel and pinion** couple m conique
**crowning** /ˈkraʊnɪŋ/
  N (= ceremony) couronnement m
  ADJ [achievement, moment] suprême ◆ **his crowning glory** son plus grand triomphe ◆ **her hair was her crowning glory** sa chevelure faisait sa fierté
**cruces** /ˈkruːsiːz/ NPL of **crux**
**crucial** /ˈkruːʃəl/ SYN ADJ [issue, factor, decision, vote, difference] crucial ; [moment, stage, time] crucial, critique ◆ **crucial to** or **for sb/sth** crucial pour qn/qch ◆ **it is crucial that...** il est essentiel or capital que... + subj ◆ **to play a crucial role in sth** jouer un rôle capital dans qch
**crucially** /ˈkruːʃəlɪ/ ADV [influence, affect] d'une manière décisive ◆ **crucially important** d'une importance cruciale ◆ **the success of the project is crucially dependent on** or **depends crucially on his contribution** sa contribution est d'une importance capitale pour la réussite du projet
**crucian carp** /ˈkruːʃən/ N (= fish) carassin m
**crucible** /ˈkruːsɪbl/ N ① (lit) creuset m
  ② (fig) (= melting pot) creuset m ; (= test) (dure) épreuve f
**crucifix** /ˈkruːsɪfɪks/ N crucifix m ; (at roadside) calvaire m
**crucifixion** /ˌkruːsɪˈfɪkʃən/ N crucifiement m ◆ **the Crucifixion** (Rel) la crucifixion, la mise en croix
**cruciform** /ˈkruːsɪfɔːm/ ADJ cruciforme
**crucify** /ˈkruːsɪfaɪ/ SYN VT (lit) crucifier, mettre en croix ; (fig) crucifier, mettre au pilori ◆ **to crucify the flesh** (Rel) mortifier la chair ◆ **he'll crucify me*** **when he finds out!** il va m'étrangler quand il saura !
**crud**☆ /krʌd/ N ① (= filth) saloperies☆ fpl, saletés fpl ; (= person) salaud☆ m, ordure☆ f ◆ **the crud** (= illness) la crève☆
  ② (= residue) résidu m
**cruddy**☆ /ˈkrʌdɪ/ ADJ dégueulasse☆
**crude** /kruːd/ SYN
  ADJ ① (= vulgar) [person, behaviour, language, joke, attempt] grossier
  ② (= rudimentary) [device, weapon, hut] rudimentaire ; [furniture, shelter, housing] rudimentaire, sommaire ; [drawing] schématique ◆ **a crude form** or **kind of...** une forme grossière de... ◆ **a crude method of doing sth** un moyen rudimentaire de faire qch
  ③ (= garish) [light, colour] cru

**crude**

4 (= not refined) [materials] brut ; [sugar] non raffiné

N (also **crude oil**) brut m ; → **heavy**

COMP **crude oil** N (pétrole m) brut m
**crude steel** N acier m brut

**crudely** /ˈkruːdlɪ/ SYN ADV 1 (= approximately) [divide, express, explain] sommairement

2 (= primitively) [carved, constructed, drawn] grossièrement, de façon rudimentaire

3 (= coarsely) [speak, behave] grossièrement ◆ **to put it crudely** pour dire les choses crûment

**crudeness** /ˈkruːdnɪs/ N [of system, method] caractère m rudimentaire ; (= vulgarity) vulgarité f, grossièreté f

**crudités** /ˈkruːdɪteɪz/ NPL crudités fpl

**crudity** /ˈkruːdɪtɪ/ N ⇒ **crudeness**

**cruel** /ˈkruəl/ SYN ADJ cruel (to sb avec qn) ◆ **it was a cruel blow to his pride** sa fierté en a pris un coup*, cela a porté un coup sévère à son orgueil ◆ **you have to be cruel to be kind** (Prov) qui aime bien châtie bien (Prov)

**cruelly** /ˈkruəlɪ/ SYN ADV cruellement

**cruelty** /ˈkruəltɪ/ SYN

N cruauté f (to envers) ; (Jur) sévices mpl ◆ **prosecuted for cruelty to his wife** poursuivi pour sévices sur sa femme ◆ **divorce on the grounds of cruelty** divorce m pour sévices ◆ **mental cruelty** cruauté f mentale ; → **prevention**

COMP **cruelty-free** ADJ non testé sur les animaux

**cruet** /ˈkruːɪt/ N 1 (Brit : also **cruet set**, **cruet stand**) service m à condiments, garniture f de table (pour condiments)

2 (US = small bottle) petit flacon m (pour l'huile ou le vinaigre)

3 (Rel) burette f

**cruise** /kruːz/ SYN

VI 1 [fleet, ship] croiser ◆ **they are cruising in the Pacific** (Naut) ils croisent dans le Pacifique ; [tourists] ils sont en croisière dans le Pacifique

2 [cars] rouler ; [aircraft] voler ◆ **the car was cruising (along) at 80km/h** la voiture faisait 80 km/h sans effort ◆ **we were cruising along the road when suddenly...** nous roulions tranquillement quand tout à coup... ◆ **to cruise to victory** remporter la victoire haut la main

3 [taxi, patrol car] marauder, faire la maraude ◆ **a cruising taxi** un taxi en maraude

4 (*= look for pick-up) draguer*

N 1 (on ship) croisière f ◆ **to go on a cruise** partir en croisière, faire une croisière

2 (also **cruise missile**) missile m de croisière ◆ **a campaign against cruise** une campagne contre les missiles de croisière

COMP **cruise control** N contrôle m (de vitesse)
**cruise missile** N missile m de croisière
**cruising range** N [of aircraft] autonomie f de vol
**cruising speed** N vitesse f or régime m de croisière
**cruising yacht** N yacht m de croisière

**cruiser** /ˈkruːzə/

N (= warship) croiseur m ; (= cabin cruiser) yacht m de croisière ; → **battle**

COMP **cruiser weight** N (Boxing) poids m mi-lourd

**cruller** /ˈkrʌlə/ N (US) beignet m

**crumb** /krʌm/ SYN N miette f ; (NonC: inside of loaf) mie f ; (fig) miette f, brin m ; [of information] miettes fpl, fragments mpl ◆ **a crumb of comfort** un brin de réconfort ◆ **crumbs!*** ça alors !, zut !*

**crumble** /ˈkrʌmbl/ SYN

VT [+ bread] émietter ; [+ plaster] effriter ; [+ earth, rocks] (faire s')ébouler

VI [buildings etc] tomber en ruines, se désagréger ; [plaster] s'effriter ; [earth, rocks] s'ébouler ; [bread] s'émietter ; (fig) [hopes, economy etc] s'effondrer ; [person] se laisser abattre ; → **cookie**

N (Brit Culin) crumble m

**crumbly** /ˈkrʌmblɪ/

ADJ friable

N (*= old person) vieux croulant* m

**crummy***, **crumby*** /ˈkrʌmɪ/ ADJ 1 [hotel, town, job, film] minable* ◆ **what a crummy thing to do!** c'est un coup minable !*, c'est vraiment mesquin de faire ça !

2 (= ill) ◆ **to feel crummy** ne pas avoir la pêche*, être patraque*

3 (= guilty) ◆ **to feel crummy about doing sth** se sentir minable* de faire qch

**crump** /krʌmp/ N éclatement m (d'un obus) ; (Mil *= shell) obus m

**crumpet** /ˈkrʌmpɪt/ N (esp Brit Culin) petite crêpe f épaisse ◆ **a bit of crumpet**‡ (Brit fig) une belle nana*

**crumple** /ˈkrʌmpl/

VT froisser, friper ; (also **crumple up**) chiffonner ◆ **he crumpled the paper (up) into a ball** il a fait une boule de la feuille de papier

VI se froisser, se chiffonner, se friper ◆ **her features crumpled when she heard the bad news** son visage s'est décomposé quand elle a appris la mauvaise nouvelle

COMP **crumple zone** N [of car] structure f déformable

**crunch** /krʌntʃ/ SYN

VT 1 (with teeth) croquer ◆ **to crunch an apple/a biscuit** croquer une pomme/un biscuit

2 (underfoot) écraser, faire craquer

3 ◆ **to crunch numbers** [computer] traiter des chiffres à grande vitesse ◆ **he doesn't want to spend his life crunching numbers** il ne veut pas passer le reste de sa vie penché sur des chiffres

VI ◆ **he crunched across the gravel** il a traversé en faisant craquer le gravier sous ses pas

N 1 (= sound of teeth) coup m de dents ; [of broken glass, gravel etc] craquement m, crissement m

2 (*: fig) ◆ **the crunch** (= moment of reckoning) l'instant m critique ◆ **here's the crunch** c'est le moment crucial ◆ **when it comes to the crunch he...** dans une situation critique or au moment crucial, il...

▸ **crunch up** VT SEP broyer

**crunchiness** /ˈkrʌntʃɪnɪs/ N croquant m

**crunchy** /ˈkrʌntʃɪ/ ADJ [foods, peanut butter, texture] croquant ; [gravel, snow] qui crisse

**crupper** /ˈkrʌpə/ N [of harness] croupière f ; (= hindquarters) croupe f

**crural** /ˈkruərəl/ ADJ crural

**crusade** /kruːˈseɪd/ SYN

N (Hist, also fig) croisade f

VI (fig) partir en croisade (against contre ; for pour) ; (Hist) partir pour la or en croisade

**crusader** /kruːˈseɪdə/ SYN N (Hist) croisé m ; (fig) champion m (for or against en guerre contre), militant(e) m(f) (for en faveur de ; against en guerre contre) ◆ **the crusaders for peace/against the bomb** ceux qui militent pour la paix/contre la bombe

**crush** /krʌʃ/ SYN

N 1 (= crowd) foule f, cohue f ◆ **there was a great crush to get in** c'était la bousculade pour entrer ◆ **there was a terrible crush at the concert** il y avait une vraie cohue au concert ◆ **he was lost in the crush** il était perdu dans la foule or la cohue

2 ◆ **to have a crush on sb*** avoir le béguin* pour qn

3 (Brit = drink) jus m de fruit ◆ **orange crush** orange f pressée

VT 1 (= compress) [+ stones, old cars] écraser, broyer ; [+ ice] piler ; [+ grapes] écraser, presser ; [+ ore] bocarder ◆ **to crush to a pulp** réduire en pulpe

2 (= crumple) [+ clothes] froisser ◆ **to crush clothes into a bag** fourrer or bourrer des vêtements dans une valise ◆ **to crush objects into a suitcase** tasser or entasser des objets dans une valise ◆ **we were very crushed in the car** nous étions très tassés dans la voiture

3 (= overwhelm) [+ enemy] écraser, accabler ; [+ opponent in argument, country] écraser ; [+ revolution] écraser, réprimer ; [+ hope] détruire ; (= snub) remettre à sa place, rabrouer

VI 1 se presser, se serrer ◆ **they crushed round him** ils se pressaient autour de lui ◆ **they crushed into the car** ils se sont entassés or tassés dans la voiture ◆ **to crush (one's way) into/through** etc se frayer un chemin dans/à travers etc

2 [clothes] se froisser

COMP **crush bar** N [of theatre] bar m du foyer
**crush barrier** N (Brit) barrière f de sécurité
**crushed velvet** N velours m frappé
**crush-resistant** ADJ infroissable

▸ **crush out** VT SEP [+ juice etc] presser, exprimer ; [+ cigarette end] écraser, éteindre

**crusher** /ˈkrʌʃə/ N (= machine) broyeur m, concasseur m

**crushing** /ˈkrʌʃɪŋ/ ADJ [defeat, victory] écrasant ; [news] accablant ; [blow, disappointment] terrible ; [remark, reply] cinglant ◆ **a crushing burden of debt** des dettes fpl écrasantes

**crushingly** /ˈkrʌʃɪŋlɪ/ ADV (= humiliatingly) [say] d'un ton cinglant ; (= extremely) [bad, dull, boring] terriblement

**crust** /krʌst/ SYN

N (on bread, pie, snow) croûte f ; (= piece of crust) croûton m, croûte f ; (Med: on wound, sore) croûte f, escarre f ; [of wine] dépôt m (de tanin) ◆ **there were only a few crusts to eat** pour toute nourriture il n'y avait que quelques croûtes de pain ◆ **a thin crust of ice** une fine couche de glace ◆ **the earth's crust** (Geol) la croûte terrestre ; → **earn**, **upper**

VT ◆ **frost crusting the windscreen** le givre recouvrant le pare-brise ◆ **crusted snow** neige f croûtée ◆ **crusted with mud** etc couvert d'une croûte de boue etc

**crustacean** /krʌsˈteɪʃən/ ADJ, N crustacé m

**crusty** /ˈkrʌstɪ/ SYN

ADJ [loaf, roll] croustillant ; (* fig) [old man] hargneux, bourru

N (*= scruffy youth) jeune mf crado*

**crutch** /krʌtʃ/ N 1 (= support) soutien m, support m ; (Med) béquille f ; (Archit) étançon m ; (on ship) support m (de gui) ◆ **he gets about on crutches** il marche avec des béquilles ◆ **alcohol is a crutch for him** l'alcool lui sert de soutien

2 (Anat = crotch) fourche f ; [of trousers etc] entrejambes m inv

**crux** /krʌks/ N (pl **cruxes** or **cruces** /ˈkruːsiːz/) 1 point m crucial ; [of problem] cœur m, centre m ◆ **the crux of the matter** le cœur du sujet, l'essentiel m

2 (Climbing) passage-clé m

**cry** /kraɪ/ SYN

N 1 (= loud shout) cri m ; [of hounds] aboiements mpl, voix f ◆ **to give a cry** pousser un cri ◆ **he gave a cry for help** il a crié or appelé au secours ◆ **he heard a cry for help** il a entendu crier au secours ◆ **the cries of the victims** les cris mpl des victimes ◆ **there was a great cry against the rise in prices** (fig) la hausse des prix a déclenché un tollé

◆ **in full cry** ◆ **the pack was in full cry** (Hunting) toute la meute donnait de la voix ◆ **the crowd was in full cry after the thief** la foule poursuivait le voleur en criant à pleine voix ◆ **they are in full cry against the Prime Minister** ils s'acharnent sur or contre le Premier ministre ◆ **the newspapers are in full cry over the scandal** les journaux font des gorges chaudes de ce scandale

2 (= watchword) slogan m ◆ **"votes for women" was their cry** leur slogan or leur cri de guerre était « le vote pour les femmes » ; → **battle**, **war**

3 (= weep) ◆ **she had a good cry*** elle a pleuré un bon coup *

VT 1 (= shout out) crier ◆ **"here I am" he cried** « me voici » s'écria-t-il or cria-t-il ◆ **"go away", he cried to me** « allez-vous-en », me cria-t-il ◆ **to cry mercy** crier grâce ◆ **to cry shame** crier au scandale ◆ **to cry shame on sb/sth** crier haro sur qn/qch ◆ **to cry wolf** crier au loup

2 ◆ **to cry o.s. to sleep** s'endormir à force de pleurer ◆ **to cry one's eyes** or **one's heart out** pleurer toutes les larmes de son corps

VI 1 (= weep) pleurer (about, for, over sur) ◆ **to cry with rage** pleurer de rage ◆ **to laugh till one cries** pleurer de rire, rire aux larmes ◆ **to cry for sth** pleurer pour avoir qch ◆ **I'll give him something to cry for!*** (fig) je vais lui apprendre à pleurnicher ! ◆ **it's no use crying over spilt milk** (Prov) ce qui est fait est fait ; → **shoulder**

2 (= call out) [person, animal, bird] pousser un cri or des cris ◆ **the baby cried at birth** l'enfant a poussé un cri or a crié en naissant ◆ **he cried (out) with pain** il a poussé un cri de douleur ◆ **to cry for help** appeler à l'aide, crier au secours ◆ **to cry for mercy** demander miséricorde, implorer la pitié ◆ **the starving crowd cried for bread** la foule affamée réclama du pain ◆ **to cry foul** crier à l'injustice, crier au scandale

3 [hunting dogs] donner de la voix, aboyer

▸ **cry down*** VT SEP (= decry) décrier

▸ **cry off** (Brit)

VI (from meeting) se décommander ; (from promise) se dédire ◆ **I'm crying off!** je ne veux plus rien savoir

VT FUS (= cancel) [+ arrangement, deal] annuler ; (= withdraw from) [+ meeting] décommander

▶ **cry out** VI *(inadvertently)* pousser un cri ; *(deliberately)* s'écrier ◆ **he cried out with joy** il a poussé un cri de joie ◆ **to cry out to sb** appeler qn en criant, crier pour appeler qn ◆ **to cry out for sth** demander ou réclamer qch à grands cris ◆ **for crying out loud!*** pour l'amour de Dieu ! ◆ **that floor is just crying out to be washed*** ce plancher a vraiment besoin d'être lavé ◆ **the door is crying out for a coat of paint*** la porte a bien besoin d'une couche de peinture

▶ **cry out against** VT FUS protester contre

▶ **cry up*** VT SEP (= *praise*) vanter, exalter ◆ **he's not all he's cried up to be** il n'est pas à la hauteur de sa réputation, il n'est pas aussi formidable* qu'on le dit

**crybaby** /'kraɪbeɪbɪ/ N (*pej*) pleurnicheur m, -euse f

**crying** /'kraɪɪŋ/
  ADJ (*lit*) pleurant, qui pleure ; (*fig*) criant, flagrant ◆ **crying injustice** injustice f criante or flagrante ◆ **crying need for sth** besoin pressant or urgent de qch ◆ **it's a crying shame** c'est une honte, c'est honteux
  N (= *shouts*) cris mpl ; (= *weeping*) larmes fpl, pleurs mpl

**cryobiologist** /ˌkraɪəʊbaɪˈɒlədʒɪst/ N (*Bio*) spécialiste mf de cryobiologie

**cryobiology** /ˌkraɪəʊbaɪˈɒlədʒɪ/ N cryobiologie f

**cryogen** /'kraɪədʒən/ N (*Phys*) (mélange m) cryogène m

**cryogenic** /ˌkraɪəˈdʒenɪk/ ADJ cryogénique

**cryogenics** /ˌkraɪəˈdʒenɪks/ N (*NonC*) cryogénie f

**cryolite** /'kraɪəlaɪt/ N (*Miner*) cryolit(h)e f

**cryometry** /kraɪˈɒmɪtrɪ/ N cryométrie f

**cryonic** /kraɪˈɒnɪk/ ADJ cryonique

**cryonics** /kraɪˈɒnɪks/ N (*NonC*) cryonique f

**cryoprecipitate** /ˌkraɪəʊprɪˈsɪpɪtɪt/ N (*Phys, Med*) cryoprécipité m

**cryoscopy** /kraɪˈɒskəpɪ/ N cryoscopie f

**cryostat** /'kraɪəstæt/ N (*Phys*) cryostat m

**cryosurgery** /ˌkraɪəʊˈsɜːdʒərɪ/ N cryochirurgie f

**cryotherapy** /ˌkraɪəʊˈθerəpɪ/ N cryothérapie f

**cryotron** /'kraɪəˌtrɒn/ N cryotron m

**crypt** /krɪpt/ SYN N crypte f

**cryptic** /'krɪptɪk/ ADJ (= *secret*) secret (-ète f) ; (= *mysterious*) sibyllin, énigmatique ; (= *terse*) laconique

**cryptically** /'krɪptɪkəlɪ/ ADV (= *mysteriously*) énigmatiquement ; (= *tersely*) laconiquement

**crypto-** /'krɪptəʊ/ PREF crypto- ◆ **crypto-communist** *etc* cryptocommuniste *etc*

**cryptobiosis** /ˌkrɪptəʊbaɪˈəʊsɪs/ N cryptobiose f, anhydrobiose f

**cryptogenic** /ˌkrɪptəʊˈdʒenɪk/ ADJ cryptogénétique

**cryptogram** /'krɪptəʊɡræm/ N cryptogramme m

**cryptographer** /krɪpˈtɒɡrəfə/ N cryptographe mf

**cryptographic(al)** /ˌkrɪptəʊˈɡræfɪk(əl)/ ADJ cryptographique

**cryptography** /krɪpˈtɒɡrəfɪ/ N cryptographie f

**cryptorchidism** /krɪpˈtɔːkɪˌdɪzəm/ N cryptorchidie f

**crystal** /'krɪstl/
  N ① (*NonC*) cristal m ; → **rock²**
  ② (*Chem, Min*) cristal m ◆ **salt crystals** cristaux mpl de sel
  ③ (*US* = *watch glass*) verre m de montre
  ④ (*Rad*) galène f
  COMP (*lit*) [*vase*] de cristal ; (*fig*) [*waters, lake*] cristallin, de cristal (*fig, liter*)
  **crystal ball** N boule f de cristal
  **crystal-clear** ADJ clair comme le jour or comme de l'eau de roche
  **crystal-gazer** N voyant(e) m(f) (*qui lit dans une boule de cristal*)
  **crystal-gazing** N (l'art m de la) voyance f ; (*fig*) prédictions fpl, prophéties fpl
  **crystal lattice** N réseau m cristallin
  **crystal set** N (*Rad*) poste m à galène

**crystalline** /'krɪstəlaɪn/ ADJ cristallin, clair or pur comme le cristal ◆ **crystalline lens** (*Opt*) cristallin m

**crystallite** /'krɪstəˌlaɪt/ N cristallite f

**crystallize** /'krɪstəlaɪz/
  VI (*lit, fig*) se cristalliser
  VT cristalliser ; [+ *sugar*] (faire) cuire au cassé

COMP **crystallized fruits** NPL fruits mpl confits or candis

**crystallographic** /ˌkrɪstələʊˈɡræfɪk/ ADJ cristallographique

**crystallography** /ˌkrɪstəˈlɒɡrəfɪ/ N cristallographie f

**CSA** /ˌsiːesˈeɪ/ N (*Brit*) (abbrev of **Child Support Agency**) → **child**

**CSC** /ˌsiːesˈsiː/ N (abbrev of **Civil Service Commission**) → **civil**

**CSE** /ˌsiːesˈiː/ N (*Brit*) (abbrev of **Certificate of Secondary Education**) = BEPC m

**CSEU** /ˌsiːesiːˈjuː/ N (*Brit*) (abbrev of **Confederation of Shipbuilding and Engineering Unions**) syndicat

**CS gas** /ˌsiːesˈɡæs/ N (*Brit*) gaz m CS

**CST** /ˌsiːesˈtiː/ N (*US*) (abbrev of **Central Standard Time**) → **central**

**CSU** /ˌsiːesˈjuː/ N (*Brit*) (abbrev of **Civil Service Union**) syndicat

**CT** abbrev of **Connecticut**

**ct** ① abbrev of **carat**
  ② abbrev of **cent**

**CTC** /ˌsiːtiːˈsiː/ N (*Brit*) (abbrev of **city technology college**) établissement m d'enseignement technologique

**ctenophore** /'tenəfɔː/ N cténaire m, cténophore m

**CT scanner** /siːˈtiː/ N scanner m, tomodensitomètre m

**CTT** /ˌsiːtiːˈtiː/ N (*Brit*) (abbrev of **capital transfer tax**) → **capital**

**cu.** (abbrev of **cubic**) ◆ **27 cu. metres** 27 m³

**cub** /kʌb/ SYN
  N ① [*of animal*] petit(e) m(f) ; (* = *youth*) gosse m, petit morveux m (*pej*) ; → **bear², fox, wolf**
  ② (also **cub scout**) louveteau m (*scout*)
  COMP **cub master** N (*Scouting*) chef m
  **cub mistress** N cheftaine f
  **cub reporter** N (*Press*) jeune reporter m

**Cuba** /'kjuːbə/ N Cuba f or m ◆ **in Cuba** à Cuba

**Cuban** /'kjuːbən/
  ADJ cubain
  N Cubain(e) m(f)

**cubature** /'kjuːbətʃə/ N cubature f

**cubbyhole** /'kʌbɪhəʊl/ N (= *cupboard*) débarras m, cagibi m ; (= *poky room*) cagibi m

**cube** /kjuːb/
  N (gen, *Culin, Math*) cube m ; → **soup, stock**
  VT (*Math*) cuber ; (*Culin*) couper en cubes or en dés
  COMP **cube root** N (*Math*) racine f cubique

**cubeb** /'kjuːbeb/ N cubèbe m

**cubic** /'kjuːbɪk/ ADJ (*of shape, volume*) cubique ; (*of measures*) cube ◆ **cubic capacity** volume m ◆ **cubic centimetre** centimètre m cube ◆ **cubic content** contenance f cubique ◆ **cubic measure** mesure f de volume ◆ **cubic metre** mètre m cube ◆ **cubic equation** (*Math*) équation f du troisième degré

**cubicle** /'kjuːbɪkəl/ N [*of hospital, dormitory*] box m, alcôve f ; [*of swimming baths*] cabine f

**cubism** /'kjuːbɪzəm/ N cubisme m

**cubist** /'kjuːbɪst/ ADJ, N cubiste mf

**cubit** /'kjuːbɪt/ N (*Bible*) coudée f

**cuboid** /'kjuːbɔɪd/
  ADJ (*Math*) cubique
  N (*Geom*) parallélépipède m rectangle ; (*Anat*) cuboïde m

**Cuchu(l)lain, Cuchulainn** /ˌkuːˈkʌlɪn/ N (*Myth*) Cu Chulainn m

**cuckold** † /'kʌkəld/
  N (mari m) cocu* m
  VT tromper, cocufier*

**cuckoo** /'kʊkuː/
  N (= *bird*) coucou m
  ADJ (* = *mad*) piqué*, toqué* ◆ **to go cuckoo*** perdre la boule*
  COMP **cuckoo clock** N coucou m (*pendule*)
  **cuckoo ray** N (= *fish*) raie f coucou or fleurie
  **cuckoo spit** N (*on plant*) crachat m de coucou
  **cuckoo wrasse** N (= *fish*) labre m mêlé, coquette f

**cuckoopint** /'kʊkuːpaɪnt/ N (= *plant*) pied-de-veau m

**cucumber** /'kjuːkʌmbə/
  N concombre m ; → **cool**
  COMP [*sandwich*] au concombre

**cucurbit** /kjuːˈkɜːbɪt/ N (= *plant*) cucurbitacée f ; [*of still*] cucurbite f

**cud** /kʌd/ N → **chew** vt

**cuddle** /'kʌdl/ SYN
  N câlin m ◆ **to have a cuddle** (se) faire (un) câlin* ◆ **to give sb a cuddle** faire un câlin* à qn
  VT câliner
  VI s'enlacer
  ▶ **cuddle down** VI [*child in bed*] se pelotonner ◆ **cuddle down now!** maintenant allonge-toi (et dors) !
  ▶ **cuddle up** VI se pelotonner (*to, against* contre)

**cuddly** /'kʌdlɪ/ SYN ADJ [*child*] caressant, câlin ; [*animal*] qui donne envie de le caresser ; [*teddy bear, doll*] doux (douce f), qu'on a envie de câliner ◆ **cuddly toy** (jouet m en) peluche f

**cudgel** /'kʌdʒəl/ SYN
  N gourdin m, trique f ◆ **to take up the cudgels for** or **on behalf of…** prendre fait et cause pour…
  VT frapper à coups de trique ◆ **to cudgel one's brains** se creuser la cervelle *or* la tête (*for* pour)

**cue** /kjuː/ SYN
  N ① (*Theat*) (*verbal*) réplique f (*indiquant à un acteur qu'il doit parler*) ; (*action*) signal m ; (*Mus*) signal m d'entrée ; (*Rad, TV*) signal m ◆ **to give sb his cue** (*Theat*) donner la réplique à qn ; (*fig*) faire un signal à qn ◆ **to take one's cue** (*Theat*) entamer sa réplique ◆ **X's exit was the cue for Y's entrance** (*Theat*) la sortie d'X donnait à Y le signal de son entrée ◆ **to take one's cue from sb** (*fig*) emboîter le pas à qn (*fig*) ◆ **that was my cue to…** (*fig*) c'était mon signal pour…
  ② (*Billiards etc*) queue f de billard
  VT (*Cine, Rad, Theat etc*) donner la réplique à
  COMP **cue ball** N (*Billiards etc*) bille f du joueur
  ▶ **cue in** VT SEP (*Rad, TV*) donner le signal à ; (*Theat*) donner la réplique à ◆ **to cue sb in on sth** (*fig*) mettre qn au courant de qch

**cuesta** /'kwestə/ N (*Geog, Geol*) cuesta f

**cuff** /kʌf/ SYN
  N ① (*gen*) poignet m ; [*of shirt*] manchette f ; [*of coat*] parement m ; (*US*) [*of trousers*] revers m inv ◆ **off the cuff** à l'improviste, au pied levé ◆ **to speak off the cuff** improviser ; see also **off**
  ◆ **on the cuff*** (*US*) ◆ **to buy on the cuff** acheter à crédit
  ② (= *blow*) gifle f, calotte* f
  NPL **cuffs*** (= *handcuffs*) menottes fpl
  VT (= *strike*) gifler, calotter*

**cufflink** /'kʌflɪŋk/ N bouton m de manchette

**Cufic** /'kuːfɪk/ ADJ coufique

**cu.in.** abbrev of **cubic inch(es)**

**cuisine** /kwɪˈziːn/ N cuisine f ◆ **French/oriental cuisine** la cuisine française/asiatique

**cul-de-sac** /'kʌldəˌsæk/ SYN N (pl **culs-de-sac** or **cul-de-sacs**) (*esp Brit*) cul-de-sac m, impasse f ◆ **"cul-de-sac"** (*road sign*) « voie sans issue »

**culinary** /'kʌlɪnərɪ/ ADJ culinaire

**cull** /kʌl/
  VT ① (= *take samples from*) sélectionner
  ② (= *remove inferior items, animals etc*) éliminer, supprimer ; [+ *seals, deer etc*] abattre
  ③ (= *pick*) [+ *flowers, fruit*] cueillir
  N ① (= *killing*) abattage m ; → **seal¹**
  ② (= *animal*) animal m à éliminer (dans une portée)

**cullet** /'kʌlɪt/ N groisil m, calcin m

**culling** /'kʌlɪŋ/ N (*NonC*) ◆ **seal/deer culling** réduction f de la population de phoques/cervidés

**culminate** /'kʌlmɪneɪt/ SYN VI ◆ **to culminate in sth** (= *end in*) finir or se terminer par qch ; (= *lead to*) mener à qch ◆ **it culminated in his throwing her out** pour finir, il l'a mise à la porte

**culminating** /'kʌlmɪneɪtɪŋ/ ADJ culminant ◆ **culminating point** point m culminant, sommet m

**culmination** /ˌkʌlmɪˈneɪʃən/ SYN N (*Astron*) culmination f ; (*fig*) [*of success, career*] apogée m ; [*of disturbance, quarrel*] point m culminant

**culotte(s)** /kjuːˈlɒt(s)/ N(PL) jupe-culotte f

**culpability** /ˌkʌlpəˈbɪlɪtɪ/ N culpabilité f

**culpable** /'kʌlpəbl/ SYN ADJ coupable (*of* de), blâmable ◆ **culpable homicide** (*Jur*) homicide m volontaire ; (*Scot*) homicide m sans préméditation ✦ **culpable negligence** (Jur) négligence f coupable

**culprit** /ˈkʌlprɪt/ SYN **N** coupable mf

**cult** /kʌlt/ SYN
**N** 1 (= religious practice) culte m (of de) ✦ **he made a cult of cleanliness** il avait le culte de la propreté
2 (= religious movement) secte
COMP **cult figure N** objet m d'un culte, idole f ✦ **he has become a cult figure** (fig) il est devenu l'objet d'un véritable culte or une véritable idole
**cult film N** film-culte m
**cult following N** ✦ **a film/book/group with a cult following** un film-/livre-/groupe-culte
**cult movie N** ⇒ cult film

**cultivable** /ˈkʌltɪvəbl/ ADJ cultivable

**cultivar** /ˈkʌltɪˌvɑːʳ/ **N** variété f cultivée

**cultivate** /ˈkʌltɪveɪt/ SYN **VT** (lit, fig) cultiver ✦ **to cultivate the mind** se cultiver (l'esprit)

**cultivated** /ˈkʌltɪveɪtɪd/ ADJ [land, person] cultivé ; [voice] distingué ✦ **cultivated pearls** perles fpl de culture

**cultivation** /ˌkʌltɪˈveɪʃən/ SYN **N** culture f ✦ **fields under cultivation** cultures fpl ✦ **out of cultivation** en friche, inculte

**cultivator** /ˈkʌltɪveɪtəʳ/ **N** (= person) cultivateur m, -trice f ; (= machine) cultivateur m ; (power-driven) motoculteur m

**cultural** /ˈkʌltʃərəl/ SYN ADJ 1 [background, activities] culturel ✦ **cultural attaché** attaché m culturel ✦ **cultural environment** environnement m or milieu m culturel ✦ **cultural integration** acculturation f ✦ **the Cultural Revolution** la Révolution Culturelle
2 (Agr) de culture

**culturally** /ˈkʌltʃərəlɪ/ ADV culturellement

**culture** /ˈkʌltʃəʳ/ SYN
**N** 1 (= education, refinement) culture f ✦ **physical culture** † la culture physique ✦ **a woman of no culture** une femme sans aucune culture or complètement inculte
2 [of country, society, organization] culture f ✦ **French culture** la culture française ✦ **a culture of dependency, a dependency culture** (Pol) une culture fondée sur l'assistanat
3 (Agr) culture f ; [of bees] apiculture f ; [of fish] pisciculture f ; [of farm animals] élevage m
4 (Bio, Med) culture f
**VT** (Bio) cultiver
COMP [tube] à culture
**culture-fair test N** examen conçu pour ne pas défavoriser les minorités ethniques
**culture fluid N** (Bio) bouillon m de culture
**culture-free test N** ⇒ culture-fair test
**culture gap N** fossé m culturel
**culture medium N** (Bio) milieu m de culture
**culture shock N** choc m culturel
**culture vulture** * **N** (hum) fana * mf de culture

**cultured** /ˈkʌltʃəd/ SYN ADJ cultivé ✦ **cultured pearl** perle f de culture

**culvert** /ˈkʌlvət/ SYN **N** caniveau m

**cum*** /kʌm/ **N** sperme m, foutre ** m

**-cum-** /kʌm/ PREP ✦ **a carpenter-cum-painter** un charpentier-peintre ✦ **a secretary-cum-chauffeur** une secrétaire qui fait office de chauffeur ✦ **a dining room-cum-living room** une salle à manger-salon

**cumbersome** /ˈkʌmbəsəm/ SYN, **cumbrous** /ˈkʌmbrəs/ ADJ (= bulky) encombrant, embarrassant ; (= heavy) lourd, pesant

**cumin** /ˈkʌmɪn/ **N** cumin m

**cum laude** /kʊm ˈlaʊdeɪ/ ADJ (Univ) avec mention (obtention d'un diplôme, d'un titre)

**cummerbund** /ˈkʌməbʌnd/ **N** ceinture f (de smoking)

**cumulative** /ˈkjuːmjʊlətɪv/ SYN ADJ cumulatif ✦ **cumulative evidence** (Jur) preuve f par accumulation de témoignages ✦ **cumulative interest** (Fin) intérêt m cumulatif ✦ **cumulative voting** vote m plural

**cumulatively** /ˈkjuːmjʊlətɪvlɪ/ ADV cumulativement

**cumuli** /ˈkjuːmjʊlaɪ/ NPL of **cumulus**

**cumulonimbus** /ˌkjuːmjələʊˈnɪmbəs/ **N** cumulonimbus m inv

**cumulostrati** /ˌkjuːmjələʊˈstreɪtaɪ/ **N** (pl **cumulostrati** /ˌkjuːmjələʊˈstreɪtaɪ/) cumulostratus m

**cumulus** /ˈkjuːmjələs/ **N** (pl **cumuli** /ˈkjuːmjʊlaɪ/) cumulus m

**cuneiform** /ˈkjuːnɪfɔːm/
ADJ cunéiforme
**N** écriture f cunéiforme

**cunnilingus** /ˌkʌnɪˈlɪŋɡəs/ **N** cunnilingus m

**cunning** /ˈkʌnɪŋ/ SYN
**N** finesse f, astuce f ; (pej) ruse f, fourberie f ; ( †† = skill) habileté f, adresse f
ADJ astucieux, malin (-igne f) ; (pej) rusé, fourbe ✦ **a cunning little gadget*** un petit truc astucieux *

**cunningly** /ˈkʌnɪŋlɪ/ ADV 1 (= cleverly) [disguised, camouflaged, concealed] avec astuce, astucieusement ; [contrived, designed, positioned, placed] astucieusement
2 (pej = deceitfully) [speak] d'une manière fourbe ; [say] avec fourberie ; [look at] d'un air fourbe

**cunt**** /kʌnt/ **N** 1 (= genitals) con*** m, chatte*** f
2 (= person) salaud*** m, salope*** f

**cup** /kʌp/ SYN
**N** 1 tasse f ; (= goblet) coupe f ; (= cupful) tasse f, coupe f ✦ **cup of tea** tasse f de thé ✦ **he drank four cups** or **cupfuls** il (en) a bu quatre tasses ✦ **one cup** or **cupful of sugar/flour** etc (Culin) une tasse de sucre/farine etc ✦ **cider/champagne cup** cocktail m au cidre/au champagne ✦ **he was in his cups** † il était dans les vignes du Seigneur, il avait un verre dans le nez* ✦ **that's just his cup of tea** * c'est son truc * ✦ **that's not my cup of tea** ce n'est pas ma tasse de thé * or mon truc * ✦ **it isn't everyone's cup of tea** * ça ne plaît pas à tout le monde ✦ **his cup of happiness was full** (liter) il jouissait d'un bonheur sans mélange or nuage ✦ **to drain the cup of sorrow** (liter) boire le calice jusqu'à la lie ; → **coffee, slip**
2 (Tech) godet m ; [of flower] corolle f ; (Rel: also **communion cup**) calice m ; (Brit Sport etc = prize competition) coupe f ; (Geog) cuvette f ; (Anat) [of bone] cavité f articulaire, glène f ; (Med Hist = cupping glass) ventouse f ; [of brassière] bonnet m (de soutien-gorge) ; → **world**
**VT** 1 ✦ **to cup one's hands** faire une coupe avec ses deux mains ✦ **to cup one's hands round sth** mettre ses mains autour de qch ✦ **to cup one's hands round one's ear/one's mouth** mettre ses mains en cornet/en porte-voix
2 (Med Hist) appliquer des ventouses sur
3 (Golf) ✦ **to cup the ball** faire un divot
COMP **cup bearer N** échanson m
**cup final N** (Brit Football) finale f de la coupe
**cup size N** [of bra] profondeur f de bonnet
**cup-tie N** (Brit Football) match m de coupe or comptant pour la coupe

**cupboard** /ˈkʌbəd/ SYN
**N** (esp Brit) placard m ; → **skeleton**
COMP **cupboard love N** (Brit) amour m intéressé

**cupcake** /ˈkʌpkeɪk/ **N** (Culin) petit gâteau m

**cupful** /ˈkʌpfʊl/ **N** (contenu m d'une) tasse f ; → **cup**

**Cupid** /ˈkjuːpɪd/ **N** (Myth) Cupidon m ; (Art = cherub) amour m ✦ **Cupid's darts** les flèches fpl de Cupidon

**cupidity** /kjuːˈpɪdɪtɪ/ **N** (frm) cupidité f

**cupola** /ˈkjuːpələ/ **N** 1 (Archit) (= dome) coupole f, dôme m ; (US = lantern, belfry) belvédère m
2 (on ship) coupole f
3 (Metal) cubilot m

**cuppa*** /ˈkʌpə/ **N** (Brit) tasse f de thé

**cupric** /ˈkjuːprɪk/ ADJ cuprique ✦ **cupric oxide** oxyde m de cuivre

**cuprite** /ˈkjuːpraɪt/ **N** cuprite f

**cupronickel** /ˌkjuːprəʊˈnɪkl/ **N** (Metal) cupronickel m

**cur** /kɜːʳ/ **N** 1 (pej = dog) sale chien m, sale cabot * m
2 ( * pej = man) malotru m, mufle * m, rustre m

**curable** /ˈkjʊərəbl/ ADJ guérissable, curable

**Curaçao** /ˌkjʊərəˈsəʊ/ **N** curaçao m

**curacy** /ˈkjʊərəsɪ/ **N** vicariat m

**curare** /kjʊəˈrɑːrɪ/ **N** curare m

**curarization** /ˌkjʊərəraɪˈzeɪʃən/ **N** curarisation f

**curarize** /ˈkjʊərəˌraɪz/ **VT** curariser

**curate¹** /ˈkjʊərɪt/ **N** vicaire m ✦ **it's like the curate's egg** (Brit) il y a du bon et du mauvais

**curate²** /kjʊəˈreɪt/ **VT** (= organize) [+ exhibition] organiser

**curative** /ˈkjʊərətɪv/ ADJ curatif

**curator** /kjʊəˈreɪtəʳ/ **N** 1 [of museum etc] conservateur m
2 (Scot Jur) curateur m (d'un aliéné or d'un mineur)

**curatorial** /ˌkjʊərəˈtɔːrɪəl/ ADJ [expertise, career] de conservateur ; [policy] en matière de conservation ✦ **the museum's curatorial team** l'équipe qui administre le musée

**curb** /kɜːb/ SYN
**N** 1 [of harness] gourmette f ; (fig) frein m ; (on trade etc) restriction f ✦ **to put a curb on sth** (fig) mettre un frein à qch
2 (US : at roadside) bord m du trottoir
**VT** (US) [+ horse] mettre un mors à ; (fig) [+ impatience, passion] refréner, contenir ; [+ expenditure] réduire, restreindre
COMP **curb bit N** mors m
**curb chain N** gourmette f
**curb crawler N** (US) conducteur m qui accoste les femmes sur le trottoir
**curb crawling N** (US) drague * f en voiture
**curb market N** (US Stock Exchange) marché m hors cote
**curb reins** NPL rênes fpl de filet
**curb roof N** (Archit) comble m brisé
**curb service N** (US) service m au volant (dans un restaurant drive-in)
**curb weight N** (US : of vehicle) poids m à vide

**curbstone** /ˈkɜːbstəʊn/
**N** (US) pavé m (pour bordure de trottoir)
COMP **curbstone market N** (US Stock Exchange) marché m hors cote

**curcuma** /ˈkɜːkjʊmə/ **N** (= plant) curcuma m

**curcumin** /ˈkɜːkjʊmɪn/ **N** (Chem) curcumine f

**curd** /kɜːd/
**N** (gen pl) ✦ **curd(s)** lait m caillé ; → **lemon**
COMP **curd cheese N** ≈ fromage m blanc

**curdle** /ˈkɜːdl/ SYN
**VT** [+ milk] cailler ; [+ mayonnaise] faire tomber ✦ **it was enough to curdle the blood** c'était à vous glacer le sang
**VI** [milk] se cailler ; [mayonnaise] tomber ✦ **his blood curdled** son sang s'est figé ✦ **it made my blood curdle** cela m'a glacé le sang

**cure** /kjʊəʳ/ SYN
**VT** 1 (Med) [+ disease, patient] guérir (of de) ; (fig) [+ poverty] éliminer ; [+ unfairness] éliminer, remédier à ✦ **to cure an injustice** réparer une injustice ✦ **to cure an evil** remédier à un mal ✦ **to be cured (of sth)** guérir (de qch) ✦ **to cure a child of a bad habit** faire perdre une mauvaise habitude à un enfant ✦ **to cure o.s. of smoking** se déshabituer du tabac, se guérir de l'habitude de fumer ✦ **what can't be cured must be endured** (Prov) il faut savoir accepter l'inévitable
2 [+ meat, fish] (= salt) saler ; (= smoke) fumer ; (= dry) sécher
**N** 1 (Med) (= remedy) remède m ; (= recovery) guérison f ✦ **to take** or **follow a cure** faire une cure ✦ **past** or **beyond cure** [person] inguérissable, incurable ; [state, injustice, evil] irrémédiable, irréparable ; → **prevention, rest**
2 (Rel) cure f ✦ **cure of souls** charge f d'âmes
COMP **cure-all N** panacée f

**cured** /kjʊəd/ ADJ (Culin) (= salted) salé ; (= smoked) fumé ; (= dried) séché

**curet(te)** /kjʊəˈret/
**N** curette f
**VT** cureter

**curettage** /kjʊəˈretɪdʒ/ **N** curetage m

**curfew** /ˈkɜːfjuː/ **N** couvre-feu m ✦ **to impose a/lift the curfew** décréter/lever le couvre-feu

**curia** /ˈkjʊərɪə/ **N** (pl **curiae** /ˈkjʊərɪiː/) (Rel) curie f

**curie** /ˈkjʊərɪ/ **N** (Phys) curie f

**curing** /ˈkjʊərɪŋ/ **N** (by salting) salaison f ; (by smoking) fumaison f ; (by drying) séchage m

**curio** /ˈkjʊərɪəʊ/ **N** bibelot m, curiosité f

**curiosity** /ˌkjʊərɪˈɒsɪtɪ/ SYN
**N** 1 (NonC = inquisitiveness) curiosité f (about de) ✦ **out of curiosity** par curiosité ✦ **curiosity killed the cat** (Prov) la curiosité est un vilain défaut (Prov)
2 (= rare thing) curiosité f, rareté f
COMP **curiosity shop N** magasin m de brocante or de curiosités

**curious** /ˈkjʊərɪəs/ SYN ADJ 1 (also pej) curieux (also pej) ✦ **I'm curious to know what he did** je suis or serais curieux de savoir ce qu'il a fait ✦ **I'm curious about him** il m'intrigue ✦ **why do you ask?**

## curiously | cushion

– **I'm just curious** pourquoi vous me demandez ça ? – par curiosité, c'est tout
2 (= *strange*) curieux ◆ **it is curious that.../how...** c'est curieux que... + subj/comme...

**curiously** /ˈkjʊərɪəslɪ/ ADV 1 (= *inquisitively*) [*ask*] d'un ton inquisiteur
2 (= *oddly*) [*silent, reticent*] curieusement ◆ **curiously shaped** d'une forme curieuse ◆ **curiously, he didn't object** curieusement, il n'a pas émis d'objection

**curium** /ˈkjʊərɪəm/ N curium m

**curl** /kɜːl/ SYN
N 1 [*of hair*] boucle f (de cheveux)
2 (*gen*) courbe f ; [*of smoke*] spirale f, volute f ; [*of waves*] ondulation f ◆ **with a curl of the lip** (*fig*) avec une moue méprisante
VT [+ *hair*] (*loosely*) (faire) boucler ; (*tightly*) friser ◆ **she curls her hair** elle frise or boucle ses cheveux ◆ **he curled his lip in disdain** il a eu une moue dédaigneuse ◆ **the dog curled its lip menacingly** le chien a retroussé ses babines d'un air menaçant
VI [*hair*] (*loosely*) boucler ; (*tightly*) friser ◆ **it's enough to make your hair curl*** (*fig*) c'est à vous faire dresser les cheveux sur la tête ◆ **his lip curled disdainfully** il a eu une moue dédaigneuse ◆ **the dog's lip curled menacingly** le chien a retroussé ses babines d'un air menaçant
2 [*person, animal*] ⇒ **curl up**
COMP **curling irons, curling tongs** NPL fer m à friser

**curl paper** N papillote f

▸ **curl up**
VI s'enrouler ; [*person*] se pelotonner ; (*: from shame etc*) rentrer sous terre ; [*cat*] se mettre en boule, se pelotonner ; [*dog*] se coucher en rond ; [*leaves*] se recroqueviller ; [*paper*] se recourber, se replier ; [*corners*] se corner ; [*stale bread*] se racornir ◆ **he lay curled up on the floor** il était couché en boule par terre ◆ **to curl up with laughter** se tordre de rire ◆ **the smoke curled up** la fumée montait en volutes or en spirales
VT SEP enrouler ◆ **to curl o.s. up** [*person*] se pelotonner ; [*cat*] se mettre en boule, se pelotonner ; [*dog*] se coucher en rond

**curler** /ˈkɜːləʳ/ N 1 [*of hair*] rouleau m, bigoudi m
2 (*Sport*) joueur m, -euse f de curling

**curlew** /ˈkɜːljuː/
N courlis m
COMP **curlew sandpiper** N (= *bird*) bécasseau m cocorli

**curlicue** /ˈkɜːlɪkjuː/ N [*of handwriting*] fioriture f ; [*of skating*] figure f (de patinage)

**curling** /ˈkɜːlɪŋ/ N (*Sport*) curling m

**curly** /ˈkɜːlɪ/ SYN
ADJ [*hair*] (*loosely*) bouclé ◆ (*tightly*) frisé ◆ **curly eyelashes** cils mpl recourbés
COMP **curly bracket** N accolade f
**curly-haired, curly-headed** ADJ aux cheveux bouclés or frisés
**curly lettuce** N laitue f frisée

**curmudgeon** /kɜːˈmʌdʒən/ N (= *miser*) harpagon m, grippe-sou * m ; (= *surly person*) grincheux m

**curmudgeonly** /kɜːˈmʌdʒənlɪ/ ADJ (= *miserly*) grippe-sou * ; (= *surly*) grincheux

**currant** /ˈkʌrənt/
N 1 (= *fruit*) groseille f ; (also **currant bush**) groseillier m ; → **blackcurrant, redcurrant**
2 (= *dried fruit*) raisin m de Corinthe
COMP **currant bun** N petit pain m aux raisins
**currant loaf** N pain m aux raisins

**currency** /ˈkʌrənsɪ/ SYN
N 1 (*Fin*) monnaie f, devise f ; (= *money*) argent m ◆ **the currency is threatened** la monnaie est en danger ◆ **this coin is no longer legal currency** cette pièce n'a plus cours (légal) ◆ **foreign currency** devise f or monnaie f étrangère ◆ **I have no Chinese currency** je n'ai pas d'argent chinois ; → **hard, paper**
2 (= *acceptance, prevalence*) cours m, circulation f ◆ **to gain currency** se répandre, circuler ◆ **to give currency to** accréditer ◆ **such words have short currency** de tels mots n'ont pas cours longtemps ◆ **this coin is no longer in currency** cette pièce n'est plus en circulation
COMP **currency exemptions** NPL (*Fin, Jur*) dispenses fpl en matière de réglementation des changes
**currency market** N (*Fin*) place f financière
**currency note** N billet m de banque
**currency rate** N cours m des devises

**currency restrictions** NPL contrôle m des changes
**currency snake** N serpent m monétaire
**currency trader** N cambiste mf
**currency trading** N opérations fpl de change
**currency unit** N unité f monétaire

**current** /ˈkʌrənt/ SYN
ADJ 1 (= *present*) [*situation, fashion, tendency, popularity, job*] actuel ◆ **the system in current use** le système utilisé actuellement ◆ **at the current rate of exchange** au cours actuel du change ◆ **current events** événements mpl actuels, actualité f NonC ◆ **current issue** (*Press*) dernier numéro m ◆ **current month/year/week** mois m/année f/semaine f en cours ◆ **her current boyfriend** son copain* or petit ami du moment
2 (= *widely accepted or used*) [*opinion*] courant, commun ; [*word, phrase, price*] courant, en cours ◆ **to be current** [*phrase, expression*] être accepté or courant
N [*of air, water*] courant m (*also Elec*) ; (*fig*) [*of events etc*] cours m, tendance f ; [*of opinions*] tendance f ◆ **to go with the current** (*lit, fig*) suivre le courant ◆ **to drift with the current** (*lit*) se laisser aller au fil de l'eau ; (*fig*) aller selon le vent ◆ **to go against the current** (*lit*) remonter le courant ; (*fig*) aller à contre-courant ; → **alternating, direct**
COMP **current account** N (*Brit*) compte m courant
**current affairs** NPL questions fpl or problèmes mpl d'actualité, actualité f NonC
**current assets** NPL actif m de roulement
**current cost accounting** N comptabilité f en coûts actuels
**current expenditure** N dépenses fpl courantes
**current liabilities** NPL passif m exigible or dettes fpl exigibles à court terme
**current yield** N (*Stock Exchange*) taux m de rendement courant, taux m actuariel

 Be cautious about translating the adjective **current** by **courant**, which does not mean 'present-day'.

**currently** /ˈkʌrəntlɪ/ ADV actuellement, à présent

**curriculum** /kəˈrɪkjʊləm/
N (pl **curriculums** or **curricula** /kəˈrɪkjʊlə/) programme m scolaire ◆ **the one compulsory foreign language on the curriculum** la seule langue étrangère obligatoire au programme ◆ **the history curriculum** le programme d'histoire
COMP **curriculum coordinator** N responsable mf des programmes scolaires
**curriculum council** N (*US Scol*) ≈ service m des programmes scolaires
**curriculum vitae** N (pl **curricula vitae**) (*Brit*) curriculum vitae m, CV m

**curried** /ˈkʌrɪd/ ADJ au curry

**curry**[1] /ˈkʌrɪ/ (*Culin*)
N curry or cari m ◆ **beef curry** curry m de bœuf
VT accommoder au curry
COMP **curry powder** N (poudre f de) curry m

**curry**[2] /ˈkʌrɪ/
VT [+ *horse*] étriller ; [+ *leather*] corroyer ◆ **to curry favour with sb** chercher à gagner la faveur de qn
COMP **curry-comb** N étrille f VT étriller

**curse** /kɜːs/
N 1 (= *malediction, spell*) malédiction f ◆ **a curse on him!** † maudit soit-il ! † ◆ **to call down** or **put** or **lay a curse on sb** maudire qn
2 (= *swearword*) juron m, imprécation f ◆ **curses!** zut ! *
3 (*fig = bane*) fléau m, calamité f ◆ **the curse of drunkenness** le fléau de l'ivrognerie ◆ **she has the curse*** (= *menstruation*) elle a ses règles
VT maudire ◆ **curse the child!*** maudit enfant ! ◆ **to be cursed with** (*fig*) être affligé de
VI (= *swear*) jurer, sacrer

**cursed*** /ˈkɜːsɪd/ ADJ sacré*, maudit, satané all before n

**cursive** /ˈkɜːsɪv/
ADJ cursif
N (écriture f) cursive f

**cursor** /ˈkɜːsəʳ/ N (*Comput*) curseur m

**cursorial** /kɜːˈsɔːrɪəl/ ADJ [*animal*] coureur

**cursorily** /ˈkɜːsərɪlɪ/ ADV en vitesse, à la hâte (*pej*)

**cursory** /ˈkɜːsərɪ/ ADJ (= *superficial*) superficiel ; (= *hasty*) hâtif ◆ **to give a cursory glance at** [+ *person, object*] jeter un coup d'œil à ; [+ *book, essay, letter*] lire en diagonale*

**curt** /kɜːt/ SYN ADJ [*person, manner*] brusque, sec (sèche f), cassant ; [*explanation, question*] brusque, sec (sèche f) ◆ **in a curt voice** d'un ton cassant ◆ **with a curt nod** avec un bref signe de tête

**curtail** /kɜːˈteɪl/ SYN VT [+ *account*] écourter, raccourcir, tronquer ; [+ *proceedings, visit*] écourter ; [+ *period of time*] écourter, raccourcir ; [+ *wages*] rogner, réduire ; [+ *expenses*] restreindre, réduire

**curtailment** /kɜːˈteɪlmənt/ SYN N (NonC) (*frm*)
1 (= *reduction*) [*of money, aid*] réduction f
2 (= *restriction*) [*of sb's power, freedom*] limitation f
3 (= *shortening*) [*of visit*] raccourcissement m

**curtain** /ˈkɜːtn/ SYN
N 1 (*gen*) rideau m ; (*fig*) rideau m, voile m ◆ **to draw** or **pull the curtains** tirer les rideaux ◆ **to open/close the curtains** ouvrir/fermer les rideaux ◆ **curtain of fire** (*Mil*) rideau m de feu ◆ **it was curtains for him**⁑ il était fichu* or foutu⁑ ; → **iron, safety**
2 (*Theat*) rideau m ; (= *time when curtain rises or falls*) lever m or baisser m de rideau ; (also **curtain call**) rappel m ◆ **she took three curtains** elle a été rappelée trois fois ◆ **the last** or **final curtain** le dernier rappel ◆ **to drop the curtain** baisser le rideau ◆ **the curtain drops** le rideau tombe
VT [+ *window*] garnir de rideaux
COMP **curtain hook** N crochet m de rideau
**curtain pole** N tringle f à rideaux
**curtain raiser** N (*Theat, also fig*) lever m de rideau
**curtain ring** N anneau m de rideau
**curtain rod** N tringle f à rideaux
**curtain-up** N (*Theat*) lever m du rideau
**curtain wall** N (*Constr*) mur m rideau

▸ **curtain off** VT SEP [+ *room*] diviser par un or des rideau(x) ; [+ *bed, kitchen area*] cacher derrière un or des rideau(x)

**curtly** /ˈkɜːtlɪ/ ADV avec brusquerie, sèchement, d'un ton cassant

**curtness** /ˈkɜːtnɪs/ N brusquerie f, sécheresse f

**curtsey, curtsy** /ˈkɜːtsɪ/
N révérence f ◆ **to make** or **drop a curtsey** faire une révérence
VI faire une révérence (*to* à)

**curvaceous*** /kɜːˈveɪʃəs/ ADJ [*woman*] bien balancée*, bien roulée*

**curvature** /ˈkɜːvətʃəʳ/ N courbure f ; (*Med*) déviation f ◆ **curvature of the spine** déviation f de la colonne vertébrale, scoliose f ◆ **the curvature of space/the earth** la courbure de l'espace/de la terre

**curve** /kɜːv/ SYN
N (*gen*) courbe f ; [*of arch*] voussure f ; [*of beam*] cambrure f ; [*of graph*] courbe f ◆ **curve in the road** courbe f, tournant m, virage m ◆ **a woman's curves*** les rondeurs fpl d'une femme
VT courber ; (*Archit*) [+ *arch, roof*] cintrer
VI [*line, surface, beam*] se courber, s'infléchir ; [*road etc*] faire une courbe, être en courbe ◆ **the road curves down into the valley** la route descend en courbe dans la vallée ◆ **the river curves round the town** la rivière fait un méandre autour de la ville
COMP **curve ball** N (*Baseball*) balle f à effet ; (*esp US*) (*fig*) surprise f ◆ **he threw me a curve ball** (*fig*) il m'a fait un coup auquel je ne m'attendais pas, il m'a pris à contre-pied

**curveball** /ˈkɜːvbɔːl/ N 1 (*US Baseball*) balle f à effet
2 (= *tricky problem*) colle* f

**curved** /kɜːvd/ SYN ADJ (*gen*) courbe ; [*edge of table etc*] arrondi ; [*road*] en courbe ; (= *convex*) convexe

**curvet** /kɜːˈvet/ (*Horse-riding*)
N courbette f
VI faire une courbette

**curvilinear** /ˌkɜːvɪˈlɪnɪəʳ/ ADJ curviligne

**curvy*** /ˈkɜːvɪ/ ADJ [*girl, body*] bien roulé* ; (*gen*) courbe

**cushion** /ˈkʊʃən/ SYN
N 1 coussin m ◆ **on a cushion of air** sur un coussin d'air ; → **pincushion**
2 (*Billiards*) bande f ◆ **a stroke off the cushion** un doublé
VT [+ *sofa*] mettre des coussins à ; [+ *seat*] rembourrer ; [+ *shock*] amortir ; (*Fin*) [+ *losses*] atténuer ◆ **to cushion sb's fall** amortir la chute de qn ◆ **to cushion sb against sth** (*fig*) protéger qn contre qch ◆ **to cushion one's savings against inflation** mettre ses économies à l'abri de l'inflation

**cushy**‡ /ˈkʊʃɪ/ ADJ (Brit) pépère‡, tranquille • **a cushy job** une bonne planque‡, un boulot pépère‡ • **to have a cushy time** se la couler douce* ; → **billet¹**

**cusp** /kʌsp/ N (Anat) [of tooth] cuspide f ; [of moon] corne f

**cuspidor** /ˈkʌspɪdɔːʳ/ N (US) crachoir m

**cuss*** /kʌs/ (US) ⇒ **curse**

N 1 (= oath) juron m • **he's not worth a tinker's cuss** il ne vaut pas un pet de lapin*

2 (gen pej = person) type* m, bonne femme f (gen pej) • **he's a queer cuss** c'est un drôle de type*

VI jurer

**cussed*** /ˈkʌsɪd/ ADJ entêté, têtu comme une mule*

**cussedness*** /ˈkʌsɪdnɪs/ N esprit m contrariant or de contradiction • **out of sheer cussedness** par pur esprit de contradiction

**cussword*** /ˈkʌswɜːd/ N (US) gros mot m

**custard** /ˈkʌstəd/

N (pouring) crème f anglaise ; (set) crème f renversée

COMP **custard apple** N (= fruit) pomme f cannelle, anone f
**custard cream, custard cream biscuit** N biscuit m fourré
**custard pie** N tarte f à la crème
**custard powder** N crème f anglaise en poudre
**custard tart** N flan m

**custodial** /kʌsˈtəʊdɪəl/ ADJ 1 (Jur) [parent] à qui est attribué la garde des enfants • **custodial sentence** peine f privative de liberté

2 [of museum etc] • **custodial staff** personnel m de surveillance

**custodian** /kʌsˈtəʊdɪən/ N [of building] concierge mf, gardien(ne) m(f) ; [of museum] conservateur m, -trice f ; [of tradition etc] gardien(ne) m(f), protecteur m, -trice f

**custody** /ˈkʌstədɪ/ SYN N 1 (Jur etc) garde f • **in safe custody** sous bonne garde • **the child is in the custody of his aunt** l'enfant est sous la garde de sa tante • **after the divorce she was given custody of the children** (Jur) après le divorce elle a obtenu la garde des enfants

2 (gen) garde f à vue ; (= imprisonment) emprisonnement m, captivité f ; (also **police custody**) (for short period) garde f à vue ; (before trial) détention f provisoire • **in custody** en détention provisoire • **to be kept in (police) custody** être mis en garde à vue • **to take sb into custody** mettre qn en état d'arrestation • **to give sb into custody** remettre qn aux mains de la police ; → **protective, remand**

**custom** /ˈkʌstəm/ SYN

N 1 (= tradition, convention) coutume f, usage m ; (= habit) coutume f, habitude f • **as custom has it** selon la coutume, selon les us et coutumes • **it was his custom to rest each morning** il avait coutume or il avait l'habitude de se reposer chaque matin

2 (NonC: Brit Comm) clientèle f • **the grocer wanted to get her custom** l'épicier voulait la compter parmi ses clients • **he has lost a lot of custom** il a perdu beaucoup de clients • **he took his custom elsewhere** il est allé se fournir ailleurs

3 (Jur) coutume f, droit m coutumier ; → **customs**

ADJ (= custom-made) personnalisé

COMP **custom-built** ADJ (Comm) fait sur commande
**custom car** N voiture f faite sur commande
**custom-made** ADJ (Comm) [clothes] (fait) sur mesure ; (other goods) fait sur commande

**customarily** /ˈkʌstəmərɪlɪ/ SYN ADV habituellement, ordinairement

**customary** /ˈkʌstəmərɪ/ SYN

ADJ (gen) habituel, coutumier • **it is customary (to do that)** c'est la coutume • **it is customary to thank the host** la coutume veut que l'on remercie subj l'hôte • **it is customary for the children to be present** la coutume veut que les enfants soient présents

COMP **customary tenant** N (Jur) tenancier m censitaire

**customer** /ˈkʌstəməʳ/ SYN

N 1 (Comm) client(e) m(f)

2 (esp Brit *) type* m, individu m (pej) • **he's an awkward customer** il n'est pas commode • **queer customer** drôle de type* or d'individu • **ugly customer** sale type* m or individu m

COMP **customer appeal** N facteur m de séduction du client
**customer base** N clientèle f
**customer care** N service m clientèle or clients
**customer profile** N profil m du consommateur
**customer services** NPL service m clientèle or clients

**customize** /ˈkʌstəmaɪz/ VT fabriquer (or construire or arranger etc) sur commande

**customized** /ˈkʌstəmaɪzd/ ADJ [software, service] sur mesure

**customs** /ˈkʌstəmz/ SYN

N 1 (sg or pl = authorities, place) douane f • **to go through (the) customs** passer la douane • **at or in the customs** à la douane

2 (pl = duty payable) droits mpl de douane

COMP [regulations, receipt etc] de la douane
**Customs and Excise** N (Brit) douanes fpl
**customs border patrol** N brigade f volante des services de douane
**customs broker** N agent m en douane
**customs clearance** N dédouanement m
**customs declaration** N déclaration f en douane
**customs duty** N droit(s) m(pl) de douane
**customs form** N (formulaire m de) déclaration f en douane
**customs house** N (poste m or bureaux mpl de) douane f
**customs inspection** N visite f douanière or de douane
**customs officer** N douanier m, -ière f
**customs post** N ⇒ **customs house**
**customs regulations** NPL réglementation f douanière
**customs service** N service m des douanes
**customs shed** N poste m de douane
**customs union** N union f douanière

**cut** /kʌt/ SYN (vb: pret, ptp **cut**)

N 1 (= stroke) coup m ; (= mark, slit, wound) coupure f ; (= notch) entaille f ; (Med) incision f • **saw cut** trait m de scie • **a deep cut in the leg** une profonde entaille à la jambe • **he had a cut on his chin from shaving** il s'était coupé au menton en se rasant • **he was treated for minor cuts and bruises** on l'a soigné pour des petites coupures et des contusions • **make the cut a bit lower** coupe un peu en dessous ; → **short**

2 (fig) • **the cut and thrust of politics** les estocades fpl de la politique • **that remark was a cut at me** cette remarque était une pierre dans mon jardin or une pique contre moi • **the unkindest cut of all** le coup le plus perfide • **he is a cut above (the others)*** il vaut mieux que les autres, il est supérieur aux autres • **that's a cut above him*** ça le dépasse

3 [of cards] coupe f

4 (= reduction : gen, esp Econ) réduction f, diminution f • **tax cuts** réductions fpl d'impôts • **staff cuts** réductions fpl des effectifs , compressions fpl de personnel • **the cuts** les compressions fpl budgétaires • **drastic cuts** (Econ) coupes fpl claires • **power** or **electricity cut** coupure f de courant

♦ **a cut in** une réduction or diminution de • **a 1% cut in interest rates** une réduction or une diminution de 1% des taux d'intérêt • **to take a cut in salary** subir une diminution or réduction de salaire

♦ **cuts in** • **the cuts in defence** or **the defence budget** la réduction du budget de la défense • **to make cuts in a book/play** faire des coupures dans un livre/une pièce

5 [of meat] (= piece) morceau m • **use a cheap cut such as spare rib chops** utilisez un bas morceau tel que le travers

6 (* = share) part f • **they all want a cut of the profits** ils veulent tous leur part du gâteau* (fig) • **there won't be much left once the lawyers have taken their cut** il ne restera pas grand-chose une fois que les avocats auront pris leur part

7 [of clothes] coupe f ; [of jewel] taille f • **I like the cut of this coat** j'aime la coupe de ce manteau ; → **jib**

8 (= haircut) coupe f • **cut and blow-dry** coupe et brushing

9 (Comput) • **cut and paste** couper-coller m

10 (US Typography = block) cliché m

11 (Cine, TV) (= edit) coupure f ; (= transition) passage m (from de ; to à)

12 (US * : from school etc) absence f injustifiée

ADJ [flowers, grass] coupé • **he had a cut finger/hand** il avait une coupure au doigt/à la main, il s'était coupé au doigt/à la main • **a cut lip** une lèvre coupée • **well-cut coat** manteau m bien coupé or de bonne coupe

♦ **cut and dried** (= clear-cut) simple ; (= definite) définitif • **things are not as cut and dried as some people would like** les choses ne sont pas aussi simples que certains le voudraient • **research findings on this matter are not cut-and-dried** les résultats des recherches sur ce sujet ne sont pas définitifs

VT 1 couper ; [+ joint of meat, tobacco] découper ; (= slice) découper en tranches ; (= notch) encocher ; (Med) [+ abscess] inciser • **to cut in half/in three** etc couper en deux/en trois etc • **she cut the cake in six** elle a coupé le gâteau en six • **to cut in(to) pieces** couper en morceaux • **to cut to pieces** [+ army, opponent] tailler en pièces • **to cut one's finger** se couper le doigt or au doigt • **to cut o.s. (shaving)** se couper (en se rasant) • **to cut sb's throat** couper la gorge à qn, égorger qn • **he is cutting his own throat** (fig) il prépare sa propre ruine (fig) ; → **corner, dash, dead, figure, fine², Gordian, ground¹, ice, loss, mustard, tooth**

♦ **to cut + open** • **to cut sth open** (with knife) ouvrir qch au or avec un couteau ; (with scissors) ouvrir qch avec des ciseaux • **he cut his arm open on a nail** il s'est ouvert le bras sur un clou • **he cut his head open** il s'est ouvert le crâne • **to cut sb free** (from bonds) délivrer qn en coupant ses liens ; (from wreckage) dégager qn (d'un véhicule)

♦ **to cut + short** • **to cut sth short** (fig) abréger qch, couper court à qch • **to cut a visit short** écourter une visite • **to cut sb short** couper la parole à qn • **to cut a long story short, he came** bref, il est venu

♦ **to cut and paste** (Comput) couper-coller • **cut and paste these lines of text into your file** coupez-collez ces lignes de texte dans votre fichier

2 (fig = wound, hurt) [+ person] blesser (profondément), affecter • **the wind cut his face** le vent lui coupait le visage ; → **heart, quick**

3 (= shape) couper, tailler ; [+ steps] tailler ; [+ channel] creuser, percer ; [+ figure, statue] sculpter (out of dans) ; (= engrave) graver ; [+ jewel, key, glass, crystal] tailler ; [+ screw] fileter ; [+ dress] couper • **to cut a hole in sth** faire un trou dans qch • **to cut one's way through the crowd/forest** se frayer un chemin à travers la foule/les bois ; → **coat, record**

4 (= mow, clip, trim) [+ hedge, trees] tailler ; [+ corn, hay] faucher ; [+ lawn] tondre • **to cut one's nails/hair** se couper les ongles/les cheveux • **to have** or **get one's hair cut** se faire couper les cheveux

5 (esp US = not attend) [+ class, school etc] manquer, sécher* ; [+ appointment] manquer exprès

6 (= cross, intersect) couper, croiser, traverser ; (Math) couper • **the path cuts the road here** le sentier coupe la route à cet endroit

7 (= reduce) [+ profits, wages] réduire, diminuer ; [+ text, book, play] réduire, faire des coupures dans • **to cut costs** réduire les coûts • **to cut prices** réduire les prix, vendre à prix réduit or au rabais • **to cut spending by 35%** réduire or diminuer les dépenses de 35% • **we cut the journey time by half** nous avons réduit de moitié la durée du trajet • **he cut 30 seconds off the record, he cut the record by 30 seconds** (Sport) il a amélioré le record de 30 secondes

8 (= stop) couper • **to cut electricity supplies** couper l'électricité • **cut the euphemisms and just tell me what's happened!*** arrête de tourner autour du pot et dis-moi simplement ce qui s'est passé ! • **cut the crap!**‡ (esp US) arrête tes conneries !‡, assez bavardé comme ça !*

9 [+ cards] couper

10 (Sport) • **to cut the ball** couper la balle

11 (Cine etc = edit) [+ film] monter

12 (= dilute) [+ drug] couper ; [+ grease, sweetness] atténuer

13 (* = conclude) • **to cut a deal** passer un marché

14 • **to cut it*** (= be good enough) être à la hauteur • **he couldn't cut it as a singer** comme chanteur il n'était pas à la hauteur

VI 1 [person, knife etc] couper • **this knife cuts well** ce couteau coupe bien • **he cut into the cake** il a fait une entaille dans le gâteau, il a entamé le gâteau • **cut along the dotted line** découper suivant le pointillé • **his sword cut through the air** son épée fendit l'air • **the boat cut through the waves** le bateau fendait l'eau • **this cuts across all I have learnt** (fig) ceci va à l'encontre de tout ce que j'ai appris • **to cut and** run* mettre les bouts*, filer* ◆ **to cut to the chase*** en venir à l'essentiel ◆ **cut to the chase!*** abrège !* ; → **loose**

◆ **to cut both ways** être à double tranchant ◆ **what you say cuts both ways** ce que vous dites est à double tranchant ◆ **that argument cuts both ways** c'est un argument à double tranchant

2 *[material]* se couper ◆ **paper cuts easily** le papier se coupe facilement ◆ **this piece will cut into four** ce morceau peut se couper en quatre

3 *(Math)* se couper ◆ **lines A and B cut at point C** les lignes A et B se coupent au point C

4 (= *take short route*) ◆ **cut across the fields and you'll soon be there** coupez à travers champs et vous serez bientôt arrivé ◆ **to cut across country** couper à travers champs ◆ **if you cut through the lane you'll save time** si vous coupez or passez par la ruelle vous gagnerez du temps

5 *(Cine, TV)* ◆ **they cut from the street to the shop scene** ils passent de la rue à la scène du magasin ◆ **cut!** coupez !

6 *(Cards)* couper ◆ **to cut for deal** tirer pour la donne

**COMP cut glass** N *(NonC)* cristal m taillé ADJ de or en cristal taillé

**cut-price** SYN ADJ *[goods, ticket]* à prix réduit, au rabais ; *[manufacturer, shopkeeper]* qui vend à prix réduits ◆ **cut-price shop** or **store** magasin m à prix réduits ADV *[buy, get]* à prix réduit

**cut prices** NPL prix mpl réduits

**cut-rate** ADJ *(Brit)* ⇒ **cut-price**

**cut-throat** † SYN N (= *murderer*) assassin m ADJ ◆ **cut-throat competition** concurrence f acharnée ◆ **cut-throat game** *(Cards)* partie f à trois ◆ **cut-throat razor** *(Brit)* rasoir m à main or de coiffeur

**cut tobacco** N tabac m découpé

**cut up*** ADJ *(Brit* = *upset)* affligé ; *(US* = *funny)* rigolo* (-ote* f)

▸ **cut across** VT FUS *[problem, issue]* toucher ◆ **this problem cuts across all ages** ce problème touche toutes les tranches d'âge

▸ **cut along** VI s'en aller, filer*

▸ **cut away** VT SEP ◆ *[+ branch]* élaguer ; *[+ unwanted part]* enlever (en coupant)

▸ **cut back**
VT SEP *[+ plants, shrubs]* élaguer, tailler ; *(fig* : also **cut back on)** *[+ production, expenditure]* réduire, diminuer
VI revenir (sur ses pas) ◆ **he cut back to the village and gave his pursuers the slip** il est revenu au village par un raccourci et a semé ses poursuivants

▸ **cut down** VT SEP 1 *[+ tree]* couper, abattre ; *[+ corn]* faucher ; *[+ person] (by sword etc)* abattre (d'un coup d'épée etc) ; *(fig : through illness etc)* terrasser ◆ **cut down by pneumonia** terrassé par la or une pneumonie

2 (= *reduce*) *[+ expenses, pollution]* réduire ; *[+ article, essay]* couper ; *[+ clothes] (gen)* rapetisser, diminuer ◆ **to cut sb down to size*** *(fig)* remettre qn à sa place

▸ **cut down on** VT FUS *[+ food]* manger moins de ; *[+ alcohol]* boire moins de ; *[+ cigarettes]* fumer moins de ; *[+ expenditure, costs]* réduire ◆ **you should cut down on drink** vous devriez boire moins

▸ **cut in**
VI *(into conversation)* se mêler à la conversation ; *(while driving)* se rabattre ◆ **to cut in on sb** *(while driving)* faire une queue de poisson à qn ; (= *interrupt*) couper la parole à qn ◆ **to cut in on the market** s'infiltrer sur le marché
VT SEP ◆ **to cut sb in on** or **into a deal*** intéresser qn à une affaire

▸ **cut off**
VI († * = *leave*) filer*
VT SEP 1 *[+ piece of cloth, cheese, meat, bread]* couper (from dans) ; *[+ limbs]* amputer, couper ◆ **to cut off sb's head** trancher la tête de or à qn, décapiter qn ◆ **to cut off one's nose to spite one's face** scier la branche sur laquelle on est assis (par dépit)

2 (= *disconnect*) *[+ telephone caller, telephone, car engine, gas, electricity]* couper ◆ **our water supply has been cut off** on nous a coupé l'eau ◆ **we were cut off** *(Telec)* nous avons été coupés ◆ **to cut sb off in the middle of a sentence** interrompre qn au milieu d'une phrase ◆ **to cut off sb's supplies** *(of food, money etc)* couper les vivres à qn

3 (= *isolate*) isoler *(sb from sth* qn de qch) ◆ **to cut o.s. off from** rompre ses liens avec ◆ **he feels very cut off in the country** il se sent très isolé à la campagne ◆ **town cut off by floods** ville f isolée par des inondations ◆ **to cut off the enemy's retreat** *(Mil)* couper la retraite à l'ennemi ◆ **to cut sb off with a shilling** *(fig)* déshériter qn

N ◆ **cutoff** → **cutoff**

▸ **cut out**
VI 1 *[engine]* caler
2 (* = *leave*) filer*, se tailler*
VT SEP 1 *[+ picture, article]* découper (of, from de) ; *[+ statue, figure]* sculpter, tailler (of dans) ; *[+ coat]* couper, tailler (of, from dans) ; *(Phot)* détourer ◆ **to cut out a path through the jungle** se frayer un chemin à travers la jungle ◆ **to be cut out for sth** avoir des dispositions pour qch ◆ **he's not cut out for** or **to be a doctor** il n'est pas fait pour être médecin, il n'a pas l'étoffe d'un médecin ◆ **he had his work cut out (for him)** (= *plenty to do*) il avait du pain sur la planche ◆ **you'll have your work cut out to get there on time** vous n'aurez pas de temps à perdre si vous voulez y arriver à l'heure ◆ **you'll have your work cut out to persuade him to come** vous aurez du mal à le persuader de venir

2 *(fig)* *[+ rival]* supplanter
3 (= *remove*) enlever, ôter ; *[+ intermediary, middleman]* supprimer ; *[+ light]* empêcher de passer ; *[+ unnecessary details]* élaguer ◆ **to cut sb out of one's will** déshériter qn ◆ **cut it out!*** *(fig)* ça suffit !*, ça va comme ça !* ◆ **cut out the talking!** *(fig)* assez bavardé !, vous avez fini de bavarder ? ◆ **cut out the noise!** *(fig)* arrêtez ce bruit !, moins de bruit ! ◆ **you can cut out the tears for a start!*** *(fig)* et pour commencer, arrête de pleurnicher !

4 (= *give up*) *[+ tobacco]* supprimer ◆ **to cut out smoking/drinking** arrêter de fumer/boire

▸ **cut up**
VI 1 *(Brit)* ◆ **to cut up rough*** se mettre en rogne* or en boule*
2 *(US* = *clown around)* faire le pitre
VT SEP 1 *[+ wood, food]* couper ; *[+ meat]* (= *carve*) découper ; (= *chop up*) hacher ; *(fig)* *[+ enemy, army]* tailler en pièces, anéantir

2 * *[+ other driver]* faire une queue de poisson à ◆ **he was crossing from lane to lane, cutting everyone up** il passait d'une file à l'autre, faisant des queues de poisson à tout le monde

3 *(Brit * : pass only)* ◆ **to be cut up about sth** (= *hurt*) être affecté or démoralisé par qch ; (= *annoyed*) être très embêté par qch * ◆ **he's very cut up** il n'a plus le moral * ◆ **he was very cut up by the death of his son** la mort de son fils l'a beaucoup affecté
ADJ ◆ **cut-up*** → **cut**

**cutaneous** /kjuːˈteɪnɪəs/ ADJ cutané

**cutaway** /ˈkʌtəweɪ/ N (also **cutaway drawing** or **sketch**) (dessin m) écorché m

**cutback** /ˈkʌtbæk/ SYN N (= *reduction*) *[of expenditure, production]* réduction f, diminution f (in de) ; *[of staff]* compressions fpl (en de) ; *(Cine* = *flashback)* flash-back m (to sur) ◆ **drastic cutbacks** *(Econ etc)* coupes fpl claires

**cute*** /kjuːt/ ADJ 1 (= *attractive*) mignon
2 *(esp US* = *clever)* malin (-igne f), futé ◆ **don't try and be cute (with me)!** ne fais pas le malin !

**cutely*** /ˈkjuːtlɪ/ ADV 1 (= *attractively*) *[smile, blush, pose]* avec coquetterie
2 *(US* = *cleverly)* astucieusement

**cutesy*** /ˈkjuːtsɪ/ ADJ *(esp US* : *pej)* *[person, painting, clothes]* mièvre

**cuticle** /ˈkjuːtɪkl/
N (= *skin*) épiderme m ; *[of fingernails]* petites peaux fpl, envie f ; *[of plant]* cuticule f
COMP **cuticle remover** N émollient m pour cuticules

**cutie*** /ˈkjuːtɪ/
N *(esp US)* (= *girl*) jolie fille f ; (= *boy*) beau mec* m ; (= *shrewd person*) malin m, -igne f ; (= *shrewd action*) beau coup f
COMP **cutie pie*** N *(esp US)* mignon(ne) m(f) ◆ **she's a real cutie pie** elle est vraiment mignonne

**cutlass** /ˈkʌtləs/ N coutelas m, sabre m d'abordage

**cutler** /ˈkʌtləʳ/ N coutelier m

**cutlery** /ˈkʌtlərɪ/
N 1 *(Brit* = *knives, forks, spoons etc)* couverts mpl ; → **canteen**
2 (= *knives, daggers etc* : also *trade*) coutellerie f
COMP **cutlery drawer** N tiroir m des couverts

**cutlet** /ˈkʌtlɪt/ N 1 *(gen)* côtelette f ; *[of veal]* escalope f
2 *(US* = *croquette of meat, chicken etc)* croquette f

**cutoff** /ˈkʌtɒf/
N (= *short cut*) raccourci m ; *(Tech* = *stopping*) arrêt m
NPL **cutoffs** jeans mpl coupés
COMP **cutoff date** N date f limite
**cutoff device** N (also **automatic cutoff device**) système m d'arrêt (automatique)
**cutoff point** N *(in age etc)* limite f ; *(in time)* dernier délai m
**cutoff switch** N interrupteur m

**cutout** /ˈkʌtaʊt/ N 1 *[of electrical circuit]* disjoncteur m, coupe-circuit m inv ; *(for car exhaust)* échappement m libre
2 (= *figure of wood or paper*) découpage m ◆ **his characters are just cardboard cutouts** ses personnages manquent d'épaisseur

**cutter** /ˈkʌtəʳ/ N 1 (= *person*) *[of clothes]* coupeur m, -euse f ; *[of stones, jewels]* tailleur m ; *[of films]* monteur m, -euse f
2 (= *tool*) coupoir m, couteau m ◆ **(pair of) cutters** *(for metal etc)* pinces fpl coupantes ; → **bolt**
3 (= *sailing boat*) cotre m, cutter m ; (= *motor boat*) vedette f ; *[of coastguards]* garde-côte m ; *[of warship]* canot m
4 *(US* = *sleigh*) traîneau m

**cutting** /ˈkʌtɪŋ/ SYN
N 1 *(NonC)* coupe f ; *[of diamond]* taille f ; *[of film]* montage m ; *[of trees]* coupe f, abattage m
2 *(for road, railway)* tranchée f
3 (= *piece cut off*) *[of newspaper]* coupure f ; *[of cloth]* coupon m ; *(Agr)* bouture f ; *[of vine]* marcotte f
4 (= *reduction*) *[of prices, expenditure]* réduction f, diminution f
ADJ 1 *[knife]* coupant, tranchant ◆ **cutting pliers** pinces fpl coupantes ◆ **the cutting edge** *(lit)* le tranchant ◆ **to be at the cutting edge of scientific research** être à la pointe de la recherche scientifique ◆ **to give sb a cutting edge** *(commercially)* donner à qn un avantage concurrentiel ; see also **comp**
2 *(fig)* *[wind]* glacial, cinglant ; *[rain]* cinglant ; *[cold]* piquant, glacial ; *[words]* blessant, cinglant ; *[remark]* mordant, blessant ◆ **cutting tongue** langue f acérée
COMP **cutting board** N planche f à découper
**cutting compound** N *(Tech)* huile f de coupe
**cutting-edge** ADJ *[technology, research, design]* de pointe
**cutting-out scissors** NPL *(Sewing)* ciseaux mpl de couturière
**cutting room** N *(Cine)* salle f de montage ◆ **to end up on the cutting room floor** *(fig)* finir au panier

**cuttlebone** /ˈkʌtlbəʊn/ N os m de seiche

**cuttlefish** /ˈkʌtlfɪʃ/ N (pl **cuttlefish** or **cuttlefishes**) seiche f

**cutwater** /ˈkʌtˌwɔːtəʳ/ N *[of ship]* éperon m

**CV** /ˌsiːˈviː/ N (abbrev of **curriculum vitae**) → **curriculum**

**CVS** /ˌsiːviːˈes/ N (abbrev of **chorionic villus sampling**) prélèvement m de villosités choriales

**CWO** /ˌsiːdʌbljuːˈəʊ/ 1 (abbrev of **cash with order**) → **cash**
2 (abbrev of **chief warrant officer**) → **chief**

**CWS** /ˌsiːdʌbljuːˈes/ N (abbrev of **Cooperative Wholesale Society**) coopérative f

**cwt** abbrev of **hundredweight(s)**

**cyan** /ˈsaɪən/ N, ADJ cyan m

**cyanide** /ˈsaɪənaɪd/
N cyanure m ◆ **cyanide of potassium** cyanure m de potassium
COMP **cyanide process** N cyanuration f

**cyaniding** /ˈsaɪəˌnaɪdɪŋ/ N cyanuration f

**cyanobacteria** /ˌsaɪənəʊbækˈtɪərɪə/ NPL cyanobactéries fpl

**cyanocobalamin** /ˌsaɪənəʊkəʊˈbæləmɪn/ N *(Bio)* cyanocobalamine f

**cyanogen** /saɪˈænədʒɪn/ N cyanogène m

**cyanose** /ˈsaɪənəʊz/ N cyanose f

**cyanosed** /ˈsaɪənəʊzd/ ADJ cyanosé

**cyber...** /ˈsaɪbə/ PREF cyber...

**cybercafé** /ˈsaɪbəˌkæfeɪ/ N cybercafé m

**cybercrime** /ˈsaɪbəkraɪm/ N cybercrime m

**cybernaut** /ˈsaɪbənɔːt/ N cybernaute mf

**cybernetic** /ˌsaɪbəˈnetɪk/ **ADJ** cybernétique
**cyberneticist** /ˌsaɪbəˈnetɪsɪst/ **N** cybernéticien(ne) m(f)
**cybernetics** /ˌsaɪbəˈnetɪks/ **N** (NonC) cybernétique f
**cyberpet** /ˈsaɪbəpet/ **N** Tamagotchi ® m
**cyberpunk** /ˈsaɪbəpʌŋk/ **N** (Literat) (= writing) cyberpunk m ; (= writer) cyberpunk mf
**cybersex** /ˈsaɪbəseks/ **N** (NonC) cybersexe m
**cyberspace** /ˈsaɪbəspeɪs/ **N** cyberespace m
**cybersquatter** /ˈsaɪbəskwɒtəʳ/ **N** cybersquatter mf
**cybersquatting** /ˈsaɪbəskwɒtɪŋ/ **N** cybersquatting m
**cyberterrorism** /ˈsaɪbəˌterərɪzəm/ **N** cyberterrorisme m
**cyborg** /ˈsaɪbɔːg/ **N** cyborg m
**cycad** /ˈsaɪkæd/ **N** cycas m
**Cyclades** /ˈsɪklədiːz/ **NPL** (Geog) Cyclades fpl
**cyclamate** /ˈsaɪkləˌmeɪt, ˈsɪkləˌmeɪt/ **N** cyclamate m
**cyclamen** /ˈsɪkləmən/ **N** cyclamen m
**cycle** /ˈsaɪkl/ SYN
  **N** ① vélo m, bicyclette f
  ② (also **menstrual cycle**) cycle m (menstruel)
  ③ [of poems, seasons etc] cycle m
  **VI** faire du vélo, faire de la bicyclette ◆ **he cycles to school** il va à l'école à bicyclette or à vélo or en vélo
  COMP [lamp, chain, wheel] de vélo or bicyclette ; [race] cycliste
  **cycle clip N** pince f à vélo
  **cycle lane N** (Brit) piste f cyclable
  **cycle path N** piste f cyclable
  **cycle pump N** pompe f à vélo
  **cycle rack N** (on floor) râtelier m à bicyclettes ; (on car roof) porte-vélos m inv
  **cycle shed N** abri m à bicyclettes
  **cycle shop N** magasin m de cycles
  **cycle track N** (= lane) piste f cyclable ; (Sport) vélodrome m
**cycler** /ˈsaɪkləʳ/ **N** (US) ⇒ **cyclist**
**cycleway** /ˈsaɪklweɪ/ **N** (Brit) piste f cyclable
**cyclic(al)** /ˈsaɪklɪk(əl)/ **ADJ** cyclique
**cycling** /ˈsaɪklɪŋ/
  **N** cyclisme m ◆ **to do a lot of cycling** (gen) faire beaucoup de bicyclette or de vélo ; (Sport) faire beaucoup de cyclisme
  COMP de bicyclette
  **cycling clothes NPL** tenue f de cycliste
  **cycling holiday N** ◆ **to go on a cycling holiday** faire du cyclotourisme
  **cycling shorts NPL** ◆ **(pair of) cycling shorts** (short m de) cycliste m
  **cycling tour N** circuit m à bicyclette
  **cycling track N** vélodrome m
**cyclist** /ˈsaɪklɪst/ **N** cycliste mf ; → **racing**
**cyclo-cross** /ˈsaɪkləʊ/ **N** (Sport) cyclo-cross m or cyclo-cross m
**cyclohexanone** /ˌsaɪkləʊˈheksənəʊn/ **N** (Chem) cyclohexanone f
**cycloid** /ˈsaɪklɔɪd/ **N** (Math) cycloïde f
**cycloidal** /saɪˈklɔɪdl/ **ADJ** (Math) cycloïdal

**cyclometer** /saɪˈklɒmɪtəʳ/ **N** compteur m (de bicyclette)
**cyclone** /ˈsaɪkləʊn/
  **N** cyclone m
  COMP **cyclone cellar N** (US) abri m anticyclone
**cyclonic** /saɪˈklɒnɪk/ **ADJ** (Weather) cyclonal, cyclonique ◆ **cyclonic vacuum cleaner** aspirateur m cyclonique
**cyclopropane** /ˌsaɪkləʊˈprəʊpeɪn/ **N** (Chem) cyclopropane m
**Cyclops** /ˈsaɪklɒps/ **N** (pl **Cyclopses** or **Cyclopes** /saɪˈkləʊpiːz/) cyclope m
**cyclorama** /ˌsaɪkləˈrɑːmə/ **N** (also Cine) cyclorama m
**cyclosporin-A** /ˌsaɪkləʊˈspɔːrɪnˈeɪ/ **N** (Med) cyclosporine f
**cyclostome** /ˈsaɪkləstəʊm/ **N** (= animal) cyclostome m
**cyclostyle** /ˈsaɪkləstaɪl/
  **N** machine f à polycopier (à stencils)
  **VT** polycopier
**cyclothymia** /ˌsaɪkləʊˈθaɪmɪə/ **N** cyclothymie f
**cyclothymic** /ˌsaɪkləʊˈθaɪmɪk/ **ADJ, N** cyclothymique mf
**cyclotron** /ˈsaɪklətrɒn/ **N** cyclotron m
**cygnet** /ˈsɪgnɪt/ **N** jeune cygne m
**cylinder** /ˈsɪlɪndəʳ/
  **N** ① (gen) cylindre m ◆ **a six-cylinder car** une six-cylindres ◆ **to be firing on all four cylinders** (fig) marcher or fonctionner à pleins gaz* or tubes* ◆ **he's only firing on two cylinders** (fig) il débloque* complètement
  ② [of typewriter] rouleau m ; [of clock, gun] barillet m
  COMP **cylinder block N** (in engine) bloc-cylindres m
  **cylinder capacity N** cylindrée f
  **cylinder head N** culasse f ◆ **to take off the cylinder head** déculasser
  **cylinder head gasket N** joint m de culasse
  **cylinder vacuum cleaner N** aspirateur-traîneau m
**cylindrical** /sɪˈlɪndrɪkəl/ **ADJ** cylindrique
**cymbal** /ˈsɪmbəl/ **N** cymbale f
**cymbalo** /ˈsɪmbəˌləʊ/ **N** cymbalum m
**cyme** /saɪm/ **N** cyme f
**cynic** /ˈsɪnɪk/ SYN
  **N** (gen, Philos) cynique mf
  **ADJ** ⇒ **cynical**
**cynical** /ˈsɪnɪkəl/ SYN **ADJ** (gen, Philos) cynique ◆ **a cynical foul** (Sport) de l'antijeu m flagrant
**cynically** /ˈsɪnɪklɪ/ **ADV** cyniquement
**cynicism** /ˈsɪnɪsɪzəm/ SYN **N** (gen, Philos) cynisme m ◆ **cynicisms** remarques fpl cyniques, sarcasmes mpl
**cynosure** /ˈsaɪnəʃʊəʳ/ **N** (also **cynosure of every eye**) point m de mire, centre m d'attraction
**CYO** /ˌsiːwaɪˈəʊ/ **N** (in US) (abbrev of **Catholic Youth Organization**) mouvement catholique
**cypher** /ˈsaɪfəʳ/ **N** ⇒ **cipher**
**cypress** /ˈsaɪprɪs/ **N** cyprès m
**cyprinid** /sɪˈpraɪnɪd/ **N** cyprin m
**Cypriot** /ˈsɪprɪət/

**ADJ** chypriote or cypriote ◆ **Greek/Turkish Cypriot** chypriote grec (grecque f)/turc (turque f)
**N** Chypriote or Cypriote mf ◆ **Greek/Turkish Cypriot** Chypriote mf grec (grecque f)/turc (turque)
**Cyprus** /ˈsaɪprəs/ **N** Chypre f ◆ **in Cyprus** à Chypre
**Cyrillic** /sɪˈrɪlɪk/ **ADJ** cyrillique
**cyst** /sɪst/ **N** (= growth) kyste m ; (= protective membrane) sac m (membraneux)
**cystectomy** /sɪsˈtektəmɪ/ **N** (Med) [of bladder] cystectomie f ; [of cyst] ablation f
**cysteine** /ˈsɪstɪˌiːn/ **N** cystéine f
**cystic fibrosis** /ˈsɪstɪkˌfaɪˈbrəʊsɪs/ **N** mucoviscidose f
**cystine** /ˈsɪstiːn/ **N** cystine f
**cystitis** /sɪsˈtaɪtɪs/ **N** cystite f
**cystography** /sɪsˈtɒgrəfɪ/ **N** cystographie f
**cystoscope** /ˈsɪstəskəʊp/ **N** (Med) cystoscope m
**cystoscopy** /sɪsˈtɒskəpɪ/ **N** (Med) cystoscopie f
**cytogenetic** /ˌsaɪtəʊdʒɪˈnetɪk/ **ADJ** (Med) cytogénétique
**cytogenetics** /ˌsaɪtəʊdʒɪˈnetɪks/ **N** (NonC: Med) cytogénétique f
**cytokine** /ˈsaɪtəʊkaɪn/ **N** (Bio) cytokine f
**cytokinin** /ˌsaɪtəʊˈkaɪnɪn/ **N** (Bio) cytokinine f
**cytological** /ˌsaɪtəˈlɒdʒɪkəl/ **ADJ** cytologique
**cytologist** /saɪˈtɒlədʒɪst/ **N** (Bio) cytologiste mf
**cytology** /saɪˈtɒlədʒɪ/ **N** cytologie f
**cytolysis** /saɪˈtɒlɪsɪs/ **N** cytolyse f
**cytomegalovirus** /ˌsaɪtəʊˌmegələʊˈvaɪrəs/ **N** (Med) cytomégalovirus m
**cytoplasm** /ˈsaɪtəʊplæzəm/ **N** (Bio) cytoplasme m
**cytoplasmic** /ˌsaɪtəʊˈplæzmɪk/ **ADJ** cytoplasmique
**cytosine** /ˈsaɪtəsɪn/ **N** cytosine f
**cytoskeleton** /ˌsaɪtəʊˈskelɪtn/ **N** cytosquelette m
**cytosol** /ˈsaɪtəʊˌsɒl/ **N** cytosol m
**cytotoxic** /ˌsaɪtəʊˈtɒksɪk/ **ADJ** (Bio) cytotoxique
**cytotoxicity** /ˌsaɪtəʊtɒkˈsɪsɪtɪ/ **N** cytotoxicité f
**cytotoxin** /ˌsaɪtəʊˈtɒksɪn/ **N** (Bio) cytotoxine f
**CZ** /ˌsiːˈzed/ (US Geog) (abbrev of **Canal Zone**) → **canal**
**czar** /zɑːʳ/ **N** ① (= ruler) tsar m
② (Pol) ◆ **alcohol/tobacco czar** responsable de la lutte contre l'alcoolisme/le tabagisme
**czarevitch** /ˈzɑːrəvɪtʃ/ **N** tsarévitch m
**czarina** /zɑːˈriːnə/ **N** tsarine f
**czarism** /ˈzɑːrɪzəm/ **N** tsarisme m
**czarist** /ˈzɑːrɪst/ **N, ADJ** tsariste mf, adj
**Czech** /tʃek/
  **ADJ** (gen) tchèque ; [ambassador, embassy] de la République tchèque ; [teacher] de tchèque
  **N** ① Tchèque mf
  ② (= language) tchèque m
  COMP **the Czech Republic N** la République tchèque
**Czechoslovak** /ˌtʃekəˈsləʊvæk/
  **ADJ** tchécoslovaque
  **N** Tchécoslovaque mf
**Czechoslovakia** /ˌtʃekəʊsləˈvækɪə/ **N** Tchécoslovaquie f
**Czechoslovakian** /ˌtʃekəʊsləˈvækɪən/ ⇒ **Czechoslovak**

# D

**D, d** /diː/
- **N** ① (= letter) D, d *m* ✦ **D for dog, D for David** (US) ≈ D comme Denise ✦ **(in) 3D** (Cine etc) (en) 3D
  ② (Mus) ré *m* ; → **key**
  ③ (Scol = mark) passable (10 sur 20)
  ④ (Brit) abbrev of **penny**
  ⑤ abbrev of **died**
  ⑥ (US) abbrev of **Democrat(ic)**
- **COMP D and C*** **N** (Med) (abbrev of **dilation and curettage**) → **dilation**
  **D-day N** (Mil, fig) le jour J
  **D-lock N** antivol *m*
  **D region N** (Weather) région *f* D

**DA** /ˌdiːˈeɪ/ **N** ① (US) (abbrev of **District Attorney**) → **district**
② * (abbrev of **duck's arse**) (= haircut) coupe où les cheveux descendent en pointe sur la nuque

**dab¹** /dæb/
- **N** ① ✦ **a dab of** un petit peu de ✦ **a dab of glue** une goutte de colle ✦ **to give sth a dab of paint** donner un petit coup *or* une petite touche de peinture à qch
  ② (esp Brit) (= fingerprints) ✦ **dabs*** empreintes *fpl* digitales
- **VT** tamponner ✦ **to dab one's eyes** se tamponner les yeux ✦ **she dabbed the tears from her eyes** elle s'est tamponné les yeux (pour sécher ses larmes) ✦ **to dab paint on** *or* **onto sth** peindre qch par petites touches ✦ **to dab iodine on a wound** tamponner une blessure de teinture d'iode

▶ **dab at** **VT FUS** ✦ **to dab at a stain** tamponner une tache ✦ **to dab at one's mouth/eyes** se tamponner la bouche/les yeux

▶ **dab off** **VT SEP** enlever (en tamponnant)

▶ **dab on** **VT SEP** appliquer *or* mettre par petites touches

**dab²** /dæb/ **N** (= fish) limande *f*

**dab³** /dæb/ **ADJ** (Brit) ✦ **to be a dab hand*** **at sth/at doing sth** être doué en qch/pour faire qch

**dabble** /ˈdæbl/ <u>SYN</u>
- **VT** ✦ **to dabble one's hands/feet in the water** tremper ses mains/ses pieds dans l'eau
- **VI** (fig) ✦ **to dabble in** *or* **with** [+ *music, theatre, journalism, drugs, cocaine*] tâter de ✦ **to dabble in stocks and shares** *or* **on the Stock Exchange** boursicoter ✦ **to dabble in politics/acting** tâter de la politique/du théâtre (*or* du cinéma) ✦ **she dabbled with the idea of going into acting** elle a pensé un moment devenir actrice

**dabbler** /ˈdæblə<sup>r</sup>/ <u>SYN</u> **N** (pej) amateur *m*

**dabbling** /ˈdæblɪŋ/ **N** ✦ **his dabbling in drugs as an adolescent** son expérimentation avec la drogue pendant son adolescence

**dabchick** /ˈdæbtʃɪk/ **N** petit grèbe *m*

**da capo** /daːˈkɑːpəʊ/ **ADJ, ADV** (Mus) da capo

**Dacca** /ˈdækə/ **N** Dacca

**dace** /deɪs/ **N** (pl **dace** *or* **daces**) vandoise *f*

**dacha** /ˈdætʃə/ **N** datcha *f*

**dachshund** /ˈdækshʊnd/ **N** teckel *m*

**Dacia** /ˈdeɪsɪə/ **N** Dacie *f*

**Dacron** ® /ˈdækrɒn/ **N** dacron ® *m*

**dactyl** /ˈdæktɪl/ **N** dactyle *m*

**dactylic** /dækˈtɪlɪk/ **ADJ** dactylique

**dad** /dæd/
- **N** * papa *m*, père *m* ✦ **hello dad!** bonjour, papa ! ✦ **he's an electrician and his dad's a plumber** il est électricien et son père est plombier
- **COMP Dad's army N** (hum) l'armée *f* de (grand-)papa (hum)

**Dada** /ˈdɑːdɑː/
- **N** Dada *m*
- **COMP** [*school, movement*] dada inv, dadaïste

**Dadaism** /ˈdɑːdɑːɪzəm/ **N** dadaïsme *m*

**Dadaist** /ˈdɑːdɑːɪst/ **ADJ, N** dadaïste *mf*

**daddy** /ˈdædɪ/
- **N** * papa *m*
- **COMP daddy-longlegs N** (pl inv) (Brit = cranefly) tipule *f* ; (US, Can = harvestman) faucheur *m*, faucheux *m*

**dado** /ˈdeɪdəʊ/
- **N** (pl **dadoes** *or* **dados**) plinthe *f*
- **COMP dado rail N** lambris *m* d'appui

**Daedalus** /ˈdiːdələs/ **N** Dédale *m*

**daemon** /ˈdiːmən/ **N** démon *m*

**daff*** /dæf/ **N** (Brit) jonquille *f*

**daffodil** /ˈdæfədɪl/
- **N** jonquille *f*
- **COMP daffodil yellow N, ADJ** (jaune *m*) jonquille *m inv*

**daffy*** /ˈdæfɪ/ **ADJ** loufoque *

**daft*** /dɑːft/ **ADJ** (esp Brit) [*person*] dingue*, cinglé* ; [*idea, behaviour*] loufoque* ✦ **that was a daft thing to do** c'était pas très malin * ✦ **have you gone daft?** ça va pas la tête ? * ✦ **I'll get the bus – don't be daft, I'll give you a lift!** je vais prendre le bus – ne dis pas de bêtises, je te ramène ! ✦ **to be daft about sb/sth*** être fou de qn/qch ✦ **he's daft in the head*** il est cinglé* ✦ **daft as a brush*** complètement dingue* *or* cinglé*

**dagger** /ˈdægə<sup>r</sup>/ <u>SYN</u> **N** ① poignard *m* ; (*shorter*) dague *f* ✦ **to be at daggers drawn with sb** être à couteaux tirés avec qn ✦ **to look daggers at sb** lancer des regards furieux *or* meurtriers à qn, fusiller *or* foudroyer qn du regard
② (Typography) croix *f*

**dago*** /ˈdeɪɡəʊ/ **N** (pl **dagos** *or* **dagoes**) (pej) métèque *m* (pej)

**Dagobert** /ˈdægəʊbɜːt/ **N** (Hist) Dagobert *m*

**daguerreotype** /dəˈɡerəʊtaɪp/ **N** daguerréotype *m*

**dahlia** /ˈdeɪlɪə/ **N** dahlia *m*

**Dáil Éireann** /dɔɪlˈɛərən/ **N** Chambre des députés de la république d'Irlande

**daily** /ˈdeɪlɪ/ <u>SYN</u>
- **ADV** quotidiennement, tous les jours ✦ **the office is open daily** le bureau est ouvert tous les jours ✦ **twice daily** deux fois par jour
- **ADJ** quotidien ; [*wage, charge*] journalier ✦ **daily consumption** consommation *f* quotidienne ✦ **daily life** la vie de tous les jours ✦ **our daily bread** (Rel) notre pain *m* quotidien ✦ **daily paper** quotidien *m* ; → **recommend**
- **N** ① (= *newspaper*) quotidien *m*
  ② (Brit *) also **daily help, daily woman**) femme *f* de ménage

**daimon** /ˈdaɪmɒn/ **N** démon *m*

**daintily** /ˈdeɪntɪlɪ/ **ADV** [*eat, hold*] délicatement ; [*walk*] d'un pas gracieux ✦ **daintily served** servi avec raffinement

**daintiness** /ˈdeɪntɪnɪs/ **N** délicatesse *f*

**dainty** /ˈdeɪntɪ/ <u>SYN</u>
- **ADJ** ① (= delicate) [*hands, object, food*] délicat
  ② (= fussy) ✦ **to be a dainty eater** être difficile sur la nourriture
- **N** mets *m* délicat

**daiquiri** /ˈdaɪkərɪ/ **N** daïquiri *m*

**dairy** /ˈdɛərɪ/
- **N** ① (on farm) laiterie *f* ; (= shop) crémerie *f*
  ② ✦ **she can't eat dairy** elle ne peut pas manger de produits laitiers
- **COMP** [*cow, farm*] laitier
  **dairy butter N** beurre *m* fermier
  **dairy farming N** industrie *f* laitière
  **dairy herd N** troupeau *m* de vaches laitières
  **dairy ice cream N** crème *f* glacée
  **dairy produce N** (NonC) produits *mpl* laitiers

**dairying** /ˈdɛərɪɪŋ/ **N** production *f* laitière, laiterie *f*

**dairymaid** /ˈdɛərɪmeɪd/ **N** fille *f* de laiterie

**dairyman** /ˈdɛərɪmən/ **N** (pl **-men**) (on farm) employé *m* de laiterie ; (in shop) crémier *m*

**dais** /ˈdeɪɪs/ **N** estrade *f*

**daisy** /ˈdeɪzɪ/
- **N** ① (= flower) pâquerette *f* ; (cultivated) marguerite *f* ; → **fresh, push up**
  ② (US) ⇒ **daisy ham**
- **COMP daisy chain N** guirlande *f* *or* collier *m* de pâquerettes ; (fig) série *f*, chapelet *m*
  **daisy ham N** (US) jambon *m* fumé désossé

**daisycutter** /ˈdeɪzɪˌkʌtə<sup>r</sup>/ **N** (Cricket) balle qui roule sur le sol

**daisywheel** /ˈdeɪzɪwiːl/
- **N** (Comput) marguerite *f*
- **COMP daisywheel printer N** imprimante *f* à marguerite

**Dakar** /ˈdækə<sup>r</sup>/ **N** Dakar

**Dakota** /dəˈkəʊtə/ **N** Dakota *m* ✦ **North/South Dakota** Dakota *m* du Nord/du Sud

**daks*** /dæks/ **NPL** (Austral) futal* *m*

**dal, dhal** /dɑːl/ **N** (Culin) dhal *m*

**Dalai Lama** /ˈdælaɪˈlɑːmə/ **N** dalaï-lama *m*

**dale** /deɪl/ <u>SYN</u> **N** (N Engl, also liter) vallée *f*, vallon *m* ✦ **the (Yorkshire) Dales** (Brit) région vallonnée du nord de l'Angleterre

**dalesman** /ˈdeɪlzmən/ **N** (Brit) habitant d'une vallée dans le nord de l'Angleterre

**dalliance** /ˈdælɪəns/ N ① (liter = affair) badinage m (amoureux)
② (= involvement with sth) flirt m ♦ **his brief dalliance with politics** son bref flirt avec la politique

**dally** /ˈdælɪ/ VI (= dawdle) lambiner*, lanterner (over sth dans or sur qch) ♦ **to dally with an idea** caresser une idée ♦ **to dally with sb** † badiner (amoureusement) avec qn

**Dalmatia** /ˌdælˈmeɪʃə/ N Dalmatie f

**Dalmatian** /dælˈmeɪʃən/
N (Geog) Dalmate mf ; (also **dalmatian**) (= dog) dalmatien m
ADJ dalmate

**dalmatic** /dælˈmætɪk/ N dalmatique f

**daltonism** /ˈdɔːltənɪzəm/ N daltonisme m

**dam¹** /dæm/ SYN
N ① (= wall) [of river] barrage m (de retenue), digue f ; [of lake] barrage m (de retenue)
② (= water) réservoir m, lac m de retenue
VT ① (also **dam up**) [+ river] endiguer ; [+ lake] construire un barrage sur ♦ **to dam the waters of the Nile** faire or construire un barrage pour contenir les eaux du Nil
② [+ flow of words, oaths] endiguer

**dam²** /dæm/ N (= animal) mère f

**dam³*** /dæm/ ADJ, ADV ① ⇒ damn adj, adv
② (US) ♦ **dam Yankee** sale* Yankee or Nordiste

**damage** /ˈdæmɪdʒ/ SYN
N ① (NonC: physical) dégâts mpl, dommage(s) m(pl) ♦ **environmental damage** dégâts mpl or dommages mpl causés à l'environnement ♦ **bomb damage** dégâts mpl or dommages mpl causés par une bombe or par un bombardement ♦ **earthquake/fire damage** dégâts mpl or dommages mpl causés par un tremblement de terre/un incendie ♦ **water damage** dégâts mpl des eaux ♦ **damage to property** dégâts mpl matériels ♦ **damage to the building** dégâts mpl or dommages mpl subis par le bâtiment ♦ **damage to the ozone layer** détérioration f de la couche d'ozone ♦ **to make good the damage** réparer les dégâts or les dommages ♦ **liver/tissue damage** lésions fpl au foie/des tissus ♦ **kidney damage** lésions fpl rénales ♦ **damage to the heart** lésions fpl cardiaques ♦ **damage to your health** effets mpl néfastes pour votre santé ♦ **to do or cause damage** causer or provoquer des dégâts or dommages ♦ **the storm/vandals caused £50,000 worth of damage** la tempête a provoqué/les vandales ont provoqué des dégâts or des dommages s'élevant à 50 000 livres ♦ **the bomb did a lot of damage** la bombe a fait de gros dégâts, la bombe a causé des dommages importants ♦ **not much damage was done to the car/the house** la voiture/la maison n'a pas subi de gros dégâts or dommages ♦ **to cause damage to sth** ⇒ **damage sth** vt ;
→ **brain, structural**
② (NonC: fig) préjudice m (to à), tort m (to à) ♦ **there was considerable damage to the local economy** cela a fait énormément de tort à l'économie locale ♦ **have you thought about the possible damage to your child's education?** avez-vous pensé aux conséquences négatives que cela pourrait avoir pour l'éducation de votre enfant ? ♦ **to do or cause damage** [person, gossip, scandal] faire des dégâts ♦ **to do or cause damage to** [+ person] faire du tort à ; [+ reputation, relationship, confidence, country, economy] nuire à, porter atteinte à ♦ **that has done damage to our cause** cela a fait du tort or porté préjudice à notre cause ♦ **there's no damage done** il n'y a pas de mal ♦ **the damage is done (now)** le mal est fait ♦ **what's the damage?*** (= how much is it?) à combien s'élève la douloureuse ? ; → **storm**
NPL **damages** (Jur) dommages mpl et intérêts mpl, dommages-intérêts mpl ♦ **liable for damages** tenu de verser des dommages et intérêts ♦ **war damages** dommages mpl or indemnités fpl de guerre ; → **sue**
VT ① (physically) [+ object, goods, crops, eyesight] abîmer ; [+ ozone layer] endommager ; [+ environment] porter atteinte à ♦ **to damage the liver/ligaments** etc abîmer le foie/les ligaments etc ♦ **damaged goods** marchandises fpl endommagées ♦ **to damage property** causer or provoquer des dégâts matériels
② [+ reputation, relationship, country, economy, confidence, image] nuire à, porter atteinte à ; [+ cause, objectives, person] faire du tort à ; **to damage one's chances** compromettre ses chances ♦ **(emotionally) damaged children** enfants mpl traumatisés
COMP **damage limitation** N ♦ **it's too late for damage limitation** il est trop tard pour essayer de limiter les dégâts
**damage-limitation exercise** N opération f visant à limiter les dégâts
**damage survey** N (Insurance) expertise f d'avarie

**damageable** /ˈdæmɪdʒəbəl/ ADJ dommageable

**damaging** /ˈdæmɪdʒɪŋ/ SYN ADJ préjudiciable (to pour), nuisible (to à) ; (Jur) préjudiciable

**damascene** /ˈdæməˌsiːn/ VT damasquiner

**Damascus** /dəˈmɑːskəs/ N Damas ♦ **it proved to be his road to Damascus** c'est là qu'il a trouvé son chemin de Damas

**damask** /ˈdæməsk/
N ① (= cloth) [of silk] damas m, soie f damassée ; [of linen] (linge m) damassé m
② ♦ **damask (steel)** (acier m) damasquiné m
ADJ [cloth] damassé
COMP **damask rose** N rose f de Damas

**dame** /deɪm/ SYN
N ① (esp Brit : †, liter or hum) dame f ♦ **the dame** (Brit Theat) rôle féminin de farce bouffonne joué par un homme
② (in British titles) ♦ **Dame** titre porté par une femme décorée d'un ordre de chevalerie
③ (US *) fille f, nana* f
COMP **Dame Fortune** N ( †, liter) Dame Fortune f
**dame school** N (Hist) école f enfantine, petit cours m privé

**damfool*** /ˈdæmˈfuːl/ ADJ (Brit) crétin, fichu*
♦ **that was a damfool thing to do** c'était vraiment une connerie* ♦ **you and your damfool questions!** toi et tes fichues* questions ! ♦ **that damfool waiter** ce crétin de garçon, ce fichu* garçon

**dammit*** /ˈdæmɪt/ EXCL bon sang !*, merde !*
♦ **it weighs 2 kilos as near as dammit** (Brit) ça pèse 2 kilos à un poil* près

**damn** /dæm/ SYN
EXCL (*: also **damn it!**) bon sang !*, merde !*
VT ① (Rel) damner ; [+ book] condamner, éreinter ♦ **he has already damned himself in her eyes** il s'est déjà discrédité à ses yeux ♦ **to damn sb/sth with faint praise** se montrer peu élogieux envers qn/qch
② (= swear at) pester contre, maudire
③ * ♦ **damn him!** qu'il aille au diable ! ♦ **damn you!** va te faire voir !* ♦ **damn it!** merde !*, bordel !* ♦ **shut up, damn you or damn it!** tais-toi, merde or bordel !* ♦ **well I'll be or I'm damned!** ça c'est trop fort ! ♦ **I'll be or I'm damned if...** je veux bien être pendu si..., que le diable m'emporte si... ♦ **damn this machine!** au diable cette machine !, il y en a marre de cette machine !*
N * ♦ **I don't care** or **give a damn** je m'en fous*, pas mal ♦ **he doesn't give a damn about anything** il se fout* de tout ♦ **he doesn't give a damn for** or **about anyone** il se fout* complètement des autres ; see also **give**
ADJ * sacré*, fichu* ♦ **those damn keys** ces sacrées* clés ♦ **you damn fool!** espèce de crétin !* ♦ **it's a damn nuisance!** c'est vachement* embêtant ! ♦ **it's one damn thing after another** ça n'arrête pas !* ♦ **I don't know a damn thing about it** je n'en sais foutre* rien
ADV * ① (= extremely) sacrément*, rudement*
♦ **it's a damn good wine!** il est sacrément* bon, ce vin ! ♦ **damn right!** et comment !
② (Brit) sacrément*, rudement* ♦ **you know damn well** tu sais très bien ♦ **I damn near died** j'ai failli crever* ♦ **damn all you get!** ♦ **can you see anything? – damn all!** tu vois quelque chose ? – que dalle !* ♦ **damn well** carrément
♦ **he damn well insulted me!** il m'a carrément injurié ! ♦ **I should damn well think so!** j'espère bien !

**damnable*** /ˈdæmnəbəl/ ADJ détestable, fichu*

**damnably** † * /ˈdæmnəblɪ/ ADV sacrément*

**damnation** /dæmˈneɪʃən/ SYN
N (Rel) damnation f
EXCL * enfer et damnation ! (hum), misère !

**damned** /dæmd/ SYN
ADJ ① [soul] damné, maudit
② * → **damn** adj
ADV * → **damn** adv
NPL **the damned** (Rel, liter) les damnés mpl

**damnedest*** /ˈdæmdɪst/
N ♦ **to do one's damnedest to help** faire son possible pour aider or se démener *
ADJ ♦ **he's the damnedest** † **eccentric** il est d'une excentricité folle * or renversante *

**damnfool*** /ˈdæmˈfuːl/ ADJ ⇒ **damfool**

**damnify** /ˈdæmnɪˌfaɪ/ VT (Jur) causer des pertes et dommages à

**damning** /ˈdæmɪŋ/ SYN ADJ [report, evidence] accablant ♦ **his speech was a damning indictment of...** son discours était un réquisitoire accablant contre...

**Damocles** /ˈdæməkliːz/ N ♦ **the Sword of Damocles** l'épée f de Damoclès

**damp** /dæmp/ SYN
ADJ [clothes, cloth, place, weather, heat, skin, hair] humide ; (with sweat) [skin, palm] moite ♦ **a damp patch** une tache d'humidité ♦ **a damp squib** (Brit) un pétard mouillé
N ① [of atmosphere, walls] humidité f
② (Min) (also **choke damp**) mofette f ; (also **fire damp**) grisou m
VT ① [+ a cloth, ironing] humecter
② [+ sounds] amortir, étouffer ; (Mus) étouffer ; [+ fire] couvrir
③ [+ enthusiasm, courage, ardour] refroidir ♦ **to damp sb's spirits** décourager qn ♦ **to damp sb's appetite** faire passer l'envie de manger à qn
COMP **damp course** N (Brit Constr) couche f d'étanchéité
**damp-dry** ADJ prêt à repasser (encore humide)
**damp-proof** ADJ imperméabilisé
**damp-proof course** N ⇒ **damp course**

▶ **damp down** VT SEP [+ leaves, plant, fabric] humecter ; [+ fire] couvrir ; (fig) [+ crisis etc] dédramatiser ; [+ consumption, demand] freiner, réduire

**dampen** /ˈdæmpən/ VT ⇒ **damp** vt 1, vt 3

**damper** /ˈdæmpər/ SYN, **dampener** (US) /ˈdæmpənər/ N ① [of chimney] registre m
② [of piano] presence put a damper on things sa présence a fait l'effet d'une douche froide ♦ **the rain had put a damper on the demonstrations/their picnic** la pluie avait quelque peu découragé les manifestations/gâché leur pique-nique
③ [of piano] étouffoir m
④ (= shock absorber, electrical device) amortisseur m
⑤ (for stamps, envelopes) mouilleur m

**dampish** /ˈdæmpɪʃ/ ADJ un peu humide

**damply** /ˈdæmplɪ/ ADV ① (= wetly) ♦ **his shirt clung damply to him** sa chemise mouillée lui collait au corps
② (= unenthusiastically) sans grand enthousiasme

**dampness** /ˈdæmpnɪs/ N humidité f ; (= sweatiness) moiteur f

**damsel** †† /ˈdæmzəl/ N (liter, also hum) damoiselle f ♦ **damsel in distress** damoiselle f en détresse

**damselfly** /ˈdæmzəlˌflaɪ/ N demoiselle f, libellule f

**damson** /ˈdæmzən/ N (= fruit) prune f de Damas ; (= tree) prunier m de Damas

**dan** /dæn/ N (Sport) dan m

**Danaides** /dəˈneɪɪˌdiːz/ NPL (Myth) Danaïdes fpl

**dance** /dɑːns/ SYN
N ① (= movement) danse f ♦ **modern** or **contemporary dance** danse f moderne or contemporaine ♦ **to study dance** étudier la danse ♦ **may I have the next dance?** voudriez-vous m'accorder la prochaine danse ? ♦ **to lead sb a (merry) dance** (Brit) donner du fil à retordre à qn ♦ **the Dance of Death** la danse macabre ; → **folk, sequence**
② (= social gathering) bal m, soirée f dansante
VT [+ waltz, tango etc] danser ♦ **to dance a step** exécuter un pas de danse ♦ **she danced (the role of) Coppelia** elle a dansé (le rôle de) Coppélia ♦ **to dance attendance on sb** être aux petits soins pour qn
VI [person, leaves in wind, boat on waves, eyes] danser ♦ **to dance about, to dance up and down** (fig) gambader, sautiller ♦ **the child danced away** or **off** l'enfant s'est éloigné en gambadant or en sautillant ♦ **to dance in/out** etc entrer/sortir etc joyeusement ♦ **to dance for** or **with joy** sauter de joie ♦ **to dance with impatience/rage** trépigner d'impatience/de colère
♦ **to dance to the music** danser sur la musique

**danceable** | **dark**

♦ **to dance to sb's tune** (fig) faire les quatre volontés de qn
  **COMP** [class, teacher, partner] de danse
  **dance band** N orchestre m (de danse)
  **dance card** N carnet m de bal
  **dance floor** N piste f (de danse)
  **dance hall** N dancing m
  **dance hostess** N entraîneuse f
  **dance music** N dance music f
  **dance programme** N carnet m de bal
  **dance studio** N cours m de danse

**danceable** /ˈdɑːnsəbl/ ADJ dansable

**dancer** /ˈdɑːnsə<sup>r</sup>/ N danseur m, -euse f

**dancing** /ˈdɑːnsɪŋ/
  N (NonC) danse f ♦ **there will be dancing** on dansera
  **COMP** [teacher, school] de danse
  **dancing girl** N danseuse f
  **dancing partner** N cavalier m, -ière f, partenaire mf
  **dancing shoes** NPL [of men] escarpins mpl ; [of women] souliers mpl de bal ; (for ballet) chaussons mpl de danse

**dandelion** /ˈdændɪlaɪən/ N pissenlit m, dent-de-lion f

**dander** †* /ˈdændə<sup>r</sup>/ N ♦ **to get sb's dander up** mettre qn en boule * ♦ **to have one's dander up** être hors de soi or en rogne *

**dandified** /ˈdændɪfaɪd/ ADJ [arrogance, ways] de dandy ; [person] qui a une allure de dandy

**dandle** /ˈdændl/ VT [+ child] (on knees) faire sauter sur ses genoux ; (in arms) bercer dans ses bras, câliner

**dandruff** /ˈdændrəf/
  N (NonC) pellicules fpl (du cuir chevelu)
  **COMP** **dandruff shampoo** N shampooing m antipelliculaire

**dandy** /ˈdændɪ/
  N dandy m
  ADJ *épatant*

**dandy-brush** N brosse f (de pansage)

**Dane** /deɪn/ N 1 Danois(e) m(f)
  2 → **great**

**Danegeld** /ˈdeɪnˌgeld/ N (Hist) Danegeld m (impôt destiné à payer le tribut dû à l'occupant danois au Xe siècle)

**Danelaw** /ˈdeɪnˌlɔː/ N (Hist) Danelaw m, Danelagh m (territoire anglais occupé par les Danois du IXe au XIe siècle)

**danewort** /ˈdeɪnˌwɜːt/ N hièble f

**dang** * /dæŋ/ ADJ, ADV (euph) ⇒ **damn**

**danger** /ˈdeɪndʒə<sup>r</sup>/ SYN
  N danger m ♦ **the dangers of smoking/drink-driving** les dangers mpl du tabac/de la conduite en état d'ivresse ♦ **there is a danger** or **some danger in doing that** il est dangereux de faire cela ♦ **there's no danger in doing that** il n'est pas dangereux de faire cela ♦ **"danger keep out"** « danger : défense d'entrer » ♦ **there is a danger of fire** il y a un risque d'incendie ♦ **signal at danger** (for train) signal à l'arrêt ♦ **there was no danger that she would be recognized** or **of her being recognized** elle ne courait aucun risque d'être reconnue ♦ **to be a danger to sb/sth** être un danger pour qn/qch ♦ **he's a danger to himself** il risque de se faire du mal ♦ **there's no danger of that** (lit) il n'y a pas le moindre danger or risque ; (iro) il n'y a pas de danger, aucune chance
  ♦ **in + danger** ♦ **to be in danger** être en danger ♦ **to put sb/sth in danger** mettre qn/qch en danger ♦ **he was in little danger** il ne courait pas grand risque ♦ **in danger of invasion/extinction** menacé d'invasion/de disparition ♦ **he was in danger of losing his job/falling** il risquait de perdre sa place/de tomber ♦ **he's in no danger, he's not in any danger** il ne risque rien ; (Med) ses jours ne sont pas en danger
  ♦ **out of danger** hors de danger
  **COMP** **danger area** N ⇒ **danger zone**
  **danger list** N (Med) ♦ **to be on the danger list** être dans un état critique or très grave ♦ **to be off the danger list** être hors de danger
  **danger money** N prime f de risque
  **danger point** N point m critique, cote f d'alerte ♦ **to reach danger point** atteindre la cote d'alerte or le point critique
  **danger signal** N signal m d'alarme
  **danger zone** N zone f dangereuse

**dangerous** /ˈdeɪndʒrəs/ SYN
  ADJ dangereux ; (Med) [operation] risqué (for, to pour) ♦ **it's dangerous to do that** c'est dangereux de faire ça ♦ **the car was dangerous to drive** cette voiture était dangereuse à conduire ; → **ground**¹
  **COMP** **dangerous driving** N conduite f dangereuse

**dangerously** /ˈdeɪndʒrəslɪ/ SYN ADV dangereusement ♦ **dangerously close to the fire** dangereusement près du feu ♦ **dangerously ill** gravement malade ♦ **food supplies were dangerously low** les vivres commençaient sérieusement à manquer ♦ **he came dangerously close to admitting it** il a été à deux doigts de l'admettre ♦ **the date is getting dangerously close** la date fatidique approche ♦ **to live dangerously** vivre dangereusement

**dangle** /ˈdæŋgl/ SYN
  VT 1 [+ object on string] balancer, suspendre ; [+ arm, leg] laisser pendre, balancer
  2 (fig) [+ prospect, offer] faire miroiter (before sb à qn)
  VI [object on string] pendre, pendiller ; [arms, legs] pendre, (se) balancer ♦ **with arms dangling** les bras ballants ♦ **with legs dangling** les jambes pendantes ♦ **to keep sb dangling** maintenir qn dans l'incertitude

**Daniel** /ˈdænjəl/ N Daniel m

**Danish** /ˈdeɪnɪʃ/
  ADJ (gen) danois ; [ambassador, embassy] du Danemark ; [teacher] de danois
  N 1 (= language) danois m
  2 ⇒ **Danish pastry**
  NPL **the Danish** les Danois mpl
  **COMP** **Danish blue (cheese)** N bleu m (du Danemark)
  **Danish pastry** N feuilleté m (fourré aux fruits etc) ; (with raisins) pain m aux raisins

**dank** /dæŋk/ ADJ [air, weather, dungeon] froid et humide

**dankness** /ˈdæŋknɪs/ N froid m humide

**Dante** /ˈdæntɪ/ N Dante m

**Dantean** /ˈdæntɪən/, **Dantesque** /dænˈtesk/ ADJ dantesque

**Danton** /ˈdæntən/ N (Hist) Danton m

**Danube** /ˈdænjuːb/ N Danube m

**Danzig** /ˈdænsɪg/ N Danzig or Dantzig

**Daphne** /ˈdæfnɪ/ N 1 (= name) Daphné f
  2 (= plant) ♦ **daphne** lauréole f, laurier m des bois

**daphnia** /ˈdæfnɪə/ N daphnie f

**dapper** /ˈdæpə<sup>r</sup>/ SYN ADJ fringant, sémillant

**dapple** /ˈdæpl/
  VT tacheter
  **COMP** **dapple grey** N (= colour) gris m pommelé ; (= horse) cheval m pommelé

**dappled** /ˈdæpld/ SYN ADJ [surface, horse] tacheté ; [sky] pommelé ; [shade] avec des taches de lumière

**DAR** /ˌdiːeɪˈɑː<sup>r</sup>/ NPL (US) (abbrev of **Daughters of the American Revolution**) club de descendantes des combattants de la Révolution américaine

**Darby** /ˈdɑːbɪ/ N ♦ **Darby and Joan** ≈ Philémon et Baucis ♦ **Darby and Joan club** (Brit) cercle m pour couples du troisième âge

**Dardanelles** /ˌdɑːdəˈnelz/ N ♦ **the Dardanelles** les Dardanelles fpl

**dare** /dɛə<sup>r</sup>/ SYN
  VT, MODAL AUX VB 1 oser (do sth, to do sth faire qch) ♦ **he dare not** or **daren't climb that tree** il n'ose pas grimper à cet arbre ♦ **he dared not do it, he didn't dare (to) do it** il n'a pas osé le faire ♦ **dare you do it?** oserez-vous le faire ? ♦ **how dare you say such things?** comment osez-vous dire des choses pareilles ? ♦ **how dare you!** vous osez !, comment osez-vous ? ♦ **don't dare say that!** je vous défends de dire cela ! ♦ **don't you dare!** ne t'avise pas de faire ça ! ♦ **I daren't!** je n'ose pas ! ♦ **the show was, dare I say it, dull** le spectacle était, si je puis me permettre, ennuyeux ♦ **who dares wins** ≈ qui ne risque rien n'a rien
  2 ♦ **I dare say he'll come** il viendra sans doute, il est probable qu'il viendra ♦ **I dare say you're tired after your journey** vous êtes sans doute fatigué or j'imagine que vous êtes fatigué après votre voyage ♦ **he is very sorry – I dare say!** (iro) il le regrette beaucoup – encore heureux or j'espère bien !
  3 (= face the risk of) [+ danger, death] affronter, braver
  4 (= challenge) ♦ **to dare sb to do sth** défier qn de faire qch, mettre qn au défi de faire qch ♦ **(I) dare you!** chiche ! *
  N défi m ♦ **to do sth for a dare** faire qch pour relever un défi

**daredevil** /ˈdɛədevl/ SYN
  N casse-cou m inv, tête f brûlée
  ADJ [behaviour] de casse-cou ; [adventure] fou (folle f), audacieux

**daredevilry** /ˈdɛəˌdevlrɪ/ N témérité f

**daren't** /dɛənt/ ⇒ **dare not** ; → **dare**

**daresay** /dɛəˈseɪ/ VT (esp Brit) ♦ **I daresay** ⇒ **I dare say** ; → **dare vt 2**

**Dar es Salaam** /ˌdɑːresəˈlɑːm/ N Dar es Salaam m

**daring** /ˈdɛərɪŋ/ SYN
  ADJ 1 (= courageous) [person, attempt] audacieux
  2 (= risqué) [dress, opinion, novel] osé
  N audace f, hardiesse f

**daringly** /ˈdɛərɪŋlɪ/ ADV [say, suggest] avec audace ♦ **daringly, she remarked that...** elle a observé avec audace que... ♦ **a daringly low-cut dress** une robe au décolleté audacieux

**dariole** /ˈdærɪˌəʊl/ N (= dish) dariole f

**Darjeeling** /dɑːˈdʒiːlɪŋ/ N (= tea) Darjiling m

**dark** /dɑːk/ SYN
  ADJ 1 (= lacking light) [place, night] sombre ; (= unlit) dans l'obscurité ♦ **it's dark** il fait nuit or noir ♦ **it's getting dark** il commence à faire nuit ♦ **to grow dark(er)** s'assombrir, s'obscurcir ♦ **the dark side of the moon** la face cachée de la lune ♦ **it's as dark as pitch** or **night** il fait noir comme dans un four ♦ **the whole house was dark** la maison était plongée dans l'obscurité ♦ **to go dark** être plongé dans l'obscurité
  2 [colour, clothes] foncé, sombre ♦ **dark blue/green etc** bleu/vert etc foncé inv ♦ **dark brown hair** cheveux mpl châtain foncé inv ; see also **blue**
  3 [complexion] mat ; [skin] foncé ; [hair] brun ; [eyes] sombre ♦ **she's very dark** elle est très brune ♦ **she has a dark complexion** elle a le teint mat ♦ **she has dark hair** elle est brune, elle a les cheveux bruns
  4 (= sinister) [hint] sinistre ♦ **dark hints were dropped about a possible prosecution** on a fait planer la menace d'éventuelles poursuites judiciaires ♦ **I got some dark looks from Janet** Janet m'a jeté un regard noir, Janet me regardait d'un œil noir ♦ **a dark secret** un lourd secret ♦ **dark threats** de sourdes menaces fpl ♦ **dark deeds** de mauvaises actions fpl ♦ **the dark side of sth** la face cachée de qch
  5 (= gloomy, bleak) [thoughts, mood] sombre, noir ♦ **these are dark days for the steel industry** c'est une époque sombre pour l'industrie sidérurgique ♦ **to think dark thoughts** broyer du noir ♦ **to look on the dark side of things** tout voir en noir
  6 (= mysterious) mystérieux ♦ **darkest Africa** † le fin fond de l'Afrique ♦ **to keep sth dark*** tenir or garder qch secret ♦ **keep it dark!** motus et bouche cousue !
  7 (Phon) sombre
  8 (Theat = closed) fermé
  N 1 (= absence of light) obscurité f, noir m ♦ **after dark** la nuit venue, après la tombée de la nuit ♦ **until dark** jusqu'à (la tombée de) la nuit ♦ **to be afraid of the dark** avoir peur du noir ♦ **she was sitting in the dark** elle était assise dans le noir
  2 (fig) ♦ **I am quite in the dark about it** je suis tout à fait dans le noir là-dessus, j'ignore tout de cette histoire ♦ **he has kept** or **left me in the dark about what he wants to do** il m'a laissé dans l'ignorance or il ne m'a donné aucun renseignement sur ce qu'il veut faire ♦ **to work in the dark** travailler à l'aveuglette ; → **shot**
  **COMP** **dark age** N (fig) période f sombre
  **the Dark Ages** NPL l'âge m des ténèbres
  **dark chocolate** N chocolat m noir or à croquer
  **dark-complexioned** ADJ brun, basané
  **the Dark Continent** N le continent noir
  **dark-eyed** ADJ aux yeux noirs
  **dark glasses** NPL lunettes fpl noires
  **dark-haired** ADJ aux cheveux bruns
  **dark horse** N (gen) quantité f inconnue ; (US Pol) candidat m inattendu ♦ **he's a dark horse** on ne sait pas grand chose de lui
  **dark matter** N (Astron) matière f noire
  **dark-skinned** ADJ [person] brun (de peau), à peau brune ; [race] de couleur
  **dark star** N (Astron) étoile f radioélectrique, radio-étoile f

**darken** /ˈdɑːkən/ SYN
- **VT** ① (lit : in brightness, colour) [+ room, landscape] obscurcir, assombrir ; [+ sky] assombrir ; [+ sun] obscurcir, voiler ; [+ colour] foncer ; [+ complexion] brunir ◆ **a darkened house/room/street** une maison/pièce/rue sombre ◆ **to darken one's hair** se foncer les cheveux ◆ **never darken my door again!** († or hum) ne remets plus les pieds chez moi !
- ② (fig) [+ future] assombrir ; [+ prospects, atmosphere] assombrir
- **VI** ① [sky] s'assombrir ; [room] s'obscurcir ; [colours] foncer
- ② (fig) [atmosphere] s'assombrir ◆ **his face/features darkened with annoyance** son visage/sa mine s'est rembruni(e) (sous l'effet de la contrariété) ◆ **his eyes darkened** son regard s'est assombri ◆ **his mood darkened** il s'est rembruni

**darkie**\*\* /ˈdɑːkɪ/ N (pej) moricaud(e)\*\* m(f) (pej), nègre\*\*m (pej), négresse\*\*f (pej)

**darkish** /ˈdɑːkɪʃ/ ADJ [colour] assez sombre ; [complexion] plutôt mat ; [person] plutôt brun ◆ **a darkish blue/green** etc un bleu/vert etc plutôt foncé inv

**darkly** /ˈdɑːklɪ/ ADV sinistrement ◆ **"we'll see", he said darkly** « on verra », dit-il d'un ton sinistre ◆ **the newspapers hinted darkly at conspiracies** les journaux ont fait des allusions inquiétantes à des complots ◆ **darkly comic** plein d'humour noir ◆ **darkly handsome** à la beauté ténébreuse ◆ **a darkly handsome man** un beau brun ténébreux

**darkness** /ˈdɑːknɪs/ SYN N (NonC) ① [of night, room] (also fig) obscurité f, ténèbres fpl ◆ **in total** or **utter darkness** dans une obscurité complète or totale ◆ **the house was in darkness** la maison était plongée dans l'obscurité ◆ **the powers** or **forces of darkness** les forces fpl des ténèbres ; → **prince**
② [of colour] teinte f foncée ; [of face, skin] couleur f basanée

**darkroom** /ˈdɑːkrʊm/ N (Phot) chambre f noire

**darky**\*\* /ˈdɑːkɪ/ N (pej) ⇒ **darkie**

**darling** /ˈdɑːlɪŋ/ SYN
- **N** bien-aimé(e) † m(f), favori(te) m(f) ◆ **the darling of...** la coqueluche de... ◆ **a mother's darling** un(e) chouchou(te)\* ◆ **she's a little darling** c'est un amour, elle est adorable ◆ **come here, (my) darling** viens (mon) chéri or mon amour ; (to child) viens (mon) chéri or mon petit chou ◆ **be a darling**\* **and bring me my glasses** apporte-moi mes lunettes, tu seras un ange ◆ **she was a perfect darling about it**\* elle a été un ange or vraiment sympa\*
- **ADJ** [child] chéri, bien-aimé † ; (liter) [wish] le plus cher ◆ **a darling little place**\* un petit coin ravissant or adorable

**darn**¹ /dɑːn/ SYN
- **VT** [+ socks] repriser ; [+ clothes etc] raccommoder
- **N** reprise f

**darn**²\* /dɑːn/, **darned**\* /dɑːnd/ (esp US) ⇒ **damn, damned**

**darnel** /ˈdɑːnl/ N ivraie f, ray-grass m

**darner** /ˈdɑːnəʳ/ N raccommodeur m, -euse f, ravaudeur m, -euse f

**darning** /ˈdɑːnɪŋ/
- **N** ① (NonC) raccommodage m, reprise f
- ② (= things to be darned) raccommodage m, linge m or vêtements mpl à raccommoder
- COMP **darning egg** N œuf m à repriser • **darning needle** N aiguille f à repriser • **darning stitch** N point m de reprise • **darning wool** N laine f à repriser

**dart** /dɑːt/ SYN
- **N** ① (= movement) ◆ **to make a sudden dart at...** se précipiter sur...
- ② (Sport) fléchette f ◆ **a game of darts** une partie de fléchettes ◆ **I like (playing) darts** j'aime jouer aux fléchettes
- ③ (= weapon) flèche f
- ④ (fig) **... he said with a dart of spite** ... dit-il avec une pointe de malveillance ◆ **a dart of pain went through him** il ressentit une vive douleur ; → **Cupid, paper**
- ⑤ (Sewing) pince f
- **VI** se précipiter, s'élancer (at sur) ◆ **to dart in/out** etc entrer/sortir etc en coup de vent ◆ **the snake's tongue darted out** le serpent dardait sa langue ◆ **her eyes darted round the room** elle jetait des regards furtifs autour de la pièce ◆ **his eyes darted about nervously** il lançait des regards nerveux autour de lui
- **VT** ◆ **the snake darted its tongue out** le serpent dardait sa langue ◆ **she darted a glance at him, she darted him a glance** elle lui décocha un regard, elle darda (liter) un regard sur lui ◆ **she darted a glance at her watch** elle jeta un coup d'œil (furtif) à sa montre

**dartboard** /ˈdɑːtbɔːd/ N cible f (de jeu de fléchettes)

**Darwinian** /dɑːˈwɪnɪən/ ADJ darwinien

**Darwinism** /ˈdɑːwɪnɪzəm/ N darwinisme m

**Darwinist** /ˈdɑːwɪnɪst/ N darwiniste mf

**dash** /dæʃ/ SYN
- **N** ① (= sudden rush) mouvement m brusque (en avant), élan m ; [of crowd] ruée f ◆ **there was a dash for the door** tout le monde se précipita or se rua vers la porte ◆ **there was a mad/last-minute dash to get the Christmas shopping done** il y a eu une ruée effrénée/de dernière minute dans les magasins pour acheter des cadeaux de Noël ◆ **to make a dash for/towards...** se précipiter sur/vers... ◆ **to make a dash for freedom** saisir l'occasion de s'enfuir ◆ **he made a dash for it**\* il a pris ses jambes à son cou
- ② (= small amount) [of wine, oil, milk, water] goutte f ; [of spirits] doigt m, goutte f ; [of pepper, nutmeg] pincée f ; [of mustard] pointe f ; [of vinegar, lemon] filet m ◆ **a dash of soda** un peu d'eau de Seltz ◆ **cushions can add a dash of colour to the room** les coussins peuvent apporter une touche de couleur à la pièce ◆ **her character adds a dash of glamour to the story** son personnage apporte un peu de glamour à l'histoire
- ③ (= flair, style) panache m ◆ **to cut a dash** faire de l'effet ◆ **people with more dash than cash** des gens qui ont plus de goût que de sous
- ④ (= punctuation mark) tiret m
- ⑤ (in Morse code) trait m
- ⑥ [of car] ⇒ **dashboard**
- ⑦ (Sport) ◆ **the 100 metre dash** ★ le 100 mètres
- **VT** ① (liter = throw violently) jeter or lancer violemment ◆ **to dash sth to pieces** casser qch en mille morceaux ◆ **to dash sth down** or **to the ground** jeter qch par terre ◆ **to dash one's head against sth** se cogner la tête contre qch ◆ **the ship was dashed against a rock** le navire a été précipité contre un écueil
- ② (fig) [+ spirits] abattre ; [+ person] démoraliser ◆ **to dash sb's hopes (to the ground)** anéantir les espoirs de qn
- **VI** ① (= rush) se précipiter ◆ **to dash away/back/up** etc s'en aller/revenir/monter etc à toute allure or en coup de vent ◆ **to dash into a room** se précipiter dans une pièce ◆ **I have to** or **must dash**\* il faut que je file\* subj
- ② (= crash) ◆ **to dash against sth** [waves] se briser contre qch ; [car, bird, object] se heurter à qch
- **EXCL** († \* euph) ⇒ **damn** ◆ **dash (it)!, dash it all!** zut alors !\*, flûte !\*

▶ **dash off**
- **VI** partir précipitamment
- **VT SEP** [+ letter etc] faire en vitesse

**dashboard** /ˈdæʃbɔːd/ N [of car] tableau m de bord

**dashed**\* /dæʃt/ ADJ, ADV (euph) ⇒ **damned** ; → **damn adj, adv**

**dasher** /ˈdæʃəʳ/ N (of churn) batte f

**dashiki** /dɑːˈʃiːkɪ/ N tunique f africaine

**dashing** /ˈdæʃɪŋ/ SYN ADJ fringant ◆ **to cut a dashing figure** avoir fière allure

**dashingly** /ˈdæʃɪŋlɪ/ ADV [perform] avec brio

**dashlight** /ˈdæʃlaɪt/ N voyant m or lumière f du tableau de bord

**dastardliness** /ˈdæstədlɪnɪs/ N († or liter) lâcheté f, ignominie f

**dastardly** /ˈdæstədlɪ/ ADJ († or liter) [person, action] ignoble

**dasyure** /ˈdæsɪjʊəʳ/ N dasyure m

**DAT** /diːeɪˈtiː/ N (abbrev of **digital audio tape**) DAT m

**data** /ˈdeɪtə/ SYN
- NPL of **datum** (often with sg vb) données fpl
- **VT** (US \*) [+ person etc] ficher
- COMP (Comput) [input, sorting etc] de(s) données • **data bank** N banque f de données • **data capture** N saisie f de données • **data carrier** N support m d'informations or de données • **data collection** N collecte f de données • **data dictionary** N dictionnaire m de données • **data directory** N répertoire m de données • **data file** N fichier m informatisé or de données • **data link** N liaison f de transmission • **data pen** N lecteur m de code barres • **data preparation** N préparation f des données • **data processing** N traitement m des données • **data processor** N (= machine) machine f de traitement de données ; (= person) informaticien(ne) m(f) • **data protection** N protection f des données • **data protection act** N ≈ loi f informatique et libertés • **data security** N sécurité f des informations • **data set** N (Comput) ensemble m de données, fichier m • **data transmission** N transmission f de données

**database** /ˈdeɪtəbeɪs/
- **N** base f de données
- COMP **database management** N gestion f de (base de) données • **database management system** N système m de gestion de (base de) données • **database manager** N (= software) logiciel m de gestion de base de données ; (= person) gestionnaire mf de base de données

**Datapost** ® /ˈdeɪtəpəʊst/ N (Brit Post) ◆ **by Datapost** en express, ≈ par Chronopost ®

**dataria** /deɪˈtɛərɪə/ N daterie f

**datary** /ˈdeɪtərɪ/ N dataire m

**datcha** /ˈdætʃə/ N ⇒ **dacha**

**date**¹ /deɪt/ SYN
- **N** ① (= time of some event) date f ◆ **what is today's date?, what is the date today?** quelle est la date aujourd'hui ?, nous sommes le combien aujourd'hui ? ◆ **what date is he coming (on)?** quel jour arrive-t-il ? ◆ **what date is your birthday?** quelle est la date de votre anniversaire ? ◆ **what date is Easter this year?** quelle est la date de Pâques cette année ? ◆ **what is the date of this letter?** de quand est cette lettre ? ◆ **departure/delivery** etc **date** date f de départ/de livraison etc ◆ **there is speculation about a June election date** on parle de juin pour les élections ◆ **to fix** or **set a date (for sth)** fixer une date or convenir d'une date (pour qch) ◆ **have they set a date yet?** (for wedding) ont-ils déjà fixé la date du mariage ?

◆ **out of date** ◆ **to be out of date** [document] ne plus être applicable ; [person] ne pas être de son temps or à la page ◆ **he's very out of date** il n'est vraiment pas de son temps or à la page ◆ **to be out of date in one's ideas** avoir des idées complètement dépassées ; see also **out**

◆ **to date** ◆ **to date we have accomplished nothing** à ce jour or jusqu'à présent nous n'avons rien accompli ◆ **this is her best novel to date** c'est le meilleur roman qu'elle ait jamais écrit

◆ **up to date** [document] à jour ; [building] moderne, au goût du jour ; [person] moderne, à la page ◆ **to be up to date in one's work** être à jour dans son travail ◆ **to bring up to date** [+ accounts, correspondence etc] mettre à jour ; [+ method etc] moderniser ◆ **to bring sb up to date** mettre qn au courant (about sth de qch) ; see also **up**

② (Jur) quantième m (du mois)
③ [of coins, medals etc] millésime m
④ (= appointment) rendez-vous m ; (= person) petit(e) ami(e) m(f) ◆ **to have a date with sb** (with boyfriend, girlfriend) avoir rendez-vous avec qn ◆ **they made a date for 8 o'clock** ils ont fixé un rendez-vous pour 8 heures ◆ **I've got a lunch date today** je déjeune avec quelqu'un aujourd'hui ◆ **have you got a date for tonight?** (= appointment) as-tu (un) rendez-vous ce soir ? ; (= person) tu as quelqu'un avec qui sortir ce soir ? ◆ **he's my date for this evening** je sors avec lui ce soir ; → **blind**
⑤ (= pop concert) concert m ◆ **they're playing three dates in Britain** ils donnent trois concerts en Grande-Bretagne ◆ **the band's UK tour dates** les dates de la tournée du groupe au Royaume-Uni
- **VT** ① [+ letter] dater ; [+ ticket, voucher] dater ; (with machine) composter ◆ **a cheque/letter dated 7 August** un chèque/une lettre daté(e) du 7 août ◆ **a coin dated 1390** une pièce datée de 1390
② (= establish date of) ◆ **the manuscript has been dated at around 3,000 years old/1,000 BC** on estime que le manuscrit a 3 000 ans/remonte à 1 000 ans avant Jésus-Christ ◆ **his taste in ties certainly dates him** son goût en matière de cravates trahit son âge ◆ **the hairstyles really date this film** les coupes de cheveux démodées montrent que le film ne date pas d'hier ; → **carbon**

3 *(esp US = go out with)* sortir avec

**VI** 1 ◆ **to date from, to date back to** dater de, remonter à

2 *(= become old-fashioned) [clothes, expressions etc]* dater

3 *(esp US)* ◆ **they're dating** *(= go out with sb)* ils sortent ensemble ◆ **she has started dating** elle commence à sortir avec des garçons

**COMP** **date book** N *(US)* agenda *m*

**date line** N *(Geog)* ligne *f* de changement de date *or* de changement de jour ; *(Press)* date *f* (d'une dépêche)

**date of birth** N date *f* de naissance

**date rape** N *viol commis par une connaissance (lors d'un rendez-vous)*

**date-rape** VT ◆ **she was date-raped** elle a été violée par une connaissance *(lors d'un rendez-vous)*

**date stamp** N *[of library etc]* tampon *m* (encreur) *(pour dater un livre etc)*, dateur *m* ; *(Post)* tampon *m or* cachet *m* (de la poste) ; *(for cancelling)* oblitérateur *m* ; *(= postmark)* cachet *m* de la poste

**date-stamp** VT *[+ library book]* tamponner ; *[+ letter, document] (gen)* apposer le cachet de la date sur ; *(Post)* apposer le cachet de la poste sur ; *(= cancel) [+ stamp]* oblitérer

**date²** /deɪt/ N *(= fruit)* datte *f* ; *(= tree :* also **date palm)** dattier *m*

**dated** /'deɪtɪd/ SYN ADJ *[book, film etc]* démodé ; *[word, language, expression]* vieilli ; *[idea, humour]* désuet (-ète *f*)

**dateless** /'deɪtlɪs/ ADJ hors du temps

**dating** /'deɪtɪŋ/

N *(Archeol)* datation *f*

**COMP** **dating agency** N agence *f* de rencontres

**dative** /'deɪtɪv/ *(Ling)*

N datif *m* ◆ **in the dative** au datif

ADJ ◆ **dative case** (cas *m*) datif *m* ◆ **dative ending** flexion *f* du datif

**datum** /'deɪtəm/ N (pl **data**) donnée *f* ; → **data**

**datura** /də'tjʊərə/ N datura *m*

**DATV** /diːeɪtiː'viː/ N (abbrev of **digitally assisted television**) télévision *f* numérique

**daub** /dɔːb/ SYN

VT *(pej) (with paint, make-up)* barbouiller *(with* de) ; *(with clay, grease)* enduire, barbouiller *(with* de)

N 1 *(Constr)* enduit *m*

2 *(pej = bad picture)* croûte* *f*, barbouillage *m*

**daughter** /'dɔːtəʳ/

N *(lit, fig)* fille *f*

**COMP** **daughter-in-law** N (pl **daughters-in-law**) belle-fille *f*

**daughterboard** /'dɔːtəbɔːd/ N *(Comput)* carte *f* fille

**daunt** /dɔːnt/ SYN VT décourager ◆ **nothing daunted, he continued** il a continué sans se (laisser) démonter

**daunting** /'dɔːntɪŋ/ ADJ intimidant ◆ **it's a daunting prospect** c'est décourageant

**dauntingly** /'dɔːntɪŋlɪ/ ADV effroyablement, terriblement ◆ **a dauntingly difficult task/climb** une entreprise/escalade d'une difficulté impressionnante

**dauntless** /'dɔːntlɪs/ SYN ADJ *[person, courage]* intrépide

**dauntlessly** /'dɔːntlɪslɪ/ ADV avec intrépidité

**dauphin** /'dɔːfɪn/ N *(Hist)* Dauphin *m*

**davenport** /'dævnpɔːt/ N 1 *(esp US = sofa)* canapé *m*

2 *(Brit = desk)* secrétaire *m*

**David** /'deɪvɪd/ N David *m* ◆ **"David Copperfield"** *(Literat)* « David Copperfield »

**davit** /'dævɪt/ N *[of ship]* bossoir *m*

**Davy Jones' locker** /,deɪvɪdʒəʊnz'lɒkəʳ/ N *(Naut)* ◆ **to go to Davy Jones' locker** se noyer

**Davy lamp** /'deɪvɪlæmp/ N *(Min)* lampe *f* de sécurité

**dawdle** /'dɔːdl/ SYN VI (also **dawdle about, dawdle around)** *(= walk slowly, stroll)* flâner ; *(= go too slowly)* traîner, lambiner* ◆ **to dawdle on the way** s'amuser en chemin ◆ **to dawdle over one's work** traînasser sur son travail

**dawdler** /'dɔːdləʳ/ N traînard(e) *m(f)*, lambin(e) *m(f)*

**dawdling** /'dɔːdlɪŋ/

ADJ traînard

N flânerie *f*

**dawn** /dɔːn/ SYN

N 1 aube *f*, aurore *f* ◆ **at dawn** à l'aube, au point du jour ◆ **from dawn to dusk** de l'aube au crépuscule, du matin au soir ◆ **it was the dawn of another day** c'était l'aube d'un nouveau jour

2 *(NonC) [of civilization]* aube *f* ; *[of an idea, hope]* naissance *f* ◆ **since the dawn of time** depuis la nuit des temps

VI 1 *[day]* se lever ◆ **the day dawned bright and clear** l'aube parut, lumineuse et claire ◆ **the day dawned rainy** le jour s'est levé sous la pluie, il pleuvait au lever du jour ◆ **the day will dawn when...** un jour viendra où...

2 *(fig) [era, new society]* naître, se faire jour ; *[hope]* luire ◆ **an idea dawned upon him** une idée lui est venue à l'esprit ◆ **the truth dawned upon her** elle a commencé à entrevoir la vérité ◆ **it suddenly dawned on him that no one would know** il lui vint tout à coup à l'esprit que personne ne saurait ◆ **suddenly the light dawned on him** soudain, ça a fait tilt*

**COMP** **dawn chorus** N *(Brit)* concert *m* (matinal) des oiseaux

**dawn raid** N *(Stock Exchange)* tentative *f* d'OPA surprise, raid *m* ◆ **the police made a dawn raid on his house** la police a fait une descente chez lui à l'aube

**dawn raider** N *(Stock Exchange)* raider *m*

**dawning** /'dɔːnɪŋ/

ADJ *[day, hope]* naissant, croissant

N ⇒ **dawn**

**day** /deɪ/ SYN

N 1 *(= unit of time: 24 hours)* jour *m* ◆ **three days ago** il y a trois jours ◆ **to do sth in three days** faire qch en trois jours, mettre trois jours à faire qch ◆ **he's coming in three days** *or* **three days' time** il vient dans trois jours ◆ **twice a day** deux fois par jour ◆ **this day week** *(Brit)* aujourd'hui en huit ◆ **what day is it today?** quel jour sommes-nous aujourd'hui ? ◆ **what day of the month is it?** le combien sommes-nous ? ◆ **she arrived (on) the day they left** elle est arrivée le jour de leur départ ◆ **on that day** ce jour-là ◆ **on a day like this** un jour comme aujourd'hui ◆ **on the following day** le lendemain ◆ **two years ago to the day** il y a deux ans jour pour jour *or* exactement ◆ **to this day** à ce jour, jusqu'à aujourd'hui ◆ **the day before yesterday** avant-hier ◆ **the day before/two days before her birthday** la veille/l'avant-veille de son anniversaire ◆ **the day after, the following day** le lendemain ◆ **two days after her birthday** le surlendemain de son anniversaire, deux jours après son anniversaire ◆ **the day after tomorrow** après-demain ◆ **from that day onwards** *or* **on** dès lors, à partir de ce jour(-là) ◆ **from this day forth** *(frm)* désormais, dorénavant ◆ **he will come any day now** il va venir d'un jour à l'autre ◆ **every day** tous les jours ◆ **every other day** tous les deux jours ◆ **one day we saw the king** un (beau) jour, nous avons vu le roi ◆ **one day she will come** un jour (ou l'autre) elle viendra ◆ **one of these days** un de ces jours ◆ **day after day** jour après jour ◆ **for days on end** pendant des jours et des jours ◆ **for days at a time** pendant des jours entiers ◆ **day by day** jour après jour ◆ **day in day out** jour après jour ◆ **the other day** l'autre jour, il y a quelques jours ◆ **it's been one of those days** ça a été une de ces journées où tout va de travers *or* où rien ne va ◆ **this day of all days** ce jour entre tous ◆ **some day** un jour, un de ces jours ◆ **I remember it to this (very) day** je m'en souviens encore aujourd'hui ◆ **he's fifty if he's a day*** il a cinquante ans bien sonnés* ◆ **as of day one***, **from day one***, **on day one*** dès le premier jour ◆ **on the day** *(= in the event)* le moment venu ◆ **that'll be the day!** j'aimerais voir ça ! ◆ **the day he gets married (is the day) I'll eat my hat!** le jour où il se mariera, les poules auront des dents ! ◆ **let's make a day of it and...** profitons de la journée pour... ◆ **to live from day to day** vivre au jour le jour ◆ **(it's best to) take it one day at a time** à chaque jour suffit sa peine *(Prov)* ◆ **I'm just taking things one day at a time** je vis au jour le jour ; → **Christmas, Easter, judg(e)ment, reckoning**

2 *(= daylight hours)* jour *m*, journée *f* ◆ **during the day** pendant la journée ◆ **to work all day** travailler toute la journée ◆ **to travel by day** voyager de jour ◆ **to work day and night** travailler jour et nuit ◆ **the day is done** *(liter)* le jour baisse, le jour tire à sa fin ◆ **one summer's day** un jour d'été ◆ **on a wet day** par une journée pluvieuse ◆ **to have a day out** faire une sortie ◆ **to carry** *or* **win the day** *(Mil, fig)* remporter la victoire ◆ **to lose the day** *(Mil, fig)* perdre la bataille ◆ **(as) clear** *or* **plain as day** clair comme de l'eau de roche ; → **break, court, fine², good, late, time**

3 *(= working hours)* journée *f* ◆ **paid by the day** payé à la journée ◆ **I've done a full day's work** *(lit)* j'ai fait ma journée (de travail) ; *(fig)* j'ai eu une journée bien remplie ◆ **it's all in a day's work!** ça fait partie de la routine !, ça n'a rien d'extraordinaire ! ◆ **to work an eight-hour day** travailler huit heures par jour ◆ **to take/get a day off** prendre/avoir un jour de congé ◆ **it's my day off** c'est mon jour de congé ; → **call, off, rest, working**

4 *(period of time: often pl)* époque *f*, temps *m* ◆ **these days, at the present day** à l'heure actuelle, de nos jours ◆ **in this day and age** par les temps qui courent ◆ **in days to come** à l'avenir ◆ **in his working days** au temps *or* à l'époque où il travaillait ◆ **in his younger days** quand il était plus jeune ◆ **in the days of Queen Victoria, in Queen Victoria's day** du temps de *or* sous le règne de la reine Victoria ◆ **in Napoleon's day** à l'époque *or* du temps de Napoléon ◆ **in those days** à l'époque ◆ **famous in her day** célèbre à son époque ◆ **in the good old days** au *or* dans le bon vieux temps ◆ **in days gone by** autrefois, jadis ◆ **those were the days!** c'était le bon vieux temps ! ◆ **those were sad days** c'était une époque sombre ◆ **the happiest days of my life** les jours les plus heureux *or* la période la plus heureuse de ma vie ◆ **to end one's days in misery** finir ses jours dans la misère ◆ **that has had its day** *(= old-fashioned)* cela est passé de mode ; *(= worn out)* cela a fait son temps ◆ **his day will come** son jour viendra ◆ **during the early days of the war** au début de la guerre ◆ **it's early days (yet)** *(= too early to say)* c'est un peu tôt pour le dire ; *(= there's still time)* on n'en est encore qu'au début ; → **dog, olden**

**COMP** **day bed** N *(US)* banquette-lit *f*

**day boarder** N *(Brit Scol)* demi-pensionnaire *mf*

**day boy** N *(Brit Scol)* externe *m*

**day centre** N *(Brit)* centre *m* d'accueil

**day girl** N *(Brit Scol)* externe *f*

**Day-Glo** ® ADJ fluorescent

**day job** N travail *m* principal ◆ **don't give up the day job** *(hum)* chacun son métier, les vaches seront bien gardées

**day labourer** N journalier *m*, ouvrier *m* à la journée

**day letter** N *(US)* ≈ télégramme-lettre *m*

**day nurse** N infirmier *m*, -ière *f* de jour

**day nursery** N *(public)* ≈ garderie *f*, ≈ crèche *f* ; *(room in private house)* pièce *f* réservée aux enfants, nursery *f*

**the Day of Atonement** N *(Jewish Rel)* le Grand pardon, le jour du Pardon

**the day of judgement** N *(Rel)* le jour du jugement dernier

**the day of reckoning** N *(Rel)* le jour du jugement dernier ◆ **the day of reckoning will come** *(fig)* un jour, il faudra rendre des comptes

**day-old** ADJ *[bread]* de la veille ; *(= yesterday's)* d'hier ◆ **day-old chick** poussin *m* d'un jour

**day-pass** N *(for library, museum, train etc)* carte *f* d'abonnement valable pour une journée ; *(Ski)* forfait *m* d'une journée

**day pupil** N *(Brit Scol)* externe *mf*

**day release** N *(Brit)* ◆ **day release course** ≈ cours *m* professionnel à temps partiel ◆ **to be on day release** faire un stage (de formation) à temps partiel

**day return (ticket)** N *(Brit = train ticket)* (billet *m*) aller et retour *m (valable pour la journée)*

**day room** N *(in hospital etc)* salle *f* de séjour commune

**day school** N externat *m* ◆ **to go to day school** être externe

**day shift** N *(= workers)* équipe *f or* poste *m* de jour ◆ **to be on day shift, to work day shift** travailler de jour, être de jour

**day-ticket** N *(Ski)* ⇒ **day-pass**

**day-to-day** ADJ *[occurrence, routine]* quotidien ◆ **on a day-to-day basis** au jour le jour

**day trader** N *(Stock Exchange)* opérateur *m* au jour le jour, day trader *m*

**day trading** N *(Stock Exchange)* opérations *fpl* boursières au jour le jour, day trading *m*

**day trip** N excursion *f* (d'une journée) ◆ **to go on a day trip to Calais** faire une excursion (d'une journée) à Calais

**day-tripper** N excursionniste *mf*

**daybook** /'deɪbʊk/ N *(Comm)* main *f* courante, brouillard *m*

**daybreak** /'deɪbreɪk/ SYN N point *m* du jour, aube *f* ◆ **at daybreak** au point du jour, à l'aube

**daycare** /ˈdeɪkɛəʳ/

**N** *(for children)* garderie *f* ; *(for old or disabled people) soins dans des centres d'accueil de jour*

**COMP** **daycare centre** **N** *(for children)* ≈ garderie *f* ; *(for old or disabled people)* établissement *m* de jour, centre *m* d'accueil de jour

**daycare worker** **N** *(US)* animateur *m*, -trice *f*

**daydream** /ˈdeɪdriːm/ SYN

**N** rêverie *f*, rêvasserie *f*

**VI** rêvasser, rêver (tout éveillé)

**daydreamer** /ˈdeɪˌdriːməʳ/ SYN **N** rêveur *m*, -euse *f*

**daydreaming** /ˈdeɪˌdriːmɪŋ/ **N** *(NonC)* rêveries *fpl*

**daylight** /ˈdeɪlaɪt/ SYN

**N** 1 ⇒ **daybreak**

2 (lumière *f* du) jour *m* • **in (the) daylight** à la lumière du jour, au grand jour • **it's still daylight** il fait encore jour • **I'm beginning to see daylight** * *(= understand)* je commence à y voir clair ; *(= see the end appear)* je commence à voir le bout du tunnel • **to beat** *or* **knock** *or* **thrash the (living) daylights out of sb** ‡ *(= beat up)* rosser * qn, tabasser ‡ qn ; *(= knock out)* mettre qn KO • **to scare** *or* **frighten the (living) daylights out of sb** ‡ flanquer une peur bleue *or* la frousse * à qn ; → **broad**

**COMP** *[attack]* de jour

**daylight robbery** * **N** *(Brit)* • **it's daylight robbery** c'est de l'arnaque ‡

**daylight-saving time** **N** *(US)* heure *f* d'été

**daylong** /ˈdeɪˌlɒŋ/ **ADJ** qui dure toute la journée • **we had a daylong meeting** notre réunion a duré toute la journée

**days** * /deɪz/ **ADV** le jour

**daytime** /ˈdeɪtaɪm/

**N** jour *m*, journée *f* • **in the daytime** de jour, pendant la journée

**ADJ** de jour

**daze** /deɪz/ SYN

**N** *(after blow)* étourdissement *m* ; *(at news)* stupéfaction *f*, ahurissement *m* ; *(from drug)* hébétement *m* • **in a daze** *(after blow)* étourdi ; *(at news)* stupéfait, médusé ; *(from drug)* hébété

**VT** *[drug]* hébéter ; *[blow]* étourdir ; *[news etc]* abasourdir, méduser

**dazed** /deɪzd/ SYN **ADJ** hébété • **to feel dazed** ⇒ **to be in a daze** ; → **daze**

**dazzle** /ˈdæzl/ SYN

**VT** *(lit)* éblouir, aveugler ; *(fig)* éblouir • **to dazzle sb's eyes** éblouir qn

**N** lumière *f* aveuglante, éclat *m* • **blinded by the dazzle of the car's headlights** ébloui par les phares de la voiture

**dazzling** /ˈdæzlɪŋ/ SYN **ADJ** *(lit, fig)* éblouissant • **a dazzling display of agility** une démonstration d'agilité éblouissante

**dazzlingly** /ˈdæzlɪŋlɪ/ **ADV** *[shine]* de manière éblouissante • **dazzlingly beautiful** d'une beauté éblouissante

**dB** (abbrev of **decibel**) dB

**DBE** /ˌdiːbiːˈiː/ **N** (abbrev of **Dame Commander of the Order of the British Empire**) *distinction honorifique britannique pour les femmes*

**DBMS** /ˌdiːbiːemˈes/ **N** (abbrev of **database management system**) SGBD *m*

**DBS** /ˌdiːbiːˈes/ **N** 1 (abbrev of **direct broadcasting by satellite**) → **direct**

2 (abbrev of **direct broadcasting satellite**) → **direct**

**DC** /diːˈsiː/ 1 (abbrev of **direct current**) → **direct**

2 (abbrev of **District of Columbia**) DC → **District of Columbia**

**DCC** ® /ˌdiːsiːˈsiː/ **N** (abbrev of **digital compact cassette**) DCC ® *f*

**DCI** /ˌdiːsiːˈaɪ/ **N** *(Brit)* (abbrev of **Detective Chief Inspector**) → **detective**

**DD** 1 *(Univ)* (abbrev of **Doctor of Divinity**) *docteur en théologie*

2 *(Comm, Fin)* (abbrev of **direct debit**) → **direct**

3 *(US)* (abbrev of **dishonourable discharge**) → **dishonourable**

**dd** *(Comm)* 1 (abbrev of **delivered**) livré

2 (abbrev of **dated**) en date du...

3 (abbrev of **demand draft**) → **demand**

**DDS** /ˌdiːdiːˈes/ **N** (abbrev of **Doctor of Dental Science**) chirurgien *m* dentiste

**DDT** /ˌdiːdiːˈtiː/ **N** (abbrev of **dichlorodiphenyltrichloroethane**) DDT *m*

**DE, De** abbrev of **Delaware**

**DEA** /ˌdiːiːˈeɪ/ **N** *(US)* (abbrev of **Drug Enforcement Administration**) ≈ Brigade *f* des stupéfiants

**deacon** /ˈdiːkən/ **N** diacre *m* • **deacon's bench** *(US)* siège *m* à deux places (de style colonial)

**deaconess** /ˈdiːkənes/ **N** diaconesse *f*

**deactivate** /diːˈæktɪveɪt/ **VT** désactiver

**dead** /ded/ SYN

**ADJ** 1 *[person, animal, plant]* mort • **dead or alive** mort ou vif • **more dead than alive** plus mort que vif • **dead and buried** *or* **gone** *(lit, fig)* mort et enterré • **to drop down dead, to fall (stone) dead** tomber (raide) mort • **as dead as a dodo** *or* **a doornail** *or* **mutton** tout ce qu'il y a de plus mort • **to wait for a dead man's shoes** * attendre que quelqu'un veuille bien mourir (pour prendre sa place) • **will he do it? – over my dead body!** * il le fera ? – il faudra d'abord qu'il me passe *subj* sur le corps ! • **to flog** *(Brit)* *or* **beat** *(US)* **a dead horse** s'acharner inutilement, perdre sa peine et son temps • **dead men tell no tales** *(Prov)* les morts ne parlent pas • **he's/it's a dead duck** * il/c'est fichu * *or* foutu ‡ • **dead in the water** * fichu * • **to leave sb for dead** laisser qn pour mort • **he was found to be dead on arrival** *(at hospital)* les médecins n'ont pu que constater le décès • **I wouldn't be seen dead wearing that hat** *or* **in that hat!** * je ne porterais ce chapeau pour rien au monde ! • **I wouldn't be seen dead with him!** * pour rien au monde je ne voudrais être vu avec lui ! • **I wouldn't be seen dead in that pub!** * il est hors de question que je mette les pieds * dans ce bar ! • **you're dead meat!** ‡ *(esp US)* t'es un homme mort ! * *(fig)* ; see also **comp** ; → **drop, strike**

2 *[limbs]* engourdi • **my fingers are dead** j'ai les doigts gourds • **he's dead from the neck up** * il n'a rien dans le ciboulot ‡ • **he was dead to the world** * *(= asleep)* il dormait comme une souche ; *(= drunk)* il était ivre mort

3 *(fig)* *[custom]* tombé en désuétude ; *[fire]* mort, éteint ; *[cigarette]* éteint ; *[battery]* à plat ; *[town]* mort, triste ; *[sound]* sourd, feutré • **dead language** langue *f* morte • **the line is dead** *(Telec)* il n'y a pas de tonalité • **the line's gone dead** la ligne est coupée • **the engine's dead** le moteur est en panne

4 *(= absolute, exact)* • **dead calm** calme plat • **to hit sth (in the) dead centre** frapper qch au beau milieu *or* en plein milieu • **it's a dead cert** ‡ **that he'll come** il viendra à coup sûr, sûr qu'il viendra * • **this horse is a dead cert** ‡ ce cheval va gagner, c'est sûr • **in dead earnest** avec le plus grand sérieux, très sérieusement • **he's in dead earnest** il ne plaisante pas • **on a dead level with** exactement au même niveau que • **a dead loss** *(Comm)* une perte sèche ; (* = *person*) un bon à rien • **that idea was a dead loss** * cette idée n'a absolument rien donné • **this knife is a dead loss** * ce couteau ne vaut rien • **I'm a dead loss at sports** * je suis nul en sport • **to be a dead shot** être un tireur d'élite • **dead silence** silence *m* de mort • **he's the dead spit of his father** * c'est son père tout craché • **to come to a dead stop** s'arrêter net *or* pile

**ADV** *(Brit = exactly, completely)* absolument, complètement • **dead ahead** tout droit • **dead broke** * fauché (comme les blés) * • **to be dead certain** * **about sth** être sûr et certain de qch *, être absolument certain *or* convaincu de qch • **to be dead against** * **sth** être farouchement opposé à qch • **your guess was dead on** * tu as deviné juste • **she was** *or* **her shot was dead on target** * elle a mis dans le mille • **dead drunk** * ivre mort • **it's dead easy** *or* **simple** * c'est simple comme bonjour *, il n'y a rien de plus facile *or* simple • **to be/arrive dead on time** être/arriver juste à l'heure *or* à l'heure pile • **it was dead lucky** * c'était un coup de pot monstre ‡ • **she's dead right** * elle a tout à fait raison • **dead slow** *(as instruction)* *(on road)* roulez au pas ; *(at sea)* en avant lentement • **to go dead slow** aller aussi lentement que possible • **to stop dead** s'arrêter net *or* pile • **to cut sb dead** faire semblant de ne pas voir *or* reconnaître qn • **she cut me dead** elle a fait comme si elle ne me voyait pas • **dead tired** éreinté, crevé * • **he went dead white** il est devenu pâle comme un mort ; → **stop**

**N** • **at dead of night, in the dead of night** au cœur de *or* au plus profond de la nuit • **in the dead of winter** au plus fort de l'hiver, au cœur de l'hiver • **to come back** *or* **rise from the dead** *(fig)* refaire surface

**NPL** **the dead** les morts *mpl* • **office** *or* **service for the dead** *(Rel)* office *m* des morts *or* funèbre

**COMP** **dead account** **N** *(Fin)* compte *m* dormant *or* inactif

**dead-and-alive** **ADJ** *[town]* triste, mort • **a dead-and-alive little place** un trou * perdu

**dead ball** **N** *(Football, Rugby)* ballon *m* mort

**dead-ball line** **N** *(Rugby)* ligne *f* du ballon mort

**dead-beat** * **N** *(= lazy person)* chiffe *f* molle ; *(US)* parasite *m*, pique-assiette *mf inv* **ADJ** crevé *, claqué *

**dead-cat bounce** * **N** *(Stock Exchange) brève reprise après une forte chute des prix*

**dead centre** **N** *(Tech)* point *m* mort

**dead duck** * **N** *(plan etc)* fiasco *m* • **he's a dead duck** il est fini *

**dead end** **N** *(lit, fig)* impasse *f* • **to come to a dead end** *(fig)* être dans l'impasse

**dead-end** **ADJ** • **a dead-end job** un travail sans perspective d'avenir

**dead hand** **N** • **the dead hand of the state/bureaucracy** la mainmise *or* le carcan de État/de la bureaucratie • **to shrug off the dead hand of communism** se débarrasser de ce poids mort qu'est le communisme

**dead-head** **VT** enlever les fleurs fanées de ; see also **deadhead**

**dead heat** **N** • **the race was a dead heat** ils sont arrivés ex æquo ; *(Racing)* la course s'est terminée par un dead-heat

**dead leg** * **N** *(Med, Sport)* jambe *f* insensible *(à la suite d'un traumatisme musculaire)* ; *(= person)* poids *m* mort

**dead letter** **N** *(Post)* lettre *f* tombée au rebut ; * *(= useless thing)* chose *f* du passé • **to become a dead letter** *[law, agreement]* tomber en désuétude, devenir lettre morte

**dead-letter office** **N** *(Post)* bureau *m* des rebuts

**dead march** **N** marche *f* funèbre

**dead marine** * **N** *(Austral and NZ)* bouteille *f* (de bière) vide, cadavre * *m*

**dead matter** **N** matière *f* inanimée ; *(Typography)* composition *f* à distribuer

**dead men** * **NPL** *(fig = empty bottles)* bouteilles *fpl* vides, cadavres * *mpl*

**dead-nettle** **N** ortie *f* blanche

**dead reckoning** **N** *(on ship)* estime *f* • **by dead reckoning** à l'estime

**dead ringer** * **N** : • **to be a dead ringer for sb** être le sosie de qn

**the Dead Sea** **N** la mer Morte

**the Dead Sea Scrolls** **NPL** les manuscrits *mpl* de la mer Morte

**dead season** **N** *(Comm, Press)* morte-saison *f*

**dead set** * **N** • **to make a dead set at sth** s'acharner comme un beau diable pour avoir qch • **to make a dead set at sb** chercher à mettre le grappin sur qn * **ADJ** • **to be dead set on doing sth** tenir mordicus à faire qch • **to be dead set against sth** être farouchement opposé à qch

**dead soldiers** * **NPL** *(US = bottles)* bouteilles *fpl* vides, cadavres * *mpl*

**dead stock** **N** invendu(s) *m(pl)*, rossignols * *mpl*

**dead time** **N** *(Elec)* temps *m* mort

**dead weight** **N** poids *m* mort *or* inerte ; *[of ship]* charge *f or* port *m* en lourd

**Dead White European Male** **N** *(esp US) homme célèbre qui devrait sa réputation à son appartenance au sexe masculin et à la race blanche*

**dead wire** **N** *(Elec)* fil *m* sans courant

**deaden** /ˈdedn/ SYN **VT** *[+ shock, blow]* amortir ; *[+ feeling]* émousser ; *[+ sound]* assourdir ; *[+ passions]* étouffer ; *[+ pain]* calmer ; *[+ nerve]* endormir

**deadening** /ˈdednɪŋ/

**N** *[of emotions, spirit]* engourdissement *m*

**ADJ** abrutissant • **it has a deadening effect on creativity** ça tue la créativité

**deadeye** * /ˈdedˌaɪ/ **N** tireur *m*, -euse *f* d'élite

**deadhead** * /ˈdedhed/ *(US)*

**N** 1 *(= person using free ticket) (on train)* personne *f* possédant un titre de transport gratuit ; *(at theatre)* personne *f* possédant un billet de faveur

2 *(= stupid person)* nullité *f*

3 *(= empty truck/train etc)* camion *m*/train *m etc* roulant à vide

**ADJ** *[truck etc]* roulant à vide

**deadline** /ˈdedlaɪn/ **N** 1 *(= time-limit)* date *f* (*or* heure *f*) limite, dernière limite *f* • **to work to a deadline** avoir un délai à respecter • **he was working to a 6 o'clock deadline** son travail devait être terminé à 6 heures, dernière limite

2 *(US)* *(= boundary)* limite *f* (qu'il est interdit de franchir)

**deadliness** /ˈdedlɪnɪs/ **N** *[of poison]* caractère *m* mortel *or* fatal ; *[of aim]* précision *f* infaillible

**deadlock** /ˈdedlɒk/ SYN N impasse *f* ◆ **to reach (a) deadlock** aboutir à une impasse ◆ **to be at (a) deadlock** être dans l'impasse, être au point mort

**deadly** /ˈdedlɪ/ SYN

ADJ [1] *(= lethal) [blow, poison, disease, enemy, combination]* mortel *(to* pour) ; *[weapon, attack]* meurtrier ◆ **to play a deadly game** jouer un jeu dangereux ◆ **the seven deadly sins** les sept péchés capitaux ◆ **the female of the species is deadlier** *or* **more deadly than the male** *(Prov)* la femme est plus dangereuse que l'homme ◆ **assault with a deadly weapon** *(US Jur)* attaque *f* à main armée

[2] *(= devastating) [accuracy, logic]* implacable ; *[wit]* mordant ◆ **a deadly silence** un silence de mort ◆ **in deadly silence** dans un silence de mort ◆ **to use deadly force (against sb)** *(Police, Mil)* utiliser la force (contre qn) ◆ **the police were authorized to use deadly force against the demonstrators** la police a reçu l'autorisation de tirer sur les manifestants ◆ **I am in deadly earnest** je suis on ne peut plus sérieux ◆ **he spoke in deadly earnest** il était on ne peut plus sérieux, il parlait le plus sérieusement du monde

[3] *(* = boring)* mortel *

ADV ◆ **deadly dull** mortellement ennuyeux ◆ **deadly pale** d'une pâleur mortelle, pâle comme la mort ◆ **it's/I'm deadly serious** c'est/je suis on ne peut plus sérieux

COMP **deadly nightshade** N belladone *f*

**deadness** /ˈdednɪs/ N *[of limbs]* engourdissement *m* ◆ **the deadness of his eyes** son regard vide

**deadpan** /ˈdedpæn/ ADJ *[face]* de marbre ; *[humour]* pince-sans-rire *inv* ◆ **"good heavens" he said, deadpan** « mon Dieu » dit-il, pince-sans-rire

**deadwood** /ˈdedwʊd/ N *(lit, fig)* bois *m* mort ◆ **to get rid of the deadwood** *(fig:in office, company etc)* élaguer, dégraisser

**deaf** /def/ SYN

ADJ [1] *(lit)* sourd ◆ **deaf in one ear** sourd d'une oreille ◆ **deaf as a (door)post** sourd comme un pot ◆ **there's** *or* **there are none so deaf as those who will not hear** *(Prov)* il n'est pire sourd que celui qui ne veut pas entendre *(Prov)*

[2] *(fig = unwilling to listen)* sourd, insensible *(to* à) ◆ **to be deaf to sth** rester sourd à qch ◆ **to turn a deaf ear to sth** faire la sourde oreille à qch ◆ **her pleas fell on deaf ears** ses appels n'ont pas été entendus

NPL **the deaf** les sourds *mpl*

COMP **deaf aid** N appareil *m* acoustique, audiophone *m*, sonotone ® *m*

**deaf-and-dumb** ADJ sourd-muet ◆ **deaf-and-dumb alphabet** alphabet *m* des sourds et muets

**deaf-mute** N sourd(e)-muet(te) *m(f)*

**deafen** /ˈdefn/ SYN VT *(lit)* rendre sourd ; *(fig)* assourdir, rendre sourd

**deafening** /ˈdefnɪŋ/ SYN ADJ *(lit, fig)* assourdissant ◆ **a deafening silence** un silence pesant *or* assourdissant

**deafeningly** /ˈdefnɪŋlɪ/ N ◆ **deafeningly loud** assourdissant

**deafness** /ˈdefnɪs/ N surdité *f*

**deal**[1] /diːl/ SYN (vb: pret, ptp **dealt**)

N [1] *(NonC)* ◆ **a good** *or* **great deal of, a deal of** † *(= large amount)* beaucoup de ◆ **to have a great deal to do** avoir beaucoup à faire, avoir beaucoup de choses à faire ◆ **a good deal of the work is done** une bonne partie du travail est terminée ◆ **that's saying a good deal** ce n'est pas peu dire ◆ **there's a good deal of truth in what he says** il y a du vrai dans ce qu'il dit ◆ **to think a great deal of sb** avoir beaucoup d'estime pour qn ◆ **to mean a great deal to sb** compter beaucoup pour qn

[2] *(adv phrases)* ◆ **a good deal** *(= significantly) [easier, further, longer, higher, older, happier, stronger etc]* beaucoup, nettement ◆ **she's a good deal cleverer than her brother** elle est beaucoup *or* nettement plus intelligente que son frère ◆ **she's a good deal better today** elle va beaucoup *or* nettement mieux aujourd'hui ◆ **to learn/change/travel a great deal** beaucoup apprendre/changer/voyager ◆ **we have discussed this a great deal** nous en avons beaucoup parlé ◆ **he talks a great deal** il parle beaucoup ◆ **we have already achieved a great deal** nous avons déjà beaucoup accompli ◆ **it says a great deal for him (that...)** c'est tout à son honneur (que...)

[3] *(= agreement)* marché *m*, affaire *f* ; *(pej)* coup *m* ; (also **business deal**) affaire *f*, marché *m* ; *(on Stock Exchange)* opération *f*, transaction *f* ◆ **to do a deal with sb** *(gen)* conclure un marché avec qn ; *(Comm etc)* faire *or* passer un marché avec qn, faire (une) affaire avec qn ◆ **we might do a deal?** on pourrait (peut-être) s'arranger ? ◆ **(it's a) deal!** * d'accord !, marché conclu ! ◆ **no deal!** * rien à faire ! ◆ **a done deal** une affaire réglée ◆ **he got a very bad deal from them** *(= treatment)* ils ne l'ont pas bien traité ◆ **he got a very bad deal on that car** *(Comm)* il a fait une très mauvaise affaire en achetant cette voiture ◆ **the agreement is likely to be a bad deal for consumers** cet accord risque d'être une mauvaise affaire pour les consommateurs ◆ **a new deal** *(Pol etc)* un programme de réformes ; → **fair**[1], **raw**

[4] *(* iro)* ◆ **big deal!** la belle affaire !, tu parles ! * ◆ **it's no big deal** qu'est-ce que ça peut faire ? ◆ **the delay is no big deal** le retard n'a aucune importance ◆ **don't make such a big deal out of it!** n'en fais pas toute une histoire *or* tout un plat ! *

[5] *(Cards)* donne *f*, distribution *f* ◆ **it's your deal** à vous la donne, à vous de distribuer *or* donner

VT [1] (also **deal out**) *[+ cards]* donner, distribuer

[2] ◆ **to deal sb a blow** *(physically)* porter *or* asséner un coup à qn ◆ **this dealt a blow to individual freedom** cela a porté un coup aux libertés individuelles

[3] * *[+ drugs]* revendre, dealer *

VI [1] *[business, firm]* ◆ **this company has been dealing for 80 years** cette société est en activité depuis 80 ans ◆ **to deal on the Stock Exchange** faire *or* conclure des opérations de bourse ◆ **to deal in wood/property** *etc* être dans le commerce du bois/dans l'immobilier *etc*

[2] *(= traffic : in drugs)* revendre de la drogue, dealer * ◆ **the police suspect him of dealing (in drugs)** la police le soupçonne de revendre de la drogue *or* de dealer * ◆ **to deal in stolen property** revendre des objets volés ◆ **to deal in pornography** faire le commerce de la pornographie

[3] *(fig)* ◆ **they deal in terror/human misery** leur fonds de commerce, c'est la terreur/la misère humaine ◆ **drug-pushers who deal in death** ces dealers qui sont des marchands de mort ◆ **we deal in facts, not speculation** nous nous intéressons aux faits, pas aux suppositions

[4] *(Cards)* donner, distribuer

▸ **deal out** VT SEP *[+ gifts, money]* distribuer, répartir *(between* entre) ◆ **to deal out justice** rendre (la) justice ; → **deal**[1] **vt 1**

▸ **deal with** VT FUS [1] *(= have to do with) [+ person]* avoir affaire à ; *(esp Comm)* traiter avec ◆ **teachers who have to deal with very young children** les enseignants qui ont affaire à de très jeunes enfants ◆ **employees dealing with the public** les employés qui sont en contact avec le public *or* qui ont affaire au public ◆ **they refused to deal with him because of this** ils ont refusé de traiter avec lui *or* d'avoir affaire à lui à cause de cela ◆ **he's not very easy to deal with** il n'est pas commode

[2] *(= be responsible for) [+ person]* s'occuper de ; *[+ task, problem]* se charger de, s'occuper de ; *(= take action as regards) [+ person, problem]* s'occuper de, prendre des mesures concernant ◆ **I'll deal with it/him** je me charge de cela/lui ◆ **I can deal with that alone** je peux m'en occuper tout seul ◆ **in view of the situation he had to deal with** vu la situation qu'il avait sur les bras ◆ **he dealt with the problem very well** il a très bien résolu le problème ◆ **you naughty boy, I'll deal with you later!** vilain garçon, tu vas avoir affaire à moi tout à l'heure ! ◆ **the headmaster dealt with the culprits individually** le directeur s'est occupé des coupables un par un ◆ **the committee deals with questions such as...** le comité s'occupe de questions telles que... ◆ **the police officer dealing with crime prevention** l'agent chargé de la prévention des crimes ◆ **to know how to deal with sb** *(= treat)* savoir s'y prendre avec qn ◆ **they dealt with him very fairly** ils ont été très corrects avec lui ◆ **you must deal with them firmly** il faut vous montrer fermes à leur égard ◆ **the firm deals with over 1,000 orders every week** l'entreprise traite plus de 1 000 commandes par semaine

[3] *(= be concerned with, cover) [book, film etc]* traiter de ; *[speaker]* parler de ◆ **the next chapter deals with...** le chapitre suivant traite de... ◆ **I shall now deal with...** je vais maintenant vous parler de...

[4] *(= cope with)* supporter ◆ **to deal with stress** combattre le stress ◆ **to deal with the fear of AIDS** faire face à la peur du sida

[5] *(= come to terms with)* accepter ◆ **look, just deal with it!** * il faut que tu te fasses une raison !

[6] *(= buy from or sell to)* ◆ **a list of the suppliers our company deals with** une liste des fournisseurs de notre société ◆ **I won't deal with that firm again** je ne m'adresserai plus à cette société ◆ **I always deal with the same butcher** je me sers *or* me fournis toujours chez le même boucher

**deal**[2] /diːl/ N bois *m* blanc

**dealer** /ˈdiːləʳ/ SYN N [1] *(= vendor) (gen)* marchand *m (in* de), négociant *m (in* en) ; *(= wholesaler)* stockiste *m*, fournisseur *m* (en gros) *(in* de) ; *(Stock Exchange)* opérateur *m* ◆ **arms dealer** marchand *m* d'armes ◆ **Citroën dealer** concessionnaire *mf* Citroën ; → **double, secondhand**

[2] *(Cards)* donneur *m*

[3] *(Drugs)* dealer * *m*

**dealership** /ˈdiːləʃɪp/ N *(Comm)* concession *f* ◆ **dealership network** réseau *m* de concessionnaires

**dealing** /ˈdiːlɪŋ/

N [1] *(NonC)* (also **dealing out**) distribution *f* ; *[of cards]* donne *f*

[2] *(Stock Exchange)* opérations *fpl*, transactions *fpl* ; → **wheel**

COMP **dealing room** N *(Stock Exchange)* salle *f* des transactions *or* des opérations

**dealings** /ˈdiːlɪŋz/ SYN NPL *(= relations)* relations *fpl (with sb* avec qn) ; *(= transactions)* transactions *fpl (in sth* en qch) ; *(= trafficking)* trafic *m (in sth* de qch)

**dealmaker** /ˈdiːlˌmeɪkəʳ/ N *(on Stock Exchange)* opérateur *m*, -trice *f*

**dealt** /delt/ VB pt, ptp of **deal**[1]

**deaminate** /diːˈæmɪˌneɪt/ VT désaminer

**dean** /diːn/ N *(Rel, fig)* doyen *m* ; *(Univ)* doyen *m* ◆ **dean's list** *(US Univ)* liste *f* des meilleurs étudiants

**deanery** /ˈdiːnərɪ/ N *(Univ)* résidence *f* du doyen ; *(Rel)* doyenné *m*

**deanship** /ˈdiːnʃɪp/ N décanat *m*

**dear** /dɪəʳ/ SYN

ADJ [1] *(= loved) [person, animal]* cher ; *(= precious) [object]* cher, précieux ; *(= lovable)* adorable ; *[child]* mignon, adorable ◆ **she is very dear to me** elle m'est très chère ◆ **a dear friend of mine** un de mes meilleurs amis, un de mes amis les plus chers ◆ **to hold sb/sth dear** chérir qn/qch ◆ **all that he holds dear** tout ce qui lui est cher ◆ **a cause that was always dear to his heart** une cause qui lui a toujours été chère ◆ **his dearest wish** *(liter)* son plus cher désir, son souhait le plus cher ◆ **what a dear child!** quel amour d'enfant ! ◆ **what a dear little dress!** † * quelle ravissante *or* mignonne petite robe ! ; → **departed**

[2] *(in letter-writing)* cher ◆ **Dear Daddy** Cher Papa ◆ **My dear Anne** Ma chère Anne ◆ **Dear Alice and Robert** Chère Alice, cher Robert, Chers Alice et Robert ◆ **Dearest Paul** Bien cher Paul ◆ **Dear Mr Smith** Cher Monsieur ◆ **Dear Mr & Mrs Smith** Cher Monsieur, chère Madame ◆ **Dear Sir** Monsieur ◆ **Dear Sirs** Messieurs ◆ **Dear Sir or Madam** Madame, Monsieur ◆ **Dear John letter** * lettre *f* de rupture

[3] *(= expensive) [prices, goods]* cher, coûteux ; *[price]* élevé ; *[shop]* cher ◆ **to get dearer** *[goods]* augmenter, renchérir ; *[prices]* augmenter

EXCL *(surprise:* also **dear dear!, dear me!)** mon Dieu !, vraiment ! ; *(regret:* also **oh dear!)** oh là là !, oh mon Dieu !

N cher *m*, chère *f* ◆ **my dear** mon ami(e), mon cher ami, ma chère amie ; *(to child)* mon petit ◆ **poor dear** *(to child)* pauvre petit, pauvre chou * ; *(to woman)* ma pauvre ◆ **your mother is a dear** * votre mère est un amour ◆ **give it to me, there's a dear!** * sois gentil, donne-le-moi !, donne-le-moi, tu seras (bien) gentil ! ; see also **dearest**

ADV *[buy, pay, sell]* cher

**dearest** /ˈdɪərɪst/ N *(= darling)* chéri(e) *m(f)*

**dearie** † * /ˈdɪərɪ/ *(esp Brit)*

N mon petit chéri, ma petite chérie

EXCL ◆ **dearie me!** Grand Dieu !, Dieu du ciel !

**dearly** /ˈdɪəlɪ/ SYN ADV [1] *(= very much) [love]* profondément ◆ **"Dearly beloved..."** *(Rel)* « Mes bien chers frères... » ◆ **Joan Smith, dearly be-**

**loved wife of Peter** Joan Smith, épouse bien-aimée de Peter ◆ **I would dearly love to marry** j'aimerais tellement me marier ◆ **I dearly hope I will meet him one day** j'espère vivement le rencontrer un jour ; → **departed**

2 *(fig = at great cost)* ◆ **he paid dearly for his success** il l'a payé cher, son succès, son succès lui a coûté cher ◆ **dearly bought** chèrement payé

**dearness** /ˈdɪənɪs/ **N** 1 *(= expensiveness)* cherté *f*
2 *(= lovableness)* ◆ **your dearness to me** la tendresse que j'ai pour vous

**dearth** /dɜːθ/ **N** *[of food]* disette *f* ; *[of money, resources, water]* pénurie *f* ; *[of ideas etc]* stérilité *f*, pauvreté *f* ◆ **there is no dearth of young men** les jeunes gens ne manquent pas

**deary** * /ˈdɪərɪ/ ⇒ **dearie**

**death** /deθ/ LANGUAGE IN USE 24.4 SYN

**N** mort *f*, décès *m (Jur)(frm)* ; *[of plans, hopes]* effondrement *m*, anéantissement *m* ◆ **death by suffocation/drowning/hanging** *etc* mort *f* par suffocation/noyade/pendaison *etc* ◆ **he jumped/fell to his death** il a sauté/est tombé et s'est tué ◆ **at the time of his death** au moment de sa mort ◆ **till death do us part** jusqu'à ce que la mort nous sépare ◆ **to be in at the death** *(fig)* assister au dénouement (d'une affaire) ◆ **to be at death's door** être à (l'article de) la mort ◆ **in death, as in life, he was courageous** devant la mort, comme de son vivant, il s'est montré courageux ◆ **it will be the death of him** * *(lit)* il le paiera de sa vie ◆ **smoking will be the death of him** * le tabac le tuera ◆ **he'll be the death of me!** * *(fig)* il me tuera ! *(fig)* ◆ **to look/feel like death warmed up** * *or (US)* **warmed over** * avoir l'air/se sentir complètement nase * ; → **catch, dance**

◆ **to death** ◆ **he was stabbed to death** il est mort poignardé ◆ **to starve/freeze to death** mourir de faim/de froid ◆ **to bleed to death** se vider de son sang ◆ **to be burnt to death** mourir carbonisé ◆ **he drank himself to death** c'est la boisson qui l'a tué ◆ **to sentence sb to death** condamner qn à mort ◆ **to put sb to death** mettre qn à mort, exécuter qn ◆ **I'm starved/frozen to death** * je suis mort de faim/de froid ◆ **to be bored to death** * s'ennuyer à mourir ◆ **I'm sick to death** * *or* **tired to death** * **of all this** j'en ai ras le bol de * *or* j'en ai marre * de tout ça ◆ **to be scared/worried to death** être mort de peur/d'inquiétude ; → **do**[1]

◆ **to the death** ◆ **to fight to the death** lutter jusqu'à la mort ◆ **a fight to the death** une lutte à mort

**COMP** **death benefit** **N** *(Insurance)* capital-décès *m*
**death by chocolate** **N** *(Culin) gâteau au chocolat fourré à la mousse au chocolat et nappé de chocolat*
**death camp** **N** camp *m* de la mort
**death cap** **N** *(= mushroom)* amanite *f* phalloïde
**death cell** **N** cellule *f* de condamné à mort
**death certificate** **N** certificat *m or* acte *m* de décès
**death-dealing** **ADJ** mortel
**death duties** **NPL** *(Brit)* ⇒ **death duty**
**death duty** **N** *(Brit : formerly)* droits *mpl* de succession
**death grant** **N** allocation *f* de décès
**death house** **N** *(US) (in jail)* ⇒ **death row**
**death knell** **N** → **knell**
**death march** **N** marche *f* funèbre
**death mask** **N** masque *m* mortuaire
**death metal** **N** *(Mus)* death metal *m*
**death notice** **N** avis *m* de décès
**death penalty** **N** *(Jur)* peine *f* de mort
**death rate** **N** (taux *m* de) mortalité *f*
**death rattle** **N** râle *m* (d'agonie)
**death ray** **N** rayon *m* de la mort, rayon *m* qui tue
**death roll** **N** liste *f* des morts
**death row** **N** *(US : in jail)* le couloir de la mort ◆ **he's on death row** il a été condamné à mort
**death seat** * **N** *(US, Austral)* place *f* du mort
**death sentence** **N** *(lit)* condamnation *f* à mort ; *(fig)* arrêt *m* de mort
**death's-head** **N** tête *f* de mort
**death's-head moth** **N** (sphinx *m*) tête *f* de mort
**death squad** **N** escadron *m* de la mort
**death taxes** **NPL** *(US)* ⇒ **death duty**
**death threat** **N** menace *f* de mort
**death throes** **NPL** affres *fpl (liter)* de la mort, agonie *f* ; *(fig)* agonie *f* ◆ **in one's death throes** dans les affres *(liter)* de la mort, à l'agonie
**death toll** **N** nombre *m* des victimes, bilan *m*
**death warrant** **N** *(Jur)* ordre *m* d'exécution ◆ **to sign the death warrant of a project** condamner un projet, signer la condamnation d'un projet ◆ **to sign sb's/one's own death warrant** *(fig)* signer l'arrêt de mort de qn/son propre arrêt de mort
**death wish** **N** *(Psych)* désir *m* de mort ; *(fig)* attitude *f* suicidaire

**deathbed** /ˈdeθbed/
**N** lit *m* de mort ◆ **to repent on one's deathbed** se repentir sur son lit de mort
**COMP** **deathbed confession** **N** ◆ **he made a deathbed confession** il s'est confessé sur son lit de mort
**deathbed scene** **N** *(Theat)* ◆ **this is a deathbed scene** la scène se passe au chevet du mourant

**deathblow** /ˈdeθbləʊ/ **N** *(lit, fig)* coup *m* mortel *or* fatal

**deathless** /ˈdeθlɪs/ SYN **ADJ** immortel, éternel ◆ **deathless prose** *(iro)* prose *f* impérissable

**deathlike** /ˈdeθlaɪk/ **ADJ** semblable à la mort, de mort

**deathly** /ˈdeθlɪ/ SYN
**ADJ** *[pallor]* cadavérique ◆ **a deathly hush** *or* **silence** un silence de mort
**ADV** ◆ **deathly pale** pâle comme la mort, d'une pâleur mortelle

**deathtrap** * /ˈdeθtræp/ **N** *(= vehicle, building etc)* piège *m* à rats *(fig)* ◆ **that corner is a real deathtrap** ce virage est extrêmement dangereux

**deathwatch** /ˈdeθˌwɒtʃ/
**N** veillée *f* funèbre
**COMP** **deathwatch beetle** **N** *(= insect)* vrillette *f*, horloge *f* de la mort

**deb** * /deb/ **N** abbrev of **debutante**

**debacle, débâcle** /deɪˈbɑːkl/ SYN **N** fiasco *m* ; *(Mil)* débâcle *f*

**debag** * /diːˈbæg/ **VT** *(Brit)* déculotter

**debar** /dɪˈbɑːʳ/ **VT** *(from club, competition)* exclure *(from* de) ◆ **to debar sb from doing sth** interdire *or* défendre à qn de faire qch

**debark** /dɪˈbɑːk/ **VTI** *(US)* débarquer

**debarkation** /ˌdiːbɑːˈkeɪʃən/ **N** *(US)* débarquement *m*

**debarment** /dɪˈbɑːmənt/ **N** exclusion *f (from* de)

**debase** /dɪˈbeɪs/ SYN **VT** 1 *[+ person]* avilir, ravaler ◆ **to debase o.s.** s'avilir *or* se ravaler *(by doing sth* en faisant qch)
2 *(= reduce in value or quality) [+ word, object]* dégrader ; *[+ metal]* altérer ; *[+ coinage]* déprécier, dévaloriser

**debasement** /dɪˈbeɪsmənt/ SYN **N** *[of people]* rabaissement *m* ; *[of language, values]* dégradation *f* ; *[of culture]* dévalorisation *f* ; *[of currency]* dévalorisation *f*, dépréciation *f*

**debatable** /dɪˈbeɪtəbl/ LANGUAGE IN USE 26.3 SYN **ADJ** discutable, contestable ◆ **it's a debatable point** c'est discutable *or* contestable ◆ **it is debatable whether...** on est en droit de se demander si...

**debate** /dɪˈbeɪt/ SYN
**VT** *[+ question]* discuter, débattre ◆ **much debated** *[+ subject, theme etc]* très discuté ◆ **he was debating what to do** il se demandait ce qu'il devait faire
**VI** discuter *(with* avec ; *about* sur) ◆ **he was debating with himself whether to refuse or not** il se demandait s'il refuserait ou non, il s'interrogeait pour savoir s'il refuserait ou non
**N** discussion *f*, débat *m* ; *(Parl)* débat(s) *m(pl)* ; *(esp in debating society)* conférence *f or* débat *m* contradictoire ◆ **to hold long debates** discuter longuement ◆ **after much debate** après de longues discussions ◆ **the debate was on** *or* **about...** la discussion portait sur... ◆ **the death penalty was under debate** on délibérait sur la peine de mort ◆ **to be in debate** *[fact, statement]* être controversé

**debater** /dɪˈbeɪtəʳ/ **N** débatteur *m* ◆ **he is a keen debater** il adore les débats

**debating** /dɪˈbeɪtɪŋ/ **N** art *m* de la discussion ◆ **debating society** société *f* de conférences *or* débats contradictoires

**debauch** /dɪˈbɔːtʃ/
**VT** *[+ person]* débaucher, corrompre ; *[+ morals]* corrompre ; *[+ woman]* séduire
**N** débauche *f*

**debauched** /dɪˈbɔːtʃd/ **ADJ** *[person]* débauché ; *[society]* dépravé ; *[lifestyle]* de débauché

**debauchee** /ˌdebɔːˈtʃiː/ **N** débauché(e) *m(f)*

**debaucher** /dɪˈbɔːtʃəʳ/ **N** *[of person, taste, morals]* corrupteur *m*, -trice *f* ; *[of woman]* séducteur *m*

**debauchery** /dɪˈbɔːtʃərɪ/ **N** *(NonC)* débauche *f*

**debenture** /dɪˈbentʃəʳ/
**N** *(Customs)* certificat *m* de drawback ; *(Fin)* obligation *f*, bon *m* ◆ **the conversion of debentures into equity** *(Fin)* la conversion d'obligations en actions
**COMP** **debenture bond** **N** titre *m* d'obligation
**debenture holder** **N** obligataire *mf*
**debenture stock** **N** obligations *fpl* sans garantie

**debilitate** /dɪˈbɪlɪteɪt/ SYN **VT** débiliter

**debilitated** /dɪˈbɪlɪteɪtɪd/ **ADJ** *(lit, fig)* affaibli

**debilitating** /dɪˈbɪlɪteɪtɪŋ/ **ADJ** 1 *(Med) [disease, climate, atmosphere]* débilitant
2 *(fig)* qui mine, qui sape ◆ **the country has suffered years of debilitating poverty and war** pendant des années, ce pays a été miné par la pauvreté et la guerre

**debility** /dɪˈbɪlɪtɪ/ SYN **N** *(Med)* débilité *f*, extrême faiblesse *f*

**debit** /ˈdebɪt/
**N** *(Comm)* débit *m*
**VT** ◆ **to debit sb's account with a sum, to debit a sum against sb's account** débiter le compte de qn d'une somme ◆ **to debit sb with a sum, to debit a sum to sb** porter une somme au débit de qn, débiter qn d'une somme
**COMP** **debit account** **N** compte *m* débiteur
**debit balance** **N** solde *m* débiteur
**debit card** **N** carte *f* de paiement
**debit entry** **N** inscription *f or* écriture *f* au débit
**debit side** **N** ◆ **on the debit side** au débit ◆ **on the debit side there is the bad weather** parmi les points négatifs, il y a le mauvais temps

**debonair** /ˌdebəˈneəʳ/ SYN **ADJ** d'une élégance nonchalante

**debone** /diːˈbəʊn/ **VT** *[+ meat]* désosser ; *[+ fish]* désosser, ôter les arêtes de

**debouch** /dɪˈbaʊtʃ/ *(Geog, Mil)*
**VI** déboucher
**N** débouché *m*

**debouchment** /ˈdɪbaʊtʃmənt/ **N** *(Geog)* débouché *m*

**Debrett** /dəˈbret/ **N** Debrett *m (liste des membres de l'aristocratie britannique)*

**debrief** /ˌdiːˈbriːf/ **VT** *(Mil etc) [+ patrol, astronaut, spy]* faire faire un compte rendu *(de fin de mission)* à, débriefer ; *[+ freed hostages etc]* recueillir le témoignage de ◆ **to be debriefed** *(Mil)* faire un compte rendu oral

**debriefing** /ˌdiːˈbriːfɪŋ/ **N** *[soldier, diplomat, astronaut]* compte rendu *m* de mission, débriefing *m* ; *[freed hostage]* débriefing *m*

**debris** /ˈdebriː/ SYN **N** *(gen)* débris *mpl* ; *[of building]* décombres *mpl* ; *(Geol)* roches *fpl* détritiques

**debt** /det/ SYN
**N** 1 *(= payment owed)* dette *f*, créance *f* ◆ **bad debts** créances *fpl* irrécouvrables ◆ **debt of honour** dette *f* d'honneur ◆ **outstanding debt** créance *f* à recouvrer ◆ **to be in debt** avoir des dettes, être endetté ◆ **to be in debt to sb** devoir de l'argent à qn ◆ **I am £500 in debt** j'ai 500 livres de dettes ◆ **to be out of sb's debt** être quitte envers qn ◆ **to get** *or* **run into debt** faire des dettes, s'endetter ◆ **to get out of debt** s'acquitter de ses dettes ◆ **to be out of debt** ne plus avoir de dettes
2 *(= gratitude owed)* ◆ **to be in sb's debt** être redevable à qn ◆ **I am greatly in your debt** je vous suis très redevable ◆ **to repay a debt** acquitter une dette ; → **eye, national**
**COMP** **debt burden** **N** endettement *m*
**debt collection agency** **N** agence *f* de recouvrement de créances
**debt collector** **N** agent *m* de recouvrement de créances
**debt consolidation** **N** consolidation *f* de la dette
**debt crisis** **N** crise *f* de la dette
**debt forgiveness** **N** effacement *m* de la dette
**debt relief** **N** allégement *m* de la dette
**debt rescheduling** **N** rééchelonnement *m* de la dette
**debt-ridden** **ADJ** criblé de dettes
**debt swap** **N** *(Fin)* swap *m*, crédit *m* croisé

**debtor** /ˈdetəʳ/ SYN **N** débiteur *m*, -trice *f*

**debug** /diːˈbʌg/ **VT** 1 *(Comput)* déboguer
2 *(= remove microphones from) [+ room etc]* enlever les micros cachés dans

**debugging** /diːˈbʌgɪŋ/ **N** *(Comput)* suppression *f* des bogues *(of* dans), débogage *m*

**debunk** /ˌdiːˈbʌŋk/ VT [+ hero] déboulonner* ; [+ myth, concept] démythifier ; [+ system, institution] discréditer

**debunker** /ˌdiːˈbʌŋkəʳ/ N démystificateur m, -trice f

**debus** /diːˈbʌs/
- VT décharger (d'un car)
- VI débarquer du car

**début** /ˈdeɪbjuː/ SYN
- N (Theat) début m ; (in society) entrée f dans le monde ◆ **he made his début as a pianist** il a débuté comme pianiste
- VI faire ses débuts

**débutante** /ˈdebjuːtɑːnt/ N débutante f

**Dec.** abbrev of **December**

**dec.** abbrev of **deceased**

**decade** /ˈdekeɪd/ N ⓵ (= ten years) décennie f ◆ **the 1990s were described as the decade of democracy** on a qualifié les années 90 de décennie de la démocratie ◆ **almost a decade ago** il y a presque dix ans ◆ **decades ago** il y a des dizaines d'années ◆ **he lived there for almost three decades** il y a vécu pendant près de trente ans ◆ **the past four decades** ces quarante dernières années
⓶ [of rosary] dizaine f

> (!) The word **décade** is sometimes used in French to mean 'ten years', but this is regarded as incorrect.

**decadence** /ˈdekədəns/ SYN N décadence f

**decadent** /ˈdekədənt/ SYN
- ADJ décadent
- N (Literat) décadent m

**decaf(f)** * /ˈdiːkæf/
- N déca* m
- ADJ ◆ **decaf(f) coffee** déca* m ◆ **decaf(f) tea** thé m déthéiné

**decaffeinate** /ˌdiːˈkæfɪneɪt/ VT décaféiner

**decaffeinated** /ˌdiːˈkæfɪneɪtɪd/ ADJ [coffee] décaféiné ; [tea] déthéiné

**decagon** /ˈdekəgɒn/ N (Geom) décagone m

**decagonal** /dɪˈkægənl/ ADJ (Geom) décagonal

**decagramme, decagram** (US) /ˈdekəgræm/ N décagramme m

**decahedral** /ˌdekəˈhiːdrəl/ ADJ (Geom) décaèdre

**decahedron** /ˌdekəˈhiːdrən/ N (Geom) décaèdre m

**decal** /ˈdiːkæl/ N (US) décalcomanie f

**decalcification** /ˌdiːˌkælsɪfɪˈkeɪʃən/ N décalcification f

**decalcify** /ˌdiːˈkælsɪfaɪ/ VT décalcifier

**decalcomania** /dɪˌkælkəˈmeɪnɪə/ N (= process, design) décalcomanie f

**decalitre, decaliter** (US) /ˈdekəˌliːtəʳ/ N décalitre m

**Decalogue** /ˈdekəlɒg/ N décalogue m

**Decameron** /dɪˈkæmərən/ N (Literat) ◆ **The Decameron** Le Décaméron

**decametre, decameter** (US) /ˈdekəˌmiːtəʳ/ N décamètre m

**decamp** /dɪˈkæmp/ VI ⓵ * décamper, ficher le camp*
⓶ (Mil) lever le camp

**decant** /dɪˈkænt/ VT ⓵ [+ wine] décanter ◆ **he decanted the solution into another container** il a transvasé la solution
⓶ (fig = rehouse) reloger

**decanter** /dɪˈkæntəʳ/ N carafe f ; (small) carafon m

**decapitate** /dɪˈkæpɪteɪt/ SYN VT décapiter

**decapitation** /dɪˌkæpɪˈteɪʃən/ N décapitation f

**decapod** /ˈdekəpɒd/ N décapode m

**Decapolis** /dɪˈkæpəlɪs/ N (Hist) Décapole f

**decapsulate** /diːˈkæpsjʊleɪt/ VT décapsuler

**decapsulation** /diːˌkæpsjʊˈleɪʃən/ N décapsulation f

**decarbonate** /diːˈkɑːbəneɪt/ VT décarbonater

**decarbonation** /ˌdiːˌkɑːbəˈneɪʃən/ N décarbonatation f

**decarbonization** /ˌdiːˌkɑːbənaɪˈzeɪʃən/ N [of engine] décalaminage m ; [of steel] décarburation f

**decarbonize** /ˌdiːˈkɑːbənaɪz/ VT [+ engine] décalaminer ; [+ steel] décarburer

**decarboxylase** /ˌdiːkɑːˈbɒksɪleɪz/ N (Bio) décarboxylase f

**decartelize** /ˌdiːˈkɑːtəlaɪz/ VT décartelliser

**decasualization** /ˌdiːˌkæʒjʊəlaɪˈzeɪʃən/ N (US) octroi d'un poste fixe au personnel temporaire

**decasualize** /ˈdɪˈkæʒjʊ"laɪz/ VT (US) octroyer un poste fixe à

**decasyllabic** /ˌdekəsɪˈlæbɪk/ ADJ (Ling) décasyllabe, décasyllabique

**decasyllable** /ˈdekəˌsɪləbl/ N (Ling) décasyllabe m

**decathlete** /dɪˈkæθliːt/ N décathlonien m

**decathlon** /dɪˈkæθlən/ N décathlon m

**decay** /dɪˈkeɪ/ SYN
- VI ⓵ (= go bad, rot) [food] pourrir, se gâter ; [vegetation, wood] pourrir ; [corpse, flesh] se décomposer, pourrir ; [cloth, fabric] moisir
⓶ (= disintegrate) [building] se délabrer, tomber en ruine ; [stones] s'effriter
⓷ (Dentistry) [tooth] se carier
⓸ (Phys) [radioactive particle] se désintégrer
⓹ (fig) [civilization] décliner ; [city, district] se délabrer ; [infrastructure, system] tomber en ruine
- VT ⓵ [+ food, wood] faire pourrir
⓶ (Dentistry) [+ tooth] carier
- N ⓵ [of food, vegetation, wood] pourriture f
⓶ (Dentistry) (also **tooth** or **dental decay**) carie f (dentaire) ◆ **to have** or **suffer from tooth decay** avoir des caries
⓷ (Archit) [of building, stone] délabrement m ◆ **to fall into decay** tomber en ruine, se délabrer
⓸ (Phys) [of radioactive particle] désintégration f
⓹ (fig) [of civilization] décadence f, déclin m ; [of infrastructure, system, organization, region, city] déclin m ◆ **social/industrial/economic decay** déclin m social/industriel/économique ◆ **moral decay** déchéance f morale

**decayed** /dɪˈkeɪd/ SYN ADJ ⓵ (= rotten) [wood] pourri ; [tooth] carié ; [corpse] décomposé ; [building] délabré
⓶ (fig) [civilization, nobility] décadent ; [health] chancelant ; [beauty] fané
⓷ (Phys) désintégré

**decaying** /dɪˈkeɪɪŋ/ SYN ADJ ⓵ [wood, vegetation] pourrissant ; [food] en train de s'avarier ; [tooth] qui se carie ; [corpse, flesh] en décomposition ; [building] en état de délabrement ; [stone] qui s'effrite
⓶ (fig) [civilization, district] sur le déclin ; [infrastructure] qui se dégrade

**decease** /dɪˈsiːs/ SYN (Admin, frm)
- N décès m
- VI décéder

**deceased** /dɪˈsiːst/ SYN (Admin, frm)
- ADJ décédé, défunt ◆ **John Brown deceased** feu John Brown
- N ◆ **the deceased** le défunt, la défunte

**deceit** /dɪˈsiːt/ SYN N ⓵ escroquerie f, tromperie f
⓶ (NonC) ⇒ **deceitfulness**

**deceitful** /dɪˈsiːtfʊl/ SYN ADJ [person, behaviour, manner] fourbe, déloyal

**deceitfully** /dɪˈsiːtfəlɪ/ ADV trompeusement

**deceitfulness** /dɪˈsiːtfʊlnɪs/ N fausseté f, duplicité f

**deceive** /dɪˈsiːv/ SYN
- VT tromper, duper ; [+ spouse, partner] tromper ◆ **to deceive sb into doing sth** amener qn à faire qch (en le trompant) ◆ **he deceived me into thinking that he had bought it** il m'a (faussement) fait croire qu'il l'avait acheté ◆ **I thought my eyes were deceiving me** je n'en croyais pas mes yeux ◆ **to be deceived by appearances** être trompé par or se tromper sur les apparences ◆ **to deceive o.s. (about sth)** se faire des illusions (à propos de qch) ◆ **don't be deceived!** ne vous y trompez pas !, ne vous méprenez pas ! ◆ **don't be deceived by his air of authority, he knows nothing about it** ne vous méprenez pas sur son air d'autorité, il n'y connaît rien
- VI tromper, être trompeur ◆ **appearances deceive** (Prov) les apparences sont trompeuses

>  In French, **décevoir** means 'to disappoint'.

**deceiver** /dɪˈsiːvəʳ/ N escroc m, imposteur m

**decelerate** /diːˈseləreɪt/ VI décélérer

**deceleration** /ˈdiːˌseləˈreɪʃən/ N décélération f

**December** /dɪˈsembəʳ/ N décembre m ; pour loc voir **September**

**decency** /ˈdiːsənsɪ/ SYN N ⓵ (NonC) [of dress, conversation] décence f, bienséance f ; [of person] pudeur f ◆ **to have a sense of decency** avoir de la pudeur
⓶ (= good manners) convenances fpl ◆ **to observe the decencies** observer or respecter les convenances ◆ **common decency** la simple politesse, le simple savoir-vivre ◆ **for the sake of decency** par convenance, pour garder les convenances ◆ **to have the decency to do sth** avoir la décence de faire qch ◆ **you can't in all decency do that** tu ne peux pas décemment faire ça ◆ **sheer human decency requires that...** le respect de la personne humaine exige que...
⓷ (* = niceness) gentillesse f

**decent** /ˈdiːsənt/ SYN ADJ ⓵ (= respectable) [person] convenable, honnête, bien* inv ; [house, shoes] convenable ; (= seemly) [language, behaviour, dress] décent, bienséant ◆ **no decent person would do it** jamais une personne convenable ne ferait cela, quelqu'un de bien* ne ferait jamais cela ◆ **to do the decent thing (by sb)** agir comme il se doit (à l'égard de qn) ◆ **are you decent?** * (= dressed) es-tu présentable ?
⓶ (* = kind, pleasant) [person] bon, brave ◆ **a decent sort of fellow** un bon or brave garçon, un type bien * ◆ **it was decent of him** c'était chic* de sa part
⓷ (* = adequate) correct ◆ **there isn't even a decent shop in the village** il n'y a même pas un magasin correct dans le village ◆ **I could do with a decent meal/night's sleep** un bon repas/une bonne nuit de sommeil ne me ferait pas de mal
⓸ (US * = wonderful) formidable, terrible *

**decently** /ˈdiːsəntlɪ/ ADV ⓵ (= properly, honourably) décemment, convenablement ◆ **decently paid/housed** correctement or convenablement payé/logé ◆ **you can't decently ask him that** vous ne pouvez pas décemment lui demander cela
⓶ (= respectably) [dress] convenablement ; [live, bury sb] d'une façon décente ; [behave] décemment, avec bienséance ◆ **they married as soon as they decently could** ils se sont mariés dès que la décence l'a permis
⓷ (* = kindly) gentiment ◆ **he very decently lent me some money** il m'a très gentiment prêté de l'argent

**decentralization** /ˌdiːˌsentrəlaɪˈzeɪʃən/ N décentralisation f

**decentralize** /ˌdiːˈsentrəlaɪz/ VT décentraliser

**deception** /dɪˈsepʃən/ SYN N ⓵ (NonC) (= deceitfulness) tromperie f, duperie f ; (= being deceived) illusion f, erreur f ◆ **he is incapable of deception** il est incapable de tromper qui que ce soit ◆ **to obtain money by deception** obtenir de l'argent par des moyens frauduleux
⓶ (= deceitful act) supercherie f

>  In French, **déception** means 'disappointment'.

**deceptive** /dɪˈseptɪv/ SYN ADJ trompeur ; → **appearance**

**deceptively** /dɪˈseptɪvlɪ/ ADV ◆ **it looks deceptively simple** c'est plus compliqué qu'il n'y paraît ◆ **the wine was deceptively strong** le vin était plus fort qu'il n'y paraissait ◆ **he has a deceptively gentle manner** il semble d'un naturel doux mais il ne faut pas s'y fier

**deceptiveness** /dɪˈseptɪvnɪs/ N caractère m trompeur or illusoire

**decerebrate** /diːˈserɪˌbreɪt/ VT décérébrer

**decerebration** /diːˌserɪˈbreɪʃən/ N décérébration f

**decibel** /ˈdesɪbel/ N décibel m

**decide** /dɪˈsaɪd/ LANGUAGE IN USE 8.2 SYN
- VT ⓵ (= make up one's mind) se décider (to do sth à faire qch), décider (to do sth de faire qch), se résoudre (to do sth à faire qch) ◆ **I decided to go** or **that I would go** je me suis décidé à y aller, j'ai décidé d'y aller ◆ **I'm trying to decide whether to go** j'essaie de décider si je dois y aller ◆ **what made you decide to go?** qu'est-ce qui vous a décidé à y aller ? ◆ **it has been decided that...** on a décidé or il a été décidé que... ◆ **she's decided she hates golf** elle a décidé qu'elle déteste le golf ◆ **she's decided she'd hate golf** elle a décidé qu'elle détesterait le golf
⓶ (= settle) [+ question] décider, trancher ; [+ quarrel] décider, arbitrer ; [+ piece of business] régler ; [+ difference of opinion] juger ; [+ sb's fate, future] décider de ◆ **to decide a case** (Jur) statuer sur un cas

**decide** 3 (= cause to make up one's mind) décider, déterminer (sb to do sth qn à faire qch)
◆ **VI** se décider ◆ **you must decide** il vous faut prendre une décision, il vous faut décider ◆ **to decide for sth** se décider pour qch or en faveur de qch ◆ **to decide against sth** se décider contre qch [judge, arbitrator, committee] ◆ **to decide for/against sb** donner raison/tort à qn ◆ **to decide in favour of sb** donner gain de cause à qn
▶ **decide (up)on** VT FUS [+ thing, course of action] décider pour, choisir (finalement) ◆ **to decide (up)on doing sth** se décider à faire qch

**decided** /dɪˈsaɪdɪd/ SYN ADJ 1 (= distinct) [advantage, improvement] net ◆ **a decided lack of...** un manque flagrant de...
2 (= categorical) [opinions] arrêté ◆ **he's a man of very decided opinions** c'est un homme aux opinions très arrêtées, il a des opinions très arrêtées

**decidedly** /dɪˈsaɪdɪdlɪ/ SYN ADV 1 (= distinctly)
◆ **decidedly conservative/French** résolument conservateur/français ◆ **decidedly odd/unpleasant** franchement bizarre/désagréable ◆ **decidedly different** vraiment très différent ◆ **decidedly better/more expensive** nettement mieux/plus cher
2 (= resolutely) [say, act] résolument, fermement

**decider** /dɪˈsaɪdəʳ/ N (esp Brit) (= goal) but m décisif ; (= point) point m décisif ; (= factor) facteur m décisif ◆ **the decider** (= game) la belle

**deciding** /dɪˈsaɪdɪŋ/ SYN ADJ [factor, game, point] décisif

**decidua** /dɪˈsɪdjʊə/ N déciduale f

**decidual** /dɪˈsɪdjʊəl/ ADJ décidual

**deciduous** /dɪˈsɪdjʊəs/ ADJ [tree] à feuilles caduques ; [leaves, antlers] caduc (-uque f)

**decile** /ˈdesɪl/ N décile m

**decilitre, deciliter** (US) /ˈdesɪˌliːtəʳ/ N décilitre m

**decillion** /dɪˈsɪljən/ N (Brit, France) 1060 ; (US, Can) 1033

**decimal** /ˈdesɪməl/
◆ **ADJ** [number, system, coinage] décimal ◆ **decimal fraction** fraction f décimale ◆ **to three decimal places** (jusqu'à) la troisième décimale ◆ **decimal point** virgule f (de fraction décimale) ; → **fixed**, **floating**
◆ **N** décimale f ◆ **decimals** le calcul décimal, la notation décimale ; → **recurring**

**decimalization** /ˌdesɪməlaɪˈzeɪʃən/ N décimalisation f

**decimalize** /ˈdesɪməlaɪz/ VT décimaliser

**decimate** /ˈdesɪmeɪt/ VT (lit, fig) décimer

**decimation** /ˌdesɪˈmeɪʃən/ N décimation f

**decimetre, decimeter** (US) /ˈdesɪˌmiːtəʳ/ N décimètre m

**decimetric** /ˌdesɪˈmetrɪk/ ADJ décimétrique

**decipher** /dɪˈsaɪfəʳ/ SYN VT déchiffrer

**decipherable** /dɪˈsaɪfərəbl/ ADJ déchiffrable

**decipherment** /dɪˈsaɪfəmənt/ N déchiffrage m, déchiffrement m

**decision** /dɪˈsɪʒən/ SYN
◆ **N** 1 (= act of deciding) décision f ; (Jur) jugement m, arrêt m ◆ **to come to a decision** arriver à or prendre une décision ◆ **his decision is final** sa décision est irrévocable or sans appel ◆ **to give a decision on a case** (Jur) statuer sur un cas
2 (NonC) décision f ◆ **with decision** [act] d'un air décidé or résolu ; [say] d'un ton décidé or résolu ◆ **a look of decision** un air décidé or résolu
◆ **COMP** **decision-maker** N décideur m, -euse f, décisionnaire mf
**decision-making** N ◆ **he's good at decision-making** il sait prendre des décisions
**decision table** N (Comput) table f de décision

**decisive** /dɪˈsaɪsɪv/ SYN ADJ 1 (= conclusive) [battle, step, moment, role] décisif ◆ **the decisive factor** le facteur décisif
2 (= resolute) [person] décidé, ferme ; [manner, attitude] décidé, résolu ; [answer] ferme ◆ **he's very decisive** c'est quelqu'un qui sait prendre des décisions

**decisively** /dɪˈsaɪsɪvlɪ/ ADV 1 (= conclusively) [defeat, reject, influence] de manière décisive
2 (= resolutely) [speak] de manière résolue, avec fermeté ; [act] avec décision

**decisiveness** /dɪˈsaɪsɪvnɪs/ N (NonC) (= character) esprit m de décision ; (= manner) air m décidé

**deck** /dek/ SYN
◆ **N** 1 [of boat, ship] pont m ◆ **to go up on deck** monter sur le pont ◆ **below decks** sous le pont, en bas ◆ **between decks** dans l'entrepont ◆ **to clear the decks (for action)** se mettre en branle-bas (de combat) ; (fig) tout déblayer ◆ **on deck** (US fig) prêt à l'action ◆ **to hit the deck** se casser la gueule * ; → **afterdeck**, **flight¹**, **hand**
2 [of vehicle] plateforme f ◆ **top deck**, **upper deck** [of bus] impériale f ; [of jumbo jet] étage m
3 (US : also **deck of cards**) jeu m de cartes ◆ **he's not playing with a full deck***, **he's playing with a loaded** or **stacked deck*** (fig) il ne joue pas franc jeu or cartes sur table ◆ **he's not playing with a full deck*** (fig = not very bright) il n'est pas très futé
4 (also **mixing deck**) table f de mixage ; (also **cassette deck**) platine f cassettes ; (also **record deck**) platine f disques ; see also **cassette**
◆ **VT** 1 (also **deck out**) [+ person, room etc] parer (with de) ◆ **she was decked out in her Sunday best** elle s'était mise sur son trente et un, elle s'était endimanchée
2 (* = knock down) flanquer * par terre
◆ **COMP** **deck beam** N barrot m
**deck cabin** N cabine f (de pont)
**deck cargo** N pontée f
**deck chair** N chaise f longue, transat * m, transatlantique m
**deck hand** N matelot m

**-decker** /ˈdekəʳ/ N (in compounds) ◆ **a single-decker** (= bus) un autobus sans impériale ◆ **a three-decker** (= ship) un vaisseau à trois ponts, un trois-ponts ; → **double**

**deckhouse** /ˈdekhaʊs/ N rouf m

**decking** /ˈdekɪŋ/ N revêtement m de sol d'extérieur en bois

**deckle** /ˈdekl/
◆ **N** (also **deckle edge**) barbes fpl
◆ **COMP** **deckle-edged** ADJ [paper] non ébarbé

**declaim** /dɪˈkleɪm/ SYN VTI déclamer (against contre)

**declamation** /ˌdeklaˈmeɪʃən/ SYN N déclamation f

**declamatory** /dɪˈklæmətərɪ/ ADJ déclamatoire

**declaration** /ˌdekləˈreɪʃən/ SYN
◆ **N** [of intentions, taxes, goods at Customs] déclaration f ; (Cards) annonce f
◆ **COMP** **declaration of bankruptcy** N déclaration f de mise en faillite
**Declaration of Independence** N (US Hist) Déclaration f d'indépendance
**declaration of love** N déclaration f d'amour
**declaration of war** N déclaration f de guerre

**declarative** /dɪˈklærətɪv/ SYN ADJ (Gram) déclaratif, assertif

**declaratory** /dɪˈklærətərɪ/ ADJ (Jur) ◆ **declaratory judgement** jugement m déclaratoire

**declare** /dɪˈklɛəʳ/ LANGUAGE IN USE 26.2 SYN
◆ **VT** 1 [+ intentions, love, war, hostilities (also Fin etc) [+ income] déclarer ; [+ results] proclamer ◆ **have you anything to declare?** (Customs) avez-vous quelque chose à déclarer ? ◆ **to declare o.s.** [suitor] faire sa déclaration, se déclarer ◆ **to declare war (on...)** déclarer la guerre (à...) ◆ **to declare a state of emergency** déclarer l'état d'urgence
2 (= assert) déclarer (that que) ◆ **to declare o.s. for** or **in favour of/against** se déclarer or se prononcer en faveur de/contre ◆ **to declare sb president/bankrupt** déclarer qn président/en faillite
◆ **VI** 1 ◆ **well I (do) declare!** † * (ça) par exemple !
2 (US Pol) [presidential candidate] annoncer sa candidature

**declared** /dɪˈklɛəd/ ADJ [intention] déclaré, avoué ◆ **he's a declared homosexual** il ne cache pas son homosexualité

**declaredly** /dɪˈklɛərɪdlɪ/ ADV ouvertement

**declarer** /dɪˈklɛərəʳ/ N (Cards) déclarant(e) m(f)

**declassify** /diːˈklæsɪfaɪ/ VT [+ information, document] déclassifier

**declension** /dɪˈklenʃən/ N (Gram) déclinaison f ◆ **first/second declension** première/deuxième déclinaison f

**declinable** /dɪˈklaɪnəbl/ ADJ (Gram) déclinable

**declination** /ˌdeklɪˈneɪʃən/ N (Astron) déclinaison f

**decline** /dɪˈklaɪn/ LANGUAGE IN USE 12.3, 19.5, 25.2 SYN
◆ **N** [of day, life] déclin m ; [of empire] déclin m, décadence f ◆ **to be in decline** [nation, economy, industry] être en déclin ; [population, number] être en baisse ◆ **to fall** or **go into a decline** dépérir

◆ **decline in** (numbers, sales, standards) baisse f de ◆ **a rapid decline in popularity** une rapide baisse de popularité ◆ **a decline in standards** une baisse de qualité

◆ **to be on the decline** [prices] être en baisse, baisser ; [fame, health] décliner ◆ **cases of real poverty are on the decline** les cas d'indigence réelle sont de moins en moins fréquents or sont en diminution

◆ **VT** 1 (gen) refuser (to do sth de faire qch) ; [+ invitation, offer, honour] décliner ; [+ responsibility] décliner, rejeter ◆ **he declined to do it** il a refusé (poliment) de le faire ◆ **he offered me a lift but I declined** il a proposé de m'emmener mais j'ai refusé ◆ **to decline a jurisdiction** (Jur) se déclarer incompétent
2 (Gram) décliner
◆ **VI** 1 [health, influence] décliner ; [empire] tomber en décadence ; [prices] baisser, être en baisse ; [business] péricliter, décliner ◆ **to decline in importance** perdre de l'importance
2 (= slope) s'incliner, descendre
3 [sun] décliner, se coucher ; [day] tirer à sa fin, décliner
4 (Gram) se décliner

**declining** /dɪˈklaɪnɪŋ/
◆ **ADJ** [sales, standards, popularity] en baisse ◆ **he's in declining health** sa santé décline peu à peu ◆ **a declining industry** une industrie sur le déclin ◆ **in his declining years** au déclin de sa vie ◆ **she spent her declining years in Devon** elle a passé ses dernières années dans le Devon
◆ **N** 1 [of invitation] refus m
2 [of empire] décadence f
3 (Gram) déclinaison f

**declivity** /dɪˈklɪvɪtɪ/ N déclivité f, pente f

**declutch** /ˌdiːˈklʌtʃ/ VI débrayer ; → **double**

**decoct** /dɪˈkɒkt/ VT faire une décoction de

**decoction** /dɪˈkɒkʃən/ N décoction f

**decode** /ˌdiːˈkəʊd/ VT 1 (Telec, TV) décoder, traduire (en clair)
2 (Comput, Ling) décoder
3 (fig = understand, explain) décoder

**decoder** /ˌdiːˈkəʊdəʳ/ N (Comput, Telec, TV) décodeur m

**decoding** /ˌdiːˈkəʊdɪŋ/ N (Comput, Telec, TV, Ling) décodage m

**decoke** /ˌdiːˈkəʊk/ (Brit)
◆ **VT** [+ engine] décalaminer
◆ **N** /ˈdiːkəʊk/ décalaminage m

**decollate** /dɪˈkɒleɪt/ VT (Comput) déliasser

**décolletage** /ˌdeɪkɒlˈtɑːʒ/ N décolletage m, décolleté m

**décolleté** /ˌdeɪkɒlˈteɪ/
◆ **ADJ** décolleté
◆ **N** ⇒ **décolletage**

**decolonization** /ˌdiːˌkɒlənaɪˈzeɪʃən/ N décolonisation f

**decolonize** /ˌdiːˈkɒlənaɪz/ VT décoloniser

**decommission** /ˌdiːkəˈmɪʃən/ VT 1 [+ nuclear power station] déclasser
2 [+ warship, aircraft] retirer de la circulation

**decommissioning** /ˌdiːkəˈmɪʃənɪŋ/ N [of arms] mise f hors service ; [of power station] déclassement m

**decommunization** /ˌdiːˌkɒmjʊnaɪˈzeɪʃən/ N décommunisation f

**decommunize** /ˌdiːˈkɒmjʊnaɪz/ VT décommuniser

**decompartmentalization** /ˌdiːkɒmpɑːtˌmentəlaɪˈzeɪʃən/ N (Soc) décloisonnement m

**decompartmentalize** /ˌdiːkɒmpɑːtˈmentəlaɪz/ VT (Soc) décloisonner

**decompensation** /ˌdiːkɒmpenˈseɪʃən/ N décompensation f

**decompose** /ˌdiːkəmˈpəʊz/ SYN
◆ **VT** décomposer
◆ **VI** se décomposer

**decomposition** /ˌdiːkɒmpəˈzɪʃən/ SYN N décomposition f

**decompress** /ˌdiːkəmˈpres/ VT décompresser

**decompression** /ˌdiːkəmˈpreʃən/
[N] (Med, Phys, Tech) décompression f
[COMP] **decompression chamber** N chambre f de décompression
**decompression illness, decompression sickness** N maladie f des caissons

**decongest** /ˌdiːkənˈdʒest/ VT [+ road, hospital, prison, town centre] désengorger

**decongestant** /ˌdiːkənˈdʒestənt/ ADJ, N décongestif m

**decongestion** /ˌdiːkənˈdʒestʃən/ N désengorgement m

**deconsecrate** /ˌdiːˈkɒnsɪkreɪt/ VT séculariser

**deconsecration** /diːˌkɒnsɪˈkreɪʃən/ N sécularisation f

**deconstruct** /ˌdiːkənˈstrʌkt/ VT (Literat) déconstruire

**deconstruction** /ˌdiːkənˈstrʌkʃən/ N (Literat) déconstruction f

**decontaminate** /ˌdiːkənˈtæmɪneɪt/ VT décontaminer

**decontamination** /ˌdiːkənˌtæmɪˈneɪʃən/ N décontamination f

**decontextualize** /ˌdiːkənˈtekstjʊəlaɪz/ VT isoler de son contexte

**decontrol** /ˌdiːkənˈtrəʊl/ (esp US)
[VT] (Admin, Comm) déréglementer ◆ **to decontrol (the price of) oil** libérer le prix du pétrole
[N] [of price] libération f

**décor** /ˈdeɪkɔː<sup>r</sup>/ SYN N décor m

**decorate** /ˈdekəreɪt/ SYN
[VT] [1] (= prettify) orner, décorer (with de) ; [+ cake] décorer ◆ **to decorate with flags** pavoiser
[2] [+ room, house] (= paint) peindre ; (= wallpaper) tapisser
[3] (= award medal to) décorer, médailler ◆ **he was decorated for gallantry** il a été décoré pour sa bravoure
[VI] (= paint etc) peindre (et tapisser)

(!) When it means painting and decorating, **to decorate** is not translated by **décorer**.

**decorating** /ˈdekəreɪtɪŋ/ N [1] (also **painting and decorating**) décoration f intérieure ◆ **they are doing some decorating** ils sont en train de refaire les peintures
[2] [of cake etc] décoration f

**decoration** /ˌdekəˈreɪʃən/ SYN N [1] (NonC) [of cake] décoration f ; [of hat] ornementation f ; [of room] (= act) décoration f (intérieure) ; (= state) décoration f, décor m ; [of town] décoration f ; (with flags) pavoisement m
[2] (= ornament) [of hat] ornement m ; (in streets) décoration f ◆ **Christmas decorations** décorations fpl de Noël
[3] (Mil) décoration f, médaille f

**decorative** /ˈdekərətɪv/ SYN
[ADJ] décoratif
[COMP] **decorative art** N arts mpl décoratifs

**decorator** /ˈdekəreɪtə<sup>r</sup>/ N (= designer) décorateur m, -trice f, ensemblier m ; (esp Brit : also **painter and decorator**) peintre m décorateur

**decorous** /ˈdekərəs/ SYN ADJ convenable, bienséant ◆ **try to be decorous at all times** essayez toujours de respecter les convenances

**decorously** /ˈdekərəslɪ/ ADV de façon convenable

**decorum** /dɪˈkɔːrəm/ SYN N décorum m, bienséance f ◆ **with decorum** avec bienséance, comme il faut ◆ **a breach of decorum** une inconvenance ◆ **to have a sense of decorum** avoir le sens des convenances

**decouple** /diːˈkʌpl/ VT découpler

**decoupling** /diːˈkʌplɪŋ/ N découplage m

**decoy** /ˈdiːkɔɪ/ SYN
[N] (= bird) (live) appeau m, chanterelle f ; (artificial) leurre m ; (= animal) proie f (servant d'appât) ; (= person) compère m ◆ **police decoy** policier m en civil (servant à attirer un criminel dans une souricière)
[VT] /dɪˈkɔɪ/ (with live decoy) attirer avec un appeau ou une chanterelle ; (with artificial decoy) attirer avec un leurre ; see also noun ; (also fig) attirer dans un piège ◆ **to decoy sb into doing sth** faire faire qch à qn en le leurrant
[COMP] **decoy duck** N (lit) appeau m, chanterelle f ; (fig) compère m

**decrease** /dɪˈkriːs/ SYN
[VI] [amount, numbers, supplies, birth rate, population] diminuer, décroître ; [power] s'affaiblir ; [strength, intensity] s'affaiblir, décroître ; [price, value] baisser ; [enthusiasm] se calmer, se refroidir ; (Knitting) diminuer
[VT] diminuer, réduire
[N] /ˈdiːkriːs/ [of amount, supplies] diminution f, amoindrissement m (in de) ; [of numbers] diminution f, décroissance f (in de) ; [of birth rate, population] diminution f (in de) ; [of power] affaiblissement m (in de) ; [of strength, intensity] diminution f, décroissance f (in de) ; [of price, value] baisse f (in de) ; [of enthusiasm] baisse f, refroidissement m (in de) ◆ **decrease in speed** ralentissement m ◆ **decrease in strength** affaiblissement m

**decreasing** /dɪˈkriːsɪŋ/ ADJ [amount, quantity, value, sales, numbers, statistic] en baisse ; [intensity] décroissant ; [strength] déclinant ◆ **a decreasing population** une baisse de la démographie, une population en baisse

**decreasingly** /dɪˈkriːsɪŋlɪ/ ADV de moins en moins

**decree** /dɪˈkriː/ SYN
[N] (Pol, Rel) décret m ; [of tribunal] arrêt m, jugement m ; (municipal) arrêté m ◆ **by royal/government decree** par décret du roi/du gouvernement ◆ **decree absolute** (divorce) jugement m définitif (de divorce) ◆ **decree nisi** jugement m provisoire (de divorce)
[VT] (gen, also Pol, Rel) décréter (that que + indic) ; (Jur) ordonner (that que + subj) ; [mayor, council etc] arrêter (that que + indic) ◆ **to decree an end to...** (frm) décréter la fin de...

**decrepit** /dɪˈkrepɪt/ SYN ADJ [object, building] délabré ; *[person] décrépit, décati*

**decrepitude** /dɪˈkrepɪtjuːd/ N [1] (= dilapidation) [of building, place] délabrement m ; [of system] vétusté f, délabrement m
[2] (= infirmity) décrépitude f

**decrescence** /dɪˈkresəns/ N décours m, décroissement m, décroît m

**decrescendo** /ˌdiːkrɪˈʃendəʊ/ (Mus)
[N] decrescendo m
[ADJ] en decrescendo

**decrescent** /dɪˈkresənt/ ADJ dans or sur son décroît, en décours

**decretal** /dɪˈkriːtl/ N décrétale f

**decriminalization** /ˌdiːkrɪmɪnəlaɪˈzeɪʃən/ N dépénalisation f

**decriminalize** /diːˈkrɪmɪnəlaɪz/ VT dépénaliser

**decry** /dɪˈkraɪ/ SYN VT décrier, dénigrer

**decrypt** /diːˈkrɪpt/ VT (Comput, Telec) décrypter, déchiffrer

**decubitus** /dɪˈkjuːbɪtəs/ N décubitus m ◆ **decubitus ulcer** escarre f

**decumulation** /ˌdɪkjuːmjʊˈleɪʃən/ N [of capital] réduction f, diminution f ; [of stocks] contraction f, réduction f ◆ **stock decumulation** déstockage m

**dedicate** /ˈdedɪkeɪt/ SYN VT [1] (= devote) [+ time, one's life] consacrer (to sth à qch ; to doing sth à faire qch) ; [+ resources, money] allouer (to sth à qch ; to doing sth pour faire qch) ◆ **to dedicate o.s. to sth/to doing sth** se consacrer à qch/à faire qch
[2] (as mark of respect, affection etc) [+ building, memorial, book, award] dédier (to à) ◆ **to dedicate a song to sb** [singer] dédier une chanson à qn ; [disc jockey] passer une chanson à la demande de qn ◆ **they dedicated the statue to the memory of...** ils ont dédié cette statue à la mémoire de... ◆ "**this thesis is dedicated to my parents**" « je dédie cette thèse à mes parents »
[3] (Rel = consecrate) [+ church, shrine] consacrer

**dedicated** /ˈdedɪkeɪtɪd/ SYN ADJ [1] (= devoted) [person] dévoué ; [work, attitude] sérieux ◆ **a dedicated traveller** un voyageur enthousiaste ◆ **a dedicated socialist** un socialiste convaincu ◆ **a dedicated follower of fashion** un fervent adepte de la mode ◆ **to be dedicated to sth** [person] tenir beaucoup à qch ; [organization] se consacrer à qch ◆ **as a party we are dedicated to social change** notre parti a pour vocation de promouvoir le changement social ◆ **as a party we are dedicated to achieving social equality** notre parti œuvre en faveur de l'établissement de l'égalité sociale ◆ **we are dedicated to making banking more convenient for our customers** nous faisons tout notre possible pour faciliter les formalités bancaires à nos clients
[2] ◆ **dedicated to** (= given over to) consacré à ◆ **a museum dedicated to Napoleon** un musée consacré à Napoléon ◆ **a charity dedicated to famine relief** une association caritative ayant pour but de combattre la famine
[3] (= bearing a dedication) [copy of book etc] dédicacé
[4] (= specialized) [word processor] dédié

**dedicatee** /ˌdedɪkəˈtiː/ N dédicataire mf

**dedication** /ˌdedɪˈkeɪʃən/ SYN N [1] [of church] dédicace f, consécration f
[2] (in book, on radio) dédicace f ◆ **to write a dedication in a book** dédicacer un livre ◆ **the dedication reads: "to Emma, with love from Harry"** le livre est dédicacé « à Emma, avec tout mon amour, Harry » ◆ **if you want a dedication just write in** (Rad) si vous voulez faire une dédicace, écrivez-nous
[3] (quality = devotion) dévouement m

**dedicatory** /ˈdedɪkətərɪ/ ADJ dédicatoire

**dedifferentiation** /diːˌdɪfəˈrenʃɪˈeɪʃən/ N dédifférenciation f

**deduce** /dɪˈdjuːs/ SYN VT déduire, conclure (from de ; that que)

**deducible** /dɪˈdjuːsɪbl/ ADJ ◆ **deducible from** que l'on peut déduire or inférer de

**deduct** /dɪˈdʌkt/ SYN VT [+ amount] déduire, retrancher (from de) ; [+ numbers] retrancher, soustraire (from de) ; [+ tax] retenir, prélever (from sur) ◆ **to deduct something from the price** faire une réduction sur le prix ◆ **to deduct sth for expenses** retenir qch pour les frais ◆ **to deduct 5% from the wages** faire une retenue de or prélever 5% sur les salaires ◆ **after deducting 5%** déduction faite de 5%

**deductible** /dɪˈdʌktəbl/
[ADJ] à déduire (from de) ; (Tax) [expenses] déductible
[N] (US Insurance) franchise f ◆ **a 50 dollar deductible** une franchise de 50 dollars

**deduction** /dɪˈdʌkʃən/ SYN N [1] (= sth deducted) déduction f (from de) ; (from wage) retenue f, prélèvement m (from sur)
[2] (= sth deduced) déduction f
[3] (NonC = deductive reasoning) raisonnement m déductif

**deductive** /dɪˈdʌktɪv/ ADJ déductif

**deed** /diːd/
[N] [1] (= action) action f, acte m ◆ **brave deed** haut fait m, exploit m ◆ **good deed(s)** bonne(s) action(s) f(pl) ◆ **to do one's good deed for the day** (hum) faire sa B.A. quotidienne ; → word
[2] ◆ **in deed** de fait ◆ **master in deed if not in name** maître de fait sinon de nom
[3] (Jur) acte m notarié, contrat m ◆ **deed of covenant** or (also) donation f ◆ **deed of partnership** contrat m de société
[VT] (US Jur) transférer par acte notarié
[COMP] **deed box** N coffre m or mallette f pour documents (officiels)
**deed poll** N ◆ **to change one's name by deed poll** ≈ changer de nom officiellement

**deejay** * /ˈdiːˌdʒeɪ/ N disc-jockey m

**deem** /diːm/ SYN VT ◆ **to deem it prudent to do sth** juger prudent de faire qch ◆ **to be deemed worthy of (doing) sth** être jugé digne de (faire) qch ◆ **he was deemed too ill to leave the hospital** on a décidé qu'il était trop malade pour quitter l'hôpital ◆ **military intervention was not deemed necessary** on a jugé qu'une intervention militaire n'était pas nécessaire

**deemphasize** /diːˈemfəsaɪz/ VT minimiser l'importance de

**deenergization** /diːˌenədʒaɪˈzeɪʃən/ N (Elec) désamorçage m

**deenergize** /diːˈenədʒaɪz/ VT (Elec) désamorcer

**deep** /diːp/ SYN
[ADJ] [1] [water, hole, wound, cut, wrinkle] profond ; [mud, snow, carpet] épais (-aisse f) ; [pan, bowl, container] à hauts bords ◆ **the lake/pond was 4 metres deep** le lac/l'étang avait 4 mètres de profondeur ◆ **the water was 2 metres deep** la profondeur de l'eau était de 2 mètres ◆ **the snow lay deep** il y avait une épaisse couche de neige ◆ **the streets were 2 feet deep in snow** les rues étaient sous 60 cm or étaient recouvertes de 60 cm de neige ◆ **he was ankle-/thigh-deep in water** l'eau lui arrivait aux chevilles/aux cuisses ◆ **to be in deep water(s)** (fig) avoir de gros ennuis, être en mauvaise posture
[2] [edge, border] large, haut ; [shelf, cupboard] large, profond ◆ **a plot of ground 15 metres deep** un terrain qui s'étend sur 15 mètres ◆ **the spectators stood ten deep** il y avait dix rangées de spectateurs ◆ **a line of policemen three deep** trois rangées de policiers ◆ **a line of cars**

**parked three deep** des voitures garées sur trois rangées

3 *[sound, voice, tones]* grave ◆ **the animal gave a deep growl** l'animal a émis un grognement sourd

4 *[colour]* profond ; *[darkness]* profond, total ◆ **deep blue/green/yellow** bleu/vert/jaune profond *inv*

5 *[breath, sigh]* profond ◆ **deep breathing** respiration *f* profonde ; *(= exercises)* exercices *mpl* respiratoires ◆ **to take a deep breath** respirer profondément

6 *[sorrow, relief]* profond, intense ; *[concern, interest]* vif ; *[admiration, respect, divisions, differences, sleep, relaxation, recession]* profond ; *[mystery]* profond, total ◆ **our deepest feelings** nos sentiments les plus profonds ◆ **to gain a deeper understanding of sth** parvenir à mieux comprendre qch ◆ **to gain a deeper understanding of o.s.** parvenir à mieux se connaître ; → **breath, mourning**

7 *[writer, thinker, book]* profond ◆ **the film is not intended to be deep and meaningful** le film ne cherche pas à être profond ◆ **I'm not looking for a deep and meaningful relationship** je ne recherche pas une relation sérieuse

8 *(in location)* ◆ **deep in the forest/in enemy territory** au cœur de la forêt/du territoire ennemi

9 *(= absorbed, implicated)* ◆ **deep in thought/in a book** plongé *or* absorbé dans ses pensées/dans un livre ◆ **she was deep in conversation (with him)** elle était en pleine conversation (avec lui) ◆ **deep in debt** criblé de dettes ◆ **the country is deep in recession** le pays est en pleine récession

10 *(Sport) [shot, volley, pass, cross]* long (longue *f*)

11 *(Gram)* ◆ **deep structure** structure *f* profonde ◆ **deep grammar** grammaire *f* profonde

**ADV** profondément ◆ **to go deep into the forest** pénétrer profondément *or* très avant dans la forêt ◆ **to bury sth deep underground** enfouir qch profondément dans le sol ◆ **it makes its burrow deep underground** il creuse son terrier très profond ◆ **don't go in too deep if you can't swim** ne va pas trop loin si tu ne sais pas nager ◆ **to thrust one's hands deep in one's pockets** enfoncer ses mains dans ses poches ◆ **to talk/read** *etc* **deep into the night** parler/lire *etc* jusque tard dans la nuit ◆ **to drink deep** boire à longs traits ◆ **to breathe deep** respirer profondément ◆ **to gaze deep into sb's eyes** regarder qn au fond des yeux, plonger son regard dans celui de qn ◆ **to go** *or* **run deep** *[divisions, crisis, tendency]* être profond ; *[problems]* être grave, remonter à loin ; *[passions, feelings]* être exacerbé ; *[racism, prejudice, memories]* être bien enraciné ◆ **the difference between them goes** *or* **runs deep** il y a une profonde différence entre eux ◆ **their family roots run deep** leur famille remonte à loin ◆ **he's in (it) pretty deep** * *(in relationship, plot)* il s'est engagé à fond ; *(in conspiracy, illegal activity)* il est dedans jusqu'au cou ◆ **deep down she still mistrusted him** en son for intérieur, elle se méfiait encore de lui ◆ **she seems abrupt, but deep down she's kind** sous son air *or* son extérieur brusque, c'est quelqu'un de gentil ; → **dig, knee, skin, still**[2]

**N** 1 *(liter = sea, ocean)* ◆ **the deep** (les grands fonds *mpl* de) l'océan *m* , les grandes profondeurs *fpl*

2 *(= depths)* ◆ **in the deep of winter** au plus fort *or* au cœur de l'hiver

**COMP** **deep-chested** **ADJ** *[person]* large de poitrine ; *[animal]* à large poitrail

**deep-discount bond** **N** *(Fin)* obligation *f* à forte décote

**deep-dyed** **ADJ** *(fig)* invétéré

**the deep end** **N** *[of swimming pool]* le grand bain ◆ **to go off (at) the deep end** * *(fig:excited, angry)* se mettre dans tous ses états ◆ **to go in** *or* **jump in at the deep end** *(esp Brit) (fig)* foncer tête baissée ◆ **to throw sb in at the deep end** * *(fig)* mettre tout de suite qn dans le bain

**deep-fat fryer** **N** friteuse *f*

**deep freeze, deep freezer** (US) **N** congélateur *m* ◆ **to put sth in the deep freeze** mettre qch au congélateur ◆ **in deep freeze** congelé ◆ **to put sth into deep freeze** congeler qch

**deep-freeze** **VT** congeler

**deep-freezing** **N** congélation *f* ; *(in food production)* surgélation *f*

**deep-fried** **ADJ** frit

**deep-frozen foods** **NPL** aliments *mpl* surgelés

**deep-fry** **VT** faire frire

**deep fryer** **N** ⇒ **deep-fat fryer**

**deep kissing** **N** *(NonC)* baisers *mpl* profonds

**deep-pan pizza** **N** pizza *f* à pâte épaisse

**deep-rooted** SYN **ADJ** *[affection, prejudice]* profond, profondément enraciné, vivace ; *[habit]* invétéré, ancré ; *[tree]* aux racines profondes

**deep-sea** **ADJ** *[animal, plant]* pélagique, abyssal ; *[current]* pélagique

**deep-sea diver** **N** plongeur *m* sous-marin

**deep-sea diving** **N** plongée *f* sous-marine

**deep-sea fisherman** **N** (pl **deep-sea fishermen**) pêcheur *m* hauturier *or* de haute mer

**deep-sea fishing** **N** pêche *f* hauturière

**deep-seated** **ADJ** *[prejudice, dislike]* profond, profondément enraciné ; *[conviction]* fermement ancré ◆ **deep-seated cough** toux *f* bronchique *or* caverneuse

**deep-set** **ADJ** *[eyes]* très enfoncé, creux, cave ; *[window]* profondément encastré

**deep-six** ‡ **VT** *(US)* *(= throw out)* balancer ‡ ; *(= kill)* liquider ‡

**the Deep South** **N** *(US Geog)* le Sud profond *(des États-Unis)*

**deep space** **N** espace *m* intersidéral *or* interstellaire

**deep vein thrombosis** **N** thrombose *f* veineuse profonde

## deepen /ˈdiːpən/ SYN

**VT** *[+ relationship, knowledge]* approfondir ; *[+ gloom, recession]* aggraver

**VI** *[crisis, recession]* s'aggraver ; *[voice]* devenir plus grave ; *[water]* devenir plus profond ; *[snow]* devenir plus épais ; *[relationship]* devenir plus profond ; *[knowledge]* s'approfondir ; *[darkness]* s'épaissir

## deepening /ˈdiːpənɪŋ/

**ADJ** *[crisis, gloom, depression]* qui s'aggrave ; *[friendship, understanding]* de plus en plus profond ; *[wrinkles]* qui se creuse

**N** intensification *f*

## deepfreeze /ˈdiːpfriːz/ N ⇒ **deep comp**

## deeply /ˈdiːplɪ/ SYN ADV

1 *[cut, sleep, breathe, love, think, regret]* profondément ; *[dig]* profond ; *[drink]* à grands *or* longs traits ◆ **to blush deeply** rougir jusqu'aux oreilles ◆ **deeply embedded** profondément incrusté ◆ **to sigh deeply** pousser un gros soupir ◆ **to look deeply into sb's eyes** regarder qn au fond des yeux, plonger son regard dans celui de qn

2 *[shocked, divided, sceptical, religious, unhappy, hurt]* profondément ; *[concerned, troubled, unpopular]* extrêmement ; *[grateful]* infiniment ◆ **deeply tanned** très bronzé ◆ **deeply in debt** criblé de dettes

## deer /dɪəʳ/ N (pl **deer** or **deers**)

cerf *m*, biche *f* ; (also **red deer**) cerf *m* ; (also **fallow deer**) daim *m* ; (also **roe deer**) chevreuil *m* ◆ **certain types of deer** certains types de cervidés ◆ **look at those deer!** regardez ces cerfs (*or* ces biches) !

## deerhound /ˈdɪəhaʊnd/ N limier *m*

## Deerhunter /ˈdɪəhʌntəʳ/ N *(Cine)*

◆ **The Deerhunter** Voyage au bout de l'enfer

## deerskin /ˈdɪəskɪn/ N peau *f* de daim

## deerstalker /ˈdɪəˌstɔːkəʳ/ N

*(= hat)* casquette *f* à la Sherlock Holmes ; *(= hunter)* chasseur *m* de cerfs

## deerstalking /ˈdɪəˌstɔːkɪŋ/ N

chasse *f* au cerf *(à pied)*

## de-escalate /diːˈeskəleɪt/ VT

*[+ tension]* faire baisser, diminuer ; *[+ situation]* détendre, décrisper

## de-escalation /diːˌeskəˈleɪʃən/ N

*(Mil, Pol)* désescalade *f* ; *(in industrial relations)* décrispation *f*

## deface /dɪˈfeɪs/ SYN VT dégrader

## defacement /dɪˈfeɪsmənt/ N

dégradation *f*, mutilation *f*

## de facto /deɪˈfæktəʊ/ SYN

**ADJ, ADV** de fait, de facto

**N** *(Austral)* concubin(e) *m(f)*

## defalcate /ˈdiːfælkeɪt/ VI

*(Jur)* détourner des fonds

## defamation /ˌdefəˈmeɪʃən/ SYN N

(also **defamation of character**) diffamation *f*

## defamatory /dɪˈfæmətərɪ/ SYN ADJ diffamatoire

## defame /dɪˈfeɪm/ SYN VT diffamer

## default /dɪˈfɔːlt/ SYN

**N** 1 *(Jur)* *(= failure to appear) (in civil cases)* défaut *m*, non-comparution *f* ; *(in criminal cases)* contumace *f* ; *(= failure to meet financial obligation)* défaillance *f*, manquement *m* ◆ **judgement by default** jugement *m* par contumace *or* par défaut ◆ **to be in default of payment** *[company]* être en (situation de) cessation de paiement

2 ◆ **by default** ◆ **we must not let it go by default** ne laissons pas échapper l'occasion (faute d'avoir agi) ◆ **they won the election by default** ils ont remporté l'élection en l'absence d'autres candidats sérieux ◆ **he got the job by default** il a eu le poste en l'absence d'autres candidats (valables) ◆ **match won by default** match gagné par forfait

3 *(= lack, absence)* manque *m*, carence *f* ◆ **in default of** à défaut de, faute de

4 *(Fin)* cessation *f* de paiements

5 *(Comput)* position *f* par défaut ◆ **default option/value** option *f*/valeur *f* par défaut

**VT** *(Jur)* condamner par défaut *or* par contumace, rendre un jugement par défaut contre

**VI** 1 *(Jur)* faire défaut, être en état de contumace

2 *(gen, Fin)* manquer à ses engagements

3 *(Comput)* ◆ **to default to a value** prendre une valeur par défaut ◆ **it defaults to drive C** ça se positionne par défaut sur le disque C

## defaulter /dɪˈfɔːltəʳ/ SYN N

1 *(= offender)* délinquant(e) *m(f)* ; *(Mil, Naut)* soldat *m* (*or* marin *m*) en infraction ; *(Mil, Naut: undergoing punishment)* consigné *m*

2 *(Fin)* défaillant(e) *m(f)*, débiteur *m*, -trice *f* défaillant(e) ; *(= defaulting tenant)* locataire *mf* qui ne paie pas son loyer

## defaulting /dɪˈfɔːltɪŋ/ ADJ

*[client, purchaser, tenant, witness]* défaillant

## defeat /dɪˈfiːt/ SYN

**N** *(= act, state) [of army, team]* défaite *f* ; *[of project, ambition]* échec *m*, insuccès *m* ; *[of legal case, appeal]* rejet *m*

**VT** *[+ opponent, army]* vaincre, battre ; *[+ team]* battre ; *[+ hopes]* frustrer, ruiner ; *[+ ambitions, plans, efforts, attempts]* faire échouer ; *(Parl)* *[+ government, opposition]* mettre en minorité ; *[+ bill, amendment]* rejeter ◆ **defeated in his attempts to...** n'ayant pas réussi à... ◆ **to defeat one's own ends** *or* **object** aller à l'encontre du but que l'on s'est (*or* s'était *etc*) proposé ◆ **that plan will defeat its own ends** ce plan sera autodestructeur

## defeated /dɪˈfiːtɪd/ SYN ADJ

*[army]* vaincu ; *[team, player]* perdant

## defeatism /dɪˈfiːtɪzəm/ N défaitisme *m*

## defeatist /dɪˈfiːtɪst/ SYN ADJ, N défaitiste *mf*

## defecate /ˈdefəkeɪt/ VTI déféquer

## defecation /ˌdefəˈkeɪʃən/ N défécation *f*

## defect /ˈdiːfekt/ SYN

**N** *(gen)* défaut *m* ; *(in workmanship)* défaut *m*, malfaçon *f* ◆ **physical defect** défaut *m* physique ◆ **hearing/sight defect** défaut *m* de l'ouïe/de la vue ◆ **speech defect** défaut *m* de prononciation ◆ **mental defect** anomalie *f* *or* déficience *f* mentale ◆ **moral defect** défaut *m* ; → **latent**

**VI** /dɪˈfekt/ *(Pol)* faire défection ◆ **to defect from one country to another** s'enfuir d'un pays pour aller dans un autre *(pour raisons politiques)* ◆ **to defect to the West/to another party/to the enemy** passer à l'Ouest/à un autre parti/à l'ennemi

## defection /dɪˈfekʃən/ SYN N

*(Pol)* défection *f* ; *(Rel)* apostasie *f* ◆ **his defection to the East was in all the papers** quand il est passé à l'Est, tous les journaux en ont parlé ◆ **after his defection from Russia, he lost contact with his family** quand il s'est enfui de Russie, il a perdu contact avec sa famille

## defective /dɪˈfektɪv/ SYN

**ADJ** *[goods, machine, work, reasoning, sight, hearing, gene]* défectueux ; *[chromosome]* anormal ; *(Gram) [verb]* défectif ◆ **to be born with a defective heart** naître avec une malformation cardiaque ◆ **defective workmanship** malfaçons *fpl* ; → **mental, mentally**

**N** *(Med)* déficient(e) *m(f)* ; *(Gram)* verbe *m* défectif

## defector /dɪˈfektəʳ/ SYN N

*(Pol)* transfuge *mf* ; *(Rel)* apostat *m*

## defence (Brit), defense (US) /dɪˈfens/ SYN

**N** 1 *(NonC)* défense *f* ; *[of action, belief]* justification *f* ; *(Physiol, Psych, Sport)* défense *f* ◆ **to play in defence** *(Sport)* jouer en défense ◆ **in defence of** à la défense de, pour défendre ◆ **Secretary of State for** *or* **Minister of Defence** (Brit), **Secretary of Defense** (US) ministre *m* de la Défense ◆ **Department** *or* **Ministry of Defence** (Brit), **Department of Defense** (US) ministère *m* de la Défense ; → **civil, self**

2 *(= means of defence)* défense *f* ◆ **defences** *(gen, also Mil = weapons etc)* moyens *mpl* de défense ; *(Mil = constructions)* ouvrages *mpl* défensifs ◆ **the body's defences against disease** les défenses *fpl* de l'organisme contre la maladie ◆ **as a de-**

## defenceless | deflower

fence against pour se défendre contre ◆ she put up or made a spirited defence of her government's policies elle a défendu la politique de son gouvernement avec fougue ◆ Smith made a successful defence of her title (Sport) Smith a réussi à conserver son titre ◆ to come to sb's defence defence needs no defence sa conduite n'a pas à être justifiée ◆ in his defence I will say that... pour sa défense or à sa décharge je dirai que...

3 (Jur) défense f ◆ in his defence pour sa défense, à sa décharge ◆ witness for the defence témoin m à décharge ◆ the case for the defence la défense

4 [of argument, decision] justification f ; (Univ) [of thesis] soutenance f

**COMP** (gen) de défense ; [industry, manufacturer etc] travaillant pour la défense nationale ; [product, contract] destiné à la défense nationale
**defence counsel** N avocat m de la défense
**defence expenditure** N dépenses fpl militaires
**defence forces** NPL (Mil) forces fpl défensives, défense f
**defence mechanism** N (Physiol) système m de défense ; (Psych) défenses fpl

**defenceless, defenseless** (US) /dɪˈfenslɪs/ SYN ADJ sans défense (against contre) ◆ he is quite defenceless il est incapable de se défendre, il est sans défense

**defend** /dɪˈfend/ SYN
**VT** 1 (gen, Sport) défendre ◆ to defend o.s. se défendre ◆ to defend one's (own) interests défendre ses (propres) intérêts

2 (= justify) justifier ; (= attempt to justify) essayer de justifier ◆ how can he possibly defend the way he's behaved towards her? comment peut-il justifier la manière dont il s'est comporté avec elle ? ◆ they defended their actions ils ont justifié leurs actions, ils se sont justifiés ◆ Smith successfully defended her title (Sport) Smith a réussi à conserver son titre ◆ to defend a thesis (Univ) soutenir une thèse

**VI** (Sport, gen) défendre ; (= play in defence) être en défense ◆ they defended very well ils ont très bien défendu ◆ to defend against sb [champion] défendre son titre contre qn, remettre son titre en jeu contre qn ; → defending

**defendant** /dɪˈfendənt/ SYN N (Jur) défendeur m, -deresse f ; (on appeal) intimé(e) m(f) ; (in criminal case) prévenu(e) m(f) ; (in assizes court) accusé(e) m(f)

**defender** /dɪˈfendəʳ/ SYN N défenseur m ; (Sport) [of record] détenteur m, -trice f ; [of title] tenant(e) m(f) ◆ defender of the faith (Brit Hist) défenseur m de la foi

**defending** /dɪˈfendɪŋ/ ADJ ◆ the defending champion le tenant du titre ◆ defending counsel (Jur) avocat m de la défense

**defenestration** /diːˌfenəˈstreɪʃən/ N défenestration f

**defense** /dɪˈfens/ N (US) ⇒ defence

**defensible** /dɪˈfensɪbl/ SYN ADJ défendable

**defensive** /dɪˈfensɪv/ SYN
**ADJ** défensif ◆ he's so defensive! il est toujours sur la défensive !
**N** défensive f ◆ to be on the defensive être sur la défensive ◆ to put sb/go on the defensive mettre qn/se mettre sur la défensive

**defensively** /dɪˈfensɪvlɪ/ SYN ADV [speak] sur la défensive ; [play] défensivement

**defensiveness** /dɪˈfensɪvnɪs/ N ◆ his defensiveness (when we talk about...) sa façon d'être sur la défensive (chaque fois que nous parlons de...)

**defer¹** /dɪˈfɜːʳ/ SYN
**VT** 1 [+ journey, meeting] remettre à plus tard, reporter ; [+ business] remettre à plus tard ; [+ payment, decision, judgement] remettre à plus tard, différer ◆ our meeting was deferred until 22 May notre réunion a été reportée au 22 mai ◆ to defer making a decision/paying one's taxes différer une décision/le paiement de ses impôts, remettre une décision/le paiement de ses impôts à plus tard

2 (Mil) ◆ to defer sb's call-up accorder un sursis d'appel or d'incorporation à qn ◆ to defer sb on medical grounds accorder un sursis d'appel or d'incorporation à qn pour raisons médicales
**COMP** deferred annuity N rente f à paiement différé
**deferred liabilities** NPL dettes fpl à moyen et long terme
**deferred payment** N paiement m échelonné

**defer²** /dɪˈfɜːʳ/ SYN VI (= submit) ◆ to defer to sb déférer (frm) à qn, s'incliner devant qn ◆ to defer to sb's knowledge s'en remettre aux connaissances de qn ◆ to defer to California jurisdiction (Jur) accepter la compétence des tribunaux californiens

**deference** /ˈdefərəns/ SYN N déférence f, égards mpl (to pour) ◆ in deference to, out of deference for par déférence or égards pour ◆ with all due deference to you avec tout le respect que je vous dois, sauf votre respect

**deferential** /ˌdefəˈrenʃəl/ SYN ADJ [person, attitude] respectueux, plein de déférence ; [tone] de déférence ◆ to be deferential to sb se montrer plein de déférence pour or envers qn

**deferentially** /ˌdefəˈrenʃəlɪ/ ADV avec déférence

**deferment** /dɪˈfɜːmənt/ SYN N [of payment, tax] report m ; (Mil) sursis m d'appel or d'incorporation ◆ he was given deferment from military service on lui a accordé un sursis d'appel or d'incorporation ◆ draft deferment (US Mil) sursis m d'appel, sursis m d'incorporation

**deferral** /dɪˈfɜːrəl/ N ⇒ deferment

**defiance** /dɪˈfaɪəns/ SYN N défi m ◆ a gesture/act of defiance un geste/acte de défi ◆ a defiance of our authority un défi à notre autorité ◆ his defiance of my orders caused an accident en bravant mes ordres or en refusant d'obéir à mes ordres, il a causé un accident ◆ he will have to answer in court for his defiance of the curfew il devra comparaître en justice pour n'avoir pas respecté le couvre-feu ◆ in defiance of [+ the law, instructions] au mépris de ; [+ person] au mépris des ordres de

**defiant** /dɪˈfaɪənt/ SYN ADJ [reply, statement] provocant ; [attitude, tone, gesture, look] de défi ; [person] rebelle ◆ the team is in defiant mood l'équipe est prête à relever le défi ◆ to be defiant of sth défier qch

**defiantly** /dɪˈfaɪəntlɪ/ ADV [speak] d'un ton de défi ; [reply, stare] d'un air de défi ; [behave] avec une attitude de défi

**defibrillation** /diːˌfaɪbrɪˈleɪʃən/ N (Med) défibrillation f

**defibrillator** /diːˈfɪbrɪleɪtəʳ/ N défibrillateur m

**deficiency** /dɪˈfɪʃənsɪ/ SYN
**N** 1 (= lack) [of goods] manque m, insuffisance f (of de) ; (Med) [of iron, calcium, vitamins etc] carence f (of en) ◆ nutritional or dietary deficiency carence f alimentaire or nutritionnelle ; → mental, vitamin

2 (Med = failure to function properly) [of organ, immune system] insuffisance f

3 (= flaw) (in character, system) faille f, faiblesse f ; (in construction, machine) imperfection f ; (in service) faiblesse f ◆ his deficiencies as an administrator ses points mpl faibles en tant qu'administrateur

4 (Fin) déficit m
**COMP** deficiency disease N maladie f de carence or carentielle
**deficiency payment** N paiement m différentiel

**deficient** /dɪˈfɪʃənt/ SYN ADJ (= inadequate, defective) défectueux ; (= insufficient) insuffisant ◆ to be deficient in sth manquer de qch ◆ his diet is deficient in fruit and vegetables il ne mange pas assez de fruits et de légumes

**deficit** /ˈdefɪsɪt/ SYN
**N** déficit m ◆ in deficit en déficit
**COMP** deficit financing N (Fin) politique f de déficit budgétaire

**defile¹** /ˈdiːfaɪl/
**N** (= procession : place) défilé m
**VI** /dɪˈfaɪl/ (= march in file) défiler

**defile²** /dɪˈfaɪl/ VT (lit, fig = pollute) souiller (liter), salir ; (= desecrate) profaner

**defilement** /dɪˈfaɪlmənt/ N (lit, fig = pollution) souillure f (liter) ; (= desecration) profanation f

**definable** /dɪˈfaɪnəbl/ ADJ définissable

**define** /dɪˈfaɪn/ SYN VT 1 (= describe, characterize) [+ word, feeling, attitude] définir ; [+ responsibilities, conditions] définir, déterminer ; [+ functions] définir ; [+ boundaries, powers, duties] délimiter, définir ; [+ problem] délimiter, cerner ◆ an agreement that defines how much they are paid un accord qui détermine le niveau des salaires ◆ the legislation does not define what exactly is meant by the term "depression" la loi ne précise pas exactement ce que recouvre le terme « dépression » ◆ she doesn't define herself as a feminist elle ne se définit pas comme une féministe ◆ how would you define yourself politically? comment vous définiriez-vous or où vous situez-vous d'un point de vue politique ?

2 (= outline) dessiner or dégager (les formes de) ◆ the tower was clearly defined against the sky la tour se détachait nettement sur le ciel

**definite** /ˈdefɪnɪt/ SYN
**ADJ** 1 (= fixed, certain) [plan] précis ; [intention, order, sale] ferme ◆ is that definite? c'est certain or sûr ? ◆ have you got a definite date for the wedding? avez-vous décidé de la date du mariage ? ◆ 12 August is definite for the trip le voyage aura lieu le 12 août, c'est sûr ◆ nothing definite rien de précis

2 (= distinct, appreciable) [impression, feeling, increase] net ; [advantage] certain ◆ a definite improvement une nette amélioration ◆ it's a definite possibility c'est tout à fait possible

3 (= positive, emphatic) [person, tone] catégorique ; [manner] ferme ; [views] arrêté ◆ to be definite about sth être catégorique à propos de qch

4 (Gram) ◆ past definite (tense) prétérit m
**COMP** definite article N (Gram) article m défini
**definite integral** N (Math) intégrale f définie

**definitely** /ˈdefɪnɪtlɪ/ SYN ADV 1 (expressing an intention) [decide, agree, say] de manière définitive ◆ is he definitely coming? est-il sûr or certain qu'il va venir ? ◆ I'm definitely going to get in touch with them j'ai la ferme intention de les contacter ◆ probably next week, but not definitely sans doute la semaine prochaine, mais rien n'est encore décidé or mais sous toute réserve

2 (expressing an opinion) vraiment ◆ you definitely need a holiday tu as vraiment besoin de vacances ◆ she's definitely more intelligent than her brother elle est plus intelligente que son frère, c'est sûr, elle est indéniablement plus intelligente que son frère ◆ definitely not certainement pas ◆ definitely! (= I agree) absolument !, tout à fait !

3 (= emphatically) [deny, refuse, say] catégoriquement

**definition** /ˌdefɪˈnɪʃən/ SYN N 1 [of word, concept] définition f ◆ by definition par définition

2 [of powers, boundaries, duties] délimitation f

3 (Phot, TV) définition f

**definitive** /dɪˈfɪnɪtɪv/ SYN ADJ 1 (= definite) [answer, refusal etc] définitif

2 (= authoritative) [map, authority etc] de référence, qui fait autorité

**definitively** /dɪˈfɪnɪtɪvlɪ/ ADV de façon absolue

**deflagration** /ˌdiːfləˈgreɪʃən/ N déflagration f

**deflate** /diːˈfleɪt/ SYN
**VT** 1 [+ tyre] dégonfler ◆ deflated tyre pneu m dégonflé or à plat

2 (Fin) ◆ to deflate the currency provoquer une déflation monétaire

3 * [+ person] démonter, rabattre le caquet à
**VI** se dégonfler

**deflated** /diːˈfleɪtɪd/ ADJ 1 (= flat) [tyre] dégonflé, à plat

2 (= downcast) découragé

**deflation** /diːˈfleɪʃən/ N 1 (Econ) déflation f

2 [of tyre, ball] dégonflement m

**deflationary** /diːˈfleɪʃənərɪ/ ADJ [measures, policy] déflationniste

**deflationist** /diːˈfleɪʃənɪst/ ADJ déflationniste

**deflator** /diːˈfleɪtəʳ/ N déflateur m, mesure f déflationniste

**deflect** /dɪˈflekt/ SYN
**VT** [+ ball, projectile] faire dévier ; [+ stream] détourner ; [+ light] défléchir, dévier ; [+ person] détourner (from de)
**VI** dévier ; [magnetic needle] décliner

**deflection** /dɪˈflekʃən/ SYN N [of projectile] déviation f ; [of light] déflexion f, déviation f ; [of magnetic needle] déclinaison f (magnétique), déviation f

**deflector** /dɪˈflektəʳ/ N déflecteur m

**deflocculate** /diːˈflɒkjʊleɪt/ VT provoquer la défloculation de

**defloculation** /diːˌflɒkjʊˈleɪʃən/ N défloculation f

**defloration** /ˌdiːflɔːˈreɪʃən/ N (lit, fig) défloration f

**deflower** /diːˈflaʊəʳ/ VT 1 (liter) [+ girl] déflorer

2 [+ plant] défleurir

**defoliant** /diːˈfəʊlɪənt/ N défoliant m

**defoliate** /diːˈfəʊlɪeɪt/ VT défolier

**defoliation** /ˌdiːfəʊlɪˈeɪʃən/ N défoliation f

**deforest** /diːˈfɒrɪst/ VT déboiser

**deforestation** /ˌdiːfɒrɪsˈteɪʃən/ N déboisement m

**deform** /dɪˈfɔːm/ SYN VT (gen) déformer ; [+ machine part, metal component] fausser

**deformation** /ˌdiːfɔːˈmeɪʃən/ N déformation f

**deformed** /dɪˈfɔːmd/ SYN ADJ [person, limb, bones, body] difforme ; [mind, structure] déformé, tordu

**deformity** /dɪˈfɔːmɪtɪ/ SYN N [of body] difformité f ; [of mind] déformation f

**DEFRA** /ˈdefrə/ N (Brit) (abbrev of **Department for Environment, Food and Rural Affairs**) ministère m de l'Agriculture

**defrag** /diːˈfræg/ VT (Computing) défragmenter

**defragment** /ˌdiːfrægˈment/ VT (Computing) défragmenter

**defragmentation** /ˌdiːfrægmenˈteɪʃən/ N (Computing) défragmentation f

**defraud** /dɪˈfrɔːd/ SYN VT [+ state] frauder ; [+ person] escroquer ◆ **to defraud sb of sth** escroquer qch à qn, frustrer qn de qch (Jur) ; → **conspiracy**

**defrauder** /dɪˈfrɔːdər/ N fraudeur m, -euse f

**defray** /dɪˈfreɪ/ VT [+ expenses] payer, rembourser ; [+ cost] couvrir ◆ **to defray sb's expenses** défrayer qn, rembourser ses frais à qn

**defrayal** /dɪˈfreɪəl/, **defrayment** /dɪˈfreɪmənt/ N paiement m or remboursement m des frais

**defrock** /diːˈfrɒk/ VT défroquer

**defrost** /diːˈfrɒst/
 VT [+ refrigerator, windscreen] dégivrer ; [+ meat, vegetables] décongeler
 VI [fridge] se dégivrer ; [frozen food] se décongeler

**defroster** /diːˈfrɒstər/ N (in car) dégivreur m ; (US = *demister*) dispositif m antibuée

**deft** /deft/ SYN ADJ habile, adroit

**deftly** /ˈdeftlɪ/ ADV adroitement

**deftness** /ˈdeftnɪs/ N adresse f, dextérité f

**defunct** /dɪˈfʌŋkt/ SYN
 ADJ [organization, company, publication] défunt before n, ancien ; [practice] révolu ; [policy, tradition] dépassé ; [factory] désaffecté ◆ **the defunct Soviet Union** l'ex-Union soviétique ◆ **the special relationship between Russia and Cuba is now defunct** la relation privilégiée entre la Russie et Cuba n'existe plus or est révolue
 N (frm) ◆ **the defunct** le défunt, la défunte

**defuse** /diːˈfjuːz/ VT [+ bomb] désamorcer ◆ **to defuse the situation** désamorcer la situation

**defy** /dɪˈfaɪ/ SYN VT ① (= *disobey*) [+ law, authority, convention] défier ; [+ person] désobéir à ; [+ orders] désobéir à, braver ; [+ curfew] ne pas respecter ; (= *stand up to*) [+ person] défier ◆ **she was bold enough to stand up and defy him** elle a osé le défier ◆ **she defied him and spoke publicly about her ordeal** elle lui a désobéi en parlant ouvertement de son épreuve ◆ **to defy death** (= *face without fear*) braver la mort ; (= *narrowly escape*) frôler or échapper de justesse à la mort ◆ **the virus has defied all attempts to find a vaccine** jusqu'à maintenant, ce virus a résisté à tous les efforts qu'on a fait pour trouver un vaccin
 ② (= *contradict, go beyond*) [+ logic] défier ◆ **to defy gravity** défier les lois de la gravité ◆ **it defies description** cela défie toute description ◆ **that defies belief!** cela dépasse l'entendement !, c'est incroyable !
 ③ (= *challenge*) ◆ **to defy sb to do sth** défier qn de faire qch, mettre qn au défi de faire qch
 ④ (liter) ◆ **to defy one's age** or **the years** ne pas faire son âge

**degauss** /diːˈgaʊs/ VT (Elec) démagnétiser

**degeneracy** /dɪˈdʒenərəsɪ/ N dégénérescence f

**degenerate** /dɪˈdʒenəreɪt/ SYN
 VI [people] dégénérer (into en), s'abâtardir ; [situation] dégénérer ◆ **the situation degenerated into civil war/rioting/violence** la situation a dégénéré en guerre civile/en émeutes/dans la violence ◆ **the demonstration degenerated into violence** la manifestation a dégénéré (dans la violence) ◆ **the election campaign has degenerated into farce** la campagne électorale a tourné à la farce
 ADJ /dɪˈdʒenərɪt/ dégénéré
 N /dɪˈdʒenərɪt/ dégénéré(e) m(f)

COMP **degenerate matter** N (Astron) matière f dégénérée

**degeneration** /dɪˌdʒenəˈreɪʃən/ SYN N [of mind, body, morals, people] dégénérescence f

**degenerative** /dɪˈdʒenərɪtɪv/ ADJ dégénératif

**deglutition** /ˌdiːgluˈtɪʃən/ N déglutition f

**degradable** /dɪˈgreɪdəbl/ ADJ dégradable

**degradation** /ˌdegrəˈdeɪʃən/ SYN N ① (= *process of worsening* : Chem, Geol, Mil, Phys) dégradation f ; [of person] déchéance f ; [of character] avilissement m ◆ **environmental degradation** dégradation f de l'environnement
 ② (= *debasement*) déchéance f, avilissement m ; (= *humiliation*) humiliation f ◆ **the moral degradation of our society** la déchéance morale de notre société ◆ **the degradation of prison life** le caractère dégradant de la vie carcérale ◆ **sexual degradation** avilissement m sexuel ◆ **the degradation of having to accept charity** l'humiliation d'avoir à accepter la charité ◆ **the degradations she had been forced to suffer** les humiliations qu'elle avait été obligée de subir

**degrade** /dɪˈgreɪd/ SYN
 VT ① (= *debase*) avilir, dégrader (liter) ◆ **he felt degraded** il se sentait avili or dégradé ◆ **he degraded himself by accepting it** il s'est avili or dégradé en l'acceptant ◆ **I wouldn't degrade myself by doing that** je n'irais pas m'avilir or m'abaisser à faire cela
 ② (Chem, Geol, Phys) dégrader ; [+ environment] dégrader
 ③ [+ official] dégrader ; (Mil) [+ officer] dégrader ; [+ military capability] réduire, casser
 VI (= *break down*) se dégrader

**degrading** /dɪˈgreɪdɪŋ/ SYN ADJ dégradant (to pour)

**degree** /dɪˈgriː/ SYN
 N ① (Geog, Math) degré m ◆ **angle of 90 degrees** angle m de 90 degrés ◆ **40 degrees east of Greenwich** à 40 degrés de longitude est (de Greenwich) ◆ **20 degrees of latitude** 20 degrés de latitude ◆ **a 180-degree turn** (fig) un virage à 180 degrés
 ② [of temperature] degré m ◆ **it was 35 degrees in the shade** il faisait 35 (degrés) à l'ombre ◆ **he's got a temperature of 39 degrees** il a 39 de fièvre
 ③ (= *amount*) degré m ◆ **some degree** or **a (certain) degree of independence/optimism/freedom** un certain degré d'indépendance/d'optimisme/de liberté ◆ **with varying degrees of success** avec plus ou moins de succès ◆ **a fairly high degree of error** d'assez nombreuses erreurs, un taux d'erreurs assez élevé ◆ **a considerable degree of doubt** des doutes considérables ◆ **his degree of commitment was low** il ne se sentait pas vraiment engagé à fond ◆ **I couldn't summon up the least degree of enthusiasm for his idea** je n'arrivais pas à éprouver le moindre enthousiasme pour son idée ◆ **to do sth by degrees** faire qch petit à petit ◆ **to some degree, to a (certain) degree** dans une certaine mesure ◆ **he possesses to a high degree the art of putting people at their ease** il possède au plus haut degré l'art de mettre les gens à l'aise ◆ **the departments are independent to a very high degree** les services sont, dans une large mesure, indépendants ◆ **to such a degree that...** à (un) tel point que...
 ④ (Med) ◆ **first-/second-/third-degree burns** brûlures fpl au premier/deuxième/troisième degré ; see also **third**
 ⑤ (US Jur) ◆ **first-degree murder**, **murder in the first degree** assassinat m, meurtre m avec préméditation ◆ **second-degree murder**, **murder in the second degree** meurtre m (sans préméditation)
 ⑥ (Univ) diplôme m (universitaire), titre m universitaire ◆ **first degree** ≈ licence f ◆ **higher degree** (= *master's*) ≈ maîtrise f ; (= *doctorate*) ≈ doctorat m ◆ **degree in** licence f de ◆ **I'm taking a science degree** or **a degree in science** je fais une licence de sciences ◆ **he got his degree** il a eu son diplôme ◆ **he got his degree in geography** il a eu sa licence de géographie ; → **honorary**
 ⑦ (Gram) degré m ◆ **three degrees of comparison** trois degrés de comparaison
 ⑧ (liter = *position in society*) rang m ◆ **of high degree** de haut rang ◆ **of low degree** de rang inférieur
 ⑨ (in genealogy) ◆ **degrees of kinship** degrés mpl de parenté

COMP **degree ceremony** N (Brit Univ) cérémonie f de remise des diplômes
 **degree course** N (Brit Univ) ◆ **to do a degree course (in)** faire une licence (de) ◆ **the degree course consists of...** le cursus (universitaire) consiste en...
 **degree mill** N (US pej) usine f à diplômes

▶ **DEGREE**

Dans les systèmes universitaires britannique et américain, le premier titre universitaire (obtenu après trois ou quatre années d'études supérieures) est le « bachelor's **degree** », qui permet à l'étudiant en lettres de devenir « Bachelor of Arts » (« BA » en Grande-Bretagne, « AB » aux États-Unis) et à l'étudiant en sciences ou en sciences humaines d'être un « Bachelor of Science » (« BSc » en Grande-Bretagne, « BS » aux États-Unis). L'année suivante débouche sur les diplômes de « Master of Arts » (« MA » en Grande-Bretagne) et de « Master of Science » (« MSc » en Grande-Bretagne, « MS » aux États-Unis).

**degressive** /dɪˈgresɪv/ ADJ [taxation] dégressif

**dehisce** /dɪˈhɪs/ VI s'ouvrir (par déhiscence)

**dehiscence** /dɪˈhɪsns/ N déhiscence f

**dehiscent** /dɪˈhɪsənt/ ADJ déhiscent

**dehorn** /diːˈhɔːn/ VT décorner

**dehumanization** /diːˌhjuːmənaɪˈzeɪʃən/ N déshumanisation f

**dehumanize** /diːˈhjuːmənaɪz/ VT déshumaniser

**dehumanizing** /diːˈhjuːmənaɪzɪŋ/ ADJ déshumanisant

**dehumidification** /ˌdiːhjuːˌmɪdɪfɪˈkeɪʃən/ N déshumidification f

**dehumidifier** /ˌdiːhjuːˈmɪdɪfaɪər/ N (= *machine*) déshumidificateur m

**dehumidify** /ˌdiːhjuːˈmɪdɪfaɪ/ VT déshumidifier

**dehydrate** /ˌdiːhaɪˈdreɪt/ VT déshydrater

**dehydrated** /ˌdiːhaɪˈdreɪtɪd/ ADJ [person, skin, vegetables] déshydraté ; [milk, eggs] en poudre

**dehydration** /ˌdiːhaɪˈdreɪʃən/ N déshydratation f

**dehydrogenate** /diːˈhaɪdrədʒəneɪt/ VT déshydrogéner

**dehydrogenation** /diːˌhaɪdrədʒəˈneɪʃən/ N déshydrogénation f

**de-ice** /diːˈaɪs/ VT [+ car, plane] dégivrer

**de-icer** /diːˈaɪsər/ N (for car, plane) dégivreur m

**de-icing** /diːˈaɪsɪŋ/
 N [of car, plane] dégivrage m
 COMP **de-icing fluid** N antigel m

**deictic** /ˈdaɪktɪk/ N (Ling) déictique m

**deification** /ˌdiːɪfɪˈkeɪʃən/ N déification f

**deify** /ˈdiːɪfaɪ/ VT déifier, diviniser

**deign** /deɪn/ SYN VT daigner (to do sth faire qch), condescendre (to do sth à faire qch)

**de-indexation** /ˌdiːɪndekˈseɪʃən/ N désindexation f

**deindividuation** /diːˈɪndɪˌvɪdjuˈeɪʃən/ N (Psych) désindividualisation f

**deindustrialisation** /ˌdiːɪnˌdʒstrɪəlaɪˈzeɪʃən/ N désindustrialisation f

**deindustrialize** /ˌdiːɪnˈdʒstrɪəlaɪz/ VT désindustrialiser

**deionization** /diːˌaɪənaɪˈzeɪʃən/ N (Chem) désionisation f

**deionize** /diːˈaɪənaɪz/ VT (Chem) désioniser

**deism** /ˈdiːɪzəm/ N déisme m

**deist** /ˈdiːɪst/ N déiste mf

**deistic** /diːˈɪstɪk/ ADJ déiste

**deity** /ˈdiːɪtɪ/ SYN N ① (Myth, Rel) divinité f, déité f (liter) ◆ **the Deity** Dieu m
 ② (NonC) divinité f

**deixis** /ˈdaɪksɪs/ N (Ling) deixis f

**déjà vu** /ˌdeɪʒɑːˈvuː/ N déjà(-)vu m ◆ **I had a feeling** or **a sense of déjà vu** j'avais une impression de déjà(-)vu

**dejected** /dɪˈdʒektɪd/ SYN ADJ abattu, découragé ◆ **to become** or **get dejected** se décourager, se laisser abattre

**dejectedly** /dɪˈdʒektɪdlɪ/ ADV [say, talk] d'un ton abattu ; [look] d'un air abattu

**dejection** /dɪˈdʒekʃən/ SYN N abattement m, découragement m

**de jure** /ˌdeɪˈdʒʊərɪ/ SYN ADJ, ADV de jure

**dekko** ✵ /ˈdekəʊ/ N (Brit) petit coup m d'œil ◆ **let's have a dekko** fais voir ça, on va (y) jeter un œil ✵

**Del** (abbrev of **delete**) (Comput) effacement m

**del** /del/ N nabla m

**Del.** abbrev of **Delaware**

**Delaware** /ˈdeləˌweəʳ/ N Delaware m ◆ **in Delaware** dans le Delaware

**delay** /dɪˈleɪ/ SYN
▪ VT 1 (= postpone) [+ action, event] retarder, différer ; [+ payment] différer ◆ **delayed effect** effet m à retardement ◆ **to delay doing sth** tarder à faire qch, remettre qch à plus tard
2 (= keep waiting, hold up) [+ person, traffic] retarder, retenir ; [+ train, plane] retarder ◆ **I don't want to delay you** je ne veux pas vous retenir or retarder
▪ VI s'attarder (in doing sth en faisant qch) ◆ **don't delay!** dépêchez-vous !
▪ N retard m ◆ **after two or three delays** après deux ou trois arrêts ◆ **there will be delays to trains on the London-Brighton line** on prévoit des retards sur la ligne Londres-Brighton ◆ **there will be delays to traffic** il y aura des ralentissements (de la circulation), la circulation sera ralentie ◆ **"delays possible (until Dec 2001)"** (on road sign) « ralentissements possibles (jusqu'en décembre 2001) » ◆ **with as little delay as possible** dans les plus brefs délais ◆ **there's no time for delay** il n'y a pas de temps à perdre ◆ **without delay** sans délai ◆ **without further delay** sans plus tarder or attendre ◆ **they arrived with an hour's delay** ils sont arrivés avec une heure de retard
▪ COMP **delayed-action** ADJ [bomb, fuse] à retardement
◆ **delayed-action shutter** N (Phot) obturateur m à retardement

(!) **delay** is rarely translated by **délai**, which usually means 'time allowed'.

**delayering** /diːˈleɪərɪŋ/ N écrasement m des niveaux hiérarchiques

**delaying** /dɪˈleɪɪŋ/ ADJ [action] dilatoire, qui retarde ◆ **delaying tactics** moyens mpl dilatoires

**delectable** /dɪˈlektəbl/ SYN ADJ (liter or hum) [food, drink] délectable (liter or hum) ◆ **the delectable Miss Campbell** la délicieuse Mlle Campbell

**delectation** /ˌdiːlekˈteɪʃən/ N délectation f

**delegate** /ˈdelɪgeɪt/ SYN
▪ VT [+ authority, power] déléguer (to à) ◆ **to delegate responsibility** déléguer les responsabilités ◆ **to delegate sb to do sth** déléguer qn pour faire qch
▪ VI déléguer ses responsabilités
▪ N /ˈdelɪgɪt/ délégué(e) m(f) (to à) ◆ **delegate to a congress** congressiste mf

**delegation** /ˌdelɪˈgeɪʃən/ SYN N 1 (NonC) [of power] délégation f ; [of person] nomination f, désignation f (as comme)
2 (= group of delegates) délégation f

**delete** /dɪˈliːt/ SYN VT (gen) effacer (from de) ; (= score out) barrer, rayer (from de) ; (Gram, Comput) supprimer, effacer ◆ **"delete where inapplicable"** (on forms etc) « rayer les mentions inutiles »

**deleterious** /ˌdelɪˈtɪərɪəs/ ADJ [effect, influence] nuisible, délétère (to à) ; [gas] délétère

**deletion** /dɪˈliːʃən/ N 1 (NonC) effacement m
2 (= thing deleted) rature f

**delft** /delft/
▪ N faïence f de Delft
▪ COMP **Delft blue** N (= colour) bleu m (de) faïence

**Delhi** /ˈdelɪ/
▪ N Delhi
▪ COMP **Delhi belly** ✶ N turista ✶ f, maladie f du touriste

**deli** ✶ /ˈdelɪ/ N (abbrev of **delicatessen**) épicerie f fine, traiteur m

**deliberate** /dɪˈlɪbərɪt/ SYN
▪ ADJ 1 (= intentional) [action, insult, lie] délibéré ◆ **it wasn't deliberate** ce n'était pas fait exprès
2 (= cautious, thoughtful) [action, decision] bien pesé, mûrement réfléchi ; [character, judgement] réfléchi, circonspect ; (= slow, purposeful) [air, voice] décidé ; [manner, walk] mesuré, posé
▪ VI /dɪˈlɪbəreɪt/ 1 (= think) délibérer, réfléchir (upon sur)

2 (= discuss) délibérer, tenir conseil ; [jury] délibérer ◆ **the jury deliberated over their verdict** le jury a délibéré
▪ VT /dɪˈlɪbəreɪt/ 1 (= study) considérer, examiner
2 (= discuss) délibérer sur, débattre ◆ **The jury will begin deliberating the case today** le jury va commencer ses délibérations or à délibérer aujourd'hui ◆ **I was deliberating whether or not to tell her** j'étais en train de me demander si je devais le lui dire

**deliberately** /dɪˈlɪbərɪtlɪ/ SYN ADV 1 (= on purpose) délibérément ◆ **I didn't do it deliberately** je ne l'ai pas fait exprès ◆ **deliberately vague** délibérément vague
2 (= purposefully) posément

**deliberation** /dɪˌlɪbəˈreɪʃən/ SYN N
1 (= consideration) délibération f, réflexion f ◆ **after due** or **careful deliberation** après mûre réflexion
2 (= discussion : gen pl) ◆ **deliberations** débats mpl ; [of jury] délibérations fpl ◆ **the EC Foreign Ministers' deliberations** le débat entre les ministres des Affaires étrangères de la Communauté européenne
3 (= slowness) mesure f ◆ **with deliberation** posément

**deliberative** /dɪˈlɪbərətɪv/ ADJ [assembly, body] délibérante

**delicacy** /ˈdelɪkəsɪ/ SYN N 1 (NonC) délicatesse f ; (= fragility) fragilité f, délicatesse f ◆ **a matter of some delicacy** une affaire assez délicate
2 (= special dish) mets m délicat ◆ **a great delicacy** un mets très délicat

**delicate** /ˈdelɪkɪt/ SYN ADJ 1 (= fine, subtle) [object, movement, colour, flavour, touch] délicat
2 (= easily damaged, not robust) [china, skin, fabric, person, health] fragile, délicat ◆ **in a delicate condition** († = pregnant) dans une position intéressante †
3 (= touchy, tricky) [situation, negotiations] délicat
4 (= sensitive) [instrument, sense] délicat ; [compass] sensible

**delicately** /ˈdelɪkɪtlɪ/ SYN ADV 1 (= subtly, daintily) délicatement ◆ **delicately flavoured** délicatement parfumé
2 (= tactfully) avec tact or délicatesse ◆ **delicately worded** formulé avec tact or délicatesse

**delicatessen** /ˌdelɪkəˈtesn/ N (= shop) épicerie f fine, traiteur m

**delicious** /dɪˈlɪʃəs/ SYN ADJ délicieux

**deliciously** /dɪˈlɪʃəslɪ/ ADV (lit, fig) délicieusement ◆ **deliciously creamy** délicieusement crémeux ◆ **deliciously ironic** d'une ironie délicieuse

**delight** /dɪˈlaɪt/ SYN
▪ N 1 (= intense pleasure) grand plaisir m, joie f ◆ **to my delight** à or pour ma plus grande joie ◆ **to take (a) delight in sth/in doing sth** prendre grand plaisir à qch/à faire qch ◆ **with delight** avec joie ; (more sensual) [taste, smell] avec délices ◆ **to give delight** charmer
2 (= source of pleasure : often pl) délice m, joie f ◆ **she is the delight of her mother** elle fait la joie de sa mère ◆ **this book is an absolute delight** ce livre est vraiment merveilleux ◆ **a delight to the eyes** un régal or un plaisir pour les yeux ◆ **he's a delight to watch** il fait plaisir à voir ◆ **the delights of life in the open air** les charmes or les délices (liter) de la vie en plein air
▪ VT [+ person] enchanter, ravir ; → **delighted**
▪ VI prendre plaisir (in sth à qch ; in doing sth à faire qch), se délecter (in sth de qch ; in doing sth à faire qch) ◆ **she delights in him/it** il/cela lui donne beaucoup de joie ◆ **they delighted in the scandal** ils se sont délectés du scandale

**delighted** /dɪˈlaɪtɪd/ LANGUAGE IN USE 11.3, 23.6, 25.1, 25.2 SYN ADJ ravi, enchanté (with, at, by de, par ; to do sth de faire qch ; that que + subj) ◆ **absolutely delighted!** tout à fait ravi ! ◆ **delighted to meet you!** enchanté (de faire votre connaissance) ! ◆ **will you go? – (I shall be) delighted** voulez-vous y aller ? – avec grand plaisir or très volontiers

**delightedly** /dɪˈlaɪtɪdlɪ/ ADV avec ravissement

**delightful** /dɪˈlaɪtfʊl/ SYN ADJ charmant ◆ **it's delightful to...** c'est merveilleux de...

**delightfully** /dɪˈlaɪtfəlɪ/ ADV [friendly, vague] délicieusement ; [arranged, decorated] d'une façon ravissante ; [smile, behave] de façon charmante

**Delilah** /dɪˈlaɪlə/ N Dalila f

**delimit** /diːˈlɪmɪt/ VT délimiter

**delimitation** /ˌdiːlɪmɪˈteɪʃən/ N délimitation f

**delineate** /dɪˈlɪnɪeɪt/ VT 1 (= describe) [+ character] représenter, dépeindre ; [+ plan etc] (= present) présenter ; (in more detail) énoncer en détail ; (with diagram etc) représenter graphiquement
2 (= define) [+ border, area] définir ◆ **the frontier between the two nations is still not clearly delineated** la frontière entre les deux nations n'est pas encore bien définie ◆ **mountains clearly delineated** montagnes fpl qui se détachent clairement à l'horizon

**delineation** /dɪˌlɪnɪˈeɪʃən/ N [of outline] dessin m, tracé m ; [of plan] présentation f (détaillée) ; [of character] description f, peinture f

**delinquency** /dɪˈlɪŋkwənsɪ/ SYN N 1 (NonC) délinquance f ; → **juvenile**
2 (= act of delinquency) faute f, délit m
3 (US Fin = failure to pay) défaillance f, défaut m de paiement

**delinquent** /dɪˈlɪŋkwənt/ SYN
▪ ADJ 1 délinquant ; → **juvenile**
2 (US Fin) [debtor] défaillant ; [payment] arriéré, impayé, échu
▪ N 1 délinquant(e) m(f) ; (fig) coupable mf, fautif m, -ive f
2 (US Fin) défaillant(e) m(f)

**deliquesce** /ˌdelɪˈkwes/ VI (Chem) tomber en déliquescence

**deliquescence** /ˌdelɪˈkwesəns/ N déliquescence f

**deliquescent** /ˌdelɪˈkwesənt/ ADJ (Chem) déliquescent

**delirious** /dɪˈlɪrɪəs/ SYN ADJ 1 (Med) délirant ◆ **to be delirious** délirer
2 (fig = ecstatic) ◆ **to be delirious (with joy)** délirer de joie, être ivre de joie ; [crowd] être en délire

**deliriously** /dɪˈlɪrɪəslɪ/ ADV 1 (fig = ecstatically) avec une joie délirante ◆ **deliriously happy** fou de joie
2 (Med) ◆ **to rave deliriously about sth** délirer en parlant de qch

**delirium** /dɪˈlɪrɪəm/ SYN N (pl **delirium** or **deliria** /dɪˈlɪrɪə/) (Med, fig) délire m ◆ **bout of delirium** accès m de délire ◆ **delirium tremens** delirium m tremens

**delist** /diːˈlɪst/ VT [+ security on Stock Exchange] radier du registre (des valeurs cotées en Bourse)

**delitescence** /ˌdelɪˈtesns/ N délitescence f

**deliver** /dɪˈlɪvəʳ/ LANGUAGE IN USE 20.4 SYN
▪ VT 1 (= take) remettre (to à) ; [+ letters etc] distribuer (à domicile) ; [+ goods] livrer ◆ **to deliver a message to sb** remettre un message à qn ◆ **milk is delivered each day** le lait est livré tous les jours ◆ **"we deliver daily"** (Comm) « livraisons quotidiennes » ◆ **"delivered free"** « livraison gratuite » ◆ **I will deliver the children to school tomorrow** j'emmènerai les enfants à l'école demain ◆ **to deliver a child (over) into sb's care** confier un enfant aux soins de qn ◆ **to deliver the goods** ✶ (fig) être à la hauteur
2 (= rescue) délivrer, sauver (sb from sth qn de qch) ◆ **deliver us from evil** délivrez-nous du mal
3 (= utter) [+ speech, sermon] prononcer ◆ **to deliver an ultimatum** lancer un ultimatum ◆ **to deliver o.s. of an opinion** (frm) émettre une opinion
4 (Med) [+ baby] mettre au monde ; [+ woman] (faire) accoucher ◆ **to be delivered of a son** (frm) accoucher d'un fils
5 (= hand over : also **deliver over**, **deliver up**) remettre, transmettre ◆ **to deliver a town (up** or **over) into the hands of the enemy** livrer une ville à l'ennemi ; → **stand**
6 [+ blow] porter, assener
▪ VI ( ✶ = do what is expected) [person, nation, government etc] être à la hauteur (on sth quant à qch) ◆ **the match promised great things but didn't deliver** le match promettait beaucoup mais n'a pas été à la hauteur (de ce qu'on en attendait)

(!) **to deliver** is rarely translated by the French word **délivrer**.

**deliverance** /dɪˈlɪvərəns/ SYN N 1 (NonC) délivrance f, libération f (from de)
2 (= statement of opinion) déclaration f (formelle) ; (Jur) prononcé m (du jugement)

**deliverer** /dɪˈlɪvərəʳ/ N 1 (= saviour) sauveur m, libérateur m, -trice f
2 (Comm) livreur m

**delivery** /dɪˈlɪvərɪ/ LANGUAGE IN USE 20.4, 20.5 SYN
**N** 1 [of goods] livraison f ; [of parcels] remise f, livraison f ; [of letters] distribution f ✦ **to take delivery of** prendre livraison de ✦ **to pay on delivery** payer à la or sur livraison ✦ **payable on delivery** payable à la livraison ✦ **price on delivery** (gen) prix m à la livraison ; (of car) prix m clés en main ; → **charge, free**
2 (Med) accouchement m
3 (NonC) [of speaker] débit m, élocution f ; [of speech] débit m ✦ **his speech was interesting but his delivery dreary** son discours était intéressant mais son débit monotone
COMP **delivery charge N** frais mpl de port
**delivery man N** (pl **delivery men**) livreur m
**delivery note N** bulletin m de livraison
**delivery order N** bon m de livraison
**delivery room N** (Med) salle f d'accouchement
**delivery service N** service m de livraison
**delivery time N** délai m de livraison
**delivery truck** (esp US), **delivery van N** camionnette f de livraison

**dell** /del/ **N** vallon m

**delouse** /ˌdiːˈlaʊs/ **VT** [+ person, animal] épouiller ; [+ object] ôter les poux de

**Delphi** /ˈdelfaɪ/ **N** Delphes

**Delphic** /ˈdelfɪk/ **ADJ** [oracle] de Delphes ; (fig liter) obscur

**delphinium** /delˈfɪnɪəm/ **N** (pl **delphiniums** or **delphinia** /delˈfɪnɪə/) pied-d'alouette m, delphinium m

**delta** /ˈdeltə/
**N** delta m
COMP **delta connection N** (Elec) montage m en triangle
**delta particle N** (Nucl Phys) particule f delta
**delta ray N** (Nucl Phys) rayon m delta
**delta wing N** (Sport) aile f delta
**delta-winged ADJ** [plane] à ailes (en) delta

**deltiologist** /ˌdeltɪˈɒlədʒɪst/ **N** cartophile mf, cartophiliste mf

**deltiology** /ˌdeltɪˈɒlədʒɪ/ **N** cartophilie f

**deltoid** /ˈdeltɔɪd/ **ADJ, N** deltoïde m

**delude** /dɪˈluːd/ SYN **VT** tromper (with par), induire en erreur (with par) ✦ **to delude sb into thinking that...** amener qn à penser que..., faire croire à qn que... ✦ **to delude o.s.** se faire des illusions, se bercer d'illusions ✦ **to delude o.s. that...** s'imaginer que... ✦ **we mustn't delude ourselves that...** il ne faut pas s'imaginer que...

**deluded** /dɪˈluːdɪd/ **ADJ** ✦ **to be deluded** être victime d'illusions, être bercé d'illusions

**deluding** /dɪˈluːdɪŋ/ **ADJ** trompeur, illusoire

**deluge** /ˈdeljuːdʒ/ SYN
**N** (lit) déluge m, inondation f ; (fig) déluge m ✦ **the Deluge** le déluge ✦ **a deluge of rain** une pluie diluvienne ✦ **a deluge of protests** un déluge de protestations ✦ **a deluge of letters** une avalanche de lettres
**VT** (lit, fig) inonder, submerger (with de)

**delusion** /dɪˈluːʒən/ SYN **N** (= false belief) illusion f ; (Psych) délire m ✦ **to suffer from delusions** se faire des illusions ; (Psych) avoir des crises de délire ✦ **to be (labouring) under a delusion** être victime d'une illusion, être le jouet d'une illusion ✦ **he seems to be labouring under the delusion that I have already asked him this question** on dirait qu'il croit que je lui ai déjà posé la question ✦ **delusions of grandeur** folie f des grandeurs

**delusional** /dɪˈluːʒənəl/ **ADJ** délirant ✦ **delusional jealousy** jalousie f délirante

**delusive** /dɪˈluːsɪv/ **ADJ** trompeur, illusoire

**delusiveness** /dɪˈluːsɪvnɪs/ **N** caractère m trompeur or illusoire

**delusory** /dɪˈluːsərɪ/ **ADJ** trompeur, illusoire

**de luxe** /dɪˈlʌks/ SYN **ADJ** de luxe ✦ **a de luxe flat** un appartement (de) grand standing ✦ **de luxe model** (car, machine) modèle m (de) grand luxe, modèle m de luxe

**delve** /delv/ SYN **VI** 1 (into book, sb's past) fouiller (into dans) ✦ **to delve into a subject** creuser or approfondir un sujet ✦ **to delve into the past** fouiller dans le passé
2 (in drawer etc) fouiller (into dans) ✦ **to delve into one's pockets** (lit) fouiller dans ses poches ; (fig) mettre la main au portefeuille
3 (= dig) creuser (into dans) ; (with spade) bêcher

**Dem.** (US Pol)
**N** abbrev of **Democrat**
**ADJ** abbrev of **Democratic**

**demagnetization** /ˌdiːˌmæɡnətaɪˈzeɪʃən/ **N** démagnétisation f

**demagnetize** /ˌdiːˈmæɡnɪtaɪz/ **VT** démagnétiser

**demagog** /ˈdeməɡɒɡ/ **N** (US) ⇒ **demagogue**

**demagogic** /ˌdeməˈɡɒɡɪk/ **ADJ** démagogique

**demagogue, demagog** (US) /ˈdeməɡɒɡ/ SYN **N** démagogue mf

**demagoguery** /ˌdeməˈɡɒɡərɪ/ **N** démagogie f

**demagogy** /ˈdeməɡɒɡɪ/ **N** démagogie f

**de-man** /ˌdiːˈmæn/ **VT** 1 (Brit = reduce manpower) réduire or dégraisser les effectifs de
2 (= deprive of virility) déviriliser

**demand** /dɪˈmɑːnd/ SYN
**VT** [+ money, explanation, help] exiger, réclamer (from, of de) ; [+ higher pay etc] revendiquer, réclamer ✦ **to demand an apology** exiger des excuses ✦ **to demand to do sth** exiger de faire qch ✦ **he demands to be obeyed** il exige qu'on lui obéisse ✦ **he demands that you leave at once** il exige que vous partiez subj tout de suite ✦ **a question/situation that demands our attention** une question/une situation qui réclame or demande notre attention ✦ **"what do you expect me to do about it?" she demanded** « que voulez-vous que j'y fasse ? », demanda-t-elle
**N** 1 [of person] exigence(s) f(pl), demande f ; [of duty, problem, situation] exigence(s) fpl ; (= claim) (for better pay etc) revendication f, réclamation f ; (for help, money) demande f ✦ **to have a baby on demand** allaiter un bébé quand il le demande ✦ **payable on demand** payable sur demande or sur présentation ✦ **final demand (for payment)** dernier avertissement m (d'avoir à payer) ✦ **to make demands on sb** exiger beaucoup de qn or de la part de qn ✦ **you make too great demands on my patience** vous abusez de ma patience ✦ **the demands of the case** les nécessités fpl du cas ✦ **I have many demands on my time** je suis très pris, mon temps est très pris
2 (NonC: Comm, Econ) demande f ✦ **demand for this product is growing** ce produit est de plus en plus demandé ✦ **to create a demand for a product** créer la demande pour un produit ✦ **do you stock suede hats? - no, there's no demand for them** avez-vous des chapeaux en daim ? - non, il n'y a pas de demande ; → **supply¹**
3 ✦ **to be in (great) demand** être très demandé
COMP **demand bill, demand draft N** (Fin) bon m or effet m à vue
**demand feeding N** allaitement m à la demande
**demand liabilities NPL** engagements mpl à vue
**demand management N** (Econ) contrôle m (gouvernemental) de la demande
**demand note N** ⇒ **demand bill**

(!) **to demand** is rarely translated by **demander**, which simply means 'to ask'.

**demanding** /dɪˈmɑːndɪŋ/ SYN **ADJ** 1 [boss, customer] exigeant ✦ **new services to meet the needs of ever more demanding customers** de nouveaux services destinés à satisfaire les besoins de clients toujours plus exigeants
2 [job, responsibility] ✦ **he can no longer cope with his demanding job** il ne peut plus faire face aux exigences de son travail ✦ **his working life was demanding** son travail l'accaparait ✦ **she has two demanding children** elle a deux enfants qui l'accaparent
3 (= taxing) difficile ; [schedule] éprouvant ✦ **students doing demanding courses** les étudiants qui font des études difficiles ✦ **a very demanding sport such as squash** un sport très éprouvant tel que le squash ✦ **physically demanding** physiquement éprouvant, qui demande beaucoup de résistance physique ✦ **intellectually demanding** qui demande un gros effort intellectuel ✦ **working with children can be emotionally demanding** travailler avec des enfants peut être très éprouvant sur le plan émotionnel

**de-manning** /ˌdiːˈmænɪŋ/ **N** (Brit) licenciements mpl, réduction f des effectifs

**demarcate** /ˈdiːmɑːkeɪt/ SYN **VT** délimiter

**demarcation** /ˌdiːmɑːˈkeɪʃən/ SYN
**N** démarcation f, délimitation f
COMP **demarcation dispute N** conflit m d'attributions
**demarcation line N** ligne f de démarcation

**demarche** /ˈdeɪmɑːʃ/ **N** démarche f, mesure f

**dematerialize** /ˌdiːməˈtɪərɪəlaɪz/ **VI** se dématérialiser

**demean** /dɪˈmiːn/ SYN **VT** [+ person] rabaisser, humilier ; [+ cause] dévaloriser ; [+ thing] rabaisser ✦ **to demean o.s.** s'abaisser (by doing sth à faire qch)

**demeaning** /dɪˈmiːnɪŋ/ **ADJ** dégradant (to pour), humiliant (to pour)

**demeanour, demeanor** (US) /dɪˈmiːnər/ SYN **N** (= behaviour) comportement m, conduite f ; (= bearing) maintien m

**demented** /dɪˈmentɪd/ SYN **ADJ** 1 (* = crazy) fou (folle f)
2 (Med) dément ✦ **to become demented** sombrer dans la démence

**dementedly** /dɪˈmentɪdlɪ/ **ADV** comme un fou (or une folle)

**dementia** /dɪˈmenʃɪə/
**N** démence f ; → **senile**
COMP **dementia praecox N** démence f précoce

**demerara** /ˌdeməˈrɛərə/ **N** (Brit : also **demerara sugar**) sucre m roux (cristallisé), cassonade f

**demerge** /ˌdiːˈmɜːdʒ/ **VT** (Brit) [+ company] scinder

**demerger** /ˌdiːˈmɜːdʒər/ **N** (Brit) scission f

**demerit** /diːˈmerɪt/ **N** démérite m ✦ **demerit (point)** (US Scol) avertissement m, blâme m

**demersal** /dɪˈmɜːsəl/ **ADJ** (Bio) démersal

**demesne** /dɪˈmeɪn/ **N** domaine m, terre f ; (Jur) possession f ✦ **to hold sth in demesne** (Jur) posséder qch en toute propriété

**demi...** /ˈdemɪ/ **PREF** demi- ✦ **demigod** demi-dieu m

**demijohn** /ˈdemɪdʒɒn/ **N** dame-jeanne f, bonbonne f

**demilitarization** /ˈdiːˌmɪlɪtəraɪˈzeɪʃən/ **N** démilitarisation f

**demilitarize** /ˌdiːˈmɪlɪtəraɪz/
**VT** démilitariser
COMP **demilitarized zone N** zone f démilitarisée

**demimondaine** /ˌdemɪˈmɒndeɪn/ **N** demi-mondaine f

**demi-monde** /ˌdemɪˈmɒnd/ **N** demi-monde m

**de-mining** /ˌdiːˈmaɪnɪŋ/ **N** (= removing landmines) déminage m

**demise** /dɪˈmaɪz/
**N** 1 (frm, hum = death) décès m, mort f ; (fig) [of institution, custom etc] mort f, fin f
2 (Jur) (by legacy) cession f or transfert m par legs, transfert m par testament ; (by lease) transfert m par bail ✦ **demise of the Crown** transmission f de la Couronne (par décès ou abdication)
**VT** (Jur) [+ estate] léguer ; [+ the Crown, sovereignty] transmettre

**demi-sec** /ˌdemɪˈsek/ **ADJ** moyennement sec (f sèche)

**demisemiquaver** /ˈdemɪsemɪˌkweɪvər/ **N** (Brit) triple croche f

**demist** /diːˈmɪst/ **VT** désembuer

**demister** /diːˈmɪstər/ **N** (Brit : in car) dispositif m antibuée

**demisting** /diːˈmɪstɪŋ/ **N** désembuage m

**demitasse** /ˈdemɪtæs/ **N** (US) (= cup) tasse f (à moka) ; (= drink) (tasse f de) café m noir

**demiurge** /ˈdemɪˌɜːdʒ/ **N** démiurge m

**demi-vegetarian** /ˌdemɪvedʒɪˈtɛərɪən/ **N** personne qui ne mange pas de viande rouge

**demivolt** /ˈdemɪˌvɒlt/ **N** demi-volte f

**demo*** /ˈdeməʊ/ **N** 1 (Brit) (abbrev of **demonstration**) manif* f
2 (US) ⇒ **demonstration model** ; → **demonstration**
3 (US) ⇒ **demolition worker** ; → **demolition**
4 (abbrev of **demonstration record**) → **demonstration**

**demob*** /ˈdiːmɒb/ **VT, N** (Brit) abbrev of **demobilize, demobilization**

**demobilization** /ˌdiːˌməʊbɪlaɪˈzeɪʃən/ **N** démobilisation f

**demobilize** /ˌdiːˈməʊbɪlaɪz/ **VT** démobiliser

**Demochristian** */ˌdeməʊˈkrɪstʃən/ N (Pol) démocrate mf chrétien(ne)

**democracy** /dɪˈmɒkrəsɪ/ SYN N démocratie f ◆ **they are working towards democracy** ils sont en train de se démocratiser ◆ **"Democracy in America"** (Literat) « De la démocratie en Amérique » ; → **people**

**Democrat** /ˈdeməkræt/ N ① (Brit Pol) (libéral) démocrate mf
② (US Pol) démocrate mf

**democrat** /ˈdeməkræt/ N démocrate mf

**democratic** /ˌdeməˈkrætɪk/ SYN
**ADJ** ① (Pol) [institution, organization, spirit] démocratique
② (US Pol) ◆ **Democratic** démocrate ◆ **the Democratic Party** le parti démocrate ◆ **the Democratic Republic of...** la République démocratique de... ; see also **Christian, liberal, social**
③ (= egalitarian) [boss, management style, atmosphere] démocratique, non directif
**COMP** **democratic centralism** N centralisme m démocratique
**democratic deficit** N (Pol) déficit m démocratique

**democratically** /ˌdeməˈkrætɪkəlɪ/ ADV démocratiquement ◆ **democratically elected** démocratiquement élu ◆ **to be democratically minded** être démocratique

**democratization** /dɪˌmɒkrətaɪˈzeɪʃən/ N démocratisation f

**democratize** /dɪˈmɒkrətaɪz/
**VT** démocratiser
**VI** se démocratiser

**demodulate** /diːˈmɒdjʊleɪt/ VT (Elec) démoduler

**demodulation** /ˌdiːmɒdjʊˈleɪʃən/ N (Elec) démodulation f

**demodulator** /diːˈmɒdjʊˌleɪtəʳ/ N démodulateur m

**demographer** /dɪˈmɒɡrəfəʳ/ N démographe mf

**demographic** /ˌdeməˈɡræfɪk /
**ADJ** démographique
**N** tranche f de population
**COMP** **demographic time bomb** N (esp Brit) vieillissement de la population dû à une dénatalité plusieurs décennies auparavant

**demographics** /ˌdeməˈɡræfɪks/ NPL données fpl démographiques ; [of market] profil m démographique ◆ **the demographics of housing demand** les données démographiques concernant la demande de logement

**demography** /dɪˈmɒɡrəfɪ/ N démographie f

**demolish** /dɪˈmɒlɪʃ/ SYN VT [+ building] démolir, abattre ; [+ fortifications] démanteler ; (fig) [+ theory] démolir, détruire ; *[+ cake] liquider*, dire deux mots à *

**demolisher** /dɪˈmɒlɪʃəʳ/ N (lit, fig) démolisseur m

**demolition** /ˌdeməˈlɪʃən/ SYN
**N** démolition f
**COMP** **demolition area** N ⇒ **demolition zone**
**demolition derby** N course automobile où l'objectif est de détruire les autres voitures
**demolition squad** N équipe f de démolition
**demolition work** N (travail m de) démolition f
**demolition worker** N démolisseur m
**demolition zone** N zone f de démolition

**demon** /ˈdiːmən/ SYN N (all senses) démon m ◆ **the old demons of hate and prejudice** les vieux démons que sont la haine et les préjugés ◆ **his private demons** ses démons intérieurs ◆ **the demon drink** l'alcool m ◆ **to be a demon for work** être un bourreau de travail ◆ **a demon driver** (skilful) un as* du volant ; (dangerous) un conducteur pris de folie ◆ **he's a demon squash player** etc il joue au squash etc comme un dieu

**demonetization** /diːˌmʌnɪtaɪˈzeɪʃən/ N démonétisation f

**demonetize** /diːˈmʌnɪtaɪz/ VT démonétiser

**demoniac** /dɪˈməʊnɪæk/ ADJ, N démoniaque mf

**demoniacal** /ˌdiːməʊˈnaɪəkəl/ ADJ démoniaque, diabolique ◆ **demoniacal possession** possession f diabolique

**demonic** /diːˈmɒnɪk, dɪˈmɒnɪk/ SYN ADJ démoniaque, diabolique

**demonize** /ˈdiːmənaɪz/ VT diaboliser

**demonolatry** /ˌdiːməˈnɒlətrɪ/ N démonolâtrie f

**demonologist** /ˌdiːməˈnɒlədʒɪst/ N démonologue mf

**demonology** /ˌdiːməˈnɒlədʒɪ/ N démonologie f

**demonstrable** /ˈdemənstrəbl/ SYN ADJ démontrable

**demonstrably** /ˈdemənstrəblɪ/ ADV manifestement

**demonstrate** /ˈdemənstreɪt/ LANGUAGE IN USE 26.1 SYN
**VT** ① (= show) [+ truth, need] démontrer, prouver ◆ **to demonstrate that...** démontrer or prouver que...
② (= display) faire la preuve de, prouver ◆ **he was anxious to demonstrate his commitment to democracy** il voulait faire la preuve de or prouver son attachement à la démocratie ◆ **he demonstrated great skill** il a fait preuve de beaucoup d'adresse
③ [+ appliance] faire une démonstration de ; [+ system] expliquer, décrire ◆ **to demonstrate how sth works** montrer le fonctionnement de qch, faire une démonstration de qch ◆ **to demonstrate how to do sth** montrer comment faire qch
**VI** (= protest) manifester, faire or organiser une manifestation (for pour ; in favour of en faveur de ; against contre)

**demonstration** /ˌdemənˈstreɪʃən/ SYN
**N** ① (= protest) manifestation f ◆ **to hold a demonstration** manifester, faire or organiser une manifestation
② (= instructions) démonstration f ◆ **to give a demonstration (of)** faire une démonstration (de)
③ (= proof) preuve f ◆ **a demonstration of their sincerity** une preuve de sincérité de leur part
④ [of love, support] manifestations fpl
**COMP** [car, lecture, tape, diskette] de démonstration
**demonstration model** N modèle m de démonstration

 When **demonstration** means 'protest' or 'proof', it is not translated by the French word **démonstration**.

**demonstrative** /dɪˈmɒnstrətɪv/ SYN ADJ [behaviour, person] démonstratif, expansif ; (Gram, Math, Philos) démonstratif

**demonstrator** /ˈdemənstreɪtəʳ/ N ① (= person) (Comm) démonstrateur m, -trice f ; (Educ) préparateur m, -trice f ; (on protest march) manifestant(e) m(f)
② (= appliance) appareil m (or article m) de démonstration ; (= car) voiture f de démonstration

**demoralization** /dɪˌmɒrəlaɪˈzeɪʃən/ N démoralisation f

**demoralize** /dɪˈmɒrəlaɪz/ SYN VT démoraliser ◆ **to become demoralized** perdre courage, être démoralisé

**demoralizing** /dɪˈmɒrəlaɪzɪŋ/ ADJ démoralisant

**Demosthenes** /dɪˈmɒsθəniːz/ N (Antiq) Démosthène m

**demote** /dɪˈməʊt/ VT (also Mil) rétrograder

**demotic** /dɪˈmɒtɪk /
**ADJ** ① (= of the people) populaire
② (Ling) démotique
**N** démotique f

**demotion** /dɪˈməʊʃən/ N rétrogradation f

**demotivate** /ˌdiːˈməʊtɪveɪt/ VT démotiver

**demotivation** /diːˌməʊtɪˈveɪʃən/ N démotivation f

**demulcent** /dɪˈmʌlsənt/ ADJ, N (Med) émollient m, adoucissant m

**demur** /dɪˈmɜːʳ/ SYN
**VI** rechigner (at sth devant qch ; at doing sth à faire qch) ; (Jur) opposer une exception
**N** réserve f, objection f ◆ **without demur** sans hésiter, sans faire de difficultés

**demure** /dɪˈmjʊəʳ/ SYN ADJ [smile, look, girl] modeste, sage ; [child] très sage ◆ **a demure hat** un petit chapeau bien sage

**demurely** /dɪˈmjʊəlɪ/ ADV (= modestly) [smile, move] d'un air modeste or sage ; [speak] d'un ton modeste ; [behave] sagement, de façon modeste ◆ **demurely dressed (in)** sagement habillé (de)

**demureness** /dɪˈmjʊənɪs/ N (= modesty) [of person] air m sage ; [of clothes] allure f sage ; (pej) (= coyness) modestie f affectée

**demurrage** /dɪˈmʌrɪdʒ/ N (Jur) surestarie f ◆ **goods in demurrage** marchandises fpl en souffrance (sur le quai)

**demurrer** /dɪˈmʌrəʳ/ N (Jur) ≈ exception f péremptoire

**demutualize** /diːˌmjuːtjuːəlaɪz/ VI se démutualiser

**demystification** /diːˌmɪstɪfɪˈkeɪʃən/ N démystification f

**demystify** /diːˈmɪstɪˌfaɪ/ VT démystifier

**demythification** /diːˌmɪθɪfɪˈkeɪʃən/ N démythification f

**demythify** /diːˈmɪθɪˌfaɪ/ VT démythifier

**demythologize** /ˌdiːmɪˈθɒlədʒaɪz/ VT démythifier

**den** /den/ SYN N ① [of lion, tiger] tanière f, antre m ; [of thieves] repaire m, antre m ◆ **the lion's den** (lit, fig) l'antre m du lion ◆ **den of iniquity** or **vice** lieu m de perdition or de débauche ; → **gambling, opium**
② (= room, study) antre m
▶ **den up** * VI (US) se retirer dans sa piaule *

**denationalization** /diːˌnæʃnəlaɪˈzeɪʃən/ N dénationalisation f

**denationalize** /diːˈnæʃnəlaɪz/ VT dénationaliser

**denature** /ˌdiːˈneɪtʃəʳ/ VT dénaturer

**dendrite** /ˈdendraɪt/ N (Miner, Anat) dendrite f

**dendritic** /denˈdrɪtɪk/ ADJ (Physiol) dendritique

**dendrochronology** /ˌdendrəʊkrəˈnɒlədʒɪ/ N dendrochronologie f

**dendrological** /ˌdendrəˈlɒdʒɪkəl/ ADJ dendrologique

**dendrologist** /denˈdrɒlədʒɪst/ N dendrologiste mf, dendrologue mf

**dendrology** /denˈdrɒlədʒɪ/ N dendrologie f

**dengue** /ˈdeŋɡɪ/ N dengue f

**deniability** /dɪˌnaɪəˈbɪlɪtɪ/ N (NonC) possibilité f de démenti

**deniable** /dɪˈnaɪəbl/ ADJ (Pol) ◆ **deniable operation** opération confidentielle dont les commanditaires déclineront toute responsabilité

**denial** /dɪˈnaɪəl/ SYN N ① [of rights, truth] dénégation f ; [of report, accusation] démenti m ; [of guilt] dénégation f ; [of authority] rejet m ◆ **denial of justice** déni m (de justice) ◆ **denial of self** abnégation f ◆ **he met the accusation with a flat denial** il a nié catégoriquement l'accusation ◆ **to issue a denial** publier un démenti
② (= refusal) ◆ **the denial of visas to aid workers** le refus d'accorder un visa aux membres d'organisations humanitaires
③ (Psych) dénégation f, déni m ◆ **AIDS will not be stopped by inertia and denial** on n'arrêtera pas le sida par l'immobilisme et le déni ◆ **to be in denial** être dans le déni ◆ **to be in denial about sth** refuser d'admettre qch
④ ◆ **Peter's denial of Christ** le reniement du Christ par Pierre

**denier** /ˈdenɪəʳ/ N ① (= weight) denier m ◆ **25 denier stockings** bas mpl 25 deniers
② (= coin) denier m

**denigrate** /ˈdenɪɡreɪt/ SYN VT dénigrer, discréditer

**denigration** /ˌdenɪˈɡreɪʃən/ SYN N dénigrement m

**denim** /ˈdenɪm /
**N** (for jeans, skirts etc) (toile f de) jean m ; (heavier: for uniforms, overalls etc) treillis m
**NPL** **denims** (= jeans) blue-jean m, jean m ; (= workman's overalls) bleus mpl de travail

**denitrification** /diːˌnaɪtrɪfɪˈkeɪʃən/ N dénitrification f

**denitrify** /diːˈnaɪtrɪˌfaɪ/ VT dénitrifier

**denizen** /ˈdenɪzn/ N ① (= inhabitant) habitant(e) m(f) ◆ **denizens of the forest** habitants mpl or hôtes mpl (liter) des forêts
② (Brit Jur) étranger m, -ère f (ayant droit de cité)
③ (= naturalized plant/animal) plante f/animal m acclimaté(e)

**Denmark** /ˈdenmɑːk/ N Danemark m

**denominate** /dɪˈnɒmɪneɪt/ VT dénommer

**denomination** /dɪˌnɒmɪˈneɪʃən/ SYN N ① (= group) groupe m, catégorie f ; (Rel) confession f ; [of money] valeur f ; [of weight, measure] unité f
② (NonC) dénomination f, appellation f

**denominational** /dɪˌnɒmɪˈneɪʃənl /
**ADJ** (Rel) confessionnel
**COMP** **denominational college** N (US) université f confessionnelle
**denominational school** N (US) école f libre or confessionnelle

**denominative** /dɪˈnɒmɪnətɪv/ **ADJ, N** dénominatif m

**denominator** /dɪˈnɒmɪneɪtəʳ/ **N** dénominateur m ; → **common**

**denotation** /ˌdiːnəʊˈteɪʃən/ **N** ① (NonC, gen, also Ling, Philos) dénotation f ; (= meaning) signification f
② (= symbol) indices mpl, signes mpl

**denotative** /dɪˈnəʊtətɪv/ **ADJ** (Ling) dénotatif

**denote** /dɪˈnəʊt/ SYN **VT** ① (= indicate) indiquer ; (Philos, Ling) dénoter ◆ **red hair was thought to denote a fiery temperament** on pensait que les cheveux roux indiquaient un tempérament fougueux ◆ **the agreement seems to denote a virtual surrender** l'accord semble signifier une quasi capitulation
② (= mean) signifier ; (= refer to) désigner ; (= represent) représenter ◆ **in this diagram, "np" denotes the net profit** dans ce diagramme, « np » signifie le bénéfice net ◆ **in medieval England, the word "drab" denoted a type of woollen cloth** au Moyen-Age en Angleterre, le mot « drab » désignait une sorte de drap de laine

**denouement, dénouement** /deɪˈnuːmɑ̃/ **N** dénouement m

**denounce** /dɪˈnaʊns/ SYN **VT** [+ person, treaty, act] dénoncer (to à) ◆ **to denounce sb as an impostor** accuser publiquement qn d'imposture

**denouncement** /dɪˈnaʊnsmənt/ **N** ⇒ **denunciation**

**denouncer** /dɪˈnaʊnsəʳ/ **N** dénonciateur m, -trice f

**dense** /dens/ SYN **ADJ** ① (lit, fig : also Phys) [fog, crowd, vegetation, prose etc] dense
② (* = stupid) bouché *

**densely** /ˈdenslɪ/ **ADV** ◆ **densely populated** densément peuplé, à forte densité démographique ◆ **densely packed** plein à craquer ◆ **densely wooded** très boisé

**denseness** /ˈdensnɪs/ **N** ① (gen) densité f
② (* = stupidity) stupidité f

**densimeter** /denˈsɪmɪtəʳ/ **N** densimètre m

**densimetry** /denˈsɪmɪtrɪ/ **N** densimétrie f

**densitometer** /ˌdensɪˈtɒmɪtəʳ/ **N** densimètre m

**density** /ˈdensɪtɪ/ SYN **N** densité f ◆ **double/high/single density diskette** disquette f double/haute/simple densité

**dent** /dent/ SYN
**N** (in wood) entaille f ; (in metal) bosse f, bosselure f ◆ **to have a dent in the bumper** avoir le pare-chocs bosselé or cabossé ◆ **to make a dent in** (fig) [+ savings, budget] faire un trou dans ; [+ sb's enthusiasm, confidence] ébranler
**VT** [+ hat] cabosser ; [+ car] bosseler, cabosser ; [+ wood] entailler

**dental** /ˈdentl/
**ADJ** ① [treatment, school] dentaire
② (Ling) dental
**N** (Ling) dentale f
COMP **dental floss N** fil m dentaire
**dental hygiene N** hygiène f dentaire
**dental hygienist N** hygiéniste mf dentaire
**dental nurse N** assistant(e) m(f) de dentiste
**dental plaque N** plaque f dentaire
**dental receptionist N** réceptionniste mf dans un cabinet dentaire
**dental surgeon N** chirurgien m dentiste
**dental surgery N** cabinet m dentaire or de dentiste
**dental technician N** mécanicien(ne) m(f) dentiste

**dentate** /ˈdenteɪt/ **ADJ** denté

**denticle** /ˈdentɪkl/ **N** (Med) denticule m

**denticulate** /denˈtɪkjʊˌleɪt/ **ADJ** denticulé

**dentifrice** /ˈdentɪfrɪs/ **N** dentifrice m

**dentil** /ˈdentɪl/ **N** (Archit) denticule m

**dentine** /ˈdentiːn/ **N** dentine f

**dentist** /ˈdentɪst/ **N** dentiste mf ◆ **dentist's chair** fauteuil m de dentiste ◆ **dentist's surgery** cabinet m dentaire or de dentiste ◆ **to go to the dentist('s)** aller chez le dentiste

**dentistry** /ˈdentɪstrɪ/ **N** dentisterie f ◆ **to study dentistry** faire des études dentaires, faire l'école dentaire

**dentition** /denˈtɪʃən/ **N** dentition f

**denture(s)** /ˈdentʃəʳ(ʃəz)/ **N(PL)** dentier m râtelier † m (hum)

**denuclearization** /diːˌnjuːklɪərəˈzeɪʃən/ **N** dénucléarisation f

**denuclearize** /diːˌnjuːklɪəraɪz/ **VT** dénucléariser

**denude** /dɪˈnjuːd/ SYN **VT** (lit, fig) dénuder, dépouiller ◆ **denuded landscape** paysage m nu or dépouillé ◆ **area denuded of trees** région f dépouillée d'arbres

**denunciation** /dɪˌnʌnsɪˈeɪʃən/ **N** [of person] dénonciation f ; (in public) accusation f publique, condamnation f ; [of action] dénonciation f ; [of treaty] dénonciation f

**denunciator** /dɪˈnʌnsɪeɪtəʳ/ **N** dénonciateur m, -trice f

**Denver boot** /ˌdenvəˈbuːt/ **N** sabot m (de Denver)

**deny** /dɪˈnaɪ/ LANGUAGE IN USE 12.1, 26.3 SYN **VT**
① (= repudiate) nier (doing sth avoir fait qch ; that que + indic or subj) ; [+ fact, accusation] nier, refuser d'admettre ; [+ sb's authority] rejeter ◆ **he denies murder** il nie avoir commis un meurtre ◆ **she denies any involvement in the kidnapping** elle nie toute participation à l'enlèvement ◆ **to deny all responsibility for sth** nier toute responsabilité pour qch ◆ **she denies any knowledge of...** elle affirme ne rien savoir de...
◆ **there is no denying it** c'est indéniable ◆ **I'm not denying the truth of it** je ne nie pas que ce soit vrai
② (= refuse to give) ◆ **to deny sb sth** refuser qch à qn, priver qn de qch ◆ **he was denied admittance** on lui a refusé l'entrée ◆ **they were denied victory in the 89th minute** ils ont été privés de la victoire à la 89ᵉ minute ◆ **to deny sb access to sth** refuser à qn l'accès à qch ◆ **to deny o.s. cigarettes** se priver de cigarettes ◆ **to deny sb the right to do sth** refuser or dénier à qn le droit de faire qch
③ (= disown) [+ leader, religion] renier

**deodar** /ˈdiːəʊdɑːʳ/ **N** (= tree) déodar m

**deodorant** /diːˈəʊdərənt/ SYN **ADJ, N** (gen) déodorant m ; (= air-freshener) désodorisant m

**deodorization** /diːˌəʊdəraɪˈzeɪʃən/ **N** désodorisation f

**deodorize** /diːˈəʊdəraɪz/ **VT** désodoriser

**deontic** /diːˈɒntɪk/ **ADJ** déontique

**deontologist** /ˌdiːɒnˈtɒlədʒɪst/ **N** déontologue mf

**deontology** /ˌdiːɒnˈtɒlədʒɪ/ **N** déontologie f

**deoxidization** /diːˌɒksɪdaɪˈzeɪʃən/ **N** désoxydation f

**deoxidize** /diːˈɒksɪdaɪz/ **VT** désoxyder

**deoxygenate** /diːˈɒksɪdʒəneɪt/ **VT** désoxygéner

**deoxygenation** /diːˌɒksɪdʒɪˈneɪʃən/ **N** désoxygénation f

**deoxygenize** /diːˈɒksɪdʒɪˌnaɪz/ **VT** désoxygéner

**deoxyribonucleic acid** /diːˌɒksɪˈraɪbəʊnjuːˈkleɪɪk ˌæsɪd/ **N** acide m désoxyribonucléique

**deoxyribose** /diːˈɒksɪˈraɪbəʊs/ **N** désoxyribose m

**dep.** (abbrev of **departs, departure**) (on timetable) dép., départ

**depart** /dɪˈpɑːt/ SYN
**VI** ① (= go away) [person] partir, s'en aller ; [bus, plane, train etc] partir ◆ **to depart from a city** quitter une ville ◆ **to be about to depart** être sur le or son départ
② (fig) ◆ **to depart from** (gen) s'écarter de ; [+ a principle, the truth] faire une entorse à
**VT** (in travel information) ◆ **"departing London at 12.40"** (on timetable etc) « départ de Londres (à) 12.40 » ◆ **a week in Majorca, departing Gatwick May 7** une semaine à Majorque, départ de Gatwick le 7 mai
② ◆ **to depart this world** or **this life** (liter) quitter ce monde, trépasser (liter)

**departed** /dɪˈpɑːtɪd/ SYN
**ADJ** ① (liter = dead) défunt ◆ **the departed leader** le chef défunt, le défunt chef
② (= bygone) [glory, happiness] passé ; [friends] disparu
**N** (liter) ◆ **the departed** le défunt, la défunte, les défunts mpl ◆ **the dear(ly) departed** le cher disparu, la chère disparue, les chers disparus mpl

**department** /dɪˈpɑːtmənt/ SYN
**N** (in office, firm) service m ; [of shop, store] rayon m ; (Scol) section f ; (Univ) = UFR f (unité de formation et de recherche), = département m ; (also **government department**) ministère m, département m ; (French Admin) département m ; (fig = field of activity) domaine m, rayon m ◆ **he works in the sales department** il travaille au service des ventes ◆ **in all the departments of public service** dans tous les services publics ◆ **the shoe department** (in shop) le rayon des chaussures ◆ **the French Department** (Scol) la section de français ; (Univ) l'UFR f or le département de français ◆ **gardening is my wife's department** * le jardinage, c'est le rayon de ma femme ; → **head, state**
COMP **department chairman N** (pl **department chairmen**) (Univ) ≈ directeur m, -trice f d'UFR
**Department for Education and Skills N** (Brit) ministère m de l'Éducation et du Travail
**department head N** ⇒ **department chairman**
**Department of Health N** (Brit) ministère m de la Santé
**Department of Social Security N** (Brit : formerly) ≈ Sécurité f sociale
**department store N** grand magasin m
**Department of Work and Pensions N** (Brit) ≈ Sécurité f sociale

**departmental** /ˌdiːpɑːtˈmentl/ **ADJ** ① (gen) du département ; (in office, firm) du service ◆ **a departmental meeting** une réunion du département (or du service) ◆ **the departmental budget** le budget du département (or du service) ◆ **departmental manager** or **head** chef m de service
② (= of a French area) départemental

**departmentalization** /ˌdiːpɑːtˌmentəlaɪˈzeɪʃən/ **N** organisation f en départements

**departmentalize** /ˌdiːpɑːtˈmentəˌlaɪz/ **VT** organiser en départements

**departure** /dɪˈpɑːtʃəʳ/ SYN
**N** ① (from place) [of person, vehicle] départ m ; (from job) départ m, démission f ◆ **on the point of departure** sur le point de partir, sur le départ ; → **arrival**
② (from custom, principle) dérogation f, entorse f (from à) ; (from law) manquement m (from à) ◆ **a departure from the norm** une exception ◆ **a departure from the truth** une entorse à la vérité
③ (= change of course, action) changement m de direction, virage m ; (Comm = new type of goods) nouveauté f, innovation f ◆ **it's a new departure in biochemistry** c'est une nouvelle voie qui s'ouvre en or pour la biochimie
④ (liter = death) trépas m (liter)
COMP [preparations etc] de départ
**departure board N** tableau m des départs
**departure gate N** porte f d'embarquement
**departure lounge N** salle f d'embarquement
**departure platform N** quai m (de départ)
**departure signal N** signal m de départ
**departure tax N** taxe f d'aéroport
**departure time N** heure f de départ

**depend** /dɪˈpend/ LANGUAGE IN USE 6.3 SYN IMPERS **VI** dépendre (on sb/sth de qn/qch) ◆ **it all depends, that depends** cela dépend, c'est selon * ◆ **it depends on you whether he comes or not** cela dépend de vous or il ne tient qu'à vous qu'il vienne ou non ◆ **it depends (on) whether he will do it or not** cela dépend s'il veut le faire ou non ◆ **it depends (on) what you mean** cela dépend de ce que vous voulez dire
◆ **depending on** ◆ **depending on the weather** selon le temps ◆ **depending on where you live** selon l'endroit où vous habitez ◆ **depending on what happens tomorrow...** selon ce qui se passera demain...

▶ **depend (up)on VT FUS** ① (= count on) compter sur ; (= be completely reliant on) se reposer sur ◆ **you can always depend (up)on him** on peut toujours compter sur lui ◆ **he depends (up)on her for everything** il se repose sur elle pour tout ◆ **you may depend (up)on his coming** vous pouvez compter qu'il viendra or compter sur sa venue ◆ **I'm depending (up)on you to tell me what he wants** je compte sur vous pour savoir ce qu'il veut ◆ **you can depend (up)on it** soyez-en sûr, je vous le promets or garantis ◆ **you can depend (up)on it that he'll forget again** tu peux être sûr (et certain) qu'il va encore oublier
② (= need support or help from) dépendre de ◆ **he depends (up)on his father for pocket money** il dépend de son père pour son argent de poche ◆ **I'm depending (up)on you for moral support** votre appui moral m'est indispensable ◆ **your success depends (up)on your efforts** votre succès dépendra de vos efforts

**dependability** /dɪˌpendəˈbɪlɪtɪ/ **N** [of machine, person] fiabilité f ◆ **he is well-known for his dependability** tout le monde sait qu'il est très fiable

**dependable** /dɪˈpendəbl/ SYN **ADJ** fiable ◆ **he is not dependable** il n'est pas fiable, on ne peut pas compter sur lui

**dependably** /dɪˈpendəblɪ/ ADV de façon fiable
**dependance** /dɪˈpendəns/ N ⇒ **dependence**
**dependant** /dɪˈpendənt/ SYN N personne f à charge ◆ **he had many dependants** il avait de nombreuses personnes à (sa) charge
**dependence** /dɪˈpendəns/ N ① (= *state of depending* : also **dependency**) dépendance f (*on* à, à l'égard de, envers), sujétion f (*on* à) ◆ **dependence on one's parents** dépendance f à l'égard de *or* envers ses parents ◆ **dependence on drugs** (état m de) dépendance f à l'égard de la drogue ② ◆ **the dependence of success upon effort** le rapport entre le succès et l'effort fourni
**dependency** /dɪˈpendənsɪ/
 N ① ⇒ **dependence 1**
 ② (*Ling*) dépendance f
 ③ (= *country*) dépendance f, colonie f
 COMP **dependency allowance** N (*Jur*) indemnité f pour charges de famille
 **dependency grammar** N (*Ling*) grammaire f dépendancielle
**dependent** /dɪˈpendənt/ SYN
 ADJ ① (= *reliant*) [*person*] dépendant (*on* de) ◆ **to be (heavily) dependent on sth** dépendre (beaucoup or fortement) de qch ◆ **to be dependent on sb to do sth** dépendre de qn pour faire qch ◆ **drug-dependent, chemically dependent** (*on illegal drugs*) toxicomane ; (*on medical drugs*) en état de dépendance aux médicaments ◆ **insulin-dependent** insulinodépendant
 ② (*financially*) [*child, relative*] à charge ◆ **families with dependent children** les familles ayant des enfants à charge ◆ **to be financially dependent on sb** dépendre financièrement de qn
 ③ (= *contingent*) ◆ **to be dependent on** *or* **upon sth** dépendre de qch ◆ **the results are dependent upon which programme you follow** les résultats dépendent du programme que vous suivez
 ④ (*Gram*) [*clause*] subordonné
 ⑤ (*Math*) dépendant ◆ **dependent variable** variable f dépendante
 N ⇒ **dependant**
**depersonalization** /dɪˌpɜːsənəlaɪˈzeɪʃən/ N dépersonnalisation f
**depersonalize** /diːˈpɜːsənəlaɪz/ VT dépersonnaliser
**depict** /dɪˈpɪkt/ SYN VT (*in words*) dépeindre, décrire ; (*in picture*) représenter ◆ **surprise was depicted on his face** la surprise se lisait sur son visage, son visage exprimait la surprise
**depiction** /dɪˈpɪkʃən/ N (*pictorial*) représentation f ; (*written*) description f ◆ **the artist's depiction of war as a roaring lion** la représentation de la guerre par l'artiste sous la forme d'un lion rugissant ◆ **the depiction of socialists as Utopian dreamers** l'image de rêveurs utopistes que l'on donne des socialistes
**depilate** /ˈdepɪleɪt/ VT épiler
**depilation** /ˌdepɪˈleɪʃən/ N épilation f
**depilatory** /dɪˈpɪlətərɪ/ ADJ, N dépilatoire m
**deplane** /ˌdiːˈpleɪn/ VI débarquer (*d'un avion*)
**deplenish** /dɪˈplenɪʃ/ VT (= *reduce*) dégarnir ; (= *empty*) vider
**deplete** /dɪˈpliːt/ SYN
 VT ① (= *reduce*) [+ *supplies, funds*] réduire ; [+ *strength*] diminuer, réduire ; (= *exhaust*) [+ *supplies, strength*] épuiser ◆ **our stock is very depleted** (*Comm*) nos stocks sont très bas ◆ **the regiment was greatly depleted** (*Mil*) (*by cuts etc*) l'effectif du régiment était très réduit ; (*by war, sickness*) le régiment a été décimé ◆ **numbers were greatly depleted** les effectifs étaient très réduits
 ② (*Med*) décongestionner
 COMP **depleted uranium** N uranium m appauvri
**depletion** /dɪˈpliːʃən/ SYN
 N [*of resources, nutrients*] diminution f ; (*Med*) déplétion f ; [*of funds*] réduction f ; → **ozone**
 COMP **depletion allowance** N (*Jur*) reconstitution f des gisements
 **depletion layer** N (*Elec*) zone f désertée *or* de déplétion
**deplorable** /dɪˈplɔːrəbl/ SYN ADJ déplorable, lamentable
**deplorably** /dɪˈplɔːrəblɪ/ ADV (*with vb*) [*behave*] de façon déplorable ; (*with adj*) déplorablement ◆ **ours is a deplorably materialistic society** notre société est d'un matérialisme déplorable ◆ **deplorably, he refused to take action** il a refusé d'agir, ce qui est déplorable
**deplore** /dɪˈplɔːʳ/ LANGUAGE IN USE 14 SYN VT déplorer, regretter vivement ◆ **to deplore the fact that...** déplorer le fait que... + *indic*, regretter vivement que... + *subj*
**deploy** /dɪˈplɔɪ/ SYN
 VT (*Mil*) [+ *missiles, ships, tanks, troops etc*] déployer ; (*gen*) [+ *resources, equipment*] faire usage de, utiliser ; [+ *staff*] utiliser (les services de) ; [+ *skills, talents*] déployer, faire preuve de
 VI (*Mil*) être déployé
**deployment** /dɪˈplɔɪmənt/ N (*Mil*) déploiement m ; (*fig*) usage m, utilisation f ; → **rapid**
**depolarization** /ˌdiːˌpəʊlərarˈzeɪʃən/ N dépolarisation f
**depolarize** /diːˈpəʊləraɪz/ VT dépolariser
**depoliticize** /ˌdiːpəˈlɪtɪsaɪz/ VT dépolitiser
**depolymerize** /diːˈpɒlɪməˌraɪz/ VT dépolymériser
**deponent** /dɪˈpəʊnənt/
 N ① (*Gram*) déponent m
 ② (*Jur*) déposant(e) m(f)
 ADJ (*Gram*) déponent
**depopulate** /ˌdiːˈpɒpjʊleɪt/ VT dépeupler ◆ **to become depopulated** se dépeupler
**depopulation** /ˌdiːˌpɒpjʊˈleɪʃən/ N dépopulation f, dépeuplement m ◆ **rural depopulation** dépeuplement m des campagnes
**deport** /dɪˈpɔːt/ SYN VT ① (= *expel*) expulser (*from* de) ; (= *transport*) déporter (*from* de ; *to* à) ; (*Hist*) [+ *prisoner*] déporter
 ② (= *behave*) ◆ **to deport o.s.** † se comporter, se conduire
**deportation** /ˌdiːpɔːˈteɪʃən/ SYN
 N expulsion f ; (*Hist*) déportation f (*Jur*)
 COMP **deportation order** N arrêt m d'expulsion
**deportee** /ˌdiːpɔːˈtiː/ N déporté(e) m(f)
**deportment** /dɪˈpɔːtmənt/ SYN N maintien m, tenue f ◆ **deportment lessons** leçons fpl de maintien
**depose** /dɪˈpəʊz/ SYN
 VT [+ *king*] déposer, détrôner ; [+ *official*] destituer
 VI (*Jur*) déposer, attester par déposition
**deposit** /dɪˈpɒzɪt/ SYN
 VT ① (= *put down*) [+ *parcel etc*] déposer, poser
 ② (*in bank account*) [+ *money*] verser, déposer ; [+ *cheque*] déposer ; (*for safekeeping*) [+ *money, valuables*] déposer, laisser *or* mettre en dépôt (*with sb* chez qn) ◆ **I deposited £200 in my account** j'ai versé 200 livres à *or* sur mon compte, j'ai déposé 200 livres sur mon compte ◆ **I deposited a cheque in my account** j'ai déposé un chèque sur mon compte ◆ **to deposit valuables in** *or* **with the bank** déposer des objets de valeur à la banque, laisser des objets de valeur en dépôt à la banque
 ③ (*Geol*) déposer, former un dépôt de
 N ① (*in bank*) dépôt m ◆ **to make a deposit of £50** déposer *or* verser 50 livres
 ② (= *part payment*) (*on goods, holiday*) arrhes fpl, acompte m ; (*on house purchase*) acompte m ; (*in hire purchase = down payment*) premier versement m ; (*in hiring goods, renting accommodation: against damage etc*) caution f ; (*on bottle, container*) consigne f ; (*Brit Pol*) cautionnement m électoral ◆ **to leave a deposit of £40** *or* **a £40 deposit on a washing machine** verser 40 livres d'arrhes *or* d'acompte sur un lave-linge ◆ **to pay a 5% deposit** *or* **a deposit of 5% on a property** verser 5% d'acompte sur une propriété ◆ **a small deposit will secure any goods** (*Comm*) on peut faire mettre tout article de côté moyennant (le versement d')un petit acompte ◆ **to lose one's deposit** (*Brit Pol*) perdre son cautionnement (*en obtenant un très faible score*)
 ③ (*in wine, Chem, Geol*) dépôt m ; [*of mineral, oil*] gisement m ◆ **fat/cholesterol deposits** (*Anat*) dépôt m graisseux/de cholestérol ◆ **calcium deposits** calcifications fpl ◆ **to form a deposit** se déposer
 COMP **deposit account** N (*Brit*) compte m sur livret
 **deposit bank** N banque f de dépôt
 **deposit loan** N prêt m en nantissement
 **deposit slip** N bulletin m de versement
**depositary** /dɪˈpɒzɪtərɪ/ N ① (= *person*) dépositaire mf
 ② ⇒ **depository**
**deposition** /ˌdiːpəˈzɪʃən/ SYN N ① (NonC) [*of king, official*] déposition f
 ② (*Jur*) déposition f sous serment, témoignage m
**depositor** /dɪˈpɒzɪtəʳ/ N déposant(e) m(f)
**depository** /dɪˈpɒzɪtərɪ/ SYN N dépôt m, entrepôt m
**depot** /ˈdepəʊ/ SYN
 N ① (*Mil*) dépôt m
 ② (= *warehouse*) dépôt m, entrepôt m ◆ **coal depot** dépôt m *or* entrepôt m de charbon
 ③ (= *railway station*) gare f ; (= *bus station*) dépôt m
 COMP **depot ship** N (navire m) ravitailleur m
**depravation** /ˌdeprəˈveɪʃən/ N dépravation f, corruption f
**deprave** /dɪˈpreɪv/ SYN VT dépraver, corrompre
**depraved** /dɪˈpreɪvd/ SYN ADJ dépravé, perverti ◆ **to become depraved** se dépraver
**depravity** /dɪˈprævɪtɪ/ SYN N dépravation f, perversion f
**deprecate** /ˈdeprɪkeɪt/ VT [+ *action, behaviour*] désapprouver, s'élever contre
**deprecating** /ˈdeprɪkeɪtɪŋ/ ADJ (= *disapproving*) désapprobateur (-trice f) ; (= *condescending*) condescendant ; (= *modest*) modeste
**deprecatingly** /ˈdeprɪkeɪtɪŋlɪ/ ADV (= *disparagingly*) avec désapprobation ; (= *condescendingly*) avec condescendance ; (= *modestly*) avec modestie
**deprecatory** /ˈdeprɪkətərɪ/ ADJ ⇒ **deprecating**
**depreciate** /dɪˈpriːʃɪeɪt/ SYN
 VT (*Fin*) [+ *property, currency*] déprécier, dévaloriser ; (= *write off asset investment*) amortir ◆ **to depreciate sth by 25% a year** amortir qch de 25% *or* à un rythme de 25% par an
 VI (*Fin, fig*) se déprécier, se dévaloriser ◆ **most cars depreciate heavily in the first year** la plupart des voitures se déprécient beaucoup *or* perdent beaucoup de leur valeur la première année
**depreciation** /dɪˌpriːʃɪˈeɪʃən/ SYN N [*of property, car*] dépréciation f, perte f de valeur ; [*of currency*] dépréciation f, dévalorisation f ; (*Comm, Econ*) [*of goods*] moins-value f ; (= *writing off*) [*of asset, investment*] amortissement m ; (*fig*) [*of talent etc*] dépréciation f, dénigrement m
**depredation** /ˌdeprɪˈdeɪʃən/ N (*gen pl*) déprédation(s) f(pl), ravage(s) m(pl)
**depress** /dɪˈpres/ SYN VT ① [+ *person*] déprimer
 ② [+ *lever*] abaisser
 ③ [+ *status*] réduire ; [+ *trade*] réduire, (faire) diminuer ; [+ *the market, prices*] faire baisser
**depressant** /dɪˈpresnt/ ADJ, N (*Med*) dépresseur m
**depressed** /dɪˈprest/ SYN ADJ ① [*person*] déprimé (*about* à cause de) ◆ **to feel depressed** être *or* se sentir déprimé ◆ **to get depressed** se laisser abattre ◆ **to become depressed** faire une dépression ◆ **clinically depressed** qui souffre de dépression
 ② [*region, market, economy*] déprimé ; [*industry*] en déclin ; [*share price*] bas (basse f)
 ③ (= *sunken*) déprimé
**depressing** /dɪˈpresɪŋ/ SYN ADJ déprimant, décourageant ◆ **I find it very depressing** je trouve cela très déprimant *or* décourageant
**depressingly** /dɪˈpresɪŋlɪ/ ADV ◆ **depressingly obvious** d'une évidence déprimante ◆ **depressingly familiar/predictable** tellement familier/prévisible que c'en est déprimant ◆ **depressingly, the new drug is no more effective than the previous one** malheureusement, ce nouveau médicament n'est pas plus efficace que le précédent
**depression** /dɪˈpreʃən/ SYN N ① (NonC) (*Med*) dépression f (nerveuse), état m dépressif ◆ **to suffer from depression** (*Med*) souffrir de dépression, faire de la dépression ◆ **to be in a bit of a depression** (*gen*) être déprimé ◆ **her depression at this news** son découragement en apprenant la nouvelle
 ② (*Econ*) dépression f ◆ **the Depression** (*Hist*) la Grande dépression ◆ **the country's economy was in a state of depression** l'économie du pays était en pleine dépression
 ③ (*Geog*) dépression f ; (*Weather*) dépression f (atmosphérique) ◆ **a deep/shallow** *or* **weak depression** une forte/faible dépression
 ④ (= *hollow : in ground*) creux m
**depressive** /dɪˈpresɪv/ ADJ, N (*Med*) dépressif m, -ive f

**depressurization** /dɪˌpreʃəraɪ'zeɪʃən/ N dépressurisation f

**depressurize** /dɪ'preʃəˌraɪz/ VT (Phys etc) dépressuriser ; (fig) (= take strain off) [+ person] faciliter la vie à

**deprivation** /ˌdeprɪ'veɪʃən/ SYN N (= act, state) privation f ; (= loss) perte f ; (Psych) carence f affective ◆ **deprivation of office** (Jur) destitution f de fonction ; → **maternal**

**deprive** /dɪ'praɪv/ SYN VT (of sleep, food, company) priver (of de) ; (of right) priver, déposséder (of de) ; (of asset) ôter (of à), enlever (of à) ◆ **to be deprived of sth/sb** être privé de qch/qn ◆ **to deprive o.s. of...** se priver de...

**deprived** /dɪ'praɪvd/ ADJ [area, background, child] défavorisé

**deprogramme, deprogram** (US) /diː'prəʊɡræm/ VT [+ person] déconditionner

**dept** abbrev of **department**

**depth** /depθ/ SYN

  N 1 (= deepness) [of water, hole, shelf, cupboard] profondeur f ; [of snow] épaisseur f ; [of edge, border] largeur f ◆ **at a depth of 3 metres** à 3 mètres de profondeur, par 3 mètres de fond ◆ **the water is 3 metres in depth** l'eau a 3 mètres de profondeur, il y a 3 mètres de fond ◆ **to get out of one's depth** (lit, fig) perdre pied ◆ **don't go out of your depth** (in swimming pool etc) ne va pas là où tu n'as pas pied ◆ **I'm completely out of my depth** (fig) je nage complètement*, je suis complètement dépassé*
  2 (= lowness) [of voice, tone] registre m grave
  3 (= intensity) [of colour] intensité f ◆ **in the depth of winter** au plus fort or au cœur de l'hiver ◆ **wine with an excellent depth of flavour** vin m qui a une belle complexité ◆ **cheese with an excellent depth of flavour** fromage m bien affiné
  4 (= strength, profundity) [of knowledge, feeling, sorrow, relief] profondeur f ◆ **a great depth of feeling** une grande profondeur de sentiment ◆ **he had no idea of the depth of feeling against him** il ne se rendait pas compte du ressentiment qu'il suscitait ◆ **she has a tremendous breadth and depth of knowledge** ses connaissances sont extrêmement étendues et approfondies ◆ **this illustrated the depth of concern among young people for the elderly** cela a montré à quel point les jeunes gens se souciaient des personnes âgées ◆ **politicians acknowledge the depth of public interest in the environment** les hommes politiques se rendent compte à quel point le public s'intéresse à l'environnement ◆ **there was little emotional depth to their relationship** leurs sentiments l'un pour l'autre n'étaient pas très profonds ◆ **to have intellectual depth** [book, film] être profond ; [person] être (un esprit) profond ◆ **to lack intellectual depth** manquer de profondeur ◆ **he has no depth of character** il manque de caractère ◆ **in depth** en profondeur ◆ **to interview sb in depth** faire une interview en profondeur de qn ; see also **in**
  5 (Phot) ◆ **depth of field** profondeur f de champ ◆ **depth of focus** distance f focale

  NPL **depths** 1 (= deep place) ◆ **the depths of the ocean** les profondeurs fpl océaniques ◆ **from the depths of the earth** des profondeurs fpl or des entrailles fpl de la terre ◆ **in the depths of the forest** au fond or au cœur de la forêt
  2 (fig) fond m ◆ **to be in the depths of despair** toucher le fond du désespoir ◆ **the country is in the depths of recession** le pays est plongé dans une profonde récession ◆ **to sink to new depths of depravity** tomber encore plus bas dans la perversité ◆ **in the depths of winter** au plus fort or au cœur de l'hiver ◆ **in the depths of night** au milieu or au plus profond de la nuit ◆ **I would never sink to such depths as to do that** je ne tomberais jamais assez bas pour faire cela

  COMP **depth charge** N grenade f sous-marine
  **depth gauge** (Min) jauge f de profondeur
  **depth psychology** N psychologie f des profondeurs

**deputation** /ˌdepjʊ'teɪʃən/ SYN N délégation f, députation f

**depute** /dɪ'pjuːt/ VT [+ power, authority] déléguer ; [+ person] députer, déléguer (sb to do sth qn pour faire qch)

**deputize** /'depjʊtaɪz/ SYN

  VI assurer l'intérim ◆ **to deputize for sb** (on particular occasion) remplacer qn
  VT députer (sb to do sth qn pour faire qch)

**deputy** /'depjʊti/ SYN

  N 1 (= second in command) adjoint(e) m(f) ; (= replacement) remplaçant(e) m(f), suppléant(e) m(f) ; (in business) fondé m de pouvoir
  2 (= member of deputation) délégué(e) m(f)
  3 (French Pol) député m
  4 (US) shérif m adjoint
  ADJ adjoint
  COMP **deputy chairman** N (pl **deputy chairmen**) vice-président m
  **deputy director** N sous-directeur m, -trice f
  **deputy head** N (Scol) (gen) directeur m, -trice f adjoint(e) ; (of lycée) censeur m
  **deputy headmaster, deputy headmistress** N (Scol) ⇒ **deputy head**
  **deputy judge** N juge m suppléant
  **deputy mayor** N maire m adjoint
  **Deputy Secretary** N (US) ministre m adjoint
  **deputy sheriff** N (US) ⇒ **deputy** noun 4

**deracinate** /dɪ'ræsɪneɪt/ VT [+ tree, shrub] déraciner ; (fig) éradiquer

**deracination** /dɪˌræsɪ'neɪʃən/ N [of tree, shrub] déracinement m ; (fig) éradication f

**derail** /dɪ'reɪl/
  VT [+ train] faire dérailler ; [+ plan, negotiations] faire avorter
  VI dérailler

**derailleur** /də'reɪljər/ N dérailleur m ◆ **to have derailleur gears** être muni d'un dérailleur

**derailment** /dɪ'reɪlmənt/ N déraillement m

**derange** /dɪ'reɪndʒ/ SYN VT 1 [+ plan] déranger, troubler ; [+ machine] dérégler
  2 (Med) déranger (le cerveau de), aliéner

**deranged** /dɪ'reɪndʒd/ ADJ dérangé ◆ **to be (mentally) deranged** avoir le cerveau dérangé

**derangement** /dɪ'reɪndʒmənt/ N 1 (Med) aliénation f mentale
  2 [of machine] dérèglement m

**derate** /diː'reɪt/ VT (Tax) [+ land, property] dégrever

**derby** /'dɑːbɪ, (US) 'dɜːbɪ/ N 1 (Sport) ◆ **local derby** match m entre équipes voisines ◆ **the Derby** (Brit Racing) le Derby (d'Epsom)
  2 (US) ◆ **derby (hat)** (chapeau m) melon m

**Derbys.** abbrev of **Derbyshire**

**derecognize** /diː'rekəɡˌnaɪz/ VT [+ trade union] cesser de reconnaître

**deregulate** /dɪ'reɡjʊˌleɪt/ VT [+ prices] libérer ; [+ transport system] déréglementer

**deregulation** /dɪˌreɡjʊ'leɪʃən/ N [of prices] libération f ; [of transport system] déréglementation f

**derelict** /'derɪlɪkt/ SYN
  ADJ 1 (= abandoned) abandonné ; (= ruined) (tombé) en ruines
  2 (frm = neglectful of duty) négligent
  N 1 (= ship) navire m abandonné (en mer)
  2 [person] épave f (humaine)

**dereliction** /ˌderɪ'lɪkʃən/ SYN
  N [of property] état m d'abandon ; [of person] délaissement m
  COMP **dereliction of duty** N négligence f (dans le service), manquement m au devoir

**derestricted** /ˌdiːrɪ'strɪktɪd/ ADJ (Brit) [road, area] sans limitation de vitesse

**deride** /dɪ'raɪd/ SYN VT rire de, tourner en ridicule

**de rigueur** /ˌdərɪ'ɡɜːr/ ADJ de rigueur

**derision** /dɪ'rɪʒən/ N dérision f ◆ **object of derision** objet m de dérision or de risée

**derisive** /dɪ'raɪsɪv/ ADJ 1 [smile, person] moqueur, railleur
  2 [amount, offer] dérisoire

**derisively** /dɪ'raɪsɪvlɪ/ ADV [speak] d'un ton moqueur ◆ **he laughed derisively** il eut un petit rire moqueur ◆ **known derisively as "Dumbo"** connu sous le sobriquet de « Dumbo »

**derisory** /dɪ'raɪsərɪ/ SYN ADJ 1 [amount, offer] dérisoire
  2 [smile, person] moqueur, railleur

**derivation** /ˌderɪ'veɪʃən/ SYN N dérivation f

**derivative** /dɪ'rɪvətɪv/ SYN
  ADJ 1 (Chem, Ling, Math) dérivé
  2 (= not original) (fig) [literary work etc] peu original
  N (Chem, Ling) dérivé m ; (Math) dérivée f ; (Fin) produit m dérivé
  NPL **derivatives** (Fin) produits mpl dérivés

  COMP **derivatives market** N marché m des produits dérivés
  **derivatives trading** N transactions fpl sur produits dérivés

**derive** /dɪ'raɪv/ SYN
  VT [+ profit, satisfaction] tirer (from de), trouver (from dans) ; [+ comfort, ideas] puiser (from dans) ; [+ name, origins] tenir (from de) ; [+ word] (faire) dériver (from de) ◆ **to derive one's happiness from...** devoir son bonheur à..., trouver son bonheur dans... ◆ **to be derived from** VI
  VI ◆ **to derive from** (also **be derived from**) dériver de, provenir de, venir de ; [power, fortune] provenir de ; [idea] avoir sa source or ses origines dans ; [word] dériver de ◆ **it all derives from the fact that...** tout cela tient au fait que or provient du fait que...

**dermatitis** /ˌdɜːmə'taɪtɪs/ N dermatite f, dermite f

**dermatological** /ˌdɜːmətə'lɒdʒɪkəl/ ADJ dermatologique

**dermatologist** /ˌdɜːmə'tɒlədʒɪst/ N dermatologue mf, dermatologiste mf

**dermatology** /ˌdɜːmə'tɒlədʒɪ/ N dermatologie f

**dermatosis** /ˌdɜːmə'təʊsɪs/ N (Med) dermatose f

**dermestid** /ˌdɜː'mestɪd/ N dermeste m

**dermis** /'dɜːmɪs/ N derme m

**derogate** /'derəɡeɪt/ VI ◆ **to derogate from** porter atteinte à ◆ **without derogating from his authority/his merits** sans rien enlever à or sans vouloir diminuer son autorité/ses mérites ◆ **to derogate from one's position** (liter) déroger (à son rang) (liter)

**derogation** /ˌderə'ɡeɪʃən/ N 1 (= reduction) atteinte f (from, of à) ◆ **a derogation of sovereignty** une atteinte à la souveraineté
  2 (Pol = temporary exception from law) report m d'application (from de)

**derogatory** /dɪ'rɒɡətərɪ/ SYN ADJ [remark] désobligeant (of, to à), dénigrant

**derrick** /'derɪk/ N (= lifting device, crane) mât m de charge ; (above oil well) derrick m

**derrière** /ˌderɪ'ɛər/ N (euph) derrière m

**derring-do** †† /ˌderɪŋ'duː/ N bravoure f ◆ **deeds of derring-do** hauts faits mpl, prouesses fpl

**derringer** /'derɪndʒər/ N (US) pistolet m (court et à gros calibre), Derringer m

**derv** /dɜːv/ N (Brit = fuel) gasoil m

**dervish** /'dɜːvɪʃ/ N derviche m

**desalinate** /diː'sælɪneɪt/ VT dessaler

**desalination** /diːˌsælɪ'neɪʃən/
  N dessalement m
  COMP **desalination plant** N usine f de dessalement

**descale** /diː'skeɪl/
  VT détartrer
  COMP **descaling agent, descaling product** N (produit m) détartrant m

**descant** /'deskænt/ N déchant m ◆ **to sing descant** chanter une partie du déchant

**descend** /dɪ'send/ SYN
  VI 1 (= go down, come down) [person, vehicle, road, hill etc] descendre (from de) ; [rain, snow] tomber ◆ **in descending order of importance** par ordre d'importance décroissante ◆ **to descend into** [+ alcoholism, madness, chaos, anarchy] sombrer dans ◆ **gloom descended (up)on him** il s'est assombri ◆ **silence descended (up)on us** le silence se fit
  2 (by ancestry) descendre, être issu (from de) ; [plan, event etc] tirer son origine (from de) ◆ **his family descends from William the Conqueror** sa famille descend de Guillaume le Conquérant
  3 (= pass by inheritance) [property, customs, rights] passer (par héritage) (from de ; to à)
  4 (= attack or arrive suddenly : Mil, fig) faire une descente (on sur) ◆ **the moment the news was out, reporters descended** dès que la nouvelle a été connue, les reporters ont afflué (sur les lieux) ◆ **to descend (up)on a town** [reporters, journalists, tourists, army] envahir une ville ◆ **to descend (up)on a building** [reporters, journalists, tourists] se précipiter or affluer vers un bâtiment ; [army, police] faire une descente dans un bâtiment ◆ **visitors descended upon us** des gens sont arrivés (chez nous) sans crier gare
  5 (= lower o.s. to) ◆ **to descend to lies** or **to lying** s'abaisser à mentir ◆ **I'd never descend to that level** je ne m'abaisserais pas ainsi

VT 1 [+ stairs] descendre
2 ◆ **to be descended from** [+ species] descendre de ; [+ person] descendre de, être issu de

**descendant** /dɪˈsendənt/ N descendant(e) *m(f)*

**descender** /dɪˈsendəʳ/ N *(Typography)* jambage *m*, queue *f*

**descendeur** /desɑːnˈdɜːʳ/ N *(Climbing)* descendeur *m*

**descendible** /dɪˈsendəbl/ ADJ *(Jur)* transmissible

**descent** /dɪˈsent/ SYN N 1 (= going down) [of person] descente *f* (into dans) ; (fig : into crime etc) chute *f* ; *(Flying, Sport)* descente *f* ; [of hill] descente *f*, pente *f* ◆ **the street made a sharp descent** la rue était très en pente *or* descendait en pente très raide ◆ **we began the steep descent into the valley** nous avons entamé la descente en pente raide vers la vallée ◆ **descent by parachute** descente *f* en parachute ◆ **to prevent the country's descent into civil war** pour empêcher le pays de sombrer dans la guerre civile
2 (= ancestry) origine *f*, famille *f* ◆ **of African descent** d'origine africaine ◆ **of noble descent** de noble extraction ◆ **to trace one's descent back to...** faire remonter sa famille à...
3 [of property, customs etc] transmission *f* (par héritage) (to à)
4 (Mil etc = attack) descente *f*, irruption *f* ◆ **to make a descent on the enemy camp** faire une descente sur *or* faire irruption dans le camp ennemi ◆ **to make a descent on the enemy** faire une descente sur l'ennemi

**descramble** /diːˈskræmbl/ VT *(Telec)* désembrouiller ; *(TV)* décoder, décrypter ◆ **descrambled programme** émission *f* en clair

**descrambler** /diːˈskræmbləʳ/ N *(TV)* décodeur *m*

**describable** /dɪˈskraɪbəbl/ ADJ descriptible

**describe** /dɪsˈkraɪb/ SYN VT 1 [+ scene, person] décrire ◆ **describe what it is like** racontez *or* dites comment c'est ◆ **describe him for us** décrivez-le-nous ◆ **which cannot be described** indescriptible, qu'on ne saurait décrire ◆ **describe how you made it** décrivez comment vous l'avez fait
2 (= represent) décrire, représenter (as comme) ◆ **the article describes him as an eccentric** l'article le décrit *or* le représente comme un personnage excentrique ◆ **he describes himself as a doctor** il se présente comme médecin ◆ **she describes herself as ordinary** elle se présente *or* se décrit comme quelqu'un d'ordinaire
3 *(Math)* décrire

**description** /dɪsˈkrɪpʃən/ SYN N 1 [of person, scene, object, event, situation] description *f* ; *(Police)* signalement *m* ◆ **to give an accurate/lively description** faire *or* donner une description exacte/vivante ◆ **he gave a description of what happened/how he had escaped** il a décrit ce qui s'était passé/la façon dont il s'était évadé ◆ **police have issued a description of the man they are looking for** la police a diffusé le signalement de l'homme qu'elle recherche ◆ **do you know anyone of this description?** *(gen)* connaissez-vous quelqu'un qui ressemble à cette description ? ; *(Police)* connaissez-vous quelqu'un qui réponde à ce signalement ? ◆ **beyond** *or* **past description** indescriptible, qu'on ne saurait décrire ; → **answer, beggar, defy, fit**[1], **job**
2 (= sort) sorte *f* ◆ **people/vehicles of every description** *or* **of all descriptions** des gens/des véhicules de toutes sortes ◆ **food of every description** *or* **of all descriptions** toutes sortes d'aliments ◆ **he's a poet of some description** c'est une sorte de poète ◆ **I need a bag of some description** il me faut un sac, n'importe lequel

**descriptive** /dɪsˈkrɪptɪv/ SYN ADJ descriptif ◆ **descriptive geometry/linguistics** géométrie *f*/linguistique *f* descriptive ◆ **her descriptive powers are so great that...** elle possède un tel art de la description que...

**descriptively** /dɪsˈkrɪptɪvlɪ/ ADV ◆ **the nickname "abominable snowman" is not so much descriptively accurate as evocative** « l'abominable homme des neiges » n'est pas tant une description fidèle qu'un surnom évocateur ◆ **linguists try to study language descriptively, not prescriptively** les linguistes essaient d'étudier le langage d'un point de vue descriptif et non pas normatif ◆ **a cliff known descriptively as "the Black Ladders"** une falaise connue sous le nom pittoresque de « Échelles noires »

**descriptivism** /dɪˈskrɪptɪvɪzəm/ N *(Ling)* descriptivisme *m*

**descriptivist** /dɪˈskrɪptɪvɪst/ N *(Ling)* descriptiviste *mf*

**descry** /dɪsˈkraɪ/ VT discerner, distinguer

**desecrate** /ˈdesɪkreɪt/ VT [+ shrine, memory] profaner, souiller *(liter)*

**desecration** /ˌdesɪˈkreɪʃən/ N profanation *f*

**desecrator** /ˈdesɪˌkreɪtəʳ/ N profanateur *m*, -trice *f*

**deseed** /diːˈsiːd/ VT [+ fruit] épépiner

**desegregate** /ˌdiːˈsegrɪgeɪt/ VT abolir *or* supprimer la ségrégation raciale dans ◆ **desegregated schools** écoles *fpl* où la ségrégation raciale n'est plus pratiquée

**desegregation** /ˈdiːˌsegrɪˈgeɪʃən/ N déségrégation *f*

**deselect** /ˌdiːsɪˈlekt/ VT *(Brit Pol)* [+ candidate] ne pas resélectionner ; *(Comput)* désélectionner

**deselection** /ˌdiːsɪˈlekʃən/ N *(Brit Pol)* [of candidate] non-resélection *f*

**desensitization** /diːˌsensɪtaɪˈzeɪʃən/ N désensibilisation *f*

**desensitize** /ˌdiːˈsensɪtaɪz/ VT désensibiliser

**desert**[1] /ˈdezət/ SYN
N *(lit, fig)* désert *m*
COMP [region, climate, animal, plant] désertique
**desert boot** N chaussure *f* montante *(en daim et à lacets)*
**desert island** N île *f* déserte
**desert rat** N (= animal) gerboise *f*
**the Desert Rats** * NPL les Rats *mpl* du désert *(forces britanniques en Libye pendant la Seconde Guerre mondiale, ou au Koweït pendant la guerre du Golfe)*

**desert**[2] /dɪˈzɜːt/ SYN
VT [+ post, people, land] déserter, abandonner ; [+ cause, party] déserter ; [+ spouse, family] abandonner ; [+ friend] délaisser ◆ **his courage deserted him** son courage l'a abandonné
VI *(Mil)* déserter ; (from one's party) faire défection ◆ **to desert to the enemy** passer à l'ennemi

**deserted** /dɪˈzɜːtɪd/ SYN ADJ [road, place] désert ; [wife etc] abandonné

**deserter** /dɪˈzɜːtəʳ/ SYN N *(Mil)* déserteur *m* ; (to the enemy) transfuge *m*

**desertification** /dɪˌzɜːtɪfɪˈkeɪʃən/ N désertification *f*

**desertion** /dɪˈzɜːʃən/ N 1 *(Mil)* désertion *f*
2 (by supporters, friends) désertion *f* (by de)
3 (by husband, mother etc) abandon *m* du domicile

**deserts** /dɪˈzɜːts/ NPL dû *m*, ce que l'on mérite ; (= reward) récompense *f* méritée ; (= punishment) châtiment *m* mérité ◆ **according to his deserts** selon ses mérites ◆ **to get one's (just) deserts** avoir *or* recevoir ce que l'on mérite

**deserve** /dɪˈzɜːv/ SYN
VT [person] mériter, être digne de ; [object, suggestion] mériter ◆ **he deserves to win** il mérite de gagner ◆ **he deserves to be pitied** il mérite qu'on le plaigne, il est digne de pitié ◆ **he deserves more money** il mérite plus d'argent ◆ **he got what he deserved** il n'a eu que ce qu'il méritait ◆ **the idea deserves consideration** l'idée mérite réflexion ◆ **a deserved holiday** des vacances bien méritées ; → **well**[2]
VI 1 ◆ **deserving of** → **deserving**
2 *(frm)* ◆ **to deserve well of one's country** bien mériter de la patrie *(liter)*

**deservedly** /dɪˈzɜːvɪdlɪ/ ADV ◆ **the film was a flop, and deservedly so** ce film a fait un flop * mérité ◆ **deservedly, she was awarded an Oscar** elle a reçu un Oscar bien mérité ◆ **she told him off, and deservedly so** elle l'a grondé, à juste titre

**deserving** /dɪˈzɜːvɪŋ/ SYN ADJ [person] méritant ; [action, cause] méritoire, louable ◆ **she's a deserving case** c'est une personne méritante ◆ **the deserving poor** les pauvres *mpl* méritants ◆ **to be deserving of respect** être digne de respect ◆ **to be deserving of support/help/recognition** mériter d'être soutenu/aidé/reconnu ◆ **a matter deserving of our careful attention** une affaire qui mérite toute notre attention ◆ **he has committed crimes deserving of punishment** il a commis des crimes pour lesquels il mérite d'être puni

**desexualize** /diːˈseksjʊəˌlaɪz/ VT désexualiser

**deshabille** /ˌdezəˈbiːl/ N ⇒ **dishabille**

**desiccant** /ˈdesɪkənt/ N siccatif *m*

**desiccate** /ˈdesɪkeɪt/
VT dessécher, sécher
COMP **desiccated coconut** N noix *f* de coco séchée

**desiccation** /ˌdesɪˈkeɪʃən/ N dessiccation *f*

**desiderata** /dɪˌzɪdəˈrɑːtə/ NPL desiderata *mpl*

**design** /dɪˈzaɪn/ SYN
N 1 (= process, art) (for furniture, housing) design *m* ; (for clothing) stylisme *m* ◆ **industrial design** l'esthétique *f* *or* la création industrielle ◆ **he has a flair for design** il est doué pour le design
2 (= way in which sth is planned and made) [of building, book] plan *m*, conception *f* (of de) ; [of clothes] style *m*, ligne *f* (of de) ; [of car, machine etc] conception *f* ; (= look) esthétique *f*, design *m* ◆ **the design was faulty** la conception était défectueuse, c'était mal conçu ◆ **the design of the apartment facilitates...** le plan de l'appartement facilite... ◆ **the general design of "Paradise Lost"** le plan général *or* l'architecture *f* du « Paradis perdu » ◆ **a dress in this summer's latest design** une robe dans le style de cet été ◆ **the design of the car allows...** la conception de la voiture *or* la façon dont la voiture est conçue permet... ◆ **the grand** *or* **overall design** le plan d'ensemble ◆ **this is a very practical design** c'est conçu de façon très pratique ◆ **these shoes are not of (a) very practical design** ces chaussures ne sont pas très pratiques
3 (= plan drawn in detail) [of building, machine, car etc] plan *m*, dessin *m* (of, for de) ; [of dress, hat] croquis *m*, dessin *m* (of, for de) ; (= preliminary sketch) ébauche *f*, étude *f* (for de) ◆ **have you seen the designs for the new theatre?** avez-vous vu les plans du nouveau théâtre ?
4 (= ornamental pattern) motif *m*, dessin *m* (on sur) ◆ **the design on the material/the cups** le dessin *or* le motif du tissu/des tasses ◆ **a leaf design** un motif de feuille(s)
5 (= completed model) modèle *m* ◆ **a new design of car** un nouveau modèle de voiture ◆ **the dress is an exclusive design by...** cette robe est un modèle exclusif de...
6 (= intention) intention *f*, dessein *m* ◆ **his designs became obvious when...** ses intentions *or* ses desseins sont devenu(e)s manifestes quand... ◆ **to conceive a design to do sth** former le projet *or* le dessein de faire qch ◆ **imperialist designs against their country** les visées impérialistes sur leur pays
◆ **by design** (= deliberately) délibérément, à dessein ◆ **whether by design or accident he arrived just at the right moment** que ce soit à dessein *or* délibérément ou par hasard, il est arrivé juste au bon moment ◆ **truly important events often occur not by design but by accident** les événements vraiment importants sont souvent le fruit du hasard plutôt que d'une volonté précise
◆ **to have + designs** ◆ **to have designs on sb/sth** avoir des visées sur qn/qch ◆ **to have evil designs on sb/sth** nourrir de noirs desseins à l'encontre de qn/qch ◆ **we believe they have aggressive designs on our country** nous pensons qu'ils ont l'intention d'attaquer notre pays
VT 1 (= think out) [+ object, car, model, building] concevoir ; [+ scheme] élaborer ◆ **well-designed** bien conçu
◆ **designed as** ◆ **room designed as a study** pièce conçue comme cabinet de travail ◆ **the legislation is designed as a consumer protection measure** cette loi vise à protéger les consommateurs
◆ **designed for** ◆ **car seats designed for maximum safety** des sièges *mpl* de voiture conçus pour une sécurité maximale ◆ **software designed for use with a PC** un logiciel conçu pour être utilisé sur un PC ◆ **to be designed for sb** (= aimed at particular person) s'adresser à qn ◆ **a course designed for foreign students** un cours s'adressant aux étudiants étrangers
◆ **designed to** ◆ **to be designed to do sth** (= be made for purpose) être fait *or* conçu pour faire qch ; (= be aimed at sth) être destiné à faire qch, viser à faire qch ◆ **designed to hold wine** fait *or* conçu pour contenir du vin ◆ **clothes that are designed to appeal to young people** des vêtements qui sont conçus pour plaire aux jeunes ◆ **a peace plan designed to end the civil war** un plan de paix visant *or* destiné à mettre fin à la guerre civile
2 (= draw on paper) [+ object, building] concevoir, dessiner ; [+ dress, hat] créer, dessiner

**design award** N prix m de la meilleure conception or du meilleur dessin
**design engineer** N ingénieur m concepteur
**design fault** N défaut m de conception
**design office** N bureau m d'études

**designate** /'dezɪgneɪt/ SYN
■ VT 1 (= indicate, appoint) [+ person, thing] désigner (as comme ; to sth à qch ; to do sth pour faire qch) • **he was designated to take charge of the operations** on l'a désigné comme responsable des opérations • **these posts designate the boundary between...** ces poteaux montrent la frontière entre...
2 (= entitle) [+ person, thing] désigner • **this area was designated a priority development region** cette région a été classée zone de développement prioritaire
■ ADJ /'dezɪgnɪt/ désigné • **the chairman designate** le président désigné
■ COMP **designated driver** N (for insurance) conducteur m attitré • **you either take a cab or you use a designated driver** soit on prend un taxi, soit on désigne un conducteur qui ne boira pas

**designation** /ˌdezɪg'neɪʃən/ SYN N (gen) désignation f • **designation of origin** (Jur, Comm) appellation f d'origine

**designedly** /dɪ'zaɪnɪdlɪ/ ADV à dessein, exprès

**designer** /dɪ'zaɪnər/ SYN
■ N 1 (= architect, artist) dessinateur m, -trice f, créateur m, -trice f ; (industrial, commercial) concepteur-projeteur m ; (esp Advertising) créatif m ; (for furniture etc) designer m ; (for clothes) styliste mf ; (very famous) grand couturier m ; (Cine, Theat) décorateur m, -trice f ; → **industrial**
2 (= schemer) intrigant(e) m(f)
■ COMP (jeans, gloves, scarves etc) haute couture ; (= fashionable) [lager, mineral water] branché*
**designer baby** N bébé m sur mesure
**designer dogs** NPL chiens spécifiquement élevés pour présenter certaines caractéristiques
**designer drug** N (= synthetic narcotic) drogue f de synthèse
**designer stubble** N barbe f de trois jours (d'un négligé savamment entretenu)

**designing** /dɪ'zaɪnɪŋ/ SYN ADJ (= scheming) intrigant ; (= crafty) rusé

**desirability** /dɪˌzaɪərə'bɪlɪtɪ/ SYN N [of action, measures] charme m, attrait m ; [of person] charmes mpl, sex-appeal m • **the desirability of doing sth** l'opportunité de faire qch

**desirable** /dɪ'zaɪərəbl/ LANGUAGE IN USE 1.1, 8.4 SYN ADJ [position] enviable ; [offer] tentant, séduisant ; [person] désirable, séduisant ; [action, progress] désirable, souhaitable • **it is desirable that...** il est désirable or souhaitable que... + subj • **desirable residence for sale** belle propriété à vendre

**desirably** /dɪ'zaɪərəblɪ/ ADV • **this property is desirably located** cette propriété est située dans un lieu très prisé or coté • **rugby was thought of as desirably aggressive** on considérait que le rugby faisait appel à une agressivité salutaire

**desire** /dɪ'zaɪər/ LANGUAGE IN USE 8.4 SYN
■ N désir m (for de ; to do sth de faire qch) ; (sexual) désir m • **a desire for peace** un désir (ardent) de paix • **it is my desire that...** c'est mon désir que... + subj • **I have no desire or I haven't the least desire to do it** je n'ai nullement envie de le faire
■ VT 1 (= want) désirer (to do sth faire qch ; that que + subj) • **if desired** (in instructions, recipes etc) si vous le désirez • **his work leaves much or a lot/something to be desired** son travail laisse beaucoup à désirer/laisse à désirer • **cut the fabric to the desired length** coupez la longueur voulue de tissu • **the desired effect/outcome or result** l'effet m /le résultat voulu
2 (frm = request) prier (sb to do sth qn de faire qch)

**desirous** /dɪ'zaɪərəs/ SYN ADJ désireux (of de) • **to be desirous of sth/of doing sth** désirer qch/faire qch

**desist** /dɪ'zɪst/ SYN VI cesser, s'arrêter (from doing sth de faire qch) • **to desist from sth** cesser qch ; (Jur) se désister de qch • **to desist from criticism** renoncer à or cesser de critiquer • **to desist from one's efforts** abandonner ses efforts

**desk** /desk/
■ N 1 (for pupil) pupitre m ; (for teacher) bureau m, chaire f ; (in office, home) bureau m ; (bureau-type) secrétaire m ; (Mus) pupitre m ; → **roll**
2 (Brit: in shop, restaurant) caisse f ; (in hotel, at airport) réception f • **ask at the desk** demandez à la caisse (or à la réception) • **the desk** (Press) le secrétariat de rédaction • **the news/city desk** (Press) le service des informations/financier • **he's on the West African desk** (Foreign Office, State Department) il est à la direction des affaires ouest-africaines ; → **cash desk**
■ COMP **desk blotter** N sous-main m inv
**desk-bound** ADJ sédentaire
**desk clerk** N (US) réceptionniste mf
**desk diary** N agenda m de bureau
**desk editor** N assistant(e) m(f) de rédaction
**desk job** N travail m de bureau • **he's got a desk job** il a un travail de bureau
**desk lamp** N lampe f de bureau
**desk pad** N bloc m de bureau, bloc-notes m
**desk study** N (Brit fig : Econ etc) étude f sur documents

**deskill** /dɪ'skɪl/ VT déqualifier

**deskilling** /dɪ'skɪlɪŋ/ N déqualification f

**deskside computer** /'deskˌsaɪdkəm'pjuːtər/ N ordinateur m tour

**desktop** /'desktɒp/
■ ADJ [model, computer] de table, de bureau
■ N (Comput) bureau m
■ COMP **desktop publishing** N publication f assistée par ordinateur, microédition f

**desman** /'desmən/ N desman m

**desolate** /'desəlɪt/ SYN
■ ADJ 1 (= deserted) [place] désolé ; [landscape] désert ; [beauty] sauvage
2 [person] (= grief-stricken) désespéré ; (= lost) perdu • **he was desolate without her** il était perdu sans elle • **to feel desolate** se sentir perdu
■ VT /'desəleɪt/ [+ country] désoler, ravager ; [+ person] désoler, affliger

**desolately** /'desəltlɪ/ ADV [say etc] d'un air désespéré

**desolation** /ˌdesə'leɪʃən/ SYN N 1 (= grief) abattement m, affliction f ; (= friendlessness) solitude f ; [of landscape] aspect m désert, solitude f
2 [of country] (by war) désolation f (liter), dévastation f

**desorption** /dɪ'sɔːpʃən/ N désorption f

**despair** /dɪs'peər/ SYN
■ N 1 (NonC) désespoir m (about, at, over au sujet de ; at having done d'avoir fait) • **to be in despair** être au désespoir, être désespéré • **in despair, he tried to kill himself** de désespoir il a tenté de se suicider • **to drive sb to despair** réduire qn au désespoir, désespérer qn
2 (= cause of despair) désespoir m • **this child is the despair of his parents** cet enfant fait or est le désespoir de ses parents
■ VI (se) désespérer, perdre l'espoir • **don't despair!** ne te désespère pas ! • **to despair of (doing) sth** désespérer de (faire) qch • **I despair for the future of our planet** je suis pessimiste quant à l'avenir de la planète • **they despaired of or for his life** (liter) on désespérait de le sauver

**despairing** /dɪs'peərɪŋ/ SYN ADJ [person] désespéré ; [look, gesture] de désespoir, désespéré

**despairingly** /dɪs'peərɪŋlɪ/ ADV [say, agree, answer] d'un ton désespéré ; [think] avec désespoir ; [shake one's head] de façon désespérée • **to sigh despairingly** pousser un soupir de désespoir • **Emma looked despairingly at Vanessa** Emma jeta à Vanessa un regard désespéré • **despairingly, she waited for him to phone** elle attendait désespérément qu'il téléphone

**despatch** /dɪs'pætʃ/ N ⇒ **dispatch**

**desperado** /ˌdespə'rɑːdəʊ/ SYN N (pl **desperado(e)s**) desperado m

**desperate** /'despərɪt/ SYN ADJ 1 [situation, attempt, act, struggle] désespéré ; [criminal] prêt à tout, capable de tout • **he's a desperate man** il est prêt à tout or capable de tout • **there was no sign of my taxi and I was getting desperate** mon taxi n'arrivait pas et je devenais fou • **to resort to desperate measures** recourir à des mesures désespérées • **to do something desperate** commettre un acte désespéré • **I was desperate to see my children again** je voulais à tout prix revoir mes enfants • **both countries are desperate to avoid war** les deux pays veulent à tout prix éviter la guerre • **to be desperate for sb to do sth** vouloir à tout prix que qn fasse qch • **I'm desperate\*** (for the lavatory) j'ai une envie pressante*
2 (* = very bad) épouvantable

**desperately** /'despərɪtlɪ/ SYN ADV 1 [struggle, regret] désespérément ; [say, look] avec désespoir
2 (= appallingly) [hard, poor] extrêmement ; [unhappy, worried, cold] terriblement • **desperately shy** d'une timidité maladive • **it's desperately hard work** c'est un travail extrêmement pénible • **to be desperately ill** être très gravement malade • **to be desperately short of sth** manquer cruellement de qch
3 (* = very) • **I'm not desperately happy about it** ça ne me plaît pas trop • **I'm not desperately keen** ça ne me dit pas grand-chose • **are you hungry? – not desperately** as-tu faim ? – pas trop

**desperation** /ˌdespə'reɪʃən/ SYN N (NonC)
1 (= state) désespoir m • **to be in desperation** être au désespoir • **to drive sb to desperation** pousser qn à bout • **in desperation she kicked the door** ne sachant plus quoi faire, elle a donné un coup de pied dans la porte • **in sheer desperation** en désespoir de cause
2 (= recklessness) désespoir m, rage f du désespoir • **to fight with desperation** combattre avec la rage du désespoir

**despicable** /dɪs'pɪkəbl/ SYN ADJ [action, person] ignoble, abject, méprisable

**despicably** /dɪs'pɪkəblɪ/ ADV [behave] ignoblement, d'une façon ignoble • **that was a despicably cruel thing to say** c'était ignoble et cruel de dire une chose pareille • **that is despicably underhand behaviour!** ce comportement sournois est ignoble !

**despise** /dɪs'paɪz/ SYN VT [+ danger, person] mépriser • **to despise sb for sth/for having done sth** mépriser qn pour qch/pour avoir fait qch • **to despise o.s. for sth/for doing sth** avoir honte de qch/d'avoir fait qch

**despisingly** /dɪs'paɪzɪŋlɪ/ ADV avec mépris, dédaigneusement

**despite** /dɪs'paɪt/ LANGUAGE IN USE 26.2 SYN
■ PREP malgré, en dépit de • **despite our objecting to this, they decided...** bien que nous ayons fait des objections or malgré nos objections, ils ont décidé... • **Stephen, despite himself, had to admit that...** Stephen dut admettre, bien malgré lui, que...
■ N (liter) dépit m

**despoil** /dɪs'pɔɪl/ SYN VT (liter) [+ person] dépouiller, spolier (of de) ; [+ country] piller

**despoiler** /dɪs'pɔɪlər/ N (liter) spoliateur m, -trice f

**despoiling** /dɪs'pɔɪlɪŋ/ N spoliation f

**despoliation** /dɪˌspəʊlɪ'eɪʃən/ N spoliation f

**despondence** /dɪs'pɒndəns/, **despondency** /dɪs'pɒndənsɪ/ N découragement m, abattement m

**despondent** /dɪs'pɒndənt/ SYN ADJ découragé, déprimé (about par)

**despondently** /dɪs'pɒndəntlɪ/ ADV (with vb) [speak] d'un ton découragé • **out-of-work actors trudging despondently from one audition to the next** des acteurs au chômage qui se traînent, complètement découragés, d'une audition à l'autre

**despot** /'despɒt/ SYN N despote m

**despotic** /des'pɒtɪk/ SYN ADJ despotique

**despotically** /des'pɒtɪkəlɪ/ ADV [behave] d'une manière despotique, despotiquement ; [govern] despotiquement, en despote

**despotism** /'despətɪzəm/ SYN N despotisme m

**desquamate** /'deskwəmeɪt/ VI (Med) desquamer

**desquamation** /ˌdeskwə'meɪʃən/ N (Med) desquamation f

**des res** /dez 'rez/ N (abbrev of **desirable residence**) → **desirable**

**dessert** /dɪ'zɜːt/
■ N dessert m
■ COMP **dessert apple** N pomme f à couteau
**dessert chocolate** N chocolat m à croquer
**dessert plate** N assiette f à dessert
**dessert wine** N vin m de dessert

**dessertspoon** /dɪ'zɜːtspuːn/ N (Brit) cuiller f à dessert

**destabilization** /diːˌsteɪbɪlaɪ'zeɪʃən/ N déstabilisation f

**destabilize** /diː'steɪbɪlaɪz/ VT (Pol) [+ regime etc] déstabiliser

**de-Stalinization** /diːˌstɑːlɪnaɪ'zeɪʃən/ N déstalinisation f

**de-Stalinize** /diː'stɑːlɪnaɪz/ VT déstaliniser

**destination** /ˌdestɪˈneɪʃən/ SYN N destination f

**destine** /ˈdestɪn/ SYN VT [+ person, object] destiner (for à)

**destined** /ˈdestɪnd/ ADJ [1] (by fate) destiné (to à) ◆ **they were destined to meet again later** ils étaient destinés à se rencontrer plus tard ◆ **I was destined never to see them again** je devais ne plus jamais les revoir ◆ **destined for greatness** promis à un grand avenir ◆ **at the destined hour** (liter) à l'heure fixée par le destin
[2] (= heading for) ◆ **destined for London** à destination de Londres ◆ **a letter destined for her** une lettre qui lui est (or était etc) destinée

**destiny** /ˈdestɪnɪ/ SYN N destin m, destinée f ◆ **Destiny** le destin ◆ **the destinies of France during this period** le destin de la France pendant cette période ◆ **it was his destiny to die in battle** il était écrit qu'il devait mourir au combat ◆ **a man of destiny** un homme promis à une grande destinée

**destitute** /ˈdestɪtjuːt/ SYN
ADJ [1] (= poverty-stricken) indigent, sans ressources ◆ **to be utterly destitute** être dans le dénuement le plus complet
[2] (= lacking) dépourvu, dénué (of de)
NPL **the destitute** les indigents mpl

**destitution** /ˌdestɪˈtjuːʃən/ SYN N dénuement m, indigence f, misère f noire

**de-stress*** /ˌdiːˈstres/ VI, VT déstresser*

**destroy** /dɪsˈtrɔɪ/ SYN VT [1] (= spoil completely) [+ building, town, forest, document] détruire ◆ **destroyed by bombing** détruit par bombardement ◆ **the village was destroyed by fire** le village a été détruit par le feu
[2] (= kill) [+ enemy] détruire, anéantir ; [+ population] détruire, exterminer ; [+ dangerous animal, injured horse] abattre ; [+ cat, dog] supprimer, faire piquer ◆ **to destroy o.s.** se suicider, se tuer
[3] (= put an end to) [+ reputation, mood, beauty, influence, faith] détruire ; [+ hope, love] anéantir, détruire ; (= spoil) gâcher

**destroyer** /dɪsˈtrɔɪəʳ/
N [1] (= ship) contre-torpilleur m, destroyer m
[2] (= person) destructeur m, -trice f ; (= murderer) meurtrier m, -ière f
COMP **destroyer escort** N escorteur m

**destruct** /dɪsˈtrʌkt/
VT [+ missile] détruire volontairement
VI être détruit volontairement
N destruction f volontaire
COMP **destruct button** N télécommande f de destruction
**destruct mechanism** N mécanisme m de destruction

**destructible** /dɪsˈtrʌktəbl/ ADJ destructible

**destruction** /dɪsˈtrʌkʃən/ SYN N [1] (NonC = act) [of town, building] destruction f ; [of enemy] destruction f, anéantissement m ; [of people, insects] destruction f, extermination f ; [of documents] destruction f ; [of reputation, hope] destruction f, ruine f ; [of character, soul] ruine f, perte f ◆ **destruction by fire** destruction f par un incendie or par le feu
[2] (NonC = damage) (from fire) dégâts mpl ; (from war) ravages mpl ◆ **a scene of utter destruction met our eyes** nous avions devant les yeux un spectacle de dévastation totale

**destructive** /dɪsˈtrʌktɪv/ SYN ADJ (= damaging) [person, behaviour, effect, emotion, comment] destructeur(-trice f) ; [power, force] destructeur(-trice f), destructif ◆ **he's very destructive** [child] il casse tout ◆ **environmentally destructive projects** des projets mpl destructeurs pour l'environnement ◆ **to be destructive of the environment** détruire l'environnement

**destructively** /dɪsˈtrʌktɪvlɪ/ ADV de façon destructrice ◆ **any power can be used creatively or destructively** tout pouvoir peut être utilisé de façon créative ou destructrice

**destructiveness** /dɪsˈtrʌktɪvnɪs/ N [of fire, war, criticism etc] caractère m or effet m destructeur ; [of child etc] penchant m destructeur

**destructor** /dɪsˈtrʌktəʳ/ N (Brit : also **refuse destructor**) incinérateur m (à ordures)

**desuetude** /dɪsˈsjuːtjuːd/ N (liter) désuétude f

**desulphurize** /diːˈsʌlfjʊˌraɪz/ VT (Chem) désulfurer

**desultorily** /ˈdesəltərɪlɪ/ ADV [say, look for] sans conviction ; [wander around] sans but précis ◆ **to talk** or **chat desultorily** échanger des propos décousus

**desultory** /ˈdesəltərɪ/ ADJ [reading] décousu, sans suite ; [performance] décousu ; [attempt] peu suivi, peu soutenu ; [firing, contact, applause] irrégulier ◆ **to have a desultory conversation** échanger des propos décousus

**det.** abbrev of **detective**

**detach** /dɪˈtætʃ/ SYN VT [+ hook, rope, cart] détacher, séparer (from de) ◆ **to detach o.s. from a group** se détacher d'un groupe ◆ **a section became detached from...** une section s'est détachée de... ◆ **troops were detached to protect the town** on a envoyé un détachement de troupes pour protéger la ville ; see also **detached**

**detachable** /dɪˈtætʃəbl/
ADJ [part of machine, section of document] détachable (from de) ; [collar, lining] amovible
COMP **detachable lens** N (Phot) objectif m mobile

**detached** /dɪˈtætʃt/ SYN
ADJ [1] (= separate) [part, section] détaché, séparé ◆ **detached from the world of racing** coupé du monde des courses ◆ **detached from reality** coupé de la réalité
[2] (= unbiased) [opinion] neutre, objectif ; (= unemotional) [manner] détaché, indifférent ◆ **he seemed very detached about it** il semblait ne pas du tout se sentir concerné
COMP **detached house** N (Brit) maison f individuelle (entourée d'un jardin), pavillon m
**detached retina** N décollement m de la rétine

**detachment** /dɪˈtætʃmənt/ SYN N [1] (NonC) [of part, section etc] séparation f (from de) ◆ **detachment of the retina** (Med) décollement m de la rétine
[2] (NonC: fig) (in manner) détachement m, indifférence f ; (towards pleasure, friends) indifférence f (towards à, à l'égard de)
[3] (Mil) détachement m

**detail** /ˈdiːteɪl/ SYN
N [1] (also Archit, Art) détail m ; (= information on sth wanted) renseignement m ◆ **in detail** en détail ◆ **in great detail** dans les moindres détails ◆ **his attention to detail** l'attention qu'il porte aux détails ◆ **to go into detail(s)** entrer dans les détails ◆ **in every detail it resembles...** ça ressemble dans le moindre détail à... ◆ **the model is perfect in every detail** la maquette est parfaite dans les moindres détails ◆ **but that's a minor detail!** ce n'est qu'un (petit) détail !
[2] (Mil) détachement m
NPL **details** (gen) renseignements mpl ; (= personal facts) coordonnées fpl ◆ **let me take down the details** je vais noter les renseignements nécessaires ◆ **please send me details of...** veuillez m'envoyer des renseignements sur or concernant... ◆ **she took down my details** elle a noté mes coordonnées
VT [1] [+ reason, fact, plan, progress] exposer en détail ; [+ story, event] raconter en détail ; [+ items, objects] énumérer, détailler ◆ **a letter detailing the reasons for his resignation** une lettre énumérant les raisons de sa démission ◆ **a report detailing the events leading up to the riots** un rapport où sont détaillés les événements qui ont conduit aux émeutes
[2] (Mil) [+ troops] affecter (for à ; to do sth à or pour faire qch), détacher, désigner (for pour ; to do sth pour faire qch)
COMP **detail drawing** N (by architect, draughtsman) épure f

**detailed** /ˈdiːteɪld/ SYN ADJ détaillé ; [investigation, examination] minutieux ◆ **the police made a detailed search of the scene of the crime** la police a minutieusement fouillé le lieu du crime or a passé le lieu du crime au peigne fin

**detain** /dɪˈteɪn/ SYN VT [1] (= keep back) retenir ◆ **he has been detained at the office** il a été retenu au bureau ◆ **I don't want to detain you any longer** je ne veux pas vous retarder or retenir plus longtemps
[2] (in captivity) détenir ; (Scol) mettre en retenue, consigner

**detainee** /ˌdiːteɪˈniː/ N détenu(e) m(f) ; (political) prisonnier m politique

**detect** /dɪˈtekt/ SYN VT (= perceive presence of) [+ substance, gas] détecter, découvrir ; [+ explosive] découvrir ; [+ disease] dépister ; [+ sadness] déceler ; (= see or hear) distinguer, discerner ◆ **they detected traces of poison in the body** on a découvert des traces de poison dans le cadavre ◆ **I thought I could detect a note of sarcasm in his voice** j'avais cru déceler une note sarcastique dans sa voix ◆ **I could just detect his pulse** je sentais tout juste son pouls

**detectable** /dɪˈtektəbl/ ADJ détectable, décelable ; → **detect**

**detection** /dɪˈtekʃən/ SYN N [of criminal, secret] découverte f ; [of gas, mines] détection f ; (Med) dépistage m ◆ **the detection of crime** la chasse aux criminels ◆ **the bloodstains led to the detection of the criminal** les taches de sang ont mené à la découverte du criminel ◆ **to escape detection** [criminal] échapper aux recherches ; [mistake] passer inaperçu

**detective** /dɪˈtektɪv/ SYN
N policier m (en civil) ; (also **private detective**) détective m (privé)
COMP **detective chief inspector** N (Brit) ≈ inspecteur m divisionnaire (de police)
**detective chief superintendent** N (Brit) ≈ commissaire m divisionnaire (de police)
**detective constable** N (Brit) ≈ inspecteur m de police
**detective device** N dispositif m de détection or de dépistage
**detective inspector** N (Brit) ≈ inspecteur m principal (de police)
**detective sergeant** N (Brit) ≈ inspecteur(-chef) m (de police)
**detective story** N roman m policier, polar* m
**detective superintendent** N (Brit) ≈ commissaire m (de police)
**detective work** N (lit, fig) investigations fpl ◆ **a bit of detective work** quelques investigations

**detector** /dɪˈtektəʳ/
N (= device, person) détecteur m ; → lie$^2$, mine$^2$
COMP **detector van** N (Brit TV) camion m de détection radiogoniométrique

**detente** /deɪˈtɑːnt/ N détente f (Pol)

**detention** /dɪˈtenʃən/ SYN
N (= captivity) [of criminal, spy] détention f ; (Mil) arrêts mpl ; (Scol) retenue f, consigne f ◆ **to give a pupil two hours' detention** donner à un élève deux heures de retenue or de consigne ; → **preventive**
COMP **detention centre** N (for immigrants) centre m de rétention
**detention home** N (US) ⇒ **detention centre**

**deter** /dɪˈtɜːʳ/ SYN VT (= prevent) empêcher (from doing sth de faire qch) ; (= discourage) décourager (from doing sth de faire qch), dissuader (from doing sth de faire qch) ; [+ attack] prévenir ; [+ enemy] dissuader ◆ **...to deter convicted hooligans from travelling abroad** ...pour empêcher les hooligans déjà condamnés d'aller à l'étranger ◆ **this could deter investors** cela pourrait décourager les investisseurs potentiels ◆ **the facts showed that criminals were not deterred by the experience of imprisonment** l'expérience de la prison n'avait pas d'effet dissuasif sur les délinquants ◆ **I was deterred by the cost** le coût m'a fait reculer ◆ **don't let the weather deter you** (= prevent) ne vous laissez pas arrêter par le temps

**detergence** /dɪˈtɜːdʒəns/, **detergency** /dɪˈtɜːdʒənsɪ/ N détergence f

**detergent** /dɪˈtɜːdʒənt/ SYN ADJ, N détersif m, détergent m

**deteriorate** /dɪˈtɪərɪəreɪt/ SYN
VI [material] se détériorer, s'abîmer ; [situation] se dégrader ; [species, morals] dégénérer ; [one's health, relationships, weather] se détériorer ◆ **his schoolwork is deteriorating** il y a un fléchissement dans son travail scolaire
VT [+ material, machine] détériorer, abîmer

**deterioration** /dɪˌtɪərɪəˈreɪʃən/ SYN N [of goods, weather, friendship] détérioration f ; [of situation, relations] dégradation f ; [of species] dégénération f ; (in morality) dégénérescence f ; (in taste, art) déchéance f, décadence f

**determinable** /dɪˈtɜːmɪnəbl/ ADJ [1] [quantity] déterminable
[2] (Jur) résoluble

**determinant** /dɪˈtɜːmɪnənt/ ADJ, N déterminant m

**determinate** /dɪˈtɜːmɪnɪt/ ADJ (= fixed) déterminé

**determination** /dɪˌtɜːmɪˈneɪʃən/ SYN N (NonC)
[1] (= firmness of purpose) détermination f, résolution f (to do sth de faire qch) ◆ **an air of determination** un air résolu
[2] (gen, Math etc) détermination f ; [of frontiers] délimitation f

**determinative** /dɪ'tɜːmɪnətɪv/
ADJ déterminant ; *(Gram)* déterminatif
N facteur *m* déterminant ; *(Gram)* déterminant *m*

**determine** /dɪ'tɜːmɪn/ SYN VT 1 *(= settle, fix)* *[+ conditions, policy, date]* fixer, déterminer ; *[+ price]* fixer, régler ; *[+ frontier]* délimiter ; *[+ cause, nature, meaning]* déterminer, établir ; *[+ sb's character, future]* décider de, déterminer ; *(Jur) [+ contract]* résoudre
2 *(= resolve)* décider *(to do sth* de faire qch), se déterminer, se résoudre *(to do sth* à faire qch) ; *(= cause to decide) [+ person]* décider, amener *(to do sth* à faire qch)
▸ **determine (up)on** VT FUS décider de, résoudre de *(doing sth* faire qch) ; *[+ course of action]* se résoudre à ; *[+ alternative]* choisir

**determined** /dɪ'tɜːmɪnd/ LANGUAGE IN USE 8.2 SYN
ADJ 1 *[person, appearance]* résolu, déterminé ◆ **to make determined efforts** *or* **a determined attempt to do sth** faire un gros effort pour faire qch ◆ **to be determined to do sth** être bien décidé à faire qch ◆ **to be determined that...** être bien décidé à ce que... + *subj*
2 *[quantity]* déterminé, établi

**determinedly** /dɪ'tɜːmɪndlɪ/ ADV *[say]* d'un ton déterminé *or* résolu ; *[try]* résolument ; *[walk, stride]* d'un pas (ferme et) résolu ◆ **determinedly optimistic** résolument optimiste ◆ **determinedly cheerful** d'une gaieté inébranlable

**determiner** /dɪ'tɜːmɪnə^r^/ N *(Gram)* déterminant *m*

**determining** /dɪ'tɜːmɪnɪŋ/ SYN ADJ déterminant

**determinism** /dɪ'tɜːmɪnɪzəm/ N déterminisme *m*

**determinist** /dɪ'tɜːmɪnɪst/ ADJ, N déterministe *mf*

**deterministic** /dɪˌtɜːmɪ'nɪstɪk/ ADJ déterministe

**deterrence** /dɪ'terəns/ N force *f* de dissuasion

**deterrent** /dɪ'terənt/ SYN
N ◆ **they believe capital punishment is a deterrent** ils pensent que la peine capitale est dissuasive ◆ **alarms are supposed to be a deterrent, but people don't use them** les alarmes sont censées avoir un effet dissuasif, mais les gens ne les utilisent pas ◆ **to act as a deterrent** *[penalty]* avoir un effet dissuasif ; → **nuclear, ultimate**
ADJ dissuasif

**detersive** /dɪ'tɜːsɪv/ ADJ détersif

**detest** /dɪ'test/ SYN VT détester ◆ **to detest doing sth** détester faire qch, avoir horreur de faire qch ◆ **I detest that sort of thing!** j'ai horreur de ce genre de chose !

**detestable** /dɪ'testəbl/ ADJ détestable, odieux

**detestably** /dɪ'testəblɪ/ ADV *[rude]* odieusement, horriblement ; *[ugly]* horriblement

**detestation** /ˌdiːtes'teɪʃən/ N 1 *(NonC)* haine *f*
2 *(= object of hatred)* abomination *f*, chose *f* détestable

**dethrone** /diː'θrəʊn/ VT détrôner

**dethronement** /diː'θrəʊnmənt/ N déposition *f* *(d'un souverain)*

**detonate** /'detəneɪt/ SYN
VI détoner
VT faire détoner *or* exploser

**detonation** /ˌdetə'neɪʃən/ SYN N détonation *f*, explosion *f*

**detonator** /'detəneɪtə^r^/ N détonateur *m*, amorce *f*, capsule *f* fulminante ; *(Rail)* pétard *m*

**detour** /'diːˌtʊə^r^/ SYN
N détour *m* ; *(for traffic)* déviation *f*
VI faire un détour
VT *(US) [+ traffic]* dévier

**detox** * /diː'tɒks/ abbrev of **detoxicate, detoxication, detoxification, detoxify**

**detoxicate** /diː'tɒksɪkeɪt/ VT désintoxiquer

**detoxi(fi)cation** /diːˌtɒksɪ(fɪ)'keɪʃən/
N désintoxication *f*
COMP **detoxi(fi)cation centre** N centre *m* de désintoxication
**detoxi(fi)cation programme** N cure *f* de désintoxication

**detoxify** /diː'tɒksɪfaɪ/ VT ⇒ **detoxicate**

**detract** /dɪ'trækt/ SYN VI ◆ **to detract from** *[+ quality, merit]* diminuer ◆ **these criticisms do not detract from the overall value of the text** ces critiques ne diminuent pas *or* n'enlèvent rien à la qualité globale du texte ◆ **they feared the revelations would detract from their election campaign** ils craignaient que ces révélations ne nuisent à leur campagne électorale ◆ **it detracts from the pleasure of walking** cela diminue le plaisir de se promener

**detraction** /dɪ'trækʃən/ SYN N détraction *f*

**detractor** /dɪ'træktə^r^/ SYN N détracteur *m*, -trice *f*, critique *m*

**detrain** /diː'treɪn/
VT débarquer *(d'un train)*
VI *[troops]* débarquer *(d'un train)* ; *[passengers]* descendre *(d'un train)*

**detriment** /'detrɪmənt/ SYN N *(= handicap)* handicap *m* ◆ **my qualifications proved to be a detriment rather than an asset** mes diplômes se sont avérés être un handicap plutôt qu'un atout ◆ **to the detriment of** au détriment de, au préjudice de ◆ **this policy ultimately worked to his own detriment** cette politique a fini par lui porter préjudice ◆ **without detriment to** sans porter préjudice à ◆ **that is no detriment to...** cela ne nuit en rien à...

**detrimental** /ˌdetrɪ'mentl/ SYN ADJ nuisible ◆ **to be detrimental for sb/sth, to have a detrimental effect on sb/sth** être nuisible *or* préjudiciable à qn/qch, nuire à qn/qch ◆ **to be detrimental to sth** nuire à qch ◆ **this could be detrimental in its effect, this could have a detrimental effect** cela pourrait avoir un effet néfaste

**detritus** /dɪ'traɪtəs/ N *(Geol)* roches *fpl* détritiques, pierraille *f* ; *(fig)* détritus *m*

**detumescence** /ˌdiːtjuː'mesəns/ N détumescence *f*

**detumescent** /ˌdiːtjʊ'mesnt/ ADJ *(frm)* détumescent

**deuce**[1] /djuːs/ N 1 *(Cards, Dice etc)* deux *m*
2 *(Tennis)* égalité *f* ◆ **to be at deuce** être à égalité

**deuce**[2] † * /djuːs/ N *(euph)* ⇒ **devil noun 3**

**deuced** † * /'djuːsɪd/
ADJ satané *before n*, sacré * *before n*
ADV diablement † ◆ **what deuced bad weather!** quel sale temps !

**deuterium** /djuː'tɪərɪəm/
N deutérium *m*
COMP **deuterium oxide** N eau *f* lourde

**Deuteronomy** /ˌdjuːtə'rɒnəmɪ/ N le Deutéronome

**Deutschmark** /'dɔɪtʃmɑːk/, **Deutsche Mark** /ˌdɔɪtʃə'mɑːk/ N mark *m*

**deutzia** /'djuːtsɪə/ N *(= plant)* deutzia *m*

**devaluate** /diː'væljʊeɪt/ VT ⇒ **devalue**

**devaluation** /ˌdɪvæljʊ'eɪʃən/ N dévaluation *f*

**devalue** /'diː'væljuː/ VT *(Fin, fig)* dévaluer

**Devanagari** /ˌdeɪvə'nɑːgərɪ/ N devanagari *f*

**devastate** /'devəsteɪt/ SYN VT *[+ town, land]* dévaster, ravager ; *[+ opponent, opposition]* anéantir ; *(fig) [+ person]* terrasser, foudroyer ◆ **he was absolutely devastated when he heard the news** cette nouvelle lui a porté un coup terrible

**devastating** /'devəsteɪtɪŋ/ SYN ADJ *[war, attack, wind, storm, effect]* dévastateur (-trice *f*) ; *[consequence, result, loss]* désastreux *(to, for* pour) ; *[grief]* profond ; *[news, reply]* accablant ; *[logic]* implacable ; *[wit, charm]* irrésistible ◆ **to have a devastating effect (on sb/sth)** avoir un effet dévastateur (sur qn/qch) ◆ **with** *or* **to devastating effect** avec un effet dévastateur ◆ **(to deal) a devastating blow (to sth)** (porter) un coup fatal (à qch)

**devastatingly** /'devəsteɪtɪŋlɪ/ ADV ◆ **devastatingly funny** irrésistiblement drôle ◆ **a devastatingly attractive woman** une femme au charme ravageur ◆ **devastatingly effective** d'une efficacité foudroyante ◆ **to be devastatingly successful** avoir un succès foudroyant ◆ **the German guns were devastatingly accurate** les canons allemands étaient terriblement précis ◆ **a devastatingly frank appraisal** une évaluation d'une franchise implacable

**devastation** /ˌdevə'steɪʃən/ SYN N dévastation *f*

**develop** /dɪ'veləp/ SYN
VT 1 *[+ mind, body]* développer, former ; *[+ argument, thesis, business, market]* développer ; *(Math, Phot)* développer ; see also **developed**
2 *[+ region]* exploiter, mettre en valeur ; *(= change and improve)* aménager *(as* en) ◆ **this land is to be developed** *(= built on)* on va construire *or* bâtir sur ce terrain ; see also **developed**
3 *(= acquire, get) [+ tic, boil, cold]* attraper ; *[+ symptoms, signs]* présenter ; *[+ bad back]* commencer à souffrir de ; *[+ habit, disease]* contracter ◆ **to develop a taste for sth** prendre goût à qch ◆ **to develop a talent for sth** faire preuve de talent pour qch ◆ **to develop a tendency to** manifester une tendance à
VI *[person, embryo, tendency, town, region]* se développer ; *[disease]* se déclarer ; *[talent]* s'épanouir ; *[friendship]* s'établir ; *[jealousy]* s'installer ; *(Phot) [negative, print, image]* se développer ; *[story, plotline]* se développer ; *[event, situation]* se produire ◆ **a crack was developing in the wall** le mur se lézardait ◆ **to develop into** devenir

**developed** /dɪ'veləpt/ ADJ 1 *[economy, country]* développé ◆ **highly developed** *[ideas, theories]* mûrement pensé ; *[sense of humour, sense of the absurd]* très développé
2 *[breasts]* développé ; *[girl]* formé

**developer** /dɪ'veləpə^r^/ N 1 (also **property developer**) promoteur *m* (de construction)
2 *(Phot)* révélateur *m*

**developing** /dɪ'veləpɪŋ/
ADJ *[crisis, storm]* qui se prépare ; *[country]* en voie de développement ; *[industry]* en expansion
N 1 ⇒ **development noun 1**
2 *(Phot)* développement *m* ◆ **"developing and printing"** « développement et tirage », « travaux photographiques »
COMP **developing bath** N *(Phot)* (bain *m*) révélateur *m*
**developing tank** N *(Phot)* cuve *f* à développement

**development** /dɪ'veləpmənt/ SYN
N 1 *(NonC = growth, progress) [of person, body]* développement *m* ; *[of mind]* développement *m*, formation *f* ; *[of idea]* évolution *f* ; *[of region]* exploitation *f*, mise *f* en valeur ; *[of site]* mise *f* en exploitation ; *[of technique, technology]* mise *f* au point ; *[of industry]* développement *m*, expansion *f* ◆ **at every stage in his development** à chaque stade de son développement ◆ **economic development** développement *m* économique ◆ **product development** développement *m* de produits ◆ **business development** *(= creation of new businesses)* création *f* d'entreprise(s) ◆ **to promote business development** promouvoir la création d'entreprise(s) ◆ **business development advice** *(= building of existing business)* aide *f* au développement de l'entreprise ◆ **career development** évolution *f* professionnelle
2 *(NonC = unfolding, exposition) [of subject, theme]* développement *m*, exposé *m* ; *[of idea]* développement *m* ; *[of plot, story]* déroulement *m*, développement *m*
3 *(NonC: Math, Mus, Phot)* développement *m*
4 *(NonC: Med) [of disease] (= onset)* développement *m*, apparition *f* ; *(= progression)* développement *m* ◆ **this has been linked with the development of breast cancer** cela a été associé au développement *or* à l'apparition du cancer du sein
5 *(esp Press = event)* fait *m* nouveau ◆ **a new development** des développements *mpl* ◆ **there have been no (new) developments** il n'y a pas de changements *or* nouveaux développements ◆ **the latest development** les derniers développements ◆ **to await developments** attendre la suite des événements ◆ **an unexpected** *or* **a surprise development** un rebondissement
6 *(= advance)* progrès *m* ◆ **recent developments in the treatment of skin cancer** les progrès récents *or* les récents développements en matière de traitement du cancer de la peau
7 *(Constr = building complex)* zone *f* aménagée ◆ **an industrial development** une zone industrielle ◆ **housing** *or* **residential development** *[of houses]* lotissement *m* ; *[of blocks of flats]* cité *f* ◆ **shopping development** centre *m* commercial ◆ **office development** immeuble(s) *m(pl)* de bureaux
COMP **development area** N *(Brit)* zone *f* à urbaniser en priorité, ZUP *f*
**development bank** N banque *f* de développement
**development company** N société *f* d'exploitation
**development grant** N aide *f* au développement
**development period** N *[of project, company]* phase *f* de démarrage
**development planning** N planification *f* du développement

**developmental** /dɪˌveləp'mentl/ ADJ de croissance

**deviance** /ˈdiːvɪəns/, **deviancy** /ˈdiːvɪənsɪ/ N (gen, also Psych) déviance f (from de)

**deviant** /ˈdiːvɪənt/ SYN
[ADJ] [behaviour] déviant ; [development] anormal ; (sexually) perverti ; (Ling) [sentence, form] déviant
[N] déviant(e) m(f)

**deviate** /ˈdiːvɪeɪt/ SYN VI ① (from truth, former statement etc) dévier, s'écarter (from de) ◆ **to deviate from the norm** s'écarter de la norme
② [ship, plane, projectile] dévier

**deviation** /ˌdiːvɪˈeɪʃən/ SYN N ① (= straying) (from principle, disciple, custom) manquement m (from à) ; (from course, trajectory: also Pol) déviation f (from de) ; (from law, instructions) dérogation f (from à) ; (from social norm) déviance f (from de) ◆ **there have been many deviations from the general rule** on s'est fréquemment écarté de la règle générale ◆ **deviation from the norm** écart m par rapport à la norme
② (sexual) déviation f
③ (Math) déviation f ◆ **standard deviation** écart type m

**deviationism** /ˌdiːvɪˈeɪʃənɪzəm/ N déviationnisme m

**deviationist** /ˌdiːvɪˈeɪʃənɪst/ ADJ, N déviationniste mf

**device** /dɪˈvaɪs/ SYN N ① (= gadget) appareil m ; (= mechanism) mécanisme m (for pour) ; (Comput) dispositif m ; → **safety**
② (= scheme, plan) moyen m (to do sth de faire qch) ◆ **to leave sb to his own devices** laisser qn se débrouiller ◆ **left to his own devices, he'd never have finished** tout seul or livré à lui-même, il n'aurait jamais fini
③ (Literat) procédé m ◆ **plot** or **narrative device** procédé m narratif
④ (Heraldry = emblem) devise f, emblème m
⑤ (also **explosive device**) engin m (explosif) ◆ **nuclear device** engin m nucléaire

**devil** /ˈdevl/ SYN
[N] ① (= evil spirit) diable m, démon m ◆ **the Devil** le Diable, Satan m
② * ◆ **poor devil!** pauvre diable ! ◆ **he's a little devil!** c'est un petit démon ! ◆ **he's a nice little devil** c'est un bon petit diable ◆ **he's a stubborn/handsome** etc **devil** il est sacrément * entêté/beau etc ◆ **you little devil!** petit monstre, va ! ◆ **go on, be a devil!** * (hum) vas-y, vis dangereusement !
③ († ‡ : as intensifier) ◆ **he had the devil of a job to find it** il a eu toutes les peines du monde or un mal fou à le trouver ◆ **the devil of a wind** un vent du diable or de tous les diables ◆ **it's a devil of a job to get him to understand** c'est toute une affaire pour le faire comprendre ◆ **why the devil didn't you say so?** pourquoi diable ne l'as-tu pas dit ? ◆ **how the devil would I know?** comment voulez-vous que je (le) sache ? ◆ **where the devil is he?** où diable peut-il bien être ? ◆ **what the devil are you doing?** mais enfin qu'est-ce que tu fabriques ? * ◆ **who the devil are you?** qui diable êtes-vous ? ◆ **the devil take it!** au diable ! ◆ **to work/run/shout** etc **like the devil** travailler/courir/crier etc comme un fou ◆ **there will be the devil to pay (if/when...)** cela va faire du grabuge * (si/quand...), ça va barder * (si/quand...)
④ (phrases) ◆ **to be between the devil and the deep blue sea** avoir le choix entre la peste et le choléra ◆ **the devil finds work for idle hands (to do)** (Prov) l'oisiveté est la mère de tous les vices (Prov) ◆ **(every man for himself and) the devil take the hindmost** (Prov) sauve qui peut ◆ **go to the devil!** ‡ va te faire voir ! *, va te faire cuire un œuf ! * ◆ **speak** or **talk of the devil (and he appears)!** (hum) quand on parle du loup (on en voit la queue) ! ◆ **to play** or **be the devil's advocate** se faire l'avocat du diable ◆ **(to) give the devil his due...** pour être honnête, il faut reconnaître que... ◆ **he has the luck of the devil** * or **the devil's own luck** * il a une veine insolente or une veine de cocu ‡ ◆ **better the devil you know (than the devil you don't)** (Prov) mieux vaut un danger que l'on connaît qu'un danger que l'on ne connaît pas
⑤ (also **printer's devil**) apprenti m imprimeur ; (= hack writer) nègre * m (d'un écrivain etc) ; (Jur) ≈ avocat m stagiaire
[VI] ◆ **to devil for sb** (Literat etc) servir de nègre * à qn ; (Jur) ≈ faire office d'avocat stagiaire auprès de qn
[VT] ① (Culin) [+ kidneys] (faire) griller au poivre et à la moutarde ◆ **devilled** (Brit)or **deviled** (US) **egg** œuf m à la diable

② (US * = nag) harceler (verbalement)
[COMP] ◆ **devil-may-care** ADJ insouciant, je-m'en-foutiste *
◆ **devil's food cake** N (US) gâteau au chocolat
◆ **Devil's Island** N l'île f du Diable
◆ **devils-on-horseback** NPL (Culin) pruneaux entourés de lard servis sur toast

**devilfish** /ˈdevlfɪʃ/ N (pl **devilfish** or **devilfishes**) (= manta) mante f

**devilish** /ˈdevlɪʃ/ SYN
[ADJ] [idea, act, invention, cunning] diabolique
[ADV] († * = very) diablement *, rudement * ◆ **it's devilish cold** il fait un froid du diable or de canard *

**devilishly** /ˈdevlɪʃlɪ/ ADV ① (= wickedly) ◆ **she grinned/laughed devilishly** elle eut un sourire/un rire diabolique ◆ **devilishly cunning/handsome/clever** d'une astuce/beauté/intelligence diabolique
② (* = extremely) ⇒ **devilish** adv

**devilishness** /ˈdevlɪʃnɪs/ N [of invention] caractère m diabolique ; [of behaviour] méchanceté f diabolique

**devilment** /ˈdevlmənt/ N (NonC) (= mischief) diablerie f, espièglerie f ; (= spite) méchanceté f, malice f ◆ **a piece of devilment** une espièglerie ◆ **for devilment** par pure malice or méchanceté

**devilry** /ˈdevlrɪ/, **deviltry** (US) /ˈdevltrɪ/ N ① (= daring) (folle) témérité f ; (= mischief) diablerie f, espièglerie f ; (= wickedness) méchanceté f (diabolique)
② (= black magic) magie f noire, maléfices mpl

**devious** /ˈdiːvɪəs/ SYN ADJ ① (= sly) [means] détourné ; [person, behaviour] retors, sournois ; [mind] retors, tortueux
② (= tortuous) [route] détourné

**deviously** /ˈdiːvɪəslɪ/ ADV [act, behave] de manière sournoise, sournoisement

**deviousness** /ˈdiːvɪəsnɪs/ N [of person] fourberie f, sournoiserie f ; [of scheme, method] complexité(s) f(pl)

**devise** /dɪˈvaɪz/ SYN
[VT] [+ scheme, style] imaginer, concevoir ; [+ plotline] imaginer ; (Jur) léguer ◆ **of his own devising** de son invention
[N] (Jur) legs m (de biens immobiliers)

**devisee** /dɪvaɪˈziː/ N (Jur) légataire mf (qui reçoit des biens immobiliers)

**deviser** /dɪˈvaɪzər/ N [of scheme, plan] inventeur m, -trice f, auteur m

**devisor** /dɪˈvaɪzər/ N (Jur) testateur m, -trice f (qui lègue des biens immobiliers)

**devitalization** /diːˌvaɪtəlaɪˈzeɪʃən/ N (gen) affaiblissement m ; [tooth] dévitalisation f

**devitalize** /diːˈvaɪtəlaɪz/ VT affaiblir ; [+ tooth] dévitaliser

**devoice** /diːˈvɔɪs/ VT (Phon) assourdir

**devoiced** /diːˈvɔɪst/ ADJ (Phon) [consonant] dévoisé

**devoicing** /diːˈvɔɪsɪŋ/ N (Phon) dévoisement m

**devoid** /dɪˈvɔɪd/ SYN ADJ (frm) ◆ **devoid of** [ornament, charm, talent, qualities, imagination] dépourvu de ; [scruples, compassion, good sense, humour, interest, meaning] dénué de

**devolution** /ˌdiːvəˈluːʃən/ SYN N [of power, authority] délégation f ; (Jur) [of property] transmission f, dévolution f ; (Pol etc) décentralisation f ; (Bio) dégénérescence f

**devolve** /dɪˈvɒlv/ SYN
[VI] ① (frm) [duty, responsibility] incomber (on, upon à) ; (by chance) échoir (on, upon à) ◆ **it devolved on** or **upon me to take the final decision** c'est à moi qu'il incombait de prendre la décision définitive ◆ **the cost of the operation devolves upon the patient** le coût de l'opération est à la charge du patient
② (Jur) [property] passer (on, upon à), être transmis (on, upon à)
③ (= secede) devenir autonome, faire sécession
④ (= dissolve) ◆ **the union devolved into a looser confederation of states** l'union s'est scindée o s'est fractionnée en une confédération d'États plus indépendants
[VT] [+ power, responsibility, authority] déléguer (on, upon à) ◆ **to devolve power away from central government** déléguer le pouvoir du gouvernement central ◆ **a devolved government** un gouvernement décentralisé

**Devonian** /dəˈvəʊnɪən/ ADJ (Geol) [period] dévonien

**Devonshire split** /ˈdevənʃə/ N petit pain fourré à la crème ou à la confiture

**devote** /dɪˈvəʊt/ SYN VT [+ time, life, book, magazine] consacrer (to à) ; [+ resources] affecter (to à), consacrer (to à) ◆ **to devote o.s. to** [+ a cause] se vouer à, se consacrer à ; [+ pleasure] se livrer à ; [+ study, hobby] s'adonner à, se consacrer à, se livrer à ◆ **the money devoted to education** l'argent consacré à l'éducation ◆ **two chapters devoted to his childhood** deux chapitres consacrés à son enfance

**devoted** /dɪˈvəʊtɪd/ SYN ADJ ① (= loyal) [husband, mother, friend] dévoué ; [friendship] solide, profond ; [follower] fidèle ◆ **devoted care** dévouement m ◆ **to be a devoted admirer of sb/sth** être un fervent admirateur de qn/qch ◆ **Joyce is a devoted Star Trek fan** Joyce est une inconditionnelle de Star Trek ◆ **to be devoted to sb** être dévoué à qn ◆ **to be devoted to sth** être fidèle à qch ◆ **they are devoted to one another** ils sont très attachés l'un à l'autre
② ◆ **devoted to** (= concerned with) consacré à ◆ **a museum devoted to ecology** un musée consacré à l'écologie

**devotedly** /dɪˈvəʊtɪdlɪ/ ADV avec dévouement

**devotee** /ˌdevəˈtiː/ SYN N [of doctrine, theory] partisan(e) m(f) ; [of religion] adepte mf ; [of sport, music, poetry] passionné(e) m(f)

**devotion** /dɪˈvəʊʃən/ SYN
[N] (NonC) (to duty) dévouement m (to à) ; (to friend) dévouement m (to à, envers), (profond) attachement m (to pour) ; (to work) dévouement m (to à), ardeur f (to pour, à) ; (Rel) dévotion f, piété f ◆ **with great devotion** avec un grand dévouement
[NPL] **devotions** (Rel) dévotions fpl, prières fpl

**devotional** /dɪˈvəʊʃənl/ ADJ [book] de dévotion, de piété ; [attitude] de prière, pieux

**devour** /dɪˈvaʊər/ SYN VT ① [+ food] dévorer, engloutir ; (fig) [+ book] dévorer ; [+ money] engloutir, dévorer ◆ **to devour sb/sth with one's eyes** dévorer qn/qch des yeux
② [fire] dévorer, consumer ◆ **devoured by jealousy** dévoré de jalousie

**devouring** /dɪˈvaʊərɪŋ/ SYN ADJ [hunger, passion] dévorant ; [zeal] ardent ; [enthusiasm] débordant

**devout** /dɪˈvaʊt/ SYN ADJ ① (= pious) [person] pieux, dévot ; [faith, Christianity, Catholicism etc] dévot ; [prayer, attention, hope] fervent
② (fig = committed) [supporter, opponent] fervent

**devoutly** /dɪˈvaʊtlɪ/ SYN ADV ① (= fervently) [hope, believe, wish] sincèrement
② (= piously) avec dévotion ◆ **the islanders are devoutly religious** les habitants de l'île sont profondément religieux ◆ **he was a devoutly Christian prince** c'était un prince chrétien très pieux

**DEW, dew**[1] /djuː/
[ABBR] (US) abbrev of **distant early warning**
[COMP] **DEW line** N DEW f (système de radars)

**dew**[2] /djuː/ N rosée f ; → **mountain**

**dewclaw** /ˈdjuːklɔː/ N ergot m

**dewdrop** /ˈdjuːdrɒp/ N goutte f de rosée

**Dewey Decimal System** /ˈdjuːɪ/ N classification f décimale

**dewlap** /ˈdjuːlæp/ N [of cow, person] fanon m

**dewpoint** /ˈdjuːpɔɪnt/ N point m de rosée or de condensation

**dewpond** /ˈdjuːpɒnd/ N mare f (alimentée par la condensation)

**dewy** /ˈdjuːɪ/
[ADJ] [grass] couvert de or humide de rosée ◆ **dewy lips** (liter) lèvres fpl fraîches
[COMP] **dewy-eyed** ADJ (= innocent) aux grands yeux ingénus ; (= credulous) trop naïf (naïve f)

**dex** * /deks/ N (Drugs) Dexédrine ® f

**Dexedrine** ® /ˈdeksɪdriːn/ N Dexédrine ® f

**dexie** * /ˈdeksɪ/ N (Drugs) comprimé m de Dexédrine ®

**dexterity** /deksˈterɪtɪ/ SYN N (intellectual) habileté f ; (manual, physical) dextérité f, adresse f ◆ **dexterity in doing sth** habileté or dextérité à faire qch, adresse avec laquelle on fait qch ◆ **a feat of dexterity** un tour d'adresse ◆ **verbal dexterity** éloquence f

**dexterous** /ˈdekstrəs/ ADJ [person] adroit, habile ; [movement] adroit, agile ◆ **by the dexterous use of** par l'habile emploi de

**dexterously** /ˈdekstrəslɪ/ ADV adroitement, habilement

**dextral** /'dekstrəl/ ADJ [bodily organ] droit ; [person] droitier ; [shell] dextre

**dextran** /'dekstrən/ N (Bio) dextran m

**dextrin** /'dekstrɪn/ N dextrine f

**dextrocardia** /,dekstrəʊ'kɑːdɪə/ N dextrocardie f

**dextrogyrate** /,dekstrəʊ'dʒaɪrɪt/, **dextrogyre** /'dekstrəʊdʒaɪəʳ/ ADJ dextrogyre

**dextrorotation** /,dekstrəʊrəʊ'teɪʃən/ N rotation f dextrogyre

**dextrorse** /'dekstrɔːs/, **dextrorsal** /dek'stɔːsəl/ ADJ dextrorsum inv

**dextrose** /'dekstrəʊs/ N dextrose m

**dextrous(ly)** /'dekstrəs(lɪ)/ ⇒ dexterous, dexterously

**DF** (abbrev of direction finder) → direction

**DFC** /,diːef'siː/ N (abbrev of Distinguished Flying Cross) médaille décernée aux aviateurs militaires

**DfES** /,diːefiː'ɛs/ N (Brit) (abbrev of Department for Education and Skills) → department

**DFM** /,diːef'em/ N (abbrev of Distinguished Flying Medal) médaille décernée aux aviateurs militaires

**DG** ① (abbrev of director general) → director ② (abbrev of Deo gratias) par la grâce de Dieu

**dg** (abbrev of decigram(s)) dg m

**DH** /diː'eɪtʃ/ N (Brit) (abbrev of Department of Health) → department

**dhal** /dɑːl/ N ⇒ dal

**dhoti** /'dəʊtɪ/ N dhotî m

**dhow** /daʊ/ N boutre m (voilier arabe)

**DHSS** /,diːeɪtʃes'es/ N (Brit) (abbrev of Department of Health and Social Security) → health

**DI** /diː'aɪ/ N ① (abbrev of Donor Insemination) → donor ② (Brit) (abbrev of Detective Inspector) → detective

**diabetes** /,daɪə'biːtiːz/
 N diabète m ◆ **to have diabetes** être diabétique, avoir du diabète
 COMP **diabetes mellitus** N (Med) diabète m sucré

**diabetic** /,daɪə'betɪk/
 N diabétique mf
 ADJ ① (= person) diabétique ② (= for diabetics) [chocolate, dessert, jam etc] pour diabétiques

**diabolic** /,daɪə'bɒlɪk/ ADJ ⇒ diabolical 1

**diabolical** /,daɪə'bɒlɪkəl/ ADJ ① [act, invention, plan, power] diabolique, infernal, satanique ; [laugh, smile] satanique, diabolique ② (* = dreadful) [child] infernal * ; [weather] atroce *, épouvantable

**diabolically** /,daɪə'bɒlɪkəlɪ/ ADV ① (* = horribly) [hot, difficult] horriblement ② (= wickedly) diaboliquement ◆ **diabolically clever** d'une astuce diabolique ◆ **she grinned/laughed diabolically** elle eut un sourire/rire diabolique ③ (* = very badly) [drive, sing, cook etc] horriblement mal

**diabolism** /daɪ'æbəlɪzəm/ N ① (= witchcraft) sorcellerie f ② (= devil-worship) démonolâtrie f

**diabolist** /daɪ'æbəlɪst/ N (= witchcraft) sorcier m, -ière f ; (= devil-worship) démonolâtre mf

**diabolo** /dɪ'æbələʊ/ N (pl **diabolos**) (= game) diabolo m

**diacetylmorphine** /daɪ,æsətɪl'mɔːfiːn/ N diacétylmorphine f

**diachronic** /,daɪə'krɒnɪk/ ADJ diachronique

**diacid** /daɪ'æsɪd/ N biacide m, diacide m

**diacidic** /,daɪə'sɪdɪk/ ADJ (Chem) biacide, diacide

**diaconal** /daɪ'ækənəl/ ADJ (Rel) diaconal

**diaconate** /daɪ'ækənɪt/ N (Rel) diaconat m

**diacritic** /,daɪə'krɪtɪk/
 ADJ diacritique
 N signe m diacritique

**diacritical** /,daɪə'krɪtɪkəl/ ADJ diacritique

**diadem** /'daɪədem/ N (lit, fig) diadème m

**diaeresis, dieresis** (US) /daɪ'erɪsɪs/ N (pl **diaereses, diereses** (US)) /daɪ'erɪˌsiːz/ (Ling) diérèse f ; (Typography) (= symbol) tréma m

**diagnosable** /,daɪəg'nəʊzəbl/ ADJ que l'on peut diagnostiquer

**diagnose** /'daɪəgnəʊz/ SYN VT (Med, fig) diagnostiquer ◆ **his illness was diagnosed as bronchitis** on a diagnostiqué une bronchite

**diagnosis** /,daɪəg'nəʊsɪs/ SYN N (pl **diagnoses** /,daɪəg'nəʊsiːz/) (Med, fig) diagnostic m ; (Bio, Bot) diagnose f

**diagnostic** /,daɪəg'nɒstɪk/ ADJ diagnostique ◆ **diagnostic program** (Comput) programme m de diagnostic

**diagnostician** /,daɪəgnɒs'tɪʃən/ N diagnostiqueur m

**diagnostics** /,daɪəg'nɒstɪks/ N (NonC: Comput etc) diagnostic m

**diagonal** /daɪ'ægənl/ SYN
 ADJ diagonal
 N diagonale f

**diagonally** /daɪ'ægənəlɪ/ SYN ADV (with vb) [write, cross, cut, fold] en diagonale ; [park] en épi ◆ **the car was struck diagonally by a lorry** la voiture a été prise en écharpe par un camion ◆ **a sash worn diagonally across the chest** une grande écharpe portée en travers de la poitrine ◆ **the bank is diagonally opposite the church, on the right/left** par rapport à l'église, la banque est de l'autre côté de la rue, sur la droite/gauche

**diagram** /'daɪəgræm/ SYN N (gen) diagramme m, schéma m ; (Math) diagramme m, figure f ◆ **as shown in the diagram** comme le montre le diagramme or le schéma

**diagrammatic** /,daɪəgrə'mætɪk/ ADJ schématique

**dial** /'daɪəl/ LANGUAGE IN USE 27
 N cadran m ; → sundial
 VT (Telec) [+ number] faire, composer ◆ **you must dial 336 12 95** il faut faire or composer le 336 12 95 ◆ **to dial 999** (Brit) ≈ appeler police-secours ◆ **to dial a wrong number** faire un faux or mauvais numéro ◆ **to dial direct** appeler par l'automatique ◆ **can I dial London from here?** est-ce que d'ici je peux avoir Londres par l'automatique ? ◆ **Dial-a-pizza** service de livraison de pizzas à domicile ◆ **"Dial M for Murder"** (Cine) « Le crime était presque parfait »
 COMP **dial code** N (US Telec) indicatif m
 **dial tone** N (US Telec) tonalité f
 **dial-up service** N (Comput) service m de télétraitement

**dial.** abbrev of dialect

**dialect** /'daɪəlekt/ SYN
 N (regional) dialecte m, parler m ; (local, rural) patois m ◆ **the Norman dialect** le dialecte normand, les parlers mpl normands ◆ **in dialect** en dialecte, en patois ◆ **social-class dialect** sociolecte m
 COMP [word] dialectal
 **dialect atlas** N atlas m linguistique
 **dialect survey** N étude f de dialectologie

**dialectal** /,daɪə'lektl/ ADJ dialectal

**dialectic** /,daɪə'lektɪk/ SYN
 N dialectique f
 ADJ dialectique

**dialectical** /,daɪə'lektɪkəl/
 ADJ dialectique
 COMP **dialectical materialism** N matérialisme m dialectique

**dialectician** /,daɪəlek'tɪʃən/ N dialecticien(ne) m(f)

**dialectics** /,daɪə'lektɪks/ N (NonC) dialectique f

**dialectology** /,daɪəlek'tɒlədʒɪ/ N (NonC) dialectologie f

**dialling, dialing** (US) /'daɪəlɪŋ/
 N (Telec) composition f d'un numéro (de téléphone)
 COMP **dialling code** N (Brit) indicatif m
 **dialling tone** N (Brit) tonalité f

**dialogue, dialog** (US) /'daɪəlɒg/ SYN
 N (lit, fig) dialogue m
 COMP **dialogue box, dialog box** (US) N (Comput) boîte f de dialogue

**dialysation** /,daɪəlaɪ'zeɪʃən/ N (Med) dialyse f

**dialyse** /'daɪəlaɪz/ VT (Med) dialyser

**dialyser** /'daɪəlaɪzəʳ/ N (Med) dialyseur m

**dialysis** /daɪ'æləsɪs/
 N (pl **dialyses** /daɪ'æləˌsiːz/) dialyse f
 COMP **dialysis machine** N rein m artificiel

**diamagnetism** /,daɪə'mægnɪtɪzəm/ N diamagnétisme m

**diamanté** /,daɪə'mæntɪ/
 N strass m
 ADJ [brooch etc] en strass

**diamantine** /,daɪə'mæntaɪn/ ADJ diamantin

**diameter** /daɪ'æmɪtəʳ/ N diamètre m ◆ **the circle is one metre in diameter** le cercle a un mètre de diamètre

**diametrical** /,daɪə'metrɪkəl/ SYN ADJ (Math, fig) diamétral

**diametrically** /,daɪə'metrɪkəlɪ/ SYN ADV ① ◆ **diametrically opposed** or **opposite** diamétralement opposé (to à) ② (Math) diamétralement

**diamine** /'daɪəˌmiːn/ N diamine f

**diamond** /'daɪəmənd/
 N ① (= stone) diamant m ; → rough ② (= shape, figure) losange m ③ (Cards) carreau m ◆ **the ace/six of diamonds** l'as/le six de carreau ; → club ④ (Baseball) diamant m, terrain m (de base-ball)
 COMP [clip, ring] de diamant(s)
 **diamond-cutting** N taille f du diamant
 **diamond district** N ◆ **the diamond district of New York/Amsterdam** le quartier des diamantaires à New York/Amsterdam
 **diamond drill** N foreuse f à pointe de diamant
 **diamond jubilee** N (célébration f du) soixantième anniversaire m (d'un événement)
 **diamond merchant** N diamantaire f
 **diamond necklace** N rivière f de diamants
 **diamond-shaped** ADJ en losange
 **diamond wedding** N noces fpl de diamant

**diamorphine** /,daɪə'mɔːfiːn/ N diamorphine f

**Diana** /daɪ'ænə/ N Diane f

**dianthus** /daɪ'ænθəs/ N (= plant) dianthus m, œillet m (des fleuristes)

**diapason** /,daɪə'peɪzən/ N diapason m ◆ **open/stopped diapason** (of organ) diapason m large/étroit

**diapause** /'daɪəˌpɔːz/ N (Bio) diapause f

**diapedesis** /,daɪəpə'diːsɪs/ N diapédèse f

**diaper** /'daɪəpəʳ/
 N (US) couche f (de bébé)
 COMP **diaper service** N service m de couches à domicile

**diaphanous** /daɪ'æfənəs/ ADJ (liter) diaphane

**diaphoresis** /,daɪəfə'riːsɪs/ N diaphorèse f

**diaphoretic** /,daɪəfə'retɪk/ ADJ, N (Med) diaphorétique m

**diaphragm** /'daɪəfræm/ N (all senses) diaphragme m

**diapositive** /,daɪə'pɒzɪtɪv/ N diapositive f

**diarchy** /'daɪəˌkɪ/ N dyarchie f

**diarist** /'daɪərɪst/ N [of personal events] auteur m d'un journal intime ; [of contemporary events] mémorialiste mf, chroniqueur m

**diarrhoea, diarrhea** (US) /,daɪə'rɪə/ N diarrhée f ◆ **to have diarrhoea** avoir la diarrhée or la colique

**diarrhoeal, diarrheal** (US) /,daɪə'rɪəl/ ADJ diarrhéique

**diary** /'daɪərɪ/ SYN N (= record of events) journal m (intime) ; (for engagements) agenda m ◆ **to keep a diary** tenir un journal ◆ **I've got it in my diary** je l'ai noté sur mon agenda

**diascope** /'daɪəˌskəʊp/ N (= projector) diascope m

**diaspora** /daɪ'æspərə/ N diaspora f

**diastalsis** /,daɪə'stælsɪs/ N (Physiol) diastaltisme m

**diastole** /daɪ'æstəlɪ/ N diastole f

**diastolic** /,daɪə'stɒlɪk/ ADJ (Physiol) diastolique

**diathermy** /'daɪəˌθɜːmɪ/ N (Med) diathermie f

**diathesis** /daɪ'æθɪsɪs/ N (pl **diatheses** /daɪ'æθɪˌsiːz/) diathèse f

**diatom** /'daɪətəm/ N (= plant) diatomée f

**diatomic** /,daɪə'tɒmɪk/ ADJ diatomique

**diatomite** /daɪ'ætəˌmaɪt/ N diatomite f

**diatonic** /,daɪə'tɒnɪk/ ADJ diatonique

**diatribe** /'daɪətraɪb/ SYN N diatribe f (against contre)

**diazepam** /daɪ'eɪzəpæm/ N (Chem) diazépam m

**diazo** /daɪ'eɪzəʊ/ ADJ diazoïque

**dibasic** /,daɪ'beɪsɪk/ ADJ bibasique, dibasique

**dibber** /'dɪbəʳ/ N (esp Brit) ⇒ dibble

**dibble** /ˈdɪbl/
**N** plantoir *m*
**VT** repiquer

**dibs** /dɪbz/ **NPL** [1] *(= game)* osselets *mpl* ; *(Cards) (= counters)* jetons *mpl*
[2] *(Brit* † ‡ *= money)* fric ‡ *m*
[3] *(US :* ‡*)* ◆ **to have dibs on sth** avoir des droits sur qch ◆ **dibs on the cookies!** prems' ‡ pour les petits gâteaux !

**dice** /daɪs/
**N** *(pl inv)* dé *m* ◆ **to play dice** jouer aux dés ◆ **no dice!** ‡ *(esp US) (fig)* pas question ! ; → **load**
**VI** jouer aux dés ◆ **he was dicing with death** il jouait avec la mort
**VT** *[+ vegetables]* couper en dés *or* en cubes

**dicey** * /ˈdaɪsɪ/ **ADJ** *(Brit)* risqué ◆ **it's dicey, it's a dicey business** c'est bien risqué

**dichotomy** /dɪˈkɒtəmɪ/ **N** dichotomie *f*

**Dick** /dɪk/ **N** dim of **Richard**

**dick** /dɪk/ **N** [1] *(‡ = detective)* détective *m* ; → **clever, private**
[2] *(*‡* = penis)* bite *‡ *f*

**dickens** † ‡ /ˈdɪkɪnz/ **N** *(euph)* ⇒ **devil**

**Dickensian** /dɪˈkenzɪən/ **ADJ** à la Dickens

**dicker** /ˈdɪkəʳ/ **VI** *(US)* marchander

**dickey** /ˈdɪkɪ/
**N** * *[of shirt]* faux plastron *m (de chemise)*
**COMP** **dickey bird** * **N** *(baby talk)* petit zoziau *m (baby talk)* ◆ **watch the dickey bird!** *(Phot)* le petit oiseau va sortir ! ◆ **not a dickey bird** * que dalle ‡ ◆ **I won't say a dickey bird about it** * je n'en piperai pas mot
**dickey-bow** * **N** *(= bow tie)* nœud *m* pap *
**dickey seat** **N** *(Brit)* strapontin *m* ; *(in car)* spider *m*

**dickhead** *‡* /ˈdɪkhed/ **N** tête *f* de nœud *‡*

**dicky**¹ /ˈdɪkɪ/ ⇒ **dickey**

**dicky**² * /ˈdɪkɪ/ **ADJ** *(Brit) [person]* patraque *, pas solide * ; *[health, heart]* qui flanche *, pas solide * ; *[situation]* pas sûr *, pas solide *

**diclinous** /ˈdaɪklɪnəs/ **ADJ** *[plant]* dicline

**dicotyledon** /ˌdaɪkɒtɪˈliːdən/ **N** *(= plant)* dicotylédone *f*

**dicrotic** /daɪˈkrɒtɪk/ **ADJ** dicrote

**dicta** /ˈdɪktə/ **NPL** of **dictum**

**Dictaphone** ® /ˈdɪktəfəʊn/ **N** dictaphone ® *m* ◆ **Dictaphone typist** dactylo *f* qui travaille au dictaphone ®

**dictate** /dɪkˈteɪt/ SYN
**VT** [1] *[+ letter, passage]* dicter *(to* à*)*
[2] *(= demand, impose) [+ terms, conditions]* dicter, imposer ◆ **his action was dictated by circumstances** il a agi comme le lui dictaient les circonstances ◆ **reason/common sense dictates that...** la raison/le bon sens veut que... ◆ **custom dictates that you buy us all a drink** la tradition veut que vous nous offriez un verre à tous
**VI** [1] dicter ◆ **she spent the morning dictating to her secretary** elle a passé la matinée à dicter des lettres *(or* des rapports *etc)* à sa secrétaire
[2] *(= order about)* ◆ **to dictate to sb** imposer sa volonté à qn, régenter qn ◆ **I won't be dictated to!** je n'ai pas d'ordres à recevoir !
**N** /ˈdɪkteɪt/ *(gen pl)* ◆ **dictates** ordre(s) *m(pl)*, précepte(s) *m(pl) (de la raison etc)* ◆ **the dictates of conscience** la voix de la conscience

**dictation** /dɪkˈteɪʃən/ **N** *(in school, office etc)* dictée *f* ◆ **to write to sb's dictation** écrire sous la dictée de qn

**dictator** /dɪkˈteɪtəʳ/ SYN **N** *(fig, Pol)* dictateur *m*

**dictatorial** /ˌdɪktəˈtɔːrɪəl/ SYN **ADJ** *(lit, fig) [person]* tyrannique ; *[régime, powers]* dictatorial

**dictatorially** /ˌdɪktəˈtɔːrɪəlɪ/ **ADV** *(fig, Pol)* autoritairement, dictatorialement, en dictateur

**dictatorship** /dɪkˈteɪtəʃɪp/ SYN **N** *(fig, Pol)* dictature *f*

**diction** /ˈdɪkʃən/ SYN **N** [1] *(Literat = style)* style *m*, langage *m* ◆ **poetic diction** langage *m* poétique
[2] *(= pronunciation)* diction *f*, élocution *f* ◆ **his diction is very good** il a une très bonne diction

**dictionary** /ˈdɪkʃənrɪ/ SYN
**N** dictionnaire *m* ◆ **to look up a word in a dictionary** chercher un mot dans un dictionnaire ◆ **it's not in the dictionary** ce n'est pas dans le dictionnaire ◆ **French dictionary** dictionnaire *m* de français ◆ **English-French dictionary** dictionnaire *m* anglais-français ◆ **monolingual/bilingual dictionary** dictionnaire *m* monolingue/bilingue
**COMP** **dictionary definition** **N** définition *f* de dictionnaire ◆ **the dictionary definition of "art"** le mot « art » tel qu'on le définit dans le dictionnaire
**dictionary-maker** **N** *(= person)* lexicographe *mf*
**dictionary-making** **N** lexicographie *f*

**dictum** /ˈdɪktəm/ **N** (pl **dictums** *or* **dicta**) *(= maxim)* dicton *m*, maxime *f* ; *(= pronouncement)* proposition *f*, affirmation *f* ; *(Jur)* principe *m*

**did** /dɪd/ **VB** pt of **do**¹

**didactic** /dɪˈdæktɪk/ **ADJ** didactique

**didactically** /dɪˈdæktɪkəlɪ/ **ADV** *[speak]* sur un ton didactique ; *[write]* de façon didactique

**didacticism** /dɪˈdæktɪsɪzəm/ **N** didactisme *m*

**didactics** /dɪˈdæktɪks/ **N** *(NonC)* didactique *f*

**diddle** * /ˈdɪdl/ **VT** *(Brit = cheat) [+ person]* rouler (dans la farine) *, escroquer ◆ **you've been diddled** tu t'es fait rouler * *or* avoir * ◆ **to diddle sb out of sth, to diddle sth out of sb** carotter * qch à qn

**diddler** ‡ /ˈdɪdləʳ/ **N** *(Brit)* carotteur * *m*, -euse * *f*, escroc *m*

**diddly(-squat)** ‡ /ˈdɪdlɪ(ˈskwɒt)/ **N** *(US)* ◆ **you don't know diddly(-squat) (about that)** t'y connais que dalle ‡ ◆ **that doesn't mean diddly(-squat) (to me)** (pour moi,) c'est du vent tout ça ◆ **their promises mean diddly(-squat)** leurs promesses ne sont que du vent

**didgeridoo** /ˌdɪdʒərɪˈduː/ **N** didgeridoo *m (instrument de musique australien)*

**didn't** /ˈdɪdənt/ ⇒ **did not** ; → **do**¹

**Dido** /ˈdaɪdəʊ/ **N** Didon *f*

**die**¹ /daɪ/ SYN
**VI** [1] *[person]* mourir, décéder *(frm)* ; *[animal, plant]* mourir, crever ; *[engine, motor]* caler, s'arrêter ◆ **he died in hospital** il est mort *or* décédé à l'hôpital ◆ **to be dying** être en train de mourir ; *(= nearly dead)* être à l'article de la mort ◆ **doctors told him he was dying and had only a year to live** les médecins lui ont dit qu'il était condamné et qu'il n'avait plus qu'un an à vivre ◆ **they were left to die** on les a laissés mourir ◆ **to die for one's country/beliefs** mourir pour son pays/ses idées ◆ **Christ died for us/for our sins** le Seigneur est mort pour nous/pour expier nos péchés ◆ **to die by one's own hand** *(frm)* se suicider, mettre fin à ses jours ◆ **to die with one's boots on** * mourir debout ◆ **he died a hero** il est mort en héros ◆ **he died a pauper** il est mort dans la misère ◆ **he died happy** *or* **a happy man** *(= died in peace)* il est mort en paix, il est mort heureux ◆ **to die like a dog** † mourir comme un chien ◆ **never say die!** * il ne faut jamais désespérer ! ◆ **you only die once** on ne meurt qu'une fois ◆ **I'd rather** *or* **sooner die!** *(fig)* plutôt mourir ! ◆ **I nearly** *or* **could have died!** *(lit)* j'ai failli mourir ! ; *(* fig : of embarrassment)* j'étais mort de honte ! ◆ **I want to die!** *(lit) (pain, depression etc)* je voudrais mourir *or* être mort ! ; *(embarrassment)* je suis mort de honte ! ◆ **he'd die for her** il donnerait sa vie pour elle ◆ **I'd die for a body/car** *etc* **like that!** je ferais n'importe quoi pour avoir un corps/une voiture *etc* comme celui-là/celle-là ! ◆ **a body/car** *etc* **to die for** * un corps/une voiture de rêve ◆ **it's to die for!** ‡ ça me fait craquer ! *
◆ **to die of/from** ◆ **to die of** *or* **from cancer/AIDS/malaria** mourir du cancer/du sida/de la malaria ◆ **to die of hunger/cold** mourir de faim/froid ◆ **to die from one's injuries** mourir des suites de ses blessures ◆ **to die of a broken heart** mourir de chagrin *or* de tristesse ◆ **I almost died of shame/fright** j'étais mort de honte/peur ◆ **we nearly died of boredom** on s'ennuyait à mourir
◆ **to be dying to do sth** * mourir d'envie de faire qch
◆ **to be dying for sth** * avoir une envie folle de qch ◆ **I'm dying for a cigarette/a cup of coffee** j'ai une envie folle de fumer une cigarette/de boire une tasse de café ◆ **I was dying for a pee** * j'avais très envie de faire pipi * ◆ **she was dying for him to kiss her** elle n'attendait qu'une chose : qu'il l'embrasse *subj* ; → **natural**
[2] * *[performer]* faire un bide * *or* un four
[3] *(fig = die out) [fire, love, memory]* s'éteindre, mourir ; *[custom, language]* mourir, disparaître ; *[sound]* s'éteindre ◆ **her smile died on her lips** son sourire s'est évanoui *or* a disparu ◆ **her words died on her lips** *(liter)* elle est restée bouche bée ◆ **the secret died with him** il a emporté le secret dans la tombe ◆ **to die hard** *[tradition, attitude, prejudice]* avoir la vie dure ◆ **old habits die hard** *(Prov)* les vieilles habitudes ont la vie dure
**VT** ◆ **to die a natural/violent death** mourir de mort naturelle/de mort violente ◆ **to die a slow** *or* **lingering death** mourir d'une mort lente ◆ **to die a painful death** mourir dans la souffrance ◆ **to die the death** *[person]* faire un bide * ; *[idea, plan]* tomber à l'eau ◆ **he died the death** * *(fig)* il aurait voulu rentrer sous terre ; *(Theat) [performer]* il a fait un bide * *or* un four ◆ **to die a thousand deaths** *(liter)* être au supplice, souffrir mille morts
▸ **die away** **VI** *[sound, voice, laughter]* s'éteindre ; *[breeze, wind]* tomber ◆ **his footsteps died away** le bruit de ses pas s'est éteint
▸ **die back** **VI** *[plant]* perdre ses feuilles et sa tige
▸ **die down** **VI** *[emotion, protest]* se calmer, s'apaiser ; *[wind]* tomber, se calmer ; *[fire] (in blazing building)* diminuer, s'apaiser ; *(in grate etc)* baisser, tomber ; *[noise]* diminuer ; *[applause]* se taire ; *[violence, conflict]* s'atténuer ◆ **the fuss quickly died down** l'agitation est vite retombée
▸ **die off** **VI** mourir *or* être emportés les uns après les autres
▸ **die out** **VI** *[species, race, family]* disparaître ; *[custom, language, skill, technique]* disparaître, se perdre ◆ **to be dying out** *[species, race, tribe]* être en voie d'extinction ; *[custom, language, skill]* être en train de disparaître *or* de se perdre

**die**² /daɪ/
**N** [1] (pl **dice** /daɪs/) dé *m* ◆ **the die is cast** le sort en est jeté, les dés sont jetés ◆ **as straight as a die** *(Brit) (person)* franc comme l'or ; *(street, tree trunk)* droit comme un i ; → **dice**
[2] (pl **dies**) *(in minting)* coin *m* ; *(in manufacturing)* matrice *f* ◆ **stamping die** étampe *f*
**COMP** **die-cast** **ADJ** moulé sous pression **VT** mouler sous pression
**die-casting** **N** moulage *m* *or* coulage *m* sous pression
**die-sinker** **N** graveur *m* de matrices
**die-stamp** **VT** graver

**dièdre** /dɪˈedəʳ/ **N** *(Climbing)* dièdre *m*

**diehard** /ˈdaɪhɑːd/
**N** *(= one who resists to the last)* jusqu'au-boutiste *mf* ; *(= opponent of change)* conservateur *m*, -trice *f* (à tout crin) ; *(= obstinate politician etc)* dur(e) *m(f)* à cuire *, réactionnaire *mf*
**ADJ** intransigeant, inébranlable ; *(Pol)* réactionnaire

**dieldrin** /ˈdiːldrɪn/ **N** *(Chem)* dieldrine *f*

**dielectric** /ˌdaɪəˈlektrɪk/ **ADJ, N** diélectrique *m*

**diencephalic** /ˌdaɪensɪˈfælɪk/ **ADJ** diencéphalique

**diencephalon** /ˌdaɪenˈsefəlɒn/ **N** diencéphale *m*

**dieresis** /daɪˈerɪsɪs/ **N** *(US)* ⇒ **diaeresis**

**diesel** /ˈdiːzəl/
**N** [1] *(= fuel)* gazole *m*, diesel *m*
[2] *(= car)* (voiture *f*) diesel *m*
**COMP** **diesel-electric** **ADJ** diesel-électrique
**diesel engine** **N** *(in vehicle)* moteur *m* diesel ; *(= locomotive)* motrice *f*
**diesel fuel, diesel oil** **N** gasoil *m*, diesel *m*
**diesel train** **N** autorail *m*

**diesis** /ˈdaɪɪsɪs/ **N** (pl **dieses** /ˈdaɪəsiːz/) *(Typography)* croix *f* double

**diestock** /ˈdaɪstɒk/ **N** *(= frame)* cage *f* (de filière à peignes) ; *(= tool)* filière *f* à main

**diet**¹ /ˈdaɪət/ SYN
**N** [1] *(= restricted food)* régime *m* ◆ **to be/go on a diet** être/se mettre au régime ◆ **he's on a special diet** il suit un régime spécial ◆ **a high/low-protein diet** un régime à haute/basse teneur en protéines
[2] *(= customary food)* alimentation *f*, régime *m* alimentaire ◆ **a healthy diet** une alimentation saine ◆ **as soon as I returned to my normal diet** dès que j'ai repris mon régime alimentaire habituel ◆ **to live on a (constant) diet of** *(lit)* vivre *or* se nourrir de ◆ **she lives on a constant diet of TV soap operas** *(fig)* elle passe son temps à regarder des feuilletons à la télévision ◆ **for years they have fed us a staple diet of propaganda** cela fait des années qu'ils nous assènent leur propagande ◆ **children who are fed a relentless diet of violence on TV** des enfants qui regardent sans arrêt des images violentes à la télévision

VI suivre un régime

VT mettre au régime

COMP **diet drink** N (*low calorie*) boisson *f* basses calories *or* light *inv* ; (*for special or restricted diet*) boisson *f* diététique

**diet foods** (*low calorie*) N aliments *mpl* basses calories ; (*for special or restricted diet*) aliments *mpl* diététiques

**diet²** /'daɪət/ SYN N (*esp Pol*) diète *f*

**dietary** /'daɪətərɪ/

ADJ [*habit, change*] alimentaire ; [*advice*] de diététique

COMP **dietary fibre** N cellulose *f* végétale, fibres *fpl* alimentaires

**dieter** /'daɪətə^r/ N personne *f* qui suit un régime ◆ **she's a keen dieter** elle est souvent au régime

**dietetic** /,daɪə'tetɪk/ ADJ diététique

**dietetics** /,daɪə'tetɪks/ N (*NonC*) diététique *f*

**dietician** /,daɪə'tɪʃən/ N diététicien(ne) *m(f)*

**differ** /'dɪfə^r/ SYN VI 1 (= *be different*) différer, se distinguer (*from* de) ◆ **the herring gull differs from the common gull in the colour of its legs** le goéland argenté se distingue du goéland cendré par la couleur de ses pattes

2 (= *disagree*) ne pas être d'accord, ne pas s'entendre (*from sb* avec qn ; *on or about sth* sur qch) ◆ **the two points of view do not differ much** les deux points de vue ne se distinguent guère l'un de l'autre *or* ne sont pas très différents l'un de l'autre ◆ **they differ in their approach to the problem** ils diffèrent en *or* sur leur manière d'appréhender le problème ◆ **I beg to differ** permettez-moi de ne pas partager cette opinion *or* de ne pas être de votre avis ◆ **the texts differ** les textes ne s'accordent pas ◆ **to differ from the rules** (*Jur*) déroger aux règles ; → **agree**

**difference** /'dɪfrəns/ SYN N 1 (= *dissimilarity*) différence *f* (*in* de ; *between* entre) ◆ **that makes a big difference to me** c'est très important pour moi, ça ne m'est pas du tout égal, cela compte beaucoup pour moi ◆ **to make a difference in sb/sth** changer qn/qch ◆ **that makes all the difference** voilà qui change tout ◆ **what difference does it make?, what's the difference?** quelle différence (cela fait-il) ? ◆ **what difference does it make if...?** qu'est-ce que cela peut faire que... + *subj* ?, quelle importance cela a-t-il si... + *indic* ? ◆ **it makes no difference** peu importe, cela ne change rien (à l'affaire) ◆ **it makes no difference to me** cela m'est égal, ça ne (me) fait rien ◆ **for all the difference it makes** pour ce que cela change *or* peut changer ◆ **it makes no difference what colour/how expensive your car is** peu importe la couleur/le prix de votre voiture ◆ **same difference!** * c'est du pareil au même ! *, c'est kif-kif ! * ◆ **with this difference, that...** à la différence que..., à ceci près que... ◆ **a car with a difference** une voiture pas comme les autres * ◆ **test-drive a Jaguar and feel the difference!** essayez une Jaguar et vivez la différence ! ; → **know**

2 (= *quarrel*) différend *m* ◆ **they are seeking to resolve their differences** ils tentent de résoudre leurs différends ◆ **difference of opinion** différence *f or* divergence *f* d'opinions

3 (*Math*) différence *f* (*in* de ; *between* entre) ◆ **to pay the difference** payer la différence ; → **split**

**different** /'dɪfrənt/ SYN

ADJ 1 (= *not the same*) différent (*from, to,* (*US*) *than* de) ; (= *other*) autre ◆ **completely different** totalement différent, tout autre ◆ **completely different from** totalement différent de ◆ **he wore a different tie each day** il portait chaque jour une cravate différente ◆ **go and put on a different tie** va mettre une autre cravate ◆ **if he'd gone to university things might have been different** s'il était allé à l'université les choses auraient peut-être été différentes ◆ **I feel a different person** je me sens revivre, je me sens tout autre ◆ **let's do something different** faisons quelque chose de différent ◆ **he wants to be different** il veut se singulariser ◆ **different strokes for different folks** * (*US*) chacun son truc *

♦ **quite + different** ◆ **quite a different way of doing it** une tout autre manière de le faire ◆ **that's quite a different matter** ça c'est une autre affaire, c'est tout autre chose ◆ **she's quite different from what you think** elle n'est pas du tout ce que vous croyez

2 (= *various*) différent, divers ; (= *several*) plusieurs ◆ **different people had noticed this** plusieurs personnes l'avaient remarqué ◆ **in the different countries I've visited** dans les différents *or* divers pays que j'ai visités

3 (= *unusual*) original ◆ **recipes for interesting, different dishes** des recettes de plats intéressants et originaux ◆ **what do you think of my shirt? – well, it's different...** que penses-tu de ma chemise ? – eh bien, elle est originale...

ADV (tout) autrement ◆ **if it had happened to them, I'm sure they would think different** si cela leur était arrivé, je suis sûr qu'ils penseraient tout autrement ◆ **she believes this, but I know different** c'est ce qu'elle croit mais je sais qu'il n'en est rien *or* qu'il en va tout autrement ◆ **children behave like that because they don't know any different** * les enfants se comportent ainsi parce qu'ils ignorent que ça ne se fait pas ◆ **to me things seemed normal because I didn't know any different** * les choses me semblaient normales car je ne savais pas que ça pouvait être différent

**differential** /,dɪfə'renʃəl/ SYN

ADJ différentiel

N (*Math*) différentielle *f* ; (*esp Brit*) (*in pay*) écart *m* salarial ; (*in vehicle engine*) différentiel *m*

COMP **differential calculus** N (*Math*) calcul *m* différentiel

**differential equation** N équation *f* différentielle

**differential gear** N (engrenage *m*) différentiel *m*

**differential housing** N boîtier *m* de différentiel

**differential operator** N opérateur *m* différentiel

**differential pricing** N (*Econ*) tarification *f* différentielle

**differentially** /,dɪfə'renʃəlɪ/ ADV (*Tech*) par action différentielle

**differentiate** /,dɪfə'renʃɪeɪt/ SYN

VI faire la différence *or* la distinction (*between* entre) ◆ **he cannot differentiate between red and green** il ne fait pas la différence entre le rouge et le vert, il ne distingue pas le rouge du vert ◆ **in his article he differentiates between...** dans son article, il fait la distinction entre... ◆ **we must differentiate between the meanings of this term** il nous faut différencier les sens de ce mot

VT [+ *people, things*] différencier, distinguer (*from* de) ; (*Math*) différentier, calculer la différentielle de ◆ **this is what differentiates the two brothers** c'est ce qui différencie les deux frères ◆ **this is what differentiates one candidate from another** c'est ce qui distingue *or* différencie les candidats

**differentiation** /,dɪfərenʃɪ'eɪʃən/ N différenciation *f* ; (*Math*) différentiation *f*

**differently** /'dɪfrəntlɪ/ ADV 1 différemment (*from* de) ◆ **she was never treated differently from the men** on ne l'a jamais traitée différemment des hommes ◆ **he thinks differently from you** (= *has different mentality*) il ne pense pas comme vous ; (= *disagrees*) il n'est pas de votre avis ◆ **we all react differently to stress** nous réagissons tous différemment face au stress, nous avons tous des réactions différentes face au stress ◆ **if only things had turned out differently!** si seulement les choses s'étaient passées différemment !

2 ◆ **differently coloured/shaped** (= *of various colours/shapes*) de différentes couleurs/formes ; (= *having other colours/shapes*) de couleurs différentes/aux formes différentes

3 (*in politically correct language*) ◆ **differently abled** (= *physically handicapped*) handicapé

**difficult** /'dɪfɪkəlt/ LANGUAGE IN USE 6.3, 12.3 SYN ADJ

1 [*problem, situation, decision, task, writer*] difficile ◆ **there's nothing difficult about it** ça n'a rien de difficile ◆ **it's difficult being a man today** c'est difficile d'être un homme aujourd'hui ◆ **this work is difficult to do** ce travail est difficile à faire ◆ **it's difficult to do that** c'est difficile de faire ça ◆ **it is difficult to deny that...** il est difficile de nier que + *indic* ... ◆ **he finds it difficult to apologize** cela lui coûte de s'excuser, il a du mal à s'excuser ◆ **to find it difficult to do sth** avoir du mal à faire qch ◆ **the climate makes it difficult to grow crops** le climat rend les cultures difficiles ◆ **his injury makes it difficult (for him) to get around** il se déplace difficilement à cause de sa blessure ◆ **he's difficult to get on with** il est difficile à vivre ◆ **it is difficult to see what they could have done** on voit mal ce qu'ils auraient pu faire ◆ **the difficult thing is knowing** *or* **to know where to start** le (plus) difficile *or* dur est de savoir par où commencer

2 (= *awkward, uncooperative*) [*person, child*] difficile ◆ **come on now, don't be difficult!** allez, ne crée pas de problèmes !

**difficulty** /'dɪfɪkəltɪ/ SYN N difficulté *f* ◆ **with/without difficulty** avec/sans difficulté *or* peine ◆ **it's feasible, but with difficulty** c'est faisable, mais ce sera difficile ◆ **she has difficulty (in) walking** elle marche avec difficulté, elle a de la difficulté à marcher ◆ **slight difficulty (in) breathing** un peu de gêne dans la respiration ◆ **we had some difficulty finding him** on a eu du mal à le trouver ◆ **the difficulty is (in) choosing** le difficile *or* la difficulté c'est de choisir ◆ **if the instructions cause difficulty, let me know** si le mode d'emploi vous pose des problèmes, dites-le-moi ◆ **to make difficulties for sb** créer des difficultés à qn ◆ **without meeting any difficulties** sans rencontrer d'obstacles *or* la moindre difficulté, sans accrocs ◆ **to get into difficulty** *or* **difficulties** se trouver en difficulté ◆ **to get into all sorts of difficulties** se trouver plongé dans toutes sortes d'ennuis ◆ **to get o.s. into difficulty** se créer des ennuis ◆ **to get out of a difficulty** se tirer d'affaire *or* d'embarras ◆ **I am in difficulty** j'ai des difficultés, j'ai des problèmes ◆ **to be in (financial) difficulties** être dans l'embarras, avoir des ennuis d'argent ◆ **he was in difficulty** *or* **difficulties over the rent** il était en difficulté pour son loyer ◆ **he was working under great difficulties** il travaillait dans des conditions très difficiles ◆ **I can see no difficulty in what you suggest** je ne vois aucun obstacle à ce que vous suggérez ◆ **he's having difficulty** *or* **difficulties with his wife/his car/his job** il a des ennuis *or* des problèmes avec sa femme/avec sa voiture/dans son travail

**diffidence** /'dɪfɪdəns/ SYN N manque *m* de confiance en soi, manque *m* d'assurance

**diffident** /'dɪfɪdənt/ SYN ADJ [*person*] qui manque de confiance *or* d'assurance ; [*smile*] embarrassé ◆ **to be diffident about doing sth** hésiter à faire qch (par modestie *or* timidité)

**diffidently** /'dɪfɪdəntlɪ/ ADV [*speak, ask*] d'un ton mal assuré ; [*behave*] avec timidité

**diffract** /dɪ'frækt/ VT diffracter

**diffraction** /dɪ'frækʃən/ N diffraction *f* ◆ **diffraction grating** réseau *m* de diffraction

**diffuse** /dɪ'fju:z/ SYN

VT [+ *light, heat, perfume, news*] diffuser, répandre ◆ **diffused lighting** éclairage *m* indirect

VI [*light, heat, perfume, news*] se diffuser, se répandre

ADJ /dɪ'fju:s/ [*light, thought*] diffus ; [*style, writer*] prolixe, diffus

**diffuseness** /dɪ'fju:snɪs/ N 1 [*of light, thought*] qualité *f* diffuse

2 [*of style, writer*] prolixité *f*

**diffuser** /dɪ'fju:zə^r/ N (*for light, hair dryer*) diffuseur *m*

**diffusion** /dɪ'fju:ʒən/ SYN

N diffusion *f*

COMP **diffusion line** N (*Comm*) ligne *f* bis

**dig** /dɪg/ SYN (vb: pret, ptp **dug**)

N 1 (*with hand/elbow*) coup *m* de poing/de coude ◆ **to give sb a dig in the ribs** donner un coup de coude dans les côtes de qn

2 (= *sly comment*) pique *f* ◆ **to have** *or* **take a dig at sb** envoyer *or* lancer une pique à qn ◆ **was that a dig at me?** cette pique m'était destinée ?

3 (*with spade*) coup *m* de bêche

4 (*Archeol*) fouilles *fpl* ◆ **to go on a dig** aller faire des fouilles

VT 1 [+ *ground*] (*gen*) creuser ; (*with spade*) bêcher ; [+ *grave, trench, hole*] creuser ; [+ *tunnel*] creuser, percer ; [+ *potatoes etc*] arracher ◆ **they dug their way out of prison** ils se sont évadés de prison en creusant un tunnel ◆ **to dig one's own grave** (*lit, fig*) creuser sa propre tombe

2 (= *thrust*) [+ *fork, pencil etc*] enfoncer (*sth into sth* qch dans qch) ◆ **to dig sb in the ribs** donner un coup de coude dans les côtes de qn

3 (*esp US* *) (= *understand*) piger * ; (= *take notice of*) viser * ◆ **you dig?** tu piges ? * ◆ **dig that guy!** vise un peu ce mec ! * ◆ **I dig that!** (= *enjoy*) ça me botte ! * ◆ **I don't dig football** le football ne me dit rien *or* me laisse froid

VI 1 [*dog, pig*] fouiller, fouir ; [*person*] creuser (*into* dans) ; (*Tech*) fouiller ; (*Archeol*) faire des fouilles ◆ **to dig for minerals** creuser pour extraire du minerai

## digamma | dimer

2 (fig) ◆ **to dig in one's pockets for sth** (searching for sth) fouiller dans ses poches pour trouver qch ◆ **to dig into one's pockets** or **purse** (= spend money) (for oneself) piocher dans ses économies ; (to help other people) mettre la main au porte-monnaie ◆ **to dig deep** (= search hard) mener une enquête approfondie ; (= try hard) [athlete etc] puiser dans ses réserves ; (= give generously) mettre la main au porte-monnaie ◆ **to dig into the past** fouiller dans le passé

▸ **dig in**
  **VI** 1 (Mil) se retrancher ; (fig) être fin prêt ◆ **the pickets are digging in for a long strike** les piquets de grève se préparent à un conflit prolongé
  2 (* = eat) attaquer* ◆ **dig in!** allez-y, attaquez ! ◆ **let's dig in!** allez, on attaque !
  **VT SEP** 1 (into ground) [+ compost, manure] mélanger à la terre, enterrer
  2 (= push, thrust in) [+ blade, knife] enfoncer ◆ **to dig one's heels in** (fig) se braquer, se buter ◆ **to dig the knife in** (fig) remuer le couteau dans la plaie

▸ **dig into VT FUS** [+ sb's past] fouiller dans ; (* = eat) [+ food] attaquer*

▸ **dig out VT SEP** [+ tree, plant] déterrer ; [+ animal] déloger ; (fig) [+ facts, information] déterrer, dénicher ◆ **to dig sb out of the snow/rubble** sortir qn de la neige/des décombres ◆ **where did he dig out* that old hat?** où a-t-il été pêcher* or dénicher ce vieux chapeau ?

▸ **dig over VT SEP** [+ earth] retourner ; [+ garden] bêcher, retourner

▸ **dig up VT SEP** [+ weeds, vegetables] arracher ; [+ treasure, body] déterrer ; [+ earth] retourner ; [+ garden] bêcher, retourner ; (fig) [+ fact, solution, idea] déterrer, dénicher

**digamma** /daɪˈɡæmə/ **N** digamma m

**digest** /daɪˈdʒest/ **SYN**
  **VT** [+ food, idea] digérer, assimiler ; [+ insult] digérer* ◆ **this kind of food is not easy to digest** or **easily digested** ce genre de nourriture est un peu indigeste
  **VI** digérer
  **N** /ˈdaɪdʒest/ (= summary) [of book, facts] sommaire m, résumé m ; (= magazine) digest m ; (Jur) digeste m ◆ **in digest form** en abrégé

**digester** /daɪˈdʒestər/ **N** digesteur m

**digestible** /dɪˈdʒestəbl/ **ADJ** (lit, fig) facile à digérer, digeste

**digestion** /dɪˈdʒestʃən/ **SYN N** (Anat, Chem, fig) digestion f

**digestive** /dɪˈdʒestɪv/
  **ADJ** digestif
  **N** (Brit : also **digestive biscuit**) ≈ (sorte f de) sablé m ; → **juice**
  **COMP** **digestive system N** système m digestif
  **digestive tract N** appareil m digestif

**digger** /ˈdɪɡər/ **N** 1 (= machine) excavatrice f, pelleteuse f
  2 (= miner) ouvrier mineur m ; (= navvy) terrassier m
  3 (* = Australian) Australien m ; (* = New-Zealander) Néo-Zélandais m
  4 * (Mil Hist) soldat australien ou néo-zélandais de la première guerre mondiale ; → **gold**

**digging** /ˈdɪɡɪŋ/
  **N** (NonC) (with spade) bêchage m ; [of hole etc] forage m ; (Min) creusement m, excavation f
  **NPL** **diggings** (Min) placer m ; (Archeol) fouilles fpl

**digicam** /ˈdɪdʒɪkæm/ **N** caméra f numérique

**digit** /ˈdɪdʒɪt/ **N** 1 (Math) chiffre m ◆ **double-/triple-digit** à deux/trois chiffres
  2 (= finger) doigt m ; (= toe) orteil m
  3 (Astron) doigt m

**digital** /ˈdɪdʒɪtəl/
  **ADJ** 1 [radio, readout, recording] numérique ; [tape, recorder] audionumérique ; [clock, watch] à affichage numérique
  2 (Anat) digital
  **COMP** **digital audio tape N** bande f audionumérique or DAT
  **digital camera N** appareil m (photo) numérique
  **digital compact cassette N** cassette f compacte numérique
  **digital pen N** stylo m numérique
  **digital radio N** radio f numérique
  **digital rights management N** gestion f des droits numériques
  **digital television N** télévision f numérique

**digitalin** /ˌdɪdʒɪˈteɪlɪn/ **N** digitaline f

**digitalis** /ˌdɪdʒɪˈteɪlɪs/ **N** (= plant) digitale f ; (= substance) digitaline f

**digitalize** /ˈdɪdʒɪtəlaɪz/ **VT** (Comput) digitaliser, numériser

**digitally** /ˈdɪdʒɪtəlɪ/ **ADV** (Audio, Mus) [record, transmit etc] en numérique ◆ **digitally remastered** mixé en numérique ◆ **"digitally remastered (version)"** (on CD cover) « remix numérique », « mixage numérique »

**digitiform** /ˈdɪdʒɪtɪˌfɔːm/ **ADJ** digitiforme

**digitigrade** /ˈdɪdʒɪtɪˌɡreɪd/ **ADJ, N** digitigrade m

**digitization** /ˌdɪdʒɪtaɪˈzeɪʃən/ **N** (Comput) digitalisation f, numérisation f

**digitize** /ˈdɪdʒɪtaɪz/ **VT** (Comput) digitaliser, numériser

**digitizer** /ˌdɪdʒɪˈtaɪzər/ **N** (Comput) digitaliseur m, convertisseur m numérique

**diglossia** /daɪˈɡlɒsɪə/ **N** diglossie f

**diglossic** /daɪˈɡlɒsɪk/ **ADJ** diglossique

**dignified** /ˈdɪɡnɪfaɪd/ **SYN ADJ** [person, manner] plein de dignité, digne ; [silence] digne ◆ **a dignified old lady** une vieille dame très digne ◆ **he is very dignified** il a beaucoup de dignité ◆ **she made a dignified exit** elle est sortie, très digne

**dignify** /ˈdɪɡnɪfaɪ/ **SYN VT** donner de la dignité à ◆ **to dignify sth/sb with the name of…** gratifier qch/qn du nom de… ◆ **I refuse to dignify that ridiculous comment with an answer** je ne m'abaisserai pas à répondre à cette remarque ridicule

**dignitary** /ˈdɪɡnɪtərɪ/ **SYN N** dignitaire m

**dignity** /ˈdɪɡnɪtɪ/ **SYN N** 1 (NonC) [of person, occasion, character, manner] dignité f ◆ **he thinks that's beneath his dignity** il se croit au-dessus de ça ◆ **it would be beneath his dignity to do such a thing** il s'abaisserait en faisant une chose pareille ◆ **to stand on one's dignity** prendre de grands airs ◆ **to (be allowed to) die with dignity** (se voir accorder le droit de) mourir dignement or dans la dignité
  2 (= high rank) dignité f, haut rang m ; (= title) titre m, dignité f

**digraph** /ˈdaɪɡrɑːf/ **N** digramme m

**digress** /daɪˈɡres/ **SYN VI** faire une digression ◆ **to digress from** s'écarter or s'éloigner de ◆ **… but I digress …** mais je m'écarte du sujet

**digression** /daɪˈɡreʃən/ **SYN N** digression f ◆ **this by way of digression** ceci (soit) dit en passant

**digressive** /daɪˈɡresɪv/ **ADJ** digressif

**digs** †* /dɪɡz/ **NPL** (Brit) (= lodgings) chambre f meublée (avec ou sans pension) ◆ **I'm looking for digs** je cherche une chambre meublée à louer ◆ **to be in digs** loger en garni †

**dihedral** /daɪˈhiːdrəl/ **ADJ, N** dièdre m

**dihydric** /daɪˈhaɪdrɪk/ **ADJ** ◆ **dihydric alcohol** dialcool m

**dik-dik** /ˈdɪkdɪk/ **N** (= animal) dik-dik m

**dike** /daɪk/ **N** ⇒ **dyke** 1

**diktat** /ˈdɪktɑːt/ **N** diktat m

**dilapidated** /dɪˈlæpɪdeɪtɪd/ **SYN ADJ** [building, fence] délabré ; [vehicle] en mauvais état ; [book] en mauvais état, abîmé ◆ **in a dilapidated state** [building] très délabré

**dilapidation** /dɪˌlæpɪˈdeɪʃən/ **N** [of buildings] délabrement m, dégradation f ; (Jur: gen pl) détérioration f (causée par un locataire) ; (Geol) dégradation f

**dilate** /daɪˈleɪt/ **SYN**
  **VT** dilater ◆ **to dilate the cervix** dilater le col (de l'utérus) ◆ **to be 3cm dilated** (in labour) être dilaté de 3 cm
  **VI** 1 se dilater
  2 (= talk at length) ◆ **to dilate (up)on sth** s'étendre sur qch, raconter qch en détail

**dilation** /daɪˈleɪʃən/
  **N** dilatation f
  **COMP** **dilation and curettage N** (Med) curetage m

**dilatometer** /ˌdaɪləˈtɒmɪtər/ **N** dilatomètre m

**dilatoriness** /ˈdɪlətərɪnɪs/ **N** lenteur f (in doing sth à faire qch), caractère m dilatoire

**dilatory** /ˈdɪlətərɪ/ **SYN**
  **ADJ** [person] traînard, lent ; [action, policy] dilatoire ◆ **they were very dilatory about it** ils ont fait traîner les choses (en longueur)
  **COMP** **dilatory motion N** (Pol) manœuvre f dilatoire

**dildo** /ˈdɪldəʊ/ **N** godemiché m

**dilemma** /daɪˈlemə/ **SYN N** dilemme m ◆ **to be in a dilemma**, **to be on the horns of a dilemma** être face à or devant un dilemme

**dilettante** /ˌdɪlɪˈtæntɪ/ **SYN**
  **N** (pl **dilettantes** or **dilettanti** /ˌdɪlɪˈtæntɪ/) dilettante mf
  **COMP** de dilettante

**dilettantism** /ˌdɪlɪˈtæntɪzəm/ **N** dilettantisme m

**diligence** /ˈdɪlɪdʒəns/ **SYN N** zèle m, diligence f (frm) ◆ **his diligence in his work** le zèle or la diligence (frm) dont il fait preuve dans son travail ◆ **to work with diligence** faire preuve d'assiduité dans son travail

**diligent** /ˈdɪlɪdʒənt/ **SYN ADJ** [student, worker, work] appliqué ; [search] minutieux ◆ **to be diligent in doing sth** faire qch avec zèle or diligence (frm)

**diligently** /ˈdɪlɪdʒəntlɪ/ **ADV** avec zèle or diligence (frm)

**dill** /dɪl/
  **N** aneth m, fenouil m bâtard
  **COMP** **dill pickle N** (Culin) cornichon m (à l'aneth)

**dilly** * /ˈdɪlɪ/ **N** (US) ◆ **it's/he's a dilly** c'est/il est sensationnel* or vachement* bien ◆ **we had a dilly of a storm** nous avons eu une sacrée* tempête ◆ **it's a dilly** (of problem) c'est un casse-tête

**dillydally** /ˈdɪlɪdælɪ/ **VI** (= dawdle) lanterner, lambiner* ; (= fritter time away) musarder ; (= vacillate) tergiverser, atermoyer

**dillydallying** /ˈdɪlɪdælɪɪŋ/ **N** (= vacillation) tergiversation(s) f(pl) ◆ **no dillydallying!** (= dawdling) ne traînez pas !

**dilute** /daɪˈluːt/ **SYN**
  **VT** [+ liquid] diluer ; [+ wine] couper ; [+ sauce] délayer, allonger ; (Pharm) diluer ; (fig) diluer, édulcorer ◆ **"dilute to taste"** « à diluer selon votre goût »
  **ADJ** [liquid] coupé, dilué ; (fig) dilué, édulcoré

**diluter** /daɪˈluːtər/ **N** diluant m

**dilution** /daɪˈluːʃən/ **N** dilution f ; [of wine, milk] coupage m, mouillage m ; (fig) édulcoration f

**diluvium** /daɪˈluːvɪəm/ **N** (pl **diluvia** /daɪˈluːvɪə/) diluvium m

**dim** /dɪm/ **SYN**
  **ADJ** 1 (= not bright) [light, lamp] faible ; [room, place] sombre ; (fig) [prospects, outlook] sombre
  2 (= vague) [shape, outline] vague, imprécis ; [recollection, memory] vague ; → **view**
  3 (liter) [eyes, sight] faible ◆ **Elijah's eyes were growing dim** la vue d'Élie baissait
  4 (Brit * = stupid) bouché*
  **VT** 1 (= turn down) [+ light] réduire, baisser ; [+ lamp] mettre en veilleuse ; [+ sb's sight] brouiller, troubler ◆ **to dim the lights** (Theat) baisser les lumières ◆ **to dim the headlights** (US: of car) se mettre en code(s)
  2 (= make dull) [+ colours, metals, beauty] ternir ; [+ sound] assourdir ; [+ memory, outline] effacer, estomper ; [+ mind, senses] affaiblir ; [+ glory] ternir
  **VI** (also **grow dim**) 1 [light] baisser, décliner ; [sight] baisser, se troubler
  2 [metal, beauty, glory] se ternir ; [colours] devenir terne ; [outlines, memory] s'effacer, s'estomper
  **COMP** **dim-out N** (US) black-out m partiel
  **dim-sighted ADJ** à la vue basse
  **dim-witted*** **ADJ** crétin*, idiot ◆ **a dim-witted* mechanic** un crétin* de mécanicien
  **dim-wittedness*** **N** imbécillité f

▸ **dim out** (US)
  **VT SEP** [+ city] plonger dans un black-out partiel
  **N** ◆ **dim-out** → **comp**

**dimbo** * /ˈdɪmbəʊ/ **N** (Brit) (man) ballot* m ; (woman) godiche* f

**dime** /daɪm/
  **N** (pièce f de) dix cents ◆ **it's not worth a dime*** (US) cela ne vaut pas un clou* or un radis* ◆ **they're a dime a dozen*** (fig) il y en a or on en trouve à la pelle*
  **COMP** **dime novel N** (US) roman m de gare, roman m de quatre sous
  **dime store N** (US) ≈ Prisunic ® m

**dimension** /daɪˈmenʃən/ **SYN N** (= size, extension in space) dimension f ; (Archit, Geom) dimension f, cote f ; (fig) (= scope, extent) [of problem, epidemic] étendue f

**dimer** /ˈdaɪmər/ **N** (Chem) dimère m

**dimeric** /daɪˈmerɪk/ **ADJ** (Chem) dimère

**dimeter** /ˈdɪmɪtəʳ/ **N** vers composé de deux mètres

**diminish** /dɪˈmɪnɪʃ/ SYN
- **VT** [+ strength, power] amoindrir ; [+ effect] diminuer, atténuer ; [+ numbers, cost, speed] réduire ; [+ enthusiasm, optimism] tempérer ; (Mus) diminuer
- **VI** diminuer ; [effect] s'atténuer

**diminished** /dɪˈmɪnɪʃt/
- **ADJ** 1 [strength, power] amoindri ; [value, budget, capacity, cost, numbers, staff, resources, supply] réduit ; [enthusiasm, optimism] tempéré ; [reputation] terni ◆ **a diminished staff** un personnel réduit
- 2 (Mus) [interval, fifth, seventh] diminué
- **COMP** **diminished responsibility N** (Jur) responsabilité f atténuée

**diminishing** /dɪˈmɪnɪʃɪŋ/
- **ADJ** [amount, importance] qui diminue, qui va en diminuant ; [strength, power] qui s'amoindrit ; [resources, supply] qui s'amenuise ; [numbers, value, cost] en baisse ; [effect] qui s'atténue ◆ **diminishing scale** (Art) échelle f fuyante or de perspective ◆ **law of diminishing returns** loi f des rendements décroissants
- **N** diminution f

**diminuendo** /dɪˌmɪnjʊˈendəʊ/
- **N** diminuendo m inv
- **VI** faire un diminuendo

**diminution** /ˌdɪmɪˈnjuːʃən/ SYN **N** [of value] baisse f, diminution f ; [of speed] réduction f ; [of strength, enthusiasm] diminution f, affaiblissement m (in de) ; [of temperature] baisse f, abaissement m (in de) ; [of authority] baisse f (in de) ; (Mus) diminution f

**diminutive** /dɪˈmɪnjʊtɪv/ SYN
- **ADJ** 1 [person, object] tout petit, minuscule ; [house, garden] tout petit, exigu (-guë f), minuscule
- 2 (Ling = shortened) diminutif
- **N** (Ling) diminutif m

**dimity** /ˈdɪmɪtɪ/ **N** basin m

**dimly** /ˈdɪmlɪ/
- **ADV** 1 (= not brightly) [shine] faiblement ◆ **dimly lit** mal éclairé
- 2 (= vaguely) [see, hear, recollect] vaguement ◆ **the hills were dimly visible through the mist** on apercevait confusément les collines dans la brume ◆ **I was dimly aware that someone was talking to me** j'étais vaguement conscient que quelqu'un me parlait ◆ **she was dimly aware of Gavin's voice** elle entendait vaguement la voix de Gavin
- **COMP** **dimly-remembered ADJ** dont on se souvient mal

**dimmer** /ˈdɪməʳ/ **N** 1 (Elec: also **dimmer switch**) variateur m (de lumière)
- 2 (US = headlights) ◆ **dimmers** phares mpl code inv, codes mpl ; (= parking lights) feux mpl de position

**dimming** /ˈdɪmɪŋ/ **N** 1 [of light] affaiblissement m, atténuation f ; [of mirror, reputation] ternissement m
- 2 (US) [of headlights] mise f en code(s)

**dimness** /ˈdɪmnɪs/ **N** 1 [of light, sight] faiblesse f ; [of room, forest] obscurité f ; [of outline, memory] flou m ; [of colour, metal] aspect m terne ; [of intelligence] faiblesse f
- 2 (※ = stupidity) stupidité f

**dimorphic** /daɪˈmɔːfɪk/ **ADJ** dimorphe

**dimorphism** /ˌdaɪˈmɔːfɪzəm/ **N** dimorphisme m

**dimple** /ˈdɪmpl/
- **N** (in chin, cheek) fossette f (on sur) ; (in water) ride f
- **VI** [water] se rider ◆ **she dimpled, her cheeks dimpled** ses joues se creusèrent de deux fossettes
- **VT** ◆ **the wind dimpled the water** le vent ridait la surface de l'eau

**dimpled** /ˈdɪmpld/ **ADJ** [cheek, chin] à fossette

**dim sum, Dim Sum** /dɪmˈsʌm/ **N** dim sum m

**dimwit**※ /ˈdɪmwɪt/ **N** imbécile mf, crétin(e) * m(f)

**DIN** /dɪn/ **N** (abbrev of **Deutsche Industrie Normen**) DIN

**din** /dɪn/ SYN
- **N** vacarme m, chahut m ◆ **the din of battle** le fracas de la bataille ◆ **to make** or **kick up a din** * faire du boucan *
- **VT** ◆ **to din sth into sb** rebattre les oreilles à qn de qch ◆ **she dinned it into the child that he mustn't speak to strangers** elle répétait sans cesse à l'enfant qu'il ne devait pas parler à des inconnus

**dinar** /ˈdiːnɑː/ **N** dinar m

**din-dins** /ˈdɪndɪnz/ **N** (Brit : baby talk) miam-miam m (baby talk) ◆ **it's time for din-dins, your din-dins is ready** c'est l'heure de faire miam-miam

**dine** /daɪn/ SYN
- **VI** dîner (off, on de) ◆ **they dined off** or **on a chicken** ils ont dîné d'un poulet
- **VT** inviter à dîner ; → **wine**
- **COMP** **dining car N** (Brit : train wagon) wagon-restaurant m
- **dining hall N** réfectoire m, salle f à manger
- **dining room N** salle f à manger ; (in hotel) salle f de restaurant
- **dining room suite N** salle f à manger (meubles)
- **dining room table, dining table N** table f de salle à manger
▶ **dine in VI** dîner à la maison or chez soi
▶ **dine out VI** dîner en ville or au restaurant ◆ **he dined out on that story for a long time afterwards** il a réservi cette histoire trente-six fois par la suite

**diner** /ˈdaɪnəʳ/ **N** 1 (= person) dîneur m, -euse f
- 2 (= train wagon) wagon-restaurant m
- 3 (US) petit restaurant m

**dinero**※ /dɪˈnɛərəʊ/ **N** (US) pognon * m, fric * m

**dinette** /daɪˈnet/ **N** coin-repas m ; → **kitchen**

**ding-a-ling** /ˈdɪŋəˈlɪŋ/ **N** 1 [of bell, telephone] dring dring m
- 2 (US ※ = fool) cloche * f

**dingbat**※ /ˈdɪŋbæt/ **N** (US) imbécile mf, andouille * f

**ding-dong** /ˈdɪŋˈdɒŋ/
- **N** 1 (= noise) ding dong m
- 2 (※ = quarrel) prise f de bec
- **ADJ** * [fight] acharné, dans les règles (fig)
- **ADV** ding dong

**dinghy** /ˈdɪŋɡɪ/ **N** youyou m, petit canot m ; (collapsible) canot m pneumatique ; (also **sailing dinghy**) dériveur m

**dinginess** /ˈdɪndʒɪnɪs/ **N** aspect m minable * or miteux

**dingo** /ˈdɪŋɡəʊ/ **N** (pl **dingoes**) dingo m

**dingus**※ /ˈdɪŋɡəs/ **N** (US) truc * m, machin * m

**dingy** /ˈdɪndʒɪ/ SYN **ADJ** miteux

**dink** * /dɪŋk/ **N** (US baby talk = penis) zizi * m

**dinkie**※ /ˈdɪŋkɪ/ abbrev of **double income no kids**
- **N** ◆ **dinkies** jeune(s) couple(s) m(pl) salarié(s) sans enfant, ≈ couple(s) m(pl) yuppie(s)
- **ADJ** [attitude, lifestyle] ≈ de yuppie

**dinkum** * /ˈdɪŋkəm/ **ADJ** (Austral) ◆ **he's a (fair) dinkum Aussie** il est australien jusqu'au bout des ongles ◆ **fair dinkum!** (= seriously!) sans blague ! *

**dinky** * /ˈdɪŋkɪ/ **ADJ** 1 (Brit) mignon, gentil
- 2 (US pej) de rien du tout

**dinner** /ˈdɪnəʳ/ SYN
- **N** (= evening meal) dîner m ; (= lunch) déjeuner m ; (for dog, cat) pâtée f ◆ **have you given the dog his dinner?** tu as donné à manger au chien ? ◆ **he was having his dinner** (in evening) il était en train de dîner ; (at lunch) il était en train de déjeuner ◆ **to be at dinner** †être en train de dîner ◆ **we're having people to dinner** nous avons du monde à dîner ◆ **dinner's ready!** le dîner est prêt !, à table ! ◆ **we had a good dinner** nous avons bien dîné (or déjeuné) ◆ **to go out to dinner** dîner au restaurant ; (at friends) dîner chez des amis ◆ **a formal dinner** un dîner officiel, un grand dîner ◆ **to be done like a dinner** * (Austral: in contest etc) prendre une déculottée *
- **COMP** **dinner bell N** ◆ **the dinner bell has gone** on a sonné (pour) le dîner
- **dinner-dance N** dîner m dansant
- **dinner duty N** (Scol) service m de réfectoire ◆ **to do dinner duty, to be on dinner duty** (Scol) être de service or de surveillance au réfectoire
- **dinner jacket N** (Brit) smoking m
- **dinner knife N** (pl **dinner knives**) grand couteau m
- **dinner lady N** (Brit Scol) femme f de service (à la cantine)
- **dinner money N** (Brit Scol) argent m pour la cantine
- **dinner party N** dîner m (sur invitation) ◆ **to give a dinner party** avoir du monde, donner un dîner
- **dinner plate N** (grande) assiette f
- **dinner roll N** petit pain m
- **dinner service N** service m de table
- **dinner table N** ◆ **at the dinner table** pendant le dîner (or déjeuner), au dîner (or déjeuner)
- **dinner theater N** (US) cabaret m, café-théâtre m
- **dinner time N** ◆ **at dinner time** à l'heure du dîner (or déjeuner) ◆ **it's dinner time** c'est l'heure du or de dîner (or déjeuner)
- **dinner trolley, dinner wagon N** table f roulante

**dinnertime** /ˈdɪnətaɪm/ **N** ⇒ **dinner time** ; → **dinner**

**dinnerware** /ˈdɪnəwɛəʳ/ **N** (US) vaisselle f ◆ **dinnerware set** service m de table

**dino*** /ˈdaɪnəʊ/ **N** dinosaure m

**dinosaur** /ˈdaɪnəsɔːʳ/ **N** dinosaure m

**dint** /dɪnt/
- **N** 1 dent f
- 2 ◆ **by dint of (doing) sth** à force de (faire) qch
- **VT** ⇒ **dent**

**diocesan** /daɪˈɒsɪsən/
- **ADJ** diocésain
- **N** (évêque m) diocésain m

**diocese** /ˈdaɪəsɪs/ **N** diocèse m

**diode** /ˈdaɪəʊd/ **N** diode f

**dioecious** /daɪˈiːʃəs/ **ADJ** dioïque

**Diogenes** /daɪˈɒdʒɪniːz/ **N** (Antiq) Diogène m

**diol** /ˈdaɪɒl/ **N** dialcool m

**dionysian** /ˌdaɪəˈnɪzɪən/ **ADJ** dionysiaque

**Dionysus** /ˌdaɪəˈnaɪsəs/ **N** (Myth) Dionysos m

**dioptre, diopter** (US) /daɪˈɒptəʳ/ **N** dioptrie f

**dioptrics** /daɪˈɒptrɪks/ **N** (NonC: Phys) dioptrique f

**diorama** /ˌdaɪəˈrɑːmə/ **N** diorama m

**diorite** /ˈdaɪərait/ **N** diorite f

**dioxide** /daɪˈɒksaɪd/ **N** bioxyde m, dioxyde m

**dioxin** /daɪˈɒksɪn/ **N** dioxine f

**DIP** /dɪp/
- **N** (Comput) abbrev of **Dual-In-Line Package**
- **COMP** **DIP switch N** commutateur m en boîtier DIP

**dip** /dɪp/ SYN
- **VT** 1 (into liquid) [+ pen, hand, fingers, toes, clothes] tremper (into dans) ; [+ spoon] plonger (into dans) ; (Tech) tremper, décaper ; [+ candle] fabriquer ◆ **to dip a brush into paint** tremper un pinceau dans de la peinture ◆ **she dipped her hand into the bag** elle a plongé sa main dans le sac ◆ **walnuts dipped in chocolate** noix fpl enrobées de chocolat ◆ **dip the meat in flour** farinez la viande ◆ **to dip a** or **one's toe in the water** (fig) s'aventurer prudemment
- 2 [+ sheep] traiter contre les parasites
- 3 (= bend) [+ one's head] incliner
- 4 (Brit) ◆ **to dip one's headlights** se mettre en code(s)
- 5 ◆ **to dip one's flag** (on ship) saluer avec le pavillon
- **VI** [ground] descendre, s'incliner ; [road] descendre ; [temperature, pointer on scale] baisser ; [prices] fléchir, baisser ; [boat, raft] tanguer, piquer du nez * ◆ **the sun dipped below the horizon** le soleil a disparu à l'horizon ◆ **sales dipped (by) 6% last month** les ventes ont fléchi or baissé de 6% le mois dernier
- ◆ **to dip into sth** ◆ **she dipped into her handbag for money** elle a cherché de l'argent dans son sac à main ◆ **to dip into one's savings** puiser dans ses économies ◆ **to dip into a book** feuilleter un livre
- **N** 1 (* : in sea etc) baignade f, bain m (de mer etc) ◆ **to have a (quick) dip** faire trempette *
- 2 (Agr: for treating animals) bain m parasiticide
- 3 (in ground) déclivité f ; (Geol) pendage m ; (in prices, figures, unemployment, support, enthusiasm) fléchissement m ; (in temperature) baisse f ; (Phys) (also **angle of dip**) inclinaison f magnétique ◆ **share prices have recovered after a slight dip yesterday** les cours des actions sont remontés après un léger fléchissement hier ◆ **an after-lunch dip in concentration** une baisse de concentration après le déjeuner
- 4 (Culin) sauce f froide (dans laquelle on trempe des crudités, des chips) ◆ **avocado dip** purée f or mousse f d'avocat, guacamole m ◆ **hot cheese dip** fondue f savoyarde or au fromage
- 5 * lucky
- **COMP** **dip needle N** aiguille f aimantée (de boussole)

**dipped headlights** NPL codes mpl, feux mpl de croisement ◆ **to drive on dipped headlights** rouler en code(s)
**dipping needle** N ⇒ **dip needle**
**dip switch** N (in car) basculeur m de phares

**Dip.** abbrev of **diploma**

**Dip Ed** /ˈdɪped/ N (Brit) (abbrev of **Diploma in Education**) diplôme d'enseignement

**dipetalous** /daɪˈpetələs/ ADJ bipétale

**diphtheria** /dɪfˈθɪərɪə/
N diphtérie f
COMP **diphtheria vaccine** N vaccin m antidiphtérique

**diphthong** /ˈdɪfθɒŋ/ N diphtongue f

**diphthongization** /ˌdɪfθɒŋaɪˈzeɪʃən/ N diphtongaison f

**diphthongize** /ˈdɪfθɒŋaɪz/
VT diphtonguer
VI se diphtonguer

**diplococcus** /ˌdɪpləʊˈkɒkəs/ N (pl diplococci /ˌdɪpləʊˈkɒksaɪ/) diplocoque m

**diplodocus** /dɪˈplɒdəkəs/ N diplodocus m

**diploë** /ˈdɪpləʊˌiː/ N diploé m

**diploid** /ˈdɪplɔɪd/ ADJ diploïde

**diploma** /dɪˈpləʊmə/ N diplôme m ◆ **teacher's/nurse's diploma** diplôme m d'enseignement/d'infirmière ◆ **to hold** or **have a diploma in...** être diplômé de or en...

**diplomacy** /dɪˈpləʊməsɪ/ SYN N (Pol, fig) diplomatie f ◆ **to use diplomacy** (fig) user de diplomatie

**diplomat** /ˈdɪpləmæt/ SYN N (Pol) diplomate m, femme f diplomate ; (fig) diplomate mf

**diplomatic** /ˌdɪpləˈmætɪk/ SYN
ADJ 1 [mission, relations] diplomatique
2 (fig = tactful) [person] diplomate ; [action, behaviour] diplomatique, plein de tact ; [answer] diplomatique, habile ◆ **to be diplomatic in dealing with sth** s'occuper de qch avec tact or en usant de diplomatie
COMP **diplomatic bag** N valise f diplomatique
**diplomatic corps** N corps m diplomatique
**diplomatic immunity** N immunité f diplomatique
**diplomatic pouch** N ⇒ **diplomatic bag**
**diplomatic service** N diplomatie f, service m diplomatique
**diplomatic shuttle** N navette f diplomatique

**diplomatically** /ˌdɪpləˈmætɪkəlɪ/ ADV 1 (= tactfully) avec diplomatie, diplomatiquement ◆ **diplomatically, he refrained from mentioning the divorce** il a fait preuve de diplomatie en s'abstenant de mentionner le divorce
2 (Pol = by diplomacy) diplomatiquement ; [isolated, active etc] sur le plan diplomatique ◆ **diplomatically, the Franco-German alliance has proved unshakeable** sur le plan diplomatique, l'alliance franco-allemande s'est avérée inébranlable

**diplomatist** /dɪˈpləʊmətɪst/ N ⇒ **diplomat**

**diplopia** /dɪˈpləʊpɪə/ N diplopie f

**dipole** /ˈdaɪpəʊl/ ADJ, N dipôle m

**dipper** /ˈdɪpə(r)/ N 1 (= bird) cincle m (plongeur)
2 (= ladle) louche f
3 (for headlamps) basculeur m (de phares)
4 (US Astron) ◆ **the Big** or **Great Dipper** la Grande Ourse ◆ **the Little Dipper** la Petite Ourse ◆ see also **big**

**dippy*** /ˈdɪpɪ/ ADJ toqué*

**dipso*** /ˈdɪpsəʊ/ N (abbrev of **dipsomaniac**) soûlard(e)* m(f)

**dipsomania** /ˌdɪpsəʊˈmeɪnɪə/ N (Med) dipsomanie f

**dipsomaniac** /ˌdɪpsəʊˈmeɪnɪæk/ N (Med) dipsomane mf

**dipstick** /ˈdɪpstɪk/ N jauge f (de niveau d'huile)

**diptera** /ˈdɪptərə/ NPL diptères mpl

**dipteran** /ˈdɪptərən/ N (= insect) diptère m

**dipterous** /ˈdɪptərəs/ ADJ diptère

**diptych** /ˈdɪptɪk/ N diptyque m

**dir.** abbrev of **director**

**dire** /ˈdaɪə(r)/ SYN ADJ 1 (= desperate, appalling) [situation, consequences, effects] désastreux ; [warning, prediction, threat] sinistre ; [poverty] extrême ◆ **(in) dire poverty** (dans) la misère ◆ **to do sth from** or **out of dire necessity** faire qch par nécessité ◆ **to be in dire need of sth** avoir terriblement besoin de qch ◆ **to be in dire straits** être dans une situation désastreuse
2 (* = awful) nul *

**direct** /dɪˈrekt/ LANGUAGE IN USE 27 SYN
ADJ 1 (= without detour) [flight, road, route, train] direct
◆ **direct hit** (Sport) coup m (en plein) dans le mille ; (Mil) coup m au but, tir m de plein fouet ◆ **to score** or **make a direct hit** mettre dans le mille ◆ **the building took** or **received** or **suffered a direct hit** le bâtiment a été touché de plein fouet
2 (= immediate) [cause, result] direct, immédiat ; [contact, control, responsibility, access, talks, negotiations] direct ; [danger] immédiat, imminent ◆ **this has a direct effect on the environment** cela a un impact direct sur l'environnement ◆ **the army is under his direct control** l'armée est sous son contrôle direct ◆ **the two companies are in direct competition with each other**) ces deux sociétés sont en concurrence directe ◆ **to have direct access to sth** avoir directement accès à qch ◆ **to come into** or **be in direct contact with...** être or entrer en contact direct avec... ◆ **he had no direct involvement in economic policy** il ne s'occupait pas directement de politique économique ◆ **keep away from direct heat** éviter l'exposition directe à la chaleur ◆ **"keep out of direct sunlight"** « ne pas exposer directement à la lumière du soleil » ◆ **to be a direct descendant of sb, to be descended in a direct line from sb** descendre en droite ligne or en ligne directe de qn
3 (= straightforward, not evasive) [person, character, answer] franc (franche f), direct ; [question] direct ; (= outright) [refusal] catégorique, absolu ; (= explicit) [attack, reference, link] direct ; [evidence] tangible ◆ **there has been no direct challenge to the chairman** le directeur n'a pas été ouvertement contesté ◆ **this is the most direct challenge yet to UN authority** jusqu'à maintenant, l'autorité des Nations unies n'avait jamais été aussi directement remise en cause
VT 1 (= address, aim) [+ remark, question, abuse, letter] adresser (to à) ; [+ threat] proférer (at contre) ; [+ efforts] orienter (towards vers) ◆ **to direct sb's attention to** attirer l'attention de qn sur ◆ **to direct one's attention to sth** concentrer or reporter son attention sur qch ◆ **the violence was directed against the police** les actes de violence étaient dirigés contre la police ◆ **she directed an angry glance at him** elle lui a jeté un regard noir ◆ **don't direct your anger at me** ne vous en prenez pas à moi ◆ **he directed his energies to winning the election** il a tout fait pour remporter l'élection ◆ **we need to direct more money into research** il faut que nous y affections davantage d'argent à la recherche ◆ **a policy directed towards improving public transport** une politique ayant pour but d'améliorer or visant à améliorer les transports publics ◆ **I directed the extinguisher at the fire** j'ai pointé or dirigé l'extincteur vers le feu
2 (= show the way to)
◆ **to direct sb** (to a place) indiquer le chemin à qn ◆ **he directed me to the town hall** il m'a indiqué le chemin de la mairie
3 (= control) [+ sb's work] diriger ; [+ business] diriger, gérer ; [+ movements] guider ; [+ play] mettre en scène ; [+ film, programme] réaliser ; [+ group of actors] diriger ◆ **Chris will direct day-to-day operations** Chris dirigera les opérations courantes
4 (= instruct) ordonner (sb to do sth à qn de faire qch) ◆ **the bishop directed the faithful to stay at home** l'évêque a ordonné aux fidèles de rester chez eux ◆ **the judge directed the jury to find the accused not guilty** le juge imposa au jury un verdict d'acquittement ◆ **directed verdict** (US Jur) verdict rendu par le jury sur la recommandation du juge
◆ **to direct that sth be done** ordonner que qch soit fait ◆ **the judge directed that this remark be deleted from the record** le juge a ordonné que cette remarque soit retirée du procès-verbal
◆ **as directed** ◆ **he did it as directed** il l'a fait comme on le lui avait dit or comme on l'en avait chargé ◆ **"to be taken as directed"** (on medicines) « respecter les doses prescrites » ◆ **"to be taken as directed by your doctor"** « se conformer à la prescription du médecin »
VI ◆ **who is directing?** (Theat) qui est le metteur en scène ? ; (Cine, Rad, TV) qui est le réalisateur ?
ADV [go, write] directement ◆ **to fly direct from Glasgow to Paris** prendre un vol direct de Glasgow à Paris
COMP **direct access** N (Comput) accès m direct
**direct action** N (for social change etc) action f directe
**direct addressing** N (Comput) adressage m direct
**direct broadcasting by satellite** N diffusion f en direct par satellite
**direct broadcasting satellite** N satellite m de diffusion directe
**direct current** N (Elec) courant m continu
**direct debit** N (Comm, Fin) prélèvement m automatique
**direct dialling** N composition f directe (des numéros de téléphone)
**direct discourse** N (US) ⇒ **direct speech**
**direct grant school** N (Brit : formerly) établissement scolaire sous contrat avec l'État
**direct mail** N publipostage m
**direct marketing** N marketing m direct
**the direct method** N (Educ) la méthode directe, l'immersion f linguistique
**direct motion** N (Astron) mouvement m direct
**direct object** N (Gram) complément m d'objet direct
**direct primary** (US Pol) primaire f directe
**direct rule** N (Pol) administration f directe (par le pouvoir central)
**direct sales** NPL ⇒ **direct selling**
**direct selling** N vente f directe
**direct speech** N (Gram) discours m or style m direct
**direct tax** N impôt m direct
**direct taxation** N (NonC) imposition f directe

**direction** /dɪˈrekʃən/ SYN
N 1 (= way) direction f, sens m ; (fig) direction f, voie f ◆ **in every direction** dans toutes les directions, en tous sens ◆ **in the wrong/right direction** (lit) dans le mauvais/bon sens, dans la mauvaise/bonne direction ; (fig) sur la mauvaise/bonne voie ◆ **it's a move** or **step in the right direction** c'est un pas dans la bonne direction ◆ **in the opposite direction** en sens inverse ◆ **in the direction of...** dans la direction de..., en direction de... ◆ **what direction did he go in?** quelle direction a-t-il prise ? ◆ **I asked a policeman for directions to the station** j'ai demandé le chemin de la gare à un agent de police ; → **sense**
2 (= management) direction f, administration f ◆ **under the direction of...** sous la conduite de..., sous la conduite de...
3 (Theat) mise f en scène ; (Cine, Rad, TV) réalisation f ◆ **"under the direction of..."** (Theat) « mise en scène de... » ; (Cine, Rad, TV) « réalisation de... »
4 (= instruction) instruction f, indication f ◆ **directions for use** mode m d'emploi ; → **stage**
NPL **directions** (showing the way) ◆ **to ask for directions** demander son chemin ◆ **to give sb directions** indiquer le chemin à qn ◆ **he gave us wrong directions** il nous a indiqué le mauvais chemin
COMP **direction finder** N radiogoniomètre m
**direction finding** N radiogoniométrie f
**direction indicator** N (in vehicle) clignotant m

**directional** /dɪˈrekʃənl/ ADJ directionnel

**directionless** /dɪˈrekʃənlɪs/ ADJ [person] sans but ; [activity] qui ne mène nulle part

**directive** /dɪˈrektɪv/ SYN N directive f, instruction f

**directly** /dɪˈrektlɪ/ SYN
ADV 1 (= straight) [go, affect, communicate, pay] directement ◆ **directly involved/responsible** directement impliqué/responsable ◆ **the two murders are not directly related** ces deux meurtres n'ont pas de rapport direct ◆ **to be directly descended from sb** descendre en droite ligne or en ligne directe de qn ◆ **to come directly to the point** aller droit au but
2 (= frankly) [speak, ask] directement
3 (= completely, exactly) [opposed] diamétralement, directement ◆ **directly contrary to** diamétralement opposé à, exactement contraire à ◆ **directly opposite points of view** des points de vue diamétralement opposés ◆ **the bus stops directly opposite** le bus s'arrête juste en face ◆ **directly opposite the railway station** juste en face de la gare ◆ **if a planet is at opposition, it is directly opposite the sun** si une planète est en opposition, elle est directement à l'opposé du soleil

4 (Brit = immediately, very soon) tout de suite ◆ **directly after supper** tout de suite après le dîner ◆ **she'll be here directly** elle arrive tout de suite

CONJ (esp Brit) aussitôt que, dès que ◆ **he'll come directly he's ready** il viendra dès qu'il sera prêt

**directness** /daɪ'rektnɪs/ N [of character, reply] franchise f ; [of person] franchise f, franc-parler m ; [of attack, question] caractère m direct ◆ **the directness of his refusal** son refus catégorique ◆ **to speak with great directness** parler en toute franchise

**director** /dɪ'rektəʳ/ SYN

N 1 (= person) (Brit) [of company] directeur m, -trice f, administrateur m, -trice f ; [of institution] directeur m, -trice f ; (Theat) metteur m en scène ; (Cine, Rad, TV) réalisateur m, -trice f ; (Rel) directeur m de conscience ◆ **director's chair** fauteuil m de metteur en scène ◆ **director general** directeur m général ; → **board, managing, stage**

2 (= device) guide m

COMP **director of admissions** N (US Univ etc) responsable mf du service des inscriptions

**Director of Education** N (Brit) ≃ recteur m d'académie

**director of music** N (Mil) chef m de musique

**Director of Public Prosecutions** N (Brit Jur) ≃ procureur m général

**director of studies** N (Univ) (for course) directeur m, -trice f d'études ; (for thesis) directeur m, -trice f de thèse

**director's chair** N fauteuil m de metteur en scène

**director's cut** N (Cine) version f du réalisateur, version f longue

**directorate** /dɪ'rektərɪt/ N (= board of directors) conseil m d'administration

**directorial** /ˌdɪrek'tɔːrɪəl/ ADJ directorial, de directeur

**directorship** /dɪ'rektəʃɪp/ N (= job) direction f ; (= position) poste m de directeur

**directory** /dɪ'rektərɪ/ LANGUAGE IN USE 27.1

N 1 [of addresses] répertoire m (d'adresses) ; (also **street directory**) guide m des rues ; (Telec) annuaire m (des téléphones) ; (Comm) annuaire m du commerce ; (Comput) répertoire m (de dossiers)

2 (Hist) ◆ **Directory** Directoire m

COMP **directory assistance** N (US) ⇒ **directory inquiries**

**directory inquiries** NPL (Brit Telec) (service m des) renseignements mpl

**directrix** /dɪ'rektrɪks/ N (Math) (ligne f) directrice f

**direful** /'daɪəfʊl/ ADJ sinistre, menaçant

**direly** /'daɪəlɪ/ ADV (= appallingly) affreusement ◆ **the book is direly written** ce livre est affreusement mal écrit

**dirge** /dɜːdʒ/ SYN N (lit) hymne m or chant m funèbre ; (fig) chant m lugubre

**dirham** /'dɪəræm/ N (= money) dirham m

**dirigible** /'dɪrɪdʒəbl/ ADJ, N dirigeable m

**dirigisme** /diːriː'ʒiːzəm/ N dirigisme m

**dirigiste** /diːriː'ʒiːst/ ADJ dirigiste

**dirk** /dɜːk/ N (Scot) dague f, poignard m

**dirndl** /'dɜːndəl/ ADJ, N ◆ **dirndl (skirt)** large jupe f froncée

**dirt** /dɜːt/ SYN

N 1 (on skin, clothes, objects) saleté f, crasse f ; (= earth) terre f ; (= mud) boue f ; (= excrement) crotte f ; (in industrial process) impuretés fpl, corps mpl étrangers ; (on machine, in engine) encrassement m ◆ **covered with dirt** (gen) très sale, couvert de crasse ; [clothes, shoes, mudguards] couvert de boue, tout crotté ◆ **a layer of dirt** une couche de saleté or de crasse ◆ **dog dirt** crotte f de chien ◆ **to eat dirt*** (= apologize) faire ses excuses les plus plates, ramper ◆ **to treat sb like dirt*** traiter qn comme un chien ◆ **to do the dirt on sb*, to do sb dirt*** (US) faire une vacherie‡ à qn

2 (= obscenity) obscénité f

3 (* = scandal) cancans mpl, ragots* mpl ◆ **to dig up dirt on sb*, to dig the dirt on sb*** (Brit) essayer de salir (la réputation de) qn ◆ **to dish the dirt* (on sb)** (esp Brit) colporter des ragots* (sur qn) ◆ **what's the dirt on...?*** qu'est-ce qu'on raconte sur... ?

COMP **dirt bike** N moto f tout-terrain (de 50 cm³)

**dirt-cheap*** ADV [buy] pour rien, pour une bouchée de pain ADJ très bon marché inv ◆ **it was dirt-cheap*** c'était donné

**dirt farmer** N (US) petit fermier m

**dirt-poor*** ADJ miséreux

**dirt road** N chemin m non macadamisé

**dirt track** N (gen) piste f ; (Sport) cendrée f

**dirt track racing** N courses fpl motocyclistes or de motos sur cendrée

**dirtily** /'dɜːtɪlɪ/ ADV [eat, live] salement, malproprement ; (fig) [act, behave] bassement ; [play, fight] déloyalement

**dirtiness** /'dɜːtɪnɪs/ N saleté f

**dirty** /'dɜːtɪ/ SYN

ADJ 1 (= soiled, unhygienic) [object, place, person, habit] sale ; [job, work] salissant ; [hypodermic needle] usagé ; [plug, contact] encrassé ◆ **to get dirty** se salir ◆ **to get sth dirty** salir qch ◆ **to get one's hands dirty** (lit, fig) se salir les mains ◆ **to do or wash one's dirty linen or laundry in public, to do one's dirty washing in public** laver son linge sale en public ◆ **let's not wash our dirty linen or laundry in public** il vaut mieux laver son linge sale en famille

2 [colour] ◆ **a dirty brown/grey** un marron/gris sale ◆ **the morning light was dirty grey** la lumière du matin était d'un gris sale

3 (= smutty) [book, film, joke, story, magazine, picture] cochon* ; [language] grossier ◆ **a dirty word** (lit, fig) un gros mot ◆ **"communist" was a dirty word for them** « communiste » était presque une injure pour eux ◆ **he's got a dirty mind** il a l'esprit mal tourné

4 (= unpleasant, underhand) sale before n ◆ **politics is a dirty business** la politique est un sale métier ◆ **it's a dirty job, but someone's got to do it** c'est un sale boulot, mais il faut bien que quelqu'un le fasse ◆ **dirty money** argent m sale ◆ **it was a very dirty election** les coups bas n'ont pas manqué dans cette élection ◆ **to give sb a dirty look** regarder qn de travers ◆ **dirty pool‡** (US) tour m de cochon* ◆ **you dirty rat!*** sale type !* ◆ **that was a dirty trick** c'était un sale tour or un tour de cochon* ◆ **dirty weather** sale temps m ◆ **to do sb's dirty work (for them)** faire le sale boulot* de qn ◆ **there's been some dirty work here!** il y a quelque chose de pas catholique* là-dessous ! ; → **hand**

ADV 1 (* = unfairly) ◆ **to play dirty** faire des coups en vache* ◆ **to fight dirty** donner des coups en vache*

2 (= smuttily) ◆ **to talk dirty*** dire des cochonneries

3 (intensifier) ◆ **a dirty great tractor‡** un vachement gros tracteur*

VT [+ hands, clothes, reputation] salir ; [+ machine] encrasser ◆ **he's never had to dirty his hands to make a living** il n'a jamais eu à retrousser ses manches pour gagner sa vie

N (Brit) ◆ **to do the dirty on sb‡** faire une vacherie‡ à qn, jouer un tour de cochon* à qn

COMP **dirty bomb** N bombe f à dispersion, bombe f radiologique

**dirty-faced** ADJ à or qui a la figure sale

**dirty-minded** ADJ à or qui a l'esprit mal tourné

**dirty old man*** N (pl **dirty old men**) vieux cochon* m

**dirty tricks** NPL coups mpl tordus*

**dirty-tricks campaign** N campagne f de dénigrement

**dirty weekend*** N week-end m coquin

**disability** /ˌdɪsə'bɪlɪtɪ/ SYN

N 1 (NonC) (physical) invalidité f, incapacité f ; (mental) incapacité f ◆ **complete/partial disability** incapacité f totale/partielle

2 (= infirmity) infirmité f ; (= handicap) désavantage m, handicap m ◆ **his disability made him eligible for a pension** son infirmité lui donnait droit à une pension ◆ **people with disabilities** les personnes handicapées

COMP **disability living allowance** N allocation f d'invalidité

**disability pension** N pension f d'invalidité

**disable** /dɪs'eɪbl/ SYN VT [illness, accident, injury] rendre infirme ; (= maim) estropier, mutiler ; [+ tank, gun] mettre hors de combat ; [+ ship] (gen) avarier, mettre hors d'état ; (by enemy action) mettre hors de combat ; (Jur) (= make/pronounce incapable) rendre/prononcer inhabile (from doing sth à faire qch)

**disabled** /dɪs'eɪbld/ SYN

ADJ 1 (permanently) handicapé ; (esp Admin = unable to work) invalide ; (= paralyzed) estropié ; (= maimed) mutilé ; (Mil) mis hors de combat ◆ **disabled ex-servicemen** mutilés mpl or invalides mpl de guerre ◆ **severely/partially disabled** souffrant d'un handicap sévère/léger

2 (Naut) ◆ **to be disabled** [ship] avoir des avaries, être immobilisé pour cause d'avaries ; [propeller] être bloqué

3 (Jur) incapable (from de), inhabile (from à)

NPL **the disabled** les handicapés mpl ◆ **the severely disabled** les personnes fpl souffrant d'un handicap sévère ◆ **the war disabled** les mutilés mpl or les invalides mpl de guerre

**disablement** /dɪs'eɪblmənt/

N invalidité f

COMP **disablement benefit** N allocation f d'invalidité

**disablement insurance** N assurance f invalidité

**disablement pension** N pension f d'invalidité

**disabuse** /ˌdɪsə'bjuːz/ VT (frm) désenchanter ◆ **to disabuse sb of sth** détromper qn de qch

**disaccharide** /daɪ'sækəˌraɪd/ N disaccharide m, diholoside m

**disadvantage** /ˌdɪsəd'vɑːntɪdʒ/ SYN

N 1 (NonC) désavantage m, inconvénient m ◆ **to be at a disadvantage** être défavorisé ◆ **you've got me at a disadvantage** vous avez l'avantage sur moi ◆ **to catch sb at a disadvantage** surprendre qn en position de faiblesse ◆ **to put sb at a disadvantage** désavantager or défavoriser qn, mettre qn en position de faiblesse

2 (= prejudice, injury) préjudice m, désavantage m ; (Comm = loss) perte f ◆ **it would be or work to your disadvantage to be seen with him** cela vous porterait préjudice or vous ferait du tort si on vous voyait avec lui

VT désavantager, défavoriser

**disadvantaged** /ˌdɪsəd'vɑːntɪdʒd/

ADJ défavorisé ◆ **educationally/socially/economically disadvantaged** défavorisé sur le plan scolaire/social/économique

NPL **the disadvantaged** les classes fpl défavorisées ; (economically) les économiquement faibles mpl

**disadvantageous** /ˌdɪsædvɑːn'teɪdʒəs/ SYN ADJ désavantageux, défavorable (to à)

**disadvantageously** /ˌdɪsædvɑːn'teɪdʒəslɪ/ ADV d'une manière désavantageuse, désavantageusement

**disaffected** /ˌdɪsə'fektɪd/ SYN ADJ (= discontented) mécontent, mal disposé

**disaffection** /ˌdɪsə'fekʃən/ SYN N désaffection f, mécontentement m

**disagree** /ˌdɪsə'griː/ SYN VI 1 (= be of different opinion) ne pas être d'accord (with avec ; on, about sur), ne pas être du même avis (with que ; on, about sur), se trouver or être en désaccord (with avec ; on, about sur) ◆ **I disagree** je ne suis pas de cet avis, je ne suis pas d'accord ◆ **I disagree completely with you** je ne suis pas du tout d'accord avec vous or pas du tout de votre avis ◆ **they always disagree (with each other)** ils ne sont jamais du même avis or d'accord ; (always quarrelling) ils sont incapables de s'entendre ◆ **to disagree with the suggestion that...** être contre la suggestion que... ◆ **she disagrees with everything he has done** elle se trouve en désaccord avec tout ce qu'il a fait

2 (= be different) [explanations, reports, sets of figures] ne pas concorder (with avec) ◆ **the witnesses' statements disagree** les déclarations des témoins ne concordent pas

3 ◆ **to disagree with sb*** [climate, food] ne pas convenir or réussir à qn ◆ **mutton disagrees with him** il ne digère pas le mouton, le mouton ne lui réussit pas ◆ **the mutton disagreed with him** il a mal digéré le mouton, le mouton n'est pas bien passé*

**disagreeable** /ˌdɪsə'grɪəbl/ SYN ADJ désagréable

**disagreeableness** /ˌdɪsə'grɪəblnɪs/ N [of work, experience] nature f désagréable or fâcheuse ; [of person] mauvaise humeur f, maussaderie f, attitude f or manière(s) f(pl) désagréable(s)

**disagreeably** /ˌdɪsə'grɪəblɪ/ ADV désagréablement ◆ **disagreeably pungent** d'une âcreté désagréable

**disagreement** /ˌdɪsə'griːmənt/ SYN N 1 (of opinion, also between accounts etc) différence f

2 (= quarrel) désaccord m, différend m ◆ **to have a disagreement with sb (about sth)** avoir un différend avec qn (à propos de qch) ◆ **to be in disagreement (over sth)** [people] être en désaccord (sur qch)

**disallow** /ˌdɪsə'laʊ/ SYN VT (gen) rejeter ; (Sport) [+ goal etc] refuser ; (Jur) débouter, rejeter

**disambiguate** /ˌdɪsæmˈbɪɡjʊeɪt/ VT désambiguïser

**disambiguation** /ˌdɪsæmˌbɪɡjʊˈeɪʃən/ N désambiguïsation f

**disappear** /ˌdɪsəˈpɪər/ SYN
- VI [person, vehicle, lost object, snow, objection] disparaître ; [custom] disparaître, tomber en désuétude ; [memory] disparaître, s'effacer ; [difficulties] disparaître, s'aplanir ; (Ling) [sound] s'amuïr ◆ **he disappeared from view** or **sight** on l'a perdu de vue ◆ **the ship disappeared over the horizon** le navire a disparu à l'horizon ◆ **to make sth disappear** faire disparaître qch ; [conjurer] escamoter qch ◆ **to do a disappearing trick*** (fig) s'éclipser, s'esquiver
- VT (Pol *) [+ dissident] faire disparaître

**disappearance** /ˌdɪsəˈpɪərəns/ SYN N disparition f ; (Ling) [of sound] amuïssement m

**disappeared** /ˌdɪsəˈpɪəd/ NPL (Pol) ◆ **the disappeared** les disparus mpl

**disappoint** /ˌdɪsəˈpɔɪnt/ SYN VT ① (= let down) [+ person] décevoir ; (after promising) manquer à sa parole envers ◆ **he couldn't disappoint Claire by not going to her party** il ne pouvait pas manquer à sa parole en n'allant pas à la soirée de Claire ◆ **he promised to meet me but disappointed me several times** il m'avait promis de me rencontrer mais il m'a fait faux bond plusieurs fois
② (= confound) [+ expectations, hope] décevoir

**disappointed** /ˌdɪsəˈpɔɪntɪd/ LANGUAGE IN USE 14 SYN ADJ [person, hope, ambition] déçu ◆ **to be disappointed that...** être déçu que... + subj ◆ **to be disappointed to find/learn** etc être déçu de trouver/d'apprendre etc ◆ **to be disappointed by** or **with sth** être déçu par qch ◆ **he was disappointed with her reply** sa réponse l'a déçu ◆ **to be disappointed at having to do sth** être déçu de devoir faire qch ◆ **we were disappointed at not seeing her** or **not to see her** nous avons été déçus de ne pas la voir ◆ **to be disappointed in sb/sth** être déçu par qn/qch ◆ **I'm (very) disappointed in you** tu me déçois (beaucoup) ◆ **to be disappointed in one's hopes/in love** être déçu dans ses espoirs/en amour

**disappointing** /ˌdɪsəˈpɔɪntɪŋ/ SYN ADJ décevant ◆ **how disappointing!** quelle déception !, comme c'est décevant !

**disappointingly** /ˌdɪsəˈpɔɪntɪŋlɪ/ ADV ◆ **progress has been disappointingly slow** les progrès ont été d'une lenteur décevante ◆ **the house was disappointingly small** la taille de la maison était décevante ◆ **the number of new jobs created was disappointingly low** le nombre de nouveaux emplois créés était décevant ◆ **the boat performed disappointingly** le bateau s'est comporté de manière décevante ◆ **disappointingly, he couldn't come** à notre grande déception or à la grande déception de tous, il n'a pas pu venir ◆ **disappointingly for his parents/teachers, he failed all his exams** à la grande déception de ses parents/professeurs, il a échoué à tous ses examens

**disappointment** /ˌdɪsəˈpɔɪntmənt/ SYN N
① (NonC) déception f ◆ **to my great disappointment** à ma grande déception
② (= setback, source of disappointment) déception f, déboires mpl ◆ **after a series of disappointments** après une succession de déboires ◆ **disappointments in love** déboires mpl amoureux ◆ **he/that was a great disappointment to me** il/cela a été une grosse déception pour moi, il/cela m'a beaucoup déçu

**disapprobation** (liter) /ˌdɪsæprəˈbeɪʃən/, **disapproval** /ˌdɪsəˈpruːvəl/ N désapprobation f ◆ **murmur** etc **of disapprobation** murmure m etc désapprobateur or de désapprobation ◆ **to show one's disapproval of sb/sth** marquer sa désapprobation à l'égard de qn/qch ◆ **the crowd were loud in their disapprobation** la foule désapprouva bruyamment

**disapprove** /ˌdɪsəˈpruːv/ LANGUAGE IN USE 14 SYN
- VI ◆ **to disapprove of sb/sth** désapprouver qn/qch ◆ **to disapprove of sb('s) doing sth** désapprouver or trouver mauvais que qn fasse qch ◆ **your mother would disapprove** ta mère n'approuverait pas ◆ **he entirely disapproves of drink** il est tout à fait contre la boisson
- VT [+ action, event] désapprouver

**disapproving** /ˌdɪsəˈpruːvɪŋ/ ADJ [expression, look] désapprobateur (-trice f) ◆ **she seemed disapproving** elle avait l'air de désapprouver ◆ **Giles announced to his disapproving mother that he would be marrying Kay** Giles a annoncé à sa mère, qui était contre, qu'il se mariait avec Kay ◆ **to be disapproving of sb/sth** désapprouver qn/qch ◆ **to make disapproving noises** (fig) manifester sa désapprobation

**disapprovingly** /ˌdɪsəˈpruːvɪŋlɪ/ ADV [look, behave] d'un air désapprobateur ; [speak] d'un ton désapprobateur

**disarm** /dɪsˈɑːm/ VTI (also fig) désarmer

**disarmament** /dɪsˈɑːməmənt/ SYN
- N désarmement m
- COMP **disarmament talks** NPL conférence f sur le désarmement

**disarmer** /dɪsˈɑːmər/ N ◆ **(nuclear) disarmer** partisan(e) m(f) du désarmement nucléaire

**disarming** /dɪsˈɑːmɪŋ/ SYN
- N (Mil) désarmement m
- ADJ [smile] désarmant

**disarmingly** /dɪsˈɑːmɪŋlɪ/ ADV [smile, admit] de façon désarmante ◆ **disarmingly modest/frank/simple** d'une modestie/franchise/simplicité désarmante

**disarrange** /ˌdɪsəˈreɪndʒ/ SYN VT déranger, mettre en désordre

**disarranged** /ˌdɪsəˈreɪndʒd/ ADJ [bed] défait ; [hair, clothes] en désordre

**disarray** /ˌdɪsəˈreɪ/ SYN N (frm) désordre m, confusion f ◆ **the troops were in (complete) disarray** le désordre or la confusion régnait parmi les troupes, les troupes étaient en déroute ◆ **a political party in disarray** un parti politique en plein désarroi or en proie au désarroi ◆ **she was** or **her clothes were in disarray** ses vêtements étaient en désordre ◆ **to fall into disarray** sombrer dans le chaos

**disassemble** /ˌdɪsəˈsɛmbl/ VT désassembler, démonter

**disassembler** /ˌdɪsəˈsɛmblər/ N (Comput) désassembleur m

**disassociate** /ˌdɪsəˈsəʊʃɪeɪt/ VT ⇒ **dissociate**

**disassociation** /ˌdɪsəsəʊsɪˈeɪʃən/ N ⇒ **dissociation**

**disaster** /dɪˈzɑːstər/ SYN
- N (gen, also fig) désastre m, catastrophe f ; (from natural causes) catastrophe f, sinistre m ◆ **air disaster** catastrophe f aérienne ◆ **the Madrid airport disaster** la catastrophe de l'aéroport de Madrid ◆ **an environmental disaster** une catastrophe écologique ◆ **a financial/political disaster** un désastre financier/politique ◆ **at the scene of the disaster** sur les lieux du désastre or de la catastrophe ◆ **to be heading** or **headed for disaster** courir au désastre ◆ **their marriage/her hairstyle was a disaster*** leur couple/sa coiffure était une catastrophe* or un (vrai) désastre
- COMP **disaster area** N (lit) région f sinistrée ◆ **a (walking) disaster area*** (fig) une catastrophe (ambulante)*
**disaster fund** N collecte f au profit des sinistrés ◆ **earthquake disaster fund** collecte f au profit des victimes du tremblement de terre
**disaster movie** N film m catastrophe
**disaster victim** N sinistré(e) m(f), victime f de la catastrophe

**disastrous** /dɪˈzɑːstrəs/ SYN ADJ désastreux (for pour) ◆ **with disastrous consequences** avec des conséquences désastreuses

**disastrously** /dɪˈzɑːstrəslɪ/ ADV de manière désastreuse ◆ **the match started disastrously for the French** le match a commencé de manière désastreuse pour les Français ◆ **the Socialists fared disastrously in the elections** les socialistes ont obtenu des résultats désastreux aux élections ◆ **disastrously low/high prices** des prix dramatiquement bas/élevés ◆ **to go disastrously wrong** tourner à la catastrophe ◆ **to get it disastrously wrong** faire une erreur monumentale

**disavow** /ˌdɪsəˈvaʊ/ VT (frm) [+ one's words, opinions] désavouer, renier ; [+ faith, duties] renier

**disavowal** /ˌdɪsəˈvaʊəl/ N (frm) [of one's words, opinions] désaveu m ; [of faith, duties] reniement m

**disband** /dɪsˈbænd/
- VT [+ army, corporation, club] disperser
- VI [army] se disperser ; [organization] se dissoudre

**disbandment** /dɪsˈbændmənt/ N dispersion f

**disbar** /dɪsˈbɑːr/ VT [+ barrister] radier de l'ordre des avocats ◆ **to be disbarred** se faire radier de l'ordre des avocats

**disbarment** /dɪsˈbɑːmənt/ N (Jur) radiation f de l'ordre des avocats

**disbelief** /ˌdɪsbəˈliːf/ SYN N incrédulité f ◆ **in disbelief** avec incrédulité

**disbelieve** /ˌdɪsbəˈliːv/
- VT [+ person] ne pas croire ; [+ news etc] ne pas croire à
- VI (also Rel) ne pas croire (in à)

**disbeliever** /ˌdɪsbəˈliːvər/ SYN N (also Rel) incrédule mf

**disbelieving** /ˌdɪsbəˈliːvɪŋ/ ADJ incrédule

**disbud** /dɪsˈbʌd/ VT ébourgeonner

**disburden** /dɪsˈbɜːdn/ VT (lit, fig) décharger, débarrasser (of de) ; (= relieve) soulager ◆ **to disburden one's conscience** se décharger la conscience

**disburse** /dɪsˈbɜːs/ VTI (frm) débourser, décaisser

**disbursement** /dɪsˈbɜːsmənt/ N (frm) (= paying out) déboursement m, décaissement m ; (= money paid) débours mpl

**disc** /dɪsk/
- N ① (also of moon etc) disque m
② (Anat) disque m (intervertébral) ; → **slip**
③ (Mil: also **identity disc**) plaque f d'identité
④ (= gramophone record) disque m
- COMP **disc brakes** NPL freins mpl à disque
**disc camera** N appareil m photo à disque
**disc film** N film m disque
**disc harrow** N pulvériseur m
**disc jockey** N disc-jockey m, animateur m, -trice f
**disc shutter** N (Cine) [of projector] obturateur m à disque

**disc.** N (abbrev of **discount**) remise f

**discalced** /dɪsˈkælst/ ADJ déchaux

**discard** /dɪsˈkɑːd/ SYN
- VT ① (= get rid of) se débarrasser de ; (= throw out) jeter ; [+ jacket etc] se débarrasser de ; [+ idea, plan] renoncer à, abandonner ; [+ rocket, part of spacecraft] larguer
② (Bridge etc) se défausser de, défausser ; (Cribbage) écarter ◆ **he was discarding clubs** il se défaussait à trèfle ◆ **he discarded the three of hearts** il s'est défaussé du trois de cœur
- VI (Bridge etc) se défausser ; (Cribbage) écarter
- N /ˈdɪskɑːd/ ① (Bridge) défausse f ; (Cribbage) écart m
② (from manufacturing process) pièce f de rebut, déchet m

**discern** /dɪˈsɜːn/ VT [+ person, object, difference] discerner, distinguer, percevoir ; [+ feelings] discerner

**discernible** /dɪˈsɜːnəbl/ ADJ [object] visible ; [likeness, fault] perceptible, sensible

**discernibly** /dɪˈsɜːnəblɪ/ ADV sensiblement

**discerning** /dɪˈsɜːnɪŋ/ SYN ADJ [person] judicieux, sagace, doué de discernement ; [taste] délicat ; [look] clairvoyant, perspicace

**discernment** /dɪˈsɜːnmənt/ N (fig) discernement m, pénétration f

**discharge** /dɪsˈtʃɑːdʒ/ SYN
- VT ① [ship] [+ cargo] décharger ; [ship, bus etc] [+ passengers] débarquer
② [+ liquid] déverser ; (Elec) décharger ; [factory, chimney, pipe] [+ gas] dégager, émettre ; [+ liquid, pollutants, sewage] déverser ◆ **the factory was discharging toxic gas into the atmosphere** l'usine rejetait des gaz toxiques dans l'atmosphère ◆ **the pipe was discharging sewage into the sea** le tuyau déversait les eaux usées dans la mer
③ (Med) [wound] [+ mucus, blood] laisser écouler ◆ **to discharge pus** suppurer
④ [+ employee] renvoyer, congédier ; [+ soldier] rendre à la vie civile ; (for health reasons) réformer ; [+ prisoner] libérer, élargir (Jur) ; [+ jury] congédier ; [+ accused] relaxer ; [+ bankrupt] réhabiliter ; [+ patient] (from hospital) renvoyer (guéri) de l'hôpital ◆ **to discharge o.s.** (from hospital) signer sa décharge
⑤ [+ gun] décharger, faire partir ; [+ arrow] décocher
⑥ [+ debt, bill] acquitter, régler
⑦ (frm = fulfil) [+ obligation, duty] remplir, s'acquitter de ; [+ function] remplir ; [+ responsibilities] exercer
- VI [wound] suinter
- N /ˈdɪstʃɑːdʒ/ ① (NonC) [of cargo] déchargement m ; (Elec) décharge f ; [of weapon] décharge f ; [of liquid] écoulement m

2 (Med) (gen) suintement m ; (vaginal) pertes fpl (blanches) ; [of pus] suppuration f ◆ **nipple discharge** écoulement m mammaire

3 [of employee] renvoi m ; [of prisoner] libération f, élargissement m (Jur) ; [of patient] renvoi m ◆ **the soldier got his discharge yesterday** le soldat a été libéré hier

4 [frm = fulfilment] ◆ **the discharge of one's duty** (gen) l'accomplissement m de son devoir ◆ **the discharge of one's duties** (official tasks) l'exercice m de ses fonctions

5 [of debt] acquittement m

**disci** /ˈdɪskaɪ/ NPL of **discus**

**disciple** /dɪˈsaɪpl/ SYN N disciple m ◆ **Christ's disciples** les disciples du Christ

**disciplinarian** /ˌdɪsɪplɪˈnɛərɪən/ SYN N personne f stricte en matière de discipline

**disciplinary** /ˈdɪsɪplɪnərɪ/ ADJ (gen) disciplinaire ◆ **a disciplinary offence** une faute passible de mesures disciplinaires ◆ **disciplinary matters/problems** questions fpl/problèmes mpl de discipline ◆ **to take disciplinary action** prendre des mesures disciplinaires

**discipline** /ˈdɪsɪplɪn/ SYN

N 1 (NonC) discipline f ◆ **to keep discipline** maintenir la discipline

2 (= branch of knowledge) discipline f, matière f

VT (= control) discipliner ; [+ person] discipliner ; (= punish) punir ◆ **to discipline o.s. to do sth** s'astreindre à faire qch

**disciplined** /ˈdɪsɪplɪnd/ ADJ [person, group] discipliné ; (= methodical) méthodique

**disclaim** /dɪsˈkleɪm/ SYN VT 1 [+ news, statement] démentir ; [+ responsibility] rejeter, nier ; [+ authorship] nier ; [+ paternity] désavouer ◆ **to disclaim all knowledge of sth** nier toute connaissance de qch

2 (Jur) se désister de, renoncer à

**disclaimer** /dɪsˈkleɪmər/ N 1 (= denial) démenti m ; (Jur) désistement m (of de), renonciation f (of à) ◆ **to issue a disclaimer** publier un démenti

2 (= exclusion clause) décharge f (de responsabilité)

**disclose** /dɪsˈkləʊz/ SYN

VT [+ secret] divulguer, dévoiler ; [+ news] divulguer ; [+ intentions] dévoiler ; [+ contents of envelope, box etc] dévoiler, montrer

COMP **disclosing agent** N (Dentistry) révélateur m de plaque dentaire

**disclosure** /dɪsˈkləʊʒər/ SYN N 1 (NonC) (by newspaper etc) divulgation f, révélation f ; (by individual to press etc) communication f (de renseignements) (to à)

2 (= fact etc revealed) révélation f

**Discman** ® /ˈdɪskmæn/ N Discman ® m

**disco** */ˈdɪskəʊ/

N (abbrev of **discotheque**) disco m

COMP **disco dancing** N disco m

**discobolus** /dɪsˈkɒbələs/ N (pl **discoboli** /dɪsˈkɒbəlaɪ/) discobole m

**discography** /dɪsˈkɒɡrəfɪ/ N discographie f

**discoid** /ˈdɪskɔɪd/
ADJ discoïde, discoïdal
N corps m discoïde or discoïdal

**discolour, discolor** (US) /dɪsˈkʌlər/ SYN
VT (= spoil colour of, fade : gen) décolorer ; [+ white material, teeth] jaunir
VI (gen) se décolorer ; [white material, teeth] jaunir ; [mirror] se ternir

**discolouration, discoloration** (esp US) /dɪsˌkʌləˈreɪʃən/ N décoloration f

**discombobulate** /ˌdɪskəmˈbɒbjʊleɪt/ VT (esp US) [+ plans] chambouler * ; [+ person] déconcerter

**discomfit** /dɪsˈkʌmfɪt/ VT (= disappoint) décevoir, tromper les espoirs de ; (= confuse) déconcerter, décontenancer, confondre

**discomfiture** /dɪsˈkʌmfɪtʃər/ N (= disappointment) déconvenue f ; (= confusion) embarras m, déconfiture * f

**discomfort** /dɪsˈkʌmfət/ SYN N 1 (NonC: physical, mental) gêne f ; (stronger) malaise m ◆ **I feel some discomfort from it but not real pain** ça me gêne mais ça ne me fait pas vraiment mal ◆ **much to my discomfort, he announced he would accompany me** à mon grand embarras, il a annoncé qu'il m'accompagnerait

2 (= uncomfortable thing) désagrément m ◆ **the discomforts of camping in wet weather** les désagréments mpl du camping par temps de pluie

**discomposure** /ˌdɪskəmˈpəʊʒər/ SYN N trouble m, confusion f

**disconcert** /ˌdɪskənˈsɜːt/ SYN VT déconcerter, décontenancer

**disconcerting** /ˌdɪskənˈsɜːtɪŋ/ SYN ADJ déconcertant, troublant, déroutant

**disconcertingly** /ˌdɪskənˈsɜːtɪŋlɪ/ ADV d'une manière déconcertante ◆ **disconcertingly, I found I rather liked him** j'ai été surpris de me rendre compte que je l'aimais bien ◆ **the policemen's faces were disconcertingly young** les policiers étaient d'une jeunesse déconcertante

**disconnect** /ˌdɪskəˈnekt/ SYN VT [+ electrical apparatus, pipe] débrancher ; [+ railway carriages] décrocher ; (= cut off) [+ gas, electricity, water supply, telephone] couper ◆ **we've been disconnected** (Telec) (for non-payment etc) on nous a coupé le téléphone ; (in mid-conversation) nous avons été coupés ◆ **to be/feel disconnected from reality** être/se sentir coupé de la réalité ◆ **their proposal is disconnected from scientific reality** leur proposition n'est fondée sur aucune réalité scientifique

**disconnected** /ˌdɪskəˈnektɪd/ SYN ADJ [speech] décousu ; [thoughts] sans suite ; [facts, events] sans rapport

**disconnection** /ˌdɪskəˈnekʃən/ SYN N (Telec) suspension f de ligne ; [of gas, electricity] coupure f

**disconsolate** /dɪsˈkɒnsəlɪt/ SYN ADJ inconsolable

**disconsolately** /dɪsˈkɒnsəlɪtlɪ/ ADV 1 (= dejectedly) d'un air abattu ◆ **"I'm bored", he said disconsolately** « je m'ennuie » dit-il d'un air abattu

2 (= inconsolably) [trudge, wander] l'air inconsolable ◆ **"there's no point going on", she said disconsolately** « ça ne sert à rien de continuer » dit-elle inconsolable ◆ **she wept disconsolately** elle pleurait, inconsolable

**discontent** /ˌdɪskənˈtent/ SYN N mécontentement m ; (Pol) malaise m (social) ◆ **cause of discontent** grief m

**discontented** /ˌdɪskənˈtentɪd/ SYN ADJ mécontent (with, about de)

**discontentedly** /ˌdɪskənˈtentɪdlɪ/ ADV d'un air mécontent

**discontentment** /ˌdɪskənˈtentmənt/ N mécontentement m

**discontinuance** /ˌdɪskənˈtɪnjʊəns/, **discontinuation** /ˌdɪskənˌtɪnjʊˈeɪʃən/ N (gen) interruption f ; [of production etc] arrêt m

**discontinue** /ˌdɪskənˈtɪnjuː/ SYN VT (gen) cesser ; [+ product] (= stop manufacture of) arrêter la production de ; (= stop sales of) ne plus vendre ; [+ service] supprimer ; (Jur) [+ case, legal proceedings] abandonner ; (Med) [+ treatment] arrêter ◆ **to discontinue one's subscription to a newspaper** résilier son abonnement à un journal ◆ **a discontinued line** (Comm) une série or un article qui ne se fait plus ◆ **"discontinued"** (on sale article) « fin de série »

**discontinuity** /ˌdɪskɒntɪˈnjuːɪtɪ/ N (gen, Math) discontinuité f ; (Geol) zone f de discontinuité

**discontinuous** /ˌdɪskənˈtɪnjʊəs/ ADJ discontinu (also Ling)

**discord** /ˈdɪskɔːd/ SYN N 1 discorde f, dissension f ◆ **civil discord** dissensions fpl civiles

2 (Mus) dissonance f

**discordance** /dɪsˈkɔːdəns/ N discordance f

**discordant** /dɪsˈkɔːdənt/ SYN ADJ 1 [opinions] incompatible ; [sounds, colours] discordant

2 (Mus) dissonant

**discotheque** /ˈdɪskəʊtek/ N discothèque f (dancing)

**discount** /ˈdɪskaʊnt/ SYN

N (gen) ; (on article) remise f, rabais m ; (rebate on transaction not shown on invoice) ristourne f ; (Stock Exchange: also **share discount**) décote f ; (in forward markets) déport m ◆ **to give a discount** faire une remise (on sur) ◆ **to buy at a discount** acheter au rabais ◆ **discount for cash** escompte m au comptant ◆ **at a discount** (Fin) en perte, au-dessous du pair ; (in forward markets) avec un déport ; (fig) mal coté ◆ **a discount of 25% below the nominal value of the shares** une décote de 25% par rapport à la valeur nominale de l'action

VT /dɪsˈkaʊnt/ [+ sum of money] faire une remise de, escompter ; [+ bill, note] prendre à l'escompte, escompter ; (fig) ne pas tenir compte de ◆ **I discount half of what he says** je divise par deux tout ce qu'il dit ◆ **discounted cash flow** (Fin) cash-flow actualisé

COMP **discount house** N magasin m de vente au rabais

**discount market** N (Fin) marché m de l'escompte

**discount rate** N taux m d'escompte

**discount store** N ⇒ **discount house**

**discounter** /dɪsˈkaʊntər/ N (Fin, Banking) escompteur m ; (= store) magasin m discount

**discourage** /dɪsˈkʌrɪdʒ/ SYN VT 1 (= dishearten) décourager, abattre ◆ **to become discouraged** se laisser décourager or rebuter, se laisser aller au découragement ◆ **he isn't easily discouraged** il ne se décourage pas facilement

2 (= advise against) décourager, (essayer de) dissuader (sb from sth/from doing sth qn de qch/de faire qch)

3 [+ suggestion] déconseiller ; [+ offer of friendship] repousser ◆ **she discouraged his advances** elle a repoussé or décourage ses avances

**discouragement** /dɪsˈkʌrɪdʒmənt/ SYN N (= act) désapprobation f (of de) ; (= depression) découragement m, abattement m

**discouraging** /dɪsˈkʌrɪdʒɪŋ/ SYN ADJ décourageant, démoralisant

**discourse** /ˈdɪskɔːs/ SYN

N 1 discours m ; (written) dissertation f, traité m

2 †† conversation f

VI /dɪsˈkɔːs/ (= hold forth) discourir ((up)on sur), traiter ((up)on de)

COMP **discourse analysis** N analyse f du discours

**discourteous** /dɪsˈkɜːtɪəs/ SYN ADJ impoli, peu courtois, discourtois (towards envers, avec)

**discourteously** /dɪsˈkɜːtɪəslɪ/ ADV de façon discourtoise

**discourteousness** /dɪsˈkɜːtɪəsnɪs/, **discourtesy** /dɪsˈkɜːtɪsɪ/ N incivilité f, manque m de courtoisie (towards envers, avec)

**discover** /dɪsˈkʌvər/ SYN VT [+ country, planet, treasure, reason, cause, secret, person hiding] découvrir ; [+ mistake, loss] s'apercevoir de, se rendre compte de ; (after search) [+ house, book] dénicher ◆ **to discover that...** (= find out) apprendre que... ; (= notice) s'apercevoir que... ; (= understand) comprendre que...

**discoverer** /dɪsˈkʌvərər/ SYN N ◆ **the discoverer of America/penicillin** celui qui a découvert l'Amérique/la pénicilline, le découvreur de l'Amérique/la pénicilline

**discovery** /dɪsˈkʌvərɪ/ SYN N 1 (NonC) [of fact, place, person] découverte f ◆ **it led to the discovery of penicillin** cela a conduit à la découverte de la pénicilline ; → **voyage**

2 (= happy find) trouvaille f

3 (Jur) ◆ **discovery of documents** communication f des pièces du dossier avant l'audience

4 (Scol: subject) activités fpl d'éveil ◆ **to learn through discovery** apprendre par des activités d'éveil

**discredit** /dɪsˈkredɪt/ SYN

VT (= cast slur on) discréditer, déconsidérer ; (= disbelieve) ne pas croire, mettre en doute

N discrédit m, déconsidération f ◆ **to bring discredit upon sb** jeter le discrédit sur qn ◆ **without any discredit to you** sans que cela vous nuise en rien ◆ **to be a discredit to...** être une honte pour..., faire honte à... ◆ **to be to sb's discredit** discréditer qn

**discreditable** /dɪsˈkredɪtəbl/ SYN ADJ peu honorable, indigne, déshonorant

**discredited** /dɪsˈkredɪtɪd/ ADJ discrédité

**discreet** /dɪsˈkriːt/ SYN ADJ [person, action, presence, silence, decor, colour] discret (-ète f) (about sur) ◆ **at a discreet distance** à distance respectueuse

**discreetly** /dɪsˈkriːtlɪ/ ADV [speak, behave] discrètement ; [dress] avec sobriété ◆ **discreetly, she said nothing until her visitor had left** par discrétion, elle n'a rien dit avant le départ de son visiteur

**discrepancy** /dɪsˈkrepənsɪ/ SYN N (= difference) différence f ; (between versions, opinions) divergence f ; (between numbers) écart m ◆ **the discrepancy between press and radio reports** la différence or la divergence entre la version des journaux et celle de la radio ◆ **discrepancies in pay rates** les écarts de salaire

**discrete** /dɪsˈkriːt/ ADJ à part, individuel ; (Math, Med) discret (-ète f) ◆ **herbal medicine does not treat mind and body as discrete entities** la médecine par les plantes ne traite pas l'esprit et le corps comme des éléments à part or individuels

**discreteness** /dɪsˈkriːtnɪs/ N caractère m discret

**discretion** /dɪsˈkreʃən/ SYN N ① (= tact) discrétion f ; (= prudence) discrétion f, sagesse f ◆ **discretion is the better part of valour** (Prov) prudence est mère de sûreté (Prov)
② (= freedom of decision) discrétion f ◆ **to leave sth to sb's discretion** laisser qch à la discrétion de qn ◆ **use your own discretion** faites comme bon vous semblera, c'est à vous de juger ◆ **at the discretion of the judge/the chairman** etc **it is possible to...** c'est au juge/au président etc de décider s'il est possible de... ◆ **the age of discretion** l'âge m de raison ◆ **to reach the age of discretion** atteindre l'âge de raison

**discretionary** /dɪsˈkreʃənərɪ/ SYN ADJ [powers] discrétionnaire ◆ **the new system of discretionary pay awards for teachers** le nouveau système de primes accordées aux enseignants à la discrétion des établissements

**discriminant** /dɪsˈkrɪmɪnənt/ N (Math) discriminant m

**discriminate** /dɪsˈkrɪmɪneɪt/ SYN
VI ① (= make unfair distinction) introduire une discrimination (against contre ; in favour of en faveur de) ◆ **to be discriminated against** être victime d'une discrimination
② (= be discerning) ◆ **the public should discriminate** le public ne devrait pas accepter n'importe quoi or devrait exercer son sens critique ◆ **he is unable to discriminate** il est incapable d'exercer son sens critique
VT distinguer (from de), discriminer (liter) (from de)

**discriminating** /dɪsˈkrɪmɪneɪtɪŋ/ SYN ADJ
① (= discerning) [person, audience, clientele] plein de discernement, averti ; [palate] exercé ; [judgement, mind] perspicace ◆ **he's not very discriminating** (about books, TV) il manque d'esprit critique ; (about food) il n'a pas un goût très fin
② [tariff, tax] différentiel

**discrimination** /dɪsˌkrɪmɪˈneɪʃən/ SYN N
① (= prejudice) discrimination f (against contre ; in favour of en faveur de) ◆ **religious discrimination** discrimination f religieuse or d'ordre religieux ; → **racial, sex**
② (= distinction) distinction f (between entre), séparation f
③ (NonC = judgement) discernement m

**discriminatory** /dɪsˈkrɪmɪnətərɪ/ SYN ADJ discriminatoire

**discursive** /dɪsˈkɜːsɪv/, **discursory** /dɪsˈkɜːsərɪ/ ADJ discursif, décousu (pej)

**discus** /ˈdɪskəs/
N (pl **discuses** or **disci**) disque m
COMP **discus thrower** N lanceur m de disque, discobole m (Hist)

**discuss** /dɪsˈkʌs/ SYN VT (= examine in detail) discuter, examiner ; (= talk about) [+ problem, project, price] discuter ; [+ topic] discuter de or sur, débattre de ◆ **we were discussing him** nous parlions de lui ◆ **I discussed it with him** j'en ai discuté avec lui ◆ **I won't discuss it any further** je ne veux plus en parler

**discussant** /dɪsˈkʌsənt/ N (US) participant(e) m(f) (à une discussion etc)

**discussion** /dɪsˈkʌʃən/ SYN
N discussion f, débat m (of, about sur, au sujet de) ◆ **under discussion** en discussion ◆ **a subject for discussion** un sujet de discussion
COMP **discussion document** m avant-projet m
**discussion forum** N (on Web) forum m de discussion
**discussion group** N groupe m de discussion
**discussion paper** N ⇒ **discussion document**

**disdain** /dɪsˈdeɪn/ SYN
VT dédaigner (to do sth de faire qch)
N dédain m, mépris m ◆ **in disdain** avec dédain ◆ **to treat sb/sth with disdain** traiter qn/qch avec mépris

**disdainful** /dɪsˈdeɪnfʊl/ SYN ADJ [person] dédaigneux ; [tone, look] dédaigneux, de dédain

**disdainfully** /dɪsˈdeɪnfəlɪ/ ADV avec dédain, dédaigneusement

**disease** /dɪˈziːz/ SYN N maladie f ; → **heart, occupational, venereal, virus**

**diseased** /dɪˈziːzd/ SYN ADJ malade

**diseconomy** /ˌdɪsɪˈkɒnəmɪ/ N déséconomie f

**disembark** /ˌdɪsɪmˈbɑːk/ SYN VTI débarquer

**disembarkation** /ˌdɪsembɑːˈkeɪʃən/ N débarquement m

**disembodied** /ˌdɪsɪmˈbɒdɪd/ SYN ADJ désincarné

**disembowel** /ˌdɪsɪmˈbaʊəl/ VT éventrer, éviscérer, étriper*

**disembowelment** /ˌdɪsɪmˈbaʊəlmənt/ N éviscération f

**disempower** /ˌdɪsɪmˈpaʊər/ VT déresponsabiliser

**disenchant** /ˌdɪsɪnˈtʃɑːnt/ VT désabuser, désenchanter, désillusionner

**disenchantment** /ˌdɪsɪnˈtʃɑːntmənt/ SYN N désenchantement m, désillusion f

**disencumber** /ˌdɪsɪnˈkʌmbər/ VT [+ mortgage] payer ; [+ property] déshypothéquer

**disenfranchise** /ˌdɪsɪnˈfræntʃaɪz/ VT ⇒ **disfranchise**

**disengage** /ˌdɪsɪnˈɡeɪdʒ/ SYN
VT [+ object, hand] dégager, libérer (from de) ; (Tech) [+ machine] déclencher, débrayer ◆ **to disengage o.s. from** se dégager de ◆ **to disengage the clutch** débrayer
VI (Fencing) dégager (le fer) ; (Tech) se déclencher

**disengaged** /ˌdɪsɪnˈɡeɪdʒd/ SYN ADJ libre, inoccupé ; (Tech) débrayé

**disengagement** /ˌdɪsɪnˈɡeɪdʒmənt/ SYN N (Pol) désengagement m

**disentangle** /ˌdɪsɪnˈtæŋɡl/ SYN
VT [+ wool, problem, mystery] débrouiller, démêler ; [+ plot] dénouer ◆ **to disentangle o.s. from** (lit, fig) se dépêtrer de, se sortir de
VI se démêler

**disequilibrium** /ˌdɪsekwɪˈlɪbrɪəm/ N instabilité f

**disestablish** /ˌdɪsɪsˈtæblɪʃ/ VT séparer de l'État ◆ **to disestablish the Church** séparer l'Église de l'État

**disestablishment** /ˌdɪsɪsˈtæblɪʃmənt/ N séparation f (de l'Église et de l'État)

**disfavour, disfavor** (US) /dɪsˈfeɪvər/ SYN
N désapprobation f, défaveur f ◆ **to fall into disfavour** tomber en défaveur ◆ **to fall into disfavour with sb** tomber en défaveur auprès de qn ◆ **to be in disfavour with sb** être mal vu de qn ◆ **to look with disfavour on sth** regarder qch avec désapprobation ◆ **to look with disfavour on sb** désapprouver qn
VT ① (= dislike) désapprouver
② (US = disadvantage) être défavorable à, défavoriser

**disfigure** /dɪsˈfɪɡər/ SYN VT [+ face] défigurer ; [+ scenery] défigurer, déparer

**disfigured** /dɪsˈfɪɡəd/ ADJ défiguré (by par)

**disfigurement** /dɪsˈfɪɡəmənt/ SYN N défigurement m, enlaidissement m

**disfranchise** /dɪsˈfræntʃaɪz/ VT [+ person] priver du droit électoral ; [+ town] priver de ses droits de représentation

**disfranchisement** /dɪsˈfræntʃɪzmənt/ N [of person] privation du droit électoral ; [of town] privation f des droits de représentation

**disgorge** /dɪsˈɡɔːdʒ/
VT [+ food] dégorger, rendre ; [+ contents, passengers] déverser
VI [river] se dégorger, se décharger

**disgrace** /dɪsˈɡreɪs/ SYN
N ① (NonC = dishonour) honte f, déshonneur m ; (= disfavour) disgrâce f, défaveur f ◆ **there is no disgrace in doing that** il n'y a aucune honte à faire cela ◆ **to be in disgrace** [public figure, politician] être en disgrâce ; [child, dog] être en pénitence ◆ **to bring disgrace on sb** déshonorer qn
② (= cause of shame) honte f ◆ **it's a disgrace!** c'est une honte !, c'est honteux ! ◆ **it's a disgrace to our country** c'est une honte pour or cela déshonore notre pays ◆ **she's a disgrace to her family** c'est la honte de sa famille ◆ **you're a disgrace!** tu devrais avoir honte de toi !
VT [+ family] faire honte à ; [+ name, country] déshonorer, couvrir de honte or d'opprobre (liter) ◆ **don't disgrace us** ne nous fais pas honte ◆ **to disgrace o.s.** se couvrir de honte ◆ **he disgraced himself by losing his temper** il s'est couvert de honte en se mettant en colère ◆ **to be disgraced** [officer, politician] être disgracié

**disgraceful** /dɪsˈɡreɪsfʊl/ SYN ADJ scandaleux, honteux

**disgracefully** /dɪsˈɡreɪsfəlɪ/ ADV [behave] de manière scandaleuse ; (= bad, badly etc) scandaleusement ◆ **disgracefully low wages** des salaires mpl scandaleusement bas ◆ **disgracefully badly paid** scandaleusement mal payé

**disgruntled** /dɪsˈɡrʌntld/ SYN ADJ [person] (= discontented) mécontent (about, with de) ; (= in bad temper) de mauvaise humeur, mécontent (about, with à cause de) ; [expression] maussade, renfrogné

**disgruntlement** /dɪsˈɡrʌntlmənt/ N mécontentement m

**disguise** /dɪsˈɡaɪz/ SYN
VT [+ person] déguiser (as en) ; [+ mistake, voice] déguiser, camoufler ; [+ facts, feelings] dissimuler ◆ **to disguise o.s. as a woman** se déguiser en femme ◆ **to be disguised as a woman** être déguisé en femme ◆ **there is no disguising the fact that...** on ne peut pas se dissimuler que..., il faut avouer que...
N (lit) déguisement m ; (fig) masque m ; (NonC) artifice m ◆ **a novel about secrecy and disguise** un roman sur le secret et l'artifice ◆ **his attitude was just a disguise for his true feelings** son attitude n'était qu'un masque qui cachait ses véritables sentiments ◆ **often bright colour is just a disguise for bad painting** les couleurs vives ne sont souvent qu'un moyen de masquer la mauvaise qualité de l'œuvre ◆ **in disguise** (lit, fig) déguisé ◆ **in the disguise of...** déguisé en...

**disgust** /dɪsˈɡʌst/ SYN
N dégoût m, répugnance f (for, at pour) ◆ **he left in disgust** il est parti dégoûté or écœuré ◆ **to his disgust they left** il était écœuré de les voir partir ◆ **to my disgust he refused to do it** il a refusé et cela m'a dégoûté
VT dégoûter, écœurer ; (= infuriate) dégoûter, révolter

**disgusted** /dɪsˈɡʌstɪd/ SYN ADJ dégoûté, écœuré (at de, par)

**disgustedly** /dɪsˈɡʌstɪdlɪ/ ADV [look at] avec dégoût, d'un air dégoûté ◆ **"you really are pathetic", he said disgustedly** « tu es vraiment minable », dit-il écœuré or dégoûté

**disgusting** /dɪsˈɡʌstɪŋ/ SYN ADJ ① (= revolting) [food, habit, behaviour, toilet, person] dégoûtant ; [taste, smell] répugnant, infect ◆ **it looks disgusting** ça a l'air dégoûtant ◆ **it tastes disgusting** c'est dégoûtant or infect ◆ **it smells disgusting** ça pue
② (= obscene) dégoûtant
③ (* = disgraceful) dégoûtant ◆ **disgusting!** c'est dégoûtant ! ◆ **you're disgusting!** tu es dégoûtant ! ◆ **I think it's disgusting that we have to pay** je trouve ça dégoûtant qu'on doive payer ◆ **I think it's disgusting how much money they've got** je trouve (que c'est) dégoûtant qu'ils aient tant d'argent

**disgustingly** /dɪsˈɡʌstɪŋlɪ/ ADV d'une manière dégoûtante ◆ **disgustingly dirty** d'une saleté répugnante

**dish** /dɪʃ/ SYN
N ① (= serving plate) plat m ; (= dinner plate) assiette f ; (in laboratory etc) récipient m ◆ **vegetable dish** plat m à légumes, légumier m ◆ **the dishes** la vaisselle ◆ **to do the dishes** faire la vaisselle ◆ **to clear away the breakfast dishes** débarrasser la table du petit déjeuner
② (= food) plat m, mets m (frm) ◆ **fish/pasta/vegetable dish** plat m de poisson/de pâtes/de légumes ◆ **this is not my dish** * (US fig) ce n'est pas mon truc*
③ (also dish aerial, dish antenna) → comp
④ (* fig = attractive person) (man) beau mec* m ; (woman) belle nana* f ◆ **she's quite a dish** c'est vraiment une belle nana*
VT ① [+ food, meal] mettre dans un plat ◆ **to dish the dirt (on sb)** * colporter des ragots* (sur qn)
② * [+ opponent] enfoncer*, écraser ; [+ sb's chances, hopes] flanquer par terre*
COMP **dish aerial, dish antenna** (US) N antenne f parabolique, parabole f

▶ **dish out** VT SEP [+ food] servir ; (* fig) [+ money, sweets, books etc] distribuer ; [+ punishment] administrer ◆ **to dish out a hiding to sb** * flanquer* une correction à qn ◆ **to dish it out to sb** * (= smack down) flanquer* une correction à qn ; (verbally) passer un savon* à qn

▶ **dish up** VT SEP ① [+ food, meal] servir, verser dans un plat ◆ **the meal was ready to dish up** le repas était prêt à servir
② * [+ facts, statistics] resservir

**dishabille** /ˌdɪsəˈbiːl/ N (frm) déshabillé m, négligé † m ◆ **in dishabille** en déshabillé, en négligé

**disharmony** /dɪsˈhɑːmənɪ/ N désaccord m, manque m d'harmonie

**dishcloth** /ˈdɪʃklɒθ/ N (for washing) lavette f ; (for drying) torchon m (à vaisselle)

**dishearten** /dɪsˈhɑːtn/ SYN VT décourager, abattre, démoraliser ◆ **don't be disheartened** ne vous laissez pas décourager or abattre

**disheartening** /dɪsˈhɑːtnɪŋ/ ADJ décourageant, démoralisant

**dishevelled** /dɪˈʃevəld/ SYN ADJ (= ruffled) [person] échevelé, ébouriffé ; [hair] ébouriffé ; [clothes] en désordre ; (= scruffy) [person] débraillé

**dishmop** /ˈdɪʃmɒp/ N lavette f

**dishoard** /dɪsˈhɔːd/ VT [+ money] déthésauriser, remettre en circulation

**dishonest** /dɪsˈɒnɪst/ SYN ADJ (= unscrupulous) malhonnête ; (= insincere) déloyal, de mauvaise foi ◆ **to be dishonest with sb** être de mauvaise foi avec qn, être malhonnête avec qn

**dishonestly** /dɪsˈɒnɪstlɪ/ ADV [behave] malhonnêtement ; [obtain] par des moyens malhonnêtes

**dishonesty** /dɪsˈɒnɪstɪ/ SYN N (= unscrupulousness) malhonnêteté f ; (= insincerity) mauvaise foi f

**dishonour** /dɪsˈɒnər/ SYN
◼ N déshonneur m
◼ VT ① [+ family] déshonorer, porter atteinte à l'honneur de ; [+ woman] déshonorer
② [+ bill, cheque] refuser d'honorer ◆ **a dishonoured cheque** un chèque impayé or non honoré

**dishonourable** /dɪsˈɒnərəbl/ SYN
◼ ADJ [person] sans honneur ; [act, behaviour] déshonorant
◼ COMP **dishonourable discharge** N (Mil) exclusion de l'armée pour conduite déshonorante

**dishonourably** /dɪsˈɒnərəblɪ/ ADV de façon déshonorante ◆ **to be dishonourably discharged** (Mil) être exclu de l'armée pour conduite déshonorante

**dishpan** /ˈdɪʃpæn/ N (US) bassine f (à vaisselle)

**dishrack** /ˈdɪʃræk/ N égouttoir m (à vaisselle)

**dishrag** /ˈdɪʃræg/ N lavette f

**dishtowel** /ˈdɪʃtaʊəl/ N (US) torchon m (à vaisselle)

**dishwasher** /ˈdɪʃwɒʃər/ N ① (= machine) lave-vaisselle m inv
② (= washer-up) laveur m, -euse f de vaisselle ; (in restaurant) plongeur m, -euse f ◆ **to work as a dishwasher** travailler à la plonge

**dishwater** /ˈdɪʃwɔːtər/ N eau f de vaisselle ◆ **this coffee's like** or **as weak as dishwater** * c'est du jus de chaussettes * or de la lavasse * ce café ; → **dull**

**dishy** * /ˈdɪʃɪ/ ADJ (Brit) [person] sexy *

**disillusion** /ˌdɪsɪˈluːʒən/ SYN
◼ VT désillusionner, désabuser ◆ **to be disillusioned** être désabusé or désenchanté ◆ **to be disillusioned with sth** être déçu par qch ◆ **voters were disillusioned with the slow pace of change** les électeurs étaient déçus par la lenteur des changements ◆ **to grow disillusioned** perdre ses illusions
◼ N désillusion f, désenchantement m

**disillusionment** /ˌdɪsɪˈluːʒənmənt/ N ⇒ **disillusion** noun

**disincentive** /ˌdɪsɪnˈsentɪv/ SYN
◼ N ◆ **it's a real disincentive** cela a un effet dissuasif or de dissuasion ◆ **this is a disincentive to work** cela n'incite pas à travailler or au travail
◼ ADJ dissuasif

**disinclination** /ˌdɪsɪnklɪˈneɪʃən/ SYN N manque m d'enthousiasme (to do sth à faire qch ; for sth pour qch)

**disinclined** /ˌdɪsɪnˈklaɪnd/ SYN ADJ peu disposé, peu porté, peu enclin (for à ; to do sth à faire qch)

**disinfect** /ˌdɪsɪnˈfekt/ SYN VT désinfecter

**disinfectant** /ˌdɪsɪnˈfektənt/ SYN ADJ, N désinfectant m

**disinfection** /ˌdɪsɪnˈfekʃən/ N désinfection f

**disinflation** /ˌdɪsɪnˈfleɪʃən/ N déflation f

**disinflationary** /ˌdɪsɪnˈfleɪʃənərɪ/ ADJ de déflation, déflationniste

**disinformation** /ˌdɪsɪnfəˈmeɪʃən/ N désinformation f

**disingenuous** /ˌdɪsɪnˈdʒenjʊəs/ ADJ fourbe

**disingenuously** /ˌdɪsɪnˈdʒenjʊəslɪ/ ADV (frm) avec fourberie

**disingenuousness** /ˌdɪsɪnˈdʒenjʊəsnɪs/ N fourberie f

**disinherit** /ˌdɪsɪnˈherɪt/ SYN VT déshériter ◆ **the disinherited** les déshérités (de la société)

**disintegrate** /dɪsˈɪntɪgreɪt/ SYN
◼ VI se désintégrer, se désagréger ; (Phys) se désintégrer
◼ VT désintégrer, désagréger ; (Phys) désintégrer

**disintegration** /dɪsˌɪntɪˈgreɪʃən/ N désintégration f, désagrégation f ; (Phys) désintégration f

**disinter** /ˌdɪsɪnˈtɜːr/ VT déterrer, exhumer

**disinterest** /dɪsˈɪntrɪst/ SYN N ① (= impartiality) désintéressement m
② (* = lack of interest) indifférence f

**disinterested** /dɪsˈɪntrɪstɪd/ SYN ADJ ① (= impartial) désintéressé
② (* = uninterested) indifférent

**disinterestedly** /dɪsˈɪntrɪstɪdlɪ/ ADV ① (= impartially) de façon désintéressée
② (* = uninterestedly) avec indifférence

**disinterestedness** /dɪsˈɪntrɪstɪdnɪs/ N ① (= impartiality) désintéressement m
② (* = lack of interest) indifférence f

**disintermediation** /ˌdɪsɪntəˌmiːdɪˈeɪʃən/ N (Fin) désintermédiation f

**disinterment** /ˌdɪsɪnˈtɜːmənt/ N déterrement m, exhumation f

**disintoxicate** /ˌdɪsɪnˈtɒksɪkeɪt/ VT désintoxiquer

**disintoxication** /ˌdɪsɪnˌtɒksɪˈkeɪʃən/ N désintoxication f

**disinvest** /ˌdɪsɪnˈvest/ VI désinvestir (from de)

**disinvestment** /ˌdɪsɪnˈvestmənt/ N désinvestissement m (from de)

**disjoint** /dɪsˈdʒɔɪnt/ ADJ (Math) disjoint

**disjointed** /dɪsˈdʒɔɪntɪd/ SYN ADJ [film, lecture, style, conversation, sentence, thoughts] décousu, incohérent

**disjunction** /dɪsˈdʒʌŋkʃən/ N disjonction f

**disjunctive** /dɪsˈdʒʌŋktɪv/
◼ ADJ disjonctif
◼ COMP **disjunctive pronoun** N forme f disjointe du pronom

**disk** /dɪsk/
◼ N ① (esp US) ⇒ **disc**
② (Comput) disque m ◆ **on disk** sur disque ; → **double**, **floppy**, **hard**
◼ COMP **disk capacity** N (Comput) capacité f du disque
**disk drive** N lecteur m de disques
**disk operating system** N (Comput) système m d'exploitation à disques
**disk pack** N unité f de disques
**disk space** N (Comput) espace m disque

**diskette** /dɪsˈket/ N (Comput) disquette f

**dislikable** /dɪsˈlaɪkəbl/ ADJ ⇒ **dislikeable**

**dislike** /dɪsˈlaɪk/ LANGUAGE IN USE 14, 7.2, 7.3 SYN
◼ VT [+ person, thing] ne pas aimer ◆ **to dislike doing sth** ne pas aimer faire qch ◆ **I don't dislike it** cela ne me déplaît pas ◆ **I dislike her** elle me déplaît ◆ **I dislike this intensely** j'ai cela en horreur
◼ N antipathie f ◆ **his dislike of sb** l'antipathie qu'il éprouve pour qn ◆ **his dislike of sth** son aversion pour qch ◆ **one's likes and dislikes** ce que l'on aime et ce que l'on n'aime pas ◆ **to take a dislike to sb/sth** prendre qn/qch en grippe ◆ **to take an instant dislike to sb/sth** prendre tout de suite qn/qch en grippe

**dislikeable** /dɪsˈlaɪkəbl/ ADJ déplaisant

**dislocate** /ˈdɪsləʊkeɪt/ SYN VT ① [+ limb etc] [person] se disloquer, se démettre, se luxer ; [fall, accident] disloquer, démettre, luxer
② (fig) [+ traffic, business] désorganiser ; [+ plans, timetable] bouleverser

**dislocation** /ˌdɪsləʊˈkeɪʃən/ SYN N ① (Med) dislocation f, déboîtement m, luxation f ◆ **congenital dislocation** luxation f congénitale
② (= disruption : of life, society) bouleversement m

**dislodge** /dɪsˈlɒdʒ/ VT [+ object] déplacer ; [+ enemy] déloger ; [+ dictator] chasser (from de)

**disloyal** /dɪsˈlɔɪəl/ SYN ADJ [person, behaviour] déloyal (to envers)

**disloyalty** /dɪsˈlɔɪəltɪ/ SYN N déloyauté f, infidélité f

**dismal** /ˈdɪzməl/ SYN ADJ ① (= dreary) [place, building] lugubre ; [thought, prospects] sombre ; [weather] maussade ◆ **the dismal science** (= economics) la science funeste

② (* = awful) lamentable ◆ **a dismal failure** un échec lamentable

**dismally** /ˈdɪzməlɪ/ ADV * [fail, perform] lamentablement

**dismantle** /dɪsˈmæntl/ VT [+ machine, furniture] démonter ; [+ company, department] démanteler (also Mil)

**dismantling** /dɪsˈmæntlɪŋ/ N [of company, department] démantèlement m

**dismast** /dɪsˈmɑːst/ VT démâter

**dismay** /dɪsˈmeɪ/ LANGUAGE IN USE 14 SYN
◼ N consternation f, désarroi m ◆ **to my dismay** à ma grande consternation ◆ **in dismay** d'un air consterné
◼ VT consterner

**dismayed** /dɪsˈmeɪd/ ADJ [person] consterné (by par)

**dismember** /dɪsˈmembər/ SYN VT (lit, fig) démembrer

**dismemberment** /dɪsˈmembəmənt/ N démembrement m

**dismiss** /dɪsˈmɪs/ SYN VT ① [+ employee] renvoyer, licencier ; [+ official, officer] destituer, casser ; [+ class, visitors] laisser partir, congédier ; [+ assembly] dissoudre ; [+ troops] faire rompre les rangs à ◆ **to be dismissed (from) the service** (Mil) être renvoyé de l'armée or rayé des cadres ◆ **dismiss!** (Mil) rompez (les rangs) ! ◆ **class dismiss!** (Scol) le cours est terminé !
② [+ thought, possibility, suggestion, objection] écarter ; [+ request] rejeter
③ (gen) [+ sb's appeal, claim] rejeter ; (Jur) [+ accused] relaxer ; [+ jury] congédier ◆ **to dismiss sb's appeal** (Jur) débouter qn de son appel ◆ **to dismiss a case** rendre une fin de non-recevoir ◆ **to dismiss a charge** rendre un arrêt de or une ordonnance de non-lieu

**dismissal** /dɪsˈmɪsəl/ SYN N ① [of employee] licenciement m, renvoi m ; [of civil servant] destitution f, révocation f ◆ **unfair** or **wrongful dismissal** licenciement m abusif
② (= permission to leave) congé m ◆ **he made a gesture of dismissal** il a fait un geste pour les (or nous etc) congédier
③ (= brushing aside) rebuffade f ◆ **I was annoyed by his curt dismissal of my objections** cette façon qu'il a eue d'écarter sèchement mes objections m'a agacé
④ (Jur) [of appeal] rejet m ; [of jury] congédiement m ◆ **the dismissal of the charges against him** le non-lieu dont il a bénéficié

**dismissive** /dɪsˈmɪsɪv/ ADJ (= disdainful) dédaigneux

**dismissively** /dɪsˈmɪsɪvlɪ/ ADV ① (= disdainfully) [speak] d'un ton dédaigneux, avec dédain ; [wave, nod, shrug, laugh] avec dédain ; [describe, refer to] dédaigneusement, avec dédain
② (sending sb away) ◆ **he nodded dismissively at the butler** d'un signe de tête, il congédia le maître d'hôtel ◆ **"thank you sergeant, that will be all", she said dismissively** « merci, sergent, ce sera tout », dit-elle, et sur ces mots, elle le congédia

**dismount** /dɪsˈmaʊnt/
◼ VI descendre (from de), mettre pied à terre
◼ VT [+ rider] démonter, désarçonner ; [+ troops, gun, machine] démonter (from de)

**Disneyfication** /ˌdɪznɪfɪˈkeɪʃən/ N (pej) transformation f en Disneyland

**Disneyfy** /ˈdɪznɪfaɪ/ VT (pej) disneyfier

**disobedience** /ˌdɪsəˈbiːdɪəns/ SYN N (NonC) désobéissance f, insoumission f (to à) ◆ **an act of disobedience** une désobéissance

**disobedient** /ˌdɪsəˈbiːdɪənt/ SYN ADJ [child] désobéissant (to à) ◆ **he has been disobedient** il a été désobéissant, il a désobéi

**disobey** /ˌdɪsəˈbeɪ/ SYN VT [+ parents, officer] désobéir à, s'opposer à ; [+ law] enfreindre, violer

**disobliging** /ˌdɪsəˈblaɪdʒɪŋ/ ADJ (frm) désobligeant

**disorder** /dɪsˈɔːdər/
◼ N ① (NonC) (= untidiness) [of room, plans etc] désordre m ◆ **to throw sth into disorder** semer or jeter le désordre dans qch ◆ **in disorder** en désordre ◆ **to retreat in disorder** (Mil) être en déroute
② (NonC: Pol etc = unrest) troubles mpl
③ (Med) troubles mpl ◆ **kidney/stomach/mental disorder** troubles mpl rénaux/gastriques/psychiques ◆ **speech/sleep/personality disorder** troubles mpl de l'élocution/du sommeil/de

**disordered** | **dispose**

la personnalité ◆ **eating disorder** troubles mpl du comportement alimentaire ◆ **skin disorder** maladie f de la peau

**VT** [+ room] mettre en désordre ; (Med) troubler, déranger

**disordered** /dɪsˈɔːdəd/ **ADJ** [1] (= untidy, disorderly) [room, hair] en désordre ; [life] désordonné

[2] (= deranged) [mind] dérangé ; [imagination] désordonné ◆ **mentally disordered** atteint de troubles mentaux

**disorderly** /dɪsˈɔːdəlɪ/ SYN

**ADJ** [1] (= untidy) [room] en désordre ; [mind] confus

[2] (= unruly) [person, crowd, meeting] agité ; [behaviour] désordonné, indiscipliné ; → **drunk**

**COMP** **disorderly conduct** N (Jur) trouble m à l'ordre public ◆ **the marchers were charged with disorderly conduct** les manifestants ont été inculpés de trouble à l'ordre public

**disorderly house** N (Jur) (= brothel) maison f close ; (= gambling den) maison f de jeu, tripot m

**disorganization** /dɪsˌɔːɡənaɪˈzeɪʃən/ N désorganisation f

**disorganize** /dɪsˈɔːɡənaɪz/ SYN **VT** désorganiser, déranger

**disorganized** /dɪsˈɔːɡənaɪzd/ **ADJ** [person] désorganisé ; [room] mal rangé, en désordre

**disorient** /dɪsˈɔːrɪənt/ **VT** désorienter

**disorientate** /dɪsˈɔːrɪənteɪt/ **VT** désorienter

**disorientation** /dɪsˌɔːrɪənˈteɪʃən/ N désorientation f

**disown** /dɪsˈəʊn/ SYN **VT** [+ child, country, opinion, document] désavouer, renier ; [+ debt, signature] nier, renier

**disparage** /dɪsˈpærɪdʒ/ SYN **VT** (frm) décrier, déprécier

**disparagement** /dɪsˈpærɪdʒmənt/ SYN N (frm) dénigrement m, dépréciation f

**disparaging** /dɪsˈpærɪdʒɪŋ/ **ADJ** (frm) désobligeant, (plutôt) méprisant (to pour) ◆ **to be disparaging about** faire des remarques désobligeantes or peu flatteuses sur

**disparagingly** /dɪsˈpærɪdʒɪŋlɪ/ **ADV** (frm) d'une manière méprisante

**disparate** /ˈdɪspərɪt/ **ADJ** disparate

**disparity** /dɪsˈpærɪtɪ/ N disparité f, inégalité f, écart m

**dispassionate** /dɪsˈpæʃənɪt/ SYN **ADJ** (= unemotional) calme, froid ; (= unbiased) impartial, objectif

**dispassionately** /dɪsˈpæʃənɪtlɪ/ **ADV** (= unemotionally) sans émotion ; (= unbiasedly) sans parti pris, impartialement

**dispatch** /dɪsˈpætʃ/ LANGUAGE IN USE 20.4 SYN

**VT** [1] (= send) [+ letter, goods] expédier, envoyer ; [+ messenger] dépêcher ; (Mil) [+ troops] envoyer, faire partir ; [+ convoy] mettre en route ; (fig) [+ food, drink] expédier

[2] (= finish off) [+ job] expédier, en finir avec ; (= kill) (euph) [+ person, animal] tuer, abattre

**N** [1] [of letter, messenger, telegram etc] envoi m, expédition f ◆ **date of dispatch** date f d'expédition ◆ **office of dispatch** bureau m d'origine

[2] (= official report : also Mil) dépêche f ; (Press) dépêche f (de presse) ◆ **mentioned** or **cited in dispatches** (Mil) cité à l'ordre du jour

[3] (= promptness) promptitude f ◆ **with dispatch** avec promptitude, promptement

**COMP** **dispatch box** N (Brit Parl) ≈ tribune f (d'où parlent les membres du gouvernement) ; (= case) valise f officielle (à documents)

**dispatch case** N serviette f, porte-documents m inv

**dispatch documents** NPL (Comm) documents mpl d'expédition

**dispatch rider** N estafette f

**dispatcher** /dɪsˈpætʃəʳ/ N expéditeur m, -trice f

**dispel** /dɪsˈpel/ SYN **VT** dissiper, chasser

**dispensable** /dɪsˈpensəbl/ SYN **ADJ** dont on peut se passer ; (Rel) dispensable

**dispensary** /dɪsˈpensərɪ/ N (Brit) (in hospital) pharmacie f ; (in chemist's) officine f ; (= clinic) dispensaire m

**dispensation** /ˌdɪspenˈseɪʃən/ SYN N [1] (= handing out) [of food] distribution f ; [of justice, charity] exercice m, pratique f

[2] (= exemption) (gen, Jur, Rel) dispense f (from de) ; (Univ, Scol: from exam etc) dispense f, dérogation f

**dispensatory** /dɪˈspensətərɪ/ N pharmacopée f

**dispense** /dɪsˈpens/ SYN

**VT** [1] [person] [+ food] distribuer ; [+ charity] pratiquer ; [+ justice, sacrament] administrer ; [+ hospitality] offrir ; [machine] [+ product] distribuer ◆ **to dispense alms** faire l'aumône (to sb à qn)

[2] [+ medicine, prescription] délivrer

[3] (also Rel = exempt) dispenser (sb from sth/from doing qn de qch/de faire qch)

**COMP** **dispensing chemist** N (= person) pharmacien(ne) m(f) ; (= shop) pharmacie f

▸ **dispense with** VT FUS (= do without) se passer de ; (= make unnecessary) rendre superflu

**dispenser** /dɪsˈpensəʳ/ N (Brit) (= person) pharmacien(ne) m(f) ; (= device) distributeur m

**dispersal** /dɪsˈpɜːsəl/ N dispersion f

**dispersant** /dɪsˈpɜːsənt/ N (Chem) dispersant m

**disperse** /dɪsˈpɜːs/ SYN

**VT** [+ crowd, mist] disperser ; [+ clouds] dissiper ; [+ demonstrators, protesters, demonstration] disperser ; [+ seeds] disséminer, disperser ; [+ heat] répandre ; [+ knowledge] répandre, propager ; (Chem, Opt) décomposer

**VI** [crowd, journalists, demonstrators, protesters] se disperser ; [fog, cloud, smoke] se dissiper ; [chemicals, oil] se propager ; [pain, tension] se dissiper

**dispersion** /dɪsˈpɜːʃən/ N (also Phys) dispersion f ◆ **dispersion bomb** bombe f à dispersion ◆ **the Dispersion** (Hist) la dispersion des Juifs, la diaspora

**dispirit** /dɪsˈpɪrɪt/ **VT** décourager, déprimer, abattre

**dispirited** /dɪsˈpɪrɪtɪd/ SYN **ADJ** découragé, déprimé, abattu

**dispiritedly** /dɪsˈpɪrɪtɪdlɪ/ **ADV** avec découragement, d'un air découragé ◆ **dispiritedly, they turned round and went home** découragés, ils ont fait demi-tour et sont rentrés chez eux

**dispiritedness** /dɪsˈpɪrɪtɪdnɪs/ N découragement m, abattement m

**dispiriting** /dɪsˈpɪrɪtɪŋ/ **ADJ** décourageant, désolant

**displace** /dɪsˈpleɪs/ SYN

**VT** [1] (= move out of place) [+ refugees] déplacer ; [+ furniture] déplacer, changer de place

[2] (= deprive of office) [+ officer] destituer ; [+ official] déplacer ; (= replace) supplanter, remplacer

[3] (Naut, Phys) [+ water] déplacer

**COMP** **displaced person** N personne f déplacée

**displacement** /dɪsˈpleɪsmənt/

**N** [1] (= replacement) remplacement m

[2] [of people, population] déplacement m

[3] (Math, Phys, Naut, Med) déplacement m ; (Geol) rejet m (horizontal)

**COMP** **displacement activity** N (in animals) activité f de substitution ; (Psych) déplacement m

**displacement tonnage** N [of ship] déplacement m

**display** /dɪsˈpleɪ/ SYN

**VT** [1] (= show) [+ object] montrer ; (pej : ostentatiously) exhiber (pej) ◆ **she displayed the letter she had received from the President** elle a montré or brandi la lettre qu'elle avait reçue du président

[2] (= set out visibly) exposer ; [+ goods for sale] exposer, mettre à l'étalage ; [+ items in exhibition] exposer ; [+ notice, results, poster] afficher ◆ **she bought a cabinet to display her china collection in** elle a acheté une vitrine pour y exposer sa collection de porcelaines

[3] (= give evidence of) [+ courage, interest, ignorance] faire preuve de ; (pej) faire étalage de, exhiber

[4] [computer, watch etc] afficher

**VI** [bird] parader ; [peacock] faire la roue

**N** [1] (pej : ostentatious) étalage m ; [of goods for sale, items in exhibition] exposition f ; [of food products, wealth] étalage m ; [of notices, results, posters] affichage m ; [of courage, interest, emotion etc] manifestation f ; [of unity, support] manifestation f, démonstration f ; [of strength, loyalty] démonstration f ◆ **a display of force** une démonstration de force ◆ **to make a great display of learning** (pej) faire étalage de son érudition ◆ **she was not given to public displays of affection** elle n'avait pas pour habitude de prodiguer son affection en public ◆ **to be embarrassed by public displays of affection** être gêné par des démonstrations publiques d'affection ◆ **a fine display of paintings/china** une

belle exposition de tableaux/de porcelaines ◆ **the display of fruit** (in shop window) l'étalage m de fruits, les fruits mpl à l'étalage

◆ **on display** exposé ◆ **to put sth on display** exposer qch ◆ **to go on (public) display** être exposé

[2] (= group, arrangement) arrangement m

[3] (= event, ceremony) ◆ **display of gymnastics/dancing** etc spectacle m de gymnastique/de danse etc ◆ **military display** parade f militaire ◆ **a dazzling display of fireworks lit up the sky** d'éblouissants feux d'artifice ont illuminé le ciel ; see also **air**, **firework**

[4] (on screen) affichage m

[5] (also **courtship display, mating display**) parade f

**COMP** (Comm) [goods] d'étalage

**display advertising** N (Press) placards mpl (publicitaires)

**display cabinet, display case** N vitrine f (meuble)

**display pack** N (dummy) emballage m de démonstration ; (attractive) emballage m de luxe

**display panel** N écran m d'affichage

**display unit** N (= screen) écran m de visualisation

**display window** N étalage m, vitrine f (de magasin)

**displease** /dɪsˈpliːz/ SYN **VT** mécontenter, contrarier

**displeased** /dɪsˈpliːzd/ **ADJ** ◆ **displeased at** or **with** mécontent de

**displeasing** /dɪsˈpliːzɪŋ/ **ADJ** désagréable (to à), déplaisant (to pour) ◆ **to be displeasing to sb** déplaire à qn

**displeasure** /dɪsˈpleʒəʳ/ SYN N mécontentement m, déplaisir m ◆ **to incur sb's displeasure** provoquer le mécontentement de qn ◆ **to my great displeasure** à mon grand mécontentement or déplaisir

**disport** /dɪsˈpɔːt/ **VT** ◆ **to disport o.s.** s'amuser, s'ébattre, folâtrer

**disposable** /dɪsˈpəʊzəbl/ SYN

**ADJ** [1] [razor, syringe etc] jetable ◆ **today's disposable society** notre société du tout-jetable

[2] (* fig = unimportant, ephemeral) sans importance ◆ **people should not be treated as if they were disposable** on ne devrait pas traiter les gens comme s'il étaient des objets facilement remplaçables or comme s'ils n'avaient aucune importance

[3] (= available) [time, money] disponible

**NPL** **disposables** (= containers) emballages m perdus or à jeter ; (= bottles) verre m perdu ; (= nappies) couches fpl à jeter, couches-culottes fpl

**COMP** **disposable income** N revenu(s) m(pl) disponible(s)

**disposal** /dɪsˈpəʊzəl/ SYN

**N** [1] (NonC) [of rubbish] (= collection) enlèvement m ; (= destruction) destruction f ; [of goods for sale] vente f ; (Jur) [of property] disposition f, cession f ; → **bomb**, **refuse²**

[2] (= arrangement) [of ornaments, furniture] disposition f, arrangement m ; [of troops] disposition f

[3] (= control) [of resources, funds, personnel] disposition f ◆ **the means at one's disposal** les moyens dont on dispose ◆ **to put o.s./be at sb's disposal** se mettre/être à la disposition de qn

**COMP** **disposal unit** N broyeur m d'ordures

**dispose** /dɪsˈpəʊz/ SYN **VT** [1] (= arrange) [+ papers, ornaments] disposer, arranger ; [+ troops] disposer ; [+ forces] déployer ◆ **man proposes, God disposes** (Prov) l'homme propose, Dieu dispose (Prov)

[2] (= influence, encourage) disposer (sb to do sth qn à faire qch) ◆ **this does not dispose me to like him** (frm) cela ne me rend pas bien disposé à son égard

▸ **dispose of** VT FUS [1] (= get rid of) [+ sth no longer wanted or used] se débarrasser de, se défaire de ; (by selling) vendre ; [+ workers, staff] congédier, renvoyer ; [+ rubbish] [household etc] jeter, se débarrasser de ; (= destroy) détruire ; [+ chemical, industrial waste etc] éliminer ; [shop] [+ stock] écouler, vendre ; [+ body] se débarrasser de ◆ **how did the murderer dispose of the body?** comment le meurtrier s'est-il débarrassé du corps ?

[2] (* fig = kill) liquider* ; (Jur) [+ property] aliéner

[3] (= deal with) [+ bomb] désamorcer ; [+ question, problem, business] expédier ; [+ one's opponent, opposing team] régler son compte à ; [+ meal] liquider*, expédier

# disposed | dissipation

4 (= control) [+ time, money] disposer de ; (= settle) [+ sb's fate] décider de

 The commonest sense of **to dispose of** is not translated by **disposer de**, which means 'to have at one's disposal'.

**disposed** /dɪsˈpəʊzd/ SYN ADJ 1 (frm) ◆ **to be disposed to do sth** être disposé à faire qch

2 ◆ **to be well-disposed towards sb/sth** être bien disposé envers qn/qch ◆ **to be favourably** or **kindly disposed to(wards) sb/sth** être bien disposé à l'égard de qn/qch ; see also **ill-disposed**

3 (frm = arranged, distributed) [objects, people] disposé

**disposition** /ˌdɪspəˈzɪʃən/ SYN N 1 (= temperament) naturel m, caractère m, tempérament m
2 (= readiness) inclination f (to do sth à faire qch)
3 (= arrangement) [of ornaments etc] disposition f, arrangement m ; [of troops] disposition f
4 (Jur) [of money, property] distribution f

**dispossess** /ˌdɪspəˈzes/ VT déposséder, priver (of de) ; (Jur) exproprier ◆ **the dispossessed** les déshérités (de la société)

**dispossession** /ˌdɪspəˈzeʃən/ N dépossession f ; (Jur) expropriation f

**disproof** /dɪsˈpruːf/ N réfutation f

**disproportion** /ˌdɪsprəˈpɔːʃən/ SYN N disproportion f

**disproportionate** /ˌdɪsprəˈpɔːʃnɪt/ SYN ADJ disproportionné (to par rapport à)

**disproportionately** /ˌdɪsprəˈpɔːʃnɪtlɪ/ ADV [react, suffer] de manière disproportionnée ◆ **disproportionately small** d'une petitesse disproportionnée ◆ **disproportionately large numbers of blind people are unemployed** un nombre disproportionné d'aveugles sont au chômage

**disprove** /dɪsˈpruːv/ SYN VT établir or démontrer la fausseté de, réfuter

**disputability** /dɪsˌpjuːtəˈbɪlɪtɪ/ N caractère m discutable

**disputable** /dɪsˈpjuːtəbl/ ADJ discutable, contestable

**disputably** /dɪsˈpjuːtəblɪ/ ADV de manière contestable

**disputant** /dɪsˈpjuːtənt/ N (US Jur) ◆ **the disputants** les parties fpl en litige

**disputation** /ˌdɪspjuːˈteɪʃən/ SYN N 1 (= argument) débat m, controverse f, discussion f
2 († † = formal debate) dispute † f

**disputatious** /ˌdɪspjuːˈteɪʃəs/ ADJ (frm) raisonneur (liter)

**dispute** /dɪsˈpjuːt/ SYN

N 1 (NonC) (= controversy) discussion f ◆ **beyond dispute adj** incontestable **adv** incontestablement ◆ **without dispute** sans conteste ◆ **there is some dispute about why he did it/what he's earning** on n'est pas d'accord sur ses motifs/le montant de son salaire ◆ **there is some dispute about which horse won** il y a contestation sur le gagnant ◆ **in** or **under dispute** [matter] en discussion ; [territory, facts, figures] contesté ; (Jur) en litige ◆ **a statement open to dispute** une affirmation sujette à caution, une affirmation contestable ◆ **it is open to dispute whether he knew** on peut se demander s'il savait

2 (= quarrel) dispute f ; (= argument) discussion f, débat m ; (Jur) litige m

3 (in industry, politics) conflit m ◆ **to have a dispute with sb (about sth)** se disputer avec qn (à propos de qch) ◆ **industrial dispute** conflit m social ◆ **the miners'/postal workers' dispute** le conflit des mineurs/des employés des postes ◆ **the transport/Post Office dispute** le conflit dans les transports/dans les services postaux ◆ **the United Shipping Company dispute** le conflit chez United Shipping ◆ **wages dispute** conflit m salarial or sur les salaires

VT 1 (= cast doubt on) [+ statement, claim] contester, mettre en doute ; (Jur) [+ will] attaquer, contester ◆ **I do not dispute the fact that...** je ne conteste pas (le fait) que... + subj

2 (= debate) [+ question, subject] discuter, débattre

3 (= try to win) [+ victory, possession] disputer (with sb à qn)

**disputed** /dɪsˈpjuːtɪd/ ADJ [decision] contesté, en discussion ; [territory, fact] contesté ; (Jur) en litige

**disqualification** /dɪsˌkwɒlɪfɪˈkeɪʃən/ SYN N 1 (gen) disqualification f (also Sport), exclusion f (from de) ◆ **his lack of experience is not a disqualification** son manque d'expérience n'est pas rédhibitoire
2 (Jur) incapacité f ◆ **his disqualification (from driving)** le retrait de son permis (de conduire)

**disqualify** /dɪsˈkwɒlɪfaɪ/ SYN VT 1 (= debar) rendre inapte (from sth à qch ; from doing sth à faire qch) ; (Jur) rendre inhabile (from sth à qch ; from doing sth à faire qch) ; (Sport) disqualifier
2 ◆ **to disqualify sb from driving** retirer à qn son or le permis de conduire ◆ **he was disqualified for speeding** on lui a retiré son permis pour excès de vitesse ◆ **he was accused of driving while disqualified** il a été accusé d'avoir conduit alors qu'on lui avait retiré son permis
3 (= incapacitate) rendre incapable, mettre hors d'état (from doing sth de faire qch) ◆ **his lack of experience does not disqualify him** son manque d'expérience n'est pas rédhibitoire

**disquiet** /dɪsˈkwaɪət/ SYN
VT inquiéter, troubler ◆ **to be disquieted about** s'inquiéter de
N (NonC) inquiétude f, trouble m ; (= unrest) agitation f

**disquieting** /dɪsˈkwaɪətɪŋ/ SYN ADJ inquiétant, alarmant, troublant

**disquietude** /dɪsˈkwaɪətjuːd/ N (NonC) inquiétude f, trouble m

**disquisition** /ˌdɪskwɪˈzɪʃən/ N (= treatise) traité m, dissertation f, étude f (on sur) ; (= discourse) communication f (on sur) ; (= investigation) étude f approfondie (on de)

**disregard** /ˌdɪsrɪˈɡɑːd/ SYN
VT [+ fact, difficulty, remark] ne tenir aucun compte de, ne pas s'occuper de ; [+ danger] mépriser, ne pas faire attention à ; [+ feelings] négliger, faire peu de cas de ; [+ authority, rules, duty] méconnaître, passer outre à
N [of difficulty, comments, feelings] indifférence f (for à) ; [of danger] mépris m (for de) ; [of money] mépris m, dédain m (for de) ; [of safety] négligence f (for en ce qui concerne) ; [of rule, law] désobéissance f (for à), non-observation f (for de)

**disrepair** /ˌdɪsrɪˈpɛər/ SYN N (NonC) mauvais état m, délabrement m ◆ **in (a state of) disrepair** [building] délabré ; [road] en mauvais état ◆ **to fall into disrepair** [building] tomber en ruines, se délabrer ; [road] se dégrader

**disreputable** /dɪsˈrepjʊtəbl/ SYN ADJ 1 (= shady, dishonorable) [establishment, area, person] peu recommandable, louche * ; [behaviour] déshonorant
2 (* = shabby) miteux

**disreputably** /dɪsˈrepjʊtəblɪ/ ADV [behave] d'une manière peu honorable ; [dress] minablement *

**disrepute** /ˌdɪsrɪˈpjuːt/ SYN N discrédit m, déshonneur m ◆ **to bring sth into disrepute** jeter le discrédit sur qch ◆ **to fall into disrepute** tomber en discrédit

**disrespect** /ˌdɪsrɪˈspekt/ SYN
N manque m de respect, irrespect m ◆ **no disrespect (to...)** avec tout le respect que je dois (à...) ◆ **to show disrespect to sb/sth** manquer de respect envers qn/qch
VT manquer de respect envers

**disrespectful** /ˌdɪsrɪˈspektfʊl/ SYN ADJ irrespectueux, irrévérencieux (to envers) ◆ **to be disrespectful to sb/sth** manquer de respect envers qn/qch, se montrer irrespectueux envers qn/qch

**disrespectfully** /ˌdɪsrɪˈspektfʊlɪ/ ADV de façon irrespectueuse ◆ **to treat sb disrespectfully** manquer de respect à qn ◆ **he was treated disrespectfully** on lui a manqué de respect

**disrobe** /dɪsˈrəʊb/
VI se dévêtir, enlever ses vêtements ; (= undress) se déshabiller
VT enlever les vêtements (de cérémonie) à, dévêtir, déshabiller

**disrupt** /dɪsˈrʌpt/ SYN VT [+ peace, relations, train service] perturber ; [+ conversation] interrompre ; [+ plans] déranger ; [+ stronger] mettre or semer la confusion dans ; [+ communications] couper, interrompre

**disruption** /dɪsˈrʌpʃən/ SYN N perturbation f

**disruptive** /dɪsˈrʌptɪv/ SYN
ADJ 1 [child, behaviour] perturbateur (-trice f) ◆ **to be a disruptive influence** avoir une influence perturbatrice ◆ **such a move would be very disruptive to the local economy** une telle mesure perturberait beaucoup l'économie régionale ◆ **these changes can be very disruptive to a small company** ces changements peuvent avoir des effets très perturbateurs sur une petite entreprise
2 (Elec) disruptif
COMP **disruptive action** N action f perturbatrice

**diss** * /dɪs/ VT (US = treat with contempt) se payer la tête de *

**dissatisfaction** /ˌdɪssætɪsˈfækʃən/ SYN N mécontentement m, insatisfaction f ◆ **growing/widespread dissatisfaction** mécontentement m croissant/général (at, with devant, provoqué par)

**dissatisfied** /dɪsˈsætɪsfaɪd/ SYN ADJ mécontent, peu satisfait (with de)

**dissatisfy** /dɪsˈsætɪsfaɪ/ VT mécontenter

**dissect** /dɪˈsekt/ SYN VT [+ animal, plant, truth] disséquer ; [+ book, article] éplucher

**dissected** /dɪˈsektɪd/ ADJ [leaf] découpé

**dissection** /dɪˈsekʃən/ SYN N (Anat, Bot, fig) dissection f

**dissemble** /dɪˈsembl/
VT (= conceal) dissimuler ; (= feign) feindre, simuler
VI (in speech) dissimuler or déguiser sa pensée ; (in behaviour) agir avec dissimulation

**disseminate** /dɪˈsemɪneɪt/ SYN
VT disséminer, semer
COMP **disseminated cancer** N (Med) cancer m généralisé
**disseminated sclerosis** N (Med) sclérose f en plaques

**dissemination** /dɪˌsemɪˈneɪʃən/ SYN N [of seeds] dissémination f ; [of ideas] dissémination f, propagation f

**disseminator** /dɪˈsemɪˌneɪtər/ N propagateur m

**dissension** /dɪˈsenʃən/ SYN N dissension f, discorde f

**dissent** /dɪˈsent/ SYN
VI différer (d'opinion or de sentiment) (from sb de qn) ; (Rel) être en dissidence, être dissident
N dissentiment m, différence f d'opinion ; (Rel) dissidence f

**dissenter** /dɪˈsentər/ SYN N (esp Rel) dissident(e) m(f)

**dissentient** /dɪˈsenʃɪənt/ SYN
ADJ dissident, opposé
N dissident(e) m(f), opposant(e) m(f)

**dissenting** /dɪˈsentɪŋ/ ADJ [voice] dissident ◆ **a long dissenting tradition** une longue tradition de dissidence ◆ **dissenting opinion** (US Jur) avis m minoritaire de l'un des juges (divergeant sur des questions de fond)

**dissertation** /ˌdɪsəˈteɪʃən/ SYN N 1 (written) mémoire m (on sur) ; (spoken) exposé m (on sur)
2 (Univ) (Brit) mémoire m ; (US) thèse f (de doctorat)

**disservice** /dɪsˈsɜːvɪs/ SYN N mauvais service m ◆ **to do sb/sth a disservice** (= be unhelpful to) rendre un mauvais service à qn/qch, desservir qn/qch ; (= be unfair to) faire du tort à qn/qch

**dissidence** /ˈdɪsɪdəns/ N dissidence f (also Pol), désaccord m, divergence f d'opinion

**dissident** /ˈdɪsɪdənt/ SYN ADJ, N dissident(e) m(f)

**dissimilar** /dɪˈsɪmɪlər/ SYN ADJ dissemblable (to à), différent (to de)

**dissimilarity** /ˌdɪsɪmɪˈlærɪtɪ/ SYN N différence f, dissemblance f (between entre)

**dissimilate** /dɪˈsɪmɪleɪt/ VT (Phon) dissimiler

**dissimilation** /dɪˌsɪmɪˈleɪʃən/ N (Phon) dissimilation f

**dissimilitude** /ˌdɪsɪˈmɪlɪtjuːd/ N dissimilitude f

**dissimulate** /dɪˈsɪmjʊleɪt/ VTI dissimuler

**dissimulation** /dɪˌsɪmjʊˈleɪʃən/ N dissimulation f

**dissipate** /ˈdɪsɪpeɪt/ SYN
VT [+ fog, clouds, fears, suspicions] dissiper ; [+ hopes] anéantir ; [+ energy, efforts] disperser, gaspiller ; [+ fortune] dissiper, dilapider
VI se dissiper

**dissipated** /ˈdɪsɪpeɪtɪd/ SYN ADJ [person] débauché, qui mène une vie dissipée ; [activity] dépravé ; [life, behaviour] dissipé, dissolu ; [appearance] de débauché ◆ **to lead a dissipated life** mener une vie dissipée or dissolue, vivre dans la dissipation (liter)

**dissipation** /ˌdɪsɪˈpeɪʃən/ SYN N [of clouds, fears] dissipation f ; [of energy, efforts] gaspillage m ; [of *fortune]* dilapidation *f* ; *(= debauchery)* dissipation *f*, débauche *f*

**dissociate** /dɪˈsəʊʃɪeɪt/ LANGUAGE IN USE 26.2 SYN **VT** dissocier, séparer *(from* de) ; *(Chem, Psych)* dissocier ◆ **to dissociate o.s. from** se dissocier de, se désolidariser de

**dissociation** /dɪˌsəʊsɪˈeɪʃən/ **N** *(all senses)* dissociation *f*

**dissolubility** /dɪˌsɒljʊˈbɪlɪtɪ/ **N** solubilité *f*

**dissoluble** /dɪˈsɒljʊbl/ **ADJ** soluble

**dissolute** /ˈdɪsəluːt/ SYN **ADJ** *[person]* débauché, dissolu *(liter)* ; *[way of life]* dissolu, déréglé, de débauche

**dissolution** /ˌdɪsəˈluːʃən/ SYN **N** *(all senses)* dissolution *f*

**dissolvable** /dɪˈzɒlvəbl/ **ADJ** soluble *(in* dans)

**dissolve** /dɪˈzɒlv/ SYN

**VT** [1] *[water etc] [+ substance]* dissoudre *(in* dans) ; *[person] [+ chemical etc]* faire dissoudre *(in* dans) ; *(Culin) [+ sugar etc]* faire fondre *(in* dans)

[2] *[+ alliance, marriage, assembly]* dissoudre

**VI** [1] *(Chem)* se dissoudre ; *(Culin)* fondre

[2] *(fig) [hopes, fears]* disparaître, s'évanouir ; *(Jur, Pol)* se dissoudre ◆ **to dissolve into thin air** s'en aller *or* partir en fumée ◆ **to dissolve into tears** fondre en larmes

[3] *(Cine)* se fondre

**N** *(Cine, TV)* fondu *m* (enchaîné) ◆ **dissolve in/out** ouverture *f*/fermeture *f* en fondu

**dissolvent** /dɪˈzɒlvənt/

**ADJ** dissolvant

**N** dissolvant *m*, solvant *m*

**dissonance** /ˈdɪsənəns/ **N** dissonance *f*, discordance *f*

**dissonant** /ˈdɪsənənt/ **ADJ** dissonant, discordant

**dissuade** /dɪˈsweɪd/ SYN **VT** dissuader *(sb from doing sth* qn de faire qch), détourner *(sb from sth* qn de qch)

**dissuasion** /dɪˈsweɪʒən/ **N** dissuasion *f*

**dissuasive** /dɪˈsweɪsɪv/ **ADJ** *(gen)* dissuasif ; *[voice, person]* qui cherche à dissuader ; *[powers]* de dissuasion

**dissyllabic** /ˌdɪsɪˈlæbɪk/ **ADJ** dissyllabique, dissyllabe

**dissyllable** /dɪˈsɪləbl/ **N** dissyllabique *m*

**distaff** /ˈdɪstɑːf/ **N** quenouille *f* ◆ **on the distaff side** *(fig)* du côté maternel *or* des femmes

**distal** /ˈdɪstl/ **ADJ** *(Anat)* distal

**distance** /ˈdɪstəns/ SYN

**N** [1] *(in space)* distance *f (between* entre) ◆ **what distance is it from London?** c'est à quelle distance de Londres ? ◆ **what distance is it from here to London?** nous sommes à combien de kilomètres de Londres ? ◆ **it's a good distance** c'est assez loin ◆ **a short distance away** à une faible distance ◆ **it's no distance** c'est à deux pas, c'est tout près ◆ **to cover the distance in two hours** franchir *or* parcourir la distance en deux heures ◆ **at an equal distance from each other** à égale distance l'un de l'autre ◆ **at a distance** assez loin, à quelque distance ◆ **at a distance of 2 metres** à une distance de 2 mètres ◆ **the distance between the boys/the houses/the towns** la distance qui sépare les garçons/les maisons/les villes ◆ **the distance between the eyes/rails/posts** l'écartement *m* des yeux/des rails/des poteaux ◆ **from a distance** de loin ◆ **seen from a distance** vu de loin ◆ **to go part of the distance alone** faire une partie du trajet seul ◆ **to go** *or* **last the distance** *(Sport, fig)* tenir la distance ; → **long**[1], **middle** ◆ **in the distance** au loin, dans le lointain ◆ **to stare into the distance** regarder au loin ◆ **it's within walking/cycling distance** on peut y aller à pied/en vélo ; → **spitting**

[2] *(in time)* intervalle *m* ◆ **from a distance of 40 years, I can look back on it and say...** 40 ans plus tard *or* 40 ans après, je peux y repenser et dire...

[3] *(in rank etc)* distance *f* ◆ **to keep sb at a distance** tenir qn à distance ◆ **to keep one's distance (from sb/sth)** garder ses distances (par rapport à qn/qch)

**VT** *(Sport etc)* distancer ◆ **to distance o.s. from sth** *(fig)* se distancier de qch

**COMP** **distance learning N** téléenseignement *m*
**distance race N** *(Sport)* (also **long-distance race**) épreuve *f* de fond
**distance teaching N** enseignement *m* à distance, téléenseignement *m*

**distancing** /ˈdɪstənsɪŋ/ **N** distanciation *f*

**distant** /ˈdɪstənt/ SYN

**ADJ** [1] *(in space, time)* lointain ◆ **there was a distant view of the church** on apercevait l'église au loin ◆ **the nearest hospital was 200km distant** l'hôpital le plus proche était à 200 km ◆ **the school is 2km distant from the church** l'école est à 2 km (de distance) de l'église ◆ **a distant memory** un lointain souvenir ◆ **in the distant future/past** dans un avenir/un passé lointain ◆ **in the not too** *or* **very distant future** dans un avenir assez proche

[2] *[connection]* lointain ; *[resemblance]* vague ; *[cousin, relative, relationship]* éloigné

[3] *(= distracted) [person, manner]* distrait ◆ **there was a distant look in her eyes** elle avait un regard distrait

[4] *(= cool, reserved) [person, manner]* distant

**COMP** **distant early warning line N** *(US Mil)* ligne *f* DEW *(système de radars)*

**distantly** /ˈdɪstəntlɪ/ **ADV** [1] *(= in the distance) [hear]* dans le lointain, au loin ◆ **distantly, she heard the front door bell ring** elle entendit au loin qu'on sonnait à la porte d'entrée ◆ **the sound of a flute was distantly audible** on entendait au loin le son d'une flûte ◆ **she was distantly aware of Gavin's voice** elle entendait vaguement la voix de Gavin

[2] *[resemble]* vaguement, un peu ◆ **I am distantly related to her** c'est une parente éloignée, nous sommes vaguement apparentés ◆ **the lion and the domestic cat are distantly related** le lion et le chat domestique ont des ancêtres communs

[3] *(= absently) [nod, smile]* d'un air distrait

[4] *(= in a reserved way) [speak]* d'un ton distant ◆ **to smile/behave distantly** avoir un sourire distant/une attitude distante

**distaste** /dɪsˈteɪst/ SYN **N** dégoût *m*, répugnance *f (for* pour)

**distasteful** /dɪsˈteɪstfʊl/ SYN **ADJ** déplaisant, désagréable ◆ **to be distasteful to sb** déplaire à qn

**distastefully** /dɪsˈteɪstfəlɪ/ **ADV** *[look at]* d'un air dégoûté

**distastefulness** /dɪsˈteɪstfʊlnɪs/ **N** mauvais goût *m*

**Dist. Atty** (abbrev of **district attorney**) ≈ procureur *m* de la République

**distemper**[1] /dɪsˈtempəʳ/

**N** *(= paint)* détrempe *f*

**VT** peindre à la détrempe ◆ **distempered walls** murs *mpl* peints à la détrempe

**distemper**[2] /dɪsˈtempəʳ/ **N** *(= disease)* maladie *f* des jeunes chiens *or* de Carré

**distend** /dɪsˈtend/ SYN

**VT** *(gen)* ballonner ; *(with gas)* distendre

**VI** *(gen)* se distendre ; *(with gas)* se ballonner

**distension** /dɪsˈtenʃən/ **N** distension *f*, dilatation *f*

**distich** /ˈdɪstɪk/ **N** distique *m*

**distil, distill** *(US)* /dɪsˈtɪl/ SYN

**VT** [1] *[+ alcohol]* distiller ; *[+ essential oil]* extraire

[2] *(= derive)* ◆ **the new book was distilled from more than 200 conversations** ce nouveau livre est le résultat de plus de 200 conversations ◆ **his poetry is distilled from his experience** sa poésie s'inspire de son expérience personnelle ◆ **the distilled wisdom of centuries** le concentré de plusieurs siècles de bon sens ◆ **to distil into** condenser en , ramener à

[3] *(= drip slowly)* laisser couler goutte à goutte

**VI** se distiller, couler goutte à goutte

**COMP** **distilled water N** eau *f* déminéralisée

**distillate** /ˈdɪstɪlɪt/ **N** distillat *m*

**distillation** /ˌdɪstɪˈleɪʃən/ SYN **N** , *(fig)* distillation *f*

**distiller** /dɪsˈtɪləʳ/ **N** distillateur *m*

**distillery** /dɪsˈtɪlərɪ/ **N** distillerie *f*

**distinct** /dɪsˈtɪŋkt/ SYN **ADJ** [1] *(= definite) [impression, preference, likeness, advantage, disadvantage]* net *before n* ; *[increase, progress]* sensible, net *before n* ; *[possibility]* réel ◆ **there was a distinct lack of enthusiasm for that idea** il y avait un net manque d'enthousiasme pour cette idée

[2] *(= different, separate)* distinct *(from* de)

◆ **as distinct from** par opposition à, contrairement à

[3] *(= clear) [silhouette, voice, memory]* distinct

**distinction** /dɪsˈtɪŋkʃən/ SYN **N** [1] *(= difference)* distinction *f*, différence *f* ; *(= act of keeping apart)* distinction *f (of ... from* de ... et de ; *between* entre) ◆ **to draw** *or* **make a distinction between two things** faire la *or* une distinction entre deux choses

[2] *(NonC) (= pre-eminence)* distinction *f*, mérite *m* ; *(= refinement)* distinction *f* ◆ **to win distinction** se distinguer, acquérir une *or* de la réputation ◆ **a pianist of distinction** un pianiste réputé *or* de renom ◆ **she has great distinction** elle est d'une grande distinction

[3] *(Univ etc)* ◆ **he got a distinction in French** il a été reçu en français avec mention très bien

**distinctive** /dɪsˈtɪŋktɪv/ SYN **ADJ** [1] *(= idiosyncratic)* caractéristique

[2] *(= differentiating : also Ling)* distinctif ◆ **to be distinctive of** *or* **to sth** caractériser qch

**distinctively** /dɪsˈtɪŋktɪvlɪ/ **ADV** ◆ **distinctively English/masculine** *etc* typiquement anglais/masculin *etc* ◆ **distinctively dressed** habillé de façon originale ◆ **distinctively patterned** au motif caractéristique ◆ **to be distinctively different from sth** se démarquer nettement de qch

**distinctiveness** /dɪsˈtɪŋktɪvnɪs/ **N** caractère *m* distinctif

**distinctly** /dɪsˈtɪŋktlɪ/ SYN **ADV** [1] *(with vb = clearly) [speak, hear, see]* distinctement ; *[remember]* clairement

[2] *(with adj = decidedly)* particulièrement ◆ **it is distinctly possible** c'est très possible, c'est une réelle possibilité ◆ **distinctly different/better** nettement différent/mieux

**distinguish** /dɪsˈtɪŋgwɪʃ/ LANGUAGE IN USE 5.4 SYN

**VT** [1] *(= discern) [+ landmark]* distinguer, apercevoir ; *[+ change]* discerner, percevoir

[2] *[+ object, series, person] (= make different)* distinguer *(from* de) ; *(= characterize)* caractériser ◆ **to distinguish o.s.** se distinguer *(as* comme, en tant que) ◆ **you've really distinguished yourself!** *(also iro)* tu t'es vraiment distingué ! *(also iro)* ; see also **distinguished, distinguishing**

**VI** **to distinguish between A and B** distinguer *or* faire la distinction entre A et B, distinguer A de B

**distinguishable** /dɪsˈtɪŋgwɪʃəbl/ SYN **ADJ** [1] *(= distinct)* ◆ **to be distinguishable from sth (by sth)** se distinguer de qch (par qch) ◆ **the two political parties are now barely distinguishable (from each other)** maintenant, les deux partis politiques se distinguent à peine (l'un de l'autre) ◆ **to be distinguishable by sth** être reconnaissable à qch, se reconnaître à qch ◆ **easily** *or* **readily distinguishable** facile à distinguer

[2] *(= discernible) [shape, words, outline]* perceptible

**distinguished** /dɪsˈtɪŋgwɪʃt/ SYN

**ADJ** [1] *(= elegant, sophisticated) [person, appearance]* distingué ◆ **to look distinguished** avoir l'air distingué

[2] *(= eminent) [pianist, scholar]* distingué ; *[career, history]* brillant ◆ **in distinguished company** en illustre compagnie ◆ **20 years of distinguished service** 20 ans de bons et loyaux services ◆ **distinguished for his bravery** remarquable par *or* remarqué pour son courage ◆ **distinguished service professor** *(US Univ)* professeur *m* à titre personnel

**COMP** **Distinguished Flying Cross N** *médaille décernée aux aviateurs militaires*
**distinguished-looking ADJ** à l'air distingué
**Distinguished Service Cross N** *médaille militaire*
**Distinguished Service Medal N** *médaille militaire*
**Distinguished Service Order N** *(Brit) médaille militaire*

**distinguishing** /dɪsˈtɪŋgwɪʃɪŋ/ SYN **ADJ** distinctif, caractéristique ◆ **distinguishing mark** caractéristique *f* ; *(on passport)* signe *m* particulier

**distort** /dɪsˈtɔːt/ SYN

**VT** *(physically)* déformer, altérer ; *(fig) [+ truth]* défigurer, déformer ; *[+ text]* déformer ; *[+ judgement]* fausser ; *[+ words, facts]* dénaturer, déformer

**VI** *[face]* se crisper

**distorted** /dɪsˈtɔːtɪd/ **ADJ** [1] *[object, image, sound]* déformé ◆ **his face was distorted with rage** ses traits étaient déformés par la colère

[2] *(= biased) [report, impression]* faux (fausse *f*) ◆ **a distorted version of the events** une version déformée des événements

[3] *(= perverted) [morality, sexuality]* dévoyé

**distortion** /dɪsˈtɔːʃən/ SYN **N** *(gen, Elec, Med, Opt)* distorsion *f* ; *[of tree etc]* déformation *f* ; *[of features]* distorsion *f*, altération *f* ; *[of shape, facts, text]* déformation *f*, altération *f* ◆ **by distortion of the facts** en dénaturant les faits

**distract** /dɪsˈtrækt/ SYN VT [+ person] distraire, déconcentrer ; (= interrupt) déranger ◆ **the noise distracted her from working** le bruit la distrayait de son travail ◆ **the noise was distracting him** le bruit le déconcentrait or l'empêchait de se concentrer ◆ **she's busy, you mustn't distract her** elle est occupée, il ne faut pas la déranger ◆ **to distract sb's attention** détourner l'attention de qn

**distracted** /dɪsˈtræktɪd/ SYN ADJ ① (= worried) éperdu, égaré ; (= inattentive) distrait ; [look] égaré, affolé ◆ **she seemed curiously distracted** elle semblait étrangement distraite ◆ **distracted with worry** etc fou d'anxiété etc ◆ **she was quite distracted** elle était dans tous ses états ◆ **to drive sb distracted** rendre qn fou ② († = mad) fou (folle f)

**distractedly** /dɪsˈtræktɪdlɪ/ ADV ① (= absently) [speak] d'un ton distrait, distraitement ; [behave] éperdument, distraitement ② (liter = wildly) [behave, run] comme un fou (or une folle) ; [speak] d'un air affolé ; [weep] éperdument ◆ **distractedly, he ran his hands through his hair** il se passa la main dans les cheveux, l'air affolé

**distracting** /dɪsˈtræktɪŋ/ SYN ADJ gênant, qui empêche de se concentrer

**distraction** /dɪsˈtrækʃən/ SYN N ① (NonC = lack of attention) distraction f, inattention f ② (= interruption : to work etc) interruption f ③ (= entertainment) divertissement m, distraction f ④ (NonC = madness) affolement m ◆ **to love sb to distraction** aimer qn à la folie ◆ **to drive sb to distraction** rendre qn fou

**distrain** /dɪsˈtreɪn/ VI (Jur) ◆ **to distrain upon sb's goods** saisir les biens de qn, opérer la saisie des biens de qn

**distrainee** /ˌdɪstreɪˈniː/ N (Jur) saisi m

**distrainor** /dɪsˈtreɪnər/ N (Jur) saisissant m

**distraint** /dɪsˈtreɪnt/ N (Jur) saisie f, saisie-exécution f (sur les meubles d'un débiteur) ◆ **distraint on wages** saisie sur salaire

**distraught** /dɪsˈtrɔːt/ ADJ éperdu (with, from de), égaré, affolé

**distress** /dɪsˈtres/ SYN
N ① (physical) douleur f ; (mental) détresse f, affliction f (liter) ◆ **to be in great distress** (physical) souffrir beaucoup ; (mental) être bouleversé, être (plongé) dans l'affliction ◆ **to be in great distress over sth** être bouleversé or profondément affligé de qch ◆ **to cause distress to** causer une grande peine or douleur à
② (= poverty) détresse f ◆ **in distress** dans la détresse
③ (= danger) péril m, détresse f ◆ **a ship in distress** un navire en perdition ◆ **a plane in distress** un avion en détresse ◆ **a damsel in distress** une demoiselle en détresse
④ (Jur) saisie f
VT affliger, peiner
COMP **distress rocket** N fusée f de détresse **distress sale** N vente f de biens saisis **distress signal** N signal m de détresse

**distressed** /dɪsˈtrest/ SYN ADJ ① (= upset) affligé, peiné (by par, de) ◆ **she was very distressed** elle était bouleversée
② († = poverty-stricken) ◆ **in distressed circumstances** dans la détresse or la misère ◆ **distressed gentlewomen** dames fpl de bonne famille dans le besoin
③ [clothing] (artificiellement) vieilli ; [furniture] patiné

**distressful** /dɪsˈtresfʊl/ ADJ ⇒ distressing

**distressing** /dɪsˈtresɪŋ/ SYN ADJ [situation, experience] pénible ; [poverty, inadequacy] lamentable

**distressingly** /dɪsˈtresɪŋlɪ/ ADV ◆ **the trapped animal howled distressingly** les cris de l'animal pris au piège étaient déchirants ◆ **distressingly, it took him over an hour to die** chose horrible, il a mis plus d'une heure à mourir ◆ **a distressingly high/low percentage** un pourcentage tristement élevé/bas ◆ **she looked distressingly thin** sa maigreur faisait peine à voir ◆ **the solution is distressingly simple/obvious** la solution est d'une simplicité/évidence désespérante

**distributary** /dɪsˈtrɪbjʊtərɪ/
N (Geog) défluent m
ADJ de distribution

**distribute** /dɪsˈtrɪbjuːt/ SYN VT [+ leaflets, prizes, food] distribuer ; [+ dividends, load, weight] répartir ; [+ goods, films, books] distribuer ; [+ information] fournir ◆ **distribute the almonds over the top of the cake** étaler les amandes sur le dessus du gâteau

**distributed** /dɪsˈtrɪbjuːtɪd/
ADJ ◆ **widely distributed** [animal, plant] très répandu ◆ **unevenly distributed** inégalement réparti
COMP **distributed logic** N (Comput) logique f répartie

**distribution** /ˌdɪstrɪˈbjuːʃən/ SYN
N ① [of food, supplies, newspaper] distribution f (also Comm, Ling, Econ)
② [of resources, wealth, power] répartition f ◆ **weight/heat distribution** répartition f du poids/de la chaleur ◆ **geographical distribution** répartition f or distribution f géographique ◆ **the distribution of wealth** la répartition or distribution des richesses
COMP **distribution network** N réseau m de distribution

**distributional** /ˌdɪstrɪˈbjuːʃənəl/ ADJ (Comm) de distribution ; (Ling) distributionnel

**distributive** /dɪsˈtrɪbjʊtɪv/
ADJ (Comm, Gram, Philos etc) distributif ◆ **the distributive trades** (Econ) le secteur de la distribution
N (Gram) pronom m or adjectif m distributif

**distributor** /dɪsˈtrɪbjʊtər/
N ① [of goods, books, films] distributeur m
② (Tech = device) distributeur m ; (in vehicle) delco ® m
COMP **distributor cap** N tête f de delco ® **distributor network** N réseau m de distributeurs

**distributorship** /dɪsˈtrɪbjʊtəʃɪp/ N (Comm)
① (= company) distributeur m
② (= right to supply) contrat m de distribution

**district** /ˈdɪstrɪkt/ SYN
N (of a country) région f ; (in town) quartier m ; (= administrative area) district m ; (in Paris, Lyon and Marseille) arrondissement m ; (US Pol) circonscription f électorale (or administrative) ;
→ **electoral, postal**
COMP **district attorney** N (US Jur) représentant m du ministère public, ≈ procureur m de la République **district commissioner** N (Brit) commissaire m **district council** N (Brit : local government) ≈ conseil m général **district court** N (US Jur) cour f fédérale (de grande instance) **district heating** N ≈ chauffage m urbain **district manager** N directeur m régional **district nurse** N infirmière f visiteuse or à domicile **District of Columbia** N (US) district m (fédéral) de Columbia

> **DISTRICT OF COLUMBIA**
> 
> Le **District of Columbia** (ou **DC**) est un territoire autonome de 180 km², qui n'a pas le statut d'État mais où s'étend la capitale fédérale, Washington (ou Washington **DC**), et qui contient donc les grandes institutions politiques des États-Unis et, en particulier, la Maison-Blanche et le Capitole.

**distrust** /dɪsˈtrʌst/ SYN
VT se méfier de, se défier de
N méfiance f ◆ **to have an instinctive/profound distrust of sb/sth** éprouver une méfiance instinctive/une profonde méfiance à l'égard de qn/qch

**distrustful** /dɪsˈtrʌstfʊl/ ADJ méfiant, qui se méfie (of de)

**disturb** /dɪsˈtɜːb/ SYN VT ① (= inconvenience) [+ person] déranger ◆ **sorry to disturb you** excusez-moi de vous déranger ◆ **"(please) do not disturb"** « (prière de) ne pas déranger »
② (= trouble) [+ person] troubler, inquiéter ◆ **the news disturbed him greatly** la nouvelle l'a beaucoup troublé
③ (= interrupt) [+ silence, balance] rompre ; [+ sleep, rest] troubler
④ (= disarrange) [+ waters, sediment, atmosphere] troubler ; [+ papers, evidence] déranger

**disturbance** /dɪsˈtɜːbəns/ SYN N ① (political, social) troubles mpl, émeute f ; (in house, street) bruit m, tapage m ◆ **to cause a disturbance** faire du bruit or du tapage ◆ **disturbance of the peace** atteinte f à l'ordre public
② (NonC) [of routine, papers] dérangement m ; [of liquid] agitation f ; [of air, atmosphere] perturbation f
③ (NonC = alarm, uneasiness) trouble m (d'esprit), perturbation f (de l'esprit)

**disturbed** /dɪsˈtɜːbd/ SYN ADJ ① (Psych) perturbé ◆ **emotionally/mentally disturbed** présentant des troubles affectifs/mentaux
② (= concerned) inquiet (-ète f) (about au sujet de ; at, by par)
③ (= unsettled) [childhood, period, night, sleep] troublé ; [background] perturbé

**disturbing** /dɪsˈtɜːbɪŋ/ SYN ADJ (= alarming) inquiétant, troublant ; (= distracting) gênant, ennuyeux

**disturbingly** /dɪsˈtɜːbɪŋlɪ/ ADV ◆ **a disturbingly high number/percentage** un nombre/pourcentage inquiétant ◆ **disturbingly, the data suggests that...** chose inquiétante, les données suggèrent que...

**disulphide** /daɪˈsʌlfaɪd/ N (Chem) disulfure m

**disunite** /ˌdɪsjuːˈnaɪt/ VT désunir

**disunity** /dɪsˈjuːnɪtɪ/ N désunion f

**disuse** /dɪsˈjuːs/ SYN N désuétude f ◆ **to fall into disuse** tomber en désuétude

**disused** /dɪsˈjuːzd/ ADJ [building] désaffecté, abandonné

**disyllabic** /ˌdaɪsɪˈlæbɪk/ ADJ dissyllabe, dissyllabique

**disyllable** /ˈdaɪsɪləbl/ N dissyllabe m

**ditch** /dɪtʃ/ SYN
N ① (by roadside, between fields etc) fossé m ; (for irrigation) rigole f
② (Flying) ◆ **the ditch**\* la baille\* ; → **last**[1]
VT ① (\* = get rid of) [+ lover] plaquer\*, laisser tomber\* ; [+ car etc] abandonner ◆ **to ditch a plane** faire un amerrissage forcé
② (US \*) [+ class] sécher\*

**ditcher** /ˈdɪtʃər/ N terrassier m

**ditching** /ˈdɪtʃɪŋ/ N ① (= making ditches) creusement m de fossés ◆ **hedging and ditching** entretien m des haies et fossés
② [of plane] amerrissage m forcé

**ditchwater** /ˈdɪtʃwɔːtər/ N → **dull**

**dither**\* /ˈdɪðər/ (esp Brit)
N ◆ **to be in a dither, to be all of a dither** être dans tous ses états
VI hésiter, se tâter ◆ **to dither over a decision** se tâter pour prendre une décision ◆ **stop dithering and get on with it!** arrête de te poser des questions or de tergiverser et fais-le !

▶ **dither about**\*, **dither around**\* VI tergiverser

**ditherer**\* /ˈdɪðərər/ N (Brit) indécis(e) m(f) ◆ **don't be such a ditherer!** ne sois pas si indécis !

**dithery**\* /ˈdɪðərɪ/ ADJ (pej) indécis, qui tourne autour du pot

**dithyramb** /ˈdɪθɪræm/ N dithyrambe m

**dithyrambic** /ˌdɪθɪˈræmbɪk/ ADJ dithyrambique

**ditsy**\* /ˈdɪtsɪ/ ADJ (esp US) ⇒ **ditzy**

**ditto** /ˈdɪtəʊ/
ADV idem ◆ **restaurants are expensive here, and the cinemas** or **the cinemas ditto** les restaurants sont chers ici et les cinémas idem\*
COMP **ditto mark, ditto sign** N guillemets mpl de répétition

**ditty** /ˈdɪtɪ/ N chansonnette f

**ditz**\* /dɪts/ N (US, Austral) écervelé(e) mf

**ditzy**\* /ˈdɪtsɪ/ ADJ (esp US) évaporé

**diuresis** /ˌdaɪjʊˈriːsɪs/ N diurèse f

**diuretic** /ˌdaɪjʊəˈretɪk/ ADJ, N diurétique m

**diurnal** /daɪˈɜːnl/
ADJ (Astron, Bot) diurne
N (Rel) diurnal m

**diva** /ˈdiːvə/ N diva f

**divalency** /daɪˈveɪlənsɪ/ N (Chem) bivalence f, divalence f

**divalent** /daɪˈveɪlənt/ ADJ (Chem) bivalent, divalent

**divan** /dɪˈvæn/
N divan m
COMP **divan bed** N (Brit) divan-lit m

**dive¹** /daɪv/ SYN
  N ① [of swimmer, goalkeeper] plongeon m ; [of submarine, deep-sea diver etc] plongée f ; [of aircraft] piqué m ◆ **to make a dive** (fig) foncer (tête baissée) ◆ **to go into a dive** [profits, sales etc] dégringoler, plonger ◆ **to take a dive**\* (Football) faire du chiqué\*
  ② (\* = disreputable club, café etc) bouge m
  VI ((US) pt, ptp **dove**) ① [diver etc] plonger, faire un plongeon ; [submarine] plonger ; [aircraft] piquer ◆ **he dived in head first** il a piqué une tête dans l'eau ◆ **to dive for pearls** pêcher des perles
  ② (= plunge) ◆ **to dive in/out** etc entrer/sortir etc tête baissée ◆ **he dived for the exit** il a foncé (tête baissée) vers la sortie ◆ **he dived into the crowd** il a plongé dans la foule ◆ **he dived under the table** il s'est jeté sous la table ◆ **to dive for cover** se précipiter pour se mettre à l'abri ◆ **the keeper dived for the ball** (Football) le gardien de but a plongé pour bloquer le ballon ◆ **to dive into one's pocket** plonger la main dans sa poche
  COMP **dive-bomb** VT bombarder en piqué
  **dive bomber** N bombardier m (qui bombarde en piqué)
  **dive bombing** N bombardement m en piqué

▸ **dive in** VI ① [diver] plonger
  ② (= start to eat) ◆ **dive in!**\* attaquez !\*

**dive²** /ˈdiːvɪ/ NPL of **diva**

**diver** /ˈdaɪvəʳ/ SYN N ① (= person) plongeur m ; (also **deep-sea diver**) scaphandrier m ; → scuba, skin
  ② (= bird) plongeon m, plongeur m

**diverge** /daɪˈvɜːdʒ/ SYN VI [lines, paths, opinions, explanations] diverger

**divergence** /daɪˈvɜːdʒəns/ SYN N divergence f

**divergent** /daɪˈvɜːdʒənt/ SYN
  ADJ divergent
  COMP **divergent thinking** N raisonnement m divergent

**divers** /ˈdaɪvəz/ SYN ADJ (liter) divers, plusieurs

**diverse** /daɪˈvɜːs/ SYN ADJ divers

**diversification** /daɪˌvɜːsɪfɪˈkeɪʃən/ N diversification f

**diversiform** /daɪˈvɜːsɪˌfɔːm/ ADJ diversiforme

**diversify** /daɪˈvɜːsɪfaɪ/ SYN
  VT diversifier, varier
  VI [farmer, businessman] diversifier ses activités

**diversion** /daɪˈvɜːʃən/ SYN N ① (Brit = redirecting) [of traffic] déviation f ; [of stream] dérivation f, détournement m ; [of ship] (gen) déroutement m ; [of profits] détournement m
  ② (= temporary route) déviation f
  ③ (= relaxation) divertissement m, distraction f ◆ **it's a diversion from work** cela change or distrait du travail
  ④ (Mil etc) diversion f ◆ **to create a diversion** (= distract attention) faire diversion ; (Mil) opérer une diversion

**diversionary** /daɪˈvɜːʃnərɪ/ ADJ (also Mil) de diversion ◆ **diversionary tactics** manœuvres fpl de diversion

**diversity** /daɪˈvɜːsɪtɪ/ SYN N diversité f

**divert** /daɪˈvɜːt/ SYN VT ① (= redirect) [+ stream] détourner ; [+ train, plane, ship] dérouter ; (Brit) [+ traffic] dévier ; [+ attention, eyes] détourner ; [+ conversation] détourner ; [+ blow] écarter ; [+ phone call] transférer
  ② (= amuse) divertir, amuser ◆ **to divert o.s.** se distraire, se divertir

**diverticulitis** /ˌdaɪvəˈtɪkjʊˈlaɪtɪs/ N diverticulite f

**diverticulosis** /ˌdaɪvəˌtɪkjʊˈləʊsɪs/ N diverticulose f

**diverticulum** /ˌdaɪvəˈtɪkjʊləm/ N (Anat) diverticule m

**divertimento** /dɪˌvɜːtɪˈmentəʊ/ N (pl **divertimenti** /dɪˌvɜːtɪˈmentɪ/) (Mus) divertimento m, divertissement m

**diverting** /daɪˈvɜːtɪŋ/ SYN ADJ divertissant, amusant

**divertissement** /daɪˈvɜːtɪsmənt/ N intermède m, interlude m

**divest** /daɪˈvest/ SYN VT (of clothes, weapons) dévêtir, dépouiller (of de) ; (of rights, property) dépouiller, priver (of de) ; [+ room] dégarnir

**divide** /dɪˈvaɪd/
  VT ① (= separate) séparer (from de) ◆ **the Pyrenees divide France from Spain** les Pyrénées séparent la France de l'Espagne
  ② (= split) (also **divide up**) (gen) diviser (into en ; among, between entre) ; [+ people] répartir ; [+ money, work] diviser, partager, répartir ; [+ property, kingdom] diviser, démembrer, morceler ; [+ house] diviser, partager (into en) ; [+ apple, room] diviser, couper (into en) ; [+ one's time, attention] partager (between entre) ◆ **they divided it (amongst themselves)** ils se le sont partagé
  ③ (Math) diviser ◆ **to divide 36 by 6, to divide 6 into 36** diviser 36 par 6
  ④ (= cause disagreement among) [+ friends, political parties etc] diviser ◆ **divide and rule** or **conquer** (Brit) (politique f consistant à) diviser pour mieux régner
  ⑤ (Brit Parl) ◆ **to divide the House** faire voter la Chambre
  VI ① [river] se diviser ; [road] bifurquer
  ② (also **divide up**) [people] se répartir ; (Bio) [cells etc] se diviser
  ③ (Math) être divisible (by par)
  ④ (Brit Parl) ◆ **the House divided** la Chambre a procédé au vote or a voté
  N ① (= division, bar) fossé m ◆ **to bridge the divide between...** combler le fossé entre... ◆ **the racial/social/cultural divide** le fossé racial/social/culturel ◆ **to cross the great divide** (= die) passer de vie à trépas
  ② (Geog) ligne f de partage des eaux ◆ **the Great Divide** (in US) la ligne de partage des montagnes Rocheuses

▸ **divide off**
  VI se séparer (from de)
  VT SEP séparer (from de)

▸ **divide out** VT SEP répartir, distribuer (among entre)

▸ **divide up**
  VI ⇒ **divide** vi 2
  VT SEP ⇒ **divide** vt 2

**divided** /dɪˈvaɪdɪd/
  ADJ ① (= in two parts) divisé
  ② [leaf] découpé
  ③ (= disunited, in disagreement) [people, country] divisé (on, over sur) ; [opinion] partagé (on, over sur) ◆ **to have** or **suffer from divided loyalties** être déchiré ◆ **opinion is** or **opinions are divided on** or **over that** les avis sont partagés sur ce point ◆ **opinions are divided on what to do/on how long it will take (to do it)** les avis sont partagés quant à ce qu'il convient de faire/quant au temps que cela prendra ◆ **I feel divided (in my own mind)** je suis or je me sens partagé
  COMP **divided highway** N (US) (route f à) quatre voies f inv → ROADS
  **divided skirt** N jupe-culotte f

**dividend** /ˈdɪvɪdend/ SYN N (Fin, Math) dividende m ; → **pay**

**divider** /dɪˈvaɪdəʳ/ N ① ◆ **dividers** compas m à pointes sèches
  ② → **room**

**dividing** /dɪˈvaɪdɪŋ/
  ADJ [wall, fence] mitoyen
  COMP **dividing line** N ligne f de démarcation

**divination** /ˌdɪvɪˈneɪʃən/ N divination f

**divine¹** /dɪˈvaɪn/ SYN
  ADJ (Rel, fig) divin ◆ **Divine Providence** la divine Providence ◆ **(the) divine right of kings** (Hist) le droit divin, la monarchie de droit divin ◆ **by divine right** en vertu de droit divin ◆ **divine service/office** (Rel) service m/office m divin ◆ **darling you look simply divine!**\* chérie, tu es absolument divine ! ◆ **the mousse tasted absolutely divine!**\* la mousse était absolument divine ! ◆ **"The Divine Comedy"** (Literat) « La Divine Comédie »
  N ecclésiastique m, théologien m

**divine²** /dɪˈvaɪn/ SYN
  VT ① (= foretell) [+ the future] présager, prédire
  ② (= make out) [+ sb's intentions] deviner, pressentir ◆ **I divined that she intended to divorce me** j'ai deviné qu'elle avait l'intention de divorcer
  ③ (= search for) ◆ **to divine for water** etc chercher à découvrir une source etc à l'aide de baguettes
  COMP **divining rod** N baguette f de sourcier

**divinely** /dɪˈvaɪnlɪ/ ADV ① (Rel) ◆ **divinely inspired** divinement inspiré ◆ **divinely ordained/sanctioned** décrété/sanctionné par la volonté divine
  ② († = wonderfully) divinement ◆ **your friend waltzes divinely** votre ami valse divinement ◆ **divinely handsome** divinement beau ◆ **divinely happy** aux anges

**diviner** /dɪˈvaɪnəʳ/ SYN N [of future] devin m, devineresse f ; [of water] radiesthésiste mf

**diving** /ˈdaɪvɪŋ/
  N ① (underwater) plongée f sous-marine ; (= skill) art m du plongeur ; (= trade) métier m de plongeur sous-marin ; → scuba, skin
  ② (from diving board) plongeon m ◆ **platform high diving** (Sport) plongeon m de haut vol
  COMP **diving bell** N cloche f à plongeur
  **diving board** N plongeoir m ; (= springboard) tremplin m
  **diving buoy** N bouée f de plongée
  **diving suit** N scaphandre m

**divining** /dɪˈvaɪnɪŋ/ N divination f à l'aide de baguettes (or d'un pendule), rhabdomancie f

**divinity** /dɪˈvɪnɪtɪ/ SYN N ① (quality = god) divinité f ◆ **the Divinity** la Divinité
  ② (= theology) théologie f

**divisible** /dɪˈvɪzəbl/ SYN ADJ divisible (by par)

**division** /dɪˈvɪʒən/ SYN
  N ① (= act, state) division f, séparation f (into en) ; (= sharing) partage m, répartition f, distribution f (between, among entre) ; (Bot, Math) division f ◆ **division of labour** division f du travail ◆ **the division of Germany into two states in 1949** la division de l'Allemagne en deux États en 1949 ◆ **the division of responsibilities between national forces and the UN** la répartition or le partage des responsabilités entre les forces nationales et les forces des Nations Unies ◆ **in two votes last year the Unionist division of opinion was roughly 50-50** lors de deux élections organisées l'an passé, les unionistes étaient répartis en deux camps plus ou moins égaux ; → long¹, short, simple
  ② (= section : gen, Admin, Comm, Mil, Naut) division f ; (= category) classe f, catégorie f, section f ; (Football etc) division f ; (in box, case) division f, compartiment m ◆ **the bank's European division** la division européenne de la banque ◆ **the sales division** le département des ventes ◆ **several armoured** or **tank divisions** plusieurs divisions fpl blindées
  ③ (= divider) séparation f ; (in room) cloison f
  ④ (fig : between social classes etc) fossé m ◆ **the deep divisions within the socialist movement** les profondes divisions qui règnent au sein du mouvement socialiste
  ⑤ (= dividing line : lit, fig) division f
  ⑥ (NonC = discord) division f, désaccord m
  ⑦ (Brit Parl) ◆ **to call a division** passer au vote ◆ **to call for a division** demander la mise aux voix ◆ **the division took place at midnight** la Chambre a procédé au vote à minuit ◆ **to carry a division** avoir la majorité des voix
  COMP **division bell** N (Brit Parl) sonnerie qui annonce la mise aux voix
  **division sign** N (Math) signe m de division

**divisional** /dɪˈvɪʒənl/
  ADJ divisionnaire
  COMP **divisional coin** N monnaie f divisionnaire
  **Divisional Court** N (Brit Jur) juridiction supérieure composée d'au moins deux juges statuant en appel

**divisionism** /dɪˈvɪʒənɪzəm/ N divisionnisme m

**divisionist** /dɪˈvɪʒənɪst/ N divisionniste mf

**divisive** /dɪˈvaɪsɪv/ SYN ADJ ◆ **to be divisive** diviser l'opinion ◆ **abortion is a divisive issue** l'avortement est une question qui divise l'opinion ◆ **her enemies saw her policies as divisive** ses ennemis considéraient que sa politique était source de discorde

**divisiveness** /dɪˈvaɪsɪvnɪs/ N ◆ **the divisiveness of this decision** les dissensions causées par cette décision

**divisor** /dɪˈvaɪzəʳ/ N (Math) diviseur m

**divorce** /dɪˈvɔːs/ SYN
  N (Jur, fig) divorce m (from d'avec, avec) ◆ **to get a divorce from** obtenir le divorce d'avec
  VT (Jur) divorcer de or d'avec ; (fig) séparer (from de) ◆ **she divorced her husband** elle a divorcé de or d'avec son mari ◆ **one cannot divorce this case from...** (fig) on ne peut pas séparer ce cas de...
  VI divorcer
  COMP **divorce court** N ≈ tribunal m de grande instance
  **divorce proceedings** NPL procédure f de divorce ◆ **to start divorce proceedings** entamer une procédure de divorce, demander le divorce

**divorce settlement** N (*mutually agreed*) règlement *m* de divorce ; (*imposed by court*) jugement *m* de divorce

**divorcé** /dɪˈvɔːseɪ/ N divorcé *m*

**divorced** /dɪˈvɔːst/ ADJ (*Jur*) divorcé (*from* d'avec)

**divorcee** /dɪˌvɔːˈsiː/ N divorcé(e) *m(f)*

**divot** /ˈdɪvət/ N (*esp Golf*) motte *f* de gazon

**divulge** /daɪˈvʌldʒ/ SYN VT divulguer, révéler ◆ **he divulged that he had seen her** il a révélé qu'il l'avait vue

**divulgence** /daɪˈvʌldʒəns/ N divulgation *f*, révélation *f*

**divulsion** /daɪˈvʌlʃən/ N divulsion *f*

**divvy**[1] /ˈdɪvɪ/
- N (*Brit*) abbrev of **dividend**
- VT (✱: also **divvy up**) partager

**divvy**[2] ✱ /ˈdɪvɪ/ N (*Brit*) imbécile *mf*

**Diwali** /dɪˈwɑːlɪ/ N Dipavali *m*

**Dixie** /ˈdɪksɪ/
- N (*US*) les États *mpl* du Sud ◆ **the Heart of Dixie** l'Alabama *m* ◆ **I'm not just whistling Dixie** ✱ ce ne sont pas des paroles en l'air , je ne plaisante pas
- COMP (*US*) du Sud
- **Dixie cup** ® N (*US*) gobelet *m* en carton
- **Dixie Democrat** N (*US Pol*) démocrate *mf* du Sud

> **DIXIE**
> Surnom donné aux onze États du sud des États-Unis qui constituaient la Confédération pendant la guerre de Sécession : Alabama, Arkansas, Géorgie, Floride, Louisiane, Mississippi, Caroline du Nord, Caroline du Sud, Tennessee, Texas et Virginie. L'adjectif **Dixie** est employé pour caractériser ces États et leurs habitants : on dira ainsi que Scarlett O'Hara est l'exemple de la féminité **Dixie**.

**dixie** ✱ /ˈdɪksɪ/ N (*Brit Mil*: also **dixie can**) gamelle *f*

**Dixieland** /ˈdɪksɪlænd/
- N ⇒ **Dixie**
- COMP **Dixieland jazz** N le (jazz) Dixieland

**DIY** /ˌdiːaɪˈwaɪ/ (*Brit*) abbrev of **do-it-yourself**
- N bricolage *m*
- ADJ [*shop*] de bricolage ; [*job*] à faire soi-même ; [*divorce*] dont on s'occupe soi-même ◆ **DIY mosaics** mosaïque à faire soi-même

**dizzily** /ˈdɪzɪlɪ/ ADV [1] (= *giddily*) [*walk, sway, slump*] en proie au vertige ; [*rise, fall, spin, swirl*] vertigineusement ◆ **her head was spinning dizzily** la tête lui tournait follement
[2] (= *in a scatterbrained way*) étourdiment ; (= *in a silly way*) bêtement

**dizziness** /ˈdɪzɪnɪs/ N (= *state*) vertige(s) *m(pl)* ◆ **an attack of dizziness** des vertiges ◆ **to be overcome by dizziness** être pris de vertiges

**dizzy** /ˈdɪzɪ/ SYN
- ADJ [1] [*person*] (*from illness, hunger etc*) pris de vertiges or d'étourdissements ; (*from vertigo*) pris de vertige ◆ **to feel dizzy** avoir le vertige, avoir la tête qui tourne ◆ **he was so dizzy he couldn't move** (*from illness, hunger etc*) il était pris de tels vertiges or étourdissements qu'il ne pouvait plus avancer ; (*from vertigo*) il avait tellement le vertige qu'il ne pouvait plus avancer ◆ **it makes me dizzy** (*lit, fig*) cela me donne le vertige, j'en ai la tête qui tourne ◆ **he was dizzy from the exertion** l'effort lui faisait tourner la tête ◆ **he was dizzy with success** le succès l'avait grisé ◆ **she was dizzy with grief** elle était hébétée de douleur
[2] [*height, speed, rise in price*] vertigineux
[3] [*person*] (= *scatterbrained*) étourdi, écervelé ; (= *silly*) bête ◆ **a dizzy blonde** une blonde évaporée
- VT (= *disorientate, confuse*) [+ *person*] étourdir, donner le vertige à ◆ **to be dizzied by success** être grisé par le succès
- COMP **a dizzy spell** N un vertige, un étourdissement

**DJ** /ˈdiːdʒeɪ/ N (abbrev of **disc jockey**) → **disc**

**d.j.** ✱ /ˈdiːdʒeɪ/ N (abbrev of **dinner jacket**) smok ✱ *m*, smoking *m*

**Djakarta** /dʒəˈkɑːtə/ N ⇒ **Jakarta**

**DJIA** /ˌdiːdʒeɪəˈeɪ/ N (abbrev of **Dow Jones Industrial Average**) indice *m* Dow Jones

**Djibouti** /dʒɪˈbuːtɪ/ N Djibouti ◆ **in Djibouti** à Djibouti

**djinn** /dʒɪn/ N djinn *m*

**dl** (abbrev of **decilitre(s)**) dl

**DLit(t)** /diːˈlɪt/ N (abbrev of **Doctor of Literature** and **Doctor of Letters**) doctorat ès Lettres

**DM** N (abbrev of **Deutschmark**) DM *m*

**dm** (abbrev of **decimetre(s)**) dm

**DMA** /ˌdiːemˈeɪ/ N (*Comput*) (abbrev of **direct memory access**) accès *m* direct à la mémoire

**D-mark** /ˈdiːmɑːk/ N (abbrev of **Deutschmark**) mark *m*

**DMs** ✱ ® /ˈdiːemz/ NPL (abbrev of **Doc Martens**) Doc Martens ® *fpl*

**DMus** N (abbrev of **Doctor of Music**) doctorat de musique

**DMZ** N (abbrev of **Demilitarized Zone**) → **demilitarize**

**DNA** /ˌdiːenˈeɪ/
- N (*Med*) (abbrev of **deoxyribonucleic acid**) ADN *m*
- COMP **DNA fingerprinting, DNA profiling** N analyse *f* de l'empreinte génétique
- **DNA sequence** N séquence *f* d'ADN
- **DNA test** N test *m* ADN
- **DNA testing** N tests *mpl* ADN

**Dnieper** /ˈdniːpər/ N Dniepr *m*

**D-notice** /ˈdiːnəʊtɪs/ N (*Brit Govt*) consigne officielle à la presse de ne pas publier certaines informations relatives à la sécurité nationale

**DNR** /ˌdiːenˈɑːr/ (*Med*) (abbrev of **do not resuscitate**) ne pas ranimer

♦♦♦♦♦♦♦♦♦♦♦♦♦♦♦♦♦

## do[1] /duː/ SYN

vb: 3rd pers sg pres **does**, pret **did**, ptp **done**

1 - AUXILIARY VERB
2 - TRANSITIVE VERB
3 - INTRANSITIVE VERB
4 - NOUN
5 - PLURAL NOUN
6 - PHRASAL VERBS

♦♦♦♦♦♦♦♦♦♦♦♦♦♦♦♦♦

### 1 - AUXILIARY VERB

> [1] There is no equivalent in French to the use of **do** in questions, negative statements and negative commands.

**do you understand?** (est-ce que) vous comprenez ?, comprenez-vous ? ◆ **I do not** or **don't understand** je ne comprends pas ◆ **didn't you like it?** tu n'as pas aimé ça ? ◆ **don't worry!** ne t'en fais pas !

[2] [IN TAG QUESTIONS: SEEKING CONFIRMATION] **n'est-ce pas** ◆ **you know him, don't you?** vous le connaissez, n'est-ce pas ? ◆ **you do agree, don't you?** vous êtes d'accord, n'est-ce pas ?, vous êtes bien d'accord ? ◆ **she said that, didn't she?** elle a bien dit ça, c'est bien ce qu'elle a dit ?

> The tag is sometimes not translated.

◆ **he didn't go, did he?** il n'y est pas allé(, n'est-ce pas) ? ◆ **he didn't agree, did he?** il n'était pas d'accord(, n'est-ce pas) ? ◆ **(so) you know him, do you?** (*conveying interest, surprise, indignation etc*) alors comme ça vous le connaissez ? ◆ **she said that, did she?** alors comme ça elle a dit ça, ah oui ? elle a dit ça ?

[3] [IN TAG RESPONSES] ◆ **they speak French – oh, do they?** ils parlent français – ah oui or ah bon ? ◆ **he wanted £1,000 for it – did he really?** il en demandait 1 000 livres – vraiment or non ? ◆ **who broke the mirror? – I did** qui est-ce qui a cassé la glace ? – (c'est) moi ◆ **may I come in? – please do!** puis-je entrer ? – je t'en prie or je vous en prie ! ◆ **shall I ring her again? – no, don't!** est-ce que je la rappelle ? – ah non or surtout pas ! ◆ **I'll tell him – don't!** je vais le lui dire – surtout pas !

> **oui** or **non** alone are often used to answer questions.

◆ **do you see them often? – yes, I do** vous les voyez souvent ? – oui ◆ **did you see him? – no I didn't** est-ce que tu l'as vu ? – non

[4] [SUBSTITUTE FOR ANOTHER VERB] faire ◆ **he's always saying he'll stop smoking, but he never does** il dit toujours qu'il va s'arrêter de fumer mais il ne le fait pas ◆ **she always says she'll come but she never does** elle dit toujours qu'elle viendra mais elle n'en fait rien ou ne vient en fait jamais ◆ **you drive faster than I do** tu conduis plus vite que moi ◆ **I like this colour, don't you?** j'aime bien cette couleur, pas toi ? ◆ **they said he would object and indeed he did** on a dit qu'il s'y opposerait et c'est bien ce qui s'est passé or et c'est bien ce qu'il a fait

[5] [ENCOURAGING, INVITING] ◆ **DO come!** venez donc ! ◆ **DO tell him that…** dites-lui bien que…

[6] [USED FOR EMPHASIS] ◆ **I DO wish I could come with you** je voudrais tant pouvoir vous accompagner ◆ **but I DO like pasta!** mais si j'aime bien les pâtes ! ◆ **I am sure he never said that – he DID say it** je suis sûr qu'il n'a jamais dit ça – je t'assure que si or mais si, il l'a dit ! ◆ **so you DO know them!** alors comme ça tu les connais !

### 2 - TRANSITIVE VERB

[1] faire ◆ **what are you doing in the bathroom?** qu'est-ce que tu fais dans la salle de bains ? ◆ **what do you do (for a living)?** que faites-vous dans la vie ? ◆ **I don't know what to do** je ne sais pas quoi faire ◆ **I don't know how she does it** je ne sais pas comment elle fait ◆ **the work is being done by a local builder** c'est un entrepreneur du coin qui fait les travaux ◆ **I've only done three pages** je n'ai fait que trois pages ◆ **we only do one make of gloves** nous ne faisons qu'une marque de gants ◆ **are you doing anything this evening?** vous faites quelque chose ce soir ?, êtes-vous pris ce soir ? ◆ **the car was doing 100mph** la voiture faisait du 160 km/h ◆ **we did London to Edinburgh in eight hours** nous avons fait (le trajet) Londres-Édimbourg en huit heures ◆ **we've done 200km since 2 o'clock** nous avons fait 200 km depuis 2 heures cet après-midi ◆ **to do the sights** faire du tourisme ◆ **to do six years (in jail)** faire six ans de prison ◆ **to do again** refaire ◆ **it's all got to be done again** tout est à refaire or à recommencer ◆ **now you've done it!** c'est malin ! ◆ **that's done it!** (*dismay*) c'est foutu ! ✱ ; (*satisfaction*) (voilà) ça y est !

> Some **do** + *noun combinations require a more specific French verb.*

◆ **to do the flowers** arranger les fleurs ◆ **to do one's hair** se coiffer ◆ **to do a play** (= *put on*) monter une pièce ◆ **to do nine subjects** étudier neuf matières ◆ **to do one's teeth** se laver or se brosser les dents

◆ **to do** + *person* ◆ **to do an author** (= *study*) faire or étudier un auteur ◆ **we're doing Orwell this term** on fait or étudie Orwell ce trimestre ◆ **the barber said he'd do me next** (= *attend to*) le coiffeur a dit qu'il me prendrait après ◆ **if I get hold of you!** (= *hurt*) attends un peu que je t'attrape !, tu auras affaire à moi si je t'attrape ! ◆ **she does the worried mother very convincingly** (= *act*) elle est très convaincante quand elle joue les mères inquiètes ◆ **he does his maths teacher to perfection** (= *imitate*) il imite son professeur de maths à la perfection ◆ **they do you very well at that restaurant** (= *serve*) on mange rudement ✱ bien dans ce restaurant ◆ **to do sb to death** (= *kill*) tuer qn

[2] [= FINISH] ◆ **to get done with sth** en finir avec qch ◆ **have you done moaning?** ✱ tu as fini de te plaindre ? ◆ **when all's said and done** au bout du compte, en fin de compte

[3] [CULIN] (= *cook*) faire ; (= *peel*) éplucher ; (= *prepare*) faire, préparer ◆ **I'll do some pasta** je vais faire des pâtes ◆ **how do you like your steak done?** comment voulez-vous votre bifteck ? ◆ **I like steak well done** j'aime le bifteck bien cuit

[4] [BRIT ✱ = CHEAT] ◆ **he realized they'd done him** il s'aperçut qu'il s'était fait avoir ✱ ◆ **to be done se faire avoir** ✱ ◆ **you've been done!** tu t'es fait avoir !✱, on t'a eu or refait ! ✱ ◆ **he was afraid he'd be done** il avait peur de se faire avoir

[5] [SUFFICE, SUIT] aller à ◆ **will a kilo do you?** un kilo, ça ira ? ◆ **that will do me nicely** ça ira très bien

[6] [✱ = TAKE] [+ *cocaine, heroin*] prendre

[7] [SET STRUCTURES]

◆ **to do** + *preposition* ◆ **there's nothing I can do ABOUT it** je ne peux rien y faire ◆ **he's been badly done BY** on s'est très mal conduit avec lui ◆ **what are we going to do FOR money?** comment allons-nous faire pour trouver de l'argent ? ◆ **what can I do FOR you?** qu'est-ce que je peux faire pour vous ?, en quoi puis-je vous aider ? ◆ **could you do something FOR me?** est-ce que tu peux me rendre un service ? ◆ **I could see what the stress was doing TO him** je voyais qu'il était très stressé ◆ **what are you doing TO that poor cat!** qu'est-ce que tu es en train de faire à ce pauvre chat ? ◆ **this theme has been done TO death** c'est un sujet rebattu

## do | doctoral

♦ **what have you done WITH my gloves?** qu'as-tu fait de mes gants ? ♦ **what are you doing WITH yourself these days?** qu'est-ce que tu deviens ? ♦ **he didn't know what to do WITH himself** il ne savait pas quoi faire de sa peau * ♦ **what am I going to do WITH you?** qu'est-ce que je vais bien pouvoir faire de toi ?

**3 – INTRANSITIVE VERB**

**1** [= ACT] faire, agir ♦ **do as your friends do** faites comme vos amis ♦ **do as I say** fais ce que je dis ♦ **he did well by his mother** il a bien agi or il s'est bien comporté envers sa mère ♦ **he did well to take advice** il a bien fait de prendre conseil ♦ **you would do well to rest more** vous feriez bien de vous reposer davantage ♦ **he did right** il a bien fait ♦ **he did right to go** il a bien fait d'y aller BUT ♦ **she was up and doing at 6 o'clock** elle était sur pied dès 6 heures du matin ♦ **do as you would be done by** (Prov) ne faites pas aux autres ce que vous ne voudriez pas qu'on vous fasse

♦ **nothing doing*** ♦ **there's nothing doing in this town** il ne se passe jamais rien dans cette ville ♦ **nothing doing!** (refusing) pas question ! * ; (reporting lack of success) pas moyen ! *

♦ **to have + to do with** (= to be connected with) ♦ **what has that got to do with it?** et alors, qu'est-ce que ça a à voir ? ♦ **that has nothing to do with it!** cela n'a rien à voir !, cela n'a aucun rapport ! ♦ **they say crime has nothing to do with unemployment** ils prétendent que la criminalité n'a rien à voir ou n'a aucun rapport avec le chômage ♦ **this debate has to do with the cost of living** ce débat porte sur le coût de la vie ♦ **that's got a lot to do with it!** ça y est pour beaucoup ! ♦ **money has a lot to do with it** l'argent y est pour beaucoup ♦ **his business activities have nothing to do with how much I earn** ses affaires n'ont rien à voir avec ce que je gagne ♦ **that has nothing to do with you!** ça ne vous regarde pas ! ♦ **I won't have anything to do with it** je ne veux pas m'en mêler ♦ **a doctor has to do with all kinds of people** un médecin a affaire à toutes sortes de gens

**2** [= GET ON] aller, marcher ; (as regards health) se porter ♦ **how are you doing?** comment ça va ? ♦ **how's he doing?** comment va-t-il ? ♦ **the patient is doing better now** le malade va or se porte mieux ♦ **he's doing well at school** il a de bons résultats à l'école, il marche bien ♦ **en classe** ♦ **he** or **his business is doing well** ses affaires vont or marchent bien ♦ **hi, what's doing?** salut, comment ça va ? ♦ **the patient is doing very well** le malade est en très bonne voie ♦ (on being introduced) ♦ **how do you do?** enchanté or très heureux de faire votre connaissance) ♦ **the roses are doing well this year** les roses sont belles cette année

**3** [= FINISH] finir, terminer ♦ **have you done?** vous avez terminé ?, ça y est ?

♦ **to have done with** ♦ **I've done with all that nonsense** je ne veux plus entendre parler de ces bêtises ♦ **have you done with that book?** vous n'avez plus besoin de ce livre ?, vous avez fini avec ce livre ?

**4** [= SUIT, BE CONVENIENT] aller, faire l'affaire ♦ **this room will do** cette chambre fera l'affaire ♦ **that will do for the moment** ça ira pour le moment ♦ **that will never do!** il n'en est pas question ! ♦ **it doesn't do to tell him what you think of him** ce n'est pas une bonne idée de lui dire ce qu'on pense de lui ♦ **this coat will do for** or **as a blanket** ce manteau peut servir de couverture

**5** [= BE SUFFICIENT] suffire ♦ **three bottles of wine should do** trois bouteilles de vin devraient suffire, trois bouteilles de vin, ça devrait aller ♦ **can you lend me some money? – will £10 do?** peux-tu me prêter de l'argent ? – dix livres, ça te suffira or ça ira ? ♦ **that will do!** ça suffira !, ça ira !

**6** [† = DO HOUSEWORK] faire le ménage ♦ **the woman who does for me** la personne qui fait mon ménage, ma femme de ménage

**4 – NOUN**

**1** * (esp Brit) fête f ♦ **they had a big do for their twenty-fifth anniversary** ils ont fait une grande fête pour leur vingt-cinquième anniversaire de mariage

**2** [* BRIT = SWINDLE] escroquerie f ♦ **the whole business was a real do from start to finish** toute l'affaire n'a été qu'une escroquerie du début jusqu'à la fin

**3** [* = STATE OF AFFAIRS] ♦ **it's a poor do!** c'est plutôt minable !

**5 – PLURAL NOUN**

**dos**

**1** ♦ **the dos and don'ts** ce qu'il faut faire ou ne pas faire

**2** ♦ **fair dos!*** il faut être juste !

**6 – PHRASAL VERBS**

▶ **do away with** VT FUS **1** (= get rid of) [+ law, controls] abolir ; [+ nuclear weapons] démanteler ; [+ subsidies] supprimer ; [+ building] démolir ♦ **this will do away with the need for a UN presence** cela rendra la présence des Nations unies superflue

**2** (* = kill) [+ person] liquider*, supprimer ♦ **to do away with o.s.** se suicider

▶ **do down*** VT SEP (Brit) [+ person] dénigrer ♦ **she's always doing herself down** il faut toujours qu'elle se déprécie or se rabaisse

▶ **do for*** VT FUS [+ person] (= kill) liquider*, supprimer ; (= ruin) [+ hopes, chances, project] ficher* or foutre‡ en l'air, bousiller ♦ **he's/it's done for** il est/c'est fichu* or foutu‡ ; see also **do**[1]

▶ **do in**‡ VT SEP **1** (= kill) buter‡, liquider*

**2** ♦ **it does my head in** ça me prend la tête *

**3** (gen pass = exhaust) épuiser ♦ **to be** or **feel done in** être claqué* or épuisé

▶ **do out** VT SEP (Brit) [+ room] (= clean) nettoyer à fond ; (= decorate) refaire

▶ **do out of** VT SEP ♦ **to do sb out of £100** arnaquer* qn de 100 livres, refaire* qn de 100 livres ♦ **to do sb out of a job** piquer son travail à qn

▶ **do over** VT SEP **1** (US * = redo) refaire

**2** (Brit ‡) [+ person] (= beat up) tabasser*, passer à tabac* ; [+ room, house] (= ransack) fouiller de fond en comble, mettre sens dessus dessous ♦ **the door was open: they had done the place over** la porte était ouverte : ils avaient fouillé la maison de fond en comble or ils avaient mis la maison sens dessus dessous

**3** (= redecorate) [+ house] refaire

▶ **do up**

VI [dress, jacket] se fermer

VT SEP **1** (= fasten) [+ buttons] boutonner ; [+ zip] fermer, remonter ; [+ dress] fermer ; [+ shoes] lacer

**2** (= parcel together) [+ goods] emballer, empaqueter ♦ **to do sth up in a parcel** emballer or empaqueter qch ♦ **to do up a parcel** faire un paquet

**3** * (= renovate) [+ house, room] remettre à neuf, refaire ; (+ dress) arranger ♦ **she was done up in a bizarre outfit** elle était bizarrement affublée ♦ **to do o.s. up** se faire beau (belle f)

▶ **do with** * VT FUS **1** ♦ **I could do with a cup of tea** je prendrais bien une tasse de thé ♦ **the house could do with a coat of paint** la maison a besoin d'un bon coup de peinture

**2** (= tolerate) supporter ♦ **I can't do with** or **be doing with whining children** je ne peux pas supporter les enfants qui pleurnichent

▶ **do without** VT FUS se passer de ♦ **you'll have to do without then!** alors il faudra bien que tu t'en passes subj ! ♦ **I can do without your advice!** je vous dispense de vos conseils ! ♦ **I could have done without that!** je m'en serais très bien passé !

**do**[2] /dəʊ/ N (Mus) do m

**do.** (abbrev of ditto) id, idem

**DOA** /ˌdiːəʊˈeɪ/ (abbrev of **dead on arrival**) → **dead**

**doable*** /ˈduːəbl/ ADJ faisable

**DOB** (abbrev of **date of birth**) → **date**[1]

**dobbin** /ˈdɒbɪn/ N canasson m, bourrin* m

**Doberman** /ˈdəʊbəmən/ N (also **Doberman pinscher**) doberman m

**doc*** /dɒk/ N (US) (abbrev of **doctor**) docteur m, toubib* m ♦ **yes doc** oui docteur

**Docetism** /ˈdəʊsɪˌtɪzəm/ N (Rel) docétisme m

**docile** /ˈdəʊsaɪl/ SYN ADJ docile, maniable

**docilely** /ˈdəʊsaɪlɪ/ ADV docilement

**docility** /dəʊˈsɪlɪtɪ/ SYN N docilité f, soumission f

**dock**[1] /dɒk/ SYN

N (for berthing) bassin m, dock m ; (for loading, unloading, repair) dock m ♦ **my car is in dock*** (Brit fig) ma voiture est en réparation ; → **dry, graving dock**

VT [+ ship] mettre à quai ; [+ spacecraft] amarrer, arrimer

VI [ship] arriver or se mettre à quai ♦ **the ship has docked** le bateau est à quai

**2** (Space) [two spacecraft] s'arrimer (with à) ♦ **the shuttle docked with the space station** la navette s'est arrimée à la station spatiale

COMP **dock house** N bureaux mpl des docks
**dock labourer** N docker m, débardeur m
**dock strike** N grève f des dockers
**dock-worker** N ⇒ **dock labourer**

**dock**[2] /dɒk/ N (Brit Jur) banc m des accusés ♦ **"prisoner in the dock"** « accusé » ♦ **in the dock** (lit) au banc des accusés ♦ **to be in the dock** (fig) être sur la sellette, être au banc des accusés

**dock**[3] /dɒk/ VT **1** [+ dog, horse] écourter ; [+ tail] couper

**2** (Brit) [+ wages] faire une retenue sur ♦ **to dock £25 off sb's wages** retenir 25 livres sur le salaire de qn ♦ **he had his wages docked for repeated lateness** on lui a fait une retenue sur son salaire à cause de ses retards répétés ♦ **to dock a soldier of two days' pay/leave** supprimer deux jours de solde/de permission à un soldat ♦ **the club was docked six points for cheating** (Sport) on a enlevé six points au club pour avoir triché

**dock**[4] /dɒk/
N (= plant) patience f
COMP **dock leaf** N (= plant) patience f

**dockage** /ˈdɒkɪdʒ/ N (= charge) droits mpl de quai

**docker** /ˈdɒkər/ N (Brit) docker m, débardeur m

**docket** /ˈdɒkɪt/ SYN

N **1** (= paper: on document, parcel etc) étiquette f, fiche f (indiquant le contenu d'un paquet etc)

**2** (Jur) (= register) registre m des jugements rendus ; (esp US) (= list of cases) rôle m des causes ; (= abstract of letters patent) table f des matières, index m

**3** (Brit Customs = certificate) récépissé m de douane, certificat m de paiement des droits de douane

VT **1** [+ contents] résumer ; (Jur) [+ judgement] enregistrer or consigner sommairement ; (fig) [+ information etc] consigner, prendre note de

**2** [+ packet, document] faire une fiche pour, étiqueter

**docking** /ˈdɒkɪŋ/ N (Space) arrimage m, amarrage m

**dockland** /ˈdɒklənd/ N (Brit) ♦ **the dockland** le quartier des docks, les docks mpl

**dockside** /ˈdɒkˌsaɪd/ N docks mpl

**dockwalloper*** /ˈdɒkˌwɒləpər/ N (US) ⇒ **dock labourer**

**dockyard** /ˈdɒkjɑːd/ N chantier m naval ; → **naval**

**Doc Martens** ® /ˌdɒkˈmɑːtənz/ NPL Doc Martens fpl

**doctor** /ˈdɒktər/ SYN

N **1** (Med) médecin m, docteur m ♦ **he/she is a doctor** il/elle est médecin or docteur ♦ **you should see a doctor** tu devrais aller chez le médecin (or) chez le docteur ♦ **a woman doctor** une femme médecin ♦ **who is your doctor?** qui est votre docteur ?, qui est votre médecin traitant ? ♦ **Doctor Allan** le docteur Allan, Monsieur (or Madame) le docteur Allan ♦ **yes doctor** oui docteur ♦ **to send for the doctor** faire venir le médecin or le docteur ♦ **to go to the doctor's** aller chez le docteur ♦ **to be under the doctor*** (for sth) suivre un traitement (contre qch) ♦ **doctor's line** or **note** (Brit), **doctor's excuse** (US) (Scol etc) dispense f ♦ **at the doctor's** chez le médecin ♦ **doctor's office** (US) cabinet m médical ♦ **it's just what the doctor ordered*** (fig hum) c'est exactement ce qu'il me (or te etc) fallait ; → **Dr**

**2** (Univ etc) docteur m ♦ **doctor's degree** doctorat m ♦ **Doctor of Law/of Science** etc docteur m en droit/ès sciences etc ♦ **Doctor of Philosophy** ≈ titulaire m d'un doctorat d'État ; → **medicine**

VT **1** [+ sick person] soigner

**2** (Brit * = castrate) [+ cat etc] couper, châtrer

**3** (* pej = mend) rafistoler * (pej)

**4** (= tamper with) [+ wine] trafiquer*, frelater ; [+ food] trafiquer* ; [+ text, document, figures, accounts] tripatouiller*

**doctoral** /ˈdɒktərəl/ ADJ [student] de doctorat ♦ **he did his doctoral research at Cambridge** il a fait les recherches pour son doctorat à Cambridge

**doctorate | doggy**

COMP **doctoral dissertation** N (US) ⇒ **doctoral thesis**
**doctoral thesis** N (Univ) thèse f de doctorat
**doctorate** /ˈdɒktərɪt/ N doctorat m ◆ **doctorate in science/in philosophy** doctorat m ès sciences/en philosophie
**doctrinaire** /ˌdɒktrɪˈnɛəʳ/ SYN ADJ, N doctrinaire mf
**doctrinairism** /ˌdɒktrɪˈnɛərɪzəm/ N dogmatisme m
**doctrinal** /dɒkˈtraɪnl/ ADJ doctrinal
**doctrinarian** /ˌdɒktrɪˈnɛərɪən/ N doctrinaire mf
**doctrine** /ˈdɒktrɪn/ SYN N doctrine f
**docudrama** /ˌdɒkjʊˈdrɑːmə/ N (TV etc) docudrame m
**document** /ˈdɒkjʊmənt/ SYN
  N (gen, also Comput) document m ◆ **the documents relating to a case** le dossier d'une affaire ◆ **official document** document m officiel ; (Jur) acte m authentique public ◆ **judicial document** (Jur) acte m judiciaire
  VT /ˈdɒkjʊment/ [1] (= record) consigner ; (= describe) décrire ◆ **each accidental injury is documented** chaque blessure accidentelle est consignée ◆ **a bestseller documenting his achievements** un best-seller qui décrit ses exploits ◆ **there is no documented case of someone being infected in this way** il n'existe aucun cas connu d'infection par ce biais ◆ **complaints must be documented** (Jur) les plaintes doivent être accompagnées de pièces justificatives
  ◆ **well-documented** [case, report] solidement documenté ◆ **there are well documented reports of...** il existe des témoignages solidement documentés selon lesquels...
  ◆ **to be well documented** être attesté de nombreuses sources ◆ **the effects of smoking have been well documented** les effets du tabac ont été attestés par de nombreuses sources ◆ **it is well documented that olive oil helps reduce cholesterol levels** de nombreuses recherches tendent à prouver que l'huile d'olive contribue à réduire le taux de cholestérol
  [2] [+ ship] munir des papiers nécessaires
  COMP **document case** N porte-documents m inv
  **document imaging** N reproduction de document sous forme d'image
  **document reader** N (Comput) lecteur m de documents

(!) **to document** is not translated by **documenter**, except in the case of 'well-documented' (see above).

**documentarian** /ˌdɒkjʊmənˈtɛərɪən/ N (esp US) documentariste mf
**documentary** /ˌdɒkjʊˈmentərɪ/
  ADJ documentaire
  N (Cine, TV) (film m) documentaire m
  COMP **documentary evidence** N (Jur) documents mpl, preuve f documentaire or par écrit
  **documentary letter of credit** N crédit m documentaire
**documentation** /ˌdɒkjʊmenˈteɪʃən/ N documentation f ; (Comm) documents mpl (à fournir etc)
**docu-soap** /ˈdɒkjʊsəʊp/ N feuilleton-documentaire m
**DOD** /ˌdiːəʊˈdiː/ N (US) (abbrev of **Department of Defense**) → **defence**
**do-dad** /ˈduːdæd/ N ⇒ **doodah**
**dodder** /ˈdɒdəʳ/ VI ne pas tenir sur ses jambes ; (fig) tergiverser, atermoyer
**dodderer*** /ˈdɒdərəʳ/ N vieux (or vieille f) gaga*, croulant(e)* m(f), gâteux m, -euse f
**doddering** /ˈdɒdərɪŋ/ SYN, **doddery** /ˈdɒdərɪ/ ADJ (= trembling) branlant ; (= senile) gâteux
**doddle*** /ˈdɒdl/ N (Brit) ◆ **it's a doddle** c'est simple comme bonjour*, c'est du gâteau*
**dodecagon** /dəʊˈdekəˌɡɒn/ N (Geom) dodécagone m
**dodecahedral** /ˌdəʊdekəˈhiːdrəl/ ADJ (Geom) dodécaèdre, dodécaédrique
**dodecahedron** /ˌdəʊdekəˈhiːdrən/ N (Geom) dodécaèdre m
**Dodecanese** /ˌdəʊdekəˈniːz/ N Dodécanèse m
**dodecaphonic** /ˌdəʊdekəˈfɒnɪk/ ADJ (Mus) dodécaphonique
**dodecaphonism** /ˌdəʊdekəˈfəʊnɪzəm/ N dodécaphonisme m, sérialisme m

**dodecaphonist** /ˌdəʊdekəˈfɒnɪst/ N dodécaphoniste mf
**dodecasyllabic** /ˌdəʊdekəsɪˈlæbɪk/ ADJ dodécasyllabe
**dodecasyllable** /ˌdəʊdekəˈsɪləbl/ N dodécasyllabe m
**dodge** /dɒdʒ/ SYN
  N [1] (= movement) mouvement m de côté ; (Boxing, Football) esquive f
  [2] (Brit *) (= trick) tour m, truc* m ; (= ingenious scheme) combine* f, truc* m ◆ **he's up to all the dodges** il connaît (toutes) les ficelles ◆ **I've got a good dodge for making money** j'ai une bonne combine* pour gagner de l'argent ; → **tax**
  VT [+ blow, ball] esquiver ; [+ pursuer] échapper à ; (fig = avoid ingeniously) [+ question, difficulty] esquiver, éluder ; [+ tax] éviter de payer ; (= shirk) [+ work, duty] esquiver ◆ **he dodged the issue** il a éludé la question ◆ **I managed to dodge him before he saw me** j'ai réussi à m'esquiver avant qu'il ne me voie ◆ **he dodged doing the dishes by claiming he had a lot of work to do** il a échappé à la vaisselle en prétendant qu'il avait beaucoup de travail
  VI faire un saut de côté or un brusque détour ; (Boxing, Fencing) esquiver ; (Football, Rugby) faire une feinte de corps, feinter ◆ **to dodge out of sight** or **out of the way** s'esquiver ◆ **to dodge behind a tree** disparaître derrière un arbre ◆ **to dodge through the traffic/the trees** se faufiler entre les voitures/les arbres ◆ **he saw the police and dodged round the back (of the house)** il a vu les agents et s'est esquivé (en faisant le tour de la maison) par derrière
  ▸ **dodge about** VI aller et venir, remuer
**dodgems** /ˈdɒdʒəmz/ NPL (Brit) autos fpl tamponneuses
**dodger** /ˈdɒdʒəʳ/ SYN N [1] (* = trickster) roublard(e)* m(f), finaud(e) m(f) ; (= shirker) tire-au-flanc m inv ; → **artful**
  [2] (= screen on ship) toile f de passerelle de commandement
  [3] (US = handbill) prospectus m
**dodgy*** /ˈdɒdʒɪ/ ADJ [1] (Brit = uncertain, tricky) [situation, plan, finances, weather] douteux ; [health] précaire ◆ **he's got a dodgy back/heart etc** il a des problèmes de dos/de cœur etc, son dos/cœur etc lui joue des tours ◆ **her health is dodgy, she's in dodgy health** sa santé lui joue des tours, elle n'a pas la santé*
  [2] (= dubious, suspicious) [person, deal, district] louche*
**dodo** /ˈdəʊdəʊ/ N (pl **dodos** or **dodoes**) dronte m, dodo m ; → **dead**
**DOE** /ˌdiːəʊˈiː/ N [1] (Brit) (abbrev of **Department of the Environment**) → **environment**
  [2] (US) (abbrev of **Department of Energy**) → **energy**
**doe** /dəʊ/ N (pl **does** or **doe**) [1] (= deer) biche f
  [2] (= rabbit) lapine f ; (= hare) hase f ◆ **doe-eyed** [person] aux yeux de biche ; [look] de biche
**doer** /ˈduː(ə)ʳ/ SYN N [1] (= author of deed) auteur m de l'action ◆ **doers of good deeds often go unrewarded** ceux qui font le bien ne sont pas souvent récompensés
  [2] (= active person) personne f efficace or dynamique ◆ **he's a doer, not a thinker** il préfère l'action à la réflexion
**does** /dʌz/ → **do¹**
**doeskin** /ˈdəʊskɪn/ N peau f de daim
**doesn't** /ˈdʌznt/ ⇒ **does not** ; → **do¹**
**doff** /dɒf/ SYN VT († , hum) [+ garment, hat] ôter, enlever
**dog** /dɒɡ/ SYN
  N [1] (= animal) chien m ; (specifically female) chienne f ◆ **it's a real dog's dinner** or **breakfast*** c'est le bordel* ◆ **he's all done up like a dog's dinner** regarde comme il est attifé*, il est attifé* n'importe comment ◆ **to lead a dog's life** mener une vie de chien ◆ **it's a dog's life** c'est une vie de chien ◆ **the dogs*** (Brit Sport) les courses fpl de lévriers ◆ **to go to the dogs*** (fig) [person] gâcher sa vie, mal tourner ; (institution, business) aller à vau-l'eau, péricliter ◆ **to throw sb to the dogs** (fig) abandonner qn à son sort ◆ **every dog has his day** (Prov) à chacun vient sa chance, à chacun son heure de gloire ◆ **he hasn't a dog's chance*** il n'a pas la moindre chance (de réussir) ◆ **it's (a case of) dog eat dog** c'est un cas où les loups se mangent entre eux ◆ **give a dog a bad name (and hang him)** (Prov) qui veut noyer son chien l'accuse de la

rage (Prov) ◆ **to put on the dog**‡ (US) faire de l'épate* ◆ **this is a real dog**‡ (= very bad) c'est nul* ◆ **it's the dog's bollocks**‡* (Brit) c'est génial* ; → **cat**, **hair**
  [2] (= male) [of fox etc] mâle m
  [3] * ◆ **lucky dog** veinard(e)* m(f) ◆ **dirty dog** sale type* m ◆ **sly dog** (petit) malin m , (petite) maligne f
  [4] (*‡ = unattractive woman) cageot‡ m, boudin * m
  [5] ◆ **the dog (and bone)**‡ (= phone) téléphone m, bigophone* m ◆ **to get on the dog** téléphoner
  [6] (Tech) (= clamp) crampon m ; (= pawl) cliquet m
  VT [1] (= follow closely) [+ person] suivre (de près) ◆ **he dogs my footsteps** il marche sur mes talons, il ne me lâche pas d'une semelle
  [2] (= harass) harceler ◆ **dogged by ill fortune** poursuivi par la malchance
  COMP **dog and pony show** N (US fig) spectacle fait pour impressionner
  **dog basket** N panier m pour chien
  **dog biscuit** N biscuit m pour chien
  **dog breeder** N éleveur m, -euse f de chiens
  **dog-catcher** N employé(e) m(f) de (la) fourrière
  **dog collar** N (lit) collier m de chien ; (hum : clergyman's) col m de pasteur, (faux) col m d'ecclésiastique
  **dog days** NPL canicule f
  **dog dirt** N crottes fpl de chien
  **dog-eared** ADJ écorné
  **dog-end** * N mégot m ◆ **they epitomize the dog-end of the British music scene** ils incarnent tout ce qu'il y a de plus médiocre sur la scène musicale britannique ADJ minable*
  **dog fancier** N (= connoisseur) cynophile mf ; (= breeder) éleveur m, -euse f de chiens
  **dog fox** N renard m (mâle)
  **dog guard** N (in car) barrière f pour chien (à l'arrière d'une voiture)
  **dog handler** N (Police etc) maître-chien m
  **dog in the manger** N empêcheur m, -euse f de tourner en rond *
  **dog-in-the-manger** ADJ ◆ **a dog-in-the-manger attitude** une attitude égoïste
  **dog Latin** * N latin m de cuisine
  **dog licence** N redevance payable par les propriétaires de chiens
  **dog mess** N ⇒ **dog dirt**
  **dog paddle** N nage f en chien VI nager en chien
  **dog rose** N (= flower) églantine f ; (= bush) églantier m
  **the Dog Star** N Sirius m
  **dog's-tongue** N cynoglosse f
  **dog's-tooth check**, **dog(s)-tooth check** N (= fabric) pied-de-poule m
  **dog tag** * N (US Mil) plaque f d'identification (portée par les militaires)
  **dog-tired** * ADJ claqué*, crevé*
  **dog track** N piste f (de course de lévriers)
  **dog wolf** N loup m
**dogcart** /ˈdɒɡkɑːt/ N charrette f anglaise, dogcart m
**doge** /dəʊdʒ/ N doge m
**dogfight** /ˈdɒɡfaɪt/ N (lit) combat m de chiens ; (between planes) combat m entre avions de chasse ; (between people) bagarre f
**dogfish** /ˈdɒɡfɪʃ/ N (pl **dogfish** or **dogfishes**) chien m de mer, roussette f
**dogfood** /ˈdɒɡfuːd/ N nourriture f pour chiens
**dogged** /ˈdɒɡɪd/ SYN ADJ [person, character] tenace ; [courage, determination, persistence, refusal] obstiné ; [resistance, battle] acharné
**doggedly** /ˈdɒɡɪdlɪ/ ADV [say, fight] avec ténacité ; [refuse] obstinément ◆ **doggedly determined** résolu envers et contre tout ◆ **he is doggedly loyal** il fait preuve d'une loyauté à toute épreuve ◆ **he was doggedly optimistic** il était résolument optimiste
**doggedness** /ˈdɒɡɪdnɪs/ SYN N obstination f, ténacité f
**Dogger Bank** /ˈdɒɡəbæŋk/ N Dogger Bank m
**doggerel** /ˈdɒɡərəl/ N vers mpl de mirliton
**doggie** /ˈdɒɡɪ/ N ⇒ **doggy noun**
**doggo** * /ˈdɒɡəʊ/ ADV (Brit) ◆ **to lie doggo** se tenir coi (coite f) ; (fugitive, criminal) se terrer
**doggone(d)** * /ˈdɒɡɒn(d)/ ADJ (US euph) ⇒ **damn**, **damned**
**doggy** * /ˈdɒɡɪ/
  N (baby talk) toutou * m (baby talk)
  ADJ [smell] de chien mouillé ◆ **she is a very doggy woman** elle a la folie des chiens ◆ **I'm not really a doggy person** je n'aime pas trop les chiens

**doggy bag** * N petit sac pour emporter les restes après un repas au restaurant
**doggy fashion** * ADV [have sex] en levrette
**doggy paddle** * N nage f en chien VI nager en chien
**doggy style** * ADV ⇒ doggy fashion

**doghouse** /ˈdɒɡhaʊs/ N (US) chenil m, niche f à chien ◆ **he is in the doghouse** * (fig) il n'est pas en odeur de sainteté

**dogie** /ˈdəʊɡi/ N (US) veau m sans mère

**dogleg** /ˈdɒɡleɡ/
N (in road etc) coude m, angle m abrupt
ADJ [turn, bend] en coude, en épingle à cheveux

**doglike** /ˈdɒɡlaɪk/ ADJ [appearance] canin ; [devotion, fidelity] inconditionnel

**dogma** /ˈdɒɡmə/ SYN N (pl **dogmas** or **dogmata** /ˈdɒɡmətə/) dogme m

**dogmatic** /dɒɡˈmætɪk/ SYN ADJ dogmatique ◆ **to be very dogmatic about sth** être très dogmatique sur qch

**dogmatically** /dɒɡˈmætɪkəlɪ/ ADV [speak, write, argue] sur un ton dogmatique ; [follow rule, apply principle] dogmatiquement, d'une manière dogmatique

**dogmatics** /dɒɡˈmætɪks/ N (NonC: Rel) dogmatique f

**dogmatism** /ˈdɒɡmətɪzəm/ SYN N dogmatisme m

**dogmatist** /ˈdɒɡmətɪst/ N dogmatique mf

**dogmatize** /ˈdɒɡmətaɪz/ VI dogmatiser

**do-gooder** /ˌduːˈɡʊdər/ N bonne âme f (iro)

**do-gooding** /ˌduːˈɡʊdɪŋ/ N (pej) ◆ **do-gooding by businessmen** les B.A. des hommes d'affaires

**dogsbody** * /ˈdɒɡzbɒdɪ/ N (Brit) ◆ **she's the general dogsbody** c'est la bonne à tout faire

**dogshow** /ˈdɒɡʃəʊ/ N exposition f canine

**dogsled** /ˈdɒɡsled/ (US), **dogsledge** (Brit) /ˈdɒɡsledʒ/ N traîneau m (tiré par des chiens)

**dogtrot** /ˈdɒɡtrɒt/ N petit trot m ; (US = passageway) passage m couvert

**dogvane** /ˈdɒɡveɪn/ N penon m

**dogwatch** /ˈdɒɡwɒtʃ/ N (on ship) petit quart m, quart m de deux heures

**dogwood** /ˈdɒɡwʊd/ N cornouiller m

**DOH** /ˌdiːəʊˈeɪtʃ/ N (Brit) (abbrev of **Department of Health**) ministère m de la santé

**doh** /dəʊ/ N (Mus) do m

**doily** /ˈdɔɪlɪ/ N (under plate) napperon m ; (on plate) dessus m d'assiette

**doing** /ˈduːɪŋ/ SYN
N (NonC) ◆ **this is your doing** c'est vous qui avez fait cela ◆ **it was none of my doing** je n'y suis pour rien, ce n'est pas moi qui l'ai fait ◆ **that takes some doing** ce n'est pas facile or commode, (il) faut le faire ! *
NPL **doings** 1 faits mpl et gestes mpl
2 (Brit * = thing) ◆ **doings** machin * m , truc * m ◆ **that doings over there** ce machin * là-bas

**do-it-yourself** /ˌduːɪtjəˈself/
N bricolage m
ADJ 1 [shop] de bricolage ◆ **do-it-yourself enthusiast** bricoleur m, -euse f ◆ **do-it-yourself kit** kit m (prêt-à-monter)
2 (fig) [divorce, conveyancing, will] dont on s'occupe soi-même (sans employer les services d'un professionnel)

**do-it-yourselfer** /ˌduːɪtjəˈselfər/ N bricoleur m, -euse f

**dojo** /ˈdəʊdʒəʊ/ N dojo m

**Dolby** ® /ˈdɒlbɪ/ N Dolby ® m

**dolce** /ˈdɒltʃɪ/ ADV dolce

**dolce vita** /ˌdɒltʃɪˈviːtə/ N dolce vita f inv

**doldrums** /ˈdɒldrəmz/ SYN NPL (= area) zone f des calmes équatoriaux ; (= weather) calme m équatorial ◆ **to be in the doldrums** [person] avoir le cafard *, broyer du noir ; [business] être dans le marasme ◆ **to come out of the doldrums** [person] reprendre le dessus ; [business] sortir du marasme

**dole** /dəʊl/ SYN
N allocation f or indemnité f de chômage ◆ **to go/be on the dole** (Brit) s'inscrire/être au chômage ◆ **how much do you get a week on the dole?** combien touche-t-on d'allocation or d'indemnités de chômage par semaine ?
COMP **dole bludger** * N (Austral) ≈ parasite m de l'ANPE
**dole queue** N (Brit) ◆ **the dole queues are lengthening** le nombre de chômeurs augmente
▸ **dole out** VT SEP distribuer or accorder au compte-gouttes

**doleful** /ˈdəʊlfʊl/ ADJ [person, face] triste ; [expression, voice] dolent (liter), plaintif ; [song] plaintif ◆ **a doleful prospect** une triste perspective

**dolefully** /ˈdəʊlfəlɪ/ ADV d'un air malheureux

**dolefulness** /ˈdəʊlfʊlnɪs/ N [of person] tristesse f ; [of song, expression] caractère m lugubre or morne

**dolichocephalic** /ˌdɒlɪkəʊseˈfælɪk/ ADJ dolichocéphale

**doll** /dɒl/
N 1 poupée f ◆ **to play with a doll** or **dolls** jouer à la poupée
2 (esp US * = girl) nana * f, pépée † * f ; (= pretty girl) poupée * f ◆ **he's/she's a doll** (= attractive person) il/elle est chou *, il/elle est adorable ◆ **you're a doll to help me** * (US) tu es un ange de m'aider
COMP **doll buggy**, **doll carriage** N (US) landau m de poupée
**doll's house** N maison f de poupée
**doll's pram** N landau m de poupée
▸ **doll up** * VT SEP [+ person, thing] bichonner ◆ **to doll o.s. up**, **to get dolled up** se faire (tout) beau * (or (toute) belle *), se bichonner ◆ **all dolled up** sur son trente et un (for pour) ◆ **she was dolled up for the party** elle s'était mise sur son trente et un pour la soirée

**dollar** /ˈdɒlər/
N dollar m ◆ **it's dollars to doughnuts that…** * (US) c'est couru d'avance * que… ; → **half**, **sixty**
COMP **dollar area** N zone f dollar
**dollar bill** N billet m d'un dollar
**dollar diplomacy** N diplomatie f à coups de dollars
**dollar gap** N déficit m de la balance dollar
**dollar rate** N cours m du dollar
**dollar sign** N signe m du dollar

**dollop** /ˈdɒləp/ N [of butter, cheese etc] gros or bon morceau m ; [of cream, jam etc] bonne cuillerée f

**dolly** /ˈdɒlɪ/
N 1 ( * : baby talk = doll) poupée f
2 (for washing clothes) agitateur m
3 (= wheeled frame) chariot m ; (Cine, TV) chariot m, travelling m (dispositif) ; (= railway truck) plate-forme f
ADJ (Sport * = easy) facile
VT (Cine, TV) ◆ **to dolly the camera in/out** avancer/reculer la caméra
COMP **dolly bird** * N (Brit) jolie nana * f, poupée * f
**dolly mixture** N (= sweets) petits bonbons multicolores
**dolly tub** N (for washing) baquet m à lessive ; (Min) cuve f à rincer

**dolma** /ˈdɒlmə/ N (pl **dolmades** /dɒlˈmɑːdiːz/) (Culin) dolma m

**dolman** /ˈdɒlmən/
N dolman m
COMP **dolman sleeve** N (sorte f de) manche f kimono inv

**dolmen** /ˈdɒlmen/ N dolmen m

**dolomite** /ˈdɒləmaɪt/ N dolomite f, dolomie f

**Dolomites** /ˈdɒləmaɪts/ NPL (Geog) ◆ **the Dolomites** les Dolomites fpl

**dolomitic** /ˌdɒləˈmɪtɪk/ ADJ (Geol) dolomitique

**dolphin** /ˈdɒlfɪn/ N dauphin m

**dolphinarium** /ˌdɒlfɪˈnɛərɪəm/ N delphinarium m

**dolt** /dəʊlt/ SYN N balourd(e) m(f)

**doltish** /ˈdəʊltɪʃ/ ADJ gourde *, cruche *, balourd

**doltishness** /ˈdəʊltɪʃnɪs/ N balourdise f

**domain** /dəʊˈmeɪn/
N domaine m ◆ **in the domain of science** dans le domaine des sciences ; → **public**
COMP **domain name** N nom m de domaine

**dome** /dəʊm/ N (on building) dôme m, coupole f ; (liter = stately building) édifice m ; [of hill] sommet m arrondi, dôme m ; [of skull] calotte f ; [of heaven, branches] dôme m

**domed** /dəʊmd/ ADJ [forehead] bombé ; [building] à dôme, à coupole

**Domesday Book** /ˈduːmzdeɪbʊk/ N Domesday Book m

**domestic** /dəˈmestɪk/ SYN
ADJ 1 (household) (gen) domestique ; [fuel] à usage domestique ; [quarrel] (within family) de famille ; (between married couple) conjugal ◆ **domestic bliss** les joies fpl de la vie de famille ◆ **she gets regular domestic help at the weekends** elle a une aide ménagère qui vient tous les week-ends ◆ **the domestic chores** les travaux mpl ménagers, les tâches fpl ménagères ◆ **domestic harmony** l'harmonie f du ménage
2 (= home-loving) ◆ **she was never a very domestic sort of person** elle n'a jamais vraiment été une femme d'intérieur
3 (Econ, Pol = internal) [policy, affairs, flight, politics, news, problems, market] intérieur (-eure f) ; [currency, economy, production] national ; [sales] sur le marché intérieur ◆ (intended) **for domestic consumption** (lit) [product, commodity] destiné à la consommation intérieure ; (fig) [speech, statement] réservé au public national
4 (= domesticated) ◆ **the domestic cat/rabbit/chicken** etc le chat/lapin/poulet etc domestique
N 1 (= worker) domestique mf
2 (Brit Police * = fight) querelle f domestique
COMP **domestic appliance** N appareil m ménager
**domestic heating oil** N fioul m domestique
**domestic rates** NPL (Brit) anciens impôts locaux
**domestic science** N arts mpl ménagers
**domestic science college** N école f d'arts ménagers
**domestic science teaching** N enseignement m ménager
**domestic servants** NPL domestiques mfpl, employé(e)s m(f)pl de maison
**domestic service** N ◆ **she was in domestic service** elle était employée de maison or domestique
**domestic spending** N (NonC) dépenses fpl intérieures
**domestic staff** N [of hospital, institution] personnel m auxiliaire ; [of private house] domestiques mfpl
**domestic violence** N violence f domestique or familiale ◆ **the problem of domestic violence against women** le problème des femmes battues

**domestically** /dəˈmestɪkəlɪ/ ADV ◆ **only two of the banks are domestically owned** seules deux de ces banques sont détenues par des capitaux nationaux ◆ **domestically produced goods** biens mpl produits à l'intérieur du pays ◆ **he's not very domestically inclined** ce n'est pas vraiment un homme d'intérieur

**domesticate** /dəˈmestɪkeɪt/ SYN VT 1 (lit) [+ animal] domestiquer
2 ( * fig, hum) [+ person] apprivoiser

**domesticated** /dəˈmestɪkeɪtɪd/ SYN ADJ
1 [animal] domestiqué
2 * [person] ◆ **she's very domesticated** c'est une vraie femme d'intérieur ◆ **he's not very domesticated** ce n'est pas vraiment un homme d'intérieur

**domestication** /dəˌmestɪˈkeɪʃən/ N [of animal] domestication f

**domesticity** /ˌdəʊmesˈtɪsɪtɪ/ N 1 (= home life) vie f de famille, vie f casanière (slightly pej)
2 (= love of household duties) goût m pour les tâches ménagères

**domicile** /ˈdɒmɪsaɪl/ (Admin, Fin, Jur)
N domicile m
VT domicilier ◆ **domiciled at** [person] domicilié à, demeurant à ◆ **he is currently domiciled in Berlin** il est actuellement domicilié à Berlin, il demeure actuellement à Berlin ◆ **to domicile a bill with a bank** domicilier un effet à une banque

**domiciliary** /ˌdɒmɪˈsɪlɪərɪ/ ADJ domiciliaire

**domiciliation** /ˌdɒmɪsɪlɪˈeɪʃən/ N [of bill, cheque] domiciliation f

**dominance** /ˈdɒmɪnəns/ N (gen: Ecol, Genetics, Psych) dominance f (over sur) ; [of person, country etc] prédominance f

**dominant** /'dɒmɪnənt/ SYN
**ADJ** 1 (= predominant, assertive) dominant ◆ **she is the dominant partner in their marriage** dans leur couple c'est elle qui commande
2 (Mus) de dominante ◆ **dominant seventh** septième f de dominante
3 (Genetics) dominant
4 [animal, individual, species] dominant ◆ **the dominant male of the group** le mâle dominant du groupe
**N** (Mus) dominante f ; (Ecol, Genetics) dominance f

**dominate** /'dɒmɪneɪt/ SYN **VTI** dominer

**dominating** /'dɒmɪneɪtɪŋ/ **ADJ** [character, personality] dominateur (-trice f)

**domination** /ˌdɒmɪ'neɪʃən/ SYN **N** domination f

**dominatrix** /ˌdɒmɪ'neɪtrɪks/ **N** (pl **dominatrices** /ˌdɒmɪnə'traɪsiːz/) (= sexual partner) dominatrice f ; (= dominant woman) femme f dominatrice, maîtresse femme f

**domineer** /ˌdɒmɪ'nɪər/ SYN **VI** agir en maître, se montrer autoritaire

**domineering** /ˌdɒmɪ'nɪərɪŋ/ SYN **ADJ** dominateur (-trice f), impérieux, autoritaire

**Dominica** /ˌdɒmɪ'niːkə/ **N** (Geog) la Dominique

**Dominican**[1] /də'mɪnɪkən/
**ADJ** (Geog) dominicain
**N** Dominicain(e) m(f)
**COMP** **the Dominican Republic N** la République dominicaine

**Dominican**[2] /də'mɪnɪkən/ **ADJ, N** (Rel) dominicain(e) m(f)

**dominion** /də'mɪnɪən/ SYN
**N** 1 (NonC) domination f, empire m (over sur) ◆ **to hold dominion over sb** maintenir qn sous sa domination or sous sa dépendance
2 (= territory) territoire m, possessions fpl ; (Brit Pol) dominion m
**COMP** **Dominion Day N** (Can) fête f de la Confédération

**domino** /'dɒmɪnəʊ/
**N** (pl **dominoes**) 1 domino m ◆ **to play dominoes** jouer aux dominos ◆ **banks started collapsing like dominoes** les banques se sont écroulées les unes après les autres
2 (= costume, mask, person) domino m
**COMP** **domino effect** N effet m d'entraînement
**domino theory** N (Pol) théorie f des dominos, théorie f du proche en proche

**Don** /dɒn/ **N** (= river) Don m

**don**[1] /dɒn/
**N** 1 (Brit Univ *) professeur m d'université (surtout à Oxford et à Cambridge)
2 (= Spanish nobleman) don m
3 (US) chef m de la Mafia
**COMP** **Don Juan** N don Juan m
**Don Quixote** N don Quichotte m

**don**[2] /dɒn/ SYN **VT** [+ garment] revêtir, mettre

**donate** /dəʊ'neɪt/ SYN **VT** faire don de, donner ◆ **donate blood** donner son sang ◆ **donated by...** offert par...

**donation** /dəʊ'neɪʃən/ SYN **N** 1 (NonC = act of giving) donation f
2 (= gift) don m ◆ **to make a donation to a fund** faire un don à une caisse

**donator** /dəʊ'neɪtər/ **N** donateur m, -trice f

**done** /dʌn/ SYN
**VB** ptp of **do**[1] ◆ **what's done cannot be undone** ce qui est fait est fait ◆ **that's just not done!** cela ne se fait pas ! ◆ **it's as good as done** c'est comme si c'était fait ◆ **a woman's work is never done** (Prov) une femme n'est jamais au bout de sa tâche ◆ **done!** (Comm) marché conclu !, entendu ! ◆ **consider it done!** c'est comme si c'était fait !
**ADJ** → **do**[1] 1 ◆ **is it the done thing?** est-ce que cela se fait ? ◆ **it's not the done thing** ça ne se fait pas ◆ **it's not yet a done deal, since the agreement has to be approved by the owners** ce n'est pas encore chose faite, l'accord doit être approuvé par les propriétaires
2 (* = tired out) claqué*, crevé* ◆ **I'm absolutely done!** ⁑ je n'en peux plus !, je suis crevé ! *
3 (= cooked, ready) cuit ◆ **is it done yet?** est-ce que c'est cuit ? ◆ **well done** [steak] bien cuit

**donee** /ˌdəʊ'niː/ **N** (Jur) donataire mf

**doner** /'dɒnər/ **N** (also **doner kebab**) donner kebab m, ≈ sandwich m grec

**dong** /dɒŋ/ **N** 1 (= sound of bell) dong m
2 (= unit of currency) dông m
3 (*⁑ = penis) zob*⁑ m

**dongle** /'dɒŋgl/ **N** (Comput) boîtier m de sécurité

**donjon** /'dʌndʒən/ **N** donjon m

**donkey** /'dɒŋkɪ/
**N** 1 âne(sse) m(f), baudet * m ◆ **she hasn't been here for donkey's years*** (Brit) il y a une éternité or ça fait une paye * qu'elle n'est pas venue ici ; → **hind**[2]
2 (* = fool) âne m, imbécile mf
**COMP** **donkey derby** N (Brit) course f à dos d'âne
**donkey engine** N auxiliaire m, petit cheval m, cheval m alimentaire
**donkey jacket** N (Brit) grosse veste f
**donkey ride** N promenade f à dos d'âne
**donkey-work** N (Brit) ◆ **the donkey-work** le gros du travail

**donnish** /'dɒnɪʃ/ SYN **ADJ** [person] cérébral ; [humour, manner] d'intellectuel

**donor** /'dəʊnər/
**N** (to charity etc) donateur m, -trice f ; (Med) [of blood, organ for transplant] donneur m, -euse f ◆ **sperm/organ/bone marrow/kidney donor** donneur de sperme/d'organe/de moelle osseuse/de rein
**COMP** **donor card** N carte f de donneur d'organes
**donor country** N pays m donateur
**donor insemination** N insémination f artificielle
**donor organ** N organe m de donneur
**donor sperm** N sperme m de donneur

**don't** /dəʊnt/
**VB** ⇒ **do not** ; → **do**[1]
**N** ◆ **don'ts** choses fpl à ne pas faire ; → **do**[1]
**COMP** **don't knows** NPL (gen) sans opinion mpl ; (= voters) indécis mpl ◆ **there were ten in favour, six against, and five "don't knows"** il y avait dix pour, six contre et cinq « sans opinion »

**donut** /'dəʊnʌt/ **N** (US) ⇒ **doughnut**

**doodah** * (Brit) /'duːdɑː/, **doodad** * (US) /'duːdæd/ **N** (= gadget) petit bidule * m

**doodle** /'duːdl/
**VI** griffonner (distraitement)
**N** griffonnage m

**doodlebug** * /'duːdlbʌg/ **N** (Brit) bombe f volante ; (US) petit véhicule m

**doodler** * /'duːdlər/ **N** ◆ **he's an inveterate doodler** il fait des petits dessins partout, il adore griffonner

**doohickey** * /ˌduː'hɪkɪ/ **N** (US) machin * m, truc * m, bidule * m

**doolally** ⁑ /duː'lælɪ/ **ADJ** dingo⁑, barjo⁑

**doom** /duːm/ SYN
**N** (= ruin) ruine f, perte f ; (= fate) destin m, sort m
**VT** condamner (to à), destiner (to à) ◆ **doomed to failure** voué à l'échec ◆ **the project was doomed from the start** le projet était voué à l'échec dès le début
**COMP** **doom-laden** ADJ lugubre, sinistre
**doom-monger** N ⇒ **doomsayer**

**doomsayer** /'duːmseɪər/ **N** prophète m de malheur

**doomsday** /'duːmzdeɪ/
**N** jour m du Jugement dernier ◆ **till doomsday** (fig) jusqu'à la fin des temps
**COMP** **doomsday cult** N secte f apocalyptique
**doomsday scenario** N scénario m catastrophe

**doomwatch** /'duːmwɒtʃ/ **N** attitude f pessimiste, catastrophisme m

**doomwatcher** /'duːmwɒtʃər/ **N** prophète m de malheur, oiseau m de mauvais augure

**doomy** /'duːmɪ/ **ADJ** lugubre

**door** /dɔːr/ SYN
**N** 1 [of house, room, cupboard] porte f ; [of train, plane, car] portière f ◆ **he shut** or **closed the door in my face** il m'a fermé la porte au nez ◆ **he came through** or **in the door** il est passé par la porte ◆ **"pay at the door"** (Theat etc) « billets à l'entrée » ◆ **to get tickets on the door** prendre les billets à l'entrée ◆ **to go from door to door** (gen) aller de porte en porte ; [salesman] faire du porte à porte ; see also **comp** ◆ **he lives two doors down** or **up the street** il habite deux portes plus loin ◆ **out of doors** (au-)dehors ; → **answer, front, next door**
2 (phrases) ◆ **to lay sth at sb's door** imputer qch à qn, charger qn de qch ◆ **to open the door to further negotiations** ouvrir la voie à des négociations ultérieures ◆ **to leave** or **keep the door open for further negotiations** laisser la porte ouverte à des négociations ultérieures ◆ **to close** or **shut the door on** or **to sth** barrer la route à qch, rendre qch irréalisable ◆ **there was resistance to the idea at first but now we're pushing at an open door** (Brit) cette idée a rencontré beaucoup de réticences au départ, mais maintenant tout marche comme sur des roulettes ◆ **as one door closes, another one opens** il y aura d'autres occasions ◆ **to be on the door** (Theat etc) être à l'entrée ◆ **to open doors** (fig) ouvrir des portes ◆ **a Harvard degree opens doors** un diplôme de l'université de Harvard ouvre beaucoup de portes ; → **death, show**
**COMP** **door chain** N chaîne f de sûreté
**door curtain** N portière f (tenture)
**door furniture** N ferrures fpl de porte
**door handle** N poignée f or bouton m de porte ; [of car] poignée f de portière
**door-knocker** N marteau m (de porte), heurtoir m
**door-locking mechanism** N [of car, train] dispositif m de verrouillage des portières
**door scraper** N grattoir m
**door-to-door** ADJ ◆ **door-to-door delivery** livraison f à domicile ◆ **we deliver door-to-door** nous livrons à domicile ◆ **door-to-door salesman** ⇒ **doorstep salesman** ; → **doorstep** ◆ **door-to-door selling** (Brit) démarchage m, vente f à domicile, porte-à-porte m inv

**doorbell** /'dɔːbel/ **N** sonnette f ◆ **he heard the doorbell ring** il entendit sonner à la porte ◆ **there's the doorbell!** on sonne (à la porte) !

**doorframe** /'dɔːfreɪm/ **N** chambranle m, châssis m de porte

**doorjamb** /'dɔːdʒæm/ **N** montant m de porte, jambage m

**doorkeeper** /'dɔːkiːpər/ **N** ⇒ **doorman**

**doorknob** /'dɔːnɒb/ **N** poignée f or bouton m de porte

**doorman** /'dɔːmən/ **N** (pl **-men**) [of hotel] portier m ; [of block of flats] concierge m ; [of nightclub etc] videur m

**doormat** /'dɔːmæt/ **N** 1 (lit) paillasson m
2 (* = downtrodden person) paillasson m, carpette * f

**doornail** /'dɔːneɪl/ **N** clou m de porte ; → **dead**

**doorpost** /'dɔːpəʊst/ **N** montant m de porte, jambage m ; → **deaf**

**doorsill** /'dɔːsɪl/ **N** seuil m (de la porte)

**doorstep** /'dɔːstep/
**N** 1 (lit) pas m de porte, seuil m ◆ **he left it on my doorstep** il l'a laissé devant ma porte ◆ **the bus stop is just at my doorstep** l'arrêt du bus est (juste) devant ma porte ◆ **we don't want trouble/a motorway on our doorstep** nous ne voulons pas d'embêtements dans notre voisinage/d'autoroute dans notre arrière-cour
2 (* = hunk of bread, sandwich) grosse tartine f
**VT** (Brit *) ◆ **to doorstep sb** (Pol) faire du démarchage électoral chez qn ; (Press) aller chez qn pour l'interviewer (contre son gré)
**COMP** **doorstep salesman** N (pl **doorstep salesmen**) (Brit) démarcheur m, vendeur m à domicile
**doorstep selling** N démarchage m

**doorstepping** * /'dɔːstepɪŋ/ **N** 1 (Pol) démarchage m électoral
2 (Press) porte-à-porte pratiqué par certains journalistes

**doorstop(per)** /'dɔːstɒp(ər)/ **N** butoir m de porte

**doorway** /'dɔːweɪ/ **N** (gen) porte f ◆ **in the doorway** dans l'embrasure de la porte

**doo-wop** /'duːwɒp/ **N** sorte de blues

**doozy** * /'duːzɪ/ **N** (US) ◆ **a doozy of a moustache** une sacrée moustache

**dopamine** /'dəʊpəmiːn/ **N** dopamine f

**dope** /dəʊp/ SYN
**N** 1 (* = drugs, esp marijuana) dope * f ; (for athlete, horse) dopant m) dopant m ; (US ⁑ = drug addict) drogué(e) m(f), toxico * mf ◆ **to take dope**⁑, **to be on dope**⁑, **to do dope**⁑ (US) se droguer
2 (NonC) ⁑ = information) tuyaux * mpl ◆ **to give sb the dope** tuyauter * or affranchir * qn ◆ **to get the dope on sb** se rancarder⁑ sur qn ◆ **what's the dope on...?** qu'est-ce qu'on a comme tuyaux * sur... ?
3 (* = stupid person) andouille⁑ f
4 (= varnish) enduit m

**dopey | double**

5 (added to petrol) dopant m
6 (for explosives) absorbant m
**VT** [+ horse, person] doper ; [+ food, drink] mettre une drogue or un dopant dans ◆ **he was doped (up) to the eyeballs**⁎ il était complètement défoncé⁎
**COMP** **dope fiend** †⁎ N drogué(e) m(f)
**dope peddler**⁎, **dope pusher**⁎ N revendeur m, -euse f de drogue, dealer⁎ m
**dope test** N test m antidopage **VT** faire subir un test antidopage à

▶ **dope out** VT SEP (US) deviner, piger⁎

**dopey**⁎ /ˈdəʊpɪ/ **ADJ** (= drugged) drogué, dopé ; (= very sleepy) (à moitié) endormi ; (= stupid) abruti⁎

**doping** /ˈdəʊpɪŋ/ N dopage m

**doppelgänger** /ˈdɒplˌɡɛŋəʳ/ N sosie m

**Doppler effect** /ˈdɒplərˌfɛkt/ N effet m Doppler or Doppler-Fizeau

**dopy** /ˈdəʊpɪ/ **ADJ** ⇒ **dopey**

**dor** /dɔːʳ/ N (also **dor beetle**) géotrupe m

**Dordogne** /dɔːrˈdɔɲ/ N (= region, river) Dordogne f

**Doric** /ˈdɒrɪk/ **ADJ** (Archit) dorique

**dork**⁎ /dɔːk/ N abruti(e)⁎ m(f)

**dorm**⁎ /dɔːm/ N (Scol) ⇒ **dormitory**

**dormancy** /ˈdɔːmənsɪ/ N [of volcano] inactivité f ; [of plant] dormance f ; [of virus] latence f

**dormant** /ˈdɔːmənt/ **SYN ADJ** 1 [animal, plant, passion] dormant ; [virus] latent ; [volcano] endormi ; [law] inappliqué ; [title] tombé en désuétude ; (Banking) [account] sans mouvement ◆ **the dormant season** la saison de dormance ◆ **to lie dormant** [plan, organization] être en sommeil ; [disease] être latent ; [bacterium, virus] être à l'état latent
2 (Heraldry) dormant ◆ **a lion dormant** un lion dormant

**dormer (window)** /ˈdɔːməʳ(ˌwɪndəʊ)/ N lucarne f

**dormice** /ˈdɔːmaɪs/ **NPL** of **dormouse**

**dormie** /ˈdɔːmɪ/ **ADJ** (Golf) dormie

**dormitory** /ˈdɔːmɪtrɪ/
**N** dortoir m ; (US Univ) résidence f universitaire
**COMP** **dormitory suburb** N (esp Brit) banlieue f dortoir
**dormitory town** N (esp Brit) ville f dortoir

**Dormobile** ® /ˈdɔːməbiːl/ N (Brit) camping-car m, autocaravane f

**dormouse** /ˈdɔːmaʊs/ N (pl **dormice**) loir m

**Dors** abbrev of **Dorset**

**dorsal** /ˈdɔːsl/
**ADJ** dorsal
**COMP** **dorsal fin** N (nageoire f) dorsale f

**dory**¹ /ˈdɔːrɪ/ N (= fish) dorée f, saint-pierre m inv

**dory**² /ˈdɔːrɪ/ N (= boat) doris m

**DOS** /dɒs/ N (abbrev of **disk operating system**) DOS m

**dosage** /ˈdəʊsɪdʒ/ N (= dosing) dosage m ; (= amount) dose f ; (on medicine bottle) posologie f

**dose** /dəʊs/ **SYN**
**N** 1 (Pharm) dose f ◆ **give him a dose of medicine** donne-lui son médicament ◆ **in small/large doses** à faible/haute dose ◆ **it went through her like a dose of salts**⁎ (hum) ça lui a donné la courante⁎ ◆ **she's all right in small doses**⁎ elle est supportable à petites doses ◆ **to give sb a dose of his own medicine** rendre à qn la monnaie de sa pièce
2 (= bout of illness) attaque f (of de) ◆ **to have a dose of flu** avoir une bonne grippe⁎
**VT** [+ person] administrer un médicament à ◆ **to dose o.s. (up) with painkillers** se bourrer de médicaments

**dosh**⁎ /dɒʃ/ N (Brit = money) fric⁎ m, pognon⁎ m

**dosimeter** /dəʊˈsɪmɪtəʳ/ N (Phys) dosimètre m

**dosimetric** /ˌdəʊsɪˈmɛtrɪk/ **ADJ** (Phys) dosimétrique

**doss**⁎ /dɒs/ (Brit)
**N** 1 (= bed) pieu⁎ m ; (= place) endroit m où pioncer⁎ ; (= sleep) roupillon⁎ m
2 (= easy task) ◆ **he thought the course would be a doss** il croyait que ce stage serait du gâteau⁎ or serait fastoche⁎
**VI** 1 (= sleep) pioncer⁎ ; (in dosshouse) coucher à l'asile (de nuit)
2 (= pass time aimlessly : also **doss around**) glander⁎

▶ **doss down**⁎ VI pioncer⁎ (quelque part)

**dosser**⁎ /ˈdɒsəʳ/ N (Brit = vagrant) clochard(e) m(f)

**dosshouse**⁎ /ˈdɒshaʊs/ N asile m (de nuit)

**dossier** /ˈdɒsɪeɪ/ N dossier m

**Dosto(y)evsky** /ˌdɒstɔɪˈɛfskɪ/ N Dostoïevski m

**DOT** /ˌdiːəʊˈtiː/ N (US) (abbrev of **Department of Transportation**) → **transportation**

**dot** /dɒt/ **SYN**
**N** (over i, on horizon, Math, Mus) point m ; (on material) pois m ◆ **dots and dashes** (in Morse code) points mpl et traits mpl ◆ **dot, dot, dot** (in punctuation) points de suspension ◆ **they arrived on the dot of 9pm** or **at 9pm on the dot** ils sont arrivés à 9 heures pile or tapantes ◆ **in the year dot**⁎ (Brit) il y a belle lurette ◆ **he's wanted to be a barrister since the year dot** ça fait belle lurette⁎ qu'il veut devenir avocat ◆ **she's been a socialist since the year dot**⁎ elle est socialiste depuis toujours, c'est une socialiste de la première heure
**VT** [+ paper, wall] pointiller ◆ **to dot an i** mettre un point sur un i ◆ **to dot one's i's (and cross one's t's)** (fig) mettre les points sur les i ◆ **a field dotted with flowers** un champ parsemé de fleurs ◆ **hotels dotted around the island** des hôtels éparpillés dans l'île ◆ **there were paintings dotted around the room** il y avait des tableaux un peu partout sur les murs de la pièce ; see also **dotted**
**COMP** **dot leaders** NPL (Typography) points mpl de conduite

**dot-matrix printer** N imprimante f matricielle

**dotage** /ˈdəʊtɪdʒ/ **SYN** N 1 (= senility) gâtisme m ◆ **to be in one's dotage** être gâteux
2 (= old age) vieux jours mpl ◆ **he's spending his dotage in southern France** il passe ses vieux jours dans le sud de la France
3 (= blind love) adoration f folle (on pour)

**dotard** /ˈdəʊtəd/ N (vieux) gâteux m

**dotcom, dot.com** /dɒtˈkɒm/ N dotcom f, point com f

**dote** /dəʊt/ VI (= be senile) être gâteux, être gaga⁎

▶ **dote on** VT FUS [+ person] être fou de ; [+ thing] raffoler de

**doting** /ˈdəʊtɪŋ/ **SYN ADJ** 1 (= devoted) ◆ **her doting father** son père qui l'adore
2 (= senile) gâteux ◆ **a doting old fool** un vieux gâteux

**dotted** /ˈdɒtɪd/ **ADJ** 1 ◆ **dotted line** ligne f pointillée or en pointillé ; (on road) ligne f discontinue ◆ **to tear along the dotted line** détacher suivant le pointillé ◆ **to sign on the dotted line** (lit) signer sur la ligne pointillée or sur les pointillés ; (fig = agree officially) donner son consentement (en bonne et due forme) ◆ **a dotted bow tie** un nœud papillon à pois
2 (Mus) ◆ **dotted note/crotchet** note f/noire f pointée ◆ **dotted rhythm** notes fpl pointées

**dotterel** /ˈdɒtrəl/ N pluvier m (guignard)

**dottiness**⁎ /ˈdɒtɪnɪs/ N gâtisme m

**dottle** /ˈdɒtl/ N [of pipe] culot m

**dotty**⁎ /ˈdɒtɪ/ **ADJ** (Brit) toqué⁎, piqué⁎ ◆ **to be dotty about sb/sth** être toqué⁎ de qn/qch ◆ **to go dotty** perdre la boule⁎

**double** /ˈdʌbl/ **SYN**
**ADJ** 1 (= twice as great) double gen before n ◆ **a double helping of ice cream** une double part de glace ◆ **a double whisky/brandy** un double whisky/cognac ◆ **three double brandies** trois doubles cognacs
2 (= twofold; in pairs) double gen before n ◆ **the double six** (Dice, Dominoes etc) le double-six ◆ **a box with a double bottom** une boîte à double fond ◆ **with a double meaning** à double sens ◆ **to serve a double purpose** avoir une double fonction
3 (= for two people) pour deux personnes ◆ **a double ticket** un billet pour deux personnes
4 (in numerals, letters) ◆ **double oh four** (= 004) zéro zéro quatre ◆ **double three four seven** (= 3347) trois mille trois cent quarante-sept ; (in phone number) trente-trois quarante-sept ◆ **my name is Bell, B E double L** mon nom est Bell, B, E, deux L ◆ **spelt with a double "p"** écrit avec deux « p »
5 (= underhand, deceptive) ◆ **to lead a double life** mener une double vie ◆ **to play a double game** jouer un double jeu ; see also **comp**
**ADV** 1 (= twice) deux fois ◆ **to cost/pay double** coûter/payer le double or deux fois plus ◆ **it costs double what it did last year** ça coûte deux fois plus que l'année dernière ◆ **she earns double what I get** elle gagne deux fois plus que moi, elle gagne le double de ce que je gagne ◆ **he's double your age** il est deux fois plus âgé que toi, il a le double de ton âge ◆ **her salary is double what it was five years ago** son salaire est le double de ce qu'il était il y a cinq ans
2 (= in two, twofold) ◆ **to fold sth double** plier qch en deux ◆ **to bend double** se plier en deux ◆ **bent double with pain** tordu de douleur, plié en deux par la douleur ◆ **to see double** voir double
**N** 1 (= twice a quantity, number, size etc) double m ◆ **12 is the double of 6** 12 est le double de 6 ◆ **double or quits** quitte ou double ◆ **at** or **on the double** (fig = quickly) au pas de course
2 [of whisky etc] double m
3 (= exactly similar thing) réplique f ; (= exactly similar person) double m, sosie m ; (Cine = stand-in) doublure f ; → **body**, **stunt**¹ ; (Theat = actor taking two parts) acteur m, -trice f qui tient deux rôles (dans la même pièce) ; (Cards) contre m ; (other games) double m ; (Betting) pari m doublé (sur deux chevaux dans deux courses différentes)
4 (also **double bedroom**) chambre f pour deux personnes
**NPL** **doubles** (Tennis) double m ◆ **mixed doubles** double m mixte ◆ **ladies'/men's doubles** double m dames/messieurs ◆ **a doubles player** un joueur or une joueuse de double
**VT** 1 (= multiply by two) [+ number, salary, price] doubler
2 (= fold in two : also **double over**) plier en deux, replier, doubler
3 (Theat) ◆ **he doubles the parts of courtier and hangman** il joue les rôles or il a le double rôle du courtisan et du bourreau ◆ **he's doubling the hero's part for Tony Brennan** il est la doublure de Tony Brennan dans le rôle du héros
4 (Cards) [+ one's opponent, his call] contrer ; [+ one's stake] doubler ◆ **double!** (Bridge) contre !
**VI** 1 [prices, incomes, quantity etc] doubler
2 (= run) courir, aller au pas de course
3 (Cine) ◆ **to double for sb** doubler qn
4 (Bridge) contrer
5 (US fig) ◆ **to double in brass**⁎ avoir une corde supplémentaire à son arc ◆ **the bedroom doubles as a study** (= serve) la chambre sert aussi de bureau
**COMP** **double act** N duo m

**double-acting** **ADJ** à double effet
**double agent** N agent m double
**double album** N (Mus) double album m
**double bar** N (Mus) double barre f
**double-barrelled** **ADJ** [shotgun] à deux coups ; (fig) [plan, question] à deux volets ; (Brit) [surname] à rallonge
**double bass** N contrebasse f
**double bassoon** N contrebasson m
**double bed** N grand lit m, lit m à deux places
**double bedroom** N chambre f pour deux personnes ; (in hotel) chambre f double
**double bend** N (Brit on road) virage m en S
**double bill** N (Cine etc) double programme m
**double bind**⁎ N situation f insoluble or sans issue, impasse f
**double-blind** **ADJ** [test, experiment, method] en double aveugle
**double bluff** N ◆ **it's actually a double bluff** il (or elle etc) dit la vérité en faisant croire que c'est du bluff
**double boiler** N ⇒ **double saucepan**
**double-book** N [hotel, airline etc] faire du surbooking or de la surréservation **VT** [+ room, seat] réserver pour deux personnes différentes
**double booking** N surréservation f, surbooking m
**double bounce** N (Tennis) double rebond m **VI** [ball] doubler
**double-breasted** **ADJ** [jacket] croisé
**double-check** **VT** revérifier N revérification f
**double chin** N double menton m
**double-chinned** **ADJ** qui a un double menton
**double-click** **VI** (Comput) cliquer deux fois (on sur), double-cliquer (on sur)
**double-clutch** **VI** (US) ⇒ **double-declutch**
**double consonant** N consonne f redoublée
**double cream** N (Brit) crème f fraîche épaisse or à fouetter
**double-cross**⁎ **VT** trahir, doubler⁎ N traîtrise f, duplicité f
**double dagger** N (Typography) croix f double
**double-date** **VI** sortir à deux couples
**double-dealer** **SYN** N fourbe m
**double-dealing** **SYN** N double jeu m, duplicité f
**ADJ** hypocrite, faux jeton⁎

**double-decker** N (= bus) autobus m à impériale ; (= aircraft) deux-ponts m inv ; (= sandwich) sandwich m club
**double-declutch** VI faire un double débrayage
**double density** N → density
**double-digit** ADJ (gen) à deux chiffres
**double-dipper** N (US pej) cumulard(e)* m(f)
**double-dipping** N (US pej) cumul m d'emplois or de salaires
**double door** N porte f à deux battants
**double Dutch** * N (Brit) baragouin * m, charabia* m ◆ **to talk double Dutch** baragouiner ◆ **it was double Dutch to me** c'était de l'hébreu pour moi*
**double eagle** N (Golf) albatros m
**double-edged** ADJ (lit, fig) [blade, remark, praise, benefit] à double tranchant ◆ **a double-edged sword** (lit, fig) une arme à double tranchant
**double entendre** SYN N ambiguïté f, mot m (or expression f) à double sens
**double-entry book-keeping** N comptabilité f en partie double
**double exposure** N (Phot) surimpression f, double exposition f
**double-faced** ADJ [material] réversible ; (pej) [person] hypocrite
**double fault** N (Tennis) double faute f VI faire une double faute
**double feature** N (Cine) programme comportant deux longs métrages
**double-figure** ADJ ⇒ double-digit
**double first** N (Univ) mention f très bien dans deux disciplines
**double flat** N (Mus) double bémol m
**double-glaze** VT (Brit) ◆ **to double-glaze a window** poser un double vitrage
**double glazing** N (Brit : gen) double vitrage m ◆ **to put in double glazing** (faire) installer un double vitrage
**double helix** N double hélice f
**double indemnity** N (US Insurance) indemnité f double
**double jeopardy** N (US Jur) mise en cause de l'autorité de la chose jugée
**double-jointed** ADJ désarticulé
**double-knit(ting)** N (= wool) laine f épaisse ADJ en laine épaisse
**double knot** N double nœud m
**double lock** N serrure f de sécurité
**double-lock** VT fermer à double tour
**double major** N (US Univ) double f dominante
**double marking** N (Educ) double correction f
**double negative** N double négation f
**double-park** VT garer en double file VI stationner or se garer en double file
**double-parking** N stationnement m en double file
**double pneumonia** N pneumonie f double
**double-quick** * ADV en deux temps trois mouvements* ADJ ◆ **in double-quick time** en deux temps trois mouvements*
**double refraction** N (Phys) double réfraction f
**double room** N chambre f double or pour deux personnes
**double saucepan** N casserole f pour bain-marie or à double fond
**double sharp** N (Mus) double dièse m
**double-sided** ADJ (Comput) [disk] double face
**double-space** VT (Typography) taper avec un double interligne ◆ **double-spaced** à double interligne
**double spacing** N ◆ **in double spacing** à double interligne
**double spread** N (Typography) double page f
**double standard** N ◆ **to have double standards** faire deux poids, deux mesures ◆ **there's a double standard operating here** il y a deux poids, deux mesures ici ◆ **they were accused of (operating) double standards** on les a accusés de partialité or discrimination
**double star** N étoile f double
**double-stop** VI (Mus) jouer en double(s) corde(s)
**double stopping** N (Mus) doubles cordes fpl
**double take** * N ◆ **to do a double take** devoir y regarder à deux fois
**double talk** N (= gibberish) charabia m ; (= deceptive talk) paroles fpl ambiguës or trompeuses
**double taxation agreement** N convention f relative aux doubles impositions
**double time** N (at work) ◆ **to earn double time** être payé (au tarif) double ◆ **to get/pay double time** gagner/payer le double ◆ **in double time** (US Mil) au pas redoublé ; see also **time**
**double track** N (Cine) double bande f ; (= tape) double piste f
**double track line** N [of railway] ligne f à deux voies

**double vision** N vision f double ◆ **to get** or **have double vision** voir double
**double wedding** N double mariage m
**double whammy** * N double coup m dur*
**double white lines** NPL lignes fpl blanches continues
**double windows** NPL doubles fenêtres fpl
**double yellow lines** NPL (on road) double bande f jaune (marquant l'interdiction de stationner)
**double yolk** N ◆ **egg with a double yolk** œuf m à deux jaunes

▶ **double back**
VI [animal, person] revenir sur ses pas ; [road] faire un brusque crochet ◆ **to double back on itself** [line] former une boucle en épingle à cheveux
VT SEP [+ blanket] rabattre, replier ; [+ page] replier

▶ **double over**
VI ⇒ double up 1
VT SEP ⇒ double up vt 2

▶ **double up** VI [1] (= bend over sharply) se plier, se courber ◆ **to double up with laughter/pain** être plié en deux or se tordre de rire/de douleur
[2] (= share room) partager une chambre (with avec)
[3] (Brit Betting) parier sur deux chevaux

**doublespeak** /'dʌblspiːk/ N (pej) double langage m

**doublet** /'dʌblɪt/ N [1] (Dress) pourpoint m, justaucorps m
[2] (Ling) doublet m

**doublethink** * /'dʌblθɪŋk/ N ◆ **to do a doublethink** tenir un raisonnement ou suivre une démarche où l'on s'accommode de contradictions flagrantes

**doubleton** /'dʌbltən/ N (Cards) deux cartes fpl d'une (même) couleur, doubleton m

**doubling** /'dʌblɪŋ/ N [of number, letter] redoublement m, doublement m

**doubloon** /dʌ'bluːn/ N (Hist) doublon m

**doubly** /'dʌblɪ/ ADV doublement ◆ **divorce is always traumatic, and doubly so when there are children** le divorce est toujours traumatisant, et il est doublement quand il y a des enfants ◆ **in order to make doubly sure** pour plus de sûreté ◆ **to work doubly hard** travailler deux fois plus dur

**doubt** /daʊt/ LANGUAGE IN USE 15.1, 16.1, 26.3 SYN
N doute m, incertitude f ◆ **there is room for doubt** il est permis de douter ◆ **there is some doubt about whether he'll come or not** on ne sait pas très bien s'il viendra ou non ◆ **to have one's doubts about sth** avoir des doutes sur or au sujet de qch ◆ **I have my doubts (about) whether he will come** je doute qu'il vienne ◆ **to cast** or **throw doubt(s) on sth** mettre qch en doute, jeter le doute sur qch ◆ **without (a) doubt, without the slightest doubt** sans aucun doute, sans le moindre doute ◆ **it is beyond all doubt** c'est indéniable or incontestable ◆ **beyond doubt** adv indubitablement, à n'en pas douter indubitable ◆ **he'll come without any doubt** il viendra sûrement, il n'y a pas de doute qu'il viendra

◆ **in doubt** ◆ **it is not in doubt** [outcome, result etc] cela ne fait aucun doute ◆ **I am in (some) doubt about his honesty** j'ai des doutes sur son honnêteté ◆ **the outcome is in doubt** l'issue est indécise ◆ **I am in no doubt about** or **as to what he means** je n'ai aucun doute sur ce qu'il veut dire ◆ **to be in great doubt about sth** avoir de sérieux doutes au sujet de qch, douter fortement de qch ◆ **his honesty is in doubt** (in this instance) son honnêteté est en doute ; (in general) son honnêteté est sujette à caution ◆ **if** or **when in doubt** en cas de doute

◆ **no doubt(s)** ◆ **I have no doubt(s) about it** je n'en doute pas ◆ **no doubt about it!** cela va sans dire ! ◆ **this leaves no doubt that...** on ne peut plus douter que... + subj ◆ **there is no doubt that...** il n'y a pas de doute que... + indic ◆ **there's no doubt that he'll come** il viendra sûrement, il n'y a pas de doute qu'il viendra ◆ **no doubt he will come tomorrow** sans doute viendra-t-il demain ◆ **no doubt** sans doute ; → **benefit**

VT [+ person, sb's honesty, truth of statement] douter de ◆ **I doubt it (very much)** j'en doute (fort) ◆ **I doubted (the evidence of) my own eyes** je n'en croyais pas mes yeux
◆ **to doubt whether/if/that...** douter que... ◆ **I doubt whether he will come** je doute qu'il vienne ◆ **I doubt if that is what she wanted** je doute que ce soit ce qu'elle voulait ◆ **I don't doubt that he will come** je ne doute pas qu'il vienne ◆ **she didn't doubt that he would come** elle ne doutait pas qu'il viendrait
VI douter (of de), avoir des doutes (of sur), ne pas être sûr (of de)
COMP **doubting Thomas** N sceptique mf ◆ **to be a doubting Thomas** être comme saint Thomas

**doubter** /'daʊtər/ SYN N incrédule mf, sceptique mf

**doubtful** /'daʊtfʊl/ LANGUAGE IN USE 16.2 SYN ADJ
[1] (= unconvinced) [person] peu convaincu ◆ **to be doubtful of sth** douter de qch ◆ **to be doubtful about sb/sth** douter de qn/qch, avoir des doutes sur qn/qch ◆ **I'm a bit doubtful (about it)** je n'en suis pas si sûr, j'ai quelques doutes (à ce sujet) ◆ **to be doubtful about doing sth** hésiter à faire qch ◆ **he was doubtful that** or **whether...** il doutait que... + subj ◆ **he was doubtful that** or **whether he could ever manage it** il doutait qu'il puisse jamais réussir, il doutait pouvoir jamais réussir
[2] (= questionable, unlikely) douteux ◆ **it is doubtful that** or **whether...** il est douteux que... + subj ◆ **of doubtful reliability/quality** d'une fiabilité/qualité douteuse ◆ **in doubtful taste** d'un goût douteux ◆ **he's doubtful (for the match)** (Sport = unlikely to play) sa participation (au match) est encore incertaine

**doubtfully** /'daʊtfəlɪ/ ADV [frown, shake head etc] d'un air sceptique ; [speak] d'un ton sceptique

**doubtfulness** /'daʊtfʊlnɪs/ N incertitude f

**doubtless** /'daʊtlɪs/ SYN ADV sans doute, certainement

**douceur** /duː'sɜːr/ N (= gift, tip etc) petit cadeau m

**douche** /duːʃ/
N [1] (= shower) douche f ◆ **take a douche!** * (US) va te faire foutre !*
[2] (Med) (vaginal) douche f vaginale ◆ **it was (like) a cold douche** (fig) cela a fait l'effet d'une douche froide*
VT doucher

**dough** /dəʊ/
N [1] pâte f ◆ **bread dough** pâte f à pain
[2] (* = money) fric * m, pognon * m
COMP **dough-hook** N crochet m de pétrissage

**doughboy** /'dəʊbɔɪ/ N [1] (Culin) boulette f (de pâte)
[2] (US Mil *) sammy m (soldat américain de la Première Guerre mondiale)

**doughnut** /'dəʊnʌt/ N beignet m ◆ **jam** (Brit) or **jelly** (US) **doughnut** beignet m à la confiture

**doughty** /'daʊtɪ/ ADJ (liter) preux (liter), vaillant ◆ **doughty deeds** hauts faits mpl (liter)

**doughy** /'dəʊɪ/ ADJ [consistency] pâteux ; [complexion] terreux

**Douglas fir** /'dʌɡləs/ N douglas m

**doum palm** /duːm/ N doum m

**dour** /'dʊər/ SYN ADJ (= austere) [person] sévère, froid ; [architecture, building, style] austère, froid ◆ **a dour Scot** un Écossais à l'air sévère ◆ **he came across on TV as a bit dour** à l'écran il semblait un peu froid

**dourine** /'dʊəriːn/ N dourine f

**dourly** /'dʊəlɪ/ ADV [say] d'un ton maussade ; [smile, look at] d'un air renfrogné ◆ **a dourly conventional man** un homme au conformisme austère

**dourness** /'dʊənɪs/ N austérité f

**douse** /daʊs/ VT [1] (= drench) tremper, inonder
[2] (= extinguish) [+ flames, light] éteindre

**dove**[1] /dʌv/
N colombe f (also Pol) ; → **turtledove**
COMP **dove-grey** ADJ gris perle inv

**dove**[2] /dəʊv/ (US) pt, ptp of **dive**

**dovecot** /'dʌvkɒt/, **dovecote** /'dʌvkəʊt/ N colombier m, pigeonnier m

**Dover** /'dəʊvər/
N Douvres ; → **strait**
COMP **Dover sole** N sole f

**dovetail** /'dʌvteɪl/ SYN
N (Carpentry) queue f d'aronde
VI [1] (= harmonize) se rejoindre, concorder ◆ **there may be a place where their interests dovetail** il y a un peut-être un point sur lequel leurs intérêts se rejoignent or concordent
◆ **to dovetail with** concorder avec ◆ **the changes also dovetail with plans to modernize the civil service** ces changements concor-

dent également avec le projet de modernisation de la fonction publique
[2] (Carpentry) se raccorder (into à)
**VT** [1] (Carpentry) assembler à queue d'aronde
[2] (= harmonize) [+ plans etc] faire concorder, raccorder
**COMP** **dovetail joint N** (Carpentry) assemblage m à queue d'aronde

**dovish** * /ˈdʌvɪʃ/ **ADJ** (esp US : Pol fig) [person] partisan(e) m(f) de la négociation et du compromis ; [speech, attitude] de compromis

**Dow** * /daʊ/ **N** ◆ **the Dow** l'indice m Dow Jones

**dowager** /ˈdaʊədʒə(r)/
**N** douairière f
**COMP** **dowager duchess N** duchesse f douairière

**dowdily** /ˈdaʊdɪlɪ/ **ADV** ◆ **dowdily dressed** mal fagoté*, habillé sans chic

**dowdiness** /ˈdaʊdɪnɪs/ **N** manque m de chic

**dowdy** /ˈdaʊdɪ/ **SYN ADJ** [person, clothes] démodé, sans chic

**dowel** /ˈdaʊəl/
**N** cheville f (en bois), goujon m
**VT** assembler avec des goujons, goujonner

**dower house** /ˈdaʊəhaʊs/ **N** (Brit) petit manoir m (de douairière)

**Dow Jones** /ˌdaʊˈdʒəʊnz/ **N** ◆ **the Dow Jones average** or **index** l'indice m Dow Jones, le Dow Jones

**down¹** /daʊn/ **SYN**

> When **down** is an element in a phrasal verb, eg **back down**, **glance down**, **play down**, look up the verb.

**ADV** [1] (indicating movement to lower level) en bas, vers le bas ; (= down to the ground) à terre, par terre ◆ **down!** (said to a dog) couché ! ◆ **down with traitors!** à bas les traîtres !
◆ **down and down** de plus en plus bas ◆ **to go/fall down and down** descendre/tomber de plus en plus bas
[2] (indicating position at lower level) en bas ◆ **down there** en bas (là-bas) ◆ **I shall stay down here** je vais rester ici ◆ **the blinds were down** les stores étaient baissés ◆ **Douglas isn't down yet** Douglas n'est pas encore descendu ◆ **to be down for the count** (Boxing) être K.-O. ◆ **to kick somebody when they are down** frapper un homme à terre ◆ **don't hit** or **kick a man when he is down** on ne frappe pas un homme à terre
◆ **to be down with** (= ill with) avoir ◆ **she's down with flu** elle a la grippe
◆ **down south** dans le sud ◆ **I was brought up down south** j'ai grandi dans le sud ◆ **they're moving down south** ils vont s'installer dans le sud ; → face, head
[3] (from larger town, the north, university etc) ◆ **he came down from London yesterday** il est arrivé de Londres hier ◆ **we're going down to Dover tomorrow** demain nous descendons à Douvres ◆ **he came down from Oxford in 1999** (Univ) il est sorti d'Oxford en 1999 ◆ **down East** (US) du (or au) nord-est de la Nouvelle-Angleterre
[4] (indicating diminution in volume, degree, activity) ◆ **the tyres are down/right down** les pneus sont dégonflés/à plat ◆ **the pound is down against the dollar** la livre est en baisse par rapport au dollar ◆ **we are down to our last £5** il ne nous reste plus que 5 livres
◆ **down on** (= less than) ◆ **I'm £20 down on what I expected** j'ai 20 livres de moins que je ne pensais ◆ **prices are down on last year's** les prix sont en baisse par rapport à (ceux de) l'année dernière
◆ **to be down on one's luck** ne pas avoir de chance, être dans une mauvaise passe ◆ **I am down on my luck** je n'ai pas de chance , je suis dans une mauvaise passe ◆ **the times when I was down on my luck** les moments où les choses allaient mal
[5] (in writing) ◆ **I've got it (noted) down in my diary** je l'ai or c'est marqué sur mon agenda ◆ **let's get it down on paper** mettons-le par écrit ◆ **did you get down what he said?** as-tu noté ce qu'il a dit ? ◆ **to be down for the next race** être inscrit dans la prochaine course ; → note
[6] (indicating a series or succession) ◆ **down to** jusqu'à ◆ **from 1700 down to the present** de 1700 à nos jours ◆ **from the biggest down to the smallest** du plus grand (jusqu'au) plus petit ◆ **from the king down to the poorest beggar** depuis le roi jusqu'au plus pauvre des mendiants

[7] (set phrases)
◆ **to be down to** * (= attributable to) ◆ **any mistakes are entirely down to us** s'il y a des erreurs, nous sommes entièrement responsables ◆ **our success is all down to him/hard work** c'est à lui seul/à notre travail acharné que nous devons notre succès ◆ **basically, it is down to luck** en fait c'est une question de chance ◆ **it's down to him to do it** (= his duty) c'est à lui de le faire ◆ **it's down to him now** c'est à lui de jouer maintenant
[8] ◆ **to be down on sb** * avoir une dent contre qn, en vouloir à qn
**PREP** [1] (indicating movement to lower level) du haut en bas de ◆ **he went down the hill** (lit) il a descendu la colline ; see also **downhill** ◆ **her hair hung down her back** ses cheveux lui tombaient dans le dos ◆ **he ran his eye down the list** il a parcouru la liste du regard or des yeux
[2] (= at a lower part of) ◆ **he's down the hill** il est au pied or en bas de la colline ◆ **she lives down the street (from us)** elle habite plus bas or plus loin (que nous) dans la rue ◆ **it's just down the road** c'est tout près, c'est à deux pas ◆ **down the ages** (fig) au cours des siècles
[3] (= along) le long de ◆ **he was walking down the street** il descendait la rue ◆ **he has gone down (to) town** il est allé or descendu en ville ◆ **let's go down the pub** * allons au pub ◆ **looking down this street, you can see...** si vous regardez le long de cette rue, vous verrez...
**N** (Brit) ◆ **to have a down on sb** * avoir une dent contre qn, en vouloir à qn ; → **up**
**ADJ** [1] ◆ **to be** or **feel down** avoir le cafard *, être déprimé
[2] (Comput) en panne
[3] (Brit †) [train] en provenance de la grande ville ◆ **the down line** la ligne de la grande ville
[4] ◆ **down and dirty** * (esp US) ◆ **to get down and dirty** s'y mettre * ◆ **down and dirty realism** réalisme cru ◆ **down and dirty rock** rock primaire
**VT** * ◆ **to down an opponent** terrasser un adversaire ◆ **he downed three enemy planes** il a descendu* trois avions ennemis ◆ **to down tools** (= stop work) cesser le travail ; (= strike) se mettre en grève, débrayer ◆ **he downed a glass of beer** il a vidé or descendu * un verre de bière
**COMP** **down-and-out** SDF mf **ADJ** ◆ **to be down-and-out** (Boxing) aller au tapis pour le compte, être hors de combat ; (= destitute) être sur le pavé or à la rue
**down-at-heel ADJ** (US) [person] miteux ; [shoe] éculé
**down-bow N** (Mus) tiré m
**down-cycle N** (Econ) cycle m de récession
**down-in-the-mouth** ◆ **ADJ** abattu, tout triste ◆ **to be down-in-the-mouth** être abattu or tout triste, avoir le moral à zéro * ◆ **to look down-in-the-mouth** avoir l'air abattu, faire une sale tête
**down-market ADJ** [goods, car] bas de gamme inv ; [newspaper] populaire ◆ **it's rather down-market** [programme etc] c'est plutôt du genre public de masse **ADV** ◆ **to go** or **move down-market** [company] se tourner vers le bas de gamme ; [house purchaser etc] acheter quelque chose de moins bien
**down payment N** acompte m, premier versement m ◆ **to make a down payment of £100** payer un acompte de 100 livres, payer 100 livres d'acompte
**down-river ADJ, ADV** ⇒ **downstream**
**down time N** (Comput) → **downtime**
**down-to-earth ADJ** réaliste ◆ **he's a very down-to-earth person** il a les pieds sur terre
**down under** * **ADV** (Brit = in Australia/New Zealand) en Australie/Nouvelle-Zélande, aux antipodes ◆ **from down under** d'Australie/de Nouvelle-Zélande

**down²** /daʊn/ **N** [of bird, person, plant] duvet m ; [of fruit] peau f (veloutée) ; → **eiderdown**, **thistledown**

**down³** /daʊn/ **N** [1] (= hill) colline f dénudée ◆ **the Downs** (Brit) les Downs fpl (collines herbeuses du sud de l'Angleterre)
[2] (Brit) ◆ **the Downs** (= Straits of Dover) les Dunes fpl

**downbeat** /ˈdaʊnbiːt/
**N** (Mus) temps m frappé
**ADJ** (= gloomy) [person] abattu ; [ending] pessimiste

**downcast** /ˈdaʊnkɑːst/ **SYN**
**ADJ** [1] (= discouraged) abattu, démoralisé, découragé

[2] (= looking down) [eyes] baissé
**N** (Min) aérage m

**downcry** * /ˈdaʊnkraɪ/ **VT** (US = denigrate) décrier, dénigrer

**downdraught, downdraft** (US) /ˈdaʊndrɑːft/ **N** (Weather) courant m descendant

**downer** /ˈdaʊnə(r)/ **N** [1] ( * = tranquilliser) tranquillisant m, sédatif m
[2] * ◆ **it's a downer** ça fout les boules * ◆ **for divorced people, Christmas can be a downer** Noël peut donner le bourdon * aux divorcés ◆ **to be on a downer** faire de la déprime *

**downfall** /ˈdaʊnfɔːl/ **SYN N** [of person, empire] chute f, ruine f, effondrement m ; [of hopes] ruine f ; [of rain] chute f de pluie

**downgrade** /ˈdaʊngreɪd/ **SYN**
**VT** [+ employee] rétrograder (dans la hiérarchie) ; [+ hotel, stock] déclasser ; [+ work, job] dévaloriser, déclasser ◆ **to downgrade the importance of sth** minimiser l'importance de qch ◆ **hurricane Isadora has been downgraded to a tropical storm** l'ouragan Isadora est désormais classé comme typhon ◆ **the boy's condition has been downgraded from critical to serious** l'état du jeune garçon n'est plus considéré comme très grave mais comme grave
**N** [1] (= downward slope) rampe f, descente f
[2] [of stock, bond] déclassement m

**downhearted** /ˌdaʊnˈhɑːtɪd/ **SYN ADJ** abattu, découragé ◆ **don't be downhearted!** ne te laisse pas abattre !

**downhill** /ˈdaʊnhɪl/
**ADJ** [1] ◆ **during the downhill journey** au cours de la descente ◆ **the course includes a steep downhill slope** le circuit comprend une descente or pente abrupte ◆ **it's just a short downhill walk to the station** il n'y a que quelques mètres à descendre pour arriver à la gare, la gare est à deux pas, en bas de la côte ◆ **the accident happened on a downhill stretch of the track** l'accident s'est produit alors que le train descendait une côte
[2] (fig) ◆ **it was downhill all the way after that** (= got easier) après cela, tout a été plus facile ; (= got worse) après cela, tout est allé en empirant or de mal en pis
[3] (Ski) ◆ **downhill competition** épreuve f de descente ◆ **downhill course** piste f de descente ◆ **downhill race** (épreuve f de) descente f ◆ **downhill racer** descendeur m, -euse f ◆ **downhill skier** skieur m, -euse f alpin(e) ◆ **downhill ski(ing)** ski m alpin or de piste
**ADV** ◆ **to go downhill** [person, vehicle] descendre (la or une pente) ; [road] descendre, aller en descendant ; (fig = get worse) [person] être sur une or la mauvaise pente ; [company, business etc] péricliter ; [economy] se dégrader ◆ **things just went downhill from there** par la suite les choses n'ont fait qu'empirer

**downhome** * /ˌdaʊnˈhəʊm/ **ADJ** (US) (from south) du Sud, sudiste ; (pej) péquenaud *

**Downing Street** /ˈdaʊnɪŋstriːt/ **N** (Brit) Downing Street (résidence du Premier ministre britannique)

> **DOWNING STREET**
>
> **Downing Street**, dans le quartier de Westminster, est la rue où résident officiellement le Premier ministre (au nº 10) et le chancelier de l'Échiquier (au nº 11). Les médias utilisent souvent les expressions **Downing Street**, « Number Ten » ou « Ten **Downing Street** », pour désigner le Premier ministre ou le gouvernement, à la façon dont on parlerait de « Matignon » en France.

**downlighter** /ˈdaʊnlaɪtə(r)/ **N** luminaire m (éclairant vers le bas)

**download** /ˈdaʊnləʊd/ **VT** (Comput) télécharger

**downloadable** /ˌdaʊnˈləʊdəbl/ **ADJ** (Comput) téléchargeable

**downloading** /ˈdaʊnləʊdɪŋ/ **N** (Comput) téléchargement m

**downpipe** /ˈdaʊnpaɪp/ **N** (Brit) (tuyau m de) descente f

**downplay** /ˈdaʊnpleɪ/ **VT** (fig) minimiser (l'importance de)

**downpour** /ˈdaʊnpɔː(r)/ **SYN N** pluie f torrentielle

**downrange** /ˈdaʊnˈreɪndʒ/
**ADV** en aval
**ADJ** (Mil) [station] (d')aval

**downright** /ˈdaʊnraɪt/ SYN
- ADJ pur et simple ◆ **a downright refusal** un refus catégorique ◆ **it's a downright lie for him to say that...** il ment carrément or effrontément quand il dit que... ◆ **it's downright cheek on his part\*** il a un sacré culot* or toupet*
- ADV carrément ◆ **it's downright impossible** c'est carrément impossible, c'est purement et simplement impossible

**downscale** /ˈdaʊnskeɪl/ VT [+ project, scope] réduire

**downshift** /ˈdaʊnʃɪft/ (US)
- VI (in car) rétrograder ; (at work) prendre un poste moins bien payé mais moins stressant
- N rétrogradation f

**downside** /ˈdaʊnˌsaɪd/
- N ① (US) ◆ **downside up** sens dessus dessous ② (= negative aspect) inconvénient m, désavantage m ◆ **on the downside** côté inconvénients, pour ce qui est des inconvénients
- COMP **downside risk** N [of investment] risque m de baisse or de chute du cours

**downsize** /ˈdaʊnsaɪz/
- VT [+ company] réduire les effectifs de, dégraisser* ; (Comput) réduire la taille or l'encombrement de
- VI [company] réduire ses effectifs, dégraisser*

**downsizing** /ˈdaʊnsaɪzɪŋ/ N [of company] dégraissage m (des effectifs)

**downspout** /ˈdaʊnspaʊt/ N (US) ⇒ **downpipe**

**Down's syndrome** /ˈdaʊnzˌsɪndrəʊm/ N trisomie f ◆ **a person with Down's syndrome** un(e) trisomique ◆ **a Down's syndrome baby, a baby with Down's syndrome** un bébé trisomique

**downstage** /ˈdaʊnsteɪdʒ/ ADV [stand, be] sur l'avant-scène ; [move, point] vers l'avant-scène ◆ **to face downstage** faire face au public

**downstairs** /ˈdaʊnˈstɛəz/
- ADV (gen) en bas ; (= to or on floor below) à l'étage en-dessous or du dessous ; (= to or on ground floor) au rez-de-chaussée ◆ **to go/come downstairs** descendre (l'escalier) ◆ **to run/crawl** etc **downstairs** descendre (l'escalier) en courant/en rampant etc ◆ **to rush downstairs** dévaler l'escalier ◆ **to fall downstairs** tomber dans les escaliers ◆ **the people downstairs** (= below) les gens mpl du dessous ; (= on ground floor) les gens mpl d'en bas or du rez-de-chaussée
- ADJ (= on ground floor) ◆ **they've got a downstairs lavatory** ils ont des toilettes en bas ◆ **the downstairs phone** le téléphone d'en bas or du rez-de-chaussée ◆ **the downstairs rooms** les pièces fpl du bas or du rez-de-chaussée ◆ **a downstairs flat** un appartement au rez-de-chaussée
- N ◆ **the downstairs\*** (= ground floor) le rez-de-chaussée ; (= lower floors) les étages mpl inférieurs

**downstate** /ˈdaʊnsteɪt/ (US)
- N campagne f, sud m de l'État
- ADJ (= southern) du sud de l'État ◆ **downstate New York** le sud de l'État de New York
- ADV [be] dans le sud ; [go] vers le sud ◆ **they live downstate** ils habitent dans le sud de l'État ◆ **to go downstate** aller dans le sud de l'État

**downstream** /ˈdaʊnstriːm/ ADJ, ADV en aval ◆ **to go/move downstream** descendre le courant ◆ **downstream industries** (fig) industries fpl d'aval

**downstroke** /ˈdaʊnstrəʊk/ N ① (in writing) plein m ② [of piston etc] course f descendante, descente f

**downswept** /ˈdaʊnswept/ ADJ [wings] surbaissé

**downswing** /ˈdaʊnswɪŋ/ N (fig) baisse f, phase f descendante

**downtime** /ˈdaʊntaɪm/ N [of machine] temps m or durée f d'immobilisation ; (Comput) temps m d'arrêt

**downtown** /ˈdaʊnˈtaʊn/ (US)
- ADV dans le centre ◆ **to go downtown** descendre or aller en ville
- ADJ ◆ **downtown Chicago** le centre de Chicago

**downtrend** /ˈdaʊntrend/ N tendance f à la baisse

**downtrodden** /ˈdaʊnˌtrɒdən/ ADJ [person, nation] opprimé

**downturn** /ˈdaʊntɜːn/ N ⇒ **downswing**

**downward** /ˈdaʊnwəd/ SYN
- ADJ [movement, stroke, pull] vers le bas ◆ **there was a downward slope from the house to the road** la maison était en hauteur par rapport à la route ◆ **they were on a fairly steep downward slope** ils étaient sur une pente assez raide or qui descendait assez fort ◆ **the rain made our downward path extremely treacherous** la pluie rendait notre descente extrêmement dangereuse ◆ **in a downward direction** vers le bas ◆ **a downward trend** une tendance à la baisse ◆ **I'm convinced the economy's on the downward slope** je suis convaincu que l'économie est sur une mauvaise pente ◆ **the dollar resumed its downward path today** le dollar a recommencé à baisser aujourd'hui
- ADV ⇒ **downwards**

**downwards** /ˈdaʊnwədz/ ADV [go] vers le bas, en bas ◆ **to slope (gently) downwards** descendre (en pente douce) ◆ **to look downwards** regarder en bas or vers le bas ◆ **looking downwards** les yeux baissés, la tête baissée ◆ **place the book face downwards** posez le livre face en dessous ◆ **from the king downwards** (fig) depuis le roi (jusqu'au plus humble), du haut en bas de l'échelle sociale

**downwind** /ˈdaʊnˌwɪnd/ ADV [be] sous le vent (of, from par rapport à) ; [move] dans la direction du vent ; [sail] sous le vent ◆ **the sparks drifted downwind** les étincelles étaient emportées par le vent

**downy** /ˈdaʊnɪ/
- ADJ ① (= furry) [skin, peach] duveté ; [leaf] duveteux ◆ **covered with fine, downy hair** couvert de poils fins et soyeux ◆ **downy softness** douceur f soyeuse ② (= feathery) [chick] couvert de duvet ③ (= down-filled) garnis de duvet
- COMP **downy oak** N chêne m pubescent

**dowry** /ˈdaʊrɪ/ N dot f

**dowse** /daʊz/
- VI pratiquer la rhabdomancie
- VT ⇒ **douse**

**dowser** /ˈdaʊzər/ N rhabdomancien(ne) m(f) ; (for water) sourcier m

**dowsing** /ˈdaʊzɪŋ/
- N rhabdomancie f
- COMP **dowsing rod** N baguette f (de sourcier)

**doxological** /ˌdɒksəˈlɒdʒɪkəl/ ADJ (Rel) doxologique

**doxology** /dɒkˈsɒlədʒɪ/ N doxologie f

**doxy** †† /ˈdɒksɪ/ N catin † f

**doyen** /ˈdɔɪən/ N doyen m ◆ **the doyen of...** le doyen des...

**doyenne** /dɔɪˈen/ N doyenne f

**doz.** /ˈdʌz/ abbrev of **dozen**

**doze** /dəʊz/ SYN
- N somme m ◆ **to have a doze** faire un petit somme
- VI sommeiller, somnoler
▶ **doze off** VI s'assoupir, s'endormir

**dozen** /ˈdʌzn/ N douzaine f ◆ **three dozen** trois douzaines ◆ **a dozen shirts** une douzaine de chemises ◆ **a round dozen** une douzaine tout juste ◆ **half a dozen, a half-dozen** une demi-douzaine ◆ **£1 a dozen** une livre la douzaine ◆ **dozens of times** des dizaines or douzaines de fois ◆ **there are dozens like that** des choses (or des gens) comme cela, on en trouve à la douzaine ; → **baker, nineteen, six**

**dozenth** /ˈdʌzənθ/ ADJ douzième

**dozer\*** /ˈdəʊzər/ N bulldozer m, bull* m

**doziness** /ˈdəʊzɪnɪs/ N ① (= sleepiness) somnolence f, torpeur f ② (= stupidity) stupidité f

**dozy** /ˈdəʊzɪ/ ADJ ① (= sleepy) à moitié endormi, somnolent ② (Brit * = stupid) empoté*, pas très dégourdi* ◆ **you dozy prat!** imbécile !, espèce d'empoté !

**DPhil** /diːˈfɪl/ N (abbrev of **Doctor of Philosophy**) ≈ doctorat m (d'État dans une discipline autre que le droit, la médecine ou la théologie)

**dpi** /ˌdiːpiːˈaɪ/ (Comput) (abbrev of **dots per inch**) dpi

**DPP** /ˌdiːpiːˈpiː/ N (Brit) (abbrev of **Director of Public Prosecutions**) → **director**

**DPT** /ˌdiːpiːˈtiː/ N (Med) (abbrev of **diphtheria, pertussis, tetanus**) DT Coq m

**dpt** ① abbrev of **department** ② abbrev of **depot**

**DPW** /ˌdiːpiːˈdʌbljuː/ N (abbrev of **Department of Public Works**) ≈ ministère m de l'Équipement

**Dr** ① /ˈdɒktər/ (abbrev of **Doctor**) ◆ **Dr R. Stephenson** (on envelope) Dr R. Stephenson ◆ **Dear Dr Stephenson** (in letters) (man) Cher Monsieur ; (woman) Chère Madame ; (if known to writer) Cher Docteur ② (in street names) abbrev of **Drive**

**dr** (Comm) abbrev of **debtor, dram, drachma**

**drab** /dræb/ SYN
- ADJ [colour] morne ; [clothes] terne ; [surroundings, existence] terne, morne
- N (NonC = fabric) grosse toile f bise

**drabness** /ˈdræbnɪs/ N [of place, surroundings, existence] aspect m morne, grisaille f ; [of clothes] aspect m terne

**drachm** /dræm/ N ① (Measure, Pharm) drachme f ② ⇒ **drachma**

**drachma** /ˈdrækmə/ N (pl **drachmas** or **drachmae** /ˈdrækmiː/) (= coin) drachme f

**drack\*** /dræk/ ADJ (Austral) moche*

**draconian** /drəˈkəʊnɪən/ ADJ draconien

**Dracula** /ˈdrækjʊlə/ N Dracula m

**draff** /dræf/ N drêche f

**draft** /drɑːft/ SYN
- N ① (= outline : gen) avant-projet m ; [of letter] brouillon m ; [of novel] premier jet m, ébauche f ② (Comm, Fin: for money) traite f, effet m ◆ **to make a draft on** tirer sur ③ (Mil = group of men) détachement m ④ (US Mil = conscript intake) contingent m ◆ **to be draft age** être en âge de faire son service militaire ◆ **to dodge the draft** échapper à la conscription ⑤ (US) ⇒ **draught**
- VT ① (also **draft out**) [+ letter] faire le brouillon de ; [+ speech] (gen) écrire, préparer ; (first draft) faire le brouillon de ; (final version) rédiger ; [+ bill, contract] rédiger, dresser ; [+ plan] esquisser, dresser ; [+ diagram] esquisser ② (US Mil) [+ conscript] appeler (sous les drapeaux), incorporer ◆ **to draft sb to a post/to do sth** (esp Mil) détacher or désigner qn à un poste/pour faire qch
- COMP **draft board** N (US Mil) conseil m de révision

**draft card** N (US Mil) ordre m d'incorporation

**draft dodger** N (US Mil) insoumis m

**draft letter** N brouillon m de lettre ; (more frm) projet m de lettre

**draft version** N version f préliminaire

**draftee** /drɑːfˈtiː/ N (US Mil, fig) recrue f

**draftiness** /ˈdrɑːftɪnɪs/ N (US) ⇒ **draughtiness**

**draftsman** /ˈdrɑːftsmən/ N (pl **-men**) (US) ⇒ **draughtsman** 1

**draftsmanship** /ˈdrɑːftsmənʃɪp/ N (US) ⇒ **draughtsmanship**

**draftswoman** /ˈdrɑːftswʊmən/ N (pl **-women**) (US) ⇒ **draughtswoman**

**drafty** /ˈdrɑːftɪ/ ADJ (US) ⇒ **draughty**

**drag** /dræg/ SYN
- N ① (for dredging etc) drague f ; (Naut = cluster of hooks) araignée f ; (= heavy sledge) traîneau m ; (= harrow) herse f ② ⇒ **dragnet** ③ (= air or water resistance) résistance f, traînée f ④ (= brake shoe) sabot m or patin m de frein ⑤ (Hunting) drag m ⑥ (= hindrance) frein m (on à) ◆ **he's an awful drag on them** ils le traînent comme un boulet ⑦ (\* = person) raseur* m, -euse f, casse-pieds mf inv ; (= tedium) corvée f ◆ **what a drag to have to go there!** quelle corvée or quelle barbe* d'avoir à y aller ! ◆ **this thing is a drag!** quelle barbe ce truc-là ! * ⑧ (\* = pull on cigarette, pipe) taffe* f ◆ **here, have a drag** tiens, tire une taffe* ⑨ (\* = women's clothing worn by men) habits mpl de femme ◆ **a man in drag** un homme habillé en femme ; (= transvestite) un travesti ⑩ (US \* = influence) piston m ◆ **to use one's drag** travailler dans la coulisse, user de son influence ⑪ (US) ◆ **the main drag** la grand-rue
- VI ① (= trail along) [object] traîner (à terre) ; [anchor] chasser ② (= lag behind) rester en arrière, traîner ③ [brakes] frotter, (se) gripper ④ (fig) [time, work, an entertainment] traîner ; [conversation] (se) traîner, languir ◆ **the minutes dragged (past** or **by)** les minutes s'écoulaient avec lenteur

**draggle** | **draught**

**VT** 1 [+ person, object] traîner, tirer ; [+ person] entraîner ◆ **he dragged her out of/into the car** il l'a tirée de la voiture/entraînée dans la voiture ◆ **he could barely drag his injured leg behind him** il se traînait péniblement avec sa jambe blessée ◆ **to drag one's feet** (lit = scuff feet) traîner les pieds ◆ **to drag one's feet** or **one's heels** (fig) traîner les pieds ◆ **she accused the government of dragging its feet** or **heels on reforms** elle a accusé le gouvernement de tarder à introduire des réformes ◆ **the government is dragging its feet** or **heels over introducing new legislation** le gouvernement tarde à mettre en place de nouvelles lois ◆ **to drag anchor** [ship] chasser sur ses ancres ◆ **to drag the truth from** or **out of sb** finir par faire avouer la vérité à qn ◆ **to drag ass**‡ (US) glander‡, traînasser

2 [+ river, lake etc] draguer (for à la recherche de) 3 (fig = involve) [+ person] entraîner ; [+ issue, question etc] mêler ◆ **don't drag me into your affairs!** ne me mêle pas à tes histoires ! ◆ **to drag politics into sth** mêler la politique à qch

**COMP** **drag and drop** N (Comput) glisser-poser m
**drag artist** N travesti m
**drag coefficient, drag factor** N coefficient m de pénétration dans l'air, CX m
**drag hunt** N (= activity) drag m ; (= club) club m de drag
**drag lift** N (Ski) tire-fesses m inv
**drag queen**\* N travelo\* m
**drag race** N course f de dragsters
**drag shoe** N (= brake shoe) sabot m or patin m (de frein)
**drag show**\* N (Theat) spectacle m de travestis

▶ **drag about**
**VI** traîner
**VT SEP** traîner

▶ **drag along** VT SEP [+ person] entraîner (à contrecœur) ; [+ toy etc] tirer ◆ **to drag o.s. along** se traîner, avancer péniblement

▶ **drag apart** VT SEP séparer de force

▶ **drag away** VT SEP arracher (from à), emmener de force (from de) ◆ **she dragged him away from the television**\* elle l'a arraché de devant\* la télévision ◆ **she dragged him away from his work**\* elle l'a arraché à son travail ◆ **if you manage to drag yourself away from the bar**\* si tu arrives à t'arracher du bar\*

▶ **drag down** VT SEP entraîner (en bas) (fig) ◆ **to drag sb down to one's own level** rabaisser qn à son niveau ◆ **he was dragged down by the scandal** le scandale l'a discrédité ◆ **his illness is dragging him down** sa maladie l'affaiblit

▶ **drag in** VT SEP (fig) [+ subject, remark] tenir à placer, amener à tout prix

▶ **drag on** VI [meeting, conversation] traîner en longueur, s'éterniser ; [conflict] s'éterniser

▶ **drag out**
**VI** ⇒ **drag on**
**VT SEP** [+ discussion] faire traîner

▶ **drag up** VT SEP 1 (\* pej) [+ child] élever à la diable ◆ **where were you dragged up?** d'où tu sors ?\*
2 [+ scandal, story] remettre sur le tapis, déterrer ◆ **the letter dragged up painful memories for Rose** la lettre a fait res(s)urgir des souvenirs douloureux pour Rose

**draggle** /ˈdræɡl/ VT souiller (en traînant)

**draggy**\* /ˈdræɡɪ/ ADJ rasoir\* inv, barbant\*

**dragnet** /ˈdræɡnet/ N 1 (for fish) seine f, drège f ; (for birds) tirasse f
2 (fig : by police) coup m de filet

**dragoman** /ˈdræɡəʊmən/ N (pl **-mans**) drogman m

**dragon** /ˈdræɡən/
N 1 (= mythical beast, lizard, fierce person) dragon m
2 (Mil = armoured tractor) tracteur m blindé
**COMP** **dragon light** N lampe puissante utilisée par la police pour éblouir les suspects lors de poursuites
**dragon's blood** N (= resin) sang-de-dragon m

**dragonet** /ˈdræɡənɪt/ N (= fish) dragonnet m

**dragonfly** /ˈdræɡənflaɪ/ N libellule f, demoiselle f

**dragonnade** /ˌdræɡəˈneɪd/ N (Hist) dragonnade f

**dragoon** /drəˈɡuːn/ SYN
N (Mil) dragon m
**VT** ◆ **to dragoon sb into doing sth** contraindre or forcer qn à faire qch ◆ **she had been dragooned into the excursion** on l'avait contrainte or forcée à prendre part à l'excursion

**dragster** /ˈdræɡstə<sup>r</sup>/ N dragster m

**dragstrip** /ˈdræɡstrɪp/ N piste f de vitesse (pour dragsters)

**dragsville**‡ /ˈdræɡzvɪl/ N (US) ◆ **it's utter dragsville** c'est chiant‡

**dragway** /ˈdræɡweɪ/ N ⇒ **dragstrip**

**drain** /dreɪn/ SYN
N 1 (in town) égout m ; (in house) canalisation f sanitaire, tuyau m d'écoulement ; (on washing machine etc) tuyau m d'écoulement ; (Agr, Med) drain m ; (= drain cover) (in street) bouche f d'égout ; (beside house) puisard m ◆ **drains** (in town) égouts mpl ; (in house) canalisations fpl sanitaires ; (Agr) drains mpl ◆ **open drain** égout m à ciel ouvert ◆ **to throw one's money down the drain** (fig) jeter son argent par les fenêtres ◆ **to go down the drain** (fig) tomber à l'eau\* ◆ **all his hopes have gone down the drain** tous ses espoirs ont été anéantis
2 (fig) (on resources, manpower) ponction f (on sur, dans) ; (on strength) épuisement m (on de) ; → **brain**
**VT** [+ land, marshes] drainer, assécher ; [+ vegetables, dishes] égoutter ; [+ mine] vider, drainer ; [+ reservoir] vider ; [+ boiler] vidanger ; (Med) [+ wound] drainer ◆ **to drain one's glass** or **drink** vider son verre ◆ **drained weight** [of canned product] poids m net égoutté ◆ **to drain sb's energy** épuiser qn ◆ **to drain a country of resources** ponctionner les ressources d'un pays
**VI** [liquid] s'écouler ; [stream] s'écouler (into dans) ; [energy] s'épuiser
**COMP** **draining board** N égouttoir m, paillasse f
**draining spoon** N écumoire f

▶ **drain away, drain off**
**VI** [liquid] s'écouler ; [strength] s'épuiser
**VT SEP** [+ liquid] faire couler (pour vider un récipient)

**drainage** /ˈdreɪnɪdʒ/ SYN
N (= act of draining) drainage m, assèchement m ; (= system of drains) (on land) système m de fossés or de tuyaux de drainage ; [of town] système m d'égouts ; [of house] système m d'écoulement des eaux ; (= sewage) eaux fpl usées ; (Geol) système m hydrographique fluvial
**COMP** **drainage area, drainage basin** N (Geol) bassin m hydrographique
**drainage channel** N (Constr) barbacane f
**drainage tube** N (Med) drain m

**drainboard** /ˈdreɪnbɔːd/ N (US) ⇒ **draining board** ; → **drain**

**drainer** /ˈdreɪnə<sup>r</sup>/ N égouttoir m

**drainpipe** /ˈdreɪnpaɪp/ N tuyau m d'écoulement or de drainage

**drainpipes** /ˈdreɪnpaɪps/, **drainpipe trousers** (Brit) NPL pantalon-cigarette m

**drake** /dreɪk/ N canard m (mâle) ; → **duck**[1]

**Dralon** ® /ˈdreɪlɒn/ N Dralon ® m

**DRAM, D-RAM** /ˈdiːræm/ N (Comput) (abbrev of **dynamic random access memory**) (mémoire f) DRAM f

**dram** /dræm/ SYN N (Brit) 1 (Measure, Pharm) drachme f
2 (\* = small drink) goutte f, petit verre m

**drama** /ˈdrɑːmə/ SYN
N 1 (NonC: gen) théâtre m ◆ **to study drama** étudier l'art m dramatique ◆ **English drama** le théâtre anglais
2 (= play) drame m, pièce f de théâtre ; (fig) drame m
3 (NonC = quality of being dramatic) drame m
**COMP** **drama critic** N critique m dramatique
**drama-doc**\* N (TV) docudrame m
**drama queen**\* N (pej) ◆ **she's such a drama queen!** quelle comédienne !, elle fait toujours tout un cinéma ◆ **stop being such a drama queen** arrête ton cinéma\*
**drama school** N école f d'art dramatique
**drama student** N étudiant(e) m(f) en art dramatique

**dramatic** /drəˈmætɪk/ SYN ADJ 1 (= striking) [change, increase, fall] spectaculaire ◆ **there has been a dramatic decline in birth rates** il y a eu une baisse spectaculaire du taux de natalité ◆ **a fifth year of drought will have dramatic effects on the economy** une cinquième année de sécheresse aura des conséquences graves sur l'économie
2 (= exciting) ◆ **it was a very dramatic moment in my life** ça a été un moment très important de ma vie ◆ **Elizabeth was there during the afternoon's dramatic events** Elizabeth a assisté aux événements dramatiques de cette après-midi
3 [art, artist, work] dramatique ◆ **dramatic irony** ironie f dramatique ; → **amateur**
4 (= theatrical) [effect, entry, gesture] théâtral ◆ **to make a dramatic exit** faire une sortie théâtrale

⚠ When it means 'striking' **dramatic** is not translated by **dramatique**.

**dramatically** /drəˈmætɪkəlɪ/ ADV 1 (= spectacularly) [change, improve, worsen, increase, affect, alter] de façon spectaculaire ; [different, effective, successful] extraordinairement
2 (Literat, Theat) [effective, compelling, powerful] du point de vue théâtral

⚠ **dramatiquement** often means 'tragically'. When used as an intensifier it means 'terribly'.

**dramatics** /drəˈmætɪks/ NPL 1 (Theat) art m dramatique
2 (\* = fuss) comédie f (fig) ; → **amateur**

**dramatis personae** /ˌdræmətɪspɜːˈsəʊnaɪ/ NPL personnages mpl (d'une pièce etc)

**dramatist** /ˈdræmətɪst/ SYN N auteur m dramatique, dramaturge m

**dramatization** /ˌdræmətaɪˈzeɪʃən/ N 1 (Theat, TV) (for theatre) adaptation f pour la scène ; (for TV) adaptation f pour la télévision ; (for cinema) adaptation f cinématographique
2 (= exaggeration) dramatisation f

**dramatize** /ˈdræmətaɪz/ SYN VT 1 [+ novel] (for stage) adapter pour la scène ; (for film) adapter pour le cinéma ; (for TV) adapter pour la télévision ◆ **they dramatized his life story** (on TV) l'histoire de sa vie a été portée à l'écran
2 (esp US) (= make vivid) [+ event] rendre dramatique or émouvant ; (= exaggerate) dramatiser

**dramaturge** /ˈdræməˌtɜːdʒ/ N 1 (= playwright) dramaturge m
2 (= adviser) conseiller m littéraire

**dramaturgy** /ˈdræməˌtɜːdʒɪ/ N dramaturgie f

**Drambuie** ® /dræmˈbjuːɪ/ N Drambuie ® m

**drank** /dræŋk/ VB pt of **drink**

**drape** /dreɪp/
**VT** [+ window, statue, person] draper (with de) ; [+ room, altar] tendre (with de) ; [+ curtain, length of cloth] draper ◆ **she draped herself over the settee**\* elle s'est allongée langoureusement sur le canapé
**NPL** **drapes** (Brit = hangings) tentures fpl ; (US = curtains) rideaux mpl

**draper** /ˈdreɪpə<sup>r</sup>/ N (Brit) marchand(e) m(f) de nouveautés

**drapery** /ˈdreɪpərɪ/ N 1 (= material) draperie f, étoffes fpl ; (= hangings) tentures fpl, draperies fpl
2 (Brit : also **draper's shop**) magasin m de nouveautés

**drastic** /ˈdræstɪk/ SYN ADJ [reform, measures, reduction] drastique, draconien ; [remedy] drastique ; [surgery, change, improvement] radical ; [consequences, decline] dramatique ; [increase] considérable, fort ◆ **to make drastic cuts in defence spending** faire or opérer des coupes claires dans le budget de la défense

**drastically** /ˈdræstɪkəlɪ/ ADV [cut, increase, reduce] considérablement, drastiquement ; [change, improve] radicalement ; [increase] considérablement ◆ **defence spending has been drastically cut** on a fait or opéré des coupes claires dans le budget de la défense ◆ **drastically different** radicalement différent ◆ **it** or **things went drastically wrong** les choses ont très mal tourné

**drat**\* /dræt/ EXCL (euph = damn) sapristi !\*, diable ! ◆ **drat the child!** au diable cet enfant !, quelle peste\* cet enfant !

**dratted**\* /ˈdrætɪd/ ADJ sacré\* before n, maudit before n

**draught, draft** (US) /drɑːft/ SYN
N 1 (= breeze) courant m d'air ; (for fire) tirage m ◆ **beer on draught** bière f à la pression ◆ **to feel the draught**\* (fig:financially) devoir se serrer la ceinture\* ◆ **I felt a draught**\* (esp US) (fig = unfriendliness) j'ai senti un froid or qu'il etc me traitait avec froideur
2 [of ship] tirant m d'eau
3 (= drink) coup m ; [of medicine] potion f, breuvage m ◆ **a draught of cider** un coup de cidre ◆ **to take a long draught of sth** avaler une goulée de qch

4 (Brit) ◆ **(game of) draughts** (jeu m de) dames fpl
5 (= rough sketch) ⇒ **draft** noun 1
COMP [animal] de trait ; [cider, beer] à la pression **draught excluder** N bourrelet m (de porte, de fenêtre)

**draughtboard** /'drɑːftbɔːd/ N (Brit) damier m

**draughtiness, draftiness** (US) /'drɑːftɪnɪs/ N (NonC) courants mpl d'air

**draughtproof** /'drɑːftpruːf/
ADJ calfeutré
VT calfeutrer

**draughtproofing** /'drɑːftpruːfɪŋ/ N calfeutrage m

**draughtsman** /'drɑːftsmən/ N (pl -men) 1 (Art) dessinateur m, -trice f ; (in drawing office) dessinateur m, -trice f industriel(le)
2 (Brit : in game) pion m

**draughtsmanship, draftsmanship** (US) /'drɑːftsmənʃɪp/ N [of artist] talent m de dessinateur, coup m de crayon ; (in industry) art m du dessin industriel

**draughtswoman, draftswoman** (US) /'drɑːftswʊmən/ N (pl -women) (Art) dessinatrice f ; (in drawing office) dessinatrice f industrielle

**draughty, drafty** (US) /'drɑːftɪ/ ADJ [room] plein de courants d'air ; [street corner] exposé à tous les vents or aux quatre vents

**Dravidian** /drə'vɪdɪən/
ADJ dravidien
N 1 (= person) Dravidien(ne) m(f)
2 (Ling) dravidien m

**draw** /drɔː/ SYN (pret drew, ptp drawn)
VT 1 (= pull: gen) [+ object, cord, string, bolt] tirer ◆ **to draw a bow** bander un arc ◆ **to draw the curtains** (= open) tirer or ouvrir les rideaux ; (= shut) tirer or fermer les rideaux ◆ **to draw one's hand over one's eyes** se passer la main sur les yeux ◆ **I drew her arm through mine** j'ai passé or glissé son bras sous le mien ◆ **he drew a hand through his hair** il s'est passé la main dans les cheveux ◆ **he drew his chair nearer the fire** il a rapproché sa chaise du feu ◆ **he drew her close to him** il l'a attirée contre lui ◆ **to draw one's finger along a surface** passer le doigt sur une surface ◆ **to draw one's belt tighter** serrer sa ceinture ◆ **to draw smoke into one's lungs** avaler or inhaler la fumée (d'une cigarette) ◆ **to draw an abscess** (Med) faire mûrir un abcès ◆ **to draw a bead on sth** (= aim) viser qch
2 (= pull behind) [+ coach, cart, train, trailer etc] tracter
3 (= extract, remove) [+ teeth] extraire, arracher ; [+ cork] retirer, enlever ◆ **it was like drawing teeth** ça a été la croix et la bannière ◆ **to draw threads** (Sewing) tirer des fils ◆ **to draw a ticket out of a hat** tirer un billet d'un chapeau ◆ **to draw one's gun** sortir son pistolet ◆ **he drew a gun on me** il a sorti un pistolet et l'a braqué sur moi ◆ **to draw the sword** (fig) passer à l'attaque
4 (= obtain from source) [+ wine] tirer (from de) ; [+ water] (from tap, pump) tirer (from de) ; (from well) puiser (from dans) ◆ **to draw blood from sb** (Med) faire une prise de sang à qn ◆ **the stone hit him and drew blood** la pierre l'a frappé et l'a fait saigner ◆ **that remark drew blood** cette remarque blessante a porté ◆ **to draw a bath** † faire couler un bain ◆ **to draw (a) breath** aspirer, respirer ; (fig) souffler ◆ **to draw a card from the pack** tirer une carte du jeu ◆ **to draw trumps** (Cards) choisir l'atout ◆ **to draw the first prize** gagner or décrocher le gros lot ◆ **to draw inspiration from** tirer son inspiration de, puiser son inspiration dans ◆ **to draw strength from sth** puiser des forces dans qch ◆ **to draw comfort from sth** trouver un réconfort dans qch ◆ **to draw a smile from sb** arracher un sourire à qn ◆ **to draw a laugh from sb** arriver à faire rire qn ◆ **her performance drew tears from the audience** son interprétation a arraché des larmes au public ◆ **her performance drew the audience** son interprétation a été saluée par les applaudissements du public ◆ **I could draw no reply from him** je n'ai pu tirer de lui aucune réponse ; → **blank**
5 (Fin) ◆ **to draw money from the bank** retirer de l'argent à la banque ◆ **to draw a cheque on one's account** tirer un chèque sur son compte ◆ **to draw one's salary** or **pay** toucher son salaire ◆ **to draw one's pension** toucher sa pension

6 (= attract) [+ attention, customer, crowd] attirer ◆ **the play has drawn a lot of criticism** la pièce a donné lieu à or s'est attiré de nombreuses critiques ◆ **to feel drawn to(wards) sb** se sentir attiré par qn
7 (= cause to move, do, speak etc) ◆ **her shouts drew me to the scene** ses cris m'ont attiré sur les lieux ◆ **to draw sb into a plan** entraîner qn dans un projet ◆ **he refuses to be drawn** (= will not speak) il refuse de parler ; (= will not react) il refuse de se laisser provoquer or de réagir ◆ **he would not be drawn on the matter** il a refusé de parler de cette affaire ◆ **to draw sth to a close** or **an end** mettre fin à qch
8 [+ picture] dessiner ; [+ plan, line, circle] tracer ; (fig) [+ situation] faire un tableau de ; [+ character] peindre, dépeindre ◆ **to draw sb's portrait** faire le portrait de qn ◆ **to draw a map** (Geog) dresser une carte ; (Scol) faire or dessiner une carte ◆ **I draw the line at scrubbing floors** * je n'irai pas jusqu'à or je me refuse à frotter les parquets ◆ **I draw the line at cheating** * (myself) je n'irai pas jusqu'à or je me refuse à tricher ; (in others) je n'admets pas or je ne tolère pas que l'on triche ◆ **we must draw the line somewhere** il faut se fixer une limite, il y a une limite à tout ◆ **it's hard to know where to draw the line** il est difficile de savoir où s'arrêter
9 (= establish, formulate) [+ conclusion] tirer (from de) ; [+ comparison, parallel, distinction] établir, faire (between entre)
10 (Naut) ◆ **the boat draws 4 metres** le bateau a un tirant d'eau de 4 mètres, le bateau cale 4 mètres ◆ **to draw water** (= leak) prendre l'eau
11 (Sport) ◆ **to draw a match** faire match nul ; (Chess) faire partie nulle ◆ **they drew one-one** ils ont fait match nul un à un or un partout ◆ **Aston Villa have drawn a Czech team in the UEFA Cup** le tirage au sort de la coupe UEFA a désigné une équipe tchèque pour jouer contre Aston Villa
12 (= infuse) [+ tea] faire infuser
13 (Culin) [+ fowl] vider ; → **hang**
14 (Hunting) ◆ **to draw a fox** débusquer or lancer un renard
15 [+ metal] étirer ; [+ wire] tréfiler

VI 1 (= move, come) [person] se diriger (towards vers) ◆ **to draw to one side** s'écarter ◆ **to draw round the table** se rassembler or s'assembler autour de la table ◆ **the train drew into the station** le train est entré en gare ◆ **the car drew over towards the centre of the road** la voiture a dévié vers le milieu de la chaussée ◆ **he drew ahead of the other runners** il s'est détaché des autres coureurs ◆ **the two horses drew level** les deux chevaux sont parvenus à la même hauteur ◆ **to draw near** (to sb) s'approcher (de) ; [time, event] approcher ◆ **to draw nearer (to)** s'approcher un peu plus (de) ◆ **to draw to an end** or **a close** tirer à or toucher à sa fin
2 [chimney, pipe] tirer ; [pump, vacuum cleaner] aspirer
3 (= be equal) [two teams] faire match nul ; (in exams, competitions) être ex æquo inv ◆ **the competitors/the teams drew for second place** les concurrents/les équipes sont arrivé(e)s deuxièmes ex æquo ou ont remporté la deuxième place ex æquo ◆ **Scotland drew with Ireland** l'Écosse a fait match nul contre l'Irlande
4 (Cards) ◆ **to draw for partners** tirer pour les partenaires
5 (Art) dessiner ◆ **he draws well** il dessine bien, il sait bien dessiner ◆ **to draw from life** dessiner d'après nature
6 [tea] infuser

N 1 (= lottery) loterie f, tombola f ; (= act of drawing a lottery) tirage m ◆ **the draw is at three o'clock** le tirage est à trois heures ◆ **the draw for the quarter-finals will take place this morning** (Sport) le tirage au sort pour les quarts de finale aura lieu ce matin ; → **luck**
2 (Sport) match m nul ◆ **the match ended in a draw** le match s'est terminé par un match nul ◆ **five wins and two draws** cinq victoires et deux (matchs) nuls ◆ **we can get at least a draw against Holland** nous pouvons au moins faire match nul contre la Hollande
3 (= attraction) attraction f, succès m ; (Comm) réclame f ◆ **Mel Gibson was the big draw** Mel Gibson était la grande attraction ◆ **the pay was the big draw of the job** le salaire était l'élément le plus intéressant dans ce travail
4 ◆ **to beat sb to the draw** (lit) dégainer plus vite que qn ; (fig) devancer qn ◆ **to be quick on the draw** (lit) dégainer vite ; ( * fig) avoir la repartie or répartie facile

5 (Drugs ⁎ = hash) herbe ⁎ f
COMP **draw poker** N sorte de jeu de poker
**draw-sheet** N alaise f
**draw(-top) table** N table f à rallonge

▶ **draw along** VT SEP [+ cart] tirer, traîner ; (fig) [+ person] entraîner

▶ **draw apart** VI s'éloigner or s'écarter l'un de l'autre

▶ **draw aside**
VI [people] s'écarter
VT SEP [+ person] prendre à part ; [+ object] écarter

▶ **draw away**
VI 1 [person] s'éloigner, s'écarter (from de) ; [car etc] démarrer ◆ **to draw away from the kerb** s'éloigner du trottoir
2 (= move ahead) [runner, racehorse etc] se détacher (from de)
VT SEP [+ person] éloigner, emmener ; [+ object] retirer, ôter

▶ **draw back**
VI (= move backwards) (se) reculer, s'écarter (from de), faire un mouvement en arrière ; (fig) se retirer, reculer (at, before, from devant)
VT SEP [+ person] faire reculer ; [+ object, one's hand] retirer

▶ **draw down** VT SEP [+ blind] baisser ; (fig) [+ blame, ridicule] attirer (on sur)

▶ **draw in**
VI 1 (in car) ◆ **to draw in by the kerb** (= pull over) se rapprocher du trottoir ; (= stop) s'arrêter le long du trottoir
2 (Brit) ◆ **the days** or **nights are drawing in** (= get shorter) les jours raccourcissent
VT SEP 1 [+ air] aspirer, respirer
2 (= attract) [+ crowds] attirer ◆ **the play is drawing in huge returns** la pièce fait des recettes énormes ◆ **to draw sb in on a project** (fig) recruter qn pour un projet
3 (= pull in) rentrer ; [+ reins] tirer sur ◆ **to draw in one's claws** (gen, also fig) rentrer ses griffes ; [cat] rentrer patte de velours ; → **horn**

▶ **draw off**
VI [army, troops] se retirer
VT SEP 1 [+ gloves, garment] retirer, enlever
2 [+ beer etc] (from keg) tirer ; (Med) [+ blood] prendre

▶ **draw on**
VI [time] avancer
VT SEP 1 [+ stockings, gloves, garment] enfiler ; [+ shoes] mettre
2 (fig = encourage) [+ person] entraîner, encourager
VT FUS 1 ⇒ **draw upon**
2 ◆ **he drew on his cigarette** il a tiré sur sa cigarette

▶ **draw out**
VI (= become longer) ◆ **the days are drawing out** les jours rallongent
VT SEP 1 (= bring out, remove) [+ handkerchief, purse] sortir, tirer (from de) ; [+ money] (from bank etc) retirer (from à, de) ; [+ secret, plan] soutirer (from à) ; (fig) [+ person] faire parler ◆ **he's shy, try and draw him out (of his shell)** il est timide, essayez de le faire sortir de sa coquille
2 (= stretch, extend) [+ wire] étirer ; (fig) [+ speech, meeting] prolonger ; [+ meal] prolonger

▶ **draw up**
VI (= stop) [car etc] s'arrêter, stopper
VT SEP 1 [+ chair] approcher ; [+ troops] aligner, ranger ; [+ boat] tirer à sec ◆ **to draw o.s. up (to one's full height)** se dresser de toute sa hauteur
2 (= formulate, set out) [+ inventory] dresser ; [+ list, contract, agreement] dresser, rédiger ; [+ plan, scheme] formuler, établir ; (Fin) [+ bill] établir, dresser

▶ **draw upon** VT FUS ◆ **to draw upon one's savings** prendre or tirer sur ses économies ◆ **to draw upon one's imagination** faire appel à son imagination

**drawback** /'drɔːbæk/ SYN N 1 (= disadvantage) inconvénient m, désavantage m (to à)
2 (Tax: refund) drawback m

**drawbridge** /'drɔːbrɪdʒ/ N pont-levis m, pont m basculant or à bascule

**drawee** /drɔː'iː/ N (Fin) tiré m

**drawer**[1] /drɔːʳ/ N [of furniture] tiroir m ; → **bottom, chest**[1]

**drawer**[2] /drɔːʳ/ N 1 [of cheque etc] tireur m
2 (Art) [of pictures] dessinateur m, -trice f

**drawers** † /drɔːz/ NPL [of men] caleçon m ; [of women] culotte f, pantalon(s) † m(pl)

**drawing** /ˈdrɔːɪŋ/ SYN
  **N** ① (Art) dessin m ◆ **a pencil drawing** un dessin au crayon ◆ **a chalk drawing** un pastel ◆ **rough drawing** esquisse f
  ② (NonC = extending, tapering) [of metals] étirage m
  **COMP drawing account** N (US) compte m courant
  **drawing board** N planche f à dessin ◆ **the scheme is still on the drawing board** le projet est encore à l'étude ◆ **back to the drawing board!** retour à la case départ !
  **drawing office** N (Brit) bureau m de dessin industriel
  **drawing paper** N (Art) papier m à dessin
  **drawing pen** N (Art) tire-ligne m
  **drawing pin** N (Brit) punaise f
  **drawing room** N salon m ; (larger) salle f or salon m de réception

**drawknife** /ˈdrɔːnaɪf/ N (pl **drawknives** /ˈdrɔːnaɪvz/) plane f

**drawl** /drɔːl/ SYN
  **VI** parler d'une voix traînante
  **VT** dire or prononcer d'une voix traînante
  **N** voix f traînante ◆ **with a Southern/an aristocratic drawl** avec la voix traînante des gens du Sud des États-Unis/des aristocrates ◆ **... he said with a drawl** ... dit-il d'une voix traînante

**drawn** /drɔːn/ SYN
  **VB** ptp of **draw** ; see also **long¹**
  **ADJ** ① [curtains, blinds] tiré
  ② (= unsheathed) [sword, dagger] dégainé ◆ **pictures of dragoons charging with drawn sword** des images de dragons chargeant sabre au clair ◆ **the police waited with drawn truncheons** or **with truncheons drawn** les policiers attendaient, matraque en main ; → **dagger**
  ③ (= haggard) [features] tiré ; [person, face] aux traits tirés ◆ **to look drawn** avoir les traits tirés ◆ **face drawn with pain** visage m crispé par la douleur
  ④ (Sport = equal) [match] nul
  **COMP drawn butter** N (Culin) beurre m fondu
  **drawn-thread work, drawn work** N (Sewing) ouvrage m à fils tirés or à jour(s)

**drawstring** /ˈdrɔːstrɪŋ/ N cordon m

**dray** /dreɪ/ N [of brewer] haquet m ; [of wood, stones] fardier m ; [of quarry work] binard m

**dread** /dred/ SYN
  **VT** redouter, appréhender ◆ **to dread doing sth** redouter de faire qch ◆ **to dread that...** redouter que... ne + subj ◆ **I dread to think what goes on in schools these days** je n'ose pas imaginer ce qui se passe dans les écoles de nos jours ◆ **the dreaded Mrs Mitch** la redoutable Mme Mitch ◆ **the dreaded exam/medicine** (hum) l'examen/le médicament tant redouté (hum)
  **N** terreur f, effroi m ◆ **in dread of doing sth** dans la crainte de faire qch ◆ **to be** or **stand in dread of sth** redouter qch, vivre dans la crainte de qch
  **ADJ** (liter) redoutable, terrible

**dreadful** /ˈdredfʊl/ SYN ADJ ① (= horrible, appalling) [crime, sight, suffering] affreux, atroce ; [disease] affreux, horrible ; [weapon] redoutable ◆ **a dreadful mistake** une erreur terrible ◆ **a dreadful waste** un gaspillage épouvantable ◆ **he's a dreadful coward!** qu'est-ce qu'il peut être lâche ! ◆ **what a dreadful thing to happen!** quelle horreur !
  ② (= bad) [person, place, moment, situation, weather conditions] affreux ; [food] épouvantable ; [film, book, play etc] lamentable ; [child] insupportable ◆ **you look dreadful!** (= ill, tired) tu n'as pas l'air bien du tout ! ◆ **you look dreadful (in that hat/with that haircut)!** (= unattractive) tu es vraiment moche (avec ce chapeau/avec cette coupe de cheveux) ! ◆ **I feel dreadful!** (= ill) je ne me sens pas bien du tout ! ◆ **I feel dreadful (about it)!** (= guilty) je m'en veux ! ◆ **I feel dreadful about John/about what has happened** je m'en veux de ce qui est arrivé à John/de ce qui s'est passé ; → **penny**

**dreadfully** /ˈdredfəlɪ/ ADV ① (= badly) [behave, treat sb] de façon abominable ; [suffer] affreusement, atrocement ◆ **I miss him dreadfully** il me manque terriblement ◆ **I had a feeling that something was dreadfully wrong** j'ai senti que quelque chose de terrible venait de se passer
  ② (* = very) [boring, late etc] affreusement ◆ **I'm dreadfully sorry** je suis terriblement désolé

**dreadlocked** /ˈdredlɒkt/ ADJ portant des dreadlocks

**dreadlocks** /ˈdredlɒks/ NPL dreadlocks fpl

**dreadnought** /ˈdrednɔːt/ N (= ship) cuirassé m (d'escadre)

**dream** /driːm/ LANGUAGE IN USE 8.4 SYN (vb: pret, ptp **dreamed** or **dreamt**)
  **N** ① rêve m ◆ **to have a dream about sb/sth** rêver de qn/qch ◆ **I've had a bad dream** j'ai fait un mauvais rêve or un cauchemar ◆ **the whole business was (like) a bad dream** c'était un vrai cauchemar ◆ **sweet dreams!** fais de beaux rêves ! ◆ **to see sth in a dream** voir qch en rêve ◆ **life is but a dream** la vie n'est qu'un songe
  ② (when awake) ◆ **to be in a dream*** (= not paying attention) être dans les nuages or la lune ; (= day-dreaming) rêvasser
  ③ (= fantasy) rêve m ◆ **the man/woman/house of my dreams** l'homme/la femme/la maison de mes rêves ◆ **my dream is to have a house in the country** mon rêve serait d'avoir une maison à la campagne ◆ **his fondest dream was to see her again** son vœu le plus cher était de la revoir ◆ **to have dreams of doing sth** rêver de faire qch ◆ **it was like a dream come true** c'était le rêve ◆ **to make a dream come true for sb** réaliser le rêve de qn ◆ **in your dreams!*** tu peux toujours rêver ! ◆ **all his dreams came true** tous ses rêves se sont réalisés ◆ **idle dreams** rêvasseries fpl ◆ **rich beyond his wildest dreams** plus riche que dans ses rêves les plus fous ◆ **she achieved success beyond her wildest dreams** son succès a dépassé ses espoirs les plus fous ◆ **never in my wildest dreams would I have thought that...** jamais, même dans mes rêves les plus fous, je n'aurais imaginé que... ◆ **everything went like a dream*** tout est allé comme sur des roulettes*
  ④ * (= lovely person) amour* m ; (= lovely thing) merveille f ◆ **isn't he a dream?** c'est fou qu'il est adorable or que c'est un amour ? ◆ **a dream of a dress** une robe de rêve
  **ADJ** ◆ **a dream house** une maison de rêve ◆ **his dream house** la maison de ses rêves
  **VI** ① (in sleep) rêver ◆ **to dream about** or **of sb/sth** rêver de qn/qch ◆ **to dream about** or **of doing sth** rêver qu'on a fait qch ◆ **dream on!*** tu peux toujours rêver ! *
  ② (when awake) rêvasser, être dans les nuages or la lune
  ③ (= imagine, envisage) songer (of à), avoir l'idée (of de) ◆ **I would never have dreamt of doing such a thing** je n'aurais jamais songé à or eu l'idée de faire une chose pareille ◆ **I wouldn't dream of telling her!** jamais il ne me viendrait à l'idée de lui dire cela ! ◆ **will you come? - I wouldn't dream of it!** vous allez venir ? - jamais de la vie or pas question ! ◆ **I wouldn't dream of making fun of you** il ne me viendrait jamais à l'idée de me moquer de vous
  **VT** ① (in sleep) rêver, voir en rêve ◆ **to dream a dream** faire un rêve ◆ **I dreamt that she came** j'ai rêvé qu'elle venait ◆ **you must have dreamt it!** vous avez dû (le) rêver !
  ② (= imagine) imaginer ◆ **if I had dreamt you would do that...** si j'avais pu imaginer un instant que tu ferais cela... ◆ **I didn't dream he would come!** je n'ai jamais songé or imaginé un instant qu'il viendrait !
  **COMP dream team** N équipe f de rêve
  **dream ticket** N (esp Pol) équipe f de rêve
  **dream world** N (ideal) monde m utopique ; (imagination) monde m imaginaire ◆ **he lives in a dream world** il est complètement détaché des réalités

▶ **dream away** VT SEP [+ time] perdre en rêveries ◆ **to dream one's life away** passer sa vie à rêvasser

▶ **dream up*** VT SEP [+ idea] imaginer, concevoir ◆ **where did you dream that up?** où est-ce que vous êtes allé pêcher cela ?*

**dreamboat*** /ˈdriːmbəʊt/ N ◆ **he's a dreamboat** il est beau comme un dieu

**dreamer** /ˈdriːmər/ SYN N ① (lit) rêveur m, -euse f
  ② (fig) rêveur m, -euse f, songe-creux m inv ; (politically) utopiste mf

**dreamily** /ˈdriːmɪlɪ/ ADV [say] d'un ton rêveur ; [smile, sigh, look] d'un air rêveur

**dreamland** /ˈdriːmlænd/ SYN N pays m des rêves or des songes ; (= beautiful place) pays m de rêve

**dreamless** /ˈdriːmlɪs/ ADJ sans rêves

**dreamlike** /ˈdriːmlaɪk/ ADJ onirique

**dreamt** /dremt/ VB pt, ptp of **dream**

**dreamtime** /ˈdriːmtaɪm/ N (Austral) temps m du rêve

**dreamy** /ˈdriːmɪ/ SYN ADJ ① (= relaxed, otherworldly) [smile, look, expression] rêveur ; [voice, music] doux (douce f), qui fait rêver
  ② (* pej = impractical, idealistic) rêveur, dans la lune or les nuages
  ③ (* = wonderful) [house, car, dress] de rêve ◆ **he's dreamy!** il est tellement séduisant !

**drearily** /ˈdrɪərɪlɪ/ ADV [speak] d'un ton morne ; [dress] de façon terne ◆ **it was a drearily familiar scenario** c'était un scénario trop connu

**dreariness** /ˈdrɪərɪnɪs/ N [of surroundings, life] grisaille f, monotonie f ; [of weather] grisaille f

**dreary** /ˈdrɪərɪ/ SYN ADJ [place, landscape] morne ; [job, work, life] monotone ; [day, person] ennuyeux ; [weather] maussade

**dredge¹** /dredʒ/
  **N** (= net, vessel) drague f
  **VT** [+ river, mud] draguer
  **VI** draguer

▶ **dredge up** VT SEP ① (lit) draguer
  ② (fig) [+ unpleasant facts] déterrer, ressortir

**dredge²** /dredʒ/ VT (Culin) saupoudrer (with de ; on to, over sur)

**dredger¹** /ˈdredʒər/ N (= ship) dragueur m ; (= machine) drague f

**dredger²** /ˈdredʒər/ N (Culin) saupoudreuse f, saupoudroir m

**dredging¹** /ˈdredʒɪŋ/ N (of river etc) dragage m

**dredging²** /ˈdredʒɪŋ/ N (Culin) saupoudrage m

**dregs** /dregz/ SYN NPL (lit, fig) lie f ◆ **the dregs of society** la lie de la société

**dreich** /driːx/ ADJ (Scot) lugubre

**drench** /drentʃ/ SYN
  **VT** ① tremper ◆ **to be drenched in blood** être baigné de sang ◆ **to be drenched in sweat** être trempé de sueur, être en nage ◆ **to get drenched to the skin** se faire tremper jusqu'aux os, se faire saucer* ; → **sun**
  ② (= give medicine to) [+ animal] administrer or faire avaler un médicament à
  **N** (= animal's medicine) (dose f de) médicament m (pour un animal)

**drenching** /ˈdrentʃɪŋ/
  **N** ◆ **to get a drenching** se faire tremper or saucer*
  **ADJ** ◆ **drenching rain** pluie f battante or diluvienne

**Dresden** /ˈdrezdən/ N ① (Geog) Dresde
  ② (also **Dresden china**) porcelaine f de Saxe, saxe m ◆ **a piece of Dresden** un saxe

**dress** /dres/ SYN
  **N** ① robe f ◆ **a long/silk/summer dress** une robe longue/de soie/d'été ; → **cocktail, wedding**
  ② (NonC = clothing, way of dressing) tenue f ◆ **articles of dress** vêtements mpl ◆ **in eastern/traditional dress** en tenue orientale/traditionnelle ◆ **to be careless in one's dress** avoir une tenue négligée ◆ **he's always very careful in his dress** il s'habille toujours avec beaucoup de recherche, il est toujours élégamment vêtu ; → **evening, full, national**
  **VT** ① (= clothe) [+ child, family, recruits, customer] habiller ◆ **to get dressed** s'habiller ◆ **he's old enough to dress himself** [child] il est assez grand pour s'habiller tout seul ; see also **dressed**
  ② (Theat) [+ play] costumer
  ③ (= arrange, decorate) [+ gown] parer, orner ; (Naut) [+ ship] pavoiser ◆ **to dress a shop window** faire la vitrine ◆ **to dress sb's hair** coiffer qn
  ④ (Culin) [+ salad] assaisonner ; [+ chicken, crab, game] préparer
  ⑤ [+ skins] préparer, apprêter ; [+ material] apprêter ; [+ leather] corroyer ; [+ timber] dégrossir ; [+ stone] tailler, dresser
  ⑥ (Agr) [+ field] façonner
  ⑦ [+ troops] aligner
  ⑧ [+ wound] panser ◆ **to dress sb's wound** panser la blessure de qn
  **VI** ① s'habiller ◆ **to dress in black** s'habiller en noir ◆ **to dress in jeans** porter des jeans ◆ **to dress as a man** s'habiller en homme ◆ **she dresses very well** elle s'habille avec goût ◆ **to dress for dinner** se mettre en tenue de soirée ; see also **dressed**

② [soldiers] s'aligner ◆ **right dress!** à droite, alignement !

**COMP** **dress circle** N (Theat) premier balcon m, corbeille f
**dress coat** N habit m, queue-de-pie f
**dress code** N code m vestimentaire
**dress designer** N couturier m
**dress length** N (of material) hauteur f (de robe)
**dress parade** N (US Mil) défilé m en grande tenue
**dress rehearsal** N (Theat) (répétition f) générale f ; (fig) répétition f générale
**dress sense** N ◆ **he has no dress sense at all** il ne sait absolument pas s'habiller ◆ **her dress sense is appalling** elle s'habille d'une façon épouvantable
**dress shield** N dessous-de-bras m
**dress shirt** N chemise f de soirée
**dress shoes** NPL chaussures fpl habillées
**dress suit** N tenue f de soirée
**dress uniform** N (Mil) tenue f de cérémonie ; see also **dressed**

▶ **dress down**
**VT SEP** ① (* = scold) passer un savon à *
② [+ horse] panser
**VI** (Brit) s'habiller décontracté
**N** ◆ **dressing-down*** → **dressing**
**COMP**
**dress-down day** N (Comm) jour où le personnel peut s'habiller de manière plus décontractée

▶ **dress up**
**VI** ① (= put on smart clothes) se mettre sur son trente et un, s'habiller ◆ **there's no need to dress up** * il n'y a pas besoin de se mettre sur son trente et un ; see also **dressed**
② (= put on fancy dress) se déguiser ◆ **to dress up as...** se déguiser or se costumer en... ◆ **the children love dressing up** les enfants adorent se déguiser
**VT SEP** ① (= disguise) déguiser (as en)
② ◆ **it dresses up the skirt** cela rend la jupe plus habillée

**dressage** /'dresɑ:ʒ/ N dressage m

**dressed** /drest/
**ADJ** habillé ◆ **casually dressed** habillé de façon décontractée ◆ **fully dressed** entièrement habillé ◆ **smartly dressed** vêtu avec élégance, élégamment vêtu ◆ **well-dressed** bien habillé ◆ **dressed in a suit/in white** vêtu d'un costume/de blanc ◆ **to be dressed for the country/for town/for jogging/for gardening** être habillé pour la campagne/pour la ville/pour faire du jogging/pour jardiner ◆ **dressed as a man/a cowboy/an astronaut** etc habillé en homme/cow-boy/astronaute etc ◆ **to be dressed up to the nines*** (Brit), **to be all dressed up*** être sur son trente et un * ◆ **all dressed up and nowhere to go*** (hum) fringué(e)* comme un prince (or une princesse) et tout ça pour rien ◆ **she was dressed to kill*** elle était superbement habillée, prête à faire des ravages ; see also **dress**
**COMP** **dressed crab** N crabe m tout préparé

**dresser**¹ /'dresər/ N ① (Theat) habilleur m, -euse f ; (Comm: also **window dresser**) étalagiste mf
② ◆ **she's a stylish dresser** elle s'habille avec chic ; → **hairdresser**
③ (= tool) (for wood) raboteuse f ; (for stone) rabotin m

**dresser**² /'dresər/ N ① (= furniture) buffet m, vaisselier m
② (US) ⇒ **dressing table** ; → **dressing**

**dressing** /'dresɪŋ/
**N** ① (= providing with clothes) habillement m ◆ **dressing always takes me a long time** je mets beaucoup de temps à m'habiller ; → **hairdressing**
② (Med) pansement m
③ (Culin : = presentation) présentation f ; (= seasoning) assaisonnement m, sauce f ; (= stuffing) farce f ◆ **oil and vinegar dressing** vinaigrette f ; → **salad**
④ (= manure) engrais m, fumages mpl
⑤ (for material, leather) apprêt m
⑥ (Constr) parement m
**COMP** **dressing case** N nécessaire m de toilette, trousse f de toilette or de voyage
**dressing-down*** N ◆ **to give sb a dressing-down** passer un savon à qn * ◆ **to get a dressing-down** recevoir or se faire passer un savon *, se faire enguirlander *
**dressing gown** N (Brit) robe f de chambre ; (made of towelling) peignoir f ; (= negligée) déshabillé m

**dressing room** N (in house) dressing(-room) m ; (Theat) loge f ; (US : in shop) cabine f d'essayage
**dressing station** N (Mil) poste m de secours
**dressing table** N coiffeuse f
**dressing table set** N accessoires mpl pour coiffeuse
**dressing-up** N déguisement m

**dressmaker** /'dresmeɪkər/ SYN N couturière f

**dressmaking** /'dresmeɪkɪŋ/ N couture f

**dressy*** /'dresɪ/ ADJ chic

**drew** /dru:/ VB pt of **draw**

**drey** /dreɪ/ N nid m (d'écureuil)

**dribble** /'drɪbl/ SYN
**VI** ① [liquid] tomber goutte à goutte, couler lentement ; [baby] baver ◆ **to dribble back/in** etc [people] revenir/entrer etc par petits groupes or un par un
② (Sport) dribbler
**VT** ① (Sport) [+ ball] dribbler
② ◆ **he dribbled his milk all down his chin** son lait lui dégoulinait le long du menton
**N** ① [of water] petite goutte f
② (Sport) dribble m

**dribbler** /'drɪblər/ N (Sport) dribbleur m

**driblet** /'drɪblɪt/ N [of liquid] gouttelette f ◆ **in driblets** (lit) goutte à goutte ; (fig) au compte-gouttes

**dribs and drabs** /'drɪbzən'dræbz/ NPL petites quantités fpl ◆ **in dribs and drabs** (gen) petit à petit, peu à peu ; [arrive] en or par petits groupes ; [pay, give] au compte-gouttes

**dried** /draɪd/
**VB** pt, ptp of **dry**
**ADJ** [flowers, mushrooms, onions, tomatoes] séché ; [beans] sec (sèche f) ; [eggs, milk, yeast] en poudre ◆ **dried fruit** fruits mpl secs
**COMP** **dried out*** ADJ [alcoholic] désintoxiqué
**dried-up** ADJ (= dry) [food] ratatiné ; [river-bed, stream, oasis] desséché ; [well, spring] tari ; (= wizened) [person] ratatiné ◆ **a little dried-up old man** un petit vieillard ratatiné

**drier** /'draɪər/ N ⇒ **dryer**

**drift** /drɪft/ SYN
**VI** ① (on sea, river etc) aller à la dérive, dériver ; (in wind/current) être poussé or emporté (par le vent/le courant) ; [plane] dériver ; [snow, sand etc] s'amonceler, s'entasser ; [sounds] se faire entendre ◆ **to drift downstream** descendre la rivière emporté par le courant ◆ **to drift away/out/back** etc [person] partir/sortir/revenir etc d'une allure nonchalante ◆ **he was drifting aimlessly about** il flânait (sans but), il déambulait
② (fig) [person] se laisser aller, aller à la dérive ; [events] tendre (towards vers) ◆ **to let things drift** laisser les choses aller, aller à vau-l'eau ◆ **he drifted into marriage** il s'est retrouvé marié ◆ **to drift into crime** sombrer peu à peu dans la délinquance ◆ **to drift from job to job** aller d'un travail à un autre ◆ **the nation was drifting towards a crisis** le pays allait vers la crise
③ (Rad) se décaler
**N** ① (NonC) (= driving movement or force) mouvement m, force f ; [of air, water current] poussée f ◆ **the drift of the current** (= speed) la vitesse du courant ; (= direction) le sens or la direction du courant ◆ **carried north by the drift of the current** emporté vers le nord par le courant ◆ **the drift towards the cities** le mouvement vers les villes ◆ **the drift of events** le cours or la tournure des événements
② (= mass) [of clouds] traînée f ; [of dust] nuage m ; [of falling snow] rafale f ; [of fallen snow] congère f, amoncellement m ; [of sand, leaves] amoncellement m ; (Geol = deposits) apports mpl
③ (NonC ; = act of drifting) [of ships, aircraft] dérive f, dérivation f ; [of projectile] déviation f, dérivation f ; (= deviation from course) déviation f ; (Ling) évolution f (de la langue) ◆ **continental drift** dérive f des continents
④ (* = general meaning) ◆ **to get** or **catch** or **follow sb's drift** comprendre où qn veut en venir, comprendre le sens général des paroles de qn ◆ **(you) get my drift?** tu as pigé ?*, tu vois ce que je veux dire ?
⑤ (Min) galerie f chassante
**COMP** **drift anchor** N ancre f flottante
**drift ice, drifting ice** N glaces fpl flottantes
**drift net** N filet m dérivant, traîne f

▶ **drift apart** VI (fig) s'éloigner l'un de l'autre

▶ **drift off** VI (fig = fall asleep) se laisser gagner par le sommeil

**drifter** /'drɪftər/ N ① (= boat) chalutier m, drifter m
② (= person) personne f qui se laisse aller or qui n'a pas de but dans la vie ◆ **he's a bit of a drifter** il manque un peu de stabilité

**driftwood** /'drɪftwʊd/ N bois m flotté

**drill**¹ /drɪl/ SYN
**N** (for metal, wood) foret m, mèche f ; (for oil well) trépan m ; (for DIY) perceuse f ; (Min) perforatrice f, foreuse f ; (for roads) marteau-piqueur m ; [of dentist] roulette f, fraise f (de dentiste) ◆ **electric (hand) drill** perceuse f électrique ; → **pneumatic**
**VT** [+ wood, metal] forer, percer ; [+ tooth] fraiser ◆ **to drill an oil well** forer un puits de pétrole
**VI** forer, effectuer des forages (for pour trouver)

**drill**² /drɪl/ SYN
**N** (NonC) (esp Mil = exercises etc) exercice(s) m(pl), manœuvre(s) f(pl) ; (in grammar etc) exercices m ◆ **what's the drill?*** (fig) quelle est la marche à suivre ? ◆ **he doesn't know the drill*** il ne connaît pas la marche à suivre
**VT** [+ soldiers] faire faire l'exercice à ◆ **these troops are well-drilled** ces troupes sont bien entraînées ◆ **to drill pupils in grammar** faire faire des exercices de grammaire à des élèves ◆ **to drill good manners into a child** inculquer les bonnes manières à un enfant ◆ **I drilled it into him that he must not...** je lui ai bien enfoncé dans la tête qu'il ne doit pas...
**VI** (Mil) faire l'exercice, être à l'exercice
**COMP** **drill sergeant** N (Mil) sergent m instructeur

**drill**³ /drɪl/ (Agr)
**N** (= furrow) sillon m ; (= machine) drill m, semoir m
**VT** [+ seeds] semer en sillons ; [+ field] tracer des sillons dans

**drill**⁴ /drɪl/ N (fabric) coutil m, treillis m

**drilling**¹ /'drɪlɪŋ/
**N** (NonC) [of metal, wood] forage m, perçage m ; (by dentist) fraisage m ◆ **drilling for oil** forage m (pétrolier)
**COMP** **drilling fluid** N (Min) fluide m de forage
**drilling platform** N plateforme f de forage
**drilling rig** N derrick m ; (at sea) plateforme f
**drilling ship** N navire m de forage

**drilling**² /'drɪlɪŋ/ N (Mil) exercices mpl, manœuvres fpl

**drillion**‡ /'drɪljən/ N (US) ◆ **a drillion dollars** des tonnes de dollars, des milliards et des milliards de dollars

**drillmaster** /'drɪlˌmɑ:stər/ N (Mil) sergent m instructeur

**drily** /'draɪlɪ/ ADV ① (= with dry humour) [say, observe] d'un air or ton pince-sans-rire
② (= unemotionally) flegmatiquement

**drink** /drɪŋk/ SYN (vb: pret **drank**, ptp **drunk**)
**N** ① (= liquid to drink) boisson f ◆ **have you got drinks for the children?** est-ce que tu as des boissons pour les enfants ? ◆ **there's food and drink in the kitchen** il y a de quoi boire et manger à la cuisine ◆ **may I have a drink?** est-ce que je pourrais boire quelque chose ? ◆ **to give sb a drink** donner à boire à qn ◆ **he's a big drink of water*** quelle (grande) asperge !*
② (= glass of alcoholic drink) verre m ; (before meal) apéritif m ; (after meal) digestif m ◆ **have a drink!** tu prendras bien un verre ? ◆ **let's have a drink** allons prendre or boire un verre ◆ **let's have a drink on it** allons boire un verre pour fêter ça ◆ **I need a drink!** j'ai besoin de boire un verre ! ◆ **he likes a drink** il aime bien boire un verre ◆ **to ask friends in for drinks** inviter des amis à venir prendre un verre ◆ **to stand sb a drink** offrir un verre à qn, offrir à boire à qn ◆ **to stand a round of drinks** payer une tournée ◆ **to stand drinks all round** payer une tournée générale ◆ **he had a drink in him*** il avait un coup dans le nez * ; → **short, soft, strong**
③ (NonC = alcoholic liquor) la boisson, l'alcool m ◆ **to be under the influence of drink** être en état d'ébriété ◆ **to be the worse for drink** avoir un coup dans le nez * ◆ **to take to drink** se mettre à boire ◆ **to smell of drink** sentir l'alcool ◆ **his worries drove him to drink** ses soucis l'ont poussé à boire or l'ont fait sombrer dans la boisson ◆ **it's enough to drive you to drink!** ça vous donne envie de boire pour oublier ! ; → **demon**

4 (* = sea) baille* f ◆ **to be in the drink** être à la baille*

VT [+ *wine, coffee*] boire, prendre ; [+ *soup*] manger ◆ **would you like something to drink?** voulez-vous boire quelque chose ? ◆ **give me something to drink** donnez-moi (quelque chose) à boire ◆ **is the water fit to drink?** est-ce que l'eau est potable ? ◆ **this coffee isn't fit to drink** ce café n'est pas buvable ◆ **to drink sb's health** boire à la santé de qn ◆ **this wine should be drunk at room temperature** ce vin se boit chambré ◆ **he drinks all his wages** il boit tout ce qu'il gagne ◆ **to drink sb under the table** faire rouler qn sous la table ◆ **to drink o.s. senseless** boire jusqu'à ne plus tenir debout ; → **death, toast**

VI boire ◆ **he doesn't drink** il ne boit pas ◆ **his father drank** son père buvait ◆ **to drink from the bottle** boire à (même) la bouteille ◆ **to drink out of a glass** boire dans un verre ◆ **"don't drink and drive"** (*on notice*) « boire ou conduire, il faut choisir » ◆ **to drink like a fish*** boire comme un trou* ◆ **to drink to sb/to sb's success** boire à *or* porter un toast à qn/au succès de qn

COMP **drink driver** N (*Brit*) conducteur *m*, -trice *f* en état d'ébriété *or* d'ivresse
**drink-driving** N (*Brit*) conduite *f* en état d'ébriété *or* d'ivresse
**drink-driving campaign** N (*Brit*) campagne *f* contre l'alcool au volant
**drink problem** N ◆ **the drink problem** le problème de l'alcoolisme ◆ **to have a drink problem** trop boire

▸ **drink away** VT SEP [+ *fortune*] boire ; [+ *sorrows*] noyer (dans l'alcool)

▸ **drink down** VT SEP avaler, boire d'un trait

▸ **drink in** VT SEP [*plants, soil*] absorber, boire ; (*fig*) [+ *story*] avaler* ◆ **he drank in the fresh air** il a respiré *or* humé l'air frais ◆ **the children were drinking it all in** les enfants n'en perdaient pas une miette* *or* une goutte*

▸ **drink up**

VI boire, vider son verre ◆ **drink up!** finis *or* bois ton verre !

VT SEP ◆ **to drink sth up** finir son verre (*or* sa tasse) de qch

**drinkable** /ˈdrɪŋkəbl/ ADJ (= *not poisonous*) [*water*] potable ; (= *palatable*) [*wine etc*] buvable

**drinker** /ˈdrɪŋkəʳ/ SYN N buveur *m*, -euse *f* ◆ **whisky drinker** buveur *m*, -euse *f* de whisky ◆ **he's a hard** *or* **heavy drinker** il boit beaucoup, il boit sec

**drinking** /ˈdrɪŋkɪŋ/

N ◆ **eating and drinking** manger et boire ◆ **he wasn't used to drinking** il n'avait pas l'habitude de boire ◆ **there was a lot of heavy drinking** on a beaucoup bu ◆ **his problem was drinking** son problème c'était qu'il buvait ◆ **his drinking caused his relationship to break up** son alcoolisme a détruit son couple ◆ **she left him because of his drinking** elle l'a quitté parce qu'il buvait ◆ **I don't object to drinking in moderation** je ne vois pas d'inconvénient à boire *or* à ce que l'on boive avec modération ◆ **drinking by the under-18s must be stopped** il faut empêcher les jeunes de moins de 18 ans de boire

COMP **drinking bout** N beuverie *f*
**drinking chocolate** N chocolat *m* (en poudre)
**drinking companion** N ◆ **one of his drinking companions** un de ses compagnons de beuverie
**drinking fountain** N (*in street*) fontaine *f* publique ; (*in office, toilets etc*) jet *m* d'eau potable
**drinking session** N ⇒ **drinking bout**
**drinking song** N chanson *f* à boire
**drinking spree** N ⇒ **drinking bout**
**drinking straw** N paille *f*
**drinking trough** N abreuvoir *m*, auge *f*
**drinking-up time** N (*Brit*) *dernières minutes pour finir son verre avant la fermeture d'un pub*
**drinking water** N eau *f* potable

**drip** /drɪp/ SYN

VI [*water, sweat, rain*] dégoutter, dégouliner ; [*tap*] couler, goutter ; [*cheese, washing*] s'égoutter ; [*hair, trees etc*] dégoutter, ruisseler (*with* de) ◆ **the rain was dripping down the wall** la pluie dégouttait *or* dégoulinait le long du mur ◆ **sweat was dripping from his brow** son front ruisselait de sueur ◆ **to be dripping with sweat** ruisseler de sueur, être en nage ◆ **his hands were dripping with blood** ses mains ruisselaient de sang ◆ **the walls were dripping (with water)** les murs suintaient ◆ **his voice was dripping with sarcasm** (*liter*) il avait un ton profondément sarcastique ; see also **dripping**

VT [+ *liquid*] faire tomber *or* laisser tomber goutte à goutte ; [+ *washing, cheese*] égoutter ◆ **you're dripping paint all over the place** tu mets de la peinture partout

N 1 (= *sound*) [*of water, rain*] bruit *m* de l'eau qui tombe goutte à goutte ; [*of tap*] bruit *m* d'un robinet qui goutte

2 (= *drop*) goutte *f*

3 (* *fig* = *spineless person*) lavette* *f*

4 (*Med*) (= *liquid*) perfusion *f* ; (= *device*) goutte-à-goutte *m inv* ◆ **to put up a drip** mettre un goutte-à-goutte ◆ **to be on a drip** être sous perfusion ; → **intravenous**

5 (*Archit*: also **dripstone**) larmier *m*

COMP **drip-dry** ADJ [*shirt*] qui ne nécessite aucun repassage VT (*Comm: on label*) « ne pas repasser »
**drip-feed** VT (*Med*) alimenter par perfusion ; (= *gradually release*) [+ *money, information*] donner au compte-gouttes ◆ **to drip-feed money into sth** injecter de l'argent au compte-gouttes dans qch
**drip mat** N dessous-de-verre *m inv*
**drip pan** N (*Culin*) lèchefrite *f*

**dripping** /ˈdrɪpɪŋ/

N 1 (*Culin*) graisse *f* (de rôti) ◆ **bread and dripping** tartine *f* à la graisse

2 (= *action*) [*of water etc*] égouttement *m*

ADJ 1 (= *leaking*) [*tap, gutter*] qui goutte *or* coule

2 (= *soaking*) [*person, hair, clothes, washing*] trempé ; [*tree*] ruisselant, qui dégoutte ◆ **he's dripping wet*** il est trempé jusqu'aux os ◆ **my coat is dripping wet*** mon manteau est trempé ; see also **drip**

COMP **dripping pan** N (*Culin*) lèchefrite *f*

**drippy*** /ˈdrɪpɪ/ ADJ [*person*] gnangnan* *inv* ; [*music, book*] cucul*

**drivability** /ˌdraɪvəˈbɪlɪtɪ/ N maniabilité *f*, manœuvrabilité *f*

**drive** /draɪv/ SYN (vb: pret **drove**, ptp **driven**)

N 1 (= *car journey*) promenade *f* *or* trajet *m* en voiture ◆ **to go for a drive** faire une promenade en voiture ◆ **it's about one hour's drive from London** c'est à environ une heure de voiture de Londres

2 (= *private road : into house, castle*) allée *f*

3 (*Golf*) drive *m* ; (*Tennis*) coup *m* droit, drive *m*

4 (= *energy*) dynamisme *m*, énergie *f* ; (*Psych*) besoin *m*, instinct *m* ◆ **the sex drive** les pulsions *fpl* sexuelles ◆ **to have plenty of drive** avoir du dynamisme *or* de l'énergie ◆ **to lack drive** manquer de dynamisme *or* d'énergie

5 (*Pol, Comm*) campagne *f* ; (*Mil*) poussée *f* ◆ **a drive to boost sales** une campagne de promotion des ventes ◆ **an output drive** un effort de production ◆ **a recruitment drive** une campagne de recrutement ◆ **the drive towards democracy** le mouvement en faveur de la démocratie ; → **export, whist**

6 (*Tech* = *power transmission*) commande *f*, transmission *f* ; → **front, left², rear¹**

7 (*Comput*) (*for disk*) unité *f* de disques ; (*for tape*) dérouleur *m*

VT 1 [+ *cart, car, train*] conduire ; [+ *racing car*] piloter ; [+ *passenger*] conduire, emmener (en voiture) ◆ **he drives a lorry/taxi** (*for a living*) il est camionneur/chauffeur de taxi ◆ **he drives a Peugeot** il a une Peugeot ◆ **he drives racing cars** il est pilote de course ◆ **to drive sb back/off** *etc* (*in car*) ramener/emmener *etc* qn en voiture ◆ **I'll drive you home** je vais vous ramener (en voiture), je vais vous reconduire chez vous ◆ **she drove me down to the coast** elle m'a conduit *or* emmené (en voiture) jusqu'à la côte ◆ **he drove his car straight at me** il s'est dirigé *or* il a dirigé sa voiture droit sur moi ◆ **measures that would drive a coach and horses through the reforms** (*esp Brit*) des mesures qui sonneraient le glas des réformes

2 [+ *people, animals*] chasser *or* pousser (devant soi) ; (*Hunting*) [+ *game*] rabattre ; [+ *clouds*] charrier, chasser ; [+ *leaves*] chasser ◆ **to drive sb out of the country** chasser qn du pays ◆ **the dog drove the sheep into the farm** le chien a fait rentrer les moutons à la ferme ◆ **the gale drove the ship off course** la tempête a fait dériver le navire ◆ **the wind drove the rain against the windows** le vent rabattait la pluie contre les vitres ; → **corner**

3 (= *operate*) [+ *machine*] [*person*] actionner, commander ; [*steam etc*] faire fonctionner ◆ **machine driven by electricity** machine fonctionnant à l'électricité

4 [+ *nail*] enfoncer ; [+ *stake*] enfoncer, ficher ; [+ *rivet*] poser ; (*Golf, Tennis*) driver ; [+ *tunnel*] percer, creuser ; [+ *well*] forer, percer ◆ **to drive a nail home** enfoncer un clou à fond ◆ **to drive a point home** réussir à faire comprendre un argument ◆ **to drive sth into sb's head** enfoncer qch dans la tête de qn ◆ **to drive sth out of sb's head** faire sortir qch de la tête de qn ◆ **to drive a bargain** conclure un marché ◆ **to drive a hard bargain with sb** soutirer le maximum à qn ◆ **he drives a hard bargain** il ne fait pas de cadeau

5 (*fig*) ◆ **to drive sb hard** surcharger qn de travail, surmener qn ◆ **to drive sb mad** rendre qn fou ◆ **to drive sb potty*** rendre qn dingue* ◆ **to drive sb to despair** réduire qn au désespoir ◆ **to drive sb to rebellion** pousser *or* inciter qn à la révolte ◆ **to drive sb to do** *or* **into doing sth** pousser qn à faire qch ◆ **I was driven to it** j'y ai été poussé malgré moi, j'y ai été contraint ; → **distraction**

VI 1 (= *be the driver*) conduire ; (= *go by car*) aller en voiture ◆ **to drive away/back** *etc* partir/revenir *etc* (en voiture) ◆ **she drove down to the shops** elle est allée faire des courses (en voiture) ◆ **can you drive?, do you drive?** savez-vous conduire ?, vous conduisez ? ◆ **to drive at 50km/h** rouler à 50 km/h ◆ **to drive on the right** rouler à droite ◆ **did you come by train? – no, we drove** êtes-vous venus en train ? – non, (nous sommes venus) en voiture ◆ **we have been driving all day** nous avons roulé toute la journée ◆ **she was about to drive under the bridge** elle s'apprêtait à s'engager sous le pont

2 ◆ **the rain was driving in our faces** la pluie nous fouettait le visage

COMP **drive-by shooting** N *coups de feu tirés d'une voiture en marche*
**drive-in** ADJ, N drive-in *m inv* ◆ **drive-in cinema** ciné-parc *m*, drive-in *m inv*
**drive-thru, drive-through** (*Brit*) N drive-in *m inv* ADJ [*store, restaurant*] drive-in *inv*, où l'on est servi dans sa voiture ◆ **the drive-thru business** le secteur des drive-in
**drive-time** N (*Rad*) heure *f* de pointe
**drive-up window** N (*US*) guichet *m* pour automobilistes

▸ **drive along**

VI [*vehicle*] rouler, circuler ; [*person*] rouler

VT SEP [*wind, current*] chasser, pousser

▸ **drive at** VT FUS (*fig* = *intend, mean*) en venir à, vouloir dire ◆ **what are you driving at?** où voulez-vous en venir ?, que voulez-vous dire ?

▸ **drive away**

VI [*car*] démarrer ; [*person*] s'en aller *or* partir en voiture

VT SEP (*lit, fig*) [+ *person, suspicions, cares*] chasser

▸ **drive back**

VI [*car*] revenir ; [*person*] rentrer en voiture

VT SEP 1 (= *cause to retreat : Mil etc*) repousser, refouler ◆ **the storm drove him back** la tempête lui a fait rebrousser chemin

2 (= *convey back*) ramener *or* reconduire (en voiture)

▸ **drive down** VT SEP [+ *prices, costs*] faire baisser

▸ **drive in**

VI [*car*] entrer ; [*person*] entrer (en voiture)

VT SEP [+ *nail*] enfoncer ; [+ *screw*] visser

▸ **drive off**

VI 1 ⇒ **drive away vi**

2 (*Golf*) driver

VT SEP ⇒ **drive away vt sep**

VT FUS [+ *ferry*] débarquer de

▸ **drive on**

VI [*person, car*] poursuivre sa route ; (*after stopping*) reprendre sa route, repartir

VT SEP (= *incite, encourage*) pousser (*to* à ; *to do sth, to doing sth* à faire qch)

▸ **drive on to** VT FUS [+ *ferry*] embarquer sur

▸ **drive out**

VI [*car*] sortir ; [*person*] sortir (en voiture)

VT SEP [+ *person*] faire sortir, chasser ; [+ *thoughts, desires*] chasser

▸ **drive over**

VI venir *or* aller en voiture ◆ **we drove over in two hours** nous avons fait le trajet en deux heures

VT SEP (= *convey*) conduire en voiture

VT FUS (= *crush*) écraser

▸ **drive up**

VI [*car*] arriver ; [*person*] arriver (en voiture)

VT FUS ◆ **the car drove up the road** la voiture a remonté la rue

**driveability** /ˌdraɪvəˈbɪlɪti/ N ⇒ drivability

**drivel*** /ˈdrɪvl/ SYN
- N (NonC) bêtises fpl, imbécillités fpl ◆ **what (utter) drivel!** quelles bêtises or imbécillités !
- VI radoter ◆ **he's a drivelling idiot** il dit n'importe quoi ◆ **what's he drivelling (on) about?** qu'est-ce qu'il radote ? *

**driveline** /ˈdraɪvlaɪn/ N [of vehicle] transmission f

**driven** /ˈdrɪvn/ VB ptp of **drive**

**-driven** /ˈdrɪvn/ ADJ (in compounds) ◆ **chauffeur-driven** conduit par un chauffeur ◆ **electricity-driven** fonctionnant à l'électricité ◆ **steam-driven** à vapeur

**driver** /ˈdraɪvəʳ/
- N ① [of car] conducteur m, -trice f ; [of taxi, truck, bus] chauffeur m, conducteur m, -trice f ; [of racing car] pilote m ; (Brit) [of train] mécanicien m, conducteur m, -trice f ; [of cart] charretier m ; (Sport: in horse race etc) driver m ◆ **car drivers** les automobilistes mpl ◆ **to be a good driver** bien conduire ◆ **he's a very careful driver** il conduit très prudemment ; → **lorry**, **racing**
- ② [of animals] conducteur m, -trice f ; → **slave**
- ③ (= golf club) driver m
- ④ (Comput) driver m, pilote m
- ⑤ (= force) moteur m
- COMP **driver education** N (US Scol) cours mpl de conduite automobile (dans les lycées)
  **driver's license** N (US) ⇒ driving licence
  **driver's seat** N ⇒ driving seat

**driveshaft** /ˈdraɪvʃɑːft/ N [of vehicle, machine] arbre m de transmission

**drivetrain** /ˈdraɪvtreɪn/ N ⇒ driveline

**driveway** /ˈdraɪvweɪ/ N ⇒ drive noun 2

**driving** /ˈdraɪvɪŋ/ SYN
- N conduite f ◆ **his driving is awful** il conduit très mal ◆ **bad driving** conduite f imprudente or maladroite ◆ **driving is his hobby** conduire est sa distraction favorite
- ADJ [necessity] impérieux, pressant ; [ambition] sans bornes, démesurée ◆ **the driving force behind the reforms** le moteur des réformes
- ② ◆ **driving rain** pluie f battante
- COMP **driving belt** N courroie f de transmission
  **driving instructor** N moniteur m, -trice f d'auto-école
  **driving lesson** N leçon f de conduite
  **driving licence** N (Brit) permis m de conduire
  **driving mirror** N rétroviseur m
  **driving range** N (Golf) practice m
  **driving school** N auto-école f
  **driving seat** N du conducteur ◆ **to be in the driving seat** (lit) être au volant ; (fig) être aux commandes, diriger les opérations
  **driving test** N examen m du permis de conduire ◆ **to pass one's driving test** avoir son permis (de conduire) ◆ **to fail one's driving test** rater son permis (de conduire)
  **driving wheel** N (Tech) roue f motrice

▪ **DRIVING LICENCE, DRIVER'S LICENSE**
En Grande-Bretagne, le permis de conduire (**driving licence**) s'obtient en deux étapes, les apprentis conducteurs n'ayant pendant un certain temps qu'un permis provisoire (« provisional licence »). Il n'est pas obligatoire de l'avoir sur soi, mais il faut pouvoir le présenter au commissariat dans les sept jours qui suivent une interpellation.
Aux États-Unis, l'âge d'obtention du permis (**driver's license**) varie suivant les États de quinze à vingt et un ans. Les apprentis conducteurs ou les adolescents peuvent obtenir un permis spécial (« learner's license » ou « junior's license ») qui n'est valable que pour certains trajets précis, celui du lycée par exemple. Le permis de conduire américain sert souvent de carte d'identité et doit être porté par son titulaire. Il doit être renouvelé tous les quatre, cinq ou six ans selon les États.

**drizzle** /ˈdrɪzl/ SYN
- N bruine f, crachin m
- VI bruiner, pleuviner
- VT (Culin) ◆ **drizzle the salad with oil, drizzle some oil over the salad** verser un filet d'huile sur la salade

**drizzly** /ˈdrɪzlɪ/ ADJ ◆ **drizzly rain** bruine f, crachin m

**droll** /drəʊl/ SYN ADJ (= comic) drôle

**drollery** /ˈdrəʊlərɪ/ N (= joking) plaisanteries fpl ; (= humour) comique m

**dromedary** /ˈdrɒmɪdərɪ/ N dromadaire m

**drone** /drəʊn/ SYN
- N ① (= bee) abeille f mâle, faux-bourdon m ; (pej = idler) fainéant(e) m(f)
- ② (= sound) bourdonnement m ; [of engine, aircraft] ronronnement m ; (louder) vrombissement m ; (fig = monotonous speech) débit m monotone
- ③ (Mus) bourdon m
- ④ (= robot plane) avion m téléguidé, drone m
- VI [bee] bourdonner ; [engine, aircraft] ronronner ; (louder) vrombir ; (= speak monotonously : also **drone away**, **drone on**) faire de longs discours ◆ **he droned on about politics** il n'a pas arrêté de parler politique ◆ **he droned on and on for hours** il a parlé pendant des heures et des heures
- VT ◆ **to drone a speech** débiter un discours d'un ton monotone

**drongo** /ˈdrɒŋɡəʊ/ N ① (esp Austral * = person) crétin(e) * m(f)
- ② (= bird) drongo m

**drool** /druːl/ VI (lit) baver ; (* fig) radoter ◆ **to drool over sth** (fig) baver d'admiration or s'extasier devant qch

**droop** /druːp/ SYN
- VI [body] s'affaisser ; [shoulders] tomber ; [head] pencher ; [eyelids] s'abaisser ; [flowers] commencer à se faner ; [feathers, one's hand] retomber ◆ **his spirits drooped** ça l'a déprimé ◆ **he was drooping in the heat** il était accablé par la chaleur
- VT [+ head] baisser
- N [of body] affaissement m ; [of eyelids] abaissement m

**droopy** /ˈdruːpɪ/ ADJ [moustache, tail, breasts] pendant ; (hum = tired) mou (molle f)

**drop** /drɒp/ SYN
- N ① [of liquid] goutte f ◆ **drops** (Med) gouttes fpl ◆ **drop by drop** goutte à goutte ◆ **there's only a drop left** il n'en reste qu'une goutte ◆ **to fall in drops** tomber en gouttes ◆ **we haven't had a drop of rain** nous n'avons pas eu une goutte de pluie ◆ **would you like a whisky? – just a drop!** un petit whisky ? – (juste) une goutte or une larme ! ◆ **he's had a drop too much** * il a bu un coup de trop * ; → **nose**, **teardrop**
- ② (= pendant) [of chandelier] pendeloque f ; [of earring] pendant m, pendeloque f ; [of necklace] pendentif m
- ③ (= fall) [of temperature] baisse f (in de) ; [of prices] baisse f, chute f (in de) ◆ **a drop of 3.1 per cent** (in sales, applications) une baisse de 3,1 pour cent ◆ **drop in voltage** (Elec) chute f de tension ; → **hat**
- ④ (= difference in level) dénivellation f, descente f brusque ; (= abyss) précipice m ; (= fall) chute f ; (= distance of fall) hauteur f de chute ; (Climbing) vide m ; [of gallows] trappe f ; (= parachute jump) saut m (en parachute) ◆ **there's a drop of 10 metres between the roof and the ground** il y a (une hauteur de) 10 mètres entre le toit et le sol ◆ **sheer drop** descente f à pic ◆ **to have/get the drop on sb** (US fig) avoir/prendre l'avantage sur qn
- ⑤ (= delivery) livraison f ; (from plane) parachutage m, droppage m ◆ **to make a drop** [gangster] faire une livraison
- ⑥ (= hiding place : for secret letter etc) cachette f
- ⑦ (Theat: also **drop curtain**) rideau m d'entracte ; → **backdrop**
- ⑧ (= sweet) → **acid**, **chocolate**
- VT ① [+ rope, ball, cup etc] (= let fall) laisser tomber ; (= release, let go) lâcher ; [+ bomb] lancer, larguer ; [+ liquid] verser goutte à goutte ; [+ one's trousers etc] baisser ; [+ price] baisser ; (from car) [+ person, thing] déposer ; (from boat) [+ cargo, passengers] débarquer ◆ **I'll drop you here** (from car etc) je vous dépose or laisse ici ◆ **to drop one's eyes/voice** baisser les yeux/la voix ◆ **to drop a letter in the postbox** poster une lettre, mettre une lettre à la boîte ◆ **to drop soldiers/supplies by parachute** parachuter des soldats/du ravitaillement ◆ **to be dropped** [parachutist] sauter ◆ **he dropped the ball over the net** (Tennis) il a fait un amorti derrière le filet ◆ **to drop a goal** (Rugby) marquer un drop ◆ **to drop the ball** (US fig) ne pas être à la hauteur ; → **anchor**, **brick**, **curtain**, **curtsy**, **stitch**
- ② (* = kill) [+ bird] abattre ; [+ person] descendre *
- ③ (= utter casually) [+ remark, clue] laisser échapper ◆ **to drop a word in sb's ear** glisser un mot à l'oreille de qn ◆ **he let drop that he had seen her** (accidentally) il a laissé échapper qu'il l'avait vue ; (deliberately) il a fait comprendre qu'il l'avait vue ; → **hint**
- ④ [+ letter, card] envoyer, écrire (to à) ◆ **to drop sb a line** écrire un (petit) mot à qn ◆ **drop me a note** écrivez-moi or envoyez-moi un petit mot
- ⑤ (= omit) [+ word, syllable] (spoken) avaler ; (written) omettre ◆ **to drop one's h's** or **aitches** ne pas prononcer les « h »
- ⑥ (= abandon) [+ habit, idea] renoncer à ; [+ work] abandonner ; (Scol etc) [+ subject] abandonner, laisser tomber ; [+ plan] renoncer à, ne pas donner suite à ; [+ discussion, conversation] abandonner ; [+ programme, word, scene from play] supprimer ; [+ friend, girlfriend, boyfriend] laisser tomber ◆ **to drop everything** tout laisser tomber ◆ **to be dropped from a team** être rayé d'une équipe ◆ **let's drop the subject** parlons d'autre chose, n'en parlons plus ◆ **drop it!** * laisse tomber ! *
- ⑦ (= lose) [+ money] perdre, laisser ; (Cards, Tennis etc) [+ game] perdre ◆ **to drop a set/one's serve** perdre un set/son service
- ⑧ (= give birth to) [animal] mettre bas ; (* hum) [person] accoucher ◆ **has she dropped the sprog yet?** * est-ce qu'elle a déjà eu son gosse ? *
- ⑨ ◆ **to drop acid** * prendre du LSD
- VI ① [object] tomber, retomber ; [liquids] tomber goutte à goutte ; [person] descendre, se laisser tomber ; (= sink to ground) se laisser tomber, tomber ; (= collapse) s'effondrer, s'affaisser ◆ **to drop into sb's arms** tomber dans les bras de qn ◆ **to drop on one's knees** tomber à genoux ◆ **she dropped into an armchair** elle s'est effondrée dans un fauteuil ◆ **I'm ready to drop** * je suis claqué * ◆ **drop dead!** * va te faire voir ! *, va te faire foutre ! ** ◆ **to drop on sb like a ton of bricks** * secouer les puces à qn * ; → **curtain**, **fly**[1], **penny**, **pin**
- ② (= decrease) [wind] se calmer, tomber ; [temperature, voice] baisser ; [price] baisser, diminuer
- ③ (= end) [conversation, correspondence] en rester là, cesser ◆ **there the matter dropped** l'affaire en est restée là ◆ **let it drop!** * laisse tomber ! *
- COMP **drop-add** N (US Univ etc) remplacement m d'un cours par un autre
  **drop cloth** N (US) bâche f de protection
  **drop-dead** * ADV vachement * ◆ **drop-dead gorgeous** * (Brit) super * beau (belle f)
  **drop-down menu** N (Comput) menu m déroulant
  **drop-forge** N marteau-pilon m
  **drop goal** N (Rugby) drop m ◆ **to score a drop goal** passer un drop
  **drop hammer** N ⇒ drop-forge
  **drop handlebars** NPL guidon m de course
  **drop-in centre** N (Brit) centre m d'accueil (où l'on peut se rendre sans prendre rendez-vous)
  **drop kick** N (Rugby) coup m de pied tombé, drop m
  **drop-leaf table** N table f à abattants
  **drop-off** N (in sales, interest etc) diminution f (in de)
  **drop-out** N (Rugby) renvoi m aux 22 mètres ; see also **dropout**
  **dropping out** N (Univ etc) abandon m
  **drop scone** N (Brit Culin) sorte de crêpe épaisse
  **drop shipment** N (Comm) drop shipment m
  **drop shot** N (Tennis) amorti m
  **drop tag** VT (US) démarquer
  **drop zone** N (Flying) zone f de droppage

▶ **drop across** * VI ⇒ drop round

▶ **drop away** VI [numbers, attendance] diminuer

▶ **drop back**, **drop behind** VI rester en arrière, se laisser devancer or distancer ; (in work etc) prendre du retard

▶ **drop by** VI ◆ **to drop by somewhere/on sb** faire un saut * or passer quelque part/chez qn ◆ **we'll drop by if we're in town** nous passerons si nous sommes en ville

▶ **drop down** VI tomber

▶ **drop in** VI ◆ **to drop in on sb** passer voir qn, faire un saut * chez qn ◆ **to drop in at the grocer's** passer or faire un saut chez l'épicier ◆ **do drop in if you're in town** passez me voir (or nous voir) si vous êtes en ville

▶ **drop off**
- VI ① (= fall asleep) s'endormir
- ② [leaves] tomber ; [sales, interest] diminuer
- ③ (* = alight) descendre
- VT SEP (= set down from car etc) [+ person, parcel] déposer, laisser
- N ◆ **drop-off** → drop

**droplet | drunk**  ENGLISH-FRENCH  268

▸ **drop out** VI [*contents etc*] tomber ; (*fig*) se retirer, renoncer ; (*from college etc*) abandonner ses études ◆ **to drop out of a competition** se retirer d'une compétition, abandonner une compétition ◆ **to drop out of circulation** or **out of sight** disparaître de la circulation ◆ **to drop out (of society)** vivre en marge de la société, se marginaliser

▸ **drop round** *

VI passer ◆ **to drop round to see sb** passer or aller voir qn ◆ **thanks for dropping round** merci d'être passé

VT SEP déposer chez moi (*or toi etc*)

**droplet** /'drɒplɪt/ N gouttelette *f*

**dropout** /'drɒpaʊt/

N (*from society*) marginal(e) *m(f)* ; (*from college etc*) étudiant(e) *m(f)* qui abandonne ses études

ADJ ◆ **the dropout rate** le taux d'abandon

**dropper** /'drɒpəʳ/ N (*Pharm*) compte-gouttes *m inv*

**droppings** /'drɒpɪŋz/ NPL [*of bird*] fiente *f* ; [*of animal*] crottes *fpl* ; [*of fly*] chiures *fpl*, crottes *fpl*

**dropsical** /'drɒpsɪkəl/ ADJ hydropique

**dropsy** /'drɒpsɪ/ N hydropisie *f*

**drosophila** /drɒ'sɒfɪlə/ N (pl **drosophilas** or **drosophilae** /drɒ'sɒfɪˌliː/) drosophile *f*

**dross** /drɒs/ N (*NonC*) (*Metal*) scories *fpl*, crasse *f*, laitier *m* ; (= *coal*) menu *m* (de houille or de coke), poussier *m* ; (= *refuse*) impuretés *fpl*, déchets *mpl* ◆ **the film was total dross** * (*fig* = *sth worthless*) ce film était complètement nul

**drossy** * /'drɒsɪ/ ADJ (*pej*) minable

**drought** /draʊt/ SYN N sécheresse *f*

**drove** /drəʊv/ SYN

VB pt of **drive**

N 1 [*of animals*] troupeau *m* en marche ◆ **droves of people** des foules *fpl* de gens ◆ **they came in droves** ils arrivèrent en foule

2 (= *channel*) canal *m* or rigole *f* d'irrigation

**drover** /'drəʊvəʳ/ N conducteur *m* de bestiaux

**drown** /draʊn/ SYN

VI se noyer ◆ **he's drowning in debt** il est criblé de dettes ◆ **he was drowning in guilt** il était bourrelé de remords ◆ **we were drowning in data but starved of information** nous étions submergés de données mais dépourvus d'information ◆ **I feel as though I'm drowning in paperwork** je suis submergé de paperasses, je nage dans la paperasse

VT 1 [+ *person, animal*] noyer ; [+ *land*] inonder, submerger ◆ **because he couldn't swim he was drowned** il s'est noyé parce qu'il ne savait pas nager ◆ **he's like** or **he looks like a drowned rat** * il est trempé jusqu'aux os or comme une soupe ◆ **to drown one's sorrows** noyer son chagrin ◆ **don't drown it!** * (*of whisky etc*) n'y mets pas trop d'eau !, ne le noie pas ! ◆ **they were drowned with offers of help** * ils ont été inondés or submergés d'offres d'assistance

2 ⇒ **drown out**

▸ **drown out** VT SEP [+ *voice, sound, words*] couvrir, étouffer

**drowning** /'draʊnɪŋ/

ADJ qui se noie ◆ **a drowning man will clutch at a straw** (*Prov*) un homme qui se noie se raccroche à un fétu de paille

N 1 (= *death*) noyade *f* ◆ **there were three drownings here last year** trois personnes se sont noyées ici or il y a eu trois noyades ici l'année dernière

2 [*of noise, voice*] étouffement *m*

**drowse** /draʊz/ SYN VI être à moitié endormi or assoupi, somnoler ◆ **to drowse off** s'assoupir

**drowsily** /'draʊzɪlɪ/ ADV [*speak*] d'une voix endormie ◆ **drowsily, she set the alarm clock and went to bed** à moitié endormie, elle mit le réveil et alla se coucher

**drowsiness** /'draʊzɪnɪs/ N somnolence *f*, engourdissement *m*

**drowsy** /'draʊzɪ/ SYN ADJ 1 (= *half-asleep*) [*person, smile, look*] somnolent ; [*voice*] ensommeillé ◆ **he was still very drowsy** il était encore à moitié assoupi ◆ **these tablets will make you drowsy** ces comprimés vous donneront envie de dormir ◆ **drowsy with sleep** tout ensommeillé ◆ **to grow drowsy** s'assoupir ◆ **to feel drowsy** avoir envie de dormir

2 (= *soporific*) [*afternoon, atmosphere*] soporifique ; [*countryside, stillness*] assoupi

**drub** /drʌb/ VT (= *thrash*) rosser*, rouer de coups ; (= *abuse*) injurier, traiter de tous les noms ; (= *defeat*) battre à plate(s) couture(s) ◆ **to drub an idea into sb** enfoncer une idée dans la tête de qn ◆ **to drub an idea out of sb** faire sortir une idée de la tête de qn

**drubbing** * /'drʌbɪŋ/ SYN N (= *thrashing, defeat*) raclée* *f* ◆ **they suffered a 5-0 drubbing** ils ont été battus à plate(s) couture(s) 5 à 0 ◆ **to give sb a drubbing** (*lit, fig*) donner une belle raclée* à qn ◆ **to take a drubbing** (*fig*) être battu à plate(s) couture(s)

**drudge** /drʌdʒ/ SYN

N bête *f* de somme (*fig*) ◆ **the household drudge** la bonne à tout faire

VI trimer*, peiner

**drudgery** /'drʌdʒərɪ/ SYN N (*NonC*) corvée *f*, travail *m* pénible et ingrat ◆ **it's sheer drudgery!** c'est une vraie corvée !

**drug** /drʌg/ SYN

N (= *medicine*) médicament *m* ; (*illegal*) drogue *f* ; (*Police, Jur*) stupéfiant *m* ◆ **to prescribe a drug** prescrire un médicament ◆ **he's on drugs, he takes drugs** il se drogue ◆ **to use drugs, to do drugs*** se droguer ◆ **drug use** consommation *f* de stupéfiants ◆ **to deal drugs** revendre de la drogue ◆ **police have seized drugs said to have a street value of ten million pounds** la police a saisi des stupéfiants d'une valeur marchande de dix millions de livres ◆ **a drug on the market** (*fig*) un article or une marchandise invendable ◆ **television is a drug** la télévision est une drogue ◆ **drug of choice** (*for particular group*) drogue *f* de prédilection ; → **hard**, **soft**

VT [+ *person*] droguer ; [+ *food, wine etc*] mettre une drogue dans ◆ **his wine had been drugged with sleeping tablets** on avait mis des somnifères dans son vin ◆ **to be in a drugged sleep** dormir sous l'effet d'une drogue ◆ **to be drugged with sleep/from lack of sleep** être abruti de sommeil/par le manque de sommeil

COMP **drug abuse** N usage *m* de stupéfiants

**drug abuser** N drogué(e) *m(f)*

**drug addict** N drogué(e) *m(f)*, toxicomane *mf*

**drug addiction** N toxicomanie *f*

**drug check** N contrôle *m* antidopage

**drug company** N compagnie *f* pharmaceutique ◆ **the drug companies** l'industrie *f* pharmaceutique

**drug czar** N responsable *mf* de la lutte contre la drogue, Monsieur anti-drogue

**drug dealer** N revendeur *m*, -euse *f* de drogue

**drug dependency** N pharmacodépendance *f*

**drug-driver** N personne *f* qui conduit sous l'influence de stupéfiants

**drug-driving** N conduite *f* sous l'influence de stupéfiants

**drug habit** N ◆ **to have a drug habit** se droguer

**drug peddler**, **drug pusher** N revendeur *m*, -euse *f* de drogue, dealer* *m*

**drug raid** N (*US*) ⇒ **drugs raid**

**drug runner** N trafiquant(e) *m(f)* (de drogue)

**drug-running** N ⇒ **drug traffic**

**drugs czar** N ⇒ **drug czar**

**Drug Squad** N (*Police*) brigade *f* des stupéfiants

**drugs raid** N (*Brit*) opération *f* antidrogue

**drugs ring** N réseau *m* de trafiquants de drogue

**Drugs Squad** N ⇒ **Drug Squad**

**drugs test** N contrôle *m* antidopage

**drugs tsar** N ⇒ **drug czar**

**drug-taker** N ⇒ **drug user**

**drug-taking** N usage *m* de drogue(s) or de stupéfiants

**drug test** N ⇒ **drugs test**

**drug traffic(king)** N trafic *m* de drogue

**drug tsar** N ⇒ **drug czar**

**drug user** N usager *m* de drogue

(!) When it means 'medicine' **drug** is not normally translated by **drogue**.

**drugged** /drʌgd/ ADJ [*person, food, drink*] drogué ; [*sleep*] provoqué par une drogue

**drugget** /'drʌgɪt/ N thibaude *f*

**druggie** * /'drʌgɪ/ N toxico* *mf*

**druggist** /'drʌgɪst/ N 1 pharmacien(ne) *m(f)* ◆ **druggist's** pharmacie *f*

2 (*US*) gérant(e) *m(f)* de drugstore

**druggy** * /'drʌgɪ/

N camé(e)* *m(f)*, drogué(e) *m(f)*

ADJ [*person*] qui se drogue, qui se came* ; [*music*] de camé*

**drugster** /'drʌgstəʳ/ N ⇒ **druggy** noun

**drugstore** /'drʌgstɔːʳ/

N (*US*) drugstore *m*

COMP **drugstore cowboy** * N (*US fig*) glandeur* *m*, traîne-savates* *m*

**druid** /'druːɪd/ N druide *m*

**druidess** /'druːɪdɪs/ N druidesse *f*

**druidic** /druː'ɪdɪk/ ADJ druidique

**druidism** /'druːɪdɪzəm/ N druidisme *m*

**drum** /drʌm/ SYN

N 1 (*Mus* = *instrument, player*) tambour *m* ◆ **the big drum** la grosse caisse ◆ **the drums** (*in band, orchestra*) la batterie ◆ **to beat the drum** battre le or du tambour ◆ **to beat** or **bang the drum for sb/sth** (*fig*) prendre fait et cause pour qn/qch ◆ **to march to a different drum** choisir une autre voie ; → **kettledrum**, **tight**

2 (*for oil*) bidon *m* ; (*for tar*) gonne *f* ; (= *cylinder for wire etc*) tambour *m* ; (= *machine part*) tambour *m* ; (*also* **brake drum**) tambour *m* (de frein) ; (*Comput*) tambour *m* magnétique ; (= *box: of figs, sweets*) caisse *f*

3 (= *sound*) ⇒ **drumming**

4 ⇒ **eardrum**

VI (*Mus*) battre le or du tambour ; [*person, fingers*] tambouriner, pianoter (**with** de, **avec** ; **on** sur) ; [*insect etc*] bourdonner ◆ **the noise was drumming in my ears** le bruit bourdonnait à mes oreilles ◆ **rain drummed on the roof of the car** la pluie tambourinait sur le toit de la voiture

VT [+ *tune*] tambouriner ◆ **to drum one's fingers on the table** tambouriner or pianoter (des doigts) sur la table ◆ **to drum one's feet on the floor** taper des pieds ◆ **to drum sth into sb** (*fig*) seriner qch à qn ◆ **I had tidiness drummed into me** on m'a seriné qu'il fallait être ordonné

COMP **drum and bass** N drum'n'bass *m*

**drum brake** N frein *m* à tambour

**drum kit** N batterie *f*

**drum machine** N boîte *f* à rythme

**drum major** N (*Brit Mil*) tambour-major *m* ; (*US*) chef *m* des tambours

**drum majorette** N (*US*) majorette *f*

**drum roll** N roulement *m* de tambour

**drum set** N ⇒ **drum kit**

▸ **drum out** VT SEP (*Mil, fig*) expulser (à grand bruit) (*of* de)

▸ **drum up** VT SEP (*fig*) [+ *enthusiasm, support*] susciter ; [+ *supporters*] rassembler, battre le rappel de ; [+ *customers*] racoler, attirer ◆ **to drum up business** attirer la clientèle

**drumbeat** /'drʌmbiːt/ N battement *m* de tambour

**drumfire** /'drʌmfaɪəʳ/ N (*Mil*) tir *m* de barrage, feu *m* roulant

**drumhead** /'drʌmhed/

N (*Mus*) peau *f* de tambour

COMP **drumhead court-martial** N (*Mil*) conseil *m* de guerre prévôtal

**drumhead service** N (*Mil*) office *m* religieux en plein air

**drumlin** /'drʌmlɪn/ N drumlin *m*

**drummer** /'drʌməʳ/

N 1 (*joueur m de*) tambour *m* ; (*Jazz, Rock*) batteur *m* ◆ **to march to** or **hear a different drummer** (*fig*) choisir une autre voie

2 (*US Comm* *) commis *m* voyageur

COMP

**drummer boy** N petit tambour *m*

**drumming** /'drʌmɪŋ/ N [*of drum*] bruit *m* du tambour ; [*of insect*] bourdonnement *m* ; (*in the ears*) bourdonnement *m* ; [*of fingers*] tapotement *m*, tambourinage *m*

**drumstick** /'drʌmstɪk/ N 1 (*Mus*) baguette *f* de tambour

2 [*of chicken, turkey*] pilon *m*

**drunk** /drʌŋk/ SYN

VB ptp of **drink**

ADJ 1 (*lit*) ivre, soûl* ◆ **he was drunk on champagne** il s'était soûlé au champagne ◆ **to get drunk (on champagne)** se soûler* (au champagne) ◆ **to get sb drunk (on champagne)** soûler* qn (au champagne) ◆ **as drunk as a lord** * (*Brit*), **as drunk as a skunk** * (*US*) soûl comme une grive* or un Polonais * ◆ **drunk and disorderly** (*Jur*) = en état d'ivresse publique ◆ **to be drunk in charge** (*of vehicle*) conduire en état d'ébriété or d'ivresse ; (*at work*) être en état d'ébriété dans l'exercice de ses fonctions ; → **blind**, **dead**

2 (*fig*) ◆ **drunk with** or **on success/power** enivré or grisé par le succès/pouvoir

**N** * ivrogne mf ; (on one occasion) homme m or femme f soûl(e) *
**COMP** **drunk driver** N conducteur m, -trice f en état d'ébriété or d'ivresse
**drunk driving** N (esp US) conduite f en état d'ébriété or d'ivresse

**drunkard** /ˈdrʌŋkəd/ SYN N ivrogne mf

**drunken** /ˈdrʌŋkən/ SYN
**ADJ** 1 [person] (= habitually) ivrogne ; (= on one occasion) ivre ◆ **a drunken old man** (= old drunk) un vieil ivrogne ◆ **her drunken father** son ivrogne de père
2 [party] très arrosé ; [quarrel, brawl] d'ivrogne(s) ; [night, evening] d'ivresse ; [voice] aviné ; [state] d'ivresse, d'ébriété ; [violence] dû à l'ivresse ◆ **a drunken orgy** une beuverie ◆ **in a drunken rage** or **fury** dans un état de fureur dû à l'alcool ◆ **in a drunken stupor** dans une stupeur éthylique
3 (fig = crooked) ◆ **at a drunken angle** de travers
**COMP** **drunken driving** N conduite f en état d'ébriété or d'ivresse

**drunkenly** /ˈdrʌŋkənlɪ/ ADV 1 (= while drunk) [speak, say, sing] d'une voix avinée
2 (fig = unsteadily) [stumble, stagger] comme un ivrogne ; [walk] en titubant comme un ivrogne ; [lean] de travers ◆ **the boat lurched drunkenly** le bateau tanguait dangereusement

**drunkenness** /ˈdrʌŋkənnɪs/ SYN N (= state) ivresse f, ébriété f ; (= problem, habit) ivrognerie f

**drunkometer** /drʌŋˈkɒmɪtəʳ/ N (US) alcootest ® m

**drupaceous** /druːˈpeɪʃəs/ ADJ drupacé

**drupe** /druːp/ N drupe f

**Druse** /druːz/ N (Rel) Druze mf

**druthers** * /ˈdrʌðəz/ N (US) ◆ **if I had my druthers** s'il ne tenait qu'à moi

**Druze** /druːz/ N (Rel) Druze mf

**dry** /draɪ/ SYN
**ADJ** 1 [object, clothes, ground, air, wind, heat, burn, cough] sec (sèche f) ◆ **when the paint is dry, apply the next coat** une fois la peinture sèche, appliquez la deuxième couche ◆ **his throat/mouth was dry** elle avait la gorge/la bouche sèche ◆ **his mouth was dry with fear** la peur lui desséchait la bouche ◆ **to be** or **feel dry** * (= thirsty) avoir le gosier sec * or la bouche sèche ◆ **her eyes were dry** (lit, fig) elle avait les yeux secs ◆ **there wasn't a dry eye in the house** tout le monde a eu les larmes aux yeux ◆ **for dry skin/hair** pour les peaux sèches/cheveux secs ◆ **on dry land** sur la terre ferme ◆ **to pat sth dry** sécher qch (en tapotant) ◆ **to keep sth dry** tenir qch au sec ◆ **"keep in a dry place"** (on label) « tenir au sec » ◆ **as dry as a bone** complètement sec ; → **high**, **powder**
2 (= dried-up) [riverbed, lake, well] à sec ; [spring, river, valley] sec (sèche f) ; [oasis] tari ; [cow] qui ne donne plus de lait ◆ **to run dry** [river, well] tarir ; [oil well] s'assécher ; [resources] s'épuiser ◆ **we are going to drink this town dry by the time we leave** quand nous aurons fini il n'y aura plus une goutte d'alcool dans cette ville
3 (= not rainy) [climate, weather, country, period] sec (sèche f) ; [day] sans pluie ◆ **a dry spell** une période sèche or de sécheresse ◆ **the dry season** la saison sèche ◆ **it was dry and warm** le temps était sec et chaud ; see also **noun**
4 (= without butter etc) ◆ **a piece of dry toast** une tranche de pain grillé sans beurre
5 [wine, sherry, vermouth, Madeira] sec (sèche f) ; [champagne, cider] brut ◆ **a dry sherry/white wine** un xérès/vin blanc sec
6 (= without alcohol) où l'alcool est prohibé ◆ **a dry county** (in US) une région où l'alcool est prohibé
7 [humour, wit, person] pince-sans-rire inv ◆ **he has a dry sense of humour** il est pince-sans-rire, c'est un pince-sans-rire
8 (= not lively) [book, subject, speech, lecture] aride ◆ **as dry as dust** ennuyeux comme la pluie
9 (= cold, unemotional) [voice, manner] froid ◆ **he gave a brief dry laugh** il rit d'un petit rire sec
10 (Brit Pol: hum) pur et dur ◆ **a dry Tory** un ultraconservateur, une ultraconservatrice

**N** (esp Brit) ◆ **at least you're in the warm and the dry** au moins vous êtes au chaud et au sec

**VT** [+ food, skin, hair] sécher ; (with cloth) essuyer, sécher ; [+ clothes] (faire) sécher ◆ **"dry away from direct heat"** (on label) « ne pas sécher près d'une source de chaleur » ◆ **to dry one's eyes** or **one's tears** sécher ses larmes or ses pleurs ◆ **to dry the dishes** essuyer la vaisselle ◆ **to dry o.s.** s'essuyer, se sécher

**VI** sécher ; (esp Brit *) [actor, speaker] sécher *

**COMP** **dry-as-dust** ADJ aride, sec (sèche f)
**dry-bulk cargo ship** N vraquier m
**dry cell** N (Elec) pile f sèche
**dry-clean** VT nettoyer à sec ◆ **"dry-clean only"** (on label) « nettoyage à sec » ◆ **to have a dress dry-cleaned** donner une robe à nettoyer or au pressing
**dry-cleaner** N teinturier m ◆ **to take a coat to the dry-cleaner's** porter un manteau à la teinturerie
**dry-cleaning** N nettoyage m à sec, pressing m
**dry dock** N cale f sèche, bassin m or cale f de radoub
**dry-eyed** ADJ (lit, fig) qui a les yeux secs
**dry farming** N (Agr) culture f sèche, dry farming m
**dry fly** N (Fishing) mouche f sèche
**dry ginger** N ≈ Canada dry ® m
**dry goods** NPL (Comm) tissus mpl et articles mpl de mercerie
**dry goods store** N (US) magasin m de tissus et d'articles de mercerie
**dry-hump** * VI faire l'amour sans pénétration
**dry ice** N neige f carbonique
**dry measure** N mesure f de capacité pour matières sèches
**dry riser** N colonne f sèche
**dry-roasted** ADJ [peanuts] grillé à sec
**dry rot** N pourriture f sèche (du bois)
**dry run** (fig) N (= trial, test) galop m d'essai ; (= rehearsal) répétition f ADJ d'essai
**dry shampoo** N shampooing m sec
**dry-shod** ADV à pied sec
**dry ski slope** N piste f (de ski) artificielle
**dry-stone wall** N mur m de pierres sèches

▶ **dry off** VI, VT SEP sécher

▶ **dry out**
**VI** 1 ⇒ **dry off**
2 * [alcoholic] se faire désintoxiquer, suivre une cure de désintoxication
**VT SEP** * [+ alcoholic] désintoxiquer

▶ **dry up** VI 1 [stream, well] se dessécher, (se) tarir ; [moisture] sécher ; [clay] sécher ; [cow] ne plus donner de lait ; [source of supply, inspiration] se tarir
2 (= dry the dishes) essuyer la vaisselle
3 ( * = fall silent) se taire ; [actor, speaker, writer] sécher ◆ **dry up!** tais-toi !, boucle-la ! *

**dryad** /ˈdraɪæd/ N (Myth) dryade f

**dryer** /ˈdraɪəʳ/ N 1 (= apparatus) séchoir m ; (for hands) sèche-mains m inv ; (for clothes) sèche-linge m inv ; (for hair) sèche-cheveux m inv ; → **spin**, **tumble**
2 (for paint) siccatif m

**drying** /ˈdraɪɪŋ/
**N** [of fruit, crop, wood, clothes] séchage m ; (with a cloth) essuyage m
**COMP** **drying cupboard**, **drying room** N séchoir m
**drying-up** N ◆ **to do the drying-up** essuyer la vaisselle
**drying-up cloth** N torchon m

**dryly** /ˈdraɪlɪ/ ADV ⇒ **drily**

**dryness** /ˈdraɪnɪs/ SYN N [of soil, weather] sécheresse f, aridité f ; [of clothes, skin] sécheresse f ; [of wit, humour, humorist] style m pince-sans-rire inv

**drysalter** /ˈdraɪsɔːltəʳ/ N (Brit) marchand m de couleurs

**drysuit** /ˈdraɪsuːt/ N combinaison f de plongée

**DS** /ˌdiːˈes/ N (Brit) (abbrev of **Detective Sergeant**) → **detective**

**DSC** /ˌdiːesˈsiː/ N (abbrev of **Distinguished Service Cross**) médaille militaire

**DSc** /ˌdiːesˈsiː/ N (Univ) (abbrev of **Doctor of Science**) doctorat ès sciences

**DSM** /ˌdiːesˈem/ N (abbrev of **Distinguished Service Medal**) médaille militaire

**DSO** /ˌdiːesˈəʊ/ N (Brit) (abbrev of **Distinguished Service Order**) médaille militaire

**DSS** /ˌdiːesˈes/ N (Brit : formerly) (abbrev of **Department of Social Security**) → **department**

**DST** /ˌdiːesˈtiː/ (US) (abbrev of **Daylight Saving Time**) → **daylight**

**DT** (Comput) (abbrev of **data transmission**) → **data**

**DTD** /ˌdiːtiːˈdiː/ N (abbrev of **Document Type Definition**) DTD f

**DTI** /ˌdiːtiːˈaɪ/ N (Brit) (abbrev of **Department of Trade and Industry**) → **trade**

**DTP** /ˌdiːtiːˈpiː/ N (abbrev of **desktop publishing**) PAO f

**DT's** * /ˌdiːˈtiːz/ NPL (abbrev of **delirium tremens**) delirium tremens m

**DU** /ˌdiːˈjuː/ N (abbrev of **depleted uranium**) UA m

**dual** /ˈdjʊəl/
**ADJ** [role, function, strategy, income] double before n
**N** (Gram) duel m
**COMP** **dual admissions** NPL (US Univ etc) double système m d'inscriptions (avec sélection moins stricte pour étudiants défavorisés)
**dual carriageway** N (Brit) (route f à) quatre voies f inv → **ROADS**
**dual-control** ADJ à double commande
**dual controls** NPL (in car, plane) double commande f
**dual national** N personne f ayant la double nationalité, binational(e) m(f)
**dual nationality** N double nationalité f
**dual ownership** N copropriété f
**dual personality** N dédoublement m de la personnalité
**dual-purpose** ADJ à double usage

**dualism** /ˈdjʊəlɪzəm/ N (Philos, Pol, Rel) dualisme m

**dualist** /ˈdjʊəlɪst/ ADJ, N (Philos) dualiste mf

**duality** /djʊˈælɪtɪ/ N dualité f, dualisme m

**dub** /dʌb/ SYN VT 1 ◆ **to dub sb a knight** donner l'accolade à qn ; (Hist) adouber or armer qn chevalier ◆ **to dub sb "Ginger"** (= nickname) surnommer qn « Poil de Carotte »
2 [+ film] doubler, postsynchroniser

**Dubai** /duːˈbaɪ/ N Dubaï m

**dubbin** /ˈdʌbɪn/ N dégras m, graisse f pour les chaussures

**dubbing** /ˈdʌbɪŋ/ N [of film] doublage m, postsynchronisation f

**dubiety** /djuːˈbaɪətɪ/ N doute m, incertitude f

**dubious** /ˈdjuːbɪəs/ SYN ADJ 1 (= suspect) [deal, claim, reputation, quality, origin, morality] douteux ; [privilege, pleasure] discutable ◆ **these measures are of dubious benefit** les avantages de ces mesures sont discutables
2 (= unsure) ◆ **to be dubious about sth** se montrer dubitatif quant à qch, douter de qch ◆ **I was dubious at first** au début, j'avais des doutes ◆ **I am dubious that** or **whether the new law will achieve anything** je doute que cette nouvelle loi serve subj à quelque chose ◆ **to look/sound dubious** avoir l'air/parler d'un ton dubitatif

**dubiously** /ˈdjuːbɪəslɪ/ ADV [look at, smile, frown] d'un air dubitatif ; [say] d'un ton dubitatif ◆ **a piece dubiously attributed to Albinoni** un morceau attribué sans doute à tort à Albinoni

**Dublin** /ˈdʌblɪn/
**N** Dublin
**COMP** **Dublin Bay prawn** N langoustine f

**Dubliner** /ˈdʌblɪnəʳ/ N habitant(e) m(f) or natif m, -ive f de Dublin ◆ **"The Dubliners"** (Literat) « Les Gens de Dublin »

**ducal** /ˈdjuːkəl/ ADJ ducal, de duc

**ducat** /ˈdʌkɪt/ N ducat m

**Duchenne dystrophy** /duːˈʃen/ N (Med) myopathie f de Duchenne

**duchess** /ˈdʌtʃɪs/ N duchesse f

**duchy** /ˈdʌtʃɪ/ N duché m

**duck**[1] /dʌk/ SYN
**N** 1 canard m ; (female) cane f ◆ **wild duck** canard m sauvage ◆ **roast duck** canard m rôti ◆ **to play ducks and drakes** (Brit) faire des ricochets (sur l'eau) ◆ **to play ducks and drakes with sb** (Brit : treat badly) traiter qn par-dessus la jambe ◆ **to play at ducks and drakes with one's money** (Brit) jeter son argent par les fenêtres, gaspiller son argent ◆ **to get one's ducks in a row** * (US) maîtriser la situation ◆ **he took to it like a duck to water** c'était comme s'il avait fait ça toute sa vie ◆ **yes ducks** * (Brit) oui mon chou * ◆ **he's a duck** c'est un chou * ou mon amour ; → **Bombay**, **dying**, **lame**
2 (Brit Cricket) ◆ **to make a duck**, **to be out for a duck** faire un score nul
3 (Stock Exchange) spéculateur m, -trice f insolvable
4 (Mil = vehicle) véhicule m amphibie

**VI** (duck down) se baisser vivement ; (in fight etc) esquiver un coup ◆ **to duck (down) under the water** disparaître sous l'eau
2 ◆ **he ducked into his office** (= popped in) il est passé au bureau ; (to hide) il s'est réfugié dans

son bureau ◆ **he ducked out of the rain** il s'est vite mis à l'abri de la pluie

**VT** [1] ◆ **to duck sb** pousser qn sous l'eau

[2] *[+ one's head]* baisser vivement ; *[+ blow, question etc]* éviter, esquiver ; *[+ responsibility]* se dérober à ; *[+ decision]* esquiver, éluder

**COMP** **duck-billed platypus** N ornithorynque *m*

**duck-egg blue** ADJ gris-bleu *inv*

**duck pond** N mare *f* aux canards, canardière *f*

**duck's arse** * N *(= haircut) coupe où les cheveux descendent en pointe sur la nuque*

**duck shooting** N chasse *f* au canard

**duck soup** ‡ N *(US)* ◆ **that was duck soup!** *(= easy)* c'était du gâteau ! *

▸ **duck out of** VT FUS esquiver ◆ **she ducked out of going with them** elle s'est esquivée pour ne pas les accompagner ◆ **he ducked out of the commitment he'd made** il s'est dérobé à ses engagements

**duck²** /dʌk/ N *(= fabric)* coutil *m*, toile *f* fine ◆ **ducks** *(Brit = trousers)* pantalon *m* de coutil

**duckbill** /ˈdʌkbɪl/ N ⇒ **duck-billed platypus** ; → **duck**

**duckboard** /ˈdʌkbɔːd/ N caillebotis *m*

**duckie** * /ˈdʌkɪ/

**N** *(Brit)* ◆ **yes duckie** oui mon chou *

**ADJ** *(US)* ⇒ **ducky**

**ducking** /ˈdʌkɪŋ/ N plongeon *m*, bain *m* forcé ◆ **to give sb a ducking** *(= push under water)* pousser qn sous l'eau ; *(= push into water)* pousser qn dans l'eau ◆ **ducking and diving** dérobades *fpl*

**duckling** /ˈdʌklɪŋ/ N *(also Culin)* caneton *m* ; *(female)* canette *f* ; *(older)* canardeau *m*

**duckweed** /ˈdʌkwiːd/ N lentille *f* d'eau, lenticule *f*

**ducky** * /ˈdʌkɪ/ ADJ *(US = cute)* mignon tout plein

**duct** /dʌkt/ SYN N *(for liquid, gas, electricity)* conduite *f*, canalisation *f* ; *[of plant]* trachée *f* ; *(Anat)* canal *m*, conduit *m*

**ductile** /ˈdʌktaɪl/ ADJ *[metal]* ductile ; *[person]* docile

**ductility** /dʌkˈtɪlɪtɪ/ N *[of metal]* ductilité *f*, malléabilité *f* ; *[of person]* malléabilité *f*, docilité *f*

**ductless gland** /ˌdʌktlɪsˈglænd/ N glande *f* endocrine

**dud** * /dʌd/

**ADJ** *(= defective) [shell, bomb, battery, fuse etc]* qui foire * ; *(= worthless) [cheque]* en bois * ; *[loan]* non remboursé ; *[film, teacher, student]* nul (nulle *f*) ; *(= counterfeit) [note, coin]* faux (fausse *f*)

**N** *(= shell)* obus *m* non éclaté ; *(= bomb)* bombe *f* non éclatée ; *(= person)* raté(e) *m(f)* ◆ **this coin is a dud** cette pièce est fausse ◆ **this watch is a dud** c'est de la camelote * cette montre ◆ **Phil was a complete dud at school** Phil était complètement nul à l'école ◆ **to be a dud at geography** être nul en géographie ◆ **to be a dud at tennis** être nul au tennis

**NPL** **duds** † ‡ *(= clothes)* nippes † * *fpl*

**dude** * /d(j)uːd/ *(US)*

**N** [1] *(= man)* type * *m*, mec ‡ *m*

[2] *(= dandy)* dandy *m* ; *(young)* gommeux * *m*

[3] *(= Easterner)* habitant(e) *m(f)* de la côte Est

**COMP** **dude ranch** N (hôtel *m*) ranch *m*

**DUDE RANCH**

Sorte de ranch, authentique ou reconstitué, où les touristes peuvent goûter les joies du Far West. Les amateurs viennent y retrouver la vie du cow-boy : monter à cheval, s'occuper du bétail et dîner autour d'un feu de camp. En argot, un **dude** est un citadin, ou un habitant de la côte Est trop soigné et trop bien habillé.

**dudgeon** † /ˈdʌdʒən/ SYN N ◆ **in (high) dudgeon** offensé dans sa dignité, furieux

**due** /djuː/ LANGUAGE IN USE 20.6, 26.3 SYN

**ADJ** [1] **due to** *(= because of)* en raison de ◆ **the match was cancelled due to bad weather** le match a été annulé en raison du mauvais temps ◆ **due to the large number of letters he receives he cannot answer them personally** le nombre de lettres qu'il reçoit étant trop important, il ne peut pas y répondre personnellement ; *(= thanks to)* grâce à ◆ **it was due to his efforts that the trip was a success** c'est grâce à ses effort que le voyage a été un succès ◆ **it is largely due to them that we are in this strong position** c'est en grande partie grâce à eux que nous sommes en position de force ; *(= caused by)* dû (due *f*) à, attribuable à ◆ **what's it due to?** à quoi est-ce dû ? ◆ **accidents due to technical failure** les accidents dus à des pannes ◆ **the fall in sales is due to high interest rates** la chute des ventes est due au niveau élevé des taux d'intérêt, la chute des ventes s'explique par les taux d'intérêt élevés

◆ **to be due to the fact that...** *(= because)* être dû au fait que ◆ **this is due to the fact that interest rates are lower** cela est dû au fait que les taux d'intérêt sont plus bas

[2] *(= expected, scheduled)*

**devoir** is often used to express this meaning.

◆ **he's due in Argentina tomorrow** il devrait arriver *or* il est attendu en Argentine demain ◆ **I am due there tomorrow** je dois être là-bas demain ◆ **he's due back tomorrow** il doit être de retour demain ◆ **the train is due (to arrive) at 2.19** le train doit arriver à 14h19 ◆ **just before the plane was due to land** juste avant l'heure d'arrivée prévue de l'avion ◆ **to be due in** *[train, ferry, plane]* devoir arriver ◆ **to be due out** *[report, figures, book]* devoir être publié ◆ **when is the baby due?** quand doit naître le bébé ? ◆ **the results are due next week** les résultats doivent être rendus la semaine prochaine ◆ **there's an election due in March** des élections sont prévues en mars ◆ **with parliamentary elections due in less than 3 months' time** les élections législatives étant prévues dans moins de trois mois

[3] *(= proper, suitable)* ◆ **to give** *or* **pay due attention to sb** prêter à qn l'attention qu'il mérite ◆ **to receive due credit (for sth)** être reconnu comme il se doit (pour qch) ◆ **after due consideration** après mûre réflexion ◆ **to have due regard for sth** respecter pleinement qch ◆ **with/without due regard to** *or* **for sth** en tenant pleinement compte/sans tenir pleinement compte de qch ◆ **with (all) due respect** sauf votre respect ◆ **with (all) due respect to Mrs Harrison** malgré tout le respect que je dois à Mme Harrison ◆ **driving without due care and attention** conduite *f* imprudente

◆ **in due course** *or* **time** *(in the future)* en temps utile *or* voulu ◆ **she'll find out about everything in due time** elle saura tout en temps utile *or* voulu ◆ **we shall in due course be publishing our results** nous publierons nos résultats en temps utile *or* voulu ◆ **in due course, she found out that...** elle finit par découvrir que...

[4] *(= payable) [sum, money]* dû (due *f*) ◆ **I was advised that no further payment was due** on m'a dit que je ne devais plus rien ◆ **when is the rent due?** quand faut-il payer le loyer ? ◆ **to fall due** arriver à échéance ◆ **the sum due to me** la somme qui m'est due *or* qui me revient

[5] *(= owed, expecting)* ◆ **our thanks are due to Mr Bertillon** nous tenons à remercier M. Bertillon, notre gratitude va à M. Bertillon ◆ **they must be treated with the respect due to their rank/age** ils doivent être traités avec le respect dû à leur rang/âge

◆ **to be due for** ◆ **they are due for a shock** *(= going to have)* ils vont avoir un choc ◆ **they were due for a break, he thought** *(= should have)* ils devraient prendre des vacances, pensa-t-il ◆ **when you're next due for a check-up** lorsqu'il sera temps de passer un contrôle ◆ **to be due for completion/demolition/release in 2004** *(= scheduled for)* devoir être terminé/démoli/libéré en 2004 ◆ **he was due for retirement in twelve months' time** il devait prendre sa retraite dans un an

**PREP** **to be due sth** ◆ **I am due £300/six days' holiday** on me doit 300 livres/six jours de congé ◆ **I feel I'm about due a holiday!** je pense que je mérite bien des vacances ! ◆ **he had not taken a holiday, but accumulated the leave due him** au lieu de prendre des vacances il avait accumulé les jours qu'on lui devait

**ADV** ◆ **due north/south** *etc* plein nord/sud *etc* *(of* par rapport à) ◆ **to face due north** *[building]* être (en) plein nord ; *[person]* faire face au nord

**N** ◆ **to give sb his due** être juste envers qn, faire *or* rendre justice à qn ◆ **(to) give him his due, he did try hard** il faut (être juste et) reconnaître qu'il a quand même fait tout son possible ; → **devil**

**NPL** **dues** *(= fees) [of club etc]* cotisation *f* ; *[of harbour]* droits *mpl* (de port)

**COMP** **due date** N *(Med)* date *f* présumée de l'accouchement

**due process** N *(Jur:* also **due process of law)** *application de la loi selon les procédures prévues*

**duel** /ˈdjʊəl/ SYN

**N** *(lit, fig)* duel *m* ◆ **duel to the death** duel *m* à mort ; → **challenge, fight**

**VI** se battre en duel *(with* contre, avec)

**COMP** **duelling pistol** N pistolet *m* de duel

**duellist** /ˈdjʊəlɪst/ N duelliste *m*

**duenna** /djuːˈenə/ N duègne *f*

**duet** /djuːˈet/ N duo *m* ◆ **to sing/play a duet** chanter/jouer en duo ◆ **violin duet** duo *m* de violon ◆ **piano duet** morceau *m* à quatre mains

**duettist** /djuːˈetɪst/ N duettiste *mf*

**duff¹** /dʌf/ N *(Culin)* pudding *m* ◆ **up the duff** ‡ en cloque ‡ ; → **plum**

**duff²** /dʌf/ *(Brit)*

**ADJ** * [1] *(= non-functional) [machine, watch, gene etc]* détraqué *

[2] *(= useless) [suggestion, idea, film, book, record]* nul (nulle *f*)

[3] *(= failed) [shot etc]* raté, loupé *

**VT** *(‡ = alter, fake) [+ stolen goods]* maquiller, truquer

▸ **duff up** ‡ VT SEP casser la gueule à ‡

**duff³** ‡ /dʌf/ N *(US = buttocks)* postérieur *m* ◆ **he just sits on his duff all day** il ne fiche * rien de la journée ◆ **get off your duff!** magne-toi le train ! ‡

**duffel** /ˈdʌfəl/

**N** *gros tissu de laine*

**COMP** **duffel bag** N sac *m* de paquetage, sac *m* marin

**duffel coat** N duffel-coat *m*

**duffer** * /ˈdʌfəʳ/ N nullard(e) * *m(f)* ◆ **he is a duffer at French** il est nul en français

**duffle** /ˈdʌfəl/ ADJ ⇒ **duffel**

**dug¹** /dʌg/ N mamelle *f*, tétine *f* ; *[of cow]* pis *m*

**dug²** /dʌg/ VB pt, ptp of **dig**

**dugong** /ˈduːgɒŋ/ N dugong *m*

**dugout** /ˈdʌgaʊt/ N *(Mil = trench)* tranchée-abri *f* ; *(= canoe)* pirogue *f*

**DUI** /ˌdiːjuːˈaɪ/ N *(US)* (abbrev of **driving under (the) influence (of alcohol)**) conduite *f* en état d'ébriété

**duke** /djuːk/

**N** *(= nobleman)* duc *m*

**NPL** **dukes** ‡ *(esp US = fists)* poings *mpl*

**dukedom** /ˈdjuːkdəm/ N *(= territory)* duché *m* ; *(= title)* titre *m* de duc

**dulcet** /ˈdʌlsɪt/ ADJ *(liter)* suave

**dulcimer** /ˈdʌlsɪməʳ/ N tympanon *m*

**dulia** /ˈdjuːlɪə/ N dulie *f*

**dull** /dʌl/ SYN

**ADJ** [1] *(= boring, uneventful) [book, lecture, party, person]* ennuyeux ; *[life, job]* ennuyeux, monotone ; *[place]* morne ; *[food]* quelconque ; *[style]* terne ; *[stock market]* morose ◆ **there's never a dull minute** *or* **life is never dull (with Janet around)** on ne s'ennuie jamais (lorsque Janet est là) ◆ **as dull as ditchwater** *or* **dishwater** ennuyeux comme la pluie ; → **deadly**

[2] *(= not bright or shiny) [light, glow]* faible ; *[colour, eyes, hair, skin, metal]* terne ; *[weather, sky, day]* maussade, gris

[3] *(= vague) [pain, sound, feeling]* sourd ◆ **with a dull thud** *or* **thump** avec un bruit sourd

[4] *(= lethargic, withdrawn) [person]* abattu

[5] *(= slow-witted) [person, mind]* borné ◆ **his senses/faculties are growing dull** ses sens/facultés s'émoussent *or* s'amoindrissent

[6] *(= blunt) [blade, knife]* émoussé

**VT** *(= blunt) [+ edge, blade]* émousser ; *[+ senses]* émousser, engourdir ; *[+ mind]* engourdir ; *[+ appetite]* calmer ; *[+ pain, grief, impression]* atténuer ; *[+ memories]* estomper ; *[+ pleasure]* émousser ; *[+ sound]* assourdir, amortir ; *(in colour, brightness) [+ colour, mirror, metal]* ternir

**VI** *[eyes]* se voiler ; *[appetite]* diminuer ; *[edge, blade]* s'émousser ; *[light]* baisser

**COMP** **dull-witted** ADJ dur à la détente *

**dullard** † * /ˈdʌləd/ SYN N nullard(e) * *m(f)*

**dullness** /ˈdʌlnɪs/ N [1] *(= slow-wittedness)* lourdeur *f* d'esprit ; *[of senses]* affaiblissement *m* ◆ **dullness of hearing** dureté *f* d'oreille

[2] *(= tedium, lack of interest) [of book, evening, lecture]* caractère *m* ennuyeux, manque *m* d'intérêt ; *[of person]* personnalité *f* terne ; *[of life]* grisaille *f* ; *[of landscape, room]* tristesse *f*

[3] *(of colour, metal, mirror etc)* manque *m* or peu *m* d'éclat, aspect *m* terne ; *(of sound)* caractère *m* sourd or étouffé ; *(of weather)* grisaille *f*

**dullsville**☆ /'dʌlzvɪl/ **N** (US) ◆ **it's dullsville here** on s'emmerde ici☆, c'est pas la joie ici☆

**dully** /'dʌlɪ/ **ADV** [1] *(= with a muffled sound)* avec un bruit sourd

[2] *(= dimly)* [*glow, gleam*] faiblement

[3] *(= without enthusiasm)* [*say, reply*] d'un ton morne ; [*look, nod*] d'un air morne ; [*think*] avec lassitude

[4] *(= boringly)* [*talk, write*] d'une manière ennuyeuse

**dulse** /dʌls/ **N** algue *f* comestible

**duly** /'dju:lɪ/ SYN **ADV** [1] *(= properly)* [*recorded, completed, authorized, rewarded*] dûment, en bonne et due forme ◆ **duly elected** dûment élu, élu en bonne et due forme

[2] *(= as expected)* comme prévu ◆ **the visitors were duly impressed** comme prévu, les visiteurs ont été impressionnés ◆ **I asked him for his autograph and he duly obliged** je lui ai demandé un autographe et il a accepté

**dumb** /dʌm/ SYN

**ADJ** [1] *(lit)* muet ◆ **dumb animals** † les bêtes *fpl* ◆ **our dumb friends** nos amies les bêtes ; → **deaf, strike**

[2] *(fig = silent)* muet *(with, from* de*)*, abasourdi *(with, from* de, par*)* ◆ **dumb insolence** mutisme *m* insolent

[3] *(esp US* ☆ *= stupid)* [*person*] bête ; [*action, idea, joke*] stupide ; [*question*] idiot ; [*object, present*] ringard ◆ **a dumb blonde** une blonde évaporée ◆ **to act dumb** faire l'innocent

**NPL** **the dumb** les muets *mpl*

**COMP** **dumb-ass**☆ (US) **N** con☆ *m*, conne *f* **ADJ** à la con☆
**dumb bomb N** (*Mil*) bombe *f* conventionnelle
**dumb cluck**☆ **N** imbécile *mf*
**dumb ox**☆ **N** (US) ballot☆ *m*, andouille☆ *f*
**dumb show N** ◆ **in dumb show** en mimant, par (des) signes
**dumb terminal N** (*Comput*) terminal *m* passif

▶ **dumb down VT SEP** [+ *programmes, courses, jobs*] niveler par le bas

**dumbbell** /'dʌmbel/ **N** (*Sport*) haltère *m*

**dumbfound** /dʌm'faʊnd/ SYN **VT** abasourdir, ahurir

**dumbfounded** /dʌm'faʊndɪd/ SYN **ADJ** ahuri, sidéré ◆ **I'm dumbfounded** je suis sidéré, je n'en reviens pas

**dumbly** /'dʌmlɪ/ **ADV** [*stare, stand, nod*] *(= silently)* en silence ; *(with surprise)* avec stupeur

**dumbness** /'dʌmnɪs/ **N** mutisme *m* ; (☆ *= stupidity*) bêtise *f*, niaiserie *f*

**dumbo**☆ /'dʌmbəʊ/ **N** ballot☆ *m*, andouille☆ *f*

**dumbstruck** /'dʌmstrʌk/ **ADJ** frappé de stupeur

**dumbwaiter** /,dʌm'weɪtər/ **N** (= *lift*) monte-plat *m* ; (*Brit*) (= *trolley*) table *f* roulante ; (= *revolving stand*) plateau *m* tournant

**dum-dum** /'dʌmdʌm/ **N** [1] *(= bullet)* balle *f* dum-dum *inv*

[2] (☆ = *stupid person*) crétin(e) *m(f)*, andouille☆ *f*

**dummy** /'dʌmɪ/ SYN

**N** [1] (*Comm* = *sham object*) objet *m* factice ; (*Comm, Sewing* = *model*) mannequin *m* ; [*of ventriloquist*] marionnette *f* ; (*Theat*) personnage *m* muet, figurant *m* ; (*Fin etc* = *person replacing another*) prête-nom *m*, homme *m* de paille ; [*of book*] maquette *f* ; (*Bridge*) mort *m* ; (*Sport*) feinte *f* ◆ **to sell the dummy** (*Sport*) faire une feinte de passe ◆ **to sell sb the dummy** feinter qn ◆ **to be dummy** (*Bridge*) faire or être le mort ◆ **to play from dummy** (*Bridge*) jouer du mort

[2] (*Brit*) *baby's teat*) sucette *f*, tétine *f*

[3] (☆ = *idiot*) andouille☆ *f*, imbécile *mf* ◆ **"you're a dummy, Mack," she yelled** « Mack, tu es une andouille☆ or un imbécile » hurla-t-elle

**ADJ** faux (fausse *f*), factice

**VI** (*Sport*) feinter, faire une feinte de passe

**COMP** **dummy bridge N** (*Cards*) bridge *m* à trois
**dummy element N** (*Ling*) postiche *m*
**dummy pass N** (*Sport*) feinte *f* de passe
**dummy run N** (*Brit*) (= *air attack*) attaque *f* or bombardement *m* simulé(e) ; (*in manufacturing*) (coup *m* d')essai *m*
**dummy symbol N** ⇒ **dummy element**

**dump** /dʌmp/ SYN

**N** [1] *(= pile of rubbish)* tas *m* or amas *m* d'ordures ; *(= place)* décharge *f*, dépotoir *m* ◆ **to be (down) in the dumps**☆ avoir le cafard☆

[2] (*Mil*) dépôt *m* ; → **ammunition**

[3] (☆ *pej*) *(= place)* trou perdu☆ ; *(= house, hotel)* trou *m* à rats☆

[4] (*Comput*) vidage *m*

[5] ◆ **to have a dump**☆ *(= defecate)* couler un bronze☆, chier☆☆

**VT** [1] [+ *rubbish*] déposer, jeter ; [+ *sand, bricks*] décharger, déverser ; (*Comm*) [+ *goods*] vendre or écouler à bas prix *(sur les marchés extérieurs)*, pratiquer le dumping pour

[2] (☆ = *set down*) [+ *package*] déposer ; [+ *passenger*] poser, larguer☆ ◆ **dump your bag on the table** fiche☆ ton sac sur la table

[3] (☆ = *get rid of*) [+ *thing*] bazarder☆ ; [+ *boyfriend, girlfriend*] larguer☆, plaquer☆

[4] (*Comput*) [+ *data file etc*] vider ◆ **to dump to the printer** transférer sur l'imprimante

**VI** (☆ = *defecate*) couler un bronze☆, chier☆☆

**COMP** **dump bin, dump display N** (*Comm*) présentoir *m* d'articles en vrac
**dump truck N** ⇒ **dumper**

▶ **dump on VT FUS** *(= mistreat)* traiter comme du poisson pourri☆ ; *(= offload problems on)* se défouler sur

**dumper** /'dʌmpər/ **N** (*Brit*) (also **dumper truck**) tombereau *m*, dumper *m*

**dumping** /'dʌmpɪŋ/

**N** [*of load, rubbish*] décharge *f* ; (*Ecol: in sea etc*) déversement *m* (de produits nocifs) ; (*Comm*) dumping *m*

**COMP** **dumping ground N** *(lit, fig)* dépotoir *m*

**dumpling** /'dʌmplɪŋ/ **N** (*Culin: savoury*) boulette *f* (de pâte) ; (☆ = *person*) boulot *m*, -otte *f*

**Dumpster** ® /'dʌmpstər/ **N** (US) benne *f* (à ordures) ◆ **to go Dumpster diving**☆ faire les poubelles

**dumpy**☆ /'dʌmpɪ/ **ADJ** courtaud, boulot

**dun¹** /dʌn/

**ADJ** *(= colour)* brun foncé *inv*, brun grisâtre *inv*

**N** cheval *m* louvet, jument *f* louvette

**dun²** /dʌn/ SYN

**N** *(= claim)* demande *f* de remboursement

**VT** [+ *debtor*] harceler, relancer ◆ **to dun sb for money owed** harceler or relancer qn pour lui faire payer ses dettes

**dunce** /dʌns/ SYN

**N** âne *m*, cancre☆ *m* ◆ **to be a dunce at maths** être nul en math

**COMP** **dunce's cap N** bonnet *m* d'âne

**Dundee cake** /dʌn'di:/ **N** cake aux fruits secs décoré d'amandes

**dunderhead** /'dʌndəhed/ **N** imbécile *mf*

**Dundonian** /dʌn'dəʊnɪən/

**ADJ** de Dundee

**N** habitant(e) *m(f)* or natif *m*, -ive *f* de Dundee

**dune** /dju:n/

**N** dune *f*

**COMP** **dune buggy N** buggy *m*

**dung** /dʌŋ/

**N** (*NonC*) *(= excrement)* excrément(s) *m(pl)*, crotte *f* ; [*of horse*] crottin *m* ; [*of cattle*] bouse *f* ; [*of wild animal*] fumées *fpl* ; *(= manure)* fumier *m*

**COMP** **dung beetle N** bousier *m*

**dungarees** /,dʌŋgə'ri:z/ **NPL** salopette *f*

**dungeon** /'dʌndʒən/ **N** *(underground)* cachot *m* (souterrain) ; (*Hist* = *castle tower*) donjon *m*

**dungheap** /'dʌŋhi:p/, **dunghill** /'dʌŋhɪl/ **N** tas *m* de fumier

**dunk** /dʌŋk/ **VT** tremper ◆ **to dunk one's bread in one's coffee** tremper son pain dans son café

**Dunkirk** /dʌn'kɜ:k/ **N** Dunkerque

**dunlin** /'dʌnlɪn/ **N** bécasseau *m* variable

**dunno**☆ /də'nəʊ/ ⇒ **don't know**

**dunnock** /'dʌnək/ **N** (*Brit*) accenteur *m* mouchet, fauvette *f* d'hiver or des haies

**dunny**☆ /'dʌnɪ/ **N** (*Austral*) chiottes☆ *fpl*, W.-C.☆ *mpl*

**Duns Scotus** /dʌnz'skɒtəs/ **N** Duns Scot *m*

**duo** /'dju:əʊ/ **N** (pl **duos** or **dui** /'dju:i:/) (*Mus, Theat*) duo *m*

**duodecimal** /,dju:əʊ'desɪməl/ **ADJ** duodécimal

**duodenal** /,dju:əʊ'di:nl/

**ADJ** duodénal

**COMP** **duodenal ulcer N** ulcère *m* du duodénum

**duodenitis** /,dju:əʊdɪ'naɪtɪs/ **N** duodénite *f*

**duodenum** /,dju:əʊ'di:nəm/ **N** (pl **duodenums** or **duodena** /,dju:əʊ'di:nə/) duodénum *m*

**duopoly** /dju:'ɒpəlɪ/ **N** duopole *m*

**dupable** /'dju:pəbl/ **ADJ** que l'on peut duper

**dupe** /dju:p/

**VT** duper, tromper ◆ **to dupe sb into doing sth** amener qn à faire qch en le dupant

**N** dupe *f*

**dupery** /'dju:pərɪ/ **N** duperie *f*

**duple** /'dju:pl/

**ADJ** *(gen)* double ; (*Mus*) binaire

**COMP** **duple time N** (*Mus*) rythme *m* or mesure *f* binaire

**duplex** /'dju:pleks/

**ADJ** duplex *inv*

**N** (US) (also **duplex house**) maison *f* jumelle ; (also **duplex apartment**) duplex *m* → **HOUSE**

**COMP** **duplex paper N** (*Phot*) bande *f* protectrice

**duplicate** /'dju:plɪkeɪt/ SYN

**VT** [1] *(= copy)* [+ *document, map, key*] faire un double de ; [+ *film*] faire un contretype de ; (*on machine*) [+ *document*] polycopier ; [+ *action etc*] répéter exactement

[2] *(= do again)* refaire ; *(= repeat)* reproduire ◆ **that is merely duplicating work already done** cela revient à refaire le travail qu'on a déjà fait ◆ **he will seek to duplicate his success overseas at home** il tentera de trouver le même succès dans son pays qu'à l'étranger ◆ **the phenomenon hasn't been duplicated elsewhere on anything like the same scale** le phénomène n'a été reproduit nulle part ailleurs dans les mêmes proportions ◆ **to duplicate results** obtenir deux fois les mêmes résultats

**N** /'dju:plɪkɪt/ [*of document, map, key, ornament, chair*] double *m* ; (*Jur etc*) duplicata *m inv* ◆ **in duplicate** en deux exemplaires

**ADJ** /'dju:plɪkɪt/ [*copy*] en double ◆ **a duplicate cheque/receipt** un duplicata du chèque/du reçu ◆ **I've got a duplicate key** j'ai un double de la clé

**COMP** **duplicate bridge N** bridge *m* de compétition or de tournoi

**duplicating machine N** duplicateur *m*

**duplication** /,dju:plɪ'keɪʃən/ **N** [*of document*] copie *f*, duplication *f* ; (*on machine*) polycopie *f* ; [*of work*] répétition *f* inutile ◆ **there is a great deal of duplication of effort in research** dans la recherche, les mêmes travaux sont souvent répétés inutilement par plusieurs personnes ◆ **there is some duplication between the two departments** il y a un certain chevauchement entre les deux départements

**duplicator** /'dju:plɪkeɪtər/ **N** duplicateur *m*

**duplicitous** /dju:'plɪsɪtəs/ **ADJ** fourbe

**duplicity** /dju:'plɪsɪtɪ/ **N** duplicité *f*, fourberie *f*

**Dur.** abbrev of **Durham**

**durability** /,djʊərə'bɪlɪtɪ/ SYN **N** [*of product, material, institution, friendship, solution*] durabilité *f*, caractère *m* durable

**durable** /'djʊərəbl/ SYN

**ADJ** durable ◆ **CDs are more durable than cassettes** les CD sont plus solides que les cassettes, les CD durent plus longtemps que les cassettes

**NPL** **durables** ⇒ **durable goods**

**COMP** **durable goods NPL** (*Comm*) biens *mpl* de consommation durables

**dural** /'djʊərəl/ **ADJ** (*Anat*) dural

**Duralumin** ® /djʊə'ræljʊmɪn/ **N** duralumin *m*

**dura mater** /djʊərə'meɪtər/ **N** (*Anat*) dure-mère *f*

**duramen** /djʊ'reɪmen/ **N** duramen *m*

**duration** /djʊə'reɪʃən/ **N** durée *f* ◆ **of long duration** de longue durée ◆ **for the duration of...** pendant toute la durée de... ◆ **he stayed for the duration**☆ *(= for ages)* il est resté une éternité

**durative** /'djʊərətɪv/ (*Gram*)

**ADJ** duratif, imperfectif

**N** *(= aspect)* duratif *m* ; *(= verb)* verbe *m* duratif

**Durban** /'dɜ:bæn/ **N** Durban

**duress** /djʊə'res/ SYN **N** contrainte *f*, coercition *f* ◆ **under duress** sous la contrainte, contraint et forcé (*Jur*)

**Durex** ® /'djʊəreks/ **N** (pl *inv*) préservatif *m*

**durian** /'djʊərɪən/ **N** durian *m*

**during** /'djʊərɪŋ/ **PREP** pendant ; *(= in the course of)* au cours de ◆ **during working hours** pendant les heures de travail ◆ **during the night** pendant or durant la nuit ◆ **plants need to be protected during bad weather** il faut protéger les

**durmast | dwindle**

plantes pendant or durant les périodes de mauvais temps ◆ **during the violence yesterday** au cours des violents incidents d'hier ◆ **during the past few months** au cours des derniers mois

**durmast** /'dɜ:mɑ:st/ N (= tree) (also **durmast oak**) chêne m rouvre

**durry**‡ /'dʌrɪ/ N (Austral) clope* f, cibiche* f

**durst** †† /dɜ:st/ VB pt of **dare**

**durum** /'djʊərəm/ N (also **durum wheat**) blé m dur

**dusk** /dʌsk/ SYN N (= twilight) crépuscule m ; (= gloom) (semi-)obscurité f ◆ **at dusk** au crépuscule, à la tombée de la nuit ◆ **shortly after dusk** peu de temps après la tombée de la nuit ◆ **in the dusk** entre chien et loup

**duskiness** /'dʌskɪnɪs/ N [of complexion] teint m mat or basané

**dusky** /'dʌskɪ/ SYN ADJ ① (= dark-skinned) [person] à la peau basanée, au teint basané ; [complexion] basané

② [colour] mat ◆ **dusky pink** vieux rose inv, rose cendré inv

③ (= dim) [room] sombre

**dust** /dʌst/ SYN

N (NonC) ① (on furniture, ground) poussière f ◆ **there was thick dust, the dust lay thick** il y avait une épaisse couche de poussière ◆ **I've got a speck of dust in my eye** j'ai une poussière dans l'œil ◆ **to raise a lot of dust** (lit) faire de la poussière ; (fig) faire tout un scandale, faire beaucoup de bruit ◆ **to lay the dust** (lit) mouiller la poussière ; (fig) ramener le calme, dissiper la fumée ◆ **to throw dust in sb's eyes** (fig) jeter de la poudre aux yeux de qn ◆ **to kick up** or **raise a dust**‡ faire un or du foin* ◆ **you couldn't see him for dust** * (Brit) il s'était volatilisé ; → **ash²**, **bite**, **shake off**

② [of coal, gold] poussière f, poudre f

VT ① [+ furniture] épousseter, essuyer ; [+ room] essuyer la poussière dans ◆ **it's done and dusted** * (Brit, Austral) l'affaire est classée

② (with talc, sugar etc) saupoudrer (with de)

VI épousseter

COMP **dust bag** N sac m à poussière (d'aspirateur)

**dust-bath** N ◆ **to take a dust-bath** [bird] s'ébrouer dans la poussière, prendre un bain de poussière

**dust bowl** N (Geog) désert m de poussière, cratère(s) m(pl) de poussière

**dust cloth** N (US) chiffon m (à poussière)

**dust cloud** N nuage m de poussière

**dust cover** N [of book] jaquette f ; [of furniture] housse f (de protection)

**dust devil** N tourbillon m de poussière

**dust jacket** N jaquette f

**dust sheet** N housse f (de protection)

**dust storm** N tempête f de poussière

**dust-up** * N (Brit) accrochage * m, bagarre * f ◆ **to have a dust-up with sb** (Brit) avoir un accrochage * or se bagarrer* avec qn

▶ **dust down**, **dust off** VT SEP épousseter ◆ **to dust o.s. down** s'épousseter

▶ **dust out** VT SEP [+ box, cupboard] épousseter

**dustbin** /'dʌstbɪn/

N (Brit) poubelle f, boîte f à ordures

COMP **dustbin man** N (pl **dustbin men**) (Brit) ⇒ **dustman**

**dustcart** /'dʌstkɑ:t/ N (Brit) benne f à ordures, camion m des éboueurs or des boueux*

**duster** /'dʌstə<sup>r</sup>/ N ① (Brit) chiffon m (à poussière) ; (also **blackboard duster**) chiffon m (pour effacer) ; → **feather**

② (US) (= overgarment) blouse f ; (= housecoat) robe f d'intérieur

③ (= device : also **crop duster**) pulvérisateur m d'insecticide (souvent un avion)

**dustheap** /'dʌsthi:p/ N (lit) tas m d'ordures ; (fig) poubelle f, rebut m

**dusting** /'dʌstɪŋ/

N ① [of furniture] époussetage m ◆ **to do the dusting** épousseter, essuyer (la poussière) ◆ **to give sth a dusting** donner un coup de chiffon à qch

② (Culin etc = sprinkling) saupoudrage m

COMP **dusting down** N ◆ **to give sb a dusting down** passer un savon à qn ◆ **to get a dusting down** recevoir un savon

**dusting-powder** N talc m

**dustman** /'dʌstmən/ N (pl **-men**) (Brit) éboueur m, boueux m*

**dustpan** /'dʌstpæn/ N pelle f (à poussière)

**dustproof** /'dʌstpru:f/ ADJ antipoussière

**dusty** /'dʌstɪ/ SYN ADJ ① (= covered in dust) poussiéreux ◆ **to get dusty** se couvrir de poussière

② [colour] cendré ◆ **dusty blue** bleu cendré inv ◆ **dusty pink** vieux rose inv, rose cendré inv

③ ◆ **to give sb a dusty answer** envoyer paître qn* ◆ **to get** or **receive a dusty answer (from sb)** * se faire envoyer paître (par qn)* ◆ **not so dusty, not too dusty** * pas mal

**Dutch** /dʌtʃ/

ADJ (gen) néerlandais, hollandais ; [ambassador, embassy] des Pays-Bas ; [teacher] de néerlandais ◆ **the Dutch School** (Art) l'école f hollandaise ◆ **Dutch cheese** fromage m de Hollande, hollande m

N ① (= language) hollandais m, néerlandais m ◆ **it's (all) Dutch to me** * (fig) c'est du chinois or de l'hébreu pour moi ; → **double**

② (US fig) ◆ **to be in Dutch with sb**‡ être en disgrâce auprès de qn ◆ **to get one's Dutch up** se mettre en rogne* ◆ **to get into Dutch**‡ avoir des ennuis, se mettre dans le pétrin*

NPL **the Dutch** (loosely) les Hollandais mpl ; (more correctly) les Néerlandais mpl

ADV ◆ **to go Dutch** * (in restaurant) payer chacun sa part ; (in cinema, theatre) payer chacun sa place

COMP **Dutch auction** N enchères fpl au rabais

**Dutch barn** N hangar m à récoltes

**Dutch cap** N diaphragme m

**Dutch courage** N courage m puisé dans la bouteille ◆ **the whisky gave him Dutch courage** le whisky lui a donné du courage

**Dutch door** N (US) porte f à double vantail, porte f d'étable

**the Dutch East Indies** NPL les Indes fpl néerlandaises

**Dutch elm** N orme m (ulmus hollandica)

**Dutch elm disease** N champignon m parasite de l'orme

**Dutch master** N maître m de l'école hollandaise

**Dutch oven** N (= casserole) grosse cocotte f (en métal)

**Dutch treat** N ◆ **to go on a Dutch treat** partager les frais

**Dutch uncle** † * N ◆ **to talk to sb like a Dutch uncle** dire ses quatre vérités à qn

**dutch** * /dʌtʃ/ N (Brit) ◆ **the old dutch** la patronne*

**Dutchman** /'dʌtʃmən/ N (pl **-men**) Hollandais m ◆ **if he's a professional footballer, then I'm a Dutchman** je veux bien être pendu si c'est un footballeur professionnel ; → **flying**

**Dutchwoman** /'dʌtʃˌwʊmən/ N (pl **-women**) Hollandaise f

**dutiable** /'dju:tɪəbl/ ADJ taxable ; (Customs) soumis à des droits de douane

**dutiful** /'dju:tɪfʊl/ SYN ADJ [child] obéissant ; [husband, wife] dévoué ; [employee] consciencieux

**dutifully** /'dju:tɪfəlɪ/ ADV consciencieusement ◆ **we laughed/applauded dutifully** nous avons ri/applaudi consciencieusement

**duty** /'dju:tɪ/ LANGUAGE IN USE 10.1 SYN

N ① (NonC: moral, legal) devoir m, obligation f ◆ **to do one's duty** s'acquitter de or faire son devoir (by sb envers qn) ◆ **it is my duty to say that..., I feel duty bound to say that...** il est de mon devoir de dire que... ◆ **duty calls** le devoir m'appelle ◆ **the** or **one's duty to one's parents** le or son devoir envers ses parents ◆ **what about your duty to yourself?** et ton devoir envers toi-même ? ◆ **to make it one's duty to do sth** se faire un devoir de faire qch

② (gen pl = responsibility) fonction f, responsabilité f ◆ **to take up one's duties** entrer en fonction ◆ **to neglect one's duties** négliger ses fonctions ◆ **my duties consist of...** mes fonctions consistent à... ◆ **his duties as presidential adviser** ses fonctions de conseiller du président ◆ **his duties have been taken over by his colleague** ses fonctions ont été reprises par son collègue

③ (= work) ◆ **in the course of (one's) duty** dans l'exercice de mes (or ses etc) fonctions ◆ **to do duty for sb, to do sb's duty** remplacer qn ◆ **the reading room also does duty as** or **for a library** (fig) la salle de lecture fait également fonction or office de bibliothèque

◆ **on duty** de service ; (Med) de garde ◆ **to be on duty** être de service or de garde ◆ **to go on duty** prendre son service

◆ **off duty** ◆ **to be off duty** ne pas être de service or de garde ; (Mil) avoir quartier libre ◆ **to go off duty** quitter son service

④ (Fin = tax) droit m, taxe f ; (at Customs) frais mpl de douane ◆ **to pay duty on sth** payer un droit or une taxe sur qch ; → **death**, **estate**

COMP **duty call** N visite f de politesse

**duty-free** ADJ hors taxes

**duty-free allowance** N quantité autorisée de produits hors taxes (par personne)

**duty-frees** * NPL (Brit) marchandises fpl hors taxes

**duty-free shop** N boutique f hors taxes

**duty-free shopping** N (NonC) achat m de marchandises hors taxes

**duty of care** N responsabilité f morale (to envers)

**duty officer** N (Mil) officier m de permanence ; (Police) officier m de police de service ; (Admin) officiel m or préposé m de service

**duty paid** ADJ dédouané

**duty roster**, **duty rota** N liste f de service ; (esp Mil) tableau m de service

**duumvir** /dju:'ʌmvə<sup>r</sup>/ N (pl **duumvirs** or **duumviri** /dju:'ʌmvɪˌri:/) (Antiq) duumvir m

**duumvirate** /dju:'ʌmvɪrɪt/ N (Antiq) duumvirat m

**duvet** /'du:veɪ/

N couette f

COMP **duvet cover** N housse f de couette

**dux** /dʌks/ N (Scot Scol) premier m, -ière f (de la classe)

**DV** /ˌdi:'vi:/ ADV (abbrev of **Deo volente**) Dieu voulant

**DVD** /ˌdi:vi:'di:/ N (abbrev of **digital versatile disc**) DVD m ◆ **DVD burner** graveur m de DVD ◆ **DVD player** lecteur m de DVD ◆ **DVD-Rom** DVD-Rom m ◆ **DVD writer** graveur m de DVD

**DVD-A** /ˌdi:vi:di:'eɪ/ N (abbrev of **digital versatile disc audio**) DVD-A m

**DVLA** /ˌdi:vi:el'eɪ/ N (Brit) (abbrev of **Driver and Vehicle Licensing Agency**) service des immatriculations et permis de conduire

**DVM** /ˌdi:vi:'em/ N (US) (abbrev of **Doctor of Veterinary Medicine**) doctorat vétérinaire

**DVT** /ˌdi:vi:'ti:/ N (Med) (abbrev of **deep vein thrombosis**) TVP f

**dwale** /dweɪl/ N (= plant) belladone f

**dwarf** /dwɔ:f/ SYN

N (pl **dwarfs** or **dwarves** /dwɔ:vz/) (= person, animal) nain(e) m(f) ; (= tree) arbre m nain

ADJ [person, tree, star] nain ◆ **dwarf planet** planète f naine

VT ① [+ achievement] éclipser ◆ **the US air travel market dwarfs that of Britain** en comparaison du marché des voyages américains, celui de la Grande-Bretagne semble minuscule ◆ **his figure was dwarfed by the huge sign** il semblait minuscule à côté du logo énorme, il était écrasé par le logo énorme

② [+ plant] empêcher de croître

**dwarfish** /'dwɔ:fɪʃ/ ADJ (pej) nabot (-ote f)

**dwarfism** /'dwɔ:fɪzəm/ N nanisme m

**dweeb** ‡ /dwi:b/ N (esp US) pauvre mec * m

**dwell** /dwel/ SYN (pret, ptp **dwelt** or **dwelled**) VI ① habiter, demeurer ◆ **to dwell in Glasgow/in France** habiter or demeurer à Glasgow/en France

② (fig) [interest, difficulty] résider (in dans)

▶ **dwell on** VT FUS (= think about) ne pouvoir s'empêcher de penser à ; (= talk at length on) s'étendre sur ; (Mus) [+ note] appuyer sur ◆ **don't dwell on it** n'y pense plus ◆ **to dwell on the past** s'appesantir sur le passé, revenir sans cesse sur le passé ◆ **to dwell on the fact that...** ressasser le fait que... ◆ **don't let's dwell on it** passons là-dessus, ne nous attardons pas sur ce sujet

▶ **dwell upon** VT FUS ⇒ **dwell on**

**dweller** /'dwelə<sup>r</sup>/ N habitant(e) m(f) ; → **country**

**dwelling** /'dwelɪŋ/ SYN

N (Admin or liter : also **dwelling place**) habitation f, résidence f ◆ **to take up one's dwelling** s'installer, élire domicile (Admin)

COMP **dwelling house** N maison f d'habitation

**dwelt** /dwelt/ VB pt, ptp of **dwell**

**DWEM** N (esp US) (abbrev of **Dead White European Male**) homme célèbre qui devrait sa réputation à son appartenance au sexe masculin et à la race blanche

**dwindle** /'dwɪndl/ VI [strength] diminuer, décroître ; [numbers, resources, supplies, interest] diminuer

▶ **dwindle away** VI diminuer ; *[person]* dépérir ◆ **his fortune had dwindled away to nothing** sa fortune avait fondu comme neige au soleil

**dwindling** /ˈdwɪndlɪŋ/
**N** diminution *f* (graduelle)
**ADJ** *[number, interest, popularity]* décroissant ; *[resources, supplies, funds]* en baisse, *[population]* en baisse, décroissant ◆ **dwindling audiences** un public de moins en moins nombreux

**DWP** /ˌdiːdʌbljuːˈpiː/ **N** (abbrev of **Department of Work and Pensions**) → **department**

**dyarchy** /ˈdaɪɑːkɪ/ **N** dyarchie *f*

**dye** /daɪ/ SYN
**N** (= *substance*) teinture *f*, colorant *m* ; (= *colour*) teinte *f* ◆ **hair dye** teinture *f* pour les cheveux ◆ **fast dye** grand teint *m* ◆ **the dye will come out in the wash** cela déteindra au lavage ◆ **a villain of the deepest dye** (*fig liter*) une canaille *or* crapule de la pire espèce
**VT** teindre ◆ **to dye sth red** teindre qch en rouge ◆ **to dye one's hair** se teindre les cheveux ; → **dyed**, **tie**
**VI** *[cloth etc]* prendre la teinture, se teindre
**COMP** **dyed-in-the-wool** SYN **ADJ** bon teint *inv*, invétéré

**dyed** /daɪd/ **ADJ** *[hair, fabric]* teint ◆ **dyed blond/blue** teint en blond/bleu

**dyeing** /ˈdaɪɪŋ/ **N** (NonC) teinture *f*

**dyer** /ˈdaɪəʳ/
**N** teinturier *m* ◆ **dyer's and cleaner's** teinturier *m*
**COMP** **dyer's rocket** **N** gaude *f*

**dyestuffs** /ˈdaɪstʌfs/ **NPL** colorants *mpl*

**dyeworks** /ˈdaɪwɜːks/ **NPL** teinturerie *f*

**dying** /ˈdaɪɪŋ/ SYN
**ADJ** 1 *[person, animal, plant, fire]* mourant ◆ **the dying daylight** les dernières lueurs *fpl* du jour ◆ **the Dying Swan** (*Ballet*) la Mort du Cygne ◆ **the dying embers** les tisons *mpl* ◆ **to look like a dying duck (in a thunderstorm)** * (*hum*) avoir l'air pitoyable
2 (= *declining*) *[custom, industry]* en train de disparaître ◆ **it's a dying art** c'est un art en voie de disparition ◆ **they are a dying breed** (*lit*, *fig*) c'est une espèce en voie de disparition
3 (= *final*) *[words, wish]* dernier ◆ **with his dying breath** sur son lit de mort ◆ **till** *or* **until** *or* **to my dying day** jusqu'à mon dernier jour ◆ **in the dying minutes of the game** pendant les dernières minutes du match
**N** (= *death*) mort *f* ; (*just before death*) agonie *f*
**NPL** **the dying** les mourants *mpl* ◆ **prayer for the dying** prière *f* des agonisants

**dyke** /daɪk/ **N** 1 (= *channel*) fossé *m* ; (= *wall, barrier*) digue *f* ; (= *causeway*) levée, chaussée *f* ; (*Geol*) filon *m* stérile, dyke *m* ; (*Scot dial* = *wall*) mur *m*
2 (⚹ *pej* = *lesbian*) gouine ⚹ *f* (*pej*)

**dynamic** /daɪˈnæmɪk/ SYN **ADJ** (*gen, Phys*) dynamique

**dynamically** /daɪˈnæmɪkəlɪ/ **ADV** 1 *[develop]* de façon dynamique ; *[work]* avec dynamisme
2 (*Phys*) dynamiquement, du point de vue de la dynamique

**dynamics** /daɪˈnæmɪks/ **N** (NonC) dynamique *f* (*also Mus*)

**dynamism** /ˈdaɪnəmɪzəm/ **N** dynamisme *m*

**dynamite** /ˈdaɪnəmaɪt/
**N** 1 (NonC) dynamite *f* ; → **stick**
2 (⚹ *fig* = *dangerous*) ◆ **that business is dynamite** c'est de la dynamite cette affaire ◆ **it's political dynamite** du point de vue politique, c'est un sujet explosif *or* une affaire explosive ◆ **the book is dynamite!** ce livre, c'est de la dynamite ! ⚹ ◆ **asking him to give evidence is potential dynamite** lui demander de témoigner pourrait amener une situation explosive
3 (*fig*) ◆ **she's dynamite** * (= *terrific*) elle est super * ; (= *full of energy*) elle pète le feu * ; (= *sexy*) elle est supersexy * ◆ **there are some dynamite songs on this album** * il y a des chansons à tout casser * dans cet album
**VT** faire sauter à la dynamite, dynamiter

**dynamo** /ˈdaɪnəməʊ/ **N** (*esp Brit*) dynamo *f* ◆ **he is a human dynamo** * il déborde d'énergie

**dynamoelectric** /ˌdaɪnəməʊɪˈlektrɪk/ **ADJ** dynamoélectrique

**dynamometer** /ˌdaɪnəˈmɒmɪtəʳ/ **N** dynamomètre *m*

**dynast** /ˈdɪnæst/ **N** (*Pol*) souverain(e) *m(f)* (héréditaire)

**dynastic** /daɪˈnæstɪk/ **ADJ** dynastique

**dynasty** /ˈdɪnəstɪ/ SYN **N** dynastie *f*

**dyne** /daɪn/ **N** dyne *f*

**d'you** /djuː/ ⇒ **do you** ; → **do**¹

**dysarthria** /dɪsˈɑːθrɪə/ **N** dysarthrie *f*

**dyscalculia** /ˌdɪskælˈkjuːlɪə/ **N** dyscalculie *f*

**dysenteric** /ˌdɪsənˈterɪk/ **ADJ** dysentérique

**dysentery** /ˈdɪsɪntrɪ/ **N** dysenterie *f*

**dysfunction** /dɪsˈfʌŋkʃən/ **N** dysfonctionnement *m*

**dysfunctional** /dɪsˈfʌŋkʃənl/ **ADJ** dysfonctionnel ◆ **dysfunctional family** famille dysfonctionnelle *or* à problèmes

**dysgenic** /dɪsˈdʒenɪk/ **ADJ** dysgénique

**dysgraphia** /dɪsˈgræfɪə/ **N** dysgraphie *f*

**dyskinesia** /ˌdɪskɪˈniːzɪə/ **N** dyskinésie *f*

**dyslectic** /dɪsˈlektɪk/ **ADJ** dyslexique

**dyslexia** /dɪsˈleksɪə/ **N** dyslexie *f*

**dyslexic** /dɪsˈleksɪk/ **ADJ, N** dyslexique *mf*

**dysmenorrhoea**, **dysmenorrhea** (US) /ˌdɪsmenəˈrɪə/ **N** dysménorrhée *f*

**dyspepsia** /dɪsˈpepsɪə/ **N** dyspepsie *f*

**dyspeptic** /dɪsˈpeptɪk/ **ADJ, N** dyspeptique *mf*, dyspepsique *mf*

**dysphasia** /dɪsˈfeɪzɪə/ **N** dysphasie *f*

**dysphasic** /dɪsˈfeɪzɪk/ **ADJ** dysphasique

**dysphoria** /dɪsˈfɔːrɪə/ **N** dysphorie *f*

**dysplasia** /dɪsˈpleɪzɪə/ **N** dysplasie *f*

**dyspnoea**, **dyspnea** (US) /dɪspˈniːə/ **N** dyspnée *f*

**dyspraxia** /dɪspˈræksɪə/ **N** dyspraxie *f*

**dysprosium** /dɪsˈprəʊsɪəm/ **N** dysprosium *m*

**dysthymia** /dɪsˈθaɪmɪə/ **N** dysthymie *f*, dépression *f* névrotique

**dysthymic** /dɪsˈθaɪmɪk/ **ADJ** dysthymique

**dystocia** /dɪsˈtəʊʃə/ **N** dystocie *f*

**dystonia** /dɪsˈtəʊnɪə/ **N** dystonie *f*

**dystopia** /dɪsˈtəʊpɪə/ **N** contre-utopie *f*

**dystrophy** /ˈdɪstrəfɪ/ **N** dystrophie *f* ; → **muscular**

**dysuria** /dɪsˈjʊərɪə/ **N** dysurie *f*

# E

**E, e** /iː/ N 1 (= *letter*) E, e *m* ◆ **E for Easy** ≃ E comme Émile
2 (*Mus*) mi *m* ; → **key**
3 (abbrev of **East**) E, est *m*
4 (*Scol*) = faible
5 (*Brit*) (abbrev of **elbow**) ◆ **to give sb/get the big E**‡ [+ *lover*] plaquer‡ or laisser tomber qn\*/se faire plaquer‡ ; [+ *employee*] virer qn\*/se faire virer\*
6 (*Drugs* = ecstasy) ◆ **E**\* ecstasy *m* , ecsta\*
7 (*on food packets*) ◆ **E numbers** (*Brit*) ≃ additifs *mpl* (alimentaires) ◆ **E25/132** E25/132

**e-** /iː/ PREF (= *electronic*) e-

**ea** abbrev of **each**

**each** /iːtʃ/ SYN

ADJ chaque ◆ **each passport** chaque passeport, tout passeport ◆ **each day** chaque jour, tous les jours ◆ **each one of us** chacun(e) de or d'entre nous ◆ **each and every one of us** chacun(e) de nous sans exception

PRON
1 (= *thing, person, group*) chacun(e) *m(f)* ◆ **each of the boys** chacun des garçons ◆ **each of us** chacun(e) *m(f)* de or d'entre nous ◆ **each of them gave their opinion** chacun a donné son avis, ils ont donné chacun leur avis ◆ **we each had our own idea about it** nous avions chacun notre idée là-dessus ◆ **each more beautiful than the next** or **the other** tous plus beaux les uns que les autres ◆ **each of them was given a present** on leur a offert à chacun un cadeau, chacun d'entre eux a reçu un cadeau ◆ **a little of each please** un peu de chaque s'il vous plaît
2 (= *apiece*) chacun(e) *m(f)* ◆ **we gave them one apple each** nous leur avons donné une pomme chacun ◆ **two classes of 20 pupils each** deux classes de 20 élèves (chacune) ◆ **the books are £12 each** les livres coûtent 12 livres chacun or chaque ◆ **roses at one euro each** des roses à un euro (la) pièce

◆ **each other** l'un(e) l'autre *m(f)* , les un(e)s les autres *mpl* , les unes les autres *fpl* ◆ **they love each other** ils s'aiment (l'un l'autre) ◆ **they write to each other often** ils s'écrivent souvent ◆ **they were sorry for each other** ils avaient pitié l'un de l'autre ◆ **they respected each other** ils avaient du respect l'un pour l'autre, ils se respectaient mutuellement ◆ **you must help each other** il faut vous entraider ◆ **separated from each other** séparés l'un de l'autre ◆ **they used to carry each other's books** ils s'aidaient à porter leurs livres

COMP **each way** (*Brit Racing*) ADJ [*bet*] sur un cheval placé ADV ◆ **to bet on** or **back a horse each way** jouer un cheval placé

**eager** /ˈiːɡəʳ/ SYN

ADJ [*person, buyer*] empressé ; [*worker, volunteer*] enthousiaste ; [*lover*] ardent, passionné ; [*search*] avide ; [*pursuit, discussion*] âpre ; [*face*] impatient ◆ **eager anticipation** attente *f* pleine d'impatience ◆ **she is an eager student of English** elle étudie l'anglais avec enthousiasme or ardeur ◆ **eager supporters** (*of cause*) défenseurs *mpl* ardents ; (*Sport*) supporters *mpl* passionnés or enthousiastes

◆ **to be eager for** [+ *happiness*] rechercher avidement ; [+ *affection, information*] être avide de ; [+ *vengeance, knowledge*] avoir soif de ; [+ *power, honour*] briguer, convoiter ; [+ *pleasure*] être assoiffé de ; [+ *praise, fame, nomination*] désirer vivement ◆ **to be eager for change** avoir soif de changement ◆ **to be eager for sb to do sth** avoir hâte que qn fasse qch ◆ **to be eager for sth to happen** avoir hâte que qch arrive *subj*
◆ **to be eager to do sth** (= *keen*) désirer vivement faire qch ; (= *impatient*) être impatient or avoir hâte de faire qch ◆ **she is eager to help** elle ne demande qu'à aider ◆ **she is eager to please** (= *make people happy*) elle ne demande qu'à faire plaisir ; (= *be helpful*) elle ne demande qu'à rendre service

COMP **eager beaver**\* N (*gen*) personne *f* enthousiaste et consciencieuse ◆ **he's an eager beaver** (*at work*) il en veut\*, il se donne du mal pour réussir

**eagerly** /ˈiːɡəlɪ/ ADV [*await, anticipate*] avec impatience ; [*accept*] avec enthousiasme ; [*say*] avec empressement

**eagerness** /ˈiːɡənɪs/ SYN N (NonC) (= *excitement*) excitation *f* ; (= *impatience*) impatience *f* ; (= *impetuousness*) ardeur *f* ◆ **eagerness for sth** soif *f* de qch ◆ **eagerness to succeed** vif désir *m* de réussir ◆ **eagerness to learn** soif *f* or vif désir *m* d'apprendre ◆ **eagerness to leave/help/please** empressement *m* à partir/aider/faire plaisir
◆ **in + eagerness** ◆ **in my eagerness to meet him I forgot to...** impatient que j'étais de le rencontrer, j'ai oublié de...

**eagle** /ˈiːɡl/
N (= *bird*) aigle *m* ; (= *lectern*) aigle *m* ; (= *emblem*) aigle *f* ; (*Golf*) eagle *m* ; (*US* † = *coin*) pièce *f* de 10 dollars ; → **golden**
COMP **eagle eye** N ◆ **to keep an eagle eye on sb/sth** surveiller qn/qch d'un œil attentif ◆ **nothing escapes her eagle eye** rien n'échappe à son œil vigilant
**eagle-eyed** ADJ aux yeux d'aigle or de lynx
**eagle owl** N grand-duc *m*
**eagle ray** N aigle *m* de mer
**Eagle Scout** N (*US*) scout du plus haut grade

**eaglet** /ˈiːɡlɪt/ N aiglon(ne) *m(f)*

**eaglewood** /ˈiːɡlwʊd/ N calambac *m*

**E & OE** /ˌiːəndˈəʊiː/ (abbrev of **errors and omissions excepted**) se & o

**ear**¹ /ɪəʳ/
N 1 (= *part of body*) oreille *f* ◆ **I'm all ears!**\* je suis tout oreilles or tout ouïe ! ◆ **projectiles buzzed around his ears** des projectiles lui sifflaient aux oreilles ◆ **it all came crashing down around** or **about his ears** tout s'est effondré autour de lui ◆ **your ears must have been burning!**\* vous avez dû entendre vos oreilles siffler ! ◆ **if that should come to his ears** si cela venait à ses oreilles ◆ **to close** or **shut one's ears to sth** ne pas vouloir entendre qch ◆ **to close** or **shut one's ears to sb** refuser d'écouter qn ◆ **to have** or **keep one's ear to the ground** se tenir au courant ◆ **to have an ear for music** avoir l'oreille musicale ◆ **to have a good ear** (*for music*) avoir une bonne oreille ◆ **to have an ear** or **a good ear for languages** avoir de l'oreille or une bonne oreille pour les langues ◆ **he has the ear of the President** il a l'oreille du Président ◆ **it goes in one ear and out (of) the other**\* cela lui (or vous *etc*) entre par une oreille et lui (or vous *etc*) sort par l'autre ◆ **to keep one's ears open** ouvrir l'oreille ◆ **you'll be out on your ear**\* **if you're not careful** tu vas te faire vider\* si tu ne fais pas attention ◆ **to play by ear** (*Mus*) jouer d'oreille ◆ **I'll play it by ear** (*fig*) je déciderai quoi faire or j'improviserai le moment venu ◆ **to set** or **put sb on his ear** (*US*) (= *irritate*) exaspérer qn ; (= *shock*) atterrer qn ◆ **that set them by the ears!** ça a semé la zizanie (entre eux) ! ◆ **they practically had steam coming out of their ears**\* (*hum*) ils étaient à cran or profondément exaspérés ◆ **to find/lend a sympathetic ear** trouver/prêter une oreille attentive ◆ **his proposal found few sympathetic ears** sa proposition a rencontré peu d'échos ◆ **to be up to the** or **one's ears in work**\* avoir du travail par-dessus la tête ◆ **to be up to the** or **one's ears in debt** être endetté jusqu'au cou ◆ **he's got money/houses** *etc* **coming out of his ears**\* (*hum*) il a de l'argent/des maisons *etc* à ne plus savoir qu'en faire ◆ **he's got nothing between his ears**\* il n'a rien dans la tête ; → **bend, box², clip², deaf, half**
2 [*of grain, plant*] épi *m*
COMP [*operation*] à l'oreille
**ear, nose and throat department** N service *m* d'oto-rhino-laryngologie
**ear, nose and throat specialist** N oto-rhino-laryngologiste *mf*, oto-rhino\* *mf*
**ear piercing** N perçage *m* d'oreilles
**ear-piercing** ADJ ⇒ **ear-splitting**
**ear shell** N (= *abalone*) ormeau *m*
**ear-splitting** ADJ [*sound, scream*] strident, perçant ; [*din*] fracassant
**ear stoppers** NPL ⇒ **earplugs**
**ear trumpet** N cornet *m* acoustique

**ear²** /ɪəʳ/ N [*of grain, plant*] épi *m*

**earache** /ˈɪəreɪk/ N mal *m* d'oreille(s) ◆ **to have (an) earache** avoir mal à l'oreille or aux oreilles

**eardrops** /ˈɪədrɒps/ NPL (*Med*) gouttes *fpl* pour les oreilles

**eardrum** /ˈɪədrʌm/ N (*Anat*) tympan *m*

**earful**\* /ˈɪəfʊl/ N ◆ **to give sb an earful** (= *talk a lot*) casser les oreilles\* à qn ; (= *scold*) passer un savon\* à qn

**earhole**\* /ˈɪəhəʊl/ N (*Brit*) esgourde\* *f* ◆ **to give sb a clip** or **clout round the earhole** filer une claque à qn\*

**earl** /ɜːl/
N comte *m*
COMP **Earl Grey (tea)** N Earl Grey *m*

**earldom** /ˈɜːldəm/ N (= *title*) titre *m* de comte ; (= *land*) comté *m*

**earlier** /ˈɜːlɪəʳ/ (compar of **early**)
ADJ 1 (*in past*) [*chapter, edition, meeting, efforts, attempts*] précédent ◆ **at an earlier date** (= *formerly*) autrefois, plus tôt ; (*than that specified*) précédemment ◆ **in earlier times** autrefois ◆ **his earlier symphonies** ses premières sym-

phonies *fpl* ◆ **an earlier train** un train plus tôt ◆ **the earlier train** le train précédent

2 *(in future)* ◆ **at an earlier date** à une date plus rapprochée

ADV 1 *(= nearer beginning of day) [get up]* plus tôt

2 *(= previously) [leave]* auparavant, plus tôt ◆ **she had left ten minutes earlier** elle était partie dix minutes auparavant *or* plus tôt ◆ **earlier in the evening** plus tôt dans la soirée ◆ **earlier on** *(= formerly)* autrefois ; *(before specified moment)* plus tôt, précédemment ◆ **earlier today** plus tôt dans la journée ◆ **I said earlier that...** tout à l'heure j'ai dit que... ◆ **not** *or* **no earlier than Thursday** pas avant jeudi

**earliest** /ˈɜːlɪɪst/ (superl of **early**)

ADJ 1 *(= first) [novel, film]* tout premier ◆ **the earliest in a series of murders** le premier en date *or* le tout premier d'une série de meurtres

2 *(= first possible)* ◆ **the earliest date he could do it was 31 July** le plus tôt qu'il pouvait le faire était le 31 juillet ◆ **the earliest possible date for the election** la première date possible pour la tenue des élections ◆ **at the earliest possible moment** le plus tôt possible, au plus tôt ◆ **the earliest time you may leave is 4pm** vous ne pouvez pas partir avant 16 heures (au plus tôt) ◆ **at your earliest convenience** *(Comm)* dans les meilleurs délais ◆ **the earliest delivery time** *(Comm)* le délai de livraison le plus court, le meilleur délai de livraison

ADV ◆ **to arrive/get up earliest** arriver/se lever le tout premier *or* la toute première, être le tout premier *or* la toute première à arriver/se lever ◆ **to flower earliest** être le tout premier *or* la toute première à fleurir

N ◆ **at the earliest** au plus tôt ◆ **the earliest he can come is Monday** le plus tôt qu'il puisse venir c'est lundi

**earlobe** /ˈɪələʊb/ N lobe *m* d'oreille

**early** /ˈɜːlɪ/ SYN

ADJ 1 *(= near beginning of period) [years, months, days, settlers, film, book]* premier ; *[childhood]* petit ◆ **it's too early to say** *or* **tell** il est trop tôt pour le dire ◆ **it is too early to say** *or* **know what will happen** il est trop tôt pour dire *or* savoir ce qui va se passer ◆ **early indications look promising** les premiers signes sont encourageants ◆ **early reports suggest that...** les premières informations semblent indiquer que... ◆ **the early (19)60s** le début des années soixante ◆ **in the early afternoon** en début d'après-midi ◆ **at an early age** (très) jeune ◆ **from an early age** dès mon (*or* son *or* leur *etc*) plus jeune âge ◆ **in early childhood** pendant la petite enfance ◆ **his early career** les débuts *mpl* de sa carrière ◆ **nausea in early pregnancy** les nausées du début de la grossesse ◆ **in the early 18th century** au début du 18e siècle ◆ **in the early days** au début, au commencement *(of de)* ◆ **the early days** *or* **stages of the project** les débuts *mpl* du projet ◆ **it's early days (yet)** * *(esp Brit)* il est (encore) trop tôt pour en juger ◆ **it was early evening when we finished** nous avons fini tôt dans la soirée ◆ **to be an early example of sth** être un des premiers exemples de qch ◆ **an early form of...** une forme ancienne de... ◆ **two early goals** deux buts *mpl* en début de match ◆ **early January** début janvier ◆ **by early January** d'ici début janvier ◆ **in the early morning** tôt le matin ◆ **an early-morning drive** une promenade matinale en voiture ◆ **in the early part of the century** au début *or* au commencement du siècle ◆ **in its early stages** à ses débuts ◆ **this is in a very early stage of development** c'en est au tout début ◆ **in early summer** au début de l'été ◆ **in his early teens** au début de son adolescence, dès treize ou quatorze ans ◆ **to be in one's early thirties** avoir un peu plus de trente ans ◆ **the early Tudors** les premiers Tudor *mpl* ◆ **the early Victorians** les Victoriens *mpl* du début du règne ◆ **an early Victorian table** une table du début de l'époque victorienne ◆ **in his early youth** dans sa première *or* prime jeunesse ; see also **earlier, earliest, life**

2 *(in day)* tôt **don't go, it's still early** ne t'en va pas, il est encore tôt *or* il n'est pas tard ◆ **at an early hour** de bonne heure, très tôt ◆ **at an early hour of the morning** à une heure matinale ◆ **(in) the early hours (of the morning)** (dans) les premières heures *fpl* (de la matinée) ◆ **we've got an early start tomorrow** nous partons tôt *or* de bonne heure demain ◆ **I caught an early train** j'ai pris un train tôt le matin ◆ **I caught the early train** j'ai pris le premier train (du matin)

3 *(= before expected time) [departure, death, marriage, menopause]* prématuré ; *[spring, flowers, cabbages, crop]* précoce ◆ **to be early** *[person] (gen)* être en avance ; *(arriving)* arriver en avance ◆ **I'm early** *(gen)* je suis en avance ; *(menstrual period)* mes règles ont de l'avance ◆ **I'm a week early** *(gen)* je suis une semaine en avance, j'ai une semaine d'avance ; *(menstrual period)* mes règles ont une semaine d'avance ◆ **I was two hours early** j'étais deux heures en avance, j'avais deux heures d'avance ◆ **you're early today** vous arrivez de bonne heure *or* tôt aujourd'hui ◆ **too early** trop tôt, trop en avance ◆ **to be early for an appointment** *(gen)* être en avance à un rendez-vous ; *(arriving)* arriver en avance à un rendez-vous ◆ **to be early in arriving** arriver avec de l'avance *or* en avance ◆ **to be early with sth** avoir de l'avance dans qch ◆ **I was early with the rent** j'ai payé mon loyer en avance ◆ **both my babies were early** mes deux bébés sont arrivés avant terme ◆ **Easter is early this year** Pâques est tôt cette année ◆ **spring was early** le printemps était en avance *or* était précoce ◆ **the train is early** le train est en avance *or* a de l'avance ◆ **the train is 30 minutes early** le train est 30 minutes en avance *or* a 30 minutes d'avance ◆ **we're having an early holiday this year** nous partons tôt en vacances cette année ◆ **to have an early lunch** déjeuner tôt ◆ **to have an early night** (aller) se coucher tôt ◆ **to take an early bath** * *(Brit fig = withdraw)* prendre une retraite anticipée ◆ **to send sb for an early bath** *(Brit Football, Rugby)* mettre qn sur la touche ◆ **early fruit** *(Comm)* primeurs *mpl* ◆ **early vegetables** *(Comm)* primeurs *mpl*

4 *(= occurring in near future)* ◆ **at an early date** bientôt, prochainement ◆ **to promise early delivery** *(Comm)* promettre une livraison rapide ◆ **"hoping for an early reply"** *(Comm)* « dans l'espoir d'une prompte réponse » ; see also **earlier, earliest**

ADV 1 *(= near beginning of period) [start]* tôt ◆ **as early as next week** dès la semaine prochaine ◆ **early next month/year** tôt le mois prochain/l'année prochaine ◆ **early on (in life)** très tôt ◆ **early on in his career** au début de sa carrière ◆ **early this month/year** tôt dans le mois/l'année ◆ **early today** tôt dans la journée ◆ **early yesterday** tôt dans la journée d'hier ; see also **earlier**

♦ **early in** ◆ **early in 1915** au début de 1915 ◆ **early in the year** au début de l'année ◆ **early in May** début mai ◆ **early in life** tôt dans la vie ◆ **early in his life** dans ses jeunes années ◆ **early in the book** au début du livre ◆ **early in the meeting** au début de la réunion ◆ **early in the morning/day** tôt le matin/dans la journée

2 *(= near beginning of day) [get up, go to bed, set off]* tôt, de bonne heure ◆ **early next day** tôt le lendemain ◆ **too early** trop tôt, de trop bonne heure ◆ **early to bed, early to rise (makes a man healthy, wealthy and wise)** *(Prov)* l'avenir appartient à ceux qui se lèvent tôt *(Prov)* ; see also **bright, earlier, earliest**

3 *(= before usual time) [arrive, end]* en avance ; *[flower, harvest]* tôt **an early flowering gladiolus** un glaïeul à floraison précoce ◆ **to arrive early for sth** arriver en avance pour qch ◆ **to arrive five minutes early** arriver cinq minutes en avance *or* avec cinq minutes d'avance ◆ **post early** expédiez votre courrier à l'avance ◆ **book early to avoid disappointment** pour éviter toute déception, réservez rapidement *or* le plus tôt possible ◆ **he took his summer holiday early this year** il a pris ses vacances d'été tôt cette année ◆ **the peaches are ripening early this year** les pêches seront mûres tôt cette année ◆ **too early** trop tôt ; see also **earliest**

4 *(= soon)* ◆ **as early as possible** le plus tôt possible, dès que possible

COMP **early admission** N *(US Univ)* inscription *f* anticipée

**early bird** * N lève-tôt * *mf inv* ◆ **it's the early bird that catches the worm** *(Prov)* l'avenir appartient à ceux qui se lèvent tôt *(Prov)*

**Early Christian** ADJ, N paléochrétien(ne) *m(f)* ◆ **the early Christians** les premiers chrétiens *mpl*

**the Early Church** N l'Église *f* primitive

**early closing (day)** N *(Brit) jour de fermeture l'après-midi* ◆ **it's early closing (day) today** aujourd'hui les magasins ferment l'après-midi

**Early English** N *(Archit)* premier gothique *m* anglais

**early man** N les premiers hommes *mpl*, l'homme *m* primitif

**early music** N la musique ancienne

**early retirement** N *(gen)* retraite *f* anticipée ; *(Admin)* préretraite *f* ◆ **to take early retirement** *(gen)* prendre une retraite anticipée ; *(Admin)* partir en préretraite

**early riser** N lève-tôt * *mf inv*

**early warning system** N *(Mil, fig)* système *m* d'alerte précoce

**earmark** /ˈɪəmɑːk/

N *(fig)* marque *f*, signe *m* distinctif, caractéristique *f*

VT *[+ cattle]* marquer ; *(fig) [+ object, seat]* réserver *(for* à*)* ; *[+ funds, person]* assigner, affecter, destiner *(for* à*)*

**earmuff** /ˈɪəmʌf/ N cache-oreilles *m inv*

**earn** /ɜːn/ SYN

VT *[+ money]* gagner ; *[+ salary]* toucher ; *(Fin) [+ interest]* rapporter ; *[+ praise, rest]* mériter, gagner ◆ **to earn one's living (doing sth)** gagner sa vie (en faisant qch) ◆ **she earns a** *or* **her living as a freelance TV producer** elle gagne sa vie comme réalisatrice indépendante pour la télévision ◆ **to earn a** *or* **one's crust** *(Brit)* gagner sa croûte * ◆ **to earn an honest crust** *(Brit)* gagner honnêtement sa vie *or* son pain ◆ **he has already earned his corn** *(Brit)* il nous a déjà rapporté plus qu'il ne nous a coûté ◆ **his success earned him praise** sa réussite lui a valu des éloges ◆ **his work earned him the praise of his manager** son travail lui a valu les éloges de son chef ◆ **she earned a reputation for honesty** elle a acquis une réputation d'honnêteté ◆ **he has earned his place in history** il a bien mérité de passer à la postérité

VI ◆ **to be earning** gagner sa vie

COMP **earned income** N revenus *mpl* salariaux, traitement(s) *m(pl)*, salaire(s) *m(pl)*

**earning power** N *(Econ)* productivité *f* financière ◆ **his earning power** son salaire *etc* potentiel

**earner** /ˈɜːnəʳ/ N ◆ **high/low earners** gens *mpl* qui gagnent bien leur vie/qui ont des revenus modestes ◆ **it's a nice little earner** * *(Brit)* ça rapporte (bien) ◆ **sugar is Fiji's biggest export earner** le sucre est la plus importante source de revenus à l'exportation des îles Fidji

**earnest** /ˈɜːnɪst/ SYN

ADJ *[person, hope, desire, conversation, discussion]* sérieux ; *[prayer]* fervent

♦ **in earnest** *(= with determination)* sérieusement ; *(= without joking)* sans rire ◆ **this time I am in earnest** cette fois je ne plaisante pas ◆ **it started snowing in earnest** il a commencé à neiger pour de bon

N 1 *(= guarantee)* garantie *f*, gage *m* ◆ **as an earnest of his good intentions** en gage de ses bonnes intentions

2 (also **earnest money**) arrhes *fpl*

**earnestly** /ˈɜːnɪstlɪ/ ADV *[say, explain, look at]* avec sérieux ; *[talk, discuss, ask]* sérieusement ; *[hope]* sincèrement ; *[beseech]* instamment ; *[pray]* avec ferveur

**earnestness** /ˈɜːnɪstnɪs/ N *[of person, tone]* gravité *f*, sérieux *m* ; *[of effort]* ardeur *f* ; *[of demand]* véhémence *f*

**earnings** /ˈɜːnɪŋz/ SYN

NPL *[of person]* salaire *m*, gain(s) *m(pl)* ; *[of business]* profits *mpl*, bénéfices *mpl* ◆ **earnings per share** *(Fin)* bénéfice *m* par action

COMP **earnings-related** ADJ *[pension, contributions]* proportionnel au salaire

**EAROM** /ˈɪərɒm/ N *(Comput)* (abbrev of **electrically alterable read only memory**) mémoire *f* morte modifiable électriquement

**earphone** /ˈɪəfəʊn/ N *(Rad, Telec etc)* écouteur *m* ◆ **to listen on earphones** écouter au casque

**earpiece** /ˈɪəpiːs/ N *(Rad, Telec etc)* écouteur *m*

**earplugs** /ˈɪəplʌgz/ NPL *(for sleeping)* boules *fpl* Quiès ® ; *(for underwater)* protège-tympans *mpl*

**earring** /ˈɪərɪŋ/ N boucle *f* d'oreille

**earshot** /ˈɪəʃɒt/ N ◆ **out of earshot** hors de portée de voix ◆ **within earshot** à portée de voix

**earth** /ɜːθ/ SYN

N 1 *(NonC = ground, soil)* terre *f* *(Elec)*, masse *f* ◆ **to fall to earth** s'écraser au sol ◆ **to plough the earth** labourer la terre ◆ **to come down** *or* **be brought down to earth (with a bump)** *(fig)* revenir *or* redescendre (brutalement) sur terre *(fig)* ◆ **the earth moved** *(fig hum)* ça a été le grand frisson ; → **down**[1]

2 *(= planet)* ◆ **(the) Earth** la Terre ◆ **on earth** sur terre ◆ **here on earth** ici-bas, en ce bas monde ◆ **it's heaven on earth** c'est le paradis sur terre ◆ **to the ends of the earth** au bout du

monde ◆ **where/why/how on earth...?** où/pourquoi/comment diable... ? ◆ **nowhere on earth will you find...** nulle part au monde vous ne trouverez... ◆ **nothing on earth** rien au monde ◆ **she looks like nothing on earth!** à quoi elle ressemble ! ◆ **it tasted like nothing on earth** ça avait un goût vraiment bizarre ◆ **to promise sb the earth** promettre la lune à qn ◆ **it must have cost the earth!*** ça a dû coûter les yeux de la tête !* ◆ **I paid the earth for it** ça m'a coûté les yeux de la tête*

3 *[of fox, badger etc]* terrier *m*, tanière *f* ◆ **to run** *or* **go to earth** *[fox, criminal]* se terrer *(fig)* ◆ **to run sb to earth** dépister qn ◆ **she finally ran him to earth in the pub** *(hum)* elle a fini par le dénicher au pub ◆ **he ran the quotation to earth in "Hamlet"** *(hum)* il a déniché la citation dans « Hamlet »

VT *(Brit Elec) [+ apparatus]* mettre à la masse *or* à la terre

COMP **earth closet** N fosse *f* d'aisances
**earth mother** N *(Myth)* déesse *f* de la fertilité ; *(fig)* mère *f* nourricière
**earth-moving equipment** N engins *mpl* de terrassement
**earth sciences** NPL sciences *fpl* de la terre
**earth-shaking***, **earth-shattering*** ADJ *(fig)* stupéfiant
**earth sign** N *(Astrol)* signe *m* de terre
**earth tremor** N secousse *f* sismique

▸ **earth up** VT SEP *[+ plant]* butter

**earthborn** /ˈɜːθbɔːn/ ADJ *(liter)* humain

**earthbound** /ˈɜːθbaʊnd/ ADJ *(= moving towards earth)* qui se dirige vers la terre ; *[telescope]* terrestre ; *(= unimaginative)* terre à terre *inv*, terre-à-terre *inv*

**earthed** /ɜːθt/ ADJ *(Brit Elec)* relié à la terre

**earthen** /ˈɜːθən/ ADJ de terre, en terre

**earthenware** /ˈɜːθənweəʳ/ SYN
N poterie *f*, terre *f* cuite ; *(glazed)* faïence *f*
COMP *[jug etc]* en terre cuite (*or* en faïence)

**earthiness** /ˈɜːθɪnɪs/ N *(fig) [of person]* caractère *m* terre à terre *or* terre-à-terre ; *[of humour]* truculence *f*

**earthling*** /ˈɜːθlɪŋ/ N terrien(ne) *m(f) (par opposition à extraterrestre)*

**earthly** /ˈɜːθli/ SYN
ADJ 1 *[being, paradise, possessions]* terrestre
2 *(* fig = possible)* ◆ **there is no earthly reason to think that...** il n'y a pas la moindre raison de croire que... ◆ **for no earthly reason** sans aucune raison ◆ **he doesn't stand** *or* **hasn't an earthly chance of succeeding** il n'a pas la moindre chance de réussir ◆ **of no earthly use** d'aucune utilité, sans aucun intérêt ◆ **it's no earthly use telling him that** ça ne sert absolument à rien de lui dire ça
N *(Brit)* ◆ **not an earthly*** pas la moindre chance, pas l'ombre d'une chance

**earthman*** /ˈɜːθmæn/ N (pl **-men**) terrien *m (par opposition à extraterrestre)*

**earthmover** /ˈɜːθmuːvəʳ/ N bulldozer *m*

**earthnut** /ˈɜːθnʌt/ N *(= pignut)* conopode *m* (dénudé)

**earthquake** /ˈɜːθkweɪk/ N tremblement *m* de terre, séisme *m* ; → **damage**

**earthshine** /ˈɜːθʃaɪn/ N *(Astron)* clair *m* de terre

**earthward(s)** /ˈɜːθwəd(z)/ ADV dans la direction de la terre, vers la terre

**earthwork** /ˈɜːθwɜːk/ N *(Mil, Archeol)* ouvrage *m* de terre ; *(Constr)* terrassement *m*

**earthworm** /ˈɜːθwɜːm/ N ver *m* de terre

**earthy** /ˈɜːθi/ ADJ 1 *(= like earth) [colour]* ocré ; *[flavour]* légèrement terreux ; *[smell]* terreux, de terre
2 *(= frank) [humour, language]* truculent

**earwax** /ˈɪəwæks/ N cérumen *m*, cire *f*

**earwig** /ˈɪəwɪg/
N perce-oreille *m*
VT * *(= eavesdrop)* écouter aux portes

**ease** /iːz/ SYN
N *(NonC)* 1 *(= well-being, relaxation) (mental)* tranquillité *f* ; *(physical)* bien-être *m* ◆ **he lives a life of ease** il a une vie facile ◆ **to take one's ease** prendre ses aises

◆ **at (one's) ease** à l'aise ◆ **she put me at (my) ease** elle m'a mis à l'aise ◆ **not at ease** mal à l'aise ◆ **my mind is at ease at last** j'ai enfin l'esprit tranquille ◆ **to put** *or* **set sb's mind at ease** tranquilliser qn ◆ **to be at ease with sb** être à l'aise avec qn ◆ **I like Spain, but I don't feel at ease with the language** j'aime bien l'Espagne, mais je ne suis pas à l'aise en espagnol ◆ **I'm not really at ease with the idea of flying** l'idée de prendre l'avion m'angoisse un peu ◆ **to feel ill at ease** se sentir mal à l'aise ◆ **he was ill at ease with his role as manager** il se sentait mal à l'aise dans son rôle de responsable ◆ **to be** *or* **feel at ease with oneself** être bien dans sa peau ◆ **(stand) at ease!** *(Mil)* repos !

2 *(= lack of difficulty)* aisance *f*, facilité *f* ◆ **with ease** aisément, facilement ◆ **with the greatest of ease** avec la plus grande facilité, sans la moindre difficulté

◆ **ease of** ◆ **ease of use/reference/access** facilité *f* d'emploi/de consultation/d'accès ◆ **for ease of reference/access/storage** pour faciliter la consultation/l'accès/le rangement, pour une consultation/un accès/un rangement facile ◆ **we tested them for ease of use** nous les avons testés pour voir s'ils étaient faciles à utiliser

VT 1 *(= relieve) [+ pain]* atténuer, soulager ; *[+ mind]* calmer, tranquilliser ; *[+ pressure, tension]* diminuer, réduire ; *[+ sanctions]* assouplir ; *[+ restrictions]* relâcher ; *[+ shortage, overcrowding]* pallier ; *[+ problem]* atténuer ; *[+ suffering, conscience]* soulager ; *[+ situation]* détendre ; *[+ fears]* apaiser ; *[+ anxiety]* calmer ◆ **ways to ease the food shortage** des moyens de pallier la pénurie alimentaire ◆ **to ease traffic congestion in Bangkok/on the motorway** décongestionner Bangkok/l'autoroute ◆ **to ease the overcrowding in the universities** décongestionner les universités ◆ **to ease sb's burden** soulager qn d'un poids

2 *(= make easier) [+ transition]* faciliter

3 *(= move gently)* ◆ **to ease a key into a lock** introduire doucement *or* délicatement une clé dans une serrure ◆ **to ease in the clutch** embrayer en douceur ◆ **she eased the car into gear** elle a passé la première en douceur ◆ **she eased out the screw** elle a enlevé doucement *or* délicatement la vis ◆ **he eased himself into the chair** il s'est laissé glisser dans le fauteuil ◆ **he eased himself through the gap in the fence** il s'est glissé par le trou de la barrière ◆ **he eased himself into his jacket** il a passé *or* enfilé doucement sa veste

VI *[pressure, tension, fighting]* diminuer ◆ **the situation has eased** la situation s'est détendue ◆ **prices have eased** les prix ont baissé, il y a eu une baisse des prix ◆ **the snow has eased a bit** il ne neige plus aussi fort ◆ **the wind has eased a bit** le vent s'est un peu calmé

▸ **ease back** VI *(US)* ◆ **to ease back on sb/sth** se montrer moins strict envers qn/en ce qui concerne qch

▸ **ease off**
VI *[person] (= slow down)* ralentir ; *(= work less hard)* se relâcher ; *(= subside) [rain, wind]* se calmer ; *[pressure]* diminuer ; *[work, business]* devenir plus calme ; *[traffic]* diminuer ; *[pain]* se calmer ; *[demand]* baisser
VT SEP *[+ bandage, stamp etc]* enlever délicatement ; *[+ lid]* enlever doucement ◆ **he eased his foot off the accelerator** il leva le pied (de l'accélérateur)

▸ **ease up** VI *[person] (= relax)* se détendre, se reposer ; *(= make less effort)* relâcher ses efforts ; *(= calm down) [situation]* se détendre ◆ **ease up a bit!** vas-y plus doucement ! ◆ **to ease up on sb/sth** se montrer moins strict envers qn/en ce qui concerne qch

**easel** /ˈiːzl/ N chevalet *m*

**easement** /ˈiːzmənt/ N *(US Jur)* droit *m* de passage

**easily** /ˈiːzɪli/ SYN ADV 1 *(= without difficulty, quickly) [accessible, available, recognizable]* facilement ◆ **to tire/break easily** se fatiguer/se casser facilement ◆ **I can easily fetch him** je peux facilement aller le chercher ◆ **he makes friends easily** il se fait facilement des amis ◆ **just as easily** aussi bien ◆ **as easily as (if...)** aussi facilement que (si...) ◆ **he is easily led** il est très influençable

2 *(= very possibly)* bien ◆ **he may easily change his mind** il pourrait bien changer d'avis ◆ **he could easily be right** il pourrait bien avoir raison

3 *(with superl = unquestionably)* sans aucun doute, de loin ◆ **he was easily the best candidate** il était de loin le meilleur candidat

4 *(with amounts, measurements etc)* facilement ◆ **that's easily 50km** ça fait facilement 50 km ◆ **the room is easily as big as two tennis courts** la pièce fait facilement le double d'un court de tennis

5 *(= in relaxed manner) [talk, smile, breathe]* avec décontraction ◆ **"yes", he said easily** « oui », dit-il avec décontraction

**easiness** /ˈiːzɪnɪs/ N facilité *f*

**easing** /ˈiːzɪŋ/ N *[of sanctions, laws, restrictions]* assouplissement *m* ; *[of tensions]* relâchement *m*

**east** /iːst/
N est *m*, orient *m (frm)* ◆ **the East** *(gen)* l'Orient *m* ; *(Pol = Iron Curtain)* les pays *mpl* de l'Est ; *(US Geog)* (les États *mpl* de) l'Est *m* ◆ **the mysterious East** l'Orient *m* mystérieux ◆ **to the east of...** à l'est de... ◆ **in the east of Scotland** dans l'est de l'Écosse ◆ **house facing the east** maison *f* exposée à l'est ◆ **to veer to the east, to go into the east** *[wind]* tourner à l'est ◆ **the wind is in the east** le vent est à l'est ◆ **the wind is (coming** *or* **blowing) from the east** le vent vient *or* souffle de l'est ◆ **to live in the east** habiter dans l'Est ◆ **"East of Eden"** *(Cine)* « à l'Est d'Eden » ; → **far, middle**

ADJ *[coast, wing]* est *inv* ◆ **east wind** vent *m* d'est ◆ **on the east side** du côté est ◆ **East Asia** Asie *f* de l'Est ◆ **in east Devon** dans l'est du Devon ◆ **East London** l'est *m* de Londres ◆ **a room with an east aspect** une pièce exposée à l'est ◆ **east transept/door** *(Archit)* transept *m*/portail *m* est *or* oriental ; see also **comp**

ADV *[go, travel, fly]* vers l'est ◆ **go east till you get to Manchester** allez vers l'est jusqu'à Manchester ◆ **we drove east for 100km** nous avons roulé vers l'est pendant 100 km ◆ **to be (due) east of Paris** être (en plein) à l'est de Paris ◆ **to head due east** *(gen)* se diriger plein est ; *(in plane, ship)* avoir le cap à l'est ◆ **to sail due east** avoir le cap à l'est ◆ **further east** plus à l'est ◆ **east by north/south** est quart nord/sud ◆ **east by north-east** est quart nord-est

COMP **East Africa** N Afrique *f* orientale, Est *m* de l'Afrique
**East African** ADJ d'Afrique orientale N Africain(e) *m(f)* de l'Est
**East Berlin** N Berlin-Est
**East Berliner** N habitant(e) *m(f)* de Berlin-Est
**the East End** N (also **the East End of London**) les quartiers *mpl* est de Londres *(quartiers populaires)*
**East Ender** *(Brit)* N habitant(e) *m(f)* de l'East End (de Londres)
**East Europe** N *(esp US)* Europe *f* de l'Est
**East European** ADJ d'Europe de l'Est N Européen(ne) *m(f)* de l'Est
**east-facing** ADJ exposé à l'est
**East German** ADJ est-allemand N Allemand(e) *m(f)* de l'Est
**East Germany** N Allemagne *f* de l'Est
**East India Company** N *(Hist)* Compagnie *f* (britannique) des Indes orientales
**East Indian** ADJ des Indes orientales
**the East Indies** NPL les Indes *fpl* orientales
**east-north-east** N, ADJ est-nord-est *m*
**(the) East Side** N *[of New York]* les quartiers *mpl* est de New York
**east-south-east** N, ADJ est-sud-est *m*
**East Timor** N Timor *m* oriental
**East Timorese** ADJ (est-)timorais N Timorais(e) *m(f)* (de l'Est)
**East-West relations** NPL *(Hist)* relations *fpl* Est-Ouest

**eastbound** /ˈiːstbaʊnd/ ADJ *[traffic, vehicles]* (se déplaçant) en direction de l'est ; *[carriageway]* est *inv* ◆ **to be eastbound on the M8** être sur la M8 en direction de l'est

**Easter** /ˈiːstəʳ/
N 1 *(Rel)* (also **Easter Day**) Pâques *m* ◆ **Easter is celebrated between...** Pâques est célébré entre...
2 Pâques *fpl* ◆ **at Easter** à Pâques ◆ **Happy Easter!** joyeuses Pâques !
COMP *[holidays]* de Pâques
**Easter bonnet** N chapeau *m* de printemps
**the Easter bunny** N *(US) personnage censé apporter des friandises aux enfants à Pâques*
**Easter communion** N ◆ **to make one's Easter communion** faire ses pâques
**Easter Day** N le jour de Pâques
**Easter egg** N œuf *m* de Pâques
**Easter Island** N île *f* de Pâques ◆ **the Easter Island statues** les statues *fpl* de l'île de Pâques
**Easter ledges** N *(= plant)* renouée *f*, bistorte *f*
**Easter Monday** N le lundi de Pâques
**Easter parade** N défilé *m* pascal
**Easter Sunday** N le dimanche de Pâques
**Easter week** N la semaine pascale

**easterly** /ˈiːstəli/
ADJ *[wind]* d'est ; *[situation]* à l'est, à l'orient *(frm)* ◆ **in an easterly direction** en direction de l'est, vers l'est ◆ **easterly aspect** exposition *f* à l'est
ADV vers l'est

**eastern** /ˈiːstən/
ADJ est *inv*, de l'est ◆ **the eastern coast** la côte est *or* orientale ◆ **a house with an eastern outlook** une maison exposée à l'est ◆ **eastern wall** mur *m* exposé à l'est ◆ **eastern Africa** l'Afrique *f* orientale ◆ **eastern France** la France de l'est, l'Est *m* de la France
COMP **the Eastern bloc** N *(Pol)* le bloc de l'Est
**the Eastern Church** N l'Église *f* d'Orient
**Eastern Daylight Time** N *(US)* heure *f* d'été de l'Est
**Eastern Europe** N Europe *f* de l'Est ◆ **Central and Eastern Europe** l'Europe centrale et orientale
**Eastern European Time** N heure *f* de l'Europe orientale
**Eastern Standard Time** *(US)* heure *f* de l'Est

**easterner** /ˈiːstənəʳ/ N *(esp US)* homme *m* or femme *f* de l'Est ◆ **he is an easterner** il vient de l'Est ◆ **the easterners** les gens *mpl* de l'Est

**easternmost** /ˈiːstənməʊst/ ADJ le plus à l'est

**Eastertide** /ˈiːstətaɪd/ N le temps pascal, la saison de Pâques

**easting** /ˈiːstɪŋ/ N *(on map)* longitude *f* est

**eastward** /ˈiːstwəd/
ADJ *[route]* en direction de l'est ; *[slope]* exposé à l'est ◆ **in an eastward direction** en direction de l'est, vers l'est
ADV (also **eastwards**) vers l'est

**easy** /ˈiːzɪ/ SYN
ADJ 1 *(= not difficult) [work, decision, access, victory, option, target]* facile ; *[solution]* facile, de facilité *(pej)* ◆ **there are no easy answers** il n'y a pas de réponses faciles ◆ **as easy as pie** * *or* **ABC** *or* **falling off a log** * facile comme tout, simple comme bonjour ◆ **in easy circumstances** dans l'aisance ◆ **to be far from easy** *or* **none too easy** *or* **no easy matter** *or* **no easy task** être loin d'être facile *or* simple ◆ **he came in an easy first** il est arrivé bon premier ◆ **easy to get on with** facile à vivre ◆ **the flat is within easy access of the shops** l'appartement est à proximité des commerces ◆ **reducing inflation is a relatively easy job** réduire l'inflation est chose relativement facile ◆ **easy living, the easy life** la vie facile ◆ **she's not had an easy life** elle n'a pas eu la vie facile ◆ **to be easy prey** *or* **meat** * **(for sb)** être une cible facile (pour qn) ◆ **it was an easy mistake to make** c'était une erreur facile à faire ◆ **it's none too easy, it's no easy task** ce n'est pas simple *or* évident ◆ **easy on the eye** * *(Brit) or* **on the eyes** * *(US) [person]* bien balancé * ; *[thing]* agréable à regarder ◆ **easy on the ear** * agréable à entendre ◆ **to be easy on the stomach** ne pas être lourd pour l'estomac ◆ **to take the easy option** *or* **the easy way out** choisir la solution de facilité ◆ **to take the easy way out** *(euph = commit suicide)* mettre fin à ses jours ◆ **at an easy pace** à une allure modérée ◆ **that's the easy part** c'est ce qu'il y a de plus facile ◆ **burglars hoping for easy pickings** * cambrioleurs espérant pouvoir faucher * facilement ◆ **there were easy pickings** * **to be made in the property market** on pouvait faire de bonnes affaires sur le marché de l'immobilier ◆ **within easy reach of sth** à distance commode de qch ◆ **to make easy reading** être facile à lire ◆ **to have an easy ride** avoir la vie facile ◆ **in** *or* **by easy stages** par petites étapes ◆ **to be on easy street** * *(esp US)* se la couler douce * ◆ **to have an easy time (of it)** avoir la vie belle ◆ **it is easy for him to do that** il lui est facile de faire cela ◆ **that's easy for you to say** pour toi, c'est facile à dire ◆ **it is easy to see that...** on voit bien que..., cela se voit que... ◆ **it's easy to see why** il est facile de comprendre pourquoi ◆ **it was easy to get them to be quiet** on a eu vite fait de les faire taire ◆ **he is easy to work with** il est agréable *or* accommodant dans le travail ; → **mark²**
2 *(= relaxed) [temperament, disposition]* placide ; *[conversation]* tranquille ; *[voice, tone]* paisible ; *[laugh, laughter]* décontracté ; *[style]* facile, aisé ; *[relationship]* facile ; *[manners]* aisé ◆ **on easy terms with sb** en bons termes avec qn ◆ **I'm easy** * ça m'est égal
3 *(= happy)* ◆ **I don't feel easy about it** ça me gêne un peu ◆ **I don't feel easy about leaving the kids with that woman** ça me gêne un peu de laisser les gosses avec cette femme ◆ **to feel easy in one's mind (about sth)** être tout à fait tranquille *or* ne pas se faire de souci (à propos de qch)
4 *(Fin)* ◆ **on easy terms** avec facilités de paiement ◆ **easy credit** fonds *mpl* aisément disponibles ◆ **easy market** marché *m* tranquille *or* mou ◆ **prices are easy today** les prix sont un peu moins hauts aujourd'hui
5 *(* pej = promiscuous) [person]* facile *(pej)* ◆ **she had a reputation for being easy** elle avait la réputation d'être (une femme) facile ◆ **to be an easy lay** *or (US)* **make** être une Marie-couche-toi-là ◆ **a woman of easy virtue** † *(euph)* une femme de petite vertu †
ADV 1 *(* = gently)* ◆ **to go easy on sb/sth** y aller doucement avec qn/qch ◆ **to take it easy, to take things easy** *(= rest)* se la couler douce * ◆ **take it easy!** *(= relax)* t'énerve pas ! * ; *(esp US) (when saying goodbye)* à plus ! * ◆ **easy does it!, easy there!** doucement !
2 *(* = without difficulty)* ◆ **to have it easy** se la couler douce * ◆ **that's easier said than done!** c'est plus facile à dire qu'à faire ! ◆ **just get rid of it – easier said than done!** tu n'as qu'à t'en débarrasser – facile à dire ! ◆ **to breathe easy** *(fig = relax)* souffler ◆ **easy come, easy go!** * ce n'est que de l'argent ! ; see also **comp**
3 *(Mil)* ◆ **stand easy!** repos !
COMP **easy-care** ADJ d'entretien facile
**easy chair** N fauteuil *m* (rembourré)
**easy-going** SYN ADJ accommodant ; *[person]* facile à vivre, qui ne s'en fait pas ; *[attitude]* complaisant
**easy listening** N musique *f* légère
**easy-listening** ADJ *[album, CD]* de musique légère ◆ **easy-listening music** musique *f* légère
**easy money** N *(in prospect)* argent *m* facile à gagner ; *(already made)* argent *m* gagné facilement
**easy-peasy** * ADJ *(Brit)* fastoche *
**easy touch** * N ◆ **he is an easy touch** c'est une bonne poire *

**eat** /iːt/ SYN (pret **ate** ptp **eaten**)
VT 1 *[+ food]* manger ◆ **to eat (one's) breakfast** déjeuner, prendre son petit déjeuner ◆ **to eat (one's) lunch** déjeuner ◆ **to eat (one's) dinner** dîner ◆ **to eat a meal** prendre un repas ◆ **to have nothing to eat** n'avoir rien à manger *or* à se mettre sous la dent ◆ **to eat one's fill** manger à sa faim ◆ **fit to eat** mangeable, bon à manger ◆ **she looks good enough to eat** elle est belle à croquer ◆ **to eat one's words** se rétracter, ravaler ses paroles ◆ **to make sb eat his words** faire rentrer ses mots dans la gorge à qn ◆ **I'll eat my hat if...** * je veux bien être pendu si... ◆ **I could eat a horse** * j'ai une faim de loup * ◆ **he won't eat you** * il ne va pas te manger ◆ **what's eating you?** ‡ qu'est ce qui ne va pas ?, qu'est-ce qui te tracasse ? ◆ **he left the other runners eating his dust** ‡ il a laissé les autres coureurs loin derrière lui
2 *(‡ = perform oral sex on)* sucer ‡
VI manger ◆ **to eat healthily/sensibly** manger des choses saines/de façon équilibrée ◆ **we eat at eight** nous dînons à 20 heures ◆ **to eat like a horse** manger comme quatre *or* comme un ogre ◆ **to eat like a bird** picorer ◆ **to eat like a pig** manger comme un porc ◆ **he's eating us out of house and home** * son appétit va nous mettre à la rue ◆ **to eat out of sb's hand** *(fig)* faire les quatre volontés de qn ◆ **I've got him eating out of my hand** il fait tout ce que je lui dis *or* tout ce que je veux
NPL **eats** ‡ *(Brit)* bouffe ‡ *f* ; *(on notice)* snacks *mpl* ◆ **let's get some eats** mangeons quelque chose *or* un morceau

▸ **eat away** VT SEP *[sea]* saper, éroder ; *[acid, mice]* ronger

▸ **eat away at** VT FUS *[waves, sea]* éroder ; *[acid, rust, pest]* ronger ; *[rot, damp]* attaquer ◆ **a cancer eating away at society** un cancer qui ronge la société ◆ **jealousy was eating away at her** elle était rongée de jalousie ◆ **inflation was eating away at their capital** l'inflation rongeait leur capital

▸ **eat in**
VI manger chez soi
VT consommer sur place

▸ **eat into** VT FUS *[acid, insects]* ronger ; *[moths]* manger ; *[expenditure] [+ savings]* entamer, écorner

▸ **eat out**
VI aller au restaurant, déjeuner *or* dîner en ville
VT SEP ◆ **to eat one's heart out** *(= pine away)* se ronger d'inquiétude ◆ **I've written a novel: Marcel Proust, eat your heart out!** ‡ j'ai écrit un roman : Marcel Proust peut aller se rhabiller ! *

▸ **eat up**
VI ◆ **eat up!** mangez !
VT SEP *(= finish off)* finir ◆ **eat up your meat** finis ta viande ◆ **eat up your meal** finis ton repas, finis de manger ◆ **to be eaten up with envy** être dévoré d'envie *or* rongé par l'envie
VT FUS *(fig = consume heavily) [+ fuel]* consommer beaucoup de, être gourmand en * ; *[+ resources, profits]* absorber ; *[+ savings]* engloutir ◆ **this car eats up the miles** cette voiture dévore la route ◆ **this car eats up petrol** cette voiture est gourmande * (en essence) *or* consomme beaucoup (d'essence) ◆ **it eats up the electricity/coal** cela consomme beaucoup d'électricité/de charbon

**eatable** /ˈiːtəbl/
ADJ 1 *(= not poisonous) [mushroom, berries etc]* comestible, bon à manger
2 *(= not disgusting) [meal etc]* mangeable
NPL **eatables** * comestibles *mpl*, victuailles *fpl (hum)*

**eaten** /ˈiːtn/ VB ptp of **eat**

**eater** /ˈiːtəʳ/ N 1 *(= person)* mangeur *m*, -euse *f* ◆ **to be a big eater** être un grand *or* gros mangeur ◆ **to be a big meat eater** être un gros mangeur de viande
2 *(* = eating apple)* pomme *f* à couteau

**eatery** * /ˈiːtərɪ/ N restaurant *m*

**eating** /ˈiːtɪŋ/
N ◆ **these apples make good eating** ces pommes sont bonnes à manger
COMP *[apple]* à couteau, de dessert
**eating chocolate** N chocolat *m* à croquer
**eating disorder** N troubles *mpl* du comportement alimentaire
**eating hall** N *(US)* réfectoire *m*
**eating house** N (café-)restaurant *m*
**eating patterns** NPL habitudes *fpl* alimentaires
**eating place** N (café-)restaurant *m*
**eating plan** N régime *m* alimentaire

**eau de Cologne** /ˈəʊdəkəˈləʊn/ N eau *f* de Cologne

**eaves** /ˈiːvz/ NPL avant-toit(s) *m(pl)*

**eavesdrop** /ˈiːvzdrɒp/ SYN VI écouter aux portes ◆ **to eavesdrop on a conversation** écouter une conversation privée

**eavesdropper** /ˈiːvzdrɒpəʳ/ N oreille *f* indiscrète

**ebb** /eb/ SYN
N *[of tide]* reflux *m* ; *(Naut)* jusant *m* ◆ **ebb and flow** le flux et le reflux ◆ **the tide is on the ebb** la marée descend ◆ **to be at a low ebb** *(fig) [person]* être bien bas ; *[business]* aller mal ◆ **his spirits were at a low ebb** il avait le moral très bas *or* à zéro * ◆ **his funds were at a low ebb** ses fonds étaient bien bas *or* bien dégarnis
VI 1 *[tide]* refluer, descendre ◆ **to ebb and flow** monter et baisser
2 *(fig* : also **ebb away**) *[enthusiasm, strength etc]* décliner, baisser ◆ **they watched as her life ebbed away** ils assistaient à ses derniers instants
COMP **ebb tide** N marée *f* descendante, reflux *m* ; *(Naut)* jusant *m*

**EBCDIC** /ˈepsɪˌdɪk/ N *(Comput)* (abbrev of **extended binary-coded decimal-interchange code**) code *m* EBCDIC

**Ebola** /iːˈbəʊlə/ N *(Med)* (also **Ebola virus**) virus *m* Ebola

**ebonics** /eˈbɒnɪks/ N *argot parlé par des Noirs américains des milieux défavorisés*

**ebonite** /ˈebənaɪt/ N ébonite *f*

**ebonize** /ˈebənaɪz/ VT *(= stain)* teinter en noir d'ébène

**ebony** /ˈebənɪ/
N ébène *f*
COMP *(= ebony-coloured)* noir d'ébène ; *(= made of ebony)* en ébène, d'ébène

**e-book** /ˈiːbʊk/ N livre *m* électronique

**EBRD** /ˌiːbiːɑːˈdiː/ N (abbrev of **European Bank for Reconstruction and Development**) BERD *f*

**EBU** /ˌiːbiːˈjuː/ N (abbrev of **European Broadcasting Union**) UER *f*

**ebullience** /ɪˈbʌlɪəns/ N exubérance *f*

**ebullient** /ɪˈbʌlɪənt/ ADJ *[person]* plein de vie, exubérant ; *[spirits, mood]* exubérant

**ebulliometer** /ɪˌbʌlɪˈɒmɪtəʳ/ N *(Phys)* ébulliomètre *m*, ébullioscope *m*

**ebulliometry** /ˌɪbʌlɪˈɒmɪtrɪ/ N ébulliométrie f
**ebullioscope** /ɪˈbʌlɪəˌskəʊp/ N ébullioscope m
**ebullioscopy** /ˌɪbʌlɪˈɒskəpɪ/ N ébullioscopie f
**ebullition** /ˌebəˈlɪʃən/ N (Phys) ébullition f
**e-business** /ˌiːˈbɪznɪs/ N ① (= company) entreprise f électronique
② (= commerce) commerce m électronique, e-commerce m
**EC** /ˌiːˈsiː/
**N** (abbrev of European Community) CE f
**COMP** [directive, membership, states etc] de la CE
**EC-wide** ADJ, ADV à l'échelle de (toute) la CE
**ECB** /ˌiːsiːˈbiː/ N (abbrev of European Central Bank) BCE f
**eccentric** /ɪkˈsentrɪk/ SYN
**ADJ** (also Math, Astron) excentrique
**N** ① (= person) original(e) m(f), excentrique mf
② (Tech) excentrique m
**eccentrically** /ɪkˈsentrɪkəlɪ/ ADV [behave, dress] de façon excentrique, excentriquement ; [decorate] de façon originale
**eccentricity** /ˌeksənˈtrɪsɪtɪ/ SYN N (also Math, Astron) excentricité f
**ecchymosis** /ˌekɪˈməʊsɪs/ N (pl **ecchymoses** /ˌekɪˈməʊsiːz/) (Med) ecchymose f
**ecchymotic** /ˌekɪˈmɒtɪk/ ADJ ecchymotique
**Eccles cake** /ˈekəlzˌkeɪk/ N pâtisserie fourrée de fruits secs
**Ecclesiastes** /ɪˌkliːzɪˈæstiːz/ N (Bible) ◆ (the Book of) Ecclesiastes (le livre de l')Ecclésiaste m
**ecclesiastic** /ɪˌkliːzɪˈæstɪk/ SYN ADJ, N ecclésiastique m
**ecclesiastical** /ɪˌkliːzɪˈæstɪkəl/ ADJ ecclésiastique
**ecclesiology** /ɪˌkliːzɪˈɒlədʒɪ/ N (Rel) ecclésiologie f
**eccrine** /ˈekrɪn/ ADJ (Physiol) exocrine
**eccrinology** /ˌekrɪˈnɒlədʒɪ/ N (Physiol) exocrinologie f
**ecdemic** /ekˈdemɪk/ ADJ (Med) non endémique
**ecdysis** /ˈekdɪsɪs/ N (pl **ecdyses** /ˈekdɪˌsiːz/) ecdysis f
**ecdysone** /ˈekdaɪˌsəʊn/ N ecdysone f
**ECG** /ˌiːsiːˈdʒiː/, **EKG** (US) /ˌiːkeɪˈdʒiː/ N (abbrev of **electrocardiogram, electrocardiograph**) ECG m
**ECGD** /ˌiːsiːdʒiːˈdiː/ N (abbrev of **Export Credit Guarantee Department**) service de garantie financière à l'exportation, ≈ COFACE f
**echelon** /ˈeʃəlɒn/ N échelon m
**echidna** /ɪˈkɪdnə/ N (= animal) échidné m
**echinococcus** /ˌekaɪnəˈkɒkəs/ N échinococcose f
**echinoderm** /ɪˈkiːnəˌdɜːm/ N échinoderme m
**echinus** /ɪˈkaɪnəs/ N (pl **echini** /ɪˈkaɪnaɪ/) ① (Archit) échine f
② (= animal) échinide m
**echo** /ˈekəʊ/ SYN
**N** (pl **echoes**) écho m ; (fig) écho m, rappel m ◆ **to cheer to the echo** applaudir à tout rompre
**VT** (lit) répercuter, renvoyer ◆ **he echoed my words incredulously** (fig) il a répété ce que j'avais dit d'un ton incrédule ◆ **"go home?", he echoed** « rentrer ? », répéta-t-il ◆ **to echo sb's ideas/remarks** se faire l'écho de la pensée/des remarques de qn ◆ **pinks were chosen to echo the colours of the ceiling** on a choisi des tons de rose pour rappeler les couleurs du plafond
**VI** [sound] (= resonate) retentir, résonner ; (= bounce back) se répercuter, faire écho ; [place] renvoyer l'écho ◆ **to echo with music** (liter) retentir de musique ◆ **the valley echoed with their laughter** (liter) la vallée résonnait or retentissait de leurs rires
**COMP** **echo chamber** N (Rad, TV) chambre f sonore
**echo-sounder** N sondeur m (à ultrasons)
**echo-sounding** N sondage m par ultrasons
**echocardiography** /ˈekəʊˌkɑːdɪˈɒɡrəfɪ/ N (Med) échocardiographie f, échographie f vasculaire
**echography** /eˈkɒɡrəfɪ/ N (Med) échographie f
**echolalia** /ˌekəʊˈleɪlɪə/ N (Psych) écholalie f
**echolocation** /ˌekəʊləʊˈkeɪʃən/ N (Phys) écholocation f
**echovirus** /ˈekəʊˌvaɪrəs/ N (Med) échovirus m
**éclair** /eɪˈklɛər, ɪˈklɛər/ N (Culin) éclair m (à la crème)
**eclampsia** /ɪˈklæmpsɪə/ N éclampsie f
**eclamptic** /ɪˈklæmptɪk/ ADJ éclamptique

**eclectic** /ɪˈklektɪk/ ADJ, N éclectique mf
**eclecticism** /ɪˈklektɪsɪzəm/ N éclectisme m
**eclipse** /ɪˈklɪps/ SYN
**N** (Astron, fig) éclipse f ◆ **to be in eclipse** être éclipsé ◆ **to fall** or **go into eclipse** être éclipsé ◆ **partial/total eclipse** éclipse f partielle/totale
**VT** (Astron, fig) éclipser
**COMP** **eclipsing binary** N étoile f double
**ecliptic** /ɪˈklɪptɪk/ ADJ écliptique
**eclogue** /ˈeklɒɡ/ N églogue f
**eclosion** /ɪˈkləʊʒən/ N éclosion f
**ecocide** /ˈiːkəˌsaɪd/ N écocide m
**eco-friendly** /ˈiːkəʊˌfrendlɪ/ ADJ [detergent, hairspray etc] respectueux de l'environnement
**eco-labelling** /ˈiːkəʊˌleɪblɪŋ/ N (utilisation f d')écolabels mpl
**E-coli** /iːˈkəʊlaɪ/ N (Med) E. coli m, bactérie f Escherischia coli
**ecological** /ˌiːkəˈlɒdʒɪkəl/ ADJ ① [damage, problem, disaster] écologique
② (= ecologically sound) écologique
**ecologically** /ˌiːkəˈlɒdʒɪkəlɪ/ ADV [unacceptable] écologiquement, d'un point de vue écologique ◆ **ecologically aware** sensibilisé aux problèmes écologiques ◆ **ecologically harmful** qui nuit à l'environnement ◆ **ecologically minded** soucieux de l'environnement ◆ **ecologically sound** écologique, respectueux de l'environnement ◆ **ecologically speaking** d'un point de vue écologique
**ecologist** /ɪˈkɒlədʒɪst/ N écologiste mf
**ecology** /ɪˈkɒlədʒɪ/ N écologie f
**e-commerce** /ˈiːkɒmɜːs/ N commerce m électronique, e-commerce m
**ecomovement** /ˈiːkəʊmuːvmənt/ N (Pol) mouvement m écologique
**econometer** /ɪˈkəˌnɒmɪtər/ N économètre m
**econometric** /ɪˌkɒnəˈmetrɪk/ ADJ économétrique
**econometrician** /ɪˌkɒnəməˈtrɪʃən/ N économétricien(ne) m(f)
**econometrics** /ɪˌkɒnəˈmetrɪks/ N (NonC) économétrie f
**econometrist** /ɪˌkɒnəˈmetrɪst/ N ⇒ **econometrician**
**economic** /ˌiːkəˈnɒmɪk/ SYN
**ADJ** ① (Econ) [growth, policy, system, crisis, recovery, sanctions, aid] économique ◆ **the economic situation** or **outlook** la conjoncture (économique)
② (= viable, cost-effective) [system, factory, mine etc] rentable (for sb pour qn) ◆ **this business is no longer economic** or **an economic proposition** cette affaire n'est plus rentable ◆ **it is not economic to do that** ce n'est pas rentable de faire cela ◆ **economic rate of return** taux m de rentabilité économique
③ (= market-driven) [price, rent] déterminé par le marché
**COMP** **economic analyst** N spécialiste mf de l'analyse économique
**Economic and Monetary Union** N Union f économique et monétaire
**economic indicator** N indicateur m économique
**economic management** N gestion f de l'économie
**economic migrant, economic refugee** N migrant(e) m(f) économique
**economical** /ˌiːkəˈnɒmɪkəl/ SYN ADJ [person] économe ; [method, vehicle, machine, speed] économique ; (fig) [style, writing] sobre, concis ◆ **to be economical with sth** économiser qch, ménager qch ◆ **to be economical with the truth** (= not tell whole truth) ne pas dire toute la vérité ; (hum) (= lie) prendre ses aises avec la vérité
**economically** /ˌiːkəˈnɒmɪkəlɪ/ ADV ① (Econ) [viable, depressed] économiquement ; [feasible, powerful, important] d'un point de vue économique ; [develop, suffer] économiquement, d'un point de vue économique ◆ **economically speaking** d'un point de vue économique
② (= without waste) [use, operate, live] de façon économe
③ (= concisely) [write] avec sobriété
**economics** /ˌiːkəˈnɒmɪks/ N (NonC) (= science) économie f politique, science f économique ; (= financial aspect) côté m économique ◆ **the economics of the situation/the project** le côté économique de la situation/du projet ; → **home**
**economism** /ɪˈkɒnəˌmɪzəm/ N économisme m

**economist** /ɪˈkɒnəmɪst/ N économiste mf, spécialiste mf d'économie politique
**economize** /ɪˈkɒnəmaɪz/ SYN
**VI** économiser (on sur), faire des économies
**VT** [+ time, money] économiser (sur), épargner ◆ **to economize 20% on the costs** faire or réaliser une économie de 20% sur les coûts
**economy** /ɪˈkɒnəmɪ/ SYN
**N** ① (= saving : in time, money etc) économie f (in de) ◆ **to make economies in...** faire des économies de... ◆ **economies of scale** économies fpl d'échelle
② (NonC = system) économie f, système m économique ◆ **the country's economy depends on...** l'économie du pays dépend de... ; → **black, political**
**COMP** **economy class** N classe f économique
**economy-class syndrome** N syndrome m de la classe économique
**economy drive** N [of government, firm] (campagne f de) restrictions fpl budgétaires ◆ **I'm going on** or **having an economy drive this month** ce mois-ci je m'efforce de faire des économies
**economy pack** N paquet m économique
**economy size** N taille f économique
**ecosphere** /ˈiːkəʊˌsfɪə/ N écosphère f
**ecosystem** /ˈiːkəʊˌsɪstəm/ N écosystème m
**eco(-)tax** /ˈiːkəʊˌtæks/ N écotaxe f, taxe f écologique
**ecoterrorist** /ˈiːkəʊˌterərɪst/ N terroriste mf écologiste
**ecotone** /ˈiːkəˌtəʊn/ N écotone m
**eco-tourism** /ˈiːkəʊˌtʊərɪzəm/ N écotourisme m
**ecotype** /ˈiːkəˌtaɪp/ N écotype m
**eco-village** /ˈiːkəʊˌvɪlɪdʒ/ N écovillage m
**eco-warrior**\* /ˈiːkəʊˌwɒrɪə/ N militant(e) m(f) écologiste
**ecru** /ˈekruː/ ADJ, N écru m
**ECSC** /ˌiːsiːesˈsiː/ N (formerly) (abbrev of **European Coal and Steel Community**) CECA f
**ecstasy** /ˈekstəsɪ/ SYN N ① (= joy) extase f (also Rel), ravissement m ◆ **with ecstasy** avec ravissement, avec extase ◆ **to be in ecstasies over** [+ object] s'extasier sur ; [+ person] être en extase devant
② (Drugs) ecstasy m
**ecstatic** /eksˈtætɪk/ SYN ADJ [crowd] en délire ; [welcome, reception] enthousiaste ◆ **to be ecstatic over** or **about sth** être follement heureux de qch
**ecstatically** /eksˈtætɪkəlɪ/ ADV [applaud, react] avec extase ; [listen, say] d'un air extasié ◆ **ecstatically happy** follement heureux
**ECT** /ˌiːsiːˈtiː/ N abbrev of **electroconvulsive therapy**
**ecthyma** /ˈekθɪmə/ N ecthyma m
**ectoblast** /ˈektəʊblæst/ N (Bio) ectoblaste m
**ectoderm** /ˈektəʊdɜːm/ N (Bio) ectoderme m
**ectodermal** /ˌektəʊˈdɜːməl/, **ectodermic** /ˌektəʊˈdɜːmɪk/ ADJ (Bio) ectodermique
**ectomorph** /ˈektəʊmɔːf/ N ectomorphe mf
**ectomorphic** /ˌektəʊˈmɔːfɪk/ ADJ ectomorphe
**ectoparasite** /ˈektəʊˌpærəsaɪt/ N ectoparasite m
**ectoparasitic** /ˈektəʊˌpærəˈsɪtɪk/ ADJ ectoparasite
**ectopia** /ekˈtəʊpɪə/ N ectopie f
**ectopic** /ekˈtɒpɪk/ ADJ ◆ **ectopic pregnancy** grossesse f extra-utérine
**ectoplasm** /ˈektəʊplæzəm/ N ectoplasme m
**ECU** /ˈeɪkjuː, ˌiːsiːˈjuː/ N (abbrev of **European Currency Unit**) ECU m, écu m ◆ **hard ECU** écu m fort ◆ **weights of currencies in the ECU** poids m des devises au sein de l'écu
**Ecuador** /ˈekwədɔːr/ N Équateur m
**Ecuador(i)an** /ˌekwəˈdɔːr(ɪ)ən/
**ADJ** équatorien
**N** Équatorien(ne) m(f)
**ecumenical** /ˌiːkjuːˈmenɪkəl/ ADJ œcuménique
**ecumenicism** /ˌiːkjuːˈmenɪsɪzəm/, **ecumenism** /ˈiːkjuːmənɪzəm/ N œcuménisme m
**eczema** /ˈeksɪmə/ N eczéma m ◆ **eczema sufferer** personne f sujette à l'eczéma
**eczematous** /ekˈsemətəs/ ADJ (Med) eczémateux

**ed.** 1 (abbrev of **edition**) éd. ◆ **3rd ed.** 3ᵉ éd.
2 (abbrev of **editor**) ◆ **"Chèvrefeuille", ed. J. Lefèvre** « Chèvrefeuille », annoté et commenté par J. Lefèvre ◆ **"Essays in Welsh History", eds. Dodd and Jenkins** « Essays in Welsh History », sous la direction de Dodd et Jenkins

**EDC** /ˌiːdiːˈsiː/ N (abbrev of **European Defence Community**) CED f

**eddy** /ˈedɪ/ SYN
N [of water, air] remous m, tourbillon m ; [of snow, dust, smoke] tourbillon m ; [of leaves] tournoiement m, tourbillon m
VI [air, smoke, leaves, snow, dust] tourbillonner ; [people] tournoyer ; [water] faire des remous or des tourbillons
COMP **eddy current** N (Elec) courant m de Foucault, courant m parasite

**edelweiss** /ˈeɪdlvaɪs/ N edelweiss m inv

**edema** /ɪˈdiːmə/ N (pl **edemata** /ɪˈdiːmətə/) (esp US) œdème m

**Eden** /ˈiːdn/ N Éden m, paradis m terrestre ; → **garden**

**edentate** /ɪˈdenteɪt/ ADJ, N édenté m

**edentulate** /iːˈdentjʊlɪt/ ADJ anodonte

**edentulous** /iːˈdentjʊləs/ ADJ anodonte

**edge** /edʒ/ SYN
N 1 [of table, plate, cloth, river, cliff, lake] bord m ; [of road] bord m, côté m ; [of town] abords mpl ; [of coin] tranche f ; [of page] bord m ; (= margin) marge f ; [of cube, brick] arête f ; [of forest] lisière f, orée f ◆ **at the water's edge** au bord de l'eau ◆ **to stand sth on its edge** poser qch de chant ◆ **the trees at the edge of the road** les arbres au bord or en bordure de la route ◆ **the film had us on the edge of our seats** or (US) **chairs** le film nous a tenus en haleine
2 (= blade) [of knife, razor] tranchant m, fil m ◆ **a blade with a sharp edge** une lame bien affilée ◆ **to put an edge on** [+ knife, blade] aiguiser, affiler, affûter
3 [of ski] arête f ; (= metal strip) carre f
4 (fig = brink, verge) ◆ **to be on the edge of disaster** être au bord du désastre, courir au désastre ◆ **to be on the edge of tears** être au bord des larmes ◆ **to be on the edge of extinction** être en voie d'extinction ◆ **that pushed him over the edge** ça a été plus qu'il ne pouvait supporter, ça a été le comble ◆ **to live life on the edge** * être or marcher sur le fil du rasoir
5 (set phrase)
◆ **on edge** ◆ **he's on edge** il est énervé or à cran * ◆ **my nerves are all on edge** j'ai les nerfs en pelote * or en boule * ◆ **it sets my teeth on edge** cela me fait grincer les dents
6 (fig = advantage) ◆ **to have the edge on** or **over** avoir un (léger) avantage sur, l'emporter de justesse sur ◆ **to give sb the edge on** or **over the competition** donner à qn un avantage sur la concurrence ◆ **the company has lost its competitive edge** la société est devenue moins compétitive ◆ **the party has lost its radical edge** le parti n'est plus aussi radical qu'avant
7 (fig = sharpness) ◆ **to take the edge off** [+ sensation] émousser ; [+ appetite] calmer, émousser ◆ **there was an edge to his voice** on sentait à sa voix qu'il était tendu ◆ **panic gave a sharp edge to his voice** sous l'effet de la panique, sa voix est devenue tendue ◆ **there was a slightly caustic edge to his voice** il y avait des intonations caustiques dans sa voix ; → **cutting, rough**
VT 1 (= put a border on) border (with de) ◆ **edged with lace** bordé de dentelle
2 ◆ **to edge one's chair nearer the door** rapprocher sa chaise tout doucement de la porte ◆ **to edge one's way through** etc ⇒ **to edge through** vi ◆ **to edge sb out of his** (or **her**) **job** déloger progressivement qn de son poste ◆ **wage rises have edged up inflation** la hausse des salaires a entraîné une légère augmentation du taux d'inflation
VI se glisser, se faufiler ◆ **to edge through/into** etc se glisser or se faufiler à travers/dans etc ◆ **to edge forward** avancer petit à petit ◆ **to edge away** s'éloigner tout doucement or furtivement ◆ **to edge up to sb** (furtively) s'approcher tout doucement or furtivement de qn ; (shyly) s'approcher timidement de qn ◆ **share prices edged up** il y a eu une tendance à la hausse des valeurs boursières ◆ **to edge out of a room** se glisser hors d'une pièce, sortir furtivement d'une pièce

**-edged** /edʒd/ ADJ (in compounds) 1 [paper, fabric] bordé de, avec une bordure de
2 [knife etc] ◆ **blunt-/sharp-edged** émoussé/ bien aiguisé

**edger** /ˈedʒəʳ/ N débroussailleuse f

**edgeways** /ˈedʒweɪz/, **edgewise** /ˈedʒwaɪz/ ADV de côté ◆ **I couldn't get a word in edgeways** * je n'ai pas réussi à placer un mot or à en placer une *

**edgily** /ˈedʒɪlɪ/ ADV nerveusement

**edginess** /ˈedʒɪnɪs/ N (NonC) nervosité f, énervement m, irritation f

**edging** /ˈedʒɪŋ/
N 1 (gen) bordure f ; [of ribbon, silk] liseré or liséré m
2 (Ski) prise f de carres
COMP **edging shears** NPL cisailles fpl à gazon

**edgy** /ˈedʒɪ/ SYN ADJ [person, mood] énervé, à cran *, crispé

**edibility** /ˌedɪˈbɪlɪtɪ/ N comestibilité f

**edible** /ˈedɪbl/ SYN
ADJ 1 (= not poisonous) [mushroom, berries etc] comestible, bon à manger
2 (= not disgusting) [meal etc] mangeable
COMP **edible crab** N dormeur m, tourteau m ◆ **edible snail** N escargot m comestible

**edict** /ˈiːdɪkt/ SYN N (gen, Jur, Pol) décret m ; (Hist) édit m ◆ **to rule by edict** gouverner par décret ◆ **the Edict of Nantes** (Hist) l'édit de Nantes

**edification** /ˌedɪfɪˈkeɪʃən/ N édification f, instruction f

**edifice** /ˈedɪfɪs/ SYN N édifice m

**edify** /ˈedɪfaɪ/ SYN VT édifier

**edifying** /ˈedɪfaɪɪŋ/ ADJ édifiant

**Edinburgh** /ˈedɪnbərə/
N Édimbourg
COMP **the Edinburgh Festival** N le Festival d'Édimbourg

### EDINBURGH FESTIVAL

Le Festival d'Édimbourg, qui se tient chaque année durant trois semaines au mois d'août, est l'un des grands festivals européens. Il est réputé pour son programme officiel mais aussi pour son festival « off » (the Fringe) qui propose des spectacles aussi bien traditionnels que résolument d'avant-garde. Pendant la durée du Festival se tient par ailleurs, sur l'esplanade du château, un grand spectacle de musique militaire, le « Military Tattoo ».

**edit** /ˈedɪt/ SYN
VT 1 (= manage) [+ newspaper, magazine] être rédacteur (or rédactrice) en chef de ; [+ series of texts] diriger la publication de ; [+ text, author] éditer, donner une édition de
2 (= adapt) [+ article] mettre au point, préparer ; [+ dictionary, encyclopedia] assurer la rédaction de
3 (Rad, TV) [+ programme] réaliser ; [+ film] monter ; [+ tape] mettre au point, couper et recoller
4 (Comput) [+ file] éditer
N révision f
▸ **edit out** VT SEP supprimer (of de) ; [+ text, film] couper (of de)

**editing** /ˈedɪtɪŋ/ N [of magazine] direction f ; [of newspaper, dictionary] rédaction f ; [of article, series of texts, tape] mise f au point ; [of text, author] édition f ; [of film] montage m ; (Comput) édition f

**edition** /ɪˈdɪʃən/ SYN N [of newspaper, book] édition f ; [of print, etching] tirage m ◆ **revised edition** édition f revue et corrigée ◆ **to bring out an edition of a text** publier or faire paraître l'édition d'un texte ; → **first**

**editor** /ˈedɪtəʳ/
N 1 (Press) [of newspaper, magazine] rédacteur m, -trice f en chef
2 (Publishing) [of writer, text, anthology] éditeur m, -trice f ; [of dictionary, encyclopedia] rédacteur m, -trice f
3 (Rad, TV) [of programme] réalisateur m, -trice f
4 (Cine) monteur m, -euse f ◆ **political editor** (Press) rédacteur m, -trice f politique ◆ **sports editor** rédacteur m, -trice f sportive ◆ **"letters to the editor"** « courrier des lecteurs », « lettres à la rédaction » ; → **news**
5 (Comput) (= text editor) éditeur m de texte
COMP **editor-in-chief** N rédacteur m, -trice f en chef

 **editor** is only translated by **éditeur** when it means someone who annotates a text, and in the computing sense. (see noun 2, 5)

**editorial** /ˌedɪˈtɔːrɪəl/
ADJ [budget, board, meeting, comment, control, decision] de la rédaction ; [office] (de la) rédaction ; [page] de l'éditorial ; [policy] éditorial ◆ **editorial assistant** rédacteur m, -trice f adjoint(e) ◆ **editorial staff** (as team) rédaction f ; (as individuals) personnel m de la rédaction ◆ **the editorial "we"** le « nous » de modestie or d'auteur
N (in newspaper etc) éditorial m, article m de tête

**editorialist** /ˌedɪˈtɔːrɪəlɪst/ N (US) éditorialiste mf

**editorialize** /ˌedɪˈtɔːrɪəlaɪz/ VI exprimer une opinion

**editorially** /ˌedɪˈtɔːrɪəlɪ/ ADV 1 (= in approach, content) [independent, selective] du point de vue éditorial
2 (in opinion piece) ◆ **the Times commented editorially that...** le Times a affirmé dans un éditorial que...

**editorship** /ˈedɪtəʃɪp/ N 1 (= position of editor) [of newspaper, magazine] poste m de rédacteur en chef ; (Rad, TV) poste m de réalisateur
2 (NonC = act or style of editing) [of newspaper, magazine] direction f ; [of dictionary, encyclopedia] rédaction f ; [of text] édition f ◆ **under sb's editorship** or **the editorship of sb** sous la direction de qn

**EDP** /ˌiːdiːˈpiː/ N (abbrev of **Electronic Data Processing**) → **electronic**

**EDT** /ˌiːdiːˈtiː/ N (US) (abbrev of **Eastern Daylight Time**) → **eastern**

**educable** /ˈedjʊkəbl/ ADJ éducable

**educate** /ˈedjʊkeɪt/ SYN VT (= teach) [teacher, school] [+ pupil] assurer l'instruction de, instruire ; (= bring up) [+ family, children] élever, éduquer ; [+ the mind, one's tastes] former ◆ **the parents' role in educating their children** le rôle des parents dans l'éducation de leurs enfants ◆ **he is being educated in Paris/at Cambridge** il fait ses études à Paris/Cambridge ◆ **to educate the public** éduquer le public ◆ **we need to educate our children about drugs/the environment** il faut que nous sensibilisions nos enfants au problème de la drogue/aux questions d'écologie ◆ **a campaign to educate people about the dangers of smoking** une campagne de sensibilisation du public aux dangers du tabac or du tabagisme ◆ **to educate sb to believe that...** (fig) enseigner à qn que...

**educated** /ˈedjʊkeɪtɪd/ SYN
VB ptp of **educate**
ADJ [person] (= cultured) cultivé ; (= learned, trained) instruit ; [work force] ayant un bon niveau d'éducation or d'instruction ; [voice] cultivé ; [palate, ear] averti ◆ **he's hardly educated at all** il n'a guère d'instruction ◆ **an educated mind** un esprit cultivé ; → **guess, well²**

**education** /ˌedjʊˈkeɪʃən/ SYN
N (gen) éducation f ; (= teaching) enseignement m ; (= learning) instruction f ; (= studies) études fpl ; (= training) formation f ; (= knowledge) culture f ; (as subject studied) pédagogie f ◆ **he had a good education** il a reçu une bonne éducation ◆ **his education was neglected** on a négligé son éducation ◆ **physical/political education** éducation f physique/politique ◆ **he has had very little education** il n'a pas fait beaucoup d'études ◆ **his education was interrupted** ses études ont été interrompues ◆ **she has** or **has had a university education** elle est diplômée d'université, elle a fait des études supérieures ◆ **the education he received at school** l'instruction qu'il a reçue à l'école (or au lycée etc) ◆ **literary/professional education** formation f littéraire/professionnelle ◆ **primary/secondary education** enseignement m primaire/secondaire ◆ **education is free in Britain** l'instruction est gratuite en Grande-Bretagne, l'enseignement est gratuit en Grande-Bretagne ◆ **the crisis in education, the education crisis** la crise de l'enseignement ◆ **the education system** (gen) système éducatif or d'enseignement ◆ **the French education system, the education system in France** le système éducatif or l'enseignement en France ◆ **people working in education** les personnes qui travaillent dans l'enseignement ◆ **Secretary for Education** (US) ministre m de l'Éducation ◆ **working with homeless people**

educational | effort ENGLISH-FRENCH 280

**was a real education for him** son travail avec les sans-abri lui a beaucoup appris ; → **adult, department, further, minister, secretary**
COMP *[theory, method]* d'enseignement, pédagogique ; *[standards]* d'instruction, scolaire ; *[costs]* de l'enseignement ; *(Pol) [budget, minister]* de l'Éducation nationale
**the Education Act** N *(Brit)* la loi sur l'enseignement
**education authority** N *(Brit)* ≈ délégation *f* départementale de l'enseignement
**Education Committee** N *(Brit Scol Admin)* commission *f* du conseil régional chargée des affaires scolaires
**education correspondent** N *(Press)* correspondant(e) *m(f)* chargé(e) des questions de l'enseignement
**education department** N *(Brit : of local authority)* ≈ délégation *f* départementale de l'enseignement ; *(= ministry)* ministère *m* de l'Éducation
**education page** N *(Press)* rubrique *f* de l'enseignement
**Education Welfare Officer** N *(Brit Scol Admin)* assistant(e) *m(f)* social(e) scolaire

**educational** /ˌedjʊˈkeɪʃənl/ SYN
ADJ *[system, needs, film, book, toy, game]* éducatif ; *[institution, establishment]* d'enseignement ; *[standards]* de l'enseignement ; *[achievement] (at school)* scolaire ; *(at university)* universitaire ; *[supplies]* scolaire ; *[theory]* de l'éducation ; *[role, function]* éducateur (-trice *f*) ; *[method, methodology, issue, material]* pédagogique ; *[experience]* instructif ; *[visit, day] (for adults)* instructif ; *(for children)* éducatif ◆ **educational opportunities** possibilité *f* de faire des études ◆ **educational qualifications** diplômes *mpl* ◆ **falling educational standards** la baisse du niveau de l'enseignement
COMP **educational adviser** N *(Scol Admin)* conseiller *m*, -ère *f* pédagogique
**educational age** N *(US Scol)* niveau *m* scolaire *(d'un élève)*
**educational park** N *(US) complexe scolaire et universitaire*
**educational psychologist** N psychopédagogue *mf*
**educational psychology** N psychopédagogie *f*
**educational television** N *(gen)* télévision *f* éducative ; *(US) chaîne de télévision éducative*

**educationalist** /ˌedjʊˈkeɪʃnəlɪst/ N *(esp Brit)* éducateur *m*, -trice *f*, pédagogue *mf*

**educationally** /ˌedjʊˈkeɪʃnəlɪ/ ADV *[subnormal, deprived etc]* sur le plan éducatif ◆ **educationally sound principles** des principes sains du point de vue pédagogique

**educationist** /ˌedjʊˈkeɪʃnɪst/ N ⇒ **educationalist**

**educative** /ˈedjʊkətɪv/ SYN ADJ éducatif, éducateur (-trice *f*)

**educator** /ˈedjʊkeɪtəʳ/ N *(esp US)* éducateur *m*, -trice *f*

**educe** /ɪˈdjuːs/ VT *(frm)* dégager, faire sortir

**edutainment*** /ˌedjʊˈteɪnmənt/ N *(esp US) (= games)* jeux *mpl* éducatifs ; *(= TV etc programmes)* émissions *fpl* éducatives pour enfants

**Edward** /ˈedwəd/ N Édouard *m* ◆ **Edward the Confessor** *(Brit Hist)* Édouard le Confesseur

**Edwardian** /edˈwɔːdɪən/ *(Brit)*
ADJ *[England, house, furniture, picture, literature]* édouardien, du début du (20ᵉ) siècle ; *[lady, gentleman]* de l'époque d'Édouard VII ◆ **Edwardian clothes** vêtements *mpl* style 1900 ◆ **in Edwardian days** à l'époque d'Édouard VII, au début du (20ᵉ) siècle ◆ **the Edwardian era** ≈ la Belle Époque
N *personne qui vivait sous le règne d'Édouard VII ou qui a les caractéristiques de cette époque*

**EEA** /ˌiːiːˈeɪ/ N (abbrev of **European Economic Area**) EEE *m*

**EEC** /ˌiːiːˈsiː/ N (abbrev of **European Economic Community**) CEE *f*

**EEG** /ˌiːiːˈdʒiː/ N [1] (abbrev of **electroencephalogram**) EEG *m*
[2] abbrev of **electroencephalograph**

**eejit*** /ˈiːdʒɪt/ N *(Ir, Scot)* crétin(e)* *m(f)*

**eek*** /iːk/ EXCL aah !

**eel** /iːl/ N anguille *f* ; → **electric**

**eelpout** /ˈiːlpaʊt/ N *(= fish)* blennie *f* vivipare

**eelworm** /ˈiːlwɜːm/ N anguillule *f*

**e'en** /iːn/ ADV *(liter)* ⇒ **even²**

**EEOC** /ˌiːiːəʊˈsiː/ N *(US)* (abbrev of **Equal Employment Opportunity Commission**) → **equal** → **EOC, EEOC**

**e'er** /ɛəʳ/ ADV *(liter)* ⇒ **ever**

**eerie** /ˈɪərɪ/ SYN ADJ sinistre, qui donne le frisson

**eerily** /ˈɪərɪlɪ/ ADV *[deserted, empty]* sinistrement ; *[similar, familiar]* étrangement ◆ **eerily quiet/silent** d'un calme/d'un silence inquiétant ◆ **to echo/gleam eerily** résonner/luire sinistrement

**eery** /ˈɪərɪ/ ADJ ⇒ **eerie**

**EET** /ˌiːiːˈtiː/ N (abbrev of **Eastern European Time**) → **eastern**

**eff**‡ /ef/ VI ◆ **he was effing and blinding** il jurait comme un charretier* ; → **effing**
▸ **eff off**‡ VI aller se faire voir‡

**efface** /ɪˈfeɪs/ SYN VT *(lit, fig)* effacer, oblitérer *(liter)*

**effect** /ɪˈfekt/ SYN
N [1] *(= result)* effet *m*, conséquence *f* (on sur) ; *(Phys)* effet *m* ; *[of wind, chemical, drug]* action *f* (on sur) ◆ **this rule will have the effect of preventing..., the effect of this rule will be to prevent...** cette règle aura pour effet d'empêcher... ◆ **the effect of all this is that...** *(frm)* il résulte de tout ceci que... ◆ **to feel the effects of an accident** ressentir les effets d'un accident, se ressentir d'un accident ◆ **the effects of the new law are already being felt** les effets de la nouvelle loi se font déjà sentir ◆ **to have no effect** ne produire aucun effet ◆ **to be of no effect** *(= have no effect)* être inefficace ; *[law etc]* être inopérant, rester sans effet ◆ **to have an effect on sth** avoir *or* produire un effet sur qch ◆ **it won't have any effect on him** ça ne lui fera aucun effet, ça n'aura aucun effet sur lui ◆ **to little effect** sans grand résultat ◆ **to no effect** en vain ◆ **to use to good** *or* **great effect** savoir tirer avantage de ◆ **to such good effect that...** si bien que... ◆ **with effect from April** *(esp Brit)* à compter du mois d'avril ◆ **with immediate effect** *(frm) (esp Brit)* avec effet immédiat
♦ **in effect** *(= in force)* en vigueur ; *(= in reality)* de fait, en réalité
♦ **to put sth into effect** mettre qch à exécution *or* en application
♦ **to come** *or* **go into effect** *[law]* prendre effet, entrer en vigueur ; *[policy]* être appliqué
♦ **to take effect** *[drug]* agir, produire *or* faire son effet ; *[law]* prendre effet, entrer en vigueur
[2] *(= impression)* effet *m* ◆ **he said it just for effect** il ne l'a dit que pour faire de l'effet *or* pour impressionner ◆ **to give a good effect** faire (un) bon effet ◆ **to make an effect** faire effet *or* de l'effet
[3] *(Cine, Rad, Theat, TV)* (also **sound effect**) effet *m* sonore ; (also **special effect**) effet *m* spécial
[4] *(= meaning)* sens *m* ◆ **we got a letter to the same effect** nous avons reçu une lettre dans le même sens
♦ **to that effect** ◆ **he used words to that effect** il s'est exprimé dans ce sens ◆ **... or words to that effect** ... ou quelque chose d'analogue *or* de ce genre
♦ **to the effect that...** ◆ **his letter is to the effect that...** sa lettre nous apprend que... ◆ **an announcement to the effect that...** un communiqué annonçant que... *or* selon lequel... ◆ **orders to the effect that...** ordres suivant lesquels...
[5] *(frm = property)* ◆ **(personal) effects** effets *mpl* personnels ◆ **"no effects"** *(Banking)* « sans provision » ; → **personal**
VT *(gen) [+ reform, reduction, payment]* effectuer ; *[+ cure]* obtenir ; *[+ improvement]* apporter ; *[+ transformation]* opérer, effectuer ; *[+ reconciliation, reunion]* amener ; *[+ sale, purchase]* réaliser, effectuer ◆ **to effect change** procéder à des changements ◆ **to effect a saving** faire une économie ◆ **to effect a settlement** arriver à un accord ◆ **negotiation effected the release of the hostages** les négociations ont abouti à *or* ont permis la libération des otages ◆ **to effect an entry** *(frm)* entrer de force

**effecter** /ɪˈfektəʳ/ N effecteur *m*

**effective** /ɪˈfektɪv/ SYN
ADJ [1] *(= successful) [action, method, treatment, policy, deterrent, government, politician]* efficace *(against sth* contre qch ; *in doing sth* pour faire qch) ; *[word, remark, argument]* qui porte, qui a de l'effet ◆ **effective life** *(Pharm)* durée *f* effective
[2] *(= striking) [decoration, pattern, combination]* frappant ◆ **to look effective** faire de l'effet
[3] *(= actual) [control]* effectif ; *[leader]* véritable
[4] *(Econ, Fin) [demand, income]* effectif ; *[interest rate]* net, réel
[5] *(= operative) [law, ceasefire, insurance cover]* en vigueur *(from* à compter de, à partir de) ◆ **to become effective** entrer en vigueur ◆ **to be** *or* **become effective immediately** prendre effet immédiatement ◆ **effective date** date *f* d'entrée en vigueur
[6] *(Mil)* ◆ **effective troops** hommes *mpl* valides
NPL **effectives** *(Mil)* effectifs *mpl*

**effectively** /ɪˈfektɪvlɪ/ ADV [1] *(= successfully) [treat, teach, work]* efficacement ◆ **to function effectively** bien fonctionner
[2] *(= strikingly) [contrast]* de manière frappante
[3] *(= in effect) [prevent, stop]* en réalité

**effectiveness** /ɪˈfektɪvnɪs/ SYN N *(= efficiency)* efficacité *f* ; *(= striking quality)* effet *m* frappant *or* saisissant

**effector** /ɪˈfektəʳ/
ADJ effecteur (-trice *f*)
N effecteur *m*

**effectual** /ɪˈfektjʊəl/ ADJ *(frm) [remedy, punishment]* efficace ; *[document, agreement]* valide

**effectually** /ɪˈfektjʊəlɪ/ ADV *(frm)* efficacement

**effectuate** /ɪˈfektjʊeɪt/ VT *(frm)* effectuer, opérer, réaliser

**effeminacy** /ɪˈfemɪnəsɪ/ SYN N caractère *m* efféminé

**effeminate** /ɪˈfemɪnɪt/ SYN ADJ efféminé

**efferent** /ˈefərənt/ ADJ efférent

**effervesce** /ˌefəˈves/ SYN VI [1] *(= fizz) [liquid]* être *or* entrer en effervescence ; *[drinks]* pétiller, mousser ; *[gas]* se dégager (en effervescence)
[2] *(fig) [person]* déborder *(with* de), être tout excité

**effervescence** /ˌefəˈvesns/ SYN N [1] *(= fizziness)* effervescence *f*, pétillement *m*
[2] *(fig = liveliness)* excitation *f*

**effervescent** /ˌefəˈvesnt/ SYN ADJ [1] *(= fizzy) [liquid, tablet]* effervescent ; *[drink]* gazeux
[2] *(fig = lively)* plein d'entrain

**effete** /ɪˈfiːt/ SYN ADJ *(frm) [person]* mou (molle *f*), veule ; *[empire, civilization]* décadent ; *[government]* affaibli ; *[method]* (devenu) inefficace, stérile

**effeteness** /ɪˈfiːtnɪs/ N *(frm) [of person]* mollesse *f*, veulerie *f (liter)* ; *[of group, civilization]* décadence *f*

**efficacious** /ˌefɪˈkeɪʃəs/ SYN ADJ *(frm)* efficace *(for sth* pour qch ; *against sth* contre qch)

**efficacy** /ˈefɪkəsɪ/ SYN, **efficaciousness** /ˌefɪˈkeɪʃəsnɪs/ N efficacité *f*

**efficiency** /ɪˈfɪʃənsɪ/ SYN
N *[of person]* capacité *f*, compétence *f* ; *[of method]* efficacité *f* ; *[of organization, system]* efficacité *f*, bon fonctionnement *m* ; *[of machine]* bon rendement *m*, bon fonctionnement *m*
COMP **efficiency apartment** N *(US)* studio *m*

**efficient** /ɪˈfɪʃənt/ SYN ADJ *[person, machine, organization, service, method, use]* efficace ; *[car]* d'un bon rendement ◆ **to be efficient in** *or* **at doing sth** faire qch avec efficacité ◆ **to be efficient in one's use of sth** utiliser qch avec efficacité

**efficiently** /ɪˈfɪʃəntlɪ/ ADV *[use, manage]* efficacement ; *[deal with]* avec efficacité ◆ **to work efficiently** *[person]* travailler efficacement ; *[machine]* avoir un bon rendement

**effigy** /ˈefɪdʒɪ/ SYN N effigie *f* ◆ **in effigy** en effigie

**effing**‡ /ˈefɪŋ/ *(Brit euph)*
ADJ ◆ **this effing phone!** ce fichu* téléphone ! ◆ **what an effing waste of time!** merde !‡ quelle perte de temps ! ; → **eff**
N ◆ **effing and blinding** grossièretés *fpl*

**effloresce** /ˌeflɒˈres/ VI *(Chem)* effleurir

**efflorescence** /ˌeflɔːˈresns/ N *(Chem, Med: also liter)* efflorescence *f* ; *[of plant]* floraison *f*

**efflorescent** /ˌeflɔːˈresnt/ ADJ *(Chem)* efflorescent ; *[plant]* en fleur(s)

**effluence** /ˈefluəns/ N émanation *f*, effluence *f (liter)*

**effluent** /ˈefluənt/ SYN ADJ, N effluent *m*

**effluvium** /eˈfluːvɪəm/ N (pl **effluviums** *or* **effluvia** /eˈfluːvɪə/) effluve(s) *m(pl)*, émanation *f*, exhalaison *f* ; *(pej)* exhalaison *f or* émanation *f* fétide

**efflux** /ˈeflʌks/ N ◆ **efflux of capital** fuite *f or* exode *m* de capitaux

**effort** /ˈefət/ SYN N effort *m* ◆ **getting up was an effort** c'était un effort de me *(or* se *etc)* lever ◆ **it's not bad for a first effort** ça n'est pas (si) mal pour un début ◆ **that's a good effort** * ça n'est pas mal (réussi) ◆ **in an effort to solve the problem/be polite** etc pour essayer de résoudre le problème/d'être poli etc ◆ **what do you think of his latest effort?** * qu'est-ce que tu penses de ce qu'il vient de faire ? ◆ **it's a pretty poor effort** * ça n'est pas une réussite or un chef-d'œuvre ◆ **the famine relief effort** la lutte contre la famine ◆ **the government's effort to avoid...** les efforts mpl or les tentatives fpl du gouvernement pour éviter... ◆ **the war effort** l'effort m de guerre ◆ **to do sth by effort of will** faire qch dans un effort de volonté ◆ **with effort** avec difficulté, non sans mal ◆ **without effort** sans peine, sans effort ◆ **it's not worth the effort** cela n'en vaut pas la peine ◆ **it is well worth the effort** cela en vaut vraiment la peine

◆ **to make + effort** ◆ **to make an effort to do sth** faire un effort pour faire qch, s'efforcer de faire qch ◆ **to make an effort to concentrate/to adapt** faire un effort de concentration/d'adaptation ◆ **to make every effort to do sth** (= try hard) faire tous ses efforts or (tout) son possible pour faire qch, s'évertuer à faire qch ; (= take great pains) se donner beaucoup de mal or de peine pour faire qch ◆ **to make little effort to do sth** ne pas faire beaucoup d'effort pour faire qch ◆ **little effort has been made to investigate this case** on ne s'est pas vraiment donné la peine d'enquêter sur cette affaire ◆ **he made no effort to be polite** il ne s'est pas donné la peine d'être poli ◆ **he makes no effort** (Scol) il ne fait aucun effort, il ne s'applique pas ◆ **do make some effort to help!** fais un petit effort pour aider !, essaie d'aider un peu ! ◆ **to make the effort to do sth** faire l'effort de faire qch, se donner le mal de faire qch

**effortful** /ˈefətfʊl/ **ADJ** pénible

**effortless** /ˈefətlɪs/ SYN **ADJ** [movement, style] fluide ; [success, victory] facile ; [charm, elegance, skill, superiority] naturel ◆ **with effortless ease** avec une parfaite aisance

**effortlessly** /ˈefətlɪslɪ/ **ADV** [lift, succeed, beat] sans effort

**effrontery** /ɪˈfrʌntərɪ/ **N** effronterie f ◆ **to have the effrontery to** avoir l'effronterie de

**effusion** /ɪˈfjuːʒən/ SYN **N** [of liquid] écoulement m ; [of blood, gas] effusion f ; (fig) effusion f, épanchement m

**effusive** /ɪˈfjuːsɪv/ SYN **ADJ** [thanks, greeting, welcome] chaleureux ; [praise] enthousiaste ; [person] expansif ◆ **to be effusive in one's thanks/apologies** se confondre en remerciements/excuses

**effusively** /ɪˈfjuːsɪvlɪ/ **ADV** [greet, welcome, praise] avec effusion ◆ **to thank sb effusively** se confondre en remerciements auprès de qn

**E-fit** /ˈiːfɪt/ **N** portrait-robot m électronique

**EFL** /ˌiːefˈel/ **N** (abbrev of **English as a Foreign Language**) → **English** ; ⇒ **TEFL, TESL, TESOL, ELT**

**EFT** /ˌiːefˈtiː/ **N** (abbrev of **electronic funds transfer**) TEF m, transfert m électronique de fonds

**eft** /eft/ **N** (= newt) triton m (crêté), salamandre f d'eau

**EFTA** /ˈeftə/ **N** (abbrev of **European Free Trade Association**) AELE f, Association f européenne de libre-échange

**EFTPOS** /ˈeftpɒs/ **N** (abbrev of **electronic funds transfer at point of sale**) TEF/TPV m

**EFTS** /ˌiːeftiːˈes/ **N** (abbrev of **electronic funds transfer system**) → **electronic**

**eg, e.g.** /ˌiːˈdʒiː/ **ADV** (abbrev of **exempli gratia**) (= for example) par ex.

**egad** †† /ɪˈɡæd/ **EXCL** Dieu du ciel ! †

**egalitarian** /ɪˌɡælɪˈtɛərɪən/
**N** égalitariste mf
**ADJ** [person] égalitariste ; [society, principle, spirit, relationship, policy] égalitaire

**egalitarianism** /ɪˌɡælɪˈtɛərɪənɪzəm/ **N** égalitarisme m

**egest** /ɪˈdʒest/ **VT** évacuer

**egg** /eɡ/
**N** œuf m ◆ **in the egg** dans l'œuf ◆ **eggs and bacon** œufs mpl au bacon ◆ **a three-minute egg** un œuf à la coque ◆ **to lay an egg** (lit) [bird etc] pondre (un œuf) ; (‡ fig = fail) faire un fiasco or un bide ‡ ◆ **to put all one's eggs in one basket** mettre tous ses œufs dans le même panier ◆ **as sure as eggs is eggs** ‡ c'est sûr et certain * ◆ **to have egg on one's face** (fig) avoir l'air plutôt ridicule ◆ **he's a good/bad egg** † * c'est un brave/sale type * ; → **boil**[1], **Scotch**

**VT** * pousser, inciter (to do sth à faire qch)
**COMP** **egg-and-spoon race** **N** course f (à l'œuf et) à la cuillère
**egg custard** **N** ≈ crème f renversée
**egg flip** **N** lait m de poule
**egg roll** **N** (= sandwich) sandwich m à l'œuf ; (Chinese) pâté m impérial
**egg sandwich** **N** sandwich m à l'œuf
**eggs Benedict** **N** œufs pochés sur toast et jambon recouverts de sauce hollandaise
**egg-shaped** **ADJ** en forme d'œuf, ovoïde
**egg-slicer** **N** coupe-œufs m
**egg-timer** **N** (sand) sablier m ; (automatic) minuteur m
**egg whisk** **N** fouet m
**egg white** **N** blanc m d'œuf
**egg yolk** **N** jaune m d'œuf

▸ **egg on** **VT SEP** pousser, inciter (to do sth à faire qch)

**eggbeater** /ˈeɡbiːtər/ **N** (rotary) batteur m (à œufs) ; (whisk) fouet m ; (US * = helicopter) hélico * m, hélicoptère m

**eggcup** /ˈeɡkʌp/ **N** coquetier m

**egghead** * /ˈeɡhed/ **N** intello * mf

**eggnog** /ˈeɡnɒɡ/ **N** lait m de poule

**eggplant** /ˈeɡplɑːnt/ **N** (esp US) aubergine f

**eggshell** /ˈeɡʃel/
**N** coquille f (d'œuf) ◆ **when I'm with him I feel I'm walking on eggshells** quand je suis avec lui, je marche sur des œufs or j'ai toujours peur de dire un mot de travers
**COMP** **eggshell china** **N** coquille f d'œuf (porcelaine)
**eggshell paint** **N** peinture f coquille d'œuf

**egis** /ˈiːdʒɪs/ **N** (US) ⇒ **aegis**

**eglantine** /ˈeɡləntaɪn/ **N** (= flower) églantine f ; (= bush) églantier m

**EGM** /ˌiːdʒiːˈem/ **N** (abbrev of **extraordinary general meeting**) AGE f

**ego** /ˈiːɡəʊ/
**N** (= pride) amour-propre m ◆ **the ego** (Psych) l'ego m , le moi
**COMP** **ego-surf** **VI** naviguer sur Internet à la recherche de son propre nom ou d'éventuels liens vers sa page personnelle
**ego trip** * **N** ◆ **having his name all over the papers is a great ego trip for him** avoir son nom dans tous les journaux flatte son amour-propre ◆ **this lecture is just an ego trip for him** cette conférence ne sert qu'à flatter son amour-propre

**egocentric(al)** /ˌeɡəʊˈsentrɪk(əl)/ **ADJ** égocentrique

**egocentricity** /ˌeɡəʊsenˈtrɪsɪtɪ/ **N** égocentrisme m

**egoism** /ˈeɡəʊɪzəm/ SYN **N** égoïsme m

**egoist** /ˈeɡəʊɪst/ SYN **N** égoïste mf

**egoistic(al)** /ˌeɡəʊˈɪstɪk(əl)/ **ADJ** égoïste

**egomania** /ˌeɡəʊˈmeɪnɪə/ **N** manie f égocentrique

**egomaniac** /ˌeɡəʊˈmeɪnɪæk/ **N** égotiste mf

**egotism** /ˈeɡəʊtɪzəm/ SYN **N** égotisme m

**egotist** /ˈeɡəʊtɪst/ SYN **N** égotiste mf

**egotistic(al)** /ˌeɡəʊˈtɪstɪk(əl)/ **ADJ** égotiste

**egregious** /ɪˈɡriːdʒəs/ **ADJ** (pej) énorme (iro), fameux * before n (iro) ; [folly] extrême ; [blunder] monumental

**egress** /ˈiːɡres/ SYN **N** (gen: frm) sortie f, issue f ; (Astron) émersion f

**egret** /ˈiːɡrɪt/ **N** aigrette f

**Egypt** /ˈiːdʒɪpt/ **N** Égypte f

**Egyptian** /ɪˈdʒɪpʃən/
**ADJ** égyptien, d'Égypte
**N** Égyptien(ne) m(f)
**COMP** **Egyptian Mau** **N** (= cat) mau m égyptien

**Egyptologist** /ˌiːdʒɪpˈtɒlədʒɪst/ **N** égyptologue mf

**Egyptology** /ˌiːdʒɪpˈtɒlədʒɪ/ **N** égyptologie f

**eh** /eɪ/ **EXCL** hein ? *

**EIB** /ˌiːaɪˈbiː/ **N** (abbrev of **European Investment Bank**) BEI f

**Eid** /iːd/ **N** (also **Eid-al-Fitr, Eid-ul-Fitr**) Aïd (el Fitr)

**eider** /ˈaɪdər/ **N** (also **eider duck**) eider m

**eiderdown** /ˈaɪdədaʊn/ **N** [1] (= quilt) édredon m [2] (NonC: down) duvet m (d'eider)

**eidetic** /aɪˈdetɪk/ **ADJ** eidétique

**Eiffel Tower** /ˌaɪfəlˈtaʊər/ **N** tour f Eiffel

**Eiger** /ˈaɪɡər/ **N** Eiger m

**eight** /eɪt/
**ADJ** huit inv ◆ **an eight-hour day** (for worker) la journée de huit heures ◆ **to do** or **work eight-hour shifts** [worker] faire des postes mpl or des roulements mpl de huit heures
**N** huit m inv (also Rowing) ◆ **he's had one over the eight** * il a du vent dans les voiles *, il a un coup dans le nez * ; → **figure** ; pour autres loc voir **six**
**PRON** huit ◆ **there are eight** il y en a huit
**COMP** **eight ball** **N** (US) (Sport) balle noire portant le numéro huit, au billard américain ◆ **to be behind the eight ball** * (fig) être dans une situation impossible

**eighteen** /ˈeɪˈtiːn/
**ADJ** dix-huit inv
**N** dix-huit m inv ; pour loc voir **six**
**PRON** dix-huit ◆ **there are eighteen** il y en a dix-huit

**eighteenth** /ˈeɪˈtiːnθ/
**ADJ** dix-huitième
**N** dix-huitième mf ; (= fraction) dix-huitième m ; pour loc voir **sixth**

**eighth** /eɪtθ/
**ADJ** huitième ◆ **eighth note** (US Mus) croche f
**N** huitième mf ; (= fraction) huitième m ; pour loc voir **sixth**

**eightieth** /ˈeɪtɪəθ/
**ADJ** quatre-vingtième
**N** quatre-vingtième mf ; (= fraction) quatre-vingtième m ; pour loc voir **sixth**

**eightsome reel** /ˈeɪtsəmˈriːl/ **N** danse folklorique écossaise avec huit danseurs

**eighty** /ˈeɪtɪ/
**ADJ** quatre-vingts inv ◆ **about eighty books** environ or à peu près quatre-vingts livres
**N** quatre-vingts m ◆ **about eighty** environ or à peu près quatre-vingts ◆ **eighty-one** quatre-vingt-un ◆ **eighty-two** quatre-vingt-deux ◆ **eighty-first** quatre-vingt-unième ◆ **page eighty** la page quatre-vingt ; pour autres loc voir **sixty**
**PRON** quatre-vingts ◆ **there are eighty** il y en a quatre-vingts
**COMP** **eighty-six** ‡ **VT** (US) (= refuse to serve) refuser de servir ; (= eject) vider *

**Einsteinian** /aɪnˈstaɪnɪən/ **ADJ** einsteinien

**einsteinium** /aɪnˈstaɪnɪəm/ **N** einsteinium m

**Eire** /ˈɛərə/ **N** République f d'Irlande, Eire f

**eirenic** /aɪˈriːnɪk/ **ADJ** irénique

**eisteddfod** /aɪˈstedfəd/ **N** concours de musique et de poésie en gallois

**either** /ˈaɪðər, ˈiːðər/
**ADJ** [1] (= one or other) l'un(e) ou l'autre, n'importe lequel (laquelle f) (des deux) ◆ **either day would suit me** l'un ou l'autre jour me conviendrait, l'un de ces deux jours me conviendrait ◆ **I don't like either book** je n'aime ni l'un ni l'autre de ces livres ◆ **either way** faites-le de l'une ou l'autre façon ◆ **either way** *, **I can't do anything about it** de toute façon or quoi qu'il arrive, je n'y peux rien
[2] (= each) chaque ◆ **in either hand** dans chaque main ◆ **on either side of the street** des deux côtés or de chaque côté de la rue ◆ **on either side lay fields** de part et d'autre s'étendaient des champs
**PRON** l'un(e) m(f) ou l'autre, n'importe lequel (laquelle f) (des deux) ◆ **which bus will you take?** – **either** quel bus prendrez-vous ? – n'importe lequel ◆ **there are two boxes on the table, take either** il y a deux boîtes sur la table, prenez celle que vous voulez or n'importe laquelle ◆ **I don't believe either of them** je ne les crois ni l'un ni l'autre ◆ **give it to either of them** donnez-le soit à l'un soit à l'autre ◆ **if either is attacked the other helps him** si l'un des deux est attaqué l'autre l'aide
**ADV** (after neg statement) non plus ◆ **he sings badly and he can't act either** il chante mal et il ne sait pas jouer non plus or et il ne joue pas mieux ◆ **I have never heard of him** – **no, I haven't either** je n'ai jamais entendu parler de lui – moi non plus
**CONJ** [1] ◆ **either... or** ou (bien)... ou (bien), soit... soit ; (after neg) ni... ni ◆ **he must be either lazy or stupid** il doit être ou paresseux ou stupide ◆ **he must either change his policy or resign** il faut soit qu'il change subj de politique soit qu'il démissionne subj ◆ **either be quiet or go out!** tais-toi ou sors d'ici !, ou (bien) tu te tais ou

(bien) tu sors d'ici ! ◆ **I have never been either to Paris or to Rome** je ne suis jamais allé ni à Paris ni à Rome ◆ **it was either him or his sister** c'était soit lui soit sa sœur, c'était ou (bien) lui ou (bien) sa sœur

② (= *moreover*) ◆ **she got a sum of money, and not such a small one either** elle a reçu une somme d'argent, plutôt rondelette d'ailleurs

**COMP either-or** ADJ ◆ **it is an either-or situation** il n'y a que deux possibilités

**ejaculate** /ɪˈdʒækjʊleɪt/ VTI ① (= *cry out*) s'exclamer, s'écrier
② (*Physiol*) éjaculer

**ejaculation** /ɪˌdʒækjʊˈleɪʃən/ N ① (= *cry*) exclamation *f*, cri *m*
② (*Physiol*) éjaculation *f*

**ejaculatory** /ɪˈdʒækjʊlətərɪ/ ADJ (*Physiol*) éjaculatoire

**eject** /ɪˈdʒekt/ SYN
VT [*+ pilot, CD, object*] éjecter ; [*+ tenant, troublemaker*] expulser ; [*+ trespasser*] chasser, éconduire ; [*+ customer*] expulser, vider ◆ **press "eject"** appuyez sur « éjecter »
VI [*pilot*] s'éjecter

**ejection** /ɪˈdʒekʃən/ SYN
N (*NonC*) [*of person*] expulsion *f* ; [*of pilot, CD, object*] éjection *f*
**COMP ejection seat** (*US*) N ⇒ **ejector seat**

**ejector** /ɪˈdʒektər/
N (*Tech*) éjecteur *m*
**COMP ejector seat** N siège *m* éjectable

**eke** /iːk/ VT ◆ **to eke out** (*by adding*) accroître, augmenter ; (*by saving*) économiser, faire durer ◆ **he ekes out his pension by doing odd jobs** il fait des petits travaux pour arrondir sa pension *or* ses fins de mois ◆ **to eke out a living** *or* **an existence** vivoter

**EKG** /ˌiːkeɪˈdʒiː/ N (*US*) ⇒ **ECG**

**el** /el/ N (*US*) (abbrev of **elevated railroad**) → **elevated**

**elaborate** /ɪˈlæbərɪt/ SYN
ADJ [*system, ritual, preparations, drawing, meal, hoax, joke*] élaboré ; [*costume, clothes, style*] recherché ; [*excuse, plan*] compliqué ; [*precautions*] minutieux ◆ **with elaborate care** avec un soin minutieux
VT /ɪˈlæbəreɪt/ élaborer
VI /ɪˈlæbəreɪt/ donner des détails (*on* sur), entrer dans *or* expliquer les détails (*on* de)
**COMP elaborated code** N (*Ling*) code *m* élaboré

**elaborately** /ɪˈlæbərɪtlɪ/ ADV [*decorated, dressed*] avec recherche ; [*carved, planned*] avec minutie

**elaboration** /ɪˌlæbəˈreɪʃən/ N élaboration *f*

**élan** /eɪˈlɑːn, eɪˈlæn/ N allant *m* ◆ **with élan** avec beaucoup d'allant

**eland** /ˈiːlənd/ N (= *animal*) éland *m*

**elapse** /ɪˈlæps/ SYN VI s'écouler, (se) passer

**elasmobranch** /ɪˈlæsməˌbræŋk/ N (= *fish*) élasmobranche *m*

**elastic** /ɪˈlæstɪk/ SYN
ADJ élastique (*also fig*)
N ① (*NonC*) élastique *m*
② (*also* **baggage** *or* **luggage elastic**) tendeur *m*, sandow ® *m*
**COMP elastic band** N (*esp Brit*) élastique *m*, caoutchouc *m*
**elastic limit** N (*Phys*) limite *f* d'élasticité
**elastic stockings** NPL bas *mpl* à varices

**elasticated** /ɪˈlæstɪkeɪtɪd/ ADJ (*Brit*) élastiqué, à élastique

**elasticity** /ˌiːlæsˈtɪsɪtɪ/ N (*also Econ*) élasticité *f*

**elastomer** /ɪˈlæstəmər/ N (*Chem*) élastomère *m*

**elastomeric** /ɪˌlæstəˈmerɪk/ ADJ (*Chem*) élastomère

**Elastoplast** ® /ɪˈlæstəˌplɑːst/ N (*Brit*) sparadrap *m*

**elate** /ɪˈleɪt/ VT transporter, ravir, enthousiasmer

**elated** /ɪˈleɪtɪd/ SYN ADJ transporté *or* rempli de joie ◆ **to be elated** exulter

**elation** /ɪˈleɪʃən/ SYN N allégresse *f*, exultation *f*

**Elba** /ˈelbə/ N (also **the Island of Elba**) (l'île *f* d')Elbe *f*

**Elbe** /elb/ N (also **the River Elbe**) l'Elbe *f*

**elbow** /ˈelbəʊ/ SYN
N [*of person, road, river, pipe, garment*] coude *m* ◆ **to lean one's elbows on** s'accouder à *or* sur, être accoudé à ◆ **to lean on one's elbow** s'appuyer sur le coude ◆ **at his elbow** à ses côtés ◆ **worn at the elbows** usé aux coudes ◆ **to give sb/get the elbow*** (*Brit*) [*lover*] plaquer *or* laisser tomber qn */* se faire plaquer*;* [*employee*] virer qn */* se faire virer* ◆ **he lifts his elbow a bit** (* (= *euph*) *hum*) il lève le coude *, il picole*;
VI ◆ **to elbow through** jouer des coudes
VT ◆ **to elbow sb (in the face)** donner à qn un coup de coude (au visage) ◆ **to elbow sb aside** (*lit*) écarter qn du coude *or* d'un coup de coude ; (*fig*) jouer des coudes pour écarter qn ◆ **to elbow one's way through** *etc* ⇒ **to elbow through** vi ◆ **to elbow one's way to the top** (*fig*) jouer des coudes pour arriver au sommet
**COMP elbow grease** N ◆ **to use a bit of elbow grease** mettre de l'huile de coude*
**elbow joint** N articulation *f* du coude
**elbow-rest** N accoudoir *m*
**elbow room** N ◆ **to have enough elbow room** (*lit*) avoir de la place pour se retourner ; (*fig*) avoir les coudées franches ◆ **to have no elbow room** (*lit*) être à l'étroit ; (*fig*) ne pas avoir les coudées franches, ne pas avoir de liberté d'action

**elder¹** /ˈeldər/ SYN
ADJ aîné (*de deux*) ◆ **my elder sister** ma sœur aînée ◆ **Pliny the elder** Pline l'Ancien ◆ **Alexander Dumas the elder** Alexandre Dumas père ◆ **elder statesman** vétéran *m* de la politique, homme *m* politique chevronné
N ① (= *older person*) aîné(e) *m(f)* ◆ **one's elders and betters** ses aînés
② (*Rel etc*) [*of Presbyterian Church*] membre *m* du conseil d'une église presbytérienne ◆ **elders** [*of tribe, Church*] anciens *mpl*

**elder²** /ˈeldər/ N (= *plant*) sureau *m*

**elderberry** /ˈeldəberɪ/ N baie *f* de sureau ◆ **elderberry wine** vin *m* de sureau

**elderflower** /ˈeldəflaʊər/ N fleur *f* de sureau

**elderly** /ˈeldəlɪ/
ADJ [*person*] âgé ; [*vehicle, machine etc*] plutôt vieux ◆ **he's getting elderly** il prend de l'âge, il se fait vieux
NPL **the elderly** les personnes *fpl* âgées

**eldest** /ˈeldɪst/ ADJ, N aîné(e) *m(f)* (*de plusieurs*) ◆ **their eldest (child)** leur aîné(e), l'aîné(e) de leurs enfants ◆ **my eldest brother** l'aîné de mes frères

**Eleanor** /ˈelənər/ N Éléonore *f* ◆ **Eleanor of Aquitaine** Aliénor d'Aquitaine

**elec** abbrev of **electric, electricity**

**elect** /ɪˈlekt/ SYN
VT ① (*by vote*) élire ◆ **he was elected chairman/MP** il a été élu président/député ◆ **to elect sb to the senate** élire qn au sénat
② (*frm* = *choose*) ◆ **to elect to smoke/stand/stay** *etc* choisir de *or* décider de fumer/rester debout/rester *etc*
ADJ futur *before n* ◆ **the president elect** le président désigné, le futur président
NPL **the elect** (*esp Rel*) les élus *mpl*
**COMP elected member** N (*Brit Local Govt*) conseiller *m*, -ère *f* municipal(e) *or* régional(e)
**elected official** N élu(e) *m(f)*

**electable** /ɪˈlektəbl/ ADJ (*Pol*) susceptible d'attirer les suffrages *or* d'être élu

**election** /ɪˈlekʃən/ SYN
N élection *f* ◆ **to hold an election** tenir une élection ◆ **to stand for election (to Parliament)** se présenter aux élections législatives ◆ **her election as Tory leader** son élection à la tête du parti conservateur ◆ **his election to the presidency** son élection à la présidence ; → **general**
**COMP** [*speech, agent*] électoral ; [*day, results*] du scrutin ; [*publication*] de propagande électorale
**election campaign** N campagne *f* électorale
**elections judge** N (*US Pol*) scrutateur *m*, -trice *f*

**electioneer** /ɪˌlekʃəˈnɪər/ VI mener une campagne électorale, faire de la propagande électorale

**electioneering** /ɪˌlekʃəˈnɪərɪŋ/
N (= *campaign*) campagne *f* électorale ; (= *propaganda*) propagande *f* électorale
**COMP** [*propaganda, publicity*] électoral ; [*speech*] de propagande électorale

**elective** /ɪˈlektɪv/ SYN
ADJ ① (*frm* = *elected*) [*post, official, body, democracy, dictatorship*] électif ◆ **to hold elective office** (*US*) avoir une fonction élective
② (*frm* = *with power to elect*) [*body, assembly, power*] électoral
③ (*Med*) [*surgery*] non urgent
④ (*esp US Scol, Univ*) [*course*] facultatif ; [*subject*] facultatif, en option
N (*US Scol, Univ*) (= *course*) cours *m* facultatif

**elector** /ɪˈlektər/ SYN N (*gen, Parl*) électeur *m*, -trice *f* ; (*US Parl*) membre *m* du collège électoral ◆ **Elector** (*Hist*) Électeur *m*, prince *m* électeur

**electoral** /ɪˈlektərəl/
ADJ électoral
**COMP electoral boundaries** NPL limites *fpl* des circonscriptions (électorales)
**electoral college** N collège *m* électoral
**electoral district, electoral division** N (*US*) circonscription *f* (électorale)
**the electoral map** N (*US*) la carte électorale
**electoral register, electoral roll** N liste *f* électorale
**electoral vote** N (*US*) vote *m* des grands électeurs

※ **ELECTORAL COLLEGE**
※
※ Selon la Constitution des États-Unis, les
※ Américains n'élisent pas directement leur
※ président et leur vice-président, mais élisent
※ des grands électeurs qui forment ensemble le
※ collège électoral et qui s'engagent à voter
※ pour tel ou tel candidat. Chaque grand élect-
※ eur dispose d'un certain nombre de voix,
※ compris entre 3 et 54 selon l'importance dé-
※ mographique de l'État qu'il représente.

**electorally** /ɪˈlektərəlɪ/ ADV sur le plan électoral

**electorate** /ɪˈlektərɪt/ N électorat *m*, électeurs *mpl*

**Electra** /ɪˈlektrə/
N Électre *f*
**COMP Electra complex** N (*Psych*) complexe *m* d'Électre

**electret** /ɪˈlektrət/ N (*Phys*) électret *m*

**electric** /ɪˈlektrɪk/
ADJ électrique ◆ **the atmosphere was electric** l'ambiance était électrique
NPL **the electrics*** (*Brit*) l'installation *f* électrique
**COMP electric arc welding** N soudure *f* électrique à l'arc
**electric blanket** N couverture *f* chauffante
**electric blue** N bleu *m* électrique
**electric-blue** ADJ bleu électrique *inv*
**electric chair** N chaise *f* électrique
**electric charge** N charge *f* électrique
**electric constant** N (*Phys*) constante *f* électrique
**electric current** N courant *m* électrique
**electric displacement** N (*Phys*) déplacement *m* électrique
**electric eel** N anguille *f* électrique, gymnote *m*
**electric eye** N cellule *f* photoélectrique
**electric fence** N clôture *f* électrifiée
**electric field** N champ *m* électrique
**electric fire** N (*Brit*) radiateur *m* électrique
**electric flux** N (*Phys*) flux *m* électrique
**electric furnace** N four *m* électrique
**electric guitar** N guitare *f* électrique
**electric heater** N chauffage *m* électrique
**electric light** N lumière *f* électrique ; (*NonC* = *lighting*) éclairage *m* électrique
**electric mixer** N mixeur *m*
**electric organ** N (*Mus*) orgue *m* électrique ; (*in fish*) organe *m* électrique
**electric piano** N piano *m* électrique
**electric potential** N potentiel *m* électrique
**electric ray** N (= *fish*) raie *f* électrique
**electric shock** N décharge *f* électrique ◆ **to get an electric shock** recevoir une décharge électrique ◆ **to give sb an electric shock** donner une décharge électrique à qn ◆ **electric shock treatment*** (*Med*) (traitement *m* par) électrochocs *mpl*
**electric socket** N prise *f* électrique *or* de courant
**electric storm** N orage *m* (électrique)
**electric welding** N soudure *f* électrique
**electric wiring** N installation *f* électrique

**electrical** /ɪˈlektrɪkəl/
ADJ électrique
**COMP electrical engineer** N ingénieur *m* électricien
**electrical engineering** N électrotechnique *f*
**electrical failure** N panne *f* dans le circuit électrique
**electrical fault** N défaut *m* du circuit électrique
**electrical fitter** N monteur *m* électricien
**electrical power** N électricité *f*
**electrical shock** N (*US*) ⇒ **electric shock**
**electrical storm** N orage *m* (électrique)

**electrically** /ɪˈlektrɪkəlɪ/ ADV [heated] à l'électricité ; [charged, neutral, self-sufficient] électriquement ◆ **electrically controlled** à commande électrique ◆ **electrically operated** or **powered** électrique

**electrician** /ɪlekˈtrɪʃən/ N électricien m

**electricity** /ɪlekˈtrɪsɪtɪ/
 N (gen) électricité f ◆ **to switch off/on the electricity** (also fig) couper/rétablir le courant or l'électricité ; → **supply**¹
 COMP **electricity board** N (Brit) office m régional de l'électricité
 **electricity strike** N grève f des employés de l'électricité

**electrification** /ɪˌlektrɪfɪˈkeɪʃən/ N électrification f

**electrify** /ɪˈlektrɪfaɪ/
 VT ① [+ railway line] électrifier ; (= charge with electricity) électriser ◆ **to be electrified** [village etc] avoir l'électricité
 ② (fig) [+ audience] électriser, galvaniser
 COMP **electrified fence** N barrière f électrifiée

**electrifying** /ɪˈlektrɪfaɪɪŋ/ ADJ (fig) électrisant, galvanisant

**electroacoustic** /ɪˌlektrəʊəˈkuːstɪk/ ADJ (Mus) électroacoustique ◆ **electroacoustic engineer** électroacousticien(ne) m(f)

**electroacoustics** /ɪˌlektrəʊəˈkuːstɪks/ N électroacoustique f

**electrocardiogram** /ɪˌlektrəʊˈkɑːdɪəɡræm/ N électrocardiogramme m

**electrocardiograph** /ɪˌlektrəʊˈkɑːdɪəɡrɑːf/ N électrocardiographe m

**electrocardiographic** /ɪˈlektrəʊˌkɑːdɪəʊˈɡræfɪk/ ADJ électrocardiographique

**electrocardiography** /ɪˌlektrəʊˌkɑːdɪˈɒɡrəfɪ/ N (Med) électrocardiographie f

**electrochemical** /ɪˌlektrəʊˈkemɪkəl/ ADJ électrochimique

**electrochemistry** /ɪˌlektrəʊˈkemɪstrɪ/ N électrochimie f

**electroconvulsive therapy** /ɪˈlektrəʊkənˌvʌlsɪvˈθerəpɪ/ N (traitement m par) électrochocs mpl ◆ **to give sb/have electroconvulsive therapy** traiter qn/être traité par électrochocs

**electrocute** /ɪˈlektrəkjuːt/ VT électrocuter

**electrocution** /ɪˌlektrəˈkjuːʃən/ N électrocution f

**electrode** /ɪˈlektrəʊd/ N électrode f

**electrodeposit** /ɪˌlektrəʊdɪˈpɒzɪt/
 VT déposer par électrolyse
 N dépôt m électrolytique

**electrodeposition** /ɪˌlektrəʊˌdepəˈzɪʃən/ N (Chem) électrodéposition f

**electrodialysis** /ɪˌlektrəʊdaɪˈælɪsɪs/ N électrodialyse f

**electrodynamic** /ɪˌlektrəʊdaɪˈnæmɪk/ ADJ électrodynamique

**electrodynamics** /ɪˌlektrəʊdaɪˈnæmɪks/ N (NonC) électrodynamique f

**electrodynamometer** /ɪˈlektrəʊˌdaɪnəˈmɒmɪtəʳ/ N électrodynamomètre m

**electroencephalogram** /ɪˈlektrəʊenˈsefələɡræm/ N électro-encéphalogramme m

**electroencephalograph** /ɪˈlektrəʊenˈsefələɡrɑːf/ N appareil permettant de faire des électro-encéphalogrammes

**electroencephalography** /ɪˈlektrəʊˌensefəˈlɒɡrɑːfɪ/ N électro-encéphalographie f

**electroforming** /ɪˈlektrəʊˌfɔːmɪŋ/ N électroformage m

**electrokinetic** /ɪˌlektrəʊkɪˈnetɪk/ ADJ électrocinétique

**electrokinetics** /ɪˌlektrəʊkɪˈnetɪks/ N (NonC) électrocinétique f

**electroluminescence** /ɪˌlektrəʊˌluːmɪˈnesns/ N électroluminescence f

**electroluminescent** /ɪˈlektrəʊˌluːmɪˈnesnt/ ADJ électroluminescent

**electrolyse** /ɪˈlektrəlaɪz/ VT électrolyser

**electrolyser** /ɪˈlektrəlaɪzəʳ/ N électrolyseur m

**electrolysis** /ɪlekˈtrɒlɪsɪs/ N électrolyse f

**electrolyte** /ɪˈlektrəlaɪt/ N électrolyte m

**electrolytic** /ɪˌlektrəʊˈlɪtɪk/ ADJ électrolytique

**electrolyze** /ɪˈlektrəlaɪz/ VT (US) ⇒ **electrolyse**

**electromagnet** /ɪˌlektrəʊˈmæɡnɪt/ N électro-aimant m

**electromagnetic** /ɪˌlektrəʊmæɡˈnetɪk/
 ADJ électromagnétique
 COMP **electromagnetic radiation** N rayonnement m électromagnétique
 **electromagnetic spectrum** N spectre m électromagnétique
 **electromagnetic unit** N unité f électromagnétique
 **electromagnetic wave** N faisceau m hertzien

**electromagnetism** /ɪˈlektrəʊˈmæɡnɪˌtɪzəm/ N électromagnétisme m

**electromechanical** /ɪˌlektrəʊmɪˈkænɪkəl/ ADJ électromécanique

**electromechanics** /ɪˌlektrəʊmɪˈkænɪks/ N (NonC) électromécanique f

**electrometallurgical** /ɪˌlektrəʊˌmetəˈlɜːdʒɪkəl/ ADJ électrométallurgique

**electrometallurgist** /ɪˌlektrəʊmɪˈtælədʒɪst/ N électrométallurgiste m

**electrometallurgy** /ɪˌlektrəʊmɪˈtælədʒɪ/ N électrométallurgie f

**electrometer** /ɪlekˈtrɒmɪtəʳ/ N électromètre m

**electrometric** /ɪˌlektrəʊˈmetrɪk/ ADJ électrométrique

**electrometry** /ɪlekˈtrɒmɪtrɪ/ N électrométrie f

**electromotive** /ɪˌlektrəʊˈməʊtɪv/
 ADJ électromoteur (-trice f)
 COMP **electromotive force** N force f électromotrice

**electromyography** /ɪˌlektrəʊmaɪˈɒɡrəfɪ/ N électromyographie f

**electron** /ɪˈlektrɒn/
 N électron m
 COMP [telescope] électronique
 **electron beam** N faisceau m électronique
 **electron camera** N caméra f électronique
 **electron engineering** N génie m électronique
 **electron gun** N canon m à électrons
 **electron lens** N lentille f électronique
 **electron micrograph** N micrographie f électronique
 **electron microscope** N microscope m électronique
 **electron telescope** N téléscope m électronique

**electronegative** /ɪˌlektrəʊˈneɡətɪv/ ADJ électronégatif

**electronic** /ɪlekˈtrɒnɪk/
 ADJ électronique
 COMP **the electronic age** N l'ère f de l'électronique
 **electronic banking** N opérations fpl bancaires électroniques
 **electronic data processing** N traitement m électronique de l'information or des données
 **electronic engineer** N ingénieur m électronicien, électronicien(ne) m(f)
 **electronic engineering** N électronique f
 **electronic flash** N (Phot) flash m électronique
 **electronic funds transfer** N transfert m électronique de fonds
 **electronic funds transfer system** N système m de transfert électronique de fonds
 **electronic game** N jeu m électronique
 **electronic highway** autoroute f électronique
 **electronic ink** N encre f électronique
 **electronic keyboard** N clavier m électronique
 **electronic mail** N courrier m électronique
 **electronic mailbox** N boîte f aux lettres électronique
 **electronic music** N musique f électronique
 **electronic news gathering** N journalisme m électronique
 **electronic organ** N orgue m électronique
 **electronic point of sale** N point m de vente électronique
 **electronic publishing** N édition f électronique
 **electronic surveillance** N surveillance f électronique
 **electronic tag** N (on prisoner) étiquette f électronique
 **electronic tagging** N (of prisoner) étiquetage m électronique
 **electronic transfer of funds** N transfert m électronique de fonds
 **electronic typewriter** N machine f à écrire électronique

**electronically** /ɪlekˈtrɒnɪkəlɪ/ ADV électroniquement

**electronics** /ɪlekˈtrɒnɪks/ N (NonC) électronique f ◆ **electronics engineer** ingénieur m électronicien, électronicien(ne) m(f)

**electronvolt** /ɪˈlektrɒnˌvəʊlt/ N électron-volt m

**electrophilic** /ɪˌlektrəʊˈfɪlɪk/ ADJ électrophile

**electrophoresis** /ɪˌlektrəʊfəˈriːsɪs/ N électrophorèse f

**electrophorus** /ɪlekˈtrɒfərəs/ N électrophore m

**electrophysiological** /ɪˌlektrəʊˈfɪzɪəʊˈlɒdʒɪkəl/ ADJ électrophysiologique

**electrophysiologist** /ɪˈlektrəʊˈfɪzɪˈɒlədʒɪst/ N électrophysiologiste mf

**electrophysiology** /ɪˈlektrəʊˈfɪzɪˈɒlədʒɪ/ N électrophysiologie f

**electroplate** /ɪˈlektrəʊpleɪt/
 VT plaquer par galvanoplastie ; (with gold) dorer par galvanoplastie ; (with silver) argenter par galvanoplastie ◆ **electroplated nickel silver** ruolz m
 N (NonC) articles mpl plaqués etc par galvanoplastie ; (= silver) articles mpl de ruolz

**electroplating** /ɪˈlektrəʊˌpleɪtɪŋ/ N (= process) galvanoplastie f

**electropositive** /ɪˌlektrəʊˈpɒzɪtɪv/ ADJ électropositif

**electropuncture** /ɪˌlektrəʊˈpʌŋktʃəʳ/ N électroponcture or électropuncture f

**electroscope** /ɪˈlektrəʊskəʊp/ N électroscope m

**electroshock** /ɪˈlektrəʊʃɒk/
 N électrochoc m
 COMP **electroshock baton** N matraque f électrique
 **electroshock therapy, electroshock treatment** N (traitement m par) électrochocs mpl ◆ **to give sb electroshock therapy** or **treatment** traiter qn par électrochocs

**electrostatic** /ɪˌlektrəʊˈstætɪk/
 ADJ électrostatique
 COMP **electrostatic unit** N unité f électrostatique

**electrostatics** /ɪˌlektrəʊˈstætɪks/ N (NonC) électrostatique f

**electrostriction** /ɪˌlektrəʊˈstrɪkʃən/ M électrostriction f

**electrosurgery** /ɪˌlektrəʊˈsɜːdʒərɪ/ N électrochirurgie f

**electrotechnological** /ɪˈlektrəʊˈteknəˈlɒdʒɪkəl/ ADJ électrotechnique

**electrotechnology** /ɪˌlektrəʊtekˈnɒlədʒɪ/ N électrotechnique f

**electrotherapeutics** /ɪˈlektrəʊˈθerəpjuːtɪks/ N (NonC) électrothérapie f

**electrotherapist** /ɪˌlektrəʊˈθerəpɪst/ N électrothérapeute mf

**electrotherapy** /ɪˌlektrəʊˈθerəpɪ/ N électrothérapie f

**electrothermal** /ɪˌlektrəʊˈθɜːməl/, **electrothermic** /ɪˌlektrəʊˈθɜːmɪk/ ADJ électrothermique

**electrotype** /ɪˈlektrəʊtaɪp/
 N galvanotype m
 VT clicher par galvanotypie

**electrovalence** /ɪˈlektrəʊˈveɪlns/, **electrovalency** /ɪˌlektrəʊˈveɪlnsɪ/ N électrovalence f

**electrovalent bond** /ɪˌlektrəʊˈveɪləntbɒnd/ N liaison f électrostatique

**electroweak** /ɪˌlektrəʊˈwiːk/ ADJ électrofaible

**electrum** /ɪˈlektrəm/ N électrum m

**eleemosynary** /ˌelɪˈmɒsɪnərɪ/ ADJ (frm) de bienfaisance, charitable

**elegance** /ˈelɪɡəns/ SYN N (NonC) élégance f

**elegant** /ˈelɪɡənt/ SYN ADJ (lit, fig) élégant

**elegantly** /ˈelɪɡəntlɪ/ ADV [dressed] élégamment, avec élégance ; [furnished, decorated] élégamment ; [written, described] dans un style élégant ◆ **an elegantly simple room** une pièce élégante par sa simplicité ◆ **an elegantly simple idea** une idée d'une élégante simplicité

**elegiac** /ˌelɪˈdʒaɪək/
 ADJ élégiaque
 NPL **elegiacs** poèmes mpl élégiaques
 COMP **elegiac couplet** N distique m élégiaque
 **elegiac stanza** N strophe f élégiaque

**elegy** /'elɪdʒɪ/ SYN N élégie f

**element** /'elɪmənt/ SYN N [1] (Chem, Gram, Med, Phys) élément m ; [of heater, kettle] résistance f ◆ **the elements** (= the weather) les éléments mpl ◆ **the four elements** (= earth, air, fire, water) les quatre éléments mpl ◆ **to be in/out of one's element** être/ne pas être dans son élément ◆ **the elements of mathematics** les éléments mpl or les rudiments mpl des mathématiques
[2] (= aspect) dimension f ; (= factor) élément m, facteur m ; (= small part) part f ; (= group) élément m, composante f ◆ **the comic/tragic/sexual element in his poetry** la dimension comique/tragique/sexuelle dans sa poésie ◆ **the human element** l'élément m humain ◆ **one of the key elements of the peace plan** un des éléments clés du plan de paix ◆ **the element of chance** le facteur chance ◆ **it's the personal element that matters** c'est le rapport personnel qui compte ◆ **an element of danger/truth** une part de danger/de vérité ◆ **the communist element in the trade unions** la composante communiste dans les syndicats ◆ **the hooligan element** les éléments mpl incontrôlés, les hooligans mpl ◆ **the criminal element** les (éléments mpl) criminels mpl
[3] (Rel) ◆ **the Elements** les espèces fpl

**elemental** /ˌelɪ'mentl/ ADJ [1] (liter = primal) [drive, need] fondamental ; [truth] fondamental, premier after n ; [emotion] brute ◆ **the elemental violence/fury of the storm** la violence/fureur brute de l'orage
[2] (Chem, Phys, Astron) élémentaire

**elementary** /ˌelɪ'mentərɪ/ SYN
ADJ élémentaire ◆ **elementary geometry course** cours m de géométrie élémentaire ◆ **elementary, my dear Watson!** élémentaire, mon cher Watson !
COMP **elementary education** †† N ≈ enseignement m primaire
**elementary particle** N (Phys) particule f élémentaire or fondamentale
**elementary school** † N école f primaire
**elementary schooling** † N enseignement m primaire
**elementary student** (US) ≈ élève mf du primaire
**elementary teacher** N (US Educ) professeur m des écoles

**elephant** /'elɪfənt/
N (pl **elephants** or **elephant**) éléphant m ◆ **bull/cow elephant** éléphant m mâle/femelle ◆ **African/Indian elephant** éléphant m d'Afrique/d'Asie ◆ **the elephant in the room**\* (fig) le gros problème dont personne n'ose parler ; → **white**
COMP **elephant seal** N éléphant m de mer
**elephant shrew** N macroscélide m

**elephantiasic** /ˌelɪˈfæntɪˈæsɪk/ ADJ éléphantiasique

**elephantiasis** /ˌelɪfən'taɪəsɪs/ N éléphantiasis f

**elephantine** /ˌelɪ'fæntaɪn/ ADJ (= large) éléphantesque ; (= heavy, clumsy) gauche, lourd ; [wit] lourd

**elevate** /'elɪveɪt/ SYN VT hausser, élever (also Rel)(fig) ; [+ voice] hausser ; [+ mind] élever ; [+ soul] élever, exalter ◆ **to elevate to the peerage** élever à la pairie, anoblir

**elevated** /'elɪveɪtɪd/ SYN
ADJ [1] (= exalted) [position, status, rank, tone, style, thoughts] élevé
[2] (= raised) [position, platform, walkway, track] surélevé
COMP **elevated railroad** N (US) métro m aérien
**elevated train** N (US) rame f de métro aérien

**elevating** /'elɪveɪtɪŋ/ ADJ [reading] qui élève l'esprit

**elevation** /ˌelɪ'veɪʃən/ SYN N [1] (NonC = raising) [of person, standards, temperature] (also Astron, Rel, Shooting, Surv) élévation f ; [of blood pressure] augmentation f ◆ **her elevation to the Cabinet/to the rank of Prime Minister** son accession au gouvernement/au rang de Premier ministre ◆ **his elevation to the papacy/to the peerage** son accession à la dignité de pape/au rang de pair ◆ **the elevation of trash to the status of fine art** la camelote élevée au rang des beaux-arts ◆ **angle of elevation** (Shooting) angle m de hausse
[2] (frm = hill, rise) hauteur f, élévation f
[3] (= altitude) altitude f ◆ **at an elevation of...** à une altitude de...
[4] (Archit) (= drawing) élévation f ; (= façade) [of building] façade f ◆ **front/north elevation** éléva-

tion f frontale/nord ◆ **sectional elevation** coupe f (verticale)
[5] (NonC: frm = loftiness) [of mind, spirit] élévation f

**elevator** /'elɪveɪtər/
N [1] (esp US = lift) ascenseur m ; (= hoist) monte-charge m inv
[2] (US = grain storehouse) silo m (à élévateur pneumatique)
[3] [of plane] gouvernail m de profondeur
[4] (US : also **elevator shoe**) soulier m à talonnette
COMP **elevator car** N (US) cabine f d'ascenseur
**elevator operator** N (US) liftier m, -ière f
**elevator shaft** N (US) cage f d'ascenseur

**eleven** /ɪ'levn/
ADJ onze inv
N [1] (= number) onze m inv ◆ **number eleven** le numéro onze, le onze ◆ **the eleven plus** (Brit Scol) ≈ l'examen m d'entrée en sixième
[2] (Sport) ◆ **the French eleven** le onze de France ◆ **the first eleven** le onze, la première équipe ◆ **the second eleven** la deuxième équipe; pour autres loc voir **six**
PRON onze ◆ **there are eleven** il y en a onze

**elevenses**\* /ɪ'levnzɪz/ NPL (Brit) ≈ pause-café f (dans la matinée)

**eleventh** /ɪ'levnθ/
ADJ onzième ◆ **at the eleventh hour** (fig) à la onzième heure, à la dernière minute
N onzième mf ; (= fraction) onzième m ; pour loc voir **sixth**

**elf** /elf/ N (pl **elves**) (lit) elfe m, lutin m, farfadet m ; (fig) lutin m

**elfin** /'elfɪn/ ADJ [1] (= delicately attractive) [person] aux traits délicats ; [face] délicat
[2] (Myth) [light, music, dance, creature] féerique

**El Greco** /el'grekəʊ/ N le Greco

**elicit** /ɪ'lɪsɪt/ SYN VT [+ reply, explanation, information] obtenir (from de) ; [+ reaction, support] susciter (from de la part de) ; [+ admission, promise] arracher (from à) ◆ **to elicit sympathy from sb** s'attirer la sympathie de qn ◆ **to elicit public sympathy** s'attirer la sympathie du public ◆ **to elicit the facts of a case** tirer une affaire au clair ◆ **to elicit the truth about a case** jeter la lumière sur une affaire ◆ **we managed to elicit that she had had problems at home** nous avons fini par découvrir qu'elle avait eu des problèmes chez elle

**elide** /ɪ'laɪd/ VT [1] (Ling) élider ◆ **to be elided** s'élider
[2] [+ distinctions] gommer

**eligibility** /ˌelɪdʒə'bɪlɪtɪ/ N (for election) éligibilité f ; (for employment) admissibilité f

**eligible** /'elɪdʒəbl/ SYN ADJ (for membership, office) éligible (for à) ; (for job) admissible (for à) ◆ **to be eligible for a pension** avoir droit à la retraite, pouvoir faire valoir ses droits à la retraite (frm) ◆ **to be eligible for promotion** remplir les or satisfaire aux conditions requises pour obtenir de l'avancement ◆ **an eligible bachelor** un beau or bon parti ◆ **he's very eligible**\* c'est un très bon parti

**Elijah** /ɪ'laɪdʒə/ N Élie m

**eliminate** /ɪ'lɪmɪneɪt/ SYN VT [1] [+ alternative, suspicion, competitor, candidate] éliminer, écarter ; [+ possibility] écarter, exclure ; [+ competition, opposition, suspect] éliminer ; [+ hate, stain] enlever, faire disparaître ; [+ bad language, expenditure, detail] éliminer, supprimer ; (Math, Physiol) éliminer
[2] (\* = kill) supprimer, éliminer

**elimination** /ɪˌlɪmɪ'neɪʃən/ N élimination f ◆ **by (the process of) elimination** par élimination

**eliminator** /ɪ'lɪmɪneɪtər/ N (Sport) (épreuve f) éliminatoire f

**ELISA** /ɪ'laɪzə/ N (Med) (abbrev of **enzyme-linked immunosorbent assay**) dosage m ELISA

**Elisha** /ɪ'laɪʃə/ N Élisée m

**elision** /ɪ'lɪʒən/ N élision f

**elite** /ɪ'liːt/ SYN
N (= select group) élite f
ADJ [1] (= select) [group, unit, force, troops] d'élite ; [school, university] prestigieux
[2] (Typography) élite inv

**elitism** /ɪ'liːtɪzəm/ N élitisme m

**elitist** /ɪ'liːtɪst/ ADJ, N élitiste mf

**elixir** /ɪ'lɪksər/ N élixir m ◆ **the elixir of life** l'élixir m de (longue) vie ◆ **elixir of youth** élixir m de jeunesse

**Elizabeth** /ɪ'lɪzəbəθ/ N Élisabeth f

**Elizabethan** /ɪˌlɪzə'biːθən/
ADJ élisabéthain
N Élisabéthain(e) m(f)

**elk** /elk/ N (pl **elk** or **elks**) élan m ◆ **Canadian elk** orignal m

**elkhound** /'elkhaʊnd/ N (= dog) chien m d'élan

**ellipse** /ɪ'lɪps/ N (Math) ellipse f

**ellipsis** /ɪ'lɪpsɪs/ N (pl **ellipses** /ɪ'lɪpsiːz/) (Gram) ellipse f

**ellipsoid** /ɪ'lɪpsɔɪd/ ADJ, N ellipsoïde m

**elliptic(al)** /ɪ'lɪptɪk(əl)/ ADJ (Gram, Math, fig) elliptique

**elliptically** /ɪ'lɪptɪk(ə)lɪ/ ADV [1] (= in elliptical path) [move] en ellipse
[2] (= not explicitly) [speak, write] de manière elliptique

**elm** /elm/ N (= tree, wood) orme m ◆ **young elm** ormeau m ; → **Dutch**

**elocution** /ˌelə'kjuːʃən/ SYN N élocution f, diction f

**elocutionist** /ˌelə'kjuːʃənɪst/ N (= teacher) professeur m d'élocution or de diction ; (= entertainer) diseur m, -euse f

**elongate** /'iːlɒŋgeɪt/ SYN
VT (gen) allonger, étirer ; [+ line] prolonger
VI s'allonger, s'étirer

**elongation** /ˌiːlɒŋ'geɪʃən/ N (gen) allongement m ; [of line etc] prolongement m ; (Astron, Med) élongation f

**elope** /ɪ'ləʊp/ SYN VI [man, woman] s'enfuir ◆ **they eloped** ils se sont enfuis ensemble

**elopement** /ɪ'ləʊpmənt/ N fugue f (amoureuse)

**eloquence** /'eləkwəns/ SYN N éloquence f

**eloquent** /'eləkwənt/ SYN ADJ [person, speech, look, gesture, silence, proof] éloquent ; [hands] expressif ◆ **to be eloquent about or on sth** parler avec éloquence de qch ; → **wax**[2]

**eloquently** /'eləkwəntlɪ/ ADV [speak, express] éloquemment, avec éloquence ; [write] avec éloquence ; [demonstrate] éloquemment

**El Salvador** /el'sælvədɔːr/ N Salvador m ◆ **to El Salvador** au Salvador ◆ **in El Salvador** au Salvador

**else** /els/ ADV ◆ **if all else fails** si rien d'autre ne marche ◆ **how else can I do it?** comment est-ce que je peux le faire autrement ? ◆ **there is little else to be done** il ne reste pas grand-chose d'autre à faire ◆ **they sell books and toys and much else (besides)** ils vendent des livres, des jouets et bien d'autres choses (encore) ◆ **not much else** pas grand-chose d'autre ◆ **what else?** quoi d'autre ? ◆ **what else could I do?** que pouvais-je faire d'autre ? ◆ **where else?** à quel autre endroit ? ◆ **who else?** qui d'autre ?
◆ **anybody/anything** etc **else** ◆ **anybody else would have done it** n'importe qui d'autre l'aurait fait ◆ **is there anybody else there?** y a-t-il quelqu'un d'autre ? ◆ **I'd prefer anything else** tout mais pas ça ! ◆ **have you anything else to say?** avez-vous quelque chose à ajouter ? ◆ **anything else?** (= have you anything more to tell, me, give me etc) c'est tout ? ; (in shop) ce sera tout ? ◆ **will there be anything else sir?** désirez-vous autre chose monsieur ? ◆ **I couldn't do anything else but leave** il ne me restait plus qu'à partir ◆ **can you do it anywhere else?** pouvez-vous le faire ailleurs ? ◆ **you won't find this flower anywhere else** vous ne trouverez cette fleur nulle part ailleurs
◆ **nobody/nothing** etc **else** ◆ **nobody** or **no one else** personne d'autre ◆ **nothing else** rien d'autre ◆ **it was fun if nothing else** au moins on s'est amusé ◆ **we could do nothing else** (= nothing more) nous ne pouvions rien faire de plus ; (= no other thing) nous ne pouvions rien faire d'autre ◆ **there's nothing else for it** c'est inévitable ◆ **nowhere else** nulle part ailleurs ◆ **she had nowhere else to go** c'est le seul endroit où elle pouvait aller
◆ **someone/something** etc **else** ◆ **someone** or **somebody else** quelqu'un d'autre ◆ **may I speak to someone else?** puis-je parler à quelqu'un d'autre ? ◆ **this is someone else's umbrella** c'est le parapluie de quelqu'un d'autre ◆ **something else** autre chose ◆ **she is/it is something else**\* (fig) elle est/c'est vraiment fantastique\* ◆ **somewhere else, someplace else** (US) ailleurs, autre part
◆ **or else** ou bien, sinon, autrement ◆ **do it or else let me** faites-le, ou bien laissez-moi faire ◆ **do it now or else you'll be punished** fais-le

tout de suite, sinon tu seras puni ◆ **do it or else!** \* vous avez intérêt à le faire !

**elsewhere** /ˌelsˈwɛəʳ/ SYN ADV ailleurs, autre part ◆ **from elsewhere** (venu) d'ailleurs ◆ **to go elsewhere** aller ailleurs

**ELT** /ˌiːelˈtiː/ N (abbrev of **English Language Teaching**) → **English** ; → **TEFL, TESL, TESOL, ELT**

**elucidate** /ɪˈluːsɪdeɪt/ SYN VT [+ text] élucider ; [+ mystery] élucider, tirer au clair

**elucidation** /ɪˌluːsɪˈdeɪʃən/ SYN N élucidation f

**elude** /ɪˈluːd/ SYN VT [+ enemy, pursuit, arrest] échapper à ; [+ question] éluder ; [+ police, justice] se dérober à ◆ **to elude sb's grasp** échapper aux mains de qn ◆ **the name eludes me** le nom m'échappe ◆ **success eluded him** le succès restait hors de sa portée ◆ **sleep eluded her** elle n'arrivait pas à trouver le sommeil

**elusive** /ɪˈluːsɪv/ SYN ADJ [person] difficile à joindre ; [animal, truth, happiness] insaisissable ; [quality] indéfinissable ; [goal, target, success, happiness] difficile à atteindre ◆ **the bombers have proved elusive so far** les poseurs de bombe ont jusqu'ici échappé aux recherches

**elusively** /ɪˈluːsɪvlɪ/ ADV ◆ **to behave elusively** se dérober ◆ **… he said elusively** … dit-il pour s'esquiver or pour éluder la question

**elusiveness** /ɪˈluːsɪvnɪs/ N nature f insaisissable, caractère m évasif

**elusory** /ɪˈluːsərɪ/ ADJ ⇒ **elusive**

**elute** /iːˈluːt/ VT éluer

**elution** /iːˈluːʃən/ N élution f

**elver** /ˈelvəʳ/ N civelle f

**elves** /elvz/ NPL of **elf**

**Elysian** /ɪˈlɪzɪən/ ADJ élyséen

**elytron** /ˈelɪtrɒn/ N (pl **elytra** /ˈelɪtrə/) élytre m

**em** /em/ N (Typography) cicéro m

**'em** \* /əm/ PERS PRON ⇒ **them**

**emaciated** /ɪˈmeɪsɪeɪtɪd/ SYN ADJ [person, face] émacié ; [limb] décharné ◆ **to become emaciated** s'émacier

**emaciation** /ɪˌmeɪsɪˈeɪʃən/ SYN N émaciation f

**email, e-mail** /ˈiːmeɪl/ (Comput)
N (abbrev of **electronic mail**) e-mail m, courrier m électronique, courriel m (Can)
VT ◆ **to email sb** envoyer un courrier électronique à or un e-mail à qn ◆ **to email sth** envoyer qch par courrier électronique

**emanate** /ˈemaneɪt/ SYN VI [light, odour] émaner (from de) ; [rumour, document, instruction] émaner, provenir (from de)

**emanation** /ˌeməˈneɪʃən/ SYN N émanation f

**emancipate** /ɪˈmænsɪpeɪt/ SYN VT [+ women] émanciper ; [+ slaves] affranchir ; (fig) émanciper, affranchir, libérer (from de) ◆ **to be emancipated from sth** s'affranchir or s'émanciper de qch

**emancipated** /ɪˈmænsɪpeɪtɪd/ ADJ émancipé, libéré

**emancipation** /ɪˌmænsɪˈpeɪʃən/ SYN N (NonC) [of mankind, women] émancipation f ; [of slaves] affranchissement m, émancipation f ◆ **black/female emancipation** émancipation f des Noirs/de la femme

**emancipator** /ɪˈmænsɪpeɪtəʳ/ N émancipateur m, -trice f

**emasculate** /ɪˈmæskjʊleɪt/
VT émasculer
ADJ /ɪˈmæskjʊlɪt/ émasculé

**emasculation** /ɪˌmæskjʊˈleɪʃən/ N émasculation f

**embalm** /ɪmˈbɑːm/ SYN VT (all senses) embaumer

**embalmer** /ɪmˈbɑːməʳ/ N embaumeur m

**embalming** /ɪmˈbɑːmɪŋ/
N embaumement m
COMP **embalming fluid** N bain m de natron

**embankment** /ɪmˈbæŋkmənt/ N [of path, railway line] talus m, remblai m ; [of road] banquette f (de sûreté) ; [of canal, dam] digue f, chaussée f (de retenue) ; [of river] (= mound of earth) berge f ; (= wall of earth) quai m ◆ **the Embankment** (in London) l'un des quais le long de la Tamise

**embargo** /ɪmˈbɑːgəʊ/ SYN
N (pl **embargoes**) (lit) embargo m ◆ **to impose an embargo on** [+ country etc] imposer un embargo contre ; [+ goods] imposer un embargo sur ◆ **arms embargo** embargo m sur les armes ◆ **an oil embargo** un embargo pétrolier ◆ **to lift an embargo** lever l'embargo ◆ **to enforce an embargo** appliquer l'embargo ◆ **to put an embargo on sth** (fig) mettre l'embargo sur qch, interdire qch
VT mettre l'embargo sur ; (fig = prohibit) interdire

**embark** /ɪmˈbɑːk/ SYN
VT [+ passengers] embarquer, prendre à bord ; [+ goods] embarquer, charger
VI (on ship, plane) embarquer (on à bord de, sur) ◆ **to embark on** (fig) [+ journey] commencer ; [+ business undertaking, deal] s'engager dans, se lancer dans ; [+ doubtful or risky affair, explanation, story] se lancer dans, s'embarquer dans \* ; [+ discussion] se lancer dans

**embarkation** /ˌembɑːˈkeɪʃən/ N [of passengers] embarquement m ; [of cargo] embarquement m, chargement m ◆ **embarkation card** carte f d'embarquement ◆ **"the Embarkation for Cythère"** (Art) « l'Embarquement pour Cythère »

**embarrass** /ɪmˈbærəs/ SYN VT embarrasser, gêner

**embarrassed** /ɪmˈbærəst/ ADJ 1 [person, silence, laugh] gêné, embarrassé ◆ **there was an embarrassed silence** il y eut un silence gêné, un ange est passé ◆ **he looked embarrassed** il avait l'air gêné or embarrassé ◆ **I feel embarrassed about it** cela me gêne or m'embarrasse ◆ **he was embarrassed about discussing his financial difficulties** cela le gênait or l'embarrassait de parler de ses problèmes financiers ◆ **she was embarrassed about her spots** ses boutons étaient une source d'embarras pour elle or la rendaient mal à l'aise ◆ **he was embarrassed at** or **about being the focus of attention** cela le gênait or le mettait dans l'embarras d'être au centre de l'attention ◆ **I was embarrassed for him** j'étais gêné pour lui ◆ **she was embarrassed to be seen with him** cela la gênait d'être vue en sa compagnie
2 ◆ **to be financially embarrassed** être dans l'embarras financièrement, avoir des ennuis d'argent

**embarrassing** /ɪmˈbærəsɪŋ/ SYN ADJ embarrassant, gênant ◆ **to get out of an embarrassing situation** se tirer d'embarras

**embarrassingly** /ɪmˈbærəsɪŋlɪ/ ADV ◆ **embarrassingly short/few/bad** si court/peu/mauvais que c'en est (or était) embarrassant ◆ **embarrassingly for him, he…** à son grand embarras, il… ◆ **embarrassingly, he…** au grand embarras de tous, il…

**embarrassment** /ɪmˈbærəsmənt/ SYN N
1 (= emotion) embarras m, gêne f (at devant) ◆ **to cause sb embarrassment** mettre qn dans l'embarras, embarrasser qn ◆ **financial embarrassment** des ennuis mpl d'argent, des embarras mpl financiers ◆ **it is an embarrassment of riches: Zola, Flaubert, Balzac, Stendhal** on peut dire qu'on a l'embarras du choix : Zola, Flaubert, Balzac, Stendhal
2 (= source of embarrassment) ◆ **her son is an embarrassment to her** son fils est une source d'embarras pour elle ◆ **her scar is an embarrassment to her** sa cicatrice est une source d'embarras pour elle or la rend mal à l'aise

**embassy** /ˈembəsɪ/ N ambassade f ◆ **the French Embassy** l'ambassade f de France

**embattled** /ɪmˈbætld/ ADJ 1 (= beleaguered) [city, country, people, army] assiégé
2 (= troubled) [person, government] aux prises avec des difficultés, en difficulté

**embed** /ɪmˈbed/ VT (in wood) enfoncer ; (in cement) noyer ; (in stone) sceller ; [+ jewel] incruster ; (Ling) enchâsser ◆ **embedded in the memory/mind** gravé dans la mémoire/l'esprit

**embedding** /ɪmˈbedɪŋ/ N action f de sceller, fixation f ; (Ling) enchâssement m

**embellish** /ɪmˈbelɪʃ/ SYN VT (= adorn) embellir, orner (with de) ; [+ manuscript] relever, enjoliver (with de) ; (fig) [+ tale, account] enjoliver, embellir ; [+ truth] broder sur, orner

**embellishment** /ɪmˈbelɪʃmənt/ SYN N
1 (= adornment) embellissement m, ornement m ◆ **stripped of embellishment** dépouillé de tout ornement
2 (= added detail) [of story, truth] embellissement m, enjolivement m
3 (Mus) fioriture f

**ember** /ˈembəʳ/ N charbon m ardent ◆ **the embers** la braise ◆ **the dying embers** les tisons mpl ; → **fan**[1]

**Ember days** /ˈembəˌdeɪz/ NPL (Rel) quatre-temps mpl

**embezzle** /ɪmˈbezl/ SYN
VT détourner
VI détourner des fonds

**embezzlement** /ɪmˈbezlmənt/ SYN N détournement m de fonds

**embezzler** /ɪmˈbezləʳ/ N escroc m

**embitter** /ɪmˈbɪtəʳ/ SYN VT [+ person] aigrir, remplir d'amertume ; [+ relations, disputes] envenimer

**embittered** /ɪmˈbɪtəd/ ADJ [person, relationship] aigri, plein d'amertume

**embittering** /ɪmˈbɪtərɪŋ/ ADJ qui laisse amer

**embitterment** /ɪmˈbɪtəmənt/ N amertume f, aigreur f

**emblazon** /ɪmˈbleɪzən/ SYN VT 1 (= adorn) ◆ **to be emblazoned with sth** arborer fièrement qch ◆ **they were wearing t-shirts emblazoned with the company logo** ils portaient des t-shirts arborant fièrement le logo de l'entreprise ◆ **her name was emblazoned across the cover** son nom était imprimé en grosses lettres sur la couverture
2 (in heraldry) blasonner

**emblem** /ˈembləm/ SYN N (all senses) emblème m

**emblematic** /ˌembləˈmætɪk/ ADJ (= characteristic) typique ◆ **dogs are emblematic of faithfulness** (= symbolic) les chiens sont un symbole de fidélité

**embodiment** /ɪmˈbɒdɪmənt/ SYN N 1 incarnation f, personnification f ◆ **to be the embodiment of progress** incarner le progrès ◆ **he is the embodiment of kindness** c'est la bonté incarnée or personnifiée
2 (= inclusion) incorporation f

**embody** /ɪmˈbɒdɪ/ VT 1 [+ spirit, quality] incarner ; [+ one's thoughts, theories] [person] exprimer, concrétiser, formuler (in dans, en) ; [+ work] exprimer, donner forme à, mettre en application (in dans)
2 (= include) [+ ideas] [person] résumer (in dans) ; [work] renfermer ; [+ features] [machine] réunir

**embolden** /ɪmˈbəʊldən/ SYN VT 1 enhardir ◆ **to embolden sb to do sth** donner à qn le courage de faire qch, enhardir qn à faire qch
2 (Typography) imprimer en gras (or mi-gras)

**embolism** /ˈembəlɪzəm/ N embolie f

**embolus** /ˈembələs/ N (pl **emboli** /ˈembəlaɪ/) (Med) embole m, embolus m

**emboss** /ɪmˈbɒs/ VT [+ metal] travailler en relief, repousser, estamper ; [+ leather, cloth] frapper, gaufrer ; [+ velvet, paper] frapper

**embossed** /ɪmˈbɒst/ ADJ [lettering, letters, design] en relief ; [paper, wallpaper, card] gaufré ; [leather] (with stamp) gaufré ; (with tool) repoussé ; [metal] (with stamp) estampé ; (with tool) repoussé ◆ **embossed writing paper** papier m à lettres à en-tête en relief ◆ **to be embossed with sth** avoir qch en relief ◆ **leather books embossed in gold** des livres à reliure de cuir estampée d'or

**embouchure** /ˌɒmbʊˈʃʊəʳ/ N (Mus) embouchure f

**embrace** /ɪmˈbreɪs/ SYN
VT 1 (= hug) étreindre ; (amorously) enlacer, étreindre
2 (fig) [+ religion] embrasser ; [+ opportunity] saisir ; [+ cause] épouser, embrasser ; [+ offer] profiter de
3 (= include) [person] [+ theme, experience] embrasser ; [+ topics, hypotheses] inclure ; [work] [+ theme, period] embrasser, englober ; [+ ideas, topics] renfermer, comprendre ◆ **his charity embraces all mankind** sa charité s'étend à l'humanité tout entière ◆ **an all-embracing review** une revue d'ensemble
VI s'étreindre, s'embrasser
N (= hug) étreinte f ◆ **they were standing in a tender embrace** ils étaient tendrement enlacés ◆ **he held her in a tender embrace** il l'enlaçait tendrement ◆ **to greet sb with a warm embrace** accueillir qn en l'étreignant chaleureusement ◆ **locked in an embrace** enlacé

**embrasure** /ɪmˈbreɪʒəʳ/ N embrasure f

**embrocation** /ˌembrəʊˈkeɪʃən/ N embrocation f

**embroider** /ɪmˈbrɔɪdəʳ/
VT broder ; (fig: also **embroider on**) [+ facts, truth] broder sur ; [+ story] enjoliver
VI faire de la broderie

**embroidery** /ɪmˈbrɔɪdərɪ/
- **N** broderie f
- COMP **embroidery frame** N métier m or tambour m à broder
- **embroidery silk** N soie f à broder
- **embroidery thread** N fil m à broder

**embroil** /ɪmˈbrɔɪl/ SYN VT entraîner (in dans), mêler (in à) ◆ **to get (o.s.) embroiled in** se laisser entraîner dans, se trouver mêlé à

**embroilment** /ɪmˈbrɔɪlmənt/ N implication f (in dans), participation f (in à)

**embryo** /ˈembrɪəʊ/ SYN N (lit, fig) embryon m ◆ **in embryo** (lit) à l'état or au stade embryonnaire ; (fig) en germe

**embryogenesis** /ˌembrɪəʊˈdʒenəsɪs/ N embryogenèse f

**embryogenic** /ˌembrɪəʊˈdʒenɪk/ ADJ embryogénique

**embryogeny** /ˌembrɪˈɒdʒɪnɪ/ N embryogenèse f

**embryological** /ˌembrɪəˈlɒdʒɪkəl/ ADJ embryologique

**embryologist** /ˌembrɪˈɒlədʒɪst/ N embryologiste mf

**embryology** /ˌembrɪˈɒlədʒɪ/ N embryologie f

**embryonic** /ˌembrɪˈɒnɪk/ ADJ 1 (lit) embryonnaire
2 (fig) en germe

**embus** /ɪmˈbʌs/
- VT (faire) embarquer dans un car
- VI s'embarquer dans un car

**emcee** /ˈemˈsiː/ (US) abbrev of **master of ceremonies**
- N (gen) maître m de cérémonies ; (in show etc) animateur m, meneur m de jeu
- VT [+ show etc] animer

**emend** /ɪˈmend/ SYN VT [+ text] corriger

**emendation** /ˌiːmenˈdeɪʃən/ SYN N correction f

**emerald** /ˈemərəld/
- N (= stone) émeraude f ; (= colour) (vert m) émeraude m
- ADJ (= set with emeralds) (serti) d'émeraudes ; (also **emerald green**) (vert) émeraude inv ◆ **the Emerald Isle** N (liter) l'île f d'Émeraude (Irlande)
- **emerald necklace** N collier m d'émeraudes

**emerge** /ɪˈmɜːdʒ/ SYN VI [person, animal] émerger (from de), sortir (from de) ; [truth, facts] émerger (from de), se dégager ; [difficulties] surgir, apparaître ; [new nation] naître ; [theory, school of thought] apparaître, naître ◆ **it emerges (from this) that...** il (en) ressort que..., il (en) résulte que... ◆ **to emerge as...** (= turn out to be) se révéler (être)...

**emergence** /ɪˈmɜːdʒəns/ SYN N [of truth, facts] émergence f ; [of new nation, theory, school of thought] naissance f

**emergency** /ɪˈmɜːdʒənsɪ/ SYN
- N cas m urgent, imprévu m NonC ◆ **in case of emergency, in an emergency** en cas d'urgence ◆ **to be prepared for any emergency** être prêt à or parer à toute éventualité ◆ **an emergency case** (Med) une urgence ◆ **in this emergency** dans cette situation critique, dans ces circonstances critiques ◆ **state of emergency** état m d'urgence ◆ **to declare a state of emergency** déclarer l'état d'urgence
- COMP [measures, treatment, operation, repair] d'urgence ; [brake, airstrip] de secours ; (= improvised) [mast] de fortune
- **emergency brake** N (US = handbrake) frein m à main
- **emergency centre** N poste m de secours
- **emergency exit** N issue f or sortie f de secours
- **emergency force** N (Mil) force f d'urgence or d'intervention
- **emergency landing** N atterrissage m forcé
- **emergency powers** NPL (Pol) pouvoirs mpl spéciaux
- **emergency rations** NPL vivres mpl de réserve
- **emergency room** N (US Med) ⇒ **emergency ward**
- **emergency service** N (in hospital) service m des urgences ; (on roads) service m de dépannage
- **emergency services** NPL (= police etc) services mpl d'urgence, = police-secours f
- **emergency stop** N arrêt m d'urgence
- **emergency tax** N impôt m extraordinaire
- **emergency telephone** N dispositif m or borne f d'urgence
- **emergency ward** N salle f des urgences

**emergent** /ɪˈmɜːdʒənt/ ADJ [democracy, movement, group, sexuality] naissant, émergent ; (Opt, Philos) émergent ◆ **emergent nation** pays émergent

**emeritus** /ɪˈmerɪtəs/ ADJ (Univ) ◆ **emeritus professor, professor emeritus** professeur m honoraire

**emersion** /ɪˈmɜːʃən/ N (Astron) émersion f

**emery** /ˈemərɪ/
- N émeri m
- COMP **emery board** N lime f à ongles
- **emery cloth** N toile f (d')émeri
- **emery paper** N papier m (d')émeri, papier m de verre

**emetic** /ɪˈmetɪk/ ADJ, N émétique m

**emetin** /ˈemətɪn/, **emetine** /ˈeməˌtiːn/ N émétine f

**emf** (Phys) (abbrev of **electromotive force**) fém f

**emigrant** /ˈemɪɡrənt/
- N (just leaving) émigrant(e) m(f) ; (established) émigré(e) m(f)
- COMP [ship, family] d'émigrants

**emigrate** /ˈemɪɡreɪt/ SYN VI émigrer

**emigration** /ˌemɪˈɡreɪʃən/ SYN N émigration f

**émigré** /ˈemɪɡreɪ/ N émigré(e) m(f)

**Emilia-Romagna** /ɪˈmiːlɪərəʊˈmɑːnjə/ N Émilie-Romagne f

**eminence** /ˈemɪnəns/ SYN N 1 (NonC = distinction) distinction f ◆ **to achieve eminence in one's profession** parvenir à un rang éminent dans sa profession ◆ **to win eminence as a surgeon** acquérir un grand renom comme chirurgien ◆ **the eminence of his position** sa position éminente ◆ **His/Your Eminence** (Rel) Son/Votre Éminence
2 (= high ground) éminence f, élévation f

**éminence grise** /emɪnɑ̃sɡʁiz/ N éminence f grise

**eminent** /ˈemɪnənt/ SYN
- ADJ 1 (= distinguished) [person] éminent ◆ **she is eminent in the field of avionics** c'est une sommité dans le domaine de l'avionique
2 (frm = great) remarquable ◆ **his eminent good sense** son remarquable bon sens
3 (Rel) ◆ **Most Eminent** éminentissime
- COMP **eminent domain** N (Jur) principe de droit selon lequel toutes les terres relèvent, en dernière analyse, de la Couronne ◆ **to take land by eminent domain** procéder à une expropriation (pour cause d'utilité publique)

**eminently** /ˈemɪnəntlɪ/ SYN ADV [sensible, reasonable, capable] parfaitement ; [respectable, qualified] éminemment ; [practical, readable, desirable] tout à fait ; [forgettable] absolument ◆ **to be eminently suitable** convenir parfaitement

**emir** /eˈmɪər/ N émir m

**emirate** /eˈmɪərɪt/ N émirat m

**emissary** /ˈemɪsərɪ/ N émissaire m

**emission** /ɪˈmɪʃən/ SYN
- N (NonC) dégagement m
- NPL **emissions** (= substances) émissions fpl
- COMP **emission spectrum** N spectre m d'émission
- **emissions trading** N échange m (de quotas) d'émissions

**emissivity** /ˌemɪˈsɪvɪtɪ/ N (Phys) émissivité f

**emit** /ɪˈmɪt/ SYN VT [+ gas, heat, smoke] émettre, dégager ; [+ light, waves] émettre ; [+ smell] dégager, exhaler ; [+ lava] répandre ; [+ sound, chuckle] émettre

**emitter** /ɪˈmɪtər/ N (Elec) émetteur m

**Emmaus** /eˈmeɪəs/ N Emmaüs m

**emmenagogic** /ɪˌmenəˈɡɒdʒɪk/ ADJ emménagogue

**emmenagogue** /ɪˈmenəˌɡɒɡ/ N emménagogue m

**Emmenthal** /ˈemənˌtɑːl/ N (= cheese) emmenthal m

**emmetropia** /ˌemɪˈtrəʊpɪə/ N emmétropie f

**emmetropic** /ˌemɪˈtrɒpɪk/ ADJ emmétrope

**Emmy** /ˈemɪ/ N (pl **Emmys** or **Emmies**) oscar de la télévision américaine

**emollient** /ɪˈmɒlɪənt/
- N émollient m
- ADJ [cream] émollient ; (fig) [person] conciliant

**emolument** /ɪˈmɒljʊmənt/ SYN N émoluments mpl

**e-money** /ˈiːˌmʌnɪ/ N monnaie f électronique, argent m virtuel

**emote** * /ɪˈməʊt/ VI donner dans le sentiment *

**emoticon** /ɪˈməʊtɪkən/ N (Comput) emoticon m, smiley m

**emotion** /ɪˈməʊʃən/ N émotion f

**emotional** /ɪˈməʊʃənl/ SYN
- ADJ 1 (= psychological) [problem, support, development, detachment, bond, intensity] affectif ; [shock, disturbance, impact] émotif, affectif ◆ **his emotional state** son état émotionnel ◆ **to make an emotional commitment to sb** s'engager vis-à-vis de qn sur le plan affectif ◆ **on an emotional level** sur le plan affectif ◆ **to be on an emotional high/low** * être dans un état d'exaltation or sur un petit nuage */déprimé
2 (= emotive) ◆ **it is an emotional issue** cette question soulève les passions
3 (= full of emotion) [person] (by nature) émotif ; (on specific occasion) ému ; [moment, situation] de grande émotion ; [experience, story, appeal, speech, farewell, welcome, outburst, scene, response] plein d'émotion ; [decision] guidé par les sentiments ◆ **he became very emotional** il a été très ému ◆ **to be emotional about sth** (by nature) s'émouvoir facilement de qch ◆ **his behaviour was very emotional** il a eu un comportement très émotionnel
- COMP **emotional baggage** * N (pej) expériences fpl personnelles ◆ **his emotional baggage** le poids de son vécu personnel
- **emotional blackmail** * N chantage m affectif
- **emotional cripple** * N (pej) ◆ **to be an emotional cripple** être bloqué sur le plan émotionnel
- **emotional roller coaster** N ◆ **to be on an emotional roller coaster** être pris dans un tourbillon d'émotions
- **emotional wreck** N loque f (sur le plan affectif)

**emotionalism** /ɪˈməʊʃnəlɪzəm/ N émotivité f, sensiblerie f (pej) ◆ **the article was sheer emotionalism** l'article n'était qu'un étalage de sensiblerie

**emotionally** /ɪˈməʊʃnəlɪ/ ADV 1 (= psychologically) [mature, stable, distant, drained] sur le plan affectif or émotionnel ◆ **emotionally deprived** privé d'affection ◆ **to be emotionally disturbed** souffrir de troubles émotifs or affectifs ◆ **an emotionally disturbed child** un(e) enfant caractériel(le) ◆ **as a doctor, one should never become emotionally involved** un médecin ne doit jamais s'impliquer au niveau affectif or émotionnel ◆ **to be emotionally involved with sb** (= be in relationship) avoir une liaison avec qn ◆ **emotionally I was a wreck** sur le plan émotionnel j'étais une loque
2 (= with emotion) [speak, describe, react] avec émotion ◆ **an emotionally charged atmosphere** une atmosphère chargée d'émotion ◆ **an emotionally worded article** un article qui fait appel aux sentiments

**emotionless** /ɪˈməʊʃnlɪs/ ADJ [expression, tone etc] impassible ; [person] imperturbable

**emotive** /ɪˈməʊtɪv/ SYN ADJ [issue, question, subject] qui soulève les passions ; [language, word] à connotations émotionnelles

**empanel** /ɪmˈpænl/ VT (Jur) [+ jury] constituer ◆ **to empanel a juror** inscrire quelqu'un sur la liste du jury

**empanelment** /ɪmˈpænlmənt/ N [of jury] constitution f

**empathetic** /ˌempəˈθetɪk/ ADJ compréhensif (to envers)

**empathetically** /ˌempəˈθetɪkəlɪ/ ADV avec compréhension or sympathie

**empathic** /emˈpæθɪk/ ADJ ⇒ **empathetic**

**empathize** /ˈempəθaɪz/ VI ◆ **to empathize with sb** comprendre ce que ressent qn

**empathy** /ˈempəθɪ/ N empathie f ◆ **to have empathy with sb** comprendre ce que ressent qn ◆ **our empathy with the pain she was suffering** notre compassion f pour la douleur qui était la sienne

**emperor** /ˈempərər/
- N empereur m ◆ **"the Emperor Waltz"** (Mus) « la Valse de l'Empereur »
- COMP **emperor moth** N paon m de nuit
- **emperor penguin** N manchot m empereur

**emphasis** /ˈemfəsɪs/ SYN N (pl **emphases** /ˈemfəsiːz/) 1 (= accent) (in word, phrase) accentuation f, accent m d'intensité ◆ **to speak with emphasis** parler sur un ton d'insistance ◆ **the emphasis is on the first syllable** l'accent d'intensité or l'accentuation tombe sur la première syllabe ◆ **to lay** or **place emphasis on a word**

souligner un mot, insister sur or appuyer sur un mot
[2] (= *importance*) accent m ◆ **to lay** or **place emphasis on one aspect of...** mettre l'accent sur or insister sur un aspect de... ◆ **the school places special emphasis on German** l'école met tout particulièrement l'accent or insiste tout particulièrement sur l'allemand ◆ **the government is putting more emphasis on domestic issues** le gouvernement met plus l'accent or insiste plus sur les affaires nationales ◆ **too much emphasis has been placed on...** on a trop mis l'accent or trop insisté sur... ◆ **special emphasis will be given to...** on accordera une importance toute particulière à... ◆ **a change** or **shift of emphasis** un changement d'orientation or de direction ◆ **the emphasis is on sport** on accorde une importance particulière au sport ◆ **this year the emphasis is on femininity** (*Fashion*) cette année le mot d'ordre est « féminité »

**emphasize** /ˈemfəsaɪz/ SYN VT (= *stress*) [+ *word, fact, point*] insister sur, souligner ; [+ *syllable*] accentuer ; (= *draw attention to*) (*gen*) accentuer ; [+ *sth pleasant or flattering*] mettre en valeur, faire valoir ◆ **this point cannot be too strongly emphasized** on ne saurait trop insister sur ce point ◆ **I must emphasize that...** je dois souligner le fait que... ◆ **the long coat emphasized his height** le long manteau faisait ressortir sa haute taille ◆ **to emphasize the eyes with mascara** mettre les yeux en valeur avec du mascara

**emphatic** /ɪmˈfætɪk/ SYN ADJ [1] (= *forceful*) [*person*] catégorique ; [*condemnation, denial, rejection, response, statement, declaration*] énergique ◆ **the answer is an emphatic yes/no** la réponse est un oui/non catégorique ◆ **to be emphatic about sth** insister sur qch ◆ **she's emphatic that business is improving** elle affirme catégoriquement que les affaires reprennent ◆ **they were quite emphatic that they were not going** ils ont refusé catégoriquement d'y aller ◆ **he was emphatic in his defence of the system** il a vigoureusement défendu le système ◆ **they were emphatic in denying their involvement** ils ont vigoureusement démenti être impliqués
[2] (= *emphasizing*) [*tone, gesture, nod*] emphatique
[3] (= *decisive*) [*victory, defeat*] écrasant ; [*result, winner*] incontestable

**emphatically** /ɪmˈfætɪkəlɪ/ ADV [1] (= *forcefully*) [*say, reply, shake one's head*] énergiquement ; [*deny, reject, refuse*] catégoriquement, énergiquement ◆ **to nod emphatically** acquiescer énergiquement de la tête
[2] (= *definitely*) [*democratic*] clairement ◆ **politics is most emphatically back on the agenda** la politique fait bel et bien un retour en force ◆ **emphatically not** absolument pas ◆ **yes, emphatically!** oui, tout à fait ! ◆ **emphatically no!** non, en aucun cas !, non, absolument pas !

**emphysema** /emfɪˈsiːmə/ N emphysème m

**Empire** /ˈempaɪər/ ADJ [*costume, furniture*] Empire inv

**empire** /ˈempaɪər/ SYN
N (*all senses*) empire m
COMP **empire-builder** N (*fig*) bâtisseur m d'empires
**empire-building** N (*fig*) ◆ **he is empire-building, it is empire-building on his part** il joue les bâtisseurs d'empire
**the Empire State** (*US*) l'État m de New York
**the Empire State Building** N l'Empire State Building m

**empiric** /emˈpɪrɪk/
ADJ empirique
N empiriste mf ; (*Med*) empirique m

**empirical** /emˈpɪrɪkəl/ SYN ADJ empirique

**empirically** /emˈpɪrɪkəlɪ/ ADV [*test*] empiriquement ; [*invalid, testable*] d'un point de vue empirique ◆ **an empirically grounded approach** une approche fondée sur un raisonnement empirique ◆ **empirically based knowledge** connaissances fpl fondées sur un raisonnement empirique ◆ **empirically, therefore, four is the answer** empiriquement, donc, la réponse est quatre

**empiricism** /emˈpɪrɪsɪzəm/ N empirisme m

**empiricist** /emˈpɪrɪsɪst/ ADJ, N empiriste mf

**emplacement** /ɪmˈpleɪsmənt/ SYN N (*Mil*) emplacement m (*d'un canon*)

**emplane** /ɪmˈpleɪn/ VT embarquer

**employ** /ɪmˈplɔɪ/ SYN
VT [+ *person*] employer (*as* comme) ; [+ *means, method, process*] employer, utiliser ; [+ *time*] employer (*in* or *by doing sth* à faire qch) ; [+ *force, cunning*] recourir à, employer ; [+ *skill*] faire usage de, employer ◆ **to be employed in doing sth** être occupé à faire qch ◆ **he would be better employed painting the house** il ferait mieux de repeindre la maison
N ◆ **to be in sb's employ** être employé par qn, travailler chez or pour qn ; (*of domestic staff*) être au service de qn

**employable** /ɪmˈplɔɪəbəl/ ADJ [*person*] capable d'entrer sur le marché de l'emploi ◆ **employable skills** compétences fpl utilisables

**employee** /ɪmplɔɪˈiː/ SYN
N salarié(e) m(f) ◆ **to be an employee of...** travailler chez... ◆ **employee benefit** avantage social
COMP **employee stock ownership plans** NPL (*US*) actionnariat m ouvrier or des salariés

**employer** /ɪmˈplɔɪər/ SYN
N employeur m, -euse f ◆ **employers** (*collectively*) le patronat ◆ **my employer** mon employeur
COMP **employer's contribution** N (*Insurance*) cotisation f patronale
**employers' federation** N syndicat m patronal, fédération f patronale
**employer's liability** N (*Jur*) responsabilité patronale

**employment** /ɪmˈplɔɪmənt/ SYN
N (*NonC* = *jobs collectively*) emploi m NonC ; (= *a job*) emploi m, travail m ; (*modest*) place f ; (*important*) situation f ◆ **full employment** le plein emploi ◆ **in employment** qui travaille, qui a un emploi ◆ **the numbers in employment** les actifs mpl ◆ **in sb's employment** employé par qn ; (*domestic staff*) au service de qn ◆ **without employment** sans emploi, au chômage ◆ **conditions/place of employment** conditions fpl/lieu m de travail ◆ **to seek/find/take up employment (with)** chercher/trouver/prendre un emploi (chez) ; → **department, minister, secretary**
COMP **employment agency** N agence f de placement
**employment discrimination** N discrimination f à l'embauche
**employment exchange** † N (*Brit*) bourse f du travail
**employment law** (*Jur*) droit m du travail
**employment office** N (*Brit*) ≈ bureau m de l'Agence nationale pour l'emploi
**Employment Service** N (*US*) ≈ Agence f nationale pour l'emploi
**employment tribunal** N ≈ conseil m de prud'hommes

**emporium** /emˈpɔːrɪəm/ SYN N (*pl* **emporiums** or **emporia** /emˈpɔːrɪə/) (= *shop*) grand magasin m, bazar m ; (= *market*) centre m commercial, marché m

**empower** /ɪmˈpaʊər/ SYN VT [1] (= *authorize*) ◆ **to empower sb to do sth** autoriser qn à faire qch ; (*Jur*) habiliter qn à faire qch ◆ **to be empowered to do sth** avoir pleins pouvoirs pour faire qch
[2] ◆ **to empower sb** (= *make stronger*) rendre qn plus fort ; (= *make more independent*) permettre à qn de s'assumer

**empowering** /ɪmˈpaʊərɪŋ/ ADJ ◆ **such experiences can be empowering** ce type d'expérience peut aider les gens à s'assumer

**empowerment** /ɪmˈpaʊərmənt/ N [1] (*Pol, Soc*) responsabilisation f ◆ **the empowerment of minorities** la responsabilisation f des minorités
[2] (*in workplace*) délégation f des responsabilités

**empress** /ˈemprɪs/ N impératrice f

**emptiness** /ˈemptɪnɪs/ SYN N vide m ; [*of pleasures etc*] vanité f ◆ **the emptiness of life** le vide de l'existence

**empty** /ˈemptɪ/ SYN
ADJ [1] (= *containing nothing*) [*place, building, container, seat, vehicle, hand, days*] vide (*of sth* de qch) ; [*ship*] vide, lège (*Naut*) ; [*landscape*] désert ; (*Ling*) vide ◆ **she was staring into empty space** elle regardait fixement dans le vide ◆ **there was an empty space at the table** il y avait une place vide à la table ◆ **on an empty stomach** l'estomac vide, à jeun ◆ **his face and eyes were empty of all expression** son visage et ses yeux étaient dénués de toute expression ◆ **empty of**

**emotion** or **feeling** incapable de ressentir la moindre émotion ◆ **to be running on empty** [*car*] avoir le réservoir pratiquement vide ; (*fig*) [*person*] avoir l'estomac vide ; [*organization*] être à bout de souffle ◆ **empty vessels make most noise** (*Prov*) ce sont les tonneaux vides qui font le plus de bruit ; see also **comp**
[2] (= *meaningless*) [*phrase, words, rhetoric*] creux ; [*dream, hope, exercise*] vain ◆ **empty talk** verbiage m ◆ **empty promises/threats** promesses fpl/menaces fpl en l'air ◆ **it's an empty gesture** c'est un geste vide de sens or un geste qui ne veut rien dire ◆ **my life is empty without you** ma vie est vide sans toi
[3] (= *numb*) [*person*] vidé ; [*feeling*] de vide ◆ **when I heard the news I felt empty** quand j'ai appris la nouvelle, je me suis senti vidé
NPL **empties** (= *bottles*) bouteilles fpl vides ; (= *boxes etc*) boîtes fpl or emballages mpl vides ; (= *glasses*) (*in pub etc*) verres mpl vides
VT [1] (= *discharge*) [+ *box, glass, bin, pond, pocket*] vider ; [+ *tank*] vider, vidanger ; [+ *vehicle*] décharger ◆ **the burglars emptied the shop** les voleurs ont dévalisé le magasin ◆ **television has emptied the cinemas** la télévision a vidé les cinémas ◆ **his singing emptied the room** la salle s'est vidée quand il a chanté
[2] (*also* **empty out**) [+ *bricks, books*] sortir ; [+ *rubbish*] vider (*of, from* de ; *into* dans) ; [+ *liquid*] vider (*from* de), verser (*from* de ; *into* dans), transvaser (*into* dans)
VI [*water*] se déverser, s'écouler ; [*river*] se jeter (*into* dans) ; [*building, room, container*] se vider
COMP **empty calories** NPL calories fpl inutiles
**empty-handed** ADJ les mains vides ◆ **to return empty-handed** revenir bredouille or les mains vides
**empty-headed** SYN ADJ sot (sotte f), sans cervelle ◆ **an empty-headed girl** une écervelée, une évaporée
**empty-nester** * N personne dont les enfants ont quitté la maison

**empyema** /ˌempaɪˈiːmə/ N (*pl* **empyemas** or **empyemata** /ˌempaɪˈiːmətə/) empyème m

**empyrean** /ˌempaɪˈriːən/ N (*liter*) ◆ **the empyrean** l'empyrée m (*liter*)

**EMS** /ˌiːemˈes/ N [1] (*abbrev of* **European Monetary System**) SME m
[2] (*US*) *abbrev of* **Emergency Medical Service**

**EMU** /ˌiːemˈjuː/ N (*abbrev of* **economic and monetary union**) UME f

**emu** /ˈiːmjuː/ N émeu m

**e.m.u.** /ˌiːemˈjuː/ N (*abbrev of* **electromagnetic unit**) unité f électromagnétique

**emulate** /ˈemjʊleɪt/ VT imiter ; (*Comput*) émuler

**emulation** /ˌemjʊˈleɪʃən/ N imitation f ; (*Comput*) émulation f

**emulator** /ˈemjʊleɪtər/ N (*Comput*) émulateur m

**emulsification** /ɪˌmʌlsɪfɪˈkeɪʃən/ N (*Chem*) émulsification f

**emulsifier** /ɪˈmʌlsɪfaɪər/ N émulsifiant m

**emulsify** /ɪˈmʌlsɪfaɪ/ VTI émulsionner

**emulsion** /ɪˈmʌlʃən/
N (*also Phot*) émulsion f ◆ **emulsion (paint)** peinture-émulsion f
VT peindre (*avec une peinture-émulsion*)

**emulsive** /ɪˈmʌlsɪv/ ADJ (*Chem*) émulsif, émulsifiant

**en** /en/ N (*Typography*) n m, lettre f moyenne

**enable** /ɪˈneɪbl/ SYN
VT ◆ **to enable sb to do sth** (= *give opportunity*) permettre à qn de faire qch, donner à qn la possibilité de faire qch ; (= *give means*) permettre à qn de faire qch, donner à qn le moyen de faire qch ; (*Jur etc* = *authorize*) habiliter qn à faire qch, donner pouvoir à qn de faire qch
COMP **enabling legislation** N loi f d'habilitation

**-enabled** /ɪˈneɪbld/ SUFF ◆ **a WAP-enabled phone** un téléphone WAP ◆ **internet-enabled mobile phones** des téléphones portables pouvant être connectés à Internet

**enabler** /ɪˈneɪblər/ N ◆ **we are enablers, not service providers** notre vocation n'est pas de fournir des services mais d'aider les gens à trouver des solutions eux-mêmes ◆ **to act as enablers of local artists** encourager les artistes de la région

**enact** /ɪˈnækt/ SYN
VT [1] (*Jur*) [+ *law, decree*] promulguer, passer ◆ **as by law enacted** aux termes de la loi, selon la loi

**enactment** | **end**

2 (= *perform*) [+ *play*] représenter, jouer ; [+ *part*] jouer ◆ **the drama which was enacted yesterday** (*fig*) le drame qui s'est déroulé hier
**COMP enacting terms** NPL dispositif *m* d'un jugement

**enactment** /ɪˈnæktmənt/ SYN N promulgation *f*

**enamel** /ɪˈnæməl/
**N** 1 (*NonC: most senses*) émail *m* ◆ **nail enamel** vernis *m* à ongles (laqué) ◆ **tooth enamel** émail *m* dentaire
2 (*Art*) ◆ **an enamel** un émail
**VT** émailler
**COMP** [*ornament, brooch*] en émail
**enamel paint** N peinture *f* laquée
**enamel painting** N (*Art*) peinture *f* sur émail
**enamel saucepan** N casserole *f* en fonte émaillée

**enamelled** /ɪˈnæməld/ ADJ [*jewellery, bath, saucepan*] en émail ; [*metal*] émaillé

**enamelling** /ɪˈnæməlɪŋ/ N émaillage *m*

**enamelware** /ɪˈnæməlweəʳ/ N (*NonC*) articles *mpl* en métal émaillé

**enamoured, enamored** (US) /ɪˈnæməd/ SYN ADJ (*liter or hum*) ◆ **to be enamoured of** [+ *person*] être amoureux or épris de ; [+ *thing*] être enchanté de, être séduit par ◆ **she was not enamoured of the idea** (*hum*) l'idée ne l'enchantait pas

**enantiomorphic** /enˌæntɪəˈmɔːfɪk/ ADJ énantiomorphe

**enc** 1 (abbrev of **enclosure**) PJ
2 (abbrev of **enclosed**) ci-joint

**encamp** /ɪnˈkæmp/
**VI** camper
**VT** faire camper

**encampment** /ɪnˈkæmpmənt/ SYN N campement *m*

**encapsulate** /ɪnˈkæpsjʊleɪt/ SYN VT incarner (l'essence de) ; (*Pharm, Space*) mettre en capsule

**encase** /ɪnˈkeɪs/ VT (= *contain*) enfermer, enchâsser (*in dans*) ; (= *cover*) enrober (*in de*)

**encash** /ɪnˈkæʃ/ VT (*Brit*) [+ *cheque*] encaisser, toucher

**encashment** /ɪnˈkæʃmənt/ N (*Brit*) encaissement *m*

**encaustic** /enˈkɔːstɪk/
**ADJ** [*painting*] à l'encaustique ; [*tile, brick*] vernissé
**N** (= *painting*) encaustique *f*

**encephala** /enˈsefələ/ NPL of **encephalon**

**encephalic** /ensɪˈfælɪk/ ADJ encéphalique

**encephalin** /enˈsefəlɪn/ N encéphaline *f*

**encephalitis** /ˌensefəˈlaɪtɪs/ N encéphalite *f*

**encephalogram** /enˈsefələgræm/ N encéphalogramme *m*

**encephalography** /ˌensefəˈlɒgrəfɪ/ N encéphalographie *f*

**encephalomyelitis** /enˈsefələʊˌmaɪəˈlaɪtɪs/ N encéphalomyélite *f*

**encephalon** /enˈsefəlɒn/ N (pl **encephala**) encéphale *m*

**encephalopathy** /ˌensefəˈlɒpəθɪ/ N encéphalopathie *f*

**enchain** /ɪnˈtʃeɪn/ VT enchaîner

**enchant** /ɪnˈtʃɑːnt/ SYN VT 1 (= *put under spell*) enchanter, ensorceler ◆ **the enchanted wood** le bois enchanté
2 (*fig* = *delight*) enchanter, ravir

**enchanter** /ɪnˈtʃɑːntəʳ/ SYN
**N** enchanteur *m*
**COMP enchanter's nightshade** N (= *plant*) circée *f* de Paris

**enchanting** /ɪnˈtʃɑːntɪŋ/ SYN ADJ ravissant

**enchantingly** /ɪnˈtʃɑːntɪŋlɪ/ ADV [*dress, dance*] d'une façon ravissante ; [*smile*] d'une façon charmante ◆ **the enchantingly named "via della Gatta"** la rue au nom charmant de « via della Gatta » ◆ **she is enchantingly pretty** elle est jolie et pleine de charme ◆ **she is enchantingly beautiful** elle est belle à ravir

**enchantment** /ɪnˈtʃɑːntmənt/ SYN N 1 (= *spell*) enchantement *m*, ensorcellement *m*
2 (*fig* = *appeal*) charme *m* ◆ **the forest had its own peculiar enchantment** la forêt avait son charme bien particulier ◆ **the many enchantments of Venice** les nombreux charmes *mpl* or enchantements *mpl* de Venise

**enchantress** /ɪnˈtʃɑːntrɪs/ SYN N enchanteresse *f*

**enchilada** /ˌentʃɪˈlɑːdə/ N 1 (*Culin*) enchilada *f*
2 (US) ◆ **big enchilada*** (= *bigwig*) huile* *f* , grosse légume* *f*

**encircle** /ɪnˈsɜːkl/ VT (*gen*) entourer ; [*troops, men, police*] encercler, cerner, entourer ; [*walls, belt, bracelet*] entourer, ceindre

**encirclement** /ɪnˈsɜːklmənt/ N encerclement *m*

**encircling** /ɪnˈsɜːklɪŋ/
**N** encerclement *m*
**ADJ** qui encercle ◆ **encircling movement** manœuvre *f* d'encerclement

**encl.** (abbrev of **enclosure(s)**) PJ, pièce(s) *f(pl)* jointe(s)

**enclave** /ˈenkleɪv/ N enclave *f*

**enclitic** /ɪnˈklɪtɪk/ N enclitique *m*

**enclose** /ɪnˈkləʊz/ LANGUAGE IN USE 20.2, 20.3, 20.6
SYN VT 1 (= *fence in*) enclore, clôturer ; (= *surround*) entourer, ceindre (*with de*) ; (*Rel*) cloîtrer ◆ **to enclose within** enfermer dans
2 (*with letter etc*) joindre (*in, with* à) ◆ **to enclose sth in a letter** joindre qch à une lettre, inclure qch dans une lettre ◆ **letter enclosing a receipt** lettre *f* contenant un reçu ◆ **please find enclosed** veuillez trouver ci-joint ◆ **the enclosed cheque** le chèque ci-joint or ci-inclus

**enclosed** /ɪnˈkləʊzd/
**ADJ** [*area*] fermé ; [*garden*] clos, clôturé ; [*path*] clôturé ◆ **an enclosed space** un espace clos ◆ **an enclosed community** (*Rel*) une communauté retirée
**COMP enclosed order** N (*Rel*) ordre *m* cloîtré

**enclosure** /ɪnˈkləʊʒəʳ/
**N** 1 (*NonC*) [*of land*] fait *m* de clôturer ; (*Brit Hist*) enclosure *f*
2 (= *ground enclosed*) enclos *m*, enceinte *f* ; [*of monastery*] clôture *f* ; (= *fence etc*) enceinte *f*, clôture *f* ◆ **the enclosure** [*of racecourse*] le pesage ◆ **the public enclosure** la pelouse ◆ **the royal enclosure** l'enceinte *f* réservée à la famille royale
3 (= *document etc enclosed*) pièce *f* jointe, document *m* ci-joint or ci-inclus ◆ **"enclosure(s)"** pièce(s) jointe(s)
**COMP enclosure wall** N mur *m* d'enceinte

**encode** /ɪnˈkəʊd/ VTI coder ; (*Comput*) coder, encoder ; (*Ling*) encoder

**encoder** /ɪnˈkəʊdəʳ/ N (*Comput*) encodeur *m*

**encoding** /ɪnˈkəʊdɪŋ/ N [*of message*] codage *m* ; (*Comput, Ling*) encodage *m*

**encomium** /ɪnˈkəʊmɪəm/ N (pl **encomiums** or **encomia** /ɪnˈkəʊmɪə/) panégyrique *m*, éloge *m*

**encompass** /ɪnˈkʌmpəs/ SYN VT (*gen*) couvrir ; (= *include*) englober, comprendre

**encore** /ɒŋˈkɔːʳ/
**EXCL** bis !
**N** /ˈɒŋkɔːʳ/ bis *m*, rappel *m* ◆ **to call for an encore** bisser, crier « bis » ◆ **to play an encore** jouer or faire un bis ◆ **the pianist gave several encores** le pianiste a interprété plusieurs morceaux en rappel or a donné plusieurs rappels
**VT** [+ *song, act*] bisser

**encounter** /ɪnˈkaʊntəʳ/ SYN
**VT** [+ *person*] rencontrer (à l'improviste), tomber sur ; [+ *enemy*] affronter, rencontrer ; [+ *opposition*] se heurter à ; [+ *difficulties*] rencontrer, éprouver ; [+ *danger*] affronter ◆ **to encounter enemy fire** essuyer le feu de l'ennemi
**N** rencontre *f* (inattendue) ; (*Mil*) rencontre *f*, engagement *m*, combat *m*
**COMP encounter group** N atelier *m* de psychothérapie de groupe

**encourage** /ɪnˈkʌrɪdʒ/ SYN VT [+ *person*] encourager ; [+ *arts, industry, projects, development, growth*] encourager, favoriser ; [+ *bad habits*] encourager, flatter ◆ **to encourage sb to do sth** encourager or inciter qn à faire qch ◆ **to encourage sb in his belief that...** confirmer or conforter qn dans sa croyance que... ◆ **to encourage sb in his desire to do sth** encourager le désir de qn de faire qch

**encouragement** /ɪnˈkʌrɪdʒmənt/ SYN N encouragement *m* ; (*to a deed*) incitation *f* (*to* à) ; (= *support*) encouragement *m*, appui *m*, soutien *m*

**encouraging** /ɪnˈkʌrɪdʒɪŋ/ SYN ADJ encourageant

**encouragingly** /ɪnˈkʌrɪdʒɪŋlɪ/ ADV [*say, smile, nod*] de manière encourageante ◆ **the theatre was encouragingly full** le public était nombreux, ce qui était encourageant ◆ **encouragingly, inflation is slowing down** l'inflation est en baisse, ce qui est encourageant

**encroach** /ɪnˈkrəʊtʃ/ SYN VI (*on sb's land, time, rights*) empiéter (*on sur*) ◆ **the sea is encroaching (on the land)** la mer gagne du terrain (sur la terre ferme) ◆ **to encroach on sb's turf** (*US fig*) marcher sur les plates-bandes de qn ◆ **I followed the road through encroaching trees and bushes** j'ai suivi la route, qui était envahie par les arbres et les buissons

**encroachment** /ɪnˈkrəʊtʃmənt/ SYN N empiètement *m* (*on sur*) ◆ **a major encroachment on the power of the central authorities** un empiétement de taille sur le pouvoir du gouvernement central ◆ **it's a sign of the encroachment of commercialism on medicine** c'est un signe d'envahissement de la médecine par le mercantilisme

**encrustation** /ɪnkrʌˈsteɪʃən/ N [*of earth, cement etc*] croûte *f*

**encrusted** /ɪnˈkrʌstɪd/ ADJ ◆ **encrusted with** [+ *jewels, gold*] incrusté de ; [+ *moss, snow*] recouvert (d'une couche) de ◆ **a jewel-encrusted box** une boîte incrustée de pierres précieuses

**encrypt** /ɪnˈkrɪpt/ VT (*Comput, Telec, TV*) crypter

**encryption** /ɪnˈkrɪpʃən/ N (*Comput, Telec, TV*) cryptage *m*

**encumber** /ɪnˈkʌmbəʳ/ SYN VT [+ *person, room*] encombrer (*with de*) ◆ **encumbered with debts** [*person*] criblé de dettes

**encumbrance** /ɪnˈkʌmbrəns/ SYN N (= *burden*) fardeau *m* ; (*inhibiting career etc*) handicap *m*, gêne *f* ; (*furniture, skirts etc*) gêne *f* ; (*mortgage*) charge *f* hypothécaire ◆ **to be an encumbrance to sb** (*fig*) être un fardeau pour qn, être une gêne pour qn

**encyclical** /ɪnˈsɪklɪkəl/ ADJ, N encyclique *f*

**encyclop(a)edia** /ɪnˌsaɪkləʊˈpiːdɪə/ N encyclopédie *f* ; → **walking**

**encyclop(a)edic** /ɪnˌsaɪkləʊˈpiːdɪk/ ADJ encyclopédique ◆ **to have an encyclop(a)edic knowledge of sth** avoir une connaissance encyclopédique de qch

**encyclop(a)edist** /ɪnˌsaɪkləʊˈpiːdɪst/ N encyclopédiste *mf*

**encyst** /enˈsɪst/ VT enkyster

**encystment** /enˈsɪstmənt/ N enkystement *m*

---

**end** /end/ SYN

1 - NOUN
2 - TRANSITIVE VERB
3 - INTRANSITIVE VERB
4 - COMPOUNDS
5 - PHRASAL VERBS

---

**1 - NOUN**

1 [= FARTHEST PART] [*of road, string, table, branch, finger*] bout *m*, extrémité *f* ; [*of procession, line of people*] bout *m*, queue *f* ; [*of garden*] fond *m* ; [*of telephone line*] bout *m* ; [*of spectrum*] extrémité *f* ◆ **the fourth from the end** le quatrième en partant de la fin ◆ **from end to end** d'un bout à l'autre, de bout en bout ◆ **end to end** bout à bout ◆ **the southern end of the town** l'extrémité sud de la ville ◆ **the ships collided end on** les bateaux se sont heurtés de front ◆ **to the ends of the earth** jusqu'au bout du monde ◆ **to change ends** (*Sport*) changer de côté or de camp ◆ **you've opened the packet at the wrong end** vous avez ouvert le paquet par le mauvais bout or du mauvais côté ◆ **to be on the wrong end of sth** (*fig*) faire les frais de qch ◆ **the end of the road** or **line** (*fig*) la fin du voyage ◆ **to reach the end of the line** (*fig*) être au bout du rouleau ◆ **there was silence at the other end of the line** (*Telec*) il y eut un silence à l'autre bout du fil ◆ **at the other end of the social scale** à l'autre bout de l'échelle sociale ◆ **he can't see beyond the end of his nose** il ne voit pas plus loin que le bout de son nez ◆ **to keep one's end up*** se défendre (assez bien) ◆ **to make (both) ends meet** (faire) joindre les deux bouts ◆ **to play both ends against the middle*** jouer les uns contre les autres ◆ **how are things at your end?** comment vont les choses de ton côté ? ◆ **to get one's end away**‡ s'envoyer en l'air*

2 [= CONCLUSION] *[of story, chapter, month]* fin *f* ; *[of work]* achèvement *m*, fin *f* ; *[of efforts]* fin *f*, aboutissement *m* ; *[of meeting]* fin *f*, issue *f* • **the end of a session** la clôture d'une séance • **the end of the world** la fin du monde • **it's not the end of the world!*** ce n'est pas la fin du monde ! • **to or until the end of time** jusqu'à la fin des temps • **to read a book to the very end** lire un livre de A à Z *or* jusqu'à la dernière page • **to get to the end of** *[+ supplies, food]* finir ; *[+ work, essay]* venir à bout de ; *[+ troubles]* (se) sortir de ; *[+ holiday]* arriver à la fin de • **we shall never hear the end of it** on n'a pas fini d'en entendre parler • **that's the end of the matter, that's an end to the matter** un point c'est tout, on n'en parle plus • **that was the end of that!** on n'en a plus reparlé ! • **to put an end to sth, to make an end of sth** mettre fin à qch, mettre un terme à qch • **there is no end to it all** cela n'en finit plus • **that was the end of him** on n'a plus reparlé de lui, on ne l'a plus revu • **to be nearing one's end** *(euph, liter)* être à (l'article de) la mort, se mourir *(liter)* • **that was the end of my watch** ma montre était fichue*

3 [= REMNANT] *[of rope, candle]* bout *m* ; *[of loaf, meat]* reste *m*, restant *m*

4 [= PURPOSE] but *m*, fin *f* • **to this end, with this end in view** dans ce but, à cette fin • **to no end** en vain • **the end justifies the means** *(Prov)* la fin justifie les moyens *(Prov)*

5 [SPORT: OF PITCH] côté *m*

6 [FOOTBALL] ailier *m* *(bowls)* partie *f*

7 [SET STRUCTURES]

♦ **at the end of** • **at the end of the day** à la fin de la journée ; *(fig)* en fin de compte • **at the end of three weeks** au bout de trois semaines • **at the end of December** à la fin (du mois de) décembre ; *(Comm)* fin décembre • **at the end of the winter** à la fin *or* au sortir de l'hiver • **at the end of the century** à *or* vers la fin du siècle • **to be at the end of one's patience/strength** être à bout de patience/forces

♦ **in the end** • **it succeeded in the end** cela a réussi finalement *or* en fin de compte • **he got used to it in the end** il a fini par s'y habituer • **in the end they decided to…** ils ont décidé en définitive de…, ils ont fini par décider de…

♦ **no end*** vraiment • **this news depressed me no end** cette nouvelle m'a vraiment déprimé • **it pleased her no end** cela lui a fait un plaisir fou *or* énorme

♦ **no end of*** énormément de • **she's had no end of problems** elle a eu énormément de problèmes

♦ **on end** *(= upright)* debout ; *(= continuously)* de suite • **to stand a box** *etc* **on end** mettre une caisse *etc* debout • **his hair stood on end** ses cheveux se dressèrent sur sa tête • **for two hours on end** deux heures de suite *or* d'affilée • **for days on end** jour après jour, pendant des jours et des jours • **for several days on end** pendant plusieurs jours de suite

♦ **to be at an end** *[action]* être terminé *or* fini ; *[time, period]* être écoulé ; *[material, supplies]* être épuisé • **my patience is at an end** ma patience est à bout

♦ **to bring sth to an end** ⇒ **end transitive verb**

♦ **to come to an end** ⇒ **end intransitive verb**

### 2 - TRANSITIVE VERB

[= BRING TO AN END] *[+ work]* finir, terminer ; *[+ period of service]* accomplir ; *[+ speech, writing]* conclure, achever (*with* avec, par) ; *[+ broadcast, series]* terminer (*with* par) ; *[+ speculation, rumour]* mettre fin à, mettre un terme à ; *[+ quarrel, war]* mettre fin à, faire cesser • **to end one's days (in Paris/in poverty)** finir ses jours (à Paris/dans la misère) • **to end it all** *(= kill oneself)* en finir (avec la vie) • **that was the lie to end all lies!** comme mensonge on ne fait pas mieux !* *(iro)* • **the film to end all films** le meilleur film qu'on ait jamais fait • **the deal to end all deals** l'affaire *f* du siècle*

### 3 - INTRANSITIVE VERB

[= COME TO AN END] *[speech, programme, holiday, marriage, series]* finir, se terminer ; *[road]* se terminer ; *[insurance cover etc]* expirer, arriver à échéance • **the winter is ending** l'hiver tire à sa fin • **where's it all going to end?** *(fig)*, **where will it all end?** comment tout cela finira-t-il ? • **word ending in an "s"/in "re"** mot se terminant par un « s »/en « re » • **it ended in a fight** cela s'est terminé par une bagarre* • **the plan ended in failure** le projet s'est soldé par un échec • **the film ends with the heroine dying** le film se termine par la mort de l'héroïne

### 4 - COMPOUNDS

**end-all** N → **be**

**end game** N *(Cards, Chess)* fin *f* de partie, phase *f* finale du jeu

**end house** N • **the end house in the street** la dernière maison de la rue

**end line** N *(Basketball)* ligne *f* de fond

**end organ** N *(Anat)* (organe *m*) récepteur *m*

**end point** N *(Chem)* point *m* limite ; *(= end)* fin *f*

**end product** N *(lit)* produit *m* fini ; *(fig)* résultat *m*

**end result** N résultat *m* final *or* définitif

**end run** N *(US fig)* moyen *m* détourné

**end table** N *(US)* bout *m* de canapé

**end user** N utilisateur *m* final

**end zone** N *(US Sport)* zone *f* de but

### 5 - PHRASAL VERBS

► **end off** VT SEP finir, achever, terminer

► **end up** VI

1 finir, se terminer (*in* en, par) ; *[road]* aboutir (*in* à) • **it ended up in a fight** cela s'est terminé par une bagarre*

2 * *(= finally arrive at)* se retrouver, échouer (*in* à, en) ; *(= finally become)* finir par devenir • **he ended up in Paris** il s'est retrouvé à Paris • **you'll end up in jail** tu vas finir en prison • **he ended up a policeman** il a fini par devenir agent de police • **they ended up arresting us** ils ont fini par nous arrêter • **the book she had planned ended up (being) just an article** son projet de livre a fini en simple article • **this oil spill could end up as the largest in history** cette marée noire pourrait se révéler (être) la plus importante de l'histoire • **he broke his leg and ended up being rushed to hospital** il s'est cassé la jambe et a été emmené d'urgence à l'hôpital

**endanger** /ɪnˈdeɪndʒəʳ/ SYN

VT *[+ life, interests, reputation]* mettre en danger, exposer ; *[+ future, chances, health]* compromettre

COMP **endangered species** N espèce *f* en voie de disparition *or* d'extinction

**endear** /ɪnˈdɪəʳ/ SYN VT faire aimer (*to* de) • **this endeared him to the whole country** cela lui a valu l'affection du pays tout entier • **what endears him to me is…** ce qui me plaît en lui c'est… • **to endear o.s. to everybody** gagner l'affection de tout le monde • **that speech didn't endear him to the public** ce discours ne l'a pas fait apprécier du public

**endearing** /ɪnˈdɪərɪŋ/ SYN ADJ *[person, quality, characteristic]* attachant ; *[habit, manner]* touchant ; *[smile]* engageant

**endearingly** /ɪnˈdɪərɪŋlɪ/ ADV *[say, smile]* de façon engageante ; *[admit]* de façon touchante • **endearingly shy** d'une timidité touchante • **she is endearingly unpretentious/childlike** elle est sans prétentions/comme une enfant, ce qui la rend sympathique

**endearment** /ɪnˈdɪəmənt/ SYN N • **term of endearment** terme *m* d'affection • **words of endearment** paroles *fpl* tendres • **endearments** *(= words)* paroles *fpl* affectueuses *or* tendres ; *(= acts)* marques *fpl* d'affection

**endeavour, endeavor** (US) /ɪnˈdevəʳ/ SYN

N *(frm)* 1 *(NonC = effort)* effort *m* • **in all fields** *or* **areas of human endeavour** dans toutes les branches *or* tous les secteurs de l'activité humaine

2 *(= attempt)* tentative *f* (*to do sth* pour faire qch) • **he made every endeavour to go** il a fait tout son possible pour y aller, il a tout fait pour y aller • **in an endeavour to please** dans l'intention de plaire, dans un effort pour plaire

VI s'efforcer, tenter (*to do sth* de faire qch) ; *(stronger)* s'évertuer, s'appliquer (*to do sth* à faire qch)

**endemic** /enˈdemɪk/

ADJ endémique (*to* à)

N endémie *f*

**endermic** /enˈdɜːmɪk/ ADJ endermique

**endgame** /ˈendgeɪm/ N *(Chess, fig)* fin *f* de partie

**ending** /ˈendɪŋ/ SYN N 1 *[of story, book]* fin *f*, dénouement *m* ; *[of events]* fin *f*, conclusion *f* ; *[of day]* fin *f* ; *(= outcome)* issue *f* ; *[of speech etc]* conclusion *f* • **a story with a happy ending** une histoire qui finit bien ; → **nerve**

2 *(Ling)* terminaison *f*, désinence *f* • **feminine ending** terminaison *f* féminine • **the accusative ending** la flexion de l'accusatif

**endive** /ˈendaɪv/ N *(curly)* chicorée *f* ; *(smooth, flat)* endive *f*

**endless** /ˈendlɪs/ SYN

ADJ 1 *(= interminable)* *[day, summer, queue, speech, series, road]* interminable ; *[expanse, stretch, forest, variety, patience]* infini ; *[desert, plain]* infini, sans fin ; *[cycle, list]* sans fin ; *[supply, resources]* inépuisable ; *[discussion, argument]* continuel, incessant ; *[chatter]* intarissable • **an endless stream of traffic** un flot interminable de voitures • **an endless round of meetings** une interminable série de réunions • **to go to endless trouble over sth** se donner un mal fou pour qch • **this job is endless** c'est à n'en plus finir, on n'en voit pas la fin

2 *(= countless)* *[meetings, questions, problems, hours]* innombrable ; *[possibilities]* innombrable, illimité ; *[times, attempts, arguments]* innombrable, sans nombre

COMP **endless belt** N *(Tech)* courroie *f* sans fin

**endlessly** /ˈendlɪslɪ/ ADV 1 *(= continually)* *[repeat]* sans cesse ; *[talk, discuss, debate]* sans arrêt ; *[chatter, argue]* continuellement

2 *(= without limit)* *[stretch]* sans fin, à perte de vue ; *[recycle]* continuellement • **endlessly long streets** des rues *fpl* qui n'en finissent pas • **endlessly curious/kind/willing** d'une curiosité/d'une bonté/d'une bonne volonté sans limites • **I find this subject endlessly fascinating** ce sujet ne cesse (pas) de me fasciner *or* exerce sur moi une fascination sans fin

**endoblast** /ˈendəʊˌblæst/ N endoblaste *m*

**endocardia** /endəʊˈkɑːdɪə/ NPL of **endocardium**

**endocarditis** /endəʊkɑːˈdaɪtɪs/ N endocardite *f*

**endocardium** /endəʊˈkɑːdɪəm/ N (pl **endocardia**) endocarde *m*

**endocarp** /ˈendəkɑːp/ N endocarpe *m*

**endocrine** /ˈendəʊkraɪn/ ADJ endocrine • **endocrine gland** glande *f* endocrine

**endocrinologist** /ˌendəʊkraɪˈnɒlədʒɪst/ N endocrinologue *mf*, endocrinologiste *mf*

**endocrinology** /ˌendəʊkrɪˈnɒlədʒɪ/ N endocrinologie *f*

**endoderm** /ˈendəʊdɜːm/ N endoderme *m*

**endodermal** /ˌendəʊˈdɜːməl/, **endodermic** /ˌendəʊdɜːmɪk/ ADJ endodermique

**endogamic** /ˌendəʊˈgæmɪk/, **endogamous** /enˈdɒgəməs/ ADJ endogame

**endogamy** /enˈdɒgəmɪ/ N endogamie *f*

**endogenous** /enˈdɒdʒɪnəs/ ADJ *[factor]* endogène

**endolymph** /ˈendəʊˌlɪmf/ N endolymphe *f*

**endometriosis** /ˈ"endəʊ"miːtrɪˈəʊsɪs/ N endométriose *f*

**endometritis** /ˌendəʊmɪˈtraɪtɪs/ N endométrite *f*

**endometrium** /ˌendəʊˈmiːtrɪəm/ N (pl **endometria** /ˌendəʊˈmiːtrɪə/) endomètre *m*

**endomorph** /ˈendəʊˌmɔːf/ N endomorphe *mf*

**endomorphic** /ˌendəʊˈmɔːfɪk/ ADJ endomorphe

**endomorphism** /ˌendəʊˈmɔːfɪzəm/ N endomorphisme *m*

**endoparasite** /"endəʊˈpærə"saɪt/ endoparasite *m*

**endophitic** /ˌendəʊˈfɪtɪk/ ADJ endophyte

**endophyte** /ˈendəʊfaɪt/ N endophyte *m*

**endoplasm** /ˈendəʊplæzəm/ N endoplasme *m*

**endoplasmic** /ˌendəʊˈplæzmɪk/

ADJ endoplasmique

COMP **endoplasmic reticulum** N ergastoplasme *m*

**endorphin** /ˌenˈdɔːfɪn/ N endorphine *f*

**endorse** /ɪnˈdɔːs/ SYN VT 1 *(= support)* *[+ claim, candidature, proposal]* appuyer ; *[+ opinion]* souscrire à, adhérer à ; *[+ action, decision]* approuver, sanctionner ; *(= advertise)* *[+ product, company]* faire de la publicité pour • **to endorse sb as a candidate** appuyer la candidature de qn

2 *(= sign)* *[+ document, cheque]* endosser ; *(= guarantee)* *[+ bill]* avaliser • **to endorse an insurance policy** faire un avenant à une police d'assurance • **he has had his licence endorsed** *(Brit Jur)* on (lui) a retiré des points sur son permis

**endorsee** /ˌɪndɔːˈsiː/ N endossataire *mf*, bénéficiaire *mf* d'un endossement

**endorsement** /ɪnˈdɔːsmənt/ SYN

N 1 *(= approval)* *[of proposal, policy]* adhésion *f* (*of sth* à qch) ; *[of movement, claim, candidate]* appui *m* (*of sb/sth* de qn/qch) ; *[of action, decision, efforts]* approbation *f (of sth* de qch) • **a letter of endorsement** une lettre d'approbation

2 *(NonC = ratification) [of treaty]* ratification *f*

3 *(Comm) [of product]* recommandation *f* publicitaire ; *[of book]* recommandation *f* • **to receive endorsement from sb** être recommandé par qn • **celebrity endorsement** recommandation *f* publicitaire faite par une personnalité connue

4 *(Brit Jur: on driving licence) infraction mentionnée sur le permis de conduire* • **he's already got three endorsements** il a déjà perdu des points pour trois infractions au code de la route

5 *(on cheque, document)* endossement *m*

6 *[of insurance policy]* avenant *m (to sth* à qch)

COMP **endorsement advertising** N *technique publicitaire faisant intervenir des personnalités connues*

**endorser** /ɪnˈdɔːsəʳ/ N *(Fin)* endosseur *m*

**endoscope** /ˈendəʊˌskəʊp/ N endoscope *m*

**endoscopy** /ˌenˈdɒskəpɪ/ N endoscopie *f*

**endoskeleton** /ˌendəʊˈskelɪtən/ N squelette *m* interne, endosquelette *m*

**endosperm** /ˈendəʊspɜːm/ N endosperme *m*

**endothelial** /ˌendəʊˈθiːlɪəl/ ADJ endothélial

**endothelium** /ˌendəʊˈθiːlɪəm/ N (pl **endothelia** /ˌendəʊˈθiːlɪə/) endothélium *m*

**endothermic** /ˌendəʊˈθɜːmɪk/ ADJ endothermique

**endotoxin** /ˌendəʊˈtɒksɪn/ N endotoxine *f*

**endow** /ɪnˈdaʊ/ SYN VT *[+ institution, church]* doter *(with* de) ; *[+ hospital bed, prize, chair]* fonder • **to be endowed with brains/beauty** *etc (fig)* être doté d'intelligence/de beauté *etc* ; → **well²**

**endowment** /ɪnˈdaʊmənt/ SYN

N 1 *(Fin) (money for school, college)* dotation *f* ; *(hospital bed, prize, university chair)* fondation *f*

2 *(= portion)* • **to have a generous endowment of sth** être généreusement pourvu *or* doté de qch • **a sense of fair play, the natural endowment of every Briton** un sens du fair-play, la qualité naturelle de tout Britannique

COMP **endowment assurance, endowment insurance** N assurance *f* à capital différé

**endowment mortgage** N *(Brit)* hypothèque *f* liée à une assurance-vie

**endowment policy** N ⇒ **endowment assurance**

**endpapers** /ˈendpeɪpəz/ NPL *(Typography)* gardes *fpl*, pages *fpl* de garde

**endurable** /ɪnˈdjʊərəbl/ SYN ADJ supportable, endurable

**endurance** /ɪnˈdjʊərəns/ SYN

N endurance *f* • **to have great powers of endurance** avoir beaucoup d'endurance, être très endurant • **a test of human endurance** une mise à l'épreuve de l'endurance humaine • **he has come to the end of his endurance** il n'en peut plus, il est à bout • **beyond endurance, past endurance** intolérable, au-delà de ce que l'on peut supporter • **tried beyond endurance** excédé

COMP **endurance race** N *(Sport)* épreuve *f* de fond

**endurance test** N *(Sport, Tech, fig)* épreuve *f* de résistance ; *(for car)* épreuve *f* d'endurance

**endure** /ɪnˈdjʊəʳ/ SYN

VT 1 *(= put up with) [+ pain]* endurer, supporter ; *[+ insults]* supporter, tolérer ; *[+ hardships]* supporter • **she can't endure being teased** elle ne peut pas supporter *or* souffrir qu'on la taquine *subj* • **I cannot endure him** je ne peux pas le supporter *or* le voir • **it was more than I could endure** c'était plus que je ne pouvais supporter

2 *(= suffer)* subir • **the company endured heavy financial losses** la société a subi de grosses pertes financières

VI *(frm = last) [building, peace, friendship]* durer ; *[book, memory]* rester

**enduring** /ɪnˈdjʊərɪŋ/ SYN ADJ *[appeal, legacy, quality, peace, friendship, fame, love]* durable ; *[image, grudge]* tenace ; *[illness, hardship]* persistant, qui persiste

**endways** /ˈendweɪz/, **endwise** /ˈendwaɪz/ ADV *(endways on)* en long, par le petit bout ; *(= end to end)* bout à bout

**enema** /ˈenɪmə/ N (pl **enemas** *or* **enemata** /ˈenɪmətə/) *(= act)* lavement *m* ; *(= apparatus)* poire *f or* bock *m* à lavement • **to give sb an enema** faire un lavement à qn

**enemy** /ˈenəmɪ/ SYN

N *(Mil)* ennemi *m* ; *(gen)* ennemi(e) *m(f)*, adversaire *mf* • **to make enemies** se faire *or* s'attirer des ennemis • **to make an enemy of sb** (se) faire un ennemi de qn • **he is his own worst enemy** il est son pire ennemi, il n'a de pire ennemi que lui-même • **they are deadly enemies** ils sont à couteaux tirés, ils sont ennemis jurés • **corruption is the enemy of the state** *(fig)* la corruption est l'ennemie de l'État ; → **public**

COMP *[tanks, forces, tribes]* ennemi ; *[morale, strategy]* de l'ennemi

**enemy action** N attaque *f* ennemie • **killed by enemy action** tombé à l'ennemi

**enemy alien** N ressortissant(e) *m(f)* d'un pays ennemi

**enemy-occupied** ADJ occupé par l'ennemi

**energetic** /ˌenəˈdʒetɪk/ SYN ADJ *[person, government, action, measure, denial, refusal]* énergique ; *[performance, campaign]* plein d'énergie ; *[activity, sport, game]* énergétique • **he is an energetic campaigner for road safety** il milite énergiquement en faveur de la sécurité sur les routes • **I don't feel very energetic** je ne me sens pas d'attaque

**energetically** /ˌenəˈdʒetɪkəlɪ/ ADV *[deny, campaign]* énergiquement, avec vigueur ; *[nod, wave]* énergiquement

**energetics** /ˌenəˈdʒetɪks/ N *(NonC)* énergétique *f*

**energize** /ˈenədʒaɪz/ VT *[+ person]* regonfler *[+ economy]* dynamiser ; *(Elec)* alimenter (en courant)

**energizing** /ˈenədʒaɪzɪŋ/ ADJ énergisant

**energy** /ˈenədʒɪ/ SYN

N 1 *(gen)* énergie *f*, vigueur *f* • **he has a lot of energy** il a beaucoup d'énergie, il est très dynamique • **he seems to have no energy these days** il semble sans énergie *or* à plat* en ce moment • **I haven't the energy to start again** *(Brit)* je n'ai pas le courage de (tout) recommencer • **to concentrate one's energies on doing sth** appliquer toute son énergie à faire qch • **with all one's energy** de toutes ses forces • **to put all one's energy** *or* **energies into sth/into doing sth** se consacrer tout entier à qch/à faire qch, appliquer toute son énergie à qch/à faire qch • **to save one's energy for sth** économiser ses forces pour qch • **he used up all his energy doing it** il a épuisé ses forces à le faire • **don't waste your energy*** ne te fatigue pas*, ne te donne pas du mal pour rien

2 *(Phys)* énergie *f* • **potential/kinetic energy** énergie *f* potentielle/cinétique • **in order to save energy** pour faire des économies d'énergie • **Department** *or* **Ministry of Energy** ministère *m* de l'Énergie • **Secretary (of State) for** *or* **Minister of Energy** ministre *m* de l'Énergie ; → **atomic**

COMP **energy conservation** N conservation *f* de l'énergie

**energy conversion** N conversion *f* de l'énergie

**energy crisis** N crise *f* énergétique *or* de l'énergie

**energy efficiency** N efficacité *f* énergétique

**energy-efficient** ADJ économe en énergie

**energy-giving** ADJ *[food etc]* énergétique

**energy-intensive industry** N industrie *f* grande consommatrice d'énergie

**energy level** N *(Phys)* niveau *m* d'énergie

**energy-saving** N économies *fpl* d'énergie ADJ d'économie d'énergie

**energy-saving campaign** N campagne *f* pour les économies d'énergie

**enervated** /ˈenɜːveɪtɪd/ ADJ affaibli, mou (molle *f*)

**enervating** /ˈenɜːveɪtɪŋ/ ADJ débilitant, amollissant

**enfant terrible** /ˌɒnfɒnteˈriːblə/ N enfant *mf* terrible

**enfeeble** /ɪnˈfiːbl/ VT affaiblir

**enfeeblement** /ɪnˈfiːblmənt/ N affaiblissement *m*

**enfilade** /ˌenfɪˈleɪd/ *(Mil)*

VT soumettre à un tir d'enfilade

N tir *m* d'enfilade

**enfleurage** /ɑ̃flœʀaʒ/ N enfleurage *m*

**enfold** /ɪnˈfəʊld/ SYN VT envelopper (in de) • **to enfold sb in one's arms** entourer qn de ses bras, étreindre qn

**enforce** /ɪnˈfɔːs/ SYN VT *[+ ruling, the law]* faire obéir *or* respecter ; *[+ agreement, settlement, ceasefire, curfew, sanctions]* faire respecter ; *[+ decision, policy]* mettre en application *or* en vigueur, appliquer ; *[+ discipline, boycott]* imposer ; *[+ argument, rights]* faire valoir • **he enforced the ban on all demonstrations** il a appliqué l'interdiction à toutes les manifestations • **to enforce obedience** se faire obéir • **these laws aren't usually enforced** ces lois ne sont généralement pas appliquées

**enforceable** /ɪnˈfɔːsɪbl/ ADJ *[law]* exécutoire ; *[rules]* applicable

**enforced** /ɪnˈfɔːst/ SYN ADJ *(= imposed)* forcé • **the Frenchman's enforced absence** l'absence forcée du Français • **when she first heard of her enforced retirement...** lorsqu'elle a appris qu'on la mettait d'autorité à la retraite...

**enforcement** /ɪnˈfɔːsmənt/ SYN

N *[of decision, policy, law]* mise *f* en application *or* en vigueur ; *[of discipline]* imposition *f* • **enforcement of securities** *(Jur, Fin)* réalisation *f* des sûretés ; → **law**

COMP **enforcement action** N *(Jur)* mesure *f* coercitive

**enforcement order** *(Jur)* décret *m* d'application

**enforcer** /ɪnˈfɔːsəʳ/ N *[of law, rule]* applicateur *m*, -trice *f*

**enfranchise** /ɪnˈfræntʃaɪz/ SYN VT *(= give vote to)* accorder le droit de vote à ; *(= set free)* affranchir

**enfranchisement** /ɪnˈfræntʃɪzmənt/ SYN N

1 *(Pol)* octroi *m* du droit de vote *(of sb* à qn)

2 *(= emancipation) [of slave]* affranchissement *m*

**engage** /ɪnˈgeɪdʒ/ SYN

VT 1 *(= employ, hire) [+ servant]* engager ; *[+ workers]* embaucher ; *[+ lawyer]* prendre • **to engage sb's services** s'adjoindre les services de qn • **to engage o.s. to do sth** *(frm)* s'engager à faire qch

2 *(= attract) [+ sb's attention, interest]* éveiller • **to engage sb in conversation** engager la *or* lier conversation avec qn

3 *(Mil) [+ enemy]* engager le combat avec, attaquer

4 *(Mechanics)* engager ; *[+ gearwheels]* mettre en prise • **to engage a gear** engager une vitesse • **to engage gear** mettre en prise • **to engage the clutch** embrayer • **to engage the four-wheel drive** passer en quatre roues motrices intégrales *or* en rapport court

VI *[person]* s'engager *(to do sth* à faire qch) ; *[wheels]* s'engrener ; *[bolt]* s'enclencher • **to engage in (a) discussion/conversation** se lancer dans une discussion/conversation *(with* avec) • **the clutch didn't engage** l'embrayage n'a pas fonctionné • **to engage in** *[+ politics, transaction]* se lancer dans ; *[+ controversy]* s'engager dans, s'embarquer dans • **to engage in competition** entrer en concurrence *(with* avec) • **to engage with sb/sth** s'engager auprès de qn/dans qch • **she found it hard to engage with office life** elle a eu du mal à se faire à la vie de bureau

**engaged** /ɪnˈgeɪdʒd/ LANGUAGE IN USE 24.2, 27.5 SYN

ADJ 1 *(= betrothed)* • **to be engaged (to be married)** être fiancé *(to* à ) • **to get engaged (to sb)** se fiancer (à qn) • **the engaged couple** les fiancés *mpl*

2 *(Brit Telec) [line, number, telephone]* occupé • **it's engaged** ça sonne « occupé »

3 *(= not vacant) [toilet]* occupé

4 *(frm = unavailable) [person]* occupé, pris • **to be otherwise engaged** être déjà pris

5 *(= involved)* • **engaged in sth** *[+ task]* occupé à qch ; *[+ criminal activity]* engagé dans qch • **engaged in doing sth** occupé à faire qch • **engaged on sth** pris par qch

COMP **engaged tone** N *(Brit Telec)* tonalité *f* « occupé » • **I got the** *or* **an engaged tone** ça sonnait « occupé »

**engagement** /ɪnˈgeɪdʒmənt/ LANGUAGE IN USE 24.2 SYN

N 1 *(= appointment)* rendez-vous *m inv* ; *[of actor etc]* engagement *m* • **public engagement** obligation *f* officielle • **previous engagement** engagement *m* antérieur • **I have an engagement** *or* **a previous engagement** je suis pris

2 *(= betrothal)* fiançailles *fpl* • **a long/short engagement** de longues/courtes fiançailles • **to break off one's engagement** rompre ses fiançailles

3 *(frm = undertaking)* engagement *m*, obligation *f* • **to give an engagement to do sth** s'engager à faire qch

4 *(Mil)* combat *m*, engagement *m*

COMP **engagement book** N agenda *m*

**engagement ring** N bague *f* de fiançailles

**engaging** /ɪnˈgeɪdʒɪŋ/ SYN ADJ *[person]* charmant ; *[smile, frankness]* engageant ; *[personality]* attachant ; *[manner]* aimable

**engender** /ɪnˈdʒendəʳ/ SYN VT occasionner, créer

**engine** /ˈendʒɪn/ SYN

N *[of vehicle, boat, non-jet plane]* moteur *m* ; *[of ship]* machine *f* ; *[of jet plane]* réacteur *m* ; (= locomotive) locomotive *f* ; (= device) machine *f*, moteur *m* ◆ **engines of war** engins de guerre ◆ **to sit facing the engine/with one's back to the engine** (on train) être assis dans le sens de la marche/le sens contraire à la marche ◆ **the private sector is the engine of economic growth** le secteur privé est le moteur de la croissance économique ; → **jet¹**

COMP **engine block** N *[of vehicle]* bloc-moteur *m*
**engine driver** N (Brit : on train) mécanicien *m*
**engine house** N (US for trains) ⇒ **engine shed**
**engine room** N (on ship) salle *f* or chambre *f* des machines ; (fig) locomotive *f* ◆ **hello, engine room?** (over speaking tube) allô, les machines ?
**engine shed** N (Brit for trains) rotonde *f*
**engine unit** N bloc-moteur *m*

**-engined** /ˈendʒɪnd/ ADJ (in compounds) ◆ **twin-engined** à deux moteurs, bimoteur ; → **single**

**engineer** /ˌendʒɪˈnɪəʳ/ SYN

N ① (professional) ingénieur *m* ; (= tradesman) technicien *m* ; (= repairer : for domestic appliances etc) dépanneur *m*, réparateur *m* ◆ **woman engineer** (femme *f*) ingénieur *m* ◆ **the Engineers** (Mil) le génie ◆ **engineer of mines** (US) ingénieur *m* des mines ◆ **the TV engineer came** le dépanneur est venu pour la télévision ; → **civil**, **heating**, **highway**

② (Merchant Navy, US Rail) mécanicien *m* ; (Navy) mécanicien *m* de la marine ; → **chief**

VT (lit) réaliser, concevoir ; (= bring about) machiner, manigancer

 Be cautious about translating **engineer** by **ingénieur**. An **ingénieur** always has academic qualifications.

**engineering** /ˌendʒɪˈnɪərɪŋ/

N ① (NonC) (= subject) ingénierie *f*, engineering *m* ; (= work) technique *f* ◆ **the road is a great feat of engineering** la route est une merveille de technique ◆ **the back is a very complicated piece of engineering** le dos est une mécanique très complexe ◆ **to study engineering** faire des études d'ingénieur ; → **civil**, **electrical**, **mechanical**

② (fig, gen pej) machination(s) *f(pl)*, manœuvre(s) *f(pl)*

COMP **engineering consultant** N ingénieur-conseil *m*
**engineering factory** N atelier *m* de construction mécanique
**engineering industries** NPL industries *fpl* d'équipement
**engineering works** N (pl inv) ⇒ **engineering factory**

**England** /ˈɪŋɡlənd/ N Angleterre *f*
**Englander** /ˈɪŋɡləndəʳ/ N → **little¹**, **new**

**English** /ˈɪŋɡlɪʃ/

ADJ (gen) anglais ; [monarch] d'Angleterre ; [teacher, dictionary] d'anglais

N anglais *m* ◆ **the King's** or **Queen's English** l'anglais *m* correct ◆ **in plain** or **simple English** en termes très simples

NPL **the English** les Anglais *mpl*

COMP **English as a Foreign Language** N l'anglais *m* langue étrangère
**English as a Second Language** N l'anglais *m* seconde langue → **TEFL** etc
**English breakfast** N (in hotel etc) petit déjeuner *m* anglais
**the English Channel** N la Manche
**English elm** N (= tree) orme *m* champêtre or d'Angleterre
**English for Special Purposes** N l'anglais *m* langue de spécialité
**English Heritage** N organisme britannique de protection du patrimoine historique
**English horn** N (US) cor *m* anglais
**English Language Teaching** N l'enseignement *m* de l'anglais
**English muffin** N (US) muffin *m*
**English oak** N chêne *m* pédonculé
**English setter** N (= dog) setter *m* anglais
**English-speaker** N anglophone *mf*
**English-speaking** ADJ anglophone

**ENGLISH**

La prononciation standard de l'anglais parlé en Grande-Bretagne est appelée « Received Pronunciation » ou « RP » et correspond à l'accent du sud-est de l'Angleterre. Cette prononciation est dans l'ensemble celle des milieux cultivés et de la presse audiovisuelle, même si, sur ce plan, les accents régionaux sont aujourd'hui davantage représentés qu'autrefois. L'expression « Standard English » désigne la langue telle qu'elle est enseignée dans les écoles.
L'anglais américain se distingue de l'anglais britannique surtout par sa prononciation mais aussi par des différences orthographiques et sémantiques. Le « Network Standard » désigne l'anglais américain standard, utilisé en particulier dans les médias. En Grande-Bretagne, on associe souvent l'accent à l'origine sociale d'une personne, ce qui est beaucoup moins le cas aux États-Unis.

**Englishman** /ˈɪŋɡlɪʃmən/ N (pl **-men**) Anglais *m* ◆ **an Englishman's home is his castle** (Prov) charbonnier est maître chez soi (Prov)
**Englishwoman** /ˈɪŋɡlɪʃwʊmən/ N (pl **-women**) Anglaise *f*
**Eng Lit** /ˈɪŋˈlɪt/ N (abbrev of **English Literature**) littérature *f* anglaise
**engorge** /ɪnˈɡɔːdʒ/ VI s'engorger
**engorged** /ɪnˈɡɔːdʒd/ ADJ (frm) gonflé ◆ **engorged with blood** gonflé de sang
**engorgement** /ɪnˈɡɔːdʒmənt/ N engorgement *m*
**engraft** /ɪnˈɡrɑːft/ VT greffer (into, on sur)
**engram** /ˈenɡræm/ N engramme *m*
**engrave** /ɪnˈɡreɪv/ SYN VT [+ wood, metal, stone] graver ; (Typography) graver au burin ; (fig) graver, empreindre ◆ **engraved on the heart/the memory** gravé dans le cœur/la mémoire
**engraver** /ɪnˈɡreɪvəʳ/ N graveur *m*
**engraving** /ɪnˈɡreɪvɪŋ/ SYN

N gravure *f* ; → **wood**

COMP **engraving plate** N (Typography) cliché *m* typo

**engross** /ɪnˈɡrəʊs/ SYN VT ① [+ attention, person] absorber, captiver
② (Jur) grossoyer

**engrossed** /ɪnˈɡrəʊst/ ADJ absorbé ◆ **Grace seemed too engrossed to notice** Grace semblait trop absorbée pour remarquer quoi que ce soit ◆ **he listened to her with an engrossed expression** il l'écoutait, l'air fasciné
◆ **to be engrossed in** [+ work] être absorbé par ; [+ reading, thoughts] être plongé dans
◆ **to be engrossed in doing sth** être occupé à faire qch ◆ **I was engrossed in coping with the demands of a new baby** j'étais occupée à satisfaire aux impératifs posés par l'arrivée du bébé

**engrossing** /ɪnˈɡrəʊsɪŋ/ SYN ADJ absorbant
**engrossment** /ɪnˈɡrəʊsmənt/ N (US Pol) rédaction *f* définitive d'un projet de loi
**engulf** /ɪnˈɡʌlf/ VT engloutir ◆ **to be engulfed in flames** être englouti par les flammes
**enhance** /ɪnˈhɑːns/ SYN VT ① (= improve, augment) [+ attraction, beauty, status] mettre en valeur ; [+ powers] accroître, étendre ; [+ value, pleasure] augmenter ; [+ position, chances] améliorer ; [+ prestige, reputation] accroître, rehausser ◆ **enhanced graphics adaptor** adaptateur *m* de graphique amélioré
② (Admin, Fin = increase) majorer (by de)
**enhancement** /ɪnˈhɑːnsmənt/ N [of pension entitlement] majoration *f* ; [of conditions] amélioration *f*
**enhancer** /ɪnˈhɑːnsəʳ/ N (also **flavour enhancer**) agent *m* de sapidité
**enharmonic** /ˌenhɑːˈmɒnɪk/ ADJ enharmonique
**enigma** /ɪˈnɪɡmə/ SYN N énigme *f* ◆ **"the Enigma Variations"** (Mus) « l'Enigma »
**enigmatic** /ˌenɪɡˈmætɪk/ SYN ADJ énigmatique
**enigmatically** /ˌenɪɡˈmætɪkəlɪ/ ADV [say] de façon énigmatique ; [smile] d'un air énigmatique
**enjambement** /ɪnˈdʒæmmənt/ N enjambement *m*
**enjoin** /ɪnˈdʒɔɪn/ SYN VT ① (= urge) [+ silence, obedience] imposer (on à) ; [+ discretion, caution] recommander (on à) ◆ **to enjoin sb to silence/secrecy** imposer le silence/secret à qn ◆ **to enjoin sb to do sth** ordonner or prescrire à qn de faire qch

② (US) ◆ **to enjoin sb from doing sth** (= forbid) interdire à qn de faire qch, enjoindre à qn de ne pas faire qch

**enjoy** /ɪnˈdʒɔɪ/ SYN VT ① (= take pleasure in) aimer ◆ **Ross has always enjoyed the company of women** Ross a toujours aimé or apprécié la compagnie des femmes ◆ **he enjoys good food** il aime les bonnes choses ◆ **did you enjoy the concert?** le concert vous a-t-il plu ? ◆ **he didn't enjoy his years at university** il ne s'est pas plu à la fac ◆ **they greatly** or **very much enjoyed their holiday** ils se sont beaucoup plu en vacances, ils ont passé de très bonnes vacances ◆ **to enjoy a weekend/an evening** passer un bon week-end/une soirée très agréable ◆ **I really enjoyed the meal last night** je me suis vraiment régalé hier soir ◆ **the children enjoyed their meal** les enfants ont mangé de bon appétit ◆ **to enjoy life** jouir de or profiter de la vie ◆ **enjoy!** (US) bon appétit !
◆ **to enjoy doing sth** aimer faire qch ◆ **I enjoy walking and cycling** j'aime faire de la marche et du vélo , j'aime la marche et le vélo ◆ **they enjoyed being read to** ils aimaient qu'on leur fasse la lecture ◆ **I enjoyed doing it** j'ai pris plaisir à le faire, ◆ **I enjoyed playing cricket** ça m'a bien plu de jouer au cricket
◆ **to enjoy oneself** s'amuser ◆ **she was obviously enjoying herself** on voyait qu'elle s'amusait ◆ **did you enjoy yourself in Paris?** est-ce que tu t'es bien amusé à Paris ?, est-ce que tu t'es plu à Paris ? ◆ **she always enjoys herself in the country** elle se plaît toujours à la campagne, elle est toujours contente d'être à la campagne ◆ **I'm really enjoying myself at the moment** je suis dans une très bonne passe or je suis vraiment contente en ce moment ◆ **enjoy yourself!** amusez-vous bien !

② (frm = benefit from) [+ income, rights, health, advantage] jouir de

**enjoyable** /ɪnˈdʒɔɪəbl/ SYN ADJ agréable ; [meal] excellent ◆ **enjoyable sex** rapports *mpl* satisfaisants
**enjoyably** /ɪnˈdʒɔɪəblɪ/ ADV agréablement
**enjoyment** /ɪnˈdʒɔɪmənt/ SYN N (NonC) ① (= pleasure) plaisir *m* ◆ **to get enjoyment from (doing) sth** trouver du plaisir à (faire) qch
② (= possession) [of income, rights etc] jouissance *f*, possession *f* (of de)
**enkephalin** /enˈkefəlɪn/ N enképhaline *f*, encéphaline *f*
**enlarge** /ɪnˈlɑːdʒ/ SYN

VT [+ house, territory] agrandir ; [+ empire, influence, field of knowledge, circle of friends] étendre ; [+ business] développer, agrandir ; [+ hole] élargir, agrandir ; [+ numbers, majority] augmenter ; (Med) [+ organ] hypertrophier ; (Phot) agrandir

VI ① (= grow bigger) [territory] s'agrandir ; [empire, influence, field of knowledge, circle of friends] s'étendre ; [business] se développer ; [hole] s'élargir ; (Med) [organ] s'hypertrophier ; [pore, pupil] se dilater

② (= explain) ◆ **to enlarge (up)on** [+ subject, difficulties etc] s'étendre sur ; [+ idea] développer

**enlarged** /ɪnˈlɑːdʒd/ ADJ [photograph, group, building] agrandi ; [force] plus important ; [majority] accru ; [edition] augmenté ; [prostate, gland, organ] hypertrophié ; [pore] dilaté
**enlargement** /ɪnˈlɑːdʒmənt/ N ① (NonC = expansion) [of building, city] agrandissement *m* ; [of organization] élargissement *m* ; [of majority] élargissement *m*, accroissement *m*

② (NonC: Med) [of organ, gland, prostate] hypertrophie *f* ; [of pore] dilatation *f* ; [of vein] gonflement *m* ; → **breast**

③ (Phot = photograph, process) agrandissement *m*
**enlarger** /ɪnˈlɑːdʒəʳ/ N (Phot) agrandisseur *m*
**enlighten** /ɪnˈlaɪtn/ SYN VT éclairer (sb on sth qn sur qch)
**enlightened** /ɪnˈlaɪtnd/ SYN ADJ [person, society, approach, views] éclairé ◆ **in this enlightened age, in these enlightened times** (esp iro) en ce siècle de lumières ◆ **enlightened self-interest** individualisme *m* constructif, égoïsme *m* à visage humain
**enlightening** /ɪnˈlaɪtnɪŋ/ ADJ instructif
**enlightenment** /ɪnˈlaɪtnmənt/ SYN N (NonC) (= explanations) éclaircissements *mpl* ; (= knowledge) instruction *f*, édification *f* ; (Rel) illumination *f* ◆ **we need some enlightenment on this point** nous avons besoin de quelques éclaircissements or lumières sur ce point ◆ **the Age of Enlightenment** le Siècle des lumières

**enlist** /ɪn'lɪst/ SYN
**VI** *(Mil etc)* s'engager, s'enrôler *(in* dans)
**VT** *[+ recruits]* enrôler, engager ; *[+ soldiers, supporters]* recruter ◆ **to enlist sb's support/sympathy** s'assurer le concours/la sympathie de qn
**COMP** **enlisted man** **N** *(US Mil)* simple soldat *m*, militaire *m* du rang ; *(woman)* ≈ caporal *m*

**enlistment** /ɪn'lɪstmənt/ **N** 1 *(Mil = enrolment)* enrôlement *m*, engagement *m (in sth* dans qch)
2 *(Mil = period)* engagement *m* ◆ **a normal five-year enlistment** un engagement normal pour cinq ans
3 *(NonC = finding) [of helpers]* recrutement *m*

**enliven** /ɪn'laɪvn/ SYN **VT** *[+ conversation, visit, evening]* animer ; *[+ décor, design]* mettre une note vive dans, égayer

**en masse** /ɑ̃mæs/ **ADV** en masse

**enmesh** /ɪn'meʃ/ **VT** *(lit, fig)* prendre dans un filet ◆ **to get enmeshed in...** s'empêtrer dans...

**enmity** /'enmɪtɪ/ SYN **N** inimitié *f*, hostilité *f (towards* envers ; *for* pour)

**enneathlon** /,enɪ'æθlɒn/ **N** *(Sport)* ennéathlon *m*

**ennoble** /ɪ'nəʊbl/ SYN **VT** *(lit)* anoblir ; *(fig) [+ person, mind]* ennoblir, élever

**ennui** /'ɒnwiː/ **N** *(NonC)* ennui *m (also Literat)*

**enologist** /iː'nɒlədʒɪst/ **N** *(US)* ⇒ **oenologist**

**enology** /iː'nɒlədʒɪ/ **N** *(US)* ⇒ **oenology**

**enormity** /ɪ'nɔːmɪtɪ/ SYN **N** 1 *(NonC) [of action, offence]* énormité *f*
2 *(= crime)* crime *m* très grave, outrage *m* ; *(= blunder)* énormité *f*

**enormous** /ɪ'nɔːməs/ SYN **ADJ** *[person, animal, object, amount, number, power, difference]* énorme ; *[patience]* immense ; *[strength]* prodigieux ; *[stature]* colossal ; *[talent, interest]* formidable

**enormously** /ɪ'nɔːməslɪ/ **ADV** *[enjoy, vary etc]* énormément ; *[enjoyable, variable etc]* extrêmement ◆ **to be enormously helpful** être d'un immense secours

**enosis** /'enəʊsɪs/ **N** Enôsis *m*

**enough** /ɪ'nʌf/ SYN
**PRON, N** assez, suffisamment

> The partitive **en** is often used with **assez** and **suffisamment**.

◆ **have you got enough?** en avez-vous assez *or* suffisamment ? ◆ **I think you have said enough** je pense que vous en avez assez *or* suffisamment dit ◆ **I've had enough** *(eating)* j'ai assez *or* suffisamment mangé ; *(protesting)* j'en ai assez ◆ **there's more than enough for all** il y en a largement (assez) *or* plus qu'assez pour tous ◆ **enough said!** * assez parlé ! * ◆ **enough is as good as a feast** *(Prov)* il ne faut pas abuser des bonnes choses

♦ **to be enough** suffire, être suffisant ◆ **I think that will be enough** je pense que ça suffira *or* que ce sera suffisant ◆ **that's enough, thanks** ça suffit, merci ◆ **that's enough!, enough already!** ‡ *(esp US)* ça suffit ! ◆ **enough's enough!** ça suffit comme ça ! ◆ **it is enough for us to know that...** il nous suffit de savoir que...

♦ **enough of** ◆ **I had not seen enough of his work** je ne connaissais pas assez son travail ◆ **enough of this!** ça suffit comme ça !

♦ **to have had enough of sth** *(= be fed up of)* en avoir assez de qch ◆ **I've had enough of this novel** j'en ai assez de ce roman ◆ **I've had enough of listening to her** j'en ai assez de l'écouter

♦ **enough to** ◆ **enough to eat** assez à manger ◆ **he earns enough to live on** il gagne de quoi vivre ◆ **one song was enough to show he couldn't sing** une chanson a suffi à prouver qu'il ne savait pas chanter ◆ **this noise is enough to drive you mad** ce bruit est à (vous) rendre fou ◆ **I've got enough to worry about (already)** j'ai assez de soucis comme ça

♦ **enough** + *noun* assez de, suffisamment de ◆ **enough books** assez *or* suffisamment de livres ◆ **enough money** assez *or* suffisamment d'argent ◆ **I haven't enough room** je n'ai pas assez *or* suffisamment de place ◆ **I've had more than enough wine** j'ai bu bien assez de vin

**ADV** 1 *(= sufficiently)* assez ◆ **he was close enough now to see them clearly** il était maintenant assez près pour les voir clairement ◆ **the proposed changes don't go far enough** les changements proposés ne vont pas assez loin ◆ **I was fool enough to believe him** j'ai été assez bête pour le croire ◆ **that's a good enough excuse** c'est une assez bonne excuse ◆ **he is good enough to win** il est assez bon pour gagner ◆ **he is old enough to go alone** il est assez grand pour y aller tout seul ◆ **are you warm enough?** avez-vous assez chaud ? ◆ **he was well enough to leave hospital** il allait assez bien pour quitter l'hôpital ◆ **I couldn't get out of there quick enough** je n'avais qu'une envie *or* je n'attendais qu'une chose, c'était de partir ◆ **we have waited long enough** nous avons assez attendu ◆ **it's proof enough that...** c'est une preuve suffisante que... ; → **fair**[1], **sure**
2 *(offhand = tolerably)* assez ◆ **she seemed sincere enough** elle semblait assez sincère ◆ **he writes well enough** il écrit assez bien, il n'écrit pas mal ◆ **it's good enough in its way** ce n'est pas (si) mal dans son genre *
3 *(intensifying)* ◆ **things are difficult enough as they are** les choses sont bien assez difficiles (comme ça) ◆ **he knows well enough what I've said** il sait très bien ce que j'ai dit ◆ **oddly** *or* **funnily enough, I saw him too** chose curieuse *or* c'est curieux, je l'ai vu aussi ; → **sure**

**enprint** /'enprɪnt/ **N** *(Phot)* tirage *m* normal

**enquire** /ɪn'kwaɪə^r/ SYN ⇒ **inquire**

**enrage** /ɪn'reɪdʒ/ SYN **VT** mettre en rage *or* en fureur, rendre furieux ◆ **he was enraged by this suggestion** cette proposition l'a rendu furieux ◆ **it enrages me to think that...** j'enrage de penser que...

**enrapture** /ɪn'ræptʃə^r/ **VT** ravir, enchanter ◆ **enraptured by...** ravi de..., enchanté par...

**enrich** /ɪn'rɪtʃ/ SYN
**VT** *[+ person, language, collection, mind]* enrichir *(with* en) ; *[+ soil]* fertiliser, amender ; *(Phys)* enrichir ◆ **vitamin-/iron-enriched** enrichi en vitamines/en fer
**COMP** **enriched uranium** **N** uranium *m* enrichi

**enrichment** /ɪn'rɪtʃmənt/ **N** enrichissement *m*

**enrol, enroll** *(US)* /ɪn'rəʊl/ SYN
**VT** *[+ worker]* embaucher ; *[+ student]* immatriculer, inscrire ; *[+ member]* inscrire ; *[+ soldier]* enrôler
**VI** *[worker etc]* se faire embaucher *(as* comme) ; *[student]* se faire immatriculer *or* inscrire, s'inscrire *(in* à ; *for* pour) ; *[soldier]* s'enrôler, s'engager *(in* dans) ◆ **to enrol as a member of a club/party** s'inscrire à un club/un parti
**COMP** **enrolled bill** **N** *(US Pol)* projet *m* de loi ratifié par les deux Chambres

**enrolment, enrollment** *(US)* /ɪn'rəʊlmənt/ SYN
**N** *(at school, college, in club, scheme)* inscription *f (at or in sth* à qch) ; *(Mil)* enrôlement *m (in sth* dans qch), engagement *m (in sth* dans qch) ◆ **enrol(l)ment for** *or* **on** *(Brit)or* **in** *(US)* **a course** *(Educ)* inscription *f* à un cours ◆ **the school has an enrolment of 600 pupils** l'école a un effectif de 600 élèves ◆ **the ideal enrolment would be 1,100 members** l'effectif idéal serait de 1 100 membres ◆ **enrolment has** *or* **enrolments have doubled** *(at school, college, in club, scheme)* les inscriptions ont doublé ; *(Mil)* les enrôlements *or* les engagements ont doublé
**COMP** **enrolment fee** **N** *(at school, university)* frais *mpl* de scolarité ; *(in club)* frais *mpl* d'adhésion
**enrolment figures** **NPL** effectif *m*

**ensconce** /ɪn'skɒns/ **VT** ◆ **to ensconce o.s.** bien se caler, bien s'installer ◆ **to be ensconced** être bien installé

**ensemble** /ɑːnsɑːmbl/ SYN
**N** *(Dress, Mus = collection)* ensemble *m*
**ADJ** *(Theat) [acting, playing]* d'ensemble

**enshrine** /ɪn'ʃraɪn/ SYN **VT** *[+ custom, principle, rights]* sauvegarder ; *(Rel)* enchâsser ◆ **to be enshrined in law** être garanti par la loi

**enshroud** /ɪn'ʃraʊd/ **VT** *(liter)* ◆ **grey clouds enshroud the city** la ville est ensevelie sous des nuages gris ◆ **mist enshrouded the land** la terre était noyée sous la brume ◆ **enshrouded in mystery** enveloppé de mystère

**ensiform** /'ensɪ,fɔːm/ **ADJ** ensiforme

**ensign** /'ensaɪn/ SYN
**N** 1 /'ensən/ *(= flag)* drapeau *m* ; *(on ship)* pavillon *m* ◆ **Red/White Ensign** *(Brit)* pavillon *m* de la marine marchande/de la marine de guerre
2 *(= emblem)* insigne *m*, emblème *m*
3 *(Mil Hist)* (officier *m*) porte-étendard *m inv*
4 *(US Navy)* enseigne *m* de vaisseau de deuxième classe
**COMP** **ensign-bearer** **N** porte-étendard *m inv*

**ensilage** /ɪn'saɪlɪdʒ/ **VT** *(Agr)* ensiler

**enslave** /ɪn'sleɪv/ SYN **VT** *(lit)* réduire en esclavage, asservir ; *(fig)* asservir ◆ **to be enslaved by tradition** être l'esclave de la tradition

**enslavement** /ɪn'sleɪvmənt/ **N** asservissement *m*

**ensnare** /ɪn'snɛə^r/ **VT** prendre au piège ; *[woman, charms]* séduire

**ensue** /ɪn'sjuː/ SYN **VI** s'ensuivre, résulter *(from* de)

**ensuing** /ɪn'sjuːɪŋ/ **ADJ** *[battle, violence, discussion, argument, chaos]* qui s'ensuit (*or* s'ensuivait) ; *[months, weeks]* suivant, qui suivent (*or* suivaient *etc*)

**en suite** /ɑ̃'swiːt/ **ADJ** ◆ **with bathroom en suite, with an en suite bathroom** avec salle de bains (attenante)

**ensure** /ɪn'ʃʊə^r/ SYN **VT** 1 assurer, garantir ; *[+ safety]* assurer ◆ **he did everything to ensure that she came** il a tout fait pour qu'elle vienne *or* pour s'assurer qu'elle viendrait
2 ⇒ **insure 2**

**ENT** /iːen'tiː/ *(Med)* (abbrev of **Ear, Nose and Throat**) ORL *f*

**entablature** /ɪn'tæblətʃə^r/ **N** *(Archit)* entablement *m*

**entablement** /ɪn'teɪbəlmənt/ **N** *(Archit = platform)* corniche *f*

**entail** /ɪn'teɪl/ SYN **VT** 1 *(= cause)* entraîner ; *(= mean)* supposer ; *[+ expense, work, delay]* occasionner ; *[+ inconvenience, risk, difficulty]* comporter ◆ **vivisection necessarily entails a great deal of suffering** la vivisection entraîne forcément beaucoup de souffrances ◆ **it entailed buying a car** cela supposait d'acheter *or* supposait l'achat d'une voiture ◆ **the job entails a lot of travel** c'est un poste pour lequel il faut beaucoup voyager
2 *(Jur)* ◆ **to entail an estate** substituer un héritage ◆ **entailed estate** biens *mpl* inaliénables

**entangle** /ɪn'tæŋgl/ SYN **VT** 1 *(= catch up)* empêtrer, enchevêtrer ; *(= twist together) [+ hair]* emmêler ; *[+ wool, thread]* emmêler, embrouiller ◆ **to become entangled in ropes** s'empêtrer dans des cordages
2 *(fig) [+ person]* entraîner, impliquer *(in* dans), mêler *(in* à) ◆ **to become entangled in an affair** s'empêtrer *or* se laisser entraîner dans une affaire ◆ **to become entangled in lies/explanations** s'empêtrer dans des mensonges/des explications

**entanglement** /ɪn'tæŋglmənt/ SYN **N** 1 *(NonC = entwining)* enchevêtrement *m*, emmêlement *m*
2 *(Mil)* ◆ **barbed-wire entanglements** (réseau *m* de) barbelés *mpl*
3 *(sexual)* liaison *f* compliquée ◆ **romantic entanglement** histoire *f* d'amour compliquée
4 *(= difficulty)* imbroglio *m* ◆ **his entanglement with the police** son imbroglio avec la police

**entasis** /'entəsɪs/ **N** (pl **entases** /'entəsiːz/) *(Archit)* entasis *f*

**entelechy** /en'telɪkɪ/ **N** entéléchie *f*

**entellus** /en'teləs/ **N** *(= animal)* entelle *m*

**entente** /ɒn'tɒnt/ **N** entente *f* ◆ **entente cordiale** entente *f* cordiale

**enter** /'entə^r/ SYN
**VT** 1 *(= come or go into) [+ house etc]* entrer dans, pénétrer dans ; *[+ vehicle]* monter dans, entrer dans ; *[+ path, road]* s'engager dans ◆ **he entered the grocer's** il est entré chez l'épicier *or* dans l'épicerie ◆ **to enter harbour** *[ship]* entrer au port *or* dans le port ◆ **the thought never entered my head** *or* **mind** cette pensée ne m'est jamais venue à l'esprit ◆ **he is entering his sixtieth year** il entre dans sa soixantième année
2 *(= become member of) [+ profession, the army]* entrer dans ; *[+ university, college]* s'inscrire à, se faire inscrire à *or* dans ◆ **to enter the Church** se faire prêtre, recevoir la prêtrise ◆ **to enter society** faire ses débuts dans le monde
3 *(= submit, write down) [+ amount, name, fact, order] (on list)* inscrire ; *(in notebook)* noter ; *(Comput) [+ data]* saisir, entrer ◆ **to enter an item in the ledger** porter un article sur le livre de comptes ◆ **to enter a horse for a race** engager *or* inscrire un cheval dans une course ◆ **to enter a dog for a show** présenter un chien dans un concours ◆ **to enter a pupil for an exam/a competition** présenter un élève à un examen/à un concours ◆ **he has entered his son for Eton** il a inscrit son fils (à l'avance) à Eton ◆ **to enter a protest** élever une protestation

• **to enter an appeal** *(Jur)* interjeter appel • **to enter an appearance** *(Jur)* comparaître (en justice)

**VI** [1] entrer • **enter Macbeth** *(Theat)* entre Macbeth

[2] • **to enter for a race** s'inscrire pour une course • **to enter for an exam** s'inscrire à un examen

▸ **enter into** VT FUS [1] *[+ explanation, apology]* se lancer dans ; *[+ correspondence, conversation]* entrer en ; *[+ plot]* prendre part à ; *[+ negotiations]* entamer ; *[+ contract]* passer ; *[+ alliance]* conclure

[2] *[+ sb's plans, calculations]* entrer dans • **to enter into the spirit of the game** *(lit, fig)* entrer dans le jeu • **her money doesn't enter into it at all** son argent n'y est pour rien *or* n'a rien à voir là-dedans

▸ **enter on** VT FUS ⇒ enter upon

▸ **enter up** VT SEP *[+ sum of money, amount]* inscrire ; *[+ diary, ledger]* tenir à jour

▸ **enter upon** VT FUS *[+ course of action]* s'engager dans ; *[+ career]* débuter dans, entrer dans ; *[+ negotiations]* entamer ; *[+ alliance]* conclure ; *(Jur) [+ inheritance]* prendre possession de

**enteral** /ˈentərəl/ ADJ entérique

**enteric** /enˈterɪk/

**ADJ** entérique

**COMP** **enteric fever** N (fièvre *f*) typhoïde *f*

**enteritis** /ˌentəˈraɪtɪs/ N entérite *f*

**enterobiasis** /ˌentərəʊˈbaɪəsɪs/ N oxyurose *f*

**enterocolitis** /ˌentərəʊkɒˈlaɪtɪs/ N entérocolite *f*

**enterokinase** /ˌentərəʊˈkaɪneɪz/ N entérokinase *f*

**enterostomy** /ˌentəˈrɒstəmɪ/ N entérostomie *f*

**enterotomy** /ˌentəˈrɒtəmɪ/ N entérotomie *f*

**enterovirus** /ˌentərəʊˈvaɪrəs/ N entérovirus *m*

**enterprise** /ˈentəpraɪz/ SYN

**N** [1] (= *undertaking, company*) entreprise *f*

[2] *(NonC* = *initiative)* (esprit *m* d')initiative *f*, esprit *m* entreprenant ; → **free**

**COMP** **Enterprise Allowance Scheme** N *(Brit)* *aide à la création d'entreprise accordée aux chômeurs*

**enterprise zone** N *(Brit)* ≈ zone *f* à régime préférentiel

**enterprising** /ˈentəpraɪzɪŋ/ SYN ADJ *[person, company]* plein d'initiative ; *[idea]* hardi • **that was enterprising of you!** vous avez fait preuve d'initiative !

**enterprisingly** /ˈentəpraɪzɪŋlɪ/ ADV (= *showing initiative)* de sa (*or* leur *etc*) propre initiative ; *(daringly)* hardiment, audacieusement

**entertain** /ˌentəˈteɪn/ SYN

**VT** [1] (= *amuse) [+ audience]* amuser, divertir ; (= *keep occupied) [+ guests, children]* distraire • **Liverpool entertained the crowd with some brilliant football** Liverpool a diverti le public avec un football brillant

[2] (= *offer hospitality to) [+ guests]* recevoir • **to entertain sb to dinner** *(frm) (at restaurant)* offrir à dîner à qn ; *(at home)* recevoir qn à dîner

[3] (= *have in mind) [+ possibility]* envisager ; *[+ intention, suspicion, doubt, hope]* nourrir ; *[+ proposal]* accueillir • **to entertain the thought of doing sth** envisager de faire qch • **she doesn't really want to entertain the thought** elle ne veut pas vraiment considérer cette éventualité • **I wouldn't entertain it for a moment** je repousserais tout de suite une telle idée • **to entertain a claim** *(Insurance, Jur etc)* admettre une réclamation, faire droit à une réclamation

**VI** [1] (= *amuse) [+ comic, entertainer, book, film]* divertir

[2] (= *offer hospitality)* recevoir • **do you entertain often?** vous recevez beaucoup ?

**entertainer** /ˌentəˈteɪnəʳ/ N artiste *mf* (de music-hall *etc*), fantaisiste *mf* • **a well-known radio entertainer** un(e) artiste bien connu(e) à la radio • **he's a born entertainer** c'est un amuseur né

**entertaining** /ˌentəˈteɪnɪŋ/ SYN

**ADJ** divertissant

**N** • **she loves entertaining** elle adore recevoir ; *(more formal occasions)* elle adore donner des réceptions • **this is a lovely room for entertaining** c'est la pièce idéale pour recevoir *or* pour des réceptions • **this dish is ideal for entertaining** c'est un plat idéal quand on reçoit

**entertainingly** /ˌentəˈteɪnɪŋlɪ/ ADV *[say, talk]* d'une façon divertissante • **entertainingly cynical** d'un cynisme divertissant

**entertainment** /ˌentəˈteɪnmənt/ SYN

**N** [1] *(NonC* = *amusement)* divertissements *mpl* • **the cinema is their favourite form of entertainment** le cinéma est leur loisir *or* divertissement préféré • **this was not his idea of an evening's entertainment** ce n'était pas comme ça qu'il voyait un divertissement pour une soirée • **family/popular entertainment** divertissement *m* familial/populaire • **much to the entertainment of...** au grand divertissement de... • **for your entertainment we have invited...** *(gen)* pour vous divertir nous avons invité... ; *(on TV, radio show)* pour vous faire plaisir nous avons invité... • **to make one's own entertainment** se divertir soi-même ; → **light²**

[2] (= *show)* spectacle *m* • **the world of entertainment** le monde du spectacle

[3] *(Comm) [of clients, guests]* réception *f*

**COMP** **entertainment allowance, entertainment expenses** NPL frais *mpl* de représentation

**the entertainment industry** N l'industrie *f* du spectacle

**entertainment tax** N taxe *f* sur les spectacles

**enthalpy** /ˈenθælpɪ/ N enthalpie *f*

**enthral(l)** /ɪnˈθrɔːl/ SYN VT [1] *[book, film, talk, performance, spectacle, story]* captiver ; *[scenery, entertainer, actor]* charmer ; *[idea, thought]* enchanter ; *[beauty, charm]* séduire, ensorceler

[2] (†† = *enslave)* asservir

**enthralled** /ɪnˈθrɔːld/ ADJ *(by book, film, talk, performance, spectacle, story)* captivé ; *(by scenery, entertainer, actor)* charmé ; *(by idea)* enchanté • **the children listened, enthral(l)ed** les enfants écoutaient, captivés • **to hold sb enthral(l)ed** captiver qn

**enthralling** /ɪnˈθrɔːlɪŋ/ SYN ADJ *[story, film, day]* passionnant ; *[beauty]* ensorcelant

**enthrone** /ɪnˈθrəʊn/ VT *[+ king]* placer sur le trône, introniser ; *[+ bishop]* introniser • **to sit enthroned** *(liter)* trôner • **enthroned in the hearts of his countrymen** vénéré par ses compatriotes

**enthronement** /ɪnˈθrəʊnmənt/ N *(lit)* couronnement *m*, intronisation *f* ; *(fig)* consécration *f*

**enthuse** /ɪnˈθuːz/

**VI** • **to enthuse over sb/sth** porter qn/qch aux nues, parler avec (beaucoup d')enthousiasme de qn/qch

**VT** enthousiasmer

**enthusiasm** /ɪnˈθuːzɪæzəm/ SYN N [1] *(NonC)* enthousiasme *m* *(for pour)* • **without enthusiasm** sans enthousiasme • **her visit generated little enthusiasm among local people** sa visite a provoqué peu d'enthousiasme parmi les habitants • **they showed little enthusiasm for the scheme** ils ont manifesté peu d'enthousiasme pour le projet, ils n'ont pas vraiment été enthousiasmés par le projet • **the idea filled her with enthusiasm** l'idée l'a enthousiasmée • **she has great enthusiasm for life** elle a une véritable passion pour la vie

[2] (= *pet interest)* passion *f* • **photography is one of her many enthusiasms** la photographie est une de ses nombreuses passions

**enthusiast** /ɪnˈθuːzɪæst/ SYN N enthousiaste *mf* • **he is a jazz/bridge/sport** *etc* **enthusiast** il se passionne pour le *or* il est passionné de jazz/bridge/sport *etc* • **all these football enthusiasts** tous ces passionnés de football • **a Vivaldi enthusiast** un(e) fervent(e) de Vivaldi

**enthusiastic** /ɪnˌθuːzɪˈæstɪk/ SYN ADJ enthousiaste • **enthusiastic about** *[+ painting, chess, botany]* passionné de ; *[+ plan, suggestion]* enthousiasmé par • **he was very enthusiastic about the plan** le projet l'a beaucoup enthousiasmé • **enthusiastic about doing sth** enthousiaste à l'idée de faire qch • **he was enthusiastic in his praise** il a fait des éloges enthousiastes • **he was less than enthusiastic (about/about doing sth)** il n'était pas du tout enthousiaste (à propos de/pour faire qch) • **to make sb enthusiastic (about sth)** enthousiasmer qn (pour qch) • **to wax enthusiastic (about sth)** s'enthousiasmer (pour qch)

**enthusiastically** /ɪnˌθuːzɪˈæstɪkəlɪ/ ADV avec enthousiasme

**enthymeme** /ˈenθɪˌmiːm/ N (= *syllogism)* enthymème *m*

**entice** /ɪnˈtaɪs/ SYN VT attirer, entraîner ; *(with food, false promises)* allécher ; *(with prospects)* séduire • **to entice sb to do** entraîner qn (par la ruse) à faire • **to entice sb away from sb/sth** éloigner qn de qn/qch

**enticement** /ɪnˈtaɪsmənt/ N (= *act)* séduction *f* ; (= *attraction)* attrait *m*

**enticing** /ɪnˈtaɪsɪŋ/ ADJ *[prospect, invitation, offer, idea]* séduisant • **to look enticing** *[person]* être séduisant ; *[food]* être appétissant ; *[water]* être tentant

**enticingly** /ɪnˈtaɪsɪŋlɪ/ ADV *[display]* de façon attrayante • **an enticingly simple way of life** un style de vie d'une simplicité séduisante

**entire** /ɪnˈtaɪəʳ/ SYN ADJ [1] *(before singular noun)* (tout) entier ; *(before plural noun)* entier • **the entire town/street** la ville/la rue (tout) entière • **entire families/cities** des familles/des villes entières • **one of the best films in the entire history of the cinema** l'un des meilleurs films de toute l'histoire du cinéma • **the entire night** toute la nuit, la nuit (tout) entière • **the entire time** tout le temps • **the entire world** le monde entier • **he has my entire confidence** j'ai entièrement confiance en lui, il a mon entière confiance • **I'd never seen anything like it in my entire life** de toute ma vie je n'avais rien vu de semblable

[2] *(frm) (after noun)* entier • **his good faith seemed entire** sa bonne foi semblait totale • **no document was entire** aucun des documents n'était complet

[3] (= *uncastrated) [animal]* entier

**entirely** /ɪnˈtaɪəlɪ/ SYN ADV *[change]* du tout au tout ; *[depend on, devote to]* entièrement ; *[satisfied, different, clear, possible, happy, convinced]* tout à fait ; *[new]* totalement ; *[free]* absolument • **I entirely agree** je suis entièrement *or* tout à fait d'accord • **made entirely of wood** entièrement fait en bois • **it's entirely up to you** c'est à toi de décider, c'est toi qui décides • **she's entirely the wrong person for the job** ce n'est vraiment pas la personne qui convient pour ce travail • **the accident was entirely the fault of the other driver** l'accident était entièrement de la faute de l'autre conducteur • **to be entirely a matter for sb/sth** relever entièrement de la compétence de qn/qch • **to be another matter entirely, to be an entirely different matter** être une tout autre affaire • **was she right? – not entirely** avait-elle raison ? – pas entièrement *or* complètement

**entirety** /ɪnˈtaɪərətɪ/ SYN N intégralité *f*, totalité *f* • **in its entirety** en (son) entier, intégralement

**entitle** /ɪnˈtaɪtl/ SYN VT [1] (= *bestow right on)* autoriser, habiliter *(Jur) (to do sth* à faire qch) • **to entitle sb to sth** donner droit à qch à qn • **this voucher entitles you to three half-price recordings** ce bon vous donne droit à trois disques à moitié prix • **to be entitled to sth** avoir droit à qch • **you should claim all that you're entitled to** vous devriez réclamer tout ce à quoi vous avez droit • **you're entitled to a bit of fun!** tu as bien le droit de t'amuser un peu ! • **I'm entitled to my own opinion** j'ai bien le droit d'avoir ma propre opinion • **to entitle sb to do sth** donner à qn le droit de faire qch • **to be entitled to do sth** *(by position, qualifications)* avoir qualité pour faire qch, être habilité à faire qch *(Jur)* ; *(by conditions, rules)* avoir le droit *or* être en droit de faire qch • **he is quite entitled to believe that...** il est tout à fait en droit de croire que... • **to be entitled to vote** *(Pol* = *have right of suffrage)* avoir le droit de vote ; *(in union election, for committee etc)* avoir voix délibérative

[2] *[+ book]* intituler • **to be entitled** s'intituler

**entitlement** /ɪnˈtaɪtəlmənt/

**N** droit *m (to à)*

**COMP** **entitlement program** N *(US Pol)* programme *m* social

**entity** /ˈentɪtɪ/ SYN N entité *f* ; → **legal**

**entomb** /ɪnˈtuːm/ VT mettre au tombeau, ensevelir ; *(fig)* ensevelir

**entombment** /ɪnˈtuːmmənt/ N mise *f* au tombeau, ensevelissement *m*

**entomological** /ˌentəməˈlɒdʒɪkəl/ ADJ entomologique

**entomologist** /ˌentəˈmɒlədʒɪst/ N entomologiste *mf*

**entomology** /ˌentəˈmɒlədʒɪ/ N entomologie *f*

**entomophagous** /ˌentəˈmɒfəgəs/ ADJ entomophage

**entomophilous** /ˌentəˈmɒfɪləs/ ADJ entomophile

**entourage** /ˌɒntʊˈrɑːʒ/ SYN N entourage *m*

**entr'acte** /ˈɒntrækt/ N entracte *m*

**entrails** /ˈentreɪlz/ SYN NPL *(lit, fig)* entrailles *fpl*

**entrain** /ɪnˈtreɪn/
VT (= *put aboard a train*) faire monter dans un train ; (= *carry along*) entraîner
VI monter dans un train

**entrance¹** /ˈentrəns/ SYN
N 1 (= *way in*) (*gen*) entrée *f* (to de) ; [*of cathedral*] portail *m* ; (= *hall*) entrée *f*, vestibule *m* ; → **tradesman**
2 (= *act of entering*) entrée *f* ◆ **on his entrance** à son entrée ◆ **to make an entrance** (*esp Theat*) faire son entrée ◆ **his entrance into politics** son entrée dans la politique
3 (= *right to enter*) admission *f* ◆ **entrance to a school** admission *f* à *or* dans une école ◆ **to gain entrance to a university** être admis à *or* dans une université ◆ **children get free entrance (to the zoo)** l'entrée (du zoo) est gratuite pour les enfants
COMP **entrance examination** N examen *m* d'entrée ; (*Admin*) concours *m* de recrutement
**entrance fee** N (*at museum, cinema etc*) prix *m* *or* droit *m* d'entrée ; (*Brit* : *for club, association etc*) droit *m* d'inscription
**entrance hall** N hall *m* (d'entrée)
**entrance permit** N visa *m* d'entrée
**entrance qualifications** NPL (*Educ*) diplômes *mpl* exigés à l'entrée
**entrance ramp** N (*US* : *on highway*) bretelle *f* d'accès
**entrance requirements** NPL (*Educ*) qualifications *fpl* exigées à l'entrée
**entrance ticket** N billet *m* d'entrée

**entrance²** /ɪnˈtrɑːns/ SYN VT ravir, enchanter ◆ **she stood there entranced** elle restait là extasiée *or* en extase

**entrancing** /ɪnˈtrɑːnsɪŋ/ ADJ enchanteur (-teresse *f*), ravissant

**entrancingly** /ɪnˈtrɑːnsɪŋlɪ/ ADV [*dance, sing*] à ravir ; [*smile*] d'une façon ravissante *or* séduisante ◆ **she is entrancingly beautiful** elle est belle à ravir ◆ **it's entrancingly simple** c'est d'une merveilleuse simplicité

**entrant** /ˈentrənt/ SYN N (*to profession*) nouveau venu *m*, nouvelle venue *f* (to dans, en) ; (*in race*) concurrent(e) *m(f)*, participant(e) *m(f)* ; (*in competition*) candidat(e) *m(f)*, concurrent(e) *m(f)* ; (*in exam*) candidat(e) *m(f)*

**entrap** /ɪnˈtræp/ VT prendre au piège ◆ **to entrap sb into doing sth** amener qn à faire qch par la ruse *or* la feinte

**entrapment** /ɪnˈtræpmənt/ N (*Jur*) *incitation policière à commettre un délit qui justifiera ensuite l'arrestation de son auteur*

**entreat** /ɪnˈtriːt/ VT supplier, implorer (*sb to do sth* qn de faire qch) ◆ **listen to him, I entreat you** écoutez-le, je vous en supplie *or* je vous en conjure ◆ **to entreat sth of sb** demander instamment qch à qn ◆ **to entreat sb for help** implorer le secours de qn

**entreating** /ɪnˈtriːtɪŋ/
ADJ suppliant, implorant
N supplications *fpl*

**entreatingly** /ɪnˈtriːtɪŋlɪ/ ADV [*look*] d'un air suppliant ; [*ask*] d'un ton suppliant, d'une voix suppliante

**entreaty** /ɪnˈtriːtɪ/ SYN N prière *f*, supplication *f* ◆ **at his entreaty** sur ses instances *fpl* ◆ **they ignored my entreaties** ils sont restés sourds à mes prières *or* supplications ◆ **a look/gesture of entreaty** un regard/un geste suppliant

**entrechat** /ɑ̃trəʃa/ N (*Ballet*) entrechat *m*

**entrée** /ˈɒntreɪ/ N 1 (= *first course*) entrée *f*
2 (*US*) (= *main course*) plat *m* de résistance

**entrench** /ɪnˈtrentʃ/ SYN VT (*Mil*) retrancher

**entrenched** /ɪnˈtrentʃd/ SYN ADJ 1 (*pej* = *established*) [*position, idea, attitude*] arrêté ; [*belief, behaviour, practice, racism, suspicion*] enraciné ; [*interests, power, bureaucracy*] bien établi ; [*person*] inflexible ◆ **to become entrenched** [*position, idea, attitude*] devenir trop arrêté ; [*belief, behaviour, practice, racism, suspicion*] s'enraciner ; [*interests, power, bureaucracy*] s'établir fermement ; [*person*] se retrancher sur ses positions ◆ **the recession is still well entrenched** la récession s'est installée, la récession dure ◆ **you're too entrenched in the past** vous êtes trop replié sur le passé ◆ **he remained entrenched in his position** il ne démordait pas de son point de vue ◆ **to be entrenched in the belief/view that...** ne pas démordre de l'idée que.../du point de vue selon lequel...
2 (*Mil*) [*troops, position*] retranché

**entrenchment** /ɪnˈtrentʃmənt/ N 1 (*Mil*) retranchement *m*
2 (= *establishment*) [*of rights, standards*] (*gen*) établissement *m* ; (*by constitution, law*) validation *f*

**entrepôt** /ˈɒntrəpəʊ/ N entrepôt *m*

**entrepreneur** /ˌɒntrəprəˈnɜːʳ/ N entrepreneur *m* (*chef d'entreprise*)

**entrepreneurial** /ˌɒntrəprəˈnɜːrɪəl/ ADJ [*person, company*] entreprenant ; [*initiative*] audacieux ◆ **to have entrepreneurial flair** avoir l'esprit d'entreprise, avoir le sens de l'initiative

**entrepreneurship** /ˌɒntrəprəˈnɜːʃɪp/ N esprit *m* d'entreprise

**entropy** /ˈentrəpɪ/ N entropie *f*

**entrust** /ɪnˈtrʌst/ SYN VT [+ *secrets, valuables, letters*] confier (*to* à) ; [+ *child*] confier (*to sb* à qn, à la garde de qn) ; [+ *prisoner*] confier (*to* à la garde de) ◆ **to entrust sb/sth to sb's care** confier *or* remettre qn/qch aux soins de qn ◆ **to entrust sb with a task** charger qn d'une tâche, confier à qn une tâche ◆ **to entrust sb with the job of doing sth** charger qn de faire qch, confier à qn le soin de faire qch

**entry** /ˈentrɪ/ SYN
N 1 (= *action*) entrée *f* ; (*in competition*) participation *f* ◆ **to make an entry** faire son entrée ◆ **to make one's entry** (*Theat*) entrer en scène ◆ **"no entry"** (*on gate etc*) « défense d'entrer », « entrée interdite » ; (*in one-way street*) « sens interdit »
2 (= *way in* : *gen*) entrée *f* ; [*of cathedral*] portail *m*
3 (= *item*) [*of list*] inscription *f* ; [*of account book, ledger*] écriture *f* ; [*of dictionary, encyclopedia*] (= *term*) article *m* ; (= *headword*) adresse *f*, entrée *f* ◆ **single/double entry** (*Accounting*) comptabilité *f* en partie simple/double ◆ **entry in the log** (*of ship*) entrée *f* du journal de bord
4 (*Sport etc* = *participant(s)*) ◆ **there is a large entry for the 200 metres** il y a une longue liste de concurrents pour le 200 mètres ◆ **there are only three entries** (*for race, competition*) il n'y a que trois concurrents ; (*for exam*) il n'y a que trois candidats
COMP **entry condition** N (*Ling*) condition *f* d'admission (*à un système*)
**entry examination** N examen *m* d'entrée
**entry fee** N (*at museum, cinema etc*) prix *m* *or* droit *m* d'entrée ; (*Brit* : *for club, association etc*) droit *m* d'inscription
**entry form** N feuille *f* d'inscription
**entry-level** ADJ (*Comput*) de base ; [*model, car, product*] d'entrée de gamme
**entry permit** N visa *m* d'entrée
**entry phone** N interphone *m*
**entry qualifications** NPL (*Educ*) diplômes *mpl* exigés à l'entrée
**entry requirements** NPL (*Educ*) qualifications *fpl* exigées à l'entrée
**entry visa** N ⇒ **entry permit**
**entry word** N (*US Lexicography*) entrée *f*, adresse *f*

**entryism** /ˈentrɪɪzəm/ N entrisme *m*

**entryist** /ˈentrɪɪst/ N, ADJ entriste *mf*

**entryway** /ˈentrɪweɪ/ N entrée *f*, hall *m* d'entrée

**ents** /ents/ NPL (*Brit*) (abbrev of **entertainments**) animation *f* culturelle

**entwine** /ɪnˈtwaɪn/ SYN
VT [+ *stems, ribbons*] entrelacer ; [+ *garland*] tresser ; (= *twist around*) enlacer (*with* de) ◆ **to entwine itself around** s'enrouler autour de
VI s'entrelacer, s'enlacer (*around* autour de)

**enucleate** /ɪˈnjuːklɪeɪt/ VT énucléer

**enumerate** /ɪˈnjuːməreɪt/ SYN VT énumérer, dénombrer

**enumeration** /ɪˌnjuːməˈreɪʃən/ N énumération *f*, dénombrement *m*

**enunciate** /ɪˈnʌnsɪeɪt/ SYN VT [+ *sound, word*] prononcer, articuler ; [+ *principle, theory*] énoncer, exposer ◆ **to enunciate clearly** bien articuler

**enunciation** /ɪˌnʌnsɪˈeɪʃən/ N [*of sound, word*] articulation *f* ; [*of theory*] énonciation *f*, formulation *f* ; [*of problem*] énoncé *m* ◆ **he has good enunciation** il articule bien

**enuresis** /ˌenjʊˈriːsɪs/ N énurésie *f*

**enuretic** /ˌenjʊˈretɪk/ ADJ énurétique

**envelop** /ɪnˈveləp/ SYN VT envelopper (*also fig*) ◆ **enveloped in a blanket** enveloppé dans une couverture ◆ **enveloped in clouds/snow** enveloppé de nuages/neige ◆ **enveloped in mystery** enveloppé *or* entouré de mystère

**envelope** /ˈenvələʊp/ SYN N [*of letter, balloon, airship*] enveloppe *f* ; (*Bio, Bot*) enveloppe *f*, tunique *f* ; (*Math*) enveloppe *f* ◆ **to put a letter in an envelope** mettre une lettre sous enveloppe ◆ **in a sealed envelope** sous pli cacheté ◆ **in the same envelope** sous le même pli ◆ **it sounds as if it was written on the back of an envelope** on dirait que ça a été rédigé à la hâte ◆ **to push (back) the envelope** repousser les limites

**envelopment** /ɪnˈveləpmənt/ N enveloppement *m*

**envenom** /ɪnˈvenəm/ VT (*lit, fig*) envenimer

**enviable** /ˈenvɪəbl/ SYN ADJ enviable

**enviably** /ˈenvɪəblɪ/ ADV ◆ **enviably slim** d'une minceur enviable ◆ **a city with enviably little crime** une ville dont on peut envier le faible taux de criminalité ◆ **an enviably high academic standard** un niveau scolaire élevé qui fait envie

**envious** /ˈenvɪəs/ SYN ADJ [*person, glance*] envieux ◆ **you're going to Barbados? – I'm very envious** tu vas à la Barbade ? – je t'envie beaucoup ◆ **to be envious of sb/sth** envier qn/qch ◆ **people were envious of his success** son succès a fait des envieux ◆ **to be envious that...** être envieux du fait que... + *subj* ◆ **to cast envious eyes** *or* **an envious eye at sb/sth** jeter un regard envieux sur qn/qch

**enviously** /ˈenvɪəslɪ/ ADV avec envie

**environment** /ɪnˈvaɪərənmənt/ SYN
N 1 (= *surroundings* : *physical*) cadre *m*, environnement *m* ; (*social, moral*) milieu *m* ◆ **he has a good working environment** il travaille dans un cadre agréable ◆ **to be in a safe environment** [*child, vulnerable person*] être dans un environnement protégé ◆ **pupils in our schools must be taught in a safe environment** les élèves de notre pays doivent pouvoir étudier en toute sécurité ◆ **the twins were brought up in different environments** les jumeaux ont été élevés dans des milieux différents ◆ **working-class environment** milieu *m* ouvrier ◆ **cultural environment** milieu *m* culturel ◆ **in order to survive in a hostile environment** pour survivre dans un milieu hostile ◆ **are people's characters determined by heredity or environment?** le caractère est-il déterminé par l'hérédité ou par l'environnement ? ◆ **the economic environment is becoming increasingly global** l'environnement économique se mondialise de plus en plus
2 (*natural*) environnement *m* ; (*Bio, Bot, Geog*) milieu *m* ◆ **our environment is awash with other forms of pollution** notre environnement est affecté par une multitude d'autres formes de pollution ◆ **natural environment** milieu *m* naturel
♦ **the environment** l'environnement ◆ **pollution/protection of the environment** la pollution/la protection de l'environnement ◆ **he expressed grave concern for the environment** il a exprimé de graves inquiétudes quant à l'environnement ◆ **Secretary (of State) for** *or* **Minister of the Environment** (*Brit*) ministre *mf* de l'Environnement ◆ **Department** *or* **Ministry of the Environment** ministère *m* de l'Environnement
COMP **Environment Agency** (*Brit*) N agence *f* de protection de l'environnement
**environment-friendly** ADJ qui respecte l'environnement
**Environment Protection Agency** N (*US*) agence *f* de protection de l'environnement

> (!) Be cautious about translating **environment** by **environnement**, which is generally used for physical and natural environments.

**environmental** /ɪnˌvaɪərənˈmentl/
ADJ 1 (= *ecological*) [*issues, matters, problems*] écologique, environnemental ; [*impact, effects, research*] sur l'environnement ; [*change*] d'écosystème ; [*policy*] de l'environnement ; [*group, movement*] écologiste ; [*disaster*] écologique ◆ **environmental awareness** conscience *f* écologique ◆ **to take account of environmental concerns** tenir compte des considérations écologiques *or* environnementales ◆ **environmental damage** dommages *mpl* causés à l'environnement ◆ **environmental regulations** lois *fpl* sur (la protection de) l'environnement
2 (= *situational*) [*factors*] lié à l'environnement ; [*influence*] de l'environnement ◆ **the illness is caused by genetic rather than environmental factors** cette maladie est due à des facteurs génétiques plutôt qu'au milieu ambiant

**environmental assessment** N écobilan m
**environmental audit** N éco-audit m
**environmental damage** N atteintes fpl à l'environnement
**environmental health** N (Brit) hygiène f publique
**Environmental Health Department** N (Brit) département m d'hygiène publique
**Environmental Health Officer** N (Brit) inspecteur m de l'hygiène publique
**Environmental Health Service** N (Brit) service m d'hygiène publique
**environmental impact** N impact m sur l'environnement
**environmental lobby** N groupe m de pression écologique
**environmental management** N gestion f de l'environnement
**Environmental Protection Agency** N (US Admin) ≈ ministère m de l'Environnement
**environmental studies** NPL étude f de l'environnement, études fpl écologiques

**environmentalism** /ɪnˈvaɪərənmentəˌlɪzəm/ N écologie f, science f de l'environnement

**environmentalist** /ɪnˌvaɪərənˈmentəlɪst/ N écologiste mf, environnementaliste mf

**environmentally** /ɪnˌvaɪərənˈmentəlɪ/ ADV
[1] (= ecologically) [sensitive] écologiquement ◆ **to be environmentally conscious** or **aware** être sensibilisé aux problèmes de l'environnement ◆ **to be environmentally friendly** or **correct** respecter l'environnement ◆ **to be environmentally harmful** nuire à l'environnement ◆ **environmentally sound policies** des politiques respectueuses de l'environnement
[2] (= from living conditions) ◆ **to suffer from an environmentally acquired** or **induced disease** souffrir d'une maladie due aux conditions de vie

**environs** /ɪnˈvaɪərənz/ SYN NPL abords mpl, alentours mpl

**envisage** /ɪnˈvɪzɪdʒ/ SYN VT (= foresee) prévoir ; (= imagine) envisager ◆ **it is envisaged that...** on prévoit que... ◆ **an increase is envisaged next year** on prévoit une augmentation pour l'année prochaine ◆ **it is hard to envisage such a situation** il est difficile d'envisager une telle situation ◆ **to envisage sb** or **sb's doing sth** imaginer or penser que qn fera qch

**envision** /ɪnˈvɪʒən/ SYN VT (esp US) (= conceive of) imaginer ; (= foresee) prévoir

**envoy¹** /ˈenvɔɪ/ SYN N (gen) envoyé(e) m(f), émissaire m ; (= diplomat: also **envoy extraordinary**) ministre m plénipotentiaire, ambassadeur m extraordinaire

**envoy²** /ˈenvɔɪ/ N (Poetry) envoi m

**envy** /ˈenvɪ/ SYN
N envie f, jalousie f ◆ **out of envy** par envie, par jalousie ◆ **filled with envy** dévoré de jalousie ◆ **it was the envy of everyone** cela faisait or excitait l'envie de tout le monde ; → **green**
VT [+ person, thing] envier ◆ **to envy sb sth** envier qch à qn

**enzootic** /ˌenzəʊˈɒtɪk/ ADJ enzootique ◆ **enzootic disease** enzootie f

**enzymatic** /ˌenzaɪˈmætɪk/ ADJ enzymatique

**enzyme** /ˈenzaɪm/
N enzyme f
COMP **enzyme-linked immunosorbent assay** N dosage m ELISA

**enzymic** /enˈzaɪmɪk/ ADJ ⇒ **enzymatic**

**enzymology** /ˌenzaɪˈmɒlədʒɪ/ N enzymologie f

**EOC** /ˌiːəʊˈsiː/ N (Brit) abbrev of **Equal Opportunities Commission**

> **EOC, EEOC**
> 
> La Commission pour l'égalité des chances (**Equal Opportunities Commission** ou **EOC**) est un organisme britannique chargé de veiller à ce que les femmes perçoivent à travail égal un salaire égal à celui des hommes et qu'elles ne fassent pas l'objet d'une discrimination sexiste. La Commission pour l'égalité des races (« Commission for Racial Equality ») veille sur sa part à ce qu'il n'y ait pas de discrimination sur la base de la race ou de la religion.
> 
> Aux États-Unis, la Commission pour l'égalité des chances (**Equal Employment Opportunity Commission** ou **EEOC**) lutte contre toutes les formes de discrimination raciale, religieuse ou sexuelle sur le lieu de travail. Les entreprises pratiquant une quelconque discrimination peuvent être poursuivies devant la justice fédérale.

**Eocene** /ˈiːəʊˌsiːn/ ADJ, N éocène m

**eolith** /ˈiːəʊlɪθ/ N éolithe m

**eolithic** /ˌiːəʊˈlɪθɪk/ ADJ éolithique

**eon** /ˈiːɒn/ N ⇒ **aeon**

**eosin(e)** /ˈiːəʊsɪn/ N éosine f

**eosinophil** /ˌiːəʊˈsɪnəfɪl/, **eosinophile** /ˈiːəʊsɪnəˌfaɪl/ N éosinophile m

**eosinophilia** /ˈiːəʊsɪnəˈfɪlɪə/ N éosinophilie f

**eosinophilic** /ˈiːəʊsɪnəˈfɪlɪk/, **eosinophilous** /ˌiːəʊsɪˈnɒfɪləs/ ADJ éosinophile

**EP** /ˌiːˈpiː/ N (abbrev of **extended play**) 45 tours m double durée

**EPA** /ˌiːpiːˈeɪ/ N (US Admin) (abbrev of **Environmental Protection Agency**) → **environmental**

**epact** /ˈiːpækt/ N épacte f

**eparch** /ˈepɑːk/ N (Rel) éparque m

**eparchy** /ˈepɑːkɪ/ N (Rel) éparchie f

**epaulet(te)** /ˈepɔːlet/ N épaulette f

**épée** /ˈepeɪ/ N fleuret m

**epeirogenetic** /ɪˌpaɪrəʊdʒɪˈnetɪk/, **epeirogenic** /ɪˌpaɪrəʊˈdʒenɪk/ ADJ épirogénique

**epeirogeny** /ˌepaɪˈrɒdʒɪnɪ/ N épirogenèse f, épeirogenèse f

**epergne** /ɪˈpɜːn/ N surtout m

**ephedrine** /ˈefɪdrɪn/ N éphédrine f

**ephemera** /ɪˈfemərə/
N (pl **ephemeras** or **ephemerae** /ɪˈfeməˌriː/) (= insect) éphémère m
NPL (= transitory items) choses fpl éphémères ; (= collectables) babioles fpl (d'une époque donnée)

**ephemeral** /ɪˈfemərəl/ SYN ADJ [plant, animal], (fig) éphémère

**ephemerid** /ɪˈfemərɪd/ N éphémère m

**ephemeris** /ɪˈfemərɪs/ N (pl **ephemerides** /ˈefɪmeˌrɪˈdiːz/) éphéméride f

**Ephesians** /ɪˈfiːʒənz/ N Éphésiens mpl

**Ephesus** /ˈefɪsəs/ N Éphèse m

**epic** /ˈepɪk/
ADJ (Literat) épique ; (= tremendous) héroïque, épique ◆ **Manchester United's epic victory** la victoire épique de Manchester United ◆ **an epic power-struggle** une lutte homérique or épique
N épopée f, poème m or récit m épique ◆ **an epic of the screen** (Cine) un film à grand spectacle

**epicalyx** /ˌepɪˈkælɪks/ N (pl **epicalyxes** or **epicalyces** /ˌepɪˈkælɪˌsiːz/) [of plant] calicule m

**epicanthus** /ˌepɪˈkænθəs/ N (pl **epicanthi** /ˌepɪˈkænθaɪ/) épicanthus m

**epicardium** /ˌepɪˈkɑːdɪəm/ N (pl **epicardia** /ˌepɪˈkɑːdɪə/) épicarde m

**epicarp** /ˈepɪkɑːp/ N épicarpe m

**epicene** /ˈepɪsiːn/ ADJ (frm) [manners, literature] efféminé ; (Gram) épicène

**epicentre, epicenter** (US) /ˈepɪˌsentəʳ/ N épicentre m

**epicontinental** /ˈepɪˌkɒntɪˈnentl/ ADJ bordier

**epicure** /ˈepɪkjʊəʳ/ SYN N (fin) gourmet m, gastronome mf

**epicurean** /ˌepɪkjʊəˈriːən/ SYN ADJ, N épicurien(ne) m(f)

**epicureanism** /ˌepɪkjʊəˈriːənɪzəm/ N épicurisme m

**Epicurus** /ˌepɪˈkjʊərəs/ N Épicure m

**epicycle** /ˈepɪˌsaɪkl/ N épicycle m

**epicyclic** /ˌepɪˈsaɪklɪk/ ADJ ◆ **epicyclic gear** or **train** train m épicycloïdal

**epicycloid** /ˌepɪˈsaɪklɔɪd/ N épicycloïde f

**epicycloidal** /ˌepɪsaɪˈklɔɪdl/ ADJ épicycloïdal

**Epidaurus** /ˌepɪˈdɔːrəs/ N Épidaure

**epidemic** /ˌepɪˈdemɪk/ SYN
N épidémie f
ADJ épidémique ◆ **to reach epidemic proportions** atteindre des proportions épidémiques

**epidemiological** /ˌepɪˌdiːmɪəˈlɒdʒɪkəl/ ADJ épidémiologique

**epidemiologist** /ˌepɪˌdemɪˈɒlədʒɪst/ N épidémiologiste mf

**epidemiology** /ˌepɪˌdemɪˈɒlədʒɪ/ N épidémiologie f

**epidermal** /ˌepɪˈdɜːməl/ ADJ épidermique

**epidermis** /ˌepɪˈdɜːmɪs/ N épiderme m

**epidiascope** /ˌepɪˈdaɪəˌskəʊp/ N épidiascope m

**epididymis** /ˌepɪˈdɪdɪmɪs/ N (pl **epididymides** /ˈepɪdɪˈdɪmɪˌdiːz/) épididyme m

**epidural** /ˌepɪˈdjʊərəl/ ADJ, N ◆ **epidural (anaesthetic)** péridurale f

**epigamic** /ˌepɪˈgæmɪk/ ADJ épigamique

**epigastrial** /ˌepɪˈgæstrɪəl/ ADJ épigastrique

**epigastric** /ˌepɪˈgæstrɪk/ ADJ ⇒ **epigastrial**

**epigastrium** /ˌepɪˈgæstrɪəm/ N (pl **epigastria** /ˌepɪˈgæstrɪə/) épigastre m

**epigeal** /ˌepɪˈdʒiːəl/, **epigean** /ˌepɪˈdʒiːən/ ADJ épigé

**epigenesis** /ˌepɪˈdʒenɪsɪs/ N (Bio) épigénèse f ; (Geol) épigénie f

**epigeous** /eˈpɪdʒɪəs/ ADJ ⇒ **epigeal**

**epiglottis** /ˌepɪˈglɒtɪs/ N (pl **epiglottises** or **epiglottides** /ˌepɪˈglɒtɪˈdiːz/) épiglotte f

**epigone** /ˈepɪgəʊn/ N (Antiq, fig) épigone m

**epigram** /ˈepɪgræm/ SYN N épigramme f

**epigrammatic(al)** /ˌepɪgrəˈmætɪk(əl)/ ADJ épigrammatique

**epigraph** /ˈepɪgrɑːf/ N épigraphe f

**epigrapher** /ɪˈpɪgrəfəʳ/, **epigraphist** /ɪˈpɪgrəfɪst/ N épigraphiste mf

**epigraphy** /ɪˈpɪgrəfɪ/ N épigraphie f

**epigynous** /ɪˈpɪdʒɪnəs/ ADJ épigyne

**epilator** /ˈepɪleɪtəʳ/ N épilateur m

**epilepsy** /ˈepɪlepsɪ/ N épilepsie f

**epileptic** /ˌepɪˈleptɪk/
ADJ épileptique ◆ **epileptic fit** crise f d'épilepsie
N épileptique mf

**epileptiform** /ˌepɪˈleptɪˌfɔːm/, **epileptoid** /ˌepɪˈleptɔɪd/ ADJ épileptiforme

**epilogue** /ˈepɪlɒg/ SYN N épilogue m

**epinephrine** /ˌepəˈnefrɪn/ N (US) adrénaline f

**Epiphany** /ɪˈpɪfənɪ/ N (Rel) Épiphanie f, jour m des Rois ; (fig) révélation f

**epiphenomenalism** /ˌepɪfɪˈnɒmɪnəˌlɪzəm/ N épiphénoménisme m

**epiphenomenon** /ˌepɪfɪˈnɒmɪnən/ N (pl **epiphenomena** /ˌepɪfɪˈnɒmɪnə/) (Med, Philos, fig) épiphénomène m

**epiphyllous** /ˌepɪˈfɪləs/ ADJ épiphylle

**epiphysis** /ɪˈpɪfɪsɪs/ N (pl **epiphyses** /ɪˈpɪfɪˌsiːz/) épiphyse f

**epiphytal** /ˌepɪˈfaɪtəl/ ADJ épiphyte

**epiphyte** /ˈepɪfaɪt/ N épiphyte m

**epiphytic** /ˌepɪˈfɪtɪk/ ADJ épiphyte

**epiphytical** /ˌepɪˈfɪtɪkəl/ ADJ ⇒ **epiphytic**

**Epirus** /ɪˈpaɪərəs/ N (Geog, Myth) Épire f

**episcopacy** /ɪˈpɪskəpəsɪ/ N épiscopat m

**Episcopal** /ɪˈpɪskəpəl/ ADJ (Rel: of Church) épiscopalien

**episcopal** /ɪˈpɪskəpəl/ ADJ (of bishop) épiscopal

**Episcopalian** /ɪˌpɪskəˈpeɪlɪən/
ADJ épiscopalien
N membre m de l'Église épiscopalienne ◆ **the Episcopalians** les épiscopaliens mpl

**episcopalianism** /ɪˌpɪskəˈpeɪlɪənɪzəm/, **episcopalism** /ɪˈpɪskəpəˌlɪzəm/ N (Rel) épiscopalisme m

**episcopate** /ɪˈpɪskəpɪt/ N épiscopat m

**episcope** /ˈepɪˌskəʊp/ N (Brit) épiscope m

**episiotomy** /əˌpiːzɪˈɒtəmɪ/ N épisiotomie f

**episode** /ˈepɪsəʊd/ SYN N (= event) (TV) épisode m ; (Med) crise f

**episodic** /ˌepɪˈsɒdɪk/ ADJ épisodique

**episome** /ˈepɪˌsəʊm/ N épisome m

**epistasis** /ɪˈpɪstəsɪs/ N épistasie f

**epistaxis** /ˌepɪˈstæksɪs/ N épistaxis f

**epistemic** /ˌepɪˈstiːmɪk/ ADJ épistémique

**epistemological** /ɪˌpɪstɪməˈlɒdʒɪkəl/ ADJ épistémologique

**epistemologist** /ɪˌpɪstɪˈmɒlədʒɪst/ N épistémologiste mf, épistémologue mf

**epistemology** /ɪˌpɪstəˈmɒlədʒɪ/ N épistémologie f

**epistle** /ɪˈpɪsl/ SYN N épître f ; (Admin = letter) courrier m ◆ **Epistle to the Romans/Hebrews** etc (Bible) Épître f aux Romains/Hébreux etc

**epistolary** /ɪˈpɪstələrɪ/ ADJ épistolaire

**epistyle** /ˈepɪˌstaɪl/ N épistyle m

**epitaph** /ˈepɪtɑːf/ N épitaphe f

**epitaxy** /ˈepɪtæksɪ/ N épitaxie f

**epithalamion** /ˌepɪθəˈleɪmɪən/ N (pl **epithalamia** /ˌepɪθəˈleɪmɪə/) épithalame m

**epithelial** /ˌepɪˈθiːlɪəl/ ADJ épithélial

**epithelioma** /ˌepɪˌθiːlɪˈəʊmə/ N (pl **epitheliomas** or **epitheliomata** /ˌepɪˌθiːlɪˈəʊmətə/) épithélioma m

**epithelium** /ˌepɪˈθiːlɪəm/ N (pl **epitheliums** or **epithelia** /ˌepɪˈθiːlɪə/) épithélium m

**epithet** /ˈepɪθet/ SYN N épithète f

**epitome** /ɪˈpɪtəmɪ/ SYN N [of idea, subject] quintessence f ◆ **she's the epitome of virtue** elle est la vertu incarnée or personnifiée, elle est l'exemple même de la vertu

**epitomize** /ɪˈpɪtəmaɪz/ SYN VT [person] [+ quality, virtue] incarner, personnifier ; [thing] illustrer parfaitement ◆ **these dishes epitomize current cooking trends** ces plats illustrent parfaitement les tendances de la cuisine contemporaine ◆ **it epitomized everything he hated** c'était l'illustration parfaite de tout ce qu'il détestait

**epizootic** /ˌepɪzəʊˈɒtɪk/ ADJ épizootique ◆ **epizootic disease** épizootie f

**EPNS** /ˌiːpiːenˈes/ (abbrev of **electroplated nickel silver**) → **electroplate**

**EPO** /ˌiːpiːˈəʊ/ N (abbrev of **erythropoietin**) EPO f

**epoch** /ˈiːpɒk/ SYN
N époque f, période f ◆ **to mark an epoch** (fig) faire époque, faire date
COMP **epoch-making** ADJ qui fait époque, qui fait date

**epode** /ˈepəʊd/ N épode f

**eponym** /ˈepənɪm/ N éponyme m

**eponymic** /ˌepəˈnɪmɪk/ ADJ éponyme

**eponymous** /ɪˈpɒnɪməs/ ADJ éponyme

**EPOS** /ˈiːpɒs/ N (abbrev of **electronic point of sale**) TPV m, terminal m point de vente ◆ **has the shop got EPOS?** est-ce que le magasin est équipé d'un TPV ?

**epoxide** /ɪˈpɒksaɪd/ N époxyde m ◆ **epoxide resin** ⇒ **epoxy resin** ; → **epoxy**

**epoxy** /ɪˈpɒksɪ/ N (also **epoxy resin**) résine f époxyde

**EPROM** /ˈiːprɒm/ N (Comput) (abbrev of **erasable programmable read only memory**) EPROM f

**Epsom salts** /ˌepsəmˈsɔːlts/ NPL epsomite f, sulfate m de magnésium

**equable** /ˈekwəbl/ SYN ADJ [temperament, climate] égal, constant ◆ **he is very equable** il a un tempérament très égal

**equably** /ˈekwəblɪ/ ADV [say] tranquillement, calmement ; [respond to] calmement

**equal** /ˈiːkwəl/ LANGUAGE IN USE 5.2 SYN
ADJ 1 (gen, Math) égal ◆ **to be equal to sth** être égal à qch, être égaler qch ; see also 2 ◆ **equal in number** égal en nombre ◆ **to be equal in size** être de la même taille ◆ **equal pay** égalité f des salaires ◆ **equal pay for equal work** à travail égal salaire égal ◆ **equal pay for women** salaire égal pour les femmes ◆ **equal rights** égalité f des droits ◆ **an equal sum of money** une même somme d'argent ◆ **with equal indifference** avec la même indifférence ◆ **with equal enthusiasm** avec le même enthousiasme ◆ **each party has equal access to the media** chaque parti a le même accès aux médias ◆ **they are about equal** (in value etc) ils se valent à peu près ◆ **to talk to sb on equal terms** parler à qn d'égal à égal ◆ **other** or **all things being equal** toutes choses (étant) égales par ailleurs ◆ **to be on equal terms** or **an equal footing (with sb)** être sur un pied d'égalité (avec qn) ◆ **to come equal first/second** etc être classé premier/deuxième etc ex æquo
2 (= capable) ◆ **to be equal to sth** être à la hauteur de qch ◆ **the guards were equal to anything** les gardes pouvaient faire face à n'importe quoi ◆ **to be equal to doing sth** être de force à or de taille à faire qch ◆ **she did not feel equal to going out** elle ne se sentait pas le courage or la force de sortir
3 ( †† = equable) [temperament] égal
N égal(e) m(f) ◆ **our equals** nos égaux mpl ◆ **to treat sb as an equal** traiter qn d'égal à égal ◆ **she has no equal** elle n'a pas sa pareille, elle est hors pair ◆ **she is his equal** (in rank, standing) elle est son égale
VT (gen, Math) égaler (in en) ◆ **not to be equalled** sans égal, qui n'a pas son égal ◆ **there is nothing to equal it** il n'y a rien de tel or de comparable ◆ **let x equal y** (Math) si x égale y
COMP **Equal Employment Opportunity Commission** N (US) Commission f pour l'égalité des chances → **EOC, EEOC**
**equal opportunities** NPL chances fpl égales
**Equal Opportunities Commission** N (Brit) Commission f pour l'égalité des chances → **EOC, EEOC**, QUANGO
**equal opportunities employer, equal opportunity employer** N employeur m qui ne fait pas de discrimination
**Equal Rights Amendment** N (US) amendement constitutionnel en faveur de l'égalité des droits
**equal(s) sign** N signe m d'égalité or égal
**equal time** N (US Rad, TV) droit m de réponse (à l'antenne)

**equality** /ɪˈkwɒlɪtɪ/ SYN N égalité f ◆ **equality in the eyes of the law** égalité f devant la loi ◆ **equality of opportunity** l'égalité f des chances ◆ **the Equality State** le Wyoming

**equalization** /ˌiːkwəlaɪˈzeɪʃən/ N (NonC) [of wealth] répartition f ; [of income, prices] égalisation f ; [of retirement ages] nivellement m ; [of account] régularisation f ◆ **to work towards the equalization of opportunities** œuvrer pour l'égalité des chances

**equalize** /ˈiːkwəlaɪz/ SYN
VT [+ rights, opportunities] garantir l'égalité de ; [+ chances] équilibrer ; [+ wealth, possessions] niveler ; [+ income, prices] égaliser ; [+ accounts] régulariser
VI (Brit Sport) égaliser

**equalizer** /ˈiːkwəlaɪzər/ N 1 (Sport) but m (or point m) égalisateur
2 (US *) (= revolver) pétard* m, revolver m ; (= rifle) flingue* m

**equally** /ˈiːkwəlɪ/ LANGUAGE IN USE 26.1, 26.2 ADV
1 (= evenly) [divide, share] en parts égales ◆ **equally spaced** à espaces réguliers
2 (= in the same way) [treat] de la même manière ◆ **this applies equally to everyone** ceci s'applique à tout le monde de la même manière ◆ **this applies equally to men and to women** ceci s'applique aussi bien aux hommes qu'aux femmes
3 (= just as) [important, impressive, true, difficult] tout aussi ; [clear] également ◆ **her mother was equally disappointed** sa mère a été tout aussi déçue ◆ **equally qualified candidates** des candidats mpl ayant les mêmes qualifications ◆ **to be equally successful** [person] réussir aussi bien ; [artist, exhibition] avoir autant de succès ◆ **equally gifted brothers** frères mpl également or pareillement doués ◆ **they were equally guilty** (gen) ils étaient aussi coupables l'un que l'autre, ils étaient coupables au même degré ◆ **she did equally well in history** (Jur) elle a eu de tout aussi bons résultats en histoire ◆ **equally as good/bad** tout aussi bon/mauvais, aussi bon/mauvais l'un que l'autre
4 (= by the same token) ◆ **the country must find a solution to unemployment. Equally, it must fight inflation** le pays doit trouver une solution au chômage ; de même, il doit lutter contre l'inflation ◆ **she cannot marry him, but equally she cannot live alone** elle ne peut pas l'épouser mais elle ne peut pas non plus vivre seule

**equanimity** /ˌekwəˈnɪmɪtɪ/ N égalité f d'humeur, équanimité f (frm) ◆ **with equanimity** avec sérénité, d'une âme égale

**equate** /ɪˈkweɪt/ SYN VT 1 (= identify) assimiler (with à) ; (= compare) mettre sur le même pied (with que) ; (Math) mettre en équation (to avec) ; (= make equal) égaler, égaliser ◆ **to equate Eliot with Shakespeare** mettre Eliot sur le même pied que Shakespeare ◆ **to equate black with mourning** assimiler le noir au deuil ◆ **to equate supply and demand** égaler or égaliser l'offre à la demande

**equation** /ɪˈkweɪʒən/ SYN
N 1 (Math, Chem) équation f ◆ **that doesn't even enter the equation** ça n'entre même pas en ligne de compte ; → **quadratic, simple, simultaneous**
2 (= comparison) ◆ **the equation of sth with sth, the equation between sth and sth** l'assimilation f de qch à qch
COMP **equation of time** N (Astron) équation f du temps

**equator** /ɪˈkweɪtər/ N équateur m (terrestre), ligne f équinoxiale ◆ **at the equator** sous l'équateur

**equatorial** /ˌekwəˈtɔːrɪəl/ ADJ équatorial ◆ **Equatorial Guinea** la Guinée équatoriale

**equerry** /ˈekwerɪ/ N écuyer m (au service d'un membre de la famille royale)

**equestrian** /ɪˈkwestrɪən/ SYN
ADJ équestre
N (gen) cavalier m, -ière f ; (in circus) écuyer m, -ère f

**equestrianism** /ɪˈkwestrɪəˌnɪzəm/ N (Sport) hippisme m, sports mpl équestres

**equiangular** /ˌiːkwɪˈæŋgjʊlər/ ADJ (Math) équiangle

**equidistant** /ˈiːkwɪˈdɪstənt/ ADJ équidistant, à égale distance ◆ **Orléans is equidistant from Tours and Paris** Orléans est à égale distance de Tours et de Paris

**equilateral** /ˈiːkwɪˈlætərəl/ ADJ équilatéral

**equilibrate** /ˌiːkwɪˈlaɪbreɪt/
VT équilibrer
VI s'équilibrer

**equilibrium** /ˌiːkwɪˈlɪbrɪəm/ SYN N (pl **equilibriums** or **equilibria** /ˌiːkwɪˈlɪbrɪə/) (physical, mental) équilibre m ◆ **to lose one's equilibrium** (physically) perdre l'équilibre, (mentally) devenir déséquilibré ◆ **in equilibrium** en équilibre

**equimolecular** /ˌiːkwɪməˈlekjʊlər/ ADJ équimoléculaire

**equine** /ˈekwaɪn/ ADJ [species, profile] chevalin

**equinoctial** /ˌiːkwɪˈnɒkʃəl/ ADJ équinoxial ; [gales, tides] d'équinoxe

**equinox** /ˈiːkwɪnɒks/ N équinoxe m ◆ **vernal** or **spring equinox** équinoxe m de printemps, point m vernal ◆ **autumnal equinox** équinoxe m d'automne

**equip** /ɪˈkwɪp/ SYN VT 1 (= fit out) [+ factory] équiper, outiller ; [+ kitchen, laboratory, ship, soldier, worker, astronaut] équiper ◆ **to equip a room as a laboratory** aménager une pièce en laboratoire ◆ **to equip a household** monter un ménage ◆ **to be equipped to do sth** [factory etc] être équipé pour faire qch ◆ **to be equipped for a job** (fig) avoir les compétences nécessaires pour un emploi ; → **ill, well**[2]
2 (= provide) ◆ **to equip with** [+ person] équiper de, pourvoir de ; [+ ship, car, factory, army etc] équiper de, doter de ◆ **to equip o.s. with** s'équiper de, se munir de ◆ **he is well equipped with cookery books** il est bien monté or pourvu en livres de cuisine ◆ **to equip a ship with radar** installer le radar sur un bateau

**equipage** /ˈekwɪpɪdʒ/ N équipage m (chevaux et personnel)

**equipartition** /ˌekwɪpɑːˈtɪʃən/ N équipartition f

**equipment** /ɪˈkwɪpmənt/ SYN N (gen) équipement m ; (for office, laboratory, camping etc) matériel m ◆ **factory equipment** outillage m ◆ **lifesaving equipment** matériel m de sauvetage ◆ **electrical equipment** appareillage m électrique ◆ **domestic equipment** appareils mpl ménagers ◆ **equipment grant** prime f or subvention f d'équipement

**equipoise** /ˈekwɪpɔɪz/ N (frm) équilibre m

**equipollence** /ˌiːkwɪˈpɒləns/, **equipollency** /ˌiːkwɪˈpɒlənsɪ/ N équipollence f

**equipollent** /ˌiːkwɪˈpɒlənt/ ADJ équipollent

**equipotential** /ˌiːkwɪpəˈtenʃəl/ ADJ équipotentiel

**equiprobable** /ˌiːkwɪˈprɒbəbl/ ADJ équiprobable

**equisetum** /ˌekwɪˈsiːtəm/ N (pl **equisetums** or **equiseta** /ˌekwɪˈsiːtə/) equisetum m, prêle f

**equitable** /ˈekwɪtəbl/ SYN ADJ équitable

**equitably** /ˈekwɪtəblɪ/ ADV équitablement

**equitant** /ˈekwɪtənt/ ADJ équitant

**equitation** /ˌekwɪˈteɪʃən/ N (frm) équitation f

**equity** /ˈekwɪtɪ/ SYN
N 1 (NonC = fairness) équité f
2 (Econ) (also **owner's equity, shareholder's equity, equity capital**) fonds mpl or capitaux mpl

propres, capital *m* actions ◆ **equities** (Brit Stock Exchange) actions *fpl* cotées en bourse

③ (Jur = *system of law*) équité *f*

④ (Brit) ◆ **Equity** syndicat des acteurs

COMP **Equity card** N (Brit Theat) carte de membre du syndicat des acteurs

**equity issue** N (Econ) émission *f* de capital

**equity-linked policy** N (Econ) police *f* d'assurance-vie indexée sur le cours des valeurs boursières

**equity weighting** N (Econ) pondération *f* des devises

**equivalence** /ɪˈkwɪvələns/ SYN N équivalence *f*

**equivalent** /ɪˈkwɪvələnt/ LANGUAGE IN USE 5.3 SYN

ADJ équivalent ◆ **to be equivalent to** être équivalent à, équivaloir à

N équivalent *m* (en en) ◆ **the French equivalent of the English word** l'équivalent en français du mot anglais ◆ **man equivalent** (in industry) unité-travailleur *f*

**equivocal** /ɪˈkwɪvəkəl/ SYN ADJ [reply, statement, attitude, behaviour, results, evidence] équivoque, ambigu (-guë *f*) ; [person] (= ambiguous) équivoque ; (= undecided) indécis (about sth quant à qch)

**equivocally** /ɪˈkwɪvəkəlɪ/ ADV d'une manière équivoque *or* ambiguë

**equivocate** /ɪˈkwɪvəkeɪt/ VI user de faux-fuyants *or* d'équivoques, parler (*or* répondre *etc*) de façon équivoque

**equivocation** /ɪˌkwɪvəˈkeɪʃən/ N (often pl) paroles *fpl* équivoques ◆ **without equivocation** sans équivoque *or* ambiguïté

**equivocator** /ɪˈkwɪvəkeɪtə*r*/ N ◆ **he's a born equivocator** il cultive l'équivoque avec art

**ER** ① (abbrev of **Elizabeth Regina**) la reine Élisabeth

② (US) (abbrev of **emergency room**) (salle *f* des) urgences *fpl*

**er** /ɜː*r*/ INTERJ euh

**ERA** /ˌiːɑːrˈeɪ/ N ① (US) (abbrev of **Equal Rights Amendment**) → **equal**

② (Brit) (abbrev of **Education Reform Act**) loi *f* sur la réforme de l'enseignement

**era** /ˈɪərə/ SYN N (Geol, Hist) ère *f* ; (gen) époque *f*, temps *m* ◆ **the Communist era** l'ère du communisme ◆ **the Christian era** l'ère *f* chrétienne ◆ **the era of crinolines** le temps des crinolines ◆ **the Gorbachov era** les années Gorbachev ◆ **a new era of economic growth** une nouvelle période de croissance économique ◆ **the end of an era** la fin d'une époque ◆ **to mark an era** marquer une époque, faire époque

**eradicate** /ɪˈrædɪkeɪt/ SYN VT [+ injustice, discrimination, poverty] éradiquer, supprimer ; [+ disease] éradiquer, éliminer ; [+ weeds] éliminer

**eradication** /ɪˌrædɪˈkeɪʃən/ SYN N (NonC) [of injustice, discrimination] suppression *f* ; [of poverty, disease, corruption] éradication *f* ; [of weeds] élimination *f*

**erasable** /ɪˈreɪzəbl/

ADJ effaçable

COMP **erasable programmable read only memory** N (Comput) mémoire *f* morte programmable effaçable

**erase** /ɪˈreɪz/ SYN

VT ① [+ writing, marks] effacer, gratter ; (with rubber) gommer ; (Comput, Recording) effacer ; [+ memory] bannir

② (US ‡ = kill) liquider‡, tuer

COMP **erase head** N tête *f* d'effacement

**eraser** /ɪˈreɪzər/ N (esp US = rubber) gomme *f*

**Erasmus** /ɪˈræzməs/ N Érasme *m*

**erasure** /ɪˈreɪʒə*r*/ N grattage *m*, effacement *m*

**erbium** /ˈɜːbɪəm/ N erbium *m*

**ere** /ɛə*r*/ († †, liter)

PREP avant ◆ **ere now** déjà ◆ **ere then** d'ici là ◆ **ere long** sous peu

CONJ avant que + subj

**erect** /ɪˈrekt/ SYN

ADJ ① (= upright) [person, head, plant, stem] droit ; [tail, ears] dressé ◆ **her posture is very erect** elle se tient très droite ◆ **to hold o.s.** *or* **stand erect** se tenir droit

② [penis, clitoris] en érection ; [nipples] durci

ADV [walk] (= on hind legs) debout ; (= not slouching) droit

VT [+ temple, statue] ériger, élever ; [+ wall, flats, factory] bâtir, construire ; [+ machinery, traffic signs] installer ; [+ scaffolding, furniture] monter ;
[+ altar, tent, mast, barricade] dresser ; (fig) [+ theory] bâtir ; [+ obstacles, barrier] élever

**erectile** /ɪˈrektaɪl/ ADJ érectile

**erection** /ɪˈrekʃən/ SYN N ① [of penis] érection *f*
◆ **to have** *or* **get an erection** avoir une érection
◆ **to maintain an erection** maintenir une érection

② (NonC = construction) [of statue, monument] érection *f* ; [of building, wall, fence] construction *f* ; [of scaffolding] montage *m* ; [of altar, tent, mast, barricade] dressage *m* ; (fig) [of theory, obstacle, barrier] édification *f*

③ (= structure) structure *f*

**erectly** /ɪˈrektlɪ/ ADV droit

**erector** /ɪˈrektə*r*/

N (= muscle) érecteur *m*

COMP **erector set** N (US = toy) jeu *m* de construction

**erepsin** /ɪˈrepsɪn/ N érepsine *f*

**erethism** /ˈerɪθɪzəm/ N éréthisme *m*

**erg** /ɜːg/ N (Phys, Geol) erg *m*

**ergative** /ˈɜːgətɪv/ ADJ (Ling) ergatif

**ergo** /ˈɜːgəʊ/ CONJ (frm, hum) par conséquent

**ergograph** /ˈɜːgəˌgrɑːf/ N ergographe *m*

**ergonomic** /ˌɜːgəʊˈnɒmɪk/ ADJ ergonomique

**ergonomically** /ˌɜːgəʊˈnɒmɪkəlɪ/ ADV [designed] conformément à l'ergonomie ; [sound, sensible] du point de vue ergonomique

**ergonomics** /ˌɜːgəʊˈnɒmɪks/ N (NonC) ergonomie *f*

**ergonomist** /ɜːˈgɒnəmɪst/ N ergonome *mf*

**ergosterol** /ɜːˈgɒstərɒl/ N ergostérol *m*

**ergot** /ˈɜːgət/ N (Agr) ergot *m* ; (Pharm) ergot *m* de seigle

**ergotism** /ˈɜːgətɪzəm/ N ergotisme *m*

**erica** /ˈerɪkə/ N éricacée *f*, bruyère *f*

**ericaceous** /ˌerɪˈkeɪʃəs/ ADJ éricacé

**Eridanus** /eˈrɪdənəs/ N (Astron) Éridan *m*

**Erie** /ˈɪərɪ/ N ◆ **Lake Erie** le lac Érié

**erigeron** /ɪˈrɪdʒərən/ N (= plant) érigéron *m*

**Erin** /ˈɪərɪn/ N († †, liter) Irlande *f*

**Erinyes** /ɪˈrɪnɪˌiːz/ NPL (Myth) ◆ **the Erinyes** les Érinyes *fpl*

**ERISA** /əˈriːsə/ N (US) (abbrev of **Employee Retirement Income Security Act**) loi sur les pensions de retraite

**Eritrea** /ˌerɪˈtreɪə/ N Érythrée *f*

**Eritrean** /ˌerɪˈtreɪən/

ADJ érythréen

N Érythréen(ne) *m(f)*

**erk**‡ /ɜːk/ N (Brit) (= airman) bidasse* *m* ; (= seaman) mataf* *m*

**Erl King** /ˈɜːl/ N (Literat) ◆ **the Erl King** le Roi des aulnes

**ERM** /ˌiːɑːrˈem/ N (abbrev of **Exchange Rate Mechanism**) → **exchange**

**ermine** /ˈɜːmɪn/ N (pl **ermines** *or* **ermine**) (= animal, fur, robes) hermine *f*

**ern(e)** /ɜːn/ N (= bird) pygargue *m* à queue blanche

**ERNIE** /ˈɜːnɪ/ N (Brit) (abbrev of **Electronic Random Number Indicator Equipment**) ordinateur qui sert au tirage des numéros gagnants des bons à lots

**erode** /ɪˈrəʊd/ SYN

VT ① [water, wind, sea] éroder ; [acid, rust] ronger, corroder

② (fig) [+ power, authority, support] éroder ; [+ confidence] saper ; [+ advantages] grignoter ; [inflation] [+ value] amoindrir

VI [rock, soil] s'éroder ; [value] s'amoindrir

▶ **erode away**

VT désagréger

VI se désagréger

**erogenous** /ɪˈrɒdʒənəs/ ADJ érogène ◆ **erogenous zone** zone *f* érogène

**Eroica** /ɪˈrəʊɪkə/ N (Mus) ◆ **the Eroica Symphony** la symphonie Héroïque

**Eros** /ˈɪərɒs/ N Éros *m*

**erosion** /ɪˈrəʊʒən/ SYN N ① [of soil, rock, cliff] érosion *f* ; [of metal] corrosion *f* ; (Med) érosion *f*
◆ **coastal erosion** érosion *f* littorale ◆ **soil erosion** érosion *f* du sol ◆ **wind erosion** érosion *f* éolienne ◆ **cervical erosion** érosion *f* cervicale
◆ **gum erosion** érosion *f* gingivale ou des gencives
② (= reduction) [of power, authority, support, confidence, belief, freedom, rights] érosion *f* ; [of moral standards] dégradation *f* ◆ **the erosion of the euro through inflation** l'érosion *f* ou l'effritement *m* de l'euro du fait de l'inflation

**erosive** /ɪˈrəʊzɪv/ ADJ [power] d'érosion ; [effect] de l'érosion

**erotic** /ɪˈrɒtɪk/ SYN ADJ érotique

**erotica** /ɪˈrɒtɪkə/ NPL (Art) art *m* érotique ; (Literat) littérature *f* érotique ; (Cine) films *mpl* érotiques

**erotically** /ɪˈrɒtɪkəlɪ/ ADV érotiquement ◆ **an erotically charged novel** un roman plein d'érotisme

**eroticism** /ɪˈrɒtɪsɪzəm/ N érotisme *m*

**erotogenic** /ɪˌrɒtəˈdʒenɪk/ ADJ érotogène, érogène

**erotological** /ˌerətəˈlɒdʒɪkəl/ ADJ érotologique

**erotologist** /ˌerəˈtɒlədʒɪst/ N érotologue *mf*

**erotology** /ˌerəˈtɒlədʒɪ/ N érotologie *f*

**erotomania** /ɪˌrɒtəʊˈmeɪnɪə/ N érotomanie *f*

**err** /ɜː*r*/ SYN VI (= be mistaken) se tromper ; (= sin) pécher, commettre une faute ◆ **to err in one's judgement** faire une erreur de jugement ◆ **to err on the side of caution** pécher par excès de prudence ◆ **to err is human** l'erreur est humaine

**errand** /ˈerənd/ SYN

N commission *f*, course *f* ◆ **to go on** *or* **run errands** faire des commissions *or* des courses
◆ **to be on an errand** être en course ◆ **an errand of mercy** une mission de charité ; → **fool**[1]

COMP **errand boy** N garçon *m* de courses

**errant** /ˈerənt/ ADJ (= sinful) dévoyé ; (= wandering) errant ; → **knight**

**errata** /eˈrɑːtə/ NPL of **erratum**

**erratic** /ɪˈrætɪk/ SYN ADJ [person, behaviour, moods] fantasque ; [driving, performance, progress, movements, sales, pulse] irrégulier ; [nature] irrégulier, changeant ◆ **we work erratic hours** nos heures de travail sont très irrégulières

**erratically** /ɪˈrætɪkəlɪ/ ADV [behave, act] de manière fantasque ; [work, play] de façon irrégulière ; [drive] de manière imprévisible, dangereusement

**erratum** /eˈrɑːtəm/ N (pl **errata**) erratum *m* (errata *pl*)

**erroneous** /ɪˈrəʊnɪəs/ SYN ADJ erroné

**erroneously** /ɪˈrəʊnɪəslɪ/ ADV à tort

**error** /ˈerə*r*/ SYN

N ① (= mistake) erreur *f* (also Math), faute *f* ◆ **to make** *or* **commit an error** faire (une) erreur, commettre une erreur, se tromper ◆ **it would be an error to underestimate him** on aurait tort de le sous-estimer ◆ **error of judgement** erreur *f* de jugement ◆ **error in calculation** erreur *f* de calcul ◆ **compass error** (on ship) variation *f* du compas ◆ **errors and omissions excepted** (Comm) sauf erreur ou omission ◆ **error message** (Comput) message *m* d'erreur ; → **margin, spelling**

② (NonC) erreur *f* ◆ **in error** par erreur, par méprise ◆ **to be in/fall into error** (Rel) être/tomber dans l'erreur ◆ **to see the error of one's ways** revenir de ses erreurs

COMP **error-free** ADJ exempt d'erreurs

**ersatz** /ˈɛəzæts/ ADJ ① (= fake) soi-disant ◆ **an ersatz Victorian shopping precinct** un centre commercial soi-disant victorien

② (= substitute) ◆ **ersatz coffee** ersatz *m* de café

**Erse** /ɜːs/ N (Ling) erse *m*

**erstwhile** /ˈɜːstwaɪl/ SYN († *or* liter)

ADJ d'autrefois, d'antan (liter)

ADV autrefois, jadis

**erubescence** /ˌerʊˈbesns/ N érubescence *f*

**erubescent** /ˌerʊˈbesnt/ ADJ érubescent

**eructate** /ɪˈrʌkteɪt/ VI (frm) éructer

**eructation** /ˌɪrʌkˈteɪʃən/ N éructation *f*

**erudite** /ˈerʊdaɪt/ SYN ADJ [person, work] érudit, savant ; [word] savant

**eruditely** /ˈerʊdaɪtlɪ/ ADV d'une manière savante, avec érudition

**erudition** /ˌerʊˈdɪʃən/ N érudition *f*

**erupt** /ɪˈrʌpt/ SYN VI ① [volcano] (begin) entrer en éruption ; (go on erupting) faire éruption ◆ **erupting volcano** volcan *m* en éruption

**2** *[war, fighting, violence, riots, argument, protests, scandal]* éclater ; *[crisis]* se déclencher ◆ **to erupt in(to) violence** tourner à la violence ◆ **the town erupted in riots** la ville est devenue (subitement) le théâtre de violentes émeutes ◆ **the car erupted in flames** la voiture s'est embrasée ◆ **she erupted (in anger) when she heard the news** sa colère a explosé quand elle a entendu la nouvelle ◆ **the crowd erupted into applause/laughter** la foule a éclaté en applaudissements/de rire ◆ **the children erupted into the room** les enfants ont fait irruption dans la pièce

**3** *(Med) [spots]* sortir, apparaître ; *[tooth]* percer ◆ **his face had erupted (in spots)** son visage s'était soudain couvert de boutons ◆ **a rash had erupted across his chest** sa poitrine s'était soudain couverte de boutons

**eruption** /ɪˈrʌpʃən/ SYN **N 1** *[of volcano]* éruption *f* ◆ **a volcano in a state of eruption** un volcan en éruption

**2** *[of violence, laughter]* explosion *f* ; *[of crisis]* déclenchement *m* ; *[of anger]* explosion *f*, accès *m* ; *[of radicalism, fundamentalism]* vague *f* ◆ **since the eruption of the scandal/the war** depuis que le scandale/la guerre a éclaté ◆ **this could lead to the eruption of civil war** cela pourrait faire éclater une guerre civile

**3** *(Med) [of spots, rash]* éruption *f*, poussée *f* ; *[of tooth]* percée *f*

**erysipelas** /ˌerɪˈsɪpɪləs/ **N** érysipèle *or* érésipèle *m*
**erysipelatous** /ˌerɪsɪˈpelətəs/ ADJ érysipélateux
**erythroblast** /ɪˈrɪθrəʊˌblæst/ **N** érythroblaste *m*
**erythroblastosis** /ɪˌrɪθrəʊblæˈstəʊsɪs/ **N** érythroblastose *f*
**erythrocyte** /ɪˈrɪθrəʊˌsaɪt/ **N** érythrocyte *m*
**erythromycin** /ɪˌrɪθrəʊˈmaɪsɪn/ **N** érythromycine *f*
**erythropoiesis** /ɪˌrɪθrəʊpɔɪˈiːsɪs/ **N** érythropoïèse *f*
**erythropoietin** /ɪˌrɪθrəʊpɔɪˈiːtɪn/ **N** érythropoïétine *f*
**erythrosine** /ɪˌrɪθrəʊˈsaɪn/ **N** érythrosine *f*
**ESA** /ˌiːesˈeɪ/ **N** (abbrev of **European Space Agency**) ASE *f*
**Esau** /ˈiːsɔː/ **N** Ésaü *m*
**escalate** /ˈeskəleɪt/ SYN

**VI** *[fighting, bombing, violence]* s'intensifier ; *[tension, hostilities]* monter ; *[costs]* monter en flèche ◆ **the war is escalating** c'est l'escalade de la guerre ◆ **prices are escalating** c'est l'escalade des prix

**VT** *[+ fighting, violence]* intensifier ; *[+ prices, wage claims]* faire monter en flèche

**escalation** /ˌeskəˈleɪʃən/

**N** (= *intensification*) *[of violence]* escalade *f*, intensification *f* ; *[of fighting, conflict, war]* intensification *f* ; *[of tension, hostilities]* montée *f* ; *[of costs, prices]* montée *f* en flèche ◆ **nuclear escalation** surenchère *f* dans la course aux armements nucléaires

COMP **escalation clause N** *(Comm)* clause *f* d'indexation *or* de révision

**escalator** /ˈeskəleɪtəʳ/
**N** escalier *m* roulant *or* mécanique, escalator *m*
COMP **escalator clause N** *(Comm)* clause *f* d'indexation *or* de révision

**escalope** /eskəˈlɒp/ **N** *(Brit)* escalope *f* ◆ **veal escalope** escalope *f* de veau

**escapade** /ˈeskəˌpeɪd/ SYN **N 1** *(= misdeed)* fredaine *f* ; *(= prank)* frasque *f* ; *(= adventure)* équipée *f*

**escape** /ɪsˈkeɪp/ SYN

**VI 1** *(= get away) [person, animal]* (from person, incident, accident) échapper (from sb à qn) ; (from place) s'échapper (from de) ; *[prisoner]* s'évader (from de) ◆ **to escape from sb/from sb's hands** échapper à qn/des mains de qn ◆ **an escaped prisoner** un évadé ◆ **to escape from a country** fuir un pays ◆ **to escape to a neutral country** s'enfuir dans *or* gagner un pays neutre ◆ **to escape with a warning** s'en tirer avec un (simple) avertissement ◆ **he escaped with a few scratches** il s'en est tiré avec quelques égratignures ◆ **he only just escaped with his life** il a failli y laisser la vie, il a failli y rester* ◆ **to escape from poverty** échapper à la pauvreté ◆ **to escape from the world/the crowd** fuir le monde/la foule ◆ **to escape from reality** s'évader (du réel) ◆ **to escape from sb** se fuir ◆ **she wanted to escape from her marriage** elle voulait échapper à la vie de couple

**2** *[water, steam, gas]* s'échapper, fuir

**VT 1** (= *avoid*) *[+ pursuit, death, arrest, capture, prosecution, poverty, criticism]* échapper à ; *[+ consequences]* éviter ; *[+ punishment]* se soustraire à ◆ **he narrowly escaped injury/being run over** il a failli être blessé/écrasé ◆ **he escaped death or serious injury by no more than a few centimetres** quelques centimètres de plus et il était tué *or* gravement blessé ◆ **to escape detection** *or* **notice** ne pas se faire repérer ◆ **to escape one's pursuers** échapper à ses poursuivants ◆ **this species has so far managed to escape extinction** cette espèce a jusqu'à présent réussi à échapper à l'extinction

**2** (= *elude, be forgotten by*) échapper à ◆ **his name escapes me** son nom m'échappe ◆ **nothing escapes him** rien ne lui échappe ◆ **it had not escaped her** *or* **her notice that...** elle n'avait pas été sans s'apercevoir que..., il ne lui avait pas échappé que...

**N** *[of person]* fuite *f*, évasion *f* ; *[of animal]* fuite *f* ; *[of water, gas]* fuite *f* ; *[of steam, gas in machine]* échappement *m* ◆ **to plan an escape** combiner un plan d'évasion ◆ **to make an** *or* **one's escape** (from person, incident, accident) s'échapper ; (from place) s'évader ; *[prisoner]* s'évader ◆ **to have a lucky** *or* **narrow escape** l'échapper belle ◆ **escape from reality** évasion *f* (hors de la réalité) ◆ **escape (key)** *(Comput)* touche *f* d'échappement ◆ **press escape** appuyez sur la touche d'échappement

COMP **escape artist N** ⇒ **escapologist**
**escape chute N** *(in aircraft)* toboggan *m* de secours
**escape clause N** *(Jur)* clause *f* dérogatoire *or* de sauvegarde
**escape device N** dispositif *m* de sortie *or* de secours
**escape hatch N** sas *m* de secours
**escape key N** *(Comput)* touche *f* d'échappement
**escape mechanism N** *(lit)* mécanisme *m* de défense *or* de protection ; *(Psych)* fuite *f* (devant la réalité)
**escape pipe N** tuyau *m* d'échappement *or* de refoulement, tuyère *f*
**escape plan N** plan *m* d'évasion
**escape road N** terre-plein *m* d'arrêt d'urgence
**escape route N** *(on road)* voie *f* de détresse ; *(fig)* échappatoire *f*
**escape valve N** soupape *f* d'échappement
**escape velocity N** *(Space)* vitesse *f* de libération

**escapee** /ɪskeɪˈpiː/ **N** *(from prison)* évadé(e) *m(f)*

**escapement** /ɪsˈkeɪpmənt/ **N** *[of clock, piano]* échappement *m*

**escapism** /ɪsˈkeɪpɪzəm/ **N** envie *f* de fuir la réalité ◆ **it's sheer escapism!** c'est simplement s'évader du réel !

**escapist** /ɪsˈkeɪpɪst/

**N** personne *f* qui fuit la réalité *or* qui se réfugie dans l'imaginaire

ADJ *[film, reading etc]* d'évasion

**escapologist** /ˌeskəˈpɒlədʒɪst/ **N** *(lit)* virtuose *mf* de l'évasion ; *(fig)* champion(ne) *m(f)* de l'esquive

**escapology** /ˌeskəˈpɒlədʒɪ/ **N** art de se libérer d'entraves, pratiqué par les illusionnistes

**escarp** /ɪsˈkɑːp/ **N** *(= fortifications)* escarpe *f*

**escarpment** /ɪsˈkɑːpmənt/ **N** escarpement *m*

**eschatological** /ˌeskətəˈlɒdʒɪkəl/ ADJ *(Rel)* eschatologique

**eschatology** /ˌeskəˈtɒlədʒɪ/ **N** eschatologie *f*

**eschew** /ɪsˈtʃuː/ **VT** *(frm)* éviter ; *[+ wine etc]* s'abstenir de ; *[+ temptation]* fuir

**escort** /ˈeskɔːt/ SYN

**N 1** *(Mil, Naut)* escorte *f* ; *(= guard of honour)* escorte *f*, cortège *m* ◆ **under the escort of...** sous l'escorte de... ◆ **under escort** sous escorte

**2** *(female)* hôtesse *f* ; *(male, at dance)* cavalier *m* ; *(= prostitute)* call-boy *m*

**VT** /ɪsˈkɔːt/ *(Mil, Naut, gen)* escorter ; *(= accompany)* accompagner, escorter ◆ **to escort sb in** *(Mil, Police)* faire entrer qn sous escorte ; *(gen)* *(= accompany)* faire entrer qn ◆ **to escort sb out** *(Mil, Police)* faire sortir qn sous escorte ; *(gen)* raccompagner qn jusqu'à la sortie

COMP **escort agency N** agence *f* de rencontres
**escort duty N** ◆ **to be on escort duty** *[soldiers]* être assigné au service d'escorte ; *[ship]* être en service d'escorte
**escort vessel N** vaisseau *m* or bâtiment *m* d'escorte, (vaisseau *m*) escorteur *m*

**escrow** /ˈeskrəʊ/

**N** *(Jur)* dépôt *m* fiduciaire *or* conditionnel ◆ **in escrow** en dépôt fiduciaire, en main tierce
COMP **escrow account N** *(Fin)* compte *m* bloqué

**escudo** /esˈkuːdəʊ/ **N** (pl **escudos**) escudo *m*

**escutcheon** /ɪsˈkʌtʃən/ **N** *(Heraldry)* écu *m*, écusson *m* ; → **blot**

**ESF** /ˌiːesˈef/ **N** (abbrev of **European Social Fund**) FSE *m*

**esker** /ˈeskəʳ/ **N** *(Geol)* os *m*

**Eskimo** /ˈeskɪməʊ/

**N 1** Esquimau(de) *m(f)*
**2** *(= language)* esquimau *m*
ADJ esquimau(de) *f*, eskimo *inv* ◆ **Eskimo dog** chien *m* esquimau

**ESL** /ˌiːesˈel/ **N** *(Educ)* (abbrev of **English as a Second Language**) → **English**

**esophagus** *(US)* /ɪˈsɒfəɡəs/ **N** (pl **esophagi** *or* **esophaguses** /ɪˈsɒfəˌdʒaɪ/) **N** œsophage *m*

**esoteric** /ˌesəʊˈterɪk/ ADJ ésotérique

**esoterica** /ˌesəʊˈterɪkə/ NPL objets *mpl* ésotériques

**ESP** /ˌiːesˈpiː/ **N 1** (abbrev of **extrasensory perception**) → **extrasensory**
**2** (abbrev of **English for Special Purposes**) → **English**

**esp.** abbrev of **especially**

**espadrille** /ˌespəˈdrɪl/ **N** espadrille *f*

**espalier** /ɪˈspælɪəʳ/

**N** *(= trellis)* treillage *m* d'un espalier ; *(= tree)* arbre *m* en espalier ; *(= method)* culture *f* en espalier
**VT** cultiver en espalier

**esparto** /eˈspɑːtəʊ/ **N** (also **esparto grass**) alfa *m*

**especial** /ɪsˈpeʃəl/ SYN ADJ particulier, spécial

**especially** /ɪsˈpeʃəlɪ/ LANGUAGE IN USE 26.3 SYN ADV

**1** *(= particularly)* surtout, en particulier ◆ **the garden is beautiful, especially in summer** le jardin est beau, surtout en été ◆ **especially as** *or* **since it's so late** d'autant plus qu'il est tard ◆ **skincare becomes vitally important, especially as we get older** les soins de la peau deviennent d'une importance vitale, surtout *or* en particulier quand on vieillit ◆ **he has mellowed considerably, especially since he got married** il est beaucoup plus détendu, surtout depuis son mariage ◆ **more especially as...** d'autant plus que... ◆ **you especially ought to know** tu devrais le savoir mieux que personne ◆ **why me especially?** pourquoi moi en particulier ?

**2** *(= expressly)* spécialement ◆ **I came especially to see you** je suis venu spécialement pour te voir ◆ **to do sth especially for sb/sth** faire qch spécialement pour qn/qch

**3** *(= more than usual)* particulièrement ◆ **is she pretty? - not especially** elle est jolie ? – pas particulièrement *or* spécialement ◆ **read this passage especially carefully** lisez ce passage avec un soin tout particulier

**Esperantist** /ˌespəˈræntɪst/ **N** espérantiste *mf*

**Esperanto** /ˌespəˈræntəʊ/
**N** espéranto *m*
ADJ en espéranto

**espionage** /ˌespɪəˈnɑːʒ/ SYN **N** espionnage *m*

**esplanade** /ˌespləˈneɪd/ **N** esplanade *f*

**espousal** /ɪˈspaʊzəl/ SYN **N** *[of cause, values, theory]* adhésion *f* (of à)

**espouse** /ɪˈspaʊz/ SYN **VT** **1** *[+ cause, values, theory]* épouser, embrasser
**2** ( ††= *marry*) *[+ person]* épouser

**espressivo** /ˌespreˈsiːvəʊ/ ADV espressivo

**espresso** /esˈpresəʊ/
**N** (café *m*) express *m*
COMP **espresso bar N** café *m* (où l'on sert du café express)

**ESPRIT** /ɛˈspriː/ **N** (abbrev of **European Strategic Programme for Research and Development in Information Technology**) ESPRIT *m*

**espy** /ɪsˈpaɪ/ **VT** († *or frm*) apercevoir, aviser *(frm)*

**Esq. N** *(Brit frm)* (abbrev of **esquire**) ◆ **Brian Smith Esq.** M. Brian Smith *(sur une enveloppe etc)*

**esquire** /ɪsˈkwaɪəʳ/ **N 1** *(Brit : on envelope etc)* → **Esq.**
**2** *(Brit Hist)* écuyer *m*

**ESRO** /ˈezrəʊ/ **N** (abbrev of **European Space Research Organization**) CERS *m*, ESRO *f*

**essay** /'eseɪ/ SYN
- N 1 (= schoolwork) rédaction f ; (longer) dissertation f ; (= published work) essai m ; (US Univ) mémoire m
  2 (liter = attempt) essai m
- VT /e'seɪ/ (liter) (= try) essayer, tenter (to do sth de faire qch) ; (= test) mettre à l'épreuve
- COMP **essay test** N (US Educ) épreuve f écrite

 When it means a piece written by a student, **essay** is not translated by **essai**.

**essayist** /'eseɪɪst/ N essayiste mf

**essence** /'esəns/ SYN
- N (gen, Chem, Philos) essence f ; (Culin) extrait m ◆ **the essence of what was said** l'essentiel m de ce qui a été dit ◆ **the novel captures the essence of life in the city** le roman rend l'essence de la vie dans la ville ◆ **the essence of stupidity*** le comble de la stupidité ◆ **he embodies the very essence of socialism** il incarne l'essence même du socialisme ◆ **the divine essence** l'essence f divine ◆ **speed/accuracy is of the essence** la vitesse/la précision est essentielle or s'impose ◆ **in essence** essentiellement
- COMP **essence of violets** N essence f de violette

**essential** /ɪ'senʃəl/ LANGUAGE IN USE 10.1, 10.3 SYN
- ADJ [equipment, action] essentiel, indispensable (to à) ; [fact] essentiel ; [role, point] capital, essentiel ; [question] essentiel, fondamental ; [commodities] essentiel, de première nécessité ; (Chem) essentiel ◆ **speed/accuracy is essential** la vitesse/la précision est essentielle ◆ **it is essential to act quickly** il est indispensable or essentiel d'agir vite ◆ **it is essential that…** il est indispensable que… + subj ◆ **it's not essential** ce n'est pas indispensable ◆ **the essential thing is to act** l'essentiel est d'agir ◆ **man's essential goodness** la bonté essentielle de l'homme
- N qualité f (or objet m etc) indispensable ◆ **the essentials** l'essentiel m ◆ **in (all) essentials** pour l'essentiel, dans la manière générale ◆ **to see to the essentials** s'occuper de l'essentiel ◆ **accuracy is an essential** or **one of the essentials** la précision est une des qualités indispensables or est indispensable ◆ **the essentials of German grammar** (= basics) des notions fpl fondamentales de grammaire allemande
- COMP **essential oil** N huile f essentielle

**essentialism** /ɪ'senʃəlɪzəm/ N essentialisme m

**essentialist** /ɪ'senʃəlɪst/ N essentialiste mf

**essentially** /ɪ'senʃəlɪ/ ADV (correct, good, different) essentiellement ◆ **it's essentially a landscape of rolling hills and moors** c'est essentiellement un paysage de collines ondulantes et de landes ◆ **she was essentially a generous person** au fond c'était quelqu'un de généreux ◆ **essentially, it is a story of ordinary people** c'est avant tout l'histoire de gens ordinaires ◆ **things will remain essentially the same** pour l'essentiel, les choses ne changeront pas

**Essex Girl*** /'esɪksgɜːl/ N (Brit pej) minette f

**Essex Man*** (pl **Essex Men**) /,esɪks'mæn/ N (Brit pej) beauf* m

**EST** /,iːes'tiː/ (US) (abbrev of **Eastern Standard Time**) → **eastern**

**est.** 1 (Comm etc) (abbrev of **established**) ◆ **est. 1900** ≈ maison f fondée en 1900
2 abbrev of **estimate(d)**

**establish** /ɪs'tæblɪʃ/ SYN
- VT 1 (= set up) [+ government] constituer, mettre en place ; [+ state, business] fonder, créer ; [+ factory] implanter ; [+ society, thing] constituer ; [+ laws, custom] instaurer ; [+ relations] établir, nouer ; [+ post] créer ; [+ power, authority] asseoir ; [+ peace, order] faire régner ; [+ list] dresser, établir ; [+ sb's reputation] établir ◆ **to establish one's reputation as a scholar/writer** se faire une réputation de savant/comme écrivain
  ◆ **to establish o.s.** s'imposer ◆ **he is aiming to establish himself as the team's No. 1 goalkeeper** il cherche à s'imposer comme meilleur gardien de but de l'équipe ◆ **the company is eager to establish itself internationally** la société cherche à s'imposer au plan international
  2 (= ascertain) établir ; (= show) montrer, prouver ◆ **they are seeking to establish the cause of death** ils cherchent à établir la cause du décès ◆ **these studies established that smoking can cause cancer** ces études ont montré que le tabac peut provoquer des cancers
- COMP **establishing shot** N (Cine) plan m de situation

! Check the meaning and object of the verb **to establish** before translating it by **établir**.

**established** /ɪs'tæblɪʃt/
- ADJ [order, authority, religion, tradition, company, reputation, truth] établi ; [clientele] régulier ◆ **it's an established fact that…** c'est un fait établi que… ◆ **established 1850** (Comm) ≈ maison fondée en 1850 ; see also **long¹**
- COMP **the Established Church** N (Brit) l'Église f anglicane

**establishment** /ɪs'tæblɪʃmənt/ SYN
- N 1 (NonC = creation) [of organization, business, system, scheme, post] création f ; [of regime, custom] instauration f ; [of relations, reputation, identity, peace, order] établissement m ; [of tribunal] constitution f
  2 (NonC = proving) [of innocence, guilt] établissement m, preuve f
  3 (= institution, business) établissement m ◆ **commercial/educational establishment** établissement m commercial/scolaire ◆ **research establishment** institut m de recherche ◆ **military establishment** centre m militaire
  4 (= ruling class) ◆ **the Establishment** l'establishment m ◆ **to be against the Establishment** être contre l'establishment ◆ **to join the Establishment** rejoindre l'establishment ◆ **a pillar of the French Establishment** un pilier de l'établissement français ◆ **the medical/political/religious establishment** l'establishment m médical/politique/religieux
  5 (Mil, Naut = personnel) effectif m ◆ **a peacetime establishment of 132,000 men** un effectif en temps de paix de 132 000 hommes ◆ **war establishment** effectif m en temps de guerre
  6 (frm = household) maisonnée f ◆ **to keep up a large establishment** avoir un grand train de maison
- ADJ ◆ **the establishment view of history** la vue de l'histoire selon l'establishment ◆ **establishment figure** personnalité f de l'establishment

**estate** /ɪs'teɪt/ SYN
- N 1 (= land) propriété f, domaine m ; (esp Brit) (also **housing estate**) lotissement m, cité f ◆ **country estate** terre(s) f(pl) ; → **real**
  2 (Jur = possessions) bien(s) m(pl) ; [of deceased] succession f ◆ **he left a large estate** il a laissé une grosse fortune (en héritage) ◆ **to liquidate the estate** liquider la succession
  3 (= order, rank, condition) état m ◆ **the three estates** les trois états ◆ **the third estate** le Tiers État, la bourgeoisie ◆ **the fourth estate** la presse, le quatrième pouvoir ◆ **a man of high/low estate** (liter) un homme de haut rang/de basse extraction ◆ **to grow to** or **reach man's estate** (liter) parvenir à l'âge d'homme, atteindre sa maturité
  4 (Brit) ⇒ **estate car**
- COMP **estate agency** N (esp Brit) agence f immobilière
  **estate agent** N (esp Brit) agent m immobilier
  **estate car** (Brit) break m
  **estate duty, estate tax** (US) N (Jur) droits mpl de succession

**estd., est'd.** (abbrev of **established**) fondé

**esteem** /ɪs'tiːm/ SYN
- VT 1 (= think highly of) [+ person] avoir de l'estime pour, estimer ; [+ quality] apprécier ◆ **our (highly) esteemed colleague** notre (très) estimé collègue or confrère
  2 (= consider) estimer, considérer ◆ **I esteem it an honour (that…)** je m'estime très honoré (que…) + subj ◆ **I esteem it an honour to do this** je considère comme un honneur de faire cela
- N estime f, considération f ◆ **to hold sb in high esteem** tenir qn en haute estime, avoir une haute opinion de qn ◆ **to hold sth in high esteem** avoir une haute opinion de qch ◆ **he went up/down in my esteem** il est monté/a baissé dans mon estime

**ester** /'estə/ (Chem) N ester m

**esterase** /'estəreɪs/ N estérase f

**esterification** /e,sterɪfɪ'keɪʃən/ N estérification f

**esterify** /e'sterɪfaɪ/ VT estérifier

**esthete** /'iːsθiːt/ N ⇒ **aesthete**

**Esthonia** /es'təʊnɪə/ N ⇒ **Estonia**

**estimable** /'estɪməbl/ ADJ (frm) estimable, digne d'estime

**estimate** /'estɪmət/ SYN
- N 1 estimation f ; (Comm) devis m ◆ **this figure is five times the original estimate** ce chiffre est cinq fois supérieur à l'estimation initiale ◆ **at a conservative estimate** au bas mot ◆ **the painting is worth $28 million at the lowest estimate** le tableau vaut 28 millions de dollars au bas mot ◆ **give me an estimate for (building) a greenhouse** (Comm) donnez-moi or établissez-moi un devis pour la construction d'une serre ◆ **give me an estimate of what your trip will cost** donnez-moi une idée du coût de votre voyage ◆ **to form an estimate of sb's capabilities** évaluer les capacités de qn ◆ **his estimate of 400 people was very far out** il s'était trompé de beaucoup en évaluant le nombre de gens à 400 ◆ **this price is only a rough estimate** ce prix n'est que très approximatif ◆ **at a rough estimate** approximativement ; → **preliminary**
  2 (Admin, Pol) ◆ **the estimates** le budget ◆ **the Army estimates** le budget de l'armée
- VT /'estɪmeɪt/ estimer, juger (that que) ; [+ cost, number, price, quantity] estimer, évaluer ; [+ distance, speed] estimer, apprécier ◆ **his fortune is estimated at…** on évalue sa fortune à… ◆ **I estimate that there must be 40 of them** j'estime qu'il doit y en avoir 40, à mon avis il doit y en avoir 40

**estimated** /'estɪmeɪtɪd/ ADJ [number, cost, figure] estimé ◆ **an estimated 60,000 refugees have crossed the border** environ 60 000 réfugiés auraient traversé la frontière ◆ **estimated time of arrival/departure** horaire m prévu d'arrivée/de départ ◆ **estimated cost** coût m estimé

**estimation** /,estɪ'meɪʃən/ SYN
- N 1 jugement m, opinion f ◆ **in my estimation** à mon avis, selon moi
  2 (= esteem) estime f, considération f ◆ **he went up/down in my estimation** il est monté/a baissé dans mon estime

**estimator** /'estɪmeɪtə^r/ N expert m (de compagnie d'assurances)

**estivate** /'iːstɪˌveɪt/ VI (US) estiver

**Estonia** /e'stəʊnɪə/ N Estonie f

**Estonian** /e'stəʊnɪən/
- ADJ estonien
- N 1 Estonien(ne) m(f)
  2 (= language) estonien m

**estrange** /ɪs'treɪndʒ/ SYN VT brouiller (from avec), éloigner (from de) ◆ **to become estranged (from)** se brouiller (avec) ◆ **the estranged couple** le couple désuni ◆ **her estranged husband** son mari, dont elle est séparée

**estrangement** /ɪs'treɪndʒmənt/ SYN N [of people] séparation f (from sb d'avec qn) ; [of couple] désunion f ; [of countries] brouille f ◆ **a feeling of estrangement** un sentiment d'éloignement ◆ **the estrangement between the couple** la désunion du couple

**estrogen** /'estrədʒən, 'iːstrədʒən/ N (US) ⇒ **oestrogen**

**estrone** /'estrəʊn, 'iːstrəʊn/ N (US) folliculine f

**estrus** /'iːstrəs/ N (US) ⇒ **oestrus**

**estuarial** /,estjʊ'ɛərɪəl/ ADJ estuarien

**estuary** /'estjʊərɪ/ SYN
- N estuaire m
- COMP **Estuary English** N (Brit) façon de parler chez certaines personnes de la région de Londres, où les t, l et h ne se prononcent pas

**e.s.u.** /,iːes'juː/ N (abbrev of **electrostatic unit**) unité f électrostatique

**ET** /iː'tiː/ (US) (abbrev of **Eastern Time**) heure sur la côte est

**ETA** /,iːtiː'eɪ/ N (abbrev of **estimated time of arrival**) → **estimated**

**e-tail** /'iːteɪl/ N commerce m électronique, e-commerce m

**e-tailer** /'iːteɪlə^r/ N détaillant m électronique

**e-tailing** /'iːteɪlɪŋ/
- N commerce m de détail électronique
- ADJ ◆ **an e-tailing business** une entreprise de commerce électronique

**et al** /et'æl/ (abbrev of **and others**) et autres

**etalon** /'etəlɒn/ N (Phys) (plaque f) étalon m

**etc** /ɪt'setərə/ (abbrev of **et cetera**) etc

**et cetera, etcetera** /ɪt'setərə/ SYN
- ADV et caetera
- NPL **the etceteras** les extras mpl

**etch** /etʃ/ SYN VT (Art, Typography) graver à l'eau forte ◆ **etched on his memory** gravé dans sa mémoire

**etching** /'etʃɪŋ/ SYN
  N 1 (NonC) gravure f à l'eau-forte
  2 (= picture) (gravure f à l')eau-forte f
  COMP **etching needle** N pointe f (sèche)

**ETD** /ˌiːtiːˈdiː/ N (abbrev of **estimated time of departure**) → **estimated**

**Eteocles** /ɪˈtiːəkliːz/ N (Myth) Étéocle m

**eternal** /ɪˈtɜːnl/ SYN
  ADJ [beauty, love, life, youth] éternel ◆ **can't you stop this eternal quarrelling?** allez-vous cesser vos querelles perpétuelles ? ◆ **he was the eternal practical joker** c'était l'éternel farceur
  N ◆ **the Eternal** l'Éternel m
  COMP **the Eternal City** N la Ville éternelle
  **the eternal triangle** N l'éternel triangle m amoureux

**eternally** /ɪˈtɜːnəlɪ/ ADV 1 (= everlastingly) [exist, be damned] éternellement
  2 (= constantly) [grateful, optimistic, cheerful, young] éternellement ◆ **he's eternally complaining** il est perpétuellement en train de se plaindre

**eternity** /ɪˈtɜːnɪtɪ/ SYN
  N éternité f ◆ **it seemed like an eternity that we had to wait** nous avons eu l'impression d'attendre une éternité ◆ **we waited an eternity*** nous avons attendu une éternité
  COMP **eternity ring** N bague offerte en gage de fidélité

**etesian** /ɪˈtiːʒɪən/ ADJ (Geog) [wind] étésien

**ethanal** /ˈeθənæl/ N (Chem) éthanal m, acétaldéhyde m

**ethane** /ˈiːθeɪn/ N éthane m

**ethanediol** /ˈiːθeɪnˌdaɪɒl/ N (Chem) éthanediol m, glycol m

**ethanoic acid** /ˌeθəˈnəʊɪk/ N acide m éthanoïque or acétique

**ethanol** /ˈeθənɒl/ N alcool m éthylique, éthanol m

**ethene** /ˈeθiːn/ N éthène m, éthylène m

**ether** /ˈiːθəʳ/ N (Chem, Phys) éther m ◆ **the ether** (liter) l'éther m, les espaces mpl célestes ◆ **over the ether** (Rad) sur les ondes

**ethereal** /ɪˈθɪərɪəl/ ADJ (= delicate) éthéré, aérien ; (= spiritual) éthéré, sublime

**etherification** /ˌiːθərɪfɪˈkeɪʃən/ N éthérification f

**etherify** /ˈiːθərɪfaɪ/ VT éthérifier

**ethic** /ˈeθɪk/ N morale f, éthique f ; → **work**

**ethical** /ˈeθɪkəl/ SYN
  ADJ (= moral) éthique, moral ◆ **not ethical** contraire à la morale
  COMP **ethical code** N code m déontologique, déontologie f
  **ethical drug** N médicament m sur ordonnance
  **ethical investment** N investissement m éthique

**ethically** /ˈeθɪklɪ/ ADV [behave, act] conformément à l'éthique ; [sound, unacceptable, wrong] sur le plan éthique, d'un point de vue éthique ; [opposed] d'un point de vue éthique

**ethics** /ˈeθɪks/ SYN
  N (NonC = study) éthique f, morale f
  NPL (= system, principles) morale f ; (= morality) moralité f ◆ **medical ethics** éthique f médicale, code m déontologique ; → **code**

**Ethiopia** /ˌiːθɪˈəʊpɪə/ N Éthiopie f

**Ethiopian** /ˌiːθɪˈəʊpɪən/
  ADJ éthiopien
  N Éthiopien(ne) m(f)

**ethmoid** /ˈeθmɔɪd/, **ethmoidal** /ˈeθmɔɪdəl/ ADJ ethmoïdal

**ethnarch** /ˈeθnɑːk/ N ethnarque m

**ethnarchy** /ˈeθnɑːkɪ/ N ethnarchie f

**ethnic** /ˈeθnɪk/ SYN
  ADJ 1 (= racial) [origin, community, group, conflict, tension] ethnique
  2 (= expatriate) [population] d'ethnie différente ◆ **ethnic Germans** personnes fpl d'ethnie allemande
  3 (= non-Western) [music, food, jewellery] exotique
  N (esp US) membre m d'une minorité ethnique
  COMP **ethnic cleansing** N (euph) purification f ethnique
  **ethnic minority** N minorité f ethnique

**ethnically** /ˈeθnɪklɪ/ ADV [diverse, distinct, pure, clean, homogeneous, divided] sur le plan ethnique ◆ **ethnically based republics** républiques fpl fondées sur l'origine ethnique or sur des critères ethniques ◆ **an ethnically mixed country** un pays comprenant divers groupes ethniques ◆ **ethnically related violence** violences fpl ethniques ◆ **the town had been ethnically cleansed** la ville avait subi une purification ethnique

**ethnicity** /eθˈnɪsɪtɪ/ N 1 (NonC) ethnicité f
  2 (= ethnic group) ethnie f

**ethnocentric** /ˈeθnəʊˈsentrɪk/ ADJ ethnocentrique

**ethnocentrism** /ˌeθnəʊˈsentrɪzəm/ N ethnocentrisme m

**ethnographer** /eθˈnɒɡrəfəʳ/ N ethnographe mf

**ethnographic(al)** /ˌeθnəˈɡræfɪk(əl)/ ADV ethnographique

**ethnography** /eθˈnɒɡrəfɪ/ N ethnographie f

**ethnolinguistics** /ˌeθnəʊlɪŋˈɡwɪstɪks/ N (NonC) ethnolinguistique f

**ethnologic(al)** /ˌeθnəˈlɒdʒɪk(əl)/ ADJ ethnologique

**ethnologist** /eθˈnɒlədʒɪst/ N ethnologue mf

**ethnology** /eθˈnɒlədʒɪ/ N ethnologie f

**ethnomedecine** /ˈeθnəʊˌmedsɪn/ N éthnomédecine f

**ethnomusicologist** /ˌeθnəʊmjuːzɪˈkɒlədʒɪst/ N ethnomusicologue mf

**ethnomusicology** /ˈeθnəʊˌmjuːzɪˈkɒlədʒɪ/ N (Mus) ethnomusicologie f

**ethological** /ˌeθəˈlɒdʒɪkəl/ ADJ éthologique

**ethologist** /ɪˈθɒlədʒɪst/ N éthologue mf

**ethology** /ɪˈθɒlədʒɪ/ N éthologie f

**ethos** /ˈiːθɒs/ N philosophie f ◆ **the company/party ethos** la philosophie de l'entreprise/du parti

**ethyl** /ˈiːθaɪl/
  N éthyle m
  COMP **ethyl acetate** N acétate m d'éthyle
  **ethyl alcohol** N alcool m éthylique

**ethylene** /ˈeθɪliːn/ N éthylène m

**ethyne** /ˈeθaɪn/ N éthyne m, acétylène m

**e-ticket** /ˈiːtɪkɪt/ N billet m électronique (titre de transport acheté en ligne)

**etiolated** /ˈiːtɪəleɪtɪd/ ADJ (Bot, fig frm) étiolé

**etiology** /ˌiːtɪˈɒlədʒɪ/ N ⇒ **aetiology**

**etiquette** /ˈetɪket/ SYN N étiquette f, convenances fpl ◆ **etiquette demands that...** les convenances exigent or l'étiquette exige que... + subj ◆ **diplomatic etiquette** protocole m ◆ **court etiquette** cérémonial m de cour ◆ **that isn't good etiquette** c'est contraire aux convenances, c'est un manquement à l'étiquette ◆ **it's against medical etiquette** c'est contraire à la déontologie médicale ◆ **it's not professional etiquette** c'est contraire aux usages de la profession

**Etna** /ˈetnə/ N (also **Mount Etna**) l'Etna m

**Eton** /ˈiːtən/
  N prestigieuse école anglaise
  COMP **Eton collar** N grand col dur porté autrefois par les élèves d'Eton
  **Eton crop** N coupe f à la garçonne
  **Eton jacket** N veste courte ouverte sur le devant et terminée en pointe dans le dos, portée autrefois par les élèves d'Eton

**Etonian** /iːˈtəʊnɪən/ (Brit)
  N élève du collège d'Eton
  ADJ du collège d'Eton

**Etruria** /ɪˈtrʊərɪə/ N Étrurie f

**Etruscan** /ɪˈtrʌskən/
  ADJ étrusque
  N 1 (= person) Étrusque mf
  2 (= language) étrusque m

**et seq** /etˈsek/ (abbrev of **et sequens**) sq

**ETV** /ˌiːtiːˈviː/ N (US) (abbrev of **Educational Television**) → **educational**

**etymological** /ˌetɪməˈlɒdʒɪkəl/ ADJ étymologique

**etymologically** /ˌetɪməˈlɒdʒɪklɪ/ ADV étymologiquement

**etymologist** /ˌetɪˈmɒlədʒɪst/ N étymologiste mf

**etymology** /ˌetɪˈmɒlədʒɪ/ N étymologie f

**etymon** /ˈetɪmɒn/ N (pl **etymons** or **etyma** /ˈetɪmə/) (Ling) étymon m

**EU** /ˈiːˈjuː/ N (abbrev of **European Union**) UE f

**eubacteria** /ˌjuːbækˈtɪərɪə/ NPL eubactéries fpl

**eucalyptol** /ˌjuːkəˈlɪptɒl/ N eucalyptol m

**eucalyptus** /ˌjuːkəˈlɪptəs/
  N (pl **eucalyptuses** or **eucalypti** /ˌjuːkəˈlɪptaɪ/) (= tree, oil) eucalyptus m
  COMP **eucalyptus oil** N huile f essentielle d'eucalyptus

**Eucharist** /ˈjuːkərɪst/ N Eucharistie f

**Eucharistic** /ˌjuːkəˈrɪstɪk/ ADJ eucharistique

**euchre** /ˈjuːkəʳ/ (US) N euchre m (jeu de cartes)

**Euclid** /ˈjuːklɪd/ N Euclide m

**Euclidean** /juːˈklɪdɪən/ ADJ euclidien ◆ **non-Euclidean geometry** géométrie f non-euclidienne

**eudiometer** /ˌjuːdɪˈɒmɪtəʳ/ N eudiomètre m

**eudiometric(al)** /ˌjuːdɪəˈmetrɪk(əl)/ ADJ eudiométrique

**eudiometry** /ˌjuːdɪˈɒmɪtrɪ/ N eudiométrie f

**eugenic** /juːˈdʒenɪk/ ADJ eugénique

**eugenicist** /juːˈdʒenɪsɪst/ N eugéniste mf

**eugenics** /juːˈdʒenɪks/ N (NonC) eugénique f, eugénisme m

**eugenist** /ˈjuːdʒənɪst/ N eugéniste mf

**eugenol** /ˈjuːdʒɪˌnɒl/ N eugénol m

**euglena** /juːˈɡliːnə/ N euglène f

**euhemerism** /juːˈhiːməˌrɪzəm/ N évhémérisme m

**eukaryote** /jʊˈkærɪəʊt/ N eucaryote m

**EULA** /ˌiːjuːelˈeɪ/ N (abbrev of **end user licence agreement**) ALUF m

**eulogistic** /ˌjuːləˈdʒɪstɪk/ ADJ (frm) élogieux

**eulogize** /ˈjuːləˌdʒaɪz/
  VT faire l'éloge or le panégyrique de
  VI faire l'éloge or le panégyrique (about, over de)

**eulogy** /ˈjuːlədʒɪ/ SYN N (gen) panégyrique m ; (at funeral service) oraison f or éloge m funèbre

**eunuch** /ˈjuːnək/ N eunuque m

**eupeptic** /juːˈpeptɪk/ ADJ eupeptique

**euphemism** /ˈjuːfəmɪzəm/ N euphémisme m (for pour)

**euphemistic** /ˌjuːfəˈmɪstɪk/ ADJ euphémique

**euphemistically** /ˌjuːfəˈmɪstɪklɪ/ ADV euphémiquement, par euphémisme ◆ **euphemistically described/known as...** décrit/connu par euphémisme comme...

**euphonic** /juːˈfɒnɪk/ ADJ euphonique

**euphonium** /juːˈfəʊnɪəm/ N euphonium m

**euphonious** /juːˈfəʊnɪəs/ ADJ ⇒ **euphonic**

**euphony** /ˈjuːfənɪ/ N euphonie f

**euphorbia** /juːˈfɔːbɪə/ N euphorbe f

**euphoria** /juːˈfɔːrɪə/ SYN N euphorie f

**euphoric** /juːˈfɒrɪk/ ADJ euphorique

**euphotic** /juːˈfəʊtɪk/ ADJ euphotique

**Euphrates** /juːˈfreɪtiːz/ N Euphrate m

**euphuism** /ˈjuːfjuːɪzəm/ N préciosité f, euphuisme m

**Eurasia** /jʊəˈreɪʒə/ N Eurasie f

**Eurasian** /jʊəˈreɪʒn/
  ADJ [population] eurasien ; [continent] eurasiatique
  N Eurasien(ne) m(f)

**Euratom** /jʊəˈrætəm/ N (abbrev of **European Atomic Energy Community**) Euratom m, CEEA f

**EUREKA** /jʊəˈriːkə/ N (abbrev of **European Research and Coordination Agency**) EUREKA f

**eureka** /jʊəˈriːkə/ EXCL eurêka !

**eurhythmic** /juːˈrɪðmɪk/ ADJ eurythmique

**eurhythmics** /juːˈrɪðmɪks/ N (NonC) gymnastique f rythmique

**eurhythmy** /juːˈrɪðmɪ/ N eurythmie f

**Euripides** /jʊˈrɪpɪdiːz/ N Euripide m

**euro** /ˈjʊərəʊ/ N (= currency) euro m

**euro...** /ˈjʊərəʊ/ PREF euro...

**Eurobond** /ˈjʊərəʊˌbɒnd/ N euro-obligation f

**Eurocentric** /ˌjʊərəʊˈsentrɪk/ ADJ eurocentrique

**Eurocheque** /ˈjʊərəʊˌtʃek/
- N eurochèque m
- COMP **Eurocheque card** N carte f Eurochèque

**Eurocommunism** /ˈjʊərəʊˌkɒmjʊnɪzəm/ N eurocommunisme m

**Eurocorps** /ˈjʊərəʊˌkɔː/ N Eurocorps m, corps européen

**Eurocrat** /ˈjʊərəʊˌkræt/ N eurocrate mf

**eurocredit** /ˈjʊərəʊˌkredɪt/ N eurocrédit m

**Eurocurrency** /ˈjʊərəʊˌkʌrənsɪ/ N eurodevise f

**Eurodollar** /ˈjʊərəʊˌdɒləʳ/ N eurodollar m

**Euroland** /ˈjʊərəʊlænd/ N Euroland m

**Euromarket** /ˈjʊərəʊˌmɑːkɪt/ N Communauté f économique européenne

**Euro MP** /ˌjʊərəʊemˈpiː/ N député(e) m(f) européen(ne)

**Europa** /jʊˈrəʊpə/ N (Myth) Europe f

**Europe** /ˈjʊərəp/ N Europe f ♦ **to go into Europe, to join Europe** (Brit Pol) entrer dans l'Union européenne

**European** /ˌjʊərəˈpiːən/
- ADJ européen
- N Européen(ne) m(f)
- COMP **European Atomic Energy Community** N Communauté f européenne de l'énergie atomique
  **European Bank for Reconstruction and Development** N Banque f européenne pour la reconstruction et le développement
  **European Broadcasting Union** N Union f européenne de radiodiffusion
  **European Coal and Steel Community** N Communauté f européenne du charbon et de l'acier
  **European Commission** N Commission f des communautés européennes
  **European Community** N Communauté f européenne
  **European Court of Human Rights** N Cour f européenne des droits de l'homme
  **European Court of Justice** N Cour f de justice européenne or des communautés européennes
  **European Currency Unit** N unité f de compte européenne, unité f monétaire européenne
  **European Defence Community** N Communauté f européenne de défense
  **European Economic Area** N espace m économique européen
  **European Economic Community** N Communauté f économique européenne
  **European Free Trade Association** N Association f européenne de libre-échange
  **European Investment Bank** N Banque f européenne d'investissement
  **European Monetary System** N Système m monétaire européen
  **European monetary union** N Union f monétaire européenne
  **European Parliament** N Parlement m européen
  **European plan** N (US : in hotel) chambre f sans les repas
  **European Regional Development Fund** N Fonds m européen de développement régional
  **European Social Fund** N Fonds m social européen
  **European Space Agency** N Agence f spatiale européenne
  **European standard** N (= industrial standard) norme f européenne
  **European Union** N Union f européenne

**Europeanism** /ˌjʊərəˈpɪənɪzəm/ N (Pol) européanisme m

**Europeanization** /ˌjʊərəpɪənaɪˈzeɪʃən/ N (Pol) européanisation f

**Europeanize** /ˈjʊərəˈpɪəˌnaɪz/ VT européaniser

**Europhile** /ˈjʊərəfaɪl/ N, ADJ europhile mf

**europium** /jʊˈrəʊpɪəm/ N europium m

**Europol** /ˈjʊərəʊpɒl/ N Europol m

**Eurosceptic** /ˈjʊərəʊˌskeptɪk/ N eurosceptique mf

**Euro-size** /ˈjʊərəʊˌsaɪz/ N (Comm) ♦ **Euro-size 1** modèle m E 1

**Eurostar** ® /ˈjʊərəʊˌstɑːʳ/ N Eurostar ® m

**Eurosterling** /ˈjʊərəʊˌstɜːlɪŋ/ N eurosterling m

**Eurotunnel** ® /ˈjʊərəʊˌtʌnl/ N Eurotunnel ® m

**Eurovision** /ˈjʊərəʊˌvɪʒən/
- N Eurovision f
- COMP **Eurovision Song Contest** N Concours m Eurovision de la chanson

**Eurozone** /ˈjʊərəʊzəʊn/ N zone f euro

**Eurydice** /jʊˈrɪdɪsɪ/ N Eurydice f

**Eustachian tube** /juːˈsteɪʃəntjuːb/ N trompe f d'Eustache

**eustasy** /ˈjuːstəsɪ/ N eustatisme m, eustasie f

**eustatic** /juːˈstætɪk/ ADJ eustatique

**eutectic** /juːˈtektɪk/ ADJ, N eutectique m

**euthanasia** /ˌjuːθəˈneɪzɪə/ N euthanasie f ; → **voluntary**

**euthenics** /juːˈθenɪks/ N (NonC) euthénie f

**eutrophic** /juːˈtrɒfɪk/ ADJ eutrophique

**eutrophication** /juːˌtrɒfɪˈkeɪʃən/ N eutrophisation f

**EVA** /ˌiːviːˈeɪ/ N (abbrev of **extravehicular activity**) activité f extravéhiculaire

**evacuant** /ɪˈvækjʊənt/ ADJ, N évacuant m

**evacuate** /ɪˈvækjʊeɪt/ SYN VT (all senses) évacuer

**evacuation** /ɪˌvækjʊˈeɪʃən/ N évacuation f

**evacuee** /ɪˌvækjʊˈiː/ N évacué(e) m(f)

**evade** /ɪˈveɪd/ SYN VT [+ blow, difficulty] esquiver, éviter ; [+ pursuers] échapper à, tromper ; [+ obligation] se soustraire à ; [+ punishment] échapper à, se soustraire à ; [+ sb's gaze] éviter ; [+ question] éluder ; [+ law] tourner, contourner ♦ **to evade military service** se soustraire à ses obligations militaires ♦ **to evade taxes/customs duty** frauder le fisc/la douane ♦ **happiness still evaded him** le bonheur continuait de lui échapper

 In French, **s'évader** means 'to escape'.

**evagination** /ɪˌvædʒɪˈneɪʃən/ N évagination f

**evaluate** /ɪˈvæljʊeɪt/ SYN VT [+ damages] évaluer (at à), déterminer le montant de ; [+ property, worth] évaluer (at à), déterminer la valeur de ; [+ effectiveness, usefulness] mesurer ; [+ evidence, reasons, argument] peser, évaluer ; [+ sb's work, performance] évaluer ♦ **try to evaluate the achievements of Victorian architects** (in essay etc) essayez d'évaluer l'apport des architectes de l'époque victorienne ♦ **the market situation is difficult to evaluate** les tendances du marché sont difficiles à apprécier

**evaluation** /ɪˌvæljʊˈeɪʃən/ SYN N évaluation f

**evaluative** /ɪˌvæljʊətɪv/ ADJ [criteria, research, report] d'évaluation ♦ **evaluative judgement** or **assessment** évaluation f

**evaluator** /ɪˈvæljʊˌeɪtəʳ/ N évaluateur m

**evanescence** /evəˈnesns/ N (liter) évanescence f

**evanescent** /evəˈnesnt/ SYN ADJ (liter) évanescent

**evangelical** /ˌiːvænˈdʒelɪkəl/ SYN
- ADJ (Rel) évangélique ♦ **with evangelical fervour** (fig) avec une verve de tribun
- N évangélique mf

**evangelicalism** /ˌiːvænˈdʒelɪkəlɪzəm/ N évangélisme m

**evangelism** /ɪˈvændʒəlɪzəm/ N évangélisation f

**evangelist** /ɪˈvændʒəlɪst/ N (Bible) évangéliste m ; (= preacher) évangélisateur m, -trice f ; (= itinerant) évangéliste m

**evangelization** /ɪˌvændʒəlaɪˈzeɪʃən/ N (Rel) évangélisation f

**evangelize** /ɪˈvændʒəlaɪz/
- VT évangéliser, prêcher l'Évangile à
- VI prêcher l'Évangile

**evangelizer** /ɪˈvændʒəlaɪzəʳ/ N (Rel) évangélisateur m, -trice f

**evaporable** /ɪˈvæpərəbl/ ADJ évaporable

**evaporate** /ɪˈvæpəreɪt/ SYN
- VT [+ liquid] faire évaporer
- VI [liquid] s'évaporer ; [hopes] s'envoler ; [dreams, fear, anger] se dissiper
- COMP **evaporated milk** N lait m condensé non sucré

**evaporation** /ɪˌvæpəˈreɪʃən/ SYN N évaporation f

**evaporative** /ɪˈvæpərətɪv/ ADJ évaporatoire

**evaporator** /ɪˈvæpəˌreɪtəʳ/ N évaporateur m

**evapotranspiration** /ɪˌvæpəʊˌtrænspəˈreɪʃən/ N évapotranspiration f

**evasion** /ɪˈveɪʒən/ SYN N dérobade f ♦ **an evasion of their moral duty to...** une dérobade devant l'obligation morale de... ♦ **they were angered by this evasion of responsibility** cette dérobade a provoqué leur colère ♦ **his testimony was full of contradictions and evasions** son témoignage était truffé de contradictions et de faux-fuyants ; → **tax**

 The French word **évasion** means 'escape'.

**evasive** /ɪˈveɪzɪv/ SYN ADJ [person, answer] évasif (about sth à propos de qch) ; [eyes] fuyant ♦ **to take evasive action** (Mil) user de manœuvres dilatoires ; (gen) esquiver or contourner la difficulté

**evasively** /ɪˈveɪzɪvlɪ/ ADV [reply] évasivement ; [smile] d'un air évasif

**evasiveness** /ɪˈveɪzɪvnɪs/ N manières fpl évasives

**Eve** /iːv/ N Ève f

**eve**[1] /iːv/ SYN N veille f ; (Rel) vigile f ♦ **on the eve of sth/of doing sth** (lit, fig) à la veille de qch/de faire qch ; → **Christmas**

**eve**[2] /iːv/ N (liter = evening) soir m

**evection** /ɪˈvekʃən/ N évection f

**even**[1] /ˈiːvn/ N ⇒ **eve**[2]

**even**[2] /ˈiːvən/ SYN

ADJ [1] (= smooth, flat) [surface] plat, plan ; [ground] plat ♦ **to make even** égaliser ; → **keel**
[2] (= regular) [progress] régulier ; [temperature, breathing, step, temper, distribution] égal ♦ **his work is not even** son travail est inégal
[3] (= equal) [quantities, distances, values] égal ♦ **our score is even** nous sommes à égalité ♦ **they are an even match** (Sport) la partie est égale ; (fig) ils sont (bien) assortis ♦ **the odds** or **chances are about even** (fig) les chances sont à peu près égales ♦ **I'll give you even money** (esp Brit) or **even odds** (US) **that...** il y a une chance sur deux pour que... + subj

♦ **to get even** prendre sa revanche ♦ **this was my chance to get even** c'était l'occasion ou jamais de prendre ma revanche ♦ **to get even with sb** rendre à qn la monnaie de sa pièce, rendre la pareille à qn ♦ **don't get mad, get even*** inutile de se mettre en colère, il faut plutôt rendre la pareille ♦ **I'll get even with you for that** je te revaudrai ça

[4] (= calm) [voice, tones, temper] égal
[5] ♦ **even number/date** nombre m/jour m pair

ADV même ♦ **even in the holidays** même pendant les vacances ♦ **even the most optimistic** même les plus optimistes ♦ **even the guards were asleep** même les gardes dormaient ♦ **without even saying goodbye** sans même dire au revoir ♦ **I have even forgotten his name** j'ai oublié jusqu'à son nom, j'ai même oublié son nom ♦ **they even denied its existence** ils ont été jusqu'à nier or ils ont même nié son existence

♦ **even** + comparative encore ♦ **even better** encore mieux ♦ **even more easily** encore plus facilement ♦ **even less money** encore moins d'argent

♦ negative + **even** même ♦ **he can't even swim** il ne sait même pas nager ♦ **not even his mother believed him** même sa mère ne le croyait pas

♦ **even if** même si + indic ♦ **even if they lose this match they'll win the championship** même s'ils perdent ce match ils remporteront le championnat

♦ **even so** quand même ♦ **even so he was disappointed** il a quand même or pourtant été déçu ♦ **yes but even so...** oui mais quand même...

♦ **and even then** et malgré tout ♦ **we made maximum concessions and even then nothing materialised** nous avons fait le maximum de concessions et malgré tout il n'y a rien eu de concret ♦ **... and even then she wasn't happy** ... mais elle n'était toujours pas contente

♦ **even though** bien que + subj ♦ **even though I am not shy, I felt self-conscious** bien que je ne sois pas timide, je me sentais mal à l'aise ♦ **living standards improved, even though they remained far lower than in neighbouring countries** le niveau de vie augmentait, mais il restait pourtant bien plus bas que dans les pays voisins

♦ **even as** (liter) (= exactly when) alors même que ♦ **even as he spoke, the door opened** alors même qu'il disait cela, la porte s'ouvrit

VT [+ surface] égaliser

NPL **evens** (esp Brit) ♦ **the bookmakers are offering evens** les bookmakers le donnent un contre un

COMP **evens favourite** N (esp Brit) favori m à un contre un

**even-handed** ADJ impartial, équitable

**even-handedly** ADV impartialement, équitablement
**even-handedness** N impartialité *f*, équité *f*
**even odds** NPL (*US*) ◆ **the bookmakers are offering even odds** les bookmakers le donnent à deux contre un ◆ **I'll give you even odds that…** il y a cinquante pour cent de chances *or* une chance sur deux que… + *subj*
**even-steven** * ADV [*divide*] en deux (parts égales) ADJ (*= quits*) quitte (*with* avec) ◆ **it's even-steven * whether we go or stay** peut-être qu'on partira, peut-être qu'on restera
**even-tempered** ADJ d'humeur égale, placide
▸ **even out** VT SEP [*+ burden, taxation*] répartir *or* distribuer plus également (*among* entre) ; [*+ prices*] égaliser
▸ **even up** VT SEP égaliser ◆ **that will even things up** cela rétablira l'équilibre ; (*financially*) cela compensera

**evening** /ˈiːvnɪŋ/
N soir *m* ; (*length of time*) soirée *f* ◆ **all evening** toute la soirée ◆ **every evening** tous les soirs, chaque soir ◆ **every Monday evening** tous les lundis soir(s) ◆ **the previous evening** la veille au soir ◆ **that evening** ce soir-là ◆ **this evening** ce soir ◆ **tomorrow evening** demain soir ◆ **one fine summer evening** (par) une belle soirée d'été ◆ **the warm summer evenings** les chaudes soirées d'été ◆ **a long winter evening** une longue soirée d'hiver ◆ **in the evening(s)** le soir ◆ **to go out in the evening** sortir le soir ◆ **6 o'clock in the evening** 6 heures du soir ◆ **in the evening of life** (*liter*) au soir de la vie ◆ **on the evening of his birthday** le soir de son anniversaire ◆ **on the evening of the next day** le lendemain soir ◆ **on the evening of the twenty-ninth** le vingt-neuf au soir ◆ **to spend one's evening reading** passer sa soirée à lire ◆ **let's have an evening out** (*tonight*) si on sortait ce soir ? ; (*some time*) nous devrions sortir un de ces soirs ◆ **it's her evening out** c'est le soir où elle sort ; → **good**
COMP **evening class** N cours *m* du soir
**evening dress** N [*of man*] tenue *f* de soirée, habit *m* ; [*of woman*] robe *f* du soir ◆ **in evening dress** (*man*) en tenue de soirée ; (*woman*) en robe du soir
**evening fixture, evening match** N (*Sport*) (match *m* en) nocturne *f*
**evening meal** N dîner *m*
**evening paper** N journal *m* du soir
**evening performance** N (représentation *f* en) soirée *f*
**evening prayer(s)** N(PL) office *m* du soir
**evening primrose oil** N huile *f* d'onagre
**evening service** N (*Rel*) service *m* (religieux) du soir
**evening star** N étoile *f* du berger
**evening wear** N (*NonC*) [*of man*] tenue *f* de soirée, habit *m* ; [*of woman*] robe *f* du soir

**evenly** /ˈiːvənlɪ/ ADV 1 (*= equally*) [*distribute*] également ; [*mix*] de façon homogène ; (*= steadily*) [*breathe, beat, flow*] régulièrement ◆ **to divide/split sth evenly** diviser/répartir qch en parts égales ◆ **evenly matched** de force égale ◆ **evenly spaced** à intervalles réguliers ◆ **an evenly grey sky** un ciel uniformément gris ◆ **keep your weight evenly balanced** répartissez bien votre poids ◆ **spread the butter evenly** étalez le beurre uniformément ◆ **the cuts were evenly spread throughout the various departments** les réductions budgétaires ont été réparties uniformément entre les divers services
2 (*= calmly*) [*say, ask, reply*] d'une voix égale ; [*watch*] d'un air égal

**evenness** /ˈiːvənnɪs/ N [*of movements, performance*] régularité *f* ; [*of ground*] caractère *m* plan, planéité *f* ◆ **evenness of temper** égalité *f* d'humeur

**evensong** /ˈiːvənsɒŋ/ N (*Rel*) vêpres *fpl*, office *m* du soir (*de l'Église anglicane*)

**event** /ɪˈvent/ SYN
N 1 (*= happening*) événement *m* ◆ **course of events** (déroulement *m* des) événements *mpl* ◆ **in the course of events** par la suite ◆ **in the normal** *or* **ordinary course of events** normalement ◆ **after the event** après coup ◆ **it's quite an event** c'est un (véritable) événement ◆ **a new book by Tyler is always an event** un nouveau roman de Tyler est toujours un événement ◆ **Easter is a major event in the Philippines** Pâques est une fête très importante aux Philippines ◆ **an exam, or even a social event makes me nervous** les examens, ou même une sortie, sont sources d'angoisse ; → **happy**
2 (*= public occasion*) manifestation *f* ◆ **an exciting programme of events** un calendrier de manifestations très intéressant
3 (*= case*) cas *m* ◆ **in that event** dans ce cas ◆ **in any event** en tout cas, de toute façon ◆ **in either event** dans l'un ou l'autre cas
◆ **in the event** (*Brit*) en fait, en l'occurrence ◆ **the meeting was scheduled to last one hour, in the event it lasted four** la réunion devait durer une heure, mais en l'occurrence *or* en fait elle en a duré quatre
◆ **in the event of** en cas de ◆ **in the event of death** en cas de décès ◆ **in the event of his failing** (*frm*) au cas où il échouerait ◆ **in the event of default** (*Jur*) en cas de défaillance *or* de manquement
◆ **in the event that** dans l'hypothèse où, dans le cas où ◆ **in the unlikely event that…** dans l'hypothèse *or* dans le cas improbable où…
4 (*Sport*) épreuve *f* ; (*Racing*) course *f* ◆ **field events** lancers *mpl* et sauts *mpl* ◆ **track events** épreuves *fpl* sur piste ◆ **a major sporting event** une date très importante du calendrier sportif ; → **three**
COMP **event horizon** N (*Astron*) horizon *m* des événements

**eventer** /ɪˈventəʳ/ N (*Horse-riding*) participant(e) *m(f)* à un concours complet

**eventful** /ɪˈventfʊl/ SYN ADJ [*life, day, period, journey*] mouvementé, fertile en événements

**eventide** /ˈiːvəntaɪd/
N (*liter*) tombée *f* du jour, soir *m*
COMP **eventide home** N maison *f* de retraite

**eventing** /ɪˈventɪŋ/ N (*Horse-riding*) concours *m* complet

**eventual** /ɪˈventʃʊəl/ SYN ADJ (*= ultimate*) [*aim*] ultime ; [*result*] final ◆ **whatever the eventual outcome…** quel que soit le résultat final… ◆ **the project is doomed to eventual failure** le projet est voué à l'échec ◆ **the eventual winner of the election** le candidat qui a finalement remporté les élections ◆ **he lost in the semi-final to the eventual winner, McCormack** il a perdu en demi-finale contre McCormack, qui a fini par gagner le tournoi ◆ **it resulted in the eventual disappearance of…** cela a abouti finalement à la disparition de…

> (!) Be careful not to translate **eventual** by **éventuel**, which means 'possible'.

**eventuality** /ɪˌventʃʊˈælɪtɪ/ SYN N éventualité *f*

**eventually** /ɪˈventʃʊəlɪ/ SYN ADV 1 (*= finally*) finalement ◆ **he'll do it eventually** il finira par le faire ◆ **he eventually became Prime Minister** il est finalement devenu *or* il a fini par devenir Premier ministre ◆ **he eventually agreed that she was right** il a fini par admettre qu'elle avait raison
2 (*= ultimately*) un jour ◆ **eventually your child will leave home** un jour votre enfant quittera la maison

> (!) Be careful not to translate **eventually** by **éventuellement**, which means 'possibly'.

**eventuate** /ɪˈventʃʊˌeɪt/ VI (*US*) (finir par) se produire ◆ **to eventuate in…** se terminer par…

**ever** /ˈevəʳ/ SYN ADV 1 (*= at any time*) jamais ; (*in questions*) jamais, déjà ◆ **nothing ever happens** il ne se passe jamais rien ◆ **if you ever see her** si jamais vous la voyez ◆ **I haven't ever seen her** je ne l'ai jamais vue ◆ **you won't see him ever again** tu ne le reverras (plus) jamais ◆ **do you ever see her?** est-ce qu'il vous arrive de la voir ? ◆ **have you ever seen her?** l'avez-vous déjà vue ? ◆ **have you ever seen anything like it?, did you ever see the like?** avez-vous jamais vu une chose pareille ? ◆ **did you ever!** * a-t-on jamais vu cela ?, (ça) par exemple !
◆ **if ever** ◆ **we seldom if ever go** nous n'y allons pour ainsi dire jamais ◆ **now if ever is the moment to do this** c'est le moment ou jamais de faire cela ◆ **he's a liar if ever there was one** c'est le dernier des menteurs
◆ **never, ever** * ◆ **I can never, ever forgive myself** jamais au grand jamais je ne me le pardonnerai
◆ *comparative* + **than ever** ◆ **more beautiful than ever** plus beau que jamais ◆ **faster than ever** plus vite que jamais
◆ *superlative* + **ever** ◆ **the best meal I have ever eaten** le meilleur repas que j'aie jamais fait ◆ **the best grandmother ever** la meilleure grand-mère du monde ◆ **it remains the best album ever for many fans** pour beaucoup de fans c'est toujours le meilleur album de tous ◆ **the coldest night ever** la nuit la plus froide qu'on ait jamais connue
2 (*= always*) toujours, sans cesse ◆ **he was ever ready to check his facts** il était toujours disposé à vérifier ses informations ◆ **mother, ever the optimist, tried to look on the bright side** maman, toujours optimiste, essayait de voir le bon côté des choses ◆ **the danger is ever present** le danger est toujours là ◆ **her ever present anxiety** son angoisse constante *or* de tous les instants ◆ **all he ever does is sleep** il ne fait que dormir, tout ce qu'il sait faire c'est dormir
◆ **ever after** ◆ **ever after, their affection will be tinged with anxiety** dorénavant, leur affection sera toujours mêlée d'inquiétude ◆ **they lived happily ever after** ils vécurent (toujours) heureux
◆ **ever since** depuis ◆ **ever since I was a boy** depuis mon enfance ◆ **ever since I have lived here** depuis que j'habite ici ◆ **ever since (then) they have been very careful** depuis (lors) *or* depuis ce moment-là ils sont très prudents
◆ **ever and anon** (†, *liter*) de temps à autre, parfois
◆ **as ever** comme toujours ◆ **he was, as ever, totally alone** il était tout seul, comme toujours
◆ **yours ever** (*Brit: in letters*) amical souvenir, cordialement (à vous)
3 (*= constantly*) de plus en plus ◆ **they grew ever further apart** ils s'éloignèrent de plus en plus l'un de l'autre ◆ **ever increasing anxiety** inquiétude *f* croissante ◆ **the government is coming under ever increasing pressure** le gouvernement est soumis à des pressions de plus en plus importantes
4 (*intensive*) ◆ **as quickly as ever you can** aussi vite que vous le pourrez ◆ **the first ever** le tout premier ◆ **as if I ever would!** (*esp Brit*) moi, faire ça ! ◆ **why ever didn't you tell me?** pourquoi donc *or* pourquoi diable ne m'en as-tu pas parlé ? ◆ **why ever not?** mais enfin, pourquoi pas ?, pourquoi pas, Grand Dieu ? ◆ **where ever can he have got to?** † où a-t-il bien pu passer ?
◆ **ever so** * (*Brit*) (*= very*) ◆ **ever so slightly drunk** (un) tant soit peu ivre ◆ **ever so pretty** joli comme tout ◆ **he is ever so nice** il est tout ce qu'il y a de plus gentil ◆ **I'm ever so sorry** je regrette infiniment, je suis (vraiment) désolé ◆ **thank you ever so much, thanks ever so** * merci mille fois, merci bien ◆ **she is ever so much prettier than her sister** elle est autrement plus jolie que sa sœur
◆ **ever such** (*Brit*) ◆ **it's ever such a pity** c'est vraiment dommage

**Everest** /ˈevərɪst/ N ◆ **(Mount) Everest** mont *m* Everest, Everest *m*

**everglade** /ˈevəgleɪd/ N (*US*) terres *fpl* marécageuses

**Everglades** /ˈevəgleɪdz/ N Everglades *mpl*

**evergreen** /ˈevəgriːn/
ADJ 1 [*tree, shrub*] vert, à feuilles persistantes
2 (*fig*) [*song*] qui ne vieillit pas ; [*subject of conversation*] qui revient toujours
N 1 (*= tree*) arbre *m* vert *or* à feuilles persistantes ; (*= plant*) plante *f* à feuilles persistantes
2 (*fig = song etc*) chanson *f* *etc* qui ne vieillit pas
3 (*US*) crédit *m* permanent non confirmé
COMP **evergreen oak** N yeuse *f*, chêne *m* vert
**the Evergreen State** N (*US*) l'État *m* de Washington

**everlasting** /ˌevəˈlɑːstɪŋ/ SYN
ADJ (*God*) éternel ; [*gratitude, mercy*] infini, éternel ; [*fame, glory*] éternel, immortel ; [*materials*] inusable, qui ne s'use pas
COMP **everlasting flower** N immortelle *f*

**everlastingly** /ˌevəˈlɑːstɪŋlɪ/ ADV éternellement

**evermore** /ˌevəˈmɔːʳ/ SYN ADV toujours ◆ **for evermore** à tout jamais

**every** /ˈevrɪ/ SYN ADJ 1 (*= each*) tout, chaque, tous (*or* toutes) les ◆ **every shop in the town** tous les magasins *or* chaque magasin de la ville ◆ **not every child has the same advantages** les enfants n'ont pas tous les mêmes avantages ◆ **not every child has the advantages you have** tous les enfants n'ont pas les avantages que tu as ◆ **he spends every penny he earns** il dépense tout ce qu'il gagne (jusqu'au dernier sou) ◆ **every child had brought something** chaque enfant avait apporté quelque chose ◆ **every movement causes him pain** chaque *or* tout mouvement lui fait mal ◆ **from every country** de tous (les) pays ◆ **at every moment** à tout moment, à chaque instant ♦ **at every opportunity** à chaque occasion ♦ **of every sort** de toute sorte ♦ **from every side** de toute part ♦ **of every age** de tout âge ♦ **he became weaker every day** il devenait chaque jour plus faible *or* plus faible de jour en jour

2 *(for emphasis)* ♦ **I have every confidence in him** j'ai pleine confiance en lui ♦ **there is every chance that he will come** il y a toutes les chances qu'il vienne ♦ **you have every reason to complain** vous avez tout lieu de vous plaindre ♦ **I have every reason to think that...** j'ai toutes les raisons de penser que..., j'ai tout lieu de penser que... ♦ **there was every prospect of success** tout laissait augurer d'un succès

3 *(showing recurrence)* tout ♦ **every fifth day, every five days** tous les cinq jours, un jour sur cinq ♦ **one man in every ten** un homme sur dix ♦ **every quarter of an hour** tous les quarts d'heure ♦ **every few days** tous les deux ou trois jours ♦ **once every week** une fois par semaine ♦ **every 15 metres** tous les 15 mètres

♦ **every other..., every second...** ♦ **every other** *or* **second child** un enfant sur deux ♦ **every other** *or* **second day** tous les deux jours, un jour sur deux ♦ **every other Wednesday** un mercredi sur deux ♦ **to write on every other line** écrire en sautant une ligne sur deux

4 *(after poss)* tout, chacun, moindre ♦ **his every action** chacune de ses actions, tout ce qu'il faisait ♦ **his every wish** son moindre désir, tous ses désirs

5 *(in phrases)* ♦ **every little helps** *(Prov)* les petits ruisseaux font les grandes rivières *(Prov)* ♦ **every man for himself (and the devil take the hindmost)** chacun pour soi ; *(= save yourself)* sauve qui peut ! ♦ **every man to his trade** à chacun son métier ♦ **in every way** *(= from every point of view)* à tous (les) égards, en tous points ; *(= by every means)* par tous les moyens ; → **bit**[1]

♦ **every bit as...** tout aussi... ♦ **he is every bit as clever as his brother** il est tout aussi intelligent que son frère ♦ **he is every bit as much of a liar as his brother** il est tout aussi menteur que son frère

♦ **every last...** ♦ **every last biscuit/chocolate** *etc* tous les biscuits/chocolats *etc* jusqu'au dernier ♦ **they drank every last drop of wine** ils ont bu tout le vin jusqu'à la dernière goutte

♦ **every now and then, every now and again** de temps en temps, de temps à autre

♦ **every (single) one** ♦ **you must examine every one** il faut les examiner tous, sans exception ♦ **every single one of these peaches is bad** toutes ces pêches sans exception sont pourries ♦ **every one of us is afraid of something** tous autant que nous sommes nous craignons quelque chose ♦ **every one of them was there** ils étaient tous là ♦ **every (single) one of them** chacun d'eux, tous, sans exception ♦ **every one of them had brought something** chacun d'entre eux avait apporté quelque chose, ils avaient tous apporté quelque chose

♦ **every so often** de temps en temps, de temps à autre

♦ **every + time** chaque fois ♦ **every time (that) I see him** chaque fois que je le vois ♦ **every single time** chaque fois sans exception ♦ **her cakes are perfect every time** ses gâteaux sont parfaitement réussis à chaque fois ♦ **give me Paris every time!** * c'est Paris sans hésiter !

**everybody** /ˈevrɪbɒdɪ/ SYN PRON tout le monde, chacun ♦ **everybody has finished** tout le monde a fini ♦ **everybody has his** *or* **their own ideas about it** chacun a ses idées là-dessus ♦ **everybody else** tous les autres ♦ **everybody knows everybody else here** tout le monde se connaît ici ♦ **everybody knows that** tout le monde *or* n'importe qui sait cela ♦ **everybody who is anybody** tous les gens qui comptent

**everyday** /ˈevrɪdeɪ/ SYN ADJ *[thing, clothes, object, world]* de tous les jours ; *[situation, language]* courant ; *[activity, task, life]* de tous les jours, quotidien ; *[occurrence, problem]* quotidien ♦ **fabrics for everyday use** des tissus *mpl* pour tous les jours ♦ **it's too expensive for everyday use** c'est trop cher pour un usage courant ♦ **words in everyday use** mots *mpl* d'usage courant ♦ **everyday people** gens *mpl* ordinaires

**everyman** /ˈevrɪmæn/ N Monsieur *m* tout-le-monde

**everyone** /ˈevrɪwʌn/ SYN PRON ⇒ **everybody**

**everyplace** /ˈevrɪpleɪs/ ADV (US) ⇒ **everywhere**

**everything** /ˈevrɪθɪŋ/ SYN PRON tout ♦ **everything is ready** tout est prêt ♦ **everything you have** tout ce que vous avez ♦ **stamina is everything** l'endurance compte plus que tout, l'essentiel c'est l'endurance ♦ **success isn't everything** le succès n'est pas tout ♦ **and everything (like that)** * et tout et tout *

**everywhere** /ˈevrɪwɛəʳ/ SYN ADV partout ♦ **everywhere in the world** partout dans le monde, dans le monde entier ♦ **everywhere you go you meet the British** où qu'on aille *or* partout où l'on va, on rencontre des Britanniques

**evict** /ɪˈvɪkt/ SYN VT *(from house, lodgings, meeting)* expulser

**eviction** /ɪˈvɪkʃən/

N expulsion *f*

COMP **eviction order** N mandat *m* d'expulsion

**evidence** /ˈevɪdəns/ SYN

N *(NonC)* 1 *(= testimony)* témoignage *m* ♦ **the clearest possible evidence** la preuve manifeste ♦ **the evidence of the senses** le témoignage des sens ♦ **on the evidence of this document** à en croire ce document ♦ **there is no evidence to support this theory** cette théorie n'est étayée par aucun élément solide ♦ **there is no evidence to suggest a link between the two conditions** rien ne permet d'affirmer qu'il existe un lien entre les deux maladies

2 *(Jur)* *(= data)* preuve *f* ; *(= testimony)* témoignage *m*, déposition *f* ♦ **to give evidence** témoigner, déposer ♦ **to give evidence for/against sb** témoigner *or* déposer en faveur de/contre qn ♦ **to call sb to give evidence** convoquer qn pour qu'il témoigne ♦ **to take sb's evidence** recueillir la déposition de qn ♦ **there isn't enough evidence to charge her** il n'y a pas assez de preuves pour l'inculper ♦ **to turn King's** *or* **Queen's evidence** *(Brit)*, **to turn State's evidence** *(US)* témoigner contre ses complices

3 *(= indication)* signe *m*, marque *f* ♦ **there is evidence of widespread fraud** il y a lieu de penser que la fraude est répandue ♦ **to show evidence of** *[+ impatience, worry]* donner des signes de ; *[+ bombing, erosion]* porter les traces de ♦ **his kidneys showed evidence of infection** on a trouvé dans ses reins des signes d'infection ♦ **his features bore evidence of the agony he had endured** ses traits étaient marqués par les épreuves qu'il avait subies ♦ **there was no evidence of the security forces on the streets** il n'y avait aucun signe de la présence dans la rue des forces de sécurité

4 *(set structure)*

♦ **in evidence** *[object]* en évidence ♦ **his father was nowhere in evidence** il n'y avait aucune trace de son père ♦ **few soldiers were in evidence** on rencontrait *or* voyait peu de soldats ♦ **poverty is still very much in evidence** on voit encore beaucoup de gens pauvres ♦ **a man very much in evidence at the moment** un homme très en vue à l'heure actuelle ♦ **whatever you say may be held in evidence against you** tout ce que vous direz pourra être retenu contre vous

VT manifester, témoigner de

> ! **evidence** is rarely translated by the French word **évidence**, which does not mean 'proof'.

**evident** /ˈevɪdənt/ SYN ADJ évident ♦ **that is very evident** c'est l'évidence même ♦ **we must help her, that's evident** il faut l'aider, c'est évident *or* cela va de soi ♦ **he's guilty, that's evident** il est coupable, c'est évident *or* cela saute aux yeux ♦ **it was evident from the way he walked** cela se voyait à sa démarche ♦ **it is evident from his speech that...** il ressort de son discours que...

**evidently** /ˈevɪdəntlɪ/ LANGUAGE IN USE 15.1 SYN ADV

1 *(= apparently)* apparemment ♦ **evidently he feared I was going to refuse** il craignait apparemment que je refuse ♦ **was it suicide? – evidently not** était-ce un suicide ? – apparemment non ♦ **are they going too? – evidently** ils y vont aussi ? – apparemment oui

2 *(= obviously)* manifestement, de toute évidence ♦ **they evidently knew each other** manifestement *or* de toute évidence, ils se connaissaient ♦ **that is evidently not the case** ce n'est manifestement pas le cas ♦ **evidently, such men are usually extremely wealthy** évidemment, de tels hommes sont généralement extrêmement riches

**evil** /ˈiːvl/ SYN

ADJ *[person]* méchant, malfaisant ; *[deed, practice, system, consequence, influence]* néfaste ; *[power]* malfaisant ; *[place]* maléfique ; *[spell, reputation]* mauvais ; *[smell]* infect ♦ **to have an evil tongue** *[person]* être mauvaise langue ♦ **he had his evil way with her** *(hum)* il est arrivé à ses fins avec elle ♦ **to have an evil temper** avoir un sale caractère ♦ **(to put off) the evil day** *or* **hour** (remettre à plus tard) le moment fatidique

N mal *m* ♦ **the powers** *or* **forces of evil** les forces *fpl* du mal ♦ **to wish sb evil** vouloir du mal à qn ♦ **to speak evil of sb** dire du mal de qn ♦ **of two evils one must choose the lesser** de deux maux, il faut choisir le moindre ♦ **it's the lesser evil** c'est le moindre mal ♦ **social evils** maux *mpl* sociaux ♦ **the evils of drink** les conséquences *fpl* funestes de la boisson ♦ **one of the great evils of our time** un des grands fléaux de notre temps

COMP **the evil eye** N le mauvais œil ♦ **to give sb the evil eye** jeter le mauvais œil à qn

**evil-minded** ADJ malveillant, mal intentionné

**the Evil One** N le Malin

**evil-smelling** ADJ nauséabond

**evil spirit** N esprit *m* malfaisant

**evildoer** /ˌiːvlˈduːəʳ/ N personnage *m* infâme

**evildoing** /ˈiːvlˌduːɪŋ/ N *(NonC)* (horribles) méfaits *mpl*

**evilly** /ˈiːvɪlɪ/ ADV avec malveillance

**evince** /ɪˈvɪns/ VT *(frm)* *[+ surprise, desire]* manifester ; *[+ qualities, talents]* faire preuve de

**eviscerate** /ɪˈvɪsəreɪt/ VT *(frm)* éventrer, éviscérer

**evocation** /ˌevəˈkeɪʃən/ N évocation *f*

**evocative** /ɪˈvɒkətɪv/ ADJ 1 *(= reminiscent)* *[name, description, memory, atmosphere, scent]* évocateur (-trice *f*) ♦ **to be evocative of sth** évoquer qch

2 *(Occultism)* *[incantation, magic]* évocatoire

**evocatively** /ɪˈvɒkətɪvlɪ/ ADV *[describe]* dans un style évocateur ♦ **evocatively named cocktails** des cocktails aux noms évocateurs ♦ **the evocatively named "Valley of the Moon"** le lieu portant le nom évocateur de « Vallée de la Lune »

**evoke** /ɪˈvəʊk/ SYN VT *[+ spirit, memories]* évoquer ; *[+ admiration]* susciter

**evolution** /ˌiːvəˈluːʃən/ SYN N 1 *(Bio, Zool etc)* évolution *f* *(from* à partir de) ; *[of language, events]* évolution *f* ; *[of culture, technology, machine]* évolution *f*, développement *m*

2 *[of troops, skaters etc]* évolutions *fpl*

**evolutionary** /ˌiːvəˈluːʃnərɪ/ ADJ *(Bio, Zool etc)* évolutionniste ; *(gen)* *[stage, process]* d'évolution

**evolutionism** /ˌiːvəˈluːʃənɪzəm/ N évolutionnisme *m*

**evolutionist** /ˌiːvəˈluːʃənɪst/ ADJ, N évolutionniste *mf*

**evolve** /ɪˈvɒlv/ SYN

VT *[+ system, theory, plan]* élaborer, développer

VI *(gen, Bio)* évoluer ♦ **to evolve from** se développer à partir de

**e-voting** /ˈiːvəʊtɪŋ/ N vote *m* électronique

**ewe** /juː/

N brebis *f*

COMP **ewe lamb** N agnelle *f*

**ewer** /ˈjuːəʳ/ N aiguière *f*

**ex** /eks/

PREP *(Comm)* ≃ départ, ≃ sortie ♦ **ex dock** franco à quai ♦ **ex ship** ex navire transbordé ♦ **price ex factory, price ex works** *(Brit)* prix *m* départ *or* sortie usine ♦ **price ex warehouse** prix *m* départ *or* sortie entrepôt ; → **ex dividend, ex officio**

N * *(= ex-wife etc)* ex * *mf*

**ex-** /eks/ PREF ex-, ancien ♦ **ex-chairman** ancien président *m*, ex-président *m* ♦ **he's my ex-boss** c'est mon ancien patron ; → **ex-husband, ex-service**

**exacerbate** /ɪgˈzæsəˌbeɪt, ɪkˈsæsəˌbeɪt/ VT *[+ problem, situation]* aggraver ; *[+ pain, disease, hatred]* exacerber

**exact** /ɪgˈzækt/ SYN

ADJ 1 *(= precise)* *[number, amount, cause, time, translation, details]* exact ; *[copy]* conforme à l'original, exact ♦ **to be exact about sth** *[person]* préciser qch ♦ **can you be more exact?** pouvez-vous préciser un peu ? ♦ **can you be more exact about how many came?** pouvez-vous préciser le nombre des gens qui sont venus ? ♦ **he's 44, to be exact** il a 44 ans, pour être précis ♦ **he gave exact instructions as to what had to be done** il a donné des instructions précises sur ce qu'il fallait faire ♦ **what were his exact instructions?** quelles étaient ses instructions exactes ? ♦ **to be an exact likeness of sb/sth** ressembler parfaitement à qn/qch ♦ **until this exact moment** jusqu'à ce moment précis ♦ **to**

**be the exact opposite of sb/sth** être aux antipodes *or* tout le contraire de qn/qch ◆ **the exact same thing*** exactement la même chose ◆ **these were his exact words** c'est ce qu'il a dit, mot pour mot

2 *(= meticulous) [person, study, work]* méticuleux ; *[analysis, instrument]* précis

**VT** *[+ money, obedience etc]* exiger *(from* de) ◆ **to exact revenge** se venger ◆ **to exact a high price for sth** faire payer qch cher

**COMP** **exact science N** science *f* exacte

**exacting** /ɪg'zæktɪŋ/ SYN **ADJ** *[person]* exigeant ; *[task, activity, profession, work]* astreignant, qui exige beaucoup d'attention

**exaction** /ɪg'zækʃən/ **N** *(= act)* exaction *f (pej)* ; *(= money exacted)* impôt *m*, contribution *f* ; *(= excessive demand)* extorsion *f*

**exactitude** /ɪg'zæktɪtjuːd/ **N** exactitude *f*

**exactly** /ɪg'zæktlɪ/ LANGUAGE IN USE 11.2, 16.1 SYN **ADV** *(= precisely) [match, imitate]* exactement ◆ **to look exactly like sb** ressembler trait pour trait à qn, être tout le portrait de qn ◆ **I wanted to get things exactly right** je voulais que tout soit parfait ◆ **at exactly 5 o'clock** à 5 heures pile *or* précises ◆ **it is 3 o'clock exactly** il est 3 heures pile *or* précises, il est exactement 3 heures ◆ **exactly one hour** une heure exactement ◆ **I had exactly $3** j'avais exactement 3 dollars ◆ **exactly in the middle** en plein milieu ◆ **exactly 10m high** exactement 10 m de haut ◆ **exactly the same thing** exactement la même chose ◆ **that's exactly what I was thinking** c'est exactement ce que je pensais ◆ **I found it somewhere over there – where exactly?** je l'ai trouvé quelque part par là – où exactement ? ◆ **exactly what are you implying?** qu'est-ce que tu veux dire par là *or* au juste ? ◆ **exactly what are you looking for?** qu'est-ce que tu cherches au juste ? ◆ **so I was wrong – exactly** alors j'avais tort – exactement ◆ **he didn't exactly say no, but...** il n'a pas vraiment dit non, mais... ◆ **we don't exactly know** nous ne savons pas au juste

♦ **not exactly** ◆ **is she sick? – not exactly** est-elle malade ? – pas exactement *or* pas vraiment ◆ **it's easy work, but not exactly interesting** c'est facile, mais pas vraiment ce qu'on appelle intéressant ◆ **you refused? – well not exactly...** tu as refusé ? – euh, pas vraiment... ◆ **this is not exactly what we need at the moment** il ne manquait plus que ça

**exactness** /ɪg'zæktnɪs/ SYN **N** *(NonC) [of measurement, words, definition]* précision *f* ; *[of translation]* fidélité *f* ; *[of copy, description]* exactitude *f*

**exaggerate** /ɪg'zædʒəreɪt/ SYN

**VT** 1 *(= overstate) [+ dangers, fears, size, beauty, story, importance, effect]* exagérer ; *[+ problem]* exagérer l'importance de ◆ **the press exaggerated the number of victims** les médias ont gonflé le nombre des victimes

2 *(= emphasize)* accentuer ◆ **the dress exaggerated her paleness** la robe accentuait sa pâleur

**VI** exagérer, forcer la note ◆ **he always exaggerates a little** il exagère *or* il en rajoute* toujours un peu

**exaggerated** /ɪg'zædʒəreɪtɪd/ SYN **ADJ** *[claim, view, politeness, gesture, report]* exagéré ; *[praise]* outré ◆ **an exaggerated sense of one's own importance** une trop haute opinion de soi-même

**exaggeratedly** /ɪg'zædʒəreɪtɪdlɪ/ **ADV** *[polite]* exagérément ; *[laugh]* d'une manière exagérée

**exaggeration** /ɪg,zædʒə'reɪʃən/ SYN **N** exagération *f*

**exalt** /ɪg'zɔːlt/ SYN **VT** *(in rank, power)* élever *(à un rang plus important)* ; *(= extol)* porter aux nues, exalter

**exaltation** /,egzɔːl'teɪʃən/ SYN **N** *(NonC)* exaltation *f*

**exalted** /ɪg'zɔːltɪd/ SYN **ADJ** *(= high) [rank, position, style]* élevé ; *[person]* haut placé, de haut rang ; *(= elated) [mood, person]* exalté

**exam** /ɪg'zæm/ **N** (abbrev of **examination noun 1**) examen *m*, exam* *m*

**examination** /ɪg,zæmɪ'neɪʃən/ SYN

**N** 1 *(Scol, Univ) (= test)* examen *m* ; *(each paper)* épreuve *f* ◆ **class examination** *(Scol)* composition *f* ◆ **the June/September examinations** *(Univ etc)* la session de juin/de septembre

2 *(= study, inspection)* examen *m* ; *[of machine, premises]* inspection *f*, examen *m* ; *[of question]* étude *f*, considération *f* ; *[of accounts]* vérification *f* ; *[of passports]* contrôle *m* ◆ **Custom's examination** fouille *f* douanière ◆ **expert's examination** expertise *f* ◆ **close examination** examen *m* approfondi *or* détaillé ◆ **on examination** après examen ◆ **on close examination, his papers proved to be false** un examen approfondi *or* détaillé révéla que ses papiers étaient des faux ; → **medical**

3 *(Jur) [of suspect, accused]* interrogatoire *m* ; *[of witness]* audition *f* ; *[of case, documents]* examen *m* ◆ **legal examination** examen *m* légal ; → **cross**

**COMP** **examination board N** *(Brit Scol) comité chargé de l'organisation des examens scolaires nationaux*

**examination candidate N** *(Scol etc)* candidat(e) *m(f)*

**examination paper N** *(= exam)* examen *m*, épreuve *f* ; *(= question paper)* questions *fpl or* sujet *m* d'examen ; *(= answer paper)* copie *f*

**examination script N** *(Brit) (= answer paper)* copie *f* ; *(= question paper)* questions *fpl or* sujet *m* d'examen

**examine** /ɪg'zæmɪn/ LANGUAGE IN USE 26.1, 26.2 SYN

**VT** 1 *(gen, Med)* examiner ; *[+ machine]* inspecter ; *[+ document, dossier, question, problem, proposition]* examiner ; *[+ accounts]* vérifier ; *[+ passport]* contrôler ; *(Customs) [+ luggage]* inspecter, fouiller ◆ **to examine a question thoroughly** examiner une question à fond

2 *[+ pupil, candidate]* faire passer un examen à ; *(orally)* interroger *(on* sur)

3 *(Jur) [+ witness]* interroger ; *[+ suspect, accused]* interroger, faire subir un interrogatoire à ; *[+ case, document, evidence]* examiner

**COMP** **examining board N** *(Brit Scol)* ⇒ **examination board** *(for doctorates)* jury *m* de thèse

**examining magistrate N** *(Jur: in France)* juge *m* d'instruction

**examinee** /ɪg,zæmɪ'niː/ **N** candidat(e) *m(f)*

**examiner** /ɪg'zæmɪnəʳ/ **N** examinateur *m*, -trice *f* *(in* de) ; → **board, oral, outside**

**example** /ɪg'zɑːmpl/ LANGUAGE IN USE 26.1, 26.2 SYN

**N** exemple *m* ◆ **for example** par exemple ◆ **to set a good example** donner l'exemple ◆ **to be an example** *[person, sb's conduct, deeds]* être un exemple *(to* pour) ◆ **she's an example to us all** c'est un exemple pour nous tous ◆ **to take sb as an example** prendre exemple sur qn ◆ **to follow sb's example** suivre l'exemple de qn ◆ **following the example of...** à l'instar de... ◆ **to hold sb/sth up as an example** ériger qn/qch en exemple ◆ **to make an example of sb** punir qn pour l'exemple ◆ **to punish sb as an example to others** punir qn pour l'exemple ◆ **to quote the example of...** citer l'exemple de... ◆ **to quote sth as an example** citer qch en exemple ◆ **here is an example of the work** voici un échantillon du travail

**exanthem** /ek'sænθəm/ **N** exanthème *m*

**exanthema** /,eksæn'θiːmə/ **N** (pl **exanthemas** *or* **exanthemata** /,eksæn'θiːmətə/) exanthème *m*

**exanthematic** /ek,sænθɪ'mætɪk/ **ADJ** exanthématique

**exarchate** /'eksɑːkeɪt/, **exarchy** /'eksɑːkɪ/ **N** exarchat *m*

**exasperate** /ɪg'zɑːspəreɪt/ SYN **VT** *[+ person]* exaspérer ; *[+ feeling]* exaspérer, exacerber

**exasperated** /ɪg'zɑːspəreɪtɪd/ **ADJ** exaspéré ◆ **exasperated at** *or* **by** *or* **with sb/sth** exaspéré par qn/qch

**exasperating** /ɪg'zɑːspəreɪtɪŋ/ **ADJ** exaspérant

**exasperatingly** /ɪg'zɑːspəreɪtɪŋlɪ/ **ADV** de manière exaspérante ◆ **exasperatingly slow/stupid** d'une lenteur/d'une stupidité exaspérante

**exasperation** /ɪg,zɑːspə'reɪʃən/ SYN **N** exaspération *f* ◆ **"hurry!" he cried in exasperation** « dépêchez-vous ! » cria-t-il, exaspéré

**ex cathedra** /ekskə'θiːdrə/ **ADJ, ADV** ex cathedra

**excavate** /'ekskəveɪt/ SYN

**VT** *[+ ground]* creuser, excaver ; *(Archeol)* fouiller ; *[+ trench]* creuser ; *[+ remains]* déterrer

**VI** *(Archeol)* faire des fouilles

**excavation** /,ekskə'veɪʃən/ SYN **N** 1 *(NonC) [of tunnel etc]* creusement *m*, percement *m* ◆ **excavation work** excavations *fpl*

2 *(Archeol = activity, site)* fouilles *fpl*

**excavator** /'ekskəveɪtəʳ/ **N** 1 *(= machine)* excavateur *m or* excavatrice *f*

2 *(Archeol = person)* fouilleur *m*, -euse *f*

**exceed** /ɪk'siːd/ SYN **VT** *(in value, amount, length of time etc)* dépasser, excéder *(in* en ; *by* de) ; *[+ powers] [person]* outrepasser ; *[decision etc]* excéder ; *[+ expectations, limits, capabilities]* dépasser ; *[+ desires]* aller au-delà de, dépasser ◆ **to exceed one's authority** commettre un abus de pouvoir ◆ **to exceed the speed limit** dépasser la vitesse permise, commettre un excès de vitesse ◆ **a fine not exceeding £50** une amende ne dépassant pas *or* n'excédant pas 50 livres

**exceedingly** /ɪk'siːdɪŋlɪ/ SYN **ADV** extrêmement ◆ **his behaviour troubles me exceedingly** je suis extrêmement troublé par son comportement

**excel** /ɪk'sel/ SYN

**VI** briller, exceller ◆ **to excel in** *or* **at French/tennis** briller en français/au tennis

**VT** ◆ **to excel o.s.** se surpasser, se distinguer

**excellence** /'eksələns/ SYN **N** excellence *f*

**Excellency** /'eksələnsɪ/ **N** Excellence *f* ◆ **Your/His** *or* **Her Excellency** Votre/Son Excellence

**excellent** /'eksələnt/ LANGUAGE IN USE 13 SYN **ADJ** excellent ◆ **what an excellent idea!** (quelle) excellente idée ! ◆ **excellent!** parfait ! ◆ **that's excellent!** c'est parfait !

**excellently** /'eksələntlɪ/ **ADV** admirablement

**excelsior** /ek'selsjəʳ/ **N** *(US = wood shavings)* copeaux *mpl* d'emballage

**except** /ɪk'sept/ SYN

**PREP** 1 sauf, excepté, à l'exception de ◆ **all except the eldest daughter** tous, excepté la fille aînée, tous, la fille aînée exceptée ◆ **except (for)** à part, à l'exception de ◆ **except (that)** sauf que, excepté que ◆ **except if** sauf si ◆ **except when** sauf quand, excepté quand

2 *(after neg and certain interrogs)* sinon ◆ **what can they do except wait?** que peuvent-ils faire sinon attendre ?

**CONJ** (†, *liter)* à moins que + ne + *subj* ◆ **except he be a traitor** à moins qu'il ne soit un traître

**VT** excepter, exclure *(from* de), faire exception de ◆ **not** *or* **without excepting** sans excepter, sans oublier ◆ **always excepting** à l'exception (bien entendu) de, exception faite (bien entendu) de ◆ **present company excepted** exception faite des personnes présentes

**excepting** /ɪk'septɪŋ/ **PREP, CONJ** ⇒ **except**

**exception** /ɪk'sepʃən/ SYN **N** 1 *(NonC)* exception *f* ◆ **without exception** sans exception ◆ **with the exception of...** à l'exception de..., exception faite de... ◆ **to take exception to** *(= demur)* trouver à redire à, désapprouver ; *(= be offended)* s'offenser de, s'offusquer de ◆ **I take exception to that remark** je suis indigné par cette remarque

2 *(= singularity)* exception *f* ◆ **to make an exception** faire une exception *(to sth* à qch ; *for sb/sth* pour qn/qch) ◆ **these strokes of luck are the exception** ces coups de chance sont l'exception ◆ **this case is an exception to the rule** ce cas est *or* constitue une exception à la règle ◆ **the exception proves the rule** l'exception confirme la règle ◆ **with this exception** à cette exception près, à ceci près ◆ **apart from a few exceptions** à part quelques exceptions, à de rares exceptions près

**exceptionable** /ɪk'sepʃnəbl/ **ADJ** *(= open to objection) [conduct]* répréhensible, blâmable ; *[proposal]* inadmissible, inacceptable

**exceptional** /ɪk'sepʃənl/ SYN

**ADJ** *(gen)* exceptionnel ; *(Jur) [provisions]* dérogatoire ◆ **to apply exceptional arrangements (to)** *(Jur)* appliquer un régime dérogatoire (à)

**COMP** **exceptional child N** (pl **exceptional children**) *(US Scol) (gifted)* enfant *mf* surdoué(e) ; *(handicapped) (mentally)* enfant *mf* handicapé(e) mental(e) ; *(physically)* enfant *mf* handicapé(e)

**exceptionally** /ɪk'sepʃənəlɪ/ **ADV** exceptionnellement

**excerpt** /'eksɜːpt/

**N** *(Literat, Mus etc)* extrait *m*, passage *m*

**VT** *(Literat, Mus)* extraire

**excess** /ɪk'ses/ SYN

**N** 1 *(NonC) [of precautions, enthusiasm]* excès *m* ; *[of details, adjectives]* luxe *m*, surabondance *f* ◆ **the excess of imports over exports** l'excédent *m* des importations sur les exportations

♦ **to excess** (jusqu')à l'excès ◆ **to take** *or* **carry to excess** pousser à l'excès, pousser trop loin ◆ **to drink to excess** boire à l'excès *or* avec excès ◆ **carried to excess** outré

♦ **in excess of** *[number]* supérieur à ◆ **in excess of 50 people have died** plus de 50 personnes sont mortes

2 *(Brit Insurance)* franchise *f*

3 ◆ **excesses** *(= debauchery)* excès *mpl* ; *(= cruelty, violence)* excès *mpl*, abus *m* ; *(= overindulgence)* excès *mpl* , écart *m* ◆ **the excesses of the regime** les abus *or* excès du régime

COMP *[weight, production]* excédentaire
**excess baggage** N *(NonC)* excédent *m* de bagages
**excess capacity** N capacité *f* excédentaire
**excess demand** N *(Econ)* demande *f* excédentaire
**excess employment** N suremploi *m*
**excess fare** N *(Transport)* supplément *m*
**excess luggage** N ⇒ **excess baggage**
**excess postage** N *(Brit)* surtaxe *f (pour affranchissement insuffisant)*
**excess profits tax** N impôt *m* sur les bénéfices exceptionnels
**excess supply** N *(Econ)* excès *m* de l'offre *or* sur offre

**excessive** /ɪk'sesɪv/ SYN ADJ *[amount, quantity, use, force, speed, demands]* excessif ; *[ambition]* démesuré ; *[praise]* outré ◆ **excessive drinking** abus *m* d'alcool *or* de boissons alcoolisées

**excessively** /ɪk'sesɪvlɪ/ ADV *[drink, eat]* à l'excès, avec excès ; *[optimistic, proud, ambitious, cautious, centralized]* par trop ; *[boring, pretty]* excessivement ◆ **do you worry excessively about work?** avez-vous tendance à vous faire trop de souci pour votre travail ? ◆ **his behaviour was impeccable, sometimes excessively so** il se conduisait de manière irréprochable, parfois jusqu'à l'excès

**exchange** /ɪks'tʃeɪndʒ/ SYN
VT *[+ gifts, letters, glances, blows]* échanger ; *[+ houses, cars, jobs]* faire un échange de ◆ **to exchange one thing for another** échanger une chose contre une autre ◆ **they exchanged a few words** ils échangèrent quelques mots ◆ **to exchange words with sb** *(euph = quarrel)* avoir des mots avec qn ◆ **to exchange contracts** *(Conveyancing)* ≃ signer les contrats
N 1 *[of objects, prisoners, ideas, secrets, notes, greetings]* échange *m* ◆ **to gain/lose on the exchange** gagner/perdre au change ◆ **exchange of contracts** *(Conveyancing)* ≃ signature *f* des contrats
◆ **in exchange** en échange *(for* de) ◆ **to give one thing in exchange for another** échanger une chose contre une autre
2 *(Fin)* change *m* ◆ **foreign exchange office** bureau *m* de change ◆ **at the current rate of exchange** au cours actuel du change ◆ **the dollar exchange** le change du dollar ◆ **on the (stock) exchange** à la Bourse ; → **bill**[1], **foreign**
3 (also **telephone exchange**) central *m* ; (also **labour exchange**) bourse *f* du travail
4 ⇒ **exchange visit**
COMP *[student, teacher]* participant(e) *m(f)* à un échange
**exchange control** N *(Fin)* contrôle *m* des changes ◆ **exchange control regulations** réglementation *f* des changes
**exchange law** N droit *m* cambial
**exchange rate** N taux *m* de change
**exchange rate mechanism** N mécanisme *m* du taux de change
**exchange restrictions** NPL restrictions *fpl* de change
**exchange value** N contre-valeur *f*
**exchange visit** N *(Educ etc)* échange *m* ◆ **to be on an exchange visit** faire partie d'un échange

**exchangeable** /ɪks'tʃeɪndʒəbl/ ADJ échangeable *(for* contre)

**exchequer** /ɪks'tʃekə^r/
N 1 *(= state treasury)* ministère *m* des Finances ; → **chancellor**
2 *( * = one's own funds)* fonds *mpl*, finances *fpl*
COMP **exchequer bond** N obligation *f* du Trésor

**excipient** /ɪk'sɪpɪənt/ N excipient *m*

**excisable** /ek'saɪzəbl/ ADJ imposable, soumis aux droits de régie

**excise**[1] /'eksaɪz/
N taxe *f (on* sur), accise *f (Belg, Can)* ◆ **the Excise** *(Brit)* ≃ l'administration *f* des impôts indirects
COMP **excise duties** NPL *(Brit)* impôts *mpl* indirects
**excise laws** NPL *(US) lois sur le commerce des boissons*

**excise**[2] /ek'saɪz/ VT 1 *(gen)* retrancher, supprimer
2 *(Med)* exciser

**exciseman** /'eksaɪzmæn/ N (pl **-men**) *(Brit)* agent *m* du fisc *(chargé du recouvrement des impôts indirects)*

**excision** /ek'sɪʒən/ N *(frm)* 1 *(Med)* excision *f*
2 *(NonC = act of deletion) [of words, clause]* suppression *f*
3 *(= deleted passage : in film, play, book)* coupure *f*

**excitability** /ɪk,saɪtə'bɪlɪtɪ/ N excitabilité *f*, nervosité *f*

**excitable** /ɪk'saɪtəbl/ SYN ADJ *[person, animal, temperament] (also Med)* excitable ◆ **to be in an excitable state** être tendu

**excitableness** /ɪk'saɪtəbəlnɪs/ N excitabilité *f*, nervosité *f*

**excitant** /ɪk'saɪtənt/ N excitant *m*, stimulant *m*

**excitation** /,eksɪ'teɪʃən/ N *(Bio, Elec, gen)* excitation *f*

**excite** /ɪk'saɪt/ SYN VT 1 *[+ person, animal] (gen, also sexually)* exciter ; *(= rouse enthusiasm in)* passionner ◆ **to excite o.s.** s'exciter, s'énerver
2 *[+ sentiments, envy, attention, pity]* exciter ; *[+ imagination, passion]* exciter, enflammer ; *[+ desire, anger]* exciter, aviver ; *[+ admiration]* exciter, susciter ; *[+ curiosity]* exciter, piquer ◆ **to excite enthusiasm/interest in sb** enthousiasmer/intéresser qn ◆ **the issue has excited a great deal of debate** le sujet a suscité de nombreux débats
3 *(Med) [+ nerve]* exciter, stimuler

**excited** /ɪk'saɪtɪd/ SYN ADJ 1 *(= exhilarated) [person, voice, shout, laugh, imagination]* excité ; *[chatter]* animé ; *(sexually)* excité ◆ **he was excited to hear of this development** il était tout excité d'apprendre ce fait nouveau ◆ **he is excited at the prospect** il est tout excité à cette idée ◆ **I'm really excited about it** je suis tout excité à cette idée ◆ **he was excited about going on holiday** il était tout excité à l'idée de partir en vacances ◆ **to become** *or* **get excited** s'exciter ◆ **it's nothing to get excited about** il n'y a pas de quoi s'énerver
2 *(= agitated) [person, gesture]* nerveux ; *[state]* de nervosité ◆ **to get excited (about sth)** s'énerver (à propos de qch) ◆ **don't get excited!** du calme !, ne t'énerve pas !
3 *(Phys) [atom, molecule]* excité

**excitedly** /ɪk'saɪtɪdlɪ/ ADV *[say, talk, chatter]* sur un ton animé, avec animation ; *[grin]* d'un air excité ; *[laugh]* avec excitation ; *[behave]* avec agitation ; *[run]* tout excité ◆ **to wave excitedly** gesticuler

**excitement** /ɪk'saɪtmənt/ SYN N *[of people]* excitation *f* ; *[of event]* fièvre *f* ◆ **the excitement of the departure** l'excitation *or* la fièvre du départ ◆ **the excitement of a trip to the fair** la perspective excitante d'une visite à la fête foraine ◆ **the excitement of the elections** la fièvre des élections ◆ **to be in a state of great excitement** être dans un état de très grande excitation ◆ **the excitement of victory** l'ivresse *f* de la victoire ◆ **the book caused great excitement in literary circles** le livre a fait sensation dans les milieux littéraires ◆ **there was great excitement when she announced that...** elle a suscité un grand émoi lorsqu'elle a annoncé que... ◆ **he likes excitement** il aime les émotions fortes ◆ **she's looking for a bit of excitement in her life** elle cherche à donner un peu de piquant à sa vie ◆ **this sport has plenty of excitements** ce sport est excitant à bien des égards ◆ **the excitement of getting a book published** l'excitation que l'on ressent à la publication d'un livre ◆ **the excitement of being in love** l'ivresse *f* que l'on ressent lorsqu'on est amoureux ◆ **sexual excitement** excitation *f* sexuelle ◆ **with growing excitement he turned the key in the lock** de plus en plus excité, il a tourné la clé dans la serrure

**exciting** /ɪk'saɪtɪŋ/ SYN ADJ *(= exhilarating) [activity, experience, opportunity, idea, news, book]* passionnant ; *(sexually) [person]* excitant ◆ **he's exciting to be with** c'est passionnant d'être avec lui ◆ **very exciting** (absolument *or* tout à fait) passionnant ◆ **not very exciting** pas très *or* bien passionnant ◆ **how exciting!** comme c'est excitant *or* passionnant ! ◆ **we had an exciting time** nous avons passé des moments passionnants ◆ **to be exciting to sb** être excitant *or* palpitant pour qn

**excitingly** /ɪk'saɪtɪŋlɪ/ ADV *[describe]* de façon passionnante ◆ **an excitingly original writer** un écrivain d'une originalité passionnante

**excl.** abbrev of **excluding, exclusive (of)**

**exclaim** /ɪks'kleɪm/ SYN
VI *(gen)* s'exclamer ◆ **he exclaimed in surprise when he saw it** il a laissé échapper une exclamation de surprise en le voyant ◆ **to exclaim at sth** *(indignantly)* s'exclamer d'indignation devant qch ; *(admiringly)* s'exclamer d'admiration devant qch
VT s'écrier *(that* que) ◆ **"at last!" she exclaimed** « enfin ! » s'écria-t-elle

**exclamation** /,ekskla'meɪʃən/ SYN
N exclamation *f*
COMP **exclamation mark, exclamation point** *(US)* N point *m* d'exclamation

**exclamatory** /ɪks'klæmətərɪ/ ADJ exclamatif

**exclave** /'ekskleɪv/ N *(Pol)* enclave *f*

**exclude** /ɪks'klu:d/ SYN VT *(from team, society)* exclure *(from* de) ; *(Brit : from school)* exclure temporairement ; *(from list)* écarter *(from* de), ne pas retenir ; *(from meeting, discussions, process)* écarter, exclure ; *[+ possibility]* exclure, écarter ; *[+ sun's rays, germs]* faire écran à ◆ **red meat is excluded from this diet** ce régime interdit la viande rouge ◆ **women were excluded from participation/from competing** les femmes n'avaient pas le droit de participer/de prendre part à la compétition ◆ **to exclude sth from consideration** refuser de prendre qch en considération ◆ **to exclude from the jurisdiction of** soustraire à la compétence de ◆ **the price excludes VAT** le prix est hors taxe ◆ **£200, excluding VAT** 200 livres, hors taxe ◆ **a meal here costs about €15 per head excluding wine** un repas ici coûte environ 15 € par personne, vin non compris

**excluding** /ɪks'klu:dɪŋ/ PREP à l'exclusion de, à part

**exclusion** /ɪks'klu:ʒən/ SYN
N exclusion *f (from* de) ◆ **to the exclusion of...** à l'exclusion de...
COMP **exclusion clause** N clause *f* d'exclusion
**exclusion order** N *(Brit Jur) (from country)* interdiction *f* de territoire *or* de séjour ; *(against spouse)* interdiction *f* de domicile conjugal
**exclusion zone** N zone *f* d'exclusion

**exclusionary** /ɪks'klu:ʒənərɪ/ ADJ *[practice]* d'exclusion

**exclusive** /ɪks'klu:sɪv/ SYN
ADJ 1 *(= select) [person, friendship, interest, occupation]* exclusif ; *[club]* fermé ; *[district, resort, hotel, restaurant]* chic *inv* ; *[gathering]* sélect
2 *(= sole) [use, offer, contract, property, story, picture]* exclusif ◆ **exclusive to readers of...** exclusivement pour les lecteurs de... ◆ **this special offer is exclusive to (readers of) this magazine** cette offre spéciale est réservée à nos lecteurs ◆ **an interview exclusive to...** une interview exclusive accordée à... ◆ **to have exclusive rights to sth** avoir l'exclusivité de qch
3 *(= not including)* ◆ **to be exclusive of sth** exclure qch ◆ **exclusive of postage and packing** frais d'expédition non compris ◆ **from 15 to 20 June exclusive** du 15 au 19 juin inclus ◆ **exclusive of taxes** *(Comm)* hors taxes, taxes non comprises ; → **mutually**
N *(Press)* exclusivité *f*

**exclusively** /ɪks'klu:sɪvlɪ/ ADV exclusivement ◆ **available exclusively from...** en vente exclusivement chez... ◆ **exclusively available to readers of...** réservé exclusivement aux lecteurs de...

**exclusiveness** /ɪks'klu:sɪvnɪs/ N 1 *[of club, neighbourhood]* caractère *m* huppé
2 *[of agreement, contract]* exclusivité *f*

**exclusivity** /ɪksklu:'sɪvətɪ/ N exclusivité *f*

**excommunicate** /,ekskə'mju:nɪkeɪt/ SYN VT excommunier

**excommunication** /'ekskə,mju:nɪ'keɪʃən/ N excommunication *f*

**ex-con*** /,eks'kɒn/ N ancien taulard* *m*

**excoriate** /ɪk'skɔ:rɪeɪt/ VT *(frm) [+ person]* chapitrer ; *[+ organization]* condamner ; *[+ idea]* fustiger

**excoriation** /ɪk,skɔ:rɪ'eɪʃən/ N *(Med)* excoriation *f*

**excrement** /'ekskrɪmənt/ N excrément *m*

**excremental** /,ekskrɪ'mentl/ ADJ excrémentiel

**excrescence** /ɪks'kresns/ N *(lit, fig)* excroissance *f*

**excreta** /ɪks'kri:tə/ NPL excrétions *fpl* ; *(= excrement)* excréments *mpl*, déjections *fpl*

**excrete** /ɪks'kri:t/ VT excréter ; *[plant]* sécréter

**excretion** /ɪks'kri:ʃən/ N excrétion *f*, sécrétion *f*

**excretory** /ɪk'skri:tərɪ/ ADJ *(Physiol)* excréteur (-trice *f*), excrétoire

**excruciating** /ɪks'kru:ʃɪeɪtɪŋ/ SYN ADJ *[pain, suffering, sight, sound, boredom]* insoutenable ; *[death]* atroce ; *[joke]* lamentable ◆ **I was in excruciat-**

## excruciatingly | exercise

**ing pain** je souffrais comme un damné ◆ **in excruciating detail** dans les moindres détails

**excruciatingly** /ɪksˈkruːʃɪeɪtɪŋlɪ/ ADV *[painful]* atrocement ; *[difficult, humiliating]* affreusement ◆ **excruciatingly funny** désopilant

**exculpate** /ˈekskʌlpeɪt/ VT *[+ person]* disculper, innocenter *(from* de) ◆ **to exculpate sb of** or **from responsibility** juger qn non responsable

**exculpation** /ˌekskʌlˈpeɪʃən/ N disculpation *f*

**excursion** /ɪksˈkɜːʃən/ SYN
   N excursion *f*, balade *f* ; *(on foot, cycle)* randonnée *f* ; *(fig = digression)* digression *f*
   COMP **excursion ticket** N billet *m* excursion
**excursion train** N train *m* spécial *(pour excursions)*

**excusable** /ɪksˈkjuːzəbl/ SYN ADJ excusable, pardonnable

**excuse** /ɪksˈkjuːz/ LANGUAGE IN USE 18.1 SYN
   VT ① *(= justify)* *[+ action, person]* excuser ◆ **such rudeness cannot be excused** une telle impolitesse est inexcusable ◆ **to excuse o.s.** s'excuser *(for* de), présenter ses excuses
   ② *(= pardon)* excuser *(sb for having done* qn d'avoir fait) ◆ **to excuse sb's insolence** excuser l'insolence de qn, pardonner à qn son insolence ◆ **one can be excused for not understanding what she says** il est excusable de ne pas comprendre ce qu'elle dit ◆ **if you will excuse the expression, excuse my French** *(hum)* passez-moi l'expression ◆ **and now if you will excuse me, I have work to do** et maintenant, si vous voulez bien m'excuser, j'ai du travail à faire ◆ **excuse me for wondering if...** permettez-moi de me demander si... ◆ **excuse me!** excusez-moi !, (je vous demande) pardon ! ◆ **excuse me, but I don't think this is true** excusez-moi, mais je ne crois pas que ce soit vrai ◆ **excuse me for not seeing you out** excusez-moi si je ne vous raccompagne pas or de ne pas vous raccompagner
   ③ exempter *(sb from sth* qn de qch), dispenser *(sb from sth* qn de qch ; *sb from doing sth* qn de faire qch), excuser ◆ **you are excused** *(to children)* vous pouvez vous en aller ◆ **he excused himself after ten minutes** au bout de dix minutes, il s'est excusé et est parti ◆ **to ask to be excused** demander à être excusé ◆ **he was excused from the afternoon session** on l'a dispensé d'assister à la séance de l'après-midi ◆ **to excuse sb from an obligation** dispenser qn d'une obligation
   N /ɪksˈkjuːs/ ① *(= reason, justification)* excuse *f*
◆ **there is no excuse for it, it admits of no excuse** *(frm)* c'est inexcusable ◆ **his only excuse was that...** sa seule excuse était que... ◆ **that is no excuse for his leaving so abruptly** cela ne l'excuse pas d'être parti si brusquement ◆ **in excuse for** pour s'excuser de ◆ **without excuse** sans excuse ; → **ignorance**
   ② *(= pretext)* excuse *f*, prétexte *m* ◆ **a lame excuse** une piètre excuse, une excuse boiteuse ◆ **to find an excuse for sth** trouver une excuse à qch ◆ **I have a good excuse for not going** j'ai une bonne excuse pour ne pas y aller ◆ **to make an excuse for sth/for doing** *(gen)* trouver une or des excuse(s) à qch/pour faire ◆ **he's just making excuses** il se cherche des excuses ◆ **he is always making excuses to get away** il trouve or invente toujours des excuses pour s'absenter ◆ **what's your excuse this time?** qu'avez-vous comme excuse cette fois-ci ? ◆ **he gave the bad weather as his excuse for not coming** il a prétexté or allégué le mauvais temps pour ne pas venir ◆ **it's only an excuse** ce n'est qu'un prétexte ◆ **his success was a good excuse for a family party** ce succès a fourni le prétexte à une fête de famille
   COMP **excuse-me (dance)** N *(Brit) danse où l'on change de partenaire,* ≈ *danse f du balai*

**ex-directory** /ˌeksdɪˈrektərɪ/ LANGUAGE IN USE 27.5
   ADJ *(Brit Telec)* qui ne figure pas dans l'annuaire, ≈ qui est sur la liste rouge
   ADV ◆ **he's gone ex-directory** il s'est fait mettre sur la liste rouge

**ex dividend** /ˈeksˈdɪvɪˌdend/ ADJ *(Stock Exchange)* ex-dividende

**exec** * /ɪgˈzek/ N *(abbrev of* **executive***) cadre m*

**execrable** /ˈeksɪkrəbl/ ADJ exécrable

**execrably** /ˈeksɪkrəblɪ/ ADV exécrablement

**execrate** /ˈeksɪkreɪt/ SYN VT *(liter)* ① *(= hate)* exécrer
   ② *(= curse)* maudire

**execration** /ˌeksɪˈkreɪʃən/ SYN N *(liter)* ① *(NonC)* exécration *f (liter)*, horreur *f* ◆ **to hold in execration** exécrer *(liter)*
   ② *(= curse)* malédiction *f*, imprécation *f*

**executable** /ˈeksɪkjuːtəbl/ ADJ exécutable ◆ **executable program** *(Comput)* application *f*

**executant** /ɪgˈzekjʊtənt/ N *(Mus)* interprète *mf*, exécutant(e) *m(f)*

**execute** /ˈeksɪkjuːt/ SYN VT ① *(= carry out)* *[+ order, piece of work, dance, movement]* exécuter ; *[+ work of art]* réaliser ; *[+ project, plan]* exécuter, mettre à exécution ; *[+ purpose, sb's wishes]* accomplir ; *[+ duties]* exercer, remplir ; *[+ task]* accomplir, s'acquitter de ; *(Comput)* *[+ command, program]* exécuter ; *(Mus)* exécuter, interpréter ; *(Jur)* *[+ will]* exécuter ; *[+ document]* valider ; *[+ deed]* signer ; *[+ contract]* valider
   ② *(= put to death)* exécuter

**execution** /ˌeksɪˈkjuːʃən/ SYN N ① *(= carrying out)* *[of task, order, will, warrant, dance, sculpture]* exécution *f* ; *[of plan]* exécution *f*, réalisation *f* ; *[of wishes]* accomplissement *m* ; *[of song]* interprétation *f* ; *[of treaty]* application *f* ◆ **in the execution of his duties** dans l'exercice *m* de ses fonctions ◆ **to carry** or **put sth into execution** mettre qch à exécution
   ② *(= killing)* exécution *f*

**executioner** /ˌeksɪˈkjuːʃnəʳ/ SYN N *(also* **public executioner***)* bourreau *m*, exécuteur *m* des hautes œuvres

**executive** /ɪgˈzekjʊtɪv/ SYN
   ADJ ① *[power, decision, function, role]* directorial ; *[position, pay]* de cadre ; *[car]* de fonction ◆ **the executive arm of the organization** l'organe exécutif de l'organisation ◆ **executive capability** capacité *f* d'exécution
   ② *(esp Brit* *** *= up-market)* *[briefcase, chair]* de luxe ◆ **executive class** classe *f* affaires
   N ① *(= person)* cadre *m* ◆ **senior/junior executive** cadre *m* supérieur/moyen ◆ **a Shell/IBM executive** un cadre (de chez) Shell/IBM ◆ **a sales/production executive** un cadre du service des ventes/du service production ◆ **a woman** or **female executive** une femme cadre ; → **chief**
   ② *(= managing group: of organization)* bureau *m* ◆ **to be on the executive** faire partie du bureau ◆ **the trade union/party executive** le bureau du syndicat/du parti
   ③ *(= part of government)* (pouvoir *m*) exécutif *m*
   COMP **executive agreement** N *(US Pol) accord conclu entre chefs d'État*
**executive board** N conseil *m* de direction
**executive branch** N organe *m* exécutif
**executive burnout** N épuisement *m* du cadre
**executive chairman** N *(pl* **executive chairmen***)* directeur *m* exécutif
**executive committee** N comité *m* exécutif
**executive council** N conseil *m* exécutif or de direction ; *(US Pol)* conseil *m* exécutif
**executive director** N directeur *m* exécutif
**executive lounge** N salon *m* classe affaires
**the Executive Mansion** N *(US)* (= White House) la Maison-Blanche ; *(= Governor's house)* la résidence officielle du gouverneur *(d'un État américain)*
**executive member** N membre *m* du bureau exécutif
**the Executive Office of the President** N *(US)* le cabinet du président *(des États-Unis),* la Présidence *(des États-Unis)*
**executive officer** N *[of organization]* cadre *m* administratif ; *(US Mil, Navy)* commandant *m* en second
**executive order** N *(US)* décret-loi *m*
**executive president** N président *m* exécutif
**executive privilege** N *(US Pol) privilège du président de ne pas communiquer certaines informations*
**executive producer** N producteur *m* exécutif
**executive relief** N *(NonC: euph)* ≈ le cinq à sept du cadre
**executive secretary** N secrétaire *mf* de direction
**executive session** N *(US Govt)* séance *f* à huis clos
**the executive suite (of offices)** N les bureaux *mpl* de la direction
**executive toy** N *(for play)* gadget *m* de bureau ; *(as status symbol)* gadget *m* de luxe

▸ **EXECUTIVE PRIVILEGE**

Le « privilège de l'exécutif » est le droit dont bénéficie le président des États-Unis de ne pas divulguer au Congrès ou au pouvoir judiciaire certaines informations jugées confidentielles ou devant rester secrètes pour des raisons de sécurité nationale. Plusieurs présidents ont tenté d'obtenir un droit au secret total, y compris pour des motifs personnels, mais la Cour suprême s'y est opposée. Ainsi, pendant l'affaire du Watergate, elle a rejeté la requête du président Nixon, qui invoquait ce privilège pour refuser de livrer des enregistrements à la commission d'enquête du Sénat.

**executor** /ɪgˈzekjʊtəʳ/ N *(Jur)* exécuteur *m* testamentaire

**executrix** /ɪgˈzekjʊtrɪks/ N *(pl* **executrixes** or **executrices** /ɪgˌzekjʊˈtraɪsiːz/) *(Jur)* exécutrice *f* testamentaire

**exedra** /ˈeksɪdrə/ N exèdre *f*

**exegesis** /ˌeksɪˈdʒiːsɪs/ N *(pl* **exegeses** /ˌeksɪˈdʒiːsiːz/) exégèse *f*

**exegete** /ˈeksɪdʒiːt/ N exégète *mf*

**exegetic** /ˌeksɪˈdʒetɪk/ ADJ exégétique

**exemplar** /ɪgˈzemplɑːʳ/ N *(= model)* exemple *m*, modèle *m*

**exemplary** /ɪgˈzemplərɪ/ SYN
   ADJ exemplaire ◆ **exemplary in one's conduct** d'une conduite exemplaire
   COMP **exemplary damages** NPL *(Jur)* dommages-intérêts *mpl* pour préjudice moral

**exemplification** /ɪgˌzemplɪfɪˈkeɪʃən/ N exemplification *f*

**exemplify** /ɪgˈzemplɪfaɪ/ SYN VT *(= be example of)* être un exemple de ; *(= illustrate)* illustrer ◆ **exemplified copy** *(Jur)* expédition *f*, copie *f* certifiée

**exempt** /ɪgˈzempt/ SYN
   ADJ exempt *(from* de)
   VT exempter *(from sth* de qch), dispenser *(from doing sth* de faire qch)

**exemption** /ɪgˈzempʃən/ SYN
   N exonération *f (from* de) ; *(Educ)* dispense *f (from* de) ; *(Jur)* dérogation *f* ◆ **tax exemption** exonération *f* fiscale
   COMP **exemption clause** N clause *f* d'exonération

**exercise** /ˈeksəsaɪz/ SYN
   N ① *(NonC = putting into practice)* *[of right, caution, power]* exercice *m* ; *[of religion]* pratique *f*, exercice *m* ◆ **in the exercise of his duties** dans l'exercice de ses fonctions
   ② *(= physical exertion)* exercice *m* ◆ **to take exercise** faire de l'exercice ◆ **to do (physical) exercises every morning** faire de la gymnastique tous les matins
   ③ *(= task)* exercice *m* ◆ **a grammar exercise** un exercice de grammaire
   ④ *(Mil etc : gen pl)* exercice *m*, manœuvre *f* ◆ **to go on (an) exercise** *(Mil)* aller à l'exercice ; *(Navy)* partir en manœuvre ◆ **NATO exercises** manœuvres *fpl* de l'OTAN
   ⑤ *(= sth carried out)* opération *f* ◆ **an exercise in public relations/in management** *etc* une opération de relations publiques/de gestion des affaires *etc* ◆ **a cost-cutting exercise** une opération de réduction des coûts ◆ **an exercise in futility** le type même de l'entreprise inutile
   NPL **exercises** *(US = ceremony)* cérémonies *fpl*
   VT ① *(= exert)* *[+ body, mind]* exercer ; *[+ troops]* faire faire l'exercice à ; *[+ horse]* exercer ◆ **to exercise one's dog** faire courir son chien
   ② *(= use, put into practice)* *[+ one's authority, control, power]* exercer ; *[+ a right]* exercer, user de ; *[+ one's talents]* employer, exercer ; *[+ patience, tact, restraint]* faire preuve de ◆ **to exercise care in doing sth** apporter du soin à faire qch, s'appliquer à bien faire qch
   ③ *(frm = preoccupy)* préoccuper ◆ **the problem which is exercising my mind** le problème qui me préoccupe
   VI faire de l'exercice
   COMP **exercise bench** N *(Sport)* banc *m* de musculation
**exercise bike** N vélo *m* d'appartement
**exercise book** N *(for writing in)* cahier *m* (d'exercices or de devoirs) ; *(= book of exercises)* livre *m* d'exercices
**exercise price** N *(Stock Exchange)* prix *m* de levée
**exercise yard** N *[of prison]* cour *f* (de prison)

**exerciser** /'eksəsaɪzər/ N (= person) personne f qui fait de l'exercice ; (= machine) exerciseur m

**exercycle** /'eksəsaɪkl/ N vélo m d'appartement

**exert** /ɪg'zɜːt/ SYN VT ① [+ pressure, control, influence, power, authority] exercer ; [+ force] employer
② ◆ **to exert o.s.** (physically) se dépenser ; (= take trouble) se donner du mal, s'appliquer ◆ **to exert o.s. to do sth** s'efforcer de faire qch ◆ **he didn't exert himself unduly** il ne s'est pas donné trop de mal, il ne s'est pas trop fatigué ◆ **don't exert yourself!** (iro) ne vous fatiguez pas !

**exertion** /ɪg'zɜːʃən/ SYN N ① effort m ◆ **by his own exertions** par ses propres moyens ◆ **after the day's exertions** après les fatigues fpl de la journée ◆ **it doesn't require much exertion** cela n'exige pas un grand effort
② (NonC) [of force, strength] emploi m ; [of authority, influence] exercice m ◆ **by the exertion of a little pressure** (lit) en exerçant une légère pression ; (fig) en utilisant la manière douce

**exeunt** /'eksɪʌnt/ VI (Theat) ils sortent ◆ **exeunt Macbeth and Lady Macbeth** Macbeth et Lady Macbeth sortent

**exfoliate** /eks'fəʊlieɪt/
VT (Bio, Geol) exfolier ; (Cosmetics) gommer
VI (Bio, Geol) s'exfolier ; (Cosmetics) se faire un gommage (de la peau)
COMP **exfoliating cream** N crème f exfoliante

**exfoliation** /eks,fəʊli'eɪʃən/ N (Bio, Geol) exfoliation f ; (Cosmetics) gommage m ◆ **frequent exfoliation is good for the skin** un gommage fréquent est bon pour la peau

**ex gratia** /,eks'greɪʃə/ ADJ [payment] à titre gracieux

**exhalation** /,eksh'leɪʃən/ N ① (= act) exhalation f
② (= odour, fumes etc) exhalaison f

**exhale** /eks'heɪl/
VT ① (= breathe out) expirer (Physiol)
② (= give off) [+ smoke, gas, perfume] exhaler
VI expirer ◆ **exhale please** expirez s'il vous plaît ◆ **he exhaled slowly in relief** il a laissé échapper un long soupir de soulagement

**exhaust** /ɪg'zɔːst/ SYN
VT ① (= use up) [+ supplies, energy, mine, subject] épuiser ◆ **to exhaust sb's patience** pousser qn à bout
② (= tire) épuiser, exténuer ◆ **to exhaust o.s. (doing sth)** s'épuiser (à faire qch)
N (= exhaust system) échappement m ; (= pipe) tuyau m or pot m d'échappement ; (= fumes) gaz m d'échappement

**exhausted** /ɪg'zɔːstɪd/ SYN ADJ ① (= tired out) [person] épuisé (from doing sth d'avoir fait qch) ◆ **their horses were exhausted from or with the chase** la poursuite avait épuisé leurs chevaux ◆ **I'm exhausted** je suis épuisé, je n'en peux plus
② (= used up) [supplies, savings, mine] épuisé ◆ **my patience is exhausted** ma patience est à bout ◆ **until funds are exhausted** jusqu'à épuisement des fonds

**exhaustible** /ɪg'zɔːstɪbl/ ADJ [resources] non renouvelable ; [patience] limité, qui a des limites

**exhausting** /ɪg'zɔːstɪŋ/ SYN ADJ épuisant

**exhaustion** /ɪg'zɔːstʃən/ SYN N épuisement m

**exhaustive** /ɪg'zɔːstɪv/ SYN ADJ [list, study, report, analysis, research, investigation] exhaustif ; [coverage] exhaustif, complet (-ète f) ; [search] minutieux ; [tests] approfondi, poussé ◆ **to make an exhaustive study of sth** étudier qch à fond or de manière exhaustive

**exhaustively** /ɪg'zɔːstɪvlɪ/ ADV [research, cover, list, describe] de manière exhaustive ; [study] à fond, de manière exhaustive ◆ **they searched the area exhaustively** ils ont minutieusement fouillé la région

**exhaustiveness** /ɪg'zɔːstɪvnɪs/ N exhaustivité f

**exhibit** /ɪg'zɪbɪt/ SYN
VT ① (= put on display) [+ painting, handicrafts] exposer ; [+ merchandise] exposer, étaler ; [+ animal] montrer
② [+ courage, skill, ingenuity] faire preuve de, déployer ; [+ tendencies] montrer, afficher ; [+ behaviour] afficher ; [+ symptoms] présenter ◆ **some people may exhibit allergic reactions to this substance** certaines personnes développent or présentent des réactions allergiques à cette substance
VI [artist, sculptor] exposer ◆ **dog breeders who exhibit all over the country** des éleveurs de chiens qui participent à des concours dans tout le pays

N ① (= object on display : in exhibition) pièce f exposée (dans un musée etc)
② (Jur) pièce f à conviction ◆ **exhibit A** première pièce f à conviction
③ (US = exhibition) exposition f ◆ **a photography exhibit** une exposition de photographies

**exhibition** /,eksɪ'bɪʃən/ SYN
N ① (= show) [of paintings, furniture etc] exposition f ; [of articles for sale] étalage m ◆ **the Van Gogh exhibition** l'exposition f Van Gogh ◆ **a number of Turner's paintings are on exhibition in the gallery** plusieurs tableaux de Turner sont exposés dans la galerie ◆ **to make an exhibition of o.s.** se donner en spectacle
② (= act of exhibiting) [of technique etc] démonstration f ; [of film] présentation f ◆ **what an exhibition of bad manners!** quel étalage de mauvaises manières !
③ (Brit Univ) bourse f (d'études)
COMP **exhibition centre** N centre m d'expositions
**exhibition hall** N hall m d'exposition
**exhibition match** N (Sport) match-exhibition m

**exhibitioner** /,eksɪ'bɪʃənər/ N (Brit Univ) boursier m, -ière f

**exhibitionism** /,eksɪ'bɪʃənɪzəm/ N exhibitionnisme m

**exhibitionist** /,eksɪ'bɪʃənɪst/ ADJ, N exhibitionniste mf

**exhibitor** /ɪg'zɪbɪtər/ N exposant(e) m(f) (dans une exposition)

**exhilarate** /ɪg'zɪləreɪt/ VT [sea air etc] vivifier ; [music, wine, good company] rendre euphorique ◆ **to be** or **feel exhilarated** être en pleine euphorie

**exhilarating** /ɪg'zɪləreɪtɪŋ/ SYN ADJ [experience, time, feeling, ride] grisant ; [air, breeze] vivifiant ; [activity] exaltant ◆ **it is exhilarating to do that** c'est grisant de faire cela

**exhilaration** /ɪg,zɪlə'reɪʃən/ N ivresse f, euphorie f

**exhort** /ɪg'zɔːt/ SYN VT exhorter (sb to sth qn à qch ; sb to do sth qn à faire qch)

**exhortation** /,egzɔː'teɪʃən/ SYN N exhortation f (to sth à qch ; to do sth à faire qch) ◆ **despite exhortations to investors to buy** bien que l'on ait exhorté les investisseurs à acheter

**exhumation** /,ekshjuː'meɪʃən/
N exhumation f
COMP **exhumation order** N (Jur) autorisation f d'exhumer

**exhume** /eks'hjuːm/ SYN VT exhumer

**ex-husband** /,eks'hʌzbənd/ N ex-mari m

**exigence** /'eksɪdʒəns/, **exigency** /'eksɪdʒənsɪ/ N (frm) (= urgency) urgence f ; (= emergency) circonstance f or situation f critique ; (gen pl = demand) exigence f ◆ **according to the exigencies of the situation** selon les exigences de la situation

**exigent** /'eksɪdʒənt/ ADJ (frm) (= urgent) urgent, pressant ; (= exacting) exigeant

**exiguity** /,egzɪ'gjuːɪtɪ/ N (frm) exiguïté f

**exiguous** /ɪg'zɪgjʊəs/ ADJ (frm) [space] exigu (-güe f) ; [savings, income, revenue] maigre

**exile** /'eksaɪl/ SYN
N ① (= person) exilé(e) m(f)
② (NonC = condition : lit, fig) exil m ◆ **in exile** en exil ◆ **to send into exile** envoyer en exil, exiler ◆ **to go into exile** s'exiler
VT exiler, bannir (from de)

**exiled** /'eksaɪld/ ADJ exilé, en exil

**exist** /ɪg'zɪst/ SYN VI ① (= be in existence : gen, Philos) exister ◆ **everything that exists** tout ce qui existe ◆ **does God exist?** est-ce que Dieu existe ? ◆ **might life exist on Mars?** est-ce qu'il peut y avoir de la vie sur Mars ? ◆ **it only exists in her imagination** cela n'existe que dans son imagination ◆ **the understanding which exists between the two countries** l'entente qui règne or existe entre les deux pays ◆ **the ceasefire now exists in name only** à présent, le cessez-le-feu n'existe plus que sur le papier ◆ **to continue to exist** [situation, conditions, doubt] subsister ; [institution] rester en place ; [person] (after death) continuer à exister ◆ **to cease to exist** cesser d'exister, disparaître ◆ **there exists a large number of people who...** il existe un grand nombre de gens qui… ◆ **there exists a possibility** or **the possibility exists that she is still alive** il se peut qu'elle soit toujours vivante

② (= live) vivre, subsister ◆ **we cannot exist without water** nous ne pouvons pas vivre or subsister sans eau ◆ **we exist on an income of just £90 per week** nous vivons or subsistons avec seulement 90 livres par semaine ◆ **she exists on junk food** elle se nourrit de cochonneries

**existence** /ɪg'zɪstəns/ SYN N ① (NonC) [of God, person, object, institution] existence f ◆ **to be in existence** exister ◆ **to come into existence** voir le jour ◆ **to call into existence** faire naître, créer ◆ **it passed** or **went out of existence ten years ago** cela n'existe plus depuis dix ans ◆ **the only one in existence** le seul or la seule qui existe subj or qui soit
② (= life) existence f, vie f

**existent** /ɪg'zɪstənt/ SYN ADJ (frm) existant

**existential** /,egzɪ'stenʃəl/ ADJ existentiel

**existentialism** /,egzɪ'stenʃəlɪzəm/ N existentialisme m

**existentialist** /,egzɪ'stenʃəlɪst/ ADJ, N existentialiste mf

**existing** /ɪg'zɪstɪŋ/ ADJ [system, arrangements, customers, facilities, product, border] actuel ; [law, order] existant ◆ **under existing circumstances** dans les circonstances actuelles

**exit** /'eksɪt/ SYN
N ① (from stage, competition, motorway) sortie f ◆ **to make one's exit** (Theat) quitter la scène, faire sa sortie ; (gen) sortir, quitter les lieux
② (= way out, door) sortie f ; → **emergency**
③ (voluntary euthanasia society) ◆ **Exit** ≃ Mourir dans la Dignité
VI ① (Theat) ◆ **exit the King** le roi sort
② (= leave) sortir, faire sa sortie
③ (Comput) sortir
VT (Comput) [+ file, program, application] sortir de, quitter
COMP **exit interview** N entretien m de sortie ; (following redundancy) entretien m de licenciement
**exit permit** N permis m de sortie
**exit poll** N (at election) sondage m effectué à la sortie des bureaux de vote
**exit ramp** N (US : on highway) bretelle f d'accès
**exit strategy** N stratégie f de repli
**exit visa** N visa m de sortie

**exitance** /'eksɪtəns/ N (Phys) exitance f

**ex-libris** /eks'liːbrɪs/ N ex-libris m

**ex nihilo** /,eks'nɪhɪləʊ/ ADV ex nihilo

**exobiologist** /,eksəʊbaɪ'ɒlədʒɪst/ N exobiologiste mf

**exobiology** /,eksəʊbaɪ'ɒlədʒɪ/ N exobiologie f

**Exocet** ® /'eksəʊset/ N (Mil) exocet ® m inv

**exocrine** /'eksəʊkraɪn/ ADJ exocrine

**exodus** /'eksədəs/ SYN N exode m ◆ **there was a general exodus** il y a eu un exode massif ◆ **Exodus** (Bible) l'Exode m

**ex officio** /,eksə'fɪʃɪəʊ/ (frm)
ADV [act] ès qualités
ADJ [member] de droit

**exogamic** /,eksəʊ'gæmɪk/, **exogamous** /ek'sɒgəməs/ ADJ exogame

**exogamy** /ek'sɒgəmɪ/ N exogamie f

**exogenous** /ek'sɒdʒɪnəs/ ADJ exogène

**exon** /'eksɒn/ N exon m

**exonerate** /ɪg'zɒnəreɪt/ SYN VT (= prove innocent) disculper (from de), innocenter ; (= release from obligation) dispenser (from de)

**exoneration** /ɪg,zɒnə'reɪʃən/ N disculpation f (from sth de qch)

**exophthalmic** /,eksɒf'θælmɪk/ ADJ exophtalmique

**exophthalmos** /,eksɒf'θælmɒs/, **exophthalmus** /,eksɒf'θælməs/ N exophtalmie f

**exorbitance** /ɪg'zɔːbɪtəns/ N [of demands] outrance f ; [of price] énormité f

**exorbitant** /ɪg'zɔːbɪtənt/ SYN ADJ [price, cost, charge, demands] exorbitant ; [profit] faramineux

**exorbitantly** /ɪg'zɔːbɪtəntlɪ/ ADV [expensive] démesurément ◆ **an exorbitantly high salary** un salaire exorbitant ◆ **exorbitantly priced** d'un prix exorbitant ◆ **to pay sb/charge sb exorbitantly** payer qn/faire payer à qn des sommes exorbitantes

**exorcise** /'eksɔːsaɪz/ SYN VT exorciser (of de)

**exorcism** /'eksɔːsɪzəm/ SYN N exorcisme m

**exorcist** /'eksɔːsɪst/ N exorciste mf

**exordium** /ek'sɔːdɪəm/ N (pl **exordiums** *or* **exordia** /ek'sɔːdɪə/) exorde *m*

**exoskeleton** /ˌeksəʊ'skelɪtən/ N exosquelette *m*

**exosphere** /'eksəʊˌsfɪəʳ/ N exosphère *f*

**exostosis** /ˌeksɒ'stəʊsɪs/ N (pl **exostoses** /ˌeksɒ'stəʊsiːz/) exostose *f*

**exoteric** /ˌeksəʊ'terɪk/ ADJ *[doctrine]* exotérique ; *[opinions]* populaire

**exothermal** /ˌeksəʊ'θɜːməl/ ADJ exothermique

**exothermic** /ˌeksəʊ'θɜːmɪk/ ADJ exothermique

**exotic** /ɪg'zɒtɪk/ SYN

ADJ exotique ◆ **an exotic-sounding name** un nom aux consonances exotiques

N *(= plant)* plante *f* exotique

COMP **exotic shorthair** N *(= cat)* exotique *m* à poil court

**exotica** /ɪg'zɒtɪkə/ NPL objets *mpl* exotiques

**exotically** /ɪg'zɒtɪklɪ/ ADV *[dressed]* d'une manière exotique ◆ **exotically named** au nom exotique

**exoticism** /ɪg'zɒtɪsɪzəm/ N exotisme *m*

**exotoxin** /ˌeksəʊ'tɒksɪn/ N exotoxine *f*

**expand** /ɪk'spænd/ SYN

VT *[+ gas, liquid, metal]* dilater ; *[+ one's business, trade, ideas]* développer ; *[+ production]* accroître, augmenter ; *[+ number]* augmenter ; *[+ study]* élargir ; *[+ influence, empire]* étendre ; *[+ range]* élargir, étendre ; *(Math)* *[+ formula]* développer ◆ **to expand one's knowledge** élargir ses connaissances ◆ **to expand one's experience** élargir son expérience ◆ **exercises to expand one's chest** exercices *mpl* physiques pour développer le torse ◆ **she expanded the story into a novel** elle a développé l'histoire pour en faire un roman ◆ **they have expanded their workforce to 300** ils ont porté le nombre de leurs employés à 300 ◆ **this expanded board membership to 21** cela a porté à 21 le nombre des membres du conseil d'administration

VI 1 *[gas, liquid, metal]* se dilater ; *[business, trade, ideas]* se développer ; *[production]* s'accroître, augmenter ; *[study]* s'élargir ; *[influence, empire]* s'étendre ; *[knowledge]* s'élargir ◆ **the market is expanding** le marché est en expansion ◆ **the market is expanding rapidly** le marché connaît une rapide expansion ◆ **the economy expanded by 3.9% in 1996** l'économie a connu une croissance de 3,9% en 1996 ◆ **they've expanded into the European market** ils ont étendu leur activités au marché européen ◆ **they've expanded into new products** ils ont diversifié leurs produits ◆ **a former radio presenter who has expanded into television** un ancien présentateur de radio qui s'est reconverti dans la télévision ; see also **expanding**

2 ◆ **to expand (up)on** développer

**expanded** /ɪk'spændɪd/ ADJ *(Metal, Tech)* expansé ◆ **expanded metal** métal *m* déployé ◆ **expanded polystyrene** polystyrène *m* expansé

**expander** /ɪk'spændəʳ/ N → **chest**²

**expanding** /ɪk'spændɪŋ/ ADJ *[metal etc]* qui se dilate ; *[bracelet]* extensible ; *[market, industry, profession]* en expansion ◆ **the expanding universe** l'univers *m* en expansion ◆ **the expanding universe theory** la théorie de l'expansion de l'univers ◆ **expanding file** classeur *m* extensible ◆ **a job with expanding opportunities** un emploi qui offre un nombre croissant de débouchés ◆ **a rapidly expanding industry** une industrie en pleine expansion

**expanse** /ɪk'spæns/ SYN N étendue *f*

**expansion** /ɪk'spænʃən/ SYN

N *[of gas]* expansion *f*, dilatation *f* ; *[of business]* expansion *f*, agrandissement *m* ; *[of trade]* développement *m*, expansion *f* ; *[of production]* accroissement *m*, augmentation *f* ; *(territorial, economic, colonial)* expansion *f* ; *[of subject, idea]* développement *m* ; *(Math)* développement *m* ; *(Gram)* expansion *f*

COMP **expansion bottle** N *[of car]* vase *m* d'expansion

**expansion card** N *(Comput)* carte *f* d'extension

**expansion slot** N *(Comput)* emplacement *m* *or* logement *m* pour carte supplémentaire

**expansion tank** N ⇒ **expansion bottle**

**expansionary** /ɪk'spænʃənərɪ/ ADJ expansionniste

**expansionism** /ɪk'spænʃənɪzəm/ N expansionnisme *m*

**expansionist** /ɪk'spænʃənɪst/ ADJ, N expansionniste *mf*

**expansive** /ɪk'spænsɪv/ SYN ADJ 1 *(= affable) [person, mood, gesture]* expansif ; *[smile]* chaleureux

2 *(frm = grand) [area, lawn]* étendu ; *[room]* spacieux ; *[view]* étendu, bien dégagé

3 *(= expanding) [economy, business]* en expansion ; *[phase]* d'expansion ◆ **to have expansive ambitions** avoir des ambitions conquérantes

4 *(Phys) (= causing expansion)* expansif ; *(= capable of expanding)* expansible, dilatable

**expansively** /ɪk'spænsɪvlɪ/ ADV 1 *(= affably) [say, smile]* chaleureusement, avec chaleur ◆ **to gesture expansively** faire de grands gestes

2 *(= in detail)* ◆ **he wrote expansively to his son** il a écrit de longues lettres à son fils ◆ **he talked expansively of his travels** il a longuement raconté ses voyages

**expansiveness** /ɪk'spænsɪvnɪs/ N *[of person]* expansivité *f* ; *[of welcome, smile]* chaleur *f*

**ex parte** /eks'pɑːtɪ/ ADJ *(Jur)* par une partie

**expat*** /eks'pæt/ N (abbrev of **expatriate**) expatrié(e) *m(f)* ◆ **the expat community** la communauté des expatriés

**expatiate** /ɪk'speɪʃɪeɪt/ SYN VI discourir, disserter *(upon* sur*)*

**expatriate** /eks'pætrɪət/ SYN

N expatrié(e) *m(f)* ◆ **British expatriates** ressortissants *mpl* britanniques établis à l'étranger

ADJ *[person]* expatrié ; *[family, community]* d'expatriés

VT /eks'pætrɪeɪt/ expatrier

**expect** /ɪk'spekt/ SYN

VT → **expected** 1 *(= anticipate)* s'attendre à ; *(= predict)* prévoir ; *(with confidence)* escompter ; *(= count on)* compter sur ; *(= hope for)* espérer ◆ **I expected that, I expected as much** je m'y attendais ◆ **he failed, as we had expected** il a échoué, comme nous l'avions prévu ◆ **this suitcase is not as heavy as I expected** cette valise n'est pas aussi lourde que je le croyais, je m'attendais à ce que cette valise soit plus lourde ◆ **I did not expect that from him** je ne m'attendais pas à cela de lui ◆ **we were expecting rain** nous nous attendions à de la pluie ◆ **he did not have the success he expected** il n'a pas eu le succès qu'il escomptait ◆ **to expect that...** s'attendre à ce que... + *subj* ◆ **I expect that he'll come** je pense qu'il viendra ◆ **to expect to do sth** penser *or* compter faire qch ◆ **I expect him to come** je m'attends à ce qu'il vienne ◆ **we were expecting war** on attendait la guerre ◆ **I know what to expect** je sais à quoi m'attendre *or* m'en tenir ◆ **well what do** *or* **did you expect?** il fallait t'y attendre !, ce n'est pas surprenant ! ◆ **to expect the worst** s'attendre au pire ◆ **as expected** comme on s'y attendait, comme prévu ◆ **as might have been expected, as was to be expected** comme on pouvait *or* comme il fallait s'y attendre ◆ **that was to be expected** c'était à prévoir, il fallait s'y attendre ◆ **it is expected that...** on s'attend à ce que... + *subj* ◆ **it is hardly to be expected that...** il ne faut pas *or* guère s'attendre à ce que... + *subj*

◆ **to be expected to do sth** ◆ **she is expected to make an announcement this afternoon** elle doit faire une déclaration cet après-midi ◆ **inflation is expected to rise this year** on s'attend à ce que l'inflation augmente *subj* cette année ◆ **what am I expected to do about it?** qu'est-ce que je suis censé faire ? ◆ **the talks are expected to last two or three days** les négociations devraient durer *or* on s'attend à ce que les négociations durent *subj* deux ou trois jours

2 *(= suppose)* ◆ **I expect so** je crois que oui, je crois* ◆ **we're not going to win – I expect not** nous n'allons pas gagner – je crois bien que non ◆ **this work is very tiring – yes, I expect it is** ce travail est très fatigant – oui, je m'en doute *or* je veux bien le croire ◆ **I expect he'll soon have finished** je pense *or* suppose qu'il aura bientôt fini ◆ **I expect you're tired** vous devez être fatigué, je suppose que vous êtes fatigué

3 *(= demand)* attendre *(sth from sb* qch de qn*)*, demander *(sth from sb* qch à qn*)* ; *(stronger)* exiger *(sth from sb* qch de qn*)* ◆ **you can't expect too much from him** il ne faut pas trop lui en demander ◆ **the company expects employees to be punctual** l'entreprise attend de ses employés qu'ils soient ponctuels ◆ **what do you expect of me?** qu'attendez-vous *or* qu'exigez-vous de moi ? ◆ **to expect sb to do sth** vouloir que qn fasse qch ; *(stronger)* exiger *or* demander que qn fasse qch ◆ **I expect you to tidy your own room** tu devras ranger ta chambre toi-même ◆ **what do you expect me to do about it?** que voulez-vous que j'y fasse ? ◆ **you can't expect them to take it/him seriously** comment voulez-vous qu'ils prennent cela/qu'ils le prennent au sérieux ? ◆ **are we expected to leave now?** est-ce que nous sommes censés *or* est-ce qu'on doit partir tout de suite ?

4 *(= await) [+ person, thing, action, letter, phone call]* attendre ◆ **I am expecting her tomorrow/this evening/at 7pm** elle doit venir demain/ce soir/à 19 heures ◆ **we are expecting it this week** *[+ stock, delivery]* nous devons le recevoir cette semaine ◆ **I am expecting them for dinner** ils doivent venir dîner ◆ **expect me when you see me!*** vous (me) verrez bien quand je serai là !*, ne m'attendez pas ! ◆ **we'll expect you when we see you*** on ne t'attend pas à une heure précise

5 ◆ **to be expecting a baby** attendre un enfant

VI ◆ **she is expecting*** elle attend un enfant

**expectancy** /ɪk'spektənsɪ/ SYN N attente *f* ; *(= hopefulness)* espoir *m* ◆ **an air of expectancy** une atmosphère d'impatience contenue ◆ **a look of expectancy** un regard plein d'espoir ◆ **awaited with eager expectancy** attendu avec une vive impatience ; → **life**

**expectant** /ɪks'pektənt/ SYN ADJ 1 *(= future) [mother, father]* futur *before n*

2 *(= excited) [person, crowd]* impatient ; *[silence, hush, face, eyes, smile]* plein d'attente ◆ **with an expectant look on one's face** le visage plein d'attente ◆ **an expectant atmosphere** une atmosphère d'impatience contenue

**expectantly** /ɪk'spektəntlɪ/ ADV *[look at, smile]* avec l'air d'attendre quelque chose ◆ **to wait expectantly** attendre avec impatience

**expectation** /ˌekspek'teɪʃən/ SYN N *(= sth expected)* attente *f*, espérance *f* ◆ **contrary to all expectation(s)** contre toute attente ◆ **to come up to sb's expectations** répondre à l'attente *or* aux espérances de qn ◆ **beyond expectation** au-delà de mes *(or* de nos *etc)* espérances ◆ **his (financial) expectations are good** ses perspectives financières sont bonnes ◆ **his promise has raised expectations that a settlement may be near** sa promesse a laissé espérer qu'une solution était proche ◆ **I shouldn't have raised my expectations so high** je n'aurais pas dû avoir de si grandes espérances ◆ **there is every expectation of/no expectation of a cold winter** il y a toutes les chances/peu de chances que l'hiver soit rude ◆ **there is little expectation that the negotiations will succeed** on ne s'attend guère à ce que les négociations aboutissent

◆ **in + expectation** ◆ **in expectation of...** en prévision de... ◆ **to live in expectation** vivre dans l'expectative ◆ **I waited in the expectation that she would come** j'ai attendu dans l'espoir qu'elle viendrait ◆ **happiness in expectation** du bonheur en perspective

**expected** /ɪk'spektɪd/

ADJ *[phone call, letter, news]* qu'on attendait ; *[change, growth]* attendu ; *[arrival]* prévu ; *[profit, loss]* escompté ◆ **the expected letter never came** la lettre qu'on attendait n'est jamais arrivée ◆ **their expected time of arrival is 6 o'clock** on les attend à 6 heures, ils doivent arriver à 6 heures ◆ **what is their expected time/date of arrival?** à quelle heure/quand doivent-ils arriver ? ◆ **six weeks was the expected time it would take to resolve such an inquiry** six semaines était le temps qu'il fallait escompter pour répondre à une demande de ce genre ◆ **she had been born before the expected time** elle était née avant terme ◆ **less than half the expected number turned out to the demonstration** les manifestants étaient moitié moins nombreux que prévu ◆ **next year's expected $1.8 billion deficit** le déficit escompté de 1,8 milliard de dollars pour l'année prochaine

COMP **expected frequency** N *(Math)* fréquence *f* estimée

**expected value** N *(Math)* valeur *f* escomptée

**expectorant** /ɪk'spektərənt/ N, ADJ expectorant *m*

**expectorate** /ɪk'spektəreɪt/ VTI expectorer

**expectoration** /ɪkˌspektə'reɪʃən/ N *(Med)* expectoration *f*

**expedience** /ɪk'spiːdɪəns/, **expediency** /ɪk'spiːdɪənsɪ/ N *(= convenience)* opportunité *f* ; *(= self-interest)* opportunisme *m* ; *(= advisability) [of project, course of action]* opportunité *f*

**expedient** /ɪk'spiːdɪənt/ SYN

ADJ 1 *(= suitable, convenient)* indiqué, opportun

2 *(= politic)* politique, opportun ◆ **this solution is more expedient than just** cette solution est plus politique que juste ◆ **it would be expedi-**

**ent to change the rule** il serait opportun de changer le règlement

N expédient *m*

**expedite** /ˈekspɪdaɪt/ SYN VT *[+ preparations, process]* accélérer ; *[+ work, operations, legal or official matters]* activer, hâter ; *[+ business, task]* expédier ; *[+ deal]* s'efforcer de conclure ; *( † or frm = dispatch)* expédier

**expedition** /ˌekspɪˈdɪʃən/ SYN N 1 *(= journey)* expédition *f* ; *(= shorter trip)* tour *m* ; *(= group of people)* (membres *mpl* d'une) expédition *f* ◆ **a fishing expedition** une partie de pêche

2 *(NonC: † or frm = speed)* promptitude *f*

**expeditionary** /ˌekspɪˈdɪʃənrɪ/ ADJ expéditionnaire ◆ **expeditionary force** *(Mil)* corps *m* expéditionnaire

**expeditious** /ˌekspɪˈdɪʃəs/ ADJ *(frm)* expéditif

**expeditiously** /ˌekspɪˈdɪʃəslɪ/ ADV *(frm)* promptement *(liter)* ◆ **as expeditiously as possible** aussi rapidement que possible

**expel** /ɪkˈspel/ SYN VT *(from country, meeting)* expulser ; *(from society, party)* exclure ; *(from school)* renvoyer ; *[+ the enemy]* chasser ; *[+ gas, liquid]* évacuer, expulser ; *(from the body)* évacuer ; *[+ foetus]* expulser

**expend** /ɪkˈspend/ SYN VT 1 *(= spend) [+ time, energy]* consacrer *(on sth* à qch ; *on doing sth* à faire qch) ; *[+ money]* dépenser *(on sth* pour qch ; *on doing sth* pour faire qch)

2 *(= use up) [+ ammunition, resources]* épuiser

**expendability** /ɪkˌspendəˈbɪlɪtɪ/ N ◆ **its expendability** le peu de valeur qu'on y attache

**expendable** /ɪkˈspendəbl/ SYN

ADJ *(= not indispensable) [person, luxury, troops, aircraft]* dont on peut se passer ; *(= disposable) [rocket, launcher]* non récupérable ◆ **expendable stores** *(Mil)* matériel *m* de consommation

N consommable *m*

**expenditure** /ɪkˈspendɪtʃəʳ/ SYN N *(NonC)*

1 *(= money spent)* dépense(s) *f(pl)* ; *(Accounting = outgoings)* sortie *f* ◆ **public expenditure** dépenses *fpl* publiques ◆ **to limit one's expenditure** limiter ses dépenses ◆ **a project which involves heavy expenditure** un projet qui entraîne de grosses dépenses ◆ **income and expenditure** recettes *fpl* et dépenses *fpl*

2 *(= spending) [of money, time, energy]* dépense *f* ; *[of resources]* utilisation *f* ◆ **the expenditure of public funds on this project** l'utilisation *f* des fonds publics pour ce projet

3 *(= using up) [of ammunition, resources]* épuisement *m*

**expense** /ɪkˈspens/ SYN

N 1 *(NonC)* dépense *f*, frais *mpl* ; *(Accounting: on account statement)* charge *f*, frais *mpl* ◆ **regardless of expense** même si ça revient cher ◆ **that will involve him in some expense** cela lui occasionnera des frais ◆ **at my expense** à mes frais ◆ **at public expense** aux frais de l'État ◆ **at little expense** à peu de frais ◆ **at great expense** à grands frais ◆ **to go to the expense of buying a car** aller jusqu'à acheter une voiture ◆ **to put sb to expense** faire faire *or* causer des dépenses à qn ◆ **to put sb to great expense** occasionner de grosses dépenses à qn ◆ **to go to great expense on sb's account** engager de grosses dépenses pour qn ◆ **to go to great expense (to repair the house)** faire beaucoup de frais (pour réparer la maison) ◆ **don't go to any expense over our visit** ne faites pas de frais pour notre visite ◆ **to live at other people's expense** vivre aux frais *or* à la charge des autres ; → **spare**

2 *(fig)* ◆ **at the expense of** *[+ person, one's health, happiness, peace of mind]* au détriment de ◆ **to have a good laugh at sb's expense** bien rire aux dépens de qn ◆ **to get rich at other people's expense** s'enrichir aux dépens d'autrui *or* au détriment des autres

NPL **expenses** frais *mpl*, dépenses *fpl* ◆ **he gets all his expenses paid** il se fait rembourser tous ses frais *or* toutes ses dépenses ◆ **your expenses will be entirely covered** vous serez défrayé entièrement *or* en totalité ◆ **after all expenses have been paid** tous frais payés

COMP **expense account** N *(Comm)* frais *mpl* de représentation ◆ **this will go on his expense account** cela passera aux frais de représentation *or* sur sa note de frais ◆ **expense account lunch** déjeuner *m* qui passe aux frais de représentation *or* sur la note de frais

**expenses sheet** N note *f* de frais

**expensive** /ɪkˈspensɪv/ SYN ADJ *[goods, shop, restaurant, country, city]* cher ; *[journey]* qui coûte cher, onéreux ; *[hobby, holiday, undertaking]* coûteux ; *[mistake]* qui coûte cher ◆ **to be expensive** coûter cher, valoir cher ◆ **to come expensive*** revenir cher ◆ **to have expensive tastes** avoir des goûts de luxe ◆ **it is very expensive to live in London** c'est très cher *or* ça revient très cher de vivre à Londres ◆ **bringing up children is an expensive business** c'est cher *or* ça revient cher d'élever des enfants

**expensively** /ɪkˈspensɪvlɪ/ ADV *[buy, sell]* très cher ; *[equipped, furnished, educated]* à grands frais ; *[dressed]* de façon coûteuse ◆ **to live expensively** mener grand train

**expensiveness** /ɪkˈspensɪvnɪs/ N cherté *f*

**experience** /ɪkˈspɪərɪəns/ LANGUAGE IN USE 19.2 SYN

N 1 *(NonC = knowledge, wisdom)* expérience *f* ◆ **experience of life/of men** expérience *f* du monde/des hommes ◆ **experience shows that...** l'expérience montre que... ◆ **in my experience** d'après mon expérience ◆ **I know by experience** je sais par expérience ◆ **from my own** *or* **personal experience** d'après mon expérience personnelle ◆ **I know from bitter experience that...** j'ai appris à mes dépens que... ◆ **he has no experience of real grief** il n'a jamais éprouvé *or* ressenti un vrai chagrin ◆ **he has no experience of living in the country** il ne sait pas ce que c'est que de vivre à la campagne

2 *(NonC = practice, skill)* pratique *f*, expérience *f* ◆ **practical experience** pratique *f* ◆ **business experience** expérience *f* des affaires ◆ **he has a lot of teaching experience** il a une longue pratique *or* expérience de l'enseignement ◆ **he has considerable experience in selecting...** il possède une expérience considérable dans la sélection de... ◆ **he has considerable driving experience** c'est un conducteur très expérimenté ◆ **he lacks experience** il manque d'expérience *or* de pratique ◆ **have you any previous experience (in this kind of work)?** avez-vous déjà fait ce genre de travail ? ◆ **I've (had) no experience of driving this type of car** je n'ai jamais conduit une voiture de ce type ◆ **experience preferred (but not essential)** *(in job advert)* expérience souhaitable (mais non indispensable *or* essentielle)

3 *(= event experienced)* expérience *f*, aventure *f* ◆ **I had a pleasant/frightening experience** il m'est arrivé une aventure agréable/effrayante ◆ **she's had** *or* **gone through some terrible experiences** elle a subi de rudes épreuves ◆ **it was a new experience for me** c'était une nouveauté *or* une expérience nouvelle pour moi ◆ **we had many unforgettable experiences there** nous y avons vécu *or* passé bien des moments inoubliables ◆ **she swam in the nude and it was an agreeable experience** elle a nagé toute nue et a trouvé l'expérience agréable ◆ **it wasn't an experience I would care to repeat** ça n'est pas une aventure que je tiens à recommencer ◆ **unfortunate experience** mésaventure *f*

VT 1 *(= undergo) [+ misfortune, hardship]* connaître ; *[+ setbacks, losses]* essuyer ; *[+ privations]* souffrir de ; *[+ conditions]* être confronté à ; *[+ ill treatment]* subir ; *[+ difficulties]* rencontrer ◆ **he doesn't know what it is like to be poor for he has never experienced it** il ne sait pas ce que c'est que d'être pauvre car il n'en a jamais fait l'expérienceor cela ne lui est jamais arrivé ◆ **he experiences some difficulty in speaking** il a du mal *or* il éprouve de la difficulté à parler

2 *(= feel) [+ sensation, terror, remorse]* éprouver ; *[+ emotion, joy, elation]* ressentir

**experienced** /ɪkˈspɪərɪənst/ SYN ADJ *[person]* expérimenté ◆ **we need someone more experienced** il nous faut quelqu'un qui ait plus d'expérience *or* quelqu'un de plus expérimenté ◆ **she is not experienced enough** elle n'a pas assez d'expérience ◆ **"experienced driver required"** « on recherche chauffeur : expérience exigée » ◆ **with an experienced eye** d'un œil exercé ◆ **to the experienced eye/ear** pour un œil exercé/une oreille exercée ◆ **to be sexually experienced** être expérimenté (sexuellement) ◆ **to be experienced in sth** être expérimenté en *or* dans qch, être rompu à qch ◆ **to be experienced in the trade** avoir du métier ◆ **to be experienced in doing sth** avoir l'habitude de faire qch

**experiential** /ɪkˌspɪərɪˈenʃəl/ ADJ *(frm, Philos)* qui résulte de l'expérience, dont on a fait l'expérience ◆ **experiential learning** apprentissage expérientiel

**experiment** /ɪkˈsperɪmənt/ SYN

N *(Chem, Phys)* expérience *f* ; *(fig)* expérience *f*, essai *m* ◆ **to carry out an experiment** faire une expérience ◆ **by way of experiment, as an experiment** à titre d'essai *or* d'expérience

VI /ɪkˈsperɪˌment/ *(Chem, Phys)* faire une expérience, expérimenter ; *(fig)* faire une *or* des expérience(s) ◆ **to experiment with a new vaccine** expérimenter un nouveau vaccin ◆ **to experiment on guinea pigs** faire des expériences sur des cobayes ◆ **they are experimenting with communal living** ils font l'expérience de la vie communautaire

**experimental** /ɪkˌsperɪˈmentl/ SYN ADJ *[technique, method, evidence, research, novel]* expérimental ◆ **experimental scientist/psychologist/physicist** expert *m* en sciences expérimentales/psychologie expérimentale/physique expérimentale ◆ **to be at** *or* **in the experimental stage** en être au stade expérimental ◆ **he gave an experimental tug at the door handle** il a tiré un peu sur la porte pour voir

**experimentally** /ɪkˌsperɪˈmentəlɪ/ ADV 1 *(= scientifically) [study, test]* expérimentalement

2 *(= to see what happens) [try out, introduce]* pour voir, à titre expérimental ◆ **he lifted the cases experimentally to see how heavy they were** il a soupesé les valises pour voir si elles étaient lourdes

**experimentation** /ɪkˌsperɪmenˈteɪʃən/ N expérimentation *f*

**experimenter** /ɪkˈsperɪmentəʳ/ N expérimentateur *m*, -trice *f*

**expert** /ˈekspɜːt/ SYN

N spécialiste *mf (in, on, at* en), connaisseur *m (in, on* en) ; *(= officially qualified)* expert *m* ◆ **he is an expert on wines** *or* **a wine expert** c'est un grand *or* fin connaisseur en vins ◆ **he is an expert on the subject** c'est un expert en la matière ◆ **expert at pigeon shooting** spécialiste *mf* du tir aux pigeons ◆ **19th century expert** spécialiste *mf* du 19ᵉ siècle ◆ **he's an expert at repairing watches** il est expert à réparer les montres ◆ **he's an expert at that sort of negotiation** il est spécialiste de ce genre de négociations ◆ **with the eye of an expert** *[examine]* d'un œil *or* regard connaisseur ; *[judge]* en connaisseur, en expert ◆ **expert's report** *or* **valuation** expertise *f*

ADJ *[carpenter, acrobat, hands, approach]* expert *(at or in sth* en qch ; *at or in doing sth* à faire qch) ; *[advice, opinion, help, attention, knowledge, evidence]* d'un expert ; *[treatment]* spécialisé ◆ **to be expert at** *or* **in sth/in** *or* **at doing sth** être expert en qch/à faire qch ◆ **he ran an expert eye over the photographs** il a regardé les photographies d'un œil expert ◆ **not noticeable except to the expert eye** que seul un œil expert peut remarquer ◆ **with an expert touch** avec une habileté d'expert *or* l'habileté d'un expert ◆ **he is expert in this field** il est expert en la matière

COMP **expert appraisal** N expertise *f*

**expert system** N *(Comput)* système *m* expert

**expert valuation** N ⇒ **expert appraisal**

**expert witness** N témoin *m* expert

**expertise** /ˌekspəˈtiːz/ SYN N *(= knowledge)* expertise *f* ; *(= competence)* compétence *f (in* en) ◆ **he has considerable expertise in interviewing candidates** il est très compétent pour faire passer des entretiens

**expertly** /ˈekspɜːtlɪ/ ADV de façon experte

**expertness** /ˈekspɜːtnɪs/ SYN N ⇒ **expertise**

**expiate** /ˈekspɪeɪt/ VT expier

**expiation** /ˌekspɪˈeɪʃən/ N expiation *f* ◆ **in expiation of...** en expiation de...

**expiatory** /ˈekspɪətərɪ/ ADJ expiatoire

**expiration** /ˌekspaɪəˈreɪʃən/ N 1 ⇒ **expiry**

2 *(= breathing out)* expiration *f*

3 *( †† = death)* trépas *m (liter)*, décès *m*

**expire** /ɪkˈspaɪəʳ/ SYN VI 1 *[lease, passport, licence, insurance, contract]* expirer ; *[period, time limit]* arriver à terme

2 *(liter = die)* expirer, rendre l'âme *or* le dernier soupir

3 *(= breathe out)* expirer

**expiry** /ɪkˈspaɪərɪ/ N *[of time limit, period, term of office]* expiration *f*, fin *f* ; *[of passport, lease]* expiration *f* ◆ **date of expiry, expiry date** *(gen)* date *f* d'expiration ; *(on label)* à utiliser avant... ◆ **date of expiry of the lease** expiration *f or* terme *m* du bail

**explain** /ɪkˈspleɪn/ LANGUAGE IN USE 18.4, 26.3 SYN VT
1 (= *make clear*) [*+ how sth works, rule, meaning of a word, situation, motives, thoughts*] expliquer ; [*+ mystery*] élucider, éclaircir ; [*+ reasons, points of view*] exposer ◆ **explain what you want to do** expliquez ce que vous voulez faire ◆ **"it's raining" she explained** « il pleut » expliqua-t-elle ◆ **that is easy to explain, that is easily explained** cela s'explique facilement ◆ **this may seem confused, I will explain myself** ceci peut paraître confus, je m'explique donc ◆ **I can explain** je peux (m')expliquer ◆ **let me explain** je m'explique ◆ **to explain why/how** *etc* expliquer pourquoi/comment *etc* ◆ **he explained to us why he had been absent** il nous a expliqué pourquoi il avait été absent ◆ **to explain to sb how to do sth** expliquer à qn comment (il faut) faire qch
2 (= *account for*) [*+ phenomenon*] expliquer ; [*+ behaviour*] expliquer, justifier ◆ **the bad weather explains why he is absent** le mauvais temps explique son absence *or* qu'il soit absent ◆ **come now, explain yourself!** allez, expliquez-vous !
▸ **explain away** VT SEP justifier, trouver une explication convaincante à

**explainable** /ɪkˈspleɪnəbl/ ADJ explicable ◆ **that is easily explainable** cela s'explique facilement

**explanation** /ˌekspləˈneɪʃən/ SYN N 1 (= *act, statement*) explication *f*, éclaircissement *m* ◆ **a long explanation of what he meant by democracy** une longue explication de ce qu'il entendait par la démocratie ◆ **an explanation of how to do sth** une explication sur la manière de faire qch ◆ **these instructions need some explanation** ces instructions demandent quelques éclaircissements
2 (= *cause, motive*) explication *f* ◆ **to find an explanation for sth** trouver l'explication de qch
3 (*NonC* = *justification*) explication *f*, justification *f* ◆ **has he something to say in explanation of his conduct?** est-ce qu'il peut fournir une explication à sa conduite ? ◆ **what do you have to say in explanation?** comment expliquez-vous la chose ?

**explanatory** /ɪkˈsplænətərɪ/ SYN ADJ explicatif

**explant** /eksˈplɑːnt/ N explant *m*

**expletive** /ɪkˈspliːtɪv/
N (= *exclamation*) exclamation *f*, interjection *f* ; (= *oath*) juron *m* ; (*Gram*) explétif *m*
ADJ (*Gram*) explétif

**explicable** /ɪkˈsplɪkəbl/ ADJ explicable

**explicably** /ɪkˈsplɪkəblɪ/ ADV d'une manière explicable

**explicate** /ˈeksplɪˌkeɪt/ VT (*frm*) expliciter

**explicit** /ɪkˈsplɪsɪt/ SYN ADJ explicite (*about sth* à propos de qch ; *in sth* dans qch) ◆ **to be explicit in doing sth** faire qch de façon explicite ◆ **he was explicit on this point** il a été explicite sur ce point ◆ **in explicit detail** avec des détails explicites ◆ **sexually explicit** sexuellement explicite

**explicitly** /ɪkˈsplɪsɪtlɪ/ ADV explicitement

**explode** /ɪkˈspləʊd/ SYN
VI [*bomb, boiler, plane*] exploser, éclater ; [*gas*] exploser, détoner ; [*building, ship, ammunition*] exploser, sauter ; [*joy, anger*] éclater ; [*person*] (* : *from rage, impatience*) exploser ◆ **to explode with laughter** éclater de rire
VT [*+ bomb*] faire exploser ; (*fig*) [*+ theory, argument*] faire voler en éclats ; [*+ rumour*] couper court à ◆ **to explode the myth that...** démolir le mythe selon lequel...
COMP **exploded drawing , exploded view** N éclaté *m*

**exploit** /ˈeksplɔɪt/ SYN
N (*heroic*) exploit *m*, haut fait *m* ; (= *feat*) prouesse *f* ◆ **exploits** (= *adventures*) aventures *fpl*
VT /ɪkˈsplɔɪt/ 1 (= *use unfairly*) [*+ workers, sb's credulity*] exploiter
2 (= *make use of*) [*+ minerals, land, talent*] exploiter ; [*+ situation*] profiter de, tirer parti de

**exploitable** /ɪkˈsplɔɪtəbl/ ADJ exploitable

**exploitation** /ˌeksplɔɪˈteɪʃən/ N exploitation *f*

**exploitative** /ɪkˈsplɔɪtətɪv/ ADJ exploiteur (-trice *f*)

**exploration** /ˌekspləˈreɪʃən/ SYN N (*Med, lit, fig*) exploration *f* ◆ **voyage of exploration** voyage *m* d'exploration *or* de découverte ◆ **preliminary exploration** [*of ground, site*] reconnaissance *f*

**exploratory** /ɪkˈsplɒrətərɪ/ SYN ADJ (= *investigative*) [*expedition, digging, drilling*] d'exploration ; (= *preliminary*) [*talks*] exploratoire ; [*meeting, trip, approach, stage*] préliminaire ◆ **the exploratory nature of the discussions** la nature préliminaire des discussions ◆ **exploratory study** (*Jur*) étude *f* prospective ◆ **to have exploratory surgery** *or* **an exploratory operation** (*Med*) subir une exploration

**explore** /ɪkˈsplɔːʳ/ SYN VT [*+ territory, house, question, matter*] explorer ; (*Med*) sonder ; (*fig*) [*+ issue, proposal*] étudier sous tous ses aspects ◆ **to go exploring** partir en exploration *or* à la découverte ◆ **to explore every corner of a house/garden** explorer chaque recoin d'une maison/d'un jardin ◆ **to explore the ground** (*lit, fig*) tâter *or* sonder le terrain ◆ **to explore every avenue** examiner toutes les possibilités ◆ **to explore the possibilities** étudier les possibilités ◆ **to explore an agreement** examiner les modalités d'un éventuel accord

**explorer** /ɪkˈsplɔːrəʳ/ N 1 (= *person*) explorateur *m*, -trice *f*
2 (*US* = *dental probe*) sonde *f*

**explosion** /ɪkˈspləʊʒən/ SYN N 1 [*of bomb, boiler, plane*] explosion *f* ◆ **nuclear explosion** explosion *f* nucléaire ◆ **to carry out a nuclear explosion** effectuer un essai nucléaire
2 [*of anger, laughter, joy*] explosion *f* ; [*of violence*] flambée *f* ◆ **an explosion of colour/light** une soudaine débauche de couleurs/de lumière ◆ **an explosion in demand for sth** une explosion de la demande en qch ◆ **an explosion of interest in sth** une explosion d'intérêt pour qch ◆ **price explosion** flambée *f* des prix ; → **population**

**explosive** /ɪkˈspləʊsɪv/ SYN
ADJ 1 (*lit, fig*) [*device, charge, power, applause, growth, situation, issue, person, temper*] explosif ; [*gas, matter*] explosible ; [*mixture*] (*lit*) détonant, explosif ; (*fig*) détonant
2 (*Phon*) ⇒ **plosive**
N (*gen, Chem*) explosif *m* ; → **high**

**explosively** /ɪkˈspləʊsɪvlɪ/ ADV 1 (= *with bang*) [*react, erupt*] en explosant
2 (= *angrily*) ◆ **"are you mad?" he asked explosively** « tu es fou, ou quoi ? » demanda-t-il furieux *or* aboya-t-il

**explosiveness** /ɪkˈspləʊsɪvnɪs/ N explosibilité *f* ◆ **the explosiveness of the situation** le caractère explosif de la situation

**expo** /ˈekspəʊ/ N (abbrev of **exposition 2**) expo *f*

**exponent** /ɪkˈspəʊnənt/ SYN N [*of cause*] champion(ne) *m(f)* ; [*of theory*] défenseur *m*, partisan *m* ; (*Math, Gram*) exposant *m* ◆ **the principal exponent of this movement/this school of thought** le chef de file *or* le principal représentant de ce mouvement/de cette école de pensée ◆ **he's a great exponent of this new approach** c'est un chaud partisan de cette nouvelle approche ◆ **a leading exponent of the test-tube baby technique** l'un des principaux adeptes de la technique de la fécondation in vitro

**exponential** /ˌekspəʊˈnenʃəl/ ADJ exponentiel ◆ **exponential distribution** (*Stat*) distribution *f* exponentielle

**exponentially** /ˌekspəʊˈnenʃəlɪ/ ADV de manière exponentielle

**export** /ɪkˈspɔːt/
VT 1 [*+ product*] exporter (*to* vers) ◆ **countries which export coal** pays *mpl* exportateurs de charbon
2 (*Comput*) [*+ document*] exporter
VI exporter (*to* vers)
N /ˈekspɔːt/ 1 (*NonC*) exportation *f* ◆ **for export only** réservé à l'exportation
2 (= *object, commodity*) (article *m* d')exportation *f* ◆ **invisible exports** exportations *fpl* invisibles ◆ **ban on exports, export ban** interdiction *f* des exportations
3 (= *beer*) bière forte
COMP /ˈekspɔːt/ [*goods, permit*] d'exportation ; [*director*] du service export, des exportations
**export agent** N commissionnaire exportateur *m*, -trice *f*
**export credit** N crédit *m* à l'exportation
**Export Credit Guarantee Department** N service *m* de garantie financière à l'exportation, ≃ Compagnie *f* française d'assurance pour le commerce extérieur
**export department** N service *m* d'exportation *or* (des) exportations
**export drive** N campagne *f* pour (encourager) l'exportation
**export duty** N droit *m* de sortie
**export earnings** NPL recettes *fpl* d'exportation
**export house** N société *f* d'exportation
**export invoice** N facture *f* à l'exportation
**export licence** N licence *f* d'exportation
**export manager** N directeur *m*, -trice *f* du service des exportations
**export-orientated, export-oriented** ADJ à vocation exportatrice
**export reject** N article *m* impropre à l'exportation
**export trade** N commerce *m* d'exportation, export *m*

**exportable** /ɪkˈspɔːtəbl/ ADJ exportable

**exportation** /ˌekspɔːˈteɪʃən/ N (*NonC*) exportation *f*, sortie *f*

**exporter** /ɪkˈspɔːtəʳ/ N (= *person*) exportateur *m*, -trice *f* ; (= *country*) pays *m* exportateur

**expose** /ɪkˈspəʊz/ SYN VT 1 (= *uncover, leave unprotected*) découvrir, exposer ; [*+ wire, nerve, body part*] mettre à nu, dénuder ◆ **to expose to radiation/rain/sunlight** exposer à des radiations/à la pluie/au soleil ◆ **to expose to danger** mettre en danger ◆ **to expose o.s. to criticism/ridicule** s'exposer à la critique/au ridicule ◆ **a dress which leaves the back exposed** une robe qui découvre *or* dénude le dos ◆ **to be exposed to view** s'offrir à la vue ◆ **apples turn brown when exposed to air** les pommes brunissent au contact de l'air ◆ **digging has exposed the remains of a temple** les fouilles ont mis au jour les restes d'un temple ◆ **exposed parts** [*of machinery*] parties *fpl* apparentes ◆ **to expose a child (to die)** (*Hist*) exposer un enfant ◆ **he exposed himself to the risk of losing his job** il s'est exposé à perdre sa place, il a risqué de perdre sa place ◆ **to expose o.s.** (*Jur:indecently*) commettre un outrage à la pudeur
2 (= *display*) [*+ goods*] étaler, exposer ; [*+ pictures*] exposer ; [*+ one's ignorance*] afficher, étaler
3 (= *unmask, reveal*) [*+ vice*] mettre à nu ; [*+ scandal, plot, lie*] révéler, dévoiler ; [*+ secret*] éventer ; (= *denounce*) [*+ person*] démasquer, dénoncer (*as* comme étant) ◆ **the affair exposed him as a fraud** cette affaire a montré que c'était un imposteur
4 (*Phot*) exposer

**exposé** /eksˈpəʊzeɪ/ N révélation *f*

**exposed** /ɪkˈspəʊzd/ SYN ADJ 1 (= *unprotected*) [*troops, flank*] à découvert, exposé ; [*location, hillside, garden*] exposé ; [*ground*] découvert ; (*Climbing*) [*passage, section*] aérien ; (= *uncovered*) [*brickwork, plaster, wire, skin, nerve*] à nu ; [*body part*] dénudé ; [*machine part*] apparent ◆ **the house is in a very exposed position** la maison est très exposée ◆ **an exposed position** (*Mil*) un (lieu) découvert ◆ **exposed to the wind** exposé au vent
2 (= *vulnerable*) [*person*] exposé aux regards ◆ **to feel exposed** [*person*] se sentir exposé ◆ **his position is very exposed** sa position l'expose aux regards
3 (*Phot*) [*film*] exposé

**exposition** /ˌekspəˈzɪʃən/ SYN N 1 (*NonC*) [*of facts, theory, plan*] exposition *f* ; [*of text*] exposé *m*, commentaire *m*, interprétation *f* ; (*Mus*) exposition *f*
2 (= *exhibition*) exposition *f*

**ex post facto** /ˌekspəʊstˈfæktəʊ/ ADJ 1 [*law*] à effet rétroactif
2 [*justification*] a posteriori

**expostulate** /ɪkˈspɒstjʊleɪt/ SYN (*frm*)
VT protester
VI ◆ **to expostulate with sb about sth** faire des remontrances à qn au sujet de qch

**expostulation** /ɪkˌspɒstjʊˈleɪʃən/ N (*frm*) protestation *f*

**exposure** /ɪkˈspəʊʒəʳ/ SYN
N 1 (*to substance, radiation, sunlight, noise*) exposition *f* (*to sth* à qch) ◆ **to risk exposure to a virus** risquer d'être mis en contact avec un virus ◆ **to undergo exposure to new ideas** être exposé à de nouvelles idées ◆ **avoid the exposure of children to violent images on television** évitez d'exposer les enfants aux images violentes de la télévision ; → **indecent**
2 (= *hypothermia*) hypothermie *f* ◆ **to die of exposure** mourir de froid ◆ **to suffer from exposure** souffrir d'hypothermie
3 (*NonC* = *revelation, unmasking*) [*of secret, corruption, scandal*] révélation *f* ; [*of person*] dénonciation *f* ◆ **public exposure** [*of affair, corruption, scandal*] révélation *f* publique ; [*of person*] dénonciation *f* publique
4 (*NonC* = *publicity*) ◆ **media exposure** couverture *f* médiatique ◆ **to get an enormous**

**amount of exposure on television** faire l'objet d'une abondante couverture télévisée

5 (Phot = photograph) pose f ◆ **a 36-exposure film, a film with 36 exposures** une pellicule 36 poses ◆ **to take an exposure** (= take photograph) prendre une photo ; (= develop photograph) développer un cliché

6 (NonC: Phot = amount of light) exposition f ; → **double, multiple**

7 (NonC: Phot) (also **exposure time**) temps m de pose

8 (NonC = position) [of house] exposition f ◆ **southern/eastern exposure** exposition f au sud/à l'est ◆ **a house with a northern exposure** une maison exposée au nord

COMP **exposure compensation** N (Phot) correction f d'exposition
**exposure index** N (Phot) indice m de pose
**exposure meter** N posemètre m, photomètre m
**exposure value** N indice m de lumination

**expound** /ɪk'spaʊnd/ SYN VT [+ theory] expliquer ; [+ one's views] exposer ; [+ the Bible] expliquer, interpréter

**ex-president** /ˌeks'prezɪdənt/ N ex-président m, ancien président m

**express** /ɪk'spres/ LANGUAGE IN USE 6.3 SYN

VT 1 (= make known) [+ appreciation, feelings, sympathy] exprimer ; [+ opinions] émettre, exprimer ; [+ surprise, displeasure] exprimer, manifester ; [+ thanks] présenter, exprimer ; [+ a truth, proposition] énoncer ; [+ wish] formuler ◆ **to express o.s.** s'exprimer ◆ **I haven't the words to express my thoughts** les mots me manquent pour traduire ma pensée ◆ **her bitterness expressed itself in malicious gossip** son amertume s'exprimait par des commérages malveillants ◆ **they have expressed (an) interest in...** ils se sont montrés intéressés par..., ils ont manifesté de l'intérêt pour...

2 (in another language or medium) rendre, exprimer ; [face, actions] exprimer ; (Math) exprimer ◆ **this expresses exactly the meaning of the word** ceci rend exactement le sens du mot ◆ **you cannot express that so succinctly in French** on ne peut pas l'exprimer aussi succinctement en français

3 [+ juice] exprimer, extraire ; [+ breast milk] tirer

4 (= send) [+ letter, parcel] expédier par exprès

ADJ 1 (= explicit) [order, instruction] exprès (-esse f) ; [purpose, intention] délibéré ◆ **with the express purpose of doing sth** dans le seul but or dans le but délibéré de faire qch

2 (= fast) [letter, delivery, mail] exprès inv ; [service] express inv

ADV [send] en exprès or par Chronopost ®

N 1 (= train) rapide m

2 ◆ **to send sth by express** envoyer qch en exprès

COMP **express coach** N (auto)car m express
**express company** N compagnie f de messageries exprès
**express delivery, express mail** N (Brit Post = system) distribution f exprès ◆ **to send sth by express delivery** or **mail** envoyer qch en exprès or par Chronopost ®
**express rifle** N fusil m de chasse express
**express train** N train m express

**expressage** /ɪk'spresɪdʒ/ N (US) (= service) service m de messagerie exprès ; (= charge for service) frais mpl de messagerie exprès

**expressible** /ɪk'spresəbl/ ADJ exprimable

**expression** /ɪk'spreʃən/ SYN

N 1 [of opinions] expression f ; [of friendship, affection] témoignage m ; [of joy] manifestation f ◆ **to give expression to one's fears** formuler ses craintes ◆ **to find expression (in)** se manifester (dans or par) ◆ **from Cairo came expressions of regret at the attack** Le Caire a exprimé ses regrets après cette attaque

2 (= facial expression) expression f ◆ **a face devoid of expression** un visage sans expression

3 (NonC = feeling) expression f ◆ **to play with expression** jouer avec expression

4 (= phrase) expression f ; (= turn of phrase) tournure f ; (Math) expression f ◆ **an original/common expression** une tournure originale/expression courante ◆ **it's an expression he's fond of** c'est une expression or une tournure qu'il affectionne ◆ **a figurative expression** une expression figurée ◆ **set** or **fixed expression** locution f

COMP **expression mark** N (Mus) signe m d'expression

**expressionism** /ɪk'spreʃəˌnɪzəm/ N expressionnisme m

**expressionist** /ɪk'spreʃəˌnɪst/ ADJ, N expressionniste mf

**expressionless** /ɪk'spreʃənlɪs/ ADJ [person, face, eyes, look] sans expression ; [voice] monotone, monocorde ; [playing, style] plat

**expressive** /ɪk'spresɪv/ SYN ADJ [face, look, voice, gesture, music, language] expressif ; [power, ability, capability, skill] d'expression ◆ **she's very expressive** (= eloquent) elle est très éloquente ◆ **to be expressive of sth** (frm) exprimer qch

**expressively** /ɪk'spresɪvlɪ/ ADV d'une manière expressive

**expressiveness** /ɪk'spresɪvnɪs/ N [of face] caractère m expressif ; [of words] force f expressive ; [of music, language] expressivité f ; [of gesture] éloquence f ◆ **a picture remarkable for its expressiveness** un tableau remarquable par (la force de) l'expression

**expressly** /ɪk'preslɪ/ SYN ADV [forbid, exclude, allow, design, make, write] expressément ; [state] explicitement ◆ **expressly illegal** expressément interdit par la loi

**expressman** /ɪk'spresmæn/ N (pl -men) (US) employé m de messageries exprès

**expresso** /ɪk'spresəʊ/ N ⇒ **espresso**

**expressway** /ɪk'sprsweɪ/ N (esp US) voie f express, autoroute f urbaine → **ROADS**

**expropriate** /eks'prəʊprɪeɪt/ SYN VT [+ person, land] exproprier

**expropriation** /eksˌprəʊprɪ'eɪʃən/ N expropriation f

**expulsion** /ɪk'spʌlʃən/ SYN

N expulsion f, bannissement m ; (Scol etc) renvoi m, exclusion f définitive

COMP **expulsion order** N arrêté m d'expulsion

**expulsive** /ɪk'spʌlsɪv/ ADJ expulsif

**expunge** /ɪk'spʌndʒ/ VT (frm : from book) supprimer ◆ **to expunge sth from the record** supprimer or effacer qch

**expurgate** /'ekspɜːgeɪt/ SYN VT (frm) expurger ◆ **expurgated edition** édition f expurgée

**expurgation** /ˌekspə'geɪʃən/ N expurgation f

**exquisite** /ɪk'skwɪzɪt/ SYN ADJ 1 (= fine) exquis ◆ **a woman of exquisite beauty** une femme d'une exquise beauté ◆ **in exquisite detail** dans les moindres détails

2 (liter = intense) [pleasure, satisfaction] exquis ; [pain] lancinant ; [care] minutieux

**exquisitely** /ɪk'skwɪzɪtlɪ/ ADV [dress, make, decorate, paint, embroider, describe] de façon exquise ◆ **exquisitely beautiful/delicate/polite** d'une beauté/délicatesse/politesse exquise ◆ **exquisitely detailed** [picture, tapestry etc] plein de détails exquis ◆ **he gave us an exquisitely detailed account of the accident** il nous a raconté l'accident dans ses moindres détails

**ex-service** /ˌeks'sɜːvɪs/ ADJ (Brit Mil) ayant servi dans l'armée

**ex-serviceman** /ˌeks'sɜːvɪsmæn/ N (pl **ex-servicemen**) ancien militaire m ; (= war veteran) ancien combattant m

**ex-servicewoman** /ˌeks'sɜːvɪswʊmən/ N (pl **ex-servicewomen**) femme f militaire à la retraite ; (= war veteran) ancienne combattante f

**exstrophy** /'ekstrəʊfɪ/ N exstrophie f

**ext** (Telec) (abbrev of **extension**) poste m

**extant** /ek'stænt/ ADJ (frm) qui existe encore, existant ◆ **the only extant manuscript** le seul manuscrit conservé ◆ **a few examples are still extant** quelques exemples subsistent (encore)

**extemporaneous** /ɪkˌstempə'reɪnɪəs/, **extemporary** /ɪk'stempərərɪ/ ADJ improvisé, impromptu

**extempore** /ɪk'stempərɪ/ SYN

ADV impromptu, sans préparation

ADJ improvisé, impromptu ◆ **to give an extempore speech** improviser un discours, faire un discours au pied levé

**extemporize** /ɪk'stempəraɪz/ SYN VTI improviser

**extend** /ɪk'stend/ SYN

VT 1 (= enlarge) [+ house, property] agrandir ; [+ research] porter or pousser plus loin ; [+ powers] étendre, augmenter ; [+ business] étendre, accroître ; [+ knowledge] élargir, accroître ; [+ limits] étendre ; [+ period, time allowed] prolonger ; [+ insurance cover] augmenter le montant de ◆ **to extend the field of human knowledge/one's sphere of influence** élargir le champ des connaissances/sa sphère d'influence ◆ **to extend the frontiers of a country** reculer les frontières d'un pays ◆ **a course that extends students' understanding of British history** un cours qui permet aux étudiants d'approfondir leur connaissance de l'histoire britannique ◆ **to extend one's vocabulary** enrichir or élargir son vocabulaire ◆ **to extend a time limit (for sth)** accorder un délai (pour qch)

2 (= prolong) [+ street, line] prolonger (by de) ; [+ visit, leave] prolonger ◆ **to extend one's stay by two weeks** prolonger son séjour de deux semaines ◆ **to be fully extended** [ladder, telescope] être entièrement déployé

3 (= offer, give) [+ help] apporter ; [+ hospitality, friendship] offrir ; [+ thanks, condolences, congratulations] présenter ; [+ credit, loan] consentir ◆ **to extend a welcome to sb** souhaiter la bienvenue à qn ◆ **to extend an invitation** faire or lancer une invitation

4 (= stretch out) [+ arm] étendre ◆ **to extend one's hand (to sb)** tendre la main (à qn)

5 (= make demands on) [+ person, pupil] pousser à la limite de ses capacités, faire donner son maximum à

VI [wall, estate] s'étendre (to, as far as jusqu'à) ; [table] s'allonger ; [meeting, visit] se prolonger, continuer (over pendant ; for durant) ◆ **the caves extend for some 10 kilometres** les grottes s'étendent sur quelque 10 kilomètres ◆ **a footballing career that extended from 1974 to 1990** une carrière de footballeur qui a duré de 1974 à 1990 ◆ **holidays which extend into September** des vacances qui durent or se prolongent jusqu'en septembre ◆ **the table extends to 220cm** la table peut s'allonger jusqu'à 220 cm, avec ses rallonges, cette table fait 220 cm ◆ **enthusiasm which extends even to the children** enthousiasme qui gagne même les enfants

**extendable** /ɪk'stendəbl/ ADJ [ladder] à rallonge ; [contract, lease] renouvelable

**extended** /ɪk'stendɪd/ SYN

ADJ prolongé ; [holiday, leave] longue durée ◆ **for an extended period** pendant une période supplémentaire ◆ **an extended play record** un disque double (durée) ◆ **extended care facilities** (US Med) soins mpl pour convalescents ◆ **the extended family** (Soc) la famille étendue

COMP **extended memory** N (Comput) mémoire f étendue

**extendible** /ɪk'stendəbl/ ADJ ⇒ **extendable**

**extensible** /ɪk'stensɪbl/ ADJ extensible

**extensimeter** /ˌeksten'sɪmɪtəʳ/ N extensomètre m

**extension** /ɪk'stenʃən/ LANGUAGE IN USE 27.4, 27.7 SYN

N 1 (to building) ◆ **to build an extension (to a building)** agrandir (un bâtiment) ◆ **to have an extension built onto a house** faire agrandir une maison ◆ **there is an extension at the back of the house** la maison a été agrandie à l'arrière ◆ **come and see our extension** venez voir, nous avons fait agrandir ◆ **the kitchen/bathroom extension** la nouvelle partie de la maison occupée par la cuisine/la salle de bains ◆ **a new extension to the library** une nouvelle annexe de la bibliothèque

2 (= continuation) prolongement m (to or of sth de qch) ; (= extra part) (for table, electric flex, pipe) rallonge f ; (also **hair extension**) (clip-on) postiche m ; (permanent) extension f ◆ **motorway extension** prolongement m d'une autoroute ◆ **the building of an extension to a golf course** l'agrandissement m d'un terrain de golf ◆ **extension to an insurance policy** (= extra cover) extension f d'une assurance ; (in duration) prolongation f d'une assurance ◆ **an extension of o.s./one's personality** un prolongement de soi-même/sa personnalité

3 (= extra time) prolongation f (to or of sth de qch) ◆ **there will be no extension of the deadline** le délai ne sera pas prolongé ◆ **to grant an extension of a deadline** accorder un délai supplémentaire ◆ **to get an extension (of time for payment)** obtenir un délai ◆ **extension of due date** (Jur, Fin) report m d'échéance, délai m

4 (= development) [of powers] extension f ; [of idea, concept] développement m ◆ **the role of women within the family and, by extension, within the community** le rôle des femmes dans la famille et, par extension, au sein de la communauté ◆ **the logical extension of sth** la suite logique de qch

[5] *(Telec) (in house)* appareil *m* supplémentaire ; *(in office)* poste *m* ◆ **you can get me on extension 308** vous pouvez me joindre au poste 308

[6] *(= provision) [of credit]* allocation *f*

COMP **extension cable, extension cord** *(US)* N rallonge *f*

**extension courses** NPL *cours dispensés par l'institut d'éducation permanente d'une université*

**extension ladder** N échelle *f* coulissante

**extension lead** N ⇒ **extension cable**

**extension light** N (lampe *f*) baladeuse *f*

**extension tube** N *(for camera lens)* tube-allonge *m* ; *(for vacuum cleaner)* tube-rallonge *m*

**extensive** /ɪk'stensɪv/ SYN ADJ *[area, grounds, knowledge, powers, range, collection]* étendu ; *[damage, alterations, experience]* considérable ; *[plans, reforms]* de grande envergure ; *[research, discussions]* approfondi ; *[tests]* nombreux ; *[list]* long (longue *f*) ; *[menu]* varié ; *[tour]* complet (-ète *f*) ◆ **to make extensive use of sth** beaucoup utiliser qch ◆ **her visit got extensive coverage in the press** sa visite a fait l'objet de très nombreux articles dans la presse *or* d'une large couverture médiatique ◆ **to undergo extensive surgery** *(= one operation)* subir une opération longue et complexe ; *(= series of operations)* subir une série d'interventions chirurgicales ◆ **extensive farming** agriculture *f* extensive

> ⓘ **extensive** is only translated by **extensif** in the agricultural sense.

**extensively** /ɪk'stensɪvlɪ/ ADV *[travel, work, write]* beaucoup ; *[alter, damage]* considérablement ; *[revise, discuss]* en profondeur ; *[grow, quote, report]* abondamment ◆ **to use sth extensively** beaucoup utiliser qch ◆ **an extensively used method** une méthode très répandue ◆ **the story was covered extensively in the press** cette histoire a fait l'objet de nombreux articles dans la presse *or* d'une large couverture médiatique ◆ **the subject has been extensively researched** cette question a fait l'objet de recherches approfondies ◆ **the band has toured extensively** le groupe a fait des tournées un peu partout ◆ **to advertise extensively in the papers** *[company]* faire énormément de publicité dans les journaux ; *[individual]* faire passer de nombreuses annonces dans les journaux

**extensometer** /,eksten'sɒmɪtə^r/ N extensomètre *m*

**extensor** /ɪk'stensə^r/ N (muscle *m*) extenseur *m*

**extent** /ɪk'stent/ SYN N [1] *(= size)* étendue *f*, superficie *f* ; *(= length)* longueur *f* ◆ **an avenue lined with trees along its entire extent** une allée bordée d'arbres sur toute sa longueur ◆ **to open to its fullest extent** ouvrir entièrement *or* tout grand ◆ **over the whole extent of the ground** sur toute la superficie du terrain ◆ **she could see the full extent of the park** elle voyait le parc dans toute son étendue

[2] *(= range, scope) [of damage]* importance *f*, ampleur *f* ; *[of commitments, losses]* importance *f* ; *[of knowledge, activities, power, influence]* étendue *f* ◆ **extent of cover** *(Insurance)* étendue *f* de la couverture

[3] *(= degree)* mesure *f*, degré *m* ◆ **to what extent?** dans quelle mesure ? ◆ **to some** *or* **a certain extent** jusqu'à un certain point *or* degré, dans une certaine mesure ◆ **to a large extent** en grande partie ◆ **to a small** *or* **slight extent** dans une faible mesure, quelque peu ◆ **to the** *or* **such an extent that...** à tel point que..., au point que... ◆ **to the extent of doing sth** au point de faire qch

**extenuate** /ɪk'stenjʊ,eɪt/ VT atténuer ◆ **extenuating circumstances** circonstances *fpl* atténuantes

**extenuation** /ɪk,stenjʊ'eɪʃən/ N atténuation *f*

**exterior** /ɪk'stɪərɪə^r/ SYN

ADJ *[wall, door, lighting, paint, decorating, world]* extérieur (-eure *f*) ; *[surface]* extérieur (-eure *f*), externe ◆ **exterior to sth** extérieur à qch ◆ **paint for exterior use** peinture *f* pour l'extérieur

N *[of house, box]* extérieur *m* ; *(Art, Cine)* extérieur *m* ◆ **on the exterior** à l'extérieur ◆ **underneath his rough exterior, he...** sous ses dehors rudes, il...

COMP **exterior angle** N *(Math)* angle *m* externe

**exterior decoration** N peintures *fpl* extérieures

**exteriorize** /ɪk'stɪərɪə,raɪz/ VT *(Med, Psych)* extérioriser

**exterminate** /ɪk'stɜːmɪ,neɪt/ SYN VT *[+ pests, group of people]* exterminer ; *[+ race]* anéantir ; *[+ disease, beliefs, ideas]* éradiquer

**extermination** /ɪk,stɜːmɪ'neɪʃən/

N *[of race, animals]* extermination *f* ; *[of disease]* éradication *f* ◆ **mass extermination** extermination *f* massive

COMP **extermination camp** N camp *m* d'extermination

**exterminator** /ɪk'stɜːmɪ,neɪtə^r/ N *(US = rat-catcher etc)* employé(e) *m(f)* de la désinfection

**extern** /'ekstɜːn/ N *(US Med)* externe *mf*

**external** /ɪk'stɜːnl/ SYN

ADJ [1] *(= outer, exterior) [wall]* extérieur (-eure *f*) ; *[surface]* extérieur (-eure *f*), externe ; *[injury]* superficiel ; *[ear, gills]* externe ◆ **external skeleton** exosquelette *m* ◆ **"for external use only"** *(Pharm)* « à usage externe »

[2] *(= outside, from outside) [pressure, factor, reality, world]* extérieur (-eure *f*) ; *(Comm) [mail]* externe ; *[phone call] (outgoing)* vers l'extérieur ; *(incoming)* de l'extérieur

[3] *(= foreign) [debt]* extérieur (-eure *f*) ◆ **the European commissioner for external affairs** le commissaire européen aux affaires *or* chargé des affaires extérieures

N *(fig)* ◆ **the externals** l'extérieur *m*, les apparences *fpl* ◆ **the externals of our faith** les manifestations *fpl* extérieures de notre foi ◆ **to look at the externals of an issue** ne voir que l'aspect superficiel d'une question

COMP **external auditor** N *(Brit Fin)* vérificateur *m*, -trice *f* de comptes (externe)

**external degree** N *(Brit Univ) diplômé délivré par une université à des personnes non régulièrement inscrites*

**external examiner** N *(Brit Univ)* examinateur *m*, -trice *f* extérieur(e)

**external student** N *(Brit Univ)* étudiant(e) *mf* externe

**external trade** N *(US)* commerce *m* extérieur

**externalize** /ɪk'stɜːnə,laɪz/ VT extérioriser

**externally** /ɪk'stɜːnəlɪ/ ADV *[impose]* de l'extérieur ; *[express]* extérieurement ◆ **externally mounted cameras** des caméras *fpl* installées à l'extérieur ◆ **he remained externally calm** il est resté calme extérieurement ◆ **a cream to be applied externally** une crème à usage externe ◆ **"to be used externally"** « à usage externe »

**exteroceptive** /,ekstərəʊ'septɪv/ ADJ extéroceptif

**exteroceptor** /'ekstərəʊ,septə^r/ N extérocepteur *m*

**extinct** /ɪk'stɪŋkt/ SYN ADJ [1] *(= no longer existing) [animal, species, tribe, way of life, language]* disparu ; *[custom]* tombé en désuétude ◆ **to be extinct** avoir disparu ◆ **to become extinct** disparaître ◆ **to be nearly extinct** être en voie d'extinction ◆ **are good manners extinct?** les bonnes manières n'existent-elles plus ?

[2] *(= not active) [volcano]* éteint

**extinction** /ɪk'stɪŋkʃən/ SYN N *(NonC) [of animal, species, race, family]* extinction *f*, disparition *f* ; *[of hopes]* anéantissement *m* ; *[of debt]* amortissement *m* ; *[of fire]* extinction *f*

**extinguish** /ɪk'stɪŋgwɪʃ/ SYN VT *[+ fire, light]* éteindre ; *[+ candle]* éteindre, souffler ; *[+ hopes]* anéantir, mettre fin à ; *[+ debt]* amortir

**extinguisher** /ɪk'stɪŋgwɪʃə^r/ N extincteur *m* ; → **fire**

**extirpate** /'ekstə,peɪt/ VT extirper

**extirpation** /,ekstə'peɪʃən/ N *(NonC)* extirpation *f*

**extirpator** /'ekstə,peɪtə^r/ N *(Agr, Tech)* extirpateur *m*

**extn** *(Telec)* (abbrev of **extension**) poste *m*

**extol** /ɪk'stəʊl/ SYN VT *[+ person]* porter aux nues, chanter les louanges de ; *[+ act, quality]* prôner, exalter ◆ **to extol the virtues of...** chanter les louanges de...

**extort** /ɪk'stɔːt/ SYN VT *[+ promise, money]* extorquer, soutirer *(from à)* ; *[+ consent, promise, confession, secret]* arracher *(from à)* ; *[+ signature]* extorquer

**extortion** /ɪk'stɔːʃən/ SYN N *(also Jur)* extorsion *f* ◆ **this is sheer extortion!** *(fig)* c'est du vol (manifeste) !

**extortionate** /ɪk'stɔːʃənɪt/ SYN ADJ exorbitant

**extortioner** /ɪk'stɔːʃənə^r/, **extortionist** /ɪk'stɔːʃənɪst/ N extorqueur *m*, -euse *f*

**extra** /'ekstrə/ SYN

ADJ [1] *(= additional) [homework, bus, chair, costs, troops, effort]* supplémentaire ◆ **to work extra hours** faire des heures supplémentaires ◆ **take an extra pair of shoes** prends une autre paire de chaussures ◆ **I've set an extra place at table** j'ai ajouté un couvert ◆ **for extra safety** pour plus de sécurité ◆ **take extra care!** fais bien attention ! ◆ **to earn an extra £20 a week** gagner 20 livres de plus par semaine ◆ **there is an extra charge for wine, the wine is extra** le vin est en supplément ◆ **there's no extra charge for the wine** il n'y a pas de supplément pour le vin, le vin est compris ◆ **take some extra money just to be on the safe side** prends un peu plus d'argent, on ne sait jamais *or* au cas où* ◆ **the extra money will come in handy** l'argent en plus *or* l'argent supplémentaire pourra toujours servir ◆ **the extra money required to complete the project** le montant supplémentaire *or* l'argent requis pour terminer le projet ◆ **to go to extra expense** faire des frais ◆ **extra pay** supplément *m* de salaire, sursalaire *m* ; *(Mil)* supplément *m* de solde ◆ **postage and packing extra** frais d'expédition en sus ◆ **95p extra for postage and packing** 95 pence de plus pour les frais d'expédition

[2] *(= spare)* ◆ **these copies are extra** ces exemplaires sont en surplus

ADV [1] *(= more money)* ◆ **to pay/charge extra (for sth)** payer/faire payer un supplément (pour qch) ◆ **a room with a bath costs extra** les chambres avec salle de bains coûtent plus cher, il y a un supplément pour les chambres avec salle de bains

[2] *(= especially) [cautious]* encore plus ◆ **he was extra polite/nice to her** il a été tout poli/gentil avec elle ◆ **take extra special care when washing those glasses** faites très attention en lavant ces verres ◆ **he expected to do extra well in the exam** il s'attendait à réussir brillamment à l'examen ◆ **to work extra hard** travailler d'arrache-pied ◆ **extra large** *[garment]* très grand ; *[eggs, tomatoes etc]* très gros ◆ **extra virgin** *[oil]* extra vierge

N [1] *(= perk)* à-côté *m* ◆ **extras** *(= expenses)* frais *mpl* supplémentaires ◆ **singing and piano are extras** *(= options)* les leçons de chant et de piano sont en option ◆ **those little extras** *(= luxuries)* ces petites gâteries *fpl* ◆ **there are no hidden extras** il n'y a pas de frais supplémentaires

[2] *(in restaurant = extra dish)* supplément *m*

[3] *(Cine, Theat = actor)* figurant(e) *m(f)*

[4] *(US = gasoline)* super(carburant) *m*

COMP **extra time** N *(esp Brit Sport)* prolongations *fpl* ◆ **the match went to extra time** on a joué les prolongations ◆ **after extra time** après prolongation(s)

**extra...** /'ekstrə/ PREF [1] *(= outside)* extra... ; → **extramarital**

[2] *(= specially, ultra)* extra... ◆ **extradry** *[wine etc]* très sec ; *[champagne, vermouth]* extra-dry *inv* ◆ **extrafine** extrafin ◆ **extrasmart** ultrachic *inv* ◆ **extrastrong** *[person]* extrêmement fort ; *[material]* extrasolide ; → **extra-special**

**extracorporeal** /,ekstrəkɔː'pɔːrɪəl/ ADJ extracorporel

**extract** /ɪk'strækt/ SYN

VT *[+ juice, minerals, oil, bullet, splinter]* extraire *(from de)* ; *[+ tooth]* arracher *(from à)* ; *[+ cork]* tirer *(from de)* ; *[+ confession, permission, promise]* arracher *(from à)* ; *[+ information]* tirer *(from de)* ; *[+ money]* tirer *(from de)*, soutirer *(from à)* ; *[+ meaning]* tirer, dégager *(from de)* ◆ **to extract pleasure from sth** tirer du plaisir de qch ◆ **to extract DNA from sth** extraire l'ADN de qch ◆ **to extract the square root** *(Math)* extraire la racine carrée

N /'ekstrækt/ [1] *[of book, film, play etc]* extrait *m* ◆ **extracts from Voltaire** morceaux *mpl* choisis de Voltaire

[2] *(Pharm)* extrait *m* ; *(Culin)* extrait *m*, concentré *m* ◆ **meat extract** extrait *m* de viande

**extraction** /ɪk'strækʃən/ SYN N [1] *(NonC) [of minerals, coal, oil]* extraction *f* ; *[of fluid, bone marrow]* prélèvement *m* ◆ **the extraction of confessions through torture** le fait d'arracher des aveux par la torture

[2] *(NonC = descent)* origine *f* ◆ **to be of Scottish extraction, to be Scottish by extraction** être d'origine écossaise

[3] *(Dentistry)* extraction *f*

**extractor** /ɪk'stræktə^r/

N extracteur *m*

COMP **extractor fan** N *(Brit)* ventilateur *m*

**extractor hood** N *(Brit)* hotte *f* aspirante

**extracurricular** /'ekstrəkə'rɪkjʊlə^r/ ADJ *(Scol)* parascolaire, hors programme ; *[sports]* en dehors des heures de classe

**extraditable** /ˈekstrəˌdaɪtəbl/ ADJ [offence] qui peut donner lieu à l'extradition ; [person] passible or susceptible d'extradition

**extradite** /ˈekstrədaɪt/ VT extrader

**extradition** /ˌekstrəˈdɪʃən/
N extradition f
COMP **extradition warrant** N mandat m d'extradition

**extrados** /ekˈstreɪdɒs/ N (pl **extrados** /ekˈstreɪdəʊz/ or **extradoses**) (Archit) extrados m

**extragalactic** /ˌekstrəɡəˈlæktɪk/
ADJ extragalactique
COMP **extragalactic nebula** N nébuleuse f extragalactique

**extralinguistic** /ˌekstrəlɪŋˈɡwɪstɪk/ ADJ extralinguistique

**extramarital** /ˈekstrəˈmærɪtl/ ADJ en dehors du mariage

**extramural** /ˈekstrəˈmjʊərəl/ ADJ 1 (esp Brit) [course] hors faculté (donné par des professeurs accrédités par la faculté et ouvert au public) ◆ **extramural lecture** conférence f publique ◆ **Department of Extramural Studies** (Brit Univ) ≈ Institut m d'éducation permanente ◆ **extramural sports** (US Scol) sports pratiqués entre équipes de différents établissements
2 [district] extra-muros inv

**extraneous** /ɪkˈstreɪnɪəs/ SYN ADJ 1 (= irrelevant) [matter, issue, detail, thought] sans rapport avec le sujet ◆ **extraneous to** étranger à
2 (frm = external) [noise] extérieur (-eure f)

**extranet** /ˈekstrənet/ N extranet m

**extraordinaire** /eksˌtrɔːdɪˈneər/ ADJ (after n: esp hum) ◆ **George Kuchar, film-maker extraordinaire** George Kuchar, cinéaste hors du commun

**extraordinarily** /ɪkˈstrɔːdnrɪlɪ/ ADV extraordinairement ◆ **extraordinarily, nobody was killed in the explosion** fait extraordinaire, personne n'a été tué par l'explosion

**extraordinary** /ɪkˈstrɔːdnrɪ/ SYN ADJ [person, behaviour, appearance, success, courage, tale, speech] extraordinaire ; [insults] incroyable ; [violence] inouï ◆ **there's nothing extraordinary about that** cela n'a rien d'extraordinaire, il n'y a rien d'extraordinaire à cela ◆ **I find it extraordinary that he hasn't replied** je trouve inouï qu'il n'ait pas répondu ◆ **it's extraordinary to think that...** il est extraordinaire de penser que... ◆ **it's extraordinary how much he resembles his brother** c'est inouï ce qu'il peut ressembler à son frère ◆ **what an extraordinary thing to say!** quelle idée saugrenue ! ◆ **the extraordinary thing is that he's right** ce qu'il y a d'extraordinaire c'est qu'il a ou ait raison ◆ **an extraordinary meeting of the shareholders** une assemblée extraordinaire des actionnaires ◆ **an Extraordinary General Meeting of the Union** (Brit) une assemblée générale extraordinaire du syndicat ◆ **extraordinary rendition** (US) restitution f extraordinaire ; see also **envoy¹**

**extrapolate** /ɪkˈstræpəleɪt/ VT extrapoler (from à partir de)

**extrapolation** /ɪkˌstræpəˈleɪʃən/ N extrapolation f

**extrasensory** /ˈekstrəˈsensərɪ/
ADJ extrasensoriel
COMP **extrasensory perception** N perception f extrasensorielle

**extra-special** /ˌekstrəˈspeʃəl/ ADJ exceptionnel ◆ **to take extra-special care over sth** apporter un soin tout particulier à qch ◆ **extra-special occasion** grande occasion f

**extraterrestrial** /ˌekstrətəˈrestrɪəl/ ADJ, N extraterrestre mf

**extraterritorial** /ˈekstrəˌterɪˈtɔːrɪəl/ ADJ d'exterritorialité, d'extraterritorialité

**extraterritoriality** /ˈekstrəˌterɪˌtɔːrɪˈælɪtɪ/ N (Pol) extraterritorialité f

**extravagance** /ɪkˈstrævəɡəns/ SYN N 1 (= excessive spending) prodigalité f ; (= thing bought) dépense f excessive, folie f ◆ **gross mismanagement and financial extravagance** une mauvaise gestion flagrante et des dépenses excessives ◆ **buying a yacht is sheer extravagance** acheter un yacht est une pure folie
2 (= wastefulness) gaspillage m
3 (= action, notion) extravagance f, fantaisie f

**extravagant** /ɪkˈstrævəɡənt/ SYN ADJ 1 (financially) [person] dépensier ; [tastes] de luxe ; [gift] somptueux ; [price] exorbitant, prohibitif ◆ **extravagant spending** dépenses fpl excessives ◆ **it seems extravagant to hire a car** ça paraît exagéré de louer une voiture ◆ **it was very extravagant of him to buy this ring** il a fait une folie en achetant cette bague ◆ **to lead an extravagant lifestyle** mener un train de vie fastueux ◆ **to be extravagant with one's money** être dépensier ◆ **to be extravagant with electricity** gaspiller l'électricité
2 (= exaggerated) [person, behaviour, dress, talk, claims] extravagant ; [praise] outré ◆ **to be extravagant in one's praise of sb/sth** faire un éloge outré de qn/qch

**extravagantly** /ɪkˈstrævəɡəntlɪ/ ADV [spend] sans compter ; [use] avec prodigalité ; [entertain] sans regarder à la dépense ; [furnish] avec luxe ; [behave, dress] d'une façon extravagante ; [praise, thank] à outrance ; [expensive] excessivement ; [eccentric, gifted] extrêmement ◆ **to live extravagantly** mener un train de vie fastueux ◆ **an extravagantly large bouquet of flowers** un énorme bouquet de fleurs ◆ **extravagantly elegant** d'une élégance extravagante

**extravaganza** /ɪkˌstrævəˈɡænzə/ N (Literat, Mus) fantaisie f ; (= story) histoire f extravagante or invraisemblable ; (= show) spectacle m somptueux ; (= whim) folie f, caprice m

**extravasate** /ɪkˈstrævəseɪt/ VT (Med) extravaser

**extravasation** /ɪkˌstrævəˈseɪʃən/ N (Med) extravasation f

**extravehicular** /ˌekstrəvɪˈhɪkjʊlər/ ADJ (Space) extravéhiculaire

**extravert** /ˈekstrəvɜːt/ N, ADJ ⇒ **extrovert**

**extreme** /ɪkˈstriːm/ SYN
ADJ (gen) extrême ; [praise, flattery] outré after n ◆ **of extreme importance** d'une extrême importance ◆ **of extreme urgency** d'une extrême urgence, extrêmement urgent ◆ **in extreme danger** en très grand danger ◆ **the extreme end** l'extrémité f ◆ **in extreme old age** l'extrême vieillesse f ◆ **he died in extreme poverty** il est mort dans une misère extrême ◆ **in the extreme distance** au loin ◆ **the extreme north** l'extrême nord ◆ **to the extreme right** à l'extrême droite ◆ **the extreme left/right** (Pol) l'extrême gauche f/droite f ◆ **to be extreme in one's opinions** avoir des opinions extrêmes, être extrémiste
N extrême m ◆ **in the extreme** [difficult, irritating, wealthy, helpful, interesting] à l'extrême ◆ **to go from one extreme to the other** passer d'un extrême à l'autre ◆ **extremes of temperature** des écarts mpl extrêmes de température ◆ **extremes meet** les extrêmes se touchent ◆ **to go to extremes** pousser les choses à l'extrême ◆ **I won't go to that extreme** je ne veux pas aller jusqu'à ces extrémités
COMP **extreme sport** N sport m extrême
**extreme unction** N extrême-onction f

**extremely** /ɪkˈstriːmlɪ/ SYN ADV [happy, difficult, important, high, helpful] extrêmement ◆ **to be extremely talented/successful** avoir énormément de talent/succès

**extremism** /ɪkˈstriːmɪzəm/ N extrémisme m

**extremist** /ɪkˈstriːmɪst/ SYN ADJ, N extrémiste mf

**extremity** /ɪkˈstremɪtɪ/ SYN N 1 (= furthest point) extrémité f ◆ **extremities** (= hands and feet) extrémités fpl
2 [of despair, happiness] extrême or dernier degré m ; (= extreme act) extrémité f ◆ **to drive sb to extremities** pousser qn à une extrémité
3 (= danger, distress) extrémité f ◆ **to help sb in his extremity** venir en aide à qn qui est aux abois

**extricate** /ˈekstrɪkeɪt/ SYN VT [+ object] dégager (from de) ◆ **to extricate o.s.** s'extirper (from de) (fig) se tirer (from de) ◆ **to extricate sb from a nasty situation** tirer qn d'un mauvais pas

**extrication** /ˌekstrɪˈkeɪʃən/ N [of object] dégagement m ◆ **to be in debt without hope of extrication** être endetté sans espoir de s'en sortir

**extrinsic** /ekˈstrɪnsɪk/ ADJ extrinsèque

**extrinsically** /ekˈstrɪnsɪklɪ/ ADV extrinsèquement

**extrorsal** /ekˈstrɔːsəl/, **extrorse** /ekˈstrɔːs/ ADJ extrorse

**extroversion** /ˌekstrəˈvɜːʃən/ N extraversion or extroversion f

**extrovert** /ˈekstrəʊˌvɜːt/ (esp Brit)
ADJ extraverti or extroverti
N extraverti(e) or extroverti(e) m(f) ◆ **he's an extrovert** il s'extériorise (beaucoup)

**extroverted** /ˈekstrəʊˌvɜːtɪd/ ADJ (esp US) ⇒ **extrovert**

**extrude** /ɪkˈstruːd/ VT rejeter (from hors de), expulser (from de) ; [+ metal, plastics] extruder

**extrusion** /ɪkˈstruːʒən/ N extrusion f

**extrusive** /ɪkˈstruːsɪv/ ADJ extrusif

**exuberance** /ɪɡˈzjuːbərəns/ SYN N [of person] exubérance f ; [of vegetation] exubérance f, luxuriance f ; [of words, images] richesse f, exubérance f

**exuberant** /ɪɡˈzjuːbərənt/ SYN ADJ [person, personality, mood, style, film, music] exubérant ; [growth, vegetation] exubérant, luxuriant ; [colour] vif ; [painting] d'un style exubérant

**exuberantly** /ɪɡˈzjuːbərəntlɪ/ ADV 1 (= high-spiritedly) [laugh, embrace] avec exubérance ◆ **to be exuberantly happy** manifester une joie exubérante
2 (= vigorously) ◆ **to grow exuberantly** être luxuriant

**exude** /ɪɡˈzjuːd/
VI suinter, exsuder (from de)
VT [+ resin, blood] exsuder ◆ **to exude water** or **moisture** suinter ◆ **he exuded charm** le charme lui sortait par tous les pores ◆ **he exudes confidence** il respire la confiance en soi

**exult** /ɪɡˈzʌlt/ SYN VI (= rejoice) se réjouir (in de ; over à propos de), exulter ; (= triumph) jubiler, chanter victoire ◆ **to exult at finding** or **to find** se réjouir grandement or exulter de trouver

**exultant** /ɪɡˈzʌltənt/ SYN ADJ [person, mood, tone, expression] jubilant, triomphant ; [joy] triomphant ◆ **to be** or **feel exultant, to be in an exultant mood** être d'humeur joyeuse

**exultantly** /ɪɡˈzʌltəntlɪ/ ADV en exultant, en jubilant

**exultation** /ˌeɡzʌlˈteɪʃən/ SYN N exultation f, jubilation f

**exurbia** /eksˈɜːbɪə/ N (US) la banlieue aisée

**exuviae** /ɪɡˈzjuːvɪˌiː/ NPL exuvie f

**ex-wife** /ˌeksˈwaɪf/ N (pl **ex-wives**) ex-femme f

**ex-works** /ˌeksˈwɜːks/ ADJ (Brit Comm) [price] départ usine ; see also **ex** prep

✦✦✦✦✦✦✦✦✦✦✦✦✦✦✦✦

### eye /aɪ/ SYN

1 - NOUN
2 - TRANSITIVE VERB
3 - COMPOUNDS
4 - PHRASAL VERB

✦✦✦✦✦✦✦✦✦✦✦✦✦✦✦✦

#### 1 - NOUN

1 [OF PERSON, ANIMAL] œil m (yeux pl) ◆ **to have brown eyes** avoir les yeux marron ◆ **a girl with blue eyes** une fille aux yeux bleus ◆ **before my very eyes** sous mes yeux ◆ **it's there in front of your very eyes** tu l'as sous les yeux, c'est sous ton nez* ◆ **with tears in her eyes** les larmes aux yeux ◆ **to have the sun in one's eyes** avoir le soleil dans les yeux ◆ **I haven't got eyes in the back of my head** je n'ai pas des yeux dans le dos ◆ **he must have eyes in the back of his head!** il n'a pas les yeux dans sa poche ! ◆ **to let one's eye rest on sb/sth** poser son regard sur qn/qch ◆ **I've never set** or **clapped\*** or **laid eyes on him** je ne l'ai jamais vu de ma vie ◆ **use your eyes!** tu es aveugle ? ◆ **eyes front!** (Mil) fixe ! ◆ **eyes right!** (Mil) tête (à) droite ! ◆ **an eye for an eye and a tooth for a tooth** œil pour œil, dent pour dent ◆ **for your eyes only** (fig) ultra-confidentiel ◆ **"eyes only"** (US:on documents) « top secret »

2 [OF OBJECT] [of needle] chas m, œil m (œils pl) ; [of potato, peacock's tail] œil m (yeux pl) ; [of hurricane] œil m ; [of camera] objectif m ; (= photoelectric cell) œil m électrique ◆ **the eye of the storm** (fig) l'œil m du cyclone

3 [SET STRUCTURES]

◆ **to close** or **shut one's eyes to** ◆ **to close** or **shut one's eyes to sb's shortcomings** fermer les yeux sur les faiblesses de qn ◆ **to close** or **shut one's eyes to the evidence** refuser or nier l'évidence ◆ **to close** or **shut one's eyes to the dangers of sth/to the truth** refuser de voir les écueils de qch/la vérité en face ◆ **one can't**

close or shut one's eyes to the fact that... il faut bien reconnaître que... ✦ he preferred to close his eyes to the possibility of war il refusait d'envisager la guerre
- to get one's eye in ajuster son coup d'œil
- to give sb the eye * faire de l'œil à qn
- to have an eye for ✦ she has an eye for a bargain elle flaire or elle reconnaît tout de suite une bonne affaire ✦ she has or she's got an eye for antiques elle a le coup d'œil pour les antiquités
- to have eyes for ✦ he only had eyes for her il n'avait d'yeux que pour elle ✦ they only have eyes for the championship ils ne pensent qu'au championnat
- to have (got) one's/an eye on ✦ he's got his eye on the championship il lorgne le championnat ✦ I've already got my eye on a house j'ai déjà une maison en vue ✦ to have an eye on sb for a job avoir qn en vue pour un poste ✦ he had his eye on a job in the Foreign Office il visait un poste au ministère des Affaires étrangères
- to keep + eye(s) ✦ he couldn't keep his eyes open * il dormait debout ✦ to keep one's eyes wide open garder les yeux grand(s) ouverts ✦ to keep one's eye on the ball (lit) fixer la balle ; (fig) rester vigilant ✦ keeping his eye on the bear, he seized his gun sans quitter l'ours des yeux, il a empoigné son fusil ✦ keep your eye on the main objective ne perdez pas de vue le but principal ✦ to keep an eye on things or on everything * garder la boutique * ✦ will you keep an eye on the baby/shop? vous pouvez surveiller le bébé/le magasin ? ✦ to keep an eye on expenditure surveiller ses dépenses ✦ to keep one's eyes open or peeled‡ or skinned‡ ouvrir l'œil ✦ keep your eyes open for or keep an eye out for a hotel * essayez de repérer * un hôtel ✦ to keep a strict eye on sb surveiller qn de près, tenir qn à l'œil *
- to make eyes at sb * faire de l'œil à qn *
- to open sb's eyes to ✦ this will open his eyes to the truth ça va lui ouvrir or dessiller les yeux
- to take one's eye off ✦ he didn't take his eyes off her il ne l'a pas quittée des yeux ✦ he couldn't take his eyes off the cakes il ne pouvait pas s'empêcher de lorgner les gâteaux, il dévorait les gâteaux des yeux ✦ to take one's eye off the ball (lit) arrêter de fixer le ballon ; (fig) avoir un moment d'inattention
- all eyes ✦ all eyes are on him tous les regards sont tournés vers lui ✦ all eyes are on the conference tous les regards convergent sur la conférence ✦ to be all eyes * être tout yeux
- eye to eye ✦ to see eye to eye with sb (on specific issue) partager le point de vue de qn, être d'accord avec qn ✦ we rarely see eye to eye nous sommes rarement d'accord
- my eye ✦ my eye!‡ mon œil !‡ ✦ it's all my eye‡ tout ça, c'est des foutaises *
- in + eye(s)(fig) ✦ it hits you in the eye cela saute aux yeux ✦ that's one in the eye for him * c'est bien fait pour lui or pour sa poire * ✦ in the eyes of... aux yeux de... ✦ in his eyes à ses yeux ✦ in the eyes of the law au regard de or aux yeux de la loi
- through sb's eyes ✦ to look at sth through someone else's eyes examiner qch du point de vue de quelqu'un d'autre ✦ to look at a question through the eyes of an economist envisager une question du point de vue de l'économiste
- under the eye of sous la surveillance de, sous l'œil de
- up to the/one's eyes ✦ to be up to one's eyes in work être débordé (de travail) ✦ to be up to one's eyes in paperwork être dans la paperasserie jusqu'au cou * ✦ to be up to one's eyes in debt être endetté jusqu'au cou ✦ he's in it up to the or his eyes * (in crime, plot, conspiracy) il est mouillé * jusqu'au cou
- with + eye(s) ✦ with one's eyes closed or shut les yeux fermés ✦ with eyes half-closed or half-shut les yeux mi-clos ✦ with my own eyes de mes propres yeux ✦ I saw him with my own eyes je l'ai vu de mes propres yeux ✦ he went into it with his eyes wide open or with open eyes il s'y est lancé en toute connaissance de cause ✦ I could do it with my eyes shut (fig) je pourrais le faire les yeux fermés ✦ with an eye to the future en prévision de l'avenir ✦ to look at a house with an eye to buying visiter une maison que l'on envisage d'acheter ✦ he's a man with an eye for quality c'est un homme qui sait reconnaître la bonne qualité ✦ a writer with an eye for detail un auteur qui a le sens du détail ✦ with a critical/a jealous/an uneasy etc eye d'un œil critique/jaloux/inquiet etc ;
→ catch, fall, far, half, look, main, mind, open, private, run

**2 - TRANSITIVE VERB**

[+ person] regarder, mesurer du regard ; [+ thing] regarder, observer ✦ to eye sb from head to toe toiser qn de la tête aux pieds

**3 - COMPOUNDS**

eye candy * N (= woman) belle fille f ; (= man) beau mec * m
eye-catcher N personne f (or chose f) qui attire l'œil
eye-catching ADJ [dress, colour] qui attire l'œil ; [publicity, poster] accrocheur
eye contact N ✦ to establish/avoid eye contact with sb regarder/éviter de regarder qn dans les yeux
eye doctor N (US) oculiste mf ; (prescribing) ophtalmologue mf
eye job * N opération de chirurgie esthétique aux yeux
eye level N ✦ at eye level au niveau des yeux
eye-level grill N gril m surélevé
eye make-up N maquillage m pour les yeux
eye make-up remover N démaquillant m pour les yeux
eye-opener * N (= surprise) révélation f, surprise f ; (US) (= drink) petit verre m pris au réveil ✦ that was an eye-opener for him cela lui a ouvert les yeux ✦ his speech was an eye-opener son discours a été très révélateur
eye-patch N cache m, bandeau m
eye rhyme N (Literat) rime f pour l'œil
eye socket N orbite f
eye specialist N oculiste mf
eye test N examen m de la vue

**4 - PHRASAL VERB**

▶ eye up * VT SEP (Brit) reluquer * ✦ he was eyeing up the girls il reluquait les filles

---

**eyeball** /'aɪbɔːl/

N globe m oculaire ✦ to stand eyeball to eyeball with sb se trouver nez à nez avec qn ✦ to be up to one's eyeballs in work * être débordé (de travail) ✦ to be up to one's eyeballs in debt/paperwork * être endetté/être dans la paperasserie jusqu'au cou *

VT ‡ zieuter‡

**eyebank** /'aɪbæŋk/ N (Med) banque f des yeux
**eyebath** /'aɪbɑːθ/ N (esp Brit) œillère f
**eyebright** /'aɪbraɪt/ N (= plant) euphrasia f, euphraise f
**eyebrow** /'aɪbraʊ/

N sourcil m

COMP eyebrow pencil N crayon m à sourcils
eyebrow tweezers NPL pince f à épiler
**eyecup** /'aɪkʌp/ N (US) ⇒ eyebath
**-eyed** /aɪd/ ADJ (in compounds) ✦ big-eyed aux grands yeux ✦ brown-eyed aux yeux marron ✦ one-eyed (lit) borgne ; (* fig) miteux, minable ; → dry, hollow
**eyedrops** /'aɪdrɒps/ NPL gouttes fpl pour les yeux, collyre m
**eyeful** /'aɪfʊl/ N ✦ he got an eyeful of mud il a reçu de la boue plein les yeux ✦ she's quite an eyeful * cette fille, c'est un régal pour l'œil, elle est vraiment canon * ✦ get an eyeful of this!‡ vise un peu ça !‡
**eyeglass** /'aɪɡlɑːs/ N monocle m
**eyeglasses** /'aɪɡlɑːsɪz/ NPL (esp US) lunettes fpl
**eyehole** /'aɪhəʊl/ N 1 (Anat) orbite m
2 (for hook, rope) œillet m ; (in door) judas m
**eyelash** /'aɪlæʃ/ N cil m
**eyelet** /'aɪlɪt/ N œillet m (dans du tissu etc)
**eyelid** /'aɪlɪd/ N paupière f
**eyeliner** /'aɪlaɪnəʳ/ N eye-liner m
**eyepiece** /'aɪpiːs/ N oculaire m
**eyeshade** /'aɪʃeɪd/ N visière f
**eyeshadow** /'aɪʃædəʊ/ N fard m à paupières
**eyesight** /'aɪsaɪt/ N vue f ✦ to have good eyesight avoir une bonne vue or de bons yeux ✦ to lose one's eyesight perdre la vue ✦ his eyesight is failing sa vue baisse
**eyesore** /'aɪsɔːʳ/ N SYN objet ou construction qui choque la vue ✦ these ruins are an eyesore ces ruines sont une horreur or sont hideuses
**eyestrain** /'aɪstreɪn/ N ✦ to have eyestrain avoir les yeux fatigués
**Eyetie** *‡ /'aɪtaɪ/ N (Brit pej) Rital(e) *‡ m(f)
**eyetooth** /'aɪtuːθ/ N (pl eyeteeth /'aɪtiːθ/) canine f supérieure ✦ I'd give my eyeteeth * for a car like that/to go to China qu'est-ce que je ne donnerais pas pour avoir une voiture comme ça/pour aller en Chine
**eyewash** /'aɪwɒʃ/ N 1 (Med) collyre m
2 ✦ that's a lot of eyewash‡ (= nonsense) ce sont des fadaises, c'est du vent ; (to impress) c'est de la frime *, c'est de la poudre aux yeux
**eyewear** /'aɪweəʳ/ N (NonC) lunettes fpl, lunetterie f
**eyewitness** /'aɪˌwɪtnɪs/ N SYN

N témoin m oculaire or direct

COMP eyewitness account N (in media) récit m de témoin oculaire ; (to police) déposition f de témoin oculaire

**eyrie** /'ɪərɪ/ N aire f (d'aigle)
**Ezekiel** /ɪ'ziːkɪəl/ N Ézéchiel m
**e-zine** /'iːziːn/ N e-zine m

# F

**F, f** /ef/ N ① (= letter) F, f m ◆ **F for Freddy, F for fox** (US) F comme François ; see also **f-word, f-number, f-stop**
② (Mus) fa m
③ (Scol = mark) faible
④ abbrev of **Fahrenheit**
⑤ (abbrev of **fiscal year**) → **fiscal**
⑥ abbrev of **fathom**
⑦ (abbrev of **female, feminine**) f
⑧ (Mus) abbrev of **forte**
⑨ (Phys) abbrev of **force**

**FA** /ef'eɪ/ (Brit) ① (abbrev of **Football Association**) fédération anglaise de football
② ٭ (abbrev of **Fanny Adams**) → **Fanny**

**fa** /fɑː/ N (Mus) fa m

**FAA** /,efeɪ'eɪ/ N (US) (abbrev of **Federal Aviation Administration**) → **federal**

**fab**٭ /fæb/, **fabby**٭ /'fæbɪ/ ADJ (Brit) (abbrev of **fabulous**) sensass٭

**Fabian** /'feɪbɪən/
◼ (Pol) Fabien(ne) m(f)
◼ fabien
**Fabian Society** N Association f fabienne

**fable** /'feɪbl/ SYN N (Literat, fig) fable f ; → **fact**

**fabled** /'feɪbld/ ADJ légendaire

**fabric** /'fæbrɪk/ SYN
N ① (= cloth) tissu m, étoffe f ◆ **cotton fabrics** cotonnades fpl ◆ **woollen fabrics** lainages mpl
② [of building, system] structure f ◆ **the social fabric of our country** le tissu social de notre pays
COMP **fabric conditioner, fabric softener** N produit m assouplissant

**fabricate** /'fæbrɪkeɪt/ SYN VT ① (= manufacture) [+ goods] fabriquer
② (= invent) [+ story, account] inventer, fabriquer ; [+ evidence] fabriquer ; [+ document] contrefaire ◆ **to fabricate an allegation** avancer une allégation ◆ **to fabricate an invoice** établir une fausse facture

**fabrication** /,fæbrɪ'keɪʃən/ SYN N ① (= lie) ◆ **it is (a) pure fabrication** c'est une invention pure et simple
② (NonC = invention) [of story, account] invention f ; [of document] fabrication f ◆ **fabrication of evidence** (Jur) fabrication f de (fausses) preuves
③ (= manufacturing) [of goods] fabrication f

**fabulist** /'fæbjʊlɪst/ N (Literat) fabuliste m

**fabulous** /'fæbjʊləs/ SYN ADJ ① (= incredible) fabuleux
② (٭ = wonderful) [prize, holiday, opportunity, weather] fabuleux ◆ **fabulous prices** des prix astronomiques ◆ **fabulous!** chouette ! ٭
③ (liter = mythical) [beast, monster] fabuleux (liter)

**fabulously** /'fæbjʊləslɪ/ ADV [wealthy, rich] fabuleusement ; [expensive] incroyablement ◆ **to be fabulously successful** avoir un succès fabuleux

**façade** /fə'sɑːd/ SYN N (Archit, fig) façade f

**face** /feɪs/ SYN

1 - NOUN
2 - TRANSITIVE VERB
3 - INTRANSITIVE VERB
4 - COMPOUNDS
5 - PHRASAL VERBS

### 1 - NOUN

① [ANAT] visage m ◆ **a pleasant face** un visage agréable ◆ **he stuck his face out of the window** il a passé la tête par la fenêtre ◆ **I know that face, that face is familiar** ce visage me dit quelque chose ◆ **injuries to the face** blessures à la face or au visage ◆ **to have one's face lifted** se faire faire un lifting ◆ **to put one's face on**٭ se faire une beauté٭ ◆ **he won't show his face here again** il ne remettra plus les pieds ici ◆ **to go red in the face** rougir ◆ **I could never look him in the face again** je ne pourrais plus le regarder en face ◆ **to be written across** or **all over** or **on sb's face** se lire sur le visage de qn ◆ **you're lying, it's written all over your face!**٭ tu mens, ça se lit sur ton visage !

◆ **in one's face** ◆ **the rain was blowing in our faces** la pluie nous fouettait le visage ◆ **it blew up in my face** (lit) ça m'a explosé à la figure ◆ **his plan blew up in his face** son plan s'est retourné contre lui ; → **in-your-face**

◆ **in the face of** ◆ **courage in the face of the enemy** courage m face à l'ennemi ◆ **they remained defiant in the face of international condemnation** ils persistaient à défier la condamnation internationale ◆ **in the face of this threat** devant cette menace, face à cette menace ◆ **to smile in the face of adversity** garder le sourire (malgré les problèmes) ◆ **he succeeded in the face of great difficulties** il a réussi en dépit de grandes difficultés

◆ **to sb's face** ◆ **he told him so to his face** il le lui a dit en face or sans détour ◆ **he told him the truth to his face** il lui a dit la vérité sans détour

◆ **face to face** ◆ **to come face to face with** (= meet) se trouver face à face or nez à nez avec ; (= confront) [+ problem, difficulty] devoir affronter ◆ **to bring two people face to face** confronter deux personnes ; see also **compounds**

◆ **to be off one's face**٭ (Brit) être bourré٭

◆ **out of sb's face**٭ ◆ **get out of my face!** fous-moi la paix !٭

② [= FRONT] ◆ **he was lying face down(wards)** (on ground) il était face contre terre or à plat ventre ; (on bed, sofa) il était à plat ventre ◆ **he was lying face up(wards)** il était allongé sur le dos ◆ **to fall (flat) on one's face** (lit) tomber à plat ventre, tomber face contre terre ; (fig) se planter٭

③ [= EXPRESSION] mine f ◆ **to make** or **pull faces (at)** faire des grimaces (à) ◆ **to make** or **pull a (disapproving) face** faire la moue ◆ **to put a bold** or **brave face on things** faire bonne contenance ◆ **they're trying to put a good face on it** ils font contre mauvaise fortune bon cœur ◆ **to set one's face against sth** s'élever contre qch ◆ **to set one's face against doing sth** se refuser à faire qch

④ [= APPEARANCE] visage m ◆ **to change the face of a town** changer le visage d'une ville ◆ **the changing face of Malaysian politics** le visage changeant de la politique malaise ◆ **the unacceptable face of capitalism** la face inacceptable du capitalisme
◆ **on the face of it** à première vue

⑤ [٭ = PERSON] visage m ; (= celebrity) nom m (connu) ◆ **a familiar face** un visage familier ◆ **among familiar faces** parmi des visages familiers or connus ◆ **the new committee includes many of the same old faces** on retrouve les mêmes visages dans le nouveau comité ◆ **we need some new** or **fresh faces on the team** notre équipe a besoin de sang neuf

⑥ [OF BUILDING] façade f

⑦ [OF CLOCK] cadran m

⑧ [CLIMBING] [of mountain] face f ; [of cliff] paroi f ◆ **the north face of the Eiger** la face nord de l'Eiger

⑨ [= SURFACE] [of coin] côté m ; [of the earth] surface f ; [of document] recto m ; [of playing card] face f, dessous m ◆ **it fell face up/down** [playing card, photo] elle est tombée face en dessus/en dessous ; [coin] elle est tombée côté face/pile ◆ **to turn sth face up** retourner or mettre qch à l'endroit ◆ **he vanished off the face of the earth** il a complètement disparu

⑩ [TYPOGRAPHY] œil m

⑪ [= PRESTIGE] ◆ **to lose face**٭ perdre la face ; → **loss**

⑫ [= IMPERTINENCE] ◆ **to have the face**٭ **to do sth** avoir le toupet ٭ de faire qch

### 2 - TRANSITIVE VERB

① [= TURN ONE'S FACE TOWARDS] faire face à ◆ **he turned and faced the man** il se retourna et fit face à l'homme ◆ **face this way!** tournez-vous de ce côté !

② [= HAVE ONE'S FACE TOWARDS] faire face à, être en face de ◆ **he was facing me** il me faisait face ◆ **facing one another** en face l'un de l'autre, l'un en face de l'autre ◆ **the two boys faced each other** les deux garçons se faisaient face or étaient face à face ◆ **he was facing the wall** il était face au mur ◆ **to face both ways** (fig) ménager la chèvre et le chou

③ [= HAVE ITS FRONT TOWARDS] (gen) faire face à ; (= look out onto) [building, window] faire face à, donner sur ◆ **the seats were all facing the platform** les sièges faisaient tous face à l'estrade ◆ **the picture facing page 16** l'illustration en regard de or en face de la page 16 ◆ **which way does the house face?** comment la maison est-elle orientée ? ◆ **the house faces north** la maison est orientée au nord

④ [= CONFRONT] [problem, task, situation] se présenter à ◆ **two problems/tasks faced them** deux problèmes/tâches se présentaient à eux, ils se trouvaient devant deux problèmes/tâches ◆ **the problem facing us** le problème devant lequel nous nous trouvons or qui se pose à nous ◆ **the economic difficulties facing the country** les difficultés économiques que rencontre le pays or auxquelles le pays doit faire face

♦ **faced with** ♦ **the government, faced with renewed wage demands...** le gouvernement, confronté à de nouvelles revendications salariales... ♦ **he was faced with a class who refused to cooperate** il se trouvait face à *or* confronté à une classe qui refusait de coopérer ♦ **faced with the task of deciding, he...** se trouvant dans l'obligation de prendre une décision, il... ♦ **he was faced with having to pay £100** *or* **with a bill for £100** il se voyait contraint *or* obligé de payer (une note de) 100 livres ♦ **he was faced with the possibility that they might refuse** il risquait de les voir refuser ♦ **he was faced with the prospect of doing it himself** il risquait d'avoir à le faire lui-même ♦ **faced with the prospect of having to refuse, he...** face à *or* devant la perspective d'avoir à refuser, il...

♦ **to face sb with sth** ♦ **you must face him with this choice/the decision** vous devez le contraindre à faire face à ce choix/cette décision ♦ **you must face him with the truth** vous devez le contraindre à regarder la vérité en face

[5] [= LOOK AT HONESTLY] *[+ problem]* faire face à ; *[+ truth]* regarder en face ♦ **she faced the problem at last** elle a enfin fait face au problème ♦ **to face the music** braver l'orage *or* la tempête ♦ **sooner or later he'll have to face the music** tôt ou tard, il va devoir braver l'orage *or* la tempête ♦ **to face (the) facts** regarder les choses en face, se rendre à l'évidence ♦ **she won't face the fact that he's not going to come back** elle ne veut pas se rendre à l'évidence et admettre qu'il ne reviendra pas ♦ **let's face it** * regardons les choses en face

♦ **can't/couldn't face** ♦ **I can't face doing it** je n'ai pas le courage de le faire ♦ **I can't face breakfast this morning** je ne peux rien avaler ce matin ♦ **I can't face him/the washing up** je n'ai pas le courage de le voir/de faire la vaisselle ♦ **I couldn't face this alone** je ne pourrais pas y faire face tout seul

[6] [= RISK INCURRING] *[+ fine, charges, prison, defeat, death]* risquer ; *[+ unemployment, redundancy]* être menacé de ♦ **he faces life in prison if convicted** il risque la prison à vie s'il est reconnu coupable ♦ **many people were facing redundancy** beaucoup de gens étaient menacés de licenciement *or* risquaient d'être licenciés

[7] [= LINE] *[+ wall]* revêtir (*with* de) ; *(Sewing)* doubler ♦ **the hood is faced with silk** la capuche est doublée de soie

**3 - INTRANSITIVE VERB**

[1] [PERSON] *(= turn one's face)* se tourner *(towards* vers) ; *(= be turned)* être tourné *(towards* vers), faire face *(towards* à) ♦ **he was facing towards the audience** il faisait face au public ♦ **right face!** *(US Mil)* à droite, droite ! ♦ **about face!** *(US Mil)* demi-tour !

[2] [HOUSE] être exposé *or* orienté ♦ **a window facing south** une fenêtre orientée au sud ♦ **a room facing towards the sea** une chambre donnant sur la mer

**4 - COMPOUNDS**

**face card** N *(US)* figure *f (de jeu de cartes)*
**face cloth** N ⇒ **face flannel**
**face cream** N crème *f* pour le visage
**face flannel** N *(Brit)* ≈ gant *m* de toilette
**face graft** N greffe *f* de *or* du visage
**face guard** N *(Baseball)* visière *f* de protection
**face-lift** N lifting *m* ♦ **to have a face-lift** se faire faire un lifting ♦ **to give a face-lift** * **to** *(fig) [+ house] (exterior)* ravaler la façade de ; *(interior)* retaper ; *[+ political party, company]* rajeunir l'image de ♦ **the town/the park/the garden has been given a face-lift** * la ville/le parc/le jardin a fait peau neuve
**face mask** N masque *m* ; *(Cosmetics)* masque *m* (de beauté)
**face-off** N *(Hockey)* remise *f* en jeu ; *(fig)* confrontation *f*
**face pack** N masque *m* (de beauté)
**face powder** N poudre *f* de riz
**face-saver** N → **face-saving**
**face-saving** ADJ qui sauve la face N ♦ **it was clearly a piece of face-saving** *or* **a face-saver on their part** ils ont visiblement fait cela pour sauver la face
**face-to-face** ADJ face à face, nez à nez ♦ **face-to-face discussion** *(TV etc)* face à face *m inv*, face-à-face *m inv*
**face value** N valeur *f* nominale ♦ **to take a statement at (its) face value** *(fig)* prendre une déclaration au pied de la lettre ♦ **to take sb at face value** juger qn sur les apparences ♦ **you can't take it at (its) face value** il ne faut pas vous laisser tromper par les apparences

**5 - PHRASAL VERBS**

▸ **face about** VI *(Mil)* faire demi-tour
▸ **face down** VT SEP *(esp US)* défier du regard
▸ **face out** * VT SEP *(Brit)* ♦ **to face it out** faire front ♦ **to face out a crisis** faire face à *or* affronter une crise
▸ **face up to** VT FUS *[+ danger, difficulty]* faire face à, affronter ; *[+ responsibilities]* faire face à ♦ **to face up to the fact that...** admettre *or* accepter (le fait) que...

**faceless** /ˈfeɪslɪs/ ADJ *[person]* sans visage ; *[place]* anonyme ♦ **he thinks politicians are just faceless wonders** pour lui, les hommes politiques sont tous les mêmes

**facer** * /ˈfeɪsəʳ/ N *(Brit)* ♦ **it was a real facer** c'était un sacré * problème

**facet** /ˈfæsɪt/ SYN N *(lit, fig)* facette *f*

**faceted** /ˈfæsɪtɪd/ ADJ à facettes

**facetious** /fəˈsiːʃəs/ SYN ADJ *[person]* facétieux

**facetiously** /fəˈsiːʃəslɪ/ ADV facétieusement

**facetiousness** /fəˈsiːʃəsnɪs/ N *[of person]* esprit *m* facétieux ; *[of remark]* caractère *m or* côté *m* facétieux ; *(= jokes)* facéties *fpl*

**facia** /ˈfeɪʃɪə/ N ⇒ **fascia**

**facial** /ˈfeɪʃəl/
ADJ *[nerve, muscles, massage]* facial ; *[expression]* du visage ; *[injury]* au visage ♦ **facial features** traits *mpl* (du visage)
N * soin *m* (complet) du visage ♦ **to have a facial** se faire faire un soin du visage ♦ **to give o.s. a facial** se faire un nettoyage de peau
COMP **facial hair** N poils *mpl* du visage
**facial scrub** N exfoliant *m*, produit *m* gommant (pour le visage)
**facial wash** N lotion *f* (pour le visage)

**facially** /ˈfeɪʃəlɪ/ ADV ♦ **facially disfigured** défiguré ♦ **to be facially scarred** avoir une (*or* des) cicatrice(s) au visage ♦ **they are facially similar** leurs visages se ressemblent

**facies** /ˈfeɪʃɪiːz/ N *(pl inv)* faciès *m*

**facile** /ˈfæsaɪl/ SYN ADJ *(pej) [talk, idea, style]* superficiel ; *[optimism, solution, comparison, victory]* facile *(pej)* ; *[question]* simpliste ♦ **it is facile to suggest that...** c'est un peu facile de suggérer que...

**facilely** /ˈfæsaɪllɪ/ ADV aisément

**facilitate** /fəˈsɪlɪteɪt/ SYN
VT faciliter
VI *(= act as mediator)* faire office de facilitateur (*or* de facilitatrice) ; *(= act as group leader)* faire office d'animateur (*or* d'animatrice)

**facilitation** /fəˌsɪlɪˈteɪʃən/ N facilitation *f*

**facilitator** /fəˈsɪlɪteɪtəʳ/ N *(= mediator)* facilitateur *m*, -trice *f* ; *(= group leader)* animateur *m*, -trice *f*

**facility** /fəˈsɪlɪtɪ/ SYN N [1] ♦ **facilities** *(= equipment, material)* équipements *mpl* (*for* de) ; *(= place, installation)* installations *fpl* ♦ **military facilities** installations *fpl* militaires ♦ **sports/educational facilities** équipements *mpl* sportifs/scolaires ♦ **storage facilities** *(industrial)* installations *fpl* d'entreposage, entrepôts *mpl* ; *(in house = wardrobes, cupboards etc)* espaces *mpl* de rangement ♦ **a large hotel with all facilities** un grand hôtel doté de tout le confort moderne ♦ **toilet facilities** toilettes *fpl*, sanitaires *mpl* ♦ **health care facilities** services *mpl* de santé, infrastructure *f* médicale ♦ **child care facilities** *(= crèches)* crèches *fpl* ; *(for older children)* garderies *fpl* ♦ **we offer facilities for childminding from 8am to 8pm** nous proposons une crèche *or* garderie pour les enfants de 8 heures à 20 heures ♦ **play facilities for young children** un espace de jeu pour les petits enfants ♦ **there are no facilities for children/the disabled** ce n'est pas aménagé pour les enfants/les handicapés ♦ **the flat has no cooking facilities** l'appartement n'est pas équipé pour faire la cuisine

[2] *(= means (of doing sth))* moyens *mpl* (*for* de), possibilité *f (for doing sth* de faire qch) ♦ **transport/production facilities** moyens *mpl* de transport/de production ♦ **a facility for converting part of one's pension into...** la possibilité de convertir une partie de sa retraite en... ♦ **the bank offers the facility to pay over 50 weeks** la banque offre la possibilité d'étaler les paiements sur 50 semaines ♦ **we have no facility** *or* **facilities for disposing of toxic waste** nous ne sommes pas en mesure d'éliminer les déchets toxiques ♦ **you will have all facilities** *or* **every facility for study** vous aurez toutes facilités *or* tout ce qu'il faut pour étudier ♦ **a computer with the facility to reproduce speech** un ordinateur capable de reproduire le son de la voix ♦ **the machine does not have the facility to run this program** l'appareil ne permet pas d'exécuter ce programme ; → **overdraft**

[3] *(Tech etc = device)* mécanisme *m* ; *(Comput)* fonction *f* ♦ **the clock has a stopwatch facility** le réveil peut aussi servir de chronomètre ♦ **the oven has an automatic timing facility** le four est doté d'un minuteur automatique ♦ **there's a facility for storing data** *(Comput)* il y a une fonction de mise en mémoire des données

[4] *(= place, building)* ♦ **the museum has a facility where students can work** le musée met à la disposition des étudiants un endroit où travailler ♦ **student facilities include a library and language laboratory** les étudiants disposent notamment d'une bibliothèque et d'un laboratoire de langues ♦ **a newly-built manufacturing facility** une nouvelle usine ♦ **nuclear facility** *(= arms factory)* usine *f* nucléaire ; *(= power station)* centrale *f* nucléaire

[5] *(NonC = ease)* facilité *f* ♦ **to write/speak/express o.s. with facility** écrire/parler/s'exprimer avec facilité *or* aisance

[6] *(= person's talent, ability)* ♦ **her facility in** *or* **for learning, her learning facility** sa facilité à apprendre ♦ **he has a great facility for languages/maths** il est très doué pour les langues/les maths, il a beaucoup de facilité en langues/maths

**facing** /ˈfeɪsɪŋ/ SYN N *(Constr)* revêtement *m* ; *(Sewing)* revers *m*

**-facing** /ˈfeɪsɪŋ/ ADJ *(in compounds)* ♦ **south/north-facing** exposé au sud/au nord ♦ **rear/forward-facing seats** *(on train)* sièges *mpl* placés dans le sens contraire de la marche/dans le sens de la marche

**facsimile** /fækˈsɪmɪlɪ/ SYN
N fac-similé *m* ♦ **in facsimile** en fac-similé
COMP **facsimile machine** N télécopieur *m*
**facsimile transmission** N télécopie *f*

**fact** /fækt/ LANGUAGE IN USE 26.1, 26.3 SYN
N [1] *(= sth known, accepted as true)* fait *m* ♦ **the fact that he is here** le fait qu'il est là *or* qu'il soit là ♦ **it is a fact that...** il faut bien reconnaître que..., il est de fait que... *(frm)* ♦ **in view of the fact that...** étant donné que... ♦ **despite the fact that...** bien que... + *subj* ♦ **is it a fact that...?** est-il vrai que... + *subj or indic* ? ♦ **is that a fact?** *(iro)* vraiment ? ♦ **(and) that's a fact** c'est certain *or* sûr ♦ **I know it for a fact** j'en suis sûr ♦ **to know (it) for a fact that...** être certain que... ♦ **let's stick to the facts** tenons-nous-en aux faits ♦ **we haven't got all the facts and figures yet** nous ne disposons pas encore de tous les éléments ♦ **interesting facts and figures about the different peoples of Africa** des informations intéressantes sur les différents peuples d'Afrique ♦ **it's a fact of life (that...)** la vie est ainsi faite (que...) ♦ **it's time he knew the facts of life** *(gen)* il est temps de lui apprendre les choses de la vie *or* qu'on le mette devant les réalités de la vie ; *(about sex)* il est temps qu'il sache comment les enfants viennent au monde ; → **face**

[2] *(NonC) (= reality)* faits *mpl*, réalité *f* ♦ **story founded on fact** histoire *f* basée sur des faits *or* sur la réalité ♦ **fact and fiction** le réel et l'imaginaire ♦ **he can't tell fact from fiction** *or* **from fable** il ne sait pas séparer le vrai du faux ♦ **the fact of the matter is that...** le fait est que... ♦ **I accept what he says as fact** je ne mets pas en doute la véracité de ses propos

♦ **in + fact** en fait ; *(reinforcing sth)* effectivement ♦ **he had promised to send the books and in fact they arrived the next day** il avait promis d'envoyer les livres et ils sont effectivement arrivés le lendemain ♦ **it was a terrible party, in fact I only stayed for half an hour** la soirée était nulle, en fait, je ne suis resté qu'une demi-heure ♦ **only I knew that Phyllis was, in fact, David's sister** j'étais le seul à savoir que Phyllis était en fait la sœur de David ♦ **it sounds rather simple, but in (actual) fact** *or* **in point of fact it's very difficult** cela paraît plutôt simple, mais en fait *or* en réalité, c'est très difficile

[3] *(Jur)* fait *m*, action *f* ; → **accessary**

COMP **fact-finding** ADJ ♦ **fact-finding committee** commission *f* d'enquête ♦ **they were on a fact-finding mission** *or* **trip** *or* **visit to the war front** ils étaient partis en mission d'inspection au front ♦ **fact-finding session** séance *f* d'information
**fact sheet** N fiche *f* d'informations

**faction¹** /'fækʃən/ SYN
**N** ① (= group) faction f
② (NonC = strife) discorde f, dissension f
COMP **faction fighting N** (lit) combats mpl entre factions (rivales) ; (fig) luttes fpl intestines

**faction²** /'fækʃən/ **N** (Theat, Cine = mixture of fact and fiction) docudrame m

**factional** /'fækʃənl/ ADJ [fighting, violence, rivalry] entre factions ; [leader] de faction

**factionalism** /'fækʃənlɪzəm/ **N** querelles fpl intestines

**factionalize** /'fækʃənlaɪz/ VT diviser (en factions)

**factious** /'fækʃəs/ SYN ADJ factieux

**factitious** /fæk'tɪʃəs/ ADJ artificiel

**factitive** /'fæktɪtɪv/ ADJ (Gram) factitif

**factoid** /'fæktɔɪd/ **N** pseudo-information f

**factor** /'fæktəʳ/ SYN
**N** ① (gen, Bio, Math) facteur m, élément m ◆ **risk factor** facteur m de risque ◆ **factor of safety, safety factor** (Tech) facteur m de sécurité ◆ **the human factor** le facteur humain ◆ **determining** or **deciding factor** facteur m déterminant or décisif ◆ **a (crucial) factor in determining/deciding sth** un facteur (essentiel) lorsqu'il s'agit de déterminer/décider qch ◆ **price is very much a determining factor in deciding which car to buy** le prix est un critère important or déterminant lors de l'achat d'une voiture ◆ **the scandal was a contributing factor in his defeat** le scandale a contribué à sa défaite ◆ **output has risen by a factor of ten** la production a été multipliée par dix ; → **common, prime**
② [of sun cream] ◆ **(sun protection) factor 20** indice m de protection 20
③ (= agent) agent m ; (Scot) (= estate manager) régisseur m, intendant m
COMP **factor analysis N** (Stat) analyse f factorielle
**factor VIII, factor 8 N** (Med) facteur m 8
▶ **factor in** VT SEP (esp US) prendre en compte

**factorage** /'fæktərɪdʒ/ **N** ① (Comm) commission f
② (Fin) commission f d'affacturage or de factoring

**factorial** /fæk'tɔ:rɪəl/
**ADJ** factoriel
**N** factorielle f

**factoring** /'fæktərɪŋ/ **N** affacturage m, factoring m

**factorize** /'fæktə,raɪz/ VT (Math) mettre en facteurs

**factory** /'fæktərɪ/ SYN
**N** usine f ◆ **shoe/soap etc factory** usine f or fabrique f de chaussures/de savon etc ◆ **car/textile etc factory** usine f d'automobiles/de textile etc ◆ **arms/china/tobacco factory** manufacture f d'armes/de porcelaine/de tabac
COMP **Factory Acts NPL** (Brit) législation f industrielle
**factory chimney N** cheminée f d'usine
**factory farm N** ferme f industrielle
**factory farming N** élevage m industriel
**factory floor N** ateliers mpl ◆ **workers on the factory floor** ouvriers mpl
**factory-fresh** ADJ tout droit sorti de l'usine
**factory hand N** = **factory worker**
**factory inspector N** inspecteur m du travail
**factory outlet N** magasin m d'usine
**factory ship N** navire-usine m
**factory work N** (NonC) travail m en or d'usine
**factory worker N** ouvrier m, -ière f (d'usine)

**factotum** /fæk'təʊtəm/ SYN **N** factotum m, intendant m ◆ **general factotum** (hum) bonne f à tout faire (fig, hum)

**factual** /'fæktjʊəl/ SYN ADJ [information, basis, evidence, account] factuel ; [error] sur les faits, de fait ; [knowledge] des faits

**factually** /'fæktjʊəlɪ/ ADV [accurate, correct, wrong] dans les faits ◆ **factually based** tiré de or basé sur des faits réels ◆ **she told her story factually and without emotion** elle a raconté son histoire factuellement et sans trace d'émotion

**facula** /'fækjʊlə/ **N** (pl **faculae** /'fækjʊli:/) (Astron) facule f

**faculty** /'fækəltɪ/ SYN
**N** ① faculté f ◆ **the mental faculties** les facultés fpl mentales ◆ **to have all one's faculties** avoir toutes ses facultés ◆ **critical faculty** le sens critique
② (NonC = aptitude) aptitude f, facilité f (for doing sth à faire qch)
③ (Univ) faculté f ◆ **the Faculty of Arts** la faculté des Lettres ◆ **the medical faculty** la faculté de médecine ◆ **the Faculty** (US) le corps enseignant ; → **law, science**
COMP **faculty advisor N** (US Univ) (for student) directeur m, -trice f d'études ; (for club) animateur m, -trice f
**Faculty board N** (Univ) Conseil m de faculté
**Faculty board meeting N** réunion f du Conseil de faculté
**faculty lounge N** (US Scol) salle f des professeurs
**Faculty meeting N** ⇒ **Faculty board meeting**

**fad** /fæd/ SYN **N** (personal) marotte f, manie f ; (in society in general) engouement m, mode f ◆ **she has her fads** elle a ses (petites) marottes or manies ◆ **her latest food fad** sa dernière lubie en matière de nourriture ◆ **a passing fad** un engouement, une lubie

**faddish** /'fædɪʃ/, **faddy** /'fædɪ/ ADJ (Brit) [person] capricieux, à marottes ; [distaste, desire] capricieux

**fade** /feɪd/ SYN
**VI** ① [colour] passer, perdre son éclat ; [material] passer, se décolorer ; [light] baisser, diminuer ; [flower] se faner, se flétrir ◆ **guaranteed not to fade** [fabric] garanti bon teint ◆ **the daylight was fast fading** le jour baissait rapidement
② (also **fade away**) [thing remembered, vision] s'effacer ; [interest, enthusiasm] diminuer, décliner ; [sound] s'affaiblir ; [smile] s'évanouir ; [one's sight, memory, hearing etc] baisser ◆ **the castle faded from sight** le château disparut aux regards ◆ **her voice faded into silence** sa voix s'est éteinte ◆ **the sound is fading** (Rad) il y a du fading ◆ **our hopes had faded** nos espoirs s'étaient évanouis ◆ **hopes are fading of finding any more survivors** l'espoir de découvrir d'autres survivants s'amenuise ◆ **to fade into the background** [person] se fondre dans le décor ◆ **my fears for Philip faded into the background** mes craintes pour Philip furent reléguées au second plan ◆ **a singer who faded into obscurity after just one hit record** un chanteur qui est retombé dans l'anonymat après seulement un tube *
③ (liter = die) [person] dépérir
**VT** ① [+ curtains etc] décolorer ; [+ colours, flowers] faner
② (Rad) [+ conversation] couper par un fondu sonore ◆ **to fade one scene into another** (Cine, TV) faire un fondu enchaîné
**N** ⇒ **fade-out**
COMP **fade-in N** (Cine) fondu m en ouverture ; (TV) apparition f graduelle ; (Rad) fondu m sonore
**fade in-fade out N** fondu m enchaîné
**fade-out N** (Cine) fondu m en fermeture ; (TV) disparition f graduelle ; (Rad) fondu m sonore
▶ **fade away** VI ⇒ **fade** vi 2
▶ **fade in**
**VI** (Cine, TV) apparaître en fondu
**VT SEP** (Cine, TV) faire apparaître en fondu ; (Rad) monter
**N** ◆ **fade-in** → **fade**
▶ **fade out**
**VI** [sound] faiblir ; (Cine, TV) [picture] disparaître en fondu ; (Rad) [music, dialogue] être coupé par un fondu sonore
**VT SEP** (Cine, TV) faire disparaître en fondu ; (Rad) couper par un fondu sonore
**N** ◆ **fade-out** → **fade**

**faded** /'feɪdɪd/ SYN ADJ [material] décoloré, passé ; [jeans] délavé ; [flowers] fané, flétri ; [beauty] défraîchi, fané ; [pop star, celebrity] déchu ◆ **the faded glory of Havana** la splendeur fanée de La Havane

**fado** /'fɑ:dʊ/ **N** fado m

**faecal, fecal** (US) /'fi:kəl/ ADJ fécal

**faeces, feces** (US) /'fi:si:z/ SYN **NPL** excréments mpl, fèces fpl (SPEC)

**faerie, faery** /'fɛərɪ/ († or liter)
**N** féerie f
**ADJ** imaginaire, féerique ◆ "**The Faerie Queen**" (Literat) « La reine des fées »

**Faeroes** /'fɛərəʊz/ NPL ⇒ **Faroes**

**faff*** /fæf/ VI (Brit) ◆ **to faff about** or **around** glandouiller*

**fag** /fæg/
**N** ① (Brit *‡* = cigarette) clope f
② (esp US *‡* pej = homosexual) pédé *‡* m
③ (NonC: Brit † *‡*) corvée f ◆ **what a fag!** quelle corvée !
④ (Brit Scol) petit élève au service d'un grand
**VT** (Brit) ① (also **fag out**) [+ person, animal] éreinter, épuiser ◆ **to be fagged (out)** * être claqué * or crevé *
② **I can't be fagged** *‡* j'ai la flemme * (to do sth de faire qch)
**VI** (Brit Scol) ◆ **to fag for sb** faire les menues corvées de qn
COMP **fag end N** ① * [of cigarette] mégot * m
② (= remainder) restant m, reste m ; [of conversation] dernières bribes fpl
**fag hag** *‡* **N** fille f à pédés *‡*

**faggot¹, fagot** (US) /'fægət/ **N** ① (= wood) fagot m
② (Brit Culin) ≈ crépinette f

**faggot²** *‡* /'fægət/ **N** (esp US pej) (= homosexual) pédé *‡* m

**fah** /fɑ:/ **N** (Mus) fa m

**Fahrenheit** /'færənhaɪt/ ADJ Fahrenheit inv ◆ **Fahrenheit thermometer/scale** thermomètre m/échelle f Fahrenheit ◆ **degrees Fahrenheit** degrés mpl Fahrenheit

**FAI** /ˌefeɪ'aɪ/ (Brit Sport) (abbrev of **Football Association of Ireland**) Fédération f irlandaise de football

**fail** /feɪl/ LANGUAGE IN USE 11.2 SYN
**VI** ① (= be unsuccessful) [person] (gen) échouer ; (in exam) échouer, être recalé* or collé* ; [plans, attempts, treatment] échouer, ne pas réussir ; [negotiations] ne pas aboutir, échouer ; [play, show] faire or être un four ; [bank, business] faire faillite ◆ **to fail in an exam/in Latin** échouer or être recalé* à un examen/en latin ◆ **to fail by five votes/by ten minutes** échouer à cinq voix près/à dix minutes près ◆ **to fail miserably** or **dismally** échouer lamentablement ◆ **he failed in his attempt to take control of the company** sa tentative de prendre le contrôle de la société a échoué ◆ **to fail in one's duty** faillir à or manquer à son devoir
② (= grow weak) [hearing, eyesight, health] faiblir, baisser ; [person, invalid, voice] s'affaiblir ◆ **his eyes are failing** sa vue faiblit or baisse ◆ **his heart/lungs/liver failed** il a eu une défaillance cardiaque/pulmonaire/hépatique ◆ **the daylight was beginning to fail** le jour commençait à baisser
③ (= run short) [power, gas, electricity, water supply] manquer ◆ **crops failed because of the drought** la sécheresse a causé la perte des récoltes
④ (= break down) [engine] tomber en panne ; [brakes] lâcher
**VT** ① [+ examination] échouer à, être recalé* or collé* à ◆ **to fail Latin** échouer or être recalé* en latin ◆ **to fail one's driving test** échouer à or être recalé* à son permis (de conduire)
② [+ candidate] recaler, coller *
③ (= let down) [+ business partner] manquer à ses engagements envers ; [+ friend, colleague, loved one] (= disappoint) décevoir ; (= neglect) délaisser ◆ **don't fail me!** je compte sur vous ! ◆ **he felt that he'd failed his family** il avait le sentiment d'avoir manqué à ses devoirs envers sa famille ◆ **his heart failed him** le cœur lui a manqué ◆ **words fail me!** les mots me manquent ! ◆ **his memory often fails him** sa mémoire lui fait souvent défaut, sa mémoire le trahit souvent
④ (= omit) ◆ **to fail to do sth** manquer de faire qch ◆ **he never fails to write** il ne manque jamais d'écrire ◆ **he failed to visit her** il a omis de lui rendre visite ◆ **he failed to meet the deadline** il n'est pas parvenu à respecter les délais ◆ **he failed to keep his word** il a manqué à sa parole ◆ **he failed to turn up for dinner** il ne s'est pas montré au dîner ◆ **they failed to make any progress/to get an agreement** ils n'ont absolument pas progressé/ne sont pas parvenus à un accord ◆ **she never fails to amaze me** elle me surprendra toujours ◆ **I fail to see why** je ne vois pas pourquoi ◆ **I fail to understand** je n'arrive pas à comprendre ◆ (Jur) ◆ **to fail to appear** faire défaut ◆ **he was fined for failing to stop at a red light** (Jur) il a eu une amende or contravention pour avoir brûlé un feu rouge
**N** ① **without fail** [happen, befall] immanquablement ; [come, do] chaque fois, sans exception ; (implying obligation) sans faute ◆ **every morning without fail, she takes the dog for a**

**failed | fairy** ENGLISH-FRENCH 318

**walk** chaque matin sans exception, elle sort son chien ◆ **I'll bring you the money first thing in the morning without fail** je vous apporterai l'argent sans faute, demain à la première heure ◆ **you must take these tablets every day without fail** il faut que vous preniez ces cachets tous les jours sans faute *or* sans exception

[2] *(Scol, Univ)* échec *m* ◆ **she got a fail in history** elle a échoué *or* elle a été recalée* en histoire

COMP **fail-safe** ADJ *[device, mechanism]* à sûreté intégrée

**failed** /feɪld/ ADJ *[attempt, coup, marriage, businessman, writer]* raté ; *[bank]* en faillite ◆ **it's a failed ideology** c'est une idéologie qui a échoué

**failing** /ˈfeɪlɪŋ/ SYN

N défaut *m*

PREP à défaut de ◆ **failing this** sinon ◆ **failing which we…** sinon *or* faute de quoi nous… ◆ **drugs can often help. Failing this, surgery may be required** les médicaments sont souvent efficaces, sinon, *or* dans le cas contraire, on peut avoir recours à la chirurgie

ADJ *[eyesight, health, memory]* défaillant ; *[marriage]* qui va à vau-l'eau ; *[light]* qui baisse ; *[economy]* déprimé, en récession ◆ **"failing"** *(US Scol)* « faible »

**faille** /feɪl/ N *(= fabric)* faille *f*

**failure** /ˈfeɪljəʳ/ SYN N [1] *(= lack of success) [of person, plan]* échec *m* ; *[of bank, business]* faillite *f* ; *[of discussions, negotiations]* échec *m*, fiasco *m* ◆ **academic failure** l'échec *m* scolaire (*or* universitaire) ◆ **I was surprised by her failure in the exam** j'ai été surpris qu'elle échoue à cet examen ◆ **after two failures he gave up** il a abandonné après deux échecs ◆ **the play was a failure** la pièce a fait un four *or* a été un fiasco ◆ **this new machine/this plan is a total failure** cette nouvelle machine/ce projet est un fiasco complet ◆ **his failure to convince them** son incapacité *or* son impuissance à les convaincre ; → **rate¹**

[2] *(= unsuccessful person)* raté(e) *m(f)* ◆ **to be a failure at maths** être nul en math ◆ **to be a failure at gardening** ne pas être doué pour le jardinage ◆ **he's a failure as a writer** *(= poor writer)* il ne vaut rien comme écrivain ; *(= unsuccessful writer)* il n'a pas eu de succès en tant qu'écrivain

[3] *(= insufficiency) [of electricity]* panne *f* ◆ **failure of oil/water supply** manque *m* de pétrole/d'eau ◆ **failure of the crops** perte *f* des récoltes

[4] *(Med)* ◆ **heart/kidney/liver failure** défaillance *f* cardiaque/rénale/hépatique

[5] *(= breakdown) [of engine]* panne *f*

[6] *(= omission)* ◆ **his failure to answer** le fait qu'il n'a pas répondu ◆ **because of his failure to help us** du fait qu'il ne nous a pas aidés ◆ **the government's failure to comply with EU legal obligations** le non-respect des lois de l'UE de la part du gouvernement ◆ **failure to appear** *(Jur)* défaut *m* de comparution *or* de comparaître ◆ **failure to observe a bylaw** inobservation *f* d'un règlement (de police)

**fain** †† /feɪn/ ADV volontiers ◆ **I would fain be dead** puissé-je périr

**faint** /feɪnt/ SYN

ADJ [1] *(= slight, not pronounced) [sound, smell, trace, breathing]* léger ; *[marking, writing]* à peine visible ; *[colour]* pâle ; *(= vague) [recollection, memory, idea]* vague ; *[suspicion]* léger ; *[hope]* faible, léger ; *(= weak) [voice, light, breathing, smile]* faible ; *[protest]* sans conviction ◆ **to grow fainter** s'affaiblir, diminuer ◆ **a faint feeling of unease** un vague sentiment de gêne ◆ **she made a faint attempt to make him laugh** elle a essayé vaguement de le faire rire ◆ **I haven't the faintest idea (about it)** je n'en ai pas la moindre idée ◆ **I never felt the faintest desire to cry** je n'ai jamais eu la moindre envie de pleurer ◆ **faint heart never won fair lady** *(Prov)* qui n'ose rien n'a rien *(Prov)* ; → **damn**

[2] *(= unwell) [person]* prêt à s'évanouir *or* à défaillir ◆ **to feel faint** se sentir mal ◆ **to be/grow faint with hunger** défaillir/commencer à défaillir de faim

N évanouissement *m*, défaillance *f* ◆ **to fall in a faint** s'évanouir, avoir une défaillance

VI *(= lose consciousness)* s'évanouir ◆ **he fainted from the shock/the pain** le choc/la douleur lui a fait perdre connaissance ◆ **to be fainting** *(= feel weak) (from hunger etc)* défaillir *(from* de)

COMP **fainting fit, fainting spell** *(US)* N évanouissement *m*

**faint-ruled paper** N papier *m* réglé (en impression légère)

**fainthearted** /ˌfeɪntˈhɑːtɪd/ SYN ADJ timoré ◆ **it's not for the fainthearted** *[venture, investment]* ça demande un certain courage ; *(= not for the oversensitive)* ce n'est pas pour les personnes sensibles

**faintheartedly** /ˌfeɪntˈhɑːtɪdlɪ/ ADV sans courage, avec pusillanimité

**faintheartedness** /ˌfeɪntˈhɑːtɪdnɪs/ N pusillanimité *f*

**faintly** /ˈfeɪntlɪ/ SYN ADV [1] *(= slightly) [glow, smell of]* légèrement ; *[odd, strange, silly]* un peu ; *[ridiculous, absurd, familiar]* vaguement ; *[surprised, embarrassed, annoyed, uncomfortable]* légèrement ◆ **faintly amusing** vaguement amusant ◆ **in a faintly disappointed tone** d'un ton un peu déçu, avec une nuance de déception dans la voix ◆ **to be faintly reminiscent of sth** rappeler vaguement qch

[2] *(= lightly) [breathe, write]* légèrement ; *(= weakly) [breathe, say, call]* faiblement ◆ **to smile faintly** esquisser un faible *or* un vague sourire ◆ **to sigh faintly** pousser un léger soupir

**faintness** /ˈfeɪntnɪs/ N

[1] *[of sound, voice etc]* faiblesse *f* ; *[of breeze etc]* légèreté *f*

[2] *(= dizziness)* vertiges *mpl*

**fair¹** /fɛəʳ/ SYN

ADJ [1] *(= just) [person, decision]* juste, équitable ; *[price]* juste ; *[deal]* équitable, honnête ; *[competition, match, fight, player]* loyal, correct ; *[profit]* justifié, mérité ◆ **he is strict but fair** il est sévère mais juste *or* équitable ◆ **be fair: it's not their fault** sois juste : ce n'est pas de leur faute ◆ **it's not fair** ce n'est pas juste ◆ **as is (only) fair** et ce n'est que justice, comme de juste ◆ **to be fair (to him)** *or* **let's be fair (to him), he thought he had paid for it** rendons-lui cette justice, il croyait l'avoir payé ◆ **it wouldn't be fair to his brother** ce ne serait pas juste vis-à-vis de son frère ◆ **this isn't fair on anyone/either of us** ce n'est juste pour personne/ni pour toi ni pour moi ◆ **it's fair to say that…** il est juste de dire que… ◆ **it's (a) fair comment** la remarque est juste ◆ **to get** *or* **have a fair crack of the whip** avoir la chance de montrer de quoi on est capable ◆ **to give sb a fair deal** agir équitablement envers qn, être fair-play *inv* avec qn ◆ **fair enough!** d'accord !, très bien ! ◆ **all this is fair enough, but…** tout cela est très bien mais…, d'accord mais… ◆ **it's a fair exchange** c'est équitable, c'est un échange honnête ◆ **fair exchange is no robbery** *(Prov)* échange n'est pas vol ◆ **he was fair game for the critics** c'était une proie rêvée *or* idéale pour les critiques ◆ **fair's fair!** ce n'est que justice ! ◆ **all's fair in love and war** en amour comme à la guerre, tous les coups sont permis ◆ **by fair means or foul** par tous les moyens, par n'importe quel moyen ◆ **that's a fair point** c'est juste ◆ **to give sb a fair shake** *(US)* agir équitablement envers qn, être fair-play *inv* avec qn ◆ **he got his fair share of the money** il a eu tout l'argent qui lui revenait (de droit) ◆ **he's had his fair share of trouble*** il a eu sa part de soucis ◆ **fair shares for all** (à) chacun son dû ◆ **it was all fair and square** tout était très correct *or* régulier ◆ **he's fair and square** il est honnête *or* franc ◆ **to get a fair trial** bénéficier d'un procès équitable ◆ **to give sb fair warning of sth** prévenir qn honnêtement de qch ◆ **fair wear and tear** usure *f* normale

[2] *(= considerable) [sum]* considérable ; *[number]* respectable ◆ **their garden's a fair size** leur jardin est de taille respectable ◆ **there's a fair amount of money left** il reste pas mal d'argent ◆ **he's travelled a fair amount** il a pas mal voyagé ◆ **to have travelled a fair distance** *or* **way** avoir fait un bon bout de chemin ◆ **to go at a fair pace** aller bon train, aller à (une) bonne allure

[3] *(= average) [work, achievements]* passable, assez bon ◆ **"fair"** *(Scol: as mark)* « passable » ◆ **it's fair to middling** c'est passable, ce n'est pas mal ◆ **in fair condition** en assez bon état

[4] *(= reasonable) [guess, assessment]* juste ; *[idea]* précis ◆ **he has a fair chance of success** il a des chances de réussir ◆ **he is in a fair way to doing it** il y a de bonnes chances pour qu'il le fasse ◆ **fair sample** échantillon *m* représentatif

[5] *(= light-coloured) [hair]* blond ; *[complexion, skin]* clair, de blond(e) ◆ **she's fair** elle est blonde, c'est une blonde

[6] *(= fine) [weather]* beau (belle *f*) ; *[wind]* propice, favorable ◆ **it will be fair and warm tomorrow** il fera beau et chaud demain ◆ **it's set fair** le temps est au beau fixe

[7] *(† or liter = beautiful) [person, place]* beau (belle *f*) ◆ **fair words** belles phrases *fpl* *or* paroles *fpl* ◆ **the fair lady of some brave knight of old** la belle dame de quelque brave chevalier du temps jadis ◆ **this fair city of ours** cette belle ville qui est la nôtre ◆ **fair promises** belles promesses *fpl* ◆ **with one's own fair hands** *(hum)* de ses blanches mains

[8] *(= clean, neat)* propre, net ◆ **fair copy** *(rewritten)* copie *f* au propre *or* au net ; *(= model answer)* corrigé *m* ◆ **to make a fair copy of sth** recopier qch au propre *or* au net

ADV [1] ◆ **to play fair** jouer franc jeu ◆ **to act fair and square** se montrer juste ◆ **the branch struck him fair and square in the face** la branche l'a frappé au beau milieu du visage *or* en plein (milieu du) visage ◆ **the car ran fair and square into the tree** la voiture est entrée de plein fouet *or* en plein dans l'arbre

[2] *(⁑ or dial)* ⇒ **fairly 3**

[3] †† *[speak]* courtoisement ◆ **fair spoken** qui parle avec courtoisie

COMP **fair-haired** ADJ blond, aux cheveux blonds ◆ **fair-haired girl** blonde *f* ◆ **the fair-haired boy*** *(US fig)* le chouchou*, le chéri

**fair-minded** ADJ impartial, équitable

**fair-mindedness** N impartialité *f*, équité *f*

**fair play** N fair-play *m*

**fair-sized** ADJ assez grand, d'une bonne taille

**fair-skinned** ADJ à la peau claire

**fair trade** N commerce *m* équitable

**fair-trade price** N *(US)* prix *m* imposé

**fair-weather friends** NPL les amis *mpl* des beaux jours

**fair²** /fɛəʳ/ SYN N *(gen)* foire *f* ; *(Comm)* foire *f* ; *(for charity)* fête *f*, kermesse *f* ; *(Brit : also* **funfair***)* fête *f* foraine ◆ **the Book Fair** *(Comm)* le Salon *or* la Foire du livre ; → **world**

**fairground** /ˈfɛəgraʊnd/ N champ *m* de foire

**fairing** /ˈfɛərɪŋ/ N *[of vehicle, plane]* carénage *m*

**Fair Isle** N *(= sweater)* pull shetland à motif géométrique ; *(= pattern)* motif de tricot géométrique des îles Shetland

**fairly** /ˈfɛəlɪ/ SYN ADV [1] *(= moderately)* assez ◆ **he plays fairly well** il joue assez bien ◆ **he's fairly good** il est assez bon, il n'est pas mauvais ◆ **they lead a fairly quiet life** ils mènent une vie plutôt tranquille ◆ **I'm fairly sure that…** je suis presque sûr que… ◆ **fairly soon** d'ici peu de temps

[2] *(= justly) [treat, compare, judge, share, distribute]* équitablement ; *[obtain]* honnêtement, loyalement ; *[call, describe]* honnêtement ; *[claim, argue]* à juste titre

[3] *(† = positively)* carrément ◆ **he was fairly beside himself with rage** il était carrément hors de lui ◆ **he fairly flew across the room** il a traversé la pièce en trombe

[4] ◆ **fairly and squarely** ⇒ **fair and square** ; → **fair¹**

**fairness** /ˈfɛənɪs/ SYN

N [1] *(= lightness) [of hair]* couleur *f* blonde, blondeur *f* ; *[of skin]* blancheur *f*

[2] *(= honesty, justice)* équité *f* ; *[of decision, judgment]* équité *f*, impartialité *f* ◆ **in** *or* **out of all fairness** en toute justice ◆ **in fairness to him** pour être juste envers lui

COMP **Fairness Doctrine** N *(US)* principe *m* de l'impartialité

**FAIRNESS DOCTRINE**

Aux États-Unis, le principe de l'impartialité ou **Fairness Doctrine** impose aux stations de radio et aux chaînes de télévision de faire entendre différents points de vue sur les grandes questions de société et de respecter un certain équilibre dans le temps d'antenne accordé aux principaux candidats lors des élections locales et nationales. Il ne s'agit pas d'une loi, mais d'un principe déontologique qui bénéficie du soutien du Congrès.

**fairway** /ˈfɛəweɪ/ N *(= channel)* chenal *m*, passe *f* ; *(Golf)* fairway *m*

**fairy** /ˈfɛərɪ/ SYN

N [1] fée *f* ◆ **the wicked fairy** la fée Carabosse ◆ **she's his good fairy** elle est sa bonne fée ◆ **he's away with the fairies*** *(hum)* il a une araignée au plafond*

[2] *(⁑ pej = homosexual)* pédé⁑ *m*, tapette⁑ *f*

ADJ *[gift]* magique • **a fairy helper** une bonne fée

COMP **fairy cycle** N bicyclette *f* d'enfant
**fairy footsteps** NPL *(iro)* pas *mpl* (légers) de danseuse *(iro)*
**fairy godmother** N *(lit)* bonne fée *f* ; *(fig)* marraine *f* gâteau * *inv*
**fairy lights** NPL guirlande *f* électrique
**fairy-like** ADJ féerique, de fée
**fairy queen** N reine *f* des fées
**fairy ring** N *(= mushrooms)* rond *m* de sorcières
**fairy story, fairy tale** N conte *m* de fées ; *(= untruth)* histoire *f* à dormir debout *
**fairy-tale** ADJ *[character, place] (lit)* de conte de fées ; *(fig)* enchanteur (-teresse *f*) • **the hotel is set in fairy-tale surroundings** l'hôtel est situé dans un cadre enchanteur • **a fairy-tale ending** un dénouement romanesque

**fairyland** /ˈfɛərɪlænd/ N royaume *m* des fées ; *(fig)* féerie *f*

**faith** /feɪθ/ SYN
N 1 *(NonC) (= trust, belief)* foi *f*, confiance *f* • **Faith, Hope and Charity** la foi, l'espérance et la charité • **faith in God** foi *f* en Dieu • **to have faith in sb** avoir confiance en qn • **to have faith in sb's ability/judgement** se fier aux compétences/au jugement de qn • **I've lost faith in him** je ne lui fais plus confiance • **to put one's faith in, to pin one's faith on** * mettre tous ses espoirs en
2 *(= religion)* religion *f* • **the Christian faith** la religion *or* la foi chrétienne • **people of different faiths** des gens de confessions différentes
3 *(NonC)* • **to keep faith with sb** tenir ses promesses envers qn • **to break faith with sb** manquer à sa parole envers qn
4 *(NonC)* • **good faith** bonne foi *f* • **to do sth in all good faith** faire qch en toute bonne foi • **bad faith** mauvaise foi *f* • **to act in bad faith** agir de mauvaise foi
COMP **faith hate** N haine *f* religieuse
**faith healer** N guérisseur *m*, -euse *f*
**faith healing** N guérison *f* par la foi
**faith school** N école *f* religieuse

**faithful** /ˈfeɪθfʊl/ SYN
ADJ *[person, translation, copy, account]* fidèle *(to* à) • **to be faithful to sb's wishes** respecter les désirs de qn • **26 years' faithful service** 26 années de bons et loyaux services • **my faithful old car** ma bonne vieille voiture
NPL **the faithful** *(Rel) (= Christians)* les fidèles *mpl* ; *(= Muslims)* les croyants *mpl* • **the (party) faithful** *(Pol)* les fidèles *mpl* du parti

**faithfully** /ˈfeɪθfəlɪ/ ADV *[report, translate, reproduce]* fidèlement ; *[serve]* loyalement • **to promise faithfully** donner sa parole • **Yours faithfully** *(esp Brit) (in letter writing)* Veuillez agréer, Messieurs, mes salutations distinguées , Je vous prie d'agréer, Messieurs, l'expression de mes sentiments distingués

**faithfulness** /ˈfeɪθfʊlnɪs/ SYN N *[of person]* fidélité *f (to* à), loyauté *f (to* envers) ; *[of account, translation]* fidélité *f*, exactitude *f* ; *[of copy]* conformité *f*

**faithless** /ˈfeɪθlɪs/ SYN ADJ déloyal, perfide

**faithlessness** /ˈfeɪθlɪsnɪs/ SYN N *(NonC)* déloyauté *f*, perfidie *f*

**fake** /feɪk/ SYN
N 1 faux *m* • **the passport/document/certificate was a fake** le passeport/le document/le certificat était (un) faux • **the diamond was a fake** c'était un faux diamant • **the pistol was a fake** le pistolet était faux, c'était un faux pistolet • **the bomb was a fake** c'était une fausse bombe • **he's a fake** c'est un imposteur
2 *(US Sport)* feinte *f*
ADJ *[document, passport, painting, beam, banknote, jewel, fur]* faux (fausse *f*) ; *[blood]* factice ; *[elections, trial, photograph, interview]* truqué • **a fake suntan** un bronzage artificiel • **a fake Mackintosh chair** une fausse chaise Mackintosh
VT 1 *[+ document] (= counterfeit)* faire un faux de ; *(= alter)* maquiller, falsifier ; *(Art) [+ picture]* faire un faux de, contrefaire ; *[+ beam, furniture, signature]* imiter ; *[+ photograph, sound tape, trial]* truquer ; *[+ accounts]* falsifier ; *(Rad, TV) [+ interview]* truquer, monter d'avance • **to fake illness/death** faire semblant d'être malade/mort • **to fake orgasm** simuler l'orgasme • **to fake a pass** *(US Sport)* feinter
2 *(US = ad-lib) [+ tune]* improviser
VI faire semblant ; *(US Sport)* feinter

**fakir** /ˈfɑːkɪəʳ/ N fakir *m*

**falcate** /ˈfælkeɪt/, **falciform** /ˈfælsɪˌfɔːm/ ADJ falciforme

**falcon** /ˈfɔːlkən/ N faucon *m*

**falconer** /ˈfɔːlkənəʳ/ N fauconnier *m*

**falconry** /ˈfɔːlkənrɪ/ N fauconnerie *f*

**faldstool** /ˈfɔːldˌstuːl/ N faldistoire *m*

**Falkland** /ˈfɔːlklənd/
NPL **the Falklands** ⇒ **the Falkland Islands**
COMP **Falkland Islander** N habitant(e) *m(f)* des (îles) Malouines *or* Falkland
**the Falkland Islands** NPL les îles *fpl* Malouines *or* Falkland

**fall** /fɔːl/ SYN (vb: pret **fell**, ptp **fallen**)
N 1 *(lit, fig = tumble)* chute *f* • **to have a fall** tomber, faire une chute • **to be heading** *or* **riding for a fall** courir à l'échec, aller au-devant de la défaite ; → **free**
2 *(= lowering : in price, demand, temperature)* baisse *f (in* de) ; *(more drastic)* chute *f (in* de) ; *(Fin)* dépréciation *f*, baisse *f*
3 *(= shower of objects etc) [of rocks, snow]* chute *f* • **fall of earth** éboulement *m*, éboulis *m*
4 *(Mil) (= defeat)* chute *f*, prise *f* • **the fall of Saigon** la chute *or* la prise de Saïgon • **the fall of the Bastille** la prise de la Bastille • **"The Fall of the House of Usher"** *(Literat)* « La chute de la maison Usher »
5 *(Rel)* • **the Fall (of Man)** la chute (de l'homme)
6 *(= slope) [of ground, roof]* pente *f*, inclinaison *f*
7 *(US = autumn)* automne *m* • **in the fall** en automne
NPL **falls** *(= waterfall)* chute *f* d'eau, cascade *f* • **the Niagara Falls** les chutes du Niagara
VI

► For set expressions such as **fall ill/pregnant/lame, fall short, etc**, look up the other word

1 *(= tumble) [person, object]* tomber • **he fell into the river** *[person]* il est tombé dans la rivière • **to fall out of a tree/off a bike** tomber d'un arbre/de vélo • **to fall over a chair** tomber en butant contre une chaise • **he let the cup fall** il a laissé tomber la tasse • **to fall on one's feet** *(lit, fig)* retomber sur ses pieds • **to fall on one's ass** ** *(US:lit, fig)* se casser la gueule * ; → **wayside**
2 *(= collapse) [building]* s'écrouler, s'effondrer • **he fell into bed exhausted** il s'est effondré sur son lit, épuisé
3 *(= find o.s.)* • **he fell among thieves** il est tombé aux mains de voleurs
4 *(= rain down) [rain, leaves, bombs]* tomber
5 *(= drop) [temperature, price, level]* baisser, tomber ; *[wind]* tomber ; *[voice]* baisser • **his face fell** son visage s'est assombri *or* s'est allongé • **to let fall a hint that...** laisser entendre que..., donner à entendre que...
6 *(= hang)* • **her hair fell to her shoulders** les cheveux lui tombaient sur les épaules • **the curtains fall to the floor** les rideaux vont jusqu'au sol • **the dress falls beautifully** la robe tombe très bien
7 *(= descend) [night, darkness]* tomber
8 (also **fall away**) *[ground]* descendre en pente • **the ground fell steeply to the valley floor** le terrain descendait en pente raide vers le fond de la vallée
9 *(= be defeated) [country, city, fortress]* tomber ; *[government]* tomber, être renversé
10 *(Rel = sin)* tomber, pécher ; → **grace**
11 *(Mil = die) [soldier etc]* tomber (au champ d'honneur)
12 *(= throw o.s.)* • **they fell into each other's arms** ils sont tombés dans les bras l'un de l'autre • **to fall to** *or* **on one's knees** tomber à genoux • **he was falling over himself to be polite** * il faisait de gros efforts pour être poli • **they were falling over each other to get it** * ils se battaient pour l'avoir ; → **neck**
13 *(= occur)* tomber • **Christmas Day falls on a Sunday** Noël tombe un dimanche • **the accent falls on the second syllable** l'accent tombe sur la deuxième syllabe • **the students fall into three categories** les étudiants se divisent en trois catégories
COMP **fall-back position** N solution *f* de secours *or* de réserve
**fall guy** * N *(= scapegoat)* bouc *m* émissaire ; *(= easy victim)* pigeon * *m*, dindon *m* de la farce
**fall line** N *(Geog)* ligne *f* de séparation entre un plateau et une plaine côtière ; *(Ski)* ligne *f* de plus grande pente
**fall-off** N ⇒ **falling-off** ; → **falling**

► **fall about** * VI *(Brit fig :* also **fall about laughing**) se tordre de rire

► **fall apart** VI *[house, furniture]* s'effondrer ; *[scheme, plan, deal]* tomber à l'eau ; *[person, one's life]* s'effondrer ; *(in exam etc)* perdre tous ses moyens • **their marriage is falling apart** leur couple est en train de se briser

► **fall away** VI *[ground]* descendre en pente ; *[plaster]* s'écailler ; *[numbers, attendances]* diminuer ; *[anxiety, fears]* se dissiper, s'évanouir • **his supporters are falling away** ses partisans sont en train de le déserter *or* de l'abandonner

► **fall back** VI *(= retreat, also Mil)* reculer, se retirer • **to fall back on sth** *(fig)* avoir recours à qch • **some money to fall back on** un peu d'argent en réserve • **gold shares fell back a point** les mines d'or ont reculé *or* se sont repliées d'un point

► **fall behind**
VI rester en arrière, être à la traîne ; *[racehorse, runner]* se laisser distancer ; *(in cycle race)* décrocher • **to fall behind with one's work** prendre du retard dans son travail • **she fell behind with the rent** elle était en retard pour son loyer
VT FUS • **to fall behind sb** *(in work etc)* prendre du retard sur qn

► **fall down** VI 1 *[person, book]* tomber (par terre) ; *[building]* s'effondrer, s'écrouler ; *[tree]* tomber
2 *(= fail) [person]* échouer ; *[plans]* tomber à l'eau ; *[hopes]* s'évanouir • **to fall down on the job** se montrer incapable de faire le travail, ne pas être à la hauteur • **he fell down badly that time** il s'est vraiment pris les pieds dans le tapis cette fois • **that was where we fell down** c'est là que nous avons achoppé • **she fell down on the last essay** elle a raté la dernière dissertation

► **fall for** VT FUS 1 *(= become very keen on)* • **to fall for sb** * tomber amoureux de qn • **to fall for an idea** * *etc* s'enthousiasmer pour une idée *etc*
2 *(pej) (= be taken in by)* • **to fall for a suggestion** se laisser prendre à une suggestion • **he really fell for it!** * il s'est vraiment laissé prendre !, il s'est vraiment fait avoir ! *

► **fall in**
VI 1 *[building]* s'effondrer, s'écrouler • **she leaned over the pool and fell in** elle s'est penchée au-dessus de la piscine et elle est tombée dedans
2 *(Mil) [troops]* former les rangs ; *[one soldier]* rentrer dans les rangs • **fall in!** à vos rangs !
VT SEP *[+ troops]* (faire) mettre en rangs

► **fall into** VT FUS *[+ trap, ambush]* tomber dans ; *[+ disfavour, disgrace, disuse]* tomber en ; *[+ despair, anarchy]* sombrer dans ; *[+ recession]* s'enfoncer dans • **to fall into a deep sleep** tomber dans un profond sommeil • **to fall into conversation with sb** entamer une conversation avec qn, se mettre à parler avec qn • **to fall into debt** s'endetter • **to fall into bad habits** prendre *or* contracter de mauvaises habitudes • **to fall into temptation** *(= be tempted)* être tenté ; *(= give in to temptation)* succomber à la tentation • **she fell into a deep depression** elle a sombré dans la dépression, elle a fait une grave dépression • **to fall into decline** connaître le déclin • **the city fell into decline at the end of the 16th century** le déclin de la ville remonte à la fin du 16ᵉ siècle • **to fall into ruin** tomber en ruine • **the mansion fell into decay** *or* **ruin 20 years ago** le manoir a commencé à se délabrer *or* à tomber en ruine il y a 20 ans • **ancient civilizations that fell into decay** les civilisations anciennes qui ont connu le déclin ; → **line**[1]

► **fall in with** VT FUS 1 *(= meet) [+ person]* rencontrer ; *[+ group]* se mettre à fréquenter • **he fell in with a bad crowd** il s'est mis à avoir de mauvaises fréquentations
2 *(= agree to) [+ proposal, suggestion]* accepter • **to fall in with sb's views** se ranger au point de vue de qn
3 *(= fit in)* • **this decision fell in very well with our plans** cette décision a cadré avec nos projets

► **fall off**
VI 1 *(lit)* tomber ; *(Climbing)* dévisser
2 *[supporters]* déserter ; *[sales, numbers, attendances]* diminuer ; *[curve on graph]* décroître ; *[interest]* se relâcher, tomber ; *[enthusiasm]* baisser, tomber
N • **fall-off** ⇒ **falling-off** ; → **falling**

► **fall on** VT FUS 1 *(= alight on, encounter)* • **her eyes fell on a strange object** son regard est tombé sur un objet étrange • **strange sounds fell on**

**our ears** des bruits étranges parvinrent à nos oreilles ◆ **to fall on bad** *or* **hard times** tomber dans la misère, avoir des revers de fortune

2 ⇒ **fall upon**

▸ **fall out**

VI 1 (*= quarrel*) se brouiller, se fâcher (*with* avec)

2 (*Mil*) rompre les rangs ◆ **fall out!** rompez !

3 (*= come to pass*) advenir, arriver ◆ **everything fell out as we had hoped** tout s'est passé comme nous l'avions espéré

VT SEP [*+ troops*] faire rompre les rangs à

▸ **fall over** VI tomber (par terre)

▸ **fall through** VI ◆ **all their plans have fallen through** tous leurs projets ont échoué *or* sont tombés à l'eau

▸ **fall to**

VI 1 (*= begin*) ◆ **he fell to wondering if…** il s'est mis à se demander si…

2 (*= start eating*) se mettre à l'œuvre, attaquer (un repas)

VT FUS (*= be one's duty*) ◆ **it falls to me to say** il m'appartient de dire, c'est à moi de dire

▸ **fall under** VT FUS (*= be subject to*) ◆ **to fall under suspicion** devenir suspect

▸ **fall upon** VT FUS 1 (*= attack*) se jeter sur, se lancer sur ◆ **to fall upon the enemy** (*Mil*) fondre *or* s'abattre sur l'ennemi ◆ **the wrath of God fell upon them** (*liter*) la colère de Dieu s'abattit sur eux

2 (*= be incumbent on*) ◆ **the responsibility falls upon you** la responsabilité retombe sur vous

3 (*= find*) trouver, découvrir ◆ **to fall upon a way of doing sth** trouver *or* découvrir un moyen de faire qch

**fallacious** /fəˈleɪʃəs/ ADJ fallacieux

**fallaciousness** /fəˈleɪʃəsnɪs/ N caractère *m* fallacieux

**fallacy** /ˈfæləsɪ/ SYN N (*= false belief*) erreur *f*, illusion *f* ; (*= false reasoning*) faux raisonnement *m*, sophisme *m*

**fallback** /ˈfɔːlbæk/ N recul *m*, repli *m* ◆ **as a fallback they will start building their own dealer network** ils vont mettre sur pied un réseau de distribution pour avoir une position de repli

**fallen** /ˈfɔːlən/ SYN

VB ptp of **fall**

ADJ 1 [*object*] tombé ◆ **fallen leaf** feuille *f* morte

2 (*morally*) perdu ; [*angel*] déchu ◆ **fallen idol** idole *f* déchue

NPL **the fallen** (*Mil*) ceux *mpl* qui sont morts à la guerre, ceux *mpl* qui sont tombés au champ d'honneur

COMP **fallen arches** NPL (*Med*) affaissement *m* de la voûte plantaire

**fallibility** /ˌfælɪˈbɪlɪtɪ/ N faillibilité *f*

**fallible** /ˈfæləbl/ SYN ADJ faillible ◆ **everyone is fallible** tout le monde peut se tromper

**falling** /ˈfɔːlɪŋ/

VB prp of **fall**

ADJ [*prices, profits, standards, inflation*] en baisse ; [*water, snow, leaf*] qui tombe ◆ **"beware (of) falling rocks"** « attention : chutes de pierres »

COMP **falling evil** †† N ⇒ **falling sickness**

**falling market** N (*Stock Exchange*) marché *m* à la baisse

**falling-off** SYN N réduction *f*, diminution *f*, décroissance *f* (*in* de)

**falling-out** * N ◆ **to have a falling-out (with sb)** se brouiller (avec qn)

**falling sickness** †† N (*= epilepsy*) haut mal †† *m*, mal caduc †† *m*

**falling star** N étoile *f* filante

**Fallopian** /fəˈləʊpɪən/ ADJ ◆ **Fallopian tube** trompe *f* utérine *or* de Fallope

**fallout** /ˈfɔːlaʊt/

N (*NonC*) retombées *fpl* (radioactives) ; (*fig*) retombées *fpl*, répercussions *fpl*

COMP **fallout shelter** N abri *m* antiatomique

**fallow** /ˈfæləʊ/ SYN

N (*Agr*) jachère *f*

ADJ 1 (*Agr*) [*land*] en jachère ◆ **the land lay fallow** la terre était en jachère

2 (*= inactive*) ◆ **a fallow period** *or* **time** un passage à vide

COMP **fallow deer** N daim *m*

**false** /fɔːls/ SYN

ADJ 1 (*= artificial, fake*) [*beard, eyelashes, passport, banknote*] faux (fausse *f*) ◆ **a box with a false bottom** une boîte à double fond ◆ **false ceiling** faux plafond *m* ◆ **false hem** faux ourlet *m*

2 (*= wrong*) [*information, accusation, impression, hope, rumour*] faux (fausse *f*) ; (*= untrue*) [*promise*] faux (fausse *f*), mensonger ◆ **to give false evidence** fournir un faux témoignage ◆ **to make a false confession** faire de faux aveux ◆ **he was forced into a false confession** on lui a extorqué des aveux ◆ **he gave the police a false name** il a donné un faux nom à la police ◆ **he had assumed a false identity** il vivait sous une fausse identité ◆ **to bear false witness** †† porter un faux témoignage ◆ **under false pretences** (*gen*) sous des prétextes fallacieux ; (*Jur*) par des moyens frauduleux ◆ **to put a false interpretation on sth** mal interpréter qch ◆ **false expectations** faux espoirs *mpl* ◆ **a false sense of security** une illusion de sécurité ◆ **false move** *or* **step** faux pas *m* ◆ **to make a false move, to take a false step** faire un faux pas

3 (*Jur = wrongful*) ◆ **false arrest/imprisonment** arrêt *m*/détention *f* arbitraire

4 (*= insincere*) [*person*] faux (fausse *f*) ◆ **false laughter** rire *m* forcé ◆ **false modesty** fausse modestie *f* ◆ **to ring false** sonner faux ◆ **in a false position** en porte-à-faux

5 (*= unfaithful*) ◆ **to be false to one's wife** † tromper sa femme

ADV (*liter*) ◆ **to play sb false** trahir qn

COMP **false acacia** N (*= tree*) faux acacia *m*, robinier *m*

**false alarm** N (*lit, fig*) fausse alerte *f*

**false beginner** N faux *or* grand débutant *m*

**false dawn** N lueurs *fpl* annonciatrices de l'aube ; (*fig*) lueur *f* d'espoir trompeuse

**false diamond** N faux diamant *m*

**false economy** N fausse économie *f*

**false friend** N (*also Ling*) faux ami *m*

**false-hearted** ADJ fourbe

**false imprisonment** N détention *f* illégale

**False Memory Syndrome** N syndrome *m* du faux souvenir

**false negative** (*Med*) N résultat *m* faussement négatif, faux négatif *m* ADJ [*result*] faussement négatif

**false positive** (*Med*) N résultat *m* faussement positif, faux positif *m* ADJ [*result*] faussement positif

**false ribs** NPL fausses côtes *fpl*

**false start** N (*Sport, also fig*) faux départ *m*

**false step** N (*= mistake*) faux pas *m*

**false teeth** NPL fausses dents *fpl*, dentier *m*

**falsehood** /ˈfɔːlshʊd/ SYN N 1 (*= lie*) mensonge *m* ◆ **to tell a falsehood** mentir, dire un mensonge

2 (*NonC*) faux *m* ◆ **truth and falsehood** le vrai et le faux

3 (*NonC*) ⇒ **falseness**

**falsely** /ˈfɔːlslɪ/ ADV [*claim, declare, report*] faussement ; [*accuse*] à tort, faussement ; [*convict, imprison, believe*] à tort ◆ **falsely cheerful** d'une gaieté feinte

**falseness** /ˈfɔːlsnɪs/ N fausseté *f* ; († *or liter*) [*of lover*] infidélité *f*

**falsetto** /fɔːlˈsetəʊ/

N (*Mus*) fausset *m*

ADJ [*voice, tone*] de fausset, de tête

**falsies** * /ˈfɔːlsɪz/ NPL faux seins *mpl*

**falsification** /ˌfɔːlsɪfɪˈkeɪʃən/ SYN N falsification *f*

**falsify** /ˈfɔːlsɪfaɪ/ SYN VT 1 (*= forge*) [*+ document*] falsifier ; [*+ evidence*] maquiller ; (*= misrepresent*) [*+ story, facts*] dénaturer ; [*+ accounts, figures, statistics*] truquer

2 (*= disprove*) [*+ theory*] réfuter

**falsity** /ˈfɔːlsɪtɪ/ N ⇒ **falseness**

**falter** /ˈfɔːltəʳ/ SYN

VI [*voice, speaker*] hésiter, s'entrecouper ; (*= waver*) vaciller, chanceler ; [*courage, memory*] faiblir ◆ **her steps faltered** elle chancela

VT (also **falter out**) [*+ words, phrases*] bredouiller

**faltering** /ˈfɔːltərɪŋ/ SYN ADJ [*voice*] hésitant, entrecoupé ; [*steps*] chancelant

**falteringly** /ˈfɔːltərɪŋlɪ/ ADV [*speak*] d'une voix hésitante *or* entrecoupée ; [*walk*] d'un pas chancelant *or* mal assuré

**fame** /feɪm/ SYN N (*gen*) gloire *f*, renommée *f* ; (*= celebrity*) célébrité *f* ◆ **he wanted fame** il voulait devenir célèbre ◆ **to win fame for o.s.** se rendre célèbre ◆ **this book brought him fame** ce livre l'a rendu célèbre ◆ **fame and fortune** la gloire et la fortune ◆ **Margaret Mitchell of "Gone with the Wind" fame** Margaret Mitchell, le célèbre auteur de « Autant en emporte le vent » ◆ **Bader of 1940 fame** Bader, devenu célèbre en 1940 ; → **ill**

**famed** /feɪmd/ ADJ célèbre, renommé (*for* pour)

**familial** /fəˈmɪlɪəl/ ADJ (*frm*) familial

**familiar** /fəˈmɪljəʳ/ SYN

ADJ 1 (*= usual, well-known*) [*sight, scene, street*] familier ; [*complaint, event, protest*] habituel ◆ **the problems are all too familiar** ces problèmes sont, hélas, bien connus ◆ **his face is familiar** je l'ai déjà vu quelque part, son visage me dit quelque chose * ◆ **his voice seems familiar (to me)** il me semble connaître sa voix ◆ **he's a familiar figure in the town** c'est un personnage bien connu *or* tout le monde le connaît de vue dans la ville ◆ **it's a familiar feeling** c'est une sensation bien connue ; see also **face**

2 (*= conversant*) ◆ **to be familiar with sth** bien connaître qch, être au fait de qch ◆ **to make o.s. familiar with** se familiariser avec ◆ **he is familiar with our customs** il connaît bien nos coutumes

3 (*= intimate*) familier, intime ◆ **familiar language** langue *f* familière ◆ **to be on familiar terms with sb** bien connaître qn ◆ **familiar spirit** démon *m* familier ◆ **he got much too familiar** (*pej*) il s'est permis des familiarités (*with* avec)

N 1 (*= familiar spirit*) démon *m* familier

2 (*= friend*) familier *m*

**familiarity** /fəˌmɪlɪˈærɪtɪ/ SYN N 1 (*NonC*) [*of sight, event etc*] caractère *m* familier *or* habituel

2 (*NonC: with book, poem, customs etc*) familiarité *f* (*with* avec), (parfaite) connaissance *f* (*with* de) ◆ **familiarity breeds contempt** (*Prov*) la familiarité engendre le mépris

3 (*= intimacy*) familiarité *f* ◆ **the familiarity with which she greeted the head waiter** la familiarité avec laquelle elle a salué le maître d'hôtel (*pej*) (*gen pl*) ◆ **familiarities** familiarités *fpl*, privautés *fpl*

**familiarization** /fəˌmɪlɪəraɪˈzeɪʃən/ N familiarisation *f*

**familiarize** /fəˈmɪlɪəraɪz/ SYN VT ◆ **to familiarize sb with sth** familiariser qn avec qch, habituer qn à qch ◆ **to familiarize o.s. with** se familiariser avec

**familiarly** /fəˈmɪljəlɪ/ ADV [*say, greet*] avec familiarité ◆ **the "Jade Palace", familiarly known as "Jo's Place"** le « Jade Palace », « Jo's Place » pour les intimes

**family** /ˈfæmɪlɪ/ SYN

N (*all senses*) famille *f* ◆ **has he any family?** (*= relatives*) a-t-il de la famille ? ; (*= children*) a-t-il des enfants ? ◆ **he comes from a family of six children** il vient d'une famille de six enfants ◆ **it runs in the family** cela tient de famille ◆ **my family are all tall** dans ma famille tout le monde est grand ◆ **they'd like to start a family** ils aimeraient avoir des enfants ◆ **of good family** de bonne famille ◆ **he's one of the family** il fait partie *or* il est de la famille

COMP [*dinner, jewels, likeness, name*] de famille ; [*Bible, life*] familial, de famille

**family allowance** N (*Brit Admin: formerly*) allocations *fpl* familiales

**family business** N entreprise *f* familiale, affaire *f* de famille

**family butcher** N boucher *m* de quartier

**family circle** N (*= family members*) cercle *m* familial ; (*US Theat*) deuxième balcon *m*

**family court** N (*US Jur*) ≈ tribunal *m* de grande instance (*s'occupant des affaires familiales*)

**family credit** N (*Brit Admin*) ≈ complément *m* familial

**Family Crisis Intervention Unit** N (*US Police*) ≈ police-secours *f* (*intervenant en cas de drames familiaux*)

**the Family Division** N (*Brit Jur*) tribunal *m* des affaires familiales

**family doctor** N médecin *m* de famille, généraliste *m*

**family friend** N ami(e) *m(f)* de la famille

**family grouping** N (*Scol*) *regroupement de classes de primaire de sections différentes*

**Family Health Services Authority** N (*Brit*) *autorité supervisant les professions de santé*

**family hotel** N pension *f* de famille

**family income supplement** N (*Brit Admin: formerly*) ≈ complément *m* familial

**family man** N (pl **family men**) ◆ **he's a family man** il aime la vie de famille

**family-minded** ADJ ◆ **to be family-minded** avoir le sens de la famille

**family name** N nom *m* de famille

**family planning** N planning *m* familial

**family planning clinic** N centre *m* de planning familial

**family practice** N (*US Med*) médecine *f* générale

**family practitioner** N (*US Med*) médecin *m* de famille, (médecin) généraliste *m*
**family room** N (*esp US : in house*) salle *f* de séjour (*réservée à la famille plutôt qu'aux invités*) ; (*Brit : in pub*) *salle autorisée aux enfants* ; (*in hotel*) chambre *f* familiale
**family-size(d) packet** N (*Comm*) paquet *m* familial
**family therapy** N thérapie *f* familiale
**family tree** SYN N arbre *m* généalogique
**family unit** N (*Soc*) cellule *f* familiale
**family values** NPL valeurs *fpl* familiales
**family viewing** N (*TV*) ◆ **it's (suitable for) family viewing** c'est un spectacle familial *or* pour toute la famille
**family way** † * N ◆ **she's in the family way** elle est enceinte, elle attend un enfant

**famine** /'fæmɪn/ SYN N famine *f*

**famished** /'fæmɪʃt/ ADJ affamé ◆ **I'm absolutely famished** * je meurs de faim, j'ai une faim de loup ◆ **famished looking** d'aspect famélique

**famous** /'feɪməs/ SYN ADJ [1] (= *well-known*) célèbre (*for* pour) ◆ **famous last words!** * (*iro*) on verra bien !, c'est ce que tu crois ! ◆ **so when's this famous party going to be?** (*iro*) alors, cette fameuse soirée, quand est-ce qu'elle va avoir lieu ?
[2] († * = *excellent*) fameux, formidable *

**famously** /'feɪməslɪ/ ADV [1] ◆ **a famously rich/arrogant film star** une vedette de cinéma connue pour sa richesse/son arrogance ◆ **Quentin Tarantino, who once famously said...** Quentin Tarantino, dont tout le monde connaît la fameuse boutade... ◆ **Marlon Brando famously refused an Oscar in 1972** Marlon Brando, comme chacun le sait, a refusé un oscar en 1972 ◆ **there have been hurricanes in England, most famously in 1987** il y a eu des ouragans en Angleterre, dont le plus connu en 1987
[2] († * = *well*) ◆ **to get on** *or* **along famously** s'entendre comme larrons en foire * ◆ **to get on** *or* **along famously with sb** s'entendre à merveille avec qn ◆ **to go famously** marcher rudement * bien

**fan¹** /fæn/ SYN
N éventail *m* ; (*mechanical*) ventilateur *m* ; (*Agr*) tarare *m* ◆ **electric fan** ventilateur *m* électrique
VT [1] [+ *person, object*] éventer ◆ **to fan the fire** attiser le feu ◆ **to fan the embers** souffler sur la braise ◆ **to fan o.s.** s'éventer
[2] [+ *violence, hatred*] attiser ; [+ *fears*] aviver, attiser
[3] (*US* ✱ = *smack*) corriger, flanquer * une fessée à
COMP **fan-assisted oven** N four *m* à chaleur tournante
**fan belt** N courroie *f* de ventilateur
**fan dance** N danse *f* des éventails
**fan heater** N (*Brit*) radiateur *m* soufflant
**fan light** N imposte *f* (*semi-circulaire*)
**fan oven** N four *m* à chaleur pulsée
**fan-shaped** ADJ en éventail
**fan vaulting** N (*Archit*) voûte(s) *f(pl)* en éventail
▸ **fan out**
VI [*troops, searchers*] se déployer (en éventail)
VT SEP [+ *cards etc*] étaler (en éventail)

**fan²** /fæn/ SYN
N [*of person*] (*gen*) admirateur *m*, -trice *f* ; [*of personality, pop star, music style*] fan *mf* ; [*of sports team*] supporter *m* ; [*of work of art*] amateur *m* ◆ **I'm definitely not one of his fans** je suis loin d'être un de ses admirateurs ◆ **he is a jazz/bridge/sports/rugby** *etc* **fan** c'est un mordu * *or* un fana * de jazz/bridge/sport/rugby *etc* ◆ **football fan** amateur *m or* fan *m* de football ◆ **movie fan** cinéphile *mf*, passionné(e) *m(f)* de cinéma ◆ **a Vivaldi fan** un grand amateur de Vivaldi
COMP **fan club** N (*Cine etc*) cercle *m or* club *m* de fans ; (*fig*) cercle *m* d'adorateurs *or* de fervents (admirateurs) ◆ **the Colin Smith fan club** le club des fans de Colin Smith
**fan letters** NPL ⇒ **fan mail**
**fan mail** N courrier *m* des fans ◆ **she receives lots of fan mail** elle reçoit beaucoup de lettres d'admirateurs
**fan site** N → **fansite**

**fanatic** /fə'nætɪk/ SYN N fanatique *mf* ◆ **a religious fanatic** un fanatique religieux ◆ **(s)he's a football fanatic** c'est un(e) fana * de football

**fanatical** /fə'nætɪkl/ ADJ fanatique ◆ **to be fanatical about sth** être un(e) fanatique de qch

**fanatically** /fə'nætɪklɪ/ ADV fanatiquement

**fanaticism** /fə'nætɪsɪzəm/ N fanatisme *m*

**fanaticization** /fəˌnætɪsaɪ'zeɪʃən/ N fanatisation *f*

**fanaticize** /fə'nætɪsaɪz/ VT fanatiser

**fanciable** * /'fænsɪəbl/ ADJ (*Brit*) pas mal du tout *

**fancied** /'fænsɪd/ ADJ imaginaire ; see also **fancy**

**fancier** /'fænsɪəʳ/ N ◆ **dog fancier** (= *connoisseur*) connaisseur *m*, -euse *f* en chiens ; (= *breeder*) éleveur *m*, -euse *f* de chiens

**fanciful** /'fænsɪfʊl/ SYN ADJ (= *whimsical*) [*person*] capricieux, fantasque ; [*ideas*] fantasque ; (= *imaginative*) [*design, drawing*] plein d'imagination, imaginatif ; [*story, account*] fantaisiste

**fancifully** /'fænsɪfʊlɪ/ ADV ◆ **he fancifully imagined that...** il allait jusqu'à s'imaginer que... ◆ **a restaurant fancifully named "Paradise Found"** un restaurant portant le nom un peu extravagant de « Paradis retrouvé »

**fancy** /'fænsɪ/ SYN
N [1] (= *whim*) caprice *m*, fantaisie *f* ◆ **a passing fancy** une lubie ◆ **as the fancy takes her** comme l'idée la prend ◆ **he only works when the fancy takes him** il ne travaille que quand cela lui plaît *or* lui chante *
[2] (= *taste, liking*) goût *m*, envie *f* ◆ **to take a fancy to sb** (*gen*) se prendre d'affection pour qn ; (= *have a crush on*) avoir le béguin * *or* une tocade * pour qn ◆ **to take a fancy to sth** se mettre à aimer qch, prendre goût à qch ◆ **it took** *or* **caught** *or* **tickled his fancy** [*story etc*] cela a frappé son imagination ◆ **the hat took** *or* **caught my fancy** ce chapeau m'a fait envie *or* m'a tapé dans l'œil * ◆ **the story caught the public's fancy** cette histoire a frappé les esprits
[3] (*NonC* = *fantasy*) imagination *f*, fantaisie *f* ◆ **that is in the realm of fancy** cela appartient au domaine de l'imaginaire, c'est chimérique
[4] (= *delusion*) chimère *f*, fantasme *m* ; (= *whimsical notion*) idée *f* fantasque ◆ **I have a fancy that...** j'ai idée que...
[5] (*Culin*) gâteau *m* à la crème (*fait de génoise fourrée*)
VT [1] (*esp Brit*) (= *want*) avoir envie de ; (= *like*) aimer ◆ **do you fancy going for a walk?** as-tu envie *or* ça te dit * d'aller faire une promenade ? ◆ **do you fancy a drink?** ça vous dirait de prendre un verre ? ◆ **I don't fancy the idea** cette idée ne me dit rien ◆ **he fancies himself** * (*Brit*) il ne se prend pas pour rien (*iro*) ◆ **he fancies himself as an actor** * il se prend pour un acteur ◆ **he fancies her** * (*Brit*) il s'est entiché * d'elle ◆ **Omar is strongly fancied for the next race** (*Racing*) Omar est très coté *or* a la cote pour la prochaine course
[2] (= *imagine*) se figurer, s'imaginer ; (= *rather think*) croire, penser ◆ **he fancies he can succeed** il se figure pouvoir réussir, il s'imagine qu'il peut réussir ◆ **I rather fancy he's gone out** je crois (bien) qu'il est sorti ◆ **he fancied he heard the car arrive** il a cru entendre arriver la voiture ◆ **I fancy we've met before** j'ai l'impression que nous nous sommes déjà rencontrés ◆ **fancy that!** * voyez-vous ça ! ◆ **fancy anyone doing that!** les gens font de ces choses ! ◆ **fancy seeing you here!** * tiens ! vous ici ! ◆ **fancy him winning!** * qui aurait cru qu'il allait gagner !
ADJ [1] [*clothes, shoes, hat, pattern*] (= *sophisticated*) sophistiqué ; (= *showy*) tape-à-l'œil *inv* ◆ **fancy food** des plats compliqués ◆ **good plain food, nothing fancy** de la nourriture simple, sans chichis ◆ **fancy cakes** pâtisseries *fpl*
[2] (*gen pej* = *expensive*) [*restaurant, shop, school*] chic *inv* ◆ **with his fancy house and his fancy car how can he know what being poor is like?** avec sa belle maison et sa belle voiture, comment peut-il savoir ce que c'est que d'être pauvre ?
[3] (*pej* = *pretentious*) [*idea, cure*] fantaisiste ; [*word, language*] recherché
[4] (= *high*) [*price*] exorbitant
[5] (= *high-quality*) [*products, foodstuffs*] de luxe
COMP **fancy dress** N (*NonC*) déguisement *m* ◆ **in fancy dress** déguisé, travesti ◆ **to go in fancy dress** se déguiser
**fancy-dress ball** N bal *m* masqué *or* costumé
**fancy-free** ADJ ◆ **he is fancy-free** c'est un cœur à prendre ; → **footloose**
**fancy goods** NPL (*Comm*) articles *mpl* de luxe
**fancy man** * N (pl **fancy men**) (*pej*) amant *m*, jules * *m*
**fancy woman** * N (pl **fancy women**) (*pej*) maîtresse *f*, poule * *f* (*pej*)
**fancy work** N (*NonC*) ouvrages *mpl* d'agrément

**fandango** /fæn'dæŋgəʊ/ N (pl **fandangos**) fandango *m*

**fanfare** /'fænfɛəʳ/ SYN N fanfare *f* (*morceau de musique*) ◆ **the product was launched with** *or* **in a fanfare of publicity** il y a eu un grand tapage publicitaire pour le lancement du produit ◆ **the plan was announced amid** *or* **with much fanfare** le projet a été annoncé en fanfare

**fanfold paper** /'fænfəʊld'peɪpəʳ/ N (*Comput*) papier *m* accordéon

**fang** /fæŋ/ N [*of dog, vampire*] croc *m*, canine *f* ; [*of snake*] crochet *m*

**fanjet** /'fændʒet/ N (*Tech*) turbofan *m*

**Fanny** /'fænɪ/ N [1] abbrev of **Frances**
[2] (*Brit*) ◆ **sweet Fanny Adams** ✱ que dalle ✱

**fanny** /'fænɪ/ N [1] (*US* : *) (= *buttocks*) cul *✱*m*, fesses * *fpl*
[2] (*Brit* : *✱ = *vagina*) chatte *✱* *f*

**fansite** /'fænsaɪt/ N site *m* de fans

**fantabulous** ✱ /fæn'tæbjʊləs/ ADJ super-chouette *

**fantail** /'fænteɪl/ N (also **fantail pigeon**) pigeon-paon *m*

**fantasia** /fæn'teɪzjə/ N (*Literat, Mus*) fantaisie *f*

**fantasist** /'fæntəzɪst/ N doux rêveur *m*

**fantasize** /'fæntəsaɪz/ VI (*gen, Psych*) avoir des fantasmes, fantasmer (*about* sur)

**fantastic** /fæn'tæstɪk/ SYN ADJ [1] (* = *fabulous, terrific*) [*person, achievement, opportunity, news*] fantastique, formidable ◆ **it's fantastic to see you again!** c'est formidable de te revoir ! ◆ **you look fantastic!** (= *healthy*) tu as une mine superbe ; (= *attractive*) tu es superbe !
[2] (* = *huge*) [*amount, profit, speed*] phénoménal
[3] (= *exotic*) [*creature, world*] fantastique ; → **trip**
[4] (= *improbable*) [*story, adventure, idea*] invraisemblable

**fantastical** /fæn'tæstɪkl/ ADJ [*story, place, world*] fantastique ; [*account, architecture*] fantasque

**fantastically** /fæn'tæstɪkəlɪ/ ADV [1] (= *extraordinarily*) [*complicated*] fantastiquement, extraordinairement ; [*expensive, rich*] fabuleusement
[2] (= *imaginatively*) [*wrought, coloured*] fantastiquement

**fantasy** /'fæntəzɪ/ SYN
N [1] (= *dream*) fantasme *m*, rêve *m* ◆ **sexual fantasy** fantasme *m* sexuel ◆ **one of my fantasies is to own a boat** l'un des mes rêves c'est d'avoir un bateau ◆ **I had fantasies of revenge** je rêvais de vengeance ◆ **she has fantasies about her teacher** elle fantasme sur son professeur
[2] (*NonC*) (= *imagination*) imagination *f* ◆ **it stimulated her sense of fantasy** cela stimulait son imagination ◆ **a world of fantasy, a fantasy world** un monde imaginaire ◆ **the realm of fantasy** le domaine de l'imaginaire ◆ **the tales you've been telling me are all fantasy** les histoires que tu m'as racontées sont complètement fantaisistes ◆ **she dismissed the allegations as pure fantasy** elle a décrété que ces accusations étaient complètement fantaisistes
[3] (*Literat, Mus*) fantaisie *f*
COMP **fantasy football** N *jeu qui consiste à constituer des équipes de football virtuelles avec des joueurs existants*

> ⓘ **fantasy** is only translated by **fantaisie** in literary and musical contexts.

**fanzine** /'fænziːn/ N (abbrev of **fan magazine**) fanzine *m*

**FAO** /ˌefeɪ'əʊ/ N (abbrev of **Food and Agriculture Organization**) FAO *f*

**fao** /ˌefeɪ'əʊ/ (abbrev of **for the attention of**) à l'attention de

**FAQ**
ABBR (*Comm*) (abbrev of **free alongside quay**) FLQ
N (*Comput*) (abbrev of **frequently asked questions**) FAQ *f*

**far** /fɑːʳ/ SYN (compar **farther** *or* **further**, superl **farthest** *or* **furthest**)
ADV [1] (= *a long way*) loin ◆ **is it far?** c'est loin ? ◆ **is it far to London?** c'est loin pour aller à Londres ? ◆ **we live quite far** nous habitons assez loin ◆ **have you come far?** vous venez de loin ? ◆ **he carried** *or* **took the joke too far** il a poussé trop loin la plaisanterie ◆ **far be it from me to try to dissuade you** loin de moi l'idée de vous

dissuader ◆ **they came from far and wide** *or* **far and near** ils sont venus de partout

♦ **how far?** ◆ **how far is it to Glasgow?** combien y a-t-il de kilomètres jusqu'à Glasgow ? ◆ **how far is it from Glasgow to Edinburgh?** combien y a-t-il (de kilomètres) de Glasgow à Édimbourg ? ◆ **how far are you going?** jusqu'où allez-vous ? ◆ **how far have you got with your plans?** où en êtes-vous de vos projets ?

♦ **to get + far** ◆ **he won't get far** il n'ira pas loin ◆ **ten dollars won't get us very far!** * on n'ira pas loin avec dix dollars !

♦ **to go + far** aller loin ◆ **he'll go far** *(= do well)* il ira loin ◆ **to make one's money go far** faire durer son argent ◆ **£10 doesn't go far these days** avec 10 livres, on ne va pas bien loin de nos jours ◆ **that will go far towards placating him** cela contribuera beaucoup à le calmer ◆ **this scheme does not go far enough** ce projet ne va pas assez loin ◆ **I would even go so far as to say that...** j'irais même jusqu'à dire que..., je dirais même que... ◆ **that's going too far** cela dépasse les bornes *or* la mesure ◆ **I wouldn't go that far** je n'irais pas jusque-là ◆ **now you're going a bit too far** alors là vous allez un peu trop loin ◆ **he's gone too far this time!** il est vraiment allé trop loin cette fois ! ◆ **he has gone too far to back out now** il est trop engagé pour reculer maintenant

♦ **as far as, so far as** ◆ **we went as far as the town** nous sommes allés jusqu'à la ville ◆ **we didn't go as** *or* **so far as the others** nous ne sommes pas allés aussi loin que les autres ◆ **as** *or* **so far as I know** (pour) autant que je (le) sache ◆ **as far as I can** dans la mesure du possible ◆ **as** *or* **so far as I can tell** si je ne m'abuse ◆ **as far as the eye can see** à perte de vue ◆ **as** *or* **so far as that goes** pour ce qui est de cela ◆ **as** *or* **so far as I'm concerned** en ce qui me concerne, pour ma part

♦ **by far** de loin, de beaucoup ◆ **this is by far the best** *or* **the best by far** ceci est de très loin ce qu'il y a de mieux ◆ **he's the oldest by far, he's by far the oldest** il est beaucoup plus âgé que les autres

♦ **far above** loin au-dessus ◆ **far above the hill** loin au-dessus de la colline ◆ **he is far above the rest of the class** il est de loin supérieur au *or* il domine nettement le reste de la classe

♦ **far and away** de loin ◆ **it's far and away the most expensive** c'est de loin le plus cher

♦ **far away** loin ◆ **he wasn't far away when I saw him** il n'était pas loin quand je l'ai vu ◆ **far away in the distance** au loin, dans le lointain ◆ **they live not far away** ils habitent près d'ici

♦ **far back** ◆ **the bungalow was set far back from the road** le bungalow était en retrait de la route ◆ **as far back as I can remember** d'aussi loin que je m'en souvienne ◆ **as far back as 1945** dès 1945, déjà en 1945 ◆ **how far back does all this go?** *(in time)* tout ça remonte à quand ?

♦ **far beyond** bien au-delà ◆ **he ventured into the forest and far beyond** il s'est aventuré dans la forêt et même bien au-delà ◆ **far beyond the forest** très loin au-delà de la forêt ◆ **it's far beyond what I can afford** c'est bien au-dessus de mes moyens ◆ **I can't look far beyond May** je ne sais pas très bien ce qui se passera après le mois de mai

♦ **far from** loin de ◆ **we live not far from here** nous habitons tout près d'ici ◆ **your work is far from satisfactory** votre travail est loin d'être satisfaisant ◆ **far from it!** loin de là !, tant s'en faut ! ◆ **far from liking him I find him rather objectionable** bien loin de l'aimer, je le trouve (au contraire) tout à fait désagréable ◆ **I am far from believing him** je suis très loin de le croire

♦ **far gone** ◆ **he was far gone** *(= ill)* il était bien bas ; *(* = drunk)* il était bien parti *

♦ **far into** ◆ **far into the night** tard dans la nuit ◆ **they went far into the forest** ils se sont enfoncés (loin) dans la forêt, ils ont pénétré très avant dans la forêt

♦ **far off** *(= in the distance)* au loin, dans le lointain ◆ **he wasn't far off when I caught sight of him** il n'était pas loin quand je l'ai aperçu ◆ **his birthday is not far off** c'est bientôt son anniversaire, son anniversaire approche ◆ **she's not far off fifty** elle n'est pas loin de la cinquantaine

♦ **far out** *(= distant)* ◆ **far out at sea** au (grand) large ◆ **far out on the branch** tout au bout de la branche ; see also **far-**

♦ **so far** ◆ **just so far, so far and no further** jusque-là mais pas plus loin ◆ **so far so good** jusqu'ici ça va ◆ **so far this year** jusqu'ici cette année ◆ **we have ten volunteers so far** nous avons dix volontaires pour l'instant *or* jusqu'à présent

2 *(as intensifier)* ◆ **far too expensive/too slow/too dangerous** beaucoup *or* bien trop cher/trop lent/trop dangereux ◆ **this is far better** c'est beaucoup *or* bien mieux ◆ **this is far and away the best** ceci est de très loin ce qu'il y a de mieux ◆ **it is far more serious** c'est (bien) autrement sérieux ◆ **she is far prettier than her sister** elle est bien plus jolie que sa sœur ◆ **you're not far wrong** tu ne t'es pas trompé de beaucoup, tu n'es pas très loin de la vérité ◆ **it's not far wrong** c'est à peu près ça

♦ **to be far out** *or* **far off** *(= wrong)* *[person]* se tromper lourdement, être loin du compte ; *[estimates, guesses]* être loin du compte ; *[opinion polls]* se tromper lourdement ; *[calculations]* être complètement erroné ◆ **you're not far out** *or* **off** tu ne t'es pas trompé de beaucoup, tu n'es pas très loin de la vérité ◆ **it's not far out** c'est à peu près ça

ADJ 1 *(= distant : liter)* *[country, land]* lointain, éloigné ◆ **it's a far cry from what he promised** on est loin de ce qu'il a promis

2 *(= further away)* autre, plus éloigné ◆ **on the far side of** de l'autre côté de ◆ **at the far end of** à l'autre bout de, à l'extrémité de ◆ **in the far north of Scotland** tout au nord de l'Écosse

3 *(Pol)* ◆ **the far right/left** l'extrême droite f/gauche f

COMP **the Far East** N l'Extrême-Orient m

**the Far North** N *(= Arctic or polar regions)* le Grand Nord

**the Far West** N *(US)* le Far West, l'Ouest m américain

**far-** /fɑːʳ/ PREF ◆ **far-distant** lointain ◆ **Far-Eastern** d'Extrême-Orient ◆ **far-fetched** *[explanation, argument]* tiré par les cheveux ; *[idea, scheme, suggestion]* bizarre ◆ **far-flung** *(= remote)* éloigné ◆ **far-off** lointain, éloigné ◆ **far-out** * *(= modern)* d'avant-garde ; *(= superb)* super *, génial ◆ **far-reaching** *[reforms]* d'une grande portée ; *[changes, consequences, effects, implications]* très important ◆ **far-seeing** *[person]* prévoyant ; *[decision, measure]* pris avec clairvoyance ◆ **far-sighted** *(US = long-sighted)* hypermétrope ; *(in old age)* presbyte ; *(fig)* *[person]* prévoyant ; *[policy]* à long terme ; see also **farsightedness**

**farad** /ˈfærəd/ N farad m

**faraday** /ˈfærədeɪ/
N faraday m
COMP **Faraday cage** N cage f de Faraday

**faraway** /ˈfɑːrəweɪ/ SYN ADJ 1 *(lit)* *[country]* lointain ; *[village, house]* éloigné
2 *(fig)* *[look]* distrait, absent ; *[voice]* lointain

**farce** /fɑːs/ SYN N 1 ◆ **the whole thing's a farce!** tout ça c'est grotesque ◆ **the elections were a farce** les élections furent une mascarade ◆ **the election campaign degenerated into farce** la campagne électorale a tourné à la farce
2 *(Theat)* farce f

**farcical** /ˈfɑːsɪkəl/ SYN ADJ 1 *(= comical)* *[episode, attempt, scene]* burlesque ; *(= ridiculous, grotesque)* risible ; *[situation]* grotesque, risible
2 *(Theat)* ◆ **farcical comedy** farce f

**farcy** /ˈfɑːsɪ/ N farcin m

**fare** /fɛəʳ/ SYN
N 1 *(= charge)* *(on tube, subway, bus etc)* prix m du ticket *or* du billet ; *(on train, boat, plane)* prix m du billet ; *(in taxi)* prix m de la course ◆ **fares, please!** *(in bus)* ≈ les billets, s'il vous plaît ! ◆ **fares are going to go up** les tarifs *mpl* (des transports) vont augmenter ◆ **let me pay your fare** laissez-moi payer pour vous ◆ **I haven't got the fare** je n'ai pas assez d'argent pour le billet ; → **half, return**
2 *(= passenger)* voyageur m, -euse f ; *(of taxi)* client(e) m(f)
3 *(NonC = food)* nourriture f ◆ **traditional Christmas fare** les plats *mpl* traditionnels de Noël ◆ **vegetarian dishes are now standard fare in many restaurants** les plats végétariens figurent désormais au menu de nombreux restaurants ◆ **old black-and-white films are standard fare on late-night TV** les vieux films en noir et blanc figurent régulièrement au programme de fin de soirée à la télévision ; → **bill[1]**
VI ◆ **he fared better at his second attempt** il a mieux réussi à sa deuxième tentative ◆ **she has fared better in France than in Britain** elle a mieux réussi en France qu'en Grande-Bretagne ◆ **the dollar fared well on the stock exchange today** le dollar s'est bien comporté à la Bourse aujourd'hui ◆ **how did you fare?** *(† or hum)* comment ça s'est passé ?, comment ça a marché ? *
COMP **fare-dodger** N *(Brit)* voyageur m, -euse f sans billet, resquilleur * m, -euse * f
**fare-dodging** N resquillage * m
**fare stage** N *[of bus]* section f
**fare war** N guerre f des tarifs
**fare zone** N *(US)* ⇒ **fare stage**

**fare-thee-well** /ˌfɛəðiːˈwel/, **fare-you-well** /ˌfɛəjuːˈwel/ N *(US)* ◆ **to a fare-thee-well** *(= to perfection)* *[imitate etc]* à la perfection ; *(= very much, very hard)* au plus haut point

**farewell** /fɛəˈwel/ SYN
N, EXCL adieu m ◆ **to say** *or* **make one's farewells** faire ses adieux ◆ **to take one's farewell of** faire ses adieux à ◆ **to say** *or* **bid** † *farewell to (lit)* dire adieu à ◆ **you can say farewell to your chances of promotion!** tu peux dire adieu à tes chances de promotion !, ta promotion, tu peux faire une croix dessus ! * ◆ **"A Farewell to Arms"** *(Literat)* « L'adieu aux armes »
COMP *[dinner etc]* d'adieu

**farinaceous** /ˌfærɪˈneɪʃəs/ ADJ farinacé, farineux

**farm** /fɑːm/ SYN
N ferme f, exploitation f agricole ◆ **pig/chicken/trout farm** élevage m de porcs/poulets/truites ◆ **to work on a farm** travailler dans une ferme ; → **fish, sheep**
VT *[+ land]* cultiver ; *[+ fish, salmon, deer]* faire l'élevage de ; see also **farmed**
VI être agriculteur m, -trice f
COMP **farm animal** N animal m de (la) ferme
**farm gate price** N *(Econ)* prix m à la production *or* au producteur
**farm labourer** N ⇒ **farm worker**
**farm produce** N *(NonC)* produits *mpl* agricoles *or* de la ferme
**farm worker** N ouvrier m, -ière f agricole

► **farm out** * VT SEP *[+ shop]* mettre en gérance ◆ **to farm out work** recourir à un sous-traitant ◆ **the firm farmed out the plumbing to a local tradesman** l'entreprise a confié la plomberie à un sous-traitant local ◆ **she farmed her children out on her sister-in-law** elle a donné ses enfants à garder à sa belle-sœur

**farmed** /fɑːmd/ ADJ *[fish etc]* d'élevage

**farmer** /ˈfɑːməʳ/ SYN
N agriculteur m, -trice f, fermier m, -ière f ◆ **angry farmers** des agriculteurs en colère
COMP **farmers' market** N marché m de producteurs

**farmhand** /ˈfɑːmhænd/ N ⇒ **farm worker**

**farmhouse** /ˈfɑːmhaʊs/
N ferme f ◆ **farmhouse kitchen** cuisine f de style fermier
COMP **farmhouse cheese** N fromage m fermier
**farmhouse loaf** N *(Brit)* pain m de campagne

**farming** /ˈfɑːmɪŋ/ SYN
N *(gen)* agriculture f ◆ **he's always been interested in farming** il s'est toujours intéressé à l'agriculture ◆ **vegetable/fruit farming** culture f maraîchère/fruitière ◆ **pig/mink farming** élevage m de porcs/de visons ◆ **the farming of this land** la culture *or* l'exploitation de cette terre ; → **dairy, factory, mixed**
COMP *[methods, techniques]* de culture
**farming communities** NPL collectivités *fpl* rurales

**farmland** /ˈfɑːmlænd/ N terres *fpl* cultivées *or* arables

**farmstead** /ˈfɑːmsted/ N ferme f

**farmyard** /ˈfɑːmjɑːd/ N cour f de ferme

**Faroes** /ˈfɛərəʊz/ NPL ◆ **the Faroes** (also **the Faroe Islands**) les îles *fpl* Féroé *or* Faeroe

**Faroese** /ˌfɛərəʊˈiːz/
N 1 *(pl inv = person)* Féroïen(ne) m(f), Féringien(ne) m(f)
2 *(= language)* féroïen m
ADJ féroïen, féringien, des îles Féroé

**farrago** /fəˈrɑːgəʊ/ N (pl **farragos** *or* **farragoes**) méli-mélo * m, mélange m

**farrier** /ˈfærɪəʳ/ N *(esp Brit)* maréchal-ferrant m

**farrow** /ˈfærəʊ/
VTI mettre bas
N portée f (de cochons)

**Farsi** /ˈfɑːsiː/ N farsi m

**farsightedness** /ˌfɑːˈsaɪtɪdnɪs/ N 1 *(fig)* prévoyance f
2 *(lit)* hypermétropie f ; *(in old age)* presbytie f

**fart** * /fɑːt/
N pet * m ◆ **he's a boring old fart** (pej = person) c'est un mec rasoir * or un vieux schnoque *
VI péter *
▸ **fart about** *, **fart around** * VI glander * ◆ **stop farting about and do some work!** arrête de glander et bosse un peu ! *

**farther** /ˈfɑːðəʳ/ (compar of far)
ADV plus loin ◆ **how much farther is it?** c'est encore loin ? ◆ **it is farther than I thought** c'est plus loin que je ne pensais ◆ **have you got much farther to go?** est-ce que vous avez encore loin à aller ? ◆ **we will go no farther** (lit) nous n'irons pas plus loin ; (fig) nous en resterons là ◆ **I can't go any farther** (lit) je ne peux pas aller plus loin ; (fig) je n'en peux plus ◆ **I got no farther with him** je ne suis arrivé à rien de plus avec lui ◆ **nothing could be farther from the truth** rien n'est plus éloigné de la vérité ◆ **nothing is farther from my thoughts** rien n'est plus éloigné de ma pensée ◆ **I can't see any farther than the next six months** je n'arrive pas à voir au-delà des six prochains mois ◆ **to get farther and farther away** s'éloigner de plus en plus ◆ **farther back** plus (loin) en arrière ◆ **push it farther back** repousse-le plus loin ◆ **move farther back** reculez-vous ◆ **farther back than 1940** avant 1940 ◆ **a little farther up** (on wall etc) un peu plus haut ; (along path) un peu plus loin ◆ **farther away, farther off** plus éloigné, plus loin ◆ **he went farther off than I thought** il est allé plus loin que je ne pensais ◆ **farther on, farther forward** plus en avant, plus loin ◆ **we're no farther forward after all that** (fig) on n'est pas plus avancé après tout ça
ADJ plus éloigné, plus lointain ◆ **at the farther end of the room** à l'autre bout de la salle, au fond de la salle ◆ **at the farther end of the branch** à l'autre bout or à l'extrémité de la branche

**farthest** /ˈfɑːðɪst/ (superl of far)
ADJ le plus éloigné ◆ **in the farthest depths of the forest** au fin fond de la forêt ◆ **they went by boat to the farthest point of the island** ils se sont rendus en bateau à l'extrémité de l'île ◆ **the farthest way** la route la plus longue ◆ **it's 5km at the farthest** il y a 5 km au plus or au maximum
ADV le plus loin

**farthing** /ˈfɑːðɪŋ/ N quart d'un ancien penny ◆ **I haven't a farthing** je n'ai pas le sou ; → **brass**

**farthingale** /ˈfɑːðɪŋgeɪl/ N (Hist = hoop, framework) panier m, vertugadin m

**FAS** /ˌefeɪˈes/ (Comm) (abbrev of **free alongside ship**) FLB

**fascia** /ˈfeɪʃə/ N (pl **fasciae** /ˈfeɪʃɪˌiː/) (Brit) 1 (on building) panneau m
2 (in car) tableau m de bord
3 (for mobile phone) façade f

**fasciate** /ˈfæʃɪeɪt/ ADJ fascié

**fasciation** /ˌfæʃɪˈeɪʃən/ N fasciation f

**fascicle** /ˈfæsɪkl/, **fascicule** /ˈfæsɪkjuːl/ N [of plant] rameau m fasciculé ; [of book] fascicule m

**fascinate** /ˈfæsɪneɪt/ SYN VT 1 (= interest) [speaker, tale] fasciner, captiver ; [sight] fasciner
2 [snake] fasciner

**fascinated** /ˈfæsɪneɪtɪd/ SYN ADJ [person] fasciné, captivé ; [look, smile] fasciné

**fascinating** /ˈfæsɪneɪtɪŋ/ SYN ADJ [person, place, sight, story] fascinant ; [book, film] captivant ; [subject] passionnant ◆ **it'll be fascinating to see how she reacts** ce sera très intéressant de voir sa réaction

**fascinatingly** /ˈfæsɪneɪtɪŋlɪ/ ADV ◆ **fascinatingly interesting** d'un intérêt exceptionnel ◆ **fascinatingly, his thesis is that...** chose très intéressante, sa thèse est que...

**fascination** /ˌfæsɪˈneɪʃən/ SYN N fascination f ◆ **his fascination with the cinema** la fascination qu'exerce sur lui le cinéma ◆ **I don't understand the fascination of this book** je ne comprends pas la fascination que ce livre exerce sur les gens ◆ **he listened in fascination** il écoutait, fasciné ◆ **she has developed a fascination for Impressionist painting** elle se passionne maintenant pour la peinture impressionniste

**fascine** /fæˈsiːn/ N (Constr) fascine f

**fascism** /ˈfæʃɪzəm/ N fascisme m

**fascist** /ˈfæʃɪst/ ADJ, N fasciste mf

**fascistic** /fəˈʃɪstɪk/ ADJ fasciste

**fashion** /ˈfæʃən/ SYN
N 1 (NonC = manner) façon f, manière f ◆ **in a strange fashion** d'une façon or manière bizarre ◆ **in (a) similar fashion** d'une façon or manière similaire, pareillement ◆ **after a fashion** [manage] tant bien que mal ◆ **I can cook after a fashion** je me débrouille en cuisine, sans plus ◆ **it worked, after a fashion** ça a marché plus ou moins bien ◆ **after the fashion of** à la manière de ◆ **in the French fashion** à la française ◆ **in his own fashion** à sa manière or façon ◆ **it's not my fashion to lie** (frm) ce n'est pas mon genre de mentir
2 (lit, fig = latest clothes, style, ideas) mode f ◆ **it's the latest fashion** c'est la dernière mode or le dernier cri ◆ **she always wears the latest fashions** elle est toujours habillée à la dernière mode ◆ **the Paris fashions** les collections fpl (de mode) parisiennes ◆ **a man of fashion** un homme élégant ◆ **fashions have changed** la mode a changé ◆ **to set the fashion for** lancer la mode de ◆ **to bring sth into fashion** mettre qch à la mode ◆ **to come into fashion** devenir à la mode ◆ **to come back into fashion** revenir à la mode ◆ **it is the fashion to say that** il est de bon ton de dire cela ◆ **it's no longer the fashion to send children away to school** ça ne se fait plus de mettre les enfants en pension
♦ **in fashion** à la mode ◆ **boots are back in fashion** les bottes sont revenues à la mode
♦ **out of fashion** démodé, passé de mode ◆ **to go out of fashion** se démoder
3 (= habit) coutume f, habitude f ◆ **as was his fashion** selon sa coutume or son habitude
VT [+ carving] façonner ; [+ model] fabriquer ; [+ dress] confectionner
COMP **fashion business** N secteur m de la mode
**fashion-conscious** ADJ ◆ **to be fashion-conscious** suivre la mode
**fashion designer** N (gen) styliste mf, modéliste mf ◆ **the great fashion designers** les grands couturiers mpl
**fashion editor** N rédacteur m, -trice f de mode
**fashion house** N maison f de couture
**fashion industry** N industrie f de la mode
**fashion magazine** N magazine m or journal m de mode
**fashion model** N mannequin m (personne)
**fashion parade** N défilé m de mannequins, présentation f de collections
**fashion plate** N gravure f de mode ◆ **she's a real fashion plate** * on dirait une gravure de mode, elle a l'air de sortir d'un magazine de mode
**fashion show** N présentation f de modèles or de collections ◆ **to go to the Paris fashion shows** faire les collections parisiennes
**fashion victim** * N victime f de la mode

**fashionable** /ˈfæʃnəbl/ SYN ADJ [clothes, shop, restaurant, subject, idea] à la mode ; [hotel] chic inv ; [district] prisé ; [person] (= stylish) à la mode ; (= in the public eye) en vue ; [artist, writer] à la mode ◆ **it is fashionable to criticize these theories** il est à la mode de critiquer ces théories

**fashionably** /ˈfæʃnəblɪ/ ADV [dress] à la mode ◆ **fashionably long hair** des cheveux longs comme c'est la mode ◆ **she was fashionably late** elle était en retard, juste ce qu'il faut

**fashionista** * /fæʃəˈnɪstə/ N victime f de la mode

**fast**[1] /fɑːst/ SYN
ADJ 1 (= speedy) rapide ◆ **she's a fast walker/runner/reader** elle marche/court/lit vite ◆ **fast train** rapide m ◆ **he's a fast thinker** il a l'esprit très rapide ◆ **a grass court is faster** (Tennis) le jeu est plus rapide sur gazon ◆ **fast film** (Phot) pellicule f rapide ◆ **to pull a fast one on sb** * rouler qn *, avoir qn * ; see also **comp**
2 ◆ **to be fast** [clock, watch] avancer ◆ **my watch is five minutes fast** ma montre avance de cinq minutes
3 († = dissipated) [person] léger, de mœurs légères ◆ **fast life** or **living** vie f dissolue (liter) ◆ **fast woman** femme f légère or de mœurs légères ◆ **a fast set** une bande de noceurs * ◆ **one of the fast set** un noceur or une noceuse
4 (= firm) [rope, knot, grip] solide ◆ **to make a boat fast** amarrer un bateau ◆ **they're fast friends** ils sont très amis
5 [colour] bon teint inv, grand teint inv ◆ **is the dye fast?** est-ce que ça déteindra ?, est-ce que la teinture s'en ira ?
ADV 1 (= quickly) vite, rapidement ◆ **don't speak so fast** ne parlez pas si vite ◆ **how fast can you type?** à quelle vitesse pouvez-vous taper (à la machine) ? ◆ **the environment is fast becoming a major political issue** l'environnement est en train de prendre une place importante dans les débats politiques ◆ **he ran off as fast as his legs could carry him** il s'est sauvé à toutes jambes ◆ **not so fast!** (interrupting) doucement !, minute ! * ◆ **he'd do it fast enough if...** il ne se ferait pas prier si... ◆ **the holidays can't come fast enough for me** vivement les vacances ! ◆ **as fast as I advanced he drew back** à mesure que j'avançais, il reculait ; → **furious**
2 (= firmly, securely) ferme, solidement ◆ **to be fast asleep** dormir à poings fermés ◆ **to be stuck fast** [person, door, window, lid] être coincé ◆ **a door shut fast** une porte bien close ◆ **to stand fast** tenir bon or ferme , ne pas lâcher pied ◆ **to play fast and loose with sb** se jouer de qn, traiter qn à la légère ; → **hard, hold**
3 ◆ **fast by the church** †† qui jouxte l'église
COMP **fast-acting** ADJ [drug] à action rapide
**fast-action** ADJ 1 (= fast-acting) [drug, face mask] à action rapide
2 (= action-packed) [film, drama etc] au rythme enlevé, qui tient en haleine
**fast bowler** N (Cricket) lanceur m, -euse f rapide
**fast breeder (reactor)** N (Phys) (réacteur m) surgénérateur m, (réacteur m) surrégénérateur m
**fast-flowing** ADJ [river, stream] au cours rapide
**fast food** N (= food) prêt-à-manger m ; (= place) (also **fast-food restaurant**) fast-food m
**fast-food chain** N chaîne f de fast-foods
**fast-food industry, fast-food trade** N secteur m des fast-foods, restauration f rapide
**fast forward** N avance f rapide
**fast-forward** VT faire avancer rapidement VI [tape] avancer rapidement
**fast-growing** ADJ [economy, market, business] en plein essor
**the fast lane** N (lit) ≈ la voie de gauche ◆ **to be in the fast lane** (fig) avoir une vie trépidante, vivre à 100 à l'heure * ◆ **life in the fast lane** la vie trépidante
**fast-moving** ADJ (gen) rapide ; (fig) (= active, rapidly-changing) [industry, sector] en mouvement constant ◆ **fast-moving consumer goods** biens mpl de consommation à rotation rapide
**fast-selling** ADJ à écoulement rapide
**fast-track** N (in organization) filière f ultrarapide ◆ **her career was on the fast-track** elle progressait rapidement dans sa carrière ◆ **this put the company on a fast-track to privatization** cela a accéléré la privatisation de l'entreprise ADJ [approach] expéditif (Univ) ◆ **fast-track degree** diplôme m de formation accélérée VT [+ employee] accélérer la carrière de
**fast-tracker** N personne f qui brûle les étapes, jeune loup m
**fast-tracking** N [of personnel] avancement m rapide

**fast**[2] /fɑːst/
VI jeûner, rester à jeun ; (Rel) jeûner, faire maigre
N jeûne m ◆ **to break one's fast** rompre le jeûne ◆ **fast day** (Rel) jour m maigre or de jeûne

**fastback** /ˈfɑːstbæk/ N (Brit = car) voiture f à hayon

**fasten** /ˈfɑːsn/ SYN
VT 1 (lit) attacher (to à) ; (with rope, string etc) lier (to à) ; [+ dress] fermer, attacher ; [+ shoelaces] attacher, nouer ; [+ box] fermer (solidement) ◆ **to fasten two things together** attacher deux choses ensemble or l'une à l'autre ◆ **to fasten one's seat belt** attacher or mettre sa ceinture de sécurité ◆ **it wasn't properly fastened** (= attached) ce n'était pas bien attaché ; (= closed) ce n'était pas bien fermé
2 [+ responsibility] attribuer (on sb à qn) ; [+ crime] imputer (on sb à qn) ◆ **to fasten the blame on sb** rejeter la faute sur (le dos de) qn ◆ **you can't fasten it on me!** tu ne peux pas me mettre ça sur le dos ! ◆ **to fasten one's hopes on sb/sth** placer or mettre tous ses espoirs dans qn/qch ◆ **to fasten one's eyes on sth** fixer son regard or les yeux sur qch
VI [dress] s'attacher ; [box, door, lock, window] se fermer
▸ **fasten down** VT SEP fixer en place
▸ **fasten on**
VT SEP fixer (en place)
VT FUS ⇒ **fasten upon**
▸ **fasten on to** VT FUS 1 ⇒ **fasten upon**
2 se cramponner à, s'accrocher à ◆ **he fastened on to my arm** il s'est cramponné or accroché à mon bras
▸ **fasten up** VT SEP [+ dress, coat] fermer, attacher

▸ **fasten upon** VT FUS saisir ◆ **to fasten upon an excuse** saisir un prétexte ◆ **to fasten upon the idea of doing sth** se mettre en tête (l'idée) de faire qch

**fastener** /ˈfɑːsnəʳ/, **fastening** /ˈfɑːsnɪŋ/ N *[of box, bag, necklace, book]* fermoir *m* ; *[of garment]* fermeture *f* ; *(= button)* bouton *m* ; *(= hook)* agrafe *f* ; *(= press stud)* bouton-pression *m*, pression *f* ; *(= zip)* fermeture *f* éclair ® *inv* ◆ **a zip fastener** une fermeture éclair ® ◆ **a Velcro ® fastener** une fermeture velcro ® ◆ **a snap fastener** un bouton-pression, une pression

**fastidious** /fæsˈtɪdɪəs/ ADJ *[work, research]* minutieux ; *[person] (= meticulous)* méticuleux, minutieux ; *(= demanding about detail)* tatillon, pointilleux ; *(= particular about cleanliness)* tatillon ; *(= easily disgusted)* délicat ◆ **their inspectors are very fastidious** leurs inspecteurs sont très pointilleux *or* tatillons ◆ **he's fastidious about security/hygiene** il est pointilleux en ce qui concerne la sécurité/l'hygiène ◆ **she's too fastidious to eat there** elle est trop délicate pour manger là ◆ **this film is not for the fastidious** ce film n'est pas pour les esprits délicats *or* pour les personnes trop délicates

> ⓘ **fastidieux** does not mean **fastidious**, but 'boring'.

**fastidiously** /fæsˈtɪdɪəslɪ/ ADV 1 *(= meticulously) [check, copy]* méticuleusement ◆ **fastidiously clean** d'une propreté méticuleuse ◆ **his fastidiously tidy flat** son appartement impeccablement rangé
2 *(pej = with distaste) [examine]* en faisant le délicat

**fastidiousness** /fæsˈtɪdɪəsnɪs/ N *(= meticulousness)* méticulosité *f (liter)*, minutie *f* ; *(= concern about detail)* caractère *m* tatillon

**fastigiate** /fæˈstɪdʒɪɪt/ ADJ fastigié

**fastness** /ˈfɑːstnɪs/ N 1 *[of colours]* solidité *f* ◆ **to test a fabric for colour fastness** tester la résistance au lavage d'un tissu
2 *(NonC = speed)* rapidité *f*, vitesse *f*
3 *(= stronghold)* place *f* forte ◆ **mountain fastness** repaire *m* de montagne

**fat** /fæt/ SYN
N *(gen, also Anat)* graisse *f* ; *(on raw meat)* graisse *f*, gras *m* ; *(on cooked meat)* gras *m* ; *(for cooking)* matière grasse *f* ◆ **try to cut down the amount of fat in your diet** essayez de manger moins gras *or* moins de matières grasses ◆ **to fry sth in deep fat** (faire) frire *or* cuire qch dans un bain de friture ◆ **animal/vegetable fat** graisse *f* animale/végétale ◆ **beef/mutton fat** graisse *f* de bœuf/de mouton ◆ **pork fat** saindoux *m* ◆ **body fat** tissu *m* adipeux ◆ **he's got rolls of fat round his waist** il a des bourrelets de graisse autour de la taille ◆ **the fat's in the fire** ça va barder* *or* chauffer* ◆ **to live off the fat of the land** vivre grassement
ADJ 1 *[person, animal, stomach, thighs, cheeks]* gros (grosse *f*) ; *[face]* joufflu ◆ **to get** *or* **grow** *or* **become fat** devenir gros, grossir ◆ **she has got a lot fatter** elle a beaucoup grossi ◆ **it makes you look fatter** ça te grossit ◆ **to grow fat (on sth)** *(fig)* s'engraisser (de qch) ◆ **it's not** *or* **the show's not over until the fat lady sings*** *(hum)* il ne faut jamais désespérer ◆ **a fat year** une bonne année ◆ **can't you get that into your fat head?*** tu ne peux pas te mettre ça dans la caboche* ? ◆ **get it into your fat head that you can't come with us*** mets-toi bien dans la tête que tu ne peux pas venir avec nous
2 *[meat, bacon]* gras (grasse *f*)
3 *[book, volume]* gros (grosse *f*), épais (épaisse *f*) ; *[wallet]* bien garni
4 * *[profit, fee, cheque, salary]* gros (grosse *f*)
5 (* *iro*) ◆ **fat chance (of that)!** ça m'étonnerait ! ◆ **he wants to be a racing driver – fat chance!** il veut être pilote de course – il n'a aucune chance ! ◆ **a fat chance he's got of winning the lottery!** tu parles qu'il risque de gagner à la loterie !* ◆ **you've got a fat chance of seeing her!** comme si tu avais la moindre chance de la voir !
◆ **(a) fat lot*** ◆ **a fat lot he cares!** comme si ça lui faisait quelque chose ! ◆ **a fat lot of good that did!** nous voilà bien avancés ! ◆ **a fat lot of good lying did you!** ça t'a avancé à quoi, de mentir ? ◆ **a fat lot of good such a promise will be!** ça nous fait une belle jambe ! ◆ **it'll be a fat lot of good to phone now** tu parles si ça sert à quelque chose de téléphoner maintenant ! *(iro)* ◆ **(a) fat lot of help she was (to me)!** c'est fou ce qu'elle m'a aidé ! *(iro)* ◆ **a fat lot you did to help!** tu as vraiment été d'un précieux secours ! *(iro)* ◆ **a fat lot he knows about it!** comme s'il y connaissait quelque chose ! ◆ **that's a fat lot of use!** pour ce que ça sert ! *(iro)* ◆ **that's a fat lot of use to me!** c'est fou ce que ça m'aide !* *(iro)* ◆ **a fat lot that's worth!** c'est fou ce que ça a comme valeur !* *(iro)*
VT †† 1 ⇒ **fatten vt**
2 ◆ **to kill the fatted calf** tuer le veau gras
COMP **fat-ass**** *(US pej)* N *(man)* gros lard* *m (pej)* ; *(woman)* grosse vache* *f (pej)* ADJ obèse *(pej)*
**fat cat** N gros richard* *m*
**fat city*** N *(US)* ◆ **to be in fat city** être plein aux as*
**fat farm*** N *(esp US)* clinique *f* d'amaigrissement
**fat-free** ADJ *[diet]* sans matières grasses, sans corps gras
**fat-headed*** ADJ idiot, imbécile
**fat-soluble** ADJ liposoluble

**fatal** /ˈfeɪtl/ SYN ADJ 1 *(= causing death) [injury, illness, accident, shot, dose]* mortel ; *[blow]* mortel, fatal ; *[consequences, result, delay]* fatal ◆ **to be fatal to** *or* **for sb** être fatal pour *or* à qn
2 *(= disastrous) [mistake, weakness]* fatal ; *[flaw]* malheureux ; *[influence]* néfaste, pernicieux ◆ **fatal attraction** attraction *f* irrésistible ◆ **to be fatal to** *or* **for sb/sth** porter un coup fatal *or* le coup de grâce à qn/qch ◆ **it would be fatal to do that** ce serait une erreur fatale de faire cela
3 *(= fateful) [day]* fatidique

**fatalism** /ˈfeɪtəlɪzəm/ N fatalisme *m*

**fatalist** /ˈfeɪtəlɪst/ N, ADJ fataliste *mf*

**fatalistic** /ˌfeɪtəˈlɪstɪk/ ADJ fataliste

**fatality** /fəˈtælɪtɪ/ SYN N 1 *(= person killed)* mort *m* ; *(= fatal accident)* accident *m* mortel ◆ **there were no fatalities** il n'y a pas eu de morts ◆ **road fatalities** accidents *mpl* mortels de la route
2 *(NonC)* fatalisme *m* ◆ **a growing sense of pessimism and fatality** un sentiment croissant de pessimisme et de fatalisme

**fatally** /ˈfeɪtəlɪ/ ADV 1 *[wounded, injured, shot]* mortellement ◆ **fatally ill** condamné
2 *[undermine, damage, weaken]* irrémédiablement ◆ **fatally flawed** voué à l'échec
3 *(= disastrously)* ◆ **it is fatally easy to forget it** c'est beaucoup trop facile de l'oublier ◆ **to be fatally attracted to sb/sth** être irrésistiblement attiré par qn/qch

> ⓘ **fatalement** does not mean **fatally**, but 'inevitably'.

**fatback** /ˈfætˌbæk/ N ≃ lard *m* maigre

**fate** /feɪt/ SYN N 1 *(= force)* destin *m*, sort *m* ◆ **the Fates** *(Myth)* les Parques *fpl* ◆ **what fate has in store for us** ce que le destin *or* le sort nous réserve ; → **tempt**
2 *(= one's lot)* sort *m* ◆ **to leave sb to his fate** abandonner qn à son sort ◆ **to meet one's fate** trouver la mort ◆ **it met with a strange fate** cela a eu une destinée curieuse ◆ **to meet with** *or* **suffer the same fate** connaître *or* subir le même sort ◆ **to face a similar fate** risquer de subir le même sort ◆ **to settle** *or* **seal sb's fate** décider du sort de qn ◆ **it was a fate worse than death** c'était un sort pire que la mort, la mort eût été mille fois préférable

**fated** /ˈfeɪtɪd/ SYN ADJ *[friendship, person]* voué au malheur ◆ **they were fated to meet again** il était dit qu'ils se reverraient

**fateful** /ˈfeɪtfʊl/ SYN ADJ *[day, night, moment, words]* fatidique ; *[decision, consequence, journey]* fatal ; *[meeting]* décisif ◆ **to be fateful for sb** être fatal pour qn

**fathead*** /ˈfæthed/ N débile *mf*

**father** /ˈfɑːðəʳ/ SYN
N 1 père *m* ◆ **from father to son** de père en fils ◆ **like father like son** *(Prov)* tel père tel fils *(Prov)* ◆ **to act like a father** agir en père *or* comme un père ◆ **he was like a father to me** il était comme un père pour moi ◆ **there was the father and mother of a row!*** il y a eu une dispute épouvantable ! ; see also **comp**
2 *(= founder, leader)* père *m*, créateur *m* ◆ **the father of modern jazz/French Impressionism** le père du jazz moderne/de l'impressionnisme français ◆ **the Fathers of the Church** les Pères *mpl* de l'Église ; → **city**
3 *(Rel = priest, monk etc)* père *m* ◆ **Father Paul** le (révérend) père Paul, l'abbé *m* Paul ◆ **yes, Father** oui, mon père ◆ **the Capuchin Fathers** les pères *mpl* capucins ; → **holy**
4 *(Rel) (= God)* ◆ **Our Father** Notre Père ◆ **the Our Father** *(= prayer)* le Notre Père
NPL **fathers** ancêtres *mpl*, pères *mpl*
VT *[+ child]* engendrer ◆ **he fathered three children** il a eu trois enfants ◆ **he was unable to father a child** il ne pouvait pas avoir d'enfants
COMP **Father Christmas** N *(Brit)* le père Noël
**father confessor** N *(Rel)* directeur *m* de conscience, père *m* spirituel
**father figure** N figure *f* de père ◆ **he is the father figure** il joue le rôle du père
**father-in-law** N (pl **fathers-in-law**) beau-père *m*
**father lasher** N *(= fish)* scorpion *m* de mer
**Father's Day** N la fête des Pères
**Father Time** N (also **Old Father Time**) le Temps

**fatherhood** /ˈfɑːðəhʊd/ N paternité *f*

**fatherland** /ˈfɑːðəlænd/ SYN N patrie *f*

**fatherless** /ˈfɑːðəlɪs/ ADJ orphelin de père, sans père

**fatherliness** /ˈfɑːðəlɪnɪs/ N attitude *f* paternelle

**fatherly** /ˈfɑːðəlɪ/ SYN ADJ paternel

**fathom** /ˈfæðəm/ SYN
N *(= nautical measure)* brasse *f* (= 1,83 m) ◆ **a channel with five fathoms of water** un chenal de 9 m de fond ◆ **to lie 25 fathoms deep** *or* **down** reposer par 45 m de fond
VT *[+ depth]* sonder ; *(fig)* (also **fathom out**) *[+ mystery]* pénétrer ; *[+ person]* (finir par) comprendre ◆ **I can't fathom (out) whether she's having an affair or not** je n'arrive pas à savoir si elle a une liaison ◆ **I just can't fathom it (out)** je n'y comprends absolument rien

**fathomless** /ˈfæðəmlɪs/ ADJ *(lit)* insondable ; *(fig)* insondable, impénétrable

**fatigue** /fəˈtiːg/ SYN
N 1 fatigue *f*, épuisement *m*
2 *(= jadedness)* ◆ **donor fatigue, charity fatigue** la lassitude des donateurs ◆ **compassion fatigue has set in** la compassion s'est émoussée ◆ **they blamed the low election turn-out on voter fatigue** ils ont attribué la faible participation électorale à la lassitude des électeurs ; → **battle, combat**
3 *(Mil)* corvée *f* ◆ **to be on fatigue** être de corvée
NPL **fatigues** *(Mil)* ⇒ **fatigue dress**
VT fatiguer, lasser ; *(Tech) [+ metals etc]* fatiguer
COMP **fatigue dress** N *(Mil)* tenue *f* de corvée, treillis *m*
**fatigue duty** N *(Mil)* corvée *f*
**fatigue limit** N *(Tech)* limite *f* de fatigue
**fatigue party** N *(Mil)* corvée *f*

**fatigued** /fəˈtiːgd/ ADJ las (lasse *f*), fatigué

**fatiguing** /fəˈtiːgɪŋ/ ADJ fatigant, épuisant

**fatness** /ˈfætnɪs/ N *[of person]* embonpoint *m*, corpulence *f*

**fatshedera** /fætsˈhedərə/ N *(= shrub)* fatshedera *m*

**fatsia** /ˈfætsɪə/ N *(= shrub)* fatsia *m*

**fatso*** /ˈfætsəʊ/ N (pl **fatsos** *or* **fatsoes**) *(pej)* gros lard* *m*

**fatstock** /ˈfætstɒk/ N *(Agr)* animaux *mpl* de boucherie

**fatten** /ˈfætn/ SYN
VT (also **fatten up**) engraisser ; *(by force-feeding)* gaver ◆ **you need fattening up a bit** il faudrait que tu grossisses un peu
VI (also **fatten out**) engraisser, grossir

**fattening** /ˈfætnɪŋ/
ADJ *[food]* qui fait grossir
N (also **fattening-up**) engraissement *m* ; *(by force-feeding)* gavage *m*

**fatty** /ˈfætɪ/
ADJ 1 *(= greasy) [food]* gras (grasse *f*) ◆ **they have a fattier diet than us** ils mangent plus gras que nous
2 *(Anat, Bio) [tissue]* adipeux
N * gros *m* (bonhomme), grosse *f* (bonne femme) ◆ **hey fatty!** eh toi le gros (*or* la grosse) !
COMP **fatty acid** N acide *m* gras
**fatty degeneration** N *(Med)* dégénérescence *f* graisseuse

**fatuity** /fəˈtjuːɪtɪ/ N stupidité *f*, sottise *f*

**fatuous** /ˈfætjʊəs/ SYN ADJ *[person, remark]* idiot, stupide ; *[smile]* stupide, niais

**fatuously** /ˈfætjʊəslɪ/ ADV sottement, stupidement

**fatuousness** /ˈfætjʊəsnɪs/ N ⇒ **fatuity**

**fatwa** /ˈfætwə/ N *(Rel)* fatwa *f*

**fauces** /ˈfɔːsiːz/ N (pl inv) *(Anat)* gosier *m*

**faucet** /ˈfɔːsɪt/ **N** *(US)* robinet *m*

**faugh** /fɔː/ **EXCL** pouah !

**fault** /fɔːlt/ SYN

**N** 1 *(in person, scheme)* défaut *m* ; *(in machine)* défaut *m*, anomalie *f* ; *(= mistake)* erreur *f* ◆ **in spite of all her faults** malgré tous ses défauts ◆ **her big fault is...** son gros défaut est... ◆ **a mechanical fault** un défaut technique ◆ **a fault has been found in the engine** une anomalie a été constatée dans le moteur ◆ **the fault lay in the production process** l'anomalie se situait au niveau de la production ◆ **there is a fault in the gas supply** il y a un défaut dans l'arrivée du gaz ◆ **an electrical fault** un défaut du circuit électrique

♦ **to a fault** ◆ **she is generous to a fault** elle est généreuse à l'excès

♦ **to be at fault** être fautif, être coupable ◆ **you were at fault in not telling me** vous avez eu tort de ne pas me le dire ◆ **he's at fault in this matter** il est fautif *or* c'est lui le fautif dans cette affaire ◆ **my memory was at fault** ma mémoire m'a trompé *or* m'a fait défaut

♦ **to find fault** ◆ **to find fault with sth** trouver à redire à qch, critiquer qch ◆ **to find fault with sb** critiquer qn ◆ **I have no fault to find with him** je n'ai rien à lui reprocher ◆ **he is always finding fault** il trouve toujours à redire

2 *(NonC = blame, responsibility)* faute *f* ◆ **whose fault is it?** c'est la faute à qui ?, qui est fautif ? ◆ **whose fault is it if we're late?** *(iro)* et à qui la faute si nous sommes en retard ? ◆ **the fault lies with him** c'est de sa faute, c'est lui le responsable ◆ **it's not my fault** ce n'est pas (de) ma faute ◆ **it's all your fault** c'est entièrement (de) ta faute ◆ **it's your own fault** vous n'avez à vous en prendre qu'à vous-même ◆ **it happened through no fault of mine** ce n'est absolument pas de ma faute si c'est arrivé ◆ **through no fault of her own, she...** sans qu'elle y soit pour quelque chose, elle...

3 *(Tennis)* faute *f*

4 *(Geol)* faille *f*

**VT** ◆ **to fault sth/sb** trouver des défauts à qch/chez qn ◆ **you can't fault him** on ne peut pas le prendre en défaut ◆ **you can't fault her on her handling of the situation** la manière dont elle a géré la situation est irréprochable ◆ **I can't fault his reasoning** je ne trouve aucune faille dans son raisonnement

**COMP** **fault-find** **VI** ◆ **she's always fault-finding** elle trouve toujours à redire, elle est toujours en train de critiquer

**fault-finder** **N** mécontent(e) *m(f)*, grincheux *m*, -euse *f*

**fault-finding** SYN **ADJ** chicanier, grincheux **N** critiques *fpl*

**fault line** **N** *(Geol)* ligne *f* de faille ; *(fig)* faille *f*

**fault plane** **N** *(Geol)* plan *m* de faille

**fault-tolerant** **ADJ** *(Comput)* à tolérance de pannes, insensible aux défaillances

**faultless** /ˈfɔːltlɪs/ SYN **ADJ** *[person, behaviour]* irréprochable ; *[work, manners, dress]* impeccable, irréprochable ; *[performance]* parfait ◆ **he spoke faultless English** il parlait un anglais impeccable

**faultlessly** /ˈfɔːltlɪslɪ/ **ADV** impeccablement

**faulty** /ˈfɔːltɪ/ SYN **ADJ** *[work]* défectueux, mal fait ; *[machine]* défectueux ; *[style]* incorrect, mauvais ; *[reasoning]* défectueux, erroné

**faun** /fɔːn/ **N** faune *m*

**fauna** /ˈfɔːnə/ **N** (pl **faunas** *or* **faunae** /ˈfɔːniː/) faune *f*

**Faust** /faʊst/ **N** Faust *m*

**Faustian** /ˈfaʊstɪən/ **ADJ** faustien

**Fauvism** /ˈfəʊvɪzəm/ **N** *(Art)* fauvisme *m*

**Fauvist** /ˈfəʊvɪst/ **N** *(Art)* fauve *m*

**faux pas** /fəʊˈpɑː/ SYN **N** *(pl inv)* impair *m*, bévue *f*, gaffe * *f*

**fava bean** /ˈfɑːvəbiːn/ **N** *(US)* fève *f*

**fave** * /feɪv/

**ADJ** favori

**N** favori(te) *m(f)*

**favela** /fɑːˈveɪlə/ **N** favela *f*

**favour, favor** *(US)* /ˈfeɪvəʳ/ LANGUAGE IN USE 13 SYN

**N** 1 *(= act of kindness) (small)* service *m* ; *(more major)* faveur *f* ◆ **to do sb a favour, to do a favour for sb** rendre (un) service à qn, faire *or* accorder une faveur à qn ◆ **to ask sb a favour, to ask a favour of sb** demander un service à qn, solliciter une faveur de qn *(frm)* ◆ **he did it as a favour to his brother** il l'a fait pour rendre service à son frère ◆ **I'll return this favour** je vous revaudrai ça ◆ **I would consider it a favour if you...** je vous serais très reconnaissant si vous... ◆ **do me a favour and...** sois gentil et... ◆ **you're not doing yourself any favours (by refusing to cooperate)** tu ne te facilites pas les choses (en refusant de coopérer) ◆ **do me a favour!** * *(iro)* tu te fous de moi ! *‡* ◆ **a woman's favours** les faveurs *fpl* d'une femme ◆ **your favour of the 7th inst.** *(Comm)* votre honorée † *du 7 courant*

2 *(NonC = approval, regard)* faveur *f*, approbation *f* ◆ **to be in favour** *[person]* être en faveur, avoir la cote * ; *[style, fashion]* être à la mode *or* en vogue ◆ **to be out of favour** *[person]* ne pas être en faveur, ne pas avoir la cote * ; *[style, fashion]* être démodé *or* passé de mode ◆ **to be in favour with sb** être bien vu de qn, jouir des bonnes grâces de qn ◆ **to win sb's favour, to find favour with sb** *[person]* s'attirer les bonnes grâces de qn ; *[suggestion]* gagner l'approbation de qn ◆ **to get back into sb's favour** rentrer dans les bonnes grâces de qn ◆ **to look with favour on sth** approuver qch ◆ **to look with favour on sb** bien considérer qn

3 *(NonC = support, advantage)* faveur *f*, avantage *m* ◆ **the court decided in her favour** le tribunal lui a donné gain de cause ◆ **the decision/judgement went in his favour** la décision a été prise/le jugement a été rendu en sa faveur ◆ **it's in our favour to act now** c'est (à) notre avantage d'agir maintenant ◆ **the exchange rate is in our favour** le taux de change joue en notre faveur *or* pour nous ◆ **the traffic lights are in our favour** les feux sont pour nous ◆ **circumstances were all working in her favour** les circonstances lui étaient (entièrement) favorables ◆ **that's a point in his favour** c'est quelque chose à mettre à son actif, c'est un bon point pour lui ◆ **he's got everything in his favour** il a tout pour lui ◆ **will in favour of sb** testament *m* en faveur de qn ◆ **cheque in favour of sb** chèque *m* payable à qn ◆ **"balance in your favour"** *(Banking)* « solde en votre faveur »

4 ◆ **to be in favour of sth** être pour qch, être partisan(e) de qch ◆ **to be in favour of doing sth** être d'avis de faire qch ◆ **they voted in favour of accepting the pay offer** ils ont voté en faveur de la proposition de salaire

5 *(NonC = partiality)* faveur *f*, indulgence *f* ◆ **to show favour to sb** accorder un traitement de faveur à qn, favoriser qn ; → **curry²**, **fear**

6 *(= ribbon, token)* faveur *f*

**VT** *[+ political party, scheme, suggestion]* être partisan de ; *[+ undertaking]* favoriser, appuyer ; *[+ person]* préférer ; *[+ candidate, pupil]* montrer une préférence pour ; *[+ team, horse]* être pour ; *( † or dial = resemble)* ressembler à ◆ **I don't favour the idea** je ne suis pas partisan de cette idée ◆ **he favoured us with a visit** il a eu l'amabilité *or* la bonté de nous rendre visite ◆ **he did not favour us with a reply** *(iro)* il n'a même pas eu l'amabilité *or* la bonté de nous répondre ◆ **the weather favoured the journey** le temps a favorisé le voyage ◆ **circumstances that favour this scheme** circonstances *fpl* favorables à ce projet ◆ **tax cuts which favour the rich** des réductions d'impôts qui avantagent *or* favorisent les riches

**favourable, favorable** *(US)* /ˈfeɪvərəbl/ LANGUAGE IN USE 13 SYN **ADJ** 1 *(= positive) [reaction, impression, opinion, report]* favorable ; *[comparison]* flatteur ◆ **to be favourable to sb/sth** être favorable à qn/qch ◆ **to show sth in a favourable light** montrer qch sous un jour favorable

2 *(= beneficial) [terms, deal]* avantageux *(for sb/sth* pour qn/qch) ; *[position]* bon ; *[treatment] (gen)* bon ; *(= preferential)* de faveur

3 *[climate, weather, wind]* favorable *(for, to* à)

**favourably, favorably** *(US)* /ˈfeɪvərəblɪ/ SYN **ADV** 1 *(= approvingly) [respond, react, receive]* favorablement ; *[look upon, consider]* d'un œil favorable ◆ **to impress sb favourably** faire une impression favorable à qn ◆ **favourably disposed** bien disposé

2 *(= advantageously) [placed]* bien ◆ **to compare favourably with sb/sth** soutenir la comparaison avec qn/qch ◆ **he was always being compared favourably with his sister** on l'a toujours trouvé mieux que sa sœur ◆ **few would compare themselves favourably with him** peu de personnes se jugeraient meilleures que lui

**favoured, favored** *(US)* /ˈfeɪvəd/ **ADJ** favorisé ◆ **the favoured few** les élus *mpl* ◆ **most favoured nation clause** clause *f* de la nation la plus favorisée

**favourite, favorite** *(US)* /ˈfeɪvərɪt/ LANGUAGE IN USE 7.4 SYN

**N** *(gen)* favori(te) *m(f)*, préféré(e) *m(f)* ; *(at court, Racing)* favori(te) *m(f)* ◆ **he's his mother's favourite** c'est le préféré de sa mère ◆ **he is a universal favourite** tout le monde l'adore ◆ **that song is a great favourite of mine** cette chanson est une de mes préférées ◆ **he sang a lot of old favourites** il a chanté beaucoup de vieux succès ; → **hot**

**ADJ** favori(te) *m(f)*, préféré ◆ **favourite son** *(US) (Pol) candidat à la présidence soutenu officiellement par son parti dans son État* ; *(gen)* enfant *m* chéri *(de sa ville natale etc)*

**favouritism, favoritism** *(US)* /ˈfeɪvərɪtɪzəm/ SYN **N** favoritisme *m*

**favus** /ˈfeɪvəs/ **N** favus *m*

**FAW** /ˌefeɪˈdʌbljʊ/ **N** (abbrev of **Football Association of Wales**) fédération *f* galloise de football

**fawn¹** /fɔːn/ SYN

**N** faon *m*

**ADJ** *(= colour)* fauve

**fawn²** /fɔːn/ SYN **VI** ◆ **to fawn (up)on sb** *[dog]* faire fête à qn ; *[person]* flatter qn (servilement), lécher les bottes de qn *

**fawner** /ˈfɔːnəʳ/ **N** flatteur *m*, -euse *f*

**fawning** /ˈfɔːnɪŋ/ SYN **ADJ** *[person, manner]* servile, flagorneur ; *[dog]* trop démonstratif, trop affectueux

**fax** /fæks/

**N** *(= machine)* fax *m*, télécopieur *m* ; *(= transmission)* fax *m*, télécopie *f* ◆ **fax number** numéro *m* de fax *or* de télécopie ◆ **by fax** par fax *or* télécopie

**VT** *[+ document]* faxer, envoyer par fax *or* par télécopie ; *[+ person]* envoyer un fax à ◆ **fax me your reply** répondez-moi par fax

**fay** /feɪ/ **N** ( †† *or liter*) fée *f*

**faze** * /feɪz/ **VT** décontenancer ◆ **all that jargon didn't seem to faze her in the least** elle n'a pas du tout eu l'air décontenancée par tout ce jargon

**FBI** /ˌefbiːˈaɪ/ **N** *(US)* (abbrev of **Federal Bureau of Investigation**) FBI *m*

**FC** **N** (abbrev of **football club**) FC

**FCC** /ˌefsiːˈsiː/ **N** *(US)* (abbrev of **Federal Communications Commission**) → **federal**

**FCO** /ˌefsiːˈəʊ/ **N** *(Brit)* (abbrev of **Foreign and Commonwealth Office**) → **foreign**

**FD** /efˈdiː/ 1 *(US)* (abbrev of **Fire Department**) → **fire**

2 *(Brit)* (abbrev of **Fidei Defensor**) Défenseur *m* de la foi

3 *(Comm)* (abbrev of **free delivered at dock**) livraison *f* franco à quai

**FDA** /ˌefdiːˈeɪ/ **N** *(US)* (abbrev of **Food and Drug Administration**) FDA *f*

**FDA**

La **Food and Drug Administration** ou **FDA** est l'organisme qui a pour mission de tester l'innocuité des aliments, additifs alimentaires, médicaments et cosmétiques aux États-Unis, et de délivrer les autorisations de mise sur le marché.

**FE** /efˈiː/ **N** (abbrev of **Further Education**) → **further**

**fealty** /ˈfiːəltɪ/ **N** *(Hist)* fidélité *f*, allégeance *f*

**fear** /fɪəʳ/ LANGUAGE IN USE 6.2, 16.2 SYN

**N** 1 *(= fright)* peur *f* ; *(= worry, apprehension)* crainte *f* ◆ **he obeyed out of fear** il a obéi sous l'effet de la peur ◆ **I couldn't move from** *or* **for fear** j'étais paralysé de peur ◆ **a sudden fear came over him** la peur s'est soudain emparée de lui ◆ **fear of death/failure/rejection** la peur de la mort/de l'échec/du rejet *or* d'être rejeté ◆ **fear of flying** la peur des voyages en avion *or* de l'avion ◆ **fear of heights** vertige *m* ◆ **grave fears have arisen for the safety of the hostages** on est dans la plus vive inquiétude en ce qui concerne le sort des otages ◆ **there are fears that...** on craint que... ne + *subj* ◆ **there are fears that many more refugees will die** on craint que beaucoup d'autres réfugiés ne meurent ◆ **he has fears for his sister's life** il craint pour la vie de sa sœur ◆ **to have a fear of** avoir peur de ◆ **have no fear(s)** ne craignez rien, soyez sans crainte ◆ **without fear or favour** impartialement, sans distinction de personnes ◆ **in fear and trembling** en tremblant de peur

♦ **for fear of** de peur de ◆ **the authorities had closed the university for fear of violence** les autorités avaient fermé l'université de peur d'incidents violents ◆ **for fear of waking him** de peur de le réveiller

♦ **for fear (that...)** de peur que... ne + *subj* ◆ **for fear that he might wake** de peur qu'il ne se réveille

♦ **in fear of** ◆ **to stand in fear of sb/sth** craindre *or* redouter qn/qch ◆ **he lived in fear of being discovered** il craignait toujours d'être découvert, il a vécu dans la peur d'être découvert ◆ **to go in fear of one's life** craindre pour sa vie

2 (*NonC* = *awe*) crainte *f*, respect *m* ◆ **the fear of God** la crainte *or* le respect de Dieu ◆ **to put the fear of God into sb*** (= *frighten*) faire une peur bleue à qn ; (= *scold*) passer à qn une semonce *or* un savon* qu'il n'oubliera pas de si tôt

3 (= *risk, likelihood*) risque *m*, danger *m* ◆ **there's not much fear of his coming** il est peu probable qu'il vienne, il ne risque guère de venir ◆ **there's not much fear of us making that kind of money!** nous ne risquons pas de gagner des sommes pareilles ! ◆ **there's no fear of that!** ça ne risque pas d'arriver ! ◆ **no fear!*** jamais de la vie !, pas de danger !*

**VT** craindre, avoir peur de ◆ **to fear the worst** redouter *or* craindre le pire ◆ **to fear God** craindre Dieu ◆ **they feared being attacked again** ils craignaient d'être à nouveau attaqués ◆ **the man most feared by the people living here** l'homme le plus craint par ici ◆ **the loss of sovereignty feared by some** la perte de souveraineté que redoutent certains ◆ **the situation is less serious than first** *or* **originally feared** la situation est moins grave qu'on ne le craignait ◆ **minorities were feared and disliked** les minorités inspiraient crainte et antipathie ◆ **the feared secret police** la police secrète tant redoutée ◆ **300 are feared dead/drowned** 300 personnes seraient mortes/se seraient noyées ◆ **a policeman is missing, feared dead** un policier est porté disparu, probablement mort

♦ **to fear that...** avoir peur que *or* craindre que... (ne) + *subj* ◆ **many people fear that there might be a war** beaucoup craignent *or* ont peur qu'il n'y ait une guerre ◆ **it is feared that the death toll may rise** on craint que le bilan ne s'alourdisse ◆ **they feared that a strike might destabilize the government** ils craignent qu'une grève ne déstabilise le gouvernement

♦ **to fear to do sth** avoir peur de faire qch ◆ **many women fear to go out at night** beaucoup de femmes ont peur de sortir le soir

♦ **I fear...** (*frm*) ◆ **I fear I am late** (*apologizing*) je crois bien que je suis en retard, je suis désolé d'être en retard ◆ **I fear he won't come** j'ai bien peur *or* je crains bien qu'il ne vienne pas ◆ **I fear so** je crains que oui, hélas oui ◆ **I fear not** je crains que non, hélas non ◆ **it's raining, I fear** il pleut, hélas

♦ **to be feared** (= *worthy of fear*) ◆ **he's a man to be feared** c'est un homme redoutable ◆ **such a man was not to be feared** il n'y avait rien à craindre de cet homme ◆ **there was nothing to be feared** il n'y avait rien à craindre

**VI** ◆ **to fear for one's life** craindre pour sa vie ◆ **I fear for him** j'ai peur *or* je tremble pour lui ◆ **he fears for the future of the country** l'avenir du pays lui inspire des craintes *or* des inquiétudes ◆ **we fear for their safety** nous craignons pour leur sécurité ◆ **never fear!** ne craignez rien !, n'ayez crainte ! ◆ **fear not!** († , *hum*) n'ayez crainte !

**fearful** /ˈfɪəfʊl/ SYN **ADJ** 1 (= *frightening*) [*spectacle, noise*] effrayant, affreux ; [*accident*] épouvantable

2 († = *extreme*) affreux ◆ **it really is a fearful nuisance** c'est vraiment empoisonnant* *or* embêtant* ◆ **she's a fearful bore** Dieu ! qu'elle est *or* peut être ennuyeuse !

3 (= *timid*) [*person*] peureux, craintif ◆ **I was fearful of waking her** je craignais de la réveiller

**fearfully** /ˈfɪəfəlɪ/ SYN **ADV** 1 (= *timidly*) [*say, ask*] craintivement

2 († = *extremely*) [*expensive, hot*] affreusement, terriblement ◆ **she's fearfully ugly** elle est laide à faire peur

**fearfulness** /ˈfɪəfʊlnɪs/ **N** (= *fear*) crainte *f*, appréhension *f* ; (= *shyness*) extrême timidité *f*

**fearless** /ˈfɪəlɪs/ SYN **ADJ** intrépide, courageux ◆ **fearless of** (*liter*) sans peur *or* appréhension de

**fearlessly** /ˈfɪəlɪslɪ/ **ADV** [*fight*] courageusement ◆ **to be fearlessly outspoken** avoir le courage de ses opinions

**fearlessness** /ˈfɪəlɪsnɪs/ SYN **N** intrépidité *f*

**fearsome** /ˈfɪəsəm/ SYN **ADJ** [*opponent*] redoutable ; [*apparition*] terrible, effroyable

**fearsomely** /ˈfɪəsəmlɪ/ **ADV** effroyablement, affreusement

**feasibility** /ˌfiːzəˈbɪlɪtɪ/ SYN

**N** 1 (= *practicability*) [*of plan, suggestion*] faisabilité *f* ◆ **feasibility of doing sth** possibilité *f* de faire qch ◆ **to doubt the feasibility of a scheme** douter qu'un plan soit réalisable

2 (= *plausibility*) [*of story, report*] vraisemblance *f*, plausibilité *f*

**COMP** **feasibility study** **N** étude *f* de faisabilité

**feasible** /ˈfiːzəbl/ SYN **ADJ** 1 (= *practicable*) [*plan, suggestion*] faisable, possible ◆ **can we do it? – yes, it's quite feasible** pouvons-nous le faire ? – oui, c'est tout à fait possible *or* faisable ◆ **it would be feasible to put all the data on one disk** il serait possible de rassembler toutes les données sur une seule disquette ◆ **it was not economically feasible to keep the school open** il n'était pas économiquement viable de maintenir ouverte cette école

2 (= *likely, probable*) [*story, theory*] plausible, vraisemblable

**feasibly** /ˈfiːzəblɪ/ **ADV** ◆ **he could feasibly still be alive** il se pourrait bien qu'il soit encore vivant

**feast** /fiːst/ SYN

**N** 1 (*lit, fig*) festin *m*, banquet *m* ◆ **to be the spectre** *or* **ghost** *or* **skeleton at the feast** (*Brit*) jeter une ombre sur les réjouissances ◆ **it's feast or famine** c'est l'abondance ou la famine

2 (*Rel*) fête *f* ◆ **feast day** (jour *m* de) fête *f* ◆ **the feast of St John** la Saint-Jean ◆ **the feast of the Assumption** la fête de l'Assomption ; → **movable**

**VI** banqueter, festoyer ◆ **to feast on sth** (*lit*) se régaler de qch ; (*fig*) se délecter de qch

**VT** († *or liter*) [+ *guest*] fêter, régaler ◆ **the king was feasted in the banqueting hall** un festin fut organisé en l'honneur du roi dans la salle de banquet ◆ **to feast o.s.** se régaler ◆ **to feast one's eyes on** repaître ses yeux de, se délecter à regarder

**feat** /fiːt/ SYN **N** exploit *m*, prouesse *f* ◆ **feat of architecture** *etc* chef-d'œuvre *m or* triomphe *m* de l'architecture *etc* ◆ **feat of arms** fait *m* d'armes ◆ **feat of skill** tour *m* d'adresse ◆ **getting him to speak was quite a feat** cela a été un tour de force *or* un exploit de (réussir à) le faire parler

**feather** /ˈfeðəʳ/

**N** plume *f* ; [*of wing, tail*] penne *f* ◆ **the scholarship was a feather in his cap** il pouvait être fier d'avoir obtenu la bourse ◆ **you could have knocked me down** *or* **over with a feather!*** les bras m'en sont tombés, j'en suis resté baba* *inv* ; → **bird, light², white**

**VT** 1 [+ *arrow etc*] empenner ◆ **to feather one's nest** (*fig*) faire sa pelote ◆ **to feather one's nest at sb's expense** s'engraisser sur le dos de qn

2 [+ *propeller*] mettre en drapeau ◆ **to feather an oar** (*Rowing*) plumer

**COMP** [*mattress etc*] de plumes ; [*headdress*] à plumes

**feather bed** **N** lit *m* de plume(s) ; (* = *sinecure*) sinécure *f*, bonne planque* *f*

**feather-bed** **VT** (*fig*) [+ *person, project*] surprotéger ; [+ *child*] élever dans du coton ; [+ *workforce*] protéger (*afin de lutter contre les licenciements économiques*)

**feather boa** **N** boa *m* (de plumes)

**feather cut** **N** (*Hairdressing*) dégradé *m* court

**feather duster** **N** plumeau *m*

**feather-edged** **ADJ** en biseau

**featherbedding** /ˈfeðəbedɪŋ/ **N** [*of working conditions*] protection *f* excessive de la main-d'œuvre

**featherbrain** /ˈfeðəbreɪn/ **N** écervelé(e) *m(f)*

**featherbrained** /ˈfeðəbreɪnd/ **ADJ** écervelé

**feathered** /ˈfeðəd/ **ADJ** [*bird*] à plumes ◆ **our feathered friends** nos amis à plumes

**featheredge** /ˈfeðəredʒ/ **N** (*Carpentry*) biseau *m*

**feathering** /ˈfeðərɪŋ/ **N** plumage *m*, plumes *fpl*

**featherstitch** /ˈfeðəstɪtʃ/ **N** point *m* d'épine

**featherweight** /ˈfeðəweɪt/ (*Boxing*)

**N** poids *m* plume *inv*

**ADJ** [*championship etc*] poids plume *inv*

**feathery** /ˈfeðərɪ/ SYN **ADJ** [*texture, feel*] duveteux, doux (douce *f*) comme la plume ; [*mark, design*] plumeté

**feature** /ˈfiːtʃəʳ/ SYN

**N** 1 (*facial*) trait *m* (du visage) ◆ **the features** la physionomie ◆ **to have delicate features** avoir les traits fins

2 [*of person*] (*physical*) trait *m* ; [*of personality*] caractéristique *f* ; [*of machine, countryside, building*] caractéristique *f*, particularité *f* ◆ **her most striking feature is her hair** le plus remarquable, c'est ses cheveux ◆ **one of his most outstanding features is his patience** une de ses caractéristiques les plus remarquables est sa patience ◆ **one of the main features in the kidnapping story was...** un des éléments les plus frappants dans l'affaire du kidnapping a été... ◆ **scepticism is a feature of our age** le scepticisme est caractéristique de notre temps ◆ **personal attacks have been a feature of these elections** ces élections ont été marquées par une série d'attaques personnelles

3 (*Cine*) grand film *m*, long métrage *m* ; (*Press*) [*of column*] chronique *f* ◆ **this cartoon is a regular feature in "The Observer"** cette bande dessinée paraît régulièrement dans « The Observer »

4 (*Ling*) (also **distinctive feature**) trait *m* distinctif

**VT** 1 (= *give prominence to*) [+ *person, event, story*] mettre en vedette ; [+ *name, news*] faire figurer ◆ **this film features an English actress** ce film a pour vedette une actrice anglaise ◆ **a film featuring John Wayne** un film avec John Wayne ◆ **the murder was featured on the front page** le meurtre était à la une ◆ **a new album featuring their latest hit single** un nouvel album où figure leur dernier tube*

2 (= *depict*) représenter

3 (= *have as one of its features*) [*machine etc*] être doté *or* équipé de

**VI** 1 (*Cine*) jouer (*in* dans)

2 (*gen*) figurer ◆ **fish often features on the menu** le poisson figure souvent au menu ◆ **the story featured on all of today's front pages** cette histoire faisait aujourd'hui la une de tous les journaux

**COMP** **feature article** **N** (*Press*) article *m* de fond

**feature(-length) film** **N** (*Cine*) long métrage *m*

**feature story** **N** ⇒ **feature article**

**feature writer** **N** (*Press*) journaliste *mf*

**-featured** /ˈfiːtʃəd/ **ADJ** (*in compounds*) ◆ **delicate/heavy-featured** aux traits délicats/lourds

**featureless** /ˈfiːtʃəlɪs/ **ADJ** [*landscape, building*] monotone

**Feb.** abbrev of **February**

**febrifuge** /ˈfebrɪfjuːdʒ/ **ADJ, N** fébrifuge *m*

**febrile** /ˈfiːbraɪl/ **ADJ** fébrile, fiévreux

**February** /ˈfebrʊərɪ/ **N** février *m* ; *pour loc voir* **September**

**fecal** /ˈfiːkəl/ **ADJ** (*US*) ⇒ **faecal**

**feces** /ˈfiːsiːz/ **NPL** (*US*) ⇒ **faeces**

**feckless** /ˈfeklɪs/ SYN **ADJ** [*person*] inepte, incapable ; [*attempt*] maladroit ◆ **a feckless girl** une tête sans cervelle, une évaporée

**fecklessness** /ˈfeklɪsnɪs/ **N** [*of person*] incompétence *f*

**fecund** /ˈfiːkənd/ **ADJ** fécond

**fecundate** /ˈfiːkəndeɪt/ **VT** (= *fertilize*) féconder

**fecundation** /ˌfiːkənˈdeɪʃən/ **N** (= *fertilization*) fécondation *f*

**fecundity** /fɪˈkʌndɪtɪ/ **N** fécondité *f*

**Fed** /fed/

**ABBR** (*esp US*) (abbrev of **Federal**, **Federated** *and* **Federation**)

**N** 1 (*US*) (abbrev of **federal officer**) agent *m or* fonctionnaire *m* fédéral

2 (*US*) (abbrev of **Federal Reserve Bank**) → **federal**

**fed** /fed/

**VB** pret, ptp of **feed** ◆ **well fed** bien nourri

**COMP** **fed up*** **ADJ** ◆ **to be fed up** en avoir assez, en avoir marre* ◆ **I'm fed up waiting for him** j'en ai marre* de l'attendre ◆ **he got fed up with it** il en a eu assez, il en a eu marre* ◆ **to be fed up to the back teeth**** en avoir ras le bol** (*with doing sth* de faire qch)

**fedayee** /fəˈdɑːjiː/ N (pl **fedayeen**) fedayin m inv

**federal** /ˈfedərəl/
- ADJ fédéral
- N (US Hist) fédéral m, nordiste m
- COMP **Federal Aviation Administration** N (US) Direction f générale de l'aviation civile **Federal Bureau of Investigation** N (US) FBI m **Federal Communications Commission** N (US Admin) ≈ Conseil m supérieur de l'audiovisuel **Federal court** N (US Jur) cour f fédérale **federal crop insurance** N (US) système fédéral d'indemnisation des agriculteurs en cas de catastrophe naturelle **federal holiday** N (US) jour m férié **Federal Housing Administration** N (US) commission f de contrôle des prêts au logement **Federal Insurance Contributions Act** N (US) (= law) loi sur les cotisations de Sécurité sociale ; (= contribution) ≈ cotisations fpl de Sécurité sociale **federal land bank** N (US Fin) banque f fédérale agricole **Federal Maritime Board** N (US) Conseil m supérieur de la Marine marchande **Federal Republic of Germany** N Allemagne f fédérale, République f fédérale d'Allemagne **Federal Reserve Bank** N Federal Reserve Bank f

**federalism** /ˈfedərəlɪzəm/ N fédéralisme m

**federalist** /ˈfedərəlɪst/ ADJ, N fédéraliste mf

**federalization** /ˌfedərəlaɪˈzeɪʃən/ N fédéralisation f

**federalize** /ˈfedərəlaɪz/ VT fédéraliser

**federally** /ˈfedərəlɪ/ ADV au niveau fédéral

**federate** /ˈfedəreɪt/ SYN
- VT fédérer
- VI se fédérer
- ADJ /ˈfedərɪt/ fédéré

**federation** /ˌfedəˈreɪʃən/ SYN N fédération f

**federative** /ˈfedərətɪv/ ADJ fédératif ◆ **the Federative Republic of...** la République fédérative de...

**fedora** /fəˈdɔːrə/ N chapeau m mou, feutre m mou

**fee** /fiː/ SYN
- N [of doctor, lawyer] honoraires mpl ; [of artist, speaker, footballer] cachet m ; [of director, administrator] jetons mpl de présence ; [of private tutor] appointements mpl ; (Scol, Univ etc) (for tuition) frais mpl de scolarité ; (for examination) droits mpl ; (for board) prix m de la pension ◆ **what's his fee?** combien prend-il ? ◆ **is there a fee?** est-ce qu'il faut payer ? ◆ **you can borrow more books for a small fee** or **on payment of a small fee** contre une somme modique vous pouvez emprunter d'autres livres ◆ **fee or other charges** (Jur) redevances fpl ou autres droits ◆ **fee for appeal** (Jur) taxe f de recours ; → **entrance**[1], **licence**, **membership**
- COMP **fee-paying** ADJ [pupil] qui paie ses études ; [school] privé **fee-splitting** N (US : gen) partage m des honoraires ; [of doctors] dichotomie f

**feeble** /ˈfiːbl/ SYN
- ADJ [1] (= weak) [person, light, voice] faible
  [2] (pej = pathetic) [excuse, response] piètre ; [attempt] vague ; [joke] médiocre ◆ **don't be so feeble!** quelle mauviette tu fais !
- COMP **feeble-minded** SYN ADJ imbécile **feeble-mindedness** N imbécillité f

**feebleness** /ˈfiːblnɪs/ SYN N [of person, pulse, light, voice] faiblesse f

**feebly** /ˈfiːblɪ/ ADV [smile, shine] faiblement ; [say, explain] sans grande conviction

**feed** /fiːd/ SYN (vb: pret, ptp **fed**)
- N [1] (NonC) (gen) nourriture f ; (= pasture) pâture f ; (= hay etc) fourrage m ◆ **animal/cattle/chicken etc feed** nourriture f or aliments mpl pour animaux/bétail/volailles etc ◆ **he's off his feed*** [baby] il n'a pas d'appétit
  [2] (= portion of food) ration f ; [of baby] (breast-fed) tétée f ; (bottle-fed) biberon m ; (solid) repas m ◆ **feed of oats** picotin m d'avoine ◆ **we had a good feed*** on a bien bouffé*
  [3] (Theat * = comedian's cue line) réplique f ; (= straight man) faire-valoir m inv
  [4] (= part of machine) mécanisme m d'alimentation ◆ **sheet paper feed** (Comput) chargeur m feuille à feuille
- VT [1] (= provide food for) (gen) nourrir ; [+ army] nourrir, ravitailler ; (= give food to) [+ child, invalid, animal] donner à manger à ; (Brit) [+ baby] nourrir ; [+ baby bird] donner la becquée à ◆ **there are six people/mouths to feed in this house** il y a six personnes/bouches à nourrir dans cette maison ◆ **I have three hungry mouths to feed** j'ai trois bouches à nourrir ◆ **what do you feed your cat on?** que donnez-vous à manger à votre chat ? ◆ **he can feed himself now** [child] il sait manger tout seul maintenant ◆ **to feed sth to sb** donner qch à manger à qn ◆ **you shouldn't feed him that** vous ne devriez pas lui donner cela à manger
  [2] [+ plant] [ground, sap etc] nourrir ; (with fertilizer, plant food) donner de l'engrais à
  [3] (fig) ◆ **to feed sb information** fournir des informations à qn ◆ **to feed sb lies** raconter des mensonges à qn ◆ **we've fed him all the facts*** nous lui avons fourni toutes les données ◆ **to feed sb a line*** essayer de faire avaler une histoire à qn ◆ **to feed one's habit*/one's heroin habit*** se procurer sa drogue/son héroïne
  [4] [+ fire] entretenir, alimenter ; [+ furnace, machine] alimenter ◆ **two rivers feed this reservoir** deux rivières alimentent ce réservoir ◆ **to feed the parking meter*** rajouter une pièce dans le parcmètre ◆ **to feed sth into a machine** mettre or introduire qch dans une machine ◆ **to feed data into a computer** entrer des données dans un ordinateur ◆ **blood vessels that feed blood to the brain** des vaisseaux sanguins qui irriguent le cerveau ; → **flame**
  [5] (Theat *) [+ comedian] donner la réplique à ; (= prompt) souffler à
- VI [animal] manger, se nourrir ; (on pasture) paître, brouter ; [baby] manger ; (at breast) téter ◆ **to feed on** (lit, fig) se nourrir de ◆ **nationalism feeds on old hatreds** le nationalisme se nourrit de vieilles haines
- COMP **feed grains** NPL céréales fpl fourragères

▶ **feed back** VT SEP [+ information, results] donner (en retour)

▶ **feed in** VT SEP [+ tape, wire] introduire (to dans) ; [+ facts, information] fournir (to à)

▶ **feed up**
- VT SEP [+ animal] engraisser ; [+ geese] gaver ; [+ person] faire manger plus or davantage
- ADJ ◆ **fed up*** → **fed**

**feedback** /ˈfiːdbæk/ N [1] (gen) réactions fpl ; (Comm) (from questionnaire etc) information f en retour, retour m d'information ◆ **I haven't had any feedback from him yet** je n'ai encore eu aucune réaction de sa part ◆ **to give sb feedback on sth** faire part à qn de ses réactions or impressions sur qch
[2] (Elec) réaction f ; (unwanted) réaction f parasite ; (Cybernetics) rétroaction f, feed-back m

**feedbag** /ˈfiːdbæg/ N [of livestock] sac m de nourriture ; (US = nosebag) musette f

**feeder** /ˈfiːdə'/
- N [1] (= eater : person, animal) mangeur m, -euse f ◆ **peonies are quite heavy feeders** (= need water) les pivoines ont besoin de beaucoup d'eau ; (= need fertilizer) les pivoines ont besoin de beaucoup d'engrais
  [2] (= device) (for chickens) mangeoire f automatique ; (for cattle) nourrisseur m automatique ; (for machine) chargeur m
  [3] (Elec) ligne f d'alimentation
  [4] (Brit) (= bib) bavoir m ; (= bottle) biberon m
- COMP [canal] d'amenée ; [railway] secondaire ; [road] d'accès ; [team, league] servant de réservoir, jouant le rôle de réservoir **feeder primary (school)** N (Brit Scol) école primaire d'où sont issus les élèves d'un collège donné **feeder stream** N affluent m

**feeding** /ˈfiːdɪŋ/
- N (= food) alimentation f ; (= action of feeding animal) nourrissage m
- COMP **feeding bottle** N (esp Brit) biberon m **feeding frenzy** N (fig) ◆ **the press was in a feeding frenzy** les organes de presse se sont déchaînés **feeding grounds** NPL (gen) aire f de nourrissage ; [of grazing animals] pâtures fpl, pâturages mpl **feeding stuffs** NPL nourriture f or aliments mpl (pour animaux) **feeding time** N [of baby] (breast-feeding) heure f de la tétée ; (bottle-feeding) heure f du biberon ; [of toddler] heure f du repas ; [of animal] (in zoo) heure f de nourrir les animaux

**feedpipe** /ˈfiːdpaɪp/ N tuyau m d'amenée

**feedstuffs** /ˈfiːdstʌfs/ NPL nourriture f or aliments mpl (pour animaux)

---

**feel** /fiːl/
LANGUAGE IN USE 6.2, 8.4, 11.1 SYN

vb: pret, ptp **felt**

1 - NOUN
2 - TRANSITIVE VERB
3 - INTRANSITIVE VERB
4 - PHRASAL VERBS

**1 - NOUN**

[1] [= TEXTURE] toucher m ◆ **to know sth by the feel (of it)** reconnaître qch au toucher ◆ **the fabric has a papery feel** le grain de ce tissu ressemble à celui du papier

[2] [= SENSATION] sensation f ◆ **she liked the feel of the sun on her face** elle aimait sentir le soleil sur son visage ◆ **I don't like the feel of wool against my skin** je n'aime pas le contact de la laine contre ma peau, je n'aime pas porter de la laine à même la peau

[3] [= IMPRESSION] ◆ **he wants to get the feel of the factory** il veut se faire une impression générale de l'usine ◆ **you have to get the feel of a new car** il faut se faire à une nouvelle voiture ◆ **the palms bring a Mediterranean feel to the garden** les palmiers donnent un aspect méditerranéen au jardin ◆ **the room has a cosy feel** on se sent bien dans cette pièce ◆ **there's a nostalgic feel to his music** il y a quelque chose de nostalgique dans sa musique ◆ **I don't like the feel of it** ça ne me dit rien de bon or rien qui vaille

[4] [= INTUITION] ◆ **to have a feel for languages** être doué pour les langues ◆ **to have a feel for English** être doué en anglais ◆ **to have a feel for music** avoir l'oreille musicale ◆ **to have a feel for doing sth** savoir s'y prendre pour faire qch

**2 - TRANSITIVE VERB**

[1] [= TOUCH] toucher ; (= explore with one's fingers) palper ◆ **she felt the jacket to see if it was made of wool** elle a palpé or touché la veste pour voir si c'était de la laine ◆ **feel the envelope and see if there's anything in it** palpez l'enveloppe pour voir s'il y a quelque chose dedans ◆ **to feel sb's pulse** tâter le pouls de qn

◆ **to feel one's way** (lit) avancer or marcher à tâtons ◆ **he got out of bed and felt his way to the telephone** il s'est levé et a avancé or marché à tâtons jusqu'au téléphone ◆ **you'll have to feel your way** (fig) il faut y aller à tâtons ◆ **we are feeling our way towards an agreement** nous tâtons le terrain pour parvenir à un accord ◆ **I'm still feeling my way around** (fig) j'essaie de m'y retrouver ◆ **she's still feeling her way in her new job** elle n'est pas encore complètement habituée à son nouveau travail, elle est encore en train de se familiariser avec son nouveau travail

[2] [= EXPERIENCE PHYSICALLY] [+ blow, caress] sentir ; [+ pain] sentir, ressentir ◆ **I felt a few drops of rain** j'ai senti quelques gouttes de pluie ◆ **I'm so cold I can't feel anything** j'ai si froid que je ne sens plus rien ◆ **she could feel the heat from the radiator** elle sentait la chaleur du radiateur ; see also 3 ◆ **I can feel something pricking me** je sens quelque chose qui me pique ◆ **he felt it move** il l'a senti bouger

[3] [= BE AFFECTED BY, SUFFER FROM] ◆ **to feel the heat/cold** être sensible à la chaleur/au froid ◆ **I don't feel the heat much** la chaleur ne me gêne pas beaucoup ◆ **she really feels the cold** elle est très frileuse ◆ **she felt the loss of her father greatly** elle a été très affectée par la mort de son père

[4] [= EXPERIENCE EMOTIONALLY] [+ sympathy, grief] éprouver, ressentir ◆ **you must feel the beauty of this music before you can play it** il faut que vous sentiez subj la beauté de cette musique avant de pouvoir la jouer vous-même ◆ **the effects will be felt later** les effets se feront sentir plus tard ◆ **he felt a great sense of relief** il a éprouvé or ressenti un grand soulagement ◆ **I feel no interest in this at all** cela ne m'intéresse pas du tout ◆ **they're starting to feel the importance of this match** ils commencent à prendre conscience de l'importance de ce match ◆ **I felt myself blush** or **blushing** je me suis senti rougir

[5] [= THINK, BELIEVE] ◆ **I feel he has spoilt everything** à mon avis, il a tout gâché ◆ **I feel that he ought to go** j'estime qu'il devrait partir ◆ **he felt it necessary to point out...** il a jugé or estimé nécessaire de faire remarquer... ◆ **I feel**

strongly that... je suis convaincu que... ♦ **if you feel strongly about it** si cela vous tient à cœur, si cela vous semble important ♦ **what do you feel about this idea?** que pensez-vous de cette idée ? ♦ **I can't help feeling that something is wrong** je ne peux m'empêcher de penser que quelque chose ne va pas ♦ **I feel it in my bones*** or **waters*** **that Scotland will score** l'Écosse va marquer, je le sens !, quelque chose me dit que l'Écosse va marquer

**3 - INTRANSITIVE VERB**

1 [PHYSICALLY] se sentir ♦ **how do you feel today?** comment vous sentez-vous aujourd'hui ? ♦ **I feel much better** je me sens beaucoup mieux ♦ **you'll feel all the better for a rest** vous vous sentirez mieux après vous être reposé ♦ **he doesn't feel quite himself today** il ne se sent pas tout à fait dans son assiette aujourd'hui ♦ **to feel old/ill** se sentir vieux/malade ♦ **to feel cold/hot/hungry/thirsty/sleepy** avoir froid/chaud/faim/soif/sommeil ♦ **he felt like a young man again** il se sentait redevenu jeune homme ♦ **I feel like a new man/woman** je me sens un autre homme/une autre femme

2 [EMOTIONALLY, INTELLECTUALLY] ♦ **I couldn't help feeling envious** je ne pouvais pas m'empêcher d'éprouver de la jalousie ♦ **I feel sure that...** je suis sûr que... ♦ **they don't feel able to recommend him** ils estiment qu'ils ne peuvent pas le recommander ♦ **he feels confident of success** il s'estime capable de réussir ♦ **we felt very touched by his remarks** nous avons été très touchés par ses remarques ♦ **I don't feel ready to see her again yet** je ne me sens pas encore prêt à la revoir ♦ **I feel very bad about leaving you here** cela m'ennuie beaucoup de vous laisser ici ♦ **how do you feel about him?** que pensez-vous de lui ? ♦ **what does it feel like** or **how does it feel to know that you are a success?** quel effet cela vous fait-il de savoir que vous avez réussi ?

♦ **to feel for sb** compatir aux malheurs de qn ♦ **we feel for you in your sorrow** nous partageons votre douleur ♦ **I feel for you!** comme je vous comprends !

♦ **to feel like sth/doing sth** (= want) avoir envie de qch/de faire qch ♦ **I feel like an ice cream** j'ai envie d'une glace ♦ **do you feel like a walk?** ça vous dit d'aller vous promener ? ♦ **if you feel like it** si ça te dit ♦ **I don't feel like it** je n'en ai pas envie, ça ne me dit rien

3 [= HAVE IMPRESSION] ♦ **I felt as if I was going to faint** j'avais l'impression que j'allais m'évanouir ♦ **I feel as if there's nothing we can do** j'ai le sentiment or j'ai bien l'impression que nous ne pouvons rien faire

4 [= GIVE IMPRESSION] ♦ **to feel hard/soft** [object] être dur/doux au toucher ♦ **the house feels damp** la maison donne l'impression d'être humide ♦ **his shirt feels as if it's made of silk** on dirait que sa chemise est en soie (quand on la touche) ♦ **we were going so fast it felt as if we were flying** on allait si vite qu'on avait l'impression de voler ♦ **it feels like rain** on dirait qu'il va pleuvoir ♦ **it feels like thunder** on dirait qu'il va y avoir de l'orage

5 [= GROPE] (also **feel about**, **feel around**) tâtonner, fouiller ♦ **she felt (about** or **around) in her pocket for some change** elle a fouillé dans sa poche pour trouver de la monnaie ♦ **he was feeling (about** or **around) in the dark for the door** il tâtonnait dans le noir pour trouver la porte

**4 - PHRASAL VERBS**

▶ **feel out** VT SEP [+ person] sonder, tâter le terrain auprès de

▶ **feel up*** VT SEP ♦ **to feel sb up** peloter* qn

**feeler** /ˈfiːləʳ/ SYN

N [of insect] antenne f ; [of octopus] tentacule m ♦ **to put out** or **throw out feelers (to discover)** tâter le terrain (pour essayer de découvrir)

COMP **feeler gauge** N (Tech) calibre m (d'épaisseur)

**feelgood** /ˈfiːlɡʊd/ ADJ ♦ **the feelgood factor** (Pol) l'euphorie f passagère ♦ **the lack of a feelgood factor among customers** l'érosion de la confiance des consommateurs ♦ **a feelgood movie** un film qui met de bonne humeur

**feeling** /ˈfiːlɪŋ/ LANGUAGE IN USE 6.2 SYN N 1 (NonC: physical) sensation f ♦ **I've lost all feeling in my right arm** j'ai perdu toute sensation dans le bras droit, mon bras droit ne sent plus rien ♦ **a feeling of cold, a cold feeling** une sensation de froid

2 (= awareness, impression) sentiment m ♦ **a feeling of isolation** un sentiment d'isolement ♦ **he had the feeling (that) something terrible was going to happen to him** il avait le sentiment qu'il allait lui arriver quelque chose de terrible ♦ **I've got a funny feeling she will succeed** j'ai comme l'impression qu'elle va réussir ♦ **I know the feeling!** je sais ce que c'est or ce que ça fait ! ♦ **the feeling of the meeting was that...** dans l'ensemble, les participants (à la réunion) pensaient que... ♦ **there was a general feeling that...** on avait l'impression que..., le sentiment général a été que... ; → **strong**

3 (= emotion) sentiment m ♦ **feelings** sentiments mpl, sensibilité f ♦ **he appealed to their feelings rather than their reason** il faisait appel à leurs sentiments plutôt qu'à leur raison ♦ **you can imagine my feelings** tu t'imagines ce que je ressens (or j'ai ressenti etc) ♦ **feelings ran high about the new motorway** la nouvelle autoroute a déchaîné les passions ♦ **his feelings were hurt** il était blessé ♦ **I didn't mean to hurt your feelings** je ne voulais pas te blesser or te vexer ♦ **to have feelings for sb** avoir des sentiments pour qn ; → **hard**

4 (NonC) (= sensitivity) émotion f, sensibilité f ; (= compassion) sympathie f ♦ **a woman of great feeling** une femme très sensible ♦ **she sang with feeling** elle a chanté avec sentiment ♦ **he spoke with great feeling** il a parlé avec chaleur or avec émotion ♦ **he doesn't show much feeling for his sister** il ne fait pas preuve de beaucoup de sympathie pour sa sœur ♦ **he has no feeling for the suffering of others** les souffrances d'autrui le laissent insensible ♦ **he has no feeling for music** il n'apprécie pas du tout la musique ♦ **he has a certain feeling for music** il est assez sensible à la musique ♦ **ill** or **bad feeling** animosité f, hostilité f

**feelingly** /ˈfiːlɪŋlɪ/ ADV [speak, write] avec émotion, avec chaleur

**feet** /fiːt/ NPL of **foot**

**feign** /feɪn/ VT [+ surprise] feindre ; [+ madness] simuler ♦ **to feign illness/sleep** faire semblant d'être malade/de dormir ♦ **feigned modesty** fausse modestie f, modestie f feinte

**feint** /feɪnt/

N (Boxing, Fencing, Mil) feinte f ♦ **to make a feint** faire une feinte (at à)

VI feinter

COMP **feint-ruled paper** N papier m à réglure fine

**feist*** /faɪst/ N (US) roquet m (chien)

**feisty*** /ˈfaɪstɪ/ ADJ 1 (= lively) fougueux 2 (US = quarrelsome) bagarreur

**feldspar** /ˈfeldspɑːʳ/ N ⇒ **felspar**

**feldspathic** /feldˈspæθɪk/ ADJ ⇒ **felspathic**

**felicitate** /fɪˈlɪsɪteɪt/ VT (frm) féliciter, congratuler

**felicitous** /fɪˈlɪsɪtəs/ ADJ (frm) heureux

**felicity** /fɪˈlɪsɪtɪ/ N (frm) (= happiness) félicité f, bonheur m ; (= aptness) bonheur m

**feline** /ˈfiːlaɪn/ SYN ADJ, N félin(e) m(f)

**fell¹** /fel/ VB pt of **fall**

**fell²** /fel/ SYN VT [+ tree, enemy] abattre ; [+ ox] assommer, abattre

**fell³** /fel/ N (Brit) (= mountain) montagne f, mont m ♦ **the fells** (= moorland) la lande

**fell⁴** /fel/ ADJ (liter) [blow] féroce, cruel ; [disease] cruel ; → **swoop**

**fell⁵** /fel/ N (= hide, pelt) fourrure f, peau f (d'animal)

**fella*** /ˈfelə/ N (= chap) type* m ; (= boyfriend) petit ami m

**fellate** /fɪˈleɪt/ VT faire une fellation à

**fellatio** /fɪˈleɪʃɪəʊ/, **fellation** /fɪˈleɪʃən/ N fellation f ♦ **to perform fellatio on sb** faire une fellation à qn

**fellow** /ˈfeləʊ/ SYN

N 1 * type m, homme m ♦ **a nice fellow** un brave type* ♦ **an old fellow** un vieux (bonhomme) ♦ **a poor old fellow** un pauvre vieux ♦ **poor little fellow** pauvre petit m (bonhomme m or gars m) ♦ **a young fellow** un jeune homme ♦ **my dear** or **good fellow** † mon cher ♦ **look here, old fellow** † écoute, mon vieux ♦ **this journalist fellow** un journaliste

2 (= comrade) camarade m, compagnon m ; (= equal, peer) pair m, semblable m ♦ **fellows in misfortune** frères mpl dans le malheur, compagnons mpl d'infortune ; → **schoolfellow**

3 [of association, society etc] membre m, associé m (d'une société savante, d'une académie)

4 (US Univ) boursier m, -ière f ; (Brit Univ) ≈ chargé m de cours (souvent membre du conseil d'administration) ; → **research**

COMP **fellow being** N semblable mf, pareil(le) m(f)
**fellow citizen** N concitoyen(ne) m(f)
**fellow countryman** (pl **fellow countrymen**), **fellow countrywoman** (pl **fellow countrywomen**) N compatriote mf
**fellow creature** N semblable mf, pareil(le) m(f)
**fellow feeling** N sympathie f
**fellow inmate** N codétenu(e) m(f)
**fellow member** N confrère m, consœur f
**fellow men** NPL semblables mpl
**fellow passenger** N compagnon m de voyage, compagne f de voyage
**fellow student** N condisciple mf
**fellow traveller** N (lit) compagnon m de voyage, compagne f de voyage ; (Pol) (with communists) communisant(e) m(f), cryptocommuniste mf ; (gen) sympathisant(e) m(f)
**fellow worker** N (in office) collègue mf ; (in factory) camarade mf (de travail)

**fellowship** /ˈfeləʊʃɪp/ SYN N 1 (NonC) (= comradeship) camaraderie f ; (Rel etc) communion f

2 (= society etc) association f, corporation f ; (Rel) confrérie f

3 (= membership of learned society) titre m de membre or d'associé (d'une société savante)

4 (US Univ = scholarship) bourse f universitaire ; (Brit Univ = post) poste m d'enseignement et de recherche ; see also **fellow noun 4**

**felon** /ˈfelən/ N (Jur) criminel(le) m(f)

**felonious** /fɪˈləʊnɪəs/ ADJ (Jur) criminel

**felony** /ˈfelənɪ/ N (Jur) crime m, forfait m

**felspar** /ˈfelspɑːʳ/ N feldspath m

**felspathic** /felˈspæθɪk/ ADJ feldspathique

**felt¹** /felt/ VB pt, ptp of **feel**

**felt²** /felt/

N feutre m ; → **roofing**

COMP de feutre
**felt hat** N feutre m (chapeau)
**felt-tip (pen)** N feutre m (crayon)

**felucca** /feˈlʌkə/ N felouque f

**fem*** /fem/ N ⇒ **femme 2**

**fem.** /fem/ 1 abbrev of **female**
2 abbrev of **feminine**

**female** /ˈfiːmeɪl/

ADJ 1 (= of feminine gender) [animal, plant] femelle ; [subject, slave] du sexe féminin ♦ **a female child** une fille, un enfant du sexe féminin ♦ **female students** étudiantes fpl ♦ **female labour** main-d'œuvre f féminine ♦ **female cat/camel** chatte f/chamelle f

2 (= relating to women) [company, vote] des femmes ; [sex, character, quality, organs, health problems] féminin

3 (Elec) femelle

N (= person) femme f, fille f ; (= animal, plant) femelle f ♦ **some female he works with** * (pej) une bonne femme avec qui il bosse* (pej)

COMP **female circumcision** N excision f
**female condom** N préservatif m féminin
**female impersonator** N (Theat) travesti m

**Femidom** ® /ˈfemɪdɒm/ N Femidom ® m

**feminine** /ˈfemɪnɪn/ SYN

ADJ (also Gram) féminin

N (Gram) féminin m ♦ **in the feminine** au féminin

COMP **feminine hygiene** N hygiène f féminine

**femininity** /ˌfemɪˈnɪnɪtɪ/ N féminité f

**feminism** /ˈfemɪnɪzəm/ N féminisme m

**feminist** /ˈfemɪnɪst/ N, ADJ féministe mf

**feminize** /ˈfemɪnaɪz/ VT féminiser

**femme** /fæm, fem/ 1 ♦ **femme fatale** femme f fatale

2 * partenaire f passive (dans un couple de lesbiennes)

**femoral** /ˈfemərəl/ ADJ fémoral

**femur** /ˈfiːməʳ/ N (pl **femurs** or **femora** /ˈfemərə/) fémur m

**fen** /fen/ SYN N (Brit) (also **fenland**) marais m, marécage m ♦ **the Fens** les plaines fpl marécageuses du Norfolk

**fence** /fens/ SYN
**N** ⃞1 barrière f, clôture f ; (Racing) obstacle m ◆ **to sit on the fence** (fig) ménager la chèvre et le chou, s'abstenir de prendre position ◆ **to come or get down off the fence** (fig) prendre position ◆ **to mend one's fences*** **with sb** se réconcilier avec qn ◆ **they're mending their fences*** **(with each other)** ils sont en train de se réconcilier ; → **barbed**
⃞2 (= machine guard) barrière f protectrice
⃞3 * [of stolen goods] receleur m, fourgue * m
**VT** ⃞1 (also **fence in**) [+ land] clôturer, entourer d'une clôture
⃞2 [+ question] éluder
⃞3 * [+ stolen goods] fourguer*, receler
**VI** (Sport) faire de l'escrime ; (fig) éluder la question, se dérober ◆ **to fence with sword/sabre etc** (Sport) tirer à l'épée/au sabre etc
**COMP** **fence-mending N** (esp Pol) rétablissement m de bonnes relations, réconciliation f ◆ **fence-mending mission** mission f de conciliation

▸ **fence in** VT SEP ⃞1 (lit) ⇒ **fence** vt 1
⃞2 (fig) ◆ **to feel fenced in by restrictions** se sentir gêné or entravé par des restrictions

▸ **fence off** VT SEP [+ piece of land] séparer par une clôture

**fenced** /fenst/ ADJ [of field, garden] clôturé ◆ **a fenced area** or **enclosure** un enclos

**fencer** /'fensə'/ N escrimeur m, -euse f

**fencing** /'fensɪŋ/
**N** ⃞1 (Sport) escrime f
⃞2 (for making fences) matériaux mpl pour clôture
**COMP** **fencing master N** maître m d'armes
**fencing match N** assaut m d'escrime ; (fig) prise f de bec
**fencing school N** salle f d'armes

**fend** /fend/ VI ◆ **to fend for o.s.** se débrouiller (tout seul)

▸ **fend off** VT SEP [+ blow] parer ; [+ attack] détourner ; [+ attacker] repousser ; [+ question] écarter, éluder

**fender** /'fendə'/
**N** (in front of fire) garde-feu m inv ; (US: on car) aile f ; (US: on train) chasse-pierres m inv ; (on ship) défense f, pare-battage m inv
**COMP** **fender-bender*** **N** accrochage m ◆ **it was just a fender-bender** ce n'était qu'un accrochage or que de la tôle froissée *

**fenestra** /fɪ'nestrə/ N (pl **fenestrae** /fɪ'nestriː/) (Anat) fenêtre f

**fenestration** /ˌfenɪs'treɪʃən/ N (Archit) fenêtrage m ; (Med) fenestration f ; (Bot, Zool) aspect m fenêtré

**feng shui** /ˌfeŋ'ʃuːɪ/ N feng-shui m

**Fenian** /'fiːnɪən/ (Brit Hist)
**N** ⃞1 Fenian m (membre d'un groupe révolutionnaire américain fondé en 1858 qui lutta pour l'indépendance de l'Irlande)
⃞2 (pej)⁑ sale catho mf irlandais(e) (pej)
**ADJ** ⃞1 Fenian ◆ **the Fenian defeat at Gabhra** la défaite des Feniens à Gabhra
⃞2 (pej)⁑ catho *

**fennec** /'fenek/ N fennec m

**fennel** /'fenl/ N fenouil m

**fenugreek** /'fenjʊˌɡriːk/ N fenugrec m

**feral** /'fɪərəl/ ADJ sauvage

**feria** /'fɪərɪə/ N (pl **ferias** or **feriae** /'fɪərɪˌiː/) (Rel) férie f

**ferment** /fə'ment/ SYN
**VI** (lit, fig) fermenter
**VT** (lit, fig) faire fermenter
**N** /'fɜːment/ (lit) ferment m ; (fig) agitation f, effervescence f ◆ **to be in (a state of) ferment** être en ébullition

**fermentation** /ˌfɜːmen'teɪʃən/ N (lit, fig) fermentation f

**fermi** /'fɜːmɪ/ N fermi m

**fermion** /'fɜːmɪˌɒn/ N fermion m

**fermium** /'fɜːmɪəm/ N fermium m

**fern** /fɜːn/ N fougère f

**ferocious** /fə'rəʊʃəs/ SYN ADJ ⃞1 (= fierce) [animal, person, battle, fighting] féroce ; [attack, assault] violent ; [knife, teeth] redoutable
⃞2 [intense] [competition] acharné ; [debate] houleux ; [argument] violent ; [energy] farouche
⃞3 (= severe) [heat] accablant ; [weather, violent storm] épouvantable ; [thirst] terrible

**ferociously** /fə'rəʊʃəslɪ/ ADV ⃞1 (= violently) [beat, kick, struggle] violemment ◆ **to fight ferociously** [person] se battre âprement ; [animal] se battre férocement or avec férocité
⃞2 (= extremely) [independent] farouchement ; [difficult, complicated] furieusement ; [clever, intelligent, funny] terriblement ◆ **to be ferociously competitive** avoir un esprit de compétition acharné ◆ **ferociously determined** d'une détermination farouche ◆ **ferociously loyal** d'une fidélité à toute épreuve

**ferociousness** /fə'rəʊʃəsnɪs/, **ferocity** /fə'rɒsɪtɪ/ N férocité f

**Ferrara** /fə'rɑːrə/ N Ferrare

**ferret** /'ferɪt/
**N** furet m
**VI** ⃞1 (also **ferret about, ferret around**) fouiller, fureter ◆ **she was ferreting (about** or **around) in the cupboard** elle furetait dans le placard
⃞2 ◆ **to go ferreting** chasser au furet

▸ **ferret out** VT SEP [+ secret, person] dénicher, découvrir

**ferric** /'ferɪk/
**ADJ** ferrique
**COMP** **ferric oxide N** oxyde m ferrique

**ferricyanide** /ˌferɪ'saɪəˌnaɪd/ N ferricyanure m

**ferrimagnetic** /ˌferɪmæɡ'netɪk/ ADJ ferromagnétique

**ferrimagnetism** /ˌferɪ'mæɡnɪtɪzəm/ N ferromagnétisme m

**Ferris wheel** /'ferɪswiːl/ N grande roue f (dans une foire)

**ferrite** /'feraɪt/ N ferrite f

**ferro-** /'ferəʊ/ PREF ferro-

**ferroconcrete** /ˌferəʊ'kɒŋkriːt/ N béton m armé

**ferrocyanide** /ˌferəʊ'saɪəˌnaɪd/ N ferrocyanure m

**ferromagnetic** /ˌferəʊmæɡ'netɪk/ ADJ ferromagnétique

**ferromagnetism** /ˌferəʊ'mæɡnɪtɪzəm/ N ferromagnétisme m

**ferromanganese** /ˌferəʊ'mæŋɡəniːz/ N ferromanganèse m

**ferronickel** /ˌferəʊ'nɪkl/ N ferronickel m

**ferrotype** /'ferəʊˌtaɪp/ N (= process) ferrotypie f

**ferrous** /'ferəs/
**ADJ** ferreux
**COMP** **ferrous sulphate N** sulfate m ferreux

**ferruginous** /fe'ruːdʒɪnəs/ ADJ ferrugineux

**ferrule** /'feruːl/ N virole f

**ferry** /'ferɪ/ SYN
**N** (also **ferryboat**) (large) ferry-boat m ; (small) bac m ; (Can) traversier m ; (between ship and quayside) va-et-vient m inv ; → **air, car**
**VT** ⃞1 (also **ferry across, ferry over**) [+ person, car, train] faire passer or traverser (en bac ou par bateau or par avion etc)
⃞2 (fig = transport) [+ people] transporter, emmener ; [+ things] porter, apporter ◆ **he ferried voters to and from the polls** il a fait la navette avec sa voiture pour emmener des électeurs au bureau de vote ◆ **I can't be expected to ferry you around all the time** je ne peux tout de même pas te servir de taxi en permanence

**ferryman** /'ferɪmən/ N (pl **-men**) passeur m

**fertile** /'fɜːtaɪl/ SYN
**ADJ** [soil, land] fertile ; [person] fertile, fécond ; [animal, egg, mind] fécond ◆ **the fertile period** or **time** la période de fécondité ◆ **to have a fertile imagination** (gen pej) avoir une imagination fertile ◆ **to be (a) fertile ground for sb/sth** (fig) être un terrain propice pour qn/qch
**COMP** **the Fertile Crescent N** le Croissant fertile

**fertility** /fə'tɪlɪtɪ/ SYN
**N** [of soil, man] fertilité f ; [of woman, animal] fécondité f, fertilité f ◆ **fertility of invention** (frm) fertilité f d'imagination
**COMP** [cult, symbol] de fertilité
**fertility drug N** médicament m contre la stérilité

**fertilization** /ˌfɜːtɪlaɪ'zeɪʃən/ N [of land, soil] fertilisation f ; [of animal, plant, egg] fécondation f

**fertilize** /'fɜːtɪlaɪz/ SYN VT [+ land, soil] fertiliser, amender ; [+ animal, plant, egg] féconder

**fertilizer** /'fɜːtɪlaɪzə'/ SYN N engrais m, fertilisant m ◆ **artificial fertilizer** engrais m chimique

**fervent** /'fɜːvənt/ SYN ADJ [admirer, advocate, prayer] fervent ; [supporter, belief, desire] ardent ◆ **to be a fervent believer in sth** être un adepte de qch ◆ **my fervent hope is that...** je souhaite vraiment or ardemment que... ◆ **it is my fervent wish that...** je souhaite ardemment que...

**fervently** /'fɜːvəntlɪ/ ADV [hope, believe] ardemment ; [say, pray, support] avec ferveur ; [religious, anti-Communist] profondément ◆ **fervently opposed to sth** profondément opposé à qch ◆ **fervently patriotic** d'un ardent patriotisme

**fervid** /'fɜːvɪd/ ADJ ⇒ **fervent**

**fervour, fervor** (US) /'fɜːvə'/ SYN N ferveur f

**fescue** /'feskjuː/ N fétuque f or m

**fess up*** /ˌfes'ʌp/ VI (esp US) avouer ; [criminal] avouer, passer aux aveux

**fest*** /fest/ N ⃞1 (= festival) ◆ **jazz/film fest** festival m de jazz/de cinéma
⃞2 (= extravaganza) festival m, débauche f ◆ **gore fest** film m d'horreur (où le sang coule à flots)

**fester** /'festə'/ VI [cut, wound] suppurer ; [anger] gronder ; [resentment] couver ◆ **resentments are starting to fester** le ressentiment couve

**festival** /'festɪvəl/ SYN N ⃞1 (= cultural event) festival m ◆ **the Edinburgh Festival** le festival d'Édimbourg → **EDINBURGH FESTIVAL**
⃞2 (= religious event) fête f

**festive** /'festɪv/ SYN ADJ [food, decorations] de fête ◆ **the festive season** la période des fêtes ◆ **to be in a festive mood** avoir envie de faire la fête ◆ **your house is looking very festive** (for party, Christmas) ta maison a vraiment un air de fête ◆ **there was little sign of festive cheer** ils n'avaient pas le cœur à la fête

**festivity** /fes'tɪvɪtɪ/ SYN N ⃞1 (also **festivities**) fête f, réjouissances fpl ◆ **an air of festivity** un air de fête
⃞2 (= festival) fête f

**festoon** /fes'tuːn/ SYN
**N** feston m, guirlande f
**VT** (Sewing) festonner ; (= bedeck) orner ◆ **the town was festooned with flags** il y avait des drapeaux partout dans la ville ◆ **the room was festooned with flowers** la pièce était ornée de fleurs ◆ **the pagoda was festooned with lights** la pagode était décorée or ornée de lumières
**COMP** **festoon blind N** rideau m bouillonné

**feta** /'fetə/ N (also **feta cheese**) feta f

**fetal** /'fiːtl/ ADJ (US) ⇒ **foetal**

**fetch** /fetʃ/ SYN
**VT** ⃞1 (= go and get) [+ person, thing] aller chercher ; (= bring) [+ person] amener ; [+ thing] apporter ◆ **fetch (it)!** (to dog) rapporte !, va chercher !
⃞2 (= sell for) [+ money] rapporter ◆ **they won't fetch much** ils ne rapporteront pas grand-chose ◆ **it fetched a good price** ça a atteint un bon prix
⃞3 [+ blow] flanquer *
**VI** ⃞1 (fig) ◆ **to fetch and carry for sb** faire la bonne pour qn
⃞2 (Naut) [ship] manœuvrer
**N** (Naut) fetch m

▸ **fetch in** VT SEP [+ person] faire (r)entrer ; [+ thing] rentrer

▸ **fetch out*** VT SEP [+ person] faire sortir ; [+ thing] sortir (of de)

▸ **fetch up**
**VI** * finir par arriver, se retrouver (at à ; in dans)
**VT SEP** ⃞1 [+ object] apporter, monter ; [+ person] faire monter
⃞2 (Brit * = vomit) rendre, vomir

**fetching*** /'fetʃɪŋ/ SYN ADJ [person] ravissant, charmant ; [dress, hat] seyant, ravissant

**fetchingly** /'fetʃɪŋlɪ/ ADV d'une façon charmante

**fête** /feɪt/ SYN
**N** (Brit) fête f ; (for charity) fête f, kermesse f ◆ **village fête** fête f de village
**VT** [+ person] faire la fête à ; [+ success, arrival] fêter

**feticide** /'fiːtɪˌsaɪd/ N fœticide m

**fetid** /'fetɪd/ ADJ fétide, puant

**fetidness** /'fetɪdnɪs/ N fétidité f

**fetish** /'fetɪʃ/ SYN N fétiche m ; (Psych) objet m de fétichisation ◆ **she makes a real fetish of** or **has a real fetish about cleanliness** elle est obsédée par la propreté, c'est une maniaque de la propreté ◆ **he has a fetish about cleaning his shoes** c'est un maniaque quand il s'agit de nettoyer ses chaussures ◆ **to have a foot fetish** être fétichiste du pied

**fetishism** /ˈfetɪʃɪzəm/ N fétichisme *m*

**fetishist** /ˈfetɪʃɪst/ N fétichiste *mf* ◆ **to be a silk/foot fetishist** être fétichiste de la soie/du pied

**fetishistic** /ˌfetɪˈʃɪstɪk/ ADJ fétichiste

**fetishize** /ˈfetɪʃaɪz/ VT *(frm)* fétichiser

**fetlock** /ˈfetlɒk/ N *(= joint)* boulet *m* ; *(= hair)* fanon *m*

**fetoscope** /ˈfiːtəʊˌskəʊp/ N fœtoscope *m*

**fetoscopy** /fiːˈtɒskəpɪ/ N fœtoscopie *f*

**fetter** /ˈfetəʳ/

VT *[+ person]* enchaîner, lier ; *[+ horse, slave]* entraver ; *(fig)* entraver

NPL **fetters** *[of prisoner]* fers *mpl*, chaînes *fpl* ; *[of horse, slave] (fig)* entraves *fpl* ◆ **in fetters** dans les fers *or* les chaînes ◆ **to put a prisoner in fetters** mettre un prisonnier aux fers

**fettle** /ˈfetl/ N ◆ **in fine** *or* **good fettle** en pleine forme

**fettucine** /ˌfetəˈtʃiːnɪ/ N *(NonC)* fettucine *fpl*

**fetus** /ˈfiːtəs/ N *(US)* ⇒ **foetus**

**feu** /fjuː/

N *(Scot Jur)* bail *m* perpétuel *(à redevance fixe)*

COMP **feu duty** N loyer *m* (de la terre)

**feud**[1] /fjuːd/ SYN

N querelle *f (entre deux clans)*, vendetta *f* ◆ **family feuds** querelles *fpl* de famille

VI se quereller, se disputer ◆ **to feud with sb** être l'ennemi juré de qn, être à couteaux tirés avec qn

**feud**[2] /fjuːd/ N *(Hist)* fief *m*

**feudal** /ˈfjuːdl/ ADJ féodal ◆ **the feudal system** le système féodal

**feudalism** /ˈfjuːdəlɪzəm/ N *(Hist)* féodalité *f* ; *(fig) [of society, institution]* féodalisme *m*

**feudalist** /ˈfjuːdəˌlɪst/ N feudiste *mf*

**feudalization** /ˌfjuːdəlaɪˈzeɪʃən/ N féodalisation *f*

**feudalize** /ˈfjuːdəlaɪz/ VT féodaliser

**fever** /ˈfiːvəʳ/

N *(Med, fig)* fièvre *f* ◆ **to run a fever** avoir de la fièvre ◆ **he has no fever** il n'a pas de fièvre ◆ **gambling fever** le démon du jeu ◆ **a fever of impatience** une impatience fébrile ◆ **enthusiasm reached fever pitch** l'enthousiasme était à son comble ◆ **election fever** fièvre *f* électorale ◆ **the nation is in the grip of World Cup fever** la fièvre de la Coupe du Monde s'est emparée du pays ◆ **the country has succumbed to war fever** le pays a succombé à la fièvre de la guerre ; → **glandular, scarlet**

COMP **fever blister** N bouton *m* de fièvre

**fevered** /ˈfiːvəd/ ADJ [1] *(liter) [brow]* brûlant de fièvre

[2] *(fig) [imagination]* exalté, enfiévré

**feverfew** /ˈfiːvəfjuː/ N *(= plant)* grande camomille *f*

**feverish** /ˈfiːvərɪʃ/ SYN ADJ [1] *(Med) [person]* fiévreux, fébrile ; *[illness]* accompagné de fièvre

[2] *(fig) [person, excitement, atmosphere, activity]* fiévreux ; *[speculation, pace]* effréné ◆ **feverish with excitement** dans un état d'excitation fiévreuse *or* fébrile

**feverishly** /ˈfiːvərɪʃlɪ/ ADV *[work]* fiévreusement, fébrilement ; *[try]* fébrilement

**feverishness** /ˈfiːvərɪʃnɪs/ N [1] *(Med)* état *m* fébrile

[2] *(fig)* fébrilité *f*

**few** /fjuː/ SYN ADJ, PRON [1] *(= not many)* peu (de) ◆ **few books** peu de livres ◆ **very few books** très peu de livres ◆ **few of them came** peu d'entre eux sont venus, quelques-uns d'entre eux seulement sont venus ◆ **few (people) come to see him** peu de gens viennent le voir ◆ **he is one of the few people who is able to do this** c'est l'une des rares personnes qui puisse le faire *or* à pouvoir le faire ◆ **we have worked hard in the past few days** nous avons travaillé dur ces jours-ci *or* ces derniers jours ◆ **these past few weeks** ces dernières semaines ◆ **the next few days** les (quelques) jours qui viennent ◆ **with few exceptions** à de rares exceptions près ◆ **the exceptions are few** les exceptions sont rares *or* peu nombreuses ◆ **she goes to town every few days** elle va à la ville tous les deux ou trois jours ◆ **few and far between** rares ◆ **such occasions are few and far between** de telles occasions sont rares ◆ **we are very few (in number)** nous sommes peu nombreux ◆ **our days are few** *(liter)* nos jours sont comptés ◆ **I'll spend the remaining few minutes alone** je passerai seul le peu de *or* les quelques minutes qui me restent ◆ **there are always the few who think that...** il y a toujours la minorité qui croit que... ◆ **the few who know him** les rares personnes qui le connaissent ◆ **the Few** *(= Battle of Britain heroes) les héros de la Bataille d'Angleterre* ; → **happy, word**

[2] *(after adv)* ◆ **I have as few books as you** j'ai aussi peu de livres que vous ◆ **I have as few as you** j'en ai aussi peu que vous ◆ **there were as few as six objections** il n'y a eu en tout et pour tout que six objections ◆ **how few there are!** il n'y en a (vraiment) pas beaucoup ! ◆ **how few they are!** il n'y en a (vraiment) pas beaucoup ! ◆ **however few books you (may) buy** même si l'on achète peu de livres ◆ **however few there may be** si peu qu'il y en ait ◆ **I've got so few already (that...)** j'en ai déjà si peu (que...) ◆ **so few have been sold** on en a (*or* ils en ont) vendu si peu ◆ **so few books** tellement peu *or* si peu de livres ◆ **there were too few** il y en avait trop peu ◆ **too few cakes** trop peu de gâteaux ◆ **there were three too few** il en manquait trois ◆ **ten would not be too few** dix suffiraient, il (en) suffirait de dix ◆ **I've got too few already** j'en ai déjà (bien) trop peu ◆ **he has too few books** il a trop peu de livres ◆ **there are too few of you** vous êtes trop peu nombreux, vous n'êtes pas assez nombreux ◆ **too few of them realize that...** trop peu d'entre eux sont conscients que...

[3] *(set structures)*

♦ **a few** quelques(-uns), quelques(-unes) ◆ **a few books** quelques livres *mpl* ◆ **I know a few of these people** je connais quelques-unes de ces personnes ◆ **a few** *or* *(liter)* **some few thought otherwise** certains *or (liter)* d'aucuns pensaient autrement ◆ **I'll take just a few** j'en prendrai quelques-uns ( *or* quelques-unes) seulement ◆ **I'd like a few more** j'en voudrais quelques-un(e)s de plus ◆ **quite a few books** pas mal* de livres ◆ **we'll go in a few minutes** nous partirons dans quelques minutes ◆ **a few of us** quelques-un(e)s d'entre nous ◆ **there were only a few of us** nous n'étions qu'une poignée ◆ **we must wait a few more days** il nous faut attendre encore quelques jours *or* attendre quelques jours de plus

♦ **quite a few, a good few** ◆ **quite a few did not believe him** pas mal* de gens ne l'ont pas cru ◆ **I saw a good few** *or* **quite a few people there** j'y ai vu pas mal* de gens ◆ **he has had a good few (drinks)** il a pas mal* bu ◆ **a good few of the books are...** (un) bon nombre de ces livres sont...

**fewer** /ˈfjuːəʳ/ ADJ, PRON (compar of **few**) moins (de) ◆ **we have sold fewer this year** nous en avons moins vendu cette année ◆ **he has fewer books than you** il a moins de livres que vous ◆ **we are fewer (in number) than last time** nous sommes moins nombreux que la dernière fois ◆ **fewer people than we expected** moins de gens que nous n'en attendions ◆ **there are fewer opportunities for doing it** les occasions de le faire sont plus rares, il y a moins d'occasions de le faire ◆ **no fewer than 37 pupils were ill** il y a eu pas moins de 37 élèves malades ◆ **the fewer the better** moins il y en a mieux c'est *or* mieux ça vaut ◆ **few came and fewer stayed** peu sont venus et encore moins sont restés

**fewest** /ˈfjuːɪst/ ADJ, PRON (superl of **few**) le moins (de) ◆ **he met her on the fewest occasions possible** il l'a rencontrée le moins souvent possible ◆ **we were fewest in number then** c'est à ce moment-là que nous étions le moins nombreux ◆ **we sold fewest last year** c'est l'année dernière que nous en avons le moins vendu ◆ **I've got (the) fewest** c'est moi qui en ai le moins ◆ **he has (the) fewest books** c'est lui qui a le moins de livres

**fey** /feɪ/ ADJ *(pej = affected)* mignard, minaudier

**fez** /fez/ N (pl **fezzes**) fez *m*

**ff** (abbrev of **and the following**) sqq

**FFA** /ˌefefˈeɪ/ N (abbrev of **Future Farmers of America**) *club agricole*

**FH** N (abbrev of **fire hydrant**) → **fire**

**FHA** /ˌefeɪtʃˈeɪ/ N *(US)* (abbrev of **Federal Housing Administration**) → **federal** ◆ **FHA loan** *prêt à la construction*

**FI** /efˈaɪ/ NPL (abbrev of **Falkland Islands**) Malouines *fpl*

**fiancé** /fɪˈɑːŋseɪ/ SYN N fiancé *m*

**fiancée** /fɪˈɑːŋseɪ/ N fiancée *f*

**fiasco** /fɪˈæskəʊ/ SYN N (pl **fiascos** *or* **fiascoes**) fiasco *m* ◆ **the whole undertaking was a fiasco** *or* **ended in a fiasco** l'entreprise a tourné au désastre *or* a été un fiasco total

**fiat** /ˈfaɪæt/ N décret *m*, ordonnance *f*

**fib*** /fɪb/

N bobard* *m*

VI raconter des bobards* ◆ **you're fibbing!** tu plaisantes ?

**fibber** /ˈfɪbəʳ/ N blagueur* *m*, -euse* *f*, menteur *m*, -euse *f* ◆ **you fibber!** espèce de menteur !

**Fibonacci sequence, Fibonacci series** /n/ N *(Math)* suite *f* de Fibonacci

**fibre, fiber** *(US)* /ˈfaɪbəʳ/ SYN

N [1] *[of wood, cotton, muscle]* fibre *f* ◆ **cotton fibre** fibre *f* de coton ◆ **synthetic fibres** fibres *fpl* synthétiques, synthétiques *mpl* ◆ **a man of great moral fibre** un homme d'une grande force morale ◆ **to love/hate sb with every fibre of one's being** aimer/haïr qn de tout son être

[2] *(dietary)* fibres *fpl* alimentaires ◆ **a diet high in fibre** *(= eating régime)* un régime riche en fibres ; *(= food eaten)* une alimentation riche en fibres

COMP **fibre optics** NPL la fibre optique

**fibre-tip (pen)** N *(Brit)* stylo *m* pointe fibre

**fibreboard, fiberboard** *(US)* /ˈfaɪbəbɔːd/ N panneau *m* de fibres

**fibrefill, fiberfill** *(US)* /ˈfaɪbəfɪl/ N rembourrage *m* synthétique

**fibreglass, fiberglass** *(US)*, **Fiberglas** ® *(US)* /ˈfaɪbəglɑːs/ N fibre *f* de verre

**fibreoptic, fiberoptic** *(US)* /ˌfaɪbərˈɒptɪk/ ADJ ◆ **fibreoptic cable** câble *m* en fibres optiques ◆ **fibreoptic link** liaison *f* par fibre optique

**fibrescope, fiberscope** *(US)* /ˈfaɪbəskəʊp/ N fibroscope *m*

**fibril** /ˈfaɪbrɪl/, **fibrilla** /faɪˈbrɪlə/ N fibrille *f*

**fibrillation** /ˌfaɪbrɪˈleɪʃən/ N fibrillation *f*

**fibrin** /ˈfɪbrɪn/ N fibrine *f*

**fibrinogen** /fɪˈbrɪnədʒən/ N fibrinogène *m*

**fibrinolysis** /ˌfɪbrɪˈnɒlɪsɪs/ N fibrinolyse *f*

**fibrinolytic** /ˌfaɪbrɪnəʊˈlɪtɪk/ ADJ fibrinolytique

**fibrinous** /ˈfɪbrɪnəs/ ADJ fibrineux

**fibroblast** /ˈfaɪbrəʊˌblæst/ N fibroblaste *m*

**fibrocement** /ˌfaɪbrəʊsɪˈment/ N fibrociment *m*

**fibroid** /ˈfaɪbrɔɪd/ N ⇒ **fibroma**

**fibroin** /ˈfaɪbrəʊɪn/ N fibroïne *f*

**fibroma** /faɪˈbrəʊmə/ N (pl **fibromas** *or* **fibromata** /faɪˈbrəʊmətə/) fibrome *m*

**fibromatous** /faɪˈbrɒmətəs/ ADJ fibromateux

**fibrosis** /faɪˈbrəʊsɪs/ N fibrose *f*

**fibrositis** /ˌfaɪbrəˈsaɪtɪs/ N aponévrite *f*

**fibrous** /ˈfaɪbrəs/ ADJ fibreux

**fibula** /ˈfɪbjʊlə/ N (pl **fibulas** *or* **fibulae** /ˈfɪbjʊˌliː/) péroné *m*

**FICA** /ˌefaɪsiːˈeɪ/ N *(US)* (abbrev of **Federal Insurance Contributions Act**) → **federal**

**fickle** /ˈfɪkl/ SYN ADJ *[friend, follower, supporter]* inconstant ; *[lover, husband]* volage, inconstant ; *[fate, weather]* changeant, capricieux

**fickleness** /ˈfɪklnɪs/ SYN N inconstance *f*

**fiction** /ˈfɪkʃən/ SYN N [1] *(NonC: Literat)* ◆ **(works of) fiction** œuvres *fpl* de fiction ◆ **a writer of fiction** un romancier ◆ **light fiction** romans *mpl* faciles à lire ; → **science, truth**

[2] *(= fabrication)* fiction *f* ◆ **his account was a complete fiction** son récit était une invention du début à la fin ◆ **there is still this fiction that you can find a job if you try hard enough** *(= unjustified belief)* il y a encore des gens qui s'imaginent qu'il suffit d'un peu de persévérance pour trouver du travail ◆ **total recycling is a fiction** l'idée de pouvoir tout recycler relève du mythe

[3] *(NonC = the unreal)* le faux ; → **fact**

**fictional** /ˈfɪkʃənl/ SYN ADJ *(Literat) [character]* imaginaire, fictif ; *[hero, setting]* imaginaire ; *[film, drama]* de fiction ; *[account, device]* romanesque ; *(= unreal) [plans, figures]* fictif

**fictionalize** /ˈfɪkʃənəlaɪz/ VT romancer ◆ **a fictionalized account of his journey** un récit romancé de son voyage

**fictitious** /fɪkˈtɪʃəs/ SYN ADJ *(= false) [name, address]* faux (fausse *f*) ; *(Literat) [character, story]* imaginaire, fictif ; *[setting]* imaginaire

**Fid. Def.** (abbrev of **Fidei Defensor**) *(= Defender of the Faith)* Défenseur *m* de la foi

**fiddle** /'fɪdl/ SYN
**N** [1] (= violin) violon m ; → **fit¹**, **second¹**
[2] (esp Brit * = cheating) truc* m, combine* f ◆ **it was all a fiddle** tout ça c'était une combine* ◆ **tax fiddle** fraude f fiscale ◆ **he's on the fiddle** il traficote*
**VI** [1] (Mus) jouer du violon ◆ **to fiddle while Rome burns** se perdre en futilités au lieu d'agir
[2] ◆ **do stop fiddling (about** or **around)!** tiens-toi donc tranquille ! ◆ **to fiddle (about** or **around) with a pencil** tripoter un crayon ◆ **he's fiddling (about** or **around) with the car** il bricole la voiture
[3] (esp Brit * = cheat) faire de la fraude, traficoter*
**VT** [1] (esp Brit *) [+ accounts, expenses claim] truquer ◆ **to fiddle one's tax return** truquer sa déclaration d'impôts
[2] (Mus) jouer du violon
**COMP** **fiddle-faddle*** **EXCL** quelle blague ! *
▶ **fiddle about, fiddle around VI** ◆ **he's fiddling about in the garage** il est en train de bricoler dans le garage ◆ **we just fiddled about yesterday** on n'a rien fait de spécial hier, on a seulement traînassé hier ; see also **fiddle vi 2**

**fiddler** /'fɪdlə'/
**N** [1] joueur m, -euse f de violon, violoneux* m (gen pej)
[2] (esp Brit * = cheat) combinard* m
**COMP** **fiddler crab N** crabe m violoniste

**fiddlesticks*** /'fɪdlstɪks/ **EXCL** quelle blague ! *

**fiddling** /'fɪdlɪŋ/ SYN
**ADJ** futile, insignifiant ◆ **fiddling little jobs** menus travaux mpl sans importance
**N** (NonC: * = dishonesty) combine(s)* f(pl)

**fiddly*** /'fɪdlɪ/ **ADJ** [job, task] minutieux, délicat ; [machinery] difficile à manier ◆ **fiddly to open** difficile à ouvrir ◆ **this is a rather fiddly dish to prepare** c'est un plat qui est délicat à réaliser ◆ **prawns are fiddly to eat** les crevettes ne sont pas pratiques à manger ◆ **fiddly bits** * fioritures fpl

**fideism** /'fiːdeɪˌɪzəm/ **N** fidéisme m

**fideist** /'fiːdeɪˌɪst/ **N** fidéiste mf

**fideistic** /fiːdeɪˈɪstɪk/ **ADJ** fidéiste

**fidelity** /fɪˈdelɪtɪ/ SYN **N** fidélité f ; → **high**

**fidget** /'fɪdʒɪt/ SYN
**VI** (= wriggle : also **fidget about, fidget around**) remuer, gigoter ; (= grow impatient) donner des signes d'impatience ◆ **stop fidgeting!** reste donc tranquille !, arrête de bouger ! ◆ **to fidget (about** or **around) with sth** tripoter qch ◆ **to be fidgeting to do sth** trépigner d'impatience de faire qch
**N** ◆ **to be a fidget** [child] être très remuant, ne pas tenir en place ; [adult] ne pas tenir en place ◆ **to have the fidgets** avoir la bougeotte *

**fidgety** /'fɪdʒɪtɪ/ SYN **ADJ** (= jittery) agité ; (physically) remuant, agité ◆ **to feel fidgety** ne pas tenir en place, être agité

**fiduciary** /fɪˈdjuːʃɪərɪ/
**ADJ, N** fiduciaire mf
**COMP** **fiduciary issue N** (Fin) émission f (de monnaie) fiduciaire

**fie** /faɪ/ **EXCL** ( †† or hum) ◆ **fie (up)on you!** honni sois-tu ! †† (also hum)

**fief** /fiːf/ **N** fief m

**fiefdom** /'fiːfdəm/ **N** (Hist, fig) fief m

**field** /fiːld/ SYN
**N** [1] (Agr etc) champ m ; (Miner) gisement m ◆ **in the fields** dans les champs, aux champs ; → **coalfield, goldfield, oilfield**
[2] (= real environment) terrain m ◆ **this machine had a year's trial in the field** cette machine a eu un an d'essais sur le terrain ◆ **to be first in the field with sth** (Comm) être le premier à lancer qch ◆ **work in the field** enquête f sur place or sur le terrain
[3] (Mil) champ m ◆ **field of battle** champ m de bataille ◆ **to take the field** entrer en campagne ◆ **to hold the field** se maintenir sur ses positions ◆ **to die on** or **in the field** tomber or mourir au champ d'honneur
[4] (Sport) terrain m ◆ **the field** (Racing) les concurrents mpl (sauf le favori) ; (Hunting) les chasseurs mpl ◆ **football field** terrain m de football ◆ **to take the field** entrer en jeu ◆ **to hold off the field** (Sport) tenir bon face à ses adversaires ; (fig) tenir bon face à la concurrence

[5] (= sphere of activity, knowledge) domaine m ◆ **in the field of painting** dans le domaine de la peinture ◆ **it's outside my field** ce n'est pas de mon domaine ◆ **his particular field is Renaissance painting** la peinture de la Renaissance est sa spécialité, son domaine de spécialité est la peinture de la Renaissance
[6] (Phys) (also **field of force**) champ m ◆ **field of vision** champ m visuel or de vision ◆ **gravitational field** champ m de gravitation ; → **magnetic**
[7] (Comput) champ m ◆ **(semantic) field** (Ling) champ m (sémantique)
[8] (= expanse) étendue f ; (Heraldry) champ m ◆ **on a field of blue** (Heraldry) en champ d'azur
**VT** (Sport) [+ ball] attraper ; [+ team] faire jouer ◆ **to field questions** répondre au pied levé (à des questions)
**VI** (Sport) être joueur de champ
**COMP** **field artillery N** artillerie f de campagne
**field day N** (Mil) jour m de grandes manœuvres ; (gen) jour m faste, grand jour m ◆ **to have a field day** s'en donner à cœur joie ◆ **the ice-cream sellers had a field day** * les marchands de glaces ont fait des affaires en or or d'or ce jour-là ◆ **the press had a field day with the story** la presse a fait ses choux gras de cette histoire
**field-effect transistor N** transistor m à effet de champ
**field event N** (Athletics) concours m
**field glasses NPL** jumelles fpl
**field grown ADJ** de plein champ
**field gun N** canon m (de campagne)
**field hand N** (US) ouvrier m, -ière f agricole
**field hockey N** (US) hockey m sur gazon
**field of honour N** champ m d'honneur
**field hospital N** (Mil) antenne f chirurgicale ; (Hist) hôpital m de campagne
**field house N** (US) (for changing) vestiaire m ; (= sports hall) complexe m sportif (couvert)
**field kitchen N** (Mil) cuisine f roulante
**field label N** (Ling) (indication f de) domaine m
**field marshal N** (Brit Mil) ≈ maréchal m
**field mushroom N** agaric m champêtre
**field officer N** (Mil) officier m supérieur
**field poppy N** ponceau m, coquelicot m
**field research N** recherche f sur le terrain
**field sales force N** force f de vente (sur le terrain), équipe f de VRP
**field service N** (US Admin) antenne f (d'un service administratif)
**field spaniel N** (= dog) field-spaniel m
**field sports NPL** activités fpl de plein air (surtout la chasse et la pêche)
**field study N** étude f or enquête f sur le terrain
**field term N** (US Univ) stage m pratique
**field-test VT** soumettre aux essais sur le terrain, tester sur le terrain
**field tests NPL** essais mpl sur le terrain
**field trials NPL** (of machine etc) essais mpl sur le terrain ; (Med) essais mpl cliniques
**field trip N** (Educ) sortie f éducative ; (longer) voyage m d'étude
**field work N** (Archeol, Geol) recherches fpl or enquête f sur le terrain ; (Social Work) travail m social (sur le terrain)
**field worker N** (Archeol, Geol) archéologue mf (or géologue mf etc) de terrain ; (Social Work) ≈ travailleur m, -euse f social(e) (allant sur le terrain)

**fielder** /'fiːldə'/ **N** (Cricket) joueur m de champ

**fieldfare** /'fiːldfɛə'/ **N** (= bird) litorne f

**fieldmouse** /'fiːldmaʊs/ **N** (pl **-mice**) (= animal) mulot m, rat m des champs

**fieldsman** /'fiːldzmən/ **N** (pl **-men**) (Cricket) joueur m de champ

**fieldstrip** /'fiːldstrɪp/ **VT** (US Mil) [+ firearm] démonter (pour inspection)

**fiend** /fiːnd/ SYN **N** [1] (= demon) démon m ; (= cruel person) monstre m, démon m ◆ **the Fiend** (= the Devil) le Malin ◆ **that child's a real fiend*** cet enfant est un petit monstre or est infernal *
[2] (* = fanatic) enragé(e) m(f), mordu(e)* m(f) ◆ **tennis fiend** enragé(e) m(f) or mordu(e)* m(f) de tennis ◆ **drug fiend** † toxicomane mf ; → **sex**

**fiendish** /'fiːndɪʃ/ SYN **ADJ** [1] (= cruel) [despot] monstrueux ; [act, look] diabolique ; [cruelty] extrême ◆ **to take a fiendish delight in doing sth** prendre un malin plaisir à faire qch
[2] (= ingenious) [plot, device] diabolique
[3] (* = difficult) [problem, difficulty] infernal

**fiendishly** /'fiːndɪʃlɪ/ **ADV** [1] (= evilly) ◆ **to laugh fiendishly** éclater d'un rire diabolique
[2] (* = extremely) [difficult, complicated, expensive] abominablement ; [simple] diaboliquement ; [funny] terriblement ◆ **fiendishly clever** [person] d'une intelligence redoutable ; [plot, device] extrêmement ingénieux

**fierce** /fɪəs/ SYN **ADJ** [animal, person, look, tone, battle] féroce ; [attack, argument] violent ; [debate] houleux, acharné ; [opposition, opponent, resistance, determination] farouche ; [loyalty] à toute épreuve ; [criticism, critic] virulent ; [heat, storm] terrible ; [wind] violent ◆ **to take a fierce pride in sth** être farouchement fier de qch ◆ **he has a fierce temper** il est d'un tempérament explosif ◆ **competition for the post was fierce** la concurrence pour le poste a été rude

**fiercely** /'fɪəslɪ/ SYN **ADV** [resist, fight, defend] avec acharnement, [oppose] farouchement ; [criticize] violemment ; [say] d'un ton féroce ◆ **to burn fiercely** flamber ◆ **fiercely independent** farouchement indépendant ◆ **to be fiercely competitive** avoir un esprit de compétition acharné

**fierceness** /'fɪəsnɪs/ **N** [of person, animal] férocité f ; [of passion, sun] ardeur f ; [of love, fighting, competition, heat, fire] intensité f

**fiery** /'faɪərɪ/
**ADJ** [colour] rougeoyant ; [sunset] embrasé ; [hair, eyes] flamboyant ; [person, character, personality, nature] fougueux ; [temper] explosif ; [speech, rhetoric] enflammé ; [food] (très) épicé, qui emporte la bouche ; [drink] qui emporte la bouche ◆ **the fiery furnace** (Bible) la fournaise ardente ◆ **a fiery inferno** un terrible brasier ◆ **the fiery heat of the desert** la chaleur torride du désert ◆ **fiery orange/red** orange/rouge flamboyant inv
**COMP** **fiery-tempered ADJ** irascible, coléreux

**fiesta** /fɪˈestə/ **N** fiesta f

**FIFA** /'fiːfə/ **N** (abbrev of **Fédération internationale de football-association**) FIFA f

**fife** /faɪf/ **N** fifre m (instrument)

**FIFO** /'faɪfəʊ/ **N** (abbrev of **first in, first out**) PEPS m

**fifteen** /fɪfˈtiːn/
**ADJ** quinze inv ◆ **about fifteen books** une quinzaine de livres ◆ **her fifteen minutes of fame** sa minute de célébrité
**N** [1] (= number) quinze m inv ◆ **about fifteen** une quinzaine
[2] (Rugby) quinze m ◆ **the French fifteen** le quinze de France; pour autres loc voir **six**
**PRON** quinze ◆ **there are fifteen** il y en a quinze

**fifteenth** /fɪfˈtiːnθ/
**ADJ** quinzième
**N** quinzième mf ; (= fraction) quinzième m ; pour loc voir **sixth**

**fifth** /fɪfθ/
**ADJ** cinquième ◆ **fifth-rate** de dernier ordre, de dernière catégorie ◆ **to be a fifth wheel** être la cinquième roue du carrosse ; pour autres loc voir **sixth**
**N** [1] (gen) cinquième mf ; (= fraction) cinquième m ◆ **to take the Fifth** (US Jur) invoquer le cinquième amendement pour refuser de répondre ; (* fig) refuser de parler → **FIFTH AMENDMENT** ; pour autres loc voir **sixth**
[2] (Mus) quinte f
[3] (US) (= measurement) cinquième d'un gallon (= 75 cl) ; (= bottle) bouteille f (d'alcool)
**COMP** **Fifth Amendment N** (US Jur) cinquième amendement m (de la constitution) ◆ **to plead the Fifth Amendment** invoquer le cinquième amendement pour refuser de répondre
**fifth column N** cinquième colonne f
**fifth columnist N** membre m de la cinquième colonne

- **FIFTH AMENDMENT**

Le cinquième amendement de la Constitution des États-Unis protège le citoyen contre certains abus de pouvoir. Ainsi, on ne peut incarcérer une personne ou lui confisquer ses biens sans procès ; on ne peut non plus la juger deux fois pour un même délit. Enfin, tout citoyen peut invoquer cet amendement (« to plead **the Fifth Amendment** » ou « to take **the Fifth** ») pour refuser de fournir des éléments de preuve susceptibles de se retourner contre lui. À l'époque du maccarthysme, le cinquième amendement a été invoqué par diverses personnalités présumées coupables d'activités antiaméricaines. → **BILL OF RIGHTS**

**fiftieth** /ˈfɪftɪɪθ/

ADJ cinquantième

N cinquantième *mf* ; (*= fraction*) cinquantième *m* ; *pour loc voir* **sixth**

**fifty** /ˈfɪftɪ/

ADJ cinquante *inv* ◆ **about fifty books** une cinquantaine de livres

N cinquante *m inv* ◆ **about fifty** une cinquantaine ; *pour autres loc voir* **sixty**

PRON cinquante ◆ **there are fifty** il y en a cinquante

COMP **fifty-fifty** ADJ, ADV moitié-moitié, fifty-fifty* ◆ **to go fifty-fifty with sb** partager moitié-moitié *or* fifty-fifty* avec qn ◆ **we have a fifty-fifty chance of success** nous avons cinquante pour cent de chances *or* une chance sur deux de réussir ◆ **it was a fifty-fifty deal** ils ont (*or* nous avons *etc*) fait moitié-moitié *or* fifty-fifty*

**fig** /fɪɡ/

N 1 (*= fruit*) figue *f* ; (also **fig tree**) figuier *m*

2 († *) ◆ **I don't care a fig** je m'en fiche* ◆ **I don't give a fig what people think** je me fiche* de ce que les gens pensent ◆ **I don't give a fig for that** je m'en moque comme de ma première chemise* ◆ **his opinion is not worth a fig*** on se fiche éperdument de ce qu'il pense ◆ **a fig for all your principles!** vos principes, je m'assois dessus !* ◆ **he doesn't give a flying fig*** il s'en fiche* complètement

COMP **fig leaf** N (pl **fig leaves**) feuille *f* de figuier ; (*on statue*) feuille *f* de vigne ◆ **the agreement was merely a fig leaf for the government to hide behind** l'accord n'a fait que servir de couverture au gouvernement

**fig.** abbrev of **figure noun 2**

**fight** /faɪt/ SYN (vb: pret, ptp **fought**)

N 1 (*between persons*) bagarre* *f* ; (*Mil*) combat *m*, bataille *f* ; (*Boxing*) combat *m* ; (*against disease, poverty etc*) lutte *f* (*against* contre) ; (*= quarrel*) dispute *f* ◆ **to have a fight with sb** se battre avec qn, se bagarrer* avec qn ; (*= argue*) se disputer avec qn ◆ **he put up a good fight** (*lit, fig*) il s'est bien défendu ◆ **fight for life** (*of sick person*) lutte *f* contre la mort ◆ **the fight for survival** la lutte pour la survie ◆ **the country's fight for independence** la lutte du pays pour son indépendance ◆ **we're going to make a fight of it** nous n'allons pas nous laisser faire, nous allons contre-attaquer ◆ **we won't go down without a fight** nous n'abandonnerons pas sans nous être battus ; → **pick**

2 (*NonC = spirit*) ◆ **there was no fight left in him** il n'avait plus envie de lutter, il n'avait plus de ressort ◆ **he certainly shows fight** il faut reconnaître qu'il sait montrer les dents *or* qu'il ne se laisse pas faire

VI [*person, animal*] se battre (*with* avec ; *against* contre) ; [*troops, countries*] se battre (*against* contre) ; (*fig*) lutter (*for* pour ; *against* contre) ; (*= quarrel*) se disputer (*with* avec) ◆ **the boys were fighting in the street** les garçons se battaient *or* se bagarraient* dans la rue ◆ **the dogs were fighting over a bone** les chiens se disputaient un os ◆ **he went down fighting** il s'est battu jusqu'au bout ◆ **to fight against sleep** lutter contre le sommeil ◆ **to fight against disease** lutter contre *or* combattre la maladie ◆ **to fight for sb** (*lit, fig*) se battre pour qn ◆ **to fight for one's life** (*lit, fig*) lutter contre la mort ◆ **to be fighting for breath** respirer à grand-peine ◆ **to fight shy of sth/sb** fuir devant qch/qn, tout faire pour éviter qch/qn ◆ **to fight shy of doing sth** éviter à tout prix de *or* répugner à faire qch

VT [*+ person, army*] se battre avec *or* contre ; [*+ fire, disease*] lutter contre, combattre ◆ **to fight a battle** livrer bataille ◆ **to fight a losing battle against sth** (*fig*) mener un combat perdu d'avance contre qch ◆ **we're fighting a losing battle** c'est un combat perdu d'avance ◆ **to fight a duel** se battre en duel ◆ **to fight a campaign** (*Pol etc*) mener une campagne, faire campagne ◆ **to fight a case** (*Jur*) [*plaintiff*] aller en justice ; [*defendant*] se défendre ; [*defence lawyer*] plaider une cause ◆ **we shall fight this decision all the way** nous combattrons cette décision jusqu'au bout ◆ **to fight one's way out through the crowd** sortir en se frayant un passage à travers la foule

COMP **fight-or-flight reaction** N (*Physiol*) réflexe *m* de lutte ou de fuite

▸ **fight back**

VI (*in fight*) rendre les coups, répondre ; (*Mil*) se défendre, résister ; (*in argument*) répondre, se défendre ; (*after illness*) se remettre, réagir ; (*Sport*) se reprendre, effectuer une reprise

VT SEP [*+ tears*] refouler ; [*+ despair*] lutter contre ; [*+ doubts*] vaincre

▸ **fight down** VT SEP [*+ anxiety, doubts*] vaincre ; [*+ desire*] refouler, réprimer

▸ **fight off** VT SEP 1 (*lit, Mil*) [*+ attack*] repousser ◆ **she fought off her attackers** elle a repoussé *or* mis en fuite ses agresseurs

2 (*fig*) [*+ disease, sleep*] lutter contre, résister à ; [*+ criticisms*] répondre à

▸ **fight on** VI continuer le combat *or* la lutte

▸ **fight out** VT SEP ◆ **they fought it out** (*lit*) ils se sont bagarrés* pour régler la question ; (*fig*) ils ont réglé la question en se disputant

**fightback** /ˈfaɪtbæk/ N (*Brit Sport*) reprise *f*

**fighter** /ˈfaɪtəʳ/ SYN

N 1 (*Boxing*) boxeur *m*, pugiliste *m* ◆ **he's a fighter** (*fig*) c'est un battant ; → **prize**[1]

2 (also **fighter aircraft, fighter plane**) avion *m* de chasse, chasseur *m*

COMP **fighter-bomber** N (*= plane*) chasseur *m* bombardier, avion *m* de combat polyvalent

**fighter pilot** N pilote *m* de chasse

**fighting** /ˈfaɪtɪŋ/ SYN

N (*Mil*) combat *m* ; (*in classroom, pub etc*) bagarres* *fpl* ◆ **there was some fighting in the town** il y a eu des échauffourées dans la ville ◆ **fighting broke out between police and demonstrators** des incidents ont éclaté entre la police et les manifestants ; → **street**

ADJ [*person*] combatif ; (*Mil*) [*troops*] de combat ◆ **fighting soldier** *or* **man** (*Mil*) combattant *m* ◆ **he's got a lot of fighting spirit** c'est un battant, il en veut* ◆ **there's a fighting chance for her recovery** elle a une assez bonne chance de s'en remettre ◆ **fighting cock/dog** coq *m*/chien *m* de combat ◆ **fighting fish** (poisson *m*) combattant *m* ◆ **fighting fit** (*esp Brit*) en pleine forme ◆ **fighting forces** (*Mil*) forces *fpl* armées ◆ **fighting fund** fonds *m* de soutien ◆ **fighting line** front *m* ◆ **fighting strength** effectif *m* mobilisable ◆ **fighting talk** *or* **words** paroles *fpl* de défi

**figment** /ˈfɪɡmənt/ N ◆ **a figment of the imagination** une invention *or* création de l'imagination ◆ **it's all a figment of his imagination** il l'a purement et simplement inventé, il a inventé ça de toutes pièces

**figurative** /ˈfɪɡjʊrətɪv/ ADJ 1 (*= metaphorical*) [*language*] figuré, métaphorique ◆ **in the literal and the figurative sense** *or* **meaning** au (sens) propre et au (sens) figuré

2 (*Art*) figuratif

**figuratively** /ˈfɪɡjʊrətɪvlɪ/ ADV au sens figuré ◆ **both literally and figuratively** au propre comme au figuré ◆ **figuratively speaking** métaphoriquement parlant

**figure** /ˈfɪɡəʳ/ SYN

N 1 chiffre *m* ◆ **in round figures** en chiffres ronds ◆ **I can't give you the exact figures** je ne peux pas vous donner les chiffres exacts ◆ **the crime/unemployment** *etc* **figures** les chiffres de la criminalité/du chômage *etc* ◆ **to put a figure to sth** chiffrer qch ◆ **can you put a figure to** *or* **on that?** est-ce que vous pouvez me donner un chiffre ? ◆ **he's good at figures** il est doué pour le calcul ◆ **there's a mistake in the figures** il y a une erreur de calcul ◆ **a three-figure number** un nombre *or* un numéro de trois chiffres ◆ **to get into double figures** atteindre la dizaine ◆ **to reach three figures** atteindre la centaine ◆ **he earns well into five figures** il gagne bien plus de dix mille livres ◆ **to bring** *or* **get inflation/unemployment** *etc* **down to single figures** faire passer l'inflation/le chômage *etc* en dessous (de la barre) des 10% ◆ **to sell sth for a high figure** vendre qch cher *or* à un prix élevé ◆ **I got it for a low figure** je l'ai eu pour pas cher *or* pour peu de chose

2 (*= diagram, drawing*) [*of animal, person etc*] figure *f*, image *f* ; (*Math*) figure *f* ◆ **he drew the figure of a bird** il a dessiné (la silhouette d')un oiseau

3 (*= human form*) forme *f*, silhouette *f* ◆ **I saw a figure approach** j'ai vu une forme *or* une silhouette s'approcher ◆ **she's a fine figure of a woman** c'est une belle femme ◆ **he cut a poor** *or* **sorry figure** il faisait piètre figure ◆ **she cuts a fine figure in that dress** elle a grand air (*frm*) *or* elle a beaucoup d'allure dans cette robe

4 (*= shape : of person*) ligne *f* ◆ **to improve one's figure** soigner sa ligne ◆ **to keep one's figure** garder la ligne ◆ **she has a good figure** elle est bien faite *or* bien tournée ◆ **think of your figure!** pense à ta ligne ! ◆ **she doesn't have the figure for that dress** elle n'est pas faite pour porter cette robe

5 (*= important person*) figure *f*, personnage *m* ◆ **the great figures of history** les grandes figures *fpl* *or* les grands personnages *mpl* de l'histoire ◆ **a figure of fun** un guignol ; → **public**

6 (*Literat*) figure *f* ◆ **figure of speech** figure *f* de rhétorique ◆ **it's just a figure of speech** ce n'est qu'une façon de parler

7 (*Mus*) figure *f* mélodique

8 (*Dancing, Skating*) figure *f*

VT 1 (*esp US = guess*) penser, supposer ◆ **I figure it like this** je vois la chose comme ceci ◆ **I figure he'll come** je pense *or* suppose qu'il va venir ◆ **go figure** allez comprendre !*

2 (*= imagine*) penser, s'imaginer

3 (*= represent*) représenter ; (*= illustrate by diagrams*) illustrer par un *or* des schéma(s), mettre sous forme de schéma

4 (*= decorate*) orner ; [*+ silk etc*] brocher, gaufrer ◆ **figured velvet** velours *m* façonné

5 (*Mus*) ◆ **figured bass** basse *f* chiffrée

VI 1 (*= appear*) figurer ◆ **he figured in a play of mine** il a joué *or* tenu un rôle dans une de mes pièces ◆ **his name doesn't figure on this list** son nom ne figure pas sur cette liste

2 (*esp US * = make sense*) ◆ **it doesn't figure** ça n'a pas de sens ◆ **that figures** ça paraît logique

COMP **figure-conscious*** ADJ ◆ **to be figure-conscious** penser à sa ligne

**figure-hugging** ADJ [*dress*] moulant

**figure of eight, figure eight** (*US*) N huit *m* ◆ **draw a figure of eight** dessinez un huit

**figure-skate** VI (*in competition*) faire les figures imposées (*en patinage*) ; (*in display etc*) faire du patinage artistique

**figure skater** N patineur *m*, -euse *f* artistique

**figure skating** N (*in competition*) figures *fpl* imposées ; (*in display etc*) patinage *m* artistique

▸ **figure in*** VT SEP (*US*) inclure, compter ◆ **it's figured in** c'est inclus, c'est compris

▸ **figure on** VT FUS (*esp US*) (*= take account of*) tenir compte de ; (*= count on*) compter sur ; (*= expect*) s'attendre (*doing sth* à faire qch) ◆ **you can figure on 30** tu peux compter sur 30 ◆ **I was figuring on doing that tomorrow** je pensais faire ça demain ◆ **I hadn't figured on that** je n'avais pas tenu compte de ça ◆ **I wasn't figuring on having to do that** je ne m'attendais pas à devoir faire ça ◆ **I hadn't figured on him being at the meeting** je ne m'attendais pas à ce qu'il soit présent à la réunion

▸ **figure out** VT SEP 1 (*= understand*) arriver à comprendre ; (*= resolve*) résoudre ◆ **I can't figure that guy out at all** je n'arrive pas du tout à comprendre ce type* ◆ **I can't figure out how much it comes to** je n'arrive pas à (bien) calculer à combien ça s'élève ◆ **I can't figure it out** ça me dépasse*

2 (*= work out, plan*) calculer ◆ **they had it all figured out** ils avaient calculé leur coup

**figurehead** /ˈfɪɡəhed/ SYN N 1 (*gen*) chef *m* de file

2 [*of ship*] figure *f* de proue

**figurine** /ˌfɪɡəˈriːn/ N figurine *f*

**figwort** /ˈfɪɡwɜːt/ N scrofulaire *f*

**Fiji** /ˈfiːdʒiː/ N Fidji ; (also **the Fiji Islands**) les îles *fpl* Fidji ◆ **in Fiji** à *or* aux Fidji

**Fijian** /fɪˈdʒiːən/

ADJ fidjien

N 1 Fidjien(ne) *m(f)*

2 (*= language*) fidjien *m*

**filament** /ˈfɪləmənt/ SYN N filament *m*

**filaria** /fɪˈlɛərɪə/ N (pl **filariae** /fɪˈlɛərɪˌiː/) filaire *f*

**filariasis** /ˌfɪləˈraɪəsɪs/ N filariose *f*

**filbert** /ˈfɪlbɜːt/ N aveline *f*

**filch*** /fɪltʃ/ VT voler, chiper*

**file**[1] /faɪl/ SYN

N (*for wood, fingernails etc*) lime *f* ◆ **triangular file** tiers-point *m* ; → **nailfile**

VT limer ◆ **to file one's nails** se limer les ongles ◆ **to file through the bars** limer les barreaux

▸ **file away** VT SEP limer (*pour enlever*)

▸ **file down** VT SEP limer (*pour raccourcir*)

**file**[2] /faɪl/ SYN

N (*= folder*) dossier *m*, chemise *f* ; (*with hinges*) classeur *m* ; (*for drawings*) carton *m* ; (*for card index*) fichier *m* ; (*= cabinet*) classeur *m* ; (*= papers*) dossier *m* ; (*Comput*) fichier *m* ◆ **to put a docu-**

ment on the file joindre une pièce au dossier ◆ do we have a file on her? est-ce que nous avons un dossier sur elle ? ◆ there's something in or on the file about him le dossier contient des renseignements sur lui ◆ to be on file [person, fingerprints] être fiché ◆ to be on police files être fiché pour la police ◆ to keep sb's details on file garder les coordonnées de qn ◆ to keep information about sth on file avoir un dossier or des renseignements sur qch ◆ to keep a file on sb/sth avoir un dossier sur qn/qch ◆ they closed the file concerning his death ils ont classé le dossier concernant sa mort ◆ they closed the file on that case ils ont classé cette affaire ◆ data on file (Comput) données fpl fichées ◆ material on file, file material archives fpl ; → student, single

**VT** ⓵ (also file away) [+ notes] classer ; [+ letters] ranger, classer ; (into file) joindre au dossier

⓶ (Comput) classer, stocker

⓷ (Jur) ◆ to file a claim déposer une requête or demande ◆ to file a claim for damages intenter un procès en dommages-intérêts ◆ to file an accident claim (Insurance) faire une déclaration d'accident ◆ to file a petition déposer une requête or demande ◆ to file a petition (in bankruptcy), to file for bankruptcy déposer son bilan ◆ to file a suit against sb intenter un procès à qn ; → submission

**COMP** file cabinet N (US) classeur m (meuble)
file card N fiche f
file clerk N (US) documentaliste mf
file management N (Comput) gestion f de fichiers
file manager N (Comput) gestionnaire m de fichiers
file-sharing N (Comput) partage m de fichiers ◆ file-sharing program/software programme/logiciel de partage de fichiers
file transfer protocol N (Comput) protocole m de transfert de fichiers

▶ file for VT FUS (Jur) ◆ to file for divorce demander le divorce ◆ to file for bankruptcy déposer son bilan ◆ to file for custody (of the children) demander la garde des enfants

**file³** /faɪl/ SYN

**N** file f ◆ in Indian file à la or en file indienne ◆ in single file à la or en file ; → rank¹

**VT** ◆ to file in/out etc entrer/sortir etc en file ◆ to file past défiler ◆ the soldiers filed past the general les soldats ont défilé devant le général ◆ they filed slowly past the ticket collector ils sont passés lentement les uns après les autres devant le contrôleur

**filename** /ˈfaɪlneɪm/ N (Comput) nom m de fichier

**filet** /fɪˈleɪ/ (US) ⇒ fillet

**filial** /ˈfɪlɪəl/ ADJ filial

**filiation** /ˌfɪlɪˈeɪʃən/ N filiation f

**filibuster** /ˈfɪlɪbʌstəʳ/ SYN

**N** ⓵ (Pol) obstruction f parlementaire

⓶ († = pirate) flibustier m

**VI** (Pol) faire de l'obstruction parlementaire

**filibusterer** /ˈfɪlɪbʌstərəʳ/ N (Pol) obstructionniste mf

**filiform** /ˈfɪlɪfɔːm/ ADJ filiforme

**filigree** /ˈfɪlɪɡriː/
**N** filigrane m (en métal)
**COMP** en filigrane

**filing** /ˈfaɪlɪŋ/
**N** ⓵ [of documents] classement m ◆ to do the filing s'occuper du classement
⓶ (Jur) [of claim etc] enregistrement m
**COMP** filing box N (boîte)
filing cabinet N classeur m (meuble)
filing clerk N (esp Brit) documentaliste mf

**filings** /ˈfaɪlɪŋz/ NPL limaille f ◆ iron filings limaille f de fer

**Filipino** /ˌfɪlɪˈpiːnəʊ/
**ADJ** philippin
**N** ⓵ (= person) Philippin(e) m(f)
⓶ (= language) tagalog m

**fill** /fɪl/ SYN

**VT** ⓵ [+ bottle, bucket, hole] remplir (with de) ; [+ cake, pastry] fourrer (with de) ; [+ teeth] plomber ◆ smoke filled the room la pièce s'est remplie de fumée ◆ the wind filled the sails le vent a gonflé les voiles ◆ to fill o.s. with [+ chocolate etc] se gaver de ◆ the thought fills me with pleasure/horror/hope me réjouit/m'horrifie/me remplit d'espoir ◆ filled with admiration rempli or plein d'admiration ◆ filled with emotion/anger très ému/en colère ◆ filled with despair désespéré, plongé dans le désespoir ◆ he was trying to fill his day il essayait d'occuper sa journée

⓶ [+ post, job] [employer] pourvoir ◆ to fill a vacancy [employer] pourvoir un emploi ; [employee] prendre un poste vacant ◆ the position is already filled le poste est déjà pourvu or pris ◆ he fills all our requirements il répond à toutes nos conditions ◆ to fill a need répondre à un besoin ◆ to fill a void or a gap remplir or combler un vide ◆ to fill an order (esp US) (Comm) livrer une commande

**VI** (also fill up) [bath] se remplir, s'emplir ; [bus, hall] se remplir ◆ to fill with water [hole] se remplir d'eau ◆ her eyes filled with tears ses yeux se sont remplis de larmes

**N** ◆ to eat one's fill manger à sa faim, se rassasier ◆ he had eaten his fill il était rassasié ◆ to have/drink one's fill avoir/boire tout son content ◆ she's had her fill of married life elle en a assez de la vie conjugale ◆ we've had our fill of disappointments nous avons trop souvent été déçus

**COMP** fill-in N (gen = temporary employee) remplaçant(e) m(f) ◆ I'm only a fill-in (fig) je fais office de bouche-trou*

▶ fill in
**VI** ◆ to fill in for sb remplacer qn (temporairement)
**VT SEP** ⓵ [+ form, questionnaire] remplir ; [+ account, report] compléter ◆ would you fill in the details for us? (fig) (on questionnaire) pourriez-vous compléter le questionnaire ? ; (verbally) pourriez-vous nous donner quelques précisions ? ◆ to fill sb in (on sth)* mettre qn au courant (de qch)
⓶ [+ hole] boucher ◆ to fill in gaps in one's knowledge combler des lacunes dans ses connaissances ◆ draw the outline in black and fill it in in red dessinez le contour en noir et remplissez-le en rouge
⓷ ( ✳ fig = beat up) casser la gueule à ✳
**N** ◆ fill-in → fill

▶ fill out
**VI** ⓵ [sails etc] gonfler, s'enfler
⓶ (= become fatter) [person] forcir, se fortifier ◆ her cheeks or her face had filled out elle avait pris de bonnes joues
**VT SEP** ⓵ [+ form, questionnaire] remplir
⓶ [+ story, account, essay] étoffer

▶ fill up
**VI** ⓵ ⇒ fill vi
⓶ (with tears) avoir les larmes aux yeux
⓷ (with petrol) faire le plein (d'essence)
**VT SEP** ⓵ [+ tank, cup] remplir ◆ to fill o.s. up with [+ chocolates etc] se gaver de ◆ fill it or her up!* (with petrol) (faites) le plein !
⓶ [+ hole] boucher
⓷ (Brit) [+ form, questionnaire] remplir

**-filled** /fɪld/ ADJ (in compounds) ◆ cream/chocolate-filled fourré à la crème/au chocolat ◆ foam-filled rempli de mousse ◆ tear-filled plein de larmes ◆ hate-filled eyes des yeux pleins de haine ◆ he was found dead in his fume-filled car il a été trouvé mort dans sa voiture remplie de gaz d'échappement

**filler** /ˈfɪləʳ/
**N** ⓵ (= utensil) récipient m (de remplissage) ; [of bottle] remplisseuse f ; (= funnel) entonnoir m
⓶ (NonC: for cracks in wood, plaster etc) enduit m or produit m de rebouchage
⓷ (TV, Rad) intermède m (entre deux programmes) ; (Press) article m bouche-trou inv
**COMP** filler cap N (on car) bouchon m de réservoir

**-filler** /ˈfɪləʳ/ N (in compounds) ◆ the team is a real stadium-filler cette équipe fait le plein chaque fois qu'elle joue ◆ Beethoven's Second Piano Concerto, the standard programme-filler le Deuxième concerto pour piano de Beethoven, qui figure souvent au programme des concerts ◆ space-filler* bouche-trou* m

**fillet** /ˈfɪlɪt/, **filet** (US) /fɪˈleɪ/
**N** ⓵ (Culin) [of beef, pork, fish] filet m ◆ veal fillet (NonC) longe f de veau ; (one piece) escalope f de veau ◆ fillet of beef/sole filet m de bœuf/de sole
⓶ (for the hair) serre-tête m inv
**VT** [+ meat] désosser ; [+ fish] découper en filets ◆ filleted sole filets mpl de sole
**COMP** fillet steak N (NonC) filet m de bœuf ; (one slice) bifteck m dans le filet ; (thick) chateaubriand m

**filling** /ˈfɪlɪŋ/ SYN
**N** ⓵ (in tooth) plombage m ◆ my filling's come out mon plombage est parti or a sauté
⓶ (in pie, tart, sandwich) garniture f ; (= stuffing) farce f ◆ chocolates with a coffee filling chocolats mpl fourrés au café
**ADJ** [food] substantiel
**COMP** filling station N station-service f, poste m d'essence

**fillip** /ˈfɪlɪp/ N (with finger) chiquenaude f, pichenette f ; (fig) coup m de fouet (fig) ◆ our advertisements gave a fillip to our business notre publicité a donné un coup de fouet à nos affaires

**filly** /ˈfɪlɪ/ N ⓵ (= horse) pouliche f
⓶ († ✳ = girl) jeune fille f

**film** /fɪlm/ SYN
**N** ⓵ (esp Brit = movie) film m ◆ to go to a film aller voir un film ◆ the film is on at the Odeon just now le film passe actuellement à l'Odéon ◆ he wants to be in films il veut travailler dans le cinéma ◆ he's been in many films il a joué dans beaucoup de films ; → feature
⓶ (Phot) film m, pellicule f ; (Typography) film m ◆ I need a film for my camera j'ai besoin d'une pellicule or un film pour mon appareil
⓷ (for wrapping food) film m transparent or étirable ; (in goods packaging etc) film m plastique
⓸ (= thin layer) [of dust, mud] couche f, pellicule f ; [of mist] voile m ; [of oil, water] film m
**VT** (gen) [+ news, event, play] filmer ; [+ scene] [director] filmer, tourner ; [camera] tourner
**VI** (= make a film) faire or tourner un film ◆ they were filming all day ils ont tourné toute la journée ◆ they were filming in Spain le tournage avait lieu en Espagne
**COMP** [archives, history etc] du cinéma
film camera N caméra f
film director N cinéaste mf
film crew N équipe f de tournage
film fan N cinéphile mf, amateur mf de cinéma
film festival N festival m du cinéma or du film
film industry N industrie f cinématographique
film library N cinémathèque f
film-maker N cinéaste mf
film-making N (= filming) tournage m ; (more gen) le cinéma
film noir N film m noir
film première N première f
film rating N (Brit) système m de classification des films → MOVIE RATING, FILM RATING
film rights NPL droits mpl d'adaptation (cinématographique)
film script N scénario m
film sequence N séquence f (de film)
film set N plateau m de tournage ; see also filmset
film speed N sensibilité f de la pellicule
film star N vedette f (de cinéma), star f
film studio N studio m (de cinéma)
film test N bout m d'essai ◆ to give sb a film test faire tourner un bout d'essai à qn

▶ film over VI [windscreen, glass] s'embuer

**filmgoer** /ˈfɪlmɡəʊəʳ/ N cinéphile mf

**filmic** /ˈfɪlmɪk/ ADJ filmique

**filming** /ˈfɪlmɪŋ/ N (Cine) tournage m

**filmography** /fɪlˈmɒɡrəfɪ/ N filmographie f

**filmset** /ˈfɪlmset/ VT (Typography) photocomposer

**filmsetter** /ˈfɪlmsetəʳ/ N (Typography) photocomposeuse f

**filmsetting** /ˈfɪlmsetɪŋ/ N (Typography) (= machine) photocomposition f ; (= person) photocompos(it)eur m

**filmstrip** /ˈfɪlmstrɪp/ N film m (pour projection) fixe

**filmy** /ˈfɪlmɪ/ SYN ADJ [fabric, material] léger, vaporeux ; [clothing] léger et transparent ◆ filmy curtains voilages mpl

**filo** /ˈfiːləʊ/ N (Culin) (also filo pastry) pâte f à filo

**Filofax** ® /ˈfaɪləʊfæks/ N Filofax ® m

**filter** /ˈfɪltəʳ/ SYN
**N** ⓵ (gen) filtre m ; → colour, oil
⓶ (Brit : in traffic lights) flèche f (permettant à une file de voitures de passer)
**VT** [+ liquids, phone calls] filtrer ; [+ air] purifier, épurer
**VI** ⓵ [light, liquid, sound] filtrer ◆ the light filtered through the shutters la lumière filtrait à travers les volets ◆ to filter back/in/out [people] revenir/entrer/sortir par petits groupes ◆ horror stories were beginning to filter out of the prison des récits effroyables com-

mençaient à filtrer de la prison ; see also **filter out** ♦ **news of the massacre began to filter in** on a commencé petit à petit à avoir des renseignements sur le massacre ♦ **reports filtered through that he was dead** des bruits selon lesquels il était mort commençaient à filtrer

2 ♦ **to filter to the left** *[car, driver]* prendre la voie *or* la file de gauche pour tourner

COMP **filter bed** N bassin *m* de filtration
**filter cigarette** N cigarette *f* (à bout) filtre
**filter coffee** N café *m* filtre
**filter lane** N *(at traffic lights)* voie *f* de dégagement ; *(on motorway)* voie *f* d'accès
**filter light** N *(on road)* flèche *f* *(de feux de signalisation)*
**filter paper** N papier *m* filtre
**filter press** N filtre-presse *m*
**filter tip** N *(= cigarette, tip)* bout *m* filtre
**filter-tipped** ADJ à bout filtre

▸ **filter out** VT SEP *[+ impurities]* éliminer par filtrage ; *(fig)* éliminer

**filth** /fɪlθ/ SYN N 1 *(lit)* saleté *f*, crasse *f* ; *(= excrement)* ordure *f*
2 *(fig)* saleté *f*, ordure *f* *(liter)* ♦ **this book is sheer filth** ce livre est une vraie saleté ♦ **the filth shown on television** les saletés *or* les grossièretés *fpl* que l'on montre à la télévision ♦ **all the filth he talks** toutes les grossièretés qu'il débite
3 *(‡ = police)* flicaille‡ *f*

**filthiness** /ˈfɪlθɪnɪs/ N saleté *f*

**filthy** /ˈfɪlθɪ/ SYN ADJ 1 *(= dirty)* crasseux ♦ **to live in filthy conditions** vivre dans la crasse ♦ **filthy with mud** couvert *or* maculé de boue ♦ **filthy dirty** d'une saleté répugnante *or* dégoûtante
2 *(= disgusting)* *[creature, insect, habit]* dégoûtant ; *[substance]* infect ♦ **you filthy liar!** espèce de sale menteur ! ♦ **filthy rich*** bourré* de fric ; → **lucre**
3 *(= obscene)* *[joke, book]* obscène ; *[language]* ordurier ♦ **to have a filthy mind** avoir l'esprit mal tourné ♦ **filthy talk** grossièretés *fpl*, propos *mpl* orduriers
4 *(= angry)* ♦ **to give sb a filthy look** lancer un regard noir à qn ♦ **to have a filthy temper** avoir un tempérament explosif ♦ **to be in a filthy temper** être d'une humeur massacrante
5 * *[weather, night]* dégueulasse*

**filtrate** /ˈfɪltreɪt/ N filtrat *m*

**filtration** /fɪlˈtreɪʃən/ N filtration *f*

**fin** /fɪn/ N 1 *[of fish]* nageoire *f* ; *[of shark]* aileron *m* ; *[of aircraft, spacecraft]* empennage *m* ; *[of ship]* dérive *f* ; *[of radiator]* ailette *f* ; *[of diver]* palme *f*
2 *(US ‡ = five-dollar bill)* billet *m* de cinq dollars

**finagle** /fɪˈneɪgəl/ *(US)*
VI resquiller
VT ♦ **to finagle sb out of sth** carotter* qch à qn

**finagler** /fɪˈneɪgləʳ/ N *(US)* resquilleur *m*, -euse *f*

**final** /ˈfaɪnl/ LANGUAGE IN USE 26.1 SYN
ADJ 1 *(= last)* *[minute, stage, match, chapter]* dernier ♦ **to make a final attempt to do sth** faire une dernière tentative pour faire qch ♦ **one final point** *(in speech, lecture)* enfin, un dernier point ♦ **to put the final touches to sth** mettre la dernière main à qch ♦ **a final-year student** un étudiant de dernière année
2 *(= conclusive)* *[decree, result, approval, answer, draft]* définitif ♦ **the judges' decision is final** la décision des arbitres est sans appel ♦ **to have the final say** avoir le dernier mot ♦ **and that's final!** un point c'est tout !, point final ! ; → **analysis, arbiter, say**
3 *(= ultimate)* *[humiliation]* suprême ♦ **the final irony is that he...** comble de l'ironie, il... ♦ **he paid the final penalty for his crime** il a payé son crime de sa vie
4 *(Philos)* *[cause]* final
N 1 *(Sport: US)* (also **finals**) finale *f*
2 *(Press)* ♦ **late night final** dernière édition *f* (du soir)
NPL **finals** *(Univ)* examens *mpl* de dernière année
COMP **the final curtain** N *(Theat)* la chute du rideau
**final demand** N *(for payment)* dernier rappel *m*
**final dividend** N *(Fin)* solde *m* de dividende
**final edition** N *(Press)* dernière édition *f*
**final examinations** NPL *(Univ)* examens *mpl* de dernière année
**the Final Four** NPL *(US Basketball)* les demi-finalistes *mpl*
**final instalment** N *(Fin)* versement *m* libératoire
**final notice** N *(for payment)* dernier rappel *m*
**the Final Solution** N *(Hist)* la solution finale
**the final whistle** N *(Football)* le coup de sifflet final

**finale** /fɪˈnɑːlɪ/ SYN N *(Mus, fig)* finale *m* ♦ **the grand finale** *(fig)* l'apothéose *f*

**finalist** /ˈfaɪnəlɪst/ N *(Sport)* finaliste *mf* ; *(Univ) étudiant qui passe ses examens de dernière année*

**finality** /faɪˈnælɪtɪ/ SYN N *[of decision etc]* caractère *m* définitif, irrévocabilité *f* ♦ **to say sth with an air of finality** dire qch sur un ton sans réplique

**finalization** /ˌfaɪnəlaɪˈzeɪʃən/ N *[of deal]* finalisation *f* ; *[of text, report]* rédaction *f* définitive ; *[of details]* mise *f* au point ; *[of arrangements, plans]* mise *f* au point des détails

**finalize** /ˈfaɪnəlaɪz/ SYN VT *[+ text, report]* rédiger la version définitive de, finaliser ; *[+ arrangements, plans, preparations]* mettre au point les derniers détails de, mettre la dernière main à ; *[+ details]* mettre au point ; *[+ decision]* confirmer ; *[+ date]* fixer de façon définitive ♦ **their divorce is now finalized** le divorce est maintenant prononcé

**finally** /ˈfaɪnəlɪ/ LANGUAGE IN USE 26.1, 26.2 SYN ADV
1 *(= eventually)* enfin, finalement ♦ **women finally got the vote in 1918** les femmes ont enfin *or* finalement obtenu le droit de vote en 1918
2 *(= lastly)* pour finir, pour terminer ♦ **finally I would like to say...** pour terminer *or* pour finir je voudrais dire...
3 *(= definitively)* *[decide, settle]* définitivement

**finance** /faɪˈnæns/ SYN
N *(NonC)* finance *f* ♦ **high finance** la haute finance ♦ **Minister/Ministry of Finance** ministre *m*/ministère *m* des Finances
NPL **finances** finances *fpl* ♦ **his finances aren't sound** ses finances ne sont pas solides ♦ **the country's finances** la situation financière du pays ♦ **he hasn't the finances to do that** il n'a pas les finances *or* les fonds *mpl* pour cela
VT *[+ scheme etc]* *(= supply money for)* financer, commanditer ; *(= obtain money for)* trouver des fonds pour
COMP *(Press)* *[news, page]* financier
**finance bill** N *(Parl)* projet *m* de loi de finances
**finance company, finance house** N compagnie *f* financière, société *f* de financement
**finance director** N directeur *m* financier, directrice *f* financière

**financial** /faɪˈnænʃəl/ SYN
ADJ *(gen)* financier ♦ **to depend on sb for financial support** dépendre financièrement de qn
COMP **financial accounting** N comptabilité *f* générale
**financial adviser** N conseiller *m* financier
**financial aid office** N *(in US university)* service *m* des bourses
**financial controller** N contrôleur *m* financier, contrôleuse *f* financière
**financial management** N gestion *f* financière
**financial plan** N plan *m* de financement
**financial services** NPL services *mpl* financiers
**financial statement** N *(Comm)* état *m* financier
**Financial Times index, Financial Times Stock Exchange 100 Index** N *(Brit)* indice *m* FT
**financial year** N *(Brit)* exercice *m* budgétaire

**financially** /faɪˈnænʃəlɪ/ ADV *[secure, independent, viable]* financièrement ♦ **to benefit financially** profiter financièrement ♦ **to be struggling financially** avoir des problèmes financiers ♦ **financially, things are a bit tight** financièrement, la situation n'est pas facile

**financier** /faɪˈnænsɪəʳ/ N financier *m*

**financing** /ˈfaɪnænsɪŋ/
N financement *m*
COMP **financing gap** N déficit *m* commercial

**finback** /ˈfɪnˌbæk/ N rorqual *m*, baleinoptère *m* *(SPEC)*

**finch** /fɪntʃ/ N pinson *m*, fringillidé *m* *(SPEC)*

**find** /faɪnd/ SYN (pret, ptp **found**)
VT 1 *(gen)* trouver ; *[+ lost person or object]* retrouver ♦ **he was trying to find his gloves** il cherchait ses gants, il essayait de retrouver ses gants ♦ **I never found my keys** je n'ai jamais retrouvé mes clés ♦ **to find one's place in a book** retrouver sa page dans un livre ♦ **they soon found him again** ils l'ont vite retrouvé ♦ **we left everything as we found it** nous avons tout laissé tel quel ♦ **he was found dead in bed** on l'a trouvé mort dans son lit ♦ **this flower is found all over England** on trouve cette fleur *or* cette fleur se trouve partout en Angleterre ♦ **to find its mark** atteindre son but ♦ **to find work** trouver du travail ♦ **who will find the money for the trip?** qui va trouver l'argent pour le voyage ? ♦ **I can't find the money to do it** je ne peux pas trouver l'argent nécessaire pour le faire ♦ **go and find me a needle** va me chercher une aiguille ♦ **can you find me a pen?** peux-tu me trouver un stylo ?
♦ **find + way** ♦ **they couldn't find the way back** ils n'ont pas pu trouver le chemin du retour ♦ **I'll find my way about all right by myself** je trouverai très bien mon chemin tout seul ♦ **can you find your own way out?** pouvez-vous trouver la sortie tout seul ? ♦ **to find one's way into a building** trouver l'entrée d'un bâtiment ♦ **it found its way into my bag** ça s'est retrouvé *or* ça a atterri* dans mon sac ♦ **it found its way into his essay** ça s'est glissé dans sa dissertation
♦ **(all) found** ♦ **wages £150 all found** salaire de 150 livres logé (et) nourri ♦ **wages 500 dollars and found** *(US)* salaire de 500 dollars logé (et) nourri
♦ **... to be found** ♦ **the castle is to be found near Tours** le château se trouve près de Tours ♦ **there are no more to be found** il n'en reste plus ♦ **when we got back he was nowhere to be found** lorsque nous sommes rentrés, il avait disparu ♦ **your book is not** *or* **nowhere to be found** on ne parvient pas à retrouver votre livre, votre livre reste introuvable
♦ **to find oneself (...)** ♦ **he found himself at last** il a enfin trouvé sa voie ♦ **they found themselves on a boat** ils se sont retrouvés sur un bateau ♦ **I found myself smiling/looking/wondering** je me suis surpris à sourire/regarder/me demander ♦ **I found myself thinking that...** je me suis surpris à penser que... ♦ **to my surprise, I found myself having fun** à mon grand étonnement, je me suis amusé ♦ **I found myself quite at sea among all those scientists** je me suis senti complètement perdu au milieu de tous ces scientifiques
2 *(fig)* trouver *(that* que) ♦ **I can never find anything to say to him** je ne trouve jamais rien à lui dire ♦ **to find the courage to do sth** trouver le courage de faire qch ♦ **I can't find time to read** je n'arrive pas à trouver le temps de lire ♦ **to find one's voice** *(fig)* trouver son style ♦ **to find one's feet** s'adapter, s'acclimater ♦ **to find some difficulty in doing sth** éprouver une certaine difficulté à faire qch ♦ **I couldn't find it in my heart to refuse** je n'ai pas eu le cœur de refuser ♦ **how did you find him?** *(in health)* comment l'avez-vous trouvé ? ♦ **how did you find the steak?** comment avez-vous trouvé le bifteck ? ♦ **I find her very pleasant** je la trouve très agréable ♦ **we're sure you'll find the film exciting!** nous sommes sûrs que vous trouverez ce film captivant ! ♦ **I find that I have plenty of time** il se trouve que j'ai tout le temps qu'il faut ; → **expression, fault, favour**
♦ **to find it** + *adj* ♦ **he found it impossible to leave** il n'arrivait pas à partir ♦ **he finds it difficult/impossible to walk** il lui est difficile/impossible de marcher ♦ **he finds it tiring/encouraging** *etc* il trouve que c'est fatigant/encourageant *etc* ♦ **you won't find it easy** vous ne trouverez pas cela facile
3 *(= perceive, realize)* constater *(that* que) ; *(= discover)* découvrir, constater *(that* que) ; *[+ cure]* découvrir ; *[+ solution]* trouver, découvrir ; *[+ answer]* trouver ♦ **you will find that I am right** vous verrez *or* vous constaterez que j'ai raison ♦ **it has been found that one person in ten does this** on a constaté qu'une personne sur dix fait cela ♦ **I went there yesterday, only to find her out** j'y suis allé hier, mais elle était sortie
4 *(Jur)* ♦ **to find sb guilty** déclarer qn coupable ♦ **how do you find the accused?** quel est votre verdict ? ♦ **the court found that...** le tribunal a conclu que...
VI *(Jur)* ♦ **to find for/against the accused** se prononcer en faveur de/contre l'accusé
N trouvaille *f* ♦ **that was a lucky find** nous avons (*or* vous avez *etc*) eu de la chance de trouver cela

▸ **find out**
VI 1 *(= make enquiries)* se renseigner *(about* sur)
2 *(= discover)* ♦ **we didn't find out about it in time** nous ne l'avons pas su *or* appris à temps ♦ **your mother will find out if you...** ta mère le saura si tu...
VT SEP 1 *(= discover)* découvrir *(that* que) ; *[+ answer]* trouver ; *[+ sb's secret, character]* découvrir

◆ **I found out what he was really like** j'ai découvert son vrai caractère

[2] *(= discover the misdeeds etc of) [+ person]* démasquer ◆ **he thought we wouldn't know, but we found him out** il pensait que nous ne saurions rien, mais nous l'avons démasqué *or* nous avons découvert le pot aux roses *

**finder** /ˈfaɪndəʳ/

N [1] *(of lost object)* personne *f* qui trouve ; *(Jur)* inventeur *m*, -trice *f* ◆ **finders keepers (losers weepers)!** (celui) qui le trouve le garde (et tant pis pour celui qui l'a perdu) !

[2] *[of telescope]* chercheur *m* ; → **viewfinder**

COMP **finder's fee** N *(US)* prime *f* d'intermédiaire

**findings** /ˈfaɪndɪŋz/ NPL [1] *(= conclusions, deductions) [of person, committee]* conclusions *fpl*, constatations *fpl* ; *[of scientist, researcher]* conclusions *fpl*, résultats *mpl* (des recherches) ; *(Jur)* conclusions *fpl*, verdict *m*

[2] *(= objects etc unearthed)* découvertes *fpl*

**fine¹** /faɪn/ SYN

N amende *f*, contravention *f* *(esp Aut)* ◆ **I got a fine for going through a red light** j'ai eu une amende *or* j'ai attrapé une contravention pour avoir brûlé un feu rouge

VT condamner à une amende, donner une contravention à *(esp Aut)* ◆ **he was fined £30** il a eu une amende de 30 livres, il a eu 30 livres d'amende ◆ **they fined him heavily** ils l'ont condamné à une lourde amende ◆ **he was fined for exceeding the speed limit** il a eu une amende *or* une contravention pour excès de vitesse ◆ **she was fined for possession of drugs** elle a été condamnée à une amende pour détention de stupéfiants

**fine²** /faɪn/ SYN

ADJ [1] *(= excellent) [performer, player, piece of work]* excellent ; *[place, object, example]* beau (belle *f*) ; *[view]* superbe ◆ **the finest footballer of his generation** le meilleur footballeur de sa génération ◆ **to be in fine form** être en pleine forme ◆ **you're doing a fine job** vous faites un excellent travail ◆ **to be in fine health** être en bonne santé ◆ **it's a fine thing to help others** c'est beau d'aider autrui ◆ **it was his finest hour** *or* **moment** ce fut son heure de gloire ; see also **finest** ; → **fettle, figure**

[2] *(= acceptable)* bien *inv* ◆ **how was I? – you were fine** comment je me suis débrouillé ? – bien ◆ **the wallpaper looks fine** le papier peint est bien ◆ **you look fine** tu es très bien ◆ **your idea sounds fine** votre idée semble bonne ◆ **the coffee's just fine** le café est parfait ◆ **everything's fine** tout va bien ◆ **everything's going to be just fine** tout va bien se passer ◆ **isn't the basket a bit too small? – it'll be fine** est-ce que le panier n'est pas un peu trop petit ? – ça ira ◆ **any questions? no? fine!** des questions ? non ? parfait ! ◆ **it's fine to interrupt me** vous pouvez m'interrompre ◆ **it's fine for men to cry** il n'y a rien de mal à ce que les hommes pleurent ◆ **it's fine for two** c'est très bien pour deux personnes ◆ **the hotel is fine for a weekend break** l'hôtel convient pour un séjour d'un week-end ◆ **this bike is fine for me** ce vélo me convient ◆ **these apples are fine for cooking** ces pommes sont parfaites comme pommes à cuire ◆ **that's all very fine, but...** c'est bien beau *or* bien joli mais...

[3] *(= not unwell)* ◆ **to be fine** aller bien ◆ **a glass of water and I'll be fine** un verre d'eau et ça ira ◆ **don't worry, I'm sure he'll be fine** ne t'inquiète pas, je suis sûr qu'il se remettra ◆ **to feel fine** se sentir bien ◆ **he looks fine** il a l'air en forme ◆ **how are you? – fine thanks** comment allez-vous ? – bien, merci

[4] *(= without problems)* ◆ **she'll be fine, the others will look after her** il ne lui arrivera rien, les autres s'occuperont d'elle ◆ **I'll be fine on my own** je me débrouillerai très bien tout seul

[5] *(expressing agreement)* très bien ◆ **I'll be back by lunchtime – fine!** je serai de retour à l'heure du déjeuner – très bien ! ◆ **that's fine by** *or* **with me** d'accord ◆ **if you want to give me a hand, that's fine by me** si tu veux me donner un coup de main, je veux bien ◆ **it'll take me a couple of days – that's fine by** *or* **with me** ça va me prendre quelques jours – d'accord ◆ **anything she wanted was usually fine with him** il était en général d'accord avec tout ce qu'elle demandait ◆ **shall we have another beer? – fine by me** *or* **sounds fine to me!** on prend encore une bière ? – bonne idée !

[6] *(iro)* ◆ **that's fine for you to say** c'est facile à dire ◆ **a fine friend you are!** c'est beau l'amitié ! ◆ **that's another fine mess you've got(ten) me into!** tu m'as encore mis dans un beau pétrin ! ◆ **you're a fine one!** t'es bon, toi ! * ◆ **you're a fine one to talk!** ça te va bien de dire ça ! ◆ **fine words** belles paroles *fpl*

[7] *(= honourable, refined) [person]* bien *inv* ; *[feelings]* raffiné ◆ **he has no finer feelings** il n'a aucune noblesse de sentiment

[8] *(= superior) [food, ingredients]* raffiné ; *[wine]* fin ; *[furniture, china, fabric, clothes]* beau (belle *f*), raffiné ; *[jewellery]* précieux ; *[metal]* pur ; *[workmanship]* délicat ◆ **fine gold** or *m* fin ◆ **meat of the finest quality** viande *f* de première qualité ◆ **fine ladies and gentlemen** les beaux messieurs *mpl* et les belles dames *fpl* ◆ **she likes to play at being the fine lady** elle aime jouer les grandes dames

[9] *(= delicate) [fabric, powder, rain, hair, features, bones]* fin ; *[net, mesh]* à mailles fines ; *[mist]* léger ; → **print**

[10] *(= subtle) [adjustment]* minutieux ; *[detail, distinction]* subtil ◆ **there's a fine line between genius and madness/fact and fiction** entre le génie et la folie/la réalité et la fiction, la marge est étroite *or* la distinction est subtile ◆ **not to put too fine a point on it** pour parler franchement ◆ **the finer points of English grammar** les subtilités de la grammaire anglaise

[11] *[weather, day]* beau (belle *f*) ◆ **it's been fine all week** il a fait beau toute la semaine ◆ **all areas will be fine tomorrow** il fera beau partout demain ◆ **coastal areas will be fine** il fera beau sur la côte ◆ **I hope it keeps fine for you!** j'espère que vous continuerez à avoir beau temps ! ◆ **one fine day** un beau jour ◆ **one of these fine days** un de ces quatre matins, un de ces jours

ADV [1] *( * = well)* bien ◆ **you're doing fine!** tu te débrouilles bien ! * ◆ **we get on fine** nous nous entendons bien ◆ **that suits me fine** ça me convient très bien

[2] *(= not coarsely)* ◆ **to chop sth fine** hacher qch menu ◆ **to cut sth fine** *(lit)* couper qch finement ◆ **to cut it fine** *(fig)* ne pas se laisser de marge ◆ **you're cutting it too fine** vous comptez trop juste

COMP **fine art** N *(= subject)* beaux-arts *mpl* ; *(= works)* objets *mpl* d'art ◆ **the fine arts** les beaux-arts *mpl* ◆ **a fine art** un véritable art ◆ **to get sth down** *or* **off to a fine art** faire qch à la perfection

**fine-drawn** ADJ *[wire, thread]* finement étiré

**fine-grained** ADJ *[wood]* au grain fin ; *(Phot)* à grain fin

**fine-spun** ADJ *[yarn]* très fin, ténu

**fine tooth-comb** N peigne *m* fin ◆ **he went through the documents with a fine tooth-comb** il a passé les documents au peigne fin *or* au crible

**fine-tune** VT *(fig) [+ production, the economy]* régler avec précision

**fine-tuning** N réglage *m* minutieux

▸ **fine down**

VI *(= get thinner)* s'affiner

VT SEP *(= reduce)* réduire ; *(= simplify)* simplifier ; *(= refine)* raffiner

**finely** /ˈfaɪnlɪ/ ADV [1] *[crafted, carved]* finement ; *[written, painted]* avec finesse ◆ **finely detailed** aux détails précis

[2] *[chop]* menu ; *[cut, slice]* en tranches fines ; *[grate, grind]* fin ◆ **to dice sth finely** couper qch en petits dés

[3] *(= delicately)* ◆ **the case was finely balanced** l'issue du procès était tangente ◆ **the distinction was finely drawn** la distinction était très subtile ◆ **a finely judged speech** un discours avec des propos bien choisis ◆ **a finely tuned car** une voiture réglée avec précision ◆ **a finely tuned mind** un esprit aiguisé

**fineness** /ˈfaɪnnɪs/ N [1] *[of hair, powder, features, wine, material, china, clothes]* finesse *f* ; *[of workmanship]* délicatesse *f* ; *[of feelings]* noblesse *f* ; *[of detail, point, distinction]* subtilité *f*

[2] *[of metal]* titre *m*

**finery** /ˈfaɪnərɪ/ SYN N parure † *f* ◆ **she wore all her finery** elle était parée de ses plus beaux atours † ◆ **wedding guests in all their finery** les invités d'un mariage vêtus de leurs plus beaux habits

**finesse** /fɪˈnes/ SYN

N finesse *f* ; *(Cards)* impasse *f* ◆ **with finesse** avec finesse, finement

VI *(Cards)* ◆ **to finesse against the King** faire l'impasse au roi

VT [1] *(= manage skilfully) [+ details]* peaufiner ; *[+ problem, questions]* aborder avec finesse ; *(= avoid)* esquiver ◆ **the skier finessed the difficulties of the mountain** le skieur s'est joué des difficultés de la montagne ◆ **no doubt he will try to finesse the problem** *(pej)* il cherchera sans doute à esquiver le problème

[2] *(Cards)* ◆ **to finesse the Queen** faire l'impasse en jouant la dame

**finest** /ˈfaɪnɪst/ NPL *(US : iro = police)* ◆ **Chicago's/the city's finest** la police de Chicago/de la ville ◆ **one of New York's finest** un agent de police new-yorkais

**finger** /ˈfɪŋgəʳ/ SYN

N [1] *(Anat)* doigt *m* ◆ **first** *or* **index finger** index *m* ; → **little¹, middle, ring¹** ◆ **between finger and thumb** entre le pouce et l'index ◆ **to count on one's fingers** compter sur ses doigts ◆ **I can count on the fingers of one hand the number of times he has...** je peux compter sur les doigts d'une main le nombre de fois où il a... ◆ **to point one's finger at sb** montrer qn du doigt ; see also **noun 2**

[2] *(fig phrases)* ◆ **he wouldn't lift a finger to help me** il ne lèverait pas le petit doigt pour m'aider ◆ **to point the finger at sb** *(= accuse)* montrer qn du doigt ; *(= identify)* identifier qn ◆ **to point the finger of suspicion at sb** faire peser des soupçons sur qn ◆ **to point the finger of blame at sb** faire porter le blâme à qn ◆ **to keep one's fingers crossed** croiser les doigts ◆ **(keep your) fingers crossed!** croisons les doigts ! ◆ **keep your fingers crossed for me!** souhaite-moi bonne chance ! ◆ **to put** *or* **stick two fingers up at sb** * *(Brit)*, **to give sb the finger** * ≈ faire un bras d'honneur * à qn ◆ **to put one's finger on the difficulty** mettre le doigt sur la difficulté ◆ **there's something wrong, but I can't put my finger on it** il y a quelque chose qui cloche * mais je ne peux pas mettre le doigt dessus ◆ **to put the finger on sb** * *(= betray)* dénoncer qn ; *(= indicate as victim)* désigner qn comme victime ◆ **to pull** *or* **get one's finger out** ‡ se décarcasser * ◆ **pull your finger out!** ‡ remue-toi ! * ; → **green, pie, pulse¹, thumb**

[3] *[of cake etc]* petite part *f* ; *[of whisky]* doigt *m* ; *[of land]* langue *f*

VT [1] *(= touch)* toucher *or* manier (des doigts) ; *(pej)* tripoter ; *[+ money]* palper ; *[+ keyboard, keys]* toucher

[2] *(Mus = mark fingering on)* doigter, indiquer le doigté sur

[3] *(esp US : ‡ = betray)* moucharder *, balancer ‡

COMP **finger alphabet** N alphabet *m* des sourds-muets

**finger board** N *(Mus)* touche *f (de guitare ou de violon etc)*

**finger bowl** N rince-doigts *m inv*

**finger buffet** N buffet *m* d'amuse-gueule(s)

**finger-dry** VT ◆ **to finger-dry one's hair** passer les doigts dans ses cheveux pour les faire sécher

**finger exercises** NPL *(for piano etc)* exercices *mpl* de doigté

**finger food** N *(= appetizers)* amuse-gueule(s) *m(pl)* ◆ **these make ideal finger food for kids** ce sont des choses que les enfants peuvent facilement manger avec les doigts

**finger painting** N peinture *f* avec les doigts

**finger plate** N *(on door)* plaque *f* de propreté

**fingering** /ˈfɪŋgərɪŋ/ N [1] *(Mus)* doigté *m*

[2] *(= fine wool)* laine *f* (fine) à tricoter

[3] *[of goods in shop etc]* maniement *m*

**fingerless glove** /ˈfɪŋgəlɪs/ N mitaine *f*

**fingermark** /ˈfɪŋgəmɑːk/ N trace *f* *or* marque *f* de doigts

**fingernail** /ˈfɪŋgəneɪl/ N ongle *m*

**fingerprint** /ˈfɪŋgəprɪnt/

N empreinte *f* digitale

VT *[+ car, weapon]* relever les empreintes digitales sur ; *[+ room, building]* relever les empreintes digitales dans ; *[+ person]* relever les empreintes digitales de

COMP **fingerprint expert** N spécialiste *mf* en empreintes digitales, expert *m* en dactyloscopie

**fingerstall** /ˈfɪŋgəstɔːl/ N doigtier *m*

**fingertip** /ˈfɪŋgətɪp/

N bout *m* du doigt ◆ **all the basic controls are at your fingertips** toutes les commandes principales sont à portée de votre main ◆ **I had the information at my fingertips** *(= near to hand)* j'avais ces informations à portée de main ◆ **he's a politician to his fingertips** c'est un homme politique jusqu'au bout des ongles

finial | fire ENGLISH-FRENCH 336

COMP **fingertip control** N ♦ **a machine with fingertip control** une machine d'un maniement (très) léger
**fingertip hold** N (*Climbing*) gratton *m*
**fingertip search** N fouille *f* minutieuse

**finial** /ˈfaɪnɪəl/ N fleuron *m*, épi *m* (de faîtage)

**finicky** /ˈfɪnɪkɪ/ ADJ [*person*] pointilleux, tatillon ; [*work, job*] minutieux, qui demande de la patience ♦ **don't be so finicky!** ne fais pas le (*or* la) difficile ! ♦ **she is finicky about her food** elle est difficile pour *or* sur la nourriture

**finish** /ˈfɪnɪʃ/ SYN
N 1 (= *end*) fin *f* ; [*of race*] arrivée *f* ; (*Climbing*) sortie *f* ; (*Hunting*) mise *f* à mort ♦ **to be in at the finish** (*fig*) assister au dénouement (d'une affaire) ♦ **a fight to the finish** un combat sans merci ♦ **to fight to the finish** se battre jusqu'au bout ♦ **from start to finish** du début à la fin ; → **photo**
2 (= *surface, look*) [*of woodwork, manufactured articles*] finition *f* ♦ **it's a solid car but the finish is not good** la voiture est solide mais les finitions sont mal faites ♦ **a car with a two-tone finish** une voiture (peinte) en deux tons ♦ **paint with a matt finish** peinture *f* mate ♦ **paint with a gloss finish** laque *f* ♦ **table with an oak finish** (*stained*) table *f* teintée chêne ; (*veneered*) table *f* plaquée *or* à placage chêne ♦ **a table with rather a rough finish** une table à la surface plutôt rugueuse
VT [+ *activity, work, letter, game, meal, supplies, cake*] finir, terminer ♦ **finish your soup** finis *or* mange ta soupe ♦ **to finish doing sth** finir de faire qch ♦ **I'm in a hurry to get this job finished** je suis pressé de finir *or* de terminer ce travail ♦ **to finish a book** finir *or* terminer un livre ♦ **to put the finishing touch** *or* **touches to sth** mettre la dernière main *or* la touche finale à qch ♦ **that last mile nearly finished me** * ces derniers quinze cents mètres ont failli m'achever *or* m'ont mis à plat * ; see also **finished**
VI 1 [*book, film, game, meeting*] finir, se terminer ; [*holiday, contract*] prendre fin ; [*runner, horse*] arriver, terminer ; (*Stock Exchange*) clôturer, terminer ; (*Climbing*) sortir ♦ **the meeting was finishing** la réunion tirait à sa fin ♦ **our shares finished at $70** nos actions cotaient 70 dollars en clôture *or* en fin de séance ♦ **he finished by saying that...** il a terminé en disant que... ♦ **to finish well** (*in race*) arriver en bonne position ♦ **to finish first** arriver *or* terminer premier
2 ♦ **I've finished with the paper** je n'ai plus besoin du journal ♦ **I've finished with politics once and for all** j'en ai fini avec la politique, j'ai dit une fois pour toutes adieu à la politique ♦ **she's finished with him** * (*in relationship*) elle l'a plaqué * ♦ **you wait till I've finished with you!** * attends un peu que je te règle ton compte ! *
COMP **finish line** N (*US*) ligne *f* d'arrivée

▸ **finish off**
VI terminer, finir ♦ **let's finish off now** maintenant finissons-en ♦ **to finish off with a glass of brandy** terminer par *or* sur un verre de cognac ♦ **the meeting finished off with a prayer** la réunion a pris fin sur une prière, à la fin de la réunion on a récité une prière
VT SEP 1 [+ *work*] terminer, mettre la dernière main à
2 [+ *food, meal*] terminer, finir ♦ **finish off your potatoes!** finis *or* mange tes pommes de terre !
3 (* *fig* = *kill*) [+ *person, wounded animal*] achever ♦ **his illness last year almost finished him off** sa maladie de l'année dernière a failli l'achever

▸ **finish up**
VI 1 ⇒ **finish off vi**
2 se retrouver ♦ **he finished up in Rome** il s'est retrouvé à Rome, il a fini à Rome ♦ **he finished up selling sunglasses on the beach** il a fini (comme) vendeur de lunettes de soleil sur la plage
VT SEP ⇒ **finish off vt sep 2**

**finished** /ˈfɪnɪʃt/ SYN ADJ 1 (= *at end of activity*) ♦ **to be finished** [*person*] avoir fini ♦ **to be finished doing sth** (*US*) avoir fini de *or* terminé de faire qch ♦ **to be finished with sth** (= *have completed*) avoir fini qch ♦ **he was finished with marriage** le mariage, pour lui, c'était fini ♦ **to be finished with sb** (*after questioning*) en avoir fini avec qn ; (= *have had enough of*) ne plus vouloir entendre parler de qn
2 (= *at its end*) ♦ **to be finished** [*fighting, life*] être fini ; [*performance, trial*] être fini *or* terminé
3 (= *tired*) ♦ **to be finished** * être crevé *
4 (= *without a future*) ♦ **to be finished** [*politician, sportsperson, career*] être fini
5 (= *decorated*) ♦ **the room is finished in red** la pièce a des finitions rouges ♦ **the bedroom is finished with cream curtains** les rideaux crème complètent harmonieusement le décor de la chambre ♦ **the jacket is beautifully finished with hand-sewn lapels** la veste est joliment finie avec des revers cousus main ♦ **beautifully finished wood** du bois magnifiquement fini
6 (= *final*) [*product, goods, painting, film*] fini ; [*result*] final ♦ **the finished article** (= *product*) le produit fini ; (= *piece of writing*) la version finale ♦ **he's the finished article** * il est génial *

**finisher** /ˈfɪnɪʃəʳ/ N (*Sport*) ♦ **a fast finisher** un finisseur *or* une finisseuse rapide ♦ **a strong finisher** un bon finisseur, une bonne finisseuse ♦ **a good finisher** (*Football*) un bon buteur ; (*Rugby, Hockey etc*) un bon marqueur, une bonne marqueuse

**finishing** /ˈfɪnɪʃɪŋ/
N (*Football*) dons *mpl* de buteur ; (*Rugby, Hockey etc*) dons *mpl* de marqueur ♦ **his finishing is excellent** c'est un très bon buteur *or* marqueur
COMP **finishing line** N ligne *f* d'arrivée ♦ **to cross the finishing line** (*Sport*) franchir la ligne d'arrivée ; (*fig*) toucher au but ♦ **we'll never make it to the finishing line with this project** nous ne verrons jamais le bout de ce projet
**finishing school** N institution *f* pour jeunes filles (de bonne famille)

**finite** /ˈfaɪnaɪt/ SYN
ADJ 1 (= *limited*) [*number, set, being, world, universe*] fini ; [*amount, period, life, resources*] limité
2 (*Gram*) [*verb*] *dont la forme est fixée par le temps et la personne* ; [*clause*] *à forme verbale fixée par le temps et la personne*
COMP **finite state grammar** N grammaire *f* à états finis

**fink** * /fɪŋk/ (*US pej*)
N (= *strikebreaker*) jaune * *m* ; (= *informer*) mouchard * *m*, indic * *m* ; (= *unpleasant person*) sale type *m*
VT moucharder *, dénoncer
▸ **fink out** * VI (*US*) échouer, laisser tomber

**Finland** /ˈfɪnlənd/ N Finlande *f*

**Finlandization** /ˌfɪnləndaɪˈzeɪʃən/ N finlandisation *f*

**Finn** /fɪn/ N (*gen*) Finlandais(e) *m(f)* ; (also **Finnish speaker**) Finnois(e) *m(f)*

**finnan haddock** /ˈfɪnən/ N haddock *m*

**Finnish** /ˈfɪnɪʃ/
ADJ [*gen*] finlandais ; [*ambassador, embassy*] de Finlande ; [*teacher*] de finnois ; [*literature, culture, civilization*] finnois
N (= *language*) finnois *m*

**Finno-Ugric** /ˈfɪnəʊˈuːgrɪk/, **Finno-Ugrian** /ˈfɪnəʊˈuːgrɪən/ N, ADJ finno-ougrien *m*

**fiord** /fjɔːd/ N fjord *or* fiord *m*

**fipple flute** /ˈfɪpl/ N flûte *f* à bec

**fir** /fɜːʳ/ N (also **fir tree**) sapin *m* ♦ **fir cone** pomme *f* de pin

**fire** /faɪəʳ/ SYN
N 1 (*gen*) feu *m* ; (= *blaze*) incendie *m* ♦ **fire!** au feu ! ♦ **forest fire** incendie *m* de forêt ♦ **to insure o.s. against fire** s'assurer contre l'incendie ♦ **to lay/light/make up the fire** préparer/allumer/faire le feu ♦ **come and sit by the fire** venez vous installer près du feu *or* au coin du feu ♦ **I was sitting in front of a roaring fire** j'étais assis devant une belle flambée ♦ **fire and brimstone** (*fig*) les tourments *mpl* (*liter*) de l'enfer ; see also **comp** ♦ **by fire and sword** par le fer et par le feu ♦ **he would go through fire and water for her** il se jetterait dans le feu pour elle ♦ **to have fire in one's belly** avoir le feu sacré ; → **play**
♦ **on fire** ♦ **the house was on fire** la maison était en feu *or* en flammes ♦ **the chimney was on fire** il y avait un feu de cheminée
♦ **to catch fire** (*lit*) prendre feu ; (*fig*) [*play, film, idea*] décoller ♦ **her dress caught fire** sa robe s'est enflammée *or* a pris feu ♦ **the issue caught fire** la question est devenue brûlante *or* délicate
♦ **to set fire to sth, to set sth on fire** mettre le feu à qch ♦ **to set the world on fire** révolutionner le monde ♦ **he'll never set the world** *or* **the Thames** (*Brit*)*or* **the heather** (*Scot*) **on fire** il n'impressionnera jamais par ses prouesses
2 (*Brit* = *heater*) radiateur *m* ; → **electric**
3 (*Mil*) feu *m* ♦ **to open fire** ouvrir le feu, faire feu ♦ **fire!** feu ! ♦ **between two fires** (*fig*) entre deux feux ♦ **under fire** sous le feu de l'ennemi ♦ **to come under fire, to draw fire** (*Mil*) essuyer le feu (de l'ennemi) ; (*fig* = *be criticized*) essuyer des critiques ♦ **to return fire** riposter par le feu ♦ **to hang** *or* **hold fire** [*guns*] faire long feu ; (*on plans etc*) traîner (en longueur) ♦ **small-arms/cannon/mortar fire** tirs *mpl* d'artillerie/de canon/de mortier ♦ **to hold one's fire** (= *stop firing*) suspendre le tir ; (= *hold back*) ne pas tirer ♦ **to fight fire with fire** combattre le feu par le feu ; → **ceasefire, line**[1]
4 (*NonC* = *passion*) ardeur *f*, feu *m* (*liter*)
VT 1 (= *set fire to*) incendier, mettre le feu à ; (*fig*) [+ *imagination, passions, enthusiasm*] enflammer, exciter ♦ **fired with the desire to do sth** brûlant de faire qch ; → **gas, oil**
2 [+ *gun*] décharger, tirer ; [+ *rocket*] tirer ; (* = *throw*) balancer * ♦ **to fire a gun at sb** tirer (un coup de fusil) sur qn ♦ **to fire a shot** tirer un coup de feu (*at* sur) ♦ **without firing a shot** sans tirer un coup (de feu) ♦ **to fire a salute** *or* **a salvo** lancer *or* tirer une salve ♦ **to fire a salute of 21 guns** saluer de 21 coups de canon ♦ **she fired an elastic band at me** * elle m'a tiré dessus * avec un élastique ♦ **to fire (off) questions at sb** bombarder qn de questions ♦ **"your name?" he suddenly fired at me** « votre nom ? » me demanda-t-il à brûle-pourpoint
3 (* = *dismiss*) virer *, renvoyer ♦ **you're fired!** vous êtes viré * *or* renvoyé !
4 [+ *pottery*] cuire ; [+ *furnace*] chauffer
VI 1 [*person*] (*gen*) tirer ; (*Mil, Police*) tirer, faire feu (*at* sur) ; [*gun*] partir ♦ **the revolver failed to fire** le coup n'est pas parti ♦ **fire away** (*fig*) vas-y !, tu peux y aller
2 [*engine*] tourner ♦ **it's only firing on two cylinders** il n'y a que deux cylindres qui marchent ; see also **cylinder** ♦ **the engine is firing badly** le moteur tourne mal
COMP **fire alarm** N alarme *f* d'incendie
**fire-and-brimstone** ADJ [*sermon, preacher*] apocalyptique
**fire appliance** N (*Brit*) (= *vehicle*) voiture *f* de pompiers ; (= *fire extinguisher*) extincteur *m*
**fire blanket** N couverture *f* anti-feu
**fire brigade** N (*esp Brit*) (brigade *f* des) (sapeurs-)pompiers *mpl*
**fire chief** N (*US*) capitaine *m* des pompiers
**fire clay** N (*Brit*) argile *f* réfractaire
**fire commissioner** N (*US*) responsable *mf* des pompiers
**fire control** N (*Mil*) conduite *f* du tir
**fire curtain** N (*Theat*) rideau *m* de fer
**fire-damage** N dégâts *mpl* causés par le feu
**fire-damaged** ADJ endommagé par le feu
**fire department** N (*US*) ⇒ **fire brigade**
**fire door** N porte *f* coupe-feu
**fire drill** N exercice *m* d'évacuation (*en cas d'incendie*)
**fire-eater** N (*lit*) cracheur *m* de feu ; (*fig*) belliqueux *m*, -euse *f*
**fire engine** N (= *vehicle*) voiture *f* de pompiers ; (= *apparatus*) pompe *f* à incendie
**fire escape** N (= *staircase*) escalier *m* de secours ; (= *ladder*) échelle *f* d'incendie
**fire exit** N sortie *f* de secours
**fire extinguisher** N extincteur *m*
**fire fighter** N (= *fireman*) pompier *m* ; (*volunteer*) pompier *m* volontaire
**fire-fighting** N lutte *f* contre les incendies *or* anti-incendie ; (*fig*) gestion *f* de l'urgence ADJ [*equipment, team*] de lutte contre les incendies *or* anti-incendie
**fire hall** N (*Can*) caserne *f* de pompiers
**fire hazard** N ♦ **it's a fire hazard** cela pourrait provoquer un incendie
**fire hydrant** N bouche *f* d'incendie
**fire insurance** N assurance-incendie *f*
**fire irons** NPL garniture *f* de foyer, accessoires *mpl* de cheminée
**fire marshal** N (*US*) ⇒ **fire chief**
**fire power** N (*Mil*) puissance *f* de feu
**fire practice** N ⇒ **fire drill**
**fire prevention** N mesures *fpl* de sécurité *or* de prévention contre l'incendie
**fire-raiser** N (*Brit*) incendiaire *mf*, pyromane *mf*
**fire-raising** N (*Brit*) pyromanie *f*
**fire regulations** NPL consignes *fpl* en cas d'incendie
**fire retardant** ADJ, N ignifuge *m*
**fire risk** N ⇒ **fire hazard**
**fire sale** N (*lit*) *vente de marchandises légèrement endommagées dans un incendie* ; (*fig*) braderie *f* ♦ **fire-sale prices** prix *mpl* massacrés
**fire screen** N écran *m* de cheminée
**fire service** N ⇒ **fire brigade**

**fire ship** N *(Hist, Mil)* brûlot *m*
**fire station** N caserne *f* de pompiers
**fire trap** N ♦ **it's a fire trap** c'est une véritable souricière en cas d'incendie
**fire truck** N *(US)* ⇒ **fire engine**
**fire warden** N *(US)* responsable *mf* de la lutte contre les incendies *or* anti-incendie
**fire watcher** N guetteur *m (dans la prévention contre les incendies)*
**fire watching** N surveillance *f* contre les incendies

▸ **fire away** VI → **fire vi 1**

▸ **fire off** VT SEP → **fire vt 2**

▸ **fire up** VT SEP *(fig)* *[+ person]* enthousiasmer ; *[+ imagination]* exciter ♦ **to get fired up about sth** s'enthousiasmer pour qch

**firearm** /ˈfaɪərˌɑːm/ N arme *f* à feu

**fireback** /ˈfaɪəbæk/ N *[of chimney]* contrecœur *m*, contre-feu *m*

**fireball** /ˈfaɪəbɔːl/ N *(= meteor)* bolide *m* ; *(= lightning, nuclear)* boule *f* de feu ; *(Mil)* bombe *f* explosive ♦ **he's a real fireball** il pète le feu *

**Firebird** /ˈfaɪəbɜːd/ N ♦ **The Firebird** *(Mus)* l'Oiseau *m* de feu

**fireboat** /ˈfaɪəbəʊt/ N bateau-pompe *m*

**firebomb** /ˈfaɪəbɒm/
N bombe *f* incendiaire
VT lancer une (*or* des) bombe(s) incendiaire(s) sur

**firebrand** /ˈfaɪəbrænd/ N *(lit)* brandon *m* ♦ **he's a real firebrand** *(= energetic person)* il pète le feu * ; *(causing unrest)* c'est un fauteur de troubles

**firebreak** /ˈfaɪəbreɪk/ N pare-feu *m*, coupe-feu *m*

**firebrick** /ˈfaɪəbrɪk/ N brique *f* réfractaire

**firebug** * /ˈfaɪəbʌg/ N incendiaire *mf*, pyromane *mf*

**firecracker** /ˈfaɪəˌkrækəʳ/ N pétard *m*

**firecrest** /ˈfaɪəkrest/ N *(= bird)* roitelet *m* triple bandeau

**firedamp** /ˈfaɪədæmp/ N *(Min)* grisou *m*

**firedogs** /ˈfaɪədɒgz/ NPL chenets *mpl*

**firefight** /ˈfaɪəfaɪt/ N *(Mil)* échange *m* de coups de feu

**firefly** /ˈfaɪəflaɪ/ N luciole *f*

**fireguard** /ˈfaɪəgɑːd/ N *(in hearth)* pare-feu *m*, pare-étincelles *m* ; *(in forest)* pare-feu *m*, coupe-feu *m*

**firehouse** /ˈfaɪəhaʊs/ N *(US)* ⇒ **fire station** ; → **fire**

**firelight** /ˈfaɪəlaɪt/ N lueur *f* du feu ♦ **by firelight** à la lueur du feu

**firelighter** /ˈfaɪəˌlaɪtəʳ/ N allume-feu *m* ; *(= sticks)* ligot *m*

**fireman** /ˈfaɪəmən/
N (pl **-men**) *(in fire brigade)* (sapeur-)pompier *m* ; († : *on train*) chauffeur *m*
COMP **fireman's lift** N ♦ **to give sb a fireman's lift** *(Brit)* porter qn sur l'épaule

**fireplace** /ˈfaɪəpleɪs/ N cheminée *f*, foyer *m*

**fireplug** /ˈfaɪəplʌg/ N *(US)* ⇒ **fire hydrant** ; → **fire**

**fireproof** /ˈfaɪəpruːf/
VT ignifuger
ADJ *[material]* ignifugé, ininflammable
COMP **fireproof dish** N *(Culin)* plat *m* allant au feu
**fireproof door** N porte *f* ignifugée *or* à revêtement ignifuge

**fireside** /ˈfaɪəsaɪd/ N foyer *m*, coin *m* du feu ♦ **fireside chair** fauteuil *m* club ; *(without arms)* chauffeuse *f*

**firestorm** /ˈfaɪəstɔːm/ N *(lit)* incendie *m* dévastateur ♦ **a firestorm of protest** *(US)* un tollé (général), une levée de boucliers ♦ **a firestorm of criticism** une avalanche de critiques ♦ **a firestorm of controversy** une vive controverse

**firewall** /ˈfaɪəwɔːl/ N *(Internet)* pare-feu *m*

**firewater** * /ˈfaɪəˌwɔːtəʳ/ N alcool *m*, gnôle * *f*

**firewood** /ˈfaɪəwʊd/ N bois *m* de chauffage, bois *m* à brûler

**firework** /ˈfaɪəwɜːk/
N (fusée *f* de) feu *m* d'artifice
NPL **fireworks** (also **firework(s) display**) feu *m* d'artifice

**firing** /ˈfaɪərɪŋ/
N [1] *[of pottery]* cuite *f*, cuisson *f*
[2] *(Mil)* tir *m* ; *(= gun battle)* fusillade *f*
COMP **firing hammer** N *[of firearm]* percuteur *m*
**firing line** N ligne *f* de tir ♦ **to be in the firing line** *(lit)* être dans la ligne de tir ; *(fig)* être sous le feu des attaques ♦ **to be in sb's firing line** *(fig)* être la cible de qn ♦ **to be out of the firing line** *(fig)* ne plus être sous le feu des attaques
**firing pin** N ⇒ **firing hammer**
**firing squad** N peloton *m* d'exécution

**firkin** /ˈfɜːkɪn/ N *(= barrel)* tonneau *m* ; *(Brit : = measure) neuf gallons (environ 40 litres)*

**firm¹** /fɜːm/ SYN N *(= company)* entreprise *f* ♦ **there are four doctors in the firm** * *(Brit Med)* quatre médecins partagent le cabinet ♦ **the Firm** * *(= Mafia)* la Mafia

**firm²** /fɜːm/ SYN
ADJ [1] *(= hard) [fruit, ground, muscles, breasts, handshake]* ferme ♦ **the cake should be firm to the touch** le gâteau doit être ferme au toucher
[2] *(= steady, secure) [table, ladder]* stable ; *[voice]* ferme ♦ **a sofa that provides firm support for the back** un canapé qui maintient bien le dos ♦ **to get** *or* **take a firm grip** *or* **hold on** *(lit)[object, person]* saisir fermement ♦ **to have** *or* **keep a firm grip** *or* **hold on** *(lit)[object, person]* tenir fermement ; see also **adj 3**
[3] *(= strong, solid) [grasp, understanding]* bon ; *[foundation, base, support]* solide ♦ **to be on a firm footing** *[finances, relationship]* être sain ♦ **to put sth on a firm footing** établir qch sur une base solide ♦ **to be in firm control of sth, to keep sth under firm control** tenir qch bien en main ♦ **it is my firm belief that...** je crois fermement que... ♦ **to be a firm believer in sth** croire fermement à qch ♦ **it is my firm conviction that...** je suis fermement convaincu que... ♦ **to have a firm grasp of sth** *[subject, theory]* avoir une connaissance solide de qch ♦ **they became firm friends** ils sont devenus de grands amis ♦ **he's a firm favourite (with the young)** c'est le grand favori *m* (des jeunes) ♦ **to have** *or* **keep a firm grip on power** tenir (fermement) les rênes du pouvoir ♦ **to have** *or* **keep a firm grip on spending** surveiller de près les dépenses
[4] *(= resolute, determined) [person, leadership]* ferme ; *[action, measure]* sévère ♦ **to be firm about sth** être ferme à propos de qch ♦ **with a firm hand** d'une main ferme ♦ **to be firm with sb, to take a firm hand with sb** être ferme avec qn ♦ **to take a firm line** *or* **stand (against sth)** adopter une attitude ferme (contre qch) ♦ **to hold** *or* **stand firm (against sth)** tenir bon (face à qch)
[5] *(= definite, reliable) [agreement, conclusion, decision]* définitif ; *[commitment, intention]* ferme ; *[promise]* formel ; *[information, news]* sûr ; *[evidence]* solide ; *[date]* fixé, arrêté ♦ **firm offer** *(Comm)* offre *f* ferme
[6] *(Fin) [price]* ferme, stable ; *[currency]* stable ♦ **the pound was firm against the dollar** la livre était ferme par rapport au dollar ♦ **to hold firm** rester stable *or* ferme
VT ⇒ **firm up vt sep**
VI ⇒ **firm up vi**

▸ **firm up**
VI *[plans, programme]* se préciser ; *[muscles, stomach]* se raffermir ; *(Fin) [currency]* se consolider
VT SEP *[+ plans etc]* préciser ; *[+ muscles, stomach]* raffermir ; *(Fin) [+ currency]* consolider

**firmament** /ˈfɜːməmənt/ N firmament *m* ♦ **she's a rising star in the political/movie firmament** c'est une étoile montante du monde politique/du monde du cinéma

**firmly** /ˈfɜːmlɪ/ SYN ADV *[fix, base]* solidement ; *[anchor]* profondément, solidement ; *[root]* profondément ; *[shut, establish, stick]* bien ; *[hold, believe, maintain, reject, tell]* fermement ; *[speak, say]* avec fermeté ; *[deny]* formellement ♦ **firmly in place** bien en place ♦ **legs firmly planted on the ground** les jambes bien plantées sur le sol ♦ **the jelly is firmly set** la gelée est bien ferme ♦ **to be firmly committed to doing sth** s'être engagé à faire qch ♦ **to be firmly in control of the situation** avoir la situation bien en main ♦ **firmly entrenched attitudes** des attitudes très arrêtées ♦ **firmly held opinions** des convictions *fpl* ♦ **firmly opposed to sth** fermement opposé à qch ♦ **she had her sights firmly set on a career** elle avait bien l'intention de faire carrière

**firmness** /ˈfɜːmnɪs/ SYN N *[of person, object, handshake, currency]* fermeté *f* ; *[of step, voice, manner]* fermeté *f*, assurance *f* ♦ **firmness of purpose** détermination *f*

**firmware** /ˈfɜːmwɛəʳ/ N *(Comput)* microprogramme *m*

**first** /fɜːst/ SYN
ADJ premier ♦ **the first of May** le premier mai ♦ **the twenty-first time** la vingt et unième fois ♦ **Charles the First** Charles Premier, Charles Iᵉʳ ♦ **in the first place** en premier lieu, d'abord ♦ **first principles** principes *mpl* premiers ♦ **first ascent** *(Climbing)* première *f* ♦ **he did it the very first time** il l'a fait du premier coup ♦ **it's not the first time and it won't be the last** ce n'est pas la première fois et ce ne sera pas la dernière ♦ **they won for the first and last time in 1932** ils ont gagné une seule et unique fois en 1932 *or* pour la première et la dernière fois en 1932 ♦ **there's always a first time** il y a un début à tout ♦ **I haven't got the first idea** * je n'en ai pas la moindre idée ♦ **she doesn't know the first thing about it** elle est complètement ignorante là-dessus ♦ **first things first!** les choses importantes d'abord ! ♦ **she's past her first youth** elle n'est plus de la première *or* prime jeunesse ♦ **of the first water** *(fig)* de tout premier ordre ; see also **comp** ; → **first-class, floor, love, offender, sight**

♦ **first thing** ♦ **he goes out first thing in the morning** *(= at early hour)* il sort très tôt le matin ; *(= soon after waking)* il sort dès qu'il est levé ♦ **I'll do it first thing in the morning** *or* **first thing tomorrow** je le ferai dès demain matin, je le ferai demain à la première heure ♦ **take the pills first thing in the morning** prenez les pilules dès le réveil

ADV [1] *(= at first)* d'abord ; *(= firstly)* d'abord, premièrement ; *(= in the beginning)* au début ; *(= as a preliminary)* d'abord, au préalable ♦ **first you take off the string, then you...** d'abord on enlève la ficelle, ensuite..., premièrement on enlève la ficelle, deuxièmement on... ♦ **when we first lived here** quand nous sommes venus habiter ici ♦ **he accepted but first he wanted...** il a accepté mais au préalable *or* d'abord il voulait... ♦ **he's a patriot first and a socialist second** il est patriote avant d'être socialiste, chez lui, le patriote l'emporte sur le socialiste ♦ **she arrived first** elle est arrivée la première ♦ **to come first** *(= arrive)* arriver le premier ; *(in exam, competition)* être reçu premier ♦ **my family comes first** ma famille passe avant tout *or* compte plus que tout le reste ♦ **one's health comes first** il faut penser à sa santé d'abord, la santé est primordiale ♦ **she comes first with him** pour lui, elle compte plus que tout *or* elle passe avant tout le reste ♦ **it comes first with him** pour lui, c'est ça qui compte avant tout *or* c'est ça qui passe en premier ♦ **first come first served** les premiers arrivés seront les premiers servis ♦ **you go first!** *(gen)* allez-y d'abord ; *(in doorway)* passez devant !, après vous ! ♦ **ladies first!** les dames d'abord !, place aux dames ! ♦ **women and children first** les femmes et les enfants d'abord ♦ **he says first one thing and then another** il se contredit sans cesse, il dit tantôt ceci, tantôt cela ♦ **she looked at first one thing then another** elle regardait tantôt ceci, tantôt cela ♦ **first you agree, then you change your mind!** d'abord *or* pour commencer tu acceptes, et ensuite tu changes d'avis ! ♦ **I must finish this first** il faut que je termine *subj* ceci d'abord

♦ **first and foremost** tout d'abord, en tout premier lieu

♦ **first and last** avant tout

♦ **first of all, first off** * tout d'abord

[2] *(= for the first time)* pour la première fois ♦ **when did you first meet him?** quand est-ce que vous l'avez rencontré pour la première fois ?
[3] *(= in preference)* plutôt ♦ **I'd die first!** plutôt mourir ! ♦ **I'd resign first!** je préfère démissionner !, plutôt démissionner ! ♦ **I'd give up my job first, rather than do that** j'aimerais mieux renoncer à mon travail que de faire cela

N [1] premier *m*, -ière *f* ♦ **he was among the very first to arrive** il est arrivé parmi les tout premiers ♦ **they were the first to come** ils sont arrivés les premiers ♦ **he was among the first to meet her** il a été l'un des premiers à la rencontrer ♦ **another first for Britain** *(= achievement)* une nouvelle première pour la Grande-Bretagne ♦ **first in, first out** premier entré, premier sorti ♦ **the first I heard of it was when...** je n'étais pas au courant, je l'ai appris quand... ♦ **that's the first I've heard of it!** c'est la première fois que j'entends parler de ça !

♦ **at first** d'abord, au commencement, au début

♦ **from first to last** du début *or* depuis le début (jusqu')à la fin

♦ **from the first** ♦ **they liked him from the first** ils l'ont aimé dès le début *or* dès le premier jour

**2** (also **first gear**) première f (vitesse) ◆ **in first** en première

**3** (Brit Univ) ◆ **he got a first** ≈ il a eu sa licence avec mention très bien ◆ **to get a double first** obtenir sa licence avec mention très bien dans deux disciplines

COMP **first aid** N → **first aid**
**first aider** N secouriste mf
**First Amendment (of the Constitution)** N (in US) ◆ **the First Amendment** le premier amendement de la constitution des États-Unis (sur la liberté d'expression et de pensée)
**first base** N (Baseball) première base f ◆ **he didn't even get to first base** * (fig) il n'a même pas franchi le premier obstacle ◆ **these ideas didn't even get to first base** ces idées n'ont jamais rien donné ◆ **to get to first base with sb** * (sexually) aborder les préliminaires avec qn
**first blood** N ◆ **to draw first blood** remporter le premier round or le premier tour
**first-born** ADJ, N premier-né m, première-née f
**first-class** ADJ → **first-class**
**the first couple** N (US Pol) le couple présidentiel
**first cousin** N cousin(e) m(f) germain(e)or au premier degré
**first-day cover** N (Post) émission f du premier jour
**first edition** N première édition f ; (valuable) édition f originale or princeps
**first-ever** ADJ tout premier
**the first family** N (US Pol) la famille du président
**first floor** N ◆ **on the first floor** (Brit) au premier (étage) ; (US) au rez-de-chaussée
**first-foot** (Scot) N première personne à franchir le seuil d'une maison le premier janvier VI rendre visite à ses parents ou amis après minuit à la Saint-Sylvestre
**first-footing** N (Scot) coutume écossaise de rendre visite à ses parents ou amis après minuit à la Saint-Sylvestre → HOGMANAY
**first form** N (Brit Scol) ≈ (classe f de) sixième f
**first fruits** NPL (fig) premiers résultats mpl
**first-generation** ADJ de la première génération ◆ **he's a first-generation American** c'est un Américain de première génération
**first grade** N (US Scol) cours m préparatoire
**first hand** N ◆ **I got it at first hand** c'est une information de première main
**first-hand** SYN ADJ [article, news, information] de première main
**first lady** N première dame f ; (US Pol) première dame f des États-Unis (ou personne servant d'hôtesse à sa place) ◆ **the first lady of jazz** la plus grande dame du jazz
**first language** N première langue f
**first lieutenant** N (Brit Navy) lieutenant m de vaisseau ; (US Airforce) lieutenant m
**first mate** N (on ship) second m
**First Minister** N (in Scotland) chef du gouvernement régional écossais
**first name** N prénom m, nom m de baptême ◆ **my first name is Ellis** mon prénom est Ellis
**first-name** ADJ ◆ **to be on first-name terms with sb** appeler qn par son prénom
**the first-named** N (frm) le premier, la première
**first night** N (Theat etc) première f
**first-nighter** N (Theat etc) habitué(e) m(f) des premières
**first officer** N (on ship) ⇒ **first mate**
**first-past-the-post system** N (Pol) système m majoritaire à un tour
**first performance** N (Cine, Theat) première f ; (Mus) première audition f
**first person** N (Gram) première personne f
**first-rate** ADJ → **first-rate**
**first responder** N secouriste mf
**first school** N (Brit) école f primaire
**First Secretary** N (in Wales) chef du gouvernement régional gallois
**first strike capability** N (Mil) capacité f de première frappe
**first-time buyer** N (primo-)accédant m à la propriété
**first-timer** * N **1** (= novice) débutant(e) m(f)
**2** ⇒ **first-time buyer**
**first violin** N premier violon m
**the First World** N les pays mpl industrialisés
**the First World War** N la Première Guerre mondiale
**first year infants** NPL (Brit Scol) cours m préparatoire

**-first** /fɜːst/ ADV (in compounds) ◆ **feet-first** les pieds devant ; → **head**

**first aid** /ˌfɜːstˈeɪd/

N premiers secours mpl or soins mpl, secours mpl d'urgence ; (= subject of study) secourisme m ◆ **to give first aid** donner les soins or secours d'urgence

COMP **first-aid box** N ⇒ **first-aid kit**
**first-aid classes** NPL cours mpl de secourisme
**first-aid kit** N trousse f de premiers secours or à pharmacie
**first-aid post, first-aid station** N poste m de secours
**first-aid worker** N secouriste mf

**first-class** /ˌfɜːstˈklɑːs/

ADJ **1** (= first-rate) [food, facilities, service, hotel] excellent ; [candidate, administrator] remarquable, exceptionnel ◆ **to have a first-class brain** être d'une intelligence exceptionnelle

**2** [travel, flight] en première (classe) ; [ticket, passenger, carriage, compartment] de première (classe)

**3** [mail, letter, stamp] en tarif prioritaire ◆ **first-class postage** tarif m prioritaire

**4** (Univ) ◆ **a first-class (honours) degree** ≈ une licence avec mention très bien ◆ **a first-class honours graduate** ≈ un(e) diplômé(e) qui a obtenu la mention très bien ◆ **to graduate with first-class honours** ≈ obtenir son diplôme avec la mention très bien

ADV [travel, fly] en première classe ; (Post) [send, go] en tarif prioritaire

**firstly** /ˈfɜːstlɪ/ LANGUAGE IN USE 26.1, 26.2 ADV d'abord, premièrement, en premier lieu

**first-rate** /ˈfɜːstreɪt/ SYN ADJ excellent ◆ **to do a first-rate job** faire un excellent travail ◆ **he's a first-rate translator** c'est un traducteur de premier ordre or un excellent traducteur

**firth** /fɜːθ/ N (gen Scot) estuaire m, bras m de mer ◆ **the Firth of Clyde** l'estuaire m de la Clyde

**fiscal** /ˈfɪskəl/

ADJ fiscal ; → **procurator**

N (Scot Jur) ≈ procureur m de la République

COMP **fiscal drag** N ralentissement de l'économie dû à une fiscalisation excessive, fiscal drag m (SPEC)
**fiscal dumping** N dumping m fiscal
**fiscal package** N paquet m fiscal
**fiscal year** N année f fiscale, exercice m fiscal

**fiscalist** /ˈfɪskəlɪst/ N fiscaliste mf

**fish** /fɪʃ/

N (pl **fish** or **fishes**) poisson m ◆ **I caught two fish** j'ai pris deux poissons ◆ **to play a fish** fatiguer un poisson ◆ **I've got other fish to fry** j'ai d'autres chats à fouetter ◆ **there are plenty more fish in the sea** (gen) les occasions ne manquent pas ; (relationship) un(e) de perdu(e) dix de retrouvé(e)s ◆ **it's neither fish nor fowl** (or **nor flesh**) **nor good red herring** ce n'est ni chair ni poisson ◆ **he's like a fish out of water** il est comme un poisson hors de l'eau ◆ **he's a queer fish!** * c'est un drôle de numéro * or de lascar * (celui-là) ! ◆ **they consider him a poor fish** * ils le considèrent comme un pauvre type * ◆ **the Fishes** (Astron) les Poissons mpl ; → **big, cold, drink, goldfish, kettle**

VI pêcher ◆ **to go fishing** aller à la pêche ◆ **to go salmon fishing** aller à la pêche au saumon ◆ **to fish for trout** pêcher la truite ◆ **to fish in troubled waters** pêcher en eau trouble (fig) ◆ **to fish for compliments** chercher les compliments ◆ **to fish for information** aller à la pêche (aux informations) ◆ **fish or cut bait** ‡ (US) allez, décide-toi !

VT [+ trout, salmon] pêcher ; [+ river, pool] pêcher dans ; (fig) (= find) pêcher * ◆ **they fished the cat out of the well** ils ont repêché le chat du puits ◆ **he fished a handkerchief from his pocket** il a extirpé un mouchoir de sa poche ◆ **where on earth did you fish that (up) from?** * où diable as-tu été pêcher ça ? *

COMP **fish and chips** N (pl inv) poisson m frit et frites
**fish-and-chip shop** N friterie f
**fish cake** N croquette f de poisson
**fish-eye** (in door) œil m panoramique
**fish-eye lens** N fish-eye m
**fish factory** N conserverie f de poisson
**fish farm** N centre m de pisciculture
**fish farmer** N pisciculteur m, -trice f
**fish farming** N pisciculture f
**fish fingers** NPL (Brit) bâtonnets mpl de poisson
**fish fork** N fourchette f à poisson ; see also **fish knife**
**fish fry** N (US) pique-nique m (où l'on fait frire du poisson)
**fish glue** N colle f de poisson
**fish hook** N hameçon m
**fish kettle** N poissonnière f
**fish knife** N (pl **fish knives**) couteau m à poisson ◆ **fish knife and fork** couvert m à poisson ; see also **fish fork**
**fish ladder** N échelle f à poissons
**fish manure** N engrais m de poisson
**fish market** N (retail) marché m au poisson ; (wholesale) criée f
**fish meal** N (= fertilizer) guano m de poisson ; (= feed) farine f de poisson
**fish paste** N (Culin) beurre m de poisson
**fish-pole** N (US) canne f à pêche
**fish shop** N poissonnerie f
**fish slice** N (Brit Culin) pelle f à poisson
**fish sticks** NPL (US) ⇒ **fish fingers**
**fish store** N (US) ⇒ **fish shop**
**fish story** * N (US) histoire f de pêcheur, histoire f marseillaise
**fish-tail** VI (US) [car] chasser
**fish tank** N aquarium m

▶ **fish out** VT SEP (from water) sortir, repêcher ; (from box, drawer etc) sortir, extirper (from de) ◆ **he fished out a piece of string from his pocket** il a extirpé un bout de ficelle de sa poche ◆ **to fish sb out of a river** repêcher qn d'une rivière

▶ **fish up** VT SEP (from water) pêcher, repêcher ; (from bag etc) sortir ; see also **fish** VT

**fishbone** /ˈfɪʃbəʊn/ N arête f
**fishbowl** /ˈfɪʃbəʊl/ N bocal m (à poissons)
**fisher** /ˈfɪʃəʳ/ N pêcheur m
**fisherman** /ˈfɪʃəmən/ N (pl -men) pêcheur m ◆ **he's a keen fisherman** il aime beaucoup la pêche ◆ **fisherman's tale** (Brit fig) histoire f de pêcheur, histoire f marseillaise
**fishery** /ˈfɪʃərɪ/ N **1** (= area) zone f de pêche
**2** (= industry) secteur m de la pêche
**3** (= farm) établissement m piscicole

**fishing** /ˈfɪʃɪŋ/

N pêche f ◆ **"fishing prohibited"** « pêche interdite », « défense de pêcher » ◆ **"private fishing"** « pêche réservée »

COMP **fishing boat** N barque f de pêche ; (bigger) bateau m de pêche
**fishing expedition** N ◆ **to go on a fishing expedition** (lit) aller à la pêche ; (fig) chercher à en savoir plus long
**fishing fleet** N flottille f de pêche
**fishing grounds** NPL pêches fpl, lieux mpl de pêche
**fishing harbour** N port m de pêche
**fishing line** N ligne f de pêche
**fishing net** N (on fishing boat) filet m (de pêche) ; [of angler, child] épuisette f
**fishing permit** N permis m or licence f de pêche
**fishing port** N port m de pêche
**fishing rod** N canne f à pêche
**fishing tackle** N attirail m de pêche

**fishmonger** /ˈfɪʃmʌŋgəʳ/ N (esp Brit) marchand(e) m(f) de poisson, poissonnier m, -ière f ◆ **fishmonger's (shop)** poissonnerie f

**fishnet** /ˈfɪʃnet/

N (on fishing boat) filet m (de pêche) ; [of angler] épuisette f

COMP [tights, stockings] résille inv

**fishplate** /ˈfɪʃpleɪt/ N (on railway) éclisse f
**fishpond** /ˈfɪʃpɒnd/ N bassin m à poissons ; (in fish farming) vivier m
**fishskin disease** /ˈfɪʃskɪn/ N ichtyose f
**fishwife** /ˈfɪʃwaɪf/ N (pl -wives) marchande f de poisson, poissonnière f ; (pej) harengère f, poissarde f ◆ **she talks like a fishwife** (pej) elle a un langage de poissarde, elle parle comme une marchande de poisson

**fishy** /ˈfɪʃɪ/ SYN ADJ **1** [smell] de poisson ◆ **it smells fishy in here** ça sent le poisson ici ◆ **it tastes fishy** ça a un goût de poisson

**2** ( * = suspicious) louche, douteux ◆ **the whole business seems** or **smells very fishy to me** toute cette histoire m'a l'air bien louche ◆ **it seems** or **smells rather fishy** ça ne me paraît pas très catholique *

**fissile** /ˈfɪsaɪl/ ADJ fissile
**fission** /ˈfɪʃən/ N fission f ; → **nuclear**
**fissionable** /ˈfɪʃnəbl/ ADJ fissible
**fissiparous** /fɪˈsɪpərəs/ ADJ fissipare, scissipare
**fissure** /ˈfɪʃəʳ/ SYN N (gen) fissure f, crevasse f ; (in brain) scissure f
**fissured** /ˈfɪʃəd/ ADJ fissuré

**fist** /fɪst/

N poing m ◆ **he hit me with his fist** il m'a donné un coup de poing ◆ **he shook his fist at me** il m'a menacé du poing

COMP **fist fight** N pugilat *m*, bagarre *f* à coups de poing ◆ **to have a fist fight (with sb)** se battre à coups de poing (avec qn)

**fistful** /ˈfɪstfʊl/ N poignée *f*

**fisticuffs** /ˈfɪstɪkʌfs/ NPL coups *mpl* de poing

**fistula** /ˈfɪstjʊlə/ N (pl **fistulas** *or* **fistulae** /ˈfɪstjʊliː/) fistule *f*

**fistular** /ˈfɪstjʊləʳ/ ADJ *(Med)* fistulaire

**fit¹** /fɪt/ SYN

ADJ 1 *[person] (= suitable, suited)* capable *(for* de) ; *(= worthy)* digne *(for* de) ◆ **he isn't fit to rule the country** *(= not capable)* il n'est pas capable de gouverner le pays ; *(= not worthy)* il n'est pas digne de gouverner le pays ◆ **he's not fit to drive** il n'est pas en mesure de conduire ◆ **I'm not fit to be seen** je ne suis pas présentable ◆ **that shirt isn't fit to wear** cette chemise n'est pas mettable ◆ **fit to eat** *(= palatable)* mangeable ; *(= not poisonous)* comestible, bon à manger ◆ **fit to drink** *(= palatable)* buvable ; *(= not poisonous)* potable ◆ **fit for habitation, fit to live in** habitable ◆ **fit for (human) consumption** propre à la consommation ◆ **to be fit for a job** *(= qualified)* avoir la compétence nécessaire pour faire un travail ◆ **a meal fit for a king** un repas digne d'un roi ◆ **to be fit for nothing** être incapable de faire quoi que ce soit, être bon à rien ◆ **to be fit for the bin** être bon à jeter à la poubelle

2 *(= right and proper)* convenable, correct ; *[time, occasion]* propice ◆ **it is not fit that you should be here** *(frm)* votre présence est inconvenante *(frm)* ◆ **it is not a fit moment to ask that question** ce n'est pas le moment de poser cette question ◆ **he's not fit company for my son** ce n'est pas une bonne fréquentation pour mon fils ◆ **to see** *or* **think fit to do sth** trouver *or* juger bon de faire qch ◆ **I'll do as I think** *or* **see fit** je ferai comme bon me semblera ◆ **will she come? – if she sees fit** est-ce qu'elle viendra ? – oui, si elle le juge bon

3 *(= healthy)* en bonne santé ; *(= in trim)* en forme ; *(* Brit = attractive)* bien foutu* ◆ **to be as fit as a fiddle** être en pleine forme, se porter comme un charme ◆ **she is not yet fit to travel** elle n'est pas encore en état de voyager ◆ **fit for duty** *(after illness)* en état de reprendre le travail ; *(Mil)* en état de reprendre le service ◆ **will he be fit for Saturday's match?** *(footballer etc)* sera-t-il en état de jouer samedi ?, sera-t-il suffisamment en forme pour le match de samedi ? ; → **keep**

4 *(* = ready)* ◆ **to laugh fit to burst** se tenir les côtes, rire comme un(e) bossu(e)* *or* une baleine* ◆ **to be fit to drop** tomber de fatigue ◆ **fit to be tied*** *(US = angry)* furibard*

N ◆ **your dress is a very good fit** votre robe est tout à fait à votre taille ◆ **these trousers aren't a very good fit** ce pantalon n'est pas vraiment à ma *(or* sa *etc)* taille ◆ **the crash helmet was a tight fit on his head** *(= too tight)* le casque était un peu trop juste pour lui ; *(= good fit)* le casque était exactement à sa taille

VT 1 *(= be the right size for) [clothes, shoes]* aller à ◆ **this coat fits you well** ce manteau vous va bien *or* est bien à votre taille ◆ **the dress fits her like a glove** cette robe lui va comme un gant ◆ **the washing machine is too big to fit this space** la machine à laver est trop grande pour entrer dans cet espace ◆ **the key doesn't fit the lock** cette clé ne correspond pas à la serrure ◆ **you can put these units together to fit the shape of your kitchen** vous pouvez assembler les éléments en fonction de la forme de votre cuisine ◆ **the cover is tailored to fit the seat** la housse est faite pour s'adapter au siège ◆ **roll out the pastry to fit the top of the pie** abaisser la pâte au rouleau pour recouvrir la tourte ◆ **sheets to fit a double bed** des draps pour un grand lit ◆ **"one size fits all"** « taille unique » ◆ **"to fit ages 5 to 6"** « 5-6 ans » ◆ **"to fit waist sizes 70 to 75cm"** « tour de taille 70-75 cm » ; → **cap**

2 *(= find space or time for)* ◆ **you can fit five people into this car** il y a de la place pour cinq dans cette voiture ◆ **to fit a dental appointment into one's diary** trouver un créneau dans son emploi du temps pour un rendez-vous chez le dentiste, caser* un rendez-vous chez le dentiste dans son emploi du temps ◆ **I can't fit any more meetings into my schedule** je n'ai pas le temps pour d'autres réunions dans mon emploi du temps, il m'est impossible de caser* d'autres réunions dans mon emploi du temps

3 *(= correspond to, match) [+ mood, definition, stereotype]* correspondre à ; *[+ needs]* répondre à ◆ **the building has been adapted to fit the needs of disabled people** ce bâtiment a été adapté pour répondre aux besoins des handicapés ◆ **his speech was tailored to fit the mood of the conference** son discours était adapté à l'ambiance du congrès ◆ **a man fitting this description** un homme répondant à ce signalement ◆ **to fit the circumstances** être adapté aux circonstances ◆ **this hypothesis appears to fit the facts** cette hypothèse semble concorder avec les faits ◆ **the facts fit the theory** les faits concordent avec la théorie ◆ **she doesn't fit the profile** *or* **picture of a typical drug smuggler** elle ne correspond pas à l'idée que l'on se fait *or* à l'image que l'on a d'un trafiquant de drogue ◆ **he doesn't fit my image of a good teacher** il ne correspond pas à l'idée que je me fais d'un bon professeur ◆ **the punishment should fit the crime** le châtiment doit être proportionné au crime ◆ **the curtains didn't fit the colour scheme** les rideaux n'allaient pas avec les couleurs de la pièce, la couleur des rideaux jurait avec le reste

4 *[+ garment]* ajuster

5 *(= put in place)* mettre ; *(= fix)* fixer *(on* sur) ; *(= install)* poser, mettre ◆ **he fitted it to the side of the instrument** il l'a mis *or* fixé sur le côté de l'instrument ◆ **to fit a key in the lock** engager une clé dans la serrure ◆ **to fit two things together** assembler *or* ajuster deux objets ◆ **fit part A to part B** assemblez la pièce A avec la pièce B ◆ **to fit sth into place** mettre qch en place ◆ **I had a new window fitted** on m'a posé *or* installé une nouvelle fenêtre ◆ **to have a new kitchen fitted** se faire installer une nouvelle cuisine ◆ **car fitted with a radio** voiture *f* équipée d'une radio ◆ **to fit lights to a bicycle, to fit a bicycle with lights** installer des feux sur un vélo ◆ **he has been fitted with a new hearing aid** on lui a mis *or* posé un nouvel appareil auditif

6 *(frm)* ◆ **to fit sb for sth/to do sth** préparer qn *or* rendre qn apte à qch/à faire qch ◆ **to fit o.s. for a job** se préparer à un travail

VI 1 ◆ **the dress doesn't fit very well** cette robe n'est pas à sa taille *or* ne lui va pas ◆ **it fits like a glove** *[garment]* cela me *(or* vous *etc)* va comme un gant ; *[suggestion]* cela me *(or* leur *etc)* convient parfaitement

2 *(= be the right size, shape etc)* ◆ **this key/part doesn't fit** ce n'est pas la bonne clé/pièce ◆ **the saucepan lid doesn't fit** le couvercle ne va pas sur la casserole ◆ **it should fit on this end somewhere** cela doit aller *or* se mettre là au bout (quelque part)

3 *(= have enough room)* entrer, tenir ◆ **it's too big to fit into the box** c'est trop grand pour entrer *or* tenir dans la boîte ◆ **the clothes won't fit into the suitcase** les vêtements ne vont pas entrer *or* tenir dans la valise ◆ **a computer small enough to fit into your pocket** un ordinateur qui tient dans la poche ◆ **my CV fits onto one page** mon CV tient en une page ◆ **seven people in one car? We'll never fit!** sept personnes dans une voiture ? Il n'y aura jamais assez de place !

4 *(fig = add up, match) [facts]* cadrer ◆ **it doesn't fit with what he said to me** ça ne correspond pas à *or* ne cadre pas avec ce qu'il m'a dit ◆ **how does this idea fit into your overall plan?** comment cette idée s'inscrit-elle dans votre plan d'ensemble ? ◆ **people don't always fit neatly into categories** les gens ne rentrent pas toujours facilement dans des catégories bien définies ◆ **his face doesn't fit here** il détonne ici ◆ **suddenly everything fitted into place** soudain, tout est devenu clair ◆ **it all fits (into place) now!** tout s'explique !

▸ **fit in**

VI 1 *(= add up, match) [fact]* cadrer ◆ **this doesn't fit in with what I was taught at school** ceci ne correspond pas à *or* ne cadre pas avec ce que l'on m'a appris à l'école

2 *(= integrate)* ◆ **at school she has problems fitting in** *(with other children)* à l'école elle a du mal à s'intégrer ; *(= getting used to lessons etc)* elle a du mal à s'adapter à l'école ◆ **he has fitted in well with the other members of our team** il s'est bien entendu avec les autres membres de notre équipe, il s'est bien intégré dans notre équipe

3 *(into room, car etc = have room)* ◆ **will we all fit in?** y aura-t-il assez de place pour nous tous ?, allons-nous tous entrer *or* tenir ? ◆ **will the toys all fit in?** y aura-t-il assez de place pour tous les jouets ? ◆ **the box is too small for all his toys to fit in** la boîte est trop petite pour contenir tous ses jouets

VT SEP 1 *(= find room for) [+ object, person]* faire entrer, trouver de la place pour ◆ **can you fit another book in?** y a-t-il encore de la place pour un livre ?

2 *(= adapt)* adapter, faire concorder ◆ **I'll try to fit my plans in with yours** je tâcherai de m'adapter en fonction de tes plans

3 *(= find time for) [+ person]* prendre, caser* ◆ **the doctor can fit you in tomorrow at three** le docteur peut vous prendre demain à 15 heures ◆ **have you got time to fit in a quick meeting?** avez-vous le temps d'assister à une réunion rapide ?

▸ **fit on**

VI ◆ **the bottle top won't fit on** le bouchon de la bouteille n'est pas adapté

VT SEP *[+ object]* mettre

▸ **fit out** VT SEP 1 *[+ expedition, person]* équiper

2 *(= furnish) [+ room, office, building]* aménager ◆ **to fit a room/building out with sth** installer qch dans une pièce/un bâtiment ◆ **they've fitted one room out as an office** ils ont transformé *or* aménagé une pièce en bureau

3 *[+ ship]* armer

▸ **fit up** VT SEP 1 ◆ **they've fitted their house up with a burglar alarm** ils ont installé une alarme dans leur maison ◆ **they've fitted one room up as an office** ils ont transformé *or* aménagé une pièce en bureau

2 *(* Brit = frame)* ◆ **to fit sb up** faire porter le chapeau à qn

**fit²** /fɪt/ SYN

N 1 *(Med)* attaque *f* ; *[of epilepsy]* crise *f* ◆ **fit of coughing** quinte *f* de toux ◆ **to have** *or* **throw* a fit** avoir *or* piquer* une crise ◆ **she'll have a fit when we tell her*** elle va avoir une attaque *or* elle va piquer une crise quand on lui dira ça* ; → **blue, epileptic, faint**

2 *(= outburst)* mouvement *m*, accès *m* ◆ **in a fit of anger** dans un mouvement *or* accès de colère ◆ **a fit of crying** une crise de larmes ◆ **to be in fits (of laughter)** se tordre de rire ◆ **to get a fit of the giggles** avoir le fou rire

◆ **in fits and starts** par à-coups

VI *(Med)* faire une attaque

**fitful** /ˈfɪtfʊl/ SYN ADJ *[sleep]* troublé, agité ; *[showers]* intermittent ; *[breeze]* capricieux, changeant ◆ **fitful enthusiasm/anger** des accès *mpl* d'enthousiasme/de colère ◆ **to have a fitful night** passer une nuit agitée

**fitfully** /ˈfɪtfəlɪ/ SYN ADV *[sleep, doze]* de façon intermittente ; *[work]* par à-coups ◆ **the sun shone fitfully** le soleil faisait de brèves apparitions

**fitment** /ˈfɪtmənt/ N 1 *(Brit) (= built-in furniture)* meuble *m* encastré ; *(= cupboard)* placard *m* encastré ; *(in kitchen)* élément *m* (de cuisine)

2 *(= part : for vacuum cleaner, mixer etc)* accessoire *m* ◆ **it's part of the light fitment** cela fait partie du luminaire

**fitness** /ˈfɪtnɪs/ SYN

N 1 *(= health)* santé *f* ; *(= physical trimness)* forme *f*

2 *(= suitability) [of remark]* à-propos *m*, justesse *f* ; *[of person]* aptitude *f* *(for* à)

COMP **fitness centre** N centre *m* de fitness *or* de culture physique

**fitness fanatic***, **fitness freak*** N *(pej)* fana* *mf* de culture physique

**fitness instructor** N professeur *mf* de fitness *or* de culture physique

**fitness programme** N programme *m* de fitness *or* de culture physique

**fitness room** N salle *f* de fitness *or* de culture physique

**fitness test** N *(Sport)* test *m* de condition physique

**fitted** /ˈfɪtɪd/ SYN

ADJ 1 *(Brit) [wardrobe, kitchen units]* encastré ; *[kitchen]* intégré ; *[bedroom]* meublé ; *[bathroom]* aménagé ◆ **a fully-fitted kitchen** une cuisine entièrement équipée

2 *(= tailored) [jacket, shirt]* ajusté

3 *(frm = suited)* ◆ **fitted to do sth** apte à faire qch ◆ **well/ill fitted to do sth** vraiment/pas vraiment fait pour faire qch ◆ **fitted for** *or* **to a task** apte pour une tâche

COMP **fitted carpet** N moquette *f* ◆ **the room has a fitted carpet** la pièce est moquettée

**fitted sheet** N drap-housse *m*

**fitter** /ˈfɪtəʳ/ N 1 *[of machine, device]* monteur *m* ; *[of carpet]* poseur *m*

2 *(Dress)* essayeur *m*, -euse *f*

**fitting** /ˈfɪtɪŋ/ SYN

ADJ *[remark]* pertinent, juste

N 1 *(Dress)* essayage *m*

-fitting | flagella ENGLISH-FRENCH 340

2 (Brit : gen pl: in house etc) ◆ **fittings** installations fpl ◆ **bathroom fittings** installations fpl sanitaires ◆ **electrical fittings** installations fpl électriques, appareillage m électrique ◆ **furniture and fittings** mobilier m et installations fpl ◆ **office fittings** équipement m de bureau ; → light[1]

COMP **fitting room** N salon m d'essayage

**-fitting** /ˈfɪtɪŋ/ ADJ (in compounds) ◆ **ill-fitting** qui ne va pas ◆ **wide-fitting** large ; → close[1], loose, tight

**fittingly** /ˈfɪtɪŋlɪ/ ADV [dress] convenablement (pour l'occasion) ; [titled, named] de façon appropriée ◆ **a fittingly exciting finish to a magnificent match** une fin passionnante à la hauteur de la qualité du match ◆ **the speech was fittingly solemn** le discours avait la solennité qui convenait ◆ **fittingly, he won his first world title before his home crowd** comme il convient, il a remporté son premier titre mondial devant son public

**fit-up**‡ /ˈfɪtʌp/ N coup m monté

**Fitzgerald-Lorentz contraction** /fɪts,dʒerəld ˈlɔːrənts/ N contraction f de Lorentz

**five** /faɪv/

ADJ cinq inv

N cinq m ◆ **to take five** * (esp US) faire une pause ◆ **do you want a bunch of fives**‡ ? tu veux mon poing dans la figure‡ or dans la gueule‡ ? ; pour autres loc voir **six**

NPL **fives** (Sport) sorte de jeu de pelote (à la main)

PRON cinq ◆ **there are five** il y en a cinq

COMP **five-and-dime, five-and-ten** N (US) bazar m

**five-a-side (football)** N (Brit) football m à cinq

**five-by-five** * ADJ (US fig) aussi gros que grand

**Five Nations Tournament** N (Rugby) tournoi m des cinq nations

**five-o'clock shadow** N barbe f d'un jour

**five spot** * N (US) billet m de cinq dollars

**five-star hotel** N hôtel m cinq étoiles

**five-star restaurant** N ≃ restaurant m trois étoiles

**five-year** ADJ quinquennal

**five-year man** * N (US Univ: hum) éternel redoublant m

**five-year plan** N plan m quinquennal

**fiver** * /ˈfaɪvəʳ/ N (Brit) billet m de cinq livres ; (US) billet m de cinq dollars

**fix** /fɪks/ SYN

VT 1 (= make firm) (with nails etc) fixer ; (with ropes etc) attacher ◆ **to fix a stake in the ground** enfoncer un pieu en terre ◆ **to fix bayonets** (Mil) mettre (la) baïonnette au canon ; see also **fixed**

2 (= direct, aim) [+ gun, camera, radar] diriger (on sur) ; [+ attention] fixer (on sur) ◆ **to fix one's eyes on sb/sth** fixer qn/qch du regard ◆ **all eyes were fixed on her** tous les regards or tous les yeux étaient fixés sur elle ◆ **he fixed him with an angry glare** il l'a fixé d'un regard furieux ◆ **to fix sth in one's mind** graver or imprimer qch dans son esprit ◆ **to fix one's hopes on sth** mettre tous ses espoirs en qch ◆ **to fix the blame on sb** attribuer or faire endosser la responsabilité à qn

3 (= arrange, decide) décider, arrêter ; [+ time, price] fixer, arrêter ; [+ limit] fixer, établir ◆ **on the date fixed** à la date convenue ◆ **nothing has been fixed yet** rien n'a encore été décidé, il n'y a encore rien d'arrêté or de décidé

4 (Phot) fixer

5 * arranger, préparer ◆ **to fix one's hair** se passer un coup de peigne ◆ **can I fix you a drink?** vous prendrez bien un verre ? ◆ **I'll go and fix us something to eat** je vais vite (nous) préparer un petit quelque chose à manger

6 (= deal with) arranger ; (= mend) réparer ◆ **don't worry, I'll fix it all** ne vous en faites pas, je vais tout arranger ◆ **he fixed it with the police before he organized the demonstration** il a attendu d'avoir le feu vert * de la police or il s'est arrangé avec la police avant d'organiser la manifestation ◆ **I'll soon fix him** *, **I'll fix his wagon** * (US) je vais lui régler son compte ◆ **to fix a flat tyre** réparer un pneu

7 (* = rig, corrupt) [+ person, witness, jury] (gen) corrompre ; (= bribe) acheter, soudoyer ; [+ match, fight, election, trial] truquer ; [+ prices] fixer (de manière déloyale)

VI (US = intend) ◆ **to be fixing to do sth** * avoir l'intention de faire qch, compter faire qch

N 1 * ennui m, embêtement * m ◆ **to be in/get into a fix** être/se mettre dans le pétrin * or dans de beaux draps ◆ **what a fix!** nous voilà dans de beaux draps or dans le pétrin ! *

2 (‡ = dose) [of drugs] (= injection) piqûre f, piquouse‡ f ; [of coffee, chocolate, caffeine] dose * f ◆ **to get** or **give o.s. a fix** (Drugs) se shooter‡, se piquer ◆ **I need my daily fix of coffee/chocolate etc** (hum) il me faut ma dose quotidienne de café/chocolat etc

3 (= position of plane or ship) position f ◆ **I've got a fix on him now** j'ai sa position maintenant ◆ **to take a fix on** [+ ship] déterminer la position de ◆ **I can't get a fix on it** * (fig) je n'arrive pas à m'en faire une idée claire

4 (= trick) ◆ **it's a fix** * c'est truqué, c'est une combine *

COMP **fixing bath** N (Phot) (= liquid) bain m de fixage, fixateur m ; (= container) bac m de fixateur

▸ **fix on**

VT FUS choisir ◆ **they finally fixed on that house** leur choix s'est finalement arrêté sur cette maison

VT SEP [+ lid] fixer, attacher

▸ **fix up**

VI s'arranger (to do sth pour faire qch)

VT SEP arranger, combiner ◆ **I'll try to fix something up** je tâcherai d'arranger quelque chose ◆ **let's fix it all up now** décidons tout de suite ◆ **to fix sb up with sth** trouver qch pour qn

**fixated** /fɪkˈseɪtɪd/ ADJ (Psych) qui fait une fixation ; (fig) obsédé (on par)

**fixation** /fɪkˈseɪʃən/ SYN N 1 (Chem, Phot) fixation f

2 ◆ **to have a fixation about** or **on** or **with sth** faire une fixation sur qch

**fixative** /ˈfɪksətɪv/ N fixatif m

**fixed** /fɪkst/ SYN

ADJ 1 (= set) [amount, position, time, intervals, stare, price] fixe ; [smile, grin] figé ; [idea] arrêté ; (Ling) [stress, word order] fixe ◆ **(of) no fixed abode** or **address** (Jur) sans domicile fixe ◆ **there's no fixed agenda** il n'y a pas d'ordre du jour bien arrêté ◆ **with fixed bayonets** baïonnette au canon

2 (= rigged) [election, trial, match, race] truqué ; [jury] soudoyé, acheté

3 * ◆ **how are we fixed for time?** on a combien de temps ?, on en est où question temps * ? ◆ **how are you fixed for cigarettes?** il te reste combien de cigarettes ?, tu en es où question cigarettes * ? ◆ **how are you fixed for tonight?** tu es libre ce soir ?, tu as prévu quelque chose ce soir ? ◆ **how are you fixed for transport?** comment fais-tu question transport * ?

COMP **fixed assets** NPL (Comm) immobilisations fpl

**fixed charge** N (for service) (prix m de l')abonnement m ◆ **fixed charges** (Econ) frais mpl fixes

**fixed cost contract** N marché m à prix forfaitaire

**fixed costs** NPL (Comm) frais mpl fixes

**fixed decimal point** N virgule f fixe

**fixed disk** N (Comput) disque m fixe

**fixed exchange rate** N (Econ) taux m de change fixe

**fixed link** N (Transport, Telec) liaison f fixe

**fixed menu** N (menu m à) prix m fixe

**fixed penalty (fine)** N amende f forfaitaire

**fixed point** N ⇒ **fixed decimal point**

**fixed-point notation** or **representation** N (Comput) notation f en virgule fixe

**fixed-price contract** N (Comm) contrat m forfaitaire

**fixed-rate financing** N financement m à taux fixe

**fixed satellite** N (Astron) satellite m géostationnaire

**fixed star** N étoile f fixe

**fixed-term contract** N contrat m à durée déterminée

**fixed-term tenancy** N location f à durée déterminée

**fixed-wing aircraft** N aéronef m à voilure fixe

**fixedly** /ˈfɪksɪdlɪ/ ADV [stare] fixement ◆ **to smile fixedly** avoir un sourire figé

**fixer** /ˈfɪksəʳ/ N 1 (Phot) fixateur m

2 (‡ = person) combinard(e)‡ m(f)

**fixing** /ˈfɪksɪŋ/ N (= device) fixation f

**fixings** /ˈfɪksɪŋz/ NPL 1 (= nuts and bolts) visserie f

2 (US Culin) garniture f, accompagnement m

**fixity** /ˈfɪksɪtɪ/ N [of stare] fixité f ◆ **his fixity of purpose** sa détermination inébranlable

**fixture** /ˈfɪkstʃəʳ/ N 1 (gen pl: in building) installation f fixe ; (Jur) immeuble m, bien m immeuble ◆ **the house was sold with fixtures and fittings** (Brit) on a vendu la maison avec les aménagements intérieurs ◆ **€2,000 for fixtures and fittings** (Brit) 2 000 € de reprise ◆ **lighting fixtures** appareillage m électrique ◆ **she's a fixture** * (fig) elle fait partie du mobilier *

2 (Brit Sport) match m (prévu), rencontre f ◆ **fixture list** calendrier m

**fizz** /fɪz/ SYN

VI [drink] pétiller, mousser ; [steam etc] siffler

N 1 pétillement m, sifflement m

2 (fig) punch * m ◆ **they need to put some fizz into their election campaign** leur campagne électorale a besoin d'un peu plus de nerf

3 ‡ champ‡ m, champagne m ; (US) eau f or boisson f gazeuse

▸ **fizz up** VI monter (en pétillant), mousser

**fizzle** /ˈfɪzl/ VI pétiller

▸ **fizzle out** VI [firework] rater (une fois en l'air) ; [party, event] se terminer ; [book, film, plot] se terminer en queue de poisson ; [plans] tomber à l'eau ; [enthusiasm, interest] tomber

**fizzy** /ˈfɪzɪ/ SYN ADJ (esp Brit) [soft drink] pétillant, gazeux ; [wine] mousseux, pétillant

**fjeld** /fjeld/ N fjeld m

**fjord** /fjɔːd/ N ⇒ **fiord**

**FL** abbrev of **Florida**

**Fla.** abbrev of **Florida**

**flab** * /flæb/ N (= fat) graisse f superflue, lard * m

**flabbergast** * /ˈflæbəgɑːst/ VT sidérer * ◆ **I was flabbergasted at this** ça m'a sidéré *

**flabbiness** /ˈflæbɪnɪs/ N [of muscle, flesh] aspect m flasque ; (fig) mollesse f

**flabby** /ˈflæbɪ/ ADJ 1 (physically) [thighs, face, stomach, muscles] mou (molle f), flasque ; [person, skin] flasque

2 (= ineffectual) [country, economy] mou (molle f)

**flaccid** /ˈflæksɪd/ ADJ [muscle, flesh] flasque, mou (molle f)

**flaccidity** /flækˈsɪdɪtɪ/ N flaccidité f

**flack** /flæk/

N (US Cine, Press) attaché(e) m(f) de presse

VI être attaché(e) de presse

**flag[1]** /flæg/ SYN

N 1 drapeau m ; (on ship) pavillon m ◆ **flag of truce, white flag** drapeau m blanc ◆ **black flag** [of pirates] pavillon m noir ◆ **flag of convenience, flag of necessity** (US) pavillon m de complaisance ◆ **they put the flags out** * (Brit fig) ils ont fêté ça ◆ **with (all) flags flying** (fig) en pavoisant ◆ **to go down with flags flying** [ship] couler pavillon haut ; (fig) mener la lutte jusqu'au bout ◆ **to keep the flag flying** (fig) maintenir les traditions ◆ **to fly the flag for one's country** défendre les couleurs de son pays ◆ **to wrap** or **drape o.s. in the flag** (esp US) servir ses intérêts personnels sous couvert de patriotisme ; → **red, show**

2 [of taxi] ◆ **the flag was down** ≃ le taxi était pris

3 (for charity) insigne m (d'une œuvre charitable)

4 (Comput) drapeau m

VT 1 orner or garnir de drapeaux ; [+ street, building, ship] pavoiser

2 (= mark page) signaler (avec une marque) ; (Comput) signaler (avec un drapeau)

COMP **flag carrier** N (= airline) compagnie f nationale

**Flag Day** N (US) le 14 juin (anniversaire du drapeau américain)

**flag day** N (Brit) journée f de vente d'insignes (pour une œuvre charitable) ◆ **flag day in aid of the war-blinded** journée f des or pour les aveugles de guerre

**flag officer** N (in navy) officier m supérieur

**flag-waver** * N cocardier m, -ière f

**flag-waving** (fig) N déclarations fpl cocardières ADJ [politicians, patriots etc] cocardier

▸ **flag down** VT SEP [+ taxi, bus, car] héler, faire signe à ; [police] faire signe de s'arrêter à

**flag[2]** /flæg/ SYN VI [athlete, walker] faiblir ; [worker] fléchir, se relâcher ; [conversation] traîner, languir ; [interest, spirits] faiblir ; [enthusiasm] tomber ; [sales] fléchir ; [market] faiblir ; [economy, economic recovery] s'essouffler ; [film, novel, album] faiblir ◆ **he's flagging** il ne va pas fort ◆ **the film begins well but starts flagging towards the middle** le film commence bien mais se met à faiblir vers le milieu

**flag[3]** /flæg/ N (= iris) iris m (des marais)

**flag[4]** /flæg/ N (also **flagstone**) dalle f

**flagella** /fləˈdʒelə/ NPL of **flagellum**

**flagellant** /ˈflædʒələnt/ N **1** (Rel) flagellant m **2** (sexual) adepte mf de la flagellation

**flagellate** /ˈflædʒəleɪt/ **ADJ, N** (Bio) flagellé m **VT** flageller

**flagellation** /ˌflædʒəˈleɪʃən/ N flagellation f

**flagellum** /fləˈdʒeləm/ N (pl **flagellums** or **flagella** /fləˈdʒelə/) flagelle m

**flageolet** /ˌflædʒəʊˈleɪ/ N **1** (Mus) flageolet m **2** (also **flageolet bean**) flageolet m

**flagged** /flægd/ ADJ [floor] dallé

**flagon** /ˈflægən/ N (of glass) (grande) bouteille f ; (larger) bonbonne f ; (= jug) (grosse) cruche f

**flagpole** /ˈflægpəʊl/ N mât m (portant le drapeau) ◆ **to run an idea/proposal up the flagpole*** lancer une idée/proposition pour tâter le terrain ◆ **let's run this up the flagpole (and see who salutes it)** proposons cela (et voyons les réactions)

**flagrance** /ˈfleɪɡrəns/ N flagrance f

**flagrant** /ˈfleɪɡrənt/ SYN ADJ flagrant

**flagrante delicto** /fləˈɡræntɪdɪˈlɪktəʊ/ ◆ **in flagrante delicto** ADV en flagrant délit

**flagrantly** /ˈfleɪɡrəntlɪ/ ADV [abuse, disregard] de manière flagrante ; [silly, untrue, unequal] manifestement ; [provocative] ouvertement ◆ **flagrantly unjust/indiscreet** d'une injustice/d'une indiscrétion flagrante

**flagship** /ˈflæɡʃɪp/ **N** (= vessel) vaisseau m amiral ; (= product) produit m phare **COMP** (Comm) [product, store, company, TV programme] phare

**flagstaff** /ˈflæɡstɑːf/ N (on land) mât m (portant le drapeau) ; (on ship) mât m de pavillon

**flagstone** /ˈflæɡstəʊn/ N ⇒ flag⁴

**flail** /fleɪl/ SYN **N** (Agr) fléau m **VT** (Agr) [+ corn] battre au fléau **VI** [arms] (also **flail about**) battre l'air

**flair** /flɛəʳ/ SYN N **1** (= talent) flair m ; (= perceptiveness) perspicacité f ◆ **to have a flair for** avoir un don pour ◆ **to have a flair for getting into trouble** (iro) avoir le don pour s'attirer des ennuis **2** (= style, elegance) style m

**flak** /flæk/ **N** **1** (Mil) (= firing) tir m antiaérien or de DCA ; (= guns) canons mpl antiaériens or de DCA ; (= flashes) éclairs mpl **2** (* = criticism) critiques fpl ◆ **he got a lot of flak (for that)** il s'est fait descendre en flammes (pour ça) ◆ **he got a lot of flak from...** il s'est fait éreinter par... **COMP** **flak-jacket** N gilet m pare-balles inv **flak ship** N bâtiment m de DCA

**flake** /fleɪk/ SYN **N** **1** [of snow, cereal] flocon m ; [of paint] écaillure f ; [of rust] écaille f ; see also **cornflakes** **2** (* = eccentric) barjo* mf **VI** (also **flake off**) [stone, plaster] s'effriter, s'écailler ; [paint] s'écailler ; [skin] peler, se desquamer (Med) **VT** (also **flake off**) effriter, écailler ◆ **flaked almonds** (Culin) amandes fpl effilées **COMP** **flake-white** N blanc m de plomb

▸ **flake off** VI **1** → flake vt **2** (US) ◆ **flake off!** fous le camp !*, de l'air !*

▸ **flake out*** VI **1** (Brit) (= collapse) tomber dans les pommes*, tourner de l'œil* ; (= fall asleep) s'endormir or tomber (tout d'une masse) ◆ **to be flaked out** être crevé* or à plat*

**flakey*** /ˈfleɪkɪ/ ADJ ⇒ flaky

**flaky** /ˈfleɪkɪ/ **ADJ** **1** floconneux **2** * bizarre, excentrique **N** ◆ **to chuck** or **throw a flaky** piquer une crise * **COMP** **flaky pastry** N pâte f feuilletée

**flambé** /ˈflɒmbeɪ/ **ADJ** **VT** flamber ◆ **flambéed steaks** steaks mpl flambés

**flamboyance** /flæmˈbɔɪəns/ N extravagance f

**flamboyant** /flæmˈbɔɪənt/ SYN ADJ **1** [colour] flamboyant, éclatant ; [person, character] haut en couleur ; [rudeness] ostentatoire ; [speech] retentissant ; [style, dress, manners] extravagant **2** (Archit) flamboyant

**flamboyantly** /flæmˈbɔɪəntlɪ/ ADV [behave, dress] de façon extravagante

**flame** /fleɪm/ SYN **N** **1** flamme f ; (fig) [of passion, enthusiasm] flamme f, ardeur f ◆ **to feed** or **fan the flames** (lit) attiser le feu ; (fig) jeter de l'huile sur le feu ◆ **in flames** en flammes, en feu ◆ **to go up in flames** (= catch fire) s'embraser ; (= be destroyed by fire) être détruit par le feu ; (fig) partir en fumée **2** ◆ **she's one of his old flames*** c'est un de ses anciens béguins * **VI** [fire] flamber ; [passion] brûler ◆ **her cheeks flamed** ses joues se sont empourprées **VT** (Internet) envoyer des messages d'insulte à **COMP** **flame-coloured** ADJ (rouge) feu inv **flame gun** N ⇒ flamethrower **flame-proof dish** N plat m allant au feu **flame red** N rouge m vif **flame-red** ADJ rouge vif **flame retardant** ADJ, N ignifuge m **flame war** N (Internet) échange m d'insultes

▸ **flame up** VI [fire] flamber

**flamenco** /fləˈmeŋkəʊ/ ADJ, N flamenco m

**flamethrower** /ˈfleɪmˌθrəʊəʳ/ N lance-flammes m inv

**flaming** /ˈfleɪmɪŋ/ SYN **ADJ** **1** (= burning) [sun, fire] ardent ; [torch] allumé **2** (in colour) [sunset] embrasé ◆ **flaming red hair** des cheveux d'un roux flamboyant **3** (* = furious) [row] violent **4** (esp Brit * = damn) fichu*, satané* ◆ **the flaming car's locked** cette fichue or satanée voiture est fermée à clé ◆ **it's a flaming nuisance!** c'est vraiment enquiquinant !* **ADV** (esp Brit *) ◆ **he's flaming useless!** il est complètement nul !* ◆ **you get so flaming worked up about everything!** c'est pas possible de s'énerver comme ça pour un rien !*

**flamingo** /fləˈmɪŋɡəʊ/ N (pl **flamingos** or **flamingoes**) flamant m (rose)

**flammability** /ˌflæməˈbɪlɪtɪ/ N inflammabilité f

**flammable** /ˈflæməbl/ ADJ inflammable

**flan** /flæn/ **N** (= tart) tarte f ; (savoury) ≈ quiche f ; (US) (= custard) flan m au caramel

**Flanders** /ˈflɑːndəz/ **N** Flandres fpl, Flandre f **COMP** **Flanders poppy** N coquelicot m

**flange** /flændʒ/ N (on wheel) boudin m ; (on pipe) collerette f, bride f ; (on I-beam) aile f ; (on railway rail) patin m ; (on tool) rebord m, collet m

**flanged** /flændʒd/ ADJ [wheel] à boudin, à rebord ; [tube] à brides ; [radiator] à ailettes

**flank** /flæŋk/ SYN **N** (Anat, Geog, Mil) flanc m ; (Culin) flanchet m **VT** **1** flanquer ◆ **flanked by two policemen** flanqué de or encadré par deux gendarmes **2** (Mil) flanquer ; (= turn the flank of) contourner le flanc de

**flanker** /ˈflæŋkəʳ/ N (Rugby) ailier m

**flannel** /ˈflænl/ **N** **1** (NonC = fabric) flanelle f **2** (Brit : also **face flannel**) ≈ gant m de toilette **3** (Brit * fig = waffle) baratin* m **NPL** **flannels** (Brit = trousers) pantalon m de flanelle **VI** (Brit * = waffle) baratiner* **COMP** de flanelle

**flannelette** /ˌflænəˈlet/ **N** finette f, pilou m **COMP** [sheet] de finette, de pilou

**flap** /flæp/ SYN **N** **1** [of wings] battement m, coup m ; [of sails] claquement m **2** [of pocket, envelope, hat, tent, book cover] rabat m ; [of counter, table] abattant m ; (= door in floor) trappe f ; (for cats) chatière f ; (on aircraft wing) volet m ◆ **a flap of skin** un morceau de peau **3** (* = panic) ◆ **to be in a flap** être dans tous ses états ◆ **to get into a flap** se mettre dans tous ses états, paniquer **4** (Phon) battement m **VI** **1** [wings] battre ; [shutters] battre, claquer ; [sails] claquer ◆ **his cloak flapped about his legs** sa cape lui battait les jambes ◆ **his ears must be flapping*** ses oreilles doivent siffler * **2** (* = be panicky) paniquer ◆ **stop flapping!** pas de panique !, t'affole pas !* **VT** [bird] ◆ **to flap its wings** battre des ailes

**flapdoodle*** /ˈflæpˌduːdəl/ N blague* f, balivernes fpl

**flapjack** /ˈflæpdʒæk/ N (Culin) (= biscuit) galette f (à l'avoine) ; (US) (= pancake) crêpe f épaisse

**flapper** †* /ˈflæpəʳ/ N garçonne des années 1920

**flare** /flɛəʳ/ SYN **N** **1** (= light) [of torch, fire, sun] éclat m, flamboiement m **2** (= signal) feu m, signal m (lumineux) ; (Mil) fusée f éclairante, fusée-parachute f ; (for plane's target) bombe f éclairante or de jalonnement ; (for runway) balise f **3** (Dress) évasement m **NPL** **flares*** pantalon m à pattes d'éléphant **VI** **1** [match] s'enflammer ; [candle] briller ; [sunspot] brûler **2** [violence, fighting] éclater ◆ **tempers flared** les esprits se sont (vite) échauffés **3** [sleeves, skirt] s'évaser, s'élargir ; [nostrils] se dilater, se gonfler **VT** [+ skirt, trouser legs] évaser ; [+ nostrils] dilater, gonfler ◆ **flared skirt** jupe f évasée ◆ **flared trousers** pantalon m à pattes d'éléphant **COMP** **flare path** N (for planes) piste f balisée **flare-up** N [of fire] recrudescence f ; [of fighting] intensification f (soudaine) ; (= outburst of rage) accès m de colère ; (= sudden dispute) altercation f, prise f de bec *

▸ **flare out** VI → flare vi 3

▸ **flare up** **VI** [fire] s'embraser, prendre (brusquement) ; [person] s'emporter ; [political situation] exploser ; [anger, fighting, revolt] éclater ; [disease] se réveiller, reprendre ; [epidemic] éclater, se déclarer (soudain) ◆ **he flares up at the slightest thing** il est très soupe au lait **N** ◆ **flare-up** → flare

**flash** /flæʃ/ SYN **N** **1** (= sudden light) (from torch, car headlights, explosion, firework) lueur f (soudaine) ; (of flame, jewels) éclat m ◆ **a flash of light** un jet de lumière ◆ **a flash of lightning, a lightning flash** un éclair **2** (= brief moment) ◆ **it happened in a flash** c'est arrivé en un clin d'œil ◆ **it came to him in a flash that...** l'idée lui est venue tout d'un coup que... ◆ **flash of genius** or **inspiration** (gen) éclair m de génie ; (= brainwave) idée f de génie ◆ **(with) a flash of anger** or **temper** (dans) un mouvement de colère ◆ **staring at the photo of him, I had a sudden flash of recognition** en le regardant sur la photo, je l'ai subitement reconnu ◆ **in a flash of memory, she saw...** la mémoire lui revenant soudain, elle a vu... ◆ **a flash of humour** un trait d'humour ◆ **a flash of wit** une boutade ◆ **a flash in the pan** (Pol etc : for new movement, idea, party) un feu de paille (fig) ; (= person's fad) lubie f ; → **hot** **3** (= brief glimpse) coup m d'œil ◆ **a flash of colour/of blue** (= briefly seen colour) une note soudaine de couleur/de bleu ; (= small amount of colour) une note de couleur/de bleu ◆ **give us a flash!*** fais voir ! ◆ **despite his illness, there were flashes of the old Henry** malgré sa maladie, il y avait des moments où Henry redevenait lui-même ◆ **she has flashes of the future** elle a des visions fugitives de l'avenir **4** (also **newsflash**) flash m (d'information) **5** (Mil) écusson m **6** (Phot) flash m **7** (US) ⇒ **flashlight** **8** (US = bright student) petit(e) doué(e) m(f) **VI** **1** [light] (on and off) clignoter ; [diamond] étinceler ; [eyes] lancer des éclairs ◆ **lightning flashed** il y a eu des éclairs ◆ **a beam of light flashed across his face** un trait de lumière éclaira soudain son visage ◆ **the sunlight flashed on the water** l'eau scintillait (au soleil) ◆ **the blade of the knife flashed in the sunlight** la lame du couteau brillait au soleil ◆ **to flash on and off** clignoter ◆ **flashing light** [of police car, ambulance etc] gyrophare m ; [of answerphone, warning signal] lumière f clignotante ◆ **her eyes flashed with anger** ses yeux lançaient des éclairs **2** (= move quickly) ◆ **to flash in/out/past etc** [person, vehicle] entrer/sortir/passer etc comme un éclair ◆ **the day flashed by** or **past** on n'a pas vu la journée passer ◆ **the thought flashed through** or **across his mind that...** un instant, il a pensé que... ◆ **his whole life flashed before**

**flashback | flaw**

**him** il a revu le film de sa vie ◆ **a look of terror/anger flashed across her face** une expression de terreur/de colère passa fugitivement sur son visage ◆ **a message flashed (up) onto the screen** un message est apparu sur l'écran

③ (* = expose o.s. indecently) s'exhiber

**VT** ① [+ light] projeter ◆ **to flash a torch on** diriger une lampe torche sur ◆ **to flash a torch in sb's face** diriger une lampe torche dans les yeux de qn ◆ **to flash one's headlights, to flash the high beams** (US) faire un appel de phares (at sb à qn)

② (= show quickly) ◆ **to flash one's passport/ID card** montrer rapidement son passeport/sa carte d'identité ◆ **the screen was flashing a message at me** l'écran m'envoyait un message ◆ **these images were flashed across television screens all around the world** ces images sont apparues sur les écrans de télévision du monde entier ◆ **she flashed him a look of contempt** elle lui a jeté un regard de mépris ◆ **to flash a smile at sb** lancer un sourire éclatant à qn

③ (= flaunt) [+ diamond ring] étaler (aux yeux de tous), mettre (bien) en vue ◆ **don't flash all that money around** n'étale pas tout cet argent comme ça

**ADJ** * ⇒ **flashy**

**COMP** **flash bulb** N (Phot) ampoule f de flash
**flash burn** N (Med) brûlure f (causée par un flux thermique)
**flash card** N (Scol) fiche f (support pédagogique)
**flash drive** N (Computing) clé f USB
**flash eliminator** N cache-flamme m
**flash flood** N crue f subite
**flash-forward** N projection f dans le futur
**flash-fry** VT (Culin) saisir
**flash gun** N (Phot) flash m
**flash Harry** † * N (Brit pej) frimeur * m
**flash meter** N (Phot) flashmètre m
**flash pack** N emballage m promotionnel
**flash photography** N (Phot) photographie f au flash
**flash point** N (Chem) point m d'ignition ◆ **the situation had nearly reached flash point** la situation était explosive
**flash powder** N (Phot) photopoudre m
**flash suppressor** N cache-flamme m

**flashback** /ˈflæʃbæk/ N ① (Cine) flash-back m inv, retour m en arrière
② (Psych) flash-back m inv

**flashcube** /ˈflæʃkjuːb/ N (Phot) flash m (cube)

**flasher** /ˈflæʃər/ N ① (= light, device) clignotant m
② (* = person committing indecent exposure) exhibitionniste m

**flashily** /ˈflæʃɪlɪ/ ADV de façon tape-à-l'œil

**flashing** /ˈflæʃɪŋ/ N ① (on roof) revêtement m de zinc, noue f
② (* = indecent exposure) exhibitionnisme m

**flashlight** /ˈflæʃlaɪt/ N (Phot) flash m ; (esp US = torch) torche f ou lampe f électrique ; (on lighthouse etc) fanal m

**flashy** /ˈflæʃɪ/ SYN ADJ (pej) [person] tapageur ; [jewellery, car] tape-à-l'œil inv, clinquant ; [dress] tape-à-l'œil inv, voyant ; [colour, taste] criard, tapageur

**flask** /flɑːsk/ N (Pharm) fiole f ; (Chem) ballon m ; (= bottle) bouteille f ; (for pocket) flasque f ; (also **vacuum flask**) bouteille f isotherme, (bouteille f) thermos ® f

**flat¹** /flæt/ SYN

**ADJ** ① [countryside, surface, the earth] plat ; [tyre] dégonflé, à plat ◆ **a flat dish** un plat creux ◆ **flat roof** toit m plat or en terrasse ◆ **flat nose** nez m épaté or camus ◆ **a flat stomach** un ventre plat ◆ **he was lying flat on the floor** il était (étendu) à plat par terre ◆ **to fall flat** [event, joke] tomber à plat ; [scheme] ne rien donner ◆ **lay the book flat on the table** pose le livre à plat sur la table ◆ **the earthquake laid the whole city flat** le tremblement de terre a rasé la ville entière ◆ **as flat as a pancake** * [tyre] complètement à plat ; [surface, countryside] tout plat ◆ **flat spin** (in aircraft) vrille f à plat ◆ **to be in a flat spin** * (Brit) être dans tous ses états ; see also **comp**

② (= dull) [taste, style] monotone, plat ; (= unexciting) [event, experience] morne, sans intérêt ; (= not fizzy) [beer etc] éventé ◆ **I was feeling rather flat** je n'avais pas la pêche* ◆ **the beer is flat** (= not fizzy) la bière est éventée (= insipid) la bière a un goût fade

③ (Mus) (= off-key) trop grave ◆ **B flat** (= semitone lower) si m bémol

④ [refusal, denial] net (nette f), catégorique ◆ **and that's flat!*** un point c'est tout !*

⑤ (Comm) ◆ **flat rate of pay** salaire m fixe ◆ **flat rate** [of price, charge] forfait m
⑥ (= not shiny) [colour] mat
⑦ (= stable) [price] stationnaire, stable ◆ **house prices have stayed flat** les prix de l'immobilier ont atteint un palier
⑧ (US) (= penniless) ◆ **to be flat*** être fauché (comme les blés)*, n'avoir plus un rond*

**ADV** ① ◆ **he told me flat that...** il m'a dit carrément or sans ambages que... ◆ **he turned it down flat** il l'a carrément refusé, il l'a refusé tout net ◆ **to be flat broke*** être fauché (comme les blés)*, n'avoir plus un rond* ◆ **in ten seconds flat** en dix secondes pile

◆ **flat out*** ◆ **to go flat out** (esp Brit) [person] courir à fond de train ; [car] rouler à fond de train ◆ **to go flat out for sth** (esp Brit) faire tout son possible pour avoir qch ◆ **to be flat out** (= exhausted) être à plat* or vidé* ; (= asleep) dormir, ronfler* (fig) ; (= drunk) être complètement retamé, être KO * ◆ **to be working flat out** (esp Brit) travailler d'arrache-pied ◆ **to be lying flat out** être étendu or couché de tout son long

② (Mus) [sing, play] faux, trop bas
**N** ① [of hand, blade] plat m
② (Geog) (= dry land) plaine f ; (= marsh) marécage m ; → **salt**
③ (Mus) bémol m
④ (= flat tyre) crevaison f, pneu m crevé
⑤ (Racing) ◆ **the flat** ⇒ **flat racing, flat season** ◆ **on the flat** sur le plat

**COMP** **flat bed** [of lorry] plateau m
**flat-bed lorry** N camion m à plateau
**flat-bed scanner** N scanner m à plat
**flat-bottomed boat** N bateau m à fond plat
**flat cap** N (Brit) casquette f
**flat car** N (US) [of train] wagon m plat
**flat-chested** ADJ ◆ **she is flat-chested** elle est plate, elle n'a pas de poitrine
**flat feet** NPL ◆ **to have flat feet** avoir les pieds plats
**flat-iron** N fer m à repasser
**fiat-out*** (US) ADJ complet, absolu ADV complètement
**flat pack** N meuble m en kit ◆ **it arrives as a flat pack** c'est livré en kit
**flat-pack** ADJ en kit
**flat race** N course f de plat
**flat racing** N course f de plat
**flat rate amount** N (Fin, Jur) montant m forfaitaire
**flat screen** N (TV) écran m plat
**flat season** N (Racing) saison f des courses de plat
**flat silver** N (US) couverts mpl en argent
**flat top** N (= haircut) coupe f en brosse

**flat²** /flæt/ SYN
**N** (Brit) appartement m
**COMP** **flat-hunting** N ◆ **to go flat-hunting** chercher un appartement

**flatboat** /ˈflætbəʊt/ N barge f

**flatfish** /ˈflætfɪʃ/ N (pl **flatfish** or **flatfishes**) poisson m plat

**flatfoot** /ˈflætfʊt/ N (pl -**foots** or -**feet**) (US = policeman) flic* m

**flatfooted** /ˌflætˈfʊtɪd/
**ADJ** (lit) aux pieds plats ; (* fig = tactless) [person, approach] maladroit
**ADV** (= wholeheartedly) tout de go * ◆ **to catch sb flatfooted*** prendre qn par surprise

**flatlet** /ˈflætlɪt/ N (Brit) studio m

**flatly** /ˈflætlɪ/ SYN ADV ① (= firmly) [refuse, deny, reject] catégoriquement ◆ **to be flatly against sth** être catégoriquement contre qch ◆ **to be flatly opposed to sth** être catégoriquement opposé à qch
② (= unemotionally) [say, state] avec impassibilité
③ (= absolutely) ◆ **to be flatly inconsistent with sth** être absolument incompatible avec qch

**flatmate** /ˈflætmeɪt/ N ◆ **my flatmate** la personne avec qui je partage l'appartement ; (both renting) mon colocataire, ma colocataire

**flatness** /ˈflætnɪs/ SYN N ① [of countryside, surface] manque m de relief, aspect m plat ; [of curve] aplatissement m
② [of refusal] netteté f
③ (= dullness) monotonie f

**flatten** /ˈflætn/ SYN VT ① (= make less bumpy) [+ path, road] aplanir ; [+ metal] aplatir
② (= destroy) [wind, storm] [+ crops] coucher, écraser ; [+ tree] abattre ; [bombing, earthquake] [+ town, building] raser ; (* = knock over) [+ person] étendre* ◆ **to flatten o.s. against** s'aplatir or se plaquer contre
③ (* = defeat) écraser*
④ (Mus) [+ tone, pitch, note] bémoliser
⑤ [+ battery] mettre à plat

▸ **flatten out**
**VI** [countryside, road] s'aplanir ; [aircraft] se redresser ; [curve] s'aplatir
**VT SEP** [+ path] aplanir ; [+ metal] aplatir ; [+ map, newspaper] ouvrir à plat

**flatter** /ˈflætər/ SYN VT (all senses) flatter ◆ **he flatters himself he's a good musician** il se flatte d'être bon musicien ◆ **I was flattered to be invited** j'étais flatté d'avoir été invité ◆ **you flatter yourself!** tu te flattes !

**flatterer** /ˈflætərər/ N flatteur m, -euse f, flagorneur m, -euse f (pej)

**flattering** /ˈflætərɪŋ/ SYN ADJ ① [person, remark, behaviour] flatteur (to sb pour qn) ◆ **they listened to him with a flattering interest** ils l'ont écouté avec un intérêt flatteur ◆ **to be flattering about sb** parler de qn en termes flatteurs
② [clothes, colour] flatteur ◆ **it wasn't a very flattering photo (of him)** ce n'était pas une photo qui l'avantageait beaucoup ◆ **lighter shades are more flattering to your complexion** les tons clairs sont plus flatteurs pour votre teint or conviennent mieux à votre teint

**flatteringly** /ˈflætərɪŋlɪ/ ADV flatteusement

**flattery** /ˈflætərɪ/ SYN N flatterie f ◆ **flattery will get you nowhere/everywhere** (hum) la flatterie ne mène à rien/mène à tout

**flatties*** /ˈflætɪz/ NPL chaussures fpl basses or à talon plat

**flattop*** /ˈflættɒp/ N (US) porte-avions m

**flatulence** /ˈflætjʊləns/ N flatulence f

**flatulent** /ˈflætjʊlənt/ ADJ flatulent

**flatware** /ˈflætwɛər/ N (US) (= plates) plats mpl et assiettes fpl ; (= cutlery) couverts mpl

**flatworm** /ˈflætwɜːm/ N plathelminthe m, ver m plat

**flaunt** /flɔːnt/ VT [+ wealth] étaler, afficher ; [+ jewels] faire étalage de ; [+ knowledge] faire étalage or parade de ; [+ boyfriend etc] afficher ◆ **she flaunted her femininity at him** elle lui jetait sa féminité à la tête ◆ **to flaunt o.s.** s'exhiber

**flautist** /ˈflɔːtɪst/ N (esp Brit) flûtiste mf

**flavescent** /fləˈvesnt/ ADJ flavescent

**flavin(e)** /ˈfleɪvɪn/ N flavine f

**flavone** /ˈfleɪvəʊn/ N flavone f

**flavour, flavor** (US) /ˈfleɪvər/ SYN
**N** goût m, saveur f ; [of ice cream, sweet, yoghurt, jelly] parfum m ; (in processed foods) arôme m ◆ **with a rum flavour** (parfumé) au rhum ◆ **a slight flavour of irony** une légère pointe d'ironie ◆ **the film gives the flavour of Paris in the twenties** le film rend bien l'atmosphère du Paris des années vingt ◆ **to be (the) flavour of the month** être la coqueluche du moment
**VT** (with fruit, spirits) parfumer (with à) ; (with herbs, spices) aromatiser, assaisonner ◆ **to flavour a sauce with garlic** relever une sauce avec de l'ail ◆ **pineapple-flavoured** (parfumé) à l'ananas
**COMP** **flavour enhancer** N agent m de sapidité, exhausteur m de goût or de saveur

**flavourful, flavorful** (US) /ˈfleɪvəfəl/ ADJ goûteux

**flavouring, flavoring** (US) /ˈfleɪvərɪŋ/ SYN N (in cake, yoghurt, ice cream) parfum m ◆ **vanilla flavouring** parfum m vanille

**flavourless, flavorless** (US) /ˈfleɪvəlɪs/ ADJ insipide, sans saveur

**flavoursome** /ˈfleɪvəsəm/ ADJ (US) goûteux

**flaw** /flɔː/ SYN
**N** (in character) défaut m, imperfection f ; (in argument, reasoning) faille f ; (in wood) défaut m, imperfection f ; (in gemstone, marble) défaut m, crapaud m ; (Jur: in contract, procedure) vice m de forme ; (= obstacle) problème m ◆ **everything seems to be working out, but there's just one flaw** tout semble s'arranger, il n'y a qu'un problème
**VT** ◆ **the plan was flawed by its dependence on the actions of others** le plan avait un point faible : il dépendait des actions des autres ◆ **his career was flawed by this incident** cet incident a nui à sa carrière ◆ **the elections were flawed by widespread irregularities** les élec-

tions ont été entachées de très nombreuses irrégularités ◆ **the team's performance was seriously flawed by their inexperience** le manque d'expérience de l'équipe a sérieusement nui à ses résultats

**flawed** /flɔːd/ SYN ADJ [person, character] imparfait ; [object, argument, reasoning, plot] défectueux

**flawless** /ˈflɔːlɪs/ SYN ADJ parfait, sans défaut ◆ **he spoke flawless English** il parlait un anglais impeccable, il parlait parfaitement l'anglais

**flax** /flæks/ N lin m

**flaxen** /ˈflæksən/ ADJ [hair] (blond) filasse inv, de lin (liter) ; [fabric] de lin ◆ **flaxen-haired** aux cheveux (blond) filasse, aux cheveux de lin (liter)

**flay** /fleɪ/ VT ① (= beat) [+ person, animal] fouetter, rosser ; (= criticize) éreinter ◆ **if I catch you, I'll flay you alive** si je t'attrape, je t'étripe
② [+ animal] (= skin) écorcher

**flea** /fliː/
N puce f ◆ **to send sb away** or **off with a flea in his ear**\* envoyer promener\* qn, envoyer qn sur les roses \* ; → **sand**
COMP **flea collar** N [of dog, cat] collier m anti-puces
**flea market** N marché m aux puces
**flea-pit**‡ N (Brit = cinema) ciné\* m miteux
**flea powder** N poudre f anti-puces
**flea-ridden** ADJ (lit) [person, animal] couvert de puces ; [place] infesté de puces ; (fig) miteux

**fleabag**‡ /ˈfliːbæɡ/ N (Brit = person) sac m à puces\* ; (US = hotel) hôtel m minable

**fleabite** /ˈfliːbaɪt/ N (lit) piqûre f de puce ; (fig) vétille f, broutille f

**fleabitten** /ˈfliːˌbɪtn/ ADJ (lit) infesté de puces ; (fig) miteux

**fleck** /flek/
N [of colour] moucheture f ; [of foam] flocon m ; [of blood, light] petite tache f ; [of dust] particule f
VT tacheter, moucheter ◆ **dress flecked with mud** robe f éclaboussée de boue ◆ **blue flecked with white** bleu moucheté de blanc ◆ **sky flecked with little clouds** ciel m pommelé ◆ **hair flecked with grey** cheveux mpl qui commencent à grisonner

**fled** /fled/ VB pt, ptp of **flee**

**fledged** /fledʒd/ ADJ → **fully**

**fledg(e)ling** /ˈfledʒlɪŋ/
N ① (= bird) oisillon m, oiselet m
② (fig = novice) novice mf, débutant(e) m(f)
COMP [industry, democracy] jeune ; [dancer, writer, poet] débutant

**flee** /fliː/ SYN (pret, ptp **fled**)
VI fuir (before doing), s'enfuir (from de) ◆ **they fled** ils ont fui, ils se sont enfuis ◆ **they fled to Britain/to their parents'** ils se sont enfuis en Grande-Bretagne/chez leurs parents ◆ **I fled when I heard she was expected** je me suis sauvé or j'ai pris la fuite lorsque j'ai appris qu'elle devait venir ◆ **to flee from temptation** fuir la tentation
VT [+ town, country] s'enfuir de ; [+ famine, war, temptation, danger] fuir

**fleece** /fliːs/ SYN
N ① [of sheep] toison f ; → **golden**
② (= garment) (laine f) polaire f
VT ① (= rob) voler ; (= swindle) escroquer, filouter ; (= overcharge) estamper\*
② [+ sheep] tondre
COMP **fleece-lined** ADJ doublé de mouton

**fleecy** /ˈfliːsɪ/ ADJ [blanket, lining] laineux ; [jacket] en laine polaire ; [cloud] floconneux

**fleet¹** /fliːt/ SYN
N [of ships] flotte f ; [of cars, buses, lorries] parc m ; → **admiral, fishing**
COMP **fleet admiral** N (US) amiral m
**Fleet Air Arm** N (Brit) aéronavale f
**fleet chief petty officer** N (Brit) major m

**fleet²** /fliːt/ ADJ (also **fleet-footed, fleet of foot**) rapide, au pied léger

**fleeting** /ˈfliːtɪŋ/ SYN ADJ [smile, glance, thought] fugitif ; [memory] fugace ◆ **a fleeting visit** une visite en coup de vent ◆ **to catch** or **get a fleeting glimpse of sb/sth** entrapercevoir qn/qch ◆ **to make a fleeting appearance** faire une brève apparition ◆ **for a fleeting moment** l'espace d'un instant ◆ **the fleeting years** (liter) les années fpl qui fuient

**fleetingly** /ˈfliːtɪŋlɪ/ ADV [think, wonder] un bref ou court instant ; [see, appear] fugitivement ◆ **to smile fleetingly at sb** adresser un sourire fugitif à qn

**Fleet Street** /ˈfliːtˌstriːt/ N (Brit) les milieux de la presse londonienne

**Fleming** /ˈflemɪŋ/ N Flamand(e) m(f)

**Flemish** /ˈflemɪʃ/
ADJ flamand
N (= language) flamand m
NPL **the Flemish** les Flamands mpl

**flesh** /fleʃ/
N ① [of person, animal] chair f ; [of fruit, vegetable] chair f, pulpe f ◆ **to put on flesh** [animal] engraisser ◆ **to make sb's flesh creep** or **crawl** donner la chair de poule à qn ◆ **creatures of flesh and blood** êtres mpl de chair et de sang ◆ **I'm only flesh and blood** je ne suis qu'un homme (or qu'une femme) comme les autres ◆ **my own flesh and blood** la chair de ma chair ◆ **it is more than flesh and blood can stand** c'est plus que la nature humaine ne peut endurer ◆ **in the flesh** en chair et en os, en personne ◆ **to put flesh on the bare bones of a proposal** étoffer une proposition ; → **pound¹**
② (Rel liter) ◆ **he's gone the way of all flesh** (= died) il a payé son tribut à la nature † ◆ **the sins of the flesh** les péchés mpl de la chair ◆ **the flesh is weak** la chair est faible
COMP **flesh colour** N couleur f chair ; (Art) carnation f
**flesh-coloured** ADJ (couleur f) chair inv
**flesh tints** NPL (Art) carnations fpl
**flesh wound** N blessure f superficielle

▸ **flesh out** VT SEP (fig) [+ essay, speech] étoffer ; [+ idea, proposal, agreement] développer ◆ **to flesh out the details of an agreement** développer les différents points d'un accord ◆ **the author needs to flesh out his characters more** il faut que l'auteur étoffe davantage ses personnages

**fleshly** /ˈfleʃlɪ/ ADJ (liter) [creature, love] charnel ; [pleasures] charnel, de la chair

**fleshpots** /ˈfleʃpɒts/ NPL lieux mpl de plaisir

**fleshy** /ˈfleʃɪ/ ADJ [face] rebondi, joufflu ; [cheeks] rebondi ; [nose, fruit, leaf] charnu ; [person] grassouillet

**flew** /fluː/ VB pt of **fly³**

**flex** /fleks/ SYN
VT [+ body, knees] fléchir, ployer (pour assouplir) ◆ **to flex one's muscles** (lit) faire jouer ses muscles, bander (liter) ses muscles ; (fig) faire étalage de sa force
N (Brit) [of lamp, iron] fil m (souple) ; [of telephone] cordon m ; (heavy duty) câble m

**flex-fuel** /ˈfleksfjʊəl/ ADJ multicarburant

**flexi**\* /ˈfleksɪ/ N ⇒ **flexitime**

**flexibility** /ˌfleksɪˈbɪlɪtɪ/ SYN N [of material, person, attitude, approach] souplesse f, flexibilité f ; [of body] souplesse f ; [of working hours, system] flexibilité f ; [of machine, device] flexibilité f, souplesse f d'emploi

**flexible** /ˈfleksəbl/ SYN
ADJ ① [object, material] flexible, souple ; [person, limbs, joints, body] souple
② (fig) [person, approach, system, plans] flexible, souple ; [working hours, budget] flexible ◆ **I'm flexible** (fig) je peux toujours m'arranger ◆ **to be flexible in one's approach** faire preuve de souplesse
COMP **flexible response** N (Mil) riposte f graduée

**flexibly** /ˈfleksəblɪ/ ADV [respond, adapt, apply] avec souplesse ; [work] avec flexibilité ◆ **to interpret a rule flexibly** interpréter une règle avec une certaine souplesse

**flexicurity** /ˌfleksɪˈkjʊərɪtɪ/ N flexsécurité f

**flexion** /ˈflekʃən/ N flexion f, courbure f

**flexitime** /ˈfleksɪˌtaɪm/ N (esp Brit) horaire m flexible or à la carte ◆ **to work flexitime** avoir un horaire flexible or à la carte ◆ **we work 35 hours' flexitime a week** on travaille 35 heures hebdomadaires en horaire flexible

**flexography** /flekˈsɒɡrəfɪ/ N (= process) flexographie f

**flexor** /ˈfleksər/ ADJ, N fléchisseur m

**flibbertigibbet**\* /ˈflɪbətɪˌdʒɪbɪt/ N tête f de linotte, étourdi(e) m(f)

**flick** /flɪk/ SYN
N ① [of tail, duster] petit coup m ; (with finger) chiquenaude f, pichenette f ; (with wrist) petit mouvement m (rapide) ◆ **at the flick of a switch** rien qu'en appuyant sur un bouton ◆ **let's have a quick flick through your holiday snaps** jetons un petit coup d'œil à tes photos de vacances
② (Brit\* = film) film m ◆ **the flicks** le ciné\*, le cinoche\*‡
VT donner un petit coup à ◆ **he flicked the horse lightly with the reins** il a donné au cheval un (tout) petit coup avec les rênes ◆ **I'll just flick a duster round the sitting room** je vais passer un petit coup de chiffon dans le salon ◆ **to flick a ball of paper at sb** envoyer d'une chiquenaude une boulette de papier à qn ◆ **he flicked his cigarette ash into the ashtray** il a fait tomber la cendre de sa cigarette dans le cendrier
COMP **flick knife** N (pl **flick knives**) (Brit) (couteau m à) cran m d'arrêt

▸ **flick off** VT SEP [+ dust, ash] enlever d'une chiquenaude

▸ **flick out** VI, VT SEP ◆ **the snake's tongue flicked out**, **the snake flicked its tongue out** le serpent a dardé sa langue

▸ **flick over** VT SEP [+ pages of book] feuilleter, tourner rapidement

▸ **flick through** VT FUS [+ pages of book, document] feuilleter, lire en diagonale ◆ **to flick through the TV channels** zapper

**flicker** /ˈflɪkər/ SYN
VI [flames, light] danser ; (before going out) trembloter, vaciller ; [needle on dial] osciller ; [eyelids] ciller ◆ **the snake's tongue flickered in and out** le serpent a dardé sa langue
N [of flames, light] danse f ; (before going out) vacillement m ◆ **without a flicker** (fig) sans sourciller or broncher ◆ **a flicker of hope** une lueur d'espoir ◆ **a flicker of doubt** l'ombre f d'un doute ◆ **a flicker of annoyance** un geste d'humeur ◆ **without a flicker of a smile** sans l'ombre d'un sourire
VT ◆ **to flicker one's eyelids** battre des cils

**flickering** /ˈflɪkərɪŋ/ SYN ADJ (gen) tremblant ; [flames] dansant ; (before going out) vacillant ; [needle] oscillant

**flickertail** /ˈflɪkəˌteɪl/
N (US) spermophile m d'Amérique du Nord
COMP **the Flickertail State** N le Dakota du Nord

**flier** /ˈflaɪər/ N ① (= aviator) aviateur m, -trice f ◆ **to be a good flier** [passenger] supporter (bien) l'avion ◆ **to be a bad flier** ne pas supporter or mal supporter l'avion ; → **high**
② (US) (= fast train) rapide m ; (= fast coach) car m express
③ ◆ **to take a flier** (= leap) sauter avec élan ; (US \* fig = take a risk) foncer tête baissée
④ (Stock Exchange) (folle) aventure f
⑤ (= handbill) prospectus m

**flight¹** /flaɪt/ SYN
N ① (NonC = action, course) [of bird, insect, plane] vol m ; [of ball, bullet] trajectoire f ◆ **the principles of flight** les rudiments mpl du vol or de la navigation aérienne ◆ **in flight** en plein vol ◆ **the Flight of the Bumblebee** (Mus) le Vol du bourdon
② (= plane trip) vol m ◆ **flight number 776 from/to Madrid** le vol numéro 776 en provenance/à destination de Madrid ◆ **did you have a good flight?** le vol s'est bien passé ?, vous avez fait (un) bon voyage ?
③ (fig) ◆ **a flight of fancy** (= harebrained idea) une idée folle ; (= figment of imagination) une pure invention ◆ **to indulge** or **engage in a flight of fancy** avoir des idées folles ◆ **in my wildest flights of fancy** dans mes rêves les plus fous ; → **reconnaissance, test**
④ (= group) [of birds] vol m, volée f ; [of planes] escadrille f ◆ **in the first** or **top flight of scientists/novelists** parmi les scientifiques/les romanciers les plus marquants ◆ **a firm in the top flight** une entreprise prestigieuse
⑤ ◆ **flight of stairs** escalier m, volée f d'escalier ◆ **we had to climb three flights to get to his room** nous avons dû monter trois étages pour arriver à sa chambre ◆ **he lives three flights up** il habite au troisième ◆ **flight of hurdles** série f de haies ◆ **flight of terraces** escalier m de terrasses
COMP **flight attendant** N steward m/hôtesse f de l'air, agent m de bord
**flight bag** N (petit) sac m de voyage, bagage m à main
**flight box** N enregistreur m de vol
**flight control** N (on ground) contrôle m aérien ; (in aircraft) commande f de vol
**flight crew** N équipage m

**flight data recorder** N enregistreur m de données de vol
**flight deck** N [of plane] poste m or cabine f de pilotage ; [of aircraft carrier] pont m d'envol
**flight engineer** N mécanicien m de bord
**flight lieutenant** N (Brit) capitaine m (de l'armée de l'air)
**flight log** N suivi m de vol
**flight path** N trajectoire f (de vol)
**flight plan** N plan m de vol
**flight recorder** N enregistreur m de vol
**flight sergeant** N (Brit) ≈ sergent-chef m (de l'armée de l'air)
**flight simulator** N simulateur m de vol
**flight-test** VT essayer en vol

**flight²** /flaɪt/ SYN
**N** (NonC = act of fleeing) fuite f ◆ **to put to flight** mettre en fuite ◆ **to take (to) flight** prendre la fuite, s'enfuir ◆ **the flight of capital abroad** la fuite or l'exode m des capitaux à l'étranger
COMP
**flight capital** N capitaux mpl en fuite

**flightless** /'flaɪtlɪs/ ADJ incapable de voler ◆ **flightless bird** ratite m, oiseau m coureur

**flighty** /'flaɪtɪ/ ADJ (gen) frivole ; (in love) volage, inconstant

**flimflam*** /'flɪmflæm/ (US)
**N** (= nonsense) balivernes fpl, blague* f
**ADJ** ◆ **a flimflam man** or **artist** un filou, un escroc
**VT** (= swindle) rouler*, blouser*

**flimsily** /'flɪmzɪlɪ/ ADV ◆ **flimsily built** or **constructed** (d'une construction) peu solide ◆ **his thesis was flimsily argued** sa thèse était assez faiblement étayée

**flimsiness** /'flɪmzɪnɪs/ N [of dress] finesse f ; [of house] caractère m peu solide ; [of paper] minceur f ; [of excuse, reasoning] faiblesse f, futilité f

**flimsy** /'flɪmzɪ/ SYN
**ADJ** ① (= fragile) [object, structure, construction] peu solide ; [fabric] peu résistant
② (= thin) [fabric] léger, mince ; [garment] léger, fin ; [paper] mince
③ (= feeble) [evidence] peu convaincant ; [excuse] piètre ; [grounds] peu solide
**N** (Brit = type of paper) papier m pelure inv

**flinch** /flɪntʃ/ SYN VI broncher, tressaillir ◆ **to flinch from a task** reculer devant une tâche ◆ **he didn't flinch from warning her** il ne s'est pas dérobé au devoir de la prévenir ◆ **without flinching** sans sourciller or broncher

**fling** /flɪŋ/ SYN (vb: pret, ptp **flung**)
**N** * ① (= spree) ◆ **to go on a fling** aller faire la noce or la foire* ; (in shops) faire des folies ◆ **youth must have its fling** il faut que jeunesse se passe (Prov) ◆ **to have a last** or **final fling** (= do sth foolish) faire une dernière folie ; [sportsman etc] faire un dernier exploit ◆ **to have a final fling at beating one's opponent/winning the championship** tenter une dernière fois de battre son adversaire/de remporter le championnat ; → **highland**
② (= affair) aventure f ◆ **he had a brief fling with my sister** il a eu une brève aventure avec ma sœur
**VT** [+ object, stone] jeter, lancer (at sb à qn ; at sth sur qch) ; [+ remark, insult] lancer (at sb à qn) ◆ **he flung his opponent to the ground** il a jeté son adversaire à terre ◆ **to fling sb into jail** jeter or flanquer* qn en prison ◆ **to fling the window open** ouvrir toute grande la fenêtre ◆ **the door was flung open** la porte s'est ouverte brusquement ◆ **to fling one's arms round sb** or **sb's neck** sauter or se jeter au cou de qn ◆ **to fling a coat over one's shoulders** jeter un manteau sur ses épaules ◆ **to fling one's coat on/off** enfiler/enlever son manteau d'un geste brusque ◆ **to fling an accusation at sb** lancer une accusation contre qn ◆ **to fling o.s. off a bridge/under a train** se jeter d'un pont/sous un train ◆ **to fling o.s. to the ground/to one's knees** se jeter à terre/à genoux ◆ **to fling o.s. into a job/a hobby** se jeter or se lancer à corps perdu dans un travail/une activité ◆ **she flung herself*** **at him** elle s'est jetée à sa tête ◆ **she flung herself onto the sofa** elle s'est affalée sur le canapé

▶ **fling away** VT SEP [+ unwanted object] jeter, ficher en l'air* ; (fig) [+ money] gaspiller, jeter par les fenêtres

▶ **fling back** VT SEP [+ ball etc] renvoyer ; [+ one's head] rejeter en arrière ; [+ curtains] ouvrir brusquement

▶ **fling off** VT SEP (fig liter) se débarrasser de

▶ **fling out** VT SEP [+ person] flanquer* or mettre à la porte ; [+ unwanted object] jeter, ficher en l'air*

▶ **fling up** VT SEP jeter en l'air ◆ **to fling one's arms up in exasperation** lever les bras en l'air or au ciel en signe d'exaspération

**flint** /flɪnt/
**N** (gen) silex m ; (for cigarette lighter) pierre f (à briquet) ; → **clay**
COMP [axe] de silex
**flint glass** N flint(-glass) m

**flintlock** /'flɪntlɒk/ N fusil m à silex

**flinty** /'flɪntɪ/ ADJ ① (Geol) [soil, ground, rocks] siliceux
② (= cruel) [person] dur, insensible ; [heart] de pierre ; [eyes, look] dur

**flip** /flɪp/ SYN
**N** ① chiquenaude f, petit coup m ◆ **to decide/win sth on the flip of a coin** décider/gagner qch en tirant à pile ou face
② (Flying *) petit tour m en zinc*
**VT** donner un petit coup à, donner une chiquenaude à ; (US) [+ pancake] faire sauter ◆ **to flip a coin** tirer à pile ou face ◆ **to flip a book open** ouvrir un livre d'une chiquenaude or d'une pichenette ◆ **to flip one's lid***, **to flip one's wig*** or (US) **one's top*** éclater, exploser (fig)
**VI** (*: also **flip out**) (angrily) piquer une crise* (over à cause de) ; (ecstatically) devenir dingue* (over de)
**ADJ** [remark, repartee] désinvolte
EXCL * zut ! *
COMP **flip-flop** → **flip-flop**
**flip side** N [of record] autre face f, face f B ; (fig) envers m
**flip-top bin** N poubelle f à couvercle pivotant

▶ **flip out** VI → **flip** VI

▶ **flip over** VT SEP [+ stone] retourner d'un coup léger ; [+ pages] feuilleter

▶ **flip through** VT FUS [+ book] feuilleter

**flipboard** /'flɪpbɔːd/, **flipchart** /'flɪptʃɑːt/ N tableau m de conférence

**flip-flop** /'flɪpflɒp/
**N** ① (Comput) bascule f (bistable)
② (esp US fig = change of opinion) volte-face f
NPL **flip-flops** (= sandals) tongs fpl
**VI** (US fig) faire volte-face

**flippancy** /'flɪpənsɪ/ SYN N [of attitude] désinvolture f ; [of speech, remark] irrévérence f, légèreté f

**flippant** /'flɪpənt/ SYN ADJ [person, remark] désinvolte ◆ **to sound flippant** sembler désinvolte

**flippantly** /'flɪpəntlɪ/ ADV avec désinvolture, irrévérencieusement, cavalièrement

**flipper** /'flɪpəʳ/ N [of seal, whale, penguin] nageoire f ◆ **flippers** (of swimmer) palmes fpl

**flipping** /'flɪpɪŋ/
**ADJ** (Brit) fichu * before n, maudit before n
**ADV** (Brit) [rude, stupid, cold] drôlement* ◆ **it's flipping impossible!** c'est vraiment impossible ! ◆ **flipping heck!**, **flipping hell!** zut !

**flirt** /flɜːt/ SYN
**VI** flirter (with avec) ◆ **to flirt with danger** flirter avec le danger ◆ **to flirt with an idea** caresser une idée
**N** ◆ **he's a flirt** c'est un dragueur, il aime flirter

**flirtation** /flɜːˈteɪʃən/ SYN N flirt m, amourette f

**flirtatious** /flɜːˈteɪʃəs/ SYN ADJ qui aime flirter, flirteur †

**flirtatiously** /flɜːˈteɪʃəslɪ/ ADV en flirtant

**flirty*** /'flɜːtɪ/ ADJ [person, behaviour] dragueur ; [clothes] sexy inv

**flit** /flɪt/
**VI** ① [bats, butterflies] voleter, voltiger ◆ **the idea flitted through his head** l'idée lui a traversé l'esprit
② [person] ◆ **to flit in/out** etc (Brit : lightly) entrer/sortir etc avec légèreté ; (US : affectedly) entrer/sortir etc en minaudant ◆ **to flit about** (Brit) se déplacer avec légèreté ; (US) marcher à petits pas maniérés
③ (Brit = move house stealthily) déménager à la cloche de bois ; (N Engl, Scot = move house) déménager
**N** ① (N Engl, Scot = house move) déménagement m ◆ **to do a (moonlight) flit** (Brit) déménager à la cloche de bois
② (US *: = homosexual) pédale* f, tapette* f

**flitch** /flɪtʃ/ N flèche f (de lard)

**flitting** /'flɪtɪŋ/ N (N Engl, Scot) déménagement m

**flivver*** /'flɪvəʳ/ N (US) tacot* m, guimbarde* f

**float** /fləʊt/ SYN
**N** ① (Fishing, Plumbing) flotteur m, flotte f ; (of cork) bouchon m ; (of seaplane) flotteur m
② (= vehicle in a parade) char m ; → **milk**
③ (also **cash float**) fonds m de caisse
④ (esp US = drink) milk-shake ou soda contenant une boule de glace
**VI** (on water, in air) flotter ; [ship] être à flot ; [swimmer] faire la planche ; (Fin) [currency] flotter ◆ **the raft floated down the river** le radeau a descendu la rivière ◆ **to float back up to the surface** remonter à la surface (de l'eau) ◆ **the balloon floated up into the sky** le ballon s'est envolé dans le ciel ◆ **music floated through the air** une musique flottait dans l'air ◆ **the idea floated into his mind** l'idée lui a traversé l'esprit
**VT** ① [+ boat] faire flotter, mettre à flot or sur l'eau ; (= refloat) remettre à flot or sur l'eau ; [+ wood etc] faire flotter ◆ **to float logs downstream** faire flotter des rondins au fil de l'eau ◆ **it doesn't float my boat** ça ne me branche pas*
② [+ idea, project, plan] lancer
③ (Fin) [+ currency] laisser flotter ; [+ company] fonder, créer ◆ **to float a share issue** émettre des actions ◆ **to float a loan** lancer or émettre un emprunt
COMP **float plane** N (US) hydravion m
**float glass** N glace f flottée, float-glass m

▶ **float around*** VI [rumour, news] circuler, courir ◆ **have you seen my glasses floating around anywhere?** as-tu vu mes lunettes quelque part ?

▶ **float away** VI dériver, partir à la dérive

▶ **float off**
**VI** [wreck] se renflouer, se déséchouer
**VT SEP** [+ wreck] renflouer, remettre à flot

▶ **float round*** VI → **float around**

**floatation** /fləʊˈteɪʃən/ N ⇒ **flotation**

**floating** /'fləʊtɪŋ/ SYN
**ADJ** [leaves, debris etc] flottant ; [population] fluctuant
**N** ① [of boat] mise f en flottement
② (Fin) [of loan] lancement m ; [of currency] flottement m, flottaison f
COMP **floating assets** NPL capitaux mpl circulants
**floating currency** N devise f flottante
**floating currency rate** N taux m de change flottant
**floating debt** N dette f à court terme or flottante
**floating decimal (point)** N virgule f flottante
**floating dock** N (for ships) dock m flottant
**floating exchange** N (Fin) change m flottant
**floating point representation** N (Comput) notation f en virgule flottante
**floating restaurant** N restaurant m flottant
**floating rib** N (Anat) côte f flottante
**floating vote** N (Brit Pol) vote m flottant
**floating voter** N (Brit Pol) électeur m, -trice f indécis(e)

**flob*** /flɒb/ VI (Brit) cracher

**flocculate** /'flɒkjʊleɪt/ VI floculer

**flocculation** /ˌflɒkjʊˈleɪʃən/ N floculation f

**flocculent** /'flɒkjʊlənt/ ADJ floconneux

**flock¹** /flɒk/ SYN
**N** [of sheep, geese] troupeau m ; [of birds] vol m, volée f ; [of people] foule f, troupeau m (pej) ; (Rel) ouailles fpl ◆ **they came in flocks** ils sont venus en masse
**VI** aller or venir en masse, affluer ◆ **to flock in/out** etc entrer/sortir etc en foule ◆ **to flock together** s'assembler ◆ **to flock round sb** s'attrouper or s'assembler autour de qn

**flock²** /flɒk/
**N** (NonC) [of wool] bourre f de laine ; [of cotton] bourre f de coton
COMP **flock (wall)paper** N papier m velouté or tontisse

**floe** /fləʊ/ N banquise f, glaces fpl flottantes

**flog** /flɒɡ/ SYN VT ① flageller, fustiger ◆ **to flog o.s. to death** or **into the ground** se tuer au travail ◆ **to flog an idea to death*** or **into the ground** rabâcher une idée ; → **dead**
② (Brit = sell) fourguer* ◆ **how much did you flog it for?** tu en as tiré combien ?*

**flogging** /'flɒɡɪŋ/ SYN N flagellation f, fustigation f ; (Jur) fouet m (sanction)

**flong** /flɒŋ/ N (Typography) flan m

**flood** /flʌd/ SYN
- N 1 (gen) inondation f ; (also **flood tide**) marée f haute ◆ "**flood**" (notice on road) ≈ « attention route inondée » ◆ **the Flood** (Bible) le déluge ◆ **river in flood** rivière f en crue ◆ **floods of tears** un torrent or déluge de larmes ◆ **a flood of light** un flot de lumière ◆ **a flood of letters/protests** un déluge de lettres/de protestations ◆ **a flood of immigrants** un afflux massif d'immigrants
- 2 ⇒ **floodlight**
- VT 1 [+ fields, town] inonder, submerger ; (fig) inonder ◆ **he was flooded with letters/with applications** il a été inondé de lettres/de demandes ◆ **room flooded with light** pièce f inondée de lumière
- 2 [storm, rain] [+ river, stream] faire déborder ◆ **to flood the market** [suppliers, goods] inonder le marché (with de)
- 3 [+ carburettor] noyer
- VI [river] déborder, être en crue ◆ **people flooded into the square** la foule a envahi la place ◆ **refugees flooded across the border** les réfugiés ont franchi la frontière en masse, des flots de réfugiés ont franchi la frontière
- COMP **flood control** N prévention f des inondations
- **flood damage** N dégâts mpl des eaux
- **flood plain** N zone f inondable
- **flood tide** N marée f haute

▸ **flood back** VI [memories, worries] (also **come flooding back**) resurgir ◆ **it brought all the memories flooding back** cela a fait resurgir tous les souvenirs

▸ **flood in** VI [sunshine] entrer à flots ; [people] entrer en foule, affluer

▸ **flood out** VT SEP [+ house] inonder ◆ **the villagers were flooded out** les inondations ont forcé les villageois à évacuer leurs maisons

**floodgate** /'flʌdgeɪt/ N vanne f, porte f d'écluse ◆ **these changes would open the floodgates to...** ces changements seraient la porte ouverte à...

**flooding** /'flʌdɪŋ/ N inondation f

**floodlight** /'flʌdlaɪt/ (pret, ptp **floodlit**)
- VT [+ buildings] illuminer ; (Sport) [+ match] éclairer (aux projecteurs)
- N (= device) projecteur m ; (= light) lumière f (des projecteurs) ◆ **to play a match under floodlights** jouer un match en nocturne

**floodlighting** /'flʌdlaɪtɪŋ/ N [of building] illumination f ; [of match] éclairage m (aux projecteurs)

**floodlit** /'flʌdlɪt/ VB pt, ptp of **floodlight**

**floodwater(s)** /'flʌdwɔːtə(z)/ N(PL) eaux fpl de crue

**flooey** * /'fluːɪ/ ADJ ◆ **to go flooey** se détraquer *

**floor** /flɔːʳ/ SYN
- N 1 (gen) sol m ; (wooden) plancher m, parquet m ; (for dance) piste f (de danse) ; [of valley, ocean] fond m ; (fig) [of prices] plancher m ◆ **stone/tiled floor** sol m dallé/carrelé ◆ **put it on the floor** pose-le par terre or sur le sol ◆ **she was sitting on the floor** elle était assise par terre or sur le sol ◆ **to take to the floor** (= dance) aller sur la piste (de danse) ◆ **last year, sales went through the floor** l'année dernière les ventes ont chuté ◆ **property prices have dropped through the floor** les prix sur le marché immobilier se sont effondrés ; → **wipe**
- 2 (in public speaking) ◆ **a question from the floor of the house** une question de l'auditoire m or de l'assemblée f ◆ **to hold the floor** garder la parole ◆ **to take the floor** (= speak) prendre la parole ◆ **to cross the floor (of the House)** (Parl) ≈ s'inscrire à un parti opposé
- 3 (= storey) étage m ◆ **first floor** (Brit) premier étage m ; (US) rez-de-chaussée m ◆ **on the first floor** (Brit) au premier (étage) ; (in two-storey building) à l'étage ; (US) au rez-de-chaussée ◆ **he lives on the second floor** (Brit) il habite au deuxième étage or au second ; (US) il habite au premier (étage) ◆ **we live on the same floor** nous habitons au même étage or sur le même palier ; → **ground**¹
- 4 (Stock Exchange) enceinte f de la Bourse ◆ **on/off the floor** en/hors Bourse
- VT 1 faire le sol de ; (with wooden boards) plancheier, parqueter
- 2 (= knock down) [+ opponent] terrasser ; (Boxing) envoyer au tapis
- 3 (* = silence) réduire au silence ; (* = baffle, perplex) désorienter, dérouter ; (Sport = defeat) battre à plates coutures ◆ **this argument floored him** il n'a rien trouvé à répondre
- COMP **floor area** N [of flat, offices etc] surface f au sol
- **floor covering** N revêtement m de sol
- **floor exercises** NPL exercices mpl au sol
- **floor lamp** N (US) lampadaire m
- **floor leader** N (US Pol) chef m de file
- **floor manager** N (TV) régisseur m de plateau ; (in shop) chef m de rayon
- **floor plan** N (Archit) plan m de niveau
- **floor polish** N encaustique f, cire f
- **floor polisher** N (= tool) cireuse f
- **floor show** N attractions fpl, spectacle m de variétés (dans un restaurant, cabaret etc)
- **floor space** N (gen) place f (par terre) ; (in store, warehouse, trade fair) surface f au sol

**floorboard** /'flɔːbɔːd/ N planche f (de plancher), latte f

**floorcloth** /'flɔːklɒθ/ N serpillière f

**flooring** /'flɔːrɪŋ/ N (= floor) sol m ; (made of wood) plancher m, parquet m ; (tiled) carrelage m ; (= material) revêtement m (de sol)

**floorwalker** /'flɔːˌwɔːkəʳ/ N (US : in store) chef m de rayon

**floozy** * /'fluːzɪ/ N poule * f, pouffiasse * f

**flop** /flɒp/ SYN
- VI 1 (= drop) s'effondrer, s'affaler ◆ **he flopped down on the bed/in a chair** il s'est effondré or s'est affalé sur le lit/dans un fauteuil ◆ **his hair flopped over his left eye** ses cheveux lui tombaient sur l'œil gauche
- 2 (US * = sleep) roupiller *
- 3 (= fail) [play, film, record] faire un four or un flop ; [scheme etc] être un fiasco or un bide * ◆ **he flopped as Hamlet** son interprétation d'Hamlet a fait un four
- N (* = failure) [of business venture, scheme] fiasco m ◆ **the play was a flop** la pièce a été un four or un bide * ◆ **he was a terrible flop** il a lamentablement raté son coup

▸ **flop over** * (US) VI ◆ **to flop over to a new idea** adopter une nouvelle idée

**flophouse** * /'flɒphaʊs/ N (US) asile m de nuit

**flopover** * /'flɒpəʊvəʳ/ N (US TV) cascade f d'images

**floppy** /'flɒpɪ/
- ADJ [hat] à bords flottants ; [clothes] lâche, flottant ; [rabbit, dog ears] tombant
- N ⇒ **floppy disk**
- COMP **floppy disk** N (Comput) disquette f
- **floppy (disk) drive** N (Comput) lecteur m de disquettes

**flora** /'flɔːrə/ N (pl **floras** or **florae** /'flɔːriː/) flore f

**floral** /'flɔːrəl/ SYN
- ADJ [fabric, dress, wallpaper, curtains] fleuri, à fleurs ; [print] à fleurs ; [design] à fleurs, floral ; [fragrance, perfume] de fleurs ; [arrangement, display] floral ◆ **material with a floral pattern** étoffe f à motifs floraux
- COMP **floral tributes** NPL fleurs fpl et couronnes fpl

**Florence** /'flɒrəns/ N Florence

**Florentine** /'flɒrəntaɪn/ ADJ florentin

**florescence** /flɔː'resns/ N floraison f

**floret** /'flɒrɪt/ N (= small flower) fleuron m ◆ **cauliflower/broccoli florets** chou-fleur/brocoli en fleurettes

**floribunda** /ˌflɒrə'bʌndə/ N polyanta floribunda m

**floriculture** /'flɔːrɪkʌltʃəʳ/ N floriculture f

**florid** /'flɒrɪd/ SYN ADJ 1 (= ornate) [language, literary style, wallpaper, architecture] très chargé
- 2 (= ruddy) [person, face, complexion] rubicond, rougeaud

**Florida** /'flɒrɪdə/ N Floride f ◆ **in Florida** en Floride

**florin** /'flɒrɪn/ N florin m (ancienne pièce de deux shillings)

**florist** /'flɒrɪst/ N fleuriste mf ◆ **florist's shop** magasin m de fleurs, fleuriste m

**floss** /flɒs/
- N bourre f de soie ; (also **dental floss**) fil m dentaire ; → **candy**
- VTI ◆ **to floss (one's teeth)** utiliser du fil dentaire

**flossy** * /'flɒsɪ/ ADJ (US) ultrachic inv, d'un brillant superficiel

**flotation** /fləʊ'teɪʃən/
- N 1 (lit) [of boat] action f de flotter ; [of log] flottage m
- 2 (Fin) [of share, loan] lancement m ; [of company] constitution f, création f
- COMP **flotation collar** N (Space) flotteur m (de module lunaire)
- **flotation compartment** N caisse f de flottaison
- **flotation tank** N caisse f de flottaison

**flotilla** /flə'tɪlə/ N flottille f

**flotsam** /'flɒtsəm/ SYN N (NonC) épave f (flottante) ◆ **flotsam and jetsam** (lit) épaves fpl flottantes et rejetées ◆ **the flotsam and jetsam of our society** (fig) les laissés-pour-compte de notre société

**flounce** /flaʊns/
- VI ◆ **to flounce in/out** etc entrer/sortir etc dans un mouvement d'humeur (or d'indignation etc)
- N 1 (= gesture) geste m impatient, mouvement m vif
- 2 (= frill : on clothes, curtain) volant m

**flounced** /flaʊnst/ ADJ [skirt, dress] à volants

**flounder**¹ /'flaʊndəʳ/ N (pl **flounder** or **flounders**) (= fish) flet m

**flounder**² /'flaʊndəʳ/ SYN VI (= move with difficulty) patauger (péniblement) ; (violently) se débattre ◆ **we floundered along in the mud** nous avons poursuivi notre chemin en pataugeant dans la boue ◆ **I watched him floundering about in the water** je le regardais se débattre dans l'eau ◆ **he floundered through the rest of the speech** il a fini le discours en bredouillant ◆ **he floundered on in bad French** il continuait de baragouiner en mauvais français ◆ **his career was floundering** sa carrière traversait une mauvaise passe ◆ **the company/economy was floundering** la société/l'économie battait de l'aile

**flour** /'flaʊəʳ/
- N farine f
- VT fariner
- COMP **flour bin** N boîte f à farine
- **flour mill** N minoterie f
- **flour shaker** N saupoudreuse f (à farine)
- **flour sifter** N tamis m à farine

**flourish** /'flʌrɪʃ/ SYN
- VI [plant, animal] bien venir, se plaire ; [business, town, market] prospérer ; [person] s'épanouir ; [literature, the arts, painting] fleurir, être en plein essor ◆ **the children were all flourishing** les enfants étaient épanouis or en pleine forme ◆ **the local fox population was flourishing** les renards prospéraient or se multipliaient dans la région ◆ **racism and crime flourished in poor areas** le racisme et la criminalité se développaient dans les quartiers pauvres ◆ **drug traffickers continued to flourish** les trafiquants de drogue ont continué à prospérer or à faire des affaires
- VT [+ stick, book, object] brandir
- N (= curve, decoration) fioriture f, ornement m ; (in handwriting) fioriture f ; (under signature) parafe m or paraphe m ; (Mus) fioriture f ◆ **he took the lid off with a flourish** il a enlevé le couvercle avec un grand geste du bras

**flourishing** /'flʌrɪʃɪŋ/ SYN ADJ [business, economy, career] prospère, florissant ; [garden] florissant ; [plant, town] qui prospère ; [market] en expansion ; → **flourish**

**floury** /'flaʊərɪ/ ADJ [hands] enfariné ; [potatoes] farineux ; [loaf, dish] saupoudré de farine, fariné

**flout** /flaʊt/ SYN VT [+ orders, advice] faire fi de, passer outre à ; [+ conventions, society] mépriser, se moquer de

**flow** /fləʊ/ SYN
- VI 1 (= run) [river, blood from wound] couler ; [tide] monter, remonter ◆ **to flow back** refluer ◆ **to flow out of** [liquid] s'écouler de, sortir de ◆ **to flow past sth** passer devant qch ◆ **the river flows into the sea** le fleuve se jette dans la mer ◆ **the water flowed over the fields** l'eau s'est répandue dans les champs ◆ **tears were flowing down her cheeks** les larmes coulaient or ruisselaient sur ses joues
- 2 (= circulate) [electric current, blood in veins] circuler ◆ **traffic flowed freely** la circulation était fluide
- 3 (= move, stream) ◆ **to flow in** [people] affluer, entrer à flots ◆ **refugees continue to flow in from the war zone** les réfugiés continuent à affluer de la zone des conflits ◆ **the money**

**keeps flowing in** l'argent continue à rentrer ◆ **let the music flow over you** laissez la musique vous envahir, laissez-vous envahir par la musique ◆ **a surge of hatred flowed through my blood** j'ai soudain ressenti une bouffée de haine ; → **land**

4 (= abound) ◆ **the wine flowed all evening** le vin a coulé à flots toute la soirée ◆ **his words flowed readily** les mots lui venaient facilement

5 [dress, hair etc] flotter, ondoyer

6 (fig) ◆ **to flow from** (= result) découler de, résulter de

N 1 [of tide] flux m ; [of river] courant m ◆ **he stopped the flow of blood** il a arrêté l'écoulement m or l'épanchement m du sang ◆ **(menstrual) flow** flux m menstruel

2 (= circulation) [of electric current, blood in veins] circulation f ◆ **it hindered the flow of traffic** ça a ralenti la circulation

3 (fig = movement, flood) [of donations, orders, replies, words] flot m ◆ **the interruption in the flow of oil from Iran** l'arrêt de l'approvisionnement en pétrole iranien ◆ **the phone rang, interrupting the flow of conversation** le téléphone a sonné, interrompant le déroulement de la conversation ◆ **the flow of information** flux d'informations ◆ **to be in full flow** [speaker] être sur sa lancée ◆ **to go with the flow** suivre le mouvement ; → **ebb**

COMP **flow chart, flow diagram, flow sheet** N (gen) organigramme m ; (Comput) ordinogramme m ; (Admin, Ind) organigramme m, graphique m d'évolution

**flower** /ˈflaʊəʳ/ SYN

N 1 (lit) fleur f ◆ **in flower** en fleurs ◆ **hawthorn comes into flower in May** l'aubépine fleurit en mai ◆ **to say sth with flowers** dire qch avec des fleurs ◆ **"no flowers by request"** « ni fleurs ni couronnes »

2 (fig) [of group, generation] (fine) fleur f, élite f ◆ **the flower of the army** la (fine) fleur or l'élite f de l'armée ; → **bunch**

VI (lit, fig) fleurir

COMP **flower arrangement** N (= art) art m floral ; (= exhibit) composition f florale, arrangement m floral
**flower arranging** N art m floral
**flower bed** N platebande f, parterre m
**flower children** NPL ⇒ **flower people**
**flower garden** N jardin m d'agrément
**flower girl** N (= seller) marchande f de fleurs ; (at wedding) petite fille qui accompagne les demoiselles d'honneur
**flower head** N capitule m
**flower people** NPL (fig) hippies mpl, babas cool* mpl
**flower power** N flower power m
**flower seller** N marchand(e) m(f) de fleurs ambulant(e), bouquetière † f
**flower shop** N fleuriste m, magasin m de fleurs ◆ **at the flower shop** chez le fleuriste
**flower show** N floralies fpl ; (smaller) exposition f de fleurs

**flowered** /ˈflaʊəd/ ADJ [fabric, garment] à fleurs

**flowering** /ˈflaʊərɪŋ/ SYN

N (lit) floraison f ; (fig) floraison f, épanouissement m ◆ **the flowering of creative genius** l'épanouissement m du génie créateur

ADJ (= in flower) en fleurs ; (= which flowers) à fleurs

COMP **flowering ash** N frêne m à fleurs
**flowering shrub** N arbuste m à fleurs

**flowerpot** /ˈflaʊəpɒt/ N pot m de fleurs

**flowery** /ˈflaʊərɪ/ SYN ADJ 1 [fragrance, perfume] fleuri, de fleurs ; [fabric, dress, wallpaper] fleuri, à fleurs ; [meadow, field] fleuri, couvert de fleurs

2 (fig = elaborate) [speech, language] fleuri

**flowing** /ˈfləʊɪŋ/ SYN ADJ [water] qui coule ; [tide] montant ; [hair, beard, skirt] flottant ; [movement] fluide, plein d'aisance ; [style] coulant, fluide ◆ **the car's flowing lines** les lignes douces or fluides de la voiture ; → **fast¹**

**flown** /fləʊn/ VB (ptp of **fly**) → **high**

**fl. oz** (abbrev of **fluid ounce**) → **fluid**

**flu** /fluː/ N (abbrev of **influenza**) grippe f ; → **Asian**

**flub*** /flʌb/ (US)
VT louper*, rater*
VI rater*
N ratage* m, erreur f

**fluctuate** /ˈflʌktjʊeɪt/ SYN VI [prices, rate, temperature] varier, fluctuer ; [person, attitude] varier (between entre)

**fluctuation** /ˌflʌktjʊˈeɪʃən/ SYN N fluctuation f, variation f

**flue** /fluː/
N [of chimney] conduit m (de cheminée) ; [of stove] tuyau m (de poêle)
COMP **flue brush** N hérisson m (de ramoneur)
**flue gas** N gaz m de combustion

**fluency** /ˈfluːənsɪ/ SYN N (in speech) facilité f or aisance f (d'élocution) ; (in writing) facilité f, aisance f ◆ **his fluency in English** son aisance (à s'exprimer) en anglais

**fluent** /ˈfluːənt/ SYN ADJ 1 (in foreign language) ◆ **he is fluent in Italian, he speaks fluent Italian, his Italian is fluent** il parle couramment l'italien ◆ **to become fluent in German** acquérir une bonne maîtrise de l'allemand

2 (= eloquent) [style] coulant ; [talker, debater] éloquent ◆ **to be a fluent speaker** parler avec aisance ◆ **to be a fluent reader** lire avec facilité or aisance ◆ **to be a fluent writer** avoir la plume facile ◆ **she speaks in fluent sentences** [baby] elle fait des phrases

3 (= graceful) [movement] fluide, plein d'aisance

**fluently** /ˈfluːəntlɪ/ ADV [speak foreign language] couramment ; [speak, read, write, move, play] avec facilité, avec aisance

**fluey*** /ˈfluːɪ/ ADJ (Brit) ◆ **to feel fluey** se sentir grippé

**fluff** /flʌf/ SYN
N (NonC: on birds, young animals) duvet m ; (from material) peluche f ; (= dust on floors) mouton(s) m(pl) (de poussière) ◆ **a bit of fluff*** (fig = girl) une nénette*
VT 1 (also **fluff out**) [+ feathers] ébouriffer ; [+ pillows, hair] faire bouffer
2 (* = do badly) [+ audition, lines in play, exam] rater*, louper*

**fluffy** /ˈflʌfɪ/ ADJ 1 (= soft) [wool] doux (douce f) ; [slipper] molletonné ; [sweater, towel] pelucheux ; [hair] duveteux ; [kitten, rabbit] au pelage duveteux ; [cloud] floconneux ◆ **fluffy toy** (= soft toy) peluche f
2 (= light) [cake, rice, mashed potatoes] léger ; [egg, mixture] mousseux ; [omelette] soufflé

**fluid** /ˈfluːɪd/ SYN
ADJ [substance] liquide ; [shape] doux (douce f) ; [style] fluide, coulant ; [drawing, outline] fluide ; [movement] fluide, plein d'aisance ; [situation] fluide, fluctuant ; [plan] flou
N fluide m (also Chem), liquide m ◆ **he's on fluids only** (as diet) il ne prend que des (aliments) liquides
COMP **fluid assets** NPL (US Fin) liquidités fpl, disponibilités fpl
**fluid mechanics** N (NonC) mécanique f des fluides
**fluid ounce** N mesure de capacité (Brit : 0,028 litres, US : 0,030 litres)

**fluidics** /fluːˈɪdɪks/ N (NonC) fluidique f

**fluidity** /fluːˈɪdɪtɪ/ N [of gas, liquid, situation] fluidité f ; [of style, speech] aisance f, fluidité f

**fluidization** /ˌfluːɪdaɪˈzeɪʃən/ N fluidisation f

**fluidize** /ˈfluːɪdaɪz/ VT fluidiser

**fluke¹** /fluːk/
N (= chance event) coup m de chance or de veine* extraordinaire, hasard m extraordinaire ◆ **by a (sheer) fluke** par un hasard extraordinaire
ADJ [coincidence, circumstances] extraordinaire ◆ **he scored a fluke goal** il a marqué un but tout à fait par hasard

**fluke²** /fluːk/ N [of anchor] patte f (d'ancre) ; [of arrow, harpoon] barbillon m

**fluke³** /fluːk/ N (= parasite) douve f (du foie etc)

**fluke⁴** /fluːk/ N (= fish) flet m

**fluky** /ˈfluːkɪ/ ADJ 1 [wind] capricieux
2 ⇒ **fluke¹**

**flume** /fluːm/ N 1 (= ravine) ravin m
2 (= channel) chenal m
3 (in swimming pool) toboggan m

**flummery** /ˈflʌmərɪ/ N (Culin) bouillie f ; (fig) flagornerie f

**flummox** /ˈflʌməks/ VT [+ person] démonter, couper le sifflet à* ◆ **he was flummoxed** ça lui avait coupé le sifflet*, il était complètement démonté

**flung** /flʌŋ/ VB (pret, ptp of **fling**) → **far-**

**flunk*** /flʌŋk/ (esp US)
VI (= fail) être recalé* or collé* ; (= shirk) se dégonfler*
VT 1 (= fail) ◆ **to flunk French/an exam** être recalé* or être collé* en français/à un examen ◆ **they flunked ten candidates** ils ont recalé* or collé* dix candidats
2 (= give up) laisser tomber
▶ **flunk out*** (US)
VI se faire virer* (of de)
VT SEP virer*, renvoyer

**flunk(e)y** /ˈflʌŋkɪ/ N (lit) laquais m ; (fig) larbin* m

**fluorescein** /ˌflʊəˈresɪɪn/ N fluorescéine f

**fluorescence** /flʊəˈresns/ N fluorescence f

**fluorescent** /flʊəˈresnt/
ADJ [lighting, bulb, colour, dye, paint] fluorescent ; [clothes] fluorescent, fluo* inv
COMP **fluorescent strip** N tube m fluorescent or au néon

**fluoridate** /ˈflʊərɪdeɪt/ VT fluorer

**fluoridation** /ˌflʊərɪˈdeɪʃən/ N fluoration f

**fluoride** /ˈflʊəraɪd/
N fluorure m
COMP **fluoride toothpaste** N dentifrice m fluoré or au fluor

**fluorine** /ˈflʊəriːn/ N fluor m

**fluorite** /ˈflʊəraɪt/ N (US) fluorite f, spath m fluor

**fluorocarbon** /ˌflʊərəʊˈkɑːbən/ N fluorocarbone m

**fluorometer** /ˌflʊəˈrɒmɪtəʳ/ N fluorimètre m

**fluoroscope** /ˈflʊərəskəʊp/ N fluoroscope m

**fluoroscopy** /flʊəˈrɒskəpɪ/ N fluoroscopie f

**fluorosis** /ˌflʊəˈrəʊsɪs/ N fluorose f

**fluorspar** /ˈflʊəspɑːʳ/ N spath m fluor, fluorite f

**flurry** /ˈflʌrɪ/ SYN
N [of snow] rafale f ; [of wind] rafale f, risée f ; (fig) agitation f, émoi m ◆ **a flurry of activity** un débordement d'activité ◆ **a flurry of protest** une vague de protestations ◆ **in a flurry of excitement** dans un frisson d'agitation
VT agiter, effarer ◆ **to get flurried** perdre la tête, s'affoler (at pour)

**flush¹** /flʌʃ/ SYN
N 1 (in sky) lueur f rouge, rougeoiement m ; [of blood] afflux m ; (= blush) rougeur f ◆ **(hot) flushes** (Med) bouffées fpl de chaleur
2 [of beauty, health, youth] éclat m ; [of joy] élan m ; [of excitement] accès m ◆ **in the (first) flush of victory** dans l'ivresse de la victoire ◆ **she's not in the first flush of youth** elle n'est pas dans sa première jeunesse
3 [of lavatory] chasse f (d'eau)
VI 1 [face, person] rougir ◆ **to flush crimson** s'empourprer, rougir jusqu'aux oreilles ◆ **to flush with shame/anger** rougir de honte/de colère
2 ◆ **the toilet won't flush** la chasse d'eau ne marche pas
VT nettoyer à grande eau ; [+ drain, pipe] curer à grande eau ◆ **to flush the toilet** or **lavatory** tirer la chasse (d'eau) ◆ **to flush sth down the toilet** or **lavatory** faire passer qch dans les toilettes

▶ **flush away** VT SEP (down sink/drain) faire partir par l'évier/par l'égout ; (down lavatory) faire partir (en tirant la chasse d'eau)

▶ **flush out** VT SEP (with water) nettoyer à grande eau

**flush²** /flʌʃ/ SYN
ADJ 1 au même niveau (with que), au or à ras (with de) ◆ **flush with the ground** à ras de terre, au ras de terre ◆ **a door flush with the wall** une porte dans l'alignement du mur ◆ **a cupboard flush with the wall** un placard encastré dans le mur ◆ **flush against** tout contre
2 ◆ **to be flush (with money)*** être en fonds, avoir des sous*
VT ◆ **to flush a door** affleurer une porte

**flush³** /flʌʃ/ VT (also **flush out**) [+ game, birds] lever ; [+ person] forcer à se montrer

▶ **flush out** VT FUS ◆ **they flushed them out of their hiding places** ils les ont forcés à sortir de leur cachette, ils ont fait sortir de leur cachette ◆ **they tried to flush out illegal workers operating in the country** ils ont essayé de chasser les travailleurs clandestins du pays

**flush⁴** /flʌʃ/ N (Cards) flush m ; → **royal**

**flushed** /flʌʃt/ SYN ADJ [person] tout rouge ; [face, cheeks] tout rouge, enflammé ◆ **flushed with anger** rouge or empourpré de colère ◆ **flushed with fever / embarrassment / excitement**

**fluster** /ˈflʌstəʳ/ SYN
- **VT** énerver, troubler ◆ **to get flustered** s'énerver, se troubler
- **N** agitation f, trouble m ◆ **in a fluster** énervé, troublé ◆ **to be all of a fluster** être dans tous ses états

**flute** /fluːt/ N (= musical instrument, wine glass) flûte f

**fluted** /ˈfluːtɪd/ ADJ [1] [pillar] cannelé ; [flan dish] à cannelures [2] [tone, note] flûté

**fluting** /ˈfluːtɪŋ/ N cannelures fpl

**flutist** /ˈfluːtɪst/ N (US) flûtiste mf

**flutter** /ˈflʌtəʳ/ SYN
- **VI** [1] [flag, ribbon] flotter ; [bird, moth, butterfly] voleter, voltiger ; [wings] battre ◆ **the bird fluttered about the room** l'oiseau voletait çà et là dans la pièce ◆ **the butterfly fluttered away** le papillon a disparu en voletant or voltigeant ◆ **a leaf came fluttering down** une feuille est tombée en tourbillonnant
  [2] [person] papillonner, virevolter
  [3] [heart, pulse] palpiter
- **VT** [+ fan, paper] jouer de ◆ **the bird fluttered its wings** l'oiseau a battu des ailes ◆ **to flutter one's eyelashes** battre des cils (at sb dans la direction de qn)
- **N** [1] [of eyelashes, wings] battement m ; [of heart, pulse] palpitation f ◆ **there was a flutter of fear in her voice** sa voix trahissait la peur ◆ **to feel a flutter of excitement at the prospect of…** être tout excité à l'idée de… ◆ **(all) in a flutter** tout troublé, dans un grand émoi
  [2] (Brit *) ◆ **to have a flutter** (= gamble) parier (de petites sommes) (on sur) ; (Stock Exchange) boursicoter

**fluvial** /ˈfluːvɪəl/ ADJ fluvial

**flux** /flʌks/
- **N** (NonC) [1] changement m continuel, fluctuation f ◆ **to be in a state of flux** changer sans arrêt, fluctuer continuellement
  [2] (Med) flux m, évacuation f (de sang etc) ; (Phys) flux m ; (Metal) fondant m
- **COMP flux density** N (Phys) densité f de flux

**fluxmeter** /ˈflʌksˌmiːtəʳ/ N fluxmètre m

**fly¹** /flaɪ/
- **N** (= insect, Fishing) mouche f ◆ **they were dropping** * or **dying like flies** ils tombaient * or mouraient comme des mouches ◆ **small businesses were dropping like flies in the recession** * les petites entreprises faisaient faillite les unes après les autres à cause de la récession ◆ **he wouldn't harm** or **hurt a fly** il ne ferait pas de mal à une mouche ◆ **I wish I were a fly on the wall** j'aimerais être une petite souris ; see also comp ◆ **there's a fly in the ointment** il y a un ennui or un hic ◆ **he's the fly in the ointment** c'est lui l'empêcheur de tourner en rond ◆ **there are no flies on him** * il n'est pas né d'hier, il n'est pas de la dernière pluie ; → housefly
- **COMP fly agaric** N amanite f tue-mouche
  **fly-blown** ADJ (lit) couvert or plein de chiures de mouches ; (fig) très défraîchi
  **fly fishing** N pêche f à la mouche
  **fly killer** N insecticide m
  **fly net** N émouchette f
  **fly-on-the-wall documentary** N documentaire m pris sur le vif
  **fly paper** N papier m tue-mouches
  **fly rod** N (Fishing) canne f à mouche
  **fly spray** N bombe f insecticide
  **fly swat(ter)** N tapette f
  **fly trap** N (= device) attrape-mouches m inv ; → Venus

**fly²** /flaɪ/ ADJ (esp Brit = astute) malin (-igne f), rusé

**fly³** /flaɪ/ SYN (pret flew, ptp flown)
- **VI** [1] [bird, insect, plane] voler ; [air passenger] aller or voyager en avion ; [pilot] piloter un (or des) avion(s) ◆ **I don't like flying** je n'aime pas (prendre) l'avion ◆ **I always fly** je voyage toujours en avion, je prends toujours l'avion ◆ **how did you get here? – I flew** comment es-tu venu ? – par or en avion ◆ **to fly over London** survoler Londres, voler au-dessus de Londres ◆ **the planes flew past** or **over at 3pm** les avions sont passés à 15 heures ◆ **to fly over the Channel** survoler la Manche ◆ **to fly across the Channel** [bird, plane] traverser la Manche ; [passenger] traverser la Manche (en avion) ◆ **to fly away** [bird] s'envoler ◆ **all her worries flew away** tous ses soucis se sont envolés ◆ **we flew in from Rome this morning** nous sommes venus de Rome en or par avion ce matin ◆ **to fly off** [bird, plane] s'envoler ; [passenger] partir en avion, s'envoler (to pour) ◆ **a bee flew in through the window** une abeille est entrée par la fenêtre ◆ **fur was flying, feathers were flying** ça bardait *, il y avait du grabuge * ◆ **that will make the fur** or **feathers fly!** il va y avoir du grabuge ! * ◆ **he is flying high** (fig) il a beaucoup de succès, il réussit très bien ◆ **the company is flying high** l'entreprise marche très bien ◆ **to find that the bird has flown** trouver l'oiseau envolé ◆ **fly right, sonny** * (US) surtout pas de bêtises, fiston * ; → fury
  [2] (fig) [time] passer vite, filer * ; [sparks] jaillir, voler ; [car, people] filer * ◆ **to fly in/out/back** etc [person] entrer/sortir/retourner etc à toute vitesse or à toute allure ◆ **it's late, I must fly!** il est tard, il faut que je me sauve subj ! ◆ **to fly to sb's assistance** voler au secours de qn ◆ **to fly in the face of danger/accepted ideas** défier le danger/les idées reçues ◆ **to fly in the face of authority** battre en brèche l'ordre établi ◆ **to fly into a rage** or **a passion** s'emporter, se mettre dans une violente colère ◆ **to fly off the handle** * s'emporter, sortir de ses gonds ◆ **to let fly at sb** (in angry words) s'en prendre violemment à qn, prendre qn violemment à partie ; (by shooting) tirer sur qn ◆ **to fly at sb** sauter or se ruer sur qn ◆ **to fly at sb's throat** sauter à la gorge de qn ◆ **the door flew open** la porte s'est ouverte brusquement ◆ **the handle flew off** la poignée s'est détachée brusquement or soudain ; → send, spark
  [3] (= flee) fuir (before devant), s'enfuir (from de) ◆ **to fly from temptation** fuir la tentation ◆ **fly for your life!** fuyez !
  [4] [flag] flotter ◆ **her hair was flying in the wind** ses cheveux flottaient au vent ; → flag¹
- **VT** [1] [+ aircraft] piloter ; [+ person] emmener en avion ; [+ goods] transporter par avion ; [+ standard, admiral's flag] arborer ◆ **to fly the French flag** [ship] battre pavillon français ◆ **the building was flying the French flag** le drapeau français flottait sur l'immeuble ◆ **to fly a kite** (lit) faire voler un cerf-volant ; (fig) lancer un ballon d'essai ◆ **to fly great distances** faire de longs voyages en avion ◆ **to fly the Atlantic/the Channel** etc traverser l'Atlantique/la Manche, etc en avion ◆ **to fly Air France** voler sur Air France ◆ **we will fly you to Italy and back for £350** nous vous proposons un vol aller et retour pour l'Italie pour 350 livres
  [2] ◆ **to fly the country** s'enfuir du pays ; → coop, nest
- **N** [1] (on trousers: also **flies**) braguette f ; (on tent) auvent m
  [2] (= vehicle) fiacre m
  [3] [of flag] battant m
  [4] [set phrase]
- ▶ **on the fly** (= quickly) sur-le-champ ; (= while busy) tout en faisant autre chose ; (Comput) à la volée, en direct ◆ **people who can make decisions on the fly** ce sont les gens capables de prendre des décisions sur-le-champ
- **NPL flies** (Theat) cintres mpl, dessus mpl
- **COMP fly ash** N cendres fpl volantes
  **fly-button** N bouton m de braguette
  **fly-by-night** N (= irresponsible person) tout-fou * m ; (= decamping debtor) débiteur m, -trice f qui déménage à la cloche de bois or qui décampe en douce * ADJ [person] tout-fou * m only ; [firm, operation] véreux
  **fly-by-wire** ADJ [aircraft] informatisé
  **fly-drive** N (Travel) formule f avion plus voiture
  **fly-drive holiday** N (vacances fpl en) formule f or forfait m avion plus voiture
  **fly hack** N (Rugby) ⇒ **fly kick**
  **fly half** N (Rugby) demi m d'ouverture
  **fly kick** N (Rugby) coup m de pied à suivre
  **fly-post** VT (Brit) coller des affiches illégalement
  **fly-posting** N (Brit) affichage m illégal
  **fly sheet** N (Brit) feuille f volante
  **fly-tipping** N décharge f sauvage
  **fly way** N (of migrating birds) voie f de migration

**flyaway** /ˈflaɪəweɪ/ ADJ [hair] rebelle, difficile ; (= frivolous) frivole, futile

**flyboy*** /ˈflaɪbɔɪ/ N (US) pilote m (de l'armée de l'air)

**flyby** /ˈflaɪbaɪ/ N (US) (pl **flybys**) ⇒ **flypast**

**flycatcher** /ˈflaɪˌkætʃəʳ/ N [1] (= bird) gobe-mouches m inv
[2] (= plant) plante f carnivore
[3] (= trap) attrape-mouches m inv

**flyer** /ˈflaɪəʳ/ N ⇒ **flier**

**flying** /ˈflaɪɪŋ/ SYN
- **N** (= action) vol m ; (= activity) aviation f ◆ **he likes flying** [passenger] il aime (prendre) l'avion ; [pilot] il aime piloter ◆ **he's afraid of flying** il a peur de prendre l'avion ◆ **to go flying** (lit) faire de l'avion ; (= fall over) aller valdinguer * ; → formation, stunt¹
- **ADJ** [animal, insect] volant ; [debris] projeté ◆ **flying glass** éclats mpl de verre ◆ **flying jump** or **leap** saut m avec élan ◆ **to take a flying jump** or **leap** sauter avec élan ◆ **with flying colours** haut la main
- **COMP flying ambulance** N (= plane) avion m sanitaire ; (= helicopter) hélicoptère m sanitaire
  **flying boat** N hydravion m
  **flying bomb** N bombe f volante
  **flying buttress** N arc-boutant m
  **flying doctor** N médecin m volant
  **the Flying Dutchman** N (Mus) le Vaisseau fantôme ; (= legend) le Hollandais volant
  **flying fish** N poisson m volant, exocet m
  **flying fortress** N forteresse f volante
  **flying fox** N roussette f
  **flying lemur** N galéopithèque m
  **flying machine** N machine f volante, appareil m volant
  **flying officer** N (Brit Mil) lieutenant m de l'armée de l'air
  **flying phalanger** N pétauriste m
  **flying picket** N piquet m de grève volant
  **flying saucer** N soucoupe f volante
  **Flying Squad** N (Brit Police) brigade f volante (de la police judiciaire)
  **flying squirrel** N écureuil m volant, pétauriste m
  **flying start** N (Sport) départ m lancé ◆ **to get off to a flying start** [racing car, runner] prendre un départ très rapide or en flèche ; [scheme, plan] prendre un bon or un excellent départ
  **flying suit** N combinaison f (de vol)
  **flying time** N heures fpl or temps m de vol
  **flying trapeze** N trapèze m volant
  **flying visit** N visite f éclair inv

**flyleaf** /ˈflaɪliːf/ N (pl **-leaves**) page f de garde

**flyover** /ˈflaɪˌəʊvəʳ/ N [1] (Brit : on road) autopont m ; (temporary) toboggan m
[2] (US = planes) défilé m aérien

**flypast** /ˈflaɪpɑːst/ N (Brit) défilé m aérien

**Flysch** /flɪʃ/ N flysch m

**flyscreen** /ˈflaɪskriːn/ N moustiquaire f

**flyspeck** /ˈflaɪspek/ N chiure f de mouche

**flyweight** /ˈflaɪweɪt/ N (Boxing) poids m mouche

**flywheel** /ˈflaɪwiːl/ N volant m (Tech)

**FM** /ef'em/ [1] (abbrev of **Field Marshal**) → **field**
[2] (abbrev of **frequency modulation**) FM
[3] (abbrev of **Foreign Minister**) → **foreign**

**FMB** /ˌefem'biː/ N (US) (abbrev of **Federal Maritime Board**) → **federal**

**FMD** /ˌefem'diː/ N (abbrev of **foot-and-mouth disease**) → **foot**

**f-number** /ˈefˌnʌmbəʳ/ N (Phot) ouverture f (du diaphragme)

**FO** (Brit) (abbrev of **Foreign Office**) → **foreign**

**foal** /fəʊl/
- **N** (= horse) poulain m ; (= donkey) ânon m ◆ **the mare is in foal** la jument est pleine
- **VI** mettre bas

**foam** /fəʊm/ SYN
- **N** (of beer etc) mousse f ; (of sea) écume f ; (in fire fighting) mousse f (carbonique) ; (at mouth) écume f ◆ **the foam** (liter) les flots mpl (liter)
- **VI** (sea) écumer, moutonner ; [soapy water] mousser, faire de la mousse ◆ **to foam at the mouth** [animal] baver, écumer ; [person] (lit) avoir de l'écume aux lèvres ; (fig) écumer de rage
- **COMP foam-backed** ADJ [carpet] à sous-couche de mousse
  **foam bath** N bain m moussant
  **foam plastic** N mousse f de plastique
  **foam rubber** N caoutchouc m mousse ®
  **foam sprayer** N extincteur m à mousse
- ▶ **foam up** VI [liquid in container] mousser

**foamy** /ˈfəʊmɪ/ ADJ [waves, sea] écumeux ; [beer] mousseux

**FOB** /ˌefəʊˈbiː/ (Comm) (abbrev of **free on board**) FOB

**fob** /fɒb/
**VT** ◆ **to fob sth off on sb, to fob sb off with sth** refiler* or fourguer*‡ qch à qn ◆ **to fob sb off with promises** se débarrasser de qn par de belles promesses
**N** ( † = *pocket*) gousset m (de pantalon) ; (= *ornament*) breloque f
**COMP** **fob watch** N montre f de gousset

**FOC** /ˌefəʊˈsiː/ (Comm) (abbrev of **free of charge**) → **free**

**focal** /ˈfəʊkəl/
**ADJ** focal
**COMP** **focal distance** N ⇒ **focal length**
**focal infection** N (*Med*) infection f focale
**focal length** N distance f focale, focale f
**focal plane** N plan m focal
**focal plane shutter** N (*Phot*) obturateur m focal or à rideau
**focal point** N (*Opt*) foyer m ; (in building, gardens) point m de convergence ; (= main point) [of meeting, discussions] point m central or focal
**focal ratio** N diaphragme m

**focalize** /ˈfəʊkəlaɪz/ VT focaliser (on sur)

**foci** /ˈfəʊkaɪ/ NPL of **focus**

**fo'c'sle** /ˈfəʊksl/ N ⇒ **forecastle**

**focus** /ˈfəʊkəs/ SYN
**N** (pl **focuses** or **foci**) **1** (*Math, Phys*) foyer m
**2** (*Phot*) ◆ **the picture is in/out of focus** l'image est nette/floue, l'image est/n'est pas au point ◆ **to bring a picture into focus** mettre une image au point
**3** (= main point) [of illness, unrest] foyer m, siège m ◆ **to be the focus of a controversy** être au centre d'une controverse ◆ **to keep sth in focus** ne pas perdre de vue qch ◆ **to bring sth into focus** centrer l'attention sur qch ◆ **he was the focus of attention** il était le centre d'attraction
**4** (= purpose, direction) [of person, policy] objectif m ; [of film, play, plot] cohérence f ◆ **his focus on foreign policy** la priorité qu'il accorde à la politique étrangère ◆ **the report's focus is on corruption** le rapport traite essentiellement de la corruption ◆ **to shift one's focus** réorienter ses priorités
**VT** **1** [+ *instrument, camera*] mettre au point ◆ **to focus the camera** faire le point
**2** (= direct) [+ *light, heat rays*] faire converger ; [+ *beam, ray*] diriger (on sur) ; [+ *attention*] concentrer (on sur) ◆ **to focus one's eyes on sth** fixer ses yeux sur qch ◆ **all eyes were focused on him** il était le point de mire de tous
**VI** **1** (*Phot*) mettre au point (on sur)
**2** ◆ **to focus on** [*eyes*] se fixer sur, accommoder sur ; [*person*] fixer son regard sur ◆ **my eyes won't focus, I can't focus properly** je vois trouble, je ne peux pas accommoder
**3** [*heat, light, rays*] converger (on sur)
**4** (= concentrate) ◆ **we must focus on raising funds** il faut nous concentrer sur la collecte des fonds ◆ **the meeting focused on the problems of the unemployed** la réunion a surtout porté sur les problèmes des chômeurs ◆ **the report focuses on new technologies** le rapport est essentiellement axé sur les nouvelles technologies
**COMP** **focus group** N (*Pol, TV etc*) groupe m de discussion
**focus puller** N (*Cine*) assistant m opérateur

**focus(s)ed** /ˈfəʊkəst/ ADJ **1** [*person*] déterminé
**2** (*Phot*) au point
**3** [*sales, efforts, approach*] ciblé ◆ **I've become more focussed** j'ai des objectifs plus clairs ◆ **he's not very focussed** ses objectifs ne sont pas assez clairs

**fodder** /ˈfɒdəʳ/ N fourrage m ; → **cannon**

**FOE, FoE** (abbrev of **Friends of the Earth**) → **friend**

**foe** /fəʊ/ SYN N (*liter, lit, fig*) ennemi(e) m(f), adversaire mf

**foetal** (*Brit*), **fetal** (*esp US*) /ˈfiːtl/ ADJ fœtal ◆ **in a foetal position** dans la position du fœtus, dans une position fœtale

**foeticide** /ˈfiːtɪsaɪd/ N fœticide m

**foetid** /ˈfiːtɪd/ ADJ → **fetid**

**foetus** /ˈfiːtəs/ N fœtus m

**fog** /fɒg/ SYN
**N** **1** (*on land*) brouillard m ; (*at sea*) brume f, brouillard m (de mer)
**2** (*fig*) brouillard m, confusion f ◆ **to be in a fog** être dans le brouillard, ne plus savoir où l'on en est
**3** (*Phot*) voile m
**VT** **1** [+ *mirror, glasses*] embuer
**2** (*fig*) [+ *person*] embrouiller, brouiller les idées à ◆ **to fog the issue** (*accidentally*) embrouiller or obscurcir la question ; (*purposely*) brouiller les cartes
**3** [+ *photo*] voiler
**VI** **1** [*mirror, glasses*] (also **fog over** or **up**) s'embuer ; [*landscape*] s'embrumer
**2** (*Phot*) [*negative*] se voiler
**COMP** **fog bank** N banc m de brume
**fog signal** N (*for ships*) signal m de brume ; (*for trains*) pétard m

**fogbound** /ˈfɒgbaʊnd/ ADJ pris dans la brume, bloqué par le brouillard

**fogey*** /ˈfəʊgɪ/ N ◆ **old fogey** vieille baderne* f, vieux schnock‡ m ◆ **young fogey** jeune BCBG très vieux jeu dans ses goûts et ses opinions

**foggy** /ˈfɒgɪ/ SYN
ADJ **1** (= misty) [*night*] de brouillard ; [*landscape, weather*] brumeux ; [*street*] enveloppé de brouillard ◆ **it is foggy** il y a du brouillard ◆ **on a foggy day** par un jour de brouillard
**2** (*fig* = confused) [*brain*] embrumé ; [*state*] de confusion ◆ **I haven't the foggiest (idea** or **notion)!*** je n'en ai pas la moindre idée
**COMP** **Foggy Bottom*** N (*US hum*) surnom du ministère américain des Affaires étrangères

**foghorn** /ˈfɒghɔːn/ N corne or sirène f de brume ◆ **she has a voice like a foghorn** elle a une voix tonitruante or de stentor

**foglamp** (*Brit*) /ˈfɒglæmp/, **foglight** /ˈfɒglaɪt/ N feu m de brouillard

**foible** /ˈfɔɪbl/ N marotte f, petite manie f

**foie gras** /fwɑːˈgrɑː/ N foie m gras

**foil**[1] /fɔɪl/ N **1** (*NonC* = metal sheet) feuille f or lame f de métal ; (also **cooking** or **kitchen foil**) papier m d'aluminium, (papier m) alu* m ◆ **fish cooked in foil** poisson m cuit (au four) dans du papier d'aluminium
**2** (*fig*) ◆ **to act as a foil to sb/sth** servir de faire-valoir à qn/qch, mettre qn/qch en valeur

**foil**[2] /fɔɪl/ N (*Fencing*) fleuret m

**foil**[3] /fɔɪl/ SYN VT [+ *attempts*] déjouer ; [+ *plans*] contrecarrer

**foilsman** /ˈfɔɪlzmən/ N (pl **foilsmen** /ˈfɔɪlzmən/) fleurettiste m

**foilswoman** /ˈfɔɪlzˌwʊmən/ N (pl **foilswomen** /ˈfɔɪlzˌwɪmɪn/) fleurettiste f

**foist** /fɔɪst/ SYN VT ◆ **to foist sth (off) on sb** refiler* or repasser* qch à qn ◆ **this job was foisted (off) on to me** c'est moi qui ai hérité de ce boulot* ◆ **to foist o.s. on (to) sb** s'imposer à qn ; (*as uninvited guest*) s'imposer or s'installer chez qn

**fold**[1] /fəʊld/ SYN
**N** (*in paper, cloth, skin, earth's surface*) pli m ◆ **folds** (*Geol*) plissement m
**VT** **1** [+ *paper, blanket, bed, chair*] plier ; [+ *wings*] replier ◆ **to fold a page in two** plier une feuille en deux ◆ **to fold one's arms** (se) croiser les bras ◆ **to fold one's hands** (*in prayer*) joindre les mains
**2** (= wrap up) envelopper (*in* dans), entourer (*in* de) ◆ **to fold sb/sth in one's arms** serrer qn/qch dans ses bras, étreindre qn/qch ◆ **hills folded in mist** (*liter*) des collines enveloppées de brume
**3** (*Culin*) [+ *eggs, flour*] incorporer (*into* à)
**VI** **1** [*chair, table*] se (re)plier
**2** (* = fail) [*newspaper*] disparaître, cesser de paraître ; [*business*] fermer (ses portes) ; [*play*] quitter l'affiche, être retiré de l'affiche ◆ **they folded last year** [*business etc*] ils ont mis la clé sous la porte l'année dernière
**COMP** **folded dipole** N (*Rad, TV*) dipôle m replié
**fold-up** ADJ [*chair, table etc*] pliant, escamotable

▶ **fold away**
**VI** [*table, bed*] (être capable de) se (re)plier
**VT SEP** [+ *clothes, newspaper*] plier et ranger

▶ **fold back** VT SEP [+ *shutters*] ouvrir, rabattre ; [+ *bedclothes, collar*] replier, rabattre

▶ **fold down** VT SEP [+ *chair*] plier ◆ **to fold down the corner of a page** corner une page

▶ **fold in** VT SEP (*Culin*) [+ *eggs, flour*] incorporer

▶ **fold over** VT SEP [+ *paper*] plier, replier ; [+ *blanket*] replier, rabattre

▶ **fold up**
**VI** ⇒ **fold**[1] vi
**VT SEP** [+ *paper etc*] plier, replier

**fold**[2] /fəʊld/ N (= enclosure) parc m à moutons ; (*Rel*) sein m de l'Église ◆ **to come back to the fold** (*fig*) rentrer au bercail

**...fold** /fəʊld/ SUF ◆ **twentyfold** adj par vingt adv vingt fois ; → **twofold**

**foldaway** /ˈfəʊldəˌweɪ/ ADJ [*bed*] pliant, escamotable

**folder** /ˈfəʊldəʳ/ SYN N **1** (= file) chemise f ; (*with hinges*) classeur m ; (*for drawings*) carton m ; (*papers*) dossier m
**2** (*Comput*) répertoire m
**3** (= leaflet) dépliant m, brochure f

**folding** /ˈfəʊldɪŋ/
ADJ [*bed, table, bicycle, screen*] pliant
**COMP** **folding door** N porte f (en) accordéon
**folding money** N (*US*) billets mpl de banque
**folding seat** (also **folding stool**) N pliant m ; (*in car, theatre*) strapontin m

**foldout** /ˈfəʊldaʊt/ N encart m

**foley** /ˈfəʊlɪ/ N (*US Cine*) (also **foley artist**) bruiteur m, -euse f

**foliage** /ˈfəʊlɪɪdʒ/ N feuillage m

**foliar** /ˈfəʊlɪəʳ/
ADJ foliaire
**COMP** **foliar feed** N engrais m foliaire

**foliate** /ˈfəʊlɪɪt/ ADJ folié

**foliation** /ˌfəʊlɪˈeɪʃən/ N [*of plant*] foliation f, feuillaison f ; [*of book*] foliotage m ; (*Geol*) foliation f ; (*Archit*) rinceaux mpl

**folic acid** /ˌfəʊlɪkˈæsɪd/ N acide m folique

**folio** /ˈfəʊlɪəʊ/
**VT** folioter
**N** (= sheet) folio m, feuillet m ; (= volume) (volume m) in-folio m

**folk** /fəʊk/ SYN
**N** **1** (pl = people : also **folks**) gens mpl f adj before n ◆ **they are good folk(s)** ce sont de braves gens ◆ **a lot of folk(s) believe...** beaucoup de gens croient... ◆ **there were a lot of folk at the concert** il y avait beaucoup de gens or de monde au concert ◆ **old folk(s)** les personnes fpl âgées, les vieux mpl (*pej*) ◆ **young folk(s)** les jeunes mpl , les jeunes gens mpl ◆ **my old folks** (= *parents*) mes vieux* mpl ◆ **hello folks!*** bonjour tout le monde ! * ; → **country, old**
**2** (pl = people in general : also **folks**) les gens mpl, on ◆ **what will folk(s) think?** qu'est-ce que les gens vont penser ?, qu'est-ce qu'on va penser ? ◆ **folk get worried when they see that** les gens s'inquiètent quand ils voient ça
**3** (* : pl = relatives) ◆ **folks** famille f, parents mpl ◆ **my folks** ma famille, mes parents mpl , les miens mpl
**4** (*NonC*) ⇒ **folk music**
**COMP** **folk art** N art m populaire
**folk dance, folk dancing** N danse f folklorique
**folk etymology** N étymologie f populaire
**folk hero** N héros m populaire
**folk medicine** N médecine f traditionnelle
**folk memory** N mémoire f collective
**folk music** N (*gen*) musique f folklorique ; (*contemporary*) musique f folk inv, folk m
**folk rock** N folk-rock m
**folk singer** N (*gen*) chanteur m, -euse f de chansons folkloriques ; (*contemporary*) chanteur m, -euse f folk inv
**folk tale** N conte m populaire
**folk wisdom** N bon sens m or sagesse f populaire

**folkie*** /ˈfəʊkɪ/ N fana* mf de (musique) folk

**folklore** /ˈfəʊklɔːʳ/ N traditions fpl populaires

**folklorist** /ˈfəʊklɔːrɪst/ N folkloriste mf

**folksong** /ˈfəʊksɒŋ/ N (*gen*) chanson f or chant m folklorique ; (*contemporary*) chanson f folk inv

**folksy*** /ˈfəʊksɪ/ ADJ **1** (= rustic) [*furniture, charm*] rustique ; [*clothes*] de style rustique
**2** (*US* = affable) [*person*] sans façon(s) ; [*manner*] sans prétentions ; [*comment, story, speech, humour*] plein de sagesse populaire

**follicle** /ˈfɒlɪkl/ N follicule m

**follow** /ˈfɒləʊ/ LANGUAGE IN USE 26.3 SYN
**VT** **1** [+ *person, road, vehicle, roadsigns*] suivre ; (*in procession*) aller or venir à la suite de, suivre ; [+ *suspect*] filer ◆ **to follow sb in/out** etc suivre qn (qui entre/sort etc) ◆ **he followed me into the room** il m'a suivi dans la pièce ◆ **we're being followed** on nous suit ◆ **follow that car!**

suivez cette voiture ! ◆ **follow me** suivez-moi ◆ **they followed the guide** ils ont suivi le guide ◆ **he'll be a difficult man to follow** *(fig)* il sera difficile de lui succéder ◆ **to have sb followed** faire filer qn ◆ **the detectives followed the suspect for a week** les détectives ont filé le suspect pendant une semaine ◆ **a bodyguard followed the president everywhere** un garde du corps accompagnait le président partout ◆ **he arrived first, followed by the ambassador** il est arrivé le premier, suivi de l'ambassadeur ◆ **this was followed by a request for...** ceci a été suivi d'une demande de... ◆ **the boat followed the coast** le bateau suivait *or* longeait la côte ◆ **follow your nose*** continuez tout droit ◆ **he followed his father into the business** il a pris la succession de son père ◆ **the earthquake was followed by an epidemic** une épidémie a suivi le tremblement de terre ◆ **the dinner will be followed by a concert** le dîner sera suivi d'un concert ◆ **the years followed one another** les années se suivaient *or* se succédaient ◆ **night follows day** la nuit succède au jour

2 *[+ fashion]* suivre, se conformer à ; *[+ instructions, course of study]* suivre ; *[+ sb's orders]* exécuter ; *[+ serial, strip cartoon]* lire (régulièrement) ; *[+ speech, lecture]* suivre, écouter (attentivement) ◆ **to follow sb's advice/example** suivre les conseils/l'exemple de qn ◆ **do you follow football?** vous suivez le football ? ◆ **which team do you follow?** tu es supporter de quelle équipe ?

◆ **to follow suit** (= *do likewise*) en faire autant, faire de même ◆ **to follow suit (in clubs** *etc*) *(Cards)* fournir (à trèfle *etc*)

3 *[+ profession]* exercer, suivre ; *[+ career]* poursuivre ◆ **to follow the sea** *(liter)* être *or* devenir marin

4 (= *understand*) suivre, comprendre ◆ **do you follow me?** vous me suivez ? ◆ **I don't quite follow (you)** je ne vous suis pas bien *or* pas tout à fait

**VI** 1 (= *come after*) suivre ◆ **to follow right behind sb, to follow hard on sb's heels** être sur les talons de qn ◆ **to follow in sb's footsteps** *or* **tracks** *(fig)* suivre les traces *or* marcher sur les traces de qn ◆ **what is there to follow?** *(at meals)* qu'est-ce qu'il y a après ?, qu'est-ce qui suit ? ◆ **we had ice cream to follow** après *or* ensuite nous avons eu de la glace ◆ **as follows** *(gen)* comme suit ◆ **his argument was as follows** son raisonnement était le suivant

2 (= *result*) s'ensuivre, résulter *(from* de) ◆ **it follows that...** il s'ensuit que... + *indic* ◆ **it doesn't follow that...** il ne s'ensuit pas nécessairement que... + *subj or indic*, cela ne veut pas forcément dire que... + *subj or indic* ◆ **that doesn't follow** pas forcément, les deux choses n'ont rien à voir ◆ **that follows from what he said** cela découle de ce qu'il a dit

3 (= *understand*) suivre, comprendre

**COMP** **follow-my-leader** N *(Brit) jeu où les enfants doivent imiter tous les mouvements d'un joueur désigné*
**follow-on** N *(Cricket) nouveau tour à la défense du guichet*
**follow-the-leader** N *(US)* ⇒ **follow-my-leader**
**follow-through** N *(to a project, survey)* suite *f*, continuation *f* ; *(Billiards)* coulé *m* ; *(Golf, Tennis)* accompagnement *m* (du coup)
**follow-up** N *(on file, case)* suivi *m* *(on, of* de) ; *[of event, programme] (coming after another)* suite *f* (to de) ; *[of letter, circular]* rappel *m* ; *(by sales representative)* relance *f* ; (= *visit*) → **follow-up visit** ◆ **this course is a follow-up to the beginners' course** ce cours fait suite au cours pour débutants
**follow-up call** N ◆ **to make a follow-up call** appeler pour donner suite à une lettre (*or* un fax *etc*)
**follow-up care** N *(Med)* soins *mpl* posthospitaliers *or* de postcure
**follow-up interview** N entretien *m* complémentaire, second entretien *m*
**follow-up letter** N lettre *f* de rappel *or* relance
**follow-up study, follow-up survey** N étude *f* complémentaire
**follow-up telephone call** N ⇒ **follow-up call**
**follow-up visit** N *(Med, Social Work etc)* visite *f* de contrôle

▸ **follow about, follow around** VT SEP suivre (partout), être toujours sur les talons de

▸ **follow on** VI 1 (= *come after*) suivre ◆ **you go ahead and I'll follow on when I can** allez-y, je vous suivrai quand je pourrai

2 (= *result*) résulter *(from* de) ◆ **it follows on from what I said** cela découle de ce que j'ai dit, c'est la conséquence logique de ce que j'ai dit

▸ **follow out** VT SEP *[+ idea, plan]* poursuivre jusqu'au bout *or* jusqu'à sa conclusion ; *[+ order]* exécuter ; *[+ instructions]* suivre

▸ **follow through**

**VI** *(Billiards)* faire *or* jouer un coulé ; *(Golf, Tennis)* accompagner son coup *or* sa balle

**VT SEP** *[+ idea, plan]* poursuivre jusqu'au bout *or* jusqu'à sa conclusion

**N** ◆ **follow-through** comp

▸ **follow up**

**VI** 1 (= *pursue an advantage*) exploiter un *or* tirer parti d'un avantage

2 *(Football etc)* suivre l'action

**VT SEP** 1 (= *benefit from*) *[+ advantage, success, victory]* exploiter, tirer parti de ; *[+ offer]* donner suite à

2 (= *not lose track of*) suivre ◆ **we must follow this business up** il faudra suivre cette affaire ◆ **this is a case to follow up** *(gen, Police, Jur)* c'est une affaire à suivre ; *(Med)* c'est un cas à suivre ◆ **"to be followed up"** *(gen, Police, Jur)* « affaire à suivre » ; *(Med)* « cas à suivre »

3 (= *reinforce*) *[+ victory]* asseoir ; *[+ remark]* faire suivre *(with* de), compléter *(with* par) ◆ **they followed up the programme with another equally good** ils ont donné à cette émission une suite qui a été tout aussi excellente ◆ **they followed up their insults with threats** ils ont fait suivre leurs insultes de menaces

**N, ADJ** ◆ **follow-up** comp

**follower** /ˈfɒləʊəʳ/ SYN N 1 *[of political, military leader]* partisan(e) *m(f)* ; *[of religious leader, artist, philosopher]* disciple *m* ; *[of religion, theory, tradition]* adepte *mf* ◆ **followers of fashion** les adeptes *mfpl* de la mode ◆ **as all football followers know** comme le savent tous les amateurs de football

2 († = *admirer*) amoureux *m*, -euse *f*, admirateur *m*, -trice *f*

**following** /ˈfɒləʊɪŋ/ SYN

**ADJ** suivant ◆ **the following day** le jour suivant, le lendemain ◆ **he made the following remarks** il a fait les remarques suivantes *or* les remarques que voici

**N** 1 *[of political, military leader]* partisans *mpl* ; *[of religion, theory, tradition]* adeptes *mpl* ; *[of religious leader, artist, philosopher]* disciples *mpl* ; *(Sport)* supporters *mpl* ◆ **he has a large following** il a de nombreux partisans *or* disciples

2 ◆ **he said the following** il a dit ceci ◆ **see the following for an explanation** *(in documents)* voir ce qui suit pour toute explication ◆ **his argument was the following** son raisonnement était le suivant ◆ **the following have been chosen** (= *people*) les personnes suivantes ont été retenues ; (= *books*) les livres suivants ont été retenus

**PREP** 1 (= *after*) après ◆ **following the concert there will be...** après le concert il y aura...

2 (= *as a result of*) (comme) suite à ◆ **following your letter...** *(Comm)* (comme) suite à *or* en réponse à votre lettre... ◆ **following our meeting** (comme) suite à notre entretien

**COMP** **following wind** N vent *m* arrière

**folly** /ˈfɒlɪ/ SYN N 1 *(NonC = foolishness)* folie *f*, sottise *f* ◆ **it's sheer folly to do that** c'est de la pure folie *or* de la démence de faire cela

2 (= *foolish thing, action*) sottise *f*, folie *f*

3 *(Archit)* folie *f*

**foment** /fəʊˈment/ VT *(lit, fig)* fomenter

**fomentation** /ˌfəʊmenˈteɪʃən/ N *(lit, fig)* fomentation *f*

**fond** /fɒnd/ SYN ADJ 1 (= *loving*) *[person, smile]* affectueux ; *[look]* tendre ◆ **to bid a fond farewell to sb/sth** faire de tendres adieux à qn/qch

◆ **fond of** ◆ **to be fond of sb** bien aimer qn ◆ **to become** *or* **grow fond of sb** se prendre d'affection pour qn ◆ **to be fond of sth** aimer beaucoup qch ◆ **to become** *or* **grow fond of sth** se mettre à aimer qch ◆ **to be very fond of music** aimer beaucoup la musique, être très mélomane ◆ **to be fond of sweet things** être friand de sucreries, aimer les sucreries ◆ **to be fond of doing sth** aimer beaucoup faire qch

2 (= *pleasant*) *[memory]* très bon , très agréable

3 (= *foolish*) *[belief]* naïf (naïve *f*) ; *[hope]* fou (folle *f*)

4 (= *dear*) *[hope]* fervent ; *[dream, wish]* cher

**fondant** /ˈfɒndənt/

**N** (bonbon *m*) fondant *m*

**COMP** **fondant icing** N glaçage *m* fondant

**fondle** /ˈfɒndl/ SYN VT caresser

**fondly** /ˈfɒndlɪ/ SYN ADV 1 (= *affectionately*) *[remember, think of]* avec tendresse ; *[say]* affectueusement, tendrement ◆ **to smile fondly at sb** faire un tendre sourire à qn

2 (= *foolishly*) *[imagine, believe, hope]* naïvement

**fondness** /ˈfɒndnɪs/ SYN N *(for things)* prédilection *f*, penchant *m* *(for* pour) ; *(for people)* affection *f*, tendresse *f* *(for* pour)

**fondue** /ˈfɒnduː/ N fondue *f*

**font** /fɒnt/ N 1 *(Rel)* fonts *mpl* baptismaux

2 *(Typography)* ⇒ **fount 2**

**fontanel(le)** /ˌfɒntəˈnel/ N fontanelle *f*

**food** /fuːd/ SYN

**N** 1 *(NonC = sth to eat)* nourriture *f* ◆ **there was no food in the house** il n'y avait rien à manger *or* il n'y avait pas de nourriture dans la maison ◆ **there's not enough food** il n'y a pas assez à manger, il n'y a pas assez de nourriture ◆ **most of the food had gone bad** la plus grande partie de la nourriture *or* des vivres s'était avariée ◆ **to give sb food** donner à manger à qn ◆ **to give the horses their food** faire manger les chevaux, donner à manger aux chevaux ◆ **what's that? – it's food for the horse** qu'est-ce que c'est ? – c'est de la nourriture pour *or* c'est de quoi manger pour le cheval ◆ **to buy food** acheter à manger, faire des provisions ◆ **the cost of food** le prix des denrées alimentaires *or* de la nourriture ◆ **food and clothing** la nourriture et les vêtements ◆ **to be off one's food*** avoir perdu l'appétit, n'avoir plus d'appétit ◆ **the food is very good here** la nourriture est très bonne ici, on mange très bien ici ◆ **he likes plain food** il aime les nourritures simples, il aime se nourrir simplement ◆ **it gave me food for thought** cela m'a donné à penser *or* à réfléchir

2 (= *specific substance*) *(gen)* aliment *m* ; *(soft, moist, for poultry, dogs, cats, pigs etc)* pâtée *f* ◆ **a new food for babies/for pigs** un nouvel aliment pour les bébés/pour les cochons ◆ **pet food** aliments *mpl* pour animaux ◆ **tins of dog/cat food** des boîtes de pâtée pour chiens/chats ◆ **all these foods must be kept in a cool place** tous ces aliments doivent être conservés au frais ; → **frozen, health**

3 *(for plants)* engrais *m*

**COMP** **food additive** N additif *m* alimentaire
**food aid** N aide *f* alimentaire
**food allergy** N allergie *f* alimentaire
**Food and Agriculture Organization** N Organisation *f* des Nations Unies pour l'alimentation et l'agriculture
**Food and Drug Administration** N *(US)* FDA *f* → **FDA**
**food chain** N chaîne *f* alimentaire ◆ **to enter** *or* **get into the food chain** entrer dans la chaîne alimentaire
**food colouring** N colorant *m* alimentaire
**food counter** N *(in shop)* rayon *m* (d')alimentation
**food crop** N culture *f* vivrière
**food grains** NPL céréales *fpl* vivrières
**food group** N groupe *m* d'aliments
**food industry** N industrie *f* alimentaire
**food intolerance** N intolérance *f* alimentaire
**food irradiation** N irradiation *f* des aliments
**food mixer** N mixer *m*, mixeur *m*
**food parcel** N colis *m* de vivres
**food poisoning** N intoxication *f* alimentaire
**food prices** NPL prix *mpl* des denrées alimentaires *or* de la nourriture
**food processing** N *(industrial)* transformation *f* des aliments ◆ **the food processing industry** l'industrie *f* agroalimentaire
**food processor** N robot *m* ménager *or* de cuisine
**food rationing** N rationnement *m* alimentaire
**food shares** NPL *(Stock Exchange)* valeurs *fpl* de l'agroalimentaire
**food stamps** NPL *(US)* bons *mpl* de nourriture *(pour indigents)*
**Food Standards Agency** N *(Brit)* services *mpl* de l'hygiène alimentaire
**food subsidy** N subvention *f* sur les denrées alimentaires
**food supplies** NPL vivres *mpl*
**food technology** N technologie *f* des produits alimentaires
**food value** N valeur *f* nutritive
**food wrap** N film *m* alimentaire

**foodie*** /ˈfuːdɪ/ N gourmet *m*, fine bouche *f* *or* gueule* *f*

**foodstuffs** /ˈfuːdstʌfs/ NPL denrées *fpl* alimentaires, aliments *mpl*

**foofaraw** /ˈfuːfəˌrɔː/ N histoires* *fpl*, cirque* *m*, pétard* *m*

**fool**[1] /fuːl/ SYN

N [1] imbécile *mf*, idiot(e) *m(f)* ♦ **stupid fool!** espèce d'imbécile *or* d'idiot ! ♦ **don't be a fool!** ne sois pas stupide ! ♦ **I felt such a fool** je me suis vraiment senti bête ♦ **some fool of a doctor***, **some fool doctor*** un imbécile *or* un abruti* de médecin ♦ **he was a fool not to accept** il a été bête *or* stupide de ne pas accepter ♦ **what a fool I was to think...** ce que j'ai pu être bête de penser... ♦ **he's more of a fool than I thought** il est (encore) plus bête que je ne pensais ♦ **he was fool enough to accept** il a été assez stupide pour accepter, il a eu la bêtise d'accepter ♦ **to play** *or* **act the fool** faire l'imbécile ♦ **he's no fool** il est loin d'être bête ♦ **he's nobody's fool** il n'est pas né d'hier *or* tombé de la dernière pluie ♦ **more fool you!*** ce que tu es bête ! ♦ **he made himself look a fool** *or* **he made a fool of himself in front of everybody** il s'est rendu ridicule devant tout le monde ♦ **to make a fool of sb** *(= ridicule)* ridiculiser qn, se payer la tête de qn* ; *(= trick)* avoir* *or* duper qn ♦ **to play sb for a fool** mener qn en bateau*, rouler* qn ♦ **I went on a fool's errand** *(= go somewhere)* j'y suis allé pour rien ; *(= do something)* je me suis dépensé en pure perte ♦ **any fool can do that** n'importe quel imbécile peut faire ça ♦ **to live in a fool's paradise** se bercer d'illusions *or* d'un bonheur illusoire ♦ **a fool and his money are soon parted** *(Prov)* aux idiots l'argent file entre les doigts ♦ **there's no fool like an old fool** *(Prov)* il n'y a pire imbécile qu'un vieil imbécile ♦ **fools rush in (where angels fear to tread)** *(Prov)* c'est de l'inconscience

[2] *(= jester)* bouffon *m*, fou *m*

VI *(= act silly)* ♦ **stop fooling!** arrête de faire l'idiot *or* l'imbécile ! ♦ **no fooling***, **he really said it** sans blague*, il a vraiment dit ça ♦ **I was only fooling** je ne faisais que plaisanter, c'était pour rire

♦ **to fool with** *(= mess with) [+ drugs, drink, electricity]* toucher à* ♦ **she's not someone you should fool with** avec elle on ne plaisante pas

VT berner, duper ♦ **you won't fool me so easily!** vous n'arriverez pas à me berner *or* duper si facilement ! ♦ **it fooled nobody** personne n'a été dupe ♦ **don't fool yourself** ne te fais pas d'illusions ♦ **you could have fooled me!** je ne l'aurais jamais cru !

ADJ *(US *)* ⇒ foolish

COMP **fooling about, fooling around** N bêtises *fpl*

**fool's gold** N *(Geol)* pyrite *f* ♦ **to go after fool's gold** *(fig) se lancer dans un projet insensé en espérant faire de l'argent*

**fool's-parsley** N petite ciguë *f*

▸ **fool about, fool around**

VI [1] *(= waste time)* perdre son temps ♦ **stop fooling about and get on with your work** cesse de perdre ton temps et fais ton travail

[2] *(= play the fool)* faire l'imbécile ♦ **stop fooling about!** arrête de faire l'imbécile !, cesse tes pitreries ! ♦ **to fool about with sth** *(= play with)* faire l'imbécile avec qch ; *(= mess with) [+ drugs, drink, electricity]* toucher à qch*

[3] *(= have an affair)* avoir une liaison *or* une aventure ; *(= have affairs)* avoir des liaisons *or* des aventures

N ♦ **fooling about** *or* **around** → fool[1]

**fool**[2] /fuːl/ N *(Brit Culin:* also **fruit fool)** (sorte de) mousse *f* de fruits ♦ **gooseberry fool** ≃ mousse *f* de groseilles à maquereaux

**foolery** /ˈfuːlərɪ/ SYN N *(NonC) (= foolish acts)* sottises *fpl*, bêtises *fpl* ; *(= behaviour)* bouffonnerie *f*, pitrerie(s) *f(pl)*

**foolhardiness** /ˈfuːl,hɑːdɪnɪs/ N témérité *f*, imprudence *f*

**foolhardy** /ˈfuːl,hɑːdɪ/ SYN ADJ téméraire, imprudent

**foolish** /ˈfuːlɪʃ/ SYN ADJ [1] *(= foolhardy) [person]* idiot, bête ; *[action, decision, statement, mistake]* stupide ♦ **don't be so foolish** ne fais pas l'idiot(e), ne sois pas bête ♦ **don't do anything foolish** ne faites pas de bêtises ♦ **she had done something very foolish** elle avait fait une grosse bêtise ♦ **what a foolish thing to do!** quelle bêtise ! ♦ **it would be foolish to believe her** ce serait stupide de la croire ♦ **I was foolish enough to do it** j'ai été assez bête pour le faire ♦ **it was foolish of him to say such a thing** c'était stupide de sa part de dire une chose pareille

[2] *(= ridiculous) [person, question]* ridicule ♦ **to make sb look foolish** rendre qn ridicule

**foolishly** /ˈfuːlɪʃlɪ/ SYN ADV [1] *(= unwisely) [behave, act, ignore, forget, admit]* bêtement ♦ **foolishly romantic** d'un romantisme stupide ♦ **foolishly, I allowed myself to be persuaded** bêtement, je me suis laissé persuader

[2] *(= ridiculously) [say, grin]* bêtement, sottement

**foolishness** /ˈfuːlɪʃnɪs/ SYN N *(NonC)* bêtise *f*, sottise *f*

**foolproof** /ˈfuːlpruːf/ SYN ADJ *[method]* infaillible ; *[piece of machinery]* indéréglable

**foolscap** /ˈfuːlskæp/

N (also **foolscap paper**) ≃ papier *m* ministre

COMP **foolscap envelope** N enveloppe *f* longue

**foolscap sheet** N feuille *f* de papier ministre

**foolscap size** N format *m* ministre

**foot** /fʊt/

N (pl **feet**) [1] *[of person, horse, cow etc]* pied *m* ; *[of dog, cat, bird]* patte *f* ♦ **to be on one's feet** *(lit)* être *or* se tenir debout ; *(fig : after illness)* être sur pied, être rétabli ♦ **I'm on my feet all day long** je suis debout toute la journée ♦ **to fall** *or* **land on one's feet** *(lit, fig)* retomber sur ses pieds ♦ **to think on one's feet** *(lit, fig)* agir sur le moment ♦ **to stand on one's own (two) feet** voler de ses propres ailes, se débrouiller tout seul ♦ **to have a foot in both camps** *or* **each camp** avoir un pied dans chaque camp ♦ **to go on foot** aller à pied ♦ **to get** *or* **to rise to one's feet** se lever, se mettre debout ♦ **to bring sb to his feet** faire lever qn ♦ **to put** *or* **set sb on his feet again** *(fig) (healthwise)* remettre qn d'aplomb *or* sur pied ; *(financially)* remettre qn en selle ♦ **to keep one's feet** garder l'équilibre ♦ **to keep one's feet on the ground** *(fig)* garder les pieds sur terre ♦ **to get one's feet on the ground** *(US fig) (= establish o.s.)* trouver ses marques ; *(= re-establish o.s.)* retrouver ses marques ♦ **feet first** les pieds devant ♦ **it's very wet under foot** c'est très mouillé par terre ♦ **he was trampled under foot by the horses** les chevaux l'ont piétiné ♦ **to get under sb's feet** venir dans les jambes de qn ♦ **the children have been under my feet the whole day** les enfants ont été dans mes jambes toute la journée ♦ **to put one's foot down*** *(in car = accelerate)* appuyer sur le champignon* ♦ **you've got to put your foot down** *(= be firm)* il faut réagir ♦ **he let it go on for several weeks before finally putting his foot down** il l'a supporté pendant plusieurs semaines avant d'y mettre le holà ♦ **to put one's foot in it*** mettre les pieds dans le plat ♦ **to put one's best foot forward** *(= hurry)* se dépêcher, allonger *or* presser le pas ; *(= do one's best)* faire de son mieux ♦ **he didn't put a foot wrong** il n'a pas commis la moindre erreur *or* maladresse ♦ **to start off** *or* **get off on the right/wrong foot** *[people, relationship]* être bien/mal parti ♦ **I got off on the wrong foot with him** j'ai mal commencé avec lui ♦ **to get one's** *or* **a foot in the door** *(fig)* faire le premier pas, établir un premier contact ♦ **to get one's feet under the table*** *(Brit fig)* s'installer ♦ **to put one's feet up*** (s'étendre *or* s'asseoir pour) se reposer un peu ♦ **to take the weight off one's feet** (s'asseoir pour) se reposer un peu ♦ **to have one foot in the grave*** avoir un pied dans la tombe ♦ **to be dying** *or* **dead on one's feet*** *(= exhausted)* être (complètement) à plat ♦ **the business is dying on its feet*** c'est une affaire qui périclite ♦ **to run sb off his feet*** fatiguer *or* éreinter qn ♦ **she is absolutely run off her feet*** elle est débordée, elle n'en peut plus, elle ne sait plus où donner de la tête ♦ **to set foot on land** poser le pied sur la terre ferme ♦ **I've never set foot there** je n'y ai jamais mis le(s) pied(s) ♦ **never set foot here again!** ne remettez jamais les pieds ici ! ♦ **my foot!*** mon œil !*, à d'autres ! ♦ **the boot** *(Brit)* *or* **the shoe** *(US)* **is on the other foot now** les rôles sont inversés maintenant ; → **cold, drag, find, ground**[1]

[2] *[of hill, bed, stocking, sock]* pied *m* ; *[of table]* bout *m* ; *[of page, stairs]* bas *m* ♦ **at the foot of the page** au *or* en bas de la page

[3] *(= measure)* pied *m* (anglais) *(= 30,48 cm)*

[4] *(NonC: Mil)* infanterie *f* ♦ **ten thousand foot** dix mille fantassins *mpl* *or* soldats *mpl* d'infanterie ♦ **the 91st of foot** le 91[e] (régiment) d'infanterie

[5] *(Poetry)* pied *m*

VT ♦ **to foot the bill*** payer (la note *or* la douloureuse*) ♦ **to foot it*** *(= walk)* (y) aller à pied *or* à pinces* ; *(= dance)* danser

COMP **foot-and-mouth (disease)** N fièvre *f* aphteuse

**foot brake** N frein *m* à pied

**foot-dragging** N lenteurs *fpl*, atermoiements *mpl*

**foot fault** N *(Tennis)* faute *f* de pied

**foot fault judge** N juge *m* de ligne de fond

**foot passengers** NPL *[of ferry]* passagers *mpl* sans véhicule

**foot patrol** N *(Police, Mil)* patrouille *f* à pied

**foot patrolman** N (pl **foot patrolmen**) *(US Police)* agent *m* de police

**foot-pound-second units** NPL *(Brit) système d'unités fondé sur le pied, la livre et la seconde*

**foot rot** N piétin *m*

**foot soldier** N fantassin *m*

**footage** /ˈfʊtɪdʒ/ N *(gen, also Cine = length)* ≃ métrage *m* ; *(= material on film)* séquences *fpl* *(about, on* sur) ♦ **they showed some footage of the riots/the concert** ils ont diffusé quelques séquences sur les émeutes/le concert

**football** /ˈfʊtbɔːl/

N [1] *(= sport) (Brit)* football *m*, foot* *m* ; *(US)* football *m* américain ; → **table**

[2] *(= ball)* ballon *m* (de football) ; → **political**

COMP *[ground, match, team, coach]* de football

**football game** N match *m* de football

**football hooligan** N *(Brit)* hooligan *m*, houligan *m*

**football hooliganism** N *(NonC: Brit)* hooliganisme *m*, houliganisme *m*

**football league** N championnat *m* de football ♦ **the Football League** *(Brit) la fédération britannique de football*

**football player** N *(Brit)* joueur *m*, -euse *f* de football, footballeur *m* ; *(US)* joueur *m*, -euse *f* de football américain

**football pools** NPL *(Brit)* ≃ loto *m* sportif, ≃ pronostics *mpl* (sur les matchs de football) ♦ **to do the football pools** ≃ jouer au loto sportif ♦ **he won £200 on the football pools** ≃ il a gagné 200 livres au loto sportif

**football season** N saison *f* de football

**football special** N *(Brit = train)* train *m* de supporters *(d'une équipe de football)*

**footballer** /ˈfʊtbɔːləʳ/ N *(Brit)* joueur *m* de football, footballeur *m*

**footballing** /ˈfʊtbɔːlɪŋ/ ADJ *[skills, career]* de footballeur ; *[hero]* du football ♦ **the great footballing nations** les grandes nations du football ♦ **he's got a footballing injury** il s'est blessé lors d'un match de football

**footbath** /ˈfʊtbɑːθ/ N bain *m* de pieds

**footboard** /ˈfʊtbɔːd/ N marchepied *m*

**footbridge** /ˈfʊtbrɪdʒ/ N passerelle *f*

**-footed** /ˈfʊtɪd/ ADJ *(in compounds)* ♦ **light-footed** au pied léger ; → **four**

**footer** /ˈfʊtəʳ/ N *(Typography, Comput)* titre *m* en bas de page

**-footer** /ˈfʊtəʳ/ N *(in compounds)* ♦ **a 15-footer** *(= boat)* ≃ un bateau de 5 mètres de long ; → **six**

**footfall** /ˈfʊtfɔːl/ N (bruit *m* de) pas *mpl*

**footgear** /ˈfʊtgɪəʳ/ N chaussures *fpl*

**foothills** /ˈfʊthɪlz/ NPL contreforts *mpl*

**foothold** /ˈfʊthəʊld/ N prise *f* (de pied) ♦ **to get** *or* **gain a foothold** *(lit)* prendre pied ; *(fig) [newcomer]* se faire (progressivement) accepter ; *[idea, opinion, fascism etc]* se répandre, se propager ♦ **to gain a foothold in a market** *(Comm)* prendre pied sur un marché

**footie***, **footy*** /ˈfʊtɪ/ N *(Brit)* foot* *m*

**footing** /ˈfʊtɪŋ/ SYN N [1] *(lit)* prise *f* (de pied) ♦ **to lose** *or* **miss one's footing** perdre son équilibre *or* l'équilibre

[2] *(= position, basis)* ♦ **to get a footing in society** se faire une position dans le monde ♦ **to be on a friendly footing with sb** être en termes amicaux avec qn ♦ **on an equal footing** sur un pied d'égalité ♦ **on a war footing** sur le pied de guerre ♦ **to put sth on an official footing** officialiser qch, rendre qch officiel ♦ **on the footing that...** *(Jur)* en supposant que...

**footle*** /ˈfuːtl/ VI ♦ **to footle about** *(= clown around)* faire l'âne ; *(= waste time)* perdre son temps à des futilités

**footlights** /ˈfʊtlaɪts/ NPL *(Theat)* rampe *f* ♦ **the lure of the footlights** l'attrait du théâtre *or* des planches*

**footling** /ˈfuːtlɪŋ/ SYN ADJ insignifiant, futile

**footlocker** /ˈfʊt,lɒkəʳ/ N *(US Mil)* cantine *f*

**footloose** /ˈfʊtluːs/ ADJ libre (de toute attache) ♦ **footloose and fancy-free** libre comme l'air

**footman** /ˈfʊtmən/ N (pl **-men**) valet *m* de pied

**footmark** /ˈfʊtmɑːk/ N empreinte *f* (de pied)

**footnote** /ˈfʊtnəʊt/ N *(lit)* note *f* en bas de (la) page ; *(fig)* post-scriptum *m*

**footpad** /'fʊtpæd/ N (Hist, hum) voleur m de grand chemin

**footpath** /'fʊtpɑːθ/ N (= path) sentier m ; see also **public** ; (Brit) (= pavement) trottoir m ; (by highway) chemin m

**footplate** /'fʊtpleɪt/
N (esp Brit : of train) plateforme f (d'une locomotive)
COMP **footplate workers** NPL ⇒ **footplatemen**

**footplatemen** /'fʊtpleɪtmən/ NPL (esp Brit : on train) agents mpl de conduite

**footprint** /'fʊtprɪnt/ N (lit) empreinte f (de pied) ; (fig) [of appliance, machine, computer] surface f d'encombrement ; [of satellite] empreinte f

**footpump** /'fʊtpʌmp/ N pompe f à pied

**footrest** /'fʊtrest/ N (= part of chair) repose-pieds m inv ; (= footstool) tabouret m (pour les pieds)

**Footsie*** /'fʊtsɪ/ N (abbrev of Financial Times Stock Exchange 100 Index) → **financial** ♦ **(the) Footsie** l'indice m Footsie

**footsie*** /'fʊtsɪ/ N ♦ **to play footsie with sb** faire du pied à qn

**footslog**‡ /'fʊtslɒg/ VI ♦ **I've been footslogging around town** j'ai fait toute la ville à pied

**footslogger**‡ /'fʊtslɒgə'/ N (= walker) marcheur m, -euse f ; (= soldier) pousse-cailloux ††m inv

**footsore** /'fʊtsɔː'/ ADJ aux pieds endoloris or douloureux ♦ **to be footsore** avoir mal aux pieds

**footstep** /'fʊtstep/ SYN
N pas m ; → **follow**
COMP **footsteps editor** N (Brit Cine) bruiteur m

**footstool** /'fʊtstuːl/ N tabouret m (pour les pieds)

**footway** /'fʊtweɪ/ N ⇒ **footpath**

**footwear** /'fʊtweə'/ N chaussures fpl

**footwork** /'fʊtwɜːk/ N (NonC: Sport, Dancing) jeu m de jambes ♦ **legal/financial/political footwork** manœuvre f juridique/financière/politique

**footy*** /'fʊtɪ/ N ⇒ **footie**

**fop** /fɒp/ N dandy m

**foppish** /'fɒpɪʃ/ ADJ [manners, behaviour, clothes] de dandy ♦ **a foppish man** un dandy

**FOR** /ˌefəʊ'ɑː'/ (Comm) (abbrev of **free on rail**) → **free**

✦ ✦ ✦ ✦ ✦ ✦ ✦ ✦ ✦ ✦ ✦ ✦ ✦ ✦ ✦ ✦ ✦ ✦

**for** /fɔː'/

1 - PREPOSITION
2 - CONJUNCTION

▶ When **for** is part of a phrasal verb, eg **look for**, **make for**, **stand for**, look up the verb. When it is part of a set combination, eg **a gift/taste for**, **for sale/pleasure**, **eager/fit/noted for**, look up the other word.

✦ ✦ ✦ ✦ ✦ ✦ ✦ ✦ ✦ ✦ ✦ ✦ ✦ ✦ ✦ ✦ ✦ ✦

**1 - PREPOSITION**

1 pour ♦ **a letter for you** une lettre pour toi ♦ **is this for me?** c'est pour moi ? ♦ **a collection for the homeless** une quête pour les or en faveur des sans-abri ♦ **he went there for a rest** il y est allé pour se reposer ♦ **it is warm for January** il fait bon pour (un mois de) janvier ♦ **he's tall for his age** il est grand pour son âge ♦ **it's okay for a first attempt** ce n'est pas mal pour une première tentative ♦ **there is one French passenger for every ten English** il y a un passager français pour dix Anglais ♦ **for or against** pour ou contre ♦ **I'm for helping him** je suis pour l'aider, je suis partisan de l'aider ♦ **I've got some news for you** j'ai du nouveau à t'apprendre, j'ai des nouvelles pour toi ♦ **a cloth for polishing silver** un chiffon pour astiquer l'argenterie ♦ **it's not for cutting wood** ça n'est pas fait pour couper du bois ♦ **what's this knife for?** à quoi sert ce couteau ? ♦ **he had a bag for a pillow** il avait un sac en guise d'oreiller ♦ **it's time for dinner** c'est l'heure du dîner, il est l'heure de dîner ♦ **I decided that it was the job for me** j'ai décidé que ce travail était fait pour moi ou que c'était le travail qu'il me fallait ♦ **"For Whom the Bell Tolls"** (Literat) « Pour qui sonne le glas ».

2 [= GOING TO] pour ♦ **is this the train for Paris?** c'est bien le train pour Paris ? ♦ **this isn't the bus for Lyons** ce n'est pas le bus pour Lyon ♦ **trains for Paris go from platform one** les trains pour Paris or à destination de Paris partent du quai numéro un ♦ **he swam for the shore** il a nagé vers le rivage ♦ **where are you for?** où allez-vous ?

3 [= ON BEHALF OF] ♦ **for me/you** etc à ma/ta etc place ♦ **I'll see her for you if you like** je peux aller la voir à ta place si tu veux ♦ **will you go for me?** est-ce que vous pouvez y aller à ma place ?

4 [= AS IN] comme ♦ **D for Daniel** D comme Daniel

5 [= IN EXCHANGE FOR] ♦ **I'll give you this book for that one** je vous échange ce livre-ci contre celui-là ♦ **he'll do it for £25** il le fera pour 25 livres

> When used with **pay** and **sell**, **for** is not translated.

♦ **to pay €10 for a ticket** payer un billet 10 € ♦ **I sold it for £20** je l'ai vendu 20 livres

6 [= BECAUSE OF] pour ♦ **for this reason** pour cette raison ♦ **to go to prison for theft** aller en prison pour vol ♦ **to choose sb for his ability** choisir qn pour or en raison de sa compétence

7 [= FROM] de ♦ **for fear of being left behind** de peur d'être oublié ♦ **to jump for joy** sauter de joie

8 [= UP TO] à ♦ **that's for him to decide** c'est à lui de décider ♦ **it's not for you to blame him** ce n'est pas à vous de le critiquer ♦ **it's not for me to say** ce n'est pas à moi de le dire

9 [= IN SPITE OF] malgré ♦ **for all his wealth** malgré toute sa richesse ♦ **for all that, you should have warned me** malgré tout, vous auriez dû me prévenir, vous auriez quand même dû me prévenir ♦ **for all he promised to come, he didn't** malgré ses promesses, il n'est pas venu, bien qu'il ait promis de venir, il ne l'a pas fait

10 [= FOR A DISTANCE OF] sur, pendant ♦ **a road lined with trees for 3km** une route bordée d'arbres sur 3 km ♦ **there was nothing to be seen for miles** il n'y avait rien à voir pendant des kilomètres ♦ **we walked for 2km** nous avons marché (pendant) 2 km ♦ **there were small drab houses for mile upon mile** des petites maisons monotones se succédaient pendant or sur des kilomètres et des kilomètres

11 [TIME IN THE PAST OR FUTURE] pendant ♦ **he suffered terribly for six months** il a horriblement souffert pendant six mois

> With certain verbs **pendant** may be omitted.

♦ **I worked/stayed there for three months** j'y ai travaillé/j'y suis resté (pendant) trois mois ♦ **he went away for two weeks** il est parti (pendant) quinze jours ♦ **I'll be away for a month** je serai absent (pendant) un mois

> When **for** indicates an intention, the translation is **pour**.

♦ **Christian went for a week, but stayed for a year** Christian était parti pour une semaine, mais il est resté un an

> When **for** refers to future time, it is translated by **pour** after **aller** and **partir**.

♦ **he's going there for six months** il y va pour six mois ♦ **I am going away for a few days** je pars (pour) quelques jours BUT ♦ **he won't be back for a week** il ne sera pas de retour avant huit jours

12 [UNCOMPLETED STATES AND ACTIONS] depuis, ça fait... que (less frm)

> French generally uses the present and imperfect where English uses the perfect and past perfect.

♦ **he's been here for ten days** il est ici depuis dix jours, ça fait dix jours qu'il est ici ♦ **I have known her for five years** je la connais depuis cinq ans, ça fait cinq ans que je la connais ♦ **I have been working here for three months** je travaille ici depuis trois mois, ça fait trois mois que je travaille ici ♦ **I had known her for years** je la connaissais depuis des années ♦ **I had been working there for three months when...** je travaillais là depuis trois mois quand... ♦ **he hasn't worked for two years** il n'a pas travaillé depuis deux ans, ça fait deux ans qu'il ne travaille pas ♦ **she hadn't seen him for three months** elle ne l'avait pas vu depuis trois mois, cela faisait trois mois qu'elle ne l'avait pas vu

13 [PHRASES WITH INFINITIVE] ♦ **their one hope is for him to return** leur seul espoir est qu'il revienne ♦ **the best would be for you to go away** le mieux serait que vous en alliez subj ♦ **for this to be possible** pour que cela soit possible ♦ **I brought it for you to see** je l'ai apporté pour que vous le voyiez subj ♦ **there is still time for him to come** il a encore le temps d'arriver

14 [EXCLAMATIONS]

♦ **for it!*** ♦ **now for it!** (bon, alors) on y va ! ♦ **you're for it!** qu'est-ce que tu vas prendre !*, ça va être ta fête !‡ ♦ **he'll be for it if he catches me here!** qu'est-ce que je vais prendre * s'il me trouve ici !

♦ **oh for...!** ♦ **oh for a cup of tea!** je donnerais n'importe quoi pour une tasse de thé ! ♦ **oh for a chance of revenge!** si seulement je pouvais me venger !

**2 - CONJUNCTION**

[LITER = BECAUSE] car ♦ **I avoided him, for he was rude and uncouth** je l'évitais car il était impoli et grossier

**forage** /'fɒrɪdʒ/ SYN
N fourrage m
VI fourrager, fouiller, (for pour trouver)
COMP **forage cap** N (Mil) calot m

**foramen** /fɒ'reɪmen/ N (pl **foramens** or **foramina** /fɒ'ræmɪnə/) (Anat) foramen m

**foraminifer** /ˌfɒrə'mɪnɪfə'/ N (= animal) foraminifère m

**forasmuch as** /fərəz'mʌtʃ/ CONJ († or Jur) attendu que

**foray** /'fɒreɪ/
N (Mil) incursion f, raid m (into en) ; (fig : into business, politics, acting etc) incursion f (into dans) ♦ **to go on** or **make a foray** (Mil) faire une incursion or un raid ♦ **we made a short foray into town** on a fait une petite expédition en ville
VI faire une incursion or un raid

**forbad(e)** /fə'bæd/ VB pret of **forbid**

**forbear** /fɔː'bɛə'/ SYN (pret **forbore**, ptp **forborne**)
VI (frm) s'abstenir ♦ **to forbear from doing sth**, **to forbear to do sth** s'abstenir or se garder de faire qch ♦ **he forbore to make any comment** il s'abstint de tout commentaire

**forbearance** /fɔː'bɛərəns/ SYN N patience f, tolérance f

**forbearing** /fɔː'bɛərɪŋ/ SYN ADJ patient, tolérant

**forbears** /'fɔːbɛəz/ NPL ⇒ **forebears**

**forbid** /fə'bɪd/ LANGUAGE IN USE 9.3, 9.5, 10.4 SYN (pret **forbad(e)** ptp **forbidden**) VT 1 (= not allow) défendre, interdire ♦ **to forbid sb to do sth**, **to forbid sb from doing sth** interdire à qn de faire qch ♦ **to forbid sb alcohol** défendre or interdire l'alcool à qn ♦ **I forbid you to!** je te l'interdis ! ♦ **it is forbidden to do that** il est défendu or interdit de faire cela ♦ **they are forbidden to do that** ils n'ont pas la permission de faire cela, il leur est défendu or interdit de faire cela ♦ **that's forbidden** c'est défendu or interdit ♦ **forbidden by law** interdit par la loi ♦ **smoking is (strictly) forbidden** il est (formellement) interdit de fumer ♦ **"smoking forbidden"** (on sign) « défense de fumer » ♦ **preaching was forbidden to women** il était défendu or interdit aux femmes de prêcher

2 (= prevent) empêcher ♦ **his pride forbids him to ask for** or **from asking for help**, **his pride forbids his asking for help** (more frm) sa fierté l'empêche de demander de l'aide ♦ **custom forbids any modernization** la coutume empêche toute modernisation ♦ **God** or **Heaven forbid!*** grands dieux non ! ♦ **God** or **Heaven forbid that this might be true!** (liter) pourvu que ça ne soit pas vrai ! (liter) ♦ **God** or **Heaven forbid that he should come here!** pourvu qu'il ne vienne pas ici ♦ **God** or **Heaven forbid (that) I should do anything illegal** Dieu me garde de faire quoi que ce soit d'illégal

**forbidden** /fə'bɪdn/ LANGUAGE IN USE 9.5, 10.4 SYN
VB pt of **forbid**
ADJ [food, book, place, love] interdit ; [subject, word] tabou ; [feelings] défendu ♦ **that's forbidden territory** or **ground** (fig) c'est un sujet tabou
COMP **the Forbidden City** N la Cité interdite
**forbidden fruit** N (Bible or fig) fruit m défendu

**forbidding** /fə'bɪdɪŋ/ SYN ADJ [person] à l'allure sévère ; [expression] sévère ; [place] inhospitalier ; [building] menaçant

**forbiddingly** /fə'bɪdɪŋlɪ/ ADV [look at, frown] de façon rébarbative ♦ **a forbiddingly prison-like building** un bâtiment aux allures rébarbatives de prison

**forbore** /fɔː'bɔː'/ VB pt of **forbear**

**forborne** /fɔː'bɔːn/ VB ptp of **forbear**

**force** /fɔːs/ LANGUAGE IN USE 10.3 SYN
N 1 (NonC) (= strength) force f, violence f ; (Phys) force f ; [of phrase, word] force f, poids m ♦ **force of gravity** pesanteur f ♦ **centrifugal/centripetal**

**force** force f centrifuge/centripète ◆ **to use force** employer la force (to do sth pour faire qch) ◆ **by sheer force** par la simple force ◆ **by force of** à force de ◆ **force of circumstances** force f des choses ◆ **from force of habit** par la force de l'habitude ◆ **through** or **by sheer force of will** purement à force de volonté ◆ **by (sheer) force of personality** uniquement grâce à sa personnalité ◆ **force of a blow** violence f d'un coup ◆ **to resort to force** avoir recours à la force ◆ **to settle a dispute by force** régler une querelle par la force ◆ **his argument lacked force** son argument manquait de conviction ◆ **I don't quite see the force of his argument** je ne vois pas bien la force de son argument ; → **brute**
◆ **in(to) force** ◆ **the rule is now in force** le règlement est désormais en vigueur ◆ **the police were there in force** la police était là en force ◆ **they came in force to support him** ils sont venus en force pour lui apporter leu soutien ◆ **to come into force** [law, prices] entrer en vigueur or en application

2 (= power) force f ◆ **the forces of Nature** les forces fpl de la nature ◆ **he is a powerful force in the Trade Union movement** il exerce un grand pouvoir au sein du mouvement syndical ◆ **there are several forces at work** plusieurs influences entrent en jeu ; → **life**

3 (= body of men) force f ◆ **the forces** (Brit Mil) les forces fpl armées ◆ **allied forces** (Brit Mil) armées fpl alliées ◆ **the force\*** (Police) la police ; see also **police** ; → **join, land, sale**

**VT** 1 (= constrain) forcer, obliger (sb to do sth qn à faire qch) ◆ **to be forced to do sth** être forcé or obligé de faire qch ◆ **to force o.s. to do sth** se forcer or s'obliger à faire qch ◆ **I find myself forced to say that...** je me vois contraint de dire que... ◆ **he was forced to conclude that...** il a été forcé de conclure que...

2 (= impose) [+ conditions, obedience] imposer (on sb à qn) ◆ **the decision was forced on me by events** cette décision m'a été imposée par les événements, ce sont les événements qui m'ont dicté cette décision ◆ **they forced action on the enemy** ils ont contraint l'ennemi à se battre ◆ **I don't want to force myself on you, but...** je ne veux pas m'imposer, mais... ◆ **to force the issue** enfoncer le clou

3 (= push, thrust) pousser ◆ **to force books into a box** fourrer des livres dans une caisse ◆ **he forced himself through the gap in the hedge** il s'est frayé un passage par un trou dans la haie ◆ **to force one's way into** entrer or pénétrer de force dans ◆ **to force one's way through sth** se frayer un passage à travers qch ◆ **to force a bill through Parliament** forcer la Chambre à voter une loi ◆ **the lorry forced the car off the road** le camion a forcé la voiture à quitter la route

4 (= break open) [+ lock] forcer ◆ **to force (open) a drawer/a door** forcer un tiroir/une porte ◆ **to force sb's hand** (fig) forcer la main à qn

5 (= extort) arracher ; (stronger) extorquer (from à) ◆ **he forced a confession from me** il m'a arraché or extorqué une confession ◆ **we forced the secret out of him** nous lui avons arraché le secret

6 [+ plants] forcer, hâter ◆ **to force the pace** forcer l'allure or le pas

7 ◆ **he forced a reply/a smile** ◆ **he forced himself to reply/smile** il s'est forcé à répondre/à sourire

**VI** (Bridge) faire un forcing

**COMP force-feed** VT (gen) nourrir de force ; [+ animal] gaver ◆ **he was force-fed** on l'a nourri de force ◆ **as a child she was force-fed (on) Shakespeare** quand elle était petite elle a été gavée de Shakespeare
**force pump** N (Tech) pompe f foulante
**forcing bid** N (Bridge) annonce f forcée or de forcing
**forcing house** N (Agr) forcerie f ; (fig) pépinière f

▶ **force back** VT SEP 1 [+ enemy] obliger à reculer, faire reculer ; [+ crowd] repousser, faire reculer

2 ◆ **to force back one's desire to laugh** réprimer son envie de rire ◆ **to force back one's tears** refouler ses larmes

▶ **force down** VT SEP 1 [+ aircraft] forcer à atterrir

2 [+ prices, inflation, unemployment] faire baisser

3 ◆ **to force food down** se forcer à manger ◆ **if you force the clothes down you will get more into the suitcase** si tu tasses les vêtements tu en feras entrer plus dans la valise

▶ **force out** VT SEP 1 [+ cork] faire sortir (de force) ◆ **he forced the cork out** il a sorti le bouchon en forçant ◆ **they forced the rebels out into the open** ils ont forcé or obligé les insurgés à se montrer ◆ **small farmers will be forced out of the market** les petits exploitants seront éliminés du marché

2 ◆ **he forced out a reply/an apology** il s'est forcé à répondre/à s'excuser

▶ **force up** VT SEP [+ prices, inflation, unemployment] faire monter

**forced** /fɔːst/ LANGUAGE IN USE 10.1 SYN
**ADJ** 1 (= imposed) [marriage, repatriation] forcé
2 (= artificial) [smile, laughter] forcé ; [conversation] peu naturel ◆ **to sound forced** [words] faire peu naturel ; [laughter] sembler forcé
3 [plant] forcé
**COMP forced entry** N (Law) entrée f avec effraction
**forced labour** N travaux mpl forcés
**forced landing** N atterrissage m forcé
**forced march** N marche f forcée
**forced savings** NPL épargne f forcée

**forceful** /ˈfɔːsfʊl/ SYN ADJ 1 (= hard) [blow, kick, punch] violent
2 (= vigorous) [person, personality, intervention] énergique ; [action, reminder] vigoureux ; [argument] convaincant ; [statement, speech] énergique ◆ **to be forceful in doing sth** faire qch énergiquement ◆ **he was forceful in condemning the regime** or **in his condemnation of the regime** il a condamné énergiquement le régime

**forcefully** /ˈfɔːsfʊli/ ADV 1 (= using force) [push, knock] avec force, violemment ; [remove, administer] avec fermeté ; (= forcibly) de force
2 [say, express, remind] avec force ; [argue] avec force, avec vigueur ; [act, intervene] avec détermination ◆ **it struck him forcefully that...** il lui est apparu avec force or avec une évidence frappante que...

**forcefulness** /ˈfɔːsfʊlnɪs/ N 1 (= force) [of blow, kick, punch] force f, violence f
2 (= vigour) [of person] détermination f ; [of argument, attack] force f

**force majeure** /mæˈʒɜːr/ N (Jur) force f majeure

**forcemeat** /ˈfɔːsmiːt/ N (Culin) farce f, hachis m (de viande et de fines herbes)

**forceps** /ˈfɔːseps/ NPL (also **pair of forceps**) forceps m ◆ **forceps delivery** accouchement m au forceps

**forcible** /ˈfɔːsəbl/ SYN
ADJ 1 (= forced) [repatriation, feeding] forcé
2 (= powerful) [affirmation, speech, reminder] vigoureux
**COMP forcible entry** N (by thief) entrée f par effraction ◆ **to make a forcible entry** (by police) entrer de force

**forcibly** /ˈfɔːsəbli/ SYN ADV 1 (= by force) [remove, eject, annex] de force, par la force ; [repatriate, separate, feed] de force ; [restrain] par la force
2 (= powerfully) [strike] avec force ; [argue, express] énergiquement ◆ **to bring sth forcibly home to sb** forcer qn à prendre conscience de qch

**ford** /fɔːd/
N gué m
VT passer à gué

**fordable** /ˈfɔːdəbl/ ADJ guéable

**fore** /fɔːr/
ADJ 1 [foot, limb] antérieur ◆ **near fore** antérieur gauche ◆ **off fore** antérieur droit ; see also **foreleg**
2 (on ship, plane) avant inv ◆ **the fore watch** (on ship) le quart de proue
N 1 ◆ **to come to the fore** [person] se mettre en évidence, se faire remarquer ; [sb's courage] se manifester ◆ **he was well to the fore during the discussion** il a été très en évidence pendant la discussion ◆ **to the fore** (= at hand) à portée de main
2 (= front of ship) avant m
ADV (on ship) à l'avant ◆ **fore and aft** de l'avant à l'arrière
EXCL (Golf) gare !, attention !
COMP **fore and aft rig** N gréement m aurique
**fore and aft sail** N voile f aurique

**forearm** /ˈfɔːrɑːm/ N avant-bras m inv

**forebears** /ˈfɔːbɛəz/ NPL (liter) aïeux mpl (liter)

**forebode** /fɔːˈbəʊd/ SYN VT présager, annoncer

**foreboding** /fɔːˈbəʊdɪŋ/ SYN
N pressentiment m, prémonition f ◆ **to have a foreboding that** avoir le pressentiment que, pressentir que ◆ **to have forebodings** avoir des pressentiments or des prémonitions ◆ **with many forebodings he agreed to do it** il a consenti à le faire en dépit de or malgré toutes ses appréhensions
ADJ qui ne présage rien de bon, menaçant

**forebrain** /ˈfɔːbreɪn/ N (Anat) cerveau m antérieur

**forecast** /ˈfɔːkɑːst/ SYN (pret, ptp **forecast**)
VT prévoir
N 1 (gen) prévisions fpl ; (Betting) pronostic m ◆ **according to all the forecasts** selon toutes les prévisions ◆ **sales forecast** prévisions fpl de vente ◆ **the racing forecast** les pronostics mpl hippiques or des courses
2 (also **weather forecast**) bulletin m météorologique, météo\* f ◆ **the forecast is good** les prévisions sont bonnes, la météo\* est bonne

**forecaster** /ˈfɔːkɑːstər/ N (Weather) météorologue mf ; (Econ, Pol) prévisionniste mf ; (Sport) pronostiqueur m, -euse f

**forecastle** /ˈfəʊksl/ N (on ship) gaillard m d'avant ; (Merchant Navy) poste m d'équipage

**foreclose** /fɔːˈkləʊz/
VT (Jur) saisir ◆ **to foreclose (on) a mortgage** saisir un bien hypothéqué
VI saisir le bien hypothéqué

**foreclosure** /fɔːˈkləʊʒər/ N saisie f

**forecourt** /ˈfɔːkɔːt/ N (esp Brit) avant-cour f, cour f de devant ; [of petrol station] devant m

**foredeck** /ˈfɔːdek/ N pont m avant

**foredoomed** /fɔːˈduːmd/ ADJ (liter) condamné d'avance, voué à l'échec

**forefathers** /ˈfɔːfɑːðəz/ NPL aïeux mpl (liter), ancêtres mpl

**forefinger** /ˈfɔːfɪŋgər/ N index m

**forefoot** /ˈfɔːfʊt/ N (pl **-feet**) [of horse, cow] pied m antérieur or de devant ; [of cat, dog] patte f antérieure or de devant

**forefront** /ˈfɔːfrʌnt/ N ◆ **in** or **at the forefront of** [+ research, technology, progress] à la pointe de ◆ **in** or **at the forefront of their minds** au premier plan or au centre de leurs préoccupations ◆ **to bring sth to the forefront** mettre qch en évidence, faire ressortir qch

**foregather** /fɔːˈgæðər/ VI se réunir, s'assembler

**forego** /fɔːˈgəʊ/ (pret **forewent** ptp **foregone**) VT renoncer à, se priver de

**foregoing** /fɔːˈgəʊɪŋ/ SYN ADJ précédent ; (in legal document) susdit ◆ **according to the foregoing** d'après ce qui précède

**foregone** /ˈfɔːgɒn/ ADJ ◆ **it was a foregone conclusion** c'était à prévoir, c'était joué d'avance ◆ **it's a foregone conclusion that...** il ne fait aucun doute que...

**foreground** /ˈfɔːgraʊnd/ SYN
N (Art, Phot) premier plan m ◆ **in the foreground** au premier plan
VT (lit) [+ object in photo, picture] mettre en premier plan ; (fig) [+ issue, problem] mettre en avant

**forehand** /ˈfɔːhænd/ (Tennis)
N coup m droit
COMP **forehand drive** N coup m droit
**forehand volley** N volée f de coup droit

**forehead** /ˈfɒrɪd/ N front m ◆ **on his forehead** au front

**foreign** /ˈfɒrən/ SYN
ADJ 1 [person, country, language, food, car] étranger ; [holiday, travel] à l'étranger ; [goods, produce] de l'étranger ; [politics, trade, debt] extérieur (-eure f) ; (incoming) étranger ; (abroad) à l'étranger ; [news] du monde ◆ **he comes from a foreign country** il vient de l'étranger ◆ **our relations with foreign countries** nos rapports avec l'étranger
2 (= alien) ◆ **foreign to** étranger à ◆ **lying is quite foreign to him** or **to his nature** le mensonge lui est (complètement) étranger
3 (= extraneous) [matter, object, substance] étranger
COMP **foreign affairs** NPL affaires fpl étrangères ◆ **Minister of Foreign Affairs** ministre m des Affaires étrangères ◆ **Ministry of Foreign Affairs** ministère m des Affaires étrangères ◆ **Secretary (of State) for Foreign Affairs** (Brit) ≈ ministre m des Affaires étrangères
**foreign agent** N (= spy) agent m étranger ; (Comm) représentant m à l'étranger
**foreign aid** N aide f étrangère
**Foreign and Commonwealth Office** N (Brit) ministère m des Affaires étrangères et du Commonwealth

**foreign body** N (Med) corps m étranger
**foreign-born** ADJ né à l'étranger
**foreign correspondent** N correspondant(e) m(f) à l'étranger
**foreign currency** N devises fpl étrangères
**foreign exchange** N (= system) change m ; (= currency) devises fpl ◆ **the foreign exchange market** le marché des changes
**foreign investment** N (abroad) investissements mpl à l'étranger ; (from abroad) investissements mpl étrangers
**Foreign Legion** N Légion f (étrangère)
**Foreign Minister** N ministre m des Affaires étrangères
**Foreign Ministry** N ministère m des Affaires étrangères
**foreign national** N ressortissant(e) m(f) étranger (-ère f)
**Foreign Office** N (Brit) ≈ ministère m des Affaires étrangères
**foreign-owned** ADJ (Econ, Comm) sous contrôle étranger
**foreign policy** N politique f étrangère or extérieure
**foreign relations** NPL relations fpl extérieures
**Foreign Secretary** N (Brit) ≈ ministre m des Affaires étrangères
**foreign service** N (esp US) service m diplomatique

**foreigner** /ˈfɒrənər/ SYN N étranger m, -ère f

**foreknowledge** /ˈfɔːˈnɒlɪdʒ/ N fait m de savoir à l'avance, connaissance f anticipée ◆ **I had no foreknowledge of his intentions** je ne savais pas à l'avance ce qu'il avait l'intention de faire ◆ **it presupposes a certain foreknowledge of...** ceci présuppose une certaine connaissance anticipée de...

**foreland** /ˈfɔːlənd/ N (= headland) cap m, promontoire m

**foreleg** /ˈfɔːleg/ N [of horse, cow] jambe f antérieure ; [of dog, cat] patte f de devant

**forelock** /ˈfɔːlɒk/ N mèche f, toupet m ◆ **to touch or tug one's forelock to sb** (Brit) (lit) saluer qn en portant la main à son front ; (fig) faire des courbettes à or devant qn ◆ **to take Time by the forelock** (liter) saisir l'occasion aux cheveux

**foreman** /ˈfɔːmən/ N (pl -men) ① (in workplace) contremaître m, chef m d'équipe ② [of jury] président m

**foremast** /ˈfɔːmɑːst/ N mât m de misaine

**foremost** /ˈfɔːməʊst/ SYN
ADJ ① (= chief) [authority, expert, writer, scholar] plus grand, plus éminent ◆ **foremost among contemporary writers is...** le premier d'entre tous les écrivains contemporains est... ◆ **to be foremost in sb's mind** être au premier plan des pensées or des préoccupations de qn ◆ **they were foremost in calling for an end to the war** ils ont été les plus actifs pour appeler à la fin de la guerre
② (Naut) le or la plus en avant
ADV ① (= above all) tout d'abord ◆ **first and foremost** d'abord et avant tout
② (= forwards) en avant

**forename** /ˈfɔːneɪm/ N prénom m

**forenoon** /ˈfɔːnuːn/ N matinée f

**forensic** /fəˈrensɪk/
ADJ ① (also **forensics**) : Med, Jur [test, laboratory] médico-légal
② (frm = lawyerly) [skill, eloquence] du barreau
N **forensics** (NonC) (= science) médecine f légale ; (= police department) département m médicolégal
COMP **forensic evidence** N preuves fpl relevées lors d'une expertise médicolégale
**forensic expert** N expert m médicolégal
**forensic medicine** N médecine f légale
**forensic science** N expertise f médicolégale ◆ **forensic science laboratory** ≈ laboratoire m de police scientifique
**forensic scientist** N médecin m légiste
**forensics expert** N ⇒ forensic expert

**foreordained** /ˌfɔːrɔːˈdeɪnd/ ADJ (= inevitable) inévitable ◆ **to be foreordained to do sth** être prédestiné à faire qch

**forepaw** /ˈfɔːpɔː/ N patte f antérieure or de devant

**foreplay** /ˈfɔːpleɪ/ N préliminaires mpl (amoureux)

**forequarters** /ˈfɔːˌkwɔːtəz/ NPL quartiers mpl de devant

**forerunner** /ˈfɔːˌrʌnər/ SYN N ① (= sign, indication) signe m avant-coureur, présage m ; (= person) précurseur m ; [of machine, invention] ancêtre m ② (Ski) ouvreur m

**foresail** /ˈfɔːseɪl/ N (voile f de) misaine f

**foresee** /fɔːˈsiː/ SYN (pret **foresaw**, ptp **foreseen**) VT prévoir

**foreseeable** /fɔːˈsiːəbl/ ADJ prévisible ◆ **in the foreseeable future** dans un avenir prévisible

**foreshadow** /fɔːˈʃædəʊ/ SYN VT [event etc] présager, annoncer, laisser prévoir

**foreshock** /ˈfɔːʃɒk/ N (Geol) séisme m précurseur

**foreshore** /ˈfɔːʃɔːr/ N [of beach] plage f ; (Geog) estran m

**foreshorten** /fɔːˈʃɔːtn/ VT ① (Art) [perspective, view, shape, figure] faire un raccourci de ; (Phot) déformer par un effet de téléobjectif ◆ **foreshortened view** raccourci m
② (frm : in duration, size) raccourcir

**foreshortening** /fɔːˈʃɔːtnɪŋ/ N (Art, Phot) raccourci m

**foresight** /ˈfɔːsaɪt/ SYN N prévoyance f ◆ **lack of foresight** imprévoyance f ◆ **to have the foresight to do sth** faire preuve de prévoyance en faisant qch, avoir la bonne idée de faire qch au bon moment

**foreskin** /ˈfɔːskɪn/ N prépuce m

**forest** /ˈfɒrɪst/
N forêt f ◆ **he can't see the forest for the trees** (US) les arbres lui cachent la forêt
COMP **Forest Enterprise** N (Brit) ≈ Office m des Forêts
**forest fire** N incendie m de forêt
**forest ranger** N garde m forestier

**forestall** /fɔːˈstɔːl/ VT [+ competitor] devancer ; [+ desire, eventuality, objection] anticiper, prévenir

**forested** /ˈfɒrɪstɪd/ ADJ boisé

**forester** /ˈfɒrɪstər/ N forestier m

**forestry** /ˈfɒrɪstrɪ/ SYN
N sylviculture f, foresterie f
COMP **the Forestry Commission** N ancien nom de l'Office des Forêts en Grande-Bretagne

**foretaste** /ˈfɔːteɪst/ N avant-goût m ◆ **the riot provided a foretaste of the civil war to come** l'émeute donna un avant-goût de ce que serait la guerre civile

**foretell** /fɔːˈtel/ SYN (pret, ptp **foretold**) VT prédire

**forethought** /ˈfɔːθɔːt/ SYN N prévoyance f ◆ **lack of forethought** imprévoyance f

**forever, for ever** /fərˈevər/ SYN ADV ① (= eternally) [live, last, remember] toujours ◆ **I'll love you forever** je t'aimerai toujours ◆ **Manchester United forever!** vive Manchester United ! ◆ **forever and ever** à jamais, éternellement
② (= definitively) [go, change, disappear, lose, close] définitivement, pour toujours ◆ **he left forever** il est parti pour toujours
③ (* = a long time) [take] une éternité ; [wait] jusqu'à la saint-glinglin* ◆ **the meeting lasted forever** la réunion n'en finissait pas
④ (= constantly) ◆ **to be forever doing sth** être sans arrêt en train de faire qch
⑤ (= unfailingly) [cheerful, suspicious] toujours

**forewarn** /fɔːˈwɔːn/ SYN VT prévenir, avertir ◆ **forewarned is forearmed** (Prov) un homme averti en vaut deux (Prov)

**forewoman** /ˈfɔːˌwʊmən/ N (pl **forewomen** /ˈfɔːˌwɪmɪn/) ① (= worker) (femme f) contremaître m or chef m d'équipe
② [of jury] présidente f

**foreword** /ˈfɔːwɜːd/ SYN N avant-propos m inv, avertissement m (au lecteur)

**forex** /ˈfɔːreks/ N (Fin) ◆ **forex market** marché m des changes ◆ **forex dealer** cambiste mf

**forfeit** /ˈfɔːfɪt/ SYN
VT ① (= lose) [+ property] perdre (par confiscation) ; [+ one's rights] perdre, être déchu de ; [+ one's life, health] perdre ; [+ sb's respect] perdre
② (= abandon) abandonner
N ① (gen) prix m, peine f
② (for non-performance of contract) dédit m ◆ **forfeits** (= game) gages mpl (jeu de société) ◆ **to pay a forfeit** (in game) payer un gage
ADJ (liter) (= liable to be taken) susceptible d'être confisqué ; (= actually taken) confisqué ◆ **his life was forfeit** (= he died) il le paya de sa vie ; (= he might die) il pourrait le payer de sa vie

**forfeiture** /ˈfɔːfɪtʃər/ SYN N [of property] perte f (par confiscation) ; [of right etc] perte f, déchéance f

**forgather** /fɔːˈgæðər/ VI ⇒ foregather

**forgave** /fəˈgeɪv/ VB pt of forgive

**forge** /fɔːdʒ/ SYN
VT ① (= fake) [+ signature, banknote] contrefaire ; [+ document] faire un faux de ; [+ painting] faire un faux de, contrefaire ; [+ evidence] fabriquer ; (= alter) maquiller, falsifier ◆ **a forged passport/ticket** un faux passeport/billet ◆ **to forge a certificate** (= create new one) faire un faux certificat ; (= alter existing one) maquiller or falsifier un certificat ◆ **the date on the certificate had been forged** la date figurant sur le certificat avait été falsifiée ◆ **to forge a Renoir** faire un faux Renoir ◆ **a forged painting** un faux (tableau) ◆ **a forged Renoir** un faux Renoir ◆ **it's forged** c'est un faux
② [+ metal] forger
③ (= establish) [+ alliance, ties, links] forger ; [+ coalition] former ; [+ agreement, compromise] établir ; [+ solution] parvenir à ◆ **to forge one's identity** construire son identité
VI ◆ **to forge ahead** prendre de l'avance ; (Racing) foncer
N forge f

**forger** /ˈfɔːdʒər/ SYN N faussaire mf ; (Jur) contrefacteur m

**forgery** /ˈfɔːdʒərɪ/ SYN N ① (NonC) [of banknote, signature, document, will] (= counterfeiting) contrefaçon f ; (= altering) falsification f ; [of story] invention f ; (Jur) contrefaçon f (frauduleuse) ◆ **to prosecute sb for forgery** poursuivre qn pour faux (et usage de faux) ◆ **art/cheque/banknote forgery** contrefaçon d'œuvres d'art/de chèques/de billets de banque
② (= thing forged : work of art, document, passport, will) faux m ◆ **the signature was a forgery** la signature était fausse

**forget** /fəˈget/ LANGUAGE IN USE 1.1 SYN (pret **forgot**, ptp **forgotten**)
VT ① (= name, fact, experience) oublier ◆ **I've forgotten all my Spanish** j'ai oublié tout l'espagnol que je savais or tout mon espagnol ◆ **she never forgets a face** elle a la mémoire des visages ◆ **I shall never forget what he said** je n'oublierai jamais ce qu'il a dit ◆ **I forget who said...** je ne sais plus qui a dit... ◆ **not forgetting...** sans oublier... ◆ **we completely forgot the time** nous avons complètement oublié l'heure ◆ **and don't you forget it!** * et tâche de ne pas oublier !, tu as intérêt à ne pas oublier ! ◆ **she'll never let him forget it** elle ne manque pas une occasion de le lui rappeler ◆ **let's forget it!** passons or on passe l'éponge ! ; (= let's drop the subject) ça n'a aucune importance ◆ **forget it!** (to sb thanking) ce n'est rien ! ; (to sb pestering) laissez tomber ! ; (to sb hopeful) n'y comptez pas ! ◆ **to forget to do sth** oublier or omettre de faire qch ◆ **I've forgotten how to do it** je ne sais plus comment on fait ◆ **it's easy to forget how to do it** c'est facile d'oublier comment on fait ◆ **I forgot (that) I'd seen her** j'ai oublié que je l'avais vue
② ◆ **to forget o.s.** (= be altruistic) s'oublier, oublier son propre intérêt ◆ **to forget o.s. or one's manners** oublier toutes ses bonnes manières, s'oublier (liter) ◆ **he drinks to try to forget himself** il boit pour oublier ◆ **he forgot himself and...** (= be distracted) dans un moment de distraction, il...
③ (= leave behind) [+ umbrella, passport, gloves etc] oublier, laisser
VI oublier ◆ **I completely forgot, I forgot all about it** j'ai complètement oublié, ça m'est complètement sorti de l'esprit ◆ **I've forgotten all about it (already)** je n'y pense (déjà) plus ◆ **forget about it!** * n'y pensez plus ! ◆ **he seemed willing to forget about the whole business** il semblait prêt à passer l'éponge sur l'affaire ◆ **you can forget about your promotion** tu peux dire adieu à ta promotion ◆ **I forgot about having to go to the dentist** j'ai oublié que je devais aller chez le dentiste
COMP **forget-me-not** N (= plant) myosotis m
**forget-me-not blue** N (bleu m) myosotis m inv

**forgetful** /fəˈgetfʊl/ SYN ADJ (= absent-minded) distrait ; (= careless) négligent, étourdi ◆ **he is very forgetful** il a très mauvaise mémoire, il oublie tout ◆ **how forgetful of me!** que je suis étourdi ! ◆ **forgetful of the danger** oublieux du danger

**forgetfulness** /fəˈgetfʊlnɪs/ SYN N (= absent-mindedness) manque m de mémoire ; (= carelessness) négligence f, étourderie f ◆ **in a moment**

**forgettable | format**

of **forgetfulness** dans un moment d'oubli or d'étourderie
**forgettable** /fə'getəbəl/ ADJ peu mémorable
**forgivable** /fə'gɪvəbl/ ADJ pardonnable
**forgivably** /fə'gɪvəblɪ/ ADV ◆ **to act** or **behave forgivably** avoir un comportement pardonnable or excusable ◆ **he was forgivably tense/rude** il était tendu/malpoli, ce qu'on pouvait lui pardonner
**forgive** /fə'gɪv/ SYN (pret **forgave**, ptp **forgiven**) /fə'gɪvn/ VT 1 [+ person, sin, mistake] pardonner ◆ **to forgive sb (for) sth** pardonner qch à qn ◆ **to forgive sb for doing sth** pardonner à qn de faire qch ◆ **forgive me for asking, but...** excuse-moi de demander, mais... ◆ **you must forgive him his rudeness** pardonnez-lui son impolitesse ◆ **one could be forgiven for thinking...** on serait excusable or pardonnable de penser... ◆ **forgive me, but...** pardonnez-moi or excusez-moi, mais... ◆ **forgive my ignorance, but who are they ?** pardonnez mon ignorance, mais qui sont-ils ? ◆ **we must forgive and forget** nous devons pardonner et oublier
2 (frm) ◆ **to forgive (sb) a debt** faire grâce (à qn) d'une dette
**forgiveness** /fə'gɪvnɪs/ SYN N (NonC) (= pardon) pardon m ; (= compassion) indulgence f, clémence f
**forgiving** /fə'gɪvɪŋ/ SYN ADJ indulgent, clément
**forgo** /fɔː'gəʊ/ SYN VT ⇒ **forego**
**forgot** /fə'gɒt/ VB pt of **forget**
**forgotten** /fə'gɒtn/ SYN VB ptp of **forget**
**forint** /'fɒrɪnt/ N forint m
**fork** /fɔːk/ SYN
N 1 (at table) fourchette f ; (for digging) fourche f
2 [of branches] fourche f ; [of roads, railways] embranchement m ◆ **take the left fork** (giving directions) prenez à gauche à l'embranchement
VT 1 (also **fork over**) [+ hay, ground] fourcher
2 ◆ **he forked the beans into his mouth** il enfournait* ses haricots à coups de fourchette)
VI [roads] bifurquer ◆ **we forked right on leaving the village** nous avons pris or bifurqué à droite à la sortie du village ◆ **fork left for Oxford** prenez or bifurquez à gauche pour Oxford
COMP **fork-lift truck** N chariot m élévateur (à fourche)
▶ **fork out***
VI casquer*
VT SEP [+ money] allonger*, abouler*
▶ **fork over** VT SEP ⇒ **fork** vt 1
▶ **fork up** VT SEP 1 [+ soil] fourcher
2 * ⇒ **fork out** vt sep
**forked** /fɔːkt/ SYN
ADJ fourchu ◆ **to speak with (a) forked tongue** avoir la langue fourchue
COMP **forked lightning** N éclair m en zigzags
**forkful** /'fɔːkfʊl/ N ◆ **a forkful of mashed potato** une pleine fourchette de purée
**forlorn** /fə'lɔːn/ SYN ADJ 1 (= miserable) [person] solitaire et malheureux, triste et délaissé ; [voice] triste ; [expression] de tristesse et de délaissement ◆ **to look forlorn** avoir l'air triste et délaissé
2 (= desolate) [area] désolé ; [building] abandonné ; [road] désert
3 (= despairing) [attempt, effort] désespéré, vain ◆ **it is a forlorn hope** c'est un mince espoir ◆ **in the forlorn hope of sth/doing sth** dans le fol espoir de qch/de faire qch
**forlornly** /fə'lɔːnlɪ/ ADV 1 (= miserably) [stand, sit, wait, stare] d'un air triste et délaissé, tristement
2 (= despairingly) [hope] en vain ; [try] désespérément
**form¹** /fɔːm/
N 1 (= type, particular kind) forme f, sorte f ◆ **the various forms of energy** les différentes formes d'énergie ◆ **you could say it was a form of apology** on pourrait appeler cela une sorte d'excuse ◆ **a new form of government** une nouvelle forme de gouvernement ◆ **a different form of life** (= life-form) une autre forme de vie ; (= way of life) une autre mode de vie
2 (= style, condition) forme f ◆ **in the form of** sous forme de ◆ **medicine in the form of tablets** or **in tablet form** médicament m sous forme de comprimés ◆ **the first prize will take the form of a trip to Rome** le premier prix sera un voyage à Rome ◆ **what form should my application take?** comment dois-je présenter or

formuler ma demande ? ◆ **their discontent took various forms** leur mécontentement s'est manifesté de différentes façons ◆ **the same thing in a new form** la même chose sous une forme nouvelle or un aspect nouveau ◆ **her letters are to be published in book form** ses lettres doivent être publiées sous forme de livre ◆ **the plural form** (Gram) la forme du pluriel
3 (NonC: Art, Literat, Mus etc) forme f ◆ **form and content** la forme et le fond
4 (NonC = shape) forme f ◆ **to take form** prendre forme ◆ **his thoughts lack form** ses pensées manquent d'ordre
5 (= figure) forme f ◆ **the human form** la forme humaine ◆ **I saw a form in the fog** j'ai vu une forme or une silhouette dans le brouillard
6 (Philos) (= structure, organization) forme f ; (= essence) essence f ; (Ling) forme f
7 (NonC: esp Brit = etiquette) forme f, formalité f ◆ **for form's sake, as a matter of form** pour la forme ◆ **it's good/bad form to do that** cela se fait/ne se fait pas
8 (= formula, established practice) forme f, formule f ◆ **he pays attention to the forms** il respecte les formes ◆ **choose another form of words** choisissez une autre expression or tournure ◆ **the correct form of address for a bishop** la manière correcte de s'adresser à un évêque ◆ **form of worship** liturgie f, rites mpl ◆ **what's the form?** †* quelle est la marche à suivre ?
9 (= document) (gen: for applications etc) formulaire m ; (for telegram, giro transfer) formule f ; (for tax returns) feuille f ; (= card) fiche f ◆ **printed form** imprimé m ◆ **to fill up** or **in** or **out a form** remplir un formulaire ; → **application, tax**
10 (NonC: esp Brit = fitness) forme f ◆ **on form** en forme ◆ **he's not on form, he's off form** or **out of form** il n'est pas en forme ◆ **in fine** or **great form, on top form** en pleine forme
11 ◆ **to study (the) form** (Brit Racing) ≈ préparer son tiercé ; (fig) établir un pronostic
12 (Brit = bench) banc m
13 (Brit Scol = class) classe f ◆ **he's in the sixth form** ≈ il est en première
14 (NonC: Brit = criminal record) ◆ **he's got form*** il a fait de la taule*

VT 1 (= shape) former, construire ◆ **he forms his sentences well** il construit bien ses phrases ◆ **he formed the clay into a ball** il a roulé or pétri l'argile en boule ◆ **he formed it out of a piece of wood** (liter) il l'a façonné or fabriqué dans un morceau de bois
2 (= train, mould) [+ child] former, éduquer ; [+ sb's character] façonner, former
3 (= develop) [+ habit] contracter ; [+ plan] mettre sur pied ◆ **to form an opinion** se faire or se former une opinion ◆ **to form an impression** se faire une impression ◆ **you mustn't form the idea that...** il ne faut pas que vous vous mettiez dans la tête que...
4 (= organize, create) [+ government] former ; [+ coalition, alliance] constituer ; (Comm) [+ company] former, créer ◆ **to form a committee** former un comité ◆ **to form a new political party** former or créer un nouveau parti politique
5 (= constitute) composer, former ◆ **to form part of** faire partie de ◆ **the ministers who form the government** les ministres qui composent or constituent le gouvernement ◆ **those who form the group** les gens qui font partie du groupe ◆ **to form a** or **the basis for** former or constituer la base de, servir de base à
6 (= take the shape or order of) [+ pattern, picture] former, faire ◆ **to form a line** se mettre en ligne, s'aligner ◆ **form a circle please** mettez-vous en cercle s'il vous plaît ◆ **to form a queue** se mettre en file, former la queue ◆ **to form fours** (Mil) se mettre par quatre ◆ **the road forms a series of curves** la route fait or dessine une série de courbes
7 (Gram) ◆ **to form the plural** former le pluriel

VI [queue, group, company, crystal, deposits, blood clots] se former ; [idea] prendre forme ◆ **an idea formed in his mind** une idée a pris forme dans son esprit
COMP **form class** N (= part of speech) catégorie f grammaticale
**form feeder** N (Comput) dispositif m de changement de page
**form leader** N (Brit Scol) = chef m de classe
**form letter** N lettre f type
**form master, form mistress** N = professeur m principal

**form room** N salle f de classe (affectée à une classe particulière)
**form tutor** N ⇒ **form master** or **mistress**
▶ **form up** VI se mettre or se ranger en ligne, s'aligner ◆ **form up behind your teacher** mettez-vous or rangez-vous en ligne derrière votre professeur

**form²** /fɔːm/ N (US Typography) forme f
**formal** /'fɔːməl/ SYN
ADJ 1 (= polite, ceremonial) [person] cérémonieux, protocolaire ; [behaviour, handshake, welcome, relationship] cérémonieux ; [dinner, occasion, function] protocolaire, officiel ; [clothes] habillé ; [letter] respectant les convenances ; [politeness] formel ; [language, style] soutenu ; [word] de style soutenu ◆ **don't be so formal** ne faites pas tant de cérémonies ◆ **lunch was a formal affair** le déjeuner était protocolaire ◆ **a formal dance** un bal habillé
2 (= official) [talks, statement, request, complaint, acceptance, surrender] officiel ◆ **formal contract** contrat m en bonne et due forme ◆ **formal denial** démenti m formel or officiel ◆ **formal instructions** instructions fpl formelles
3 (= in design) [garden] à la française ; [room] solennel
4 (= professional) ◆ **he had no formal training/qualifications** il n'avait pas vraiment de formation/de qualifications ◆ **he had little formal education** or **schooling** il a quitté l'école assez tôt ◆ **his formal education stopped after primary school** il n'a pas fait d'études secondaires ◆ **I've had no formal training as an actor** je n'ai pas suivi de cours de théâtre
5 (= structural) [perfection] formel
6 (= superficial, in form only) de forme ◆ **a certain formal resemblance** une certaine ressemblance dans la forme
COMP **formal dress** N tenue f de cérémonie ; (= evening dress) tenue f de soirée
**formal grammar** N grammaire f formelle
**formal language** N langage m formel
**formal logic** N logique f formelle

**formaldehyde** /fɔː'mældɪhaɪd/ N formol m, formaldéhyde m
**formalin(e)** /'fɔːməlɪn/ N formol m
**formalism** /'fɔːməlɪzəm/ N formalisme m
**formalist** /'fɔːməlɪst/ ADJ, N formaliste mf
**formalistic** /ˌfɔːmə'lɪstɪk/ ADJ formaliste
**formality** /fɔː'mælɪtɪ/ SYN N 1 (NonC) (= convention) formalité f ; (= stiffness) raideur f, froideur f ; (= ceremoniousness) cérémonie f NonC
2 formalité f ◆ **it's a mere** or **just a formality** ce n'est qu'une simple formalité ◆ **the formalities** les formalités fpl ◆ **let's do without the formalities!** dispensons-nous des formalités !, faisons au plus simple !
**formalization** /ˌfɔːməlaɪ'zeɪʃən/ N officialisation f
**formalize** /'fɔːməlaɪz/ VT officialiser
**formally** /'fɔːməlɪ/ ADV 1 (= politely) [say, shake hands] cérémonieusement ◆ **his behaviour was formally correct** son comportement était cérémonieux
2 (= officially) [announce, approve, agree, open, launch] officiellement ◆ **formally charged** mis en examen ◆ **we have been formally invited** nous avons reçu une invitation officielle
3 (= to be formally dressed) (= smartly) être en tenue de cérémonie ; (= in evening dress) être en tenue de soirée
4 (= academically) [teach] en tant que matière spécifique ◆ **to have been formally trained** avoir reçu une formation professionnelle
5 (in design) ◆ **a formally laid-out garden** un jardin à la française
**formant** /'fɔːmənt/ N (Phon) formant m
**format** /'fɔːmæt/
N 1 (= type, kind) [of computer data, document, camera film, publication] format m ; [of video] système m ◆ **newspapers in tabloid or broadsheet format** des journaux de format tabloïd ou de grand format ◆ **the film will be shown in wide-screen format** (Cine) le film sera projeté sur grand écran ; (TV) le film sera diffusé en format grand écran ◆ **dictionaries published in both paper and electronic format** des dictionnaires publiés à la fois en version papier et en version électronique ◆ **available in cassette or CD format** disponible en cassette ou CD
2 (= structure, presentation) [of book, newspaper, page] présentation f ; [of TV, radio programme] forme f, présentation f ; [of event, competition]

forme f ◆ **dictionaries published in three-column format** des dictionnaires publiés dans une présentation sur trois colonnes ◆ **large-format books** livres mpl grand format
**VT** ① (Comput) formater
② (gen) concevoir le format or la présentation de

**formate** /ˈfɔːmeɪt/ **N** formiate m

**formation** /fɔːˈmeɪʃən/ SYN
**N** ① (NonC) [of child, character] formation f ; [of plan] élaboration f ; [of government] formation f ; [of classes, courses] organisation f, mise f en place ; [of club] création f ; [of committee] création f, mise f en place
② (NonC: Mil etc) formation f, disposition f ◆ **battle formation** formation f de combat ◆ **in close formation** en ordre serré
③ (Geol) formation f
**COMP** **formation dance, formation dancing N** danse f de groupe
**formation flying N** vol m en formation

**formative** /ˈfɔːmətɪv/ SYN
**ADJ** formateur (-trice f) ◆ **he spent his formative years in London** (= his childhood) il a passé son enfance à Londres ◆ **this was a formative period in his life** c'était une période déterminante dans sa vie
**N** (Gram) formant m, élément m formateur

**formatting** /ˈfɔːmætɪŋ/ **N** (Comput) formatage m

**forme** /fɔːm/ **N** (Typography) forme f

**-formed** /fɔːmd/ **ADJ** (in compounds) ◆ **fully-formed** [baby, animal] complètement formé or développé ◆ **half-formed** à moitié formé ou développé ; → **well²**

**former¹** /ˈfɔːməʳ/ **N** (= tool) gabarit m

**former²** /ˈfɔːməʳ/ LANGUAGE IN USE 26.2 SYN
**ADJ** ① (= previous) [president, employee, home] ancien before n ; [strength, authority] d'autrefois ◆ **the former Soviet Union** l'ex-Union f soviétique ◆ **the former Yugoslavia** l'ex-Yougoslavie f ◆ **my former wife/husband** mon ex-femme/ex-mari ◆ **the college is a former mansion** le collège est un ancien manoir ◆ **to restore sth to its former glory** redonner à qch sa splendeur d'autrefois ◆ **the buildings have now been restored to their former glory** les bâtiments rénovés ont retrouvé leur ancienne splendeur or leur splendeur d'antan (liter) ◆ **he was a (pale) shadow of his former self** il n'était plus que l'ombre de lui-même ◆ **he was very unlike his former self** il ne se ressemblait plus du tout ◆ **in a former life** au cours d'une vie antérieure ◆ **in former years** or **times** or **days** autrefois ◆ **the radicals of former days** les radicaux d'autrefois
② (as opposed to latter) ◆ **the former option/alternative** la première option/alternative ◆ **your former suggestion** votre première suggestion
**PRON** celui-là, celle-là ◆ **the former... the latter** celui-là... celui-ci ◆ **of the two ideas I prefer the former** de ces deux idées je préfère celle-là or la première ◆ **the former is the more expensive of the two systems** ce premier système est le plus coûteux des deux, des deux systèmes, c'est le premier le plus coûteux ◆ **of the two possible solutions, I prefer the former** entre les deux solutions, je préfère la première, entre les deux, je préfère la première solution
**COMP** **former pupil N** (Scol) ancien(ne) élève m(f)

**-former** /ˈfɔːməʳ/ **N** (in compounds: Scol) élève mf de... ◆ **fourth-former** ≈ élève mf de troisième

**formerly** /ˈfɔːməlɪ/ SYN **ADV** autrefois ◆ **Lake Malawi, formerly Lake Nyasa** le lac Malawi, anciennement or autrefois lac Nyassa

**formic** /ˈfɔːmɪk/ **ADJ** formique

**Formica** ® /fɔːˈmaɪkə/ **N** formica ® m, plastique m laminé

**formidable** /ˈfɔːmɪdəbl/ SYN **ADJ** ① (= daunting) [person, opposition] redoutable, terrible ; [task, challenge] redoutable ; [obstacle] terrible
② (= prodigious) [person, talent, reputation] phénoménal ; [combination] impressionnant

**formidably** /ˈfɔːmɪdəblɪ/ **ADV** (= extremely) terriblement, redoutablement ◆ **formidably armed** redoutablement bien armé, aux armes redoutables

**formless** /ˈfɔːmlɪs/ **ADJ** ① (= amorphous) [shape, image] informe ; [terror, apprehension] indéfini
② (pej = unstructured) [book, play, film, record] dépourvu de structure

**Formosa** /fɔːˈməʊsə/ **N** (formerly) Formose m or f
**Formosan** /fɔːˈməʊsən/ **ADJ** formosan

**formula** /ˈfɔːmjʊlə/ SYN
**N** ① (pl **formulas** or **formulae** /ˈfɔːmjʊliː/) (gen, also Chem, Math etc) formule f ◆ **a formula for averting** or **aimed at averting the strike** une formule visant à éviter la grève ◆ **winning formula** formule f idéale ◆ **peace formula** forme f de paix ◆ **pay/pricing formula** système m de fixation des salaires/prix
② (= baby milk) lait m maternisé
③ (in motor racing) ◆ **Formula One/Two/Three** la formule un/deux/trois ◆ **a formula-one car** une voiture de formule un
**COMP** **formula milk N** lait m maternisé

**formulaic** /ˌfɔːmjʊˈleɪɪk/ **ADJ** [language, plot, response, TV programme] convenu, stéréotypé ◆ **formulaic phrase** or **expression** expression f convenue

**formulary** /ˈfɔːmjʊlərɪ/ **N** (Pharm) formulaire m

**formulate** /ˈfɔːmjʊleɪt/ SYN **VT** formuler

**formulation** /ˌfɔːmjʊˈleɪʃən/ **N** ① (NonC = forming, creation) [of idea, theory, proposal] formulation f ; [of policy, plan, product] élaboration f
② (= formula) [of treaty, settlement] formule f ◆ **this formulation was acceptable to both sides** cette formule convenait aux deux parties
③ (= medicine) formule f
④ (= saying) formule f

**formyl** /ˈfɔːmaɪl/ **N** formyle m

**fornicate** /ˈfɔːnɪkeɪt/ **VI** forniquer

**fornication** /ˌfɔːnɪˈkeɪʃən/ **N** fornication f

**fornicator** /ˈfɔːnɪkeɪtəʳ/ **N** fornicateur m, -trice f

**forsake** /fəˈseɪk/ SYN (pret **forsook**, ptp **forsaken**) **VT** (liter) [+ person] abandonner, délaisser ; [+ place] quitter ; [+ habit] renoncer à

**forsaken** /fəˈseɪkən/ SYN
**VB** pt of **forsake** → **godforsaken**
**ADJ** ◆ **an old forsaken farmhouse** une vieille ferme abandonnée

**forsook** /fəˈsʊk/ **VB** pt of **forsake**

**forsooth** /fəˈsuːθ/ **ADV** († † or hum) en vérité, à vrai dire ◆ **forsooth!** par exemple !

**forswear** /fɔːˈswɛəʳ/ (pret **forswore** /fɔːˈswɔːʳ/) (ptp **forsworn** /fɔːˈswɔːn/) **VT** (frm) (= renounce) renoncer à, abjurer ; (= deny) désavouer ◆ **to forswear o.s.** (= perjure) se parjurer

**forsythia** /fɔːˈsaɪθɪə/ **N** forsythia m

**fort** /fɔːt/
**N** (Mil) fort m ; (small) fortin m ◆ **to hold the fort** (fig) monter la garde (hum), assurer la permanence
**COMP** **Fort Knox N** Fort Knox m (réserve d'or des États-Unis) ◆ **they have turned their home into (a) Fort Knox** ils ont transformé leur maison en une véritable forteresse

**forte¹** /ˈfɔːtɪ, (US) fɔːt/ SYN **N** fort m ◆ **generosity is not his forte** la générosité n'est pas son fort

**forte²** /ˈfɔːtɪ/ **ADJ, ADV** (Mus) forte

**forte-piano** /ˌfɔːtɪˈpjɑːnəʊ/ **N** (Mus Hist) piano-forte m

**forth** /fɔːθ/ SYN **ADV**

▶ When **forth** is an element in a phrasal verb, eg **pour forth**, **sally forth**, **venture forth**, look up the verb.

① († or frm = out) de l'avant ◆ **to go back and forth between...** aller et venir entre..., faire la navette entre... ◆ **the thunderstorm burst forth** l'orage a éclaté ◆ **to come forth** (= forward) s'avancer ; (= outside) sortir ◆ **to pour forth a torrent of invective** vomir un torrent d'injures ◆ **to stretch forth one's hand** tendre la main ; → **bring forth, hold forth**
② (= onward) **and so forth** et ainsi de suite ◆ **from this day forth** (frm) dorénavant, désormais

**forthcoming** /fɔːθˈkʌmɪŋ/ SYN **ADJ** ① (= imminent) [event, visit, election, album etc] prochain ◆ **in a forthcoming book, he examines...** dans un prochain livre or dans un livre qui va bientôt sortir, il examine...
② (= available) ◆ **to be forthcoming** [money, funds, aid, support] être disponible ◆ **no evidence of this was forthcoming** on n'avait aucune preuve de cela ◆ **no answer was forthcoming** il n'y a pas eu de réponse
③ (= communicative) [person] communicatif ◆ **to be forthcoming on** or **about sth** être disposé à parler de qch

**forthright** /ˈfɔːθraɪt/ SYN **ADJ** [person, manner, answer, remark] franc (franche f), direct ; [language] direct ; [statement] sans détour ◆ **in forthright terms** sans détour ◆ **to be forthright in one's response** donner une réponse franche ◆ **to be forthright in saying sth** dire qch ouvertement ◆ **to be forthright about sth** ne pas mâcher ses mots à propos de qch

**forthrightness** /ˈfɔːθraɪtnɪs/ **N** [of person, answer etc] franchise f

**forthwith** /ˈfɔːθwɪθ/ SYN **ADV** (frm) sur-le-champ

**fortieth** /ˈfɔːtɪɪθ/
**ADJ** quarantième
**N** quarantième mf ; (= fraction) quarantième m ; pour loc voir **sixth**

**fortification** /ˌfɔːtɪfɪˈkeɪʃən/ SYN **N** fortification f

**fortify** /ˈfɔːtɪfaɪ/ SYN **VT** ① [+ place] fortifier, armer (against contre) ; [+ person] réconforter ◆ **fortified place** place f forte ◆ **have a drink to fortify you** (hum) prenez un verre pour vous remonter
② [+ wine] accroître la teneur en alcool de ; [+ food] renforcer en vitamines ◆ **fortified wine** ≈ vin m doux, ≈ vin m de liqueur

**fortissimo** /fɔːˈtɪsɪməʊ/ **ADV** (Mus) fortissimo

**fortitude** /ˈfɔːtɪtjuːd/ SYN **N** courage m, force f d'âme

**fortnight** /ˈfɔːtnaɪt/ **N** (esp Brit) quinzaine f, quinze jours mpl ◆ **a fortnight's holiday** quinze jours de vacances ◆ **a fortnight tomorrow** demain en quinze ◆ **adjourned for a fortnight** remis à quinzaine ◆ **for a fortnight** pour une quinzaine, pour quinze jours ◆ **in a fortnight, in a fortnight's time** dans quinze jours ◆ **a fortnight ago** il y a quinze jours

**fortnightly** /ˈfɔːtnaɪtlɪ/ (esp Brit)
**ADJ** [newspaper] bimensuel ; [visit] tous les quinze jours ; [cycle] de quinze jours
**ADV** tous les quinze jours

**FORTRAN, Fortran** /ˈfɔːtræn/ **N** fortran m

**fortress** /ˈfɔːtrɪs/ SYN **N** (= prison) forteresse f ; (= medieval castle) château m fort ◆ **fortress Europe** la forteresse Europe ; → **flying**

**fortuitous** /fɔːˈtjuːɪtəs/ **ADJ** fortuit, accidentel

**fortuitously** /fɔːˈtjuːɪtəslɪ/ **ADV** fortuitement, par hasard

**fortunate** /ˈfɔːtʃənɪt/ SYN **ADJ** [coincidence, choice] heureux ; [circumstances] favorable ◆ **to be fortunate** [person] avoir de la chance ◆ **we are fortunate that...** nous avons de la chance que... ◆ **it was fortunate that...** c'est une chance que... ◆ **it was fortunate for him that...** heureusement pour lui que... ◆ **they were fortunate to escape** ils ont eu de la chance de s'échapper ◆ **I was fortunate enough to go to a good school** j'ai eu la chance de fréquenter une bonne école ◆ **to be fortunate in one's career** avoir de la chance dans sa carrière ◆ **to be fortunate in having a wonderful mother** avoir la chance d'avoir une mère merveilleuse ◆ **she is in the fortunate position of having plenty of choice** elle a la chance d'avoir plein d'options ◆ **how fortunate!** quelle chance !

**fortunately** /ˈfɔːtʃənɪtlɪ/ LANGUAGE IN USE 26.3 SYN **ADV** heureusement (for pour)

**fortune** /ˈfɔːtʃən/ SYN
**N** ① (= luck) chance f, fortune f ◆ **by good fortune** par chance, par bonheur ◆ **I had the good fortune to meet him** j'ai eu la chance or le bonheur de le rencontrer ◆ **to try one's fortune** tenter sa chance ◆ **fortune favoured him** la chance or la fortune lui a souri ◆ **the fortunes of war** la fortune des armes ; → **seek**
② (= destiny) ◆ **to tell sb's fortune** dire la bonne aventure à qn ◆ **to tell fortunes** dire la bonne aventure ◆ **whatever my fortune may be** quel que soit le sort qui m'est réservé
③ (= riches) fortune f ◆ **to make a fortune** faire fortune ◆ **he made a fortune on it** il a gagné une fortune avec ça ◆ **to come into a fortune** hériter d'une fortune ◆ **a man of fortune** un homme d'une fortune or d'une richesse considérable ◆ **to marry a fortune** épouser une grosse fortune ◆ **to spend/cost/lose a (small) fortune** dépenser/coûter/perdre une (petite) fortune
**COMP** **fortune cookie N** (US) beignet m chinois (renfermant un horoscope ou une devise)

**fortune hunter N** (man) coureur m de dot ; (woman) femme f intéressée

## forty | four

**fortune-teller** N diseur m, -euse f de bonne aventure ; *(with cards)* tireuse f de cartes
**fortune-telling** N *(art m de la)* divination f ; *(with cards)* cartomancie f

**forty** /ˈfɔːtɪ/
**ADJ** quarante inv ✦ **about forty people** une quarantaine de personnes ✦ **to have forty winks\*** faire un petit somme, piquer un roupillon\*
**N** quarante m inv ✦ **about forty** une quarantaine ✦ **the lower forty-eight** (US = states) les quarante-huit États américains (à l'exclusion de l'Alaska et de Hawaï) ; *pour autres loc voir* **sixty**
**PRON** quarante ✦ **there are forty** il y en a une quarantaine
**COMP** **forty-niner** N *(US)* prospecteur m d'or *(de la ruée vers l'or de 1849)*

**forum** /ˈfɔːrəm/ N (pl **forums** or **fora** /ˈfɔːrə/)
[1] *(Hist)* forum m
[2] *(fig)* tribune f ✦ **the newspaper provided a forum for his ideas** le journal lui a servi de tribune pour ses idées ✦ **the meetings are a forum for political debate** ces réunions constituent un forum politique

**forward** /ˈfɔːwəd/ SYN

▶ When **forward** is an element in a phrasal verb, eg **bring forward, come forward, step forward**, look up the verb.

**ADV** (also **forwards**) en avant ✦ **to rush forward** se précipiter or s'élancer (en avant) ✦ **to go forward** avancer ✦ **to go straight forward** aller droit devant soi ✦ **forward!, forward march!** *(Mil)* en avant, marche ! ✦ **from that moment forward** à partir de ce moment-là ✦ **to push o.s. forward** *(lit, fig)* se mettre en avant ✦ **to come forward** *(fig)* se présenter ✦ **he went backward(s) and forward(s) between the station and the house** il allait et venait entre or il faisait la navette entre la gare et la maison ✦ **to put the clocks forward** avancer les pendules ; → **bring forward**
**PREP** ✦ **forward of** à l'avant de
**ADJ** [1] (= *in front, ahead*) *[movement]* en avant, vers l'avant ✦ **the forward ranks of the army** les premiers rangs de l'armée ✦ **this seat is too far forward** ce siège est trop en avant
[2] (= *well-advanced*) *[season, plant]* précoce ; *[child]* précoce, en avance ✦ **I'm no further forward (with this problem)** me voilà bien avancé ! *(iro)*
[3] (= *bold*) effronté ✦ **that was rather forward of him** c'était assez effronté de sa part
[4] *(Sport)* avant m ; *(Comm)* *[prices, delivery]* à terme
**N** *(Sport)* avant m
**VT** [1] (= *advance*) *[+ career, cause, interests]* favoriser, faire avancer
[2] (= *dispatch*) *[+ goods]* expédier, envoyer ; (= *send on*) *[+ letter, parcel]* faire suivre ✦ **please forward** faire suivre SVP, prière de faire suivre
**COMP** **forward buying** N achat m à terme
**forward contract** N contrat m à terme
**forward exchange market** N marché m des changes à terme
**forward exchange rate** N taux m de change à terme
**forward gear** N marche f avant
**forwarding address** N *(gen)* adresse f de réexpédition ; *(Comm)* adresse f pour l'expédition ✦ **he left no forwarding address** il est parti sans laisser d'adresse
**forwarding agent** N *(Comm)* transitaire m
**forward integration** N *(Comm)* intégration f en aval
**forward line** N *(Mil)* première ligne f ; *(Sport)* ligne f des avants
**forward-looking** SYN **ADJ** *[person]* ouvert sur or tourné vers l'avenir ; *[plan]* tourné vers l'avenir
**forward pass** N *(Rugby)* (passe f) en-avant m inv
**forward planning** N planification f
**forward post** N *(Mil)* avant-poste m, poste m avancé
**forward rate** N *(Fin)* taux m de change à terme
**forward sale** N vente f à terme
**forward slash** N barre f oblique

**forwarder** /ˈfɔːwədə/ N *(Comm)* transitaire m

**forwardness** /ˈfɔːwədnɪs/ SYN N *[of seasons, plants, children]* précocité f ; (= *boldness*) effronterie f

**forwards** /ˈfɔːwədz/ ADV → **forward** adv

**Fosbury flop** /ˈfɒzbərɪˌflɒp/ N *(Sport)* rouleau m dorsal

**fossick** /ˈfɒsɪk/ VI *(Austral)* ✦ **to fossick for sth** fouiller partout pour trouver qch

**fossil** /ˈfɒsl/
**N** fossile m ✦ **he's an old fossil\*!** c'est un vieux fossile\* or une vieille croûte\* !
**COMP** **fossil energy** N énergie f fossile
**fossil fuel** N combustible m fossile
**fossil hunter** N collectionneur m de fossiles

**fossiliferous** /ˌfɒsɪˈlɪfərəs/ ADJ *(Miner)* fossilifère

**fossilization** /ˌfɒsɪlaɪˈzeɪʃən/ N fossilisation f

**fossilize** /ˈfɒsɪlaɪz/
**VT** fossiliser
**VI** se fossiliser

**fossilized** /ˈfɒsɪlaɪzd/ ADJ fossilisé ; *(fig, pej)* *[person, customs]* fossilisé, figé ; *(Ling)* *[form, expression]* figé

**foster** /ˈfɒstə/ SYN
**VT** [1] *[+ child]* *[family]* prendre en placement ; *[authorities]* placer dans une famille nourricière ✦ **the authorities fostered the child with Mr and Mrs Moore** les autorités ont placé l'enfant chez M. et Mme Moore
[2] (= *encourage*) *[+ friendship, development]* favoriser, encourager
[3] (= *entertain*) *[+ idea, thought]* entretenir, nourrir
**COMP** *[child]* adoptif, placé dans une famille ; *[father, parents, family]* adoptif, nourricier ; *[brother, sister]* adoptif
**foster home** N famille f nourricière or d'accueil
**foster mother** N mère f nourricière or adoptive *(d'un enfant placé)*

**fosterage** /ˈfɒstərɪdʒ/ N (= *condition*) placement m familial ; *(by family)* prise f en charge *(d'un enfant en placement familial)*

**fostering** /ˈfɒstərɪŋ/ N placement m familial or en famille d'accueil ✦ **the couple has been approved for fostering** le couple a obtenu l'autorisation d'accueillir un enfant *(en placement familial)*

**fought** /fɔːt/ VB pt, ptp of **fight**

**foul** /faʊl/ SYN
**ADJ** [1] (= *disgusting*) *[place]* immonde, dégoûtant ; *[water]* croupi ; *[air]* vicié ; *[breath]* fétide ; *[person]* infect, ignoble ; *[smell]* infect, nauséabond ; *[taste, food]* infect ✦ **to smell foul** puer
[2] *(esp Brit = bad)* *[day]* épouvantable ✦ **foul luck** terrible malchance f ✦ **foul weather** *(gen)* sale temps m, temps m de chien ; *(on ship)* gros temps m ✦ **the weather was foul** le temps était infect
[3] *(esp liter = vile)* *[crime]* ignoble, odieux ; *[behaviour]* odieux ; *[slander, lie]* odieux, vil (vile f) ✦ **foul deed** acte m crapuleux
[4] (= *offensive*) *[language, abuse]* grossier ✦ **to have a foul mouth** être mal embouché ✦ **to have a foul temper** avoir un sale caractère ✦ **in a foul mood** or **temper** d'une humeur massacrante
[5] (= *unfair : Sport*) *[shot]* mauvais ; *[tackle]* irrégulier ✦ **by foul means** par des moyens déloyaux ; → **fair**[1] ✦ **a foul blow** un coup déloyal or en traître ; → **cry**
[6] ✦ **to fall** or **run foul of sb** se mettre qn à dos ✦ **to fall** or **run foul of the law/authorities** avoir maille à partir avec la justice/les autorités ✦ **to fall** or **run foul of a ship** entrer en collision avec un bateau
**N** *(Sport)* coup m défendu or irrégulier ; *(Boxing)* coup m bas ; *(Football)* faute f ✦ **technical/personal foul** *(Basketball)* faute f technique/personnelle
**VT** [1] (= *pollute*) *[+ air, water]* polluer ; *[+ beaches]* polluer, souiller
[2] *[dog]* *[+ pavement, garden, grass]* souiller ✦ **to foul one's own nest** causer sa propre perte
[3] (= *entangle*) *[+ fishing line, rope]* emmêler ; *[+ mechanism, propeller, anchor]* s'emmêler dans
[4] (= *clog*) *[+ pipe, chimney, gun barrel]* encrasser, obstruer
[5] *(Sport)* commettre une faute contre
[6] (= *collide with*) *[+ ship]* entrer en collision avec
**VI** (= *become entangled or jammed*) ✦ **to foul on sth** *[rope, line]* s'emmêler dans, s'entortiller dans qch ; *[mechanism]* se prendre dans qch
**COMP** **foul-mouthed** ADJ mal embouché
**foul play** N *(Sport)* jeu m irrégulier ; *(Cards)* tricherie f ; *(Jur)* acte m criminel ✦ **he suspected foul play** il soupçonnait qu'il y avait quelque chose de louche ✦ **the police found a body but do not suspect foul play** la police a découvert un cadavre mais écarte l'hypothèse d'un meurtre
**foul-smelling** ADJ puant, nauséabond, fétide
**foul-tasting** ADJ infect
**foul-tempered** ADJ ✦ **to be foul-tempered** *(habitually)* avoir un caractère de cochon ; *(on one occasion)* être d'une humeur massacrante
**foul-up\*** N confusion f
▶ **foul out** VI *(Basketball)* être exclu *(pour cinq fautes personnelles)*
▶ **foul up**
**VT SEP** [1] ⇒ **foul** vt 1
[2] \* *[+ relationship]* ficher en l'air\* ✦ **that has fouled things up** ça a tout fichu en l'air\* or gâché
**N** ✦ **foul-up\*** → **foul**

**found**[1] /faʊnd/ VB pt, ptp of **find**

**found**[2] /faʊnd/ SYN VT *[+ town, school]* fonder, créer ; *[+ hospital]* fonder ; *[+ business enterprise]* fonder, constituer ; *[+ colony]* établir, fonder ; *(fig)* *[+ belief, opinion]* fonder, baser *(on sur)* ; *[+ suspicion]* baser ✦ **our society is founded on this** notre société est fondée là-dessus ✦ **the novel is/my suspicions were founded on fact** le roman est basé/mes soupçons reposaient sur or étaient basés sur des faits réels

**found**[3] /faʊnd/ VT *(Metal)* fondre

**foundation** /faʊnˈdeɪʃən/ SYN
**N** [1] *(NonC = founding)* *[of town, school, hospital, business]* fondation f, création f
[2] (= *establishment*) fondation f ✦ **Carnegie Foundation** fondation f Carnegie ✦ **research foundation** fondation f consacrée à la recherche ✦ **charitable foundation** organisation f or fondation f caritative
[3] *(Constr)* ✦ **foundations** fondations fpl ✦ **to lay the foundations of** *(lit)* faire or jeter les fondations de ; see also [4]
[4] *(fig = basis)* *[of career, social structure]* base f ; *[of idea, religious belief, theory]* base f, fondement m ✦ **agriculture is the foundation of their economy** l'agriculture est la base or le fondement de leur économie ✦ **to lay the foundations of sth** poser les bases or les fondements de qch ✦ **his work laid the foundation(s) of our legal system** son travail a posé les bases de notre système judiciaire ✦ **without foundation** *[rumour, allegation, report, fears etc]* sans fondement ✦ **to rock** or **shake sth to its foundations** profondément secouer or ébranler qch
[5] (also **foundation cream**) fond m de teint
**COMP** **foundation course** N *(Brit Univ)* cours m d'initiation or d'introduction
**foundation cream** N fond m de teint
**foundation garment** N gaine f, combiné m
**foundation stone** N *(Brit)* pierre f commémorative ✦ **to lay the foundation stone** *(lit, fig)* poser la première pierre

**founder**[1] /ˈfaʊndə/ SYN
**N** fondateur m, -trice f
**COMP** **founder member** N *(Brit)* membre m fondateur

**founder**[2] /ˈfaʊndə/ SYN VI *[ship]* sombrer ; *[horse]* *(in mud etc)* s'embourber, s'empêtrer ; *(from fatigue)* (se mettre à) boiter ; *[plans]* s'effondrer, s'écrouler ; *[hopes]* s'en aller en fumée

**founding** /ˈfaʊndɪŋ/
**N** ⇒ **foundation** noun 1
**COMP** **founding fathers** NPL *(US)* pères mpl fondateurs *(qui élaborèrent la Constitution fédérale des États-Unis)*

**foundling** /ˈfaʊndlɪŋ/ SYN N enfant mf trouvé(e) f ✦ **foundling hospital** hospice m pour enfants trouvés

**foundry** /ˈfaʊndrɪ/ N fonderie f

**fount** /faʊnt/ N [1] *(liter = spring)* source f ✦ **the fount of knowledge/wisdom** la source du savoir/de la sagesse
[2] *(Brit Typography)* fonte f

**fountain** /ˈfaʊntɪn/ SYN
**N** [1] *(lit)* fontaine f
[2] (also **drinking fountain**) fontaine f d'eau potable
[3] *[of light, sparks]* gerbe f ; → **soda**
**COMP** **fountain pen** N stylo m (à) plume

**fountainhead** /ˈfaʊntɪnhed/ N source f, origine f ✦ **to go to the fountainhead** aller *(directement)* à la source, retourner aux sources

**four** /fɔː/
**ADJ** quatre inv ✦ **it's in four figures** c'est dans les milliers ✦ **open to the four winds** ouvert à tous les vents or aux quatre vents ✦ **to the four corners of the earth** aux quatre coins du monde ✦ **the Four Hundred** *(US)* l'élite sociale ; → **stroke**

**N** quatre *m inv* ◆ **on all fours** à quatre pattes ◆ **a four** (*Rowing*) un quatre ◆ **will you make up a four for bridge?** voulez-vous faire le quatrième au bridge ? ◆ **to hit a four** (*Cricket*) marquer quatre courses *or* points ◆ **he hit three fours** il a marqué trois fois quatre courses *or* points ; → **form** ; *pour autres loc voir* **six**
**PRON** quatre ◆ **there are four** il y en a quatre
**COMP** **four-ball** ADJ, N (*Golf*) fourball *m*
**four-by-four** N (= *vehicle*) 4 x 4 *m*
**four-colour (printing) process** N (*Typography*) quadrichromie *f*
**four-door** ADJ [*car*] (à) quatre portes
**411** N (*US*) ◆ **what's the 411 on...?** quelles sont les nouvelles concernant... ?
**four-engined** ADJ [*plane*] quadrimoteur ◆ **four-engined plane** quadrimoteur *m*
**four-eyes*** N binoclard(e)* *m(f)*
**four-flush*** VI (*US*) bluffer*
**four-flusher*** N (*US*) bluffeur* *m*, -euse* *f*
**four-footed** ADJ quadrupède, à quatre pattes
**four-four time** N (*Mus*) ◆ **in four-four time** à quatre/quatre
**four-handed** ADJ [*piano music*] à quatre mains
**Four-H club** N (*US*) club éducatif de jeunes ruraux
**four-in-hand** N (= *coach*) attelage *m* à quatre
**four-leaf clover, four-leaved clover** N trèfle *m* à quatre feuilles
**four-legged** ADJ à quatre pattes, quadrupède (*frm*)
**four-legged friend** N (*hum*) compagnon *m* à quatre pattes
**four-letter word** N (*fig*) obscénité *f*, gros mot *m* ◆ **he let out a four-letter word** il a sorti le mot de cinq lettres (*euph*)
**four-minute mile** N (*Sport*) course d'un mille courue en quatre minutes
**four-part** ADJ [*song*] à quatre voix ; [*serial*] en quatre épisodes
**four-part harmony** N (*Mus*) harmonie *f* à quatre voix
**four-poster** N lit *m* à baldaquin *or* à colonnes
**four-seater** N (= *car*) (voiture *f* à) quatre places *f inv*
**four-star** ADJ (= *high-quality*) de première qualité N ⇒ **four-star petrol**
**four-star general** N (*US*) général *m* à quatre étoiles
**four-star petrol** N (*Brit*) super(carburant) *m*
**four-stroke** ADJ, N (= *engine*) (moteur *m*) à quatre temps
**four-way stop** N (*US* = *crossroads*) carrefour sans priorité autre que l'ordre d'arrivée
**four-wheel drive** N (*NonC*) propulsion *f* à quatre roues motrices ; (= *car*) voiture *f* à quatre roues motrices ◆ **with four-wheel drive** à quatre roues motrices

**fourchette** /fuə'ʃet/ N fourchette *f* vulvaire
**fourfold** /'fɔ:fəʊld/
ADJ quadruple
ADV au quadruple
**Fourierism** /'fʊəriə,rɪzəm/ N fouriérisme *m*
**Fourierist** /'fʊəriərɪst/ N fouriériste *mf*
**Fourieristic** /,fʊəriə'rɪstɪk/ ADJ fouriériste
**Fourierite** /'fʊəriə,raɪt/ N ⇒ **Fourierist**
**fourscore** /'fɔ:skɔ:ʳ/ ADJ, N (*liter*) quatre-vingts *m* ◆ **fourscore and ten** quatre-vingt-dix *m*
**foursome** /'fɔ:səm/ N (= *game*) partie *f* à quatre ; (= *two women, two men*) deux couples *mpl* ◆ **we went in a foursome** nous y sommes allés à quatre
**foursquare** /'fɔ:skweəʳ/ ADJ (= *square*) carré ; (= *firm*) [*attitude, decision*] ferme, inébranlable ; (= *forthright*) [*account, assessment*] franc (franche *f*)
**fourteen** /'fɔ:'ti:n/
ADJ, N quatorze *m inv* ; *pour loc voir* **six**
PRON quatorze ◆ **there are fourteen** il y en a quatorze
**fourteenth** /'fɔ:'ti:nθ/
ADJ quatorzième ◆ **Louis the Fourteenth** Louis Quatorze *or* XIV
N quatorzième *mf* ; (= *fraction*) quatorzième *m* ◆ **the fourteenth of July** le quatorze juillet, la fête du quatorze juillet ; *pour autres loc voir* **sixth**
**fourth** /fɔ:θ/
ADJ quatrième ◆ **the fourth dimension** la quatrième dimension ◆ **he lives on the fourth floor** (*Brit*) il habite au quatrième (étage) ; (*US*) il habite au cinquième (étage) ◆ **to change into fourth gear** passer en quatrième ◆ **the fourth estate** le quatrième pouvoir
N quatrième *mf* ; (*US*) (= *fraction*) quart *m* ; (*Mus*) quarte *f* ◆ **we need a fourth for our game of bridge** il nous faut un quatrième pour notre bridge ◆ **the Fourth of July** (*US*) le 4 juillet (*fête nationale américaine*) ; *pour autres loc voir* **sixth**
**COMP** **fourth-class matter** N (*US Post*) paquet-poste *m* ordinaire
**fourth finger** N annulaire *m*
**fourth-rate** ADJ (*fig*) de dernier ordre, de dernière catégorie
**the Fourth World** N (*Pol*) le quart-monde

• **FOURTH OF JULY**
•
• Le 4 juillet, ou jour de l'indépendance (« Independence Day ») est la grande fête nationale
• des États-Unis. Marquant la signature de la
• déclaration d'indépendance en 1776 (et, par
• conséquent, la naissance du pays), cette
• commémoration est l'occasion de manifesta-
• tions patriotiques diverses : feux d'artifice,
• défilés, etc.

**fourthly** /'fɔ:θlɪ/ ADV quatrièmement, en quatrième lieu
**fovea** /'fəʊvɪə/ N (pl **foveae** /'fəʊvii:/) (*Anat*) fovéa *f*
**fowl** /faʊl/
**N** ① (= *hens etc* : *collective n*) volaille *f*, oiseaux *mpl* de basse-cour ; (= *one bird*) volatile *m*, volaille *f* ◆ **roast fowl** volaille *f* rôtie
② †† oiseau *m* ◆ **the fowls of the air** (*liter*) les oiseaux *mpl* ; → **fish, waterfowl, wildfowl**
**VI** ◆ **to go fowling** chasser le gibier à plumes
**COMP** **fowling piece** N fusil *m* de chasse léger, carabine *f*
**fowl pest** N peste *f* aviaire
**fox** /fɒks/
**N** ① (= *animal*) renard *m* ◆ **a (sly) fox** (*fig*) un fin renard
② (*US* * = *girl*) fille *f* sexy*, jolie fille *f*
**VT** (= *puzzle* : *esp Brit*) rendre perplexe ; (= *deceive*) tromper, berner ◆ **I was completely foxed** j'étais vraiment perplexe
**COMP** **fox cub** N renardeau *m*
**fox fur** N (fourrure *f* de) renard *m*
**fox shark** N (= *fish*) renard *m* de mer
**fox terrier** N fox *m*, fox-terrier *m*
**foxed** /fɒkst/ ADJ [*book, paper*] marqué de rousseurs
**foxglove** /'fɒksglʌv/ N digitale *f* (pourprée)
**foxhole** /'fɒkshəʊl/ N terrier *m* de renard, renardière *f* ; (*Mil*) gourbi *m*
**foxhound** /'fɒkshaʊnd/ N chien *m* courant, foxhound *m*
**foxhunt** /'fɒkshʌnt/ N chasse *f* au renard
**foxhunter** /'fɒkshʌntəʳ/ N chasseur *m* de renards
**foxhunting** /'fɒks,hʌntɪŋ/ N chasse *f* au renard ◆ **to go foxhunting** aller à la chasse au renard
**foxtail** /'fɒksteɪl/ N (= *grass*) queue-de-renard *f*
**foxtrot** /'fɒkstrɒt/ N fox-trot *m*
**foxy** /'fɒksɪ/ SYN ADJ ① (= *crafty*) finaud, rusé
② (*esp US* *) ◆ **foxy lady** fille *f* sexy*, jolie fille *f*
**foyer** /'fɔɪeɪ/ SYN N [*of theatre*] foyer *m* ; [*of hotel*] foyer *m*, hall *m* ; (*US*) [*of house*] vestibule *m*, entrée *f*
**FP** /ef'pi:/ ① (*US*) abbrev of **fireplug**
② abbrev of **former pupil**
**FPA** /,efpi:'eɪ/ N (abbrev of **Family Planning Association**) Mouvement *m* pour le planning familial
**fps units** NPL (*Brit*) système d'unités fondé sur le pied, la livre et la seconde
**fr** (abbrev of **franc**) F
**Fr.** (*Rel*) ① (abbrev of **Father**) ◆ **Fr. R. Frost** (*on envelope*) le Révérend Père R. Frost
② abbrev of **friar**
**fracas** /'frækɑ:/ SYN N (= *scuffle*) rixe *f*, échauffourée *f* ; (= *noise*) fracas *m*
**fractal** /'fræktəl/ N (*Math*) objet *m* fractal, fractale *f*
**fraction** /'frækʃən/ N (*Math*) fraction *f* ; (*fig*) fraction *f*, partie *f* ◆ **for a fraction of a second** pendant une fraction de seconde ◆ **she only spends a fraction of what she earns** elle ne dépense qu'une infime partie de ce qu'elle gagne ◆ **can you move it a fraction higher/to the left?** peux-tu le déplacer un tout petit peu vers le haut/vers la gauche ? ; → **decimal, vulgar**
**fractional** /'frækʃənl/
ADJ (*Math*) fractionnaire ; (*fig*) infime, tout petit

**COMP** **fractional cristallization** N cristallisation *f* fractionnée
**fractional distillation** N distillation *f* fractionnée
**fractional note** N (*US*) petite coupure *f*
**fractional part** N fraction *f*
**fractionally** /'frækʃnəlɪ/ ADV un tout petit peu ◆ **to be fractionally ahead** avoir un tout petit peu d'avance ◆ **to be fractionally behind** être un tout petit peu en arrière, être très légèrement derrière ◆ **to move sth fractionally higher/to the left** déplacer qch un tout petit peu vers le haut/vers la gauche
**fractionate** /'frækʃəneɪt/ VT (*Chem*) fractionner
**fractionation** /,frækʃən'eɪʃən/ N (*Chem*) fractionnement *m*
**fractious** /'frækʃəs/ SYN ADJ [*child*] grincheux, pleurnicheur ; [*old person*] grincheux, hargneux
**fracture** /'fræktʃəʳ/ SYN
**N** fracture *f*
**VT** fracturer ◆ **she fractured her hip** elle s'est fracturé la hanche
**VI** se fracturer
**fraenum, frenum** (*US*) /'fri:nəm/ N (pl **fraenafrena** (*US*)) /'fri:nə/ frein *m*
**frag*** /fræg/ (*US Mil*)
**N** grenade *f* offensive
**VT** tuer *or* blesser d'une grenade (*un officier etc*)
**fragile** /'frædʒaɪl/ SYN ADJ ① (= *delicate*) [*object, beauty, health, economy*] fragile ; [*person*] fragile ; (*from age, ill health*) frêle ; [*truce, peace, happiness*] précaire, fragile ; [*situation*] délicat ◆ "**fragile: handle with care**" (*notice on boxes*) « fragile »
② (* *gen hum* = *weak*) patraque*, mal fichu*
**fragility** /frə'dʒɪlɪtɪ/ N fragilité *f*
**fragment** /'frægmənt/ SYN
**N** [*of china, bone*] fragment *m* ; [*of paper, metal, glass*] fragment *m*, (petit) morceau *m* ; (*from bomb*) éclat *m* ; [*of information*] élément *m* ◆ **he smashed it to fragments** il l'a réduit en miettes ◆ **the window smashed into fragments** le fenêtre s'est brisée en mille morceaux ◆ **fragments of food/DNA, food/DNA fragments** fragments *mpl* de nourriture/d'ADN ◆ **fragments of conversation** bribes *fpl* de conversation
**VT** /fræg'ment/ fragmenter ; [*organization, system*] faire éclater
**VI** /fræg'ment/ se fragmenter ; [*organization, system*] éclater
**fragmental** /fræg'mentl/ ADJ fragmentaire ; (*Geol*) clastique
**fragmentary** /'frægməntərɪ/ SYN ADJ fragmentaire
**fragmentation** /,frægmen'teɪʃən/
**N** fragmentation *f*
**COMP** **fragmentation grenade** N (*Mil*) grenade *f* à fragmentation
**fragmented** /fræg'mentɪd/ ADJ [*story, version*] morcelé, fragmentaire ; [*organization, system*] éclaté
**fragrance** /'freɪgrəns/ SYN
**N** (= *smell*) parfum *m*, senteur *f* ; (= *perfume*) parfum *m* ◆ **a new fragrance by Chanel** un nouveau parfum de Chanel
**COMP** **fragrance-free** ADJ sans parfum
**fragrant** /'freɪgrənt/ SYN ADJ [*flowers, herbs, spices, food*] parfumé, odorant ◆ **the air was fragrant with the scent of roses** le parfum des roses embaumait l'air ◆ **the fragrant Mrs. Roberts*** (*iro*) l'aimable Mme Roberts (*iro*)
**fraidy-cat*** /'freɪdɪkæt/ ADJ (*US* : *baby talk*) trouillard(e)* *m(f)*, poule *f* mouillée
**frail** /freɪl/ SYN ADJ [*person*] frêle ; [*object*] frêle, fragile ; [*health, happiness, ego*] fragile ; [*hope*] faible
**frailty** /'freɪltɪ/ SYN N [*of person, health, happiness*] fragilité *f* ; (*morally*) faiblesse *f*
**framboesia, frambesia** (*US*) /fræm'bi:zɪə/ N pian *m*
**frame** /freɪm/ SYN
**N** ① (= *supporting structure*) [*of building*] charpente *f* ; [*of bicycle*] cadre *m* ; [*of boat*] carcasse *f* ; [*of car*] châssis *m* ; [*of racket*] armature *f*, cadre *m*
② [*border, surround*] [*of picture*] cadre *m*, encadrement *m* ; [*of embroidery, tapestry*] cadre *m* ; [*of window, door*] châssis *m*, chambranle *m*
③ ◆ **frames** [*of spectacles*] monture *f*
④ (*Cine*) photogramme *m* ; (*Phot*) image *f*

## frameless | Frederick

5 *(of human, animal)* (= *body*) corps m ; (= *skeleton*) ossature f ◆ **his large frame** son grand corps

6 *(fig = structure)* cadre m ◆ **this proposal is beyond the frame of the peace agreement** cette proposition dépasse le cadre du traité de paix ◆ **the new frame of government** la nouvelle structure du gouvernement ◆ **frame of mind** humeur f, disposition f d'esprit ◆ **I'm not in the right frame of mind for this job** or **to do this job** je ne suis pas d'humeur à faire ce travail ◆ **to be in a positive/relaxed frame of mind** être positif/décontracté ◆ **frame of reference** *(Math, fig)* système m de référence ◆ **to be in the frame for sth** (= *in the running*) être dans la course pour qch

7 *(in garden)* châssis m, cloche f

8 (* = *set-up*: also **frame-up**) coup m monté

9 *(for weaving)* métier m

**VT** 1 [+ *picture*] encadrer ◆ **he appeared framed in the doorway** il apparut dans l'encadrement de la porte ◆ **her face was framed by a mass of curls** son visage était encadré par une profusion de boucles ◆ **a lake framed by trees** un lac entouré d'arbres or encadré par des arbres

2 (= *construct*) [+ *house*] bâtir or construire la charpente de

3 (= *conceive*) [+ *idea, plan*] concevoir, formuler ; [+ *plot*] combiner ; [+ *sentence*] construire ; [+ *question, issue*] formuler ◆ **she framed the issue rather differently** elle a formulé la question assez différemment ◆ **the debate is being framed in terms of civil rights** on aborde la question du point de vue des droits civils

4 *(Phot)* ◆ **to frame a subject** cadrer un sujet

5 (* : also **frame up**) ◆ **to frame sb (up), to have sb framed** monter un coup contre qn *(pour faire porter l'accusation contre lui)* ◆ **he claimed he had been framed** il a prétendu être victime d'un coup monté ◆ **I've been framed!** c'est un coup monté !

**COMP frame house** N maison f à charpente de bois
**frame rucksack** N sac m à dos à armature
**frame tent** N tente f à armature intégrée
**frame-up*** N coup m monté, machination f

**frameless** /ˈfreɪmlɪs/ **ADJ** [*spectacles*] sans monture

**framer** /ˈfreɪməʳ/ N (also **picture framer**) encadreur m, -euse f

**framework** /ˈfreɪmwɜːk/ SYN

**N** 1 (*lit = frame*) (*gen*) structure f ; (*for building, furniture*) charpente f

2 *(fig = basis)* cadre m ◆ **within the framework of...** dans le cadre de... ◆ **to establish the legal framework for sth** établir le cadre légal de qch ◆ **the framework of society** la structure de la société

**COMP framework agreement** N accord-cadre m

**framing** /ˈfreɪmɪŋ/ N 1 (= *frame of picture, photo*) encadrement m

2 (= *composition of picture*) cadrage m

**franc** /fræŋk/
**N** franc m
**COMP franc area** N zone f franc

**France** /frɑːns/ N France f ◆ **in France** en France

**franchise** /ˈfræntʃaɪz/ SYN
**N** 1 (*Pol*) droit m de vote
2 (*Comm*) franchise f
**VT** franchiser
**COMP franchise holder** N (*Comm*) franchisé(e) m(f)

**franchisee** /ˌfræntʃaɪˈziː/ N franchisé(e) m(f)

**franchiser** /ˈfræntʃaɪzəʳ/ N franchiseur m

**Francis** /ˈfrɑːnsɪs/ N François m, Francis m ◆ **Saint Francis of Assisi** saint François d'Assise

**Franciscan** /frænˈsɪskən/ **ADJ, N** franciscain m

**francium** /ˈfrænsɪəm/ N francium m

**Franco*** /ˈfræŋkəʊ/ **ADJ** (*Can*) canadien français

**franco** /ˈfræŋkəʊ/ **ADV** (*Comm*) franco ◆ **franco frontier/domicile** franco frontière/domicile

**Franco-** /ˈfræŋkəʊ/ **PREF** franco- ◆ **Franco-British** franco-britannique

**francolin** /ˈfræŋkəʊlɪn/ N francolin m

**francophile** /ˈfræŋkəʊfaɪl/ **ADJ, N** francophile mf

**francophobe** /ˈfræŋkəʊfəʊb/ **ADJ, N** francophobe mf

**francophobia** /ˌfræŋkəʊˈfəʊbɪə/ N francophobie f

**francophone** /ˈfræŋkəʊfəʊn/ **ADJ, N** francophone mf

**frangipane** /ˈfrændʒɪpeɪn/, **frangipani** /ˌfrændʒɪˈpɑːnɪ/ N (pl **frangipanes** or **frangipane**) (= *perfume, pastry*) frangipane f ; (= *shrub*) frangipanier m

**Franglais*** /ˈfrɑːŋɡleɪ/ N franglais m

**Frank** /fræŋk/ N (*Hist*) Franc m, Franque f

**frank¹** /fræŋk/ SYN **ADJ** [*person, comment, admission*] franc (franche f) ◆ **to be frank (with you)...** pour être franc... ◆ **I'll be quite frank with you** je vais être très franc avec vous

**frank²** /fræŋk/
**VT** [+ *letter*] affranchir
**COMP franking machine** N machine f à affranchir

**frank³*** /fræŋk/ N (*US = sausage*) (saucisse f de) Francfort f

**Frankenstein** /ˈfræŋkənstaɪn/ N Frankenstein m

**frankfurter** /ˈfræŋkˌfɜːtəʳ/ N (= *sausage*) saucisse f de Francfort

**Frankfurt(-on-Main)** /ˈfræŋkfɜːt(ˌɒnˈmeɪn)/ N Francfort(-sur-le-Main)

**frankincense** /ˈfræŋkɪnsens/ N encens m

**Frankish** /ˈfræŋkɪʃ/
**ADJ** (*Hist*) franc (franque f)
**N** (= *language*) francique m, langue f franque

**frankly** /ˈfræŋklɪ/ SYN **ADV** franchement ◆ **(quite) frankly, I don't give a damn*** franchement, je m'en fiche complètement ◆ **the book deals frankly with the subject of Alzheimer's** le livre parle sans détours de la maladie d'Alzheimer

**frankness** /ˈfræŋknɪs/ SYN N franchise f

**frantic** /ˈfræntɪk/ SYN **ADJ** [*person*] dans tous ses états ; [*shout, phone call*] désespéré ; [*search*] affolé ; [*desire, pace*] effréné ; [*effort, activity, rush*] frénétique ; [*week, day*] fou (folle f) ◆ **to become** or **get frantic's'affoler** ◆ **frantic with worry** fou (folle f) d'inquiétude ◆ **he/it drives me frantic*** il/ça me rend dingue*

**frantically** /ˈfræntɪkəlɪ/ **ADV** [*try, search*] désespérément ; [*work, write*] comme un(e) forcené(e) ; [*scramble*] comme un fou or une folle ◆ **to be frantically busy** avoir un boulot* fou, être débordé ◆ **to wave frantically to sb** faire des gestes frénétiques de la main à qn

**frappé** /ˈfræpeɪ/ N (*US*) boisson f glacée

**frat*** /fræt/ N (*US Univ*) ⇒ **fraternity noun 1**

**fraternal** /frəˈtɜːnl/ **ADJ** fraternel ◆ **fraternal twins** faux jumeaux mpl

**fraternity** /frəˈtɜːnɪtɪ/ SYN
**N** 1 (*NonC*) fraternité f ; (*US Univ*) association f d'étudiants ⇒ **SORORITY, FRATERNITY**
2 (= *group*) confrérie f ◆ **the hunting fraternity** la confrérie des chasseurs ◆ **the yachting fraternity** le monde de la navigation de plaisance ◆ **the criminal fraternity** la pègre
**COMP fraternity pin** N (*US Univ*) insigne m de confrérie

**fraternization** /ˌfrætənaɪˈzeɪʃən/ N fraternisation f

**fraternize** /ˈfrætənaɪz/ SYN **VI** fraterniser (with avec)

**fratricidal** /ˌfrætrɪˈsaɪdl/ **ADJ** fratricide

**fratricide** /ˈfrætrɪsaɪd/ N (= *act*) fratricide m ; (*frm, liter = person*) fratricide mf

**fraud** /frɔːd/ SYN
**N** 1 (= *criminal deception*) fraude f, imposture f ; (*financial*) escroquerie f ; (= *misappropriation*) détournement m de fonds ; (*Jur*) fraude f ◆ **fraud and deception** abus m de confiance ◆ **tax fraud** fraude f fiscale ◆ **credit card fraud** escroquerie f à la carte de crédit
2 (= *person*) imposteur m, fraudeur m, -euse f ; (= *object*) attrape-nigaud m ◆ **he turned out to be a fraud** il s'est révélé être un imposteur ◆ **you're such a fraud! You haven't even got a temperature!** quel simulateur ! Tu n'as même pas de fièvre ! ◆ **the document was a complete fraud** le document avait été monté de toutes pièces
**COMP Fraud Squad** N (*Police*) service m de la répression des fraudes

**fraudster** /ˈfrɔːdstəʳ/ N fraudeur m, -euse f

**fraudulence** /ˈfrɔːdjʊləns/, **fraudulency** /ˈfrɔːdjʊlənsɪ/ N caractère m frauduleux

**fraudulent** /ˈfrɔːdjʊlənt/ SYN
**ADJ** frauduleux
**COMP fraudulent conversion** N (*Jur*) malversation f, détournement m de fonds

**fraudulently** /ˈfrɔːdjʊləntlɪ/ **ADV** frauduleusement

**fraught** /frɔːt/ **ADJ** 1 (= *filled*) ◆ **to be fraught with difficulty/danger** présenter de multiples difficultés/dangers ◆ **fraught with tension** lourd de tension
2 (= *anxious*) [*person*] tendu, angoissé ; [*situation, meeting, relationship, morning*] tendu

**fraxinella** /ˌfræksɪˈnelə/ N fraxinelle f

**fray¹** /freɪ/ N rixe f, échauffourée f ; (*Mil*) combat m ◆ **ready for the fray** (*lit, fig*) prêt à se battre ◆ **to enter the fray** (*fig*) descendre dans l'arène, entrer en lice

**fray²** /freɪ/ SYN
**VT** [+ *cloth, garment*] effilocher, effiler ; [+ *cuff*] user le bord de, râper ; [+ *trousers*] user le bas de, râper ; [+ *rope*] user, raguer (*Naut*) ◆ **tempers were getting frayed** on commençait à perdre patience or s'énerver ◆ **my nerves are frayed** je suis à bout (de nerfs)
**VI** [*cloth, garment*] s'effilocher, s'effiler ; [*rope*] s'user, se raguer (*Naut*) ◆ **his sleeve was fraying at the cuff** sa manche était usée or râpée au poignet ◆ **to fray at** or **around the edges*** (*fig*) [*marriage, alliance*] battre de l'aile ◆ **he looked rather frayed around the edges*** il ne semblait pas en grande forme

**frazil** /ˈfreɪzɪl/ N frasil m (*Can*)

**frazzle*** /ˈfræzl/
**N** 1 ◆ **worn to a frazzle** claqué*, crevé* ◆ **she's worn to a frazzle getting ready for the competition** la préparation de la compétition la crève* ◆ **she had worn herself to a frazzle** elle s'était crevée à la tâche*
2 ◆ **burnt to a frazzle** carbonisé, calciné
**VT** 1 (= *exhaust*) crever* ◆ **my brain's frazzled!** j'ai la tête farcie ! ◆ **his nerves were frazzled** il était à bout (de nerfs)
2 (= *burn*) (faire) carboniser, (faire) cramer*

**FRCP** /ˌefɑːsiːˈpiː/ N (*Brit*) (abbrev of **Fellow of the Royal College of Physicians**) membre de l'Académie royale de médecine

**FRCS** /ˌefɑːsiːˈes/ N (*Brit*) (abbrev of **Fellow of the Royal College of Surgeons**) membre de l'Académie royale de chirurgie

**freak** /friːk/ SYN
**N** 1 (= *abnormal person or animal*) monstre m, phénomène m ; (= *eccentric*) phénomène m ; (= *absurd idea*) lubie f, idée f saugrenue or farfelue ◆ **freak of nature** accident m de la nature ◆ **his winning was really just a freak** il n'a gagné que grâce à un hasard extraordinaire
2 (= *fanatic*) ◆ **he's an acid freak** il est accro* à l'acide ◆ **a jazz freak** un(e) dingue* or un(e) fana* du jazz ◆ **a health food freak** un(e) fana* de l'alimentation naturelle or de la bouffe bio* ◆ **a speed freak** un(e) fana* de la vitesse
**ADJ** [*storm, weather*] exceptionnel ; [*error*] bizarre ; [*victory*] inattendu
**COMP freak-out*** N défonce* f
**freak show** N exhibition f de monstres (*dans une foire*)
**VI** ⇒ **freak out** vi 1, vi 2, vt sep

▶ **freak out***
**VI** 1 (= *get angry*) piquer une de ces crises*
2 (= *panic*) flipper*
3 (= *get high on drugs*) se défoncer* ◆ **to freak out on LSD** se défoncer* au LSD
**VT SEP** ◆ **to freak sb out** (= *surprise*) en boucher un coin à qn* ; (= *make angry*) foutre qn en boule* or en pétard* ; (= *panic*) faire flipper qn*
**N** ◆ **freak-out*** → **freak**

**freaking*** /ˈfriːkɪŋ/ (*US*)
**ADV** foutrement* ◆ **it's freaking hot in here** il fait vachement* chaud ici
**ADJ** foutu*

**freakish** /ˈfriːkɪʃ/ **ADJ** (*gen*) bizarre ; [*weather*] anormal ; [*idea*] saugrenu, insolite

**freakishly** /ˈfriːkɪʃlɪ/ **ADV** [*hot, cold*] anormalement

**freaky*** /ˈfriːkɪ/ **ADJ** bizarre

**freckle** /ˈfrekl/
**N** tache f de rousseur
**VI** se couvrir de taches de rousseur

**freckled** /ˈfrekld/ **ADJ** plein de taches de rousseur, taché de son

**Frederick** /ˈfredrɪk/ N Frédéric m

**free** /friː/ SYN

1 - ADJECTIVE
2 - ADVERB
3 - TRANSITIVE VERB
4 - NOUN
5 - COMPOUNDS
6 - PHRASAL VERB

### 1 - ADJECTIVE

**1** [= AT LIBERTY, NOT CAPTIVE OR TIED] *[person, animal]* libre ◆ **they tied him up but he managed to get free** ils l'ont attaché mais il a réussi à se libérer ◆ **to go free** *[prisoner]* être relâché, être mis en liberté ◆ **all these dangerous people still go free** tous ces gens dangereux sont encore en liberté ◆ **to set a prisoner free** libérer or mettre en liberté un prisonnier ◆ **they had to cut the driver free from the wreckage** ils ont dû dégager le conducteur du véhicule accidenté ◆ **he left the end of the rope free** il a laissé le bout de la corde ◆ **she opened the door with her free hand** elle a ouvert la porte avec sa main libre ◆ **to have one's hands free** *(lit, fig)* avoir les mains libres ◆ **to have a free hand to do sth** *(fig)* avoir carte blanche pour faire qch ◆ **to give sb a free hand** donner carte blanche à qn

**2** [= UNRESTRICTED, UNHINDERED] *[person]* libre ; *[choice, access]* libre *before n* ◆ **free elections** élections *fpl* libres ◆ **free press** presse *f* libre ◆ **free translation** traduction *f* libre ◆ **the fishing is free** la pêche est autorisée ◆ **to be/get free of sb** se débarrasser/être débarrassé de qn ◆ **free and easy** décontracté, désinvolte ◆ **as free as a bird** or **(the) air** *(Brit)* libre comme l'air ; see also **compounds**

◆ **(to be) free to do sth** ◆ **I'm not free to do it** je ne suis pas libre de le faire ◆ **he was free to refuse** il était libre de refuser ◆ **you're free to choose** vous êtes libre de choisir, libre à vous de choisir ◆ **I am leaving you free to do as you please** je vous laisse libre de faire comme bon vous semble, je vous laisse carte blanche ◆ **her aunt's death set her free to follow her own career** la mort de sa tante lui a donné toute liberté pour poursuivre sa carrière

◆ **to feel free (to do sth)** ◆ **can I borrow your pen? - feel free** * est-ce que je peux vous emprunter votre stylo ? – je vous en prie or faites ◆ **please feel free to ask questions** n'hésitez pas à poser des questions ◆ **a school where children feel free to express themselves** une école où les enfants se sentent libres de s'exprimer

◆ **free from** or **of** (= without) ◆ **to be free from** or **of care/responsibility** être dégagé de tout souci/de toute responsabilité ◆ **to be free from** or **of pain** ne pas souffrir ◆ **free from the usual ruling** non soumis au règlement habituel ◆ **a surface free from** or **of dust** une surface dépoussiérée ◆ **area free of malaria** zone *f* non touchée par la malaria ◆ **a world free of nuclear weapons** un monde sans armes nucléaires or dénucléarisé ◆ **the elections have been free of violence** les élections se sont déroulées sans violence ◆ **the company is now free of government control** la société n'est plus contrôlée par le gouvernement ◆ **free of tax** or **duty** exonéré, hors taxe

**3** [Pol = AUTONOMOUS, INDEPENDENT] *[country, state]* libre ; *[government]* autonome, libre ◆ **the Free French** *(Hist)* les Français *mpl* libres ◆ **the free world** le monde libre ◆ **it's a free country!** *(fig)* on est en république !*, on peut faire ce qu'on veut ici !

**4** [= COSTING NOTHING] *[object, ticket, sample]* gratuit ◆ **he got a free ticket** il a eu un billet gratuit ◆ **"free mug with each towel"** « une chope gratuite pour tout achat d'une serviette » ◆ **admission free, free admission** entrée *f* gratuite or libre ◆ **it's free of charge** c'est gratuit ; see also **compounds** ◆ **free delivery, delivery free** *(Comm)* livraison *f* gratuite, franco de port ◆ **free delivered at dock** *(Comm)* livraison *f* franco à quai ◆ **as a free gift** *(Comm)* en prime, en cadeau ◆ **free offer** *(Comm)* offre *f* gratuite ◆ **free sample** *(Comm)* échantillon *m* gratuit ◆ **there's no such thing as a free lunch** tout se paie ◆ **to get a free ride*** *(fig)* profiter de la situation

**5** [= NOT OCCUPIED] *[room, seat, hour, person]* libre ◆ **there are only two free seats left** il ne reste que deux places de libre ◆ **is this table free?** cette table est-elle libre ? ◆ **I will be free at 2 o'clock** je serai libre à 14 heures

**6** [= LAVISH, PROFUSE] généreux, prodigue ◆ **to be free with one's money** dépenser son argent sans compter ◆ **you're very free with your advice** *(iro)* vous êtes particulièrement prodigue de conseils *(iro)* ◆ **he makes free with all my things** il ne se gêne pas pour se servir de mes affaires ◆ **to make free** † **with a woman** prendre des libertés or se permettre des familiarités avec une femme

**7** [Ling] *[morpheme]* libre

**8** [Chem] *[gas]* libre, non combiné

### 2 - ADVERB

**1** [= WITHOUT PAYMENT] *[give, get, travel]* gratuitement, gratis * ◆ **we got in free** or **for free*** nous sommes entrés gratuitement or gratis * ◆ **they'll send it free on request** ils l'enverront gratuitement sur demande

**2** [= WITHOUT RESTRAINT] *[run about]* en liberté

**3** [EXPRESSING RELEASE] ◆ **the screw had worked itself free** la vis s'était desserrée ◆ **to pull free** se dégager, se libérer ◆ **to wriggle free** *[person]* se libérer en se tortillant ; *[fish]* se libérer en frétillant

### 3 - TRANSITIVE VERB

**1** [= LIBERATE] *[+ nation, slave]* affranchir, libérer

**2** [= UNTIE] *[+ person, animal]* détacher ; *[+ knot]* défaire, dénouer ; *[+ tangle]* débrouiller

**3** [= RELEASE] *[+ caged animal, prisoner]* libérer ; *[+ person] (from wreckage)* dégager, désincarcérer ; *(from burden)* soulager, débarrasser ; *(from tax)* exempter, exonérer ◆ **to free o.s. from** *(lit, fig)* se débarrasser de, se libérer de ◆ **to free sb from anxiety** libérer or délivrer qn de l'angoisse

**4** [= UNBLOCK] *[+ pipe]* débloquer, déboucher

### 4 - NOUN

◆ **the land of the free** le pays de la liberté

### 5 - COMPOUNDS

**free agent** N ◆ **to be a free agent** avoir toute liberté d'action
**free alongside quay** ADJ *(Comm)* franco à quai
**free alongside ship** ADJ *(Comm)* franco le long du navire
**free association** N *(Psych)* libre association *f*
**Free Church** *(Brit)* N église *f* non-conformiste ◆ ADJ non-conformiste
**free city** N *(Hist)* ville *f* franche or libre
**free climbing** N escalade *f* libre
**free clinic** N *(US Med)* dispensaire *m*
**free collective bargaining** N négociation *f* salariale libre *(sans limite imposée par l'État)*
**free(-)diving** N plongée *f* libre
**free energy** N *(Phys)* énergie *f* libre or utilisable
**free enterprise** N libre entreprise *f*
**free-enterprise economy** N économie *f* de marché
**free fall** N *(Space, Parachuting, Econ)* chute *f* libre ◆ **in free fall** en chute libre ◆ **to go into free fall** entamer une chute libre
**free fight** N mêlée *f* générale
**free-fire zone** N *(Mil)* secteur *m* or zone *f* de tir libre
**free flight** N *(in plane)* vol *m* libre
**free-floating** ADJ *(in water)* qui flotte librement ; *(in outer space)* qui flotte librement dans l'espace ; *(fig) [person]* sans attaches
**free-for-all** SYN N mêlée *f* générale
**free-form** ADJ *(Mus)* ◆ **free-form jazz** free jazz *m*
**free hit** N *(Sport)* coup *m* franc
**free house** N *(Brit)* pub *m* (qui n'appartient pas à une chaîne) → **Pub**
**free jazz** N free-jazz *m inv*
**free kick** N *(Sport)* coup *m* franc
**free labour** N (= non-union) main-d'œuvre *f* non syndiquée
**free love** N amour *m* libre
**free market, free-market economy** N économie *f* de marché
**free-marketeer** N partisan *m* de l'économie de marché
**free of charge** ADV *(Comm)* gratuitement
**free on board** ADJ *(Comm)* franco à bord
**free on rail** ADJ *(Comm)* franco wagon
**free period** N *(Educ)* heure *f* de libre or sans cours
**free port** N port *m* franc
**free radical** N *(Chem)* radical *m* libre
**free-range egg** N œuf *m* de poule élevée en plein air
**free-range poultry** N poulets *mpl* élevés en plein air
**free shot** N lancer *m* franc, coup *m* franc
**free skating** N figures *fpl* libres (de patinage)
**free space** N *(Phys)* espace *m* libre
**free speech** N liberté *f* de parole
**free spirit** N esprit *m* libre
**free-spirited** ADJ *[person]* libre d'esprit ; *[ways]* libre
**free-standing** ADJ *[furniture]* sur pied
**the Free State** N *(US)* le Maryland
**free-styling** N *(Ski)* ski *m* acrobatique
**free throw** N *(US Sport)* lancer *m* franc
**free-to-air** ADJ *(TV)* gratuit
**free trade** N *(Econ)* libre-échange *m*
**free-trader** N *(Econ)* libre-échangiste *m*
**free-trade zone** N *(Econ)* zone *f* franche
**free verse** N *(Literat)* vers *m* libre
**free vote** N vote *m* en conscience *(sans consigne de vote)*
**free will** N *(Philos)* libre arbitre *m* ◆ **he did it of his own free will** il l'a fait de son propre gré
**free-will gift** N don *m* volontaire
**free-will offering** N offrande *f* volontaire

### 6 - PHRASAL VERB

▶ **free up** VT SEP *[+ money, resources]* dégager ; *[+ staff]* libérer ◆ **to free up some time to do sth** trouver du temps pour faire qch

---

**-free** /friː/ ADJ *(in compounds)* ◆ **salt-free** sans sel ◆ **stress-free** sans stress ◆ **trouble-free** sans problèmes

**freebase*** /ˈfriːbeɪs/ *(Drugs)*
N freebase * *m (forme de cocaïne purifiée)*
VT ◆ **to freebase cocaine** fumer du freebase*
VI fumer du freebase*

**freebie*** /ˈfriːbɪ/
N (= *free gift*) (petit) cadeau *m* ; (= *free trip*) voyage *m* gratis * or à l'œil * ; (= *free newspaper*) journal *m* gratis *
ADJ gratis *

**freeboard** /ˈfriːbɔːd/ N (hauteur *f* de) franc-bord *m*

**freebooter** /ˈfriːbuːtəʳ/ N (= *buccaneer*) pirate *m* ; *(Hist)* flibustier *m*

**freeborn** /ˈfriːbɔːn/ ADJ libre

**freedom** /ˈfriːdəm/ SYN
N liberté *f* ◆ **freedom of action** liberté *f* d'action or d'agir ◆ **freedom of association/choice/information/speech** liberté *f* d'association/de choix/d'information/de parole ◆ **freedom of the press** liberté *f* de la presse ◆ **freedom of worship** liberté *f* religieuse or du culte ◆ **freedom of the seas** franchise *f* des mers ◆ **to give sb freedom to do as he wishes** laisser les mains libres à qn, donner carte blanche à qn ◆ **to speak with freedom** parler en toute liberté ◆ **freedom from care/responsibility** le fait d'être dégagé de tout souci/de toute responsabilité ◆ **to give sb the freedom of a city** nommer qn citoyen d'honneur d'une ville ◆ **he gave me the freedom of his house** il m'a laissé à la libre disposition de sa maison
COMP **freedom fighter** N guérillero *m*, partisan *m*
**Freedom of Information Act** N *(US Jur)* loi *f* sur la liberté d'information

#### FREEDOM OF INFORMATION ACT

Aux États-Unis, la loi sur la liberté d'information ou **Freedom of Information Act** oblige les organismes fédéraux à divulguer les informations qu'ils détiennent à quiconque en fait la demande, sauf pour des raisons spécifiques liées au secret-défense, aux secrets de fabrication ou à la protection de la vie privée. Cette loi, particulièrement utile pour les journalistes, a permis la publication de renseignements jusqu'alors gardés secrets sur certaines affaires délicates comme la guerre du Vietnam et les activités d'espionnage illégales du FBI.

**Freefone** ® /ˈfriːfəʊn/
N *(Brit Telec)* ≃ numéro *m* vert ®
VT ◆ **to find out more, freefone 77 88 99** pour plus de renseignements, appelez le 77 88 99 (numéro vert) or appelez notre numéro vert 77 88 99

**freehand** /ˈfriːhænd/ ADJ, ADV à main levée

**freehold** /ˈfriːhəʊld/ *(Brit)*
N propriété *f* foncière libre (à perpétuité)
ADV en propriété libre

**freeholder** /ˈfriːhəʊldəʳ/ N *(Brit)* propriétaire *mf* foncier (-ière *f*) (à perpétuité)

## freelance | frequent

**freelance** /ˈfriːlɑːns/
■ free-lance *mf*, collaborateur *m*, -trice *f* indépendant(e) ; (= *journalist*) pigiste *mf*
■ ADJ [*journalist, designer, player*] indépendant, free-lance *inv* ; [*work, writing*] en indépendant, en free-lance
■ VI travailler en free-lance *or* en indépendant
■ ADV [*work*] en free-lance, en indépendant ✦ **to go freelance** se mettre à travailler en free-lance *or* en indépendant

**freelancer** /ˈfriːlɑːnsəʳ/ N free-lance *mf*, collaborateur *m*, -trice *f* indépendant(e) ; (= *journalist*) pigiste *mf*

**freeload** * /ˈfriːləʊd/ VI vivre en parasite

**freeloader** * /ˈfriːləʊdəʳ/ N parasite *m*, pique-assiette *mf*

**freely** /ˈfriːlɪ/ SYN ADV ① (= *unrestrictedly*) [*travel, elect*] en toute liberté ; [*operate*] librement, en toute liberté ; [*express, translate, adapt*] librement ; [*talk, speak*] franchement, librement ✦ **to move freely** [*person*] se déplacer en toute liberté ; [*machine part*] jouer librement ✦ **traffic is moving** *or* **flowing freely** la circulation est fluide ✦ **to be freely available** [*drugs, commodity, help, information*] être facile à trouver
② (= *willingly*) [*give, share*] généreusement ; [*lend, admit*] volontiers
③ (= *liberally*) [*spend*] sans compter ; [*use, perspire*] abondamment ✦ **the wine was flowing freely** le vin coulait à flots

**freeman** /ˈfriːmən/ N (pl -men) (*Hist*) homme *m* libre ✦ **freeman of a city** citoyen *m* d'honneur d'une ville

**freemartin** /ˈfriːmɑːtɪn/ N free-martin *m*

**freemason** /ˈfriːmeɪsn/ N franc-maçon *m*

**freemasonry** /ˈfriːmeɪsnrɪ/ N franc-maçonnerie *f*

**Freephone** ® /ˈfriːfəʊn/ ⇒ **Freefone**

**Freepost** ® /ˈfriːpəʊst/ N (*Brit*) port *m* payé

**freesheet** /ˈfriːʃiːt/ N journal *m* gratuit

**freesia** /ˈfriːzɪə/ N freesia *m*

**freestone** /ˈfriːstəʊn/ N ① (*NonC Constr etc*) pierre *f* de taille
② (= *fruit*) fruit dont la chair se détache facilement du noyau

**freestyle** /ˈfriːstaɪl/ N (also **freestyle swimming**) nage *f* libre

**freethinker** /ˌfriːˈθɪŋkəʳ/ SYN N libre-penseur *m*, -euse *f*

**freethinking** /ˌfriːˈθɪŋkɪŋ/
■ ADJ libre penseur
■ N libre pensée *f*

**freeware** /ˈfriːwɛəʳ/ N logiciel *m* gratuit

**freeway** /ˈfriːweɪ/ N (*US*) autoroute *f* (*sans péage*) → Roads

**freewheel** /ˌfriːˈwiːl/ (*Brit*)
■ VI [*cyclist*] se mettre en roue libre, être en roue libre ; [*motorist*] rouler au point mort
■ N [*of bicycle*] roue *f* libre

**freewheeler** /ˌfriːˈwiːləʳ/ N (*fig*) insouciant(e) *m(f)*

**freewheeling** /ˌfriːˈwiːlɪŋ/ ADJ [*person*] insouciant ; [*scheme, lifestyle*] peu orthodoxe ; [*discussion*] libre

**freezable** /ˈfriːzəbl/ ADJ [*food*] congelable

**freeze** /friːz/ SYN (pret **froze**, ptp **frozen**)
■ VI ① [*liquid*] (*lit*) geler ; [*food*] se congeler ✦ **it will freeze hard tonight** il gèlera dur cette nuit ✦ **to freeze to death** mourir de froid ✦ **the lake has frozen** le lac est gelé ✦ **the windscreen was frozen** le pare-brise était givré ✦ **this dish freezes well** ce plat se congèle bien ✦ **the fallen apples had frozen to the ground** les pommes tombées étaient collées au sol par le gel
② (*fig* = *stop*) se figer ✦ **he froze (in his tracks** *or* **to the spot)** il est resté figé sur place ✦ **the smile froze on his lips** son sourire s'est figé sur ses lèvres ✦ **freeze!** pas un geste ! ; see also **freezing, frozen**
■ VT ① [+ *liquid*] geler ; [+ *food*] congeler ; (*industrially*) surgeler **she froze him with a look** elle lui a lancé un regard qui l'a glacé sur place
② (= *stop, block*) [+ *assets, credit, wages*] geler, bloquer ; [+ *prices, bank account*] bloquer ✦ **can you freeze it?** (*Cine* = *hold image*) tu peux l'arrêter sur l'image ? ; see also **frozen**
■ N ① (= *cold snap*) temps *m* de gelée, gel *m* ✦ **the big freeze of 1948** le grand gel de 1948
② [*of prices, wages, credit*] blocage *m*, gel *m* ✦ **a wage(s)/price(s) freeze, a freeze on wages/prices** un blocage *or* gel des salaires/des prix ✦ **a freeze on new staff appointments** un gel de l'embauche ✦ **a freeze on nuclear weapons testing/programmes** un gel des essais nucléaires/des programmes d'armes nucléaires
COMP **freeze-dry** VT lyophiliser
**freeze-frame** N [*of film, video*] arrêt *m* sur image
**freeze-up** N gel *m*
▶ **freeze out** VT SEP ✦ **to freeze sb out (from sth)** tenir qn à l'écart (de qch)
▶ **freeze over** VI [*lake, river*] geler ; [*windscreen*] givrer ✦ **the river has frozen over** la rivière est gelée
▶ **freeze up**
■ VI [*pipes, lake, river*] geler
■ VT SEP ✦ **the pipes were frozen up last winter** les conduits ont gelé l'hiver dernier
■ N ✦ freeze-up → **freeze**

**freezer** /ˈfriːzəʳ/ N ① (*domestic*) congélateur *m* ; (*industrial*) surgélateur *m*
② (*in fridge*: also **freezer compartment**) (*one-star*) freezer *m* ; (*two-star*) conservateur *m* ; (*three-star*) congélateur *m*
③ (*US* = *ice cream maker*) sorbetière *f*
COMP **freezer bag** N sac *m* congélation
**freezer centre** N magasin *m* de surgelés
**freezer container** N barquette *f* congélation
**freezer film** N plastique *m* spécial congélation
**freezer foil** N aluminium *m* spécial congélation
**freezer tray** N bac *m* à glace

**freezing** /ˈfriːzɪŋ/ SYN
■ ADJ ① (= *icy*) [*temperatures, weather, wind, rain, night*] glacial
② (also **freezing cold**) [*person*] gelé ; [*water, room*] glacial ✦ **my hands are freezing** j'ai les mains gelées ✦ **it's freezing** il fait un froid glacial ✦ **it's freezing in here** on gèle ici ✦ **in the freezing cold** dans le froid glacial
■ N [*of food*] congélation *f*, gel *m*
COMP **freezing fog** N brouillard *m* givrant
**freezing point** N point *m* de congélation ✦ **below freezing point** au-dessous de zéro (centigrade)
**freezing rain** N pluie *f* verglaçante

**freight** /freɪt/ SYN
■ N (= *transporting*) transport *m* ; (= *price, cost*) fret *m* ; (= *goods moved*) fret *m*, cargaison *f* ; (*esp Brit* = *ship's cargo*) fret *m* ✦ **freight paid** (*Comm*) port *m* payé ✦ **freight and delivery paid** (*US Comm*) franco de port ✦ **to send sth by freight** faire transporter qch ✦ **air freight** transport *m* par avion, fret *m* aérien
■ VT [+ *goods*] transporter
COMP **freight agent** N transitaire *mf*
**freight car** N (*US*) [*of train*] wagon *m* de marchandises, fourgon *m*
**freight charges** NPL frais *mpl* de transport, fret *m*
**freight depot** N dépôt *m* de marchandises
**freight forwarder** N transporteur *m*
**freight insurance** N assurance *f* (sur le) fret
**freight note** N bordereau *m* d'expédition
**freight plane** N avion-cargo *m*, avion *m* de fret
**freight terminal** N terminal *m* de fret
**freight train** N train *m* de marchandises
**freight yard** N dépôt *m* des marchandises

**freightage** /ˈfreɪtɪdʒ/ N (= *charge*) fret *m* ; (= *goods*) fret *m*, cargaison *f*

**freighter** /ˈfreɪtəʳ/ N (= *ship*) cargo *m*, navire *m* de charge ; (= *plane*) avion-cargo *m*, avion *m* de fret

**freightliner** /ˈfreɪtˌlaɪnəʳ/ N train *m* de marchandises en conteneurs

**French** /frentʃ/ SYN
■ ADJ (*gen*) français ; [*ambassador, embassy, monarch*] de France ; [*teacher*] de français ✦ **the French way of life** la vie française ✦ **French cooking** la cuisine française ✦ **the French people** les Français *mpl* ; see also **comp**
■ N (= *language*) français *m* ✦ **excuse** *or* **pardon my French** * (*apologizing for swearing*) passez-moi l'expression
■ NPL **the French** les Français *mpl* ; → **free**
COMP **the French Academy** N l'Académie *f* française
**French bean** N (*Brit*) haricot *m* vert
**French bread** N pain *m* à la française
**French Canadian** ADJ canadien français N (= *person*) Canadien(ne) français(e) *m(f)* ; (= *language variety*) français *m* canadien
**French chalk** N craie *f* de tailleur
**French cricket** N forme simplifiée du cricket jouée par les enfants
**French door** N (*US*) porte-fenêtre *f*
**French dressing** N (*Culin*) (= *vinaigrette*) vinaigrette *f* ; (*US*) (= *salad cream*) sauce *f* (à) salade
**French Equatorial Africa** N Afrique *f* équatoriale française
**French fried potatoes, French fries** NPL (pommes *fpl* de terre) frites *fpl*
**French-fry** VT (*US*) frire à la friteuse
**French Guiana** N Guyane *f* française
**French horn** N (*Mus*) cor *m* d'harmonie
**French kiss** ‡ N baiser *m* profond *or* avec la langue, patin ‡ *m* VT embrasser avec la langue, rouler un patin ‡ à VI s'embrasser avec la langue, se rouler un patin ‡
**French knickers** NPL (petite) culotte-caleçon *f*
**French leave** N ✦ **to take French leave** filer à l'anglaise *
**French letter** * N (= *contraceptive*) capote *f* anglaise *
**French loaf** N baguette *f* (*de pain*)
**French marigold** N œillet *m* d'Inde
**French mustard** N (*Culin*) moutarde *f*
**French pastry** N pâtisserie *f*
**French pleat** N (*Hairdressing*) chignon *m* banane
**French polish** N (*Brit*) vernis *m* (à l'alcool)
**French-polish** VT (*Brit*) vernir (à l'alcool)
**French Polynesia** N (*Geog*) Polynésie *f* française
**the French Riviera** N la Côte d'Azur
**French seam** N (*Sewing*) couture *f* anglaise
**French-speaking** ADJ francophone ; → **Switzerland**
**French stick** N ⇒ **French loaf**
**French toast** N (*Brit*) (= *toast*) pain *m* grillé d'un seul côté ; (= *fried bread in egg*) pain *m* perdu
**French West Africa** N Afrique *f* occidentale française
**French West Indies** NPL (*Geog*) Antilles *fpl* françaises
**French window** N porte-fenêtre *f*

**Frenchie** * /ˈfrentʃɪ/
■ N Français(e) *m(f)*
■ ADJ français

**Frenchify** /ˈfrentʃɪfaɪ/ VT franciser ✦ **his Frenchified ways** (*pej*) ses maniérismes copiés sur les Français

**Frenchman** /ˈfrentʃmən/ N (pl -men) Français *m*

**Frenchwoman** /ˈfrentʃwʊmən/ N (pl -women) Française *f*

**Frenchy** * /ˈfrentʃɪ/ N, ADJ ⇒ **Frenchie**

**frenetic** /frəˈnetɪk/ ADJ [*person*] très agité ; [*activity, pace, applause, shouts*] frénétique ; [*effort*] désespéré ; [*period, time*] trépidant

**frenetically** /frəˈnetɪklɪ/ ADV [*work, rush, think, try*] frénétiquement ; [*busy*] extrêmement

**frenum** /ˈfriːnəm/ N (pl **frena**) /ˈfriːnə/ (*US Anat*) frein *m*

**frenzied** /ˈfrenzɪd/ ADJ [*attack*] sauvage ; [*activity, atmosphere, haste, applause, crowd, fans*] frénétique ; [*efforts, shouts*] désespéré

**frenziedly** /ˈfrenzɪdlɪ/ ADV [*run, shake, dance*] frénétiquement ; [*work*] comme un fou *or* une folle ✦ **a frenziedly busy** *or* **hectic time** une période d'activité frénétique

**frenzy** /ˈfrenzɪ/ SYN N frénésie *f* ✦ **frenzy of delight** transport *m* de joie ✦ **to be in a frenzy** être au comble de l'excitation ✦ **a frenzy of activity** une activité folle ✦ **a religious/media frenzy** un délire religieux/médiatique

**freon** ® /ˈfriːən/ N fréon ® *m*

**frequency** /ˈfriːkwənsɪ/ SYN
■ N fréquence *f* ; → **high, ultrahigh, very**
COMP **frequency band** N (*Elec*) bande *f* de fréquence
**frequency distribution** N (*Stat*) distribution *f* des fréquences
**frequency modulation** N (*Elec*) modulation *f* de fréquence

**frequent** /ˈfriːkwənt/ SYN
■ ADJ [*rests, breaks, changes, trains*] fréquent, nombreux ; [*absences, headaches, colds, occurrence, use*] fréquent ; [*reports*] nombreux ; [*complaint, criticism*] courant, que l'on entend souvent ✦ **it's quite frequent** c'est très courant, cela arrive souvent ✦ **to make frequent visits** *or* **trips to..., to be a frequent visitor to...** aller fréquemment à... ✦ **he is a frequent visitor (to our house)** c'est un habitué (de la maison)

**frequent** /frɪˈkwent/ fréquenter, hanter
**COMP frequent flyer** N ⬥ **he's a frequent flyer** il prend beaucoup l'avion
**frequent-flyer** ADJ [scheme, programme] de fidélisation
**frequent wash shampoo** N shampoing m (pour) usage fréquent

**frequentative** /frɪˈkwentətɪv/ ADJ, N (Gram) fréquentatif m, itératif m

**frequenter** /frɪˈkwentəʳ/ N [of restaurant, pub] habitué(e) m(f) ⬥ **frequenters of theatres/public libraries** habitués mpl des théâtres/des bibliothèques municipales ⬥ **he was a great frequenter of night clubs** il courait les boîtes de nuit, c'était un habitué des boîtes de nuit

**frequently** /ˈfriːkwəntlɪ/ SYN
ADV fréquemment
**COMP frequently asked questions** NPL (Comput) questions fpl fréquentes

**fresco** /ˈfreskəʊ/ N (pl **frescoes** or **frescos**) (= pigment, picture) fresque f ⬥ **to paint in fresco** peindre à fresque

**fresh** /freʃ/ SYN
ADJ ① (= not stale) [food, flavour, smell] frais (fraîche f) ; [clothes, towel] propre ⬥ **is this milk fresh?** ce lait est-il frais ? ⬥ **is my breath fresh?** ai-je l'haleine fraîche ?
② (= recent) [blood, tracks, scent, news] frais (fraîche f) ; [scar, wound] récent ; [memories] proche ⬥ **it's still fresh in my mind or memory** c'est encore tout frais dans ma mémoire ⬥ **a fresh coat of paint** une nouvelle couche de peinture ⬥ "**fresh paint**" « peinture fraîche »
③ (= new, renewed) [evidence, approach, fighting, outbreak, supplies] nouveau (nouvelle f) ⬥ **a fresh sheet of paper** une nouvelle feuille de papier ⬥ **she applied fresh lipstick** elle a remis du rouge à lèvres ⬥ **to make a fresh pot of tea** refaire du thé ⬥ **he poured himself a fresh drink** il s'est reversé à boire ⬥ **to take a fresh look at sth** regarder qch sous un jour nouveau ⬥ **(to make) a fresh start** (prendre) un nouveau départ ⬥ **a fresh face** (= new person) un nouveau visage ⬥ **fresh fields (and pastures new)** nouveaux horizons mpl ; see also **break, heart**
④ (= not dried or processed) [pasta, fruit, vegetables, herbs, juice, cream, flowers] frais (fraîche f) **fresh coffee** café m (moulu)
⑤ (= rested) [person, horse] frais (fraîche f) ⬥ **to feel fresh** être frais et dispos ⬥ **he/she is as fresh as a daisy** il est frais comme un gardon/elle est fraîche comme une rose ⬥ **to have a fresh complexion** avoir le teint frais
⑥ (= refreshing, original) [approach, style, humour, writing] original
⑦ (= cool, invigorating) [day, wind, breeze] frais (fraîche f)
⑧ († * = cheeky) culotté* ⬥ **that's enough of that fresh talk!** ça suffit avec ces familiarités ! ⬥ **to be** or **get fresh (with sb)** (= cheeky) être impertinent (avec qn) ; (sexually) prendre des libertés (avec qn), se permettre des familiarités (avec qn)
ADV ① (= straight) ⬥ **milk fresh from the cow** du lait fraîchement trait ⬥ **fish fresh from the lake** du poisson qui sort tout juste du lac ⬥ **the bread is fresh from the oven** le pain sort à l'instant or est frais sorti du four ⬥ **fresh from** or **out of school** frais émoulu du lycée ⬥ **fresh from the war** tout juste de retour de la guerre ⬥ **tourists fresh off the plane** des touristes tout juste débarqués de l'avion ⬥ **to come fresh to sth** aborder qch sans idées préconçues
② ⬥ **to be fresh out of sth*** être en panne* de qch
**COMP fresh air** N air m frais ⬥ **I'm going out for some fresh air** or **for a breath of fresh air** je sors prendre l'air or le frais ⬥ **in the fresh air** au grand air, en plein air ; see also **breath**
**fresh-air fiend** N * amoureux m, -euse f du grand air
**fresh breeze** N (Naut) bonne brise f
**fresh-faced** ADJ au visage juvénile
**fresh gale** N (Naut) (on sea) coup m de vent
**fresh water** N (= not salt) eau f douce

**freshen** /ˈfreʃn/ SYN
VI [wind, air] fraîchir
VT [+ air] désodoriser ; [+ breath, complexion] rafraîchir ⬥ **can I freshen your drink for you?** je vous en ressers ?, encore une goutte ?
▸ **freshen up**
VI (= wash o.s.) faire un brin de toilette ; (= touch up make-up) se refaire une beauté*
VT SEP [+ invalid etc] faire un brin de toilette à ; [+ child] débarbouiller ; [+ room, paintwork] rafraîchir ⬥ **accessories to freshen up your summer wardrobe** des accessoires pour égayer votre garde-robe estivale ⬥ **the new players will freshen up the team** les nouveaux joueurs vont apporter du sang neuf dans or à l'équipe ⬥ **chewing gum to freshen the breath up** du chewing-gum pour rafraîchir l'haleine ⬥ **to freshen o.s. up** ⇒ **to freshen up** vi

**freshener** /ˈfreʃnəʳ/ N (also **skin freshener**) lotion f tonique ; (also **air freshener**) désodorisant m

**fresher** /ˈfreʃəʳ/
N (Brit Univ) bizut(h) m, étudiant(e) m(f) de première année
**COMP freshers' week** N (Brit Univ) semaine f d'accueil des étudiants

**freshet** /ˈfreʃɪt/ N (= flood) crue f rapide, inondation f brutale ; (into sea) (petit) cours m d'eau qui se jette dans la mer

**freshly** /ˈfreʃlɪ/ ADV [ground, grated, dug] fraîchement ⬥ **freshly baked bread** du pain qui sort or frais sorti du four ⬥ **freshly caught fish** du poisson fraîchement pêché ⬥ **freshly-cut flowers** des fleurs fraîchement cueillies or qui viennent d'être coupées ⬥ **freshly made coffee** du café qui vient d'être fait ⬥ **freshly painted** qui vient d'être peint ⬥ **freshly squeezed orange juice** du jus d'oranges pressées

**freshman** /ˈfreʃmən/ N (pl **-men**) (US Univ) ≈ bizut(h) m

**freshness** /ˈfreʃnɪs/ SYN N [of air, food, fruit, milk, wind] fraîcheur f ; [of manner] franchise f, spontanéité f ; [of outlook, approach] fraîcheur f, jeunesse f ; [of colour] fraîcheur f, gaieté f

**freshwater** /ˈfreʃˌwɔːtəʳ/ ADJ [fish, plant, lake] d'eau douce

**fret¹** /fret/ SYN
VI ① (= become anxious) se tracasser (about à propos de) ; [baby] pleurer, geindre ⬥ **don't fret!** ne t'en fais pas !, ne te tracasse pas ! ⬥ **she frets over the slightest thing** elle se fait du mauvais sang or elle se tracasse pour un rien ⬥ **the child is fretting for its mother** le petit réclame sa mère en pleurant
② ⬥ **to fret (at the bit)** [horse] ronger le mors
VT ⬥ **to fret o.s.*** se tracasser, se faire de la bile
N ⬥ **to be in a fret*** se biler*

**fret²** /fret/ VT [+ wood] découper, chantourner ⬥ **the stream has fretted its way through the rock** le ruisseau s'est frayé un passage dans le rocher

**fret³** /fret/ N [of guitar] touchette f

**fretful** /ˈfretfʊl/ SYN ADJ [person] irritable ; [baby, child] grognon, pleurnicheur ; [sleep] agité ; [tone] plaintif

**fretfully** /ˈfretfəlɪ/ ADV [say] (= anxiously) d'un ton irrité ; (= complainingly) d'un ton plaintif or pleurnichard ⬥ **to cry fretfully** [baby] pleurnicher, être grognon

**fretfulness** /ˈfretfʊlnɪs/ N irritabilité f

**fretsaw** /ˈfretsɔː/ N scie f à chantourner or à découper

**fretwork** /ˈfretwɜːk/ N (= piece) pièce f chantournée ; (= work) découpage m

**Freudian** /ˈfrɔɪdɪən/
ADJ (Psych, fig) freudien ⬥ **that's very Freudian!** c'est révélateur !
N freudien(ne) m(f), disciple mf de Freud
**COMP Freudian slip** N lapsus m (révélateur)

**Freudianism** /ˈfrɔɪdɪənɪzəm/ N (Psych) freudisme m

**FRG** /ˌefəˈdʒiː/ N (abbrev of **Federal Republic of Germany**) RFA f

**Fri.** N abbrev of **Friday**

**friable** /ˈfraɪəbl/ ADJ friable

**friar** /ˈfraɪəʳ/ N moine m, frère m ⬥ **Friar John** frère Jean

**friary** /ˈfraɪərɪ/ N confrérie f

**fricassee** /ˈfrɪkəsɪ/ N fricassée f

**fricative** /ˈfrɪkətɪv/ (Ling)
ADJ spirant, fricatif
N spirante f, fricative f

**friction** /ˈfrɪkʃən/ SYN
N ① (Phys) friction f, frottement m ; (Ling) friction f ; (fig) friction f ⬥ **there is a certain amount of friction between them** il y a des frictions entre eux
② (also **friction climbing**) adhérence f
**COMP friction feed** N (on printer) entraînement m par friction
**friction tape** N (US) chatterton m

**Friday** /ˈfraɪdɪ/ N vendredi m ⬥ **Friday the thirteenth** vendredi treize ; → **good** ; pour autres loc voir **Saturday**

**fridge** /frɪdʒ/
N (esp Brit) (abbrev of **refrigerator**) frigo* m, frigidaire ® m
**COMP fridge-freezer** N réfrigérateur m avec partie congélateur
**fridge magnet** N magnet m

**fried** /fraɪd/ VB pt, ptp of **fry²**

**friend** /frend/ SYN N ami(e) m(f) ; (= schoolmate, workmate) camarade mf, copain* m, copine* f ; (= helper, supporter) ami(e) m(f) ⬥ **a friend of mine** un de mes amis ⬥ **friends of ours** des amis (à nous) ⬥ **he's one of my son's friends** c'est un ami or un copain* de mon fils ⬥ **her best friend** sa meilleure amie ⬥ **a doctor/lawyer friend of mine** un ami médecin/avocat ⬥ **it's a girl's best friend** c'est le rêve de chaque femme ⬥ **he's no friend of him** il ne le compte pas au nombre de mes amis ⬥ **to make friends with sb** devenir ami avec qn, se lier d'amitié avec qn ⬥ **he made a friend of him** il en a fait son ami ⬥ **he makes friends easily** il se fait facilement des amis, il se lie facilement ⬥ **to be friends with sb** être ami or lié avec qn ⬥ **let's be friends again** on fait la paix ? ⬥ **close friends** amis mpl intimes ⬥ **we're just good friends** on est simplement amis ⬥ **we're all friends here** nous sommes entre amis ⬥ **a friend of the family** un ami de la famille ⬥ **a friend in need (is a friend indeed)** (Prov) c'est dans le besoin que l'on connaît ses vrais amis ⬥ **the best of friends must part** il n'est si bonne compagnie qui ne se sépare (Prov) ⬥ **he's been a true friend to us** il a fait preuve d'une véritable amitié envers nous ⬥ **a friend at court** (fig) un ami influent ⬥ **to have friends at court** (fig) avoir des amis influents or des protections ⬥ **my honourable friend** (Parl), **my learned friend** (Jur) mon cher or distingué confrère, ma distinguée collègue ⬥ **friend of the poor** bienfaiteur m or ami m des pauvres ⬥ **Friends of the Earth** les Amis mpl de la Terre ⬥ **Friends of the National Theatre** (Société f des) Amis du Théâtre National ⬥ **Society of Friends** (Rel) Société f des Amis

**friendless** /ˈfrendlɪs/ SYN ADJ seul, isolé, sans amis

**friendliness** /ˈfrendlɪnɪs/ SYN N gentillesse f

**friendly** /ˈfrendlɪ/ SYN
ADJ ① (= amiable) [person] gentil (to sb avec qn) ; [child] gentil, affectueux ; [cat, dog] affectueux ; [manner, smile, gesture, atmosphere, argument, fight] amical ; [face] avenant ; [welcome] chaleureux ; [service] sympathique ; [advice] d'ami ; [place] accueillant ⬥ **that wasn't a very friendly thing to do** ce n'était pas très gentil de faire cela ⬥ **unions friendly to management** syndicats favorables à la direction ⬥ **to feel friendly towards sb** être bien disposé envers qn ⬥ **it's nice to see a friendly face!** ça fait plaisir de voir un visage sympathique ! ; → **neighbourhood**
② (= friends) ⬥ **we're quite friendly** nous sommes assez amis ⬥ **to be friendly with sb** être ami avec qn ⬥ **to become** or **get friendly with sb** se lier d'amitié avec qn ⬥ **to be on friendly terms with sb** avoir des rapports d'amitié avec qn ⬥ **to get friendly*** (sexually) se permettre des familiarités (pej)
③ (Pol) [country, nation, government] ami ; [port] de pays ami
N (also **friendly match**) (Brit) comp
**COMP friendly fire** N (Mil, fig) tirs mpl de son propre camp
**the Friendly Islands** NPL les îles fpl des Amis
**friendly match** N (Sport) match m amical
**friendly society** N (Brit) société f de prévoyance, mutuelle f

**-friendly** /ˈfrendlɪ/ ADJ (in compounds) ⬥ **customer-friendly** [shop] soucieux de sa clientèle, accueillant ; [policy, prices] favorable aux consommateurs ⬥ **child-friendly** [shop] aménagé pour les enfants ; [beach, kitchen] sûr or non dangereux pour les enfants ⬥ **dolphin-friendly tuna** thon m pêché en respectant les dauphins ⬥ **reader-friendly** soucieux de ses lecteurs ; → **environment, gay, ozone, user**

**friendship** /ˈfrendʃɪp/ SYN N amitié f ⬥ **out of friendship** par amitié

**frier** /fraɪəʳ/ N ⇒ fryer

**fries**⁕ /fraɪz/ NPL (esp US) frites fpl

**Friesian** /ˈfriːʒən/ ADJ, N ⇒ Frisian

**frieze¹** /friːz/ N (Archit) frise f

**frieze²** /friːz/ N (= fabric) ratine f

**frig**⁕ /frɪg/ VI ◆ **to frig about** or **around** déconner⁕

**frigate** /ˈfrɪgɪt/
  **N** frégate f (Naut)
  **COMP** **frigate bird** N frégate f

**frigging**⁕⁕ /ˈfrɪgɪŋ/
  **ADV** foutrement⁕
  **ADJ** foutu⁕

**fright** /fraɪt/ SYN N 1 frayeur f, peur f ◆ **to shout out in fright** pousser un cri de frayeur ◆ **to be paralysed with fright** être paralysé par la peur ◆ **to take fright** prendre peur, s'effrayer (at de) ◆ **to get** or **have a fright** avoir peur ◆ **to get the fright of one's life** avoir la frayeur de sa vie ◆ **to give sb a fright** faire peur à qn ◆ **it gave me such a fright** ça m'a fait une de ces peurs⁕ or une belle peur ; → stage
  2 (⁕ = person) ◆ **she's** or **she looks a fright** elle est à faire peur

**frighten** /ˈfraɪtn/ SYN VT effrayer, faire peur à ◆ **did he frighten you?** est-ce qu'il vous a fait peur ? ◆ **it nearly frightened him out of his wits**⁕ or **his skin**⁕, **it frightened the life out of him**⁕ cela lui a fait une peur bleue ◆ **to frighten sb into doing sth** faire peur à qn pour qu'il fasse qch ◆ **he was frightened into doing it** il l'a fait sous le coup de la peur ◆ **he was frightened out of the race** on l'a intimidé pour qu'il ne participe pas à la course ◆ **she is easily frightened** elle prend peur facilement, elle est peureuse
  ▸ **frighten away**, **frighten off** VT SEP [+ birds] effaroucher ; [+ children etc] chasser (en leur faisant peur) ; (fig) [+ buyers, investors etc] décourager (en leur faisant peur)

**frightened** /ˈfraɪtnd/ SYN ADJ effrayé ◆ **to be frightened (of sb/sth)** avoir peur (de qn/qch) ◆ **to be frightened of doing** or **to do sth** avoir peur de faire qch ◆ **to be frightened about (doing) sth** avoir peur à l'idée de (faire) qch ◆ **to be frightened that...** avoir peur que... ◆ **to be frightened to death**⁕ **(that...)** être mort de peur (que...) ◆ **to be frightened to death**⁕ **of sb/sth** avoir une peur bleue de qn/qch ◆ **to be frightened out of one's wits**⁕ avoir une peur bleue ◆ **like a frightened rabbit** comme un animal effarouché

**frighteners**⁕ /ˈfraɪtnəz/ NPL (Brit) ◆ **to put the frighteners on sb** foutre les jetons⁕ à qn

**frightening** /ˈfraɪtnɪŋ/ SYN ADJ effrayant ◆ **it is frightening to think that...** ça fait peur de penser que...

**frighteningly** /ˈfraɪtnɪŋlɪ/ ADV [ugly, thin] à faire peur ; [expensive] effroyablement ◆ **we came frighteningly close to losing all our money** nous avons vraiment failli perdre tout notre argent

**frightful** /ˈfraɪtfʊl/ SYN ADJ 1 (liter = horrifying) [sight, experience] épouvantable, effroyable
  2 († ⁕ = awful) [mistake, prospect, possibility, clothes, hat, wallpaper] affreux ; [person] détestable ◆ **he's a frightful bore** il est terriblement ennuyeux ◆ **I know I'm being a frightful nuisance, but...** je ne voudrais pas vous importuner davantage, mais...

**frightfully** /ˈfraɪtfəlɪ/ ADV 1 (liter = horrifyingly) [suffer] effroyablement
  2 (Brit : † ⁕ = very) terriblement ◆ **I'm frightfully sorry** je suis vraiment désolé ◆ **it's frightfully nice of you** c'est vraiment trop gentil à vous

**frightfulness** /ˈfraɪtfʊlnɪs/ N [of crime, situation, behaviour] atrocité f, horreur f

**frigid** /ˈfrɪdʒɪd/ SYN ADJ 1 (sexually) frigide
  2 (= unfriendly) [smile, stare, atmosphere, silence] glacial
  3 (Geog, Weather) glacial

**frigidity** /frɪˈdʒɪdɪtɪ/ SYN N (sexual) frigidité f ; (gen) froideur f

**frill** /frɪl/ N 1 [of dress] ruche f, volant m ; [of shirt front] jabot m ; [of cuff] ruche f
  2 (fig) ◆ **frills** chichis⁕ mpl ◆ **without any frills** simple, sans chichis⁕ ◆ **I want a cheap deal with no frills** je veux quelque chose de simple et pas cher ◆ **these services are not frills or luxuries** ces services ne sont pas du tout du superflu ou du luxe ; → **furbelow**, **no**
  3 (Culin) papillote f
  4 [of bird, lizard] collerette f

**frilly** /ˈfrɪlɪ/ ADJ 1 [shirt, dress, cushion] à fanfreluches ; [underwear] à dentelle
  2 [style, speech] plein de fioritures

**fringe** /frɪndʒ/ N 1 (Brit = hair) frange f
  2 [of rug, shawl] frange f
  3 (= edge) [of forest] bordure f, lisière f ; [of crowd] derniers rangs mpl ◆ **on the fringe of the forest** en bordure de la forêt, à la lisière de la forêt ◆ **to live on the fringe(s) of society** vivre en marge de la société ◆ **a party on the fringe(s) of British politics** un parti en marge de la politique britannique ◆ **the outer fringes** [of town] la périphérie ; → **lunatic**
  VT 1 [+ rug, shawl] franger (with de)
  2 (fig) ◆ **a lake fringed with trees** un lac bordé d'arbres
  COMP **fringe area** N (TV) zone f limite (de réception)
  **fringe benefits** NPL avantages mpl annexes ; (company car etc) avantages mpl en nature
  **fringe festival** N festival m off → **EDINBURGH FESTIVAL**
  **fringe group** N groupe m marginal
  **fringe meeting** N (Pol) réunion f d'un groupe marginal
  **fringe theatre** N (Brit) théâtre m d'avant-garde or expérimental
  **fringing reef** N (Geog) récif m frangeant

**frippery** /ˈfrɪpərɪ/ N (esp Brit : pej) (= cheap ornament) colifichets mpl ; (on dress) fanfreluches fpl ; (= ostentation) préciosité f, maniérisme m

**Frisbee** ® /ˈfrɪzbɪ/ N frisbee ® m

**Frisian** /ˈfrɪʒən/
  **ADJ** frison ◆ **the Frisian Islands** les îles fpl Frisonnes
  **N** 1 Frison(ne) m(f)
  2 (= language) frison m

**frisk** /frɪsk/ SYN
  **VI** gambader
  **VT** [+ criminal, suspect] fouiller

**friskiness** /ˈfrɪskɪnɪs/ N vivacité f

**frisky** /ˈfrɪskɪ/ SYN ADJ (= lively) vif, sémillant ◆ **to be feeling frisky** (hum :sexually) être d'humeur folâtre

**frisson** /ˈfriːsɒn/ N frisson m

**frit** /frɪt/ N (Tech) fritte f

**fritillary** /frɪˈtɪlərɪ/ N fritillaire f

**fritter¹** /ˈfrɪtəʳ/ VT (also **fritter away**) [+ money, time, energy] gaspiller

**fritter²** /ˈfrɪtəʳ/ N (Culin) beignet m ◆ **apple fritter** beignet m aux pommes

**fritz**⁕ /frɪts/ (US) N ◆ **on the fritz** en panne
  ▸ **fritz out**⁕ VI tomber en panne

**frivolity** /frɪˈvɒlɪtɪ/ SYN N frivolité f

**frivolous** /ˈfrɪvələs/ SYN ADJ [person, object, activity] (= lighthearted) frivole ; (= futile) futile ; [attitude, behaviour, remark] frivole, léger

**frivolously** /ˈfrɪvələslɪ/ ADV de façon frivole, frivolement

**frizz** /frɪz/
  **VT** [+ hair] faire friser or frisotter
  **VI** friser, frisotter

**frizzle** /ˈfrɪzl/ SYN
  **VI** grésiller
  **VT** 1 (= cook) faire griller ; (= overcook) laisser brûler ◆ **frizzled bacon** bacon m grillé
  2 ◆ **a man with frizzled white hair** un homme aux cheveux blancs frisés

**frizzy** /ˈfrɪzɪ/ ADJ [hair] crépu, crêpelé

**fro** /frəʊ/ ADV ◆ **to and fro** de long en large ◆ **to go to and fro between** aller et venir entre, faire la navette entre ◆ **journeys to and fro between London and Edinburgh** allers mpl et retours mpl entre Londres et Édimbourg

**frock** /frɒk/
  **N** 1 † [of woman, baby] robe f
  2 [of monk] froc † m
  COMP **frock coat** N redingote f

**frog¹** /frɒg/
  **N** 1 (= animal) grenouille f ◆ **to have a frog in one's throat** avoir un chat dans la gorge
  2 (pej) ◆ **Frog**⁕ Français(e) m(f)
  COMP **frog-bit** N (= plant) grenouillette f
  **frog-march** VT ◆ **to frog-march sb in/out** etc (= hustle) faire entrer/sortir qn de force
  **frogs' legs** NPL (Culin) cuisses fpl de grenouilles

**frog²** /frɒg/ N (Dress) brandebourg m, soutache f

**frogging** /ˈfrɒgɪŋ/ N (Dress) soutaches fpl

**Froggy**⁕ /ˈfrɒgɪ/ N (Brit pej) Français(e) m(f)

**frogman** /ˈfrɒgmən/ N (pl -men) homme-grenouille m

**frogspawn** /ˈfrɒgspɔːn/ N frai m de grenouille

**frolic** /ˈfrɒlɪk/ SYN
  **VI** (also **frolic about**, **frolic around**) [people] (gen, hum) batifoler⁕ ; [lambs] gambader
  **N** [of lambs] gambades fpl ; (= prank) espièglerie f, gaminerie f ; (= merrymaking) ébats mpl ; (hum : sexual) batifolage m

**frolicsome** /ˈfrɒlɪksəm/ SYN ADJ folâtre, badin

**from** /frɒm/ PREP 1 (place: starting point) de ◆ **from house to house** de maison en maison ◆ **from town to town** de ville en ville ◆ **to jump from a wall** sauter d'un mur ◆ **to travel from London to Paris** voyager de Londres à Paris ◆ **train from Manchester** train m (en provenance) de Manchester ◆ **programme transmitted from Lyons** émission f retransmise depuis Lyon ◆ **he comes from London** il vient de Londres, il est (originaire) de Londres ◆ **he comes from there** il en vient ◆ **where are you from?**, **where do you come from?** d'où êtes-vous (originaire) ? ◆ **I see where you're coming from**⁕ (= understand) je comprends maintenant
  2 (time: starting point) à partir de, de ◆ **(as) from 14 July** à partir du 14 juillet ◆ **from that day onwards** à partir de ce jour-là ◆ **from beginning to end** du début (jusqu')à la fin ◆ **from her childhood onwards...** dès son enfance... ◆ **from time to time** de temps en temps ◆ **from day to day** de jour en jour ◆ **from year to year** d'année en année ◆ **counting from last Monday** à dater de lundi dernier ◆ **five years from now** dans cinq ans
  3 (distance: lit, fig) de ◆ **the house is 10km from the coast** la maison est à 10 km de la côte ◆ **it is 10km from there** c'est à 10 km de là ◆ **to go away from home** quitter la maison ◆ **not far from here** pas loin d'ici ◆ **far from blaming you** loin de vous le reprocher
  4 (origin = coming from) de, de la part de ; (= inspired by) d'après ◆ **a letter from my mother** une lettre de ma mère ◆ **tell him from me** dites-lui de ma part ◆ **an invitation from the Smiths** une invitation (de la part) des Smith ◆ **memories from his childhood** des souvenirs mpl de son enfance ◆ **painted from life** peint d'après nature ◆ **a picture by Picasso** d'après un tableau de Picasso
  5 (used with prices, numbers) à partir de, depuis ◆ **wine from 2 euros a bottle** vins à partir de 2 € la bouteille ◆ **there were from 10 to 15 people there** il y avait là entre 10 et 15 personnes or de 10 à 15 personnes ◆ **take 12 from 18** (Math) soustrayez 12 de 18 ◆ **3 from 8 leaves 5** (Math) 8 moins 3 égalent 5
  6 (source) ◆ **to drink from a stream/a glass** boire à un ruisseau/dans un verre ◆ **to drink straight from the bottle** boire à (même) la bouteille ◆ **he took it from the cupboard** il l'a pris dans le placard ◆ **he put the box down and took a book from it** il a posé la caisse et en a sorti or tiré un livre ◆ **to take sth from a shelf** prendre qch sur une étagère ◆ **to pick sb from the crowd** choisir qn dans la foule ◆ **a quotation from Racine** une citation (tirée) de Racine ◆ **here's an extract from it** en voici un extrait ◆ **to speak from notes** parler avec des notes ◆ **from your point of view** à or de votre point de vue ◆ **to draw a conclusion from the information** tirer une conclusion des renseignements
  7 (prevention, escape, deprivation etc) à, de ◆ **take the knife from that child!** enlevez or prenez le couteau à cet enfant ! ◆ **he took/stole it from them** il le leur a pris/volé ◆ **he prevented me from coming** il m'a empêché de venir ◆ **the news was kept from her** on lui a caché la nouvelle ◆ **to shelter from the rain** s'abriter de la pluie
  8 (change) de ◆ **from bad to worse** de mal en pis ◆ **price increase from one franc to one franc**

**fifty** augmentation de prix d'un franc à un franc cinquante ◆ **he went from office boy to director in five years** de garçon de bureau, il est passé directeur en cinq ans

9 *(cause, reason)* ◆ **to die from fatigue** mourir de fatigue ◆ **he died from his injuries** il est mort des suites de ses blessures ◆ **from what I heard…** d'après ce que j'ai entendu… ◆ **from what I can see…** à ce que je vois… ◆ **from the look of things…** à en juger par les apparences… ◆ **from the way he talks you would think that…** à l'entendre, on penserait que…

10 *(difference)* de ◆ **he is quite different from the others** il est complètement différent des autres ◆ **to distinguish the good from the bad** distinguer le bon du mauvais

11 *(with other preps and advs)* ◆ **seen from above** vu d'en haut ◆ **from above the clouds** d'au-dessus des nuages ◆ **I saw him from afar** je l'ai vu de loin ◆ **she was looking at him from over the wall** elle le regardait depuis l'autre côté du mur ◆ **from under the table** de dessous la table

**fromage frais** /ˌfrɒmɑːʒˈfreɪ/ **N** *(Culin)* fromage *m* blanc

**frond** /frɒnd/ **N** *[of fern]* fronde *f* ; *[of palm]* feuille *f*

**front** /frʌnt/ SYN

**N** 1 *(= leading section) [of boat, car, train etc]* avant *m* ; *[of class, crowd, audience]* premier rang *m* ; *(= part facing forward) [of cupboard, shirt, dress]* devant *m* ; *[of building]* façade *f*, devant *m* ; *[of book] (= beginning)* début *m* ; *(= cover)* couverture *f* ; *[of postcard, photo]* recto *m* ◆ **she was lying on her front** * elle était couchée sur le ventre ◆ **it fastens at the front** cela se ferme devant ◆ **she spilt it down the front of her dress** elle l'a renversé sur le devant de sa robe ◆ **he pushed his way to the front of the crowd** il s'est frayé un chemin jusqu'au premier rang de la foule ◆ **to come to the front** *(fig = become known, successful)* se faire connaître *or* remarquer, percer

♦ **in front** *[be, stand, walk, put]* devant ; *[send, move, look]* en avant ◆ **in front of the table** devant la table ◆ **to send sb on in front** envoyer qn en avant ◆ **he was walking in front** il marchait devant ◆ **to be in front** *(Sport)* mener

♦ **in (the) front** ◆ **to sit in front** être assis à l'avant (de la voiture) ◆ **to sit in the front of the train/bus** s'asseoir en tête de *or* du train/à l'avant du bus ◆ **in the front of the class** au premier rang de la classe ◆ **in the front of the book** au début du livre

♦ **up front** *(= in the front)* ◆ **let's go and sit up front** allons nous asseoir devant ◆ **he was very up front about it** *(= frank)* il a été très franc ◆ **to pay up front** *(= in advance)* payer d'avance

2 *(Mil, Pol)* front *m* ◆ **to fall at the front** mourir au front ◆ **there was fighting on several fronts** on se battait sur plusieurs fronts ◆ **on all fronts** sur tous les fronts, de tous côtés ◆ **we must present a common front** nous devons offrir un front uni, il faut faire front commun ; → **home**

3 *(Weather)* front *m* ◆ **cold/warm front** front *m* froid/chaud

4 *(Brit :* also **sea front***) (= beach)* bord *m* de mer, plage *f* ; *(= prom)* front *m* de mer ◆ **along the front** *(= on the beach)* en bord de mer ; *(= on the prom)* sur le front de mer ◆ **a house on the front** une maison sur le front de mer

5 *(liter = forehead)* front *m*

6 *[of spy, criminal]* couverture *f (fig)* ◆ **it's all just a front with him** *(fig)*, **he's just putting on a front** ce n'est qu'une façade ◆ **he's putting on a brave front** *(fig)* il fait bonne contenance

**ADJ** 1 de devant, (en) avant ◆ **front garden** jardin *m* de devant ◆ **on the front cover** en couverture ◆ **front door** *[of house]* porte *f* d'entrée *or* principale ; *[of car]* porte *f* avant ◆ **in the front end of the train** en tête de *or* du train, à l'avant du train ◆ **front line(s)** *(Mil)* front *m* ◆ **to be in the front line** *(fig)* être en première ligne, être aux avant-postes ◆ **the front page** *(Press)* la première page, la une * ◆ **on the front page** *(Press)* en première page, à la une * ; see also **comp** ◆ **the front panel** *[of machine]* le panneau de devant, la face avant ◆ **in the front rank** *(fig)* parmi les premiers ◆ **front room** pièce *f* donnant sur la rue, pièce *f* de devant ; *(= lounge)* salon *m* ◆ **in the front row** au premier rang ◆ **to have a front seat** *(lit)* avoir une place (assise) au premier rang ; *(fig)* être aux premières loges *(fig)* ◆ **front tooth** dent *f* de devant ◆ **front wheel** roue *f* avant ; see also **comp** ; → **row**[1]

2 de face ◆ **front view** vue *f* de face ◆ **front elevation** *(Archit)* élévation *f* frontale

**ADV** par devant ◆ **to attack front and rear** attaquer par devant et par derrière ◆ **eyes front!** *(Mil)* fixe !

**VI** 1 ◆ **to front on to** donner sur ◆ **the house fronts north** la maison fait face *or* est exposée au nord ◆ **the windows front on to the street** les fenêtres donnent sur la rue

2 ◆ **to front for sb** servir de façade à qn

**VT** 1 *[+ building]* donner une façade à ◆ **house fronted with stone** maison *f* avec façade en pierre

2 *(Brit = lead, head) [+ company, organization, team]* diriger, être à la tête de ; *[+ rock group]* être le chanteur *or* la chanteuse de

3 *[+ TV show]* présenter

**COMP the front bench** **N** *(Brit Parl = people) (government)* les ministres *mpl* ; *(opposition)* les membres *mpl* du cabinet fantôme

**the front benches** **NPL** *(Brit Parl) (= place) le banc des ministres et celui des membres du cabinet fantôme* ; *(= people)* ≃ les chefs de file des partis politiques

**front burner** **N** ◆ **to be on the front burner** être une question prioritaire, être au centre des préoccupations ◆ **it's on my front burner** j'y pense, je m'en occupe

**front crawl** **N** *(Swimming)* crawl *m*

**front-end financing** **N** financement *m* initial

**front-end payment** **N** versement *m* initial

**front-end processor** **N** *(Comput)* (processeur *m*) frontal *m*

**front-line** **ADJ** *[troops, news]* du front ; *[countries, areas]* limitrophe *or* voisin *(d'un pays en guerre)*

**front-line player** **N** *(US Sport)* avant *m*

**front-loader, front-loading washing machine** **N** lave-linge *m* à chargement frontal

**front matter** **N** pages *fpl* liminaires

**front money** **N** acompte *m*, avance *f*

**front office** **N** *(US Comm) (= place)* administration *f* ; *(= managers)* direction *f*

**front organization** **N** ◆ **it's merely a front organization** cette organisation n'est qu'une façade *or* une couverture

**front-page news** **N** gros titres *mpl*, manchettes *fpl* ◆ **it was front-page news for a month** cela a fait la une * (des journaux) pendant un mois

**front-rank** **ADJ** de premier plan

**front runner** **N** *(Athletics)* coureur *m* de tête ◆ **he is a front runner for the party leadership** *(fig)* c'est l'un des favoris pour la présidence du parti

**front-running** **ADJ** *(Pol)* ◆ **front-running candidate** (candidat *m*) favori *m*

**front-to-back engine** **N** moteur *m* longitudinal

**front vowel** **N** *(Ling)* voyelle *f* antérieure

**front-wheel drive** **N** *(= car, system)* traction *f* avant

**frontage** /ˈfrʌntɪdʒ/ **N** *[of shop]* devanture *f*, façade *f* ; *[of house]* façade *f* ◆ **frontage road** *(US)* contre-allée *f*

**frontal** /ˈfrʌntl/

**ADJ** 1 *[assault, attack]* de front ◆ **to make a frontal assault** *or* **attack on sth** attaquer qch de front ◆ **frontal impact** *(in car)* choc *m* frontal

2 *(Anat, Weather)* frontal

3 *[nudity]* de face ; → **full**

**N** *(Rel)* parement *m*

**frontbencher** /ˌfrʌntˈbentʃəʳ/ **N** *(Brit Parl) (government)* ministre *m* ; *(opposition)* membre *m* du cabinet fantôme → BACKBENCHER

**frontier** /ˈfrʌntɪəʳ/ SYN

**N** *(lit, fig)* frontière *f* ◆ **they're pushing back the frontiers of science** ils font reculer les frontières de la science ◆ **the frontier** *(US Hist) la limite des terres colonisées*, la Frontière

**COMP** *[town, zone, tribe]* frontalier

**frontier dispute** **N** incident *m* de frontière

**frontier post, frontier station** **N** poste *m* frontière

**frontier technology** **N** technologie *f* de pointe

**frontiersman** /ˈfrʌntɪəzmən/ **N** (pl **-men**) *(US Hist)* habitant *m* de la Frontière ; see also **frontier noun**

**frontispiece** /ˈfrʌntɪspiːs/ **N** frontispice *m*

**frontlist** /ˈfrʌntlɪst/ **N** *(Publishing)* dernières parutions *fpl*

**frontman** /ˈfrʌntmən/ **N** (pl **-men**) *(TV etc)* présentateur *m*

**frontwards** /ˈfrʌntwədz/ **ADV** en avant, vers l'avant

**frosh** * /frɒʃ/ **N** *(US Univ)* ≃ bizut(h) *m*

**frost** /frɒst/ SYN

**N** gel *m*, gelée *f* ; (also **hoarfrost**) givre *m*, gelée *f* blanche ◆ **late frosts** gelées *fpl* tardives *or* de printemps ◆ **ten degrees of frost** *(Brit)* dix degrés au-dessous de zéro ; → **ground**[1], **jack**

**VT** *(= ice) [+ cake]* glacer ; see also **frosted**

**COMP frost-free** **ADJ** *[fridge]* à dégivrage automatique

▸ **frost over, frost up** **VI** *[window]* se givrer, se couvrir de givre

**frostbite** /ˈfrɒstbaɪt/ **N** engelures *fpl* ◆ **to get frostbite in one's hands** avoir des engelures aux mains

**frostbitten** /ˈfrɒstˌbɪtn/ **ADJ** *[hands, feet]* gelé ; *[rosebushes, vegetables]* gelé, grillé par la gelée *or* le gel

**frostbound** /ˈfrɒstbaʊnd/ **ADJ** *[ground]* gelé

**frosted** /ˈfrɒstɪd/

**ADJ** 1 *(= frost-covered) [grass, plants, windows, windscreen]* couvert de givre

2 *(Cosmetics) [eyeshadow, nail varnish, lipstick]* nacré

3 *(Culin) (= iced)* recouvert d'un glaçage ; *(= sugared)* recouvert de sucre

**COMP frosted glass** **N** *(for window)* verre *m* dépoli ; *(for drink)* verre *m* givré

**frostily** /ˈfrɒstɪlɪ/ **ADV** *[greet, reply]* sur un ton glacial ◆ **she smiled frostily at him** elle lui a adressé un sourire glacial

**frosting** /ˈfrɒstɪŋ/ **N** *(Culin) (= icing)* glace *f*, glaçage *m* ; *(= icing sugar)* sucre *m* glace

**frosty** /ˈfrɒstɪ/ SYN **ADJ** 1 *(= cold) [night, morning, weather]* de gelée, glacial ; *[air, weather]* glacial ◆ **it is frosty** il gèle

2 *(= frost-covered) [ground, grass, window, windscreen]* couvert de givre

3 *(= unfriendly) [person]* glacial, froid ; *[atmosphere, reception, response, relations, smile]* glacial ; *[look]* froid

**froth** /frɒθ/ SYN

**N** 1 *[of liquids in general]* écume *f*, mousse *f* ; *[of beer]* mousse *f* ; *(around the mouth)* écume *f* ◆ **a froth of lace** un bouillon de dentelle

2 *(= frivolous talk)* propos *mpl* futiles ◆ **his speech was all froth and no substance** son discours n'avait aucune substance, ce n'était que du vent ◆ **the novel is nothing but silly romantic froth** ce roman est d'un romantisme mièvre et stupide

**VI** écumer, mousser ◆ **the beer frothed over the edge of the glass** la mousse débordait du verre (de bière) ◆ **waves frothed over the deck** des vagues passaient par-dessus le pont dans un nuage d'écume ◆ **a cup of frothing coffee** une tasse de café mousseux ◆ **to froth at the mouth** *[dog]* avoir de l'écume à la gueule ; *[angry person]* écumer de rage

**frothy** /ˈfrɒθɪ/ SYN **ADJ** 1 *(= bubbly) [beer, milk shake, coffee, mixture]* mousseux ; *[water]* mousseux, écumeux ; *[sea]* écumeux

2 *(= frilly) [dress, underwear, lace]* léger, vaporeux

3 *(= not serious) [operetta, comedy]* léger

**frown** /fraʊn/ SYN

**N** froncement *m* (de sourcils) ◆ **to give a frown** froncer les sourcils ◆ **he looked at her with a disapproving frown** il l'a regardée en fronçant les sourcils d'un air désapprobateur ◆ **a puzzled/worried frown crossed his face** il fronça les sourcils d'un air perplexe/inquiet

**VI** froncer les sourcils ◆ **to frown at sb** regarder qn en fronçant les sourcils ; *(at child)* faire les gros yeux à qn ◆ **he frowned at the news/the interruption** la nouvelle/l'interruption l'a fait tiquer

▸ **frown (up)on** **VT FUS** *(fig) [+ person, suggestion, idea]* désapprouver ◆ **such behaviour is frowned upon** un tel comportement est mal accepté

**frowning** /ˈfraʊnɪŋ/ **ADJ** *[person, face, expression]* renfrogné ; *[look, glance]* sombre

**frowsty** * /ˈfraʊstɪ/ **ADJ** *(Brit)* ⇒ **frowsy 1**

**frowsy, frowzy** /ˈfraʊzɪ/ **ADJ** 1 *[room]* qui sent le renfermé

2 *[person, clothes]* négligé, peu soigné

**froze** /frəʊz/ **VB** pt of **freeze**

**frozen** /ˈfrəʊzn/ SYN

**VB** ptp of **freeze**

**ADJ** 1 *[lake, ground, pipe, corpse]* gelé ◆ **to be frozen solid** *or* **hard** être complètement gelé

2 *(= preserved) [vegetables, meat, meal] (industrially)* surgelé ; *(at home)* congelé ; *[embryo, sperm]* congelé

**FRS | fudge**        ENGLISH-FRENCH    364

③ (* = very cold) [person, fingers] gelé ◆ **I'm frozen (stiff)** je suis gelé (jusqu'aux os) ◆ **my hands are frozen (stiff)** j'ai les mains (complètement) gelées ◆ **frozen to death*** frigorifié* ; → bone, marrow

④ (= immobile) figé ◆ **frozen in horror/with fear** glacé d'horreur/de peur ◆ **frozen to the spot** cloué sur place ◆ **frozen in time** figé dans le temps

⑤ (Econ, Fin) [prices, wages, account, credit] gelé, bloqué

COMP **frozen assets** NPL actifs mpl gelés ou bloqués
**frozen food** N (industrially) aliments mpl surgelés ; (at home) aliments mpl congelés
**frozen food compartment** N partie f congélateur, freezer m
**frozen shoulder** N (Med) épaule f ankylosée
**frozen wastes** NPL déserts mpl de glace
**frozen yoghurt** N glace f au yaourt

**FRS** /ˌefɑːrˈes/ (abbrev of **Fellow of the Royal Society**) ≃ membre m de l'Académie des sciences

**fructiferous** /frʌkˈtɪfərəs/ ADJ fructifère

**fructification** /ˌfrʌktɪfɪˈkeɪʃən/ N fructification f

**fructify** /ˈfrʌktɪfaɪ/ VI fructifier

**fructose** /ˈfrʌktəʊs/ N fructose m

**frugal** /ˈfruːɡəl/ SYN ADJ [person] (gen) économe (with sth de qch) ; (pej) pingre ; [life, meal] frugal ◆ **to be frugal with one's money** faire attention à la dépense ; (pej) être pingre

**frugality** /fruːˈɡælɪtɪ/ N [of meal] frugalité f ; [of person] frugalité f ; (fig) parcimonie f

**frugally** /ˈfruːɡəlɪ/ ADV [live] simplement ; [eat] frugalement ; [use] parcimonieusement

**frugivorous** /fruːˈdʒɪvərəs/ ADJ frugivore

**fruit** /fruːt/ SYN
① (collective n) fruit m ◆ **may I have some fruit?** puis-je avoir un fruit ? ◆ **a piece of fruit** (= whole fruit) un fruit ; (= segment) un morceau or quartier de fruit ◆ **fruit is good for you** les fruits sont bons pour la santé ◆ **several fruits have large stones** plusieurs espèces de fruits ont de gros noyaux ◆ **the fruits of the earth** les fruits de la terre ; → bear¹, dried, forbidden
◆ **to be in fruit** [tree, bush] porter des fruits
② (= benefits) fruit m ◆ **the fruit(s) of his labour(s)** les fruits de son travail ◆ **it is the fruit of much hard work** c'est le fruit d'un long travail ◆ **the fruits of victory/one's success** les fruits de la victoire/de sa réussite ◆ **one of the main fruits of the meeting was...** un des principaux acquis de la réunion a été... ◆ **the fruit of thy womb** or **loins** (liter) le fruit de tes entrailles ; → bear¹, first, reap
③ ◆ **hullo, old fruit!** †* salut, mon pote ! *
④ (US * pej = homosexual) pédé* m, tapette*f
VI [tree] donner

COMP **fruit basket** N corbeille f à fruits
**fruit bat** N roussette f
**fruit bowl** N coupe f à fruits
**fruit cocktail** N macédoine f de fruits (en boîte)
**fruit cup** N (= drink) boisson f aux fruits (parfois faiblement alcoolisée) ; (US) (coupe f de) fruits mpl rafraîchis
**fruit dish** N (for dessert) (small) petite coupe f or coupelle f à fruits ; (large) coupe f à fruits, compotier m ; (basket) corbeille f à fruits
**fruit drop** N bonbon m au fruit
**fruit farm** N exploitation f or entreprise f fruitière
**fruit farmer** N arboriculteur m (fruitier)
**fruit farming** N arboriculture f (fruitière), culture f fruitière
**fruit fly** N mouche f du vinaigre, drosophile f
**fruit gum** N (Brit) boule f de gomme (bonbon)
**fruit juice** N jus m de fruit(s)
**fruit knife** N (pl **fruit knives**) couteau m à fruits
**fruit machine** N (Brit) machine f à sous
**fruit-picker** N (= tool) cueilloir m
**fruit salad** N salade f de fruits
**fruit salts** NPL (Med) sels mpl purgatifs
**fruit sugar** N (Chem) fructose m
**fruit tree** N arbre m fruitier

**fruitcake** /ˈfruːtkeɪk/ N ① (Culin) cake m
② (Brit * = eccentric person) cinglé(e)* m(f) ◆ **he's as nutty as a fruitcake** il est complètement timbré*

**fruiterer** /ˈfruːtərər/ N (Brit) marchand(e) m(f) de fruits, fruitier m, -ière f ◆ **at the fruiterer's (shop)** chez le fruitier, à la fruiterie

**fruitful** /ˈfruːtfʊl/ SYN ADJ ① (= profitable) [relationship, discussion, career] fructueux ; [meeting] utile, fécond ; [life] productif ◆ **a fruitful source of information** une mine de renseignements ◆ **it would be more fruitful to do that** il serait plus utile or avantageux de faire cela
② [land, soil, plant] fécond (liter)

**fruitfully** /ˈfruːtfəlɪ/ ADV fructueusement

**fruitfulness** /ˈfruːtfʊlnɪs/ N ① [of discussion, partnership] caractère m fructueux or profitable
② [of soil] fertilité f, fécondité f ; [of plant] fécondité f

**fruition** /fruːˈɪʃən/ SYN N [of aims, plans, ideas] réalisation f ◆ **to bring to fruition** réaliser, concrétiser ◆ **to come to fruition** se réaliser

**fruitless** /ˈfruːtlɪs/ SYN ADJ ① (= vain) [search, quest, effort, attempt, exercise] vain ; [discussion, talks] stérile ◆ **she spent a fruitless morning trying to...** elle a perdu toute une matinée à essayer de... ◆ **it is fruitless to try** il est vain d'essayer
② (= infertile) [plant] stérile

**fruitlessly** /ˈfruːtlɪslɪ/ ADV en vain, sans succès

**fruity** /ˈfruːtɪ/ SYN ADJ ① (= like fruit) [flavour, taste, smell] fruité, de fruit ; [wine, oil] fruité
② (= mellow) [voice] bien timbré ; [laugh] chaleureux
③ (Brit * = lewd) [remark] salé ; [joke] corsé, salé
④ (* = crazy) dingue*
⑤ (US * pej = homosexual) homo*

**frump** /frʌmp/ N bonne femme f mal fagotée or mal ficelée* ◆ **she's an old frump** c'est une vieille rombière*f

**frumpish** /ˈfrʌmpɪʃ/, **frumpy** /ˈfrʌmpɪ/ ADJ [person] mal fagoté, mal ficelé* ◆ **frumpy clothes** des vêtements mpl qui font mémé*

**frustrate** /frʌsˈtreɪt/ SYN VT ① (= thwart) [+ attempts, plans] contrecarrer, faire échouer ; [+ plot] déjouer, faire échouer ◆ **he was frustrated in his efforts to win** malgré tous ses efforts, il n'a pas réussi à gagner ◆ **to frustrate sb's hopes** frustrer or tromper les espoirs de qn ◆ **a stumbling block which has frustrated the peace process** un obstacle qui a entravé le processus de paix ◆ **rescuers were frustrated in their search by bad weather** (= hindered) le mauvais temps a gêné les sauveteurs dans leurs recherches ; (= stopped) le mauvais temps a empêché les sauveteurs de mener leurs recherches à bien
② (= irritate, annoy) [+ person] contrarier, énerver ◆ **it really frustrates me when people interrupt me** ça me contrarie or ça m'énerve que l'on m'interrompe

**frustrated** /frʌsˈtreɪtɪd/ SYN ADJ ① (= thwarted, unfulfilled) [person] contrarié ; (stronger) frustré ; [love, desire] frustré ; [ambition] déçu, contrarié ◆ **in a frustrated effort to speak to him** dans un vain effort pour lui parler ◆ **he's a frustrated poet/intellectual** c'est un poète/un intellectuel frustré or manqué ◆ **to be frustrated in one's ambitions** être frustré dans ses ambitions ◆ **he feels very frustrated in his present job** il se sent très frustré dans son poste actuel
② (= irritated) énervé ◆ **I get frustrated when people criticize my work** cela m'énerve quand les gens critiquent mon travail
③ (sexually) frustré

**frustrating** /frʌsˈtreɪtɪŋ/ ADJ contrariant ; (stronger) frustrant ◆ **how frustrating! I've lost my keys** que c'est contrariant, j'ai perdu mes clés ! ◆ **it's very frustrating having** or **to have no money** c'est vraiment frustrant de ne pas avoir d'argent

**frustration** /frʌsˈtreɪʃən/ SYN N frustration f (also Psych) ◆ **don't take your frustrations out on me!** ce n'est pas parce que tu es frustré qu'il faut t'en prendre à moi !

**frutescent** /fruːˈtesnt/, **fruticose** /ˈfruːtɪˌkəʊs/ ADJ frutescent

**fry¹** /fraɪ/ COLLECTIVE N [of fish] fretin m ; [of frogs] têtards mpl ; → small

**fry²** /fraɪ/ (pret, ptp **fried**)
VT (= deep-fry) (faire) frire ; (= shallow-fry) faire revenir ; [+ steak] poêler ◆ **to fry eggs** faire des œufs sur le plat ◆ **fried eggs** œufs mpl sur le plat ◆ **fried fish** poisson m frit ◆ **fried food is fattening** les fritures fpl font grossir ◆ **fried potatoes** (= chips) pommes fpl (de terre) frites ; (= sauté) pommes fpl (de terre) sautées ◆ **fried rice** riz m cantonais ; → fish, French
VI frire
N friture f

COMP **fry-pan** N (US) poêle f (à frire)
**fry-up*** N (Brit = dish) plat composé de saucisses, œufs, bacon etc cuits à la poêle

**fryer** /fraɪər/ N sauteuse f

**frying** /ˈfraɪɪŋ/
N ◆ **there was a smell of frying** il y avait une odeur de friture
COMP **frying pan** N poêle f (à frire) ◆ **to jump out of the frying pan into the fire** tomber de mal en pis, tomber de Charybde en Scylla (liter)
**frying steak** N steak m (à poêler)

**FSA** /ˌefesˈeɪ/ N ① (Brit) (abbrev of **Financial Services Authority**) organisme de régulation du secteur financier
② (abbrev of **Food Standards Agency**) agence britannique de contrôle de la sécurité alimentaire, ≃ AFSSA f

**f-stop** /ˈefstɒp/ N (Phot) ouverture f (du diaphragme)

**FT** /ˌefˈtiː/ (abbrev of **Financial Times**) → financial

**ft.** abbrev of **foot** or **feet**

**ftp** /ˌefˈtiːpiː/ (abbrev of **file transfer protocol**) ftp m

**FTSE (100) index** /ˈfʊtsɪwʌnˈhʌndrəd ɪndeks/ N indice m FTSE or FT

**fuchsia** /ˈfjuːʃə/ N fuchsia m

**fuchsin(e)** /ˈfuːksɪn/ N (Chem) fuchsine f

**fuck**‡‡ /fʌk/
N ① (= act) baise‡‡f ◆ **she's a good fuck** c'est un bon coup‡ ◆ **I don't give a fuck**‡‡ j'en ai rien à foutre‡
② ◆ **fire me? like fuck (they will)!** me virer ? mon cul (qu'ils vont le faire) !‡ ◆ **fuck knows!** je n'en sais foutre rien !‡
③ (US = person) ◆ **you dumb fuck!** espèce de pauvre débile‡ !
VT baiser‡‡ ◆ **fuck!, fuck it!** putain de merde !‡ ◆ **fuck me!** putain !‡, merde alors !‡ ◆ **fuck you!** va te faire foutre !‡‡
VI baiser‡‡

COMP **fuck-all** N (Brit) rien m de rien ◆ **I know fuck-all about it** j'en sais foutrement rien‡

▶ **fuck about**‡‡, **fuck around**‡‡
VI déconner‡ ◆ **to fuck about** or **around with sth** tripoter‡ qch
VT SEP emmerder‡

▶ **fuck off**‡‡ VI foutre le camp‡ ◆ **fuck off!** va te faire foutre !‡‡, va te faire enculer !‡‡

▶ **fuck over**‡‡ VT SEP (US) faire une vacherie à*, baiser‡‡ ◆ **they're just fucking us over!** ils sont en train de nous baiser !‡‡

▶ **fuck up**‡‡
VT SEP [+ plans] foutre la merde dans‡ ; [+ people] foutre dans la merde‡
VI merder‡

**fucker**‡‡ /ˈfʌkər/ N connard‡ m, connasse‡ f

**fucking**‡‡ /ˈfʌkɪŋ/
ADJ ◆ **fucking hell!** putain de bordel !‡‡, putain de merde !‡‡ ◆ **fucking bastard/bitch** espèce f de salaud‡‡/salope‡‡ ◆ **this fucking machine** cette putain‡ de machine ◆ **this fucking phone** ce putain‡ de téléphone ◆ **where's the fucking phonebook?** où est le foutu‡ annuaire ? ◆ **I haven't a fucking clue** je n'en sais foutrement‡ rien
ADV foutrement‡ ◆ **it's fucking cold** il fait un putain‡ de froid ◆ **this is a fucking great idea** c'est une putain‡ de bonne idée ◆ **it's fucking brilliant!, it's fucking A!** putain‡, c'est génial ! ◆ **don't be fucking stupid!** fais pas le con !‡ ◆ **a fucking awful film** un film complètement con‡ ◆ **you fucking well know what I mean!** mais putain‡, tu sais très bien ce que je veux dire ! ◆ **I don't fucking know!** j'en sais foutrement‡ rien ! ◆ **I don't fucking believe this!** putain, c'est pas possible !‡

**fuckwit**‡‡ /ˈfʌkwɪt/ N peigne-cul‡‡m

**fucus** /ˈfjuːkəs/ N (pl **fucuses** or **fuci** /ˈfjuːsaɪ/) fucus m

**fuddled** /ˈfʌdld/ SYN ADJ [ideas] embrouillé, confus ; [person] (= muddled) désorienté, déconcerté ; (= tipsy) éméché, gris

**fuddy-duddy*** /ˈfʌdɪˌdʌdɪ/
ADJ (= old-fashioned) [person, ideas] vieux jeu inv ; (= fussy) [person] tatillon, maniaque
N vieux machin‡ m, vieux (vieille f) schnock‡ mf or schnoque‡ mf

**fudge** /fʌdʒ/ SYN
N ① (Culin) caramel(s) m(pl) (mou(s)) ◆ **a piece of fudge** un caramel
② (Press) (= space for stop press) emplacement m de la dernière heure ; (= stop press news) (insertion f de) dernière heure, dernières nouvelles fpl

3 (* = dodging) faux-fuyants *mpl*, échappatoires *fpl* ◆ **the wording is a total fudge** le libellé est très vague *or* flou

EXCL * balivernes !

VT * 1 (= fake up) [+ story, excuse] monter ; (= tamper with) [+ accounts, figures, results] truquer

2 (= dodge) [+ question, issue] esquiver, éluder

VI (* = dodge issue) esquiver le problème

**fuel** /fjʊəl/ SYN

N (NonC) (for aircraft, rocket, heating) combustible *m* ; (for car engine) carburant *m* ◆ **what kind of fuel do you use in your central heating?** quel combustible utilisez-vous dans votre chauffage central ? ◆ **it's no longer a cheap fuel** ce n'est plus une forme *or* une source d'énergie économique (fig) ◆ **to add fuel to the flames** *or* **fire** jeter de l'huile sur le feu ◆ **the statistics gave him fuel for further attacks on the government** les statistiques lui ont fourni des munitions pour renforcer ses attaques contre le gouvernement

VT 1 [+ stove, furnace] alimenter (en combustible) ; [+ ships, aircraft] ravitailler en combustible *or* carburant

2 [+ anger, tension, controversy] attiser ; [+ fear, speculation] nourrir, alimenter

VI [ship, engine, aircraft] se ravitailler en combustible *or* en carburant ◆ **a fuelling stop** une escale technique

COMP [bill, costs] de chauffage

**fuel cell** N (Phys) pile *f* à combustible

**fuel-efficient** ADJ économique

**fuel gauge** N jauge *f* de carburant

**fuel injection** N injection *f* (de carburant)

**fuel injection engine** N moteur *m* à injection

**fuel injector** N injecteur *m* (de carburant)

**fuel oil** N mazout *m*, fioul *m*

**fuel pump** N pompe *f* d'alimentation

**fuel rod** N crayon *m* combustible

**fuel saving** N économies *fpl* de carburant (*or* de combustible *etc*)

**fuel-saving** ADJ qui réduit la consommation de carburant (*or* de combustible *etc*)

**fuel-saving device** N économiseur *m* de carburant

**fuel tank** N réservoir *m* à carburant ; [of ship] soute *f* à mazout

**fug** * /fʌg/ N (esp Brit = smell) (stale) forte odeur *f* de renfermé ; (smoky) forte odeur *f* de fumée ◆ **what a fug!** (ce que) ça pue le renfermé *or* la fumée !

**fugal** /ˈfjuːgəl/ ADJ (Mus) fugué

**fuggy** * /ˈfʌgɪ/ ADJ (esp Brit) [room] (= stale) qui sent le renfermé, mal aéré ; (= smoky) enfumé ; [atmosphere] confiné

**fugitive** /ˈfjuːdʒɪtɪv/ SYN

N fugitif *m*, -ive *f*, fuyard(e) *m(f)* ◆ **he was a fugitive from justice** il fuyait la justice

ADJ 1 (= running away) [person] fugitif, en fuite

2 (liter = fleeting) [thought, impression] fugitif ; [happiness] fugace, éphémère

**fugue** /fjuːg/ N (Mus, Psych) fugue *f*

**Fula** /ˈfuːlə/, **Fulani** /fuːˈlɑːnɪ/ N (pl **Fula** *or* **Fulas**)

1 (= person) Peul(e) *m(f)*

2 (Ling) peul *m*

**fulcrum** /ˈfʌlkrəm/ N (pl **fulcrums** *or* **fulcra** /ˈfʌlkrə/) 1 (lit) pivot *m*, point *m* d'appui

2 (fig) pivot *m* ◆ **she is the fulcrum of our team** elle est le pivot de notre équipe

**fulfil, fulfill** (US) /fʊlˈfɪl/ SYN VT [+ task, prophecy] accomplir, réaliser ; [+ order] exécuter ; [+ condition, function] remplir ; [+ plan, ambition] réaliser ; [+ desire, hopes] satisfaire, répondre à ; [+ promise] tenir ; [+ one's duties] s'acquitter de, remplir ; [+ contract] remplir, respecter ◆ **all my prayers have been fulfilled** toutes mes prières ont été exaucées ◆ **to feel** *or* **be fulfilled** être épanoui

**fulfilling** /fʊlˈfɪlɪŋ/ ADJ épanouissant

**fulfilment, fulfillment** (US) /fʊlˈfɪlmənt/ SYN N [of duty, desire] accomplissement *m* ; [of prayer, wish] exaucement *m* ; [of conditions, plans] réalisation *f*, exécution *f* ; (= satisfied feeling) épanouissement *m*, (sentiment *m* de) contentement *m* ◆ **to have a sense of fulfilment** se sentir *or* être épanoui

**fulguration** /ˌfʌlgjʊˈreɪʃən/ N (Surg) étincelage *m*, fulguration *f*

**fulgurite** /ˈfʌlgjʊraɪt/ N (Miner) fulgurite *f*

**full**[1] /fʊl/

1 - ADJECTIVE
2 - ADVERB
3 - COMPOUNDS

### 1 - ADJECTIVE

1 [= FILLED] [container, stomach] plein, rempli ; [room, hall, theatre] comble, plein ; [hotel, bus, train] complet (-ète *f*) ◆ **we're full (up) for July** nous sommes complets pour juillet ◆ **I'm full (up)!** * (= not hungry) je n'en peux plus !, j'ai trop mangé ! ◆ **you'll work better on a full stomach** tu travailleras mieux le ventre plein *or* après avoir mangé ◆ **to play to a full house** (Theat) jouer à guichets fermés ◆ **"house full"** (Theat) « complet » ◆ **I have a full day/morning ahead of me** j'ai une journée/matinée chargée devant moi ◆ **he's had a full life** il a eu une vie (bien) remplie ◆ **his heart was full** (liter) il avait le cœur gros

◆ **full of** plein de ◆ **pockets full of money** des poches pleines d'argent ◆ **the house was full of people** la maison était pleine de monde ◆ **the papers were full of the murder** les journaux ne parlaient que du meurtre ◆ **a look full of hate** un regard plein *or* chargé de haine ◆ **he's full of hope** il est plein *or* rempli d'espoir ◆ **he's full of good ideas** il est plein de *or* il déborde de bonnes idées ◆ **full of one's own importance** pénétré de son importance, plein de suffisance ◆ **full of oneself** imbu de soi-même ◆ **to die full of years** (liter) mourir chargé d'ans (liter) ; → **life**

2 [= COMPLETE] ◆ **I waited two full hours** j'ai attendu deux bonnes heures ◆ **a full 10 kilometres** 10 bons kilomètres, pas moins de 10 kilomètres ◆ **full employment** plein emploi *m* ◆ **to pay full fare** payer plein tarif ◆ **in full flight** en plein vol ◆ **full and frank discussions** un franc échange de vues ◆ **ask for full information** demandez des renseignements complets ◆ **we must have fuller information** il nous faut des informations plus complètes *or* un complément d'information ◆ **until fuller information is available** en attendant d'en savoir plus ◆ **the full particulars** tous les détails ◆ **to pay full price for sth** (for goods) acheter qch au prix fort ; (for tickets, fares) payer qch plein tarif ◆ **at full speed** à toute vitesse ◆ **full speed ahead, full steam ahead!** (on ship) en avant toute ! ◆ **to go full steam ahead** (fig) avancer à plein régime ◆ **battalion at full strength** bataillon *m* au (grand) complet ◆ **in full uniform** en grande tenue ; see also **compounds**

3 [IN TITLES] ◆ **a full colonel** un colonel ◆ **a full general** un général d'armée, ≈ un général à cinq étoiles ◆ **full member** membre *m* à part entière ◆ **full professor** (Univ:esp US) professeur *m* (titulaire d'une chaire)

4 [= AMPLE] [lips] charnu ; [face] plein, joufflu ; [figure] replet (-ète *f*), rondelet ; [skirt, trousers, blouse] large, ample ; [sails] plein, gonflé ◆ **clothes for the fuller figure** des vêtements pour personnes fortes

### 2 - ADVERB

◆ **to hit sb full in the face** frapper qn en plein visage ◆ **to look sb full in the face** regarder qn droit dans les yeux ◆ **to turn the volume/sound up full** mettre le volume/le son à fond

◆ **full on** ◆ **he had his headlights full on** il était en pleins phares ◆ **the heater was full on** le chauffage était à fond ◆ **she turned the tap full on** elle a ouvert le robinet à fond ◆ **the car hit the deer full on** la voiture a heurté le cerf de plein fouet ; → **full-on**

◆ **full out** * ◆ **to go full out** (= work) mettre la gomme * ◆ **we'll be going full out to win the championship** on va se défoncer * pour gagner le championnat

◆ **full well** [know, understand] fort bien, parfaitement ◆ **to realize full well that...** se rendre parfaitement compte que...

◆ **in full** ◆ **to write one's name in full** écrire son nom en entier ◆ **to publish a letter in full** publier une lettre intégralement ◆ **text in full** texte *m* intégral ◆ **he paid in full** il a tout payé

◆ **to the full** pleinement ◆ **to live one's life to the full** vivre pleinement sa vie

### 3 - COMPOUNDS

**full beam** N (Brit) [of vehicle] ◆ **to drive (with one's headlights) on full beam** rouler en pleins phares

**full-blooded** ADJ (= vigorous) [person] vigoureux, robuste ; (= of unmixed race) de race pure

**full-blown** ADJ [flower] épanoui ; [crisis, disaster, war, epidemic] généralisé ◆ **he has full-blown Aids** il a un sida avéré *or* déclaré ◆ **he's a full-blown doctor/architect** il est médecin/architecte de plein droit

**full-bodied** ADJ [wine] qui a du corps

**full-court press** N (US fig) ◆ **to give sb the full-court press** * exercer une forte pression sur qn

**full-cream milk** N lait *m* entier *or* non écrémé

**full dress** N (Mil) grande tenue *f* ; (= evening dress) tenue *f* de soirée

**full-dress** ADJ [clothes] de cérémonie ◆ **full-dress debate** (Parl) débat *m* dans les règles ◆ **they had a full-dress discussion on what should be done** ils ont eu un débat de fond pour décider de la conduite à tenir

**full English breakfast** N petit-déjeuner *m* *or* breakfast *m* complet

**full-face** ADJ [photograph] de face ; [helmet] intégral

**full-fashioned** ADJ (US) ⇒ **fully-fashioned** ; → **fully**

**full-featured** ADJ ⇒ **fully-featured**

**full-fledged** ADJ (US) ⇒ **fully-fledged** ; → **fully**

**full frontal** N nu *m* intégral de face

**full-frontal** ADJ [photograph] d'un nu intégral de face ; [view] de face ◆ **full-frontal assault** *or* **attack** attaque *f* de front

**full-grown** ADJ [child] parvenu au terme de sa croissance ; [animal, man, woman] adulte

**full house** N (Cards) full *m*

**full-length** ADJ [portrait, mirror] en pied ; [dress, coat] long ; [curtains] tombant jusqu'au sol ; [film] (de) long métrage

**full moon** N pleine lune *f*

**full name** N nom *m* et prénom(s) *m(pl)*

**full-on** * ADJ ◆ **full-on military intervention** intervention *f* militaire massive ◆ **they had a full-on traditional wedding** c'était un mariage traditionnel, fait dans les règles

**full-page** ADJ [advert, article] (en) pleine page

**full pay** N ◆ **to be suspended on full pay** être suspendu de ses fonctions sans perte de salaire

**full-scale** ADJ → **full-scale**

**full score** N (Mus) grande partition *f* (Brit Sport) ⇒ **full-time score**

**full-size(d)** ADJ (= life-sized) [model, drawing] grandeur nature *inv* ; (= adult-sized) [bed] grande taille ; [bicycle] taille adulte

**full stop** N (Brit Gram) point *m* ◆ **I'm not going, full stop!** * je n'y vais pas, un point c'est tout ! ◆ **his career seems to have come to a full stop** il semble que sa carrière soit au point mort

**full-strength** ADJ [cigarettes] très fort ; [solution] non dilué

**full term** N ◆ **to come** *or* **go to full term** [baby] arriver à terme ; [pregnancy] arriver à terme, être mené à terme ADV ◆ **to be carried full term** [baby] arriver à terme ◆ **to go full term** [woman] accoucher à terme

**full-term** ADJ [baby] né à terme ; [pregnancy, delivery, birth] à terme

**full-throated** ADJ [laugh, shout] retentissant

**full time** ADV [work] à temps plein, à plein temps N (Brit Sport) fin *f* de match

**full-time** ADJ [employment] à plein temps ◆ **she's a full-time secretary** elle est secrétaire à plein temps ◆ **it's a full-time job looking after those children** * s'occuper de ces enfants est un travail à temps plein ◆ **full-time score** (Sport) score *m* final

**full-timer** N *personne travaillant à plein temps*

**full word** N (Ling) mot *m* principal

**full**[2] /fʊl/ VT [+ cloth, yarn] fouler

**fullback** /ˈfʊlbæk/ N (Sport) arrière *m*

**fuller's earth** /ˌfʊləzˈɜːθ/ N terre *f* savonneuse

**fullness** /ˈfʊlnɪs/ N 1 [of details] abondance *f* ; [of description] (in novel, story) richesse *f* ; [of voice, sound, garment] ampleur *f* ◆ **the police were impressed by the fullness of her description** la police a été impressionnée par l'exhaustivité de sa description ◆ **fullness of flavour** richesse *f* de goût ◆ **this cut gives some fullness to the hairstyle** cette coupe donne du volume *or* du gonflant à la coiffure

2 (liter) ◆ **out of the fullness of his sorrow** le cœur débordant de chagrin ◆ **in the fullness of time** (= eventually) avec le temps ; (= at predestined time) en temps et lieu

**full-scale** /ˌfʊlˈskeɪl/ ADJ 1 (= thorough-going) [war, conflict] total, généralisé ; [riot] véritable ; [attack, search, negotiations, debate, investigation] de

**fully** /ˈfʊlɪ/ SYN

**ADV** ① (= *completely*) [*use, load*] au maximum, à plein ; [*justify*] complètement ; [*understand*] très bien ; [*convinced, satisfied*] entièrement, complètement ; → **laden**

② (= *at least*) au moins, bien ◆ **fully 600** 600 au moins ◆ **fully half the workforce** une bonne moitié des effectifs, la moitié des effectifs ◆ **it is fully two hours since he went out** il y a au moins *or* bien deux heures qu'il est sorti

**COMP fully-fashioned** ADJ (*Dress*) moulant
**fully-featured** ADJ (*Comput, Elec*) entièrement équipé
**fully-fitted kitchen** N cuisine *f* entièrement équipée
**fully-fledged** SYN ADJ ① ◆ **fully-fledged bird** oiseau *m* qui a toutes ses plumes

② (*fig*) [*system*] véritable, à part entière ◆ **he's now a fully-fledged doctor/architect** (*Brit*) il est maintenant médecin/architecte de plein droit ◆ **a fully-fledged British citizen** (*Brit*) un citoyen britannique à part entière

**fulmar** /ˈfʊlmər/ N fulmar *m*

**fulminate** /ˈfʌlmɪneɪt/
**VI** fulminer, pester (*against* contre)
**COMP fulminate of mercury** N fulminate *m* de mercure

**fulmination** /ˌfʊlmɪˈneɪʃən/ N (also **fulminations**) invective(s) *f(pl)* (*against sb/sth* contre qn/qch)

**fulness** /ˈfʊlnɪs/ N ⇒ **fullness**

**fulsome** /ˈfʊlsəm/ SYN ADJ (*gen pej* = *extravagant*) [*praise, tribute, welcome, compliments, thanks*] outré, excessif ; [*tone*] excessivement élogieux ; [*manner*] obséquieux ◆ **to be fulsome in one's praise** faire des éloges outrés

**fulsomely** /ˈfʊlsəmlɪ/ ADV abondamment, excessivement

**fumaric acid** /fjuːˈmærɪk/ N (*Chem*) acide *m* fumarique

**fumarole** /ˈfjuːməˌrəʊl/ N fumerolle *f*

**fumble** /ˈfʌmbl/ SYN

**VI** (also **fumble about, around**) (*in the dark*) tâtonner ; (*in one's pockets*) fouiller ◆ **to fumble (about) for sth in the dark** chercher qch à tâtons dans l'obscurité ◆ **to fumble (about) for sth in a pocket/a drawer** fouiller dans une poche/un tiroir pour trouver qch ◆ **to fumble with sth** tripoter qch (maladroitement) ◆ **he was fumbling with the zip** il tripotait la fermeture-éclair ◆ **to fumble for words** chercher ses mots

**VT** [+ *object*] manier gauchement *or* maladroitement ◆ **he fumbled the key in the lock** il tentait maladroitement d'engager la clé dans la serrure ◆ **to fumble the ball** (*Sport*) mal attraper la balle ◆ **their fumbling attempts to arrange a settlement** leurs tentatives maladroites pour arriver à un accord ◆ **I fumbled the question I was trying to ask** je me suis emmêlé les pinceaux* en essayant de poser ma question

**fume** /fjuːm/
**VI** ① (* = *be furious*) rager ◆ **he's fuming** il est furibard* *or* furax* *inv*
② [*liquids, gases*] exhaler des vapeurs, fumer
**N** ◆ **fumes** (*gen*) exhalaisons *fpl*, émanations *fpl* ◆ **factory fumes** fumées *fpl* d'usine ◆ **petrol fumes** vapeurs *fpl* d'essence ◆ **car exhaust fumes** gaz *mpl* d'échappement
**COMP fume-filled** ADJ ◆ **he was found dead in his fume-filled car** on l'a retrouvé mort dans sa voiture, asphyxié par les gaz d'échappement
**fuming sulphuric acid** N (*Chem*) acide *m* sulfurique fumant

**fumigate** /ˈfjuːmɪgeɪt/ SYN VT désinfecter par fumigation, fumiger (*frm*)

**fumigation** /ˌfjuːmɪˈgeɪʃən/ N fumigation *f*

**fumigator** /ˈfjuːmɪgeɪtər/ N fumigateur *m*

**fumitory** /ˈfjuːmɪtərɪ/ N fumeterre *f*

**fun** /fʌn/ SYN

**N** (*NonC* = *amusement*) amusement *m* ◆ **he had great** *or* **good fun** il s'est bien *or* beaucoup amusé ◆ **have fun!*** amusez-vous bien ! ◆ **he's great** *or* **good fun** il est très drôle, on s'amuse bien avec lui ◆ **the book is great** *or* **good fun** le livre est très amusant ◆ **sailing is good fun** c'est amusant de faire de la voile ◆ **what fun!** ce que c'est drôle *or* amusant ! ◆ **for fun, in fun** pour rire *or* plaisanter ◆ **I don't see the fun of it** je ne trouve pas cela drôle ◆ **I only did it for the fun of it** je ne l'ai fait que pour m'amuser ◆ **I'm not doing this for the fun of it** je ne fais pas cela pour m'amuser *or* pour mon plaisir ◆ **it's not much fun for us** ce n'est pas très amusant, cela ne nous amuse pas beaucoup ◆ **it's only his fun** il fait cela pour rire, c'est tout ◆ **to spoil the fun, to spoil his (***or* **our etc) fun** [*person*] jouer les trouble-fête *or* les rabat-joie ; [*event, weather*] gâcher son (*or* notre *etc*) plaisir ◆ **the children had fun and games at the picnic** les enfants se sont follement amusés pendant le pique-nique ◆ **there'll be fun and games over this decision*** (*iro*) cette décision va faire du potin* *or* du boucan* ◆ **he's having fun and games with the au pair girl*** (*euph*) il ne s'ennuie pas avec la jeune fille au pair (*euph*) ◆ **we had a bit of fun getting the car started*** (= *difficulty*) pour faire partir la voiture ça a été de la rigolade* *or* ça n'a pas été une partie de plaisir ◆ **did he go? – like fun he did!*** y est-il allé ? – tu rigoles *or* tu parles !*

◆ **to make fun of** *or* **poke fun at sb/sth** se moquer de qn/qch

**ADJ** * marrant*, rigolo* ◆ **it's a fun thing to do** c'est marrant à faire ◆ **she's a really fun person** elle est vraiment marrante* *or* rigolote*

**COMP fun fur** N fausse fourrure *f* **ADJ** en fausse fourrure
**fun house** N (*US*) attraction foraine comprenant des planchers mouvants, des miroirs déformants, *etc*
**fun-loving** ADJ ◆ **she's a fun-loving girl** elle aime s'amuser
**fun run** N course *f* de fond pour amateurs

**funambulist** /fjuːˈnæmbjʊlɪst/ N funambule *mf*

**function** /ˈfʌŋkʃən/ SYN

**N** ① (= *role*) [*of heart, tool etc*] fonction *f* ; [*of person*] fonction *f*, charge *f* ◆ **in his function as judge** en sa qualité de juge ◆ **it is not part of my function to do that** cela n'entre pas dans mes fonctions, il ne m'appartient pas de faire cela ; → **bodily**

② (= *meeting*) réunion *f* ; (= *reception*) réception *f* ; (= *official ceremony*) cérémonie *f* publique

③ (*Math, Ling, Comput*) fonction *f*

④ (*fig* = *depend on*) ◆ **to be a function of sth** être en fonction de qch

**VI** fonctionner, marcher ◆ **to function as** [*person, thing*] faire fonction de, servir de, jouer le rôle de

**COMP function key** N (*Comput*) touche *f* de fonction
**function room** N salle *f* de réception
**function suite** N salles *fpl* de réception
**function word** N (*Ling*) mot-outil *m*

**functional** /ˈfʌŋkʃnəl/ SYN ADJ ① (*gen*) fonctionnel
② (= *in working order*) en état de marche

**functionalism** /ˈfʌŋkʃnəlɪzəm/ N fonctionnalisme *m*

**functionalist** /ˈfʌŋkʃnəlɪst/ ADJ, N fonctionnaliste *mf*

**functionality** /ˌfʌŋkʃəˈnælɪtɪ/ N fonctionnalité *f*

**functionally** /ˈfʌŋkʃnəlɪ/ ADV fonctionnellement

**functionary** /ˈfʌŋkʃənərɪ/ N employé(e) *m(f)* (*d'une administration*) ; (*in civil service, local government*) fonctionnaire *mf*

**fund** /fʌnd/ SYN

**N** ① (*Fin*) caisse *f*, fonds *m* ◆ **to start a fund** lancer une souscription ◆ **funds** fonds *mpl* ◆ **to be in funds** être en fonds ◆ **the public funds** les fonds publics ◆ **no funds** (*Banking*) défaut *m* de provision ◆ **he hasn't the funds to buy a house** il n'a pas les fonds nécessaires pour acheter une maison ; → **raise, secret**

② (= *supply*) [*of humour, good sense etc*] fond *m* ◆ **a fund of knowledge** un trésor de connaissances ◆ **he has a fund of funny stories** il connaît des quantités d'histoires

**VT** [+ *debt*] consolider ; [+ *project*] financer, assurer le financement de ; [+ *firm*] doter en capital ; [+ *account*] alimenter

**COMP fund manager** N gestionnaire *mf* de fonds *or* de portefeuille
**fund-raiser** N (= *person*) collecteur *m*, -trice *f* de fonds ; (= *dinner etc*) dîner *m etc* organisé pour collecter des fonds
**fund-raising** N collecte *f* de fonds ADJ [*dinner, event*] organisé pour collecter des fonds

**fundament** /ˈfʌndəmənt/ N (*hum* : = *buttocks*) fondement *m*

**fundamental** /ˌfʌndəˈmentl/ SYN

**ADJ** fondamental, essentiel ◆ **this is fundamental to the smooth running of the company** c'est essentiel *or* fondamental pour la bonne marche de l'entreprise ◆ **it is fundamental to our understanding of the problem** c'est fondamental *or* essentiel si nous voulons comprendre le problème

**N** ① principe *m* essentiel *or* de base ◆ **when you get down to (the) fundamentals** quand on en vient à l'essentiel

② (*Mus*) fondamental *m*

**COMP fundamental interaction** N (*Phys*) interaction *f* fondamentale
**fundamental particle** N (*Phys*) particule *f* élémentaire
**fundamental research** N recherche *f* fondamentale
**fundamental unit** N unité *f* de base *or* fondamentale

**fundamentalism** /ˌfʌndəˈmentəlɪzəm/ N intégrisme *m*, fondamentalisme *m*

**fundamentalist** /ˌfʌndəˈmentəlɪst/ ADJ, N intégriste *mf*

**fundamentally** /ˌfʌndəˈmentəlɪ/ SYN ADV [*different, wrong*] fondamentalement, radicalement ; [*agree, affect, alter*] fondamentalement ◆ **fundamentally important** d'une importance fondamentale ◆ **he is fundamentally good** c'est quelqu'un de fondamentalement bon ◆ **the plan is fundamentally flawed** le plan est vicié à la base ◆ **to disagree fundamentally with sb/sth** être en profond désaccord avec qn/qch ◆ **fundamentally, it's a love story** au fond, c'est une histoire d'amour

**fundholder** /ˈfʌndˌhəʊldər/, **fundholding doctor** /ˌfʌndhəʊldɪŋˈdɒktər/, **fundholding GP** /ˌfʌndhəʊldɪŋdʒiːˈpiː/ N (*Brit Admin*) généraliste ayant obtenu le droit de gérer son propre budget

**funding** /ˈfʌndɪŋ/ N financement *m* ◆ **they're hoping to get government funding for the scheme** ils espèrent obtenir un financement *or* des fonds du gouvernement pour ce programme

**fundus** /ˈfʌndəs/ N (*pl* **fundi** /ˈfʌndaɪ/) fond *m* (de l'utérus)

**funeral** /ˈfjuːnərəl/ SYN

**N** (*gen*) obsèques *fpl* (*frm*) ; (*grander*) funérailles *fpl* ; (= *burial*) enterrement *m* ; (= *cremation*) incinération *f* ; (*in announcements*) obsèques *fpl* ◆ **that's your funeral!*** c'est ton problème ! ; → **state**

**COMP funeral director** N entrepreneur *m* de pompes funèbres
**funeral home** N (*US*) ⇒ **funeral parlour**
**funeral march** N marche *f* funèbre
**funeral oration** N oraison *f* funèbre
**funeral parlour** N funérarium *m*, salon *m* funéraire *m* (*Can*)
**funeral procession** N (*on foot*) cortège *m* funèbre ; (*in car*) convoi *m* mortuaire
**funeral pyre** N bûcher *m* (funéraire)
**funeral service** N service *m or* cérémonie *f* funèbre

**funerary** /ˈfjuːnərərɪ/ ADJ funéraire

**funereal** /fjuːˈnɪərɪəl/ ADJ [*expression, atmosphere*] funèbre, lugubre ; [*voice*] sépulcral, lugubre

**funfair** /ˈfʌnfɛər/ N (*Brit*) fête *f* (foraine)

**fungal** /ˈfʌŋgəl/ ADJ [*infection*] fongique

**fungi** /ˈfʌŋgaɪ/ NPL of **fungus**

**fungible** /ˈfʌndʒɪbəl/ ADJ fongible

**fungicidal** /ˌfʌndʒɪˈsaɪdl/ ADJ fongicide

**fungicide** /ˈfʌndʒɪsaɪd/ N fongicide *m*

**fungiform** /ˈfʌndʒɪfɔːm/ ADJ fongiforme

**fungistat** /ˈfʌndʒɪˌstæt/ N fongistatique *m*

**fungistatic** /ˌfʌndʒɪˈstætɪk/ ADJ fongistatique

**fungoid** /ˈfʌŋgɔɪd/, **fungous** /ˈfʌŋgəs/ ADJ (*Med*) fongueux ; [*plant*] cryptogamique

**fungus** /ˈfʌŋgəs/ N (*pl* **fungi** *or* **funguses**) (*generic botanical term*) (= *mushrooms etc*) champignon *m* ; (= *mould*) moisissure *f* ; (*Med*) mycose *f* ; (* *hum* = *beard*) barbe *f*

**funicle** /ˈfjuːnɪkl/ N funicule *m*

**funicular** /fjuːˈnɪkjʊlər/
**ADJ** funiculaire
**N** (also **funicular railway**) funiculaire *m*

**funk**[1] /fʌŋk/ N (*Mus*) ◆ **funk (music)** funk *m*

**funk[2]** * /fʌŋk/
**N** (*Brit*) ◆ **to be in a (blue) funk** † (*= frightened*) avoir la trouille *
**VI** ◆ **he funked it** il s'est dégonflé *, il a cané *

**funker** * /ˈfʌŋkə(r)/ **N** (*= skiver*) planqué(e) * *m(f)*

**funky[1]** /ˈfʌŋkɪ/ **ADJ** [*music, rhythm*] funky *inv*

**funky[2]** * /ˈfʌŋkɪ/ (*US*) **ADJ** 1 (*= excellent*) super * *inv*, génial * ; (*= fashionable*) à la page, qui a le look *
2 (*= smelly*) qui cocotte ⁑, qui pue

**funnel** /ˈfʌnl/ SYN
**N** 1 (*for pouring through*) entonnoir *m*
2 (*Brit*) [*of ship, engine*] cheminée *f*
**VT** (faire) passer dans un entonnoir ; (*fig*) canaliser

**funnily** * /ˈfʌnɪlɪ/ **ADV** 1 (*= strangely*) [*behave, walk*] bizarrement ◆ **funnily enough...** curieusement...
2 (*= amusingly*) drôlement, comiquement

**funny** /ˈfʌnɪ/ SYN
**ADJ** 1 (*= amusing*) [*person, joke, story, book, film, play*] drôle, amusant ; [*accent, voice, walk*] comique ◆ **it's not funny** ça n'a rien de drôle ◆ **what's so funny?** qu'est-ce qu'il y a de drôle ? ◆ **don't (try to) be funny** n'essaie pas d'être drôle ◆ **to make a funny face** faire une grimace amusante ; see also **adj 2** ◆ **to see the funny side of sth** voir le côté amusant *or* comique de qch
2 (* *= strange*) bizarre ◆ **funny-peculiar (or funny-ha-ha)?** drôle bizarre (ou drôle amusant) ? ◆ **he's funny that way** il est bizarre pour ça ◆ **the meat tastes funny** la viande a un drôle de goût ◆ **a funny idea** une drôle d'idée ◆ **to feel funny** (*= ill*) ne pas être dans son assiette ◆ **to go funny** [*machine*] se détraquer ◆ **to make a funny face** faire une drôle de tête ; see also **adj 1** ◆ **I have a funny feeling I'm going to regret this** j'ai comme l'impression que je vais le regretter ◆ **(it's) funny you should say that** c'est bizarre que vous disiez *subj* cela ◆ **the funny thing (about it) is that...** ce qu'il y a de drôle c'est que... ◆ **funny! I thought he'd left** bizarre ! je croyais qu'il était parti ◆ **it's a funny old world** c'est tout de même bizarre *or* curieux
3 (* *= fishy*) louche * ◆ **funny business** magouilles * *fpl* ◆ **don't try anything funny!** * ne fais pas le malin *or* la maligne !
**N** (*US*) ◆ **the funnies** (*Press* ⁑ *:gen pl*) les bandes *fpl* dessinées
**COMP** **funny bone** * **N** petit juif * *m*
**funny cigarette** * **N** joint * *m*
**funny farm** * **N** maison *f* de fous
**funny girl** * **N** (*= comedian*) comique *f*
**funny handshake** * **N** poignée *f* de main rituelle
**funny man** * **N** (*pl* **funny men**) (*= comedian*) comique *m*
**funny money** * **N** (*= large amount*) sommes *fpl* astronomiques ; (*= counterfeit*) fausse monnaie *f*

**fur** /fɜː(r)/
**N** 1 [*of animal*] pelage *m*, fourrure *f* ◆ **the cat has beautiful fur** le chat a un beau pelage *or* une belle fourrure ; → **fly[3]**
2 (*often pl = animal skins*) fourrure(s) *f(pl)* ◆ **she was dressed in furs** elle portait des fourrures *or* de la fourrure
3 (*= limescale*) (dépôt *m* de) calcaire *m* ◆ **to have fur on one's tongue** avoir la langue pâteuse *or* chargée
**VI** (also **fur up**) [*kettle, pipe, boiler*] s'entartrer
**VT** ◆ **his tongue is furred** sa langue est chargée *or* pâteuse
**COMP** [*jacket etc*] de fourrure
**fur coat N** manteau *m* de fourrure
**fur trade N** industrie *f* de la fourrure

**furbelow** † /ˈfɜːbɪləʊ/ **N** falbala *m* ◆ **(frills and) furbelows** fanfreluches *fpl*, falbalas *mpl*

**furbish** /ˈfɜːbɪʃ/ **VT** (*= polish*) fourbir, astiquer, briquer ; (*= smarten*) remettre à neuf, rénover

**furfuraldehyde** /ˌfɜːfjəˈrældəˌhaɪd/ **N** furfural *m*

**furioso** /ˌfjʊərɪˈəʊsəʊ/ **ADV** (*Mus*) furioso

**furious** /ˈfjʊərɪəs/ SYN **ADJ** 1 (*= angry*) [*person*] furieux (*about or at or over sth* de qch) ◆ **she was furious at being disturbed** elle était furieuse d'avoir été dérangée ◆ **to be furious at** *or* **with sb (for doing sth)** être furieux contre qn (parce qu'il a fait qch) ◆ **to be furious with o.s. for doing sth** s'en vouloir d'avoir fait qch ◆ **I was furious that I'd lost** j'étais furieux d'avoir perdu ◆ **I was furious that he'd come** j'étais furieux qu'il soit venu ◆ **she was furious to find that...** elle a été furieuse de découvrir que... ◆ **to get furious** se mettre en rage (*with sb* contre qn)
2 (*= energetic*) [*pace*] effréné ; [*speed*] fou (folle *f*) ; [*activity*] débordant, frénétique ; [*effort*] vigoureux, acharné ◆ **the action of the film was fast and furious** le rythme du film était endiablé ◆ **the fun was fast and furious** la fête battait son plein
3 (*= violent*) [*row, reaction, attack, protest*] violent ; [*debate*] houleux ; [*battle, struggle*] acharné ; [*storm, sea*] déchaîné

**furiously** /ˈfjʊərɪəslɪ/ **ADV** 1 (*= angrily*) [*say*] d'un ton furieux, furieusement ; [*react*] furieusement ; [*argue*] avec emportement ◆ **to be furiously angry** être dans une colère noire, être hors de soi
2 (*= frantically*) [*work, scribble*] comme un(e) forcené(e) ; [*fight, lobby*] avec acharnement ; [*drive*] à une allure folle ; [*ride*] à bride abattue ◆ **furiously busy/jealous** extrêmement occupé/jaloux ◆ **her heart was beating furiously** son cœur battait la chamade

**furl** /fɜːl/ **VT** [*+ sail*] ferler, serrer ; [*+ umbrella, flag*] rouler ◆ **the flags are furled** les drapeaux sont en berne

**furlong** /ˈfɜːlɒŋ/ **N** furlong *m* (*201,17 m*)

**furlough** /ˈfɜːləʊ/ (*US*)
**N** 1 (*Mil*) permission *f*, congé *m* ◆ **on furlough** en permission
2 (*at work*) chômage *m* technique
**VT** [*+ worker*] mettre au chômage technique

**furnace** /ˈfɜːnɪs/
**N** (*industrial*) fourneau *m*, four *m* ; (*for central heating*) chaudière *f* ◆ **this room is like a furnace** cette pièce est une vraie fournaise
**COMP** **furnace room N** chaufferie *f*

**furnish** /ˈfɜːnɪʃ/ SYN
**VT** 1 [*+ house*] meubler (*with* de) ◆ **furnished flat** (*Brit*), **furnished apartment** (*US*) appartement *m* meublé ◆ **in furnished rooms** en meublé
2 (*= supply*) [*+ object, information, excuse, reason*] fournir ◆ **to furnish sb with sth** pourvoir *or* munir qn de qch ◆ **to furnish an army with provisions** ravitailler une armée
**COMP** **furnishing fabrics NPL** tissus *mpl* d'ameublement

**furnishings** /ˈfɜːnɪʃɪŋz/ **NPL** mobilier *m*, ameublement *m* ◆ **house sold with furnishings and fittings** maison *f* vendue avec objets mobiliers divers

**furniture** /ˈfɜːnɪtʃə(r)/ SYN
**N** (*NonC*) meubles *mpl*, mobilier *m* ◆ **a piece of furniture** un meuble ◆ **I must buy some furniture** il faut que j'achète des meubles ◆ **the furniture was very old** les meubles étaient très vieux, le mobilier était très vieux ◆ **the furniture was scanty** l'ameublement était insuffisant, c'était à peine meublé ◆ **one settee and three chairs were all the furniture** un sofa et trois chaises constituaient tout l'ameublement *or* le mobilier ◆ **he treats her as part of the furniture** il la traite comme si elle faisait partie du décor ◆ **he's like part of the furniture** (*regular:in pub etc*) il fait partie des meubles ◆ **dining-room furniture** des meubles *mpl* *or* du mobilier *m* de salle à manger
**COMP** **furniture depot N** garde-meubles *m inv*
**furniture mover N** (*US*) déménageur *m*
**furniture polish N** encaustique *f*
**furniture remover N** déménageur *m*
**furniture shop N** magasin *m* d'ameublement *or* de meubles
**furniture store N** ⇒ **furniture depot, furniture shop**
**furniture van N** camion *m* de déménagement

**furore** /fjʊəˈrɔːrɪ/ SYN, **furor** (*US*) /fjʊˈrɔː(r)/ **N** (*= protests*) scandale *m* ; (*= enthusiasm*) débordement *m* d'enthousiasme ◆ **the incident caused a furore** cet incident a fait scandale

**furrier** /ˈfʌrɪə(r)/ **N** fourreur *m*

**furrow** /ˈfʌrəʊ/
**N** (*Agr*) sillon *m* ; (*in garden etc*) rayon *m* ; (*on brow*) ride *f* ; (*liter : on sea*) sillage *m* ; → **ridge**
**VT** [*+ earth*] sillonner ; [*+ face, brow*] rider

**furry** /ˈfɜːrɪ/
**ADJ** 1 [*animal*] à poil ; [*body, tail*] poilu ; [*leaf*] duveteux
2 (*= fleecy*) [*hat, slippers*] en fausse fourrure ; [*material*] qui ressemble à de la fourrure ◆ **furry toy** (*= soft toy*) peluche *f*
3 (*fig*) [*kettle, pipe*] entartré ; (*Brit*) [*tongue*] chargé, pâteux ; [*teeth*] recouvert de tartre, entartré
**COMP** **furry dice NPL** (*Brit*) dés *mpl* en feutrine (*qu'on accroche au rétroviseur*)
**furry friend N** (*hum*) ami *m* à fourrure

**further** /ˈfɜːðə(r)/ LANGUAGE IN USE 19.1, 20.2, 21.1, 26.2
SYN (compar of **far**)
**ADV** 1 ⇒ **farther adv**
2 (*= more*) davantage, plus ◆ **he questioned us no further** il ne nous a pas interrogés davantage, il ne nous a pas posé d'autres questions ◆ **without troubling any further** sans se tracasser davantage, sans plus se tracasser ◆ **I got no further with him** je ne suis arrivé à rien de plus avec lui ◆ **unless I hear any further** à moins qu'on ne me prévienne du contraire, sauf avis contraire ◆ **until you hear further** jusqu'à nouvel avis ◆ **we heard nothing further from him** nous n'avons plus rien reçu de lui, nous n'avons pas eu d'autres nouvelles de lui *or* de sa part ◆ **this mustn't go any further** (*fig*) il ne faut pas que cela aille plus loin ◆ **I think we should take this matter further** je pense que nous devrions poursuivre cette affaire *or* que nous ne devrions pas nous en tenir là ◆ **and further I believe...** et de plus je crois... ◆ **he said that he would do it and further that he wanted to** il a dit qu'il le ferait et en outre *or* et en plus qu'il avait envie de le faire ◆ **to study/examine an issue further** approfondir l'étude/l'examen d'une question ◆ **further to your letter** (*Comm*) comme suite à votre lettre
**ADJ** 1 ⇒ **farther adj**
2 (*= additional*) nouveau (nouvelle *f*), supplémentaire ◆ **until further notice** jusqu'à nouvel ordre ◆ **to refer** *or* **remand a case for further inquiry** (*Jur*) renvoyer une cause pour complément d'information *or* d'instruction ◆ **without further delay** sans autre délai, sans plus attendre ◆ **without further ado** sans plus de cérémonie ◆ **upon further consideration** après plus ample réflexion, à la réflexion ◆ **awaiting further details** en attendant de plus amples détails ◆ **one or two further details** un ou deux autres points ◆ **please send me further details of...** (*in letter*) veuillez m'envoyer de plus amples renseignements sur *or* concernant... ◆ **there are one or two further things I must say** il y a encore une ou deux remarques que j'aimerais faire, j'ai encore une ou deux remarques à faire
**VT** [*+ one's interests, a cause, one's career, aims*] servir ◆ **to further one's education** pour compléter sa formation ◆ **this has furthered the peace process** cela a contribué à l'avancement du processus de paix ◆ **this has furthered our understanding of the disease** cela nous a aidés à mieux comprendre cette maladie
**COMP** **Further Education, further education N** enseignement *m* postscolaire ; see also **college**
**Further Education Funding Council N** (*Brit*) *organisme de financement de l'enseignement postscolaire*

**furtherance** /ˈfɜːðərəns/ SYN **N** [*of career*] avancement *m* ◆ **this is seen as a furtherance of the negotiation process** on considère que cela fait avancer les négociations ◆ **in furtherance of sth** pour avancer *or* servir qch ◆ **in furtherance of one's own interests** pour servir ses propres intérêts ◆ **in furtherance of their claim for increased subsidies** pour étayer leur demande de subventions supplémentaires

**furthermore** /ˌfɜːðəˈmɔː(r)/ **ADV** en outre, de plus

**furthermost** /ˈfɜːðəməʊst/ **ADJ** le plus éloigné, le plus lointain

**furthest** /ˈfɜːðɪst/ SYN ⇒ **farthest**

**furtive** /ˈfɜːtɪv/ SYN **ADJ** [*action, behaviour, look*] furtif ; [*person*] sournois ◆ **she sneaked out for a furtive cigarette** elle s'éclipsa pour fumer furtivement une cigarette *or* pour fumer en douce *

**furtively** /ˈfɜːtɪvlɪ/ **ADV** furtivement, à la dérobée

**furuncle** /ˈfjʊərʌŋkl/ **N** (*Med*) furoncle *m*

**furunculosis** /fjʊˌrʌŋkjʊˈləʊsɪs/ **N** (*Med*) furonculose *f*

**fury** /ˈfjʊərɪ/ SYN **N** [*of person*] fureur *f*, furie *f* ; [*of storm, wind*] fureur *f*, violence *f* ; [*of struggle*] acharnement *m* ◆ **to be in a fury** être en furie, être dans une rage *or* colère folle ◆ **to put sb into a fury** mettre qn dans une colère folle ◆ **to fly into a fury** entrer en fureur *or* en furie, se mettre dans une rage folle ◆ **she's a little fury** c'est une petite furie *or* harpie ◆ **the Furies** (*Myth*) les Furies *fpl*, les Euménides *fpl*

♦ **like fury**\* ♦ **to work like fury** travailler d'arrache-pied *or* comme un fou ♦ **to run like fury** courir comme un dératé

**furze** /fɜːz/ **N** (NonC) ajoncs *mpl*

**fuse, fuze** (US) /fjuːz/
**VT** ① (= *unite*) [+ *metal*] fondre, mettre en fusion
② (*fig*) faire fusionner, réunir
③ (*Brit Elec*) faire sauter ♦ **to fuse the television** (*or* **the iron** *or* **the lights** *etc*) faire sauter les plombs
④ (= *fit with fuse*) [+ *bomb*] amorcer ♦ **to fuse a plug** équiper une prise d'un fusible
**VI** ① [*metals*] fondre ; (*fig* : *also* **fuse together**) fusionner
② (*Brit Elec*) ♦ **the television** (*or* **the lights** *etc*) **fused** les plombs ont sauté
**N** ① (*Elec* = *wire*) fusible *m*, plomb *m* ♦ **to light the fuse** (*fig*) mettre la machine en marche, mettre les choses en branle ♦ **this incident lit the fuse which led to the war** cet incident a été le détonateur de la guerre ♦ **to have a short fuse**\*, **to be on a short fuse**\* (*fig*) se mettre facilement en rogne\*, être soupe au lait
② (*Elec* = *blow-out*) ♦ **there's been a fuse somewhere** il y a un fusible de sauté quelque part
③ [*of bomb etc*] amorce *f*, détonateur *m* ; (*Min*) cordeau *m*
**COMP fuse box N** (*gen*) boîte *f* à fusibles, coupe-circuit *m inv* ; (*in car*) boîte *f* à fusibles
**fuse wire N** fusible *m*

**fused** /fjuːzd/ **ADJ** (*Elec*) [*electrical equipment, plug*] avec fusible incorporé

**fusel** /'fjuːzl/ **N** (also **fusel oil**) fusel *m*, huile *f* de fusel

**fuselage** /'fjuːzəlɑːʒ/ **N** fuselage *m*

**fusible** /'fjuːzɪbl/ **ADJ** ♦ **fusible metal** *or* **alloy** alliage *m* fusible

**fusilier** /ˌfjuːzɪˈlɪəʳ/ **N** (*Brit*) fusilier *m*

**fusillade** /ˌfjuːzɪˈleɪd/ **N** fusillade *f*

**fusion** /'fjuːʒən/
**N** (*Metal*) fonte *f*, fusion *f* ; (*Phys, Mus*) fusion *f* ; [*of parties, races*] fusion *f*, fusionnement *m* ♦ **fusion cooking** cuisine *f* fusion
**COMP fusion bomb N** (*Mil*) bombe *f* thermonucléaire
**fusion food N** fusion food *f* (*cuisine combinant différentes influences*)

**fuss** /fʌs/ SYN
**N** (NonC) (= *commotion stirred up*) tapage *m* ; (= *excitement, agitation in reaction to sth*) agitation *f* ; (= *complaints, objections, difficulties*) histoires *fpl* ♦ **I think all this fuss is only a publicity stunt** je pense que tout ce tapage n'est qu'un truc publicitaire ♦ **the company introduced new working conditions with the minimum of fuss** la société a mis en place de nouvelles conditions de travail sans que cela provoque trop d'agitation *or* de remous ♦ **the government's proposals have caused a great deal of fuss** les propositions du gouvernement ont provoqué beaucoup d'agitation *or* de remous ♦ **I'm sick of all this fuss!** j'en ai assez de toute cette agitation *or* de toutes ces histoires ! ♦ **I don't know what all the fuss is about** je ne sais pas pourquoi on fait tant d'histoires ♦ **a lot of fuss about nothing** beaucoup de bruit pour rien ♦ **what a fuss just to get a passport!** que d'histoires rien que pour obtenir un passeport ! ♦ **we got married very quietly. We didn't want a big fuss** nous nous sommes mariés sans cérémonie. Nous voulions quelque chose de simple ♦ **without (any) fuss** [*marry, be buried etc*] simplement, en toute simplicité ♦ **he just gets down to work without any fuss** il se met au travail sans faire toute une histoire ♦ **to make a fuss, to kick up a fuss**\* faire un tas d'histoires ♦ **to make a fuss about** *or* **over sth** (*justifiably*) protester à propos de qch, ne pas laisser passer qch ; (*unjustifiably*) faire des histoires pour qch, faire tout un plat de qch ♦ **you were quite right to make a fuss** vous avez eu tout à fait raison de protester *or* de ne pas laisser passer ça ♦ **don't make such a fuss about accepting** ne faites pas tant de manières pour accepter ♦ **to make a fuss of** (*Brit*)*or* **over** (US) **sb** être aux petits soins pour qn
**VI** (= *become excited*) s'agiter ; (= *rush around busily*) s'affairer, faire la mouche du coche ; (= *worry*) se tracasser, s'en faire \* ♦ **to fuss over sb** être aux petits soins pour qn (*par des attentions excessives*) ♦ **don't fuss over him** laisse-le tranquille ♦ **stop fussing, Mum! I'll be OK** ne te tracasse pas Maman, ça ira
**VT** [+ *person*] ennuyer, embêter \*

▶ **fuss about, fuss around VI** s'affairer, faire la mouche du coche

**fussbudget**\* /'fʌsˌbʌdʒɪt/ **N** (US) ⇒ **fusspot**

**fussed**\* /fʌst/ **ADJ** (*Brit*) ♦ **I'm not fussed (about going)** ça m'est égal (d'y aller)

**fussily** /'fʌsɪlɪ/ **ADV** (*pej*) ① (= *painstakingly*) [*check, adjust*] de façon tatillonne
② (*pej* = *overelaborately*) ♦ **fussily ornate** tarabiscoté ♦ **fussily dressed** habillé de façon apprêtée

**fussiness** /'fʌsɪnɪs/ **N** [*of person*] caractère *m* tatillon *or* pointilleux ; [*of style*] caractère *m* tarabiscoté *or* surchargé

**fusspot**\* /'fʌspɒt/ **N** (= *nuisance*) enquiquineur\* *m*, -euse *f* ; (= *finicky person*) coupeur *m*, -euse *f* de cheveux en quatre ♦ **don't be such a fusspot!** ne fais pas tant d'histoires !, arrête d'enquiquiner le monde ! \*

**fussy** /'fʌsɪ/ SYN **ADJ** ① (*esp pej* = *exacting*) [*person, cat*] tatillon (*about sth* sur qch), pointilleux ♦ **to be a fussy eater** être difficile sur la nourriture ♦ **tea or coffee? – I'm not fussy**\* thé ou café ? – ça m'est égal
② (*pej* = *overelaborate*) [*design, style, furnishings, details*] trop recherché ; [*food*] (trop) élaboré ♦ **that dress is too fussy** cette robe n'est pas assez simple

**fustian** /'fʌstɪən/ **N** futaine *f*

**fusty** /'fʌstɪ/ **ADJ** ① (*pej* = *old-fashioned*) [*person*] vieux jeu *inv* ; [*organization*] poussiéreux, vieillot ; [*image, ideas*] suranné, vieillot
② (= *musty*) [*smell*] de renfermé, de moisi ; [*place, clothes, furnishings*] qui sent le renfermé

**futile** /'fjuːtaɪl/ SYN **ADJ** [*attempt, hope, effort, ambition, protest, search*] vain ; [*exercise*] futile ♦ **it would be futile to try to defend the town** il serait vain d'essayer de défendre la ville ♦ **it was a brave, but futile gesture** c'était un geste courageux mais vain

⚠ **futile** is rarely translated by the French word **futile**, see above.

**futility** /fjuːˈtɪlɪtɪ/ SYN **N** [*of attempt, hope, ambition*] caractère *m* vain ; [*of life, war, situation*] absurdité *f*

**futon** /'fuːtɒn/ **N** futon *m*

**future** /'fjuːtʃəʳ/ SYN
**N** ① avenir *m* ♦ **what the future holds for us** ce que l'avenir nous réserve ♦ **does Britain's future lie within the EU?** l'avenir de la Grande-Bretagne est-il dans l'UE ? ♦ **there is a real future for bright young people in this firm** cette entreprise offre de réelles possibilités d'avenir pour des jeunes gens doués ♦ **he believed his future lay with her** (*in relationship, business*) il pensait que son avenir était lié à elle ♦ **in (the) future** à l'avenir ♦ **in the near future, in the not too distant future** bientôt, dans un proche avenir (*more frm*) ♦ **in future I'll be more careful** dorénavant *or* désormais je ferai plus attention ♦ **there's no future in this type of research** ce type de recherche n'a aucun avenir ♦ **there's no future in it**\* [+ *product, method, relationship*] cela n'a aucun avenir ; [+ *measures, way of behaving*] ça n'aboutira à rien, ça ne servira à rien
② (*Gram*) futur *m* ♦ **in the future** au futur
**NPL futures** (*Stock Exchange*) opérations *fpl* à terme ♦ **futures market** marché *m* à terme ♦ **coffee futures** café *m* (acheté) à terme
**ADJ** [*prospects, plans, role*] futur ; [*king, queen*] futur *before n* ♦ **her future husband** son futur mari ♦ **future generations** les générations *fpl* futures *or* à venir ♦ **at a** *or* **some future date** à une date ultérieure ♦ **in future years** dans les années à venir ♦ **for future reference** pour référence ultérieure
**COMP future perfect (tense) N** futur *m* antérieur
**future tense N** futur *m* ♦ **in the future tense** au futur

**futurism** /'fjuːtʃərɪzəm/ **N** futurisme *m*

**futurist** /'fjuːtʃərɪst/ **N** ① (*esp US* = *futurologist*) futurologue *mf*
② (*Art*) futuriste *mf*

**futuristic** /ˌfjuːtʃəˈrɪstɪk/ **ADJ** futuriste

**futurity** /fjuːˈtjʊərɪtɪ/ **N** (*frm* = *future time*) futur *m*

**futurologist** /ˌfjuːtʃəˈrɒlədʒɪst/ **N** futurologue *mf*

**futurology** /ˌfjuːtʃəˈrɒlədʒɪ/ **N** futurologie *f*, prospective *f*

**fuze** /fjuːz/ (US) ⇒ **fuse**

**fuzz** /fʌz/
**N** (NonC = *light growth*) (*on body*) duvet *m*, poils *mpl* fins ; (*on head*) duvet *m*, cheveux *mpl* fins ; (= *frizzy hair*) cheveux *mpl* crépus *or* crêpelés (et bouffants)
**NPL the fuzz**\*‡ (= *police*) la flicaille\*‡, les flics \* *mpl*

**fuzzily** /'fʌzɪlɪ/ **ADV** [*worded*] de manière confuse ♦ **you're thinking fuzzily** vous n'avez pas les idées claires

**fuzzy** /'fʌzɪ/
**ADJ** ① (= *indistinct*) [*photograph, picture*] flou ; [*sound, voice*] confus, indistinct ; [*writing*] indistinct
② (= *confused*) [*idea, brain, details, distinction*] confus ; [*memory*] imprécis, vague ♦ **to be fuzzy about** *or* **on sth** n'avoir qu'une idée confuse de qch
③ (= *downy*) duveteux ; (= *frizzy*) [*hair*] crépu
④ (= *furry*) [*material, sweater*] pelucheux
⑤ ♦ **to be** *or* **feel fuzzy(-headed)**\* (*from drink*) être dans les vapes \*
**COMP fuzzy dice NPL** (US) ⇒ **furry dice**
**fuzzy logic N** (*Comput*) logique *f* floue

**fwd** (*esp Comm*) abbrev *of* **forward**

**f-word** /'ɛfˌwɜːd/ **N** (*euph* = *fuck*) ♦ **the f-word** le mot « fuck »\*‡, un gros mot

**FX**\* /ˈɛfˈɛks/ **NPL** (*Cine* = *special effects*) effets *mpl* spéciaux

**FY N** (*Fin*) (abbrev *of* **fiscal year**) → **fiscal**

**FYI** (abbrev *of* **for your information**) → **information**

# G

**G, g** /dʒiː/
- **N** 1 (= letter) G, g m ◆ **G for George** ≈ G comme Georges
- 2 (Mus) sol m ; → **key**
- 3 (Phys = gravity, acceleration) g m
- 4 * (abbrev of **grand**) (Brit) mille livres fpl ; (US) mille dollars mpl
- 5 (Scol) (abbrev of **good**) bon
- **COMP** **G7** N G7 m ; **G7 summit** sommet m du G7 **G8** N G8 m
- **G-force** N force f gravitationnelle
- **G-man** * N (pl **G-men**) (US) agent m du FBI
- **G spot** N point m G
- **G-string** N (Mus) (corde f de) sol m ; (= garment) string m
- **G-suit** N (Space) combinaison f spatiale or anti-g

**g.** 1 (abbrev of **gram(s)**) g inv
2 (abbrev of **gravity**) g

**GA** abbrev of **Georgia**

**gab** * /gæb/
- **N** bagou(t) * m ◆ **to have a gab (about sth)** papoter (à propos de qch) ; → **gift**
- **VI** (= chatter) papoter (about à propos de) ; (= reveal secret) vendre la mèche

**GABA** /ˈgæbə/ N (abbrev of **gamma-aminobutyric acid**) gaba m

**gabardine** /ˌgæbəˈdiːn/ N gabardine f

**gabber** * /ˈgæbəʳ/ N bavard(e) m(f), moulin m à paroles

**gabble** /ˈgæbl/
- **VI** (= talk indistinctly) bafouiller ; (= talk unintelligibly) baragouiner * ◆ **he gabbled on about the accident** (= talk quickly) il nous a fait une description volubile de l'accident ◆ **he gabbled (out) an excuse** il a bafouillé une excuse ◆ **"where are they, where are they?", he gabbled** « où sont-ils, où sont-ils ? », a-t-il bafouillé ◆ **they were gabbling away in French** ils jacassaient en français
- **N** baragouin * m, charabia * m

**gabbler** /ˈgæblə/ N ◆ **she's such a gabbler** on ne comprend rien à ce qu'elle dit

**gabbro** /ˈgæbrəʊ/ N gabbro m

**gabby** * /ˈgæbɪ/ ADJ jacasseur, bavard comme une pie

**gabion** /ˈgeɪbɪən/ N (Constr) gabion m

**gable** /ˈgeɪbl/
- **N** pignon m
- **COMP** **gable end** N pignon m ; **gable roof** N comble m sur pignon(s)

**gabled** /ˈgeɪbld/ ADJ à pignon(s)

**Gabon** /gəˈbɒn/ N Gabon m ◆ **in Gabon** au Gabon

**Gabonese** /ˌgæbəˈniːz/
- **ADJ** gabonais
- **N** Gabonais(e) m(f)

**gaboon** /gəˈbuːn/ N (= wood) okoumé m

**Gabriel** /ˈgeɪbrɪəl/ N Gabriel m

**gad¹** /gæd/ N (Agr) aiguillon m

**gad²** /gæd/ VI ◆ **to gad about** vadrouiller * ◆ **she spent the summer gadding about (in) Italy** elle a passé l'été à vadrouiller * en Italie

**gad³** * /gæd/ EXCL (also **by gad**) sapristi ! †, bon sang !

**gadabout** /ˈgædəˌbaʊt/ SYN N vadrouilleur * m, -euse * f

**Gadarene** /ˈgædəˌriːn/ ADJ ◆ **the Gadarene swine** (Bible) les pourceaux mpl gadaréniens ; (fig) les moutons mpl de Panurge ◆ **there was a Gadarene rush to sell shares** tout le monde s'est précipité pour vendre ses actions

**gadfly** /ˈgædflaɪ/ N taon m ; (fig = harassing person) mouche f du coche

**gadget** /ˈgædʒɪt/ SYN N 1 (= device) (petit) appareil m
2 ( * = thingummy) (petit) truc * m or bidule * m, gadget m

**gadgetry** /ˈgædʒɪtrɪ/ N [of car etc] gadgets mpl

**gadoid** /ˈgeɪdɔɪd/ N (= fish) gade m, gadidé m

**gadolinium** /ˌgædəˈlɪnɪəm/ N gadolinium m

**gadroon** /gəˈdruːn/ N godron m

**gadwall** /ˈgædwɔːl/ N canard m chipeau

**gadzooks** /gædˈzuːks/ EXCL ( †† or hum) morbleu (archaic or hum)

**Gael** /geɪl/ N Gaël mf

**Gaeldom** /ˈgeɪldəm/ N monde m gaélique

**Gaelic** /ˈgeɪlɪk, ˈgælɪk/
- **ADJ** gaélique
- **N** (= language) gaélique m
- **COMP** **Gaelic coffee** N irish coffee m ; **Gaelic football** N football m gaélique

**Gaeltacht** /ˈgeɪltæxt/ N (Ling) région f de la langue gaélique (en Irlande)

**gaff¹** /gæf/
- **N** (Fishing) gaffe f ; (for sail) corne f ◆ **to stand the gaff** * (US) encaisser *, tenir
- **VT** gaffer, harponner

**gaff²** * /gæf/ N (Brit) (= home) piaule * f ; (= music hall etc) beuglant * m

**gaff³** * /gæf/ N (= nonsense) foutaises * fpl ; → **blow¹**

**gaffe** /gæf/ SYN N gaffe f, impair m

**gaffer** /ˈgæfəʳ/
- **N** * 1 **an old gaffer** un vieux (bonhomme)
- 2 (Brit) (= foreman) contremaître m ; (= boss) patron m, chef m
- 3 (Cine) chef m électricien
- **COMP** **gaffer tape** N ruban m adhésif

**gag** /gæg/ SYN
- **N** 1 (in mouth) bâillon m ; (Med) ouvre-bouche m inv ◆ **the new law will effectively put a gag on the free press** la nouvelle loi aura pour effet de bâillonner la presse libre
- 2 * (= joke) blague f, plaisanterie f ; (= hoax) canular m ; (by comedian) (unscripted) improvisation f comique ; (visual) gag m
- **VT** (lit) bâillonner ; (fig = silence) bâillonner, museler ◆ **he was bound and gagged** on l'a attaché et bâillonné
- **VI** 1 ( * = retch) avoir des haut-le-cœur ◆ **to be gagging to do sth** * mourir d'envie de faire qch ◆ **to be gagging for it** * (sex) être en chaleur *
- 2 ( * = joke) plaisanter, blaguer ; [comedian] faire une or des improvisation(s) comique(s)
- **COMP** **gag law** *, **gag rule** * N (US) loi f limitant la durée des délibérations

**gaga** * /ˈgɑːgɑː/ ADJ (= senile) gaga * f inv, gâteux ; (= crazy) cinglé *

**gage** /geɪdʒ/
- **N** 1 (= challenge) défi m ; (= glove) gant m
- 2 (= pledge) gage m, garantie f ; (= article pledged) gage m
- 3 (US Tech) ⇒ **gauge** noun
- **VT** (US Tech) ⇒ **gauge** vt

**gaggle** /ˈgægl/
- **N** (lit, hum) troupeau m
- **VI** [geese] cacarder

**gaiety** /ˈgeɪɪtɪ/ SYN N (NonC) gaieté f

**gaillardia** /geɪˈlɑːdɪə/ N (= plant) gaillarde f

**gaily** /ˈgeɪlɪ/ SYN ADV 1 (= brightly) [painted, dressed] de couleurs vives ; [decorated] de façon gaie ◆ **gaily coloured** aux couleurs vives
2 (= cheerily) [chatter] gaiement
3 (= thoughtlessly) tranquillement

**gain** /geɪn/ SYN
- **N** (= profit) gain m, profit m ; (= increase in value of asset) plus-value f ; (fig) avantage m ; (= increase) augmentation f ; (in wealth) accroissement m (in de) ; (in knowledge etc) acquisition f (in de) ◆ **to do sth for (financial) gain** faire qch pour le profit ◆ **his loss is our gain** là où il perd nous gagnons ◆ **a gain in weight** une augmentation de poids ◆ **there have been gains of up to three points** (on Stock Exchange) des hausses allant jusqu'à trois points ont été enregistrées ◆ **Labour made gains in the South** (in election) les travaillistes ont progressé or sont en progression dans le sud
- **NPL** **gains** (= profits) bénéfices mpl, gains mpl ; (= winnings) gains mpl
- **VT** 1 [+ money, approval, respect] gagner, obtenir ; [+ liberty] obtenir ; [+ support, supporters] s'attirer ; [+ friends] se faire ◆ **what have you gained by doing that?** qu'est-ce que tu as gagné à faire ça ? ◆ **he'll gain nothing by being rude** il ne gagnera rien à être impoli ◆ **these shares have gained three points** ces valeurs ont enregistré une hausse de trois points ◆ **my watch has gained five minutes** ma montre a pris cinq minutes d'avance ◆ **we were unable to gain access to his files** nous n'avons pas pu avoir accès à ses fichiers ◆ **did they gain access to the property?** ont-ils réussi à entrer dans la propriété ? ◆ **to gain sb's confidence** gagner la confiance de qn ◆ **to gain control (of)** prendre le contrôle (de) ◆ **his troops gained control after heavy fighting** ses troupes ont pris le contrôle après des combats acharnés ◆ **to gain back control over sth** reprendre le contrôle de qch ◆ **to gain entry** (to building) réussir à entrer ◆ **she gained entry to the system by using a stolen password** elle s'est introduite dans le système à l'aide d'un mot de passe volé ◆ **to gain sb's goodwill** gagner les bonnes grâces de qn ◆ **to gain a hearing** (= make people listen) se faire écouter ; (with king etc) obtenir une audience ◆ **Cyprus gained independence from**

Britain in 1960 Chypre, ancienne colonie britannique, est devenue indépendante en 1960 ◆ **to gain one's objective** atteindre son objectif ◆ **Labour has gained three seats** (in election) les travaillistes ont gagné trois nouveaux sièges ◆ **Labour has gained three seats from the Conservatives** les travaillistes ont pris trois sièges aux conservateurs

2 (= acquire more) ◆ **to gain ground** (Mil) gagner du terrain ; (fig) gagner du terrain, progresser ◆ **to gain momentum** (lit) prendre de la vitesse ; (fig) prendre de l'ampleur, gagner du terrain ◆ **to gain speed** prendre de la vitesse ◆ **to gain time** gagner du temps (by doing sth en faisant qch)

3 (also **gain in**) ◆ **to gain experience** acquérir de l'expérience ◆ **to gain popularity** gagner en popularité ◆ **to gain prestige** gagner en prestige ◆ **to gain strength** [person, movement] devenir plus fort ; [storm, hurricane] devenir plus violent ; [market] se raffermir ◆ **to gain weight** prendre du poids ◆ **she's gained 3kg (in weight)** elle a pris 3 kg

4 (= reach) [+ place] atteindre, parvenir à

**VI** (= benefit) gagner

2 ◆ **to gain in** (= acquire more) vt 3

3 [watch] avancer ; [runners] prendre de l'avance ◆ **he hasn't gained by the exchange** il n'a pas gagné au change

▶ **gain (up)on** VT FUS 1 (Sport, fig) (= catch up with) rattraper ; 2 (= outstrip) prendre de l'avance sur

2 [sea] gagner sur

**gainer** /ˈgeɪnər/ N (= person) gagnant(e) m(f) ; (Stock Exchange) valeur f en hausse ◆ **there were more losers than gainers** il y avait davantage de perdants que de gagnants ◆ **he is the gainer by it** c'est lui qui y gagne

**gainful** /ˈgeɪnfʊl/ ADJ [occupation] (= worthwhile) utile, profitable ; (= lucrative) lucratif, rémunérateur (-trice f) ◆ **to be in gainful employment** avoir un emploi rémunéré

**gainfully** /ˈgeɪnfʊlɪ/ ADV ◆ **to be gainfully employed** (= in paid work) avoir un emploi rémunéré ; (= doing sth useful) ne pas perdre son temps ◆ **there was nothing that could gainfully be said** il n'y avait pas grand-chose à dire

**gainsay** /ˌgeɪnˈseɪ/ SYN VT (pret, ptp **gainsaid** /ˌgeɪnˈsed/) [+ person] contredire ; [+ account, statement] contredire, démentir ; [+ fact] nier ◆ **the facts cannot be gainsaid** on ne peut pas nier les faits, ces faits sont indéniables ◆ **the evidence cannot be gainsaid** ces preuves sont irrécusables ◆ **her argument cannot be gainsaid** son argument est irréfutable ◆ **there's no gainsaying it** c'est indéniable, on ne peut pas le nier

**gait** /geɪt/ SYN N démarche f ◆ **with an awkward gait** d'une démarche or d'un pas gauche ◆ **to have a rolling gait** rouler or balancer les hanches ◆ **to have a shuffling gait** marcher en traînant les pieds

**gaiter** /ˈgeɪtər/ N guêtre f

**gal** †* /gæl/ N ⇒ **girl noun**

**gal.** (pl gal. or gals.) abbrev of **gallon**

**gala** /ˈgɑːlə/ SYN

N fête f, gala m ◆ **opening/closing gala** gala m d'ouverture/de clôture ◆ **swimming/sports gala** grand concours m de natation/d'athlétisme

COMP [evening, dinner, concert] de gala

**gala day** N jour m de gala or de fête
**gala dress** N tenue f de gala
**gala night** N soirée f de gala
**gala occasion** N grande occasion f

**galactic** /gəˈlæktɪk/ ADJ galactique

**galactometer** /ˌgælækˈtɒmɪtər/ N lactodensimètre m

**galactose** /gəˈlæktəʊz/ N galactose m

**Galahad** /ˈgæləˌhæd/ N (Myth) Galaad m

**galantine** /ˈgæləntiːn/ N galantine f

**Galapagos** /gəˈlæpəgəs/ NPL ◆ **the Galapagos (Islands)** les (îles fpl) Galapagos fpl

**Galatea** /ˌgæləˈtɪə/ N (Myth) Galatée f

**Galatia** /gəˈleɪʃə/ N (Hist) Galatie f

**Galatian** /gəˈleɪʃən/ N (Bible) Galate mf

**Galatians** /gəˈleɪʃənz/ NPL (Bible) Galates mpl

**galaxy** /ˈgæləksɪ/ N (Astron) galaxie f ; (fig) [of talent] constellation f, brillante assemblée f ◆ **a galaxy of film stars** une multitude de stars du cinéma

**gale** /geɪl/ SYN

N coup m de vent, grand vent m ◆ **a force 8 gale** un vent de force 8 ◆ **it was blowing a gale** le vent soufflait très fort ◆ **there's a gale blowing in through that window** c'est une véritable bourrasque qui entre par cette fenêtre ◆ **gales of laughter** grands éclats mpl de rire

COMP **gale force winds** NPL vent m soufflant en tempête, coups mpl de vent
**gale warning** N (Weather) avis m de coup de vent

**Galen** /ˈgeɪlən/ N Galien m

**galena** /gəˈliːnə/ N galène f

**galenical** /geɪˈlenɪkəl/ ADJ galénique

**Galenism** /ˈgeɪlɪˌnɪzəm/ N galénisme m

**Galicia** /gəˈlɪʃə/ N (in Central Europe) Galicie f ; (in Spain) Galice f

**Galician** /gəˈlɪʃən/

ADJ galicien

N Galicien(ne) m(f)

**Galilean¹** /ˌgælɪˈliːən/

ADJ (Bible, Geog) galiléen

N Galiléen(ne) m(f) ◆ **the Galilean** (Bible) le Christ

**Galilean²** /ˌgælɪˈleɪən/ ADJ (Phys, Astron) galiléen

**Galilee** /ˈgælɪliː/ N Galilée f ◆ **the Sea of Galilee** le lac de Tibériade, la mer de Galilée

**Galileo** /ˌgælɪˈleɪəʊ/ N Galilée m

**galingale** /ˈgælɪŋˌgeɪl/ N (= plant) galanga m

**gall¹** /gɔːl/ SYN

N (= bile) (in humans) bile f ; (in animals) bile f, fiel m ; (fig = bitterness) fiel m, amertume f ◆ **she had the gall to say that...** elle a eu l'effronterie de dire que...

COMP **gall-bladder** N vésicule f biliaire

**gall²** /gɔːl/ SYN

N (on animal) écorchure f, excoriation f ; (on plant) galle f

VT (= annoy) irriter, exaspérer ◆ **it galls me that...** cela m'irrite or m'exaspère que... ◆ **it galls me to have to admit it** cela m'irrite or m'exaspère d'avoir à le reconnaître

COMP **gall-apple** N noix f de galle
**gall wasp** N cynips m

**gall.** (pl gall. or galls.) abbrev of **gallon**

**gallant** /ˈgælənt/ SYN

ADJ 1 († = brave) [soldier] brave, vaillant (liter) ◆ **gallant conduct** bravoure f, vaillance f (liter) ◆ **a gallant deed** une action d'éclat

2 (= plucky) [effort, attempt] courageux, héroïque ; [fight] héroïque

3 (liter = elegant) [appearance, dress] élégant

4 /gəˈlænt/ (= chivalrous) [gentleman, gesture] galant

N /gəˈlænt/ galant m

**gallantly** /ˈgæləntlɪ/ ADV 1 (= bravely) [fight, battle] bravement, vaillamment (liter)

2 /gəˈlæntlɪ/ (= chivalrously) galamment

**gallantry** † /ˈgæləntrɪ/ SYN N 1 (= bravery) bravoure f, vaillance f (liter)

2 (= chivalrousness) galanterie f

**galleon** /ˈgælɪən/ N galion m

**gallery** /ˈgælərɪ/ SYN N 1 (Archit) (= passageway, long room, outside balcony) galerie f ; (= inside balcony) tribune f ; (in cave, mine) galerie f ; → **minstrel, press, shooting**

2 (also **art gallery**) (state-owned) musée m (d'art) ; (private, selling paintings) galerie f (de tableaux or d'art) ; (US) (= auction room) salle f des ventes

3 (Theat) dernier balcon m, poulailler* m ◆ **in the gallery** au dernier balcon, au poulailler* ◆ **to play to the gallery** (fig) poser or parler pour la galerie

**galley** /ˈgælɪ/

N 1 (= ship) galère f ; (= ship's kitchen) coquerie f

2 (Typography) galée f ; (also **galley proof**) (épreuve f en) placard m

COMP **galley slave** N galérien m
**galley west** ADV (US) ◆ **to knock sth galley west** chambarder* qch, mettre la pagaille dans qch

**galliard** /ˈgæljəd/ N (Dance, Mus) gaillarde f

**Gallic** /ˈgælɪk/ ADJ (= of Gaul) gaulois ; (= French) français ◆ **Gallic charm** charme m latin ◆ **the Gallic Wars** la guerre des Gaules

**gallic** /ˈgælɪk/ ADJ (Chem) gallique

**Gallicism** /ˈgælɪsɪzəm/ N gallicisme m

**gallicize** /ˈgælɪˌsaɪz/ VT franciser

**gallimaufry** /ˌgælɪˈmɔːfrɪ/ N fatras m

**gallinacean** /ˌgælɪˈneɪʃən/ N gallinacé m

**gallinaceous** /ˌgælɪˈneɪʃəs/ ADJ gallinacé

**galling** /ˈgɔːlɪŋ/ SYN ADJ (= irritating) irritant, exaspérant

**gallinule** /ˈgælɪnjuːl/ N ◆ **common gallinule** poule f d'eau

**gallipot** /ˈgælɪˌpɒt/ N (= pot) pot m d'apothicaire

**gallium** /ˈgælɪəm/ N gallium m

**gallivant** /ˈgælɪˌvænt/ VI (also **gallivant about, gallivant around**) (for pleasure) se balader ◆ **I have to earn my living while you go gallivanting around Europe!** il faut que je gagne ma vie pendant que tu te balades en Europe !

**gallnut** /ˈgɔːlˌnʌt/ N noix f de galle

**gallon** /ˈgælən/ N gallon m (Brit = 4,546 l, US = 3,785 l)

**gallonage** /ˈgælənɪdʒ/ N capacité f en gallons

**galloon** /gəˈluːn/ N (Sewing) galon m

**gallop** /ˈgæləp/ SYN

N galop m ◆ **to go for a gallop** aller galoper ◆ **to break into a gallop** prendre le galop, se mettre au galop ◆ **at a** or **the gallop** au galop ◆ **at full gallop** (horse) au grand galop, ventre à terre ; (rider) au grand galop, à bride abattue ◆ **after a quick gallop through the history of the Roman Empire, the author turns to...** après avoir évoqué rapidement l'histoire de l'empire romain, l'auteur en vient à...

VI [horse, rider] galoper ◆ **to gallop away/back** etc partir/revenir etc au galop ◆ **to go galloping down the street** (fig) descendre la rue au galop ◆ **to gallop through a book** * lire un livre à toute vitesse

VT [+ horse] faire galoper

**galloper** /ˈgæləpər/ N galopeur m, -euse f

**galloping** /ˈgæləpɪŋ/ ADJ 1 [horse] au galop ; [hooves, pace] de cheval au galop

2 (Med) [pneumonia, pleurisy, consumption] galopant ; (Econ) [economy, interest rates, prices] qui s'emballe ◆ **galloping inflation** inflation f galopante

**Gallo-Roman** /ˌgæləʊ-/, **Gallo-Romance** ADJ, N gallo-roman m

**gallows** /ˈgæləʊz/

N (pl **gallowses** or **gallows**) (NonC) (also **gallows tree**) gibet m, potence f ◆ **he'll end up on the gallows** il finira à la potence or par la corde

COMP **gallows bird** * N gibier m de potence
**gallows humour** N humour m macabre

**gallstone** /ˈgɔːlˌstəʊn/ N calcul m biliaire

**Gallup** /ˈgæləp/

N Gallup m

COMP **Gallup poll** ® N sondage m Gallup

**galoot** ‡ /gəˈluːt/ N (US) balourd * m

**galop** /ˈgæləp/ N galop m (danse)

**galore** /gəˈlɔːr/ SYN ADV en abondance, à gogo * ◆ **bargains galore** de bonnes affaires à profusion

**galosh** /gəˈlɒʃ/ N (gen pl) ◆ **galoshes** caoutchoucs mpl (enfilés par-dessus les chaussures) claques fpl (Can)

**galumph** * /gəˈlʌmf/ VI ◆ **to go galumphing in/out** etc (clumsily) entrer/sortir etc en courant maladroitement ; (happily) entrer/sortir etc en sautillant gaiement ◆ **a galumphing great girl** une grande fille à la démarche gauche

**galvanic** /gælˈvænɪk/ ADJ (Elec) galvanique ; [jerk] crispé ; [effect] galvanisant, électrisant

**galvanism** /ˈgælvənɪzəm/ N galvanisme m

**galvanization** /ˌgælvənaɪˈzeɪʃən/ N galvanisation f

**galvanize** /ˈgælvənaɪz/ SYN VT 1 (Elec, Med) galvaniser ◆ **galvanized iron** fer m galvanisé

2 (fig) [+ person, group] galvaniser ; [+ discussions, debate] animer ; [+ market, economy] stimuler, donner une impulsion à ◆ **to galvanize sb into action** pousser qn à agir ◆ **to galvanize sb to do sth, to galvanize sb into doing sth** pousser qn à faire qch

**galvanometer** /ˌgælvəˈnɒmɪtər/ N galvanomètre m

**galvanometric** /ˌgælvənəʊˈmetrɪk/ ADJ (Elec) galvanométrique

**galvanoscope** /ˈgælvənəˌskəʊp/ N galvanoscope m

**Gambia** /ˈgæmbɪə/ N ◆ **(the) Gambia** la Gambie

**Gambian** /ˈgæmbɪən/
- **N** Gambien(ne) m(f)
- **ADJ** gambien

**Gambier Islands** /ˈgæmbɪəʳ/ **NPL** (Geog) ◆ **the Gambier Islands** les îles Gambier

**gambit** /ˈgæmbɪt/ **N** (Chess) gambit m ; (fig) manœuvre f, ruse f ; → **opening**

**gamble** /ˈgæmbl/ SYN
- **N** entreprise f risquée, pari m ◆ **a political gamble** un pari politique ◆ **life's a gamble** la vie est un pari ◆ **it's a pure gamble** c'est affaire de chance ◆ **it was a bit of a gamble but...** c'était un peu risqué mais... ◆ **the gamble came off** or **paid off** ça a payé de prendre ce risque ◆ **to take a gamble** prendre un risque ◆ **to take a gamble on it** prendre le risque ◆ **we're really taking a gamble with him** nous prenons vraiment un risque avec lui ◆ **the party is taking a gamble that they will be elected** le parti mise sur le fait qu'il remportera les élections ◆ **to have a gamble on a horse** miser sur un cheval ◆ **to have a gamble on the stock exchange** jouer à la Bourse
- **VI** ⟨1⟩ (lit) jouer (on sur ; with avec) ◆ **to gamble on the stock exchange** jouer à la Bourse ⟨2⟩ (fig) ◆ **to gamble on** miser sur ◆ **we had been gambling on fine weather** nous avions misé sur le beau temps ◆ **to gamble on doing sth** (confident of success) compter faire qch ; (less sure) penser faire qch ◆ **Labour was gambling on winning support from the trade unions** les travaillistes comptaient or pensaient obtenir le soutien des syndicats ◆ **he was gambling on her being late** or **that she would be late** il comptait sur le fait qu'elle serait en retard ◆ **to gamble with sb's life** jouer avec la vie de qn ◆ **to gamble with one's future** mettre en jeu son avenir

▶ **gamble away VT SEP** [+ money etc] perdre or dilapider au jeu

**gambler** /ˈgæmbləʳ/
- **N** (lit) joueur m, -euse f ◆ **he's a bit of a gambler** (fig = risk-taker) il a le goût du risque, il aime prendre des risques ; → **big comp**
- **COMP Gamblers Anonymous N** association venant en aide aux joueurs invétérés

**gambling** /ˈgæmblɪŋ/
- **N** (= action) jeu m ; (= games played) jeux mpl d'argent ◆ **his gambling ruined his family** le jeu a entraîné la ruine de sa famille ◆ **he believes gambling is wrong** il pense que les jeux d'argent sont un vice
- **COMP gambling debts NPL** dettes fpl de jeu **gambling den, gambling hell*** (US), **gambling house, gambling joint*** (US) **N** (pej) maison f de jeu, tripot m (pej) **gambling losses NPL** pertes fpl au jeu

**gamboge** /gæmˈbuːʒ/ **N** gomme-gutte f

**gambol** /ˈgæmbəl/ SYN
- **N** gambade f, cabriole f
- **VI** gambader, cabrioler ◆ **to gambol away/back** etc partir/revenir etc en gambadant or cabriolant

**gambrel** /ˈgæmbrəl/ **N** (also **gambrel roof**) toit m brisé

**game¹** /geɪm/ SYN
- **N** ⟨1⟩ (gen) jeu m ; (= match) [of football, rugby, cricket] match m ; [of tennis, billiards, chess] partie f ; [of bridge] manche f ◆ **a game of cards** une partie de cartes ◆ **card games** jeux mpl de cartes ◆ **video games** jeux mpl vidéo inv ◆ **the wonderful game of football** le jeu merveilleux qu'est le football ◆ **England's next game is against Spain** le prochain match que jouera l'Angleterre sera contre l'Espagne ◆ **a game of skill/of chance** un jeu d'adresse/de hasard ◆ **he plays a good game of chess** il est bon aux échecs, il joue bien aux échecs ◆ **game, set and match** (Tennis) jeu, set et match ◆ **game (to) Johnston** (Tennis) jeu Johnston ◆ **it isn't a game, you know!** ce n'est pas un jeu tu sais ! ◆ **it's all part of the game** cela fait partie des règles du jeu ◆ **to have the game in one's hands** être sur le point de gagner ◆ **to be the only game in town** (esp US) être le seul valable or digne de considération ◆ **to be on the game*** [prostitute] faire le trottoir* ; → **highland, indoor, play**

◆ **to have** or **play a game of** (chess etc) faire une partie de ; (football etc) jouer un match de

◆ **game(s) all** ◆ **they were games all** (Tennis) ils étaient à un jeu partout ; (Bridge) ils étaient à une manche partout ◆ **it was three games all** (Tennis) on était à trois jeux partout ; (Bridge) on était à trois manches partout

⟨2⟩ (= style of playing) ◆ **in the second set my game picked up** au deuxième set mon jeu s'est amélioré ◆ **he's off his game** il n'est pas en forme ◆ **to put sb off his** (or **her** etc) **game** troubler qn

⟨3⟩ (= strategy) manège m, (petit) jeu m ◆ **they are playing a complicated political game** ils se livrent à un manège politique très complexe ◆ **the games people play when they fall in love** le petit jeu or le manège auquel se livrent les gens amoureux ◆ **can't you see his little game?** tu ne vois pas qu'il mijote or manigance quelque chose ? ◆ **don't play his game** n'entre pas dans son jeu ◆ **we soon saw through his game** nous avons vite vu clair dans son (petit) jeu ◆ **two can play at that game** à bon chat bon rat (Prov) ◆ **I wonder what his game is*** je me demande ce qu'il mijote* or manigance ◆ **to spoil sb's game** déjouer les manigances or machinations de qn ◆ **what's your (little) game?*** à quoi tu joues ? ◆ **what's the game?*** (= what's happening?) qu'est-ce qui se passe ? ; (= what are you doing?) à quoi tu joues ? * ; → **fun, give away, play, waiting**

◆ **to beat sb at his** (or **her** etc) **own game** battre qn sur son propre terrain

◆ **the game is up** tout est fichu* or à l'eau ◆ **they saw the game was up** ils ont vu que la partie était perdue ◆ **OK, the game's up!** ça suffit maintenant, tu es démasqué !

⟨4⟩ (* = activity) ◆ **I'm new to this game** c'est nouveau pour moi ◆ **he was new to the game and didn't see the pitfalls** il était trop inexpérimenté pour voir qu'il y avait des pièges ◆ **how long have you been in this game?*** cela fait combien de temps que vous faites ça ? ◆ **it's a profitable game** c'est une entreprise rentable ◆ **I'm too old for this game** ce n'est plus de mon âge

⟨5⟩ (Culin, Hunting) gibier m ◆ **big/small game** gros/petit or menu gibier m ; see also **big, fair¹**

- **NPL games** (Brit Scol) sport m, activités fpl physiques et sportives **to be good at games** être sportif ◆ **we have games on Thursdays** nous avons EPS le jeudi
- **VI** (= gamble) jouer
- **ADJ** ⟨1⟩ (= ready, prepared) prêt (to do sth à faire qch) ◆ **are you game?** tu en as envie ? ◆ **I'm game if you are** je marche si tu marches ◆ **he's game for anything** il est prêt à tout, il ne recule devant rien ⟨2⟩ (= brave) courageux
- **COMP game birds NPL** gibier m NonC à plume **game fish N** poissons mpl d'eau douce **game laws NPL** réglementation f de la chasse **game park N** ⇒ **game reserve** **game pie N** (Culin) pâté m de gibier en croûte **game plan N** (lit, fig) stratégie f ◆ **what's the game plan?** (fig) comment va-t-on s'organiser ? **game point N** (Tennis etc) balle f de jeu **game reserve N** réserve f naturelle **games console N** (Comput) console f de jeux (vidéo) **game show N** (TV) jeu m télévisé ; (Rad) jeu m radiophonique **games library N** ludothèque f **games master, games mistress N** (Scol) professeur m d'éducation physique **game theory N** théorie f des jeux **game warden N** garde-chasse m ; (on reserve) gardien m chargé de la protection des animaux

**game²** /geɪm/ **ADJ** (= lame) [arm, leg] estropié

**gamebag** /ˈgeɪmbæg/ **N** gibecière f, carnassière f

**gamecock** /ˈgeɪmkɒk/ **N** coq m de combat

**gamekeeper** /ˈgeɪmˌkiːpəʳ/ **N** garde-chasse m

**gamelan** /ˈgæmɪlæn/ **N** gamelan m

**gamely** /ˈgeɪmlɪ/ **ADV** hardiment

**gamepad** /ˈgeɪmpæd/ **N** manette f de jeux, gamepad m

**gameplay** /ˈgeɪmpleɪ/ **N** (Comput) jouabilité f

**gamer*** /ˈgeɪməʳ/ **N** (= computer-game player) amateur m, -trice f des jeux vidéo

**gamesmanship** /ˈgeɪmzmənʃɪp/ **N** ◆ **a successful piece of gamesmanship** un stratagème couronné de succès ◆ **an element of political gamesmanship** une part de stratégie politique ◆ **to be good at gamesmanship** savoir utiliser les règles (du jeu) à son avantage

**gamesome** /ˈgeɪmsəm/ **ADJ** (frm) joueur

**gamester** /ˈgeɪmstəʳ/ **N** joueur m, -euse f

**gametangium** /ˌgæmɪˈtændʒɪəm/ **N** gamétange m

**gamete** /ˈgæmiːt/ **N** gamète m

**gametogenesis** /ˌgæmɪtəʊˈdʒenɪsɪs/ **N** gamétogenèse f

**gametophyte** /gəˈmiːtəʊˌfaɪt/ **N** gamétophyte m

**gamin** /ˈgæmɛ̃/ **N** gamin m

**gamine** /gæˈmiːn/
- **N** (= cheeky girl) gamine f (espiègle) ; (= tomboy) garçon m manqué
- **COMP** [appearance, hat] gamin
**gamine haircut N** ◆ **she had a gamine haircut** elle avait les cheveux coupés à la garçonne

**gaminess** /ˈgeɪmɪnɪs/ **N** goût m de gibier

**gaming** /ˈgeɪmɪŋ/
- **N** ⟨1⟩ (Comput) jeu m ⟨2⟩ ⇒ **gambling**
- **COMP gaming laws NPL** réglementation f des jeux d'argent **gaming machine N** machine f à sous

**gamma** /ˈgæmə/
- **N** gamma m
- **COMP gamma-carotene N** gammacarotène m **gamma distribution N** loi f gamma **gamma globulin N** gammaglobuline f **gamma radiation N** rayons mpl gamma **gamma-ray astronomy N** astronomie f des rayons gamma **gamma rays NPL** ⇒ **gamma radiation**

**gammon** /ˈgæmən/
- **N** (Brit) (= bacon) quartier m de lard fumé ; (= ham) jambon m fumé
- **COMP gammon steak N** (épaisse) tranche f de jambon fumé or salé

**gammy*** /ˈgæmɪ/ **ADJ** (Brit) ⇒ **game²**

**gamopetalous** /ˌgæməʊˈpetələs/ **ADJ** gamopétale

**gamosepalous** /ˌgæməʊˈsepələs/ **ADJ** gamosépale

**gamp*** /gæmp/ **N** (Brit hum) pépin* m, pébroc m

**gamut** /ˈgæmət/ SYN **N** (Mus, fig) gamme f ◆ **to run the gamut of** (fig) passer par toute la gamme de ◆ **his facial expressions ran the gamut from pain to terror** son visage est passé par toute la gamme des expressions de la douleur à la terreur

**gamy** /ˈgeɪmɪ/ **ADJ** [meat etc] au goût de gibier

**gander** /ˈgændəʳ/ **N** ⟨1⟩ (= bird) jars m ; → **sauce** ⟨2⟩ (= look) ◆ **to take a gander*** filer* un coup d'œil (at vers)

**G&T, G and T** /ˌdʒiːənˈtiː/ **N** (abbrev of **gin and tonic**) → **gin¹**

**ganef*** /ˈgɑːnəf/ **N** (US) escroc m, filou m

**gang** /gæŋ/ SYN
- **N** [of workmen] équipe f ; [of criminals] bande f, gang m ; [of youths, children, friends etc] bande f ; [of prisoners] convoi m ; (Tech) [of tools] série f (d'outils multiples) ◆ **do you want to be in our gang?** veux-tu faire partie de notre bande ? ◆ **they roam the streets in gangs** ils traînent dans les rues en bandes ; → **chain**
- **COMP the Gang of Four N** (Pol) la bande des Quatre
**gang rape N** viol m collectif
**gang-saw N** scie f multiple
**gang show N** spectacle de variétés donné par des scouts ou des soldats
**gang warfare N** guerre f des gangs

▶ **gang together* VI** se mettre ensemble or à plusieurs (to do sth pour faire qch)

▶ **gang up* VI** se mettre à plusieurs (to do sth pour faire qch) ◆ **to gang up on** or **against sb*** se liguer contre qn, se mettre à plusieurs contre qn

**gangbang*** /ˈgæŋbæŋ/ **N** (= rape) viol m collectif

**gangbanger*** /ˈgæŋbæŋəʳ/ **N** (US = gang member) membre m d'un gang

**gangbusters*** /ˈgæŋbʌstəz/ **NPL** (US) ◆ **to be going gangbusters** marcher super bien* ◆ **to come on like gangbusters** rouler des mécaniques*

**ganger** /ˈgæŋəʳ/ **N** (Brit) chef m d'équipe (de travailleurs)

**Ganges** /ˈgændʒiːz/ **N** Gange m

**Gangetic** /gænˈdʒetɪk/ **ADJ** gangétique, du Gange

**gangland*** /ˈgæŋlænd/ **N** ◆ **gangland boss** chef m de gang ◆ **gangland killing** règlement m de comptes (entre gangs)

**ganglia** /ˈgæŋglɪə/ NPL of **ganglion**

**gangliar** /ˈgæŋglɪəʳ/ ADJ ganglionnaire

**gangling** /ˈgæŋglɪŋ/ SYN ADJ [person] dégingandé ◆ **a gangling boy** un échalas, une perche (hum)

**ganglion** /ˈgæŋglɪən/ N (pl **ganglia** or **ganglions**) ganglion m ; (fig) [of activity] centre m

**ganglionic** /ˌgæŋglɪˈɒnɪk/ ADJ ganglionnaire

**gangly** /ˈgæŋglɪ/ ADJ ⇒ **gangling**

**gangplank** /ˈgæŋˌplæŋk/ N passerelle f (de débarquement)

**gangrene** /ˈgæŋgriːn/
- N gangrène f
- VI se gangréner

**gangrenous** /ˈgæŋgrɪnəs/ ADJ gangreneux ◆ **to go gangrenous** se gangrener

**gangsta rap** /ˈgæŋstəˌræp/ N gangsta rap m

**gangster** /ˈgæŋstəʳ/ SYN
- N gangster m, bandit m
- COMP [story, film] de gangsters

**gangsterism** /ˈgæŋstərɪzəm/ N gangstérisme m

**gangue** /gæŋ/ N gangue f

**gangway** /ˈgæŋˌweɪ/ N passerelle f ; (Brit) (in bus etc) couloir m ; (in theatre) allée f ◆ **gangway!** dégagez !

**ganja** /ˈgændʒə/ N ganja f

**gannet** /ˈgænɪt/ N fou m (de Bassan)

**ganoid** /ˈgænɔɪd/ ADJ, N ganoïde m

**gantry** /ˈgæntrɪ/ N (for crane) portique m ; (Space) tour f de lancement ; (for train) portique m (à signaux) ; (for barrels) chantier m

**Ganymede** /ˈgænɪˌmiːd/ N (Myth) Ganymède m

**gaol** /dʒeɪl/ (Brit) ⇒ **jail**

**gaoler** /ˈdʒeɪləʳ/ N (Brit) ⇒ **jailer**

**gap** /gæp/ SYN
- N ① trou m, vide m ; (in wall) trou m, brèche f ; (in hedge) trou m, ouverture f ; (in print, text) espace m, blanc m ; (between floorboards) interstice m ; (in pavement) brèche f ; (between curtains) intervalle m ; (in clouds, fog) trouée f ; (between teeth) écart m, interstice m ; (= mountain pass) trouée f ; (in writing) blanc m ◆ **to stop up** or **fill in a gap** boucher un trou, combler un vide
  ② (in time) intervalle m ; (in timetable) trou m ; (in conversation, narrative) interruption f, vide m ; (in education) lacune f, manque m ◆ **a gap in his memory** un trou de mémoire ◆ **he left a gap which will be hard to fill** il a laissé un vide qui sera difficile à combler ◆ **the four-month gap between the ceasefire and the elections** l'intervalle de quatre mois entre le cessez-le-feu et les élections ◆ **production was resumed after a three-year gap** or **a gap of three years** la production a repris après une interruption de trois ans ◆ **after a gap of three years** or **a three-year gap, Henry was born** trois ans plus tard, Henry est né ◆ **she returned after a gap of four years** elle est rentrée après une absence de quatre ans ◆ **on the last lap she closed the gap (between them) to 4.2 seconds** au dernier tour de piste elle est revenue à 4,2 secondes de sa concurrente ◆ **policies designed to close the gap between the salaries of public and private sector employees** des mesures visant à réduire l'écart entre les salaires du secteur public et ceux du secteur privé ◆ **tax increases to close the gap between spending and revenue** des augmentations d'impôt afin de réduire l'écart entre les dépenses et les recettes ◆ **to close the gap in the balance of payments** supprimer le déficit dans la balance des paiements ◆ **the gap between rich and poor is closing/widening** l'écart entre les riches et les pauvres se réduit/se creuse ◆ **a gap in the market** un créneau ◆ **the software gap is the biggest problem** l'insuffisance en matière de logiciel constitue le problème majeur ◆ **the trade gap** le déficit commercial ; → **bridge¹, credibility, generation**
- COMP **gap financing** N crédit m (de) relais
- **gap-toothed** ADJ [person] (= teeth wide apart) aux dents écartées ; (= teeth missing) brèche-dent † inv, à qui il manque une (or des) dent(s) ; [smile, grin] édenté
- **gap year** N ◆ **he spent his gap year in India** avant d'entrer à l'université, il a passé un an en Inde

**gape** /geɪp/ SYN
- VI ① (= open mouth) [person] bâiller, ouvrir la bouche toute grande ; [bird] ouvrir le bec tout grand ; [seam etc] bâiller ; [chasm, abyss] être béant
② (= stare) rester bouche bée, bayer aux corneilles ◆ **to gape at sb/sth** regarder qn/qch bouche bée
- N (= stare) regard m ébahi

**gaper** /ˈgeɪpəʳ/ N mye f

**gaping** /ˈgeɪpɪŋ/ SYN ADJ [hole, chasm, wound] béant ; [mouth, eyes] grand ouvert ; [onlooker, tourist] bouche bée inv

**gappy** /ˈgæpɪ/ ADJ [teeth] écartés ; [structure, hedge] avec des vides

**garage** /ˈgærɑːʒ/
- N ① garage m
② (also **garage music**) garage m
- VT garer, mettre au garage
- COMP [door, wall] de garage
- **garage band** N (Mus) groupe m de musique garage
- **garage mechanic** N mécanicien m
- **garage proprietor** N garagiste m
- **garage sale** N vente f d'objets usagés (chez un particulier), vide-grenier m → **CAR-BOOT SALE, GARAGE SALE**
- **garage space** N place f pour se garer ◆ **there is garage space for three cars** il y a de la place pour trois voitures

**garageman** /ˈgærɑːʒmən/ N (pl **-men**) mécanicien m

**garaging** /ˈgærɑːʒɪŋ/ N (NonC) place f pour se garer ◆ **there is garaging for three cars** il y a de la place pour trois voitures

**garb** /gɑːb/
- N (NonC: gen hum) costume m, atours mpl (liter) ◆ **in medieval garb** en costume médiéval
- VT (gen passive) vêtir (in de)

**garbage** /ˈgɑːbɪdʒ/ SYN
- N (NonC: esp US) ordures fpl, détritus mpl ; (= food waste) déchets mpl ; (fig) (= worthless objects) rebut m ; (= nonsense) foutaises ‡ fpl ; (Comput) (informations fpl) parasites mpl ◆ **garbage in, garbage out** (Comput) qualité d'entrée égale qualité de sortie, garbage in garbage out
- COMP **garbage can** N (US) boîte f à ordures, poubelle f
- **garbage chute** N (US) vide-ordures m inv
- **garbage collector** N (US) éboueur m
- **garbage disposal unit** N (US) broyeur m d'ordures
- **garbage man** N (pl **garbage men**) (US) ⇒ **garbage collector**
- **garbage shute** N (US) ⇒ **garbage chute**
- **garbage truck** N (US) camion m des éboueurs

**garble** /ˈgɑːbl/ SYN VT embrouiller

**garbled** /ˈgɑːbld/ ADJ [account, version, message] embrouillé ; [words, speech] confus

**Garda¹** /ˈgɑːdə/ N ◆ **Lake Garda** le lac de Garde

**Garda²** /ˈgɑːdə/ N (pl **Gardaí** /ˈgɑːdiː/) (Ir) agent m de police ◆ **the Garda** or **Gardaí** la police irlandaise

**garden** /ˈgɑːdn/
- N jardin m ◆ **the Garden of Eden** le Paradis terrestre, le jardin d'Éden ◆ **gardens** (public) parc m, jardin m public ; [of manor house etc] jardin m ◆ **herb garden** jardin m d'herbes aromatiques ◆ **vegetable garden** (jardin m) potager m ◆ **in the garden** dans le jardin, au jardin ◆ **everything in the garden's lovely** or **rosy** tout va pour le mieux ; → **back, flower, kitchen**
- VI jardiner, faire du jardinage ◆ **I like gardening** j'aime le jardin, j'aime jardiner
- COMP **garden apartment** N (US) ⇒ **garden flat**
- **garden centre** N jardinerie f
- **garden city** N (Brit) cité-jardin f
- **garden flat** N appartement m en rez-de-jardin
- **garden gnome** N nain m de jardin
- **garden hose** N tuyau m d'arrosage
- **garden of remembrance** N jardin m du souvenir (dans un cimetière)
- **garden party** N garden-party f, réception f en plein air
- **garden path** N (fig) ◆ **to lead sb up the garden path** * mener qn en bateau *
- **garden produce** N (NonC) produits mpl maraîchers
- **garden seat** N banc m de jardin
- **garden shears** NPL cisaille f de jardinier
- **garden snail** N escargot m
- **the Garden State** N (US) le New Jersey
- **garden suburb** N banlieue f résidentielle (aménagée par un paysagiste)
- **garden tools** NPL outils mpl de jardinage
- **garden-variety** ADJ (US) (= ordinary) simple, ordinaire ; (= standard) d'un modèle standard or ordinaire
- **garden wall** N mur m de jardin ◆ **he lives just over the garden wall from us** il habite juste à côté de chez nous
- **garden warbler** N fauvette f des jardins

**gardener** /ˈgɑːdnəʳ/ N jardinier m, -ière f ◆ **I'm no gardener** je ne connais rien au jardinage ◆ **he's a good gardener** il est très bon jardinier ; → **landscape**

**gardenia** /gɑːˈdiːnɪə/ N gardénia m

**gardening** /ˈgɑːdnɪŋ/
- N jardinage m ; see also **garden, landscape**
- COMP **gardening tools** NPL outils mpl de jardinage

**garfish** /ˈgɑːfɪʃ/ N (pl **garfish** or **garfishes**) orphie f

**garganey** /ˈgɑːgənɪ/ N sarcelle f d'été

**gargantuan** /gɑːˈgæntjʊən/ ADJ gargantuesque

**gargle** /ˈgɑːgl/
- VI se gargariser (with à), se faire un gargarisme (with avec)
- N gargarisme m

**gargoyle** /ˈgɑːgɔɪl/ N gargouille f

**garibaldi** /ˌgærɪˈbɔːldɪ/ N (also **garibaldi biscuit**) petit gâteau aux raisins

**garish** /ˈgɛərɪʃ/ SYN ADJ [colour] criard ; [clothes] aux couleurs criardes, tapageur ; [décor] criard, tapageur ; [light] cru

**garishly** /ˈgɛərɪʃlɪ/ ADV [decorated, painted, dressed] de couleurs criardes ◆ **garishly coloured** aux couleurs criardes ◆ **garishly lit** crûment éclairé

**garishness** /ˈgɛərɪʃnɪs/ N [of clothes, décor, building] aspect m criard or tapageur ; [of colours] crudité f, violence f

**garland** /ˈgɑːlənd/ SYN
- N guirlande f ◆ **a garland of flowers/holly** une guirlande de fleurs/de houx
- VT orner de guirlandes, enguirlander

**garlic** /ˈgɑːlɪk/
- N (NonC) ail m ; → **clove¹**
- COMP **garlic bread** N pain m à l'ail
- **garlic mayonnaise** N aïoli m
- **garlic mushrooms** NPL champignons mpl à l'ail
- **garlic press** N presse-ail m inv
- **garlic salt** N sel m d'ail
- **garlic sausage** N saucisson m à l'ail

**garlicky** /ˈgɑːlɪkɪ/ ADJ [flavour, smell] d'ail ; [sauce] à l'ail ; [food] aillé ; [breath] qui sent l'ail

**garment** /ˈgɑːmənt/ N vêtement m

**garner** /ˈgɑːnəʳ/ SYN
- VT (also **garner in, garner up**) [+ grain etc] rentrer, engranger ; (fig) [+ information, reviews] recueillir
- N (liter) (= granary) grenier m ; (= anthology) recueil m

**garnet** /ˈgɑːnɪt/
- N (= gem, colour) grenat m
- ADJ (also **garnet-coloured**) grenat inv
- COMP [ring] de grenat(s)

**garnierite** /ˈgɑːnɪəˌraɪt/ N garniérite f

**garnish** /ˈgɑːnɪʃ/ SYN
- VT orner, parer (with de) ; (Culin) décorer (with avec)
- N décoration f

**garnishee** /ˌgɑːnɪˈʃiː/ N (Jur) saisi m

**garnishing** /ˈgɑːnɪʃɪŋ/ N (Culin) décoration f

**garnishment** /ˈgɑːnɪʃmənt/ N (Jur) saisie-arrêt f

**garnishor** /ˈgɑːnɪʃəʳ/ N (Jur) saisissant m

**garotte** /gəˈrɒt/ VT, N ⇒ **garrotte**

**garpike** /ˈgɑːpaɪk/ N (American fish) lépidostée m, brochet-lance m ; (= needlefish) orphie f, aiguille f de mer

**garret** /ˈgærət/
- N (= room) mansarde f ; (= attic) grenier m
- COMP **garret window** N lucarne f

**garrison** /ˈgærɪsən/ SYN
- N garnison f
- VT [+ fort etc] placer une garnison dans ; [+ troops] mettre en garnison ; [regiment] être en garnison dans
- COMP **garrison life** N vie f de garnison
- **garrison town** N ville f de garnison
- **garrison troops** NPL troupes fpl de garnison

**garron** /ˈgærən/ N (= pony) petit poney

**garrotte** /gəˈrɒt/
- **VT** (= strangle) étrangler ; (Spanish Hist) faire périr par le garrot
- **N** (gen) cordelette f (pour étrangler) ; (Spanish Hist) garrot m

**garrulous** /ˈgærʊləs/ SYN ADJ [person] loquace, volubile ; (liter) [stream] babillard (liter)

**garrulously** /ˈgærʊləslɪ/ ADV [talk] avec volubilité

**garrulousness** /ˈgærʊləsnɪs/ N loquacité f, volubilité f

**garryowen** /ˌgærɪˈəʊɪn/ N (Rugby) chandelle f, up and under m

**garter** /ˈgɑːtəʳ/
- **N** (gen) jarretière f ; (for men's socks) fixe-chaussette m ; (US : from belt) jarretelle f ◆ **Order of the Garter** (Brit) Ordre m de la Jarretière ◆ **Knight of the Garter** (Brit) chevalier m de l'Ordre de la Jarretière
- COMP **garter belt** N (US) porte-jarretelles m inv
- **garter stitch** N (Knitting) point m mousse

**gas** /gæs/
- **N** (pl **gas(s)es**) ① (Chem, Culin, Phys, Med etc) gaz m inv ; (Min) méthane m, grisou m ; (Mil) gaz m (asphyxiant or vésicant etc) ; (= anaesthetic) (gaz m) anesthésique m ◆ **to cook by or with gas** faire la cuisine au gaz ◆ **to turn on/off the gas** allumer/fermer or éteindre le gaz ◆ **the dentist gave me gas** le dentiste m'a fait une anesthésie au gaz ◆ (combined) **gas and electric cooker** cuisinière f mixte ; → laughing, natural, supply¹
- ② (US : also **gasoline**) essence f ◆ **to step on the gas*** [driver] appuyer sur le champignon* ; (fig) se magner*, se presser ◆ **to take one's foot off the gas*** ralentir
- ③ (= chat) ◆ **to have a gas*** tailler une bavette* (about à propos de)
- ④ (*= fun) rigolade* f ◆ **it was a real gas!** quelle rigolade ! *, ce qu'on s'est marrés ! *
- **VT** (gen) asphyxier ; (Mil) gazer ◆ **to gas o.s.** (gen) s'asphyxier ; (= commit suicide) se suicider au gaz
- **VI** ① (Chem) dégager des gaz
- ② (*= talk, chat) papoter
- COMP [industry] du gaz, gazier ; [engine] à gaz
- **gas board** N compagnie f du gaz
- **gas bracket** N applique f à gaz
- **gas burner** N ⇒ **gas jet**
- **gas carrier** N (= ship) méthanier m
- **gas central heating** N ⇒ **gas-fired central heating**
- **gas chamber** N chambre f à gaz
- **gas chromatography** N (Phys) chromatographie f des gaz
- **gas cooker** N cuisinière f à gaz, gazinière f ; (portable) réchaud m à gaz
- **gas-cooled reactor** N réacteur m graphite-gaz
- **gas cylinder** N bonbonne f de gaz
- **gas explosion** N (gen) explosion f (causée par une fuite) de gaz ; (in coal mine) explosion f or coup m de grisou
- **gas fire** N appareil m de chauffage à gaz ◆ **to light the gas fire** allumer le gaz
- **gas-fired** ADJ chauffé au gaz
- **gas-fired central heating** N chauffage m central au gaz
- **gas fitter** N installateur m, -trice f d'appareils à gaz
- **gas fittings** NPL installation f de gaz
- **gas fixture** N ⇒ **gas bracket**
- **gas guzzler*** N (US = car) voiture f qui consomme énormément d'essence or qui suce* beaucoup
- **gas heater** N appareil m de chauffage à gaz ; (for heating water) chauffe-eau m inv (à gaz)
- **gas hog*** N (US) ⇒ **gas guzzler**
- **gas jet** N brûleur m à gaz
- **gas lamp** N lampe f à gaz
- **gas lighter** N (for cooker etc) allume-gaz m inv ; (for cigarettes) briquet m à gaz
- **gas lighting** N éclairage m au gaz
- **gas main** N canalisation f de gaz
- **gas mantle** N manchon m à incandescence
- **gas meter** N compteur m à gaz
- **gas mileage** N (US) consommation f d'essence
- **gas oil** N gasoil m
- **gas oven** N four m à gaz ◆ **he put his head in the gas oven** il s'est suicidé en se mettant la tête dans le four à gaz ◆ **she felt like putting her head in the gas oven** elle avait envie de se jeter par la fenêtre
- **gas pedal** N (US) (pédale f d')accélérateur m
- **gas-permeable** ADJ [lens] perméable à l'oxygène

**gas pipe** N tuyau m à gaz
**gas pipeline** N gazoduc m
**gas plant** N fraxinelle f
**gas pump** N (US) pompe f à essence
**gas range** N fourneau m à gaz
**gas ring** N (= part of cooker) brûleur m ; (= small stove) réchaud m à gaz
**gas station** N (US) station-service f
**gas stove** N (portable) réchaud m à gaz ; (larger) cuisinière f or fourneau m à gaz
**gas tank** N (US) réservoir m à essence
**gas tap** N (on pipe) robinet m à gaz ; (on cooker) bouton m de cuisinière à gaz
**gas thermometer** N thermomètre m à gaz
**gas turbine** N turbine f à gaz
**gas worker** N gazier m

▶ **gas up*** VI (US = get fuel) faire le plein (de carburant)

**gasbag** /ˈgæsbæg/ N (enveloppe f de) ballon m à gaz ; (*, pej) (= talkative person) moulin m à paroles* (pej) ; (= boastful person) baratineur* m, -euse* f

**Gascon** /ˈgæskən/
- ADJ gascon
- N Gascon(ne) m(f)

**Gascony** /ˈgæskənɪ/ N Gascogne f

**gaseous** /ˈgæsɪəs/ ADJ gazeux

**gash** /gæʃ/ SYN
- **N** (in flesh) entaille f, estafilade f ; (on face) balafre f ; (in cloth, leather) grande déchirure f
- **VT** [+ flesh] entailler, entamer ; [+ face] balafrer ; [+ cloth, leather] déchirer ◆ **she gashed her arm** elle s'est entaillé or s'est entamé le bras
- **ADJ** (Brit *= surplus) de trop, en surplus

**gasholder** /ˈgæsˌhəʊldəʳ/ N gazomètre m

**gasification** /ˌgæsɪfɪˈkeɪʃən/ N gazéification f

**gasify** /ˈgæsɪfaɪ/
- **VT** gazéifier
- **VI** se transformer en gaz, passer à l'état gazeux

**gasket** /ˈgæskɪt/ N ① [of piston] garniture f de piston ; [of joint] joint m d'étanchéité ; [of cylinder head] joint m de culasse ; → blow¹
- ② (Naut) (for sail) raban m de ferlage

**gaslight** /ˈgæslaɪt/ N lumière f du gaz ◆ **by gaslight** au gaz, à la lumière du gaz

**gaslit** /ˈgæslɪt/ N éclairé au gaz

**gasman*** /ˈgæsmæn/ N (pl **-men**) employé m du gaz, gazier m

**gasmask** /ˈgæsmæsk/ N masque m à gaz

**gasohol** /ˈgæsəʊhɒl/ N (US) carburol m

**gasoline** /ˈgæsəʊliːn/ (US)
- **N** essence f
- COMP **gasoline gauge** N jauge f d'essence
- **gasoline-powered** ADJ à essence

**gasometer** /gæˈsɒmɪtəʳ/ N (Brit) gazomètre m

**gasp** /gɑːsp/ SYN
- **N** halètement m ◆ **to give a gasp of surprise/fear** etc avoir le souffle coupé par la surprise/la peur etc ◆ **to be at one's last gasp** être au bout du rouleau ◆ **to the last gasp** jusqu'au dernier souffle ◆ **11,000 years ago, at the last gasp of the ice age** il y a 11 000 ans, juste à la fin de l'ère glaciaire
- **VI** (= choke) haleter, suffoquer ; (from astonishment) avoir le souffle coupé ◆ **to make sb gasp** (lit, fig) couper le souffle à qn ◆ **to gasp for breath** or **air** haleter, suffoquer ◆ **I'm gasping for a cup of tea/a cigarette** (= want desperately) je meurs d'envie de boire une tasse de thé/de fumer une cigarette ◆ **I was gasping!*** (= thirsty) je mourrais de soif
- **VT** (in quiet voice) souffler ◆ **"no!" she gasped** « non ! » souffla-t-elle ◆ **the young man gasped his thanks** (in strangled voice) le jeune homme remercia d'une voix entrecoupée ◆ **"you're beautiful," he gasped out** « vous êtes belle » dit-il d'une voix entrecoupée

**gasper*** /ˈgɑːspəʳ/ N (Brit) sèche* f, clope* f or m

**gassed*** /gæst/ ADJ (= drunk) bourré*

**gassiness** /ˈgæsɪnɪs/ N [of beer] (forte) teneur f en gaz ; (* pej) [of person] jactance f

**gassy** /ˈgæsɪ/ ADJ gazeux ; (* pej) [person] bavard, jacasseur

**gasteropod** /ˈgæstərəpɒd/ N gastéropode m

**gastralgia** /gæsˈtrældʒɪə/ N (Med) gastralgie f

**gastralgic** /gæsˈtrældʒɪk/ ADJ (Med) gastralgique

**gastrectomy** /gæsˈtrektəmɪ/ N gastrectomie f

**gastric** /ˈgæstrɪk/
- ADJ gastrique
- COMP **gastric flu** N grippe f gastro-intestinale
- **gastric juices** NPL sucs mpl gastriques
- **gastric ulcer** N ulcère m de l'estomac

**gastrin** /ˈgæstrɪn/ N gastrine f

**gastritis** /gæsˈtraɪtɪs/ N gastrite f

**gastroenteritis** /ˈgæstrəʊˌentəˈraɪtɪs/ N gastro-entérite f

**gastroenterologist** /ˈgæstrəʊˌentəˌrɒlədʒɪst/ N gastroentérologue mf

**gastroenterology** /ˈgæstrəʊˌentəˈrɒlədʒɪ/ N gastro-entérologie f

**gastrointestinal** /ˌgæstrəʊɪnˈtestɪnl/ ADJ [problems, disorders, system] gastro-intestinal

**gastronome** /ˈgæstrənəʊm/ N gastronome mf

**gastronomic** /ˌgæstrəˈnɒmɪk/ ADJ gastronomique

**gastronomically** /ˌgæstrəˈnɒmɪkəlɪ/ ADV du point de vue gastronomique, gastronomiquement

**gastronomist** /gæsˈtrɒnəmɪst/ N gastronome mf

**gastronomy** /gæsˈtrɒnəmɪ/ N gastronomie f

**gastropod** /ˈgæstrəpɒd/ N gastéropode m

**gastroscope** /ˈgæstrəskəʊp/ N gastroscope m

**gastroscopy** /gæsˈtrɒskəpɪ/ N gastroscopie f

**gastrotomy** /gæsˈtrɒtəmɪ/ N gastrotomie f

**gastrula** /ˈgæstrʊlə/ N (pl **gastrulas** or **gastrulae** /ˈgæstrʊˌliː/) gastrula f

**gastrulation** /ˌgæstrʊˈleɪʃən/ N gastrulation f

**gasworks** /ˈgæswɜːks/ N (pl inv) usine f à gaz

**gat¹** ††/gæt/ VB pt of **get**

**gat²** ††/gæt/ N (US) (= gun) flingue* m, pétard* m

**gate** /geɪt/ SYN
- **N** ① [of castle, town, airport] porte f ; [of field, level crossing] barrière f ; [of garden] porte f, portail m ; (large, metallic) grille f (d'entrée) ; (low) portillon m ; (tall, into courtyard etc) porte f cochère ; (in Metro) portillon m ; [of lock, sluice] vanne f, porte f (d'écluse) ; [of sports ground] entrée f ◆ **the factory/castle** etc **gate** (= entrance) l'entrée f de l'usine/du château etc ◆ **five-bar gate** ≈ barrière f ◆ **to give sb the gate*** (US) [+ employee] virer* qn ; [+ boyfriend etc] plaquer* qn ◆ **to get the gate*** (US) (= be dismissed) être viré*
- ② (Sport) (= attendance) spectateurs mpl ; (= money) entrées fpl ◆ **there was a gate of 5,000** il y avait 5 000 spectateurs ◆ **the match got a good gate** le match a fait beaucoup d'entrées
- ③ (Ski) porte f
- ④ (Comput) porte f
- **VT** (Brit * : Scol, Univ) consigner, coller*
- COMP **gated community** N (esp US) enclave f (résidentielle) protégée
- **gate-leg(ged) table** N table f anglaise, table f à abattants
- **gate money** N (Sport) recette f, (montant m des) entrées fpl

**...gate** /geɪt/ N (in compounds) ◆ **Dianagate** scandale m Diana ◆ **Irangate** Irangate m ; see also **Watergate**

**gâteau** /ˈgætəʊ/ N (pl **gâteaux** /ˈgætəʊz/) (Brit) grand gâteau m fourré

**gatecrash** /ˈgeɪtkræʃ/
- **VI** (without invitation) s'introduire sans invitation ; (without paying) resquiller*
- **VT** s'introduire (sans invitation) dans ◆ **to gatecrash a match** assister à un match sans payer

**gatecrasher** /ˈgeɪtkræʃəʳ/ N (without invitation) intrus(e) m(f) ; (without paying) resquilleur* m, -euse* f

**gatefold** /ˈgeɪtfəʊld/ N (US Publishing) dépliant m encarté

**gatehouse** /ˈgeɪthaʊs/ N [of castle] corps m de garde ; [of park etc] maison f du gardien

**gatekeeper** /ˈgeɪtˌkiːpəʳ/ N [of block of flats etc] portier m, -ière f ; [of factory etc] gardien(ne) m(f) ; [of level crossing] garde-barrière mf

**gatepost** /ˈgeɪtpəʊst/ N montant m (de porte) ◆ **between you, me and the gatepost*** soit dit entre nous

**gateway** /ˈgeɪtweɪ/ N entrée f ◆ **New York, the gateway to America** New York, porte de l'Amérique ◆ **it proved the gateway to success/fame/fortune** cela ouvrit toutes grandes les

**gather** /ˈɡæðəʳ/ SYN

**VT** ①(also **gather together**) [+ people] rassembler, réunir ; [+ objects] rassembler, ramasser ; [+ troops] amasser

② (= draw, attract) attirer ; (Typography) [+ pages] assembler ◆ **the programme gathered an audience of 20 million viewers** cette émission a été regardée par 20 millions de téléspectateurs ◆ **the accident gathered quite a crowd** l'accident a attiré pas mal de monde

③ (= collect) [+ flowers] cueillir ; [+ wood, sticks, mushrooms] ramasser ; [+ taxes] percevoir ; [+ information, data, evidence] réunir ◆ **to gather dirt** s'encrasser ◆ **to gather dust** (lit, fig) prendre la poussière ◆ **to gather momentum** (lit) prendre de la vitesse ; (fig) [political movement, pressure group] prendre de l'ampleur ◆ **to gather one's thoughts** se concentrer ◆ **to gather speed, to gather way** [ship] prendre de la vitesse ◆ **to gather strength** [person] reprendre des forces ; [feeling, movement] se renforcer ◆ **she is trying to gather support for her ideas/her candidacy** elle essaie d'obtenir des appuis pour ses idées/sa candidature ◆ **to gather volume** croître en volume

④ ◆ **she gathered him in her arms** elle l'a serré dans ses bras ◆ **he gathered her to him** il l'a serrée contre lui ◆ **he gathered his cloak around him** il a ramené son manteau contre lui ◆ **she gathered up her skirts** elle a ramassé ses jupes ◆ **her hair was gathered into a bun** ses cheveux étaient ramassés en chignon ◆ **he was gathered to his fathers** (liter :euph) il alla rejoindre ses ancêtres or aïeux

⑤ (Sewing) froncer ◆ **a gathered skirt** une jupe froncée

⑥ (= infer) déduire, conclure ◆ **I gather from this report (that)...** je conclus or je déduis de ce rapport (que)... ◆ **I gather from the papers that...** d'après ce que disent les journaux, je déduis or je crois comprendre que... ◆ **I gather from him that...** je comprends d'après ce qu'il me dit que... ◆ **what are we to gather from that?** que devons-nous en déduire ? ◆ **as far as I can gather, from what I could gather** à ce que je comprends ◆ **I gather she won't be coming** d'après ce que j'ai compris, elle ne viendra pas ◆ **as you will have gathered** comme vous avez dû le deviner ◆ **as will be gathered from my report** comme il ressort de mon rapport ◆ **so I gather** c'est ce que j'ai cru comprendre ◆ **I gathered that** j'avais compris

**VI** ①(= collect) [people] se rassembler, se réunir ; [troops] s'amasser ; [objects] s'accumuler ; [clouds] se former, s'amonceler ; [dust] s'accumuler, s'amasser ◆ **they gathered round him** ils se sont groupés or se sont rassemblés autour de lui ◆ **a crowd had gathered in front of the embassy** une foule s'était formée devant l'ambassade ◆ **a crowd of demonstrators had gathered** des manifestants s'étaient rassemblés

② (= increase) [in volume, intensity etc] croître, grandir ; (in size, content etc) grossir ; see also **gathering**

③ [abscess] mûrir ; [pus] se former ◆ **tears gathered in her eyes** ses yeux se remplirent de larmes

**N** (Sewing) fronce f

▶ **gather in** VT SEP [+ crops] rentrer, récolter ; [+ money, taxes] faire rentrer, percevoir ; [+ contributions] recueillir ; [+ papers, essays] ramasser ◆ **the dress is gathered in at the waist** la robe est froncée à la taille

▶ **gather round** VI faire cercle, s'approcher ◆ **gather round!** approchez-vous ! ◆ **gather round, children!** approchez-vous les enfants !

▶ **gather together**

**VI** s'amasser, se rassembler

**VT SEP** ⇒ gather vt 1 ◆ **to gather o.s. together** (= collect one's thoughts) se recueillir, se concentrer ; (for jump etc) se ramasser

▶ **gather up** VT SEP [+ papers, clothes, toys] ramasser ◆ **to gather up the threads of a discussion** rassembler les principaux arguments d'une discussion ◆ **to gather up one's courage** rassembler son courage ◆ **to gather up one's dignity** essayer de paraître digne ◆ **to gather up one's strength** rassembler ses forces ◆ **to gather o.s. up** (for jump etc) se ramasser ◆ **he gathered himself up to his full height** il s'est redressé de toute sa hauteur ; see also **gather vt 3**

**gatherer** /ˈɡæðərəʳ/ N cueilleur m, -euse f ; see also **hunter-gatherer**

**gathering** /ˈɡæðərɪŋ/ SYN

**N** ① (NonC = act) [of people] rassemblement m ; [of objects] accumulation f, amoncellement m ; [of fruits etc] cueillette f ; [of crops] récolte f ◆ **the gathering of information/evidence may take several weeks** réunir les informations/les preuves pourrait prendre plusieurs semaines

② (= group of people) assemblée f, réunion f ; (= act of meeting) rassemblement m ◆ **a family gathering** une réunion de famille ◆ **a gathering of 12 heads of state** une rencontre de 12 chefs d'État ◆ **gatherings of more than 20 people were forbidden** les rassemblements de plus de 20 personnes étaient interdits

③ (NonC: Sewing) fronces fpl, froncis m

**ADJ** [dusk, darkness, gloom] grandissant ; [crowd] en train de se former ◆ **the gathering clouds** les nuages qui s'amoncellent (or s'amoncelaient) ◆ **the gathering storm** l'orage qui se prépare (or se préparait) ◆ **with gathering speed** de plus en plus vite

**-gathering** /ˈɡæðərɪŋ/ N (in compounds) ◆ **information-** or **intelligence-gathering** collecte f de renseignements

**gator*** /ˈɡeɪtəʳ/ N (US) ⇒ **alligator**

**GATT** /ɡæt/ N (abbrev of **General Agreement on Tariffs and Trade**) GATT m

**gauche** /ɡəʊʃ/ SYN ADJ gauche, maladroit

**gauchely** /ˈɡəʊʃlɪ/ ADV maladroitement, gauchement

**gaucheness** /ˈɡəʊʃnɪs/ N gaucherie f, maladresse f

**gaucho** /ˈɡaʊtʃəʊ/ N gaucho m

**gaudily** /ˈɡɔːdɪlɪ/ ADV [decorated, painted, dressed] de couleurs voyantes ◆ **gaudily coloured** aux couleurs voyantes or crues ◆ **gaudily patterned** aux motifs voyants

**gaudiness** /ˈɡɔːdɪnɪs/ N couleurs fpl voyantes

**gaudy** /ˈɡɔːdɪ/ SYN

**ADJ** [clothes] aux couleurs voyantes ; [bird, fish] aux couleurs éclatantes ; [colour] voyant, cru ; [display etc] tapageur

**N** (Brit Univ) fête f annuelle (de collège)

**gauge** /ɡeɪdʒ/ SYN

**N** (= standard measure) calibre m ; [of railway] écartement m ; [of fabric] jauge f ; (= instrument) jauge f, indicateur m ◆ **oil gauge** indicateur m or jauge f du niveau d'huile ◆ **the survey was seen as a good gauge of employment trends** l'enquête a été considérée comme un bon indicateur des tendances de l'emploi ◆ **opinion polls are not an accurate gauge of popular feeling** les sondages ne permettent pas d'évaluer avec justesse le sentiment populaire

**VT** ① (= measure) [+ nut, temperature] mesurer ; [+ oil] jauger ; [+ wind] mesurer la vitesse de ; [+ screw, gun] calibrer ; [+ sb's abilities] évaluer ; [+ course of events] prévoir ◆ **to gauge a distance** (by looking) évaluer une distance à vue d'œil ◆ **"she's out," he said, gauging my reaction** « elle est sortie, » dit-il, essayant de deviner ma réaction ◆ **I tried to gauge whether she was pleased or not** j'ai essayé de deviner si elle était contente ou pas ◆ **we must try to gauge how strong public opinion is** nous devons essayer d'évaluer le poids de l'opinion publique ◆ **to gauge the right moment** calculer le bon moment ◆ **we will have to gauge what they want** il nous faudra essayer de savoir ce qu'ils veulent

② [+ tools] standardiser

**-gauge** /ɡeɪdʒ/ SUF (in compounds) ◆ **narrow-/standard-/broad-gauge railway** voie f étroite/à écartement normal/à grand écartement

**Gaul** /ɡɔːl/ N (= country) Gaule f ; (= person) Gaulois(e) m(f)

**gauleiter** /ˈɡaʊˌlaɪtəʳ/ N (Hist) gauleiter m ; (= overbearing official) petit chef m, chefaillon m

**Gaulish** /ˈɡɔːlɪʃ/ (Hist)

**ADJ** gaulois

**N** Gaulois(e) m(f)

**Gaullism** /ˈɡəʊlɪzəm/ N gaullisme m

**Gaullist** /ˈɡəʊlɪst/ ADJ, N gaulliste mf

**gaunt** /ɡɔːnt/ SYN ADJ ①(= thin and pale) [person, face, features] hâve ; [body, figure] émacié ◆ **he looks gaunt** il a les traits tirés

② (= grim) [building] austère ; [tree] squelettique

**gauntlet** /ˈɡɔːntlɪt/ N (= glove) gant m (à crispin) ; (= part of glove) crispin m ; [of armour] gantelet m ◆ **to throw down/take up the gauntlet** (Hist, also fig) jeter/relever le gant ◆ **to run the gauntlet** (Mil Hist) passer par les baguettes ; (on ship) courir la bouline ◆ **they ran the gauntlet of enemy submarines** ils risquaient d'être la cible de sous-marins ennemis ◆ **he had to run the gauntlet through the crowd** il a dû foncer à travers une foule hostile ◆ **he ran the gauntlet of public criticism** il essuya le feu des critiques du public

**gaur** /ɡaʊəʳ/ N gaur m

**gauss** /ɡaʊs/ N (pl inv) gauss m

**Gaussian** /ˈɡaʊsɪən/

**ADJ** gaussien

**COMP** **Gaussian distribution** N distribution f de Gauss

**gauze** /ɡɔːz/ N (all senses) gaze f

**gauzy** /ˈɡɔːzɪ/ ADJ vaporeux

**gave** /ɡeɪv/ VB pt of **give**

**gavel** /ˈɡævl/ N marteau m (de président de réunion, de commissaire-priseur)

**gavotte** /ɡəˈvɒt/ N gavotte f

**Gawd*** /ɡɔːd/ EXCL (Brit = God) mon Dieu !, bon Dieu ! *

**gawk** /ɡɔːk/

**N** godiche* f, grand dadais* m

**VI** rester bouche bée (at devant)

**gawker*** /ˈɡɔːkəʳ/ N badaud m

**gawkiness** /ˈɡɔːkɪnɪs/ N gaucherie f

**gawky** /ˈɡɔːkɪ/ SYN ADJ godiche*, empoté

**gawp*** /ɡɔːp/ VI (Brit) ⇒ **gape** vi

**gay** /ɡeɪ/ SYN

**ADJ** ①(= homosexual) [person, community, movement] homosexuel, gay inv ; [group, club, bar] gay inv ◆ **gay men and women** homosexuels mpl et lesbiennes fpl ◆ **gay rights** droits mpl des homosexuels ◆ **gay sex** rapports mpl homosexuels

② († = cheerful) [person, company, occasion] joyeux ; [music, party, appearance, colour] gai ; [laughter] enjoué, gai ; [costume] aux couleurs gaies ◆ **to become gay(er)** s'égayer ◆ **with gay abandon** avec une belle désinvolture ◆ **to lead a** or **the gay life** mener une vie de plaisirs, mener joyeuse vie ◆ **to have a gay time** prendre du bon temps

**N** homosexuel(le) m(f) ◆ **Gay Liberation (Movement), Gay Lib*** (mouvement m pour) la libération des homosexuels or la libération gay

**COMP** **gay-friendly** ADJ [place, environment] où les homosexuels sont très bien acceptés

**gayal** /ɡeˈjæl/ N (pl gayal or gayals) gayal m

**gayness** /ˈɡeɪnɪs/ N [of homosexual] homosexualité f

**Gaza strip** /ˈɡaːzəˈstrɪp/ N bande f de Gaza

**gaze** /ɡeɪz/ SYN

**N** regard m (fixe) ◆ **his gaze met mine** son regard a croisé le mien

**VI** regarder ◆ **to gaze into space** regarder dans or fixer le vide ◆ **to gaze at** or (liter) **upon sth** regarder or contempler qch ◆ **they gazed into each other's eyes** ils se regardaient les yeux dans les yeux ◆ **to gaze out of the window** regarder fixement par la fenêtre ◆ **to gaze at o.s. in the mirror** se regarder fixement dans le miroir

▶ **gaze about, gaze around** VI regarder autour de soi

**gazebo** /ɡəˈziːbəʊ/ N (pl gazebos or gazeboes) belvédère m (pavillon)

**gazelle** /ɡəˈzel/ N (pl gazelles or gazelle) gazelle f

**gazette** /ɡəˈzet/ SYN

**N** (= official publication) (journal m) officiel m ; (= newspaper) gazette f

**VT** publier à l'Officiel ◆ **to be gazetted** (Mil etc) avoir sa nomination publiée à l'Officiel

**gazetteer** /ˌɡæzɪˈtɪəʳ/ N index m (géographique)

**gazpacho** /ɡæzˈpætʃəʊ/ N gaspacho m

**gazump** /ɡəˈzʌmp/ VT (Brit) ◆ **he was gazumped** le vendeur est revenu sur sa promesse de vente en acceptant une meilleure offre

**gazumper** /ɡəˈzʌmpəʳ/ N (Brit) personne qui revient sur une promesse de vente immobilière pour accepter une offre plus élevée

**gazumping** /ɡəˈzʌmpɪŋ/ N (Brit) le fait de revenir sur une promesse de vente d'une maison pour accepter une offre plus élevée

**gazunder** /gə'zʌndər/ (Brit)

**VI** revenir sur une promesse d'achat immobilier pour tenter de faire baisser le prix

**VT** (Brit) ◆ **to be gazundered** être obligé de baisser son prix à la dernière minute

**N** (Brit) rupture d'une promesse d'achat immobilier pour tenter de faire baisser le prix

**gazunderer** /gə'zʌndərər/ **N** (Brit) acheteur qui revient sur une promesse d'achat immobilier pour tenter de faire baisser le prix

**GB** /dʒi:'bi:/ (abbrev of **Great Britain**) GB

**GBE** /dʒi:bi:'i:/ (abbrev of **(Knight** or **Dame) Grand Cross of the British Empire**) décoration

**GBH** /dʒi:bi:'eɪtʃ/ (Brit) (= crime) (abbrev of **grievous bodily harm**) → **grievous**

**GC** /dʒi:'si:/ **N** (Brit) (abbrev of **George Cross**) → **George**

**GCB** /dʒi:si:'bi:/ (abbrev of **(Knight) Grand Cross of the Bath**) décoration

**GCE** /dʒi:si:'i:/ **N** (Brit Educ) (abbrev of **General Certificate of Education**) (formerly) ◆ **GCE "O" level** ≈ brevet m ◆ **GCE "A" level** ≈ baccalauréat m

**GCH N** (abbrev of **gas(-fired) central heating**) → **gas**

**GCHQ** /ˌdʒi:si:eɪtʃ'kju:/ **N** (Brit) (abbrev of **Government Communications Headquarters**) service gouvernemental d'interception des communications

**GCMG** /ˌdʒi:si:em'dʒi:/ (abbrev of **(Knight** or **Dame) Grand Cross of the Order of St Michael and St George**) décoration

**GCSE** /ˌdʒi:si:es'i:/ **N** (Brit) (abbrev of **General Certificate of Secondary Education**) ≈ brevet m des collèges

○ **GCSE**
○
○ En Angleterre, au pays de Galles et en Irlande
○ du Nord, le **General Certificate of Secondary Education** ou **GCSE** est l'équivalent du
○ brevet des collèges français. À l'issue de cet
○ examen, qui se passe généralement à l'âge de
○ seize ans, l'élève peut soit quitter l'école, soit
○ préparer les « A levels », qui correspondent au
○ baccalauréat français. L'équivalent écossais
○ du **GCSE** porte le nom de « Standard
○ Grades ». → **A Levels**

**GCVO** /ˌdʒi:si:vi:'əʊ/ (abbrev of **(Knight** or **Dame) Grand Cross of the Royal Victorian Order**) décoration

**Gdansk** /gdænsk/ **N** Gdansk

**GDI** /dʒi:di:'aɪ/ **N** (abbrev of **gross domestic income**) → **gross**

**Gdns** abbrev of **Gardens**

**GDP** /dʒi:di:'pi:/ **N** (abbrev of **gross domestic product**) → **gross**

**GDR** /dʒi:di:'ɑ:r/ (abbrev of **German Democratic Republic**) → **German**

**gean** /gi:n/ **N** (= tree) merisier m, cerisier m des oiseaux

**gear** /gɪər/ **SYN**

**N** ⓵ (= mechanism) [of vehicle] embrayage m ; (= speed) vitesse f ◆ **a problem with the gears** (= mechanical fault) un problème d'embrayage ◆ **the car slipped** or **jumped out of gear** la vitesse a sauté ◆ **to accelerate** or **move (up) through the gears** accélérer en passant toutes les vitesses les unes après les autres ◆ **to move down through the gears** ralentir en rétrogradant ◆ **first** or **bottom** or **low gear** première f (vitesse) ◆ **second/third/fourth gear** deuxième f/troisième f/quatrième f (vitesse) ◆ **top gear** (Brit), **high gear** (US) (= fifth) cinquième f (vitesse) ◆ **in second gear** en seconde

◆ **in gear** [vehicle] en prise ◆ **the car was in gear** la voiture était en prise ◆ **she put the car into gear** elle a mis la voiture en prise ◆ **not in gear** au point mort

◆ **out of gear** ◆ **it's out of gear** ce n'est pas ou plus en prise

◆ **to change** or **shift + gear** ◆ **to change** or (US) **to shift gear** changer de vitesse ◆ **to change** or (US) **to shift into third gear** passer en troisième (vitesse) ◆ **to change** or (US) **to shift gears** (fig) se réadapter

◆ **to get + in(to) gear** ◆ **to get in(to) gear** * (fig) [person, process] démarrer ◆ **the electoral campaign is getting into gear** la campagne électorale démarre ◆ **he helped her get her life back in(to) gear after the divorce** il l'a aidée à commencer une vie nouvelle après le divorce ◆ **to get one's brain in(to) gear** * faire travailler ses méninges * ◆ **to get one's arse** ** (Brit) or **ass** ** (US) **in(to) gear** se remuer le cul **

◆ **to move (Brit)** ◆ **to be gazundered** (fig) ◆ **after the war life suddenly moved into top gear** après la guerre, la vie a soudain pris un rythme effréné ◆ **military production moved into high gear** la production militaire a atteint sa vitesse maximale ; → **engage, reverse**

⓶ (NonC) (= equipment) équipement m, matériel m ; (= harness) harnachement m ; (for camping, skiing, climbing, photography) matériel m, équipement m ; (for sewing, painting) matériel m ; (for gardening) matériel m, outils mpl ◆ **fishing** etc **gear** matériel m ou équipement m de pêche etc

⓷ (NonC: * = belongings) affaires fpl ◆ **he leaves his gear all over the house** il laisse traîner ses affaires dans toute la maison

⓸ (NonC: Brit = clothing) vêtements mpl ◆ **I used to wear trendy gear** avant je portais des vêtements branchés ◆ **he's going to wear a top hat and all the gear** il va porter un haut-de-forme et toute la panoplie ◆ **he had his tennis gear on** il était en tenue de tennis ◆ **put on your tennis gear** mets tes affaires de tennis

⓹ (NonC = apparatus) mécanisme m, dispositif m ◆ **safety gear** mécanisme m ou dispositif m de sécurité ; → **landing**[1], **steering**

⓺ (Tech) engrenage m ◆ **mechanical components such as gears and bearings** les composants mécaniques tels que les engrenages et les paliers

⓻ * (= drugs) came* f ; (= heroin) héro* f

**ADJ** (US * = great) super *

**VT** ⓵ adapter ◆ **they geared their output to seasonal demands** ils ont adapté leur production à la demande saisonnière ◆ **classrooms geared to the needs of disabled students** des salles de classe adaptées aux besoins des étudiants handicapés ◆ **the factory was not geared to cope with an increase of production** l'usine n'était pas à même de faire face à une augmentation de la production ◆ **geared to the cost of living** indexé ◆ **we both gear our lives to the children** nous aménageons tous les deux notre vie en fonction des enfants ◆ **movies geared primarily to a US audience** des films s'adressant essentiellement à un public américain ◆ **training is geared to make staff more efficient** la formation est conçue pour rendre le personnel plus compétent

⓶ [+ wheel] engrener

**VI** s'engrener

**COMP** **gear change N** (Brit) changement m de vitesse

**gear lever N** (Brit) levier m de (changement de) vitesse

**gear ratio N** [of cycle] braquet m

**gear stick N** ⇒ **gear lever**

**gear train N** (Tech) train m d'engrenage

▸ **gear down VI** (Tech) démultiplier

▸ **gear up**

**VI** ⓵ (Tech) produire une multiplication

⓶ (= get ready) ◆ **they are gearing up for a general election** ils se préparent pour des législatives ◆ **Japan is gearing up to produce 2 million cars a year** le Japon se prépare à produire 2 millions de voitures par an

⓷ (Brit Fin) [company] s'endetter, augmenter le taux d'endettement

**VT SEP** (* = make ready) ◆ **he is gearing himself up for the presidential elections** il se prépare pour les élections présidentielles ◆ **satellites that are geared up to look for missiles** des satellites équipés pour la détection des missiles ◆ **the club is geared up for success** le club est fin prêt et compte bien gagner ◆ **they were all geared up for the new sales campaign** ils étaient parés or fin prêts pour la nouvelle campagne de ventes

**gearbox** /'gɪəbɒks/ **N** boîte f de vitesses

**gearing** /'gɪərɪŋ/ **N** (Tech) embrayage m ; (Brit Fin) taux m d'endettement

**gearshift** /'gɪəʃɪft/ **N** (US) ⇒ **gear change, gear lever**

**gearwheel** /'gɪəwi:l/ **N** [of bicycle] pignon m

**gecko** /'gekəʊ/ **N** (pl **geckos** or **geckoes**) gecko m

**GED** /ˌdʒi:i:'di:/ **N** (US) (abbrev of **general equivalency diploma**) diplôme d'études secondaires obtenu en candidat libre

**geddit** * /'gedɪt/ **EXCL** ◆ **geddit?** tu piges ?*

**gee¹** * /dʒi:/

**EXCL** (esp US) eh bien ! ◆ **gee whiz!** mince alors ! *

**COMP** **gee-whiz ADJ** (US) [product, gadget] tape-à-l'œil inv

**gee²** /dʒi:/

**VT** ◆ **to gee sb up**  * motiver qn ◆ **gee up!** (to horse) hue !

**COMP** **gee-gee N** (baby talk) dada m

**geek** * /gi:k/ **N** (esp US) débile * mf

**geeky** * /'gi:kɪ/ **ADJ** (esp US) débile *

**geese** /gi:s/ **NPL** of **goose**

**geezer** †* /'gi:zər/ **N** (esp Brit) bonhomme * m, gus * m ◆ **(silly) old geezer** vieux schnock * m

**gefilte** /gə'fɪltə/ **ADJ** (US) ◆ **gefilte fish** ≈ boulettes fpl de poisson

**Gehenna** /gɪ'henə/ **N** (Bible, fig) géhenne f

**Geiger counter** /'gaɪgəˌkaʊntər/ **N** compteur m Geiger

**geisha** /'geɪʃə/ **N** (pl **geisha** or **geishas**) geisha f

**Geissler tube** /'gaɪslər/ **N** (Elec) tube m de Geissler

**gel¹** /dʒel/

**N** (= substance) (gen) gel m ; (Pharm) gel m, colloïde m

**VI** ⓵ [jelly] prendre ◆ **gelling agent** (agent m) gélifiant m

⓶ [plan] prendre tournure ; [people] (into team, group) s'intégrer (with à) ; [partnership, team] se souder

**gel²** /gel/ **N** († or hum) ⇒ **girl**

**gelatin(e)** /'dʒelətɪn/ **N** gélatine f

**gelatinization** /dʒɪˌlætɪnaɪ'zeɪʃən/ **N** gélatinisation f

**gelatinize** /dʒɪ'lætɪnaɪz/

**VI** se gélatiniser

**VT** (gen) gélatiniser ; (Phot) gélatiner

**gelatinoid** /dʒɪ'lætɪnɔɪd/ **ADJ** gélatiniforme

**gelatinous** /dʒɪ'lætɪnəs/ **SYN ADJ** gélatineux

**gelatinousness** /dʒɪ'lætɪnəsnɪs/ **N** consistance f gélatineuse

**geld** /geld/ **VT** [+ horse] hongrer ; [+ pig etc] châtrer

**gelding** /'geldɪŋ/ **N** ⓵ (= horse) (cheval m) hongre m

⓶ (NonC) castration f

**gelid** /'dʒelɪd/ **SYN ADJ** glacé, gelé

**gelignite** /'dʒelɪgnaɪt/ **N** plastic m

**gelt** * /gelt/ **N** (US) fric * m

**gem** /dʒem/ **SYN**

**N** ⓵ (lit) gemme f, pierre f précieuse

⓶ (fig = work of art) (vrai) bijou m, merveille f ◆ **this painting is a real gem** ce tableau est une merveille ◆ **the cathedral is a gem of Gothic architecture** la cathédrale est un joyau de l'architecture gothique ◆ **a perfect gem of a hotel** un hôtel absolument charmant ◆ **Duval is a gem of a writer** Duval est un écrivain remarquable ◆ **I must read you this little gem from the newspaper** il faut que je te lise cette perle dans le journal ◆ **thanks, Pat, you're a gem** merci, Pat, tu es un amour or un ange ◆ **Naomi's a gem of a girl!** Naomi est un amour !

**COMP** **the Gem State N** (US) l'Idaho m

**Gemara** /ge'mɑ:rə/ **N** (Rel) Gemara f

**Gemini** /'dʒemɪnaɪ/ **NPL** (Astron) Gémeaux mpl ◆ **I'm (a) Gemini** (Astrol) je suis (des) Gémeaux

**Geminian** /ˌdʒemɪ'naɪən/

**N** ◆ **to be a Geminian** être (des) Gémeaux

**ADJ** [person] du signe des Gémeaux ; [tendency, characteristic] propre aux Gémeaux

**gemologist** /dʒem'ɒlədʒɪst/ **N** (Geol) gemmologiste mf, gemmologue mf

**gem(m)ology** /dʒe'mɒlədʒɪ/ **N** gemmologie f

**gemstone** /'dʒemstəʊn/ **N** gemme f

**gen** * /dʒen/ (Brit) ◆ **to give sb the gen on sth** donner à qn tous les tuyaux * sur qch ◆ **what's the gen on this?** qu'est-ce qu'on sait là-dessus ? ◆ **I want all the gen on him** je veux tout savoir sur lui ◆ **have you got the gen on the new house?** avez-vous une documentation sur la nouvelle maison ?

▸ **gen up** *

**VI** ◆ **to gen up on sth** se rancarder sur qch *

**VT SEP** ◆ **to be genned up on** être tout à fait au courant de, être bien renseigné sur

**Gen.** (Mil) (abbrev of **general**) ◆ **Gen. J. Smith** (on envelope) le général Smith

**gen.** abbrev of **general** and **generally**

**gendarme** /'ʒɒndɑːm/ N *(Climbing)* gendarme *m*

**gender** /'dʒendə'/
- N ① *(Gram)* genre *m* ◆ **common gender*** genre *m* commun ◆ **to agree in gender** *(Gram)* s'accorder en genre
- ② *(= sex)* sexe *m* ◆ **discrimination on grounds of gender** discrimination *f* sexuelle
- COMP **gender bender*** N *personne qui s'habille de façon androgyne*
- **gender bias** N parti pris *m* contre les femmes *(or* les hommes*)*
- **the gender gap** N le décalage entre hommes et femmes
- **gender politics** NPL politique *f* des sexes
- **gender reassignment** N changement *m* de sexe
- **gender selection** N *[of baby]* sélection *f* du sexe
- **gender studies** N *étude sociologique de la différence sexuelle*

**gendered** /'dʒendəd/ ADJ *(frm)* sexué

**gene** /dʒiːn/
- N gène *m*
- COMP **gene bank** N *(Bot)* banque *f* de gènes
- **gene mapping** N *(Bio)* cartographie *f* génétique or génique
- **gene pool** N bagage *m* or patrimoine *m* héréditaire (de l'espèce)
- **gene therapy** N thérapie *f* génétique

**genealogical** /ˌdʒiːnɪə'lɒdʒɪkəl/ ADJ généalogique

**genealogist** /ˌdʒiːnɪ'ælədʒɪst/ N généalogiste *mf*

**genealogy** /ˌdʒiːnɪ'ælədʒɪ/ SYN N généalogie *f*

**genecology** /ˌdʒenɪ'kɒlədʒɪ/ N *(Bio)* génécologie *f*

**genera** /'dʒenərə/ NPL of **genus**

**general** /'dʒenərəl/ SYN
- ADJ ① *[approval, attitude, interest, decline]* général ◆ **as a general rule** en règle générale ◆ **the general deterioration of English society** la dégradation générale de la société anglaise ◆ **this type of behaviour is fairly general** ce genre de comportement est assez répandu ◆ **there was general agreement** il y avait un consensus ◆ **there was a general agreement that self-regulation was working well** de l'avis général, l'autorégulation fonctionnait bien ◆ **our aim is to raise general awareness of the problems** notre but est de sensibiliser les gens *or* le grand public aux problèmes ◆ **the book was a general favourite** tout le monde aimait ce livre ◆ **in general use** d'usage courant ◆ **a general sense of well-being** un sentiment diffus de bien-être ◆ **to give sb a general idea of a subject** donner à qn un aperçu d'un sujet ◆ **to give sb a general outline of a subject** exposer à qn les grandes lignes de qch
- ◆ **in general** en général ◆ **we need to improve the education system in general** il nous faut améliorer le système éducatif en général ◆ **in general, the changes were beneficial** dans l'ensemble, les changements ont été bénéfiques
- ◆ **for general use** ◆ **the vaccine could be ready for general use by next year** le vaccin pourrait être mis à la disposition du public d'ici l'année prochaine ◆ **the best printer for general use** la meilleure imprimante multifonctions
- ② *(= overall)* général ◆ **general maintenance** maintenance *f* générale ◆ **general costs** frais *mpl* généraux
- ③ *(= unspecific)* *[answer, discussion, enquiry]* d'ordre général ◆ **in general terms** d'une manière générale
- ④ *(= rough, approximate)* ◆ **in the general direction of the village** dans la direction approximative du village
- ◆ **the general idea** ◆ **the general idea is to turn the place into a theme park** en gros, il s'agit de faire de cet endroit un parc à thème ◆ **I've got the general idea** je vois en gros de quoi il s'agit ◆ **I get the general idea*** je vois
- ⑤ *(= non-specialist)* *[labourer]* non spécialisé ◆ **the general reader** le lecteur moyen ; → **secretary**
- ⑥ *(after official title)* général, en chef
- N *(Mil)* général *m* ◆ **general (of the Air Force)** *(US)* général *m* de l'armée de l'air ; → **brigadier**
- COMP **general anaesthetic** N *(Med)* anesthésique *m* général
- **the General Assembly** N l'assemblée *f* générale
- **general audit** N *(Fin, Comm)* vérification *f* (des comptes) annuelle
- **general average (loss)** N *(Insurance)* perte *f* d'avaries communes
- **General Certificate of Education** N *(Brit Educ)* examen passé à 18 ans, ≈ baccalauréat *m* ; → **GCE**
- **General Certificate of Secondary Education** N *(Brit Educ)* examen passé à 16 ans, ≈ brevet *m* des collèges → **GCSE**
- **general confession** N *(Rel)* *(Church of England)* confession *f* collective (lors de la prière en commun) ; *(Roman Catholic Church)* confession *f* générale
- **general costs** NPL frais *mpl* généraux
- **general dealer** N *(US)* ⇒ **general shop**
- **general degree** N *(Univ)* licence non spécialisée
- **general delivery** N *(US, Can Post)* poste *f* restante
- **general election** N élections *fpl* législatives
- **general expenses** NPL dépenses *fpl* générales
- **general factotum** N *(Brit)* *(lit)* factotum *m* ; *(fig)* bonne *f* à tout faire
- **general headquarters** NPL *(Mil)* quartier *m* général
- **general holiday** N jour *m* férié
- **general hospital** N centre *m* hospitalier
- **general insurance** N assurances *fpl* IARD (incendies, accidents, risques divers)
- **general knowledge** N connaissances *fpl* générales, culture *f* générale
- **general linguistics** N *(NonC)* linguistique *f* générale
- **General Manager** N directeur *m* général
- **general medicine** N médecine *f* générale
- **general meeting** N assemblée *f* générale ; → **annual**
- **General Officer Commanding** N *(Mil)* général *m* commandant en chef
- **general partnership** N *(Jur, Fin)* société *f* en nom collectif
- **General Post Office** N *(Brit Govt: formerly)* Postes *fpl* et Télécommunications *fpl* ; *(= building)* poste *f* centrale
- **general practice** N *(Brit Med)* *(= work)* médecine *f* générale ; *(= place)* cabinet *m* de médecine générale ◆ **to be in general practice** faire de la médecine générale
- **general practitioner** N *(Med)* (médecin *m*) généraliste *m*
- **the general public** N le grand public
- **general-purpose** ADJ *[tool, substance]* universel, multi-usages ; *[dictionary]* général
- **general science** N *(Scol)* physique, chimie et biologie ◆ **general science teacher** professeur *m* de physique, chimie et biologie
- **General Secretary** N secrétaire *m* général
- **general servant** N domestique *mf* (non spécialisé*)*
- **general shop** N épicerie *f* générale
- **general staff** N *(Mil)* état-major *m*
- **general store** N *(US)* épicerie *f* générale
- **general strike** N grève *f* générale
- **General Studies** NPL *(Brit Scol)* cours de culture générale pour élèves spécialisés

**generalissimo** /ˌdʒenərə'lɪsɪməʊ/ N généralissime *m*

**generalist** /'dʒenərəlɪst/
- N généraliste *mf*
- ADJ généraliste

**generality** /ˌdʒenə'rælɪtɪ/ SYN N ① *(gen pl)* généralité *f*, considération *f* générale ◆ **we talked only of generalities** nous n'avons parlé que de généralités *or* qu'en termes généraux ◆ **to talk in generalities** parler des généralités
- ② ◆ **the generality of** *(= most of)* la plupart de
- ③ *(NonC)* caractère *m* général ◆ **a rule of great generality** une règle très générale

**generalization** /ˌdʒenərəlaɪ'zeɪʃən/ N généralisation *f*

**generalize** /'dʒenərəlaɪz/ VTI *(gen, Med)* généraliser

**generally** /'dʒenərəlɪ/ SYN ADV ① *(= on the whole)* *[accurate]* en général, généralement ; *[true]* en règle générale ◆ **generally, the course is okay** dans l'ensemble, le cours est bien
- ② *(= usually)* d'une manière générale, d'habitude ◆ **I generally get the bus to work** d'habitude je vais au travail en bus
- ③ *(= widely)* *[available]* partout ; *[accepted]* généralement, communément
- ④ *(= in general terms)* ◆ **to talk generally about sth** dire des généralités sur qch ◆ **generally speaking** en règle générale

**generalship** /'dʒenərəlʃɪp/ N *(Mil)* tactique *f*

**generate** /'dʒenəreɪt/ SYN
- VT *[+ electricity, heat]* produire ; *[+ income, wealth]* générer ; *[+ interest]* susciter ; *[+ publicity]* faire ; *[+ work, jobs]* créer ◆ **to generate excitement** susciter l'enthousiasme
- COMP **generating set** N groupe *m* électrogène
- **generating station** N centrale *f* électrique
- **generating unit** N groupe *m* électrogène

**generation** /ˌdʒenə'reɪʃən/ SYN
- N ① génération *f* ◆ **the younger generation** la jeune génération ◆ **the postwar generation** la génération d'après-guerre ◆ **the leading artist of his generation** l'artiste le plus en vue de sa génération ◆ **within a generation** en l'espace d'une génération ◆ **a new generation of computers** une nouvelle génération d'ordinateurs ◆ **first-/second-generation** *(Comput etc)* de la première/de la seconde génération ◆ **he is a first-/second-generation American** c'est un Américain de première/seconde génération ; → **rising**
- ② *(NonC)* *(= generating)* *[of electricity, heat]* production *f* ; *[of hatred etc]* engendrement *m* ; *(Ling)* génération *f*
- COMP **the generation gap** N le conflit des générations

**generational** /ˌdʒenə'reɪʃənl/ ADJ *(= within one generation)* de sa *(or* leur *etc)* génération ; *(= between generations)* des générations

**generative** /'dʒenərətɪv/
- ADJ *(Ling)* génératif
- COMP **generative grammar** N grammaire *f* générative

**generator** /'dʒenəreɪtə'/ N *(Elec)* groupe *m* électrogène ; *(in power station)* génératrice *f* ; *(for steam)* générateur *m* ; *(for gas)* gazogène *m*

**generatrix** /'dʒenə,reɪtrɪks/ N *(pl* **generatrices** /'dʒenə"reɪtri"siːz/*)* *(Math)* génératrice *f*

**generic** /dʒɪ'nerɪk/ SYN
- ADJ *(gen, Ling, Med)* générique ◆ **generic advertising** N *(Comm)* publicité *f* générique
- N *(Med = drug)* (médicament *m*) générique *m*

**generically** /dʒɪ'nerɪkəlɪ/ ADV génériquement

**generosity** /ˌdʒenə'rɒsɪtɪ/ SYN N *(NonC)* générosité *f*

**generous** /'dʒenərəs/ SYN ADJ *[person, amount, gift, offer]* généreux ; *[supply]* ample ◆ **to be in a generous mood** être d'humeur généreuse ◆ **to be generous in one's praise of sth** ne pas tarir d'éloges pour qch ◆ **that's very generous of you** c'est très généreux de ta part ◆ **to be generous with one's time** ne pas être avare de son temps

**generously** /'dʒenərəslɪ/ ADV *[give, reward, offer, pardon, season]* généreusement ; *[say]* avec générosité ◆ **generously cut** *[garment]* ample

**genesis** /'dʒenɪsɪs/ SYN N *(pl* **geneses** /'dʒenɪsiːz/*)* genèse *f*, origine *f* ◆ **Genesis** *(Bible)* la Genèse

**genet** /'dʒenɪt/ N *(= animal)* genette *f*

**genetic** /dʒɪ'netɪk/
- ADJ *(Bio)* *(= of the genes)* génétique, génique ; *(= hereditary)* génétique ; *(Philos)* génétique
- COMP **genetic code** N *(Bio)* code *m* génétique
- **genetic counselling** N conseil *m* génétique
- **genetic engineering** N génie *m* génétique, manipulations *fpl* génétiques
- **genetic fingerprint** N empreinte *f* génétique
- **genetic fingerprinting** N système *m* d'empreinte génétique
- **genetic map** N carte *f* génétique
- **genetic pollution** N pollution *f* génétique
- **genetic screening** N test *m* de dépistage génétique

**genetically** /dʒɪ'netɪkəlɪ/ ADV *(gen)* *[determined, programmed]* génétiquement ◆ **genetically engineered** génétiquement manipulé ◆ **genetically modified** génétiquement modifié

**geneticist** /dʒɪ'netɪsɪst/ N généticien(ne) *m(f)*

**genetics** /dʒɪ'netɪks/ N *(NonC)* génétique *f*

**genette** /dʒɪ'net/ N ⇒ **genet**

**Geneva** /dʒɪ'niːvə/
- N Genève ◆ **Lake Geneva** le lac Léman *or* de Genève
- COMP **Geneva Convention** N convention *f* de Genève
- **Geneva protocol** N protocole *m* de Genève

**Genevan** /dʒɪ'niːvən/ *(Geog)*
- ADJ genevois
- N Genevois(e) *m(f)*

**Genghis Khan** /'dʒeŋɡɪskɑːn/ N Gengis Khan *m*

**genial** /'dʒiːnɪəl/ SYN ADJ *[person, atmosphere]* cordial ; *[face]* avenant ; *[smile, look, tone]* engageant ; *[climate]* doux (douce *f)*, clément ; *[warmth]* réconfortant ◆ **a genial host** un hôte sympathique

**geniality** /ˌdʒiːnɪˈælɪtɪ/ SYN N [of person, smile] cordialité f ; [of climate] douceur f, clémence f

**genially** /ˈdʒiːnɪəlɪ/ ADV cordialement

**genic** /ˈdʒenɪk/ ADJ (Bio) génique

**genie** /ˈdʒiːnɪ/ N (pl **genii**) génie m, djinn m ◆ **the genie is out of the bottle** (fig) le mal est fait ◆ **to let the genie out of the bottle** commettre l'irréparable ◆ **to put the genie back in the bottle** chercher à réparer l'irréparable

**genii** /ˈdʒiːnɪaɪ/ NPL of **genie, genius 4**

**genista** /dʒɪˈnɪstə/ N (= plant) genêt m

**genital** /ˈdʒenɪtl/
 ADJ génital
 NPL **genitals** organes mpl génitaux
 COMP **genital herpes** N herpès m génital **genital warts** NPL vésicules fpl génitales

**genitalia** /ˌdʒenɪˈteɪlɪə/ NPL organes mpl génitaux

**genitive** /ˈdʒenɪtɪv/ (Gram)
 ADJ [case] génitif ◆ **genitive ending** flexion f du génitif
 N génitif m ◆ **in the genitive** au génitif

**genitourinary** /ˌdʒenɪtəʊˈjʊərɪnərɪ/ ADJ génito-urinaire, urogénital

**genius** /ˈdʒiːnɪəs/ SYN N [1] (NonC) (= cleverness) génie m ; (= ability, aptitude) génie m (for de), don m extraordinaire (for pour) ◆ **man of genius** (homme m de) génie m ◆ **his genius lay in his ability to assess...** il était supérieurement doué pour juger... ◆ **her real genius as a designer** son véritable génie en design ◆ **he has a genius for publicity** il a le génie de la publicité ◆ **to have genius** avoir du génie ◆ **to have a genius for doing sth** avoir le don pour faire qch ◆ **she has a genius for controversy** elle a le don de la polémique ◆ **he's got a genius for saying the wrong thing** il a le don de or un don pour dire ce qu'il ne faut pas ◆ **a flash** or **stroke of genius** un trait de génie
 [2] (pl **geniuses**) génie m ◆ **he's a genius** c'est un génie, il est génial
 [3] (NonC = distinctive character) [of period, country etc] génie m (particulier)
 [4] (pl **genii**) (= spirit) génie m ◆ **evil genius** mauvais génie m

**Genoa** /ˈdʒenəʊə/ N Gênes

**genocidal** /ˌdʒenəʊˈsaɪdl/ ADJ génocide

**genocide** /ˈdʒenəʊsaɪd/ N génocide m

**Genoese** /ˌdʒenəʊˈiːz/
 ADJ génois
 N (pl inv) Génois(e) m(f)

**genome** /ˈdʒiːnəʊm/ N (Bio) génome m

**genotoxic** /ˌdʒenəʊˈtɒksɪk/ ADJ génotoxique

**genotoxin** /ˌdʒenəʊˈtɒksɪn/ N génotoxine f

**genotype** /ˈdʒenəʊtaɪp/ N génotype m

**genotypic** /ˌdʒenəʊˈtɪpɪk/ ADJ génotypique

**genre** /ˈʒɑːŋrə/ N genre m ; (also **genre painting**) tableau m de genre

**gent** /dʒent/ N abbrev of **gentleman** [1] (Comm) ◆ **gents' outfitters** magasin m d'habillement or de confection pour hommes ◆ **gents' shoes** etc (Comm) chaussures fpl etc (pour) hommes ◆ **the gents** (Brit) les toilettes fpl (pour hommes) ◆ **"gents"** (Brit:sign) « messieurs »
 [2] * monsieur m, type* m ◆ **he's a (real) gent** c'est un monsieur (tout ce qu'il y a de) bien

**genteel** /dʒenˈtiːl/ SYN ADJ [1] (= refined) [person, behaviour, manners] distingué ◆ [upbringing, resort, district] comme il faut ; [atmosphere] raffiné ; [institution] respectable ◆ **to live in genteel poverty** vivre dignement dans la pauvreté
 [2] (= affected) affecté ◆ **she has a very genteel way of holding her glass** elle a une façon très affectée de tenir son verre ; → **shabby**

**genteelly** /dʒenˈtiːlɪ/ ADV [1] (= with refinement) [sit, eat, drink] de façon distinguée
 [2] (= affectedly) [behave] d'une manière affectée ◆ **she coughed genteelly behind her hand** elle toussa d'une manière affectée derrière sa main

**gentian** /ˈdʒenʃɪən/ N gentiane f ◆ **gentian blue** bleu m gentiane ◆ **gentian violet** bleu m de méthylène

**Gentile** /ˈdʒentaɪl/
 N Gentil(e) m(f)
 ADJ des Gentils

**gentility** /dʒenˈtɪlɪtɪ/ SYN N (iro) prétention f à la distinction or au bon ton ; († = good birth) bonne famille f, bonne naissance f

**gentle** /ˈdʒentl/ SYN
 ADJ [1] (= kind, mild) [person, animal, voice, smile] doux (douce f) ◆ **to be gentle with sb** être doux avec qn ◆ **be gentle with me** vas-y doucement ◆ **to have a gentle disposition** être doux de nature ◆ **her gentle manner** sa douceur ◆ **(as) gentle as a lamb** doux comme un agneau ◆ **gentle reader** († or hum) aimable lecteur m
 [2] (= not violent or strong) [movement, touch, sound, breeze] léger ; [transition] sans heurts ; [exercise] modéré ; [slope, curve, colour] doux (douce f) ; [landscape] vallonné d'une grande douceur ◆ **a gentle heat** faire cuire à feu doux ◆ **to apply gentle pressure** presser légèrement ◆ **the car came to a gentle stop** la voiture s'est arrêtée doucement ◆ **a gentle stroll** une petite promenade tranquille
 [3] (= not harsh) [detergent, cleaning product, beauty product] doux (douce f) ◆ **it is gentle on the skin** ça n'irrite pas la peau
 [4] (= discreet) [hint, rebuke, reminder] discret (-ète f) ◆ **to poke gentle fun at sb** se moquer gentiment de qn ◆ **to use a little gentle persuasion** utiliser la manière douce ◆ **a little gentle persuasion will get him to help** si nous le persuadons en douceur il nous aidera
 [5] († = wellborn: also **of gentle birth**) bien né (liter) ◆ **gentle knight** †† noble chevalier m
 COMP **the gentle** or **gentler sex** † N (liter) le beau sexe †

(!) **gentil** in French does not mean **gentle**, but 'nice'.

**gentlefolk** /ˈdʒentlfəʊk/ NPL gens mpl de bonne famille

**gentleman** /ˈdʒentlmən/ (pl **-men**)
 N [1] (= man) monsieur m ◆ **there's a gentleman to see you** il y a un monsieur qui voudrait vous voir ◆ **the gentleman from...** (US Pol) Monsieur le député de... ◆ **"gentlemen"** (sign) « messieurs »
 [2] (= man of breeding) homme m bien élevé, gentleman m ◆ **he is a perfect gentleman** c'est un vrai gentleman ◆ **a gentleman never uses such language** un monsieur bien élevé ne se sert jamais de mots pareils ◆ **one of nature's gentlemen** un gentleman né ◆ **to behave like a gentleman** se comporter en gentleman ◆ **be a gentleman and take Emily home** sois galant or comporte-toi en gentleman et ramène Emily chez elle ◆ **he's no gentleman !** ce n'est pas un gentleman ! ◆ **gentleman's gentleman** (hum) valet m de chambre
 [3] (= man of substance) rentier m ◆ **to lead the life of a gentleman** vivre de ses rentes
 [4] (at court etc) gentilhomme m
 COMP **gentleman-at-arms** N (pl **gentlemen-at-arms**) gentilhomme m de la garde **gentleman-farmer** N (pl **gentlemen-farmers**) gentleman-farmer m **gentleman-in-waiting** N (pl **gentlemen-in-waiting**) gentilhomme m (attaché à la personne du roi etc) **gentleman's agreement** N gentleman's agreement m, accord m reposant sur l'honneur **gentlemen's club** N (esp Brit) club privé réservé aux hommes

**gentlemanly** /ˈdʒentlmənlɪ/ SYN ADJ [man] bien élevé ; [manner, behaviour, conduct] courtois ; [voice, appearance, sport] distingué

**gentlemen** /ˈdʒentlmən/ NPL of **gentleman**

**gentleness** /ˈdʒentlnɪs/ N douceur f

**gentlewoman** /ˈdʒentlwʊmən/ N (pl **-women**) (by birth) dame f or demoiselle f de bonne famille ; (at court) dame f d'honneur or de compagnie

**gently** /ˈdʒentlɪ/ ADV [1] (= kindly) [say, rebuke] avec douceur, gentiment ; [smile, remind, suggest] gentiment
 [2] (= not violently or strongly) [move, shake, caress] doucement ; [push, touch] doucement, avec douceur ; [exercise] doucement, sans forcer ◆ **gently does it!** doucement ! ◆ **gently sloping hills** des collines en pente douce ◆ **the road slopes gently down to the river** la route descend en pente douce vers la rivière ◆ **to simmer gently** faire cuire à feu doux ◆ **to deal gently with sb** ménager qn, ne pas bousculer qn
 [3] (= nobly) ◆ **gently born** † de bonne naissance †

**gentrification** /ˌdʒentrɪfɪˈkeɪʃən/ N [of area] embourgeoisement m

**gentrified** /ˈdʒentrɪfaɪd/ ADJ [area, houses etc] embourgeoisé ◆ **to become gentrified** s'embourgeoiser

**gentrify** /ˈdʒentrɪfaɪ/ VT [+ area] embourgeoiser

**gentry** /ˈdʒentrɪ/ N (= aristocracy) aristocratie f ; (in Britain = lesser nobility) petite noblesse f, gentry f

**genuflect** /ˈdʒenjʊflekt/ VI (lit) faire une génuflexion ◆ **to genuflect to** or **in front of** (fig) se prosterner devant

**genuflexion, genuflection** (US) /ˌdʒenjʊˈflekʃən/ N génuflexion f

**genuine** /ˈdʒenjʊɪn/ SYN
 ADJ [1] (= authentic) [refugee, picture, manuscript, antique, coin] authentique ; [democracy, leather, wool, silver] véritable ; (Comm) [goods] garanti d'origine ◆ **a genuine Persian rug** un authentique tapis persan ◆ **it's the genuine article\*** c'est du vrai
 [2] (= real) [emotion, belief, enthusiasm, interest, offer] sincère ; [laughter, disbelief] franc (franche f) ; [tears] vrai, sincère ; [difficulty] véritable ◆ **this was a genuine mistake** c'était vraiment une erreur ◆ **a genuine buyer** (Comm) un acheteur sérieux
 [3] (= sincere) [person, relationship] sincère
 COMP **genuine assets** NPL (Accounting) actif m réel

**genuinely** /ˈdʒenjʊɪnlɪ/ ADV [interested] sincèrement, vraiment ; [concerned, surprised] réellement ; [worried, upset, sorry, democratic] vraiment, réellement ; [funny, pleased] vraiment ◆ **she genuinely believed that...** elle croyait vraiment or sincèrement que... ◆ **I genuinely want to help** je veux vraiment or sincèrement aider ◆ **he is genuinely committed to reform** il est profondément partisan de la réforme

**genuineness** /ˈdʒenjʊɪnˌnɪs/ N [1] (= authenticity) authenticité f
 [2] (= sincerity) sincérité f

**genus** /ˈdʒenəs/ N (pl **genera** or **genuses**) (Bio) genre m

**geocentric** /ˌdʒiːəʊˈsentrɪk/ ADJ géocentrique

**geochemical** /ˌdʒiːəʊˈkemɪkəl/ ADJ géochimique

**geochemist** /ˌdʒiːəʊˈkemɪst/ N géochimiste mf

**geochemistry** /ˌdʒiːəʊˈkemɪstrɪ/ N géochimie f

**geochronological** /ˌdʒiːəʊkrɒnəˈlɒdʒɪkəl/ ADJ géochronologique

**geochronology** /ˌdʒiːəʊkrəˈnɒlədʒɪ/ N géochronologie f

**geode** /ˈdʒiːəʊd/ N géode f

**geodesic** /ˌdʒiːəʊˈdesɪk/ ADJ géodésique ◆ **geodesic dome** dôme m géodésique ◆ **geodesic line** géodésique f

**geodesist** /dʒɪˈɒdɪsɪst/ N géodésien(ne) m(f)

**geodesy** /dʒɪˈɒdɪsɪ/ N géodésie f

**geodetic** /ˌdʒiːəʊˈdetɪk/ ADJ ⇒ **geodesic**

**geographer** /dʒɪˈɒɡrəfə[r]/ N géographe mf

**geographic(al)** /ˌdʒɪəˈɡræfɪk(əl)/ ADJ géographique ◆ **geographic(al) mile** mille m marin or nautique

**geographically** /ˌdʒɪəˈɡræfɪkəlɪ/ ADV [isolated] géographiquement

**geography** /dʒɪˈɒɡrəfɪ/ N (= science) géographie f ◆ **policemen who knew the local geography** des policiers qui connaissaient la topographie du quartier

**geological** /ˌdʒɪəʊˈlɒdʒɪkəl/ ADJ géologique ◆ **geological survey** (US) Bureau m de recherches géologiques et minières

**geologically** /ˌdʒɪəˈlɒdʒɪkəlɪ/ ADV géologiquement

**geologist** /dʒɪˈɒlədʒɪst/ N géologue mf

**geology** /dʒɪˈɒlədʒɪ/ N géologie f

**geomagnetic** /ˌdʒiːəʊmæɡˈnetɪk/ ADJ géomagnétique ◆ **geomagnetic storm** orage m géomagnétique

**geomagnetism** /ˌdʒiːəʊˈmæɡnɪtɪzəm/ N géomagnétisme m

**geomancy** /ˈdʒiːəʊˌmænsɪ/ N géomancie f

**geometric(al)** /ˌdʒɪəˈmetrɪk(əl)/ ADJ géométrique ◆ **geometric(al) mean** (Math) moyenne f géométrique ◆ **by geometric(al) progression** selon une progression géométrique ◆ **geometric(al) series** série f géométrique

**geometrically** /ˌdʒɪəˈmetrɪkəlɪ/ ADV [arranged] géométriquement ◆ **geometrically patterned** à motifs géométriques

**geometrician** /ˌdʒɪˈɒmɪtrɪʃən/ N géomètre mf

**geometrid** /dʒɪˈɒmɪtrɪd/ N géomètre m (papillon)

**geometry** /dʒɪˈɒmɪtrɪ/ N géométrie f

**geomorphic** /ˌdʒiːəʊˈmɔːfɪk/ ADJ géomorphique

**geomorphologic(al)** /ˌdʒiːəʊˌmɔːfəˈlɒdʒɪkəl/ ADJ géomorphologique

**geomorphology** /ˌdʒiːəʊmɔːˈfɒlədʒɪ/ N géomorphologie f

**geonomics** /ˌdʒiːəʊˈnɒmɪks/ N (NonC) géographie f économique

**geophagous** /dʒɪˈɒfəgəs/ ADJ (Anthropology, Zool) géophage

**geophysical** /ˌdʒiːəʊˈfɪzɪkəl/ ADJ géophysique

**geophysicist** /ˌdʒiːəʊˈfɪzɪsɪst/ N géophysicien(ne) m(f)

**geophysics** /ˌdʒiːəʊˈfɪzɪks/ N (NonC) géophysique f

**geopolitical** /ˌdʒiːəʊpəˈlɪtɪkəl/ ADJ géopolitique

**geopolitician** /ˈdʒiːəʊˌpɒlɪˈtɪʃən/ N géopoliticien(ne) m(f)

**geopolitics** /ˌdʒiːəʊˈpɒlɪtɪks/ N (NonC) géopolitique f

**Geordie*** /ˈdʒɔːdɪ/ N (Brit) natif de Tyneside

**George** /dʒɔːdʒ/ N Georges m ♦ **by George!** †* mon Dieu ! ♦ **George Cross** or **Medal** (Brit) ≈ médaille f du courage

**georgette** /dʒɔːˈdʒet/ N (also **georgette crêpe**) crêpe f georgette

**Georgia** /ˈdʒɔːdʒɪə/ N (= country and US state) Géorgie f ♦ **in Georgia** en Géorgie

**Georgian** /ˈdʒɔːdʒɪən/ ADJ ① (Brit Hist) [period] des rois George I<sup>er</sup> à George IV (1714-1830) ; (Archit) [architecture, house, style] géorgien (entre 1714 et 1830) ② (Geog) [person, language] géorgien ; [town] de Géorgie ; [capital] de la Géorgie

**geoscience** /ˌdʒiːəʊˈsaɪəns/ N science(s) f(pl) de la terre

**geoscientist** /ˌdʒiːəʊˈsaɪəntɪst/ N spécialiste mf des sciences de la terre

**geostatics** /ˌdʒiːəʊˈstætɪks/ N (NonC) géostatique f

**geostationary** /ˌdʒiːəʊˈsteɪʃənərɪ/ ADJ géostationnaire

**geosynchronous** /ˌdʒiːəʊˈsɪŋkrənəs/ ADJ géosynchrone

**geosyncline** /ˌdʒiːəʊˈsɪŋklaɪn/ N géosynclinal m

**geotextile** /ˌdʒiːəʊˈtekstaɪl/ N (Constr) géotextile m

**geothermal** /ˌdʒiːəʊˈθɜːməl/ ADJ géothermique ♦ **geothermal power** énergie f géothermique

**geothermally** /ˌdʒiːəʊˈθɜːməlɪ/ ADV géothermiquement

**geotropic** /ˌdʒiːəʊˈtrɒpɪk/ ADJ géotropique

**geotropically** /ˌdʒiːəʊˈtrɒpɪkəlɪ/ ADV géotropiquement

**geotropism** /dʒɪˈɒtrəpɪzəm/ N géotropisme m

**geranium** /dʒɪˈreɪnɪəm/
 N géranium m
 ADJ (colour) (also **geranium red**) rouge géranium inv

**gerbil** /ˈdʒɜːbɪl/ N gerbille f

**gerfalcon** /ˈdʒɜːˌfɔːlkən/ N (= bird) gerfaut m

**geriatric** /ˌdʒerɪˈætrɪk/
 ADJ ① [hospital] gériatrique ; [ward] de gériatrie ; [patient] de service de gériatrie ; [nurse] spécialisé en gériatrie ♦ **geriatric care** or **nursing** soins mpl aux vieillards ♦ **geriatric medicine** gériatrie f ♦ **geriatric social work** aide f sociale aux vieillards
 ② (* pej) [judge, rock star] gaga* (pej) ; [government] de vieux gâteux* (pej) ♦ **a geriatric car** un vieux tacot* (pej) ♦ **a geriatric horse** un vieux canasson* (pej)
 N ① (Med) malade mf gériatrique
 ② (* pej) vieillard(e) m(f)

**geriatrician** /ˌdʒerɪəˈtrɪʃən/ N gériatre mf

**geriatrics** /ˌdʒerɪˈætrɪks/ N (NonC) gériatrie f

**germ** /dʒɜːm/ SYN
 N ① (Bio, also fig) germe m ♦ **the germ of an idea** un embryon d'idée, le germe d'une idée
 ② (Med) microbe m, germe m
 COMP **germ carrier** N (Med) porteur m de microbes
 **germ cell** N (= gamete) cellule f germinale or reproductrice, gamète m

**germ-free** ADJ stérile, stérilisé

**germ-killer** N germicide m

**germ warfare** N (NonC) guerre f bactériologique

**German** /ˈdʒɜːmən/
 ADJ (gen) allemand ; [ambassador, embassy] d'Allemagne ; [teacher] d'allemand ♦ **East/West German** d'Allemagne de l'Est/de l'Ouest, est-/ouest-allemand
 N ① Allemand(e) m(f)
 ② (= language) allemand m
 COMP **the German Democratic Republic** N la République démocratique allemande
 **German measles** N rubéole f
 **German sheep dog, German shepherd** N chien m loup, berger m allemand
 **German speaker** N germanophone mf
 **German-speaking** ADJ qui parle allemand ; [nation] germanophone ; → **Switzerland**

**germander** /dʒɜːˈmændə<sup>r</sup>/
 N germandrée f
 COMP **germander speedwell** N (= plant) véronique f germandrée

**germane** /dʒɜːˈmeɪn/ SYN ADJ pertinent (to pour, par rapport à)

**germanely** /dʒɜːˈmeɪnlɪ/ ADV pertinemment, à juste titre

**germaneness** /dʒɜːˈmeɪnnɪs/ N pertinence f, à-propos m

**Germanic** /dʒɜːˈmænɪk/ ADJ germanique

**germanium** /dʒɜːˈmeɪnɪəm/ N germanium m

**germanization** /ˌdʒɜːmənaɪˈzeɪʃən/ N germanisation f

**germanophile** /dʒɜːˈmænəʊfaɪl/ N germanophile mf

**germanophilia** /dʒɜːˌmænəˈfɪlɪə/ N germanophilie f

**germanophobe** /dʒɜːˈmænəʊfəʊb/ N germanophobe mf

**germanophobia** /dʒɜːˌmænəˈfəʊbɪə/ N germanophobie f

**Germany** /ˈdʒɜːmənɪ/ N Allemagne f ♦ **East/West Germany** Allemagne f de l'Est/de l'Ouest

**germen** /ˈdʒɜːmən/ N (pl **germens** or **germina** /ˈdʒɜːmɪnə/) germen m

**germicidal** /ˌdʒɜːmɪˈsaɪdl/ ADJ germicide

**germicide** /ˈdʒɜːmɪsaɪd/ N germicide m

**germinal** /ˈdʒɜːmɪnəl/ ADJ embryonnaire

**germinate** /ˈdʒɜːmɪneɪt/ SYN
 VI germer
 VT faire germer

**germination** /ˌdʒɜːmɪˈneɪʃən/ N germination f

**germproof** /ˈdʒɜːmpruːf/ ADJ résistant aux microbes

**Geronimo** /dʒɪˈrɒnɪˌməʊ/ EXCL banzaï !

**gerontocracy** /ˌdʒerɒnˈtɒkrəsɪ/ N gérontocratie f

**gerontocratic** /dʒəˌrɒntəˈkrætɪk/ ADJ gérontocratique

**gerontological** /ˌdʒerɒntəˈlɒdʒɪkəl/ ADJ gérontologique

**gerontologist** /ˌdʒerɒnˈtɒlədʒɪst/ N gérontologue mf

**gerontology** /ˌdʒerɒnˈtɒlədʒɪ/ N gérontologie f

**gerrymander** /ˈdʒerɪmændə<sup>r</sup>/
 VI faire du charcutage électoral
 N ⇒ **gerrymandering**

**gerrymandering** /ˈdʒerɪmændərɪŋ/ N charcutage m électoral

**gerund** /ˈdʒerənd/ N (in English) gérondif m, substantif m verbal ; (in Latin) gérondif m

**gerundive** /dʒɪˈrʌndɪv/
 ADJ du gérondif
 N adjectif m verbal

**gesso** /ˈdʒesəʊ/ N [of moulding etc] plâtre m (de Paris) ; (Art) gesso m

**Gestalt** /ɡəˈʃtɑːlt/ N (pl **Gestalts** or **Gestalten** /ɡəˈʃtɑːltən/) gestalt f ♦ **Gestalt psychology** gestaltisme m

**Gestapo** /ɡesˈtɑːpəʊ/ N Gestapo f

**gestate** /ˈdʒesteɪt/
 VI être en gestation
 VT (Bio) garder en gestation ; [+ work of art] mûrir ; [+ anger] couver

**gestation** /dʒesˈteɪʃən/ SYN N gestation f

**gesticulate** /dʒesˈtɪkjʊleɪt/ SYN
 VI faire de grands gestes (at sb pour attirer l'attention de qn)
 VT exprimer par gestes

**gesticulation** /dʒesˌtɪkjʊˈleɪʃən/ N gesticulation f

**gesticulative** /dʒesˈtɪkjʊleɪtɪv/ ADJ gesticulateur (-trice f)

**gesticulatory** /dʒesˈtɪkjʊleɪtərɪ/ ADJ gesticulatoire

**gestural** /ˈdʒestʃərəl/ ADJ gestuel

**gesture** /ˈdʒestʃə<sup>r</sup>/ SYN
 N (lit, fig) geste m ♦ **a gesture of good will** un geste de bonne volonté ♦ **friendly gesture** geste m or témoignage m d'amitié ♦ **a gesture of defiance** un signe de méfiance ♦ **they did it as a gesture of support** ils l'ont fait pour manifester leur soutien ♦ **what a nice gesture!** quelle délicate attention !
 VI ♦ **to gesture to sb to do sth** faire signe à qn de faire qch ♦ **he gestured towards the door** il désigna la porte d'un geste ♦ **he gestured with his head towards the safe** il a indiqué le coffre d'un signe de tête ♦ **he gestured at Derek to remain seated** il a fait signe à Derek de rester assis
 VT mimer, exprimer par gestes

---

## get /ɡet/

vb: pret, ptp **got**, ptp (US) **gotten**

1 - TRANSITIVE VERB
2 - INTRANSITIVE VERB
3 - COMPOUNDS
4 - PHRASAL VERBS

---

### 1 - TRANSITIVE VERB

▶ When **get** is part of a set combination, eg **get the sack, get hold of, get sth right**, look up the other word.

① [= HAVE, RECEIVE, OBTAIN] avoir

**avoir** covers a wide range of meanings, and like **get** is unspecific.

♦ **I go whenever I get the chance** j'y vais dès que j'en ai l'occasion ♦ **he's got a cut on his finger** il a une coupure au doigt ♦ **he got a fine** il a eu une amende ♦ **she gets a good salary** elle a un bon salaire ♦ **not everyone gets a pension** tout le monde n'a pas la retraite ♦ **you need to get permission from the owner** il faut avoir la permission du propriétaire ♦ **I got a lot of presents** j'ai eu beaucoup de cadeaux ♦ **he got first prize** il a eu le premier prix ♦ **you may get a surprise** tu pourrais avoir une surprise

Some **get** + noun combinations may take a more specific French verb.

♦ **we can get sixteen CHANNELS** nous pouvons recevoir seize chaînes ♦ **it was impossible to get HELP** il était impossible d'obtenir de l'aide ♦ **he got HELP from the others** il s'est fait aider par les autres ♦ **first I need to get a better IDEA of the situation** je dois d'abord me faire une meilleure idée de la situation ♦ **I think he got the wrong IMPRESSION** je pense qu'il s'est fait des idées ♦ **they get LUNCH at school** ils déjeunent or ils mangent à l'école ♦ **he got his MONEY by exploiting others** il s'est enrichi en exploitant les autres ♦ **if I'm not working I get no PAY** si je ne travaille pas je ne suis pas payé ♦ **this area doesn't get much RAIN** il ne pleut pas beaucoup dans cette région ♦ **she got a REPUTATION for infallibility** elle a acquis une réputation d'infaillibilité ♦ **they got interesting RESULTS** ils ont obtenu des résultats intéressants ♦ **we'll get a SANDWICH in town** on prendra or mangera un sandwich en ville ♦ **this room gets a lot of SUN** cette pièce est très ensoleillée ♦ **I didn't get a very good VIEW of it** je ne l'ai pas bien vu ♦ **he got two YEARS** il s'est pris* deux ans de prison

♦ **have/has got** ♦ **I've got toothache** j'ai mal aux dents ♦ **I have got three sisters** j'ai trois sœurs ♦ **how many have you got?** combien en avez-vous ? ♦ **she's got too much to do** elle a trop (de choses) à faire ♦ **I've got it!** (= have safely) (ça y est) je l'ai !, je le tiens ! ♦ **you're okay, I've got you!** ne t'en fais pas, je te tiens ! ; see also **have**

② [= FIND] trouver ♦ **they can't get jobs** ils n'arrivent pas à trouver de travail ♦ **he got me a job** il m'a trouvé un emploi ♦ **it's difficult to get a hotel room in August** c'est difficile de trouver une chambre d'hôtel en août ◆ **you get different kinds of...** on trouve plusieurs sortes de... ◆ **you'll get him at home if you phone this evening** tu le trouveras chez lui si tu appelles ce soir ◆ **I've been trying to get you all week** ça fait une semaine que j'essaie de t'avoir ◆ **you can get me on this number/the mobile** tu peux m'appeler à ce numéro/sur mon portable

[3] [= BUY] acheter ◆ **where do they get their raw materials?** où est-ce qu'ils achètent leurs matières premières ? ◆ **to get sth cheap** acheter qch bon marché ◆ **I'll get some milk** je prendrai *or* j'achèterai du lait

[4] [= FETCH] aller chercher ◆ **I must go and get some bread** il faut que j'aille chercher *or* acheter du pain ◆ **quick, get help!** allez vite chercher de l'aide ! ◆ **can you get my coat from the cleaners?** est-ce que tu peux aller chercher mon manteau au pressing ? [BUT]◆ **can I get you a drink?** est-ce que je peux vous offrir quelque chose ?

[5] [= TAKE] prendre ◆ **I'll get the bus** je vais prendre le bus ◆ **I don't get the local paper** je ne prends pas le journal local

[6] [= PICK UP] aller chercher ◆ **phone me when you arrive and I'll come and get you** appelle-moi quand tu arrives et j'irai te chercher

[7] [= CALL IN] appeler ◆ **we had to get the doctor/a plumber** nous avons dû appeler le médecin/un plombier

[8] [= PREPARE] préparer ◆ **she was getting breakfast** elle préparait le petit déjeuner

[9] [= CATCH] *[+ disease, fugitive]* attraper ; *[+ name]* entendre, comprendre ; *[+ details]* comprendre ◆ **you'll get a cold** tu vas attraper un rhume ◆ **they've got the thief** ils ont attrapé le voleur ◆ **I didn't get your name** je n'ai pas entendu *or* compris votre nom ◆ **to get sb alone** *or* **to o.s.** être seul à seul avec qn ◆ **it gets me here** *[pain]* ça me fait mal ici ◆ **we'll get them yet!** on leur revaudra ça ! ◆ **I'll get you!** je te revaudrai ça ! ◆ **he'll get you for that!** qu'est-ce que tu vas prendre ! * ◆ **he's got it bad for her** * il est fou d'elle

[10] [= UNDERSTAND] ◆ **get it?** * t'as pigé ? *, tu saisis ? * ◆ **I don't get it** * je ne comprends pas, je ne saisis pas * ◆ **you've got it in one!** * tu as tout compris ! ◆ **I don't get you** * je ne vous suis pas ◆ **I don't get the joke** je ne vois pas ce qu'il y a de drôle ◆ **I don't get your meaning** * je ne vous suis pas ◆ **he got the point immediately** il a tout de suite tout compris ◆ **let me get this right, you're saying that...** alors, si je comprends bien, tu dis que... ◆ **don't get me wrong** comprenez-moi bien

[11] [= ANSWER] ◆ **can you get the phone?** est-ce que tu peux répondre ? ◆ **I'll get it!** j'y vais !

[12] [* = ANNOY] agacer ◆ **that's what really gets me** c'est ce qui m'agace le plus

[13] [SET STRUCTURES]

♦ **to get** + *adjective*

This construction is often translated by a verb alone. Look up the relevant adjective.

◆ **don't get the carpet DIRTY!** ne salis pas la moquette ! ◆ **to get one's hands DIRTY** se salir les mains ◆ **to get sb DRUNK** enivrer *or* soûler qn ◆ **you're getting me WORRIED** tu m'inquiètes

♦ **to get sth done** *(by someone else)* faire faire qch ◆ **to get one's hair cut** se faire couper les cheveux ◆ **I need to get my car serviced** je dois faire réviser ma voiture ◆ **he knows how to get things done!** il sait faire activer les choses ! ◆ **when do you think you'll get it finished?** *(do oneself)* quand penses-tu avoir fini ? ◆ **you can't get anything done round here** il est impossible de travailler ici

♦ **to get sb/sth to do sth** ◆ **get him to clean the car** fais-lui laver la voiture ◆ **I'll get her to ring you back** je lui demanderai de te rappeler

**réussir** or **pouvoir** may be used when speaking of achieving a result.

◆ **we eventually got her to change her mind** nous avons finalement réussi à *or* pu la faire changer d'avis ◆ **I couldn't get the washing machine to work** je n'ai pas réussi à *or* pu faire marcher la machine à laver ◆ **I couldn't get the sauce to thicken** je n'ai pas réussi à *or* pu épaissir la sauce ◆ **to get sth going** *[+ machine]* (réussir à *or* pouvoir) faire marcher qch

♦ **to get sb/sth somewhere** ◆ **to get sth DOWNSTAIRS** descendre qch ◆ **they got him HOME somehow** ils l'ont ramené chez lui tant bien que mal ◆ **how can we get it HOME?** comment faire pour l'apporter à la maison ? ◆ **threatening me will get you NOWHERE** tu n'obtiendras rien en me menaçant ◆ **to get sth UPSTAIRS** monter qch ◆ **WHERE does that get us?** où est-ce que ça nous mène ?

♦ **to get sb/sth** + *preposition* ◆ **to get sb BY the arm** saisir qn par le bras ◆ **to get sb BY the throat** prendre qn à la gorge ◆ **I didn't get much FOR it** on ne m'en a pas donné grand-chose ◆ **he gets a lot of money FOR his paintings** il gagne beaucoup d'argent avec ses tableaux ◆ **he gets his red hair FROM his mother** il a les cheveux roux de sa mère ◆ **I don't get much FROM his lectures** je ne tire pas grand-chose de ses cours ◆ **the bullet got him IN the arm** la balle l'a atteint au bras ◆ **try to get him INTO a good mood** essaie de le mettre de bonne humeur ◆ **he managed to get the card INTO the envelope** il a réussi à faire entrer la carte dans l'enveloppe ◆ **to get o.s INTO a difficult position** se mettre dans une situation délicate ◆ **we got him ON TO the subject of the war** nous l'avons amené à parler de la guerre ◆ **she gets a lot of pleasure OUT OF gardening** elle prend beaucoup de plaisir à jardiner ◆ **we'll never get anything OUT OF him** nous n'en tirerons jamais rien, nous ne tirerons jamais rien de lui ◆ **I couldn't get the stain OUT OF the tablecloth** je n'ai pas réussi à enlever la tache sur la nappe ◆ **to get sth PAST the customs** réussir à passer qch à la douane ◆ **I don't know how it got PAST the inspectors** je ne sais pas comment ça a échappé à la surveillance des inspecteurs ◆ **to get sb ROUND the throat** prendre qn à la gorge ◆ **I'll never get the car THROUGH here** je n'arriverai jamais à faire passer la voiture par ici ◆ **to get sth TO sb** faire parvenir qch à qn ◆ **to get a child TO bed** mettre un enfant au lit, coucher un enfant

**2 - INTRANSITIVE VERB**

[1] [= GO] aller *(to* à ; *from* de) ; *(= arrive)* arriver ; *(= be)* être ◆ **how do you get there?** comment fait-on pour y aller ? ◆ **can you get there from London by bus?** est-ce qu'on peut y aller de Londres en bus ? ◆ **what time do you get to Sheffield?** à quelle heure arrivez-vous à Sheffield ? ◆ **he should get here soon** il devrait bientôt être là ◆ **to get to the top** *(lit, fig)* arriver *or* parvenir au sommet ; see also **top**[1]

♦ **to get** + *adverb/preposition* ◆ **to get AFTER sb** essayer d'attraper qn ◆ **we won't get ANYWHERE with him** nous n'arriverons à rien avec lui ◆ **you won't get ANYWHERE if you behave like that** tu n'arriveras à rien en te conduisant comme ça ◆ **I got AS FAR AS speaking to him** je lui ai même parlé ◆ **how did that box get HERE?** comment cette boîte est-elle arrivée ici ? ◆ **what's got INTO him?** qu'est-ce qui lui prend ? ◆ **we're getting NOWHERE** on n'avance pas ◆ **we're getting NOWHERE fast** * on fait du sur place * ◆ **now we're getting SOMEWHERE!** * enfin du progrès ! ◆ **how's your thesis going? – I'm getting THERE** où en es-tu avec ta thèse ? – ça avance ◆ **your garden is lovely! – yes, we're getting THERE!** votre jardin est très joli ! – oui, ça prend tournure ! ◆ **where did you get TO?** où étais-tu donc passé ? ◆ **where can he have got TO?** où est-il passé ? ◆ **where have you got TO?** *(in book, work)* où en êtes-vous ? ◆ **don't let it get TO you** * ne te fais pas de bile * pour ça ◆ **to get WITH it** * se mettre à la mode *or* dans le vent * ◆ **this is serious business and the government had better get WITH it** *(= become aware)* c'est là un problème grave et le gouvernement ferait bien d'en prendre conscience

[2] [= GO AWAY] ◆ **get!** ✱ fous le camp ! ✱

[3] [SET STRUCTURES]

♦ **to get** + *adjective*

This construction is often translated by a verb alone.

◆ **I hope you'll get BETTER soon** j'espère que tu vas vite te remettre ◆ **things are getting COMPLICATED** les choses se compliquent ◆ **this is getting EXPENSIVE** ça commence à faire cher ◆ **she's afraid of getting FAT** elle a peur de grossir ◆ **it's getting LATE** il se fait tard ◆ **how do people get LIKE that?** comment peut-on en arriver là ? ◆ **I'm getting NERVOUS** je commence à avoir le trac ◆ **he's getting OLD** il vieillit, il se fait vieux ◆ **this is getting RIDICULOUS** ça devient ridicule ◆ **how STUPID can you get?** il faut vraiment être stupide ! ◆ **he soon gets TIRED** il se fatigue vite ◆ **to get USED to sth/to doing sth** s'habituer à qch/à faire qch

♦ **to get** + *past participle (passive)* ◆ **she often gets asked for her autograph** on lui demande souvent son autographe ◆ **he got beaten up** il s'est fait tabasser * ◆ **several windows got broken** plusieurs fenêtres ont été brisées ◆ **to get killed** se faire tuer ◆ **to get paid** se faire payer

Reflexive verbs are used when the sense is not passive.

◆ **to get dressed** s'habiller ◆ **to get married** se marier ◆ **to get washed** se laver

♦ **to get to** + *infinitive* ◆ **it got to be quite pleasant after a while** c'est devenu assez agréable au bout d'un moment ◆ **he's getting to be an old man** il se fait vieux ◆ **it's getting to be impossible** ça devient impossible ◆ **she never gets to drive the car** * on ne la laisse jamais conduire ◆ **to get to know sb** apprendre à connaître qn ◆ **we soon got to like them** nous les avons vite appréciés ◆ **we got to like him in the end** nous avons fini par l'apprécier ◆ **students only get to use the library between 2pm and 8pm** les étudiants ne peuvent utiliser la bibliothèque qu'entre 14 heures et 20 heures

♦ **have got to** + *infinitive (= must)* ◆ **you've got to come** il faut que vous veniez *subj* ◆ **have you got to go and see her?** est-ce que vous êtes obligé d'aller la voir ? ◆ **I haven't got to leave yet** je ne suis pas obligé de partir tout de suite ◆ **you've got to be joking!** tu plaisantes !

♦ **to get** + *-ing (= begin)* ◆ **to get going** se mettre en route, partir ◆ **I got talking to him in the train** j'ai parlé avec lui dans le train , nous avons engagé la conversation dans le train ◆ **I got to thinking that...** * je me suis dit que...

**3 - COMPOUNDS**

**get-at-able** * ADJ *[place]* accessible, d'accès facile ; *[person]* accessible

**get-rich-quick scheme** * N *projet pour faire fortune rapidement*

**get-together** N (petite) réunion *f*

**get-up-and-go** * N ◆ **he's got lots of get-up-and-go** il a beaucoup d'allant *or* de dynamisme, il est très dynamique

**get-well card** N carte *f* de vœux (pour un prompt rétablissement)

**4 - PHRASAL VERBS**

► **get about** VI [1] *(= move about) [person]* se déplacer ◆ **he gets about with a stick/on crutches** il marche *or* se déplace avec une canne/des béquilles ◆ **she gets about quite well despite her handicap** elle arrive assez bien à se déplacer malgré son handicap ◆ **she's old, but she still gets about quite a bit** elle est âgée mais elle est encore très active ◆ **he's getting about again now** *(after illness)* il est de nouveau sur pied

[2] *(= travel)* voyager ◆ **she gets about a lot** elle voyage beaucoup

[3] *[news]* circuler ◆ **the story had got about that...** des rumeurs circulaient selon lesquelles... ◆ **it has got about that...** le bruit court que... ◆ **I don't want it to get about** je ne veux pas que ça s'ébruite

► **get above** VT FUS ◆ **to get above o.s.** avoir la grosse tête * ◆ **you're getting above yourself!** pour qui te prends-tu ?

► **get across**

[VI] *(lit)* traverser ; *[meaning, message]* passer ◆ **I think the message is getting across** je pense que le message commence à passer ◆ **the message is getting across that people must...** les gens commencent à comprendre qu'on doit... ◆ **that was what got across to me** c'est ce que j'ai compris ◆ **he didn't get across to the audience** le courant n'est pas passé entre le public et lui ◆ **he managed to get across to her at last** il a enfin réussi à se faire entendre d'elle

[VT SEP] *(lit)* faire traverser, faire passer ; *[+ ideas, intentions, desires]* communiquer *(to sb* à qn) ◆ **to get sth across to sb** faire comprendre qch à qn

[VT FUS] *(= annoy)* ◆ **to get across sb** se faire mal voir de qn

► **get ahead** VI *(lit)* prendre de l'avance ; *(in career)* monter en grade

► **get along** VI [1] *(= go)* aller *(to* à) ; *(= leave)* s'en aller ◆ **I must be getting along** il faut que je m'en aille ◆ **get along with you!** * *(= go away)* va-t-en !, file ! * ; *(Brit) (= stop joking)* à d'autres !

[2] *(= manage)* se débrouiller ◆ **to get along without sth/sb** se débrouiller sans qch/qn

[3] *(= progress) [work]* avancer ; *[student, invalid]* faire des progrès ◆ **he's getting along well in French** il fait de gros progrès en français

**get | get** ENGLISH-FRENCH 380

4 *(= be on good terms)* (bien) s'entendre ◆ **they get along very well (together)** ils s'entendent très bien ◆ **I don't get along with him at all** je ne m'entends pas du tout avec lui

► **get around**

VI ⇒ get about

VT SEP ⇒ get round vt sep

VT FUS ⇒ get round vt fus

► **get at** VT FUS 1 *(= reach) [+ object, component, person, place]* atteindre ◆ **sometimes children are used to get at their parents** on se sert parfois des enfants pour atteindre les parents ◆ **the dog got at the meat** le chien a touché à la viande ◆ **the goat was trying to get at the cabbages** la chèvre essayait de manger les choux ◆ **the rich and powerful are difficult to get at** les riches et les puissants sont difficiles à approcher ◆ **let me get at him!** * attends un peu que je l'attrape *subj* !

2 *(= find, ascertain) [+ facts, truth]* découvrir

3 *(= suggest)* ◆ **what are you getting at?** où voulez-vous en venir ?

4 *(Brit = attack, jibe at)* s'en prendre à ◆ **she's always getting at her brother** elle s'en prend toujours à son frère ◆ **I feel got at** je me sens visé

5 *(* = influence)* suborner ◆ **there's a danger witnesses will be got at** les témoins risquent d'être subornés

► **get away**

VI 1 *(= leave)* s'en aller, partir ; *[vehicle]* partir ◆ **to get away from a place** quitter un endroit ◆ **I usually get away from work/the office at six** je quitte généralement (le travail/le bureau) à 6 heures ◆ **I'll try to get away from work early** j'essaierai de quitter plus tôt ◆ **I couldn't get away any sooner** je n'ai pas pu me libérer plus tôt ◆ **we are not going to be able to get away this year** nous n'allons pas pouvoir partir en vacances cette année ◆ **get away!** allez-vous-en ! ◆ **get away (with you)!** * à d'autres !

2 *(= escape)* s'échapper ◆ **to get away from** *[+ prison]* s'échapper de ; *[+ people, situation]* échapper à ; *[+ idea]* renoncer à ◆ **he was trying to get away when he was shot** il essayait de s'échapper quand on lui a tiré dessus ◆ **she moved here to get away from the stress of city life** elle est venue s'installer ici pour échapper au stress de la vie citadine ◆ **it's time we got away from this idea** il est temps que nous renoncions à cette idée ◆ **he went to the Bahamas to get away from it all** il est allé aux Bahamas pour laisser tous ses ennuis *or* problèmes derrière lui ◆ **the doctor told her she must get away from it all** le médecin lui a ordonné de partir se reposer loin de tout ◆ **the thief got away with the money** le voleur est parti avec l'argent ◆ **you can't get away from it!, there's no getting away from it!** on ne peut pas y couper ! *

VT SEP 1 *(= take)* emmener ; *(= move away)* éloigner ; *(= send off)* expédier ◆ **you must get her away to the country for a while** il faut que vous l'emmeniez *subj* passer quelque temps à la campagne

2 *(= remove)* ◆ **to get sth away from sb** enlever qch à qn

► **get away with** VT *(= suffer no consequences)* ◆ **she got away with saying outrageous things** elle a tenu impunément des propos choquants ◆ **he broke the law and got away with it** il violait la loi sans être inquiété *or* en toute impunité ◆ **you'll never get away with that!** on ne te laissera pas passer ça ! * ◆ **he gets away with murder** * il peut se permettre de faire n'importe quoi ◆ **he got away with a mere apology** *(= escape lightly)* il en a été quitte pour une simple excuse ◆ **we can get away with just repainting it** on pourrait se contenter de le repeindre

► **get back**

VI 1 *(= return)* revenir ◆ **to get back (home)** rentrer chez soi ◆ **to get back to bed** se recoucher, retourner au lit ◆ **to get back upstairs** remonter, retourner en haut ◆ **life is starting to get back to normal** la vie reprend son cours ◆ **to get back to work** se remettre au travail, reprendre le travail ◆ **to get back to the point** revenir au sujet ◆ **let's get back to why you didn't come yesterday** revenons à la question de savoir pourquoi vous n'êtes pas venu hier ◆ **let's get back to what we were talking about** revenons à nos moutons ◆ **to get back to sb** * recontacter qn ; *(on phone also)* rappeler qn ◆ **can I get back to you on that?** * puis-je vous recontacter à ce sujet ? ; *(on phone)* puis-je vous rappeler à ce sujet ? ; see also **get on vt fus**

2 *(= move backwards)* reculer ◆ **get back!** reculez !

VT SEP 1 *(= recover) [+ sth lent]* récupérer ; *[+ sth lost, stolen]* retrouver, récupérer ; *[+ strength]* reprendre ; *[+ one's husband, partner etc]* faire revenir ◆ **he's trying desperately to get her back** il essaie désespérément de la faire revenir ◆ **now that we've got you back** maintenant que tu nous es revenu ◆ **I won't get my car back until Thursday** je n'aurai pas ma voiture avant jeudi ◆ **I was afraid I wouldn't get my passport back** j'avais peur qu'on ne me rende pas mon passeport ◆ **to get one's money back** se faire rembourser, récupérer son argent

2 *(= replace)* remettre en place

3 *(= return)* rendre ◆ **I'll get it back to you as soon as I can** je vous le rendrai dès que possible

4 *(= take home) [+ person]* raccompagner, reconduire ◆ **he was drunk and I was trying to get him back home** il était ivre et j'essayais de le raccompagner chez lui

► **get back at** * VT FUS *(= retaliate against)* prendre sa revanche sur

► **get by** VI 1 *(= pass)* passer ◆ **let me get by** laissez-moi passer

2 *(= manage)* arriver à s'en sortir * ◆ **by doing two part-time jobs she just gets by** elle arrive tout juste à s'en sortir * avec deux emplois à mi-temps ◆ **she gets by on very little money** elle arrive à s'en sortir * *or* elle se débrouille * avec très peu d'argent ◆ **he'll get by!** il s'en sortira ! *

► **get down**

VI 1 descendre *(from, off* de) ◆ **may I get down?** *(at table)* est-ce que je peux sortir de table ? ◆ **to get down on one's knees** se mettre à genoux ◆ **get down!** *(= climb down)* descends ! ; *(= lie down)* couche-toi !

2 *(esp US* ‡ *= enjoy oneself)* s'éclater ‡

VT SEP 1 *(from upstairs, attic)* descendre ; *(from shelf)* prendre

2 *(* = swallow) [+ food, pill]* avaler

3 *(= make note of)* noter, prendre (en note)

4 *(= depress)* déprimer ◆ **he gets me down** il me fiche le cafard *, il me déprime ◆ **all the worry has got him down** tous ces soucis l'ont déprimé *or* lui ont mis le moral à zéro * ◆ **don't let it get you down!** ne te laisse pas abattre !

► **get down to** VT FUS ◆ **to get down to doing sth** se mettre à faire qch ◆ **to get down to work** se mettre au travail ◆ **you'll have to get down to it** il faut vous y mettre ◆ **when you get down to it there's not much difference between them** en y regardant de plus près il n'y a pas grande différence entre eux ◆ **to get down to business** passer aux choses sérieuses ◆ **let's get down to the details** regardons ça de plus près

► **get in**

VI 1 *[person] (= enter)* entrer ; *(= be admitted to university, school)* être admis ; *(= reach home)* rentrer ; *[rain, water]* pénétrer, s'introduire ◆ **do you think we'll get in?** tu crois qu'on réussira à entrer ?

2 *(= arrive) [train, bus, plane]* arriver

3 *(Parl = be elected) [member]* être élu ; *[party]* accéder au pouvoir

VT SEP 1 *(lit)* faire entrer ; *[+ screw, nail]* enfoncer ; *[+ crops, harvest]* rentrer ◆ **I managed to get it in** *(into case)* j'ai réussi à le faire entrer dedans *or* le caser ◆ **did you get your essay in on time?** as-tu rendu *or* remis ta dissertation à temps ?

2 *(= plant) [+ seeds]* planter, semer ; *[+ bulbs]* planter

3 *(= buy) [+ groceries, beer]* acheter ◆ **to get in supplies** s'approvisionner, faire des provisions

4 *(= summon) [+ doctor, police, tradesman]* faire venir

5 *(= fit in)* glisser ◆ **he got in a reference to his new book** il a glissé une allusion à son dernier livre ◆ **it was hard to get a word in** c'était difficile de placer un mot ◆ **he managed to get in a game of golf** il a réussi à trouver le temps de faire une partie de golf ; → **eye, hand**

► **get in on** * VT FUS ◆ **he managed to get in on the deal/the trip** il s'est débrouillé pour se joindre à l'affaire/au voyage ; see also **act noun 3**

► **get into** VT FUS 1 *(= enter) [+ house, park]* entrer dans, pénétrer dans ; *[+ car, train]* monter dans ◆ **to get into a club** devenir membre d'un club ◆ **he got into a good university** il a été admis dans une bonne université ◆ **to get into politics** entrer en politique ◆ **how did I get into all this?** comment me suis-je fourré * là-dedans ? ◆ **to get into the way of doing sth** *(= make a habit of)* prendre l'habitude de faire qch ◆ **I don't know what has got into him** je ne sais pas ce qui lui a pris ; → **company, habit, mischief**

2 *[+ clothes]* mettre ◆ **I can't get into these jeans any more** je ne peux plus rentrer dans ce jean

► **get in with** VT FUS 1 *(= gain favour of)* (réussir à) se faire bien voir de ◆ **he tried to get in with the headmaster** il a essayé de se faire bien voir du directeur

2 *(= become friendly with)* se mettre à fréquenter ◆ **he got in with local drug dealers** il s'est mis à fréquenter les trafiquants de drogue du quartier

► **get off**

VI 1 *(from vehicle)* descendre ◆ **to tell sb where to get off** * envoyer promener qn *, envoyer qn sur les roses *

2 *(= depart) [person]* partir ; *[car]* démarrer ; *[plane]* décoller ◆ **to get off to a good start** *(lit)* prendre un bon départ ; *(fig)* partir du bon pied ◆ **to get off (to sleep)** s'endormir

3 *(= escape)* s'en tirer ◆ **to get off with a reprimand/a fine** en être quitte pour une réprimande/une amende

4 *(= leave work)* finir, quitter ; *(= take time off)* se libérer ◆ **we get off at 5 o'clock** nous finissons *or* nous quittons à 5 heures ◆ **I can't get off early today** je ne peux pas m'en aller de bonne heure aujourd'hui ◆ **can you get off tomorrow?** est-ce que tu peux te libérer demain ?

VT SEP 1 *[+ bus, train]* descendre de

2 *(= remove) [+ clothes, shoes]* enlever ; *[+ stains]* faire partir, enlever

3 *(= dispatch) [+ mail]* expédier, envoyer ◆ **I'll phone you once I've got the children off to school** je t'appellerai une fois que les enfants seront partis à l'école ◆ **to get a child off to sleep** faire dormir un enfant

4 *(= save from punishment)* faire acquitter ◆ **a good lawyer will get him off** un bon avocat le tirera d'affaire *or* le fera acquitter

5 *(= learn)* ◆ **to get sth off (by heart)** apprendre qch (par cœur)

6 *(from shore) [+ boat]* renflouer ; *(from boat) [+ crew, passengers]* débarquer

VT FUS 1 ◆ **to get off a bus/a bike** descendre d'un bus/d'un vélo ◆ **to get off a ship** descendre à terre ◆ **he got off his horse** il est descendu de cheval ◆ **to get off a chair** se lever d'une chaise ◆ **get (up) off the floor!** levez-vous ! ◆ **I wish he would get off my back!** * si seulement il pouvait me ficher la paix * ! ◆ **let's get off this subject of conversation** parlons d'autre chose ◆ **we've rather got off the subject** nous nous sommes plutôt éloignés du sujet

2 *(* = be excused)* ◆ **to get off gym** se faire dispenser des cours de gym ◆ **to get off work** se libérer

► **get off on** ‡ VT FUS *[+ pornography, power, violence]* prendre son pied avec ‡ ◆ **these guys get off on other guys** ces mecs, ce sont les hommes qui les excitent

► **get off with** * VT FUS *(Brit)* draguer *

► **get on**

VI 1 *(on to bus, bike)* monter ; *(on to ship)* monter à bord

2 *(= advance, make progress)* avancer, progresser ◆ **how are you getting on?** comment ça marche ? * ◆ **how did you get on?** ça a bien marché ? *, comment ça s'est passé ? ◆ **she's getting on very well with Russian** elle fait de gros progrès en russe ◆ **to be getting on** * se faire vieux, prendre de la bouteille * ◆ **he's getting on for 40** il approche de la quarantaine ◆ **time is getting on** il se fait tard ◆ **it's getting on for 3 o'clock** il n'est pas loin de 3 heures ◆ **I must be getting on now** il faut que j'y aille ◆ **this will do to be getting on with** ça ira pour le moment ◆ **there were getting on for 100 people** il y avait pas loin de 100 personnes ◆ **we have getting on for 500 copies** nous avons près de *or* pas loin de 500 exemplaires

3 *(esp Brit = succeed)* réussir, arriver ◆ **if you want to get on, you must...** si tu veux réussir, tu dois... ◆ **to get on in life** *or* **in the world** réussir dans la vie *or* faire son chemin

4 *(= agree)* s'entendre *(with* avec) ◆ **we don't get on** nous ne nous entendons pas ◆ **I get on well with her** je m'entends bien avec elle

**VT SEP** 1 (= put on) [+ clothes, shoes] mettre, enfiler
2 (Culin) ◆ **I've got the potatoes on** j'ai mis les pommes de terre sur le feu ◆ **I've got the dinner on** j'ai mis le repas en route

**VT FUS** 1 (= mount) monter sur un cheval ◆ **to get on a bicycle** monter sur or enfourcher une bicyclette ◆ **to get on a ship** monter à bord (d'un navire) ◆ **to get on a bus/train** monter dans un bus/un train ◆ **to get back on one's feet** se remettre debout

▶ **get on to** VT FUS 1 ⇒ get on vt fus

2 (esp Brit) (= get in touch with) se mettre en rapport avec ; (= speak to) parler à ; (= ring up) téléphoner à

3 (= start talking about) aborder ◆ **we got on to (the subject of) money** nous avons abordé le sujet de l'argent

▶ **get on with** VT FUS 1 (= continue) continuer ◆ **while they talked she got on with her work** pendant qu'ils parlaient, elle continua à travailler ◆ **while he was getting on with the job** pendant qu'il continuait à travailler ◆ **get on with it!, get on with the job!** allez, au travail !

2 (= start on) se mettre à ◆ **I'd better get on with the job!** il faut que je m'y mette !

▶ **get out**

**VI** 1 sortir (of de) ; (from vehicle) descendre (of de) ◆ **to get out of bed** se lever ◆ **get out!** sortez ! ◆ **get out of here!** (lit) sors d'ici ! ; (US * = I don't believe it) à d'autres !

2 (= escape) s'échapper (of de) ◆ **to get out of** (fig) [+ task, obligation] échapper à ; [+ difficulty] surmonter ◆ **you'll have to do it, you can't get out of it** il faut que tu le fasses, tu ne peux pas y échapper or y couper* ◆ **some people will do anything to get out of paying taxes** certaines personnes feraient n'importe quoi pour éviter de payer des impôts ◆ **he's trying to get out of going to the funeral** il essaie de trouver une excuse pour ne pas aller à l'enterrement

3 [news] se répandre, s'ébruiter ; [secret] être éventé ◆ **wait till the news gets out!** attends que la nouvelle soit ébruitée ! ; → jail

**VT SEP** 1 (= bring out) [+ object] sortir (of de) ; [+ words, speech] prononcer, sortir* ; [+ book] [publisher] publier, sortir ; [library-user] emprunter, sortir ◆ **get the cards out and we'll have a game** sors les cartes et on va faire une partie ◆ **he got his diary out of his pocket** il sortit son agenda de sa poche

2 (= remove) [+ nail] arracher ; [+ tooth] extraire, arracher ; [+ stain] enlever, faire partir ◆ **to get the cork out of a bottle** déboucher une bouteille ◆ **I can't get it out of my mind** je ne peux pas chasser cela de mon esprit, ça me trotte dans la tête* sans arrêt

3 (= free) [+ person] faire sortir (of de) ◆ **they hope he'll get them out of their difficulties** ils espèrent qu'il les sortira de ce mauvais pas ◆ **it gets me out of the house** ça me fait sortir (de chez moi)

4 (= prepare) [+ list] établir, dresser

▶ **get over**

**VI** (= go) aller ; (= come) venir ; (= cross) traverser ; [message, meaning] passer* ; [speaker] se faire entendre

**VT FUS** 1 (= cross) [+ river, road] traverser ; [+ fence] [horse] franchir, sauter par-dessus ; [person] escalader, passer par-dessus

2 (= recover from) ◆ **to get over an illness** guérir or se remettre d'une maladie ◆ **to get over sb's death** se consoler or se remettre de la mort de qn ◆ **I can't get over it** je n'en reviens pas ◆ **I can't get over the fact that...** je n'en reviens pas que... + subj ◆ **I can't get over how much he's changed** je n'en reviens pas de voir combien il a changé ◆ **you'll get over it!** tu n'en mourras pas ! ◆ **she never really got over him** * elle ne l'a jamais vraiment oublié

3 (= overcome) [+ obstacle, difficulty] surmonter ; [+ problem] résoudre

**VT SEP** 1 (lit) [+ person, animal, vehicle] faire passer ◆ **we couldn't get the car over** nous n'avons pas pu faire passer la voiture

2 (= communicate) faire comprendre ; [+ ideas] communiquer ◆ **I couldn't get it over to him that he had to come** je n'ai pas pu lui faire comprendre qu'il devait venir ◆ **he couldn't get his ideas over to his readers** il était incapable de communiquer ses idées à ses lecteurs

▶ **get over with** VT SEP (= have done with) en finir ◆ **let's get it over with** finissons-en ◆ **I was glad to get the injections over with** j'étais content d'en avoir fini avec ces piqûres

▶ **get round**

**VI** ⇒ get about

**VT SEP** ◆ **to get sb round to one's way of thinking** rallier qn à son point de vue

**VT FUS** 1 (= circumvent) [+ obstacle, difficulty, law, regulation] contourner

2 (= coax, persuade) [+ person] amadouer*

▶ **get round to** * VT FUS ◆ **to get round to doing sth** trouver le temps de faire qch ◆ **I don't think I'll get round to it before next week** je ne pense pas trouver le temps de m'en occuper avant la semaine prochaine

▶ **get through**

**VI** 1 [news] parvenir (to à) ; [signal] être reçu ◆ **I think the message is getting through to him** je pense qu'il commence à comprendre

2 (= be accepted, pass) [candidate] être reçu, réussir ; [motion, bill] passer, être voté ◆ **to get through to the third round** [team] se qualifier pour le troisième tour

3 (Telec) obtenir la communication ◆ **I phoned you several times but couldn't get through** je t'ai appelé plusieurs fois mais je n'ai pas pu t'avoir ◆ **I got through to him straight away** j'ai réussi à lui parler tout de suite

4 (= communicate with) ◆ **to get through to sb** communiquer avec qn ◆ **he can't get through to his son at all** il n'arrive pas du tout à communiquer avec son fils

5 (= finish) terminer, finir ◆ **I won't get through before 6 o'clock** je n'aurai pas terminé or fini avant 6 heures ◆ **to get through with sb/sth*** en finir avec qn/qch

**VT FUS** 1 [+ hole, window] passer par ; [+ hedge] traverser, passer à travers ; [+ crowd] se frayer un chemin dans or à travers ; (Mil) [+ enemy lines] enfoncer, franchir

2 (= do) [+ work] faire ; [+ book] lire (en entier) ◆ **we've got a lot of work to get through** nous avons beaucoup de travail à faire ◆ **he got through a lot of work** il a abattu beaucoup de besogne

3 (= consume, use, spend) [+ supplies] utiliser, consommer ; [+ money] dépenser ; [+ food] manger ; [+ drink] boire ◆ **we get through a lot of nappies** nous utilisons beaucoup de couches ◆ **we get through £150 per week** nous dépensons 150 livres par semaine

4 (= survive) ◆ **how are they going to get through the winter?** comment vont-ils passer l'hiver ? ◆ **we couldn't get through a day without arguing** pas un jour ne se passait sans que nous ne disputions

**VT SEP** 1 [+ person, object] faire passer ◆ **we couldn't get the sofa through the door** on ne pouvait pas faire passer le sofa par la porte ◆ **to get the message through to sb that...** faire comprendre à qn que... ◆ **I can't get it through to him that...** je n'arrive pas à lui faire comprendre que...

2 (= have approved) ◆ **to get a bill through** faire adopter un projet de loi

3 (Scol) ◆ **he got his pupils through** il y est pour beaucoup dans le succès de ses élèves à l'examen ◆ **it was his English that got him through** c'est grâce à son anglais qu'il a été reçu

▶ **get together**

**VI** se retrouver ◆ **let's get together on Thursday and decide what to do** si on se retrouvait jeudi pour décider de ce qu'on va faire ? ◆ **this is the only place where villagers can get together** c'est le seul endroit où les gens du village peuvent se retrouver or se réunir ◆ **you'd better get together with him before you decide** vous feriez bien de le voir avant de prendre une décision

**VT SEP** [+ people] rassembler, réunir ; [+ thoughts, ideas] rassembler ; [+ team, group] former ; [+ money] rassembler, collecter ◆ **let me just get my things together** je rassemble mes affaires et j'arrive

▶ **get under**

**VI** (= pass underneath) passer par-dessous

**VT FUS** ◆ **to get under a fence/a rope** etc passer sous une barrière/une corde etc

▶ **get up**

**VI** 1 (= rise) [person] se lever (from de) ; [wind] se lever ◆ **the sea is getting up** la houle se lève ◆ **what time did you get up?** à quelle heure t'es-tu levé ?

2 (on a chair, on stage) monter

**VT FUS** [+ tree, ladder] monter à ; [+ hill] monter, grimper

**VT SEP** 1 (lit) [+ person] (up stairs, hill) faire monter ; [+ thing] monter ; [+ sail] hisser ◆ **to get up speed** prendre de la vitesse

2 (from bed) [+ person] faire lever ; (= wake) réveiller

3 (= organize) [+ play, show] monter ; [+ concert] organiser ; [+ story] fabriquer, forger ◆ **to get up a petition** organiser une pétition

4 (= prepare, arrange) [+ article for sale] apprêter, préparer ; [+ book] présenter

5 (= dress) ◆ **she was very nicely got up** elle était très bien mise ◆ **a tramp got up in a velvet jacket** un clochard affublé d'une veste de velours ◆ **to get o.s. up as** se déguiser en ◆ **the children had got themselves up in cowboy outfits** les enfants s'étaient déguisés en cowboys

6 (= study) [+ history, literature etc] travailler, bûcher * ; [+ speech, lecture] préparer

▶ **get up to** VT FUS 1 (= catch up with) rattraper

2 (= reach) arriver à ◆ **I've got up to page 17** j'en suis à la page 17 ◆ **where did we get up to last week?** où en étions-nous or où en sommes-nous arrivés la semaine dernière ?

3 ( * = be involved in, do) ◆ **to get up to mischief** faire des bêtises or des sottises ◆ **you never know what he'll get up to next** on ne sait jamais ce qu'il va inventer or fabriquer* ◆ **do you realize what they've been getting up to?** est-ce que tu sais ce qu'ils ont trouvé le moyen de faire ? ◆ **what have you been getting up to lately?** (hum) qu'est-ce que tu deviens ?

**getaway** /'ɡetəweɪ/ SYN N 1 (= start) (in car) démarrage m ; (Racing) départ m

2 (= escape) [of criminals] fuite f ◆ **to make a or one's getaway** s'enfuir ◆ **they had a getaway car waiting** ils avaient une voiture pour s'enfuir ◆ **the gangsters' getaway car was later found abandoned** on a retrouvé abandonnée la voiture qui avait permis aux gangsters de s'enfuir

3 (= short holiday) escapade f

**Gethsemane** /ɡeθ'semənɪ/ N Gethsémani

**getter** /'ɡetəʳ/ N (Phys) getter m

**getup*** /'ɡetʌp/ N (= clothing) mise f, tenue f, accoutrement m (pej) ; (= fancy dress) déguisement m ; (= presentation) présentation f

**geum** /'dʒiːəm/ N benoîte f

**gewgaw** /'ɡjuːɡɔː/ N bibelot m, babiole f

**geyser** /'ɡiːzəʳ, (US) 'ɡaɪzəʳ/ N (Geol) geyser m ; (Brit : in house) chauffe-eau m inv

**Ghana** /'ɡɑːnə/ N Ghana m ◆ **in Ghana** au Ghana

**Ghanaian** /ɡɑː'neɪən/
ADJ ghanéen
N Ghanéen(ne) m(f)

**ghastliness** /'ɡɑːstlɪnɪs/ N (= paleness) extrême pâleur f ; (= horror) horreur f ; (= ugliness) (extrême) laideur f ◆ **how can I make up for the ghastliness of the evening?** comment me faire pardonner cette soirée épouvantable ?

**ghastly** /'ɡɑːstlɪ/ SYN ADJ 1 (= awful, horrendous) [person] horrible ; [war, murder, news, clothes, wallpaper, building] horrible, affreux ; [situation, experience] épouvantable

2 (= frightening) effrayant

3 (= serious) [mistake, headache, pain] terrible, épouvantable

4 (= pale) [appearance] mortellement pâle ; [pallor] mortel ; [light] spectral ◆ **to look ghastly** avoir une mine de déterré

**ghee** /ɡiː/ N beurre m clarifié

**Ghent** /ɡent/ N Gand

**gherkin** /'ɡɜːkɪn/ N (Culin) cornichon m

**ghetto** /'ɡetəʊ/
N (pl ghettos or ghettoes) (lit, fig) ghetto m
COMP **ghetto-blaster*** N (gros) radiocassette m

**ghettoization** /ˌɡetəʊaɪ'zeɪʃən/ N ghettoïsation f ; (fig) marginalisation f

**ghettoize** /'ɡetəʊˌaɪz/ VT ghettoïser ; (fig) marginaliser

**Ghibelline** /'ɡɪbɪˌlaɪn/ N Gibelin m

**ghost** /ɡəʊst/ SYN
N (= apparition) fantôme m ; (fig) ombre f ; (TV) filage m ; ( †† = soul) âme f ◆ **I don't believe in ghosts** je ne crois pas aux fantômes ◆ **he gave the ghost of a smile** il eut un vague sourire ◆ **I haven't a ghost of a chance** je n'ai pas la moindre chance or pas l'ombre d'une chance ◆ **to give up the ghost** ( * liter, hum) (= die) rendre

## ghostlike | gimpy

l'âme ; (= *stop trying*) baisser les bras ◆ **my alarm clock's finally given up the ghost** mon réveil a fini par rendre l'âme ◆ **you look like** *or* **as if you've seen a ghost!** on dirait que tu as vu un revenant ! ; → **holy**

**VT** ◆ **his book was ghosted by a journalist** c'est un journaliste qui lui a servi de nègre pour (écrire) son livre

**COMP** [*film, story*] de revenants, de fantômes ; [*ship*] fantôme
**ghost image** N (TV) filage m
**ghost town** N ville f morte
**ghost train** N (Brit : *at funfair*) train m fantôme
**ghost-write** VT ⇒ **ghost** VT
**ghost writer** N nègre m

**ghostlike** /ˈgəʊstlaɪk/ ADJ fantomatique

**ghostly** /ˈgəʊstlɪ/ SYN ADJ ① spectral, fantomatique
② († † : *Rel etc*) spirituel

**ghoul** /guːl/ N goule f ; (= *grave robber*) déterreur m de cadavres ◆ **he's a ghoul** (*fig*) il est morbide, il a des goûts dépravés

**ghoulish** /ˈguːlɪʃ/ ADJ (= *morbid, ghoul-like*) de goule ; (*pej*) [*person, curiosity, desire, humour, tastes*] morbide

**ghoulishly** /ˈguːlɪʃlɪ/ ADV (= *morbidly*) de façon morbide

**ghoulishness** /ˈguːlɪʃnɪs/ N morbidité f

**GHQ** /ˌdʒiːeɪtʃˈkjuː/ N (*Mil etc*) (abbrev of **General Headquarters**) GQG m

**GI*** /ˌdʒiːˈaɪ/ (US)
**N** (also **GI Joe**) soldat m (américain), GI m
**ADJ** militaire ◆ **GI bill** (*Univ*) loi sur les bourses pour anciens combattants ◆ **GI bride** épouse étrangère d'un GI

**giant** /ˈdʒaɪənt/ SYN
**N** géant m ◆ **he is a giant of a man** c'est un géant ◆ **the giant of opera, Luciano Pavarotti** le monstre sacré de l'opéra, Luciano Pavarotti ◆ **the Giant's Causeway** (*Geog*) la chaussée des Géants ◆ **electronics/chemicals giant** (*fig*) géant m de l'électronique/de l'industrie chimique
**ADJ** [*tree, star etc*] géant ; [*strides*] de géant ; [*helping, amount*] gigantesque ; [*packet, size*] géant
**COMP giant-killer** N (*Sport*) vainqueur m surprise (équipe de second plan qui parvient à battre une grande équipe)
**giant-killing** ADJ ◆ **the team's giant-killing act against Manchester United** la victoire surprise de l'équipe contre le géant Manchester United ◆ **Spain's giant-killing French Open champion** l'outsider espagnol qui a tombé les meilleurs joueurs aux Internationaux de France
**giant panda** N grand panda m
**giant slalom** N (*Ski*) slalom m géant

**giantess** /ˈdʒaɪəntɪs/ N géante f

**giantism** /ˈdʒaɪəntɪzəm/ N gigantisme m

**giaour** /ˈdʒaʊər/ N giaour m

**Gib*** /dʒɪb/ N (abbrev of **Gibraltar**) Gibraltar m

**gibber** /ˈdʒɪbər/ VI [*person, ape etc*] baragouiner* ◆ **to gibber with rage/fear** bégayer *or* bafouiller de colère/de peur ◆ **gibbering idiot** crétin m patenté* ◆ **I was a gibbering wreck by this stage** j'étais alors à bout de nerfs

**gibberellin** /ˌdʒɪbəˈrelɪn/ N gibbérelline f

**gibberish** /ˈdʒɪbərɪʃ/ SYN N (NonC) charabia* m ◆ **he's talking gibberish*** il dit n'importe quoi*

**gibbet** /ˈdʒɪbɪt/ N potence f, gibet m

**gibbon** /ˈgɪbən/ N gibbon m

**gibbous** /ˈgɪbəs/ ADJ (= *hump-backed*) gibbeux (liter), bossu ◆ **gibbous moon** lune f dans le deuxième *ou* troisième quartier

**gibe** /dʒaɪb/ SYN
**VI** ① ◆ **to gibe at sb** railler qn, se moquer de qn
② (*Naut*) [*boat*] virer lof pour lof ; [*sail*] passer d'un bord à l'autre du mât
**N** raillerie f, moquerie f

**giblets** /ˈdʒɪblɪts/ NPL abattis mpl, abats mpl (de volaille)

**Gibraltar** /dʒɪˈbrɔːltər/ N Gibraltar m ◆ **in Gibraltar** à Gibraltar ; → **rock²**, **strait**

**Gibraltarian** /ˌdʒɪbrɔːlˈtɛərɪən/
**ADJ** gibraltarien
**N** Gibraltarien(ne) m(f)

**giddily** /ˈgɪdɪlɪ/ ADV (= *unsteadily*) en titubant ; (= *dizzyingly*) à donner/à en avoir le vertige ◆ **to be giddily high** [*figures etc*] atteindre des sommets vertigineux

**giddiness** /ˈgɪdɪnɪs/ SYN N (NonC) (Med) vertiges mpl, étourdissements mpl ; (= *lightheartedness*) légèreté f ; (= *heedlessness*) étourderie f ◆ **a bout of giddiness** un vertige, un étourdissement

**giddy¹** /ˈgɪdɪ/ SYN ADJ [*person*] (= *dizzy*) pris de vertige *or* d'un étourdissement ; (= *heedless*) étourdi, écervelé ; (= *not serious*) léger ; [*height*] vertigineux, qui donne le vertige ◆ **I feel giddy** la tête me tourne ◆ **to turn** *or* **go giddy** être pris de vertige ◆ **to make sb giddy** donner le vertige à qn ◆ **giddy spells** vertiges mpl, étourdissements mpl ◆ **being there gave me a giddy pleasure** être là me procurait un plaisir grisant ◆ **she was giddy with excitement** l'idée (or l'émerveillement *etc*) la grisait ◆ **the giddy heights of senior management** (*fig*, *iro*) les hautes sphères de la direction générale ◆ **that's the giddy limit!*** ça c'est le bouquet ! * ; → **spell²**

**giddy²** /ˈgɪdɪ/ EXCL (*to horse*) ◆ **giddy up!** hue !

**Gideon** /ˈgɪdɪən/
**N** (*Bible*) Gédéon m
**COMP Gideon Bible** N bible placée dans les hôtels par la Gideon Society

**GIFT** /gɪft/ N (abbrev of **Gamete Intrafallopian Transfer**) fivète f

**gift** /gɪft/ SYN
**N** ① (= *present*) cadeau m, présent m ; (Comm) prime f, cadeau ◆ **New Year gift** étrennes fpl ◆ **it was a gift** (*lit*) c'était un cadeau ; (* *fig* = it was easy*) c'était du gâteau * ◆ **I wouldn't have it as a gift** on m'en ferait cadeau que je n'en voudrais pas ◆ **"free gift inside the packet"** (Comm) « ce paquet contient un cadeau »
② (*Jur etc*) don m, donation f ◆ **to make sb a gift of sth** faire don *or* cadeau de qch à qn ◆ **in the gift of** à la discrétion de ; → **deed**
③ (= *talent*) don m (for de, pour), talent m (for pour) ◆ **he has a gift for maths** il a un don pour les maths *or* le don des maths ◆ **she has a gift for teaching** elle a un don pour l'enseignement, elle est très douée pour l'enseignement ◆ **he has great artistic gifts** il a de grands dons artistiques ◆ **to have the gift of the gab*** avoir la langue bien pendue, avoir du bagout*
**VT** (*esp Jur*) donner ◆ **to be gifted with patience etc** (*fig*) être doué de patience *etc*
**COMP gift horse** N ◆ **don't look a gift horse in the mouth** (*Prov*) à cheval donné on ne regarde point la bouche (*Prov*), on ne critique pas le cadeau qu'on reçoit (*Prov*)
**gift shop** N boutique f de cadeaux
**gift token, gift voucher** N chèque-cadeau m

**gifted** /ˈgɪftɪd/ SYN ADJ (*fig*) doué (for pour) ◆ **the gifted child** l'enfant m *or* f surdoué

**giftedly** /ˈgɪftɪdlɪ/ ADV avec talent, talentueusement

**giftwrap** /ˈgɪftræp/
**VT** ◆ **to giftwrap a package** faire un paquet-cadeau ◆ **could you giftwrap it for me?** pouvez-vous me faire un paquet-cadeau ?
**N** ⇒ **giftwrapping**

**giftwrapped** /ˈgɪftræpt/ ADJ sous emballage-cadeau

**giftwrapping** /ˈgɪftræpɪŋ/ N emballage-cadeau m

**gig** /gɪg/
**N** ① (= *vehicle*) cabriolet m ; (= *boat*) petit canot m, youyou m
② (*Mus* * = *jazz, pop concert*) concert m ◆ **they had a regular gig at the Cavern** ils jouaient régulièrement au Cavern ◆ **comedy gigs** (*Theat*) numéros mpl de comique
③ (*US fig* : *) job* m temporaire
**VI** * (*Mus*) jouer live *ou* sur scène ◆ **he spent ten years gigging in bars** [*stand-up comedian*] il a passé dix ans à jouer dans les bars

**gigabyte** /ˈgɪgəbaɪt/ N gigaoctet m

**gigaflop** /ˈgaɪgəˌflɒp/ N milliard m d'opérations en virgule flottante par seconde

**gigahertz** /ˈgɪgəˌhɜːts/ N gigahertz m

**gigantic** /dʒaɪˈgæntɪk/ SYN ADJ gigantesque

**gigantically** /dʒaɪˈgæntɪkəlɪ/ ADV ◆ **gigantically fat** démesurément gros ◆ **to be gigantically successful** avoir un succès énorme

**gigantism** /dʒaɪˈgæntɪzəm/ N gigantisme m

**gigantomachy** /ˌdʒaɪgænˈtɒməkɪ/ N (*Myth*) gigantomachie f

**gigawatt** /ˈdʒɪgəˌwɒt/ N gigawatt m

**giggle** /ˈgɪgl/ SYN
**VI** rire sottement, glousser ◆ **stop giggling!** ne riez pas sottement comme ça ! ◆ **she was giggling helplessly** elle ne pouvait pas se retenir de rire sottement *or* de glousser ◆ **"stop that!" she giggled** « arrête ! » dit-elle en gloussant
**N** petit rire m sot *or* nerveux, gloussement m sot *or* nerveux ◆ **to have/get the giggles** avoir/attraper le fou rire ◆ **she had a fit of the giggles** elle avait le fou rire ◆ **it was a bit of a giggle*** (*Brit*) ça nous a bien fait rigoler * ◆ **he did it for a giggle*** (*Brit*) il a fait ça pour rigoler *

**giggler** /ˈgɪglər/ N ◆ **she's a giggler** elle glousse sans arrêt

**giggling** /ˈgɪglɪŋ/
**N** gloussements mpl
**ADJ** qui glousse, qui pouffe de rire

**giggly** /ˈgɪglɪ/ ADJ qui rit bêtement *or* glousse (sans arrêt)

**GIGO** /ˈgiːgəʊ, ˌdʒiːˈaɪdʒiːˈəʊ/ (abbrev of **garbage in, garbage out**) → **garbage**

**gigolo** /ˈʒɪgələʊ/ N (*sexually*) gigolo m ; (= *dancing partner*) danseur m mondain

**gigot** /ˈʒiːgəʊ, ˈdʒɪgət/ N (*Culin*) gigot m

**Gila** /ˈhiːlə/ N ◆ **Gila monster** monstre m de Gila, héloderme m

**Gilbertian** /gɪlˈbɜːtɪən/ ADJ (*Brit*) ≈ vaudevillesque

**Gilbert Islands** /ˈgɪlbət/ NPL îles fpl Gilbert

**gild** /gɪld/ SYN VT (pret **gilded**, ptp **gilded** *or* **gilt**) dorer ◆ **to gild the lily** renchérir sur la perfection ◆ **to gild the pill** dorer la pilule ◆ **gilded youth** la jeunesse dorée

**gilding** /ˈgɪldɪŋ/ N dorure f

**Giles** /dʒaɪlz/ N Gilles m

**gill¹** /gɪl/ N [*of mushrooms*] lamelle f ◆ **gills** [*of fish*] ouïes fpl, branchies fpl ◆ **he was looking somewhat green** *or* **pale around the gills*** il était (devenu) vert

**gill²** /dʒɪl/ N (*Brit = measure*) quart m de pinte (= 0,142 l)

**gill³** /gɪl/ N (*dial, mainly N Engl*) (= *stream*) ru (*o.f* or *dial*) m, ruisselet m ; (= *ravine*) ravin m boisé

**gillie** /ˈgɪlɪ/ N (*Scot*) gillie m, accompagnateur m (d'un chasseur, d'un pêcheur etc)

**gillyflower** /ˈdʒɪlɪˌflaʊər/ N giroflée f

**gilt** /gɪlt/
**VB** ptp of **gild**
**N** (= *gold*) dorure f ◆ **to take the gilt off the gingerbread** enlever tout le charme, gâter le plaisir
**NPL gilts** (*Brit Fin*) ⇒ **gilt-edged securities**
**ADJ** doré
**COMP gilt-edged** ADJ [*book*] doré sur tranche ; (*fig*) de tout premier ordre
**gilt-edged securities** NPL (*Brit Fin*) (*government-issued*) fonds mpl *ou* obligations fpl d'État ; (= *safe investment*) valeurs fpl de tout repos *or* de père de famille
**gilt-edged stock** N ⇒ **gilt-edged securities**
**gilt-head** N (= *fish*) daurade f, dorade f

**gimbal(s)** /ˈdʒɪmbəl(z)/ N cardan m

**gimcrack** /ˈdʒɪmkræk/ ADJ ringard

**gimlet** /ˈgɪmlɪt/ N vrille f ◆ **to have eyes like gimlets, to be gimlet-eyed** avoir des yeux perçants, avoir un regard perçant

**gimme*** /ˈgɪmiː/ ⇒ **give me**

**gimmick** /ˈgɪmɪk/ SYN N (*gen*) truc* m ; (*Theat* = *catch phrase*) réplique f à effet ; (= *gadget*) gadget m ; (US) (= *trick*) truc* m, combine f ◆ **advertising gimmick** truc* m *or* procédé m publicitaire ◆ **election gimmick** procédé m pour s'attirer des suffrages ◆ **it's just a sales gimmick** c'est simplement un gadget promotionnel *or* une astuce promotionnelle

**gimmickry** /ˈgɪmɪkrɪ/ N gadgets mpl

**gimmicky** /ˈgɪmɪkɪ/ ADJ (*pej*) qui relève du gadget

**gimp*** /gɪmp/ (US)
**N** (= *person*) boiteux m, -euse f ◆ **to walk with a gimp** boiter
**VI** boiter

**gimpy** /ˈgɪmpɪ/ ADJ (US) boiteux

## gin¹ /dʒɪn/
**N** ⟨1⟩ gin *m* ◆ **gin and tonic** gin-tonic *m* ◆ **gin and it** (Brit) gin-vermouth *m* ; → **pink¹**
⟨2⟩ (Cards: also **gin rummy**) variante du rami
**COMP** **gin mill*** N (US) bar *m*, saloon *m*
**gin sling** N gin-fizz *m*

## gin² /dʒɪn/
**N** ⟨1⟩ (Brit : also **gin trap**) piège *m*
⟨2⟩ (Tech: also **cotton gin**) égreneuse *f* (de coton)
**VT** [+ *cotton*] égrener

## ginger /'dʒɪndʒəʳ/
**N** gingembre *m* ; (fig) énergie *f*, pêche* *f* ◆ **Ginger** (= *nickname*) Poil *m* de Carotte
**ADJ** ⟨1⟩ [*hair*] roux (rousse *f*), rouquin* ◆ **a ginger tom** un chat roux
⟨2⟩ (Culin) [*biscuit etc*] au gingembre
**COMP** **ginger ale, ginger beer** (Brit) N boisson *f* gazeuse au gingembre
**ginger group** N (Brit : *esp Pol*) groupe *m* de pression
**ginger nut** N gâteau *m* sec au gingembre
**ginger pop*** N ⇒ ginger ale
**ginger snap** N ⇒ ginger nut

▶ **ginger up** VT SEP (Brit) [+ *person*] secouer, secouer les puces à* ; [+ *action, event*] mettre de la vie ou de l'entrain dans ◆ **the banks are desperately trying to ginger up the housing market** les banques essaient désespérément de stimuler *or* dynamiser le marché de l'immobilier ◆ **he gingered up his talk with a few jokes** il a relevé *or* égayé sa causerie de quelques plaisanteries

## gingerbread /'dʒɪndʒəbred/
**N** pain *m* d'épice
**ADJ** (Culin) en pain d'épice ; (Archit *) [*style*] tarabiscoté ◆ **gingerbread man** bonhomme *m* en pain d'épice

## gingerly /'dʒɪndʒəlɪ/ SYN
**ADJ** [*prod*] léger, doux (douce *f*) ; [*touch*] délicat
**ADV** avec précaution

## gingery /'dʒɪndʒərɪ/ ADJ
⟨1⟩ (= *colour*) [*hair*] avec des reflets roux ; [*cloth etc*] dans les tons roux
⟨2⟩ [*taste*] de gingembre ◆ **it tastes (very) gingery** ça a (fort) goût de gingembre

## gingham /'gɪŋəm/ N vichy *m*

## gingiva /'dʒɪndʒɪvə/ NPL gencive *f*

## gingival /'dʒɪndʒɪvəl/ ADJ gingival

## gingivitis /ˌdʒɪndʒɪ'vaɪtɪs/ N gingivite *f*

## ginglymus /'gɪŋglɪməs/ N (Anat) ginglyme *m*

## gink* /gɪŋk/ N (US pej) (drôle de) type* *m*

## ginkgo /'gɪŋkgəʊ/ N ginkgo *m*

## ginormous* /dʒaɪ'nɔːməs/ ADJ gigantesque

## ginseng /dʒɪn'seŋ/
**N** ginseng *m*
**COMP** [*tea, tablets*] au ginseng

## Gioconda /dʒɔ'kɒndə/ N ◆ **La Gioconda** la Joconde ◆ **Gioconda smile** sourire *m* énigmatique *or* sibyllin

## Giorgi system /'dʒɔːdʒɪ/ N système *m* MKSA

## gip /dʒɪp/ ⇒ gyp

## gippy* /'dʒɪpɪ/ ADJ (Brit) ◆ **to have a gippy tummy** avoir la courante*

## gipsy /'dʒɪpsɪ/ SYN
**N** (gen) bohémien(ne) *m(f)* ; (Spanish) gitan(e) *m(f)* ; (Central European) Tsigane *or* Tzigane *mf* ; (pej) romanichel(le) *m(f)*
**COMP** [*caravan, custom*] de bohémien, de gitan, tsigane, de romanichel (pej) ; [*music*] des gitans, tsigane
**gipsy cab** N (US) taxi *m* clandestin
**gipsy driver** N (US) chauffeur *m* de taxi clandestin
**gipsy moth** N zigzag *m*

## giraffe /dʒɪ'rɑːf/ N girafe *f* ◆ **baby giraffe** girafeau *m*

## gird /gɜːd/ SYN (pret, ptp girded *or* girt) VT (liter = encircle) ceindre (liter) ; († † = clothe) revêtir (with de) ◆ **to gird o.s. for a fight** (fig = get ready) se préparer au combat ◆ **to gird (up) one's loins** (liter) se préparer (to do sth à faire qch ; for sth pour qch)

▶ **gird on** VT SEP [+ *sword etc*] ceindre (liter)

▶ **gird up** VT SEP [+ *robe*] ceindre ; see also **gird**

## girder /'gɜːdəʳ/ N poutre *f* ; (smaller) poutrelle *f*

## girdle¹ /'gɜːdl/ SYN
**N** (= *belt*: lit, fig) ceinture *f* ; (= *corset*) gaine *f*
**VT** (fig liter) ceindre (with de)

## girdle² /'gɜːdl/ N (Culin) ⇒ griddle noun

## girl /gɜːl/ SYN
**N** ⟨1⟩ (jeune) *or* (petite) fille *f* ◆ **the girl who looks after the children** la jeune fille qui s'occupe des enfants ◆ **a little girl** une petite fille, une fillette ◆ **the little girls were watching television** les petites filles *ou* les fillettes regardaient la télévision ◆ **she's a nice girl** c'est une fille bien ◆ **that girl gets on my nerves** cette fille m'énerve ◆ **a girl of 17** une (jeune) fille de 17 ans ◆ **an English girl** une jeune Anglaise ◆ **a little English girl** une petite Anglaise ◆ **poor little girl** pauvre petite *f* ◆ **the Smith girls** les filles des Smith ◆ **I'll really give you something to cry about, my girl** je vais te donner une bonne raison de pleurer, ma fille* ◆ **girls' school** école *f* (*or* lycée *m* etc) de filles
⟨2⟩ (= *daughter*) fille *f* ; (= *pupil*) élève *f* ; (= *servant*) bonne *f* ; (= *factory-worker*) ouvrière *f* ; (= *shop assistant*) vendeuse *f*, jeune fille *f* ; ( * = *sweetheart*) petite amie *f* ◆ **old girl** (Brit Scol) ancienne élève *f* ◆ **yes, old girl** oui, ma vieille* ◆ **the old girl*** (= *wife*) la patronne *f*, la bourgeoise* ; (= *mother*) ma mère *or* vieille* ◆ **the old girl* next door** la vieille dame *or* la vieille* d'à côté
**COMP** **girl band** N (Mus) girlband *m*
**girl Friday** N (in office) aide *f* de bureau
**girl guide** N (Brit) éclaireuse *f* ; (Roman Catholic) guide *f*
**girl's blouse*** N ◆ **he's a big girl's blouse** c'est une vraie mauviette ◆ **you big girl's blouse!** quelle mauviette tu fais !
**girl scout** N (US) ⇒ girl guide
**girl-watching** N (US) ◆ **to go girl-watching** aller reluquer* les filles

## girlfriend /'gɜːlfrend/ N [of boy] petite amie *f* ; [of girl] amie *f*, copine *f*

## girlhood /'gɜːlhʊd/ N enfance *f*, jeunesse *f*

## girlie *, girly /'gɜːlɪ/ ADJ de filles ◆ **girlie magazine** magazine *m* de charme *or* de fesses*

## girlish /'gɜːlɪʃ/ ADJ [boy] efféminé ; [behaviour, appearance] (woman's) de petite fille, de jeune fille ; (man's, boy's) efféminé

## giro /'dʒaɪrəʊ/ N (Brit * : also **giro cheque**) ≈ mandat *m* postal (servant au paiement des prestations de chômage ou de maladie) ◆ **bank giro system** système *m* de virement bancaire ◆ **National Giro** ≈ Comptes *mpl* Chèques Postaux ◆ **by giro transfer** (Fin) par virement postal (*or* bancaire)

## girt /gɜːt/
**VB** pt, ptp of **gird**
**N** ⇒ girth 2

## girth /gɜːθ/ SYN N ⟨1⟩ (= *circumference*) [of tree] circonférence *f* ; [of waist/hips etc] tour *m* (de taille/de hanches etc) ◆ **in girth** de circonférence, de tour ◆ **his (great) girth** sa corpulence
⟨2⟩ [of saddle] sangle *f* ◆ **to loosen the girths** dessangler

## gist /dʒɪst/ SYN N (NonC) [of report, conversation etc] fond *m*, essentiel *m* ; [of question] point *m* principal ◆ **to get the gist of sth** comprendre l'essentiel de qch ◆ **give me the gist of what he said** résumez-moi ce qu'il a dit, en deux mots

## git* /gɪt/ N (Brit pej) ⟨1⟩ (= *idiot*) (man) con** *m* ; (woman) conne** *f* ◆ **stupid git!** espèce de con(ne) !*
⟨2⟩ (= *unpleasant person*) (man) salaud** *m* ; (woman) salope** *f* ◆ **he's a miserable old git** c'est un vieux con**

## gîte /ʒiːt/ N gîte *m*

---

## give /gɪv/ SYN

vb: pret **gave**, ptp **given**

1 - TRANSITIVE VERB
2 - INTRANSITIVE VERB
3 - NOUN
4 - COMPOUNDS
5 - PHRASAL VERBS

---

### 1 - TRANSITIVE VERB

▶ When **give** is part of a set combination, eg **give evidence**, **give a party**, **give a yawn**, look up the other word.

⟨1⟩ donner (to à) ; [+ gift] offrir (to à) ; [+ one's time] consacrer, donner (to à) ◆ **to give sb something to eat/drink** donner à manger/à boire à qn ◆ **can you give him something to do?** pouvez-vous lui donner quelque chose à faire ? ◆ **what are you going to give her?** qu'est-ce que tu vas lui offrir ? ◆ **to give one's daughter in marriage** † donner sa fille en mariage † ◆ **she gave herself to him** † elle s'est donnée à lui † ◆ **it was not given to him to achieve happiness** il ne lui a pas été donné de trouver le bonheur ◆ **to give sb one's trust** donner *or* accorder sa confiance à qn ◆ **he gave his life** *or* **himself to helping the poor** il a consacré sa vie aux pauvres BUT ◆ **she gave us a wonderful meal** elle nous a préparé un délicieux repas ◆ **to give sb a look** jeter *or* lancer un regard à qn ◆ **give me a gas cooker every time!*** pour moi rien ne vaut une gazinière ! ◆ **children? give me dogs any time!** des enfants ? je préfère de loin les chiens !

▶ **give** + noun may be translated by a verb alone.

◆ **can you give me a bed for the night?** pouvez-vous me loger pour la nuit ? ◆ **they gave us a lot of help** ils nous ont beaucoup aidés ◆ **I'll give you a call** je vous appellerai, je vous passerai un coup de fil

◆ **to be given** (= *receive*)

▶ In French the recipient is not made the subject of a passive construction.

◆ **she was given a huge bouquet** on lui a donné *or* offert un énorme bouquet ◆ **we were given a warm reception** on nous a accueillis chaleureusement ◆ **the suggestion will be given serious consideration** cette suggestion sera soigneusement examinée ◆ **six footballers were given honours** six footballeurs ont reçu une distinction honorifique BUT ◆ **he was given a knighthood** il a été fait chevalier

◆ **to give and take** ◆ **one must give and take** il faut faire des concessions ; see also **compounds**

◆ **give or take** ◆ **give or take a few minutes** à quelques minutes près ◆ **a hundred people, give or take a few** à peu près cent personnes

⟨2⟩ [= CAUSE, CAUSE TO FEEL] faire ◆ **it gave me a shock** ça m'a fait un choc ◆ **keying gives me a pain in my wrist** si je tape au clavier, ça me fait mal au poignet ◆ **it gave me a funny feeling** ça m'a fait un drôle d'effet ◆ **to give sb to believe sth** donner à croire qch à qn, laisser entendre qch à qn ◆ **I was given to understand that...** on m'avait laissé entendre que..., on m'avait donné à croire que... ◆ **her grandchildren give her a lot of pleasure** ses petits-enfants lui procurent beaucoup de plaisir ◆ **it gives me great pleasure to introduce...** c'est avec grand plaisir que je vous présente... ◆ **it gave us a good laugh*** on a bien rigolé*

⟨3⟩ [= PASS ON] ◆ **OK, I'll give him the message** d'accord, je lui ferai la commission, d'accord, je le lui dirai ◆ **you've given me your cold** tu m'as passé *or* refilé* ton rhume ◆ **give him my love** faites-lui mes amitiés

⟨4⟩ [= PUT THROUGH TO] passer ◆ **could you give me Mr Smith/extension 231?** pouvez-vous me passer M. Smith/le poste 231 ?

⟨5⟩ [WITH TIME EXPRESSIONS] ◆ **give him time to get home** laissez-lui le temps de rentrer ◆ **give me time and I'll manage it** laissez-moi du temps et j'y arriverai ◆ **give yourself time to think about it before you decide** prends le temps de réfléchir avant de te décider ◆ **(just) give me time!** attends un peu !, ne me bouscule pas ! ◆ **I can't give you any longer, you must pay me now** je ne peux plus vous accorder de délai, il faut que vous payiez maintenant ◆ **I can give you half an hour tomorrow** je peux vous consacrer une demi-heure demain ◆ **the doctors gave him two years (to live)** les médecins lui ont donné deux ans (à vivre) ◆ **how long do you give that marriage?** combien de temps crois-tu que ce mariage tiendra ? ◆ **I can give him ten years*** (in age) il est de dix ans mon cadet

⟨6⟩ [+ NAME, ADDRESS, DESCRIPTION] donner (to à) ◆ **what name did he give?** quel nom a-t-il donné ? ◆ **she was unable to give the police a description of her attacker** elle a été incapable de donner une description de son agresseur à la police ◆ **to give one's decision** rendre *or* faire connaître sa décision ◆ **he gave the cause of death as asphyxia** il a conclu à une mort par asphyxie ◆ **given under my hand and seal** (Jur) signé

⟨7⟩ [= UTTER] [+ answer] donner ; [+ sigh, cry] pousser ◆ **they haven't yet given their answer** ils n'ont pas encore donné de réponse, ils n'ont pas encore rendu leur réponse

⟨8⟩ [= PAY] (= *offer*) offrir, donner ◆ **what did you give for it?** combien l'avez-vous payé ? ◆ **I'd give a lot/anything to know** je donnerais gros/n'importe quoi pour savoir ◆ **what will**

## giveaway | glad

you give me for it? combien m'en offrez-vous or m'en donnez-vous ? ◆ **I don't give much for his chances** je ne donne pas cher de ses chances
⑨ [= PUNISH WITH] [+ lines, detention] donner (to à) ◆ **the teacher gave him 100 lines** le professeur lui a donné 100 lignes ◆ **the judge gave him five years** le juge l'a condamné à cinq ans de prison
⑩ [= PERFORM, DO, DELIVER] [+ lecture] faire, donner ; [+ play] donner, présenter
⑪ [= PRODUCE] donner, produire ◆ **cows give more milk when…** les vaches donnent or produisent plus de lait lorsque… ◆ **two surveys gave good results** deux études ont donné or produit de bons résultats ◆ **it gives a total of 100** cela fait 100 en tout ◆ **this lamp doesn't give much light** cette lampe éclaire mal
⑫ [FRM = TOAST] ◆ **I give you the Queen!** je lève mon verre à la santé de la Reine !
⑬ [IDIOMATIC EXPRESSIONS] ◆ **he gave as good as he got** il a rendu coup pour coup ◆ **give it all you've got!**\* mets-y le paquet !\* ◆ **I wouldn't have it if you gave it to me**\* tu m'en ferais cadeau que je n'en voudrais pas ◆ **I'll give him something to cry about!**\* je lui apprendrai à pleurer ! ◆ **to give sb what for**\*, **to give it to sb**\* passer un savon à qn\*, faire sa fête à qn\* ◆ **he wants £100? I'll give him £100!**\* (iro) il veut 100 livres ? il peut toujours courir !\* ◆ **I'll give you that** (agreeing) je suis d'accord là-dessus ◆ **don't give me that!**\* ne me raconte pas d'histoires !\* ◆ **OK, now give!**\* (US) allez accouche !\*
⑭ [SET STRUCTURES]
◆ **to give way¹** (= collapse) [bridge, beam, ceiling, floor] s'effondrer (beneath, under sous) ; [ground] céder, se dérober (beneath, under sous) ; [cable, rope] céder, (se) casser ; [legs] fléchir, mollir ◆ **his strength gave way** les forces lui ont manqué ◆ **after months of stress his health gave way** après des mois de stress, il a eu de graves problèmes de santé or sa santé a flanché
◆ **to give way²** (= yield) [person] céder (to sth à qch) ; (= stand back) se pousser ; (= agree) finir par donner son accord, finir par consentir ; [troops] (= withdraw) reculer, se retirer ; [car, traffic] céder le passage (to à) ◆ **"give way"** (roadsign) « cédez le passage », « vous n'avez pas la priorité » ◆ **"give way to traffic from the right"** (roadsign) « priorité à droite » ◆ **I gave way to temptation** j'ai cédé à la tentation ◆ **he gave way to their demands** il a cédé à leurs revendications ◆ **don't give way to despair** ne cédez pas au désespoir, ne désespérez pas ◆ **to give way to an impulse** céder à une impulsion ⟨BUT⟩ ◆ **she gave way to tears** elle n'a pas pu retenir ses larmes ◆ **his shock gave way to anger** sa surprise a fait place or laissé place à la colère

### 2 - INTRANSITIVE VERB

① [= COLLAPSE] céder (beneath, under sous) ◆ **the axle gave and fell on me** l'essieu a cédé et m'est tombé dessus ◆ **the chair gave under his weight** la chaise a cédé sous son poids
② [= YIELD] [floor] fléchir ; [cloth, elastic] se détendre, se relâcher ◆ **the floor gave slightly under his feet** le parquet fléchissait légèrement sous son poids
③ [ESP US] ◆ **what gives?**\* alors, qu'est-ce qui se passe ?

### 3 - NOUN

[ \* = FLEXIBILITY ] ◆ **there is a lot of give in this rope** cette corde est très élastique ◆ **there isn't a lot of give in these proposals** il n'y a pas beaucoup de souplesse dans ces propositions ◆ **how much give has there been on their side?** est-ce qu'ils se sont montrés prêts à faire des concessions ?

### 4 - COMPOUNDS

**give-and-take** N (NonC) concessions fpl mutuelles ◆ **there must be a certain amount of give-and-take** il faut que chacun fasse des concessions or y mette un peu du sien

### 5 - PHRASAL VERBS

▶ **give away** VT SEP ① (= bestow, distribute) [+ prizes] distribuer ; [+ bride] conduire à l'autel ; [+ money, goods] donner ◆ **we've got 200 CDs to give away** nous avons 200 CD à donner ◆ **at this price I'm giving it away** à ce prix-là c'est un cadeau or c'est donné

② (= concede) faire cadeau de ◆ **we gave away a silly goal** nous leur avons bêtement fait cadeau d'un but
③ (= tell, betray) [+ names, details] donner ; [+ secrets] révéler ◆ **to give sb away** [+ person, accomplice] dénoncer or donner\* qn ; [reaction, expression] trahir qn ◆ **to give in!** (in games) j'abandonne ! ; (in guessing) je donne ma langue au chat !\*
◆ **don't give anything away** ne dis rien ◆ **his face gave nothing away** son visage ne trahissait aucune émotion ◆ **to give the game away**\* vendre la mèche\*

▶ **give back** VT SEP [+ object, freedom] rendre (to à) ; [+ echo] renvoyer ; [+ image] refléter ◆ **they have been given back their property** leurs biens leur ont été restitués or rendus

▶ **give forth** VT SEP [+ sound] émettre, faire entendre

▶ **give in**

Ⅵ (= surrender) capituler ; (= yield) céder (to à) ◆ **the troops gave in after three weeks** les troupes ont capitulé au bout de trois semaines ◆ **I pestered my parents until they gave in** j'ai harcelé mes parents jusqu'à ce qu'ils cèdent or capitulent ◆ **I give in!** (in games) j'abandonne ! ; (in guessing) je donne ma langue au chat !\*

VT SEP [+ essay, exam paper, key] rendre ; [+ manuscript, report] remettre

▶ **give off** VT SEP [+ heat] dégager, émettre ; [+ gas, smell, aura] dégager ◆ **the carpets and curtains gave off a smell of mould** la moquette et les rideaux dégageaient une odeur de moisi ◆ **they gave off a sense of assurance** on sentait chez eux une assurance naturelle

▶ **give on to** VT FUS [door, window] donner sur

▶ **give out**

Ⅵ [supplies] s'épuiser ; [patience] être à bout ; [heart] lâcher ◆ **after two weeks their food had given out** au bout de deux semaines leurs provisions étaient épuisées ◆ **one of his lungs gave out entirely** un de ses poumons a lâché ◆ **all machines give out eventually** les machines ne sont pas éternelles ◆ **my strength is giving out** je suis à bout de forces, je n'en peux plus

VT SEP ① (= distribute) [+ books, food] distribuer
② (= make known) [+ information, details] donner ◆ **it was given out that…** on a annoncé que…
③ [+ radio signal] émettre
④ (= utter) ◆ **he gave out a scream of pain** il poussa un cri de douleur ; see also **give** vt 7
⑤ ⇒ **give off**

▶ **give over**\* VT FUS (= stop) [+ studies, activities] arrêter ◆ **to give over doing sth** cesser de faire qch, arrêter de faire qch ◆ **give over!** arrête !, ça suffit !

▶ **give over to** VT SEP (= dedicate, devote) consacrer ◆ **most of the garden is given over to vegetables** la majeure partie du jardin est consacrée au potager ◆ **many cinemas are given over to bingo** de nombreux cinémas ont été transformés en salles de bingo ◆ **to give o.s. over to** [+ activity, drink] s'adonner à ; [+ children, family] se consacrer à

▶ **give up**

Ⅵ abandonner, laisser tomber\* ◆ **they were on the point of giving up when…** ils étaient sur le point d'abandonner or de laisser tomber\* lorsque… ◆ **I give up** j'abandonne, je capitule ; (in guessing) je donne ma langue au chat\* ◆ **don't give up!** tenez bon !

VT SEP ① (= renounce) [+ interests] abandonner ; [+ seat, territory] céder ; [+ habit, idea, hope, claim] renoncer à ; [+ job] quitter ; [+ business] se retirer de ; [+ subscription] résilier ◆ **when she went to university she gave up her old friends** quand elle est entrée à l'université elle a cessé de voir ses vieux amis ◆ **to give up the struggle** abandonner la partie ◆ **I gave it up as a bad job** (comme ça ne menait à rien) j'ai laissé tomber\* ◆ **she gave him up as a bad job**\* comme elle n'arrivait à rien avec lui elle l'a laissé tomber\*
② (= stop) arrêter ; [+ career] ◆ **to give up smoking** arrêter de fumer, renoncer au tabac ◆ **I've given up trying to persuade her** j'ai renoncé à essayer de la convaincre ◆ **eventually he gave up trying** au bout d'un moment il a renoncé
③ (= deliver, hand over) ◆ **to give o.s. up** se rendre, se constituer prisonnier ◆ **she gave the baby up for adoption** elle a fait adopter le bébé
④ (= abandon hope for) [+ expected visitor] ne plus attendre ◆ **the doctors had given him up** les médecins le croyaient condamné ◆ **to give sb up for lost** considérer qn comme perdu ◆ **to give sb up for dead** croire qn mort

⑤ \* (US = applaud) ◆ **give it up for Whitney Houston!** veuillez accueillir Whitney Houston sous vos applaudissements !

▶ **give up on** VT FUS ① (= renounce) [+ idea] renoncer à ◆ **I finally gave up on it** j'ai fini par y renoncer ◆ **the car/washing machine has given up on me**\* la voiture/la machine à laver m'a lâché\*
② (= stop expecting) [+ visitor] ne plus attendre ; (= lose faith in) perdre espoir en

**giveaway** /ˈɡɪvəweɪ/
N (fig) révélation f involontaire ; (Comm = free gift) cadeau m (publicitaire) ; (US Rad, TV) jeu m radiophonique or télévisé (doté de prix)
ADJ [price] dérisoire ◆ **it was a real giveaway when he said that…** il s'est vraiment trahi en disant que… ◆ **the fact that she knew his name was a giveaway** le simple fait qu'elle sache son nom était révélateur ◆ **what a giveaway!** là tu t'es trahi (or il s'est trahi ! etc)

**given** /ˈɡɪvn/ ⟨LANGUAGE IN USE 17.1⟩ SYN
VB ptp of **give**
ADJ ① donné, déterminé ◆ **at a given time** à un moment donné ◆ **of a given size** d'une taille donnée or bien déterminée ◆ **under the given conditions** compte tenu des conditions
② ◆ **given the triangle ABC** soit or étant donné le triangle ABC ◆ **given that he is capable of learning** à supposer qu'il soit capable d'apprendre
③ (= having inclination) ◆ **I am not given to lying** je n'ai pas l'habitude de mentir ◆ **he's given to laziness** il est enclin à la paresse
PREP ◆ **given the opportunity** si l'occasion se présentait ◆ **given patience** avec de la patience
N ◆ **this is a given** c'est une donnée de base
COMP **given name** N nom m de baptême

**giver** /ˈɡɪvəʳ/ N donateur m, -trice f ; (on Stock Exchange) preneur m, -euse f d'option, optionnaire mf

**giving** /ˈɡɪvɪŋ/ ADJ généreux

**gizmo**\* /ˈɡɪzməʊ/ N machin\* m, truc\* m

**gizzard** /ˈɡɪzəd/ N gésier m ; → **stick**

**GLA** /ˌdʒiːelˈeɪ/ N (Brit) abbrev of **Greater London Authority**

**glabella** /ɡləˈbɛlə/ N (Anat) glabelle f

**glabrous** /ˈɡleɪbrəs/ ADJ (Bio) glabre

**glacé** /ˈɡlæseɪ/ ADJ (Culin) [fruit] glacé, confit ◆ **glacé icing** glaçage m

**glacial** /ˈɡleɪsɪəl/ ADJ ① (Geol) glaciaire ; [wind, winter] glacial ; (Chem) cristallisé, en cristaux ◆ **at a glacial pace, with glacial slowness** incroyablement lentement
② [person, stare, atmosphere] glacial

**glaciate** /ˈɡleɪsɪeɪt/
Ⅵ se transformer en région glaciaire, subir une glaciation
VT transformer en région glaciaire

**glaciated** /ˈɡleɪsɪeɪtɪd/ ADJ ◆ **glaciated landscape** relief m glaciaire

**glaciation** /ˌɡleɪsɪˈeɪʃən/ N glaciation f

**glacier** /ˈɡlæsɪəʳ/ N glacier m

**glaciological** /ˌɡleɪsɪəˈlɒdʒɪkəl/ ADJ glaciologique

**glaciologist** /ˌɡleɪsɪˈɒlədʒɪst/ N glaciologue mf

**glaciology** /ˌɡleɪsɪˈɒlədʒɪ/ N glaciologie f

**glad** /ɡlæd/ SYN
ADJ ① (= pleased) ◆ **to be glad (about sth)** être bien content (de qch) ◆ **I had a great time – I'm glad** je me suis beaucoup amusé – j'en suis ravi or bien content ◆ **he was glad of a chance to change the subject** il était content de pouvoir changer de sujet ◆ **I'd be glad of some help with this** j'aimerais bien qu'on m'aide (à faire ça) ◆ **I'm glad that you came** je suis bien content que vous soyez venu ◆ **I'm glad that I've come** je suis bien content d'être venu ◆ **to be glad to do sth** (= happy) être bien content de faire qch ; (= willing) se faire un plaisir de faire qch ◆ **I shall be glad to come** ça me fera plaisir de venir ◆ **glad to know you!** très heureux de faire votre connaissance ! ◆ **to be only too glad to do sth** ne pas demander mieux que de faire qch
② († liter = happy) [news] heureux ; [occasion] joyeux ◆ **to give sb the glad tidings** annoncer à qn la bonne nouvelle

**COMP** **glad eye** † N (Brit) ◆ **to give sb the glad eye** faire de l'œil à qn
**glad hand** * N (esp US) ◆ **to give sb the glad hand** accueillir qn les bras ouverts
**glad-hand** VT (US) accueillir avec effusion
**glad rags** * NPL belles fringues * fpl ◆ **to put on one's glad rags** mettre ses plus belles fringues

**gladden** /ˈglædn/ SYN VT [+ person] réjouir ◆ **to gladden sb's heart** réjouir qn ◆ **it gladdens the heart** ça fait chaud au cœur ◆ **to be gladdened to see** etc être heureux de voir etc

**glade** /gleɪd/ N clairière f

**gladiator** /ˈglædieɪtəʳ/ N gladiateur m

**gladiatorial** /ˌglædɪəˈtɔːrɪəl/ ADJ (fig) conflictuel ◆ **gladiatorial politics** politique f de la confrontation

**gladiolus** /ˌglædɪˈəʊləs/ N (pl **gladiolus** or **gladioluses** or **gladioli** /ˌglædɪˈəʊlaɪ/) glaïeul m

**gladly** /ˈglædlɪ/ LANGUAGE IN USE 3.1 SYN ADV (= happily) avec plaisir ; (= willingly) volontiers ◆ **will you help me? – gladly** voulez-vous m'aider ? – volontiers or avec plaisir

**gladness** /ˈglædnɪs/ SYN N joie f, contentement m

**Gladstone bag** /ˈglædstən/ N sac m diligence

**Glagolitic** /ˌglægəˈlɪtɪk/ ADJ glagolitique

**glair** /gleəʳ/
**N** (Physiol, Typ) glaire f ; [of egg] blanc m
**VT** (Typography) glairer

**glairy** /ˈgleərɪ/ ADJ glaireux

**glam** * /glæm/
**ADJ** abbrev of **glamorous**
**COMP** **glam rock** * N (Mus) glam-rock m (mouvement musical des années 70)

**glamor** /ˈglæməʳ/ N (US) ⇒ **glamour**

**glamorization** /ˌglæmərəˈzeɪʃən/ N présentation f sous un jour séduisant

**glamorize** /ˈglæməraɪz/ VT [+ place, event, act etc] montrer or présenter sous un jour séduisant

**glamorous** /ˈglæmərəs/ SYN ADJ [person, clothes, photo, atmosphere] glamour inv ; [lifestyle] de star ; [restaurant, café] chic ; [occasion] éclatant ; [production] somptueux ; [job] prestigieux

**glamorously** /ˈglæmərəslɪ/ ADV [dress, dressed] d'une manière très glamoureuse * or glamour *

**glamour** /ˈglæməʳ/ SYN
**N** [of person] glamour m ; [of occasion] éclat m ; [of situation etc] prestige m ; [of distant countries, journeys] séduction f ◆ **the glamour of show biz** le côté glamour du monde du showbiz ◆ **the glamour of life in Hollywood** le côté glamour de la vie d'Hollywood ◆ **the glamour of being on television** le prestige que confère un passage à la télévision
**COMP** **glamour boy** * N beau mec * m
**glamour girl** * N pin up * f inv, beauté f
**glamour model** N pin up f inv

**glamourpuss** * /ˈglæməpʊs/ N (female) pin up f inv ; (male) beau mec * m

**glance** /glɑːns/ SYN
**N** 1 regard m, coup m d'œil ◆ **Susan and I exchanged a glance** Susan et moi avons échangé un regard ◆ **at a glance** d'un coup d'œil ◆ **at first glance** au premier coup d'œil, à première vue ◆ **without a backward glance** (lit) sans se retourner ; (fig) sans plus de cérémonie ◆ **to have** or **take a glance at** jeter un coup d'œil sur or à ◆ **to steal a glance at sb/sth** jeter un coup d'œil furtif sur or à qn/qch
2 (= gleam) [of light] lueur f ; [of metal] reflet m ◆ **a glance of sunlight** un rayon de soleil
**VI** 1 (= look) jeter un coup d'œil (at sur, à), lancer un regard (at à) ◆ **she glanced in my direction** elle a jeté un coup d'œil vers moi ◆ **he picked up the book and glanced through it** il a pris le livre et l'a feuilleté
2 (= glint) étinceler
3 ◆ **to glance off** [bullet] ricocher sur ; [arrow, sword] dévier sur

▸ **glance away** VI détourner le regard
▸ **glance down** VI jeter un coup d'œil en bas, regarder en bas
▸ **glance off** VI [bullet etc] ricocher, dévier ; [arrow, sword] dévier
▸ **glance round** VI (= behind) regarder en arrière ; (= round about) jeter un coup d'œil autour de soi
▸ **glance up** VI (= raise eyes) lever les yeux ; (= look upwards) regarder en l'air

**glancing** /ˈglɑːnsɪŋ/ ADJ [blow] oblique

**gland** /glænd/ N glande f ; (Tech) presse-étoupe m inv

**glanders** /ˈglændəz/ N (= horse disease) morve f

**glandes** /ˈglændiːz/ NPL of **glans**

**glandular** /ˈglændjʊləʳ/
**ADJ** glandulaire
**COMP** **glandular fever** N mononucléose f infectieuse

**glans** /glænz/ N (pl **glandes**) ◆ **glans (penis)** gland m

**glare** /gleəʳ/ SYN
**VI** 1 [person] lancer un regard furieux (at à)
2 [sun, lights] être éblouissant, briller avec éclat
**N** 1 [of person] regard m furieux ◆ **"no" he said with a glare** « non », dit-il en lançant un regard furieux ◆ **he gave me an angry glare** il m'a lancé un regard furieux
2 [of light] éclat m aveuglant, lumière f éblouissante ; (while driving) éblouissement m ◆ **the glare of publicity** le feu des projecteurs (fig)

**glaring** /ˈgleərɪŋ/ SYN ADJ (= angry) [eyes, look] brillant de colère ; (= blinding) [light, sun] éblouissant ; (pej) (= blatant) [example, error, contradiction] flagrant, [omission] manifeste ◆ **the glaring weakness of that argument** la faiblesse manifeste de cet argument

**glaringly** /ˈgleərɪŋlɪ/ ADV (pej) ◆ **it is glaringly obvious (that...)** c'est une évidence aveuglante (que...) ◆ **a glaringly obvious error** une erreur d'une évidence aveuglante

**glasnost** /ˈglæznɒst/ N glasnost f

**glass** /glɑːs/
**N** 1 (NonC) verre m ◆ **pane of glass** carreau m, vitre f ◆ **window glass** verre m à vitre ◆ **I cut myself on the broken glass** je me suis coupé avec l'éclat de verre ◆ **there was some broken glass in the dustbin** il y avait du verre cassé dans la poubelle ; see also **glassed** ; → **cut, plate**
2 (= tumbler) verre m ; (= glassful) (plein) verre m ◆ **a glass of wine** un verre de vin ◆ **a wine glass** un verre à vin ◆ **she cut her hand on a broken glass** elle s'est coupé la main avec un verre cassé ; → **balloon, beer, champagne**
3 (NonC: also **glassware**) (gen) verrerie f, objets mpl de or en verre ; (= glasses) gobeleterie f
4 (= mirror) miroir m, glace f ; (Opt) lentille f ; (also **magnifying glass**) verre m grossissant, loupe f ; (= telescope) longue-vue f ; (= barometer) baromètre m ; (Comm etc) vitrine f ◆ **the glass is falling** (= barometer) le baromètre baisse ◆ **under glass** [plants] sous châssis ◆ **object displayed under glass** objet m exposé en vitrine
**VT** (Brit *) avec une bouteille (or un verre)
**COMP** [bottle, ornament] de verre, en verre
**glass case** N (for display) vitrine f ; [of clock etc] globe m ◆ **to keep sth in a glass case** garder qch sous verre
**glass ceiling** N niveau professionnel où les femmes ont tendance à plafonner
**glass door** N porte f vitrée
**glass eye** N œil m de verre
**glass factory** N ⇒ **glassworks**
**glass fibre** N fibre f de verre, COMP en fibre de verre
**glass industry** N industrie f du verre, verrerie f
**glass slipper** N pantoufle f de verre
**glass wool** N laine f de verre

**glassblower** /ˈglɑːsbləʊəʳ/ N souffleur m (de verre)

**glassblowing** /ˈglɑːsbləʊɪŋ/ N soufflage m (du verre)

**glasscloth** /ˈglɑːsklɒθ/ N essuie-verres m inv, torchon m à verres

**glasscutter** /ˈglɑːskʌtəʳ/ N (= tool) diamant m, coupe-verre m inv ; (= person) vitrier m

**glassed** /glɑːst/, **glassed-in** /ˈglɑːstɪn/ ADJ [cubicle] vitré ◆ **glassed-in shower** cabine f de douche (à parois de verre) ◆ **glassed-in porch** véranda f

**glasses** /ˈglɑːsɪz/ NPL (= spectacles) lunettes fpl ; (= binoculars) jumelles fpl ; see also **sunglasses**

**glassful** /ˈglɑːsfʊl/ N (plein) verre m

**glasshouse** /ˈglɑːshaʊs/ N (Brit : for plants) serre f ; (US = glassworks) verrerie f (fabrique) ◆ **in the glasshouse** ⁂ (Brit Mil) au trou * ◆ **people who live in glass houses shouldn't throw stones** (Prov) avant de critiquer, tu ferais bien de balayer devant ta porte

**glassily** /ˈglɑːsɪlɪ/ ADV [stare] d'un regard vitreux or fixe

**glassiness** /ˈglɑːsɪnɪs/ N [of eyes] aspect m vitreux ; [of surface] aspect lisse

**glasslike** /ˈglɑːslaɪk/ ADJ semblable au verre

**glasspaper** /ˈglɑːspeɪpəʳ/ N (Brit) papier m de verre

**glassware** /ˈglɑːsweəʳ/ N verrerie f, objets mpl de or en verre

**glasswork** /ˈglɑːswɜːk/ N verrerie f

**glassworks** /ˈglɑːswɜːks/ N (pl inv) verrerie f (fabrique)

**glassy** /ˈglɑːsɪ/ SYN
**ADJ** [substance] vitreux ; [surface] uni, lisse ; [water, sea] transparent, lisse comme un miroir ◆ **glassy eyes** or **look** regard m perdu or vague ; (from drink, drugs) regard m vitreux or terne ; (from displeasure) regard m froid
**COMP** **glassy-eyed** ADJ au regard vide ; (from drugs, drink) au regard terne or vitreux ; (from displeasure) au regard froid

**Glaswegian** /glæsˈwiːdʒən/
**N** ◆ **he's a Glaswegian** il est de Glasgow
**ADJ** de Glasgow

**Glauber's salt** /ˈglaʊbəz/ N (Chem) sel m (admirable) de Glauber

**glaucoma** /glɔːˈkəʊmə/ N glaucome m

**glaucomatous** /glɔːˈkəʊmətəs/ ADJ (Med) glaucomateux

**glaucous** /ˈglɔːkəs/
**ADJ** glauque
**COMP** **glaucous gull** N goéland m bourgmestre

**glaze** /gleɪz/ SYN
**VT** 1 [+ door, window] vitrer ; [+ picture] mettre sous verre ; → **double**
2 [+ pottery, tiles] vernisser ; [+ leather] vernir ; [+ cotton etc] satiner, lustrer ; [+ paper, photograph, cake, meat] glacer
**N** 1 (NonC) (on pottery, leather, tiles etc) vernis m ; (on cotton etc) lustre m ; (on paper, photograph) glacé m ; (Culin) glaçage m
2 (= substance) (for tiles etc) glaçure f ; (for pottery) vernis m
3 (US = ice) verglas m
**COMP** **glaze ice** N (Weather) verglas m

▸ **glaze over** VI [person] prendre un air absent ◆ **his eyes glazed over** (boredom) il prit un air absent ; (dying) ses yeux sont devenus vitreux

**glazed** /gleɪzd/ ADJ 1 [door, window etc] vitré ; [picture] sous verre
2 [pottery, tiles] vernissé ; [leather] glacé, verni ; [material] lustré, satiné ; [paper, photograph] brillant ; [cake, meat] glacé ; (US ⁂ = drunk) bourré⁂, ivre ◆ **his eyes** or **he had a glazed look** il avait les yeux ternes or vitreux

**glazier** /ˈgleɪzɪəʳ/ N vitrier m

**glazing** /ˈgleɪzɪŋ/
**N** 1 (= act) [of windows] vitrage m, pose f de vitres ; [of pottery] vernissage m
2 (= glass) vitrage m, vitres fpl ; see also **double, triple**
**COMP** **glazing agent** N (for food) agent m de glaçage

**GLC** /ˌdʒiːelˈsiː/ N (Brit) (abbrev of **Greater London Council**) ancienne administration centrale à Londres

**gleam** /gliːm/ SYN
**N** lueur f, rayon m (de lumière) ; [of metal] reflet m ; [of water] miroitement m ◆ **a gleam of hope/interest** une lueur d'espoir/d'intérêt ◆ **with a fanatical gleam in his eye** avec une lueur fanatique dans le regard ◆ **there was a gleam in her eye when she looked at me** il y avait une lueur dans ses yeux quand elle m'a regardé ◆ **the product is still only a gleam in an engineer's eye** ce produit n'est encore qu'une idée en germe dans la tête d'un ingénieur ◆ **almost 20 years before you were even a gleam in your father's eye** (hum) près de 20 ans avant que ton père n'ait même imaginé de te concevoir
**VI** [lamp, star, eyes etc] luire ; [polished metal, shoes etc] reluire ; [knife, blade etc] luire, briller ; [water] miroiter ◆ **his eyes gleamed with mischief** ses yeux luisaient or brillaient de malice ◆ **his eyes gleamed almost wickedly** il avait une sorte de lueur mauvaise dans les yeux ◆ **his hair gleamed in the sun** ses cheveux brillaient au soleil ◆ **his forehead gleamed with sweat** son front était luisant de sueur ◆ **his skin gleamed with health** sa peau resplendissait de santé

**gleaming** /ˈgliːmɪŋ/ ADJ [lamp, star, metal, shoes] brillant ; [kitchen] étincelant

**glean** /gliːn/ VTI (lit, fig) glaner

**gleaner** /ˈgliːnəʳ/ N glaneur m, -euse f

**gleanings** /ˈgliːnɪŋz/ NPL glanure(s) f(pl)

**glebe** /gliːb/ N (Rel) terre f attachée à un bénéfice ecclésiastique ; (liter) terre f, glèbe f (liter)

**glee** /gliː/ SYN N ① (NonC) joie f, jubilation f ◆ **his victory was greeted with glee** sa victoire a été accueillie dans l'allégresse ◆ **in great glee** jubilant ◆ **they were rubbing their hands in glee** ils se frottaient les mains en jubilant
② (Mus) chant m choral à plusieurs voix ◆ **glee club** chorale f

**gleeful** /ˈgliːfʊl/ SYN ADJ jubilant ; [smile, look] de jubilation

**gleefully** /ˈgliːfəlɪ/ ADV [say, point out] en jubilant ◆ **to laugh gleefully** rire avec jubilation

**glen** /glen/ N vallée f, vallon m

**glengarry** /glenˈgærɪ/ N (also **glengarry bonnet**) calot écossais, garni de rubans

**glia** /ˈgliːə/ N (Anat) glie f

**glial** /ˈgliːəl/ ADJ glial

**glib** /glɪb/ SYN ADJ (pej) [answer, style, excuse] désinvolte ; [speech, phrase, lie] facile, désinvolte ; [person] qui a la langue bien pendue or la parole facile ◆ **glib talk** propos mpl or paroles fpl en l'air ◆ **to make glib promises** faire des promesses en l'air

**glibly** /ˈglɪblɪ/ ADV (pej) avec désinvolture

**glibness** /ˈglɪbnɪs/ N [of answer, speech, style] désinvolture f ; [of person] facilité f de parole

**glide** /glaɪd/ SYN
VI ① ◆ **to glide in/out** etc [person] (silently) entrer/sortir etc sans bruit ; (in stately way, gracefully) entrer/sortir etc avec grâce ; [ghost] entrer/sortir etc en flottant ; [car, ship] entrer/sortir etc en glissant ◆ **time glided past** le temps s'écoula
② (Ski) glisser
③ [birds] planer ; [plane] planer, faire du vol plané ◆ **he glided down to land** il a atterri en vol plané
VT faire glisser, faire avancer en douceur
N ① glissement m ; (Dancing) glissé m, glissade f ; (Ski) glisse f
② (Mus) port m de voix ; (Phon) glissement m
③ (Flying) vol m plané
COMP **glide path** N [of aircraft] trajectoire f d'approche

**glider** /ˈglaɪdəʳ/ N ① (= aircraft) planeur m ◆ **glider pilot** pilote m de planeur
② (US = swing) balancelle f

**gliding** /ˈglaɪdɪŋ/
N (in glider) vol m à voile ; (in other aircraft) vol m plané ; (gen) (= movement) glissement m
ADJ (Anat) ◆ **gliding joint** arthrodie f

**glimmer** /ˈglɪməʳ/ SYN
VI [lamp, light, fire] luire ; [water] miroiter
N [of light, candle etc] lueur f ; [of water] miroitement m ◆ **a glimmer of hope** une lueur d'espoir ◆ **not a glimmer of intelligence** pas la moindre lueur d'intelligence

**glimmering** /ˈglɪmərɪŋ/
N ⇒ glimmer noun
ADJ étincelant, scintillant

**glimpse** /glɪmps/ SYN
N [of the truth, the future, sb's meaning] aperçu m ◆ **a glimpse into the future** un aperçu de l'avenir ◆ **to catch a glimpse of** (person, thing) entrevoir or apercevoir (un bref instant) ; (the truth, the future etc) entrevoir, pressentir
VT entrevoir or apercevoir (un bref instant)

**glint** /glɪnt/ SYN
N [of light] trait m de lumière, éclair m ; [of metal] reflet m ◆ **he had a glint in his eye** il avait une étincelle or une lueur dans le regard ◆ **with the glint of triumph in his eye** avec une étincelle or une lueur de triomphe dans les yeux
VI [metal object, glass, wet road] luire, briller ; [eyes] briller ◆ **the sea glinted in the sun** la mer miroitait au soleil ◆ **sunlight glinted on his spectacles** ses lunettes renvoyaient la lumière éblouissante du soleil

**glioma** /glaɪˈəʊmə/ N (Med) gliome m

**glissade** /glɪˈseɪd/ N (Climbing)
N (also **standing glissade**) ramasse f
VI descendre en ramasse

**glissando** /glɪˈsændəʊ/ ADV glissando

**glisten** /ˈglɪsn/ SYN
VI [water] miroiter, scintiller ; [wet surface] luire ; [light] scintiller ; [metal object] briller, miroiter ◆ **her eyes glistened (with tears)** ses yeux brillaient (de larmes) ◆ **his face was glistening with sweat** son visage était luisant de sueur
N miroitement m, scintillement m

**glister** †† /ˈglɪstəʳ/ ⇒ **glitter**

**glitch** * /glɪtʃ/ N pépin m

**glitchy** * /ˈglɪtʃɪ/ ADJ (Comput, Elec etc) détraqué

**glitter** /ˈglɪtəʳ/ SYN
VI [snow, ice, lights] scintiller, briller ; [jewel] scintiller, étinceler ; [water] miroiter, scintiller ◆ **her eyes glittered (with hatred)** ses yeux brillaient de haine ; (with greed) ses yeux brillaient de convoitise ◆ **all that glitters is not gold** (Prov) tout ce qui brille n'est pas or (Prov)
N scintillement m ; (fig) éclat m

**glitterati** * /ˌglɪtəˈrɑːtiː/ NPL ◆ **the glitterati** le beau monde, les célébrités fpl

**glittering** /ˈglɪtərɪŋ/ ADJ [stars, lights, ice, jewel] étincelant, scintillant ; [eyes] brillant, étincelant ; (fig) [career, future] brillant ; [occasion, social event] somptueux ◆ **glittering prizes** prix mpl fabuleux ◆ **a glittering array of celebrities** une brillante assemblée de célébrités

**glittery** /ˈglɪtərɪ/ ADJ (lit, fig) étincelant

**glitz** * /glɪts/ N faste m

**glitzy** * /ˈglɪtsɪ/ ADJ fastueux

**gloaming** /ˈgləʊmɪŋ/ N (liter) crépuscule m ◆ **in the gloaming** au crépuscule, entre chien et loup

**gloat** /gləʊt/ SYN VI (pej) exulter, jubiler* ◆ **to gloat over** (money, possessions) jubiler* à la vue (or à l'idée) de ◆ **he was gloating over** or **about his success** son succès le faisait jubiler* ◆ **that's nothing to gloat over or about!** il n'y a pas de quoi jubiler ! * ◆ **he was gloating that he was going to win** il affirmait en jubilant* qu'il allait gagner

**gloating** /ˈgləʊtɪŋ/ (pej)
N exultation f or jubilation f malveillante
ADJ jubilatoire

**glob** /glɒb/ N [of liquid] globule m ; [of clay etc] petite boule f

**global** /ˈgləʊbl/ SYN
ADJ ① (= worldwide) [economy, trade, market, recession, climate, system, problem, issue] mondial ; [peace] universel, mondial ◆ **a global ban on nuclear testing** une interdiction totale des essais nucléaires ◆ **on a global scale** à l'échelle mondiale ◆ **global capitalism** le capitalisme mondial
② (= comprehensive) [sum, view] global, entier ◆ **global search and replace** (Comput) recherche f et remplacement m automatiques
COMP **the global village** N le village planétaire **global warming** N réchauffement m de la planète

⚠ **global** is only translated by the French word **global** when it means 'comprehensive'.

**globalization** /ˌgləʊbəlaɪˈzeɪʃən/ N mondialisation f

**globalize** /ˈgləʊbəlaɪz/
VI [company] passer à l'échelle mondiale
VT [+ economy, business, culture] mondialiser ◆ **rock music has become globalized** le rock s'est mondialisé

**globally** /ˈgləʊbəlɪ/ ADV ① (= worldwide, in world terms) [sell, compete, think] à l'échelle mondiale ◆ **a globally familiar trade name** une marque mondialement connue or connue dans le monde entier ◆ **globally, the risks are huge** à l'échelle planétaire, les risques sont énormes
② (= universally) universellement

 **globally** is not translated by **globalement**, which means 'as a whole'.

**globe** /gləʊb/ SYN
N (= sphere) globe m, sphère f ; (with map on it) globe m ; (= lampshade etc) globe m ; (= fishbowl) bocal m ; (Anat) globe m ◆ **the globe** (Geog) le globe, la terre ◆ **all over the globe** sur toute la surface du globe ◆ **countries on the far side of the globe** les pays à l'autre bout du monde
COMP **globe artichoke** N artichaut m
**globe lightning** N éclair m en boule
**globe-trotter** N globe-trotter mf
**globe-trotting** N voyages mpl à travers le monde

**globefish** /ˈgləʊbfɪʃ/ N (pl **globefish** or **globefishes**) poisson-globe m

**globeflower** /ˈgləʊbˌflaʊəʳ/ N (= plant) trolle m

**globin** /ˈgləʊbɪn/ N (Bio) globine f

**globular** /ˈglɒbjʊləʳ/ ADJ globulaire ; (= like globe) en forme de globe

**globule** /ˈglɒbjuːl/ SYN N gouttelette f

**globulin** /ˈglɒbjʊlɪn/ N (Physiol) globuline f

**glockenspiel** /ˈglɒkənspiːl/ N glockenspiel m

**gloom** /gluːm/ SYN N (= darkness) obscurité f, ténèbres fpl ; (= melancholy) mélancolie f, tristesse f ◆ **to cast a gloom over sth** assombrir qch ◆ **to cast a gloom over sb** rendre qn sombre, attrister qn ◆ **a gloom descended on us** la tristesse s'est abattue sur nous ◆ **it was all gloom and doom*** tout allait mal ◆ **economic gloom** morosité f économique

**gloomily** /ˈgluːmɪlɪ/ ADV [say] d'un air sombre

**gloominess** /ˈgluːmɪnɪs/ N [of person, weather] morosité f ; [of voice] ton m morne ; [of place] aspect m lugubre

**gloomy** /ˈgluːmɪ/ SYN ADJ [person, thoughts, sky, look, mood] sombre ; (stronger) lugubre ; [weather, day, outlook] morose, déprimant ; [voice, place] morne ; (stronger) lugubre ◆ **to feel gloomy** se sentir morose ◆ **to look gloomy** [person] avoir l'air sombre or morose ; [future] être sombre ◆ **he took a gloomy view of everything** il voyait tout en noir

**gloop*** /gluːp/ N pâte f visqueuse

**glop*** /glɒp/ N crasse f

**Gloria** /ˈglɔːrɪə/ N (= prayer) gloria m inv

**gloria** /ˈglɔːrɪə/ N (= halo) auréole f

**glorification** /ˌglɔːrɪfɪˈkeɪʃən/ N glorification f

**glorified** /ˈglɔːrɪfaɪd/ ADJ ◆ **the drug is nothing but a glorified painkiller** ce médicament n'est rien de plus qu'un vulgaire calmant ◆ **the referendum was no more than a glorified opinion poll** le référendum n'était qu'un vulgaire sondage ◆ **the "luxury hotel" was nothing but a glorified boarding house** le soi-disant « hôtel de luxe » n'était qu'une pension de famille ◆ **he's a sort of glorified secretary** il ne fait que du secrétariat amélioré

**glorify** /ˈglɔːrɪfaɪ/ SYN VT ① (= glamorize) [+ war, violence] faire l'apologie de ◆ **the film doesn't glorify violence** le film ne fait pas l'apologie de la violence ; [+ person, villain] glorifier, célébrer ◆ **songs glorifying war** des chansons qui célèbrent la guerre ◆ **a video which glorifies soccer hooligans** un clip qui glorifie les hooligans
② (= praise) [+ God] glorifier, rendre gloire à

**gloriole** /ˈglɔːrɪəʊl/ N nimbe m

**glorious** /ˈglɔːrɪəs/ SYN
ADJ ① (* = beautiful) [view, scenery] splendide, magnifique ; [sunshine, weather, day] radieux, magnifique ◆ **a glorious mess** (iro) un joli or beau gâchis
② (* = enjoyable) [feeling, holiday] merveilleux
③ (= illustrious) [career, future] brillant ; [years, days, era] glorieux ; [victory] éclatant ◆ **glorious deed** action f d'éclat
COMP **the Glorious Revolution** N (Brit Hist) la Glorieuse Révolution, la Seconde Révolution d'Angleterre (1688-89)

**gloriously** /ˈglɔːrɪəslɪ/ ADV ① (* = wonderfully) [happy] merveilleusement ◆ **a gloriously sunny day** une journée radieuse ◆ **gloriously hot weather** un temps chaud et radieux
② (= triumphantly) [succeed, win] glorieusement ◆ **gloriously successful** glorieusement réussi

**glory** /ˈglɔːrɪ/ SYN
N ① (= celebrity) (NonC) gloire f (also Rel) ◆ **a moment of glory** un moment de gloire ◆ **to have one's moment of glory** avoir son heure de gloire ◆ **to give glory to God** rendre gloire à Dieu ◆ **to the greater glory of God** pour la plus grande gloire de Dieu ◆ **Christ in glory** le Christ en majesté or en gloire ◆ **the saints in glory** les glorieux mpl ◆ **Solomon in all his glory** Salomon dans toute sa gloire ◆ **covered with glory** couvert de gloire ◆ **Rome at the height of its glory** Rome à l'apogée or au sommet de sa gloire ◆ **she was in her glory*** as president of the club elle était tout à fait à son affaire en tant que présidente du club ◆ **she led her team to Olympic glory** elle a mené son équipe à la gloire lors des Jeux olympiques ◆ **to go to glory** †* (= die) aller ad patres* ◆ **glory be!** †* Seigneur !, grand Dieu ! ◆ **Old Glory*** (US) le drapeau américain ; → **former²**

**2** (= *beauty*) ◆ **the church was the village's greatest glory** l'église était le principal titre de gloire du village ◆ **the roses that are the glory of the garden** les roses, joyaux du jardin
◆ **in all its** (*or* **his** *or* **her** *etc*) **glory** dans toute sa gloire ◆ **spring arrived in all its glory** le printemps est arrivé dans toute sa gloire *or* splendeur
◆ **glories** (= *masterpieces*) chefs-d'œuvre *mpl* ◆ **this sonnet is one of the glories of English poetry** ce sonnet est un des chefs-d'œuvre *or* fleurons de la poésie anglaise ◆ **the artistic glories of the Italian Renaissance** les chefs-d'œuvre *or* les joyaux de la Renaissance italienne ◆ **past glories** la gloire passée ◆ **for all its past glories, it's just a computer company like any other** malgré sa gloire passée, c'est une société informatique comme les autres ◆ **those happy hours spent reminiscing about past glories** ces bons moments passés à évoquer les exploits passés ◆ **the general's military glories** les exploits militaires du général ; see also **crowning**

**VI** ◆ **to glory in sth** (= *be proud of*) être très fier de qch ; (= *revel in*) se glorifier de qch ; (= *enjoy*) savourer qch ◆ **he gloried in his reputation as a troublemaker** il se glorifiait de sa réputation de fauteur de troubles ◆ **the café glories in the name of "The Savoy"** (*iro*) le café porte le nom ronflant de « Savoy »

**COMP** **glory box** N (*Austral NZ*) malle *m* de trousseau
**glory hole** * N (= *untidy place*) capharnaüm * *m* ; (*on ship*) cambuse *f*

**Glos** abbrev of **Gloucestershire**

**gloss¹** /glɒs/ SYN
**N** **1** (= *shine*) [*of metal, ceramic, paintwork, polished surface*] lustre *m* ; [*of silk, satin*] lustre *m*, éclat *m* ; [*of person's hair, animal's coat*] brillant *m* ◆ **to take the gloss off** (*metal etc*) dépolir ; (*fig*) (*event, success*) retirer *or* enlever tout son charme *or* attrait à ; (*victory, compliment*) gâcher ◆ **to lose its gloss** [*metal etc*] se dépolir ; [*fig*] [*event, success*] perdre tout son charme *or* son attrait ; (*victory, compliment*) être gâché ◆ **to put a gloss** *or* **an optimistic gloss on sth** (*fig*) présenter qch sous un jour favorable, enjoliver qch
**2** (= *paint*) peinture *f* brillante *or* laquée
**VT** [+ *metal etc*] faire briller, polir
**COMP** [*paint*] brillant, laqué ; [*paper*] glacé, brillant
**gloss finish** N brillant *m*

▸ **gloss over** VT FUS (= *play down*) glisser sur, passer sur ; (= *cover up*) dissimuler

**gloss²** /glɒs/ SYN
**N** (= *insertion*) glose *f* ; (= *note*) commentaire *m* ; (= *interpretation*) paraphrase *f*, interprétation *f*
**VT** commenter, gloser

**glossary** /ˈglɒsərɪ/ N glossaire *m*, lexique *m*

**glossematics** /ˌglɒsəˈmætɪks/ N (*NonC*) glossématique *f*

**glosseme** /ˈglɒsiːm/ N (*Ling*) glossème *m*

**glossily** /ˈglɒsɪlɪ/ ADV ◆ **glossily packaged** luxueusement conditionné ◆ **a glossily presented** *or* **produced brochure** une brochure luxueusement présentée

**glossiness** /ˈglɒsɪnɪs/ N [*of hair*] reflets *mpl* brillants ; [*of magazine*] présentation *f* luxueuse ; [*of photograph*] apprêt *m* brillant

**glossitis** /glɒˈsaɪtɪs/ N (*Med*) glossite *f*

**glossolalia** /ˌglɒsəˈleɪlɪə/ N glossolalie *f*

**glossopharyngeal nerve** /ˈglɒsəʊˌfærɪnˈdʒiːəl/ N nerf *m* glossopharyngien

**glossy** /ˈglɒsɪ/ SYN
**ADJ** [*fur, material*] luisant, lustré ; [*photograph*] sur papier brillant ; [*paint*] brillant, laqué ; [*hair*] brillant ; [*leaves*] vernissé ; [*metal*] brillant, poli ; [*red, black etc*] brillant ◆ **glossy magazine/brochure** magazine *m*/brochure *f* de luxe (*sur papier couché*) ◆ **glossy paper** (*Typography*) papier *m* couché ; (*esp Phot*) papier *m* brillant *or* glacé ◆ **glossy production** (*film*) superproduction *f* (luxueuse)
**N** (*Brit*) ◆ **the glossies*** les magazines *mpl* de luxe

**glottal** /ˈglɒtl/
**ADJ** (*Anat*) glottique ; (*Ling*) glottal
**COMP** **glottal stop** N (*Ling*) coup *m* de glotte

**glottis** /ˈglɒtɪs/ N (pl **glottises** *or* **glottides** /ˈglɒtɪˌdiːz/) glotte *f*

**Gloucs** abbrev of **Gloucestershire**

**glove** /glʌv/
**N** (*gen*, *also Baseball, Boxing*) gant *m* ◆ **the gloves are off!** j'y vais (*or* il y a va *etc*) sans prendre de gants ! ; → **fit¹, hand, kid, rubber¹**
**VT** ganter ◆ **his gloved hand** sa main gantée ◆ **white-gloved** ganté de blanc
**COMP** **glove box, glove compartment** N (*in car*) boîte *f* à gants, vide-poches *m*
**glove factory** N ganterie *f* (*fabrique*)
**glove maker** N gantier *m*, -ière *f*
**glove puppet** N marionnette *f* (à gaine)
**glove shop** N ganterie *f* (*magasin*)

**glover** /ˈglʌvəʳ/ N gantier *m*, -ière *f*

**glow** /gləʊ/ SYN
**VI** [*coal, fire*] rougeoyer ; [*sky*] rougeoyer, s'embraser ; [*metal*] luire ; [*cigarette end, lamp*] luire ; [*colour, jewel*] rutiler ; [*complexion, face*] rayonner ; [*eyes*] rayonner, flamboyer ◆ **her cheeks glowed** elle avait les joues toutes rouges ◆ **to glow red** rougeoyer ◆ **the autumn leaves glowed red and yellow in the sunlight** le feuillage rouge et jaune de l'automne resplendissait sous la lumière du soleil ◆ **streetlamps glowing orange in the dusk** les réverbères répandant leur lumière orange au crépuscule ◆ **he was glowing with health** il était florissant (de santé) ◆ **to glow with enthusiasm** brûler d'enthousiasme ◆ **she glowed with pride** elle rayonnait de fierté ◆ **his face glowed with pleasure** son visage rayonnait de plaisir ◆ **glowing with confidence** respirant la confiance
**N** [*of coal, fire, metal*] rougeoiement *m* ; [*of sun*] feux *mpl*, embrasement *m* ; [*of complexion, skin*] éclat *m* ; [*of colour, jewel*] éclat *m* ; [*of lamp*] lueur *f* ; [*of passion*] feu *m* ; [*of youth*] ardeur *f* ◆ **a glow of enthusiasm** un élan d'enthousiasme
**COMP** **glow-worm** N ver *m* luisant

**glower** /ˈglaʊəʳ/ SYN
**VI** lancer des regards mauvais *or* noirs ◆ **to glower at sb/sth** lancer à qn/qch des regards mauvais *or* noirs
**N** regard *m* noir

**glowering** /ˈglaʊərɪŋ/ ADJ [*look*] mauvais, noir

**glowing** /ˈgləʊɪŋ/ SYN ADJ [*coals, fire*] rougeoyant ; [*sky*] rougeoyant, embrasé ; [*colour, jewel*] rutilant ; [*lamp, cigarette end*] luisant ; [*eyes*] brillant, de braise ; [*complexion, skin*] rayonnant, éclatant ; [*person*] florissant (de santé) ; [*words, report, tribute, review, praise*] élogieux ◆ **to give a glowing account/description of sth** raconter/décrire qch en termes élogieux ◆ **to speak of sb/sth in glowing terms** parler de qn/qch en termes élogieux ◆ **to paint sth in glowing colours** présenter qch en rose ◆ **to get glowing references** (*from job*) être chaudement recommandé

**gloxinia** /glɒkˈsɪnɪə/ N gloxinia *m*

**glucagon** /ˈgluːkəˌgɒn/ N glucagon *m*

**gluconeogenesis** /ˈgluːkəʊˌniːəʊˈdʒenɪsɪs/ N néoglucogenèse *f*

**glucoprotein** /ˌgluːkəʊˈprəʊtiːn/ N glycoprotéine *f*

**glucose** /ˈgluːkəʊs/
**N** glucose *m*
**COMP** **glucose syrup** N sirop *m* de glucose

**glucoside** /ˈgluːkəʊˌsaɪd/ N glucoside *m*

**glucosuria** /ˌgluːkəʊˈsjʊərɪə/ N glycosurie *f*

**glucosuric** /ˌgluːkəʊˈsjʊərɪk/ ADJ glycosurique

**glue** /gluː/ SYN
**N** colle *f*
**VT** coller (*to, on* à) ◆ **she glued the pieces together** (*from broken object*) elle a recollé les morceaux ; (*from kit etc*) elle a collé les morceaux ensemble ◆ **I glued the plate back together** j'ai recollé l'assiette ◆ **to glue sth back on** recoller qch ◆ **to glue sth down** coller qch ◆ **the fabric is glued in place** le tissu est fixé avec de la colle ◆ **he stood there glued to the spot*** il était là comme s'il avait pris racine ◆ **his face was glued to the window** son visage était collé à la vitre ◆ **to keep one's eyes glued to sb/sth*** avoir les yeux fixés sur qn/qch, ne pas détacher les yeux de qn/qch ◆ **glued to the television*** cloué devant *or* rivé à la télévision ◆ **we were glued to our seats*** nous étions cloués à nos sièges
**COMP** **glue ear** N (*Med*) otite *f* séreuse
**glue-sniffer** N sniffeur * *m*, -euse * *f* de colle
**glue-sniffing** N intoxication *f* à la colle ou aux solvants

**gluey** /ˈgluːɪ/ ADJ gluant, poisseux

**gluhwein** /ˈgluːˌvaɪn/ N (*Culin*) ≈ vin *m* chaud

**glum** /glʌm/ SYN ADJ [*person, face*] sombre ; (*stronger*) lugubre ; [*appearance*] sombre, morne ; [*thoughts*] noir ◆ **to feel glum** avoir des idées noires, avoir le cafard ◆ **a glum silence** un silence lugubre

**glume** /gluːm/ N glume *f*

**glumly** /ˈglʌmlɪ/ ADV [*say, look at*] d'un air sombre *or* abattu

**glumness** /ˈglʌmnɪs/ N mélancolie *f*, tristesse *f*

**gluon** /ˈgluːɒn/ N (*Phys*) gluon *m*

**glut** /glʌt/ SYN
**VT** (*gen*) gaver ; (*Comm*) [+ *market, economy*] saturer (*with* de) ◆ **glutted with food** repu, gavé ◆ **he glutted himself on pizza** il s'est gavé de pizza
**N** [*of foodstuffs, goods*] surplus *m*, excès *m* ◆ **there is a glut of…** il y a excès de…

**glutamate** /ˈgluːtəmeɪt/ N → **monosodium glutamate**

**glutamic** /gluˈtæmɪk/ ADJ ◆ **glutamic acid** acide *m* glutamique

**glutamine** /ˈgluːtəˌmiːn/ N glutamine *f*

**gluteal** /ˈgluːtiːəl/ ADJ fessier

**gluten** /ˈgluːtən/
**N** gluten *m*
**COMP** **gluten-free** ADJ sans gluten

**glutenous** /ˈgluːtənəs/ ADJ glutineux

**gluteus** /ˈgluːtɪəs/
**N** (pl **glutei** /ˈgluːtɪaɪ/) fessier *m*
**COMP** **gluteus maximus/medius/minimus** N grand/moyen/petit fessier *m*

**glutinous** /ˈgluːtɪnəs/ ADJ visqueux, gluant

**glutton** /ˈglʌtn/ SYN N glouton(ne) *m(f)*, gourmand(e) *m(f)* ◆ **to be a glutton for work** être un bourreau de travail ◆ **he's a glutton for punishment** il est masochiste

**gluttonous** /ˈglʌtənəs/ ADJ glouton, goulu

**gluttonously** /ˈglʌtənəslɪ/ ADV gloutonnement

**gluttony** /ˈglʌtənɪ/ SYN N gloutonnerie *f*

**glyceric** /glɪˈserɪk/ ADJ glycérique

**glyceride** /ˈglɪsəraɪd/ N (*Chem*) glycéride *m*

**glycerin(e)** /ˌglɪsəˈriːn/ N glycérine *f*

**glycerol** /ˈglɪsərɒl/ N glycérol *m*

**glycin(e)** /ˈglaɪsiːn/ N glycine *f*

**glycogen** /ˈglaɪkəʊdʒen/ N glycogène *m*

**glycogenesis** /ˌglaɪkəʊˈdʒenɪsɪs/ N glycogénèse *f*

**glycogenetic** /ˌglaɪkəʊdʒɪˈnetɪk/ ADJ glycogénique

**glycogenic** /ˌglaɪkəʊˈdʒenɪk/ ADJ (*Physiol*) glycogénique

**glycol** /ˈglaɪkɒl/ N glycol *m*

**glycolipid** /ˌglaɪkəʊˈlɪpɪd/ N glycolipide *m*

**glycolysis** /glaɪˈkɒlɪsɪs/ N (*Bio*) glycolyse *f*

**glyconeogenesis** /ˌglaɪkəʊˌniːəʊˈdʒenɪsɪs/ N ⇒ **gluconeogenesis**

**glycoprotein** /ˌglaɪkəʊˈprəʊtiːn/ N ⇒ **glucoprotein**

**glycosuria** /ˌglaɪkəʊˈsjʊərɪə/ N (*Med*) glycosurie *f*

**glyph** /glɪf/ N (*Art*) glyphe *m*

**glyptics** /ˈglɪptɪks/ N (*NonC*) glyptique *f*

**glyptodont** /ˈglɪptəˌdɒnt/ N glyptodon *m*, glyptodonte *m*

**glyptography** /glɪpˈtɒgrəfɪ/ N glyptographie *f*

**GM** /ˌdʒiːˈem/
**N** **1** (abbrev of **General Manager**) DG *m*
**2** (abbrev of **George Medal**) → **George**
**ADJ** (abbrev of **genetically modified**) → **genetically**

**gm** (abbrev of **gram(me)**) g *inv*

**GMAT** /ˈdʒiːemˌeɪtɪ/ N (*US*) (abbrev of **Graduate Management Admission Test**) test d'admission pour des études de commerce de troisième cycle

**GMB** /ˌdʒiːemˈbiː/ N (*Brit*) (abbrev of **General, Municipal and Boilermakers**) syndicat

**GM-free** /ˌdʒiːemˈfriː/ ADJ sans OGM

**GMOs** /ˌdʒiːemˈəʊz/ NPL (abbrev of **genetically modified organisms**) OGM *mpl*

**GMS** /ˌdʒiːemˈes/ N (*Telec*) (abbrev of **Global Messaging System**) GMS *m*

**GMT** /ˌdʒiːemˈtiː/ (abbrev of **Greenwich Mean Time**) GMT

**GMWU** /ˌdʒiːemdʌbljuːˈjuː/ N (*Brit*) (abbrev of **General and Municipal Workers Union**) syndicat

**gnarl** /nɑ:l/ **N** *[of tree]* nœud *m*

**gnarled** /nɑ:ld/ SYN **ADJ** *[tree, roots, hands, fingers]* noueux ; *[old man, old woman]* ratatiné

**gnash** /næʃ/

**VT** ♦ **to gnash one's teeth** *[person]* grincer des dents ; *[animal]* montrer ses dents en grognant

**VI** *[person's teeth]* grincer ♦ **its teeth were gnashing** *[animal's teeth]* il (*or* elle) montrait ses dents en grognant

**gnashing** /ˈnæʃɪŋ/

**N** ♦ **gnashing of teeth** grincement *m* de dents

**ADJ** grinçant

**gnat** /næt/

**N** moucheron *m*

**COMP** **gnat's piss** ** **N** pisse *f* d'âne *

**gnaw** /nɔ:/ SYN

**VI** *(lit, fig)* ronger ♦ **to gnaw at** *or* **on a bone** ronger un os ♦ **the rat had gnawed through the electric cable** le rat avait complètement rongé la câble électrique ♦ **remorse/desire gnawed at him** le remords/le désir le rongeait ♦ **the secret still gnawed at her** le secret la tourmentait toujours

**VT** *[+ bone etc]* ronger ♦ **gnawed by remorse** rongé par le remords

▸ **gnaw off** **VT SEP** ronger complètement

**gnawing** /ˈnɔ:ɪŋ/ **ADJ** *[fear, doubt, guilt, hunger, pain]* tenaillant ♦ **I had a gnawing feeling that...** j'étais tenaillé par le sentiment que...

**gneiss** /naɪs/ **N** gneiss *m*

**gneissic** /ˈnaɪsɪk/ **ADJ** *(Geol)* gneissique

**gnocchi** /ˈnɒkɪ/ **NPL** gnocchis *mpl*

**gnome** /nəʊm/

**N** gnome *m*, lutin *m*

**COMP** **the Gnomes of Zurich** **NPL** *(Brit fig = bankers)* les gnomes de Zurich

**gnomic** /ˈnəʊmɪk/ **ADJ** gnomique

**gnomish** /ˈnəʊmɪʃ/ **ADJ** de gnome

**gnomon** /ˈnəʊmɒn/ **N** *(Math, on sundial)* gnomon *m*

**gnostic** /ˈnɒstɪk/ **ADJ, N** gnostique *mf*

**gnosticism** /ˈnɒstɪˌsɪzəm/ **N** gnosticisme *m*

**GNP** /ˌdʒi:en'pi:/ **N** *(Econ)* (abbrev of **gross national product**) PNB *m*

**gnu** /nu:/ **N** (pl **gnus** *or* **gnu**) gnou *m*

**GNVQ** /ˌdʒi:envi:'kju:/ **N** *(Brit)* (abbrev of **General National Vocational Qualification**) *diplôme professionnel national*

◆ ◆ ◆ ◆ ◆ ◆ ◆ ◆ ◆ ◆ ◆ ◆ ◆ ◆ ◆ ◆ ◆ ◆ ◆ ◆ ◆ ◆ ◆ ◆ ◆

## go /gəʊ/

1 - INTRANSITIVE VERB
2 - MODAL VERB
3 - TRANSITIVE VERB
4 - NOUN
5 - ADJECTIVE
6 - COMPOUNDS
7 - PHRASAL VERBS

vb: 3rd pers sg pres **goes**, pret **went**, ptp **gone**

▸ When **go** is part of a set combination, eg **go cheap**, **go to the bad**, **go too far**, **go down the tubes**, **go smoothly**, look up the other word.

◆ ◆ ◆ ◆ ◆ ◆ ◆ ◆ ◆ ◆ ◆ ◆ ◆ ◆ ◆ ◆ ◆ ◆ ◆ ◆ ◆ ◆ ◆ ◆ ◆

### 1 - INTRANSITIVE VERB

1 [= PROCEED, TRAVEL, MOVE] aller ; *[vehicle] (referring to speed/manner of moving)* rouler ♦ **where are you going?** où allez-vous ? ♦ **to go to do sth** aller faire qch ♦ **he's gone to see his mother** il est allé *or* parti voir sa mère ♦ **who goes there?** qui va là ? ♦ **I wouldn't go as far as to say that** je n'irais pas jusque là ♦ **she was going too fast** elle roulait *or* allait trop vite ♦ **there he goes!** le voilà ! ♦ **we can talk as we go** nous pouvons parler en chemin ♦ **you can go next** vous pouvez passer devant *(in game)* ♦ **whose turn is it to go?** c'est à qui de jouer ? ♦ **add the sugar, stirring as you go** ajoutez le sucre, en remuant au fur et à mesure

♦ **to go** + *preposition* ♦ **the train goes** AT **90km/h** le train roule à *or* fait du 90 km/h ♦ **to go** DOWN **the hill** descendre la colline ♦ **to go** FOR **a walk** (aller) se promener, (aller) faire une promenade ♦ **the train goes** FROM **London to Glasgow** le train va de Londres à Glasgow ♦ **where do we go** FROM **here?** qu'est-ce qu'on fait maintenant ? ♦ **to go** ON **a journey** faire un voyage ♦ **it's going** ON **three** *(US)* il est bientôt trois heures, il va bientôt être trois heures ♦ **to go** TO **France/to Canada/to London** aller en France/au Canada/à Londres ♦ **to go** TO **the swimming pool/cinema/Champs Élysées** aller à la piscine/au cinéma/aux Champs Élysées ♦ **he went** TO **Paris/to his aunt's** il est allé *or* il s'est rendu à Paris/chez sa tante ♦ **she went** TO **the headmaster** elle est allée voir *or* trouver le principal ♦ **to go** TO **the doctor** aller chez le *or* voir le médecin ♦ **to go** TO **sb for sth** aller demander qch à qn, aller trouver qn pour qch ♦ **the child went** TO **his mother** l'enfant est allé vers sa mère ♦ **to go** UP **the hill** monter la colline ♦ **I went** UP TO **$1,000** *(at auction)* je suis monté jusqu'à 1 000 dollars ; see also **phrasal verbs**

♦ **to go** + *-ing* ♦ **to go fishing/shooting** aller à la pêche/à la chasse ♦ **to go riding** (aller) faire du cheval ♦ **to go swimming** (aller) nager ♦ **don't go looking for trouble!** ne va pas t'attirer des ennuis ! ♦ **don't go getting upset** * ne te mets pas dans ces états

♦ **go and...** ♦ **I'll go and check the train times** je vais vérifier les horaires de trains ♦ **go and get me it!** va me le chercher ! ♦ **don't go and tell her I gave it you** * ne va pas lui dire *or* raconter que je te l'ai donné

**go and** is often not translated.

♦ **go and shut the door!** ferme *or* va fermer la porte ! ♦ **don't go and do that!** * ne fais pas ça !

Note how indignation, regret **etc** are expressed in the following:

♦ **now you've gone and broken the zip!** * ça y est *, tu as cassé la fermeture éclair ! ♦ **I wish I hadn't gone and spent all that money!** * si seulement je n'avais pas dépensé tout cet argent ! ♦ **what have they gone and done to him?** * qu'est-ce qu'ils ont bien pu lui faire ?

2 [= DEPART] partir, s'en aller ; *(= disappear)* disparaître ; *[time]* passer, s'écouler ; *(= be sacked)* être licencié ; *(= be abolished)* être aboli *or* supprimé ; *(= be finished) [money]* filer ♦ **when does the train go?** quand part le train ? ♦ **everybody had gone** tout le monde était parti ♦ **my bag has gone** mon sac a disparu ♦ **we must go** *or* **must be going** il faut qu'on y aille ♦ **go!** *(Sport)* partez ! ♦ **50 workers are to go at...** 50 ouvriers doivent être licenciés à... ♦ **after I go** *or* **have gone** après mon départ ♦ **after a week all our money had gone** en l'espace d'une semaine, nous avions dépensé tout notre argent ♦ **he'll have to go** *[employee]* on ne peut pas le garder ; *[official, minister]* il doit démissionner ♦ **the car will have to go** on va devoir se séparer de la voiture ♦ **there goes my chance of promotion!** je peux faire une croix sur ma promotion ! *(at auction)* ♦ **going, going, gone!** une fois, deux fois, trois fois, adjugé, vendu !

♦ **to let sb go** *(= allow to leave)* laisser partir qn ; *(euph = make redundant)* se séparer de qn ; *(= stop gripping)* lâcher qn

♦ **to let go** *or* **leave go** lâcher prise ♦ **let go!, leave go!** lâchez !

♦ **to let go** *or* **leave go of sth/sb** lâcher qch/qn ♦ **eventually parents have to let go of their children** *(psychologically)* tôt ou tard, les parents doivent laisser leurs enfants voler de leur propres ailes

♦ **to let sth go** ♦ **they have let their garden go** ils ont laissé leur jardin à l'abandon ♦ **we'll let it go at that** n'en parlons plus ♦ **you're wrong, but let it go** vous avez tort, mais passons

♦ **to let o.s. go** se laisser aller

3 [= OPERATE] *(= start) [car, machine]* démarrer ; *(= function) [machine, watch, car]* marcher ♦ **how do you make this go?** comment est-ce que ça marche ? ♦ **to be going** *[machine, engine]* être en marche ♦ **the washing machine was going so I didn't hear the phone** la machine à laver était en marche, si bien que je n'ai pas entendu le téléphone ♦ **to make a party go** mettre de l'ambiance dans une soirée

♦ **to get going** *[person] (= leave)* ♦ **let's get going!** allons-y ! ♦ **to get going on** *or* **with sth** *(= start)* s'occuper de qch ♦ **I've got to get going on my tax** il faut que je m'occupe *subj* de mes impôts ♦ **once he gets going...** une fois lancé...

♦ **to get sth going** *[+ machine]* mettre en marche ; *[+ car]* faire démarrer ; *[+ work, dinner]* mettre en train ♦ **to get things going** activer les choses

♦ **to keep going** *(= continue) [person]* continuer ; *[business]* réussir à se maintenir à flot ♦ **it's okay, keep going!** ne te dérange pas, continue ! ♦ **the police signalled her to stop but she kept going** la police lui a fait signe de s'arrêter mais elle a continué son chemin BUT ♦ **she was under great strain but kept going somehow** elle avait beaucoup de soucis mais réussissait malgré tout à tenir le coup ♦ **will the Prime Minister be able to keep going until the spring?** est-ce que le Premier ministre pourra se maintenir au pouvoir jusqu'au printemps ? ♦ **it wouldn't keep going** *[machine]* elle s'arrêtait tout le temps ; *[car]* elle n'arrêtait pas de caler

♦ **to keep sb/sth going** ♦ **this medicine/hope kept her going** ce médicament/cet espoir lui a permis de tenir (le coup) ♦ **a cup of coffee is enough to keep her going all morning** elle réussit à tenir toute la matinée avec un café ♦ **I gave them enough money to keep them going for a week or two** je leur ai donné assez d'argent pour tenir une semaine ou deux ♦ **to keep a factory going** maintenir une usine en activité

4 [= BEGIN] ♦ **there he goes again!** le voilà qui recommence ! ♦ **here goes!** * allez, on y va !

5 [= PROGRESS] aller, marcher ♦ **the project was going well** le projet marchait bien ♦ **how's it going?, how goes it?** (comment) ça va ? ♦ **the way things are going** au train où vont les choses, si ça continue comme ça ♦ **I hope all will go well** j'espère que tout ira bien ♦ **all went well for him until...** tout a bien marché *or* s'est bien passé pour lui jusqu'au moment où...

6 [= TURN OUT] *[events]* se passer ♦ **how did your holiday go?** comment se sont passées tes vacances ? ♦ **the evening went very well** la soirée s'est très bien passée ♦ **let's wait and see how things go** attendons de voir ce qui va se passer ♦ **I don't know how things will go** je ne sais pas comment ça va se passer, je ne sais pas comment les choses vont tourner * ♦ **that's the way things go, I'm afraid** c'est malheureux mais c'est comme ça ♦ **what goes?** * *(esp US)* quoi de neuf ?

7 [= EXTEND] aller, s'étendre ♦ **the garden goes as far as the river** le jardin va *or* s'étend jusqu'à la rivière ♦ **$50 does not go very far** on ne va pas très loin avec 50 dollars

8 [= BELONG] aller ♦ **the books go in that cupboard** les livres vont dans ce placard-là ♦ **this screw goes here** cette vis va là

9 [= BECOME] devenir ♦ **the biscuits have gone soft** les biscuits sont devenus mous *or* ont ramolli ♦ **have you gone mad?** tu es (devenu) fou ? ♦ **she went pale** elle est devenue pâle, elle a pâli ♦ **you're not going to go all sentimental/shy/religious on me!** * tu ne vas pas me faire le coup * des grands sentiments/de la timidité/de la ferveur religieuse ! ♦ **the lights went red** les feux sont passés au rouge ♦ **the constituency went Labour at the last election** aux dernières élections la circonscription est passée aux travaillistes

10 [= BREAK, YIELD] *[rope, cable]* céder ; *[fuse]* sauter ; *[bulb]* griller ; *[material]* être usé ♦ **the lining's going** la doublure est usée ♦ **jeans tend to go at the knees** les jeans ont tendance à s'user aux genoux ♦ **this jumper has gone at the elbows** ce pull est troué aux coudes ♦ **there goes another button!** encore un bouton de décousu !

11 [= FAIL] *[sight]* baisser ; *[strength]* manquer ♦ **his mind is going** il n'a plus toute sa tête ♦ **his nerve was beginning to go** il commençait à paniquer *or* à perdre la tête ♦ **my voice has gone** je n'ai plus de voix ♦ **my voice is going** je n'ai presque plus de voix ♦ **his health is going** il commence à avoir des problèmes de santé ♦ **his hearing is going** il devient sourd

12 [EUPH = DIE] partir ♦ **after I go** *or* **have gone** quand je serai parti, quand je ne serai plus là ♦ **he's gone!** il est parti, c'est fini !

13 [= BE SOLD] ♦ **how much do you think the house will go for?** combien crois-tu que la maison va être vendue ?

14 [= BE GIVEN] *[prize, reward, inheritance]* aller, revenir *(to à)*

15 [= BE CURRENT, BE ACCEPTED] *[story, rumour]* circuler ♦ **the story goes that...** le bruit court *or* circule que... ♦ **anything goes these days** * tout est permis de nos jours ♦ **that goes without saying** cela va sans dire ♦ **what he says goes** c'est lui qui fait la loi ♦ **what I say goes around here** c'est moi qui commande ici

16 [* = SAY] sortir *, faire * ♦ **he goes to me: "what do you want?"** il me sort * *or* il me fait : « qu'est-ce que tu veux ? »

17 [= APPLY] ♦ **she mustn't say a word, and that goes for you too** elle ne doit pas dire un mot et c'est valable pour toi aussi ♦ **that goes for me too** *(= I agree with that)* je suis (aussi) de cet avis ♦ **as far as your suggestion goes...** pour ce qui est de ta suggestion...

♦ **as far as it goes** ♦ **this explanation is fine, as far as it goes, but...** cette explication n'est pas mauvaise, mais...

18 [= AVAILABLE]

♦ **to be going** ♦ **are there any jobs going?** y a-t-il des postes vacants ? ♦ **there just aren't any jobs going** il n'y a pas de travail ♦ **is there any coffee going?** est-ce qu'il y a du café ? ♦ **I'll have whatever's going** donnez-moi *or* je prendrai de ce qu'il y a

19 [= BE SUNG, PLAYED] ♦ **the tune goes like this** voici l'air ♦ **I don't know how the song goes** je ne connais pas cette chanson ♦ **how does it go?** c'est comment *or* quoi la chanson ?

20 [= MAKE SPECIFIC SOUND OR MOVEMENT] faire ; *[bell, clock]* sonner ♦ **go like that with your left foot** faites comme ça avec votre pied gauche

21 [= SERVE] ♦ **the money will go to compensate the accident victims** cet argent servira à dédommager les victimes de l'accident ♦ **the qualities that go to make a great man** les qualités qui font un grand homme

22 [MATH] ♦ **4 into 12 goes 3 times** 12 divisé par 4 égale 3 ♦ **2 won't go exactly into 11** 11 divisé par 2, ça ne tombe pas juste

23 [* EUPH] aller aux toilettes ♦ **do you need to go?** tu as envie d'aller aux toilettes ? ♦ **I need to go** j'ai une envie pressante

24 [IMPLYING COMPARISON]

♦ **as... go** ♦ **he's not bad, as estate agents go** il n'est pas mauvais pour un agent immobilier ♦ **it's a fairly good garage as garages go** comme garage cela peut aller *or* ce n'est pas trop mal

25 [= BE DISPOSED OF, ELAPSE] ♦ **seven down and three to go** en voilà sept de faits, il n'en reste plus que trois ♦ **there is a week to go before the election** il reste une semaine avant les élections

25 [US = TAKE AWAY] ♦ **to go** à emporter ♦ **two hot-dogs to go** deux hot-dogs à emporter

**2 - MODAL VERB**

[INDICATING FUTURE]

♦ **to be going to** + *infinitive* aller ♦ **I'm going to phone him this afternoon** je vais l'appeler cet après-midi ♦ **it's going to rain** il va pleuvoir ♦ **I was just going to do it** j'allais le faire, j'étais sur le point de le faire ♦ **I was going to do it yesterday but I forgot** j'allais le faire *or* j'avais l'intention de le faire hier mais j'ai oublié

**3 - TRANSITIVE VERB**

1 [= TRAVEL] *[+ distance]* faire ♦ **we had gone only 3km** nous n'avions fait que 3 km ♦ **the car was fairly going it*** la voiture roulait *or* filait à bonne allure

♦ **to go it alone** *(gen)* se débrouiller tout seul ; *(Pol etc)* faire cavalier seul

♦ **to go one better** aller encore plus loin, renchérir

2 [CARDS, GAMBLING] ♦ **he went three spades** il a annoncé trois piques ♦ **he went £50 on the red** il a misé 50 livres sur le rouge ♦ **I can only go £15** je ne peux mettre que 15 livres

3 [= MAKE SOUND] faire ♦ **he went "psst"** « psst », fit-il

**4 - NOUN**

(pl **goes**)

1 [NONC = ENERGY] ♦ **to be full of go** être plein d'énergie, être très dynamique ♦ **there's no go about him** il n'a aucun ressort, il est mou

2 [NONC: * = ACTIVITY, MOTION] ♦ **it's all go!** ça n'arrête pas ! ♦ **to be always on the go** être toujours sur la brèche ♦ **to keep sb on the go** ne pas laisser souffler qn ♦ **he's got two projects on the go at the moment** il a deux projets en chantier actuellement

3 [* = ATTEMPT] tentative *f*, coup *m* ♦ **at one** *or* **a go** d'un seul coup ♦ **it's your go** *(in games)* c'est ton tour, c'est à toi (de jouer)

♦ **to have a go** *(= try)* essayer, tenter le coup ♦ **to have a go at sth** essayer de faire qch ♦ **to have another go** réessayer, faire une nouvelle tentative ♦ **have another go!** essaie encore une fois !, réessaie ! ♦ **to have a go at sb** *(verbally)* s'en prendre à qn* ; *(physically)* se jeter sur qn ♦ **the public is warned not to have a go** *(at criminal)* il est demandé au public de ne rien tenter *or* de ne pas s'approcher du criminel

4 [* = EVENT, SITUATION] ♦ **it's a rum go** c'est une drôle de situation ♦ **they've had a rough go of it** ils ont traversé une mauvaise période

5 [= SUCCESS] ♦ **to make a go of sth** réussir qch ♦ **they decided to try to make a go of their marriage** ils ont décidé de donner une chance à leur couple ♦ **no go!*** rien à faire ! ♦ **it's all the go*** ça fait fureur, c'est le dernier cri

**5 - ADJECTIVE**

[ESP SPACE: *] paré pour la mise à feu ♦ **all systems (are) go** *(gen)* tout est OK ♦ **you are go for moon-landing** vous avez le feu vert pour l'alunissage

**6 - COMPOUNDS**

**go-ahead** SYN ADJ *(esp Brit) [person, government]* dynamique, qui va de l'avant ; *[business, attitude]* dynamique N ♦ **to give sb the go-ahead (for sth/to do sth)*** donner le feu vert à qn (pour qch/pour faire qch)

**go-between** SYN N intermédiaire *mf*

**go-by*** N ♦ **to give sth/sb the go-by** laisser tomber* qch/qn

**go-cart** N *(= vehicle)* kart *m* ; *(= toy)* chariot *m (que se construisent les enfants)* ; *(= handcart)* charrette *f* ; *(= pushchair)* poussette *f* ; *(= baby-walker)* trotteur *m*

**go-carting** N *(Sport)* karting *m*

**go-faster stripe*** N liseré *m* sport *(sur la carrosserie d'une voiture)*

**go-getter*** N fonceur* *m*, -euse* *f*

**go-getting*** ADJ *[person]* fonceur* ; *[approach, attitude]* de battant

**go-kart** N kart *m*

**go-karting** N *(Sport)* karting *m*

**go-kart track** N piste *f* de karting

**go-slow (strike)** N *(Brit)* grève *f* perlée

**go-to** ADJ

1 *[person]* **the go-to guy on the team** le type sur lequel on peut compter dans l'équipe

2 *[place]* **a go-to destination** une destination très courue

**7 - PHRASAL VERBS**

▸ **go about**

VI 1 circuler, aller ♦ **he goes about in a Rolls** il roule en Rolls ♦ **to go about barefoot/in torn jeans** se promener pieds nus/en jean déchiré ♦ **they go about in gangs** ils vont *or* circulent en bandes ♦ **he's going about with disreputable people** il fréquente des gens peu recommandables ♦ **he always goes about telling people what to do** il est toujours en train de dire aux gens ce qu'ils doivent faire

2 *[rumour]* courir, circuler

3 *[ship] (= change direction)* virer de bord

VT FUS 1 *(= deal with) [+ task, duties]* ♦ **he went about the task methodically** il a procédé *or* il s'y est pris de façon méthodique ♦ **he knows how to go about it** il sait s'y prendre ♦ **we must go about it carefully** nous devons y aller doucement ♦ **how does one go about getting seats?** comment s'y prend-on *or* comment fait-on pour avoir des places ?

2 *(= be occupied with)* ♦ **to go about one's work** vaquer à ses occupations *or* travaux ♦ **to go about one's business** vaquer à ses affaires

▸ **go across**

VI *(= cross)* traverser ♦ **she went across to Mrs. Smith's** elle est allée en face chez Mme Smith

VT FUS *[+ river, road]* traverser

▸ **go after** VT FUS *(= follow)* suivre ; *(= attack)* attaquer ♦ **go after him!** suivez-le ! ♦ **we're not going after civilian targets** nous n'attaquons pas les cibles civiles ♦ **the press went after him mercilessly** la presse s'est acharnée contre lui ♦ **to go after a job** poser sa candidature à un poste, postuler à un emploi ♦ **he saw the job advertised and decided to go after it** il a vu une annonce pour ce poste et a décidé de poser sa candidature

▸ **go against** VT FUS 1 *(= prove hostile to) [vote, judgement, decision]* être défavorable à ♦ **the decision went against him** la décision lui a été défavorable ♦ **everything began to go against us** tout se liguait contre nous

2 *(= oppose)* aller à l'encontre de ♦ **conditions which went against national interests** des conditions qui allaient à l'encontre des intérêts nationaux ♦ **to go against the tide** aller contre le courant *or* à contre-courant ♦ **to go against public opinion** aller à contre-courant de l'opinion (publique) ♦ **to go against sb's wishes** s'opposer à la volonté *or* aux volontés de qn ♦ **it goes against my conscience** ma conscience s'y oppose ♦ **it goes against my principles** cela va à l'encontre de mes principes, c'est contre mes principes

▸ **go ahead** VI (also **go on ahead**) passer devant *or* en tête ♦ **go ahead!** allez-y ! ♦ **the exhibition will go ahead as planned** l'exposition aura lieu comme prévu ♦ **to go ahead with a plan/project** mettre un plan/projet à exécution

▸ **go along** VI aller ♦ **why don't you go along too?** pourquoi n'iriez-vous pas aussi ? ♦ **I'll tell you as we go along** je vous le dirai en cours de route *or* en chemin ♦ **I check as I go along** je vérifie au fur et à mesure ♦ **to go along with sb** *(lit)* aller avec qn, accompagner qn ; *(= agree with)* être d'accord avec qn ♦ **I'd go along with you on that** je suis d'accord avec toi sur ce point ♦ **I don't go along with you there** là, je ne suis pas d'accord avec vous ♦ **I can't go along with that at all** je ne suis pas du tout d'accord là-dessus, je suis tout à fait contre ♦ **the other parties are unlikely to go along with the plan** il est peu probable que les autres partis acceptent ce projet

▸ **go around** VI 1 ⇒ **go about** VI 1, VI 2, **go round**

2 ♦ **what goes around comes around** tout finit par se payer

▸ **go at** VT FUS *(= attack) [+ person]* attaquer, se jeter sur ; *(= undertake) [+ task]* s'atteler à ♦ **he went at it with a will** il s'y est mis avec acharnement

▸ **go away** VI partir, s'en aller ; *(on holiday)* partir (en vacances), aller en vacances ; *[pain]* disparaître ♦ **he's gone away with my keys** il est parti avec mes clés ♦ **we're not going away this year** nous n'allons nulle part *or* nous ne partons pas cette année ♦ **don't go away with the idea that...*** n'allez pas penser que... ♦ **I think we need to go away and think about this** je pense que nous devons prendre le temps d'y réfléchir

▸ **go back** VI 1 *(= return)* retourner ♦ **we went back to the beach after lunch** nous sommes retournés à la plage après le déjeuner ♦ **shall we go back now? It's getting dark** il est peut-être temps qu'on rentre *or* qu'on y aille, il commence à faire nuit ♦ **to go back to a point** revenir sur un point ♦ **to go back to the beginning** revenir au début ♦ **to go back to work** reprendre le travail ♦ **to go back to bed** aller se recoucher

2 *(= retreat)* reculer

3 *(in time)* remonter ♦ **my memories don't go back so far** mes souvenirs ne remontent pas aussi loin ♦ **the family goes back to the Norman Conquest** la famille remonte à la conquête normande ♦ **we go back a long way** on se connaît depuis longtemps

4 *(= revert)* revenir *(to* à*)* ♦ **I don't want to go back to the old system** je ne veux pas revenir à l'ancien système ♦ **to go back to one's former habits** retomber dans ses anciennes habitudes

5 *(= extend)* s'étendre ♦ **the garden goes back to the river** le jardin s'étend jusqu'à la rivière ♦ **the cave goes back 300 metres** la grotte a 300 mètres de long

▸ **go back on** VT FUS *[+ decision, promise]* revenir sur

▸ **go before** VI *(lit)* aller au devant ♦ **all that has gone before** *(fig = happen earlier)* tout ce qui s'est passé avant ♦ **those who are** *or* **have gone before** *(euph = die)* ceux qui sont partis avant nous ♦ **to go before a court/judge** comparaître devant un tribunal/juge

▸ **go below** VI *(on ship)* descendre dans l'entrepont

▸ **go by**

VI *[person]* passer ; *[period of time]* (se) passer, s'écouler ♦ **we've let the opportunity go by** nous avons raté *or* laissé passer l'occasion ♦ **as time goes by** à mesure que le temps passe, avec le temps ♦ **in days (***or* **years) gone by** autrefois, jadis

VT FUS 1 *(= judge by)* ♦ **if first impressions are anything to go by** s'il faut se fier à sa première impression ♦ **that's nothing to go by** ce n'est pas une référence ♦ **you can't go by what he says** on ne peut pas se fier à ce qu'il dit ♦ **to go by appearances** juger d'après les apparences ♦ **the only thing the police have got to go by...** le seul indice dont dispose la police...

2 *(= be guided by)* suivre ♦ **to go by the instructions** suivre les instructions ♦ **if they prove I was wrong I'll go by what they say** s'ils prouvent que j'avais tort, je me rallierai à leur point de vue

▸ **go down** VI 1 *(= descend)* descendre ♦ **to go down to the coast** aller *or* descendre sur la côte

2 *(= fall) [person]* tomber ; *[boxer]* aller au tapis ; *[building]* s'écrouler

3 *(= sink) [ship]* couler, sombrer ; *[person]* couler

4 *(= crash) [plane]* s'écraser

5 *(Brit Univ) [student] (= go on holiday)* partir en vacances ; *(= finish studies)* terminer (ses études), quitter l'université ◆ **the university goes down on 20 June** les vacances universitaires commencent le 20 juin

6 *(= set) [sun, moon]* se coucher

7 *(= be swallowed)* ◆ **it went down the wrong way** j'ai *(or* il a *etc)* avalé de travers

8 *(= be accepted, approved)* ◆ **I wonder how that will go down with her parents** je me demande comment ses parents vont prendre ça ◆ **to go down well/badly** être bien/mal accueilli ◆ **it went down well** ça a été bien accueilli ◆ **the suggestion didn't go down well with the locals** cette proposition a été mal accueillie par la population locale

9 *(= subside) [tide]* descendre ; *[temperature]* baisser ◆ **the floods are going down** les eaux commencent à se retirer

10 *(= lessen) [amount, numbers, rate]* diminuer ; *[value, price, standards]* baisser ◆ **the house has gone down in value** la maison s'est dépréciée ◆ **this neighbourhood has gone down** ce quartier s'est dégradé

11 *(= be defeated, fail)* être battu *(to* par) ; *(Bridge)* chuter ; *(= fail examination)* échouer, être recalé *(in* en) ◆ **Spain went down to Scotland 2-1** *(Football)* l'Espagne a été battue 2 à 1 par l'Écosse

12 *(= be relegated) [team]* être relégué ◆ **to go down a class** *(Scol)* redescendre d'une classe

13 *(Comput = break down)* tomber en panne

14 *(Theat) [curtain]* tomber ◆ **when the curtain goes down** lorsque le rideau tombe *[lights]* s'éteindre

15 *(= go as far as)* aller ◆ **go down to the bottom of the page** allez *or* reportez-vous au bas de la page

16 *[balloon, tyre]* se dégonfler ◆ **my ankle's OK, the swelling has gone down** ma cheville va bien, elle a désenflé

17 *(= be noted, remembered)* ◆ **to go down to posterity** passer à la postérité

18 *(Mus = lower pitch)* ◆ **can you go down a bit?** vous pouvez chanter *(or* jouer) un peu plus bas ?

▸ **go down as** VT FUS *(= be regarded as)* être considéré comme ; *(= be remembered as)* passer à la postérité comme ◆ **the victory will go down as one of the highlights of the year** cette victoire restera dans les mémoires comme l'un des grands moments de l'année

▸ **go down on**‡ VT FUS sucer*‡

▸ **go down with*** VT FUS attraper ◆ **to go down with flu** attraper la grippe ; see also **go down**

▸ **go for** VT FUS 1 *(= attack)* attaquer ◆ **he went for me with a knife** il m'a attaqué avec un couteau ◆ **go for him!** *(to dog)* mors-le !

2 *(* = like)* ◆ **she went for him in a big way** elle en pinçait* pour lui, elle a craqué* pour lui ◆ **I don't go for that sort of talk** je n'aime pas qu'on parle comme ça ◆ **I don't go much for poetry** je ne raffole pas de la poésie ◆ **to tend to go for** avoir tendance à préférer

3 *(= strive for)* essayer d'avoir ; *(= choose)* choisir ◆ **go for it!*** vas-y ! ◆ **I decided to go for it*** j'ai décidé de tenter le coup

4 ◆ **he's got a lot going for him*** il a beaucoup d'atouts ◆ **the theory has a lot going for it** cette théorie a de nombreux mérites

▸ **go forth** VI *(liter, frm)* 1 *[person]* s'en aller ◆ **they went forth to battle** ils s'en sont allés à la bataille

2 ◆ **the order went forth that...** il fut décrété que... ◆ **the word went forth that...** il a été annoncé que...

▸ **go forward** VI 1 *(= move ahead) [person, vehicle]* avancer ; *[economy]* progresser ; *[country]* aller de l'avant

2 *(= take place)* avoir lieu

3 *(= continue)* maintenir ◆ **if they go forward with these radical proposals** s'ils maintiennent ces propositions radicales

▸ **go in** VI 1 *(= enter)* entrer ◆ **they went in by the back door** ils sont entrés par la porte de derrière ◆ **I must go in now** il faut que je rentre *subj* maintenant ◆ **go in and win!** allez, bonne chance !

2 *(= attack)* attaquer ◆ **the troops are going in tomorrow** les troupes attaquent demain ◆ **British troops will not go in alone** les troupes britanniques ne seront pas les seules à se battre

3 *[sun, moon]* se cacher *(behind* derrière)

▸ **go in for** VT FUS 1 *[+ examination]* se présenter à ; *[+ position, job]* poser sa candidature à, postuler à *or* pour ; *[+ competition, race]* prendre part à

2 *[+ sport]* pratiquer ; *[+ hobby]* se livrer à ; *[+ style]* être porté sur, affectionner ; *[+ medicine, accounting, politics]* faire ◆ **she goes in for very high heels** elle affectionne les très hauts talons ◆ **I don't go in for bright colours** je ne suis pas (très) porté sur les couleurs vives, je ne raffole pas des couleurs vives ◆ **he doesn't go in much for reading** il n'aime pas beaucoup lire ◆ **we don't go in for eating in expensive restaurants** nous n'avons pas pour habitude de manger dans des restaurants chers ◆ **he's going in for science** il va faire des sciences

▸ **go into** VT FUS 1 *(= take up) [+ profession, field]* ◆ **he doesn't want to go into industry** il ne veut pas travailler dans l'industrie

2 *(= embark on) [+ explanation]* se lancer dans ◆ **he went into a long explanation** il s'est lancé *or* embarqué dans une longue explication ◆ **to go into details** rentrer dans les détails ◆ **let's not go into that now** laissons cela pour le moment ◆ **to go into fits of laughter** être pris de fou rire

3 *(= investigate)* étudier ◆ **this matter is being gone into** on étudie la question ◆ **we haven't got time to go into that now** nous n'avons pas le temps de nous pencher sur ce problème ◆ **to go into a question in detail** approfondir une question

4 *(= be devoted to) [time, money, effort]* être investi dans ◆ **a lot of money went into the research** on a investi beaucoup d'argent dans la recherche

▸ **go in with** VT FUS *(= share costs)* se cotiser avec ◆ **she went in with her sister to buy the present** elle s'est cotisée avec sa sœur pour acheter le cadeau

▸ **go off**

VI 1 *(= leave)* partir, s'en aller ; *(Theat)* quitter la scène ◆ **they went off together** ils sont partis ensemble ◆ **she went off at 3 o'clock** *(= go off duty)* elle est partie à 3 heures, elle a quitté (son travail) à 3 heures

2 *[alarm clock]* sonner ; *[alarm]* se déclencher ◆ **the gun didn't go off** le coup n'est pas parti ◆ **the pistol went off in his hand** le coup est parti alors qu'il tenait le pistolet dans sa main

3 *(= stop) [light, radio, TV]* s'éteindre ; *[heating]* s'arrêter, s'éteindre

4 *(Brit = deteriorate) [meat]* s'avarier, se gâter ; *[milk]* tourner ; *[butter]* rancir ; *[athlete]* être en méforme

5 *(= lose intensity) [pain]* s'apaiser, passer

6 *(= go to sleep)* s'endormir

7 *[event]* se passer ◆ **the evening went off very well** la soirée s'est très bien passée

VT FUS *(Brit *)* ◆ **I'm starting to go off the idea** ça ne me dit plus grand-chose ◆ **I've gone off skiing** le ski ne me tente plus beaucoup ◆ **I used to like him, but I've gone off him lately** je l'aimais bien mais depuis un certain temps il m'agace

▸ **go off with** VT FUS *[+ thing, person]* partir avec ◆ **she went off with my umbrella** elle est partie avec mon parapluie ◆ **his wife went off with another man** sa femme est partie avec un autre homme

▸ **go on**

VI 1 *(= fit)* ◆ **the lid won't go on** le couvercle ne ferme pas bien ◆ **the cover won't go on** ça ne rentre pas dans la housse

2 *(= proceed on one's way) (without stopping)* poursuivre son chemin ; *(after stopping)* continuer sa route ; *(by car)* reprendre la route ◆ **after a brief chat she went on to church** après avoir bavardé quelques instants, elle a continué sa route vers l'église ◆ **go on, it's fun!*** vas-y, tu vas voir, c'est super !* ; → **go ahead**

3 *(= continue)* continuer *(doing sth* de *or* à faire qch) ◆ **to go on speaking** continuer de *or* à parler ; *(after pause)* reprendre (la parole) ◆ **go on with your work** continuez votre travail ◆ **go on trying!** essaie encore ! ◆ **go on!** continuez ! ◆ **go on (with you)!*** allons donc !, à d'autres !* ◆ **the war went on until 1945** la guerre a continué *or* s'est prolongée jusqu'en 1945 ◆ **if you go on doing that, you'll get into trouble** si tu continues à faire ça, tu vas avoir des ennuis ◆ **that's enough to be going on with** ça suffit pour l'instant

4 *(* = talk)* ◆ **to go on about sth** ne pas arrêter de parler de qch ◆ **don't go on about it!** ça va, j'ai compris ! ◆ **she just goes on and on** elle radote ◆ **he goes on and on about it** il n'arrête pas d'en parler

5 *(* = nag)* ◆ **to go on at sb** s'en prendre à qn ◆ **she went on (and on) at him** elle n'a pas cessé de s'en prendre à lui ◆ **she's always going on at him about doing up the kitchen** elle n'arrête pas de le harceler pour qu'il refasse la cuisine

6 *(= proceed)* passer ◆ **to go on to another matter** passer à une autre question ◆ **he went on to say that...** puis il a dit que... ◆ **he retired from football and went on to become a journalist** il a abandonné le football et est devenu journaliste ◆ **he goes on to Holland tomorrow** il repart demain pour la Hollande

7 *(= happen)* se dérouler ; *(for a stated time)* durer ◆ **several matches were going on at the same time** plusieurs matchs se déroulaient en même temps ◆ **how long has this been going on?** depuis combien de temps est-ce que ça dure ? ◆ **the rioting went on all night** les émeutes ont duré toute la nuit ◆ **while this was going on** pendant ce temps, au même moment ◆ **what's going on here?** qu'est-ce qui se passe ici ?

8 *(= pass)* ◆ **things got easier as time went on** avec le temps les choses sont devenues plus faciles ◆ **as the day went on he became more and more anxious** au fil des heures, il devenait de plus en plus inquiet

9 *(* : gen pej = behave)* ◆ **that's no way to go on** c'est une conduite inacceptable ! ◆ **what a way to go on!** en voilà des manières !

10 *(Theat = enter)* entrer en scène

11 *(= progress) [person, patient]* se porter, aller ◆ **how is he going on?** comment va-t-il *or* se porte-t-il ? ◆ **life went on uneventfully** la vie poursuivit son cours paisiblement

12 *(* = approach)* ◆ **she's going on 50** elle va sur la cinquantaine, elle frise* la cinquantaine ◆ **Ann's 25 going on 50** Ann a 25 ans mais elle a les réactions d'une femme de 50 ans

VT FUS 1 *(= be guided by)* ◆ **you've got to go on the facts** il faut s'appuyer sur les faits ◆ **what have you got to go on?** de quels indices *or* de quelles pistes disposez-vous ? ◆ **we don't have much to go on yet** nous n'avons pas beaucoup d'indices pour l'instant ◆ **the police had no clues to go on** la police n'avait aucun indice sur lequel s'appuyer

2 *(= appreciate, be impressed by)* ◆ **I don't go much on that**‡ ça ne me dit pas grand-chose*

▸ **go on for** VT FUS ◆ **it's going on for 100km** c'est à une centaine de kilomètres ◆ **it's going on for 5 o'clock** il est près de 5 heures ◆ **he's going on for 50** il va sur la cinquantaine

▸ **go out** VI 1 *(= leave)* sortir ◆ **to go out of a room** sortir d'une pièce ◆ **to go out shopping** aller faire des courses ◆ **to go out for a meal** aller au restaurant ◆ **he goes out a lot** il sort beaucoup ◆ **she doesn't go out with him any more** elle ne sort plus avec lui ◆ **to go out to work** (aller) travailler ◆ **most mothers have to go out to work** la plupart des mères de famille doivent travailler

2 *[style]* passer de mode, se démoder ; *[custom]* disparaître ; *[fire, light]* s'éteindre ◆ **he was so tired he went out like a light*** il était si fatigué qu'il s'est endormi comme une masse* ◆ **all the fun has gone out of it now** ce n'est plus aussi drôle maintenant

3 *(= travel)* aller *(to* à) ◆ **she went out to Bangkok to join her husband** elle est allée rejoindre son mari à Bangkok

4 *[sea]* se retirer ; *[tide]* descendre ◆ **the tide** *or* **the sea goes out 2km** la mer se retire sur 2 km

5 ◆ **my heart went out to him** j'ai été vraiment désolé pour lui ◆ **all our sympathy goes out to you** nous pensons à vous en ces moments douloureux

6 *(Cards etc)* terminer

7 *(= be issued) [pamphlet, circular]* être distribué ; *[invitation]* être envoyé ; *(= be broadcast) [radio programme, TV programme]* être diffusé ◆ **an appeal has gone out for people to give blood** un appel a été lancé pour encourager les dons de sang ◆ **the programme goes out on Friday evenings** l'émission passe *or* est diffusée le vendredi soir

8 *(Sport = be eliminated)* être éliminé, se faire sortir* ◆ **our team went out to a second division side** notre équipe a été éliminée *or* s'est fait sortir* par une équipe de deuxième division

9 *(= end) [year]* finir, se terminer

▶ **go over**

**VI** 1 (= cross) aller ◆ **to go over to France** aller en France ◆ **she went over to Mrs Smith's** elle est allée chez Mme Smith ◆ **his speech went over well** son discours a été bien reçu or est bien passé ◆ **the ball went over into the field** le ballon est passé par-dessus la haie (or le mur etc) et il est tombé dans le champ

2 (= be overturned) [vehicle] se retourner ; [boat] chavirer, se retourner

**VT FUS** 1 (= examine) [+ accounts, report] examiner, vérifier ; [doctor] [+ patient] examiner ◆ **to go over a house** visiter une maison ◆ **I went over his essay with him** j'ai regardé sa dissertation avec lui

2 (= rehearse, review) [+ speech] revoir ; [+ facts, points] récapituler ◆ **to go over sth in one's mind** repasser qch dans son esprit ◆ **to go over the events of the day** repasser les événements de la journée ◆ **let's go over the facts again** récapitulons les faits

3 (= touch up) retoucher, faire des retouches à ◆ **to go over a drawing in ink** repasser un dessin à l'encre

▶ **go over to** VT FUS passer à ◆ **we're going over to a new system** nous passons à un nouveau système ◆ **I've gone over to a new brand of coffee** j'ai changé de marque de café ◆ **to go over to the enemy** passer à l'ennemi

▶ **go round** VI 1 (= turn) tourner ◆ **my head is going round** j'ai la tête qui tourne

2 (= go the long way) faire le tour ; (= make a detour) faire un détour ◆ **there's no bridge, we'll have to go round** il n'y a pas de pont, il faut faire le tour ◆ **we went round by Manchester** nous avons fait un détour par Manchester

3 ◆ **to go round to sb's house/to see sb** aller chez qn/voir qn

4 (= be sufficient) suffire (pour tout le monde) ◆ **there's enough food to go round** il y a assez à manger pour tout le monde ◆ **to make the money go round** joindre les deux bouts *

5 (= circulate) [bottle, document, story] circuler ; [rumour] courir, circuler

6 ⇒ **go about** vi

▶ **go through**

**VI** (= be agreed, voted) [proposal] être accepté ; [law, bill] passer, être voté ; [business deal] être conclu, se faire ; (Sport = qualify) se qualifier ◆ **the deal did not go through** l'affaire n'a pas été conclue or ne s'est pas faite

**VT FUS** 1 (= suffer, endure) subir, endurer ◆ **after all he's gone through** après tout ce qu'il a subi or enduré ◆ **we've all gone through it** nous sommes tous passés par là, nous avons tous connu cela ◆ **he's going through a very difficult time** il traverse une période difficile

2 (= examine) [+ list] éplucher ; [+ book] parcourir ; [+ mail] regarder, dépouiller ; [+ subject, plan] étudier ; [+ one's pockets] fouiller dans ; (at customs) [+ suitcases, trunks] fouiller ◆ **I went through my drawers looking for a pair of socks** j'ai cherché une paire de chaussettes dans mes tiroirs ◆ **I went through his essay with him** j'ai regardé sa dissertation avec lui

3 (= use up) [+ money] dépenser ; (= wear out) user ◆ **to go through a fortune** engloutir une fortune ◆ **he goes through a pair of shoes a month** il use une paire de chaussures par mois ◆ **he has gone through the seat of his trousers** il a troué le fond de son pantalon ◆ **this book has already gone through 13 editions** ce livre en est déjà à sa 13ᵉ édition

4 (= carry out) [+ routine, course of study] suivre ; [+ formalities] remplir, accomplir ; [+ apprenticeship] faire

▶ **go through with** VT FUS (= persist with) [+ plan, threat] mettre à exécution ◆ **in the end she couldn't go through with it** en fin de compte elle n'a pas pu le faire ◆ **he pleaded with her not to go through with the divorce** il l'a suppliée de ne pas continuer la procédure de divorce

▶ **go to**

**VI** ◆ **go to!** †† allons donc !

**VT FUS** ◆ **go to it!** allez-y !

▶ **go together** VI [colours] aller (bien) ensemble ; [events, conditions, ideas] aller de pair ◆ **poor living conditions and TB go together** la tuberculose va de pair avec les mauvaises conditions de vie ◆ **they go well together** ils vont bien ensemble ◆ **Ann and Peter are going together** Ann et Peter sortent ensemble

▶ **go under** VI 1 (= sink) [ship] sombrer, couler ; [person] couler

2 (= fail) [business person] faire faillite ; [business] couler, faire faillite

▶ **go up**

**VI** 1 (= rise) [price, value, temperature] monter, être en hausse ; (Theat) [curtain] se lever ; [lights] s'allumer ; [cheer] s'élever ◆ **three teams are hoping to go up to the second division** trois équipes espèrent monter or passer en deuxième division ◆ **houses are going up near the park** on construit des maisons près du parc ◆ **when the curtain goes up** lorsque le rideau se lève ◆ **to go up in price** augmenter ◆ **to go up a class** (Scol) monter d'une classe

2 (= climb) monter, aller en haut ; (= go upstairs to bed) monter se coucher

3 (= travel north) aller, monter ◆ **I'm going up to Manchester tomorrow** demain je vais or je monte à Manchester

4 (= approach) ◆ **I wanted to go up and talk to him** je voulais m'approcher de lui et lui parler ◆ **a man went up to him and asked him the time** un homme s'est approché et lui a demandé l'heure

5 (= explode, be destroyed) [building] sauter, exploser

6 (Brit Univ) entrer à l'université ◆ **he went up to Oxford** il est entré à Oxford

**VT FUS** [+ hill] monter, gravir ◆ **to go up the stairs** monter l'escalier, monter les marches d'un escalier ◆ **to go up the street** monter la rue

▶ **go with** VT FUS 1 (= accompany) [circumstances, event, conditions] aller (de pair) avec ◆ **ill health goes with poverty** la pauvreté et la mauvaise santé vont de pair ◆ **the house goes with the job** le logement va avec le poste ◆ **to go with the times** vivre avec son temps ◆ **to go with the crowd** (lit) suivre la foule ; (fig) faire comme tout le monde

2 (= harmonize with, suit) [colours] aller bien avec, se marier avec ; [furnishings] s'assortir à ; [behaviour, opinions] cadrer avec, s'accorder avec ◆ **I want a hat to go with my new coat** je cherche un chapeau assorti à mon or qui aille avec mon nouveau manteau ◆ **his accent doesn't go with his appearance** son accent ne correspond pas à son apparence

3 (= agree with) [+ person] être de l'avis de ; [+ idea] souscrire à ◆ **I'll go with you there** là, je suis de votre avis ◆ **yes, I'd go with that** je suis d'accord sur ce point

4 (* = choose) opter pour, choisir ◆ **we decided to go with the first option** nous avons décidé d'opter pour la première solution or de choisir la première option

5 (* : also **go steady with**) sortir avec

▶ **go without**

**VI** se priver de tout ◆ **mothers feed their children and go without themselves** les mères nourrissent leurs enfants et se privent elles-mêmes de tout

**VT FUS** se priver de, se passer de

**goad** /gəʊd/ SYN

**N** 1 (lit) aiguillon m

2 (fig) (= spur, impetus) aiguillon m, stimulation f ; (= irritant) source f d'agacement, cause f d'irritation

**VT** 1 [+ cattle] aiguillonner, piquer

2 (fig) aiguillonner, stimuler ◆ **to goad sb into doing sth** talonner or harceler qn jusqu'à ce qu'il fasse qch ◆ **he goaded himself into confronting his boss** il s'est forcé à affronter son patron ◆ **he was goaded into replying** il a été piqué au point de répondre ◆ **his insults goaded her into action** ses insultes l'ont fait passer à l'action

▶ **goad on** VT SEP aiguillonner, stimuler ◆ **to goad sb on to doing sth** inciter qn à faire qch

**goal** /gəʊl/ SYN

**N** 1 (gen = aim) but m, objectif m ◆ **his goal was to become president** son objectif or son but était de devenir président, il avait pour ambition or pour but de devenir président ◆ **her goal was in sight** elle approchait du but ◆ **the goal is to raise as much money as possible** le but ou l'objectif est d'obtenir autant d'argent que possible ◆ **to set a goal** fixer un objectif ◆ **to set o.s. a goal** se fixer un but ou un objectif

2 (Sport) but m ◆ **to keep goal, to play in goal** être gardien de but ◆ **to win by three goals to two** gagner par trois buts à deux ◆ **the ball went into the goal** le ballon est entré dans le but

**COMP** **goal-area** N (Sport) surface f de but

**goal average, goal difference** N (Brit Football) goal-average m

**goal-kick** N (Football) coup m de pied de renvoi (aux six mètres)

**goal-line** N ligne f de but

**goal post** N montant m or poteau m de but ◆ **to move the goal posts** (fig) changer les règles du jeu

**goal scorer** N buteur m ◆ **the main goal scorer was Jones** c'est Jones qui a marqué le plus de buts

**goalie** * /ˈgəʊlɪ/ N (abbrev of **goalkeeper**) goal m

**goalkeeper** /ˈgəʊlkiːpəʳ/ N gardien m de but, goal m

**goalkeeping** /ˈgəʊlkiːpɪŋ/ N jeu m du gardien de but

**goalless** /ˈgəʊllɪs/ ADJ 1 (Sport) [match] au score vierge, sans but marqué ◆ **a goalless draw** un match nul zéro à zéro

2 (= aimless) sans but

**goalmouth** /ˈgəʊlmaʊθ/ N ◆ **in the goalmouth** juste devant les poteaux

**goat** /gəʊt/

**N** 1 chèvre f ; (= he-goat) bouc m ; (= young goat) chevreau m, chevrette f ; → **sheep**

2 (Brit) ◆ **to act the goat** * faire l'imbécile or l'andouille *

3 (fig = irritate) ◆ **to get sb's goat** * taper sur le système * or les nerfs * de qn

**COMP** **goat('s) cheese** N fromage m de chèvre

**the goat God** N (Myth) le divin chèvre-pied, le dieu Pan

**goat moth** N cossus m

**goatee** /gəʊˈtiː/ N barbiche f, bouc m

**goatherd** /ˈgəʊthɜːd/ N chevrier m, -ière f

**goatsbeard** /ˈgəʊtsˌbɪəd/ N (= plant) barbe-de-bouc f, salsifis m des prés

**goatskin** /ˈgəʊtskɪn/ N (= clothing) peau f de chèvre or de bouc ; (= container) outre f en peau de bouc

**goatsucker** /ˈgəʊtsʌkəʳ/ N (US = bird) engoulevent m

**gob** /gɒb/

**N** 1 (‡ = spit) crachat m, mollard ‡ m

2 (esp Brit : ‡ = mouth) gueule ‡ f ◆ **shut your gob!** ferme-la !*, ta gueule !‡

3 (US Navy ‡) marin m, mataf ‡ m

**VI** (‡ = spit) cracher (at sur)

**COMP** **gob-stopper** * N (Brit) (gros) bonbon m

**gobbet** * /ˈgɒbɪt/ N petit bout m

**gobble** /ˈgɒbl/

**N** [of turkey] glouglou m

**VI** [turkey] glousser, glouglouter

**VT** (also **gobble down, gobble up**) [+ food] engloutir, engouffrer ◆ **don't gobble!** ne mange pas si vite !

**gobbledegook, gobbledygook** * /ˈgɒbldɪguːk/ N charabia * m

**gobbler** * /ˈgɒbləʳ/ N (= turkey) dindon m

**Gobelin** /ˈgəʊbəlɪn/

**ADJ** des Gobelins

**N** tapisserie f des Gobelins

**Gobi** /ˈgəʊbɪ/ N ◆ **Gobi Desert** désert m de Gobi

**goblet** /ˈgɒblɪt/ N (= stem glass) verre m à pied ; (= cup) coupe f

**goblin** /ˈgɒblɪn/ N lutin m, farfadet m

**gobshite** ‡ /ˈgɒbʃaɪt/ N (= idiot) peigne-cul ‡ m

**gobsmacked** ‡ /ˈgɒbˌsmækt/ ADJ (Brit) sidéré *, estomaqué *

**goby** /ˈgəʊbɪ/ N (pl **goby** or **gobies**) gobie m

**GOC** /ˌdʒiːəʊˈsiː/ N (Mil) (abbrev of **General Officer Commanding**) → **general**

**god** /gɒd/

**N** 1 dieu m, divinité f ; (fig) dieu m, idole f ◆ **money is his god** l'argent est son dieu

2 ◆ **God the Father, the Son, the Holy Spirit** Dieu le Père, le Fils et le Saint-Esprit ◆ **he thinks he's God** il se prend pour Dieu ◆ **he thinks he's God's gift** * **to women** il se prend pour Don Juan ◆ **to play God with people's lives** (pej) jouer avec la vie des gens ◆ **God's acre** († = cemetery) cimetière m ◆ **God's own country** * (US) les États-Unis mpl

## godchild | golden

3 (phrases) ♦ (my) God!* mon Dieu ! ♦ **God Almighty!*** Dieu tout puissant ! ♦ **God help him!*** (que) Dieu lui vienne en aide ! ♦ **God help you*** (if your mother ever finds out about this!) (si ta mère apprend ça) je te souhaite bien de la chance ! ♦ **God bless you/her/him!** Dieu te/la/le bénisse ! ♦ **God (only) knows*** Dieu seul le sait, allez donc savoir* ♦ **and God (only) knows what else*** et Dieu sait quoi ♦ **God knows I've tried*** Dieu sait si j'ai essayé ♦ **God knows where he's got to*** allez savoir or Dieu sait où il est passé ! ♦ **he went God knows where*** il est parti Dieu sait où ♦ **for God's sake!***, **for the love of God!*** (crossly) nom d'un chien ! * ; (imploringly) pour l'amour du ciel ! ♦ **by God, I'll get you for this!*** nom d'un chien or nom de Dieu je te le ferai payer ! * ♦ **God willing** s'il plaît à Dieu ♦ **I wish to God I hadn't told him!*** si seulement je ne lui avais rien dit ! ♦ **would to God that...** † plût à Dieu que... ♦ subj ♦ **ye gods!** †† grands dieux ! ; → help, hope, love, man, name, thank, tin

4 (Brit Theat) ♦ **the gods*** le poulailler*

**COMP god-awful*** ADJ (gen) vraiment affreux ; [weather, place] pourri ; [book, film etc] complètement nul(le) m(f)

**god-botherer*** N (pej) bigot(e)* m(f) (pej)

**god-fearing** ADJ (très) religieux, (très) croyant ♦ **any god-fearing man** tout croyant digne de ce nom

**god-slot*** N (Brit TV) créneau m horaire des émissions religieuses

**godchild** /ˈɡɒdtʃaɪld/ N (pl -children) filleul(e) m(f)

**goddammit*** /ɡɒˈdæmɪt/ EXCL (US) nom de Dieu !*, bon sang !*

**goddam(n)*** /ˈɡɒdæm/, **goddamned*** ADJ sacré before n, fichu* before n, foutu* before n ♦ **it's no goddam(ned) use!** ça ne sert à rien ! *

**goddaughter** /ˈɡɒdˌdɔːtəʳ/ N filleule f

**goddess** /ˈɡɒdɪs/ N déesse f ; (fig) idole f

**godfather** /ˈɡɒdˌfɑːðəʳ/
N (lit, fig) parrain m ♦ **to stand godfather to a child** être parrain d'un enfant ; (at ceremony) tenir un enfant sur les fonts baptismaux

**COMP godfather offer*** N offre f impossible à refuser

**godforsaken** /ˈɡɒdfəˌseɪkən/ SYN ADJ [town, place] perdu, paumé* ; [person] malheureux, misérable ♦ **godforsaken existence** chienne f de vie* ♦ **godforsaken spot** trou m perdu or paumé*

**godhead** /ˈɡɒdhed/ N divinité f

**godhood** /ˈɡɒdˌhʊd/ N divinité f, caractère m divin

**godless** /ˈɡɒdlɪs/ SYN ADJ [person, action, life] impie

**godlike** /ˈɡɒdlaɪk/ SYN ADJ divin

**godliness** /ˈɡɒdlɪnɪs/ N dévotion f ; see also cleanliness

**godly** /ˈɡɒdlɪ/ SYN ADJ [person] dévot(e) m(f), pieux ; [actions, life] pieux

**godmother** /ˈɡɒdmʌðəʳ/ N marraine f ♦ **to stand godmother to a child** être marraine d'un enfant ; (at ceremony) tenir un enfant sur les fonts baptismaux ; → fairy

**godparent** /ˈɡɒdpɛərənt/
N (= godfather) parrain m ; (= godmother) marraine f

**NPL godparents** ♦ **his godparents** son parrain et sa marraine

**godroon** /ɡəˈdruːn/ N godron m

**godsend** /ˈɡɒdsend/ SYN N aubaine f, bénédiction f ♦ **to be a** or **come as a godsend** être une bénédiction or aubaine (to pour)

**godson** /ˈɡɒdsʌn/ N filleul m

**godspeed** † /ˈɡɒdspiːd/ EXCL bonne chance !, bon voyage ! ♦ **to wish** or **bid sb godspeed** souhaiter bon vent à qn

**godsquad*** /ˈɡɒdskwɒd/ N (pej) bande f d'illuminés (pej), ≈ les bigots* mpl (pej)

**godwit** /ˈɡɒdwɪt/ N (= bird) barge f

**goer** /ˈɡəʊəʳ/ N 1 (= horse, runner) fonceur m, -euse f

2 (* = feasible idea) bon plan* m, bonne idée f

3 (= woman) ♦ **she's a real goer*** elle démarre au quart de tour*

**...goer** /ˈɡəʊəʳ/ N (in compounds) ♦ **cinemagoer** cinéphile mf ; → opera-goer

**goes** /ɡəʊz/ VB → go

**Goethe** /ˈɡɜːtə/ N Goethe m

**gofer** /ˈɡəʊfəʳ/ N coursier m, -ière f

**goggle** /ˈɡɒɡl/
VI * [person] rouler de gros yeux ronds ; [eyes] être exorbités, sortir de la tête ♦ **to goggle at sb/sth** regarder qn/qch en roulant de gros yeux ronds

**NPL goggles** [of motorcyclist] lunettes fpl protectrices or de motocycliste ; [of skindiver] lunettes fpl de plongée ; (industrial) lunettes fpl protectrices or de protection ; ( * = glasses) besicles fpl (hum)

**COMP goggle-box*** N (Brit) télé* f

**goggle-eyed** ADJ (gen) aux yeux exorbités ♦ **he sat goggle-eyed in front of the TV*** il était assis devant la télé*, les yeux exorbités

**go-go** /ˈɡəʊɡəʊ/
ADJ 1 (US) [market, stocks] spéculatif ; ( * = dynamic) [team] plein d'allant ; [years, days] prospère, de vaches grasses ♦ **the go-go 1980s** la décennie prospère des années 1980

2 (Brit Fin) [investment, fund] à haut rendement et à haut risque, hautement spéculatif

**COMP go-go dance** N danse exécutée par des personnes légèrement vêtues (pour les clients d'une boîte de nuit, etc)

**go-go dancer, go-go girl** N jeune fille qui danse légèrement vêtue (pour les clients d'une boîte de nuit, etc)

**Goidelic** /ɡɔɪˈdelɪk/
N (Ling) gaélique m, goïdélique m
ADJ gaélique

**going** /ˈɡəʊɪŋ/
N 1 (= departure) départ m ; → coming

2 (= progress) (lit, fig) ♦ **that was good going** ça a été rapide ♦ **it was slow going** on n'avançait pas ; (in work, task) les progrès étaient lents ♦ **it was hard going** on a eu du mal, ça a été dur* ♦ **the meeting was hard** or **tough going** la réunion était laborieuse

3 (= conditions) (gen) état m du sol or du terrain (pour la marche etc) ; (Racing) état m du sol or du terrain ♦ **it's rough going** (walking) on marche mal ; (in car) la route est mauvaise ♦ **he got out while the going was good*** il est parti au bon moment ♦ **when the going gets tough, the tough get going** (Prov) quand ça se met à être dur, les durs s'y mettent (Prov) ; → heavy

ADJ 1 ♦ **the going rate/price** le tarif/le prix normal

2 (after superlative adj: *) ♦ **it's the best thing going** il n'y a rien de mieux (à l'heure actuelle) ♦ **the best computer game going** le meilleur jeu électronique du moment or sur le marché ♦ **you must be the biggest fool going** tu es vraiment le roi des imbéciles

**COMP a going concern** N (Comm) une affaire florissante or qui marche ♦ **the Empire was still a going concern** l'Empire était toujours une réalité

**going-over** N (pl goings-over) [of accounts] vérification f, révision f ; (medical) examen m ; (= cleaning) [of rooms, house etc] nettoyage m ; (fig = beating) brutalités fpl, passage m à tabac ♦ **to give sth a good** or **thorough going-over** (= check) inspecter qch soigneusement, soumettre qch à une inspection en règle ; (= clean) nettoyer qch à fond

**goings-on** NPL (pej) (= behaviour) activités fpl (louche), manigances fpl ; (= happenings) événements mpl ♦ **fine goings-on!*** c'est du joli ! ♦ **your letters keep me in touch with goings-on at home** tes lettres me tiennent au courant de ce qui se passe à la maison

**-going** /ˈɡəʊɪŋ/
ADJ (in compounds) ♦ **church-going Christian** chrétien m pratiquant ♦ **the theatre-going public** le public amateur de théâtre, les amateurs de théâtre ; → easy, ocean

N (in compounds) ♦ **church-going/theatre-going has declined over the last ten years** depuis dix ans les gens vont de moins en moins à l'église/au théâtre

**goitre, goiter** (US) /ˈɡɔɪtəʳ/ N goitre m

**goitrous** /ˈɡɔɪtrəs/ ADJ (Med) goitreux

**Golan** /ˈɡəʊlæn/ N ♦ **the Golan Heights** le plateau du Golan

**gold** /ɡəʊld/
N 1 (NonC) or m ♦ **£500 in gold** 500 livres en or ♦ **a pot** or **crock of gold** (= money) une mine d'or ; (= desired object etc) un oiseau rare ; → good, heart, rolled

2 ⇒ gold medal

ADJ 1 (= made of gold) [watch, tooth] en or ; [coin, ingot, bullion] d'or ; [letters, lettering] d'or, doré

2 (= yellow) [paint] doré ♦ **a green and gold flag** un drapeau vert et or inv ; see also comp

**COMP gold braid** N (Mil) galon m or
**Gold Card** N (Comm, Fin) ≈ Gold Card, ≈ Gold MasterCard ®
**gold-clause loan** N (Jur, Fin) emprunt m avec garantie-or
**Gold Coast** N (Hist: in Africa) Côte-de-l'Or f ; (US * : fig) quartiers mpl chic (souvent en bordure d'un lac)
**gold digger** N 1 (lit) chercheur m d'or
2 (fig pej) ♦ **she's a gold digger** c'est une aventurière
**gold disc** N (Mus) disque m d'or
**gold dust** N (lit) poudre f d'or ♦ **to be like gold dust** (esp Brit) être une denrée rare
**gold-exchange standard** N (Econ) étalon m de change-or
**gold fever** N la fièvre de l'or
**gold-filled** ADJ [tooth] aurifié
**gold filling** N (Dentistry) obturation f en or, aurification f
**gold foil** N feuille f d'or
**gold-headed cane** N canne f à pommeau d'or
**gold lace** N (on uniform) ⇒ gold braid
**gold leaf** N feuille f d'or, or m en feuille
**gold medal** N médaille f d'or
**gold mine** N (lit, fig) mine f d'or ♦ **he's sitting on a gold mine** il est assis sur une véritable mine d'or
**gold miner** N mineur m (dans une mine d'or)
**gold mining** N extraction f de l'or
**gold plate** N (= coating) mince couche f d'or ; (= dishes) vaisselle f d'or ♦ **to eat off gold plates** (fig) rouler sur l'or, nager dans l'opulence
**gold-plated** ADJ (lit) plaqué or inv ; ( * fig) [deal, contract] qui doit rapporter gros
**gold point** N (Fin) gold point m
**the gold pool** N (Fin) le pool de l'or
**gold record** N ⇒ gold disc
**gold reserves** NPL (Econ) réserves fpl d'or
**gold-rimmed spectacles** NPL lunettes fpl à montures en or
**gold rush** N ruée f vers l'or
**gold standard** N étalon-or m ♦ **to come off** or **leave the gold standard** abandonner l'étalon-or
**Gold Star Mother** N (US Hist) mère f d'un soldat mort au combat
**gold stone** N aventurine f

**goldbrick** /ˈɡəʊldbrɪk/
N 1 (lit) barre f d'or
2 (US fig) (= good deal) affaire f en or ; ( * = shirker) tire-au-flanc* m
VI (US * = shirk) tirer au flanc*

**goldcrest** /ˈɡəʊldkrest/ N roitelet m huppé

**golden** /ˈɡəʊldən/ SYN
ADJ 1 (= yellow) [hair] doré, d'or ; [suntan, sand, light, colour] doré ; (Culin: also golden-brown) bien doré

2 (liter = made of gold) [cross, chain, locket] en or ; (fig) [voice] d'or, en or

3 (= happy, prosperous) [years] doré ; [future] en or ♦ **a golden era** un âge d'or ♦ **golden hours** heures fpl précieuses or merveilleuses ; see also golden age, goose, silence

**COMP golden age** N âge m d'or
**golden boy*** N (popular) enfant m chéri ; (gifted) jeune prodige m ; (financially successful) golden boy m
**golden-brown** ADJ [tan, skin] brun doré inv ; (Culin) bien doré
**the golden calf** N le veau d'or
**golden deed** N action f d'éclat
**Golden Delicious (apple)** N (pomme f) golden f
**golden eagle** N aigle m royal or doré
**the Golden Fleece** N la Toison d'or
**Golden Gate** N (US Geog) ♦ **the Golden Gate (Bridge)** le pont de la Golden Gate
**golden girl*** N (popular) enfant f chérie ; (gifted, successful) jeune prodige m ♦ **the golden girl of British athletics** la jeune prodige de l'athlétisme britannique
**golden goal** N (Sport) but m en or
**golden handcuffs*** NPL prime d'encouragement (à rester à un poste)
**golden handshake** N grosse prime f de départ
**golden hello** N prime f d'embauche
**golden jubilee** N (Brit) cinquantième m anniversaire, jubilé m
**the golden mean** N le juste milieu
**golden number** N nombre m d'or
**golden oldie*** N (= pop song, performer, sportsperson) vieille star f
**golden opportunity** N occasion f en or
**golden oriole** N loriot m d'Europe
**golden parachute*** N parachute m doré

**golden pheasant** N faisan m doré
**golden remedy** N remède m souverain or infaillible
**golden retriever** N golden retriever m (chien)
**golden rod** N (= plant) verge f d'or
**golden rule** N règle f d'or
**golden share** N (Stock Exchange) action f privilégiée
**the Golden State** N (US) la Californie
**golden syrup** N (Brit) sirop m de sucre roux
**the Golden Triangle** N le Triangle d'or
**golden wedding (anniversary)** N noces fpl d'or
**golden yellow** ADJ jaune d'or

**goldeneye** /ˈɡəʊldənˌaɪ/ N (= bird) garrot m à œil d'or

**goldfield** /ˈɡəʊldfiːld/ N région f or terrain m aurifère

**goldfinch** /ˈɡəʊldfɪntʃ/ N chardonneret m

**goldfish** /ˈɡəʊldfɪʃ/ (pl **goldfish** or **goldfishes**)
N poisson m rouge, cyprin m (doré) ◆
COMP **goldfish bowl** N bocal m (à poissons) ◆ **to live in a goldfish bowl** (fig) vivre comme dans un bocal en verre

**Goldilocks** /ˈɡəʊldɪlɒks/ N Boucles d'Or f

**goldsinny** /ˈɡəʊldˌsɪnɪ/ N (= fish) cténolabre m rupestre

**goldsmith** /ˈɡəʊldsmɪθ/ N orfèvre m ◆ **goldsmith's shop** magasin m or atelier m d'orfèvre
◆ **goldsmith's trade** orfèvrerie f

**golem** /ˈɡəʊlem/ N (Rel) golem m

**golf** /ɡɒlf/
N golf m ; → **clock**
VI faire du golf, jouer au golf
COMP **golf ball** N balle f de golf ; (on typewriter) boule f, sphère f ◆ **golf ball typewriter** machine f à écrire à boule or à sphère ◆
**golf club** N (= stick) club m or crosse f (de golf) ; (= place) club m de golf ◆
**golf course** N (terrain m de) golf m ◆
**golf links** NPL ⇒ **golf course** ◆
**golf widow** N ◆ **she's a golf widow** son mari la délaisse pour aller jouer au golf, son mari lui préfère le golf

**golfer** /ˈɡɒlfəʳ/ N joueur m, -euse f de golf, golfeur m, -euse f

**golfing** /ˈɡɒlfɪŋ/
ADJ [equipment, trousers] de golf ◆ **to go on a golfing holiday** partir en vacances faire du golf
N golf m

**Golgotha** /ˈɡɒlɡəθə/ N Golgotha

**Goliath** /ɡəʊˈlaɪəθ/ N (lit, fig) Goliath m

**golliwog** /ˈɡɒlɪwɒɡ/ N (Brit) poupée f nègre de chiffon (aux cheveux hérissés)

**golly*** /ˈɡɒlɪ/
EXCL ◆ **(by) golly!** mince (alors) !*, bon sang !*
◆ **and by golly he did it!** et il l'a fait nom de Dieu !
N (Brit) ⇒ **golliwog**

**golosh** /ɡəˈlɒʃ/ N ⇒ **galosh**

**Gomorrah** /ɡəˈmɒrə/ N Gomorrhe

**gonad** /ˈɡəʊnæd/ N gonade f

**gonadal** /ɡɒˈnædl/, **gonadial** /ɡɒˈneɪdɪəl/, **gonadic** /ɡɒˈnædɪk/ ADJ gonadique

**gonadotrophin** /ˌɡɒnədəʊˈtrəʊfɪn/, **gonadotropin** /ˌɡɒnədəʊˈtrəʊpɪn/ N gonadotrophine f

**gonadotropic** /ˌɡɒnədəʊˈtrəʊpɪk/ ADJ gonadotrope

**gondola** /ˈɡɒndələ/ N ① (= boat) gondole f
② [of balloon, airship] nacelle f
③ (in supermarket) gondole f ; (US Rail: also **gondola car**) wagon-tombereau m

**gondolier** /ˌɡɒndəˈlɪəʳ/ N gondolier m

**Gondwana** /ɡɒndˈwɑːnə/ N (also **Gondwanaland**) Gondwana m

**gone** /ɡɒn/ SYN
VB ptp of **go**
ADJ ① ◆ **to be gone** [object, enthusiasm etc] avoir disparu ◆ **the coffee is all gone** il n'y a plus de café ◆ **the trees have been gone for years** cela fait des années qu'il n'y a plus d'arbres ◆ **gone are the days when...** le temps n'est plus où...
◆ **he is gone** il est parti ; (euph = dead) il n'est plus ◆ **to be long gone** ne plus exister depuis longtemps ◆ **to be far gone** (= ill) être très bas or mal ; (* = drunk, on drugs) être cassé‡ ◆ **she was six months gone** (= pregnant) elle était enceinte de six mois ◆ **to be gone on sb** * en pincer pour qn * ◆ **be gone!** († † or hum) allez-vousen ! ◆ **"Gone with the Wind"** (Cine) « Autant en emporte le vent »
② (Brit = after) ◆ **it's just gone three** il est 3 heures et quelques ◆ **it was gone four before he came** il était plus de 4 heures or 4 heures passées quand il est arrivé

**goner*** /ˈɡɒnəʳ/ N ◆ **to be a goner** être fichu* or foutu‡

**gong** /ɡɒŋ/ N ① (Mus) gong m
② (Brit hum = medal) médaille f

**Gongorism** /ˈɡɒŋɡəˌrɪzəm/ N gongorisme m

**goniometer** /ˌɡəʊnɪˈɒmɪtəʳ/ N goniomètre m

**goniometric** /ˌɡəʊnɪəˈmetrɪk/ ADJ goniométrique

**goniometry** /ˌɡəʊnɪˈɒmɪtrɪ/ N goniométrie f

**gonna*** /ˈɡɒnə/ (esp US) ⇒ **going to**

**gonococcus** /ˌɡɒnəʊˈkɒkəs/ N (pl **gonococci** /ˌɡɒnəʊˈkɒksaɪ/) gonocoque m

**gonorrhoea** /ˌɡɒnəˈrɪə/ N blennorragie f

**gonorrhoeal** /ˌɡɒnəˈrɪəl/ ADJ blennorragique

**gonorrhoeic, gonorrheic** (US) /ˌɡɒnəˈriːɪk/ ADJ blennorragique

**gonzo**‡ /ˈɡɒnzəʊ/
ADJ (US) (= crazy) déjanté ; [journalist] qui s'implique dans les événements qu'il relate (et se comporte souvent de façon excentrique)
N dingue* mf

**goo*** /ɡuː/
N matière f visqueuse or gluante ; (= sentimentality) sentimentalité f à l'eau de rose
COMP **goo-goo eyes*** N (US) ◆ **to make goo-goo eyes at sb** (hum) faire les yeux doux à qn

✦ ✦ ✦ ✦ ✦ ✦ ✦ ✦ ✦ ✦ ✦ ✦ ✦ ✦

## good /ɡʊd/ SYN

compar **better**, superl **best**

1 – ADJECTIVE
2 – ADVERB
3 – NOUN
4 – NPL
5 – COMPOUNDS

✦ ✦ ✦ ✦ ✦ ✦ ✦ ✦ ✦ ✦ ✦ ✦ ✦ ✦

### 1 – ADJECTIVE

▶ When **good** is part of a set combination, eg **a good thrashing, in a good temper, a good deal of, good heavens**, look up the noun.

① [= PLEASANT] [trip, holiday, news, mood] bon ; [weather, life] beau (belle f) ◆ **his good nature** son bon caractère ◆ **I've got some good news for you** j'ai de bonnes nouvelles pour toi ◆ **have you had a good day?** est-ce que tu as passé une bonne journée ? ◆ **I've had a good life** j'ai eu une belle vie ◆ **we had a good time** nous nous sommes bien amusés ◆ **there are good times ahead** l'avenir est prometteur ◆ **he's a good chap*** c'est un brave or chic type* ◆ **it's too much** or **you can have too much of a good thing** c'est presque trop
◆ **it's good to** ◆ **it's good to be here** cela fait plaisir d'être ici ◆ **it's good to see you looking so well** ça fait plaisir de te voir en si bonne forme ◆ **it's good to see you** je suis content de te voir ◆ **it's good to talk** ça fait du bien de parler ◆ **it's good to be alive** il fait bon vivre ◆ **it's too good to be true** c'est trop beau pour être vrai

② [= KIND] gentil ◆ **be good to him** soyez gentil avec lui ◆ **that's very good of you** c'est très gentil de votre part, vous êtes bien gentil ◆ **I tried to find something good to say about him** j'ai essayé de trouver quelque chose de bien à dire sur lui ◆ **would you be good enough to tell me** auriez-vous l'obligeance de me dire ◆ **perhaps you'd be good enough to check your facts before accusing me** vous feriez peut-être mieux de vérifier les faits avant de m'accuser

③ [= EFFICIENT, COMPETENT] bon ◆ **she was a good wife and mother** elle a été une bonne épouse et une bonne mère ◆ **I've got a good teacher/doctor/lawyer** j'ai un bon professeur/médecin/avocat ◆ **I think I'm as good as him** je pense que je suis aussi bon que lui ◆ **40% of candidates were not good enough to pass** 40% des candidats ne sont pas assez bons pour être reçus ◆ **he's as good a player as his brother** il joue aussi bien que son frère
◆ **good at** (academic subject) bon en ◆ **good at French** bon en français ◆ **he's good at everything** il est bon en tout BUT ◆ **she's good at singing** elle chante bien ◆ **she's good at putting people at their ease** elle sait mettre les gens à l'aise
◆ **good with** ◆ **she's good with children/dogs** elle sait s'y prendre avec les enfants/les chiens ◆ **she's good with her hands** elle est habile de ses mains

④ [= UPRIGHT, VIRTUOUS] ◆ **he's a good man** c'est un homme bon ◆ **a good and holy man** un saint homme ◆ **to live** or **lead a good life** mener une vie vertueuse ◆ **he sounds too good to be true!** mais c'est une vraie perle ! ◆ **to do good works** faire de bonnes œuvres ◆ **the 12 good men and true** les 12 jurés

⑤ [= RESPECTED] ◆ **send us a photo of your good self** envoyez-nous une photo de vous ◆ **your good lady (wife)** (hum) Madame votre épouse ◆ **yes, my good man** (hum) oui, mon brave

⑥ [= WELL-BEHAVED] [child, animal] sage ◆ **be good!** sois sage ! ◆ **be a good girl!** sois sage ! ◆ **Andrew was as good as gold** Andrew a été sage comme une image

⑦ [= AT EASE] ◆ **I feel good** je me sens bien ◆ **I don't feel too good about that*** (= ashamed) j'ai un peu honte de moi ◆ **I started to feel good about myself** j'ai commencé à me sentir bien dans ma peau*

⑧ [= CLOSE] [friend] bon ◆ **he's a good friend of mine** c'est un bon ami à moi ◆ **my good friend Laura** ma bonne amie Laura

⑨ [= HIGH QUALITY] de qualité ◆ **always use good ingredients** utilisez toujours des ingrédients de qualité ◆ **it's made of good leather** c'est en cuir de bonne qualité ◆ **it's important to have good equipment** il est important d'avoir du matériel de qualité or du bon matériel BUT ◆ **nothing was too good for his wife** rien n'était trop beau pour sa femme ◆ **this is my only good dress** c'est la seule robe habillée que j'aie

⑩ [= CREDITABLE] [result, mark] bon ◆ **200 was a good score in those conditions** 200 était un bon résultat dans ces conditions ◆ **he came in a good third** il s'est honorablement classé troisième

⑪ [= SATISFACTORY] [reason, excuse] bon, valable ◆ **unless you have a good excuse** à moins que vous n'ayez une bonne excuse or une excuse valable ◆ **it's as good a way as any other** c'est une façon comme une autre
◆ **good enough** ◆ **that's good enough for me** cela me suffit ◆ **that's not good enough** ça ne suffit pas ◆ **a refreshment voucher! that's not good enough!** un bon pour une boisson ! mais vous vous moquez de moi ! ◆ **it's just not good enough!** (indignantly) c'est lamentable !, c'est inadmissible ! ◆ **it is not good enough to say parents control what children watch** cela ne suffit pas de dire que les parents doivent surveiller ce que regardent leurs enfants

⑫ [= BENEFICIAL] bon (for pour) ◆ **milk is good for children** le lait est bon pour les enfants ◆ **it's good for you** c'est bon pour la santé ◆ **this climate is not good for one's health** ce climat est mauvais pour la santé or est insalubre BUT ◆ **the shock was good for him** le choc lui a été salutaire ◆ **all this excitement isn't good for me!** (hum) toutes ces émotions, ça ne me vaut rien ! ◆ **it's good for the soul!** (hum) ça forme le caractère !
◆ **what's good for** ◆ **if you know what's good for you you'll say yes** si tu as le moindre bon sens tu accepteras ◆ **what's good for the consumer isn't necessarily good for the economy** ce qui est bon pour le consommateur ne l'est pas forcément pour l'économie

◆ **more than is good for** ◆ **they tend to eat and drink more than is good for them** ils ont tendance à boire et à manger plus que de raison ◆ **some children know more than is good for them** certains enfants en savent plus qu'ils ne le devraient

⑬ [= WHOLESOME, IN SOUND CONDITION] bon ◆ **the water of the well is still good** l'eau du puits est encore bonne or saine ◆ **their stock of food is still good** leurs stocks de nourriture sont encore bons ◆ **how good is her eyesight?** est-ce qu'elle a une bonne vue ? ◆ **his hearing is good** il entend bien ◆ **to stay good** [food] (bien) se conserver

⑭ [= ATTRACTIVE] joli, beau (belle f) ◆ **she's got a good figure** elle a un joli corps, elle est bien faite ◆ **you've got good hair** tu as de beaux cheveux ◆ **she's got good legs** elle a de jolies jambes ◆ **you have to be of good appearance** vous devez bien présenter ◆ **you look good in that, that looks good on you** ça vous va bien ◆ **you look good!** (= healthy) tu as bonne mine ! ; (= well-dressed) tu es très bien comme ça !

15 [NAUT] ◆ **the good ship Domino** le Domino

16 [= ADVANTAGEOUS, FAVOURABLE] *[terms, deal, offer]* intéressant ; *[omen, opportunity]* bon ◆ **it would be a good thing to ask him** il serait bon de lui demander ◆ **it's a good chance to sort things out** c'est l'occasion ou jamais de régler le problème *(Gambling)* ◆ **I've had a good day** la chance était avec moi aujourd'hui ◆ **he's on to a good thing*** il a trouvé le filon* *or* un bon filon* BUT ◆ **this is as good a time as any to do it** autant le faire maintenant ◆ **you've never had it so good!*** la vie n'a jamais été aussi facile

17 [= LUCKY] ◆ **it's a good thing** *or* **job I was there** heureusement que j'étais là, c'est une chance que j'aie été là ◆ **that's a good thing!** tant mieux !, très bien !

18 [= UPPER-CLASS] ◆ **to live at a good address** habiter dans un beau quartier ◆ **he's got no money but he's of good family** il n'a pas d'argent mais il est de bonne famille

19 [= RELIABLE, VALID] *[car, tools, machinery]* bon ◆ **it's a good little car** c'est une bonne petite voiture ◆ **he is a good risk** *(financially)* c'est un client sûr ◆ **is his credit good?** peut-on lui faire crédit ?

♦ **good for** ◆ **this ticket is good for three months** ce billet est valable trois mois ◆ **he's good for another 20 years yet*** il en a encore bien pour 20 ans ◆ **my car is good for another few years** ma voiture fera *or* tiendra bien encore quelques années ◆ **I'm good for another mile or two** je me sens de force à faire quelques kilomètres de plus ◆ **he is** *or* **his credit is good for £9,000** on peut lui faire crédit jusqu'à 9 000 livres ◆ **what** *or* **how much is he good for?** de combien (d'argent) dispose-t-il ? ◆ **he's good for £500** *(= will lend)* il nous *(or* vous *etc)* prêtera bien 500 livres ◆ **are you good for another beer?*** tu reprendras bien une autre bière ? ; see also **compounds**

20 [= THOROUGH] ◆ **to have a good cry** pleurer un bon coup *or* tout son soûl

> Verb + adverb may be used in French, instead of adjective + noun. For combinations other than the following, look up the noun.

◆ **give it a good rinse** rincez-le bien *or* à grande eau ◆ **give it a good stir** mélangez-le bien

21 [= CONSIDERABLE, NOT LESS THAN] bon, grand ◆ **a good distance** une bonne distance ◆ **it will take you a good hour** il vous faudra une bonne heure ◆ **we waited a good fifteen minutes** nous avons attendu un bon quart d'heure ◆ **a good 8 kilometres** 8 bons kilomètres, 8 kilomètres au moins

22 [IN GREETINGS] ◆ **good afternoon** *(early)* bonjour ; *(later)* bonsoir ; *(on leaving)* bonsoir ◆ **good day** † *(= goodbye)* au revoir ; *(= good morning)* bonjour ◆ **good evening** bonsoir ◆ **good morning** bonjour ◆ **Robert sends (his) good wishes** Robert envoie ses amitiés ◆ **with every good wish, with all good wishes** *(in letter)* cordialement

23 [IN EXCLAMATIONS] ◆ **oh good, Tom's just arrived** tiens justement, Tom vient d'arriver ◆ **very good, sir!** (très) bien monsieur ! ◆ **good for YOU!, good on you!** bravo ! ◆ **(that's) good!** bien !, excellent ! ◆ **that's a good one!** *[joke, story]* elle est (bien) bonne celle-là !* *(iro)*, à d'autres !* ◆ **good one!*** *(= well done, well said)* bravo ! *(also iro)*

24 [EMPHATIC USE] ◆ **we had a good long talk** nous avons bien *or* longuement discuté ◆ **a good long walk** une bonne *or* une grande promenade ◆ **they're expecting it to take a good long time** ils pensent que ça va prendre un bon bout de temps ◆ **good old Charles!*** ce (bon) vieux Charles ! ◆ **good strong shoes** de bonnes chaussures

♦ **good and...*** ◆ **the soup was served good and hot** la soupe a été servie bien chaude ◆ **I'll go when I'm good and ready** je partirai quand ça me chante* ◆ **I told him off good and proper*** je lui ai passé un bon savon*, je l'ai bien engueulé‡

25 [SET STRUCTURES]

♦ **as good as** *(= practically)* pratiquement, pour ainsi dire ◆ **his career is as good as over** sa carrière est pratiquement terminée ◆ **the matter is as good as settled** c'est comme si l'affaire était réglée, l'affaire est pour ainsi dire *or* pratiquement réglée ◆ **she as good as told me that...** elle m'a dit à peu de chose près que..., elle m'a pour ainsi dire déclaré que... ◆ **it was as good as a holiday** c'étaient presque des vacances ◆ **he as good as called me a liar** il n'a pas dit que je mentais mais c'était tout comme*, il m'a pratiquement traité de menteur ◆ **it's as good as saying that...** autant dire que... ◆ **he was as good as his word** il a tenu promesse

♦ **as good as new** *[thing]* comme neuf (neuve *f*) ◆ **in a day or so he'll be as good as new** *[person]* dans un jour ou deux il sera complètement rétabli

♦ **to make good** *(= succeed)* faire son chemin, réussir ; *[ex-criminal]* s'acheter une conduite* ; *(= compensate for)* *[+ deficit]* combler ; *[+ deficiency, losses]* compenser ; *[+ expenses]* rembourser ; *(= put right)* *[+ injustice, damage]* réparer ◆ **to make good an assertion** justifier une affirmation ◆ **to make good one's escape** réussir son évasion ◆ **to make good a loss to sb** dédommager qn d'une perte ◆ **to make good a promise** tenir une promesse ◆ **they were sure he would make good his threat** ils étaient sûrs qu'il mettrait sa menace à exécution

**2 - ADVERB**

[* = WELL] bien ◆ **you did good** tu as bien fait ◆ **how are you? – good!** *(esp US)* comment vas-tu ? – bien ! ◆ **to be in good with sb** être dans les petits papiers* de qn

**3 - NOUN**

1 [= VIRTUE, RIGHTEOUSNESS] bien *m* ◆ **good and evil may co-exist within one family** le bien et le mal peuvent se côtoyer au sein d'une même famille ◆ **for good or ill** pour le meilleur et *or* ou pour le pire ◆ **he is a power for good** il exerce une bonne influence ◆ **there's some good in him** il a de bons côtés

2 [= GOOD DEEDS] ◆ **to do good** faire le bien ◆ **she's up to no good*** elle prépare un mauvais coup*

3 [= ADVANTAGE, PROFIT] bien *m* ◆ **it's for his own good** c'est pour son bien ◆ **I did it for your good** je l'ai fait pour ton bien ◆ **for the good of the country** pour le bien du pays ◆ **the common good** l'intérêt *m* commun ◆ **a lot of good that's done!** nous voilà bien avancés ! ◆ **a lot of good that's done you!** te voilà bien avancé ! ◆ **he'll come to no good** il finira mal

♦ **to do sb good** faire du bien à qn ◆ **that will do you good** cela vous fera du bien BUT ◆ **what good will that do you?** ça t'avancera à quoi ? ◆ **a (fat) lot of good that will do (you)!*** tu seras bien avancé !, ça te fera une belle jambe !* ◆ **much good may it do you!** grand bien te fasse ! ◆ **a lot of good that's done him!** le voilà bien avancé ! ◆ **it does my heart good to see him** ça me réjouit de le voir

4 [= USE] ◆ **what's the good?** à quoi bon ? ◆ **what's the good of hurrying?** à quoi bon se presser ? ◆ **it's not much good to me** *[advice, suggestion]* ça ne m'avance pas à grand-chose ; *[object, money]* ça ne me sert pas à grand-chose ◆ **if that is any good to you** si ça peut t'être utile *or* te rendre service ◆ **is he any good?** *[worker/singer etc]* est-ce qu'il est bon ? ◆ **that won't be much good** cela ne servira pas à grand-chose

♦ **no good** *(= useless)* ◆ **it's no good** ça ne sert à rien ◆ **it's no good saying that** ça ne sert à rien de dire cela, inutile de dire cela ◆ **it's no good worrying** ça ne sert à rien de se faire du souci ◆ **it's no good, I'll never get it finished in time** il n'y a rien à faire, je n'arriverai jamais à le finir à temps ◆ **that's no good** ça ne va pas ◆ **that's no good, it's too thick** ça ne va pas, c'est trop épais ◆ **I'm no good at maths** je suis mauvais en maths

5 → **goods**

6 [SET STRUCTURES]

♦ **for good** pour de bon ◆ **he's gone for good** il est parti pour de bon ◆ **for good and all** une (bonne) fois pour toutes ◆ **to settle down for good** se fixer définitivement

♦ **to the good** ◆ **we were £50 to the good** nous avions fait 50 livres de bénéfice ◆ **that's all to the good!** tant mieux !, c'est autant de gagné !

**4 - NPL**

**the good** *(= people)* les bons *mpl* ◆ **the good and the bad** les bons *mpl* et les méchants *mpl* BUT ◆ **the good die young** ce sont toujours les meilleurs qui partent les premiers

**5 - COMPOUNDS**

**the Good Book** N la Bible
**good-for-nothing** SYN ADJ bon *or* propre à rien N bon *m*, bonne *f* à rien, propre *mf* à rien
**Good Friday** N Vendredi *m* saint
**good-hearted** ADJ qui a bon cœur, bon
**good-heartedness** N bonté *f*
**good-humoured** SYN ADJ *[person]* de bonne humeur, jovial ; *[appearance, smile etc]* jovial ; *[joke]* sans malice
**good-humouredly** ADV avec bonne humeur, avec bonhomie
**good-looker*** N *(= man)* beau gosse* *m* ; *(= woman)* belle *or* jolie fille *f* ; *(= horse)* beau cheval *m*
**good-looking** SYN ADJ beau (belle *f*), bien *inv*
**good looks** NPL beauté *f*
**good-natured** SYN ADJ *[person]* accommodant, facile à vivre ; *[smile, laughter]* bon enfant *inv*
**good-naturedly** ADV gentiment
**Good Neighbor Policy** N *(US Pol)* politique *f* de bon voisinage
**good-oh*** EXCL *(Brit, Austral)* youpi
**good-sized** ADJ assez grand ; *[portion]* bon *(f* bonne) ◆ **a good-sized steak** un bon (gros) steak
**good-tempered** ADJ *[person]* qui a bon caractère ; *[smile, look]* aimable, gentil
**good-time girl*** N *(pej)* fille *f* qui ne pense qu'à s'amuser *or* qu'à prendre du bon temps

---

**goodbye** /gʊdˈbaɪ/ SYN EXCL au revoir ◆ **to say** *or* **bid** † *goodbye to sb* dire au revoir à qn, faire ses adieux à qn *(frm)* ◆ **goodbye to all that!** fini tout cela ! ◆ **you can say goodbye to all your hopes** tu peux dire adieu à toutes tes espérances ◆ **you can say goodbye to peace and quiet!** tu peux dire adieu à ta tranquillité ! ◆ **you can kiss it goodbye!*** tu peux faire une croix dessus !*

**goodie*** /ˈgʊdɪ/ ⇒ **goody**

**goodish** /ˈgʊdɪʃ/ ADJ assez bon *or* bien

**goodly** /ˈgʊdlɪ/ SYN ADJ 1 *(= reasonable)* *[number, supply]* considérable ; *[portion, amount]* gros (grosse *f*) ; *[size]* grand ◆ **to have a goodly share of sth** avoir plus que sa part de qch

2 ( † *or liter = attractive)* *[appearance]* beau (belle *f*), gracieux

**goodness** /ˈgʊdnɪs/ SYN N 1 *[of person]* bonté *f* ◆ **out of the goodness of his heart** par pure gentillesse ◆ **(my) goodness!***, **goodness gracious!*** juste ciel !, bonté divine ! ◆ **goodness (only) knows*** Dieu (seul) sait ◆ **for goodness' sake*** pour l'amour de Dieu ◆ **I wish to goodness I had gone there!*** si seulement j'y étais allé ! ◆ **I wish to goodness I had never met him!*** si seulement j'avais pu ne jamais le rencontrer !, si seulement je ne l'avais jamais rencontré ! ; → **surely, thank**

2 *(in food)* qualités *fpl* nutritives ◆ **to be full of natural goodness** être plein de bonnes choses

**goodnight** /gʊdˈnaɪt/ EXCL bonsoir, bonne nuit ◆ **to bid sb goodnight** souhaiter le *or* dire bonsoir à qn ◆ **to give sb a goodnight kiss** embrasser qn *(en lui disant bonne nuit)*

**goods** /gʊdz/ SYN

NPL 1 *(Comm)* marchandises *fpl*, articles *mpl* ◆ **leather goods** articles *mpl* de cuir, maroquinerie *f* ◆ **knitted goods** articles *mpl* en tricot ◆ **to have the goods on sb*** *(US)* en savoir long sur qn ; → **consumer, deliver**

2 *(Jur)* biens *mpl*, meubles *mpl* ◆ **all his goods and chattels** tous ses biens et effets

COMP **goods in transit** NPL *(Comm)* marchandises *fpl* en transit
**goods received note** N *(Comm)* bon *m* de réception des marchandises
**goods service** N *(Brit : by train)* ◆ **to send by fast/slow goods service** envoyer en grande/petite vitesse
**goods siding** N *(Brit Rail)* voie *f* de garage pour wagons de marchandises
**goods station** N *(Brit Rail)* gare *f* de marchandises
**goods train** N *(Brit Rail)* train *m* de marchandises
**goods wagon** N *(Brit Rail)* wagon *m* de marchandises
**goods yard** N *(Brit Rail)* dépôt *m* *or* cour *f* des marchandises

**goodwill** /ˌgʊdˈwɪl/ SYN

N 1 bonne volonté *f* ◆ **to gain sb's goodwill** se faire bien voir de qn ◆ **goodwill mission** *or* **tour** *(Pol)* visite *f* d'amitié

2 *(= willingness)* zèle *m* ◆ **to work with goodwill** travailler de bon cœur *or* avec zèle

3 *(Comm = customer connections)* (biens *mpl*) incorporels *mpl*, clientèle *f* ; *(Accounting = intangible assets)* survaloir *m*, goodwill *m* ◆ **the goodwill goes with the business** les incorporels sont vendus *or* la clientèle est vendue avec le fonds de commerce

COMP **goodwill ambassador** N ambassadeur *m*, -drice *f* de bonne volonté

**goody** */ˈgʊdɪ/
**EXCL** (also **goody goody**) chic !*, chouette !*
**N** ① (= person) ◆ **the goodies and the baddies*** les bons mpl et les méchants mpl
② ◆ **goodies*** (= treats) friandises fpl ; (= gifts) petits cadeaux mpl
**COMP goody bag*** **N** sachet m de cadeaux, pochette f de cadeaux promotionnels
**goody-goody** **ADJ** (pej) ◆ **to be goody-goody** [child] être l'image du petit garçon (or de la petite fille) modèle ; [adult] être un vrai petit saint **N** modèle m de vertu (iro), petit(e) saint(e) m(f)
**goody two-shoes** **N** (pej) modèle m de vertu (iro), petit(e) saint(e) m(f)

**gooey** */ˈguːɪ/ **ADJ** (= sticky) [substance, mess] gluant ; [cake, dessert] fondant ; (pej) (= sentimental) [film, story] à l'eau de rose (pej) ◆ **to go (all) gooey** devenir bêtement sentimental ◆ **women went gooey over him** il faisait fondre toutes les femmes

**goof*** /guːf/
**N** (= idiot) toqué(e)* m(f)
**VI** faire une gaffe, gaffer*
▶ **goof around*** **VI** (US) faire l'imbécile
▶ **goof off*** **VI** (US) tirer au flanc
▶ **goof up***
**VI** (US) faire une gaffe, gaffer*
**VT SEP** gâcher

**goofball*** /ˈguːfbɔːl/ **N** ① (= drug) barbiturique m
② (US = eccentric person) fantaisiste mf, numéro* m

**goofily*** /ˈguːfɪlɪ/ **ADV** bêtement, niaisement
**goofiness*** /ˈguːfɪnɪs/ **N** niaiserie f
**goofy*** /ˈguːfɪ/ **ADJ** (= mad) maboul*, toqué* ; (esp US) (= silly) niais

**Google** ® /ˈguːgl/
**N** Google ®
**VI** faire or lancer une recherche Google
**VT** (= do search on) [person] googler, chercher des renseignements sur (qn) au moyen d'Internet

**googly** /ˈguːglɪ/ **N** (Cricket) balle lancée de manière à tromper le batteur sur la direction qu'elle va prendre

**gook*** /guːk/ **N** (US) ① (= slime etc) substance f visqueuse ; (= dirt) crasse f ◆ **what's this gook?** qu'est-ce que c'est que cette saloperie* ?
② (pej = Asian etc) Asiate mf (pej)

**goolies*** /ˈguːlɪz/ **NPL** couilles** fpl
**goon*** /guːn/ **N** (= fool) idiot(e) m(f), imbécile mf ; (US) (= hired thug) homme m de main ; (= prison camp guard) garde-chiourme m

**gooney bird*** /ˈguːnɪbɜːd/ **N** (US) albatros m
**goop*** /guːp/ **N** (esp US) substance f visqueuse
**goosander** /guːˈsændər/ **N** harle m bièvre
**goose** /guːs/ (pl **geese**)
**N** oie f ◆ **all his geese are swans** il exagère tout le temps, il en rajoute toujours ◆ **to kill the goose that lays the golden eggs** tuer la poule aux œufs d'or ◆ **don't be such a goose !** ✝ ne sois pas si bébête !* ◆ **silly little goose!*** petite dinde !* ; → **boo, cook, mother**
**VT** (esp US *) (= prod) donner un petit coup sur les fesses de
**COMP goose bumps** **NPL** ⇒ **goose pimples**
**goose chase** **N** → **wild**
**goose flesh** **N** ⇒ **goose pimples**
**goose pimples** **NPL** ◆ **to come out in goose pimples** avoir la chair de poule ◆ **that gives me goose pimples** cela me donne la chair de poule
**goose-step** **N** le pas de l'oie **VI** faire le pas de l'oie ◆ **to goose-step along/in** etc avancer/entrer etc au pas de l'oie

**gooseberry** /ˈgʊzbərɪ/ **N** (= fruit) groseille f à maquereau ; (also **gooseberry bush**) groseillier m ◆ **to play gooseberry** (Brit) tenir la chandelle

**goosefoot** /ˈguːsfʊt/ **N** (= plant) ansérine f, patte f d'oie

**goosegog*** /ˈgʊzgɒg/ **N** (Brit) ⇒ **gooseberry**
**goosegrass** /ˈguːsgrɑːs/ **N** (= plant) gaillet m, grateron or gratteron m

**GOP** /ˌdʒiːəʊˈpiː/ **N** (US) (abbrev of **Grand Old Party**) → **grand**

**gopher** /ˈgəʊfər/
**N** ① (= squirrel) spermophile m ; (= rodent) gaufre m, gaufre m
② ⇒ **gofer**
③ (Comput) gopher m
**COMP the Gopher State** **N** (US) le Minnesota

**gorblimey*** /gɔːˈblaɪmɪ/
**ADJ** [accent] populaire
**EXCL** (Brit) nom d'un chien !*

**Gordian** /ˈgɔːdɪən/ **N** ◆ **to cut** or **untie the Gordian knot** trancher le nœud gordien

**Gordon setter** /ˈgɔːdən/ **N** (= dog) setter m Gordon

**gore¹** /gɔːr/ **N** (= blood) sang m
**gore²** /gɔːr/ **VT** (= injure) encorner, blesser d'un coup de corne ◆ **gored to death** tué d'un coup de corne

**gore³** /gɔːr/
**N** (Sewing) godet m ; [of sail] pointe f
**VT** [+ sail] mettre une pointe à ◆ **gored skirt** jupe f à godets

**Gore-Tex ®** /ˈgɔːteks/ **N** goretex ® m

**gorge** /gɔːdʒ/ **SYN**
**N** ① (Geog) gorge f, défilé m
② (Anat) gorge f, gosier m ◆ **it makes my gorge rise** cela me soulève le cœur
**VT** ◆ **to gorge o.s.** se gaver (with de)
**VI** se gaver (on de)

**gorgeous** /ˈgɔːdʒəs/ **SYN ADJ** ① (= beautiful) [scenery, sunset, colour, house] superbe, splendide ; [weather, day] formidable, superbe ; [food, wine] sensationnel ◆ **to look gorgeous** avoir l'air superbe ◆ **to smell gorgeous** sentir délicieusement bon
② (* = attractive) [person] superbe ; [eyes, hair] splendide ◆ **a gorgeous blonde** une superbe blonde ◆ **a gorgeous hunk** un mec* superbe ◆ **hi, gorgeous!** (to female) salut, beauté !* ; (to male) salut, beau gosse !*
③ (liter = sumptuous) [clothes, fabric, jewellery, building] somptueux

**gorgeously** /ˈgɔːdʒəslɪ/ **ADV** [embroidered, dressed] superbement, splendidement ◆ **gorgeously coloured** aux couleurs superbes or splendides

**gorgeousness** /ˈgɔːdʒəsnɪs/ **N** splendeur f
**Gorgons** /ˈgɔːgənz/ **NPL** (Myth) Gorgones fpl
**Gorgonzola** /ˌgɔːgənˈzəʊlə/ **N** (Culin) gorgonzola m

**gorilla** /gəˈrɪlə/ **N** ① (= animal) gorille m
② (* pej) (= bodyguard) gorille* m

**Gorki, Gorky** /ˈgɔːkɪ/ **N** Gorki m

**gormandize** /ˈgɔːməndaɪz/ **VI** (pej) se goinfrer*, s'empiffrer*

**gormandizer** /ˈgɔːməndaɪzər/ **N** (= gourmet) gourmet m ; (pej) goinfre* m

**gormless*** /ˈgɔːmlɪs/ **ADJ** (Brit) empoté
**gorse** /gɔːs/ **N** (NonC) ajoncs mpl ◆ **gorse bush** ajonc m

**gory** /ˈgɔːrɪ/ **SYN ADJ** sanglant ◆ **tell me all the gory details!*** (hum) raconte-moi tous les détails sordides ! (hum)

**gosh*** /gɒʃ/ **EXCL** dites donc !, mince alors !*
**goshawk** /ˈgɒshɔːk/ **N** autour m
**gosling** /ˈgɒzlɪŋ/ **N** oison m

**gospel** /ˈgɒspəl/ **SYN**
**N** ① évangile m ◆ **the Gospel according to St John** l'Évangile selon saint Jean ◆ **that's gospel*** (fig) c'est parole d'évangile ◆ **to take** or **accept sth as gospel** accepter qch comme or prendre qch pour parole d'évangile
② (= music) gospel m
**COMP gospel music** **N** gospel m
**Gospel oath** **N** serment m prêté sur l'Évangile
**gospel song** **N** gospel m, negro-spiritual m
**gospel truth** **N** (fig) ◆ **it's the gospel truth*** c'est parole d'évangile, c'est la vérité pure

**gossamer** /ˈgɒsəmər/ **SYN**
**N** ① (NonC) (= cobweb) fils mpl de la Vierge ; (= gauze) gaze f ; (= light fabric) tulle m, gaze f
② (US = waterproof) imperméable m léger
**ADJ** [thread, garment, wings] (= light) arachnéen (liter), léger ◆ **gossamer thin** très fin, fin comme de la gaze

**gossip** /ˈgɒsɪp/ **SYN**
**N** ① (NonC: pej = rumours) commérages mpl (pej), cancans mpl (pej) ; (in newspaper) échos mpl, potins mpl (pej) ◆ **I never listen to gossip** je n'écoute jamais les commérages or les cancans ◆ **what's the latest gossip?** quels sont les derniers potins ? ◆ **a piece of gossip** un cancan, un ragot
② (= chat) ◆ **we had a good old gossip** on a bien papoté*
③ (= person) bavard(e) m(f), commère f (pej) ◆ **he's a real gossip** c'est une vraie commère
**VI** ① (= chat) bavarder, papoter
② (pej : maliciously) cancaner, faire des commérages (about sur)
**COMP gossip column** **N** (Press) échos mpl
**gossip columnist, gossip writer** **N** échotier m, -ière f

**gossiper** /ˈgɒsɪpər/ **N** commère f, pipelet(te) m(f)
**gossiping** /ˈgɒsɪpɪŋ/
**ADJ** (= chatting) bavard ; (pej) cancanier
**N** (idle) bavardage m, papotage m ; (pej : malicious) commérage m

**gossipy** /ˈgɒsɪpɪ/ **ADJ** [style, book, letter] plein de bavardages ; (pej) [person] cancanier (pej)

**got** /gɒt/ **VB** pt, ptp of **get** ; see also **have**
**gotcha*** /ˈgɒtʃə/ **EXCL** ① (= I've got you) (= I see) pigé !*
② (when catching sb, catching sb out) je te tiens !* ; (when hitting, killing sb) je t'ai eu !*

**Goth¹** /gɒθ/ **N** Goth m
**Goth², goth** /gɒθ/ (esp Brit)
**N** ① (= person) fan mf de goth
② (Mus) goth m (mouvement musical des années 80)
③ (= fashion) mode f goth
**ADJ** goth

**Gothenburg** /ˈgɒθənbɜːg/ **N** (Geog) Göteborg
**Gothic** /ˈgɒθɪk/
**ADJ** ① (Archit, Literat, Cine) (genuine) gothique ; (in Gothic style) de style gothique
② (Hist) des Goths
**N** (Archit, Ling etc) gothique m
**COMP Gothic Revival** **N** (Archit) néogothique m
**Gothic script** **N** (Printing) écriture f gothique

**gotta*** /ˈgɒtə/ **MODAL AUX VB** (esp US = have got to) ◆ **I/he's/they gotta go** je dois/il doit/ils doivent partir

**gotten** /ˈgɒtn/ **VB** (US) ptp of **get**
**Götterdämmerung** /ˌgɒtəˈdɛmərʊŋ/ **N** (Mus) Le Crépuscule des dieux

**gouache** /gʊˈɑːʃ/ **N** gouache f
**Gouda** /ˈgaʊdə/ **N** (Culin) gouda m
**gouge** /gaʊdʒ/
**N** gouge f
**VT** ① [+ wood etc] gouger ◆ **to gouge a hole in sth** creuser un trou dans qch
② (US fig = overcharge etc) estamper*, arnaquer
▶ **gouge out** **VT SEP** (with gouge) gouger ; (with thumb, pencil etc) évider ◆ **to gouge sb's eyes out** arracher les yeux à qn

**goujons** /ˈguːʒɒn/ **NPL** (Culin) croquettes de poisson ou de poulet

**goulash** /ˈguːlæʃ/ **N** goulache m, goulasch m
**gourd** /gʊəd/ **N** ① (= fruit) gourde f ; (= container) gourde f, calebasse f

**gourmand** /ˈgʊəmənd/ **N** gourmand(e) m(f), glouton(ne) m(f)

**gourmandism** /ˈgʊəmɪndɪzəm/ **N** gourmandise f

**gourmet** /ˈgʊəmeɪ/
**N** gourmet m, gastronome mf
**ADJ** [food, restaurant] gastronomique

**gout** /gaʊt/ **N** (Med) goutte f
**gouty** /ˈgaʊtɪ/ **ADJ** [person, joint, condition] goutteux

**gov*** /gʌv/ **N** abbrev of **governor²**
**Gov.** **N** abbrev of **governor¹**
**govern** /ˈgʌvən/ **SYN**
**VT** ① (= rule) [person, government] [+ country] gouverner, diriger ; [+ province, city] administrer ; (= direct) [+ household, business, company] diriger, gérer ; [+ affairs] administrer, gérer ◆ **she governed Britain from 1979 to 1990** elle a gouverné la Grande-Bretagne de 1979 à 1990
② (= control) [law, rule, principle] [+ conduct, behaviour, treatment] régir ◆ **governed by the laws of England** (Jur) régi par le droit anglais ◆ **international guidelines governing the export of arms** les directives internationales régissant l'exportation des armes ◆ **there are strict rules governing how much lawyers can charge** il existe des règles strictes fixant le montant des honoraires des avocats
③ (= influence) [+ events] déterminer, régir ; [+ opinions] guider ; [+ speed] déterminer

## governable | grade

**governable** /ˈgʌvənəbl/ ADJ gouvernable

**governance** /ˈgʌvənəns/ N (frm) (= governing) gouvernement m ; (= authority) autorité f

**governess** /ˈgʌvənɪs/ N gouvernante f, institutrice f (à domicile)

**governing** /ˈgʌvənɪŋ/
- **ADJ** [party, coalition] au pouvoir ; [council, board] d'administration ; [committee] directeur (-trice f) ; see also self-governing ; → self
- **COMP governing body** N [of sport] comité m directeur ; [of professional association] conseil m d'administration ; [of school] conseil m d'établissement ; [of university] conseil m d'université
- **governing class** N classe f gouvernante
- **governing principle** N principe m directeur

**government** /ˈgʌvənmənt/ SYN
- **N** [of country] gouvernement m ; [of province, city] administration f ; (= Cabinet of ministers) gouvernement m ; (= the State : also **central government**) État m, pouvoirs mpl publics ; (= local, municipal, regional) administration f territoriale ; (= political régime) régime m politique ◆ **a project financed by the government** un projet financé par l'État ◆ **a presidential/democratic system of government** un régime présidentiel/démocratique ◆ **we've had five years of socialist government** on a eu cinq années de gouvernement or gestion socialiste ; see also **local**
- **COMP** [policy, decision, intervention, spending] gouvernemental, du gouvernement ; [backing] du gouvernement ; [grant] gouvernemental, d'État ; [responsibility, loan] de l'État, public (-ique f)
- **Government Accounting Office** N (US) ≈ Cour f des comptes
- **government action** N (gen) action f gouvernementale ; (Insurance) fait m du prince
- **government bond** N (Fin) obligation f d'État
- **Government Broker** N (Fin) spécialiste mf en valeurs du Trésor
- **government corporation** N (US) régie f d'État
- **government department** N département m or service m gouvernemental
- **government expenditure** N dépenses fpl publiques
- **Government House** N (Brit) palais m or résidence f du gouverneur
- **government in waiting** N gouvernement m d'antichambre
- **government issue** ADJ [equipment] fourni par le gouvernement ; [bonds etc] émis par le gouvernement
- **government monopoly** N monopole m d'État
- **government-owned corporation** N établissement m public autonome
- **Government Printing Office** N (US) ≈ Imprimerie f nationale
- **government securities** NPL (Fin) fonds mpl or titres mpl d'État
- **government stock** N (Fin) fonds mpl publics or d'État

**governmental** /ˌgʌvənˈmentl/ ADJ gouvernemental, du gouvernement

**governor** /ˈgʌvənəʳ/ SYN N [1] [of state, bank] gouverneur m ; (esp Brit) [of prison] directeur m, -trice f ; [of institution] administrateur m, -trice f ; (Brit Scol) ≈ membre m d'un conseil d'établissement (de lycée ou d'IUT) ◆ **governor general** (Brit) gouverneur m général
[2] (Brit ǂ) (= employer) patron m ; (= father) paternel* m ◆ **thanks governor!** merci chef or patron !
[3] (in mechanism) régulateur m ; (= speed control device) limiteur m de vitesse

**governorship** /ˈgʌvənəʃɪp/ N fonctions fpl de gouverneur ◆ **during my governorship** pendant la durée de mes fonctions (de gouverneur)

**govt.** abbrev of **government**

**gown** /gaʊn/ SYN
- N robe f ; (Jur, Univ) toge f ; → **town**
- VT (liter) revêtir (in de), habiller (in de)

**goy** /gɔɪ/ N (pl **goys** or **goyim** /ˈgɔɪɪm/) goy mf

**goyish** /ˈgɔɪɪʃ/ ADJ de goy

**GP** /ˌdʒiːˈpiː/ N (abbrev of **General Practitioner**) (médecin m) généraliste m ◆ **he's/she's a GP** il/elle est (médecin) généraliste ◆ **to go to one's GP** aller voir son médecin généraliste or traitant

**GPA** /ˌdʒiːpiːˈeɪ/ N (US) (abbrev of **grade point average**) → **grade**

**GPMU** /ˌdʒiːpiːemˈjuː/ N (Brit) (abbrev of **Graphical, Paper and Media Union**) syndicat

**GPO** /ˌdʒiːpiːˈəʊ/ N [1] (Brit Govt) (abbrev of **General Post Office**) → **general**
[2] (US) (abbrev of **Government Printing Office**) → **government**

**GPS** /ˌdʒiːpiːˈes/ N (abbrev of **global positioning system**) GPS m

**gr.** abbrev of **gross** adj 5

**Graafian follicle** /ˈgrɑːfɪən/ N (Anat) follicule m de De Graaf

**grab** /græb/ SYN
- **N** [1] ◆ **to make a grab for** or **at sth** faire un geste or un mouvement vif pour saisir qch ◆ **to be up for grabs*** (= available) être disponible ◆ **there are big money prizes up for grabs** il y a de grosses sommes d'argent à gagner
[2] (esp Brit) [of excavator] benne f preneuse
- **VT** [1] (lit = take hold of) [+ object, one's belongings] saisir ◆ **to grab sth away from sb** arracher qch à qn, enlever qch à qn d'un geste brusque ◆ **he grabbed the pen from me** il m'a arraché le stylo ◆ **grab hold of this for a minute** tiens ça une minute ◆ **he grabbed (hold of) me** il m'a empoigné ◆ **she grabbed (hold of) him by the arm** elle l'a saisi or empoigné par le bras ◆ **I managed to grab him before he left** (fig) j'ai réussi à lui mettre la main dessus avant qu'il s'en aille
[2] (= seize unlawfully) [+ land, power] s'emparer de
[3] (* = snatch) [+ quick snack, sandwich] avaler ; [+ cigarette] fumer rapidement ; [+ seat] prendre ◆ **I'll grab a quick shower** je vais prendre une douche vite fait ◆ **to grab a quick nap** piquer un roupillon*
[4] (fig = attract, win) [+ sb's attention] attirer, accaparer ; (= take) [+ opportunity] saisir ◆ **to grab the headlines** [person, story] faire la une ◆ **they're trying to grab a share of the market** ils essaient de prendre une part de marché ◆ **he grabbed*** **the audience at once** il a tout de suite captivé l'auditoire ◆ **that really grabbed*** **me** ça m'a vraiment emballé* ◆ **how does that grab you?*** qu'est-ce que tu en dis ?*
- **VI** ◆ **to grab at a rope** essayer d'agripper une corde ◆ **don't grab!** (to child) doucement !, ne te jette pas dessus !
- **COMP grab bag*** N (US) (lit) sac m (pour jouer à la pêche miraculeuse) ; (fig) mélange m hétéroclite

**grabby*** /ˈgræbɪ/ ADJ (= greedy) [person] gourmand (fig), accapareur

**graben** /ˈgrɑːbən/ N graben m

**grace** /greɪs/ SYN
- **N** [1] (NonC) [of person, animal, movement] grâce f
[2] (Rel) grâce f ◆ **by the grace of God** par la grâce de Dieu ◆ **there but for the grace of God go I** cela aurait tout aussi bien pu être moi ◆ **in a state of grace** être en état de grâce ◆ **to fall from grace** (Rel) perdre la grâce ; (fig hum) tomber en disgrâce, ne plus avoir la cote* ◆ **to say grace** (before meals) dire le bénédicité ; (after meals) dire les grâces ; → **year**
[3] (phrases) ◆ **to be in sb's good/bad graces** être bien/mal vu de qn, être en faveur/défaveur auprès de qn ◆ **to get into sb's good/bad graces** se faire bien/mal voir de qn ◆ **to do sth with good/bad grace** faire qch de bonne/mauvaise grâce ◆ **he had the (good) grace to apologize** il a eu la bonne grâce de s'excuser ◆ **his saving grace** ce qui le rachète (or rachetait etc) ; → **air**
[4] (NonC = respite) grâce f, répit m ◆ **a day's grace** un jour de grâce or de répit ◆ **days of grace** (Comm) jours mpl de grâce ◆ **as an act of grace, he…** (Jur) en exerçant son droit de grâce, il…
[5] (= title) ◆ **His Grace (the Archbishop)** Monseigneur l'Archevêque, Son Excellence l'Archevêque ◆ **His Grace (the Duke)** Monsieur le duc ◆ **Her Grace (the Duchess)** Madame la duchesse ◆ **yes, your Grace** oui, Monseigneur (or Monsieur le duc or Madame la duchesse)
[6] (Myth) ◆ **the (three) Graces** les trois Grâces fpl
- **VT** [1] (= adorn) orner, embellir (with de)
[2] honorer (with de) ◆ **the queen graced the performance with her presence** la reine honora la représentation de sa présence
- **COMP grace-and-favour** N (Brit) ◆ **grace-and-favour residence** résidence attribuée à une personne pour la durée de sa vie par un roi ou un noble ◆ **he has the use of the room on a grace-and-favour basis** (fig) il a l'usage de cette pièce (à titre gratuit)

**grace note** N (Mus) (note f d')ornement m
**grace period** N (Jur, Fin) délai m de grâce or de carence

**graceful** /ˈgreɪsfʊl/ SYN ADJ [movement, animal, person] gracieux ; [building, apology, retraction, refusal] élégant

**gracefully** /ˈgreɪsfəlɪ/ ADV [move] avec grâce, gracieusement ; [dance, accept, withdraw] avec grâce ; [retire] avec dignité ; [apologize] élégamment, avec grâce ◆ **to admit defeat gracefully** s'avouer vaincu de bonne grâce ◆ **to grow old gracefully** vieillir avec grâce

**gracefulness** /ˈgreɪsfʊlnɪs/ N ⇒ **grace** noun 1

**graceless** /ˈgreɪslɪs/ ADJ [dance, movement, building] sans grâce ; [person, refusal] inélégant, peu courtois

**gracious** /ˈgreɪʃəs/ SYN
- **ADJ** [1] (frm = kindly) [person] bienveillant ; [smile, gesture] gracieux, bienveillant ; (= courteous) [person, smile, gesture] courtois, affable ; [action] courtois, plein de bonne grâce ◆ **our gracious Queen** notre gracieuse souveraine ◆ **by the gracious consent of** par la grâce de ◆ **to be gracious to sb** se montrer bienveillant à l'égard de qn
[2] (= elegant) [house, room, gardens] d'une élégance raffinée ; [era] fastueux ◆ **gracious living** la vie de luxe
[3] († = merciful) [God] miséricordieux ◆ **Lord be gracious unto him** Seigneur, accordez-lui votre miséricorde
- **EXCL** ◆ **(good** or **goodness) gracious!** juste ciel !, bonté divine ! ◆ **(good** or **goodness) gracious yes!** bien sûr que oui ! ◆ **(good** or **goodness) gracious no!** jamais de la vie ! ◆ **(good** or **goodness) gracious me!** oh, mon Dieu !

**graciously** /ˈgreɪʃəslɪ/ ADV [1] (frm = courteously) [wave, smile] gracieusement, avec grâce ; [accept, agree] de bonne grâce ; [consent, allow] gracieusement ◆ **the king was graciously pleased to accept** (frm) le roi eut la bonté d'accepter, le roi accepta gracieusement
[2] (= elegantly) [live] avec raffinement
[3] (= mercifully) miséricordieusement

**graciousness** /ˈgreɪʃəsnɪs/ N (NonC) [of person] bienveillance f (towards envers) ; [of house] élégance f raffinée ; [of God] miséricorde f

**grad*** /græd/ N (US) abbrev of **graduate**

**gradate** /grəˈdeɪt/
- **VT** graduer
- **VI** être gradué

**gradation** /grəˈdeɪʃən/ N gradation f

**grade** /greɪd/ SYN
- **N** [1] [of goods] (= quality) qualité f ; (= size) calibre m ◆ **high-grade meat/fruit** viande f/fruits mpl de premier choix or de première qualité ◆ **high-grade steel/coal** acier m/charbon m de haute qualité ◆ **small-/large-grade eggs** œufs mpl de petit/gros calibre
[2] (= category, type) catégorie f ◆ **prices vary according to the grade of the hostel** le prix varie en fonction de la catégorie de l'établissement ◆ **a union that represents every grade of staff** un syndicat qui représente toutes les catégories de personnel ◆ **the lowest grade of skilled worker** la catégorie la plus basse des ouvriers qualifiés ◆ **the highest grade of clerical post** la catégorie supérieure or la plus élevée des employés de bureau ◆ **make sure you install the right grade of glass for the job** veillez à installer le type de verre qui convient ◆ **using a coarse grade of steel wool** en utilisant une laine de verre épaisse
[3] (in hierarchy: in company etc) échelon m ; : (in public sector) grade m ; (Mil = rank) rang m ◆ **to go up a grade** monter d'un échelon ◆ **salary grade** échelon m (salarial) ◆ **she's on salary grade three** elle est à l'indice trois ◆ **every grade of competence** tous les niveaux de compétence
◆ **to make the grade** y arriver ◆ **he'll never make the grade** il n'y arrivera jamais, il ne sera jamais à la hauteur ◆ **she wanted to be a dancer, but failed to make the grade** elle voulait être danseuse, mais elle n'y est pas arrivée
[4] (= mark) note f ◆ **grades for effort** etc note f d'application etc ◆ **to get good/poor grades** avoir de bonnes/mauvaises notes
[5] (US Scol = class) année f → **GRADE**
[6] (= gradation on scale) degré m
[7] (Climbing) degré m (de difficulté)
[8] (US = slope) rampe f, pente f
[9] (US = ground level) ◆ **at grade** au niveau du sol

**VT** ① (= sort out) [+ produce, accommodation, colours, questions] classer ; (by size) [+ apples, eggs etc] calibrer ◆ **the exercises are graded according to difficulty** les exercices sont classés selon leur degré de difficulté ◆ **to grade sb according to performance/seniority** (Comm) classer qn en fonction de son rendement/ancienneté
② (= make progressively easier, more difficult, darker, lighter etc) [+ work, exercises, colours etc] graduer ; see also **graded**
③ (Scol = mark) [+ pupil, work] noter
④ (Agr: also **grade up**) améliorer par sélection
⑤ (US = level) [+ ground] niveler
**COMP** **grade book** N (US Scol) registre m or cahier m de notes
**grade crossing** N (US Rail) passage m à niveau
**grade inflation** N (US Scol) surnotation f
**grade point (average)** N (US Educ) (note f) moyenne f
**grade school** N (US) école f primaire
**grade school teacher** N (US) instituteur m, -trice f, professeur mf des écoles
**grade separation** N (US : on road) séparation f des niveaux de circulation
**grade sheet** N (US Educ) relevé m de notes
▶ **grade down** VT SEP mettre or placer dans une catégorie inférieure
▶ **grade up** VT SEP mettre or placer dans une catégorie supérieure ; see also **grade vt 4**

○ **GRADE**
○
○ Aux États-Unis et au Canada, on désigne sous
○ le nom de **grade** chacune des douze années
○ de la scolarité obligatoire, depuis le cours
○ préparatoire (first **grade**) jusqu'à la terminale
○ (twelfth **grade**). On notera les surnoms don-
○ nés aux élèves des quatre dernières années :
○ « freshman » (petit nouveau) en 9e année (la
○ première année du deuxième cycle du secon-
○ daire), « sophomore » en 10e année, « junior »
○ en 11e et « senior » en terminale.

**graded** /'greɪdɪd/ ADJ [charges, rates, tax] (= increasing) progressif ; (= decreasing) dégressif ; [tests, exercises] classé par degré de difficulté ◆ **a graded series of transformations** une série progressive de transformations ◆ **graded reader** méthode f de lecture progressive
**gradely** /'greɪdlɪ/ ADJ (dial) excellent
**grader** /'greɪdər/ N (US Scol) correcteur m ; (Constr) niveleuse f
**gradient** /'greɪdɪənt/ SYN (esp Brit) pente f, inclinaison f ; (Math, Phys) gradient m ◆ **a gradient of one in ten** or **10%** une inclinaison or une déclivité de 10%
**grading** /'greɪdɪŋ/ N (gen) classification f ; (by size) calibrage m ; (Scol etc) notation f
**gradual** /'grædjʊəl/ SYN
**ADJ** [process, progress] graduel ; [change, improvement, withdrawal, reduction] graduel, progressif ; [decline, recovery, reform] progressif ; [slope] doux (douce f)
**N** (Rel) graduel m
**gradualism** /'grædjʊəlɪzm/ N (Pol, Geol etc) gradualisme m
**gradualist** /'grædjʊəlɪst/ ADJ, N (Pol, Geol etc) gradualiste mf
**gradually** /'grædjʊəlɪ/ SYN ADV peu à peu, petit à petit, progressivement
**gradualness** /'grædjʊəlnɪs/ N caractère m progressif
**graduand** /'grædjʊænd/ N (Brit Univ) ≈ futur(e) diplômé(e) m(f) or licencié(e) m(f) (le jour de la remise des diplômes)
**graduate** /'grædjʊeɪt/ SYN
**VT** ① (= mark out) [+ thermometer, container] graduer (in en)
② (= make progressively more difficult, darker etc) [+ work, payments, colours etc] graduer ◆ **to graduate payments** [buyer] payer par fractionnements progressifs (or dégressifs)
③ (US Scol, Univ) conférer un diplôme à
**VI** ① (Univ) ≈ obtenir sa licence (or son diplôme etc) ; (US Scol) ≈ obtenir son baccalauréat ◆ **he graduated as an architect/a teacher** etc il a eu son diplôme d'architecte/de professeur etc
② [colours etc] se changer graduellement ◆ **to graduate to...** virer progressivement à...
**N** /'grædjʊɪt/ (Univ) ≈ licencié(e) m(f), ≈ diplômé(e) m(f) ◆ **"The Graduate"** (Ciné) « Le Lauréat »

② (Pharm) verre m (or bocal m etc) gradué
**ADJ** /'grædjʊɪt/ (Univ) [teacher, staff] ≈ diplômé, ≈ licencié ◆ **graduate assistant** étudiant(e) m(f) chargé(e) de travaux dirigés, moniteur m, -trice f ◆ **graduate course** études fpl de troisième cycle ◆ **graduate profession** profession qui nécessite un diplôme universitaire ◆ **Graduate Record Examination** (US Univ) examen d'entrée dans le second cycle ◆ **graduate school** (US) troisième cycle m d'université ◆ **graduate student** (US) étudiant(e) m(f) de troisième cycle ◆ **graduate studies** (US) études fpl de troisième cycle

**graduated**
**ADJ** [tube, flask] gradué ; [tax] progressif ◆ **in graduated stages** par paliers, progressivement
**COMP** **graduated pension scheme** N (Brit) ≈ régime m de retraite complémentaire

**graduation** /ˌgrædjʊ'eɪʃən/
**N** ① (Univ, also US Scol) (= ceremony) cérémonie f de remise des diplômes ; (by student) obtention f du diplôme ◆ **I'm hoping to get a good job after graduation** j'espère trouver un bon emploi une fois que j'aurai (obtenu) mon diplôme
② (on container, instrument) graduation f
**COMP** **graduation ceremony** N cérémonie f de remise des diplômes
**graduation day** N jour m de la remise des diplômes

○ **GRADUATION**
○
○ La **graduation** est la cérémonie de remise des
○ diplômes universitaires. C'est un événement
○ important, où les étudiants, revêtus de leur
○ toge et de leur toque noires, reçoivent offi-
○ ciellement leurs diplômes des mains du rect-
○ eur. Les familles assistent à la cérémonie et
○ les photos prises à cette occasion occupent
○ généralement une place d'honneur dans les
○ intérieurs anglo-saxons.
○ Aux États-Unis, le terme désigne aussi la
○ cérémonie qui marque la fin des études
○ secondaires.

**Graecism** /'griːsɪzəm/ N (Ling) hellénisme m
**Graeco-** (Brit), **Greco-** (esp US) /'griːkəʊ/
**PREF** gréco-
**COMP** **Graeco-Roman** ADJ [art, sculpture] gréco-romain
**Graeco-Roman wrestling** N lutte f gréco-romaine
**graffiti** /grə'fiːtɪ/ N (NonC) graffiti m ◆ **graffiti artist** graffiteur m, -euse f (artiste)
**graft** /grɑːft/ SYN
**N** ① (Agr) greffe f, greffon m, ente f ; (Med) greffe f ◆ **they did a skin graft** ils ont fait une greffe de la peau ◆ **they did a kidney graft on him** on lui a greffé un rein
② (esp US = corruption) corruption f
③ (Brit *) ◆ **(hard) graft** (= work) boulot* m acharné
**VT** ① (Agr, Med) greffer (on sur)
② (= get by bribery) obtenir par la corruption ; (= get by swindling) obtenir par (l')escroquerie
**VI** (= engage in bribery) donner (or recevoir) des pots-de-vin or enveloppes * ; (= swindle) faire de l'escroquerie
**grafter** /'grɑːftər/ N ① (= swindler etc) escroc m, chevalier m d'industrie (liter)
② (Brit * = hard worker) bourreau m de travail
**graham cracker** /'greɪəmkrækər/ N (US) biscuit m à la farine complète
**graham flour** /'greɪəmflaʊər/ N farine f complète
**grail** /greɪl/ N ◆ **the Holy Grail** le Saint Graal
**grain** /greɪn/ SYN
**N** ① (NonC) céréale(s) f(pl) ; (US) blé m
② (= single grain) [of cereal, salt, sand etc] grain m ; (fig) [of sense, malice] grain m, brin m ; [of truth] ombre f, miette f ◆ **a few grains of rice** quelques grains de riz ◆ **that's a grain of comfort** c'est une petite consolation ; → **salt**
③ (in leather, also Phot) grain m ; (in wood, meat) fibre f ; (in cloth) fil m ; (in stone, marble) veine f ◆ **with the grain** dans le sens de la fibre (of de la veine etc) ◆ **against the grain** en travers de la fibre (or de la veine etc) ◆ **it goes against the grain for him to apologize** cela va à l'encontre de sa nature de s'excuser ◆ **I'll do it, but it goes against the grain** je le ferai, mais pas de bon cœur or mais cela va à l'encontre de mes idées

④ (= weight) mesure de poids ( = 0,065 gramme)
**VT** ① [+ salt etc] grener, grainer ; [+ powder] granuler ◆ **finely grained** à grain fin ◆ **coarse grained** à gros grain
② [+ leather, paper] greneler ; (= paint in imitation of wood) veiner
**COMP** **grain alcohol** N alcool m de grain
**grain elevator** N (US) silo m à céréales
**graininess** /'greɪnɪnɪs/ N (Phot) grain m
**grainy** /'greɪnɪ/ ADJ (Phot) qui a du grain ; [substance] granuleux
**gram** /græm/
**N** gramme m
**COMP** **gram atom** N atome-gramme m
**gram molecule** N molécule-gramme f
**gram flour** /'græmflaʊər/ N farine f de pois chiches
**graminivorous** /ˌgræmɪ'nɪvərəs/ ADJ herbivore
**grammar** /'græmər/
**N** ① (NonC) grammaire f ◆ **that is bad grammar** cela n'est pas grammatical ; → **generative**
② (also **grammar book**) (livre m de) grammaire f
**COMP** **grammar checker** N correcteur m grammatical
**grammar school** N (in Britain) ≈ lycée m (avec examen d'entrée) ; (in US) ≈ école f primaire → **COMPREHENSIVE SCHOOL**
**grammarian** /grə'mɛərɪən/ N grammairien(ne) m(f)
**grammatical** /grə'mætɪkəl/ ADJ ① [structure, sentence] grammatical ; [rule, error] de grammaire, grammatical
② (= correct) grammaticalement correct ◆ **he speaks perfectly grammatical English** il parle un anglais parfaitement correct du point de vue grammatical
**grammaticality** /grəmætɪ'kælɪtɪ/ N grammaticalité f
**grammatically** /grə'mætɪkəlɪ/ ADV [correct] du point de vue grammatical ◆ **to write grammatically** écrire des phrases grammaticalement correctes ◆ **to speak grammatically** s'exprimer correctement d'un point de vue grammatical
**grammaticalness** /grə'mætɪkəlnɪs/ N grammaticalité f
**grammatologist** /ˌgræmə'tɒlədʒɪst/ N grammatologue mf
**grammatology** /ˌgræmə'tɒlədʒɪ/ N grammatologie f
**gramme** /græm/ N (Brit) ⇒ **gram**
**Grammy** /'græmɪ/ N (pl **Grammys** or **Grammies**) (US) prix récompensant les meilleurs disques
**gramophone** /'græməfəʊn/
**N** (esp Brit) phonographe m
**COMP** **gramophone needle** N aiguille f de phonographe
**gramophone record** N disque m
**Grampian** /'græmpɪən/ N ◆ **the Grampian Mountains, the Grampians** les (monts mpl) Grampians mpl
**gramps*** /græmps/ N (US) pépé* m, papy* m
**grampus** /'græmpəs/ N (pl **grampuses**) dauphin m de Risso
**Gram's method** /græmz/ N (Bio) méthode f or coloration f de Gram
**gran*** /græn/ N (Brit) mémé* f, mamie* f
**Granada** /grə'nɑːdə/ N Grenade
**granary** /'grænərɪ/
**N** grenier m (à blé etc)
**COMP** **Granary** ® ADJ [bread, loaf, roll] aux céréales
**Gran Canaria** /ˌgræŋkə'nɑːrɪə/ N Grande Canarie f
**grand** /grænd/ SYN
**ADJ** ① (= impressive) [architecture] grandiose ; [building, staircase] majestueux ; [person] éminent ; [job] prestigieux ; [occasion, chorus, concert] grand ◆ **to make a grand entrance** faire une entrée majestueuse ◆ **in the grand manner** en souverain(e) ◆ **on a grand scale** à très grande échelle ◆ **to do things on a grand scale** faire les choses en grand ◆ **to live in grand style** mener la grande vie ◆ **to make a grand gesture** (fig) faire un geste grandiose
② (= ambitious) [scheme, strategy, design] ambitieux

## grandaunt | graphic

③ († * = excellent) [person] super* inv ◆ **we had a grand time** c'était formidable ◆ **it was a grand game** le match a été magnifique
④ (in names) ◆ **the Grand Hotel** le Grand Hôtel
N ① (pl inv: *) (Brit) mille livres fpl ; (US) mille dollars mpl
② (also **grand piano**) piano m à queue or de concert ; → baby

COMP **Grand Bahama** N Grande Bahama f
**Grand Banks** NPL (Geog) Grand-Banc m de Terre-Neuve
**Grand Canary** N Grande Canarie f
**the Grand Canyon** N le Grand Canyon ◆ **the Grand Canyon State** l'Arizona m
**grand duchess** N grande-duchesse f
**grand duchy** N grand-duché m ◆ **the Grand Duchy of Luxembourg** le grand-duché de Luxembourg
**grand duke** N grand-duc m
**grand finale** N grande finale f
**grand jury** N (in US) jury m d'accusation
**grand larceny** N (US Jur) vol m qualifié
**grand mal** N (= illness) épilepsie f (essentielle) ; (= seizure) crise f (d'épilepsie) convulsive
**grand master** N (Chess) grand maître m
**the Grand National** N (Brit Racing) le Grand National
**grand old man** N (pl grand old men) ◆ **the grand old man of English politics** le grand monsieur de la politique anglaise
**the Grand Old Party** N (US) le parti républicain
**grand opening** N grande inauguration f
**grand opera** N grand opéra m
**grand piano** N piano m à queue or de concert
**Grand Prix** N (Motor Racing) Grand Prix m ◆ **the French/Monaco etc Grand Prix** le Grand Prix de France/de Monaco etc
**grand slam** N (Bridge, Sport) grand chelem m
**grand staircase** N escalier m d'honneur
**grand total** N (gen) somme f globale ; (Math) résultat m final ◆ **we get to the grand total of...** (fig) nous arrivons au chiffre impressionnant de...
**the Grand Tour** N (Hist) le tour d'Europe ◆ **we did a** or **the grand tour of the Louvre** nous avons fait le tour complet or une visite complète du Louvre
**Grand Unified Theory** N (Phys) théorie f de la grande unification
**grand vizier** N grand vizir m

● **GRAND JURY**

Dans le système judiciaire américain, le **grand jury** est le jury d'accusation, qui décide si une personne devra comparaître devant le jury de jugement (« trial jury » ou « petit jury »), qui statuera sur son éventuelle culpabilité.
Composé de 12 à 23 personnes, le **grand jury** se réunit à huis clos ; il a le droit de citer des témoins à comparaître.

**grandaunt** /ˈɡrændɑːnt/ N grand-tante f

**grandchild** /ˈɡræntʃaɪld/
N petit(e)-enfant m(f), petit-fils m, petite-fille f
NPL **grandchildren** petits-enfants mpl

**grand(d)ad** * /ˈɡrændæd/, **grand(d)addy** * (US) /ˈɡrændædɪ/ N grand-papa * m, pépé * m, papi * m, bon-papa * m

**granddaughter** /ˈɡrændɔːtəʳ/ N petite-fille f

**grandee** /ɡrænˈdiː/ N (in Spain) grand m d'Espagne ; (fig) grand personnage m

**grandeur** /ˈɡrændjəʳ/ SYN N [of person] grandeur f ; [of scenery, house] splendeur f, magnificence f ; [of character, style] noblesse f ; [of position] éminence f ◆ **an air of grandeur** une allure grandiose

**grandfather** /ˈɡrændfɑːðəʳ/
N grand-père m
COMP **grandfather clause** N (US fig : in law) clause f d'antériorité
**grandfather clock** N (horloge f) comtoise f, horloge f de parquet

**grandiloquence** /ɡrænˈdɪləkwəns/ N grandiloquence f

**grandiloquent** /ɡrænˈdɪləkwənt/ ADJ (frm) grandiloquent

**grandiloquently** /ɡrænˈdɪləkwəntlɪ/ ADV (frm) avec grandiloquence

**grandiose** /ˈɡrændɪəʊz/ SYN ADJ grandiose ; [style] grandiloquent, pompeux

**grandly** /ˈɡrændlɪ/ ADV ① (= impressively) [stand] majestueusement ◆ **to live grandly** mener grand train ◆ **grandly decorated** au décor majestueux
② (= pompously) [announce] solennellement ; [speak, say, call] pompeusement ; [behave] avec majesté

**grandma** * /ˈɡrændmɑː/ N grand-maman * f, mémé * f, mamie * f, bonne-maman * f

**grandmother** /ˈɡrænmʌðəʳ/ N grand-mère f

**grandnephew** /ˈɡræn,nevju/ N petit-neveu m

**grandniece** /ˈɡrænniːs/ N petite-nièce f

**grandpa** * /ˈɡrænpɑː/ N ⇒ grand(d)ad

**grandparent** /ˈɡrændpɛərənt/
N (= grandfather) grand-père m ; (= grandmother) grand-mère f
NPL **grandparents** grands-parents mpl

**grandson** /ˈɡrænsʌn/ N petit-fils m

**grandstand** /ˈɡrændstænd/
N (Sport) tribune f ◆ **to have a grandstand view** (fig) être aux premières loges (fig)
VI (US * fig) jouer pour la galerie ◆ **grandstand play** * (US fig) amusement m pour la galerie

**grandstanding** /ˈɡrændstændɪŋ/ N (political) démagogie f

**granduncle** /ˈɡrænd,ʌŋkl/ N grand-oncle m

**grange** /ɡreɪndʒ/ N ① (esp Brit = country house) château m, manoir m
② (US = farm) ferme f ◆ **the Grange** (US Hist) la Fédération agricole
③ ⇒ **granary** noun

**granger** /ˈɡreɪndʒəʳ/ N (US) fermier m

**granite** /ˈɡrænɪt/
N granit m
COMP de granit
**the Granite City** N (Brit) Aberdeen
**the Granite State** N (US) le New Hampshire

**granitic** /ɡrəˈnɪtɪk/ ADJ granitique

**granivore** /ˈɡrænɪvɔːʳ/ N granivore mf

**granivorous** /ɡrəˈnɪvərəs/ ADJ granivore

**grannie, granny** /ˈɡrænɪ/
N * mamie f, grand-maman f
COMP **granny bond** * N = bon m du Trésor indexé
**granny farm** ‡ N (pej) maison f de vioques ‡
**granny flat** N petit appartement m indépendant (en annexe)
**granny glasses** * NPL petites lunettes fpl cerclées de métal
**granny knot** N nœud m de vache
**Granny Smith (apple)** N granny smith f inv
**granny specs** * NPL ⇒ **granny glasses**

**granola** /ɡrəˈnəʊlə/ N (US) muesli m (aux pépites de céréales)

**grant** /ɡrɑːnt/ SYN
VT ① (= accord) [+ favour, permission] accorder ; [+ wish, prayer] exaucer ; [+ request] accéder à ; [+ money] accorder, octroyer ; [+ pension] accorder, allouer ◆ **to grant sb permission to do sth** accorder à qn l'autorisation de faire qch ◆ **to grant sb his request** accéder à la requête de qn ◆ **to be granted one's wish** voir son souhait exaucé ◆ **they were granted an extension of three weeks** on leur a accordé un délai de trois semaines ◆ **to grant sb political asylum** accorder l'asile politique à qn ◆ **I beg your pardon! – granted!** je vous demande pardon ! – je vous en prie ! ◆ **God grant that...** plaise à Dieu que... + subj
② (= admit) admettre, concéder ◆ **to grant a proposition** admettre la vérité d'une proposition ◆ **it must be granted that...** il faut admettre or reconnaître que... ◆ **I grant you that** je vous l'accorde ◆ **I grant that he is honest** je vous accorde qu'il est honnête
③ (set phrases)
◆ **to take sb for granted** ◆ **one does tend to take one's parents for granted** c'est vrai que nous avons tendance à ne pas apprécier ou à faire peu de cas de tout ce que nos parents font pour nous ◆ **he takes her for granted** il ne fait aucun cas de tout ce qu'elle fait pour lui ◆ **stop taking me for granted!** arrête de faire comme si je n'existais pas !
◆ **to take sth for granted** (= regard as normal) ◆ **we take our democracy for granted** pour nous la démocratie est quelque chose qui va de soi ou est une évidence ◆ **people who took this luxury for granted** les gens pour qui ce luxe était quelque chose de normal ◆ **I take Net access so much for granted that...** pour moi, avoir accès à l'Internet est quelque chose de tellement normal que... ◆ **to take sb's agreement for granted** considérer l'accord de qn comme allant de soi or comme acquis ◆ **researchers should avoid taking too much for granted** les chercheurs doivent veiller à ne pas avoir trop de certitudes ◆ **he seemed to take it for granted that he should speak first** il semblait trouver tout naturel qu'on lui donne la parole en premier ◆ **you take too much for granted** (= take too many liberties) vous vous croyez tout permis, vous prenez trop de libertés ; (= assume things are further forward than they are) si vous croyez que c'est facile...
◆ **to take (it) for granted that...** (= assume) supposer que... ◆ **I just took for granted that she was going straight home** j'ai supposé qu'elle rentrait directement ◆ **we may take it for granted that he will come** nous pouvons tenir pour certain or nous pouvons compter qu'il viendra
N ① (NonC) [of favour, permission] octroi m ; [of land] concession f ; (Jur) [of property] cession f ; [of money, pension] allocation f ◆ **grant of a patent** (Jur) délivrance f d'un brevet
② (= sum given) subvention f, allocation f ; (Brit) (= scholarship) bourse f ◆ **they have a government grant to aid research** ils ont une subvention gouvernementale d'aide à la recherche ◆ **to be on a grant** [student] avoir une bourse ◆ **he's on a grant of £900** il a une bourse de 900 livres ; → **improvement**
COMP **grant-aided** ADJ subventionné par l'État
**grant-in-aid** N (pl grants-in-aid) subvention f de l'État
**grant-maintained school** N (Brit) établissement scolaire financé par l'État plutôt que par une collectivité locale

**granted** /ˈɡrɑːntɪd/
CONJ ◆ **granted that this is true** en admettant que ce soit vrai
ADV ◆ **granted, he doesn't look too bad for his age** c'est vrai, il n'est pas mal pour son âge
EXCL soit !, d'accord !

**grantee** /ˌɡrɑːnˈtiː/ N (Jur: gen) bénéficiaire mf ; [of patent] impétrant m

**gran turismo** /ˌɡræntʊəˈrɪzməʊ/ N (pl **gran turismos** /ˌɡræntʊəˈrɪzməʊz/) (voiture f de) grand tourisme f

**granular** /ˈɡrænjʊləʳ/ ADJ granuleux

**granularity** /ˌɡrænjʊˈlærɪtɪ/ N granularité f

**granulate** /ˈɡrænjʊleɪt/
VT [+ metal, powder] granuler ; [+ salt, sugar, soil] grener, grainer ; [+ surface] rendre grenu
COMP **granulated paper** N papier m grenelé
**granulated sugar** N sucre m semoule
**granulated surface** N surface f grenue

**granule** /ˈɡrænjuːl/ SYN N granule m

**granulite** /ˈɡrænjʊlaɪt/ N granulite f

**granuloma** /ˌɡrænjʊˈləʊmə/ N (pl **granulomas** or **granulomata** /ˌɡrænjʊˈləʊmətə/) granulome m

**grape** /ɡreɪp/
N (grain m de) raisin m ◆ **grapes** raisin m NonC, raisins mpl ◆ **to harvest the grapes** vendanger, faire la (or les) vendange(s) ◆ **"The Grapes of Wrath"** (Literat) « Les Raisins de la colère » ; → **bunch, sour**
COMP **grape harvest** N vendange f
**grape hyacinth** N muscari m
**grape juice** N jus m de raisin
**grape picker** N vendangeur m, -euse f
**grape sugar** N sucre m de raisin, glucose m

**grapefruit** /ˈɡreɪpfruːt/ N (pl **grapefruit** or **grapefruits**) pamplemousse m

**grapeshot** /ˈɡreɪpʃɒt/ N mitraille f

**grapevine** /ˈɡreɪpvaɪn/
N ① (lit) vigne f
② (fig) ◆ **I hear on** or **through the grapevine that...** j'ai appris par le téléphone arabe or par mes services de renseignement que...

**graph** /ɡrɑːf/
N (gen) graphique m ; (Ling) graphe m
VT tracer le graphique or la courbe de
COMP **graph paper** N papier m quadrillé ; (in millimetres) papier m millimétré
**graph plotter** N table f traçante

**grapheme** /ˈɡræfiːm/ N graphème m

**graphic** /ˈɡræfɪk/ SYN
ADJ ① (= horrifying) [account, description] cru ; (= explicit) [sex, violence] explicite ◆ **to describe sth in graphic detail** faire une description très crue de qch

② (= vivid) [description] imagé
③ (Art, Math) graphique
**COMP** **graphic artist** N graphiste mf
**the graphic arts** NPL les arts mpl graphiques
**graphic design** N graphisme m
**graphic designer** N graphiste mf
**graphic display** N (Comput) visualisation f graphique
**graphic equalizer** N égaliseur m graphique
**graphic novel** N bande f dessinée, BD f

**graphicacy** /'græfɪkəsɪ/ N aptitude f à lire les cartes et à déchiffrer les symboles

**graphical** /'græfɪkəl/
**ADJ** (gen, also Math) graphique
**COMP** **graphical display unit** N (Comput) visuel m graphique
**graphical user interface** N (Comput) interface f graphique, interface f GUI

**graphically** /'græfɪkəlɪ/ ADV [describe, explain] de manière très réaliste ; [illustrate, demonstrate, display] très clairement ◆ **to be graphically clear** être tout à fait évident

**graphicness** /'græfɪknɪs/ N crudité f, réalisme m

**graphics** /'græfɪks/
**N** ① (NonC) (= art of drawing) art m graphique ; (Math etc = use of graphs) (utilisation f des) graphiques mpl ; (Comput) traitement m graphique, graphiques mpl
② (pl = sketches) représentations fpl graphiques, graphisme m ◆ **graphics by...** (TV etc) art m graphique (de)... ; → **computer**
**COMP** **graphics card** N (Comput) carte f graphique
**graphics tablet** N tablette f graphique

**graphite** /'græfaɪt/ N graphite m, mine f de plomb

**graphitize** /'græfɪtaɪz/ VT graphiter

**graphological** /ˌgræfəˈlɒdʒɪkəl/ ADJ graphologique

**graphologist** /græˈfɒlədʒɪst/ N graphologue mf

**graphology** /græˈfɒlədʒɪ/ N graphologie f

**grapnel** /'græpnəl/ N grappin m

**grappa** /'græpə/ N (Culin) grappa f

**grapple** /'græpl/ SYN
**N** (also **grappling hook** or **iron**) grappin m
**VT** (= pick up with a grapple) saisir avec un grappin ou au grappin
**VI** ◆ **to grapple with** [+ person] lutter avec ; [+ problem, task, book, subject] se colleter avec, se débattre avec

**grasp** /grɑːsp/ SYN
**VT** ① (= seize) [+ object] saisir, empoigner ◆ **to grasp sb's hand** saisir or empoigner la main de qn ; → **nettle**
② (fig) [+ power] s'emparer de ; [+ opportunity] saisir
③ (= understand) saisir, comprendre ◆ **she soon grasped what was going on** elle a vite compris ce qui se passait
**N** ① (= hold) prise f ; (stronger) poigne f ◆ **a strong grasp** une forte poigne ◆ **to lose one's grasp** (lit) lâcher prise ◆ **to lose one's grasp on** or **of sth** (lit) lâcher qch ; (fig) ne plus être au fait de qch ◆ **to let sth/sb slip out of** or **from one's grasp** (fig) laisser échapper qch/qn ◆ **to have sb/sth in one's grasp** (= have power over) avoir or tenir qn/qch sous son emprise ◆ **to have sth within one's grasp** (lit, fig) avoir qch à portée de la main ◆ **peace is now within our grasp** la paix est à présent à notre portée
② (= understanding) compréhension f ◆ **he has a good grasp of basic mathematics** il a de bonnes bases en mathématiques ◆ **he has no grasp of our difficulties** il ne se rend pas compte de nos difficultés ◆ **it is beyond my grasp** je n'y comprends rien, cela me dépasse ◆ **this subject is within everyone's grasp** ce sujet est à la portée de tout le monde
▶ **grasp at** VT FUS ① (lit) essayer d'agripper
② (fig) [+ hope] chercher à se raccrocher à ; [+ opportunity] chercher à saisir ; see also **straw**

**grasping** /'grɑːspɪŋ/ SYN ADJ [arm, hand] crochu ; (fig) cupide, avide

**graspingness** /'grɑːspɪŋnɪs/ N cupidité f

**grass** /grɑːs/
**N** ① (NonC) herbe f ; (= lawn) gazon m, pelouse f ; (= grazing) herbage m, pâturage m ◆ **"keep off the grass"** « défense de marcher sur la pelouse » ◆ **at grass** au vert ◆ **to put under grass** (Agr) enherber, mettre en pré ◆ **to put out to grass** [+ horse] mettre au vert ; (fig) [+ person] mettre sur la touche ◆ **to play on grass** (Tennis) jouer sur herbe or sur gazon ◆ **to let the grass grow under one's feet** laisser traîner les choses, laisser passer son temps ◆ **to kick** or **put sth into the long grass** reléguer qch aux oubliettes ◆ **he can hear the grass growing** * rien ne lui échappe ◆ **the grass is (always) greener on the other side of the fence** ailleurs, l'herbe est toujours plus verte ; → **blade, green**
② ◆ **grasses** (plants) graminées fpl
③ (* = marijuana) herbe * f
④ * (= telltale) balance * f, mouchard * m ; (= informer) indic * m
**VT** (also **grass over**) [+ garden, square] gazonner ; [+ field, land] couvrir d'herbe, enherber
**VI** * moucharder * ◆ **to grass on sb** donner * or vendre * qn
**COMP** **grass court** N (Tennis) court m (en gazon) ◆ **to play on a grass court** jouer sur herbe or sur gazon
**grass cutter** N (grosse) tondeuse f à gazon
**grass green** N vert m pré
**grass hockey** N hockey m sur gazon
**the grass roots** NPL [of movement, party] la base ◆ **grass-roots candidate/movement** etc (Pol) candidat m/mouvement m etc populaire
**grass skirt** N pagne m végétal (des Hawaïennes)
**grass snake** N couleuvre f
**grass widow** N (esp US) (divorced) divorcée f ; (separated) femme f séparée (de son mari) ◆ **I'm a grass widow this week** * (Brit fig) cette semaine je suis célibataire f (hum) or sans mari
**grass widower** N (esp US) (divorced) divorcé m ; (separated) homme m séparé (de sa femme)

**grasshopper** /'grɑːsˌhɒpəʳ/
**N** sauterelle f
**COMP** **grasshopper warbler** N locustelle f tachetée

**grassland** /'grɑːslænd/ N (NonC) prairie f, herbages mpl

**grassy** /'grɑːsɪ/ ADJ ① [land] herbeux, herbu
② [wine, flavour] herbacé

**grate¹** /greɪt/ N (= metal framework) grille f de foyer ; (= fireplace) âtre m, foyer m ◆ **a fire in the grate** un feu dans l'âtre

**grate²** /greɪt/ SYN
**VT** ① (Culin) [+ cheese, carrot etc] râper
② (= make noise with) [+ metallic object] faire grincer ; [+ chalk] faire grincer or crisser
**VI** [metal] grincer, [chalk] grincer, crisser (on sur) ◆ **to grate on the ears** écorcher les oreilles ◆ **it grated on his nerves** cela lui tapait sur les nerfs * or le système * ◆ **his constant chatter grated on me** son bavardage incessant me tapait sur les nerfs * or m'agaçait

**grateful** /'greɪtfʊl/ LANGUAGE IN USE 2.1, 4, 19.1, 19.4, 20.1, 20.3, 20.6, 21, 22 SYN ADJ [person] reconnaissant (to à ; for de) ; [smile] de reconnaissance ◆ **I am grateful for your support** je vous suis reconnaissant de votre soutien ◆ **I should be grateful if you would come** je serais très heureux si vous pouviez venir ◆ **he sent me a very grateful letter** il m'a envoyé une lettre exprimant sa vive reconnaissance ◆ **with grateful thanks** avec mes (or nos etc) sincères remerciements ◆ **I would be grateful if you could send me...** (in letter) je vous saurais gré or je vous serais reconnaissant de bien vouloir m'envoyer...
◆ **he was grateful that she had told him the truth** il était heureux qu'elle lui ait dit la vérité

**gratefully** /'greɪtfəlɪ/ ADV avec gratitude ◆ **all donations gratefully received** tous les dons seront les bienvenus

**gratefulness** /'greɪtfʊlnɪs/ N gratitude f

**grater** /'greɪtəʳ/ N râpe f ◆ **cheese grater** râpe à fromage

**gratification** /ˌgrætɪfɪˈkeɪʃən/ N (= pleasure) satisfaction f, plaisir m ; (= fulfilment) [of desires etc] assouvissement m ◆ **to his gratification he learnt that...** à sa grande satisfaction il apprit que... ◆ **sensual gratification** le plaisir sensuel ◆ **sexual gratification** la satisfaction sexuelle, le plaisir sexuel

**gratify** /'grætɪfaɪ/ SYN VT (= please) [+ person] faire plaisir à, être agréable à ; (= fulfil) [+ desire etc] satisfaire, assouvir ; [+ whim] satisfaire ◆ **I was gratified to hear that...** j'ai appris avec grand plaisir que..., cela m'a fait plaisir d'apprendre que...

**gratifying** /'grætɪfaɪɪŋ/ ADJ (= pleasing) agréable, plaisant ; (= flattering) [attentions] flatteur ◆ **it is gratifying to learn that...** il est très agréable d'apprendre que..., j'ai (or nous avons) appris avec plaisir que... ◆ **it is gratifying that everyone reacted in a professional way** cela fait plaisir de voir que tout le monde a réagi avec professionnalisme

**gratifyingly** /'grætɪˌfaɪɪŋlɪ/ ADV agréablement

**gratin** /'grætæ̃/ N gratin m

**grating¹** /'greɪtɪŋ/ N grille f

**grating²** /'greɪtɪŋ/ SYN
**ADJ** [voice, sound] grinçant
**N** (NonC = sound) grincement m

**gratis** /'grɑːtɪs/ SYN
**ADV** gratuitement
**ADJ** gratuit

**gratitude** /'grætɪtjuːd/ LANGUAGE IN USE 22 SYN N reconnaissance f, gratitude f (towards envers ; for de)

**gratuitous** /grəˈtjuːɪtəs/ SYN ADJ gratuit

**gratuitously** /grəˈtjuːɪtəslɪ/ ADV ◆ **gratuitously violent/nasty/cruel** d'une violence/méchanceté/cruauté gratuite ◆ **gratuitously offensive** qui cherche à choquer sans justification

**gratuitousness** /grəˈtjuːɪtəsnɪs/ N gratuité f

**gratuity** /grəˈtjuːɪtɪ/ SYN N ① (Brit Mil) prime f de démobilisation
② (= tip) pourboire m, gratification f
③ (to a retiring employee) prime f de départ

**gravadlax** /'grævədˌlæks/ N (Culin) gravlax m

**gravamen** /grəˈveɪmen/ N (pl **gravamina** /grəˈvæmɪnə/) (Jur) = principal chef m d'accusation

**grave¹** /greɪv/ SYN N tombe f ; (more elaborate) tombeau m ◆ **from beyond the grave** d'outre-tombe ◆ **he went to his grave a bitter man** il est mort aigri ◆ **he'll go to an early grave** il aura une fin prématurée ◆ **he sent her to an early grave** il est responsable de sa mort prématurée ◆ **he drank/smoked himself to an early grave** c'est la boisson/la cigarette qui a causé sa mort prématurée ◆ **you'll send me to an early grave!** (hum) tu veux ma mort ? ◆ **someone is walking over my grave** * j'ai eu un frisson ◆ **Mozart must be turning in his grave** * Mozart doit se retourner dans sa tombe * ; → **dig, foot, silent**

**grave²** /greɪv/ SYN ADJ (= serious, solemn) grave ◆ **to have grave doubts about sth** douter sérieusement de qch

**grave³** /grɑːv/ ADJ [accent] grave

**gravedigger** /'greɪvˌdɪgəʳ/ N fossoyeur m

**gravel** /'grævəl/
**N** ① (NonC) gravier m ; (finer) gravillon m
② (Med) lithiase f
**VT** couvrir de gravier
**COMP** **gravel-blind** ADJ (liter) presque aveugle
**gravel path** N allée f de gravier
**gravel pit** N carrière f de cailloux

**gravelly** /'grævəlɪ/ ADJ ① (= stony) [road, soil, river-bed] graveleux
② (fig = rough) [voice] râpeux

**gravely** /'greɪvlɪ/ ADV ① (= solemnly) [say, ask, nod] gravement
② (= badly, extremely) ◆ **gravely ill** gravement malade ◆ **gravely wounded** grièvement or gravement blessé ◆ **gravely displeased** extrêmement mécontent ◆ **gravely concerned** extrêmement or profondément inquiet

**graven** †† /'greɪvən/ ADJ taillé, sculpté ◆ **graven image** (Rel etc) image f (gravée) ◆ **graven on his memory** gravé dans sa mémoire

**graveness** /'greɪvnɪs/ N (NonC: all senses) gravité f

**graverobber** /'greɪvˌrɒbəʳ/ N déterreur m de cadavres

**Graves** /grɑːv/ N (= wine) graves m

**graveside** /'greɪvsaɪd/ N ◆ **at the graveside** (= beside the grave) près de la tombe ; (= at the burial ceremony) à l'enterrement

**gravestone** /'greɪvstəʊn/ N pierre f tombale

**graveyard** /'greɪvjɑːd/ SYN
**N** cimetière m ◆ **the graveyard of so many political careers** la ruine de tant de carrières politiques ◆ **a graveyard cough** une toux caverneuse or qui sent le sapin ◆ **graveyard shift** * (US fig hum) le poste or l'équipe f de nuit

## gravid | great

**COMP** **graveyard slot** N plage f, horaire m d'écoute minimale

**gravid** /ˈgrævɪd/ ADJ (frm) gravide

**gravidity** /græˈvɪdɪtɪ/, **gravidness** /ˈgrævɪdnɪs/ N gravidité f

**gravimetric** /ˌgrævɪˈmetrɪk/ ADJ gravimétrique

**gravimetry** /græˈvɪmɪtrɪ/ N gravimétrie f

**graving dock** /ˈgreɪvɪŋdɒk/ N bassin m de radoub

**gravitas** /ˈgrævɪtæs/ N [of person] gravité f

**gravitate** /ˈgrævɪteɪt/ SYN VI ① (fig) graviter (round autour de), être attiré (towards par) ◆ **these students gravitate towards medicine, law and engineering** ces étudiants sont plutôt attirés par la médecine, le droit et les études d'ingénieur
② (Phys) graviter (round autour de) ◆ **to gravitate to the bottom** se déposer or descendre au fond (par gravitation)

**gravitation** /ˌgrævɪˈteɪʃən/ N (Phys, fig) gravitation f (round autour de ; towards vers)

**gravitational** /ˌgrævɪˈteɪʃənl/
**ADJ** gravitationnel ◆ **gravitational constant/field/force** constante f/champ m/force f de gravitation
**COMP** **gravitational pull** N gravitation f

**graviton** /ˈgrævɪˌtɒn/ N graviton m

**gravity** /ˈgrævɪtɪ/ SYN N (NonC) ① (Phys) pesanteur f ◆ **gravity feed** alimentation f par gravité ; → centre, law, specific
② (= seriousness) gravité f, sérieux m ◆ **to lose one's gravity** perdre son sérieux

**gravlax** /ˈgrævˌlæks/ N (Culin) gravlax m

**gravy** /ˈgreɪvɪ/
**N** ① (Culin) sauce f au jus m de viande
② (US *) (= easy money) profit m facile, bénef* m ; (= dishonest money) argent m mal acquis
**COMP** **gravy boat** N saucière f
**gravy train*** N ◆ **to be on** or **ride the gravy train** avoir trouvé le bon filon* ◆ **to get on the gravy train** trouver une bonne planque*

**gray** /greɪ/ (esp US) ⇒ grey

**grayish** /ˈgreɪɪʃ/ ADJ (esp US) ⇒ greyish

**grayling** /ˈgreɪlɪŋ/ N (pl **grayling** or **graylings**) (= fish) ombre m (de rivière)

**grayness** /ˈgreɪnɪs/ N (esp US) ⇒ greyness

**graze¹** /greɪz/
**VI** [animal] brouter, paître ; [person] grignoter
**VT** ① [cattle] [+ grass] brouter, paître ; [+ field] pâturer (dans)
② [farmer] [+ cattle] paître, faire paître

**graze²** /greɪz/ SYN
**VT** ① (= touch lightly) frôler, effleurer ◆ **it only grazed him** cela n'a fait que l'effleurer ◆ **to graze bottom** [ship] labourer le fond
② (= scrape) [+ skin, hand etc] érafler, écorcher ◆ **to graze one's knees** s'écorcher les genoux ◆ **the bullet grazed his arm** la balle lui a éraflé le bras
**N** écorchure f, éraflure f

**grazing** /ˈgreɪzɪŋ/ N (NonC: also **grazing land**) pâturage m ; (= act) pâture f

**GRE** /dʒiːɑːrˈiː/ N (US) (abbrev of **Graduate Record Examination**) → graduate

**grease** /griːs/
**N** (gen, also Culin) graisse f ; (= lubricant) lubrifiant m, graisse f ; (= dirt) crasse f, saleté f ◆ **to remove the grease from sth** dégraisser qch ◆ **his hair is thick with grease** il a les cheveux très gras ; → axle, elbow
**VT** graisser ; (= lubricate) lubrifier, graisser ◆ **like greased lightning*** en quatrième vitesse*, à toute pompe* ◆ **to move like a greased pig*** (US) filer comme un zèbre* ; → palm¹, wheel
**COMP** **grease gun** N (pistolet m) graisseur m
**grease monkey*** N mécano* m
**grease nipple** N graisseur m
**grease remover** N dégraisseur m
**grease-stained** ADJ graisseux

**greasepaint** /ˈɡriːspeɪnt/ N fard m gras ◆ **stick of greasepaint** crayon m gras

**greaseproof paper** /ˈɡriːspruːfˌpeɪpəʳ/ N papier m sulfurisé

**greaser*** /ˈɡriːsəʳ/ N ① (= mechanic) mécano* m
② (= motorcyclist) motard* m
③ (pej = ingratiating person) lèche-bottes* m
④ (US pej = Latin American) Latino-Américain m, ≈ métèque* m

**greasiness** /ˈɡriːsɪnɪs/ N aspect m or état m graisseux ; (= slipperiness) [of road] surface f grasse or glissante

**greasy** /ˈɡriːsɪ/ SYN
**ADJ** ① [hair, skin, ointment, food, surface] gras (grasse f) ; [overalls, tools] graisseux ◆ **greasy hands** mains fpl pleines de graisse, mains fpl graisseuses ◆ **the road (surface) was greasy** la chaussée était grasse
② (pej = smarmy) obséquieux
**COMP** **greasy pole** N (lit) mât m de cocagne ◆ **to climb (up) the greasy pole** (Brit fig) progresser au prix de grands efforts
**greasy spoon*** N (pej) gargote* f (pej)

**great** /greɪt/ SYN
**ADJ** ① (= large) [building, tree, cloud] grand ◆ **A or B, whichever is the greater** choisir entre A et B le chiffre ayant la valeur la plus élevée
② (= considerable) [effort, success] grand ◆ **a player of great ability** un joueur très doué ◆ **to live to a great age** parvenir à un âge avancé ◆ **he did not live to a great age** il n'a pas vécu très vieux ◆ **despite his great age, he...** malgré son grand âge, il... ◆ **with great care** avec grand soin, avec beaucoup de soin ◆ **a great deal** beaucoup ◆ **a great deal of sth** beaucoup or énormément de qch ◆ **to study sth in great depth** étudier qch à fond ◆ **with great difficulty** avec de grandes difficultés ◆ "**Great Expectations**" (Literat) « Les Grandes Espérances » ◆ **to a great extent** dans une large mesure ◆ **she has a great eye for detail** elle a vraiment le coup d'œil pour les détails ◆ **I have a great hatred of...** j'éprouve une violente haine pour... ◆ **to be a great help** être d'une grande aide ◆ **to take a great interest in sb/sth** s'intéresser énormément à qn/qch ◆ **a great many** un grand nombre ◆ **a great many people** un grand nombre de gens ◆ **a great many of us** beaucoup d'entre nous ◆ **there is a great need for improvement** des améliorations s'imposent ◆ **I have no great opinion of...** je n'ai pas une haute opinion de... ◆ **at a great pace** à vive allure ◆ **are you in great pain?** avez-vous très mal ? ◆ **a great sense of team spirit** un esprit d'équipe remarquable ◆ **it was all a great shock** tout cela fut un choc terrible ◆ **a great variety of opinions** des avis très variés ◆ **she has great willpower** elle a une forte volonté
③ (= important) [achievement, event, issue, city, country] grand ◆ **America can be great again** l'Amérique peut retrouver sa grandeur
④ (= eminent) [scientist, footballer etc] éminent ◆ **a great man** un grand homme ◆ **he has a great future** il a un bel or grand avenir (devant lui) ◆ **the great masters** les grands maîtres ◆ **the greatest names in football/poetry** etc les plus grands noms du football/de la poésie etc
⑤ (* = excellent) [person, place] super* inv ; [holiday, idea] sensationnel*, génial* ◆ **you were great!** tu as été sensationnel !* ◆ **he's the greatest!** il est formidable ! ◆ **that's great!** (lit, iro) c'est super !* ◆ **I feel great** je me sens en pleine forme ◆ **my wife isn't feeling so great** ma femme ne se sent pas trop bien ◆ **this cook book is great for desserts** ce livre de cuisine est excellent pour les desserts ◆ **you look great** (= healthy) tu as vraiment bonne mine ; (= attractive) tu es superbe ◆ **we had a great time** c'était merveilleux ◆ **it was great fun** c'était très amusant ◆ **wouldn't it be great to live here?** ça ne serait pas merveilleux de vivre ici ? ; see also **gun**, **shake**
⑥ (= enthusiastic) **he's a great angler** il est passionné de pêche ◆ **he's a great arguer** il est toujours prêt à discuter ◆ **he was a great friend of Huxley** c'était un grand ami de Huxley ◆ **they are great friends** ce sont de grands amis ◆ **he's a great one for cathedrals*** il adore visiter les cathédrales ◆ **he's a great one for criticizing others*** il ne rate pas une occasion de critiquer les autres ◆ **he was a great womaniser** c'était un grand coureur de jupons ◆ **he's great on jazz*** (US) il est mordu* de jazz
⑦ (* = expert) ◆ **he's a great teacher** c'est un excellent professeur ◆ **he's great at football/maths** il est doué pour le football/les maths ◆ **he's great on baroque music** il est incollable* en musique baroque
⑧ (in exclamations) ◆ **Great Scott** or **Heavens!** † grands dieux !

⑨ (in titles) ◆ **Alexander the Great** Alexandre le Grand ◆ **Catherine the Great** Catherine II la Grande

⑩ (= pregnant) ◆ **to be great with child** †† être enceinte

**ADV** * ① (= excellently) super bien* ◆ **she's doing great** elle s'en tire super bien* ◆ **we get on great** nous nous entendons super bien* ◆ **everything's going great** [life] tout va super bien* ; [activity, business] tout marche comme sur des roulettes*

② ◆ **great big** [object, animal, kiss] énorme ◆ **a great big Italian wedding** un mariage italien en grand

**EXCL** * (= brilliant) super*, génial* ◆ **oh great, just what I need!** super*, j'avais vraiment besoin de ça !

**N** (Oxford Univ) ◆ **Greats** ≈ licence f de lettres classiques

**NPL** **the great** les grands mpl

**COMP** **great ape** N grand singe m, anthropoïde m
**great auk** N grand pingouin m
**great-aunt** N grand-tante f
**the Great Australian Bight** N la Grande Baie Australienne
**the Great Barrier Reef** N la Grande Barrière de corail
**the Great Bear** N (Astron) la Grande Ourse
**great black-backed gull** N goéland m marin
**Great Britain** N Grande-Bretagne f → **GREAT BRITAIN, UNITED KINGDOM**
**great bustard** N grande outarde f, outarde barbue
**great crested grebe** N grèbe m huppé
**Great Dane** N (= dog) dogue m allemand, (grand) danois m
**the Great Dividing Range** N la cordillère australienne
**greater forkbeard** N (= fish) grande lingue f
**Greater London** N le grand Londres m
**Greater London Authority** N conseil m municipal de Londres
**Greater Manchester** N l'agglomération f de Manchester
**greater sand eel** N anguille f de sable
**greater spotted dogfish** N grande roussette f
**greater spotted woodpecker** N pic m épeiche
**greater weever** N (= fish) grande vive f
**The Great Escape** N (Cine) La Grande Évasion
**greatest common divisor**, **greatest common factor** N (Math) plus grand commun diviseur m
**The Great Gatsby** N (Literat) Gatsby le Magnifique
**Great Glen** N (Geog) Glen More m
**great-grandchild** N (pl **great-grandchildren**) arrière-petit-fils m, arrière-petite-fille f ◆ **my great-grandchildren** mes arrière-petits-enfants mpl
**great-granddaughter** N arrière-petite-fille f
**great-grandfather** N arrière-grand-père m, bisaïeul m (liter)
**great-grandmother** N arrière-grand-mère f, bisaïeule f (liter)
**great-grandparent** N (= great-grandfather) arrière-grand-père m ; (= great-grandmother) arrière-grand-mère f ◆ **great-grandparents** arrière-grands-parents mpl
**great-grandson** N arrière-petit-fils m
**great-great-grandfather** N arrière-arrière-grand-père m, trisaïeul m (liter)
**great-great-grandson** N arrière-arrière-petit-fils m
**great grey shrike** N (= bird) pie f grièche grise
**great gross** N (Comm) douze grosses fpl (1728)
**great-hearted** ADJ au grand cœur, magnanime
**the Great Lakes** NPL les Grands Lacs mpl
**the Great Leap Forward** N (in China) le Grand Bond en avant
**great-nephew** N petit-neveu m
**great-niece** N petite-nièce f
**the Great Plains** NPL les Grandes Plaines fpl
**the Great Powers** NPL (Pol) les grandes puissances fpl
**the Great Rift Valley** N (Geog) le Grand Rift africain
**great seal** N Grand Sceau m
**great skua** N (= bird) grand labbe m
**great tit** N (= bird) mésange f charbonnière
**great-uncle** N grand-oncle m
**the Great Wall of China** N la Grande Muraille de Chine
**the Great War** N la Grande Guerre, la guerre de 14-18
**the Great White Way*** N (esp US) Broadway m

### GREAT BRITAIN, UNITED KINGDOM

Dans l'usage courant, il est fréquent d'employer les mots **Britain** ou **England** pour désigner l'ensemble du Royaume-Uni, mais cet usage est impropre.

La Grande-Bretagne, **Great Britain** ou **Britain** en anglais, est, strictement parlant, un terme géographique. Il désigne la plus grande des îles Britanniques et englobe donc l'Écosse et le pays de Galles. Avec l'Irlande, l'Île de Man et les îles Anglo-Normandes, la Grande-Bretagne constitue les îles Britanniques ou **British Isles**, qui sont également une notion géographique puisqu'elles comprennent deux pays : le Royaume-Uni (capitale : Londres) et la République d'Irlande (capitale : Dublin).

Le Royaume-Uni (de Grande-Bretagne et d'Irlande du Nord), en anglais **United Kingdom (of Great Britain and Northern Ireland)** ou **UK**, est la désignation officielle d'une entité politique. Ses citoyens sont des Britanniques.

**greatcoat** /ˈgreɪtkəʊt/ N pardessus m ; (Mil) manteau m, capote f

**greater** /ˈgreɪtəʳ/, **greatest** /ˈgreɪtɪst/ ADJ compar, superl of **great**

**greatly** /ˈgreɪtlɪ/ SYN ADV [regret] vivement ; [surprise] beaucoup ; [prefer] de beaucoup ; [admire, influence, increase] énormément ; [improve] considérablement ; [exaggerate] largement ; [diminish] fortement, considérablement ◆ **to be greatly superior to sb/sth** être nettement supérieur à qn/qch ◆ **this is greatly to be feared/regretted** (frm) il y a tout lieu de le craindre/de le regretter

**greatness** /ˈgreɪtnɪs/ SYN N [of person, achievement, country, city] grandeur f ; [of work of art] grandeur f, splendeur f

**greave** /griːv/ N (Mil) jambière f

**grebe** /griːb/ N grèbe m

**Grecian** /ˈgriːʃən/ (liter)
ADJ grec (grecque f) ◆ **hair in a Grecian knot** coiffure f à la grecque
N (= Greek) Grec(que) m(f)

**Grecism** /ˈgriːsɪzəm/ N (US Ling) hellénisme m

**Greco-** /ˈgriːkəʊ/ (esp US) ⇒ **Graeco-**

**Greece** /griːs/ N Grèce f

**greed** /griːd/ SYN N (NonC) (for food) gourmandise f ; (for money, power etc) avidité f, cupidité f

**greedily** /ˈgriːdɪlɪ/ ADV [eat, drink] goulûment ◆ **he eyed the food greedily** il a regardé la nourriture d'un air vorace or goulu ◆ **he licked his lips greedily** il s'est léché les babines

**greediness** /ˈgriːdɪnɪs/ N ⇒ **greed**

**greedy** /ˈgriːdɪ/ SYN ADJ (for food) gourmand ; (for money, power etc) avide (for de), rapace, cupide ◆ **greedy for gain** âpre au gain ◆ **don't be greedy!** (at table) ne sois pas si gourmand ! ; (gen) n'en demande pas tant ! ◆ **greedy guts**⚹ (pej) goinfrem, bâfreur * m ; → **hog**

**greegree** /ˈgriːgriː/ N grigri m

**Greek** /griːk/ SYN
ADJ (gen) grec (grecque f) ; [ambassador, embassy, monarch] de Grèce ; [teacher] de grec ◆ **Greek scholar** or **expert** helléniste mf
N 1 Grec(que) m(f)
2 (= language) grec m ◆ **ancient/modern Greek** grec m classique/moderne ◆ **that's (all) Greek to me*** tout ça c'est de l'hébreu or du chinois pour moi *
COMP **Greek cross** N croix f grecque
**Greek Cypriot** N Chypriote mf grec (grecque f)
ADJ chypriote grec
**Greek fire** N (Mil Hist) feu m grégeois
**Greek god** N (Myth) dieu m grec ◆ **to be a Greek god** (= handsome man) être beau comme un dieu
**Greek-letter society** N (US Univ) association d'étudiants désignée par une combinaison de lettres grecques → PHI BETA KAPPA
**Greek Orthodox Church** N Église f orthodoxe grecque
**Greek tragedy** N (Theat) tragédie f grecque

**Greekness** /ˈgriːknɪs/ N grécité f

**green** /griːn/ SYN
ADJ 1 (in colour) vert ◆ **dark green** vert inv foncé inv ◆ **light green** vert inv clair inv ◆ **pale green** vert inv pâle inv ◆ **the green shoots of recovery** les premiers signes mpl de reprise ◆ **he looked quite green** (fig) il était vert ◆ **to turn** or **go** 

**green** [person] verdir ◆ **she went green** elle or son visage a verdi ◆ **to be/turn green with envy** (fig) être/devenir vert de jalousie ◆ **to make sb green with envy** rendre qn vert de jalousie ; see also **comp**
2 (= unripe) [fruit] vert, pas mûr ; [banana, tomato, wood] vert ; [bacon] non fumé ◆ **green corn** blé m en herbe ◆ **green meat** viande f crue
3 * (= inexperienced) jeune, inexpérimenté ; (= naïve) naïf (naïve f) ◆ **I'm not as green as I look!** je ne suis pas si naïf que j'en ai l'air ! ◆ **he's as green as grass** c'est un blanc-bec *
4 ( * = ecological) [issues, movement, company, policy, product] écologique ; [vote, voters] vert ; [party] écologique, vert ; [person] écolo* inv ◆ **green awareness** prise f de conscience des problèmes écologiques
5 (liter = flourishing) vert, vigoureux ◆ **to keep sb's memory green** chérir la mémoire de qn ◆ **memories still green** souvenirs mpl encore vivaces or vivants
N 1 (= colour) vert m ◆ **dressed in green** habillé de or en vert
2 (= lawn) pelouse f, gazon m ; (also **village green**) ≈ place f (du village) (gazonnée) ; (Golf) vert m ; (also **bowling green**) terrain gazonné pour le jeu de boules
NPL **greens** 1 (Brit = vegetables) légumes mpl verts
2 (Pol) ◆ **the Greens** les Verts mpl
ADV (Pol) ◆ **to vote green** voter vert ◆ **to think green** penser écologie
COMP **green alder** N aulne m vert
**green bean** N haricot m vert
**green belt** N (Brit Town Planning) ceinture f verte
**the Green Berets** NPL (Mil) les bérets mpl verts
**green card** N (in Brit = driving insurance) carte f verte ; (in US) (= work permit) permis m de travail
**Green Cross Code** N (Brit) code de prévention routière destiné aux enfants
**green currency** N monnaie f verte
**green-eyed** ADJ aux yeux verts ; (fig) jaloux, envieux ◆ **the green-eyed monster** (fig) la jalousie
**green fingers** NPL (Brit) ◆ **he's got green fingers** il a la main verte et le pouce vert
**green goddess*** N (Brit) voiture f de pompiers (de l'armée)
**green light** N (= traffic light) feu m vert ◆ **to give sb/sth the green light** (fig) donner le feu vert à qn/qch ◆ **to get the green light from sb** obtenir or recevoir le feu vert de qn
**green monkey disease** N maladie f de Marburg, maladie f des singes verts
**the Green Mountain State** N (US) le Vermont
**green onion** N (US) ciboule f
**Green Paper** N (Brit Pol) ≈ livre m blanc
**the Green Party** N (Brit Pol) les Verts mpl
**green peas** NPL petits pois mpl
**green pepper** N poivron m vert
**green plover** N vanneau m huppé
**the green pound** N (Econ) la livre verte
**green power** N (US) [of money] puissance f de l'argent
**green revolution** N (Econ, Agr) révolution f verte
**green room** N (Theat) foyer m des acteurs or des artistes
**green salad** N salade f (verte)
**green sandpiper** N chevalier m cul-blanc
**green tea** N thé m vert
**green thumb** N (US) ⇒ **green fingers**
**green vegetables** NPL légumes mpl verts
**green-welly*** ADJ (pej) ◆ **the green-welly brigade** les gens huppés qui vivent à la campagne
**green woodpecker** N pivert m, pic-vert m

### GREEN-WELLY BRIGADE

En Grande-Bretagne, les personnes qui pratiquent l'équitation, la chasse et la pêche portent souvent des bottes en caoutchouc vertes. Ces passe-temps étant traditionnellement ceux d'une certaine élite sociale, les bottes vertes sont devenues un signe social distinctif. L'expression **green-welly brigade** est parfois utilisée pour évoquer certains aspects déplaisants du comportement de la haute société.

**greenback*** /ˈgriːnbæk/ N (US = dollar) dollar m

**greenery** /ˈgriːnərɪ/ N verdure f

**greenfield site** /ˈgriːnfiːldsaɪt/ N terrain m en dehors de la ville

**greenfinch** /ˈgriːnfɪntʃ/ N verdier m

**greenfly** /ˈgriːnflaɪ/ N (pl **greenfly** or **greenflies**) puceron m (des plantes)

**greengage** /ˈgriːnˌgeɪdʒ/ N (Brit) reine-claude f

**greengrocer** /ˈgriːnˌgrəʊsəʳ/ N (Brit) marchand(e) m(f) de fruits et légumes ◆ **greengrocer's (shop)** magasin m de fruits et légumes

**greenhorn** /ˈgriːnhɔːn/ N blanc-bec m

**greenhouse** /ˈgriːnhaʊs/ N serre f ◆ **the greenhouse effect** (Ecol) l'effet m de serre ◆ **greenhouse gas** (Ecol) gaz m contribuant à l'effet de serre

**greenie*** /ˈgriːnɪ/ N (Austral) écolo* mf

**greening** /ˈgriːnɪŋ/ N (NonC) sensibilisation f à l'environnement

**greenish** /ˈgriːnɪʃ/ ADJ tirant sur le vert, verdâtre (pej) ◆ **greenish-blue/-yellow/-brown** bleu/jaune/brun tirant sur le vert

**greenkeeper** /ˈgriːnˌkiːpəʳ/ N (Bowling) gardien(ne) m(f) de terrain de boules ; (Golf) gardien(ne) de green

**Greenland** /ˈgriːnlənd/
N Groenland m ◆ **in Greenland** au Groenland
ADJ groenlandais
COMP **Greenland halibut** N (= fish) flétan m du Groenland
**Greenland Sea** N (Geog) mer f du Groenland

**Greenlander** /ˈgriːnləndəʳ/ N Groenlandais(e) m(f)

**Greenlandic** /ˈgriːnlændɪk/
ADJ groenlandais
N (= language) groenlandais m

**greenmail** /ˈgriːnmeɪl/ N (US Stock Exchange) chantage m financier (pour revendre au prix fort à une société les actions qui ont été achetées lors d'un raid)

**greenness** /ˈgriːnnɪs/ N couleur f verte, vert m ; [of countryside etc] verdure f ; [of wood, fruit etc] verdeur f

**Greenpeace** /ˈgriːnˌpiːs/ N Greenpeace m

**greensand** /ˈgriːnsænd/ N sable m vert

**greenshank** /ˈgriːnʃæŋk/ N (= bird) chevalier m aboyeur

**greensickness** /ˈgriːnˌsɪknɪs/ N chlorose f

**greenstick fracture** /ˈgriːnstɪkfræktʃəʳ/ N (Med) fracture f incomplète or en bois vert

**greenstone** /ˈgriːnstəʊn/ N néphrite f

**greenstuff** /ˈgriːnstʌf/ N verdure f ; (Culin) légumes mpl verts, verdure f

**greensward** †† /ˈgriːnswɔːd/ N pelouse f, gazon m, tapis m de verdure

**Greenwich** /ˈgrenɪtʃ, ˈgrenɪdʒ/ N ◆ **Greenwich (mean) time** heure f de Greenwich

**greenwood** /ˈgriːnwʊd/ N (liter) ◆ **the greenwood** la forêt verdoyante

**greeny*** /ˈgriːnɪ/ ADJ ⇒ **greenish**

**greet**[1] /griːt/ SYN VT [+ person] (= say or wave hello to) saluer ; (= invite, welcome) accueillir ◆ **they greeted him with cries of delight** ils l'ont accueilli avec des cris de joie ◆ **he greeted me with the news that…** il m'a accueilli en m'apprenant que… ◆ **the statement was greeted with laughter** la déclaration fut accueillie or saluée par des rires ◆ **this was greeted with relief by everyone** ceci a été accueilli avec soulagement par tous ◆ **to greet the ear** parvenir à l'oreille ◆ **an awful sight greeted me** or **my eyes** un spectacle affreux s'offrit à mes regards

**greet**[2] /griːt/ VI (Scot = weep) pleurer

**greeting** /ˈgriːtɪŋ/ SYN N salut m, salutation f ; (= welcome) accueil m ◆ **greetings** compliments mpl, salutations fpl ◆ **Xmas greetings** vœux mpl de Noël ◆ **greeting(s) card** carte f de vœux ◆ **he sent greetings to my brother** il s'est rappelé au bon souvenir de mon frère ◆ **my mother sends you her greetings** ma mère vous envoie son bon souvenir

**gregarious** /grɪˈgɛərɪəs/ SYN ADJ [animal, instinct, tendency] grégaire ; [person] sociable ◆ **man is gregarious** l'homme est un animal grégaire

**gregariousness** /grɪˈgɛərɪəsnɪs/ N instinct m grégaire ; [of person] sociabilité f

**Gregorian** /grɪˈgɔːrɪən/
ADJ grégorien
COMP **Gregorian calendar** N calendrier m grégorien
**Gregorian chant** N chant m grégorien
**Gregorian telescope** N télescope m de Gregory

**Gregory** /ˈgregərɪ/ N Grégoire m

**gremlin*** /ˈgremlɪn/ N diablotin m (malfaisant)

## Grenada | grind

**Grenada** /grɪˈneɪdə/ N Grenade f ♦ **in Grenada** à la Grenade

**grenade** /grɪˈneɪd/ N grenade f ; → **hand, stun**

**Grenadian** /grɪˈneɪdɪən/
- **ADJ** grenadin
- **N** Grenadin(e) m(f)

**grenadier** /ˌɡrɛnəˈdɪər/ N grenadier m (soldat)

**grenadine** /ˈɡrɛnədiːn/ N grenadine f

**Gresham's law** /ˈɡrɛʃəmz/ N (Econ) loi f de Gresham

**grew** /ɡruː/ VB pt of **grow**

**grey, gray** (US) /ɡreɪ/ SYN
- **ADJ** 1 (in colour) gris ♦ **dark grey** gris inv foncé inv ♦ **light grey** gris inv clair inv ♦ **pale grey** gris inv pâle inv ♦ **he is totally grey** (hair) il a les cheveux complètement gris ♦ **he** or **his hair is going** or **turning grey** il grisonne, ses cheveux grisonnent ♦ **he nearly went grey over it** il s'en est fait des cheveux blancs ♦ **grey skies** ciel m gris ♦ **it was a grey day** (lit) c'était un jour gris ; (fig) c'était un jour triste ♦ **the men in grey suits** (Pol hum) les membres influents du parti conservateur
- 2 (= ashen) [person, face, complexion] blême ♦ **to turn grey** blêmir
- 3 (= bleak) [time, world] morne ; [outlook, prospect] sombre, morne ; (= boring) [person, image] terne ; [city, town] morne, triste
- 4 (= older people's) [vote, market] des plus de 55 ans, des séniors
- **N** 1 (= colour) gris m ♦ **dressed in grey** habillé de or en gris ♦ **hair touched with grey** cheveux mpl grisonnants
- 2 (= horse) cheval m gris
- **VI** [hair] grisonner ♦ **greying hair** cheveux mpl grisonnants ♦ **a greying man** un homme aux cheveux grisonnants ♦ **he was greying at the temples** il avait les tempes grisonnantes
- **COMP** **grey alder** N aulne m gris
- **grey area** N zone f d'ombre ♦ **a grey area between truth and lies** une zone d'ombre entre la vérité et le mensonge ♦ **the law on compensation is a grey area** la loi sur l'indemnisation comporte des zones d'ombre
- **Grey Friar** N franciscain m
- **grey gurnard** N grondin m gris
- **grey-haired** ADJ aux cheveux gris, grisonnant
- **grey heron** N héron m cendré
- **grey knight** N (Stock Exchange) chevalier m gris
- **grey market** N marché m gris
- **grey matter** N (Anat) substance f grise ; ( * = intelligence) matière f grise
- **grey mullet** N mulet m, muge m
- **grey plover** N pluvier m argenté
- **grey seal** N phoque m gris
- **grey skate** N (= fish) raie f grise
- **grey squirrel** N écureuil m gris, petit-gris m
- **grey wagtail** N bergeronnette f des ruisseaux
- **grey willow** N saule m gris or cendré
- **grey wolf** N loup m (gris)

**greybeard** /ˈɡreɪbɪəd/ N (liter) vieil homme m

**greyhen** /ˈɡreɪhɛn/ N (= bird) coq m de bruyère (femelle)

**Greyhound** /ˈɡreɪhaʊnd/ N ♦ **Greyhound (bus)** Greyhound mpl

- **GREYHOUND**
- Les cars de tourisme de la compagnie **Greyhound** sillonnent tout le territoire des États-Unis. Ce moyen de transport très répandu et bon marché perpétue symboliquement la tradition des grandes migrations américaines. La compagnie propose un abonnement forfaitaire appelé « Ameripass » qui permet de voyager sans restriction dans l'ensemble du pays.

**greyhound** /ˈɡreɪhaʊnd/
- **N** (= dog) lévrier m ; (= bitch) levrette f
- **COMP** **greyhound racing** N courses fpl de lévriers

**greying** /ˈɡreɪɪŋ/ ADJ → **grey** vi

**greyish** /ˈɡreɪɪʃ/ ADJ tirant sur le gris, grisâtre (pej) ; [hair, beard] grisonnant

**greylag goose** /ˈɡreɪlæɡɡuːs/ N oie f cendrée

**greyness** /ˈɡreɪnɪs/ N (= colour) couleur f grise ; (= semi-dark) pénombre f ; [of atmosphere, weather, day] morosité f ; [of person] fadeur f

**greywacke** /ˈɡreɪˌwækə/ N (Geol) grauwacke f

**grid** /ɡrɪd/
- **N** 1 (= grating) grille f, grillage m ; (= network of lines on chart, map etc, also Rad) grille f ; (Theat) gril m (pour manœuvrer les décors) ; (= electrode) grille f ; (Brit Elec = system) réseau m ; (Surv) treillis m ♦ **the (national) grid** (Brit Elec) le réseau électrique (national)
- 2 ⇒ **gridiron**
- **COMP** **grid map** N carte f or plan m quadrillé(e) or à grille
- **grid reference** N référence f de grille

**gridded** /ˈɡrɪdɪd/ ADJ quadrillé

**griddle** /ˈɡrɪdl/
- **N** (Culin) plaque f en fonte (pour cuire) ; (= part of stove) plaque f chauffante
- **VT** (Culin) cuire sur une plaque
- **COMP** **griddle cake** N (sorte f de) crêpe f épaisse

**gridiron** /ˈɡrɪdaɪən/ N 1 (= utensil) gril m
- 2 (American Ftbl) terrain m de football américain

**gridlock** /ˈɡrɪdlɒk/ N (US) bouchon m ; (fig) (in talks etc) impasse f

**gridlocked** /ˈɡrɪdlɒkt/ ADJ (esp US) 1 (lit) [road] embouteillé ; [traffic] bloqué
- 2 (fig) [government, negotiations] dans une impasse

**grief** /ɡriːf/ SYN
- **N** 1 (NonC) chagrin m, peine f ♦ **to come to grief** [vehicle, rider, driver] avoir un accident ; [plan, marriage etc] échouer ♦ **a bungee jumper came to grief during recording for a TV programme** un sauteur à l'élastique a eu un accident lors de l'enregistrement d'une émission télévisée ♦ **good grief!** * ciel !, grands dieux !
- 2 (= cause of grief) (cause f de) chagrin m
- 3 ( * = trouble) embêtements * mpl, ennuis mpl ♦ **to give sb grief** embêter * qn, en faire voir de toutes les couleurs à qn ♦ **the bank's been giving me grief about my overdraft** la banque m'a fait des histoires à cause de mon découvert
- **COMP** **grief counselling** N thérapie f du deuil
- **grief-stricken** ADJ accablé de douleur, affligé

**grievance** /ˈɡriːvəns/ SYN
- **N** (= ground for complaint) grief m, sujet m de plainte ; (= complaint) doléance f ; (in industrial relations) différend m, conflit m ♦ **to have a grievance against sb** avoir un grief or un sujet de plainte contre qn, en vouloir à qn ♦ **he had a sense of grievance** il avait le sentiment profond d'être victime d'une injustice ; → **redress**
- **COMP** **grievance procedure** N (in industrial dispute) procédure f d'arbitrage

**grieve** /ɡriːv/ SYN
- **VT** peiner, chagriner ♦ **it grieves us to see** nous sommes peinés de voir ♦ **it grieves us to learn that...** nous avons la douleur d'apprendre que..., c'est avec beaucoup de peine que nous apprenons que... ♦ **in a grieved tone** d'un ton peiné or chagriné
- **VI** avoir de la peine or du chagrin (at, about, over à cause de) ♦ **to grieve for sb/sth** pleurer qn/qch ♦ **I didn't have any time to grieve** je n'avais pas le temps de pleurer

**grieving** /ˈɡriːvɪŋ/ ADJ [family, relatives] éploré ♦ **the grieving process** le travail de deuil

**grievous** /ˈɡriːvəs/ SYN ADJ (frm)
- **ADJ** [injury, damage, error, injustice] grave ; [wound] grave, sérieux ; [setback] sérieux ; [loss] cruel ; [blow] sévère ; [news] pénible, affreux ; [crime, offence] odieux
- **COMP** **grievous bodily harm** N (Jur) ≈ coups mpl et blessures fpl

**grievously** /ˈɡriːvəsli/ ADV (frm) [hurt, offend] terriblement ♦ **grievously injured** or **wounded** grièvement blessé ♦ **to wrong sb grievously** gravement léser qn ♦ **to be grievously mistaken** se tromper lourdement

**grievousness** /ˈɡriːvəsnɪs/ N gravité f

**griffin** /ˈɡrɪfɪn/ N (Myth) griffon m

**griffon** /ˈɡrɪfən/ N (= mythical beast, dog) griffon m

**grift** * /ɡrɪft/ (US)
- **N** filouterie * f, escroquerie f
- **VI** filouter *, vivre d'escroquerie

**grifter** * /ˈɡrɪftər/ N (US) escroc m, filou m

**grigri** /ˈɡriːɡriː/ N grigri m

**grill** /ɡrɪl/
- **N** 1 (= cooking utensil) gril m ; (= food) grillade f ; (= restaurant) (also **grillroom**) rôtisserie f, grill m ♦ **brown it under the grill** faites-le dorer au gril ; → **mixed**
- 2 ⇒ **grille**
- **VT** 1 (Culin) (faire) griller ♦ **grilled fish** poisson m grillé
- 2 (fig = interrogate) cuisiner *, mettre sur la sellette
- **VI** (Culin) griller
- **COMP** **grill pan** N (Brit) plateau m à grillades (avec poignée)

**grille** /ɡrɪl/ N (= grating) grille f ; [of convent etc] grille f ; [of door] judas m ; (also **radiator grille**) [of car] calandre f

**grilling** /ˈɡrɪlɪŋ/ N (fig = interrogation) interrogatoire m serré ♦ **to give sb a grilling** cuisiner * qn, mettre qn sur la sellette

**grim** /ɡrɪm/
- **ADJ** 1 (= dire, gloomy) [place, situation, warning, outlook, news] sinistre ♦ **to hold** or **hang** or **cling on to sth like** or **for grim death** se cramponner à qch de toutes ses forces ♦ **things are looking pretty grim** les perspectives ne sont guère réjouissantes ♦ **grim necessity** la dure or cruelle nécessité ♦ **the grim reality of hospital work** la dure réalité du travail à l'hôpital ♦ **the grim truth** la vérité brutale
- 2 [person, face, expression] (= stern, angry) sévère ; (= worried) sombre ; [smile] sans joie ; [humour] macabre ; [voice] sombre ♦ **to look grim** (= angry) avoir une mine sévère ; (= worried) avoir une mine sombre ♦ **with grim determination** avec une volonté inflexible
- 3 ( * = bad) nul * ♦ **his singing's pretty grim** il chante comme une casserole ♦ **to feel grim** (= unwell) ne pas être dans son assiette
- **COMP** **the Grim Reaper** N ≈ la Faucheuse (liter)

**grimace** /ɡrɪˈmeɪs/ SYN
- **N** grimace f
- **VI** (from disgust, pain etc) grimacer, faire la grimace ; (for fun) faire des grimaces ♦ **he grimaced at the taste/the sight of...** il a fait une grimace en goûtant/voyant...

**grime** /ɡraɪm/ SYN N (NonC) crasse f, saleté f

**griminess** /ˈɡraɪmɪnɪs/ N saleté f

**grimly** /ˈɡrɪmli/ ADV [frown, look at] d'un air sévère ; [continue, hold on] avec détermination ; [fight, struggle] farouchement ♦ **grimly determined** farouchement déterminé ♦ **to smile grimly** avoir un sourire amer ♦ **he nodded grimly** l'air sombre, il acquiesça d'un signe de tête ♦ **"no surrender", they said grimly** « nous ne nous rendrons pas », dirent-ils, farouchement déterminés ♦ **"this is not good enough" he said grimly** « ça ne va pas » dit-il d'un air sévère

**grimness** /ˈɡrɪmnɪs/ N [of situation] caractère m sinistre ; [of sight, face, person] aspect m lugubre or sinistre

**grimy** /ˈɡraɪmi/ SYN ADJ crasseux

**grin** /ɡrɪn/
- **VI** 1 (= smile) sourire ; (broadly) avoir un large or grand sourire ♦ **his grinning face confronts us on the television** son visage souriant est là, devant nous, sur l'écran de télévision ♦ **to grin broadly at sb** adresser un large sourire à qn ♦ **to grin from ear to ear**, **to grin like a Cheshire cat** avoir un sourire fendu jusqu'aux oreilles ♦ **we must just grin and bear it** il faut le prendre avec le sourire, il faut faire contre mauvaise fortune bon cœur
- 2 (in pain) avoir un rictus, grimacer ; [snarling dog] montrer les dents
- **VT** ♦ **he grinned his approval** il a manifesté son approbation d'un large sourire
- **N** (= smile) (large) sourire m ; (in pain) rictus m, grimace f de douleur

**grind** /ɡraɪnd/ SYN (pret, ptp **ground**)
- **N** 1 (= sound) grincement m, crissement m
- 2 ( * = dull hard work) boulot * m pénible ; (particular task) corvée f ♦ **the daily grind** le boulot * quotidien ♦ **she found housework a grind** le ménage était une corvée pour elle ♦ **the tiresome grind of preparing for exams** la vraie corvée que sont les révisions pour les examens
- 3 (US * = swot) bûcheur m, -euse f
- **VT** 1 [+ corn, coffee, pepper etc] moudre ; (= crush) écraser, broyer ; (US) [+ meat] hacher ; (in mortar) piler, concasser ♦ **to grind sth to a powder** pulvériser qch, réduire qch en poudre ♦ **the metal will have to be ground into tiny pieces** il faudra réduire le métal en petits morceaux ♦ **to grind one's teeth** grincer des dents ♦ **dirt ground into the carpet** saleté f incrustée dans le tapis ♦ **he ground his heel into the soil** il a enfoncé son talon dans la terre ♦ **to grind the faces of the poor** opprimer les pauvres ; see also **ground**[2]

2 (= polish) [+ gems] égriser, polir ; [+ knife, blade] aiguiser or affûter (à la meule), meuler ; [+ lens] polir ; → **axe**

3 (= turn) [+ handle] tourner ; [+ barrel organ] faire jouer, jouer de ◆ **to grind a pepper mill** tourner un moulin à poivre

**VI** 1 grincer ◆ **the ship was grinding against the rocks** le navire heurtait les rochers en grinçant ◆ **tanks were grinding south** des chars progressaient péniblement en direction du sud ◆ **to grind to a halt** or **a standstill** [vehicle] s'arrêter or s'immobiliser dans un grincement de freins ; [process, production, negotiations etc] s'enliser ◆ **the traffic had ground to a halt** or **a standstill** il y avait un bouchon

2 (* = work hard) bosser * dur or ferme

▶ **grind away*** **VI** bosser * dur or ferme ◆ **to grind away at grammar** bûcher* or potasser* la grammaire

▶ **grind down** **VT SEP** 1 (lit) pulvériser

2 (fig) (= oppress) opprimer, écraser ; (= wear down) [+ one's patience etc] avoir à l'usure ◆ **ground down by poverty** accablé par la misère ◆ **he gradually ground down all opposition to his plans** il a écrasé petit à petit toute tentative d'opposition à ses plans ; see also **grind vi 1**

▶ **grind on** **VI** [person] continuer péniblement or laborieusement ; [year, week, day etc] s'écouler péniblement ; [war] s'éterniser implacablement

▶ **grind out** **VT SEP** ◆ **to grind out a tune on a barrel organ** jouer un air sur un orgue de Barbarie ◆ **he ground out an oath** il a proféré un juron entre ses dents ◆ **he managed to grind out two pages of his essay** il est laborieusement arrivé à pondre * or à écrire deux pages de sa dissertation

▶ **grind up** **VT SEP** pulvériser

**grinder** /ˈɡraɪndəʳ/ **N** 1 (= apparatus) broyeur m, moulin m ; (= tool) meuleuse f ; (for sharpening) affûteuse f, meule f à aiguiser

2 (= person) broyeur m, -euse f ; (for knives) rémouleur m, -euse f ; → **organ**

3 (= tooth) molaire f

4 (US Culin *) grand sandwich m mixte

**grinding** /ˈɡraɪndɪŋ/
**N** (NonC = sound) grincement m
**ADJ** 1 (= oppressive) ◆ **grinding poverty** misère f noire ◆ **grinding hard work** travail m très pénible ◆ **grinding tedium** ennui m mortel

2 (= grating) [noise] grinçant ◆ **to make a grinding noise** grincer ◆ **to come to a grinding halt** [process, production, negotiations] s'enrayer brusquement ; [vehicle] s'arrêter brusquement ◆ **to bring sth to a grinding halt** [+ process, production, negotiations] mettre brusquement un terme à qch ; [+ vehicle] arrêter qch dans un grincement ◆ **the traffic came to** or **was brought to a grinding halt** la circulation a fini par se bloquer

**grindingly** /ˈɡraɪndɪŋli/ **ADV** ◆ **to be grindingly hard work** être terriblement dur ◆ **to be a grindingly slow process** être horriblement long ◆ **the routine became grindingly familiar** la routine est devenue terriblement pesante

**grindstone** /ˈɡraɪndstəʊn/ **N** meule f (à aiguiser) ◆ **to keep sb's nose to the grindstone** faire travailler qn sans répit or relâche ◆ **to keep one's nose to the grindstone** travailler sans répit or relâche

**gringo** /ˈɡrɪŋɡəʊ/ **N** (US pej) gringo m, Ricain(e) m(f)

**griot** /ˈɡriːəʊ/ **N** griot m

**grip** /ɡrɪp/ **SYN**
**N** 1 (= handclasp) poigne f ; (= hold) prise f ; (= control) mainmise f ◆ **he held my arm in a vice-like grip** il me tenait le bras d'une poigne d'acier, il me serrait le bras comme un étau ◆ **she tightened her grip on my arm** elle a serré mon bras plus fort ◆ **he has a strong grip** il a de la poigne or une bonne poigne ◆ **cold weather had a firm grip on the capital** un froid intense régnait dans la capitale ◆ **environmentalism has taken a firm grip on Europe** l'écologisme est solidement implanté en Europe ◆ **they're struggling to maintain their grip on power** ils s'efforcent de maintenir leur mainmise sur le pouvoir ◆ **rebel forces are tightening their grip on the capital** les rebelles resserrent l'étau sur la capitale

◆ **to get a grip** (= control oneself) se ressaisir ◆ **he told himself to get a grip** il s'est dit « ressaisis-toi ! »

◆ **to get a grip** on or **of o.s.** * se ressaisir ◆ **get a grip on yourself!** ressaisis-toi ! ◆ **I had to get a grip of myself not to panic** j'ai dû me faire violence pour ne pas paniquer

◆ **to keep a grip on o.s.*** se maîtriser, se contrôler

◆ **to get a grip on** or **of sth** (= get hold of) empoigner qch

◆ **to get a grip on** (= control) [+ inflation] contrôler ; [+ party, power] prendre le contrôle de ; [+ situation] prendre en main

◆ **to lose one's grip** (on object) lâcher prise ; (= lose control) perdre le contrôle de la situation ◆ **Brown is showing signs of losing his grip** il semble que Brown soit en train de perdre le contrôle de la situation ◆ **he's losing his grip*** [old person] il perd un peu les pédales* ◆ **I must be losing my grip!*** (hum) je baisse ! *

◆ **to lose one's grip on sth** [+ object] lâcher ◆ **he lost his grip on the rope** il a lâché la corde ◆ **the President was losing his grip on power** le président perdait le contrôle du pouvoir ◆ **to lose one's grip on reality** perdre le sens de la réalité

◆ **in the grip of** en proie à ◆ **a region in the grip of severe drought** une région en proie à une grave sécheresse ◆ **the country was in the grip of an epidemic of minor crime** le pays était en proie à une véritable épidémie de délinquance ◆ **in the grip of winter** paralysé par l'hiver ◆ **country in the grip of a general strike** pays paralysé par une grève générale

◆ **to fall into the grip of sb** or **sth** ◆ **he fell into the grip of the dictator** il est tombé sous l'emprise du dictateur ◆ **she fell into the grip of anorexia** elle est devenue anorexique

2 [of tyre] adhérence f

3 (= handle) poignée f ; (on racket) prise f de raquette ; (on golf club, bat) prise f

4 (= suitcase) valise f ; (US) (= bag) (also **gripsack**) sac m de voyage

5 (TV, Cine: also **key grip** : US) machiniste mf caméra

**NPL** **grips** ◆ **to come** or **get to grips with a problem** s'attaquer à un problème, s'efforcer de résoudre un problème ◆ **we have never had to come to grips with such a situation** nous n'avons jamais été confrontés à pareille situation

**VT** 1 (= grasp) [+ rope, handrail, sb's arm] saisir ; [+ pistol, sword etc] saisir, empoigner ; (= hold) serrer, tenir serré ◆ **to grip sb's hand** (= grasp) saisir la main de qn ; (= hold) tenir la main de qn serrée ◆ **to grip the road** [tyres] adhérer à la chaussée ◆ **the car grips the road well** la voiture tient bien la route

2 [fear etc] saisir, étreindre ◆ **gripped by terror** saisi de terreur

3 (= interest strongly) [film, story etc] captiver ◆ **a film that really grips you** un film vraiment palpitant, un film qui vous prend vraiment

**VI** [wheels] adhérer, mordre ; [screw, vice, brakes] mordre ; [anchor] crocher (sur le fond)

**COMP** **grip strip** **N** (for carpet) bande f adhésive (pour tapis)

**gripe** /ɡraɪp/
**VT** (= anger) ◆ **this griped him*** cela lui a mis l'estomac en boule *

**VI** (* = grumble) ronchonner *, rouspéter * (at contre)

**N** 1 (Med: also **gripes**) coliques fpl

2 (NonC) ◆ **his main gripe was that...*** son principal sujet de plainte or de rogne * était que...

**COMP** **gripe water** **N** (Brit) calmant m (pour coliques infantiles)

**griping** /ˈɡraɪpɪŋ/
**ADJ** ◆ **griping pain(s)** coliques fpl
**N** (NonC : * = grumbling) rouspétance * f, ronchonnements * mpl

**grippe** /ɡrɪp/ **N** (US) grippe f

**gripping** /ˈɡrɪpɪŋ/ **SYN** **ADJ** (= exciting) palpitant

**gris-gris** /ˈɡriːɡriː/ **N** grigri m

**grisliness** /ˈɡrɪzlɪnɪs/ **N** caractère m sinistre or macabre

**grisly** /ˈɡrɪzlɪ/ **SYN** **ADJ** (= gruesome) macabre, sinistre ; (= terrifying) horrible, effroyable

**grist** /ɡrɪst/ **N** blé m (à moudre) ◆ **it's all grist for** or **to his mill** cela apporte de l'eau à son moulin ◆ **any media coverage is useful - it's all grist to the mill** toute couverture médiatique est utile : c'est toujours bon à prendre

**gristle** /ˈɡrɪsl/ **N** (NonC) nerfs mpl (surtout dans la viande cuite)

**gristliness** /ˈɡrɪslɪnɪs/ **N** [of meat] consistance f tendineuse

**gristly** /ˈɡrɪslɪ/ **ADJ** [meat] tendineux

**grit** /ɡrɪt/ **SYN**
**N** (NonC) 1 (= sand) sable m ; (= gravel) gravillon m ; (= rock : also **gritstone**) grès m ; (for fowl) gravier m ◆ **I've got (a piece of) grit in my eye** j'ai une poussière dans l'œil

2 (* fig = courage) cran * m ◆ **he's got grit** il a du cran *

**NPL** **grits** (US) gruau m de maïs

**VI** craquer, crisser

**VT** 1 ◆ **to grit one's teeth** serrer les dents

2 ◆ **to grit a road** sabler une route, répandre du sable sur une route

**gritter** /ˈɡrɪtəʳ/ **N** camion m de sablage

**grittily*** /ˈɡrɪtɪlɪ/ **ADV** avec cran *, courageusement

**gritting** /ˈɡrɪtɪŋ/ **N** [of road] sablage m

**gritty** /ˈɡrɪtɪ/ **SYN** **ADJ** 1 (= stony, grainy) [soil, ash] graveleux ; [road] sablé ; [floor] plein de grains de sable ; [texture] grumeleux ; [fruit] graveleux, grumeleux ◆ **these leeks/mussels are gritty** il y a du sable dans ces poireaux/dans ces moules

2 (* = courageous) [person, determination] solide ◆ **the team's gritty display** la performance courageuse de l'équipe

3 (= unsentimental) [realism] cru ; [film, drama, account] réaliste

**grizzle** /ˈɡrɪzl/ **VI** (Brit) (= whine) pleurnicher, geindre ; (= complain) ronchonner *

**grizzled** /ˈɡrɪzld/ **ADJ** [hair, beard, man] grisonnant

**grizzler** /ˈɡrɪzləʳ/ **N** (= whiner) pleurnicheur m, -euse f ; (= moaner) ronchonneur * m, -euse f

**grizzly** /ˈɡrɪzlɪ/
**ADJ** 1 (= grey) grisâtre ; [hair, person] grisonnant

2 (= whining) pleurnicheur, geignard

**N** (also **grizzly bear**) grizzly m

**groan** /ɡrəʊn/ **SYN**
**N** [of pain] gémissement m, plainte f ; [of disapproval, dismay] grognement m ◆ **this news was greeted with groans** cette nouvelle a été accueillie par des murmures (désapprobateurs)

**VI** (in pain) gémir, pousser un or des gémissement(s) (with de) ; (in disapproval, dismay) grogner ◆ **he groaned inwardly at the thought** il étouffa un grognement à cette idée

2 (= creak) [planks] gémir ; [door] crier ◆ **the table groaned under the weight of the food** la table ployait sous le poids de la nourriture ◆ **the groaning board** (o.f or hum) la table ployant sous l'amoncellement de victuailles

**VT** (in pain) dire en gémissant ; (in disapproval, dismay) dire en grommelant

**groat** /ɡrəʊt/ **N** (Brit) ancienne petite pièce de monnaie

**groats** /ɡrəʊts/ **NPL** gruau m d'avoine or de froment

**grocer** /ˈɡrəʊsəʳ/ **N** épicier m, -ière f ◆ **at the grocer's (shop)** à l'épicerie, chez l'épicier

**grocery** /ˈɡrəʊsərɪ/ **N** 1 (= shop) épicerie f ◆ **he's in the grocery business** il est dans l'épicerie

2 (= provisions) ◆ **I spent $25 on groceries** j'ai dépensé 25 dollars en épicerie or en provisions ◆ **all the groceries are in this basket** toute l'épicerie est dans ce panier

**grog** /ɡrɒɡ/ **N** grog m

**groggily*** /ˈɡrɒɡɪlɪ/ **ADV** en vacillant

**grogginess*** /ˈɡrɒɡɪnɪs/ **N** état m chancelant, manque m d'équilibre

**groggy*** /ˈɡrɒɡɪ/ **ADJ** [person] (= weak) faible ; (= unsteady) groggy * ; (from blow etc) groggy *, sonné * ; [voice] faible ◆ **I still feel a bit groggy** je me sens toujours un peu sonné * or groggy *

**grogram** /ˈɡrɒɡrəm/ **N** gros-grain m

**groin** /ɡrɔɪn/ **N** 1 (Anat) aine f

2 (Archit) arête f

3 ⇒ **groyne**

**grommet** /ˈɡrɒmɪt/ **N** 1 (= metal eyelet) œillet m

2 (Med) drain m transtympanique

**gromwell** /ˈɡrɒmwəl/ **N** grémil m

**groom** /ɡruːm/ **SYN**
**N** 1 (for horses) valet m d'écurie, palefrenier m

2 (= **bridegroom**) (just married) (jeune) marié m ; (about to be married) (futur) marié m

3 (in royal household) chambellan m

**grooming** | **ground**

VT [+ horse] panser ♦ **the cat was grooming itself** le chat faisait sa toilette ♦ **to groom each other** [primates] s'épouiller ♦ **to groom o.s.** [person] se pomponner, s'arranger ♦ **well-groomed** [person] très soigné ; (for hair) bien coiffé ♦ **to groom sb for a post** préparer or former qn pour un poste ♦ **she is being groomed for stardom** on la prépare à devenir une star ♦ **he is grooming him as his successor** il en a fait son poulain

**grooming** /ˈɡruːmɪŋ/ N ① (= care) soins mpl de toilette or de beauté ; (= appearance) apparence f (impeccable) ♦ **grooming products** produits mpl de toilette or de beauté
② [of horse] pansage m ; [of dog] toilettage m

**groove** /ɡruːv/ SYN
N ① (in wood, plank, head of screw, for sliding door) rainure f ; (for pulley) gorge f ; (in column) cannelure f ; (in record) sillon m ; (in penknife blade) onglet m
② (Mus * = rhythm) groove m ♦ **to get into the groove** trouver son rythme
③ * ♦ **to be in the groove** (= up-to-date) [person, place] être dans le vent * or coup * ♦ **he's in the** or **a groove** il a le vent en poupe * ♦ **he's (stuck) in a groove** il s'est encroûté
④ (US = great) ♦ **it's a groove**‡ c'est sensationnel *, c'est le pied‡
VT ① (= put groove in) rainurer, rainer (SPEC)
② (US = like) ♦ **I groove it**‡ ça me botte *
VI ① (US ‡) prendre son pied ‡
② (* = dance) danser ♦ **to groove to the music** danser au rythme de la musique

**groovy** * /ˈɡruːvɪ/ ADJ (= marvellous) sensass ‡ inv, vachement bien ‡ ; (= up-to-date) dans le vent *

**grope** /ɡrəʊp/
VI tâtonner, aller à l'aveuglette ♦ **to grope (around) for sth** (in a room etc) chercher qch à tâtons or à l'aveuglette ♦ **I groped (around) in my bag for the keys** j'ai fouillé dans mon sac pour trouver les clés ♦ **to grope for words** chercher ses mots ♦ **scientists are groping towards a cure** les chercheurs s'efforcent de trouver un remède ♦ **to be groping in the dark** (fig) être dans le brouillard
VT ① ♦ **to grope one's way towards** avancer à tâtons or à l'aveuglette vers ♦ **to grope one's way in/out** etc entrer/sortir etc à tâtons or à l'aveuglette
② (*, pej = touch sexually) peloter *, tripoter *
N (pej : sexual) ♦ **to have a grope** * [couple] se peloter *

**groper** * /ˈɡrəʊpər/ N (pej) peloteur *, -euse f, tripoteur * m, -euse f

**groping** /ˈɡrəʊpɪŋ/
ADJ ① (= tentative) [attempt] tâtonnant, timide ♦ **we have a groping awareness of how it works** nous commençons plus ou moins à comprendre comment cela fonctionne
② (pej) ♦ **groping hands** * mains fpl baladeuses
N ① (also **gropings**) (= tentative attempts) tâtonnements mpl
② (*, pej) pelotage * m

**gropingly** /ˈɡrəʊpɪŋlɪ/ ADV en tâtonnant, à tâtons

**grosbeak** /ˈɡrɒsbiːk/ N (= bird) gros-bec m

**grosgrain** /ˈɡrəʊɡreɪn/ N gros-grain m

**gross** /ɡrəʊs/ SYN
ADJ ① (= massive) [injustice] flagrant ; [inequalities, abuse, violation, mismanagement, incompetence] grave ♦ **gross ignorance** ignorance f crasse ♦ **that is a gross understatement** c'est le moins que l'on puisse dire ♦ **it is a gross exaggeration to say that...** c'est une grossière exagération que d'affirmer que...
② (* = disgusting) [person, behaviour, food] dégoûtant, répugnant ; [clothes] moche *
③ (= crude) [remarks, jokes] grossier
④ (pej = fat) énorme
⑤ [income, profit, weight etc] brut
ADV [pay, weigh] brut ♦ **she earns £30,000 gross per annum** elle gagne 30 000 livres brut par an
N ① ♦ **in (the) gross** (= wholesale) en gros, en bloc ; (fig) en général, à tout prendre
② (pl inv = twelve dozen) grosse f, douze douzaines fpl
VT [+ amount] réaliser or dégager un bénéfice brut de
COMP **gross domestic income** N revenu m intérieur brut

**gross domestic product** N produit m intérieur brut
**gross indecency** N atteinte f sexuelle
**gross misconduct** faute f grave
**gross national product** N produit m national brut
**gross negligence** N (gen) extrême négligence f ; (Jur) ≈ faute f grave
**gross output** N production f brute
▸ **gross out** ‡ VT (US) débecter ‡
▸ **gross up** VT FUS [+ interest, dividend, amount] calculer le montant brut or la valeur brute de

**grossly** /ˈɡrəʊslɪ/ ADV ① (= very much) [exaggerate, overestimate, underestimate] grossièrement ; [overpaid, underpaid] nettement ; [inadequate] nettement, largement ; [inaccurate] totalement ; [misleading, inefficient, irresponsible] terriblement ♦ **grossly unfair** d'une injustice flagrante ♦ **to be grossly negligent** (gen) commettre une négligence grave ; (Jur) ≈ commettre une faute grave ♦ **the health service is grossly underfunded** les services de santé manquent cruellement de fonds
② (= disgustingly) [behave, talk] de façon grossière, grossièrement
③ (gen, Med) ♦ **grossly overweight** obèse

**grossness** /ˈɡrəʊsnɪs/ N ① (= coarseness) grossièreté f
② (= fatness) obésité f

**grot** * /ɡrɒt/ N (NonC) (= dirt) crasse f ; (fig) inepties fpl

**grotesque** /ɡrəʊˈtesk/ SYN
ADJ ① (= hideous) [appearance] monstrueux ; [idea, proposal] grotesque ; [sight, spectacle] choquant
② (Art) grotesque
N grotesque m

**grotesquely** /ɡrəʊˈtesklɪ/ ADV (= hideously) [distorted, deformed, swollen] monstrueusement ; [simplistic] ridiculement

**grotto** /ˈɡrɒtəʊ/ N (pl **grottos** or **grottoes**) grotte f

**grotty** * /ˈɡrɒtɪ/ ADJ (Brit) (= dirty) [clothes] cradingue * ; (= horrible) [place, food] minable * ♦ **to feel grotty** (= unwell) être mal fichu *

**grouch** * /ɡraʊtʃ/
VI râler *
N (= person) râleur * m, -euse f ♦ **his main grouch is that...** (= complaint) il râle * surtout parce que...

**grouchily** * /ˈɡraʊtʃɪlɪ/ ADV en ronchonnant, en rouspétant *

**grouchiness** * /ˈɡraʊtʃɪnɪs/ N caractère m ronchon * or grincheux

**grouchy** * /ˈɡraʊtʃɪ/ ADJ ronchon *, grincheux

**ground**¹ /ɡraʊnd/ SYN
N ① (NonC) ♦ **the ground** (= surface for walking on) la terre, le sol ♦ **above ground** en surface ♦ **below (the) ground** sous terre ♦ **to fall to the ground** tomber par terre ♦ **to knock sb to the ground** faire tomber qn (par terre) ♦ **burnt to the ground** réduit en cendres ♦ **to lie/sit (down) on the ground** se coucher/s'asseoir par terre or sur le sol ♦ **to have one's feet (firmly) on the ground** (fig) avoir les pieds sur terre ♦ **to get off the ground** [plane etc] décoller ; [scheme etc] démarrer ♦ **to get sth off the ground** (fig) (faire) démarrer qch ♦ **to go to ground** (lit, fig) se terrer ♦ **to run a fox to ground** poursuivre un renard jusqu'à son terrier ♦ **to run sb to ground** mettre la main sur qn ♦ **that suits me down to the ground** * ça me va tout à fait ♦ **to run** or **drive a car into the ground** user une voiture jusqu'à ce qu'elle soit bonne pour la casse ♦ **to run a business into the ground** laisser péricliter une entreprise ♦ **to run sb into the ground** user or épuiser qn ♦ **to run o.s. into the ground** (with work) s'épuiser (au travail) ♦ **to cut the ground from under sb's feet** couper l'herbe sous le pied de qn ; → **ear**¹, **high**, **thick**, **thin**
② (NonC) (= piece of land) terrain m ; (larger) domaine m, terres fpl ; (= soil) sol m, terre f, terrain m ; (fig) terrain m ♦ **to till the ground** labourer la terre ♦ **stony ground** sol m or terrain m caillouteux ; see also **stony** ♦ **all this ground is owned by Lord Carrick** toutes ces terres appartiennent à Lord Carrick ♦ **neutral ground** (lit, fig) terrain m neutre ♦ **to meet sb on his own ground** (fig) affronter qn sur son propre terrain ♦ **to be sure of one's ground** (fig) être sûr de son fait ♦ **to be on dangerous ground** être sur un terrain glissant ♦ **on familiar ground** en terrain familier or connu ♦ **we're on fairly firm** or **solid ground** nous sommes sur un terrain assez solide ♦ **to change one's ground** (fig) changer son fusil d'épaule ♦ **to give ground** (Mil, also fig) céder du terrain ♦ **to go over the same ground again** (fig:in discussion etc) ressasser les mêmes questions ♦ **to hold one's ground** tenir bon, ne pas lâcher prise ♦ **to lose ground** (Mil, also gen) perdre du terrain ; [party, politician] être en perte de vitesse ♦ **sterling lost ground against the other European currencies** la livre a perdu du terrain face aux autres monnaies européennes ♦ **to clear the ground** (fig) déblayer le terrain ♦ **to shift one's ground** changer son fusil d'épaule ♦ **to stand one's ground** tenir bon ; → **break**, **common**, **cover**, **gain**
③ (= area for special purpose) terrain m ♦ **football ground** terrain m de football ; → **landing**¹, **parade**, **recreation**
④ ♦ **grounds** (= gardens etc) → **grounds**
⑤ (US Elec) terre f ; (in car etc) masse f
⑥ (gen pl = reason) motif m, raison f ♦ **grounds for divorce/dismissal** motifs mpl de divorce/licenciement ♦ **grounds for prosecution** chefs mpl d'accusation ♦ **ground(s) for complaint** grief m ♦ **there are grounds for believing that...** il y a lieu de penser que... ♦ **the situation gives grounds for anxiety** la situation est préoccupante ♦ **the latest figures give (us) grounds for optimism** les derniers chiffres (nous) permettent d'être optimistes ♦ **on personal/medical grounds** pour (des) raisons personnelles/médicales ♦ **on what grounds?** à quel titre ? ♦ **on the ground(s) of** pour raison de ♦ **on the ground(s) that...** en raison du fait que... ♦ **on the ground that...** (Jur) au motif que...
⑦ (= background) fond m ♦ **on a blue ground** sur fond bleu
VT ① [+ plane, pilot] empêcher de voler, interdire de voler à ; (= keep on ground) retenir au sol
② (* : as punishment) [+ teenager] priver de sortie
③ [+ ship] faire s'échouer ♦ **the tanker was grounded (on the rocks)** le pétrolier s'était échoué (sur les rochers)
④ (US Elec) mettre à la terre ; (in car etc) mettre à la masse
⑤ (= base) fonder (on, in sur) ♦ **her argument was grounded in** or **on fact** son argument était fondé sur des faits ♦ **the story isn't grounded in reality** cette histoire n'est pas fondée sur la réalité ; → **well**²
VI [ship] s'échouer
COMP **ground angle shot** N (Phot, Cine) contre-plongée f
**ground attack** N (Mil) offensive f terrestre
**ground bait** N (Fishing) amorce f de fond
**ground bass** N (Mus) basse f contrainte or obstinée
**ground cherry** N alkékenge m
**ground cloth** N (US) tapis m de sol
**ground colour** N (= background colour) fond m
**ground control** N (at airport) contrôle m au sol
**ground cover** N couverture f végétale, tapis m végétal
**ground crew** N (at airport) équipe f au sol
**ground floor** N (esp Brit) rez-de-chaussée m ♦ **he got in on the ground floor** (fig) il est là depuis le début
**ground-floor** ADJ (esp Brit) [flat, room] au rez-de-chaussée ; [window] du rez-de-chaussée
**ground forces** NPL (Mil) forces fpl terrestres
**ground frost** N gelée f blanche
**ground ice** N glaces fpl de fond
**ground ivy** N lierre m terrestre
**ground level** N ♦ **at ground level** au niveau du sol
**ground plan** N (= scale drawing) plan m (au sol) ; (= basic sketch) esquisse f
**ground rent** N (esp Brit) redevance f foncière
**ground rules** NPL (gen) procédure f ♦ **we can't change the ground rules at this stage** (fig) on ne peut pas changer les règles du jeu maintenant
**ground staff** N (at airport) personnel m au sol
**ground-to-air missile** N (Mil) missile m sol-air
**ground-to-ground missile** N (Mil) missile m sol-sol
**ground troops** NPL (Mil) armée f de terre
**ground water** N (Geol) nappe f phréatique
**ground wire** N (US Elec) fil m de terre ; (in car etc) fil m de masse
**ground zero** N (Mil: of nuclear explosion) point m de radiation maximum au sol
**Ground Zero** N (in US) Ground Zero m

**ground²** /graʊnd/
- **VB** pt, ptp of **grind**
- **ADJ** [coffee, spices etc] moulu ◆ **ground beef** (US Culin) bœuf m haché ◆ **ground glass** (rough surface) verre m dépoli ; (powdered) verre m pilé ◆ **ground rice** farine f de riz

**groundbreaking** /ˈgraʊndbreɪkɪŋ/ **ADJ** révolutionnaire

**groundhog** /ˈgraʊndhɒg/
- **N** (US) marmotte f d'Amérique
- **COMP** **Groundhog Day N** (US) jour m de la marmotte d'Amérique

- **GROUNDHOG DAY**
- **Groundhog Day** est une tradition américaine selon laquelle on peut prédire l'arrivée du printemps en observant le comportement de la marmotte d'Amérique, censée sortir de son hibernation le 2 février. Si le soleil brille ce jour-là, la marmotte est tellement effrayée par son ombre qu'elle prolonge son hibernation de six semaines, ce qui signifie que l'hiver se prolongera d'autant. La sortie de la marmotte est filmée chaque année à Punxsutawney, en Pennsylvanie, et l'événement est diffusé à l'échelle nationale.

**grounding** /ˈgraʊndɪŋ/ **N** ① (in education) bases fpl (in en) ◆ **she had a good grounding in French** elle avait de bonnes bases en français ② [of ship] échouage m ③ [of plane] interdiction f de vol

**groundless** /ˈgraʊndlɪs/ SYN **ADJ** sans fondement, infondé

**groundlessly** /ˈgraʊndlɪslɪ/ **ADV** sans motif, sans fondement

**groundlessness** /ˈgraʊndlɪsnɪs/ **N** absence f de fondement

**groundling** /ˈgraʊndlɪŋ/ **N** (= loach) loche f ; (= gudgeon) goujon m

**groundnut** /ˈgraʊndnʌt/
- **N** (esp Brit) arachide f
- **COMP** **groundnut oil N** huile f d'arachide

**grounds** /graʊndz/ **NPL** ① (also **coffee grounds**) marc m (de café) ② (= gardens etc) parc m

**groundsel** /ˈgraʊnsl/ **N** séneçon m

**groundsheet** /ˈgraʊndʃiːt/ **N** tapis m de sol

**ground(s)keeper** /ˈgraʊndzkiːpəʳ/ **N** (US) ⇒ **groundsman**

**groundsman** /ˈgraʊndzmən/ (pl **-men**) [of playing field] gardien m (de stade) ; [of park] garde m (de parc) ; [of cemetery] gardien m (de cimetière)

**groundspeed** /ˈgraʊndspiːd/ **N** [of aircraft] vitesse f au sol

**groundswell** /ˈgraʊndswel/ **N** (lit, fig) lame f de fond

**groundwork** /ˈgraʊndwɜːk/ SYN **N** (gen) travail m préparatoire, préparation f ; [of novel, play etc] plan m, canevas m

**group** /gruːp/ SYN
- **N** (gen, also Gram, Comm, Mus) groupe m ◆ **in groups of four** par groupes de quatre ◆ **to stand in groups** former des petits groupes ◆ **to form a group round sth/sb** se grouper or se rassembler autour de qch/qn ◆ **literary group** cercle m littéraire ; → **blood**, **in**, **pressure**
- **VI** (also **group together**) [people] se grouper, se regrouper ◆ **to group round sth/sb** se grouper or se rassembler autour de qch/qn
- **VT** (also **group together**) [+ objects, people] rassembler, réunir ; [+ ideas, theories, numbers] grouper ◆ **the children grouped themselves around the teacher** les enfants se sont groupés or rassemblés autour du professeur ◆ **pupils are grouped according to age and ability** les élèves sont répartis en groupes en fonction de leur âge et de leurs aptitudes
- **COMP** **group booking N** réservation f de groupe ◆ **group captain N** (British Airforce) colonel m de l'armée de l'air ◆ **group dynamics NPL** dynamique f de(s) groupe(s) ◆ **group insurance N** (NonC) assurance f groupe ◆ **the Group of Eight N** le groupe des Huit ◆ **the Group of Seven N** (Pol) le groupe des Sept ◆ **group practice N** (Med) cabinet m (de groupe or d'association) ◆ **group sex N** ◆ **to take part in group sex** faire l'amour à plusieurs ◆ **group theory N** (Math) théorie f des ensembles ◆ **group therapist N** (Psych) (psycho)thérapeute mf (de groupe) ◆ **group therapy N** (Psych) (psycho)thérapie f de groupe ◆ **group work N** (Social Work) travail m en groupe or en équipe

**grouper** /ˈgruːpəʳ/ **N** mérou m

**groupie*** /ˈgruːpɪ/ **N** groupie* f

**grouping** /ˈgruːpɪŋ/ **N** groupement m ◆ **groupings of companies** (Fin, Jur) regroupements mpl d'entreprises

**groupuscule** /ˈgruːpəˌskjuːl/ **N** (Pol, usually pej) groupuscule m

**groupware** /ˈgruːpwɛəʳ/
- **N** (NonC: Comput) groupware m
- **COMP** **groupware package N** logiciel m de productivité de groupe

**grouse¹** /graʊs/ (= bird)
- **N** (pl **grouse** or **grouses**) grouse f ; → **black**, **red**
- **COMP** **grouse-beating N** ◆ **to go grouse-beating** faire le rabatteur (à la chasse à la grouse) ◆ **grouse moor N** chasse f réservée (où l'on chasse la grouse) ◆ **grouse-shooting N** ◆ **to go grouse-shooting** chasser la grouse, aller à la chasse à la grouse

**grouse²*** /graʊs/ SYN
- **VI** (= grumble) rouspéter*, râler* (at, about contre) ◆ **stop grousing!** arrête de rouspéter !*
- **N** ◆ **to have a grouse (about sth)** (= complain) rouspéter* or râler* (contre qch) ◆ **I have a big grouse about the firm's attitude** j'ai de bonnes raisons de rouspéter* or râler* contre l'attitude de l'entreprise

**grouser** /ˈgraʊsəʳ/ **N** râleur* m, -euse f

**grout** /graʊt/
- **N** enduit m de jointoiement ; (on floor) coulis m, enduit m de ragréage
- **VT** jointoyer

**grouting** /ˈgraʊtɪŋ/ **N** (between tiles) joints mpl ; (= sealant) mastic m

**grove** /grəʊv/ **N** bosquet m ◆ **olive grove** oliveraie f ◆ **pine grove** pinède f

**grovel** /ˈgrɒvl/ SYN **VI** (lit) être à plat ventre ; (searching for something) ramper ; (fig) (= humble oneself) se mettre à plat ventre, ramper (to, before devant)

**groveller, groveler** (US) /ˈgrɒvələʳ/ **N** (pej) flagorneur m, -euse f

**grovelling** /ˈgrɒvlɪŋ/ **ADJ** (lit) rampant ; (fig) servile

**grow** /grəʊ/ SYN (pret **grew**, ptp **grown**)
- **VI** ① (= get taller, bigger, longer etc physically) [plant, hair] pousser ; [person] grandir ; [animal] grandir, grossir ; [tumour] grossir ; [crystal] se former ◆ **she's letting her hair grow** elle se laisse pousser les cheveux ◆ **that plant does not grow in England** cette plante ne pousse pas en Angleterre ◆ **the plant grows from a bulb/from seed** c'est une plante à bulbe/que l'on sème ◆ **to grow to a height of 60cm** atteindre 60 cm (de haut) ◆ **he has grown (by) 5cm** il a grandi de 5 cm ◆ **haven't you grown!** comme tu as grandi or poussé !* ; see also **grow into**
② (= increase, develop) [numbers, amount] augmenter, grandir ; [club, group] s'agrandir ; [population, rage, fear, love, influence, knowledge] augmenter, s'accroître ; [economy, market] être en expansion ◆ **their friendship grew as time went on** leur amitié a grandi avec le temps ◆ **our friendship grew from a common interest in gardening** notre amitié s'est développée à partir d'un goût commun pour le jardinage ◆ **fears are growing for the safety of the hostages** on craint de plus en plus pour la sécurité des otages ◆ **pressure is growing on him to resign** on fait de plus en plus pression sur lui pour qu'il démissionne ◆ **their policies kept the economy growing** grâce à leur politique, la croissance de l'économie s'est maintenue ◆ **the economy/market is growing at** or **by 3% a year** l'économie/le marché connaît une croissance de 3% par an ◆ **the population is growing at** or **by 2% a year** la population augmente de 2% par an ◆ **we have grown away from each other** avec le temps, nous nous sommes éloignés l'un de l'autre
- ◆ **to grow** + adj ◆ **he grew bitter** il est devenu amer ◆ **to grow big(ger)** grandir ◆ **to grow old(er)** vieillir ◆ **to grow red(der)** rougir ◆ **to grow angry** se fâcher, se mettre en colère ◆ **to grow rare(r)** se faire (plus) rare ◆ **to grow used to sth** s'habituer or s'accoutumer à qch
- ◆ **to grow in** + noun ◆ **to grow in popularity** devenir plus populaire ◆ **to grow in confidence** prendre de l'assurance ◆ **to grow in strength** se renforcer ◆ **to grow in wisdom/beauty** (liter) croître en sagesse/beauté
- ◆ **to grow to do sth** commencer à faire qch ◆ **to grow to like/dislike/fear sth** commencer à aimer/détester/redouter qch ◆ **I'm growing to like him a bit more** je commence à l'apprécier un peu plus ◆ **I had grown to like him** j'avais fini par l'apprécier
- **VT** [+ plants, crops] cultiver, faire pousser ; [+ one's hair, beard, nails] laisser pousser ; [+ crystal] fabriquer ◆ **organically-grown vegetables** légumes mpl biologiques ◆ **she has grown her hair (long)** elle s'est laissé pousser les cheveux ◆ **it's grown a new leaf** une nouvelle feuille vient de pousser or d'apparaître ◆ **to grow horns** commencer à avoir des cornes
- **COMP** **grow bag N** sac m de culture

▶ **grow apart VI** s'éloigner peu à peu (l'un de l'autre or les uns des autres)

▶ **grow in VI** [nail] s'incarner ; [hair] repousser

▶ **grow into VT FUS** ① (= become) devenir ◆ **to grow into a man** devenir un homme ◆ **he's grown into quite a handsome boy** il est devenu très beau garçon (en grandissant) ② [+ clothes] devenir assez grand pour mettre ◆ **he grew into the job** peu à peu, il a appris les ficelles du métier ◆ **to grow into the habit of doing sth** prendre (avec le temps) l'habitude de faire qch

▶ **grow on VT FUS** [habit etc] s'imposer peu à peu à ; [book, music etc] plaire de plus en plus à ◆ **his paintings grow on you** plus on regarde ses tableaux, plus on les apprécie

▶ **grow out**
- **VI** ◆ **to let one's dyed hair grow out** laisser repousser ses cheveux (pour éliminer la teinture), attendre que ses cheveux retrouvent leur couleur naturelle
- **VT SEP** ◆ **if you don't like the perm, you'll just have to grow it out** si la permanente ne vous plaît pas, vous n'avez qu'à vous laisser repousser les cheveux

▶ **grow out of VT FUS** [+ clothes] devenir trop grand pour ◆ **he's grown out of this jacket** cette veste est (devenue) trop petite pour lui ◆ **he grew out of his asthma/acne** son asthme/acné lui a passé avec le temps ◆ **to grow out of the habit of doing sth** perdre l'habitude de faire qch

▶ **grow up VI** ① [person, animal] devenir adulte ◆ **when I grow up I'm going to be a doctor** quand je serai grand je serai médecin ◆ **grow up!*** arrête tes enfantillages ! ② [friendship, hatred etc] se développer ; [custom] se répandre

**grower** /ˈgrəʊəʳ/ **N** ① (= person) producteur m, -trice f, cultivateur m, -trice f ◆ **vegetable grower** maraîcher m, -ère f ; → **rose²** ② ◆ **this plant is a slow grower** c'est une plante à croissance lente

**growing** /ˈgrəʊɪŋ/
- **ADJ** ① [plant] qui pousse ◆ **growing crops** récoltes fpl sur pied ◆ **fast-/slow-growing** à croissance rapide/lente ② [child] en cours de croissance, qui grandit ◆ **he's a growing boy** il est en pleine croissance ③ (= increasing) [number, amount] grandissant, qui augmente ; [friendship, hatred] grandissant, croissant ◆ **a growing opinion** une opinion de plus en plus répandue ◆ **a growing feeling of frustration** un sentiment croissant or grandissant de frustration ◆ **to have a growing desire to do sth** avoir de plus en plus envie de faire qch
- **N** (= getting bigger) croissance f ; (Agr) culture f
- **COMP** **growing pains*** **NPL** (Med) douleurs fpl de croissance ; [of business, project] difficultés fpl de croissance ◆ **growing season N** (Agr) période f de croissance

**growl** /graʊl/
- **VI** [animal] grogner, gronder (at contre) ; [person] grogner, ronchonner* ; [thunder] gronder
- **VT** [+ reply etc] grogner, grommeler
- **N** grognement m, grondement m ◆ **to give a growl** grogner

**grown** /grəʊn/
- **VB** ptp of **grow** ; see also **home comp**
- **ADJ** [person] adulte ◆ **he's a grown man** il est adulte

**grown-up** /ˌgrəʊn'ʌp/ SYN
- ADJ ① (= adult) [children] adulte ◆ **when he is grown-up** quand il sera grand
② (= mature) [child, adolescent] mûr ; [behaviour] de grande personne ◆ **your brother's very grown-up for his age** ton frère est très mûr pour son âge ◆ **you think you're so grown-up!** tu te prends pour une grande personne ! ◆ **she looks very grown-up** elle fait très grande personne or très adulte ◆ **try to be more grown-up about it** ne sois pas aussi puéril
③ * [talk, subject] d'adultes
- N grande personne f, adulte mf ◆ **the grown-ups** les grandes personnes fpl

**growth** /grəʊθ/ SYN
- N ① (NonC = development) [of plant] croissance f, développement m ; [of person] croissance f ◆ **to reach full growth** [person] avoir fini de grandir
② (NonC = increase) [of numbers, amount] augmentation f ; [of business, trade] expansion f, croissance f (in de) ; [of club, group] croissance f ; [of influence, economy] croissance f, développement m ; [of knowledge, love, friendship] développement m ◆ **these measures encourage growth** (Econ) ces mesures favorisent la croissance ◆ **the growth of public interest in...** l'intérêt croissant du public pour...
③ (= what has grown) pousse f, poussée f ◆ **a thick growth of weeds** des mauvaises herbes qui ont poussé dru ◆ **a five days' growth of beard** une barbe de cinq jours ◆ **she had a new growth of hair** ses cheveux se sont mis à repousser
④ (Med = tumour) tumeur f ◆ **benign/malignant growth** tumeur f bénigne/maligne
- COMP [potential, prospects, forecast] de croissance, d'expansion
- **growth area** N (= sector of economy) secteur m en (pleine) expansion ; (= region) région f en (pleine) expansion
- **growth curve** N courbe f de croissance
- **growth factor** N (Med) facteur m de croissance
- **growth hormone** N hormone f de croissance
- **growth industry** N secteur m en (pleine) expansion or en plein essor
- **growth market** N marché m en (pleine) expansion or en plein essor
- **growth rate** N taux m de croissance
- **growth shares** NPL (Brit) valeurs fpl de croissance
- **growth stock** N (US) ⇒ **growth shares**

**groyne** /grɔɪn/ N (esp Brit) brise-lames m inv

**Grozny** /'grɒznɪ/ N Grozny

**grub** /grʌb/ SYN
- N ① (= larva) larve f ; (in apple etc) ver m, asticot m
② (NonC: * = food) boustifaille* f, bouffe* f ◆ **grub's up!** à la soupe ! *
- VT [animal] [+ ground, soil] fouir
- VI (also **grub about, grub around**) fouiller, fouiner (in, among dans)
- COMP **grub screw** N vis f sans tête
- **Grub Street** * N (Brit) le monde des écrivaillons
▸ **grub up** VT SEP [+ soil] fouir ; [+ object] déterrer

**grubbiness** /'grʌbɪnɪs/ N saleté f

**grubby** /'grʌbɪ/ SYN ADJ (= dirty) [person, object] malpropre, sale ; (pej) (= sordid) sale, sordide ◆ **I don't want him to get his grubby hands on it** je ne veux pas qu'il y touche (avec ses pattes sales) ◆ **the grubby business of selling arms** le sordide commerce des armes

**grubstake** * /'grʌbsteɪk/
- N (US) (Hist) avance f faite à un prospecteur ◆ **to put up a grubstake for sb*** (Fin) fournir les fonds nécessaires à qn (pour le lancement d'une entreprise ou d'un projet)
- VT accorder une avance à ; (Fin) financer (pendant la phase de lancement)

**grudge** /grʌdʒ/ SYN
- VT ◆ **to grudge doing sth** faire qch à contrecœur, rechigner à faire qch ◆ **she grudges paying £20 a ticket** cela lui fait mal au cœur de payer 20 livres le billet ◆ **he grudges her even the food she eats** il lui mesure jusqu'à sa nourriture, il lésine même sur sa nourriture ◆ **do you grudge me these pleasures?** me reprochez-vous ces (petits) plaisirs ? ◆ **they grudged him his success** ils lui en voulaient de sa réussite ◆ **I won't grudge you $5** je ne vais pas te refuser 5 dollars
- N rancune f ◆ **to bear** or **have a grudge against sb** en vouloir à qn, garder rancune à qn
- COMP **grudge match** * N (pl **grudge matches**) (Sport, fig) règlement m de comptes

**grudging** /'grʌdʒɪŋ/ ADJ [consent, approval, support] réticent ; [apology, praise] fait à contrecœur ◆ **he won their grudging admiration/respect** à contrecœur, ils ont fini par l'admirer/le respecter ◆ **to be grudging in one's support for sth** apporter un soutien réticent à qch

**grudgingly** /'grʌdʒɪŋlɪ/ ADV à contrecœur

**gruel** /ɡrʊəl/ N gruau m

**gruelling, grueling** (US) /'ɡrʊəlɪŋ/ SYN ADJ éreintant

**gruesome** /'ɡruːsəm/ SYN ADJ horrible, épouvantable ◆ **in gruesome detail** jusque dans les plus horribles détails

**gruesomely** /'ɡruːsəmlɪ/ ADV (with vb) d'une manière horrible ; (with adj) horriblement

**gruesomeness** /'ɡruːsəmnɪs/ N atrocité f, horreur f

**gruff** /grʌf/ SYN ADJ bourru

**gruffly** /'grʌflɪ/ ADV [say] d'un ton bourru

**gruffness** /'grʌfnɪs/ N [of person, manner] brusquerie f ; [of voice] ton m bourru

**grumble** /'grʌmbl/ SYN
- VI [person] maugréer (at, about contre) ; [thunder] gronder
- N ① grognement m, ronchonnement * m ◆ **to do sth without a grumble** faire qch sans ronchonner * ◆ **after a long grumble about...** après avoir longtemps maugréé contre...
② ◆ **grumbles** récriminations fpl

**grumbler** /'grʌmblə'/ N ronchonneur m, -euse f

**grumbling** /'grʌmblɪŋ/
- N (NonC) récriminations fpl
- ADJ [person] grognon, grincheux ◆ **a grumbling sound** un grondement
- COMP **grumbling appendix** N appendicite f chronique

**grummet** /'grʌmɪt/ N ⇒ **grommet**

**grump** /grʌmp/
- N (= person) grognon m, ronchon m
- NPL **grumps** ◆ **to have the grumps** être de mauvais poil *

**grumpily** /'grʌmpɪlɪ/ ADV [say] d'un ton maussade

**grumpiness** /'grʌmpɪnɪs/ N (permanent) mauvais caractère m ◆ **sorry for my grumpiness yesterday** désolé d'avoir été de mauvais poil * hier

**grumpy** /'grʌmpɪ/ ADJ grognon, bougon

**Grundyism** /'grʌndɪɪzəm/ N pruderie f moralisatrice

**grunge** /grʌndʒ/ N grunge m

**grungy** * /'grʌndʒɪ/ ADJ crado * inv, cradingue *

**grunt** /grʌnt/
- VI grogner ◆ **to grunt a reply** grommeler or grogner une réponse ◆ **"no", he grunted** « non », grommela-t-il
- N ① grognement m ◆ **to give a grunt** pousser or faire entendre un grognement ; (in reply) répondre par un grognement
② (US * = soldier) fantassin m, biffin * m

**gruppetto** /ɡruːˈpetəʊ/ N (pl **gruppetti** /ɡruːˈpetiː/) (Mus) gruppetto m

**Gruyère** /ˈɡruːjeər/ N (= cheese) gruyère m

**gryphon** /'ɡrɪfən/ N ⇒ **griffin**

**GSM** /ˌdʒiːesˈem/ N (Telec) (abbrev of **Global System for Mobile Communications**) GSM m

**GSOH** * N (abbrev of **good sense of humour**) sens m de l'humour

**GT** /ˌdʒiːˈtiː/ N (abbrev of **gran turismo**) GT f

**Gt** (abbrev of **Great**) gd (gde f), grand ◆ **Gt Britain** la Grande-Bretagne ◆ **Gt Yarmouth** Great Yarmouth

**gt** abbrev of **great**

**GTi** /ˌdʒiːtiːˈaɪ/ N (abbrev of **gran turismo injection**) GTi f

**GU** (US Post) abbrev of **Guam**

**guacamole** /ˌɡwɑːkəˈməʊlɪ/ N guacamole m

**Guadeloupe** /ˌɡwɑːdəˈluːp/ N Guadeloupe f

**guaiacol** /ˈɡwaɪəkɒl/ N gaïacol m

**Guam** /ɡwɑːm/ N Guam

**guanaco** /ɡwɑːˈnɑːkəʊ/ N guanaco m

**guanine** /ˈɡwɑːniːn/ N guanine f

**guano** /ˈɡwɑːnəʊ/ N (NonC) guano m

**Guarani** /ˌɡwɑːrəˈniː/ N (pl **Guaranis** or **Guarani**) (= Indian) Guarani mf ; (= language) guarani m

**guarantee** /ˌɡærənˈtiː/ SYN
- N ① (gen, Comm = promise, assurance) garantie f ◆ **to be under guarantee** être sous garantie ◆ **there is a year's guarantee on this watch** cette montre est garantie un an, cette montre a une garantie d'un an ◆ **a guarantee against defective workmanship** une garantie contre les malfaçons ◆ **"money-back guarantee with all items"** « remboursement garanti sur tous les articles » ◆ **you have** or **I give you my guarantee that...** je vous garantis que... ◆ **there's no guarantee that it will happen** il n'est pas garanti or dit que cela arrivera ◆ **there's no guarantee that it actually happened** il n'est pas certain que cela soit arrivé ◆ **health is not a guarantee of happiness** la santé n'est pas une garantie de bonheur
② (Jur etc = pledge, security) garantie f, caution f ◆ **guarantee for a bill** (Fin) aval m d'une traite ◆ **to give sth as (a) guarantee** donner qch en garantie ◆ **he left his watch as a guarantee of payment** il a laissé sa montre en gage ◆ **what guarantee can you offer?** quelle caution pouvez-vous donner ?
③ ⇒ **guarantor**
- VT ① (Comm) [+ goods etc] garantir (against contre) ◆ **to guarantee sth for two years** garantir qch (pour) deux ans ◆ **guaranteed not to rust** garanti inoxydable ◆ **guaranteed price** prix m garanti
② (= assure) [+ sb's safety, freedom, rights] garantir ◆ **I will guarantee his good behaviour** je me porte garant de sa bonne conduite ◆ **I guarantee that it won't happen again** je vous garantis que cela ne se reproduira pas ◆ **I can't guarantee that he will come** je ne peux pas garantir qu'il viendra ◆ **we can't guarantee good weather** nous ne pouvons pas garantir le beau temps or qu'il fera beau
③ (Fin) ◆ **to guarantee a loan** se porter garant or caution d'un emprunt ◆ **I will guarantee him for a £500 loan** je lui servirai de garant or de caution pour un emprunt de 500 livres ◆ **guaranteed student loan** (US Univ) prêt m d'honneur (à un étudiant)
- COMP **guarantee form** N garantie f (fiche)
- **guarantee period** N délai m de garantie

**guarantor** /ˌɡærənˈtɔːr/ N garant(e) m(f), caution f ◆ **to stand guarantor for sb** se porter garant or caution de qn ◆ **will you be my guarantor for the loan?** me servirez-vous de garant or de caution pour cet emprunt ?

**guaranty** /ˈɡærəntɪ/ N (Fin) garantie f, caution f ; (= agreement) garantie f ; (= person) garant(e) m(f)

**guard** /ɡɑːd/ SYN
- N ① (NonC) garde f, surveillance f ; (Mil) garde f ◆ **to put a guard on sb/sth** faire surveiller qn/qch ◆ **to come off guard** finir son tour de garde ◆ **to be on guard** être de garde or de faction ◆ **to go on guard** prendre son tour de garde ◆ **to keep** or **stand guard** être de garde, monter la garde ◆ **to keep** or **stand guard on** (against attack) garder ; (against theft, escape) surveiller ◆ **to stand guard over sb/sth** monter la garde auprès de qn/qch ◆ **to be under guard** être sous surveillance or sous bonne garde ◆ **to keep sb under guard** garder qn sous surveillance ◆ **he was taken under guard to...** il a été emmené sous escorte à... ; → **mount**
② (NonC) (Boxing, Fencing) garde f ◆ **on guard!** (Sport) en garde !
③ (= as protection) ◆ **he wears goggles as a guard against accidents** il porte des lunettes protectrices
④ (= wariness) ◆ **to be on one's guard** se méfier (against de), être or se tenir sur ses gardes (against contre) ◆ **to put sb on his guard** mettre qn en garde (against contre) ◆ **to be off (one's) guard** ne pas être or ne pas se tenir sur ses gardes ◆ **to catch sb off (his) guard** prendre qn au dépourvu ◆ **to put sb off (his) guard** tromper la vigilance de qn ◆ **to drop one's guard** relâcher sa vigilance, baisser sa garde (fig)
⑤ (Mil etc) (= squad of men) garde f ; (= one man) garde m ◆ **to change (the) guard** (Mil) faire la relève de la garde ◆ **one of the old guard** un vieux de la vieille * ◆ **the Guards** (Brit Mil) les régiments mpl de la garde royale ; → **lifeguard, security**
⑥ (Brit : on train) chef m de train
⑦ (on machine) dispositif m de sûreté ; (on sword) garde f ; → **fireguard**
⑧ (Basketball) ◆ **left/right guard** arrière m gauche/droit
- VT (against attack) garder (from, against contre) ; (against theft, escape) surveiller ; (Cards, Chess)

garder ; (fig) [+ one's tongue, passions etc] surveiller ◆ **the frontier is heavily guarded** la frontière est solidement gardée ◆ **the dog guarded the house** le chien gardait la maison ◆ **guard it with your life!** veillez bien dessus ! ◆ **to guard o.s. against sth** (fig) se prémunir contre qch
◼ COMP **guard dog** N chien m de garde
**guard duty** N (Mil) ◆ **to be on guard duty** être de garde or de faction
**guard of honour** N (lit, fig) garde f d'honneur ; (on either side) haie f d'honneur
**guard's van** N (Brit) [of train] fourgon m
▶ **guard against** VT FUS se protéger contre, se prémunir contre ◆ **to guard against doing sth** (bien) se garder de faire qch ◆ **in order to guard against this** pour éviter cela ◆ **we must try to guard against this happening again** nous devons essayer d'empêcher que cela ne se reproduise

**guarded** /'gɑːdɪd/ SYN ADJ [person] sur ses gardes ; [response, remark] circonspect, prudent ; [support, smile] réservé ; [optimism] prudent ◆ **he is guarded about his intentions** il se garde de trop révéler ses intentions ◆ **a closely** or **carefully guarded secret** un secret bien gardé ◆ **to give a guarded welcome to sth** accueillir qch avec réserve

**guardedly** /'gɑːdɪdlɪ/ ADV [say] avec circonspection, prudemment ◆ **guardedly optimistic** d'un optimisme prudent

**guardedness** /'gɑːdɪdnɪs/ N circonspection f

**guardhouse** /'gɑːdhaʊs/ N (Mil) (for guards) corps m de garde ; (for prisoners) salle f de police

**guardian** /'gɑːdɪən/ SYN
◼ N ① gardien(ne) m(f), protecteur m, -trice f
② [of minor] tuteur m, -trice f
◼ ADJ gardien
◼ COMP **guardian angel** N ange m gardien
**Guardian reader** N (Brit) lecteur m, -trice f du Guardian

- **GUARDIAN READER**
- « Dis-moi quel quotidien tu lis, et je te dirai
- qui tu es ». cet adage est particulièrement
- valable en Grande-Bretagne, où les gens ont
- une image stéréotypée des lecteurs des dif-
- férents quotidiens. Les lecteurs du **Guardian**,
- quotidien de centre gauche, se comptent
- surtout parmi la gauche bourgeoise et intel-
- lectuelle, les enseignants, les travailleurs so-
- ciaux etc. Le « Sun » se situerait à l'autre
- extrême.

**guardianship** /'gɑːdɪənʃɪp/ N (Jur) tutelle f

**guardrail** /'gɑːdreɪl/ N [of staircase] rampe f ; [of balcony] balustrade f, rambarde f ; [of road] glissière f de sécurité

**guardroom** /'gɑːdrʊm/ N (Mil) corps m de garde

**guardsman** /'gɑːdzmən/ N (pl -men) (Brit Mil) soldat m de la garde royale, garde m ; (US) soldat m de la garde nationale

**Guatemala** /ˌgwɑːtɪˈmɑːlə/ N Guatemala m ◆ **in Guatemala** au Guatemala

**Guatemalan** /ˌgwɑːtɪˈmɑːlən/
◼ ADJ guatémaltèque
◼ N Guatémaltèque mf

**guava** /'gwɑːvə/ N (= fruit) goyave f ; (= tree) goyavier m

**Guayaquil** /gwajaˈkiːl/ N (Geog) Guayaquil

**gubbins*** /'gʌbɪnz/ N (Brit) ① (= thing) machin* m, truc* m
② (= silly person) crétin* m, imbécile m

**gubernatorial** /ˌguːbənəˈtɔːrɪəl/ ADJ (esp US) de ou du gouverneur

**gudgeon¹** /'gʌdʒən/ N (= fish) goujon m

**gudgeon²** /'gʌdʒən/
◼ N [of hinge] tourillon m ; (in boat) goujon m
◼ COMP **gudgeon pin** N (Brit) (in car) axe m de piston

**guelder rose** /ˌgeldəˈrəʊz/ N boule-de-neige f

**Guelf, Guelph** /gwelf/ N guelfe m

**Guernica** /'gɜːnɪkə/ N (Geog, Art) Guernica

**Guernsey** /'gɜːnzɪ/ N ① (Geog) Guernesey f ◆ **in Guernsey** à Guernesey
② (also **Guernsey cow**) vache f de Guernesey

**guernsey** /'gɜːnzɪ/ N (= garment) ≈ pull m marin

**guerrilla** /gəˈrɪlə/ SYN
◼ N guérillero m
◼ COMP [tactics etc] de guérilla

**guerrilla band** N troupe f de partisans or de guérilleros
**guerrilla financing** N (US) financement m indépendant
**guerrilla group** N ⇒ **guerrilla band**
**guerrilla strike** N [of workers] grève f sauvage
**guerrilla war(fare)** N guérilla f

**guess** /ges/ SYN
◼ N supposition f, conjecture f ◆ **to have** or **make a guess (at sth)** essayer de deviner (qch) ◆ **he made a wild guess** il a lancé une réponse au hasard ◆ **(I'll give you) three guesses!** essaie de deviner ! ◆ **that was a good guess!** tu as deviné juste ! ◆ **that was a good guess but...** c'est une bonne idée, mais... ◆ **how did you know? – it was just a lucky guess** comment as-tu deviné ? – j'ai dit ça au hasard ◆ **my guess is that he refused** d'après moi, il aura or a refusé ◆ **it's anyone's guess who will win*** impossible de prévoir qui va gagner ◆ **will he come tomorrow? – it's anyone's guess*** viendra-t-il demain ? – qui sait ? or Dieu seul le sait ◆ **at a guess I would say there were 200** à vue de nez, il y en a 200 ◆ **at a rough guess** à vue de nez ◆ **an educated guess** une supposition éclairée ◆ **your guess is as good as mine!*** je n'en sais pas plus que toi !
◼ VT ① (also **guess at**) [+ answer, name etc] deviner ; (= estimate) [+ height, numbers etc] estimer, évaluer ; (= surmise) supposer, conjecturer (that que) ◆ **to guess sb's age** deviner l'âge de qn ◆ **you've guessed (it)!** tu as deviné !, c'est ça ! ◆ **I guessed as much** je m'en doutais ◆ **I don't weigh the ingredients, I just guess the quantities** je ne pèse pas les ingrédients, je le fais au pif* ◆ **I guessed him to be about 20, I guessed (that) he was about 20** je lui donnais à peu près 20 ans ◆ **guess how heavy he is** devine combien il pèse ◆ **can you guess what it means?** devine ce que ça veut dire ◆ **guess what!*** tu sais quoi ? ◆ **guess who!*** devine qui c'est ! ◆ **you'll never guess who's coming to see us!** tu ne devineras jamais qui va venir nous voir !
② (= believe, think) supposer, penser ◆ **he'll be about 40 I guess** je lui donnerais la quarantaine ◆ **I guess she's decided not to come** je suppose qu'elle a décidé de ne pas venir ◆ **I guess so** sans doute, oui ◆ **I guess not** non
◼ VI (= try to) guess! essaie de deviner !, devine un peu ! ◆ **you'll never guess!** tu ne devineras jamais ! ◆ **to guess right** deviner juste ◆ **to guess wrong** deviner à côté ◆ **to keep sb guessing** laisser qn dans le doute ◆ **to guess at the height of a building/the number of people present** évaluer or estimer (au jugé) la hauteur d'un bâtiment/le nombre de personnes présentes
◼ COMP **guessing game** N ◆ **to play a guessing game** jouer aux devinettes

**guesstimate*** /'gestɪmɪt/
◼ N (NonC) estimation f approximative
◼ VT calculer au pifomètre*

**guesswork** /'gesw3ːk/ SYN N conjecture f, hypothèse f ◆ **it was sheer guesswork** ce n'étaient que des conjectures ◆ **by guesswork** en devinant, au jugé ◆ **it's far too important a decision to be left to guesswork** c'est une décision bien trop importante pour être prise au hasard or au jugé ◆ **to take the guesswork out of sth** rendre qch plus précis

**guest** /gest/ SYN
◼ N (at home) invité(e) m(f), hôte mf ; (at table) convive mf ; (in hotel) client(e) m(f) ; (in boarding house) pensionnaire mf ; (TV, Rad) invité(e) m(f) ◆ **guest of honour** N invité(e) m(f) d'honneur ◆ **we were their guests last summer** nous avons été invités chez eux l'été dernier ◆ **be my guest!*** je vous en prie ! ; → **houseguest, paying**
◼ VI (TV, Rad) ◆ **to guest on sb's show** être invité sur le plateau de qn ◆ **and guesting on tonight's show we have Linda Roberts** et pour l'émission de ce soir, notre invitée est Linda Roberts
◼ COMP **guest appearance** N ◆ **to make a guest appearance on sb's show** être invité sur le plateau de qn
**guest artist** N invité(e) m(f) spécial(e)
**guest beer** N bière pression en promotion dans un bar
**guest book** N livre m d'or
**guest list** N liste f des invités
**guest night** N soirée où les membres d'un club peuvent inviter des non-membres
**guest room** N chambre f d'amis
**guest speaker** N conférencier m, -ière f (invité(e) par un club, une organisation)

**guesthouse** /'gesthaʊs/ N (Brit : gen) pension f de famille ; (in monastery etc) hôtellerie f

**guestworker** /'gestwɜːkər/ N travailleur m, -euse f immigré(e)

**guff*** /gʌf/ N (NonC) idioties fpl, conneries** fpl

**guffaw** /gʌˈfɔː/
◼ VI s'esclaffer
◼ N gros (éclat m de) rire m

**GUI** /'guːiː/ N (Comput) (abbrev of **graphical user interface**) interface f graphique, interface f GUI

**Guiana** /gaɪˈænə/ N Guyanes fpl ◆ **in Guiana** aux Guyanes

**Guianese** /ˌgaɪəˈniːz/
◼ N Guyanais(e) m(f)
◼ ADJ guyanais

**guidance** /'gaɪdəns/ SYN
◼ N ① (= counselling) guidance f ◆ **he needs some guidance about how** or **as to how to go about it** il a besoin de conseils quant à la façon de procéder ◆ **your guidance was very helpful** vos conseils ont été très utiles ◆ **for your guidance** pour votre gouverne, à titre d'indication or d'information ; see also **child, vocational**
② [of rocket etc] guidage m
◼ COMP **guidance counselor** N (US Scol) conseiller m, -ère f d'orientation
**guidance system** N (for missile) système m de guidage ; (for ship) système m de navigation

**guide** /gaɪd/ SYN
◼ N ① (= person) guide m ◆ **you must let reason be your guide** il faut vous laisser guider par la raison
② (= indication) guide m, indication f ◆ **this figure is only a guide** ce chiffre n'est donné qu'à titre indicatif ◆ **last year's figures will be a good guide** les statistiques de l'année dernière serviront d'indication générale ◆ **these results are not a very good guide as to his ability** ces résultats ne reflètent pas vraiment ses compétences ◆ **as a rough guide, count four apples to the pound** comptez en gros quatre pommes par livre
③ (= guidebook) guide m (touristique) ◆ **guide to Italy** guide m d'Italie
④ (= book of instructions) guide m, manuel m ◆ **beginner's guide to sailing** manuel m d'initiation à la voile
⑤ (for curtains etc) glissière f ; (on sewing machine) pied-de-biche m
⑥ (Brit : also **girl guide**) éclaireuse f ; (Roman Catholic) guide f
◼ VT ① [+ stranger, visitor] guider, piloter ; [+ blind person] conduire, guider ◆ **he guided us through the town** il nous a pilotés or guidés à travers la ville ◆ **he guided us to the main door** il nous a montré le chemin jusqu'à la porte d'entrée ◆ **they had only a compass to guide them** ils n'avaient qu'une boussole pour s'orienter
◆ **guided by** ◆ **be guided by your instinct** laisse-toi guider par ton instinct ◆ **his method of working was guided by four principles** sa méthode de travail obéissait à quatre principes ◆ **governments should be guided by a simple rule...** les gouvernements devraient respecter une règle simple...
② [+ rocket, missile] guider
◼ COMP **guide dog** N chien m d'aveugle
**guide line** N (for writing) ligne f (permettant une écriture horizontale régulière) ; (= rope) main f courante ; see also **guideline**
**guide price** N prix m indicatif

**guidebook** /'gaɪdbʊk/ N guide m (touristique)

**guided** /'gaɪdɪd/
◼ ADJ [rocket etc] téléguidé
◼ COMP **guided missile** N missile m téléguidé
**guided tour** N visite f guidée

**guideline** /'gaɪdlaɪn/ N ① (= rough guide) indication f ; (= advice) conseil m ◆ **an IQ test is merely a guideline** un test de QI ne donne qu'une indication (générale) ◆ **I gave her a few guidelines on how to look after a kitten** je lui ai donné quelques conseils sur la manière de s'occuper d'un chaton ◆ **follow these simple guidelines for a healthy diet** pour vous alimenter sainement, il suffit de suivre ces conseils
② (= official directive) directive f (on sur) ◆ **judges are expected to follow clear guidelines when awarding damages** les juges sont censés suivre des directives claires dans les affaires de dommages-intérêts ◆ **safety/health guidelines** di-

**guidepost** /ˈgaɪdpəʊst/ N poteau m indicateur

**guider** /ˈgaɪdəʳ/ N cheftaine f

**guiding** /ˈgaɪdɪŋ/ ADJ [ideology] dominant ; [policy, rule] de base ◆ **he assumed a guiding role in his nephew's life** il a servi de mentor à son neveu ◆ **guiding light, guiding star** (fig) guide m ◆ **our guiding principle is that the interests of children are paramount** le principe qui nous guide est que les intérêts des enfants passent avant tout ◆ **the guiding principle behind conservation** le principe de base de la défense de l'environnement ◆ **guiding force** moteur m ◆ **he is the guiding force behind these reforms** il est le moteur de ces réformes ◆ **he needs a guiding hand from time to time** de temps en temps, il faut le remettre sur la bonne voie

**guild** /gɪld/ SYN N ① (Hist) guilde f, corporation f ◆ **goldsmiths' guild** guilde f des orfèvres
② association f, confrérie f ◆ **the church guild** le conseil paroissial ◆ **women's guild** association f féminine

**guilder** /ˈgɪldəʳ/ N (pl **guilders** or **guilder**) florin m

**guildhall** /ˈgɪldhɔːl/ N (Hist) maison f des corporations ; (= town hall) hôtel m de ville

**guile** /gaɪl/ SYN N (NonC) (= deceit) fourberie f, duplicité f ; (= cunning) ruse f

**guileful** /ˈgaɪlfʊl/ ADJ (= deceitful) fourbe, trompeur ; (= cunning) rusé

**guilefulness** /ˈgaɪlfʊlnɪs/ N (= deceit) fourberie f

**guileless** /ˈgaɪllɪs/ ADJ candide, sans malice

**guilelessly** /ˈgaɪllɪslɪ/ ADV (= straightforwardly) naïvement, candidement

**guilelessness** /ˈgaɪllɪsnɪs/ N naïveté f, candeur f

**guillemot** /ˈgɪlɪmɒt/ N guillemot m

**guillotine** /ˈgɪləˈtiːn/
N (for beheading) guillotine f ; (for paper-cutting) massicot m ◆ **a guillotine was imposed on the bill** (Parl) la durée des débats sur le projet de loi a été limitée
VT [+ person] guillotiner ; [+ paper] massicoter ◆ **to guillotine a bill** (Parl) limiter la durée des débats sur un projet de loi

**guilt** /gɪlt/ SYN
N (NonC) culpabilité f ◆ **he was tormented by guilt** il était torturé par un sentiment de culpabilité ◆ **to have guilt feelings about sth/sb** avoir un sentiment de culpabilité à cause de qch/envers qn
COMP **guilt complex** N (Psych) complexe m de culpabilité

**guiltily** /ˈgɪltɪlɪ/ ADV [say] d'un ton coupable ; [look away] d'un air coupable ; [think] avec un sentiment de culpabilité

**guiltiness** /ˈgɪltɪnɪs/ N culpabilité f

**guiltless** /ˈgɪltlɪs/ SYN ADJ innocent (of de)

**guiltlessly** /ˈgɪltlɪslɪ/ ADV innocemment

**guiltlessness** /ˈgɪltlɪsnɪs/ N innocence f

**guilty** /ˈgɪltɪ/ SYN
ADJ ① (also Jur) [person] coupable (of de) ◆ **I've been guilty of that myself** j'ai moi-même commis la même erreur ◆ **he was guilty of taking the book without permission** il s'est rendu coupable d'avoir pris le livre sans permission ◆ **to be found guilty/not guilty (of sth)** être déclaré coupable/non coupable (de qch) ◆ **to plead guilty/not guilty (to sth)** plaider coupable/non coupable (de qch) ◆ **how do you plead? guilty or not guilty?** plaidez-vous coupable ou non coupable ? ◆ **a guilty verdict, a verdict of guilty** un verdict de culpabilité ◆ **a not guilty verdict, a verdict of not guilty** un verdict d'acquittement ◆ **the judge took into account his guilty plea** or **his plea of guilty** le juge a tenu compte du fait qu'il avait plaidé coupable ◆ **the court accepted a not guilty plea** or **a plea of not guilty** la cour l'a acquitté
② (= ashamed) [smile, thought] coupable ; [silence] chargé de culpabilité ◆ **to look guilty** avoir l'air coupable ◆ **he had a guilty look on his face** il avait une expression coupable ◆ **to feel guilty** culpabiliser, avoir mauvaise conscience ◆ **to make sb feel guilty** culpabiliser qn, donner mauvaise conscience à qn ◆ **to feel guilty about sth** se sentir coupable de qch ◆ **I felt guilty that I had not thanked her** je culpabilisais or j'avais mauvaise conscience de ne pas l'avoir remerciée
③ (= shameful) [secret] honteux ; [pleasure] inavouable, coupable
COMP **guilty conscience** N mauvaise conscience f ◆ **I have a guilty conscience about not writing** j'ai mauvaise conscience de ne pas avoir écrit
**the guilty party** N le coupable

**Guinea** /ˈgɪnɪ/
N (Geog) ◆ **(the Republic of) Guinea** la (République f de) Guinée f ; see also **equatorial**
COMP **Guinea-Bissau** N Guinée-Bissau f
**guinea-fowl** N (pl inv) pintade f
**guinea-pig** N (= animal) cochon m d'Inde, cobaye m ; (fig) cobaye m ◆ **to be a guinea-pig** (fig) servir de cobaye

**guinea** /ˈgɪnɪ/ N (Brit : formerly = money) guinée f (= 21 shillings)

**Guinean** /ˈgɪnɪən/
ADJ guinéen
N Guinéen(ne) m(f)

**guise** /gaɪz/ N ◆ **in a new guise** sous une autre forme ◆ **in** or **under the guise of scientific research** sous l'apparence de or sous couvert de recherche scientifique ◆ **under the guise of doing sth** sous prétexte de faire qch ◆ **a portrait of the king in the guise of a Roman emperor** un portrait du roi en empereur romain

**guiser** /ˈgaɪzəʳ/ N (Scot, N Eng) personne f déguisée

**guising** /ˈgaɪzɪŋ/ N (Scot, N Eng) coutume f de se déguiser (en particulier pour Halloween)

**guitar** /gɪˈtɑːʳ/ N guitare f

**guitarist** /gɪˈtɑːrɪst/ N guitariste mf

**Gujarat, Gujerat** /ˌgʊdʒəˈrɑːt/ N Gujarat m, Gujerat m ◆ **in Gujarat** au Gujarat

**Gujarati, Gujerati** /ˌgʊdʒəˈrɑːtɪ/
ADJ du Gujarat
N ① (= person) Gujarati mf
② (= language) gujarati m

**gulag** /ˈguːlæg/ N goulag m

**gulch** /gʌltʃ/ N (US) ravin m

**gules** /gjuːlz/ N (Heraldry) gueules m

**gulf** /gʌlf/ SYN
N ① (in ocean) golfe m ◆ **the (Persian) Gulf** le golfe Persique, le Golfe
② (= difference) fossé m
COMP **the Gulf of Aden** N le golfe d'Aden
**the Gulf of Alaska** N le golfe d'Alaska
**the Gulf of Mexico** N le golfe du Mexique
**the Gulf States** NPL (Middle East) les États mpl du Golfe ; (in US) les États mpl du golfe du Mexique
**the Gulf Stream** N le Gulf Stream
**the Gulf War** N la guerre du Golfe
**Gulf War syndrome** N (NonC: Med) syndrome m de la guerre du Golfe

**gulfweed** /ˈgʌlfwiːd/ N (= plant) sargasse f

**gull¹** /gʌl/
N (= bird) goéland m, mouette f ◆ **common gull** goéland m cendré
COMP **gull-wing door** N porte f papillon

**gull²** /gʌl/
VT duper, rouler *
N (= dupe) gogo * m

**gullet** /ˈgʌlɪt/ N (Anat) œsophage m ; (= throat) gosier m ◆ **it really stuck in my gullet** (fig) ça m'est resté en travers de la gorge *

**gulley** /ˈgʌlɪ/ N ⇒ **gully**

**gullibility** /ˌgʌlɪˈbɪlɪtɪ/ SYN N crédulité f

**gullible** /ˈgʌlɪbl/ SYN ADJ crédule

**gullibly** /ˈgʌlɪblɪ/ ADV naïvement, avec crédulité

**gully** /ˈgʌlɪ/ SYN N ① (= ravine) ravine f, couloir m ; (Climbing) couloir m
② (= drain) caniveau m, rigole f

**gulp** /gʌlp/ SYN
N ① (= action) coup m de gosier ; (from emotion) serrement m de la gorge ◆ **to swallow sth in one gulp** avaler qch d'un seul coup ◆ **he emptied the glass in one gulp** il a vidé le verre d'un (seul) trait ◆ **"yes" he replied with a gulp** « oui » répondit-il la gorge serrée or avec une boule dans la gorge
② (= mouthful) [of food] bouchée f ; [of drink] gorgée f ◆ **he took a gulp of milk** il a avalé une gorgée de lait
VT ① (also **gulp down**) [+ food] engloutir, avaler tout rond ; [+ drink] avaler d'un trait ◆ **don't gulp your food** mâche ce que tu manges
② ◆ **"I'm sorry," he gulped** « désolé », répondit-il la gorge serrée or avec une boule dans la gorge
VI essayer d'avaler ; (from emotion) avoir un serrement à la gorge ◆ **he gulped** sa gorge s'est serrée or s'est contractée
▶ **gulp back** VT SEP ◆ **to gulp back one's tears/sobs** ravaler or refouler ses larmes/sanglots

**gum¹** /gʌm/
N (Anat) gencive f
COMP **gum disease** N gingivite f
**gum shield** N protège-dents m

**gum²** /gʌm/ SYN
N ① (NonC) [of plant] gomme f ; (esp Brit = glue) gomme f, colle f ; (= rubber) caoutchouc m
② (NonC) chewing-gum m
③ (= sweet) (also **gumdrop**) boule f de gomme
VT (= put gum on) gommer ; (= stick) coller (to à) ◆ **gummed envelope/label** enveloppe f/étiquette f collante or gommée ◆ **to gum sth back on** recoller qch ◆ **to gum down an envelope** coller or cacheter une enveloppe
COMP **gum arabic** N gomme f arabique
**gum resin** N gomme-résine f
**gum tree** N gommier m ◆ **to be up a gum tree** * (Brit) être dans le pétrin *
▶ **gum up** * VT SEP [+ machinery, plans] bousiller * ◆ **it's gummed up the works** ça a tout bousillé *

**gum³** * /gʌm/ N (euph) ◆ **by gum!** * nom d'un chien ! *, mince alors ! *

**gumball** * /ˈgʌmbɔːl/ N (US) (= chewing gum) boule f de chewing-gum ; (pej = person) andouille * f ; (hum) (on police car) gyrophare m, bulle * f

**gumbo** /ˈgʌmbəʊ/ N (US, Can) (= vegetable) gombo m ; (= soup) soupe f au(x) gombo(s)

**gumboil** /ˈgʌmbɔɪl/ N fluxion f dentaire, abcès m à la gencive

**gumboots** /ˈgʌmbuːts/ NPL (esp Brit) bottes fpl de caoutchouc

**gumdrop** /ˈgʌmdrɒp/ N boule f de gomme

**gummosis** /gʌˈməʊsɪs/ N gommose f

**gummy** /ˈgʌmɪ/ ADJ [substance, surface] collant ◆ **gummy-bear** (US) bonbon m à la gélatine (en forme d'ours)

**gumption** * /ˈgʌmpʃən/ N (NonC) jugeote * f, bon sens m ◆ **use your gumption!** un peu de jugeote ! * ◆ **he's got a lot of gumption** il sait se débrouiller

**gumshoe** ‡ /ˈgʌmʃuː/ N (US = detective) privé * m

**gumshoes** /ˈgʌmʃuːz/ NPL (US) (= overshoes) caoutchoucs mpl ; (= sneakers) (chaussures fpl de) tennis mpl

**gun** /gʌn/
N ① (= handgun) revolver m, pistolet m ; (= rifle) fusil m ; (= cannon) canon m ◆ **he's got a gun!** il est armé ! ◆ **the thief was carrying a gun** le voleur avait une arme (à feu), le voleur était armé ◆ **to draw a gun on sb** braquer une arme sur qn ◆ **to hold** or **put a gun to sb's head** (fig) mettre le couteau or le pistolet sous la gorge de qn ◆ **a 21-gun salute** une salve de 21 coups de canon ◆ **the guns** (Mil) les canons mpl, l'artillerie f ◆ **the big guns** (Mil) les gros canons mpl, l'artillerie f lourde ; (fig = people) les grosses légumes * fpl, les huiles * fpl ◆ **to bring out the big guns** (fig) brandir un argument massue ◆ **to be going great guns** * (fig) [business] marcher très fort * ; [person] être en pleine forme ; see also **blow¹** ◆ **he's the fastest gun in the West** c'est la meilleure gâchette de l'Ouest ◆ **with (all) guns blazing** tout feu tout flamme inv ◆ **to be under the gun** (esp US) être dans une situation critique ; → **jump, son, stick**
② (Brit = member of shooting party) fusil m
③ (US ‡ : also **gunman**) bandit m armé
④ (Tech) pistolet m ◆ **paint gun** pistolet m à peinture ; see also **grease**
VT (esp US Aut) ◆ **to gun the engine** faire ronfler le moteur ◆ **to gun it** * appuyer sur le champignon *
VI * ◆ **to be gunning for sb** chercher qn *, essayer d'avoir qn ◆ **watch out, he's gunning for you!** fais gaffe *, il te cherche !
COMP **gun barrel** N canon m de fusil or de revolver
**gun carriage** N affût m de canon ; (at funeral) prolonge f d'artillerie
**gun control** N (US) réglementation f du port d'armes
**gun cotton** N fulmicoton m, coton-poudre m

409  ANGLAIS-FRANÇAIS

**gun crew** N (Mil) peloton m or servants mpl de pièce
**gun dog** N chien m de chasse
**the gun laws** NPL (US) les lois fpl sur le port d'armes
**gun licence, gun license** (US) N permis m de port d'armes
**gun room** (in house) armurerie f ; (Brit : on ship) poste m des aspirants
**gun-shy** ADJ qui a peur des coups de feu or des détonations ; (fig) qui n'a pas le courage de ses opinions
**gun turret** N (Mil etc) tourelle f
▶ **gun down** VT SEP abattre

### GUN CONTROL

Aux États-Unis, la réglementation du port d'armes est un sujet très controversé. Le droit pour tous les citoyens de détenir des armes à feu est inscrit dans la Constitution et certains lobbies encouragent fortement la pratique de l'autodéfense. Cependant, la montée de la violence préoccupe de nombreux Américains et a conduit à mettre en place une législation plus restrictive ; en particulier, beaucoup d'armes semi-automatiques ont été interdites.

**gunboat** /'gʌnbəʊt/
N (= ship) canonnière f
COMP **gunboat diplomacy** N politique f de la canonnière, politique f de force
**gunfight** /'gʌnfaɪt/ N échange m de coups de feu, fusillade f
**gunfighter** /'gʌnfaɪtəʳ/ N (esp US) professionnel m de la gâchette, tireur m
**gunfire** /'gʌnfaɪəʳ/ N [of rifles etc] coups mpl de feu, fusillade f ; [of cannons] feu m or tir m d'artillerie
**gunge*** /gʌndʒ/ N (NonC: Brit) magma m infâme*
**gung ho*** /'gʌŋ'həʊ/ ADJ fonceur
**gungy*** /'gʌndʒɪ/ ADJ visqueux, poisseux
**gunite** /'gʌn.aɪt/ N gunite f
**gunk*** /gʌŋk/ N (NonC) ⇒ **gunge**
**gunlock** /'gʌnlɒk/ N platine f, culasse f
**gunmaker** /'gʌnmeɪkəʳ/ N armurier m
**gunman** /'gʌnmən/ SYN N (pl **-men**) bandit m armé ; (Pol) terroriste m
**gunmetal** /'gʌnmetl/
N bronze m à canon
ADJ (= colour) vert-de-gris inv
**gunnel** /'gʌnl/ N ⇒ **gunwale**
**gunner** /'gʌnəʳ/ N (Mil, Naut) artilleur m ; (Brit Mil) canonnier m
**gunnery** /'gʌnərɪ/
N ① (= science, art, skill) tir m au canon
② (Mil = guns) artillerie f
COMP **gunnery officer** N (Mil) officier m d'artillerie
**gunny** /'gʌnɪ/ N (NonC) toile f de jute grossière ; (also **gunny bag**, **gunny sack**) sac m de jute
**gunplay** /'gʌnpleɪ/ N (US) échange m de coups de feu
**gunpoint** /'gʌnpɔɪnt/ N ◆ **to have** or **hold sb at gunpoint** tenir qn sous la menace d'un revolver or d'un fusil ◆ **he did it at gunpoint** il l'a fait sous la menace d'un revolver or d'un fusil
**gunpowder** /'gʌnpaʊdəʳ/ N poudre f à canon ◆ **the Gunpowder Plot** (Brit Hist) la conspiration des Poudres
**gunrunner** /'gʌnrʌnəʳ/ N trafiquant m d'armes
**gunrunning** /'gʌnrʌnɪŋ/ N contrebande f or trafic m d'armes
**gunsel*** /'gʌnsl/ N (US = gunman) flingueur* m
**gunship** /'gʌnʃɪp/ N (also **helicopter gunship**) hélicoptère m de combat
**gunshot** /'gʌnʃɒt/
N (= sound) coup m de feu ◆ **within gunshot** à portée de fusil ◆ **out of gunshot** hors de portée de fusil
COMP **gunshot wound** N blessure f par balle ◆ **to get a gunshot wound** être blessé par balle, recevoir un coup de feu
**gunslinger*** /'gʌnslɪŋəʳ/ N (US = gunman) flingueur* m
**gunsmith** /'gʌnsmɪθ/ N armurier m
**gunstock** /'gʌnstɒk/ N fût m

**gunwale** /'gʌnl/ N [of boat] plat-bord m
**guppy** /'gʌpɪ/ N guppy m
**gurdwara** /gɜː'dwɑːʳ/ N gurdwara m
**gurgle** /'gɜːgl/ SYN
N [of water, rain] gargouillis m, glouglou m ; [of stream] murmure m ; [of laughter] gloussement m ; [of baby] gazouillis m ◆ **to give a gurgle of delight** gazouiller de joie
VI [water] glouglouter, gargouiller ; [stream] murmurer ; [person] (with delight) gazouiller ; (with laughter) glousser
**Gurkha** /gɜːkə/ N Gurkha m
**gurnard** /'gɜːnəd/ N (pl **gurnard** or **gurnards**) grondin m
**gurney** /'gɜːnɪ/ (US) N lit m à roulettes
**guru** /'gʊruː/ SYN N (lit, fig) gourou m
**gush** /gʌʃ/ SYN
N [of oil, water, blood] jaillissement m, bouillonnement m ; [of tears, words] flot m ; (* pej) effusion(s) f(pl), épanchement(s) m(pl)
VI ① (lit, fig) jaillir ◆ **to gush in/out/through** etc [water etc] entrer/sortir/traverser etc en bouillonnant
② (* pej) [person] se répandre en compliments (over/about sur/au sujet de), en rajouter*
**gusher*** /'gʌʃəʳ/ N ① (= oil well) puits m jaillissant (de pétrole)
② (= effusive person) ◆ **to be a gusher** être trop exubérant
**gushily*** /'gʌʃɪlɪ/ ADV avec exubérance
**gushiness*** /'gʌʃɪnɪs/ N exubérance f (excessive)
**gushing** /'gʌʃɪŋ/ ADJ [water etc] jaillissant ; (pej) [person, enthusiasm, welcome] trop exubérant
**gushy*** /'gʌʃɪ/ ADJ [person] trop exubérant ; [language] dithyrambique
**gusset** /'gʌsɪt/ N (Sewing) soufflet m [of swimsuit, tights] gousset m
**gusseted** /'gʌsɪtɪd/ ADJ (Sewing) à soufflet
**gussy*** /'gʌsɪ/ VT (US) ◆ **to gussy sth up** retaper* qch
**gust** /gʌst/ SYN
N ① [of wind] rafale f, bourrasque f ; [of smoke] bouffée f ; [of flame] jet m ◆ **a gust of rain** une averse ◆ **the wind was blowing in gusts** le vent soufflait en rafales ◆ **gusts of 100km/h** des rafales de 100 km/h
② (fig) [of rage etc] accès m, bouffée f ◆ **a gust of laughter** un grand éclat de rire
VI [wind] souffler en rafales ◆ **wind gusting to force 7** vent m (en rafales) atteignant force 7
**gustation** /gʌs'teɪʃən/ N gustation f
**gustatory** /'gʌstətərɪ/ ADJ gustatif
**gusto** /'gʌstəʊ/ SYN N (NonC) enthousiasme m, plaisir m ◆ **with gusto** avec brio or verve ◆ **he ate his meal with great gusto** il a dévoré son repas
**gustily** /'gʌstɪlɪ/ ADV [wind] [blow] en bourrasques ; [person] [laugh] bruyamment ; [sigh] profondément
**gusty** /'gʌstɪ/ ADJ [weather] venteux ◆ **a gusty day** un jour de grand vent ◆ **gusty wind** du vent en rafales
**gut** /gʌt/ SYN
N (Anat) boyau m, intestin m ; (Med: for stitching) catgut m ; (Mus etc) corde f (de) boyau m ◆ **guts** (Anat) boyaux mpl ◆ **my guts ache!*** j'ai mal au bide* ◆ **to work** or **sweat one's guts out*** se crever* au travail ◆ **I hate his guts*** je ne peux pas le blairer* ◆ **do that again and I'll have your guts for garters*** si tu recommences, je te tords le cou ◆ **the guts*** of his speech/of the problem l'essentiel de son discours/du problème ; → **bust²**
NPL **guts*** (= courage) cran m ◆ **he's got guts** il a du cran ◆ **he's got no guts** il n'a rien dans le ventre, il manque de cran* ◆ **it takes a lot of guts to do that** il faut beaucoup de cran* pour faire ça
ADJ (fig) [reaction] instinctif ; (negative) viscéral ◆ **I've got a gut feeling about it** je le sens au fond de moi-même ◆ **my gut feeling** or **instinct is that...** instinctivement, je sens que... ◆ **gut reaction** première réaction f , réaction f instinctive
VT (Culin) [+ animal] vider, étriper ; [+ fish] vider ; * [+ book etc] piller ◆ **fire gutted the house** le feu n'a laissé que les quatre murs de la maison ◆ **the vandals gutted the hall** les vandales n'ont pas laissé de la salle que les murs ; see also **gutted**

gunboat | gymnastics

COMP **gut-churning** ADJ abominable, effroyable
**gut course*** N (US Univ) enseignement m de base
**gut-wrenching** ADJ abominable, effroyable
**gutless*** /'gʌtlɪs/ ADJ (= cowardly) dégonflé*
**gutsy*** /'gʌtsɪ/ ADJ ① (= plucky) courageux
② (= substantial) [food, wine] corsé ; [music, song] musclé*
**gutta-percha** /,gʌtə'pɜːtʃə/ N (NonC) gutta-percha f
**gutted*** /'gʌtɪd/ ADJ (Brit = disappointed) écœuré
**gutter** /'gʌtəʳ/ SYN
N [of roof] gouttière f ; [of road] caniveau m ◆ **the language of the gutter** le langage de la rue ◆ **to rise from the gutter** sortir du ruisseau
VI [candle] couler ; [flame] vaciller, crachoter
COMP **gutter-press** N presse f de bas étage or à scandales
**guttering** /'gʌtərɪŋ/ N (NonC) gouttières fpl
**guttersnipe** /'gʌtəsnaɪp/ N gamin(e) m(f) des rues
**guttural** /'gʌtərəl/ SYN
ADJ guttural
N (Phon †) gutturale f
**guv*** /gʌv/ N ⇒ **gov** ; → **governor 2**
**guvnor*** /'gʌvnəʳ/ N ⇒ **governor 2**
**Guy** /gaɪ/
N Guy m
COMP **Guy Fawkes Night** N (Brit) fête célébrée le 5 novembre

### GUY FAWKES NIGHT

En Grande-Bretagne, **Guy Fawkes Night** se fête le 5 novembre en mémoire de l'exécution du principal conjuré de la Conspiration des poudres (1605). Cette fête est prétexte à feux d'artifices et à feux de joie sur lesquels on brûle traditionnellement une effigie de **Guy Fawkes** (the guy) sous la forme d'une poupée de chiffon. Dans les jours qui précèdent, les enfants promènent cette effigie dans les rues et abordent les passants pour leur demander « a penny for the guy ».

**guy¹** /gaɪ/ SYN
N ① (esp US *) type* m, mec* m ◆ **the good/bad guys** les bons mpl/les méchants mpl ◆ **nice guy** chic type* m , type m bien* ◆ **hi, guys!** salut les mecs !* ◆ **what are you guys doing tonight?** qu'est-ce que vous faites ce soir, les mecs ?* ◆ **the guys** (US = friends) les copains mpl ; → **fall**
② (Brit) effigie de Guy Fawkes → **GUY FAWKES NIGHT**
VT (= make fun of) tourner en ridicule
**guy²** /gaɪ/ N (also **guy rope**) corde f de tente
**Guyana** /gaɪ'ænə/ N Guyana f
**Guyanese** /,gaɪə'niːz/
ADJ guyanais
N Guyanais(e) m(f)
**guyot** /'giːəʊ/ N guyot m
**guzzle** /'gʌzl/ SYN VT ① [person] [+ food] bâfrer*, bouffer* ; [+ drink] siffler*
② (* fig) [car] [+ fuel, petrol] bouffer*
**guzzler** /'gʌzləʳ/ N goinfre mf ; → **gas**
**gybe** /dʒaɪb/ VI ⇒ **gibe vi 2**
**gym** /dʒɪm/
N ① (abbrev of **gymnastics**) gymnastique f, gym* f
② (abbrev of **gymnasium**) gymnase m ; (Scol) gymnase m, salle f de gym*
COMP **gym shoes** NPL chaussures fpl de gym*
**gym slip** (Brit), **gym suit** (US) N tunique f (d'écolière)
**gymkhana** /dʒɪm'kɑːnə/ N (esp Brit) gymkhana m
**gymnasium** /dʒɪm'neɪzɪəm/ N (pl **gymnasiums** or **gymnasia** /dʒɪm'neɪzɪə/) gymnase m ; (Scol) gymnase m, salle f de gymnastique
**gymnast** /'dʒɪmnæst/ N gymnaste mf
**gymnastic** /dʒɪm'næstɪk/ ADJ [ability] en gymnastique ; [exercise, routine, championship] de gymnastique ; [leap] acrobatique
**gymnastics** /dʒɪm'næstɪks/ N ① (pl = exercises) gymnastique f ◆ **to do gymnastics** faire de la gymnastique ◆ **mental gymnastics** gymnastique f intellectuelle ◆ **Queneau's verbal gymnastics** la manière dont Queneau joue avec les mots
② (NonC = art, skill) gymnastique f

**gymnosperm** /ˈdʒɪmnəʊˌspɜːm/ N gymnosperme f

**gymnospermous** /ˌdʒɪmnəʊˈspɜːməs/ ADJ gymnosperme

**gynae** * /ˈgaɪnɪ/ abbrev of **gynaecological, gynaecology**

**gynaecological, gynecological** (US) /ˌgaɪnɪkəˈlɒdʒɪkəl/ ADJ gynécologique

**gynaecologist, gynecologist** (US) /ˌgaɪnɪˈkɒlədʒɪst/ N gynécologue mf

**gynaecology, gynecology** (US) /ˌgaɪnɪˈkɒlədʒɪ/ N gynécologie f

**gynaecomastia, gynecomastia** (US) /ˌgaɪnɪkəʊˈmæstɪə/ N gynécomastie f

**gynandromorphism** /dʒɪˌnændrəʊˈmɔːfɪzəm/, **gynandromorphy** /dʒɪˈnændrəʊˌmɔːfɪ/ N gynandromorphisme m

**gynandrous** /dʒaɪˈnændrəs/ ADJ gynandre, gynandrique

**gynoecium, gynecium** (US) /dʒaɪˈniːsɪəm/ N (pl **gynoecia** or **gynoecea** /dʒaɪˈniːsɪə/) gynécée f

**gyp** * /dʒɪp/
■ N 1 (US) (= swindler) arnaqueur * m ; (= swindle) escroquerie f
2 (Brit) ◆ **my leg is giving me gyp** j'ai atrocement or sacrément * mal à la jambe
3 (Brit Univ) domestique m
■ VT (US) ◆ **to gyp sb out of sth** escroquer qch à qn

**gyppo** *⁎* /ˈdʒɪpəʊ/ N (Brit offensive) manouche * mf

**gypseous** /ˈdʒɪpsɪəs/ ADJ gypseux

**gypsophila** /dʒɪpˈsɒfɪlə/ N gypsophile f

**gypsum** /ˈdʒɪpsəm/ N (NonC) gypse m

**gypsy** /ˈdʒɪpsɪ/ N ⇒ **gipsy**

**gyrate** /ˌdʒaɪəˈreɪt/ VI 1 (= dance) tournoyer ; (suggestively) onduler de façon suggestive
2 (= spin) tournoyer
3 (= fluctuate) fluctuer

**gyration** /ˌdʒaɪəˈreɪʃən/ N [of dancer, gymnast] acrobatie f ; (suggestive) mouvement m suggestif ; [of currency, stockmarket] fluctuation f

**gyratory** /ˌdʒaɪəˈreɪtərɪ/ ADJ giratoire

**gyrfalcon** /ˈdʒɜːˌfɔːlkən/ N gerfaut m

**gyro** /ˈdʒaɪərəʊ/ N abbrev of **gyrocompass, gyroscope**

**gyrocompass** /ˈdʒaɪərəʊˈkʌmpəs/ N gyrocompas m

**gyrodyne** /ˈdʒaɪərəʊˌdaɪn/ N girodyne m

**gyrofrequency** /ˌdʒaɪərəʊˈfriːkwənsɪ/ N gyrofréquence f

**gyromagnetic** /ˌdʒaɪərəʊmægˈnetɪk/ ADJ gyromagnétique

**gyroplane** /ˈdʒaɪərəˌpleɪn/ N giravion m

**gyroscope** /ˈdʒaɪərəskəʊp/ N gyroscope m

**gyroscopic** /ˌdʒaɪərəˈskɒpɪk/ ADJ gyroscopique

**gyrostabilizer** /ˌdʒaɪərəʊˈsteɪbɪlaɪzə$^r$/ N gyrostabilisateur m

**gyrostat** /ˈdʒaɪərəʊˌstæt/ N gyrostat m

# H

**H, h** /eɪtʃ/
- **N** **1** (= letter) H, h m ◆ **H for Harry, H for How** (US) ≈ H comme Hector ; → **drop**
- **2** (Drugs) ◆ **H*** poudre* f (Drugs), héroïne f
- **COMP** **H-bomb** N bombe f H
- **H grade** N (Scot Scol) ⇒ **Higher Grade** ; → **higher**

**ha¹** /hɑː/ EXCL ha !, ah ! ◆ **ha, ha!** (surprise, irony) ha ! ha ! ; (laughter) hi ! hi ! hi !

**ha²** N (abbrev of **hectare**) ha

**habanera** /ˌhæbəˈnɛərə/ N habanera f

**habeas corpus** /ˈheɪbɪəsˈkɔːpəs/ N (Jur) habeas corpus m ; → **writ¹**

**haberdasher** /ˈhæbədæʃəʳ/ N (= person) (Brit) mercier m, -ière f ; (US) chemisier m, -ière f ◆ **haberdasher's** (Brit) mercerie f ; (US) confection f pour hommes

**haberdashery** /ˈhæbədæʃərɪ/ N (Brit) mercerie f ; (US) confection f pour hommes

**habit** /ˈhæbɪt/ SYN
- **N** **1** habitude f ◆ **good habits** bonnes habitudes fpl ◆ **eating habits** habitudes fpl alimentaires ◆ **a survey of British reading habits** une étude sur ce que lisent les Britanniques ◆ **I'm worried about his drinking habits** je m'inquiète de son penchant pour la boisson ◆ **to be in the habit of doing sth** avoir pour habitude or avoir l'habitude de faire qch ◆ **he was talking very loudly, as he was in the habit of doing when nervous** il parlait très fort comme il avait l'habitude de le faire quand il était tendu ◆ **I don't make a habit of it** je ne le fais pas souvent ◆ **you can do it this time, but don't make a habit of it** d'accord pour cette fois, mais il ne faut pas que cela devienne une habitude ◆ **let's hope he doesn't make a habit of it** espérons qu'il n'en prendra pas l'habitude ◆ **to get** or **fall into bad habits** prendre de mauvaises habitudes ◆ **to get into/out of the habit of doing sth** prendre/perdre l'habitude de faire qch ◆ **to get sb into the habit of doing sth** faire prendre à qn l'habitude de faire qch, habituer qn à faire qch ◆ **to get out of a habit** (= lose the habit) perdre une habitude ; (= get rid of a habit) se débarrasser or se défaire d'une habitude ◆ **I've got out of the habit of going to the cinema** j'ai perdu l'habitude d'aller au cinéma, je ne vais pratiquement plus au cinéma ◆ **to have a habit of doing sth** avoir l'habitude de faire qch ◆ **his habit of staring at people unnerved her** cette habitude qu'il avait de fixer les gens la troublait ◆ **he had a bad habit of listening in to other people's conversations** il avait la mauvaise habitude d'écouter les conversations des autres ◆ **history has a habit of repeating itself** l'histoire a tendance à se répéter ◆ **to do sth out of** or **from habit** faire qch par habitude ◆ **habit of mind** tournure f d'esprit ◆ **old habits die hard** (Prov) les mauvaises habitudes ont la vie dure (Prov) ; → **creature, force**
- **2** ◆ **to have a habit** (= drug-taking) être toxicomane ; (= smoking) avoir une dépendance à la nicotine ◆ **they couldn't cure him of the habit** ils n'ont pas réussi à le désaccoutumer or le faire décrocher* ; → **kick**
- **3** (= costume) [of monk, nun] habit m ; (also **riding habit**) tenue f d'équitation
- **COMP** **habit-forming** ADJ qui crée une accoutumance

**habitability** /ˌhæbɪtəˈbɪlɪtɪ/ N habitabilité f

**habitable** /ˈhæbɪtəbl/ ADJ habitable

**habitat** /ˈhæbɪtæt/ N habitat m

**habitation** /ˌhæbɪˈteɪʃən/ SYN N **1** (NonC) habitation f ◆ **the house showed signs of habitation** la maison avait l'air habitée ◆ **unfit for human habitation** inhabitable
- **2** (= dwelling-place) habitation f, domicile m ; (= settlement) établissement m, colonie f

**habitual** /həˈbɪtjʊəl/ SYN ADJ **1** (= customary) [action, smile, expression, practice, courtesy] habituel ◆ **to become habitual** devenir une habitude
- **2** (= regular) [drug user, drinker, liar] invétéré ◆ **habitual criminal** or **offender** multirécidiviste mf

**habitually** /həˈbɪtjʊəlɪ/ ADV habituellement

**habituate** /həˈbɪtjʊeɪt/ SYN VT habituer, accoutumer (sb to sth qn à qch)

**habituation** /həˌbɪtjʊˈeɪʃən/ N habituation f

**habitus** /ˈhæbɪtəs/ N, PL INV (Med) habitus m

**hachure** /hæˈʃjʊəʳ/ N (Cartography) hachure f

**hacienda** /ˌhæsɪˈendə/ N (US) hacienda f

**hack¹** /hæk/ SYN
- **N** **1** (= cut) entaille f ; (= blow) (grand) coup m ; (= kick) coup m de pied
- **2** (= cough) toux f sèche
- **3** (Comput) ⇒ **hacker**
- **VT** **1** (= cut) hacher, tailler ◆ **to hack sth to pieces** tailler qch en pièces ◆ **the victims had been hacked to death** les victimes avaient été massacrées à coups de hache ◆ **we hacked our way through the jungle** nous nous sommes frayé un chemin dans la jungle à coups de machette
- **2** (Brit Sport = kick) ◆ **to hack the ball away** renvoyer le ballon
- **3** * ◆ **he just can't hack it** (= can't manage it) il est complètement largué* ; (= can't stand it) il déteste ça, ça lui donne des boutons* ◆ **can he hack it as a police chief?** est-ce qu'il tiendra le choc* en tant que chef de la police ?
- **4** (Brit *) ◆ **I'm hacked off** (= fed up) j'en ai ras le bol* ; (with sb/sth de qn/qch) ; (= annoyed) je l'ai mauvaise* ◆ **I'm really hacked off with her!** (= annoyed) je suis en rogne* contre elle !
- **5** (Comput) [+ system, file] s'introduire dans
- **VI** **1** (= cut) ◆ **to hack at sth** (essayer de) couper qch (au couteau or à la hache etc)
- **2** (= cough) tousser (d'une toux sèche)
- **3** (= be computer enthusiast) être un(e) mordu(e)* d'informatique ◆ **she had managed to hack into the system** (= break into system) elle avait réussi à s'introduire dans le système
- **COMP** **hacking cough** N toux f sèche

▸ **hack around** VI (US) traîner

▸ **hack down** VT SEP [+ person] massacrer à coups de couteau (or de hache or d'épée etc) ; [+ tree] abattre

▸ **hack out** VT SEP enlever grossièrement à coups de couteau (or de hache or d'épée etc)

▸ **hack up** VT SEP hacher, tailler en pièces

**hack²** /hæk/
- **N** **1** (Brit) (= horse) cheval m de selle ; (hired) cheval m de louage ; (worn-out) haridelle f, rosse f ; (= ride) promenade f à cheval ◆ **to go for a hack** (aller) se promener à cheval
- **2** (pej) (= journalist) journaleux m, -euse (pej) ; (= politician) politicard(e) m(f) (pej) ◆ **the party hacks** (Pol) les politicards mpl (pej) du parti ◆ **a hack writer, a literary hack** un écrivaillon, un plumitif
- **3** (US *) (= vehicle) taxi m ; (= driver) chauffeur m de taxi
- **VI** **1** (Brit = ride) monter (à cheval) ◆ **to go hacking** (aller) se promener à cheval
- **2** (US = operate cab) faire le taxi*
- **COMP** **hacking jacket** N (Brit) veste f de cheval or d'équitation
- **hack reporter** N ◆ **to be a hack reporter** tenir la rubrique des chiens écrasés, faire les chiens écrasés
- **hack work** N ⇒ **hack writing**
- **hack writer** N (pej) noun 2
- **hack writing** N (NonC) écrits mpl alimentaires ; (pej) travail m d'écrivaillon (pej)

▸ **hack up** VI [horse] (= win easily) l'emporter facilement ◆ **the favourite hacked up by 12 lengths** le favori l'a emporté facilement avec 12 longueurs d'avance

**hacker** /ˈhækəʳ/ N (Comput) (= enthusiast) mordu(e)* m(f) d'informatique ; (= pirate) pirate m informatique

**hacking** /ˈhækɪŋ/ N (Comput) (= enthusiasm) engouement m pour l'informatique ; (= piracy) piratage m informatique

**hackle** /ˈhækl/
- **N** plume f du cou
- **NPL** **hackles** poils mpl du cou ◆ **his hackles rose at the very idea** (fig) ça le hérissait d'y penser ◆ **to get sb's hackles up, to raise sb's hackles** hérisser qn

**hackman** /ˈhækmən/ N (pl **-men**) (US = cabdriver) chauffeur m de taxi

**hackney cab** /ˈhæknɪkæb/, **hackney carriage** /ˈhæknɪkærɪdʒ/ N voiture f de place or de louage

**hackneyed** /ˈhæknɪd/ SYN ADJ [word, image] banal ; [theme, subject] rebattu ; [metaphor] usé ◆ **hackneyed expression** or **phrase** cliché m, lieu m commun

**hacksaw** /ˈhæksɔː/ N scie f à métaux

**had** /hæd/ VB pt, ptp of **have**

**hadal** /ˈheɪdl/ ADJ hadal

**haddock** /ˈhædək/ N (pl **haddock** or **haddocks**) églefin m or aiglefin m ◆ **smoked haddock** haddock m

**hade** /heɪd/ N (Geol) pendage m

**Hades** /ˈheɪdiːz/ N (Myth) (= the underworld) les enfers mpl ; (= god) Hadès m

**Hadith** /ˈhædɪθ/ N hadith m

**hadj** /hædʒ/ (pl **hadjes**) N ⇒ hajj

**hadji** /ˈhædʒɪ/ N ⇒ hajji

**hadn't** /ˈhædnt/ ⇒ had not ; → have

**Hadrian** /ˈheɪdrɪən/
  N Hadrien m
  COMP **Hadrian's Wall** N le mur d'Hadrien

**hadron** /ˈhædrɒn/ N (Phys) hadron m

**haem** /hiːm/ N (Bio) hème m

**haematemesis, hematemesis** (US) /ˌhiːməˈtemɪsɪs/ N hématémèse f

**haematic, hematic** (US) /hiːˈmætɪk/ ADJ hématique

**haematin** /ˈhiːmətɪn/ N (Bio) hématine f

**haematite, hematite** (US) /ˈhiːmətaɪt/ N hématite f

**haematocrit** /ˈhiːmətəʊkrɪt/ N (= machine, measurement) hématocrite m

**haematological, hematological** (US) /ˌhiːmətəˈlɒdʒɪkəl/ ADJ hématologique

**haematologist, hematologist** (US) /ˌhiːməˈtɒlədʒɪst/ N hématologue mf, hématologiste mf

**haematology, hematology** (US) /ˌhiːməˈtɒlədʒɪ/ N hématologie f

**haematolysis, hematolysis** (US) /ˌhiːməˈtɒlɪsɪs/ N ⇒ haemolysis

**haematoma** (pl **haematomas** or **haematomata** /ˌhiːməˈtəʊmətə/), **hematoma** (US) /ˌhiːməˈtəʊmə/ N hématome m

**haematopoiesis** /ˌhemətəʊpɔɪˈiːsɪs/ N hématopoïèse f

**haematopoietic** /ˌhemətəʊpɔɪˈetɪk/ ADJ hématopoïétique

**haematosis** /ˌhiːməˈtəʊsɪs/ N (= oxygenation of blood) hématose f

**haematuria** /ˌhiːməˈtjʊərɪə/ N (Med) hématurie f

**haemin** /ˈhiːmɪn/ N hémine f

**haemocyanin** /ˌhiːməʊˈsaɪənɪn/ N (Bio) hémocyanine f

**haemocytometer** /ˌhiːməʊsaɪˈtɒmɪtər/ N (Med) hémocytomètre m, hématimètre m

**haemodialyser, hemodialyzer** (US) /ˈhiːməʊdaɪəˌlaɪzər/ N rein m artificiel

**haemodialysis, hemodialysis** (US) /ˌhiːməʊdaɪˈælɪsɪs/ N hémodialyse f

**haemoglobin** (Brit), **hemoglobin** (US) /ˌhiːməʊˈɡləʊbɪn/ N hémoglobine f

**haemoglobinopathy** /ˌhiːməʊɡləʊbɪˈnɒpəθɪ/ N hémoglobinopathie f

**haemolysin** /ˌhiːməʊˈlaɪsɪn/ N hémolysine f

**haemolysis, hemolysis** (US) /hɪˈmɒlɪsɪs/ N (pl **haemolyses, hemolyses** /hɪˈmɒlɪˌsiːz/) hémolyse f

**haemophilia** (Brit), **hemophilia** (US) /ˌhiːməʊˈfɪlɪə/ N hémophilie f

**haemophiliac, hemophiliac** (US) /ˌhiːməʊˈfɪlɪæk/ ADJ, N hémophile mf

**haemoptysis, hemoptysis** (US) /hɪˈmɒptɪsɪs/ N (pl **haemoptyses, hemoptyses** /hɪˈmɒptɪˌsiːz/) hémoptysie f

**haemorrhage** (Brit), **hemorrhage** (US) /ˈhemərɪdʒ/
  N hémorragie f
  VI faire une hémorragie

**haemorrhoids, hemorrhoids** (US) /ˈhemərɔɪdz/ NPL hémorroïdes fpl

**haemostasis, hemostasis** (US) /ˌhiːməʊˈsteɪsɪs/ N hémostase f

**haemostat** /ˈhiːməʊstæt/ N (= drug) hémostatique m ; (= instrument) pinces fpl hémostatiques

**haemostatic** /ˌhiːməʊˈstætɪk/ ADJ hémostatique

**hafnium** /ˈhæfnɪəm/ N hafnium m

**haft** /hɑːft/
  N [of knife] manche m ; [of sword] poignée f
  VT emmancher, mettre un manche à

**hag** /hæɡ/ SYN
  N (= ugly old woman) vieille sorcière f ; (= witch) sorcière f ; (* = unpleasant woman) mégère f
  COMP **hag-ridden** ADJ (gen) tourmenté ◆ **he's hag-ridden** (henpecked husband) sa femme n'arrête pas de le houspiller

**hagfish** /ˈhæɡfɪʃ/ N (= fish) myxine f

**haggard** /ˈhæɡəd/ SYN ADJ (= careworn) défait ; (= wild in appearance) hagard ◆ **to look haggard** avoir la mine défaite

**haggis** /ˈhæɡɪs/ N haggis m (plat écossais à base d'abats de mouton, traditionnellement cuit dans une panse de mouton)

**haggle** /ˈhæɡəl/ SYN VI (= bargain) marchander ; (= quibble) chicaner ◆ **to haggle about** or **over the price** débattre le prix ; (= quibble) chicaner sur le prix ◆ **they haggled over the terms of the agreement** ils ont chicané sur les termes de l'accord

**haggler** /ˈhæɡlər/ N marchandeur m, -euse f

**haggling** /ˈhæɡlɪŋ/ N (= bargaining) marchandage m ; (= quibbling) ergotage m

**hagiographer** /ˌhæɡɪˈɒɡrəfər/ N hagiographe mf

**hagiographic** /ˌhæɡɪəˈɡræfɪk/ ADJ hagiographique

**hagiography** /ˌhæɡɪˈɒɡrəfɪ/ N hagiographie f

**Hague** /heɪɡ/ N ◆ **The Hague** La Haye

**hah** /hɑː/ EXCL ha !, ah !

**ha-ha** /ˈhɑːˈhɑː/ N (Brit) (= fence) clôture f en contrebas ; (= ditch) saut-de-loup m

**hahnium** /ˈhɑːnɪəm/ N (Chem) hahnium m

**hai(c)k** /haɪk/ N haïk m

**haiku** /ˈhaɪkuː/ N, PL INV haïku m

**hail¹** /heɪl/
  N 1 (NonC: Weather) grêle f
  2 (fig) [of stones, bullets, blows] grêle f, pluie f ◆ **a hail of gunfire** une pluie or grêle de balles
  VI grêler ◆ **it is hailing** il grêle

**hail²** /heɪl/ SYN
  VT 1 (= acclaim) saluer (as comme) ◆ **she has been hailed as the greatest novelist of her generation** elle a été saluée comme la plus grande romancière de sa génération ◆ **the agreement was hailed as a breakthrough** l'accord a été salué comme un événement capital
  2 († = acknowledge) acclamer (as comme) ◆ **he was hailed as emperor** on l'acclama or il fut acclamé comme empereur
  3 (= all) hail! † salut à vous !, je vous salue !
  4 (= call loudly) [+ ship, taxi, person] héler ◆ **within hailing distance** à portée de (la) voix
  VI (frm) ◆ **to hail from** [ship] être en provenance de ; [person] être originaire de ◆ **a ship hailing from London** un navire en provenance de Londres ◆ **they hail from Leeds** ils sont originaires de Leeds ◆ **where do you hail from?** d'où êtes-vous ?
  N appel m
  COMP **hail-fellow-well-met** ADJ ◆ **to be hail-fellow-well-met** se montrer d'une familiarité excessive
  **Hail Mary** N (Rel) Je vous salue Marie m inv, Ave m inv

▶ **hail down** VT SEP [+ taxi] héler

**hailstone** /ˈheɪlstəʊn/ N grêlon m

**hailstorm** /ˈheɪlstɔːm/ N averse f de grêle

**hair** /hɛər/ SYN
  N 1 (NonC) [of human] (on head) cheveux mpl ; (on body) poils mpl ◆ **he has black hair** il a les cheveux noirs ◆ **a man with long hair** un homme aux cheveux longs ◆ **a fine head of hair** une belle chevelure ◆ **to wash one's hair** se laver les cheveux ◆ **to do one's hair** se coiffer ◆ **her hair always looks nice** elle est toujours bien coiffée ◆ **to have one's hair done** se faire coiffer ◆ **she always does my hair very well** elle me coiffe toujours très bien ◆ **to get one's hair cut** se faire couper les cheveux ◆ **to put one's hair up** relever ses cheveux ◆ **to let one's hair down*** (fig) se laisser aller ◆ **keep your hair on!*** (Brit) du calme ! ◆ **he gets in my hair*** (= is annoying) il me tape sur les nerfs* or sur le système* ◆ **I wish you'd get out of my hair*** **while I'm working** j'aimerais bien que tu ne sois pas tout le temps dans mes jambes quand je travaille ◆ **to get sb out of one's hair** (= get rid of them) se débarrasser de qn ◆ **it made my hair stand on end** cela m'a fait dresser les cheveux sur la tête
  2 [of human] (= single hair) (on head) cheveu m ; (on body) poil m ◆ **I'm starting to get some grey hairs** je commence à avoir des cheveux gris or à grisonner ◆ **(with) not a hair out of place** tiré à quatre épingles ◆ **not a hair of his head was harmed** on n'a pas touché à un seul de ses cheveux ◆ **this will put hairs on your chest** (* hum :spicy food, strong drink etc) ça te rendra plus viril ◆ **it was hanging by a hair** cela ne tenait qu'à un cheveu ◆ **he won the race by a hair** il a gagné la course de justesse or d'un cheveu ; → hair's breadth, split, turn
  3 [of animal] (= single hair) poil m ; (NonC) pelage m ; [of horse] pelage m, robe f ; (= bristles) soies fpl ◆ **I'm allergic to cat hair** je suis allergique aux poils de chat ◆ **try a hair of the dog (that bit you)*** reprends un petit verre pour faire passer ta gueule de bois *
  COMP [sofa, mattress] de crin
  **hair appointment** N rendez-vous m chez le coiffeur
  **hair bulb** N bulbe m pileux
  **hair care** N soins mpl capillaires or du cheveu
  **hair clip** N barrette f
  **hair clippers** NPL tondeuse f (de coiffeur)
  **hair conditioner** N après-shampooing m, baume m démêlant
  **hair cream** N crème f capillaire
  **hair-curler** N bigoudi m
  **hair-dryer** N (hand-held) sèche-cheveux m inv, séchoir m (à cheveux) ; (freestanding) casque m
  **hair extension** N (clip-on) postiche m ; (permanent) extension f
  **hair follicle** N follicule m pileux
  **hair gel** N gel m (coiffant or pour les cheveux)
  **hair grass** N canche f
  **hair grip** N (Brit) pince f à cheveux
  **hair implant** N implants mpl capillaires
  **hair lacquer** N laque f (pour cheveux)
  **hair oil** N huile f capillaire
  **hair-raising*** ADJ SYN [experience, story] terrifiant, à (vous) faire dresser les cheveux sur la tête ◆ **driving in Paris is a hair-raising business** c'est terrifiant de conduire dans Paris
  **hair remover** N crème f dépilatoire
  **hair restorer** N antichute m
  **hair roller** N rouleau m (bigoudi)
  **hair's breadth** N ◆ **the bullet missed him by a hair's breadth** la balle l'a manqué de justesse or d'un cheveu ◆ **the car missed the taxi by a hair's breadth** la voiture a évité le taxi de justesse ◆ **the country is within a hair's breadth of civil war** le pays est à deux doigts de la guerre civile ◆ **she was within a hair's breadth of selling the business** elle était à deux doigts de vendre l'affaire ADJ ◆ **they won the election with a hair's breadth majority** ils ont remporté les élections d'un cheveu or de justesse ◆ **this performance earned him a hair's breadth victory** grâce à cette performance, il l'a emporté or il a gagné de justesse ◆ **they had a hair's breadth escape from their pursuers** ils ont échappé à leurs poursuivants de justesse
  **hair shirt** N (Rel) haire f, cilice m
  **hair slide** N (Brit) barrette f
  **hair specialist** N capilliculteur m, -trice f
  **hair-splitter** N coupeur m, -euse f de cheveux en quatre
  **hair-splitting** SYN N ergotage m, pinaillage * m
  **hair spray** N laque f (pour cheveux)
  **hair style** N coiffure f
  **hair stylist** N coiffeur m, -euse f
  **hair transplant** N implants mpl capillaires
  **hair-trigger** ADJ [temper] explosif

**hairball** /ˈhɛəbɔːl/ N [of cat] boule f de poils

**hairband** /ˈhɛəbænd/ N bandeau m

**hairbrained** /ˈhɛəbreɪnd/ ADJ ⇒ harebrained

**hairbrush** /ˈhɛəbrʌʃ/ N brosse f à cheveux

**haircloth** /ˈhɛəklɒθ/ N étoffe f de crin

**haircut** /ˈhɛəkʌt/ N ◆ **to have** or **get a haircut** se faire couper les cheveux ◆ **I'd like a haircut** je voudrais une coupe ◆ **I like your haircut** j'aime bien ta coupe de cheveux

**hairdo*** /ˈhɛəduː/ N coiffure f ◆ **do you like my hairdo?** tu aimes ma coiffure ?, tu aimes mes cheveux comme ça ? *

**hairdresser** /ˈhɛədresər/
  N coiffeur m, -euse f ◆ **I'm going to the hairdresser's** je vais chez le coiffeur
  COMP **hairdresser's (salon** or **shop)** N salon m de coiffure

**hairdressing** /ˈhɛədresɪŋ/
  N (NonC : skill, job) coiffure f (métier)
  COMP **hairdressing appointment** N rendez-vous m chez le coiffeur
  **hairdressing salon** N salon m de coiffure

**-haired** /hɛəd/ ADJ (in compounds) ◆ **long-haired** [person] aux cheveux longs ; [animal] à longs poils ◆ **short-haired** [person] aux cheveux courts ; [animal] à poils ras ; → curly, fair¹

**hairless** /ˈhɛəlɪs/ ADJ [head] chauve ; [face, chin] imberbe ; [body, legs] glabre ; [animal] sans poils

**hairline** /ˈhɛəlaɪn/
N (on head) naissance f des cheveux ; (in handwriting) délié m ; → recede
COMP **hairline crack** N (gen) fine fissure f ; (Med) mince or légère fêlure f
**hairline fracture** N (Med) fêlure f

**hairnet** /ˈhɛənet/ N résille f, filet m à cheveux

**hairpiece** /ˈhɛəpiːs/ N postiche m

**hairpin** /hɛəpɪn/
N épingle f à cheveux
COMP **hairpin bend, hairpin curve** (US) N virage m en épingle à cheveux

**hairspring** /ˈhɛəsprɪŋ/ N (ressort m) spiral m (de montre)

**hairstreak** /ˈheəstriːk/ N (= butterfly) lycène m

**hairy** /ˈhɛərɪ/ SYN ADJ [1] (= covered with hair) [person, body] poilu ; [animal] très poilu ; [chest, legs, spider, leaf] velu • **a mammal's hairy coat** le pelage épais d'un mammifère
[2] * (= scary) • **his driving is a bit hairy** sa façon de conduire file la pétoche‡ • **there were some hairy moments on the mountain bends** on a eu des sueurs froides dans les virages de montagne

**Haiti** /ˈheɪtɪ/ N Haïti f or m • **in Haiti** en Haïti

**Haitian** /ˈheɪʃɪən/
ADJ haïtien
N Haïtien(ne) m(f)

**haji** /ˈhædʒɪ/ N ⇒ **hajji**

**hajj** (pl **hajjes**) /hædʒ/ (pl **hadjes**) N hadj m

**hajji** (pl **hajjis**) /ˈhædʒɪ/ N (Muslim) hadji m

**hake** /heɪk/ N (pl **hake** or **hakes**) (Brit) colin m, merlu m

**halal** /hæˈlæl/ ADJ [meat, butcher] halal inv or hallal inv

**halation** /həˈleɪʃən/ N (Phot) halo m

**halberd** /ˈhælbəd/ N hallebarde f

**halcyon** /ˈhælsɪən/ SYN
N (Myth, = bird) alcyon m
ADJ [years, period] de bonheur • **halcyon days** jours mpl de bonheur, jours mpl heureux

**hale** /heɪl/ SYN ADJ [person] vigoureux, robuste • **to be hale and hearty** (gen) être en pleine santé ; [old person] avoir bon pied bon œil

**half** /hɑːf/ SYN (pl **halves**)
N [1] (of one whole) moitié f • **to take half of sth** prendre la moitié de qch • **two halves make a whole** deux demis font un entier • **the two halves of the brain** les deux hémisphères du cerveau • **inflation rose in the first half of this year** l'inflation a augmenté au cours du premier semestre de l'année • **I spent half the night thinking about it** j'ai passé la moitié de la nuit à y penser • **she was working with half her usual energy** elle travaillait avec beaucoup moins d'énergie que de coutume • **in half a second** * en moins de rien • **to listen with half an ear** n'écouter que d'une oreille • **you can see that with half an eye** ça saute aux yeux, ça crève les yeux • **and that's not the half of it!** *, **I haven't told you the half of it yet!** * et c'est pas tout ! * • **my better** or **other half** * (hum) ma douce moitié • **to see how the other half lives** * voir comment vivent les autres
♦ **and a half** • **two and a half** deux et demi • **two and a half hours/weeks, two hours/weeks and a half** deux heures/semaines et demie • **two and a half kilos, two kilos and a half** deux kilos et demi • **that was a day/an exam and a half!** * ça a été une sacrée journée/un sacré examen ! *, je te raconte pas ma journée/mon examen ! *
♦ **by half** • **to cut by half** [+ costs, prices, budget, workforce] réduire de moitié • **he's too clever/cheeky by half** * c'est un petit malin/impertinent • **the film was too sentimental by half** * ce film était bien trop sentimental
♦ **by halves** • **he doesn't do things by halves** il ne fait pas les choses à moitié or à demi
♦ **to go halves** • **will you go halves with me in buying the book?** veux-tu qu'on achète ce livre ensemble, en payant chacun la moitié ?, est-ce que tu partagerais avec moi le prix de ce livre ? • **we always go halves on the phone bill** nous partageons toujours la note de téléphone en deux • **we went halves on a taxi** nous avons partagé un taxi
♦ **in half** • **to cut sth in half** [+ object] couper qch en deux • **to cut in half** [+ costs, prices, budget, workforce] réduire de moitié • **the plate broke in half** l'assiette s'est cassée en deux
[2] (of a number of things or people) moitié f • **half of the books are in French** la moitié des livres sont en français • **nearly half of all marriages end in divorce** près de la moitié des couples divorcent • **100 employees, half of whom are part-time** 100 employés, dont la moitié sont à temps partiel • **they don't know how to drive, half of them** la plupart d'entre eux ne savent pas conduire
[3] [of rail ticket] • **outward half** billet m aller • **return half** billet m de retour
[4] (Sport = part of match) mi-temps f • **the first/second half** la première/seconde mi-temps
[5] (Sport = player) demi m • **left/right half** (Football) demi m gauche/droite
[6] (Scol = term) semestre m
[7] (Brit : also **half-pint**) demi m • **a half of Guinness please** un demi de Guinness, s'il vous plaît
ADJ demi • **a half cup, half a cup** une demi-tasse • **three half cups** trois demi-tasses • **a half bottle of wine** une demi-bouteille de vin • **a half-point cut in interest rates** une réduction d'un demi pour cent des taux d'intérêt • **half man half beast** mi-homme mi-bête • **there are no half measures** il n'y a pas de demi-mesures • **this plan smacks of half measures** ce plan ne propose que des demi-mesures • **he never does anything by half measures, there are no half measures with him** il ne fait jamais les choses à moitié ; see also **comp, tick**[1]
ADV [1] (= 50%) **a mixture of half milk, half cream** un mélange moitié lait moitié crème, un mélange de lait et de crème, moitié-moitié • **a half-million dollars/people** un demi-million de dollars/personnes • **the book was half in French, half in English** le livre était à moitié en français, à moitié en anglais • **he's half French half English** il est de père français et de mère anglaise (or de père anglais et de mère française) • **he is half as big as his sister** il est deux fois plus petit que sa sœur • **he earns half as much as you** il gagne deux fois moins que vous • **she earns half as much again as him** elle gagne une fois et demi(e) son salaire • **a PC costs half as much again in Europe as in America** les PC coûtent une fois et demi(e) plus cher en Europe qu'en Amérique • **his company's sales fell half as much again as last year** les ventes de son entreprise ont connu une baisse de 50% de plus que l'année dernière ; see also **comp**
[2] (= partially, partly) à moitié • **half asleep** à moitié endormi • **half-buried** à moitié or à demi enterré • **the work is only half done** le travail n'est qu'à moitié fait • **she has only half recovered from her illness** elle n'est qu'à moitié remise de sa maladie • **he only half understands** il ne comprend qu'à moitié • **I've only half read it** (= didn't read carefully) je ne l'ai lu qu'à moitié ; (= haven't finished reading) je n'en ai lu que la moitié • **she was half laughing half crying** elle était partagée entre le rire et les larmes, elle était entre rire et larmes • **half angry, half amused** mi-fâché, mi-amusé
[3] (= rather, almost) un peu • **I'm half afraid that...** j'ai un peu peur que... + ne + subj • **he was half ashamed to admit it** il avait un peu honte de l'admettre • **I half think (that)...** je serais tenté de penser que... • **I'm half inclined to do it** je suis tenté de le faire • **I half suspect that...** je soupçonne que... ; see also **comp**
[4] (Brit * : emphatic) • **he wasn't half bad to look at!** il était rudement* or drôlement* beau ! • **she didn't half swear!** elle a juré comme un charretier ! • **she didn't half cry!** elle a pleuré comme une Madeleine ! • **not half!** tu parles ! *, et comment !
[5] (in telling the time) • **it is half past three** il est trois heures et demie • **what time is it? – half past** quelle heure est-il ? – la demie ; see also **comp**
COMP **half-a-crown** N (Brit : formerly = value) une demi-couronne ; → **half-crown**
**half-a-dollar** N (US = value) un demi-dollar ; (Brit ‡ : formerly) une demi-couronne ; → **half-dollar**
**half-a-dozen** N une demi-douzaine ; → **half-dozen**
**half-and-half** ADV moitié-moitié N (US = milk and cream) mélange mi-crème mi-lait
**half-an-hour** N une demi-heure ; → **half-hour**
**half-assed**‡ ADJ (US) foireux‡, nul
**half-baked** SYN ADJ (Culin) à moitié cuit ; (fig, pej) [plan, idea] qui ne tient pas debout, à la noix* ; [attempt] maladroit • **a half-baked philosopher/politician** un philosophe/politicien à la manque*
**half-binding** N [of book] demi-reliure f
**half-blind** ADJ à moitié aveugle
**half-blood** N (US) ⇒ **half-breed**
**half-board** N (Brit : in hotel) demi-pension f
**half-boot** N demi-botte f
**half-breed** N (= person) métis(se) m(f) ADJ (also **half-bred**) [person] métis(se) ; [animal] hybride
**half-brother** N demi-frère m
**half-caste** ADJ, N métis(se) m(f)
**half-century** N demi-siècle m
**half-circle** N demi-cercle m
**half-clad** ADJ à demi vêtu
**half-closed** ADJ à demi fermé, à moitié fermé
**half-cock** N • **to go off at half-cock** (fig) [plan etc] rater
**half-cocked** ADJ [gun] à moitié armé, au cran de sûreté ; (fig) [plan, scheme] mal préparé, bâclé • **to go off half-cocked** (fig) rater
**half-conscious** ADJ à demi conscient
**half-convinced** ADJ à demi convaincu, à moitié convaincu
**half-cooked** ADJ à moitié cuit
**half-crazy** ADJ à moitié fou (folle f)
**half-crown** N (Brit : formerly = coin) demi-couronne f ; → **half-a-crown**
**half-cup bra** N soutien-gorge m à balconnet
**half-cut** †‡ ADJ (Brit) bourré‡
**half-day** N demi-journée f • **to have a half-day (holiday)** avoir une demi-journée (de congé)
**half-dazed** ADJ à demi hébété
**half-dead** ADJ (lit, fig) à moitié mort, à demi mort (with de)
**half-deaf** ADJ à moitié sourd
**half-deck** N (on boat) demi-pont m
**half-digested** ADJ (lit, fig) mal digéré
**half-dollar** N (US = coin) demi-dollar m ; → **half-a-dollar**
**half-dozen** N demi-douzaine f ; → **half-a-dozen**
**half-dressed** ADJ à demi vêtu
**half-drowned** ADJ à moitié noyé
**half-eaten** ADJ à moitié mangé
**half-educated** ADJ • **he is half-educated** il n'est pas très instruit
**half-empty** ADJ à moitié vide VT vider à moitié
**half-fare** N demi-tarif m ADV [pay] demi-tarif
**half-fill** VT remplir à moitié
**half-forgotten** ADJ à moitié oublié
**half-frozen** ADJ à moitié gelé
**half-full** ADJ à moitié plein
**half-grown** ADJ à mi-croissance
**half-hearted** SYN ADJ [person, welcome] peu enthousiaste ; [manner] tiède ; [attempt] timide
**half-heartedly** ADV [welcome] sans enthousiasme ; [try] sans conviction
**half-heartedness** N tiédeur f ; [of person, welcome] manque m d'enthousiasme ; [of attempt] manque m de conviction
**half-hitch** N demi-clef f
**half holiday** N (Brit) demi-journée f de congé
**half-hour** N demi-heure f • **the clock struck the half-hour** l'horloge a sonné la demie (de l'heure) • **on the half-hour** à la demie ADJ [wait, delay] d'une demi-heure ; → **half-an-hour**
**half-hourly** ADV toutes les demi-heures ADJ d'une demi-heure
**half-jokingly** ADV en plaisantant à moitié
**half-landing** N palier m de repos
**half-length** N (Swimming) demi-longueur f ADJ [portrait] en buste
**half-lie** N demi-mensonge m
**half-life** N (Phys) demi-vie f
**half-light** N demi-jour m
**half-line** N (Geom) demi-droite f
**half-mad** ADJ à moitié fou (folle f)
**half-marathon** N semi-marathon m
**half-mast** N • **at half-mast** [flag] en berne ; [trousers] qui tombe
**half-measure** N demi-mesure f • **no half-measures** pas de demi-mesures
**half-moon** N demi-lune f ; (on fingernail) lunule f
**half-naked** ADJ à demi nu, à moitié nu
**half-nelson** N (Wrestling) étranglement m
**half-note** N (US Mus) blanche f
**half-note rest** N (US Mus) demi-pause f
**half open** VT entrouvrir, entrebâiller
**half-open** ADJ [eye, mouth] entrouvert ; [window, door] entrouvert, entrebâillé
**half pay** N • **to be on half pay** (gen) toucher un demi-salaire ; (Mil) toucher une demi-solde
**half-pint** N ≈ quart m de litre (* = small person) demi-portion* f • **a half-pint (of beer)** ≈ un demi
**half price** N • **at half price** à moitié prix • **the goods were reduced to half price** le prix des articles était réduit de moitié • **children are admitted (at) half price** les enfants paient demi-tarif • **a half-price hat** un chapeau à moitié prix

**half-raw** ADJ à moitié cru
**half rest** N (US Mus) demi-pause f
**half-right** ADJ ◆ **you are half-right** tu n'as pas entièrement tort
**half seas over** †‡ ADJ parti*, dans les vignes du Seigneur
**half-serious** ADJ à moitié sérieux
**half-shut** ADJ à moitié fermé
**half-sister** N demi-sœur f
**half-size** N [of shoes] demi-pointure f ADJ ◆ **half-size(d) model** modèle m réduit de moitié
**half-sleeve** N manche f mi-longue
**half-smile** N ◆ **a half-smile** l'esquisse f d'un sourire
**half-sole** N demi-semelle f
**half-staff** N (US) ◆ **at half-staff** en berne
**half-starved** ADJ à moitié mort de faim, affamé
**half-step** N (US Mus) demi-ton m
**half term** N (Brit Educ) congé m en milieu de trimestre, petites vacances fpl
**half-timbered** ADJ à colombage
**half-timbering** N colombage m
**half time** N ① (Sport) mi-temps f ◆ **at half time** à la mi-temps
② (= work) mi-temps m ◆ **on half time** à mi-temps ◆ **they are working half time** ils travaillent à mi-temps
**half-time** ADJ ◆ **half-time score** score m à la mi-temps
**half-title** N faux-titre m
**half-tone** N (US Mus) demi-ton m ; (Art) demi-teinte f ; (Phot) similigravure f
**half-track** N (= tread) chenille f ; (= vehicle) half-track m
**half-truth** N demi-vérité f
**half-understood** ADJ compris à moitié, mal compris
**half volley** N (Tennis) demi-volée f
**half-year** N semestre m
**half-yearly** (esp Brit) ADJ semestriel(le) m(f) ADV tous les six mois, chaque semestre

**halfback** /ˈhɑːfbæk/ N (Sport) demi m

**halfpenny** /ˈheɪpnɪ/
N (pl **halfpennies** or **halfpence** /ˈheɪpəns /) demi-penny m ◆ **he hasn't got a halfpenny** il n'a pas le or un sou
ADJ d'un demi-penny

**halfway** /ˈhɑːfweɪ/ SYN
ADV (in distance) à mi-chemin ◆ **to be halfway along the road** être à mi-chemin ◆ **halfway along the line of cars etc)** vers le milieu (de la file de voitures etc) ◆ **halfway between...** (lit, fig) à mi-chemin entre... ◆ **halfway down (the hill)** à mi-pente, à mi-côte ◆ **halfway up (the pipe/tree** etc) à mi-hauteur (du tuyau/de l'arbre etc) ◆ **he was halfway down/up the stairs** il avait descendu/monté la moitié de l'escalier ◆ **her hair reaches halfway down her back** ses cheveux lui arrivent au milieu du dos ◆ **to stretch halfway around the world** faire la moitié de la terre ◆ **they've travelled halfway around the world** (lit) ils ont fait la moitié du tour de la terre ; (fig) ils ont beaucoup voyagé ◆ **(to be) halfway there** (être) à mi-chemin ◆ **halfway through the book/film** au milieu du livre/du film ◆ **turn the fish over halfway through** retournez le poisson en milieu de cuisson ◆ **halfway to Paris** à mi-chemin de Paris ◆ **anything halfway decent will be incredibly expensive** pour avoir quelque chose d'à peu près correct, il faut compter une fortune ◆ **to go halfway** (lit) faire la moitié du chemin ◆ **the decision goes halfway to giving the strikers what they want** cette décision va dans le sens des revendications des grévistes ◆ **I'll meet you halfway** (lit) j'irai à votre rencontre, je ferai la moitié du chemin ; (fig) coupons la poire en deux, faisons un compromis ◆ **to meet trouble halfway** se créer des ennuis
COMP **halfway hostel** N ⇒ **halfway house** 1
**halfway house** N ① (for rehabilitation) centre m de réadaptation
② (= compromise) compromis m ◆ **it's a halfway house between dance and drama** c'est à mi-chemin entre la danse et le théâtre
③ (Hist = inn) hôtellerie f relais
**halfway line** N (Football) ligne f médiane

**halfwit** /ˈhɑːfwɪt/ SYN N idiot(e) m(f), imbécile mf

**halfwitted** /hɑːfˈwɪtɪd/ SYN ADJ idiot, imbécile

**halibut** /ˈhælɪbət/ N (pl **halibut** or **halibuts**) flétan m

**halide** /ˈhælaɪd/ N (Chem) halogénure m

**halite** /ˈhælaɪt/ N (Geol) sel m gemme, halite f

**halitosis** /ˌhælɪˈtəʊsɪs/ N mauvaise haleine f

**hall** /hɔːl/ SYN
N ① (= large public room) salle f ; [of castle, public building] (grande) salle f ; (also **village hall, church hall**) salle f paroissiale ; (Brit Univ) (= refectory) réfectoire m ; → **concert, music, town**
② (= mansion) château m, manoir m
③ (Theat) ◆ **to play the halls** faire du music-hall
④ (= entrance way) [of house] entrée f ; [of hotel] hall m
⑤ (US = corridor) couloir m
⑥ (Univ: also **hall of residence** (Brit), **residence hall** (US)) résidence f universitaire ◆ **to live or be in hall** habiter en résidence universitaire or en cité universitaire
COMP **Hall of Fame** N panthéon m ◆ **his records have earned him a place in the jazz Hall of Fame** ses disques lui ont valu une place au panthéon du jazz
**hall porter** N (Brit) (in blocks of flats) concierge mf ; (in hotel) portier m
**hall tree** N (US) ⇒ **hallstand**

**hallelujah** /ˌhælɪˈluːjə/ EXCL, N alléluia m ◆ **the Hallelujah Chorus** l'Alléluia

**hallmark** /ˈhɔːlmɑːk/ SYN
N ① [of gold, silver] poinçon m
② (fig) marque f ◆ **the hallmark of genius** la marque du génie ◆ **this attack bears the hallmark of a terrorist incident** cet attentat porte la marque d'une organisation terroriste, cet attentat a tout d'un acte terroriste ◆ **excellent service is the hallmark of a good restaurant** un bon restaurant se distingue par l'excellence de son service ◆ **the dry wit that has always been his hallmark** l'humour pince-sans-rire qui l'a toujours caractérisé
VT poinçonner

**hallo** /həˈləʊ/ EXCL (Brit) ⇒ **hello**

**halloo** /həˈluː/
EXCL (Hunting) taïaut ! ; (gen) ohé !
N appel m
VI (Hunting) crier taïaut ; (gen) appeler (à grands cris)

**hallow** /ˈhæləʊ/ VT sanctifier, consacrer ◆ **hallowed be Thy name** que Ton nom soit sanctifié

**hallowed** /ˈhæləʊd/ ADJ ① (= holy) saint, béni ◆ **on hallowed ground** en terre sacrée
② (= venerable) [right, tradition, institution] sacré ◆ **the hallowed halls of the White House** (hum) la vénérable enceinte de la Maison Blanche ◆ **the hallowed portals of the headmaster's office** (hum) l'entrée de ce lieu sacré qu'est le bureau du directeur

**Halloween, Hallowe'en** /ˌhæləʊˈiːn/ N Halloween m

● **HALLOWEEN**
La fête d'**Halloween**, célébrée le 31 octobre (jour où, pensait-on, les morts venaient rendre visite aux vivants), est une très ancienne tradition dans les pays anglo-saxons. À cette occasion, les enfants déguisés en sorcières et en fantômes frappent aux portes de leurs voisins pour leur demander des bonbons et de l'argent ; aux États-Unis, cette coutume est connue sous le nom de « trick or treat », car les enfants menacent de vous jouer un mauvais tour (« trick ») si vous ne leur donnez pas un petit cadeau (« treat »), en général des bonbons.

**hallstand** /ˈhɔːlstænd/ N portemanteau m

**Hallstatt** /ˈhælstæt/, **Hallstattian** /hælˈstætɪən/ ADJ alstatt

**hallucinant** /həˈluːsɪnənt/ N hallucinogène m

**hallucinate** /həˈluːsɪneɪt/ VI avoir des hallucinations

**hallucination** /həˌluːsɪˈneɪʃən/ SYN N hallucination f

**hallucinatory** /həˈluːsɪnətərɪ/ ADJ [drug] hallucinogène ; [state, effect, vision] hallucinatoire

**hallucinogen** /hæˈluːsɪnədʒən/ N hallucinogène m

**hallucinogenic** /həˌluːsɪnəʊˈdʒenɪk/ ADJ hallucinogène

**hallucinosis** /həˌluːsɪˈnəʊsɪs/ N hallucinose f

**hallux** /ˈhæləks/ N (Anat) gros orteil m ; (Med) hallux m

**hallway** /ˈhɔːlweɪ/ N ⇒ **hall** noun 4

**halo** /ˈheɪləʊ/ SYN N (pl **halo(e)s**) [of saint] auréole f, nimbe m ; (Astron) halo m

**halogen** /ˈhælədʒen/
N halogène m
COMP **halogen lamp** N lampe f (à) halogène

**halogenate** /hæˈlɒdʒəneɪt/ VT (Chem) halogéner

**halogenation** /ˌhælədʒəˈneɪʃən/ N (Chem) halogénation f

**halogenous** /həˈlɒdʒɪnəs/ ADJ (Chem) halogène

**haloid** /ˈhæloɪd/
ADJ haloïde
N sel m haloïde

**halon** /ˈhælɒn/ N (Chem) halon ® m

**halophilic** /ˌhæləʊˈfɪlɪk/ ADJ halophile

**halophyte** /ˈhæləʊfaɪt/ N halophyte f

**halt¹** /hɔːlt/ SYN
N ① halte f, arrêt m ◆ **five minutes' halt** cinq minutes d'arrêt ◆ **to come to a halt** [person] faire halte, s'arrêter ; [vehicle] s'arrêter ; [process] être interrompu ◆ **the commander called a halt** le commandant a ordonné que l'on s'arrête ◆ **the referee called a halt** (Football etc) l'arbitre a sifflé un arrêt de jeu ◆ **to call a halt to sth** mettre fin à qch ◆ **to call for a halt to sth** demander l'arrêt de qch ◆ **her government called for an immediate halt to the fighting** son gouvernement a demandé l'arrêt immédiat des combats
② (Brit Rail) halte f
VI faire halte, s'arrêter ◆ **halt!** halte !
VT [+ vehicle] faire arrêter ; [+ process] interrompre
COMP **halt sign** N (on road) (panneau m) stop m

**halt²** ††/hɔːlt/ SYN
ADJ (= lame) boiteux
NPL **the halt** les estropiés mpl

**halter** /ˈhɔːltər/
N ① [of horse] licou m, collier m ; (= hangman's noose) corde f (de pendaison)
② (Dress: also **halterneck**) ◆ **a dress with a halter top** une robe dos nu
ADJ (Dress: also **halterneck**) [top, dress] dos nu inv

**haltere** /ˈhæltɪər/ N (pl **halteres** /hælˈtɪərɪz/) [of insect] haltère f

**halterneck** /ˈhɔːltəˌnek/
N dos-nu m inv
ADJ dos nu inv

**halting** /ˈhɔːltɪŋ/ SYN ADJ [speech, efforts, progress] hésitant ; [voice] haché, hésitant ; [verse] boiteux ; [style] heurté ◆ **in halting French/German** dans un français/allemand hésitant

**haltingly** /ˈhɔːltɪŋlɪ/ ADV [speak] de façon hésitante

**halva(h)** /ˈhælvɑː/ N (Culin) halva m

**halve** /hɑːv/ SYN
VT ① (= divide in two) [+ object] couper en deux
② (= reduce by half) [+ expense, time] réduire or diminuer de moitié ◆ **halve the quantities if cooking for one** pour une personne, réduisez les quantités de moitié
VI [sales, figures] être réduit de moitié

**halves** /hɑːvz/ npl of **half**

**halyard** /ˈhæljəd/ N drisse f

**ham** /hæm/
N ① (= meat) jambon m ◆ **ham and eggs** œufs mpl au jambon
② (Anat) [of animal] cuisse f
③ (Theat *: pej) cabotin(e) * m(f) (pej)
④ (Rad *) radioamateur m
COMP [sandwich] au jambon
**ham acting** N cabotinage * m
**ham-fisted, ham-handed** ADJ maladroit, gauche
▶ **ham up** * VT SEP (Theat) [+ part, speech] forcer ◆ **to ham it up** forcer son rôle

**hamadryad** /ˌhæməˈdraɪəd/ N (Myth) hamadryade f

**hamadryas** /ˌhæməˈdraɪəs/ N (= animal) hamadryas m

**Hamburg** /ˈhæmbɜːg/ N Hambourg

**hamburger** /ˈhæmˌbɜːgər/ N (gen) hamburger m ; (US: also **hamburger meat**) viande f hachée

**Hamitic** /hæˈmɪtɪk/ ADJ chamitique

**Hamlet** /ˈhæmlət/ N Hamlet m

**hamlet** /ˈhæmlɪt/ **N** *(village)* hameau *m*

**hammer** /ˈhæməʳ/ SYN

N *(= tool : also Sport, of piano)* marteau *m* ; *(of gun)* chien *m* ◆ **the hammer and sickle** la faucille et le marteau ◆ **to come under the hammer** *(at auction)* être mis aux enchères

♦ **to go at it hammer and tongs** s'en donner à cœur joie ◆ **they were going at it hammer and tongs** *(= having sex)* ils s'en donnaient à cœur joie ; *(= fighting)* ils se battaient comme des chiffonniers ; *(= working)* ils y mettaient tout leur cœur ; *(= arguing, debating)* ils discutaient âprement

VT [1] *[+ metal]* battre au marteau, marteler ◆ **to hammer a nail into a plank** enfoncer un clou dans une planche (à coups de marteau) ◆ **to hammer the table with one's fists** frapper du poing sur la table ◆ **to hammer sb/sth into the ground** *(fig)* venir à bout de qn/qch ◆ **to hammer a point home** insister sur un point ◆ **to hammer into shape** *[+ metal]* façonner (au marteau) ; *(fig) [+ plan, agreement]* mettre au point ◆ **I tried to hammer some sense into him** j'ai essayé de lui faire entendre raison ◆ **I'd had it hammered into me that...** on m'avait enfoncé dans la tête que...

[2] *(Brit * = defeat)* battre à plate(s) couture(s) ; *(= criticize severely)* descendre en flammes, éreinter ; *(= damage severely)* frapper de plein fouet ◆ **the firm had been hammered by the recession** l'entreprise avait été frappée de plein fouet par la récession ◆ **the report hammers motorists who drink and drive** le rapport incrimine les automobilistes qui conduisent en état d'ivresse

[3] *[+ stockbroker]* déclarer failli *or* en faillite

VI *(lit)* donner des coups de marteau ◆ **he was hammering at the door** il frappait à la porte à coups redoublés ◆ **he was hammering away on the piano** il tapait sur le piano (comme un sourd) ◆ **to hammer away at a problem** s'acharner à résoudre un problème ◆ **my heart was hammering** mon cœur battait très fort

COMP **hammer blow** **N** *(lit)* coup *m* de marteau ; *(fig)* coup *m* terrible *(for* pour) ◆ **to deal a hammer blow to sth** porter un rude coup *or* un coup terrible à qch

**hammer drill** **N** perceuse *f* à percussion

▸ **hammer down** **VT SEP** *[+ nail]* enfoncer ; *[+ metal]* aplatir au marteau ; *[+ loose plank]* fixer

▸ **hammer in** **VT SEP** enfoncer (au marteau) ◆ **he hammered the nail in with his shoe** il a enfoncé le clou avec sa chaussure

▸ **hammer out** **VT SEP** *[+ metal]* étirer (au marteau) ; *(fig) [+ plan, agreement]* élaborer (avec difficulté) ; *[+ difficulties]* démêler ; *[+ verse, music]* marteler ◆ **to hammer out a solution** finir par trouver une solution

▸ **hammer together** **VT SEP** *[+ pieces of wood etc]* assembler au marteau

**hammerhead** /ˈhæməhed/ **N** *(= shark)* requin *m* marteau

**hammering** /ˈhæmərɪŋ/ **N** [1] *(lit) (= action)* martelage *m* ; *(= sound)* martèlement *m*

[2] *(* : fig) (= defeat)* raclée* *f*, dérouillée‡ *f* ; *(= criticism)* éreintement *m*, descente *f* en flammes ◆ **to take a hammering*** *[team, boxer, player]* prendre une raclée* *or* une dérouillée‡ ; *[book, play, film]* se faire esquinter* *or* éreinter

**hammerlock** /ˈhæməlɒk/ **N** *(Wrestling)* clé *f* de bras

**hammertoe** /ˈhæməˈtəʊ/ **N** orteil *m* en marteau

**hammock** /ˈhæmək/ **N** hamac *m*

**hammy*** /ˈhæmɪ/ **ADJ** *[actor]* qui force son rôle ; *[performance]* trop théâtral

**hamper¹** /ˈhæmpəʳ/ **N** panier *m* d'osier, manne *f* ; *(for oysters, fish, game)* bourriche *f* ◆ **a hamper of food** un panier garni *(de nourriture)* ; → **picnic**

**hamper²** /ˈhæmpəʳ/ SYN **VT** *[+ person]* gêner, handicaper ; *[+ movement, efforts]* gêner, entraver

**hamster** /ˈhæmstəʳ/ **N** hamster *m*

**hamstring** /ˈhæmstrɪŋ/

N tendon *m* du jarret

VT couper les jarrets à ; *(fig) [+ person]* couper ses moyens à, paralyser ; *[+ plan]* entraver ; *[+ activity]* paralyser

COMP **hamstring injury** **N** claquage *m* (au jarret)

**hamulus** /ˈhæmjʊləs/ **N** (pl **hamuli** /ˈhæmjʊlaɪ/) hamule *m*

◆◆◆◆◆◆◆◆◆◆◆◆◆◆◆◆◆◆◆◆◆◆◆◆◆◆

## hand /hænd/

LANGUAGE IN USE 26.2 SYN

1 - NOUN
2 - TRANSITIVE VERB
3 - COMPOUNDS
4 - PHRASAL VERBS

◆◆◆◆◆◆◆◆◆◆◆◆◆◆◆◆◆◆◆◆◆◆◆◆◆◆

### 1 - NOUN

[1] [= PART OF BODY] main *f* ◆ **he took her by the hand** il l'a prise par la main ◆ **to take sth with both hands** prendre qch à deux mains ◆ **he's very good with his hands** il est très adroit de ses mains ◆ **give me your hand** donne-moi la main ◆ **my hands are tied** j'ai les mains liées ◆ **I could do it with one hand tied behind my back** je pourrais le faire les yeux fermés ◆ **we're forced to do it with one hand** *or* **both hands** *or* **our hands tied behind our back** nous sommes pieds et poings liés

[2] [IN MARRIAGE] main *f* ◆ **he asked for her hand** † il a demandé sa main ◆ **to give sb one's hand** † accorder sa main à qn †

[3] [= HELP] coup *m* de main ◆ **could you give** *or* **lend me a hand?** tu peux me donner un coup de main ? ◆ **would you like a hand with moving that?** tu veux un coup de main pour déplacer ça ? ◆ **to lend a hand** donner un coup de main

[4] [= INFLUENCE] influence *f* ◆ **you could see his hand in everything the committee did** on reconnaissait son influence dans tout ce que faisait le comité

[5] [PERSON] *(= worker)* ouvrier *m*, -ière *f* ; *(= member of crew)* membre *m* d'équipage ◆ **I sailed round Java, with a couple of hands** j'ai fait le tour de Java en voilier avec un équipage de deux personnes ◆ **the ship was 26 hands short of her complement** il manquait 26 hommes à l'équipage du bateau ◆ **the ship was lost with all hands** le navire a disparu corps et biens ◆ **all hands on deck** tout le monde sur le pont *(fig)* ◆ **the wedding's next week, so it's all hands on deck** le mariage a lieu la semaine prochaine, alors on a besoin de tout le monde

[6] [OF CLOCK, WATCH] aiguille *f* ◆ **the hands of the clock were pointing to midday** les aiguilles de l'horloge indiquaient midi ◆ **the big/little hand** la grande/petite aiguille

[7] [CARDS] *(= cards one has)* main *f*, jeu *m* ; *(= game)* partie *f* ◆ **I've got a good hand** j'ai une belle main *or* un beau jeu ◆ **we played a hand of bridge** nous avons fait une partie de bridge

[8] [= HANDWRITING] écriture *f* ◆ **she recognized his neat hand** elle a reconnu son écriture bien nette ◆ **the letter was written in his own hand** la lettre était écrite de sa propre main

[9] [MEASURE] paume *f* ◆ **a horse 13 hands high** un cheval de 13 paumes

[10] [CULIN] ◆ **hand of bananas** régime *m* de bananes ◆ **hand of pork** jambonneau *m*

[11] [SET STRUCTURES]

♦ *preposition/article/possessive* + **hand(s)** ◆ **many suffered AT the hands of the secret police** beaucoup de gens ont souffert aux mains de la police secrète ◆ **their defeat AT the hands of Manchester** *(Sport)* leur défaite face à Manchester ◆ **to lead sb BY the hand** conduire qn par la main ◆ **FOR four hands** *(Mus)* à quatre mains ◆ **she had a book IN her hand** elle avait un livre à la main ◆ **she was holding the earrings IN her hand** elle tenait les boucles d'oreilles dans sa main ◆ **he wanted £100 IN his hand** il a demandé 100 livres de la main à la main ◆ **my life is IN your hands** ma vie est entre vos mains ◆ **IN one's own hands** entre ses mains ◆ **our destiny is IN our own hands** notre destinée est entre nos mains ◆ **to put o.s. IN sb's hands** s'en remettre à qn ◆ **to put sth INTO sb's hands** confier qch à qn ◆ **she put the firm INTO her daughter's hands** elle a confié l'entreprise à sa fille ◆ **to fall INTO the hands of** tomber aux mains *or* entre les mains de ◆ **the children are now OFF our hands** maintenant nous n'avons plus besoin de nous occuper des enfants ◆ **to get sth OFF one's hands** se débarrasser *or* se décharger de qch ◆ **I'll take it OFF your hands** je vous en débarrasse ? ◆ **we've got a difficult job ON our hands** une tâche difficile nous attend ◆ **he'll have a real battle ON his hands** un véritable combat l'attend ◆ **he had time ON his hands** il avait du temps de reste ◆ **to sit ON one's hands** rester sans rien faire ◆ **goods left ON our** (*or* **their** *etc*) **hands** marchandises *fpl* invendues ◆ **the hedgehog ate OUT OF his hand** le hérisson lui mangeait dans la main ◆ **she's got the boss eating OUT OF her hand** elle fait marcher le patron au doigt et à l'œil ◆ **it is OUT OF his hands** ce n'est plus lui qui s'en occupe

♦ **hand(s)** + *preposition/adverb* ◆ **she won hands DOWN** elle a gagné haut la main ◆ **to get one's hand IN** se faire la main ◆ **to have a hand IN** *[+ task, achievement]* jouer un rôle dans ; *[+ crime]* être mêlé à, être impliqué dans ◆ **Lee scored a goal and had a hand IN two others** Lee a marqué un but et a contribué à en marquer deux autres ◆ **the president himself had a hand IN the massacre** le président lui-même était impliqué dans le massacre ◆ **I had no hand IN it** je n'y suis pour rien ◆ **to take a hand IN sth/in doing sth** contribuer à qch/à faire qch ◆ **everybody took a hand IN the preparations for the party** tout le monde a participé aux préparatifs de la fête ◆ **the government took a hand IN drawing up the plan** le gouvernement a contribué à l'élaboration du projet ◆ **to keep one's hand IN** garder la main ◆ **he can't keep his hands OFF the money** il ne peut pas s'empêcher de toucher à l'argent ◆ **keep your hands OFF my sweets!*** touche pas à mes bonbons !* ◆ **hands OFF!*** bas les pattes !* ◆ **hands OFF our village!*** laissez notre village tranquille ! ◆ **to get one's hands ON sth** mettre la main sur qch ◆ **just wait till I get my hands ON him!*** attends un peu que je lui mette la main dessus ! ◆ **I wish I could lay my hands ON a good dictionary** si seulement je pouvais mettre la main sur *or* dénicher un bon dictionnaire ◆ **she read everything she could get** *or* **lay her hands ON** elle a lu tout ce qui lui tombait sous la main ◆ **to put** *or* **set one's hand TO sth** entreprendre qch ◆ **he can set his hand TO most things** il y a peu de choses qu'il ne sache (pas) faire ◆ **hands UP!** *(at gun point)* haut les mains ! ; *(in school)* levez la main ! ◆ **hands UP who'd like some chocolate!** levez la main si vous voulez du chocolat !

♦ *adjective* + **hand(s)** ◆ **she's no BAD hand at acting** ce n'est pas une mauvaise actrice ◆ **they gave him a BIG hand** ils l'ont applaudi bien fort ◆ **a BIG hand, please, for Mr John Turner** applaudissez bien fort M. John Turner ◆ **he grabbed the opportunity with BOTH hands** il a sauté sur l'occasion ◆ **I am leaving you in Penny's very CAPABLE hands** je te laisse entre les mains de Penny ◆ **on EVERY hand** partout ◆ **to rule with a FIRM hand** gouverner d'une main ferme ◆ **at FIRST hand** de première main ◆ **I've got my hands FULL at the moment** je suis débordé en ce moment ◆ **to have one's hands FULL with** avoir fort à faire avec ◆ **to be in GOOD hands** être en (de) bonnes mains ◆ **King Henry ruled with a HEAVY hand** le roi Henri a dirigé le pays d'une main de fer ◆ **on the LEFT hand** du côté gauche, à gauche ◆ **he's an OLD hand (at this game)!** il connaît la musique ! ◆ **he's an OLD hand at blackmail** le chantage, ça le connaît ◆ **the director was an OLD hand at Racine** il (*or* elle) n'en était pas à sa première mise en scène de Racine ◆ **to give with ONE hand and take away with the other** donner d'un côté *or* d'une main et reprendre de l'autre ◆ **on the one hand..., on the other hand** d'une part..., d'autre part ◆ **yes, but on the OTHER hand he is very rich** oui, mais (par ailleurs) il est très riche ◆ **on the RIGHT hand** du côté droit, à droite ◆ **to gain** *or* **get the UPPER hand** prendre l'avantage *or* le dessus ◆ **to get into the WRONG hands** tomber dans *or* entre de mauvaises mains ; → **left², right**

♦ **hand(s)** + *noun* ◆ **he's making money hand over FIST** il fait des affaires en or ◆ **we're losing money hand over FIST** nous perdons de l'argent à une vitesse phénoménale ◆ **he was bound hand and FOOT** il était pieds et poings liés ◆ **I refuse to wait on my husband hand and FOOT** je refuse d'être l'esclave de mon mari ◆ **she expected to be waited on hand and FOOT** elle voulait être servie comme une princesse ◆ **they are hand in GLOVE** ils sont de mèche ◆ **he's hand in GLOVE with them** il est de mèche avec eux ◆ **the authorities often worked hand in GLOVE with criminals** les autorités ont souvent travaillé en étroite collaboration avec des criminels ◆ **they were walking along hand in HAND** ils marchaient (la) main dans la main ◆ **research and teaching go hand in HAND** la recherche et l'enseignement vont de pair *or* sont indissociables ◆ **she hauled herself up the rope hand over HAND** elle a grimpé à la corde en s'aidant des deux mains ◆ **from hand to HAND** de main en main ◆ **on (one's) hands and KNEES** à quatre pattes ◆ **to live from hand to MOUTH** vivre au jour le jour ◆ **he doesn't like putting his hand**

## handbag | handle

in his POCKET il n'aime pas mettre la main à la poche ◆ **he never does a hand's TURN*** (Brit) il ne fiche* jamais rien

◆ verb + **hand(s)** ◆ **to FORCE sb's hand** forcer la main à qn ◆ **to put** or **hold one's hands up to sth** se déclarer coupable de qch ◆ **to SHOW one's hand** dévoiler son jeu ◆ **to STAY one's hand** (liter) se retenir ◆ **he TURNED his hand to writing** il s'est mis à écrire ◆ **he can TURN his hand to anything** il sait tout faire

◆ **at hand** (= close by) à portée de (la) main ◆ **having the equipment at hand will be very helpful** ce sera très pratique d'avoir l'équipement à portée de (la) main ◆ **summer is (close) at hand** † l'été m est (tout) proche

◆ **by hand** à la main ◆ **made by hand** fait (à la) main ◆ **the letter was written by hand** la lettre était manuscrite or écrite à la main BUT ◆ **the letter was delivered by hand** quelqu'un a apporté la lettre

◆ **in hand** ◆ **Guy was at the door, briefcase in hand** Guy était à la porte, son attaché-case à la main ◆ **he opened the door, gun in hand** il a ouvert la porte, pistolet au poing ◆ **he had the situation well in hand** il avait la situation bien en main ◆ **to take sb/sth in hand** prendre qn/qch en main ◆ **to take o.s. in hand** se prendre en main ◆ **Scotland are behind, but have a game in hand** l'Écosse est derrière, mais il lui reste un match à jouer ◆ **he had £6,000 in hand** il avait 6 000 livres de disponibles ◆ **let's concentrate on the job in hand** revenons à nos moutons

◆ **off hand** ◆ **I don't know off hand** je ne pourrais pas le dire de tête

◆ **on hand** sur place ◆ **there are experts on hand to give you advice** il y a des experts sur place pour vous conseiller

◆ **out of hand** (= instantly) d'emblée ◆ **to dismiss sth out of hand** rejeter qch d'emblée BUT ◆ **to get out of hand** [situation, spending, crowd] échapper à tout contrôle

◆ **to hand** sous la main ◆ **I haven't got the letter to hand** je n'ai pas la lettre sous la main BUT ◆ **the information to hand** les renseignements mpl disponibles ◆ **she seized the first weapon to hand** elle s'est emparée de la première arme venue

**2 - TRANSITIVE VERB**

[= GIVE] donner (to à) ; (= hold out) tendre (to à) ◆ **to hand sb sth, to hand sth to sb** donner qch à qn ◆ **you've got to hand it to him*** - **he did it very well** il faut reconnaître qu'il l'a très bien fait, il n'y a pas à dire, il l'a très bien fait ◆ **it was handed to him on a plate*** on le lui a apporté sur un plateau (d'argent)

**3 - COMPOUNDS**

**hand-baggage** N ⇒ hand-luggage
**hand controls** NPL commandes fpl manuelles
**hand cream** N crème f pour les mains
**hand-drier, hand-dryer** N sèche-mains m inv
**hand drill** N perceuse f à main
**hand grenade** N (Mil) grenade f
**hand-held** ADJ portable
**hand-knitted** ADJ tricoté à la main
**hand leather** N (Tech) gantelet m
**hand lotion** N lotion f pour les mains
**hand-luggage** N (NonC) bagages mpl à main
**hand-me-down*** N vêtement m déjà porté ◆ **it's a hand-me-down from my sister** c'est un vêtement qui me vient de ma sœur
**hand-off** (Rugby) N raffut m VT raffûter
**hand of Fatima** N main f de Fatima
**hand-out** SYN N (= leaflet) prospectus m ; (at lecture, meeting) polycopié m ; (= press release) communiqué m ; (= money : from government, official body) aide f, subvention f ; (= alms) aumône f
**hand-painted** ADJ peint à la main
**hand-pick** VT [+ fruit, vegetables etc] cueillir à la main ; (fig) trier sur le volet
**hand-picked** SYN ADJ [fruit, vegetables etc] cueilli à la main ; (fig) trié sur le volet
**hand print** N empreinte f de main
**hand-printed** ADJ imprimé à la main
**hand puppet** N marionnette f à gaine
**hand-reared** ADJ [animal] élevé or nourri au biberon
**hands-free** ADJ [telephone] mains libres ◆ **hands-free kit** or **set** kit mains libres
**hand signal** N [1] [GEN] geste m, signe m [2] [OF DRIVER] signe m de la main
**hands-off** ADJ (fig) [policy etc] de non-intervention
**hands-on** ADJ [experience] pratique ; [exhibition] interactif (où l'on peut toucher les objets)

**hand-spray** N (= shower attachment) douchette f (amovible) ; (= plant spray) spray m
**hand-stitched** ADJ cousu (à la) main
**hand-to-hand** ADJ, ADV ◆ **to fight hand-to-hand** combattre corps à corps ◆ **a hand-to-hand fight** un corps à corps ◆ **hand-to-hand fighting** du corps à corps
**hand-to-mouth** ADJ ◆ **to lead a hand-to-mouth existence** vivre au jour le jour
**hand towel** N essuie-mains m inv
**hand truck** N diable m
**hand wash** VT laver à la main ◆ **"hand wash only"** « lavage à la main »
**hand-woven** ADJ tissé à la main

**4 - PHRASAL VERBS**

▶ **hand around** VT SEP ⇒ hand round
▶ **hand back** VT SEP rendre (to à)
▶ **hand down** VT SEP [1] (lit) ◆ **hand me down the vase** descends-moi le vase ◆ **he handed me down the dictionary from the top shelf** il a pris le dictionnaire qui était en haut de l'étagère et me l'a passé
[2] (fig) transmettre ◆ **the farm's been handed down from generation to generation** cette ferme s'est transmise de génération en génération ◆ **these tales are handed down from mother to daughter** ces histoires se transmettent de mère en fille
[3] (Jur) [+ decision] rendre
▶ **hand in** VT SEP remettre (to à) ◆ **hand this in at the office** remettez cela à quelqu'un au bureau ◆ **your wallet's been handed in at reception** [+ lost item] on a rapporté votre portefeuille à la réception
▶ **hand on** VT SEP [1] (= pass to sb else) donner (to à), passer (to à)
[2] ⇒ hand down 2
▶ **hand out** VT SEP distribuer ◆ **to hand out advice** donner des conseils
▶ **hand over**
VI (fig) ◆ **to hand over to sb** (gen) passer le relais à qn ; (at meeting) passer le micro à qn ; (Rad, TV) passer l'antenne à qn
VT SEP [+ book, object] remettre (to à) ; [+ criminal, prisoner] livrer (to à) ; [+ authority, powers] (= transfer) transmettre (to à) ; (= surrender) céder (to à) ; [+ property, business] céder (to à)
▶ **hand round** VT SEP [+ bottle, papers] faire circuler ; [+ cakes] (faire) passer (à la ronde) ; [hostess] offrir
▶ **hand up** VT SEP passer (de bas en haut)

**handbag** /'hændbæg/ N sac m à main
**handball** /'hændbɔ:l/ N [1] (= sport) handball m [2] (Football = offence) faute f de main
**handbarrow** /'hænd,bærəʊ/ N bard m
**handbasin** /'hænd,beɪsn/ N lavabo m
**handbasket** /'hændbɑ:skɪt/ N → hell
**handbell** /'hændbel/ N sonnette f
**handbill** /'hændbɪl/ N prospectus m
**handbook** /'hændbʊk/ SYN N [1] (= manual) manuel m ; see also **teacher** [2] (= guidebook) (for tourist) guide m ; (to museum) catalogue m
**handbrake** /'hænd,breɪk/
N (Brit) frein m à main ◆ **to take the handbrake off, to release the handbrake** enlever le frein à main ◆ **you've left the handbrake on** tu as laissé le frein à main
COMP **handbrake turn** N virage m au frein à main
**h. & c.** (abbrev of **hot and cold (water)**) → hot
**handcar** /'hændkɑːʳ/ N draisine f
**handcart** /'hændkɑ:t/ N charrette f à bras ; → hell
**handclap** /'hændklæp/ N (Brit) ◆ **a thunderous handclap** un tonnerre d'applaudissements ◆ **to get the slow handclap** se faire siffler
**handclasp** /'hændklɑ:sp/ N poignée f de main
**handcraft** /'hændkrɑ:ft/ N ⇒ handicraft
**handcuff** /'hændkʌf/ SYN
N menotte f
VT mettre or passer les menottes à ◆ **to be handcuffed** avoir les menottes aux poignets
**-handed** /'hændɪd/ ADJ (in compounds) ◆ **one-handed** d'une main, avec une main ; → empty, left², short

**Handel** /'hændəl/ N Händel or Haendel m
**handfeed** /'hændfi:d/ VT nourrir à la main
**handful** /'hændfʊl/ SYN N [1] (= fistful) [of coins, objects etc] poignée f ◆ **his hair started falling out by the handful** or **in handfuls** il a commencé à perdre ses cheveux par poignées ◆ **she was swallowing sleeping pills by the handful** elle se bourrait de somnifères
[2] (= small number) poignée f ◆ **there was only a handful of people at the concert** il n'y avait qu'une poignée de gens au concert ◆ **only a tiny handful of companies did well in the recession** très peu d'entreprises ont prospéré pendant la récession
[3] (= nuisance) ◆ **the children can be a handful*** les enfants me donnent parfois du fil à retordre
**handgrip** /'hændgrɪp/ N (on cycle, machine) poignée f
**handgun** /'hændgʌn/ N pistolet m
**handhold** /'hændhəʊld/ N prise f
**handicap** /'hændɪkæp/ SYN
N [1] (= disability) handicap m ; (= disadvantage) désavantage m ◆ **his appearance is a great handicap** son aspect physique le handicape beaucoup ◆ **to be under a great handicap** avoir un désavantage or un handicap énorme ; → **physical**
[2] (Sport) handicap m ◆ **weight handicap** [of racehorse] surcharge f ◆ **time handicap** handicap m (de temps)
VT (also Sport, fig) handicaper ◆ **the industry was handicapped by antiquated machinery** la vétusté des machines constituait un handicap pour ce secteur
**handicapped** /'hændɪkæpt/
ADJ handicapé ◆ **a physically handicapped child** un enfant handicapé physique
NPL **the handicapped** les handicapés mpl ◆ **the mentally/physically handicapped** les handicapés mpl mentaux/physiques
**handicraft** /'hændɪkrɑ:ft/ SYN
N (= work) artisanat m, travail m artisanal ; (= skill) habileté f manuelle
NPL **handicrafts** (= products) objets mpl artisanaux
**handily** /'hændɪlɪ/ ADV [1] (= conveniently) [placed] commodément
[2] (US = easily) [win] haut la main
**handiness** /'hændɪnɪs/ N [1] (= usefulness) [of object, method, approach] côté m pratique, commodité f ; (= ease of control) [of car, boat] maniabilité f
[2] (= nearness) ◆ **because of the handiness of the library** parce que la bibliothèque est (or était) si proche
[3] (= skill) [of person] adresse f, dextérité f
**handiwork** /'hændɪwɜ:k/ SYN N œuvre f ◆ **the architect stepped back to admire his handiwork** l'architecte a fait un pas en arrière pour admirer son œuvre ◆ **the fire was the handiwork of an arsonist** l'incendie était l'œuvre d'un pyromane
**handjob***⚠* /'hændʤɒb/ N ◆ **to give sb a handjob** branler qn*⚠* ◆ **to give o.s. a handjob** se branler*⚠*
**handkerchief** /'hæŋkətʃɪf/ N mouchoir m ; (fancy) pochette f
**handle** /'hændl/ SYN
N [1] [of basket, bucket] anse f ; [of broom, spade, knife] manche m ; [of door, drawer, suitcase] poignée f ; [of handcart] brancard m ; [of saucepan] queue f ; [of pump, stretcher, wheelbarrow] bras m ◆ **(starting) handle** [of car] manivelle f
[2] (= understanding) ◆ **models give us a handle on some aspects of the natural world** les modèles nous aident à comprendre certains aspects de la nature ◆ **to have a handle on** [+ problem, state of affairs] comprendre ; (= control) [+ situation, spending] maîtriser ◆ **my subject is something not many people have a handle on** peu de gens ont une idée de mon sujet
[3] ◆ **to have a handle to one's name** † ⚠ avoir un nom à rallonge* ; → fly³
VT [1] (= cope with) [+ difficult person] s'y prendre avec ; [+ stress] supporter ◆ **he knows how to handle his son** il sait s'y prendre avec son fils ◆ **this child is very hard to handle** cet enfant est très difficile ◆ **she cannot handle pressure** elle ne supporte pas la pression ◆ **it was more than I could handle** c'était plus que je ne pouvais supporter ◆ **I don't know if I can handle the job** je ne sais pas si je serai à la hauteur ◆ **I could have handled it better than I did**

j'aurais pu mieux m'y prendre ◆ **you didn't handle that very well!** vous ne vous y êtes pas très bien pris !

2 *(= deal with)* *[+ customers, clients, case]* s'occuper de ; *[+ business]* traiter ◆ **I'll handle this** je m'en charge, je vais m'en occuper ◆ **do you handle tax matters?** est-ce que vous vous occupez de fiscalité ? ◆ **three lawyers had already refused to handle the case** trois avocats avaient déjà refusé de s'occuper de l'affaire ◆ **which judge is handling the case?** quel juge est chargé de l'affaire ? ◆ **we don't handle that type of business** nous ne traitons pas ce type d'affaires ◆ **we have to be careful when handling these issues** nous devons traiter ces questions avec prudence ◆ **the hospital doesn't handle emergencies** l'hôpital n'a pas de service d'urgences ◆ **Orly handles 5 million passengers a year** 5 millions de voyageurs passent par Orly chaque année ◆ **we handle 200 passengers a day** 200 voyageurs par jour passent par nos services ◆ **can the port handle big ships?** le port peut-il accueillir les gros bateaux ? ◆ **she handles large sums of money in her job** elle manie de grosses sommes d'argent dans son travail

3 *(= manage)* gérer ◆ **they doubt the government's ability to handle the economy** ils doutent de la capacité du gouvernement à gérer l'économie ◆ **he handled the situation very well** il a très bien géré la situation

4 *(= touch)* *[+ fruit, food]* toucher à ◆ **please do not handle the goods** prière de ne pas toucher aux marchandises ◆ **to handle the ball** *(Football)* toucher le ballon de la main, faire une faute de main

5 *(= move by hand)* manipuler , manier ◆ **they had to handle radioactive materials** ils ont dû manipuler des substances radioactives ◆ **his hands were sore from handling bales of straw** il avait mal aux mains d'avoir manié des bottes de paille ◆ **"handle with care"** *(label)* « fragile » ◆ **the crowd handled him roughly** *(lit)* la foule l'a malmené ; *(fig)* la foule l'a hué

6 *(= control)* *[+ ship]* manœuvrer, gouverner ; *[+ car]* conduire, manœuvrer ; *[+ weapon]* manier, se servir de ◆ **the boat was very easy to handle** le bateau était très facile à manœuvrer *or* gouverner ◆ **he knows how to handle a gun** il sait se servir d'un revolver *or* manier un revolver ◆ **these dogs can be difficult to handle** ces chiens sont parfois difficiles à contrôler

7 *(= stock, deal in)* avoir, faire ◆ **we don't handle that type of product** nous ne faisons pas ce genre de produit ◆ **to handle stolen goods** receler des objets volés ◆ **she was convicted of handling explosives** elle a été condamnée pour détention d'explosifs

VI ◆ **to handle well/badly** *[ship]* être facile/difficile à manœuvrer ; *[car, gun]* être facile/difficile à manier ; *[horse]* répondre bien/mal aux aides

**handlebar** /ˈhændlbɑːʳ/

N (also **handlebars**) guidon *m*

COMP **handlebar moustache** N *(hum)* moustache *f* en guidon de vélo *

**-handled** /ˈhændld/ ADJ *(in compounds)* ◆ **a wooden-handled spade** une pelle au manche de bois *or* avec un manche de bois

**handler** /ˈhændləʳ/ N 1 (also **dog handler**) maître-chien *m*

2 *[of stock]* manutentionnaire *mf*

**handling** /ˈhændlɪŋ/ SYN

N *[of ship]* manœuvre *f* ; *[of car]* maniement *m* ; *[of goods in warehouse]* manutention *f* ; *(= fingering)* maniement *m*, manipulation *f* ; *[of stolen goods]* recel *m* ◆ **handling of drugs** trafic *m* de drogue ◆ **his handling of the matter** la façon dont il a géré l'affaire ◆ **the judge's handling of witnesses was criticized** on a critiqué la manière dont le juge a traité les témoins ◆ **a new system to speed up the handling of complaints** un nouveau système pour accélérer le traitement des réclamations ◆ **the government's handling of the economy** la manière dont le gouvernement gère l'économie ◆ **toxic waste requires very careful handling** les déchets toxiques doivent être manipulés avec beaucoup de précaution ◆ **to get some rough handling** *[person, object]* se faire malmener

COMP **handling charges** NPL frais *mpl* de manutention

**handmade** /ˌhændˈmeɪd/ ADJ fait (à la) main

**handmaid(en)** /ˈhændmeɪd(ə)n/ N († *or liter : lit, fig*) servante *f*

**handover** /ˈhændəʊvə/ N *[of company, colony]* cession *f* ◆ **the handover of power** la passation des pouvoirs ◆ **during the prisoner's handover to the police...** lorsque le prisonnier a été remis à la police...

**handrail** /ˈhændreɪl/ N *[of stairs]* rampe *f*, main *f* courante ; *[of bridge, quay]* garde-fou *m*

**handsaw** /ˈhændsɔː/ N scie *f* à main, scie *f* égoïne

**handset** /ˈhændset/ N *(Telec)* combiné *m*

**handsewn** /ˌhændˈsəʊn/ ADJ cousu main

**handshake** /ˈhændʃeɪk/ N 1 poignée *f* de main ; → **golden**

2 *(Comput)* prise *f* de contact

**handsome** /ˈhænsəm/ SYN ADJ 1 *(= attractive)* *[man, face, features, building, object]* beau (belle *f*) ◆ **a handsome woman** une belle femme ◆ **handsome is as handsome does** *(Prov)* l'air ne fait pas la chanson, l'habit ne fait pas le moine

2 *(= large)* *[sum]* coquet ◆ **a handsome price/salary** un bon prix/salaire ◆ **to win a handsome victory** remporter une belle victoire ◆ **to win by a handsome margin** gagner haut la main

3 *(= generous)* *[conduct, compliment, gift]* généreux ◆ **to make a handsome apology for sth** se confondre en excuses pour qch

**handsomely** /ˈhænsəmlɪ/ SYN ADV 1 *(= attractively)* *[illustrated]* joliment ; *[dressed]* avec élégance

2 *(= generously)* *[pay, reward, behave]* généreusement ; *[contribute]* généreusement, avec générosité ◆ **to apologize handsomely** se confondre en excuses

3 *(= convincingly)* *[win]* haut la main ◆ **this strategy paid off handsomely** cette stratégie s'est révélée payante

**handspring** /ˈhændsprɪŋ/ N saut *m* de mains

**handstand** /ˈhændstænd/ N appui *m* renversé, équilibre *m* sur les mains ◆ **to do a handstand** faire un appui renversé *or* un équilibre sur les mains

**handwork** /ˈhændwɜːk/ N ⇒ **handiwork**

**handwringing** /ˈhændrɪŋɪŋ/ N paroles *fpl* affligées, manifestation *f* de compassion

**handwrite** /ˈhændraɪt/ VT écrire à la main

**handwriting** /ˈhændraɪtɪŋ/ SYN N écriture *f* ◆ **he has seen the handwriting on the wall** (US) il mesure la gravité de la situation ◆ **the handwriting is on the wall** la catastrophe est imminente

**handwritten** /ˈhændrɪtən/ ADJ manuscrit, écrit à la main

**handy** /ˈhændɪ/ SYN

ADJ 1 *(= useful)* *[tool, hint, method]* pratique ◆ **a handy little car** une petite voiture bien pratique ◆ **I brought a torch just in case – that's handy!** j'ai apporté une lampe de poche à tout hasard – bonne idée ! ◆ **he's coming to see us tomorrow – that's handy!** il vient nous voir demain – ça tombe bien ! ◆ **to come in handy** être bien utile

2 * *(= conveniently close)* proche ◆ **in a handy place** à portée de (la) main ◆ **the shops are very handy** les magasins sont tout près ◆ **to be handy for the shops** être à proximité des magasins ◆ **to keep** *or* **have sth handy** avoir qch à portée de (la) main

3 *(= skilful)* adroit (de ses mains) ◆ **he's handy around the home** il est bricoleur ◆ **he's handy in the kitchen** il se débrouille bien en cuisine ◆ **to be handy with sth** savoir bien se servir de qch

4 *[ship]* maniable

COMP **handy-pack** N emballage *m* à poignée

**handyman** /ˈhændɪmæn/ N (pl **-men**) *(do-it-yourself)* bricoleur *m* ; *(= servant)* factotum *m*, homme *m* à tout faire

**hang** /hæŋ/ SYN (pret, ptp **hung**)

VT 1 *(= suspend)* *[+ lamp]* suspendre, accrocher (*on* à) ; *[+ curtains, hat, decorations]* accrocher ; *[+ painting]* *(gen)* accrocher ; *(in gallery)* *(= exhibit)* exposer ; *[+ door]* monter ; *[+ wallpaper]* poser, tendre ; *[+ dangling object]* laisser pendre ◆ **to hang clothes on the line** étendre du linge ◆ **he hung the rope over the side of the boat** il a laissé pendre le cordage par-dessus bord ◆ **to hang one's head** baisser la tête

2 *(Culin)* *[+ game]* faire faisander

3 *(= decorate)* décorer (*with* de) ◆ **trees hung with lights** des arbres décorés de lumières ◆ **walls hung with modern paintings** des murs décorés de tableaux modernes ◆ **a study hung with hessian** un bureau tapissé *or* tendu de jute ◆ **balconies hung with flags** des balcons pavoisés

4 (pret, ptp **hanged**) *[+ criminal]* pendre ◆ **he was hanged for murder** il fut pendu pour meurtre ◆ **he was hanged, drawn and quartered** il a été pendu, éviscéré et écartelé ◆ **he hanged himself** il s'est pendu ◆ **(may) as well be hanged for a sheep as a lamb** quitte à être punis, autant l'être pour un crime qui en vaille la peine

5 († * *: in phrases*) ◆ **hang him!** qu'il aille se faire voir ! * ◆ **(I'll be) hanged if I know!** je veux bien être pendu si je le sais ! * ◆ **I'm hanged if I'm waiting until he decides to come back** je serais fou d'attendre *or* je ne vois pas pourquoi j'attendrais qu'il se décide à revenir ◆ **hang it (all)!** zut ! * ◆ **hang the expense** * au diable la dépense

VI 1 *[rope, dangling object]* pendre, être accroché *or* suspendu (*on, from* à) ; *[drapery]* tomber ◆ **a suit that hangs well** un costume qui tombe bien ◆ **her hair hung down her back** *(not put up)* elle avait les cheveux dénoués ; *(long)* ses cheveux lui tombaient dans le dos ◆ **her hair hung loose about her shoulders** ses cheveux flottaient sur ses épaules ◆ **a picture hanging on the wall** un tableau accroché au mur ◆ **to hang out of the window** *[person]* se pencher par la fenêtre ; *[thing]* pendre à la fenêtre ◆ **I was left hanging by my fingertips** *(lit)* je me suis retrouvé agrippé au rocher (*or* au bord de la fenêtre *etc*) ; *(fig)* je n'avais plus qu'un mince espoir de m'en tirer ◆ **just hang loose!** * *(esp US)* essaie d'être relax ! * ◆ **to hang tough** * *(esp US)* tenir bon, s'accrocher * ; → **balance**

2 *(= hover)* planer, peser ◆ **a damp fog hung over the valley** un brouillard chargé d'humidité planait sur la vallée ◆ **a haze of expensive perfume hangs around her** les effluves d'un parfum de luxe flottent autour d'elle ◆ **the hawk hung motionless in the sky** le faucon était comme suspendu dans le ciel ◆ **a constant threat of unemployment hangs over us** *or* **our heads** la menace constante du chômage pèse sur nous ◆ **the question was left hanging in the air** la question est restée en suspens ◆ **time hung heavy (on his hands)** il trouvait le temps long

3 *[criminal]* être pendu ◆ **he ought to hang** il devrait être pendu ◆ **he'll hang for it** cela lui vaudra la corde *or* d'être pendu ◆ **to be sentenced to hang** être condamné à la corde *(for sth* pour qch) ◆ **he was sentenced to hang for killing a woman** il a été condamné à être pendu pour avoir tué une femme

4 (US *) ⇒ **hang about**

N * 1 ◆ **to get the hang of** *(= learn to use)* *[+ machine, tool, device]* comprendre *or* piger * comment utiliser ; *(= grasp meaning of)* *[+ letter, book]* (arriver à) comprendre ◆ **to get the hang of doing sth** attraper le coup pour faire qch ◆ **you'll soon get the hang of it** *(of device, process etc)* tu auras vite fait de t'y mettre ◆ **she's getting the hang of her new job** elle commence à s'habituer à son nouveau travail ◆ **I am getting the hang of it!** ça y est, je saisis !

2 ◆ **I don't give a hang** † je m'en fiche *

COMP **hang-glider** N *(= aircraft)* deltaplane ® *m*, aile *f* delta ; *(= person)* libériste *mf*

**hang-gliding** N deltaplane ® *m*, vol *m* libre ◆ **to go hang-gliding** faire du deltaplane ® , pratiquer le vol libre

**hang-out** * N *(= place)* lieu *m* de prédilection

**hang-up** * N *(= complex)* complexe *m* (*about* à cause de) ◆ **to have a hang-up about one's body** être mal dans son corps, être complexé ◆ **to have a hang-up about spiders** avoir la phobie des araignées, avoir une peur maladive des araignées ◆ **to have sexual hang-ups** avoir des blocages (sexuels)

▸ **hang about, hang around**

VI *(= loiter, pass time)* traîner ; *(= wait)* attendre ◆ **he's always hanging about here** il est toujours à traîner par ici ◆ **he got sick of hanging around waiting for me** il en a eu marre * de m'attendre ◆ **they always hang around together** ils sont toujours ensemble ◆ **Ann used to hang around with the boys** Ann traînait avec les garçons ◆ **to keep sb hanging about** faire attendre *or* poireauter * qn ◆ **this is where they usually hang about** c'est là qu'ils se trouvent habituellement ◆ **hang about!** * attends ! ◆ **hang about *, I know that guy!** attends, je le connais, ce type * !

VT FUS ◆ **the crowd who hung around the cafe** les habitués du café

▸ **hang back** VI (in walking etc) rester en arrière, hésiter à aller de l'avant ◆ **she hung back from suggesting this** elle hésitait à le proposer ◆ **they hung back on closing the deal** ils tardaient à conclure l'affaire ◆ **he should not hang back (on this decision) any longer** il est temps qu'il prenne une décision or qu'il se décide

▸ **hang down** VI pendre

▸ **hang in** * VI (also hang in there) s'accrocher ◆ **hang in there, Bill, you're going to make it** accroche-toi, Bill, tu vas t'en sortir

▸ **hang on**

VI 1 (* = wait) attendre ◆ **hang on!** attendez ! ; (on phone) ne quittez pas ! ◆ **hang on a sec, I'll come with you** attends une seconde, je viens avec toi ◆ **I had to hang on for ages** (on phone) j'ai dû attendre des siècles

2 (= hold out) tenir bon ◆ **he managed to hang on till help came** il réussit à tenir bon jusqu'à l'arrivée des secours ◆ **Manchester United hung on to take the Cup** Manchester United a tenu bon et a remporté le championnat ◆ **to hang on by one's fingernails** or **fingertips** (lit) être agrippé or cramponné au rocher (or au bord de la fenêtre etc) ; (fig) n'avoir plus qu'un mince espoir de s'en tirer ◆ **hang on in there*** ⇒ **hang in there**

3 ◆ **to hang on to sth*** (= cling on to) s'accrocher à qch, rester cramponné à qch ; (= keep, look after) garder qch ◆ **hang on to the branch** cramponne-toi à la branche, ne lâche pas la branche ◆ **to hang on to one's lead** conserver son avance ◆ **to hang on to power** s'accrocher au pouvoir

VT FUS 1 (lit, fig) se cramponner à, s'accrocher à ◆ **to hang on sb's arm** se cramponner or s'accrocher au bras de qn ◆ **to hang on sb's words** or **every word** boire les paroles de qn, être suspendu aux lèvres de qn

2 (= depend on) dépendre de ◆ **everything hangs on his decision** tout dépend de sa décision ◆ **everything hangs on whether he saw her or not** le tout est de savoir s'il l'a vue ou non

VT SEP (esp US) ◆ **to hang one on*** se cuiter*, se biturer*

▸ **hang out**

VI 1 [tongue] pendre ; [shirt tails etc] pendre (dehors), pendouiller* ◆ **let it all hang out!*** défoulez-vous !

2 * (= live) percher*, crécher* ; (= loiter aimlessly) traîner ◆ **to hang out with sb** frayer avec qn

3 (= resist) ◆ **they are hanging out for a 5% rise*** ils insistent pour obtenir une augmentation de 5%

VT SEP [+ streamer] suspendre (dehors) ; [+ washing] étendre (dehors) ; [+ flag] arborer ◆ **to hang sb out to dry*** (= abandon them) abandonner qn à son sort

N ◆ **hang-out*** → **hang**

▸ **hang together** VI 1 (= unite) [people] se serrer les coudes

2 (= be consistent) [argument] se tenir ; [story] tenir debout ; [statements] s'accorder, concorder ◆ **her ideas don't always hang together very well as a plot** ses intrigues sont souvent décousues

▸ **hang up**

VI (Telec) raccrocher ◆ **to hang up on sb** raccrocher au nez de qn ; see also **hung**

VT SEP [+ hat, picture] accrocher, pendre (on à, sur) ◆ **to hang up the receiver** (Telec) raccrocher ◆ **to hang up one's hat** (= retire) raccrocher* ◆ **the goalkeeper announced he was hanging up his boots for good** le gardien de but a annoncé qu'il raccrochait pour de bon ; → **hung**

N ◆ **hang-up*** → **hang**

▸ **hang with** * VT FUS (esp US) frayer avec*

**hangar** /ˈhæŋəʳ/ N hangar m

**hangdog** /ˈhæŋdɒg/ SYN N ◆ **to have a hangdog look** or **expression** avoir un air de chien battu

**hanger** /ˈhæŋəʳ/

N (also **coat hanger**) cintre m ; (= hook) patère f

COMP **hanger-on** SYN N (pl **hangers-on**) parasite m ◆ **he's just one of the hangers-on** (= person) c'est juste l'un de ces parasites ◆ **there was a crowd of hangers-on** il y avait toute une foule de parasites

**hanging** /ˈhæŋɪŋ/ SYN

N 1 (= execution) pendaison f ◆ **they want to bring back hanging** ils veulent réintroduire la pendaison

2 (NonC) accrochage m, suspension f ; [of bells, wallpaper] pose f ; [of door] montage m ; [of picture] accrochage m

3 (= curtains etc) ◆ **hangings** tentures fpl, draperies fpl ◆ **bed hangings** rideaux mpl de lit

ADJ [bridge, staircase] suspendu ; [door] battant ; [lamp, light] pendant ; [sleeve] tombant

COMP **hanging basket** N panier m suspendu

**hanging committee** N (Art) jury m d'exposition

**the Hanging Gardens of Babylon** NPL les jardins mpl suspendus de Babylone

**hanging judge** N (Hist) juge qui envoyait régulièrement à la potence ; (fig) juge m impitoyable

**hanging offence** N (lit) crime m punissable de pendaison ◆ **it's not a hanging offence** (fig) ce n'est pas un crime

**hanging plant** N plante f tombante or à port retombant

**hanging valley** N (Geog) vallée f suspendue

**hanging wardrobe** N penderie f

**hangman** /ˈhæŋmən/ N (pl **-men**) 1 (= executioner) bourreau m

2 (= game) pendu m ◆ **to play hangman** jouer au pendu

**hangnail** /ˈhæŋneɪl/ N petite peau f, envie f

**hangover** /ˈhæŋəʊvəʳ/ SYN N

1 (after drinking) ◆ **to have a hangover** avoir la gueule de bois*

2 (= relic) ◆ **this problem is a hangover from the previous administration** c'est un problème que nous avons hérité de l'administration précédente

**Hang Seng Index** /ˌhæŋseŋˈɪndeks/ N indice m Hang Seng

**hank** /hæŋk/ SYN N [of wool] écheveau m

**hanker** /ˈhæŋkəʳ/ SYN VI ◆ **to hanker for** or **after** rêver de

**hankering** /ˈhæŋkərɪŋ/ SYN N ◆ **to have a hankering for sth/to do sth** rêver de qch/de faire qch

**hankie***, **hanky*** /ˈhæŋkɪ/ N abbrev of **handkerchief**

**hanky-panky*** /ˈhæŋkɪˈpæŋkɪ/ N (suspicious) entourloupes* fpl ; (= fooling around) bêtises fpl ; (sexual) batifolage m ◆ **there's some hanky-panky going on** (suspicious) il se passe quelque chose de louche, il y a là quelque chose de pas très catholique* ◆ **there were reports of political hanky-panky** le bruit courait qu'il se passait des choses louches en politique

**Hannibal** /ˈhænɪbəl/ N Hannibal m

**Hanoi** /hæˈnɔɪ/ N Hanoi

**Hanover** /ˈhænəʊvəʳ/ N Hanovre ◆ **the house of Hanover** (Brit Hist) la maison or la dynastie de Hanovre

**Hanoverian** /ˌhænəʊˈvɪərɪən/ ADJ hanovrien

**Hansard** /ˈhænsɑːd/ N Hansard m (procès verbal des débats du parlement britannique)

**Hanseatic** /ˌhænzɪˈætɪk/ ADJ ◆ **the Hanseatic League** la Hanse, la Ligue hanséatique

**hansom** /ˈhænsəm/ N (also **hansom cab**) cab m

**Hants** /hænts/ abbrev of **Hampshire**

**Hanukkah** /ˈhɑːnəkə/ N (Rel) Hanoukka f

**hapax legomenon** /ˈhæpækslәˈgɒmɪˌnɒn/ N (pl **hapax legomena** /lәˈgɒmɪnә/) hapax m

**ha'pence** † /ˈheɪpəns/ NPL of **ha'penny**

**ha'penny** † /ˈheɪpnɪ/ N ⇒ **halfpenny**

**haphazard** /ˌhæpˈhæzəd/ SYN ADJ désordonné ◆ **in a somewhat haphazard fashion** de manière un peu désordonnée ◆ **the whole thing was very haphazard** tout était fait au petit bonheur ◆ **they have a haphazard approach to film-making** leur façon de réaliser des films laisse une grande place au hasard

**haphazardly** /ˌhæpˈhæzədlɪ/ ADV [arrange, select] au hasard

**haphazardness** /ˌhæpˈhæzədnɪs/ N caractère m désordonné

**hapless** /ˈhæplɪs/ ADJ infortuné before n, malheureux before n

**haplography** /hæpˈlɒgrəfɪ/ N haplographie f

**haploid** /ˈhæplɔɪd/ (Bio)

ADJ haploïde

N (= cell) cellule f haploïde ; (= organism) organisme m haploïde

**haplology** /hæpˈlɒlədʒɪ/ N (Ling) haplologie f

**happen** /ˈhæpən/ SYN VI 1 arriver, se passer ◆ **something happened** il est arrivé or il s'est passé quelque chose ◆ **what's happened?** qu'est-ce qui s'est passé ?, qu'est-il arrivé ? ◆ **just as if nothing had happened** comme si de rien n'était ◆ **whatever happens** quoi qu'il arrive subj or advienne ◆ **don't let it happen again!** et que cela ne se reproduise pas ! ◆ **these things happen** ce sont des choses qui arrivent ◆ **what has happened to him?** (= befallen) qu'est-ce qui lui est arrivé ? ; (= become of) qu'est-ce qu'il est devenu ? ◆ **if anything happened to me my wife would have enough money** s'il m'arrivait quelque chose ma femme aurait assez d'argent ◆ **something has happened to him** il lui est arrivé quelque chose ◆ **a funny thing happened to me this morning** il m'est arrivé quelque chose de bizarre ce matin ◆ **let's pretend it never happened** faisons comme si rien ne s'était passé ◆ **she switched on the ignition. Nothing happened** elle a mis le contact. Il ne s'est rien passé ◆ **it's all happening!*** il s'en passe des choses !

2 (= come about, chance) ◆ **how does it happen that...?** comment se fait-il que... + subj ? ◆ **it might happen that...** il se pourrait que... + subj ◆ **it so happened that...** il s'est trouvé que... + indic ◆ **it so happens that I'm going there today, as it happens I'm going there today** il se trouve que j'y vais aujourd'hui

◆ **to happen to do sth** ◆ **he happened to tell me that...** il me disait justement que... ◆ **do you happen to have a pen?** aurais-tu par hasard un stylo ? ◆ **how did you happen to go?** comment se fait-il que tu y sois allé ? ◆ **we happened to discover we had a friend in common** nous avons découvert par hasard que nous avions un ami commun ◆ **I looked in the nearest paper, which happened to be the Daily Mail** j'ai regardé dans le premier journal qui m'est tombé sous la main. Il s'est trouvé que c'était le Daily Mail ◆ **I happen to know he is not rich** je sais qu'en fait, il n'est pas riche ◆ **if he does happen to see her** s'il lui arrive de la voir

▸ **happen (up)on** † VT FUS [+ object] trouver par hasard ; [+ person] rencontrer par hasard

**happening** /ˈhæpnɪŋ/ SYN

N événement m ; (Theat) happening m

ADJ * branché*

**happenstance*** /ˈhæpənstæns/ N ◆ **by happenstance** par hasard

**happily** /ˈhæpɪlɪ/ SYN ADV 1 [say, talk, play] (= contentedly) d'un air heureux ; (= merrily) gaiement ◆ **to smile happily** avoir un sourire épanoui or de bonheur ◆ **it all ended happily** tout s'est bien terminé ◆ **I'm a happily married man** je suis heureux en ménage ◆ **they lived happily ever after** ils vécurent heureux

2 (= without difficulty) [live together, work together etc] sans problème

3 (= willingly) [offer, lend] volontiers

4 (= fortunately) heureusement ◆ **happily, no one was hurt** heureusement, personne n'a été blessé ◆ **happily for him, he can afford it** heureusement pour lui, il peut se le permettre

5 (= felicitously) [express, word] avec bonheur ◆ **a happily chosen word** un mot choisi avec bonheur

**happiness** /ˈhæpɪnɪs/ LANGUAGE IN USE 24.3 SYN N bonheur m

**happy** /ˈhæpɪ/ LANGUAGE IN USE 3.2, 11.2, 23.2, 23.3, 23.6, 24, 25 SYN

ADJ 1 (= joyful, glad) [person, smile, time] heureux ◆ **a happy feeling** un sentiment de bonheur ◆ **to have a happy ending** bien se terminer ◆ **to have happy memories of sb/sth** garder un bon souvenir or de bons souvenirs de qn/qch ◆ **to be happy about sth** être heureux de qch ◆ **as happy as Larry** or **a sandboy** or **a clam** or **a lark, happy as the day is long** (US) heureux comme un poisson dans l'eau, heureux comme un roi ◆ **we're just one big happy family** (firm, school etc) nous formons une grande famille, nous sommes comme une grande famille ◆ **to be happy for sb** se réjouir pour qn ◆ **can't you just be happy for me?** tu ne peux pas te réjouir pour moi ? ◆ **I'm happy that I came** je suis content d'être venu ◆ **I'm happy that you came** je suis content que vous soyez venu ◆ **I'm happy to say that...** j'ai le plaisir de vous dire que... ◆ **I'm just happy to have a job** je m'estime heureux d'avoir un emploi

2 (= contented, at ease) [person] content, heureux ; [childhood, life, marriage, retirement, family] heureux ◆ **I'm happy here reading** je suis très bien ici à lire ◆ **we like to keep the customers/sponsors happy** nous voulons que nos clients/sponsors soient satisfaits ◆ **you're not just say-**

**ing that to keep me happy?** tu ne dis pas ça juste pour me faire plaisir ? ◆ **to be happy with** *or* **about sth** être satisfait de qch ◆ **I'm not happy with this new car** je ne suis pas satisfait de cette nouvelle voiture ◆ **I'm not happy about leaving him alone** ça ne me plaît pas trop de le *or* je n'aime pas trop le laisser seul ◆ **are you happy now?** *(said in reproach)* t'es content maintenant ? *

[3] *(= willing, glad)* ◆ **to be happy to do sth** bien vouloir faire qch ◆ **she was quite happy to stay there alone** cela ne l'ennuyait *or* la dérangeait pas (du tout) de rester là toute seule ◆ **I'm always happy to oblige** à votre service ◆ **I would be happy to have your comments** n'hésitez pas à me faire part de vos commentaires ◆ **I'd be more than** *or* **only too happy to do that** je le ferais volontiers ; → **slap, trigger**

[4] *(in greetings)* ◆ **happy birthday!** bon anniversaire ! ◆ **"happy birthday to you!"** *(in song)* « joyeux anniversaire ! » ◆ **"happy 40th birthday"** *(on card)* « 40 ans : joyeux anniversaire ! » ◆ **happy Christmas!** joyeux Noël ! ◆ **happy Easter!** joyeuses Pâques ! ◆ **happy New Year!** bonne année ! ◆ **happy holidays!** (US) joyeuses fêtes ! ◆ **happy days!*** *(as toast)* tchin-tchin ! * ; see also **return**

[5] * *(euph = tipsy)* éméché *, gris *

[6] *(= fortunate)* *[chance, coincidence]* heureux ◆ **the happy few** les rares privilégiés *mpl*

[7] *(= felicitous)* *[phrase, words, outcome]* heureux ◆ **it's not a happy thought** ce n'est pas une perspective réjouissante

**COMP** **happy-clappy** ADJ *(pej)* *[service] qui se déroule dans une allégresse collective*

**the happy couple** N les jeunes mariés *mpl*

**the happy event** N *(= birth)* l'heureux événement *m*

**happy families** N *(= card game)* jeu *m* des sept familles

**happy-go-lucky** SYN ADJ *[person, attitude]* insouciant ◆ **the arrangements were very happy-go-lucky** c'était organisé au petit bonheur (la chance) ◆ **to do sth in a happy-go-lucky way** faire qch au petit bonheur (la chance) *or* à la va comme je te pousse *

**happy hour** N (US) heure *f* du cocktail *or* de l'apéritif ; (Brit) *heure, généralement en début de soirée, pendant laquelle les consommations sont à prix réduit*

**happy hunting ground** N *[of Native Americans]* paradis *m* des Indiens d'Amérique ◆ **a happy hunting ground for collectors** le paradis des collectionneurs

**happy medium** N juste milieu *m* ◆ **to strike a happy medium** trouver le juste milieu

**happy pill** N pilule *f* du bonheur

**happy slapping** N happy slapping *m* *(agression d'un inconnu, filmée dans le but de diffuser les images)*

**Hapsburg** /ˈhæpsbɜːg/ N Habsbourg ◆ **the Hapsburgs** les Habsbourg *mpl*

**hapten** /ˈhæptən/, **haptene** /ˈhæptiːn/ N haptène *m*

**haptic** /ˈhæptɪk/ ADJ tactile

**hara-kiri** /ˈhærəˈkɪrɪ/ N hara-kiri *m* ◆ **to commit hara-kiri** faire hara-kiri

**harangue** /həˈræŋ/ SYN

VT *[+ crowd]* haranguer *(about* à propos de) ; *[+ individual]* sermonner *(about* à propos de) ◆ **he tried to harangue the crowd into action** il a essayé de haranguer la foule pour qu'elle agisse

N *(to crowd)* harangue *f* ; *(to individual)* sermon *m*

**harass** /ˈhærəs/ SYN VT [1] *(= harry)* *[+ troops, the enemy, crowd]* harceler ◆ **don't harass me!** arrête de me harceler ! ◆ **they complained of being routinely harassed by the police** ils se sont plaints de harcèlements répétés de la part de la police ◆ **he sexually harassed her** il la harcelait sexuellement

[2] *(= worry)* tracasser ; *(stronger)* harceler, tourmenter ◆ **harassed by doubts** harcelé de doutes

(!) **harasser** in French means 'to exhaust'.

**harassed** /ˈhærəst/ SYN ADJ *(= hassled)* harcelé ; *(= overburdened)* stressé ◆ **I'm feeling a bit harassed** je suis un peu stressé

**harassment** /ˈhærəsmənt/ SYN N harcèlement *m* ◆ **police harassment** harcèlement *m* de la part de la police ; → **sexual**

**harbinger** /ˈhɑːbɪndʒəʳ/ N *(liter)* signe *m* avant-coureur *(liter)*, présage *m* ◆ **a harbinger of doom** un funeste présage

**harbour, harbor** (US) /ˈhɑːbəʳ/ SYN

N *(for boats)* port *m* ; *(fig)* havre *m* *(liter)*, refuge *m* ◆ **Dover Harbour** *(in names)* port *m* de Douvres ◆ **the ship was lying in the harbour** le navire était au port *or* avait mouillé dans le port ; → **outer**

VT [1] *(= give shelter to)* héberger, abriter ◆ **to harbour a criminal** receler un criminel *(Jur)* ◆ **they accused the government of harbouring terrorists** ils ont accusé le gouvernement d'avoir fermé les yeux sur la présence de terroristes

[2] *[+ suspicions]* entretenir, nourrir ; *[+ fear, hope]* entretenir ◆ **to harbour a grudge against sb** garder rancune à qn ◆ **she harbours no regrets** elle ne nourrit aucun regret

[3] *[+ dirt, dust]* retenir, garder ◆ **the river still harbours crocodiles** des crocodiles habitent encore le fleuve ◆ **the cat's fur harbours various parasites** divers parasites trouvent refuge dans la fourrure du chat

**COMP** **harbour dues, harbour fees** NPL *(Jur, Comm)* droits *mpl* de port

**harbour master** N capitaine *m* de port

**harbour station** N gare *f* maritime

**hard** /hɑːd/ SYN

ADJ [1] *(= firm)* *[object, substance, ground, bed, fruit]* dur ; *[mud, snow]* durci ; *[muscle]* ferme ◆ **to become** *or* **get** *or* **go** *or* **grow hard** durcir ◆ **the ground was baked/frozen hard** le sol était durci par la chaleur/par le gel ◆ **the lake was frozen hard** le lac était complètement gelé ◆ **to set hard** *[plaster, concrete, clay etc]* bien prendre

[2] *(= difficult)* *[problem, question, exam, choice, decision, work]* difficile ; *[task]* pénible, dur ; *[battle, fight]* rude ; *[match]* âprement disputé ◆ **it is hard to do that** il est difficile de faire cela ◆ **to find it hard to do sth** avoir du mal à faire qch, trouver difficile de faire qch ◆ **I find it hard to believe that...** j'ai du mal à croire que... ◆ **their prices are hard to beat** leurs prix sont imbattables ◆ **to be hard to open/close/translate** *etc* être difficile *or* dur à ouvrir/fermer/traduire *etc* ◆ **good managers are hard to find these days** il est difficile de trouver de bons cadres de nos jours ◆ **that's a hard question to answer** c'est une question à laquelle il est difficile de répondre ◆ **it was a hard decision to make** c'était une décision difficile à prendre ◆ **I've had a hard day** ma journée a été dure ◆ **a hard day's work** une rude journée de travail ◆ **it's hard work!** c'est dur ! ◆ **a hard day's sunbathing on the beach** *(hum)* une rude journée *or* une journée fatigante passée à bronzer sur la plage *(hum)* ◆ **she's had a very hard life** elle a eu une vie très dure ◆ **it's a hard life** *(also iro)* la vie est dure ◆ **it's a hard life being a man** *(also iro)* c'est dur d'être un homme ◆ **she's having a hard time at the moment** elle traverse une période difficile ◆ **she had a hard time of it after her husband's death** elle a traversé une période difficile après la mort de son mari ◆ **to have a hard time doing sth** avoir du mal *or* des difficultés à faire qch ◆ **you'll have a hard time trying to get him to help you** vous allez avoir du mal à le persuader de vous aider ◆ **to give sb a hard time*** en faire voir de toutes les couleurs à qn ◆ **the kids are giving me a hard time at the moment*** les enfants sont vraiment pénibles en ce moment ◆ **times are hard** les temps sont durs ◆ **those were hard times** c'était une époque difficile ◆ **"Hard Times"** *(Literat)* « Les Temps difficiles » ◆ **he always has to do it** *or* **things the hard way** il faut toujours qu'il cherche *subj* la difficulté ◆ **to learn the hard way** l'apprendre à ses dépens ◆ **to play hard to get*** se faire désirer ; see also **drive**

[3] *(= committed)* ◆ **he's a hard worker** il est travailleur ◆ **he's a hard drinker** il boit beaucoup, il boit sec

[4] *(= forceful)* *[blow, kick, punch]* violent ◆ **give it a hard push** pousse fort ◆ **she gave the rope a hard tug** elle a tiré la corde d'un coup sec ◆ **he had a hard fall** il a fait une mauvaise chute ◆ **a hard blow** *(fig)* un coup dur *(for, to sb/sth* pour qn/qch) ; → **knock**

[5] *(= unsympathetic)* *[person, face, look, smile, voice]* dur ◆ **to have a hard heart** avoir le cœur dur ◆ **no hard feelings!** sans rancune ! ◆ **to show there are no hard feelings** pour montrer qu'il n'y a pas de rancune entre nous *(or eux etc)* ◆ **to grow hard** s'endurcir

[6] *(= harsh, severe)* *[winter, climate]* rude, rigoureux ; *[frost]* fort ; *[light, colour]* cru ; *[treatment]* dur ; *[rule, decision]* sévère ◆ **to take a hard line with sb/on sth** se montrer dur *or* intransigeant avec qn/lorsqu'il s'agit de qch ; see also **comp** ◆ **to be hard on sb** *[person]* être dur avec qn ◆ **aren't you being a bit hard on yourself?** n'es-tu pas un peu trop dur avec toi-même ? ◆ **to be hard on sb/sth** *(= damaging)* *[situation, circumstances]* être difficile *or* éprouvant pour qn/qch ◆ **the light was hard on the eyes** la lumière fatiguait les yeux ◆ **children are hard on their shoes** les enfants usent leurs chaussures en un rien de temps ◆ **hard cheese*** *or* **lines*!** (Brit) tant pis pour toi ! ◆ **hard luck!** pas de chance *or* de veine * ! ◆ **it was hard luck that he didn't win** il n'a vraiment pas eu de chance de ne pas gagner ◆ **it's hard luck on him** il n'a vraiment pas de chance ◆ **he told me another hard luck story** il m'a encore raconté ses malheurs ◆ **his hard luck story failed to move me** il n'a pas réussi à m'émouvoir avec ses malheurs

[7] *(= tough)* ◆ **she thinks she's really hard*** *[person]* elle se considère comme une dure

[8] *(= indisputable)* *[information]* sûr ; *[evidence]* tangible ◆ **there are hard facts to support our arguments** il y a des faits concrets pour soutenir nos arguments ◆ **the hard facts of the matter are that...** ce qu'il y a de sûr et certain, c'est que... ◆ **what we want is hard news** ce qu'il nous faut, c'est une information sérieuse

[9] *(= strong)* *[drink]* fortement alcoolisé, fort ; *[drug]* dur ◆ **hard porn*** porno *m* hard * ◆ **the hard stuff*** *(= whisky)* le whisky ; *(= drugs)* les drogues dures ◆ **a drop of the hard stuff*** un petit coup * de whisky

[10] *[water]* dur

[11] *(Med)* *[tissue]* sclérosé, scléreux

[12] *(esp Brit)* ◆ **the hard left/right** *(Pol)* la gauche/droite dure

[13] *(Phon, Ling)* *[sound]* dur ; *[consonant]* *(= not palatalized)* dur ; *(= velar)* fort, dur †

[14] *(Stock Exchange)* *[market, stock, rate]* soutenu, ferme

ADV [1] *(= energetically, assiduously)* *[push, pull, rain, snow]* fort ; *[work]* dur ; *[study]* assidûment ; *[laugh]* aux éclats ; *[cry]* à chaudes larmes ; *[listen]* de toutes ses oreilles ; *[think]* bien ◆ **tug the rope hard** tire sur la corde d'un coup sec ◆ **she slammed the door hard** elle a claqué violemment la porte ◆ **to fall down hard** tomber lourdement ◆ **to run hard** courir de toutes ses forces ◆ **to hold on hard** tenir bon ◆ **to hit hard** frapper fort, cogner dur ; see also **hit** ◆ **to beg hard** supplier ◆ **to look hard at** *[+ person]* dévisager ; *[+ thing]* bien regarder ◆ **he tried really hard** il a vraiment essayé ◆ **you must try harder** il faut faire plus d'efforts ◆ **no matter how hard I try, I...** j'ai beau essayer, je... ◆ **as hard as one can** de toutes ses forces ◆ **to be hard at work** *or* **at it*** travailler *or* bosser * dur ◆ **she works hard at keeping herself fit** elle fait de gros efforts pour rester en forme ◆ **he likes to work hard and play hard** il met autant d'énergie à travailler qu'à s'amuser ◆ **to clamp down hard on sb** prendre des sanctions très sévères contre qn

◆ **to be hard pushed** *or* **put (to it) to do sth** avoir beaucoup de mal à faire qch

[2] *(= as far as possible)* *[turn]* ◆ **hard left** à fond à gauche ◆ **hard right** à fond à droite ◆ **hard aport** *(on boat)* bâbord toute ◆ **hard a-starboard** *(on boat)* tribord toute ◆ **hard astern** *(on boat)* arrière toute ◆ **hard about** *(on boat)* demi-tour toute

[3] *(= badly)* ◆ **to take sth hard** être très affecté par qch ◆ **it'll go hard for him if...** ça ira mal pour lui si... ◆ **she feels hard done by** *(by person)* elle se sent brimée ; *(by life)* elle trouve qu'elle n'a pas eu de chance dans la vie

[4] *(= closely)* ◆ **to follow** *or* **come hard behind** *or* **upon sth** suivre qch de très près ◆ **hard by sth** † tout près de qch ◆ **it was hard on 10 o'clock** † il était bientôt 10 heures ; → **heel**[1]

**COMP** **hard-and-fast** SYN ADJ *[timetable]* strict ; *[position]* inflexible ; *[conclusion]* définitif ; *[evidence]* concluant ; *[rule]* absolu

**hard-ass**** N (US) dur(e) *m(f)* à cuire *

**hard-assed**** ADJ coriace

**hard-bitten** SYN ADJ *(fig)* dur à cuire *

**hard-boiled** ADJ *[egg]* dur ; *(fig)* *[person]* dur à cuire *

**hard card** N *(Comput)* carte *f* (de) disque dur

**hard case*** N dur(e) *m(f)* à cuire *

**hard cash** N *(Fin)* espèces *fpl*, argent *m* liquide

**hard cheese** N *(= type of cheese)* fromage *m* à pâte pressée ; see also ADJ 6

**hard cider** N (US) cidre *m*

**hard copy** N *(Comput)* tirage *m*, sortie *f* papier

**hard core** N [1] *(= group)* *[of supporters, objectors, offenders]* noyau *m* dur

2 (for roads) matériaux mpl pour assise, couche f de fondation ; see also **hardcore**
**hard-core** SYN ADJ (= extreme) [criminal, hooligan] irrécupérable ; (= uncompromising) pur et dur ; [support, opposition] inconditionnel ◆ **hard-core pornography** pornographie f hard
**hard court** N (Tennis) court m en dur
**hard currency** N (Fin) devise f forte
**hard disk** N (Comput) disque m dur
**hard disk drive** N (Comput) unité f de disque dur
**hard-drinking** ADJ qui boit beaucoup or sec
**hard-earned** ADJ [money, salary] durement gagné ; [holiday] bien mérité
**hard-edged** ADJ [shadow, shape] aux contours nets ; [style] intransigeant
**hard-faced, hard-featured** ADJ au visage sévère, aux traits durs
**hard-fought** ADJ [battle] acharné ; [election, competition] âprement disputé
**hard hat** N [of motorcyclist, construction worker] casque m ; (= riding hat) bombe f ; (esp US fig = construction worker) ouvrier m du bâtiment
**hard-hat** ADJ (esp US fig) réactionnaire
**hard-headed** SYN ADJ réaliste, qui a la tête sur les épaules ◆ **hard-headed businessman** homme m d'affaires réaliste ; see also **hardhead**
**hard-hearted** SYN ADJ insensible, au cœur dur ◆ **he was very hard-hearted towards them** il était très dur avec eux
**hard-heartedness** N insensibilité f, dureté f
**hard-hitting** SYN ADJ (fig) [report, news programme] sans complaisance
**hard labour, hard labor** (US) N (Jur) travaux mpl forcés
**hard lens** N verre m or lentille f de contact rigide
**hard-line** SYN ADJ [person] (pur et) dur ; [stance, policy] dur, intransigeant
**hard-liner** N (gen) pur(e) m(f) et dur(e) m(f) ◆ **the hard-liners** (in political party) la ligne dure (du parti)
**hard loan** N (Fin) prêt m aux conditions commerciales or du marché
**hard mint candy** N (US) bonbon m à la menthe
**hard-nosed** ADJ dur, intraitable
**hard of hearing** ADJ dur d'oreille
**the hard-of-hearing** NPL les malentendants mpl
**hard-on**** N ◆ **to have a hard-on** bander**
**hard-packed snow** N neige f tassée ; (by wind) congère f
**hard pad** N (= dogs' disease) sclérose f des coussinets
**hard palate** N voûte f du palais, palais m dur
**hard pressed** ADJ [staff] sous pression ; [consumers, homeowners] en difficulté financière ; [economy] en difficulté ◆ **to be hard pressed to do sth** avoir beaucoup de mal à faire qch ◆ **to be hard pressed for money** être vraiment à court d'argent
**hard rock** N (Mus) hard rock m
**hard sauce** N (US) crème au beurre
**hard science** N science f dure
**hard-sell** N (Comm) vente f agressive ◆ **hard-sell tactics** stratégie f de vente agressive ◆ **hard-sell approach** (gen) approche f agressive
**hard shoulder** N (esp Brit : on road) bande f d'arrêt d'urgence
**hard-up*** ADJ (= penniless) fauché*, sans le sou ◆ **I'm hard-up** je suis fauché* or à sec* ◆ **they must be hard-up if...** (fig) les choses doivent aller mal (pour eux) si... ◆ **to be hard-up for sth** (gen) être à court de qch, manquer de qch
**hard-wearing** SYN ADJ [shoes, clothes, material] solide, résistant
**hard-wired** ADJ (Comput) câblé
**hard-won** ADJ [victory, battle, freedom, independence] durement gagné, remporté de haute lutte ; [promotion] bien mérité
**hard-working** SYN ADJ (gen) travailleur ; [student, pupil] travailleur, bûcheur*

**hardback** /ˈhɑːdbæk/
ADJ [book] relié, cartonné
N livre m relié or cartonné

**hardball** /ˈhɑːdbɔːl/ N (US) base-ball m ◆ **to play hardball*** (fig) employer la manière forte, ne pas prendre de gants

**hardboard** /ˈhɑːdbɔːd/ N (NonC) isorel ® m, panneau m dur (de fibres de bois)

**hardcore** /ˌhɑːdˈkɔːʳ/ N (Mus) hardcore m ; see also **hard**

**hardcover** /ˈhɑːdˌkʌvəʳ/ ADJ, N (US) ⇒ **hardback**

**harden** /ˈhɑːdn/ SYN
VT 1 [+ substance] durcir ; [+ steel] tremper ; [+ muscle] affermir, durcir ◆ **his years in the Arctic hardened him considerably** les années qu'il a passées dans l'Arctique l'ont considérablement endurci ◆ **to harden o.s. to sth** s'endurcir or s'aguerrir à qch ◆ **to harden one's heart** s'endurcir ◆ **this hardened his heart** cela lui a endurci le cœur ◆ **my heart hardened against her** je lui ai fermé mon cœur
2 (Fin) ◆ **to harden credit** restreindre le crédit ; see also **hardened**
3 (Med) [+ arteries] scléroser
VI 1 [substances] durcir ; [steel] se tremper ◆ **his voice hardened** sa voix se fit dure ◆ **the look on his face hardened** son regard s'est durci
2 (Fin) [shares, prices] se raffermir ◆ **the market hardened** le marché s'affermit
3 (Med) [arteries] se scléroser

**hardened** /ˈhɑːdnd/ SYN ADJ [substance] durci ; [steel] trempé ; [criminal, sinner] endurci ; [drinker] invétéré ◆ **hardened drug addicts** des toxicomanes endurcis ◆ **I'm hardened to it** j'ai l'habitude, ça ne me fait plus rien ◆ **a world hardened to political injustice** un monde qui est devenu insensible à l'injustice politique

**hardener** /ˈhɑːdnəʳ/ N durcisseur m

**hardening** /ˈhɑːdnɪŋ/
N 1 [of substance] durcissement m ; [of steel] trempe f ; (fig) durcissement m, endurcissement m ◆ **I noticed a hardening of his attitude** j'ai remarqué que son attitude se durcissait
2 (Fin) [of currency, prices] raffermissement m
3 (Med) induration f, sclérose f
COMP **hardening of the arteries** N (Med) artériosclérose f

**hardhead** /ˈhɑːdhed/ N (= person) réaliste mf ; see also **hard**

**hardihood** /ˈhɑːdɪhʊd/ N hardiesse f

**hardiness** /ˈhɑːdɪnɪs/ SYN N robustesse f

**hardly** /ˈhɑːdlɪ/ SYN ADV 1

When it means 'barely', **hardly** can generally be translated using the expression **à peine**.

◆ **he can hardly write** il sait à peine écrire, c'est à peine s'il sait écrire ◆ **I can hardly hear you** je vous entends à peine ◆ **he was given hardly 24 hours to pack his bags** c'est à peine si on lui a donné 24 heures pour faire ses bagages ◆ **hardly had he got home than the phone started ringing** à peine était-il rentré chez lui que le téléphone se mit à sonner ◆ **hardly a day goes by without someone visiting** il est rare qu'une journée se passe sans qu'il y ait une visite ◆ **you'll hardly believe it** vous aurez de la peine or du mal à le croire

Note the use of **presque** in the following examples.

◆ **hardly anyone knew** presque personne n'était au courant ◆ **these animals are found hardly anywhere else** ces animaux ne se trouvent presque nulle part ailleurs ◆ **you have hardly eaten anything** tu n'as presque rien mangé ◆ **hardly ever** presque jamais ◆ **I hardly know you** je vous connais à peine, je ne vous connais presque pas ◆ **Nicki had hardly slept** Nicki avait à peine dormi, Nicki n'avait presque pas dormi
2 (expressing doubt, scepticism, irony) ◆ **hardly!** (= not at all) certainement pas ! ; (= not exactly) pas précisément ! ◆ **he would hardly have said that** il n'aurait tout de même pas dit cela ◆ **it's hardly surprising his ideas didn't catch on** il n'est guère surprenant que ses idées ne soient pas devenues populaires ◆ **it's hardly his business if...** ce n'est guère son affaire si... ◆ **I need hardly point out that...** je n'ai pas besoin de faire remarquer que...
3 (frm = harshly) durement, sévèrement ◆ **to treat sb hardly** se montrer sévère avec qn

**hardness** /ˈhɑːdnɪs/ N dureté f ◆ **hardness of hearing** surdité f (partielle) ◆ **his hardness of heart** sa dureté de cœur ◆ **the hardness of the market** (Fin) le raffermissement du marché

**hardscrabble** /ˈhɑːdˌskræbəl/ ADJ (US) [farmer, farm] misérable

**hardship** /ˈhɑːdʃɪp/ SYN
N 1 (NonC) (= circumstances) épreuves fpl ; (= suffering) souffrance f ; (= poverty) pauvreté f ; (= deprivation) privation f ◆ **he has suffered great hardship** il a connu de dures épreuves ◆ **periods of economic hardship** des périodes de difficultés économiques ◆ **many students are experiencing severe financial hardship** beaucoup d'étudiants ont de gros problèmes d'argent ◆ **there's a certain amount of hardship involved but it's worth it** ça sera dur mais ça en vaut la peine ◆ **a life of hardship** une vie pleine d'épreuves ◆ **being posted to Cairo was no hardship at all** être posté au Caire n'avait rien de désagréable ◆ **it's no great hardship to go and see her once a month** ce n'est pas la mer à boire d'aller la voir une fois par mois
2 ◆ **hardships** épreuves fpl, privations fpl ◆ **the hardships of war** les privations fpl or les rigueurs fpl de la guerre ◆ **many families are suffering economic hardships** de nombreuses familles ont des problèmes financiers
COMP **hardship clause** N (Jur) clause f de sauvegarde
**hardship fund** N fonds m d'aide

**hardtack** /ˈhɑːdtæk/ N (Mil) biscuit m ; (on ship) galette f

**hardtop** /ˈhɑːdtɒp/ N (= car roof) hard-top m ; (= car) voiture f à hard-top

**hardware** /ˈhɑːdwɛəʳ/
N (NonC) (Comm) quincaillerie f (marchandises) ; (Mil etc) matériel m ; (Comput, Space) matériel m, hardware m
COMP **hardware dealer** N quincaillier m, -ière f
**hardware shop** (Brit), **hardware store** (US) N quincaillerie f

**hardwood** /ˈhɑːdwʊd/
N (= tree) feuillu m ; (= wood) bois m dur, bois m de feuillu
COMP de feuillu, de bois dur

**hardy** /ˈhɑːdɪ/ SYN
ADJ 1 (= tough) [person, animal] robuste ; [plant] rustique
2 (= brave) [person] hardi, intrépide
COMP **hardy annual** N (= plant) annuelle f rustique ; (fig) (= topic) sujet m rebattu, sujet m bateau
**hardy perennial** N (= plant) vivace f rustique ; (fig) sujet m rebattu, sujet m bateau

**hare** /hɛəʳ/
N lièvre m ◆ **hare and hounds** (= game) (sorte de) jeu m de piste ◆ **to run with the hare and hunt with the hounds** ménager la chèvre et le chou ; → **jug, mad**
VI (Brit) ◆ **to hare away** or **off*** partir en trombe or à fond de train
COMP **hare coursing** N chasse f au lièvre

**harebell** /ˈhɛəbel/ N campanule f

**harebrained** /ˈhɛəbreɪnd/ ADJ [person] écervelé ; [plan, scheme] insensé ◆ **to be harebrained** [person] être une tête de linotte, être écervelé

**harelip** /ˌhɛəˈlɪp/ N (Med) bec-de-lièvre m

**harem** /hɑːˈriːm/ N harem m

**haricot** /ˈhærɪkəʊ/ N (Brit) (also **haricot bean**) haricot m blanc ◆ **haricot mutton** haricot m de mouton

**hark** /hɑːk/ VI ◆ **to hark to** (liter) écouter, prêter une oreille attentive à ◆ **hark!** († or liter) écoutez ! ◆ **hark at him!*** (Brit) mais écoutez-le (donc) !*
▸ **hark back** VI revenir (to à) ◆ **to hark back to sth** revenir sur qch, ressasser qch

**harken** /ˈhɑːkən/ VI ⇒ **hearken**

**Harlequin** /ˈhɑːlɪkwɪn/ N (Theat) Arlequin m ◆ **Harlequin costume** costume m bigarré or d'Arlequin

**Harley Street** /ˈhɑːlɪˌstriːt/ N (Brit) Harley Street (haut lieu de la médecine privée à Londres)

**harlot** †† /ˈhɑːlət/ N catin f (o.f) (pej)

**harm** /hɑːm/ SYN
N mal m ◆ **to do sb harm** faire du mal à qn ◆ **he never did any harm to anyone** il n'a jamais fait de mal à personne ◆ **a bit of exercise never did anyone any harm** un peu d'exercice physique n'a jamais fait de mal à personne ◆ **the harm's done now** le mal est fait maintenant ◆ **no harm done!** il n'y a pas de mal ! ◆ **it can't do you any harm** ça ne peut pas te faire de mal ◆ **it will do more harm than good** cela fera plus de mal que de bien ◆ **to cut taxes would do the economy more harm than good** une réduction des impôts ferait plus de mal que de bien à l'économie ◆ **he means no harm** il n'a pas de mauvaises intentions ◆ **he doesn't mean us any harm** il ne nous veut pas de mal ◆ **you will come to no harm** il ne t'arrivera rien ◆ **make sure that no harm comes to him** fais en sorte qu'il ne lui arrive rien de mal ◆ **I don't see any harm in it, I see no harm in it** je n'y vois aucun mal ◆ **there's no harm in an occasional drink** un petit verre de temps en temps ne peut pas faire de mal ◆ **there's no harm in asking** on peut toujours demander
◆ **in harm's way** en danger ◆ **they'd been put in harm's way** on les avait mis en danger

• **out of harm's way** • **keep** or **stay out of harm's way** (= *out of danger*) mettez-vous en sûreté ; (= *out of the way*) ne restez pas ici, c'est dangereux • **to keep a child out of harm's way** mettre un enfant à l'abri du danger • **put the vase out of harm's way** mets ce vase en lieu sûr
**VT** *[+ person]* (= *damage*) faire du tort à, nuire à ; (= *hurt*) faire du mal à ; *[+ crops, harvest, building]* endommager ; *[+ object]* abîmer ; *[+ reputation, interests, cause]* nuire à • **this will harm his case considerably** cela desservira ses intérêts • **products which harm the environment** des produits nocifs pour l'environnement ; → **fly¹**

**harmattan** /hɑːˈmætən/ **N** harmattan *m*

**harmful** /ˈhɑːmfʊl/ **SYN ADJ** *[substance, rays, effects]* nocif • **to be harmful to** (*physically*) être nuisible à or mauvais pour ; (*morally*) porter préjudice à

**harmless** /ˈhɑːmlɪs/ **SYN ADJ** *[animal, substance, device, joke]* inoffensif (*to pour*) ; *[hobby, pleasure, entertainment, diversion]* innocent ; *[rash, cyst, growth]* bénin (-igne *f*) • **it's just a bit of harmless fun** ce n'est pas bien méchant • **he's harmless** il n'est pas bien méchant • **to hold harmless**\* (*Jur*) tenir à couvert

**harmlessly** /ˈhɑːmlɪslɪ/ **ADV** ① (= *without causing damage*) *[explode]* sans dommages
② (= *inoffensively*) *[gossip]* de façon inoffensive • **it all started harmlessly enough** au début ce n'était qu'un jeu

**harmonic** /hɑːˈmɒnɪk/
**ADJ** (*Math, Mus, Phys*) harmonique
**NPL** **harmonics** ① (= *science*) harmonie *f* ; (= *overtones*) harmoniques *mpl*
② (*Phys*) harmoniques *mpl* or *fpl*
**COMP** **harmonic analysis N** analyse *f* harmonique
**harmonic mean N** moyenne *f* harmonique
**harmonic minor scale N** (*Mus*) gamme *f* harmonique mineure
**harmonic progression N** progression *f* harmonique
**harmonic series N** (*Math*) série *f* harmonique

**harmonica** /hɑːˈmɒnɪkə/ **N** harmonica *m*

**harmonious** /hɑːˈməʊnɪəs/ **SYN ADJ** (*gen, Mus*) harmonieux

**harmoniously** /hɑːˈməʊnɪəslɪ/ **ADV** ① *[live together, work together]* en harmonie ; *[blend, combine]* harmonieusement, avec harmonie
② *[sing]* harmonieusement

**harmonist** /ˈhɑːmənɪst/ **N** (*Mus*) harmoniste *mf*

**harmonium** /hɑːˈməʊnɪəm/ **N** harmonium *m*

**harmonization** /ˌhɑːmənaɪˈzeɪʃən/ **N** harmonisation *f*

**harmonize** /ˈhɑːmənaɪz/ **SYN**
**VI** (*Mus*) chanter en harmonie ; *[colours etc]* s'harmoniser (*with* avec)
**VT** (*gen, Mus*) harmoniser

**harmony** /ˈhɑːmənɪ/ **N** (*Mus*) harmonie *f* ; (*fig*) harmonie *f*, accord *m* • **in perfect harmony** en parfaite harmonie, en parfait accord • **they work together in harmony** ils travaillent ensemble en harmonie • **in harmony with** en harmonie or en accord avec • **to live in harmony with nature** vivre en harmonie avec la nature ; → **close¹**

**harness** /ˈhɑːnɪs/ **SYN**
**N** *[of horse]* harnais *m*, harnachement *m* ; *[of loom, parachute]* harnais *m* ; (*Climbing*) baudrier *m* • **to get back in(to) harness**\* (*fig* = *back to work*) reprendre le collier • **to die in harness**\* (*fig*) mourir debout or à la tâche • **to work in harness (with sb)** (*fig*) travailler en tandem (avec qn)
**VT** ① *[+ horse]* harnacher • **to harness a horse to a carriage** atteler un cheval à une voiture
② *[+ river, resources, energy, power, anger, talents]* exploiter
**COMP** **harness race N** course *f* attelée

**Harold** /ˈhærəld/ **N** Harold *m*

**harp** /hɑːp/
**N** harpe *f*
**VI** \* • **to harp on (about) sth** rabâcher qch • **stop harping on about it!** cesse de nous rebattre les oreilles avec ça ! • **she's always harping on about her problems** elle nous rebat les oreilles de ses problèmes • **I don't want to harp on about it** je ne veux pas revenir toujours là-dessus • **to harp back to sth** revenir sur qch, ressasser qch
**COMP** **harp seal N** (= *animal*) phoque *m* du Groenland

**harpist** /ˈhɑːpɪst/ **N** harpiste *mf*

**harpoon** /hɑːˈpuːn/
**N** harpon *m*
**VT** harponner

**harpsichord** /ˈhɑːpsɪkɔːd/ **N** clavecin *m*

**harpsichordist** /ˈhɑːpsɪkɔːdɪst/ **N** claveciniste *mf*

**harpy** /ˈhɑːpɪ/
**N** (*Myth*) harpie *f* • **old harpy** (*pej*) vieille harpie *f* or sorcière *f*
**COMP** **harpy eagle N** (= *bird*) harpie *f*

**harridan** /ˈhærɪdən/ **N** (*frm*) harpie *f*, sorcière *f*

**harried** /ˈhærɪd/ **ADJ** *[look, expression]* soucieux

**harrier** /ˈhærɪəʳ/ **N** ① (= *dog*) harrier *m* • **harriers** meute *f*
② • **harriers** (= *cross-country runners*) coureurs *mpl* de cross
③ (= *bird*) busard *m*

**Harris Tweed** ® /ˌhærɪsˈtwiːd/ **N** (gros) tweed *m* (des Hébrides)

**harrow** /ˈhærəʊ/
**N** herse *f*
**VT** ① (*Agr*) herser
② (*fig*) *[+ person]* tourmenter, torturer

**harrowing** /ˈhærəʊɪŋ/ **SYN**
**ADJ** *[story, account, film]* poignant ; *[experience]* extrêmement pénible ; *[photo, picture]* difficile à supporter
**N** (*Agr*) hersage *m*

**harrumph** /həˈrʌmf/ **VI** (*US*) se racler la gorge

**Harry** /ˈhærɪ/ **N** (*dim* of **Henry**) Harry ; → **flash**

**harry** /ˈhærɪ/ **SYN VT** *[+ country]* dévaster, ravager ; *[+ person]* harceler ; (*Mil*) harceler

**harsh** /hɑːʃ/ **SYN ADJ** ① (= *severe*) *[words, criticism, reality, truth, measures]* dur ; *[person, verdict, sentence, punishment]* sévère, dur • **the harsh facts of...** la dure réalité de... • **he said many harsh things about his opponents** il n'a pas été tendre avec ses adversaires • **to be harsh on sb** être dur avec qn
② (= *inhospitable*) *[conditions, environment]* dur ; *[climate, winter, weather]* rude, rigoureux
③ (= *rough, hard*) *[colour, voice, cry]* criard ; *[sound]* discordant ; *[light]* cru ; *[whisper, breathing]* rauque ; *[contrast]* fort ; *[wool, fabric]* rêche ; *[wine, whisky, tobacco]* âpre, râpeux ; *[cleaner, detergent]* corrosif • **the harsh glare of the sun** l'éclat éblouissant du soleil

**harshly** /ˈhɑːʃlɪ/ **SYN ADV** *[treat, criticize, judge]* sévèrement ; *[say]* rudement, durement ; *[laugh]* d'un rire jaune or amer

**harshness** /ˈhɑːʃnɪs/ **SYN N** ① (= *severity*) *[of manner]* rudesse *f* ; *[of words, conditions]* dureté *f* ; *[of fate, climate]* rigueur *f* ; *[of punishment, laws]* sévérité *f*
② (= *roughness*) (*to the touch*) rudesse *f*, dureté *f* ; (*to the taste*) âpreté *f* ; (*to the ear*) discordance *f*

**hart** /hɑːt/
**N** (*pl* **harts** or **hart**) cerf *m*
**COMP** **hart's-tongue N** (= *plant*) scolopendre *f*

**harumph** /həˈrʌmf/ **VTI** bougonner

**harum-scarum**\* /ˈhɛərəmˈskɛərəm/
**ADJ** tête de linotte *inv*
**N** tête *f* de linotte

**harvest** /ˈhɑːvɪst/ **SYN**
**N** *[of corn]* moisson *f* ; *[of fruit]* récolte *f*, cueillette *f* ; *[of grapes]* vendange *f* ; (*fig*) moisson *f* • **to get in the harvest** faire la moisson, moissonner • **a bumper potato harvest** une récolte de pommes de terre exceptionnelle • **poor harvests** mauvaises récoltes *fpl* ; see also **reap**
**VT** *[+ corn]* moissonner ; *[+ fruit]* récolter, cueillir ; *[+ grapes]* vendanger, récolter ; *[+ organ, egg]* prélever ; *[+ reward, information]* récolter • **to harvest the fields** faire les moissons, moissonner (les champs)
**VI** faire la moisson, moissonner
**COMP** **harvest festival N** fête *f* de la moisson
**harvest home N** (= *festival*) fête *f* de la moisson ; (= *season*) fin *f* de la moisson
**harvest mite N** aoûtat *m*
**harvest moon N** pleine lune *f* de l'équinoxe d'automne
**harvest mouse N** rat *m* des moissons
**harvest tick N** aoûtat *m*
**harvest time N** • **at harvest time** pendant or à la moisson

**harvester** /ˈhɑːvɪstəʳ/ **N** (= *machine*) moissonneuse *f* ; (= *person*) moissonneur *m*, -euse *f* ; → **combine**

**harvesting** /ˈhɑːvɪstɪŋ/ (*US*)
**N** moisson *f*
**ADJ** des moissons

**harvestman** /ˈhɑːvɪstmən/ **N** (*pl* **-men**) (= *insect*) faucheur *m*

**has** /hæz/
**COMP** → **have**
**COMP** **has-been**\* **N** (= *person*) has been\* *m inv*, (= *hat, carpet etc*) vieillerie *f*, vieux truc\* *m* • **he's/she's a has-been**\* il/elle a fait son temps

**hash¹** /hæʃ/ **SYN**
**N** ① (\* = *mess*) gâchis *m* • **he made a hash of it** il a raté son affaire • **I'll settle his hash**\* je vais lui régler son compte\*
② (*Culin*) plat en sauce à base de viande hachée et de légumes
③ (*Drugs* \*) also **hashish**) hasch\* *m*
**VT** (*Culin*) hacher
**COMP** **hash brownies NPL** petits gâteaux *mpl* au haschisch
**hash browns NPL** (*Culin*) pommes *fpl* de terre sautées (*servies au petit déjeuner*)
**hash cookies NPL** ⇒ **hash brownies**
**hash house**\* **N** (*US*) gargote *f*
**hash house slinger**\* **N** (*US*) serveur *m*, -euse *f* dans une gargote
▶ **hash out**\* **VT SEP** ① ⇒ **hash over**
② (= *solve*) finir par résoudre
▶ **hash over**\* **VT SEP** *[+ problem, plan, difficulty]* discuter ferme de • **this subject has been hashed over a great deal** on a discuté en long et en large de ce sujet
▶ **hash up**
**VT SEP** ① (*Culin*) hacher menu
② (*spoil*) • **he really hashed it up**\* il a raté son affaire
**N** • **hash-up**\* ⇒ **hash noun 1**

**hash²** /hæʃ/ (*pl* **hashes**)
**N** (*Typ*) dièse *m*
**COMP** **hash key N** (*on keyboard, phone*) touche *f* dièse

**hashish** /ˈhæʃɪʃ/ **N** haschisch *m* or haschich *m*

**haslet** /ˈhæzlɪt/ **N** (*NonC*) pâté d'abats de porc

**hasn't** /ˈhæznt/ ⇒ **has not** ; → **have**

**hasp** /hɑːsp/ **N** *[of door, lid, window]* moraillon *m* ; *[of book cover, necklace]* fermoir *m*

**Hassidic** /hæˈsɪdɪk/ **ADJ** hassidique

**hassle**\* /ˈhæsl/
**N** ① (= *fuss*) histoire *f* ; (= *worries*) tracas *mpl* • **what a hassle!** quelle histoire ! • **legal hassles** tracas *mpl* juridiques • **it's a hassle!** c'est toute une histoire or affaire ! • **it's no hassle!** ce n'est pas un problème ! • **it isn't worth the hassle** ça ne vaut pas la peine\* • **preparing for a wedding is such a hassle** la préparation d'un mariage, c'est toute une affaire • **commuting's a bit of a hassle** les trajets quotidiens sont un peu embêtants • **charcoal's a real hassle to light** ce n'est pas une mince affaire d'allumer du charbon de bois
② (*US*) (= *squabble*) chamaillerie\* *f*, bagarre\* *f* ; (= *bustle, confusion*) pagaille *f*
**VT** (= *harass*) embêter, enquiquiner\* • **stop hassling me, will you?** arrête donc de m'embêter or de m'enquiquiner\* • **he was continually being hassled for money** on l'embêtait sans arrêt pour lui demander de l'argent
**VI** (*US* = *quarrel*) se battre (*with sb* avec qn ; *over sth* à propos de qch)

**hassock** /ˈhæsək/ **N** coussin *m* (d'agenouilloir)

**hast** †† /hæst/ (*liter*) • **thou hast** ⇒ **you have** ; → **have**

**hastate** /ˈhæsteɪt/ **ADJ** *[leaf]* hasté

**haste** /heɪst/ **SYN N** hâte *f* ; (*excessive*) précipitation *f* • **why all this haste?** pourquoi tant de précipitation ? • **to do sth in haste** faire qch à la hâte or en hâte • **in their haste to explain what had happened, they...** dans leur précipitation à expliquer ce qui s'était passé, ils... • **in great haste** en toute hâte • **to make haste** † se hâter (*to do sth* de faire qch) • **more haste less speed** (*Prov*) hâtez-vous lentement • **marry in haste, repent at leisure** (*Prov*) qui se marie en haste sans réfléchir aura tout le loisir de s'en repentir

**hasten** /ˈheɪsn/ **SYN**
**VI** se hâter, s'empresser (*to do sth* de faire qch) • **... I hasten to add ...** je m'empresse d'ajouter, ... j'ajoute tout de suite • **to hasten down/away** *etc* se hâter de descendre/partir *etc*, descendre/partir *etc* à la hâte

## hastily | have

**VT** (gen) hâter, accélérer ; [+ reaction] activer ◆ **to hasten one's step** presser le pas, accélérer l'allure or le pas ◆ **to hasten sb's departure** hâter le départ de qn ◆ **to hasten sb's/sth's demise** précipiter la fin de qn/qch ◆ **the strikes that hastened the collapse of the Soviet Union** les grèves qui ont précipité l'effondrement de l'Union soviétique

**hastily** /ˈheɪstɪli/ SYN ADV hâtivement ; (= excessively quickly) précipitamment ◆ **a hastily arranged press conference** une conférence de presse organisée à la hâte ◆ **he hastily suggested that...** il s'est empressé de suggérer que..., il a suggéré précipitamment que... ◆ **to act hastily in doing sth** agir avec précipitation or à la hâte en faisant qch

**hastiness** /ˈheɪstɪnɪs/ N (= speed) précipitation f, trop grande hâte f ; (= rashness) caractère m inconsidéré ; (= temper) caractère m emporté

**Hastings** /ˈheɪstɪŋz/ N ◆ **the Battle of Hastings** la bataille de Hastings

**hasty** /ˈheɪstɪ/ SYN ADJ [1] (= hurried) [departure, escape, retreat] précipité ; [glance, examination, visit, sketch, kiss] rapide ◆ **to eat a hasty breakfast** prendre son petit déjeuner en hâte ◆ **to bid a hasty goodbye to sb** dire précipitamment au revoir à qn
[2] (= rash) [action, decision, words] hâtif ; [marriage] précipité ◆ **don't be hasty** pas de précipitation ◆ **perhaps I was a bit hasty** (in actions) j'ai sans doute agi avec précipitation ; (in speaking) j'ai sans doute parlé trop vite ◆ **to have a hasty temper** s'emporter facilement

**hat** /hæt/
**N** chapeau m ◆ **to put on one's hat** mettre son chapeau ◆ **hat in hand** (lit) chapeau bas ; (fig) obséquieusement ◆ **hats off!** chapeau bas ! ◆ **to take one's hat off to sb** tirer son chapeau à qn ◆ **hats off to them for helping the homeless!** leur action en faveur des SDF mérite un (grand) coup de chapeau ◆ **to keep sth under one's hat*** garder qch pour soi ◆ **keep it under your hat!*** motus ! ◆ **to pass round the hat** or (US) **to pass the hat for sb** faire la quête pour qn ◆ **she wears two hats** (fig) elle a deux casquettes ◆ **speaking with my accountant's hat on** (si je te parlais) en tant que comptable ◆ **putting on my nationalistic hat...** en tant que nationaliste...
◆ **at the drop of a hat** [act, make speech] au pied levé ; [leave, shoot, get angry] pour un oui pour un non
COMP **hat shop** N magasin m de chapeaux
**hat tree** (US) ⇒ **hatstand**
**hat trick** N [1] ◆ **to score a hat trick** (gen Sport) réussir trois coups (or gagner trois matchs etc) consécutifs ; (Football) marquer trois buts dans un match ; (Cricket) éliminer trois batteurs en trois balles
[2] (Conjuring) tour m du chapeau

**hatband** /ˈhætbænd/ N ruban m de chapeau
**hatbox** /ˈhætbɒks/ N carton m à chapeaux
**hatch¹** /hætʃ/ SYN
**VT** [1] [+ chick, egg] faire éclore ; → **chicken**
[2] [+ plot] ourdir (liter), tramer ; [+ plan] couver
**VI** (also **hatch out**) [chick, egg] éclore
**N** (= brood) couvée f

**hatch²** /hætʃ/ N [1] (also **hatchway**) (on ship) écoutille f ; (= floodgates) vanne f d'écluse ◆ **under hatches** dans la cale ◆ **down the hatch!*** (drinking) cul sec !*
[2] (Brit : also **service** or **serving hatch**) passe-plats m inv, guichet m
[3] (= car) ⇒ **hatchback**

**hatch³** /hætʃ/ VT (Art) hachurer
**hatchback** /ˈhætʃbæk/ N (= car) voiture f à hayon
**hatcheck** /ˈhætʃek/ N (also **hatcheck girl**, **hatcheck man**) préposé(e) m(f) au vestiaire
**hatchel** /ˈhætʃəl/ VT sérancer
**hatchery** /ˈhætʃərɪ/ N couvoir m (local pour l'incubation des œufs, notamment de poisson)
**hatchet** /ˈhætʃɪt/
**N** hachette f ; → **bury**
COMP **hatchet-faced** ADJ au visage en lame de couteau
**hatchet job** N (fig) démolissage m ◆ **to do a hatchet job on sb** démolir qn
**hatchet man*** N (pl **hatchet men**) (US = hired killer) tueur m (à gages) ; (fig) (in industry etc) homme m de main ◆ **he was the company's hatchet man when they sacked 200 workers** c'est lui que l'entreprise a chargé de faire tomber les têtes quand ils a licencié 200 ouvriers

**hatching¹** /ˈhætʃɪŋ/ N [of chicks, eggs] (= act) éclosion f ; (= brood) couvée f
**hatching²** /ˈhætʃɪŋ/ N (Art) hachures fpl
**hatchway** /ˈhætʃweɪ/ N passe-plats m inv
**hate** /heɪt/ LANGUAGE IN USE 7.3 SYN
**VT** haïr ; (weaker) détester, avoir horreur de ◆ **she hates him like poison** elle le hait à mort ; (weaker) elle ne peut pas le voir en peinture* ◆ **what he hates most of all is...** ce qu'il déteste le plus au monde c'est... ◆ **I hate it when people accuse me of lying** je déteste or j'ai horreur que les gens m'accusent de mentir ◆ **to hate o.s.** s'en vouloir (for doing sth de faire qch) ◆ **I hated myself for writing that letter** je m'en voulais d'avoir écrit cette lettre ◆ **to hate doing sth, to hate to do sth** détester faire qch, avoir horreur de faire qch ◆ **he hates being** or **to be ordered about** il a horreur or il ne peut pas souffrir qu'on lui donne subj des ordres ◆ **I hate being late** je déteste être en retard, j'ai horreur d'être en retard ◆ **she hates me having any fun** elle ne supporte pas que je m'amuse ◆ **I hate to tell you this, but...** [+ bad news] ça m'embête beaucoup de te dire ça, mais... ◆ **I hate to tell you this, but we're out of mayonnaise** j'ai bien peur qu'il n'y ait plus de mayonnaise ◆ **I hate to admit it, but you were right** je suis obligé d'admettre que vous aviez raison ◆ **I hate seeing her in pain** je ne peux pas supporter de la voir souffrir ◆ **I would hate to keep him waiting** je ne voudrais surtout pas la faire attendre ◆ **I hate to rush you but I have another appointment later on** je ne voudrais pas vous bousculer mais j'ai un autre rendez-vous plus tard ◆ **I would hate him to think that...** je ne voudrais surtout pas qu'il pense que...
**N** (NonC) haine f ; → **pet¹**
COMP **hate campaign** N campagne f de dénigrement
**hate mail** N lettres fpl d'injures

**hated** /ˈheɪtɪd/ ADJ haï, détesté
**hateful** /ˈheɪtfʊl/ SYN ADJ [1] (= horrible) odieux
[2] (= full of hate) haineux
**hath** †† /hæθ/ ⇒ **has** ; → **have**
**hatless** /ˈhætlɪs/ ADJ sans chapeau
**hatpin** /ˈhætpɪn/ N épingle f à chapeau
**hatrack** /ˈhætræk/ N porte-chapeaux m inv
**hatred** /ˈheɪtrɪd/ SYN N (NonC) haine f ◆ **racial hatred** la haine raciale ◆ **he developed a bitter hatred of the police** il s'est mis à vouer une haine féroce à la police ◆ **the brothers killed their father out of hatred** la haine a poussé les frères à tuer leur père ◆ **to feel hatred for sb/sth** haïr qn/qch

**hatstand** /ˈhætstænd/ N portemanteau m
**hatter** /ˈhætər/ N chapelier m ; → **mad**
**haughtily** /ˈhɔːtɪlɪ/ ADV [say, reply, dismiss, ignore] avec arrogance, avec morgue (liter)
**haughtiness** /ˈhɔːtɪnɪs/ N arrogance f, morgue f (liter)
**haughty** /ˈhɔːtɪ/ SYN ADJ (pej) [person, manner, tone, look] hautain

**haul** /hɔːl/ SYN
**N** [1] (= journey) ◆ **the long haul between Paris and Aurillac** le long voyage entre Paris et Aurillac ◆ **it's a long haul** (lit, fig) la route est longue ◆ **revitalizing the economy will be a long haul** relancer l'économie prendra beaucoup de temps ◆ **over the long haul** (esp US) (fig) sur le long terme
[2] (= catch) [of fish] prise f ◆ **a good haul** une belle prise, un beau coup de filet
[3] (= booty) butin m ◆ **the thieves made a good haul** les voleurs ont eu un beau butin ◆ **a drugs haul** une saisie de drogue ◆ **police have recovered a haul of machine guns** la police a récupéré tout un stock de mitraillettes ◆ **what a haul!*** (fig) quelle récolte !
**VT** [1] (= pull) traîner, tirer ◆ **to haul o.s. on to sth** se hisser sur qch ◆ **he hauled himself to his feet** il s'est levé à grand-peine ◆ **to haul sb over the coals** passer un savon* à qn, réprimander sévèrement qn ◆ **she was hauled before magistrates for refusing to pay the fine*** elle a été traînée devant les tribunaux parce qu'elle avait refusé de payer l'amende ◆ **to haul ass*** (US) (= barrer*, mettre les bouts*)
[2] (= transport by truck) camionner
[3] (Naut) haler ◆ **to haul a boat into the wind** faire lofer un bateau
**VI** [boat] lofer ; [wind] refuser

ENGLISH-FRENCH 422

▶ **haul down** VT SEP (gen) [+ object] descendre (en tirant) ; [+ flag, sail] affaler, amener
▶ **haul in** VT SEP [+ line, catch] amener ; [+ drowning man] tirer (de l'eau)
▶ **haul up** VT SEP (gen) [+ object] monter (en tirant) ; [+ flag, sail] hisser ◆ **to haul o.s. up** se hisser ◆ **to haul up a boat** (aboard ship) rentrer une embarcation (à bord) ; (on to beach) tirer un bateau au sec ◆ **to be hauled up in court** être traîné devant les tribunaux ◆ **he was hauled up for speeding*** il a été interpellé parce qu'il roulait trop vite

**haulage** /ˈhɔːlɪdʒ/
**N** (= business) transport m routier ; (= charge) frais mpl de transport
COMP **haulage company** N (Brit) entreprise f de transports (routiers)
**haulage contractor** N ⇒ **haulier**

**hauler** /ˈhɔːlər/ N (US) [1] ⇒ **haulier**
[2] (= vehicle) camion m, poids m lourd
**haulier** /ˈhɔːlɪər/ N (Brit) (= company) entreprise f de transports (routiers) ; (= person in charge) entrepreneur m de transports (routiers), transporteur m ; (= driver) camionneur m, routier m

**haunch** /hɔːntʃ/ N hanche f ◆ **haunches** [of animal] derrière m, arrière-train m ◆ **(squatting) on his haunches** (person) accroupi ; (dog etc) assis (sur son derrière) ◆ **haunch of venison** cuissot m de chevreuil

**haunt** /hɔːnt/ SYN
**VT** (lit, fig) hanter ◆ **he used to haunt the café in the hope of seeing her** il hantait le café dans l'espoir de la voir ◆ **to be haunted by memories** être hanté par des souvenirs ◆ **he is haunted by the fear of losing all his money** il est hanté par la peur de or il a la hantise de perdre tout son argent ◆ **the decision to leave her children now haunts her** elle est hantée par les remords parce qu'elle a décidé d'abandonner ses enfants ◆ **lack of money haunted successive projects** le manque d'argent a été la plaie de or a nui à tous les projets ; see also **haunted**
**N** [of criminals] repaire m ◆ **one of the favourite haunts of this animal is...** un des lieux où l'on trouve souvent cet animal est... ◆ **it is a favourite haunt of artists** c'est un lieu fréquenté par les artistes ◆ **that café is one of his favourite haunts** ce café est un de ses lieux favoris or de prédilection ◆ **familiar childhood haunts** des lieux de prédilection de son (or mon etc) enfance

**haunted** /ˈhɔːntɪd/ SYN ADJ [house] hanté ; [look, expression] égaré ; [face, eyes] hagard ◆ **he looks haunted** il a un air égaré or hagard

**haunting** /ˈhɔːntɪŋ/ SYN
**ADJ** [tune, ][image, beauty, memory, doubt, cry] obsédant, qui vous hante
**N** ◆ **there have been several hauntings here** il y a eu plusieurs apparitions ici

**hauntingly** /ˈhɔːntɪŋlɪ/ ADV ◆ **hauntingly beautiful** d'une beauté envoûtante
**haute couture** /ˌəʊt kuːˈtʊər/ N haute couture f
**haute cuisine** /ˌəʊtkwɪˈziːn/ N haute cuisine f
**hauteur** /əʊˈtɜː/ N hauteur f (pej), morgue f (liter)
**Havana** /həˈvænə/ N [1] La Havane
[2] ◆ **a Havana (cigar)** un havane

◆ ◆ ◆ ◆ ◆ ◆ ◆ ◆ ◆ ◆ ◆ ◆ ◆ ◆ ◆

### have /hæv/
vb: 3rd pers sg pres **has**, pret, ptp **had**
**LANGUAGE IN USE 10** SYN

1 - AUXILIARY VERB
2 - MODAL VERB
3 - TRANSITIVE VERB
4 - NOUN
5 - PHRASAL VERBS

▶ When **have** is part of a set combination, eg **have a look/walk, have a good time, have breakfast/lunch**, look up the noun.

◆ ◆ ◆ ◆ ◆ ◆ ◆ ◆ ◆ ◆ ◆ ◆ ◆ ◆ ◆

**1 - AUXILIARY VERB**

[1] avoir

**avoir** is the auxiliary used with most verbs to form past tenses. For important exceptions see **2**.

◆ **I have eaten** j'ai mangé ◆ **I have been** j'ai été ◆ **I had been** j'avais été ◆ **I had eaten** j'avais mangé ◆ **haven't you grown!** comme tu as grandi ! ◆ **once he'd explained the situation I**

**felt better** une fois qu'il m'eut expliqué la situation, je me suis senti mieux

> Note the agreement of the past participle with the preceding direct object.

◆ **I haven't seen him** je ne l'ai pas vu ◆ **I haven't seen her** je ne l'ai pas vue ◆ **I hadn't seen him** je ne l'avais pas vu ◆ **had I seen her** *or* **if I had seen her I would have spoken to her** si je l'avais vue, je lui aurais parlé ◆ **having seen them** les ayant vus ◆ **I left immediately after I had seen her** je suis parti tout de suite après l'avoir vue

> When describing uncompleted states or actions, French generally uses the present and imperfect where English uses the perfect and past perfect.

◆ **I have lived** *or* **have been living here for ten years/since January** j'habite ici depuis dix ans/depuis janvier ◆ **I had lived** *or* **had been living there for ten years** j'habitais là depuis dix ans

◆ **to have just...** venir de... ◆ **I have just seen him** je viens de le voir ◆ **I had just spoken to him** je venais de lui parler ◆ **I've just come from London** j'arrive à l'instant de Londres

2 être

> **être** is the auxiliary used with all reflexives, and the following verbs when used intransitively: **aller**, **arriver**, **descendre**, **devenir**, **entrer**, **monter**, **mourir**, **naître**, **partir**, **passer**, **rentrer**, **rester**, **retourner**, **revenir**, **sortir**, **tomber**, **venir**.

◆ **I have gone** je suis allé ◆ **I've made a mistake** je me suis trompé ◆ **I had gone** j'étais allé ◆ **I had made a mistake** je m'étais trompé

3 [IN TAG QUESTIONS: SEEKING CONFIRMATION] n'est-ce pas ◆ **you've seen her, haven't you?** vous l'avez vue, n'est-ce pas ? ◆ **he hasn't told anyone, has he?** il n'en a parlé à personne, n'est-ce pas ? ◆ **you haven't lost it, have you?** tu ne l'as pas perdu, n'est-ce pas ?

4 [IN TAG RESPONSES] ◆ **he's got a new job – oh has he?** il a un nouveau travail – ah bon ? ◆ **you've dropped your book – so I have!** vous avez laissé tomber votre livre – en effet *or* ah oui, c'est vrai !

> **(mais) si** or **(mais) non** are used to contradict.

◆ **you haven't seen her – yes I have!** vous ne l'avez pas vue – (mais) si ! ◆ **you've made a mistake – no I haven't!** vous vous êtes trompé – (mais) non !

> **oui** or **non** are often sufficient when answering questions.

◆ **have you met him? – yes I have** est-ce que tu l'as rencontré ? – oui ◆ **has he arrived? – no he hasn't** est-ce qu'il est arrivé ? – non

5 [AVOIDING REPETITION OF VERB] ◆ **have you ever been there? if you have...** y êtes-vous déjà allé ? si oui,... ◆ **have you tried it? if you haven't...** est-ce que vous avez goûté ça ? si vous ne l'avez pas fait,... ; → **so**, **neither**, **nor**

**2 - MODAL VERB**

◆ **to have to** + *infinitive* devoir, falloir

> **falloir** is always used in the third person singular, in an impersonal construction.

◆ **they have to work hard** ils doivent travailler dur, il faut qu'ils travaillent *subj* dur ◆ **they had to work hard** ils ont dû travailler dur, il a fallu qu'ils travaillent *subj* dur ◆ **you're going to have to work hard!** tu vas devoir travailler dur !, il va falloir que tu travailles *subj* dur ! ◆ **I have (got) to speak to you at once** je dois vous parler *or* il faut que je vous parle *subj* immédiatement ◆ **I'll have to leave now or I'll miss the train** il faut que je parte, sinon je vais rater mon train ◆ **he had to pay all the money back** il a dû tout rembourser ◆ **don't you have to get permission?** est-ce qu'on ne doit pas demander la permission ? ◆ **do you have to go now?, have you got to go now?** est-ce que vous devez partir tout de suite ? ◆ **she was having to get up at six each morning** elle devait se lever à 6 heures tous les matins ◆ **we've had to work late twice this week** nous avons dû rester travailler tard deux fois cette semaine ◆ **we shall have to find an alternative** nous allons devoir *or* il nous faudra trouver une autre solution ◆ **the locks will have to be changed** il va falloir changer les serrures ◆ **what kind of equipment would you have to have?** quel type de matériel vous faudrait-il ? ◆ **it's got to be** *or* **it has to be the biggest scandal this year** c'est sans aucun doute le plus gros scandale de l'année ◆ **it still has to be proved** ça reste à prouver ◆ **do you have to make such a noise?** tu es vraiment forcé de faire tout ce bruit ?, tu ne pourrais pas faire un peu moins de bruit ?

◆ **don't/doesn't have to** + *infinitive*

> Note that **falloir** and **devoir** are not used.

◆ **he doesn't have to work** il n'a pas besoin de travailler ◆ **you didn't have to tell her!** tu n'avais pas besoin de le lui dire ! ◆ **if you're a member you don't have to pay** si vous êtes membre vous n'avez pas besoin de payer ◆ **it's nice not to have to work on Saturdays** c'est agréable de ne pas avoir à travailler le samedi ◆ **I don't have to do it** je ne suis pas obligé *or* forcé de le faire

**3 - TRANSITIVE VERB**

1 [= POSSESS] avoir ◆ **I have** *or* **I've got three books** j'ai trois livres ◆ **have you got** *or* **do you have a suitcase?** avez-vous une valise ? ◆ **she has blue eyes** elle a les yeux bleus ◆ **he's got big feet** il a de grands pieds ◆ **I've got an idea** j'ai une idée ◆ **have you got this jumper in black?** est-ce que vous avez ce pull en noir ? ◆ **sorry, that's all I have** désolé, c'est tout ce que j'ai ◆ **I haven't (got) any more** je n'en ai plus ◆ **she has** *or* **she's got a shop** elle tient *or* a une boutique ◆ **have you got the time (on you)?** est-ce que vous avez *or* avez-vous l'heure ? ◆ **I have (got) nothing to do** je n'ai rien à faire ◆ **I have (got) letters to write** j'ai des lettres à écrire ◆ **I didn't have any spades** (*Cards*) je n'avais pas de piques ◆ **he has flu** il a la grippe ◆ **I've (got) a headache** j'ai mal à la tête ◆ **I had my camera ready** j'avais mon appareil tout prêt ◆ **I'll have everything ready** je veillerai à ce que tout soit prêt ◆ **I have (got) no German** je ne parle pas un mot d'allemand

2 [= EAT, DRINK, TAKE] ◆ **he had an egg for breakfast** il a mangé un œuf au petit déjeuner ◆ **I'll just have a sandwich** je vais juste prendre *or* manger un sandwich ◆ **I've had some more** j'en ai repris ◆ **shall we have a coffee?** est-ce qu'on prend un café ? ◆ **to have tea with sb** prendre le thé avec qn ◆ **I've had a couple of aspirins** j'ai pris deux aspirines

◆ **will you have...?** (*in offers*) ◆ **will you have tea or coffee?** voulez-vous *or* prendrez-vous du thé ou du café ? ◆ **will you have some more?** voulez-vous en reprendre ?

3 [= SPEND] passer ◆ **what sort of day have you had?** est-ce que tu as passé une bonne journée ? ◆ **to have a pleasant evening** passer une bonne soirée

4 [= SMOKE] fumer ◆ **he had a cigarette** il a fumé une cigarette

5 [= RECEIVE, OBTAIN, GET] avoir, recevoir ◆ **to have news from sb** avoir *or* recevoir des nouvelles de qn ◆ **we had a lot of visitors** nous avons eu *or* reçu beaucoup de visites ◆ **I had a birthday card from him** il m'a envoyé une carte d'anniversaire ◆ **there are no newspapers to be had** on ne trouve pas de journaux

> Note the use of **falloir** to translate **must have/have to have**.

◆ **I must have £50 at once** il me faut 50 livres immédiatement ◆ **I must** *or* **have to have them by this afternoon** il me les faut pour cet après-midi ◆ **I must have more time** il me faut davantage de temps

6 [= HOLD, CATCH] tenir ◆ **he had me by the throat/the hair** il me tenait à la gorge/par les cheveux ◆ **the dog had (got) him by the ankle** le chien le tenait par la cheville ◆ **I have** *or* **I've got him where I want him!** * je le tiens ! ◆ **there you have me!** là tu me poses une colle !

7 [= GIVE BIRTH TO] ◆ **to have a child** avoir un enfant ◆ **she is having a baby in April** elle va avoir un bébé en avril ◆ **our cat has had kittens** notre chatte a eu des petits

8 [‡ = HAVE SEX WITH] coucher * avec

9 [SET STRUCTURES]

◆ **to let sb have** (*= give*) donner à qn ◆ **let me have your address** donnez-moi votre adresse ◆ **I'll let you have the books tomorrow** je vous donnerai les livres demain ◆ **I'll let you have it for 20 euros** je vous le cède pour 20 euros

◆ **to have it that** ◆ **he will have it that Paul is guilty** il soutient que Paul est coupable ◆ **he won't have it that Paul is guilty** il n'admet pas que Paul soit coupable ◆ **rumour has it that...** le bruit court que...

◆ **won't have** *or* **am not having** (*= refuse to accept*) ◆ **I won't have** *or* **am not having this nonsense!** je ne tolérerai pas ces enfantillages ! ◆ **I won't have** *or* **am not having this sort of behaviour!** je ne tolérerai pas une conduite pareille ! ◆ **I won't have it!** je ne tolérerai pas ça ! ◆ **I won't have him risking his neck on that motorbike** je ne tolérerai pas qu'il risque sa vie sur cette moto ◆ **I'm not having any!** ‡ ça ne prend pas ! *

◆ **would** + **have** (*= wish*) ◆ **as fate would have it, he did not get the letter** la fatalité a voulu qu'il ne reçoive pas la lettre ◆ **what would you have me do?** que voulez-vous que je fasse ? ◆ **I would have you know that...** sachez que...

◆ **to have sth done** faire faire qch ◆ **to have sth mended** faire réparer qch ◆ **have it mended!** fais-le réparer ! ◆ **to have one's hair cut** se faire couper les cheveux ◆ **they killed him, or had him killed** ils l'ont tué ou ils l'ont fait tuer ◆ **I've had the brakes checked** j'ai fait vérifier les freins

◆ **to have sb do sth** faire faire qch à qn ◆ **I had him clean the car** je lui ai fait nettoyer la voiture

◆ **to have sb doing sth** ◆ **he had us all helping with the dinner** il nous avait tous mis à contribution pour préparer le dîner ◆ **she soon had them all reading and writing** elle réussit très rapidement à leur apprendre à lire et à écrire

◆ **to have sth stolen/broken** *etc* ◆ **he had his car stolen** il s'est fait voler sa voiture, on lui a volé sa voiture ◆ **he had his worst fears confirmed** ses pires craintes se sont réalisées ◆ **I've had three windows broken this week** j'ai eu trois fenêtres cassées cette semaine

◆ **had better** (*= should*) ◆ **I had better go now** il vaut mieux que j'y aille ◆ **you'd better not tell him that!** tu ferais mieux de ne pas lui dire ça !

◆ **to be had** * se faire avoir ◆ **you've been had** tu t'es fait avoir *, on t'a eu *

◆ **to have had it** * ◆ **I've had it** (*= am done for*) je suis fichu * *or* foutu ‡ ; (*= fed up* : also **I've had it up to here** *or* **I've had that**) j'en ai par-dessus la tête ! *, j'en ai marre ! *, j'en ai ras-le-bol ! *

◆ **to have to do with** ◆ **I have (got) nothing to do with it** je n'y suis pour rien ◆ **that has nothing to do with it** ça n'a rien à voir

**4 - NOUN**

◆ **the haves and the have-nots** les riches *mpl* et les pauvres *mpl* ◆ **the have-nots** les démunis *mpl*, les déshérités *mpl*

**5 - PHRASAL VERBS**

▸ **have at** VT FUS (*in swordfight etc*) ◆ **have at thee!** †† défends-toi !

▸ **have down** VT SEP ◆ **we are having the Smiths down for a few days** nous avons invité les Smith à venir passer quelques jours chez nous

▸ **have in** VT SEP

1 [*+ doctor*] faire venir ◆ **we'll have them in and discuss it** nous allons les faire venir pour en discuter

2 ◆ **to have it in for sb** * garder *or* avoir une dent contre qn

3 ◆ **to have it in one** en être capable ◆ **she has got it in her** elle en est capable

▸ **have it away** ‡, **have it off** ‡ VI (*Brit*) ◆ **to have it away** *or* **off with sb** s'envoyer ‡ qn, se taper ‡ qn ◆ **they were having it off** ‡ ils s'envoyaient en l'air ‡

▸ **have on** VT SEP

1 [*+ clothes*] porter ◆ **he had nothing on** il était tout nu

2 (*Brit = have planned*) ◆ **I've got so much on this week that...** j'ai tant à faire cette semaine que... ◆ **I've (got) nothing on this evening** je suis libre ce soir

3 (*Brit * = tease*) [*+ person*] faire marcher * ◆ **you're having me on!** tu plaisantes !

4 * ◆ **Richard has nothing on him!** Richard ne lui arrive pas à la cheville ! ◆ **the police have nothing on me** la police n'a pas de preuve contre moi

▸ **have out** VT SEP

1 ◆ **to have a tooth out** se faire arracher une dent

2 ◆ **to have it out with sb** s'expliquer avec qn

▸ **have round** VT SEP [*+ friends, neighbours*] inviter

► **have up** VT SEP ► **to be had up** passer en jugement (for sth pour qch ; for doing sth pour avoir fait qch)

**have-a-go** /ˈhævəɡəʊ/* ADJ ► **have-a-go hero** intrépide qui n'hésite pas à intervenir lorsqu'il est témoin d'un délit

**haven** /ˈheɪvn/ SYN N ① ► **a haven of** [+ peace, tranquillity etc] un havre de ► **a haven for** [+ animals, refugees] un refuge pour ; [+ artists, writers] un refuge de
② (liter = harbour) port m ; → **safe, tax**

**haven't** /ˈhævnt/ ⇒ **have not** ; → **have**

**haver** /ˈheɪvər/ VI (N Engl, Scot) dire des âneries

**haversack** /ˈhævəsæk/ N (over shoulder) musette f ; (on back) sac m à dos ; (Mil) havresac m, musette f

**havoc** /ˈhævək/ SYN N (NonC) ravages mpl ; (less serious) dégâts mpl ► **to cause** or **create havoc** faire des dégâts ► **to wreak havoc** causer des ravages ► **violent storms wreaked havoc on the French Riviera** de violents orages ont ravagé la Côte d'Azur ► **stress can wreak havoc on the immune system** le stress peut perturber sérieusement or dérégler le système immunitaire ► **this wreaked havoc with their plans** cela a bouleversé tous leurs projets ► **to wreak havoc on sb's life** complètement bouleverser la vie de qn ► **to play havoc with** (schedule, routine, plans) bouleverser ; (health, skin) être très mauvais pour ► **spicy food can play havoc with your stomach** les aliments épicés peuvent vous déranger l'estomac ► **his drug habit played havoc with his career** sa toxicomanie a gravement perturbé sa carrière

**haw¹** /hɔː/ N (= berry) cenelle f

**haw²** /hɔː/ VI ► **to hem and haw, to hum and haw** balancer

**Hawaii** /həˈwaɪiː/ N Hawaï or Hawaii ► **in Hawaii** à Hawaï or Hawaii

**Hawaiian** /həˈwaɪjən/
ADJ hawaïen ► **the Hawaiian Islands** les îles fpl Hawaï or Hawaii
N ① Hawaïen(ne) m(f)
② (= language) hawaïen m
COMP **Hawaiian guitar** N guitare f hawaïenne
**Hawaiian shirt** N chemise f hawaïenne
**Hawaiian Standard Time** N (US) heure f de Hawaï

**hawfinch** /ˈhɔːfɪntʃ/ N gros-bec m

**hawk¹** /hɔːk/
N ① (= bird) faucon m ► **to have eyes like a hawk** avoir un regard d'aigle or des yeux de lynx ► **to watch sb like a hawk** surveiller qn de près, avoir qn à l'œil*
② (Pol fig) faucon m ► **hawks and doves** faucons mpl et colombes fpl
VI chasser au faucon
COMP **hawk-eyed** ADJ au regard d'aigle, aux yeux de lynx
**hawk moth** N (= insect) sphinx m

**hawk²** /hɔːk/
VI (also **hawk up**) (= clear one's throat) se racler la gorge
VT ► **to hawk sth up** cracher qch

**hawk³** /hɔːk/ SYN VT (= peddle) colporter ; (in street) crier (des marchandises)

**hawkbill** /ˈhɔːkˌbɪl/ N caret m

**hawker** /ˈhɔːkər/ N (street) colporteur m ; (door-to-door) démarcheur m, -euse f

**Hawkeye** /ˈhɔːkaɪ/
N (US) habitant(e) m(f) de l'Iowa
COMP **the Hawkeye State** N l'Iowa m

**hawking** /ˈhɔːkɪŋ/ N fauconnerie f

**hawkish** /ˈhɔːkɪʃ/ ADJ belliciste

**hawksbill** /ˈhɔːksˌbɪl/ (also **hawksbill turtle**) N caret m

**hawkweed** /ˈhɔːkwiːd/ N (= plant) épervière f

**hawse** /hɔːz/ N (in ship's bows) écubier m

**hawsehole** /ˈhɔːzhəʊl/ N écubier m

**hawser** /ˈhɔːzər/ N haussière f or aussière f

**hawthorn** /ˈhɔːθɔːn/ N aubépine f

**hay** /heɪ/
N foin m ► **to make hay** (Agr) faner, faire les foins ► **to make hay while the sun shines** (Prov) ≈ battre le fer pendant qu'il est chaud ► **to make hay of** (argument) démolir * ; (enemy, team) battre à plate(s) couture(s) ► **that ain't hay*** (US fig) c'est pas rien * ; → **hit, roll**
COMP **hay fever** N rhume m des foins
**hay fork** N fourche f à foin

**haycock** /ˈheɪkɒk/ N meulon m (de foin)

**hayloft** /ˈheɪlɒft/ N grenier m à foin, fenil m

**haymaker** /ˈheɪmeɪkər/ N (= worker) faneur m, -euse f ; (Boxing) (= blow) uppercut m magistral

**haymaking** /ˈheɪmeɪkɪŋ/ N fenaison f, foins mpl

**hayrick** /ˈheɪrɪk/ N ⇒ **haystack**

**hayride** /ˈheɪraɪd/ N (esp US) promenade dans une charrette de foin

**hayseed*** /ˈheɪsiːd/ N (US pej) péquenaud* m

**haystack** /ˈheɪstæk/ N meule f de foin

**Haywain** /ˈheɪweɪn/ N ► **"the Haywain"** (Art) « La Charrette de foin »

**haywire*** /ˈheɪwaɪər/ ADJ ► **to go haywire** [person] perdre la tête or la boule * ; [plans] être perturbé ; [equipment etc] se détraquer

**hazard** /ˈhæzəd/
N ① (= risk) risque m ; (stronger) danger m, péril m ► **natural hazards** risques mpl naturels ► **to be a safety hazard** constituer un danger , être dangereux ► **to pose a hazard (to sb/sth)** présenter un risque (pour qn/qch) ► **this waste is an environmental hazard** ces déchets présentent un risque pour l'environnement ► **pesticides posed the greatest hazard to health** les pesticides présentaient le plus gros risque pour la santé ; → **fire, health, occupational**
② (= chance) hasard m
③ (Golf etc) obstacle m naturel, hazard m
VT ① (= venture to make) [+ remark, forecast] hasarder ► **to hazard a suggestion** hasarder une proposition ► **to hazard an attempt** risquer une tentative ► **to hazard a guess** hasarder une hypothèse ► **she hazarded a guess that…** elle a hasardé l'hypothèse que… ► **"I could do it," she hazarded** « je pourrais le faire, » se risqua-t-elle à dire
② (= risk) [+ life, reputation, one's fortune] risquer ; (= endanger) mettre en danger
COMP **hazard (warning) lights** NPL feux mpl de détresse, warning mpl

⚠ When it means 'danger' **hazard** is not translated by **hasard**.

**hazardous** /ˈhæzədəs/ SYN
ADJ dangereux (to or for sb/sth pour qn/qch)
COMP **hazardous waste** N déchets mpl dangereux

**haze¹** /heɪz/ SYN N brume f (légère) ► **a haze of cigarette smoke filled the room** de la fumée de cigarette emplissait la pièce ► **a haze of dust** un nuage de poussière ► **to be in a haze** (fig) être dans le brouillard ► **in a haze of alcohol** dans les brumes de l'alcool ; → **heat**

**haze²** /heɪz/ VT (US Univ) bizuter

**hazel** /ˈheɪzl/
N (= tree) noisetier m, coudrier m
ADJ (colour) (couleur) noisette inv ► **hazel eyes** yeux mpl (couleur) noisette
COMP **hazel grouse** N gélinotte f (des bois)
**hazel grove** N coudraie f

**hazelnut** /ˈheɪzlnʌt/ N noisette f

**hazelwood** /ˈheɪzlwʊd/ N (bois m de) noisetier m

**haziness** /ˈheɪzɪnɪs/ N ① (= mist) brume f
② (= lack of clarity) [of ideas, memory] flou m, manque m de précision

**hazing** /ˈheɪzɪŋ/ N (US Univ) bizutage m

**hazy** /ˈheɪzɪ/ SYN ADJ ① (= misty) [sunshine, sun] voilé ; [day, sky] brumeux ; [view] (with mist) brumeux ; (with heat, vapour, dust) flou ► **it's very hazy today** (with mist) il y a beaucoup de brume aujourd'hui ; (with vapour, heat, dust) l'air est vaporeux aujourd'hui ► **hazy blue** bleu pastel inv
② (= indistinct) [outline, vision, details] flou ; [notion, idea, memory] vague ► **to be hazy about sth** [person] n'avoir qu'une vague idée de qch

**HB** /eɪtʃˈbiː/ ADJ (Brit) (abbrev of **hard-black**) HB

**H-block** N quartier de haute sécurité de la prison de Maze à Belfast

**HCF** /ˌeɪtʃsiːˈef/ (abbrev of **highest common factor**) PGCD m

**HCG** /ˌeɪtʃsiːˈdʒiː/ N (abbrev of **human chorionic gonadotrophin**) HCG

**HDD** N (Comput) (abbrev of **hard disk drive**) → **hard**

**hdqrs** (abbrev of **headquarters**) QG m inv

**HDTV** N (abbrev of **high definition television**) TVHD f

**HE** /eɪtʃˈiː/ ① (abbrev of **His** or **Her Excellency**) SE
② (abbrev of **high explosive**) → **high**

**he, He** (Rel) /hiː/
PERS PRON ① (unstressed) il (Rel) ► **He** Il ► **he has come** il est venu ► **here he is** le voici ► **he is a doctor** il est médecin, c'est un médecin ► **he is a small man** c'est un homme petit
② (stressed) lui ; (Rel) Lui ► **it is he** (frm) c'est lui ► **if I were he** (frm) si j'étais lui, si j'étais à sa place ► **younger than he** (frm) plus jeune que lui ► **HE didn't do it** ce n'est pas lui qui l'a fait
③ (+ rel pron) celui ► **he who** or **that can** celui qui peut
N ① * mâle m ► **it's a he** (animal) c'est un mâle ; (baby) c'est un garçon
② (Scol) ► **you're he!*** (c'est toi le) chat !
COMP mâle
**he-bear** N ours m mâle
**he-goat** N bouc m
**he-man*** N (pl **he-men**) (vrai) mâle m, macho* m

◆ ◆ ◆ ◆ ◆ ◆ ◆ ◆ ◆ ◆ ◆ ◆ ◆ ◆ ◆

**head** /hed/ SYN

1 - NOUN
2 - TRANSITIVE VERB
3 - INTRANSITIVE VERB
4 - COMPOUNDS
5 - PHRASAL VERB

◆ ◆ ◆ ◆ ◆ ◆ ◆ ◆ ◆ ◆ ◆ ◆ ◆ ◆ ◆

**1 - NOUN**

① [ANAT] tête f ► **to hit sb on the head** frapper qn à la tête ► **head down** (= upside down) la tête en bas ; (= looking down) la tête baissée ► **to keep one's head down*** (= avoid trouble) garder un profil bas ; (= work hard) travailler dur ► **head hanging** la tête baissée ► **head downwards** la tête en bas ► **head first, head foremost** la tête la première ► **my head aches, I've got a bad head*** j'ai mal à la tête or au crâne * ► **I've got a bit of a head*** j'ai un peu mal au crâne * ► **head of hair** chevelure f ► **to stand on one's head** faire le poirier ► **I could do it standing on my head** c'est simple comme bonjour ► **to stand** or **turn sth on its head** prendre le contre-pied de qch ► **she is a head taller than her sister, she is taller than her sister by a head** elle dépasse sa sœur d'une tête ► **to win by a (short) head** [horse] gagner d'une (courte) tête ► **to give a horse its head** lâcher la bride à un cheval ► **to give sb his head** lâcher la bride à qn ► **to give (sb) head***(esp US) tailler une pipe *(à qn) ► **to keep one's head above water** (lit) garder la tête au-dessus de l'eau ; (fig) se maintenir à flot ► **to have a big** or **swollen head** avoir la grosse tête * ► **to put** or **lay one's head on the block** (fig) risquer gros ► **it's completely above my head** (fig) cela me dépasse complètement ► **to get in** or **be in over one's head*** être complètement dépassé ► **he gave orders over my head** il a donné des ordres sans me consulter ► **he went over my head to the director** il m'a court-circuité et est allé voir le directeur ► **his ideas went right over my head** ses idées me dépassaient complètement ► **he's got his head in the sand** il pratique la politique de l'autruche ► **to have one's head up one's arse***(Brit = confused) dérailler * ► **to have one's head up one's ass***(US = be heedless) marcher à côté de ses pompes * ► **he was talking his head off*** il n'arrêtait pas de parler ► **to sing/shout one's head off*** chanter/crier à tue-tête ► **to laugh one's head off** rire aux éclats or à gorge déployée ► **on your own head be it!** à vos risques et périls ! ► **head to wind** (on boat) vent debout ► **head on** ⇒ **head-on**

► **a head, per head** par tête ► **they paid €5 a head** or **per head** ils ont payé 5 € par tête

► **from head to foot** or **toe** de la tête aux pieds ► **covered from head to foot** or **toe in mud** couvert de boue de la tête aux pieds ► **he was dressed in black from head to foot** or **toe** il était habillé en noir de la tête aux pieds ► **he**

was trembling from head to foot il tremblait de tout son corps
♦ head and shoulders ♦ he stands head and shoulders above everybody else (lit) il dépasse tout le monde d'une tête ; (fig) il surpasse tout le monde ♦ she is head and shoulders above her sister in maths elle est cent fois meilleure que sa sœur en maths
♦ head over heels ♦ to turn or go head over heels (accidentally) faire la culbute ; (on purpose) faire une galipette ♦ to be/fall head over heels in love with sb être/tomber follement or éperdument amoureux de qn

2 [= MIND, INTELLECT] tête f ♦ weak or soft* in the head un peu demeuré* ♦ to count in one's head calculer mentalement or de tête ♦ I can't do it in my head je ne peux pas faire or calculer ça de tête ♦ to get sth into one's head* s'enfoncer or se mettre qch dans la tête ♦ I wish he would get it into his head that... j'aimerais qu'il se mette dans la tête que... ♦ I can't get that into his head* je ne peux pas lui mettre ça dans la tête ♦ he has taken it into his head that... il s'est mis dans la tête que... ♦ to take it into one's head to do sth se mettre en tête de or s'aviser de faire qch ♦ it didn't enter his head to do it il ne lui est pas venu à l'idée or à l'esprit de le faire ♦ you never know what's going on in his head on ne sait jamais ce qui lui passe par la tête ♦ what put that (idea) into his head? qu'est-ce qui lui a mis cette idée-là dans la tête ? ♦ that tune has been running through my head all day j'ai eu cet air dans la tête or cet air m'a trotté dans la tête toute la journée ♦ she's got her head screwed on (right)* elle a la tête sur les épaules ♦ two heads are better than one deux avis valent mieux qu'un ♦ we put our heads together* nous y avons réfléchi ensemble ♦ don't bother or worry your head about it* ne vous en faites pas pour cela ♦ to keep one's head garder son sang-froid ♦ to lose one's head perdre la tête ♦ he has no head for heights il a le vertige ♦ the wine/his success went to his head le vin/son succès lui est monté à la tête ♦ he has gone or he is off his head* il a perdu la boule ♦ to get one's head together or straight* reprendre le dessus ♦ to get one's head round sth* (= understand) piger* qch ; (= come to accept) accepter qch ♦ it does my head in* ça me prend la tête*
♦ a (good) head (for) ♦ she has a good head for figures elle a des dispositions pour or elle est douée pour le calcul ♦ she has a good head for heights elle n'a jamais le vertige ♦ she has a good business head elle a le sens des affaires ♦ she has a good head on her shoulders elle a de la tête
♦ out of one's head ♦ I can't get it out of my head je ne peux pas me sortir ça de la tête, ça me trotte dans la tête ♦ he couldn't get her out of his head il ne pouvait pas s'empêcher de penser à elle ♦ his name has gone out of my head son nom m'est sorti de la tête or de la mémoire ♦ it's gone right out of my head ça m'est tout à fait sorti de la tête ♦ to be out of one's head* (= mad) être cinglé* or dingue* ; (= drunk) être bituré* or pété* ; (= high on drugs) être défoncé* or pété*

3 [OF CATTLE] (pl inv) ♦ 20 head of cattle 20 têtes fpl or pièces fpl de bétail ♦ 20 head of oxen 20 bœufs mpl

4 [SPECIFIC PART] [of flower, nail, pin, hammer, mast] tête f ; [of arrow] pointe f ; [of spear] fer m ; [of cane] pommeau m ; [of bed] chevet m, tête f ; [of violin] crosse f ; (on beer) mousse f, faux col* m ; (on tape recorder) tête f (de lecture, d'enregistrement)

5 [= TOP END] [of page, staircase] haut m ; [of pillar] chapiteau m ; [of jetty, pier] extrémité f ♦ at the head of (lake, valley) à l'extrémité de ; (table) au (haut †) bout de ; (procession) en tête de ; (fig = in charge of : army, organization, company) à la tête de ♦ at the head of the list/the queue en tête de liste/de file ♦ to be at the head of the field or pack (Sport) mener la course

6 [OF VEGETABLE] [of lettuce, cabbage] pomme f ; [of celery] pied m

7 [OF ABSCESS, PIMPLE] tête f ♦ it's coming to a head [abscess, pimple] ça mûrit ; (fig, gen) ça devient critique ♦ it all came to a head when he met her yesterday les choses sont arrivées au point critique quand il l'a rencontrée hier ♦ to bring things to a head précipiter les choses

8 [= LEADER] chef m ♦ head of department [of company] chef m de service ; [of shop] chef m de rayon ; see also 9 ♦ head of state chef m d'État ♦ the head of the government le chef du gouvernement ♦ the head of the family le chef de famille

9 [BRIT SCOL] ⇒ headmaster or headmistress ♦ head of French/Maths etc (Scol) = professeur m coordinateur de français/de maths etc ♦ head of department [of school, college] professeur mf responsable de département

10 [= TITLE] titre m ; (= subject heading) rubrique f ♦ under this head sous ce titre or cette rubrique

11 [OF COIN] face f ♦ to toss heads or tails jouer à pile ou face ♦ heads or tails? pile ou face ? ♦ heads I win! face je gagne ! ♦ he called heads il a annoncé « face » ♦ I can't make head (n)or tail of what he's saying je ne comprends rien à ce qu'il dit ♦ I can't make head (n)or tail of it je n'y comprends rien

12 [DRUGS *] → acid

13 [COMPUT] tête f ♦ reading/writing head tête f de lecture/d'écriture

### 2 - TRANSITIVE VERB

1 [+ GROUP OF PEOPLE] être à la tête de ; [+ procession, list, poll] venir or être en tête de ♦ Dr Grey heads our research team le docteur Grey est à la tête de notre équipe de chercheurs ♦ a coalition government headed by the former opposition leader un gouvernement de coalition dirigé par l'ancien leader de l'opposition

2 [= DIRECT] ♦ he got in the car and headed it towards town il est monté dans la voiture et a pris la direction de or il s'est dirigé vers la ville ♦ to head a ship for port mettre le cap sur le port

3 [= PUT AT HEAD OF] [+ chapter] intituler ♦ to head a chapter/a letter etc with sth mettre qch en tête d'un chapitre/d'une lettre etc

4 [FOOTBALL] ♦ to head the ball faire une tête

### 3 - INTRANSITIVE VERB

1 [= GO, MOVE] ♦ to head for or towards, to be headed for or towards [person, vehicle] se diriger vers ; [ship] mettre le cap sur ♦ he headed up the hill il s'est mis à monter la colline ♦ he was heading home(wards) il était sur le chemin du retour ♦ they were heading back to town ils rentraient or retournaient à la ville ♦ he's heading for a disappointment il va vers une déception ♦ he's heading for trouble il va avoir des ennuis ♦ they're heading for victory ils sont bien partis pour gagner ♦ they're heading straight for disaster ils vont droit au désastre

2 [* = HEAD OFF, LEAVE] mettre les voiles *

### 4 - COMPOUNDS

[buyer, assistant etc] principal
head-banger* N (= heavy metal fan) enragé(e)* m(f) de heavy metal ; (= mad person) cinglé(e)* m(f)
head boy N (Brit Scol) élève de terminale chargé d'un certain nombre de responsabilités
head clerk N (Comm) premier commis m, chef m de bureau ; (Jur) principal m
head cold N rhume m de cerveau
head gardener N jardinier m en chef
head girl N (Brit Scol) élève de terminale chargée d'un certain nombre de responsabilités
head-guard N (Sport) casque m de protection
head height N ♦ at head height à hauteur d'homme
head lad N (Racing) premier garçon m
head nurse N (US) infirmier m, -ière f en chef
head office N siège m social, agence f centrale
head of steam N pression f ♦ to build up or work up a head of steam (fig) (= get worked up) se mettre dans tous ses états ; (= build momentum) [movement] prendre de l'ampleur ♦ to get or build up a head of steam for sth (fig) obtenir un ferme soutien pour qch
head of water N colonne f d'eau, hauteur f de chute
head-on ADV [confront, tackle, meet] de front ♦ to collide or crash head-on se heurter de plein fouet ♦ to collide head-on with sth, to crash head-on into sth heurter qch de plein fouet ADJ [smash, collision] frontal ; [conflict, clash, confrontation] direct
head post office N bureau m central des postes, poste f principale
head restraint N ⇒ headrest
head shop N (US) boutique f hippie
head start N (fig) ♦ to have a head start être avantagé dès le départ (over or on sb par rapport à qn)
head teacher N (Brit Scol) ⇒ headmaster or headmistress
head to head ADV ♦ to compete head to head with sb affronter directement qn ; (commercially) être en concurrence directe avec qn
head-to-head ADJ [contest, competition] direct N affrontement m direct
head-up display N collimateur m de pilotage
head voice N (Mus) voix f de tête
head waiter N maître m d'hôtel

### 5 - PHRASAL VERB

▶ **head off**

VI partir (for pour ; towards vers) ♦ he headed off onto the subject of... il est passé à la question de...

VT SEP [+ enemy] forcer à se rabattre ; [+ person] (lit) détourner de son chemin ; (fig) détourner (from de) ; [+ questions] parer, faire dévier

▶ **head up** VT FUS [+ organization, team] diriger

**headache** /'hedeɪk/ SYN N 1 (lit) mal m de tête ♦ to have a headache avoir mal à la tête ♦ he suffers from terrible headaches il souffre de terribles maux de tête

2 (fig) problème m ♦ at least that's not my headache au moins ce n'est pas mon problème ♦ it was a real headache ça n'a pas été une mince affaire ♦ the decision created a major headache for the Government cette décision a sérieusement compliqué la tâche à ce gouvernement ♦ his teenage daughter is a real headache sa fille est une adolescente impossible

**headband** /'hedbænd/ N bandeau m

**headbang** /'hedbæŋ/ VI secouer la tête au rythme du hard rock

**headboard** /'hedbɔːd/ N [of bed] tête f de lit

**headbutt** /'hedbʌt/
N coup m de tête
VT donner un coup de tête à

**headcase** * /'hedkeɪs/ N cinglé(e) * m(f)

**headcheese** /'hedtʃiːz/ N (US) fromage m de tête

**headcount** /'hedkaʊnt/ N 1 (= count) comptage m, vérification f du nombre de personnes présentes ♦ let's do a headcount comptons-les, comptons combien ils sont
2 (= number of employees) nombre m d'employés

**headdress** /'heddres/ N (of lace) coiffe f ; (of feathers) coiffure f

**headed** /'hedɪd/ ADJ (Brit) ♦ headed writing paper or notepaper papier m à lettres à en-tête

**-headed** /'hedɪd/ ADJ (in compounds) ♦ bareheaded nu-tête inv ♦ curly-headed frisé, aux cheveux frisés ; → **hard**

**header** /'hedər/ N 1 * (= dive) plongeon m ; (= fall) chute f or plongeon m (la tête la première) ♦ to take a header (= fall) tomber par terre la tête la première ♦ to take or do a header into the water piquer une tête dans l'eau ♦ the dollar took a header in share trading today le dollar a chuté en Bourse aujourd'hui
2 (Football) tête f
3 (Constr) boutisse f
4 (Comput) en-tête m

**headfirst** /,hed'fɜːst/ SYN ADV (lit) la tête première ♦ he rushed headfirst into marriage (fig) elle s'est précipitée dans le mariage

**headgear** /'hedgɪər/ N (NonC) 1 (= hat) chapeau m ; (= cap) casquette f ♦ she was wearing the most outrageous headgear elle portait un chapeau des plus extravagants ♦ protective headgear (for policeman) casque m ; (= riding hat) bombe f
2 (= part of costume) coiffure f ♦ the men of the tribe wear brightly-coloured headgear les hommes de la tribu portent des coiffures très colorées ♦ she was wearing elaborate Egyptian-style headgear elle portait une coiffure très élaborée, de style égyptien

**headhunt** /'hedhʌnt/
VI (fig) recruter des cadres pour une entreprise
VT recruter ♦ she has been headhunted by several firms plusieurs entreprises ont essayé de la recruter

**headhunter** /'hedhʌntər/ N (lit) chasseur m de têtes ; (fig) (in recruiting personnel) chasseur m de têtes, recruteur m de cadres

**headhunting** /'hedhʌntɪŋ/ N chasse f de têtes

**headiness** /'hedɪnɪs/ N 1 (= strength) [of wine] goût m capiteux ♦ the headiness of her perfume was almost intoxicating son parfum capiteux était presque enivrant
2 (= exhilaration) exaltation f ♦ the headiness of the unknown l'exaltation de l'inconnu

**heading** /ˈhedɪŋ/ SYN **N** (= *title : at top of page, chapter, article, column of figures*) titre *m* ; (= *subject title*) rubrique *f* ; (*printed: on letter, document*) en-tête *m* • **chapter heading** (*gen*) tête *f* de chapitre ; (= *title*) titre *m* • **under this heading** sous ce titre *or* cette rubrique • **this comes under the heading of...** c'est sous la rubrique... • **under the heading of "Science" may be found...** sous la rubrique « Sciences » on peut trouver... • **the essay was divided into several headings** la dissertation était divisée en plusieurs chapitres ; → tariff

**headlamp** /ˈhedlæmp/ **N** ⇒ **headlight**

**headland** /ˈhedlənd/ **N** promontoire *m*, cap *m*

**headless** /ˈhedlɪs/ **ADJ** [*body, nail*] sans tête ; [*organism*] acéphale ; → chicken

**headlight** /ˈhedlaɪt/ **N** (*Brit*) [*of car*] phare *m* ; [*of train*] fanal *m*, feu *m* avant

**headline** /ˈhedlaɪn/

**N** [*of newspaper*] gros titre *m* ; (*Rad, TV*) grand titre *m* • **it's in the headlines in the papers** c'est en gros titre *or* en manchette dans les journaux • **the headlines were full of the story** cette histoire faisait les gros titres *or* la une de tous les journaux • **to hit the headlines** * [*story, person*] faire les gros titres *or* la une ; [*scandal, crime etc*] défrayer la chronique • **the story never made the headlines** cette histoire n'a jamais fait les gros titres *or* la une • **have you seen the headlines?** as-tu vu les (gros) titres ? • **here are the news headlines** (*Rad, TV*) voici les titres de l'actualité *or* de notre journal • **here are the headlines again** et maintenant le rappel des titres • **I only heard the headlines** je n'ai entendu que les (grands) titres

**VT** 1 [*+ story*] mettre en manchette • **a story headlined "Fraud in high places"** un article intitulé « Fraude en haut lieu »

2 [*+ festival, event*] être en tête de l'affiche de • **his ambition was to headline the Albert Hall before he was 30** son ambition était d'être en tête d'affiche à l'Albert Hall avant ses 30 ans

**VI** être en tête d'affiche

**COMP** **headline news** **N** • **to be** *or* **make headline news** faire les gros titres

**headline rate of inflation** **N** (*Econ*) *l'indice des prix prenant notamment en compte les taux d'intérêt des emprunts logement*

**headliner** * /ˈhedlaɪnəʳ/ **N** (*US Mus, Theat*) vedette *f*

**headlock** /ˈhedlɒk/ **N** • **to get/have sb in a headlock** cravater qn/avoir cravaté qn

**headlong** /ˈhedlɒŋ/ SYN

**ADV** (*lit, fig*) [*run, rush, plunge*] tête baissée • **she fell headlong down the stairs** elle est tombée la tête la première dans les escaliers • **avoid rushing headlong into another relationship** évitez de vous précipiter tête baissée dans une nouvelle liaison

**ADJ** (*lit, fig*) [*fall*] vertigineux • **headlong dash** *or* **rush** ruée *f* • **they made a headlong dash for the door** ils se sont rués vers la porte • **the army was in headlong flight** l'armée était en pleine débandade

**headman** /ˈhedmən/ **N** (pl **-men**) chef *m* (*d'une tribu etc*)

**headmaster** /ˈhedmɑːstəʳ/ **N** (*Brit gen*) directeur *m* ; [*of French lycée*] proviseur *m* ; [*of college*] principal *m* ; (*US Scol*) directeur *m* d'école privée

**headmistress** /ˈhedmɪstrɪs/ **N** (*Brit gen*) directrice *f* ; [*of French lycée*] proviseur *m* ; [*of college*] principale *f* ; (*US Scol*) directrice *f* d'école privée

**head-on** /ˈhedˈɒn/

**ADV** • **to confront** *or* **meet** *or* **tackle head-on** [*+ problem, issue*] attaquer *or* aborder de front ; [*+ enemies*] attaquer de front ; [*+ criticism, threat*] faire face à • **to collide** *or* **crash** *or* **meet head-on** se heurter de plein fouet • **to collide head-on with sth, to crash head-on into sth** heurter qch de plein fouet

**ADJ** [*smash, collision*] frontal ; [*conflict, clash, confrontation*] direct

**headphones** /ˈhedfəʊnz/ **NPL** casque *m* (à écouteurs)

**headpiece** /ˈhedpiːs/ **N** (= *helmet*) casque *m*

**headquarter** /ˈhedkwɔːtəʳ/ **VT** • **the company is headquartered in Chicago** la société a son siège à Chicago

**headquarters** /ˈhedkwɔːtəz/

**NPL** [*of bank, company, political party*] siège *m* ; (*Mil*) quartier *m* général

**COMP** **headquarters staff** **N** (*Mil*) état-major *m*

**headrace** /ˈhedreɪs/ **N** canal *m* d'amont

**headrest** /ˈhedrest/ **N** appui-tête *m*, repose-tête *m*

**headroom** /ˈhedrʊm/ **N** (*in vehicle*) hauteur *f* de l'habitacle • **there is not enough headroom** (*gen*) le plafond est trop bas *or* n'est pas assez haut • **have you got enough headroom?** vous avez assez d'espace (en hauteur) ? • **"5 metres headroom"** (*on roadsign*) « hauteur limite : 5 mètres » • **there is standing headroom throughout** (*on boat*) on peut se tenir debout partout • **there is sitting headroom only** (*on boat*) on ne tient qu'assis

**headscarf** /ˈhedskɑːf/ **N** foulard *m*

**headset** /ˈhedset/ **N** ⇒ **headphones**

**headship** /ˈhedʃɪp/ **N** (= *post*) poste *m* de directeur • **under the headship of Mr Winfield** sous la direction de M. Winfield

**headshrinker** * /ˈhedʃrɪŋkəʳ/ **N** psy * *mf*

**headsman** † /ˈhedzmən/ **N** (pl **-men**) bourreau *m*

**headsquare** /ˈhedskweəʳ/ **N** foulard *m*

**headstall** /ˈhedstɔːl/ **N** têtière *f*

**headstand** /ˈhedstænd/ **N** • **to do a headstand** faire le poirier

**headstone** /ˈhedstəʊn/ **N** 1 [*of grave*] pierre *f* tombale

2 (*Archit*) clef *f* de voûte, pierre *f* angulaire

**headstream** /ˈhedstriːm/ **N** partie *f* amont (*d'une rivière ou d'un fleuve*)

**headstrong** /ˈhedstrɒŋ/ SYN **ADJ** (= *obstinate*) têtu ; (= *rash*) impétueux

**headwaters** /ˈhedwɔːtəz/ **NPL** sources *fpl*

**headway** /ˈhedweɪ/ SYN **N** progrès *m* • **to make headway** (*in journey, studies etc*) avancer, faire des progrès ; [*ship*] faire route • **I didn't make much headway with him** je n'ai pas fait beaucoup de progrès avec lui

**headwind** /ˈhedwɪnd/ **N** vent *m* contraire ; (*on boat*) vent *m* debout

**headword** /ˈhedwɜːd/ **N** entrée *f*, adresse *f*

**heady** /ˈhedɪ/ SYN **ADJ** [*scent, wine*] capiteux ; [*days, experience, atmosphere, brew, mixture*] grisant • **the heady delights of...** les plaisirs grisants de... • **the heady heights of...** les sommets vertigineux de... • **it's heady stuff** * **(for sb)** c'est grisant (pour qn) • **to be heady with success** être grisé par le succès • **the air was heady with spices** les épices rendaient l'air enivrant

**heal** /hiːl/ SYN

**VI** (also **heal over, heal up**) [*wound*] se cicatriser

**VT** [*+ person*] guérir (*of* de) ; [*+ wound*] cicatriser ; (*fig*) [*+ differences*] régler ; [*+ troubles*] apaiser • **time will heal the pain** votre chagrin s'estompera avec le temps • **to heal the breach** (*fig*) combler le fossé, effectuer une réconciliation

**healer** /ˈhiːləʳ/ **N** guérisseur *m*, -euse *f* ; → faith

**healing** /ˈhiːlɪŋ/ SYN

**N** [*of person*] guérison *f* ; [*of wound*] cicatrisation *f*

**ADJ** [*ointment*] cicatrisant ; [*properties*] médicinal, curatif ; [*powers*] de guérison ; [*words*] apaisant • **the healing process** le processus de guérison • **to have healing hands** avoir des talents de guérisseur

**health** /helθ/ SYN

**N** santé *f* • **in good/poor health** en bonne/mauvaise santé • **poverty can cause poor health** la pauvreté peut être la cause de problèmes de santé • **he suffers from poor health** il est en mauvaise santé • **to have health problems** avoir des problèmes de santé • **the health benefits of a vegetarian diet** les effets bénéfiques pour la santé d'un régime végétarien ; see also comp • **to regain one's health** recouvrer la santé, guérir • **the health of the economy** la santé de l'économie • **to drink (to) sb's health** boire à la santé de qn • **your health!, good health!** à votre santé ! • **Department of/Secretary of State for Health and Social Security** (*Brit:formerly*), **Department/Secretary of Health and Human Services** (*US*) ministère *m*/ministre *m* de la Santé et des Affaires sociales • **Department of Health** (*Brit*) ≃ ministère *m* de la Santé ; → national, restore

**COMP** **the Health and Safety Executive** **N** (*Brit*) ≃ l'inspection *f* du travail

**Health and Safety Inspector** **N** (*Brit*) ≃ inspecteur *m*, -trice *f* du travail

**Health Authority** **N** (*Brit*) administration *f* régionale de la santé publique

**health benefits** **NPL** (*Admin*) prestations *fpl* maladie

**health care** **N** (= *services*) services *mpl* de santé ; (= *treatment*) soins *mpl* médicaux • **the health care system** le système de santé publique • **the health care industry** le secteur médical • **health care benefits** prestations *fpl* de santé

**health care worker** **N** membre *m* du personnel soignant

**health centre** **N** ≃ centre *m* médicosocial

**health check** **N** visite *f* médicale ; (*more thorough*) bilan *m* de santé

**health club** **N** club *m* de (re)mise en forme

**health education** **N** (*Scol*) hygiène *f*

**health farm** **N** établissement *m* de remise en forme

**health foods** **NPL** aliments *mpl* diététiques

**health food shop, health food store** (*US*) **N** magasin *m* or boutique *f* de produits diététiques

**health-giving** **ADJ** → healthful

**health hazard** **N** risque *m* pour la santé

**health insurance** **N** assurance *f* maladie

**health maintenance organization** **N** (*US*) *organisme médical privé*

**health officer** **N** inspecteur *m*, -trice *f* de la santé (publique)

**health resort** **N** (= *spa town*) station *f* thermale, ville *f* d'eaux ; (*in mountains*) station *f* climatique

**health risk** **N** ⇒ **health hazard**

**health salts** **NPL** (*Med*) sels *mpl* médicinaux

**Health Service** **N** (*Brit*) → **NHS** • **I got my glasses on the Health Service** ≃ la Sécurité sociale m'a remboursé mes lunettes

**health service** **N** (*US Univ*) infirmerie *f*

**Health Service doctor** **N** (*Brit*) ≃ médecin *m* conventionné

**health spa** **N** centre *m* de cure, station *f* thermale

**health visitor** **N** (*Brit*) ≃ infirmière *f* visiteuse

**health warning** **N** (*on cigarette packet*) *mise en garde du ministère de la Santé*

**HEALTH MAINTENANCE ORGANIZATION**

Aux États-Unis, les **health maintenance organizations** sont des organismes privés qui dispensent des soins médicaux (y compris hospitaliers) à leurs adhérents. Dans une volonté de maîtrise des coûts, ces organismes insistent sur la médecine préventive et obligent à consulter des médecins agréés. En ce sens, ils diffèrent des assurances médicales privées avec lesquelles on les assimile parfois.

**healthful** /ˈhelθfʊl/ **ADJ** sain

**healthily** /ˈhelθɪlɪ/ **ADV** [*live, eat, grow*] sainement • **a recipe which is healthily low in fat** une recette saine du fait de sa faible teneur en graisses • **healthily cynical/irreverent** d'un cynisme/d'une irrévérence salutaire • **to be healthily contemptuous of sth** montrer un mépris sain de qch • **to be healthily sceptical of sth** faire preuve d'un scepticisme salutaire à l'égard de qch

**healthiness** /ˈhelθɪnɪs/ **N** [*of diet*] caractère *m* sain ; [*of person, plant, animal*] bonne santé *f* ; [*of climate*] salubrité *f*

**healthy** /ˈhelθɪ/ SYN **ADJ** 1 (= *in good health*) [*person, animal, plant*] en bonne santé ; [*body, skin, hair, cell, sexuality*] sain ; [*appetite*] solide • **he is very healthy** il est en très bonne santé • **to stay healthy** rester en bonne santé • **her skin/she had a healthy glow** sa peau/elle éclatait de santé • **a healthy mind in a healthy body** un esprit sain dans un corps sain

2 (*fig* = *thriving*) [*economy, bank, relationship*] sain ; [*bank account*] bien approvisionné • **to make** *or* **earn a healthy living** gagner confortablement sa vie

3 (= *health-giving*) [*food, lifestyle, attitude*] sain ; [*climate, air*] salubre ; [*exercise*] bon pour la santé, salutaire • **to have a healthy diet** manger sainement • **healthy eating** une alimentation saine • **advice on healthy living** conseils *mpl* pour vivre sainement

4 (= *wholesome, desirable*) [*profit*] substantiel ; [*scepticism*] salutaire, de bon aloi ; [*doubts*] légitime • **to have a healthy respect for sb/sth** apprécier qn/qch à sa juste valeur • **the economy is showing healthy growth** l'économie connaît une croissance équilibrée • **a healthy dose of caution/scepticism** une bonne dose de prudence/scepticisme • **his interest in this is not very healthy** l'intérêt qu'il y porte n'est pas très sain

**heap** /hiːp/ SYN

**N** 1 tas *m* • **in a heap** en tas • **to collapse/fall in a heap** [*person*] s'effondrer/tomber comme une masse • **to be at the top/the bottom of the heap** (*fig*) être en haut/en bas de l'échelle

[2] (* *fig*) tas* *m*, masse* *f* ◆ **heaps of** (*money, people, ideas*) des tas* de ◆ **she has heaps of enthusiasm** elle déborde d'enthousiasme ◆ **they got heaps of criticism for this decision** ils ont été très critiqués pour cette décision ◆ **we've got heaps of time** nous avons largement le temps, nous avons tout notre temps ◆ **heaps of times** des tas* de fois, mille fois ◆ **to have heaps of** *or* **a whole heap of things to do** avoir un tas* *or* des masses* de choses à faire ◆ **heaps better** drôlement* mieux ◆ **(to be in) a whole heap of trouble** (avoir) tout un tas* d'ennuis ◆ **the news struck him all of a heap**‡ la nouvelle lui a coupé bras et jambes *or* l'a éberlué* ◆ **he was struck all of a heap**‡ il en est resté baba*

[3] (‡ = *car*) tas *m* de ferraille*

VT [1] ⇒ heap up

[2] (*fig*) ◆ **to heap gifts on sb** couvrir qn de cadeaux ◆ **to heap favours on sb** combler qn de faveurs ◆ **to heap praise on sb** couvrir qn d'éloges ◆ **to heap abuse/scorn on sb** accabler *or* couvrir qn d'injures/de mépris ◆ **to heap work on sb** accabler qn de travail ◆ **to heap coals of fire on sb's head** rendre le bien pour le mal à qn

▸ **heap up** VT SEP empiler ◆ **to heap sth up on top of sth** empiler *or* entasser qch sur qch ◆ **she heaped her plate up with cakes** elle a empilé des gâteaux sur son assiette, elle a chargé son assiette de gâteaux

**heaped** /hiːpt/ ADJ [1] [*basket*] très chargé ◆ **shelves heaped with piles of old books** des étagères croulant sous des piles de vieux livres ◆ **a sofa heaped with cushions** un canapé où s'entassent des coussins *or* disparaissant sous les coussins

[2] (*Culin*) ◆ **a heaped spoonful** une grosse cuillerée ◆ **a heaped teaspoonful** une cuiller à café bien pleine

**heaping** /hiːpɪŋ/ ADJ (*US*) ⇒ heaped 2

**hear** /hɪəʳ/ LANGUAGE IN USE 21.1 SYN (pret, ptp **heard**)

VT [1] entendre ◆ **did you hear what he said?** avez-vous entendu ce qu'il a dit ? ◆ **can you hear him?** vous l'entendez (bien) ? ◆ **I can't hear you!** je ne vous entends pas ! ◆ **I hear you speaking** je vous entends parler ◆ **you're not going, do you hear (me)?** tu n'iras pas, tu m'entends ? ◆ **I hear you** (= *understand*) je comprends ◆ **I heard him say that...** je l'ai entendu dire que... ◆ **I heard someone come in** j'ai entendu entrer quelqu'un *or* quelqu'un entrer ◆ **a noise was heard** un bruit se fit entendre ◆ **he was heard to say that...** on l'a entendu dire que... ◆ **to make o.s. heard** se faire entendre ◆ **I couldn't hear myself think*** je ne m'entendais plus penser ◆ **to hear him (talk) you'd think he was an expert** à l'entendre, on dirait que c'est un expert ◆ **I have heard it said that..., I've heard tell that...** j'ai entendu dire que... ◆ **I've heard tell of...** j'ai entendu parler de... ◆ **to hear voices** (*lit, fig*) entendre des voix ◆ **let's hear it for...*** (*call for applause*) un grand bravo pour..., on applaudit bien fort...

[2] (= *learn*) [+ *piece of news, facts*] apprendre ◆ **have you heard the news?** connaissez-vous la nouvelle ? ◆ **have you heard the rumour that they're going to leave?** avez-vous entendu la rumeur selon laquelle ils partiraient ? ◆ **we've been hearing reports of roads blocked by snow** nous avons entendu à la radio que les routes étaient bloquées par la neige ◆ **have you heard the story about her trip to Paris?** tu as entendu ce qui s'est passé quand elle est allée à Paris ? ◆ **have you heard the one about the Scotsman who...** tu connais l'histoire de l'Écossais qui... ◆ **we've heard it all before** ce n'est pas la première fois qu'on entend cette histoire ◆ **I've been hearing bad things about him** on m'a dit du mal de lui ◆ **I've never heard such rubbish!** jamais je n'ai entendu pareilles âneries ! ◆ **he had heard that they had left** on lui avait dit qu'ils étaient partis ◆ **I hear you've been ill** il paraît que vous avez été malade, on m'a dit que vous avez été malade ◆ **did you hear whether or not she's accepted the job?** savez-vous si elle a accepté (ou non) le poste ?

[3] (= *listen to*) [+ *lecture etc*] assister à, écouter ◆ **to hear a case** (*Jur*) entendre une cause ◆ **the court has been hearing evidence that he was...** le tribunal a entendu des témoignages selon lesquels il aurait été... ◆ **to hear mass** (*Rel*) assister à *or* entendre la messe ◆ **Lord, hear our prayers** Seigneur, écoutez nos prières ◆ **to hear a child's lessons** faire répéter *or* réciter ses leçons à un enfant

VI [1] entendre ◆ **he does not** *or* **cannot hear very well** il n'entend pas très bien

[2] (= *get news*) recevoir *or* avoir des nouvelles (*from* de) ◆ **I hear from my daughter every week** je reçois *or* j'ai des nouvelles de ma fille chaque semaine ◆ **you will hear from me soon** vous aurez bientôt de mes nouvelles ◆ **hoping to hear from you** (*in informal letter*) en espérant avoir bientôt de tes nouvelles ; (*in formal letter*) dans l'attente de vous lire ◆ **you'll be hearing from me!** (*threatening*) tu vas avoir de mes nouvelles !, tu vas entendre parler de moi ! ◆ **to hear about** *or* **of sb/sth** (*gen*) entendre parler de qn/qch ; (= *have news of*) avoir des nouvelles de qn/qch ◆ **I hear about** *or* **of him from his mother** j'ai de ses nouvelles par sa mère, sa mère me donne de ses nouvelles ◆ **he wasn't heard of for a long time** on n'entendit plus parler de lui pendant longtemps ◆ **he was never heard of again** on n'a plus jamais entendu parler de lui ◆ **the ship was never heard of again** on n'a jamais retrouvé trace du navire ◆ **I've never heard of him!** je ne le connais pas !, connais pas !* ◆ **everyone has heard of him** tout le monde a entendu parler de lui ◆ **I've never heard of such a thing!** je n'ai jamais entendu parler d'une chose pareille ! ◆ **I hear about nothing else!** j'en ai les oreilles rebattues ! ◆ **I won't hear of you going there** je ne veux absolument pas que tu y ailles ◆ **no! I won't hear of it!** non, je ne veux pas en entendre parler ! ◆ **can I help you with the washing-up? – I wouldn't hear of it!** je peux vous aider à faire la vaisselle ? – (il n'en est) pas question !

EXCL ◆ **hear, hear!** bravo !

▸ **hear out** VT SEP [+ *person, story*] écouter jusqu'au bout

**heard** /hɜːd/ VB pt, ptp of **hear**

**hearer** /ˈhɪərəʳ/ N auditeur *m*, -trice *f* ◆ **hearers** auditoire *m* , auditeurs *mpl*

**hearing** /ˈhɪərɪŋ/ SYN

N [1] (*NonC* = *sense*) ouïe *f* ◆ **to have good hearing** avoir l'ouïe fine ◆ **his hearing's not very good** il n'entend pas très bien ◆ **within hearing (distance)** à portée de voix ◆ **in my hearing** en ma présence, devant moi ; → hard

[2] (= *chance to be heard*) ◆ **to give sb a fair hearing** (*gen*) écouter ce que qn a à dire ◆ **he was refused a hearing** on refusa de l'entendre , on refusa d'écouter ce qu'il avait à dire ◆ **to condemn sb without a hearing** condamner qn sans l'entendre ◆ **he got a sympathetic hearing** on l'a écouté avec bienveillance

[3] (= *meeting*) [*of commission, committee etc*] séance *f* ◆ **court hearing** (*Jur*) audience *f* ◆ **to give sb a fair hearing** accorder à qn un procès équitable ◆ **they demanded a proper hearing of their complaint** ils ont exigé que leur plainte soit correctement entendue ◆ **disciplinary hearing** conseil *m* de discipline ◆ **full hearing** (*Jur*) audience *f* contradictoire

ADJ [*person*] qui entend (bien)

COMP **hearing aid** N appareil *m* acoustique, audiophone *m*, sonotone ® *m*

**Hearing Dog** N chien *m* de malentendant

**hearing-impaired** ADJ (= *deaf*) sourd ; (= *hard of hearing*) malentendant N ◆ **the hearing-impaired** (= *deaf*) les sourds *mpl* ; (= *hard of hearing*) les malentendants *mpl*

**hearken** /ˈhɑːkən/ VI († *or liter*) prêter l'oreille (*to* à)

**hearsay** /ˈhɪəseɪ/ SYN

N ◆ **from** *or* **by hearsay** par ouï-dire ◆ **it's only hearsay** ce ne sont que des rumeurs *or* des on-dit

COMP [*report, account*] fondé sur des ouï-dire

**hearsay evidence** N (*Jur*) preuve *f* par commune renommée *or* par ouï-dire

**hearse** /hɜːs/ N corbillard *m*, fourgon *m* mortuaire

◆ ◆ ◆ ◆ ◆ ◆ ◆ ◆ ◆ ◆ ◆ ◆ ◆ ◆ ◆ ◆ ◆ ◆ ◆ ◆ ◆ ◆ ◆ ◆

## heart /hɑːt/

LANGUAGE IN USE 22, 26.1 SYN

1 - NOUN
2 - PLURAL NOUN
3 - COMPOUNDS

◆ ◆ ◆ ◆ ◆ ◆ ◆ ◆ ◆ ◆ ◆ ◆ ◆ ◆ ◆ ◆ ◆ ◆ ◆ ◆ ◆ ◆ ◆ ◆

### 1 - NOUN

[1] [ANAT] cœur *m* ◆ **to have a weak heart** avoir le cœur malade, être cardiaque ◆ **to clasp sb to one's heart** (*liter*) serrer qn sur son cœur

[2] [SEAT OF FEELINGS, EMOTIONS] cœur *m* ◆ **a battle for the hearts and minds of...** une bataille pour séduire... ◆ **it did my heart good to see them** cela m'a réchauffé le cœur de les voir ◆ **I didn't have the heart to tell him, I couldn't find it in my heart to tell him** je n'ai pas eu le cœur de le lui dire ◆ **he knew in his heart that it was a waste of time** au fond de lui-même, il savait bien que c'était une perte de temps ◆ **in his heart of hearts he thought...** dans son for intérieur *or* au fond de lui-même, il pensait... ◆ **his heart isn't in it** le cœur n'y est pas ◆ **his heart isn't in his work** il n'a pas le cœur à l'ouvrage ◆ **his heart is in the right place** il a bon cœur ◆ **this is an issue which is close to** *or* **dear to his heart** c'est un sujet qui lui tient à cœur ◆ **that part of the country was very dear to her heart** cette région du pays était très chère à son cœur ◆ **to be in good heart** avoir le moral ◆ **a man after my own heart** un homme selon mon cœur ◆ **with all my heart** de tout mon cœur ◆ **have a heart!*** pitié !* ◆ **to lose one's heart to sb** tomber amoureux de qn ◆ **to take sth to heart** prendre qch à cœur ◆ **don't take it to heart** ne prenez pas cela trop à cœur ◆ **it cut me to the heart** cela m'a profondément blessé ◆ **he left with a heavy heart** il est parti le cœur gros ◆ **he has set his heart on a new car , his heart is set on a new car** il veut à tout prix une nouvelle voiture ◆ **he has set his heart on going to Paris** il veut à tout prix aller à Paris, il rêve d'aller à Paris ◆ **my heart was in my mouth, I had my heart in my mouth** mon cœur battait la chamade ◆ **to eat/drink to one's heart's content** manger/boire tout son soûl ◆ **it was his heart's desire** c'était son plus cher désir *or* ce qu'il désirait le plus au monde ◆ **to have a heart of gold/stone** avoir un cœur en or/de pierre ◆ **heart and soul** corps et âme ◆ **he put his heart and soul into his work** il s'est donné à son travail corps et âme

◆ **from + heart** du cœur ◆ **a cry from the heart** un cri du cœur ◆ **a plea from the heart** un appel du fond du cœur ◆ **to speak from the heart** parler du fond du cœur ◆ **from the bottom of one's heart** du fond du cœur

◆ **at heart** au fond ◆ **I'm an optimist at heart** au fond je suis optimiste ◆ **she's still a child at heart** elle est restée très enfant ◆ **we have your (best) interests at heart** vos intérêts nous tiennent à cœur

◆ **by heart** par cœur ◆ **to know by heart** *or* **off by heart*** [+ *text, song, poem*] savoir par cœur ; [+ *subject, plan, route*] connaître par cœur ◆ **to learn sth by heart** *or* **off by heart*** apprendre qch par cœur

[3] [= COURAGE] courage *m* ◆ **to put new** *or* **fresh heart into sb** redonner (du) courage à qn ◆ **to lose/take heart** perdre/prendre courage ◆ **we may take heart from the fact that...** le fait que... devrait nous encourager

[4] [= CENTRE] [*of town*] cœur *m*, centre *m* ◆ **in the heart of the forest** au cœur *or* au (beau) milieu de la forêt, en pleine forêt ◆ **in the heart of the desert** au cœur *or* au (fin) fond du désert ◆ **in the heart of the country** en pleine campagne ◆ **the heart of the matter** le fond du problème, le vif du sujet

[5] [= MIDDLE PART] [*of cabbage, lettuce, celery*] cœur *m* ; [*of artichoke*] fond *m*, cœur *m*

### 2 - PLURAL NOUN

**hearts** (*Cards*) cœur *m* ◆ **queen/six of hearts** dame *f*/six *m* de cœur ; *pour autres loc voir* **club**

### 3 - COMPOUNDS

**heart attack** N crise *f* cardiaque
**heart case** N cardiaque *mf*
**heart complaint , heart condition** N maladie *f* de cœur ◆ **to have a heart complaint** *or* **condition** être cardiaque
**heart disease** N maladie *f* de cœur
**heart failure** N (*gen*) insuffisance *f* cardiaque ; (= *cardiac arrest*) arrêt *m* du cœur
**heart-lung machine** N cœur-poumon *m* (artificiel)
**heart murmur** N (*Med*) souffle *m* au cœur
**heart-rate** N rythme *m* cardiaque
**heart-rate monitor** N moniteur *m* cardiaque
**heart-rendingly** ADV [*cry, appeal*] d'une manière déchirante ◆ **her performance was heart-rendingly beautiful** elle a joué d'une manière bouleversante
**heart-searching** N ◆ **after much heart-searching he...** après s'être longuement interrogé, il...
**heart-shaped** ADJ en (forme de) cœur
**heart surgeon** N chirurgien *m* cardiologue

**heart surgery** N chirurgie f du cœur
**heart-throb**\* N (= person) idole f, coqueluche f (US) ⇒ **heartbeat**
**heart-to-heart** SYN ADJ intime, à cœur ouvert ADV à cœur ouvert N ◆ **to have a heart-to-heart (with sb)**\* parler à cœur ouvert (avec qn)
**heart transplant** N greffe f du cœur
**heart trouble** N ◆ **to have heart trouble** souffrir du cœur, être cardiaque ◆ **heart trouble in the over-50s** les troubles cardiaques dont on souffre après la cinquantaine

---

**heartache** /'hɑːteɪk/ N chagrin m, peine f

**heartbeat** /'hɑːtbiːt/ N 1 (= single beat) battement m de or du cœur, pulsation f
2 (= rhythm of heart, pulse) battements mpl de or du cœur, pouls m ◆ **her heartbeat is very weak** son pouls est très faible

**heartbreak** /'hɑːtbreɪk/ N immense chagrin m or douleur f ◆ **the relationship ended in heartbreak** la relation s'est terminée dans la douleur ◆ **the group split up, causing heartbreak to millions of fans** le groupe s'est séparé, au grand désespoir de millions de fans

**heartbreaker** /'hɑːtbreɪkəʳ/ N (man) bourreau m des cœurs ; (woman) femme f fatale

**heartbreaking** /'hɑːtbreɪkɪŋ/ SYN ADJ [story, sight] qui fend le cœur ; [appeal, cry, sound] déchirant, qui fend le cœur ◆ **it was heartbreaking to see him like that** c'était à fendre le cœur de le voir comme ça

**heartbroken** /'hɑːtbrəʊkn/ SYN ADJ ◆ **to be heartbroken** avoir un immense chagrin ; (stronger) avoir le cœur brisé ; [child] avoir un gros chagrin ◆ **she was heartbroken about it** elle en a eu un immense chagrin ; (stronger) elle en a eu le cœur brisé ◆ **her heartbroken parents** ses parents, complètement désespérés

**heartburn** /'hɑːtbɜːn/ N brûlures fpl d'estomac

**-hearted** /'hɑːtɪd/ ADJ (in compounds) ◆ **openhearted** sincère ◆ **warm-hearted** chaleureux ; → **broken, hard**

**hearten** /'hɑːtn/ VT encourager, donner du courage à

**heartening** /'hɑːtnɪŋ/ ADJ encourageant, réconfortant ◆ **it's very heartening to see so many young writers emerging** c'est très encourageant or réconfortant de voir apparaître tant de jeunes écrivains ◆ **it's heartening that the crime figures have dropped so significantly** il est encourageant or réconfortant de voir que la criminalité a connu une telle baisse

**heartfelt** /'hɑːtfelt/ SYN ADJ qui vient du fond du cœur ◆ **to make a heartfelt appeal** lancer un appel du fond du cœur ◆ **heartfelt sympathy** condoléances fpl sincères

**hearth** /hɑːθ/
N foyer m, âtre † m
COMP **hearth rug** N devant m de foyer

**heartily** /'hɑːtɪlɪ/ SYN ADV 1 (= enthusiastically) [laugh] de bon cœur ; [say, welcome] chaleureusement ; [applaud] avec enthousiasme ; [eat] de bon appétit ; [drink, sing] avec entrain ; [recommend] vivement ; [agree] pleinement ; [congratulate, endorse] de tout cœur
2 (= thoroughly) [glad, relieved, sorry] profondément ◆ **to be heartily sick of**\*or **fed up with**\* **sb/sth** en avoir vraiment par-dessus la tête de qn/qch ◆ **to dislike sb heartily** détester cordialement qn ◆ **to dislike sth heartily** avoir une profonde aversion pour qch

**heartiness** /'hɑːtɪnɪs/ N [of welcome] cordialité f ; [of support] enthousiasme m ; [of appetite] solidité f ; [of person] (= cheerfulness) jovialité f

**heartland** /'hɑːtlænd/ N (also **heartlands**) [of country, continent] cœur m, centre m ◆ **the Tory heartland** le bastion traditionnel des conservateurs

**heartless** /'hɑːtlɪs/ SYN ADJ [person] sans cœur ; [treatment] cruel

**heartlessly** /'hɑːtlɪslɪ/ ADV [say, deceive] sans pitié ◆ **heartlessly cruel** d'une cruauté impitoyable

**heartlessness** /'hɑːtlɪsnɪs/ N [of person] manque m de cœur

**heartrending** /'hɑːtrendɪŋ/ SYN ADJ [cry, appeal] déchirant, qui fend le cœur ; [sight] qui fend le cœur ◆ **it was heartrending to see him** c'était à fendre le cœur de le voir

**heartsick** /'hɑːtsɪk/ ADJ ◆ **to be heartsick** avoir la mort dans l'âme

**heartstrings** /'hɑːtstrɪŋz/ NPL ◆ **to pull at** or **tug (at)** or **touch sb's heartstrings** jouer sur la corde sensible de qn

**heartwarming** /'hɑːtwɔːmɪŋ/ SYN ADJ réconfortant, qui réchauffe le cœur

**heartwood** /'hɑːtwʊd/ N (NonC) duramen m

**hearty** /'hɑːtɪ/ SYN
ADJ 1 (= enthusiastic) [welcome, thanks] chaleureux ; [applause] enthousiaste ; [slap, pat, thump] bon before n ; [appetite] solide ◆ **he gave a hearty laugh** il eut un bon rire franc ◆ **to bid sb a hearty welcome** accueillir chaleureusement qn ◆ **he's a hearty eater** c'est un gros mangeur ; → **hale**
2 (= substantial) [food, soup] consistant ; [meal] copieux ; [helping] généreux
3 (pej = bluff) [person, greeting] trop exubérant ; [voice] retentissant
4 (= wholehearted) [endorsement, condemnation] sans réserves ◆ **to be in hearty agreement with sb/sth** être absolument d'accord avec qn/qch ◆ **please accept my hearty** or **heartiest congratulations** (in letter) je vous adresse mes plus vives félicitations ◆ **to have a hearty dislike of sb** détester cordialement qn ◆ **to have a hearty dislike of sth** avoir une profonde aversion pour qch
N \* 1 (= person) gai luron † m ◆ **rugby hearty**\* joueur m de rugby enthousiaste
2 (Naut) ◆ **heave ho, my hearties!** oh ! hisse ! les gars ! \*

**heat** /hiːt/ SYN
N 1 (NonC: gen, Phys) chaleur f ◆ **extremes of heat and cold** extrêmes mpl de chaleur et de froid ◆ **I can't stand heat** je ne supporte pas la chaleur ◆ **how can you work in this heat?** (indoor temperature) comment pouvez-vous travailler dans cette fournaise ? ; (in hot weather) comment pouvez-vous travailler par cette chaleur ? ◆ **if you can't stand the heat get out of the kitchen** (fig) que ceux qui trouvent la situation intenable s'en aillent ◆ **in the heat of the day** au (moment le) plus chaud de la journée ◆ **in the summer heat** dans la chaleur de l'été ◆ **we were trying to stay cool in the 35-degree heat** nous essayions de nous rafraîchir alors qu'il faisait 35 degrés ◆ **at a low heat** (Culin) à feu doux ◆ **cook over a low/medium heat** cuire à feu doux/moyen ◆ **lower the heat and allow to simmer** (Culin) réduire le feu et laisser mijoter ◆ **in the heat of the moment/the battle/the argument** dans le feu de l'action/du combat/de la discussion ◆ **in the heat of his departure they forgot…** dans l'agitation qui a entouré son départ, ils ont oublié… ◆ **"certainly not!" she responded with some heat** « certainement pas ! » répondit-elle avec feu ◆ **the issue was debated with some heat** cette question a fait l'objet d'un débat houleux ◆ **we had no heat all day at the office** nous avons été sans chauffage toute la journée au bureau ◆ **to turn on the heat** (in house, office) mettre le chauffage ◆ **to put** or **turn the heat on sb**\* faire pression sur qn ◆ **to turn up the heat on sb**\* accentuer la pression sur qn ◆ **the heat is on**\* on est sous pression ◆ **it'll take the heat off us**\* ça nous permettra de souffler or de respirer un peu ; → **red, specific, white**
2 (Sport) (épreuve f) éliminatoire f ; → **dead**
3 (NonC) (= sexual readiness of animal) chaleur f, rut m ◆ **in** or (Brit) **on heat** en chaleur, en rut
4 (US) ◆ **the heat**‡ (= the police) les flics‡ mpl
VT (gen) chauffer ; (Med) [+ blood] échauffer ; (fig) enflammer
VI [liquid etc] chauffer ; [room] se réchauffer
COMP **heat capacity** N (Phys) capacité f calorifique
**heat-conducting** ADJ thermoconducteur (-trice f)
**heat conductor** N conducteur m de chaleur
**heat constant** N (Phys) constante f calorifique
**heat death** N (Phys) mort f énergétique or thermique
**heat efficiency** N rendement m thermique or calorifique
**heat engine** N moteur m thermique
**heat exchanger** N échangeur m de chaleur
**heat exhaustion** N épuisement m dû à la chaleur
**heat haze** N brume f de chaleur
**heat lightning** N éclair(s) m(pl) de chaleur
**heat loss** N perte f calorifique
**heat rash** N irritation f or inflammation f (due à la chaleur)
**heat-resistant**, **heat-resisting** ADJ ⇒ **heatproof**
**heat-seeking** ADJ [missile] thermoguidé, guidé par infrarouge
**heat-sensitive** ADJ sensible à la chaleur
**heat shield** N (Space) bouclier m thermique
**heat sink** N (Elec) dissipateur m thermique or de chaleur ; [of aircraft] couche f d'absorption de chaleur
**heat-treat** VT [+ metal, alloy] tremper et faire revenir
**heat treatment** N (Med) traitement m par la chaleur, thermothérapie f
▶ **heat up**
VI [liquid etc] chauffer ; [room] se réchauffer
VT SEP réchauffer

**heated** /'hiːtɪd/ SYN
ADJ 1 [swimming pool, greenhouse, towel rail] chauffé
2 (= impassioned) [debate, discussion] passionné ; [argument, exchange, words] vif ◆ **to become** or **get** or **grow heated** [person, debate, argument etc] s'échauffer
COMP **heated rollers** NPL bigoudis mpl or rouleaux mpl chauffants

**heatedly** /'hiːtɪdlɪ/ ADV [say] avec emportement ; [argue] avec feu, fougueusement ; [debate] avec feu, avec passion ; [deny] farouchement

**heater** /'hiːtəʳ/ N (gen: for room) appareil m de chauffage, radiateur m ; (for water) chauffe-eau m inv ; [of car] chauffage m ; → **electric, immersion**

**heath** /hiːθ/ N 1 (esp Brit = moorland) lande f
2 (= plant) bruyère f

**heathen** /'hiːðən/ SYN (pej)
ADJ (= unbelieving) païen ; (= barbarous) barbare, sauvage
N (pl **heathens** or **heathen**) païen(ne) m(f), les païens mpl ; (= savages) les barbares mpl, les sauvages mpl

**heathenish** /'hiːðənɪʃ/ ADJ (pej) (= unbelieving) de païen ; (= barbarous) barbare

**heathenism** /'hiːðənɪzəm/ N (pej) paganisme m

**heather** /'heðəʳ/ N bruyère f

**Heath Robinson**\* /ˌhiːθˈrɒbɪnsən/ ADJ (Brit) bricolé

**heating** /'hiːtɪŋ/
N chauffage m ; → **central**
COMP **heating apparatus** N (= heater) appareil m de chauffage ; (= equipment) appareils mpl de chauffage
**heating engineer** N chauffagiste m
**heating plant** N système m or installation f de chauffage
**heating power** N pouvoir m calorifique
**heating system** N système m de chauffage

**heatproof** /'hiːtpruːf/ ADJ [material] résistant inv à la chaleur ; [dish] allant inv au four

**heatpump** /'hiːtpʌmp/ N pompe f à chaleur, thermopompe f

**heatstroke** /'hiːtstrəʊk/ N (NonC) coup m de chaleur

**heatwave** /'hiːtweɪv/ N vague f de chaleur

**heave** /hiːv/ SYN (vb: pret, ptp **heaved**)
N [of sea] houle f ; [of bosom] soulèvement m ◆ **to give a heave** (= lift, throw, tug etc) faire un effort pour soulever (or lancer or tirer etc) ◆ **to give sb the heave(-ho)**‡ [employer] sacquer\* or virer\* qn ; [boyfriend, girlfriend] plaquer\* qn
VT (= lift) lever or soulever (avec effort) ; (= pull) tirer (avec effort) ; (= drag) traîner (avec effort) ; (= throw) lancer ◆ **he heaved Barney to his feet** il a soulevé Barney (avec effort) pour le mettre debout ◆ **he heaved himself up off his stool** il s'est levé de son tabouret avec effort ◆ **to heave a sigh of relief** pousser un gros soupir de soulagement
VI 1 [sea, chest] se soulever ; [person] (= pant) haleter ; (= retch) avoir des haut-le-cœur or des nausées ; (= vomit) vomir ◆ **his stomach was heaving** son estomac se soulevait ◆ **it makes my stomach heave** ça me dégoûte, ça me rend malade
2 (Naut) (pret, ptp **hove**) ◆ **to heave into sight** or **view** apparaître
COMP **heave-ho** EXCL (Naut) oh ! hisse !

▶ **heave to** (pret, ptp **hove to**) (Naut)
VI se mettre en panne
VT SEP mettre en panne

▶ **heave up** VT SEP (= vomit) vomir

**heaven** /'hevn/ SYN
N 1 (= paradise) ciel m, paradis m ◆ **to go to heaven** aller au ciel, aller au paradis ◆ **in**

**heaven** au ciel, au *or* en paradis ◆ **our Father which art in heaven** notre Père qui êtes aux cieux ◆ **he was in heaven** *or* **in seventh heaven** il était au septième ciel *or* aux anges ◆ **I thought I'd died and gone to heaven!*** j'étais au septième ciel *or* aux anges ◆ **it was heaven*** c'était divin *or* merveilleux ◆ **he found a heaven on earth** il a trouvé son paradis sur terre ◆ **the shop was a chocolate-lover's heaven!** ce magasin était un paradis pour les amateurs de chocolat ! ◆ **an injustice that cries out to heaven** une injustice criante *or* flagrante ◆ **heaven help you*** **(if your mother ever finds out about this)** (si ta mère apprend ça) je te souhaite bien de la chance ◆ **what in heaven's name does that mean?*** mais qu'est-ce que ça veut bien dire ? ◆ **heaven (only) knows what/when** *etc* Dieu sait quoi/quand *etc* ◆ **when will you come back? – heaven (only) knows!** quand reviendras-tu ? – Dieu seul le sait ! ◆ **heaven knows I've tried** Dieu sait *or* m'est témoin que j'ai essayé ◆ **(good) heavens!*** mon Dieu !, Seigneur !, ciel ! *(hum)* ◆ **for heaven's sake*** pour l'amour de Dieu* *or* du ciel* ◆ **I wish to heaven*** **he were still here!** si seulement il était encore là ! ◆ **I wish to heaven*** **I'd never met you!** si seulement je ne t'avais jamais rencontré ! ; → **forbid, move, stink, thank**

[2] *(gen liter)* ◆ **the heavens** *(= sky)* le ciel, le firmament *(liter)* ◆ **the heavens opened** le ciel se mit à déverser des trombes d'eau

COMP **heaven-sent** ADJ providentiel

**heavenly** /ˈhevnlɪ/ SYN

ADJ *(lit)* céleste, du ciel ; *(fig)* *(= delightful)* divin, merveilleux

COMP **heavenly body** N corps *m* céleste
**Heavenly Father** N *(Rel)* Père *m* céleste

**heavenward(s)** /ˈhevnwəd(z)/ ADV *[go]* vers le ciel ◆ **to look heavenward(s)** lever les yeux au ciel

**heavily** /ˈhevɪlɪ/ SYN ADV [1] *(= much)* *[rely on, influence, censor, subsidize]* fortement ; *[rain]* à verse, très fort ; *[snow]* à gros flocons, très fort ; *[bleed, sweat]* abondamment ; *[smoke, drink]* beaucoup ; *[gamble]* gros ; *[criticize]* vivement ; *[tax]* lourdement ; *[fortified]* solidement ; *[populated]* densément ; *[wooded]* très ◆ **he spoke in heavily accented English** il parlait anglais avec un fort accent ◆ **heavily armed** fortement armé ◆ **heavily bandaged** entouré d'un épais pansement ◆ **to be heavily booked in advance** être en grande partie réservé à l'avance ◆ **his face was heavily bruised** il avait la figure toute meurtrie ◆ **heavily in debt** fortement endetté ◆ **to be heavily defeated** subir une défaite écrasante ◆ **to be heavily disguised** avoir un déguisement très élaboré ◆ **heavily edited** plein de corrections ◆ **heavily fined** condamné à une lourde amende ◆ **heavily guarded** fortement gardé ◆ **heavily involved in** *or* **with** *(politics, interest group)* fortement engagé dans ; *(drugs, illegal business)* fortement impliqué dans ◆ **heavily laden** lourdement chargé ◆ **his heavily lined face** son visage tout parcheminé *or* ridé ◆ **heavily made-up eyes** yeux *mpl* très maquillés *or* fardés ◆ **heavily outnumbered** très inférieur en nombre ◆ **heavily pregnant** près d'accoucher, dans un état de grossesse avancée ◆ **a heavily pregnant mare** une jument près de mettre bas ◆ **heavily scented flowers** des fleurs au parfum lourd *or* capiteux ◆ **heavily sedated** sous l'influence de fortes doses de calmants ◆ **heavily spiced** fortement épicé ◆ **heavily underlined** souligné d'un gros trait ◆ **heavily weighted in sb's favour/against sb** fortement favorable/défavorable à qn ◆ **the rain/snow was falling heavily** il pleuvait/neigeait très fort ◆ **to borrow heavily** emprunter de fortes sommes ◆ **to invest heavily** beaucoup investir ◆ **to lose heavily** *(Gambling)* perdre gros ; *(Sport, Pol)* subir une défaite écrasante

[2] ◆ **to be heavily into*** *[+ sports, music, computers etc]* être un(e) mordu(e) de* ◆ **he's heavily into drugs/heroin/health foods** son truc*, c'est la drogue/l'héroïne/l'alimentation bio

[3] *(= deeply)* *[breathe, pant]* bruyamment ; *[sleep, sigh]* profondément

[4] *(= clumsily)* *[sit down, fall, land, lean, move]* lourdement ; *[walk]* d'un pas lourd

[5] *(= solidly)* ◆ **heavily built** costaud, solidement bâti ◆ **her attacker is described as aged 30-40 and heavily built** son agresseur aurait entre 30 et 40 ans et serait de forte carrure

[6] *(= slowly)* *[say]* d'une voix accablée

[7] *(= richly)* *[encrusted, embroidered, gilded]* richement

**heaviness** /ˈhevɪnɪs/ SYN N *[of person, animal, load]* poids *m* ◆ **the heaviness of his movements** la lourdeur dans ses mouvements ◆ **a sensation of heaviness in the limbs** une sensation de lourdeur dans les membres ◆ **the heaviness of the blood loss** l'importance *f* de l'hémorragie ◆ **hormones to reduce the heaviness of your period** des hormones qui rendraient vos règles moins abondantes ◆ **heaviness of heart** tristesse *f*

**Heaviside layer** /ˈhevɪsaɪd/ N couche *f* (atmosphérique) de Heaviside

**heavy** /ˈhevɪ/ SYN

ADJ [1] *(gen)* lourd ◆ **to make sth heavier** alourdir qch ◆ **how heavy are you?** combien pesez-vous ? ◆ **heavier than air** plus lourd que l'air ◆ **barley bread is heavy on the stomach** le pain d'orge est peu digeste ◆ **to fall into a heavy sleep** s'endormir comme une masse ◆ **a heavy sigh** un gros soupir ◆ **his voice was heavy with sarcasm** son ton était très sarcastique

[2] *(= violent)* ◆ **a heavy blow** *(lit)* un coup violent ; *(fig)* un rude coup ◆ **they suffered a heavy defeat** ils ont subi une lourde défaite ◆ **the plane made a heavy landing** l'avion a fait un atterrissage brutal ◆ **he got really heavy with me*** *(= threatening)* il est devenu menaçant

[3] *(= severe)* ◆ **a heavy cold** *(Med)* un gros rhume ◆ **heavy periods** *(Med)* des règles *fpl* abondantes

[4] *(describing features)* ◆ **heavy eyes** yeux cernés *mpl* ◆ **eyes heavy with sleep** yeux *mpl* lourds de sommeil ◆ **a man of heavy build** un homme solidement bâti *or* de forte constitution ◆ **heavy features** gros traits *mpl*, traits *mpl* épais

[5] *(in quantity, number)* *[population]* dense ; *[crop]* abondant ; *[loss, fine]* gros (grosse *f*) *before n*, lourd ; *[payments]* important ◆ **there were heavy casualties** il y a eu de nombreuses victimes ◆ **a heavy concentration of...** une forte concentration de... ◆ **the traffic was heavy** la circulation était dense ◆ **I was caught up in heavy traffic** j'ai été pris dans un ralentissement ◆ **my car is heavy on petrol** ma voiture consomme beaucoup (d'essence) ◆ **salads heavy on carrots** des salades avec beaucoup de carottes

[6] *(= difficult, demanding)* *[task, work]* lourd, pénible ◆ **we've got a very heavy schedule** nous avons un planning très lourd ◆ **I've had a heavy day** j'ai eu une journée chargée ◆ **the going was heavy because of the rain** le terrain était lourd à cause de la pluie ◆ **he did all the heavy work** c'est lui qui a fait le gros travail ◆ **it's heavy stuff*** *(= not superficial)* c'est du solide* ; *(= difficult, tedious)* c'est indigeste

◆ **heavy going** *(= difficult)* difficile ◆ **he found things heavy going without Jim's experience and contacts** c'était difficile pour lui sans l'expérience et les contacts de Jim ◆ **this book is very heavy going** ce livre est très indigeste

[7] *(describing habits)* ◆ **to be a heavy drinker/smoker** boire/fumer beaucoup, être un grand buveur/fumeur ◆ **to be a heavy sleeper** avoir le sommeil profond *or* lourd ◆ **heavy drug use** consommation *f* excessive de drogues ◆ **heavy viewer** (TV) téléspectateur *m*, -trice *f* assidu(e)

[8] *(= not subtle)* *[humour, irony]* lourd ◆ **to play the heavy father** jouer les pères autoritaires

[9] *[rain, shower]* fort *before n*, gros (grosse *f*) *before n* ; *[fog]* épais (-aisse *f*) ; *[sky]* couvert, lourd ◆ **heavy dew** forte rosée *f* ◆ **heavy sea** grosse mer *f* ◆ **a heavy sea was running** la mer était grosse

◆ **heavy weather** *(Naut)* gros temps *m* ◆ **he made heavy weather of it** il s'est compliqué la tâche *or* l'existence* ◆ **he made heavy weather of cleaning the car** il s'est compliqué la vie pour laver la voiture

[10] *(= pregnant)* ◆ **heavy with young** *(animal)* gravide ◆ **to be heavy with child** † *(liter)* être grosse

[11] *(Mil)* ◆ **heavy artillery, heavy guns** artillerie *f* lourde, grosse artillerie *f* ◆ **heavy (gun)fire** feu *m* nourri ◆ **heavy fighting** combats *mpl* acharnés ◆ **heavy shelling** bombardements *mpl* intensifs

ADV lourd, lourdement ◆ **to weigh** *or* **lie heavy on** peser lourd sur ◆ **he's heavy into*** **health foods** *(US fig)* il est à fond dans l'alimentation bio*, son truc, c'est l'alimentation bio* ; see also **lie**[1]

N [1] *(Boxing)* poids *m* lourd

[2] *(* = bouncer etc)* costaud* *m*

[3] *(Brit * = newspaper)* grand journal *m*

COMP **heavy bodies** NPL *(Phys)* corps *mpl* graves
**heavy breather** N *(on phone)* personne qui fait des appels téléphoniques anonymes obscènes
**heavy cream** N *(US)* crème *f* fraîche épaisse *or* à fouetter
**heavy crude (oil)** N brut *m* lourd
**heavy cruiser** N *(= ship)* croiseur *m* lourd
**heavy-duty** ADJ *[carpet]* résistant ; *[equipment]* à usage industriel
**heavy goods vehicle** N poids *m* lourd
**heavy-handed** SYN ADJ *[person]* *(= severe)* dur ; *(= tactless, clumsy)* maladroit ; *[tactics]* dur, répressif ; *[style]* lourd
**heavy-handedly** ADV *(with severity)* durement ; *(= tactlessly)* maladroitement
**heavy-hearted** ADJ ◆ **to be heavy-hearted** avoir le cœur gros
**heavy hydrogen** N hydrogène *m* lourd
**heavy industry** N industrie *f* lourde
**heavy-laden** ADJ lourdement chargé
**heavy metal** N *(Chem)* métal *m* lourd ; *(Mus)* heavy metal *m*
**heavy mob*** N ◆ **the heavy mob** les durs* *mpl*
**heavy-set** ADJ costaud
**heavy type** N *(Typography)* caractères *mpl* gras
**heavy water** N eau *f* lourde

**heavyweight** /ˈhevɪweɪt/

N *(Boxing)* poids *m* lourd ; (* *fig = influential person)* (grosse) pointure *f*

ADJ [1] *(Boxing)* *[bout, champion, class]* poids lourds *inv* ◆ **a heavyweight boxer** un poids lourd

[2] *(= serious)* *[issue, subject, newspaper, interviewer, political commentator]* sérieux

[3] *(= thick)* *[cloth, plastic]* épais (-aisse *f*) ; *[wallpaper]* fort

**Hebe*** /ˈhiːbɪ/ N *(US pej)* youpin(e)** *m(f)*

**hebephrenia** /ˌhiːbɪˈfriːnɪə/ N hébéphrénie *f*

**hebephrenic** /ˌhiːbɪˈfrenɪk/ ADJ hébéphrénique

**hebetate** /ˈhebɪteɪt/ ADJ *[part of plant]* obtus

**Hebraic** /hɪˈbreɪk/ ADJ hébraïque

**Hebraistic(al)** /ˌhiːbreɪˈɪstɪk(əl)/ ADJ hébraïsant, hébraïste

**Hebrew** /ˈhiːbruː/

ADJ hébreu *m only*, hébraïque

N [1] *(Hist)* Hébreu *m*, Israélite *mf* ◆ **Hebrews** *(Bible)* Hébreux *mpl*

[2] *(= language)* hébreu *m*

**Hebrides** /ˈhebrɪdiːz/ NPL ◆ **the Hebrides** les Hébrides *fpl*

**Hecate** /ˈhekətɪ/ N *(Myth)* Hécate *f*

**heck*** /hek/

EXCL zut !*, flûte !*

N ◆ **a heck of a lot** une sacrée quantité* ◆ **I'm in one heck of a mess** je suis dans un sacré pétrin* ◆ **what the heck is he doing?** que diable* peut-il bien faire ? ◆ **what the heck did he say?** qu'est-ce qu'il a bien pu dire ? ◆ **what the heck!** et puis flûte* *or* zut* !

**heckle** /ˈhekl/ SYN VTI chahuter

**heckler** /ˈheklər/ N *(Pol etc)* (élément *m*) perturbateur *m*

**heckling** /ˈheklɪŋ/ N chahut *m*

**hectare** /ˈhektɑːr/ N hectare *m*

**hectic** /ˈhektɪk/ SYN

ADJ [1] *[life, lifestyle]* *(= busy)* trépidant ; *(= eventful)* mouvementé ; *[journey, day]* mouvementé ; *[schedule]* très chargé ; *[activity]* fiévreux ; *[pace]* trépidant ; *[traffic]* intense ◆ **we've had three hectic days** on n'a pas arrêté pendant trois jours

[2] *(Med)* *[person, colour]* fiévreux

COMP **hectic fever** N fièvre *f* hectique

**hectically** /ˈhektɪkəlɪ/ ADV frénétiquement ◆ **hectically busy** complètement débordé

**hectogramme, hectogram** *(US)* /ˈhektəʊgræm/ N hectogramme *m*

**hectolitre, hectoliter** *(US)* /ˈhektəʊˌliːtər/ N hectolitre *m*

**Hector** /ˈhektər/ N Hector *m*

**hector** /ˈhektər/ SYN

VT harceler

VI ◆ **stop hectoring!** arrête de harceler les gens !

**hectoring** /ˈhektərɪŋ/ ADJ ◆ **in a hectoring voice** d'un ton autoritaire *or* impérieux

**Hecuba** /ˈhekjʊbə/ N Hécube *f*

**he'd** /hiːd/ ⇒ **he had, he would** ; → **have, would**

**heddle** /ˈhedl/ N lice *f*

## hedge

**hedge** /hedʒ/ SYN

**N** ① haie f ◆ **beech hedge** haie f de hêtres
② (fig) ◆ **a hedge against inflation** une protection contre l'inflation

**VI** ① (= not be direct) (in answering) se dérober ; (in explaining, recounting etc) expliquer or raconter etc avec des détours ◆ **don't hedge** dis-le franchement ◆ **to hedge on a question/promise** éviter de répondre à une question/de s'engager
② (= protect o.s.) ◆ **to hedge against sth** se prémunir contre qch

**VT** ① (also **hedge about, hedge in**) entourer d'une haie, enclore ◆ **hedged (about** or **in) with difficulties** (fig) plein de difficultés ◆ **the offer was hedged around with conditions** l'offre était assortie d'une série de conditions
② [+ bet, risk] couvrir ◆ **to hedge one's bets** (fig) se couvrir (fig) ◆ "**I can't give you an answer now**", **he hedged** « je ne peux pas vous répondre maintenant », dit-il en se dérobant
③ ◆ **to hedge the issue** esquiver la question

COMP **hedge clippers** NPL cisailles fpl à haie
**hedge fund** N (Fin) hedge fund m, fonds m spéculatif
**hedge trimmer** N taille-haie m

▸ **hedge off** VT SEP [+ garden] entourer d'une haie ; [+ part of garden] séparer par une haie (from de)

**hedgehog** /ˈhedʒhɒg/ N hérisson m

**hedgehop** /ˈhedʒhɒp/ VI (in plane) faire du rase-mottes

**hedger** /ˈhedʒəʳ/ N (Fin) arbitragiste m (en couverture de risques)

**hedgerow** /ˈhedʒrəʊ/ N haie f

**hedgesparrow** /ˈhedʒspærəʊ/ N fauvette f des haies or d'hiver

**hedonism** /ˈhiːdənɪzəm/ N hédonisme m

**hedonist** /ˈhiːdənɪst/ ADJ, N hédoniste mf

**hedonistic** /ˌhiːdoˈnɪstɪk/ ADJ hédoniste

**heebie-jeebies**⁑ /ˈhiːbɪˈdʒiːbɪz/ NPL ◆ **to give sb the heebie-jeebies** (revulsion) donner la chair de poule à qn ; (fright, apprehension) flanquer la frousse* or la trouille⁑ à qn

**heed** /hiːd/ SYN

**VT** tenir compte de

**N** ◆ **to take heed of sth, to pay** or **give heed to sth** tenir compte de qch ◆ **take no heed of what they say** ne faites pas attention à ce qu'ils disent ◆ **to pay no heed to sb** ne pas écouter qn ◆ **pay no heed to these rumours** ne faites pas attention à ces rumeurs ◆ **he paid no heed to the warning** il n'a tenu aucun compte de cet avertissement ◆ **to take heed to do sth** prendre soin de faire qch

**heedless** /ˈhiːdlɪs/ SYN ADJ (= not thinking) étourdi ; (= not caring) insouciant ◆ **heedless of what was going on** inattentif à ce qui se passait ◆ **heedless of danger, she...** sans se soucier du danger, elle... ◆ **heedless of complaints** sans tenir compte des réclamations

**heedlessly** /ˈhiːdlɪslɪ/ ADV sans faire attention

**heehaw** /ˈhiːhɔː/

**N** hi-han m
**VI** faire hi-han, braire

**heel¹** /hiːl/ SYN

**N** ① [of foot, sock, shoe, tool, golf club, bow] talon m ; [of hand] hypothénar m (Anat) ◆ **high heels** talons mpl hauts ◆ **shoes with high heels** chaussures fpl à talons hauts ◆ **at sb's heels** sur les talons de qn ◆ **to be (hot) on sb's heels** marcher sur les talons de qn ◆ **they followed close** or **hard on his heels** ils étaient sur ses talons ◆ **this meeting follows hot on the heels of last month's talks** cette réunion arrive juste après les négociations du mois dernier ◆ **to be snapping at sb's heels*** (fig) essayer de prendre la place de qn ◆ **to take to one's heels, to show a clean pair of heels** prendre ses jambes à son cou ◆ **he turned on his heel and left** il a tourné les talons et est parti ◆ **under the heel of** (fig) sous le joug or la botte de ◆ **heel!** (to dog) au pied ! ◆ **he brought the dog to heel** il a fait venir le chien à ses pieds ◆ **to bring sb to heel** (fig) rappeler qn à l'ordre, faire rentrer qn dans le rang ; → **click, cool down, kick**
② († ⁑ = unpleasant man) salaud⁑ m

**VT** ① [+ shoes] remettre or refaire un talon à
② (Rugby) [+ ball] talonner ; see also **back**

COMP **heel-bar** N talon-minute m
**heel-piece** N [of sock etc] talon m (renforcé)

**heel²** /hiːl/ SYN VI (also **heel over**) [ship] gîter, donner de la bande ; [truck, structure] s'incliner or pencher (dangereusement)

**heeled** /hiːld/ ADJ ① → **well²**
② (US ⁑ = armed) armé

**heeling** /ˈhiːlɪŋ/ N (Rugby) talonnage m

**heft*** /heft/ VT (= lift) soulever ; (= feel weight of) soupeser

**hefty*** /ˈheftɪ/ ADJ ① (= big) [person] costaud*, maous* (-ousse* f) ; [object, fine, increase, meal] de taille* ; [profit] gros (grosse f) ; [bill] salé* ; [fees] très élevé ◆ **a hefty sum** une jolie somme, une coquette somme
② (= powerful) [kick, slap, punch] formidable

**Hegelian** /hɪˈgeɪlɪən/ ADJ hégélien

**Hegelianism** /hɪˈgeɪlɪənɪzəm/ N (Philos) hégélianisme m

**hegemony** /hɪˈgemənɪ/ N hégémonie f

**Hegira** /ˈhedʒɪrə/ N hégire f

**heifer** /ˈhefəʳ/ N génisse f

**heigh** /heɪ/ EXCL hé !, eh ! ◆ **heigh-ho!** eh bien !

**height** /haɪt/ SYN

**N** ① [of object, building] hauteur f ; [of person] taille f ; [of mountain] altitude f ; [of star, sun] élévation f ◆ **what height are you?** combien mesurez-vous ? ◆ **he is 5 foot 9 inches in height, his height is 5 foot 9 inches** il fait 1 mètre 75 ◆ **of average height** de taille moyenne ◆ **her weight is about normal for her height** son poids est à peu près normal par rapport à sa taille ◆ **he drew himself up to his full height** il s'est dressé de toute sa hauteur ◆ **a building 40 metres in height** un bâtiment qui a or un bâtiment de 40 mètres de haut ◆ **at shoulder height** à hauteur des épaules ◆ **height above sea level** altitude f au-dessus du niveau de la mer
② (= high place) éminence f, hauteur f ◆ **the heights** les sommets mpl ◆ **fear of heights** (gen) vertige m ◆ **to be afraid of heights** avoir le vertige ◆ **his performance never reached the heights** (fig) il n'a jamais brillé ; → **giddy¹**, **head**
③ (= altitude) [of plane] altitude f ◆ **to gain/lose height** gagner or prendre/perdre de l'altitude
④ (fig) (= best point) [of fortune] apogée m ; [of success] point m culminant ; [of glory] sommet m ; [of grandeur] sommet m, faîte m ; [of absurdity, folly] comble m ◆ **at the height of his power** au summum de sa puissance ◆ **at the height of his career** à l'apogée or au sommet de sa carrière ◆ **at the height of his fame** au sommet de sa gloire ◆ **he is at the height of his powers** il est en pleine possession de ses moyens ◆ **at the height of summer/the storm/the battle** au cœur de l'été/l'orage/la bataille ◆ **at the height of the season** au plus fort de la saison ◆ **the season is at its height** la saison bat son plein ◆ **the height of fashion** la toute dernière mode, le dernier cri ◆ **the height of luxury** le comble du luxe ◆ **the height of bad manners/arrogance/bad taste** le comble de l'impolitesse/de l'arrogance/du mauvais goût ◆ **during the war emigration was at its height** pendant la guerre l'émigration a atteint son niveau le plus haut ◆ **at its height the company employed 12,000 people** à son apogée la société employait 12 000 personnes ◆ **the crisis was at its height** la crise avait atteint son paroxysme

COMP **height gauge** N (= altimeter) altimètre m
**height of land** N (US) ligne f de partage des eaux

**heighten** /ˈhaɪtn/ SYN

**VT** [+ effect, absurdity, interest, tension, fear] augmenter ; [+ flavour] relever ◆ **it will heighten people's awareness of the problem** cela rendra les gens plus conscients du problème ◆ **this has heightened concern that the elections may not go ahead** cela fait craindre encore plus que les élections n'aient pas lieu

**VI** [tension] augmenter, monter ; [fear] s'intensifier, devenir plus vif

**heightened** /ˈhaɪtnd/ ADJ [competition] accru ; [sense] très aigu ◆ **the attack comes amid heightened tension in the region** cette attaque est survenue alors que la tension s'accroît dans la région ◆ **this has brought heightened concern about food shortages** cela a augmenté les craintes de pénurie de nourriture ◆ **heightened emotions** des sentiments mpl exacerbés ◆ **her heightened sense of injustice** son sens très aigu de l'injustice ◆ **she looked at him with heightened interest** elle l'a regardé avec un intérêt accru ◆ **this gave her a heightened awareness of...** cela lui a permis de mieux se rendre compte de... ◆ **with heightened colour** [person] le teint animé

**heinous** /ˈheɪnəs/ ADJ odieux, atroce

**heinously** /ˈheɪnəslɪ/ ADV odieusement, de manière odieuse

**heir** /ɛəʳ/ SYN

**N** héritier m, légataire mf (to de) ◆ **he is heir to a fortune** il héritera d'une fortune ◆ **heir to the throne** héritier m du trône or de la couronne ◆ **rightful heir** héritier m légitime or naturel ◆ **to fall heir to sth** hériter de qch

COMP **heir apparent** N (pl **heirs apparent**) héritier m présomptif
**heir-at-law** N (pl **heirs-at-law**) (Jur) héritier m légitime or naturel
**heir presumptive** N (pl **heirs presumptive**) héritier m présomptif (sauf naissance d'un héritier en ligne directe)

**heiress** /ˈɛərɛs/ N héritière f ◆ **he married an heiress** il a épousé une riche héritière

**heirloom** /ˈɛəluːm/ N héritage m ◆ **this silver is a family heirloom** c'est de l'argenterie de famille ◆ **you can't sell that, it's an heirloom!** tu ne peux pas vendre ça, c'est un bien de famille !

**heist*** /haɪst/ (esp US)

**N** (= robbery) hold-up m inv ; (= burglary) casse⁑ m
**VT** voler

**held** /held/ VB pt, ptp of **hold**

**Helen** /ˈhelɪn/ N Hélène f ◆ **Helen of Troy** Hélène f de Troie

**heliacal rising** /hɪˈlaɪəkəl/ N (Astron) lever m héliaque

**helianthemum** /ˌhiːlɪˈænθəməm/ N (= plant) hélianthème m

**helianthus** /ˌhiːlɪˈænθəs/ N (= plant) hélianthe m

**helical** /ˈhelɪkəl/

ADJ hélicoïdal ◆ **helical spring** ressort m hélicoïdal
COMP **helical gear** N engrenage m hélicoïdal

**helices** /ˈhelɪsiːz/ NPL of **helix**

**helichrysum** /ˌhelɪˈkraɪzəm/ N (= plant) immortelle f

**helicoid** /ˈhelɪkɔɪd/
ADJ (Bio, Geom) hélicoïdal
N (Geom) hélicoïde m

**helicopter** /ˈhelɪkɒptəʳ/

**N** hélicoptère m ◆ **transfer** or **transport by helicopter** héliportage m ◆ **transferred** or **transported by helicopter** héliporté

**VT** (esp US) [+ person, goods] transporter en hélicoptère ◆ **to helicopter in/out** etc amener/évacuer etc par hélicoptère

COMP [patrol, rescue] en hélicoptère ; [pilot] d'hélicoptère
**helicopter gunship** N hélicoptère m de combat
**helicopter station** N héligare f

**heliocentric** /ˌhiːlɪəʊˈsentrɪk/ ADJ (Astron) héliocentrique

**heliocentricism** /ˌhiːlɪəʊˈsentrɪsɪzəm/ N héliocentrisme m

**heliograph** /ˈhiːlɪəʊgrɑːf/ N héliographe m

**heliometer** /ˌhiːlɪˈɒmɪtəʳ/ N (Astron) héliomètre m

**heliopsis** /ˌhelɪˈɒpsɪs/ N (= plant) héliopsis m

**heliostat** /ˈhiːlɪəʊstæt/ N héliostat m

**heliotherapy** /ˌhiːlɪəʊˈθerəpɪ/ N héliothérapie f

**heliotrope** /ˈhiːlɪətrəʊp/

**N** ① (= plant) héliotrope m
② (= colour) ≈ violet m
ADJ ≈ violet

**heliotropic** /ˌhiːlɪəˈtrɒpɪk/ ADJ héliotrope

**heliotropin** /ˌhiːlɪˈɒtrəpɪn/ N héliotropine f

**heliotropism** /ˌhiːlɪˈɒtrəpɪzəm/ N héliotropisme m

**helipad** /ˈhelɪˌpæd/ N hélistation f

**heliport** /ˈhelɪpɔːt/ N héliport m

**helium** /ˈhiːlɪəm/ N hélium m

**helix** /ˈhiːlɪks/ N (pl **helixes** or **helices** /ˈhelɪsiːz/) (Anat) hélix m

**he'll** /hiːl/ ⇒ **he will** ; → **will**

**hell** /hel/ SYN

**N** ① (Rel) enfer m ; (Myth) les enfers mpl ◆ **in hell** (gen, Rel) en enfer ; (Myth) aux enfers ◆ **the hell of the labour camps** l'enfer des camps de travail ◆ **to make sb's life hell** rendre la vie de qn infernale ◆ **when hell freezes over** quand les poules auront des dents, à la Saint-Glinglin* ◆ **all hell broke** *or* **was let loose*** ça a été une pagaille* monstre ◆ **when he heard about it all hell broke** *or* **was let loose*** quand il l'a appris il a fait une scène épouvantable ◆ **life became hell** la vie est devenue infernale ◆ **it's hell on earth*** c'est l'enfer ◆ **a living hell** un véritable enfer ◆ **we've been to hell and back*** ça a été l'enfer *or* l'horreur (mais on s'en est sortis) ◆ **we're going to hell in a handbasket** *or* **handcart⁑** la situation est catastrophique* pour nous ◆ **hell hath no fury like a woman scorned** *(Prov)* rien n'est plus à craindre qu'une femme blessée ◆ **come hell or high water** quoi qu'il arrive ◆ **the boyfriend from hell*** le pire des petits amis ◆ **the holiday from hell*** des vacances de cauchemar ◆ **to ride hell for leather** aller à un train d'enfer ◆ **he went off home hell for leather** il est rentré chez lui au triple galop

[2] ⁑ *(emphatic phrases)* ◆ **there'll be hell to pay** ça va barder* ◆ **he did it for the hell of it** *(gen)* il l'a fait parce que ça lui chantait ; *(= to annoy people)* il l'a fait pour embêter le monde ◆ **to play (merry) hell with** *[+ plans, routine, schedule]* bouleverser ; *[+ health, skin]* être très mauvais pour ◆ **they beat the hell out of me** ils m'ont roué de coups ◆ **I hope to hell you're right** j'espère sacrément* que tu as raison ◆ **to give sb hell** *(= make their life a misery)* faire mener une vie infernale à qn ; *(= scold)* faire sa fête à qn*, passer une engueulade⁑ à qn ◆ **my back's giving me hell** mon dos me fait horriblement mal* ◆ **the children give her hell** les enfants lui en font voir de toutes les couleurs ◆ **to go through hell** vivre un enfer *or* l'enfer ◆ **I put Brian through hell** j'en ai fait voir de toutes les couleurs à Brian ◆ **oh hell!** flûte !*, merde !⁑ ◆ **hell and damnation!⁑, hell's bells** *or* **teeth!** † *(Brit)* sacrebleu !* ◆ **to hell with him!** qu'il aille se faire voir !* ◆ **to hell with it!** la barbe !* ◆ **get the hell out of here!** fous le camp !⁑ ◆ **let's get the hell out of here** barrons-nous⁑ ◆ **he got the hell out** il a foutu le camp⁑ ◆ **to scare the hell out of sb** faire une peur bleue à qn*, ficher la frousse à qn* ◆ **go to hell!** va te faire voir* *or* foutre⁑ ! ◆ **will you do it? – the hell I will!** tu le feras ? – tu parles* *or* tu rigoles⁑ !

◆ **as hell** ◆ **I was angry as hell** j'étais vraiment en boule* ◆ **it's (as) hot/cold as hell** on crève* de chaud/froid ◆ **they sure as hell haven't been trained properly** une chose est sûre, ils n'ont pas été correctement formés

◆ **hell of a⁑** ◆ **to make a hell of a noise** faire un boucan *or* un raffut du diable* ◆ **a hell of a lot of cars** tout un tas de bagnoles* ◆ **a hell of a lot of people** des masses* de gens ◆ **he's a hell of a nice guy** c'est un type vachement bien* ◆ **we had a hell of a time** *(= bad)* ça n'a pas été marrant⁑, on en a bavé⁑ ; *(= good)* on s'est vachement marrés⁑, ça a été terrible⁑ *or* du tonnerre⁑ ◆ **they had one hell of a fight** ils se sont étripés ◆ **there'll be a hell of a row** ça va barder*

◆ **like hell** ◆ **to work like hell** travailler comme un forçat ◆ **to run like hell** courir comme un dératé* *or* un fou ◆ **it hurts like hell** ça fait vachement* mal ◆ **I missed her like hell** elle me manquait vachement* ◆ **will you do it? – like hell (I will)!** tu le feras ? – tu parles* *or* tu rigoles⁑ !

◆ **what/where** *etc* **the hell...** ◆ **what the hell!** *(in surprise)* merde alors !⁑ ; *(dismissive)* qu'est-ce que ça peut bien faire ! ◆ **what the hell does he want now?** qu'est-ce qu'il peut bien vouloir maintenant ? ◆ **what the hell is he doing?** qu'est-ce qu'il peut bien fabriquer* *or* foutre⁑ ? ◆ **what the hell did he say?** qu'est-ce qu'il a bien pu raconter ? ◆ **what the hell's going on?** mais enfin qu'est-ce qui se passe ?, mais bon sang* qu'est-ce qui se passe ? ◆ **where the hell have I put it?** où est-ce que j'ai bien pu le foutre ?⁑ ◆ **where the hell have you been?** mais où t'étais passé, bon sang ?* ◆ **how the hell did you get in?** mais comment t'as fait pour entrer ?* ◆ **why the hell did you do it?** qu'est-ce qui t'a pris de faire ça ?

COMP **hell-raiser⁑** N ◆ **to be a hell-raiser** mener une vie de patachon* *or* de bâton de chaise*
**hell-raising⁑** N vie *f* de patachon* *or* de bâton de chaise*
**hell's angel** N *(= person)* Hell's Angel *m*

**hellacious⁑** /heˈleɪʃəs/ ADJ *(US)* [1] *(= terrible)* *[fighting]* infernal ; *[car crash]* effroyable
[2] *(= wild)* *[party]* dingue*
[3] *(= excellent)* *[vacation]* d'enfer*

**hellbent*** /ˌhelˈbent/ ADJ ◆ **to be hellbent on doing sth** *or (US)* **to do sth** vouloir à tout prix faire qch

**hellcat** /ˈhelkæt/ N *(pej)* harpie *f*, mégère *f*

**hellebore** /ˈhelɪbɔːʳ/ N (h)ellébore *m*

**Hellene** /ˈheliːn/ N Hellène *mf*

**Hellenic** /heˈliːnɪk/ ADJ hellénique

**Hellenistic** /ˌhelɪˈnɪstɪk/ ADJ hellénistique

**heller⁑** /ˈheləʳ/ N *(US)* vrai démon* *m*

**hellfire** /helˈfaɪəʳ/ N flammes *fpl* de l'enfer

**hellhole*** /ˈhelhəʊl/ N bouge *m*

**hellion*** /ˈheljən/ N *(US)* chahuteur *m*, trublion *m*

**hellish** /ˈhelɪʃ/ SYN
ADJ *(lit)* *[vision]* cauchemardesque ; *[intentions, actions]* diabolique ; *(* fig = very unpleasant)* *[time, place, job]* infernal ; *[problems]* épouvantable
ADV † * *[expensive, difficult]* sacrément

**hellishly*** /ˈhelɪʃlɪ/ ADV horriblement

**hello** /həˈləʊ/ LANGUAGE IN USE 21.2 EXCL *(in greeting)* bonjour ! ; *(on phone)* allô ! ; *(to attract attention)* hé !, ohé ! ; *(in surprise)* tiens ! ◆ **hello there!** bonjour !

**helluva⁑** /ˈheləvə/ ⇒ **hell of a** ; → **hell**

**helm** /helm/ SYN
N *[of ship]* barre *f* ◆ **to be at the helm** *(lit, fig)* être à *or* tenir la barre ◆ **to take (over) the helm** *(fig)* prendre la barre ; *(fig)* diriger
VT tenir la barre de
VI être à *or* tenir la barre, barrer

**helmet** /ˈhelmɪt/ N casque *m* ; → **crash**[1]

**helmeted** /ˈhelmɪtɪd/ ADJ casqué

**helminth** /ˈhelmɪnθ/ N helminthe *m*

**helminthiasis** /ˌhelmɪnˈθaɪəsɪs/ N *(Med)* helminthiase *f*

**helminthic** /helˈmɪnθɪk/ ADJ helminthique

**helminthology** /ˌhelmɪnˈθɒlədʒɪ/ N helminthologie *f*

**helmsman** /ˈhelmzmən/ N (pl **-men**) *(on ship)* timonier *m*, homme *m* de barre ◆ **the Great Helmsman** *(= Mao)* le Grand Timonier

**helot** /ˈhelət/ N ilote *mf*, hilote *mf*

**help** /help/ LANGUAGE IN USE 4 SYN
N [1] *(gen)* aide *f* ; *(in emergency)* secours *m* ◆ **help!** *(in danger etc)* au secours !, à l'aide ! ; *(in dismay)* mince ! ◆ **thank you for your help** merci de votre aide ◆ **with his brother's help** avec l'aide de son frère ◆ **help was at hand in the form of my sister** ma sœur est venue à mon secours ◆ **with the help of a knife/a computer** à l'aide d'un couteau/d'un ordinateur ◆ **he did it without help** il l'a fait tout seul ◆ **to shout for help** appeler *or* crier au secours, appeler à l'aide ◆ **to ask sb for help** demander de l'aide à qn ◆ **ask the pharmacist for help** demandez conseil au pharmacien ◆ **to go to sb's help** aller au secours de qn, prêter secours *or* assistance à qn ◆ **to come to sb's help** venir à l'aide de qn *or* en aide à qn ◆ **to be of help to sb** *[person, machine, training]* rendre service à qn ◆ **can I be of help?** je peux vous aider ? ◆ **I was glad to be of help** j'ai été content d'avoir pu rendre service ◆ **it was of no help (at all)** cela n'a servi à rien (du tout) ◆ **you've been a great help** vous m'avez vraiment rendu service ◆ **you're a great help!** *(iro)* tu es d'un précieux secours ! *(iro)* ◆ **you can't get decent (domestic) help nowadays** on ne trouve plus de bons employés de maison de nos jours ◆ **she has no help in the house** elle n'a personne pour l'aider à la maison ◆ **we need more help in the shop** il nous faut davantage de personnel au magasin ◆ **he's beyond help** *(fig)* on ne peut plus rien pour lui ◆ **there's no help for it** il n'y a rien à faire, on n'y peut rien ; → **voluntary**
[2] *(= cleaner)* femme *f* de ménage ; → **daily, home, mother**
VT [1] *(gen)* aider *(sb to do sth* qn à faire qch) ; *(in emergency)* secourir ◆ **let me help you with that suitcase** je vais vous aider avec votre valise ◆ **she helps her son with his homework** elle aide son fils à faire ses devoirs ◆ **he got his brother to help him** il s'est fait aider par son frère ◆ **that doesn't help much** cela ne sert pas à *or* n'arrange pas grand-chose ◆ **that won't help you** cela ne vous servira à rien ◆ **God helps those who help themselves** *(Prov)* aide-toi et le ciel t'aidera *(Prov)* ◆ **so help me God!** je le jure devant Dieu ! ◆ **so help me* I'll kill him!** je le tuerai, je le jure ! ◆ **this money will help to save the church** cet argent contribuera à sauver l'église ◆ **every little helps** les petits ruisseaux font les grandes rivières *(Prov)* ◆ **can I help you?** *(in shop) (to customer at counter)* vous désirez ? ; *(to customer browsing)* je peux vous aider ? ◆ **to help each other** *or* **one another** s'entraider ◆ **he is helping the police with their inquiries** *(euph)* il est en train de répondre aux questions de la police ◆ **it helps industry/exports** cela favorise l'industrie/les exportations ◆ **to help sb across/down/in** *etc* aider qn à traverser/à descendre/à entrer *etc* ◆ **to help sb up/down/out with a suitcase** aider qn à monter/à descendre/à sortir une valise ◆ **to help sb (up) to his feet** aider qn à se lever ◆ **to help sb on/off with his coat** aider qn à mettre/à enlever son manteau
[2] *(= serve)* ◆ **to help o.s.** se servir ◆ **he helped himself to vegetables** il s'est servi de légumes ◆ **help yourself to wine/bread** prenez du vin/du pain, servez-vous de vin/de pain ◆ **just help yourself to leaflets** voilà des prospectus, servez-vous ◆ **help yourself!** servez-vous ! ◆ **he's helped himself to my pencil*** *(euph)* il m'a piqué mon crayon*
[3] *(with can, cannot, etc)* ◆ **I couldn't help laughing** je ne pouvais pas m'empêcher de rire ◆ **one cannot help wondering whether...** on ne peut s'empêcher de se demander si... ◆ **one can't help but wonder/be impressed** on ne peut s'empêcher de se demander/d'être impressionné ◆ **it can't be helped** tant pis !, on n'y peut rien ! ◆ **I can't help it if he always comes late** je n'y peux rien *or* ce n'est pas de ma faute s'il arrive toujours en retard ◆ **he can't help it** ce n'est pas de sa faute, il n'y peut rien ◆ **why are you laughing? – I can't help it** pourquoi riez-vous ? – c'est plus fort que moi ◆ **we just can't help ourselves** c'est plus fort que nous ◆ **not if I can help it!** sûrement pas !, il faudra d'abord me passer sur le corps ! *(hum)* ◆ **he won't come if I can help it** je vais faire tout mon possible pour l'empêcher de venir ◆ **can I help it if it rains?** est-ce que c'est de ma faute s'il pleut ? ◆ **it's rather late now – I can't help that, you should have come earlier** il est un peu tard maintenant – je n'y peux rien, tu aurais dû venir plus tôt ◆ **he can't help his temperamental nature** il n'arrive pas à se corriger de son humeur instable ◆ **he can't help his deafness** ce n'est pas de sa faute s'il est sourd ◆ **he can't help being stupid** ce n'est pas de sa faute s'il est idiot ◆ **don't say more than you can help** n'en dites pas plus qu'il ne faut

COMP **help desk** N renseignements *mpl*
**help menu** N *(Comput)* menu *m* d'assistance

▸ **help along** VT SEP *[+ person]* aider à marcher ; *[+ scheme]* (faire) avancer, faire progresser

▸ **help out**
VI aider, donner un coup de main ; *(financially)* dépanner* ◆ **I help out with the secretarial work** j'aide à faire le secrétariat
VT SEP *(gen)* aider, donner un coup de main à ; *(financially)* dépanner*, tirer d'embarras ◆ **to help each other out** s'entraider

▸ **help up** VT SEP ◆ **to help sb up** aider qn à se lever

**helper** /ˈhelpəʳ/ SYN N aide *mf* ◆ **helper T-cell** lymphocyte *m* T

**helpful** /ˈhelpfʊl/ SYN ADJ [1] *(= cooperative)* *[person, staff]* obligeant *(to sb* avec qn) ◆ **you have been most helpful** c'était très aimable à vous ◆ **you're not being very helpful** tu ne m'aides pas beaucoup
[2] *(= useful)* *[suggestion, book, tool]* utile ; *[medicine]* efficace ◆ **to be helpful in doing sth** contribuer à faire qch

**helpfully** /ˈhelpfəlɪ/ ADV *[say]* avec obligeance ; *[provide, suggest, explain]* obligeamment

**helpfulness** /ˈhelpfʊlnɪs/ N obligeance *f*

**helping** /ˈhelpɪŋ/ SYN
N *(at table)* portion *f* ◆ **to take a second helping of sth** reprendre de qch ◆ **I've had three helpings** j'en ai repris deux fois ◆ **the public appetite for huge helpings of nostalgia** le goût du public pour de grosses bouffées de nostalgie
ADJ secourable ◆ **to give** *or* **lend a helping hand (to)** aider, donner un coup de main (à)

**helpless** /ˈhelplɪs/ SYN ADJ *[victim, baby, old person]* sans défense *(against sth* contre qch) ; *[invalid]* impotent, sans défense ; *[situation]* désespéré ; *[feeling, gesture]* d'impuissance ◆ **he is quite helpless (in this matter)** il n'y peut rien, il ne peut rien y faire ◆ **she looked at him with a helpless expression** elle lui jeta un regard d'impuissance ◆ **to feel helpless (against sth)** se sentir désarmé (devant qch) ◆ **he was help-**

**helplessly** /ˈhelplɪslɪ/ ADV ① (= impotently) [struggle, try, say] désespérément ; [stand, look on] sans pouvoir rien faire ; [agree] en désespoir de cause ◆ **he was lying helplessly on the ground** il était allongé par terre, sans pouvoir bouger
② (= uncontrollably) [sob, cry, sneeze] sans pouvoir se retenir ; [drift] inexorablement ◆ **to laugh helplessly** être mort de rire ◆ **to get helplessly drunk** se soûler jusqu'à ne plus pouvoir tenir debout ◆ **to feel helplessly angry** être en proie à une colère impuissante

**helplessness** /ˈhelplɪsnɪs/ N [of victim, baby, old person] impuissance f (against sth face à qch ; before sth devant qch) ; [of invalid] impotence f ◆ **feelings of helplessness** un sentiment d'impuissance ◆ **the helplessness of the situation** le fait que la situation soit désespérée

**helpline** /ˈhelplaɪn/ N (esp Brit) service m d'assistance téléphonique ; (Comm) ≈ numéro m vert (pour renseignements sur un produit)

**helpmate** /ˈhelpmeɪt/, **helpmeet** † /ˈhelpmiːt/ N (= spouse) époux m, épouse f ; (= female companion) dame f de compagnie

**Helsinki** /ˈhelsɪŋkɪ/ N Helsinki

**helter-skelter** /ˌheltəˈskeltəʳ/ SYN
ADV [run] pêle-mêle
ADJ [rush] désordonné
N ① (= rush) débandade f, bousculade f
② (Brit : in fairground) toboggan m

**hem¹** /hem/ SYN
N ourlet m ; (= edge) bord m ◆ **I've let the hem down on my skirt** j'ai défait l'ourlet de ma jupe pour la rallonger, j'ai rallongé ma jupe
VT (= sew) ourler
▶ **hem in** VT SEP [+ houses, objects, people] cerner ; [rules etc] entraver ◆ **I feel hemmed in** je me sens oppressé ◆ **they are hemmed in by rigid contracts** ils sont pris dans le carcan de contrats rigides

**hem²** /hem/ VI → haw²

**hema(t)...** /ˈhiːmə(t)/ PREF (US) ⇒ haema(t)...

**hematemesis** /ˌhiːməˈtemɪsɪs/ N (US) ⇒ haematemesis

**hemato...** /ˈhiːmətəʊ/ PREF (US) ⇒ haemato...

**hematolysis** /ˌhiːməˈtɒlɪsɪs/ N (pl hematolyses /ˈhiːməˈtɒlɪsiːz/) (US) ⇒ haematolysis

**hematopoiesis** /ˌhemətəʊpɔɪˈiːsɪs/ N (US) ⇒ haematopoiesis

**hematopoietic** /ˌhemətəʊpɔɪˈetɪk/ ADJ (US) ⇒ haematopoietic

**hematosis** /ˌhiːməˈtəʊsɪs/ N (US) ⇒ haematosis

**heme** /hiːm/ N (US Bio) hème m

**hemeralopia** /ˌhemərəˈləʊpɪə/ N (Med) héméralopie f

**hemerocallis** /ˌhemərəʊˈkælɪs/ N hémérocalle f

**hemicycle** /ˈhemɪsaɪkl/ N hémicycle m

**hemidemisemiquaver** /ˌhemɪˌdemɪˈsemɪˌkweɪvəʳ/ N (Mus) quadruple croche f

**hemin** /ˈhiːmɪn/ N (US) ⇒ haemin

**hemiplegia** /ˌhemɪˈpliːdʒɪə/ N hémiplégie f

**hemiplegic** /ˌhemɪˈpliːdʒɪk/ ADJ, N hémiplégique mf

**hemipteran** /hɪˈmɪptərən/ N (= insect) hémiptère m

**hemipterous** /hɪˈmɪptərəs/ ADJ [insect] hémiptère

**hemisphere** /ˈhemɪsfɪəʳ/ N hémisphère m ◆ **the northern hemisphere** l'hémisphère m nord or boréal ◆ **the southern hemisphere** l'hémisphère m sud or austral

**hemispheric** /ˌhemɪsˈferɪk/ ADJ ① (Geog) ◆ **Northern hemispheric summers** les étés mpl de l'hémisphère nord or boréal
② (US Pol) [relations, solidarity] entre pays du nord et du sud de l'Amérique ; [policy] concernant les relations entre pays du nord et du sud de l'Amérique ◆ **a sense of hemispheric identity** un sentiment d'identité américaine
③ (Med, Psych) [asymmetry] hémisphérique ; [specialization, activity] de l'un des hémisphères (du cerveau)

**hemistich** /ˈhemɪstɪk/ N hémistiche m

**hemline** /ˈhemlaɪn/ N (bas m de l')ourlet m ◆ **hemlines are lower this year** les robes rallongent cette année

**hemlock** /ˈhemlɒk/ N ① (= plant, poison) ciguë f
② (= tree) (also hemlock spruce) sapin m du Canada, sapin-ciguë m

**hem(o)...** /ˈhiːm(əʊ)/ PREF (US) ⇒ haem(o)...

**hemoglobinopathy** /ˌhiːməʊɡləʊbɪˈnɒpəθɪ/ N (US) ⇒ haemoglobinopathy

**hemolysin** /ˌhiːməʊˈlaɪsɪn/ N (US) ⇒ haemolysin

**hemolysis** /hɪˈmɒlɪsɪs/ N (US) ⇒ haemolysis

**hemoptysis** /hɪˈmɒptɪsɪs/ N (pl hemoptyses /hɪˈmɒptɪsiːz/) (US) ⇒ haemoptysis

**hemostasis** /ˌhiːməʊˈsteɪsɪs/ N (US) ⇒ haemostasis

**hemp** /hemp/ N (= plant, fibre) chanvre m ; (= drug) chanvre m indien

**hemstitch** /ˈhemstɪtʃ/
VT ourler à jour
N point m d'ourlet

**hen** /hen/
N ① poule f ; (= female bird) femelle f ◆ **hen bird** oiseau m femelle
② (Scot) ◆ **here you are, hen**\* voilà, ma petite dame\*
COMP **hen harrier** N busard m Saint-Martin
**hen night**\*, **hen party**\* N (esp Brit) soirée f entre femmes (or filles)

**henbane** /ˈhenbeɪn/ N (= plant) jusquiame f (noire), herbe f aux poules

**hence** /hens/ LANGUAGE IN USE 26.3 SYN ADV ① (frm = therefore) d'où ◆ **hence the name** d'où son nom ◆ **inflation is rising: hence, new economic policies are needed** l'inflation est en hausse ; d'où la nécessité de prendre de nouvelles mesures économiques ◆ **it will drive up the price of oil, and hence the price of petrol** ça fera monter le prix du pétrole, et par conséquent celui de l'essence ◆ **the lack of blood, and hence oxygen, in the brain** le manque de sang, et par conséquent or et donc d'oxygène, dans le cerveau
② (frm = from now) d'ici ◆ **two years hence** d'ici deux ans
③ († † = from here) d'ici ◆ **(get thee) hence!** hors d'ici !

**henceforth** /ˌhensˈfɔːθ/ SYN, **henceforward** /ˌhensˈfɔːwəd/ ADV (frm) dorénavant, désormais

**henchman** /ˈhentʃmən/ N (pl -men) (pej) homme m de main ; (Hist) écuyer m

**hencoop** /ˈhenkuːp/ N cage f à poules

**hendecagon** /ˈhendekəɡən/ N (Geom) hendécagone m

**hendecagonal** /ˌhendɪˈkæɡənl/ ADJ (Geom) hendécagonal

**hendecasyllabic** /ˌhendekəsɪˈlæbɪk/ ADJ hendécasyllabe

**hendecasyllable** /ˈhendekəˌsɪləbl/ N hendécasyllabe m

**hendiadys** /henˈdaɪədɪs/ N hendiadys m, hendyadyin m

**henge** /hendʒ/ N ≈ cromlech m

**henhouse** /ˈhenhaʊs/ N poulailler m

**henna** /ˈhenə/
N henné m
VT [+ hair] teindre au henné ◆ **to henna one's hair** se faire un henné

**henpecked** /ˈhenpekt/ SYN ADJ ◆ **he's a henpecked husband** sa femme le mène par le bout du nez

**Henry** /ˈhenrɪ/ N Henri m ; → hooray

**henry** /ˈhenrɪ/ N henry m

**hep**\* /hep/
N (abbrev of hepatitis) hépatite f ◆ **hep A/B** hépatite A/B
ADJ † (= with-it) dans le vent\* ◆ **to be hep to sth** (US) être au courant de qch

**heparin** /ˈhepərɪn/ N héparine f

**hepatic** /hɪˈpætɪk/ ADJ (Anat, Med) hépatique

**hepatitis** /ˌhepəˈtaɪtɪs/ N hépatite f ◆ **hepatitis A/B/C** hépatite f A/B/C

**hepatology** /ˌhepəˈtɒlədʒɪ/ N (Med) hépatologie f

**hepatomegaly** /ˌhepətəʊˈmeɡəlɪ/ N hépatomégalie f

**Hephaestus** /hɪˈfiːstəs/ N (Myth) Héphaïstos m

**heptagon** /ˈheptəɡən/ N (Geom) heptagone m

**heptagonal** /hepˈtæɡənl/ ADJ (Geom) heptagonal

**heptahedral** /ˌheptəˈhiːdrəl/ ADJ (Geom) heptaédrique

**heptahedron** /ˌheptəˈhiːdrən/ N (Geom) heptaèdre m

**heptameter** /hepˈtæmɪtəʳ/ N heptamètre m

**heptametrical** /ˌheptəˈmetrɪkəl/ ADJ heptamètre

**heptane** /ˈhepteɪn/ N (Chem) heptane m

**heptathlon** /hepˈtæθlən/ N heptathlon m

**her** /hɜːʳ/
PERS PRON ① (direct) (unstressed) la ; (before vowel) l' ; (stressed) elle ◆ **I see her** je la vois ◆ **I have seen her** je l'ai vue ◆ **I know HIM but I have never seen HER** lui je le connais, mais elle je ne l'ai jamais vue
② (indirect) lui ◆ **I gave her the book** je lui ai donné le livre ◆ **I'm speaking to her** je lui parle
③ (after prep etc) elle ◆ **I am thinking of her** je pense à elle ◆ **without her** sans elle ◆ **she took her books with her** elle a emporté ses livres ◆ **if I were her** si j'étais elle ◆ **it's her** c'est elle ◆ **younger than her** plus jeune qu'elle
④ celle ◆ **to her who might complain, I should point out that...** à celle qui se plaindrait, je ferais remarquer que... ◆ **the articles are of no value except to her who had once owned them** ces articles n'ont aucune valeur sauf pour celle à qui ils appartenaient autrefois
POSS ADJ son, sa, ses ◆ **her book** son livre ◆ **her table** sa table ◆ **her friend** son ami(e) m(f) ◆ **her clothes** ses vêtements

**Hera** /ˈhɪərə/ N Héra f

**Heracles** /ˈherəˌkliːz/ N Héraclès m

**Heraclitus** /ˌherəˈklaɪtəs/ N Héraclite m

**herald** /ˈherəld/ SYN
N héraut m ◆ **the herald of spring** (fig, liter) le messager du printemps (liter)
VT annoncer ◆ **to herald (in)** annoncer l'arrivée de ◆ **tonight's game is being heralded as the match of the season** on présente le match de ce soir comme le plus important de la saison

**heraldic** /heˈrældɪk/ ADJ héraldique ◆ **heraldic bearing** armoiries fpl, blason m

**heraldry** /ˈherəldrɪ/ N (NonC) (= science) héraldique f ; (= coat of arms) blason m ; (ceremonial) pompe f héraldique ◆ **book of heraldry** armorial m

**herb** /hɜːb, (US) ɜːb/
N herbe f ◆ **herbs** (Culin) fines herbes fpl ◆ **pot herbs** herbes fpl potagères ◆ **medicinal herbs** herbes fpl médicinales, simples mpl
COMP **herb bennet** N (NonC) benoîte f commune, herbe f de Saint-Benoît
**herb garden** N jardin m d'herbes aromatiques
**herb Paris** N (NonC) parisette f
**herb Robert** N (NonC) herbe f à Robert
**herb tea** N infusion f, tisane f

**herbaceous** /hɜːˈbeɪʃəs/ ADJ herbacé ◆ **herbaceous border** bordure f de plantes herbacées

**herbage** /ˈhɜːbɪdʒ/ N (Agr) herbages mpl ; (Jur) droit m de pacage

**herbal** /ˈhɜːbəl/
ADJ d'herbes
N herbier m (livre)
COMP **herbal medicine** N phytothérapie f
**herbal remedy** N remède m à base de plantes
**herbal tea** N infusion f, tisane f

**herbalism** /ˈhɜːbəlɪzəm/ N phytothérapie f

**herbalist** /ˈhɜːbəlɪst/ N herboriste mf

**herbarium** /hɜːˈbɛərɪəm/ N (pl **herbariums** or **herbaria** /hɜːˈbɛərɪə/) herbier m (collection)

**herbicide** /ˈhɜːbɪsaɪd/ N herbicide m

**herbivore** /ˈhɜːbɪvɔːʳ/ N herbivore m

**herbivorous** /hɜːˈbɪvərəs/ ADJ herbivore

**herby** /ˈhɜːbɪ/ ADJ [taste] de fines herbes ◆ **the sauce is a bit too herby** il y a trop de fines herbes dans cette sauce

**Herculean** /ˌhɜːkjʊˈliːən/ ADJ herculéen

**Hercules** /ˈhɜːkjʊliːz/ N (Myth) Hercule m ; (fig) (= strong man) hercule m

**herd** /hɜːd/ SYN
N ① [of cattle, goats, elephants] troupeau m ; [of stags] harde f ; [of horses] troupe f, bande f ◆ **to ride herd on sb** (US) avoir l'œil sur qn
② \* [of people] troupeau m, foule f ◆ **to follow the herd** (fig) être comme un mouton de Panurge ; → **common**
③ († † = person) pâtre m (liter) ; → **cowherd, goatherd**

**VT** [+ animals] mener en troupeau ◆ **to herd into/onto** etc [+ people] faire entrer/monter etc en troupeau dans

**COMP** **herd-book** N herd-book m
**herd instinct** N instinct m grégaire

▶ **herd together**

**VI** [animals, people] s'attrouper, s'assembler en troupeau

**VT SEP** [+ animals, people] rassembler

**herdsman** /ˈhɜːdzmən/ N (pl **-men**) gardien m de troupeau ; (= *shepherd*) berger m ; (= *cowman*) vacher m, bouvier m

**here** /hɪəʳ/

**ADV** ① (*place*) ici ◆ **I live here** j'habite ici ◆ **come here** venez ici ◆ **here!** (*at roll call*) présent ! ◆ **he's here at last** le voici enfin, il est enfin là or arrivé ◆ **spring is here** c'est le printemps, le printemps est là ◆ **my sister here says...** ma sœur que voici dit... ◆ **this man here saw it** cet homme-ci l'a vu ◆ **Mr Moore is not here just now** M. Moore n'est pas là or ici en ce moment ◆ **are you there?** – **here I am** vous êtes là ? – oui je suis là ◆ **I shan't be here this afternoon** je ne serai pas là cet après-midi ◆ **I'm here to help** je suis là pour vous aider ◆ **I'm here to tell you (that)...** je suis venu vous dire (que)... ◆ **here below** ici-bas

◆ **here and there** çà et là, par-ci par-là
◆ **here, there and everywhere** un peu partout
◆ **neither here nor there** ◆ **it's neither here nor there** tout cela n'a aucun rapport
◆ **here and now** sur-le-champ ◆ **I must warn you here and now that...** il faut que je vous prévienne tout de suite que...
◆ preposition + **here** ◆ **about** or **around here** par ici ◆ **far from here** loin d'ici ◆ **put it in here** mettez-le ici ◆ **come in here** venez (par) ici ◆ **in here please** par ici s'il vous plaît ◆ **near here** près d'ici ◆ **over here** ici ◆ **it's cold up here** il fait froid ici (en haut) ◆ **up to** or **down to here** jusqu'ici ◆ **from here to London** d'ici (jusqu')à Londres ◆ **it's 10km from here to Paris** il y a 10 km d'ici à Paris
◆ **here** + verb structure (*showing, announcing* etc) ◆ **here I am** me voici ◆ **here is my brother** voici mon frère ◆ **here are the others** voici les autres ◆ **here we are at last** nous voici enfin arrivés ◆ **here we are!** (*bringing sth*) voici ! ◆ **here you are!** (*giving sth*) tenez ! ◆ **here come my friends** voici mes amis qui arrivent ◆ **here goes!** * allons-y !, c'est parti ! * ◆ **here we go again!** c'est reparti ! *, et voilà que ça recommence ! ◆ **here lies...** ci-gît...
◆ **here's to...** ◆ **here's to you!** à la tienne !, à la vôtre ! ◆ **here's to your success!** à votre succès !

② (*time*) alors, à ce moment-là ◆ **it's here that the real test will come** ce sera l'épreuve de vérité ◆ **here I think it is appropriate to draw your attention to...** je pense qu'il convient maintenant d'attirer votre attention sur...

**EXCL** ◆ **here, I didn't promise that at all!** dites donc, je n'ai jamais promis cela ! ◆ **here, you try to open it** * tiens, essaie de l'ouvrir, alors ◆ **here, hold this a minute** * tiens-moi ça une minute

**COMP** **the here and now** N le présent, l'instant m présent

**hereabouts** /ˈhɪərəˌbaʊts/ ADV par ici

**hereafter** /ˌhɪərˈɑːftəʳ/ SYN

**ADV** (= *in the future*) après, plus tard ; (*in document* = *following this*) ci-après ; (= *after death*) dans l'autre monde or vie

**N** ◆ **the hereafter** l'au-delà m

**hereby** /ˌhɪəˈbaɪ/ ADV (*Comm, Jur*) (*in letter*) par la présente ; (*in document*) par le présent document ; (*in act*) par le présent acte ; (*in will*) par le présent testament ; (*in declaration*) par la présente (déclaration)

**hereditaments** /ˌherɪˈdɪtəmənts/ NPL (*Jur*) biens meubles ou immeubles transmissibles par héritage

**hereditary** /hɪˈredɪtərɪ/ SYN ADJ héréditaire ◆ **a hereditary peer** un lord héréditaire

**heredity** /hɪˈredɪtɪ/ SYN N hérédité f

**herein** /ˌhɪəˈrɪn/ ADV (*frm*) (= *in this matter*) en ceci, en cela ; (= *in this writing*) ci-inclus

**hereinafter** /ˌhɪərɪnˈɑːftəʳ/ ADV (*Jur*) ci-après, dans la suite des présentes

**hereof** /ˌhɪərˈɒv/ ADV (*frm*) de ceci, de cela ◆ **the provisions hereof** (*Jur*) les dispositions fpl des présentes

**heresiarch** /hɪˈriːzɪɑːk/ N hérésiarque mf

**heresy** /ˈherəsɪ/ SYN N hérésie f ◆ **an act of heresy** une hérésie

**heretic** /ˈherətɪk/ SYN N hérétique mf

**heretical** /hɪˈretɪkəl/ SYN ADJ hérétique

**hereto** /hɪəˈtuː/ ADV (*Jur*) à ceci, à cela ◆ **the parties hereto** (*Jur*) les parties fpl aux présentes

**heretofore** /ˌhɪətʊˈfɔːʳ/ ADV (*frm*) (= *up to specified point*) jusque-là ; (= *up to now*) jusqu'ici ; (= *previously*) ci-devant

**hereupon** /ˌhɪərəˈpɒn/ ADV (*frm*) là-dessus, sur ce

**herewith** /ˌhɪəˈwɪð/ ADV (*frm*) avec ceci ◆ **I am sending you herewith** je vous envoie ci-joint or sous ce pli ◆ **I enclose herewith a copy of...** veuillez trouver ci-joint une copie de...

**heritable** /ˈherɪtəbl/ ADJ [*objects, property*] transmissible ; [*intelligence*] héréditaire

**heritage** /ˈherɪtɪdʒ/ SYN

**N** ① (= *legacy*) héritage m ◆ **the country's communist heritage** l'héritage communiste du pays ◆ **the law is a heritage of the Thatcher era** cette loi est un héritage des années Thatcher

② (= *historical wealth*) patrimoine m ◆ **our cultural/national heritage** notre patrimoine culturel/national ◆ **steel mills are becoming part of the heritage industry** les anciennes aciéries font maintenant partie des circuits du tourisme industriel et historique

**COMP** **heritage centre** N (*Brit*) petit musée m local

**hermaphrodite** /hɜːˈmæfrədaɪt/ ADJ, N hermaphrodite m

**hermaphroditic** /hɜːˌmæfrəˈdɪtɪk/ ADJ hermaphrodite

**hermaphroditism** /hɜːˈmæfrədɪtɪzəm/ N hermaphrodisme m

**hermeneutic** /ˌhɜːmɪˈnjuːtɪk/ ADJ herméneutique

**hermeneutics** /ˌhɜːmɪˈnjuːtɪks/ N (*NonC*) herméneutique f

**Hermes** /ˈhɜːmiːz/ N Hermès m

**hermetic** /hɜːˈmetɪk/ ADJ (*gen, also Literat*) hermétique

**hermetically** /hɜːˈmetɪkəlɪ/ ADV hermétiquement ◆ **hermetically sealed** hermétiquement fermé

**Hermione** /hɜːˈmaɪənɪ/ N (*Myth*) Hermione f

**hermit** /ˈhɜːmɪt/ SYN

**N** (*lit, fig*) ermite m

**COMP** **hermit crab** N bernard-l'(h)ermite m inv

**hermitage** /ˈhɜːmɪtɪdʒ/ N ermitage m

**hernia** /ˈhɜːnɪə/ N (pl **hernias** or **herniae** /ˈhɜːnɪiː/) hernie f

**hero** /ˈhɪərəʊ/ SYN (pl **heroes**)

**N** ① héros m ◆ **his boyhood hero** le héros de son enfance ◆ **the hero of the hour** le héros du jour ; → **land**

② ⇒ **hero sandwich**

**COMP** **hero sandwich** N (*US*) grand sandwich m mixte

**hero's welcome** N ◆ **to give sb a hero's welcome** accueillir qn comme un héros

**hero-worship** SYN N culte m (du héros) VT aduler, idolâtrer

**Herod** /ˈherəd/ N Hérode m ; → **out-Herod**

**Herodias** /heˈrəʊdɪæs/ N (*Hist*) Hérodiade f

**Herodotus** /hɪˈrɒdətəs/ N (*Antiq*) Hérodote m

**heroic** /hɪˈrəʊɪk/ SYN

**ADJ** héroïque ◆ **to put up heroic resistance** résister héroïquement

**COMP** **heroic age** N temps mpl héroïques
**heroic couplet** N (*Poetry*) distique m héroïque
**heroic verse** N (*NonC: Poetry*) vers mpl héroïques ◆ **in heroic verse** en décasyllabes

**heroically** /hɪˈrəʊɪkəlɪ/ ADV héroïquement ◆ **she managed, heroically, to keep a straight face** (*hum*) elle est arrivée, à grand-peine, à garder son sérieux

**heroics** /hɪˈrəʊɪks/ NPL actes mpl de bravoure ◆ **no heroics!** ne joue pas les héros !

**heroin** /ˈherəʊɪn/

**N** héroïne f (*drogue*)

**COMP** **heroin addict** N héroïnomane mf
**heroin addiction** N héroïnomanie f
**heroin user** N héroïnomane mf

**heroine** /ˈherəʊɪn/ SYN N héroïne f (*femme*)

**heroism** /ˈherəʊɪzəm/ SYN N héroïsme m

**heron** /ˈherən/ N héron m

**heronry** /ˈherənrɪ/ N héronnière f

**herpes** /ˈhɜːpiːz/

**N** herpès m ; → **genital**

**COMP** **herpes simplex** N herpès m simplex
**herpes zoster** N herpès m zoster, zona m

**herpetic** /hɜːˈpetɪk/ ADJ (*Med*) herpétique

**herpetologic(al)** /ˌhɜːpɪtəˈlɒdʒɪk(əl)/ ADJ erpétologique, herpétologique

**herpetologist** /ˌhɜːpɪˈtɒlədʒɪst/ N erpétologiste mf, herpétologiste mf

**herpetology** /ˌhɜːpɪˈtɒlədʒɪ/ N (*Med*) herpétologie f, erpétologie f

**herring** /ˈherɪŋ/

**N** (pl **herrings** or **herring**) hareng m ; → **fish, red**

**COMP** **herring boat** N harenguier m
**herring gull** N goéland m argenté
**the herring-pond** * N (= *the Atlantic*) la mare aux harengs (*hum*), l'Atlantique Nord

**herringbone** /ˈherɪŋbəʊn/

**N** (*lit*) arête f de hareng ; (*Archit*) appareil m en épi ; (*Ski*) (also **herringbone climb**) montée f en canard

**COMP** **herringbone pattern** N (dessin m à) chevrons mpl
**herringbone stitch** N point m d'épine (en chevron)

**hers** /hɜːz/ POSS PRON le sien, la sienne, les siens, les siennes ◆ **my hands are clean, hers are dirty** mes mains sont propres, les siennes sont sales ◆ **hers is a specialized department** sa section est une section spécialisée ◆ **this book is hers** ce livre est à elle, ce livre est le sien ◆ **the house became hers** la maison est devenue la sienne ◆ **it is not hers to decide** ce n'est pas à elle de décider, il ne lui appartient pas de décider ◆ **is this poem hers?** ce poème est-il d'elle ?
◆ **... of hers** ◆ **a friend of hers** un de ses amis (à elle) ◆ **it's no fault of hers** ce n'est pas de sa faute (à elle) ◆ **no advice of hers could prevent him** aucun conseil de sa part ne pouvait l'empêcher ◆ **that car of hers** (*pej*) sa fichue * voiture ◆ **that stupid son of hers** (*pej*) son idiot de fils ◆ **that temper of hers** (*pej*) son sale caractère

**herself** /hɜːˈself/ PERS PRON (*reflexive*) (*direct and indirect*) se ; (*emphatic*) elle-même ; (*after prep*) elle ◆ **she has hurt herself** elle s'est blessée ◆ **she poured herself a whisky** elle s'est servie un whisky ◆ **"why not?" she said to herself** « pourquoi pas ? » se dit-elle ◆ **she told me herself** elle me l'a dit elle-même ◆ **I saw the girl herself** j'ai vu la jeune fille elle-même or en personne ◆ **she kept three for herself** elle s'en est réservé trois ◆ **he asked her for a photo of herself** il lui a demandé une photo d'elle ◆ **she hasn't been herself lately** (= *not behaving normally*) elle n'est pas dans son état normal ces temps-ci ; (= *not feeling well*) elle n'est pas dans son assiette ces temps-ci
◆ **(all) by herself** toute seule

**Herts** /hɑːts/ abbrev of **Hertfordshire**

**hertz** /hɜːts/ N (*pl inv*) hertz m

**he's** /hiːz/ ⇒ **he is, he has** ; → **be, have**

**hesitancy** /ˈhezɪtənsɪ/ N hésitation f

**hesitant** /ˈhezɪtənt/ SYN ADJ hésitant ◆ **to be hesitant to do sth** or **about doing sth** hésiter à faire qch ◆ **I am hesitant about whether I should go** je ne sais pas si je dois y aller ou non

**hesitantly** /ˈhezɪtəntlɪ/ ADV [*say*] avec hésitation ; [*enter*] en hésitant ◆ **she stood hesitantly in the doorway** elle se tenait indécise sur le pas de la porte

**hesitate** /ˈhezɪteɪt/ LANGUAGE IN USE 3.1, 20.2, 21.2 SYN VI hésiter (*over, about, at* sur, devant ; *to do sth* à faire qch) ◆ **he didn't hesitate at the idea of leaving her** il l'a quittée sans hésiter ◆ **he never once hesitated over publishing the article** il n'a pas hésité une seconde avant de publier cet article ◆ **the President has been hesitating over whether to attend the conference** le président hésite à assister à la conférence ◆ **I will not hesitate to take unpopular decisions** je n'hésiterai pas à prendre des décisions impopulaires ◆ **she hesitated about going in for politics** elle hésitait à entrer dans la politique ◆ **don't hesitate to ask me** n'hésitez pas à me demander ◆ **please do not hesitate to contact our Customer Service Department** n'hésitez pas à contacter notre service clientèle ◆ **he hesitates at nothing** il ne recule devant rien, rien ne l'arrête ◆ **he who hesitates is lost** (*Prov*) une minute d'hésitation peut coûter cher

**hesitatingly** /ˈhezɪteɪtɪŋlɪ/ ADV avec hésitation ; [speak, say] d'une voix hésitante

**hesitation** /ˌhezɪˈteɪʃən/ SYN N hésitation f ◆ **without the slightest hesitation** sans la moindre hésitation ◆ **I have no hesitation in saying that...** je n'hésite pas à dire que... ◆ **he said after some hesitation...** dit-il après un moment d'hésitation ◆ **I had no hesitation about taking the job** j'ai accepté le travail sans la moindre hésitation

**Hesperides** /heˈsperɪˌdiːz/ NPL ◆ **the Hesperides** les Hespérides fpl

**hessian** /ˈhesɪən/ (esp Brit)
N (toile f de) jute m
COMP (= made of hessian) en (toile de) jute

**Hestia** /ˈhestɪə/ N (Myth) Hestia f

**het** /het/
ADJ, N ◆ hétéro* mf
COMP **het up** ADJ excité, énervé ◆ **he gets het up about the slightest thing** il se met dans tous ses états à propos d'un rien

**hetero*** /ˈhetərəʊ/ N, ADJ hétéro* mf

**heterocercal** /ˌhetərəʊˈsɜːkəl/ ADJ hétérocerque

**heterochromosome** /ˈhetərəʊˈkrəʊməˌsəʊm/ N hétérochromosome m

**heterocyclic** /ˌhetərəʊˈsaɪklɪk/ ADJ hétérocyclique

**heterodox** /ˈhetərədɒks/ ADJ hétérodoxe

**heterodoxy** /ˈhetərədɒksɪ/ N hétérodoxie f

**heterodyne** /ˈhetərəʊdaɪn/ (Elec)
VT interférer
ADJ hétérodyne

**heteroecious** /ˌhetəˈriːʃəs/ ADJ hétéroïque, polyxène

**heterogamete** /ˌhetərəʊɡæˈmiːt/ N (Bio) hétérogamète m

**heterogamous** /ˌhetəˈrɒɡəməs/ ADJ (Bio) hétérogame

**heterogamy** /ˌhetəˈrɒɡəmɪ/ N (with differing gametes) hétérogamie f ; (in different generations) hétérogamétie f

**heterogeneity** /ˌhetərəʊdʒəˈniːɪtɪ/ N hétérogénéité f

**heterogeneous** /ˌhetərəʊˈdʒiːnɪəs/ ADJ hétérogène

**heterogonous** /ˌhetəˈrɒɡənəs/ ADJ (Bio, Bot) hétérogone

**heterogony** /ˌhetəˈrɒɡənɪ/ N (Bio, Bot) hétérogonie f

**heterograft** /ˈhetərəʊɡrɑːft/ N hétérogreffe f

**heterologous** /ˌhetəˈrɒləɡəs/ ADJ (Anat) hétérologue

**heteromerous** /ˌhetəˈrɒmərəs/ ADJ (Bio) hétéromère

**heteromorphic** /ˌhetərəʊˈmɔːfɪk/ ADJ (Bio) hétéromorphe

**heteronym** /ˈhetərəʊnɪm/ N (Ling) hétéronyme m

**heterophylly** /ˌhetərəʊˈfɪlɪ/ N hétérophyllie f

**heteroplastic** /ˌhetərəʊˈplæstɪk/ ADJ hétéroplastique

**heteroplasty** /ˈhetərəʊˌplæstɪ/ N hétéroplastie f

**heteropterous** /ˌhetəˈrɒptərəs/ ADJ (Bio) hétéroptère

**heterosexism** /ˈhetərəʊˌseksɪzm/ N discrimination f à l'égard des homosexuels

**heterosexual** /ˌhetərəʊˈseksjʊəl/ ADJ, N hétérosexuel(le) m(f)

**heterosexuality** /ˌhetərəʊˌseksjʊˈælɪtɪ/ N hétérosexualité f

**heterotaxis** /ˌhetərəʊˈtæksɪs/ N hétérotaxie f

**heterotroph** /ˈhetərəʊtrɒf/ N hétérotrophe m

**heterotrophic** /ˌhetərəʊˈtrɒfɪk/ ADJ hétérotrophe

**heterozygote** /ˌhetərəʊˈzaɪɡəʊt/ N (Bio) hétérozygote m

**heterozygous** /ˌhetərəʊˈzaɪɡəs/ ADJ (Bio) hétérozygote

**hetman** /ˈhetmən/ N hetman m

**heuristic** /hjʊəˈrɪstɪk/ ADJ heuristique

**heuristics** /hjʊəˈrɪstɪks/ N (NonC) heuristique f

**hew** /hjuː/ SYN
VT (pret hewed /hjuːd/) (ptp hewn or hewed /hjuːn/) [+ stone] tailler, équarrir ; [+ wood] couper ; [+ coal] abattre ◆ **to hew sth out of wood/stone** tailler qch dans du bois/la pierre
VI (pret, ptp hewed) (US) ◆ **to hew to sth** se conformer à qch, suivre qch

**hewer** /ˈhjuːər/ N [of stone, wood] équarrisseur m ; [of coal] haveur m, piqueur m

**hex**¹ /heks/ (esp US)
N (= spell) sort m ; (= witch) sorcière f
VT jeter un sort à

**hex**² /heks/ N (Comput) ◆ **hex code** code m hexadécimal

**hexachlorophene** /ˌheksəˈklɔːrəfiːn/ N (Chem) hexachlorophène m

**hexachord** /ˈheksəˌkɔːd/ N hexacorde m

**hexadecimal** /ˌheksəˈdesɪməl/ ADJ, N hexadécimal m

**hexagon** /ˈheksəɡən/ N hexagone m

**hexagonal** /hekˈsæɡənəl/ ADJ hexagonal

**hexagram** /ˈheksəˌɡræm/ N hexagramme m

**hexahedral** /ˌheksəˈhiːdrəl/ ADJ (Geom) hexaédrique

**hexahedron** /ˌheksəˈhiːdrən/ N (Geom) hexaèdre m

**hexameter** /hekˈsæmɪtər/ N hexamètre m

**hexane** /ˈheksein/ N (Chem) hexane m

**hexapod** /ˈheksəˌpɒd/ N hexapode m

**hexathlon** /hekˈsæθlən/ N hexathlon m

**hex key** N (also **hex key wrench**) clé f à pipe

**hexose** /ˈheksəʊs/ N hexose m

**hey** /heɪ/ EXCL hé !, ohé ! ◆ **hey presto!** (said by magician) passez muscade ! ; (fig) ô miracle ! ◆ **what the hey!** (US) et puis zut ! *

**heyday** /ˈheɪdeɪ/ SYN N [of the music hall, the railways etc] âge m d'or, beaux jours mpl ◆ **in his heyday** (= in his prime) quand il était dans la force de l'âge ; (= at his most famous) à l'apogée de sa gloire ◆ **in the heyday of punk/of the theatre** à l'âge d'or du punk/du théâtre ◆ **in the heyday of flares** à la grande époque des pantalons à pattes d'éléphant

**Hezbollah** /ˈhezbəˈlɑː/
N Hezbollah m
ADJ [guerrillas, leader, stronghold] du Hezbollah

**HF** /ˌeɪtʃˈef/ N (abbrev of **high frequency**) HF

**HGH** /ˌeɪtʃdʒiːˈeɪtʃ/ N (Med) (abbrev of **human growth hormone**) HCH f

**HGV** /ˌeɪtʃdʒiːˈviː/ N (abbrev of **heavy goods vehicle**) poids m lourd ◆ **HGV driver** chauffeur m, -euse f de poids lourd ◆ **HGV licence** permis m poids lourd

**HH** /ˌeɪtʃˈeɪtʃ/ [1] (Brit) (abbrev of **double hard**) HH
[2] (abbrev of **His or Her Highness**) S.M.
[3] (abbrev of **His Holiness**) S.S.

**HHS** /ˌeɪtʃeɪtʃˈes/ N (US) (abbrev of **Health and Human Services**) ministère de la Santé et des Affaires sociales

**HI** abbrev of **Hawaii**

**hi*** /haɪ/ EXCL [1] (= greeting) salut ! *
[2] (= hey) hé !, ohé !

**hiatus** /haɪˈeɪtəs/ SYN
N (pl **hiatuses** or **hiatus**) (in series, manuscript etc) lacune f ; (Ling, Phon, Poetry) hiatus m ; (fig) (= interruption) interruption f, pause f ; (= difference) hiatus m, décalage m ◆ **after a two-week hiatus** après une interruption de deux semaines ◆ **there was an hiatus in his acting life** il y a eu une coupure dans sa carrière d'acteur
COMP **hiatus hernia** N (Med) hernie f hiatale

**Hib** /hɪb/ N (Med) vaccin m HIB

**hibernate** /ˈhaɪbəneɪt/ VI hiberner

**hibernation** /ˌhaɪbəˈneɪʃən/ N hibernation f ◆ **in hibernation** en hibernation

**hibernator** /ˈhaɪbəneɪtər/ N animal m hibernant

**Hibernian** /haɪˈbɜːnɪən/
ADJ irlandais
N Irlandais(e) m(f)

**hibiscus** /hɪˈbɪskəs/ N (pl **hibiscuses**) hibiscus m

**hic** /hɪk/ EXCL hic !

**hiccup, hiccough** † /ˈhɪkʌp/
N [1] hoquet m ◆ **to have hiccups** avoir le hoquet
[2] (= minor setback) contretemps m, ratés mpl ◆ **the recent sales hiccup** la baisse momentanée des ventes que nous avons connue récemment
VI hoqueter
VT dire en hoquetant

**hick*** /hɪk/ (US)
N péquenaud(e)* m(f) (pej)
ADJ [ideas] de péquenaud* (pej)
COMP **hick town** N bled* m (pej)

**hickey*** /ˈhɪkɪ/ N (US) (= pimple) petit bouton m ; (= lovebite) suçon m

**hickory** /ˈhɪkərɪ/ N hickory m, noyer m blanc d'Amérique

**hidalgo** /hɪˈdælɡəʊ/ N hidalgo m

**hidden** /ˈhɪdn/
VB ptp of **hide**¹
ADJ caché ◆ **to remain hidden** rester caché ◆ **hidden meaning** sens m caché ◆ **"no hidden extras"** « garanti sans suppléments » ◆ **hidden tax** impôt m déguisé
COMP **hidden agenda** N intentions fpl cachées

**hide**¹ /haɪd/ SYN (pret **hid** /hɪd/) (ptp **hidden** or **hid** /ˈhɪdn/) ††
VT cacher (from sb à qn) ; [+ feelings] dissimuler (from sb à qn) ◆ **to hide o.s.** se cacher ◆ **I've got nothing to hide** je n'ai rien à cacher or à dissimuler ◆ **he's hiding something** il nous cache quelque chose ◆ **to hide one's face** se cacher le visage ◆ **to hide sth from sight** dérober qch aux regards ◆ **hidden from sight** dérobé aux regards ◆ **to hide one's light under a bushel** cacher ses talents ◆ **he doesn't hide his light under a bushel** ce n'est pas la modestie qui l'étouffe ◆ **clouds hid the sun** des nuages cachaient or voilaient le soleil ◆ **the building was hidden by trees and shrubs** le bâtiment était caché par des arbres et des arbustes ◆ **he tried to hide his disappointment** il a essayé de dissimuler sa déception
VI se cacher (from sb de qn) ◆ **he's hiding behind his boss** (fig) il se réfugie derrière son patron (fig)
N (Brit) cachette f
COMP **hide-and-(go-)seek** N cache-cache m
▶ **hide away**
VI se cacher (from de)
VT SEP cacher
▶ **hide out, hide up** VI se cacher (from de)

**hide**² /haɪd/ SYN
N (= skin) peau f ; (= leather) cuir m ◆ **they found neither hide nor hair of him** ils n'ont pas trouvé la moindre trace de son passage ◆ **I haven't seen hide nor hair of him*** je ne l'ai vu nulle part, il a complètement disparu de la circulation ◆ **when I went to Australia I didn't see hide nor hair of a kangaroo** quand je suis allé en Australie, je n'ai pas vu l'ombre d'un kangourou ; → **tan**
COMP [chair etc] de or en cuir

**hideaway** /ˈhaɪdəweɪ/ N cachette f, planque* f

**hidebound** /ˈhaɪdbaʊnd/ SYN ADJ [person] borné, obtus ; [view] étroit, borné

**hideous** /ˈhɪdɪəs/ SYN ADJ [appearance, sight, person] hideux, affreux ; [crime, attack] abominable, horrible ; [day] terrible* ◆ **it's been a truly hideous day** ça a été une journée absolument épouvantable

**hideously** /ˈhɪdɪəslɪ/ ADV [deformed, ugly] hideusement ; [embarrassed] affreusement ; [expensive] horriblement

**hideousness** /ˈhɪdɪəsnɪs/ N [of appearance, sight] extrême laideur f ; [of crime] atrocité f, monstruosité f

**hideout** /ˈhaɪdaʊt/ N ⇒ **hideaway**

**hidey-hole*** /ˈhaɪdɪhəʊl/ N planque* f

**hiding**¹ /ˈhaɪdɪŋ/
N [of object] fait m de cacher ; [of feelings] dissimulation f ; [of criminals] recel m ◆ **to be in hiding** se tenir caché ◆ **to go into hiding** se cacher ◆ **to come out of hiding** sortir de sa cachette
COMP **hiding place** N cachette f

**hiding**² /ˈhaɪdɪŋ/ SYN N (gen) raclée* f ; (= punishment) correction f ◆ **to give sb a good hiding** donner une bonne raclée* or correction à qn ◆ **to take** or **get a hiding*** (fig) prendre une raclée* ◆ **to be on a hiding to nothing*** (Brit) être sûr de se ramasser or prendre une gamelle*

**hie** †† /haɪ/ VI se hâter ◆ **hie thee hence!** hors d'ici !

**hierarchic(al)** /ˌhaɪəˈrɑːkɪk(əl)/ ADJ hiérarchique

**hierarchically** /ˌhaɪəˈrɑːkɪkəlɪ/ ADV hiérarchiquement

**hierarchy** /ˈhaɪərɑːkɪ/ SYN N hiérarchie f

**hieratic** /ˌhaɪəˈrætɪk/ ADJ (frm) hiératique

**hierodule** /ˈhaɪərəʊˌdjuːl/ N hiérodule m

**hieroglyph** /ˈhaɪərəglɪf/ **N** hiéroglyphe *m*

**hieroglyphic** /ˌhaɪərəˈglɪfɪk/ SYN
**ADJ** hiéroglyphique
**N** hiéroglyphe *m*

**hieroglyphics** /ˌhaɪərəˈglɪfɪks/ **NPL** *(lit)* écriture *f* hiéroglyphique ; *(fig)* hiéroglyphes *mpl*, écriture *f* hiéroglyphique

**hifalutin** * /ˌhaɪfəˈluːtɪn/ **ADJ** ⇒ **highfalutin(g)**

**hi-fi** /ˈhaɪˈfaɪ/ abbrev of **high fidelity**
**N** [1] (also **hi-fi system**) chaîne *f* (hi-fi *inv*)
[2] *(NonC)* hi-fi *f inv*, haute fidélité *inv*
**COMP** *[reproduction, record]* hi-fi *inv*, haute fidélité *inv*
**hi-fi equipment N** matériel *m* hi-fi *inv*
**hi-fi set, hi-fi system N** chaîne *f* (hi-fi *inv*)

**higgledy-piggledy** * /ˈhɪgldɪˈpɪgldɪ/ **ADJ, ADV** pêle-mêle *inv*

**high** /haɪ/ SYN
**ADJ** [1] *(in height) [building, mountain, wall, shelf, ceiling]* haut • **a high fence/hill** une haute clôture/colline • **a building 40 metres high, a 40-metre high building** un bâtiment de 40 mètres de haut, un bâtiment haut de 40 mètres • **the wall is 2 metres high** le mur fait 2 mètres de haut • **the door is 3 metres high** la porte fait 3 mètres de haut • **how high is that tower?** quelle est la hauteur de cette tour ? • **how high is the mountain?** quelle est l'altitude de la montagne ? • **the shelf was too high for him to reach** l'étagère était trop haute, il n'arrivait pas à l'atteindre • **the sun was high in the sky** le soleil était haut dans le ciel • **at high altitude** à haute altitude • **when he was only so high** * alors qu'il était haut comme trois pommes • **high cheekbones** pommettes *fpl* saillantes • **on high ground** *(= on hill)* en hauteur ; *(= on mountain)* en altitude • **to have** *or* **hold** *or* **occupy the (moral) high ground** *(= moral superiority)* être au-dessus de la mêlée • **to take** *or* **claim the (moral) high ground** se mettre dans une position moralement plus élevée, prétendre être au-dessus de la mêlée ; see also **comp**
[2] *(in degree, number, strength etc) [frequency, latitude, tension]* haut *before n* ; *[speed, value]* grand *before n* ; *[fever]* gros (grosse *f*) *before n*, fort *before n* ; *[pressure]* élevé, haut *before n* ; *[salary]* haut *before n*, gros (grosse *f*) *before n* ; *[rent, price]* élevé ; *[number]* grand *before n*, élevé ; *[sound, voice]* aigu (-guë *f*) ; *[note]* haut ; *[complexion]* rougeaud ; *[colour]* vif ; *[polish]* brillant ; *[respect]* grand *before n*, profond ; *[calling, character]* noble ; *[ideal]* noble, grand *before n* ; *(Phon) [vowel]* fermé • **this food is high in protein** cet aliment contient beaucoup de protéine • **to have high blood pressure** avoir de la tension • **his team were of the highest calibre** son équipe était de très haut niveau • **of high caste** de caste supérieure • **official reports say casualties have been high** selon les rapports officiels, il y a beaucoup de morts et de blessés • **the new model has been refined to the highest degree** le nouveau modèle est hautement perfectionné • **to have high expectations of sth** placer de grands espoirs en qch • **to have high expectations of sb** beaucoup attendre de qn • **high official** haut fonctionnaire *m* • **to have a high opinion of sb/sth** avoir une haute opinion de qn/qch • **she has friends in high places** elle a des amis en haut lieu • **allegations of corruption in high places** des allégations de corruption en haut lieu • **to buy sth at a high price** acheter qch cher • **to pay a high price for sth** *(lit, fig)* payer qch cher • **he has a high temperature** il a une forte température • **it boils at a high temperature** cela bout à une température élevée • **the temperature was in the high 30s** la température approchait les quarante degrés • **it's high time you went home** il est grand temps que tu rentres *subj* • **to set a high value on sth** attacher une grande valeur à qch • **a high wind was blowing** il soufflait un vent violent, il faisait grand vent • **in high gear** en quatrième *(or* cinquième*)* vitesse • **the highest common factor** le plus grand commun diviseur ; see also **comp** ; → **lord, priority, profile, very**
♦ **to be high on** *[+ quality]* • **he's low on looks but high on personality** il n'est pas très beau mais il a beaucoup de personnalité • **the film is high on humour but low on suspense** le film est plein d'humour mais il n'y a pas beaucoup de suspense
[3] *(Culin) [game, meat]* avancé, faisandé ; *[butter]* fort, rance
[4] * *(= drunk)* parti * • **he was high** *(= on drugs)* il planait * • **to get high on alcohol** s'enivrer • **he was high on speed** il planait * après avoir pris du speed • **to be (as) high as a kite** planer complètement * • **she was high on her latest success** elle était enivrée par son dernier succès
[5] († * *fig*) • **to have a high old time** s'amuser follement • **there was a high old row about it** cela a provoqué une sacrée bagarre * *or* un sacré chambard *
**ADV** [1] *(in height) [climb, jump, throw]* haut ; *[fly]* à haute altitude, à une altitude élevée • **she threw the ball high in the air** elle a lancé le ballon très haut • **the balloon rose high in the air** le ballon s'est élevé *or* est monté haut dans le ciel • **high above our heads** bien au-dessus de nos têtes • **how high can you jump?** à quelle hauteur pouvez-vous sauter ? • **a plate piled high with sandwiches** une assiette avec une grosse pile de sandwiches • **the house was built high on the hillside** la maison était construite en haut de la colline • **a house high up in the hills** une maison perchée dans les collines • **grapes grown high up on the slope** du raisin que l'on fait pousser en haut de la pente • **we saw a bird circling very high up** nous avons vu un oiseau décrire des cercles très haut dans le ciel • **higher up** plus haut • **higher up the hill was a small farm** plus haut sur la colline il y avait une petite ferme • **higher and higher** de plus en plus haut • **unemployment is climbing higher and higher** le chômage augmente de plus en plus • **she was quite high up in the organization** elle était assez haut placée dans l'organisation • **economic reform is high (up) on the agenda** *or* **on the list of priorities** la réforme économique est l'une des (premières) priorités • **to aim high, to set one's sights high** *(fig)* viser haut • **to live high on the hog** * *(esp US) (fig)* vivre comme un nabab
[2] *(in degree, number, strength etc)* • **the numbers go as high as 200** les nombres montent jusqu'à 200 • **I had to go as high as 60 euros for it** j'ai dû aller *or* monter jusqu'à 60 € pour l'avoir • **to hunt** *or* **look high and low for sb** chercher qn partout • **to hunt** *or* **look high and low for sth** chercher qch partout *or* dans tous les coins • **to hold one's head (up) high** avoir la tête haute • **to play high** *[gambler]* jouer gros (jeu) • **to live high** mener grand train, mener la grande vie • **the sea is running high** la mer est grosse *or* houleuse • **the river is running high** la rivière est en crue • **feelings ran high** les esprits étaient échauffés ; → **fly**[1]
**N** [1] *(= high point)* • **the cost of living reached a new high** le coût de la vie a atteint un nouveau record *or* plafond • **the pound closed at a new high against the dollar today** la livre a atteint un nouveau plafond par rapport au dollar en clôture aujourd'hui • **his football career reached a new high with eight goals in ten matches** sa carrière de footballeur a atteint un nouveau sommet avec huit buts en dix matchs • **car sales reached an all-time high of 2.3 million** les ventes de voitures ont atteint un niveau record : 2,3 millions • **highs and lows** *(fig)* les hauts *mpl* et les bas *mpl*
♦ **on high** en haut • **from on high** d'en haut • **the directive had come down from on high** la directive était venue d'en haut • **orders from on high** des ordres venus d'en haut • **God on high** Dieu qui est au ciel
[2] * *(= good feeling)* euphorie *f*
♦ **to be on a high** être euphorique
[3] *(= area of high pressure)* • **a high over the North Sea** une zone de haute pression sur la mer du Nord
[4] *(Rel)* • **the Most High** le Très-Haut
**COMP high-ability ADJ** très doué
**high altar N** maître-autel *m*
**high and dry ADJ** *[boat]* échoué • **to leave sb high and dry** *(fig)* laisser qn en plan *
**high and mighty** * **ADJ** • **to be high and mighty** se donner de grands airs, faire le grand seigneur *(or* la grande dame*)*
**high-angle shot N** *(Cine)* plongée *f*
**high beam N** *(US)* pleins phares *mpl*
**high board N** *(at pool)* grand plongeoir *m*
**high C N** *(Mus)* contre-ut *m*
**high camp N** → **camp**[2]
**High Church N** *(Brit)* Haute Église *f (anglicane)*
**high-class** SYN **ADJ** *[hotel, food, service]* de premier ordre ; *[house]* très bourgeois ; *[neighbourhood, flat]* (de) grand standing ; *[person]* du grand monde ; *[prostitute]* de luxe
**high comedy N** *(Theat)* comédie *f* sophistiquée • **it was high comedy** *(fig)* c'était du plus haut comique
**high command N** *(Mil)* haut commandement *m*
**High Commission N** *(Admin)* haut commissariat *m*
**High Commissioner N** *(Admin)* haut commissaire *m*
**High Court N** *(Jur)* ≈ Haute Cour *f*
**High Court judge N** *(Brit)* juge *m* de la Haute Cour
**high definition ADJ, N** haute définition *f*
**high definition television N** télévision *f* haute définition
**high-density ADJ** *[printing, disk]* haute densité *inv*
**high-density housing N** grands ensembles *mpl*
**high dependency ADJ** *(Med) [bed, unit]* de soins semi-intensifs
**high diving N** *(NonC: Sport)* plongeon(s) *m(pl)* de haut vol ; see also **diving**
**high-end ADJ** *(= top-of-the-range)* haut de gamme *inv*
**high-energy ADJ** *[particle]* de haute énergie
**high explosive N** explosif *m* (puissant)
**high-explosive shell N** obus *m* explosif
**high fashion N** haute couture *f*
**high fibre diet N** *(= eating régime)* régime *m* riche en fibres ; *(= food eaten)* alimentation *f* riche en fibres
**high-fidelity N, ADJ** haute fidélité *f inv*
**high finance N** haute finance *f*
**high-five** * **N** *geste de salut ou de félicitation où les deux personnes se tapent dans la main*
**high-flier, high-flyer N** *(in profession)* ambitieux *m*, -euse *f*, jeune loup *m (pej)* ; *(at school)* crack * *m*
**high-flown** SYN **ADJ** *[style, discourse]* ampoulé
**high-flyer N** ⇒ **high-flier**
**high-flying ADJ** *[aircraft]* volant à haute altitude ; *[aim, ambition]* extravagant ; *[person]* ambitieux
**high-frequency ADJ** de *or* à haute fréquence ; see also **ultrahigh, very**
**High German N** haut allemand *m*
**high-grade ADJ** *[goods]* de qualité supérieure, de premier choix
**high-grade mineral N** minerai *m* à haute teneur
**high hand N** • **to rule sb with a high hand** imposer sa loi à qn
**high-handed** SYN **ADJ** autoritaire
**high-handedly ADV** de manière autoritaire
**high-handedness N** autoritarisme *m*
**high hat N** *(= hat)* (chapeau *m*) haut-de-forme *m*
**high-hat** * **ADJ** snob, poseur **VT** snober, traiter de haut **VI** faire le snob *or* la snobinette
**high-heeled shoes N** chaussures *fpl* à hauts talons
**high heels NPL** *(= shoes)* hauts talons *mpl*
**high horse N** *(fig)* • **to get up/be on one's high horse** monter/être sur ses grands chevaux
**high hurdles NPL** *(Sport)* 110 mètres haies *m*
**high-impact ADJ** *[aerobics, exercise]* high-impact ; *[plastic]* résistant *inv* aux chocs
**high-income ADJ** *[group, country]* à hauts revenus, à revenus élevés
**high-interest ADJ** *(Fin)* à intérêt élevé
**high jinks** † * **NPL** • **to get up to** *or* **have high jinks** se payer du bon temps • **there were high jinks last night** on s'est amusé comme des fous hier soir
**high jump N** *(Sport)* saut *m* en hauteur • **he's for the high jump!** * *(Brit fig) (= going to be scolded, punished)* il est bon pour une engueulade *, qu'est-ce qu'il va prendre ! * ; *(= going to be sacked)* il va se faire virer ! *
**high jumper N** *(Sport)* sauteur *m*, -euse *f* en hauteur
**high-level ADJ** de haut niveau • **high-level committee** *(with great authority)* haute instance *f* ; *(composed of high officials)* comité *m* formé de hauts responsables • **high-level language** langage *m* évolué • **high-level nuclear waste** déchets *mpl* nucléaires à haute activité
**high life N** • **to live the high life** mener la grande vie
**high living N** la grande vie
**High Mass N** grand-messe *f*
**high-minded** SYN **ADJ** *[person]* à l'âme noble, de caractère élevé ; *[ambition, wish]* noble, élevé
**high-necked ADJ** à col haut
**high noon N** plein midi *m* • **it's high noon for...** *(= crisis point)* c'est l'heure de vérité pour... • **"High Noon"** *(Cine)* « Le train sifflera trois fois »
**high-octane ADJ** *[petrol]* à indice d'octane élevé ; *(fig = powerful, exciting)* puissant
**high-pass filter N** *(Elec)* filtre *m* passe-haut
**high-performance ADJ** très performant, à haute performance

**high-pitched** ADJ (Mus) [voice, sound, note] aigu (-guë f) ; [song] (chanté) dans les aigus ; (Archit) [roof] à forte pente ; [ambitions] noble, haut before n
**high point** N [of visit, holiday] grand moment m ◆ **the high point of the show/evening** le clou du spectacle/de la soirée
**high-powered** SYN ADJ [car] très puissant ; (fig) [person] de haut vol ◆ **high-powered businessman** homme m d'affaires de haut vol
**high-pressure** ADJ (Tech) à haute pression ◆ **high-pressure area** (Weather) zone f de haute pression ◆ **a high-pressure salesman** un vendeur de choc* ◆ **high-pressure salesmanship** technique f de vente agressive
**high-priced** ADJ coûteux, cher
**high priest** N grand prêtre m
**high priestess** N grande prêtresse f
**high-principled** ADJ qui a des principes élevés
**high-profile** ADJ [position, politician] très en vue ; [role] très influent ; [issue] très discuté
**high-protein** ADJ riche en protéines
**high-ranking** ADJ haut placé, de haut rang ◆ **high-ranking official** haut fonctionnaire m
**high resolution** N haute résolution f
**high-resolution** ADJ haute résolution inv
**high-rise** N (also **high-rise block, high-rise flats**) tour f (d'habitation)
**high-risk** ADJ à haut risque
**high roller*** N (US) (gen) casse-cou* m inv ; (Gambling) flambeur* m
**high school** N (US) ≃ lycée m ; (Brit) collège m or établissement m d'enseignement secondaire ◆ **high school diploma** (US) diplôme m de fin d'études secondaires, ≃ baccalauréat m → HIGH SCHOOL
**high-scoring** ADJ à score élevé
**high seas** NPL ◆ **on the high seas** en haute mer
**high season** N (Brit) haute saison f
**high-sided vehicle** N véhicule m haut (donnant prise au vent)
**high sign*** N (US) signe m convenu or d'intelligence ◆ **to give sb a high sign** faire un signe d'intelligence à qn
**high society** N haute société f
**high-sounding** SYN ADJ sonore, grandiloquent (pej)
**high-speed** SYN ADJ (gen) ultrarapide ◆ **a high-speed chase** une course poursuite ◆ **high-speed lens** objectif m à obturation (ultra)rapide ◆ **high-speed train** train m à grande vitesse, TGV m
**high-spending** ADJ (pej) budgétivore
**high-spirited** SYN ADJ [person] plein d'entrain or de vivacité ; [horse] fougueux, fringant
**high spirits** SYN NPL entrain m, vivacité f ◆ **in high spirits** (= lively, energetic) plein d'entrain or de vivacité ; (= happy) tout joyeux
**high spot** N (fig) (= climax) [of visit, holiday] grand moment m ◆ **the high spot of the show/evening** le clou du spectacle/de la soirée ◆ **to hit the high spots*** faire la foire* or la noce* (dans un night-club, restaurant etc)
**high stakes** NPL (lit, fig) ◆ **to play for high stakes** jouer gros (jeu)
**high street** N (Brit) [of village] grand-rue f ; [of town] rue f principale
**high-street** ADJ (Brit) [shop, store] qui appartient à une grande chaîne ◆ **the high-street banks** les grandes banques fpl
**high-strung** SYN ADJ (US) ⇒ **highly strung** ; → highly
**high summer** N le cœur de l'été ◆ **in high summer** en plein été, au cœur de l'été, au plus chaud de l'été
**high table** N (gen) table f d'honneur ; (Scol, Univ) table f des professeurs (au réfectoire)
**high tea** N (Brit) repas pris en début de soirée
**high tech** N high-tech m inv
**high-tech** ADJ [equipment, product] de pointe, de haute technologie ; [computer] sophistiqué ; [company] high-tech inv, de pointe, de haute technologie ; [industry, medicine] de pointe, high-tech inv ; [weapon] de haute technologie ; [job] dans un secteur de haute technologie ; [technique] de pointe ◆ **the high-tech age** l'ère f des techniques de pointe
**high technology** N technologie f avancée or de pointe
**high-technology** ADJ [device] d'une haute technicité ; [sector] de pointe
**high-tensile steel** N acier m à résistance élevée
**high-tensile wire** N fil m à résistance élevée
**high tension** N (Elec) haute tension f
**high-tension** ADJ (Elec) à haute tension
**high tide** N marée f haute ◆ **at high tide** à marée haute
**high-toned** ADJ (= morally superior) édifiant ; (= affectedly superior) moralisateur (-trice f)

**high treason** N haute trahison f
**high-up** ADJ [person, post] de haut rang, très haut placé n* grosse légume* f, huile* f
**high-velocity** ADJ [rifle, bullet, jet of air] à grande vitesse
**high voltage** N haute tension f
**high-voltage** ADJ haute tension inv
**high water** N ⇒ **high tide** ; see also **hell**
**high-water mark** N niveau m des hautes eaux
**high wire** N (lit = tightrope) corde f raide ◆ **to be walking the high wire** (fig) être sur la corde raide
**high wire act** N (lit, fig) numéro m de corde raide
**high wire artist** N funambule m f
**high yellow*** N (US pej) mulâtre m au teint clair, mulâtresse f au teint clair

● **HIGH SCHOOL**
●
● Aux États-Unis, les **high schools** réunissent
● les quatre années du deuxième cycle du sec-
● ondaire (15 à 18 ans). Les élèves reçus à leur
● examen final se voient remettre leur diplôme
● au cours d'une importante cérémonie ap-
● pelée « graduation ».
● La vie des **high schools** a inspiré de nom-
● breux films et téléfilms américains ; on y voit
● le rôle qu'y jouent les sports (en particulier le
● football et le basket-ball) et certaines mani-
● festations mondaines comme le bal de fin
● d'année des élèves de terminale, le « senior
● prom ». → GRADE, GRADUATION, PROM

**-high** /haɪ/ ADJ (in compounds) ◆ **to be knee/shoulder-high** arriver aux genoux/épaules

**high-achieving** /ˌhaɪəˈtʃiːvɪŋ/ ADJ [manager] performant

**highball** /ˈhaɪbɔːl/
N [1] (esp US = drink) whisky m à l'eau (avec de la glace)
[2] (also **highball glass** or **tumbler**) grand verre m
VI (US ⁕) (= drive fast) foncer*

**highborn** /ˈhaɪbɔːn/ ADJ de haute naissance, bien né

**highboy** /ˈhaɪbɔɪ/ N (US) commode f (haute)

**highbrow** /ˈhaɪbraʊ/ SYN (slightly pej)
N intellectuel(le) m(f)
ADJ [tastes, interests] d'intellectuel ; [music] pour intellectuels

**highchair** /ˈhaɪtʃɛər/ N chaise f haute (pour enfants)

**higher** /ˈhaɪər/ (compar of **high**)
ADJ [animal, primate, species, plant] supérieur ; [degree, diploma] d'études supérieures ◆ **any number higher than six** tout nombre supérieur à six ◆ **the higher forms** or **classes** (Scol) les grandes classes fpl ◆ **the higher income brackets** les tranches fpl de revenu(s) supérieur(s)
ADV plus haut ; → high
N (Scot Scol: also **Higher**) ⇒ **Higher Grade**
COMP **higher degree** N (Univ) diplôme m d'études supérieures
**higher education** N enseignement m supérieur
**Higher Education Funding Concil** N (Brit) commission gouvernementale responsable de la dotation des universités
**Higher Grade** N (Scot Scol) diplôme m de fin d'études secondaires, ≃ baccalauréat m → **A Levels**
**Higher National Certificate** N (Brit Educ) ≃ BTS m
**Higher National Diploma** N (Brit Educ) ≃ DUT m
**higher-up*** N (= senior person) supérieur(e) m(f) (hiérarchique)

**highfalutin(g)** /ˌhaɪfəˈluːtɪn/ ADJ [behaviour, language] affecté, prétentieux ; [style] ampoulé

**highjack** /ˈhaɪdʒæk/ VT ⇒ **hijack**
**highjacker** /ˈhaɪdʒækər/ N ⇒ **hijacker**
**highjacking** /ˈhaɪdʒækɪŋ/ N ⇒ **hijacking**

**highland** /ˈhaɪlənd/ SYN
ADJ (Brit) ◆ **Highland** [scenery, air] des Highlands ; [holiday] dans les Highlands
NPL **highlands** région f montagneuse, montagnes fpl ◆ **the Highlands** (Brit Geog) les Highlands mpl
COMP **Highland fling** N danse f écossaise
**Highland games** NPL jeux mpl écossais

**highlander** /ˈhaɪləndər/ N montagnard m ◆ **Highlander** (Brit) natif m, -ive f des Highlands

**highlight** /ˈhaɪlaɪt/ SYN
N [1] (= high point) ◆ **the highlights of the match/the festival** les temps mpl forts du match/du festival ◆ **the highlight of the show/evening** le clou du spectacle/de la soirée
[2] (Art, lit) rehaut m ◆ **to have highlights put in one's hair** se faire faire un balayage or des mèches fpl
VT [1] (= emphasize) souligner, mettre l'accent sur ◆ **his report highlighted the plight of the homeless** son rapport a attiré l'attention sur la situation des SDF ◆ **the incident highlights growing concern about racism** cet incident montre que le racisme inquiète de plus en plus les gens
[2] (with highlighter pen) surligner ; (= underline) souligner ; (on computer) sélectionner

**highlighter** /ˈhaɪlaɪtər/ N [1] (= pen) surligneur m
[2] (for hair) produit m éclaircissant

**highly** /ˈhaɪlɪ/ SYN
ADV [1] (= very) (gen) extrêmement ; [skilled, qualified, unlikely, professional] hautement ; [prized] très ; [interesting, unusual] tout à fait ◆ **highly respected** éminemment respecté ◆ **highly acclaimed by the critics** salué par la critique ◆ **highly recommended** [book, film, play] hautement recommandé ◆ **she comes highly recommended** elle est chaudement recommandée ◆ **highly polished** (= shiny) [furniture, wood] (bien) astiqué, briqué ; [gemstone] (bien) poli ◆ **highly charged** [atmosphere] très tendu ; [occasion, debate] à l'atmosphère très tendue ◆ **highly seasoned** fortement assaisonné ◆ **to be highly sexed** avoir de forts appétits sexuels
[2] (= at or to a high level) ◆ **highly-paid** [person, job] très bien payé or rémunéré ◆ **highly-trained** [professional, scientist, staff] de haut niveau ; [sportsman, soldier] parfaitement entraîné ◆ **highly-placed** haut inv placé ◆ **highly-regarded, highly-rated** très estimé ◆ **highly coloured** (lit) [picture etc] haut en couleur ; (fig) [description] pittoresque
[3] (with vb) ◆ **to speak/think highly of sb/sth** dire/penser beaucoup de bien de qn/qch ◆ **to praise sb highly** chanter les louanges de qn ◆ **I don't rate him very highly at all** je n'ai pas une très haute opinion de lui ◆ **travelling by car rates very highly in terms of convenience** la voiture est perçue comme un moyen de transport très pratique
COMP **highly strung** ADJ (esp Brit) très nerveux

**highness** /ˈhaɪnɪs/ N ◆ **His** or **Her/Your Highness** Son/Votre Altesse f ; → **royal**

**highroad** /ˈhaɪrəʊd/ N (esp Brit) (lit) grand-route f ◆ **the highroad to success** la voie de la réussite

**hightail*** /ˈhaɪteɪl/ VT (esp US) ◆ **they hightailed it back to town** ils sont revenus en ville à toute vitesse or à tout(e) berzingue*

**highway** /ˈhaɪweɪ/
N [1] (US = main road) grande route f, route f nationale
[2] (also **public highway**) voie f publique ◆ **the king's** or **queen's highway** la voie publique ◆ **through the highways and byways of Sussex** par tous les chemins du Sussex
COMP **highway code** N (Brit) code m de la route
**highway patrol** N (US) (also **state highway patrol**) police f de la route
**highway robbery** N (lit) banditisme m de grand chemin ◆ **it's highway robbery** (fig) c'est du vol manifeste or caractérisé
**Highways Department** N (Admin) administration f des Ponts et Chaussées
**highways engineer** N ingénieur m des Ponts et Chaussées

**highwayman** /ˈhaɪweɪmən/ N (pl **-men**) (Hist) bandit m de grand chemin

**hijack** /ˈhaɪdʒæk/ SYN
VT (lit) détourner ; (fig) récupérer ◆ **they were accused of hijacking the revolution** on les a accusés d'avoir récupéré la révolution
N (lit) détournement m ; (fig) récupération f

**hijacker** /ˈhaɪdʒækər/ N pirate m (de l'air/de la route/du rail etc), auteur m d'un détournement

**hijacking** /ˈhaɪdʒækɪŋ/ N (lit, fig) détournement m

**hike** /haɪk/ SYN
N [1] randonnée f (pédestre) ; (Mil, Sport) marche f à pied ◆ **to go on** or **for a hike** faire une randonnée (pédestre)
[2] (= increase) [of prices etc] hausse f, augmentation f

**VI** 1 faire des randonnées (pédestres) ◆ **we spent our holidays hiking in France** nous avons passé nos vacances à faire des randonnées pédestres à travers la France
2 *(US = increase) [price etc]* augmenter
**VT** ⇒ **hike up**
▸ **hike up VT SEP**
1 *(= hitch up) [+ skirt]* remonter
2 *(= increase) [+ prices, amounts]* augmenter

**hiker** /ˈhaɪkəʳ/ **N** randonneur *m*, -euse *f*

**hiking** /ˈhaɪkɪŋ/
**N** randonnées *fpl* (à pied)
**COMP** **hiking boots NPL** chaussures *fpl* de randonnée *or* de marche

**hilarious** /hɪˈlɛərɪəs/ SYN **ADJ** hilarant

**hilariously** /hɪˈlɛərɪəslɪ/ **ADV** comiquement ◆ **hilariously funny** hilarant ◆ **Mary Williams plays the hilariously incompetent Betty** Mary Williams joue Betty, dont l'incompétence est d'un comique irrésistible

**hilarity** /hɪˈlærɪtɪ/ SYN **N** hilarité *f* ◆ **it caused great** *or* **much hilarity** cela a déchaîné l'hilarité

**hill** /hɪl/ SYN
**N** colline *f (gen lower)* coteau *m (= slope)* côte *f*, pente *f* ; *(up)* montée *f* ; *(down)* descente *f* ◆ **their house is on a hill** *(in countryside)* leur maison est sur une colline ; *(in town)* leur maison est dans une rue en pente ◆ **he was going up the hill** *(in countryside)* il grimpait la colline ; *(in town)* il remontait la rue ◆ **up hill and down dale, over hill and dale** *(liter)* par monts et par vaux ◆ **as old as the hills** vieux comme Hérode ◆ **he's over the hill** * *(= old)* il se fait vieux ◆ **it doesn't amount to a hill of beans** * *(US)* ça n'a aucune importance ; → **ant, molehill, uphill**
**COMP** **hill climb N** *(Sport)* course *f* de côtes
**hill climber N** ⇒ **hill walker**
**hill climbing N** ⇒ **hill walking**
**hill farmer N** *(esp Brit) agriculteur pratiquant l'élevage sur hauts pâturages*
**hill farming N** élevage *m* en montagne
**hill start N** *(in vehicle)* démarrage *m* en côte
**hill walker N** randonneur *m*, -euse *f*
**hill walking N** randonnées *fpl* (en montagne)

**hillbilly** * /ˈhɪlbɪlɪ/
**N** *(US : gen pej)* péquenaud * *m (pej)*, rustaud *m (pej) (montagnard du sud des USA)*
**COMP** **hillbilly music N** musique *f* folk *inv (originaire des montagnes du sud des USA)*

**hilliness** /ˈhɪlɪnɪs/ **N** caractère *m* accidenté

**hillock** /ˈhɪlək/ SYN **N** monticule *m*

**hillside** /ˈhɪlsaɪd/ **N** (flanc *m* de) coteau *m* ◆ **on the hillside** à flanc de coteau

**hilltop** /ˈhɪltɒp/
**N** ◆ **on the hilltop** en haut de *or* au sommet de la colline
**ADJ** *[village, site, fortress]* perché en haut d'une colline

**hilly** /ˈhɪlɪ/ **ADJ** *[country]* vallonné, accidenté ; *[road]* qui monte et qui descend

**hilt** /hɪlt/ SYN **N** *[of sword]* poignée *f* ; *[of dagger]* manche *m* ; *[of pistol]* crosse *f* ◆ **she's in debt up to the hilt** elle est endettée jusqu'au cou ◆ **we're mortgaged to the hilt** nous nous sommes endettés jusqu'au cou avec l'achat de notre maison (*or* appartement) ◆ **to back** *or* **support sb to the hilt** être derrière qn quoi qu'il arrive, soutenir qn à fond ◆ **he played his role to the hilt** il a joué son rôle avec conviction

**hilum** /ˈhaɪləm/ **N** (pl **hila** /ˈhaɪlə/) hile *m*

**him, Him** *(Rel)* /hɪm/ **PERS PRON** 1 *(direct, unstressed)* le ; *(before vowel)* l' ; *(stressed)* lui ◆ **I see him** je le vois ◆ **I have seen him** je l'ai vu ◆ **I know HER but I've never seen HIM** je la connais, elle, mais lui je ne l'ai jamais vu
2 *(indirect)* lui ◆ **I give him the book** je lui donne le livre ◆ **I'm speaking to him** je lui parle, c'est à lui que je parle
3 *(after prep etc)* lui ◆ **I am thinking of him** je pense à lui ◆ **I'm proud of him** je suis fier de lui ◆ **without him** sans lui ◆ **if I were him** si j'étais lui, si j'étais à sa place ◆ **it's him** c'est lui ◆ **younger than him** plus jeune que lui
4 celui ◆ **to him who might complain, I should point out that...** à ceux qui se plaindraient, je ferais remarquer que...

**Himalayan** /ˌhɪməˈleɪən/ **ADJ** *(gen)* himalayen ; *[expedition]* dans l'Himalaya

**Himalayas** /ˌhɪməˈleɪəz/ **NPL** (chaîne *f* de l')Himalaya *m*

**himation** /hɪˈmætɪˌɒn/ **N** (pl **himatia** /hɪˈmætɪə/) himation *m*

**himself** /hɪmˈself/ **PERS PRON** *(reflexive) (direct and indirect)* se ; *(emphatic)* lui-même ; *(after prep)* lui ◆ **he has hurt himself** il s'est blessé ◆ **he poured himself a whisky** il s'est servi un whisky ◆ **"why not?" he said to himself** « pourquoi pas ? » se dit-il ◆ **he told me himself** il me l'a dit lui-même ◆ **I saw the teacher himself** j'ai vu le professeur lui-même *or* en personne ◆ **he kept three for himself** il s'en est réservé trois ◆ **she asked him for a photo of himself** elle lui a demandé une photo de lui ◆ **there's no work and no future for students like himself** il n'y a pas de travail et pas d'avenir pour les étudiants comme lui ◆ **he hasn't been himself lately** *(= not behaving normally)* il n'est pas dans son état normal ces temps-ci ; *(= not feeling well)* il n'est pas dans son assiette ces temps-ci
♦ **(all) by himself** tout seul

**hind**[1] /haɪnd/ **N** (pl **hinds** *or* **hind**) *(= deer)* biche *f*

**hind**[2] /haɪnd/ SYN **ADJ** *[legs, feet, paws]* de derrière ◆ **to get up on one's hind legs** * *(hum)* se lever pour parler ◆ **she could** *or* **would talk the hind leg(s) off a donkey** * c'est un vrai moulin à paroles

**hinder**[1] /ˈhaɪndəʳ/ **ADJ** compar of **hind**[2]

**hinder**[2] /ˈhɪndəʳ/ SYN **VT** *(= obstruct, impede)* entraver, gêner ; *(= delay)* retarder ; *(= prevent)* empêcher, arrêter ◆ **the rescue team's efforts were hindered by the bad weather** le travail des sauveteurs a été ralenti par le mauvais temps ◆ **we want to help, not hinder, the progress of the scheme** nous voulons faire avancer le projet, pas l'entraver ◆ **being disabled has done nothing to hinder her career** son handicap n'a pas du tout entravé sa carrière ◆ **the heavy jacket hindered him as he tried to swim** sa lourde veste le gênait pour nager ◆ **poor productivity hinders economic growth** lorsque la productivité est faible, cela entrave la croissance économique ◆ **he does not let racism hinder him** il ne se laisse pas arrêter par le racisme ◆ **the rocky terrain hindered their progress** le terrain rocheux les a ralentis ◆ **poor diet is hindering her recovery** sa mauvaise alimentation l'empêche de guérir plus vite ◆ **high interest rates are hindering recovery** les taux d'intérêt élevés font obstacle à la reprise *or* freinent la reprise ◆ **to hinder sb from doing sth** *(= prevent)* empêcher qn de faire qch ◆ **restrictions that hinder them from doing their job** *(= impede)* des restrictions qui les gênent dans leur travail

**Hindi** /ˈhɪndɪ/ **N** *(= language)* hindi *m*

**hindmost** /ˈhaɪndməʊst/ SYN **ADV** dernier ; → **devil, every**

**hindquarters** /ˈhaɪndˌkwɔːtəz/ **NPL** arrière-train *m*, train *m* de derrière

**hindrance** /ˈhɪndrəns/ SYN **N** obstacle *m* ◆ **to be a hindrance to sb/sth** gêner qn/qch ◆ **he is more of a hindrance than a help** il gêne plus qu'il n'aide ◆ **these attacks are a hindrance to reconciliation** ces attaques font obstacle à la réconciliation ◆ **the issue has been a constant hindrance to normal relations between the two countries** ce problème n'a cessé de faire obstacle à la normalisation des relations entre les deux pays ◆ **they crossed the border without hindrance** ils ont traversé la frontière sans problème *or* difficulté

**hindsight** /ˈhaɪndsaɪt/ **N** ◆ **with** *or* **in hindsight, with the benefit of hindsight** avec du recul, rétrospectivement ◆ **it was, in hindsight, a mistaken judgement** rétrospectivement *or* avec du recul, je pense que c'était une erreur de jugement

**Hindu** /ˈhɪnduː/
**ADJ** hindou
**N** hindou(e) *m(f)*

**Hinduism** /ˈhɪndʊˌɪzəm/ **N** hindouisme *m*

**Hindu Kush** /kʊʃ/ **NPL** *(Geog)* ◆ **the Hindu Kush** l'Hindū Kūsh *m*

**Hindustan** /ˌhɪndʊˈstɑːn/ **N** Hindoustan *m*

**Hindustani** /ˌhɪndʊˈstɑːnɪ/
**ADJ** hindou
**N** 1 Hindoustani(e) *m(f)*
2 *(= language)* hindoustani *m*

**hinge** /hɪndʒ/ SYN
**N** *[of door]* gond *m*, charnière *f* ; *[of box]* charnière *f* ; *(fig)* pivot *m*, charnière *f* ; *(= stamp hinge)* charnière *f* ◆ **the door came off its hinges** la porte est sortie de ses gonds
**VT** *[+ door]* mettre dans ses gonds ; *[+ box]* mettre des charnières à ◆ **a hinged lid** un couvercle à charnière(s) ◆ **a hinged flap** *[of counter] (in shop, bar)* abattant *m* ◆ **the mirror was hinged to a wooden frame** le miroir était fixé à un cadre en bois par des charnières
**VI** 1 *(Tech)* pivoter *(on* sur)
2 *(fig)* ◆ **to hinge on** *or* **upon sth** dépendre de qch ◆ **everything hinges on his decision** tout dépend de sa décision
**COMP** **hinged girder N** *(Tech)* poutre *f* articulée
**hinge joint N** *(Anat)* diarthrose *f*

**hint** /hɪnt/ SYN
**N** 1 allusion *f* ◆ **to drop a hint, to throw out a hint** faire une allusion ◆ **to drop a hint that...** faire une allusion au fait que... ◆ **he dropped me a hint that he would like an invitation** il m'a fait comprendre *or* il m'a laissé entendre qu'il aimerait être invité ◆ **he dropped a gentle hint about it** il y a fait une allusion discrète ◆ **a broad** *or* **strong** *or* **heavy hint** une allusion transparente *or* à peine voilée ◆ **there are strong hints from the government that...** le gouvernement a clairement laissé entendre que... ◆ **I dropped heavy hints that I'd love a new coat for my birthday** j'ai insisté lourdement sur le fait que je voulais un nouveau manteau pour mon anniversaire ◆ **she gave me a subtle hint not to expect promotion** elle m'a fait comprendre discrètement qu'il ne fallait pas compter sur une promotion ◆ **he knows how to take a hint** il comprend à demi-mot, il comprend les allusions ◆ **he took the hint and left at once** il a compris sans qu'on ait besoin de lui expliquer et est parti sur-le-champ ◆ **I can take a hint** (ça va,) j'ai compris ◆ **he can't take a hint** il ne comprend pas vite ◆ **I'll give you a hint - the answer has two words** je vais vous donner un indice *or* vous mettre sur la piste : la réponse est en deux mots ◆ **he gave no hint of his feelings** il n'a rien laissé transparaître de ses sentiments ◆ **hints and tips for travellers** conseils *mpl* aux voyageurs ◆ **hints on maintenance** conseils *mpl* d'entretien
2 *(= trace) [of colour]* touche *f* ; *[of taste, flavour]* soupçon *m* ◆ **she was wearing a hint of eyeshadow** elle avait mis un peu *or* une touche de fard à paupières ◆ **there was a hint of sadness in his smile** il y avait un je ne sais quoi de triste dans son sourire ◆ **there was a hint of desperation in his voice** il y avait une pointe de désespoir dans sa voix ◆ **there was no hint of apology in his voice** il n'y avait pas la moindre trace de remords dans sa voix ◆ **"why are you here?" she said, with no hint of irony** « que faites-vous ici ? » dit-elle, sans la moindre ironie ◆ **at the first hint of trouble** à la moindre alerte, au moindre problème ◆ **there's a hint of spring in the air** il y a un petit air printanier
**VT** *(= insinuate)* insinuer *(that* que) ◆ **he hinted strongly that...** il a lourdement insinué que... ◆ **he hinted to me that he was unhappy** il m'a laissé entendre *or* fait comprendre qu'il était malheureux
**VI** ◆ **to hint at sth** faire allusion à qch ◆ **what are you hinting at?** qu'est-ce que vous voulez dire par là ? ◆ **are you hinting at something?** c'est une allusion ? ◆ **the newspapers hinted darkly at conspiracies** les journaux ont fait des allusions inquiétantes à des complots ◆ **the president hinted at the possibility of tax cuts** le président a laissé entendre qu'il pourrait y avoir une baisse des impôts

**hinterland** /ˈhɪntəlænd/ **N** arrière-pays *m inv*

**hip**[1] /hɪp/
**N** 1 *(Anat)* hanche *f* ◆ **with (one's) hands on (one's) hips** les mains sur les hanches ◆ **to break one's hip** se casser le col du fémur ; → **shoot**
2 *(Archit)* arête *f (d'un toit)*
**COMP** **hip bag N** (sac *m*) banane *f*
**hip bath N** baignoire-sabot *f*
**hip flask N** flasque *f*
**hip joint N** articulation *f* coxofémorale *or* de la hanche
**hip measurement N** ⇒ **hip size**
**hipped roof N** *(Archit)* toit *m* en croupe
**hip pocket N** poche *f* revolver *inv*
**hip replacement (operation) N** pose *f* d'une prothèse de la hanche ◆ **she's waiting for/she's had a hip replacement** elle attend/on lui a posé une prothèse de la hanche
**hip roof N** toit *m* en croupe

**hip size** N tour m de hanches ◆ **what is her hip size?** quel est son tour de hanches ?, combien fait-elle de tour de hanches ?

**hip²** /hɪp/ N (= berry) cynorrhodon m

**hip³** /hɪp/ EXCL ◆ **hip hip hurrah!** hip hip hip hourra !

**hip⁴**\* /hɪp/
- ADJ (= up-to-date) branché\*
- VT (US) mettre au parfum\*

**hipbone** /ˈhɪpbəʊn/ N os m iliaque or de la hanche

**hip-hop** /ˈhɪphɒp/ N hip-hop m

**hiphuggers** /ˈhɪphʌgəz/ NPL pantalon m taille basse

**hipparch** /ˈhɪpɑːk/ N hipparque m

**hipped** /hɪpt/ ADJ (US) ◆ **to be hipped on sth**\* être dingue\* de qch

**-hipped** /hɪpt/ ADJ (in compounds) ◆ **broad-hipped** large de hanches, aux hanches larges ◆ **narrow-hipped** aux hanches étroites

**hippie**\* /ˈhɪpɪ/ ADJ, N (in the sixties) hippie mf ; (modern-day) baba mf cool ◆ **an ageing hippie** un hippie sur le retour

**hippo**\* /ˈhɪpəʊ/ N abbrev of hippopotamus

**hippocras** /ˈhɪpəʊˌkræs/ N hypocras m

**Hippocrates** /hɪˈpɒkrəˌtiːz/ N Hippocrate m

**Hippocratic oath** /ˌhɪpəʊˈkrætɪk/ N ◆ the **Hippocratic oath** le serment d'Hippocrate

**hippodrome** /ˈhɪpədrəʊm/ N hippodrome m

**Hippolytus** /hɪˈpɒlɪtəs/ N Hippolyte m

**hippopotamus** /ˌhɪpəˈpɒtəməs/ N (pl **hippopotamuses** or **hippopotami** /ˌhɪpəˈpɒtəmaɪ /) hippopotame m

**hippuric** /hɪˈpjʊərɪk/ ADJ ◆ **hippuric acid** acide m hippurique

**hippy¹**\* /ˈhɪpɪ/ ⇒ hippie

**hippy²**\* /ˈhɪpɪ/ ADJ aux hanches larges, large de hanches

**hipster** /ˈhɪpstəʳ/
- N ① (Brit) ◆ **hipster skirt** jupe f taille basse ; see also npl
- ② (US \*) jeune homme m dans le vent (1940-50)
- NPL **hipsters** (Brit) pantalon m taille basse

**hire** /ˈhaɪəʳ/ SYN
- N (NonC: Brit = act of hiring) [of car, boat, clothes, hall] location f ◆ **for hire** [car, boat, building] à louer ; [taxi] libre ◆ **on hire** en location ◆ **to let out sth on hire** louer qch ◆ **car/cycle/ski hire** location f de voitures/de vélos/de skis
- VT ① (Brit = rent) [+ car, boat, clothes, hall] louer ◆ **a hired car** une voiture louée or de location
- ② (= employ) [+ person] engager, embaucher ◆ **hired man** (for season) ouvrier m saisonnier ; (on daily basis) ouvrier m à la journée ◆ **a hired killer** un tueur à gages
- VI embaucher, recruter ◆ **she's in charge of all hiring and firing at the company** c'est elle qui est responsable du recrutement et des licenciements au sein de l'entreprise
- COMP **hire car** N (Brit) voiture f de location ◆ **hire charges** NPL (Brit) frais mpl de location, prix m de (la) location ◆ **hire company** N société f de location de voitures ◆ **hire purchase** N (Brit) achat m or vente f à crédit, achat m or vente f à tempérament ◆ **on hire purchase** à crédit ◆ **hire purchase agreement** N (Brit) contrat m de crédit

▶ **hire out** VT SEP ① (Brit = rent out) [+ car, tools] louer
② (US) ◆ **he hires himself out as a gardener** il loue ses services comme jardinier

**hireling** /ˈhaɪəlɪŋ/ N (pej) mercenaire m

**hiring** /ˈhaɪərɪŋ/ N [of car] location f ; [of staff] embauche f

**Hiroshima** /ˌhɪrɒˈʃiːmə/ N Hiroshima m

**hirsute** /ˈhɜːsjuːt/ ADJ velu, poilu

**hirudin** /hɪˈruːdɪn/ N hirudine f

**his** /hɪz/
- POSS ADJ son, sa, ses ◆ **his book** son livre ◆ **his table** sa table ◆ **his friend** son ami(e) ◆ **his clothes** ses vêtements ◆ **HIS book** son livre à lui ◆ **he has broken his leg** il s'est cassé la jambe
- POSS PRON le sien, la sienne, les siens, les siennes ◆ **my hands are clean, his are dirty** mes mains sont propres, les siennes sont sales ◆ **his is a specialized department** sa section est une section spécialisée ◆ **this book is his** ce livre est à lui, ce livre est le sien ◆ **this poem is his** ce poème est de lui ◆ **the house became his** la maison est devenue la sienne ◆ **it is not his to decide** ce n'est pas à lui de décider, il ne lui appartient pas de décider

◆ **... of his** ◆ **a friend of his** un de ses amis (à lui) ◆ **it's no fault of his** ce n'est pas de sa faute (à lui) ◆ **no advice of his could prevent her doing it** aucun conseil de sa part ne pouvait l'empêcher de le faire ◆ **that car of his** (pej) sa fichue\* voiture ◆ **that stupid son of his** (pej) son idiot de fils ◆ **that temper of his** (pej) son sale caractère ◆ **that awful laugh of his** (pej) ce rire abominable qu'il a

**Hispanic** /hɪˈspænɪk/
- ADJ (gen) hispanique ; (in America) hispano-américain
- N Hispano-Américain(e) m(f)

**Hispano...** /hɪˈspænəʊ/ PREF hispano-

**hispid** /ˈhɪspɪd/ ADJ hispide

**hiss** /hɪs/ SYN
- VI [person, snake] siffler ; [cat] cracher ; [gas, steam] chuinter, siffler
- VT [+ actor, speaker] siffler ◆ **"come here"**, **he hissed** « viens ici », siffla-t-il
- N sifflement m ◆ **hisses** (Theat) sifflet(s) m(pl)

**histamine** /ˈhɪstəmiːn/ N (Physiol) histamine f

**histaminic** /ˌhɪstəˈmɪnɪk/ ADJ (Physiol, Med) histaminique

**histidine** /ˈhɪstɪˌdiːn/ N histidine f

**histochemistry** /ˌhɪstəʊˈkemɪstrɪ/ N histochimie f

**histocompatibility** /ˈhɪstəʊkəmˌpætɪˈbɪlɪtɪ/ N (Med) histocompatibilité f

**histogenesis** /ˌhɪstəʊˈdʒenəsɪs/ N (Bio) histogénèse f

**histogenetic** /ˌhɪstəʊdʒəˈnetɪk/ ADJ (Bio) histogénétique

**histogram** /ˈhɪstəgræm/ N histogramme m

**histological** /ˌhɪstəˈlɒdʒɪkəl/ ADJ (Bio) histologique

**histologist** /hɪˈstɒlədʒɪst/ N histologiste mf

**histology** /hɪˈstɒlədʒɪ/ N histologie f

**histolysis** /hɪˈstɒlɪsɪs/ N (Bio) histolyse f

**histone** /ˈhɪstəʊn/ N histone f

**histoplasmosis** /ˌhɪstəʊplæzˈməʊsɪs/ N histoplasmose f

**historian** /hɪˈstɔːrɪən/ SYN N historien(ne) m(f)

**historic** /hɪˈstɒrɪk/ SYN
- ADJ (gen) historique ◆ **site of historic interest** site m historique ◆ **a historic occasion** un événement historique
- COMP **historic present** N (Gram) présent m historique or de narration

**historical** /hɪˈstɒrɪkəl/ SYN
- ADJ (gen) historique ◆ **the historical background to the case** le rappel historique or l'historique m de l'affaire ◆ **place of historical interest** monument m or site m historique ◆ **of historical importance** d'une importance historique ◆ **a historical landmark** un événement historique marquant, un jalon dans l'histoire ◆ **a famous historical figure** un personnage historique célèbre ◆ **from a historical perspective** d'un point de vue historique ◆ **historical research** recherche f historique ◆ **a historical record** une source historique ◆ **there is no historical precedent for this** sur le plan historique, il n'y a aucun précédent
- COMP **historical linguistics** N (NonC) linguistique f diachronique ◆ **historical novel** N roman m historique ◆ **historical present** N (Gram) présent m historique or de narration

**historically** /hɪˈstɒrɪkəlɪ/ ADV (= traditionally) traditionnellement ; (= in historical terms) [important, accurate] historiquement ; [consider] sur le plan historique ◆ **historically, there is no precedent for this** sur le plan historique, ceci n'a aucun précédent ◆ **historically speaking** historiquement parlant

**historicity** /ˌhɪstəˈrɪsɪtɪ/ N historicité f

**historiographer** /hɪˌstɒrɪˈɒgrəfəʳ/ N historiographe mf

**historiography** /hɪˌstɒrɪˈɒgrəfɪ/ N historiographie f

**history** /ˈhɪstərɪ/ SYN N histoire f ◆ **to make history** être historique ◆ **she will go down in history for what she did** elle entrera dans l'histoire pour ce qu'elle a fait ◆ **it will go down in history (as...)** [event, day, decision] cela entrera dans l'histoire (comme étant...) ◆ **one of the most dramatic moments in Polish history** un des moments les plus marquants de l'histoire polonaise ◆ **the highest salary in television history** le salaire le plus élevé de l'histoire de la télévision ◆ **religious history** l'histoire f des religions ◆ **military history** l'histoire f militaire ◆ **that's all ancient history** c'est de l'histoire ancienne tout cela ◆ **the recent ceasefire agreement is already history** le récent cessez-le-feu n'est déjà plus qu'un souvenir ◆ **... and the rest is history** ... le reste appartient à l'histoire ◆ **one mistake and you're history** une erreur et tu es fini\* ◆ **I don't know the history of this necklace** je ne connais pas l'histoire de ce collier ◆ **what is his medical history?** quel est son passé médical ? ◆ **my family has a history of asthma** j'ai des antécédents familiaux d'asthme ◆ **he has a history of psychiatric disorders** il a des antécédents de troubles psychiatriques ◆ **the accused had a history of violent behaviour** l'accusé était déjà connu pour avoir commis des actes de violence ; → **case¹, natural**

**histrionic** /ˌhɪstrɪˈɒnɪk/ ADJ théâtral ; (pej) histrionique, de cabotin (pej) ◆ **histrionic ability** talent m dramatique

**histrionically** /ˌhɪstrɪˈɒnɪkəlɪ/ ADV d'un air théâtral or mélodramatique

**histrionics** /ˌhɪstrɪˈɒnɪks/ NPL art m dramatique ◆ **I'm tired of his histrionics** (pej) j'en ai assez de ses airs dramatiques or de son cinéma\*

**hit** /hɪt/ SYN (vb: pret, ptp **hit**)
- N ① (= stroke, blow) coup m ; (in baseball, cricket) coup m de batte ; (in tennis) coup m de raquette ; (fig) attaque f ◆ **the film was a hit at current government policy** le film était une attaque contre la politique actuelle du gouvernement ; → **free**
- ② (= successful stroke) coup m réussi, beau coup m ; (Fencing) touche f ; (Mil: with bomb, bullet, shell) tir m réussi ◆ **three hits and three misses** (gen) trois succès et trois échecs ; → **direct, score**
- ③ (Comput) (= response from Internet) réponse f, occurrence f ; (= visit to website) connexion f, hit m
- ④ (gen) (gros) succès m ; (= song) tube\* m ◆ **the play/song was a big hit** la pièce/chanson a eu un énorme succès ◆ **to make a hit of sth**\* réussir (pleinement) qch ◆ **she was** or **made a big hit with my sister** elle a beaucoup plu à ma sœur
- ⑤ (\* = dose) [of crack, speed, caffeine etc] dose\* f ; → **score**
- ⑥ (\* = assassination) meurtre m
- VT ① (= strike) (once) frapper ; (repeatedly) taper sur ; (= knock against) heurter, cogner ; (= reach) atteindre ; (Billiards, Fencing) toucher ; (Typography, Comput) [+ key] appuyer sur ; (fig = hurt, annoy) blesser ◆ **he hit his brother** il a frappé son frère ◆ **he hit me!** (once) il m'a frappé ! ; (repeatedly) il m'a tapé dessus ! ◆ **his father used to hit him** son père le battait ◆ **to hit sb where it hurts** (lit : in fight) frapper qn là où ça fait mal ; (fig) toucher qn à son point faible ◆ **she hit him a blow across the face** (with hand) elle l'a frappé au visage ; (with truncheon etc) elle lui a donné un coup de matraque etc sur le visage ◆ **to hit one's knee/elbow on** or **against sth** se cogner or se heurter le genou/coude contre qch ◆ **his head hit the corner of the table, he hit his head on the corner of the table** sa tête a cogné contre or heurté le coin de la table, il s'est cogné la tête sur le coin de la table ◆ **the stone hit the window** la pierre a cogné contre la fenêtre ◆ **he hit the nail with a hammer** il a tapé sur le clou avec un marteau ◆ **to hit the nail on the head** (fig) mettre dans le mille, faire mouche ◆ **that hit home!** (fig) le coup a porté ! ◆ **to hit the buffers** (Brit fig)[plan, project] s'en aller en eau de boudin ◆ **to hit the wall** (fig)[athlete etc] connaître un passage à vide ◆ **to hit the ground running**\* se mettre immédiatement au travail ◆ **he was hit by flying glass** il a reçu des éclats de verre ◆ **the president was hit by three bullets** le président a reçu trois balles ◆ **the bullet hit him in the chest** il a reçu la balle dans la poitrine ◆ **the house was hit by a bomb** la maison a été atteinte par or a reçu une bombe ◆ **the tree was hit by lightning** l'arbre a été frappé par la foudre ◆ **the hurricane hit San Francisco yesterday evening** l'ouragan a frappé San Francisco hier soir ◆ **my plane had been hit** mon avion avait été touché ◆ **you won't know what's hit you when the baby arrives!**\*

ta vie va être bouleversée par l'arrivée du bébé ; → **down²**, **mark²**

**2** (fig = affect adversely) toucher ◆ **California was the area hardest hit by the storms** la Californie a été la région la plus touchée par les tempêtes ◆ **production was hit by the strike** la production a été touchée par la grève ◆ **the rise in prices will hit the poorest families first** la hausse des prix affectera or touchera d'abord les familles les plus pauvres ◆ **he was hard hit by his losses** ses pertes l'ont durement touché or atteint ◆ **industry has been hard hit by the recession** l'industrie a été gravement touchée par la récession ◆ **the public was hardest hit by the strike** c'est le public qui a été touché le plus durement par la grève

**3** (fig) ◆ **to hit the papers** [news, story] être à la une * des journaux, faire les gros titres des journaux ◆ **what will happen when the story hits the front page?** que se passera-t-il quand on lira cette histoire en première page des journaux ? ◆ **the car hit* 100mph just before it crashed** la voiture a atteint les 160 km/h juste avant l'accident ◆ **oil prices hit record levels yesterday** le prix du pétrole a atteint un niveau record hier ◆ **then it hit me*** (= realization) alors ça a fait tilt* ◆ **it suddenly hit me* that...** je me suis soudain rendu compte que..., j'ai soudain réalisé que... ◆ **you've hit it!*** ça y est*, tu as trouvé ! ◆ **he hit me with a six of spades*** (US Cards) il m'a flanqué un six de pique ◆ **to hit sb for 10 dollars*** (US) taper* qn de 10 dollars ◆ **to hit the bottle*** se mettre à picoler* ◆ **to hit the ceiling*** or **the roof*** sortir de ses gonds ◆ **to hit the deck*** (= get down) s'aplatir au sol ; (= get knocked down) (gen) tomber par terre ; [boxer] aller au tapis ◆ **to hit the dirt*** s'aplatir au sol ◆ **to hit the hay*** or **the sack*** se pieuter* ◆ **to hit the road*** or **the trail*** se mettre en route ◆ **in May the candidates will hit the campaign trail** en mai les candidats se lanceront dans la campagne électorale ◆ **to hit the dance floor*** aller sur la piste (de danse) ◆ **when will Jim hit town?*** quand est-ce que Jim va débarquer* en ville ? ◆ **we should hit Las Vegas in a couple of hours** nous devrions arriver à Las Vegas dans une ou deux heures ◆ **to hit the shops*** [article] arriver dans les magasins ; [person] faire les magasins ◆ **to hit the bookshops** or (US) **bookstores** [new publication] sortir en librairie ◆ **it hits the spot*** [food, drink] ça fait du bien ! ; (= succeeds) ça tombe à pic !* ◆ **to hit sb for six*** [cold, flu] lessiver* qn ; [news] faire un choc à qn ; → **headline**, **high**, **jackpot**, **skid**

**4** (= collide with) heurter, rentrer dans* ◆ **the car hit a pedestrian** la voiture a renversé un piéton

**5** (= find) trouver, tomber sur ; [+ problems, difficulties] rencontrer ◆ **at last we hit the right road** nous sommes enfin tombés sur la bonne route ◆ **we've hit a snag** on est tombés sur un os*

**VI** (= collide) se heurter, se cogner (against à, contre)

**COMP** **hit-and-miss** ADV au petit bonheur (la chance), un peu n'importe comment ADJ [work] fait au petit bonheur (la chance) ; [attitude] désinvolte ; [technique] empirique ◆ **it's a hit-and-miss affair** c'est une question de chance ◆ **the way she painted the room was rather hit-and-miss** elle a peint la pièce un peu n'importe comment ◆ **it was all rather hit-and-miss** tout se passait plutôt à la va-comme-je-te-pousse, tout était à la va-comme-je-te-pousse **hit-and-run accident** N accident m avec délit de fuite **hit-and-run driver** N chauffard m coupable du délit de fuite **hit-and-run raid** N (Mil) raid m éclair inv **hit-and-run strike** N grève f éclair **hit list** N liste f noire ◆ **he's on her hit list** (fig) elle l'a dans le collimateur* **hit-or-miss** SYN ADV, ADJ ⇒ **hit-and-miss** **hit parade** N hit-parade m **hit rate** N (= success rate) taux m de réussite ◆ **he had the best hit rate of the whole Police Academy** (shooting) il a obtenu le meilleur score au tir de toute l'école de police **hit show** N (Theat) revue f à succès ; (TV) émission f à succès **hit single** N (Mus) tube* m **hit squad** N commando m (de tueurs)

▶ **hit back**

**VI** (lit) frapper en retour ; (fig) riposter ◆ **to hit back at sb** (fig) se venger de qn ◆ **to hit back at sb's criticism/suggestions/accusations** riposter à la critique/aux suggestions/aux accusations de qn

**VT SEP** ◆ **to hit sb back** frapper qn en retour

▶ **hit off*** VT SEP ◆ **to hit it off with sb** bien s'entendre avec qn ◆ **they hit it off straight away** ils se sont immédiatement bien entendus ◆ **he has never hit it off with Douglas** il ne s'est jamais entendu avec Douglas

▶ **hit on** VT FUS **1** ⇒ **hit upon**
**2** (US *) (= try to pick up) draguer* ; (= beat) frapper

▶ **hit out** VI **1** (lit) ◆ **the police hit out with batons and iron bars** la police a distribué des coups de matraque et de barres de fer ◆ **to hit out at sb** donner un coup à qn
**2** (fig) riposter ◆ **he hit out angrily when I suggested it had been his fault** il a riposté avec colère quand j'ai suggéré que c'était de sa faute ◆ **to hit out at sb** s'en prendre à qn ◆ **to hit out at sb's criticism/suggestions/accusations** riposter à la critique/aux suggestions/aux accusations de qn

▶ **hit upon** VT FUS tomber sur, trouver

**hitch** /hɪtʃ/ SYN

**N** **1** (= obstacle) (petit) problème m ◆ **there's been a hitch** il y a eu un (petit) problème ◆ **there's been a hitch in their plans** leur projet s'est heurté à un obstacle ◆ **after some technical hitches the show finally got under way** après quelques problèmes techniques le spectacle a finalement commencé ◆ **the only hitch is that...** le seul ennui c'est que... ◆ **without a hitch** sans accroc
**2** (US : in army or in jail) période passée dans l'armée ou en prison
**3** (= knot : gen) nœud m ; (also **hitch knot**) deux demi-clés fpl
**4** ◆ **to give sth a hitch (up)** remonter qch

**VT** **1** (also **hitch up**) [+ trousers, skirt] remonter
**2** (= fasten) accrocher, attacher, fixer ; [+ boat] amarrer ◆ **to get hitched*** se marier ◆ **to hitch one's wagon to a star** (US) aspirer à de hautes destinées ◆ **to hitch one's wagon to sb** (US) chercher à profiter de la destinée de qn
**3** ◆ **to hitch a lift** (= be hitch-hiking) faire du stop* ; (= get a lift) être pris en stop* ◆ **to hitch a lift** or **a ride to Paris** faire du stop* jusqu'à Paris, être pris en stop* jusqu'à Paris ◆ **she hitched a lift into town** elle a fait du stop* pour aller en ville, quelqu'un l'a déposée en ville ◆ **I hitched a ride with a truck driver** j'ai été pris en stop* par un camion or un routier

**VI** * ⇒ **hitch-hike**

**COMP** **hitch-hike** VI faire du stop* or de l'autostop ◆ **they hitch-hiked to Paris** ils sont allés à Paris en stop, ils ont fait du stop* or de l'autostop jusqu'à Paris **hitch-hiker** N auto-stoppeur m, -euse f **hitch-hiking** N auto-stop m, stop* m

▶ **hitch up** VT SEP **1** [+ horses, oxen] atteler (to à)
**2** ⇒ **hitch vt 1**

**hitcher** * /ˈhɪtʃəʳ/ N stoppeur * m, -euse f

**hi-tec(h)** /ˈhaɪtek/ ADJ ⇒ **high-tech** ; → **high**

**hither** /ˈhɪðəʳ/ SYN

**ADV** **1** ( †† = to here) [bring] ici ◆ **come hither!** viens çà ! †† ; see also **come** ◆ **his journey hither** son voyage en ce lieu
**2** ◆ **hither and thither** (Brit), **hither and yon** (US) (= to and fro) çà et là

**ADJ** †† de ce côté-ci

**hitherto** /ˌhɪðəˈtuː/ SYN ADV jusqu'ici

**Hitler** /ˈhɪtləʳ/

**N** Hitler m

**COMP** **the Hitler Youth (Movement)** N les jeunesses fpl hitlériennes

**Hitlerian** /hɪtˈlɪərɪən/ ADJ hitlérien

**Hitlerism** /ˈhɪtlərɪzəm/ N hitlérisme m

**hitman** * /ˈhɪtmæn/ N (pl **-men**) tueur m à gages

**Hittite** /ˈhɪtaɪt/

**N** **1** Hittite mf
**2** (= language) hittite m

**ADJ** hittite

**HIV** /ˌeɪtʃaɪˈviː/

**N** (Med) (abbrev of **human immunodeficiency virus**) HIV m, VIH m

**COMP** **HIV-negative** ADJ séronégatif **HIV-positive** ADJ séropositif **HIV-related** ADJ associé au sida **HIV virus** N virus m HIV

**hive** /haɪv/

**N** (= place, also fig) ruche f ; (with bees in it) essaim m ◆ **a hive of activity** or **industry** (fig) une vraie ruche

**VT** mettre dans une ruche

**VI** entrer à la ruche

▶ **hive off** (Brit)

**VI** **1** (= separate) se séparer (from de), essaimer
**2** (* = rush off) filer*, se tirer*

**VT SEP** séparer (from de) ◆ **they hived off the infant school to a different building** on a déplacé la maternelle pour l'installer dans un autre bâtiment ◆ **the branch might be hived off into a separate company** il se peut que cette succursale devienne une société indépendante

**hives** /haɪvz/ NPL (Med) urticaire f

**hiya** * /ˈhaɪjə/ EXCL salut !*

**Hizbollah, Hizbullah** /ˈhɪzbəˈlɑː/ N ⇒ **Hezbollah**

**hl** (abbrev of **hectolitre(s)**) hl

**HLA** /ˌeɪtʃelˈeɪ/ N (abbrev of **human leucocyte antigens**) HLA mpl

**HM** /eɪtʃˈem/ N (abbrev of **His** or **Her Majesty**) S.M., Sa Majesté

**HMG** /ˌeɪtʃemˈdʒiː/ N (Brit) (abbrev of **His** or **Her Majesty's Government**) → **majesty**

**HMI** /ˌeɪtʃemˈaɪ/ N (Brit Educ) (abbrev of **His** or **Her Majesty's Inspector**) ≈ inspecteur m, -trice f général(e) de l'enseignement secondaire

**HMO** /ˌeɪtʃemˈəʊ/ N (US) (abbrev of **Health Maintenance Organization**) organisme médical privé assurant un forfait santé

**HMS** /ˌeɪtʃemˈes/ N (Brit) (abbrev of **His** or **Her Majesty's Ship**) → **ship**

**HMSO** /ˌeɪtʃemesˈəʊ/ N (Brit) (abbrev of **His** or **Her Majesty's Stationery Office**) → **stationery**

**HNC** /ˌeɪtʃenˈsiː/ N (Brit) (abbrev of **Higher National Certificate**) ≈ BTS m

**HND** /ˌeɪtʃenˈdiː/ N (Brit) (abbrev of **Higher National Diploma**) ≈ DUT m

**ho** /həʊ/ EXCL ◆ **ho ho!** ah ah (ah) !

**hoagie, hoagy** /ˈhəʊɡɪ/ N (US) grand sandwich m mixte

**hoard** /hɔːd/ SYN

**N** réserves fpl, provisions fpl ; (pej) stock m (pej) ; (= treasure) trésor m ◆ **a hoard of food** des provisions fpl, des réserves fpl ◆ **a hoard of silver and jewels** un trésor composé d'argenterie et de bijoux ; (pej) tout un stock d'argenterie et de bijoux ◆ **a squirrel's hoard of nuts** les réserves or provisions fpl de noisettes d'un écureuil

**VT** (also **hoard up**) [+ food etc] amasser, mettre en réserve ; (pej) stocker (pej) ; [+ money] accumuler, amasser

**hoarder** /ˈhɔːdəʳ/ SYN N ◆ **to be a hoarder** ne rien jeter

**hoarding¹** /ˈhɔːdɪŋ/ N (= act of saving) entassement m, accumulation f ; [of capital] thésaurisation f

**hoarding²** /ˈhɔːdɪŋ/ N **1** (Brit : for advertisements) panneau m d'affichage or publicitaire
**2** (= fence) palissade f

**hoarfrost** /ˈhɔːfrɒst/ N gelée f blanche, givre m

**hoarse** /hɔːs/ SYN ADJ [person] enroué ; [voice] rauque, enroué ◆ **to be hoarse** avoir la voix rauque, être enroué ◆ **he shouted himself hoarse** il s'est enroué à force de crier

**hoarsely** /ˈhɔːslɪ/ ADV d'une voix rauque

**hoarseness** /ˈhɔːsnɪs/ N enrouement m

**hoary** /ˈhɔːrɪ/ SYN ADJ **1** [hair] blanchi, blanc neigeux inv ; [person] (lit, liter : also **hoary-headed**) chenu (liter) ; (fig) vénérable ◆ **a hoary old joke** une blague éculée ◆ **a hoary old tradition** une vieille tradition surannée
**2** (Bot) couvert de duvet blanc

**hoax** /həʊks/ SYN

**N** canular m ◆ **to play a hoax on sb** monter or faire un canular à qn ◆ **the phone call was a hoax** le coup de téléphone était le fait d'un mauvais plaisant

**VT** faire or monter un canular à ◆ **we were completely hoaxed** on nous a eus* ◆ **to hoax sb into believing sth** faire croire qch à qn

**hoaxer** /ˈhəʊksəʳ/ N mauvais plaisant m

# hob | hold

**hob** /hɒb/ **N** (on cooker) plan m de cuisson ; (Brit : on old-fashioned cooker) rond m ; (by fireplace) plaque f (de foyer) (où la bouilloire etc est tenue au chaud)

**Hobbit** /ˈhɒbɪt/ **N** (Literat) ◆ **"the Hobbit"** « Bilbo le Hobbit »

**hobble** /ˈhɒbl/
**VI** clopiner, boitiller ◆ **to hobble along** aller clopin-clopant ◆ **to hobble in/out** etc entrer/sortir etc en clopinant
**VT** (lit, fig) entraver
**N** (for horses) entrave f
**COMP hobble skirt N** jupe f entravée

**hobbledehoy** /ˌhɒbldɪˈhɔɪ/ **N** grand dadais m

**hobby** /ˈhɒbɪ/ SYN
**N** passe-temps m inv, hobby m ◆ **my hobbies include painting and sailing** la peinture et la voile sont deux de mes hobbies ◆ **he began to paint as a hobby** il a commencé la peinture comme passe-temps
**COMP hobby-horse N** (= toy) tête f de cheval (sur un manche) ; (= rocking horse) cheval m à bascule ; (fig) sujet m favori, dada* m ◆ **he's off on his hobby-horse** (fig) le voilà reparti (sur son dada)

**hobbyist** /ˈhɒbɪɪst/ **N** amateur m ◆ **a photo hobbyist** un photographe amateur

**hobgoblin** /ˈhɒbˌgɒblɪn/ **N** (= elf) lutin m ; (fig) (= bugbear) croquemitaine m

**hobnail** /ˈhɒbneɪl/
**N** caboche f, clou m
**COMP hobnail(ed) boots NPL** souliers mpl cloutés or ferrés

**hobnob** /ˈhɒbnɒb/ SYN **VI** ◆ **to hobnob with** frayer avec

**hobo** /ˈhəʊbəʊ/ **N** (pl hobo(e)s) (US) ① (= tramp) clochard m
② (= migratory worker) saisonnier m

**Hobson's choice N** ◆ **it's Hobson's choice** c'est un choix qui n'en est pas un, ce n'est un choix qu'en apparence

**Ho Chi Minh City** /ˌhəʊtʃiːˈmɪnˈsɪtɪ/ **N** Hô Chi Minh-Ville

**hock¹** /hɒk/ **N** (of animal) jarret m ; (of human) creux m du genou ; (Culin) jarret m (de bœuf)

**hock²** /hɒk/ **N** (Brit = wine) vin m du Rhin

**hock³**⁎ /hɒk/
**VT** (= pawn) mettre au clou*
**N** ◆ **in hock** [object] au clou*, au mont-de-piété ; [person] endetté

**hockey** /ˈhɒkɪ/
**N** ① (also **field hockey**) hockey m
② (also **ice hockey**) hockey m sur glace
**COMP** (match, pitch) de hockey
**hockey player N** hockeyeur m, -euse f, joueur m, -euse f de hockey
**hockey stick N** crosse f de hockey

**hocus-pocus** /ˈhəʊkəsˈpəʊkəs/ **N** (NonC)
① (= trickery) ◆ **a bit of hocus-pocus** des tours de passe-passe
② (= mumbo-jumbo) galimatias m

**hod** /hɒd/ **N** (for coal) seau m à charbon ; (for bricks, mortar) oiseau m, hotte f

**hodgepodge** /ˈhɒdʒpɒdʒ/ **N** (esp US) ⇒ **hotchpotch**

**hoe** /həʊ/
**N** houe f, binette f
**VT** [+ ground] biner ; [+ vegetables, weeds] sarcler

**hoedown** /ˈhəʊdaʊn/ **N** (US) (= dance) danse f (villageoise) ; (= party) bal m populaire

**hog** /hɒg/
**N** ① cochon m, porc m ; (Brit : castrated) cochon m ◆ **he's a greedy hog** c'est un vrai goinfre ◆ **to go hog wild** (US) dépasser les bornes ;
→ **high, road, whole**
② (US * = motorbike) moto f
**VT** * ① (= monopolize) [+ best chair etc] accaparer, monopoliser ; [+ conversation] monopoliser ◆ **don't hog all the sweets** ne garde pas tous les bonbons pour toi ◆ **to hog the credit** s'attribuer tout le mérite ◆ **to hog the limelight** monopoliser l'attention
② [+ food] se goinfrer* de

**Hogarthian** /həʊˈgɑːθɪən/ **ADJ** grotesque à la manière de Hogarth

**Hogmanay** /ˌhɒgməˈneɪ/ **N** (Scot) la Saint-Sylvestre, le réveillon du jour de l'an

**HOGMANAY**

Hogmanay est le nom donné au réveillon du jour de l'An en Écosse. La coutume veut que le 31 décembre on se rende chez ses voisins après minuit en apportant symboliquement un petit cadeau, de la boisson et, parfois, un morceau de charbon en gage de prospérité pour l'année à venir ; cette coutume porte le nom de « first-footing ».

**hogshead** /ˈhɒgzhed/ **N** barrique f

**hogtie** /ˈhɒgtaɪ/ **VT** (US) (lit) lier les pieds et les poings de ; (fig) entraver ◆ **to be hogtied** (lit, fig) être pieds et poings liés

**hogwash** /ˈhɒgwɒʃ/ **N** (= pigswill) eaux fpl grasses (pour nourrir les porcs) ; (* = nonsense) inepties fpl

**hogweed** /ˈhɒgwiːd/ **N** berce f

**ho hum*** /ˌhəʊˈhʌm/
**EXCL** ◆ **ho hum! that's life** eh oui ! c'est la vie
**ADJ** (also **ho-hum**) moyen

**hoick*** /hɔɪk/ **VT** (Brit = lift) ◆ **to hoick one's trousers up** remonter son pantalon ◆ **to hoick sb out of bed** tirer qn de son lit

**hoi polloi** /ˌhɔɪpəˈlɔɪ/ SYN **NPL** (pej) ◆ **the hoi polloi** la populace

**hoist** /hɔɪst/ SYN
**VT** hisser, remonter ; [+ sails, flag] hisser ◆ **to be hoist with one's own petard** être pris à son propre piège
**N** ① (= equipment) appareil m de levage, palan m ; (= winch) treuil m ; (= crane) grue f ; (for goods) monte-charge m inv ; (made of rope) corde f, palan m
② ◆ **to give sth a hoist (up)** hisser or remonter qch

**hoity-toity** /ˈhɔɪtɪˈtɔɪtɪ/ **ADJ** (pej = arrogant) prétentieux, bêcheur*

**hoke**⁎ /həʊk/ **VT** (US) ◆ **to hoke up a movie** forcer les effets d'un film

**hokey*** /ˈhəʊkɪ/
**ADJ** ① (US) (= phoney) bidon* inv ◆ **it's hokey** c'est du bidon*
② (= corny) [story, song] cucul la praline* inv ; [excuse] tiré par les cheveux
**COMP hokey-cokey N** sorte de ronde

**Hokkaido** /hɒˈkaɪdəʊ/ **N** Hokkaido

**hokku** /hɒkuː/ **N, PL INV** ⇒ **haiku**

**hokum*** /ˈhəʊkəm/ **N** (US) (= nonsense) foutaises⁎ fpl ; (= sentimentality) blablabla* m sentimental, niaiseries fpl ; (US Cine, Theat) gros effets mpl

---

## hold /həʊld/

vb: pret, ptp **held**

**LANGUAGE IN USE 27** SYN

1 - NOUN
2 - TRANSITIVE VERB
3 - INTRANSITIVE VERB
4 - COMP
5 - PHRASAL VERBS

---

### 1 - NOUN

① [= GRIP, CLUTCH] prise f ◆ **he loosened his hold** il a desserré sa prise or son étreinte f ◆ **he loosened his hold around my arms/my throat** il a desserré son étreinte autour de mes bras/ma gorge ◆ **I tried to break free from his hold** j'ai essayé de me dégager ◆ **to seize hold of** saisir ◆ **to have hold of** tenir ◆ **I've got a good** or **firm hold on the rope** je tiens bien or bon la corde

② [= CONTROL, INFLUENCE] emprise f ◆ **the Prime Minister's uneasy hold over her government** la fragile emprise du Premier ministre sur son gouvernement ◆ **the president has consolidated his hold on the media** le président a renforcé son emprise sur les médias ◆ **she still has a hold on him** elle a toujours de l'emprise sur lui

③ [GEN, ALSO CLIMBING] prise f ◆ **the rock offered him few holds** le rocher lui offrait peu de prises

④ [WRESTLING] prise f ◆ **no holds barred** (fig) tous les coups sont (or étaient) permis ◆ **a talk show with no holds barred*** un débat télévisé où tous les coups sont permis

⑤ [OF HAIRSPRAY, HAIR GEL] fixation f ◆ **finish with hairspray for extra hold** pour finir, vaporisez de la laque pour obtenir une fixation parfaite

⑥ [IN SHIP] cale f
⑦ [IN PLANE] soute f
⑧ [SET STRUCTURES]

◆ **to catch hold (of sth)** attraper (qch) ◆ **catch hold!** attrape ! ◆ **he caught hold of her arm** il l'a attrapée par le bras

◆ **to get/take a hold of** (= catch) prendre ◆ **to get a hold of o.s.** se maîtriser, se contrôler ◆ **get a hold of yourself!** ressaisis-toi !

◆ **to get hold of** (= find, trace) [+ object] dénicher*, (réussir à) se procurer ; [+ details, information] réussir à obtenir ; (= contact) [+ person] contacter, joindre ◆ **can you get hold of £500 by tomorrow?** est-ce que tu peux te procurer 500 livres d'ici demain ? ◆ **where did you get hold of that hat?** où as-tu déniché* or été trouver ce chapeau ? ◆ **children can all too easily get hold of drugs** les enfants peuvent trop facilement se procurer de la drogue ◆ **where did you get hold of that idea?** où as-tu été pêcher* or trouver cette idée ? ◆ **the press got hold of the story** la presse s'empara de cette histoire ◆ **we've been trying to get hold of him all day** nous avons essayé de le contacter or le joindre toute la journée

◆ **to take hold** [fire] prendre ; [custom, practice] se répandre ; [idea] faire son chemin ; [recession, economic recovery, change] s'installer ; [truce, ceasefire] tenir ◆ **the reforms taking hold in former Communist states** les réformes engagées dans les anciens États communistes ◆ **take hold!** tiens !

◆ **to keep hold of** tenir fermement, ne pas lâcher ◆ **keep hold of the idea that...** dites-vous bien que...

◆ **on hold** [phone call, order] en attente ◆ **to put sb on hold** (during phone call) mettre qn en attente ◆ **nuclear testing was put on hold** les essais nucléaires ont été suspendus ◆ **he put his career on hold to spend more time with his family** il a mis sa carrière entre parenthèses pour consacrer plus de temps à sa famille

---

### 2 - TRANSITIVE VERB

① [= GRASP] tenir ◆ **hold this for a moment** tiens or prends ça un moment ◆ **he held my arm** il me tenait le bras ◆ **the dog held the stick in his mouth** le chien tenait le bâton dans sa gueule ◆ **she was holding her sister's hand** (lit, fig) elle tenait la main de sa sœur ◆ **they were holding hands** (gen) ils se tenaient par la main ; [lovers] ils étaient la main dans la main ◆ **she held him tight** elle l'a serré très fort ◆ **hold him tight or he'll fall** tenez-le bien pour qu'il ne tombe subj pas

② [= KEEP IN PLACE] ◆ **to hold sth in place** maintenir qch en place ◆ **the nails hold the carpet in place** les clous maintiennent la moquette en place ◆ **hair held in place with a clip** des cheveux attachés avec une barrette ◆ **she held the door open** elle a tenu la porte (ouverte) ◆ **a hat held by a ribbon tied under the chin** un chapeau tenu au moyen d'un ruban noué sous le menton

③ [= SUPPORT] supporter ◆ **the ladder won't hold you** or **your weight** l'échelle ne supportera pas ton poids

④ [= MAINTAIN, KEEP] ◆ **to hold o.s. upright** se tenir droit ◆ **to hold a note** (Mus) tenir une note ◆ **to hold sth in mind** garder qch à l'esprit ◆ **to hold an opinion** avoir une opinion ◆ **to hold sb's attention/interest** retenir l'attention/l'intérêt de qn ◆ **can he hold an audience?** est-ce qu'il sait tenir son public (en haleine) ? ◆ **this car holds the road well** cette voiture tient bien la route ◆ **to hold one's breath** (lit, fig) retenir son souffle ◆ **don't hold your breath!** (fig) n'y compte pas trop ! ◆ **it's scheduled to finish in August, but don't hold your breath** il est prévu que ce soit fini en août mais je n'y compterais pas trop ◆ **hold the line!** (Telec) ne quittez pas ! ◆ **I've been holding the line for several minutes** (Telec) cela fait plusieurs minutes que je suis en ligne or que j'attends

⑤ [= HAVE, POSSESS] [+ ticket, permit, driving licence] avoir ; [+ shares, record] détenir ◆ **Spain held vast territories in South America** l'Espagne possédait de vastes territoires en Amérique du Sud

⑥ [= DEFEND SUCCESSFULLY] (gen, Mil) tenir ◆ **the army held the bridge against the enemy** l'armée a tenu le pont malgré les attaques de l'ennemi ◆ **to hold one's serve** (Tennis) gagner son service

◆ **to hold one's own** (gen) (bien) se débrouiller ; [ill person] se maintenir ◆ **he can hold his own in German** il se débrouille très bien en allemand ◆ **he can hold his own with anybody** il ne s'en laisse pas remontrer

7 [= OCCUPY] *[+ post, position]* avoir, occuper ; *(Rel) [+ living]* jouir de ◆ **he holds the post of headmaster** il occupe le poste de directeur

8 [= CAUSE TO TAKE PLACE] *[+ meeting, election, debate]* tenir ; *[+ conversation]* avoir, tenir ; *(Scol) [+ examination]* organiser ◆ **the exhibition is always held here** l'exposition se tient toujours *or* a toujours lieu ici ◆ **to hold a service** *(Rel)[priest etc]* célébrer un office ◆ **they are holding a service to mark the day when...** ils ont prévu une cérémonie pour commémorer le jour où... ◆ **to hold interviews** *[employer etc]* recevoir des candidats ◆ **the interviews are being held in London** les entretiens ont lieu à Londres

9 [= CONTAIN] contenir ◆ **this box will hold all my books** cette caisse est assez grande pour (contenir) tous mes livres ◆ **this bottle holds one litre** cette bouteille a une contenance d'un litre *or* peut contenir un litre ◆ **this room holds 20 people** il y a de la place pour 20 personnes dans cette salle ◆ **what does the future hold for us?** qu'est-ce que l'avenir nous réserve ? ◆ **I wonder what the future holds** je me demande ce que l'avenir nous réserve ◆ **she can hold her drink** *or* **liquor!*** c'est fou ce qu'elle supporte bien l'alcool !

10 [= KEEP, HAVE CHARGE OF] garder ◆ **I will hold the money until...** je garderai l'argent jusqu'à ce que... ◆ **my lawyer holds these documents** ces documents sont chez mon avocat ◆ **the bank holds these bills** la banque conserve ces effets ◆ **we don't hold that information on our files** nous n'avons pas ces informations dans nos fichiers ◆ **the data is held on computer** ces données sont informatisées

11 [= KEEP BACK, RESTRAIN] *[+ person]* tenir, retenir ◆ **to hold a train** empêcher un train de partir ◆ **hold the letter until...** n'envoyez pas la lettre avant que... + *subj* ◆ **"hold for arrival"** *(US on letters)* « ne pas faire suivre » ◆ **the police held him for two days** la police l'a gardé (à vue) pendant deux jours ◆ **there's no holding him** il n'y a pas moyen de l'arrêter ◆ **hold it!*** stop !

12 [= BELIEVE, ASSERT] ◆ **to hold that...** maintenir que... ◆ **he holds that matter does not exist** il maintient que la matière n'existe pas ◆ **to hold sth to be true** considérer qch comme vrai ◆ **this is held to be true** cela passe pour vrai ◆ **the court held that...** *(Jur)* la cour a statué que... ◆ **it was held by the judge that...** le juge a statué que... ◆ **the law holds that...** la loi prévoit *or* stipule que... ◆ **he was held guilty of the offence** on pensait que c'était lui qui avait commis le délit ◆ **to hold sb responsible for sth** tenir qn pour responsable de qch ◆ **to hold in high esteem** tenir en haute estime

◆ **to hold sth against sb** en vouloir à qn de qch ◆ **I don't hold it against him** je ne lui en veux pas

### 3 - INTRANSITIVE VERB

1 [= REMAIN IN PLACE] *[rope, nail]* tenir, être solide ◆ **to hold firm** *or* **tight** *or* **fast** *(= stay in place)* tenir ; see also **tight** ◆ **hold hard!** arrêtez !, minute !*

2 [WEATHER] se maintenir

3 [TELEC] ◆ **can you hold, please?** ne quittez pas ! ◆ **I've been holding for several minutes** cela fait plusieurs minutes que je suis en ligne *or* que j'attends

4 (also **hold good**) *[statement, argument]* être valable ◆ **your argument doesn't hold (good)** votre argument n'est pas valable ◆ **the theory could still hold** la théorie pourrait tout de même être valable

### 4 - COMP

**holding operation** N solution *f* provisoire
**holding pattern** N *(for aircraft)* circuit *m* d'attente

### 5 - PHRASAL VERBS

▸ **hold back**

VI *(lit)* rester en arrière ; *(fig)* se retenir *(from sth* de qch ; *from doing sth* de faire qch) ◆ **I held back from telling him what I really thought** je me suis retenu de lui dire ce que je pensais vraiment

VT SEP 1 *[+ fears, emotions]* maîtriser ; *[+ tears]* retenir ◆ **the police held back the crowd** la police a contenu la foule ◆ **to hold sb back from doing sth** empêcher qn de faire qch ◆ **they held back the names of the victims** ils n'ont pas divulgué le nom des victimes ◆ **he was holding something back from me** il me cachait quelque chose ◆ **his policies have held our country back economically** sa politique a bloqué l'essor économique *or* a freiné le développement (économique) de notre pays

2 *(US Scol) [+ pupil]* faire redoubler ◆ **to be held back** redoubler

▸ **hold down** VT SEP 1 *(= keep in place)* maintenir en place ; *[+ person]* maintenir ◆ **to hold one's head down** garder la tête baissée ◆ **we couldn't hold him down** nous ne sommes pas arrivés à le maintenir au sol

2 *(= keep low) [+ costs, prices, inflation, taxes]* empêcher d'augmenter ◆ **strict government regulation will hold down costs** le gouvernement empêchera les coûts d'augmenter grâce à une réglementation stricte

3 *[+ job] (= have)* avoir, occuper ; *(= keep)* garder ◆ **she's managed to hold down a job as well as looking after the children** elle a réussi à continuer de travailler tout en s'occupant des enfants ◆ **he's holding down a good job** il a une belle situation ◆ **he can't hold down a job** il ne garde jamais longtemps le même travail

▸ **hold forth**

VI faire des discours, disserter ◆ **he was holding forth on the subject of religion** il faisait des discours *or* dissertait sur la religion

VT SEP *(frm = hold out)* tendre

▸ **hold in** VT SEP retenir ◆ **hold your stomach in!** rentre ton ventre ! ◆ **to hold in one's temper** se contenir, se retenir ◆ **he managed to hold in his horse** il réussit à maîtriser son cheval ◆ **depression can sometimes be traced to holding in anger** le fait de réprimer sa colère peut entraîner la dépression ◆ **go ahead and cry, don't hold it in** laisse-toi aller et pleure, n'essaie pas de te retenir

▸ **hold off**

VI ◆ **the rain has held off so far** jusqu'ici il n'a pas plu

VT SEP 1 *(= prevent from approaching)* tenir éloigné *or* à distance ◆ **they held off the enemy** ils tenaient l'ennemi à distance ◆ **try to hold him off a little longer** *(fig)* essayez de le faire patienter encore un peu ◆ **I can't hold him off any longer: you'll have to see him** je ne peux pas le faire attendre plus longtemps : il faut que vous le voyiez

2 *(= resist)* ◆ **she held off all challengers to win the race** elle a gagné la course malgré les autres challengers

3 *(= delay)* ◆ **to hold off doing sth** attendre pour faire qch ◆ **they held off eating until she had arrived** ils ont attendu qu'elle soit arrivée pour manger

▸ **hold on**

VI 1 *(= endure)* tenir bon, tenir le coup* ◆ **despite her aching shoulders, Nancy held on** malgré ses épaules qui lui faisaient mal, Nancy a tenu bon *or* a tenu le coup

2 *(= wait)* attendre ◆ **hold on!** attendez ! ; *(on telephone)* ne quittez pas !

VT SEP maintenir (en place), tenir en place ◆ **this hinge holds the lid on** cette charnière maintient le couvercle (en place) ◆ **to hold one's hat on** tenir son chapeau sur sa tête

▸ **hold on to** VT FUS 1 *(= cling to) [+ rope, raft, branch]* se cramponner à, s'accrocher à ; *(fig) [+ hope, idea]* se raccrocher à

2 *(= keep)* garder ◆ **hold on to this for me** *(= hold it)* tiens-moi ça ; *(= keep it)* garde-moi ça

▸ **hold out**

VI 1 *(= last) [supplies]* durer ◆ **how long will the food hold out?** combien de temps est-ce que les provisions vont durer ? ◆ **if his luck holds out** s'il continue à avoir de la chance

2 *(= endure, resist)* tenir bon, tenir le coup ◆ **to hold out against** *[+ enemy, attacks]* tenir bon devant ; *[+ change, improvements, progress, threats, fatigue]* résister à ◆ **one prisoner was still holding out on the roof of the jail** un prisonnier continuait à résister sur le toit de la prison ◆ **they are holding out for more pay** ils continuent de demander une augmentation

VT SEP *[+ object]* tendre *(sth to sb* qch à qn) ◆ **"I'm Nancy" she said, holding out her hand** « je m'appelle Nancy » dit-elle en tendant la main ◆ **to hold out one's arms** ouvrir les bras

VT FUS ◆ **the doctors hold out little hope for him** les médecins ne lui donnent pas beaucoup de chances de s'en tirer ◆ **she's still holding out hope that...** elle conserve toujours l'espoir que... ◆ **the negotiations held out little hope of a settlement** il y avait peu d'espoir que les négociations aboutissent à un accord ◆ **the scheme holds out the promise of great financial reward** ce projet promet de rapporter beaucoup d'un point de vue financier

▸ **hold out on*** VT FUS *[+ price etc]* s'en tenir à ◆ **you've been holding out on me!** tu m'as caché quelque chose !

▸ **hold over** VT SEP remettre ◆ **the meeting was held over until Friday** la réunion a été remise à vendredi

▸ **hold to**

VT FUS s'en tenir à ◆ **I hold to what I said** je m'en tiens à ce que j'ai dit ◆ **he held to his religious beliefs** il restait attaché à ses convictions religieuses

VT SEP ◆ **to hold sb to a promise** faire tenir parole à qn ◆ **I'll hold you to that!** je te prends au mot !

▸ **hold together**

VI *[objects]* tenir (ensemble) ; *[groups, people]* rester uni ◆ **the coalition will never hold together for six months** la coalition ne tiendra jamais six mois ◆ **we must hold together** il faut se serrer les coudes *or* rester unis

VT SEP *[+ objects]* maintenir (ensemble) ; *(fig) [+ political party]* maintenir l'union de ◆ **he held the family together** c'est grâce à lui que la famille est restée unie ◆ **she sought to hold together the various factions in her party** elle a cherché à réconcilier les différentes factions de son parti

▸ **hold up**

VI 1 *(lit)* ◆ **that building won't hold up much longer** ce bâtiment ne tiendra plus longtemps debout

2 *[argument]* tenir la route ; *[economy]* tenir le coup ◆ **the evidence doesn't hold up** ces preuves ne tiennent pas la route

VT SEP 1 *(= raise)* lever, élever ◆ **hold it up higher** tiens-le plus haut ◆ **hold up your hand** levez la main ◆ **hold it up so that we can see it** soulevez-le pour que nous puissions le voir ◆ **to hold sth up to the light** élever qch vers la lumière ◆ **I'll never be able to hold my head up again** je ne pourrai plus jamais regarder personne en face ◆ **to hold sb up to ridicule** tourner qn en ridicule ◆ **he had always been held up as an example to the younger ones** il avait toujours été cité en exemple aux plus jeunes

2 *(= support)* soutenir ◆ **the roof is held up by pillars** le toit est soutenu par des piliers

3 *(= stop)* arrêter ; *(= suspend)* différer, suspendre ; *(= cause delay to)* retarder ◆ **the traffic was held up by the accident** l'accident a ralenti la circulation ◆ **I'm sorry, I was held up** excusez-moi, j'ai été retenu ◆ **violence on the streets could hold up progress towards reform** la violence dans les rues pourrait retarder les réformes

4 *[robber] [+ bank, shop]* faire un hold-up dans, braquer* ; *[+ coach, person]* attaquer (à main armée), braquer*

▸ **hold with*** VT FUS ◆ **I don't hold with that** je désapprouve *or* réprouve cela ◆ **she doesn't hold with people smoking** elle n'aime pas que l'on fume *subj*

---

**holdall** /ˈhəʊldɔːl/ N *(Brit)* (sac *m*) fourre-tout *m inv*

**holder** /ˈhəʊldəʳ/ SYN N 1 *[of ticket, card]* détenteur *m*, -trice *f* ; *[of passport, office, post, title of nobility, diploma]* titulaire *mf* ; *[of stocks]* porteur *m*, -euse *f*, détenteur *m*, -trice *f* ; *[of farm]* exploitant *m* ; *(Sport etc) [of record]* détenteur *m*, -trice *f* ; *[of title]* détenteur *m*, -trice *f*, tenant(e) *m(f)* ◆ **the holders of the European Football Championship** les détenteurs *or* les tenants du titre de champion d'Europe de football ◆ **account holder** *(Banking)* titulaire *mf* d'un compte

2 *(= object)* support *m* ◆ **penholder** porte-plume *m inv* ; → **cigarette**

**holding** /ˈhəʊldɪŋ/

N 1 *(= act)* tenue *f*

2 *(= possession) [of lands]* possession *f*, jouissance *f* ; *[of stocks]* possession *f*

3 *(= farm)* propriété *f*, ferme *f*

NPL **holdings** *(Fin) (= lands)* avoirs *mpl* fonciers ; *(= stocks)* intérêts *mpl*, participations *fpl*

COMP **holding company** N *(Fin)* holding *m*, société *f* de portefeuille

**holdout** /ˈhəʊldaʊt/ N *(US) personne qui fait obstacle*, obstacle *m* ◆ **Britain was the only holdout on this agreement** la Grande-Bretagne était le seul pays à faire obstacle à cet accord

**holdover*** /ˈhəʊldəʊvəʳ/ N *(US : esp Pol)* rescapé(e) *m(f)* *(fig)*

**holdup** /ˈhəʊldʌp/ N ① (= robbery) hold-up m inv, braquage * m
② (= delay) retard m ; (in traffic) embouteillage m, bouchon m ◆ **there's been a holdup in the delivery** il y a eu un retard dans la livraison ◆ **a big holdup owing to roadworks** un gros embouteillage or bouchon dû aux travaux

**hole** /həʊl/ SYN
N ① trou m ; (in defences, dam) brèche f ; (in clouds) trouée f ◆ **he spied on them through a hole in the wall** il les a espionnés en regardant par un trou dans le mur ◆ **these socks are in holes** or **full of holes** ces chaussettes sont toutes trouées or pleines de trous ◆ **to wear a hole in sth** trouer qch ◆ **to wear into holes** se trouer ◆ **I need it like I need a hole in the head!** * je n'ai vraiment pas besoin de ça !
② [of mouse] trou m ; [of rabbit, fox] terrier m
③ (Golf) trou m ◆ **we played nine holes** nous avons fait neuf trous ; see also **comp**
④ (fig = gap) ◆ **it made** or **blew a hole in his savings** cela a fait un trou dans ses économies ◆ **to blow a hole in sb's plans** saborder les plans de qn ◆ **there were some holes in his theory/his argument** il y avait des failles fpl or des faiblesses fpl dans sa théorie/son argumentation ◆ **the plot is full of holes** l'intrigue est mal ficelée ◆ **his story's full of holes** sa version des faits ne tient pas debout ; → burn¹, knock, pick
⑤ (* = trouble) ◆ **they were in a nasty hole** ils étaient dans un sale pétrin ◆ **he got me out of a hole** il m'a tiré d'embarras or d'un mauvais pas
⑥ ( * pej) (= town) trou m (paumé)* ; (= room, house) bouge m
VT ① faire un trou dans, trouer ◆ **the ship was holed by a missile** un missile a fait un trou dans le bateau
② (Golf) [+ putt] enquiller ◆ **to hole a ball in three** faire un or le trou en trois ◆ **he holed the 5th in three** il a fait le (trou numéro) cinq en trois coups, il a fait trois sur le cinq
VI ① [socks, pullover] se trouer
② (Golf: also **hole out**) terminer le trou ◆ **to hole in one** faire le or un trou en un ; see also **comp** ◆ **he holed from nine feet at the 18th** il a fait le 18ᵉ trou à trois mètres
③ (Billiards) bloquer
COMP **hole-and-corner** ADJ (pej) (= secret) clandestin, secret (-ète f) ; (= furtive) furtif ; (= underhand) fait en douce*
**hole in one** N (Golf) trou m en un
**hole in the heart** N maladie f bleue ◆ **she was born with a hole in the heart** elle est née avec une malformation cardiaque or du cœur
**hole-in-the-heart** ADJ ◆ **hole-in-the-heart baby** enfant mf bleu(e) ◆ **hole-in-the-heart operation** opération f pour communication interventriculaire
**hole-in-the-wall** * N (Brit = cash dispenser) distributeur m de billets

▶ **hole up** VI [animal, criminal] se terrer ◆ **she's been holed up in her study all day** elle a passé toute la journée cloîtrée dans son bureau

**holey** /ˈhəʊlɪ/ ADJ plein de trous, (tout) troué

**holiday** /ˈhɒlɪdeɪ/ SYN
N (esp Brit) (= vacation) vacances fpl ; (= day off) (jour m de) congé m ; (= public holiday) jour m férié ◆ **to take a holiday** prendre des vacances or un congé ◆ **to take a month's holiday** prendre un mois de vacances ◆ **holidays with pay**, **paid holidays** congés mpl payés ◆ **tomorrow is a holiday** demain est un jour férié ◆ **the school holiday(s)** les vacances fpl scolaires ◆ **the Christmas holiday(s)** les vacances fpl de Noël ◆ **we were in holiday mood** on se sentait en vacances ; → bank²
◆ **on holiday** en vacances, en congé ◆ **to go on holiday** partir en vacances

VI (esp Brit) passer les vacances ◆ **they were holidaying at home** ils prenaient leurs vacances à la maison
COMP **holiday camp** N (Brit) (gen) camp m de vacances ; (for children only) colonie f or camp m de vacances
**holiday clothes** NPL tenue f de vacances
**holiday feeling** N atmosphère f or ambiance f de vacances
**holiday home** N (esp Brit) maison f or résidence f secondaire
**holiday job** N (Brit) emploi m temporaire (pendant les vacances)
**holiday-maker** N (Brit) vacancier m, -ière f ; (in summer) estivant(e) m(f)
**holiday pay** N (esp Brit) congés mpl payés ◆ **they don't get holiday pay** ils n'ont pas droit aux congés payés
**holiday resort** N (esp Brit) villégiature f, lieu m de vacances
**holiday season** N période f des vacances
**holiday spirit** N air m or ambiance f de vacances ◆ **he's already lost his holiday spirit** il ne se sent déjà plus en vacances
**holiday traffic** N départs mpl en (or retours mpl de) vacances

**holier-than-thou** * /ˈhəʊlɪəðənˈðaʊ/ ADJ [person] imbu de soi-même, supérieur ; (in religious matters) pharisien ; [attitude] suffisant

**holiness** /ˈhəʊlɪnɪs/ SYN sainteté f ◆ **His Holiness** Sa Sainteté

**holism** /ˈhəʊlɪzəm/ N holisme m

**holistic** /həʊˈlɪstɪk/ ADJ holistique

**Holland** /ˈhɒlənd/ N ① Hollande f, Pays-Bas mpl ◆ **in Holland** en Hollande, aux Pays-Bas
② ◆ **holland** (= fabric) toile f de Hollande

**holler** * /ˈhɒləʳ/ (esp US)
N braillement m
VTI (also **holler out**) brailler, beugler* ◆ **to holler at sb** (= tell off) crier après qn

**hollow** /ˈhɒləʊ/ SYN
ADJ ① (= empty inside) [tree, tooth, log, stem] creux ◆ **to sound hollow** [object] sonner creux ◆ **to have a hollow feeling in one's stomach** (from hunger) avoir le ventre creux ; (from emotion) avoir l'estomac noué ◆ **to have hollow legs** * (= eat all the time) avoir le ver solitaire * ; (= drink a lot) boire comme un trou *
② (= sunken) [cheeks] creux ; [eyes] creux, cave
③ (= hollow-sounding) [laugh] creux ; [voice] caverneux ; [sound] (from box) creux ; (from hall, cave) caverneux ; → beat
④ (= false, empty) [person, victory] faux (fausse f) ; [promise, threat, gesture] vain ◆ **hollow words** des paroles fpl creuses ◆ **to have a hollow ring, to ring hollow** sonner faux ◆ **a hollow sham** une dérisoire comédie
N (in ground, gen) creux m ; (= valley) cuvette f ; [of back, hand, tree] creux m ; [of tooth] cavité f ◆ **to have** or **hold sb in the hollow of one's hand** mener qn par le bout du nez
VT (also **hollow out**) creuser ; (= scoop out) [+ apple etc] évider
COMP **hollow-cheeked** ADJ aux joues creuses or creusées
**hollow-eyed** ADJ aux yeux caves or creux

**hollowly** /ˈhɒləʊlɪ/ ADV [echo] avec un bruit creux ; [say] platement ◆ **to ring hollowly** sonner creux ◆ **to laugh hollowly** rire jaune

**hollowness** /ˈhɒləʊnɪs/ N [of promise, guarantee] manque m de sincérité, vacuité f

**holly** /ˈhɒlɪ/
N houx m
COMP **holly berry** N baie f de houx

**hollyhock** /ˈhɒlɪˌhɒk/ N rose f trémière

**Hollywood** /ˈhɒlɪˌwʊd/ N Hollywood

**holmium** /ˈhɒlmɪəm/ N holmium m

**holm oak** /ˈhəʊmˌəʊk/ N chêne m vert, yeuse f

**holocaust** /ˈhɒləkɔːst/ SYN N holocauste m ◆ **the Holocaust** (Hist) l'Holocauste m

**Holocene** /ˈhɒləˌsiːn/
ADJ holocène
N ◆ **the Holocene** l'Holocène m

**hologram** /ˈhɒləˌɡræm/ N hologramme m

**holograph** /ˈhɒləɡrɑːf/
N document m (h)olographe
ADJ (h)olographe

**holographic** /ˌhɒləˈɡræfɪk/ ADJ holographique

**holography** /hɒˈlɒɡrəfɪ/ N holographie f

**holohedral** /ˌhɒləˈhiːdrəl/ ADJ (Geom) holoédrique

**holophrastic** /ˌhɒləˈfræstɪk/ ADJ holophrastique

**holothurian** /ˌhɒləˈθʊərɪən/ N holothurie f

**hols** * /hɒlz/ N (Brit) (abbrev of **holidays**) vacances fpl

**Holstein** /ˈhəʊlstaɪn/ N (US : = cattle) hollandaise f

**holster** /ˈhəʊlstəʳ/ N étui m de revolver ; (on saddle) fonte f

**holy** /ˈhəʊlɪ/ SYN
ADJ [object, place, day, book] saint ◆ **holy war** guerre f sainte ◆ **on holy ground** dans un lieu saint ◆ **the holy month of Ramadan** le mois sacré du ramadan ◆ **that child is a holy terror** * cet enfant est un vrai démon ◆ **holy cow** or **smoke** or **Moses** or **Moley** or **mackerel!** * sacrebleu ! * ◆ **holy shit!** * * nom de Dieu ! * ◆ **Holy (Mary) Mother of God!** * nom de Dieu ! * ; → innocent
N ◆ **the holy of holies** le saint des saints
COMP **the Holy Alliance** N la Sainte-Alliance
**the Holy Bible** N la sainte bible
**the Holy City** N la Ville sainte
**Holy Communion** N sainte communion f
**holy day** N (Rel) jour m de fête (liturgique) ◆ **holy day of obligation** fête f d'obligation
**Holy Eucharist** N saint sacrement m
**the Holy Family** N la Sainte famille
**the Holy Father** N le Saint-Père
**the Holy Ghost** N ⇒ **Holy Spirit**
**the Holy Grail** N le Saint-Graal ; (fig) le graal
**Holy Joe** * N (= clergyman) curé m ; (= sanctimonious person) bondieusard(e) m(f) (pej)
**the Holy Land** N la Terre sainte ◆ **in the Holy Land** en Terre sainte
**holy man** N (pl **holy men**) saint homme m
**holy matrimony** N les liens mpl sacrés du mariage ◆ **they were joined in holy matrimony** ils ont été unis par les liens sacrés du mariage
**the Holy Office** N le Saint-Office
**holy oil** N huile f bénite
**holy orders** NPL ordres mpl ◆ **in holy orders** dans les ordres ◆ **to take holy orders** entrer dans les ordres
**holy picture** N image f pieuse
**the Holy Roman Empire** N le Saint Empire romain germanique
**the Holy Rood** N la sainte Croix
**Holy Saturday** N samedi m saint
**Holy Scripture** N Écriture f sainte
**the Holy See** N le Saint-Siège
**the Holy Sepulchre** N le Saint-Sépulcre
**the Holy Spirit** N le Saint-Esprit, l'Esprit m saint
**the Holy Trinity** N la sainte Trinité
**holy war** N guerre f sainte
**holy water** N eau f bénite
**Holy Week** N semaine sainte f
**Holy Writ** † N (= scripture) Écriture f sainte ◆ **he treats everything she says as if it were Holy Writ** pour lui, tout ce qu'elle dit est parole d'évangile
**Holy Year** N année f sainte

**Holyrood** /ˈhəʊlɪruːd/ N siège du parlement écossais à Édimbourg et, par extension, le parlement lui-même

**holystone** /ˈhəʊlɪstəʊn/ (Naut)
N brique f à pont
VT briquer

**homage** /ˈhɒmɪdʒ/ N (NonC) hommage m ◆ **to pay homage to sb/sth** rendre hommage à qn/qch ◆ **in homage to sb/sth** en hommage à qn/qch

**homburg** /ˈhɒmbɜːɡ/ N chapeau m mou, feutre m (souple)

**home** /həʊm/ SYN
N ① maison f, chez-soi m ◆ **to have a home of one's own** avoir sa propre maison (or son propre appartement) ◆ **he was glad to see his home again** il était content de rentrer chez lui ◆ **it is quite near my home** c'est tout près de chez moi ◆ **his home is in Paris** il habite Paris ◆ **I live in Paris but my home is in London** je suis de Londres, mais j'habite à Paris en ce moment ◆ **home for me is Edinburgh** c'est à Édimbourg que je me sens chez moi ◆ **for some years he made his home in France** pendant quelques années il a habité en France ◆ **refugees who made their home in Britain** les réfugiés qui se sont installés en Grande-Bretagne ◆ **home for them is England now, they now call England home** maintenant l'Angleterre c'est leur pays ◆ **Warwick is home to some 550 international students** il y a quelque 550 étudiants étrangers à Warwick ◆ **the building is home to over 1,000 students** plus de 1 000 étudiants logent dans ce bâtiment ◆ **he is far from home** il est loin de chez lui ◆ **he has been away from home for some months** il est loin de chez lui depuis quelques mois ◆ **there's no place like home**, (Prov)**home is where the heart is** (Prov) on n'est vraiment bien que chez soi ◆ **he has no home** il n'a pas de foyer ◆ **to give sb/an animal a home** recueillir qn/un animal chez soi or sous son toit ◆ **he made a home for his sisters** il a accueilli ses sœurs sous son toit ◆ **it's a home from home** (Brit) or **away from home** (US) c'est mon second chez-moi (or son second chez-soi etc) ◆ **she has a lovely home** c'est joli chez elle ◆ **he comes from a broken home** il vient d'un foyer désuni ◆ **"good home wanted for kitten"** « cherche foyer accueillant pour chaton » ◆ **ac-**

**cidents in the home** accidents mpl domestiques ; → **leave, set up, spiritual**
♦ **at home** chez soi, à la maison ♦ **I'll be at home this afternoon** je serai chez moi cet après-midi ♦ **is Paul at home?** est-ce que Paul est à la maison ? ♦ **Celtic are at home to Rangers, Celtic are playing Rangers at home** (Football) le Celtic joue à domicile contre les Rangers, le Celtic reçoit les Rangers ♦ **Mrs Gough is not at home** (frm = not receiving visitors) Mme Gough ne reçoit pas ♦ **Mrs Gough is not at home to anyone** (frm) Mme Gough ne reçoit personne ♦ **to be** or **feel at home with sb** se sentir à l'aise avec qn ♦ **he doesn't feel at home in English** il n'est pas à l'aise en anglais ♦ **to make o.s. at home** se mettre à l'aise, faire comme chez soi ♦ **make yourself at home!** (fig, also iro) faites comme chez vous ! ♦ **who's he when he's at home?**[*] qui c'est celui-là ? ♦ **what's that when it's at home?**[*] qu'est-ce que c'est que ça ?

[2] (= country of origin) pays m natal, patrie f ♦ **at home and abroad** ici et or chez nous et à l'étranger ♦ **the Russians, at home and abroad** les Russes, chez eux et à l'étranger ♦ **to bring sth closer** or **nearer (to) home for sb** permettre à qn de mieux se rendre compte de qch ♦ **let's concentrate on problems closer** or **nearer to home** occupons-nous de problèmes qui nous concernent plus directement ♦ **her jokes about bald people were a bit too close to home for him** ses plaisanteries sur les chauves le touchaient au vif ♦ **Scotland is the home of the haggis** l'Écosse est le pays du haggis ♦ **Bordeaux is the home of some of the world's finest wines** Bordeaux produit certains des meilleurs vins du monde

[3] (= institution) maison f, institution f ; (shorter-term) foyer m ♦ **children's home** maison f pour enfants ; → **maternity, mental, nursing**

[4] (= habitat of plant, animal) habitat m

[5] (Racing) arrivée f

[6] (Baseball) base f de départ

**ADV** [1] chez soi, à la maison ♦ **to go home** rentrer (chez soi or à la maison) ♦ **to get home** rentrer ♦ **I got home at 5 o'clock** je suis rentré (chez moi or à la maison) à 5 heures ♦ **I'll be home at 5 o'clock** je serai à la maison à 5 heures, je rentrerai à 5 heures ♦ **I met him on the journey home** je l'ai rencontré sur le chemin du retour ♦ **I must write home** il faut que j'écrive à ma famille ♦ **it's nothing to write home about**[*] ça ne casse pas des briques[*], ça ne casse rien[*] ♦ **to be home and dry** or (US) **home free** (fig) être arrivé au bout de ses peines

[2] (from abroad) dans son pays, chez lui ♦ **he came home from abroad** il est rentré de l'étranger ♦ **to go** or **return home** rentrer dans son pays

[3] (= right in etc) à fond ♦ **to drive a nail home** enfoncer un clou à fond ♦ **to bring sth home to sb** faire comprendre or faire voir qch à qn ♦ **the horror of the situation was brought home to him when...** l'horreur de la situation lui est apparue pleinement quand... ♦ **to drive** or **hammer sth home** (fig) bien faire comprendre qch ♦ **he nodded the ball home** (Football) il a marqué un but de la tête ♦ **he drove the ball home from 15 metres** (Football) il a marqué un but grâce à un tir de 15 mètres ♦ **to push home an attack** pousser à fond une attaque ; → **hit**

**VI** revenir or rentrer chez soi ; [pigeons] revenir au colombier

**COMP** [atmosphere] de famille, familial ; [troubles] de famille, domestique ; (Econ, Pol) du pays, national ; [policy, market] intérieur (-eure f)
**home address** N (on forms etc) domicile m (permanent) ; (as opposed to business address) adresse f personnelle
**home assembly** N ♦ **for home assembly** en kit
**home-baked** ADJ (fait) maison inv ♦ **home-baked bread** pain m fait maison
**home baking** N (= cakes etc) pâtisseries fpl maison
**home banking** N banque f à domicile
**home base** N (Baseball) base f de départ
**home birth** N accouchement m à domicile
**home brew** N (= beer) bière f faite à la maison ; (= wine) vin m fait à la maison
**home-buying** N achats mpl de logements ; (first-time) accession f à la propriété
**home comforts** NPL confort m du foyer
**home computer** N ordinateur m personnel
**home cooking** N cuisine f familiale
**the Home Counties** NPL (Brit) les comtés qui entourent Londres

**home country** N pays m natal or d'origine
**home delivery** N (Comm) [of meals, shopping] livraison f à domicile ; (Med) [of baby] accouchement m à domicile
**home economics** N (NonC) économie f domestique
**home entertainment system** N équipement m hi-fi, TV et vidéo
**home farm** N (Brit) ferme rattachée à un château ou à un manoir
**home field** N (US) ⇒ **home ground**
**home front** N ♦ **on the home front** (Pol, Mil) à l'intérieur ; (* hum = at home) à la maison
**home ground** N (Sport) ♦ **to play at one's home ground** jouer sur son terrain or à domicile ♦ **to be on home ground** (fig) être sur son terrain
**home-grown** ADJ (= not foreign) du pays ; (= from own garden) du jardin
**Home Guard** N (Brit) volontaires pour la défense du territoire (1940-45)
**home heating oil** N fuel m domestique
**home help** N (Brit Social Work) (= person) aide f ménagère ♦ **do you have any home help?** (= assistance) est-ce que vous avez quelqu'un pour vous aider à la maison ?
**home improvement grant** N prime f à l'amélioration de l'habitat
**home improvement loan** N prêt m pour l'amélioration de l'habitat
**home improvements** NPL réfection f de logements ; (= DIY) bricolage m
**home leave** N (gen) congé m au foyer ; (Mil) permission f
**home life** N vie f de famille
**home loan** N prêt m immobilier
**home-lover** N casanier m, -ière f ; (woman) femme f d'intérieur
**home-loving** ADJ casanier
**home-made** ADJ (fait) maison inv
**home-maker** N femme f d'intérieur
**home match** N (Sport) match m à domicile
**home movie** N vidéo f amateur
**home nations** NPL (Brit) ♦ **the home nations** les quatre nations britanniques
**home news** N (gen) nouvelles fpl de chez soi ; (Pol) nouvelles fpl nationales
**the Home Office** N (Brit) ≈ le ministère de l'Intérieur
**home owner** N propriétaire mf
**home ownership** N ♦ **home ownership is on the increase** de plus en plus de gens sont propriétaires de leur logement
**home page** N (Comput) page f d'accueil
**home port** N [of ship] port m d'attache
**home posting** N (Brit : of diplomat, soldier) affectation f au pays
**home rule** N autonomie f
**home run** N [of ship, truck] voyage m de retour ; (Baseball) coup m de circuit ♦ **to hit a home run** (Baseball) faire or réussir un coup de circuit ; (US fig) réussir un beau coup
**home sales** NPL ventes fpl intérieures or domestiques
**Home Secretary** N (Brit) ≈ ministre m de l'Intérieur
**home shopping** N (by post, telephone) achat par correspondance ou par téléphone ; (by computer, television) téléachat m
**home side** N (Sport) ⇒ **home team**
**home State** N (US) État m d'origine
**home straight, home stretch** N ♦ **to be in the home straight** (Sport) être dans la (dernière) ligne droite ; (fig) toucher au but
**home team** N (Football etc) équipe f qui reçoit
**home territory** N (fig) ♦ **to be on one's home territory** être sur son terrain
**home time** N ♦ **it's home time** c'est l'heure de rentrer à la maison
**home town** N ♦ **my home town** (= place of birth) ma ville natale ; (= where I grew up) la ville où j'ai grandi
**home truth** N ♦ **I'll tell him a few home truths** je vais lui dire ses quatre vérités
**home video** N vidéo f amateur
**home visit** N (by doctor etc) visite f à domicile
**home waters** NPL (= territorial waters) eaux fpl territoriales ; (near home port) eaux fpl voisines du port d'attache

▶ **home in on, home on to** VT FUS [missile] (= move towards) se diriger vers or sur ; (= reach) atteindre

**homebody**[*] /ˈhəʊmbɒdɪ/ N (esp US) casanier m, -ière f, pantouflard(e)[*] m(f) (pej)

**homebound** /ˈhəʊmˈbaʊnd/ ADJ (= on the way home) [traveller] qui rentre chez soi

**homeboy**[*] /ˈhəʊmbɔɪ/ N (US) pote[*] m

**homecoming** /ˈhəʊmkʌmɪŋ/ N [1] (gen) retour m à la maison ; (to one's country) retour m au pays ; (of soldier etc) retour m au foyer
[2] (US Scol, Univ) fête f annuelle (marquant le début de l'année universitaire)

**homegirl**[*] /ˈhəʊmɡɜːl/ N (US) copine[*] f

**homeland** /ˈhəʊmlænd/ SYN N (gen) patrie f ; (in South Africa) homeland m

**homeless** /ˈhəʊmlɪs/ SYN
ADJ sans foyer, sans abri
NPL **the homeless** les SDF mpl ; → **single**

**homelessness** /ˈhəʊmlɪsnɪs/ N ♦ **homelessness is on the increase** il y a de plus en plus de SDF ♦ **what's the government doing about homelessness?** que fait le gouvernement pour les SDF

**homelike** /ˈhəʊmlaɪk/ SYN ADJ accueillant, confortable

**homeliness** /ˈhəʊmlɪnɪs/ N [of person, food, style] simplicité f ; [of atmosphere] chaleur f ; (US : = plainness) laideur f

**homely** /ˈhəʊmlɪ/ SYN ADJ [1] (esp Brit) [person] aux goûts simples ; [atmosphere, room, place] accueillant ; [dish, food] simple, familial
[2] (US = plain) [person] sans charme ; [appearance] peu attrayant

**homeopath** /ˈhəʊmɪəʊpæθ/ N homéopathe mf

**homeopathic** /ˌhəʊmɪəʊˈpæθɪk/ ADJ [medicine, methods] homéopathique ; [doctor] homéopathe

**homeopathy** /ˌhəʊmɪˈɒpəθɪ/ N homéopathie f

**homeostasis** /ˌhəʊmɪəʊˈsteɪsɪs/ N (Bio) homéostasie f

**Homer** /ˈhəʊməʳ/ N Homère m

**homer** /ˈhəʊməʳ/ N [1] (US Baseball *) coup m de circuit
[2] (Brit = homing pigeon) pigeon m voyageur

**Homeric** /həʊˈmerɪk/ ADJ homérique

**homeroom** /ˈhəʊmrʊm/
N (US Scol) salle f de classe (affectée à une classe particulière)
COMP **homeroom teacher** N ≈ professeur m principal

**homesick** /ˈhəʊmsɪk/ ADJ nostalgique ♦ **to be homesick** (for place) avoir le mal du pays ; (for one's family) s'ennuyer de sa famille ♦ **to be homesick for sth** avoir la nostalgie de qch

**homesickness** /ˈhəʊmsɪknɪs/ N mal m du pays

**homespun** /ˈhəʊmspʌn/ SYN
ADJ [cloth] filé à domicile ; (fig) simple, sans recherche
N homespun m

**homestead** /ˈhəʊmsted/ (esp US)
N (= house etc) propriété f ; (= farm) ferme f
COMP **the Homestead Act** N (US) la loi agraire de 1862

**homesteader** /ˈhəʊmstedəʳ/ N (US) colon m (pionnier)

**homeward** /ˈhəʊmwəd/
ADJ de retour ♦ **homeward journey** (voyage m de) retour m
ADV (Brit) (also **homewards**) ♦ **to head homeward** partir en direction de chez soi ♦ **to hurry homeward** se dépêcher de rentrer chez soi
COMP **homeward bound** ADV ♦ **to be homeward bound** être sur le chemin de retour ♦ **homeward-bound commuters** banlieusards mpl rentrant chez eux

**homework** /ˈhəʊmwɜːk/
N (Scol) devoirs mpl
COMP **homework diary** N cahier m de textes
**homework exercise** N devoir m
**homework notebook** N ⇒ **homework diary**

**homeworker** /ˈhəʊmwɜːkəʳ/ N travailleur m, -euse f à domicile

**homeworking** /ˈhəʊmwɜːkɪŋ/ N travail m à domicile

**homey** /ˈhəʊmɪ/ ADJ (US) ⇒ **homely 2**

**homicidal** /ˌhɒmɪˈsaɪdl/ SYN ADJ [tendencies] homicide ; [rage] meurtrier ♦ **homicidal maniac** fou m dangereux, folle f dangereuse

**homicide** /ˈhɒmɪsaɪd/ SYN N (= act) homicide m ; (= person) homicide mf

**homie**[*] /ˈhəʊmɪ/ N (US) ⇒ **homeboy, homegirl**

**homily** /ˈhɒmɪlɪ/ N (Rel) homélie f ; (fig) sermon m, homélie f

## homing | honour

**homing** /ˈhəʊmɪŋ/
- **ADJ** [missile] à tête chercheuse
- **COMP** **homing device** N tête f chercheuse **homing instinct** N [of animal] instinct m de retour (à l'habitat d'origine) **homing pigeon** N pigeon m voyageur

**hominid** /ˈhɒmɪnɪd/ N hominidé m

**hominoid** /ˈhɒmɪnɔɪd/ ADJ, N hominoïde m

**hominy** /ˈhɒmɪnɪ/
- **N** (US) maïs m concassé
- **COMP** **hominy grits** NPL (US) bouillie f de maïs concassé

**homo** †⁎ /ˈhəʊməʊ/ ADJ, N (abbrev of **homosexual**) (pej) pédé⁎ m (pej), homo⁎ mf

**homocercal** /ˌhəʊməʊˈsɜːkəl/ ADJ homocerque

**homocyclic** /ˌhəʊməʊˈsaɪklɪk/ ADJ (Chem) homocyclique

**homoeopath** /ˈhəʊmɪəʊpæθ/ N ⇒ **homeopath**

**homoeopathic** /ˌhəʊmɪəʊˈpæθɪk/ ADJ ⇒ **homeopathic**

**homoeopathy** /ˌhəʊmɪˈɒpəθɪ/ N ⇒ **homeopathy**

**homoeostasis** /ˌhəʊmɪəʊˈsteɪsɪs/ N ⇒ **homeostasis**

**homoerotic** /ˌhəʊməʊɪˈrɒtɪk/ ADJ homoérotique

**homoeroticism** /ˌhəʊməʊɪˈrɒtɪsɪzm/ N homoérotisme m

**homogamous** /hɒˈmɒgəməs/ ADJ [flower] homogame

**homogamy** /hɒˈmɒgəmɪ/ N [of flower] homogamie f

**homogeneity** /ˌhəʊməʊdʒɪˈniːɪtɪ/ SYN N homogénéité f

**homogeneous** /ˌhəʊməʊˈdʒiːnɪəs/ SYN ADJ homogène

**homogenization** /həˌmɒdʒənaɪˈzeɪʃən/ N homogénéisation f

**homogenize** /həˈmɒdʒənaɪz/ VT homogénéiser

**homogenous** /həˈmɒdʒɪnəs/ ADJ ⇒ **homogeneous**

**homogeny** /həˈmɒdʒənɪ/ N (Bio) homogenèse f

**homograft** /ˈhɒməgrɑːft/ N homogreffe f

**homograph** /ˈhɒməʊgrɑːf/ N homographe m

**homographic** /ˌhɒməˈgræfɪk/ ADJ homographique

**homography** /hɒˈmɒgrəfɪ/ N homographie f

**homoiothermic** /həʊˌmɔɪəˈθɜːmɪk/ ADJ (Bio) homéotherme

**homoiothermy** /həʊˈmɔɪəˌθɜːmɪ/ N homéothermie f

**homologous** /həʊˈmɒləgəs/ ADJ homologue

**homolosine projection** /hɒˈmɒləsaɪn/ N (Cartography) projection f homolosyne

**homomorphic** /ˌhɒməˈmɔːfɪk/ ADJ (Bio) homomorphe

**homomorphism** /ˌhɒməˈmɔːfɪzəm/ N (Bio) homomorphie f

**homonym** /ˈhɒmənɪm/ N homonyme m

**homonymic** /ˌhɒməˈnɪmɪk/ ADJ homonymique

**homonymy** /hɒˈmɒnɪmɪ/ N homonymie f

**homophobe** /ˈhəʊməʊfəʊb/ N homophobe mf

**homophobia** /ˌhəʊməʊˈfəʊbɪə/ N homophobie f

**homophobic** /ˌhəʊməʊˈfəʊbɪk/ ADJ homophobe

**homophone** /ˈhɒməfəʊn/ N homophone m

**homophonic** /ˌhɒməˈfɒnɪk/ ADJ homophone

**homophony** /hɒˈmɒfənɪ/ N homophonie f

**homopterous** /həʊˈmɒptərəs/ ADJ [insect] homoptère

**homo sapiens** /ˌhɒməʊˈsæpɪˌenz/ N homo sapiens m

**homosexual** /ˌhɒməʊˈseksjʊəl/ SYN ADJ, N homosexuel(le) m(f)

**homosexuality** /ˌhɒməʊseksjʊˈælɪtɪ/ N homosexualité f

**homozygote** /ˌhəʊməʊˈzaɪgəʊt/ N (Bio) zygote m

**homozygous** /ˌhəʊməʊˈzaɪgəs/ ADJ (Bio) homozygote

**homunculus** /hɒˈmʌŋkjʊləs/ N (pl homunculi /hɒˈmʌŋkjʊlaɪ/) homoncule m or homuncule m

**hon**⁎ /hʌn/ N (US) (abbrev of **honey**) • **hi, hon!** bonjour, chéri(e) !

**Hon.** (in titles) abbrev of **Honorary** or **Honourable**

**honcho**⁎ /ˈhɒntʃəʊ/ N (US) patron m, grand chef m

**Honduran** /hɒnˈdjʊərən/
- **ADJ** hondurien
- **N** Hondurien(ne) m(f)

**Honduras** /hɒnˈdjʊərəs/ N Honduras m • **in Honduras** au Honduras

**hone** /həʊn/
- **N** pierre f à aiguiser
- **VT** ① [+ craft, abilities, wit, skill] affiner • **honed to perfection, finely honed** parfaitement affiné • **a finely honed body** un corps d'athlète
- ② [+ blade] affûter, affiler • **finely honed** parfaitement affûté or affilé

**honest** /ˈɒnɪst/ SYN
- **ADJ** [person, action] honnête (with sb avec qn ; about sth en ce qui concerne qch) ; [face] franc (franche f) ; [answer] franc (franche f), sincère ; [money, profit] honnêtement acquis or gagné ; (Jur) [goods] de qualité loyale et marchande • **he's (as) honest as the day is long** il est on ne peut plus honnête, il est foncièrement honnête • **now, be honest!** (= say what you think) allons, dis ce que tu penses ! ; (= tell the truth, be objective) allons, sois honnête ! • **to be honest (with you)...** à vrai dire... • **honest (injun)!**⁎ parole d'honneur ! • **honest to goodness** or **God!**⁎ (expressing sincerity) parole d'honneur ! ; (expressing impatience) vingt dieux ! • **by honest means** par des moyens honnêtes • **an honest mistake** une erreur commise en toute bonne foi • **I'd like your honest opinion of it** j'aimerais que vous me donniez honnêtement votre avis (là-dessus) • **an honest day's work** une honnête journée de travail • **to earn an honest penny** or **crust** (hum) gagner honnêtement sa vie or son pain • **I'm trying to turn an honest penny** j'essaie de me faire de l'argent honnêtement • **the honest truth** la pure vérité • **(the) God's honest truth**⁎ la vérité pure • **he made an honest woman of her** († or hum) il a fini par l'épouser • **good, honest home cooking** de la bonne cuisine bourgeoise
- **COMP** **honest broker** N (Brit esp Pol) médiateur m, -trice f

**honest-to-God**⁎, **honest-to-goodness**⁎ ADJ très simple, sans chichi⁎

**honestly** /ˈɒnɪstlɪ/ SYN ADV [act, behave, say, answer] honnêtement ; [think, expect] vraiment • **honestly?** c'est vrai ? • **I can honestly say that...** franchement or en toute honnêteté, je peux dire que... • **I honestly believe that...** je suis convaincu que... • **no, honestly, I'm fine** non, vraiment, je me sens bien • **honestly, I don't care** honnêtement or franchement, ça m'est égal • **I didn't do it, honestly** ce n'est pas moi, je le jure or parole d'honneur • **quite honestly...** en toute honnêteté... • **honestly, that woman!**⁎ celle-là, alors ! • **honestly, this is getting ridiculous!**⁎ enfin, ça devient ridicule !

**honesty** /ˈɒnɪstɪ/ SYN
- **N** ① (= integrity, truthfulness) [of person] honnêteté f ; [of words, writing] franchise f, sincérité f ; (= sincerity) sincérité f • **in all honesty** en toute honnêteté • **honesty is the best policy** (Prov) l'honnêteté paie
- ② (= plant) lunaire f, monnaie-du-pape f
- **COMP** **honesty box** N boîte où l'on est invité à déposer le montant d'un journal en distribution hors kiosque, d'un trajet impayé, etc

**honey** /ˈhʌnɪ/
- **N** ① miel m • **clear/thick honey** miel m liquide/solide
- ② (= person) • **yes, honey** oui, chéri(e) • **she's a honey** elle est adorable, c'est un chou⁎
- **COMP** **honey buzzard** N bondrée f **honey locust** N févier m

**honeybee** /ˈhʌnɪbiː/ N abeille f

**honeybunch**⁎ /ˈhʌnɪbʌntʃ/, **honeybun** /ˈhʌnɪbʌn/ N (esp US) • **hi, honeybunch!** salut, chéri(e) !

**honeycomb** /ˈhʌnɪkəʊm/
- **N** ① (of bees) rayon m de miel
- ② (= fabric) nid m d'abeille
- **VT** (fig) cribler (with de) • **the palace was honeycombed with corridors** le palais était un dédale de couloirs
- **COMP** [textile, pattern] en nid d'abeille

**honeydew** /ˈhʌnɪdjuː/
- **N** [of insects] miellat m ; [of plants] miellée f
- **COMP** **honeydew melon** N melon m d'hiver or d'Espagne

**honeyed** /ˈhʌnɪd/ ADJ ① [scent, taste] de miel ② [words, voice] mielleux, doucereux

**honeymoon** /ˈhʌnɪˌmuːn/
- **N** (= trip) voyage m de noces ; (= period) lune f de miel • **their honeymoon was spent in Paris** ils sont allés à Paris en voyage de noces • **they spent their honeymoon at home** ils ont passé leur lune de miel à la maison • **we were on our honeymoon** nous étions en voyage de noces • **while on honeymoon in Majorca they...** pendant leur voyage de noces à Majorque, ils...
- **VI** passer son voyage de noces • **while honeymooning in Majorca we...** pendant notre voyage de noces à Majorque, nous...
- **COMP** **honeymoon couple** N jeunes mariés mpl (en voyage de noces) **honeymoon period** N (fig) état m de grâce **honeymoon suite** N suite f nuptiale

**honeymooner** /ˈhʌnɪˌmuːnəʳ/ N jeune marié(e) m(f) (en voyage de noces)

**honeypot** /ˈhʌnɪpɒt/ N (lit) pot m à miel • **a tourist honeypot, a honeypot for tourists** un lieu qui attire les touristes ; → **bee**

**honeysuckle** /ˈhʌnɪsʌkəl/ N chèvrefeuille m

**honeytrap** /ˈhʌnɪtræp/ N piège m (dans lequel un criminel est attiré par une femme)

**Hong Kong** /ˈhɒŋˈkɒŋ/ N Hong-Kong • **in Hong Kong** à Hong-Kong

**honk** /hɒŋk/
- **VI** ① [car] klaxonner ; [goose] cacarder ② (⁎ = stink) chlinguer⁎, cocotter⁎ • **it's honking in here!** ça chlingue⁎ or cocotte⁎ ici !
- **VT** • **to honk the** or **one's horn** klaxonner, corner
- **N** [of car] coup m de klaxon ® ; [of goose] cri m • **honk, honk!** [of car] tut-tut ! ; [of goose] coincoin !

**honkie**⁎, **honky**⁎ /ˈhɒŋkɪ/
- **N** (US pej) sale Blanc m, sale Blanche f
- **COMP** **honky-tonk**⁎ N ① (US = club) bastringue⁎ m
- ② (Mus) musique f de bastringue⁎

**Honolulu** /ˌhɒnəˈluːluː/ N Honolulu

**honor** /ˈɒnəʳ/ N (US) ⇒ **honour**

**honorable** /ˈɒnərəbl/ ADJ (US) ⇒ **honourable**

**honorably** /ˈɒnərəblɪ/ ADV (US) ⇒ **honourably**

**honorarium** /ˌɒnəˈrɛərɪəm/ N (pl honorariums or honoraria /ˌɒnəˈrɛərɪə/) honoraires mpl no sg

**honorary** /ˈɒnərərɪ/ SYN
- **ADJ** [official, member] honoraire ; [duties, titles] honorifique ; [degree] accordé à titre honorifique • **to be awarded an honorary doctorate** (Univ) être nommé docteur honoris causa
- **COMP** **Honorary Secretary** N secrétaire mf honoraire

**honorific** /ˌɒnəˈrɪfɪk/
- **ADJ** honorifique
- **N** titre m honorifique

**honour** (Brit), **honor** (US) /ˈɒnəʳ/ SYN
- **N** ① honneur m • **it is a great honour for me** c'est un grand honneur pour moi • **it is an honour for me to be here** c'est un honneur pour moi que d'être ici • **he is the soul of honour** c'est la probité même • **he is an honour to his father/his regiment** il fait honneur à son père/son régiment • **to what do we owe this honour?** qu'est-ce qui nous vaut cet honneur ? • **I have the honour to inform you** or **of informing you that...** j'ai l'honneur de vous informer que... • **may I have the honour of accompanying you?** (frm) puis-je avoir l'honneur de vous accompagner ? • **to lose one's honour** † (woman) être déshonoré † • **(there is) honour among thieves** (Prov) les loups ne se mangent pas entre eux ; → **debt, word**

• **do + honour(s)** • **they did me the honour of inviting me** (frm) ils m'ont fait l'honneur de m'inviter • **perhaps you will do me the honour of dancing with me?** (frm) me ferez-vous l'honneur de m'accorder une danse ? • **he does no honour to the profession** il ne fait pas honneur à sa profession • **to do the honours** (= introductions) faire les présentations (entre invités) ; (of one's house) faire les honneurs de sa maison

• **in honour of...** en l'honneur de... • **in his honour** en son honneur

• **on + honour** • **to be on one's honour to do sth** s'être engagé à faire qch • **she put me on my honour to own up** je lui ai donné ma parole d'honneur que j'avouerais • **on** or **upon my honour!** †⁎ parole d'honneur !

**2** (Mil etc) ◆ **the last honours** les derniers honneurs mpl, le dernier hommage ◆ **with full military honours** avec les honneurs militaires ; → **guard**

**3** (frm = title) ◆ **Your/His Honour** Votre/Son Honneur

**4** (Brit Univ) ◆ **to take honours in English** ≈ faire une licence d'anglais ◆ **he got first-/second-class honours in English** ≈ il a eu sa licence d'anglais avec mention très bien/mention bien

**5** (Bridge) honneur m

**6** (Brit = award) distinction f honorifique

**VT 1** [+ person] honorer, faire honneur à ◆ **to feel honoured (to do sth)** être honoré (de faire qch) ◆ **I'm honoured** je suis très honoré, quel honneur ! ◆ **I'd be honoured** je serais très honoré ◆ **she honoured them with her presence** (gen, iro) elle les honora de sa présence ◆ **they honoured us by coming to the ceremony** ils nous firent l'honneur de venir à la cérémonie ◆ **since you have honoured me with your confidence** puisque vous m'avez fait l'honneur de m'accorder votre confiance ◆ **to honour one's partner** (in dancing) saluer son cavalier (or sa cavalière) ◆ **honoured guest** invité(e) m(f) d'honneur

**2** [+ cheque, contract] honorer ; [+ ceasefire, agreement] respecter

**COMP** **honour-bound** ADJ ◆ **to be honour-bound to do sth** être tenu par l'honneur de faire qch

**honors course** N (US) cours réservé aux meilleurs étudiants

**honours course** N (Brit Univ) ≈ licence f

**honors degree** N (US) licence f avec mention

**honours degree** N (Brit Univ) ≈ licence f

**honor guard** N (US) ⇒ **guard of honour** ; → **guard**

**Honours List** N (Brit) liste de distinctions honorifiques conférées par le monarque

**honor roll** N (US) (gen) liste f honorifique ; (Mil) liste f d'anciens combattants ; (Scol) liste f des meilleurs élèves

**honor society** N (US Scol) club m des meilleurs élèves

**honor system** N (US) système m de l'autosurveillance (dans les écoles et les prisons)

### HONOURS LIST

La **Honours List** est la liste des personnes proposées pour recevoir une distinction honorifique telle qu'un MBE (titre de « Member of the Order of the British Empire ») ou un OBE (titre de « Officer of the Order of the British Empire »). Cette liste, établie par le Premier ministre et approuvée par le monarque, est publiée deux fois par an au moment de la nouvelle année (**New Year's Honours List**) et de l'anniversaire de la reine en juin (**Queen's Birthday Honours List**).

**honourable** (Brit), **honorable** (US) /ˈɒnərəbl/ SYN ADJ [person, action, intentions] honorable ; [contract, debt] d'honneur ◆ **an honourable mention** une mention honorable ◆ **the Honourable...** (title) l'honorable... ◆ **my (right) Honourable friend** (Brit Parl) mon (très) honorable collègue ◆ **the (right) Honourable member for Weston** (Brit Parl) ≈ Monsieur (or Madame) le député de Weston ; → **right**

**honourably, honorably** (US) /ˈɒnərəblɪ/ ADV honorablement

**Hons.** (Univ) (abbrev of **honours degree**) avec mention

**Hon. Sec.** N (abbrev of **Honorary Secretary**) → **honorary**

**Honshu** /ˈhɒnʃuː/ N (Geog) Honshu f

**hooch**⚹ /huːtʃ/ N (= alcoholic drink) gnôle⚹ f

**hood** /hʊd/

**N 1** (gen) capuchon m ; (of executioner etc) cagoule f ; (Univ) épitoge f ; (of falcon) chaperon m ◆ **rain hood** capuche f (en plastique)

**2** [of car] (Brit) capote f ; (US) capot m

**3** [of pram] capote f ; (over fire, cooker) hotte f

**4** [of cobra] capuchon m

**5** [of clitoris] capuchon m

**6** (US ⚹ = neighbourhood) quartier m

**7** (⚹ = hoodlum) truand m

**VT** [+ falcon] chaperonner, enchaperonner

**'hood**⚹ /hʊd/ N (US) ⇒ **neighborhood**

**hooded** /ˈhʊdɪd/

ADJ (gen) [monk, figure, gunman] encapuchonné ; [prisoner] au visage couvert ; [coat, jacket] à capuchon ◆ **he has hooded eyes** il a les paupières tombantes

**COMP** **hooded crow** N corneille f mantelée

**hooded falcon** N faucon m chaperonné or enchaperonné

**hoodlum** /ˈhuːdləm/ N truand m

**hoodoo** /ˈhuːduː/

**N** (= bad luck) guigne⚹ f, poisse⚹ f ; (= object, person) porte-guigne⚹ m

**VT** porter la guigne⚹ or la poisse⚹ à

**hoodwink** /ˈhʊdˌwɪŋk/ SYN VT tromper, duper ◆ **they hoodwinked me into accepting** j'ai accepté sur la foi d'informations erronées

**hooey**⚹ /ˈhuːɪ/ N (US) sornettes fpl, conneries⚹⚹ fpl ◆ **to talk a lot of hooey** dire des bêtises, déconner⚹⚹

**hoof** /huːf/

**N** (pl **hoofs** or **hooves**) sabot m (d'animal) ◆ **on the hoof** sur pied ; → **cloven**

**VT** ◆ **to hoof it**⚹ (= walk) aller à pinces⚹ ; (US) (= dance) danser, se trémousser

**COMP** **hoof and mouth disease** N (US) fièvre f aphteuse

**hoofed** /huːft/ ADJ à sabots

**hoofer**⚹ /ˈhuːfər/ N (esp US = dancer) danseur m, -euse f professionnel(le)

**hoo-ha**⚹ /ˈhuːˌhɑː/ N (= noise) brouhaha m, boucan⚹ m ; (= confusion) pagaille⚹ f or pagaïe⚹ f ; (= bustle) tohu-bohu m ; (= excitement) animation f (pej) ; (= fuss) ◆ **there was a great hoo-ha about it** on en a fait tout un foin⚹ or tout un plat⚹

**hook** /hʊk/ SYN

**N 1** crochet m ; (for hanging coats) patère f ; (on dress) agrafe f ; (Fishing) hameçon m ◆ **hooks and eyes** (Sewing) agrafes fpl ◆ **he swallowed the story hook, line and sinker** il a gobé⚹ tout ce qu'on lui a raconté, il a tout avalé (fig) ◆ **by hook or by crook** coûte que coûte, par tous les moyens ◆ **to get sb off the hook**⚹ tirer qn d'affaire or d'un mauvais pas ◆ **to let sb off the hook**⚹ [+ wrongdoer] ficher la paix à qn⚹ ; [+ sb with problem] tirer une épine du pied à qn ◆ **he's off the hook** il s'en est tiré d'affaire ◆ **to get one's hooks into sb/sth**⚹ (pej) mettre le grappin sur qn/qch

**2** (Telec) ◆ **to take the phone off the hook** décrocher le téléphone ◆ **the phone's off the hook** on a décroché le téléphone ◆ **the phone was ringing off the hook**⚹ (US) le téléphone n'arrêtait pas de sonner

**3** (Boxing) crochet m ◆ **right hook** crochet m (du) droit

**4** (Golf) coup m hooké

**5** (Agr) faucille f

**VT** accrocher (to à) ; [+ dress] agrafer ; (with boathook) gaffer ; (Boxing) donner un crochet à ; (Fishing) prendre ; (Golf) hooker ◆ **to hook the ball** (Rugby) talonner le ballon ◆ **to hook a husband** se trouver un mari ; see also **hooked**

**VI 1** (Golf) hooker

**2** (US ⚹) [prostitute] faire le tapin⚹ or le trottoir⚹

**COMP** **hook-nosed** ADJ au nez recourbé or crochu ◆ **the Hook of Holland** Hoek van Holland

▶ **hook on**

**VI** s'accrocher (to à)

**VT SEP** accrocher (to à)

▶ **hook up**

**VI** [dress, skirt] s'agrafer

**VT SEP 1** [+ dress, skirt] agrafer

**2** (Rad, TV ⚹) faire un duplex entre

**N** ◆ **hookup**⚹ → **hookup**

**hookah** /ˈhʊkɑː/ N narguilé m

**hooked** /hʊkt/ ADJ **1** (= hook-shaped) [nose] recourbé, crochu ◆ **the end of the wire was hooked** le bout du fil (de fer) était recourbé

**2** (= having hooks) muni de crochets or d'agrafes or d'hameçons ; → **hook**

**3** (⚹ fig) (= fascinated) fasciné (on par), accroché⚹ ; (= dependent) dépendant (on de) ◆ **he's hooked on it** il ne peut plus s'en passer ◆ **to get hooked on** [+ drugs] devenir accro⚹ à ; [+ jazz, television] devenir enragé⚹ de ◆ **he's really hooked on that girl** il est complètement dingue⚹ de cette fille ◆ **he's become hooked on power** il aime trop le pouvoir : il ne peut plus s'en passer ◆ **once I'd seen the first episode I was hooked** après avoir vu le premier épisode j'étais accro⚹

**4** (⚹⚹ = married) casé⚹, marié

**hooker** /ˈhʊkər/ N **1** (Rugby) talonneur m

**2** (⚹⚹ = prostitute) putain⚹⚹ f

**hookey**⚹ /ˈhʊkɪ/ N ◆ **to play hookey** sécher les cours, faire l'école buissonnière

**hookup**⚹ /ˈhʊkʌp/ N (Rad, TV) relais m temporaire

**hookworm** /ˈhʊkwɜːm/ N ankylostome m

**hooky**⚹ /ˈhʊkɪ/ N ⇒ **hookey**

**hooligan** /ˈhuːlɪɡən/ SYN N vandale m, hooligan m

**hooliganism** /ˈhuːlɪɡənɪzəm/ N vandalisme m, hooliganisme m

**hoop** /huːp/ SYN N [of barrel] cercle m ; (= toy : in circus, for skirt) cerceau m ; (Basketball) (cercle m du) panier m ; (Croquet) arceau m ◆ **they put him through the hoop(s)** (= interrogated) ils l'ont mis sur la sellette ◆ **they put him through or made him jump through hoops** (= put to test) ils l'ont mis à l'épreuve

**hoopla** /ˈhuːplɑː/ N **1** (Brit) jeu m d'anneaux (dans les foires)

**2** (US ⚹) ⇒ **hoo-ha**

**hoopoe** /ˈhuːpuː/ N huppe f

**hooray** /hʊˈreɪ/

EXCL hourra

**COMP** **Hooray Henry** N (pl **Hooray Henries**) (Brit pej) jeune homme des classes supérieures jovial et bruyant

**hoosegow**⚹ /ˈhuːsɡaʊ/ N (US) taule f or tôle⚹⚹ f, trou⚹ m

**Hoosier** /ˈhuːʒər/ N (US) habitant(e) m(f) de l'Indiana ◆ **the Hoosier State** l'Indiana

**hoot** /huːt/ SYN

**N 1** [of owl] hululement m ; (esp Brit) [of car horn] coup m de klaxon ® ; [of siren] mugissement m ; [of train] sifflement m ; (= jeer) huée f ◆ **she gave a hoot of laughter** elle s'est esclaffée ◆ **I don't give** or **care a hoot** or **two hoots**⚹ je m'en fiche⚹

**2** (⚹ = amusing thing, person) ◆ **it was a hoot** c'était tordant⚹ or marrant⚹ ◆ **she's a hoot** elle est impayable⚹

**VI** [owl] hululer ; (esp Brit) [car horn] klaxonner, corner ; [siren] mugir ; [train] siffler ; (= jeer) huer, pousser des huées ◆ **to hoot with laughter** s'esclaffer, rire aux éclats ◆ **to hoot with derision/delight** pousser des cris moqueurs/de joie

**VT 1** (also **hoot down**) [+ actor, speaker] huer, conspuer

**2** ◆ **to hoot the** or **one's horn** klaxonner

**hootenanny** /ˈhuːtəˌnænɪ/ N (US) petit concert de musique folklorique improvisé

**hooter** /ˈhuːtər/ N **1** [of factory] sirène f ; (Brit) [of car] klaxon ® m ; [of train] sifflet m

**2** (Brit ⚹ = nose) pif⚹ m, blair⚹⚹ m

**3** (US)⚹⚹ (= breasts) ◆ **hooters** roberts⚹⚹ mpl

**Hoover** ® /ˈhuːvər/ (Brit)

**N** aspirateur m

**VT** ◆ **to hoover a carpet/a room** passer l'aspirateur sur un tapis/dans une pièce ◆ **to hoover sth up** (lit) aspirer qch ; (fig : = consume) engloutir qch

**hoovering** /ˈhuːvərɪŋ/ N (Brit) ◆ **to do the hoovering** passer l'aspirateur

**hooves** /huːvz/ NPL of **hoof**

**hop¹** /hɒp/ SYN

**N 1** [of person, animal] saut m ; [of bird] sautillement m ◆ **hop skip and jump**, **hop step and jump** (Sport) triple saut m ◆ **it's a hop, skip** or **step and jump from here** c'est à deux pas d'ici ◆ **with a hop, skip** or **step and jump he was gone** une pirouette et il avait disparu ◆ **to catch sb on the hop** (Brit) prendre qn au dépourvu ◆ **to keep sb/be on the hop**⚹ ne pas laisser à qn/ne pas avoir le temps de respirer⚹

**2** († ⚹ = dance) sauterie † f

**3** (in plane) étape f ◆ **from London to Athens in two hops** de Londres à Athènes en deux étapes ◆ **it's a short hop from Paris to Brussels** ce n'est qu'un saut de Paris à Bruxelles

**VI** [person] (on one foot) sauter à cloche-pied ; (= jump) sauter ; [animal] sauter ; [bird] sautiller ◆ **he hopped over to the window** il est allé à cloche-pied jusqu'à la fenêtre ◆ **hop in!** (in car) montez ! ◆ **he hopped out of bed** il a sauté du lit ◆ **he hopped onto a plane for London** il a attrapé un avion pour Londres ; → **mad**

**VT** ◆ **to hop it**⚹ (Brit) décamper⚹, mettre les bouts⚹ or les voiles⚹ ◆ **hop it!** (Brit) fiche le

camp !* ✦ **he hopped a flight to New York** (US) il a attrapé un avion pour New York
[COMP] **hop-o'-my-thumb** N le Petit Poucet
▸ **hop off*** VI (= leave) décamper*, ficher le camp*

**hop²** /hɒp/
[N] (= plant) (also **hops**) houblon m
[COMP] **hop picker** N cueilleur m, -euse f de houblon
**hop-picking** N cueillette f du houblon
**hop pole** N perche f à houblon

**hope** /həʊp/ [LANGUAGE IN USE 8.4, 23, 25.2] [SYN]
[N] espoir m (of doing sth de faire qch), espérance f (liter) (also Rel) ✦ **we must live in hope** nous devons vivre d'espoir ✦ **she lives in (the) hope of seeing her son again** elle continue d'espérer revoir un jour son fils ✦ **in the hope that...** dans l'espoir que... ✦ **in the hope of sth/of doing sth** dans l'espoir de qch/de faire qch ✦ **to have hopes of doing sth** avoir l'espoir de faire qch ✦ **I haven't much hope of succeeding** je n'ai pas beaucoup d'espoir de réussir ✦ **to give up hope** cesser d'espérer, perdre espoir ✦ **you should never give up hope** il ne faut jamais perdre espoir ✦ **to give up hope of doing sth** abandonner l'espoir de faire qch ✦ **past** or **beyond (all) hope** sans espoir, désespéré ✦ **the car was smashed beyond any hope of repair** la voiture était bonne pour la casse ✦ **she hasn't (got) a hope in hell*** of being promoted** elle n'a pas la moindre chance d'être promue ✦ **there is no hope of that** c'est hors de question ✦ **he set out with high hopes** il s'est lancé avec l'espoir de faire de grandes choses ✦ **she had high hopes of winning** elle avait bon espoir de gagner ✦ **her family has great** or **high hopes of her** sa famille a de grands espoirs pour elle ✦ **to raise sb's hopes** faire naître l'espoir chez qn ✦ **don't raise her hopes too much** ne lui laisse or donne pas trop d'espoir ✦ **don't get your hopes up** or **raise your hopes too much** n'y compte pas trop ✦ **to lose (all) hope of sth/of doing sth** perdre l'espoir or tout espoir de qch/de faire qch ✦ **my hope is that...** ce que j'espère or mon espoir c'est que... ✦ **you're my last hope** tu es mon dernier espoir ✦ **she's now our best hope** elle représente maintenant notre plus grand espoir ✦ **some hope(s)!*** tu parles !*, tu crois au père Noël !* ; → **dash, faith, hold out**

[VI] espérer ✦ **to hope for money/for success** espérer gagner de l'argent/avoir du succès ✦ **they were still hoping for a peaceful solution to the crisis** ils espéraient toujours trouver une solution pacifique à la crise ✦ **we're hoping for fine weather** nous espérons avoir du beau temps or qu'il fera beau ✦ **if I were you I shouldn't hope for too much from the meeting** à votre place je n'attendrais pas trop de la réunion ✦ **don't hope for too much** n'en attendez pas trop ✦ **it was too much to hope for (that...)** ça aurait été trop beau (que... + subj) ✦ **a pay rise would be too much to hope for** une augmentation ? il ne faut pas rêver ! ✦ **to hope for better days** espérer (connaître) des jours meilleurs ✦ **we must hope for better things** il faut espérer que de meilleurs jours viendront or que ça ira mieux ✦ **to hope for the best** espérer que tout se passe au mieux ✦ **to hope against hope** espérer en dépit de tout

[VT] espérer ✦ **I hope (that) he comes** j'espère qu'il viendra ✦ **I hope to see you, I hope I'll see you** j'espère te voir ✦ **I hope to God** or **hell*** she remembers/he doesn't turn up** j'espère vraiment qu'elle s'en souvient/qu'il ne viendra pas ✦ **what do you hope to gain by that?** qu'espères-tu obtenir par là ? ✦ **the party cannot hope to win more than a few seats** le parti ne peut pas espérer obtenir plus que quelques sièges ✦ **hoping to hear from you** (in letter) dans l'espoir d'avoir de vos nouvelles ✦ **I hope so** (answer to question) j'espère que oui ; (agreeing with sb's statement) je l'espère, j'espère bien ✦ **I hope not** (answer to question) j'espère que non ; (agreeing) (also **I should hope not**) j'espère bien que non !
[COMP] **hope chest** N (US) (armoire f or malle f à) trousseau m
**hoped-for** ADJ espéré

**hopeful** /ˈhəʊpfʊl/ [SYN]
[ADJ] [1] (= optimistic) [person, face] plein d'espoir ✦ **to be** or **feel hopeful (that...)** avoir bon espoir (que...) ✦ **I'll ask her but I'm not too hopeful** je lui demanderai mais je n'y crois pas trop ✦ **to be hopeful of doing sth** avoir bon espoir de faire qch
[2] (= promising) [sign, future] prometteur ; [situation, news] encourageant

[N] ✦ **the young hopefuls** (showing promise) les jeunes espoirs mpl ; (ambitious) les jeunes ambitieux mpl ; (hoping for sth) les jeunes optimistes mpl ✦ **the British Olympic hopefuls** (hoping to make team) les candidats mpl à la sélection pour l'équipe olympique britannique ; (hoping to win medal) les prétendants mpl britanniques à une médaille olympique ✦ **presidential hopeful Gavin Killip** le candidat à la présidence Gavin Killip

**hopefully** /ˈhəʊpfʊlɪ/ [SYN] ADV [1] (= optimistically) [say, look at] avec espoir ✦ **... she asked hopefully ...** demanda-t-elle pleine d'espoir
[2] (* = one hopes) avec un peu de chance ✦ **hopefully we'll be able to find a solution** avec un peu de chance, nous trouverons une solution ✦ **hopefully it won't rain** j'espère qu'il ne va pas pleuvoir ✦ **(yes) hopefully!** je l'espère !, j'espère bien ! ✦ **hopefully not!** j'espère que non !

**hopefulness** /ˈhəʊpfʊlnɪs/ N optimisme m

**hopeless** /ˈhəʊplɪs/ [SYN] ADJ [1] (= doomed) [person, cause, situation, position, attempt] désespéré ; [love, task] impossible ✦ **it's hopeless!** c'est désespérant ! ✦ **a hopeless muddle** or **mess** une effroyable pagaille ✦ **in the face of** or **against hopeless odds** face à une situation désespérée ✦ **to feel hopeless** (= in despair) être désespéré
[2] (= incurable) [romantic] incorrigible ; [drunk] invétéré ✦ **he's hopeless*, he's a hopeless case*** c'est un cas désespéré
[3] (= useless) [person, work] nul ✦ **he's a hopeless teacher** il est nul comme professeur ✦ **to be hopeless at maths/sport** être nul en maths/sport ✦ **to be hopeless at doing sth** être nul quand il s'agit de faire qch

**hopelessly** /ˈhəʊplɪslɪ/ ADV [1] (= despairingly) avec désespoir
[2] (= impossibly) [confused] totalement ; [lost] complètement ✦ **hopelessly naïve** d'une naïveté désespérante ✦ **supplies were hopelessly inadequate** les provisions manquaient cruellement ✦ **to be hopelessly in love** or **besotted (with sb)** être éperdument amoureux (de qn)

**hopelessness** /ˈhəʊplɪsnɪs/ N [of situation] caractère m désespéré ; (= powerlessness) sentiment m d'impuissance ; (= despair) désespoir m

**hopfield** /ˈhɒpfiːld/ N houblonnière f

**hophead*** /ˈhɒphed/ N (US pej) junkie* mf

**hoplite** /ˈhɒplaɪt/ N hoplite m

**hopper** /ˈhɒpər/
[N] [1] (= bin) trémie f
[2] (Austral *) kangourou m
[COMP] **hopper car** N [of train] wagon-trémie m

**hopscotch** /ˈhɒpskɒtʃ/ N marelle f

**Horace** /ˈhɒrɪs/ N Horace m

**Horae** /ˈhɔːriː/ NPL (Myth) Heures fpl

**Horatii** /hɒˈreɪʃɪaɪ/ NPL (Antiq) ✦ **the three Horatii** les trois Horaces

**horde** /hɔːd/ N horde f (also pej), foule f ✦ **hordes of people** des foules de gens

**hordein** /ˈhɔːdiːɪn/ N hordéine f

**horehound** /ˈhɔːˌhaʊnd/ N marrube m

**horizon** /həˈraɪzn/ [SYN] N (lit) horizon m ; (fig) vue f, horizon m ✦ **on the horizon** (lit, fig) à l'horizon ✦ **the mountains on the distant horizon** les montagnes loin à l'horizon ✦ **over the horizon** (fig) en perspective ✦ **a man of limited horizons** un homme aux vues étroites ✦ **to broaden** or **expand one's horizons** élargir son horizon or ses horizons ✦ **to open new horizons for sb** ouvrir des horizons à qn

**horizontal** /ˌhɒrɪˈzɒntl/
[ADJ] horizontal
[N] horizontale f
[COMP] **horizontal bar** N barre f fixe

**horizontally** /ˌhɒrɪˈzɒntəlɪ/ ADV horizontalement

**hormonal** /hɔːˈməʊnəl/ ADJ hormonal

**hormone** /ˈhɔːməʊn/
[N] hormone f
[COMP] **hormone replacement therapy** N traitement m hormonal substitutif
**hormone treatment** N traitement m hormonal

**horn** /hɔːn/
[N] [1] corne f ✦ **to draw in** or **pull in one's horns** (= back down) diminuer d'ardeur ; (= spend less) restreindre son train de vie ; → **dilemma**
[2] (Mus) cor m ; (* = trumpet) trompette f ; → **French**
[3] [of car] klaxon® m, avertisseur m ; [of boat] sirène f ✦ **to blow** or **sound the** or **one's horn** klaxonner, corner ; → **foghorn**
[4] (US * = telephone) bigophone* m ✦ **to get on the horn to sb** passer un coup de bigophone* à qn
[5] [of saddle] corne f, pommeau m
[COMP] [handle, ornament] en corne
**Horn of Africa** N (Geog) ✦ **the Horn of Africa** la Corne de l'Afrique
**horn of plenty** N corne f d'abondance
**horn-rimmed spectacles** NPL lunettes fpl à monture d'écaille
▸ **horn in*** VI (esp US) mettre son grain de sel

**hornbeam** /ˈhɔːnbiːm/ N (= tree) charme m

**hornbill** /ˈhɔːnbɪl/ N calao m

**hornblende** /ˈhɔːnblend/ N (Miner) hornblende f

**horned** /hɔːnd/
[ADJ] (gen) cornu
[COMP] **horned owl** N duc m (hibou)
**horned toad** N crapaud m cornu

**hornet** /ˈhɔːnɪt/ N frelon m ✦ **his inquiries stirred up a hornet's nest** ses investigations ont mis le feu aux poudres ✦ **the case has opened up a hornet's nest of moral and legal concerns** cette affaire soulève une série de questions épineuses, tant morales que juridiques

**horniness** /ˈhɔːnɪnɪs/ N [1] [of skin] aspect m calleux
[2] (* = lustfulness) appétit m sexuel (débridé)

**hornless** /ˈhɔːnlɪs/ ADJ sans cornes

**hornpipe** /ˈhɔːnpaɪp/ N matelote f (danse)

**horny** /ˈhɔːnɪ/ ADJ [1] (* = sexually aroused) excité* (sexuellement)
[2] (* = sexually arousing) sexy*
[3] (= like horn) corné ; [hands] calleux

**horology** /hɒˈrɒlədʒɪ/ N horlogerie f

**horoscope** /ˈhɒrəskəʊp/ N horoscope m

**horrendous** /hɒˈrendəs/ ADJ épouvantable

**horrendously** /hɒˈrendəslɪ/ ADV horriblement, affreusement

**horrible** /ˈhɒrɪbl/ [SYN] ADJ [1] (= horrific) horrible ; [moment] terrible ✦ **the horrible truth** la terrible vérité
[2] (= unpleasant, awful) épouvantable ; [clothes] affreux ; [mistake] terrible
[3] (* = unkind) [person] méchant (to sb avec qn) ✦ **that's a horrible thing to say!** c'est vraiment méchant or terrible de dire des choses pareilles ! ✦ **all the horrible things I said to you** toutes les horreurs que je t'ai dites

**horribly** /ˈhɒrɪblɪ/ ADV [1] (= horrifically) [die, scream] d'une manière horrible ; [mutilated, disfigured, injured] horriblement ; [cruel] très, particulièrement ; [violent] terriblement
[2] (= unpleasantly, awfully) [expensive, guilty, embarrassed, uncomfortable] terriblement ✦ **it's all gone horribly wrong** les choses ont très mal tourné ✦ **I'm going to be horribly late*** je vais être affreusement en retard

**horrid** /ˈhɒrɪd/ [SYN] ADJ (= nasty) [person] ignoble ; [weather, place] épouvantable ; (= ugly) hideux ✦ **a horrid child** une (petite) horreur*

**horrific** /hɒˈrɪfɪk/ ADJ atroce, horrible

**horrifically** /hɒˈrɪfɪkəlɪ/ ADV [injured, burned, beaten] horriblement ; [expensive, dangerous] terriblement

**horrified** /ˈhɒrɪfaɪd/ ADJ horrifié

**horrify** /ˈhɒrɪfaɪ/ [SYN] VT horrifier

**horrifying** /ˈhɒrɪfaɪɪŋ/ ADJ effrayant

**horrifyingly** /ˈhɒrɪfaɪɪŋlɪ/ ADV effroyablement

**horripilation** /hɒˌrɪpɪˈleɪʃən/ N (Physiol) horripilation f

**horror** /ˈhɒrər/ [SYN]
[N] (= feeling, object) horreur f ✦ **to have a horror of sth/of doing sth** avoir horreur de qch/de faire qch ✦ **the horrors of war** les horreurs fpl de la guerre ✦ **to scream in horror** pousser un cri d'horreur ✦ **he looked away in horror** horrifié, il détourna son regard ✦ **to my horror I realized that...** je me suis rendu compte avec horreur que... ✦ **to my horror he returned with a knife** à ma grande horreur il est revenu un couteau à la main ✦ **they watched in horror as the train left the tracks** le train a déraillé sous leurs yeux horrifiés ✦ **and then, horror of horrors*, he said...** et alors, pour comble de l'horreur, il a dit... ✦ **you little horror!*** petit

monstre ! ✦ **nine die in motorway horror** (as headline) scènes d'horreur sur l'autoroute : neuf morts ; → **chamber**

**COMP** [book, film, comic] d'épouvante

**horror story N** (lit) histoire f d'épouvante ; (fig) horreur f

**horror-stricken, horror-struck ADJ** glacé d'horreur

**horse** /hɔːs/

**N** ① cheval m ✦ **he's fond of the horses** * c'est un turfiste invétéré ✦ **to work like a horse** travailler comme un forcené ✦ **(straight) from the horse's mouth** de source sûre ✦ **to back the wrong horse** (lit, fig) miser sur le mauvais cheval ✦ **that's a horse of a different colour** cela n'a rien à voir ✦ **hold your horses!** * arrêtez !, minute ! * ✦ **it's (a case of) horses for courses** (Brit) chacun selon ses compétences ✦ **to change** or **switch horses in midstream** changer de cheval au milieu du gué ✦ **you can take** or **lead a horse to water but you cannot make it drink** (Prov) on ne peut pas forcer les gens ; → **dark, eat, gift, white, willing**

② (Gym) cheval m d'arçons ; → **clothes**

③ (NonC: Mil) cavalerie f ✦ **light horse** cavalerie f légère

④ (Drugs * = heroin) blanche * f, héroïne f

**COMP horse-and-buggy ADJ** (US) [approach, system] dépassé

**horse artillery N** troupes fpl montées
**horse bean N** féverole f
**horse brass N** médaillon m de cuivre (fixé à une martingale)
**horse-breaker N** dresseur m, -euse f de chevaux
**horse breeder N** éleveur m, -euse f de chevaux
**horse chestnut N** (= nut) marron m (d'Inde) ; (also **horse chestnut tree**) marronnier m (d'Inde)
**horse-collar N** collier m (de harnais)
**horse-dealer N** maquignon m
**horse-doctor** * **N** vétérinaire mf
**horse-drawn ADJ** tiré par des chevaux, à chevaux
**the Horse Guards NPL** (Brit Mil) (le régiment de) la Garde à cheval
**horse latitudes NPL** latitudes fpl subtropicales
**horse-laugh N** gros rire m
**horse manure N** crottin m de cheval
**horse opera** * **N** (US Cine, TV) western m
**horse-race N** course f de chevaux
**horse-racing N** courses fpl de chevaux, hippisme m
**horse-riding N** (Brit) équitation f
**horse-sense** * **N** (gros) bon sens m
**horse show N** concours m hippique
**horse-trade VI** (lit) maquignonner ; (fig) négocier âprement
**horse-trader N** (lit) maquignon m ; (fig) négociateur m, -trice f redoutable
**horse-trading N** (lit) maquignonnage m ; (fig) âpres négociations fpl
**horse trailer N** (US) ⇒ **horsebox**
**horse trials NPL** concours m hippique
**horse vaulting N** (Sport) saut m de cheval

▶ **horse about** *, **horse around** * **VI** chahuter, jouer bruyamment ✦ **stop horsing about!** arrêtez de chahuter !

**horseback** /'hɔːsbæk/

**N** ✦ **on horseback** à cheval

**COMP horseback riding N** (esp US) équitation f

**horsebox** /'hɔːsbɒks/ **N** (Brit) fourgon m à chevaux, van m ; (in stable) box m

**horsecar** /'hɔːskɑːʳ/ **N** (US) fourgon m à chevaux, van m

**horseflesh** /'hɔːsfleʃ/ **N** ① (= horses generally) chevaux mpl
② (= horsemeat) viande f de cheval

**horsefly** /'hɔːsflaɪ/ **N** taon m

**horsehair** /'hɔːshɛəʳ/
**N** crin m (de cheval)
**ADJ** de or en crin

**horsehide** /'hɔːshaɪd/ **N** cuir m de cheval

**horseless** /'hɔːslɪs/
**ADJ** sans cheval
**COMP horseless carriage †N** voiture f sans chevaux

**horseman** /'hɔːsmən/ **SYN N** (pl **-men**) cavalier m ✦ **he's a good horseman** c'est un bon cavalier, il monte bien (à cheval)

**horsemanship** /'hɔːsmənʃɪp/ **N** (= skill) talent m de cavalier, monte f

**horsemeat** /'hɔːsmiːt/ **N** viande f de cheval

**horseplay** /'hɔːspleɪ/ **SYN N** chahut m

**horsepower** /'hɔːspaʊəʳ/ **N** puissance f (en chevaux) ; (= unit) cheval-vapeur m ✦ **a ten-horsepower car** une dix-chevaux

**horseradish** /'hɔːsrædɪʃ/
**N** (= plant) raifort m
**COMP horseradish sauce N** sauce f au raifort

**horseshit** *‡* /'hɔːsʃɪt/ **N** (lit) crottin m (de cheval) ; (fig) (= nonsense) conneries ‡ fpl

**horseshoe** /'hɔːsʃuː/
**N** fer m à cheval
**ADJ** en fer à cheval
**COMP horseshoe bat N** rhinolophe m, fer m à cheval
**horseshoe crab N** limule f, crabe m des Moluques

**horsetail** /'hɔːsteɪl/ **N** (= plant) prêle f

**horsewhip** /'hɔːswɪp/
**N** cravache f
**VT** cravacher

**horsewoman** /'hɔːswʊmən/ **N** (pl **-women**) cavalière f, écuyère f ✦ **she's a good horsewoman** c'est une bonne cavalière, elle monte bien (à cheval)

**horst** /hɔːst/ **N** horst m

**hors(e)y** * /'hɔːsɪ/ **ADJ** ① (= fond of horses) passionné de chevaux ; (= fond of riding) passionné d'équitation
② (in appearance) [person, face] chevalin

**horticultural** /ˌhɔːtɪˈkʌltʃərəl/ **ADJ** horticole ✦ **horticultural show** exposition f horticole or d'horticulture

**horticulturalist** /ˌhɔːtɪˈkʌltʃərəlɪst/ **N** ⇒ **horticulturist**

**horticulture** /'hɔːtɪkʌltʃəʳ/ **N** horticulture f

**horticulturist** /ˌhɔːtɪˈkʌltʃərɪst/ **N** horticulteur m, -trice f

**Horus** /'hɔːrəs/ **N** (Myth) Horus m

**hosanna, hosannah** /həʊˈzænə/
**EXCL** hosanna !
**N** hosanna m

**hose¹** /həʊz/
**N** (gen) tuyau m ; (also **garden hose**) tuyau m d'arrosage ; (also **fire hose**) tuyau m d'incendie ; (Tech) (for water) manche f à eau ; (for air) manche f à air ; (in car engine) durite f
**VT** (in garden) arroser au jet ; [firemen] arroser à la lance

▶ **hose down, hose out VT SEP** laver au jet

**hose²** /həʊz/ **N** (pl inv) (Comm = stockings etc) bas mpl ; (US : = tights) collants mpl ; (Hist) (= tights) chausses fpl ; (= knee breeches) culotte f courte

**Hosea** /həʊˈzɪə/ **N** Osée m

**hosepipe** /'həʊzpaɪp/
**N** (in garden) tuyau m d'arrosage ; (of fireman) tuyau m d'incendie
**COMP hosepipe ban N** (Brit) interdiction d'arroser pour cause de pénurie d'eau

**hosier** /'həʊzɪəʳ/ **N** bonnetier m, -ière f

**hosiery** /'həʊzɪərɪ/ **N** (business) bonneterie f ; (Comm) (= stocking department) (rayon m des) bas mpl ; (= stockings) bas mpl

**hosp N** abbrev of **hospital**

**hospice** /'hɒspɪs/ **N** (gen) hospice m ; (for terminally ill) établissement m de soins palliatifs

**hospitable** /hɒsˈpɪtəbl/ **SYN ADJ** [person, place, welcome] hospitalier (to sb envers qn), accueillant ; [climate, environment] favorable (to sth à qch), hospitalier

**hospitableness** /hɒsˈpɪtəblnɪs/ **N** [of person] hospitalité f ; [of place] caractère m accueillant or hospitalier

**hospitably** /hɒsˈpɪtəblɪ/ **ADV** [welcome] de façon accueillante

**hospital** /'hɒspɪtl/
**N** hôpital m ✦ **in hospital** à l'hôpital ✦ **people** or **patients in hospital** (malades mpl) hospitalisés mpl ✦ **to go into hospital** aller à l'hôpital, être hospitalisé ; → **maternity, mental**
**COMP** [treatment, staff] hospitalier ; [bed etc] d'hôpital ; [dispute, strike] des hôpitaux
**hospital administrator N** (Brit) administrateur m, -trice f d'hôpital ; (US) directeur m, -trice f d'hôpital
**hospital board N** conseil m d'administration de l'hôpital
**hospital case N** ✦ **90% of hospital cases are released within three weeks** 90% des patients hospitalisés sortent dans les trois semaines ✦ **this is a hospital case** le patient doit être hospitalisé
**hospital doctor N** médecin m hospitalier ✦ **junior hospital doctor** interne m des hôpitaux
**hospital facilities NPL** structures fpl hospitalières
**hospital nurse N** infirmier m, -ière f hospitalier(-ière)
**hospital service N** service m hospitalier
**hospital ship N** navire-hôpital m
**hospital train N** train m sanitaire

**hospitalist** /'hɒspɪtəlɪst/ **N** médecin m hospitalier

**hospitality** /ˌhɒspɪˈtælɪtɪ/ **SYN**
**N** hospitalité f
**COMP hospitality suite N** salon m (où sont offerts les rafraîchissements)

**hospitalization** /ˌhɒspɪtəlaɪˈzeɪʃən/ **N** hospitalisation f

**hospitalize** /'hɒspɪtəlaɪz/ **VT** hospitaliser

**hospodar** /'hɒspəˌdɑːʳ/ **N** hospodar m

**host¹** /həʊst/ **SYN**
**N** ① (= person receiving guests) hôte m ; ( † = innkeeper) patron m ; [of TV, radio show] animateur m, -trice f, présentateur m, -trice f ✦ **mine host** (hum) notre hôte (hum) ✦ **to play host to sb/sth** accueillir qn/qch
② (Bio, Comput) hôte m
**VT** [+ radio or TV show] animer ; [+ festival, games] accueillir
**COMP** [plant, animal] hôte ; [town etc] qui reçoit
**host computer N** hôte m
**host country N** [of conference, games] pays m d'accueil

**host²** /həʊst/ **SYN N** ① (= crowd) foule f ✦ **a host of friends** une foule d'amis ✦ **a whole host of reasons** toute une série or tout un tas * de raisons
② †† armée f

**host³** /həʊst/ **N** (Rel) hostie f

**hosta** /'hɒstə/ **N** (= plant) funkia m, hosta m

**hostage** /'hɒstɪdʒ/ **SYN N** otage m ✦ **to take/hold sb hostage** prendre/retenir qn en otage ✦ **to be a hostage to fortune** être le jouet du destin ✦ **to give hostages** or **a hostage to fortune** prendre des risques

**hostel** /'hɒstəl/
**N** ① (for students, workers) foyer m ✦ **(youth) hostel** auberge f de jeunesse
② ( † = inn) auberge f
**VI** ✦ **to go (youth) hostelling** aller passer ses vacances en auberges de jeunesse

**hosteller** /'hɒstələʳ/ **N** ≈ ajiste mf

**hostelry** /'hɒstəlrɪ/ **N** (esp Brit ††) hostellerie f ; (hum) (= pub) auberge f

**hostess** /'həʊstɪs/
**N** (gen) hôtesse f ; (in night club) entraîneuse f ; [of TV, radio show] animatrice f, présentatrice f ; → **air**
**COMP hostess trolley N** (Brit) table f roulante (avec chauffe-plats)

**hostile** /'hɒstaɪl, (US) 'hɒstəl/ **SYN**
**ADJ** hostile (to à) ; (Mil) [fire, force, aircraft] ennemi
**COMP hostile takeover bid N** OPA f hostile

**hostility** /hɒˈstɪlɪtɪ/ **SYN N** hostilité f

**hostler** †† /'ɒsləʳ/ **N** (US) ⇒ **ostler**

**hot** /hɒt/ **SYN**

**ADJ** ① (lit) chaud ✦ **to be hot** [person] avoir (très or trop) chaud ; [thing] être (très) chaud ; (Weather) faire (très) chaud ✦ **it's too hot in here** il fait trop chaud ici ✦ **to get hot** [person] commencer à avoir (trop) chaud ; [thing] devenir chaud, chauffer ; (Weather) commencer à faire chaud ✦ **it was a very hot day** c'était un jour de grande or de forte chaleur ✦ **the hot sun** le soleil brûlant ✦ **in the hot weather** pendant les grandes chaleurs ✦ **bread hot from the oven** pain tout chaud sorti du four ✦ **hot dishes** (on menu) plats mpl chauds ✦ **I can't drink hot things** je ne peux pas boire chaud ✦ **the food must be served hot** la nourriture doit être servie bien chaude ✦ **he's had more trips to Paris than I've had hot dinners** * c'est un grand habitué des voyages à Paris ✦ **hot and cold (running) water** (eau f courante) chaude et froide ✦ **to be in hot water** (fig) être dans le pétrin ✦ **to get into hot water** (fig) s'attirer des ennuis ✦ **this subject's too hot to handle** * ce sujet est trop épineux ◆ **she's too hot to handle** * il vaut mieux ne pas s'y frotter ◆ **that's a hot button** *(US)* c'est un sujet épineux ◆ **to be (all) hot and bothered** *(= perspiring)* être en nage ; *(= flustered)* être dans tous ses états *(about sth* au sujet de qch) ◆ **to be/get hot under the collar** * être/se mettre dans tous ses états *(about sth* au sujet de qch) ; see also **comp** ; → **cake, coal, iron**

2 *(fig) [food, curry]* fort, épicé ; *[spices]* fort ; *[news]* tout(e) frais (fraîche *f*) ; *[contest, dispute, competition]* acharné ; *[topic]* brûlant ; *[temperament]* passionné, violent ◆ **he's got a hot temper** il a un caractère violent, il est très coléreux ◆ **a hot war** * *(Pol)* une guerre ouverte ◆ **hot favourite** *(Sport)* grand favori *m* ◆ **hot tip** tuyau *m* sûr * ◆ **to be hot on the trail** être sur la bonne piste ◆ **to be hot on sb's trail** être sur les talons de qn ◆ **you're getting hot!** *(in guessing games)* tu brûles ! ◆ **news hot from the press** informations *fpl* de dernière minute ◆ **the latest designs hot from Milan** les derniers modèles qui arrivent tout droit de Milan ◆ **to make it** *or* **things hot for sb** * mettre qn dans une situation délicate ; see also **pursuit**

3 *(* = very good) (gen)* terrible *, sensationnel * ◆ **that's hot** *(esp US)* c'est fantastique ◆ **not so hot** pas formidable *, pas fameux * ◆ **how are things? – not so hot** comment ça va ? – pas terrible * ◆ **he's pretty hot at maths** c'est un crack * en maths ◆ **he's pretty hot at football** il joue super bien au foot * ◆ **she is so hot** * *(sexually)* elle est tellement sexy

4 *(= successful) [article for sale]* très recherché, qui a beaucoup de succès ◆ **the hottest show in town** * un spectacle à voir absolument ◆ **Bardot soon became the hottest property** * **in show business** bientôt, on s'est arraché Bardot dans le milieu du show-business

5 *(= stolen)* ◆ **it's hot** * c'est de la fauche *

6 *(= radioactive)* radioactif (-ive *f*)

ADV → **blow**[1]

NPL **hots** ⁎ ◆ **to have the hots for sb** craquer * complètement pour qn

COMP **hot air** * N *(fig) (= nonsense)* blablabla * *m*, foutaises ⁎ *fpl* ; *(= empty talk)* du vent ◆ **to blow hot air** brasser du vent ◆ **he's all hot air** c'est une grande gueule *

**hot-air balloon** N ballon *m*, montgolfière *f*

**hot-blooded** SYN ADJ *(fig)* ardent, passionné

**hot-button** ADJ *(US)* ◆ **hot-button issue** point *m* chaud, question *f* controversée

**hot cross bun** N brioche *f* du Vendredi saint

**hot-desking** N partage *m* de bureaux

**hot dog** N *(Culin)* hot-dog *m*

**hot-dogging** N *(Ski)* ski *m* acrobatique

**hot flash** N *(US)* ⇒ **hot flush**

**hot flush** N *(Med)* bouffée *f* de chaleur

**hot gospeller** * N prêcheur *m* évangéliste, exalté(e) *m(f)*

**hot issue** N *(Fin)* émission *f* des valeurs vedettes

**hot jazz** N hot *m*

**hot key** N *(Comput)* touche *f* directe

**hot line** N *(Telec) (gen)* ligne *f* ouverte vingt-quatre heures sur vingt-quatre *(to* avec ) ; *(Pol)* téléphone *m* rouge *(to* avec)

**hot money** N *(Fin)* capitaux *mpl* spéculatifs *or* fébriles ; *(stolen)* argent *m* volé

**hot pants** * NPL mini-short *m*

**hot pepper** N piment *m* rouge

**hot potato** * N *(fig)* sujet *m* brûlant ◆ **he dropped the idea like a hot potato** il a (soudain) laissé tomber cette idée

**hot press** N *(Ir = airing cupboard)* placard-séchoir *m*

**hot seat** * N *(US = electric chair)* chaise *f* électrique ◆ **to be in the hot seat** *(fig)(in decision-making)* être en première ligne

**hot-selling** ADJ qui se vend comme des petits pains

**hot shit** ⁎⁎ N *(esp US fig)* ◆ **he really thinks he's hot shit** il ne se prend pas pour de la merde ⁎

**hot-shoe** N *(Phot)* sabot(-contact) *m*, porte-flash *m*

**hot spot** N *(= trouble area)* point *m* névralgique *or* chaud ; *(= night club)* boîte *f* (de nuit) ; *(for wireless acess)* borne *f*

**hot spring** N source *f* chaude

**hot stuff** * N ◆ **to be hot stuff** *(= terrific)* être terrible * ; *(= daring) [film etc]* être osé ◆ **he's hot stuff** *(= clever)* il est génial * ; *(= sexy)* il est sexy *

**hot-tempered** ADJ emporté, colérique

**hot tub** N *(esp US)* jacuzzi ® *m*

**hot-water bottle** N bouillotte *f*

**hot-wire** * VT *[+ car]* démarrer en faisant se toucher les fils de contact

▸ **hot up** * *(fig)*

VI *(esp Brit)* chauffer * ◆ **things are hotting up in the Middle East** cela commence à chauffer * au Moyen-Orient ◆ **things are hotting up** *(at a party)* l'atmosphère commence à chauffer * ◆ **the bars rarely hot up before 1am** il y a rarement de l'ambiance dans les bars avant une heure du matin

VT SEP *(= to step up)* ◆ **police are hotting up their surveillance** la police renforce sa surveillance

**hotbed** /ˈhɒtbed/ SYN N ◆ **a hotbed of vice** une sentine de vices ◆ **a hotbed of social unrest** un foyer d'agitation sociale

**hotcake** /ˈhɒtkeɪk/ N *(US)* ⇒ **pancake**

**hotchpotch** *(Brit)* /ˈhɒtʃpɒtʃ/ SYN N salmigondis *m*, fatras *m*

**hotel** /həʊˈtel/

N hôtel *m* ; *(Austral = pub)* pub *m* ◆ **to stay at a hotel** être à l'hôtel

COMP *[furniture, prices, porter]* d'hôtel

**hotel industry** N industrie *f* hôtelière, hôtellerie *f*

**hotel manager** N gérant(e) *m(f)* *or* directeur *m*, -trice *f* d'hôtel

**hotel receptionist** N réceptionniste *mf* d'hôtel

**hotel room** N chambre *f* d'hôtel

**hotel ship** N navire-hôtel *m*

**hotel staff** N personnel *m* hôtelier *or* de l'hôtel

**hotel work** N ◆ **he's looking for hotel work** il cherche un travail dans l'hôtellerie

**hotel workers** NPL personnel *m* hôtelier

**hotelier** /həʊˈtelɪəʳ/, **hotelkeeper** /həʊˈtelˌkiːpəʳ/ N hôtelier *m*, -ière *f*

**hotfoot** /hɒtˈfʊt/ SYN

ADV à toute vitesse, à toute allure

VT ◆ **to hotfoot it** * galoper

**hothead** /ˈhɒthed/ SYN

N *(fig)* tête *f* brûlée

ADJ (also **hotheaded**) *[person]* impétueux ; *[attitude]* exalté

**hothouse** /ˈhɒthaʊs/

N *(lit)* serre *f* (chaude) ; *(fig)* foyer *m*

ADJ *(lit)* de serre (chaude) ◆ **a hothouse atmosphere** une ambiance très compétitive

**hothousing** /ˈhɒthaʊzɪŋ/ N *enseignement intensif à l'intention des enfants surdoués*

**hotly** /ˈhɒtlɪ/ ADV 1 *(= keenly) [debated, disputed]* avec passion ◆ **hotly pursued (by sb)** poursuivi de très près (par qn) ◆ **the man hotly tipped to become the next president** l'homme donné comme grand favori de la course à la présidence ◆ **he was hotly tipped to take a gold** il était grand favori pour la médaille d'or ◆ **to be hotly contested** être l'objet d'une lutte acharnée

2 *(= angrily) [deny]* avec virulence ; *[say]* avec feu

**hotplate** /ˈhɒtpleɪt/ N plaque *f* chauffante

**hotpot** /ˈhɒtpɒt/ N *(esp Brit Culin) ragoût de viande aux pommes de terre*

**hotrod** /ˈhɒtrɒd/ N *(US)* (also **hotrod car**) hotrod *m*, voiture *f* gonflée *

**hotshot** * /ˈhɒtʃɒt/

ADJ *[person]* génial ; *[performance]* de virtuose ◆ **a hotshot lawyer** un ténor du barreau

N *(= expert)* as *m*, crack * *m* ; *(= important person)* gros bonnet *m*

**Hottentot** /ˈhɒtəntɒt/

ADJ hottentot

N 1 Hottentot *mf*

2 *(= language)* hottentot *m*

**hotter** * /ˈhɒtəʳ/ N *jeune qui fait un rodéo dans une voiture volée*

**hotting** * /ˈhɒtɪŋ/ N rodéo *m* dans une voiture volée

**Houdan** /ˈhuːdæn/ N houdan *f*

**houm(o)us** /ˈhuːməs/ N ⇒ **hummus**

**hound** /haʊnd/ SYN

N 1 chien *m* courant, chien *m* de meute ; *(hum = any dog)* chien *m* ◆ **the hounds** *(Brit)* la meute ◆ **to ride to hounds** chasser à courre ◆ **"The Hound of the Baskervilles"** *(Literat)* « Le Chien des Baskerville » ; → **foxhound, master**

2 *( † pej = person)* canaille *f*, crapule *f*

VT *[+ person]* s'acharner sur *or* contre, harceler ◆ **he is constantly hounding them for advice** il les harcèle constamment pour leur demander conseil ◆ **to be hounded by the press** être harcelé par la presse ◆ **he was hounded out of his job** il a été chassé de son travail ◆ **he was hounded out of town** il a été forcé à quitter la ville ◆ **they hounded him for the money** ils n'ont pas arrêté de le harceler pour qu'il leur donne l'argent

COMP **hound's-tongue** N cynoglosse *f*

**hound's-tooth check** N *(= fabric)* pied-de-poule *m*

▸ **hound down** VT SEP (traquer et) capturer

▸ **hound out** VT SEP chasser

**hour** /ˈaʊəʳ/

N 1 *(= period)* heure *f* ◆ **a quarter of an hour** un quart d'heure ◆ **three quarters of an hour** trois quarts d'heure ◆ **half an hour, a half-hour** une demi-heure ◆ **an hour and a half** une heure et demie ◆ **two and a half hours** deux heures et demie ◆ **hour by hour** heure par heure ◆ **80km an hour** 80 km à l'heure ◆ **four hours' walk from here** (à) quatre heures de marche d'ici ◆ **London is an hour away from here** Londres est à une heure d'ici ◆ **to do sth (for) hour after hour** faire qch heure après heure *or* des heures d'affilée ◆ **to pay sb by the hour** payer qn à l'heure ◆ **she is paid £8 an hour** elle est payée 8 livres (de) l'heure ◆ **getting there would take hours** il faudrait des heures pour s'y rendre ◆ **she's been waiting for hours** elle attend depuis des heures ◆ **to be hours late** *(lit)* être en retard de plusieurs heures ; *(fig)* être terriblement en retard

2 *(= time of day, point in time)* heure *f* ; *(fig)* heure *f*, moment *m* ◆ **on the hour** à l'heure juste (toutes les heures) ◆ **the hour has come** l'heure est venue, c'est l'heure ◆ **his hour has come** son heure est venue ◆ **his last hour neared** sa dernière heure approchait ◆ **the hour of his execution** l'heure de son exécution ◆ **the darkest hour of my professional life** le passage le plus noir de ma vie professionnelle ◆ **in the early** *or* **(wee) small hours (of the morning)** au petit matin *or* jour, aux premières heures (du jour) ◆ **at all hours (of the day and night)** à toute heure (du jour et de la nuit) ◆ **till all hours** * jusqu'à une heure avancée de la nuit, jusqu'à très tard ◆ **not at this hour surely!** tout de même pas à cette heure-ci *or* à l'heure qu'il est ! ◆ **at this late hour** *(fig)* à ce stade avancé ◆ **in his hour of danger** lorsqu'il était en danger ◆ **the problems of the hour** les problèmes *mpl* du jour *or* de l'heure ◆ **Book of Hours** livre *m* d'Heures ; → **eleventh, half**

3 ◆ **to keep regular hours** avoir une vie réglée ◆ **to work long hours** avoir une journée très longue ◆ **after hours** *(Brit) (of shops, pubs)* après l'heure de fermeture ; *(of offices)* après les heures de bureau ◆ **out of hours** en dehors des heures d'ouverture ◆ **out of school hours** en dehors des heures de cours *or* de classe ; → **early, late, office, school**[1]

COMP **hour hand** N *[of watch, clock]* petite aiguille *f*

**hourglass** /ˈaʊəglɑːs/

N sablier *m*

COMP **hourglass figure** N *(fig)* silhouette *f* de rêve

**hourly** /ˈaʊəlɪ/

ADJ 1 *(= every hour)* ◆ **the hourly news broadcast** les nouvelles diffusées toutes les heures ◆ **the village has an hourly bus service** le village est desservi par un car qui passe toutes les heures ◆ **at hourly intervals** toutes les heures ◆ **at two-hourly intervals** toutes les deux heures

2 *(= per hour) [earnings, wage, rate]* horaire ; *[worker, job]* payé à l'heure ◆ **paid on an hourly basis** payé à l'heure

3 *(= constant)* constant

ADV 1 *(= every hour) [fly, patrol, update]* toutes les heures

2 *(= per hour) [pay]* à l'heure

3 *(= constantly)* constamment

4 *(= at any moment) [expect]* à tout moment, d'un moment à l'autre

**house** /haʊs/ SYN

N (pl **houses** /ˈhaʊzɪz/) 1 maison *f* ◆ **at my house** chez moi ◆ **to my house** chez moi ◆ **she needs more help in the house** il faudrait qu'elle soit plus aidée à la maison ◆ **she looks after the house herself** elle tient son ménage, c'est elle qui s'occupe du ménage ◆ **to keep house (for sb)** tenir la maison *or* le ménage (de qn) ◆ **to set up house** s'installer, monter son ménage ◆ **they've set up house together** *(gen)* ils habitent ensemble ; *[couple]* ils se sont mis en ménage ◆ **to put** *or* **set one's house in order** *(fig)* mettre de l'ordre dans ses affaires ◆ **to play at houses, to play house** *(esp US)* jouer au papa et à la maman ◆ **they got on like a house on fire** ils s'entendaient à merveille *or* comme larrons en foire ◆ **to be (as) safe as houses** être tout à fait sûr, ne présenter aucun risque ◆ **he'll be safe as houses** il ne courra absolument aucun risque ◆ **their jobs are safe as houses** ils ne risquent pas du tout de perdre leur emploi, ils ont un emploi tout à fait sûr ◆ **to go round the houses**\* (Brit = waffle) parler pour ne rien dire ; → **doll**, **eat**, **move**, **open**, **public**

[2] (Parl) ◆ **the House** la Chambre ; → **floor**

[3] (Theat etc) (= place) salle f ; (= audience) spectateurs mpl ◆ **is there a doctor in the house?** y a-t-il un médecin dans la salle ? ◆ **a full** or **good house** une salle pleine ◆ **to play to full** or **packed houses** faire salle pleine, jouer à guichets fermés ◆ **"house full"** « complet » ◆ **the second house** la deuxième séance ◆ **to bring the house down** faire un tabac\*, casser la baraque\* ; → **pack**

[4] (Comm) (also **business house**) maison f (de commerce), compagnie f ; → **banking**², **fashion**, **publishing** etc

◆ **in house** → **in**

◆ **on the house**\* aux frais de la maison ◆ **drinks are on the house!** c'est la tournée du patron !

◆ **out of house** en externe ◆ **the work was done out of house** le travail a été fait en externe

[5] (of noble family) maison f ; (Rel) maison f religieuse ; (Brit Scol) groupe m d'internes ◆ **the House of Windsor** la maison des Windsor

[6] (Mus) ◆ **House (music)** house f

**VT** /haʊz/ [+ person] loger, héberger ◆ **she was housing refugees** elle logeait or hébergeait des réfugiés ◆ **the town offered to house six refugee families** la ville a proposé de loger six familles de réfugiés ◆ **this building houses five families/a motorcycle museum** ce bâtiment abrite cinq familles/un musée de la moto ◆ **the jail houses more than a thousand inmates** il y a plus de mille détenus dans cette prison ◆ **the freezer is housed in the basement** le congélateur est au sous-sol ◆ **the generator is housed in a large wooden box** le générateur se trouve dans un grand châssis de bois ◆ **the sauna is housed in their garage** le sauna est (situé) dans leur garage

**COMP**
**house agent** N (Brit) agent m immobilier
**house arrest** N assignation f à domicile or à résidence ◆ **to put sb under house arrest** assigner qn à domicile or à résidence ◆ **to be under house arrest** être assigné à domicile, être en résidence surveillée
**house call** N visite f à domicile
**house-clean** VI (US) faire le ménage
**house-cleaning** N (US) ménage m, nettoyage m
**house-hunt** VI (Brit) chercher une maison (or un appartement), être à la recherche d'une maison (or d'un appartement)
**house-hunting** N (Brit) recherche f d'une maison (or d'un appartement)
**house-husband** N homme m au foyer
**house journal**, **house magazine** N [of company, organization] bulletin m, journal m interne
**house manager** N (Theat) directeur m, -trice f de théâtre
**house of cards** N château m de cartes
**House of Commons** N (Brit) Chambre f des communes
**house of correction** N (US) maison f d'arrêt
**house officer** N (Brit Med) interne mf
**House of God** N maison f de Dieu
**House of Lords** N (Brit) Chambre f des lords
**House of Representatives** N (US) Chambre f des députés
**house organ** N ⇒ **house journal**
**house-owner** N propriétaire mf d'une maison
**house painter** N peintre m en bâtiments
**house party** N (in country house) partie f de campagne ◆ **I'm having a house party next week** (gen) j'organise une soirée or une fête chez moi la semaine prochaine
**house physician** N (Brit) (in hospital) ≈ interne mf en médecine ; (in hotel etc) médecin m (attaché à un hôtel etc)
**house plant** N plante f d'intérieur
**house prices** NPL prix mpl de l'immobilier
**house-proud** ADJ (esp Brit) ◆ **she's very house-proud** tout est toujours impeccable chez elle
**house red** N vin m rouge cuvée du patron
**house rosé** N vin m rosé cuvée du patron
**house rule** N (gen, Comm) règle f de la maison ◆ **house rules** (Comm) règlement m interne
**house sale** N vente f immobilière
**house-sit** VI ◆ **to house-sit for sb** garder la maison de qn
**house-sitter** N personne qui loge chez qn en son absence
**the Houses of Parliament** N (in Brit) (= building) le Palais de Westminster ; (= members) le Parlement, les Chambres fpl

**house sparrow** N moineau m domestique
**house style** N (Publishing) style m maison
**house surgeon** N (Brit) ≈ interne mf en chirurgie
**house-to-house** ADJ porte à porte inv ◆ **house-to-house search** perquisition f systématique dans le quartier ◆ **to make a house-to-house search for sb** aller de porte en porte à la recherche de qn
**house-train** VT (Brit) [+ animal] apprendre à être propre à
**house-trained** ADJ (Brit) [animal] propre ; (fig) [person] docile, obéissant
**House Un-American Activities Committee** N (US Hist) Commission f des activités antiaméricaines
**house-warming (party)** N pendaison f de crémaillère ◆ **to give a house-warming (party)** pendre la crémaillère
**house white** N vin m blanc cuvée du patron
**house wine** N cuvée f du patron

◆ **HOUSE**

Les types de logements portent souvent des noms différents en anglais britannique et en anglais américain ; ainsi, un appartement se dit respectivement « flat » (Brit) et « apartment » (US). Un « condominium » (US) est un immeuble d'habitation dont les appartements appartiennent à des propriétaires individuels alors que les parties communes sont en copropriété.
Les rangées de maisons identiques et contiguës sont appelées « terraced houses » (Brit) ou « row houses » (US). Les « semi-detached houses » (Brit) ou « duplex houses » (US) sont des maisons jumelles, tandis que la « detached house » (Brit) est un pavillon.
Deux autres types de maisons répandues aux États-Unis sont les « ranch houses » - de longues bâtisses générales de plain-pied, et les « colonials », maisons de style 18ᵉ siècle en bardeaux ou en briques, comportant souvent un portique.

**houseboat** /ˈhaʊsbəʊt/ N house-boat m
**housebound** /ˈhaʊsbaʊnd/
 **ADJ** confiné chez soi
 **NPL** **the housebound** les personnes fpl confinées chez elles
**houseboy** † /ˈhaʊsbɔɪ/ N (= servant) domestique m ; (in former colonies) boy m
**housebreaker** /ˈhaʊsbreɪkər/ N (= burglar) cambrioleur m
**housebreaking** /ˈhaʊsbreɪkɪŋ/ N (= burglary) cambriolage m
**housebroken** /ˈhaʊsbrəʊkən/ ADJ (US) ⇒ **housetrained** ; → **house**
**housecoat** /ˈhaʊskəʊt/ N [1] (= dress) robe f d'intérieur
 [2] (= dressing gown) peignoir m
**housedress** /ˈhaʊsdres/ N ⇒ **housecoat 1**
**housefather** /ˈhaʊsfɑːðər/ N responsable m (de groupe) (dans une institution)
**housefly** /ˈhaʊsflaɪ/ N mouche f (commune or domestique)
**houseful** /ˈhaʊsfʊl/ N ◆ **a houseful of people** une pleine maisonnée de gens ◆ **a houseful of dogs** une maison pleine de chiens
**houseguest** /ˈhaʊsgest/ N invité(e) m(f) ◆ **I've got houseguests** j'ai des amis à la maison
**household** /ˈhaʊsˌhəʊld/ SYN
 **N** (= persons) (gens mpl de la) maison f, ménage m (also Admin, Econ) ◆ **there were seven people in his household** sa maison était composée de sept personnes ◆ **the whole household was there to greet him** tous les gens de la maison étaient là pour l'accueillir ◆ **give below details of your household** indiquez ci-dessous les personnes qui résident chez vous ◆ **households with more than three wage-earners** des ménages or des familles de plus de trois salariés ◆ **poor households** les ménages mpl pauvres ◆ **a male-only household** un appartement (or une maison) où il n'y a que des hommes ◆ **Household** (Brit) maison f royale
 **COMP** [accounts, expenses, equipment] de or du ménage
**household ammonia** N ammoniaque f
**household appliances** NPL appareils mpl électroménagers
**household arts** NPL arts mpl ménagers
**Household Cavalry** N (Brit) Cavalerie f de la Garde Royale

**household chores** NPL travaux mpl ménagers
**household gods** NPL dieux mpl du foyer, pénates mpl
**household goods** NPL (gen) (Comm) appareils mpl ménagers ; (Econ) biens mpl d'équipement ménager ◆ **all her household goods** (more generally) ses meubles mpl et ses ustensiles mpl de ménage
**household insurance** N assurance f sur le contenu de l'habitation
**household linen** N linge m de maison
**household name** N ◆ **she is a household name** elle est connue partout ◆ **Kleeno is a household name** Kleeno est une marque très connue
**household soap** N savon m de Marseille
**Household troops** NPL (Brit) Garde f royale
**household word** N ◆ **it's a household word** c'est un mot que tout le monde connaît
**householder** /ˈhaʊsˌhəʊldər/ SYN N occupant(e) m(f) ; (= owner) propriétaire mf ; (= lessee) locataire mf ; (= head of house) chef m de famille
**housekeeper** /ˈhaʊskiːpər/ N (in sb else's house) gouvernante f ; (in institution) économe f, intendante f ◆ **his wife is a good housekeeper** sa femme est bonne ménagère or maîtresse de maison
**housekeeping** /ˈhaʊskiːpɪŋ/ SYN N [1] (= skill) économie f domestique or ménagère ; (= work) ménage m ; (= management) gestion f ◆ **it's a question of good housekeeping** (at home) il s'agit de tenir sa maison en ordre ; (at work) il s'agit d'être bon gestionnaire ◆ **they said the job cuts were just good housekeeping** ils ont dit que les licenciements ne relevaient que de la bonne gestion des effectifs
 [2] (esp Brit) (also **housekeeping money**) argent m du ménage
 [3] (Comput) gestion f des disques
**houseleek** /ˈhaʊsliːk/ N sempervivum m
**houselights** /ˈhaʊslaɪts/ NPL (Theat) lumières fpl or éclairage m de la salle
**housemaid** /ˈhaʊsmeɪd/
 **N** bonne f
 **COMP housemaid's knee** N inflammation f du genou
**houseman** /ˈhaʊsmən/ N (pl **-men**) (Brit : in hospital) ≈ interne mf
**housemartin** /ˈhaʊsmɑːtɪn/ N hirondelle f de fenêtre
**housemaster** /ˈhaʊsmɑːstər/ N (Brit Scol) professeur responsable d'un groupe d'internes
**housemate** /ˈhaʊsmeɪt/ N ◆ **my housemate** la personne avec qui je partage la maison ; (both renting) mon or ma colocataire
**housemistress** /ˈhaʊsmɪstrɪs/ N (Brit Scol) professeur responsable d'un groupe d'internes
**housemother** /ˈhaʊsmʌðər/ N responsable f (de groupe) (dans une institution)
**houseparent** /ˈhaʊsˌpeərənt/ N éducateur m, -trice f spécialisé(e) (responsable d'un groupe de jeunes dans un foyer)
**houseroom** /ˈhaʊsruːm/ N ◆ **I wouldn't give it houseroom** je n'en voudrais pas chez moi ◆ **I wouldn't give him houseroom** (Brit fig) je ne veux pas de lui
**housetop** /ˈhaʊstɒp/ N toit m ◆ **to shout** or **proclaim sth from the housetops** crier qch sur les toits
**housewares** /ˈhaʊswɛəz/ NPL (esp US) articles mpl ménagers
**housewife** /ˈhaʊswaɪf/ N (pl **-wives** /waɪvz/)
 [1] ménagère f ; (as opposed to career woman) femme f au foyer ◆ **a born housewife** une ménagère née, une femme au foyer type ◆ **a bored housewife** une femme au foyer qui s'ennuie, une ménagère esseulée ◆ **housewives refuse to pay these prices** les ménagères refusent de payer ces prix ◆ **I'd rather be a housewife** j'aimerais mieux être femme au foyer
 [2] /ˈhʌzɪf/ (= sewing box) trousse f de couture
**housewifely** /ˈhaʊsˌwaɪflɪ/ ADJ de ménagère
**housewifery** /ˈhaʊsˌwɪfərɪ/ N tenue f du ménage
**housewives** /ˈhaʊswaɪvz/ NPL pl of **housewife**
**housework** /ˈhaʊswɜːk/ N (NonC) ménage m, tâches fpl ménagères ◆ **to do the housework** faire le ménage

**housing** /ˈhaʊzɪŋ/ SYN
 **N** [1] (NonC) logement m ◆ **affordable housing is difficult to find** les logements à des prix abordables sont difficiles à trouver ◆ **there's a lot of new housing** il y a beaucoup de résiden-

ces or de constructions nouvelles ◆ **the housing of workers proved difficult** le logement des ouvriers a posé un problème ◆ **Minister/Ministry of Housing** (Brit), **Secretary/Department of Housing and Urban Development** (US) ministre m/ministère m de l'Urbanisme et du Logement ; → **low¹**
② (Tech: for mechanism etc) boîtier m ; (Archit, Constr) encastrement m
COMP [matters, problem, crisis] de or du logement
**housing association** N (Brit) (for providing housing) association à but non lucratif qui construit et rénove des logements pour les louer à des prix très raisonnables ; (for co-ownership) association f de copropriétaires (pour faciliter l'accession à la propriété privée)
**housing benefit** N (Admin) allocation f logement
**housing conditions** NPL conditions fpl de logement
**housing development** N (US) ensemble m immobilier privé
**housing estate** N (Brit) (= council-owned flats) cité f ; (= privately-owned houses) lotissement m
**housing list** N (Brit) liste d'attente pour obtenir un logement social
**housing project** N (US = place) ≈ cité f
**housing scheme** N (Scot) → **housing estate**
**housing shortage** N pénurie f or manque m de logements ◆ **the current acute housing shortage** la crise du logement actuelle
**housing stock** N parc m de logements

**hove** /həʊv/ VB pt, ptp of **heave**

**hovel** /ˈhɒvl/ SYN N taudis m, masure f

**hover** /ˈhɒvəʳ/ SYN
VI ① [bird, butterfly] voltiger (about autour de ; over au-dessus de) ; [bird of prey, helicopter, danger, threat] planer (above, over au-dessus de) ; [person] (also **hover about, hover around**) rôder ; [smile] errer ; [mist, fog] flotter ◆ **a waiter hovered over or round us** un garçon (de café) rôdait or tournait autour de nous ◆ **she was hovering in the doorway** elle hésitait sur le pas de la porte ◆ **he was hovering between life and death** il restait suspendu entre la vie et la mort ◆ **the exchange rate is hovering around 140 yen to the dollar** le taux de change tourne autour de or avoisine les 140 yens pour un dollar
② (= waver) hésiter (between entre)
COMP **hover fly** N (= insect) syrphe m

**hovercraft** /ˈhɒvəkrɑːft/ N aéroglisseur m

**hoverport** /ˈhɒvəpɔːt/ N hoverport m

**hovertrain** /ˈhɒvətreɪn/ N aérotrain m

**how** /haʊ/
ADV ① (= in what way) comment ◆ **how did you come?** comment êtes-vous venu ? ◆ **tell me how you came** dites-moi comment vous êtes venu ◆ **to learn how to do sth** apprendre à faire qch ◆ **I know how to do it** je sais le faire ◆ **how do you like your steak?** comment aimez-vous votre bifteck ? ◆ **how did you like the steak?** comment avez-vous trouvé le bifteck ? ◆ **how was the play?** comment avez-vous trouvé la pièce ? ◆ **how is it that...?** comment se fait-il que... + subj ? ◆ **how could you (do such a thing)?** comment as-tu pu faire une chose pareille ? ◆ **how could you do/say that?** comment as-tu pu faire/dire une chose pareille ? ◆ **how so?, how can that be?** comment cela (se fait-il) ? ◆ **how come?*** comment ça se fait ?*, pourquoi ? ◆ **how come you aren't going out?*** pourquoi tu ne sors pas ?* ◆ **and how!*** et comment !*
◆ **how about...** ◆ **how** or **how's** > **about going for a walk?**⁎ et si on allait se promener ? ◆ **how about you?** et toi ? ◆ **how about that?*** (US) ça alors !
◆ **how's that?*** (= how possible, in what way) comment ça ? ; (= what is your opinion) qu'est-ce que tu en penses ? ; (= agreed) d'accord ?, ça va ? ◆ **how's that (again)?** (= please repeat) vous pouvez répéter ? ◆ **how's that for size/height?** ça va du point de vue de la taille/de la hauteur ? ◆ **how's that for clean!** (admiringly) c'est ce que j'appelle propre ! ◆ **how's that for luck?** quelle veine !* ◆ **how's that for size/height?** ça va pour la taille/la hauteur ?
② (health etc) ◆ **how are you?** comment allez-vous ? ◆ **tell me how she is** dites-moi comment elle va ◆ **how do you do?** (on being introduced) enchanté ◆ **how are things?*** comment ça va ? ◆ **how's business?** comment vont les affaires ? ◆ **how's life?*** comment ça va ?
③ (with adj, adv: degree, quantity) que, comme ◆ **how glad I am to see you!** que or comme je suis content de vous voir ! ◆ **I can't tell you how glad I was to leave that place** vous ne pouvez pas savoir à quel point j'étais heureux de quitter cet endroit ◆ **how splendid!** c'est merveilleux ! ◆ **how nice!** comme c'est gentil ! ◆ **how kind of you!** c'est très aimable à vous ! ◆ **how very astute of you** (or **him** etc)! quelle finesse ! (also iro) ◆ **how very clever of you!** ce que vous pouvez être intelligent ! ◆ **how he has grown!** comme il a grandi !, ce qu'il a grandi ! ◆ **how long is the tunnel?** quelle est la longueur du tunnel ? ◆ **how long is this film?** combien de temps dure ce film ? ◆ **how long will you be staying?** combien de temps resterez-vous ? ◆ **how tall is he?** quelle est sa taille ?, combien mesure-t-il ? ◆ **how old is he?** quel âge a-t-il ? ◆ **how soon can you come?** quand pouvez-vous venir ? ◆ **how much does this book cost?** combien coûte ce livre ?
④ (= that) que ◆ **she told me how she had seen the child lying on the ground** elle m'a raconté qu'elle avait vu l'enfant couché par terre
N ◆ **the how and the why of it** le comment et le pourquoi de cela
COMP **how-d'ye-do** † * N ◆ **here's a (fine) how-d'ye-do!** en voilà une affaire !, en voilà une histoire ! ◆ **it was a real how-d'ye-do** c'était un joli gâchis !*
**how's-your-father** * N (= sex) partie f de jambes en l'air*
**how-to** ADJ ◆ **a how-to book on carpentry** un manuel de menuiserie ◆ **a how-to video on carpentry** une vidéo d'initiation à la menuiserie

**howdah** /ˈhaʊdə/ N siège sanglé sur le dos d'un éléphant

**howdy** */ˈhaʊdɪ/ EXCL (US) salut !

**however** /haʊˈevəʳ/ LANGUAGE IN USE 26.2, 26.3 SYN
ADV ① (= nevertheless) cependant, toutefois ◆ **that is one reason. It is not, however, the only one** c'est une raison. Ce n'est cependant pas la seule ◆ **losing doesn't seem to matter to women. Most men, however, can't stand it** cela ne semble pas gêner les femmes de perdre. Par contre or en revanche, les hommes détestent cela, cela ne semble pas gêner les femmes de perdre alors que la plupart des hommes détestent cela ◆ **however, he remained unimpressed by my enthusiasm** pourtant, mon enthousiasme ne lui a fait ni chaud ni froid
② (= no matter how) ◆ **however tall he may be or is, ...** il a beau être grand,..., quelque soit sa taille... ◆ **however much money he has...** il a beau être riche..., même s'il a beaucoup d'argent... ◆ **however hard she tried, she couldn't remember my name** malgré tous ses efforts, elle n'arrivait pas à se souvenir de mon nom ◆ **however great the temptation, don't do it** même si tu es très tenté, ne le fais pas ◆ **however few people come, we'll do the play** même s'il n'y a pas beaucoup de monde, nous jouerons la pièce ◆ **however many people there are** quel que soit le nombre de personnes (présentes) ◆ **six or seven people, or however many are present** six ou sept personnes, ou selon le nombre de présents
③ (= how on earth : in questions) comment donc ◆ **however did you manage to do that?** comment donc as-tu réussi à le faire ?
CONJ de quelque manière que + subj ◆ **however we tell her about this, she won't be pleased** de quelque manière que nous le lui disions, elle ne sera pas contente ◆ **however you may do it, it will never be right** quoi que vous fassiez or de toute façon, ce ne sera jamais bien ◆ **however that may be** quoi qu'il en soit

**howitzer** /ˈhaʊɪtsəʳ/ N obusier m

**howl** /haʊl/ SYN
N [of person, animal] hurlement m ; [of baby] braillement m, hurlement m ; [of wind] mugissement m ◆ **there were howls of laughter at her remark** sa remarque a provoqué d'énormes éclats de rire
VI ① [person, animal, wind] hurler ◆ **to howl with laughter** rire aux éclats or à gorge déployée ◆ **to howl with delight** pousser des cris de joie ◆ **to howl with pain/rage** hurler de douleur/de rage ◆ **to howl with derision** lancer des huées
② (* = cry) pleurer ; [baby] brailler*
VT (also **howl out**) hurler, crier ◆ **they howled their disapproval** ils hurlaient leur désapprobation
▶ **howl down** VT SEP huer ◆ **the president was howled down by the crowd** le président a été hué par la foule

**howler** * /ˈhaʊləʳ/ N gaffe f, bourde f ◆ **to make a howler** faire une gaffe* or une bourde ◆ **schoolboy howler** perle f (d'écolier)

**howling** /ˈhaʊlɪŋ/
N [of person, animal] hurlements mpl ; [of wind] mugissement m
ADJ ① [person, animal, wind] hurlant
② (* = terrific) [success] monstre

**howsoever** /haʊsəʊˈevəʳ/
ADV ① (frm = no matter how) ◆ **howsoever bad the situation may seem** quelque (liter) mauvaise que la situation puisse paraître
② († or dial = nevertheless) néanmoins
CONJ (frm) ◆ **howsoever that may be** quoi qu'il en soit

**hoy** /hɔɪ/ EXCL ohé !

**hoyden** † /ˈhɔɪdn/ N garçon m manqué

**hoydenish** † /ˈhɔɪdənɪʃ/ ADJ garçonnier, de garçon manqué

**HP** * /eɪtʃˈpiː/ N (Brit) (abbrev of **hire purchase**) → **hire**

**hp** /eɪtʃˈpiː/ N (abbrev of **horsepower**) CV

**HPV** /eɪtʃpiːˈviː/ N (abbrev of **human papilloma virus**) HPV m, papillomavirus m

**HQ** /eɪtʃˈkjuː/ N (abbrev of **headquarters**) QG m

**HR** /eɪtʃˈɑːʳ/ N (abbrev of **human resources**) ressources fpl humaines

**hr** (abbrev of **hour**) h ◆ **28 hrs** 28 h

**HRH** /eɪtʃɑːʳˈeɪtʃ/ N (abbrev of **His** or **Her Royal Highness**) SAR

**HRT** /eɪtʃɑːʳˈtiː/ N (abbrev of **hormone replacement therapy**) → **hormone**

**HS** N (US Scol) (abbrev of **high school**) → **high**

**HSH** /eɪtʃesˈeɪtʃ/ (abbrev of **His** or **Her Serene Highness**) S.A.S.

**HST** /eɪtʃesˈtiː/ N ① (Brit) (abbrev of **high speed train**) = TGV m
② (US) (abbrev of **Hawaiian Standard Time**) → **Hawaiian**

**HT** (abbrev of **high tension**) → **high**

**ht** N abbrev of **height**

**HTML** /eɪtʃtiːemˈel/ (abbrev of **hypertext markup language**) HTML m

**http** /eɪtʃtiːtiːˈpiː/ (Comput) (abbrev of **hypertext transfer protocol**) http

**HUAC** N (US) (abbrev of **House Un-American Activities Committee**) → **house**

**hub** /hʌb/ SYN N ① [of wheel] moyeu m ; (fig) (= centre) centre m ; (= cornerstone) pierre f angulaire ◆ **a hub of finance/activity/operations** un centre financier/d'activité/d'opérations or opérationnel ◆ **the island's social hub** le centre de la vie sociale de l'île
② **hub (airport)** hub m, plate-forme f de correspondances

**hubba-hubba** * /ˈhʌbəˈhʌbə/ EXCL (US) vise un peu !*

**hubble-bubble** /ˈhʌblˌbʌbl/ N (= pipe) narguilé m

**hubbub** /ˈhʌbʌb/ N tohu-bohu m

**hubby** * /ˈhʌbɪ/ N (abbrev of **husband**) mari m

**hubcap** /ˈhʌbkæp/ N enjoliveur m

**hubris** /ˈhjuːbrɪs/ N orgueil m (démesuré)

**huckleberry** /ˈhʌklbərɪ/ N (US) myrtille f

**huckster** /ˈhʌkstəʳ/ N (US) (= hawker) colporteur m ; (fig pej) mercanti m ; (* = salesman) vendeur m de choc* ; (in fairground) bonimenteur m

**HUD** /hʌd/ N (US) (abbrev of **Department of Housing and Urban Development**) → **housing**

**huddle** /ˈhʌdl/ SYN
N [of people] petit groupe m (compact) ◆ **a huddle of houses in the valley** quelques maisons blotties dans la vallée ◆ **to go into a huddle*** se réunir en petit comité (fig)
VI ① (lit) se blottir (les uns contre les autres) ◆ **we huddled round the fire** nous nous sommes blottis autour du feu ◆ **the baby birds huddled in the nest** les oisillons se blottissaient les uns contre les autres dans le nid ◆ **spectators huddling under umbrellas** des spectateurs s'abritant tant bien que mal sous leurs parapluies ; see also **huddled**
② (US fig = meet and discuss) se réunir en petit comité (fig)
▶ **huddle down** VI (= crouch) se recroqueviller, se faire tout petit ; (= snuggle) se blottir, se pelotonner
▶ **huddle together** VI se serrer or se blottir les uns contre les autres ◆ **they were huddling together for warmth** ils se serraient or se blottissaient les uns contre les autres pour se tenir

chaud ◆ **they huddled together to discuss the proposal** ils ont formé un petit groupe pour discuter de la proposition ; see also **huddled**

▸ **huddle up** VI se blottir, se pelotonner

**huddled** /ˈhʌdld/ ADJ ◆ **the chairs were huddled in a corner** les chaises étaient rassemblées or groupées dans un coin ◆ **small wooden sheds, huddled under tall pine trees** des petites cabanes groupées sous de hauts sapins ◆ **he lay huddled under the blankets** il était blotti or pelotonné sous les couvertures ◆ **the children lay huddled (together) under the blankets** les enfants étaient blottis or pelotonnés (les uns contre les autres) sous les couvertures ◆ **she sat huddled in the corner** elle était (assise,) blottie dans le coin ◆ **he was huddled over his books** il était penché sur ses livres

**Hudson Bay** /ˈhʌdsənˈbeɪ/ N la baie d'Hudson

**Hudson River** /ˈhʌdsən/ N (Geog) Hudson m

**hue¹** /hjuː/ SYN N ◆ **hue and cry** clameur f ◆ **to raise a hue and cry** crier haro (against sur)

**hue²** /hjuː/ SYN N (= colour) teinte f, nuance f

**-hued** /hjuːd/ ADJ (in compounds) ◆ **many-hued** multicolore

**huff¹** * /hʌf/ N ◆ **to be in a huff** être vexé ◆ **to go into a huff** prendre la mouche, se vexer ◆ **he went off** or **left in a huff** il s'est vexé et il est parti

**huff²** /hʌf/ VI (lit) ◆ **to huff and puff** souffler comme un bœuf * ; ( * = show annoyance) râler *

**huffily** * /ˈhʌfɪlɪ/ ADV avec (mauvaise) humeur

**huffiness** * /ˈhʌfɪnɪs/ N mauvaise humeur f

**huffy** * /ˈhʌfɪ/ ADJ (= annoyed) vexé ; (= sulky) bouder, qui boude ; (= touchy) susceptible

**hug** /hʌɡ/ SYN

VT ① (= hold close) serrer dans ses bras, étreindre ; [bear, gorilla] écraser entre ses bras ◆ **to hug one another** s'étreindre ◆ **she stood hugging herself as if she were cold** elle avait les bras serrés contre sa poitrine comme si elle avait froid ◆ **she hugged her legs tight to her chest** elle a serré ses jambes contre sa poitrine ◆ **to hug o.s. over sth** (fig) jubiler à l'idée de qch
② (= keep close to) serrer ◆ **to hug the shore/wind** [boat] serrer la côte/le vent ◆ **to hug the kerb** [car] serrer le trottoir

VI s'étreindre ◆ **we hugged and kissed** nous nous sommes embrassés

N étreinte f ◆ **to give sb a hug** serrer qn dans ses bras, étreindre qn ◆ **he gave the child a big hug** il a serré l'enfant bien fort dans ses bras ; → **bear²**

**huge** /hjuːdʒ/ SYN ADJ [person, object, profit, difference, amount, effort] énorme ; [success] énorme, fou (folle f) ; [eyes] immense ; [number, increase] très fort ◆ **on a huge scale** sur une très grande échelle

**hugely** /ˈhjuːdʒlɪ/ ADV [popular, expensive, important, entertaining, enjoyable] extrêmement ; [enjoy o.s., vary, increase] énormément ◆ **a hugely successful film** un film qui a eu un énorme succès or un succès fou ◆ **hugely influential** très influent ◆ **hugely talented** extrêmement doué

**hugeness** /ˈhjuːdʒnɪs/ N immensité f

**hugger-mugger** †* /ˈhʌɡəˌmʌɡəʳ/ ADV (= confusedly) pêle-mêle

**Hugh** /hjuː/ N Hugues m

**Huguenot** /ˈhjuːɡənəʊ/
ADJ huguenot
N huguenot(e) m(f)

**huh** /hʌ/ EXCL (dismay) oh ! ; (surprise, disbelief) hein ? ; (disgust) berk ! *, beuh !

**Hula Hoop** ® /ˈhuːləˌhuːp/ N hula-hoop m

**hulk** /hʌlk/ SYN N ① ◆ **(big) hulk of a man** mastodonte ◆ **I followed his big hulk * into the kitchen** j'ai suivi ce géant dans la cuisine
② (= prison ship) ponton m ; (= wrecked ship) épave f ; (= ramshackle ship) vieux rafiot * m ; (= wrecked vehicle, building) carcasse f

**hulking** /ˈhʌlkɪŋ/ ADJ massif, imposant ◆ **he was a hulking great brute** * c'était un gros malabar *

**hull** /hʌl/ SYN
N ① [of ship] coque f ; [of plane] carlingue f ; [of tank] caisse f
② [of nuts] coque f ; [of peas, beans] cosse f, gousse f

VT ① [+ peas] écosser ; [+ barley] monder ; [+ oats, rice] décortiquer ; [+ nuts] écaler ; [+ berries] équeuter
② [+ ship, plane] percer la coque de

**hullabaloo** * /ˌhʌləbəˈluː/ N (= noise) raffut * m ◆ **they made** or **there was quite a hullabaloo about the missing money** (= fuss) on a fait toute une histoire * or tout un foin * à propos de l'argent disparu ◆ **I don't know what all the hullabaloo is about** (= noise) je ne sais pas d'où vient ce raffut * ; (= fuss) je ne comprends pas pourquoi on en fait toute une histoire

**hullo** /hʌˈləʊ/ EXCL (esp Brit) ⇒ **hello**

**hum** /hʌm/ SYN
VI ① [insect] bourdonner ; [person] fredonner, chantonner ; [aeroplane, engine, machine] vrombir ; [spinning top, radio] ronfler ; [wire] bourdonner ◆ **then things began to hum** * (fig) alors les choses ont commencé à chauffer * or à s'animer ; → **haw²**
② (Brit ‡ = stink) chlinguer ‡
VT [+ tune] fredonner, chantonner
N ① [of insect, conversation] bourdonnement m ; [of aeroplane, engine, machine] vrombissement m ; [of spinning top, radio] ronflement m
② (Brit ‡ = stink) puanteur f
EXCL hem !, hum !

**human** /ˈhjuːmən/ SYN
ADJ humain ◆ **he's only human after all** après tout, ce n'est qu'un homme ◆ **to lack the human touch** manquer de chaleur humaine ◆ **not fit for human consumption** impropre à la consommation ; → **decency**
N humain m
COMP **human being** N être m humain ◆ **human cloning** N clonage m humain ◆ **human ecology** N écologie f humaine ◆ **human engineering** N ergonomie f ◆ **human genome** N SG génome m humain ◆ **human growth hormone** N (Med) hormone f de croissance humaine ◆ **human interest** N dimension f humaine ◆ **human interest story** N (Press) histoire f à dimension humaine ◆ **human nature** N nature f humaine ◆ **it's only human nature to want revenge** c'est dans la nature humaine de chercher à se venger ◆ **human papilloma virus** N (Med) virus m du papillome humain, papillomavirus m ◆ **human race** N race f humaine, genre m humain ◆ **human resource management** N gestion f des ressources humaines ◆ **human resources** NPL ressources fpl humaines ◆ **human rights** NPL droits mpl de l'homme ◆ **human rights campaigner** N défenseur m des droits de l'homme ◆ **human shield** N bouclier m humain

**humane** /hjuːˈmeɪn/ SYN
ADJ ① (= compassionate) [person] plein d'humanité ; [attitude] humain, plein d'humanité ; [treatment, decision, system] humain ; [society] bienveillant
② (= painless) ◆ **the humane killing of cattle** l'abattage m sans cruauté du bétail
COMP **the Humane Society** N (in US) société protectrice des animaux , ≈ SPA f ◆ **humane studies** NPL études fpl de lettres

**humanely** /hjuːˈmeɪnlɪ/ ADV (= compassionately) [treat] avec humanité, humainement ; (= painlessly) [kill, slaughter, rear] sans cruauté

**humaneness** /hjuːˈmeɪnnɪs/ N humanité f

**humanism** /ˈhjuːmənɪzəm/ N humanisme m

**humanist** /ˈhjuːmənɪst/ N, ADJ humaniste mf

**humanistic** /ˌhjuːməˈnɪstɪk/ ADJ humaniste

**humanitarian** /hjuːˌmænɪˈtɛərɪən/ SYN ADJ, N humanitaire mf

**humanitarianism** /hjuːˌmænɪˈtɛərɪənɪzəm/ SYN N humanitarisme m

**humanity** /hjuːˈmænɪtɪ/ SYN
N humanité f
NPL **the humanities** les humanités fpl, les lettres fpl

**humanization** /ˌhjuːmənaɪˈzeɪʃən/ N humanisation f

**humanize** /ˈhjuːmənaɪz/ SYN VT humaniser

**humankind** /ˌhjuːmənˈkaɪnd/ N l'humanité f, le genre humain

**humanly** /ˈhjuːmənlɪ/ ADV ◆ **if it is humanly possible** si c'est humainement possible ◆ **we will do all that is humanly possible** nous ferons tout ce qui est humainement possible ◆ **in as quick a time as is humanly possible** aussi vite qu'il est humainement possible de le faire

**humanoid** /ˈhjuːmənɔɪd/ ADJ, N humanoïde mf

**humble** /ˈhʌmbl/ SYN
ADJ ① (= lowly) [person, beginnings, home, job] humble ◆ **of humble origins** or **birth** (liter) d'humble naissance ◆ **the humble potato/earthworm** l'humble pomme de terre/ver de terre ◆ **in my humble opinion** à mon humble avis ◆ **my humble abode** (hum) mon humble demeure (hum) ◆ **I am** or **remain, Sir, your humble servant** † (in letters) je suis, Monsieur, votre humble serviteur † ◆ **your humble servant** (= oneself) votre serviteur (hum) ◆ **to eat humble pie** faire amende honorable
② (= unassuming) [person] modeste (about sth à propos de qch) ; [restaurant] sans prétention
③ ◆ **it makes me (feel) very humble** ça me donne un sentiment de grande humilité
VT (= humiliate) rabaisser ; (Sport) humilier ◆ **Ted's words humbled me** les paroles de Ted ont été une leçon d'humilité pour moi ◆ **to humble o.s.** se rabaisser ◆ **I felt humbled** j'ai eu honte de moi ◆ **millions of viewers were humbled by their story** ça a été une leçon d'humilité pour des millions de téléspectateurs ◆ **United were humbled 3-0 at Liverpool** United a été honteusement battu 3 à 0 par Liverpool

**humblebee** /ˈhʌmblbiː/ N bourdon m

**humbleness** /ˈhʌmblnɪs/ N humilité f

**humbly** /ˈhʌmblɪ/ ADV [say, beseech, thank, beg sb's pardon] humblement ; [suggest] en toute humilité

**humbug** /ˈhʌmbʌɡ/ SYN
N ① (= person) charlatan m ; (= talk) sornettes fpl
② (Brit = sweet) bonbon m à la menthe
EXCL n'importe quoi !

**humdinger** †‡ /ˈhʌmdɪŋəʳ/ N ◆ **he's/she's a real humdinger!** il/elle est vraiment super ! * ◆ **it's a humdinger!** c'est super * ! ◆ **it's going to be a humdinger of a match** ça va être un super * match ◆ **a humdinger of a hangover** une épouvantable gueule de bois *

**humdrum** /ˈhʌmdrʌm/ SYN
ADJ monotone, banal
N monotonie f, banalité f

**humectant** /hjuːˈmektənt/ N (Chem) humectant m

**humeral** /ˈhjuːmərəl/ ADJ huméral

**humerus** /ˈhjuːmərəs/ N (pl **humeri** /ˈhjuːməraɪ/) humérus m

**humid** /ˈhjuːmɪd/ SYN ADJ [climate] humide et chaud ◆ **it's humid today** il fait lourd aujourd'hui

**humidifier** /hjuːˈmɪdɪfaɪəʳ/ N humidificateur m

**humidify** /hjuːˈmɪdɪfaɪ/ VT [+ room, air] humidifier

**humidity** /hjuːˈmɪdɪtɪ/ SYN N humidité f

**humidor** /ˈhjuːmɪdɔːʳ/ N boîte f à cigares

**humify** /ˈhjuːmɪfaɪ/
VT transformer en humus
VI se transformer en humus

**humiliate** /hjuːˈmɪlɪeɪt/ SYN VT humilier

**humiliating** /hjuːˈmɪlɪeɪtɪŋ/ SYN ADJ humiliant

**humiliatingly** /hjuːˈmɪlɪeɪtɪŋlɪ/ ADV d'une manière humiliante, honteusement ◆ **humiliatingly, he broke down in tears** à sa grande honte, il éclata en sanglots

**humiliation** /hjuːˌmɪlɪˈeɪʃən/ SYN N humiliation f

**humility** /hjuːˈmɪlɪtɪ/ SYN N humilité f

**humming** /ˈhʌmɪŋ/
N [of insect, voices] bourdonnement m ; [of aeroplane, engine, machine] vrombissement m ; [of person] fredonnement m
COMP **humming-top** N toupie f ronflante

**hummingbird** /ˈhʌmɪŋbɜːd/ N oiseau-mouche m, colibri m

**hummock** /ˈhʌmək/ N (= hillock) tertre m, monticule m ; (in ice field) hummock m

**hummocky** /ˈhʌməkɪ/ ADJ inégal, accidenté

**hummus** /ˈhʊməs/ N houm(m)ous m

**humongous** ‡ /hjuːˈmʌŋɡəs/ ADJ énorme, monstre ◆ **a humongous row** une mégadispute *, une dispute monstre * ◆ **a humongous box office hit** un mégasuccès * or un succès monstre *

**humor | hurdle**

au box-office ◆ **Streisand is such a humongous star** Streisand est vraiment une superstar

**humor** /ˈhjuːməʳ/ **N, VT** (US) ⇒ **humour**

**-humored** /ˈhjuːməd/ **ADJ** (US) (in compounds) ⇒ **-humoured**

**humorist** /ˈhjuːmərɪst/ SYN **N** humoriste mf

**humorless(ly)** /ˈhjuːməlɪs(lɪ)/ **ADJ, ADV** (US) ⇒ **humourless, humourlessly**

**humorlessly** /ˈhjuːməlɪslɪ/ **ADV** (US) ⇒ **humourlessly**

**humorous** /ˈhjuːmərəs/ SYN **ADJ** [1] (= amusing) [book, comment, writer] humoristique [2] (= amused) [expression] amusé

**humorously** /ˈhjuːmərəslɪ/ **ADV** avec humour

**humour** (Brit), **humor** (US) /ˈhjuːməʳ/ SYN
  **N** [1] (= sense of fun) humour m ◆ **I see no humour in it** je ne vois pas où est l'humour ◆ **this is no time for humour** ce n'est pas le moment de faire de l'humour ◆ **the humour of the situation** le comique de la situation ◆ **their own inimitable brand of humour** leur humour inimitable
  [2] (= temper) humeur f ◆ **to be in (a) good/bad humour** être de bonne/mauvaise humeur ◆ **to be out of humour** être de mauvaise humeur
  [3] (Med Hist) humeur f
  **VT** [+ person] faire plaisir à ; [+ sb's wishes, whims] se prêter à, se plier à ◆ **just humour him!** fais-lui plaisir !

**-humoured, -homored** (US) /ˈhjuːməd/ **ADJ** (in compounds) ◆ **bad-humoured** de mauvaise humeur ; → **good**

**humourless, humorless** (US) /ˈhjuːməlɪs/ **ADJ** [person] qui manque d'humour, qui n'a pas le sens de l'humour ; [laugh, style] sans humour

**humourlessly, humorlessly** (US) /ˈhjuːməlɪslɪ/ **ADV** sans humour

**hump** /hʌmp/ SYN
  **N** [1] [of person, camel] bosse f
  [2] (= hillock) bosse f, mamelon m ◆ **we're over the hump now*** (fig) le plus difficile est passé or fait maintenant
  [3] (Brit) ◆ **to have** or **get the hump*** faire la gueule *
  **VT** [1] (Brit * = carry) porter, trimballer *
  [2] (** = have sex with) baiser**, sauter*
  **VI** (** = have sex) baiser**

**humpback** /ˈhʌmpbæk/ **N** [1] (= person) bossu(e) m(f) ◆ **to have a humpback** être bossu
  [2] (also **humpback whale**) baleine f à bosse

**humpbacked** /ˈhʌmpbækt/ **ADJ** [1] [person] bossu
  [2] (Brit) [bridge] en dos d'âne

**humph** /hʌmf/ **EXCL** hum !

**humpy** /ˈhʌmpɪ/ **ADJ** [ground] inégal, accidenté

**humungous*** /hjuːˈmʌŋɡəs/ **ADJ** ⇒ **humongous**

**humus** /ˈhjuːməs/ **N** humus m

**Hun** /hʌn/ **N** [1] (Hist) Hun m
  [2] (‡ pej) Boche‡ m (pej)

**hunch** /hʌntʃ/ SYN
  **VT** ◆ **to hunch one's back** arrondir le dos ◆ **to hunch one's shoulders** se voûter ◆ **hunched shoulders** épaules fpl voûtées ◆ **with hunched shoulders** la tête rentrée dans les épaules ; → **hunched**
  **N** [1] (* = premonition) pressentiment m, intuition f ◆ **to have a hunch that...** avoir (comme une petite) idée que*... ◆ **it's only a hunch** ce n'est qu'une impression ◆ **your hunch paid off** vous avez bien fait de vous fier à votre intuition ◆ **his hunch proved right** son intuition était juste ◆ **to act on a hunch , to play a hunch** (esp US) suivre son intuition
  [2] (= hump) bosse f
  [3] ⇒ **hunk**

**hunchback** /ˈhʌntʃbæk/ SYN **N** bossu(e) m(f)

**hunchbacked** /ˈhʌntʃbækt/ **ADJ** bossu

**hunched** /hʌntʃt/ **ADJ** recroquevillé ◆ **she sat hunched over her typewriter** elle était penchée sur sa machine à écrire ◆ **he sat hunched (up) over his books** il était assis courbé or penché sur ses livres ◆ **he was hunched forward in his chair** il était penché en avant sur sa chaise ; → **hunch**

**hundred** /ˈhʌndrəd/
  **ADJ** cent ◆ **a hundred books/chairs** cent livres/chaises ◆ **two hundred chairs** deux cents chaises ◆ **about a hundred books** une centaine de livres
  **N** [1] cent m ◆ **about a hundred, a hundred-odd*** une centaine ◆ **I've got a hundred** j'en ai cent ◆ **a** or **one hundred and one** cent un ◆ **two hundred** deux cents ◆ **two hundred and one** deux cent un ◆ **the hundred and first** le or la cent unième ◆ **a hundred per cent** cent pour cent ◆ **it was a hundred per cent successful** cela a réussi à cent pour cent ◆ **in seventeen hundred** en dix-sept cents ◆ **in seventeen hundred and ninety-six** en dix-sept cent quatre-vingt-seize ◆ **sold by the hundred** (Comm) vendus par (lots de) cent ◆ **to live to be a hundred** devenir centenaire ◆ **they came in (their) hundreds** ils sont venus par centaines ; pour autres loc voir **sixty**
  [2] (* fig) ◆ **hundreds of** des centaines de, des tas * de ◆ **I've told you hundreds of times!** je te l'ai dit mille fois !
  COMP **the Hundred Days NPL** (Hist) les Cent Jours mpl
  **hundreds and thousands NPL** (Brit) vermicelles mpl en sucre
  **hundred-year-old ADJ** centenaire, séculaire (liter)
  **the Hundred Years' War N** (Hist) la guerre de Cent Ans

**hundredfold** /ˈhʌndrədfəʊld/
  **ADJ** centuple
  **ADV** au centuple

**hundredth** /ˈhʌndrɪdθ/
  **ADJ** centième
  **N** (= person, thing) centième mf ; (= fraction) centième m

**hundredweight** /ˈhʌndrədweɪt/ **N** (Brit, Can) (poids m de) cent douze livres fpl (50,7 kg) ; (US) (poids m de) cent livres fpl (45,3 kg)

**hung** /hʌŋ/
  **VB** pret, ptp of **hang**
  **ADJ** ◆ **to be hung like a horse** or **a donkey**‡ être bien monté‡
  COMP **hung jury N** jury m sans majorité, jury m qui ne parvient pas à une décision
  **hung over* ADJ** ◆ **to be hung over** avoir la gueule de bois *
  **hung parliament N** parlement m sans majorité, parlement m où aucun parti n'a la majorité
  **hung up ADJ** (= tense) complexé, inhibé ◆ **he's hung up about it** il en fait tout un complexe * ◆ **to be hung up on sb/sth** (= obsessed) être fou (folle f) de qn/qch

**Hungarian** /hʌŋˈɡɛərɪən/
  **ADJ** (gen) hongrois ; [ambassador, embassy] de Hongrie ; [teacher] de hongrois
  **N** [1] Hongrois(e) m(f)
  [2] (= language) hongrois m

**Hungary** /ˈhʌŋɡərɪ/ **N** Hongrie f

**hunger** /ˈhʌŋɡəʳ/ SYN
  **N** faim f ; (fig) faim f, soif f (for de) ◆ **hunger to do sth** désir m ardent de faire qch
  **VI** (liter) avoir faim ◆ **to hunger for** or **after sth** (fig) avoir faim or soif de qch (fig) ◆ **to hunger to do sth** (fig) désirer ardemment faire qch
  COMP **the hunger marches NPL** (Brit Hist) les marches fpl de la faim
  **hunger strike N** grève f de la faim ◆ **to go on (a) hunger strike** faire la grève de la faim
  **hunger striker N** gréviste mf de la faim

**hungrily** /ˈhʌŋɡrɪlɪ/ **ADV** [eat, kiss, smoke] goulûment ; [look, listen, wait] avidement

**hungry** /ˈhʌŋɡrɪ/ SYN **ADJ** [1] (for food) [person, animal] affamé ◆ **to be** or **feel hungry** avoir faim ◆ **he's a hungry child** cet enfant a faim ; (permanently) cet enfant a toujours faim or a un gros appétit ◆ **I'm so hungry** j'ai tellement faim ◆ **to be very hungry** avoir très faim, être affamé ◆ **you look hungry** tu as l'air d'avoir faim ◆ **to make sb hungry** donner faim à qn ◆ **to go hungry** (= starve) être affamé, manquer de nourriture ; (= miss a meal) sauter un repas ◆ **when he was a child he often went hungry** quand il était enfant, il ne mangeait pas toujours à sa faim ◆ **digging the garden is hungry work** ça donne faim de bêcher
  [2] (= eager) ◆ **they were hungry for news** ils attendaient avidement des nouvelles ◆ **the child is hungry for love** cet enfant a besoin d'amour ◆ **hungry for success** [executive] avide de réussir ; [artist, writer] avide de succès

**hunk** /hʌŋk/ SYN **N** [1] [of bread, cheese] (gros) morceau m
  [2] (* = attractive man) beau mec * m

**hunker** /ˈhʌŋkəʳ/ **VI** ◆ **to hunker down** s'accroupir

**hunkers** /ˈhʌŋkəz/ **NPL** fesses fpl ◆ **on one's hunkers** accroupi

**hunky*** /ˈhʌŋkɪ/
  **ADJ** [man] bien foutu *
  COMP **hunky-dory* ADJ** au poil * ◆ **everything's hunky-dory** tout marche comme sur des roulettes *

**hunt** /hʌnt/ SYN
  **N** [1] (gen) recherche f
  [2] (Sport) (= event) chasse f ◆ **elephant/tiger hunt** chasse f à l'éléphant/au tigre ◆ **the hunt was held on the Duke's land** la partie de chasse a eu lieu sur les terres du duc ◆ **the hunt rode by** (= hunters) les chasseurs sont passés à cheval ◆ **the Beaufort hunt** l'équipage m Beaufort ◆ **the hunt for the missing child** la battue pour retrouver l'enfant disparu ◆ **the hunt for the murderer** la chasse au meurtrier ◆ **her hunt for a husband** sa chasse au mari ◆ **I've had a hunt for my gloves** j'ai cherché mes gants partout ◆ **to be on the hunt for a cheap house** chercher une or être à la recherche d'une maison bon marché ◆ **the hunt is on for...** (fig) on cherche...
  **VT** [1] (= seek) chercher ; (= pursue) poursuivre, pourchasser
  [2] (Sport) [+ fox etc] chasser, faire la chasse à ◆ **to hunt a horse** monter un cheval à la chasse ◆ **astronomers hunt the sky for black holes** les astronomes cherchent des trous noirs dans le ciel ◆ **I've hunted my desk for it** j'ai retourné tout mon bureau pour le trouver
  **VI** (Sport) chasser ◆ **to go hunting** aller à la chasse ◆ **to hunt for** (Sport) faire la chasse à, chasser ; (gen) [+ object, details, facts, missing person] chercher (partout), être à la recherche de ◆ **he is hunting for a job** il est à la recherche d'un travail ◆ **he hunted in his pocket for his pen** il a fouillé dans sa poche pour trouver son stylo ◆ **we hunted around for cardboard and glue** nous avons cherché partout du carton et de la colle ◆ **hunt around until you find what you need** fouillez jusqu'à ce que vous trouviez ce dont vous avez besoin
  COMP **hunt sabbing* N** (Brit) sabotage m des chasses à courre
  **hunt saboteur, hunt sab* N** (Brit) militant qui participe à des actions directes contre les chasses à courre
  **hunt the thimble N** ≈ cache-tampon m
  ▶ **hunt down VT SEP** [+ animal] pourchasser ; [+ person] traquer, pourchasser ; [+ object, facts, details, quotation] dénicher
  ▶ **hunt out VT SEP** dénicher, découvrir

**hunter** /ˈhʌntəʳ/
  **N** [1] (= person) (Sport) chasseur m ; (gen) poursuivant m ; → **lion**
  [2] (= horse) cheval m de chasse
  [3] (= watch) (montre f à) savonnette f
  COMP **hunter-gatherer N** chasseur-cueilleur m ◆ **they were hunter-gatherers** ils vivaient de chasse et de cueillette
  **hunter-killer submarine N** sous-marin m nucléaire d'attaque

**hunting** /ˈhʌntɪŋ/
  **N** [1] (Sport) chasse f ; (with dogs) chasse f à courre ; (also **fox hunting**) chasse f au renard
  [2] (gen = search) chasse f (for à), recherche f (for de) ; → **bargain, house**
  COMP **hunting ground N** (lit, fig) (terrain m de) chasse f ; → **happy**
  **hunting horn N** cor m or trompe f de chasse
  **hunting lodge N** pavillon m de chasse
  **hunting pink N** rouge m chasseur inv
  **hunting season N** saison f de chasse
  **hunting spider N** lycose f

**Huntington's chorea** /ˈhʌntɪŋtənzkɔːˈrɪə/ **N** chorée f de Huntington

**huntress** /ˈhʌntrɪs/ **N** (liter) chasseresse f

**huntsman** /ˈhʌntsmən/ **N** (pl **-men**) chasseur m

**hurdle** /ˈhɜːdl/ SYN
  **N** (for fences) claie f ; (Sport) haie f ; (fig) obstacle m ◆ **the 100-metre hurdles** (Sport) le 100 mètres haies ◆ **to take a hurdle** (Sport) franchir une haie ; (fig) franchir un obstacle ◆ **to fall at the first hurdle** (fig) échouer au premier obstacle
  **VI** (Sport) faire de la course de haies
  COMP **hurdle champion N** champion(ne) m(f) de course de haies

**hurdle race** N course *f* de haies
**hurdles champion** N ⇒ hurdle champion
**hurdles race** N ⇒ hurdle race

**hurdler** /ˈhɜːdləʳ/ N *(Sport)* coureur *m*, -euse *f* de haies

**hurdling** /ˈhɜːdəlɪŋ/ N *(NonC)* course *f* de haies

**hurdy-gurdy** /ˈhɜːdɪˈɡɜːdɪ/ N orgue *m* de Barbarie

**hurl** /hɜːl/ SYN VT *[+ object, stone]* jeter *or* lancer (avec violence) *(at* contre) ◆ **they were hurled to the ground by the blast** ils ont été précipités à terre par le souffle de l'explosion ◆ **to hurl o.s. at sb/sth** se ruer sur qn/qch ◆ **they hurled themselves into the fray** ils se sont jetés dans la mêlée ◆ **he hurled himself from a 10th floor window** il s'est jeté *or* précipité d'une fenêtre au 10ᵉ étage ◆ **they hurled themselves into the debate** ils se sont jetés à corps perdu dans le débat ◆ **her question hurled us headlong into a moral quandary** sa question nous a plongés dans un dilemme moral ◆ **to hurl abuse at sb** lancer des injures à qn, accabler *or* agonir qn d'injures

**hurley** /ˈhɜːlɪ/, **hurling** /ˈhɜːlɪŋ/ N *sport irlandais ressemblant au hockey sur gazon*

**hurly-burly** /ˈhɜːlɪˈbɜːlɪ/ SYN N *(= commotion)* tohu-bohu *m* ; *(= uproar)* tumulte *m* ◆ **the hurly-burly of politics** le tourbillon de la politique ◆ **the hurly-burly of election campaigning** le tourbillon de la campagne électorale

**Huron** /ˈhjʊərən/ N ◆ **Lake Huron** le lac Huron

**hurrah** /hʊˈrɑː/, **hurray** /hʊˈreɪ/ N hourra *m* ◆ **hurrah for Robert!** vive Robert ! ◆ **last hurrah** *(US) (= last appearance)* dernier tour *m* de piste ; *(= last attempt)* dernière tentative *f* ; *(Pol)* dernière campagne *f* ; → **hip³**

**hurricane** /ˈhʌrɪkən/ SYN
N ouragan *m*
COMP **hurricane-force** ADJ *[wind]* de force 12
**hurricane lamp** N lampe-tempête *f*

**hurried** /ˈhʌrɪd/ SYN ADJ *[steps]* précipité, pressé ; *[remark]* dit à la hâte ; *[departure]* précipité ; *[decision]* pris à la hâte ; *[reading, visit, meeting]* très rapide ; *[work]* fait à la hâte, fait à la va-vite* *(pej)* ◆ **a hurried breakfast** un petit déjeuner pris à la hâte ◆ **a hurried goodbye** des adieux précipités ◆ **to pay sb a hurried visit** passer voir qn en coup de vent

**hurriedly** /ˈhʌrɪdlɪ/ ADV *(= quickly)* en hâte ; *(faster than one would wish)* à la hâte

**hurry** /ˈhʌrɪ/ SYN
N *(= haste)* hâte *f*, précipitation *f* ; *(= eagerness)* empressement *m* ◆ **what's the** *or* **your hurry?*** qu'est-ce qui (vous) presse ? ◆ **there's no (great) hurry** rien ne presse, il n'y a pas le feu* ◆ **there's no hurry for it** ça ne presse pas
♦ **in a hurry** ◆ **to be in a hurry** être pressé ◆ **to be in a hurry to do sth** avoir hâte de faire qch ◆ **it was done in a hurry** cela a été fait à la hâte ◆ **he left in a hurry** il est parti précipitamment ◆ **I won't do that again in a hurry!*** je ne suis pas près de recommencer ! ◆ **he won't come back here in a hurry!*** il ne reviendra pas de sitôt !, il n'est pas près de revenir ! ◆ **are you in a hurry for this?** vous en avez un besoin urgent ?, vous en avez besoin tout de suite ?
♦ **in no hurry** ◆ **I'm in no particular hurry** je ne suis pas particulièrement pressé ◆ **I'm in no hurry to do that again!*** je ne recommencerai pas de sitôt !, je ne suis pas près de recommencer !
VI 1 se dépêcher, se presser *(to do sth* de faire qch) ◆ **do hurry!** dépêchez-vous ! ◆ **don't hurry** ne vous pressez *or* dépêchez pas ◆ **I must hurry** il faut que je me dépêche *subj or* presse *subj*
2 ◆ **to hurry in/out/through** entrer/sortir/traverser en hâte ◆ **she hurried (over) to her sister's** elle s'est précipitée chez sa sœur ◆ **he hurried after her** il a couru pour la rattraper ◆ **they hurried up the stairs** ils ont monté l'escalier quatre à quatre ◆ **she hurried home** elle s'est dépêchée de rentrer, elle est rentrée en hâte
VT 1 *[+ person]* bousculer, faire se dépêcher ; *[+ piece of work]* presser ◆ **don't hurry your meal** *(= don't feel you have to rush)* ne vous pressez pas (de manger) ; *(= don't eat too quickly)* ne mangez pas trop vite ◆ **I don't want to hurry you** je ne veux pas vous bousculer ◆ **you can't hurry him, he won't be hurried** vous ne le ferez pas se dépêcher ◆ **this job can't be hurried** ce travail prend du temps ◆ **I won't be hurried into a decision** je refuse de prendre une décision précipitée ; see also **hurried**
2 ◆ **to hurry sb in/out/through** faire entrer/sortir/traverser qn à la hâte *or* en (toute) hâte ◆ **they hurried him to a doctor** ils l'ont emmené d'urgence chez un médecin ◆ **the legislation was hurried through parliament** ils ont fait adopter la loi à toute vitesse par le parlement
COMP **hurry-scurry** VI courir dans tous les sens N bousculade *f*, débandade *f* ADV à la débandade

▸ **hurry along**
VI marcher d'un pas pressé ◆ **hurry along please!** pressons un peu, s'il vous plaît !
VT SEP ⇒ **hurry on vt sep**

▸ **hurry back** VI se presser de revenir *(or* de retourner) ◆ **hurry back!** *(to guest)* revenez-nous bientôt ! ◆ **don't hurry back: I'll be here till 6 o'clock** ne te presse pas de revenir, je serai ici jusqu'à 6 heures

▸ **hurry on**
VI ◆ **she hurried on to the next stop** elle s'est pressée de gagner l'arrêt suivant ◆ **they hurried on to the next question** ils sont vite passés à la question suivante ◆ **she hurried on ahead** elle est partie devant, elle est partie en éclaireur
VT SEP *[+ person]* faire se dépêcher ; *[+ work]* activer, accélérer ◆ **we're trying to hurry things on a little** nous essayons d'accélérer *or* d'activer un peu les choses

▸ **hurry up**
VI se dépêcher, se presser ◆ **hurry up!** dépêchez-vous ! ◆ **hurry up and take your bath** dépêche-toi de prendre ton bain ◆ **hurry up with that coffee** *(bringing it)* dépêche-toi d'apporter ce café ; *(drinking it)* dépêche-toi de boire ton café
VT SEP *[+ person]* faire se dépêcher ; *[+ work]* activer, pousser

**hurt** /hɜːt/ SYN (pret, ptp **hurt**)
VT 1 *(= do physical damage to) [+ person]* faire du mal à ◆ **to hurt o.s.** se blesser, se faire mal ◆ **to hurt one's arm** se faire mal au bras ◆ **I hope I haven't hurt you?** j'espère que je ne vous ai pas fait de mal *or* pas blessé ? ◆ **to get hurt** se blesser, se faire mal ◆ **someone is bound to get hurt** il va y avoir quelqu'un de blessé, quelqu'un va se faire du mal ◆ **a little rest won't hurt him** un peu de repos ne lui fera pas de mal ◆ **a glass of wine never hurt anyone** un verre de vin n'a jamais fait de mal à personne ◆ **it wouldn't hurt you to be a bit more serious** ça ne te ferait pas de mal d'être un peu plus sérieux ; → **fly¹**
2 *(= cause physical pain to) [+ person]* faire mal à ◆ **to hurt o.s., to get hurt** se faire mal
3 *(emotionally)* faire de la peine à ◆ **someone is bound to get hurt** il y a toujours quelqu'un qui pâtit *or* qui écope* ◆ **what hurt most was...** ce qui faisait le plus mal c'était... ◆ **to hurt sb's feelings** blesser qn
4 *(= damage) [+ thing]* abîmer, endommager ; *[+ sb's reputation, career]* nuire à ◆ **an embargo would hurt the economy** un embargo serait mauvais pour *or* aurait un effet néfaste sur l'économie
VI 1 faire mal ◆ **that hurts** ça fait mal ◆ **my arm hurts** mon bras me fait mal ◆ **it doesn't hurt much** ça ne fait pas très mal ◆ **where does it hurt?** où avez-vous mal ? ◆ **nothing hurts like the truth** il n'y a que la vérité qui blesse ◆ **it won't hurt for being left for a while*** il n'y aura pas de mal à laisser cela de côté un instant
2 *(= suffer emotionally)* souffrir
N douleur *f* ◆ **to cause (great) hurt to sb** blesser qn (profondément) ◆ **the real hurt lay in his attitude to her** ce qui la blessait vraiment *or* lui faisait vraiment mal c'était l'attitude qu'il avait envers elle ◆ **feelings of hurt and anger** la peine et la colère
ADJ *(lit, fig)* blessé ◆ **she's feeling hurt about it** ça l'a blessée, elle est blessée

**hurtful** /ˈhɜːtfʊl/ SYN ADJ nocif, nuisible *(to* à) ; *[remark]* blessant ◆ **what a hurtful thing (for you) to say!** c'est vraiment blessant ce que tu as dit !

**hurtfully** /ˈhɜːtfʊlɪ/ ADV d'une manière blessante

**hurtle** /ˈhɜːtl/
VI ◆ **to hurtle along** *[car, person]* avancer à toute vitesse *or* allure ◆ **to hurtle past sb** passer en trombe devant qn ◆ **the stone hurtled through the air** la pierre a fendu l'air ◆ **she went hurtling down the hill** elle a dévalé la pente
VT lancer (de toutes ses forces *or* violemment)

**husband** /ˈhʌzbənd/ SYN
N mari *m* ; *(Admin, Jur)* époux *m* ◆ **now they're husband and wife** ils sont maintenant mari et femme ◆ **the husband and wife** les conjoints *mpl*, les époux *mpl* ◆ **they were living together as husband and wife** *(gen)* ils vivaient maritalement ; *(Jur, Admin)* ils vivaient en concubinage
VT *(frm) [+ strength]* ménager, économiser ; *[+ supplies, resources]* bien gérer

**husbandry** /ˈhʌzbəndrɪ/ SYN N *(Agr)* agriculture *f* ; *(fig)* économie *f*, gestion *f* ◆ **good husbandry** bonne gestion *f* ; → **animal**

**hush** /hʌʃ/ SYN
N silence *m* ◆ **there was a sudden hush, a hush fell** il y a eu un silence, tout à coup tout le monde s'est tu ◆ **an expectant hush fell over the crowd** les spectateurs ont retenu leur souffle ◆ **in the hush of the night** *(liter)* dans le silence de la nuit ◆ **a deathly hush** un silence de mort ◆ **let's have a bit of hush*** allons, un peu de silence ; see also **hushed**
EXCL chut !
VT *(= silence)* faire taire ; *(= soothe)* apaiser, calmer ◆ **hush your chatter/complaining!*** arrêtez un peu de bavarder/de vous plaindre !
VI se taire
COMP **hush-hush*** ADJ (ultra-)secret (-ète *f*)
**hush money*** N pot-de-vin *m (pour acheter le silence)*, prix *m* du silence ◆ **to pay sb hush money** acheter le silence de qn
**hush puppy** N *(US Culin) espèce de beignet*

▸ **hush up** VT SEP *[+ scandal, news]* étouffer ; *[+ fact]* cacher ; *[+ person]* faire taire, empêcher de parler

**hushed** /hʌʃt/ ADJ *[voice, conversation]* étouffé ◆ **there was a hushed silence** *(of embarrassment)* un ange est passé ; *(of expectation)* tout le monde a retenu son souffle ◆ **in hushed amazement they...** frappés de stupeur, ils... ◆ **we discussed the situation in hushed whispers** nous avons discuté de la situation à voix basse

**husk** /hʌsk/ SYN
N *[of wheat]* balle *f* ; *[of maize, rice]* enveloppe *f* ; *[of chestnut]* bogue *f* ; *[of nut]* écale *f* ; *[of peas]* cosse *f*, gousse *f* ◆ **rice in the husk** riz *m* non décortiqué
VT *[+ maize, rice]* décortiquer ; *[+ nut]* écaler ; *[+ grain]* vanner ; *[+ peas]* écosser ; *[+ barley, oats]* monder

**huskily** /ˈhʌskɪlɪ/ ADV d'une voix rauque *or* voilée

**huskiness** /ˈhʌskɪnɪs/ SYN N enrouement *m*

**husky¹** /ˈhʌskɪ/ SYN ADJ 1 *(= hoarse) [person]* enroué ; *[voice]* rauque, voilé
2 *(= burly)* costaud*

**husky²** /ˈhʌskɪ/ N *(= dog)* husky *m*

**hussar** /hʊˈzɑːʳ/ N hussard *m*

**Hussite** /ˈhʌsaɪt/ N hussite *m*

**hussy** /ˈhʌsɪ/ N *(pej)* dévergondée *f*

**hustings** /ˈhʌstɪŋz/ NPL *(esp Brit)* plateforme *f* électorale ◆ **he said it on the hustings** il l'a dit pendant *or* au cours de sa campagne électorale ◆ **candidates are battling it out at the hustings** les élections mettent aux prises les candidats

**hustle** /ˈhʌsl/ SYN
VT 1 *[+ person]* pousser, bousculer ◆ **to hustle sb in/out/away** faire entrer/sortir/partir qn ◆ **they hustled him into a car** ils l'ont poussé dans une voiture ◆ **I won't be hustled into anything** je ne ferai rien si on me bouscule ◆ **I won't be hustled into making a decision** je refuse de prendre une décision précipitée
2 *(= cause to proceed)* ◆ **to hustle legislation through** faire voter des lois à la hâte ◆ **to hustle things (on** *or* **along)** faire activer les choses
3 *(US * = sell, pass off)* fourguer*, refiler*
VI 1 *(* = hurry)* se manier*, se grouiller*
2 *(esp US *) (= make efforts)* se démener ; *(= work hard)* trimer*, turbiner*
3 *(esp US *) [prostitute]* faire le trottoir* ; *[trader]* fricoter*
N 1 *(= jostling)* bousculade *f* ; *(= activity)* grande activité *f* ◆ **hustle and bustle** tourbillon *m* d'activité ◆ **the hustle and bustle of city life** le tourbillon de la vie en ville
2 *(US *)* racket *m*, activité *f* illégale

**hustler*** /ˈhʌsləʳ/ N 1 *(= swindler)* arnaqueur *m*, -euse *f*
2 *(= prostitute)* prostitué(e) *m(f)*
3 *(= go-getter)* battant(e) *m(f)*

… **hut** | **hype** … ENGLISH-FRENCH 454

**hut** /hʌt/ SYN (= *primitive dwelling*) hutte f, case f ; (= *shed*) cabane f ; (Mil) baraquement m ; (for *climbers*) refuge m ; [*of shepherd*] cabane f, abri m ; → **mud**

**hutch** /hʌtʃ/ N ① [*of rabbit*] clapier m
② (US = *dresser*) vaisselier m

**Hutu** /ˈhuːtuː/
N Hutu mf
ADJ hutu f inv

**HV, h.v.** (abbrev of **high voltage**) → **high**

**hyacinth** /ˈhaɪəsɪnθ/ N ① (= *plant*) jacinthe f
◆ **wild hyacinth** jacinthe f des bois or sauvage, endymion m
② (= *gemstone*) hyacinthe f

**Hyades** /ˈhaɪəˌdiːz/, **Hyads** /ˈhaɪædz/ NPL (Astron) hyades fpl

**hyaena** /haɪˈiːnə/ N ⇒ **hyena**

**hyaline** /ˈhaɪəlɪn/ ADJ (Bio) hyalin

**hyalite** /ˈhaɪəlaɪt/ N (Geol) hyalite f

**hyaloid** /ˈhaɪəlɔɪd/
ADJ (Med) [*artery*] hyaloïdien
COMP **hyaloid membrane** N membrane f hyaloïde or vitreuse

**hybrid** /ˈhaɪbrɪd/ SYN
N ① (gen) hybride m (*between* entre)
② (= *bicycle*) vélo m hybride
ADJ hybride
COMP **hybrid system** N système m hybride
**hybrid tea (rose)** N rose-thé f hybride
**hybrid vigour** N (Bio) hétérosis f, luxuriance f des hybrides

**hybridism** /ˈhaɪbrɪdɪzəm/ N hybridisme m

**hybridization** /ˌhaɪbrɪdaɪˈzeɪʃən/ N hybridation f

**hybridize** /ˈhaɪbrɪdaɪz/ VT hybrider, croiser

**hybridoma** /ˌhaɪbrɪˈdəʊmə/ N (Bio) hybridome m

**hydra** /ˈhaɪdrə/ N (pl **hydras** or **hydrae** /ˈhaɪdriː/) hydre f

**hydracid** /haɪˈdræsɪd/ N (Chem) hydracide m

**hydrangea** /haɪˈdreɪndʒə/ N hortensia m

**hydrant** /ˈhaɪdrənt/ N prise f d'eau ; (also **fire hydrant**) bouche f d'incendie

**hydrargyria** /ˌhaɪdrɑːˈdʒɪərɪə/, **hydrargyrism** /haɪˈdrɑːdʒɪrɪzəm/ N hydrargyrisme m

**hydrate** /ˈhaɪdreɪt/
N hydrate m
VT hydrater

**hydration** /haɪˈdreɪʃən/ N hydratation f

**hydraulic** /haɪˈdrɒlɪk/
ADJ hydraulique
COMP **hydraulic brake** N frein m hydraulique
**hydraulic circuit** N circuit m hydraulique
**hydraulic press** N presse f hydraulique
**hydraulic ram** N (= *piston*) piston m or pilon m hydraulique ; (= *pump*) bélier m hydraulique
**hydraulic ramp** N pont m élévateur hydraulique
**hydraulic suspension** N suspension f hydraulique

**hydraulics** /haɪˈdrɒlɪks/ N (NonC) hydraulique f

**hydrazine** /ˈhaɪdrəziːn/ N (Chem, Aviat) hydrazine f

**hydrazoic** /ˌhaɪdrəˈzəʊɪk/ ADJ ◆ **hydrazoic acid** acide m azothydrique

**hydride** /ˈhaɪdraɪd/ N (Chem) hydrure m

**hydriodic acid** /ˌhaɪdrɪˈɒdɪk/ N (Chem) acide m iodhydrique

**hydro** /ˈhaɪdrəʊ/
N ① (Brit †= *hotel*) établissement m thermal (*hôtel*)
② (Can) (= *electricity*) énergie f hydroélectrique ; (= *power station*) centrale f hydroélectrique
ADJ (Can) hydroélectrique

**hydrobromic acid** /ˌhaɪdrəʊˈbrəʊmɪk/ N (Chem) acide m bromhydrique

**hydrocarbon** /ˌhaɪdrəʊˈkɑːbən/ N hydrocarbure m

**hydrocele** /ˈhaɪdrəʊsiːl/ N (Med) hydrocèle f

**hydrocephalic** /ˌhaɪdrəʊsɪˈfælɪk/ ADJ (Med) hydrocéphale

**hydrocephalus** /ˌhaɪdrəʊˈsefələs/ N (Med) hydrocéphalie f

**hydrochloric** /ˌhaɪdrəʊˈklɒrɪk/ ADJ chlorhydrique

**hydrochloride** /ˌhaɪdrəʊˈklɔːraɪd/ N (Chem) hydrochlorure m

**hydrocoralline** /ˌhaɪdrəˈkɒrəliːn/ N hydrocoralliaire m

**hydrocortisone** /ˌhaɪdrəʊˈkɔːtɪzəʊn/ N (Med) hydrocortisone f

**hydrocyanic** /ˌhaɪdrəʊsaɪˈænɪk/ ADJ cyanhydrique

**hydrodynamic** /ˌhaɪdrəʊdaɪˈnæmɪk/ ADJ hydrodynamique

**hydrodynamics** /ˌhaɪdrəʊdaɪˈnæmɪks/ N (NonC) hydrodynamique f

**hydroelectric** /ˌhaɪdrəʊɪˈlektrɪk/
ADJ hydroélectrique
COMP **hydroelectric power** N énergie f hydroélectrique

**hydroelectricity** /ˌhaɪdrəʊɪlekˈtrɪsɪtɪ/ N hydroélectricité f

**hydrofluoric acid** /ˌhaɪdrəʊfluːˈɒrɪk/ N (Chem) acide m fluorhydrique

**hydrofoil** /ˈhaɪdrəʊfɔɪl/ N hydroptère m, hydrofoil m

**hydrogen** /ˈhaɪdrɪdʒən/
N hydrogène m
COMP **hydrogen bomb** N bombe f à hydrogène
**hydrogen bond** N liaison f hydrogène
**hydrogen bromide** N (= *gas*) bromure m d'hydrogène ; (= *solution*) acide m bromhydrique
**hydrogen chloride** N (= *gas*) gaz m chlorhydrique ; (= *solution*) acide m chlorhydrique
**hydrogen cyanide** N acide m cyanhydrique
**hydrogen fluoride** N (Chem) (= *gas*) fluorure m d'hydrogène ; (= *solution*) acide m fluorhydrique
**hydrogen iodide** N (Chem) acide m iodhydrique, iodure m d'hydrogène
**hydrogen peroxide** N eau f oxygénée
**hydrogen sulphide** N hydrogène m sulfuré

**hydrogenate** /haɪˈdrɒdʒɪneɪt/
VT hydrogéner
COMP **hydrogenated glucose syrup** N sirop m de glucose hydrogéné
**hydrogenated vegetable oil** N huile f végétale hydrogénée

**hydrogenation** /ˌhaɪdrɒdʒɪˈneɪʃən/ N hydrogénation f

**hydrogenous** /haɪˈdrɒdʒɪnəs/ ADJ hydrogéné

**hydrographer** /haɪˈdrɒɡrəfəʳ/ N hydrographe mf

**hydrographic** /ˌhaɪdrəˈɡræfɪk/ ADJ hydrographique

**hydrography** /haɪˈdrɒɡrəfɪ/ N hydrographie f

**hydroid** /ˈhaɪdrɔɪd/
ADJ [*order*] des hydraires
N hydroïde m, hydraire f

**hydrokinetics** /ˌhaɪdrəʊkɪˈnetɪks/ N (NonC) hydrodynamique f

**hydrolase** /ˈhaɪdrəleɪz/ N (Bio) hydrolase f

**hydrological** /ˌhaɪdrəˈlɒdʒɪkəl/ ADJ hydrologique

**hydrologist** /haɪˈdrɒlədʒɪst/ N hydrologue mf

**hydrology** /haɪˈdrɒlədʒɪ/ N hydrologie f

**hydrolyse, hydrolyze** (US) /ˈhaɪdrəlaɪz/
VT hydrolyser
COMP **hydrolysed vegetable protein** N protéine f végétale hydrolysée

**hydrolysis** /haɪˈdrɒlɪsɪs/ N hydrolyse f

**hydrolyte** /ˈhaɪdrəlaɪt/ N (Chem) substance f hydrolysée

**hydrolytic** /ˌhaɪdrəˈlɪtɪk/ ADJ hydrolyt(iqu)e

**hydrometer** /haɪˈdrɒmɪtəʳ/ N hydromètre m

**hydrometric** /ˌhaɪdrəʊˈmetrɪk/ ADJ hydrométrique

**hydrometry** /haɪˈdrɒmətrɪ/ N hydrométrie f

**hydropathic** /ˌhaɪdrəʊˈpæθɪk/ ADJ hydrothérapique

**hydrophilic** /ˌhaɪdrəʊˈfɪlɪk/ ADJ hydrophile

**hydrophobia** /ˌhaɪdrəʊˈfəʊbɪə/ N hydrophobie f

**hydrophobic** /ˌhaɪdrəʊˈfəʊbɪk/ ADJ hydrophobe

**hydrophone** /ˈhaɪdrəfəʊn/ N hydrophone m

**hydrophyte** /ˈhaɪdrəʊfaɪt/ N (= *plant*) hydrophyte f

**hydroplane** /ˈhaɪdrəʊˌpleɪn/ N hydroglisseur m

**hydroponic** /ˌhaɪdrəʊˈpɒnɪk/ ADJ hydroponique

**hydroponics** /ˌhaɪdrəʊˈpɒnɪks/ N (NonC) culture f hydroponique

**hydropower** /ˌhaɪdrəʊˈpaʊəʳ/ N énergie f hydroélectrique, hydroélectricité f

**hydroquinone** /ˌhaɪdrəʊkwɪˈnəʊn/ N (Chem, Phot) hydroquinone f

**hydrosphere** /ˈhaɪdrəˌsfɪəʳ/ N (Geog) hydrosphère f

**hydrostatic** /ˌhaɪdrəʊˈstætɪk/ ADJ hydrostatique

**hydrostatics** /ˌhaɪdrəʊˈstætɪks/ N (NonC) hydrostatique f

**hydrotherapy** /ˌhaɪdrəʊˈθerəpɪ/ N hydrothérapie f

**hydrothermal** /ˌhaɪdrəʊˈθɜːməl/ ADJ hydrothermal

**hydrothorax** /ˌhaɪdrəʊˈθɔːræks/ N hydrothorax m

**hydrotropism** /haɪˈdrɒtrəpɪzəm/ N hydrotropisme m

**hydrous** /ˈhaɪdrəs/ ADJ hydraté

**hydroxide** /haɪˈdrɒksaɪd/ N hydroxyde m

**hydroxyl** /haɪˈdrɒksɪl/ ADJ (Chem) hydroxyle

**hydroxylamine** /haɪˌdrɒksɪləˈmiːn/ N hydroxylamine f

**hydrozoan** /ˌhaɪdrəʊˈzəʊən/
ADJ [*order*] des hydrozoaires
N hydrozoaire m

**hyena** /haɪˈiːnə/ N hyène f

**Hygiaphone** ® /ˈhaɪdʒɪəfəʊn/ N hygiaphone ® m

**hygiene** /ˈhaɪdʒiːn/ SYN N hygiène f

**hygienic** /haɪˈdʒiːnɪk/ SYN ADJ hygiénique

**hygienically** /haɪˈdʒiːnɪkəlɪ/ ADV hygiéniquement

**hygienist** /ˈhaɪdʒiːnɪst/ N hygiéniste mf

**hygrometer** /haɪˈɡrɒmɪtəʳ/ N hygromètre m

**hygrometric** /ˌhaɪɡrəˈmetrɪk/ ADJ hygrométrique

**hygrometry** /haɪˈɡrɒmətrɪ/ N hygrométrie f

**hygrophilous** /haɪˈɡrɒfɪləs/ ADJ hygrophile

**hygrophyte** /ˈhaɪɡrəfaɪt/ N (= *plant*) hygrophyte f

**hygrophytic** /ˌhaɪɡrəˈfɪtɪk/ ADJ [*plant*] hygrophile

**hygroscope** /ˈhaɪɡrəʊskəʊp/ N hygroscope m

**hygroscopic** /ˌhaɪɡrəˈskɒpɪk/ ADJ hygroscopique

**hygrostat** /ˈhaɪɡrəʊstæt/ N hygrostat m

**hymen** /ˈhaɪmen/ N (Anat) hymen m

**hymenium** /haɪˈmiːnɪəm/ N (pl **hymeniums** or **hymenia** /haɪˈmiːnɪə/) hyménium m

**hymenopteran** /ˌhaɪmɪˈnɒptərən/ N (= *insect*) hyménoptère m

**hymenopterous** /ˌhaɪmɪˈnɒptərəs/ ADJ [*insect*] hyménoptère

**hymn** /hɪm/
N hymne m, cantique m ◆ **a hymn to sth** (fig = *celebration*) un hymne à qch
VT (liter) chanter un hymne à la gloire de
COMP **hymn book** N livre m de cantiques
**hymn sheet** N ◆ **to be singing from the same hymn sheet** parler d'une même voix

**hymnal** /ˈhɪmnəl/ N livre m de cantiques

**hyoid** /ˈhaɪɔɪd/ ADJ (Anat) hyoïde

**hyoscyamine** /ˌhaɪəˈsaɪəmiːn/ N (Chem, Med) hyoscyamine f

**hypallage** /haɪˈpælədʒɪ/ N (Ling) hypallage f

**hype** /haɪp/ SYN
N ① (NonC; ✱ = *publicity*) battage m publicitaire ; (in *media*) battage m médiatique ◆ **it has been the subject of intense media hype** ça a fait l'objet d'un énorme battage médiatique ◆ **he's always been contemptuous of marketing hype** il a toujours méprisé le battage publicitaire des campagnes de marketing
② (✱ = *book*, *product*) livre m or produit m lancé à grand renfort de publicité
③ (Drugs ‡) (= *syringe*) shooteuse ‡ f ; (= *injection*) shoot ‡ m ; (= *addict*) toxico ✱ mf, camé(e) ✱ m(f)
VT ① (✱ : also **hype up**) (= *publicize*) [+ *book*, *product*, *film*] faire un énorme battage autour de ◆ **he felt the film was hyped up too much** il a trouvé que l'on avait fait trop de battage autour de ce film
② (✱ = *increase*) [+ *numbers*, *attendance*] augmenter ◆ **to hype the economy** stimuler l'économie
③ (✱ = *excite*) exciter ; see also **hyped-up**
④ (US ✱ = *cheat*) [+ *person*] tromper, rouler ✱
VI (Drugs ‡: also **hype up**) se shooter ✱
COMP **hyped-up** ✱ ADJ (= *excited*) surexcité ; (= *anxious*) stressé
▶ **hype up** VI, VT SEP → **hype** VI ; → **hyped-up**

**hyper** */ˈhaɪpəʳ/ ADJ surexcité
**hyperacidity** /ˌhaɪpərəˈsɪdɪtɪ/ N hyperacidité f
**hyperactive** /ˌhaɪpərˈæktɪv/ ADJ [child] hyperactif
**hyperactivity** /ˌhaɪpəræktˈɪvɪtɪ/ N suractivité f ; [of child] hyperactivité f, syndrome m hyperkinétique (SPEC)
**hyperaemia, hyperemia** (US) /ˌhaɪpərˈiːmɪə/ N (Med) hyperémie f
**hyperaesthesia, hyperesthesia** (US) /ˌhaɪpəriːsˈθiːzɪə/ N (Med) hyperesthésie f
**hyperbaric** /ˌhaɪpəˈbærɪk/ ADJ (Phys) hyperbare
**hyperbaton** /haɪˈpɜːbətɒn/ N hyperbate f
**hyperbola** /haɪˈpɜːbələ/ N (pl **hyperbolas** or **hyperbole** /haɪˈpɜːbəˌliː/) (Math) hyperbole f
**hyperbole** /haɪˈpɜːbəlɪ/ SYN N (Literat) hyperbole f
**hyperbolic(al)** /ˌhaɪpəˈbɒlɪk(əl)/
  ADJ hyperbolique
  COMP **hyperbolic function** N (Math) fonction f hyperbolique
**hyperboloid** /haɪˈpɜːbəlɔɪd/ N (Math) hyperboloïde m
**hyperborean** /ˌhaɪpəˈbɔːrɪən/ ADJ hyperboréen
**hypercharge** /ˈhaɪpətʃɑːdʒ/ N (Phys) hypercharge f
**hypercholesterolaemia, hypercholesterolemia** (US) /ˌhaɪpəkəˌlɛstərɒlˈiːmɪə/ N (Med) hypercholestérolémie f
**hypercorrect** /ˌhaɪpəkəˈrɛkt/ ADJ hypercorrect
**hypercorrection** /ˌhaɪpəkəˈrɛkʃən/ N hypercorrection f
**hypercritical** /ˌhaɪpəˈkrɪtɪkəl/ SYN ADJ hypercritique
**hyperdulia** /ˌhaɪpədjʊˈlɪə/ N hyperdulie f
**hyperfocal distance** /ˌhaɪpəˈfəʊkəl/ N (Phot) distance f hyperfocale
**hyperglycaemia, hyperglycemia** (US) /ˌhaɪpəglaɪˈsiːmɪə/ N hyperglycémie f
**hyperglycaemic, hyperglycemic** (US) /ˌhaɪpəglaɪˈsiːmɪk/ ADJ hyperglycémique
**hypergolic** /ˌhaɪpəˈɡɒlɪk/ ADJ [fuel] hypergolique f
**hypericum** /haɪˈpɛrɪkəm/ N (= plant) hypéricacée f
**hyperinflation** /ˌhaɪpərɪnˈfleɪʃən/ N hyperinflation f
**hyperkinetic** /ˌhaɪpəkɪˈnɛtɪk/ ADJ suractif ; [child] hyperactif
**hyperlink** /ˈhaɪpəlɪŋk/
  N lien m hypertexte
  VT créer un lien hypertexte avec
**hypermarket** /ˈhaɪpəmɑːkɪt/ N (Brit) hypermarché m
**hypermeter** /haɪˈpɜːmɪtəʳ/ N vers m hypermètre
**hypermetric** /ˌhaɪpəˈmɛtrɪk/ ADJ hypermètre
**hypermetropia** /ˌhaɪpəmɪˈtrəʊpɪə/, **hypermetropy** /ˌhaɪpəˈmɛtrəpɪ/ N hypermétropie f
**hypermnesia** /ˌhaɪpəmˈniːzɪə/ N hypermnésie f
**hypernym** /ˈhaɪpənɪm/ N hyperonyme m
**hyperon** /ˈhaɪpərɒn/ N (Phys) hypéron m
**hyperopia** /ˌhaɪpəˈrəʊpɪə/ N (Med) hypermétropie f
**hyperopic** /ˌhaɪpəˈrɒpɪk/ ADJ (Med) hypermétrope
**hyperplasia** /ˌhaɪpəˈpleɪzɪə/ N hyperplasie f
**hyperpyrexia** /ˌhaɪpəpaɪˈrɛksɪə/ N (Med) hyperthermie f
**hyperrealism** /ˌhaɪpəˈrɪəlɪzəm/ N hyperréalisme m
**hypersensitive** /ˌhaɪpəˈsɛnsɪtɪv/ ADJ hypersensible
**hypersonic** /ˌhaɪpəˈsɒnɪk/ ADJ hypersonique
**hyperspace** /ˈhaɪpəspeɪs/ N (Math) hyperespace m ; (Literat) espace m atemporel
**hypersthene** /ˈhaɪpəsθiːn/ N (Miner) hypersthène m
**hypertension** /ˌhaɪpəˈtɛnʃən/ N hypertension f
**hypertensive** /ˌhaɪpəˈtɛnsɪv/ ADJ (Med) [person] hypertendu ; [drug] hypertensif
**hypertext** /ˈhaɪpətɛkst/ N (Comput) hypertexte m
**hyperthermia** /ˌhaɪpəˈθɜːmɪə/ N hyperthermie f
**hyperthyroid** /ˌhaɪpəˈθaɪrɔɪd/ ADJ (Med) hyperthyroïdien
**hyperthyroidism** /ˌhaɪpəˈθaɪrɔɪdɪzəm/ N (Med) hyperthyroïdie f, hyperthyroïdisme m

**hypertonic** /ˌhaɪpəˈtɒnɪk/ ADJ (Chem, Med) hypertonique
**hypertrophic** /ˌhaɪpəˈtrɒfɪk/ ADJ (Med) hypertrophique
**hypertrophy** /haɪˈpɜːtrəfɪ/
  N hypertrophie f
  VT hypertrophier
  VI s'hypertrophier
**hyperventilate** /ˌhaɪpɜːˈvɛntɪleɪt/ VI hyperventiler
**hyperventilation** /ˌhaɪpɜːvɛntɪˈleɪʃən/ N hyperventilation f
**hypervitaminosis** /ˈhaɪpəˌvɪtəmɪˈnəʊsɪs/ N (Med) hypervitaminose f
**hypha** /ˈhaɪfə/ N (pl **hyphae** /ˈhaɪfiː/) [of fungus] hyphe f
**hyphen** /ˈhaɪfən/ N trait m d'union
**hyphenate** /ˈhaɪfəneɪt/ VT mettre un trait d'union à ◆ **hyphenated word** mot m à trait d'union
**hyphenation** /ˌhaɪfəˈneɪʃən/ N insertion f des traits d'union
**hypnagogic, hypnogogic** /ˌhɪpnəˈɡɒdʒɪk/ ADJ hypnagogique
**hypnoid** /ˈhɪpnɔɪd/ ADJ hypnoïde
**hypnology** /hɪpˈnɒlədʒɪ/ N (Psych) hypnologie f
**hypnopaedia** /ˌhɪpnəʊˈpiːdɪə/ N apprentissage pendant le sommeil (grâce à des cassettes, par exemple)
**hypnopompic** /ˌhɪpnəʊˈpɒmpɪk/ ADJ (Psych) hypnopompique
**hypnosis** /hɪpˈnəʊsɪs/ N (pl **hypnoses** /hɪpˈnəʊsiːz/) hypnose f ◆ **under hypnosis** sous hypnose
**hypnotherapist** /ˌhɪpnəʊˈθɛrəpɪst/ N hypnothérapeute mf
**hypnotherapy** /ˌhɪpnəʊˈθɛrəpɪ/ N hypnothérapie f
**hypnotic** /hɪpˈnɒtɪk/ SYN
  ADJ [state] hypnotique, d'hypnose ; [trance, regression, power] hypnotique ; [rhythm, effect, eyes, voice] envoûtant
  N (= drug) hypnotique m ; (= person) sujet m hypnotique
**hypnotism** /ˈhɪpnətɪzəm/ N hypnotisme m
**hypnotist** /ˈhɪpnətɪst/ N hypnotiseur m, -euse f
**hypnotize** /ˈhɪpnətaɪz/ SYN VT (lit, fig) hypnotiser ◆ **to hypnotize sb into doing sth** faire faire qch à qn sous hypnose ◆ **to hypnotize o.s.** s'hypnotiser
**hypo** /ˈhaɪpəʊ/ N (Phot) hyposulfite m, thiosulfate m
**hypoallergenic** /ˌhaɪpəʊæləˈdʒɛnɪk/ ADJ hypoallergénique
**hypoblast** /ˈhaɪpəblæst/ N (Bio) endoblaste m
**hypocaust** /ˈhaɪpəkɔːst/ N (Hist) hypocauste m
**hypocentre** /ˈhaɪpəʊˌsɛntəʳ/ N [of earthquake] hypocentre m ; [of nuclear blast] point m zéro
**hypochlorite** /ˌhaɪpəˈklɔːraɪt/ N (Chem) hypochlorite m
**hypochlorous acid** /ˌhaɪpəˈklɔːrəs/ N acide m hypochloreux
**hypochondria** /ˌhaɪpəʊˈkɒndrɪə/ N (Med) hypocondrie f
**hypochondriac** /ˌhaɪpəʊˈkɒndrɪæk/
  ADJ (Med) hypocondriaque ◆ **my hypochondriac brother** (gen) mon frère, ce malade imaginaire
  N (Med) hypocondriaque mf ; (gen) malade mf imaginaire
**hypocondrium** /ˌhaɪpəʊˈkɒndrɪəm/ N (pl **hypochondria** /ˌhaɪpəʊˈkɒndrɪə/) (Anat) hypocondre m
**hypocorism** /haɪˈpɒkərɪzəm/ N (= pet name) hypocoristique m
**hypocoristic** /ˌhaɪpəkəˈrɪstɪk/ ADJ (Ling) hypocoristique
**hypocotyl** /ˌhaɪpəˈkɒtɪl/ N (Bio) hypocotyle m
**hypocrisy** /hɪˈpɒkrɪsɪ/ SYN N hypocrisie f
**hypocrite** /ˈhɪpəkrɪt/ SYN N hypocrite mf
**hypocritical** /ˌhɪpəˈkrɪtɪkəl/ SYN ADJ hypocrite
**hypocritically** /ˌhɪpəˈkrɪtɪkəlɪ/ ADV hypocritement
**hypocycloid** /ˌhaɪpəˈsaɪklɔɪd/ N (Math) hypocycloïde f

**hypodermic** /ˌhaɪpəˈdɜːmɪk/
  ADJ hypodermique
  N (= syringe) seringue f hypodermique ; (= needle) aiguille f hypodermique ; (= injection) injection f hypodermique
**hypodermis** /ˌhaɪpəˈdɜːmɪs/ N [of plant, animal] hypoderme m
**hypogastric** /ˌhaɪpəˈɡæstrɪk/ ADJ hypogastrique
**hypogastrium** /ˌhaɪpəˈɡæstrɪəm/ N (pl **hypogastria** /ˌhaɪpəˈɡæstrɪə/) (Anat) hypogastre m
**hypogeal** /ˌhaɪpəˈdʒiːəl/ ADJ [plant, animal] hypogé
**hypogeum** /ˌhaɪpəˈdʒiːəm/ N (pl **hypogea** /ˌhaɪpəˈdʒiːə/) hypogée m
**hypoglicaemia, hypoglicemia** (US) /ˌhaɪpəʊɡlaɪˈsiːmɪə/ N (Med) hypoglycémie f
**hypoglossal** /ˌhaɪpəˈɡlɒsəl/ ADJ hypoglosse
**hypoglycaemia, hypoglycemia** (US) /ˌhaɪpəʊɡlaɪˈsiːmɪə/ N (Med) hypoglycémie f
**hypoglycaemic, hypoglycemic** (US) /ˌhaɪpəʊɡlaɪˈsiːmɪk/ ADJ hypoglycémique
**hypogynous** /haɪˈpɒdʒɪnəs/ ADJ hypogyne
**hypoid gear** /ˈhaɪpɔɪd/ N engrenage m hypoïde
**hyponym** /ˈhaɪpənɪm/ N hyponyme m
**hyponymy** /haɪˈpɒnɪmɪ/ N hyponymie f
**hypophosphate** /ˌhaɪpəˈfɒsfeɪt/ N (Chem) hypophosphite m
**hypophosphite** /ˌhaɪpəˈfɒsfaɪt/ N (Chem) hypophosphite m
**hypophosphoric acid** /ˌhaɪpəfɒsˈfɒrɪk/ (Chem) acide m hypophosphorique
**hypophosphorous acid** /ˌhaɪpəˈfɒsfərəs/ (Chem) acide m hypophosphoreux
**hypophyge** /haɪˈpɒfɪdʒɪ/ N (Archit) escape f
**hypophyseal** /ˌhaɪpəˈfɪzɪəl/ ADJ hypophysaire
**hypophysis** /haɪˈpɒfɪsɪs/ N (pl **hypophyses** /haɪˈpɒfɪsiːz/) hypophyse f
**hypostasis** /haɪˈpɒstəsɪs/ N (pl **hypostases** /haɪˈpɒstəsiːz/) (Rel) hypostase f
**hypostatic** /ˌhaɪpəʊˈstætɪk/ ADJ (Rel) hypostatique
**hypostyle** /ˈhaɪpəʊstaɪl/ ADJ hypostyle
**hyposulphite** /ˌhaɪpəˈsʌlfaɪt/ N (Phot) hyposulfite m, thiosulfate m
**hyposulphurous acid** /ˌhaɪpəˈsʌlfərəs/ N (Chem) acide m hyposulfureux
**hypotension** /ˌhaɪpəʊˈtɛnʃən/ N (Med) hypotension f
**hypotensive** /ˌhaɪpəʊˈtɛnsɪv/ ADJ (Med) [person] hypotendu ; [drug] hypotensif
**hypotenuse** /haɪˈpɒtɪnjuːz/ N hypoténuse f
**hypothalamic** /ˌhaɪpəθəˈlæmɪk/ ADJ hypothalamique
**hypothalamus** /ˌhaɪpəˈθæləməs/ N (pl **hypothalami** /ˌhaɪpəˈθæləmaɪ/) hypothalamus m
**hypothecate** /haɪˈpɒθɪkeɪt/ VT hypothéquer
**hypothermia** /ˌhaɪpəʊˈθɜːmɪə/ N hypothermie f
**hypothesis** /haɪˈpɒθɪsɪs/ SYN N (pl **hypotheses** /haɪˈpɒθɪsiːz/) hypothèse f ; → **working**
**hypothesize** /haɪˈpɒθɪsaɪz/
  VT conjecturer ◆ **it was hypothesized that...** on est parti de l'hypothèse que...
  VI se livrer à des conjectures
**hypothetic(al)** /ˌhaɪpəʊˈθɛtɪk(əl)/ ADJ hypothétique
**hypothetically** /ˌhaɪpəʊˈθɛtɪkəlɪ/ ADV en théorie
**hypothetico-deductive** /ˌhaɪpəʊθɛtɪkəʊdɪˈdʌktɪv/ ADJ hypothético-déductif
**hypothyroid** /ˌhaɪpəʊˈθaɪrɔɪd/ ADJ (Med) hypothyroïdien
**hypothyroidism** /ˌhaɪpəʊˈθaɪrɔɪdɪzəm/ N (Med) hypothyroïdie f, hypothyroïdisme m
**hypotonic** /ˌhaɪpəˈtɒnɪk/ ADJ (Bio) hypotonique
**hypotonicity** /ˌhaɪpəˈtɒnɪsɪtɪ/ N (Med) hypotonie f
**hypoxia** /haɪˈpɒksɪə/ N (Med) hypoxie f
**hypsography** /hɪpˈsɒɡrəfɪ/ N (Geog) hypsographie f
**hypsometer** /hɪpˈsɒmɪtəʳ/ N (for altitude) hypsomètre m
**hypsometry** /hɪpˈsɒmɪtrɪ/ N (Geog) hypsométrie f

**hyrax** /ˈhaɪræks/ N (pl **hyraxes** or **hyraces** /ˈhaɪrəsiːz/) (= animal) hyracien m, hyracoïde m

**hyssop** /ˈhɪsəp/ N hysope f

**hysterectomy** /ˌhɪstəˈrektəmɪ/ N hystérectomie f

**hysteresis** /ˌhɪstəˈriːsɪs/
- N hystérésis f
- COMP **hysteresis loop** N cycle m d'hystérésis

**hysteria** /hɪsˈtɪərɪə/ SYN N (Psych) hystérie f ◆ **she felt a wave of mounting hysteria** (= panic) elle se sentait or elle était au bord de la crise de nerfs ◆ **there were signs of hysteria among the crowd** la foule semblait être au bord de l'hystérie ◆ **he was completely overcome with hysteria** il était complètement hystérique ; → **mass¹**

**hysteric** /hɪsˈterɪk/ N hystérique mf

**hysterical** /hɪsˈterɪkəl/ SYN ADJ (Psych) hystérique ; (gen) [person] très nerveux, surexcité ; (with laughter) en proie au fou rire ; [laugh, sobs, weeping] convulsif ; ( * = hilarious) [joke, scene, comedian] tordant * ◆ **hysterical laughter** fou rire m ◆ **hysterical crying** une violente crise de larmes

**hysterically** /hɪsˈterɪkəlɪ/ ADV (Med, Psych) hystériquement ◆ **to weep hysterically** avoir une violente crise de larmes ◆ **to laugh hysterically** rire convulsivement, être saisi d'un rire convulsif ◆ **"come here", she shouted hysterically** « viens ici » hurla-t-elle comme une hystérique ◆ **it was hysterically funny** * c'était à se tordre de rire

**hysterics** /hɪsˈterɪks/ NPL [1] (= tears, shouts) (violente) crise f de nerfs ◆ **to have hysterics, to go into hysterics** avoir une (violente) crise de nerfs ◆ **she was nearly in hysterics** elle était au bord de la crise de nerfs
[2] ( * = laughter) crise f de fou rire ◆ **to have hysterics, to go into hysterics** attraper le fou rire ◆ **we were in hysterics about it** on a ri aux larmes ◆ **he had us all in hysterics** il nous a fait rire aux larmes

**Hz** (Rad etc) (abbrev of **hertz**) hz

# I

**I¹, i** /aɪ/ N ① (= letter) I, i m ◆ **I for Isaac** (Brit), **I for item** (US) ≃ I comme Irène ; → **dot**
② (Geog) (abbrev of **Island** and **Isle**) I

**I²** /aɪ/ PERS PRON (unstressed) je ; (before vowel) j' ; (stressed) moi ◆ **he and I are going to sing** lui et moi (nous) allons chanter ◆ **no, I'll do it** non, c'est moi qui vais le faire ◆ **it is I** (frm) c'est moi

**IA** abbrev of **Iowa**

**Ia.** abbrev of **Iowa**

**IAAF** /ˌaɪeɪeɪˈef/ N (abbrev of **International Amateur Athletic Federation**) FIAA f

**IAEA** /ˌaɪeɪiːˈeɪ/ N (abbrev of **International Atomic Energy Agency**) AIEA f

**iamb** /aɪˈæmb/, **iambus** /aɪˈæmbəs/ N (pl **iambs** or **iambi** /aɪˈæmbaɪ/ or **iambuses**) (Prosody) iambe m

**iambic** /aɪˈæmbɪk/
ADJ iambique
N iambe m, vers m iambique
COMP **iambic pentameter** N pentamètre m iambique

**IATA** /aɪˈɑːtə/ N (abbrev of **International Air Transport Association**) IATA f

**iatrogenic** /aɪˌætrəʊˈdʒenɪk/ ADJ (Med) iatrogène

**ib.** /ɪbɪdem/ → **ibid**

**IBA** /ˌaɪbiːˈeɪ/ N (Brit) (abbrev of **Independent Broadcasting Authority**) haute autorité contrôlant les sociétés indépendantes de radiotélévision

**Iberia** /aɪˈbɪərɪə/ N Ibérie f

**Iberian** /aɪˈbɪərɪən/
ADJ ibérique
N ① Ibère mf
② (= language) ibère m
COMP **Iberian Peninsula** N péninsule f Ibérique

**iberis** /aɪˈbɪərɪs/ N (= plant) ibéris f

**IBEW** /ˌaɪbiːˈdʌblju/ N (abbrev of **International Brotherhood of Electrical Workers**) syndicat

**ibex** /ˈaɪbeks/ N (pl **ibexes** or **ibex** or **ibices** /ˈɪbɪˌsiːz/) bouquetin m, ibex m

**IBF** N (abbrev of **International Boxing Federation**) IBF f

**ibid** /ˈɪbɪd/ (abbrev of **ibidem**) ibid

**ibis** /ˈaɪbɪs/ N (pl **ibises** or **ibis**) ibis m

**Ibiza** /ɪˈbiːθə/ N Ibiza f ◆ **in Ibiza** à Ibiza

**Ibo** /ˈiːbəʊ/ N (pl **Ibo** or **Ibos**) ① Ibo mf
② (= language) ibo m

**IBRD** /ˌaɪbiːɑːˈdiː/ N (abbrev of **International Bank for Reconstruction and Development**) BIRD f

**IBS** /ˌaɪbiːˈes/ N (abbrev of **irritable bowel syndrome**) → **irritable**

**ibuprofen** /ˌaɪbjuːˈprəʊfən/ N (Med) ibuprofène m

**IC** /aɪˈsiː/ N (abbrev of **integrated circuit**) CI m

**i/c** (abbrev of **in charge**) → **charge**

**ICA** /ˌaɪsiːˈeɪ/ N ① (Brit) abbrev of **Institute of Contemporary Arts**
② (Brit) abbrev of **Institute of Chartered Accountants**
③ abbrev of **International Cooperation Administration**

**ICAO** /ˌaɪsiːeɪˈəʊ/ N (abbrev of **International Civil Aviation Organization**) OACI f

**Icarus** /ˈɪkərəs/ N Icare m

**ICBM** /ˌaɪsiːbiːˈem/ N (abbrev of **intercontinental ballistic missile**) ICBM m

**ICC** /ˌaɪsiːˈsiː/ N (abbrev of **International Chamber of Commerce**) CCI f

**ice** /aɪs/ SYN
N ① (NonC) glace f ; (on road) verglas m ; (for drink) glaçons mpl ◆ **my hands are like ice** j'ai les mains glacées ◆ **to put sth on ice** (lit) [+ melon, wine] mettre qch à rafraîchir avec de la glace ; [+ champagne] mettre qch à frapper ; (fig) mettre qch en attente or au frigidaire* ◆ **to keep sth on ice** (lit) garder qch sur or dans de la glace ; (fig) garder qch en attente ◆ **"Cinderella on ice"** (Theat) « Cendrillon, spectacle sur glace » ◆ **to break the ice** (lit) (also in conversation etc) briser or rompre la glace ; (= broach tricky matter) entamer le sujet délicat ◆ **that cuts no ice or that doesn't cut much ice with me** ça ne me fait aucun effet, ça ne m'impressionne guère ; → **black**, **cold**
② (Brit : also **ice cream**) glace f ◆ **raspberry ice** glace f à la framboise ; → **water**
③ (* = diamonds) diam(s)* m(pl), diamant(s) m(pl)
④ (* = drug) drogue à base de méthamphétamine
VT ① [+ cake] glacer
② (fig) ◆ **his words iced her heart** ses paroles l'ont glacée ; → **iced**
COMP **ice age** N période f glaciaire
**ice-age** ADJ (qui date) de la période glaciaire
**ice axe** N piolet m
**ice bag** N sac m or poche f de glace
**ice beer** N ice beer m, bière f de glace
**ice blue** N, ADJ bleu m métallique inv
**ice bridge** N pont m de glace
**ice bucket** N seau m à glace or à champagne
**ice climber** N glaciériste mf
**ice-cold** SYN ADJ [drink, hands] glacé ; [room, manners, person] glacial
**ice-cool** ADJ [person] d'un sang-froid à toute épreuve
**ice cream** N glace f ◆ **strawberry ice cream** glace f à la fraise
**ice-cream cone**, **ice-cream cornet** (Brit) N cornet m de glace
**ice-cream maker** N sorbetière f
**ice-cream parlour** N (= shop) glacier m
**ice-cream soda** N (US) soda m avec de la crème glacée
**ice-cream van** N camionnette f de vendeur de glaces
**ice cube** N glaçon m
**ice dance** N ⇒ **ice dancing**
**ice dancer** N danseur m, -euse f sur glace
**ice dancing** N danse f sur glace
**ice field** N champ m de glace
**ice floe** N banquise f (flottante)
**ice hammer** N marteau-piolet m
**ice hockey** N hockey m sur glace
**ice lolly** N (Brit) sucette f glacée
**ice machine** N (US) machine f à glace or à glaçons
**ice maiden**\* N glaçon\* m (fig)
**ice maker** N (US) machine f à glace or à glaçons
**ice-making compartment** N freezer m, compartiment m à glace
**ice pack** N (Med) poche f de glace ; (Geog) banquise f
**ice pick** N pic m à glace
**ice piton** N broche f (à glace)
**ice point** N point m de congélation
**ice rink** N patinoire f
**ice sheet** N (Geol) couche f de glace
**ice-shelf** N (Geog) ice-shelf m
**ice show** N (Theat) spectacle m sur glace
**ice skate** N patin m (à glace)
**ice-skate** VI faire du patin (à glace) or du patinage (sur glace)
**ice skater** N patineur m, -euse f (sur glace)
**ice-skating** N patinage m (sur glace)
**ice-station** N station f de recherche polaire
**ice storm** N (US) tempête f de pluie verglaçante
**ice tongs** NPL pince f à glace
**ice tray** N bac m à glaçons
**ice water** N (US) eau f glacée
**ice yacht** N char m à voile (sur patins)

▶ **ice over**
VI [windscreen, aircraft wings] givrer ; [river] geler ◆ **the lake has iced over** le lac a gelé or est pris (de glace)
VT SEP ◆ **to be iced over** [windscreen, aircraft wings] être givré ; [river, lake] être gelé, être pris (de glace)

▶ **ice up**
VI [windscreen, aircraft, mechanism, lock] se givrer
VT SEP ◆ **to be iced up** [windscreen, aircraft wings] être givré ; [river, lake] être gelé, être pris (de glace)

**iceberg** /ˈaɪsbɜːg/
N iceberg m ; (* fig = person) glaçon* m ; see also **tip¹**
COMP **iceberg lettuce** N laitue f iceberg (sorte de laitue croquante)

**iceboat** /ˈaɪsbəʊt/ N (Sport) char m à voile (sur patins) ; (= ship) brise-glace(s) m

**icebound** /ˈaɪsbaʊnd/ ADJ [harbour] fermé par les glaces ; [ship] pris dans les glaces

**icebox** /ˈaɪsbɒks/ N (US † = refrigerator) frigidaire ® m, réfrigérateur m ; (Brit = freezer compartment) compartiment m à glace, freezer m ; (= insulated box) glacière f ◆ **this room is like an icebox** cette pièce est une vraie glacière, on gèle dans cette pièce

**icebreaker** /ˈaɪsˌbreɪkəʳ/ N (= ship) brise-glace(s) m ◆ **as an icebreaker** (fig) pour briser la glace or faire connaissance

**icecap** /ˈaɪskæp/ N calotte f glaciaire

**iced** /aɪst/ ADJ [coffee, tea] glacé ; [melon] rafraîchi ◆ **iced water/martini** de l'eau/un martini avec des glaçons ◆ **iced champagne** champagne m frappé

**icefall** /ˈaɪsfɔːl/ N (waterfall) cascade f gelée

**icehouse** /ˈaɪshaʊs/ N glacière *f*

**Iceland** /ˈaɪslənd/
N Islande *f*
COMP **Iceland spar** N (*Miner*) spath *m* d'Islande

**Icelander** /ˈaɪsləndəʳ/ N Islandais(e) *m(f)*

**Icelandic** /aɪsˈlændɪk/
ADJ islandais
N (= *language*) islandais *m*

**iceman** /ˈaɪsmæn/ N (pl **-men**) 1 (*US*) marchand *m* or livreur *m* de glace
2 (*Archeol*) homme *m* trouvé dans la glace

**I Ching** /ˈiː ˈtʃɪŋ/ N Yijing *or* Yi-king *m*

**ichneumon** /ɪkˈnjuːmən/
N mangouste *f*
COMP **ichneumon fly, ichneumon wasp** N ichneumon *m*

**ichthyologic(al)** /ˌɪkθɪəˈlɒdʒɪk(əl)/ ADJ ichtyologique

**ichthyologist** /ˌɪkθɪˈɒlədʒɪst/ N ichtyologiste *mf*

**ichthyology** /ˌɪkθɪˈɒlədʒɪ/ N ichtyologie *f*

**ichthyophagous** /ˌɪkθɪˈɒfəgəs/ ADJ ichtyophage

**ichthyornis** /ˌɪkθɪˈɔːnɪs/ N ichtyornis *m*

**ichthyosaurus** /ˌɪkθɪəˈsɔːrəs/ N (pl **ichthyosauruses** or **ichthyosauri** /ˌɪkθɪəˈsɔːraɪ/) ichtyosaure *m*

**ichthyosis** /ˌɪkθɪˈəʊsɪs/ N (*Med*) ichtyose *f*

**icicle** /ˈaɪsɪkl/ N glaçon *m* (*naturel*)

**icily** /ˈaɪsɪlɪ/ ADV [*say*] sur un ton glacial ; [*smile, stare*] d'un air glacial • **icily polite** d'une politesse glaciale • **icily calm** d'un calme glacial

**iciness** /ˈaɪsɪnɪs/ N 1 (*lit*) [*of road surface*] état *m* verglacé
2 (*fig*) [*of manner, tone, stare etc*] froideur *f* extrême

**icing** /ˈaɪsɪŋ/
N 1 (*NonC: Culin*) glace *f*, glaçage *m* • **chocolate/coffee** *etc* **icing** glaçage *m* au chocolat/au café *etc* ; → **butter**
2 (*fig*) • **the icing on the cake** la cerise sur le gâteau
COMP **icing sugar** N (*Brit*) sucre *m* glace

**ICJ** /ˌaɪsiːˈdʒeɪ/ N (abbrev of **International Court of Justice**) CIJ *f*

**icky*** /ˈɪkɪ/ ADJ (= *messy*) poisseux ; (*fig*) (= *horrible*) dégueulasse*

**icon** /ˈaɪkɒn/ N 1 (*Rel, Comput*) icône *f*
2 (*fig* = *symbol*) emblème *m* ; (= *idol*) idole *f* • **a feminist/youth/gay icon** une idole pour les féministes/les jeunes/les homosexuels • **fashion icon** figure *f* emblématique de la mode

**iconic** /aɪˈkɒnɪk/ ADJ 1 (*Ling, Comput, Psych*) iconique
2 (*Art*) [*portrait*] ressemblant à une icône
3 (*culturally*) [*figure*] emblématique • **to achieve iconic status** devenir une idole

**iconoclasm** /aɪˈkɒnəklæzəm/ N iconoclasme *m*

**iconoclast** /aɪˈkɒnəklæst/ N iconoclaste *mf*

**iconoclastic** /aɪˌkɒnəˈklæstɪk/ ADJ iconoclaste

**iconographer** /ˌaɪkɒˈnɒgrəfəʳ/ N iconographe *mf*

**iconographic** /aɪˌkɒnəˈgræfɪk/ ADJ iconographique

**iconography** /ˌaɪkɒˈnɒgrəfɪ/ N iconographie *f*

**iconolatry** /ˌaɪkɒˈnɒlətrɪ/ N (*Rel*) iconolâtrie *f*

**iconological** /aɪˌkɒnəˈlɒdʒɪkəl/ ADJ iconologique

**iconologist** /ˌaɪkɒˈnɒlədʒɪst/ N iconologiste *mf*

**iconology** /ˌaɪkɒˈnɒlədʒɪ/ N iconologie *f*

**iconoscope** /aɪˈkɒnəˌskəʊp/ N (*Elec*) iconoscope *m*

**iconostasis** /ˌaɪkəʊˈnɒstəsɪs/ N (pl **iconostases** /ˌaɪkəʊˈnɒstəˌsiːz/) (*Rel*) iconostase *f*

**icosahedron** /ˌaɪkɒsəˈhiːdrən/ N (*Math*) icosaèdre *m*

**ICR** /ˌaɪsiːˈɑːʳ/ N (*US*) (abbrev of **Institute for Cancer Research**) *institut de recherche sur le cancer*

**ICRC** /ˌaɪsiːɑːˈsiː/ N (abbrev of **International Committee of the Red Cross**) CICR *m*

**ICT** /ˌaɪsiːˈtiː/ N (*Brit*) (abbrev of **Information and Communications Technology**) TIC *fpl*

**icterine warbler** /ˈɪktəraɪn/ N (= *bird*) hypolaïs *m* (ictérine), contrefaisant *m*

**ictus** /ˈɪktəs/ N (*Med, Literat*) ictus *m*

**ICU** /ˌaɪsiːˈjuː/ N (abbrev of **intensive care unit**) USI *f*

**icy** /ˈaɪsɪ/ SYN
ADJ 1 (= *frozen*) [*road, pavement*] verglacé ; [*lake, river, sea*] gelé • **icy rain** pluie *f* mêlée de grêle • **icy conditions** (*on roads*) verglas *m* • **it's icy this morning** il gèle ce matin
2 (also **icy cold**) [*wind, water*] glacial, glacé ; [*hands, feet*] glacé • **it was icy (cold) yesterday** il faisait un froid glacial hier • **her hands were icy (cold)** elle avait les mains glacées • **the icy blast** (*liter or hum*) le vent glacial
3 (= *unfriendly*) [*stare, silence, tone, reception*] glacial
COMP **icy blue** ADJ, N bleu *m* métallique *inv*

**ID** /aɪˈdiː/
ABBR abbrev of **Idaho**
N (abbrev of **identification**) pièce *f* d'identité • **she asked me for some ID** elle m'a demandé une pièce d'identité • **I had no ID on me** je n'avais pas de pièce d'identité sur moi
COMP (abbrev of **identification, identity**) [*bracelet, tag, number*] d'identification
**ID card** N (*gen*) carte *f* d'identité ; (*magnetic*) carte *f* d'identification
**ID parade** N (*Brit*) séance *f* d'identification (d'un suspect)

**Id.** (*US*) abbrev of **Idaho**

**id** /ɪd/ N (*Psych*) ça *m*

**id.** /ɪd/ abbrev of **idem**

**I'd** /aɪd/ ⇒ **I had, I should, I would** ; → **have, should, would**

**IDA** /ˌaɪdiːˈeɪ/ N (abbrev of **International Development Association**) AID *f*

**Ida.** abbrev of **Idaho**

**Idaho** /ˈaɪdəˌhəʊ/ N Idaho *m* **in Idaho** dans l'Idaho

**IDD** /ˌaɪdiːˈdiː/ N (*Brit Telec*) (abbrev of **international direct dialling**) *automatique international*

**ide** /aɪd/ N (*fish*) ide *m*

**idea** /aɪˈdɪə/ LANGUAGE IN USE 1, 2.2, 11.2 SYN N
1 (= *thought, purpose*) idée *f* • **brilliant** or **bright idea** idée *f* géniale or de génie • **good idea!** bonne idée ! • **what an idea!, the very idea (of it)!** quelle idée !, en voilà une idée ! • **I've got an idea for a play** j'ai une idée pour une pièce de théâtre • **I haven't the least** or **slightest** or **foggiest*** **idea** je n'en ai pas la moindre idée • **it wasn't my idea!** ce n'est pas moi qui en ai eu l'idée ! • **man/woman of ideas** homme *m*/femme *f* à idées • **he's the ideas man*** or **the one with the ideas** c'est lui qui trouve les idées • **the idea never entered my head** l'idée ne m'en est jamais venue or ne m'a jamais effleuré • **to put ideas into sb's head, to give sb ideas** mettre or fourrer* des idées dans la tête de qn • **that's the idea!*** c'est ça ! • **what's the big idea?*** ça ne va pas, non ?*
♦ **the idea of + -ing** • **I can't bear the idea of selling it** je ne supporte pas l'idée de le vendre • **that gave me the idea of inviting her** cela m'a donné l'idée de l'inviter • **I suddenly had the idea of going to see her** d'un seul coup l'idée m'est venue d'aller la voir • **he sent for the books, with the idea of re-reading them** il s'est fait envoyer ces livres dans l'intention de les relire • **I like the idea of helping people** l'idée d'aider les gens me plaît • **I like/hate the idea of living abroad** j'aimerais assez/je détesterais vivre à l'étranger
♦ **idea of** + *noun or noun clause* (= *conception*) • **if that's your idea of fun** si c'est ça que tu appelles t'amuser • **that's not my idea of a holiday** ce n'est pas ce que j'appelle des vacances • **I've got some idea of what this is all about** j'ai une vague idée de quoi il s'agit • **he gave me a general idea of what they would do** il m'a donné une idée générale de ce qu'ils allaient faire • **have you any idea of what he meant to do?** avez-vous idée de ce qu'il voulait faire ? • **this will give you an idea of how much it will cost** cela permettra de vous faire une idée de ce que ça va coûter • **can you give me a rough idea of how many you want?** pouvez-vous m'indiquer en gros or approximativement combien vous en voulez ?
♦ **the/an idea that** • **what gave you the idea that I couldn't come?** qu'est-ce qui t'a fait penser que je ne pourrais pas venir ? • **I had an idea that he'd joined the army** j'avais dans l'idée qu'il s'était engagé dans l'armée • **I hate the idea that summer's over** je n'arrive pas à me faire à l'idée que l'été est fini
♦ **idea + to** • **it's an idea** or **a good idea to book well in advance** c'est une (bonne) idée de réserver assez longtemps à l'avance • **it was a good/wonderful idea to come here** c'était une bonne/excellente idée de venir ici • **it might not be a bad idea to wait a few days** ce ne serait peut-être pas une mauvaise idée d'attendre quelques jours • **the idea is to reduce expenditure** l'idée est de réduire les dépenses • **whose idea was it to take this route?** qui a eu l'idée de prendre cet itinéraire ?
♦ **to get + idea** • **where did you get the idea that I wasn't well?** où as-tu été chercher que je n'allais pas bien ? • **where did you get that idea?** où est-ce que tu as pris cette idée ? • **don't get any ideas!*** ce n'est pas la peine d'y penser ! • **you're getting the idea!*** tu commences à comprendre or à piger* ! • **I've got the general idea*** je vois à peu près or en gros (ce dont il s'agit) • **to get an idea into one's head** se mettre une idée dans la tête • **once he gets an idea into his head** une fois qu'il s'est mis une idée dans la tête • **he got the idea into his head that she wouldn't help him** il s'est mis dans la tête qu'elle ne l'aiderait pas
♦ **to have no idea** • **I have no idea** je n'en sais rien • **I had no idea they knew each other** je n'avais aucune idée or j'ignorais absolument qu'ils se connaissaient • **he has no idea what he's doing!** il fait n'importe quoi !* • **it was awful, you've no idea!** c'était terrible, tu ne peux pas t'imaginer !
2 (= *opinion*) idée *f*, opinion *f* ; (= *way of thinking*) façon *f* de penser • **she has some odd ideas about how to bring up children** elle a de drôles d'idées sur l'éducation des enfants • **he is convinced that his ideas are correct** il est convaincu que sa façon de penser est la bonne • **Lord Syme outlined his ideas at a London conference** Lord Syme a exposé sa théorie lors d'une conférence à Londres • **according to his idea** selon sa façon de penser • **his ideas about democracy** ses idées sur la démocratie, sa façon de voir or sa conception de la démocratie

**ideal** /aɪˈdɪəl/ SYN
ADJ idéal (*for sb/sth* pour qn/qch ; *for doing sth* pour faire qch)
N idéal *m*

**idealism** /aɪˈdɪəlɪzəm/ N idéalisme *m*

**idealist** /aɪˈdɪəlɪst/ SYN ADJ, N idéaliste *mf*

**idealistic** /aɪˌdɪəˈlɪstɪk/ SYN ADJ idéaliste

**idealistically** /aɪˌdɪəˈlɪstɪkəlɪ/ ADV de façon idéaliste

**idealization** /aɪˌdɪəlaɪˈzeɪʃən/ N idéalisation *f*

**idealize** /aɪˈdɪəlaɪz/ VT idéaliser

**ideally** /aɪˈdɪəlɪ/ SYN ADV 1 (= *preferably*) • **ideally, you should brush your teeth after every meal** l'idéal serait de se brosser les dents après chaque repas, pour bien faire il faudrait se brosser les dents après chaque repas • **ideally, every child should get individual attention** l'idéal serait que chaque enfant soit suivi individuellement • **ideally I'd like to leave about five** dans l'idéal or pour bien faire, j'aimerais partir vers cinq heures
2 (= *perfectly*) • **he is ideally suited to the job** il est parfait pour ce poste • **I'm not ideally placed to give you advice** je ne suis pas le mieux placé pour vous conseiller • **the village is ideally situated** la situation du village est idéale

**idem** /ˈaɪdem, ˈɪdem/ PRON, ADJ idem

**ident*** /ˈaɪdent/ N (*TV*) (also **station ident**) *clip vidéo servant à identifier une chaîne de télévision*

**identical** /aɪˈdentɪkəl/ SYN ADJ identique (*to* à) • **identical twins** vrais jumeaux *mpl*, vraies jumelles *fpl*

**identically** /aɪˈdentɪkəlɪ/ ADV de façon identique • **identically dressed** vêtus de manière identique, habillés pareil*

**identifiable** /aɪˈdentɪˌfaɪəbl/ ADJ identifiable ; [*goal, group*] distinct ; [*person*] repérable, reconnaissable • **identifiable as a Frenchman** reconnaissable en tant que Français • **it is identifiable as a Rembrandt** on voit tout de suite que c'est un Rembrandt • **he's easily identifiable** il est facilement repérable or reconnaissable (*as* comme ; *by* à) • **Chinese rugs are identifiable by their design** les tapis chinois se reconnaissent à leur motifs

**identification** /aɪˌdentɪfɪˈkeɪʃən/ SYN
N 1 identification *f* (*with* avec) • **early identification of a disease** l'identification précoce d'une maladie • **he's made a formal identification of the body** il a formellement identifié le corps

**identifier | if**

2 (= association) association f ◆ **the identification of Spain with Catholicism** l'association de l'Espagne au catholicisme

3 (= empathy) ◆ **his identification with the problem** sa compréhension profonde du problème ◆ **an actor's identification with his character** l'identification f d'un acteur avec son personnage

4 (= proof of identity) pièce f d'identité

COMP **identification mark** N signe m particulier (permettant d'identifier qn ou qch)
**identification papers** NPL pièces fpl or papiers mpl d'identité
**identification parade** N (Brit Police) séance f d'identification (d'un suspect)
**identification tag** N plaque f d'identité

**identifier** /aɪˈdɛntɪfaɪər/ N (Comput) identificateur m

**identify** /aɪˈdɛntɪfaɪ/ SYN
VT 1 (= recognize) ◆ **the characteristics by which you can identify an epic** les caractéristiques qui permettent de définir l'épopée ◆ **try to identify sources of stress in your life** essayez de déterminer les causes de stress dans votre vie quotidienne ◆ **I tried to identify her perfume** j'ai essayé d'identifier son parfum

2 (= name) ◆ **many players identify him as their most troublesome opponent** de nombreux joueurs le considèrent comme leur opposant le plus coriace ◆ **the police have so far identified 10 suspects** la police a jusqu'ici révélé l'identité de 10 suspects ◆ **so far we have just identified the problems** jusqu'ici nous n'avons fait qu'énumérer les problèmes

3 (= establish identity of) identifier ◆ **she identified him as the man who had attacked her** elle l'a identifié comme étant son agresseur ◆ **the police have identified the man they want to question** la police a identifié or établi l'identité de l'homme qu'elle veut interroger ◆ **to identify a body** identifier un cadavre

4 (= discover) découvrir ◆ **scientists have identified valuable chemicals produced by plants** des chercheurs ont découvert d'importants produits chimiques présents dans les plantes

5 (= mark out) ◆ **his accent identified him as a local boy** son accent indiquait qu'il était de la région ◆ **she wore a nurse's hat to identify herself** elle portait un chapeau d'infirmière pour qu'on la reconnaisse ◆ **the badge identified him as Emil Gregory** le badge disait « Emil Gregory », il portait un badge au nom d'Emil Gregory

6 (= consider as the same) identifier ◆ **she hates to play the passive women audiences identify her with** elle déteste les rôles de femmes passives auxquels l'identifie le public ◆ **to identify o.s. with** s'identifier à or avec, s'assimiler à ◆ **he refused to identify himself with the rebels** il a refusé de s'identifier avec les rebelles ◆ **he refused to be identified with the rebels** il a refusé d'être identifié or assimilé aux rebelles

VI s'identifier (with avec, à) ◆ **a character the audience can identify with** un personnage auquel le public peut s'identifier ◆ **I can easily identify with their problems** je comprends parfaitement leurs problèmes

⚠ Check which meaning of **to identify** you are translating before opting for **identifier**.

**Identikit** ® /aɪˈdɛntɪkɪt/ N (also **Identikit picture**) portrait-robot m, photo-robot f

**identity** /aɪˈdɛntɪtɪ/ SYN
N identité f ◆ **proof of identity** pièce f d'identité ◆ **a case of mistaken identity** une erreur d'identité ◆ **cultural identity** identité culturelle

COMP **identity card** N (gen) carte f d'identité ; (magnetic) carte f à puce
**identity crisis** N (Psych) crise f d'identité
**identity disc** N plaque f d'identité
**identity papers** NPL pièces fpl or papiers mpl d'identité
**identity parade** N (Brit) séance f d'identification (d'un suspect)

**ideogram** /ˈɪdɪəɡræm/, **ideograph** /ˈɪdɪəɡrɑːf/ N idéogramme m

**ideographic** /ˌɪdɪəˈɡræfɪk/ ADJ idéographique

**ideography** /ɪdɪˈɒɡrəfɪ/ N (Ling) idéographie f

**ideological** /ˌaɪdɪəˈlɒdʒɪkəl/ ADJ idéologique

**ideologically** /ˌaɪdɪəˈlɒdʒɪkəlɪ/ ADV [motivated] idéologiquement ◆ **ideologically sound/unsound** idéologiquement correct/incorrect, correct/incorrect sur le plan idéologique ◆ **to be ideologically opposed to sth** être hostile à qch pour des raisons idéologiques ◆ **ideologically, they are poles apart** du point de vue idéologique, ils sont très éloignés l'un de l'autre

**ideologist** /aɪˈdɪələdʒɪst/ N idéologue mf

**ideologue** /ˈaɪdɪəlɒɡ/ N idéologue mf

**ideology** /ˌaɪdɪˈɒlədʒɪ/ N idéologie f

**ideomotor** /ˌaɪdɪəˈməʊtər/ ADJ idéomoteur

**ides** /aɪdz/ NPL ides fpl

**idiocy** /ˈɪdɪəsɪ/ SYN N 1 (NonC) stupidité f, idiotie f (of doing sth de faire qch) ◆ **a piece of idiocy** une stupidité, une idiotie

2 (Med ††) idiotie f

**idiolect** /ˈɪdɪəʊlɛkt/ N idiolecte m

**idiom** /ˈɪdɪəm/ SYN N 1 (= phrase, expression) expression f or tournure f idiomatique, idiotisme m

2 (= language) [of country] idiome m, langue f ; [of region] idiome m ; [of person] idiome m, parler m

3 (= style) style m ◆ **in a minimalist idiom** dans un style minimaliste

**idiomatic** /ˌɪdɪəˈmætɪk/ SYN ADJ idiomatique ◆ **idiomatic expression** expression f or tournure f idiomatique

**idiomatically** /ˌɪdɪəˈmætɪkəlɪ/ ADV de façon idiomatique

**idiosyncrasy** /ˌɪdɪəˈsɪŋkrəsɪ/ SYN N idiosyncrasie f, particularité f ◆ **it's just one of his little idiosyncrasies** ça fait partie de son côté original

**idiosyncratic** /ˌɪdɪəsɪŋˈkrætɪk/ ADJ particulier, singulier

**idiosyncratically** /ˌɪdɪəsɪŋˈkrætɪkəlɪ/ ADV d'une manière tout à fait caractéristique

**idiot** /ˈɪdɪət/ SYN
N 1 idiot(e) m(f), imbécile mf ◆ **to act** or **behave like an idiot** se conduire en idiot or en imbécile ◆ **to grin like an idiot** sourire bêtement ◆ **to feel like an idiot** se sentir bête ◆ **what an idiot I am!** que je suis idiot !, quel imbécile je fais !

2 (Med ††) idiot(e) m(f) (de naissance) ; → village

COMP **idiot board** N (TV) téléprompteur m, télésouffleur m
**idiot box*** N (US TV) téloche* f
**idiot-proof*** ADJ [method] infaillible ; [machine] indétraquable, indéréglable

**idiotic** /ˌɪdɪˈɒtɪk/ SYN ADJ idiot, stupide ◆ **that was idiotic of you!** ce que tu as été idiot ! ◆ **what an idiotic thing to say!** c'est idiot or stupide de dire une chose pareille !

**idiotically** /ˌɪdɪˈɒtɪkəlɪ/ ADV stupidement, de façon idiote

**idle** /ˈaɪdl/ SYN
ADJ 1 (= inactive) [person] inactif ; [employee] désœuvré ; [machinery] à l'arrêt ; [factory] arrêté ; [land] inexploité ◆ **this machine is never idle** cette machine n'est jamais à l'arrêt or ne s'arrête jamais ◆ **he has not been idle during his absence** il n'a pas chômé pendant son absence ◆ **to stand idle** [machinery, vehicle, factory] être à l'arrêt ◆ **to lie** or **sit idle** [money] dormir ; [land] rester inexploité ◆ **idle money** argent m qui dort ; → lie¹

2 (= unoccupied, at leisure) [person, hours, days] oisif ◆ **idle time** [of workers] temps m chômé ; [of machine] temps m mort, arrêt m machine ◆ **to spend one's idle hours doing sth** passer son temps libre à faire qch ◆ **in an idle moment** pendant un moment d'oisiveté

3 (pej = lazy) [person] fainéant ◆ **the idle rich** (pej) les riches oisifs mpl ; → bone, devil

4 († = unemployed) sans emploi ◆ **to make sb idle** réduire qn au chômage

5 (= futile, vain) [threat, promise, hope] vain before n ; [speculation, talk, chatter] oiseux, vain before n ; [conversation, remark, question] oiseux, futile ; [rumour, fear] sans fondement ◆ **out of idle curiosity** par pure or simple curiosité ◆ **idle gossip** ragots mpl ◆ **that is no idle boast** ce n'est pas une vaine fanfaronnade ◆ **an idle dream** un vain rêve ◆ **it would be idle to do such a thing** il serait vain or futile de faire une telle chose

VI 1 (also **idle about** or **around**) [person] paresser, fainéanter ◆ **to idle about the streets** traîner dans les rues

2 [engine, machine] tourner au ralenti

VT (US) [+ person] mettre au chômage ; [+ factory] mettre à l'arrêt

COMP **idle pulley** N poulie f folle

**idle wheel** N roue f or pignon m intermédiaire

▶ **idle away** VT SEP ◆ **to idle away one's time** passer le temps (en occupations futiles), s'occuper pour passer le temps ◆ **he idled the time away in dreamy thought** il passait le temps à rêvasser

**idleness** /ˈaɪdlnɪs/ SYN N 1 (= leisure) oisiveté f ; (pej) (= laziness) paresse f, fainéantise f ◆ **to live in idleness** vivre dans l'oisiveté

2 (= state of not working) inaction f, inactivité f ; (= unemployment) chômage m

3 [of threat, wish, question, speculation] futilité f, inutilité f ; [of promises, pleasures] futilité f ; [of fears] manque m de justification ; [of words] manque m de sérieux ; [of effort] inutilité f

**idler** /ˈaɪdlər/ N 1 (= lazy person) paresseux m, -euse f, fainéant(e) m(f)

2 (Tech) (= wheel) roue f folle ; (= pinion) pignon m libre ; (= pulley) poulie f folle

**idling** /ˈaɪdlɪŋ/ SYN ADJ ◆ **at idling speed** au ralenti

**idly** /ˈaɪdlɪ/ ADV 1 (= lazily) [sit, spend time] sans rien faire ◆ **to stand** or **sit idly by (while...)** rester sans rien faire (pendant que...)

2 (= abstractedly) [wonder, speculate, think, look at] vaguement ; [say, play with] négligemment ; [talk] pour passer le temps ◆ **idly curious** vaguement curieux

**idol** /ˈaɪdl/ SYN N (lit, fig) idole f ◆ **a teen idol** une idole des jeunes ◆ **a fallen idol** une idole déchue

**idolater** /aɪˈdɒlətər/ SYN N idolâtre mf

**idolatress** /aɪˈdɒlətrɪs/ N idolâtre f

**idolatrous** /aɪˈdɒlətrəs/ ADJ idolâtre

**idolatry** /aɪˈdɒlətrɪ/ SYN N (lit, fig) idolâtrie f

**idolization** /ˌaɪdəlaɪˈzeɪʃən/ N transformation f en idole

**idolize** /ˈaɪdəlaɪz/ SYN VT idolâtrer

**IDP** /ˌaɪdiːˈpiː/ N (abbrev of **integrated data processing**) traitement m intégré de l'information or des données

**idyll** /ˈɪdɪl/ N (Literat, also fig) idylle f ◆ **this spoiled our rural idyll** ça a gâché notre vie idyllique à la campagne

**idyllic** /ɪˈdɪlɪk/ ADJ idyllique

**idyllically** /ɪˈdɪlɪkəlɪ/ ADV idylliquement

**i.e., ie** /ˌaɪˈiː/ (abbrev of **id est**) (= that is) c.-à-d., c'est-à-dire

**if** /ɪf/ SYN
CONJ 1 (condition = supposing that) si ◆ **I'll go if you come with me** j'irai si tu m'accompagnes ◆ **if the weather's nice I'll be pleased** s'il fait beau je serai content ◆ **if the weather were nice I would be pleased** s'il faisait beau je serais content ◆ **if the weather's nice and (if it is) not too cold I'll go with you** s'il fait beau et (s'il ne fait pas) trop froid je vous accompagnerai ◆ **if I had known, I would have visited them** si j'avais su, je leur aurais rendu visite ◆ **if you wait a minute, I'll come with you** si vous attendez or voulez attendre une minute, je vais vous accompagner ◆ **if I were a millionaire, I could...** si j'étais (un) millionnaire, je pourrais... ◆ **if I were you** si j'étais vous, (si j'étais) à votre place ◆ **(even) if I knew I wouldn't tell you** même si je le savais, je ne te le dirais pas ◆ **if they are to be believed** à les en croire ◆ **if it is true that...** s'il est vrai que... + indic , si tant est que... + subj

2 (= whenever) si ◆ **if I asked him he helped me** si je le lui demandais il m'aidait ◆ **if she wants any help she asks me** si elle a besoin d'aide elle s'adresse à moi

3 (= although) si ◆ **(even) if it takes me all day I'll do it** (même) si cela doit me prendre toute la journée je le ferai ◆ **(even) if they are poor at least they are happy** s'ils sont pauvres du moins ils sont heureux ◆ **even if it is a good film it's rather long** c'est un bon film bien qu'(il soit) un peu long ◆ **nice weather, if rather cold** temps agréable, bien qu'un peu froid ◆ **even if he tells me himself I won't believe it** même s'il me le dit lui-même je ne le croirai pas

4 (= granted that, admitting that) si ◆ **if I am wrong, you are wrong too** si je me trompe or en admettant que je me trompe subj, vous, vous trompez aussi ◆ **(even) if he did say that, he didn't mean to hurt you** quand (bien) même il l'aurait dit, il n'avait aucune intention de vous faire de la peine

5 (= whether) si • **do you know if they have gone?** savez-vous s'ils sont partis ? • **I wonder if it's true** je me demande si c'est vrai

6 (= unless) • **if... not** si... ne • **that's the house, if I'm not mistaken** voilà la maison, si je ne me trompe • **they're coming at Christmas if they don't change their minds** ils viennent à Noël à moins qu'ils ne changent *subj* d'avis

7 (phrases) • **underpaid, if they are paid at all** mal payés, si tant est qu'on les paie • **if it weren't for him, I wouldn't go** sans lui, je n'irais pas • **if it weren't for him, I wouldn't be in this mess** sans lui, je ne serais pas dans ce pétrin • **if it hadn't been for you, I would have despaired** sans toi, j'aurais désespéré • **well if he didn't try to steal my bag!*** (ne) voilà-t-il pas qu'il essaie de me voler mon sac !* • **if it isn't our old friend Smith!** tiens ! mais c'est notre bon vieux Smith ! • **if I know her, she'll refuse** telle que je la connais, elle refusera

♦ **as if** comme, comme si • **he acts as if he were rich** il se conduit comme s'il était riche • **as if by chance** comme par hasard • **he stood there as if he were dumb** il restait là comme (s'il était) muet • **it isn't as if we were rich** ce n'est pas comme si nous étions riches, nous ne sommes pourtant pas riches

♦ **if not** sinon • **in practice if not in law** dans la pratique sinon d'un point de vue légal • **the old programme was very similar, if not the same** l'ancienne émission était très semblable, voire identique • **difficult if not impossible** difficile, voire impossible • **they're nothing if not efficient** le moins qu'on puisse dire, c'est qu'ils sont efficaces

♦ **if only** (wishing) si seulement • **if only I had known!** si seulement j'avais su ! • **if only it were that simple!** si seulement c'était aussi simple ! • **I'd better write to her, if only to let her know that...** (emphatic use) il faudrait que je lui écrive, ne serait-ce que pour lui faire savoir que... • **if only for a moment** ne serait-ce que pour un instant

♦ **if so** si oui, dans ce cas • **are they to be released and if so when?** vont-ils être remis en liberté et, si oui *or* dans ce cas, quand ?

**N** • **ifs and buts** les si *mpl* et les mais *mpl* • **it's a big if** c'est un grand point d'interrogation

**IFAD** /ˌaɪefeɪˈdiː/ N (abbrev of **International Fund for Agricultural Development**) FIDA *m*

**IFC** /ˌaɪefˈsiː/ N (abbrev of **International Finance Corporation**) SFI *f*

**iffy*** /ˈɪfɪ/ ADJ (= uncertain) [outcome, future] aléatoire, incertain ; (= dodgy) [method] qui craint* • **an iffy neighbourhood** un quartier douteux • **it all seems a bit iffy to me** ça me paraît un peu suspect, ça ne me paraît pas très catholique • **I was feeling a bit iffy** je n'étais pas vraiment dans mon assiette • **I'm a bit iffy about her invitation** je ne sais pas trop si je dois accepter son invitation

**igloo** /ˈɪgluː/ N igloo *m or* iglou *m*

**Ignatius** /ɪgˈneɪʃɪəs/ N Ignace *m* • **(St) Ignatius Loyola** saint Ignace de Loyola

**igneous** /ˈɪgnɪəs/ ADJ igné

**ignite** /ɪgˈnaɪt/ SYN

**VT** 1 (lit) mettre le feu à, enflammer

2 (fig) [passions, interest] susciter, déclencher ; [conflict, controversy] déclencher, être le détonateur de

**VI** 1 (lit) prendre feu, s'enflammer

2 (fig) [conflict, controversy] se déclencher

**ignition** /ɪgˈnɪʃən/

**N** 1 ignition *f*

2 [of vehicle] (= system) allumage *m* ; (= starting mechanism) contact *m* • **to switch on/turn off the ignition** mettre/couper le contact

**COMP** **ignition coil** N bobine *f* d'allumage

**ignition key** N clé *f* de contact

**ignition switch** N contact *m*

**ignitron** /ɪgˈnaɪtrɒn/ N (Elec) ignitron *m*

**ignoble** /ɪgˈnəʊbl/ ADJ ignoble, indigne

**ignobly** /ɪgˈnəʊblɪ/ ADV ignoblement, d'une manière ignoble

**ignominious** /ˌɪgnəˈmɪnɪəs/ SYN ADJ (frm) ignominieux (liter)

**ignominiously** /ˌɪgnəˈmɪnɪəslɪ/ ADV (frm) ignominieusement (liter)

**ignominy** /ˈɪgnəmɪnɪ/ SYN N ignominie *f*

**ignoramus** /ˌɪgnəˈreɪməs/ N ignare *mf*, ignorant(e) *m(f)*

**ignorance** /ˈɪgnərəns/ SYN N 1 ignorance *f* (of de) • **to be in ignorance of sth** ignorer qch • **they lived in blissful ignorance of his true identity** ils vivaient dans l'heureuse ignorance de sa véritable identité • **to keep sb in ignorance of sth** tenir qn dans l'ignorance de qch, laisser ignorer qch à qn • **in my ignorance** dans mon ignorance • **ignorance of the law is no excuse** nul n'est censé ignorer la loi • **his ignorance of chemistry** son ignorance en (matière de) chimie • **there is so much public ignorance about this problem** c'est un problème totalement méconnu du grand public • **ignorance is bliss** il vaut mieux ne pas savoir

2 (= lack of education) ignorance *f* • **don't show your ignorance!** ce n'est pas la peine d'étaler ton ignorance !

**ignorant** /ˈɪgnərənt/ SYN ADJ 1 (= unaware) • **ignorant of** ignorant de • **to be ignorant of the facts** ignorer les faits, être ignorant des faits

2 (= lacking education) [person] ignorant ; [words, behaviour] d'(un) ignorant • **for fear of appearing ignorant** par peur de paraître ignorant ; → **pig**

**ignorantly** /ˈɪgnərəntlɪ/ ADV par ignorance

**ignore** /ɪgˈnɔːʳ/ SYN VT 1 (= take no notice of) [+ interruption, remark, objection, advice, warning] ne tenir aucun compte de, ignorer ; [+ sb's behaviour] ne pas prêter attention à ; [+ person] faire semblant de ne pas voir *or* entendre ; [+ invitation, letter] ne pas répondre à ; [+ facts] méconnaître ; [+ question] ne pas répondre à ; [+ rule, prohibition] ne pas respecter ; [+ awkward fact] faire semblant de ne pas connaître, ne tenir aucun compte de • **I shall ignore your impertinence** je ne relèverai pas votre impertinence • **we cannot ignore this behaviour any longer** nous ne pouvons plus fermer les yeux sur ce genre de comportement

2 (Jur) • **to ignore a bill** prononcer un verdict d'acquittement

**Iguaçú Falls** /ɪgwəˈsuː/ NPL (Geog) chutes *fpl* de l'Iguaçu

**iguana** /ɪˈgwɑːnə/ N iguane *m*

**iguanodon** /ɪˈgwɑːnədɒn/ N (Paleontology) iguanodon *m*

**ikebana** /ˌiːkəˈbɑːnə/ N ikebana *m*

**ikon** /ˈaɪkɒn/ N ⇒ **icon**

**IL** abbrev of **Illinois**

**ILA** /ˌaɪelˈeɪ/ N (abbrev of **International Longshoremen's Association**) *syndicat international*

**ilang-ilang** /ˈiːlæŋˈiːlæŋ/ N ilang-ilang *m*

**ILEA** /aɪˌeliːˈeɪ/ N (Brit Educ) (abbrev of **Inner London Education Authority**) *services londoniens de l'enseignement*

**ileac** /ˈɪlɪˌæk/ ADJ (Anat) iléal

**ileitis** /ˌɪlɪˈaɪtɪs/ N (Med) iléite *f*

**ileostomy** /ˌɪlɪˈɒstəmɪ/ N (Med) iléostomie *f*

**ileum** /ˈɪlɪəm/ N (Anat) iléon *m*

**ilex** /ˈaɪleks/ N 1 (= holm oak) yeuse *f*, chêne *m* vert

2 (genus = holly) houx *m*

**ILGWU** /ˌaɪeldʒiːdʌbljuːˈjuː/ N (abbrev of **International Ladies Garment Workers Union**) *syndicat international*

**iliac** /ˈɪlɪæk/ ADJ (Anat) iliaque

**Iliad** /ˈɪlɪəd/ N • **the Iliad** l'Iliade *f*

**Ilion** /ˈɪlɪən/, **Ilium** /ˈɪlɪəm/ N Ilion

**ilium** /ˈɪlɪəm/ N (pl **ilia** /ˈɪlɪə/) (Anat) ilion *m*

**ilk** /ɪlk/ N • **of that ilk** de cette espèce *or* cet acabit • **people of his ilk** des gens de son espèce

**I'll** /aɪl/ ⇒ **I shall, I will** ; → **shall, will**

**ill** /ɪl/ SYN

**ADJ** (compar **worse** superl **worst**) 1 (= unwell) malade ; (less serious) souffrant • **to be ill** être malade *or* souffrant • **to fall** *or* **take** *or* **be taken ill** tomber malade • **to feel ill** ne pas se sentir bien • **to look ill** avoir l'air malade *or* souffrant • **to make sb ill** rendre qn malade • **to be ill with a fever/pneumonia** avoir de la fièvre/une pneumonie • **ill with anxiety/jealousy** *etc* malade d'inquiétude/de jalousie *etc* • **he's seriously ill in hospital** il est à l'hôpital dans un état grave ; see also **mentally, terminally**

2 (= bad) mauvais, méchant **ill deed** (liter) mauvaise action *f*, méfait *m* • **ill effects** conséquences *fpl* négatives • **of ill fame** *or* **repute** (liter) [place] mal famé ; [person] de mauvaise réputation • **house of ill repute** maison *f* mal famée • **ill health** mauvaise santé *f* • **ill luck** malchance *f* • **by ill luck** par malheur, par malchance • **as ill luck would have it, he...** le malheur a voulu qu'il... + *subj* • **ill humour** *or* **temper** mauvaise humeur *f* • **ill nature** méchanceté *f* • **ill omen** mauvais augure *m* • **ill feeling** ressentiment *m*, rancune *f* • **no ill feeling!** sans rancune ! • **ill will** (gen) malveillance *f* ; (= grudge, resentment) rancune *f* • **I bear him no ill will** je ne lui en veux pas • **just to show there's no ill will, I'll do it** je vais le faire, pour bien montrer que je ne suis pas rancunier • **it's an ill wind that blows nobody any good** (Prov) à quelque chose malheur est bon (Prov)

**N** (NonC = evil, injury) mal *m* • **to think/speak ill of sb** penser/dire du mal de qn • **they mean you no ill** ils ne vous veulent aucun mal ; → **good**

**NPL** **ills** (= misfortunes) maux *mpl*, malheurs *mpl*

**ADV** mal • **he can ill afford the expense** il peut difficilement se permettre la dépense • **we can ill afford another scandal** nous ne pouvons guère nous permettre un autre scandale • **to take sth ill** (liter) prendre mal qch, prendre qch en mauvaise part • **to go ill with sb/sth** (liter) tourner mal pour qn/qch, aller mal pour qn/qch • **the suggestion was ill-received** la suggestion a été mal accueillie • **to sit ill with sth** (liter) aller mal avec qch • **to bode** *or* **augur ill for sb** être de mauvais augure pour qn • **it ill becomes you to do that** (frm, liter) il vous sied mal (frm) de faire cela

**COMP** **ill-advised** SYN ADJ [decision, remark, action] peu judicieux • **you would be ill-advised to do that** vous auriez tort de faire cela, vous seriez malavisé de faire cela

**ill-advisedly** ADV imprudemment

**ill-assorted** SYN ADJ mal assorti

**ill-at-ease** SYN ADJ mal à l'aise

**ill-bred** SYN ADJ mal élevé

**ill-concealed** ADJ [amusement, disdain, disgust] mal dissimulé

**ill-conceived** ADJ [plan, policy] mal conçu *or* pensé

**ill-considered** ADJ [action, words] irréfléchi ; [measures] hâtif

**ill-defined** SYN ADJ [goals, powers, task] mal défini

**ill-disposed** SYN ADJ mal disposé (towards envers)

**ill-equipped** ADJ mal équipé (with en) • **to be ill-equipped to do sth** (lit) être mal équipé pour faire qch, ne pas avoir le matériel nécessaire pour faire qch ; (fig) [person] être mal armé pour faire qch • **he's ill-equipped for the role of Macbeth** il n'a pas les qualités requises pour jouer Macbeth

**ill-fated** SYN ADJ [person] infortuné, malheureux ; [day] fatal, néfaste ; [action, effort] malheureux

**ill-favoured, ill-favored** (US) ADJ (= ugly) laid, pas aidé par la nature ; (= objectionable) déplaisant, désagréable ; (stronger) répugnant

**ill-fitting** ADJ [shoe, garment] qui ne va pas (bien) ; [lid, stopper] qui ferme mal

**ill-formed** ADJ (Ling) mal formé

**ill-founded** SYN ADJ [belief, argument] mal fondé ; [rumour] sans fondement

**ill-gotten gains** NPL biens *mpl* mal acquis

**ill-humoured** SYN ADJ de mauvaise humeur, maussade

**ill-informed** ADJ [person] mal renseigné, mal informé ; [comment, criticism] mal fondé ; [essay, speech] plein d'inexactitudes

**ill-judged** SYN ADJ peu judicieux, peu sage

**ill-mannered** SYN ADJ [person, behaviour] grossier, impoli

**ill-natured** SYN ADJ [person, reply] désagréable ; [child] méchant, désagréable

**ill-nourished** ADJ mal nourri

**ill-omened** ADJ de mauvais augure

**ill-prepared** ADJ mal préparé

**ill-starred** SYN ADJ (liter) [person] né sous une mauvaise étoile, infortuné ; [day, undertaking] malheureux, néfaste

**ill-suited** ADJ • **they are ill-suited (to each other)** ils sont mal assortis • **ill-suited to** [tool, computer] mal adapté à • **he is ill-suited to this type of work** il ne convient guère à ce genre de travail, il n'est pas vraiment fait pour ce genre de travail

**ill-tempered** SYN ADJ (habitually) désagréable, qui a mauvais caractère ; (on one occasion) de mauvaise humeur, maussade

**ill-timed** SYN ADJ inopportun

**ill-treat** SYN VT maltraiter

**ill-treatment** SYN N mauvais traitements *mpl*

**ill-use** VT maltraiter

**Ill.** abbrev of **Illinois**

**ill.** (abbrev of **illustration**) ill

**illative** /ˈɪlətɪv/ ADJ (Gram) de conséquence, illatif

**illegal** /ɪˈliːgəl/ SYN ADJ [1] (= *against the law*) illégal ◆ **it is illegal to do that** il est illégal de faire cela ◆ **it is illegal to sell alcohol to children** la loi interdit la vente d'alcool aux enfants ◆ **to make it illegal to do sth** rendre illégal de faire qch ◆ **illegal parking** stationnement *m* illicite *or* interdit ◆ **illegal alien** étranger *m*, -ère *f* en situation irrégulière ◆ **illegal immigrant** immigré(e) *m(f)* clandestin(e) ◆ **illegal worker** travailleur *m*, -euse *f* clandestin(e)
[2] (*Sport*) irrégulier ◆ **illegal tackle** tacle *m* irrégulier
[3] (*Comput*) ◆ **illegal character** caractère *m* invalide ◆ **illegal operation** opération *f* interdite

**illegality** /ˌɪliːˈgælɪtɪ/ SYN N illégalité *f*

**illegally** /ɪˈliːgəlɪ/ ADV illégalement ◆ **to be illegally parked** être en stationnement interdit

**illegibility** /ɪˌledʒɪˈbɪlɪtɪ/ N illisibilité *f*

**illegible** /ɪˈledʒəbl/ SYN ADJ illisible

**illegibly** /ɪˈledʒəblɪ/ ADV de façon illisible

**illegitimacy** /ˌɪlɪˈdʒɪtɪməsɪ/ N illégitimité *f*

**illegitimate** /ˌɪlɪˈdʒɪtɪmɪt/ SYN ADJ [1] [*child*] illégitime, naturel
[2] [*action*] illégitime ; (*fig*) [*argument*] illogique ; [*conclusion*] injustifié

**illegitimately** /ˌɪlɪˈdʒɪtɪmɪtlɪ/ ADV illégitimement

**illiberal** /ɪˈlɪbərəl/ ADJ [*law*] restrictif ; [*system, regime*] intolérant ; [*person*] intolérant, étroit d'esprit ; [*view*] étroit

**illicit** /ɪˈlɪsɪt/ SYN ADJ illicite

**illicitly** /ɪˈlɪsɪtlɪ/ ADV illicitement

**illicitness** /ɪˈlɪsɪtnɪs/ N caractère *m* illicite

**illimitable** /ɪˈlɪmɪtəbl/ ADJ illimité, sans limites

**Illinois** /ˌɪlɪˈnɔɪ/ N Illinois *m* ◆ **in Illinois** dans l'Illinois

**illiteracy** /ɪˈlɪtərəsɪ/ SYN N analphabétisme *m*

**illiterate** /ɪˈlɪtərɪt/ SYN
ADJ [*person*] illettré, analphabète ◆ **he is computer illiterate** il ne connaît rien à l'informatique, il ne s'y connaît pas en informatique
N illettré(e) *m(f)*, analphabète *mf*

**illness** /ˈɪlnɪs/ SYN N maladie *f* ◆ **she died after a long illness** elle est morte à la suite d'une longue maladie

**illocutionary** /ˌɪləˈkjuːʃənərɪ/ ADJ illocutionnaire

**illogical** /ɪˈlɒdʒɪkəl/ SYN ADJ illogique

**illogicality** /ɪˌlɒdʒɪˈkælɪtɪ/ N illogisme *m*

**illogically** /ɪˈlɒdʒɪkəlɪ/ ADV de façon illogique

**illuminate** /ɪˈluːmɪneɪt/ SYN VT [1] (*gen*) éclairer ; (*for special occasion or effect*) illuminer ◆ **illuminated sign** enseigne *f* lumineuse
[2] (*fig*) [+ *question, subject*] éclairer, faire la lumière sur
[3] (*Art*) [+ *manuscript*] enluminer

**illuminating** /ɪˈluːmɪneɪtɪŋ/ SYN ADJ (*lit, fig*) éclairant ◆ **his comments proved very illuminating** ses commentaires se sont révélés très éclairants *or* ont beaucoup éclairci la question ◆ **it would be illuminating to compare their stories** on apprendrait beaucoup en comparant leurs histoires

**illumination** /ɪˌluːmɪˈneɪʃən/ SYN N [1] (*NonC*) (*gen*) éclairage *m* ; (*for special effect*) [*of building*] illumination *f*
[2] (*fig*) lumière *f*, inspiration *f*
[3] (*Brit*) ◆ **illuminations** (= *decorative lights*) illuminations *fpl*
[4] [*of manuscript*] enluminure *f*

**illuminator** /ɪˈluːmɪneɪtəʳ/ N [1] (= *lighting device*) dispositif *m* d'éclairage
[2] [*of manuscript*] enlumineur *m*

**illumine** /ɪˈluːmɪn/ VT (*liter*) éclairer

**illusion** /ɪˈluːʒən/ SYN N illusion *f* ◆ **to be under an illusion** avoir *or* se faire une illusion ◆ **to be under the illusion that...** avoir *or* se faire l'illusion que... + *indic* ◆ **to have** *or* **to be under no illusion(s)** ne se faire aucune illusion ◆ **I have no illusions about what will happen to him** je ne me fais aucune illusion sur le sort qui l'attend ◆ **no one has any illusions about winning the war** personne ne se fait d'illusions sur l'issue de la guerre ◆ **he cherishes the illusion that...** il caresse l'illusion que... ◆ **large wall mirrors give an illusion of space** des grands miroirs au mur créent une impression d'espace ◆ **a tan can give us the illusion of being slimmer** le bronzage peut donner l'impression d'être plus mince ; → **optical**

**illusionist** /ɪˈluːʒənɪst/ N illusionniste *mf*

**illusive** /ɪˈluːsɪv/, **illusory** /ɪˈluːsərɪ/ ADJ (= *unreal*) illusoire, irréel ; (= *deceptive*) illusoire, trompeur

**illustrate** /ˈɪləstreɪt/ LANGUAGE IN USE 26.1 SYN VT [1] [+ *book, story*] illustrer ◆ **illustrated paper** (journal *m or* magazine *m etc*) illustré *m*
[2] (*fig* = *exemplify*) [+ *idea, problem*] illustrer ; [+ *rule*] donner un exemple de ◆ **this can best be illustrated as follows** la meilleure illustration qu'on puisse en donner est la suivante ◆ **to illustrate that...** illustrer le fait que...

**illustration** /ˌɪləsˈtreɪʃən/ LANGUAGE IN USE 26.2 SYN N illustration *f* ◆ **by way of illustration** à titre d'exemple

**illustrative** /ˈɪləstrətɪv/ ADJ [*example*] explicatif, servant d'explication ◆ **for illustrative purposes** à titre d'illustration ◆ **illustrative of this problem** qui sert à illustrer ce problème

**illustrator** /ˈɪləstreɪtəʳ/ N illustrateur *m*, -trice *f*

**illustrious** /ɪˈlʌstrɪəs/ SYN ADJ illustre, célèbre

**illustriously** /ɪˈlʌstrɪəslɪ/ ADV glorieusement

**illuviation** /ɪˌluːvɪˈeɪʃən/ N illuviation *f*

**ILO** /ˌaɪelˈəʊ/ N (abbrev of International Labour Organisation) OIT *f*

**ILWU** /ˌaɪeldʌbljuːˈjuː/ N (abbrev of International Longshoremen's and Warehousemen's Union) *syndicat international*

**I'm** /aɪm/ ⇒ **I am** ; → **be**

**image** /ˈɪmɪdʒ/ SYN
N [1] (= *likeness*) image *f* ◆ **God created man in his own image** Dieu créa l'homme à son image ◆ **real/virtual image** image *f* réelle/virtuelle ◆ **image in the glass/mirror** réflexion *f* dans la vitre/le miroir ◆ **he is the (living** *or* **very** *or* **spitting *) image of his father** c'est le portrait (vivant) de son père, c'est son père tout craché* ◆ **he's the very image of the English aristocrat** c'est l'aristocrate anglais type, c'est l'image même de l'aristocrate anglais ◆ **I had a sudden (mental) image of her, alone and afraid** soudain je l'ai vue en imagination, seule et effrayée ◆ **they had quite the wrong image of him** ils se faisaient une idée tout à fait fausse de lui ; → **graven, mirror**
[2] (also **public image**) image *f* (de marque) (*fig*) ◆ **he has to think of his image** il faut qu'il pense à son image (de marque) ◆ **the tobacco industry is trying to improve its image** l'industrie du tabac essaie d'améliorer son image (de marque) ◆ **he's got the wrong image for that part** (*Cine, Theat etc*) le public ne le voit pas dans ce genre de rôle ; → **brand**
COMP **image-building** N ◆ **it's just image-building** ça ne vise qu'à promouvoir son (*or* leur *etc*) image de marque
**image-conscious** ADJ ◆ **he is very image-conscious** il se soucie beaucoup de son image
**image consultant** N conseiller *m*, -ère *f* en image
**image converter** N convertisseur *m* d'images
**image enhancement** N (*in computer graphics*) enrichissement *m* d'images
**image orthicon** N image orthicon *m*

**imager** /ˈɪmɪdʒəʳ/ N → **magnetic, thermal**

**imagery** /ˈɪmɪdʒərɪ/ N imagerie *f* ◆ **language full of imagery** langage *m* imagé

**imaginable** /ɪˈmædʒɪnəbl/ SYN ADJ imaginable ◆ **every activity imaginable** toutes les activités imaginables ◆ **the most horrible circumstances imaginable** les circonstances les plus horribles que l'on puisse imaginer ◆ **a place of no imaginable strategic value** un endroit qui ne présente pas le moindre intérêt stratégique

**imaginary** /ɪˈmædʒɪnərɪ/ SYN ADJ [*danger*] imaginaire ; [*character, place*] imaginaire, fictif ◆ **imaginary number** (*Math*) nombre *m* imaginaire

**imagination** /ɪˌmædʒɪˈneɪʃən/ SYN N (*NonC*) imagination *f* ◆ **to have a lively** *or* **vivid imagination** avoir une imagination fertile ◆ **he's got imagination** il a de l'imagination ◆ **he has little imagination** il a peu d'imagination ◆ **a lack of imagination** un manque d'imagination ◆ **she lets her imagination run away with her** elle se laisse emporter *or* entraîner par son imagination ◆ **it existed only in his imagination** cela n'existait que dans son imagination ◆ **to capture** *or* **catch sb's imagination** frapper l'imagination de qn ◆ **it is only** *or* **all (your) imagination!** vous vous faites des idées !, vous rêvez ! ◆ **haven't you got any imagination?** tu n'as donc aucune imagination ? ◆ **use your imagination!** tu n'as pas beaucoup d'imagination ! ; → **appeal** ; see also **stretch**

**imaginative** /ɪˈmædʒɪnətɪv/ SYN ADJ [*person*] imaginatif, plein d'imagination ; [*book, film, approach*] plein d'imagination ; [*solution, system, device*] inventif

**imaginatively** /ɪˈmædʒɪnətɪvlɪ/ ADV avec imagination

**imaginativeness** /ɪˈmædʒɪnətɪvnɪs/ N [*of person*] esprit *m* imaginatif *or* inventif ; [*of thing*] caractère *m* imaginatif *or* inventif

**imagine** /ɪˈmædʒɪn/ LANGUAGE IN USE 6.2 SYN VT [1] (= *picture to o.s.*) (s')imaginer ◆ **imagine life 100 years ago** imaginez(-vous) *or* représentez-vous la vie il y a 100 ans ◆ **try to imagine a huge house far from anywhere** essayez d'imaginer *or* de vous imaginer une immense maison loin de tout ◆ **imagine (that) you're lying on a beach** imaginez que vous êtes étendu sur une plage ◆ **can you imagine being out of work?** vous vous imaginez sans emploi ? ◆ **I can't imagine myself at 60** je ne m'imagine *or* ne me vois pas du tout à 60 ans ◆ **imagine a situation in which...** imaginez(-vous) une situation où... ◆ **(just) imagine!** tu (t')imagines ! ◆ **(you can) imagine how I felt!** imaginez *or* vous imaginez ce que j'ai pu ressentir ! ◆ **I can imagine how he must feel** j'imagine ce qu'il doit ressentir ◆ **I can imagine!** je m'en doute ! ◆ **imagine my surprise when I won!** imaginez ma surprise quand j'ai gagné ! ◆ **(you can) imagine how pleased I was!** vous pensez si j'étais content ! ◆ **it's hard to imagine how bad things were** on a du mal à s'imaginer à quel point les choses allaient mal ◆ **did you ever imagine you'd meet her one day?** est-ce que tu t'étais jamais imaginé *or* douté que tu la rencontrerais un jour ? ◆ **I can just imagine his reaction when he sees her** je vois d'ici sa réaction quand il la verra ◆ **I can't imagine you being nasty to anyone** je ne peux pas imaginer que vous puissiez être désagréable avec qui que ce soit ◆ **I can't imagine living there** je ne me vois pas vivre là ◆ **he's (always) imagining things** il se fait des idées
[2] (= *suppose, believe*) supposer, imaginer (*that* que) ◆ **you won't want to stay long, I imagine** vous ne resterez pas longtemps, je suppose *or* j'imagine ◆ **I didn't imagine he would come** je ne pensais pas qu'il viendrait ◆ **was he meeting someone? – I imagine so** il avait un rendez-vous ? – j'imagine *or* je suppose
[3] (= *believe wrongly*) croire, s'imaginer ◆ **don't imagine that I can help you** n'allez pas croire que *or* ne vous imaginez pas que je puisse vous aider ◆ **he fondly imagined she was still willing to obey him** il s'imaginait naïvement qu'elle était encore prête à lui obéir ◆ **I imagined I heard someone speak** j'ai cru entendre parler ◆ **I imagined you to be dark-haired** je vous imaginais avec les cheveux bruns

**imaging** /ˈɪmɪdʒɪŋ/ N (*Comput*) imagerie *f* ; → **document, thermal**

**imaginings** /ɪˈmædʒɪnɪŋz/ NPL ◆ **it was beyond our wildest imaginings** nous n'en espérions pas tant, même dans nos rêves les plus fous

**imago** /ɪˈmeɪgəʊ/ N (pl **imagoes** *or* **imagines** /ɪˈmædʒəniːz/) [1] (= *insect*) imago *m or f*
[2] (*Psych*) imago *f*

**imam** /ɪˈmɑːm/ N imam *m*

**imamate** /ɪˈmɑːmeɪt/ N imamat *m*

**IMAX** ® /ˈaɪmaks/ N IMAX ® *m*

**imbalance** /ɪmˈbæləns/ N déséquilibre *m* ◆ **the imbalance in trade between the two countries** le déséquilibre des échanges commerciaux entre les deux pays

**imbalanced** /ɪmˈbælənst/ ADJ déséquilibré

**imbecile** /ˈɪmbəsiːl/ SYN
N [1] imbécile *mf*, idiot(e) *m(f)* ◆ **to act/speak like an imbecile** faire/dire des imbécillités *or* des bêtises ◆ **you imbecile!** espèce d'imbécile *or* d'idiot !
[2] (*Med* ††) imbécile *mf*
ADJ [1] [*action, words*] imbécile ; [*person*] imbécile, idiot
[2] (*Med* ††) imbécile

**imbecility** /ˌɪmbɪˈsɪlɪtɪ/ SYN N [1] (*NonC*) imbécillité *f*, stupidité *f*
[2] (= *act etc*) imbécillité *f*, stupidité *f*
[3] (*Med* ††) imbécillité *f*

**imbed** /ɪmˈbed/ VT ⇒ **embed**

## imbibe | immune

**imbibe** /ɪmˈbaɪb/ SYN
- VT 1 (= drink) boire, absorber ; (fig) [+ ideas, information] absorber
- 2 (= absorb) [+ water, light, heat] absorber
- VI (*hum = drink to excess) s'imbiber d'alcool

**imbricate** /ˈɪmbrɪkɪt/
- ADJ (Archit, Zool) imbriqué
- VT /ˈɪmbrɪkeɪt/ imbriquer

**imbrication** /ˌɪmbrɪˈkeɪʃən/ N imbrication f

**imbroglio** /ɪmˈbrəʊliəʊ/ N imbroglio m

**imbue** /ɪmˈbjuː/ VT (fig) imprégner (with de) • **imbued with** imprégné de

**IMF** /ˌaɪemˈef/ N (Econ) (abbrev of **International Monetary Fund**) FMI m

**imitable** /ˈɪmɪtəbl/ ADJ imitable

**imitate** /ˈɪmɪteɪt/ SYN VT imiter

**imitation** /ˌɪmɪˈteɪʃən/ SYN
- N imitation f • **in imitation of** en imitant • **they learnt grammar by imitation of their elders** ils ont appris la grammaire en imitant leurs aînés • "**beware of imitations**" (Comm) « se méfier des contrefaçons » • **it's only imitation** c'est de l'imitation • **I do a pretty good imitation of him** j'arrive assez bien à l'imiter • **imitation is the sincerest form of flattery** (Prov) il n'est pas de louange plus sincère que l'imitation
- COMP [silk, ivory, gun, fruit] faux (fausse f) before n **imitation fur coat** N manteau m en fourrure synthétique or en fausse fourrure
- **imitation gold** N similor m
- **imitation jewellery** N faux bijoux mpl
- **imitation leather** N imitation f cuir, similicuir m
- **imitation marble** N faux marbre m, similimarbre m
- **imitation mink coat** N manteau m (en) imitation vison
- **imitation pearl** N perle f synthétique, fausse perle f
- **imitation stone** N pierre f artificielle, fausse pierre f

**imitative** /ˈɪmɪtətɪv/ SYN ADJ [word, art] imitatif ; [person] imitateur (-trice f)

**imitator** /ˈɪmɪteɪtər/ SYN N imitateur m, -trice f

**immaculate** /ɪˈmækjʊlɪt/ SYN
- ADJ (= clean) [fabric, garment, colour] immaculé ; (= spick and span) [garment, house, hair, figure] impeccable • **an immaculate white shirt** une chemise blanche immaculée
- COMP **the Immaculate Conception** N (Rel) l'Immaculée Conception f

**immaculately** /ɪˈmækjʊlɪtlɪ/ ADV [dressed, groomed, behaved] de façon impeccable • **immaculately clean** d'une propreté impeccable • **an immaculately kept house/car** une maison/voiture impeccablement tenue

**immanent** /ˈɪmənənt/ ADJ immanent

**Immanuel** /ɪˈmænjʊəl/ N Emmanuel m

**immaterial** /ˌɪməˈtɪərɪəl/ SYN ADJ 1 (= unimportant) négligeable, sans importance • **it is immaterial whether he did or not** il importe peu qu'il l'ait fait ou non • **that's (quite) immaterial** (= not important) ça n'a pas d'importance ; (= not relevant) ça n'est pas pertinent • **that's immaterial to me** peu nous importe • **my presence was immaterial to him** il n'avait que faire de ma présence
- 2 (Philos etc) immatériel

**immaterialism** /ˈɪməˈtɪərɪəˈlɪzəm/ N immatérialisme m

**immaterialist** /ˈɪməˈtɪərɪəˈlɪst/ N immatérialiste mf

**immature** /ˌɪməˈtjʊər/ SYN ADJ 1 (= not full-grown) [fruit] (qui n'est) pas mûr, vert ; [animal, tree] jeune
- 2 (= childish) immature • **he's very immature** il est très immature, il manque vraiment de maturité • **he is emotionally immature** il est affectivement immature • **she's just being childish and immature** elle se comporte d'une manière puérile et immature

**immaturity** /ˌɪməˈtjʊərɪtɪ/ SYN N manque m de maturité, immaturité f

**immeasurable** /ɪˈmeʒərəbl/ SYN ADJ [amount, height, space] incommensurable ; [joy, suffering] incommensurable, infini ; [precautions, care] infini ; [wealth, riches, value] inestimable

**immeasurably** /ɪˈmeʒərəblɪ/ ADV (frm) [better, worse] infiniment ; [improve] infiniment ; [increase, rise, advance] dans des proportions illimi-

tées • **to help sb immeasurably** apporter une aide inestimable à qn • **to add immeasurably to sth** ajouter infiniment à qch

**immediacy** /ɪˈmiːdɪəsɪ/ N immédiateté f • **the immediacy of live television** l'immédiateté du direct • **a sense of immediacy** un sentiment d'immédiateté or d'urgence

**immediate** /ɪˈmiːdɪət/ SYN
- ADJ 1 (= instant) [effect, impact, response, results, ceasefire, closure, danger] immédiat • **with immediate effect** avec effet immédiat • **to come into immediate effect** entrer immédiatement en vigueur • **to take immediate action** agir immédiatement • **for immediate delivery** à livrer immédiatement • **the matter deserves your immediate attention** cette affaire exige une attention immédiate de votre part • **a savings account that allows immediate access to your money** un compte d'épargne qui vous permet d'effectuer des retraits à tout moment • **he has no immediate plans to retire** il n'envisage pas de prendre sa retraite dans l'immédiat
- 2 (= most urgent) [future, needs, priority, threat, problem, issue] immédiat • **my immediate concern was for the children** mon premier souci a été les enfants • **of more immediate concern is the state of the economy** l'état de l'économie est une préoccupation plus urgente or plus immédiate • **his (most) immediate task** sa tâche la plus urgente
- 3 (= direct, nearest) immédiat • **in sb's immediate vicinity** dans le voisinage immédiat de qn • **to the immediate south** immédiatement au sud • **her immediate predecessor** son prédécesseur immédiat • **in the immediate aftermath of the war** sitôt après la guerre, dans l'immédiat après-guerre • **my immediate family** ma famille immédiate
- COMP **immediate constituent** N (Gram) constituant m immédiat

**immediately** /ɪˈmiːdɪətlɪ/ SYN
- ADV 1 (= at once) immédiatement, tout de suite • **immediately available/obvious/apparent** immédiatement or tout de suite disponible/évident/apparent • **immediately before/after/afterwards** immédiatement or sitôt avant/après/après • **the years immediately following the Second World War** les années qui ont immédiatement suivi la Seconde Guerre mondiale • **immediately upon arrival** or **arriving** dès l'arrivée
- 2 (= directly) directement • **immediately behind/above** directement derrière/au-dessus
- CONJ (esp Brit) dès que • **immediately I returned, I...** dès mon retour, je...

**Immelmann** /ˈɪməlˌmɑːn/ N (also **Immelmann turn**) immelmann m

**immemorial** /ˌɪmɪˈmɔːrɪəl/ SYN ADJ immémorial • **from** or **since time immemorial** de toute éternité, de temps immémorial

**immense** /ɪˈmens/ SYN ADJ [space] immense, vaste ; [size] immense ; [possibilities, achievements, fortune, difficulty] immense, énorme ; (*esp US = very impressive) géant*

**immensely** /ɪˈmenslɪ/ ADV [rich, successful, popular] immensément, extrêmement ; [enjoy, help, vary] énormément • **immensely helpful** [book, object etc] extrêmement utile ; [person] extrêmement serviable • **to improve immensely** s'améliorer énormément

**immensity** /ɪˈmensɪtɪ/ SYN N immensité f

**immerse** /ɪˈmɜːs/ VT immerger, plonger ; (Rel) baptiser par immersion • **to immerse one's head in water** plonger la tête dans l'eau • **to immerse o.s. in sth** (work, hobby) se plonger dans qch • **to be immersed in one's work** être absorbé or plongé dans son travail

**immerser** /ɪˈmɜːsər/ N chauffe-eau m électrique

**immersion** /ɪˈmɜːʃən/ SYN
- N immersion f ; (fig) absorption f ; (Rel) baptême m par immersion
- COMP **immersion course** N (Educ) stage m or cours m intensif (in de)
- **immersion heater** N (Brit) (= boiler) chauffe-eau m inv électrique ; (= device) thermoplongeur m

**immigrancy** /ˈɪmɪgrənsɪ/ N (US) condition f d'immigrant

**immigrant** /ˈɪmɪgrənt/ SYN
- ADJ, N (newly arrived) immigrant(e) m(f) ; (well-established) immigré(e) m(f)

- COMP **immigrant labour** N ⇒ **immigrant workers**
- **immigrant workers** NPL main-d'œuvre f immigrée

**immigrate** /ˈɪmɪgreɪt/ VI immigrer

**immigration** /ˌɪmɪˈgreɪʃən/
- N immigration f • **to go through customs and immigration** passer la douane et l'immigration
- COMP [policy] d'immigration ; [law] sur l'immigration
- **immigration authorities** NPL services mpl de l'immigration
- **immigration border patrol** N (US Police) services mpl de l'immigration
- **immigration control** N (= department) (services mpl de) l'immigration f ; (= system) contrôle m de l'immigration
- **Immigration Department** N services mpl de l'immigration f

**imminence** /ˈɪmɪnəns/ N imminence f

**imminent** /ˈɪmɪnənt/ SYN ADJ imminent

**immiscible** /ɪˈmɪsɪbl/ ADJ (Chem) immiscible

**immobile** /ɪˈməʊbaɪl/ SYN ADJ immobile

**immobility** /ˌɪməʊˈbɪlɪtɪ/ SYN N immobilité f

**immobilization** /ɪˌməʊbɪlaɪˈzeɪʃən/ N immobilisation f

**immobilize** /ɪˈməʊbɪlaɪz/ SYN VT (also Fin) immobiliser

**immobilizer** (Brit) /ɪˈməʊbɪlaɪzər/ N (in car) dispositif m antidémarrage

**immoderate** /ɪˈmɒdərɪt/ SYN ADJ (frm) [desire, appetite] immodéré, démesuré ; [conduct] déréglé

**immoderately** /ɪˈmɒdərɪtlɪ/ ADV (frm) immodérément

**immodest** /ɪˈmɒdɪst/ ADJ 1 (= indecent) impudique, indécent
- 2 (= presumptuous) impudent, présomptueux

**immodestly** /ɪˈmɒdɪstlɪ/ ADV 1 (= indecently) [dress] de façon inconvenante • **to behave immodestly** avoir une conduite inconvenante
- 2 (= presumptuously) [claim] de façon présomptueuse

**immodesty** /ɪˈmɒdɪstɪ/ SYN N 1 (= indecency) impudeur f, indécence f
- 2 (= presumption) impudence f, présomption f

**immolate** /ˈɪməʊleɪt/ VT (frm) immoler

**immolation** /ˌɪməˈleɪʃən/ N immolation f

**immoral** /ɪˈmɒrəl/ SYN
- ADJ immoral, contraire aux bonnes mœurs • **it is immoral to do that** il est immoral de faire ça • **it would be immoral for him to take the money** il serait immoral qu'il accepte subj l'argent • **it is immoral that...** il est immoral que... + subj • **immoral behaviour** un comportement contraire aux bonnes mœurs
- COMP **immoral earnings** NPL (Jur) gains mpl résultant d'activités contraires à la morale

**immorality** /ˌɪməˈrælɪtɪ/ SYN N immoralité f

**immortal** /ɪˈmɔːtl/ SYN
- ADJ [person, god] immortel ; [fame] immortel, impérissable • **in the immortal words of La Pasionaria, they shall not pass** selon le mot impérissable de la Pasionaria, ils ne passeront pas
- N immortel(le) m(f)

**immortality** /ˌɪmɔːˈtælɪtɪ/ SYN N immortalité f

**immortalize** /ɪˈmɔːtəlaɪz/ SYN VT immortaliser

**immovable** /ɪˈmuːvəbl/ SYN
- ADJ 1 [object] fixe ; (Jur) [belongings] immeuble, immobilier
- 2 (fig) [courage, decision] inflexible, inébranlable • **John was immovable in his decision** John était inflexible or inébranlable dans sa décision
- NPL **immovables** (Jur) immeubles mpl, biens mpl immobiliers

**immovably** /ɪˈmuːvəblɪ/ ADV 1 [fix, nail down] de façon inamovible
- 2 [determined] de façon inébranlable ; [opposed] irrévocablement

**immune** /ɪˈmjuːn/ SYN
- ADJ 1 (Med) [person] immunisé (from, to contre) ; → **acquired**
- 2 (fig = secure from) • **immune from** or **to** (temptation, wish etc) immunisé or blindé* contre • **immune to criticism** immunisé or blindé* contre la critique • **he never became immune to the sight of death** il n'a jamais pu s'habituer à la vue de la mort

3 (fig = exempt from) ◆ **immune from taxation** exonéré d'impôt ◆ **to be immune from prosecution** bénéficier de l'immunité
**COMP immune body** N anticorps m
**immune deficiency** N déficience f immunitaire
**immune response** N réaction f immunitaire
**immune serum** N immun-sérum m
**immune system** N système m immunitaire

**immunity** /ɪˈmjuːnɪtɪ/ SYN N (Med, gen) immunité f (from, to contre) ◆ **diplomatic/parliamentary immunity** immunité f diplomatique/parlementaire

**immunization** /ˌɪmjʊnaɪˈzeɪʃn/ N immunisation f (against contre)

**immunize** /ˈɪmjʊnaɪz/ SYN VT immuniser (against contre)

**immunoassay** /ˌɪmjʊnəʊˈæseɪ/ N (Med) essai m immunologique

**immunochemistry** /ˌɪmjʊnəʊˈkemɪstrɪ/ N immunochimie f

**immunocompetence** /ˌɪmjʊnəʊˈkɒmpɪtəns/ N immunocompétence f

**immunocompromised** /ˌɪmjʊnəʊˈkɒmprəmaɪzd/ ADJ immunodéprimé

**immunodeficiency** /ˌɪmjʊnəʊdɪˈfɪʃənsɪ/ N déficience f immunologique

**immunodeficient** /ˌɪmjʊnəʊdɪˈfɪʃənt/ ADJ immunodéficitaire

**immunodepressant** /ˌɪmjʊnəʊdɪˈpresnt/ N, ADJ immunodépresseur m

**immunoflorescence** /ˌɪmjʊnəʊflʊəˈresns/ N immunofluorescence f

**immunogenic** /ˌɪmjʊnəʊˈdʒenɪk/ ADJ immunogène

**immunoglobulin** /ˌɪmjʊnəʊˈɡlɒbjʊlɪn/ N immunoglobuline f

**immunological** /ˌɪmjʊnəʊˈlɒdʒɪkəl/ ADJ immunologique

**immunologist** /ˌɪmjʊˈnɒlədʒɪst/ N immunologiste mf

**immunology** /ˌɪmjʊˈnɒlədʒɪ/ N immunologie f

**immunoreaction** /ˌɪmjuːnəʊrɪˈækʃən/ N (Med) réaction f immunitaire

**immunostimulant** /ˌɪmjʊnəʊˈstɪmjʊlənt/ N immunostimulant m

**immunosuppressant** /ˌɪmjʊnəʊsʌˈpresnt/
N immunosuppresseur m
ADJ immunosuppressif

**immunosuppression** /ˌɪmjʊnəʊsʌˈpreʃən/ N immunosuppression f

**immunosuppressive** /ˌɪmjʊnəʊdɪˈpresɪv/ ADJ immunosuppressif

**immunotherapy** /ˌɪmjʊnəʊˈθerəpɪ/ N immunothérapie f

**immure** /ɪˈmjʊər/ VT (frm) (lit) emmurer ; (fig) enfermer

**immutability** /ɪˌmjuːtəˈbɪlɪtɪ/ N immutabilité f, immuabilité f (frm)

**immutable** /ɪˈmjuːtəbl/ ADJ immuable, inaltérable

**immutably** /ɪˈmuːtəblɪ/ ADV immuablement

**imp** /ɪmp/ SYN N diablotin m, lutin m ; (* = child) petit(e) espiègle m(f), petit diable m

**impact** /ˈɪmpækt/ SYN
N 1 (= effect) impact m, effets mpl ; (= consequences) incidences fpl, conséquences fpl ◆ **the major impact of this epidemic is yet to come** les effets les plus dramatiques de cette épidémie ne se sont pas encore fait sentir ◆ **the impact on the environment has not been positive** cela n'a pas eu d'effets positifs sur l'environnement
◆ **to have an impact on sth** avoir des conséquences or un impact sur qch ◆ **the bad weather had an impact on sales** le mauvais temps a eu des conséquences or un impact sur les ventes ◆ **such gestures of charity can have little impact on a problem of this scale** de tels actes de charité n'ont souvent que peu d'impact sur le problème de cette taille
◆ **to make an impact on sb** (= affect) produire un impact sur qn ; (= impress) faire une forte impression sur qn
2 [of moving object] choc m ; [of bullet] impact m, choc m ◆ **at the moment of impact** au moment du choc or de l'impact
◆ **on impact** au moment du choc or de l'impact

VT /ɪmˈpækt/ 1 (= affect) [+ person] toucher ◆ **the potential for women to impact the political process** la possibilité pour les femmes d'exercer une influence sur le système politique ◆ **factors impacting their mental health** des facteurs qui ont une incidence sur leur santé mentale
2 (= cause to become impacted) enfoncer, presser (into dans)
3 (= collide with) percuter, entrer en collision avec

VI /ɪmˈpækt/ 1 (= influence) influer (on sur) ◆ **the strategy impacted on the culture of the company** la stratégie a influé sur la culture d'entreprise ◆ **we're confident that we're not impacting on the environment** nous sommes persuadés que nous n'avons aucun effet négatif sur l'environnement ◆ **the Gulf crisis also impacted on this period** les effets de la crise du Golfe se sont également fait sentir sur cette période
◆ **to impact on sb** produire un impact sur qn ◆ **such schemes mean little unless they impact on people** de tels programmes ne signifient pas grand-chose s'ils n'ont pas d'effet sur les gens
2 (= hit) percuter ◆ **the missile impacted with the ground** le missile a percuté le sol
3 (= become stuck) se coincer
**COMP impact printer** N (Comput) imprimante f à impact

**impacted** /ɪmˈpæktɪd/
ADJ (gen = stuck) coincé ; [tooth] inclus, enclavé ; [fracture] engrené
**COMP impacted area** N (US) quartier m surpeuplé

**impair** /ɪmˈpeər/ SYN VT [+ abilities, faculties] détériorer, diminuer ; [+ relations] porter atteinte à ; [+ negotiations] entraver ; [+ health] abîmer, détériorer ; [+ sight, hearing] abîmer, affaiblir ; [+ mind, strength] diminuer ; [+ quality] diminuer, réduire ◆ **extreme heat can impair judgment** les températures extrêmement élevées peuvent diminuer le sens critique ◆ **anxiety does not necessarily impair performance** l'anxiété ne nuit pas forcément aux performances

**impaired** /ɪmˈpeəd/ SYN
ADJ [sight, hearing] abîmé, affaibli ; [faculties, health] détérioré ; [strength] diminué ◆ **if she did survive, she would be in a very impaired state** si elle s'en tirait, elle serait très diminuée
N ◆ **the visually impaired** les malvoyants mpl
◆ **the hearing impaired** les malentendants mpl

**impairment** /ɪmˈpeəmənt/ N 1 (NonC = weakening) [of judgment, mental functions] affaiblissement m, diminution f
2 (= defect) déficience f ◆ **hearing/visual impairment** déficience f auditive/visuelle ◆ **speech** or **language impairments** (serious) troubles mpl du langage ; (= lisp etc) défauts mpl de prononciation

**impala** /ɪmˈpɑːlə/ N (pl **impalas** or **impala**) impala m

**impale** /ɪmˈpeɪl/ VT empaler (on sur)

**impalpable** /ɪmˈpælpəbl/ ADJ impalpable

**impanation** /ˌɪmpæˈneɪʃən/ N impanation f

**impanel** /ɪmˈpænl/ VT ⇒ empanel

**imparisyllabic** /ɪmˌpærɪsɪˈlæbɪk/ ADJ imparisyllabique

**imparity** /ɪmˈpærɪtɪ/ N inégalité f

**impart** /ɪmˈpɑːt/ SYN VT 1 (= make known) [+ news] communiquer, faire part de ; [+ knowledge] communiquer, transmettre
2 (= bestow) donner, transmettre

**impartial** /ɪmˈpɑːʃəl/ SYN ADJ [person, attitude, verdict, decision, speech] impartial, objectif

**impartiality** /ɪmˌpɑːʃɪˈælɪtɪ/ SYN N impartialité f, objectivité f

**impartially** /ɪmˈpɑːʃəlɪ/ ADV impartialement, objectivement

**impassable** /ɪmˈpɑːsəbl/ SYN ADJ [barrier, river] infranchissable ; [road] impraticable

**impasse** /æmˈpɑːs/ SYN N (lit, fig) impasse f ◆ **to reach an impasse** se retrouver dans une impasse ◆ **a way out of the impasse** un moyen de sortir de l'impasse

**impassioned** /ɪmˈpæʃnd/ SYN ADJ [feeling] exalté ; [plea, speech] passionné

**impassive** /ɪmˈpæsɪv/ ADJ [person, attitude, face] impassible, imperturbable

**impassively** /ɪmˈpæsɪvlɪ/ ADV impassiblement, imperturbablement

**impassiveness** /ɪmˈpæsɪvnɪs/ N impassibilité f

**impasto** /ɪmˈpæstəʊ/ N (Art = paint, technique) empâtement m

**impatience** /ɪmˈpeɪʃəns/ SYN N 1 (= eagerness) impatience f (to do sth de faire qch)
2 (= intolerance) intolérance f (of sth à l'égard de qch ; with sb vis-à-vis de qn, à l'égard de qn)

**impatiens** /ɪmˈpeɪʃɪˌenz/ N (pl inv = plant) impatiente f

**impatient** /ɪmˈpeɪʃənt/ SYN ADJ 1 (= eager) [person, answer] impatient ◆ **an impatient gesture** un geste d'impatience ◆ **impatient to leave** impatient de partir ◆ **to become** or **get** or **grow impatient** s'impatienter ◆ **they are impatient for jobs** ils ont hâte d'obtenir un emploi
2 (= intolerant) intolérant (of sth à l'égard de qch ; with sb vis-à-vis de qn, à l'égard de qn ; at par rapport à)

**impatiently** /ɪmˈpeɪʃəntlɪ/ ADV [wait, say] impatiemment ; [nod] avec impatience ◆ **to look forward impatiently to sth** attendre qch avec beaucoup d'impatience

**impeach** /ɪmˈpiːtʃ/ SYN VT 1 (Jur = accuse) [+ public official] mettre en accusation (en vue de destituer) ; (US) entamer la procédure d'impeachment contre ; [+ person] accuser (for or of de qch ; for doing sth de faire qch)
2 (= question, challenge) [+ sb's character] attaquer ; [+ sb's motives, honesty] mettre en doute ◆ **to impeach a witness** (Jur) récuser un témoin

**impeachable** /ɪmˈpiːtʃəbl/ ADJ passible des tribunaux

**impeachment** /ɪmˈpiːtʃmənt/ SYN N 1 (Jur) [of public official] mise f en accusation (en vue d'une destitution) ; (US) procédure f d'impeachment ; [of person] accusation f (for sth de qch ; for doing sth de faire qch)
2 [of sb's character] dénigrement m ; [of sb's honesty] mise f en doute

**impeccable** /ɪmˈpekəbl/ SYN ADJ [manners, behaviour, taste] irréprochable ; [credentials, timing, English, service, clothes] impeccable

**impeccably** /ɪmˈpekəblɪ/ ADV [dress] impeccablement ; [behave] de façon irréprochable

**impecunious** /ˌɪmpɪˈkjuːnɪəs/ SYN ADJ (frm) impécunieux, nécessiteux

**impedance** /ɪmˈpiːdəns/ N (Elec) impédance f

**impede** /ɪmˈpiːd/ SYN VT [+ person, progress] entraver ; [+ action, success, movement, traffic] gêner, entraver ◆ **to impede sb from doing sth** empêcher qn de faire qch

**impediment** /ɪmˈpedɪmənt/ SYN N 1 obstacle m, empêchement m ◆ **there was no legal impediment to the marriage** il n'y avait aucun empêchement légal à ce mariage
2 (also **speech impediment**) défaut m d'élocution
3 ◆ **impediments** ⇒ **impedimenta**

**impedimenta** /ɪmˌpedɪˈmentə/ SYN NPL (also Mil) impedimenta mpl

**impel** /ɪmˈpel/ SYN VT 1 (= drive forward) pousser, faire avancer
2 (= compel) obliger, forcer (to do sth à faire qch) ; (= urge) inciter, pousser (to do sth à faire qch) ◆ **to impel sb to crime** pousser qn au crime ◆ **to impel sb to action** pousser qn à agir

**impend** /ɪmˈpend/ VI (= be about to happen) être imminent ; (= menace, hang over) [danger, storm] menacer ; [threat] planer

**impending** /ɪmˈpendɪŋ/ SYN ADJ imminent

**impenetrability** /ɪmˌpenɪtrəˈbɪlɪtɪ/ N [of forest] impénétrabilité f ; [of book, theory] caractère m hermétique

**impenetrable** /ɪmˈpenɪtrəbl/ SYN ADJ [barrier] infranchissable ; [forest] impénétrable ; [darkness, mystery] insondable ; [book, theory] inaccessible ; [accent] incompréhensible

**impenetrably** /ɪmˈpenɪtrəblɪ/ ADV ◆ **impenetrably thick** d'une épaisseur impénétrable ◆ **impenetrably obscure** d'une obscurité insondable

**impenitence** /ɪmˈpenɪtəns/ N impénitence f

**impenitent** /ɪmˈpenɪtənt/ ADJ impénitent ◆ **he was quite impenitent about it** il ne s'en repentait nullement

**impenitently** /ɪmˈpenɪtəntlɪ/ ADV sans repentir

**imperative | implicit**

**imperative** /ɪmˈpɛrətɪv/ SYN
  **ADJ** ① [action, need] impératif ; [desire] pressant, impérieux ◆ **immediate action is imperative** il est impératif d'agir immédiatement ◆ **silence is imperative** le silence s'impose ◆ **it is imperative to do this** il est impératif de le faire ◆ **it is imperative for him to do this, it is imperative that he (should) do this** il est impératif qu'il le fasse
  ② (Gram) ◆ **imperative form/mood** forme f impérative/mode m impératif ◆ **imperative verb** verbe m à l'impératif
  **N** (Gram) impératif m ◆ **in the imperative (mood)** à l'impératif, au mode impératif

**imperatively** /ɪmˈpɛrətɪvlɪ/ **ADV** ① [need] impérieusement ; [order] impérativement
  ② (Gram) [use verb] à l'impératif

**imperceptibility** /ˌɪmpəˌsɛptɪˈbɪlɪtɪ/ **N** imperceptibilité f

**imperceptible** /ˌɪmpəˈsɛptəbl/ SYN **ADJ** [sight, movement, sound] imperceptible (to à) ; [difference] imperceptible, insensible

**imperceptibly** /ˌɪmpəˈsɛptəblɪ/ SYN **ADV** imperceptiblement

**imperceptive** /ˌɪmpəˈsɛptɪv/ **ADJ** peu perspicace

**imperfect** /ɪmˈpɜːfɪkt/ SYN
  **ADJ** ① (= flawed) [world, human being, system, knowledge] imparfait ; [goods, copy] défectueux
  ② (Gram) [tense, ending] de l'imparfait ; [verb] à l'imparfait
  **N** (Gram) imparfait m ◆ **in the imperfect (tense)** à l'imparfait
  **COMP** **imperfect competition N** (Econ) concurrence f imparfaite
  **imperfect market N** (Econ) marché m imparfait

**imperfection** /ˌɪmpəˈfɛkʃən/ SYN **N** (in person) (moral) défaut m ; (physical) imperfection f ; (in skin, paper, policy, system, design) imperfection f (in sth de qch) ; (in china, glass, jewel, cloth) défaut m (in sth de qch)

**imperfectly** /ɪmˈpɜːfɪktlɪ/ **ADV** imparfaitement

**imperial** /ɪmˈpɪərɪəl/ SYN
  **ADJ** ① (Pol) impérial ◆ **His Imperial Highness/Majesty** Son Altesse/Sa Majesté Impériale
  ② (in Brit = non-metric) ◆ **imperial weights and measures** système anglo-saxon de poids et mesures ◆ **imperial gallon** ≈ 4,55 litres
  **N** (= beard) (barbe f à l') impériale f
  **COMP** **imperial preference N** (Brit Hist) tarif m préférentiel (à l'intérieur de l'Empire britannique)
  **imperial system N** système anglo-saxon de poids et mesures

- **IMPERIAL SYSTEM**
- Le système dit « impérial » des poids et mesures reste utilisé en Grande-Bretagne, parallèlement au système métrique, officiellement adopté en 1971 et enseigné dans les écoles. Beaucoup de gens connaissent leur poids en « stones and pounds » et leur taille en « feet and inches ». Les distances sont, elles, données en « miles ».
- Aux États-Unis, le système « impérial » est encore officiellement en usage pour toutes les unités de poids et mesures. Cependant, en ce qui concerne les liquides, beaucoup de noms sont les mêmes que dans le système britannique, mais la contenance diffère. D'autre part, les gens se pèsent en « pounds » plutôt qu'en « stones and pounds ».

**imperialism** /ɪmˈpɪərɪəlɪzəm/ **N** impérialisme m

**imperialist** /ɪmˈpɪərɪəlɪst/ **ADJ, N** impérialiste mf

**imperialistic** /ɪmˌpɪərɪəˈlɪstɪk/ **ADJ** impérialiste

**imperially** /ɪmˈpɪərɪəlɪ/ **ADV** majestueusement ; [say, gesture] impérieusement

**imperil** /ɪmˈpɛrɪl/ SYN **VT** (liter) [+ sb's life] mettre en péril or danger ; [+ fortune, one's life] exposer, risquer ; [+ health, reputation] compromettre

**imperious** /ɪmˈpɪərɪəs/ **ADJ** [gesture, look, command] impérieux ; [need, desire] pressant, impérieux

**imperiously** /ɪmˈpɪərɪəslɪ/ **ADV** impérieusement

**imperishable** /ɪmˈpɛrɪʃəbl/ SYN **ADJ** impérissable

**impermanence** /ɪmˈpɜːmənəns/ **N** caractère m éphémère

**impermanent** /ɪmˈpɜːmənənt/ **ADJ** éphémère, transitoire

**impermeability** /ɪmˌpɜːmɪəˈbɪlɪtɪ/ **N** imperméabilité f

**impermeable** /ɪmˈpɜːmɪəbl/ **ADJ** [rock] imperméable ; [wall, roof] étanche

**impersonal** /ɪmˈpɜːsnl/ SYN **ADJ** (also Gram) impersonnel

**impersonality** /ɪmˌpɜːsəˈnælɪtɪ/ **N** côté m impersonnel

**impersonalize** /ˈɪmˈpɜːsənəˌlaɪz/ **VT** déshumaniser

**impersonally** /ɪmˈpɜːsnlɪ/ **ADV** de façon impersonnelle

**impersonate** /ɪmˈpɜːsəneɪt/ SYN **VT** (gen) se faire passer pour ; (Jur) usurper l'identité de ; (Theat) imiter

**impersonation** /ɪmˌpɜːsəˈneɪʃən/ SYN **N** (Theat) imitation f ; (Jur) usurpation f d'identité ◆ **his Elvis impersonation** son imitation d'Elvis ◆ **he gave a fair impersonation of somebody trying to be friendly** il jouait assez bien le rôle de quelqu'un qui se veut aimable

**impersonator** /ɪmˈpɜːsəneɪtəʳ/ **N** (Theat) imitateur m, -trice f ; (Jur) usurpateur m, -trice f d'identité ; → **female**

**impertinence** /ɪmˈpɜːtɪnəns/ SYN **N** impertinence f ◆ **a piece of impertinence** une impertinence ◆ **to ask would be an impertinence** il serait impertinent de demander

**impertinent** /ɪmˈpɜːtɪnənt/ SYN **ADJ** (= impudent) impertinent (to sb envers qn) ◆ **don't be impertinent!** ne soyez pas impertinent ! ◆ **would it be impertinent to ask where exactly you were?** serait-il inconvenant de vous demander où vous étiez exactement ?

**impertinently** /ɪmˈpɜːtɪnəntlɪ/ **ADV** ① (= impudently) avec impertinence
  ② (= irrelevantly) sans pertinence, hors de propos ; [reply] à côté de la question

**imperturbability** /ˌɪmpəˌtɜːbəˈbɪlɪtɪ/ **N** imperturbabilité f

**imperturbable** /ˌɪmpəˈtɜːbəbl/ SYN **ADJ** imperturbable

**imperturbably** /ˌɪmpəˈtɜːbəblɪ/ **ADV** imperturbablement

**impervious** /ɪmˈpɜːvɪəs/ SYN **ADJ** ① (= impermeable) [substance, rock] imperméable (to à) ; [wall, roof] étanche (to à)
  ② (fig) ◆ **impervious to the sufferings of others** insensible aux souffrances d'autrui ◆ **impervious to reason** inaccessible or sourd à la raison ◆ **impervious to threats** indifférent aux menaces ◆ **he is impervious to criticism** la critique le laisse indifférent or ne le touche pas ; (pej) il est fermé or sourd à la critique

**impetigo** /ˌɪmpɪˈtaɪɡəʊ/ **N** impétigo m ; (in children) gourme f

**impetuosity** /ɪmˌpɛtjʊˈɒsɪtɪ/ **N** impétuosité f, fougue f

**impetuous** /ɪmˈpɛtjʊəs/ SYN **ADJ** impétueux, fougueux

**impetuously** /ɪmˈpɛtjʊəslɪ/ SYN **ADV** impétueusement, fougueusement

**impetuousness** /ɪmˈpɛtjʊəsnɪs/ **N** ⇒ **impetuosity**

**impetus** /ˈɪmpɪtəs/ SYN **N** ① (Phys) [of object] force f d'impulsion ; [of runner] élan m
  ② (fig) impulsion f, élan m ◆ **to give (an) impetus to** donner une impulsion or un élan à ◆ **she needs a new impetus for her talent** elle a besoin d'une nouvelle impulsion or d'un nouvel élan pour exprimer son talent ◆ **to gain impetus** prendre de l'ampleur ◆ **to lose impetus** être en perte de vitesse

**impiety** /ɪmˈpaɪɪtɪ/ SYN **N** impiété f

**impinge** /ɪmˈpɪndʒ/ SYN **VI** ① (= make impression) ◆ **to impinge on sb/sth** affecter or toucher qn/qch ◆ **it didn't impinge on his daily life** cela n'affectait pas sa vie quotidienne, cela n'avait pas de répercussion sur sa vie quotidienne
  ② ◆ **to impinge on sb's rights** empiéter sur les droits de qn, porter atteinte aux droits de qn ◆ **this legislation could impinge on privacy** cette législation pourrait porter atteinte à la vie privée
  ③ ◆ **cosmic rays that impinge on the upper atmosphere** les rayons cosmiques qui affectent la couche supérieure de l'atmosphère

**impingement** /ɪmˈpɪndʒmənt/ **N** empiétement m (of, on sur)

**impious** /ˈɪmpɪəs/ SYN **ADJ** impie

**impiously** /ˈɪmpɪəslɪ/ **ADV** avec impiété

**impish** /ˈɪmpɪʃ/ SYN **ADJ** espiègle, malicieux

**implacable** /ɪmˈplækəbl/ SYN **ADJ** implacable (towards sb/sth envers qn/qch) ◆ **he was implacable in his opposition to the proposal** il a été implacable dans son opposition à la proposition

**implacably** /ɪmˈplækəblɪ/ **ADV** implacablement

**implant** /ɪmˈplɑːnt/ SYN
  **VT** ① [+ idea] implanter (in sb dans la tête de qn) ; [+ principle] inculquer (in sb à qn) ; [+ desire, wish] inspirer (in sb à qn)
  ② (Med) implanter (in dans)
  **VI** s'implanter (in dans)
  **N** /ˈɪmplɑːnt/ (under skin) implant m ; (= graft) greffe f ◆ **breast implant** (Med) prothèse f mammaire ◆ **cochlear implant** implant m cochléaire ◆ **silicone implant** implant m en silicone or siliconique

**implantation** /ˌɪmplɑːnˈteɪʃən/ **N** [of ideology, culture] introduction f ; (Med) [of embryo] implantation f

**implausibility** /ɪmˌplɔːzɪˈbɪlɪtɪ/ **N** invraisemblance f

**implausible** /ɪmˈplɔːzəbl/ **ADJ** peu plausible, peu vraisemblable

**implausibly** /ɪmˈplɔːzəblɪ/ **ADV** [big, fat, high] incroyablement ◆ **his characters are implausibly nice** ses personnages sont d'une bonté peu vraisemblable ◆ **they are, rather implausibly, good friends** chose incroyable, ils sont bons amis

**implement** /ˈɪmplɪmənt/ SYN
  **N** outil m, instrument m ◆ **implements** équipement m (NonC), matériel m (NonC) ; (for gardening, painting, carpentry) matériel m , outils mpl ; (for cooking) ustensiles mpl ◆ **implements of war** matériel m de guerre ◆ **farm implements** matériel m or outillage m agricole
  **VT** /ˈɪmplɪment/ [+ decision, plan, recommendation] mettre en œuvre, exécuter ; [+ promise] accomplir ; [+ contract] exécuter ; [+ law] mettre en œuvre, appliquer ; [+ system] mettre en place ; [+ idea] mettre en pratique, réaliser

**implementation** /ˌɪmplɪmenˈteɪʃən/ SYN **N** [of plan] exécution f, réalisation f ; [of law, reform, peace agreement, policy] mise f en œuvre ; (Comput) implémentation f

**implicate** /ˈɪmplɪkeɪt/ SYN **VT** impliquer, compromettre (in dans)

**implication** /ˌɪmplɪˈkeɪʃən/ SYN **N** ① (= possible consequence) implication f ◆ **what are the political implications?** quelles sont les implications politiques ? ◆ **we shall have to study all the implications** il nous faudra étudier toutes les conséquences or implications possibles ◆ **what are the implications of the new tax for the poor?** qu'implique ce nouvel impôt pour les pauvres ?
  ◆ **to have implications** avoir des répercussions ◆ **the low level of investment has implications for economic growth** la faiblesse des investissements a des répercussions sur la croissance économique
  ② (= suggestion) ◆ **she complained that the implication was that she was guilty** elle s'est élevée contre le fait que sa culpabilité était sous-entendue ◆ **the implication was obvious: vote for us and you'll pay less tax** le sous-entendu était clair : votez pour nous, vous paierez moins d'impôts ◆ **his implication was that the war boosted newspaper circulation** ce qu'il voulait dire c'est que la guerre faisait vendre les journaux ◆ **he didn't realize the full implication of his words** il n'a pas mesuré toute la portée de ses paroles
  ◆ **by implication** par voie de conséquence ◆ **his authority, and by implication, that of the whole team, is under threat** son autorité et, par voie de conséquence, celle de l'équipe tout entière, est menacée ◆ **if a product remains unlabelled then, by implication, it doesn't contain GM elements** si un produit ne porte pas d'étiquette, cela implique or suppose qu'il ne contient pas d'OGM ◆ **everyone else, by implication, is an extremist** sous-entendu : tous les autres sont des extrémistes
  ③ (NonC = involvement) implication f (in dans)

 Be cautious about translating **implication** by the French word **implication**, which does not mean 'suggestion'.

**implicit** /ɪmˈplɪsɪt/ SYN **ADJ** ① (= implied) [warning, message, criticism, threat, admission] implicite (in dans) ; [recognition] tacite

**implicitly** /ɪmˈplɪsɪtlɪ/ SYN ADV [1] (= indirectly) [accept, recognize, criticize] implicitement
[2] (= unquestioningly) [trust] totalement ; [believe] tout à fait

**implied** /ɪmˈplaɪd/ SYN
ADJ [criticism, question] implicite, sous-entendu ; [threat] implicite, voilé ; [message] implicite
COMP **implied reader** N (Literat) lecteur m (à qui s'adresse implicitement le texte)
**implied term** N (Jur) clause f implicite or tacite
**implied warranty** N (US Jur) garantie f légale

**implode** /ɪmˈpləʊd/
VI imploser
VT causer l'implosion de
COMP **imploded consonant** N (Phon) consonne f implosive

**implore** /ɪmˈplɔːʳ/ SYN VT implorer (sb to do sth qn de faire qch) ◆ **to implore sb's help** implorer le secours de qn ◆ **I implore you!** je vous en supplie or conjure !

**imploring** /ɪmˈplɔːrɪŋ/ ADJ [look, voice] implorant, suppliant ; [person] suppliant

**imploringly** /ɪmˈplɔːrɪŋlɪ/ ADV [say] d'un ton implorant ◆ **to look imploringly at sb** supplier qn du regard, regarder qn d'un air implorant

**implosion** /ɪmˈpləʊʒən/ N implosion f

**implosive** /ɪmˈpləʊzɪv/
ADJ implosif
N (Phon) implosive f

**imply** /ɪmˈplaɪ/ SYN VT [1] [person] suggérer, laisser entendre ; (= insinuate) insinuer (pej) ◆ **he implied that he would come** il a laissé entendre qu'il viendrait ◆ **he implied that I was lying** il a laissé entendre or insinué que je mentais ◆ **are you implying that...?** voulez-vous suggérer or insinuer que... ? ◆ **it is implied that...** il faut sous-entendre que..., cela sous-entend que... ; see also **implied**
[2] (= indicate) impliquer ◆ **that implies some intelligence** cela implique or suppose une certaine intelligence ◆ **the meeting did not imply the resumption of sales** la rencontre ne signifiait pas que les ventes allaient reprendre ◆ **figures imply that the economy is getting stronger** les chiffres laissent penser or suggèrent que l'économie connaît une embellie ; see also **implied**

**impolite** /ˌɪmpəˈlaɪt/ SYN ADJ impoli (to or towards sb avec or envers qn) ◆ **it is impolite to do that** il est impoli de faire cela ◆ **it was very impolite of you to do/say that** c'était très impoli de votre part de faire/dire cela

**impolitely** /ˌɪmpəˈlaɪtlɪ/ ADV impoliment

**impoliteness** /ˌɪmpəˈlaɪtnɪs/ SYN N impolitesse f (to, towards envers)

**impolitic** /ɪmˈpɒlɪtɪk/ ADJ (frm) peu politique, impolitique

**imponderable** /ɪmˈpɒndərəbl/ ADJ, N impondérable m

**import**
N [1] (Comm = process, goods) importation f (into en) ◆ **import of goods** importation f de marchandises ◆ **imports from England** importations fpl en provenance d'Angleterre
[2] (= significance) importance f ◆ **of great/little import** [question, issue] de grande/peu d'importance ; [argument] de poids/de peu de poids
[3] (frm = meaning) [of action, decision, speech, words] sens m, signification f ; [of document] teneur f
VT /ɪmˈpɔːt/ [1] (Comm) importer ◆ **imported goods** marchandises fpl d'importation or importées
[2] (frm = mean, imply) signifier, vouloir dire
COMP **import ban** N interdiction f d'importer
**import duty** N droits mpl d'importation, taxe f à l'importation
**import-export (trade)** N import-export m
**import levy** N taxe f à l'importation
**import licence** N licence f d'importation
**import quota** N quota m à l'importation, contingent m d'importation
**import surcharge** N surtaxe f à l'importation
**import tariff** N droits mpl de douane à l'importation
**import trade** N (commerce m d')importation f

**importable** /ɪmˈpɔːtəbl/ ADJ importable

**importance** /ɪmˈpɔːtəns/ SYN N importance f ◆ **to be of importance** avoir de l'importance ◆ **of some importance** assez important, d'une certaine importance ◆ **of great importance** très important, de grande importance ◆ **it is a matter of great importance for the future** c'est quelque chose de très important pour l'avenir ◆ **it is of the highest importance that...** il est de la plus haute importance que... + subj, il importe au premier chef que... + subj ◆ **it is of importance to do** il importe de faire (frm) ◆ **it is of no (great) importance** c'est sans (grande) importance ◆ **to give importance to sth** [person] attacher de l'importance or du prix à qch ; [event, development] accorder or donner de l'importance à qch ◆ **we give or attach the greatest importance to establishing the facts** nous accordons or attachons la plus haute importance à l'établissement des faits ◆ **man of importance** homme m important, personnage m (important) ◆ **person of no importance** personne f sans importance ◆ **his position gives him considerable importance** sa position lui donne une importance or un poids considérable ◆ **he is full of his own importance** il est imbu de lui-même, il est pénétré de son importance ◆ **the importance of being/doing** l'importance d'être/de faire ◆ **"The Importance of being Ernest"** (Literat) « De l'Importance d'être constant »

**important** /ɪmˈpɔːtənt/ LANGUAGE IN USE 26.3 SYN ADJ important (to or for sb/sth pour qn/qch) ◆ **that's an important consideration** c'est un facteur important ◆ **his family was more important to him than politics** sa famille comptait plus pour lui que la politique ◆ **that's not important** ça n'a pas d'importance, ce n'est pas important ◆ **to make sb feel important** donner à qn un sentiment d'importance ◆ **he's trying to look important** il fait l'important, il se donne des airs importants ◆ **it is important to do sth** il est important de faire qch ◆ **it is important for sb to do sth** or **that sb (should) do sth** il est important que qn fasse qch
◆ **the important thing** l'important m ◆ **the important thing is not to win but to take part** l'important n'est pas de gagner mais de participer
◆ **the most important thing** le plus important ◆ **the most important thing is that you should be happy** l'important or le plus important, c'est que tu sois heureux ◆ **her children are the most important thing in her life** ses enfants sont ce qu'il y a de plus important dans sa vie ◆ **the most important thing to remember is...** (factual information) ce qu'il faut surtout retenir, c'est... ◆ **the most important thing to remember is to do...** (advice on interview technique etc) surtout n'oublie pas de faire...

**importantly** /ɪmˈpɔːtəntlɪ/ ADV [1] (= significantly) ◆ **to figure importantly in sth** occuper une place importante dans qch ◆ **to differ importantly from sth** présenter d'importantes différences avec qch ◆ **I was hungry, and, more importantly, my children were hungry** j'avais faim et, surtout or plus important encore, mes enfants avaient faim
[2] (also **self-importantly**) [say, strut] d'un air important

**importation** /ˌɪmpɔːˈteɪʃən/ N (Comm) importation f

**importer** /ɪmˈpɔːtəʳ/ N (= person) importateur m, -trice f ; (= country) (pays m) importateur m

**importing** /ɪmˈpɔːtɪŋ/ N importation f

**importunate** /ɪmˈpɔːtjʊnət/ SYN ADJ (frm) [visitor, demand] importun, gênant ; [creditor] harcelant

**importune** /ɪmˈpɔːtjuːn/
VT (frm) [questioner, beggar] importuner, ennuyer ; [creditor] harceler, presser ; (Jur) [prostitute] racoler
VI (Jur) racoler ◆ **she was arrested for importuning** elle a été arrêtée pour racolage

**importunity** /ˌɪmpɔːˈtjuːnɪtɪ/ N (frm) importunité f

**impose** /ɪmˈpəʊz/ SYN
VT [1] [+ task, conditions, constraint, rule, obedience, one's opinion] imposer (on à) ; [+ sanctions] prendre (on à l'encontre de) ◆ **to impose a fine on sb** condamner qn à une amende ◆ **to impose a tax on sth** imposer qch, taxer qch ◆ **beware of imposing your tastes on your children** gardez-vous d'imposer vos goûts à vos enfants ◆ **the pressures imposed upon teachers** les pressions que subissent les professeurs ◆ **to impose itself** s'imposer ◆ **to impose o.s. (on sb)** s'imposer (à qn) ◆ **to impose one's presence on sb** imposer sa présence à qn
[2] (Typography) imposer
VI s'imposer ◆ **I don't want to impose** je ne veux pas m'imposer ◆ **to impose on sb** abuser de la gentillesse de qn ◆ **to impose on sb's hospitality** abuser de l'hospitalité de qn

**imposing** /ɪmˈpəʊzɪŋ/ SYN ADJ imposant, impressionnant

**imposition** /ˌɪmpəˈzɪʃən/ SYN N [1] (NonC) [of regulations, ban] mise f en place ◆ **despite the imposition of a curfew** malgré la mise en place d'un couvre-feu ◆ **the imposition of sanctions on Iraq** le fait de prendre des sanctions à l'encontre de l'Irak ◆ **the imposition of a tax on...** la taxation or l'imposition de...
[2] (= tax imposed) impôt m, taxe f
[3] (= burden) ◆ **I know this is an imposition, but please hear me out** je sais que j'abuse, mais écoutez-moi, je vous en prie ◆ **she seems to find the presence of guests more of an imposition** la présence d'invités semble plutôt la déranger ◆ **it's rather an imposition on her** c'est abuser de sa gentillesse
[4] (Typography) imposition f
[5] (Scol) punition f

 The commonest meanings of **imposition** are not translated by the French word **imposition**.

**impossibility** /ɪmˌpɒsəˈbɪlɪtɪ/ SYN N impossibilité f (of sth de qch ; of doing sth de faire qch) ◆ **it's an impossibility** c'est une chose impossible, c'est quelque chose d'impossible ; → **physical**

**impossible** /ɪmˈpɒsəbl/ LANGUAGE IN USE 12, 15.3, 16.3, 16.4, 18.2, 26.3 SYN
ADJ impossible ◆ **this cooker is impossible to clean!** cette cuisinière est impossible à nettoyer ! ◆ **it is impossible for him to leave** il lui est impossible or il est dans l'impossibilité de partir ◆ **I find it impossible to understand why...** je n'arrive pas à comprendre pourquoi... ◆ **to put sb/to be in an impossible position** or **situation** mettre qn/être dans une position or situation impossible ◆ **it is/is not impossible that...** il est/n'est pas impossible que... + subj ◆ **that boy is impossible!*** ce garçon est impossible !*
◆ **to make it impossible** ◆ **the idea was to make it impossible to cheat** le but était de rendre toute tricherie impossible
◆ **to make it impossible for sb to do sth** empêcher qn de faire qch ◆ **a knee injury made it impossible for him to play again** une blessure au genou l'a empêché de rejouer
N impossible m ◆ **to do/ask for the impossible** faire/demander l'impossible

**impossibly** /ɪmˈpɒsəblɪ/ ADV [small, large, late] incroyablement ; [expensive] ridiculement ◆ **impossibly rude/arrogant** d'une impolitesse/arrogance insupportable ◆ **impossibly difficult** d'une difficulté insurmontable ◆ **her standards were impossibly high** ses exigences étaient impossibles à satisfaire ◆ **he's behaving impossibly** il se conduit d'une façon impossible ◆ **if, impossibly, he were to succeed** si, par impossible, il réussissait

**impost** /ˈɪmpəʊst/ N (Admin, Fin, Jur) impôt m ; (Customs) taxe f douanière, droit m de douane

**imposter, impostor** /ɪmˈpɒstəʳ/ N imposteur m

**imposture** /ɪmˈpɒstʃəʳ/ N imposture f

**impotence** /ˈɪmpətəns/ SYN N (gen, sexual, fig) impuissance f ; † [of invalid, patient] impotence f

**impotent** /ˈɪmpətənt/ SYN ADJ [1] (sexually) impuissant
[2] (= powerless) [person, organization] impuissant ; † [invalid, patient] impotent ◆ **in impotent rage** or **fury** † dans une rage impuissante ◆ **to be impotent in the face of sth** être impuissant face à qch

**impound** /ɪmˈpaʊnd/ VT [1] (Jur) [+ property] confisquer, saisir ; [+ car] mettre en fourrière
[2] [+ water] retenir, endiguer

**impoundment** /ɪmˈpaʊndmənt/ N [1] (Jur) [of property] saisie f ; [of car] mise f en fourrière
[2] [of water] retenue f d'eau
[3] (US Fin) mise f en réserve de fonds votés (par le Congrès)

**impoverish** /ɪmˈpɒvərɪʃ/ SYN VT appauvrir

**impoverished** /ɪmˈpɒvərɪʃt/ ADJ pauvre

**impoverishment** /ɪmˈpɒvərɪʃmənt/ N appauvrissement m

**impracticability** /ɪmˌpræktɪkəˈbɪlɪtɪ/ SYN N impraticabilité f

**impracticable** /ɪmˈpræktɪkəbl/ SYN **ADJ** *[idea, plan, scheme, suggestion]* impraticable, irréalisable

**impractical** /ɪmˈpræktɪkəl/ SYN **ADJ** *[person]* qui manque d'esprit pratique ; *[plan, idea]* difficilement applicable ; *[clothes]* pas pratique

**impracticality** /ɪm,præktɪˈkælɪtɪ/ SYN **N** *[of person]* manque *m* d'esprit pratique ; *[of plan, idea]* côté *m* peu pratique

**imprecation** /,ɪmprɪˈkeɪʃən/ **N** *(frm)* imprécation *f*, malédiction *f*

**imprecise** /,ɪmprɪˈsaɪs/ SYN **ADJ** imprécis

**imprecision** /,ɪmprɪˈsɪʒən/ **N** imprécision *f*, manque *m* de précision

**impregnable** /ɪmˈpregnəbl/ SYN **ADJ** *(Mil) [fortress, defences]* imprenable, inexpugnable ; *(fig) [person, position]* inattaquable ; *[argument]* irréfutable

**impregnate** /ˈɪmpregneɪt/ SYN **VT** [1] *(= fertilize)* féconder

[2] *(= saturate)* imprégner, imbiber *(with* de) ; *(fig)* imprégner, pénétrer *(with* de)

**impregnation** /,ɪmpregˈneɪʃən/ **N** [1] *(= fertilization)* fécondation *f*

[2] *(= permeation)* imprégnation *f* ◆ **the impregnation of paper with chemicals** l'imprégnation du papier par des produits chimiques

**impresario** /,ɪmpreˈsɑːrɪəʊ/ **N** imprésario *m*

**impress** /ɪmˈpres/ SYN

**VT** [1] *[+ person]* impressionner ◆ **to be impressed by sth** être impressionné par qch ◆ **they were most impressed by his having everything ready on time** ils ont été très impressionnés par le fait qu'il ait tout préparé à temps ◆ **he is not easily impressed** il ne se laisse pas facilement impressionner ◆ **I am not impressed** *(negative opinion) (by object, work of art, performance)* ça me laisse froid ; *(by sb's behaviour)* ça ne m'impressionne pas ◆ **I am NOT impressed!** *(annoyance)* je ne suis pas du tout content ! ◆ **he impressed me favourably/unfavourably** il m'a fait une bonne/mauvaise impression ◆ **his novel greatly impressed me** son roman m'a beaucoup impressionné, son roman m'a fait une forte *or* grosse impression ◆ **he does it just to impress people** il ne le fait que pour épater la galerie

[2] imprimer, marquer *(on* sur) ◆ **to impress a seal on wax** imprimer un sceau sur de la cire ◆ **to impress sth on sb** *(fig)* faire (bien) comprendre qch à qn ◆ **that day has remained impressed in my memory** ce jour est resté gravé dans ma mémoire

**VI** *[object, work of art, performance]* être impressionnant ; *[person]* faire bonne impression

**N** /ˈɪmpres/ marque *f*, empreinte *f*

**impression** /ɪmˈpreʃən/ SYN **N** [1] *(= effect)* impression *f* ◆ **to make an impression on sb** faire impression *or* de l'effet à qn ◆ **to make an impression on sth** avoir un effet sur qch ◆ **to make a good/bad impression on sb** faire bonne/mauvaise impression à qn ◆ **his novel made a lasting impression on me** son roman m'a laissé une impression durable ◆ **what was your impression of him?** quelle impression vous a-t-il fait ? ◆ **you have a false impression of him** vous vous trompez sur son compte ◆ **first impressions count** c'est la première impression qui compte ◆ **she got the wrong impression** elle s'est méprise ◆ **he gave the impression of being bored** il donnait l'impression de s'ennuyer ◆ **to create an impression of space** créer une impression d'espace

[2] *(= vague idea)* impression *f* ◆ **I was under the impression that..., my impression was that...** j'avais l'impression que..., je croyais que... ◆ **that wasn't my impression!** ce n'est pas l'impression que j'ai eue ! ◆ **his impressions of Paris** les impressions qu'il a gardées de Paris

[3] *[of seal, stamp, footprint]* empreinte *f*, trace *f* ; *(on wax)* impression *f* ; *(Dentistry)* empreinte *f*

[4] *[of engraving]* impression *f* ; *(esp Brit) [of book]* tirage *m*, édition *f*

[5] ◆ **to do impressions (of sb)** faire des imitations (de qn)

**impressionable** /ɪmˈpreʃnəbl/ SYN **ADJ** impressionnable ◆ **at an impressionable age** à un âge où l'on est impressionnable

**impressionism** /ɪmˈpreʃənɪzəm/ **N** *(Art)* impressionnisme *m*

**impressionist** /ɪmˈpreʃənɪst/

**N** *(Art)* impressionniste *mf* ; *(Theat = impersonator)* imitateur *m*, -trice *f*

**ADJ** *(Art)* impressionniste

**impressionistic** /ɪm,preʃəˈnɪstɪk/ **ADJ** *[story, account, painting]* impressionniste

**impressive** /ɪmˈpresɪv/ SYN **ADJ** *[appearance, building, ceremony, person, sight, sum]* impressionnant, imposant ; *[amount, account, achievement, result, speech]* impressionnant

**impressively** /ɪmˈpresɪvlɪ/ **ADV** *[big, high, brave etc]* remarquablement ; *[win, perform]* d'une manière impressionnante ◆ **impressively large** remarquablement grand, d'une grandeur impressionnante

**impressment** /ɪmˈpresmənt/ **N** *[of person]* enrôlement *m* forcé ; *[of property, goods]* réquisition *f*

**imprimatur** /,ɪmprɪˈmɑːtə^r^/ **N** *(frm)* imprimatur *m*

**imprint** /ɪmˈprɪnt/ SYN

**VT** imprimer, marquer *(on* sur) ; *(fig)* imprimer, graver *(on* dans)

**N** /ˈɪmprɪnt/ [1] *(= impression) (lit, fig)* empreinte *f* ; *(Psych)* empreinte *f* perceptive

[2] *(Publishing)* ◆ **published under the Collins imprint** édité chez Collins

**imprinting** /ɪmˈprɪntɪŋ/ **N** *(NonC: Psych)* empreinte *f*

**imprison** /ɪmˈprɪzn/ SYN **VT** emprisonner, écrouer ; *(fig)* emprisonner ◆ **they imprisoned him for his part in the burglary** ils l'ont emprisonné *or* écroué pour avoir participé au cambriolage ◆ **the judge imprisoned him for ten years** le juge l'a condamné à dix ans de prison

**imprisonment** /ɪmˈprɪznmənt/ SYN **N** emprisonnement *m*, incarcération *f* ◆ **to sentence sb to seven years' imprisonment/to life imprisonment** condamner qn à sept ans de prison/à la prison à vie *or* à perpétuité ◆ **sentence of life imprisonment** condamnation *f* à la prison à vie *or* à perpétuité ◆ **the prospect of imprisonment** la perspective de la prison

**improbability** /ɪm,prɒbəˈbɪlɪtɪ/ SYN **N** [1] *(= unlikelihood) [of outcome]* improbabilité *f*

[2] *(= implausibility) [of film, story, plot, excuse]* invraisemblance *f*

**improbable** /ɪmˈprɒbəbl/ SYN **ADJ** [1] *(= unlikely) [situation, victory]* improbable ◆ **it is improbable that...** il est improbable *or* il est peu probable que... + *subj*

[2] *(= implausible) [explanation, story, name]* invraisemblable ◆ **improbable as it sounds...** aussi invraisemblable que cela paraisse...

**improbably** /ɪmˈprɒbəblɪ/ **ADV** invraisemblablement ◆ **she works, improbably, in a bank** bizarrement, elle travaille dans une banque

**impromptu** /ɪmˈprɒmptjuː/ SYN

**ADV** impromptu

**ADJ** impromptu ◆ **to make an impromptu speech** faire un discours impromptu *or* au pied levé ◆ **to make an impromptu appearance** faire une apparition

**N** *(Mus)* impromptu *m*

**improper** /ɪmˈprɒpə^r^/ SYN **ADJ** [1] *(= unsuitable)* déplacé, malséant

[2] *(= indecent)* indécent, inconvenant ; *[conduct, suggestion]* indécent ; *[story]* indécent, scabreux

[3] *(= dishonest)* malhonnête

[4] *(= wrong) [diagnosis]* incorrect, erroné ; *[term]* inexact, impropre ; *[use, interpretation]* abusif, incorrect ; *(Sport) [play etc]* incorrect ◆ **improper fraction** **N** *(Math) fraction dont le numérateur est supérieur au dénominateur*

**improperly** /ɪmˈprɒpəlɪ/ **ADV** [1] *(= indecently)* ◆ **he was improperly dressed** il était habillé de façon inconvenante

[2] *(= dishonestly) [act]* de façon irrégulière

[3] *(= incorrectly) [test, diagnose, treat]* mal ◆ **a word used improperly** un mot employé improprement

**impropriety** /,ɪmprəˈpraɪətɪ/ SYN **N** [1] *[of behaviour etc]* inconvenance *f* ◆ **to commit an impropriety** commettre une inconvenance ◆ **to behave with impropriety** se conduire avec inconvenance ◆ **financial impropriety** irrégularités *fpl* financières

[2] *(Ling) [of expression, phrase]* impropriété *f*

**improv** * /ˈɪmprɒv/ **N** sketch *m* improvisé

**improve** /ɪmˈpruːv/ SYN

**VT** [1] *(= make better) [+ situation, position, work, health, wording]* améliorer ; *[+ physique]* développer ; *[+ knowledge, machine, invention]* améliorer, perfectionner ; *[+ building, property]* réaménager, rénover ; *[+ site]* aménager, embellir ; *[+ soil, land]* amender, bonifier ◆ **to improve sb's looks** *or* **appearance** embellir *or* avantager qn ◆ **to improve one's looks** s'embellir ◆ **to improve one's chances of doing sth** améliorer *or* augmenter ses chances de faire qch ◆ **how can I improve my chances at interview?** comment est-ce que je peux améliorer *or* augmenter mes chances de réussite à un entretien ? ◆ **that should improve his chances of success** cela devrait améliorer ses chances de succès ◆ **$60,000 worth of repairs failed to improve matters** 60 000 dollars de réparations n'ont pas réussi à améliorer les choses ◆ **she's trying to improve her mind** elle essaie de se cultiver (l'esprit) ◆ **a book which improves the mind** un livre qui élève l'esprit ◆ **he wants to improve his French** il veut se perfectionner en français

[2] *(= make good use of)* tirer parti de, profiter de ◆ **to improve the occasion, to improve the shining hour** tirer parti de l'occasion, mettre l'occasion à profit

**VI** [1] *(= get better) [situation, position, health, prospects, chances, weather]* s'améliorer ; *[physique]* se développer ; *[soil]* s'amender, se bonifier ; *[student, patient]* faire des progrès ◆ **the service has improved** la qualité du service s'est améliorée ◆ **his work is improving** (la qualité de) son travail s'améliore ◆ **his French is improving** il fait des progrès en français ◆ **as medical knowledge improves** avec l'amélioration des connaissances médicales ◆ **mobile phones have improved greatly** les téléphones portables se sont beaucoup améliorés ◆ **safety/efficiency/productivity has definitely improved** il y a eu une nette amélioration au niveau de la sécurité/de l'efficacité/du rendement ◆ **business is improving** les affaires reprennent ◆ **things are improving** les choses vont mieux ◆ **matters haven't improved much** la situation ne s'est pas beaucoup améliorée ◆ **his chances of success are improving** ses chances de réussir s'améliorent ◆ **to improve with use** s'améliorer à l'usage ◆ **this wine improves with age** ce vin se bonifie *or* s'améliore en vieillissant ◆ **he's improved with age** *(hum)* il s'est amélioré *or* bonifié avec l'âge ◆ **this book improves on re-reading** ce livre gagne à être relu

[2] ◆ **to improve on sth** faire mieux que qch, apporter des améliorations à qch ◆ **it can't be improved on** on peut difficilement faire mieux ◆ **she had improved on her previous performance** elle s'est améliorée depuis sa dernière prestation ◆ **to improve on sb's offer** *(Comm, Fin)* enchérir sur qn

**improved** /ɪmˈpruːvd/ **ADJ** meilleur ◆ **much/slightly improved** nettement/légèrement meilleur ◆ **this room looks much improved after painting** la pièce est beaucoup mieux après avoir été repeinte ◆ **"new improved formula"** *(Comm)* « nouvelle formule »

**improvement** /ɪmˈpruːvmənt/ SYN

**N** [1] *(NonC) [of situation, position, health, soil, land]* amélioration *f* ; *[of mind, physique]* développement *m* ; *[of site]* aménagement *m*, embellissement *m* ; *[of building, property]* réaménagement *m*, rénovation *f* ; *[of machine]* perfectionnement *m* ◆ **there's been quite an improvement** *(gen)* on constate une nette amélioration ◆ **there has been some improvement in the patient's condition** l'état du malade s'est un peu amélioré ◆ **it is open to improvement** ça peut être amélioré ◆ **he has shown some improvement in French** il a fait quelques progrès en français ◆ **this model is an improvement on the previous one** ce modèle est mieux que le précédent ◆ **the new teacher is an improvement on his predecessor** le nouveau professeur est meilleur que son prédécesseur ◆ **they made an improvement on their previous offer** ils ont fait une nouvelle offre plus intéressante ◆ **there is room for improvement** *(in situation)* cela pourrait être mieux ; *(in work)* on pourrait faire mieux

[2] *(gen pl)* ◆ **improvements** améliorations *fpl*, aménagements *mpl* ◆ **to carry out improvements to a house** apporter des améliorations à *or* faire des travaux d'aménagement dans une maison

**COMP** **improvement grant** **N** subvention *f* pour l'amélioration d'un logement, ≈ prime *f* à l'amélioration de l'habitat

**improvidence** /ɪmˈprɒvɪdəns/ N imprévoyance f, manque m de prévoyance

**improvident** /ɪmˈprɒvɪdənt/ ADJ (= not providing for future) imprévoyant ; (= extravagant) prodigue, dépensier

**improvidently** /ɪmˈprɒvɪdəntlɪ/ ADV avec imprévoyance

**improving** /ɪmˈpruːvɪŋ/ ADJ (= edifying) édifiant

**improvisation** /ˌɪmprəvaɪˈzeɪʃən/ SYN N (gen, Mus) improvisation f

**improvise** /ˈɪmprəvaɪz/ SYN VTI (gen, Mus) improviser

**imprudence** /ɪmˈpruːdəns/ N imprudence f

**imprudent** /ɪmˈpruːdənt/ SYN ADJ imprudent

**imprudently** /ɪmˈpruːdəntlɪ/ ADV imprudemment

**impudence** /ˈɪmpjʊdəns/ SYN N impudence f, effronterie f

**impudent** /ˈɪmpjʊdənt/ SYN ADJ impudent, effronté

**impudently** /ˈɪmpjʊdəntlɪ/ ADV impudemment, avec effronterie

**impugn** /ɪmˈpjuːn/ VT (frm) [+ motives, sincerity, judgment] contester ; [+ honour, reputation] porter gravement atteinte à, attaquer

**impulse** /ˈɪmpʌls/ SYN
N 1 (= sudden desire) impulsion f ✦ **rash impulse** coup m de tête ✦ **on a sudden impulse he...** pris d'une impulsion soudaine il... ✦ **a man of impulse** un impulsif ✦ **to act on (an) impulse** agir par impulsion ✦ **my first impulse was to refuse** ma première impulsion or réaction a été de refuser ✦ **he couldn't resist the impulse** il n'arrivait pas à résister à l'envie ✦ **she resisted an impulse to smile** elle a réprimé son envie de sourire
2 (= stimulus) impulsion f, élan m ✦ **this gave new impulse to the reform process** ça a donné une nouvelle impulsion or un nouvel élan au processus de réforme
3 (Phys, Elec, Physiol) impulsion f
COMP **impulse buy** N achat m d'impulsion
**impulse buying** N achats mpl d'impulsion
**impulse purchase** N ⇒ **impulse buy**

**impulsion** /ɪmˈpʌlʃən/ N impulsion f

**impulsive** /ɪmˈpʌlsɪv/ SYN ADJ 1 (= spontaneous, acting on impulse) [movement] impulsif, spontané ; [temperament] primesautier ; [temper, passion] fougueux ; [act] impulsif, spontané ; [remark] irréfléchi ✦ **she's very impulsive** elle est très impulsive
2 (= impelling) [force] irrésistible

**impulsively** /ɪmˈpʌlsɪvlɪ/ ADV de manière impulsive

**impulsiveness** /ɪmˈpʌlsɪvnɪs/ N (NonC) caractère m impulsif, impulsivité f

**impunity** /ɪmˈpjuːnɪtɪ/ SYN N impunité f ✦ **with impunity** impunément, avec impunité

**impure** /ɪmˈpjʊər/ SYN ADJ [air, water, milk, motive] impur ; [thought, action] impur, impudique ; [drug] frelaté ; (Archit etc) [style] bâtard

**impurity** /ɪmˈpjʊərɪtɪ/ SYN N impureté f

**imputation** /ˌɪmpjʊˈteɪʃən/ SYN N 1 (= accusation) imputation f
2 (NonC) attribution f, imputation f (of sth to sb/sth à qch à qn/qch)

**impute** /ɪmˈpjuːt/ SYN VT imputer, attribuer (sth to sb/sth qch à qn/qch) ✦ **imputed rent/value** (Comm) loyer m/valeur f imputé(e) or implicite ✦ **imputed cost** (Comm) coût m supplétif, charge f supplétive

**IN** abbrev of **Indiana**

---

## in /ɪn/

1 - PREPOSITION
2 - ADVERB
3 - ADJECTIVE
4 - PLURAL NOUN
5 - COMPOUNDS

---

### 1 - PREPOSITION

▶ When **in** is the second element in a phrasal verb, eg **ask in**, **fill in**, **look in**, look up the verb. When it is part of a set combination, eg **in the country**, **in ink**, **in danger**, **weak in**, **wrapped in**, look up the other word.

1 [PLACE] dans ✦ **in the box** dans la boîte ✦ **in the street** dans la rue ✦ **in the shop window** en vitrine ✦ **in sb's house** chez qn
✦ **in it/them** (= inside it, inside them) dedans ✦ **put that in it** mets-le dedans ✦ **there's something in it** il y a quelque chose dedans ✦ **our bags were stolen, and our passports were in them** on nous a volé nos sacs et nos passeports étaient dedans

2 [PEOPLE] chez ✦ **a condition rare in a child of that age** une maladie rare chez un enfant de cet âge ✦ **it's something I admire in her** c'est quelque chose que j'admire chez elle ✦ **we find this theme in Dickens** on trouve ce thème chez Dickens ✦ **the party will have a great leader in him** le parti trouvera en lui un excellent leader

3 [PLANT, ANIMAL] chez ✦ **you find this instinct in animals** on trouve cet instinct chez les animaux ✦ **a condition common in plants, shellfish, and some lizards** une maladie courante chez les plantes, les crustacés et certains lézards

4 [WITH GEOGRAPHICAL NAMES]
✦ **in** + fem countries, regions, islands en

Feminine countries usually end in **-e**

✦ **in England/France** en Angleterre/France ✦ **in Brittany/Provence** en Bretagne/Provence ✦ **in Sicily/Crete** en Sicile/Crète ✦ **in Louisiana/Virginia** en Louisiane/Virginie ✦ **in Cornwall/Bavaria** en Cornouailles/Bavière

**en** is also used with masculine countries beginning with a vowel.

✦ **in Iran/Israel** en Iran/Israël
✦ **in** + masc country au ✦ **in Japan/Kuwait** au Japon/Koweït

Note also the following:

✦ **in the Sahara/Kashmir** au Sahara/Cachemire
✦ **in** + plural country/group of islands aux ✦ **in the United States/West Indies** aux États-Unis/Antilles
✦ **in** + town/island without article à ✦ **in London/Paris** à Londres/Paris ✦ **in Cuba/Malta** à Cuba/Malte
✦ **in** + masculine state/French region/county dans ✦ **in Poitou/Berry** dans le Poitou/le Berry ✦ **in Sussex/Yorkshire** dans le Sussex/le Yorkshire

**dans** is also used with islands with **île** in their name, and many departments.

✦ **in the Drôme/the Var** dans la Drôme/le Var ✦ **in the Isle of Man/the Ile de Ré** dans l'île de Man/l'île de Ré BUT ✦ **in Seine-et-Marne/the Vendée** en Seine-et-Marne/Vendée

5 [WITH TIME EXPRESSIONS] (= in the space of) en ; (= after) dans ✦ **I can't do it in two hours** je ne peux pas le faire en deux heures ✦ **he has written twice in three years** il a écrit deux fois en trois ans ✦ **it'll be ready in three hours** ce sera prêt dans trois heures ✦ **I'll be back in a week** je reviendrai dans une semaine ✦ **once in a hundred years** une fois tous les cent ans

6 [MONTH, YEAR, SEASON] en ✦ **in May** en mai ✦ **in 2002/September 2002** en 2002/septembre 2002 ✦ **in summer/autumn/winter** en été/automne/hiver ✦ **in spring** au printemps

Look up the noun when translating such phrases as **in the morning**, **in the sixties**, **in a minute**, **in a week's time**, **in the end**.

7 [= WEARING] en ✦ **they were all in shorts** ils étaient tous en short ✦ **in his slippers** en pantoufles, dans ses pantoufles ✦ **you look nice in that dress** cette robe te va bien, tu es jolie dans cette robe

8 [LANGUAGE, MEDIUM, MATERIAL] en ✦ **in French** en français ✦ **in marble/velvet** en marbre/velours

9 [RATIO] sur ✦ **one man in ten** un homme sur dix ✦ **what happened was a chance in a million** il y avait une chance sur un million que ce genre de choses arrive ✦ **a one in fifty chance of survival** une chance sur cinquante de survie ✦ **they pay 20 pence in the pound income tax** ils payent 20 pour cent d'impôts sur le revenu

10 [= IN RESPECT OF] ✦ **rough in appearance** d'aspect rugueux ✦ **in that, he resembles his father** en cela, il ressemble à son père

11 [FOLLOWING SUPERLATIVE] de ✦ **the best pupil in the class** le meilleur élève de la classe ✦ **the highest mountain in Europe** la plus haute montagne d'Europe, la montagne la plus haute d'Europe

12 [= WHILE] en ✦ **in saying this, in so saying** en disant cela ✦ **in trying to save her he fell into the water himself** en essayant de la sauver, il est tombé à l'eau

---

### 2 - ADVERB

1 [= INSIDE] à l'intérieur ✦ **she opened the door and they all rushed in** elle a ouvert la porte et ils se sont tous précipités à l'intérieur

When **in** means **in it** or **in them**, it is translated by **y**.

✦ **she opened her bag and put the ticket in** elle a ouvert son sac et y a mis le billet

2 [AT HOME, WORK] **to be in** [person] être là ✦ **the boss isn't in yet** le patron n'est pas encore là

When **in** means **at home**, **chez** + pronoun can also be used.

✦ **he's usually in on Saturday morning** il est généralement là le samedi matin, il est généralement chez lui le samedi matin ✦ **you're never in!** tu n'es jamais là ! ✦ **tu n'es jamais chez toi ! ✦ is Paul in?** est-ce que Paul est là ? BUT ✦ **there's nobody in** il n'y a personne

**to be in** may require a more specific translation.

✦ **the train is in** le train est en gare ✦ **he's in for tests** il est venu faire des analyses ✦ **the essays have to be in by Friday** les dissertations doivent être rendues d'ici vendredi ✦ **the harvest is in** la moisson est rentrée ✦ **the socialists are in!** les socialistes sont au pouvoir ! ✦ **the fire is still in** il y a encore du feu ✦ **the screw was not in properly** la vis n'était pas bien enfoncée

3 [SET STRUCTURES]
✦ **in between** ✦ **the pages in between are completely blank** les pages du milieu sont vierges ✦ **in between he will give three concerts** entre-temps or dans l'intervalle, il donnera trois concerts
✦ **in between** + noun/pronoun entre ✦ **he positioned himself in between the two weakest players** il s'est placé entre les deux joueurs les plus faibles ✦ **in between adventures, he finds time for...** entre deux aventures, il trouve le temps de... ; see also compounds
✦ **to be in for sth** (= be threatened with) ✦ **we are in for trouble*** nous allons avoir des ennuis ✦ **you don't know what you're in for!*** tu ne sais pas ce qui t'attend ! ✦ **he's in for it!*** il va en prendre pour son grade ! ✦ **to be in for a competition/exam** (= to be entered for) être inscrit à un concours/examen
✦ **to be in on sth*** (= know about) ✦ **to be in on a plan/secret** être au courant d'un plan/d'un secret ✦ **are you in on it?** tu es au courant ?
✦ **in that** (= seeing that) ✦ **the new treatment is preferable in that...** le nouveau traitement est préférable car...
✦ **to be well in with sb*** être dans les petits papiers de qn ✦ **she's well in with the management** elle est bien avec la direction

---

### 3 - ADJECTIVE

[ * = FASHIONABLE] **in** inv, à la mode ✦ **straw hats are in** les chapeaux de paille sont à la mode ✦ **it's the in place to eat** c'est le restaurant branché* or à la mode en ce moment ✦ **it's the in thing to...** c'est très in * or à la mode de... + infin

---

### 4 - PLURAL NOUN

**the ins**

1 [= DETAILS]
✦ **the ins and outs** ✦ **to know the ins and outs of a matter** connaître les tenants et aboutissants d'une affaire, connaître une affaire dans ses moindres détails ✦ **she knows the ins and outs of the system** le système n'a plus de secret pour elle, elle connaît le système dans ses moindres détails

2 [US Pol *] le parti au pouvoir

---

### 5 - COMPOUNDS

**in-between** N ✦ **the in-betweens** ceux qui sont entre les deux ADJ ✦ **it's in-between** c'est entre les deux ✦ **in-between times** dans les intervalles ✦ **it was in-between*** **weather** c'était un temps mitigé ✦ **a coat for in-between*** **weather** un manteau de demi-saison
**in-built** ADJ (esp Brit) [feeling, tendency] inné ; [feature, device] intégré ✦ **in-built limitation** limite f inhérente au système
**in-car** ADJ [system, CD player] embarqué
**the in-crowd*** N les branchés* mpl, les gens mpl in ✦ **to be in with the in-crowd** faire partie des branchés * or des gens in

**in-depth** ADJ en profondeur ◆ **in-depth interview** interview f en profondeur
**in-flight** ADJ [refuelling] en vol ; [film, entertainment] proposé pendant le vol ◆ **in-flight meal** repas m servi pendant le vol ◆ **in-flight magazine** magazine m de voyage (destiné aux passagers aériens)
**in-goal area** N (Rugby) en-but m inv
**in-group** N cercle m fermé
**in-house** ADJ (= designed for staff) [publication] interne ; [training] en entreprise or en interne ; (= made within company) [video etc] réalisé en interne ADV [train, produce etc] en interne
**in-joke** N plaisanterie f pour initiés
**in-laws*** NPL (= parents-in-law) beaux-parents mpl ; (others) belle-famille f
**in-off*** N (Football) ◆ **the goal was an in-off** le but a été marqué après un cafouillage dans la surface de réparation
**in-patient** N ⇒ **inpatient**
**in-service education** N (US) formation f continue
**in-service training** N formation f continue ◆ **to have in-service training** [new employee] faire un stage d'initiation ; [present employee] faire un stage de perfectionnement ; (new subject) faire un stage de recyclage ◆ **to have in-service training in the use of computers** suivre un stage d'informatique dans son entreprise
**in-store** ADJ [detective] employé par le magasin ; [theft] commis par un membre du personnel
**in-tray** N corbeille f « arrivée »
**in-your-face***, **in-yer-face*** ADJ cru

**-in** /ɪn/ N (in compounds) particule qui désigne une réunion ou un rassemblement ◆ **a talk-in** une réunion où l'on discute ; → **sit-in, teach**

**in.** abbrev of **inch**

**inability** /ˌɪnəˈbɪlɪtɪ/ SYN N incapacité f (to do sth de faire qch), inaptitude f (to do sth à faire qch)

**in absentia** /ˌɪnæbˈsentɪə/ ADV (frm) en votre (or leur etc) absence

**inaccessibility** /ˌmækˌsesəˈbɪlɪtɪ/ N inaccessibilité f

**inaccessible** /ˌɪnækˈsesəbl/ SYN ADJ (lit, fig) inaccessible (to sb/sth à qn/qch) ◆ **to be inaccessible by road/by land/by boat/by sea** être inaccessible par la route/par voie terrestre/par bateau/par voie maritime

**inaccuracy** /ɪnˈækjʊrəsɪ/ SYN N (NonC) [of calculation, information, translation, quotation, statement] inexactitude f ; [of person] imprécision f, manque m de précision ; [of expression, term, word] inexactitude f, impropriété f
2 (= error) inexactitude f ◆ **there are several inaccuracies in his account** son rapport contient plusieurs inexactitudes

**inaccurate** /ɪnˈækjʊrɪt/ SYN ADJ [information, statement, picture, forecast] inexact ; [method, instrument, missile, shot] imprécis ◆ **he is inaccurate** il fait des erreurs ◆ **the clock is inaccurate** l'horloge n'est pas à l'heure ◆ **it is inaccurate to say that...** il est inexact de dire que...

**inaccurately** /ɪnˈækjʊrɪtlɪ/ SYN ADV [answer, quote, report] avec inexactitude, inexactement ; [multiply] incorrectement

**inaction** /ɪnˈækʃən/ SYN N inaction f, inertie f ◆ **policy of inaction** politique f de l'inaction or de non-intervention

**inactivate** /ɪnˈæktɪˌveɪt/ VT inactiver

**inactivation** /ɪnˌæktɪˈveɪʃən/ N inactivation f

**inactive** /ɪnˈæktɪv/ SYN ADJ 1 [person, animal, lifestyle, bank account] inactif ; [member] non participant
2 (Chem) [substance] non actif, inerte
3 [volcano] (= extinct) inactif, éteint ; (= dormant) assoupi

**inactivity** /ˌɪnækˈtɪvɪtɪ/ SYN N inactivité f

**inadequacy** /ɪnˈædɪkwəsɪ/ SYN N [of system, punishment, resources, piece of work] insuffisance f ; (Psych) inadaptation f or insuffisance f socio-affective ◆ **the inadequacies of the current system** les insuffisances du système actuel

**inadequate** /ɪnˈædɪkwɪt/ SYN
ADJ (= insufficient) [resources, funding, protection, information, preparation, amount] insuffisant ; (= unsatisfactory) [facilities, housing, training, response, diet] inadéquat, inadapté ; (= incompetent) incompétent ; (Psych) mal adapté or inadapté (sur le plan socio-affectif) ◆ **he's inadequate** il ne fait pas le poids, il n'est pas à la hauteur ◆ **he felt totally inadequate** il ne se sentait absolument pas à la hauteur ◆ **inadequate staffing levels** manque m de personnel ◆ **the proposed legislation is quite inadequate for this purpose** la législation en projet est tout à fait insuffisante or inadéquate pour atteindre ce but ◆ **the amount offered is inadequate to cover the expenses** la somme proposée ne suffit pas à couvrir les frais
N (also **social inadequate**) inadapté(e) m(f)

**inadequately** /ɪnˈædɪkwɪtlɪ/ SYN ADV insuffisamment

**inadmissible** /ˌɪnədˈmɪsəbl/ SYN ADJ [attitude, opinion, behaviour] inadmissible ; [suggestion, offer] inacceptable ◆ **inadmissible evidence** (Jur) témoignage m irrecevable

**inadvertence** /ˌɪnədˈvɜːtəns/ N manque m d'attention, étourderie f ◆ **by** or **through inadvertence** par inadvertance, par mégarde

**inadvertent** /ˌɪnədˈvɜːtənt/ ADJ 1 (= heedless) [person] insouciant (to de) ; [action] commis par inadvertance or par mégarde ◆ **an inadvertent insult** une insulte lâchée par étourderie
2 (= inattentive) [person] inattentif, étourdi

**inadvertently** /ˌɪnədˈvɜːtəntlɪ/ SYN ADV par inadvertance or mégarde

**inadvisability** /ˈɪnədˌvaɪzəˈbɪlɪtɪ/ N inopportunité f (of doing sth de faire qch)

**inadvisable** /ˌɪnədˈvaɪzəbl/ LANGUAGE IN USE 2.2 SYN ADJ [action, scheme] inopportun, à déconseiller ◆ **it is inadvisable to do...** il est déconseillé de faire...

**inalienable** /ɪnˈeɪlɪənəbl/ ADJ (Jur, fig) [rights, affection] inaliénable

**inamorata** /ɪnˌæməˈrɑːtə/ N (liter) amoureuse f

**inamorato** /ɪnˌæməˈrɑːtəʊ/ N amoureux m

**inane** /ɪˈneɪn/ SYN ADJ [person, action] inepte, bête ; [question, smile, grin] bête ◆ **inane remark** observation f inepte, ineptie f ◆ **what an inane thing to do!** faut-il être bête pour faire une chose pareille !

**inanely** /ɪˈneɪnlɪ/ ADV [grin, laugh] bêtement ; [talk] sottement

**inanimate** /ɪnˈænɪmɪt/ SYN ADJ inanimé

**inanition** /ˌɪnəˈnɪʃən/ N inanition f

**inanity** /ɪˈnænɪtɪ/ N ineptie f

**inappetence** /ɪnˈæpətəns/ N (Med) inappétence f

**inapplicable** /ɪnˈæplɪkəbl/ SYN ADJ inapplicable (to à)

**inappropriate** /ˌɪnəˈprəʊprɪɪt/ SYN ADJ [action, behaviour, remark] inopportun, déplacé ; [word, expression] impropre ; [name] mal choisi, impropre ; [moment] inopportun, mauvais ◆ **it would be inappropriate for me to comment** il ne m'appartient pas de commenter ◆ **many parents feel it is inappropriate to discuss finances with their children** beaucoup de parents trouvent inopportun or déplacé de parler de questions financières avec leurs enfants
◆ **inappropriate to** + noun ◆ **the factory is inappropriate to the town's needs** l'usine ne répond pas or n'est pas adaptée aux besoins de la ville ◆ **clothing inappropriate to their status** des vêtements qui ne correspondent pas or ne sont pas appropriés à leur statut

**inappropriately** /ˌɪnəˈprəʊprɪɪtlɪ/ SYN ADV [remark, reply] mal à propos, inopportunément ◆ **to behave inappropriately** ne pas se comporter comme il faut (or fallait etc) ; (= harrass) se conduire de façon déplacée ◆ **if a colleague is behaving inappropriately, ask him to stop** si l'un de vos collègues se conduit de façon déplacée, demandez-lui d'arrêter ◆ **he was asking questions quite inappropriately** il posait des questions de façon tout à fait inopportune ◆ **he was dressed inappropriately for...** il n'était pas habillé comme il fallait pour...

**inappropriateness** /ˌɪnəˈprəʊprɪɪtnəs/ N [of action, behaviour, remark] caractère m inopportun or déplacé ; [of word] impropriété f

**inapt** /ɪnˈæpt/ SYN ADJ 1 [remark, behaviour] peu approprié
2 [person] inapte, incapable

**inaptitude** /ɪnˈæptɪtjuːd/ N 1 [of remark, behaviour] caractère m peu approprié
2 [of person] inaptitude f, incapacité f

**inarticulacy** /ˌɪnɑːˈtɪkjʊləsɪ/ N difficulté f à s'exprimer ◆ **he was suddenly reduced to inarticulacy** il était soudain incapable de s'exprimer

**inarticulate** /ˌɪnɑːˈtɪkjʊlɪt/ SYN ADJ 1 (= incoherent) [speech] mal articulé ; [sound, noise] inarticulé ; [emotion] inexprimable ◆ **he is inarticulate** (= unable to express himself) il s'exprime mal, il n'arrive pas à s'exprimer ; (in pronunciation) il articule mal, il avale ses mots ◆ **inarticulate with anger** bafouillant or bégayant de colère
2 [body, structure] inarticulé

**inarticulately** /ˌɪnɑːˈtɪkjʊlɪtlɪ/ ADV [mumble] de manière confuse

**inartistic** /ˌɪnɑːˈtɪstɪk/ ADJ [work] peu artistique, sans valeur artistique ; [person] dépourvu de sens artistique, peu artiste

**inartistically** /ˌɪnɑːˈtɪstɪkəlɪ/ ADV sans talent (artistique), de façon peu artistique

**inasmuch** /ˌɪnəzˈmʌtʃ/ ADV ◆ **inasmuch as** (= seeing that) attendu que, vu que ; (= insofar as) en ce sens que, dans la mesure où

**inattention** /ˌɪnəˈtenʃən/ SYN N manque m d'attention, inattention f ◆ **inattention to details** manque m d'attention pour les détails ◆ **a moment's inattention** un moment d'inattention

**inattentive** /ˌɪnəˈtentɪv/ SYN ADJ (= not paying attention) inattentif, distrait ; (= neglectful) peu attentionné, négligent (towards sb envers qn) ◆ **he was inattentive to details** il accordait peu d'attention aux détails ◆ **he was inattentive to her requests** il était peu attentif à ses demandes

**inattentively** /ˌɪnəˈtentɪvlɪ/ ADV distraitement, sans prêter attention

**inaudible** /ɪnˈɔːdəbl/ SYN ADJ [sound, whisper, voice] inaudible ◆ **he was almost inaudible** il était presque inaudible, on l'entendait à peine ◆ **sounds that are inaudible to humans** des sons qui ne sont pas perceptibles à l'oreille humaine

**inaudibly** /ɪnˈɔːdəblɪ/ ADV [speak, mumble] de manière inaudible

**inaugural** /ɪˈnɔːgjʊrəl/ SYN ADJ inaugural ◆ **inaugural lecture** (Univ) cours m inaugural ◆ **inaugural ceremony** cérémonie f d'inauguration or d'ouverture

**inaugurate** /ɪˈnɔːgjʊreɪt/ SYN VT 1 [+ policy] inaugurer, mettre en application ; [+ new rail service etc] inaugurer ; [+ era] inaugurer, commencer
2 [+ president, official] investir dans ses fonctions ; [+ bishop, king, pope] introniser ◆ **to inaugurate sb as mayor** investir qn de ses fonctions de maire

**inauguration** /ɪˌnɔːgjʊˈreɪʃən/ SYN
N [of president, governor, government] investiture f ; [of bishop, king, pope] intronisation f ; [of building, institution, service] inauguration f
COMP **Inauguration Day** N (US Pol) jour m de l'investiture du président

▸ **INAUGURATION DAY**
Les élections présidentielles américaines ont lieu au mois de novembre, mais le nouveau président ne prête serment que deux mois plus tard, le 20 janvier, **Inauguration Day**, à l'occasion d'une cérémonie d'investiture qui se tient dans la ville de Washington.

**inauspicious** /ˌɪnɔːˈspɪʃəs/ SYN ADJ [beginning, event] peu propice, de mauvais augure ; [circumstances] malencontreux, fâcheux

**inauspiciously** /ˌɪnɔːˈspɪʃəslɪ/ ADV sous de mauvais auspices

**inboard** /ˈɪnbɔːd/
ADV à l'intérieur, à bord
PREP à bord de
ADJ intérieur (-eure f)
COMP **inboard motor** N (moteur m) in-bord m

**inborn** /ˈɪnbɔːn/ SYN ADJ [talent, ability, instinct, desire, fear] inné ; [weakness, fault] congénital

**inbound** /ˈɪnbaʊnd/ ADJ ◆ **an inbound flight from Honduras** un vol en provenance du Honduras ◆ **a plane/flight inbound for Heathrow Airport** un avion/vol arrivant à l'aéroport de Heathrow

**inbred** /ˈɪnbred/ SYN ADJ 1 (= innate) inné (in sb chez qn)
2 (Soc, Bio) [family, tribe] qui possède un fort degré de consanguinité ; [person] de parents ayant un fort degré de consanguinité ; [animal] issu de la même souche

**inbreeding** /ˈɪnbriːdɪŋ/ N [of animals] croisement m d'animaux de même souche ◆ **there is a lot of inbreeding in the tribe** il y a beaucoup d'unions consanguines au sein de la tribu

**inc** abbrev of **including, inclusive**

**Inc.** (abbrev of **Incorporated**) SA ◆ **Gough and Gautier Inc.** Gough et Gautier SA

**Inca** /ˈɪŋkə/
**N** (pl **Inca** *or* **Incas**) [1] Inca *mf*
[2] (= *language*) quichua *m*
**ADJ** inca *inv*

**incalculable** /ɪnˈkælkjʊləbl/ SYN **ADJ** [1] (= *immeasurable*) *[effect, consequences, damage, risk, cost, loss]* incalculable ; *[value, importance, benefit]* inestimable
[2] (= *unpredictable*) *[mood]* imprévisible

**incandescence** /ˌɪnkænˈdesns/ **N** incandescence *f*

**incandescent** /ˌɪnkænˈdesnt/
**ADJ** [1] (*lit* = *glowing*) incandescent
[2] (*fig*, *liter* = *radiant*) rayonnant
[3] (= *furious*) ◆ **he was incandescent (with rage** *or* **fury)** il était blême de rage
**COMP** *[bulb, lamp, light]* à incandescence

**incantation** /ˌɪnkænˈteɪʃən/ SYN **N** incantation *f*

**incantatory** /ˌɪnkænˈteɪtərɪ/ **ADJ** incantatoire

**incapability** /ɪnˌkeɪpəˈbɪlɪtɪ/ **N** (*Jur, fig*) incapacité *f* (*of doing sth* de faire qch)

**incapable** /ɪnˈkeɪpəbl/ LANGUAGE IN USE 16.4 SYN **ADJ** *[person]* incapable (*of doing sth* de faire qch) ; (*Jur*) incapable, inapte ◆ **I'm not incapable, I can manage** je ne suis pas invalide, je peux me débrouiller ◆ **incapable of violence/tenderness/love/murder** incapable de violence/de tendresse/d'aimer/de commettre un meurtre ◆ **he was incapable of movement** il était incapable de bouger ◆ **incapable of proof/analysis** (*frm*) impossible à prouver/analyser ◆ **to be incapable of solution** (*frm*) être insoluble *or* sans solution, ne pouvoir être résolu

**incapacitate** /ˌɪnkəˈpæsɪteɪt/ SYN **VT** [1] handicaper ◆ **she was incapacitated by diabetes** elle était handicapée par ses problèmes de diabète ◆ **to be incapacitated for work** *or* **from working** être dans l'incapacité de travailler, être en invalidité ◆ **heart problems incapacitated him** ses problèmes cardiaques l'empêchaient de mener une vie normale
[2] (*Jur*) frapper d'incapacité

**incapacitated** /ˌɪnkəˈpæsɪteɪtɪd/ **ADJ** handicapé ◆ **he was incapacitated with severe back pain** il était immobilisé souffrant d'un sérieux mal de dos

**incapacitating** /ˌɪnkəˈpæsɪteɪtɪŋ/ **ADJ** ◆ **incapacitating headaches** des maux *mpl* de tête qui empêchent toute activité ◆ **he had an incapacitating heart condition** ses problèmes cardiaques l'empêchaient de poursuivre des activités normales ◆ **she suffered an incapacitating stroke** elle a eu une attaque qui l'a laissée handicapée

**incapacity** /ˌɪnkəˈpæsɪtɪ/ SYN
**N** [1] incapacité *f* (*to do* de faire), incompétence *f* (*to do sth* pour faire qch), impuissance *f* (*to do sth* à faire qch ; *for sth* en matière de qch)
[2] (*Jur*) incapacité *f* (légale)
**COMP** **incapacity benefit N** (*Brit*) allocation *f* d'invalidité

**incarcerate** /ɪnˈkɑːsəreɪt/ SYN **VT** incarcérer

**incarceration** /ɪnˌkɑːsəˈreɪʃən/ **N** incarcération *f*

**incarnate** /ɪnˈkɑːnɪt/ SYN (*Rel, fig*)
**ADJ** incarné ◆ **the Incarnate Word** (*Rel*) le Verbe incarné ◆ **he's evil/the devil incarnate** c'est le mal/le diable incarné ◆ **he is cynicism incarnate** il est le cynisme incarné
**VT** /ˈɪnkɑːneɪt/ incarner

**incarnation** /ˌɪnkɑːˈneɪʃən/ SYN **N** (*Rel, fig*) incarnation *f* ◆ **she is the incarnation of virtue** c'est la vertu incarnée ◆ **in a previous incarnation** dans une vie antérieure

**incautious** /ɪnˈkɔːʃəs/ SYN **ADJ** *[person]* imprudent ; *[remark, promise, action]* irréfléchi ; *[behaviour]* inconsidéré

**incautiously** /ɪnˈkɔːʃəslɪ/ SYN **ADV** imprudemment, sans réfléchir

**incendiary** /ɪnˈsendɪərɪ/ SYN
**ADJ** (*lit, fig*) incendiaire
**N** (= *bomb*) engin *m* *or* bombe *f* incendiaire ; (= *arsonist*) incendiaire *mf* ; (*fig*) (= *agitator*) brandon *m* de discorde
**COMP** **incendiary device N** dispositif *m* incendiaire

**incense**[1] /ɪnˈsens/ SYN **VT** (= *anger*) mettre en fureur ; (*stronger*) mettre dans une rage folle

**incense**[2] /ˈɪnsens/ SYN
**N** encens *m*
**COMP** **incense bearer N** thuriféraire *m*
**incense burner N** encensoir *m*
**incense stick N** bâtonnet *m* d'encens

**incensed** /ɪnˈsenst/ SYN **ADJ** outré (*at, by* de, par), révolté (*at, by* par)

**incentive** /ɪnˈsentɪv/ SYN
**N** [1] (= *motivation*) motivation *f* ◆ **he has got no incentive** il n'a aucune motivation, il n'est absolument pas motivé ◆ **this gave me an incentive** cela m'a motivé *or* m'a donné une motivation ◆ **there is no incentive to work hard** rien ne vous incite *or* ne vous pousse à travailler dur ◆ **what incentive is there to work faster?** pour quelle (bonne) raison se mettrait-on à travailler plus vite ? ◆ **they have little incentive to keep going** peu de choses les motivent *or* incitent à continuer ◆ **to provide incentive(s) for sth** encourager qch à l'aide de mesures incitatives
[2] (= *promised reward*) incitation *f* (*Marketing*) prime *f* ◆ **financial/economic incentives** incitations *fpl* financières/économiques ◆ **they offered him an incentive** ils lui ont promis qu'il serait récompensé ; see also **tax**
**COMP** **incentive bonus N** prime *f* d'encouragement
**incentive discount N** remise *f* promotionnelle
**incentive payment N**
**incentive scheme** système *m* de primes ⇒ **incentive bonus**

**inception** /ɪnˈsepʃən/ SYN **N** commencement *m*, début *m* ◆ **since its inception** depuis ses débuts

**incertitude** /ɪnˈsɜːtɪtjuːd/ **N** incertitude *f*

**incessant** /ɪnˈsesnt/ SYN **ADJ** *[complaints]* incessant, perpétuel ; *[rain, efforts]* incessant

**incessantly** /ɪnˈsesntlɪ/ SYN **ADV** sans arrêt

**incest** /ˈɪnsest/ **N** inceste *m*

**incestuous** /ɪnˈsestjʊəs/ **ADJ** (*lit*) incestueux ◆ **they're an incestuous lot** (*fig*) ils sont très repliés sur eux-mêmes, ils vivent entre eux ◆ **it's a very incestuous world** (*fig*) c'est un univers où tout le monde se connaît

**incestuously** /ɪnˈsestjʊəslɪ/ **ADV** incestueusement

**inch** /ɪntʃ/
**N** pouce *m* ( = 2,54 *cm*) ◆ **he has grown a few inches since last year** ≈ il a grandi de quelques centimètres depuis l'année dernière ◆ **not an inch from my face** *or* **nose** en plein *or* juste devant mon nez ◆ **he couldn't see an inch in front of him** il n'y voyait pas à deux pas ◆ **not an inch of the cloth is wasted** on ne perd pas un centimètre de tissu ◆ **not an inch of French territory will be conceded** on ne cédera pas un pouce de territoire français ◆ **he knows every inch of the district** il connaît la région comme sa poche *or* (jusque) dans ses moindres recoins ◆ **we searched every inch of the room** nous avons cherché partout dans la pièce, nous avons passé la pièce au peigne fin ◆ **the police were searching the area inch by inch** la police passait le quartier au peigne fin ◆ **an inch-by-inch search** une fouille minutieuse ◆ **he wouldn't budge an inch** (*lit*) il n'a pas voulu bouger d'un pouce ; (*fig*) il n'a pas voulu faire la plus petite concession *or* céder d'un pouce ◆ **he's every inch a soldier** il a tout d'un soldat, il est soldat jusqu'à la moelle ◆ **she's every inch a lady** c'est une femme du monde jusqu'au bout des ongles, elle a tout d'une femme du monde ◆ **within an inch of succeeding/of death** *etc* à deux doigts *or* à un doigt de réussir/de la mort *etc* ◆ **they beat him to within an inch of his life** ils l'ont roué de coups et laissé à deux doigts de la mort ◆ **he missed being run over by inches** il a été à deux doigts de se faire écraser ◆ **give him an inch and he'll take a yard** *or* **a mile** vous lui donnez le doigt, il vous prend le bras
**VI** ◆ **to inch (one's way) forward/out/in** *etc* avancer/sortir/entrer *etc* peu à peu *or* petit à petit ◆ **to inch (one's way) through** se frayer peu à peu un passage ◆ **prices are inching up** les prix augmentent petit à petit
**VT** ◆ **to inch sth forward/in/out** *etc* faire avancer/entrer/sortir *etc* qch peu à peu *or* petit à petit

**inchoate** /ˈɪnkəʊeɪt/ **ADJ** (*frm*) (= *just begun*) naissant, débutant ; (= *half-formed*) vague, mal défini ; (= *unfinished*) incomplet (-ète *f*), inachevé

**inchoative** /ɪnˈkəʊətɪv/ **ADJ** (*Ling*) *[aspect, verb]* inchoatif

**inchtape** /ˈɪntʃteɪp/ **N** centimètre *m* (de couturière)

**inchworm** /ˈɪntʃwɜːm/ **N** (chenille *f*) arpenteuse *f*

**incidence** /ˈɪnsɪdəns/ **N** [1] *[of disease]* fréquence *f*, incidence *f* ; *[of crime]* taux *m* ◆ **the incidence of breast cancer increases with age** la fréquence *or* l'incidence des cancers du sein augmente avec l'âge ◆ **the high incidence of heart disease in men over 40** le taux élevé des maladies cardiaques chez les hommes de plus de 40 ans ◆ **record incidences of pneumonia and bronchitis** un nombre record de cas de pneumonie et de bronchite
[2] (*Opt, Phys etc*) incidence *f* ; → **angle**[1]

**incident** /ˈɪnsɪdənt/ SYN
**N** [1] incident *m* ; (*in book, play etc*) épisode *m*, péripétie *f* ◆ **there were several incidents on the border last month** il y a eu plusieurs incidents frontaliers le mois dernier ◆ **two students were killed in separate incidents** deux étudiants ont été tués dans deux incidents différents ◆ **a diplomatic incident** un incident diplomatique ◆ **the Birmingham incident** l'incident de Birmingham *or* qui a eu lieu à Birmingham ◆ **incidents of violence** actes *mpl* de violence
[2] (*NonC*) ◆ **the elections went ahead without incident** les élections se sont poursuivies sans incident ◆ **a novel full of incident** un roman plein de péripéties ◆ **a life full of incident** une vie mouvementée
**ADJ** [1] (*frm*) ◆ **incident to** lié à ◆ **costs incident to the development of the new model** les coûts liés au développement du nouveau modèle
[2] (*Opt*) incident
**COMP** **incident room N** (*Police*) bureau *m* de police (*provisoirement installé sur les lieux d'une enquête*)

**incidental** /ˌɪnsɪˈdentl/ SYN
**ADJ** (= *accompanying*) annexe ; (= *secondary*) d'importance secondaire, annexe ; (= *unplanned*) accidentel, fortuit ; (= *relating to a particular incident*) *[detail]* accessoire, secondaire ◆ **I don't know much about the incidental background** je connais mal les circonstances annexes ◆ **teaching is incidental to my main occupation of translating** l'enseignement n'est pour moi qu'une activité annexe par rapport à la traduction ◆ **these minor characters are incidental to the story** ces personnages secondaires ne sont pas essentiels à l'histoire ◆ **the dangers incidental to such exploration** les dangers que comporte une telle exploration
**N** *[event etc]* chose *f* fortuite ◆ **that's just an incidental** ça n'a pas de rapport avec la question ◆ **incidentals** (= *expenses*) faux frais *mpl* ; (= *objects*) accessoires *mpl*
**COMP** **incidental damages NPL** (*Jur*) dommages-intérêts *mpl* accessoires
**incidental expenses NPL** faux frais *mpl*
**incidental music N** (*TV*) musique *f* de fond ; (*Theat*) musique *f* de scène ; (*Cine*) musique *f* de film ◆ **the incidental music to the play** la musique qui accompagne la pièce

**incidentally** /ˌɪnsɪˈdentəlɪ/ SYN **ADV** [1] (= *by the way*) (*at start of sentence*) au fait, à propos ; (*in middle, at end of sentence*) soit dit en passant, entre parenthèses ◆ **incidentally, why have you come?** au fait *or* à propos, pourquoi es-tu venu ? ◆ **the tower, incidentally, dates from the 12th century** la tour, entre parenthèses, date du 12[e] siècle
[2] (= *casually*) *[mention, happen]* incidemment ◆ **it was only incidentally interesting** cela n'avait qu'un intérêt accessoire

**incinerate** /ɪnˈsɪnəreɪt/ SYN **VT** incinérer

**incineration** /ɪnsɪnəˈreɪʃən/ **N** incinération *f*

**incinerator** /ɪnˈsɪnəreɪtə[r]/ **N** (*domestic, industrial*) incinérateur *m* ; *[of crematorium]* four *m* crématoire

**incipient** /ɪnˈsɪpɪənt/ SYN **ADJ** *[quarrel, disease, revolt]* naissant, qui commence ◆ **the incipient uprising was suppressed** la révolte naissante a été étouffée, la révolte a été écrasée dans l'œuf

**incise** /ɪnˈsaɪz/ SYN **VT** [1] inciser, faire une incision dans
[2] (*Art*) graver

**incision** /ɪnˈsɪʒən/ SYN **N** incision *f*, entaille *f* ; (*Surg*) incision *f*

**incisive** /ɪnˈsaɪsɪv/ SYN **ADJ** *[tone, analysis, comment, criticism]* incisif ; *[mind]* pénétrant ◆ **she's very incisive** elle a l'esprit très vif

**incisively** /ɪnˈsaɪsɪvlɪ/ **ADV** *[say]* sur un ton incisif ; *[analyse, criticize]* de façon pénétrante

**incisiveness** /ɪnˈsaɪsɪvnɪs/ SYN N [of person, comment, criticism, analysis] perspicacité f ◆ **the incisiveness of his mind** son acuité d'esprit ◆ **the incisiveness of his tone was almost aggressive** son ton était incisif au point d'en être presque agressif

**incisor** /ɪnˈsaɪzəʳ/ N (= tooth) incisive f

**incite** /ɪnˈsaɪt/ SYN VT inciter, pousser (to à) ◆ **to incite sb to violence/revolt** etc inciter or pousser qn à la violence/la révolte etc ◆ **to incite sb to do sth** inciter or pousser qn à faire qch ◆ **they were incited to break the law** on les a incités or poussés à enfreindre la loi

**incitement** /ɪnˈsaɪtmənt/ SYN N (NonC) incitation f (to à)

**incivility** /ˌɪnsɪˈvɪlɪtɪ/ SYN N (NonC) impolitesse f, incivilité † f (also liter) ◆ **there was an exchange of incivilities** ils ont échangé des amabilités (iro)

**incl.** abbrev of including, inclusive

**inclemency** /ɪnˈklemənsɪ/ SYN N inclémence f

**inclement** /ɪnˈklemənt/ SYN ADJ inclément

**inclination** /ˌɪnklɪˈneɪʃən/ SYN N 1 (= liking, wish) inclination f, penchant m ; (= tendency) tendance f ; (= desire) envie f ◆ **children with little inclination for schooling** des enfants qui montrent peu d'inclination or de penchant pour les études ◆ **she was by inclination generous** elle était généreuse par inclination ◆ **I had no inclination to sleep** je n'avais aucune envie de dormir ◆ **I have neither the time nor the inclination (to do)** je n'ai ni le temps ni l'envie (de faire) ◆ **she's a playwright by inclination** elle est auteur dramatique par goût ◆ **to follow one's own inclinations** suivre son inclination or ses penchants (naturels) ◆ **he has an inclination towards meanness** il a tendance à être mesquin ◆ **her natural inclination was to help him** son inclination naturelle la portait à lui venir en aide

2 (= slope, leaning) [of hill] inclinaison f, pente f ; [of head, body] inclination f

**incline** /ɪnˈklaɪn/
▸ VT 1 (= bend, bow) incliner, pencher ◆ **Jack inclined his head very slightly** Jack a très légèrement incliné or penché la tête ◆ **inclined at an angle of...** incliné à un angle de...

2 (fig : gen pass) ◆ **to incline sb to do sth** porter qn à faire qch ◆ **to be inclined to do sth** (= have a tendency to) avoir tendance à faire qch ; (= feel desire to) être enclin à faire qch ◆ **he's inclined to be lazy** il a tendance à être paresseux ◆ **the drawer is inclined to stick** le tiroir a tendance à se coincer ◆ **I'm inclined to think that...** j'ai tendance à penser que... ◆ **I'm inclined to believe you** je suis tenté de te croire ◆ **I'm more inclined to believe her than her sister** j'aurais tendance à la croire elle, plutôt que sa sœur ◆ **he's that way inclined** il est comme ça ◆ **to be criminally inclined** avoir des tendances criminelles ◆ **to be artistically inclined** avoir des dispositions pour l'art ◆ **if you feel (so) inclined** si le cœur vous en dit ◆ **to be well** or **favourably inclined towards sb** être bien disposé envers qn

▸ VI 1 (= slope) s'incliner ; (= bend, bow) s'incliner, se pencher

2 (= tend towards) ◆ **she inclines to the opinion that...** elle est plutôt d'avis que..., elle aurait tendance à croire que... ◆ **he inclines to laziness** il incline à la paresse, il a tendance à être paresseux ◆ **his politics incline towards socialism** ses idées politiques tendent vers le socialisme

▸ N /ˈɪnklaɪn/ pente f, inclinaison f ; (on railway) plan m incliné ◆ **a steep incline** une pente raide
COMP **inclined plane** N plan m incliné

**inclinometer** /ˌɪnklɪˈnɒmɪtəʳ/ N [of aircraft] inclinomètre m, clinomètre m

**inclose** /ɪnˈkləʊz/ VT ⇒ enclose

**inclosure** /ɪnˈkləʊʒəʳ/ N ⇒ enclosure

**include** /ɪnˈkluːd/ SYN VT inclure, comprendre ◆ **the trip will include Brazil, Argentina and Chile** le Brésil, l'Argentine et le Chili seront inclus dans le trajet ◆ **the President will include this idea in his plan** le Président inclura cette idée dans son plan ◆ **the hostages include three Britons** il y a trois Britanniques parmi les otages ◆ **does that remark include me?** est-ce que cette remarque s'adresse aussi à moi ? ◆ **he included my mother in the invitation** ma mère était comprise dans son invitation ◆ **the invitation includes everybody** l'invitation s'adresse à tout le monde ◆ **everyone, children included** tout le monde, les enfants y compris ◆ **all of us, myself included** nous tous, moi y compris ◆ **the district includes...** la région comprend...

◆ **to be included** (in price) être compris or inclus ◆ **wine was included in the price** le vin était compris or inclus dans le prix ◆ **"service included/not included"** « service compris/non compris » ◆ **your name is not included on the list** votre nom ne figure pas sur la liste ◆ **they were all included in the accusation** ils étaient tous visés par l'accusation ◆ **I had worked hard to be included in a project like this** j'avais travaillé dur pour participer à un projet comme celui-ci

▸ **include out*** VT SEP ◆ **include me out!** ne comptez pas sur moi !

**including** /ɪnˈkluːdɪŋ/ SYN PREP y compris ◆ **that comes to €40 including packing** cela fait 40 € y compris l'emballage ◆ **there were six rooms including the kitchen** y compris six pièces y compris la cuisine ◆ **(not) including service charge** service (non) compris ◆ **not including tax** taxe non comprise ◆ **up to and including chapter five** jusqu'au chapitre cinq inclus ◆ **up to and including 4 May** jusqu'au 4 mai inclus ◆ **several projects, including...** plusieurs projets, dont... or parmi lesquels... ◆ **many conditions, including allergies, can be treated with homeopathic remedies** beaucoup de maladies, dont or et notamment les allergies, peuvent être traitées par l'homéopathie ◆ **several people, including my father, had been invited** plusieurs personnes, dont mon père, avaient été invitées

**inclusion** /ɪnˈkluːʒən/ SYN N inclusion f
COMP **inclusion body** N (Med) corps m d'inclusion

**inclusive** /ɪnˈkluːsɪv/ SYN ADJ 1 (= comprehensive) [price, package] tout compris inv ; [amount, sum] forfaitaire, global ◆ **inclusive terms** (Comm) (prix m) tout compris m ◆ **inclusive of postage and packing** port et emballage compris ◆ **all prices are inclusive of VAT** tous les prix incluent la TVA ◆ **cost inclusive of travel** prix voyage compris ◆ **the course costs £700, inclusive of all food, drink and accommodation** le cours coûte 700 livres, nourriture, boissons et logement compris or y compris la nourriture, les boissons et le logement ◆ **the course is fully inclusive of all costs** le cours inclut or comprend tous les frais ; → all compounds

2 (= included) ◆ **Tuesday to Saturday inclusive** de mardi à samedi inclus or compris ◆ **rows A to M inclusive** de la rangée A à M inclus or comprise ◆ **from 1 to 6 May inclusive** du 1ᵉʳ au 6 mai inclus ◆ **up to page five inclusive** jusqu'à la page cinq incluse or comprise

3 (= undiscriminating) ◆ **a very inclusive agenda** un programme très riche ◆ **the conservatoire is far more inclusive than before** le conservatoire accueille une clientèle beaucoup plus diversifiée qu'autrefois ◆ **inclusive language** (= non-sexist) langage m non sexiste

**inclusively** /ɪnˈkluːsɪvlɪ/ ADV inclusivement

**inclusiveness** /ɪnˈkluːsɪvnɪs/, **inclusivity** /ˌɪnkluːˈsɪvɪtɪ/ N inclusivité f

**incognito** /ˌɪnkɒɡˈniːtəʊ/ SYN
ADV [travel] incognito
ADJ ◆ **to remain incognito** garder l'incognito ◆ **to be an incognito traveller** voyager incognito
N incognito m

**incoherence** /ˌɪnkəʊˈhɪərəns/ SYN N incohérence f

**incoherent** /ˌɪnkəʊˈhɪərənt/ SYN ADJ [person, speech, letter] incohérent ; [style] décousu ◆ **an incoherent set of objectives** un ensemble incohérent d'objectifs ◆ **he was incoherent with rage** la fureur le rendait incohérent ◆ **incoherent ramblings** des divagations fpl, des propos mpl incohérents

**incoherently** /ˌɪnkəʊˈhɪərəntlɪ/ ADV de façon incohérente

**incohesive** /ˌɪnkəʊˈhiːsɪv/ ADJ sans cohésion

**incombustible** /ˌɪnkəmˈbʌstəbl/ SYN ADJ incombustible

**income** /ˈɪnkʌm/ SYN
N revenu(s) m(pl) ◆ **families on low incomes, low-income families** les familles fpl à faible revenu ◆ **an income of $30,000 a year** un revenu de 30 000 dollars par an ◆ **most of their income comes from...** l'essentiel de leur revenu provient de... ◆ **private income** rente(s) f(pl)

◆ **income and expenditure account** (Comm) compte m de recettes et de dépenses ◆ **people on fixed incomes** les personnes ayant des revenus fixes ◆ **income from sales** produit m des ventes ; → **price, upper**

COMP **income group** N (Econ) tranche f de revenus ◆ **the lowest income group** les économiquement faibles mpl ◆ **the middle income group** les revenus mpl moyens ◆ **the upper** or **highest income group** les gros revenus mpl, les revenus mpl élevés
**incomes policy** N politique f des revenus
**Income Support** N (Brit Admin) ≈ revenu m minimum d'insertion, ≈ RMI m
**income tax** N (gen) impôt m sur le revenu ; [of corporations] impôt m sur les bénéfices
**income tax inspector** N inspecteur m des impôts
**income tax return** N déclaration f de revenus, feuille f d'impôts

**incomer** /ˈɪnˌkʌməʳ/ N (Brit = new arrival) (into town, area) nouveau venu m, nouvelle venue f, nouvel(le) arrivant(e) m(f) ; (into country) immigrant(e) m(f)

**incoming** /ˈɪnˌkʌmɪŋ/ SYN
ADJ 1 (Mil) [missile] en approche ; (Phys) [light, radiation] reçu ◆ **they would not let him receive incoming calls** ils ne le laissaient pas recevoir d'appels ◆ **this telephone only takes incoming calls** ce téléphone ne prend que les appels de l'extérieur ◆ **incoming mail** le courrier à l'arrivée

2 (= arriving : Travel) [plane, flight] à l'arrivée

3 [tide] montant ; [waves] qui arrive

4 (= new) [president, government] nouveau (nouvelle f)

NPL **incomings** (Accounting) rentrées fpl, recettes fpl

**incommensurable** /ˌɪnkəˈmenʃərəbl/ ADJ incommensurable (with avec)

**incommensurably** /ˌɪnkəˈmenʃərəblɪ/ ADV incommensurablement

**incommensurate** /ˌɪnkəˈmenʃərɪt/ ADJ 1 (= out of proportion) sans rapport (to avec), disproportionné (to à) ; (= inadequate) insuffisant (to pour)

2 = **incommensurable**

**incommode** /ˌɪnkəˈməʊd/ † VT (frm) incommoder, gêner

**incommodious** /ˌɪnkəˈməʊdɪəs/ ADJ (frm) (= inconvenient) incommode ; (= not spacious) [house, room] où l'on est à l'étroit

**incommunicability** /ˌɪnkəˌmjuːnɪkəˈbɪlɪtɪ/ N incommunicabilité f

**incommunicable** /ˌɪnkəˈmjuːnɪkəbl/ ADJ incommunicable

**incommunicado** /ˌɪnkəmjʊnɪˈkɑːdəʊ/
ADJ ◆ **to be incommunicado** être injoignable
ADV ◆ **to be kept** or **held incommunicado** être tenu au secret

**incomparable** /ɪnˈkɒmpərəbl/ SYN ADJ incomparable (to, with à) ; [talent, beauty] incomparable, sans pareil

**incomparably** /ɪnˈkɒmpərəblɪ/ SYN ADV [better, superior] incomparablement ◆ **incomparably beautiful** d'une beauté incomparable

**incompatibility** /ˌɪnkəmˌpætəˈbɪlɪtɪ/ SYN N (gen, Med, Comput) incompatibilité f ◆ **divorce on the grounds of incompatibility** divorce m pour incompatibilité d'humeur

**incompatible** /ˌɪnkəmˈpætəbl/ SYN ADJ incompatible (with avec) ◆ **we were totally incompatible** il y avait incompatibilité totale entre nous, nous n'étions pas faits pour nous entendre

**incompetence** /ɪnˈkɒmpɪtəns/ SYN, **incompetency** /ɪnˈkɒmpɪtənsɪ/ N (gen, Jur) incompétence f

**incompetent** /ɪnˈkɒmpɪtənt/ SYN
ADJ (gen, Jur) incompétent ◆ **incompetent teachers** professeurs mpl incompétents ◆ **to be incompetent in business** être incompétent or inapte en affaires ◆ **to be incompetent at driving/drawing** être mauvais conducteur/mauvais en dessin ◆ **the court declared him incompetent to manage his financial affairs** le tribunal l'a déclaré inapte à s'occuper de ses propres finances
N incompétent(e) m(f), incapable mf

**incomplete** /ˌɪnkəmˈpliːt/ SYN ADJ (= unfinished) incomplet (-ète f), inachevé ; (= with some parts missing) [collection, series, kit, machine] incomplet (-ète f)

**incompletely** /ˌɪnkəmˈpliːtlɪ/ ADV incomplètement

**incompleteness** /ˌɪnkəmˈpliːtnɪs/ N inachèvement m

**incomprehensibility** /ˈɪnkɒmprɪˌhensɪˈbɪlɪtɪ/ N incompréhensibilité f

**incomprehensible** /ɪnˌkɒmprɪˈhensəbl/ SYN ADJ incompréhensible (to sb à qn)

**incomprehensibly** /ɪnˌkɒmprɪˈhensəblɪ/ ADV [act, react] de manière incompréhensible ◆ **incomprehensibly worded** formulé de façon inintelligible or incompréhensible ◆ **incomprehensibly, he refused** inexplicablement, il a refusé

**incomprehension** /ɪnˌkɒmprɪˈhenʃən/ N incompréhension f

**inconceivable** /ˌɪnkənˈsiːvəbl/ SYN ADJ inconcevable

**inconceivably** /ˌɪnkənˈsiːvəblɪ/ ADV ◆ **inconceivably stupid** d'une stupidité inconcevable ◆ **almost inconceivably, she survived the accident** il est incroyable qu'elle ait survécu à l'accident

**inconclusive** /ˌɪnkənˈkluːsɪv/ SYN ADJ [outcome, results, evidence, debate] peu concluant, peu probant ; [war, fighting] non décisif ; [election] sans résultats nets ◆ **the last two elections were inconclusive** les deux dernières élections n'ont pas donné de résultats nets

**inconclusively** /ˌɪnkənˈkluːsɪvlɪ/ ADV [discuss] d'une manière peu concluante ◆ **to end inconclusively** ne pas produire de résultats tangibles, ne déboucher sur rien

**incongruity** /ˌɪnkɒŋˈgruːɪtɪ/ SYN N [of behaviour, dress, remark] incongruité f, inconvenance f ; [of situation] absurdité f ; [of age, condition] disproportion f, incompatibilité f

**incongruous** /ɪnˈkɒŋgrʊəs/ SYN ADJ (= out of place) [remark, act, name] incongru, déplacé ; (= absurd) [situation] absurde, grotesque ◆ **he was an incongruous figure among the tourists** il ne semblait pas à sa place au milieu des touristes ◆ **it was an incongruous setting for a wedding** c'était un cadre qui ne semblait pas convenir à un mariage ◆ **it seemed incongruous that they should take such a silly idea so seriously** il semblait absurde qu'ils prennent tellement au sérieux une idée aussi stupide ◆ **incongruous with** peu approprié à

**incongruously** /ɪnˈkɒŋgrʊəslɪ/ ADV [say, remark, remind, dress] de façon incongrue ◆ **he wore old jeans, with incongruously smart shoes** il portait un vieux jean avec des chaussures d'une élégance incongrue ◆ **the incongruously named Million Dollar Hotel** le Million Dollar Hotel, le mal nommé

**inconsequent** /ɪnˈkɒnsɪkwənt/ ADJ (frm) [person, remark, behaviour, reasoning] inconséquent

**inconsequential** /ɪnˌkɒnsɪˈkwenʃəl/ ADJ ① ⇒ **inconsequent**
② (= unimportant) sans importance, sans conséquence

**inconsequentially** /ɪnˌkɒnsɪˈkwenʃəlɪ/ ADV [talk, remark] de façon inconséquente

**inconsiderable** /ˌɪnkənˈsɪdərəbl/ SYN ADJ insignifiant ◆ **a not inconsiderable sum of money** une somme d'argent non négligeable

**inconsiderate** /ˌɪnkənˈsɪdərɪt/ SYN ADJ [person] qui manque d'égards or de considération ; [action, reply] inconsidéré, irréfléchi ◆ **to be inconsiderate towards sb** manquer d'égards or de considération envers qn ◆ **you were very inconsiderate, that was very inconsiderate of you** tu as agi sans aucun égard or sans aucune considération ◆ **it would be inconsiderate to wake him up** ce serait manquer d'égards or de considération que de le réveiller

**inconsistency** /ˌɪnkənˈsɪstənsɪ/ SYN N [of person] inconstance f ; [of facts, accusation, behaviour, reasoning] incohérence f ◆ **the inconsistency of the two statements** les contradictions entre les deux déclarations ◆ **the inconsistency of his work** le manque de constance de son travail

**inconsistent** /ˌɪnkənˈsɪstənt/ SYN ADJ ① (pej = capricious) [person] inconstant ; [behaviour] incohérent
② (= variable) [work, quality] inégal ◆ **the team's been inconsistent this season** les résultats de l'équipe ont été inégaux cette saison
③ (= contradictory) [statements, evidence, accounts] contradictoire ◆ **it is inconsistent to do that** c'est incohérent or inconséquent de faire cela ◆ **to be inconsistent with sth** (= contradict) ne pas concorder avec qch, contredire qch ; (= be out of keeping with) ne pas être conforme à qch, ne pas correspondre à qch

 The French word **inconsistant** means 'flimsy'.

**inconsolable** /ˌɪnkənˈsəʊləbl/ SYN ADJ inconsolable

**inconsolably** /ˌɪnkənˈsəʊləblɪ/ ADV de façon inconsolable

**inconspicuous** /ˌɪnkənˈspɪkjʊəs/ SYN ADJ [person, action] qui passe inaperçu ; [dress] discret (-ète f) ◆ **he tried to make himself inconspicuous** il a essayé de passer inaperçu, il s'est efforcé de ne pas se faire remarquer

**inconspicuously** /ˌɪnkənˈspɪkjʊəslɪ/ ADV [behave, move, sit, wait] discrètement ; [dress] de façon discrète

**inconstancy** /ɪnˈkɒnstənsɪ/ N (frm) (= fickleness) [of person] inconstance f ; (= instability) instabilité f

**inconstant** /ɪnˈkɒnstənt/ ADJ ① [person] (in friendship) changeant, instable ; (in love) inconstant, volage
② (= variable) [weather] instable, changeant ; [quality] variable

**incontestable** /ˌɪnkənˈtestəbl/ SYN ADJ incontestable, indiscutable

**incontestably** /ˌɪnkənˈtestəblɪ/ ADV incontestablement

**incontinence** /ɪnˈkɒntɪnəns/
N (Med, also fig frm) incontinence f
COMP **incontinence pad** N couche f pour incontinent

**incontinent** /ɪnˈkɒntɪnənt/ SYN ADJ ① (Med) incontinent
② (fig frm) intempérant

**incontrovertible** /ˌɪnkɒntrəˈvɜːtəbl/ SYN ADJ [proof, evidence] irréfutable, irrécusable ; [argument, fact] irréfutable ; [fact] indéniable ◆ **it is incontrovertible that...** il est indéniable que...

**incontrovertibly** /ˌɪnkɒntrəˈvɜːtəblɪ/ ADV [true, right] indéniablement, irréfutablement ; [prove, demonstrate] de façon irréfutable, irréfutablement

**inconvenience** /ˌɪnkənˈviːnɪəns/ SYN
N ① (= disadvantage) inconvénient m, désagrément m ◆ **there are inconveniences in** or **to living in the country** il y a des inconvénients à habiter la campagne, habiter la campagne présente des inconvénients or des désagréments ◆ **it's one of the inconveniences of getting old** c'est l'un des inconvénients quand on vieillit
② (NonC) dérangement m ◆ **the inconvenience of a delayed flight** le dérangement occasionné par le retard d'un vol ◆ **to put sb to great inconvenience** causer beaucoup de dérangement à qn ◆ **I don't want to put you to any inconvenience** je ne veux surtout pas vous déranger ◆ **he went to a great deal of inconvenience to help me** il s'est donné beaucoup de mal pour m'aider ◆ **the management apologizes for any inconvenience caused by this work** la direction vous prie de bien vouloir excuser la gêne occasionnée par les travaux
VT (= presume on, impose on) déranger ; (= disturb) [noise, smoke etc] incommoder ; (stronger) gêner

**inconvenient** /ˌɪnkənˈviːnɪənt/ SYN ADJ [time, moment] inopportun ; [visitor] gênant, importun ; [fact, information, truth] gênant ; [arrangement, location] peu pratique ; [house, room] peu pratique, malcommode ◆ **I'm sorry if I've come at an inconvenient time** excusez-moi si j'arrive à un moment inopportun or au mauvais moment ◆ **I can come back later if it is inconvenient** je peux revenir plus tard si je vous dérange ◆ **it is inconvenient for us to do that** ce n'est pas pratique pour nous de faire cela, cela ne nous arrange pas de faire ça

**inconveniently** /ˌɪnkənˈviːnɪəntlɪ/ ADV [happen] malencontreusement ◆ **an inconveniently designed room/car** une pièce/voiture conçue de façon peu pratique ◆ **the hotel is inconveniently situated** la situation de l'hôtel est peu pratique

**inconvertibility** /ˈɪnkənˌvɜːtɪˈbɪlɪtɪ/ N non-convertibilité f

**inconvertible** /ˌɪnkənˈvɜːtəbl/ ADJ (Fin etc) inconvertible

**incorporate¹** /ɪnˈkɔːpəreɪt/ SYN
VT ① (= introduce as part) [+ territory, suggestions, revisions] incorporer, intégrer ◆ **they incorporated him into their group** ils l'ont incorporé or intégré dans leur groupe ◆ **her proposals were incorporated into the project plan** ses propositions ont été incorporées dans l'ébauche du projet ◆ **they refused to incorporate environmental considerations into their policies** ils ont refusé d'intégrer or de prendre en compte des considérations écologiques dans leur politique
② (= include, contain) [+ articles, essays] contenir, comprendre ; [+ ideas, thoughts] rassembler, réunir ◆ **the new cars will incorporate a number of major improvements** les nouvelles voitures seront dotées de plusieurs perfectionnements importants
③ (Comm, Jur) [+ company] absorber ◆ **incorporated company** (esp US) société f à responsabilité limitée ◆ **Smith Robinson Incorporated** (in name of firm) Smith Robinson SA
④ (= mix, add) incorporer (into à) ◆ **to incorporate eggs into a sauce** incorporer des œufs à une sauce
VI (Comm) fusionner (with avec)

**incorporate²** /ɪnˈkɔːpərɪt/ ADJ (Philos) incorporel

**incorporation** /ɪnˌkɔːpəˈreɪʃən/ N (gen) incorporation f (in(to) sth dans qch) ; (Comm, Jur) [of single company] incorporation f ; (= takeover) absorption f (of, by de, par)

**incorporator** /ɪnˈkɔːpəˌreɪtəʳ/ N (Jur, Fin) fondateur m (d'une société)

**incorporeal** /ˌɪnkɔːˈpɔːrɪəl/ ADJ (frm) incorporel

**incorrect** /ˌɪnkəˈrekt/ SYN ADJ [information, answer, spelling, assessment, behaviour, posture] incorrect ; [assumption, belief] erroné ; [diet, dress] inadapté ; [breathing] mauvais ◆ **he is incorrect (in his assertion/belief that...)** il se trompe (en affirmant/croyant que...) ◆ **it is incorrect to say that...** il est incorrect de dire que... ; → **politically**

**incorrectly** /ˌɪnkəˈrektlɪ/ ADV [behave, act] incorrectement ◆ **he sits incorrectly** il se tient mal, il ne se tient pas correctement ◆ **we assumed incorrectly that...** nous avons supposé à tort que...

**incorrigible** /ɪnˈkɒrɪdʒəbl/ SYN ADJ incorrigible

**incorrigibly** /ɪnˈkɒrɪdʒəblɪ/ ADV incorrigiblement

**incorruptibility** /ˌɪnkəˌrʌptɪˈbɪlɪtɪ/ SYN N incorruptibilité f

**incorruptible** /ˌɪnkəˈrʌptəbl/ SYN ADJ incorruptible

**Incoterms** /ˈɪnkəʊtɜːmz/ NPL (Comm) incoterms mpl

**increase** /ɪnˈkriːs/ SYN
VI [price, sales, taxes, crime, sorrow, surprise, rage, pain] augmenter ; [amount, numbers] augmenter, croître ; [demand, strength, population, supply, speed, possessions, riches] augmenter, s'accroître ; [trade] se développer ; [darkness] grandir ; [noise, effort] s'intensifier ; [pride] grandir ; [business, firm, institution, town] s'accroître ; [rain, wind] devenir plus violent, redoubler ; [friendship] se renforcer, se consolider ◆ **industrial output increased by 2% last year** la production industrielle a augmenté de 2% l'année dernière ◆ **to increase in volume** augmenter de volume, prendre du volume ◆ **to increase in weight** prendre du poids, s'alourdir ◆ **to increase in width** s'élargir ◆ **to increase in height** [person] grandir ; [tree] pousser ; [building] gagner de la hauteur
VT [+ numbers, strength, taxes, pain] augmenter (by de) ; [+ price, sales] augmenter, faire monter (by de) ; [+ demand, supply, population, possessions, riches] augmenter, accroître (by de) ; [+ delight, pride, rage, sorrow, surprise] augmenter, ajouter à ; [+ trade] développer ; [+ noise] intensifier ; [+ business] agrandir, développer ; [+ friendship] renforcer, consolider ◆ **how can I increase my chances of winning?** comment puis-je augmenter mes chances de gagner ? ◆ **a poor diet increases the risk of cancer** une mauvaise alimentation augmente le risque de cancer ◆ **a greatly increased risk of (getting) heart disease** un risque considérablement accru de contracter une maladie du cœur ◆ **they've increased her salary by $2,000 a year** ils l'ont augmentée or ils ont augmenté son salaire de 2 000 dollars par an ◆ **they've increased her salary to $50,000 a year** son salaire a été porté à 50 000 dollars par an ◆ **his hours were increased to 25 per week** ses heures ont été portées à 25 par semaine ◆ **to increase speed** accélérer ◆ **he increased his speed to 90km/h** il a

accéléré jusqu'à 90 km/h, il a atteint le 90* ◆ **she increased her efforts** elle redoubla ses efforts *or* redoubla d'efforts

**N** /ˈɪnkriːs/ *[of price, sales, numbers, pain, workload]* augmentation *f* ; *[of demand, supply, population, speed]* augmentation *f*, accroissement *m* ; *[of trade]* développement *m* ; *[of noise]* intensification *f* ; *[of business]* agrandissement *m*, développement *m* ; *[of crime]* augmentation *f* ; *[of rain, wind]* redoublement *m* ; *[of friendship]* renforcement *m*, consolidation *f* ; *[of effort]* redoublement *m*, intensification *f* ◆ **our sales figures showed no significant increase** nos chiffres de vente n'ont pas connu d'augmentation notable ◆ **an increase in public spending** une augmentation des dépenses publiques ◆ **there has been an increase in police activity** la police a intensifié ses activités ◆ **a pay increase, an increase in pay** une hausse de salaire, une augmentation (de salaire) ◆ **increase in value** *(Fin)* plus-value *f*

◆ **on the increase** ◆ **violent crime is/racial attacks are on the increase** les crimes violents/les agressions raciales sont en augmentation ◆ **the problem of crime is on the increase** le problème de la criminalité s'accentue ◆ **inflation is on the increase** l'inflation est de plus en plus forte ◆ **asthma is on the increase** les cas d'asthme sont de plus en plus nombreux

**increasing** /ɪnˈkriːsɪŋ/ **ADJ** *[number, amount]* croissant ◆ **there is increasing concern about the effect of these drugs** on se préoccupe de plus en plus de l'effet de ces drogues ◆ **there is increasing evidence to suggest that...** nous disposons de plus en plus d'éléments qui tendent à prouver que... ◆ **there are increasing signs that...** il semble de plus en plus que... ◆ **there is increasing pressure on her to resign** elle subit des pressions de plus en plus fortes qui la poussent à démissionner

**increasingly** /ɪnˈkriːsɪŋlɪ/ SYN **ADV** *(= more and more)* de plus en plus ; *(= more and more often)* de plus en plus souvent ◆ **increasingly well** de mieux en mieux ◆ **increasingly unreliable** de moins en moins fiable

**incredible** /ɪnˈkredəbl/ SYN **ADJ** incroyable ◆ **it is incredible that...** il est incroyable que... + *subj* ◆ **incredible though it may seem...** aussi incroyable que cela puisse paraître...

**incredibly** /ɪnˈkredəblɪ/ **ADV** [1] *(= unbelievably)* incroyablement ◆ **incredibly, he refused** chose incroyable, il a refusé

[2] *(= extremely)* *[big, small, fast, silly etc]* drôlement* ◆ **it was incredibly difficult** c'était drôlement* *or* extrêmement difficile

**incredulity** /ˌɪnkrɪˈdjuːlɪtɪ/ SYN **N** incrédulité *f*

**incredulous** /ɪnˈkredjʊləs/ SYN **ADJ** *[person]* incrédule ; *[look]* incrédule, d'incrédulité

**incredulously** /ɪnˈkredjʊləslɪ/ **ADV** *[say]* d'un ton incrédule ; *[watch]* d'un air incrédule

**increment** /ˈɪnkrɪmənt/ SYN

**N** *(in salary)* échelon *m* ; *(Math)* différentielle *f* ; *(Comput)* incrément *m* ; → **unearned**

**VT** *(gen)* augmenter ; *(Comput)* incrémenter

**incremental** /ˌɪnkrɪˈmentl/

**ADJ** *[benefits]* supplémentaire ; *[cost]* marginal, différentiel ; *[rise, increase]* progressif ; *(Comput)* incrémentiel

**COMP** **incremental plotter N** *(Comput)* traceur *m* incrémentiel

**incremental value N** *(Comm: on index, scale)* valeur *f* indiciaire *or* de l'augmentation

**incriminate** /ɪnˈkrɪmɪneɪt/ SYN **VT** incriminer, compromettre ◆ **the drugs had been planted to incriminate him** les drogues avaient été placées là dans le but de le compromettre *or* de pouvoir l'incriminer ◆ **he was afraid of incriminating himself** il avait peur de se compromettre

**incriminating** /ɪnˈkrɪmɪneɪtɪŋ/ **ADJ** compromettant ◆ **incriminating document** pièce *f* à conviction ◆ **incriminating evidence** *(Jur)* pièces *fpl* à conviction, preuves *fpl* à charge ; *(fig)* pièces *fpl* à conviction

**incrimination** /ɪnˌkrɪmɪˈneɪʃən/ **N** incrimination *f*

**incriminatory** /ɪnˈkrɪmɪnətərɪ/ **ADJ** ⇒ **incriminating**

**incrustation** /ˌɪnkrʌsˈteɪʃən/ **N** incrustation *f*

**incubate** /ˈɪnkjʊbeɪt/

**VT** [1] *[+ eggs]* couver, incuber

[2] *(= grow)* *[+ bacteria cultures, disease]* incuber

[3] *(fig)* *[+ plan, scheme]* mûrir

**VI** *[eggs, bacteria, virus]* être en incubation ; *(fig)* couver

**incubation** /ˌɪnkjʊˈbeɪʃən/

**N** [1] *[of eggs, disease]* incubation *f*

[2] *(fig)* *[of plan, scheme]* gestation *f*

**COMP** **incubation period N** période *f* d'incubation

**incubator** /ˈɪnkjʊbeɪtəʳ/ **N** *(for chicks, eggs, babies)* couveuse *f*, incubateur *m* ; *(for bacteria cultures)* incubateur *m* ◆ **to put a baby in an incubator** mettre un nouveau-né en couveuse

**incubus** /ˈɪŋkjʊbəs/ **N** (pl **incubuses** *or* **incubi** /ˈɪŋkjʊˌbaɪ/) *(= demon)* incube *m* ; *(fig)* cauchemar *m*

**incudes** /ɪnˈkjuːdiːz/ **NPL** of **incus**

**inculcate** /ˈɪnkʌlkeɪt/ **VT** inculquer *(sth in sb, sb with sth* qch à qn*)*

**inculcation** /ˌɪnkʌlˈkeɪʃən/ **N** inculcation *f*

**incumbency** /ɪnˈkʌmbənsɪ/ **N** *[of president, official]* mandat *m* ; *(Rel)* charge *f* ◆ **during his incumbency** *(gen)* pendant son mandat ; *(Rel)* pendant la durée de sa charge

**incumbent** /ɪnˈkʌmbənt/ SYN

**ADJ** [1] *(frm)* ◆ **to be incumbent (up)on sb to do sth** incomber *or* appartenir à qn de faire qch

[2] *(in office)* en exercice ◆ **the incumbent President** *(US Pol)* le président en exercice ; *(before elections)* le président sortant

**N** *(Rel, Admin)* titulaire *m* ◆ **the present incumbent of the White House** *(US Pol)* l'occupant actuel de la Maison-Blanche

**incunabula** /ˌɪnkjʊˈnæbjʊlə/ **NPL** incunables *mpl*

**incunabular** /ˌɪnkjʊˈnæbjʊləʳ/ **ADJ** incunable

**incur** /ɪnˈkɜːʳ/ SYN **VT** *[+ anger, blame]* s'attirer, encourir ; *[+ risk]* courir ; *[+ obligation, debts]* contracter ; *[+ loss]* subir ; *[+ expenses, costs]* encourir ◆ **a company incurs huge costs if it decides to modernize** une société encourt des dépenses énormes si elle décide de se moderniser ◆ **this would incur huge costs to the company** ceci coûterait extrêmement cher à la société ◆ **settle the bill in full each month and you won't incur interest charges** si vous réglez la facture en entier chaque mois, vous ne serez pas soumis au paiement des intérêts

**incurability** /ɪnˌkjʊərəˈbɪlɪtɪ/ **N** incurabilité *f*

**incurable** /ɪnˈkjʊərəbl/ SYN

**ADJ** [1] *(Med)* incurable

[2] *(fig)* incurable, incorrigible ◆ **he's an incurable romantic** c'est un romantique incorrigible

**N** incurable *mf*

**incurably** /ɪnˈkjʊərəblɪ/ **ADV** *(Med, fig)* incurablement ◆ **the incurably ill** les incurables *mpl*

**incurious** /ɪnˈkjʊərɪəs/ **ADJ** sans curiosité *(about* en ce qui concerne*)*, incurieux *(liter)* *(about* de*)*

**incuriously** /ɪnˈkjʊərɪəslɪ/ **ADV** sans curiosité

**incursion** /ɪnˈkɜːʃən/ **N** *(Mil)* incursion *f* ; *(fig)* ingérence *f*

**incus** /ˈɪŋkəs/ **N** (pl **incudes**) *(Anat)* enclume *f*

**Ind.** abbrev of **Indiana**

**indebted** /ɪnˈdetɪd/ SYN **ADJ** [1] *(Fin)* endetté ◆ **to be indebted to sb for sth** *(lit, fig)* être redevable à qn de qch ◆ **I was indebted to the tune of £13,000** mes dettes s'élevaient à 13 000 livres ◆ **heavily indebted companies** des sociétés *fpl* fortement endettées ◆ **he was indebted to his brother for a large sum** il était redevable d'une grosse somme à son frère

[2] *(= grateful)* ◆ **I am indebted to him for pointing out that...** je lui suis redevable d'avoir fait remarquer que... ◆ **I am greatly indebted to him for his generosity** je lui dois beaucoup pour sa générosité

**indebtedness** /ɪnˈdetɪdnɪs/ **N** [1] *(Fin, Comm)* dette(s) *f(pl)*, endettement *m* ◆ **the company has reduced its indebtedness to £15 million** la société a réduit son endettement à 15 millions de livres ◆ **the amount of our indebtedness to the bank is $15,000** notre dette envers la banque s'élève à 15 000 dollars

[2] dette(s) *f(pl)* ◆ **my indebtedness to my friend** ma dette envers mon ami, ce dont je suis redevable à mon ami ◆ **De Palma's indebtedness to Hitchcock** ce que De Palma doit à Hitchcock

**indecency** /ɪnˈdiːsnsɪ/ SYN

**N** *(gen)* indécence *f* ; *(Jur:* also **act of indecency***)* attentat *m* à la pudeur

**COMP** **indecency charge N** accusation *f* d'attentat à la pudeur

**indecency law N** loi *f* sur l'attentat à la pudeur

**indecent** /ɪnˈdiːsnt/ SYN

**ADJ** indécent ◆ **indecent material** documents *mpl* contraires aux bonnes mœurs

**COMP** **indecent assault N** attentat *m* à la pudeur *(on sb* contre qn*)*

**indecent behaviour N** outrage *m* aux bonnes mœurs

**indecent exposure N** outrage *m* public à la pudeur

**indecently** /ɪnˈdiːsntlɪ/ **ADV** [1] *[behave]* indécemment, de façon indécente ◆ **they got married indecently soon after his first wife's funeral** ils se sont mariés si tôt après les obsèques de sa première femme que c'en était indécent

[2] *(Jur)* *[touch]* de façon indécente ◆ **to indecently assault sb** attenter à la pudeur de qn ◆ **to indecently expose oneself** *or* **one's person** commettre un outrage public à la pudeur

**indecipherable** /ˌɪndɪˈsaɪfərəbl/ SYN **ADJ** indéchiffrable

**indecision** /ˌɪndɪˈsɪʒən/ SYN **N** indécision *f*, irrésolution *f*

**indecisive** /ˌɪndɪˈsaɪsɪv/ SYN **ADJ** [1] *(= uncertain)* *[person, government, manner]* indécis *(about or over sth* à propos de qch*)*

[2] *(= inconclusive)* *[discussion, argument, result, vote]* peu concluant, peu probant

**indecisively** /ˌɪndɪˈsaɪsɪvlɪ/ **ADV** de façon indécise

**indecisiveness** /ˌɪndɪˈsaɪsɪvnɪs/ **N** ⇒ **indecision**

**indeclinable** /ˌɪndɪˈklaɪnəbl/ **ADJ** indéclinable

**indecorous** /ɪnˈdekərəs/ **ADJ** *(frm)* peu convenable, inconvenant

**indecorously** /ɪnˈdekərəslɪ/ **ADV** d'une manière inconvenante *or* peu convenable

**indecorum** /ˌɪndɪˈkɔːrəm/ **N** *(frm)* manquement *m* aux usages

**indeed** /ɪnˈdiːd/ LANGUAGE IN USE 26.3 SYN **ADV**

[1] *(indicating confirmation, agreement)* en effet, effectivement ◆ **he promised to help and indeed he helped us a lot** il a promis de nous aider et effectivement il nous a beaucoup aidés ◆ **I am indeed quite tired** je suis en effet assez fatigué ◆ **did you know him? – I did indeed** vous le connaissiez ? – oui, tout à fait ◆ **are you coming? – indeed I am** *or* **yes indeed!** vous venez ? – mais certainement *or* (mais) bien sûr !

[2] *(introducing further information)* d'ailleurs, en fait ◆ **I don't know what she said, indeed I don't want to know** je ne sais pas ce qu'elle a dit, d'ailleurs *or* en fait je ne veux pas le savoir ◆ **he was happy, indeed delighted, to hear the news** il était content, même ravi d'entendre la nouvelle ◆ **I feel, indeed I know he is right** je sens, en fait je sais qu'il a raison

[3] *(as intensifier)* vraiment ◆ **that's praise indeed coming from him** venant de lui, c'est vraiment un compliment ◆ **I am very grateful/pleased indeed** je suis vraiment reconnaissant/très content ◆ **thank you very much indeed** je vous remercie infiniment ◆ **if indeed he were wrong** s'il est vrai qu'il a tort, si tant est qu'il ait tort

[4] *(showing interest, irony, surprise etc)* ◆ **(oh) indeed?** vraiment ?, c'est vrai ? ◆ **is it indeed!, did you** (*or* **he** *etc*) **indeed!** vraiment ? ◆ **who is that man? – who is he indeed?** qui est cet homme ? – ah, là est la question ! ◆ **what was to be done? – what indeed?** que faire ? – on peut effectivement se poser la question ! ◆ **I heard it on the wireless – wireless, indeed! they're called radios now** je l'ai entendu à la TSF – TSF, vraiment ! ça s'appelle une radio, maintenant

**indefatigable** /ˌɪndɪˈfætɪgəbl/ **ADJ** infatigable, inlassable

**indefatigably** /ˌɪndɪˈfætɪgəblɪ/ **ADV** inlassablement

**indefeasible** /ˌɪndɪˈfiːzəbl/ **ADJ** inaliénable

**indefensibility** /ˈɪndɪˌfensɪˈbɪlɪtɪ/ **N** caractère *m* indéfendable

**indefensible** /ˌɪndɪˈfensəbl/ SYN **ADJ** indéfendable

**indefensibly** /ɪndɪˈfensəblɪ/ **ADV** d'une manière inexcusable ◆ **he was indefensibly rude** il a été d'une grossièreté impardonnable *or* inexcusable

**indefinable** /ˌɪndɪˈfaɪnəbl/ SYN **ADJ** indéfinissable, vague

**indefinably** /ˌɪndɪˈfaɪnəblɪ/ **ADV** vaguement

**indefinite** /ɪnˈdɛfɪnɪt/ SYN
**ADJ** 1 (= *unspecified*) [*period, postponement, size, number, duration*] indéterminé ; [*strike, curfew, ban*] illimité ◆ **for the indefinite future** pour un avenir indéterminé ◆ **to be granted indefinite leave (of absence)** obtenir un congé à durée indéterminée ◆ **at some indefinite time** à un moment quelconque *or* indéterminé
2 (= *vague*) [*feelings*] indéfini ; [*word*] imprécis ; [*plans*] imprécis, mal défini
COMP **indefinite article** N (*Gram*) article *m* indéfini
**indefinite pronoun** N (*Gram*) pronom *m* indéfini

**indefinitely** /ɪnˈdɛfɪnɪtlɪ/ SYN ADV [*last, continue, stay, detain*] indéfiniment ; [*adjourn, cancel*] pour une durée indéterminée ◆ **the meeting has been postponed indefinitely** la réunion a été reportée à une date indéterminée

**indehiscence** /ˌɪndɪˈhɪsns/ N indéhiscence *f*
**indehiscent** /ˌɪndɪˈhɪsnt/ ADJ indéhiscent
**indelible** /ɪnˈdɛləbl/ SYN ADJ (*lit, fig*) indélébile
**indelibly** /ɪnˈdɛləblɪ/ ADV (*lit, fig*) de façon indélébile

**indelicacy** /ɪnˈdɛlɪkəsɪ/ SYN N (*frm*) 1 (NonC) [*of person, behaviour*] (= *tactlessness*) indélicatesse *f*, manque *m* de délicatesse ; (= *indiscreetness*) manque *m* de discrétion
2 [*of action, remark*] (= *impropriety*) inconvenance *f* ; (= *coarseness*) grossièreté *f* ; (= *tactlessness*) indiscrétion *f*

**indelicate** /ɪnˈdɛlɪkɪt/ SYN ADJ [*person*] (= *indiscreet*) indélicat, peu délicat ; (= *tactless*) manquant de tact, indiscret (-ète *f*) ; [*act, remark*] (= *out of place*) indélicat, déplacé ; (= *tactless*) indiscret (-ète *f*), manquant de tact ; (= *coarse*) grossier

**indemnification** /ɪnˌdɛmnɪfɪˈkeɪʃən/ N 1 (NonC) indemnisation *f* (*for, against* de)
2 (= *sum paid*) indemnité *f*, dédommagement *m*

**indemnify** /ɪnˈdɛmnɪfaɪ/ SYN VT 1 (= *compensate*) indemniser, dédommager (*sb for sth* qn de qch)
2 (= *safeguard*) garantir, assurer (*sb against or for sth* qn contre qch)

**indemnity** /ɪnˈdɛmnɪtɪ/ SYN
N 1 (= *compensation*) indemnité *f*, dédommagement *m*
2 (= *insurance*) assurance *f*, garantie *f*
3 (*Fin*) cautionnement *m*
COMP **indemnity clause** N clause *f* de dédommagement
**indemnity insurance** N assurance *f* de compensation

**indemonstrable** /ˌɪndɪˈmɒnstrəbl/ ADJ indémontrable

**indene** /ˈɪndiːn/ N (*Chem*) indène *m*

**indent** /ɪnˈdɛnt/ SYN
VT 1 (*Typography*) [+ *word, line*] mettre en alinéa *or* en retrait ; [+ *whole paragraph*] mettre en retrait ; [+ *first line of paragraph*] faire un retrait de première ligne de ◆ **indented line** ligne *f* en alinéa *or* en retrait ◆ **indent two spaces** renfoncez de deux espaces, mettez en alinéa *or* en retrait de deux espaces
2 [+ *border*] denteler, découper (*en dentelant*) ◆ **indented edge** bord *m* denteké ◆ **indented coastline** littoral *m* découpé
VI (*Brit Comm*) ◆ **to indent on sb for sth** passer une commande de qch à qn, commander qch à qn
N /ˈɪndɛnt/ 1 (*Brit Comm*) commande *f*
2 ⇒ **indentation**

**indentation** /ˌɪndɛnˈteɪʃən/ N 1 (*Typography*) alinéa *m*
2 (= *act*) découpage *m* ; (= *notched edge*) denteure *f*, découpure *f* ; [*of coastline*] échancrures *fpl*, indentations *fpl*
3 (= *hollow mark*) empreinte *f* ; (= *footprint*) trace *f* de pas ; (*in metal, car*) bosse *f* ◆ **the indentation of tyres on the soft ground** l'empreinte des pneus sur le sol mou

**indenture** /ɪnˈdɛntʃəʳ/
N (*Jur*) contrat *m* synallagmatique ; [*of apprentice*] contrat *m* d'apprentissage
VT (*Jur*) lier par contrat (synallagmatique) ; [+ *apprentice*] mettre en apprentissage (*to* chez)

**independence** /ˌɪndɪˈpɛndəns/ SYN
N 1 (*gen*) indépendance *f* (*from* par rapport à) ◆ **to show independence** faire preuve d'indépendance, manifester son indépendance
2 (*Pol*) ◆ **the country's first elections since independence** les premières élections du pays depuis l'indépendance ◆ **the country got its independence in 1970** le pays est devenu indépendant *or* a obtenu son indépendance en 1970 ◆ **Rhodesia gained independence from Britain in 1978** la Rhodésie s'est affranchie de la tutelle britannique en 1978
COMP **Independence Day** N (*US*) fête *f* *or* anniversaire *m* de l'Indépendance américaine (*le 4 juillet*)

**independent** /ˌɪndɪˈpɛndənt/ SYN
ADJ 1 (*gen*) [*person, attitude, artist*] indépendant ; [*radio*] libre ◆ **she was fiercely independent** elle était farouchement indépendante ◆ **he is an independent thinker** c'est un penseur original ◆ **an Independent member** (*Pol*) un député non inscrit *or* non affilié ◆ **independent means** rentes *fpl*, revenus *mpl* indépendants ◆ **he has independent means** il a une fortune personnelle
2 [*country, nation*] indépendant (*of* de), autonome ◆ **to become independent** devenir indépendant *or* autonome, s'affranchir
3 (= *unrelated*) [*proof, research*] indépendant ; [*reports*] émanant de sources indépendantes ◆ **to ask for an independent opinion** demander un avis indépendant ◆ **there has been no independent confirmation of this report** aucune source indépendante n'a confirmé cette information
4 (*Gram*) indépendant
N (*Pol*) ◆ **Independent** non-inscrit(e) *m(f)*, non-affilié(e) *m(f)*
COMP **independent school** N (*Brit*) établissement *m* d'enseignement privé
**independent suspension** N [*of vehicle*] suspension *f* indépendante
**Independent Television Commission** N (*Brit*) ≈ Conseil *m* supérieur de l'audiovisuel
**independent variable** N (*Math*) variable *f* indépendante

**independently** /ˌɪndɪˈpɛndəntlɪ/ SYN ADV [*act, live, think*] de façon indépendante, de façon autonome ; [*research, negotiate, investigate*] séparément ◆ **independently of sb/sth** indépendamment de qn/qch ◆ **to be independently wealthy** avoir une fortune personnelle ◆ **the two scientists had discovered the virus quite independently** les deux savants avaient découvert le virus chacun de leur côté ◆ **quite independently, he had offered to help** il avait proposé son aide sans même qu'on le lui demande, il avait spontanément proposé son aide

**indescribable** /ˌɪndɪsˈkraɪbəbl/ SYN ADJ indescriptible

**indescribably** /ˌɪndɪsˈkraɪbəblɪ/ ADV ◆ **indescribably filthy** d'une saleté indescriptible ◆ **it was indescribably awful** c'était affreux au-delà de toute expression ◆ **indescribably beautiful** d'une beauté indescriptible

**indestructibility** /ˌɪndɪstrʌktəˈbɪlɪtɪ/ N indestructibilité *f*

**indestructible** /ˌɪndɪsˈtrʌktəbl/ SYN ADJ indestructible

**indeterminable** /ˌɪndɪˈtɜːmɪnəbl/ ADJ indéterminable

**indeterminacy** /ˌɪndɪˈtɜːmɪnəsɪ/ N indétermination *f*

**indeterminate** /ˌɪndɪˈtɜːmɪnɪt/ SYN
ADJ [*age, sex, number, period*] indéterminé ; [*meaning, shape*] imprécis, vague ; [*colour*] imprécis, indéterminé ; (*Math*) indéterminé
COMP **indeterminate sentence** N (*US Jur*) peine *f* de prison de durée indéterminée

**indeterminately** /ˌɪndɪˈtɜːmɪnɪtlɪ/ ADV de façon indéterminée, vaguement

**indeterminism** /ˌɪndɪˈtɜːmɪnɪzəm/ N (*Philos*) indéterminisme *m*

**indeterminist** /ˌɪndɪˈtɜːmɪnɪst/ N (*Philos*) indéterministe *mf*

**index** /ˈɪndɛks/ SYN
N 1 (pl **indexes**) (= *list*) (*in book, map etc*) index *m*, table *f* alphabétique ; (*on cards, in files: in library etc*) catalogue *m* *or* répertoire *m* (alphabétique) ◆ **to put a book on the Index** (*Rel*) mettre un livre à l'Index
2 (pl **indexes**) (= *pointer*) [*of instrument*] aiguille *f*, index *m*
3 (pl **indices**) (= *number expressing ratio*) indice *m* ◆ **cost-of-living index** indice *m* du coût de la vie ◆ **index of growth/of industrial activity** indice *m* de croissance/de l'activité industrielle ◆ **index of refraction** (*Opt*) indice *m* de réfraction
4 (also **share index**) indice *m* boursier
5 (pl **indices**) (*fig*) signe *m* (révélateur), indication *f* ◆ **it is an index of how much poorer people were then** c'est un signe révélateur de la plus grande pauvreté qui régnait à l'époque ◆ **weeds are an index to the character of the soil** les mauvaises herbes sont un indicateur de la nature du sol
6 (pl **indexes**) ◆ **index (finger)** index *m*
7 (pl **indexes**) (*Typography*) index *m*
8 (pl **indices**) (*Math*) exposant *m*
VT 1 (= *put an index in*) [+ *book*] ajouter un index *or* une table alphabétique à ◆ **the book is badly indexed** l'index *or* la table alphabétique du livre est mal fait(e)
2 (= *put into an index*) [+ *word*] faire figurer dans l'index *or* la table alphabétique ; (*on cards, in files etc*) [+ *information*] répertorier *or* cataloguer (alphabétiquement) ; [+ *books, diskettes, articles*] classer (*under* sous, à) ◆ **it is indexed under "Europe"** c'est classé *or* indexé sous « Europe »
3 [+ *wages, prices*] indexer
COMP **index card** N fiche *f*
**index case** N (*Med*) proposant(e) *m(f)*
**index figure** N (*Stat*) indice *m*
**index finger** N index *m*
**index fossil** N fossile *m* caractéristique *or* stratigraphique
**index-linked** ADJ (*Brit*) indexé
**index number** N ⇒ **index figure**
**index-tied** ADJ ⇒ **index-linked**
**index-tracking fund, index-tracker (fund)** N fonds *m* indiciel

**indexation** /ˌɪndɛkˈseɪʃən/ N indexation *f*

**indexer** /ˈɪndɛksəʳ/ N indexeur *m*, -euse *f*

**India** /ˈɪndɪə/
N Inde *f* ; (*Hist*) les Indes *fpl*
COMP **India ink** N encre *f* de Chine
**India paper** N papier *m* bible
**India rubber** N (NonC) (= *substance*) caoutchouc *m* ; (= *eraser*) gomme *f*

**Indiaman** /ˈɪndɪəmən/ N (pl **-men**) (*Naut Hist*) navire faisant le voyage des Indes

**Indian** /ˈɪndɪən/
ADJ 1 (*in India*) indien, de l'Inde ; [*ambassador, embassy*] de l'Inde ; (*Hist*) des Indes
2 (also **American Indian**) indien, des Indiens (d'Amérique)
N 1 (*in India*) Indien(ne) *m(f)*
2 (also **American Indian**) Indien(ne) *m(f)* (d'Amérique)
3 (= *language*) amérindien *m*
COMP **Indian clubs** NPL massues *fpl* (de gymnastique)
**Indian cobra** N serpent *m* à lunettes
**Indian corn** N maïs *m*
**Indian elephant** N éléphant *m* d'Asie
**Indian Empire** N Empire *m* des Indes
**Indian file** N ◆ **in Indian file** en file indienne
**Indian giver** * N (*US pej*) personne *f* qui reprend ses cadeaux
**Indian hemp** N chanvre *m* indien, cannabis *m*
**Indian ink** N encre *f* de Chine
**Indian Mutiny** N (*Hist*) révolte *f* des Cipayes
**Indian National Congress** N Congrès *m* national indien
**Indian Ocean** N océan *m* Indien
**Indian rope trick** N tour d'illusionniste consistant à grimper à une corde que l'on a dressée en jouant d'un instrument de musique
**Indian sign** † N (*US*) sort *m* ◆ **to put an Indian sign on sb** jeter un sort à qn
**Indian summer** N (= *warm weather*) été *m* indien *or* de la Saint-Martin ; (*esp Brit: fig* = *success late in life*) réussite *f* tardive, succès *m* tardif
**Indian tea** N thé *m* indien *or* de l'Inde
**Indian tonic (water)** N Schweppes ® *m*
**Indian wrestling** N (*US Sport*) bras *m* de fer ; see also **rope**

**Indiana** /ˌɪndɪˈænə/ N Indiana *m* ◆ **in Indiana** dans l'Indiana

**Indianapolis** /ˌɪndɪəˈnæpəlɪs/ N Indianapolis

**indicate** /ˈɪndɪkeɪt/ SYN
VT 1 (= *point to*) indiquer, montrer ◆ **he indicated a chair and asked me to sit down** il a indiqué *or* montré une chaise et m'a invité à m'asseoir
2 (= *be a sign of*) indiquer ◆ **a change in colour indicates the presence of acid** un changement de couleur indique la présence d'acide ◆ **opinion polls indicate (that) they are losing popularity** les sondages indiquent que leur cote de popularité est en baisse
3 (= *make known*) [+ *intentions, opinion*] faire connaître, faire part de ; [+ *feelings*] laisser voir,

## indication | individualist

manifester ♦ **he indicated that I was to leave** il m'a fait comprendre que je devais partir ♦ **he indicated that he might resign** il a laissé entendre qu'il pourrait démissionner

④ (= call for) indiquer ♦ **the use of penicillin is clearly indicated** le recours à la pénicilline est nettement indiqué ♦ **a new approach to the wages problem is indicated** il convient d'aborder le problème des salaires sous un nouvel angle

**VI** (esp Brit : while driving) mettre son clignotant ♦ **he was indicating (left)** il avait mis son clignotant (à gauche)

**indication** /ˌɪndɪˈkeɪʃən/ SYN N signe m, indication f ♦ **it was an indication of his guilt** c'était un signe or une indication de sa culpabilité ♦ **we had no indication that it was going to take place** rien ne laissait prévoir or présager que cela allait arriver ♦ **there is every indication that she's right** tout porte à croire or laisse à penser qu'elle a raison ♦ **there are few indications that they are ready to come to an agreement** rien ne laisse présager qu'ils approchent d'un accord ♦ **all the indications lead one to believe that...** tout porte à croire que..., il y a toute raison de croire que... ♦ **it is some indication of how popular she is** cela montre à quel point elle est populaire ♦ **if this result is any indication, he...** à en juger par ce résultat, il... ♦ **to give sb an indication of one's feelings/intentions** manifester ses sentiments/faire part de ses intentions à qn ♦ **he gave us some indication of what he meant** il nous a donné une idée de ce qu'il voulait dire ♦ **he gave no indication that he was ready to compromise** il n'a aucunement laissé entendre qu'il était prêt à transiger

**indicative** /ɪnˈdɪkətɪv/ SYN

**ADJ** ① ♦ **to be indicative of sth** être révélateur de qch ♦ **to be indicative of the fact that...** montrer que...

② (Gram) indicatif

**N** (Gram: also **indicative mood**) (mode m) indicatif m ♦ **in the indicative** à l'indicatif

**indicator** /ˈɪndɪkeɪtə/ SYN N (= device) indicateur m ; (= needle on scale etc) aiguille f, index m ; (= indication) indicateur m ; (Brit : also **indicator light**) (flashing) clignotant m ; (projecting) flèche f ; (Ling) indicateur m ♦ **higher output is an indicator that the economy is recovering** or **of economic recovery** une augmentation de la production est un indicateur de reprise économique ♦ **economic indicators** indicateurs mpl économiques ♦ **altitude/pressure indicator** indicateur m d'altitude/de pression

**indices** /ˈɪndɪsiːz/ NPL of **index**

**indict** /ɪnˈdaɪt/ VT ① (esp US Jur) mettre en examen ♦ **to indict sb for sth** or **on a charge of sth** inculper qn de qch, mettre qn en examen pour qch

② (fig) accuser, porter une accusation contre

**indictable** /ɪnˈdaɪtəbl/ ADJ (Jur) [person, action] attaquable en justice, passible de poursuites ♦ **an indictable offence** un délit grave, une infraction majeure

**indictment** /ɪnˈdaɪtmənt/ SYN N ① (Jur) (= bill) acte m d'accusation (for de) ; (= process) mise f en examen (for pour) ; (US) accusation f (par le jury d'accusation) → GRAND JURY ♦ **bill of indictment** (Brit Hist) résumé m d'instruction (présenté au jury d'accusation) ♦ **to bring an indictment against sb (for sth)** inculper qn (de qch)

② (fig) ♦ **such poverty is an indictment of the political system** une telle pauvreté est une véritable mise en cause du système politique ♦ **his speech constituted a damning indictment of government policy** son discours a été un réquisitoire accablant contre la politique du gouvernement ♦ **it is a sad indictment of our times that many old people are afraid to go out alone** c'est un triste signe des temps que beaucoup de personnes âgées n'osent plus sortir seules

**indie** * /ˈɪndɪ/ N (Mus) musique f or rock m indé

**Indies** /ˈɪndɪz/ NPL Indes fpl ; → east, west

**indifference** /ɪnˈdɪfrəns/ SYN N ① (= lack of interest, of feeling) indifférence f (to à ; towards envers), manque m d'intérêt (to, towards pour, à l'égard de) ♦ **he greeted the suggestion with indifference** il a accueilli la suggestion avec indifférence or sans manifester d'intérêt ♦ **it is a matter of supreme indifference to me** cela m'est parfaitement indifférent or égal

② (= poor quality) médiocrité f

**indifferent** /ɪnˈdɪfrənt/ SYN ADJ ① (= lacking feeling, interest) indifférent (to à) ♦ **the government's indifferent attitude to the massacres** l'indifférence manifestée par le gouvernement vis-à-vis des massacres

② (pej = mediocre) [talent, performance, player] médiocre, quelconque ♦ **good, bad or indifferent** bon, mauvais ou quelconque

③ († = impartial) impartial, neutre

**indifferentism** /ɪnˈdɪfrəntɪzəm/ N indifférentisme m

**indifferentist** /ɪnˈdɪfrəntɪst/ N indifférentiste mf

**indifferently** /ɪnˈdɪfrəntlɪ/ ADV ① (= uninterestedly) [say, shrug, look at] avec indifférence

② (pej = badly) [perform, write] médiocrement

③ († = impartially) ♦ **she went indifferently to one shop or the other** elle allait indifféremment dans une boutique ou dans l'autre

**indigence** /ˈɪndɪdʒəns/ N indigence f

**indigenous** /ɪnˈdɪdʒɪnəs/ ADJ [people, species, plant, culture, language] indigène ; [population] indigène, autochtone ♦ **the elephant is indigenous to India** l'éléphant est un animal indigène en Inde

**indigent** /ˈɪndɪdʒənt/ ADJ (frm) indigent, nécessiteux

**indigestible** /ˌɪndɪˈdʒestɪbl/ ADJ ① [food, fibre] inassimilable (par l'organisme)

② (fig) [book, information] indigeste

**indigestion** /ˌɪndɪˈdʒestʃən/ SYN N (NonC: Med) indigestion f ♦ **to have an attack of indigestion** avoir une indigestion ♦ **he gets a lot of indigestion** il fait souvent des indigestions

**indignant** /ɪnˈdɪɡnənt/ SYN ADJ indigné (at or about sth de qch ; with sb contre qn) ♦ **they were indignant that they were not consulted/that he had not consulted them** ils étaient indignés de ne pas avoir été consultés/qu'il ne les eût pas consultés ♦ **to become** or **get indignant** s'indigner ♦ **to make sb indignant** indigner qn

**indignantly** /ɪnˈdɪɡnəntlɪ/ ADV avec indignation ; [say] d'un air or d'un ton indigné

**indignation** /ˌɪndɪɡˈneɪʃən/ SYN N indignation f (at devant ; with contre) ♦ **she was filled with indignation at their working conditions** leurs conditions de travail la remplissaient d'indignation

**indignity** /ɪnˈdɪɡnɪtɪ/ SYN N ① (= act) outrage m, indignité f ♦ **it was the final indignity** c'était le comble de l'outrage ♦ **he suffered the indignity of having to...** il subit l'outrage d'avoir à...

② (NonC) indignité f

**indigo** /ˈɪndɪɡəʊ/

**N** (pl **indigos** or **indigoes**) indigo m

**ADJ** (also **indigo blue**) (bleu) indigo inv

**indirect** /ˌɪndɪˈrekt/ SYN

**ADJ** indirect

**COMP ♦ indirect demand** N (Comm) demande f indirecte ♦ **indirect discourse** N (US) (Gram) ⇒ **indirect speech** ♦ **indirect discrimination** N discrimination f indirecte ♦ **indirect lighting** N éclairage m indirect ♦ **indirect object** N (Gram) complément m d'objet indirect ♦ **indirect question** N (gen, Gram) question f indirecte ♦ **indirect speech** N (Gram) discours m indirect ♦ **indirect tax** N impôt m indirect ♦ **indirect taxation** N contributions fpl indirectes, impôts mpl indirects

**indirectly** /ˌɪndɪˈrektlɪ/ SYN ADV indirectement

**indirectness** /ˌɪndɪˈrektnɪs/ N caractère m indirect

**indiscernible** /ˌɪndɪˈsɜːnəbl/ SYN ADJ indiscernable

**indiscipline** /ɪnˈdɪsɪplɪn/ N indiscipline f

**indiscreet** /ˌɪndɪsˈkriːt/ SYN ADJ (= tactless) indiscret (-ète f) ; (= rash) imprudent (about sth à propos de qch)

**indiscreetly** /ˌɪndɪsˈkriːtlɪ/ ADV (= tactlessly) indiscrètement ; (= rashly) imprudemment, avec imprudence

**indiscrete** /ˌɪndɪsˈkriːt/ ADJ indivisible

**indiscretion** /ˌɪndɪsˈkreʃən/ SYN N ① (NonC) (= tactlessness) manque m de discrétion, indiscrétion f ; (= rashness) imprudence f ; (= carelessness) indiscrétion f

② (= tactless remark, action) indiscrétion f ♦ **an act of indiscretion** une indiscrétion ♦ **a youthful indiscretion** une bêtise or une erreur de jeunesse

**indiscriminate** /ˌɪndɪsˈkrɪmɪnɪt/ SYN ADJ [killing, violence] systématique ; [punishment] distribué à tort et à travers ♦ **indiscriminate use of pesticides** emploi m inconsidéré de pesticides ♦ **to be indiscriminate in one's attacks** lancer ses attaques au hasard ♦ **to be indiscriminate in one's viewing habits** ne pas être sélectif dans ses choix de programmes de télévision

**indiscriminately** /ˌɪndɪsˈkrɪmɪnɪtlɪ/ ADV [use] sans discernement ; [kill, punish] sans distinction ; [fire] au hasard ; [read, watch TV] de façon non sélective ♦ **this disease strikes indiscriminately** cette maladie frappe tout le monde sans distinction

**indispensable** /ˌɪndɪsˈpensəbl/ SYN ADJ indispensable (to à) ♦ **nobody's indispensable!** personne n'est indispensable ! ♦ **you're not indispensable!** on peut se passer de toi !, tu n'es pas indispensable !

**indisposed** /ˌɪndɪsˈpəʊzd/ SYN ADJ ① (= unwell) indisposé, souffrant

② (= disinclined) peu disposé, peu enclin (to do sth à faire qch)

**indisposition** /ˌɪndɪspəˈzɪʃən/ SYN N ① (= illness) indisposition f, malaise m

② (= disinclination) manque m d'inclination (to do sth à faire qch)

**indisputable** /ˌɪndɪsˈpjuːtəbl/ SYN ADJ incontestable, indiscutable

**indisputably** /ˌɪndɪsˈpjuːtəblɪ/ LANGUAGE IN USE 26.3 ADV incontestablement, indiscutablement

**indissociable** /ˌɪndɪˈsəʊʃəbl/ ADJ indissociable (from de)

**indissolubility** /ˌɪndɪˌsɒljʊˈbɪlɪtɪ/ N indissolubilité f

**indissoluble** /ˌɪndɪˈsɒljʊbl/ SYN ADJ ① [friendship] indissoluble

② (Chem) insoluble

**indissolubly** /ˌɪndɪˈsɒljʊblɪ/ ADV (gen, Jur) indissolublement

**indistinct** /ˌɪndɪsˈtɪŋkt/ SYN ADJ [voice, sound, words, figure, shape] indistinct ; [memory] vague, flou ; [photograph] flou

**indistinctly** /ˌɪndɪsˈtɪŋktlɪ/ ADV [see, hear, speak] indistinctement ; [remember] vaguement

**indistinguishable** /ˌɪndɪsˈtɪŋɡwɪʃəbl/ SYN ADJ ① indifférenciable (from de)

② (= very slight) [noise, difference, change] imperceptible, indiscernable

**indistinguishably** /ˌɪndɪsˈtɪŋɡwɪʃəblɪ/ ADV au point de ne pouvoir être différencié

**indium** /ˈɪndɪəm/ N indium m

**individual** /ˌɪndɪˈvɪdjʊəl/ SYN

**ADJ** ① (= separate) [opinion, attention, portion] individuel ♦ **served in individual dishes** servi dans des plats individuels ♦ **Japan has changed individual aspects of its nuclear policy** le Japon a modifié certains aspects de sa politique nucléaire ♦ **the rights of individual countries to impose their own laws** le droit de chaque pays à imposer ses propres lois ♦ **divide the salmon among six individual plates** répartissez le saumon sur six assiettes individuelles ♦ **individual bargain** f (in industrial relations) négociations fpl au niveau individuel

② (= distinctive, characteristic) personnel, particulier ♦ **he has an individual style** il a un style personnel or bien à lui ♦ **the language she uses is highly individual** elle utilise un langage très personnel or particulier

③ (Sport) ♦ **individual pursuit** poursuite f individuelle ♦ **individual sports** sports mpl individuels

**N** individu m ♦ **each individual is entitled to...** tout individu or toute personne or chacun a droit à... ♦ **two or more unrelated individuals living together** deux ou plusieurs personnes qui vivent ensemble ♦ **donations from wealthy individuals** des dons de riches particuliers ♦ **enterprising individuals who...** des audacieux qui... ♦ **at what age does a child become aware it is an individual?** à quel âge l'enfant se rend-il compte de son individualité ?

**individualism** /ˌɪndɪˈvɪdjʊəlɪzəm/ SYN N individualisme m

**individualist** /ˌɪndɪˈvɪdjʊəlɪst/ SYN N individualiste mf

**individualistic** /ˌɪndɪˈvɪdjʊəˈlɪstɪk/ ADJ individualiste

**individuality** /ˌɪndɪˈvɪdjʊˈælɪtɪ/ SYN N individualité f

**individualize** /ˌɪndɪˈvɪdjʊəlaɪz/ VT individualiser, personnaliser ◆ **individualized instruction** (US Scol) enseignement m individualisé

**individually** /ˌɪndɪˈvɪdjʊəlɪ/ SYN ADV ① (= separately) [wrapped, numbered] individuellement, séparément ◆ **individually responsible for sth** individuellement or personnellement responsable de qch ◆ he spoke to them individually il leur a parlé à chacun individuellement or personnellement ◆ they're all right individually pris séparément ils sont très bien
② (= uniquely) [decorated] de façon individualisée or personnalisée ◆ **individually designed flats** appartements mpl individualisés or personnalisés

**individuate** /ˌɪndɪˈvɪdjʊeɪt/ VT (Bio) individualiser

**indivisibility** /ˌɪndɪˈvɪzəˈbɪlɪtɪ/ N indivisibilité f

**indivisible** /ˌɪndɪˈvɪzəbl/ ADJ indivisible ; (Math, Philos) insécable

**indivisibly** /ˌɪndɪˈvɪzəblɪ/ ADV indivisiblement, indissolublement

**Indo-** /ˈɪndəʊ/ PREF indo- ; → **Indo-China**

**Indo-China** /ˈɪndəʊˈtʃaɪnə/ N Indochine f

**Indo-Chinese** /ˈɪndəʊtʃaɪˈniːz/
ADJ indochinois
N Indochinois(e) m(f)

**indoctrinate** /ɪnˈdɒktrɪneɪt/ SYN VT endoctriner ◆ they've all been indoctrinated ils sont tous endoctrinés ◆ **to indoctrinate sb with ideas** inculquer des idées à qn ◆ **to indoctrinate sb to do sth** conditionner qn à faire qch ◆ we have all been strongly indoctrinated to value material things nous avons tous été fortement conditionnés à valoriser les choses matérielles, on nous a fortement inculqué à tous le sens des choses matérielles ◆ **to indoctrinate sb with political ideas/with hatred of the enemy** inculquer des doctrines politiques/la haine de l'ennemi à qn

**indoctrination** /ɪnˌdɒktrɪˈneɪʃən/ SYN N endoctrinement m

**Indo-European** /ˈɪndəʊjʊərəˈpɪən/
ADJ indo-européen
N (= language) indo-européen m

**indole** /ˈɪndəʊl/ N (Chem) indole m

**indolence** /ˈɪndələns/ N indolence f

**indolent** /ˈɪndələnt/ SYN ADJ indolent

**indolently** /ˈɪndələntlɪ/ ADV indolemment

**indomitable** /ɪnˈdɒmɪtəbl/ SYN ADJ indomptable ◆ her indomitable spirit sa ténacité à toute épreuve

**indomitably** /ɪnˈdɒmɪtəblɪ/ ADV [struggle, continue] sans jamais se laisser abattre

**Indonesia** /ˌɪndəʊˈniːzɪə/ N Indonésie f

**Indonesian** /ˌɪndəʊˈniːzɪən/
ADJ indonésien
N ① Indonésien(ne) m(f)
② (= language) indonésien m

**indoor** /ˈɪndɔːʳ/ ADJ [activity, plant, shoes] d'intérieur ; [market, swimming pool, tennis court, cycle track] couvert ; [sports, athletics, championship] en salle ; [job] (in office) dans un bureau ; (at home) à la maison ; (Cine, Theat) [scene] d'intérieur ◆ **indoor aerial** (TV) antenne f intérieure ◆ **indoor games** (squash etc) sports mpl pratiqués en salle ; (table games) jeux mpl de société ◆ **indoor photography** photographie f d'intérieur

**indoors** /ɪnˈdɔːz/ ADV [stay] (in building) à l'intérieur ; (at home) chez soi ; [go, keep, spend time] à l'intérieur ◆ **to go indoors** rentrer ◆ **to take sb indoors** faire entrer qn ◆ **I can't stay indoors forever** je ne peux pas rester enfermé tout le temps ◆ **bring plants indoors in October** en octobre, rentrer les plantes

**indophenol** /ˌɪndəʊˈfiːnɒl/ N indophénol m

**indorse** /ɪnˈdɔːs/ VT ⇒ **endorse**

**Indra** /ˈɪndrə/ N (Rel) Indra m

**indrawn** /ˈɪndrɔːn/ ADJ (lit) ◆ **a long indrawn breath** une longue inspiration ◆ **he received the news with indrawn breath** (fig) l'annonce de la nouvelle lui a coupé le souffle ◆ **the crowd gave a gasp of indrawn breath** la foule a retenu son souffle

**indris** /ˈɪndrɪs/ N indri m

**indubitable** /ɪnˈdjuːbɪtəbl/ SYN ADJ indubitable

**indubitably** /ɪnˈdjuːbɪtəblɪ/ ADV indubitablement

**induce** /ɪnˈdjuːs/ SYN VT ① (= persuade) persuader (sb to do sth qn de faire qch), inciter (sb to do sth qn à faire qch) ◆ **nothing would ever induce me to go back there** rien ne pourrait me décider à retourner là-bas
② (= bring about) [+ reaction] produire, provoquer ; [+ sleep, illness, hypnosis] provoquer ◆ **to induce labour** (Med) déclencher l'accouchement (artificiellement) ◆ **induced labour** accouchement m déclenché ◆ **she was induced** son accouchement a été déclenché
③ (Philos = infer) induire, conclure
④ (Elec) produire par induction

**-induced** /ɪnˈdjuːst/ ADJ (in compounds) causé or provoqué par ◆ **drug-induced** [sleep, fit] causé or provoqué par les médicaments (or par la drogue etc) ◆ **self-induced** intentionnel, volontaire ; [hypnosis] autosuggéré

**inducement** /ɪnˈdjuːsmənt/ SYN N ① (= reward) récompense f ; (euph) (= bribe) pot-de-vin m (pej) ◆ **and as an added inducement we are offering...** et comme avantage supplémentaire nous offrons... ◆ **he received £100 as an inducement** il a reçu 100 livres à titre de gratification, il a reçu un pot-de-vin (pej) de 100 livres ◆ **financial/cash inducements** avantages mpl financiers/en espèces
② (NonC = reason for doing sth) motivation f (to do sth, for doing sth pour faire qch), encouragement m (to do sth, for doing sth à faire qch)

**induct** /ɪnˈdʌkt/ VT [+ president] établir dans ses fonctions, installer ; [+ clergyman] instituer, installer ; [+ student] accueillir (au début de leur première année d'études) ; (US Mil) incorporer ◆ **to induct sb into the mysteries of...** initier qn aux mystères de...

**inductance** /ɪnˈdʌktəns/ N (= component, property) inductance f

**induction** /ɪnˈdʌkʃən/
N ① (NonC) (Elec, Philos) induction f ; [of sleep, hypnosis etc] provocation f ; (Med) [of labour] déclenchement m (provoqué)
② [of clergyman, president] installation f ; [of new staff members] insertion f, intégration f ; (US Mil) incorporation f
COMP **induction coil** N (Elec) bobine f d'induction
**induction course, induction training** N stage m préparatoire (d'intégration), stage m d'accueil et d'orientation
**induction heating** N chauffage m par induction
**induction loop** N (also **induction loop system**) système d'amplification sonore destiné aux malentendants et captable par les appareils acoustiques dans les salles de spectacle
**induction motor** N moteur m asynchrone or à induction
**induction year** N (Scol) [of teacher] ≈ année f de stage

**inductive** /ɪnˈdʌktɪv/ ADJ ① (Logic, Math) [reasoning, logic, process] inductif
② (Elec) [load] inductif ; [current] inducteur (-trice f)

**indulge** /ɪnˈdʌldʒ/ SYN
VT ① (= spoil) [+ person] gâter ; (= give way to, gratify) [+ person, desires, wishes, laziness] céder à ◆ **he indulges her every whim** il lui passe tous ses caprices, il cède à tous ses caprices ◆ **on Saturdays he indulges his passion for football** le samedi il s'adonne à sa passion pour le football ◆ **indulge yourself with a glass of chilled white wine** faites-vous plaisir avec un verre de vin blanc bien frais ◆ **go on, indulge yourself!** allez, laissez-vous tenter !
② (Comm = extend time for payment) [+ person, firm] accorder des délais de paiement à
VI ◆ **to indulge in sth** se permettre qch ◆ **she indulged in a little harmless flirtation** elle s'est permis un petit flirt inoffensif ◆ **we can't afford to indulge in cheap speculation** nous ne pouvons pas nous complaire dans des suppositions gratuites ◆ **we don't indulge in such underhand tactics** nous ne nous abaissons pas à pratiquer ces tactiques sournoises

**indulgence** /ɪnˈdʌldʒəns/ SYN N ① (NonC = tolerance) indulgence f, complaisance f
② (= luxury) luxe m ; (= treat, food) gâterie f ◆ **he allowed himself the indulgence of a day off work** il s'est offert le luxe de prendre un jour de congé ◆ **smoking was his one indulgence** la cigarette était son seul petit plaisir or son seul péché mignon
③ (Rel) indulgence f

**indulgent** /ɪnˈdʌldʒənt/ SYN ADJ (= not severe) indulgent (to envers, pour) ; (= permissive) indulgent (to envers, pour), complaisant (to à l'égard de, pour)

**indulgently** /ɪnˈdʌldʒəntlɪ/ ADV avec indulgence

**induline** /ˈɪndjʊlaɪn/ N induline f

**indult** /ɪnˈdʌlt/ N indult m

**induration** /ˌɪndjʊˈreɪʃən/ N (Med) induration f

**Indus** /ˈɪndəs/ N Indus m

**industrial** /ɪnˈdʌstrɪəl/
ADJ [application, experience, psychology, research, training] industriel ; [expansion] industriel, de l'industrie ; [worker] de l'industrie ; [accident, injury, medicine] du travail ; [fabric, equipment] pour l'industrie, industriel
COMP **industrial action** N (Brit) action f revendicative ; (= strike) (mouvement m de) grève f ◆ **to take industrial action** lancer une action revendicative ; (= go on strike) se mettre en grève
**industrial archaeology** N archéologie f industrielle
**industrial arts** NPL (US) enseignement m technique
**industrial capacity** N capacité f industrielle
**industrial correspondent** N (Brit Press, Rad, TV) correspondant m industriel
**industrial democracy** N (in industrial relations) participation f du personnel à la gestion de l'entreprise
**industrial design** N design m (industriel), esthétique f industrielle
**industrial designer** N concepteur-dessinateur m industriel, designer m
**industrial diamond** N diamant m naturel or industriel
**industrial disease** N maladie f professionnelle
**industrial dispute** N (Brit) conflit m social
**industrial engineering** N génie m industriel
**industrial espionage** N espionnage m industriel
**industrial estate** N (Brit) zone f industrielle
**industrial hygiene** N hygiène f du travail
**industrial injury benefit** N indemnité f d'accident du travail
**industrial insurance** N assurance f contre les accidents du travail, assurance f des salariés de l'industrie
**industrial park** N zone f industrielle
**industrial psychologist** N psychologue mf d'entreprise
**industrial rehabilitation** N réadaptation f fonctionnelle
**industrial relations** NPL relations fpl patronat-syndicats ; (= field of study) relations fpl sociales
**Industrial Revolution** N (Hist) révolution f industrielle
**industrial school** N (US) école f technique
**industrial-strength** ADJ ① (lit) à usage industriel
② (* fig = strong) [elastic] bien costaud ; [face cream] énergique ◆ **industrial-strength red wine** du gros rouge costaud or qui tache
**industrial tribunal** N ≈ conseil m de prud'hommes
**industrial unrest** N troubles mpl sociaux, agitation f ouvrière
**industrial vehicle** N véhicule m industriel
**industrial waste** N (Brit) déchets mpl industriels
**industrial wastes** NPL (US) ⇒ **industrial waste**

**industrialism** /ɪnˈdʌstrɪəlɪzəm/ N industrialisme m

**industrialist** /ɪnˈdʌstrɪəlɪst/ SYN N industriel m

**industrialization** /ɪnˌdʌstrɪəlaɪˈzeɪʃən/ N industrialisation f

**industrialize** /ɪnˈdʌstrɪəlaɪz/
VT industrialiser
COMP **industrialized country** N pays m industrialisé

**industrious** /ɪnˈdʌstrɪəs/ SYN ADJ assidu

**industriously** /ɪnˈdʌstrɪəslɪ/ SYN ADV assidûment, avec assiduité

**industriousness** /ɪnˈdʌstrɪəsnɪs/ N ⇒ **industry** noun 2

**industry** /ˈɪndəstrɪ/ SYN
N ① industrie f ◆ **basic** or **heavy industry** industrie f lourde ◆ **the hotel industry** l'hôtellerie f, l'industrie f hôtelière ◆ **the tourist industry** le tourisme, l'industrie f touristique ◆ **psychoanalysis has become a real industry**

## inebriate | infect

(fig) la psychanalyse est devenue une véritable industrie ; → **coal, textile, trade**

**2** (NonC = industriousness) assiduité f, application f ◆ **with great industry** avec beaucoup d'assiduité

**COMP** **industry standard** N norme f industrielle **industry-standard** ADJ aux normes industrielles

**inebriate** /ɪˈniːbrɪɪt/
**N** (frm) alcoolique mf
**ADJ** (frm) en état d'ébriété
**VT** /ɪˈniːbrɪeɪt/ (lit, fig) enivrer, griser

**inebriated** /ɪˈniːbrɪˌeɪtɪd/ SYN ADJ (= drunk) (lit) ivre ; (fig) enivré, grisé (by de)

**inebriation** /ɪˌniːbrɪˈeɪʃən/, **inebriety** /ˌɪniːˈbraɪətɪ/ N état m d'ébriété

**inedible** /ɪnˈedɪbl/ ADJ (= not meant to be eaten) non comestible ; (= not fit to be eaten) immangeable

**ineducable** /ɪnˈedjʊkəbl/ ADJ inéducable

**ineffable** /ɪnˈefəbl/ ADJ (liter) indicible (liter), ineffable

**ineffably** /ɪnˈefəblɪ/ ADV (liter) ineffablement (liter)

**ineffaceable** /ˌɪnɪˈfeɪsəbl/ ADJ ineffaçable, indélébile

**ineffective** /ˌɪnɪˈfektɪv/ SYN ADJ inefficace (against sth contre qch ; in doing sth pour faire qch)

**ineffectively** /ˌɪnɪˈfektɪvlɪ/ ADV [use] inefficacement ; [try] vainement, en vain

**ineffectiveness** /ˌɪnɪˈfektɪvnɪs/ N inefficacité f

**ineffectual** /ˌɪnɪˈfektjʊəl/ SYN ADJ ⇒ **ineffective**

**ineffectually** /ˌɪnɪˈfektjʊəlɪ/ ADV inefficacement

**inefficacious** /ˌɪnefɪˈkeɪʃəs/ ADJ inefficace

**inefficacy** /ɪnˈefɪkəsɪ/ N inefficacité f

**inefficiency** /ˌɪnɪˈfɪʃənsɪ/ SYN N [of action, machine, measures] inefficacité f, insuffisance f ; [of person] incompétence f, manque m d'efficacité

**inefficient** /ˌɪnɪˈfɪʃənt/ SYN ADJ [person, measures, drug] inefficace ; [machine, factory] peu performant

**inefficiently** /ˌɪnɪˈfɪʃəntlɪ/ ADV inefficacement ◆ **work done inefficiently** travail exécuté de façon inefficace

**inelastic** /ˌɪnɪˈlæstɪk/ ADJ **1** [material] non élastique
**2** (fig) [system, regulations] rigide ; (Econ) [demand, supply] non élastique
**3** (Phys) inélastique

**inelegance** /ɪnˈelɪɡəns/ N inélégance f

**inelegant** /ɪnˈelɪɡənt/ ADJ inélégant, peu élégant

**inelegantly** /ɪnˈelɪɡəntlɪ/ ADV inélégamment

**ineligibility** /ɪnˌelɪdʒəˈbɪlɪtɪ/ N (gen) inéligibilité f ; (Fin) irrecevabilité f

**ineligible** /ɪnˈelɪdʒəbl/ SYN ADJ [candidate] inéligible ◆ **he's ineligible for social security benefits** il n'a pas droit aux prestations de la Sécurité sociale ◆ **he's ineligible to vote** il n'a pas le droit de vote ◆ **ineligible for military service** inapte au service militaire

**ineluctable** /ˌɪnɪˈlʌktəbl/ ADJ (frm) inéluctable, inévitable

**ineluctably** /ˌɪnɪˈlʌktəblɪ/ ADV inéluctablement

**inept** /ɪˈnept/ SYN ADJ (= incompetent) incompétent ; (= inappropriate) [remark] déplacé ◆ **the team's inept performance** la médiocre performance de l'équipe

**ineptitude** /ɪˈneptɪtjuːd/ SYN N (= incompetence) incompétence f ; (= inappropriateness) [of remark] caractère m déplacé

**ineptly** /ɪˈneptlɪ/ ADV de façon inepte

**ineptness** /ɪˈneptnɪs/ N ⇒ **ineptitude**

**inequality** /ˌɪnɪˈkwɒlɪtɪ/ SYN N inégalité f

**inequitable** /ɪnˈekwɪtəbl/ SYN ADJ inéquitable, injuste

**inequity** /ɪnˈekwɪtɪ/ N injustice f, iniquité f

**ineradicable** /ˌɪnɪˈrædɪkəbl/ ADJ indéracinable, tenace

**inert** /ɪˈnɜːt/ SYN
**ADJ** (gen, also Chem, Phys) inerte ; (= dull) morne
**COMP** **inert gas** N gaz m inerte

**inertia** /ɪˈnɜːʃə/ SYN
**N** **1** [of person] inertie f, apathie f
**2** (Chem, Phys) inertie f
**COMP** **inertia-reel seat belts** NPL ceintures fpl (de sécurité) à enrouleurs

**inertia selling** N (Brit) vente f forcée par correspondance

**inertial** /ɪˈnɜːʃl/ ADJ ◆ **inertial guidance** [of aircraft] guidage m inertiel ◆ **inertial mass** masse f inerte

**inescapable** /ˌɪnɪsˈkeɪpəbl/ SYN ADJ inéluctable, inévitable

**inescapably** /ˌɪnɪsˈkeɪpəblɪ/ ADV inéluctablement, inévitablement

**inessential** /ˌɪnɪˈsenʃəl/ ADJ superflu, non-essentiel

**inestimable** /ɪnˈestɪməbl/ SYN ADJ [gift, friendship] inestimable, inappréciable ; [fortune, work] incalculable

**inestimably** /ɪnˈestɪməblɪ/ ADV ◆ **she has contributed inestimably to the project** sa contribution au projet a été inestimable ◆ **inestimably greater** nettement plus grand

**inevitability** /ɪnˌevɪtəˈbɪlɪtɪ/ N caractère m inévitable

**inevitable** /ɪnˈevɪtəbl/ SYN
**ADJ** [result] inévitable, inéluctable ; [day, event] fatal ◆ **it seems that civil war has become inevitable** il semble que la guerre civile soit devenue inévitable or inéluctable ◆ **it's inevitable that new recruits will make errors at first** les nouvelles recrues feront inévitablement or fatalement des erreurs au début ◆ **I'm afraid it's inevitable** j'ai bien peur que ce soit inévitable or inéluctable ◆ **the tourist had the inevitable camera** le touriste avait l'inévitable or l'incontournable appareil-photo
**N** ◆ **the inevitable** l'inévitable m

**inevitably** /ɪnˈevɪtəblɪ/ SYN ADV inévitablement

**inexact** /ˌɪnɪɡˈzækt/ ADJ inexact

**inexactitude** /ˌɪnɪɡˈzæktɪtjuːd/ N inexactitude f

**inexactly** /ˌɪnɪɡˈzæktlɪ/ ADV inexactement

**inexcusable** /ˌɪnɪksˈkjuːzəbl/ SYN ADJ inexcusable, impardonnable ◆ **it is inexcusable that…** il est inexcusable que… + subj ◆ **it would be inexcusable to make such a mistake** il serait inexcusable de faire une telle erreur ◆ **that was inexcusable of you** c'était inexcusable or impardonnable de votre part

**inexcusably** /ˌɪnɪksˈkjuːzəblɪ/ ADV [say, overlook, neglect] de façon inexcusable or impardonnable ◆ **inexcusably lazy/careless** d'une paresse/ d'une négligence inexcusable

**inexhaustible** /ˌɪnɪɡˈzɔːstəbl/ SYN ADJ inépuisable

**inexhaustibly** /ˌɪnɪɡˈzɔːstəblɪ/ ADV inépuisablement

**inexorable** /ɪnˈeksərəbl/ SYN ADJ inexorable

**inexorably** /ɪnˈeksərəblɪ/ SYN ADV inexorablement

**inexpedient** /ˌɪnɪksˈpiːdɪənt/ ADJ [action, decision, policy] inopportun, malavisé

**inexpensive** /ˌɪnɪksˈpensɪv/ SYN ADJ bon marché inv, pas cher

**inexpensively** /ˌɪnɪksˈpensɪvlɪ/ ADV [buy] à bon marché, à bon compte ; [live] à peu de frais

**inexperience** /ˌɪnɪksˈpɪərɪəns/ SYN N inexpérience f, manque m d'expérience

**inexperienced** /ˌɪnɪksˈpɪərɪənst/ SYN ADJ [driver, pilot, teacher, doctor] inexpérimenté ◆ **I am very inexperienced in matters of this kind** j'ai très peu d'expérience dans ce genre de choses ◆ **doctors are inexperienced in dealing with this disease** les médecins ont peu d'expérience dans le traitement de cette maladie ◆ **he's too inexperienced to be president** il manque trop d'expérience pour être président ◆ **to be sexually inexperienced** manquer d'expérience sexuelle

**inexpert** /ɪnˈekspɜːt/ SYN ADJ inexpert, maladroit (in en)

**inexpertly** /ɪnˈekspɜːtlɪ/ ADV maladroitement

**inexpiable** /ɪnˈekspɪəbl/ ADJ inexpiable

**inexplicable** /ˌɪnɪksˈplɪkəbl/ SYN ADJ inexplicable

**inexplicably** /ˌɪnɪksˈplɪkəblɪ/ ADV inexplicablement

**inexpressible** /ˌɪnɪksˈpresəbl/ SYN ADJ inexprimable

**inexpressibly** /ˌɪnɪksˈpresəblɪ/ ADV indiciblement

**inexpressive** /ˌɪnɪksˈpresɪv/ SYN ADJ inexpressif

**inexpressiveness** /ˌɪnɪksˈpresɪvnɪs/ N inexpressivité f

**inextinguishable** /ˌɪnɪksˈtɪŋɡwɪʃəbl/ SYN ADJ [fire] impossible à éteindre or à maîtriser ; [passion, enthusiasm] indéfectible ; [thirst, laughter] inextinguible

**in extremis** /ɪnɪksˈtriːmɪs/ ADV (frm) in extremis

**inextricable** /ˌɪnɪksˈtrɪkəbl/ ADJ inextricable

**inextricably** /ˌɪnɪksˈtrɪkəblɪ/ SYN ADV inextricablement

**infallibility** /ɪnˌfæləˈbɪlɪtɪ/ SYN N (also Rel) infaillibilité f

**infallible** /ɪnˈfæləbl/ SYN ADJ infaillible

**infallibly** /ɪnˈfæləblɪ/ ADV **1** (= without error) [pronounce, correct] infailliblement
**2** (= always) infailliblement, immanquablement

**infamous** /ˈɪnfəməs/ SYN ADJ [person, place] tristement célèbre (for sth pour qch) ; [incident] notoire ; [case, trial, conduct] infâme ◆ **his infamous temper** son mauvais caractère notoire

**infamy** /ˈɪnfəmɪ/ N infamie f

**infancy** /ˈɪnfənsɪ/ SYN N **1** (lit) petite enfance f, bas âge m ; (Jur) minorité f ◆ **early infancy** toute petite enfance f ◆ **child still in infancy** enfant mf encore en bas âge ◆ **a quarter of these children die in infancy** un quart de ces enfants meurent en bas âge
**2** (fig) enfance f, débuts mpl ◆ **when radio was still in its infancy** quand la radio en était encore à ses débuts or à ses premiers balbutiements

**infant** /ˈɪnfənt/ SYN
**N** (= newborn) nouveau-né m ; (= baby) bébé m, nourrisson m ; (= young child) petit(e) enfant m(f), enfant mf en bas âge ; (Jur) mineur(e) m(f) ; (Brit Scol) enfant mf, petit(e) m(f) (de quatre à sept ans)
**COMP** [disease] infantile ; (fig) [industry, movement, organization] naissant
**infant class** N (Brit) ≈ cours m préparatoire ◆ **the infant classes** les classes fpl enfantines, les petites classes fpl
**infant education** N enseignement m des petits (entre quatre et sept ans)
**infant mortality** N mortalité f infantile
**infant school** N (Brit) ≈ cours m préparatoire et première année de cours élémentaire (entre quatre et sept ans)
**infant welfare clinic** N centre m médicosocial pédiatrique

**infanta** /ɪnˈfæntə/ N infante f

**infante** /ɪnˈfæntɪ/ N infant m

**infanticide** /ɪnˈfæntɪsaɪd/ N (= crime) infanticide m ; (frm) (= killer) infanticide mf

**infantile** /ˈɪnfəntaɪl/ SYN
**ADJ** infantile
**COMP** **infantile paralysis** † N (= polio) paralysie f infantile (o.f)

**infantilism** /ɪnˈfæntɪˌlɪzəm/ N (Psych) infantilisme m

**infantilize** /ɪnˈfæntɪˌlaɪz/ VT infantiliser

**infantry** /ˈɪnfəntrɪ/ N (NonC: Mil) infanterie f NonC, fantassins mpl

**infantryman** /ˈɪnfəntrɪmən/ N fantassin m ; → **light**[2]

**infarct** /ˈɪnfɑːkt/ N (Med) infarctus m

**infarction** /ɪnˈfɑːkʃən/ N (Med) **1** (= dead tissue) ⇒ **infarct**
**2** (= forming of dead tissue) infarcissement m

**infatuate** /ɪnˈfætjʊeɪt/ VT (gen pass) tourner la tête à ◆ **to be infatuated with** [+ person] être fou d'amour pour ; [+ idea] avoir la tête pleine de, être engoué de ◆ **to become infatuated with** [+ person] s'enticher de ; [+ idea] s'engouer pour ◆ **as soon as he met her he was infatuated** il s'est entichée d'elle dès leur première rencontre

**infatuation** /ɪnˌfætjʊˈeɪʃən/ SYN N (with person) amour m obsessionnel ; (with idea, activity) engouement m (with sth pour qch)

**infect** /ɪnˈfekt/ SYN VT **1** (lit) [+ person, wound] infecter ; [+ air, well, blood] contaminer ◆ **his wound became infected** sa blessure s'infecta ◆ **a virus spread by infected blood** un virus qui se transmet par du sang contaminé ◆ **to infect sb with a disease** transmettre or communiquer une maladie à qn ◆ **to be infected with malaria/hepatitis** être atteint du paludisme/de l'hépatite ◆ **infected with HIV** séropositif
**2** (fig) ◆ **for a moment I was infected by her fear** pendant un moment elle m'a communiqué sa peur ◆ **you can't help being infected**

**infection** /ɪnˈfekʃən/ SYN N ⓵ (lit) [of person, wound] infection f ; [of air, well, blood] contamination f ◆ **there's some infection in the wound** la blessure est légèrement infectée ◆ **she has a slight infection** elle a une légère infection ◆ **a throat infection** une angine ◆ **an ear infection** une otite
⓶ (fig) contagion f

**infectious** /ɪnˈfekʃəs/ SYN
ADJ ⓵ (Med) [disease] (= transmissible) contagieux ; (= caused by germs) infectieux
⓶ (fig) [person, laugh, enthusiasm, rhythm] contagieux
COMP **infectious hepatitis** N hépatite f infectieuse
**infectious mononucleosis** N mononucléose f infectieuse

**infectiousness** /ɪnˈfekʃəsnɪs/ N ⓵ (Med) nature f infectieuse
⓶ (fig) contagion f

**infective** /ɪnˈfektɪv/ ADJ [disease] (= transmissible) contagieux ; (= caused by germs) infectieux ; [agent] infectieux

**infectivity** /ˌɪnfekˈtɪvɪtɪ/ N infectiosité f

**infelicitous** /ˌɪnfɪˈlɪsɪtəs/ ADJ (frm) malheureux, fâcheux

**infelicity** /ˌɪnfɪˈlɪsɪtɪ/ N (frm) ⓵ (NonC = misfortune) malheur m
⓶ (= tactless act, remark) maladresse f

**infer** /ɪnˈfɜːʳ/ SYN VT ⓵ (= conclude) déduire, conclure (that que) ◆ **can we infer from this that you disagree?** pouvons-nous en déduire or en conclure que vous n'êtes pas d'accord ?
⓶ (\* = imply) laisser entendre, insinuer ◆ **what are you inferring?** qu'est-ce que vous insinuez ?

**inference** /ˈɪnfərəns/ SYN N ⓵ (= conclusion) déduction f, conclusion f ◆ **by inference** par déduction ◆ **the inference is that he is unwilling to help us** on doit en conclure qu'il n'est pas disposé à nous aider ◆ **to draw an inference from sth** tirer une conclusion de qch
⓶ (\* = implication) insinuation f

**inferential** /ˌɪnfəˈrenʃəl/ ADJ [method] déductif ; [proof] obtenu par déduction

**inferentially** /ˌɪnfəˈrenʃəlɪ/ ADV par déduction

**inferior** /ɪnˈfɪərɪəʳ/ LANGUAGE IN USE 26.3 SYN
ADJ ⓵ [person, status, quality] inférieur (-eure f) (to sb à qn ; in sth en qch) ; [product] de qualité inférieure ; [service, work] de second ordre ◆ **he makes me feel inferior** il me donne un sentiment d'infériorité
⓶ (Jur) [court] ≈ de première instance
⓷ (Bot) infère
⓸ (Typography) ◆ **inferior letter** indice m
N (in quality, social standing) inférieur m, -eure f ; (in authority, rank: also Mil) subalterne mf, subordonné(e) m(f)

**inferiority** /ɪnˌfɪərɪˈɒrɪtɪ/ SYN
N infériorité f (to par rapport à)
COMP **inferiority complex** N complexe m d'infériorité

**infernal** /ɪnˈfɜːnl/ SYN ADJ ⓵ (\* = terrible) [noise] infernal ; [heat, weather] abominable ; [car, computer] satané ◆ **it's an infernal nuisance** c'est vraiment empoisonnant
⓶ (Myth, Rel, liter) [regions] infernal ; [flames] de l'enfer

**infernally**\* /ɪnˈfɜːnəlɪ/ ADV [difficult] abominablement, épouvantablement ◆ **it is infernally hot** il fait une chaleur infernale or abominable

**inferno** /ɪnˈfɜːnəʊ/ N ⓵ ◆ **an inferno, a blazing inferno** un brasier
⓶ (liter = hell) enfer m

**infertile** /ɪnˈfɜːtaɪl/ SYN ADJ [person, animal, land, soil] stérile

**infertility** /ˌɪnfɜːˈtɪlɪtɪ/ SYN
N [of person, animal, land, soil] stérilité f
COMP **infertility clinic** N service de consultation pour problèmes de stérilité
**infertility treatment** N (Med) traitement m de la stérilité

**infest** /ɪnˈfest/ SYN VT ⓵ (lit) [pest, vermin] infester ◆ **infested with** infesté de
⓶ (fig) [drugs, bandits] envahir

**infestation** /ˌɪnfesˈteɪʃən/ N infestation f

**infidel** /ˈɪnfɪdəl/
N (liter) (Hist, Rel) infidèle † mf ; (Rel) incroyant(e) m(f)
ADJ infidèle †, incroyant

**infidelity** /ˌɪnfɪˈdelɪtɪ/ N infidélité f ◆ **divorce on the grounds of infidelity** (Jur) divorce m pour cause d'adultère

**infighting** /ˈɪnˌfaɪtɪŋ/ N ⓵ (within group) conflits mpl or querelles fpl internes, luttes fpl intestines (within au sein de)
⓶ (Mil) (hand-to-hand) corps à corps m ; (close-range) combat m rapproché ; (Boxing) corps à corps m

**infill** /ˈɪnfɪl/ N (Constr, Geol) remplissage m

**infiltrate** /ˈɪnfɪltreɪt/ SYN
VI [troops, person, light, liquid, ideas] s'infiltrer (into dans)
VT [+ liquid] infiltrer (into dans ; through à travers) ; (Pol) [+ group, organization] infiltrer, noyauter ; (Mil) [troops] [+ territory, city, enemy lines] s'infiltrer dans ◆ **to infiltrate troops into a territory, to infiltrate a territory with troops** envoyer des troupes s'infiltrer dans un territoire

**infiltration** /ˌɪnfɪlˈtreɪʃən/ N (Pol, Mil, Med) infiltration f (into sth dans qch)

**infiltrator** /ˈɪnfɪltreɪtəʳ/ N (inside organization, country) agent m infiltré ◆ **Western infiltrators** agents mpl de l'Occident

**infinite** /ˈɪnfɪnɪt/ SYN
ADJ (gen) [number, patience, care] infini, illimité ; [possibilities] illimité ; (Math, Philos, Rel) infini ◆ **the choice is infinite** le choix est illimité ◆ **an infinite variety of landscapes** une variété infinie de paysages ◆ **God in his infinite mercy** Dieu dans son infinie miséricorde ◆ **it gave her infinite pleasure** cela lui a fait infiniment plaisir ◆ **the organizers, in their infinite wisdom, planned the two events for the same day** (iro) les organisateurs, dans leur infinie sagesse, ont programmé les deux manifestations le même jour ◆ **he seemed to have an infinite capacity for cruelty** (iro) sa cruauté semblait illimitée
N infini m

**infinitely** /ˈɪnfɪnɪtlɪ/ ADV infiniment

**infiniteness** /ˈɪnfɪnɪtnɪs/ N ⇒ **infinity 3**

**infinitesimal** /ˌɪnfɪnɪˈtesɪməl/ SYN ADJ (gen) [amount, majority etc] infinitésimal, infime ; (Math) infinitésimal

**infinitesimally** /ˌɪnfɪnɪˈtesɪməlɪ/ ADV infiniment

**infinitival** /ˌɪnfɪnɪˈtaɪvl/ ADJ (Gram) infinitif

**infinitive** /ɪnˈfɪnɪtɪv/ (Gram)
N infinitif m ◆ **in the infinitive** à l'infinitif
ADJ infinitif

**infinitude** /ɪnˈfɪnɪtjuːd/ N ◆ **an infinitude of** une infinitude de

**infinity** /ɪnˈfɪnɪtɪ/ SYN N ⓵ (= that which is infinite) infinité f, infini m ◆ **in time and space or in infinity** dans le temps et dans l'espace ou dans l'infinité or l'infini
⓶ (= infinite quantity, number etc) infinité f ◆ **an infinity of reasons/details/possibilities** une infinité de raisons/détails/possibilités
⓷ (= infiniteness) infinitude f ◆ **the infinity of God** l'infinitude f de Dieu
⓸ (Math) infini m ◆ **to infinity** à l'infini

**infirm** /ɪnˈfɜːm/ SYN
ADJ ⓵ (= sick) infirme
⓶ (liter) ◆ **infirm of purpose** irrésolu, indécis
NPL **the infirm** les infirmes mpl ◆ **the old and the infirm** les personnes fpl âgées et les infirmes mpl

**infirmary** /ɪnˈfɜːmərɪ/ N (= hospital) hôpital m ; (in school etc) infirmerie f

**infirmity** /ɪnˈfɜːmɪtɪ/ SYN N infirmité f ◆ **her grandmother's increasing infirmity** l'infirmité croissante de sa grand-mère ◆ **she bears these infirmities with fortitude** elle supporte ces infirmités avec courage

**infix** /ˈɪnfɪks/
VT [+ habit, idea] inculquer (in à), implanter (in dans) ; (Ling) insérer (in dans)
N /ˈɪnfɪks/ (Ling) infixe m

**in flagrante delicto** /ˌɪnfləˈgræntɪˈdelɪktəʊ/ ADV en flagrant délit

**inflame** /ɪnˈfleɪm/ SYN VT ⓵ (fig) [+ courage] enflammer ; [+ anger, desire, hatred, discord] attiser
⓶ (Med) enflammer
⓷ (= set alight) enflammer, mettre le feu à

**inflammability** /ɪnˌflæməˈbɪlɪtɪ/ N inflammabilité f

**inflammable** /ɪnˈflæməbl/ SYN ADJ ⓵ [liquid, substance] inflammable
⓶ (fig) [situation] explosif

**inflammation** /ˌɪnfləˈmeɪʃən/ SYN N (Med, fig) inflammation f

**inflammatory** /ɪnˈflæmətərɪ/ SYN ADJ ⓵ [speech, remark, language] incendiaire
⓶ (Med) inflammatoire

**inflatable** /ɪnˈfleɪtəbl/
ADJ [dinghy, mattress] pneumatique, gonflable ; [toy, rubber ring] gonflable
N (gen) objet m (or jouet m etc) gonflable ; (= dinghy) canot m pneumatique

**inflate** /ɪnˈfleɪt/ SYN
VT ⓵ (lit) [+ tyre, balloon] gonfler (with de) ; (Med) [+ lung] dilater
⓶ (fig) [+ prices] gonfler, faire monter ; [+ bill, account] gonfler, charger
VI [tyre, balloon, air bag] se gonfler

**inflated** /ɪnˈfleɪtɪd/ SYN ADJ ⓵ (lit) [tyre, balloon] gonflé ; [lung] dilaté
⓶ (fig) [price, cost, salary, insurance claim] excessif ◆ **inflated with pride** bouffi d'orgueil ◆ **he has an inflated ego** il a une très haute opinion de lui-même ◆ **he has an inflated sense of his own importance** il se fait une idée exagérée de sa propre importance

**inflation** /ɪnˈfleɪʃən/ SYN
N ⓵ (Econ) inflation f ; [of prices] hausse f
⓶ [of tyre etc] gonflement m
COMP **inflation-proof** ADJ protégé contre l'inflation
**inflation rate** N taux m d'inflation

**inflationary** /ɪnˈfleɪʃnərɪ/ ADJ inflationniste ◆ **the inflationary spiral** la spirale f de l'inflation

**inflationist** /ɪnˈfleɪʃnɪst/ N partisan(e) m(f) d'une politique inflationniste

**inflect** /ɪnˈflekt/
VT ⓵ (Ling) [+ word] mettre une désinence à ; (= conjugate) conjuguer ; (= decline) décliner ◆ **inflected form** forme f fléchie ◆ **inflected vowel** voyelle f infléchie
⓶ (= modulate) [+ voice] moduler ; (Mus) [+ note] altérer
⓷ (Geom, Opt = bend) infléchir, dévier
VI (Ling) ◆ **a verb which inflects** un verbe flexionnel or qui prend des désinences ◆ **does this noun inflect in the plural?** ce nom prend-il la marque du pluriel ? ◆ **an inflecting language** une langue désinentielle or flexionnelle

**inflection** /ɪnˈflekʃən/ SYN N ⓵ (= modulation) [of voice, tone] inflexion f ; [of note] altération f
⓶ (NonC: Ling) [of word] flexion f ◆ **the inflection of nouns/verbs** la flexion nominale/verbale ◆ **vowel inflection** inflexion f vocalique
⓷ (Ling = affix) désinence f
⓸ (= curving) [of body] inflexion f, inclination f ; (Geom, Opt) inflexion f, déviation f

**inflectional** /ɪnˈflekʃənəl/ ADJ (Ling) flexionnel ◆ **an inflectional ending** une désinence

**inflexibility** /ɪnˌfleksɪˈbɪlɪtɪ/ SYN N ⓵ (lit) rigidité f
⓶ (fig) inflexibilité f, rigidité f

**inflexible** /ɪnˈfleksəbl/ SYN ADJ ⓵ (lit) [person] inflexible ; [object] rigide
⓶ (fig) [system, policy] rigide ; [person, rule, position] inflexible ; [attitude] rigide, inflexible

**inflexion** /ɪnˈflekʃən/ N ⇒ **inflection**

**inflict** /ɪnˈflɪkt/ SYN VT [+ punishment, torture, fine, defeat] infliger (on à) ; [+ pain, suffering] faire subir, infliger (on à) ◆ **to inflict damage** causer des dégâts ◆ **to inflict a wound on sb** infliger une blessure à qn ◆ **the enemy inflicted heavy casualties on us** l'ennemi nous a infligé de lourdes pertes ◆ **to inflict one's company/one's beliefs on sb** imposer sa compagnie/ses croyances à qn

**infliction** /ɪnˈflɪkʃən/ SYN N ⓵ (NonC) ◆ **another operation would mean further infliction of pain on him** une autre opération reviendrait à lui infliger de nouvelles douleurs
⓶ (= misfortune) affliction f

**in-flight** /ˈɪnflaɪt/ ADJ [refuelling] en vol ; [film, entertainment] proposé pendant le vol ◆ **in-flight meal** repas m servi pendant le vol ◆ **in-flight magazine** magazine m de voyage (destiné aux passagers aériens)

**inflorescence** /ˌɪnflɔːˈresns/ **N** *(stalks, flowers)* inflorescence *f* ; *(blossoming)* floraison *f*

**inflow** /ˈɪnfləʊ/
**N** 1 *[of water]* afflux *m*, arrivée *f*
2 ⇒ **influx 1**
3 *[of capital]* entrée *f*
**COMP inflow pipe N** tuyau *m* d'arrivée ◆ **water-inflow pipe** arrivée *f or* adduction *f* d'eau

**influence** /ˈɪnflʊəns/ SYN
**N** *(gen)* influence *f* *(on* sur*)* ◆ **her book had** *or* **was a great influence on him** son livre a eu une grande influence sur lui *or* l'a beaucoup influencé ◆ **he has got influence** il a de l'influence ◆ **I've got a lot of influence with her** j'ai beaucoup d'influence *or* d'ascendant sur elle ◆ **to use one's influence with sb to get sth** user de son influence auprès de qn pour obtenir qch ◆ **she used her influence to persuade them to accept the deal** elle a usé de son influence pour les persuader d'accepter le marché ◆ **to exert influence over sb** exercer une influence sur qn ◆ **he denies having exerted any political influence over them** il a nié avoir exercé la moindre influence politique sur eux ◆ **I shall bring all my influence** *or* **every influence to bear on him** j'essaierai d'user de toute mon influence pour le persuader ◆ **a man of influence** un homme influent ◆ **she is a good influence in the school/on the pupils** elle a *or* exerce une bonne influence dans l'établissement/sur les élèves ◆ **she is a disruptive influence** c'est un élément perturbateur
♦ **under + influence** ◆ **under his influence** sous son influence ◆ **under the influence of his advisers, he...** influencé par ses conseillers, il... ◆ **under the influence of drink/drugs** sous l'effet *or* l'empire de la boisson/des drogues ◆ **convicted of driving under the influence of drink** *(Jur)* condamné pour conduite en état d'ébriété *or* d'ivresse ◆ **he was a bit under the influence** * il était pompette *
**VT** *[+ attitude, behaviour, decision, person]* influencer ◆ **don't be influenced by him** ne vous laissez pas influencer par lui ◆ **a friend who influenced me deeply** un ami qui m'a beaucoup influencé *or* marqué ◆ **my dad influenced me to do electronics** mon père m'a encouragé *or* poussé à faire des études d'électronique ◆ **he's easily influenced** il est très influençable, il se laisse facilement influencer ◆ **her music is strongly influenced by jazz** sa musique est fortement influencée par le jazz ◆ **the artist has been influenced by Leonardo da Vinci** cet artiste a été influencé par Léonard de Vinci ◆ **your diet may influence your risk of getting cancer** votre alimentation peut influer sur les risques que vous avez de développer un cancer
**COMP influence peddling N** trafic *m* d'influence

**influential** /ˌɪnflʊˈenʃəl/ SYN **ADJ** influent ◆ **to be influential** avoir de l'influence ◆ **she has influential friends** elle a des amis influents *or* haut placés

**influenza** /ˌɪnflʊˈenzə/ **N** *(NonC)* grippe *f* ◆ **he's got influenza** il a la grippe

**influx** /ˈɪnflʌks/ SYN **N** 1 *[of people]* afflux *m*, flot *m* ; *[of new ideas, attitudes]* flot *m*, flux *m* ◆ **a great influx of people into the neighbourhood** un gros afflux d'arrivants dans le voisinage ◆ **the influx of tourists/foreign workers** l'afflux *or* le flot de touristes/de travailleurs étrangers
2 ⇒ **inflow noun 1**
3 *(= meeting place of rivers)* confluent *m*

**info** * /ˈɪnfəʊ/ **N** *(NonC)* (abbrev of **information**) *(gen)* renseignements *mpl* ; *(= tips)* tuyaux * *mpl* *(about* sur*)*

**infobahn** /ˈɪnfəʊbɑːn/ **N** autoroute *f* de l'information

**infomercial** /ˈɪnfəʊmɜːʃəl/ **N** *(US) (for product)* publireportage *m* ; *(Pol) émission où un candidat présente son programme électoral*

**inform** /ɪnˈfɔːm/ LANGUAGE IN USE 24.5 SYN
**VT** 1 *(gen)* informer *(of* de*)* ; *(= warn)* avertir *(of* de*)* ◆ **to inform sb of sth** informer qn de qch, faire savoir qch à qn ◆ **"he'd like a word with you", she informed me** « il aimerait vous dire un mot » m'a-t-elle dit ◆ **we were informed that the factory was to close** nous avons été informés que l'usine allait fermer ◆ **I should like to be informed as soon as he arrives** j'aimerais être informé *or* averti dès qu'il sera là, prévenez-moi dès qu'il arrivera ◆ **keep me informed** tenez-moi au courant ◆ **I'd like to be kept informed of progress** j'aimerais que l'on me tienne au courant de l'avancement des choses ◆ **they tried to keep us fully informed** ils ont essayé de nous tenir pleinement informés ◆ **why was I not informed?** pourquoi ne m'a-t-on rien dit ?, pourquoi n'ai-je pas été informé ? ◆ **we must inform the police** il faut avertir la police ◆ **the public should be informed about the dangers of these drugs** il faudrait informer le public *or* le public devrait être informé des dangers de ces drogues ◆ **she's better informed than most of her colleagues** elle est mieux informée que la plupart de ses collègues ◆ **he was not well informed about what had been happening** il était mal informé *or* il n'était pas bien au courant de ce qui s'était passé ; see also **informed**
2 *(= contribute to)* contribuer à ; *(= influence)* influencer ◆ **his writing is informed by a sound knowledge of philosophy** ses écrits portent la marque d'une solide connaissance de la philosophie
**VI** ◆ **to inform against** *or* **on sb** dénoncer qn

**informal** /ɪnˈfɔːməl/ SYN **ADJ** 1 *(= relaxed, natural) [person]* décontracté, sans façons ; *[manner, tone, style, atmosphere]* décontracté
2 *(Ling) [language, expression]* familier
3 *(= unceremonious) [party, meal, visit]* tout simple, sans cérémonie ; *[clothes]* décontracté ◆ **it was a very informal occasion** c'était une occasion dénuée de toute formalité *or* de tout protocole ◆ **it's just an informal get-together between friends** ce sera à la bonne franquette ◆ **it will be quite informal** ce sera sans cérémonie *or* en toute simplicité ◆ **"dress informal"** « tenue de ville »
4 *(= unofficial) [talks, meeting]* non officiel, informel ; *[agreement, acceptance, announcement, communication, visit]* non officiel, officieux ; *[invitation]* non officiel, dénué de caractère officiel ; *[group]* à caractère non officiel ◆ **there was an informal arrangement that...** il y avait une entente officieuse selon laquelle... ◆ **play is often an important part of informal education** le jeu joue souvent un rôle important dans l'apprentissage non scolaire

**informality** /ˌɪnfɔːˈmælɪtɪ/ SYN **N** *[of visit, welcome etc]* simplicité *f*, absence *f* de formalité ; *[of style, language]* simplicité *f* ; *[of arrangement, agreement, occasion]* caractère *m* informel *or* officieux ◆ **the informality of his manners** *(gen)* son naturel ; *(pej)* les familiarités qu'il se permet

**informally** /ɪnˈfɔːməlɪ/ **ADV** 1 *(= in relaxed manner) [dress]* simplement ◆ **she chatted informally to the children** elle parla aux enfants avec naturel
2 *(= unceremoniously, unofficially) [invite]* sans cérémonie ; *[meet, discuss, agree, arrange]* à titre officieux *or* non officiel ◆ **the policy has been informally adopted** la politique a été adoptée à titre officieux *or* non officiel
3 *(Ling) [call]* familièrement

**informant** /ɪnˈfɔːmənt/ **N** 1 *(gen, Press)* informateur *m*, -trice *f* ◆ **my informant tells me...** mon informateur me dit que... ◆ **who is your informant?** de qui tenez-vous cette information ?, quelles sont vos sources ?
2 *(= informer)* (also **police informant**) indicateur *m*, informateur *m* (de la police) ◆ **a mafia boss turned police informant** un parrain de la mafia devenu indicateur *or* informateur
3 *(Ling:* also **native informant***)* informateur *m*, -trice *f*

**informatics** /ˌɪnfəˈmætɪks/ **N** *(NonC)* informatique *f*

**information** /ˌɪnfəˈmeɪʃən/ LANGUAGE IN USE 19.1, 19.3 SYN
**N** 1 *(NonC) (= facts)* renseignements *mpl*, information(s) *f(pl)* ◆ **a piece of information** un renseignement, une information ◆ **we will be looking at every piece of information we received** nous examinerons chacune des informations que nous avons reçues *or* chacun des renseignements que nous avons reçus ◆ **to give sb information about** *or* **on sth/sb** renseigner qn sur qch/qn ◆ **to get information about** *or* **on sth/sb** se renseigner sur qch/qn, obtenir des informations sur qch/qn ◆ **to ask for information about** *or* **on sth/sb** demander des renseignements *or* des informations sur qch/qn ◆ **I need more information about it** il me faut des renseignements plus complets *or* des informations plus complètes ◆ **we are collecting as much information as we can on that organization** nous sommes en train de réunir le plus d'informations *or* de renseignements possible(s) sur cette organisation ◆ **we have no information on that point** nous n'avons aucune information *or* aucun renseignement là-dessus ◆ **until more information is available** jusqu'à ce qu'il y ait de plus amples renseignements ◆ **have you any information about the accident?** avez-vous des renseignements *or* des détails sur l'accident ? ◆ **the police are seeking information about...** la police recherche des renseignements sur..., la police enquête sur... ◆ **I have information that they are being held captive near the border** j'ai des informations selon lesquelles ils seraient retenus en captivité près de la frontière ◆ **our information is that he has refused to talk to the press** selon nos renseignements il aurait refusé de parler à la presse ◆ **my information is that the President will be making a statement this afternoon** selon mes renseignements le président fera une déclaration cet après-midi ◆ **the police had acted on inadequate information** la police avait agi à partir d'informations insuffisantes ◆ **I enclose for your information a copy of...** à titre d'information je joins une copie de... ◆ **for further information contact...** pour plus de *or* pour de plus amples renseignements, veuillez contacter... ◆ **"for your information"** *(on document)* « à titre d'information », « à titre indicatif » ◆ **for your information, he...** *(gen)* nous vous signalons *or* informons qu'il... ; *(iro)* au cas où vous ne le sauriez pas (encore), il... ; → **tourist**
2 *(US Telec)* (service *m* des) renseignements *mpl*
3 (pl **informations**) *(Jur) (= denunciation)* dénonciation *f* ; *(= charge)* plainte *f* ◆ **to lay an information against sb** *(= bring charge against)* déposer plainte contre qn ; *(= denounce)* dénoncer qn à la police
**COMP information bureau N** bureau *m* d'informations *or* de renseignements
**information content N** contenu *m* informationnel
**information desk N** accueil *m*
**information exchange N** centre *m* d'échange d'informations
**information highway N** ⇒ **information superhighway**
**information industry N** secteur *m* de l'information
**information office N** ⇒ **information bureau**
**information officer N** responsable *mf* de l'information
**information overload N** surinformation *f*
**information pack N** *(Brit)* documentation *f*, ensemble *m* documentaire
**information processing N** informatique *f*, traitement *m* de l'information
**information retrieval N** recherche *f* documentaire
**information retrieval system N** système *m* de recherche documentaire
**information science N** informatique *f*
**information scientist N** informaticien(ne) *m(f)*
**information service N** bureau *m* d'informations *or* de renseignements
**information superhighway N** autoroute *f* de l'information
**information technology N** informatique *f*, technologie *f* de l'information
**information theory N** théorie *f* de l'information

**informational** /ˌɪnfəˈmeɪʃənl/ **ADJ** *[needs, meeting, documentary, programme]* d'information

**informative** /ɪnˈfɔːmətɪv/ SYN **ADJ** *[book, meeting, article, talk]* instructif ◆ **the talk was very informative about...** l'exposé était très instructif quant à *or* au sujet de...

**informatory** /ɪnˈfɔːmətərɪ/ **ADJ** *(Bridge)* d'information ◆ **informatory double** contre *m* d'appel

**informed** /ɪnˈfɔːmd/ SYN **ADJ** *[person]* informé ; *[debate, discussion]* approfondi ; *[opinion, criticism, point of view]* fondé ◆ **an informed decision** une décision prise en connaissance de cause ◆ **to make an informed choice** choisir en connaissance de cause ◆ **informed sources** sources *fpl* bien informées ◆ **informed observers** observateurs *mpl* bien informés ◆ **there is a body of informed opinion which claims that there is...** certains milieux bien informés prétendent qu'il y a..., selon certains milieux bien informés, il y aurait... ◆ **an informed guess** une hypothèse fondée sur la connaissance des faits ; see also **inform**

**informer** /ɪnˈfɔːməʳ/ SYN **N** dénonciateur *m*, -trice *f*, délateur *m*, -trice *f* ◆ **police informer** indicateur *m* , informateur *m* (de la police) ◆ **to turn informer** *(on specific occasion)* dénoncer *or* vendre ses complices ; *(long-term)* devenir indicateur *or* informateur

**infotainment** /ˌɪnfəʊˈteɪnmənt/ N info-spectacle m, info-divertissement m

**infraction** /ɪnˈfrækʃən/ N [of law, rule] infraction f (of à)

**infra dig*** /ˈɪnfrəˈdɪɡ/ ADJ au-dessous de sa (or ma etc) dignité, indigne or au-dessous de soi (or moi etc), déshonorant

**infrared** /ˈɪnfrəˈred/ ADJ infrarouge ◆ **infrared photography** photographie f (à l') infrarouge

**infrasonic** /ˌɪnfrəˈsɒnɪk/ ADJ infrasonore

**infrasound** /ˈɪnfrəsaʊnd/ N (Phys) infrason m

**infrastructure** /ˈɪnfrəˌstrʌktʃər/ N infrastructure f

**infrequency** /ɪnˈfriːkwənsɪ/ N rareté f

**infrequent** /ɪnˈfriːkwənt/ SYN ADJ peu fréquent

**infrequently** /ɪnˈfriːkwəntlɪ/ ADV peu souvent, peu fréquemment ◆ **not infrequently** assez fréquemment

**infringe** /ɪnˈfrɪndʒ/ SYN

  VT [+ law, rule] enfreindre, transgresser ◆ **to infringe copyright** ne pas respecter les droits d'auteur ◆ **to infringe a patent** commettre une contrefaçon en matière de brevet ◆ **to infringe sb's rights** empiéter sur or léser les droits de qn ◆ **this law would infringe freedom of speech** cette loi serait contraire au principe de la liberté d'expression ◆ **he infringed his amateur status by accepting money for the race** il a enfreint son statut d'amateur en acceptant d'être payé pour cette course

  VI ◆ **to infringe (up)on sb's rights** empiéter sur or léser les droits de qn ◆ **to infringe on sb's privacy** porter atteinte à la vie privée de qn ◆ **measures that infringe on Iraq's sovereignty** des mesures qui portent atteinte à la souveraineté de l'Irak ◆ **laws that infringe upon press freedom** des lois qui portent atteinte à la liberté de la presse

**infringement** /ɪnˈfrɪndʒmənt/ SYN N [of law] transgression f (of sth de qch), violation f (of sth de qch) ; [of rule] infraction f (of sth à qch) ; [of rights, liberties] atteinte f (of or on sth à qch) ◆ **to be in infringement of a law** enfreindre une loi ◆ **infringement of copyright** non-respect m des droits d'auteur ◆ **infringement of patent** contrefaçon f de brevet

**infundibular** /ˌɪnfʌnˈdɪbjʊlər/ ADJ (Anat) infundibulaire

**infundibuliform** /ˌɪnfʌnˈdɪbjʊlɪˈfɔːm/ ADJ infundibuliforme

**infundibulum** /ˌɪnfʌnˈdɪbjʊləm/ N infundibulum m

**infuriate** /ɪnˈfjʊərɪeɪt/ SYN VT rendre furieux, mettre en fureur ◆ **it infuriates me that...** cela me rend fou (que .. + subj), cela m'exaspère (que... + subj) ◆ **to be infuriated** être furieux ◆ **she was infuriated to hear that...** elle était furieuse d'apprendre que... ◆ **to be infuriated by sth/sb** être exaspéré par qch/qn

**infuriating** /ɪnˈfjʊərɪeɪtɪŋ/ SYN ADJ exaspérant, rageant

**infuriatingly** /ɪnˈfjʊərɪeɪtɪŋlɪ/ ADV [say, reply, laugh] de façon exaspérante ◆ **infuriatingly slow/cheerful** d'une lenteur/gaieté exaspérante ◆ **infuriatingly reasonable** raisonnable à un point exaspérant

**infuse** /ɪnˈfjuːz/
  VT infuser (into dans) ; (Culin) [+ tea, herbs] (faire) infuser ; (fig) [+ ideas etc] infuser, insuffler (into à) ◆ **to infuse a project with enthusiasm** insuffler de l'enthousiasme dans un projet
  VI (Culin) [tea, herbs] infuser

**infuser** /ɪnˈfjuːzər/ N (for tea) boule f à thé

**infusion** /ɪnˈfjuːʒən/ N infusion f

**ingenious** /ɪnˈdʒiːnɪəs/ SYN ADJ ingénieux, astucieux

**ingeniously** /ɪnˈdʒiːnɪəslɪ/ ADV ingénieusement, astucieusement ◆ **ingeniously inventive excuses** des excuses ingénieuses

**ingénue** /ˈænʒeɪnjuː/ N ingénue f

**ingenuity** /ˌɪndʒɪˈnjuːɪtɪ/ SYN N ingéniosité f

**ingenuous** /ɪnˈdʒenjʊəs/ SYN ADJ (= naïve) ingénu, naïf (naïve f) ; (= candid) sincère, franc (franche f)

**ingenuously** /ɪnˈdʒenjʊəslɪ/ ADV ingénument

**ingenuousness** /ɪnˈdʒenjʊəsnɪs/ SYN N ingénuité f

**ingest** /ɪnˈdʒest/ VT (Med) ingérer

**ingestion** /ɪnˈdʒestʃən/ N (Med) ingestion f

**inglenook** /ˈɪŋɡlnʊk/
  N coin m du feu
  COMP **inglenook fireplace** N grande cheminée f à l'ancienne

**inglorious** /ɪnˈɡlɔːrɪəs/ SYN ADJ peu glorieux ; (stronger) déshonorant, honteux

**ingloriously** /ɪnˈɡlɔːrɪəslɪ/ ADV [fall, slip] piteusement ; [fail] lamentablement

**ingoing** /ˈɪnˌɡəʊɪŋ/ ADJ [people, crowd] qui entre ; [tenant] nouveau (nouvelle f)

**ingot** /ˈɪŋɡət/ N lingot m

**ingrained** /ɪnˈɡreɪnd/ ADJ 1 (= deep-seated) [attitude, prejudice, hostility, distrust] enraciné (in sb chez qn ; in sth dans qch) ; [habit] invétéré
  2 [dirt, grime] incrusté ◆ **ingrained with dirt** encrassé, incrusté de saleté

**ingrate** /ˈɪnɡreɪt/ N ingrat(e) m(f)

**ingratiate** /ɪnˈɡreɪʃɪeɪt/ SYN VT ◆ **to ingratiate o.s. with sb** se faire bien voir de qn, s'insinuer dans les bonnes grâces de qn

**ingratiating** /ɪnˈɡreɪʃɪeɪtɪŋ/ SYN ADJ patelin, doucereux

**ingratitude** /ɪnˈɡrætɪtjuːd/ SYN N ingratitude f

**ingredient** /ɪnˈɡriːdɪənt/ SYN N (Culin) ingrédient m ; [of character etc] élément m ◆ **ingredients** (on food packaging) ingrédients mpl, composition f

**ingress** /ˈɪnɡres/ N (Jur) entrée f ◆ **to have free ingress** avoir le droit d'entrée

**ingrowing** /ˈɪnˌɡrəʊɪŋ/, **ingrown** (US) /ˈɪnˌɡrəʊn/ ADJ ◆ **ingrowing nail** ongle m incarné

**inguinal** /ˈɪŋɡwɪnl/ ADJ inguinal

**ingurgitate** /ɪnˈɡɜːdʒɪteɪt/ VT ingurgiter

**ingurgitation** /ɪnˌɡɜːdʒɪˈteɪʃən/ N ingurgitation f

**inhabit** /ɪnˈhæbɪt/ SYN VT [+ town, country] habiter ; [+ house] habiter (dans) ◆ **inhabited** habité

**inhabitable** /ɪnˈhæbɪtəbl/ ADJ habitable

**inhabitant** /ɪnˈhæbɪtənt/ SYN N habitant(e) m(f)

**inhalant** /ɪnˈheɪlənt/ N 1 (= medicine) médicament m à inhaler
  2 (= solvent) solvant m ◆ **inhalant abuse** prise de solvants

**inhalation** /ˌɪnhəˈleɪʃən/ N (gen, Med) inhalation f

**inhalator** /ˈɪnhəleɪtər/ N ⇒ **inhaler**

**inhale** /ɪnˈheɪl/ SYN
  VT [+ vapour, gas] inhaler ; [+ perfume] respirer, humer ; [smoker] avaler
  VI [smoker] avaler la fumée

**inhaler** /ɪnˈheɪlər/ N inhalateur m

**inharmonious** /ˌɪnhɑːˈməʊnɪəs/ ADJ inharmonieux, peu harmonieux

**inhere** /ɪnˈhɪər/ VI (frm) être inhérent (in à)

**inherent** /ɪnˈhɪərənt/ SYN ADJ [right, power] inhérent, intrinsèque ; [dangers, problems, contradictions, risks, weaknesses] inhérent, propre ; [value] intrinsèque ; (Jur) propre (in, to à) ◆ **to be inherent to sb/sth** être inhérent à qn/qch ◆ **the dangers inherent in war** les dangers inhérents or propres à la guerre ◆ **with all the inherent difficulties** avec toutes les difficultés qui en découlent ◆ **stress is an inherent part of modern life** le stress fait partie intégrante de la vie moderne ◆ **self-defence is an inherent right of all countries** l'autodéfense est un droit inhérent à tous les pays or intrinsèque de chaque pays

**inherently** /ɪnˈhɪərəntlɪ/ ADV [involved, dangerous, difficult] par nature ; (Philos) par inhérence ; (Jur) [entail] en propre ◆ **there is nothing inherently wrong with the system** le système n'a rien de mauvais en soi ◆ **war is inherently a dirty business** la guerre est par nature une sale affaire

**inherit** /ɪnˈherɪt/ SYN
  VT hériter de, hériter (liter) ◆ **she inherited $10,000** elle a hérité de 10 000 dollars ◆ **to inherit a house/fortune** hériter d'une maison/d'une fortune (liter) une maison/une fortune ◆ **to inherit a house/fortune from sb** hériter (liter) une maison/une fortune de qn ◆ **he inherited the estate from his father** il a succédé à son père à la tête du domaine, il a hérité du domaine de son père ◆ **to inherit a title** succéder à un titre, hériter d'un titre ◆ **the new government has inherited a weak economy** le nouveau gouvernement a hérité d'une économie en mauvaise santé ◆ **she inherited her mother's beauty** elle a hérité de la beauté de sa mère ◆ **he inherits his patience/his red hair from his father** il tient sa patience/ses cheveux roux de son père ◆ **I've inherited my brother's coat** (hum) j'ai hérité du manteau de mon frère ; see also **inherited**
  VI hériter ◆ **she is due to inherit on the death of her aunt** elle doit hériter à la mort de sa tante

**inheritance** /ɪnˈherɪtəns/ SYN
  N 1 (NonC) succession f ◆ **law of inheritance** (Jur) droit m de succession
  2 [of individual, family] héritage m ; [of nation] patrimoine m ◆ **to come into an inheritance** faire un héritage ◆ **an inheritance of $10,000** un héritage de 10 000 dollars ◆ **it's part of our cultural inheritance** cela fait partie de notre patrimoine culturel ◆ **our genetic inheritance** notre patrimoine génétique
  COMP **inheritance tax** N droits mpl de succession

**inherited** /ɪnˈherɪtɪd/ ADJ [disease, defect] héréditaire ; [gene] hérité ◆ **inherited wealth/property** richesse f/propriété f dont on a hérité

**inheritor** /ɪnˈherɪtər/ N (lit, fig) héritier m, -ière f

**inhibit** /ɪnˈhɪbɪt/ SYN VT 1 [+ growth, development] (= slow down) freiner ; (= hinder) entraver ; (= prevent) empêcher ; [situation, sb's presence] [+ person] gêner ; (Psych) inhiber ◆ **tablets which inhibit the desire to eat** des pilules qui coupent la faim, des coupe-faim mpl ◆ **orthodox drugs can inhibit the action of natural treatments** les médicaments traditionnels peuvent gêner l'action des traitements naturels ◆ **a drug that inhibits the formation of blood clots** un médicament qui empêche la formation de caillots de sang ◆ **alcohol can inhibit our ability to think logically** l'alcool peut diminuer nos facultés de raisonnement ◆ **stress can inhibit a man's sexual performance** le stress peut diminuer or amoindrir les capacités sexuelles d'un homme ◆ **to inhibit freedom of speech** entraver la liberté d'expression ◆ **to inhibit sb from doing sth** (= restrain) retenir qn de faire qch ; (= prevent) empêcher qn de faire qch ◆ **his presence inhibited the discussion** (= limited it) sa présence gênait la discussion ; (= prevented it) sa présence empêchait toute discussion ◆ **he was greatly inhibited by his lack of education** (= held back) il était handicapé par son manque d'instruction ; (= embarrassed) il était très gêné par son manque d'instruction
  2 (Jur = prohibit) interdire, défendre (sb from doing sth à qn de faire qch)

**inhibited** /ɪnˈhɪbɪtɪd/ SYN ADJ refoulé, inhibé ◆ **he is very inhibited** il a beaucoup d'inhibitions ◆ **to be sexually inhibited** être refoulé sexuellement

**inhibiting** /ɪnˈhɪbɪtɪŋ/ ADJ inhibiteur (-trice f)

**inhibition** /ˌɪnhɪˈbɪʃən/ SYN N 1 (gen) complexe m ; (Physiol, Psych) inhibition f
  2 (Jur = prohibition) interdiction f

**inhibitor** /ɪnˈhɪbɪtər/ N (Bio, Chem) inhibiteur m

**inhibitory** /ɪnˈhɪbɪtərɪ/ ADJ 1 (Physiol, Psych) inhibiteur (-trice f)
  2 (Jur) prohibitif

**inhospitable** /ˌɪnhɒsˈpɪtəbl/ SYN ADJ [person, behaviour, reception] inhospitalier, peu accueillant ; [country, climate] inhospitalier ; [weather] désagréable, inclément (liter)

**inhospitably** /ˌɪnhɒsˈpɪtəblɪ/ ADV [behave] de façon or manière inhospitalière ◆ **to treat sb inhospitably** se montrer inhospitalier envers qn ◆ **inhospitably cold** [region, climate] d'un froid inhospitalier ; (fig) [person] d'une froideur glaciale

**inhospitality** /ˈɪnˌhɒspɪˈtælɪtɪ/ N [of person, country, climate] inhospitalité f ; [of weather] inclémence f (liter)

**inhuman** /ɪnˈhjuːmən/ SYN ADJ (lit, fig) inhumain

**inhumane** /ˌɪnhjuː(ˈ)meɪn/ SYN ADJ inhumain

**inhumanely** /ˌɪnhjuːˈmeɪnlɪ/ ADV cruellement

**inhumanity** /ˌɪnhjuːˈmænɪtɪ/ SYN N inhumanité f

**inhumanly** /ɪnˈhjuːmənlɪ/ ADV inhumainement ◆ **inhumanly accurate** d'une précision surhumaine

**inhumation** /ˌɪnhjuːˈmeɪʃən/ N (frm) inhumation f

**inimical** /ɪˈnɪmɪkəl/ SYN ADJ (= hostile) hostile ◆ **inimical to** défavorable à, (l')ennemi de

**inimitable** /ɪˈnɪmɪtəbl/ SYN ADJ inimitable

**inimitably** /ɪˈnɪmɪtəblɪ/ ADV d'une façon inimitable

**iniquitous** /ɪˈnɪkwɪtəs/ SYN ADJ inique, profondément injuste

**iniquitously** /ɪ'nɪkwɪtəslɪ/ ADV de façon inique

**iniquity** /ɪ'nɪkwɪtɪ/ SYN N iniquité *f*

**initial** /ɪ'nɪʃəl/ SYN

ADJ [1] *[investment, cost, results, period, enthusiasm]* initial ◆ **after the initial shock, I...** après le choc initial, je... ◆ **my initial reaction was to refuse** ma première réaction *or* ma réaction initiale a été de refuser ◆ **initial reports suggest that hundreds of people have been wounded** selon les premiers rapports il y aurait des centaines de blessés ◆ **in the initial stages** au début, dans un premier temps ◆ **initial expenses** *[of shop, firm etc]* frais *mpl* d'établissement

[2] *(Phon)* initial

[3] *(Typography)* ◆ **initial letter** initiale *f*

N (lettre *f*) initiale *f* ◆ **initials** initiales *fpl* ; *(as signature)* parafe *or* paraphe *m*

VT *[+ letter, document]* parafer *or* parapher ; *(= approve)* viser

COMP **Initial Teaching Alphabet** N *(Brit Scol) alphabet phonétique d'apprentissage de la lecture*

**initialization** /ɪ,nɪʃəlaɪ'zeɪʃən/ N *(Comput)* initialisation *f*

**initialize** /ɪ'nɪʃə,laɪz/ VT *(Comput)* initialiser

**initially** /ɪ'nɪʃəlɪ/ SYN ADV d'abord, au départ ◆ **initially, they were wary of him** au départ, ils se méfiaient de lui

**initiate** /ɪ'nɪʃɪeɪt/ SYN

VT [1] *[+ negotiations, discussion, action, reform]* engager, lancer ; *[+ enterprise, fashion]* lancer ; *[+ scheme, programme]* mettre en place ◆ **to initiate sex** prendre l'initiative de l'acte sexuel ◆ **to initiate proceedings against sb** *(Jur)* intenter un procès à qn ◆ **the trip was initiated by the manager** c'est le directeur qui a eu l'initiative du voyage

[2] *(Rel etc) [+ person]* initier ◆ **to initiate sb into a science/a secret** initier qn à une science/un secret ◆ **to initiate sb into a society** admettre qn au sein d'une société (secrète)

ADJ, N /ɪ'nɪʃɪɪt/ initié(e) *m(f)*

**initiation** /ɪ,nɪʃɪ'eɪʃən/ SYN

N [1] *[of negotiations, discussion, action, reform, enterprise, fashion]* lancement *m* ; *[of scheme, programme]* mise *f* en place

[2] *(into society)* admission *f (into* dans), initiation *f* ; *(into knowledge, secret)* initiation *f (into* à)

COMP **initiation rite** N rite *m* d'initiation

**initiative** /ɪ'nɪʃətɪv/ SYN

N initiative *f* ◆ **to take the initiative** prendre l'initiative *(in doing sth* de faire qch) ◆ **the government still has the initiative** le gouvernement a gardé l'initiative ◆ **to use one's (own) initiative** faire preuve d'initiative ◆ **on one's own initiative** de sa propre initiative, par soi-même ◆ **he's got initiative** il a de l'initiative ◆ **to have/lose the initiative** avoir/perdre l'initiative ◆ **a new peace initiative** une nouvelle initiative de paix

COMP **initiative test** N test *m* d'initiative

**initiator** /ɪ'nɪʃɪ,eɪtəʳ/ N auteur *m*, instigateur *m*, -trice *f*

**inject** /ɪn'dʒekt/ SYN

VT [1] *[+ liquid, gas]* injecter *(into* dans) ◆ **to inject sb with sth** *(Med)* injecter qch à qn, faire une piqûre *or* une injection de qch à qn ◆ **to inject sb's arm with penicillin, to inject penicillin into sb's arm** faire une piqûre *or* injection de pénicilline dans le bras de qn ◆ **to inject sb against tetanus** vacciner qn contre le tétanos ◆ **he injects himself** *[diabetic etc]* il se fait ses piqûres ◆ **to inject drugs** *[addict]* se piquer* ◆ **to inject heroin** se piquer* à l'héroïne

[2] *(fig)* ◆ **to inject sb with enthusiasm** communiquer *or* insuffler de l'enthousiasme à qn ◆ **I wanted to inject some humour into my speech** je voulais introduire un peu d'humour dans mon discours ◆ **they need to inject some new life into their relationship** il faut qu'ils introduisent un peu de nouveauté dans leur relation ◆ **the government are trying to inject some life into the economy** le gouvernement essaie de relancer l'économie ◆ **she injected some money/£5 million into the company** elle a injecté de l'argent/5 millions de livres dans la société

VI *[drug addict]* se piquer*

**injectable** /ɪn'dʒektəbl/ ADJ *(Med)* injectable

**injection** /ɪn'dʒekʃən/ SYN N *(lit, fig, also Fin = process)* injection *f* ; *(Med, Brit Dentistry = shot)* injection *f*, piqûre *f* ◆ **to give medicine by injection** administrer un remède par injection ◆ **an injection of new capital** une injection *or* un apport de capital frais ◆ **a $250 million cash injection** un apport de 250 millions de dollars

**injector** /ɪn'dʒektəʳ/ N injecteur *m* ; → **fuel**

**injudicious** /,ɪndʒʊ'dɪʃəs/ SYN ADJ peu judicieux, malavisé

**injudiciously** /,ɪndʒʊ'dɪʃəslɪ/ ADV peu judicieusement

**injunction** /ɪn'dʒʌŋkʃən/ SYN N *(gen)* ordre *m*, recommandation *f* formelle ; *(Jur)* injonction *f* ; *(= court order)* ordonnance *f (to do sth* de faire qch ; *against doing sth* de ne pas faire qch) ◆ **she plans to seek a court injunction to stop publication of the photographs** elle a l'intention de demander une ordonnance pour empêcher la publication des photos ◆ **an injunction banning the sale of the book** une ordonnance interdisant la vente du livre ◆ **to give sb strict injunctions to do sth** enjoindre formellement *or* strictement à qn de faire qch

**injure** /'ɪndʒəʳ/ SYN VT [1] *(= hurt physically) [+ person, limb]* blesser ◆ **to injure o.s.** se blesser ◆ **to injure one's leg** se blesser à la jambe ◆ **no one was injured** il n'y a pas eu de blessés, personne n'a été blessé ; see also **injured**

[2] *[+ person] (= wrong)* faire du tort à, nuire à ; *(Jur)* porter préjudice à, léser ; *(= offend)* blesser, offenser ; *(= damage) [+ reputation, sb's interests, chances, trade]* compromettre ; *(Comm) [+ cargo, goods]* avarier ◆ **to injure sb's feelings** offenser qn ◆ **to injure one's health** compromettre sa santé, se détériorer la santé ; see also **injured**

**injured** /'ɪndʒəd/ SYN

ADJ [1] *(physically)* blessé ; *(in road accident)* accidenté ; *[limb]* blessé

[2] *(fig) [person]* offensé ; *[look, voice]* blessé, offensé ; *[wife, husband]* outragé, trompé ◆ **the injured party** *(Jur)* la partie lésée

NPL **the injured** *(gen)* les blessés *mpl* ; *(in road accident etc)* les accidentés *mpl*, les blessés *mpl*

**injurious** /ɪn'dʒʊərɪəs/ ADJ nuisible, préjudiciable *(to* à)

**injury** /'ɪndʒərɪ/ SYN

N [1] *(physical)* blessure *f* ◆ **to do sb an injury** blesser qn ◆ **you'll do yourself an injury!** tu vas te faire mal ! ◆ **three players have injuries** *(Sport)* il y a trois joueurs (de) blessés

[2] *(fig = wrong) (to person)* tort *m*, préjudice *m* ; *(to reputation)* atteinte *f* ; *(Jur)* lésion *f*, préjudice *m* ◆ **to the injury of sb** au détriment *or* au préjudice de qn ◆ **they awarded him £28,000 to cover injury to his feelings** il a reçu 28 000 livres en réparation du préjudice moral

[3] *(Comm, Naut)* avarie *f*

COMP **injury benefit** N *(Brit)* rente *f* d'accident du travail

**injury time** N *(Brit Football)* arrêts *mpl* de jeu ◆ **to play injury time** jouer les arrêts de jeu

**injustice** /ɪn'dʒʌstɪs/ SYN N injustice *f* ◆ **to do sb an injustice** être *or* se montrer injuste envers qn

**ink** /ɪŋk/

N [1] encre *f* ◆ **written in ink** écrit à l'encre ; → **Indian, invisible**

[2] *[of octopus, cuttlefish]* encre *f*, sépia *f*

VT [1] *(Typography) [+ roller]* encrer

[2] *(US * fig = sign)* signer

COMP **ink bag** N *[of marine animal]* sac *m or* poche *f* d'encre

**ink blot** N tache *f* d'encre, pâté *m*

**ink blot test** N *(Psych)* test *m* de la tache d'encre, test *m* de Rorschach

**ink bottle** N bouteille *f* d'encre

**ink-cap** N *(fungus)* coprin *m*

**ink eraser** N gomme *f* à encre

**inking-pad** N tampon *m* encreur

**ink-jet printer** N *(Comput)* imprimante *f* à jet d'encre

**ink roller** N rouleau *m* d'imprimeur

**ink rubber** N ⇒ **ink eraser**

► **ink in** VT SEP repasser à l'encre

► **ink out** VT SEP raturer *or* barrer à l'encre

► **ink over** VT SEP ⇒ **ink in**

**inkling** /'ɪŋklɪŋ/ SYN N soupçon *m*, vague *or* petite idée *f* ◆ **I had no inkling that...** je n'avais pas la moindre idée que..., je ne me doutais pas du tout que... ◆ **he had no inkling of what was going on** il n'avait pas la moindre idée de ce qui se passait, il ne se doutait pas du tout de ce qui se passait ◆ **I had an inkling that he would come** quelque chose me disait qu'il viendrait ◆ **we had some inkling of their plan** nous avions une petite idée de leur plan ◆ **there was no inkling of the disaster to come** rien ne laissait présager le désastre qui allait se produire

**inkpad** /'ɪŋkpæd/ N tampon *m* (encreur)

**inkpot** /'ɪŋkpɒt/ N encrier *m*

**inkstain** /'ɪŋksteɪn/ N tache *f* d'encre

**inkstand** /'ɪŋkstænd/ N (grand) encrier *m* (de bureau)

**inkwell** /'ɪŋkwel/ N encrier *m* (de pupitre *etc*)

**inky** /'ɪŋkɪ/ ADJ [1] *(liter = dark) [colour]* très foncé ; *[sky]* noir *inv* d'encre *or* comme de l'encre ◆ **inky black** noir *inv* d'encre ◆ **inky blue** (d'un) bleu outremer foncé *inv*

[2] *(= covered with ink) [finger, paper]* plein d'encre ; *[pad, rubber stamp]* encré

**inlaid** /'ɪn'leɪd/ ADJ *[brooch, sword]* incrusté *(with* de) ; *[box, table]* marqueté ; *[metal]* damasquiné ◆ **ivory inlaid with gold** ivoire *m* incrusté d'or ◆ **an inlaid floor** un parquet ◆ **inlaid work** *(= jewels)* incrustation *f* ; *(= wood)* marqueterie *f*

**inland** /'ɪnlænd/ SYN

ADJ [1] *(= not coastal) [sea, town]* intérieur (-eure *f*) ◆ **inland navigation** navigation *f* fluviale ◆ **inland waterways** canaux *mpl* et rivières *fpl*

[2] *(Brit = domestic) [mail, trade]* intérieur (-eure *f*)

ADV /ɪn'lænd/ à l'intérieur ◆ **to go inland** aller dans l'arrière-pays

COMP **the Inland Revenue (Service)** N *(Brit) (= organization, system)* le fisc

**Inland Revenue stamp** N timbre *m* fiscal

**inlay** /'ɪnleɪ/ (vb: pret, ptp **inlaid**)

N *[of brooch, sword]* incrustation *f* ; *[of table, box]* marqueterie *f* ; *[of floor]* parquet *m* ; *[of metal]* damasquinage *m*

VT /,ɪn'leɪ/ *[+ brooch, sword]* incruster *(with* de) ; *[+ table, box]* marqueter ; *[+ floor]* parqueter ; *[+ metal]* damasquiner ; see also **inlaid**

**inlet** /'ɪnlet/ SYN

N [1] *[of sea]* crique *f*, anse *f* ; *[of river]* bras *m* de rivière

[2] *[of engine]* arrivée *f*, admission *f* ; *[of ventilator]* prise *f* (d'air)

COMP **inlet pipe** N tuyau *m* d'arrivée ; → **valve**

**in loco parentis** /ɪn'ləʊkəʊpə'rentɪs/ ADV en tant que substitut *or* à la place des parents

**inmate** /'ɪnmeɪt/ N *[of prison]* détenu(e) *m(f)* ; *[of asylum]* interné(e) *m(f)* ; *[of hospital]* malade *mf*, hospitalisé(e) *m(f)*, pensionnaire* *mf*

**inmost** /'ɪnməʊst/ SYN ADJ *[thoughts]* le plus secret, le plus intime ; *[feelings]* le plus intime ◆ **in the inmost part of the temple** au plus profond *or* au cœur du temple ◆ **in one's inmost being** au plus profond de soi-même ◆ **in one's inmost heart** au fond de son cœur

**inn** /ɪn/

N *(small, wayside)* auberge *f* ; *(larger, wayside)* hostellerie *f* ; *(in town)* hôtel *m* ; († = *tavern)* cabaret † *m*

COMP **inn sign** N enseigne *f* d'auberge

**the Inns of Court** NPL *(Brit Jur)* les (quatre) écoles *fpl* de droit *(londoniennes)*

**innards*** /'ɪnədz/ NPL entrailles *fpl*, intérieurs* *mpl*

**innate** /ɪ'neɪt/ SYN ADJ *[ability, talent, wisdom, intelligence, conservatism]* inné ; *[dignity]* foncier ; *[distrust]* naturel ◆ **an innate sense of sth** un sens inné de qch

**innately** /ɪ'neɪtlɪ/ ADV ◆ **innately aggressive/generous** d'une agressivité/générosité innée, naturellement agressif/généreux

**inner** /'ɪnəʳ/ SYN

ADJ [1] *[room, court]* intérieur (-eure *f*) ◆ **on the inner side** à l'intérieur ◆ **they formed an inner circle within the society** ils formaient un petit noyau *or* un petit cercle (fermé) à l'intérieur de la société

[2] *[emotions, thoughts]* intime ; *[life]* intérieur (-eure *f*) ◆ **the inner child** l'enfant *m* intérieur ◆ **the inner meaning** le sens intime *or* profond ◆ **the inner man** *(= spiritual self)* l'homme *m* intérieur ; *(hum) (= stomach)* l'estomac *m* ◆ **the discovery of the inner self** la découverte de soi ◆ **trust your inner self** suivez votre instinct

COMP **inner city** N quartiers *mpl* déshérités *(à l'intérieur de la ville)*

**inner-city** ADJ *[buildings, problems, crime, renewal]* des quartiers déshérités

**inner-city areas** NPL ⇒ **inner city**

**inner-directed** ADJ *(esp US)* individualiste

**inner dock** N *(for boats)* arrière-bassin *m*

**inner ear** N *(Anat)* oreille *f* interne

**inner harbour** N arrière-port *m*

**Inner Mongolia** N (Geog) Mongolie-Intérieure f
**inner sole** N [of shoe] semelle f (intérieure)
**inner spring mattress** N (US) matelas m à ressorts
**inner tube** N [of tyre] chambre f à air

### INNER CITY

L'expression **inner city** désigne initialement le centre des villes. Dans l'évolution des villes anglo-saxonnes, les quartiers du centre, délaissés par les classes aisées, se caractérisent souvent par une grande pauvreté, un taux de chômage élevé, de très mauvaises conditions de logement et des tensions entre les groupes ethniques. En ce sens, la notion de **inner city** correspondrait en français aux banlieues à problèmes.

**innermost** /'ɪnəməʊst/ ADJ ⇒ inmost
**innervate** /'ɪnɜːveɪt/ VT innerver
**innervation** /ˌɪnɜː'veɪʃən/ N innervation f
**inning** /'ɪnɪŋ/ N (Baseball) tour m de batte
**innings** /'ɪnɪŋz/ N (pl inv) ⓵ (Cricket) tour m de batte
⓶ (fig) tour m ◆ **I've had a good innings** j'ai bien profité de l'existence
**innit*** /'ɪnɪt/ EXCL (Brit) ◆ **innit?** pas vrai ?*
**innkeeper** /'ɪnkiːpə'/ SYN N (wayside) aubergiste mf ; (in town) hôtelier m, -ière f
**innocence** /'ɪnəsns/ SYN N (gen, Jur) innocence f ; (= simplicity) innocence f, naïveté f ◆ **in all innocence** en toute innocence ◆ **in his innocence he believed it all** naïf comme il est (or était etc) il a tout cru, dans son innocence il a tout cru ◆ **to protest one's innocence** (Jur) protester de son innocence
**Innocent** /'ɪnəsnt/ N (= Papal name) Innocent m
**innocent** /'ɪnəsnt/ SYN
ADJ ⓵ (= not guilty, not involved, naive) [person, victim, bystander] innocent (of sth de qch) ◆ **to be found innocent of sth** être déclaré innocent de qch ◆ **as innocent as a newborn babe** innocent comme l'enfant qui vient de naître
⓶ (= harmless, not malicious) [question, remark, pastime] innocent ◆ **it was the source of much innocent amusement** on s'en est beaucoup amusé mais il n'y avait aucune méchanceté là-dedans ◆ **an innocent mistake** une erreur commise en toute innocence ◆ **innocent infringement** (Jur:of patent) contrefaçon f involontaire
⓷ (frm) ◆ **innocent of** (= free from) vierge de (liter), dépourvu de ◆ **a room innocent of all ornament** une pièce vierge de (liter) or dépourvue de tout ornement
N ◆ **he's one of Nature's innocents*** ◆ **he's a bit of an innocent*** c'est un grand innocent ◆ **he tried to come the innocent with me*** il a essayé de jouer aux innocents avec moi ◆ **Massacre of the Holy Innocents** (Rel) massacre m des (saints) Innocents ◆ **Holy Innocents' Day** jour m des saints Innocents
**innocently** /'ɪnəsntlɪ/ ADV innocemment, en toute innocence
**innocuous** /ɪ'nɒkjʊəs/ ADJ inoffensif
**innocuously** /ɪ'nɒkjʊəslɪ/ ADV de façon inoffensive
**innominate bone** /ɪ'nɒmɪnɪt/ N (Anat) os m iliaque
**innovate** /'ɪnəʊveɪt/ VTI innover
**innovation** /ˌɪnəʊ'veɪʃən/ SYN N innovation f (in sth en (matière de) qch), changement m (in sth en (matière de) qch) ◆ **to make innovations in sth** apporter des innovations or des changements à qch ◆ **scientific/technical innovations** innovations fpl scientifiques/techniques
**innovative** /'ɪnəʊveɪtɪv/ ADJ [person, organization, idea, design, approach] novateur (-trice f) ; [product] innovant ◆ **we aim to be innovative** nous cherchons à innover
**innovator** /'ɪnəʊveɪtə'/ N innovateur m, -trice f, novateur m, -trice f
**innovatory** /'ɪnəʊveɪtərɪ/ ADJ (Brit) ⇒ innovative
**innuendo** /ˌɪnjʊ'endəʊ/ SYN N (pl innuendo(e)s) insinuation f, allusion f (malveillante) ◆ **to make innuendo(e)s about sb** faire des insinuations (malveillantes) à l'égard de qn ◆ **to spread innuendo(e)s about sb** faire courir des bruits sur qn ◆ **sexual innuendo** allusions fpl grivoises
**Innuit** /'ɪnjʊɪt/ N, ADJ ⇒ Inuit

**innumerable** /ɪ'njuːmərəbl/ SYN ADJ innombrable, sans nombre ◆ **there are innumerable reasons** il y a une infinité de raisons ◆ **I've told you innumerable times** je te l'ai dit cent fois ◆ **goals can be pursued in innumerable ways** on peut poursuivre un but de cent manières différentes ◆ **she drank innumerable cups of coffee** elle a bu un nombre incalculable de tasses de café
**innumeracy** /ɪ'njuːmərəsɪ/ N incapacité f à maîtriser les nombres
**innumerate** /ɪ'njuːmərɪt/ ADJ qui n'a pas le sens de l'arithmétique ◆ **he's totally innumerate** il ne sait pas du tout compter
**inoculable** /ɪ'nɒkjʊləbl/ ADJ (Med) inoculable
**inoculate** /ɪ'nɒkjʊleɪt/ VT vacciner (against sth contre qch) ◆ **to inoculate sb with sth** inoculer qch à qn
**inoculation** /ɪˌnɒkjʊ'leɪʃən/ N inoculation f
**inoculum** /ɪ'nɒkjʊləm/ N (pl inocula /ɪ'nɒkjʊlə/) (Med) inoculum m
**inoffensive** /ˌɪnə'fensɪv/ SYN ADJ inoffensif
**inoperable** /ɪn'ɒpərəbl/ ADJ inopérable
**inoperative** /ɪn'ɒpərətɪv/ SYN ADJ inopérant
**inopportune** /ɪn'ɒpətjuːn/ SYN ADJ inopportun
**inopportunely** /ɪn'ɒpətjuːnlɪ/ ADV inopportunément
**inordinate** /ɪ'nɔːdɪnɪt/ SYN ADJ [size, number, quantity] démesuré ; [demands] immodéré, extravagant ; [pride, pleasure] extrême ◆ **an inordinate amount of luggage/time/money** énormément de bagages/de temps/d'argent ◆ **an inordinate sum (of money)** une somme exorbitante or astronomique
**inordinately** /ɪ'nɔːdɪnɪtlɪ/ ADV [hot, cold, difficult] excessivement ; [proud] infiniment ◆ **to be inordinately fond of sth** aimer particulièrement qch
**inorganic** /ˌɪnɔː'gænɪk/ SYN ADJ ⓵ (= artificial) [fibre, material, fertilizer] inorganique
⓶ (Sci) minéral ◆ **inorganic chemistry** chimie f inorganique or minérale
**inositol** /ɪ'nəʊsɪtɒl/ N (Chem) inosite m, inositol m
**inpatient** /'ɪnˌpeɪʃənt/ N malade mf hospitalisé(e)
**input** /'ɪnpʊt/
N ⓵ (= contribution) contribution f, participation f ; [of funds, labour] apport m ; (= ideas) idées fpl ◆ **we need a regular input of new ideas** nous avons besoin d'un flux or d'un apport constant de nouvelles idées ◆ **artistic/creative input** apport m artistique/créatif
⓶ (Econ) ◆ **inputs** input m , intrants mpl
⓷ (in industry) (= materials, parts) consommations fpl intermédiaires
⓸ (Elec) énergie f, puissance f ; (Tech) [of machine] consommation f
⓹ (Comput) (= data) données fpl ; (= act of inputting) saisie f, entrée f (de données)
VT (Comput) saisir (into sur), entrer (into sth dans qch)
COMP **input data** N (Comput) données fpl en entrée
**input/output** N (Comput) entrée-sortie f
**input/output device** N (Comput) périphérique m entrée-sortie
**input/output table** N (Econ) tableau m d'entrées-sorties
**inquest** /'ɪnkwest/ SYN N (Jur) enquête f (criminelle) ; → **coroner**
**inquietude** /ɪn'kwaɪətjuːd/ N (liter) inquiétude f
**inquiline** /'ɪnkwɪlaɪn/ N (Bio) commensal m
**inquire** /ɪn'kwaɪə'/ SYN
VI se renseigner (about sth sur qch), s'informer (about, after de) ; (= ask) demander ◆ **to inquire after sb/sth** demander des nouvelles de qn/qch, s'informer or s'enquérir (liter) de qn/qch ◆ **I'll go and inquire** je vais demander ◆ **inquire at the office** demandez au bureau, renseignez-vous au bureau ◆ "**inquire within**" « renseignements ici », « s'adresser ici » ◆ "**inquire at the information desk**" « s'adresser aux renseignements », « s'adresser au bureau de renseignements » ◆ **to inquire into** (subject) faire des recherches or des investigations sur ; (possibilities) se renseigner sur ; (Admin, Jur) (event, situation) enquêter sur, faire une enquête sur
VT demander ◆ "**is something wrong?**" **he inquired** « il y a quelque chose qui ne va pas ? » a-t-il demandé ◆ **he rang up to inquire how she was** il a téléphoné pour demander or savoir

comment elle allait ◆ **he inquired what she wanted** il a demandé ce qu'elle voulait ◆ **I inquired whether my letter had arrived** j'ai demandé si ma lettre était arrivée ◆ **he inquired his way to the cemetery, he inquired how to get to the cemetery** il a demandé le chemin du cimetière
**inquiring** /ɪn'kwaɪərɪŋ/ SYN ADJ [attitude, frame of mind] curieux ; [look] interrogateur (-trice f)
**inquiringly** /ɪn'kwaɪərɪŋlɪ/ ADV [look] d'un air interrogateur ; [say] d'un ton interrogateur
**inquiry** /ɪn'kwaɪərɪ/ SYN
N ⓵ (from individual) demande f de renseignements ◆ **to make inquiries (about sb/sth)** se renseigner (sur qn/qch), demander des renseignements (sur qn/qch) ; see also noun 2 ◆ **on inquiry he found that...** renseignements pris il a découvert que... ◆ **a look of inquiry** un regard interrogateur ◆ **he gave me a look of inquiry** il m'a interrogé du regard ◆ "**all inquiries to...**" « pour tous renseignements s'adresser à... »
⓶ (Admin, Jur) enquête f, investigation f ◆ **to set up** or **open an inquiry (into sth)** ouvrir une enquête (sur qch) ◆ **committee of inquiry** commission f d'enquête ◆ **to hold an inquiry (into sth)** enquêter or faire une enquête (sur qch) ◆ **to call for an inquiry into sth** demander une enquête sur qch ◆ **a murder inquiry** une enquête sur un meurtre ◆ **they are following a new line of inquiry** ils suivent une nouvelle piste ◆ **the police are making inquiries** la police enquête ; → **help, officer**
⓷ (Telec, Rail etc) ◆ **the Inquiries** les renseignements mpl
COMP **inquiry agent** N détective m privé
**inquiry desk, inquiry office** N (bureau m de) renseignements mpl
**inquisition** /ˌɪnkwɪ'zɪʃən/ SYN N investigation f, recherches fpl ; (Jur) enquête f (judiciaire) ◆ **the Inquisition** (Rel) l'Inquisition f
**inquisitive** /ɪn'kwɪzɪtɪv/ SYN ADJ curieux, inquisiteur (-trice f) (pej)
**inquisitively** /ɪn'kwɪzɪtɪvlɪ/ ADV avec curiosité ; (pej) d'un air inquisiteur
**inquisitiveness** /ɪn'kwɪzɪtɪvnɪs/ N curiosité f ; (pej) curiosité f indiscrète, indiscrétion f
**inquisitor** /ɪn'kwɪzɪtə'/ N (Jur) enquêteur m, -euse f ; (Rel) inquisiteur m
**inquisitorial** /ɪnˌkwɪzɪ'tɔːrɪəl/ ADJ inquisitorial
**inquorate** /ɪn'kwɔːreɪt/ ADJ (Admin) qui n'a pas le quorum, où le quorum n'est pas atteint
**inroad** /'ɪnrəʊd/ SYN N (Mil) incursion f (into en, dans) ◆ **to make inroads on** or **into** (fig) (majority, numbers, supplies) entamer ; (sb's rights) empiéter sur ◆ **they have made significant inroads into the commercial aircraft market** ils ont fait une percée importante sur le marché de l'aéronautique commerciale
**inrush** /'ɪnˌrʌʃ/ N [of air, water, people] irruption f
**ins.** (abbrev of inches) → **inch**
**insalivation** /ɪnˌsælɪ'veɪʃən/ N insalivation f
**insalubrious** /ˌɪnsə'luːbrɪəs/ ADJ (gen) insalubre, malsain ; [district] peu recommandable
**insane** /ɪn'seɪn/ SYN
ADJ (Med) aliéné, dément ; (gen) [person, desire] fou (folle f), insensé ; [project] démentiel ◆ **to become insane** perdre la raison ◆ **to go insane** perdre la raison, devenir fou ◆ **to drive sb insane** rendre qn fou ◆ **he must be insane to think of going** il faut qu'il soit fou pour envisager d'y aller ◆ **you must be insane!** tu es fou ! ◆ **temporarily insane** pris d'une crise de folie ◆ **insane asylum** (US) asile m d'aliénés ; → **certify**
NPL **the insane** (Med) les aliénés mpl
**insanely** /ɪn'seɪnlɪ/ ADV [behave] de façon insensée ◆ **to laugh insanely** (= hysterically) rire de façon hystérique ◆ **insanely possessive/expensive/fast** follement possessif/cher/rapide ◆ **insanely jealous** (on one occasion) fou de jalousie ; (by nature) d'une jalousie maladive
**insanitary** /ɪn'sænɪtərɪ/ SYN ADJ insalubre, malsain
**insanity** /ɪn'sænɪtɪ/ SYN N (Med) aliénation f mentale, démence f ; (gen) folie f, démence f
**insatiability** /ɪnˌseɪʃə'bɪlɪtɪ/ N insatiabilité f
**insatiable** /ɪn'seɪʃəbl/ SYN ADJ (lit, fig) insatiable (for sth de qch)

**insatiably** /ɪnˈseɪʃəblɪ/ ADV ◆ **to be insatiably hungry** avoir une faim insatiable ◆ **to be insatiably curious** être d'une curiosité insatiable

**inscribe** /ɪnˈskraɪb/ SYN VT 1 *(in book etc)* inscrire ; *(on monument etc)* inscrire, graver ; *[+ surface]* marquer, graver ; *(fig) [+ ideas]* graver, inscrire, fixer ◆ **to inscribe a tomb with a name** *or* **a name on a tomb** graver un nom sur une tombe ◆ **a watch inscribed with his name** une montre gravée à son nom ◆ **a watch, inscribed "to Laura"** une montre portant l'inscription « à Laura » ◆ **inscribed stock** *(Fin)* titres *mpl* nominatifs *or* inscrits ◆ **inscribed angle** *(Math)* angle *m* inscrit

2 *(= dedicate) [+ book]* dédicacer

**inscription** /ɪnˈskrɪpʃən/ SYN N *(on coin, monument etc)* inscription *f* ; *(on cartoon)* légende *f* ; *(= dedication)* dédicace *f*

**inscrutability** /ɪnˌskruːtəˈbɪlɪtɪ/ N impénétrabilité *f*

**inscrutable** /ɪnˈskruːtəbl/ SYN ADJ impénétrable *(to sb/sth* à qn/qch)

**inscrutably** /ɪnˈskruːtəblɪ/ ADV impénétrablement

**insect** /ˈɪnsekt/

N insecte *m*

COMP **insect bite** N piqûre *f* d'insecte

**insect eater** N insectivore *m*

**insect powder** N poudre *f* insecticide

**insect repellent** N antimoustiques *inv*, insectifuge *(frm)* N *(= cream, ointment etc)* crème *f* (*or* lotion *f etc*) antimoustiques *inv*, insectifuge *m (frm)*

**insect spray** N aérosol *m or* bombe *f* insecticide

**insectarium** /ˌɪnsekˈtɛərɪəm/ N (pl **insectariums** *or* **insectaria** /ˌɪnsekˈtɛərɪə/) insectarium *m*

**insecticidal** /ɪnˌsektɪˈsaɪdl/ ADJ insecticide

**insecticide** /ɪnˈsektɪsaɪd/ ADJ, N insecticide *m*

**insectivore** /ɪnˈsektɪvɔːʳ/ N insectivore *m*

**insectivorous** /ˌɪnsekˈtɪvərəs/ ADJ insectivore

**insecure** /ˌɪnsɪˈkjʊəʳ/ SYN ADJ 1 *(= unsure of oneself)* ◆ **to be insecure** manquer d'assurance ; *(Psych)* être anxieux *or* angoissé ◆ **to feel insecure** *(gen)* se sentir mal dans sa peau ; *(= afraid)* ne pas se sentir en sécurité

2 *(= uncertain) [future]* incertain ; *[job, rights]* précaire

3 *(= unsafe, unprotected) [building, lock, door, window, district]* peu sûr

4 *(= not firm, badly fixed) [structure, ladder]* qui n'est pas sûr ; *[rope, rope ladder, load]* mal attaché

**insecurity** /ˌɪnsɪˈkjʊərɪtɪ/ SYN N *(also Psych)* insécurité *f*

**inselberg** /ˈɪnzlbɜːg/ N inselberg *m*

**inseminate** /ɪnˈsemɪneɪt/ VT inséminer

**insemination** /ɪnˌsemɪˈneɪʃən/ N insémination *f* ; → **artificial**

**insensate** /ɪnˈsenseɪt/ ADJ *(frm) (= senseless)* insensé ; *(= inanimate)* inanimé, insensible ; *(= unfeeling)* insensible

**insensibility** /ɪnˌsensəˈbɪlɪtɪ/ SYN N 1 *(frm Med = unconsciousness)* insensibilité *f*, inconscience *f*

2 *(fig = unfeelingness)* insensibilité *f (to sb/sth* à qn/qch), indifférence *f (to sb/sth* pour qn/qch)

**insensible** /ɪnˈsensəbl/ SYN ADJ 1 *(frm = unconscious)* inconscient, sans connaissance ◆ **the blow knocked him insensible** le coup lui fit perdre connaissance

2 *(= unaware, impervious)* insensible *(to sth* à qch) ◆ **insensible to the cold/to shame/to ridicule** insensible au froid/à la honte/au ridicule

**insensibly** /ɪnˈsensɪblɪ/ ADV *[change, grow]* insensiblement, imperceptiblement

**insensitive** /ɪnˈsensɪtɪv/ SYN ADJ *(lit, fig : physically or emotionally) [person]* insensible *(to sth* à qch ; *to sb* envers qn) ; *[remark, act]* indélicat ; *[policy]* pas assez réfléchi ◆ **policies which are insensitive to the needs of...** des mesures qui ne tiennent pas compte des besoins de...

**insensitively** /ɪnˈsensɪtɪvlɪ/ ADV sans aucun tact

**insensitivity** /ɪnˌsensɪˈtɪvɪtɪ/ N insensibilité *f*

**inseparable** /ɪnˈsepərəbl/ SYN ADJ inséparable *(from* de)

**inseparably** /ɪnˈsepərəblɪ/ ADV inséparablement ◆ **inseparably bound up with** *or* **linked with** inséparablement lié à

**insert** /ɪnˈsɜːt/ SYN

VT insérer *(in, into* dans ; *between* entre) ; *[+ paragraph, word]* insérer, introduire *(in* dans), ajouter *(in* à) ; *[+ knife, finger]* introduire, enfoncer *(in* dans) ; *[+ key]* introduire, mettre *(in* dans) ; *(Typography) [+ page, leaflet]* encarter, insérer ; *[+ advertisement]* insérer *(in* dans)

N /ˈɪnsɜːt/ 1 *(= extra pages)* encart *m* ; *(in print) (= advertisement, note, word)* insertion *f*

2 *(Tech)* pièce *f* insérée, ajout *m* ; *(Sewing)* entre-deux *m inv*, incrustation *f*

**insertion** /ɪnˈsɜːʃən/ SYN

N 1 *(NonC)* insertion *f*, introduction *f*

2 ⇒ **insert noun 1**

COMP **insertion mark** N *(Typography)* signe *m* d'insertion

**INSET** /ˈɪnset/ N *(Brit)* (abbrev of **In-Service Education and Training**) formation *f* continue

**inset** /ˈɪnset/ (pret, ptp **inset**)

VT *[+ jewel]* insérer *(into* dans), incruster *(into* sur) ; *[+ leaflet]* encarter, insérer *(into* dans) ; *(in typing, printing) [+ word, line]* rentrer ◆ **to inset a panel into a skirt** *(Sewing)* rapporter un panneau sur une jupe ◆ **to inset a map into the corner of a larger one** insérer une carte en cartouche sur une plus grande

N *(= diagram)* schéma *m* en cartouche ; *(= map)* carte *f* en cartouche ; *(= portrait)* portrait *m* en cartouche ; *(Typography = leaflet, pages)* encart *m* ; *(Sewing)* entre-deux *m inv*, incrustation *f*

ADJ *[gem, pearl]* enchâssé, serti ◆ **inset with** incrusté de

**inshore** /ˈɪnʃɔːʳ/

ADJ *[area, fisherman, navigation, waters]* côtier ; *[fishing boat]* côtier, caboteur ; *[reefs]* près de la côte ◆ **inshore fishing** pêche *f* côtière ◆ **inshore lifeboat** canot *m* de sauvetage côtier ◆ **inshore wind** vent *m* de mer

ADV *[be, fish]* près de la côte ; *[blow, flow, go]* vers la côte

**inside** /ˈɪnˈsaɪd/ SYN

▸ When **inside** is an element in a phrasal verb, eg **step inside**, look up the verb.

ADV 1 dedans, à l'intérieur ◆ **inside and outside** au-dedans et au-dehors ◆ **come** *or* **step inside!** entrez (donc) ! ◆ **it is warmer inside** il fait plus chaud à l'intérieur ◆ **wait for me inside** attendez-moi à l'intérieur ◆ **let's go inside** rentrons

2 (* *= in jail*) à l'ombre *, au frais *

PREP 1 *(of place)* à l'intérieur de, dans ◆ **he was waiting inside the house** il attendait à l'intérieur (de la maison) *or* dans la maison ◆ **she was standing just inside the gate** *(seen from inside)* elle était juste de ce côté-ci de la barrière ; *(seen from outside)* elle était juste de l'autre côté de la barrière

2 *(of time)* en moins de ◆ **he came back inside three minutes** *or (US)* **inside of three minutes** il est revenu en moins de trois minutes ◆ **he was well inside the record time** *(Sport)* il avait largement battu le record

N 1 dedans *m*, intérieur *m* ; *[of house, box, company]* intérieur *m* ◆ **on the inside** à l'intérieur ◆ **walk on the inside of the pavement** *or (US)* **sidewalk** marchez sur le trottoir du côté maisons ◆ **the door is bolted on** *or* **from the inside** la porte est fermée au verrou de l'intérieur ◆ **I heard music coming from inside** j'ai entendu de la musique qui venait de l'intérieur

♦ **inside out** ◆ **your coat is inside out** ton manteau est à l'envers ◆ **her umbrella blew inside out** son parapluie s'est retourné sous l'effet du vent ◆ **I turned the bag inside out** j'ai retourné le sac (entièrement) ◆ **he knows his subject inside out** il connaît son sujet à fond ◆ **he knows the district inside out** il connaît le quartier comme sa poche ◆ **we know each other inside out** nous nous connaissons parfaitement ◆ **war turns morality inside out** la guerre met les valeurs morales sens dessus dessous

2 (* *= stomach* : also **insides**) ventre *m* ◆ **he felt the fear grip his insides** il a senti la peur le prendre au ventre

ADJ 1 intérieur (-eure *f*), d'intérieur ◆ **inside pocket** poche *f* intérieure ◆ **inside seat** *[of plane]* place *f* côté fenêtre ◆ **to get inside information** *(fig)* obtenir des renseignements grâce à des complicités dans la place ◆ **the inside story** *(Press)* les dessous *mpl* de l'histoire ◆ **it must have been an inside job** * *(theft etc)* c'est un coup qui a dû être monté de l'intérieur *or* par quelqu'un de la maison

2 *[wheel, headlight etc] (in Brit)* gauche ; *(in US, Europe etc)* droit ◆ **the inside lane** *(in Brit)* ≃ la voie de gauche ; *(in US, Europe etc)* ≃ la voie de droite ◆ **to be on** *or* **hold the inside track** *(Sport)* être à la corde, tenir la corde ; *(fig)* être le mieux placé

COMP **inside-forward** N *(Sport)* intérieur *m*, inter * *m*

**inside-left** N *(Sport)* intérieur *m* gauche

**inside leg** N entrejambe *m*

**inside leg measurement** N mesure *f or* hauteur *f* de l'entrejambe

**inside-right** N *(Sport)* intérieur *m* droit

**insider** /ɪnˈsaɪdəʳ/

N *(gen)* quelqu'un qui connaît les choses de l'intérieur ; *(in firm, organization)* quelqu'un qui est dans la place ; *(esp sb with influence, knowledge, also Stock Exchange)* initié(e) *m(f)*

COMP **insider dealing, insider trading** N *(Jur, Fin)* délit *m* d'initiés

**insidious** /ɪnˈsɪdɪəs/ SYN ADJ insidieux

**insidiously** /ɪnˈsɪdɪəslɪ/ ADV insidieusement

**insight** /ˈɪnsaɪt/ SYN N 1 *(= revealing glimpse)* aperçu *m*, idée *f (into* de ; *about* sur) ◆ **to give sb an insight into sth** donner à qn un aperçu de qch ◆ **this gave us new insights into what's been happening** cela nous a ouvert de nouvelles perspectives sur ce qui s'est passé ◆ **that will give you an insight into his reasons for doing it** cela vous éclairera sur les raisons qui l'ont poussé à le faire ◆ **to gain insight into sth** se familiariser avec qch

2 *(= discernment)* perspicacité *f* ◆ **to have great insight** être doué d'une grande perspicacité

**insightful** /ˈɪnsaɪtfʊl/ ADJ pénétrant, perspicace

**insignia** /ɪnˈsɪgnɪə/ SYN N (pl **insignias** *or* **insignia**) insigne *m*

**insignificance** /ˌɪnsɪgˈnɪfɪkəns/ SYN N insignifiance *f* ; → **pale¹**

**insignificant** /ˌɪnsɪgˈnɪfɪkənt/ SYN ADJ insignifiant ◆ **not insignificant** non négligeable ◆ **statistically insignificant** statistiquement non significatif

**insincere** /ˌɪnsɪnˈsɪəʳ/ SYN ADJ *[person]* pas sincère, hypocrite ; *[book, smile, remark]* faux (fausse *f*), hypocrite

**insincerely** /ˌɪnsɪnˈsɪəlɪ/ ADV *[speak, smile, promise]* sans sincérité, de façon hypocrite

**insincerity** /ˌɪnsɪnˈserɪtɪ/ SYN N manque *m* de sincérité, hypocrisie *f*

**insinuate** /ɪnˈsɪnjʊeɪt/ SYN VT 1 *(= hint, suggest)* insinuer ◆ **to insinuate that...** insinuer que... ◆ **to insinuate to sb that...** insinuer à qn que... ◆ **what are you insinuating?** qu'est-ce que tu veux dire *or* insinuer par là ?

2 ◆ **to insinuate o.s. into sb's favour** s'insinuer dans les bonnes grâces de qn

**insinuating** /ɪnˈsɪnjʊeɪtɪŋ/ ADJ insinuant

**insinuation** /ɪnˌsɪnjʊˈeɪʃən/ SYN N 1 *(= suggestion)* insinuation *f*, allusion *f*

2 *(NonC)* insinuation *f*

**insipid** /ɪnˈsɪpɪd/ SYN ADJ *[food, taste, entertainment, person]* insipide ; *[colour]* fade

**insipidity** /ˌɪnsɪˈpɪdɪtɪ/ SYN N *[of food, taste, entertainment, person]* insipidité *f* ; *[of colour]* fadeur *f*

**insist** /ɪnˈsɪst/ LANGUAGE IN USE 4 SYN

VI insister ◆ **if you insist** si vous insistez, si vous y tenez ◆ **I won't insist** je n'insisterai pas ◆ **please don't insist** inutile d'insister ◆ **if he refuses, I will insist** s'il refuse, j'insisterai ◆ **to insist on doing sth** insister pour faire qch, vouloir absolument faire qch ◆ **I insist on your coming** j'insiste pour que tu viennes, je tiens absolument à ce que tu viennes ◆ **he insisted on my waiting for him** il a insisté pour que je l'attende, il voulait absolument que je l'attende ◆ **they insisted on silence** ils ont exigé le silence ◆ **he insisted on his innocence** il a clamé son innocence, il protestait de son innocence ◆ **they insist on the right to defend themselves** ils revendiquent leur droit de se défendre eux-mêmes ◆ **he insisted on the need for dialogue** il a insisté sur le besoin de dialogue ◆ **to insist on a point in a discussion** insister sur un point dans une discussion

VT 1 *(= demand)* insister ◆ **I must insist that you let me help** laissez-moi vous aider, j'insiste ◆ **she insisted that I should come** elle a insisté pour que je vienne ◆ **I insist that you should come** j'insiste pour que tu viennes, je tiens absolument à ce que tu viennes

2 *(= affirm)* affirmer, soutenir ◆ **he insists that he has seen her before** il affirme *or* soutient l'avoir déjà vue ◆ **"it's not that difficult", she insisted** « ce n'est pas si difficile » a-t-elle affirmé *or* soutenu

**insistence** /ɪnˈsɪstəns/ SYN **N** insistance *f* ◆ **his insistence on coming with me** l'insistance qu'il met (*or* a mis *etc*) à vouloir venir avec moi ◆ **their insistence on being involved** *or* **that they should be involved** leur insistance à vouloir être associé ◆ **his insistence on his innocence** ses protestations d'innocence ◆ **his insistence on secrecy made her uneasy** son insistance à exiger le secret la mettait mal à l'aise ◆ **with insistence** avec insistance ◆ **I did it on** *or* **at his insistence** je l'ai fait parce qu'il a insisté

**insistent** /ɪnˈsɪstənt/ SYN **ADJ** *[person, tone, question, attitude, demands]* insistant ◆ **she was (most) insistent (about it)** elle a (beaucoup) insisté (là-dessus)

**insistently** /ɪnˈsɪstəntlɪ/ **ADV** avec insistance

**in situ** /ɪnˌsɪtjuː/ **ADV** *(frm)* in situ, sur place

**insofar** /ˌɪnsəʊˈfɑː/ **ADV** ◆ **insofar as** en ce sens que, dans la mesure où

**insolate** /ˈɪnsəʊˌleɪt/ **VT** insoler

**insolation** /ˌɪnsəʊˈleɪʃən/ **N** insolation *f*

**insole** /ˈɪnˌsəʊl/ **N** *(removable)* semelle *f* intérieure ; *(part of shoe)* première *f*

**insolence** /ˈɪnsələns/ SYN **N** *(NonC)* insolence *f (to* envers)

**insolent** /ˈɪnsələnt/ SYN **ADJ** insolent *(to or with sb* avec qn)

**insolently** /ˈɪnsələntlɪ/ **ADV** insolemment

**insolubility** /ɪnˌsɒljʊˈbɪlɪtɪ/ **N** insolubilité *f*

**insoluble** /ɪnˈsɒljʊbl/ SYN **ADJ** insoluble

**insolvable** /ɪnˈsɒlvəbl/ **ADJ** insoluble

**insolvency** /ɪnˈsɒlvənsɪ/ SYN **N** *(gen)* insolvabilité *f* ; *(= bankruptcy)* faillite *f*

**insolvent** /ɪnˈsɒlvənt/ SYN **ADJ** *(gen)* insolvable ; *(= bankrupt)* en faillite, en état de cessation de paiement *(Jur)* ◆ **to become insolvent** *[trader]* tomber en *or* faire faillite ; *[individual]* tomber en déconfiture ◆ **to declare oneself insolvent** *[trader]* déposer son bilan ; *[individual]* se déclarer insolvable

**insomnia** /ɪnˈsɒmnɪə/ SYN **N** insomnie *f*

**insomniac** /ɪnˈsɒmnɪæk/ **ADJ, N** insomniaque *mf*

**insomuch** /ˌɪnsəʊˈmʌtʃ/ **ADV** ◆ **insomuch that** à tel point *or* au point que ◆ **insomuch as** d'autant que

**insouciance** /ɪnˈsuːsɪəns/ **N** *(frm)* insouciance *f*

**insouciant** /ɪnˈsuːsɪənt/ **ADJ** *(frm)* insouciant *(about sth* de qch)

**insp.** abbrev of **inspector**

**inspect** /ɪnˈspekt/ SYN **VT** [1] *(= examine) [+ document, object]* examiner (avec attention *or* de près), inspecter ; *(Brit) [+ ticket]* contrôler ; *(Customs) [+ luggage]* visiter ; *[+ machinery]* inspecter, vérifier ; *(Mil, Pol) [+ weapon sites]* inspecter ; *[+ school, teacher]* inspecter ◆ **right to inspect (sth)** *(Jur)* droit *m* de regard (sur qch)

[2] *(Mil) [+ troops] (= check)* inspecter ; *(= review)* passer en revue

**inspection** /ɪnˈspekʃən/ SYN

**N** [1] *[of document, object]* examen *m* (attentif) ; *(Brit) [of ticket]* contrôle *m* ; *[of machinery]* inspection *f*, vérification *f* ; *[of school]* (visite *f* d')inspection *f* ◆ **close inspection** *(gen)* examen *m* minutieux ; *(for checking purposes)* inspection *f* ◆ **customs inspection** visite *f* de douane ◆ **factory inspection** inspection *f* d'usine ◆ **to make an inspection of sth** effectuer une inspection *or* un contrôle de qch ◆ **on inspection everything proved normal** une vérification a permis de s'assurer que tout était normal ◆ **on closer inspection** en regardant de plus près

[2] *(Mil) [of troops] (= check)* inspection *f* ; *(= review)* revue *f*

**COMP** **inspection pit** **N** *(for car repairs)* fosse *f* (de réparation)

**inspector** /ɪnˈspektəʳ/ SYN

**N** [1] *(gen)* inspecteur *m*, -trice *f* ; *(Brit : on bus, train)* contrôleur *m*, -euse *f* ◆ **tax inspector, inspector of taxes** *(Brit)* contrôleur *m or* inspecteur *m* des impôts

[2] *(Brit)* (also **police inspector**) inspecteur *m* (de police) ; → **chief**

[3] *(Brit Scol:* also **schools inspector, inspector of schools**) *(secondary)* inspecteur *m*, -trice *f* d'académie ; *(primary)* inspecteur *m*, -trice *f* primaire

**COMP** **inspector general** **N** (pl **inspectors general**) inspecteur *m* général

**inspectorate** /ɪnˈspektərɪt/ **N** *(esp Brit) (= body of inspectors)* corps *m* des inspecteurs, inspection *f* ; *(= office)* inspection *f*

**inspiration** /ˌɪnspəˈreɪʃən/ SYN **N** [1] *(NonC)* inspiration *f* ◆ **to draw one's inspiration from sth** s'inspirer de qch

[2] ◆ **to be an inspiration to sb** *[person, thing]* être une source d'inspiration pour qn ◆ **you've been an inspiration to us all** vous avez été notre source d'inspiration à tous ◆ **to be the inspiration for sth** servir d'inspiration pour qch ◆ **the inspiration behind the reforms was a paper written in 1985** les réformes s'inspiraient d'un article écrit en 1985

[3] *(= good idea)* inspiration *f* ◆ **to have a sudden inspiration** avoir une inspiration subite

**inspirational** /ˌɪnspəˈreɪʃənl/ **ADJ** *[teacher, leader]* enthousiasmant, stimulant ; *[book, film]* stimulant, inspirant ; *(Rel)* édifiant

**inspiratory** /ɪnˈspaɪərətərɪ/ **ADJ** inspiratoire

**inspire** /ɪnˈspaɪəʳ/ SYN **VT** *[+ person, work of art, action, decision]* inspirer ◆ **the book was inspired by a real person** le livre s'inspirait d'un personnage réel ◆ **to inspire confidence in sb, to inspire sb with confidence** inspirer confiance à qn ◆ **to inspire courage in sb** insuffler du courage à qn ◆ **to inspire sb with an idea** inspirer une idée à qn ◆ **her beauty inspired him to write the song** inspiré par sa beauté, il a écrit cette chanson ◆ **what inspired you to offer to help?** qu'est-ce qui vous a donné l'idée de proposer votre aide ? ◆ **these herbs will inspire you to try out all sorts of exotic-flavoured dishes!** ces herbes vous donneront envie d'essayer toutes sortes de plats aux saveurs exotiques ! ◆ **what inspired you to change your name?** qu'est-ce qui vous a donné l'idée de changer de nom ? ◆ **a political murder inspired by nationalist conflicts** un assassinat politique motivé par les conflits nationalistes

**inspired** /ɪnˈspaɪəd/ SYN **ADJ** [1] *[person, performance, idea, choice]* inspiré ◆ **that was an inspired guess** *or* **a piece of inspired guesswork!** bien deviné !

[2] *(= motivated)* ◆ **politically/divinely/classically inspired** d'inspiration politique/divine/classique

**inspiring** /ɪnˈspaɪərɪŋ/ SYN **ADJ** [1] *(= edifying, impressive) [story, film, example]* édifiant, inspirant ◆ **the inspiring tale of her fight against cancer** l'histoire édifiante de sa lutte contre le cancer ◆ **it wasn't particularly inspiring** ce n'était pas terrible *

[2] *(= stimulating) [teacher, leader]* enthousiasmant, stimulant ; *[book, film]* stimulant, inspirant

**inst.** **ADV** *(Comm)* (abbrev of **instant**) courant ◆ **the 16th inst.** le 16 courant

**instability** /ˌɪnstəˈbɪlɪtɪ/ SYN **N** instabilité *f*

**instal(l)** /ɪnˈstɔːl/ **VT** *(gen, Rel)* installer ◆ **to instal(l) o.s. in** s'installer dans

**installation** /ˌɪnstəˈleɪʃən/ SYN **N** *(all senses)* installation *f*

**installer** /ɪnˈstɔːləʳ/ **N** installateur *m*, -trice *f*

**instalment, installment** (US) /ɪnˈstɔːlmənt/ SYN

**N** [1] *(= payment)* versement *m* (partiel *or* échelonné) ; *(= down payment)* acompte *m* ; *[of loan, investment, credit]* tranche *f*, versement *m* ◆ **to pay an instalment** faire un versement (partiel) ◆ **to pay in** *or* **by instalments** payer en plusieurs versements *or* par traites échelonnées ◆ **instalment on account** acompte *m* provisionnel ◆ **annual instalment** versement *m* annuel, annuité *f* ◆ **monthly instalment** versement *m* mensuel, mensualité *f*

[2] *[of story, serial]* épisode *m* ; *[of book]* fascicule *m*, livraison *f* ◆ **this is the first instalment of a six-part serial** *(TV etc)* voici le premier épisode d'un feuilleton qui en comportera six ◆ **this story will appear in instalments over the next eight weeks** ce récit paraîtra par épisodes pendant les huit semaines à venir ◆ **to publish a work in instalments** publier un ouvrage par fascicules

**COMP** **installment plan** **N** *(US)* contrat *m* de vente à crédit *or* à tempérament ◆ **to buy on the installment plan** acheter à crédit

**instance** /ˈɪnstəns/ LANGUAGE IN USE 26.2 SYN

**N** [1] *(= example)* exemple *m*, cas *m* ; *(= occasion)* circonstance *f*, occasion *f* ◆ **for instance** par exemple ◆ **in the present instance** dans le cas présent, dans cette circonstance ◆ **in many instances** dans bien des cas ◆ **in the first instance** en premier lieu ◆ **as an instance of** comme exemple de ◆ **let's take an actual instance** prenons un exemple *or* un cas concret ◆ **this is an instance of what I was talking about** c'est un exemple de ce dont je parlais ◆ **a serious instance of corruption** un cas sérieux de corruption

[2] *(Jur)* ◆ **at the instance of** sur *or* à la demande de, sur l'instance de

**VT** donner en exemple, citer en exemple, faire état de *(more frm)*

**instant** /ˈɪnstənt/ SYN

**ADJ** [1] *[obedience, relief, response, effect]* immédiat, instantané ; *[need]* urgent, pressant ◆ **this calls for instant action** ceci nécessite des mesures immédiates ◆ **instant camera/photography** appareil *m* (photo)/photographie *f* à développement instantané

[2] *(Culin) [coffee]* soluble ; *[potatoes]* déshydraté ; *[food]* à préparation rapide ◆ **instant soup** potage *m* (instantané) en poudre

[3] *(Comm)* courant ◆ **your letter of the 10th instant** votre lettre du 10 courant

**N** [1] *(= moment)* instant *m*, moment *m* ◆ **come here this instant** viens ici tout de suite *or* à l'instant ◆ **for an instant** pendant un instant, l'espace d'un instant ◆ **on the instant** tout de suite, à l'instant ◆ **the next instant** l'instant d'après ◆ **I did it in an instant** je l'ai fait en un instant ◆ **I'll be ready in an instant** je serai prêt dans un instant ◆ **in** *or* **at the same instant** au même moment ◆ **he left the instant he heard the news** il est parti dès qu'il *or* aussitôt qu'il a appris la nouvelle

[2] *(lottery = scratchcard) jeu instantané de grattage*, ≃ Tac o Tac ® *m*

**COMP** **instant messaging** **N** messagerie *f* instantanée ◆ **instant messaging service/system** service/système de messagerie instantanée
**instant replay** **N** *(TV) répétition immédiate d'une séquence* ; *(= slow-motion)* ralenti *m*

**instantaneity** /ɪnˌstæntəˈniːɪtɪ/ **N** instantanéité *f*

**instantaneous** /ˌɪnstənˈteɪnɪəs/ SYN **ADJ** *[event, response]* instantané ◆ **I took an instantaneous dislike to him** je l'ai tout de suite *or* immédiatement détesté

**instantaneously** /ˌɪnstənˈteɪnɪəslɪ/ SYN **ADV** instantanément

**instantly** /ˈɪnstəntlɪ/ SYN **ADV** *[die, be killed]* sur le coup, instantanément ; *[know, recognize]* immédiatement ; *[identifiable, available]* immédiatement ◆ **instantly likeable** *[person]* sympathique au premier abord ◆ **the giant panda is instantly recognizable** *or* **identifiable by its black and white coat** le panda géant est immédiatement reconnaissable à son pelage noir et blanc ◆ **instantly forgettable** *(= mediocre)* sans aucun intérêt

**instead** /ɪnˈsted/ SYN **ADV** plutôt, au contraire ◆ **if you don't like orange juice, have some mineral water instead** si vous n'aimez pas le jus d'orange, prenez plutôt de l'eau minérale ◆ **forget about dieting and eat normally instead** oubliez votre régime et mangez normalement ◆ **his brother came instead (of him)** son frère est venu à sa place ◆ **I didn't go to the office, I went to the cinema instead** je ne suis pas allé au bureau, au lieu de cela je suis allé au cinéma

♦ **instead of** ◆ **instead of going to school** au lieu d'aller à l'école, plutôt que d'aller à l'école ◆ **we decided to have dinner at 8 o'clock instead of 7** nous avons décidé de dîner à 20 heures au lieu de 19 heures ◆ **instead of Louise** à la place de Louise ◆ **this is instead of a birthday present** c'est à la place d'un cadeau d'anniversaire

**instep** /ˈɪnstep/ **N** [1] *(Anat)* cou-de-pied *m* ◆ **to have a high instep** avoir le pied cambré

[2] *[of shoe]* cambrure *f*

**instigate** /ˈɪnstɪgeɪt/ SYN **VT** être l'instigateur de

**instigation** /ˌɪnstɪˈgeɪʃən/ SYN **N** instigation *f* ◆ **at sb's instigation** à l'instigation de qn

**instigator** /ˈɪnstɪgeɪtəʳ/ SYN **N** instigateur *m*, -trice *f* ; *[of riot, plot]* auteur *m*

**instil, instill** (US) /ɪnˈstɪl/ SYN **VT** *[+ courage, optimism]* insuffler *(into sb* à qn) ; *[+ knowledge, principles]* inculquer *(into sb* à qn) ; *[+ idea, fact]* faire comprendre *(into sb* à qn) ; *[+ fear]* faire naître *(into sb* chez qn) ◆ **to instil into sb that...** faire pénétrer dans l'esprit de qn que...

**instinct** /ˈɪnstɪŋkt/ SYN

**N** instinct *m* ◆ **by** *or* **from instinct** d'instinct ◆ **to have an instinct for business** *or* **a good business instinct** avoir le sens des affaires

**instinctive** /ɪnˈstɪŋktɪv/ **ADJ** /ɪnˈstɪŋkt/ (liter) ◆ **instinct with** qui exhale or respire (liter), plein de

**instinctive** /ɪnˈstɪŋktɪv/ SYN **ADJ** instinctif

**instinctively** /ɪnˈstɪŋktɪvlɪ/ SYN **ADV** instinctivement

**instinctual** /ɪnˈstɪŋktjʊəl/ **ADJ** ⇒ instinctive

**institute** /ˈɪnstɪtjuːt/ SYN
**VT** ① (= establish) [+ system, rules] instituer, établir ; (= found) [+ society] fonder, constituer ◆ **newly instituted** [post] récemment créé, de création récente ; [organization] de fondation récente
② (= set in motion) [+ inquiry] ouvrir ; [+ action] entreprendre (against sb contre qn) ◆ **to institute proceedings against sb** intenter un procès contre qn
③ (Rel) investir
**N** ① (gen) institut m ◆ **Institute of Education** Institut m de formation des maîtres ◆ **Institute of Linguistics etc** Institut m de linguistique etc
② (US = course) stage m (d'études)

**institution** /ˌɪnstɪˈtjuːʃən/ SYN **N** ① (= organization) institution f ◆ **a religious/political institution** une institution religieuse/politique ◆ **financial/credit/educational institution** établissement m financier/de crédit/d'enseignement ◆ **an academic institution** un établissement d'enseignement supérieur
② (= feature, custom) institution f ◆ **democratic institutions, the institutions of democracy** les institutions fpl démocratiques ◆ **the institution of marriage** l'institution f du mariage ◆ **tea is a great British institution** le thé est une grande institution britannique ◆ **he's been with the firm so long that he's now an institution** (hum) il fait partie de l'entreprise depuis si longtemps qu'il en est devenu une véritable institution
③ (= hospital, mental home etc) institution f ◆ **he has been in institutions all his life** il a passé toute sa vie en institution
④ (NonC) [of system, practice] institution f ; [of proceedings, inquiry] ouverture f
⑤ (Rel) [of priest] investiture f

**institutional** /ˌɪnstɪˈtjuːʃənl/ SYN **ADJ** ① (= of institutions) [reform, structure] institutionnel ◆ **institutional care** soins mpl en institution
② (Fin, Comm = of companies) [investors, funds, buying] institutionnel
③ (pej = reminiscent of institutions) [food] d'internat ; [atmosphere] réglementé

**institutionalization** /ˌɪnstɪˌtjuːʃənəlaɪˈzeɪʃən/ **N** [of person] placement m dans une institution ; [of custom, procedure] institutionnalisation f

**institutionalize** /ˌɪnstɪˈtjuːʃnəlaɪz/ **VT** ① [+ person] placer dans une institution
② [+ procedure, custom, event etc] institutionnaliser, donner un caractère officiel à

**institutionalized** /ˌɪnstɪˈtjuːʃnəlaɪzd/ **ADJ** ① (= living in an institution) ◆ **institutionalized people** personnes fpl vivant en institution
② (= dependent) dépendant ◆ **after all those years in prison, he's become totally institutionalized** après toutes ces années en prison, il est désormais totalement dépendant or il a désappris à être autonome
③ (= ingrained) [racism etc] institutionnalisé ◆ **become institutionalized** s'institutionnaliser, devenir une institution ◆ **institutionalized religion** (NonC) la religion institutionnalisée

**institutionally** /ˌɪnstɪˈtjuːʃnəlɪ/ **ADV** institutionnellement

**instruct** /ɪnˈstrʌkt/ SYN **VT** ① (= teach) [+ person] instruire ◆ **to instruct sb in sth** instruire qn en qch, enseigner or apprendre qch à qn ◆ **to instruct sb in how to do sth** enseigner or apprendre à qn comment (il faut) faire qch
② (= order, direct) [+ person] donner des instructions or des ordres à ◆ **to instruct sb to do sth** charger qn de faire, donner pour instructions à qn de faire ◆ **I am instructed to inform you that...** (frm) je suis chargé de or j'ai mission de vous informer que...
③ (Brit Jur) ◆ **to instruct a solicitor** donner ses instructions à un notaire ◆ **to instruct counsel** constituer avocat ◆ **to instruct the jury** [judge] donner des instructions au jury (to do sth pour qu'il fasse qch)

**instruction** /ɪnˈstrʌkʃən/ SYN
**N** ① (NonC = teaching) instruction f, enseignement m ◆ **to give instruction to sb (in sth)** instruire qn (en qch) ◆ **driving instruction** leçons fpl de conduite
② (gen pl) ◆ **instructions** instructions fpl ; (Mil) consigne f ; (Pharm, Tech) indications fpl ◆ **he gave me precise instructions on what to do if...** il m'a donné des consignes précises or des instructions précises sur la conduite à tenir au cas où... ◆ **I gave instructions for him to be brought to me** j'ai donné des instructions pour qu'on or j'ai donné ordre qu'on me l'amène subj ◆ **he gave me instructions not to leave until...** il m'a donné ordre de ne pas partir avant... ◆ **he was given strict instructions to avoid alcohol** on lui a rigoureusement interdit de boire de l'alcool ◆ **to act according to instructions** (gen) se conformer aux instructions ; (Mil) se conformer à la consigne ◆ **"instructions for use"** « mode d'emploi » ◆ **the instructions are on the back of the box** le mode d'emploi est (indiqué) au dos de la boîte
COMP **instruction book N** mode m d'emploi, notice f d'utilisation
**instruction manual N** manuel m d'utilisation

**instructive** /ɪnˈstrʌktɪv/ SYN **ADJ** instructif

**instructively** /ɪnˈstrʌktɪvlɪ/ **ADV** de manière instructive, instructivement

**instructor** /ɪnˈstrʌktə(r)/ SYN **N** ① (Sport) moniteur m, -trice f, professeur m ; (Mil) instructeur m ; → driving
② (US Univ) ≈ assistant m

**instructress** /ɪnˈstrʌktrɪs/ **N** (Sport) monitrice f, professeur m

**instrument** /ˈɪnstrʊmənt/ SYN
**N** (gen) instrument m ; (Jur) instrument m, acte m juridique ; (Fin) titre m, effet m ◆ **to fly by or on instruments** naviguer aux instruments ◆ **instrument of government** instrument m du gouvernement ; → **blunt, wind¹**
**VT** /ˌɪnstrʊˈment/ (Mus) orchestrer ; (Jur) instrumenter
COMP [flying, landing] aux instruments (de bord)
**instrument board, instrument panel N** (in vehicle, plane) tableau m de bord

**instrumental** /ˌɪnstrʊˈmentl/ SYN **ADJ** ① [role] déterminant ◆ **to be instrumental in sth** jouer un rôle-clé dans qch ◆ **he was instrumental in setting up/launching the scheme** il a joué un rôle-clé dans la mise en place/le lancement du projet
② [music, composition, arrangement, tuition, ensemble] instrumental ; [recording, album] de musique instrumentale ; [composer] d'œuvres instrumentales ◆ **instrumental performer** instrumentiste mf

**instrumentalist** /ˌɪnstrʊˈmentəlɪst/ **N** (Mus) instrumentiste mf

**instrumentation** /ˌɪnstrʊmenˈteɪʃən/ **N** (Mus, Tech) instrumentation f

**insubordinate** /ˌɪnsəˈbɔːdənɪt/ SYN **ADJ** insubordonné, indiscipliné

**insubordination** /ˌɪnsəˌbɔːdɪˈneɪʃən/ SYN **N** insubordination f, indiscipline f, désobéissance f

**insubstantial** /ˌɪnsəbˈstænʃəl/ **ADJ** ① (= small) [sum, amount] peu important ; [meal, work] peu substantiel ; (= weak) [argument] sans substance ; [evidence] sans fondement ; [structure] peu solide
② (liter = unreal) [vision, illusion] chimérique

**insufferable** /ɪnˈsʌfərəbl/ SYN **ADJ** (frm) insupportable

**insufferably** /ɪnˈsʌfərəblɪ/ **ADV** (frm) insupportablement ◆ **it was insufferably hot** il faisait une chaleur insupportable

**insufficiency** /ˌɪnsəˈfɪʃənsɪ/ **N** insuffisance f

**insufficient** /ˌɪnsəˈfɪʃənt/ SYN **ADJ** insuffisant

**insufficiently** /ˌɪnsəˈfɪʃəntlɪ/ **ADV** insuffisamment

**insufflate** /ˈɪnsʌˌfleɪt/ **VT** (Med) insuffler

**insufflation** /ˌɪnsʌˈfleɪʃən/ **N** (Med) insufflation f

**insular** /ˈɪnsjələ(r)/ **ADJ** ① (pej = parochial) [person, attitude, views, outlook] borné (pej) ; [community, existence] coupé du monde extérieur
② (SPEC = relating to an island) insulaire

**insularism** /ˈɪnsjʊlərɪzəm/ **N** (pej) insularisme m

**insularity** /ˌɪnsjʊˈlærɪtɪ/ **N** insularité f ; (fig pej) [of person] étroitesse f d'esprit ; [of community, existence] fermeture f au monde extérieur ; [of outlook, views] étroitesse f

**insulate** /ˈɪnsjʊleɪt/
**VT** ① (Elec) isoler ; (against cold, heat) [+ room, roof] isoler ; [+ water tank] calorifuger ; (against sound) [+ room, wall] insonoriser ◆ **insulated handle** manche m isolant ◆ **insulated pliers** pince f isolante ◆ **insulating material** isolant m
② (fig) [+ person] (= separate) séparer (from de) ; (= protect) protéger (against de)
COMP **insulating tape N** (ruban m) isolant m ; (= adhesive) chatterton m

**insulation** /ˌɪnsjʊˈleɪʃən/ **N** ① (NonC) (Elec) isolation f ; [of house, room] (against cold) isolation f (calorifuge) ; (against sound) insonorisation f
② (fig) ◆ **they lived in happy insulation from brutal facts** ils vivaient heureux à l'abri de la réalité brutale
③ (NonC = material) isolant m

**insulator** /ˈɪnsjʊleɪtə(r)/ **N** (Elec) (= device) isolateur m ; (= material) isolant m

**insulin** /ˈɪnsjʊlɪn/
**N** insuline f
COMP [injection] d'insuline
**insulin-dependent ADJ** insulinodépendant ◆ **insulin-dependent diabetes** diabète m insulinodépendant
**insulin pump N** pompe f à insuline
**insulin shock N** (Med) choc m insulinique
**insulin treatment N** insulinothérapie f, traitement m insulinique or à l'insuline

**insult** /ɪnˈsʌlt/ SYN
**VT** (with words, gestures) insulter, injurier ; (= offend) faire (un) affront à, insulter ◆ **she felt insulted by his indifference** elle s'est sentie insultée par son indifférence
**N** /ˈɪnsʌlt/ (= remark) insulte f, injure f ; (= action, affront) affront m, insulte f ◆ **to hurl insults at sb** injurier qn, lancer des insultes à qn ◆ **the book is an insult to the reader's intelligence** le livre est une insulte à or fait affront à l'intelligence du lecteur ◆ **these demands are an insult to the profession** ces revendications sont un affront à la profession ◆ **an insult to sb's memory** une insulte à la mémoire de qn ◆ **it was seen as an insult to Islam** cela a été perçu comme un affront à l'islam ; → add

**insulting** /ɪnˈsʌltɪŋ/ SYN **ADJ** insultant, injurieux ◆ **to be insulting to sb** [remarks, comments etc] être un affront à qn

**insultingly** /ɪnˈsʌltɪŋlɪ/ **ADV** [behave, talk] de façon insultante ◆ **insultingly dismissive** dédaigneux au point d'être insultant ◆ **insultingly sexist** d'un sexisme insultant

**insuperable** /ɪnˈsuːpərəbl/ SYN **ADJ** insurmontable

**insuperably** /ɪnˈsuːpərəblɪ/ **ADV** ◆ **insuperably difficult** d'une difficulté insurmontable

**insupportable** † /ˌɪnsəˈpɔːtəbl/ SYN **ADJ** insupportable

**insurable** /ɪnˈʃʊərəbl/ **ADJ** assurable

**insurance** /ɪnˈʃʊərəns/ SYN
**N** (gen) assurance f (on or for sth pour qch ; against contre) ; (= policy) police f or contrat m d'assurances (on or for sth pour qch ; against sth contre qch) ; (fig) garantie f ◆ **he pays £300 a year in insurance** il paie 300 livres (de primes) d'assurance par an ◆ **insurance on a building** assurance f sur le capital immobilier ◆ **to take out insurance** contracter une assurance ◆ **to take out insurance against** s'assurer contre, se faire assurer contre ◆ **what does your insurance cover?** que couvre votre police or contrat d'assurance ? ◆ **we must extend our insurance** nous devons augmenter le montant pour lequel nous sommes assurés ◆ **the insurance runs out on 5 July** l'assurance arrive à échéance le 5 juillet ◆ **to do sth as an insurance against** (fig) faire qch comme garantie contre, faire qch pour se prémunir contre ; → **fire, life**
COMP **insurance adjuster N** (US) expert m en sinistres
**insurance agent N** agent m d'assurances
**insurance broker N** courtier m d'assurances
**insurance certificate N** attestation f d'assurance
**insurance claim N** (déclaration f de) sinistre m
**insurance company N** compagnie f or société f d'assurances
**insurance policy N** police f d'assurance, assurances * fpl
**insurance premium N** prime f (d'assurance)
**insurance scheme N** régime m d'assurances
**insurance stamp N** (Brit Admin) vignette f or timbre m de contribution à la sécurité sociale

**insurance underwriter** N (gen) assureur m ; (= underwriting company) réassureur m

**insurant** /ɪnˈʃʊərənt/ N (SPEC) assuré(e) m(f), souscripteur m, -trice f

**insure** /ɪnˈʃʊəʳ/ SYN VT 1 [+ car, house] (faire) assurer ◆ **he insured his guitar for $1000** il a assuré sa guitare pour 1 000 dollars ◆ **to insure o.s. or one's life** s'assurer or se faire assurer sur la vie ◆ **I am insured against fire** je suis assuré contre l'incendie ◆ **we insured (ourselves) against possible disappointment** nous avons paré aux déceptions possibles ◆ **in order to insure against any delay...** pour nous (or les etc) garantir contre tout retard...
2 [+ power, success] assurer, garantir ◆ **this will insure that you will be notified when...** grâce à ceci vous êtes assuré d'être avisé quand... ◆ **in order to insure that terrorists do not enter the country** afin de s'assurer que les terroristes n'entrent pas dans le pays ◆ **they want to insure that their children will be educated properly** ils veulent s'assurer or être sûrs que leurs enfants recevront une éducation correcte

**insured** /ɪnˈʃʊəd/ ADJ, N assuré(e) m(f)

**insurer** /ɪnˈʃʊərəʳ/ N assureur m

**insurgence** /ɪnˈsɜːdʒəns/, **insurgency** /ɪnˈsɜːdʒənsɪ/ N insurrection f

**insurgent** /ɪnˈsɜːdʒənt/ SYN ADJ, N insurgé(e) m(f)

**insurmountable** /ˌɪnsəˈmaʊntəbl/ SYN ADJ insurmontable

**insurrection** /ˌɪnsəˈrekʃən/ SYN N 1 (NonC) insurrection f ◆ **to rise in insurrection** se soulever, s'insurger
2 (= uprising) insurrection f, soulèvement m

**insurrectionary** /ˌɪnsəˈrekʃnərɪ/ ADJ insurrectionnel

**insurrectionist** /ˌɪnsəˈrekʃənɪst/ N insurgé(e) m(f)

**int.** ADJ, N (abbrev of **international**) international

**intact** /ɪnˈtækt/ SYN ADJ intact ◆ **to remain or survive intact** rester intact

**intaglio** /ɪnˈtɑːlɪəʊ/ N (pl **intaglios** or **intagli** /ɪnˈtɑːljiː/) (= gem) intaille f ; (= carving, design) gravure f en creux

**intake** /ˈɪnteɪk/
N 1 (NonC: Tech) [of water] prise f, adduction f ; [of gas, steam] adduction f, admission f ; → **air**
2 (Scol, Univ) admission(s) f(pl), (nombre m des) inscriptions fpl ; (Mil) contingent m, recrues fpl ◆ **the latest intake of young graduates into our company** le dernier contingent de jeunes diplômés recrutés dans notre société ◆ **the US's annual intake of immigrants** le contingent annuel d'immigrants arrivant aux États-Unis
3 [of protein, liquid, alcohol etc] consommation f ◆ **food intake** ration f alimentaire
4 ◆ **she heard his intake of breath** elle l'a entendu retenir sa respiration
COMP **intake valve** N soupape f d'admission

**intangible** /ɪnˈtændʒəbl/
ADJ [quality, presence] intangible, impalpable
N impondérable m
COMP **intangible assets** NPL (Jur) immobilisations fpl incorporelles
**intangible property** N (Jur) biens mpl incorporels

**integer** /ˈɪntɪdʒəʳ/ N (nombre m) entier m

**integral** /ˈɪntɪɡrəl/ SYN
ADJ 1 [part] intégrant, constituant ◆ **to be an integral part of sth, to be integral to sth** faire partie intégrante de qch
2 (= whole) intégral, complet (-ète f), entier ◆ **integral payment** paiement m intégral
3 (Math) intégral ◆ **integral calculus** calcul m intégral
N (Math, fig) intégrale f

**integrate** /ˈɪntɪɡreɪt/ SYN
VT 1 (= combine into a whole) [+ people, objects, ideas] intégrer, incorporer (in, into dans) ◆ **talks will now begin about integrating the activities of both companies** l'intégration des activités des deux sociétés va maintenant faire l'objet de négociations ◆ **Ann wanted the conservatory to integrate with the kitchen** Ann voulait qu'il y ait une continuité entre le jardin d'hiver et la cuisine
2 (= complete by adding parts) compléter ◆ **an integrated personality** (Psych) une personnalité bien intégrée
3 (= desegregate) [+ races, religions, ethnic groups etc] intégrer ◆ **to integrate Catholic and non-Catholic schools** intégrer les écoles catholiques et non catholiques ◆ **to integrate a school** etc imposer la déségrégation dans un établissement scolaire etc ◆ **integrated school** établissement m scolaire où se pratique l'intégration raciale
4 (Math) intégrer
VI 1 [school, neighbourhood etc] pratiquer l'intégration raciale
2 [person, religious or ethnic group etc] s'intégrer (into dans)

**integrated** /ˈɪntɪɡreɪtɪd/
ADJ intégré
COMP **integrated accounting package** N logiciel m intégré de comptabilité
**integrated circuit** N (Elec) circuit m intégré
**integrated course** N (Brit Educ) cours m de formation professionnelle (pour apprentis)
**integrated day** N (Brit Scol) journée f sans emploi du temps structuré
**Integrated Services Digital Network** N Réseau m numérique à intégration de services
**integrated studies** NPL (Brit Scol) études fpl générales (où les matières ne sont pas différenciées)

**integration** /ˌɪntɪˈɡreɪʃən/ SYN N (also Math, Psych) intégration f (into dans) ◆ **racial/social/European integration** intégration f raciale/sociale/européenne

**integrity** /ɪnˈteɡrɪtɪ/ SYN N 1 (= honesty) intégrité f, probité f ◆ **a man of integrity** un homme intègre
2 (= totality) intégrité f, totalité f ◆ **in its integrity** dans son intégrité, dans sa totalité ◆ **territorial integrity** l'intégrité f du territoire ◆ **the integrity of the nation** l'intégrité f de la nation

**integument** /ɪnˈteɡjʊmənt/ N tégument m

**intellect** /ˈɪntɪlekt/ SYN N 1 (NonC) (= reasoning power) intellect m, intelligence f ; (= cleverness) intelligence f, esprit m ◆ **a man of (great) intellect** un homme d'une grande intelligence
2 [of person] intelligence f, esprit m

**intellectual** /ˌɪntɪˈlektjʊəl/ SYN
ADJ (gen) intellectuel ; [group, family] d'intellectuels ◆ **intellectual property** propriété f intellectuelle
N intellectuel(le) m(f)

**intellectualism** /ˌɪntɪˈlektjʊəlɪzəm/ N intellectualisme m

**intellectualist** /ˌɪntɪˈlektjʊəlɪst/ N intellectualiste mf

**intellectuality** /ˌɪntɪˌlektjʊˈælɪtɪ/ N intellectualité f

**intellectualization** /ˌɪntɪˌlektjʊəlaɪˈzeɪʃən/ N intellectualisation f

**intellectualize** /ˌɪntɪˈlektjʊəlaɪz/
VT intellectualiser
VI ◆ **you always have to intellectualize** il faut toujours que tu intellectualises tout

**intellectually** /ˌɪntɪˈlektjʊəlɪ/ ADV intellectuellement, sur le plan intellectuel ◆ **intellectually satisfying/honest** etc intellectuellement satisfaisant/honnête etc

**intelligence** /ɪnˈtelɪdʒəns/ SYN
N 1 (NonC) intelligence f ◆ **a man of little intelligence** un homme peu intelligent or de peu d'intelligence ◆ **his book shows intelligence** son livre est intelligent
2 (= information) renseignement(s) m(pl), information(s) f(pl) ◆ **latest intelligence** (Press) informations fpl de dernière minute
3 ◆ **Military/Naval Intelligence** service m de renseignements de l'armée de Terre/de la Marine ◆ **he was in Intelligence during the war** il était dans les services de renseignements pendant la guerre
COMP **intelligence agent** N agent m de renseignements, agent m secret
**Intelligence Corps** N (Brit Mil) service de renseignements et de sécurité militaires
**Intelligence officer** N (Brit Pol) officier m de renseignements
**intelligence quotient** N quotient m intellectuel
**Intelligence Service** N (Brit Pol) services mpl secrets or de renseignements
**intelligence test** N test m d'intelligence
**intelligence work** N ◆ **to do intelligence work** être dans or travailler dans les services de renseignements

**intelligent** /ɪnˈtelɪdʒənt/ SYN ADJ (gen) intelligent ◆ **intelligent terminal** (Comput) terminal m intelligent ◆ **intelligent design** le dessein intelligent ◆ **the search for intelligent life on other planets** la recherche de formes de vie intelligente sur d'autres planètes

**intelligently** /ɪnˈtelɪdʒəntlɪ/ ADV intelligemment

**intelligentsia** /ɪnˌtelɪˈdʒentsɪə/ SYN N (collective sg) ◆ **the intelligentsia** l'intelligentsia f , l'élite f intellectuelle

**intelligibility** /ɪnˌtelɪdʒəˈbɪlɪtɪ/ SYN N intelligibilité f

**intelligible** /ɪnˈtelɪdʒəbl/ SYN ADJ intelligible

**intelligibly** /ɪnˈtelɪdʒəblɪ/ ADV intelligiblement

**intemperance** /ɪnˈtempərəns/ N (= lack of self-restraint) intempérance f ; (= lack of moderation) manque m de modération

**intemperate** /ɪnˈtempərɪt/ SYN ADJ (frm) [attitude, comment] immodéré ; [language] sans retenue ; [person] intempérant † ; [haste, zeal] excessif

**intend** /ɪnˈtend/ LANGUAGE IN USE 8 SYN VT avoir l'intention ; [+ gift etc] destiner (for à) ◆ **to intend to do sth, to intend doing sth** avoir l'intention de faire qch ◆ **I intend to go and see him** j'ai l'intention d'aller le voir ◆ **I don't intend to tell him about it** je n'ai pas l'intention de lui en parler ◆ **I didn't intend coming to Germany to work...** je n'avais pas l'intention or je n'avais pas prévu de venir en Allemagne pour travailler... ◆ **I'm sure he didn't intend that we should hear him** je suis sûr qu'il ne pensait pas que nous allions l'entendre ◆ **his response seemed patronizing, though he hadn't intended it that way** le ton de sa réponse semblait condescendant, même si ça n'était pas son intention ◆ **I fully intend to punish him** j'ai la ferme intention de le punir ◆ **he intends to be a doctor** il a l'intention de devenir médecin, il se destine à la médecine ◆ **it was intended that he should become an accountant** il était prévu qu'il devienne comptable ◆ **this scheme is intended to help the poor** ce projet est destiné à venir en aide aux indigents ◆ **intended for** destiné à ◆ **the money was intended for British families** l'argent était destiné aux familles britanniques ◆ **hospital facilities which were intended for AIDS patients** des infrastructures hospitalières qui étaient destinées aux malades du sida ◆ **the building was originally intended as a sports complex** le bâtiment devait initialement être un complexe sportif ◆ **I intended it as a compliment** (dans mon esprit) cela voulait être un compliment ◆ **he intended no harm** il l'a fait sans mauvaise intention ◆ **to intend marriage** avoir des intentions de mariage ◆ **did you intend that?** est-ce que vous avez fait cela exprès ? ; see also **intended**

**intended** /ɪnˈtendɪd/
ADJ 1 (= desired, planned) [target] visé ; [effect] voulu ◆ **the intended victim (of the attack)** la victime visée (par l'attentat) ◆ **he stayed only ten days of his intended six-month visit** il n'est resté que dix jours sur les six mois de visite qu'il avait prévus
2 (= deliberate) [insult etc] intentionnel, fait intentionnellement
N † ◆ **his intended** sa promise †, sa future (hum) ◆ **her intended** son promis †, son futur (hum)

**intense** /ɪnˈtens/ SYN ADJ 1 [heat, cold, pain, light, colour, activity, fighting, speculation] intense ; [fear, anger, hatred] violent ; [interest, enthusiasm, competition] très vif
2 (= passionate) [person] sérieux ; [relationship] passionné ; [gaze, expression] d'une grande intensité

**intensely** /ɪnˈtenslɪ/ SYN ADV 1 (= very) [hot, cold, unpleasant, moving] extrêmement ; [moved, irritated] vivement
2 [concentrate, look at] intensément ; [hate] de tout son être ◆ **I dislike her intensely** elle me déplaît profondément

**intensification** /ɪnˌtensɪfɪˈkeɪʃən/ N [of heat, light, pain, activity, fighting] intensification f ; [of production] accélération f, intensification f

**intensifier** /ɪnˈtensɪfaɪəʳ/ N (Gram) intensif m

**intensify** /ɪnˈtensɪfaɪ/ SYN
VT intensifier ◆ **to intensify (one's) efforts to do sth** intensifier ses efforts pour faire qch
VI [fighting, competition, speculation] s'intensifier ; [heat, cold, pain, fear, anger, hatred, light, colour] augmenter

**intensity** /ɪnˈtensɪtɪ/ SYN N [of anger, hatred, love] intensité f, force f ; [of cold, heat] intensité f ; [of current, light, sound] intensité f, puissance f ; [of tone] véhémence f ◆ **her intensity disturbs me**

son côté sérieux me met mal à l'aise ◆ **capital intensity** intensité *f* capitalistique

**intensive** /ɪn'tensɪv/ SYN

ADJ *(gen, Ling, Agr)* intensif ◆ **an intensive course in French** un cours accéléré *or* intensif de français

COMP **intensive care** N ◆ **to be in intensive care** être en réanimation ◆ **to need intensive care** demander des soins intensifs

**intensive care unit** N *(Med)* service *m* de réanimation, unité *f* de soins intensifs

**intensive farming** N agriculture *f* intensive

**-intensive** /ɪn'tensɪv/ ADJ *(in compounds)* à forte intensité de ◆ **capital-intensive** à forte intensité de capital ; → **energy, labour**

**intensively** /ɪn'tensɪvlɪ/ ADV *[work, campaign, study, farm]* intensivement ◆ **intensively reared** *[meat]* provenant d'un élevage intensif

**intent** /ɪn'tent/ SYN

N intention *f* ◆ **it was not my intent to do business with him** il n'était pas dans mes intentions de traiter avec lui, je n'avais pas l'intention de traiter avec lui ◆ **to all intents and purposes** pratiquement ◆ **with good intent** dans une bonne intention ◆ **to do sth with intent** faire qch de propos délibéré ◆ **with criminal intent** *(Jur)* dans un but délictueux ◆ **with intent to do sth** dans l'intention *or* le but de faire qch ◆ **he denied possessing a firearm with intent to endanger life** *(Jur)* il a nié avoir détenu une arme à feu dans le but d'intenter à la vie de quelqu'un ◆ **he signed a letter of intent to sell his assets** il a signé une lettre d'intention concernant la vente de ses biens ; → **loiter**

ADJ 1 *(= absorbed) [face, look, expression]* attentif ◆ **intent on his work/on a jigsaw puzzle** absorbé par son travail/par un puzzle ◆ **he was intent on what she was saying** il écoutait attentivement ce qu'elle disait

2 *(= determined)* ◆ **to be intent on doing sth** être résolu à faire qch ◆ **intent on revenge** résolu à se venger ◆ **they were intent on his downfall** ils étaient résolus à provoquer sa perte ◆ **he was so intent on seeing her that...** il voulait tellement la voir que...

**intention** /ɪn'tenʃən/ LANGUAGE IN USE 8 SYN N intention *f* ◆ **it is my intention to retire** j'ai l'intention de prendre ma retraite ◆ **to have no intention of doing sth** n'avoir aucune intention de faire qch ◆ **he has every intention of doing this** il a bien l'intention de le faire ◆ **I haven't the least** *or* **slightest intention of staying** je n'ai pas la moindre intention de rester ici, il n'est nullement dans mes intentions de rester ici ◆ **with the intention of doing sth** dans l'intention de *or* dans le but de faire qch ◆ **with this intention** à cette intention, à cette fin ◆ **with good intentions** avec de bonnes intentions ◆ **with the best of intentions** avec les meilleures intentions (du monde) ◆ **what are your intentions?** quelles sont vos intentions ?, que comptez-vous faire ? ◆ **I don't know what his intentions were when he did it** je ne sais pas quelles étaient ses intentions quand il l'a fait ◆ **his intentions are honourable** il a des intentions honorables

**intentional** /ɪn'tenʃənl/ SYN ADJ intentionnel ◆ **how can I blame him? it wasn't intentional** comment pourrais-je lui en vouloir ? il ne l'a pas fait exprès *or* ce n'était pas intentionnel

**intentionally** /ɪn'tenʃnəlɪ/ SYN ADV *[mislead, violate, discriminate etc]* intentionnellement ◆ **the authorities consider him intentionally homeless** l'administration considère qu'il a délibérément quitté son domicile ◆ **intentionally vague/misleading** délibérément vague/trompeur ◆ **I didn't hurt you intentionally** je ne voulais pas te faire du mal

**intently** /ɪn'tentlɪ/ SYN ADV *[listen, look, watch, stare]* intensément ◆ **they were talking intently about work** ils parlaient travail, l'air absorbé

**intentness** /ɪn'tentnɪs/ N intensité *f* ◆ **intentness of purpose** résolution *f*

**inter** /ɪn'tɜːʳ/ SYN VT enterrer, ensevelir

**inter-** /ˌɪntər/ PREF *(+ nsg)* entre + *npl*, inter... + *adj* ◆ **inter-company** entre compagnies ◆ **inter-regional** interrégional ; see also **inter-city**

**interact** /ˌɪntər'ækt/ VI 1 *[substances]* (ré)agir l'un sur l'autre, interagir

2 *(Comput)* dialoguer *(with* avec) ◆ **we don't interact very well** *(fig)* le courant passe mal (entre nous)

**interaction** /ˌɪntər'ækʃən/ N relation *f* ◆ **the interaction between life and theatre** la relation entre la vie et le théâtre ◆ **interaction between individuals** les relations entre individus ◆ **the interaction of politics and the financial markets** l'interaction *or* les relations entre la politique et les marchés financiers ◆ **the interaction between alpha particles** l'interaction entre les particules alpha

> (!) Be cautious about translating **interaction** by the French word **interaction**, which is mainly used in technical contexts.

**interactive** /ˌɪntər'æktɪv/

ADJ *(gen, Comput)* interactif ◆ **interactive computing** traitement *m* interactif, informatique *f* conversationnelle ◆ **interactive mode** mode *m* conversationnel *or* interactif

COMP **interactive television** N télévision *f* interactive

**interactive video** N vidéo *f* interactive

**interactive whiteboard** N tableau *m* blanc interactif

**interactively** /ˌɪntər'æktɪvlɪ/ ADV *(Comput) [work]* en mode conversationnel *or* interactif

**interactivity** /ˌɪntəræk'tɪvɪtɪ/ N interactivité *f*

**inter alia** /ˌɪntər'ælɪə/ ADV *(frm)* notamment, entre autres

**interbank** /'ɪntəbæŋk/ ADJ *(Comm)* interbancaire

**interblend** /ˌɪntə'blend/ VI se mêler

**interbreed** /'ɪntə'briːd/ (pret, ptp **interbred** /'ɪntə'bred/)

VT *[+ animals]* croiser

VI se croiser *(with* avec)

**interbreeding** /ˌɪntə'briːdɪŋ/ N *(within family)* consanguinité *f* ; *(between animals)* croisements *mpl* ; *(between racial groups)* métissage *m*

**intercalary** /ɪn'tɜːkələrɪ/ ADJ *[day, month]* intercalaire

**intercalate** /ɪn'tɜːkəleɪt/ VT intercaler

**intercalation** /ɪnˌtɜːkə'leɪʃən/ N intercalation *f*

**intercampus** /ˌɪntə'kæmpəs/ ADJ *(US Univ)* interuniversitaire

**intercede** /ˌɪntə'siːd/ SYN VI intercéder *(with* auprès de ; *for* pour, en faveur de)

**intercellular** /ˌɪntə'seljʊləʳ/ ADJ intercellulaire

**intercensal** /ˌɪntə'sensl/ ADJ intercensitaire

**intercept** /ˌɪntə'sept/ SYN

VT *[+ message, light]* intercepter, capter ; *[+ plane, suspect]* intercepter ; *[+ person]* arrêter au passage

N interception *f*

**interception** /ˌɪntə'sepʃən/ N interception *f*

**interceptor** /ˌɪntə'septəʳ/ N *(= aircraft, missile)* intercepteur *m*

**intercession** /ˌɪntə'seʃən/ SYN N intercession *f*

**intercessor** /ˌɪntə'sesəʳ/ N intercesseur *m*

**interchange** /'ɪntəˌtʃeɪndʒ/ SYN

N 1 *(NonC) (= exchange)* échange *m* ; *(= alternation)* alternance *f*

2 *(on motorway)* échangeur *m*

VT /ˌɪntə'tʃeɪndʒ/ *(= alternate)* faire alterner *(with* avec) ; *(= change positions of)* changer de place, mettre à la place l'un de l'autre ; *(= exchange) [+ gifts, letters, ideas]* échanger *(with sb* avec qn)

VI *(= change position)* changer de place *(with* avec) ; *(= alternate)* alterner *(with* avec)

**interchangeability** /'ɪntəˌtʃeɪndʒə'bɪlɪtɪ/ N interchangeabilité *f*

**interchangeable** /ˌɪntə'tʃeɪndʒəbl/ SYN ADJ interchangeable

**interchangeably** /ˌɪntə'tʃeɪndʒəblɪ/ ADV de façon interchangeable

**Intercity** /ˌɪntə'sɪtɪ/ ® N *(= train)* rapide *m*

**inter-city** /ˌɪntə'sɪtɪ/ ADJ *[travel]* d'une grande ville à une autre ; *[communications, route, service]* interurbain

**intercollegiate** /'ɪntəkə'liːdʒɪɪt/ ADJ entre collèges

**intercom** /'ɪntəkɒm/ N interphone *m* ◆ **over** *or* **on the intercom** à l'interphone

**intercommunicate** /ˌɪntəkə'mjuːnɪkeɪt/ VI communiquer (réciproquement)

**intercommunication** /'ɪntəkəˌmjuːnɪ'keɪʃən/ N intercommunication *f*, communication *f* réciproque

**intercommunion** /ˌɪntəkə'mjuːnɪən/ N *(Rel)* intercommunion *f* ; *(gen)* intercommunication *f*

**interconnect** /ˌɪntəkə'nekt/

VT *(gen)* connecter (entre eux *or* elles) ; *(Comput) [+ systems]* interconnecter ◆ **interconnected facts** faits *mpl* intimement *or* étroitement liés ◆ **interconnected rooms** pièces *fpl* communicantes

VI *[rooms, tunnels]* communiquer (entre eux *or* elles) ; *[parts of a structure]* être relié(e)s (les un(e)s aux autres) ◆ **interconnecting wall** mur *m* mitoyen

**interconnection** /'ɪntəˌkə'nekʃən/ N *(Elec)* interconnexion *f* ; *(fig)* lien *m*

**intercontinental** /'ɪntəˌkɒntɪ'nentl/ ADJ intercontinental ◆ **intercontinental ballistic missile** missile *m* balistique intercontinental

**intercostal** /ˌɪntə'kɒstl/ ADJ intercostal

**intercourse** /'ɪntəkɔːs/ SYN N 1 *(NonC)* relations *fpl*, rapports *mpl* ◆ **business/human/social intercourse** relations *fpl* commerciales/humaines/sociales

2 ◆ **sexual intercourse** rapports *mpl* (sexuels) ◆ **anal intercourse** sodomie *f* ◆ **to have intercourse** avoir des rapports *(with* avec)

**intercurrent** /ˌɪntə'kʌrənt/ ADJ *(Med)* intercurrent

**intercut** /ˌɪntə'kʌt/ VT *(Cine)* ◆ **to intercut sth with sth** entrecouper qch de qch

**interdenominational** /'ɪntədɪˌnɒmɪ'neɪʃənl/ ADJ entre confessions, interconfessionnel

**interdental** /ˌɪntə'dentl/ ADJ interdentaire

**interdepartmental** /'ɪntəˌdiːpɑːt'mentl/ ADJ *(within firm)* entre services ; *(Univ)* entre départements ; *(Pol)* interministériel

**interdependence** /ˌɪntədɪ'pendəns/ N interdépendance *f*

**interdependent** /ˌɪntədɪ'pendənt/ ADJ interdépendant

**interdict** /'ɪntədɪkt/

VT 1 *(Jur, frm)* interdire, prohiber

2 *(Rel) [+ priest, person]* jeter l'interdit sur

N 1 *(Jur)* prohibition *f*, interdiction *f*

2 *(Rel)* interdit *m*

**interdiction** /ˌɪntə'dɪkʃən/ N *(Jur, Rel)* interdiction *f*

**interdigital** /ˌɪntə'dɪdʒɪtl/ ADJ interdigital

**interdisciplinarity** /"ɪntə"dɪsɪplɪ'nærɪtɪ/ N interdisciplinarité *f*

**interdisciplinary** /ˌɪntə'dɪsɪplɪnərɪ/ ADJ interdisciplinaire

**interest** /'ɪntrɪst/ LANGUAGE IN USE 19.2 SYN

N 1 *(NonC: in sb/sth)* intérêt *m* ◆ **to take** *or* **have an interest in sb** s'intéresser à qn ◆ **to take** *or* **have an interest in sth** s'intéresser à qch, prendre de l'intérêt à qch ◆ **he took no further interest in it** il ne s'y est plus intéressé ◆ **to show an interest in sb/sth** manifester *or* montrer de l'intérêt pour qn/qch ◆ **to take a great interest in sb/sth** s'intéresser vivement à qn/qch ◆ **to arouse sb's interest** éveiller l'intérêt de qn ◆ **that's of no interest to me** ça ne m'intéresse pas, ça a peu d'intérêt pour moi ◆ **a subject of little interest** un sujet présentant peu d'intérêt ◆ **questions of public interest** questions *fpl* d'intérêt public *or* qui intéressent le public ; see also **noun 3** ◆ **she doesn't really need to work - she's doing it just for interest** elle n'a pas vraiment besoin de travailler : elle le fait parce que ça l'intéresse ◆ **it adds interest to the story** ça ajoute un certain intérêt à l'histoire ◆ **matters of vital interest** questions *fpl* d'un intérêt *or* d'une importance capital(e)

2 *(= hobby etc)* ◆ **what are your interests?** quelles sont les choses qui vous intéressent ?, à quoi vous intéressez-vous ? ◆ **my main interest is baroque architecture** mon principal centre d'intérêt est l'architecture baroque ◆ **special interest holidays** vacances *fpl* à thème

3 *(= advantage, well-being)* intérêt *m*, avantage *m* ◆ **in one's (own) interest(s)** dans son (propre) intérêt ◆ **it is in your own interest to do so** il est de votre intérêt d'agir ainsi, vous avez tout intérêt à agir ainsi ◆ **to act in sb's interest(s)** agir dans l'intérêt de qn ◆ **in the interest(s) of hygiene/safety** par souci d'hygiène/de sécurité ◆ **in the interest(s) of peace/national security** dans l'intérêt de la paix/la sécurité nationale ◆ **in the public interest** dans l'intérêt public, pour le bien public ◆ **Washington has an interest in helping Russia with its**

**economy** c'est dans l'intérêt de Washington d'aider économiquement la Russie

④ (Comm, Jur etc = share stake) intérêts mpl, participation f ◆ **I have an interest in a hairdressing business** j'ai des intérêts dans un salon de coiffure ◆ **he has business interests abroad** il a des intérêts commerciaux à l'étranger ◆ **Switzerland is looking after British interests** la Suisse défend les intérêts britanniques ◆ **he has sold his interest in the firm** il a vendu la participation or les intérêts qu'il avait dans l'entreprise ; → **vest**²

⑤ (= interested parties) ◆ **the coal/oil interest(s)** les (gros) intérêts mpl houillers/pétroliers ◆ **shipping interests** les intérêts mpl maritimes ◆ **the landed interests** les propriétaires mpl terriens

⑥ (NonC: Fin) intérêt(s) m(pl) ◆ **simple/compound interest** intérêts mpl simples/composés ◆ **interest on an investment** intérêts mpl d'un placement ◆ **loan with interest** prêt m à intérêt ◆ **to lend out money at interest** faire un prêt (or des prêts) à intérêt ◆ **to bear interest** rapporter un intérêt ◆ **to bear interest at 8%** donner un intérêt de 8%, porter intérêt à 8% ◆ **to carry interest** rapporter or produire des intérêts

**VT** ① intéresser ◆ **to be interested in sth/sb** s'intéresser à qch/qn ◆ **I'm not interested in football** le football ne m'intéresse pas, je ne m'intéresse pas au football ◆ **the company is interested in buying land** l'entreprise est intéressée par l'achat de terrains ◆ **I'm interested in going** ça m'intéresse d'y aller ◆ **I'm not interested!** ça ne m'intéresse pas ! ◆ **I'm not interested in your excuses!** tes excuses ne m'intéressent pas ! ◆ **I'd be interested to see what this man has to offer** je serais curieux de savoir ce que cet homme a à proposer ◆ **they spent time trying to interest customers in their product** ils ont passé du temps à essayer d'intéresser les clients à leurs produits ◆ **can I interest you in contributing to...?** est-ce que cela vous intéresserait de contribuer à... ? ◆ **can I interest you in a new computer?** seriez-vous intéressé par un nouvel ordinateur ?

② (= concern) intéresser, concerner ◆ **the struggle against inflation interests us all** la lutte contre l'inflation touche chacun d'entre nous or nous concerne tous

**COMP** **interest-bearing** ADJ (Fin) [loan] productif d'intérêt
**interest-earning** ADJ [account] rémunéré
**interest-free** ADJ (Fin) sans intérêt
**interest group** N groupe m d'intérêt
**interest payment** N (Fin) versement m d'intérêts
**interest rate** N (Fin) taux m d'intérêt ◆ **at an interest rate of 10%** à un taux d'intérêt de 10%

**interested** /'ɪntrɪstɪd/ SYN ADJ ① (= attentive) [expression] d'intérêt
② (= involved, partial) [person, motive] intéressé ◆ **to be an interested party** être une des parties intéressées ◆ **the interested parties** les intéressés mpl, les parties fpl intéressées (Jur) ; see also **interest**

**interestedly** /'ɪntrɪstɪdlɪ/ ADV d'un air intéressé

**interesting** /'ɪntrɪstɪŋ/ SYN ADJ [book, story, idea, person] intéressant ◆ **the meeting was very interesting for me** cette réunion m'a beaucoup intéressé ◆ **the interesting thing (about it) is that...** ce qu'il y a d'intéressant (à ce propos), c'est que...

**interestingly** /'ɪntrɪstɪŋlɪ/ ADV de façon intéressante ◆ **interestingly (enough), he...** chose intéressante, il...

**interface** /'ɪntəfeɪs/
**N** ① (Comput, Phys, Chem) interface f ◆ **user interface** (Comput) interface f utilisateur
② (fig) interface f, point m de liaison or de contact
**VI** ① (Comput, Tech) faire interface
② (fig) [person, organization] (= liaise) être en liaison or en contact (with avec)
**VT** (Tech) connecter (with avec)

**interfacing** /'ɪntəfeɪsɪŋ/ N
① (Sewing) entoilage m
② (Comput) interfaçage m, interface f

**interfaith** /'ɪntəfeɪθ/ ADJ [relations, dialogue] interreligieux

**interfere** /ˌɪntə'fɪəʳ/ SYN VI ① (= intrude) ◆ **stop interfering!** ne vous mêlez pas de ce qui ne vous regarde pas ! ◆ **he's always interfering** il se mêle toujours de ce qui ne le regarde pas ◆ **he tried to interfere in running the business** il a voulu se mêler de la gestion de l'entreprise ◆ **to interfere in another country's affairs** s'ingérer dans les affaires d'un autre pays

◆ **to interfere with** (= adversely affect) affecter ; [+ plans] contrarier, contrecarrer ◆ **to interfere with sb's plans** [weather, accident, circumstances etc] contrarier or contrecarrer les projets de qn ◆ **tiredness interferes with your ability to study** la fatigue affecte l'aptitude à étudier ◆ **alcohol can interfere with your sexual performance** l'alcool peut affecter votre puissance sexuelle ◆ **computer games can interfere with school work** les jeux électroniques peuvent perturber le travail scolaire

② (sexually) ◆ **to interfere with sb** abuser de qn ◆ **the child had been interfered with** on avait abusé de l'enfant

③ (= handle) ◆ **don't interfere with my camera**\* ne touche pas à or ne tripote pas mon appareil, laisse mon appareil tranquille\*

④ (Phys) interférer

**interference** /ˌɪntə'fɪərəns/ SYN N (NonC) ① (gen) ingérence f (in dans ; from de) ◆ **bureaucracy and government interference** l'ingérence des bureaucrates et du gouvernement ◆ **his constant interference in the lives of his children** la façon dont il se mêle constamment des affaires de ses enfants ◆ **with less interference, we can manage our own affairs** si on nous laisse faire, nous pouvons gérer nos affaires nous-mêmes ◆ **state interference** (Econ) ingérence f de l'État ◆ **unwarrantable interference** (Jur) immixtion f

② (Phys) interférence f ; (Rad) parasites mpl, interférence f

**interfering** /ˌɪntə'fɪərɪŋ/ ADJ [person] importun ; [neighbour] envahissant ◆ **he's an interfering busybody** il se mêle toujours de ce qui ne le regarde pas

**interferometer** /ˌɪntəfə'rɒmɪtəʳ/ N (Phys) interféromètre m

**interferon** /ˌɪntə'fɪərɒn/ N interféron m

**interfertile** /ˌɪntə'fɜːtaɪl/ ADJ interfécond

**interfertility** /ˌɪntəfɜː'tɪlɪtɪ/ N interfécondité f

**intergalactic** /ˌɪntəgə'læktɪk/ ADJ intergalactique

**interglacial** /ˌɪntə'gleɪsɪəl/ ADJ interglaciaire

**intergovernmental** /ˌɪntəgʌvn'mentl/ ADJ intergouvernemental

**interim** /'ɪntərɪm/ SYN
**N** intérim m ◆ **in the interim** dans l'intérim, entre-temps
**ADJ** [arrangement, report, payment, loan] provisoire ; [post, postholder] par intérim, intérimaire ; [government] intérimaire, provisoire ◆ **the interim period** l'intérim m
**COMP** **interim accounts** NPL (every six months) comptes mpl semestriels ; (quarterly) comptes trimestriels
**interim dividend** N dividende m intérimaire
**interim financing** N préfinancement m

**interior** /ɪn'tɪərɪəʳ/ SYN
**ADJ** intérieur (-eure f)
**N** ① [of building, country] intérieur m ◆ **Minister/Ministry of the Interior** ministre m/ministère m de l'Intérieur ◆ **Secretary/Department of the Interior** (US) ministre/ministère m de l'Environnement chargé des Parcs nationaux
② (Art) [tableau m d']intérieur m
**COMP** **interior angle** N (Math) angle m interne
**interior decoration** N décoration f d'intérieur
**interior decorator** N décorateur m, -trice f d'intérieur
**interior design** N architecture f d'intérieur
**interior designer** N architecte mf d'intérieur
**interior sprung mattress** N matelas m à ressorts

**interiority** /ɪnˌtɪərɪ'ɒrɪtɪ/ N intériorité f

**interiorization** /ɪnˌtɪərɪəraɪ'zeɪʃən/ N intériorisation f

**interiorize** /ɪn'tɪərɪəraɪz/ VT intérioriser

**interject** /ˌɪntə'dʒekt/ VT [+ remark, question] placer ◆ **"yes" he interjected** « oui » dit-il soudain

**interjection** /ˌɪntə'dʒekʃən/ SYN N interjection f

**interlace** /ˌɪntə'leɪs/
**VT** entrelacer, entrecroiser
**VI** s'entrelacer, s'entrecroiser

**interlard** /ˌɪntə'lɑːd/ VT entrelarder, entremêler (with de)

**interleave** /ˌɪntə'liːv/ VT interfolier

**interleukin** /ˌɪntə'luːkɪn/ N (Med) interleukine f

**interlibrary loan** /ˌɪntəˌlaɪbrərɪ'ləʊn/ N prêt m interbibliothèque

**interline** /ˌɪntə'laɪn/ VT ① (Typography) interligner
② (Sewing) mettre une triplure à

**interlinear** /ˌɪntə'lɪnɪəʳ/ ADJ interlinéaire

**interlining** /ˌɪntə'laɪnɪŋ/ N (Sewing) triplure f

**interlink** /ˌɪntə'lɪnk/
**VI** [parts of a structure] se rejoindre ; [factors, problems, aspects] se lier ; [bus, train services] interconnecter ◆ **a transport network with bus and rail services interlinking** un réseau de transport avec interconnexion des services de bus et de train
**VT** ◆ **to be interlinked** [factors, problems, aspects] être lié (with à)

**interlock** /ˌɪntə'lɒk/
**VT** [+ part, component] enclencher
**VI** (lit) (= click into place) s'enclencher ; (= join together) s'emboîter ; (fig) [problems, ideas, projects] être étroitement lié ; [groups] avoir des intérêts en commun

**interlocutor** /ˌɪntə'lɒkjʊtəʳ/ N interlocuteur m, -trice f

**interloper** /'ɪntələʊpəʳ/ SYN N intrus(e) m(f) ; (Comm) commerçant m marron

**interlude** /'ɪntəluːd/ SYN N intervalle m ; (Theat) intermède m ◆ **in the interlude** (gen) dans l'intervalle, entre-temps ; (Theat) pendant l'intermède ◆ **musical interlude** interlude m, intermède m musical

**intermarriage** /ˌɪntə'mærɪdʒ/ N (NonC) (within family, tribe etc) endogamie f ; (between families, tribes etc) mariage m

**intermarry** /ˌɪntə'mærɪ/ VI (within one's own family, tribe etc) pratiquer l'endogamie ; (with other family, tribe etc) se marier entre eux ◆ **to intermarry with** se marier avec

**intermediary** /ˌɪntə'miːdɪərɪ/ SYN ADJ, N intermédiaire mf

**intermediate** /ˌɪntə'miːdɪət/ SYN
**ADJ** ① intermédiaire ◆ **intermediate goods** (Econ) biens mpl intermédiaires ◆ **intermediate stop** [of ship, plane] escale f ◆ **the intermediate stages of the project** les phases fpl or étapes fpl intermédiaires du projet
② (Scol etc) moyen ◆ **intermediate course/exam** cours m/examen m (de niveau) moyen
**N** ① (Sport, Educ etc) niveau m intermédiaire ◆ **language courses for intermediates** des cours mpl de langue pour les étudiants de niveau intermédiaire
② (US) (= intermediary) intermédiaire mf
③ (US: car) automobile f de taille moyenne
④ (= substance) substance f or produit m intermédiaire
**COMP** **intermediate frequency** N (Elec) fréquence f intermédiaire
**intermediate-level waste** N déchets mpl moyennement radioactifs or de moyenne activité
**intermediate-range ballistic missile, intermediate-range weapon** N (Mil) missile m à moyenne portée
**intermediate vector boson** N (Phys) boson m intermédiaire

**interment** /ɪn'tɜːmənt/ SYN N enterrement m, inhumation f

**intermezzo** /ˌɪntə'metsəʊ/ N (pl **intermezzos** or **intermezzi** /ˌɪntə'metsiː/) (Mus) intermezzo m

**interminable** /ɪn'tɜːmɪnəbl/ SYN ADJ interminable, sans fin

**interminably** /ɪn'tɜːmɪnəblɪ/ ADV [talk, argue, continue] interminablement ◆ **interminably long** interminable

**intermingle** /ˌɪntə'mɪŋgl/ SYN
**VT** entremêler (with de), mélanger
**VI** se mêler, se mélanger (with avec)

**intermission** /ˌɪntə'mɪʃən/ SYN N ① (gen) interruption f, pause f ; (in hostilities, quarrel, work, session) trêve f ◆ **without intermission** (frm) sans arrêt, sans relâche
② (Cine, Theat) entracte m
③ (Med) intermission f

**intermittence** /ˌɪntə'mɪtəns/ N intermittence f

**intermittent** /ˌɪntə'mɪtənt/ SYN ADJ intermittent ◆ **intermittent wipe** [of car] essuie-glace m à balayage intermittent

**intermittently** /ˌɪntə'mɪtəntlɪ/ ADV par intermittence

**intermodal** /ˌɪntəˈməʊdəl/ **ADJ** *[transport]* intermodal

**intermodulation** /ˈɪntəˌmɒdjʊˈleɪʃən/ **N** transmodulation *f*

**intermolecular** /ˌɪntəməˈlekjʊləʳ/ **ADJ** *(Phys, Chem)* intermoléculaire

**intermuscular** /ˌɪntəˈmʌskjʊləʳ/ **ADJ** *(Anat)* intermusculaire

**intern** /ɪnˈtɜːn/ SYN
- **VT** *(Pol, Mil)* interner *(pour raisons de sécurité)*
- **N** /ˈɪntɜːn/ *(US Med)* interne *mf*

**internal** /ɪnˈtɜːnl/ SYN
- **ADJ** ⃞1 *(Med)* interne ◆ **internal bleeding** hémorragie *f* interne ◆ **internal examination** toucher *m* vaginal ◆ **internal injuries** lésions *fpl* internes
- ⃞2 *(Math, Tech)* interne
- ⃞3 *[dispute, trouble, reorganization, security]* intérieur (-eure *f*), interne ◆ **internal wars** guerres *fpl* civiles or intestines *(liter)* ◆ **internal quarrels** querelles *fpl* intestines ◆ **internal (phone) call** appel *m* or communication *f* interne ◆ **internal candidate** candidat *m* interne ◆ **internal mail** courrier *m* interne
- ⃞4 *(= intrinsic)* *[proof, evidence]* intrinsèque
- ⃞5 *[hope]* secret (-ète *f*) ◆ **internal conviction** conviction *f* intime
- COMP **internal audit** **N** *(Comm)* audit *m* interne
  **internal auditor** **N** contrôleur *m* financier
  **internal combustion engine** **N** moteur *m* à explosion or à combustion interne
  **internal energy** **N** *(Phys)* énergie *f* intrinsèque
  **internal examiner** **N** *(Univ)* examinateur *m*, -trice *f* interne
  **internal market** **N** *(in country)* marché *m* intérieur or domestique ; *(in European Union)* marché *m* intérieur ; *(in organization)* marché *m* interne
  **internal medicine** **N** *(US)* médecine *f* interne
  **internal revenue** **N** *(US)* contributions *fpl* directes
  **Internal Revenue Service** **N** *(US)* ≈ fisc *m*

**internalization** /ɪnˌtɜːnəlaɪˈzeɪʃən/ **N** intériorisation *f*

**internalize** /ɪnˈtɜːnəˌlaɪz/ **VT** *[+ skill, fact]* intégrer ; *[+ problem]* intérioriser ; *(Ling)* intérioriser

**internally** /ɪnˈtɜːnəlɪ/ **ADV** ⃞1 *(gen, Med)* intérieurement ◆ **to bleed internally** avoir des hémorragies internes ◆ **internally coherent** qui a une cohérence interne ◆ **"to be taken internally"** *(Pharm)* « à usage interne » ◆ **"not to be taken internally"** *(Pharm)* « pour usage externe »
⃞2 *(= within company)* ◆ **software developed internally at IBM** un logiciel créé au sein d'IBM

**international** /ˌɪntəˈnæʃənl/ SYN
- **ADJ** international ◆ **international law** droit *m* international ◆ **international relations** relations *fpl* internationales ; → **road**
- **N** ⃞1 *(Brit Sport)* *(= match)* match *m* international ; *(= player)* international(e) *m(f)*
- ⃞2 *(Pol)* ◆ **International** Internationale *f* *(association)*
- COMP **International Atomic Energy Agency** **N** Agence *f* internationale de l'énergie atomique
  **International Atomic Time** **N** temps *m* atomique international
  **International Bank for Reconstruction and Development** **N** Banque *f* internationale pour la reconstruction et le développement
  **International Chamber of Commerce** **N** Chambre *f* de commerce internationale
  **International Court of Justice** **N** Cour *f* internationale de Justice
  **International Date Line** **N** ligne *f* de changement de date or de changement de jour
  **International Development Association** **N** Association *f* internationale de développement
  **International Finance Corporation** **N** Société *f* financière internationale
  **International Fund for Agricultural Development** **N** Fonds *m* international de développement agricole
  **International Labour Organization** **N** Organisation *f* internationale du travail
  **International Modernism** **N** ⇒ **International Style**
  **International Monetary Fund** **N** Fonds *m* monétaire international
  **International Olympic Committee** **N** Comité *m* international olympique
  **International Phonetic Alphabet** **N** alphabet *m* phonétique international
  **international reply coupon** **N** coupon-réponse *m* international

**International Standards Organization** **N** Organisation *f* internationale de normalisation
**International Style** **N** *(Archit)* style *m* international
**International Telecommunications Union** **N** Union *f* internationale des télécommunications
**International Trade Organization** **N** Organisation *f* internationale du commerce

**Internationale** /ˌɪntəˈnæʃəˈnɑːl/ **N** Internationale *f*

**internationalism** /ˌɪntəˈnæʃnəlɪzəm/ **N** internationalisme *m*

**internationalist** /ˌɪntəˈnæʃnəlɪst/ **N** internationaliste *mf*

**internationalization** /ˈɪntəˈnæʃnəlaɪˈzeɪʃən/ **N** internationalisation *f*

**internationalize** /ˌɪntəˈnæʃnəlaɪz/ **VT** internationaliser

**internationally** /ˌɪntəˈnæʃnəlɪ/ **ADV** *[recognized]* internationalement ; *[discussed, accepted, competitive]* au niveau international ◆ **internationally renowned** de réputation internationale, réputé internationalement ◆ **internationally respected** respecté dans le monde entier ◆ **to compete internationally** *[athlete etc]* participer à des compétitions internationales ; *[company]* être présent sur le marché international ◆ **internationally, the situation is even worse** sur le plan international, la situation est encore pire

**internecine** /ˌɪntəˈniːsaɪn/ **ADJ** *(frm)* *[strife, warfare, feud]* interne ◆ **internecine quarrels/battles** querelles *fpl*/luttes *fpl* internes or intestines *(liter)*

**internee** /ˌɪntɜːˈniː/ **N** *(Mil, Pol)* interné(e) *m(f)*

**Internet** /ˈɪntəˌnet/
- **N** ◆ **the Internet** l'Internet *m*
- COMP **Internet café** **N** cybercafé *m*
  **Internet connection** **N** connexion *f* Internet
  **Internet service provider** **N** fournisseur *m* d'accès à Internet
  **Internet site** **N** site *m* Internet
  **Internet user** **N** utilisateur *m*, -trice *f* Internet, internaute *mf*

**internist** /ɪnˈtɜːnɪst/ **N** *(US Med)* ≈ spécialiste *mf* de médecine interne, interniste *mf*

**internment** /ɪnˈtɜːnmənt/
- **N** *(Mil, Pol)* internement *m*
- COMP **internment camp** **N** camp *m* d'internement

**internship** /ˈɪntɜːnˌʃɪp/ **N** *(US Med)* internat *m* ; *(Univ etc)* stage *m* en entreprise

**interoceanic** /ˈɪntərˌəʊʃɪˈænɪk/ **ADJ** interocéanique

**interoperability** /ˈɪntəˌrɒpərəˈbɪlɪtɪ/ **N** *(Comput)* interopérabilité *f*, interfonctionnement *m*

**interosseous** /ˌɪntərˈɒsɪəs/ **ADJ** *(Anat)* interosseux

**interpellate** /ɪnˈtɜːpeleɪt/ **VT** *(Pol)* interpeller

**interpellation** /ɪnˌtɜːpeˈleɪʃən/ **N** *(Pol)* interpellation *f*

**interpenetrate** /ˌɪntəˈpenɪtreɪt/
- **VT** imprégner
- **VI** s'interpénétrer

**interpersonal** /ˌɪntəˈpɜːsnl/ **ADJ** ◆ **interpersonal skills/relationships** compétences *fpl*/relations *fpl* interpersonnelles

**interphase** /ˈɪntəˌfeɪz/ **N** interphase *f*

**interplanetary** /ˌɪntəˈplænɪtərɪ/ **ADJ** *[journey]* interplanétaire ◆ **interplanetary vessel** vaisseau *m* spatial

**interplay** /ˈɪntəpleɪ/ **N** *(NonC)* effet *m* réciproque, interaction *f*

**Interpol** /ˈɪntəˌpɒl/ **N** Interpol *m*

**interpolate** /ɪnˈtɜːpəleɪt/ SYN **VT** *(gen)* interpoler *(into* dans*)* ; *[+ text, manuscript]* altérer par interpolation

**interpolation** /ɪnˌtɜːpəˈleɪʃən/ SYN **N** interpolation *f*

**interpose** /ˌɪntəˈpəʊz/ SYN
- **VT** *[+ remark]* placer ; *[+ objection, veto]* opposer ; *[+ obstacle]* interposer ◆ **to interpose o.s. between** s'interposer entre ◆ **"he rang me just now", she interposed** « il vient de me téléphoner » dit-elle soudain
- **VI** intervenir, s'interposer

**interpret** /ɪnˈtɜːprɪt/ LANGUAGE IN USE 26.1 SYN
- **VT** *(all senses)* interpréter
- **VI** interpréter, servir d'interprète, faire l'interprète

**interpretation** /ɪnˌtɜːprɪˈteɪʃən/ SYN **N** *(all senses)* interprétation *f* ◆ **she put quite a different interpretation on the figures** elle a donné à ces chiffres une tout autre interprétation

**interpretative** /ɪnˈtɜːprɪtətɪv/ **ADJ** *[article, account]* explicatif ; *[skills, grasp, problems]* d'interprétation ◆ **interpretative centre** centre *m* d'information

**interpreter** /ɪnˈtɜːprɪtəʳ/ SYN **N** *(= person : lit, fig)* interprète *mf* ; *(Comput)* interpréteur *m*

**interpreting** /ɪnˈtɜːprɪtɪŋ/ **N** *(= profession)* interprétariat *m*, interprétation *f*

**interpretive** /ɪnˈtɜːprɪtɪv/ **ADJ** ⇒ **interpretative**

**interracial** /ˌɪntəˈreɪʃəl/ **ADJ** *[marriage]* mixte ; *[problems, violence]* interracial

**interregnum** /ˌɪntəˈregnəm/ **N** *(pl* **interregnums** or **interregna** /ˌɪntəˈregnə/*)* interrègne *m*

**interrelate** /ˌɪntərɪˈleɪt/
- **VT** mettre en corrélation
- **VI** *[concepts]* être en corrélation *(with* avec*)* ◆ **the way in which we interrelate with others** la manière dont nous communiquons avec les autres ◆ **the body and the mind interrelate** le corps et l'esprit sont étroitement liés

**interrelated** /ˌɪntərɪˈleɪtɪd/ **ADJ** étroitement lié

**interrelation** /ˌɪntərɪˈleɪʃən/, **interrelationship** /ˌɪntərɪˈleɪʃənʃɪp/ **N** corrélation *f*, lien *m* étroit

**interrogate** /ɪnˈterəgeɪt/ SYN **VT** interroger, soumettre à une interrogation ; *(Police)* soumettre à un interrogatoire ; *(Comput)* interroger

**interrogation** /ɪnˌterəˈgeɪʃən/ SYN
- **N** interrogation *f* ; *(Police)* interrogatoire *m*
- COMP **interrogation mark, interrogation point** **N** point *m* d'interrogation

**interrogative** /ˌɪntəˈrɒgətɪv/ SYN
- **ADJ** *[look, tone]* interrogateur (-trice *f*) ; *(Ling)* interrogatif
- **N** *(Ling)* interrogatif *m* ◆ **in the interrogative** à l'interrogatif

**interrogatively** /ˌɪntəˈrɒgətɪvlɪ/ **ADV** d'un air or d'un ton interrogateur ; *(Ling)* interrogativement

**interrogator** /ɪnˈterəgeɪtəʳ/ **N** interrogateur *m*, -trice *f*

**interrogatory** /ˌɪntəˈrɒgətərɪ/ **ADJ** interrogateur (-trice *f*)

**interrupt** /ˌɪntəˈrʌpt/ SYN
- **VT** *[+ speech, traffic, circuit, holiday]* interrompre ; *[+ communication]* interrompre, couper ; *[+ person] (when talking)* interrompre, couper la parole à ; *(when busy etc)* interrompre ; *[+ view]* gêner, boucher ◆ **to interrupt a private conversation** interrompre un tête-à-tête ◆ **the match was interrupted by rain** le match a été interrompu par la pluie ◆ **don't interrupt!** pas d'interruptions ! ◆ **I don't want to interrupt, but...** je ne voudrais pas vous interrompre, mais...
- COMP **interrupted screw** **N** *(Tech)* vis *f* à filets interrompus

**interrupter, interruptor** /ˌɪntəˈrʌptəʳ/ **N** interrupteur *m*

**interruption** /ˌɪntəˈrʌpʃən/ SYN **N** interruption *f* ◆ **without interruption** sans interruption, sans arrêt ◆ **an interruption to her career** une interruption dans sa carrière

**intersect** /ˌɪntəˈsekt/ SYN
- **VT** couper, croiser ; *(Math)* intersecter ◆ **the city is intersected by three waterways** la ville est traversée par trois cours d'eau
- **VI** *[lines, wires, roads etc]* se couper, se croiser ; *(Math)* s'intersecter ◆ **intersecting arcs/lines** *(Math)* arcs *mpl*/lignes *fpl* intersecté(e)s ◆ **their histories intersect** leurs histoires se croisent ◆ **historical events intersect with our lives** nos vies sont traversées par des événements historiques ◆ **the path intersects with the main road** le chemin croise la route principale

**intersection** /ˌɪntəˈsekʃən/ SYN **N** *(US = crossroads)* croisement *m*, carrefour *m* ; *(Math)* intersection *f*

**interservice** /ˌɪntəˈsɜːvɪs/ **ADJ** *(Mil)* interarmes *inv*

**intersex** /ˈɪntəseks/ **N** *(= animal)* intersexué *m*

**intersexual** /ˌɪntəˈseksjʊəl/ **ADJ** *[relations]* intersexuel ; *[animal]* intersexué

**intersperse** /ˌɪntəˈspɜːs/ VT semer, parsemer (among, between dans, parmi) ◆ **a book interspersed with quotations** un livre parsemé or émaillé de citations ◆ **a speech interspersed with jokes** un discours émaillé de plaisanteries ◆ **a rocky landscape interspersed with lakes** un paysage de rochers et de lacs ◆ **periods of tremendous heat interspersed with sudden showers** des périodes de très forte chaleur entrecoupées de brusques averses

**interstate** /ˌɪntəˈsteɪt/ (US)
**ADJ** [commerce etc] entre états
**N** (also **interstate highway**) autoroute f (qui relie plusieurs États) → ROADS

**interstellar** /ˌɪntəˈstelə^r/ ADJ interstellaire, intersidéral

**interstice** /ɪnˈtɜːstɪs/ N interstice m

**interstitial** /ˌɪntəˈstɪʃəl/
**ADJ** (Phys, Anat) interstitiel
**N** (Chem) (atome m) interstitiel m

**intertextual** /ˌɪntəˈtekstjʊəl/ ADJ (Literat) intertextuel

**intertextuality** /ˈɪntəˌtekstjuːˌælɪtɪ/ N (Literat) intertextualité f

**intertrigo** /ˌɪntəˈtraɪgəʊ/ N (Med) intertrigo m

**intertwine** /ˌɪntəˈtwaɪn/
**VT** entrelacer ◆ **their destinies are intertwined** leurs destins sont inextricablement liés
**VI** s'entrelacer ◆ **intertwining branches** branches fpl entrelacées ◆ **her fate intertwined with his** son destin était inextricablement lié au sien

**interurban** /ˌɪntəˈɜːbən/ ADJ interurbain

**interval** /ˈɪntəvəl/ SYN N ① (in time) intervalle m ◆ **at intervals** par intervalles ◆ **at frequent/regular intervals** à intervalles rapprochés/réguliers ◆ **at rare intervals** à intervalles espacés, de loin en loin ◆ **at fortnightly intervals** tous les quinze jours ◆ **there was an interval for discussion** il y eut une pause pour la discussion ◆ **he has lucid intervals** (Med) il a des moments de lucidité ◆ **showery intervals** averses fpl ; → sunny
② (Theat) entracte m ; (Sport) mi-temps f, pause f ; (Scol) récréation f
③ (= space between objects) intervalle m, distance f ◆ **at intervals of 2 metres** à 2 mètres d'intervalle, à 2 mètres de distance ◆ **rest areas spaced at regular intervals along major roads** des aires de repos aménagées à intervalles réguliers sur les routes principales
④ (Mus) intervalle m ◆ **second/third interval** intervalle m de seconde/de tierce

**intervene** /ˌɪntəˈviːn/ SYN
**VI** ① [person] intervenir (in dans) ◆ **the government intervened to resolve the crisis** le gouvernement est intervenu pour résoudre la crise ◆ **Europe would intervene with military force** l'Europe interviendrait militairement
② [event, circumstances etc] survenir, arriver ; [time] s'écouler, s'étendre (between entre) ◆ **war intervened** survint la guerre ◆ **if nothing intervenes** s'il n'arrive or ne se passe rien entretemps ◆ **you never know what might intervene between now and election day** on ne sait jamais ce qui pourrait se passer d'ici les élections
**VT** (= interrupt) ◆ **"I've told you he's not here", Irene intervened** « je vous ai dit qu'il n'était pas là » coupa Irene

**intervening** /ˌɪntəˈviːnɪŋ/ ADJ [event] survenu ; [period of time] intermédiaire ◆ **the intervening years were happy** les années qui s'écoulèrent entre-temps furent heureuses, la période intermédiaire a été heureuse ◆ **I had spent the intervening time in London** entre-temps j'étais resté à Londres ◆ **they scoured the intervening miles of moorland** ils ont parcouru les kilomètres de lande qui séparaient les deux endroits

**intervention** /ˌɪntəˈvenʃən/ SYN N intervention f (in dans) ◆ **intervention price** (Econ) prix m d'intervention

**interventionism** /ˌɪntəˈvenʃənɪzəm/ N interventionnisme m

**interventionist** /ˌɪntəˈvenʃənɪst/ N, ADJ interventionniste mf

**intervertebral disc** /ˌɪntəˈvɜːtɪbrəl/ N (Anat) disque m intervertébral

**interview** /ˈɪntəvjuː/ LANGUAGE IN USE 19.3, 19.5 SYN
**N** ① (for job, place on course etc) entretien m ; (to discuss working conditions, pay rise etc) entrevue f ◆ **to call** or **invite sb to (an) interview** convoquer qn à or pour un entretien ◆ **to come to (an) interview** venir pour or se présenter à un entretien ◆ **I had an interview with the manager** j'ai eu un entretien or une entrevue avec le directeur ◆ **the interviews will be held next week** les entretiens auront lieu la semaine prochaine
② (Press, Rad, TV) interview f ◆ **to give an interview** accorder une interview
**VT** ① (for job, place on course etc) faire passer un entretien à ◆ **he is being interviewed on Monday** on le convoque (pour) lundi ◆ **she was interviewed for the job** elle a passé un entretien pour le poste
② (Press, Rad, TV) interviewer
③ (Police) interroger ◆ **he was interviewed by the police** il a été interrogé par les policiers ◆ **the police want to interview him** la police le recherche
**VI** ◆ **we shall be interviewing throughout next week** nous faisons passer des entretiens toute la semaine prochaine

**interviewee** /ˌɪntəvjuːˈiː/ N (for job, place on course etc) candidat(e) m(f) (qui passe un entretien) ; (Press, Rad, TV) interviewé(e) m(f)

**interviewer** /ˈɪntəvjuːə^r/ SYN N (Press, Rad, TV) interviewer m ; (in market research, opinion poll) enquêteur m, -trice f ◆ **the interviewer asked me…** (for job etc) la personne qui m'a fait passer l'entretien m'a demandé…

**inter vivos** /ˌɪntəˈviːvɒs/ ADJ (Jur) ◆ **inter vivos gift** donation f entre vifs

**intervocalic** /ˌɪntəvəʊˈkælɪk/ ADJ (Phon) intervocalique

**interwar** /ˌɪntəˈwɔː^r/ ADJ ◆ **the interwar period** or **years** l'entre-deux-guerres m

**interweave** /ˌɪntəˈwiːv/
**VT** [+ threads] tisser ensemble ; [+ lines etc] entrelacer ; (fig) [+ stories, subplots] entremêler
**VI** s'entrelacer, s'emmêler

**intestacy** /ɪnˈtestəsɪ/ N ◆ **intestacy law** loi f sur les intestats

**intestate** /ɪnˈtesteɪt/
**ADJ** (Jur) intestat f inv ◆ **to die intestate** mourir ab intestat
**COMP** **intestate estate** N succession f ab intestat

**intestinal** /ɪnˈtestɪnl/ SYN ADJ intestinal ◆ **intestinal blockage** occlusion f intestinale ◆ **to have intestinal fortitude**\* (US fig) avoir quelque chose dans le ventre\*

**intestine** /ɪnˈtestɪn/ N (Anat) intestin m ◆ **small intestine** intestin m grêle ◆ **large intestine** gros intestin m

**inti** /ˈɪntɪ/ N inti m

**intifada** /ˌɪntɪˈfɑːdə/ N intifada f

**intimacy** /ˈɪntɪməsɪ/ SYN N ① (NonC) intimité f
② (NonC: sexual) rapports mpl (intimes or sexuels)
③ ◆ **intimacies** familiarités fpl

**intimate** /ˈɪntɪmɪt/ SYN
**ADJ** ① (= close) [friend, friendship, contact] intime ; [link, bond] étroit ; (sexually) intime ◆ **to be on intimate terms (with sb)** (gen) être intime (avec qn), être très proche (de qn) ; (sexually) avoir des relations intimes (avec qn) ◆ **to be intimate with sb** (euph = have sex with) avoir des rapports intimes avec qn (euph)
② (= private, cosy) [conversation, moment, details, restaurant, photo etc] intime ◆ **an intimate atmosphere** une atmosphère intime or d'intimité ◆ **an intimate candlelit dinner for two** un dîner aux chandelles en tête-à-tête
③ (= detailed) ◆ **to have an intimate knowledge of sth** avoir une connaissance intime or approfondie de qch
**N** intime mf, familier m, -ière f
**VT** /ˈɪntɪmeɪt/ (frm) ① (= hint) laisser entendre, donner à entendre
② (= make known officially) annoncer (that que) ◆ **he intimated his approval, he intimated that he approved** il a annoncé qu'il était d'accord

**intimately** /ˈɪntɪmɪtlɪ/ SYN ADV [know] intimement ; [talk] en toute intimité ◆ **intimately concerned** intimement concerné ◆ **intimately involved in** or **with a project** être très engagé dans un projet ◆ **to be intimately involved with sb** (sexually) avoir des relations intimes avec qn ◆ **intimately linked** or **connected** étroitement lié ◆ **to be intimately acquainted with sb/sth** connaître intimement qn/qch

**intimation** /ˌɪntɪˈmeɪʃən/ SYN N (= announcement) (gen) annonce f ; [of death] avis m ; [of birth, wedding] annonce f ; (= notice) signification f, notification f ; (= hint) suggestion f ; (= sign) indice m, indication f ◆ **this was the first intimation we had of their refusal** c'était la première fois qu'on nous notifiait leur refus ◆ **this was the first intimation we had that the company was in financial difficulty** c'était la première fois que nous entendions parler des difficultés financières de l'entreprise ◆ **he gave no intimation that he was going to resign** rien dans son comportement ne permettait de deviner qu'il allait démissionner

**intimidate** /ɪnˈtɪmɪdeɪt/ SYN VT intimider

**intimidating** /ɪnˈtɪmɪdeɪtɪŋ/ ADJ [person, manner, presence, atmosphere] intimidant ; [sight, figure] impressionnant, intimidant ; [tactics] d'intimidation

**intimidation** /ɪnˌtɪmɪˈdeɪʃən/ SYN N (NonC) intimidation f ; (Jur) menaces fpl

**intimidatory** /ɪnˌtɪmɪˈdeɪtərɪ/ ADJ [tactics, telephone call] d'intimidation ; [behaviour] intimidant

**into** /ˈɪntʊ/

▶ When **into** is an element in a phrasal verb, eg **break into**, **enter into**, **look into**, **walk into**, look up the verb.

**PREP** (gen) dans ◆ **to come** or **go into a room** entrer dans une pièce ◆ **to go into town** aller en ville ◆ **to get into a car** monter dans une voiture or en voiture ◆ **he helped his mother into the car** il a aidé sa mère à monter dans la or en voiture ◆ **she fell into the lake** elle est tombée dans le lac ◆ **he went off into the desert** il est parti dans le désert ◆ **to put sth into a box** mettre qch dans une boîte ◆ **put the book into it** mets le livre dedans ◆ **it broke into a thousand pieces** ça s'est cassé en mille morceaux ◆ **to change traveller's cheques into francs/francs into pounds** changer des chèques de voyage contre des francs/des francs contre des livres sterling ◆ **to translate** or **put sth into French** traduire qch en français ◆ **he went further into the forest** il s'est enfoncé dans la forêt ◆ **far into the night** tard dans la nuit ◆ **into 1996** c'était déjà 1996, on était déjà en 1996 ◆ **it continued well into** or **far into 1996** cela a continué pendant une bonne partie de 1996 ◆ **he's well into his fifties/sixties** il a une bonne cinquantaine/soixantaine d'années ◆ **he's well into his seventies/eighties** il a soixante-dix/quatre-vingts ans bien tassés\* ◆ **let's not go into that again!** ne revenons pas là-dessus ! ◆ **we must go into this very carefully** nous devons étudier la question de très près ◆ **4 into 12 goes 3** 12 divisé par 4 donne 3 ◆ **the children are into everything**\* les enfants touchent à tout ◆ **she's into**\* **health foods/jazz/buying antiques** les aliments naturels/le jazz/acheter des antiquités, c'est son truc\* ◆ **to be into drugs**\* toucher à la drogue\* ; → burst, get into, grow into

**intolerable** /ɪnˈtɒlərəbl/ SYN ADJ (= unacceptable) intolérable ; (= unbearable) insupportable, intolérable ◆ **an intolerable intrusion into his private life** une intrusion intolérable dans sa vie privée ◆ **the heat was intolerable** la chaleur était insupportable or intolérable ◆ **it is intolerable that…** il est intolérable or il n'est pas tolérable que… + subj

**intolerably** /ɪnˈtɒlərəblɪ/ ADV (frm) ① [high, low, expensive, rude, arrogant etc] horriblement ◆ **it was intolerably hot** il faisait une chaleur intolérable or insupportable, il faisait horriblement chaud
② (with vb) [annoy, disturb, behave] de façon intolérable

**intolerance** /ɪnˈtɒlərəns/ SYN N (NonC: also Med) intolérance f

**intolerant** /ɪnˈtɒlərənt/ SYN ADJ intolérant ◆ **to be intolerant of** (gen) ne pas supporter ; (Med) [foodstuff, drug etc] présenter une intolérance à

**intolerantly** /ɪnˈtɒlərəntlɪ/ ADV avec intolérance

**intonation** /ˌɪntəʊˈneɪʃən/ N (Ling, Mus) intonation f

**intone** /ɪnˈtəʊn/ SYN VT entonner ; (Rel) psalmodier

**intoxicant** /ɪnˈtɒksɪkənt/
**ADJ** enivrant

**intoxicate** ◨ (= alcohol) alcool m, boisson f alcoolisée ; (= narcotic) stupéfiant m
**intoxicate** /ɪnˈtɒksɪkeɪt/ SYN VT (lit, fig) enivrer
**intoxicated** /ɪnˈtɒksɪkeɪtɪd/ SYN ADJ (frm = drunk) en état d'ivresse ◆ **intoxicated by** or **with success/victory** etc enivré par le succès/la victoire etc
**intoxicating** /ɪnˈtɒksɪkeɪtɪŋ/ SYN ADJ [drink] alcoolisé ; [effect, perfume] enivrant
**intoxication** /ɪnˌtɒksɪˈkeɪʃən/ N ivresse f ; (Med) intoxication f (par l'alcool) ; (fig) ivresse f ◆ **in a state of intoxication** (Jur) en état d'ivresse or d'ébriété
**intracardiac** /ˈɪntrəˈkɑːdɪˈæk/ ADJ intracardiaque
**intracellular** /ˌɪntrəˈseljʊləʳ/ ADJ (Bio) intracellulaire
**intracranial** /ˌɪntrəˈkreɪnɪəl/ ADJ intracrânien
**intractability** /ɪnˌtræktəˈbɪlɪtɪ/ N ⑴ (= difficulty) [of problem, dispute] insolubilité f (frm), caractère m insoluble
⑵ (= stubbornness) [of person, government] intransigeance f
**intractable** /ɪnˈtræktəbl/ ADJ [problem] insoluble ; [illness, pain] réfractaire (à tout traitement) ; [child, temper] intraitable, indocile
**intradermal** /ˌɪntrəˈdɜːməl/ ADJ (Med) intradermique
**intrados** /ɪnˈtreɪdɒs/ N (pl **intrados** or **intradoses**) (Archit) intrados m
**intramolecular** /ˌɪntrəməˈlekjʊləʳ/ ADJ intramoléculaire
**intramural** /ˌɪntrəˈmjʊərəl/
◨ [studies, sports, competitions] à l'intérieur d'un même établissement
◧ **intramurals** (US Scol, Univ) matchs mpl entre élèves (or étudiants) d'un même établissement
**intramuscular** /ˌɪntrəˈmʌskjʊləʳ/ ADJ intramusculaire
**intramuscularly** /ˌɪntrəˈmʌskjʊləlɪ/ ADV par voie intramusculaire
**intranet** /ˈɪntranet/ N intranet m
**intransigence** /ɪnˈtrænsɪdʒəns/ N intransigeance f
**intransigent** /ɪnˈtrænsɪdʒənt/ SYN ADJ, N intransigeant(e) m(f)
**intransigently** /ɪnˈtrænsɪdʒəntlɪ/ ADV avec intransigeance, de manière intransigeante
**intransitive** /ɪnˈtrænsɪtɪv/ ADJ, N (Gram) intransitif m
**intransitively** /ɪnˈtrænsɪtɪvlɪ/ ADV (Gram) intransitivement
**intransitivity** /ɪnˌtrænsɪˈtɪvɪtɪ/ N (Gram) intransitivité f
**intranuclear** /ˌɪntrəˈnjuːklɪəʳ/ ADJ intranucléaire
**intrapreneur** /ˌɪntrəprəˈnɜːʳ/ N cadre qui fait preuve d'esprit d'entreprise à qui l'on confie le développement d'une nouvelle filiale
**intrastate** /ˌɪntrəˈsteɪt/ ADJ à l'intérieur d'un État (or de l'État)
**intrauterine** /ˌɪntrəˈjuːtəraɪn/
◨ [procedure, surgery, insemination, pregnancy] intra-utérin
◧ **intrauterine device** N stérilet m, dispositif m anticonceptionnel intra-utérin
**intravenous** /ˌɪntrəˈviːnəs/
◨ [injection, fluids, solution] intraveineux ; [feeding] par voie intraveineuse ; [line, tube, needle] pour voie intraveineuse ; [drugs] administré par voie intraveineuse ◆ **intravenous drug users/drug use** utilisateurs mpl/utilisation f de drogue par voie intraveineuse
◧ **intravenous drip** N perfusion f intraveineuse, goutte-à-goutte m
**intravenous injection** N (injection f or piqûre f) intraveineuse f
**intravenously** /ˌɪntrəˈviːnəslɪ/ ADV par voie intraveineuse
**intrepid** /ɪnˈtrepɪd/ SYN ADJ intrépide
**intrepidity** /ˌɪntrɪˈpɪdɪtɪ/ N intrépidité f
**intrepidly** /ɪnˈtrepɪdlɪ/ ADV intrépidement
**intricacy** /ˈɪntrɪkəsɪ/ SYN N ⑴ [of problem, plot, pattern, mechanism] complexité f ◆ **the intricacies of English law** les subtilités fpl du droit anglais
**intricate** /ˈɪntrɪkɪt/ SYN ADJ [mechanism] complexe ; [pattern, style] complexe, très élaboré ; [plot, problem, situation] complexe ◆ **all the intricate details** les détails dans toute leur complexité
**intricately** /ˈɪntrɪkɪtlɪ/ ADV ◆ **intricately carved** finement sculpté ◆ **intricately designed** (in conception) de conception très élaborée ; (elaborately drawn) au dessin or motif très élaboré ◆ **intricately patterned tiles** des carreaux aux motifs complexes or élaborés
**intrigue** /ɪnˈtriːɡ/ SYN
◨ intriguer, comploter (with sb avec qn ; to do sth pour faire qch)
◧ intriguer ◆ **she intrigues me** elle m'intrigue ◆ **go on, I'm intrigued** continue, ça m'intrigue ◆ **I'm intrigued to hear what she's been saying** je suis curieux de savoir ce qu'elle a dit ◆ **I was intrigued with** or **by what you said about the case** ce que vous avez dit sur l'affaire m'a intrigué
◨ (= plot) intrigue f ; (= love affair) intrigue f, liaison f ◆ **political intrigue** intrigue f politique
**intriguer** /ɪnˈtriːɡəʳ/ N intrigant(e) m(f)
**intriguing** /ɪnˈtriːɡɪŋ/ SYN
◧ fascinant
◨ (NonC) intrigues fpl
**intriguingly** /ɪnˈtriːɡɪŋlɪ/ ADV ◆ **intriguingly different** étrangement différent ◆ **intriguingly original** d'une originalité fascinante ◆ **intriguingly-titled** au titre fascinant ◆ **intriguingly, this was never confirmed** très curieusement, ça n'a jamais été confirmé
**intrinsic** /ɪnˈtrɪnsɪk/ SYN ADJ intrinsèque ◆ **the sculpture has no intrinsic value** cette sculpture n'a pas de valeur intrinsèque ◆ **financial insecurity is intrinsic to capitalism** l'insécurité financière est une caractéristique intrinsèque du capitalisme
**intrinsically** /ɪnˈtrɪnsɪklɪ/ ADV intrinsèquement ◆ **intrinsically linked** intrinsèquement lié
**intro** */ˈɪntrəʊ/ N (abbrev of **introduction**) intro* f
**introduce** /ˌɪntrəˈdjuːs/ SYN VT ⑴ (= make acquainted) présenter ◆ **he introduced me to his friend** il m'a présenté à son ami ◆ **let me introduce myself** permettez-moi de me présenter ◆ **I introduced myself to my new neighbour** je me suis présenté à mon nouveau voisin ◆ **who introduced them?** qui les a présentés ? ◆ **we haven't been introduced** nous n'avons pas été présentés ◆ **may I introduce Mr Smith?** (frm) puis-je (me permettre de) vous présenter M. Smith ?
◆ **to introduce sb to sth** faire découvrir qch à qn ◆ **who introduced him to drugs?** qui est-ce qui lui a fait découvrir la drogue ? ◆ **I was introduced to Shakespeare at the age of 11** on m'a fait découvrir Shakespeare quand j'avais 11 ans
⑵ (= announce etc) [+ speaker, programme] présenter
⑶ (= adopt, bring in) [+ reform, new method, innovation] mettre en place, introduire ; [+ practice] faire adopter, introduire ; [+ word, species] introduire ◆ **potatoes were introduced here from America** la pomme de terre nous est venue d'Amérique ◆ **when video cameras were first introduced into the courtroom** le jour où les caméras ont été autorisées pour la première fois dans les salles d'audience ◆ **this introduced a note of irony into the conversation** cela a introduit une note d'ironie dans la conversation
⑷ (= tackle) [+ subject, question] aborder ◆ **to introduce a bill** (Parl) présenter un projet de loi ◆ **he soon introduced the subject of sex** il a rapidement abordé le sujet de la sexualité
⑸ (= put in place) introduire ; [+ key etc] introduire, insérer (into dans) ◆ **I introduced him into the firm** je l'ai introduit or fait entrer dans l'entreprise ◆ **privatization introduced competition into the telecommunications industry** la privatisation a introduit la concurrence dans l'industrie des télécommunications ◆ **the genes introduced into plants to make them grow faster** les gènes introduits dans les plantes pour accélérer leur croissance

⚠ When it means 'make acquainted', **introduce** is not translated by **introduire**.

**introduction** /ˌɪntrəˈdʌkʃən/ SYN
◨ ⑴ (= introducing, putting in place : gen) introduction f (into dans) ; [of system, legislation] mise f en place ◆ **the company's introduction of new technology** l'introduction par l'entreprise de nouvelles technologies ◆ **his introduction to professional football** ses débuts dans le monde du football professionnel
⑵ (= new phenomenon) apparition f ◆ **the massive changes wrought by the introduction of cheap Internet access** les changements radicaux dûs à l'apparition des abonnements Internet à bas prix
⑶ présentation f (of sb to sb de qn à qn) ◆ **to give sb an introduction** or **a letter of introduction to sb** donner à qn une lettre de recommandation auprès de qn ◆ **someone who needs no introduction** une personne qu'il est inutile de présenter ◆ **will you make** or **do** * **the introductions?** voulez-vous faire les présentations ?
⑷ (to book etc) avant-propos m, introduction f
⑸ (= elementary course) introduction f (to à), manuel m élémentaire ◆ **"an introduction to German"** « initiation à l'allemand »
◧ **introduction agency** N club m de rencontres
**introductory** /ˌɪntrəˈdʌktərɪ/ SYN ADJ préliminaire, d'introduction ◆ **a few introductory words** quelques mots d'introduction ◆ **introductory remarks** remarques fpl (pré)liminaires, préambule m ◆ **introductory offer** (Comm) offre f de lancement ◆ **an introductory price of £2.99** un prix de lancement de 2,99 livres
**introit** /ˈɪntrɔɪt/ N introït m
**introjection** /ˌɪntrəˈdʒekʃən/ N introjection f
**intromission** /ˌɪntrəʊˈmɪʃən/ N intromission f
**intron** /ˈɪntrɒn/ N intron m
**introrse** /ɪnˈtrɔːs/ ADJ introrse
**introspection** /ˌɪntrəʊˈspekʃən/ N (NonC) introspection f
**introspective** /ˌɪntrəʊˈspektɪv/ SYN ADJ introspectif, replié sur soi-même
**introspectiveness** /ˌɪntrəʊˈspektɪvnɪs/ N tendance f à l'introspection
**introversion** /ˌɪntrəʊˈvɜːʃən/ N introversion f
**introvert** /ˈɪntrəʊvɜːt/
◨ (Psych) introverti(e) m(f) ◆ **he's something of an introvert** c'est un caractère plutôt fermé
◧ introverti
◧ (Psych) ◆ **to become introverted** se replier sur soi-même
**introverted** /ˈɪntrəʊvɜːtɪd/ SYN ADJ (Psych) introverti ; (fig) (= inward-looking) [system, society] replié sur soi-même
**intrude** /ɪnˈtruːd/ SYN
◨ [person] être importun, s'imposer ◆ **to intrude on sb's privacy** s'ingérer dans la vie privée de qn ◆ **to intrude on sb's grief** ne pas respecter le chagrin de qn ◆ **to intrude into sb's affairs** s'immiscer or s'ingérer dans les affaires de qn ◆ **my family has been intruded upon by the press** la presse s'est immiscée dans la vie privée de ma famille ◆ **I don't want to intrude on your meeting** je ne veux pas interrompre votre réunion ◆ **don't let personal feelings intrude** ne vous laissez pas influencer par vos sentiments ◆ **don't let negative thoughts intrude** écartez toute pensée négative ◆ **am I intruding?** est-ce que je (vous) dérange ? ; (stronger) est-ce que je (vous) gêne ?
◧ introduire de force (into dans), imposer (into à) ◆ **to intrude one's views (on sb)** imposer ses idées (à qn)
**intruder** /ɪnˈtruːdəʳ/ SYN
◨ (= person, animal) intrus(e) m(f) ; (= aircraft) avion pénétrant sans autorisation dans un espace aérien ◆ **the intruder fled when he heard the car** l'intrus s'est enfui en entendant la voiture ◆ **I felt like an intruder** je me sentais étranger or de trop
◧ **intruder alarm** N alarme f anti-effraction
**intrusion** /ɪnˈtruːʒən/ SYN N intrusion f (into dans) ◆ **excuse this intrusion** excusez-moi de vous déranger
**intrusive** /ɪnˈtruːsɪv/ SYN ADJ [person, presence] indiscret (-ète f), importun ◆ **intrusive consonant** (Ling) consonne f d'appui ◆ **the intrusive "r"** (Ling) le « r » ajouté en anglais en liaison abusive
**intubate** /ˈɪntjʊbeɪt/ VT intuber
**intubation** /ˌɪntjʊˈbeɪʃən/ N (Med) intubation f
**INTUC** /ˈɪntʌk/ N (abbrev of **Indian National Trade Union Congress**) confédération des syndicats indiens
**intuit** /ɪnˈtjuːɪt/ VT ◆ **to intuit that...** savoir intuitivement or par intuition que..., avoir l'intuition que... ◆ **he intuits your every thought** il connaît intuitivement toutes vos pensées

**intuition** /ˌɪntjuːˈɪʃən/ SYN N intuition f ◆ **female or woman's intuition** l'intuition féminine

**intuitive** /ɪnˈtjuːɪtɪv/ SYN ADJ intuitif

**intuitively** /ɪnˈtjuːɪtɪvlɪ/ ADV intuitivement ◆ **the plan seemed intuitively attractive** intuitivement, ce projet nous (or leur etc) a plu ◆ **intuitively, the idea seems reasonable to me** intuitivement, je trouve cette idée raisonnable

**intussusception** /ˌɪntəsəˈsepʃən/ N (Bio, Med) intussusception f

**Inuit** /ˈɪnjuːɪt/
N Inuit mf ◆ **the Inuit(s)** les Inuit mfpl
ADJ inuit inv

**inulin** /ˈɪnjʊlɪn/ N inuline f

**inundate** /ˈɪnʌndeɪt/ SYN VT (lit, fig) inonder (with de) ◆ **to be inundated with work** être débordé (de travail), être submergé de travail ◆ **to be inundated with visits** être inondé de visiteurs, être débordé de visites ◆ **to be inundated with letters** être submergé de lettres

**inundation** /ˌɪnʌnˈdeɪʃən/ N inondation f

**inure** /ɪnˈjʊər/ VT ◆ **to be inured to** [+ criticism, cold] être endurci contre ; [+ sb's charms] être insensible à ; [+ pressures] être habitué à ◆ **to inure o.s. to sth** s'aguerrir à qch

**in utero** /ɪnˈjuːtərəʊ/ ADJ, ADV (Med) in utero

**invade** /ɪnˈveɪd/ SYN VT 1 (gen, Mil, fig) envahir ◆ **city invaded by tourists** ville f envahie par les touristes ◆ **he was suddenly invaded by doubts** il fut soudain envahi de doutes ◆ **cells that have been invaded by a virus** des cellules qui ont été envahies par un virus
2 [+ privacy] violer, s'ingérer dans ◆ **to invade sb's rights** empiéter sur les droits de qn

**invader** /ɪnˈveɪdər/ SYN N envahisseur m, -euse f ◆ **the immune system produces antibodies to neutralize the invader** le système immunitaire fabrique des anticorps afin de neutraliser l'envahisseur

**invading** /ɪnˈveɪdɪŋ/ ADJ [army, troops] d'invasion ◆ **the invading Romans** l'envahisseur romain

**invaginate** /ɪnˈvædʒɪneɪt/
VT invaginer
VI s'invaginer

**invagination** /ɪnˌvædʒɪˈneɪʃən/ N invagination f

**invalid**[1] /ˈɪnvəlɪd/ SYN
N (= sick person) malade mf ; (with disability) invalide mf, infirme mf ◆ **chronic invalid** malade mf chronique ◆ **to treat sb like an invalid** traiter qn comme un handicapé
ADJ (= ill) malade ; (with disability) invalide, infirme
VT /ˈɪnvəliːd/ (esp Brit Mil) ◆ **he was invalided home from the front** il fut rapatrié du front pour blessures (or pour raisons de santé)
COMP **invalid car, invalid carriage** N (Brit) voiture f d'infirme or pour handicapé
▸ **invalid out** VT SEP (Mil) ◆ **to invalid sb out of the army** réformer qn (pour blessures or pour raisons de santé)

**invalid**[2] /ɪnˈvælɪd/ SYN ADJ (esp Jur) non valide, non valable ; [argument] nul (nulle f) ◆ **to become invalid** [ticket] ne plus être valable, être périmé ◆ **to declare sth invalid** déclarer qch nul

**invalidate** /ɪnˈvælɪdeɪt/ SYN VT invalider, annuler ; (Jur) [+ judgment] casser, infirmer ; [+ will] rendre nul et sans effet ; [+ contract] vicier ; [+ statute] abroger

**invalidation** /ɪnˌvælɪˈdeɪʃən/ N invalidation f

**invalidity** /ˌɪnvəˈlɪdɪtɪ/ N 1 (= disability) invalidité f ◆ **invalidity benefit** (Brit Admin) allocation f d'invalidité
2 [of argument] nullité f ; [of law, election] invalidité f

**invalidly** /ɪnˈvælɪdlɪ/ ADV invalidement

**invaluable** /ɪnˈvæljʊəbl/ SYN ADJ inestimable, (très) précieux ◆ **her help has been invaluable to me** elle m'a été d'une aide inestimable or (très) précieuse ◆ **their advice was invaluable (to me)** leurs conseils m'ont été précieux

**invariable** /ɪnˈvɛərɪəbl/ SYN ADJ invariable

**invariably** /ɪnˈvɛərɪəblɪ/ SYN ADV invariablement

**invariance** /ɪnˈvɛərɪəns/ N invariance f

**invariant** /ɪnˈvɛərɪənt/ ADJ, N invariant m

**invasion** /ɪnˈveɪʒən/ SYN N 1 (Mil, fig) invasion f ◆ **a tourist invasion** une invasion de touristes
2 [of rights] empiètement m (of sur) ◆ **invasion of privacy** (by journalist, police etc) intrusion f dans la vie privée ◆ **reading her diary was a gross invasion of privacy** lire son journal intime était une intrusion choquante dans sa vie privée

**invasive** /ɪnˈveɪsɪv/ ADJ (Med) [disease] (gen) qui gagne du terrain ; [cancer, carcinoma] invasif ; [surgery, treatment] agressif ◆ **the legislation has been criticized as being too invasive** cette législation a été critiquée parce qu'elle porterait atteinte à la vie privée

**invective** /ɪnˈvektɪv/ SYN N (NonC) invective f ◆ **torrent** or **stream of invective** flot m d'invectives or d'injures ◆ **racist invective** injures fpl racistes

**inveigh** /ɪnˈveɪ/ VI ◆ **to inveigh against sb/sth** invectiver qn/qch ; (more violently) fulminer or tonner contre qn/qch

**inveigle** /ɪnˈviːgl/ VT ◆ **to inveigle sb into sth** entraîner or attirer qn dans qch (par la ruse) ◆ **to inveigle sb into doing sth** entraîner or amener qn à faire qch (par la ruse)

**invent** /ɪnˈvent/ VT (lit, fig) inventer

**invention** /ɪnˈvenʃən/ SYN N 1 invention f ◆ **the invention of the telephone** l'invention f du téléphone ◆ **one of his most practical inventions** une de ses inventions les plus pratiques
2 (= falsehood) invention f, mensonge m ◆ **it was pure invention on her part** c'était pure invention de sa part ◆ **it was (an) invention from start to finish** c'était (une) pure invention du début à la fin

**inventive** /ɪnˈventɪv/ SYN ADJ inventif

**inventiveness** /ɪnˈventɪvnɪs/ N (NonC) esprit m inventif or d'invention

**inventor** /ɪnˈventər/ SYN N inventeur m, -trice f

**inventory** /ˈɪnvəntrɪ/ SYN
N inventaire m ; (US Comm) stock m ◆ **to draw up** or **make an inventory of sth** inventorier qch, faire or dresser un inventaire de qch ◆ **inventory of fixtures** état m des lieux
VT inventorier
COMP **inventory control** N (US Comm) gestion f des stocks

**inverse** /ˈɪnvɜːs/ SYN
ADJ inverse ◆ **in inverse order** en sens inverse ◆ **in inverse proportion to** inversement proportionnel à ◆ **in inverse ratio (to)** en raison inverse (de) ◆ **an inverse relationship between...** une relation inverse entre...
N inverse m, contraire m
COMP **inverse function** N fonction f inverse

**inversely** /ɪnˈvɜːslɪ/ ADV inversement

**inversion** /ɪnˈvɜːʃən/ SYN N (gen) inversion f ; [of values, roles etc] (also Mus) renversement m

**invert** /ɪnˈvɜːt/ SYN
VT 1 [+ elements, order, words] inverser, intervertir ; [+ roles] renverser, intervertir ◆ **to invert a process** renverser une opération
2 [+ cup, object] retourner
N /ˈɪnvɜːt/ (Psych) inverti(e) m(f)
COMP **inverted chord** N (Mus) accord m renversé
**inverted commas** NPL (Brit) guillemets mpl ◆ **in inverted commas** entre guillemets
**inverted nipples** NPL mamelons mpl ombiliqués
**inverted snobbery** N snobisme m à rebours
**invert sugar** N sucre m inverti

**invertase** /ɪnˈvɜːteɪz/ N (Bio) invertase f

**invertebrate** /ɪnˈvɜːtɪbrɪt/ ADJ, N invertébré m

**inverter, invertor** /ɪnˈvɜːtər/ N (Elec) inverseur m

**invest** /ɪnˈvest/ SYN
VT 1 (Fin) [+ money, capital, funds] investir, placer (in dans, en) ◆ **to invest money** faire un or des placement(s), placer de l'argent ◆ **I have invested a lot of time in this project** j'ai consacré beaucoup de temps à ce projet ◆ **she invested a lot of effort in it** elle s'est beaucoup investie
2 (= endow) revêtir, investir (sb with sth qn de qch) ◆ **to invest sb as** [+ monarch, president etc] élever qn à la dignité de ◆ **the buildings are invested with a nation's history** ces bâtiments sont empreints de l'histoire d'une nation
3 (Mil = surround) investir, cerner
VI investir ◆ **to invest in shares/property** placer son argent or investir dans des actions/dans l'immobilier ◆ **I've invested in a new car** je me suis offert une nouvelle voiture

**investigate** /ɪnˈvestɪgeɪt/ SYN VT [+ question, possibilities] examiner, étudier ; [+ motive, reason] scruter, sonder ; [+ crime] enquêter sur, faire une enquête sur

**investigation** /ɪnˌvestɪˈgeɪʃən/ SYN N 1 (NonC) [of facts, question] examen m ; [of crime] enquête f (of sur) ◆ **to be under investigation for sth** faire l'objet d'une enquête pour qch ◆ **the matter under investigation** la question à l'étude
2 [of researcher] investigation f, enquête f ; [of policeman] enquête f ◆ **his investigations led him to believe that...** ses investigations l'ont amené à penser que... ◆ **criminal investigation** enquête f criminelle ◆ **to launch an investigation** ouvrir une enquête ◆ **preliminary investigation** enquête f préparatoire or préliminaire ◆ **it calls for an immediate investigation** cela demande une étude immédiate or à être étudié immédiatement ◆ **to call for an immediate investigation into sth** demander que l'on ouvre subj immédiatement une enquête sur qch ◆ **to order an investigation into** or **of sth** ordonner une enquête sur qch ◆ **we have made investigations** nous avons fait une enquête or des recherches

**investigative** /ɪnˈvestɪgeɪtɪv/ ADJ [journalism, reporter, team, method] d'investigation

**investigator** /ɪnˈvestɪgeɪtər/ SYN N investigateur m, -trice f ; → **private**

**investigatory** /ɪnˈvestɪgeɪtərɪ/ ADJ ◆ **investigatory group/panel** groupe m/commission f d'enquête

**investiture** /ɪnˈvestɪtʃər/ SYN N investiture f

**investment** /ɪnˈvestmənt/ SYN
N 1 (Fin) investissement m, placement m ; (fig, esp Psych) investissement m ◆ **by careful investment of his capital** en investissant or plaçant soigneusement son capital ◆ **he regretted his investment in the company** il regrettait d'avoir investi dans la firme ◆ **investment in shares** placement m en valeurs ◆ **investment in property** placement m or investissement m immobilier ◆ **we need a major investment in new technology** il nous faut investir massivement dans les nouvelles technologies ◆ **foreign investment in the region** les investissements mpl étrangers dans la région ◆ **investments** (= money invested) placements mpl, investissements mpl ◆ **return on one's investments** retour m sur investissement ◆ **a portable TV is always a good investment** une télévision portable est toujours un bon investissement
2 (Mil) investissement m
3 ⇒ **investiture**
COMP **investment account** N compte m d'investissement
**investment analyst** N analyste mf en placements
**investment bank** N (US) banque f d'affaires or d'investissement
**investment bond** N contrat d'assurance vie à cotisation unique
**investment company** N société f d'investissement
**investment grant** N subvention f d'équipement or d'investissement
**investment income** N revenu m des placements or des investissements
**investment management** N gestion f de portefeuille
**investment manager** N gérant(e) m(f) de portefeuille
**investment opportunities** NPL investissements mpl or placements mpl intéressants
**investment portfolio** N portefeuille m d'investissements
**investment trust** N société f d'investissement

**investor** /ɪnˈvestər/ N (gen) investisseur m ; (= shareholder) actionnaire mf ◆ **(the) big investors** les gros actionnaires mpl ◆ **(the) small investors** les petits actionnaires mpl, la petite épargne NonC

**inveterate** /ɪnˈvetərɪt/ SYN ADJ [gambler, smoker, liar] invétéré ; [traveller] insatiable ; [collector] impénitent ; [laziness, extravagance] incurable

**invidious** /ɪnˈvɪdɪəs/ SYN ADJ [decision, distinction, choice] injuste, propre à susciter la jalousie ; [comparison] blessant, désobligeant ; [task] ingrat, déplaisant

**invigilate** /ɪnˈvɪdʒɪleɪt/ (Brit)
VI être de surveillance (à un examen)
VT [+ examination] surveiller

**invigilation** /ɪnˌvɪdʒɪˈleɪʃən/ N (Brit) surveillance f des examens

**invigilator** /ɪnˈvɪdʒɪleɪtəʳ/ **N** *(Brit)* surveillant(e) *m(f) (à un examen)*

**invigorate** /ɪnˈvɪgəreɪt/ SYN **VT** *[+ person] [drink, food, thought, fresh air]* redonner des forces à, revigorer ; *[climate, air]* vivifier, tonifier ; *[exercise]* tonifier ; *[+ campaign]* animer ◆ **to feel invigorated** se sentir revigoré *or* vivifié

**invigorating** /ɪnˈvɪgəreɪtɪŋ/ **ADJ** *[climate, air, walk]* vivifiant, tonifiant ; *[speech]* stimulant

**invincibility** /ɪnˌvɪnsɪˈbɪlɪtɪ/ **N** invincibilité *f*

**invincible** /ɪnˈvɪnsəbl/ SYN **ADJ** 1 *(= unbeatable)* invincible

2 *(= unshakeable) [faith, belief, spirit]* inébranlable

**inviolability** /ɪnˌvaɪələˈbɪlɪtɪ/ **N** inviolabilité *f*

**inviolable** /ɪnˈvaɪələbl/ SYN **ADJ** inviolable

**inviolably** /ɪnˈvaɪələblɪ/ **ADV** inviolablement

**inviolate** /ɪnˈvaɪəlɪt/ SYN **ADJ** inviolé

**invisibility** /ɪnˌvɪzəˈbɪlɪtɪ/ **N** invisibilité *f*

**invisible** /ɪnˈvɪzəbl/ SYN

**ADJ** 1 *(lit)* invisible

2 *(fig = ignored)* ignoré ◆ **to feel invisible** se sentir ignoré

**NPL** **invisibles** invisibles *mpl*

**COMP** **invisible assets** **N** *(Fin)* actifs *mpl* incorporels

**invisible earnings** **NPL** revenus *mpl* invisibles

**invisible exports** **NPL** exportations *fpl* invisibles

**invisible imports** **N** importations *fpl* invisibles

**invisible ink** **N** encre *f* sympathique

**invisible mending** **N** stoppage *m*

**invisibly** /ɪnˈvɪzəblɪ/ **ADV** invisiblement

**invitation** /ˌɪnvɪˈteɪʃən/ LANGUAGE IN USE 25 SYN

**N** invitation *f* ◆ **invitation to dinner** invitation *f* à dîner ◆ **I have an open** *or* **standing invitation to their home** je suis toujours le bienvenu chez eux ◆ **the unions have not yet accepted the invitation to attend** les syndicats n'ont pas encore accepté de venir ◆ **their invitation to attend a July conference** leur invitation à participer à une conférence en juillet ◆ **he has refused an invitation to attend the inauguration ceremony** il a refusé d'assister à la cérémonie d'ouverture ◆ **at sb's invitation** à *or* sur l'invitation de qn ◆ **by invitation (only)** sur invitation (seulement) ◆ **to send out invitations** envoyer des invitations ◆ **invitation to bid** *(Fin)* avis *m* d'appel d'offres ◆ **this lock is an open invitation to burglars!** *(iro)* cette serrure est une véritable invite au cambriolage !

**COMP** **invitation card** **N** (carte *f or* carton *m* d')invitation *f*

**invitational** /ˌɪnvɪˈteɪʃənl/ **ADJ** *(Sport)* ◆ **invitational tournament** tournoi *m* sur invitation

**invite** /ɪnˈvaɪt/ LANGUAGE IN USE 25.1 SYN

**VT** 1 *(= ask) [+ person]* inviter *(to do sth* à faire qch) ◆ **to invite sb to dinner** inviter qn à dîner ◆ **he invited him for a drink** il l'a invité à prendre un verre ◆ **I've never been invited to their house** je n'ai jamais été invité chez eux ◆ **he was invited to the ceremony** il a été invité (à assister) à la cérémonie ◆ **to invite sb in/up** *etc* inviter qn à entrer/monter *etc* ◆ **that store invites thieves** *(iro)* ce magasin est une invite au vol

2 *(= ask for) [+ sb's attention, subscriptions etc]* demander, solliciter ◆ **when he had finished he invited questions from the audience** quand il eut fini il invita le public à poser des questions ◆ **he was invited to give his opinion** on l'a invité à donner son avis

3 *(= lead to) [+ confidences, questions, doubts, ridicule]* appeler ; *[+ discussion, step]* inviter à ; *[+ failure, defeat]* chercher ◆ **I wouldn't walk home alone, it only invites trouble** je ne rentrerais pas à pied tout seul, c'est vraiment chercher les ennuis

**N** /ˈɪnvaɪt/ * invitation *f*

▸ **invite out** **VT SEP** inviter (à sortir) ◆ **he has invited her out several times** il l'a invitée plusieurs fois à sortir ◆ **I've been invited out to dinner this evening** j'ai été invité à dîner ce soir

▸ **invite over** **VT SEP** 1 inviter (à venir) ◆ **they often invite us over for a drink** ils nous invitent souvent à venir prendre un verre chez eux ◆ **let's invite them over some time** invitons-les un de ces jours (à venir nous voir)

2 ◆ **he invited me over to his table** il (m'appela et) m'invita à venir m'asseoir à sa table

**inviting** /ɪnˈvaɪtɪŋ/ SYN **ADJ** *[place, room, atmosphere]* accueillant ; *[dish, smell]* alléchant, appétissant ; *[prospect]* engageant, tentant ◆ **the water looked very inviting** *(for swimming)* l'eau était très tentante ◆ **it's not an inviting prospect** ce n'est pas une perspective engageante *or* tentante

**invitingly** /ɪnˈvaɪtɪŋlɪ/ **ADV** ◆ **to smile invitingly** sourire d'un air engageant ◆ **the soup steamed invitingly** la soupe fumait de façon appétissante ◆ **the chocolate sat invitingly on his desk** * le chocolat était sur son bureau, telle une invitation à la gourmandise ◆ **the waters of the tropics are invitingly clear** les eaux tropicales sont d'une limpidité engageante

**in vitro** /ɪnˈviːtrəʊ/

**ADJ, ADV** in vitro

**COMP** **in vitro fertilization** **N** fécondation *f* in vitro

**in vivo** /ɪnˈviːvəʊ/ **ADJ, ADV** *(Med)* in vivo

**invocation** /ˌɪnvəʊˈkeɪʃən/ SYN **N** invocation *f*

**invocatory** /ɪnˈvɒkətərɪ/ **ADJ** invocatoire

**invoice** /ˈɪnvɔɪs/ LANGUAGE IN USE 20.6

**N** facture *f*

**VT** *[+ customer, goods]* facturer ◆ **they will invoice us for the maintenance** ils vont nous facturer l'entretien

**COMP** **invoice clerk** **N** facturier *m*, -ière *f*

**invoicing** /ˈɪnvɔɪsɪŋ/ **N** *(NonC)* facturation *f*

**invoke** /ɪnˈvəʊk/ SYN **VT** 1 *(= call on) [+ God, Muse, mercy, precedent, law]* invoquer ; *[+ memories, atmosphere]* évoquer ◆ **to invoke sb's help** invoquer *or* demander l'aide de qn

2 *(= evoke) [+ spirits, the devil]* évoquer

**involucre** /ˈɪnvəˌluːkəʳ/ **N** *[of plant]* involucre *m*

**involuntarily** /ɪnˈvɒləntərɪlɪ/ **ADV** involontairement

**involuntary** /ɪnˈvɒləntərɪ/ SYN

**ADJ** involontaire

**COMP** **involuntary manslaughter** **N** *(Jur)* homicide *m* involontaire

**involute** /ˈɪnvəluːt/ **ADJ** involuté

**involuted** /ˌɪnvəˈluːtɪd/ **ADJ** compliqué

**involution** /ˌɪnvəˈluːʃən/ **N** *(Bot, Zool, Med, Math)* involution *f*

**involve** /ɪnˈvɒlv/ SYN **VT** 1 *(= entail)* impliquer ; *(= cause)* occasionner ; *(= demand)* exiger ◆ **such an attack would inevitably involve considerable loss of life** une telle attaque ferait inévitablement de très nombreuses victimes ◆ **such a project involves considerable planning** un tel projet exige une organisation considérable ◆ **will the post involve much foreign travel?** ce poste impliquera-t-il de nombreux déplacements à l'étranger ? ◆ **make sure you know what the job involves** il faut que tu saches exactement en quoi consiste ce travail ◆ **my job involves repetitive hand movements** dans le cadre de mon travail, je fais toujours le même mouvement avec mes mains ◆ **the job would involve my moving to London** ce travail impliquerait que je m'installe *subj* à Londres ◆ **there will be a good deal of work involved** cela demandera *or* entraînera beaucoup de travail ◆ **the charges against him involve allegations of corruption** parmi les accusations portées contre lui, il y a des allégations de corruption

2 *(= implicate, associate)* impliquer *(in* dans), mêler *(in* à) ◆ **we would prefer not to involve Robert** nous préférerions ne pas mêler Robert à l'affaire *or* ne pas impliquer Robert dans l'affaire ◆ **don't try to involve me in this scheme** n'essaie pas de me mêler à ce projet ◆ **to involve sb in a quarrel** mêler qn à une querelle ◆ **the cover-up involved senior officers** des officiers supérieurs étaient impliqués dans le *or* mêlés au complot ◆ **to get involved in sth, to involve o.s. in sth** *(= get dragged into)* se laisser entraîner dans qch ; *(from choice)* s'engager dans qch ◆ **she didn't want to involve herself in this debate** elle ne voulait pas se laisser entraîner dans ce débat ◆ **she involved herself** *or* **got involved in the freedom movement** elle s'est engagée dans le mouvement pour la liberté ◆ **a riot involving a hundred prison inmates** une émeute à laquelle ont pris part cent détenus ◆ **this is going to involve us in a lot of expense** cela va nous entraîner dans de grosses dépenses ◆ **how did you come to be involved?** comment vous êtes-vous trouvé impliqué ?

◆ **to involve sb in sth** *(= cause to participate)* faire participer qn à qch ◆ **he involves me in all aspects of the job** il me fait participer à tous les aspects du travail ◆ **the school likes to involve parents in their children's education** l'école aime associer les parents à l'éducation de leurs enfants

**involved** /ɪnˈvɒlvd/ SYN **ADJ** 1 *(= concerned)* concerné ◆ **we are all involved** nous sommes tous concernés ◆ **to feel personally involved** se sentir concerné ◆ **she wasn't directly involved** *(= affected)* elle n'était pas directement concernée ; *(= taking part)* elle n'était pas directement impliquée ◆ **the police became involved** la police est intervenue ◆ **a question of principle is involved** il s'agit d'une question de principe ◆ **the factors/forces/principles involved** les facteurs *mpl*/forces *fpl*/principes *mpl* en jeu ◆ **the vehicles involved** les véhicules *mpl* en cause ◆ **the person involved** l'intéressé(e) *m(f)*

◆ **to be involved in sth** *(= take part in)* participer à ; *[+ sth negative]* être mêlé à ◆ **they were not involved in the discussions** ils ne participaient pas aux négociations ◆ **an organization for people involved in agriculture** un organisme pour ceux qui travaillent dans l'agriculture ◆ **he wasn't involved in the plot** il n'était pas mêlé au complot ◆ **to be involved in a quarrel** être mêlé à une querelle

◆ **to get involved with sb** *(socially)* se mettre à fréquenter qn ; *(= fall in love with)* avoir une liaison avec qn ◆ **he got involved with a married woman** il a eu une liaison avec une femme mariée ◆ **she likes him but she doesn't want to get (too) involved** elle l'aime bien, mais elle ne veut pas (trop) s'engager

2 *(= very interested)*

◆ **to be involved in sth** être absorbé par qch ◆ **he was so involved in politics that he had no time to...** il était tellement absorbé par la politique qu'il n'avait pas le temps de...

3 *(= complicated) [situation, relationship, question]* compliqué, complexe ; *[style]* contourné, compliqué ; see also **involve**

**involvement** /ɪnˈvɒlvmənt/ SYN **N** *(NonC) (= rôle)* rôle *m (in* dans) ; *(= participation)* participation *f (in* à) ◆ **his involvement in the affair/plot** *etc* son rôle dans l'affaire/le complot *etc* ◆ **the increasing involvement of employees in decision-making processes** la participation de plus en plus importante des employés dans la prise de décisions ◆ **American/parental involvement** la participation américaine/des parents ◆ **his involvement in politics** son engagement *m* dans la politique ◆ **his involvement in social work** son action *f* en matière sociale ◆ **we don't know the extent of her involvement** nous ne savons pas dans quelle mesure elle est impliquée ◆ **we have no hard proof of his involvement** nous n'avons aucune preuve concrète qu'il ait été impliqué ◆ **she denied any involvement in** *or* **with drugs** elle a nié toute implication dans des histoires de drogues ◆ **they were good friends but there was no romantic involvement** ils étaient bons amis mais leur relation n'allait pas plus loin

**invulnerability** /ɪnˌvʌlnərəˈbɪlɪtɪ/ **N** invulnérabilité *f*

**invulnerable** /ɪnˈvʌlnərəbl/ SYN **ADJ** invulnérable

**inward** /ˈɪnwəd/ SYN

**ADJ** *[movement]* vers l'intérieur ; *[happiness, peace]* intérieur (-eure *f*) ; *[thoughts, desire, conviction]* intime, profond

**ADV** ⇒ **inwards**

**COMP** **inward investment** **N** *(NonC: Comm)* investissements *mpl* étrangers

**inward-looking** **ADJ** replié sur soi(-même)

**inwardly** /ˈɪnwədlɪ/ SYN **ADV** *[groan, smile]* intérieurement ◆ **she was inwardly furious** en son for intérieur elle était furieuse

**inwards** /ˈɪnwədz/ **ADV** *[move]* vers l'intérieur ◆ **his thoughts turned inwards** il devint songeur

**Io** /ˈaɪəʊ/ **N** *(Myth, Astron)* Io *f*

**I/O** /aɪˈəʊ/ **N** (abbrev of **input/output**) E/S *f*

**IOC** /ˌaɪəʊˈsiː/ **N** (abbrev of **International Olympic Committee**) CIO *m*

**iodate** /ˈaɪəˌdeɪt/ **N** iodate *m*

**iodic acid** /aɪˈɒdɪk/ **N** acide *m* iodique

**iodide** /ˈaɪədaɪd/ **N** iodure *m*

**iodine** /ˈaɪədiːn/ **N** iode *m*

**iodisme** /ˈaɪəˌdɪzəm/ **N** iodisme *m*

**iodize** /ˈaɪədaɪz/ **VT** ioder

**iodoform** /aɪˈɒdəfɔːm/ **N** iodoforme *m*

**iodopsin** /ˌaɪəˈdɒpsɪn/ N (Anat) iodopsine f

**IOM** (abbrev of **Isle of Man**) → **isle**

**ion** /ˈaɪən/
- N ion m
- COMP **ion exchange** N échange m d'ions

**Iona** /aɪˈəʊnə/ N (île f d')Iona f

**Ionian** /aɪˈəʊnɪən/ ADJ ionien ◆ **the Ionian Islands** les îles fpl Ioniennes ◆ **the Ionian (Sea)** la mer Ionienne

**Ionic** /aɪˈɒnɪk/ ADJ (Archit) ionique

**ionic** /aɪˈɒnɪk/ ADJ (Chem, Phys) ionique

**ionization** /ˌaɪənaɪˈzeɪʃən/ N ionisation f

**ionize** /ˈaɪənaɪz/ VT ioniser

**ionizer** /ˈaɪənaɪzəʳ/ N ioniseur m

**ionosphere** /aɪˈɒnəsfɪəʳ/ N ionosphère f

**iota** /aɪˈəʊtə/ N (= letter) iota m ; (fig = tiny amount) brin m, grain m ; (in written matter) iota m ◆ **he won't change an iota (of what he has written)** il refuse de changer un iota (à ce qu'il a écrit) ◆ **if he had an iota of sense** s'il avait un grain de bon sens ◆ **not an iota of truth** pas un brin de vérité, pas un mot de vrai ◆ **it won't make an iota of difference** cela ne changera absolument rien ◆ **it won't affect us one iota** cela ne nous touchera absolument pas

**iotacism** /aɪˈəʊtəˌsɪzəm/ N iotacisme m

**IOU** /ˌaɪəʊˈjuː/ N (abbrev of **I owe you**) reconnaissance f de dette ◆ **he gave me an IOU for £20** il m'a signé un reçu de 20 livres

**IOW** (Brit) (abbrev of **Isle of Wight**) → **isle**

**Iowa** /ˈaɪəʊə/ N Iowa m ◆ **in Iowa** dans l'Iowa

**IPA** /ˌaɪpiːˈeɪ/ N (abbrev of **International Phonetic Alphabet**) API m

**IP address** /aɪˈpiːədres/ N (Comput) (abbrev of **Internet Protocol address**) adresse f IP

**ipecac(uanha)** /ˌɪpɪkækjʊˈænə/ N ipéca(cuana) m

**Iphigenia** /ɪfɪdʒɪˈnaɪə/ N (Myth) Iphigénie f

**IPO** /ˌaɪpiːˈəʊ/ N (abbrev of **initial public offering**) IPO m

**ipso facto** /ˈɪpsəʊˈfæktəʊ/ ADJ, ADV ipso facto

**IQ** /ˌaɪˈkjuː/ N (abbrev of **intelligence quotient**) QI m

**IR** /ˌaɪˈɑːʳ/ N (Brit) (abbrev of **Inland Revenue**) ≈ fisc m

**IRA** /ˌaɪɑːˈreɪ/ N (abbrev of **Irish Republican Army**) IRA f

**Irak** /ɪˈrɑːk/ N ⇒ **Iraq**

**Iraki** /ɪˈrɑːkɪ/ ADJ, N ⇒ **Iraqi**

**Iran** /ɪˈrɑːn/ N Iran m ◆ **in Iran** en Iran

**Irangate** /ɪˈrɑːngeɪt/ N, ADJ Irangate m

**Iranian** /ɪˈreɪnɪən/
- ADJ iranien
- N 1 Iranien(ne) m(f)
- 2 (Ling) iranien m

**Iraq** /ɪˈrɑːk/ N Irak or Iraq m ◆ **in Iraq** en Irak

**Iraqi** /ɪˈrɑːkɪ/
- ADJ irakien or iraquien
- N Irakien(ne) or Iraquien(ne) m(f)

**irascibility** /ɪˌræsɪˈbɪlɪtɪ/ N irascibilité f

**irascible** /ɪˈræsɪbl/ ADJ irascible, coléreux

**irascibly** /ɪˈræsɪblɪ/ ADV [say] d'un ton irascible

**irate** /aɪˈreɪt/ ADJ furieux, courroucé (liter)

**IRBM** /ˌaɪɑːbiːˈem/ N (abbrev of **intermediate range ballistic missile**) → **intermediate**

**IRC** /ˌaɪɑːˈsiː/ N (Comput) (abbrev of **Internet Relay Chat**) IRC m

**ire** /aɪəʳ/ N (liter) courroux m (liter) ◆ **to rouse sb's ire** provoquer le courroux de qn

**Ireland** /ˈaɪələnd/ N Irlande f ◆ **the Republic of Ireland** la République d'Irlande ; → **northern**

**irenic** /aɪˈriːnɪk/ ADJ irénique

**iridaceous** /ˌɪrɪˈdeɪʃəs/ ADJ ◆ **iridaceous plant** iridacée f

**iridectomy** /ˌɪrɪˈdektəmɪ/ N iridectomie f

**irides** /ˈɪrɪdiːz/ NPL of **iris** 1

**iridescence** /ˌɪrɪˈdesns/ N [of prism, crystal] irisation f ; [of plumage etc] chatoiement m

**iridescent** /ˌɪrɪˈdesnt/ ADJ [prism, crystal] irisé ; [plumage] chatoyant

**iridium** /aɪˈrɪdɪəm/ N iridium m

**iridologist** /ˌɪrɪˈdɒlədʒɪst/ N iridologue mf

**iridology** /ˌɪrɪˈdɒlədʒɪ/ N iridologie f

**iris** /ˈaɪərɪs/
- N 1 (pl **irides**) [of eye] iris m
- 2 (pl **irises**) (= plant) iris m
- COMP **iris diaphragm** N (Phot) (diaphragme m) iris m

**Irish** /ˈaɪərɪʃ/ SYN
- ADJ (gen) irlandais ; [ambassador, embassy] d'Irlande ; [teacher] d'irlandais
- N (= language) irlandais m
- NPL **the Irish** les Irlandais mpl
- COMP **Irish coffee** N café m irlandais, irish coffee m
- **Irish elk** N mégacéros m
- **Irish Free State** N (Hist) État m libre d'Irlande
- **Irish Republic** N République f d'Irlande
- **Irish Sea** N mer f d'Irlande
- **Irish stew** N ragoût m de mouton (à l'irlandaise)
- **Irish terrier** N irish-terrier m
- **Irish wolfhound** N lévrier m irlandais

**Irishman** /ˈaɪərɪʃmən/ N (pl **-men**) Irlandais m

**Irishwoman** /ˈaɪərɪʃˌwʊmən/ N (pl **-women**) Irlandaise f

**iritis** /aɪˈraɪtɪs/ N (Med) iritis f

**irk** /ɜːk/ VT contrarier, ennuyer

**irksome** /ˈɜːksəm/ SYN ADJ [restriction, person] ennuyeux ; [task] ingrat

**iroko** /ɪˈrəʊkəʊ/ N iroko m

**iron** /ˈaɪən/ SYN
- N 1 (NonC = metal) fer m ◆ **old** or **scrap iron** ferraille f NonC ◆ **a man of iron** (fig) (unyielding) un homme de fer ; (cruel) un homme au cœur de pierre ◆ **to strike while the iron is hot** battre le fer pendant qu'il est chaud ◆ **the iron had entered his soul** (fig liter) il avait la mort dans l'âme, il était comme une âme en peine ; → **cast, pump¹, rod, wrought**
- 2 (= tool) fer m ; (for laundry: also **flat iron**) fer m (à repasser) ◆ **electric iron** fer m électrique ◆ **to give a dress an iron**⁕, **to run the iron over a dress** donner un coup de fer à une robe ◆ **she's got other irons in the fire** elle a d'autres affaires en train ; → **fire, grapple, solder**
- 3 (Golf) fer m ◆ **a number three iron** un fer trois
- 4 (NonC: Med) (sels mpl de) fer m
- 5 (= surgical appliance) appareil m orthopédique ; → **leg**
- NPL **irons** (= fetters) fers mpl, chaînes fpl ◆ **to put sb in irons** mettre qn aux fers ◆ **to be in irons** [sailing vessel] faire chapelle
- VT [clothes etc] repasser ; (more sketchily) donner un coup de fer à ◆ **"iron under a damp cloth"** « repasser à la pattemouille » ; → **minimum, non-**
- VI [person] repasser ; [clothes etc] se repasser
- COMP (lit) [tool, bridge] de or en fer ; (fig) [determination] de fer, d'acier
- **the Iron Age** N l'âge m de fer
- **the iron and steel industry** N l'industrie f sidérurgique
- **the Iron Chancellor** N (Hist) le Chancelier de fer (Bismarck)
- **iron constitution** N ◆ **to have an iron constitution** avoir une santé de fer
- **Iron Curtain** N (Pol Hist) rideau m de fer ◆ **the Iron Curtain countries** les pays mpl de l'Est, le bloc de l'Est
- **the Iron Duke** N (Brit Hist) le Duc de fer (Wellington)
- **iron fist** N ◆ **an iron fist in a velvet glove** une main de fer dans un gant de velours
- **iron foundry** N fonderie f de fonte
- **iron grey** ADJ gris inv de fer, gris fer inv ; [hair] gris argenté
- **iron hand** N ◆ **to rule with an iron hand** gouverner d'une main or poigne de fer ; see also **iron fist**
- **iron horse** † N (= locomotive) locomotive f à vapeur
- **the Iron Lady** N (Brit Pol) la Dame de fer (Margaret Thatcher)
- **iron lung** N (Med) poumon m d'acier
- **iron mask** N ◆ **the man in the iron mask** l'homme m au masque de fer
- **iron ore** N minerai m de fer
- **iron oxide** N oxyde m de fer
- **iron pyrite** N pyrite f
- **iron rations** NPL vivres mpl or rations fpl de réserve
- **iron root** N (= plant) aroche f étalée
- **iron will** N volonté f de fer

▶ **iron out** VT SEP [+ creases] faire disparaître au fer ; (fig) [+ difficulties] aplanir ; [+ problems] régler ◆ **the two sides were unable to iron out their differences** les deux camps n'ont pas réussi à régler leurs différends

**ironclad** /ˈaɪənklæd/
- N (= ship) cuirassé m
- ADJ (lit) [warship] cuirassé ; (fig) [argument, case, guarantee, promise, defence] en béton ; [rule] strict

**ironic(al)** /aɪˈrɒnɪk(əl)/ ADJ ironique ◆ **it's ironic that…** ce qui est ironique, c'est que…

**ironically** /aɪˈrɒnɪkəlɪ/ ADV ironiquement ◆ **ironically, she never turned up** l'ironie de la chose, c'est qu'elle n'est pas venue du tout

**ironing** /ˈaɪənɪŋ/
- N repassage m ◆ **to do the ironing** repasser, faire le repassage ◆ **it doesn't need ironing** cela n'a pas besoin d'être repassé
- COMP **ironing board** N planche f à repasser

**ironist** /ˈaɪərənɪst/ N adepte mf de l'ironie ◆ **the master ironist** le maître de l'ironie

**ironize** /ˈaɪərənaɪz/
- VI ironiser
- VT ◆ **to ironize sb/sth** traiter qn/qch avec ironie

**ironmonger** /ˈaɪənˌmʌŋgəʳ/ N (Brit) quincaillier m, -ière f ◆ **ironmonger's (shop)** quincaillerie f

**ironmongery** /ˈaɪənˌmʌŋgərɪ/ N (Brit) quincaillerie f

**ironstone** /ˈaɪənstəʊn/ N (also **ironstone china**) terre f de fer

**ironware** /ˈaɪənwɛəʳ/ N ferronnerie f

**ironwork** /ˈaɪənwɜːk/ N (NonC) [of gates, railings etc] ferronnerie f, serrurerie f ; [of parts of construction] ferronnerie f, ferrures fpl ◆ **heavy ironwork** grosse ferronnerie f or serrurerie f

**ironworks** /ˈaɪənwɜːks/ N (pl inv) usine f sidérurgique

**irony** /ˈaɪərənɪ/ SYN N ironie f ◆ **the irony of the situation was not lost on her** l'ironie de la situation ne lui a pas échappé ◆ **by some irony of fate, she…** l'ironie du sort a voulu qu'elle… ◆ **the irony of it is that…** l'ironie de la chose c'est que… ◆ **one of the great ironies of this story is that…** le comble de l'ironie (dans cette histoire), c'est que… ; → **dramatic**

**Iroquois** /ˈɪrəkwɔɪ/
- ADJ iroquois
- N (pl inv) 1 (also **Iroquois Indian**) Iroquois(e) m(f)
- 2 (= language) iroquois m

**irradiance** /ɪˈreɪdɪəns/ N (Phys) exitance f (énergétique)

**irradiate** /ɪˈreɪdɪeɪt/ VT 1 (Med, Nucl = expose to radiation) [+ food, population, tumour, patient] irradier ◆ **irradiated foods** aliments mpl irradiés
- 2 (= illuminate : lit, fig) illuminer

**irradiation** /ɪˌreɪdɪˈeɪʃən/ N (with radiation) [of person, food] irradiation f ; (with light) illumination f

**irrational** /ɪˈræʃənl/ SYN ADJ [person] qui n'est pas rationnel ; [conduct] irrationnel, déraisonnable ; [fear] irraisonné, irrationnel ; [hatred, idea, reaction] irrationnel ; [thoughts] fou (folle f) ; (Math) irrationnel ◆ **he had become quite irrational about it** c'était un sujet qu'il n'était plus capable d'aborder rationnellement

**irrationality** /ɪˌræʃəˈnælɪtɪ/ SYN N irrationalité f

**irrationally** /ɪˈræʃənəlɪ/ ADV [act, behave] irrationnellement ; [think, believe] en dépit du bon sens, irrationnellement ; [angry] sans véritable raison ◆ **irrationally jealous** d'une jalousie irraisonnée

**irreconcilable** /ˌɪrekənˈsaɪləbl/ SYN ADJ [differences, positions] inconciliable ; [beliefs, opinions] inconciliable, incompatible (with sth avec qch) ; [objectives] incompatible (with sth avec qch) ; [enemy, opponent] irréconciliable ; [conflict] insoluble ; [hatred] implacable

**irreconcilably** /ˌɪrekənˈsaɪləblɪ/ ADV sans réconciliation possible, irréconciliablement

**irrecoverable** /ˌɪrɪˈkʌvərəbl/ SYN ADJ [object] irrécupérable ; [loss] irréparable, irrémédiable ; (Fin) irrécouvrable

**irrecusable** /ˌɪrɪˈkjuːzəbl/ ADJ irrécusable

**irredeemable** /ˌɪrɪˈdiːməbl/ ADJ 1 [error] irréparable ; [liar, thief] invétéré ; [optimist] impénitent, incorrigible
- 2 (Fin) [loan, bond] non remboursable

**irredeemably** /ˌɪrɪˈdiːməblɪ/ ADV [lost, ruined, damaged] irrémédiablement ◆ **irredeemably evil/incompetent** d'une méchanceté/incompétence irrémédiable

**irredentism** /ˌɪrɪˈdentɪzəm/ N (fig) irrédentisme m

**irredentist** /ˌɪrɪˈdentɪst/ ADJ, N (fig) irrédentiste mf

**irreducible** /ˌɪrɪˈdjuːsəbl/ ADJ irréductible

**irrefragable** /ɪˈrefrəgəbl/ ADJ irréfragable

**irrefrangible** /ˌɪrɪˈfrændʒəbl/ ADJ (Phys) non frangible

**irrefutable** /ˌɪrɪˈfjuːtəbl/ SYN ADJ [argument, evidence] irréfutable ; [testimony] irrécusable

**irregular** /ɪˈregjʊləʳ/ SYN
   ADJ [1] (gen, Math, Gram) [features, pulse, meals, hours] irrégulier ◆ **at irregular intervals** à intervalles irréguliers ◆ **he leads a very irregular life** il mène une vie très déréglée ◆ **all this is most irregular** (= against regulations) tout cela n'est pas du tout régulier ; (= unorthodox) cela ne se fait pas ◆ **he is irregular in his attendance at classes** il n'assiste pas régulièrement aux cours ◆ **irregular periods** (Med) règles fpl irrégulières
   [2] (= uneven) [surface] inégal
   [3] (Mil) [soldier] irrégulier
   NPL (Mil) ◆ **the irregulars** les irréguliers mpl

**irregularity** /ɪˌregjʊˈlærɪtɪ/ SYN N irrégularité f ; (NonC) irrégularités fpl ; (Jur, Admin) (in procedure) vice m de forme

**irregularly** /ɪˈregjʊləlɪ/ ADV irrégulièrement ◆ **irregularly-shaped** aux formes irrégulières

**irrelevance** /ɪˈreləvəns/ SYN, **irrelevancy** /ɪˈreləvənsɪ/ N [1] (NonC) manque m de pertinence (to par rapport à) ◆ **the irrelevance of nuclear weapons in this day and age** le fait que les armements nucléaires n'ont plus de raison d'être à l'heure actuelle
   [2] (= person, thing) ◆ **a report full of irrelevances** or **irrelevancies** un compte rendu qui s'écarte sans cesse du sujet ◆ **the party is rapidly becoming a political irrelevance** ce parti est de plus en plus coupé de la réalité politique ◆ **she dismissed this idea as an irrelevance** elle a écarté cette idée comme étant non pertinente

**irrelevant** /ɪˈreləvənt/ SYN ADJ [1] (= unconnected) [facts, details] non pertinent ; [question, remark] hors de propos ◆ **irrelevant to** sans rapport avec ◆ **that's irrelevant (to the subject)** ça n'a rien à voir, ça n'a aucun rapport ◆ **written in the 1960s, his novels are largely irrelevant to the concerns of today** écrits dans les années 60, ses romans n'ont guère de rapport avec les préoccupations d'aujourd'hui
   [2] (= unimportant) sans importance ◆ **the cost is irrelevant** le coût n'a pas d'importance ◆ **age should be totally irrelevant when a player has ability** l'âge ne devrait pas entrer en ligne de compte lorsque le joueur est doué ◆ **many of these issues seem irrelevant to the younger generation** les jeunes ne se sentent pas concernés par beaucoup de ces questions

**irrelevantly** /ɪˈreləvəntlɪ/ ADV [say, add, ask] hors de propos

**irreligion** /ˌɪrɪˈlɪdʒən/ N irréligion f

**irreligious** /ˌɪrɪˈlɪdʒəs/ ADJ irréligieux

**irremediable** /ˌɪrɪˈmiːdɪəbl/ ADJ irrémédiable, sans remède

**irremediably** /ˌɪrɪˈmiːdɪəblɪ/ ADV irrémédiablement

**irremovable** /ˌɪrɪˈmuːvəbl/ ADJ [thing] immuable ; [difficulty] invincible ; [judge etc] inamovible

**irreparable** /ɪˈrepərəbl/ SYN ADJ [harm, wrong] irréparable ; [loss] irréparable, irrémédiable

**irreparably** /ɪˈrepərəblɪ/ ADV irréparablement, irrémédiablement

**irreplaceable** /ˌɪrɪˈpleɪsəbl/ SYN ADJ irremplaçable

**irrepressible** /ˌɪrɪˈpresəbl/ SYN ADJ [laughter] irrépressible ; [person] débordant d'activité, exubérant

**irrepressibly** /ˌɪrɪˈpresəblɪ/ ADV [laugh] de façon irrépressible ◆ **irrepressibly cheerful/optimistic** d'une gaieté/d'un optimisme à toute épreuve

**irreproachable** /ˌɪrɪˈprəʊtʃəbl/ SYN ADJ irréprochable

**irresistible** /ˌɪrɪˈzɪstəbl/ SYN ADJ irrésistible (to sb pour qn) ◆ **he is irresistible to women** les femmes le trouvent irrésistible

**irresistibly** /ˌɪrɪˈzɪstəblɪ/ ADV [attract, remind, impel, spread] irrésistiblement ◆ **she found him irresistibly attractive** elle lui trouvait un charme irrésistible

**irresolute** /ɪˈrezəluːt/ SYN ADJ irrésolu, indécis, hésitant

**irresolutely** /ɪˈrezəˌluːtlɪ/ ADV [hesitate, pause etc] d'un air irrésolu or indécis

**irresoluteness** /ɪˈrezəluːtnɪs/ N irrésolution f, indécision f

**irrespective** /ˌɪrɪˈspektɪv/ ADJ ◆ **irrespective of** ◆ **they were all the same price, irrespective of their quality** ils étaient tous au même prix, indépendamment de leur qualité or quelle que soit la qualité ◆ **irrespective of race, creed or colour** sans distinction de race, de religion ou de couleur, indépendamment de la race, de la religion ou de la couleur ◆ **irrespective of whether they are needed** que l'on en ait besoin ou non

**irresponsibility** /ˌɪrɪsˌpɒnsəˈbɪlɪtɪ/ N [of person] irresponsabilité f (also Jur), légèreté f ; [of act] légèreté f

**irresponsible** /ˌɪrɪsˈpɒnsəbl/ SYN ADJ [person, behaviour, attitude, action] (also Jur) irresponsable ; [remark] irréfléchi ◆ **it was irresponsible of her to say that, she was irresponsible to say that** c'était irresponsable de sa part de dire cela ◆ **it would be irresponsible of me to encourage you** ce serait irresponsable de ma part si je t'encourageais ◆ **it is irresponsible to drink and drive** c'est faire preuve d'irresponsabilité de conduire lorsqu'on a bu

**irresponsibly** /ˌɪrɪsˈpɒnsəblɪ/ ADV [act, behave] de façon irresponsable ◆ **irresponsibly extravagant** d'une extravagance irresponsable

**irretrievable** /ˌɪrɪˈtriːvəbl/ ADJ [harm, damage, loss] irréparable ; [object] irrécupérable ; (Fin) [debt] irrécouvrable ◆ **the irretrievable breakdown of a relationship** la rupture irrémédiable d'une relation ◆ **to divorce on grounds of irretrievable breakdown** (Jur) divorcer pour rupture de la vie commune

**irretrievably** /ˌɪrɪˈtriːvəblɪ/ ADV irréparablement, irrémédiablement

**irreverence** /ɪˈrevərəns/ SYN N irrévérence f

**irreverent** /ɪˈrevərənt/ SYN ADJ irrévérencieux

**irreverently** /ɪˈrevərəntlɪ/ ADV irrévérencieusement

**irreversible** /ˌɪrɪˈvɜːsəbl/ SYN ADJ [damage, process, change, decline, disease, brain damage, operation] irréversible ; [decision, judgment] irrévocable

**irreversibly** /ˌɪrɪˈvɜːsəblɪ/ ADV [change] irréversiblement ; [damage] de façon irréversible

**irrevocable** /ɪˈrevəkəbl/ SYN ADJ irrévocable

**irrevocably** /ɪˈrevəkəblɪ/ ADV irrévocablement

**irrigable** /ˈɪrɪgəbl/ ADJ irrigable

**irrigate** /ˈɪrɪgeɪt/ SYN VT (Agr, Med) irriguer

**irrigation** /ˌɪrɪˈgeɪʃən/ N (Agr, Med) irrigation f

**irritability** /ˌɪrɪtəˈbɪlɪtɪ/ SYN N irritabilité f

**irritable** /ˈɪrɪtəbl/ SYN
   ADJ [person] (= cross) irritable ; (= irascible) irascible, coléreux ; [look, mood] irritable ; [temperament, nature] irascible ◆ **to get** or **grow irritable** devenir irritable
   COMP **irritable bowel syndrome** N syndrome m du côlon irritable, colopathie f spasmodique

**irritably** /ˈɪrɪtəblɪ/ ADV avec irritation

**irritant** /ˈɪrɪtənt/
   N [1] (= annoying noise, interference etc) source f d'irritation ; (= contentious issue) point m épineux ◆ **the issue has become a major irritant to the government** cette question donne du fil à retordre au gouvernement
   [2] (= substance) irritant m
   ADJ [substance, effect] irritant

**irritate** /ˈɪrɪteɪt/ SYN VT [1] (= annoy) irriter, agacer ◆ **to get** or **become irritated** s'irriter
   [2] (Med) irriter

**irritating** /ˈɪrɪteɪtɪŋ/ SYN ADJ [1] (= annoying) irritant, agaçant
   [2] (Med) irritant

**irritatingly** /ˈɪrɪteɪtɪŋlɪ/ ADV ◆ **irritatingly slow/smug** d'une lenteur/d'une autosuffisance irritante or agaçante

**irritation** /ˌɪrɪˈteɪʃən/ SYN N
   [1] (NonC = annoyance) irritation f, agacement m
   [2] (= irritant) source f d'irritation

**irruption** /ɪˈrʌpʃən/ N irruption f

**IRS** /ˌaɪɑːˈres/ N (US) (abbrev of **Internal Revenue Service**) ◆ **the IRS** ≈ le fisc

**is** /ɪz/ → **be**

**ISA** /ˈaɪsə/ N (Brit) (abbrev of **Individual Savings Account**) plan m d'épargne défiscalisé

**Isaac** /ˈaɪzək/ N Isaac m

**isagogics** /ˌaɪsəˈgɒdʒɪks/ N (NonC) notions fpl de base, prolégomènes mpl, isagogique f

**Isaiah** /aɪˈzaɪə/ N Isaïe m

**isallobar** /aɪˈsæləˌbɑːʳ/ N (Med) isallobare f

**isatin** /ˈaɪsətɪn/ N (Chem) isatine f

**ISBN** /ˌaɪesbiːˈen/ N (abbrev of **International Standard Book Number**) ISBN m

**ischaemia** /ɪˈskiːmɪə/ N (Med) ischémie f

**ischaemic** (US), **ischemic** /ɪˈskemɪk/ ADJ ischémique

**ischium** /ˈɪskɪəm/ N (pl **ischia** /ˈɪskɪə/) ischion m

**ISDN** /ˌaɪesdiːˈen/ N (abbrev of **Integrated Services Digital Network**) RNIS m

**isentropic** /ˌaɪsenˈtrɒpɪk/ ADJ isentropique

**ish** /ɪʃ/ ADV (Brit) ◆ **hungry? – ish** tu as faim ? – un (petit) peu ◆ **is it good? – ish** est-ce que c'est bien ? – pas mal *

**...ish** /ɪʃ/ SUF [1] ...âtre ◆ **blackish** plutôt noir, noirâtre (pej)
   [2] ◆ **she came at threeish** elle est venue vers 3 heures or sur les 3 heures ◆ **it's coldish** il fait un peu froid or frisquet * ◆ **she's fortyish** elle a dans les quarante ans *

**Ishtar** /ˈɪʃtɑːʳ/ N (Myth) Ishtar f

**isinglass** /ˈaɪzɪŋˌglɑːs/ N ichtyocolle f

**Isis** /ˈaɪsɪs/ N (Myth) Isis f

**Islam** /ˈɪzlɑːm/ N Islam m

**Islamic** /ɪzˈlæmɪk/ ADJ islamique ◆ **the Islamic Republic of...** la République islamique de...

**Islamicist** /ɪzˈlæmɪsɪst/ N islamiste mf

**Islamism** /ˈɪzləmɪzəm/ N islamisme m

**Islamist** /ˈɪzləmɪst/ N ⇒ **Islamicist**

**Islamization** /ˌɪzləmaɪˈzeɪʃən/ N islamisation f

**islamophobia** /ɪzˌlæməˈfəʊbɪə/ N islamophobie f

**island** /ˈaɪlənd/
   N (lit, fig) île f ; (smaller) îlot m ◆ **an island of calm** une oasis de tranquillité
   COMP [people, community] insulaire
   **island-hopping** * N ◆ **to go island-hopping** aller d'île en île ADJ ◆ **island-hopping holiday** vacances passées à aller d'île en île

**islander** /ˈaɪləndəʳ/ N insulaire mf, habitant(e) m(f) d'une île or de l'île

**isle** /aɪl/
   N (liter) île f ; → **British**
   COMP **the Isle of Man** N l'île f de Man
   **the Isle of Wight** N l'île f de Wight

**islet** /ˈaɪlɪt/ N îlot m

**ism** /ˈɪzəm/ N doctrine f, idéologie f ◆ **Marxism or any other ism** le marxisme ou tout autre doctrine or idéologie

**Ismaili** /ˌɪzmɑːˈiːlɪ/ N (= sect) ismaélisme m, ismaïlisme m ; (= member) ismaélien(ne) m(f), ismaïlien(ne) m(f)

**isn't** /ˈɪznt/ ⇒ **is not** ; → **be**

**ISO** /ˌaɪesˈəʊ/ N (abbrev of **International Standards Organization**) ISO f

**isobar** /ˈaɪsəʊˌbɑːʳ/ N isobare f

**isobath** /ˈaɪsəʊˌbæθ/ N isobathe f

**isobathic** /ˌaɪsəʊˈbæθɪk/ ADJ isobathe

**Isobel** /ˈɪzəʊbel/ N Isabelle f

**isobutene** /ˌaɪsəʊˈbjuːtiːn/ N (Chem) isobutène m

**isocheim, isochime** /ˈaɪsəʊˌkaɪm/ N isochimène f

**isochoric** /ˌaɪsəʊˈkɔːrɪk/ ADJ isochore

**isochronal** /aɪˈsɒkrənl/ ADJ isochrone

**isoclinal** /ˌaɪsəʊˈklaɪnl/ ADJ (Geol) isoclinal

**isocline** /ˈaɪsəʊklaɪn/ N (= folds) isocline f ; (= line) (ligne f) isocline f

**isodynamic** /ˌaɪsəʊdaɪˈnæmɪk/ ADJ (Phys) [line] isodynamique

**isogamy** /aɪˈsɒgəmɪ/ N isogamie f

**isogeotherm** /ˌaɪsəʊˈdʒiːəʊθɜːm/ N isogéotherme *f*

**isogloss** /ˈaɪsəʊˌglɒs/ N isoglosse *f*

**isogonic** /ˌaɪsəʊˈgɒnɪk/
ADJ *(Math)* isogone
N *(Phys)* isogone *m*

**isohel** /ˈaɪsəʊhel/ N ligne *f* isohèle

**isohyet** /ˌaɪsəʊˈhaɪɪt/ N ligne *f* isohyète

**isolable** /ˈaɪsələbl/ ADJ isolable

**isolate** /ˈaɪsəʊleɪt/ SYN VT *(all senses)* isoler *(from* de)

**isolated** /ˈaɪsəʊleɪtɪd/ SYN ADJ *(gen, Chem, Med etc)* isolé *(from sb/sth* de qn/qch) ◆ **to keep sb/sth isolated (from sb/sth)** tenir qn/qch à l'écart (de qn/qch)

**isolation** /ˌaɪsəʊˈleɪʃən/ SYN
N 1 *(gen, Med)* isolement *m* ◆ **international isolation** isolement *m* international ◆ **to be (kept) in isolation** *[prisoner]* être maintenu en isolement ◆ **he was in isolation for three months** il a passé trois mois en isolement
2 ◆ **in isolation** isolément ◆ **my remarks should not be considered in isolation** mes remarques ne devraient pas être considérées isolément *or* hors contexte ◆ **taken in isolation these statements can be dangerously misleading** hors contexte ces déclarations risquent d'être mal interprétées ◆ **no social class can exist in isolation** aucune classe sociale ne peut exister isolément ◆ **to act in isolation** agir seul ◆ **to deal with sth in isolation** traiter de qch à part
3 *(Chem etc) (= action)* isolation *f* ; *(= state)* isolement *m*
COMP **isolation hospital** N hôpital *m* de quarantaine
**isolation ward** N salle *f* de quarantaine

**isolationism** /ˌaɪsəʊˈleɪʃənɪzəm/ N isolationnisme *m*

**isolationist** /ˌaɪsəʊˈleɪʃənɪst/ ADJ, N isolationniste *mf*

**Isolde** /ɪˈzɒldə/ N Iseult *or* Iseut *f*

**isoleucine** /ˌaɪsəʊˈluːsiːn/ N isoleucine *f*

**isomer** /ˈaɪsəməʳ/ N isomère *m*

**isomeric** /ˌaɪsəˈmerɪk/ ADJ *(Chem, Phys)* isomère

**isomerism** /aɪˈsɒmərɪzəm/ N *(Chem, Phys)* isomérie *f*

**isometric** /ˌaɪsəʊˈmetrɪk/
ADJ isométrique
NPL **isometrics** exercices *mpl* musculaires isométriques

**isomorphic** /ˌaɪsəʊˈmɔːfɪk/ ADJ isomorphe

**isomorphism** /ˌaɪsəʊˈmɔːfɪzəm/ N isomorphisme *m*

**isoniazid** /ˌaɪsəʊˈnaɪəzɪd/ N isoniazide *f*

**isopleth** /ˈaɪsəʊpleθ/ N (ligne *f*) isoplèthe *f*

**isopluvial** /ˌaɪsəʊˈpluːvɪəl/ ADJ ◆ **isopluvial map** carte *f* pluviométrique

**isopod** /ˈaɪsəʊpɒd/ N *(= animal)* isopode *m*

**isoprene** /ˈaɪsəʊpriːn/ N *(Chem)* isoprène *m*

**isopropyl alcohol** /ˌaɪsəʊˈprəʊpɪl/ N *(Chem)* isopropanol *m*

**isopteran** /aɪˈsɒptərən/ N isoptère *m*

**isosceles** /aɪˈsɒsɪliːz/ ADJ isocèle

**isoseismal** /ˌaɪsəʊˈsaɪzməl/ ADJ, N *(Geol)* isosiste *f*

**isostasy** /aɪˈsɒstəsɪ/ N *(Geol)* isostasie *f*

**isostatic** /ˌaɪsəʊˈstætɪk/ ADJ *(Geol)* isostatique

**isotheral** /aɪˈsɒθərəl/ ADJ isothère

**isothere** /ˈaɪsəʊθɪəʳ/ N isothère *f*

**isotherm** /ˈaɪsəʊθɜːm/ N isotherme *f*

**isothermal** /ˌaɪsəʊˈθɜːməl/ ADJ isotherme

**isotonic** /ˌaɪsəʊˈtɒnɪk/ ADJ *[contraction, solution]* isotonique

**isotope** /ˈaɪsəʊtəʊp/ ADJ, N isotope *m*

**isotopic** /ˌaɪsəˈtɒpɪk/ ADJ *(Phys)* isotopique

**isotron** /ˈaɪsəˌtrɒn/ N isotron *m*

**isotropic** /ˌaɪsəʊˈtrɒpɪk/, **isotropous** /aɪˈsɒtrəpəs/ ADJ *(Bio, Phys)* isotrope

**isotropy** /aɪˈsɒtrəpɪ/ N *(Bio, Phys)* isotropie *f*

**ISP** /ˌaɪesˈpiː/ N (abbrev of **Internet service provider**) fournisseur *m* d'accès à Internet

**I-spy** /ˈaɪˈspaɪ/ N *(Brit) jeu où l'on essaie de faire deviner le nom d'un objet à partir de sa première lettre*

**Israel** /ˈɪzreəl/ N Israël *m* ◆ **in Israel** en Israël

**Israeli** /ɪzˈreɪlɪ/
ADJ *(gen)* israélien ; *[ambassador, embassy]* d'Israël
N (pl **Israelis** *or* **Israeli**) Israélien(ne) *m(f)*

**Israelite** /ˈɪzrɪəlaɪt/ N israélite *mf*

**ISSN** /ˌaɪesesˈen/ N (abbrev of **International Standard Serial Number**) ISSN *m*

**issue** /ˈɪʃuː/ SYN
N 1 *(= matter, question)* question *f* ; *(= point)* point *m* ; *(= problem)* problème *m* ◆ **it is a very difficult issue** c'est une question *or* un problème très complexe ◆ **the issue is whether...** la question est de savoir si... ◆ **the main** *or* **key issue is to discover if...** la question centrale est de découvrir si... ◆ **that's the main** *or* **key issue** c'est la question principale *or* le problème principal ◆ **it's not a political issue** ce n'est pas une question politique ◆ **this needn't become an issue between us** il ne faut pas que ça devienne un problème entre nous ◆ **the real issue was never addressed** le vrai problème *or* la vraie question n'a jamais été posé(e) ◆ **to face the issue** regarder le problème en face ◆ **to evade** *or* **avoid the issue** éluder le problème, prendre la tangente
♦ **at issue** ◆ **the point at issue** le point controversé ◆ **the question at issue** la question en jeu *or* qui fait problème ◆ **the matter at issue** l'affaire *f* en jeu ◆ **his integrity is not at issue** son intégrité n'est pas (mise) en doute *or* en cause ◆ **his political future is at issue** son avenir politique est (mis) en question *or* en cause ◆ **what is at issue is whether/how...** la question est de savoir si/comment...
♦ **to have issues with** *or* **about sth** mon poids m'a toujours posé problème ◆ **they have issues about the safety of their children** ils sont préoccupés par la sécurité de leurs enfants
♦ **to make an issue of sth** ◆ **he's not expected to make an issue of sanctions** il ne devrait pas insister sur la question des sanctions ◆ **he makes an issue of every tiny detail** il fait une montagne du moindre détail ◆ **I don't want to make an issue of it but...** je ne veux pas trop insister là-dessus mais...
♦ **to raise + issue** ◆ **she will raise the issue at next month's conference** elle soulèvera ce problème le mois prochain, à la conférence ◆ **she raised several new issues** elle a soulevé plusieurs points nouveaux ◆ **the priest raised the issue of human rights** le prêtre a soulevé la question des droits de l'homme ◆ **she raised the issue of who was to control the budget** elle a posé la question de savoir qui contrôlerait le budget
♦ **to take issue with** ◆ **to take issue with sb** ne pas être d'accord avec qn, être en désaccord avec qn ◆ **some of you might take issue with me on this matter** certains d'entre vous ne seront peut-être pas d'accord avec moi sur ce point ◆ **I will not take issue with the fact that we have a problem** je ne nierai pas le fait que nous avons un problème ◆ **I feel I must take issue with you on this** je me permets de ne pas partager votre avis là-dessus
2 *(= release) [of book]* publication *f*, parution *f*, sortie *f* ; *[of goods, tickets]* distribution *f* ; *[of passport, document]* délivrance *f* ; *[of banknote, cheque, stamp]* émission *f*, mise *f* en circulation ; *[of shares]* émission *f* ; *[of proclamation]* parution *f* ; *(Jur) [of warrant, writ, summons]* lancement *m* ◆ **there has been a new issue of banknotes/stamps/shares** il y a eu une nouvelle émission de billets/de timbres/d'actions ◆ **these coins are a new issue** ces pièces viennent d'être émises
3 *(= copy, number) [of newspaper, magazine]* numéro *m*, livraison *f* ◆ **in this issue** dans ce numéro
4 *(Med)* écoulement *m*
5 *(NonC: Jur or liter = offspring)* descendance *f*, progéniture *f (liter)* ◆ **without issue** sans descendance, sans progéniture *(liter)* ◆ **the king and his issue** le roi et sa descendance *or* ses descendants
6 *(frm = outcome)* résultat *m*
VT *[+ book]* publier, faire paraître ; *[+ order]* donner ; *[+ goods, tickets]* distribuer ; *[+ passport, document]* délivrer ; *[+ banknote, cheque, shares, stamps]* émettre, mettre en circulation ; *[+ proclamation]* faire ; *[+ threat, ultimatum, warning, warrant, writ]* lancer ; *[+ verdict]* rendre ◆ **to issue a statement** faire une déclaration ◆ **to issue a summons** *(Jur)* lancer une assignation ◆ **issued to bearer** *(Fin)* émis au porteur ◆ **to issue sth to sb, to issue sb with sth** fournir *or* donner qch à qn ◆ **to be issued with** recevoir ◆ **the children were issued with pencils** on a distribué des crayons aux enfants, les enfants ont reçu des crayons
VI *(liter)* ◆ **to issue forth** *[steam, liquid, people]* jaillir ◆ **to issue from** sortir de ◆ **blood issuing from his mouth, he...** alors que du sang sortait de sa bouche, il... ◆ **flames issued forth from the kitchen** des flammes sortaient de la cuisine
COMP *(esp Mil) [clothing etc]* réglementaire, d'ordonnance
**issued capital** N capital *m* émis
**issue price** N *(on Stock Exchange)* prix *m or* cours *m* d'émission

**issuer** /ˈɪʃʊəʳ/ N *(Fin)* émetteur *m*, société *f* émettrice

**Istanbul** /ˌɪstænˈbuːl/ N Istanbul

**isthmian** /ˈɪsθmɪən/ ADJ *(Geol, Med)* isthmique

**isthmus** /ˈɪsməs/ N (pl **isthmuses** *or* **isthmi** /ˈɪsmaɪ/) isthme *m*

**istle** /ˈɪstlɪ/ N tampico *m*

**Istria** /ˈɪstrɪə/ N Istrie *f*

**IT** /ˈaɪˈtiː/ N (abbrev of **information technology**) → **information**

**it**[1] /ɪt/
PRON 1 *(specific) (nominative)* il, elle ; *(accusative)* le, la ; *(before vowel)* l' ; *(dative)* lui ◆ **where is the book? – it's on the table** où est le livre ? – il est sur la table ◆ **my machine is old but it works** ma machine est vieille mais elle marche ◆ **here's the pencil – give it to me** voici le crayon – donne-le-moi ◆ **if you find the watch give it to him** si tu trouves la montre, donne-la-lui ◆ **he found the book and brought it to me** il a trouvé le livre et me l'a apporté ◆ **let the dog in and give it a drink** fais entrer le chien et donne-lui à boire
2 ◆ **of** *or* **from** *or* **about** *or* **for it** *etc* en ◆ **he's afraid of it** il en a peur ◆ **I took the letter out of it** j'en ai sorti la lettre ◆ **I feel the better for it** ça m'a fait du bien ◆ **I don't care about it** ça m'est égal, je m'en fiche* ◆ **speak to him about it** parlez-lui-en ◆ **he didn't speak to me about it** il ne m'en a pas parlé ◆ **I doubt it** *(following French verbs with "de")* j'en doute
3 ◆ **in** *or* **to** *or* **at it** *etc* y ◆ **he fell in it** il y est tombé ◆ **he'll be at it** *(meeting etc)* il y sera ◆ **he agreed to it** il y a consenti ◆ **taste it!** *(following French verbs with "à")* goûtez-y ! ◆ **don't touch it** n'y touche pas
4 ◆ **above** *or* **over it** (au-)dessus ◆ **below** *or* **beneath** *or* **under it** (au-)dessous, (en-)dessous ◆ **there's the table and your book is on it** voilà la table et votre livre est dessus ◆ **a table with a cloth over it** une table avec une nappe dessus ◆ **he drew a house with a cloud above it** il a dessiné une maison avec un nuage au-dessus ◆ **there is a fence but you can get under it** il y a une barrière mais vous pouvez passer (en-)dessous
5 *(weather, time)* il ◆ **it is raining** il pleut ◆ **it's hot today** il fait chaud aujourd'hui ◆ **it was a warm evening** il faisait doux ce soir-là ◆ **it's 3 o'clock** il est 3 heures ◆ **it's Wednesday 16 October** nous sommes (le) mercredi 16 octobre
6 *(impers: non-specific)* ◆ **it all frightens me** tout cela m'effraie ◆ **it's very pleasant here** c'est agréable *or* bien ici ◆ **who is it?** qui est-ce ? ◆ **it's me** c'est moi ◆ **what is it?** qu'est-ce que c'est ? ◆ **what's it all about?** qu'est-ce qui se passe ?, de quoi s'agit-il ? ◆ **where is it?** où est-ce ?, où est-ce que c'est ? ◆ **that's it!** *(approval)* c'est ça ! ; *(agreement)* exactement !, tout à fait ! ; *(achievement)* ça y est !, c'est fait ! ; *(anger)* ça suffit ! ; *(dismay)* ça y est ! ◆ **how was it?** comment ça s'est passé ?, comment c'était ?* ◆ **what was that noise? – it was the cat** qu'est-ce que c'était que ce bruit ? – c'était le chat ◆ **it's no use trying to see him** ce n'est pas la peine de *or* ça ne sert à rien d'essayer de le voir ◆ **it's difficult to understand** c'est difficile à comprendre ◆ **it's difficult to understand why** il est difficile de comprendre pourquoi ◆ **it's a pity** c'est dommage ◆ **I considered it pointless to protest** j'ai jugé (qu'il était) inutile de protester ◆ **it's fun to go for a swim** c'est amusant d'aller nager ◆ **it was your father who phoned** c'est ton père qui a téléphoné ◆ **it was Anne I gave it to** c'est à Anne que je l'ai donné ◆ **it can't be helped** on n'y peut rien, on ne peut rien y faire ◆ **the best of it is that...** ce qu'il y a de mieux (là-dedans) c'est que... ◆ **he's not got it in him to do this job properly** il est incapable de faire ce travail comme il faut ◆ **keep at it!** continuez ! ◆ **let's face it** regardons les choses en face ◆ **he's had it*** il est fichu* ◆ **to be with**

**it** * être dans le vent * or à la page ◆ **to get with it** * se mettre à la page * ◆ **she's got it in for me** elle m'en veut, elle a une dent contre moi *
⁷ (in games) ◆ **you're it!** c'est toi le chat !
⁸ ( * = something special) ◆ **she really thinks she's it** elle se prend vraiment pour le nombril du monde * ◆ **she's got it** elle est sexy *
**COMP** **It-Girl** N * (Brit) jeune fille f branchée

**it²** /ɪt/ N (abbrev of Italian) ◆ **gin and it** vermouth-gin m

**ITA** /ˌaɪtiːˈeɪ/ N (abbrev of **Initial Teaching Alphabet**) → **initial**

**Italian** /ɪˈtæljən/
**ADJ** (gen) italien ; [ambassador, embassy] d'Italie ; [teacher] d'italien
**N** ¹ Italien(ne) m(f)
² (= language) italien m ; → **Switzerland**
**COMP** **Italian cypress** N cyprès m d'Italie
**Italian greyhound** N levron m, lévrier m d'Italie

**Italianate** /ɪˈtæljənɪt/ ADJ [garden, landscape] à l'italienne ; [building, architecture, singing] de style italien, italianisant

**italianism** /ɪˈtæljənɪzəm/ N (Ling) italianisme m

**italianist** /ɪˈtæljənɪst/ N (= specialist) italianisant(e) m(f)

**italic** /ɪˈtælɪk/
**ADJ** (Typography) italique ◆ **italic script** or **writing** écriture f italique
**NPL** **italics** italique m ◆ **to put a word/to write in italics** mettre un mot/écrire en italique ◆ "**my italics**" « c'est moi qui souligne »

**italicization** /ɪˌtælɪsaɪˈzeɪʃən/ N impression f en italique

**italicize** /ɪˈtælɪsaɪz/ VT (Typography) mettre or imprimer en italique

**Italo-** /ɪˈtæləʊ/ PREF italo-

**Italy** /ˈɪtəlɪ/ N Italie f

**ITC** /ˌaɪtiːˈsiː/ N (Brit) (abbrev of **Independent Television Commission**) ≈ CSA m, organisme de contrôle de l'audiovisuel

**itch** /ɪtʃ/ SYN
**N** (lit) démangeaison f ◆ **I've got an itch in my leg/back** ma jambe/mon dos me démange, j'ai des démangeaisons à la jambe/dans le dos ◆ **the itch** (= scabies) la gale ◆ **I've got an itch** * **for** or **to travel** l'envie de voyager me démange ◆ **the seven-year itch** le cap des sept ans de mariage
**VI** ¹ [person] éprouver des démangeaisons ◆ **his legs itch** ses jambes le or lui démangent ◆ **my leg/back itches** ma jambe/mon dos me démange, j'ai des démangeaisons à la jambe/dans le dos ◆ **my eyes are itching** j'ai les yeux qui me piquent ◆ **my skin itches** j'ai la peau qui me gratte or démange
² * ◆ **I was itching to get started** cela me démangeait de commencer ◆ **I'm itching to tell him the news** la langue me démange de lui annoncer la nouvelle ◆ **he's itching for a fight** ça le démange de se battre ◆ **she was itching for her contract to end** elle avait hâte que son contrat se termine subj ◆ **the people are itching for change** les gens attendent un changement avec impatience
**VT** démanger
**COMP** **itch mite** N sarcopte m

**itchiness** /ˈɪtʃɪnɪs/ N démangeaisons fpl

**itching** /ˈɪtʃɪŋ/ SYN
**N** démangeaison f
**COMP** **itching powder** N poil m à gratter

**itchy** /ˈɪtʃɪ/ SYN ADJ ◆ **my eyes are itchy** j'ai les yeux qui me piquent ◆ **my skin is** or **feels itchy** j'ai la peau qui me gratte or me démange ◆ **my scalp is** or **feels itchy, I have an itchy scalp** j'ai le cuir chevelu qui me démange or qui me gratte ◆ **a dry, itchy scalp** un cuir chevelu sec et irrité ◆ **I have an itchy leg** j'ai la jambe qui me démange, j'ai des démangeaisons à la jambe ◆ **I'm** or **I feel all itchy** ça me démange de partout, ça me gratte partout ◆ **the baby has an itchy rash** le bébé a des rougeurs qui le démangent ◆ **this sweater is itchy** ce pull me gratte ◆ **to have itchy feet** * (esp Brit) (fig) avoir la bougeotte * ◆ **to have itchy fingers** * (fig) (= be impatient to act) ne pas tenir en place ; (= be likely to steal) être kleptomane sur les bords * ◆ **to have an itchy palm** * (fig, pej) avoir les doigts crochus * ◆ **to have an itchy trigger finger** * avoir la gâchette facile

**it'd** /ˈɪtd/ ⇒ **it had, it would** ; → **have**, **would**

**item** /ˈaɪtəm/ SYN
**N** (Comm, Comput) article m ; (in discussion: at meeting) question f, point m ; (in variety show) numéro m ; (in catalogue, newspaper) article m ; (Jur: in contract) article m ; (Accounting) poste m ◆ **an item of clothing** un vêtement ◆ **an item of food, a food item** un aliment ◆ **an item of jewellery, a jewellery item** un bijou ◆ **items on the agenda** questions fpl à l'ordre du jour ◆ **the first item on the programme** le premier numéro du programme ◆ **the first item on the list** (gen) la première chose sur la liste ; (on shopping list) le premier article sur la liste ; (in discussion) la première question or le premier point sur la liste ◆ **the main item in the news, the main news item** (Rad, TV) l'information f principale ◆ **we have several items for discussion** nous avons plusieurs points à discuter ◆ **they're an item** * ils sont ensemble
**ADV** item, en outre
**COMP** **item veto** N (US Pol) veto m partiel (sur un projet de loi)

**itemization** /ˌaɪtəmaɪˈzeɪʃən/ N détail m

**itemize** /ˈaɪtəmaɪz/ SYN VT donner le détail de ◆ **an itemized bill** une facture f détaillée

**iterate** /ˈɪtəreɪt/ VT (frm) réitérer

**iteration** /ˌɪtəˈreɪʃən/ N itération f

**iterative** /ˈɪtərətɪv/ ADJ itératif

**itinerant** /ɪˈtɪnərənt/ SYN ADJ [preacher] itinérant ; [actor, musician] ambulant ◆ **itinerant (lace)seller** colporteur m, -euse f (de dentelle) ◆ **an itinerant lifestyle/childhood** un mode de vie/une enfance nomade ◆ **itinerant teacher** (US Scol) professeur qui enseigne dans plusieurs établissements

**itinerary** /aɪˈtɪnərərɪ/ SYN N itinéraire m

**it'll** /ˈɪtl/ ⇒ **it will** ; → **will**

**ITN** /ˌaɪtiːˈen/ N (Brit) (abbrev of **Independent Television News**) chaîne indépendante d'actualités télévisées

**ITO** /ˌaɪtiːˈəʊ/ N (abbrev of **International Trade Organization**) OIC f

**its** /ɪts/
**POSS ADJ** son m also f before vowel, sa f, ses pl
**POSS PRON** le sien, la sienne, les siens, les siennes

**it's** /ɪts/ ⇒ **it is, it has** ; → **be**, **have**

**itself** /ɪtˈself/ PRON ¹ (emphatic) lui-même m, elle-même f ◆ **the book itself is not valuable** le livre (en) lui-même n'est pas de grande valeur ◆ **the chair itself was covered with ink** la chaise elle-même était couverte d'encre ◆ **you've been kindness itself** vous avez été la gentillesse même ◆ **she fainted in the theatre itself** elle s'est évanouie en plein théâtre or dans le théâtre même ◆ **the involvement of the foreign ministers was itself a sign of progress** l'engagement des ministres des Affaires étrangères était en soi un signe encourageant ◆ **in the town itself, the atmosphere remained calm** dans la ville même, le calme régnait ◆ **no matter who's elected, the system itself is not going to change** peu importe qui sera élu, le système en lui-même ne va pas changer
◆ **by itself** ◆ **the door closes by itself** la porte se ferme d'elle-même or toute seule ◆ **this by itself is not bad** ceci n'est pas un mal en soi ◆ **the mere will to cooperate is by itself not sufficient** la simple volonté de coopérer n'est pas suffisante en soi
◆ **in itself, in and of itself** en soi ◆ **just reaching the semifinals has been an achievement in itself** arriver en demi-finale a déjà été un exploit en soi ◆ **this in itself is not bad** ceci n'est pas un mal en soi ◆ **an end in itself** une fin en soi
² (reflexive) se ◆ **the dog hurt itself** le chien s'est fait mal ◆ **the computer can reprogram itself** l'ordinateur peut se reprogrammer tout seul ◆ **a group which calls itself the freedom movement** un groupe qui se donne le nom de mouvement pour la liberté

**itsy-bitsy** * /ˌɪtsɪˈbɪtsɪ/ ADJ minuscule, tout petit

**ITU** /ˌaɪtiːˈjuː/ N (abbrev of **International Telecommunications Union**) UIT f

**ITV** /ˌaɪtiːˈviː/ N (Brit) (abbrev of **Independent Television**) chaîne indépendante de télévision

**IU(C)D** /ˌaɪjuː(siː)ˈdiː/ N (abbrev of **intrauterine (contraceptive) device**) DIU m

**IV, i.v.** /ˈaɪˈviː/ (abbrev of **intravenous(ly)**) IV, iv

**Ivan** /ˈaɪvən/ N Ivan m ◆ **Ivan the Terrible** Ivan le Terrible

**I've** /aɪv/ ⇒ **I have** ; → **have**

**IVF** /ˌaɪviːˈef/ N (abbrev of **in vitro fertilization**) FIV f

**ivory** /ˈaɪvərɪ/
**N** ¹ (NonC) ivoire m
² (= object) ivoire m
³ ◆ **ivories** * (= piano keys) touches fpl ; (= dice) dés mpl ; (= teeth) dents fpl
**COMP** [statue, figure] en ivoire, d'ivoire ; (also **ivory-coloured**) ivoire inv
**Ivory Coast** N Côte-d'Ivoire f
**ivory tower** N tour f d'ivoire
**ivory trade** N (= selling) commerce m de l'ivoire ; (= industry) industrie f de l'ivoire

**ivy** /ˈaɪvɪ/
**N** lierre m
**COMP** **Ivy League** N (US) les huit grandes universités privées du nord-est ADJ ≈ BCBG *

- **IVY LEAGUE**
- Les universités dites de l'**Ivy League** sont huit universités du nord-est des États-Unis réputées pour la qualité de leur enseignement et qui ont créé une association visant à encourager les compétitions sportives interuniversitaires. Il s'agit des universités de Harvard, Yale, Pennsylvania, Princeton, Columbia, Brown, Dartmouth et Cornell. Le nom de cette « ligue du lierre » vient du fait que la plupart des bâtiments de ces prestigieuses institutions sont recouverts de lierre.
- Un **Ivy Leaguer** est un étudiant appartenant à l'une de ces universités, ou toute personne qui en adopte les modes et les comportements.

**ivyleaf geranium** /ˌaɪvɪliːfdʒəˈreɪnɪəm/ N géranium-lierre m

**ixia** /ˈɪksɪə/ N ixia f

**izard** /ˈɪzəd/ N (= animal) isard m

# J

**J, j** /dʒeɪ/ N (= letter) J, j m ✦ **J for Jack, J for John, J for Jig** (US) ≃ J comme Jean

**J/A** N (abbrev of **joint account**) compte m joint

**jab** /dʒæb/ SYN
- **VT** [+ knife, stick] enfoncer, planter (into dans) ✦ **he jabbed his elbow into my side** il m'a donné un coup de coude dans les côtes ✦ **he jabbed the fabric with his needle** il a planté son aiguille dans l'étoffe ✦ **he jabbed a finger at the map** il a montré la carte du doigt
- **VI** (Boxing) lancer un coup droit, envoyer un direct (at à)
- **N** 1 coup m (donné avec un objet pointu)
  2 (Brit * = injection) piqûre f ✦ **I've had my jab** on m'a fait ma piqûre ✦ **tetanus/measles/flu jab** vaccin m contre le tétanos/la rougeole/la grippe
  3 (Boxing) direct m ✦ **left/right jab** direct du gauche/du droit

**jabber** /ˈdʒæbəʳ/ (pej)
- **VT** (also **jabber out**) [+ excuse, explanation] bafouiller, bredouiller ; [+ foreign language] baragouiner ; [+ prayers] marmotter
- **VI** 1 (= speak unintelligibly) (also **jabber away**) baragouiner ✦ **they were jabbering (away) in Chinese** ils baragouinaient en chinois
  2 (= chatter) (also **jabber on**) jacasser, caqueter ✦ **he was jabbering (on) about his holidays** il parlait à n'en plus finir de ses vacances

**jabbering** /ˈdʒæbərɪŋ/ N jacassement m, caquetage m

**jabbing** /ˈdʒæbɪŋ/ ADJ [pain] aigu (f aiguë)

**jaborandi** /ˌdʒæbəˌrændɪ/ N jaborandi m

**jabot** /ˈʒæbəʊ/ N [of garment] jabot m

**jacaranda** /ˌdʒækəˈrændə/ N jacaranda m

**jack** /dʒæk/
- **N** 1 (for car) cric m
  2 (Bowls) cochonnet m, bouchon * m
  3 (Cards) valet m
  4 (= flag) → **union**
  5 ✦ **before you could say Jack Robinson*** en moins de temps qu'il n'en faut pour le dire ✦ **I'm all right Jack*** moi, je suis peinard *
  6 ✦ **every man jack** chacun ✦ **every man jack of them** tous tant qu'ils sont (or étaient etc)
- **NPL jacks** (= game) osselets mpl
- **COMP** **"Jack and the Beanstalk"** N « Jack et le Haricot magique »
- **jack-by-the-hedge** N (= plant) alliaire f
- **Jack Frost** N (le) Bonhomme Hiver
- **jack-in-office*** N (pej) rond-de-cuir qui joue les petits chefs
- **jack-in-the-box** N diable m (à ressort)
- **jack-knife** N (pl **jack-knives**) couteau m de poche ✦ **VI** ✦ **the lorry jack-knifed** la remorque (du camion) s'est mise en travers ✦ **jack-knife dive** saut m carpé or de carpe
- **jack of all trades** N (pl **jacks of all trades**) ✦ **he's a jack of all trades (and master of none)** c'est un touche-à-tout
- **jack-o'-lantern** N feu follet m
- **jack pike** N (= fish) petit brochet m, brocheton m
- **jack plug** N fiche f mâle, jack m
- **jack rabbit** N gros lièvre m (de l'Ouest américain)
- **Jack Russell** N (= dog) jack russell terrier m
- **jack shit*** N (US) que dalle *
- **Jack Tar***, **jack tar*** N (Naut) marin m, matelot m
- **Jack-the-lad*** N (Brit) petit frimeur * m (pej)

▶ **jack in*** VT SEP (Brit) plaquer *

▶ **jack up** VT SEP 1 [+ car] soulever avec un cric ✦ **the car was jacked up** la voiture était sur le cric
2 (* = raise) [+ prices, wages] faire grimper

**jackal** /ˈdʒækɔːl/ N chacal m

**jackanapes** † /ˈdʒækəneɪps/ N polisson(ne) m(f)

**jackaroo*** /ˌdʒækəˈruː/ N (Austral) garçon m de ferme

**jackass** /ˈdʒækæs/ N âne m, baudet * m ; (* fig) crétin * m ; → **laughing**

**jackboot** /ˈdʒækbuːt/
- **N** 1 botte f cavalière
  2 (fig = military dictatorship) régime m totalitaire ✦ **to live under the jackboot of** vivre or être sous la botte de
- **ADJ** [discipline, method] autoritaire, dictatorial

**jackdaw** /ˈdʒækdɔː/ N choucas m

**jackeroo*** /ˌdʒækəˈruː/ N (Austral) garçon m de ferme

**jacket** /ˈdʒækɪt/ SYN
- **N** 1 (straight, fitted style) (man's) veste f, veston m ; (woman's) veste f ; (padded or blouson style) blouson m ; → **life**
  2 [of water boiler] enveloppe f calorifugée ; [of book] jaquette f ; [of record] pochette f ✦ **jacket potatoes, potatoes baked in their jackets** (Brit) pommes fpl de terre cuites au four dans leur peau or en robe des champs
- **VT** [+ book] doter d'une jaquette

**jackfruit** /ˈdʒækfruːt/ N (tree) jaquier m ; (fruit) jaque m

**jackhammer** /ˈdʒækˌhæməʳ/ N (US) marteau-piqueur m

**jackleg** /ˈdʒækleg/ ADJ (US) (= not qualified) amateur ; (= dishonest) [work] louche ; (= makeshift) [structure] de fortune

**jackpot** /ˈdʒækpɒt/ SYN N gros lot m, jackpot m ✦ **to hit the jackpot** (lit, fig) gagner le gros lot or le jackpot ; (= be successful) faire un malheur * or un tabac *

**jacksie*** /ˈdʒæksɪ/ N (Brit = bottom) cul ** m ✦ **he got kicked up the jacksie** il a reçu des coups de pied au cul **

**jacksnipe** /ˈdʒæksnaɪp/ N (= bird) bécassine f sourde

**jackstraw** /ˈdʒækstrɔː/
- **N** (fig) nullité f
- **COMP jackstraws** NPL (= game) (jeu m de) jonchets mpl

**Jacob** /ˈdʒeɪkəb/
- **N** Jacob m
- **COMP Jacob's ladder** N l'échelle f de Jacob

**Jacobean** /ˌdʒækəˈbiːən/ ADJ jacobéen (-éenne f) (de l'époque de Jacques I[er] d'Angleterre (1603-1625))

**Jacobite** /ˈdʒækəbaɪt/
- **N** Jacobite mf
- **ADJ** jacobite

**Jacquard** /ˈdʒækɑːd/ N (= loom, weave) jacquard m

**Jacuzzi** ® /dʒəˈkuːzɪ/ N jacuzzi ® m

**jade¹** /dʒeɪd/
- **N** jade m
- **ADJ** (colour) (couleur de) jade inv
- **COMP jade-green** ADJ vert jade inv

**jade²** /dʒeɪd/ SYN N (= horse) haridelle f, rossinante f ; († pej = prostitute) traînée * f ; († = pert girl) coquine f

**jaded** /ˈdʒeɪdɪd/ SYN ADJ [person] las (lasse f) (with or about de), blasé ; [palate] blasé ✦ **his appetite was jaded** il avait l'estomac fatigué

**jadeite** /ˈdʒeɪdaɪt/ N (Miner) jadéite f

**Jaffa** /ˈdʒæfə/ N (Geog) Jaffa

**Jag*** /dʒæg/ N (= car) jag * f, jague * f

**jag** /dʒæg/
- **N** 1 saillie f, aspérité f
  2 (* fig) ✦ **a drinking jag** une cuite * ✦ **they were on a drinking jag last night** ils se sont bien cuités * or ils ont pris une fameuse cuite * hier soir ✦ **a crying jag** une crise de larmes
  3 (Scot) injection f, piqûre f
- **VT** (catch, tear) déchirer

**jagged** /ˈdʒægɪd/ SYN ADJ [rocks, edge, glass, metal] déchiqueté ; [tear] irrégulier, en dents de scie ; [hole] aux bords déchiquetés or irréguliers

**jaggy** /ˈdʒægɪ/ ADJ irrégulier

**jaguar** /ˈdʒægjʊəʳ/ N jaguar m

**jai alai** /ˈhaɪəˌlaɪ/ N (US Sport) ≃ pelote f basque

**jail** /dʒeɪl/ SYN
- **N** prison f ✦ **he is in jail** il est en prison ✦ **he was in jail for five years** il a fait cinq ans de prison ✦ **to put sb in jail** mettre qn en prison ✦ **to send sb to jail** condamner qn à la prison ✦ **to send sb to jail for five years** condamner qn à cinq ans de prison ✦ **to break jail** s'évader (de prison) ✦ **to get out of jail** (lit) sortir de prison ; (Sport) se ressaisir, reprendre le dessus
- **VT** mettre en prison ✦ **to jail sb for life** condamner qn (à la réclusion) à perpétuité ✦ **to jail sb for theft/murder** condamner qn à la prison pour vol/meurtre
- **COMP jail sentence** N peine f de prison ✦ **she got a three-year jail sentence** elle a été condamnée à (une peine de) trois ans de prison

**jailbait*** /ˈdʒeɪlbeɪt/ N (US) mineure f ✦ **she's jailbait** (NonC) si tu touches à cette fille, tu te retrouves en taule *

**jailbird** /ˈdʒeɪlbɜːd/ N récidiviste mf

**jailbreak** /ˈdʒeɪlbreɪk/ N évasion f (de prison)

**jailbreaker** /ˈdʒeɪlbreɪkəʳ/ N évadé(e) m(f)

**jailer** /ˈdʒeɪləʳ/ SYN N geôlier m, -ière f

**jailhouse** /ˈdʒeɪlhaʊs/ N prison f

**Jain** /dʒaɪn/ ADJ, N (Rel) jaïn (mf) inv

**Jainism** /ˈdʒaɪnɪzəm/ N (Rel) jaïnisme m

**Jainist** /ˈdʒaɪnɪst/ ADJ, N (Rel) jaïn (mf) inv

**Jakarta** /dʒəˈkɑːtə/ N Djakarta or Jakarta

**jakes**‡ /dʒeɪks/ N ◆ **the jakes** les cabinets mpl

**jalap, jalop** /ˈdʒæləp/ N jalap m

**jalapeño** /ˌdʒæləˈpiːnəʊ, hæləˈpenjəʊ/ N (piment m) jalapenos m

**jalop(p)y** */dʒəˈlɒpɪ/ N vieux tacot* m, guimbarde f

**jalousie** /ˈʒæluːziː/ N jalousie f (store)

**jam¹** /dʒæm/ SYN
- **N** 1 (= crush) [of vehicles] embouteillage m ; [of people] foule f, masse f ; → **log¹, traffic**
  2 (* = mess) pétrin m ◆ **to be in a jam** être dans le pétrin ◆ **to get into/out of a jam** se mettre dans le/se tirer du pétrin ◆ **to get sb into/out of a jam** mettre qn dans le/tirer qn du pétrin
  3 (Climbing) coincement m, verrou m
- **VT** 1 (= stuff) entasser ; (= thrust) fourrer, enfoncer ◆ **to jam clothes into a suitcase** entasser des vêtements dans une valise ◆ **the prisoners were jammed into a small cell** les prisonniers ont été entassés dans une petite cellule ◆ **he jammed his hat on** il a enfoncé son chapeau sur sa tête ◆ **she jammed her hands into her pockets** elle a enfoncé or fourré ses mains dans ses poches ◆ **he jammed a handkerchief up his sleeve** il a fourré un mouchoir dans sa manche ◆ **to jam one's foot on the brake** écraser le frein, enfoncer la pédale de frein
  2 (= wedge) [+ door, window] coincer ◆ **to be jammed between the wall and the door** être coincé entre le mur et la porte ◆ **he got his finger jammed in the door, he jammed his finger in the door** il s'est coincé le doigt dans la porte ◆ **the coins got jammed in the machine** les pièces se sont coincées dans la machine ◆ **to jam a door open/shut** coincer or bloquer une porte en position ouverte/fermée
  3 (= make unworkable) (also **jam up**) [+ lock] bloquer ; [+ mechanism] enrayer, coincer ; [+ gun, machine] enrayer ; [+ hinge] coincer ; [+ brake] bloquer, coincer
  4 (= block) [crowd, cars] [+ street, corridor] encombrer, embouteiller ◆ **a street jammed with cars** une rue embouteillée ◆ **the street was jammed with people** la rue était noire de monde ◆ **the entrance was jammed with people** des gens bouchaient l'entrée ◆ **spectators jammed the stadium for the match** les spectateurs se sont entassés dans le stade pour le match ◆ **the drain was jammed with rubbish** l'égout était bouché par des ordures
  5 [+ station, broadcast, transmission, radar signal] brouiller ; (Telec) [+ line] encombrer ; [+ switchboard] encombrer, saturer
- **VI** 1 (= become stuck) [door, switch, lever, hinge] se coincer ; [mechanism] s'enrayer, se coincer ; [gun] s'enrayer ; [brake] se bloquer ◆ **the key jammed in the lock** la clé s'est coincée dans la serrure
  2 (= press tightly) ◆ **the crowd jammed into the courtroom** la foule s'est entassée dans la salle de tribunal
- **COMP jam-full, jam-packed** ADJ [room] comble, plein à craquer* ; [bus] bondé, plein à craquer* ; [street, pavements] noir de monde ; [container, suitcase] plein à ras bord

▶ **jam in** VT SEP [+ people] (= pack in) entasser ; (= trap, wedge) coincer ◆ **to get jammed in** se retrouver coincé

▶ **jam on** VT SEP 1 ◆ **to jam on the brakes** écraser le frein, enfoncer la pédale de frein
  2 ◆ **to jam on one's hat** enfoncer son chapeau sur sa tête

**jam²** /dʒæm/
- **N** (esp Brit) confiture f ◆ **cherry jam** confiture de cerises ◆ **you want jam on it!*** (Brit) et quoi encore ? ◆ **to promise jam tomorrow** promettre des jours meilleurs ◆ **(it's a case of) jam tomorrow** ça ira mieux demain ; → **money**
- **COMP** [tart] à la confiture
  **jam jar, jam pot** N pot m à confiture
  **jam pan** N bassine f à confiture
  **jam puff** N (Brit) feuilleté m à la confiture
  **jam roll** N (Brit) roulé m à la confiture

**jam³** /dʒæm/ (Mus)
- **N** (also **jam session**) bœuf* m, jam-session f
- **VI** faire un bœuf*

**Jamaica** /dʒəˈmeɪkə/
- **N** Jamaïque f ◆ **in Jamaica** à la Jamaïque ◆ "**Jamaica Inn**" (Literat) « L'Auberge de la Jamaïque »
- **COMP Jamaica pepper** N toute-épice f

**Jamaican** /dʒəˈmeɪkən/
- **ADJ** jamaïquain ; [ambassador, embassy] de la Jamaïque
- **N** Jamaïquain(e) m(f)

**jamb** /dʒæm/ N [of door, window] jambage m, montant m

**jambalaya** /ˌdʒʌmbəˈlaɪə/ N plat de la Louisiane à base de riz et de fruits de mer

**jamboree** /ˌdʒæmbəˈriː/ SYN N (= gathering) grand rassemblement m ; (= merrymaking) festivités fpl ; (scouts) jamboree m ; (fig) réjouissances fpl

**James** /dʒeɪmz/ N Jacques m

**jamming** /ˈdʒæmɪŋ/ N (Rad) brouillage m ; (Telec) encombrement m

**jammy** /ˈdʒæmɪ/ ADJ 1 (lit) [fingers, hands] poisseux (de confiture)
  2 (Brit ‡ = lucky) verni* ◆ **that was pretty jammy!** c'était un coup de veine* or de pot* ! ◆ **jammy devil** or **so-and-so** veinard(e)* m(f)

**JAN** /ˌdʒeɪeɪˈen/ N (US) (abbrev of **Joint Army-Navy**) organisation commune armée-marine

**Jan.** abbrev of **January**

**Jane** /dʒeɪn/
- **N** → **plain**
- **COMP Jane Doe** N (US Jur) femme dont on ignore le nom

**jangle** /ˈdʒæŋgl/ SYN
- **VI** [bracelets, chains] cliqueter ; [saucepans] retentir avec un bruit de ferraille or de casserole ; [bells] retentir ◆ **his nerves were jangling** il avait les nerfs à vif
- **VT** faire cliqueter ◆ **jangled nerves** nerfs mpl à vif
- **N** cliquetis m

**jangling** /ˈdʒæŋglɪŋ/
- **ADJ** [keys, bracelets] cliquetant ; [phone, music] strident
- **N** [of keys] cliquetis m ; [of phone] sonnerie f stridente

**janitor** /ˈdʒænɪtər/ SYN N (= doorkeeper) portier m ; (US, Scot = caretaker) concierge m, gardien m

**Jansenism** /ˈdʒænsənˌɪzəm/ N jansénisme m

**Jansenist** /ˈdʒænsənɪst/ ADJ, N janséniste mf

**Jansenistic** /ˌdʒænsənˈɪstɪk/ ADJ janséniste

**jansky** /ˈdʒænskɪ/ N (pl **janskys**) (Astron) jansky m

**January** /ˈdʒænjʊərɪ/ N janvier m ; pour loc voir **September**

**Janus** /ˈdʒeɪnəs/ N Janus m

**Jap** /dʒæp/ N (pej) (abbrev of **Japanese**) Japonais(e) m(f)

**Japan** /dʒəˈpæn/ N Japon m ◆ **in Japan** au Japon

**japan** /dʒəˈpæn/
- **N** laque f
- **VT** laquer

**Japanese** /ˌdʒæpəˈniːz/
- **ADJ** (gen) japonais ; [ambassador, embassy] du Japon ; [teacher] de japonais
- **N** 1 Japonais(e) m(f)
  2 (= language) japonais m
- **NPL the Japanese** les Japonais mpl
- **COMP Japanese flowering cherry** N cerisier m du Japon
  **Japanese larch** N mélèze m du Japon
  **Japanese red cedar** N cèdre m du Japon

**jape** † /dʒeɪp/ N (= trick) farce f, tour m ; (= joke) blague* f

**japonica** /dʒəˈpɒnɪkə/ N cognassier m du Japon

**jar¹** /dʒɑːʳ/ SYN
- **N** (= harsh sound) son m discordant ; (= jolt : lit, fig) secousse f, choc m ◆ **that gave him a nasty jar** (lit, fig) cela l'a sérieusement ébranlé or secoué
- **VI** 1 (= sound discordant) rendre un son discordant ; (= rattle, vibrate) vibrer, trembler ◆ **to jar against sth** cogner sur qch or heurter qch (avec un bruit discordant)
  2 (= clash, be out of harmony) [note] détonner ; [colours] jurer (with avec) ; (fig) [ideas, opinions] se heurter ◆ **what he says jars a little** ce qu'il dit sonne faux
- **VT** [+ structure] ébranler ; [+ person] ébranler, secouer ; (fig) commotionner, choquer ◆ **the explosion jarred the whole building** l'explosion a ébranlé tout le bâtiment ◆ **he was badly jarred by the blow** il a été sérieusement commotionné par le choc ◆ **you jarred my elbow** tu m'as cogné le coude

**jar (up)on** VT FUS irriter, agacer ◆ **this noise jars (up)on my nerves** ce bruit me met les nerfs en boule* or me tape sur les nerfs ◆ **her screams jar (up)on my ears** ses cris m'écorchent or me percent les oreilles

**jar²** /dʒɑːʳ/ SYN N 1 (of glass) bocal m ; (of stone, earthenware) pot m, jarre f ; → **jam²**
  2 (Brit * = drink) pot* m, verre m ◆ **we had a few jars** on a pris quelques verres

**jardinière** /ˌʒɑːdɪˈnjɛəʳ/ N (= plant holder, Culin) jardinière f

**jargon** /ˈdʒɑːgən/ SYN N (= technical language) jargon m ; (= pompous nonsense) jargon m, charabia* m

**jarl** /jɑːl/ N (Hist) jarl m

**jarring** /ˈdʒɑːrɪŋ/ ADJ 1 (= discordant) [noise, voice, colours] discordant ◆ **to strike a jarring note** (fig) détonner
  2 (= jolting) ◆ **jarring shock** secousse f
  3 (= upsetting) [experience] bouleversant

**jasmine** /ˈdʒæzmɪn/ N jasmin m ◆ **jasmine tea** thé m au jasmin

**Jason** /ˈdʒeɪsən/ N Jason m

**jasper** /ˈdʒæspəʳ/ N jaspe m

**jato** /ˈdʒeɪtəʊ/ N (pl **jatos**) [of aircraft] décollage m JATO

**jaundice** /ˈdʒɔːndɪs/ N (Med) jaunisse f

**jaundiced** /ˈdʒɔːndɪst/ SYN ADJ (fig = bitter) amer, aigri ◆ **to look on sth with a jaundiced eye, to take a jaundiced view of sth** voir qch d'un mauvais œil ◆ **he has a fairly jaundiced view of things** il voit les choses en noir ◆ **to give sb a jaundiced look** regarder qn d'un œil torve

**jaunt** /dʒɔːnt/ SYN N ◆ **to go for a jaunt** aller faire un tour or une virée*

**jauntily** /ˈdʒɔːntɪlɪ/ ADV (= cheerily) [say] d'une voix enjouée ; [walk] d'un pas leste

**jauntiness** /ˈdʒɔːntɪnɪs/ N désinvolture f

**jaunty** /ˈdʒɔːntɪ/ SYN ADJ (= cheery) [air, tone] enjoué ; [step] leste, vif ; [hat, clothes] coquet ◆ **a hat worn at a jaunty angle** un chapeau incliné sur le côté de façon guillerette

**Java¹** /ˈdʒɑːvə/
- **N** (Geog) Java f ◆ **in Java** à Java
- **COMP Java man** N pithécanthrope m, homme m de Java

**Java²** ® /ˈdʒɑːvə/ N (Comput) Java m

**java*** /ˈdʒɑːvə/ N (US = coffee) café m, kawa* m

**Javanese** /ˌdʒɑːvəˈniːz/
- **ADJ** javanais
- **N** 1 (pl inv) Javanais(e) m(f)
  2 (= language) javanais m

**javelin** /ˈdʒævlɪn/
- **N** (Sport) javelot m ; (Mil) javelot m, javeline f ◆ **the javelin** (= competition) le (lancer du) javelot
- **COMP javelin thrower** N (Sport) lanceur m, -euse f de javelot
  **javelin throwing** N (NonC) le lancement or le lancer du javelot

**jaw** /dʒɔː/ SYN
- **N** 1 (Anat) mâchoire f ; [of pincer, vice] mâchoire f ◆ **his jaw dropped (in astonishment)** il en est resté bouche bée ◆ **his jaw was set in concentration** la concentration lui faisait serrer les mâchoires ◆ **his jaw was set in an angry line** sa mâchoire serrée lui donnait un air furieux ◆ **the jaws of death** les bras mpl de la mort ◆ **the jaws of hell** (liter) les portes fpl de l'enfer ◆ "**Jaws**" (Cine) « Les dents de la mer » ; → **lockjaw, lower¹**
  2 (= chat) ◆ **we had a good old jaw*** on a bien papoté*
- **VI** (= chat) papoter*, tailler une bavette* ; (= moralize) faire un sermon* ◆ **he was jawing (on) about...** il discourait sur... (pej)
- **COMP jaw-dropping** ADJ stupéfiant

**jawbone** /ˈdʒɔːbəʊn/
- **N** (os m) maxillaire m
- **VT** (US fig) chercher à convaincre, exercer des pressions sur

**jawboning**‡ /ˈdʒɔːbəʊnɪŋ/ N (US Pol) pressions fpl gouvernementales

**jawbreaker** /ˈdʒɔːbreɪkəʳ/ N (US) (= word) mot m très difficile à prononcer ; (= sweet) bonbon m dur à sucer

**-jawed** /dʒɔːd/ ADJ (in compounds) au menton... ◆ **square-jawed** au menton carré

**jawline** /ˈdʒɔːlaɪn/ N menton m

**jay** /dʒeɪ/ N (= bird) geai m

**Jayhawker** /ˈdʒeɪˌhɔːkər/ N (US) habitant(e) m(f) du Kansas ◆ **the Jayhawker State** le Kansas

**jaywalk** /ˈdʒeɪˌwɔːk/ VI traverser la chaussée en dehors des clous

**jaywalker** /ˈdʒeɪˌwɔːkər/ N piéton(ne) m(f) indiscipliné(e)

**jaywalking** /ˈdʒeɪˌwɔːkɪŋ/ N (gen) indiscipline f des piétons ◆ **to be accused of jaywalking** être accusé d'avoir traversé la chaussée en dehors des clous

**jazz** /dʒæz/
- N (Mus) jazz m ◆ **and all that jazz** * et tout le bataclan *, et tout ça ; → **hot**
- VI (US * = exaggerate) exagérer
- COMP [band, club, record] de jazz
- **jazz ballet** N ballet m sur musique de jazz
- **jazz rock** N jazz-rock m
▶ **jazz up** VT SEP [1] (Mus) ◆ **to jazz up the classics** mettre les classiques au goût du jour ◆ **a jazzed-up version of the national anthem** une version de l'hymne national mise au goût du jour
[2] * [+ occasion] animer ◆ **to jazz up a party** mettre de l'animation dans une soirée ◆ **to jazz up an old dress** égayer or rajeunir une vieille robe ◆ **she jazzed her outfit up with a scarf** elle a égayé sa tenue avec un foulard

**jazzed*** /dʒæzd/ ADJ (US) ◆ **to be jazzed for sth** être plein d'entrain à la pensée de qch

**jazzman** /ˈdʒæzmən/ N (pl -men) jazzman m

**jazzy** /ˈdʒæzɪ/ ADJ [1] (* = showy) [clothes, product, car] voyant, qui en jette *
[2] (= upbeat) [music] vivant, gai ; (= jazz-like) [rhythm, beat] de jazz

**JC** (abbrev of Jesus Christ) → **Jesus**

**JCB** ® /ˌdʒeɪsiːˈbiː/ N ABBR pelle f hydraulique automotrice

**JCR** /ˌdʒeɪsiːˈɑːr/ N (Brit) (abbrev of Junior Common Room) → **junior**

**JCS** /ˌdʒeɪsiːˈes/ N (US Mil) (abbrev of Joint Chiefs of Staff) → **joint**

**jct., jctn** abbrev of **junction**

**JD** /ˌdʒeɪˈdiː/ N (US = Doctor of Laws) ≃ doctorat m en droit

**jealous** /ˈdʒeləs/ SYN ADJ (= envious) [person, nature, look] jaloux (of de) ◆ **a jealous rage** une crise de jalousie ◆ **jealous feelings** jalousie f ◆ **to keep a jealous watch over** ~ **to cast a jealous eye on sb/sth** surveiller qn/qch d'un œil jaloux

**jealously** /ˈdʒeləslɪ/ ADV [watch] d'un œil jaloux ; [guard, protect] jalousement ◆ **jealously guarded** [secret, privilege] jalousement gardé

**jealousy** /ˈdʒeləsɪ/ SYN N jalousie f

**Jean** /dʒiːn/ N Jeanne f

**jeans** /dʒiːnz/ NPL (also **pair of jeans**) jean m ; → **blue**

**Jedda** /ˈdʒedə/ N (Geog) Djeddah

**Jeep** ® /dʒiːp/ N jeep ® f

**jeepers creepers*** /ˌdʒiːpəzˈkriːpəz/ EXCL (US) nom d'un chien ! *, bon sang ! *

**jeer** /dʒɪər/ SYN
- N (= mocking remark) raillerie f ; (from a crowd) quolibet m, huée f
- VI [individual] railler ; [crowd] huer, conspuer (frm) ◆ **to jeer at sb** se moquer de qn, railler qn
- VT huer, conspuer

**jeering** /ˈdʒɪərɪŋ/
- ADJ railleur, moqueur
- N (= mocking remarks) railleries fpl ; [of crowd] huées fpl

**jeeringly** /ˈdʒɪərɪŋlɪ/ ADV [say] d'un ton moqueur

**Jeez*** /dʒiːz/ EXCL bon Dieu ! *, putain ! *

**jehad** /dʒɪˈhæd/ N ⇒ **jihad**

**Jehovah** /dʒɪˈhəʊvə/
- N Jéhovah m
- COMP **Jehovah's Witness** N Témoin m de Jéhovah

**jejunal** /dʒɪˈdʒuːnəl/ ADJ jéjunal

**jejune** /dʒɪˈdʒuːn/ ADJ (liter) (= naive) naïf (naïve f) ; (= dull) ennuyeux, plat

**jejunum** /dʒɪˈdʒuːnəm/ N jéjunum m

**Jekyll and Hyde** /ˌdʒekələnˈhaɪd/ N ◆ **a Jekyll and Hyde (character)** une sorte de Docteur Jekyll et Mister Hyde

**jell** /dʒel/ VI ⇒ **gel**¹

**jellaba** /ˈdʒeləbə/ N djellaba f

**jellied** /ˈdʒelɪd/ ADJ [eels, meat] en gelée

**Jell-O** ®, **jello** /ˈdʒeləʊ/ N (US Culin) gelée f

**jelly** /ˈdʒelɪ/
- N [1] (Brit : gen) gelée f ; (US) (= jam) confiture f ◆ **blackcurrant jelly** gelée f de cassis ◆ **my legs turned to jelly** mes jambes se sont dérobées sous moi ; → **petroleum**
[2] * ⇒ **gelignite**
- COMP **jelly baby** N bonbon m à la gélatine (en forme de bébé)
- **jelly bean** N bonbon m à la gelée
- **jelly bear** N nounours m (bonbon)
- **jelly roll** N (US Culin) gâteau m roulé

**jellyfish** /ˈdʒelɪfɪʃ/ N (pl **jellyfish** or **jellyfishes**) méduse f

**jemmy** /ˈdʒemɪ/ (Brit)
- N pince-monseigneur f
- VT ◆ **to jemmy sth open** ouvrir qch à l'aide d'une pince-monseigneur

**Jena** /ˈjeːnɑː/ N (Geog) Iéna

**jeopardize** /ˈdʒepədaɪz/ SYN VT mettre en péril, compromettre ◆ **the publicity could jeopardize the entire operation** le fait que les médias en ont parlé pourrait compromettre or mettre en péril l'opération tout entière

**jeopardy** /ˈdʒepədɪ/ SYN
◆ **to be in jeopardy** [person, life] être en péril ◆ **his life is in jeopardy** sa vie est or ses jours sont en péril ◆ **his happiness is in jeopardy** son bonheur est menacé ◆ **their marriage is in jeopardy** leur mariage est en jeu ◆ **my business is in jeopardy** mon affaire risque de couler
◆ **to put sth in jeopardy** (= endanger) compromettre qch ◆ **these setbacks have put the whole project in jeopardy** ces revers ont compromis le projet tout entier
◆ **to put sb in jeopardy** mettre la vie de qn en péril ◆ **its 325 passengers were put in jeopardy** la vie de ses 325 passagers a été mise en péril

**jerbil** /ˈdʒɜːbɪl/ N ⇒ **gerbil**

**jerboa** /dʒɜːˈbəʊə/ N gerboise f

**jeremiad** /ˌdʒerɪˈmaɪəd/ SYN N jérémiade f

**Jeremiah** /ˌdʒerɪˈmaɪə/ N Jérémie m

**jerepigo** /ˌdʒerɪˈpiːɡəʊ/ N vin de liqueur sud-africain

**Jericho** /ˈdʒerɪˌkəʊ/ N Jéricho

**jerk** /dʒɜːk/ SYN
- N [1] (= push, pull, twist) secousse f, saccade f ; (Med) réflexe m tendineux, crispation f nerveuse ◆ **the car moved along in a series of jerks** la voiture a avancé par saccades or par à-coups ◆ **the train started with a series of jerks** le train s'est ébranlé avec une série de secousses or de saccades
[2] (esp US * pej = person) pauvre type * m ; → **physical**, **soda**
- VT (= pull) tirer brusquement ; (= shake) secouer (par saccades), donner une secousse à ◆ **she jerked her head up** elle a brusquement redressé la tête ◆ **he jerked the book out of my hand** il m'a brusquement arraché le livre que je tenais à la main ◆ **he jerked himself free** il s'est libéré d'une secousse ◆ **to jerk out an apology** bafouiller une excuse
- VI [1] ◆ **the car jerked along** la voiture roulait en cahotant ◆ **he jerked away (from me)** il s'est brusquement écarté de moi
[2] [person, muscle] se contracter, se crisper
▶ **jerk off**** VI se branler *

**jerkily** /ˈdʒɜːkɪlɪ/ ADV [move, walk] d'une démarche saccadée ; [speak, say] d'une voix entrecoupée

**jerkin** /ˈdʒɜːkɪn/ N gilet m ; (Hist) justaucorps m, pourpoint m

**jerkiness** /ˈdʒɜːkɪnɪs/ N [of walk] rythme m saccadé ; [of journey] cahots mpl ; [of style, delivery] caractère m haché

**jerkwater town*** /ˈdʒɜːkwɔːtəˌtaʊn/ N (US pej) trou m perdu, bled * m

**jerky** /ˈdʒɜːkɪ/ SYN ADJ [motion, movement, rhythm] saccadé ; [song] au rythme saccadé

**jeroboam** /ˌdʒerəˈbəʊəm/ N jéroboam m

**Jerry** † * /ˈdʒerɪ/ N (Brit) (= German) Boche * m

**jerry** /ˈdʒerɪ/
- N (Brit = chamberpot) pot m (de chambre), Jules * m
- COMP **jerry-building** N (NonC) construction f bon marché

**jerry-built** SYN ADJ [house] (construit) en carton-pâte ; (fig) [agreement, plan] cousu de fil blanc

**jerry can** N jerrycan m

**Jersey** /ˈdʒɜːzɪ/ N [1] (Geog) (île f de) Jersey f ◆ **in Jersey** à Jersey
[2] (= breed of cow) race f Jersey ◆ **a Jersey (cow)** une vache jersiaise or de Jersey

**jersey** /ˈdʒɜːzɪ/ N (= pullover) chandail m ; (= material) jersey m ; → **yellow**

**Jerusalem** /dʒəˈruːsələm/
- N Jérusalem ◆ **the New/Heavenly Jerusalem** la Jérusalem nouvelle/céleste
- COMP **Jerusalem artichoke** N topinambour m

**jess** /dʒes/ N (Falconry) créance f, filière f

**jessie*** /ˈdʒesɪ/ N (pej) lavette * f

**jest** /dʒest/ SYN
- N plaisanterie f ◆ **in jest** pour rire, en plaisantant ◆ **many a true word is spoken in jest** beaucoup de vérités se disent en plaisantant
- VI plaisanter, se moquer ◆ **"amazing", he jested** « pas possible ! », dit-il d'un ton moqueur or se moqua-t-il

**jester** /ˈdʒestər/ SYN N (Hist) bouffon m ; (= joker) plaisantin m, farceur m, -euse f ◆ **the King's jester** le fou du Roi

**jesting** /ˈdʒestɪŋ/
- ADJ [remark] (fait) en plaisantant or pour plaisanter
- N plaisanteries fpl

**jestingly** /ˈdʒestɪŋlɪ/ ADV en plaisantant

**Jesuit** /ˈdʒezjʊɪt/ N, ADJ (Rel, fig) jésuite m

**jesuitic(al)** /ˌdʒezjʊˈɪtɪk(əl)/ ADJ (Rel, fig) jésuitique

**Jesus** /ˈdʒiːzəs/
- N Jésus m ◆ **Jesus Christ** Jésus-Christ m ◆ **Jesus (wept)!*** nom de Dieu ! * ; → **society**
- COMP **Jesus freak*** N chrétien(ne) m(f) militant(e) branché(e) *
- **Jesus Movement** N Jesus Movement m
- **Jesus sandals** NPL nu-pieds mpl

**jet**¹ /dʒet/ SYN
- N [1] [of liquid] jet m, giclée f ; [of gas] jet m
[2] (also **jet plane**) avion m à réaction, jet m ◆ **by jet** en jet
[3] (= nozzle) brûleur m ; (in car engine) gicleur m
- VI voyager en avion or en jet ◆ **she's jetting off to Spain next week** elle prend l'avion pour l'Espagne la semaine prochaine
- COMP [travel] en jet
- **jet engine** N moteur m à réaction, réacteur m
- **jet fighter** N chasseur m à réaction
- **jet-foil** N hydroglisseur m
- **jet fuel** N kérosène m
- **jet lag** N fatigue f due au décalage horaire
- **jet-lagged** ADJ ◆ **to be jet-lagged** souffrir du décalage horaire
- **jet-powered**, **jet-propelled** ADJ à réaction
- **jet propulsion** N propulsion f par réaction
- **jet set** N jet-set m or f
- **jet-set** ADJ [travellers] du or de la jet-set
- **jet setter** N membre m du or de la jet-set
- **jet-setting** ADJ [lifestyle] du or de la jet-set ; [person] qui fait partie du or de la jet-set
- **jet ski** N scooter m des mers, jet-ski m
- **jet-ski** VI faire du scooter des mers or du jet-ski
- **jet skiing** N (NonC) jet-ski m
- **jet stream** N jet-stream m, courant-jet m

**jet**² /dʒet/ SYN
- N jais m
- COMP **jet-black** ADJ de jais, noir comme jais

**jetliner** /ˈdʒetˌlaɪnər/ N avion m de ligne

**jetsam** /ˈdʒetsəm/ N [1] (NonC) jets mpl à la mer ; → **flotsam**
[2] (fig = down-and-outs) épaves fpl (fig)

**jettison** /ˈdʒetɪsən/ SYN VT [1] (from ship) jeter par-dessus bord, se délester de
[2] (from plane) [+ bombs, fuel, cargo] larguer
[3] (fig) [+ idea, system, plans] abandonner ; [+ assets, product] se défaire de

**jetton** /ˈdʒetən/ N jeton m

**jetty** /ˈdʒetɪ/ SYN N (= breakwater) jetée f, digue f ; (= landing pier) embarcadère m, débarcadère m ; (of wood) appontement m

**jetway** /ˈdʒetweɪ/ N passerelle f télescopique

**Jew** /dʒuː/
- N juif or Juif m, juive or Juive f
- COMP **Jew-baiting** N persécution f des juifs
- **jew's ear** N (= fungus) oreille f de Judas
- **jew's harp** N guimbarde f

**jewel** /ˈdʒuːəl/ SYN
- **N** ① bijou m, joyau m ; (= gem) pierre f précieuse ; (in watch mechanism) rubis m
② (fig) (= object, work of art) bijou m, joyau m ; (= person) perle f, trésor m ◆ **the jewel in the crown of...** le joyau de..., le plus beau fleuron de... ◆ **his latest book is the jewel in his crown** son dernier livre est le couronnement de sa carrière
- **COMP** **jewel case** N (also **jewel box**) : (for jewels) coffret m à bijoux ; (for CD) boîtier m de disque compact

**jewelled, jeweled** (US) /ˈdʒuːəld/ ADJ orné de bijoux or de pierreries ; [watch] monté sur rubis

**jeweller, jeweler** (US) /ˈdʒuːələʳ/
- **N** bijoutier m ◆ **jeweller's (shop)** bijouterie f
- **COMP** **jeweller's rouge** N colcotar m, rouge m d'Angleterre or de Prusse

**jewellery, jewelry** (US) /ˈdʒuːəlrɪ/ SYN N (NonC) bijoux mpl ◆ **a piece of jewellery** un bijou ◆ **jewelry store** (US) bijouterie f

**Jewess** † /ˈdʒuːɪs/ N (gen pej) Juive f

**Jewish** /ˈdʒuːɪʃ/ ADJ juif

**Jewishness** /ˈdʒuːɪʃnɪs/ N judaïté f, judéité f

**Jewry** /ˈdʒʊərɪ/ N la communauté juive, les Juifs mpl

**Jezebel** /ˈdʒezəˌbel/ SYN N Jézabel f

**JFK** /ˌdʒeɪeɪˈkeɪ/ N (abbrev of **John Fitzgerald Kennedy International Airport**) aéroport de la ville de New York

**jib** /dʒɪb/ SYN
- **N** ① (= sail) foc m ◆ **the cut of his jib** †* (fig) son allure
② [of crane] flèche f
- **VI** [person] rechigner (at sth à qch ; at doing sth à faire qch) ; [horse] refuser d'avancer ◆ **the horse jibbed at the fence** le cheval a refusé l'obstacle or a renâclé devant l'obstacle

**jibe¹** /dʒaɪb/ ⇒ gibe

**jibe²** /dʒaɪb/ VI (US = agree) concorder

**Jidda** /ˈdʒɪdə/ N Djeddah

**jiffy*** /ˈdʒɪfɪ/ SYN
- **N** ◆ **wait a jiffy** attends une minute or une seconde ◆ **in a jiffy** en moins de deux*
- **COMP** **Jiffy bag** ® N enveloppe f matelassée

**jig** /dʒɪg/ SYN
- **N** ① (= dance) gigue f ◆ **the jig's up*** (US fig) c'est cuit*
② (= device for guiding drill) calibre m
- **VI** (also **jig about, jig around**) se trémousser, gigoter* ◆ **to jig up and down** sautiller

**jigger¹** /ˈdʒɪgəʳ/ N ① (= whisky measure) mesure f d'une once et demie ( = 42 ml)
② (esp US * = thingummy) truc* m, machin* m

**jigger²** /ˈdʒɪgəʳ/ N (= flea) chique f

**jiggered*** /ˈdʒɪgəd/ ADJ ① (o.f) (Brit) ① (= astonished) étonné, baba* f inv ◆ **well, I'll be jiggered!** nom d'un chien !*
② (= exhausted) crevé*

**jiggermast** /ˈdʒɪgəmɑːst/ N mât m d')artimon m

**jiggery-pokery*** /ˌdʒɪgərɪˈpəʊkərɪ/ N (NonC: Brit) magouilles* fpl, manigances fpl

**jiggle** /ˈdʒɪgl/ VT secouer légèrement

**jigsaw** /ˈdʒɪgsɔː/ N ① (also **jigsaw puzzle**) puzzle m
② (= saw) scie f sauteuse

**jihad** /dʒɪˈhæd/ N (Rel) djihad m

**jilt** /dʒɪlt/ VT [+ lover, girlfriend, boyfriend] plaquer*, laisser tomber* ◆ **jilted** abandonné, plaqué* ◆ **he was jilted at the altar** il a été plaqué* par sa fiancée le jour de son mariage

**Jim** /dʒɪm/
- **N** (dim of **James**) Jim m
- **COMP** **Jim Crow** N (US = policy) politique f raciste (envers les Noirs)

**jimjams¹*** /ˈdʒɪmdʒæmz/ N ◆ **to have the jimjams** (from revulsion) avoir des frissons or la chair de poule ; (from fear) avoir les chocottes* ; (from drink) avoir une (or des) crise(s) de delirium tremens

**jimjams²*** /ˈdʒɪmdʒæmz/ NPL (baby talk) pyjama m

**Jimmy** /ˈdʒɪmɪ/ N (dim of **James**) Jimmy m

**jimmy** /ˈdʒɪmɪ/ N (US) pince-monseigneur f

**jimson weed** /ˈdʒɪmsənˌwiːd/ N (US) stramoine f, datura m

**jingle** /ˈdʒɪŋgl/ SYN
- **N** ① [of jewellery etc] (musical) tintement m ; (clinking) cliquetis m
② (= tune) ◆ **(advertising) jingle** jingle m or sonal m publicitaire
- **VI** (musically) tinter ; (= clink) cliqueter
- **VT** (musically) faire tinter ; (= clink) faire cliqueter

**jingo** /ˈdʒɪŋgəʊ/ N (pl **jingoes**) chauvin m ◆ **by jingo!** ça alors !, nom d'une pipe ! *

**jingoism** /ˈdʒɪŋgəʊɪzəm/ N chauvinisme m

**jingoist** /ˈdʒɪŋgəʊɪst/ N chauvin m

**jingoistic** /ˌdʒɪŋgəʊˈɪstɪk/ ADJ chauvin

**jink*** /dʒɪŋk/ VI (Brit = zigzag) zigzaguer ◆ **he jinked out of the way** il a fait un bond de côté

**jinks** /dʒɪŋks/ NPL → **high**

**jinricksha** /dʒɪnˈrɪkʃə/ N pousse(-pousse) m inv

**jinx** /dʒɪŋks/
- **N** ◆ **to put a jinx on sb** porter la poisse à qn ◆ **to put a jinx on sth** jeter un sort à qch ◆ **there's a jinx on this watch** on a jeté un sort à cette montre
- **VT** [+ person] porter la guigne* or la poisse* à ◆ **to be jinxed** [person] avoir la guigne* or la poisse* ◆ **this project must be jinxed** un mauvais sort semble peser sur ce projet

**jitney*** /ˈdʒɪtnɪ/ N (US) ① pièce f de cinq cents
② véhicule à itinéraire fixe et à prix modique

**jitterbug** /ˈdʒɪtəbʌg/
- **N** ① (= dance) danse acrobatique sur rythme de swing ou de boogie-woogie
② (* = panicky person) froussard(e) * m(f), trouillard(e) * m(f)
- **VI** (= dance) danser le jitterbug

**jitteriness*** /ˈdʒɪtərɪnɪs/ N trac m, frousse* f

**jitters*** /ˈdʒɪtəz/ NPL frousse* f ◆ **to have the jitters** (gen) être nerveux or agité ; (before performance) avoir le trac, avoir la frousse* ◆ **to give sb the jitters** rendre qn nerveux or agité, ficher la frousse à qn*

**jittery*** /ˈdʒɪtərɪ/ ADJ nerveux, agité ◆ **to be jittery** avoir la frousse*

**jiujitsu** /dʒuːˈdʒɪtsuː/ N ⇒ **jujitsu**

**jive** /dʒaɪv/
- **N** ① (= music, dancing) swing m
② (esp US *) (= big talk) baratin* m ; (= nonsense) foutaises* fpl ◆ **stop that jive** arrête de dire tes conneries*
③ (US = type of speech) argot m (des Noirs surtout)
- **VI** (= dance) danser le swing

**Jly** abbrev of **July**

**Jnr** (Brit) abbrev of **junior**

**Joan** /dʒəʊn/ N Jeanne f ◆ **Joan of Arc** Jeanne f d'Arc

**Job** /dʒəʊb/
- **N** (Bible) Job m
- **COMP** **Job's comforter** N piètre consolateur m, -trice f
**Job's tears** N (= plant) larme-de-Job f

**job** /dʒɒb/ SYN
- **N** ① (= employment) travail m, emploi m ◆ **to have a job** avoir un travail or un emploi ◆ **to lose one's job** perdre son travail or son emploi ◆ **to look for a job** chercher du travail or un emploi ◆ **he's looking for a job as a teacher/manager** il cherche un poste or un emploi de professeur/directeur ◆ **her new job** son nouveau travail ◆ **teaching/manufacturing jobs** emplois mpl dans l'enseignement/l'industrie ◆ **nursing jobs** postes mpl d'infirmiers ◆ **he has a job for the vacation** il a un travail pour les vacances ◆ **7,000 jobs lost** 7 000 suppressions d'emplois ◆ **it's more than my job's worth** (hum) ça risque de me coûter mon travail ◆ **we've found the right person for the job** nous avons trouvé la personne qu'il nous faut ◆ **off-the-job training** formation f à l'extérieur ◆ **jobs for the boys*** (Brit) des boulots pour les (petits) copains* ; → **cushy, loss**
◆ **to get a job** trouver du travail or un emploi ◆ **once I'm in America I can get a job** une fois que je serai en Amérique je pourrai trouver du travail or un emploi ◆ **of course she didn't get the job** évidemment elle n'a pas obtenu le poste
◆ **on the job** ◆ **after 3 years on the job** au bout de 3 années à ce travail ◆ **everyone learns on the job** tout le monde apprend sur le tas ◆ **the heavy boots he wore on the job** les gros bottillons qu'il portait pour travailler ◆ **to stay** or **remain on the job** conserver son emploi or poste ◆ **he fell asleep on the job*** (= during sex) il s'est endormi en pleine action * (hum) or en faisant l'amour ◆ **on-the-job training** (formal) formation f dans l'entreprise ; (informal) formation f sur le tas
◆ **to be out of a job** être au chômage
② (= piece of work, task) travail m, boulot* m ◆ **I have a little job for you** j'ai un petit travail or un petit boulot* pour vous ◆ **the decorators made a terrible job of the kitchen** les peintres ont fait du sale boulot* dans la cuisine ◆ **he's got a job to do, he's only doing his job** il ne fait que son travail ◆ **drinking a lot of water helps the kidneys do their job** boire beaucoup d'eau facilite le travail des reins ◆ **she's done a fine job with her children** elle a bien élevé ses enfants ; → **chin, odd, nose**
◆ **to do the job*** (= be okay) faire l'affaire ◆ **it's not ideal but it'll do the job** ce n'est pas l'idéal mais ça fera l'affaire
◆ **to do a good job** (= do well) faire du bon travail ◆ **most thought the United Nations was doing a good job** la plupart des gens pensaient que les Nations unies faisaient du bon travail ◆ **are our schools doing a good job?** nos écoles sont-elles efficaces ?
◆ **to make a good job of sth** (= do sth well) ◆ **you've made a good job of the lawn** tu as bien tondu la pelouse ◆ **they haven't made a good job of protecting our countryside** ils n'ont pas protégé nos campagnes comme ils auraient dû ◆ **he has made a good job of it** il a fait du bon travail
◆ **to make a better job of sth** ◆ **we could have done a far better job of running the project than they have** on aurait pu gérer ce projet beaucoup mieux qu'eux
◆ **to do** or **make a poor job of sth** ◆ **he has made a poor job of it** il n'a pas réussi ◆ **he tried to keep calm, but did a poor job of it** il a essayé de rester calme mais n'y a pas réussi ◆ **Bob did a poor job of hiding his disappointment** Bob n'a pas réussi à cacher sa déception
③ (= duty, responsibility) travail m ◆ **it's not my job to supervise him** ce n'est pas à moi or ce n'est pas mon travail de contrôler ce qu'il fait ◆ **he knows his job** il connaît son affaire ◆ **that's not his job** ce n'est pas de son ressort, ce n'est pas son travail ◆ **I had the job of telling them** c'est moi qui ai dû le leur dire
④ (= state of affairs) ◆ **it's a good job (that)** he managed to meet you c'est heureux or c'est une chance qu'il ait pu vous rencontrer ◆ **and a good job too!** à la bonne heure ! ◆ **it's a bad job** c'est une sale affaire ◆ **to give sth/sb up as a bad job** renoncer à qch/qn en désespoir de cause ◆ **this is just the job*** (Brit) c'est juste or exactement ce qu'il faut
⑤ (= difficult time) ◆ **to have a job to do sth** or **doing sth** avoir du mal à faire qch ◆ **I had a job to finish this letter** j'ai eu du mal à finir cette lettre ◆ **it was a job** or **an awful job to organize this party** ça a été un sacré * travail or tout un travail que d'organiser cette soirée ◆ **it was a (terrible) job convincing him** ça a été toute une affaire or ça n'a pas été une mince affaire pour le convaincre ◆ **you'll have a job finding** or **to find a hotel room** vous aurez du mal à trouver une chambre d'hôtel ◆ **I'll show it to him now - you'll have a job, he's already left!** je le lui montre tout de suite – tu auras du mal, il est déjà parti ! ◆ **you've got a real job there!** tu n'es pas au bout de tes peines !
⑥ (* = dishonest business) ◆ **to do a job** faire un coup ◆ **to pull a job** monter un coup ◆ **a put-up job** un coup monté ◆ **remember that bank job?** tu te rappelles le coup de la banque ?
⑦ (* = thing) truc* m ◆ **that red job over there** ce truc rouge là-bas
- **VI** (= do casual work) faire des petits travaux ; (on Stock Exchange) négocier, faire des transactions ; (= profit from public position) magouiller*
- **VT** (also **job out**) [+ work] sous-traiter
- **COMP** **job action** N (US = strike) action f revendicative, (mouvement m de) grève f
**job analysis** N analyse f des tâches, analyse f statique or par poste de travail
**Jobcentre** N (Brit) ≈ ANPE f, ≈ Agence f nationale pour l'emploi
**job club** N (Brit) club m d'entraide pour chômeurs
**job control language** N (Comput) langage m de contrôle de travaux
**job creation** N création f d'emplois
**job creation scheme** N plan m de création d'emplois

**job description** N description f de poste, profil m de l'emploi
**job evaluation** N évaluation f des tâches
**job-hop** * VI changer fréquemment d'emploi
**job hopper** * N personne f qui change fréquemment d'emploi
**job hunting** N chasse f à l'emploi
**job lot** N lot m d'articles divers ◆ **to sell/buy sth as a job lot** vendre/acheter qch en vrac
**job offer** N offre f d'emploi
**job queue** N (Comput) file f d'attente des travaux
**job rotation** N rotation f des tâches
**job satisfaction** N satisfaction f au travail ◆ **I get a lot of job satisfaction** je trouve beaucoup de satisfaction dans mon travail
**job security** N sécurité f de l'emploi
**job seeker** N (Brit Admin) demandeur f d'emploi
**job seeker's allowance** N (Brit) allocation f de demandeur d'emploi
**job-share** (Brit) N partage m de poste VI partager un poste
**job sharing** N partage m de poste
**job specification** N description f de poste
**job title** N intitulé m de poste

**jobber** /'dʒɒbəʳ/ N (Brit : on Stock Exchange) négociant m en valeurs (boursières) ; (also **stock jobber**) contrepartiste mf ; (= pieceworker) ouvrier m, -ière f à la tâche ; (= dishonest person) magouilleur * m, -euse * f

**jobbery** /'dʒɒbərɪ/ N (NonC: Brit) malversation f, magouillage m

**jobbing** /'dʒɒbɪŋ/
ADJ (Brit) (paid by the day) payé à la journée ; (paid by the task) à la tâche, à façon
N (NonC: on Stock Exchange) transactions fpl boursières

**jobholder** /'dʒɒb,həʊldəʳ/ N (= employed person) personne f qui travaille ; (in specific post) employé(e) m(f)

**jobless** /'dʒɒblɪs/ SYN
ADJ sans emploi, au chômage
NPL **the jobless** les chômeurs mpl, les sans-emploi mpl ◆ **the jobless figures** le nombre de chômeurs or sans-emploi, les chiffres mpl du chômage

**joblessness** /'dʒɒblɪsnɪs/ N chômage m

**jobsworth** * /'dʒɒbz,wɜːθ/ N (Brit) employé qui applique le règlement à la lettre

**Jocasta** /dʒəʊ'kæstə/ N (Myth) Jocaste f

**Jock** * /dʒɒk/ N (pej) Écossais m

**jock** /dʒɒk/ N ① ⇒ **jockstrap**
② (US) sportif m

**jockey** /'dʒɒkɪ/ SYN
N jockey m
VI ◆ **to jockey about** se bousculer ◆ **to jockey for position** (lit, fig) manœuvrer pour se placer avantageusement ◆ **they were jockeying for office in the new government** ils manœuvraient pour obtenir des postes dans le nouveau gouvernement
VT ◆ **to jockey sb into doing sth** manœuvrer qn (habilement) pour qu'il fasse qch, amener adroitement qn à faire qch
COMP **Jockey club** N Jockey-Club m
**Jockey Shorts** ® NPL caleçon m

**jockstrap** /'dʒɒkstræp/ N (Sport) slip m de sport ; (Med) suspensoir m

**jocose** /dʒə'kəʊs/ ADJ (liter) (= merry) enjoué, jovial ; (= jesting) facétieux

**jocosely** /dʒə'kəʊslɪ/ ADV (liter) [say] (= merrily) d'un ton enjoué ; (= jestingly) facétieusement

**jocular** /'dʒɒkjʊləʳ/ SYN ADJ (= merry) enjoué, jovial ; (= humorous) plaisant

**jocularity** /,dʒɒkjʊ'lærɪtɪ/ N jovialité f

**jocularly** /'dʒɒkjʊləlɪ/ ADV [say, ask, speak, discuss] en plaisantant

**jocund** /'dʒɒkənd/ ADJ jovial, joyeux

**jocundity** /dʒəʊ'kʌndɪtɪ/ N gaieté f, jovialité f

**jocundly** /'dʒɒkəndlɪ/ ADV jovialement

**jodhpurs** /'dʒɒdpəz/ NPL jodhpurs mpl, culotte f de cheval

**Joe** /dʒəʊ/
N dim of **Joseph** Jo m
COMP **Joe Bloggs** * (Brit), **Joe Blow** * (US) N Monsieur tout-le-monde m, l'homme m de la rue
**Joe College** * N (US Univ) étudiant m type américain
**Joe Public** * N (Brit) le public

**Joe Six-Pack** * (US), **Joe Soap** * (Brit) N ⇒ **Joe Bloggs**

**joey** * /'dʒəʊɪ/ N (Austral) ① (= young kangaroo) jeune kangourou m
② (= child) môme * mf, gosse * mf

**jog** /dʒɒg/ SYN
N ① (Sport = run) jogging m, footing m ◆ **to go for a jog** aller faire un jogging or un footing ◆ **she begins the day with a jog around the park** elle commence la journée en faisant son jogging or footing dans le parc
② (also **jog-trot**) petit trot m ◆ **he set off at a jog down the path** il s'est mis à descendre le sentier au petit trot ◆ **to go along at a jog(-trot)** aller au petit trot
③ (= nudge, knock) légère poussée f ; (with elbow) coup m de coude
VT (= shake) secouer, bringuebaler ; (= nudge) pousser ◆ **to jog sb's elbow** pousser le coude de qn ◆ **to jog sb's memory** rafraîchir la mémoire de qn
VI ① (Sport) faire du jogging, faire du footing
② cahoter, bringuebaler ◆ **the cart jogs along the path** la charrette cahote or bringuebale sur le chemin

▸ **jog about**
VI sautiller
VT SEP remuer

▸ **jog along** VI (lit) [person, vehicle] aller son petit bonhomme de chemin, cheminer ; (fig) [person] aller cahin-caha * ; [piece of work, course of action] aller tant bien que mal

▸ **jog around** VTI ⇒ **jog about**

▸ **jog on** VI ⇒ **jog along**

**jogger** /'dʒɒgəʳ/
N jogger m, joggeur m, -euse f
COMP **jogger's nipple** * N mamelon m du jogger

**jogging** /'dʒɒgɪŋ/
N (Sport) jogging m, footing m
COMP **jogging shoes** NPL chaussures fpl de jogging
**jogging suit** N jogging m

**joggle** /'dʒɒgl/
VT secouer
VI bringuebaler, ballotter
N légère secousse f

**Johannesburg** /dʒəʊ'hænɪs,bɜːg/ N Johannesburg

**John** /dʒɒn/
N ① Jean m
② (esp US = lavatory) ◆ **the john** * les chiottes * fpl
③ (US = prostitute's customer) ◆ **john** * micheton * m
COMP **John Barleycorn** N (hum) l'alcool m ◆ **shall we say hello to John Barleycorn?** on se boit un petit verre (de whisky) ?
**John Bull** N John Bull m (Anglais de caricature)
**John Doe** N (US Jur) homme dont on ignore le nom
**John Dory** N saint-pierre m inv, dorée f
**John Hancock** *, **John Henry** * N (US fig = signature) signature f, paraphe m
**John of the Cross** N (also **Saint John of the Cross**) saint Jean m de la Croix
**John Q. Public** * N (US) le public, le quidam (hum)
**John the Baptist** N (also **Saint John the Baptist**) saint Jean m Baptiste
**John Thomas** ‡ N Popaul ‡ m

**Johnny** /'dʒɒnɪ/
N ① (dim of **John**)
② ◆ **johnny** * type * m
③ (Brit † * = condom : also **johnny**, **rubber johnny**) capote f (anglaise) *
COMP **Johnny-come-lately** N nouveau venu m, (= upstart) parvenu m
**Johnny Foreigner** ‡ N (Brit pej) étrangers mpl

**join** /dʒɔɪn/ LANGUAGE IN USE 25.2 SYN
VT ① (= attach) attacher, relier ; (= assemble, put together) [+ parts] assembler ; [+ broken pieces] raccorder ; (with glue) recoller ; (Elec) [+ batteries] accoupler, connecter ◆ **to join (together) two ends of a chain** attacher or relier les deux bouts d'une chaîne ◆ **join part A to part B** (in instructions) assemblez l'élément A avec l'élément B ◆ **join the panels (together) with screws** assemblez les panneaux à l'aide de vis ◆ **they are joined at the hip** (fig, pej) ils sont comme cul et chemise *, ils sont inséparables ; → **issue**
② (= link) relier ; to b) ◆ **join the dots (together) with a line** reliez les points par un trait ◆ **the island was joined to the mainland by a bridge** l'île était reliée à la terre par un pont ◆ **to join hands** se donner la main ◆ **joined in marriage** or **matrimony** unis par les liens du mariage
③ (= merge with) [river] [+ another river, the sea] rejoindre, se jeter dans ; [road] [+ another road] rejoindre ◆ **this is where the river joins the sea** c'est là que le fleuve se jette dans la mer
④ (Mil, fig) ◆ **to join battle (with)** engager le combat (avec) ◆ **they joined forces** ils ont uni leurs forces ◆ **to join forces (with sb) to do sth** s'unir (à qn) pour faire qch
⑤ (= become member of) [+ club, association, political party] devenir membre de, adhérer à, s'affilier à ; [+ university] entrer à, s'inscrire à ; [+ circus, religious order] entrer dans ; [+ procession] se joindre à ◆ **to join NATO/the European Union** devenir membre de l'OTAN/l'Union européenne ◆ **he joined Liverpool** (Football) il a rejoint l'équipe de Liverpool ◆ **to join the army** s'engager or s'enrôler dans l'armée ◆ **to join a trade union** s'affilier à un syndicat, se syndiquer ◆ **join the club!** * (fig) tu es en bonne compagnie !
⑥ [+ person] rejoindre, retrouver ◆ **I'll join you in five minutes** je vous rejoins or retrouve dans cinq minutes ◆ **Paul joins me in wishing you...** Paul se joint à moi pour vous souhaiter... ◆ **Moscow has joined Washington in condemning these actions** Moscou, comme Washington, a condamné ces actions ◆ **she joined me in support of the idea** elle s'est jointe à moi pour défendre cette idée ◆ **will you join us?** (= come with us) voulez-vous venir avec nous ? ; (= be one of our number) voulez-vous être des nôtres ? ; (in restaurant) voulez-vous vous asseoir à notre table ?, je peux or puis-je m'asseoir avec vous ? ◆ **will you join me in a drink?** (in restaurant) voulez-vous prendre un verre avec moi ? ◆ **to join one's regiment** rejoindre son régiment ◆ **to join one's ship** rallier or rejoindre son bâtiment ◆ **to join the queue** se mettre à la queue

VI ① (= connect) [pieces, parts, edges] se raccorder (with à) ; [ends] s'attacher
② (= link up) [lines] se rejoindre, se rencontrer
③ (= merge) [roads, rivers] se rejoindre ; (= become a member) [of political party, sports club, leisure club, class, group] devenir membre ◆ **to join in doing sth** [people] s'associer pour faire qch ◆ **Moscow and Washington have joined in condemning these actions** Moscou et Washington ont toutes deux condamné ces actions
N (in mended object) ligne f de raccord ; (Sewing) couture f
COMP **joined case** N (Jur) affaire f jointe
**joined-up** ADJ [writing] attaché ; [language, thinking] cohérent
**join-the-dots puzzle** N (Brit) jeu qui consiste à relier des points pour découvrir une figure

▸ **join in**
VI participer, se mettre de la partie ◆ **join in!** (in singing) chantez avec nous !
VT FUS [+ game, activity] participer à ; [+ conversation] prendre part à ; [+ protests, shouts] joindre sa voix à ; [+ thanks, wishes] se joindre à ; → **chorus**

▸ **join on**
VI [links, parts of structure] se joindre (to à)
VT SEP fixer ; (by tying) attacher

▸ **join together**
VI ⇒ **join** vi 1
VT SEP ⇒ **join** vt a 2

▸ **join up**
VI (Mil) s'engager (dans l'armée)
VT SEP joindre, assembler ; [+ pieces of wood or metal] abouter, rabouter ; (Elec) [+ wires] connecter, raccorder

**joinder** /'dʒɔɪndəʳ/ N (Jur) jonction f

**joiner** /'dʒɔɪnəʳ/ N (Brit = carpenter) menuisier m

**joinery** /'dʒɔɪnərɪ/ N (Brit) menuiserie f

**joint** /dʒɔɪnt/ SYN
N ① (Anat) articulation f ◆ **ankle/knee/elbow joint** articulation f de la cheville/du genou/du coude ◆ **out of joint** [knee, ankle, hip] démis ; (fig) de travers ◆ **to put one's shoulder/wrist etc out of joint** se démettre l'épaule/le poignet etc ◆ **his nose is out of joint** (fig) il est dépité ◆ **that put his nose out of joint** ça l'a défrisé * ; → **ball¹**
② (in wood, metal) articulation f, jointure f ; (Geol) (in rock) diaclase f ; → **mitre, universal**
③ (Brit) [of meat] rôti m ◆ **a cut off the joint** une tranche de rôti
④ * (= night club) boîte * f ; (= disreputable pub) bistro(t) * m mal famé ; (= gambling den) tripot m
⑤ (Drugs *) joint * m

# jointed | joviality

**ADJ** [statement, action, project, approach, meeting, control] commun ; [research] en commun ; [effort] conjugué ◆ **to come joint first/second** (in race, competition) être classé premier/deuxième ex æquo ◆ **it has to be a joint decision between you and your husband** votre mari et vous devez prendre cette décision ensemble ◆ **the two bodies are expected to take a joint decision today** les deux organismes devraient parvenir aujourd'hui à une décision commune ◆ **to make or take a joint decision to do sth** décider d'un commun accord de faire qch ◆ **joint consultations** consultations fpl bilatérales ◆ **joint obligation** coobligation f ◆ **joint responsibility** coresponsabilité f ◆ **in joint names** [sign] conjointement

**VT** [1] (Brit Culin) découper (aux jointures)
[2] [+ pipes] joindre, raccorder

**COMP joint account** N (Fin) compte m joint
**joint agreement** N (for employees) convention f collective
**joint and several guarantee** N caution f solidaire
**joint and several liability** N responsabilité f conjointe et solidaire
**joint author** N coauteur m
**Joint Chiefs of Staff** NPL (US) chefs mpl d'état-major (des armées)
**joint committee** N (gen) commission f mixte ; (US Pol) commission f interparlementaire
**joint estate** N (Jur) biens mpl communs
**joint favourite** N ◆ **the horses are joint favourites** ces chevaux sont les deux favoris
**joint financing** N cofinancement m
**joint heir** N cohéritier m, -ière f
**joint honours** N (Brit Univ = degree) ≃ licence f préparée dans deux matières (ayant le même coefficient)
**joint manager** N codirecteur m, -trice f, cogérant(e) m(f)
**joint mortgage** N emprunt m logement souscrit conjointement
**joint ownership** N copropriété f
**joint partner** N coassocié(e) m(f)
**joint passport** N passeport m conjoint (pour mari et femme)
**joint-stock company** N (Fin) société f par actions
**joint venture** N (gen) entreprise f commune ; (Jur, Fin) (= company, operation) joint-venture f

▪ **JOINT CHIEFS OF STAFF**
Collectivement, les **Joint Chiefs of Staff** (c'est-à-dire les chefs d'état-major des trois corps d'armée) constituent un organe du ministère américain de la Défense ayant pour rôle de conseiller le Président, le Conseil national de sécurité et le ministère de la Défense en matière de défense nationale.

**jointed** /ˈdʒɔɪntɪd/ **ADJ** [doll] articulé ; [fishing rod, tent pole] démontable

**jointly** /ˈdʒɔɪntlɪ/ SYN **ADV** conjointement (with avec ) ◆ **to be jointly responsible or liable for sth** être conjointement responsable de qch ◆ **jointly and severally** (Jur) conjointement et solidairement

**jointure** /ˈdʒɔɪntʃər/ **N** douaire m

**joist** /dʒɔɪst/ **N** (wooden) solive f ; (metal) poutrelle f

**jojoba** /həʊˈhəʊbə/ **N** jojoba m

**joke** /dʒəʊk/ SYN
**N** [1] (= funny anecdote) plaisanterie f, blague f ◆ **for a joke** pour rire, pour blaguer* ◆ **to make a joke about sb/sth** plaisanter sur qn/qch ◆ **to make a joke of sth** tourner qch à la plaisanterie ◆ **he can't take a joke** il ne comprend pas or il prend mal la plaisanterie ◆ **it's no joke!** (= it's not easy) ce n'est pas une petite affaire ! (doing sth que de faire qch) ; (= it's not enjoyable) ce n'est pas drôle or marrant* (doing sth (que) de faire qch) ◆ **what a joke!** (gen, iro) ce que c'est drôle ! ◆ **it's a joke!** ( * (pej) = useless) c'est de la blague ! ◆ **his behaviour is (getting) beyond a joke** (Brit) il a dépassé les bornes ◆ **the situation is (getting) beyond a joke** la situation devient alarmante ◆ **the joke is that...** le plus drôle c'est que..., ce qu'il y a de drôle or de marrant* c'est que... ◆ **now the joke's on her** maintenant, c'est elle qui rit jaune, la plaisanterie s'est retournée contre elle ; → see¹, standing
[2] (= trick) tour m, farce f ◆ **to play a joke on sb** faire une farce à qn, jouer un tour à qn ; → practical
[3] (= object of amusement) risée f ◆ **he is the joke of the village** il est la risée du village

**VI** plaisanter, blaguer* ◆ **you're joking!** vous voulez rire !, sans blague ! * ◆ **£100 for that? – you must be joking!** 100 livres pour ça ? – vous n'êtes pas sérieux or vous voulez rire ! ◆ **I'm not joking** je ne plaisante pas ◆ **I was only joking** ce n'était qu'une plaisanterie ◆ **you mustn't joke about his accent** il ne faut pas se moquer de son accent
**VT** ◆ **you're joking me!** tu plaisantes !, tu me mets en boîte !

**joker** /ˈdʒəʊkər/ SYN **N** [1] (* = idiot) rigolo* m ◆ **some joker will always start singing** il y aura toujours un rigolo * pour se mettre à chanter
[2] (Cards) joker m ◆ **the joker in the pack** (fig) l'outsider m , le joker
[3] ⇒ jokester
[4] (Jur) clause f ambiguë

**jokester** /ˈdʒəʊkstər/ **N** blagueur m, -euse f, plaisantin m

**jokey*** /ˈdʒəʊkɪ/ **ADJ** (= amusing) rigolo* (-ote* f) ; (= jocular) blagueur, jovial ◆ **in a jokey way** en plaisantant

**joking** /ˈdʒəʊkɪŋ/
**ADJ** [tone] de plaisanterie
**N** (NonC) plaisanterie f, blague* f ◆ **joking apart** or **aside** plaisanterie or blague* à part

**jokingly** /ˈdʒəʊkɪŋlɪ/ **ADV** en plaisantant, pour plaisanter ◆ **she jokingly referred to her son as "my little monster"** elle appelait son fils « mon petit monstre » pour plaisanter

**jollification*** /ˌdʒɒlɪfɪˈkeɪʃən/ **N** (NonC) réjouissances fpl

**jollity** /ˈdʒɒlɪtɪ/ **N** [of person, atmosphere] gaieté f, joyeuse humeur f

**jolly** /ˈdʒɒlɪ/ SYN
**ADJ** (esp Brit) [1] (= cheerful) [person, atmosphere, smile, mood] jovial
[2] ( † * = enjoyable) amusant ◆ **to have a jolly (old) time** bien s'amuser
**ADV** (Brit † * = very) [good, decent] drôlement*, rudement* ◆ **you are jolly lucky** tu as une drôle de veine * ◆ **jolly good!** (expressing approval) très bien ! ◆ **I'm jolly well going** un peu que je vais y aller ! * ◆ **you jolly well will go!** pas question que tu n'y ailles pas ! ◆ **I (should) jolly well hope** or **think so!** j'espère bien !
**VT** ◆ **to jolly sb along** enjôler qn ◆ **they jollied him into joining them** ils l'ont convaincu (en douceur) de se joindre à eux
**N** (US) ◆ **to get one's jollies*** prendre son pied* (from doing sth en faisant qch)
**COMP jolly boat** N canot m
**the Jolly Roger** N le pavillon noir

**jolt** /dʒəʊlt/ SYN
**VI** [vehicle] cahoter, tressauter ◆ **to jolt along** avancer en cahotant ◆ **to jolt to a stop** s'arrêter brutalement
**VT** (lit, fig) secouer, cahoter ◆ **she was jolted awake** elle s'est réveillée en sursaut ◆ **to jolt sb into action/into doing sth** (fig) pousser qn à agir/à faire qch ◆ **she was jolted back to reality** elle fut brutalement rappelée à la réalité ◆ **it jolted her out of her self-pity/depression** ça l'a tellement secouée qu'elle a arrêté de s'apitoyer sur son sort/qu'elle a arrêté de déprimer
**N** [1] (= jerk) [of vehicle] secousse f, à-coup m
[2] (fig) choc m ◆ **it gave me a jolt** ça m'a fait un choc

**jolting** /ˈdʒəʊltɪŋ/
**ADJ** cahotant
**N** (NonC) cahots mpl

**Jonah** /ˈdʒəʊnə/ **N** Jonas m ; (fig) porte-malheur m inv, oiseau m de malheur

**Jonas** /ˈdʒəʊnəs/ **N** Jonas m

**Jonathan** /ˈdʒɒnəθən/ **N** Jonathan m

**Joneses** /ˈdʒəʊnzɪz/ NPL ◆ **to try to keep up with the Joneses*** ne pas vouloir faire moins bien que le voisin

**jonquil** /ˈdʒɒŋkwɪl/
**N** jonquille f, narcisse m
**ADJ** jonquille inv

**Jordan** /ˈdʒɔːdn/ **N** (= country) Jordanie f ◆ **the river Jordan** le Jourdain

**Jordanian** /dʒɔːˈdeɪnɪən/
**N** Jordanien(ne) m(f)
**ADJ** jordanien ; [ambassador, embassy, monarch] de Jordanie

**Joseph** /ˈdʒəʊzɪf/ **N** Joseph m

**Josephine** /ˈdʒəʊzɪfiːn/ **N** Joséphine f

**josh*** /dʒɒʃ/ (esp US)
**VT** charrier*, mettre en boîte*
**VI** blaguer*
**N** mise f en boîte*

**josher*** /ˈdʒɒʃər/ **N** (US) plaisantin m, taquin(e) m(f)

**Joshua** /ˈdʒɒʃʊə/ **N** Josué m

**joss stick** /ˈdʒɒsstɪk/ **N** bâton m d'encens

**jostle** /ˈdʒɒsl/ SYN
**VI** ◆ **he jostled against me** il m'a bousculé ◆ **to jostle through the crowd** se frayer un chemin (à coups de coudes) à travers la foule ◆ **to jostle for sth** (lit, fig) jouer des coudes pour obtenir qch
**VT** bousculer
**N** bousculade f

**jot** /dʒɒt/
**N** brin m, iota m ◆ **there is not a jot of truth in this** il n'y a pas une once de vérité là-dedans ◆ **not one jot or tittle** pas un iota, pas un brin
**VT** noter, prendre note de
▸ **jot down VT SEP** noter, prendre note de ◆ **to jot down notes** prendre or griffonner des notes ◆ **to jot down a few points** prendre note de or noter quelques points

**jota** /ˈxɒtə/ **N** jota f

**jotter** /ˈdʒɒtər/ **N** (Brit) (= exercise book) cahier m (de brouillon) ; (= pad) bloc-notes m

**jottings** /ˈdʒɒtɪŋz/ NPL notes fpl

**joual** /ʒwɑːl/ **N** (Can) joual m

**joule** /dʒuːl/ **N** joule m

**journal** /ˈdʒɜːnl/ SYN
**N** [1] (= periodical) revue f ; (= newspaper) journal m ◆ **all our results are published in scientific journals** tous nos résultats sont publiés dans des revues scientifiques
[2] (= diary) journal m
[3] [of ship] livre m de bord ; (Comm) livre m de comptes ; (Jur) compte rendu m
**COMP journal bearing** N (Tech) palier m

**journalese** /ˌdʒɜːnəˈliːz/ **N** (NonC: pej) jargon m journalistique

**journalism** /ˈdʒɜːnəlɪzəm/ **N** journalisme m

**journalist** /ˈdʒɜːnəlɪst/ SYN **N** journaliste mf

**journalistic** /ˌdʒɜːnəˈlɪstɪk/ **ADJ** [profession, community, experience, talent, cliché] de journaliste ; [style, career] journalistique

**journalistically** /ˌdʒɜːnəˈlɪstɪkəlɪ/ **ADV** du point de vue journalistique ; [write] dans un style journalistique

**journey** /ˈdʒɜːnɪ/ SYN
**N** (gen) voyage m ; (short or regular trip) trajet m ; (distance covered) trajet m, parcours m ◆ **to go on a journey** partir en voyage ◆ **to set out on one's journey** se mettre en route ◆ **it's a two days' journey** un voyage de deux jours ◆ **it's a 50-minute train journey from Glasgow to Edinburgh** le trajet Glasgow-Édimbourg en train est de or prend 50 minutes ◆ **to reach one's journey's end** arriver à destination ◆ **the journey from home to office** le trajet de la maison au bureau ◆ **the return journey, the journey home** le (voyage or trajet de) retour ◆ **a car journey** un voyage or trajet en voiture ◆ **a long bus journey** un long trajet en autobus ◆ **"Journey to the End of the Night"** (Literat) « Voyage au bout de la nuit » ; → outward
**VI** voyager ◆ **to journey on** continuer son voyage
**COMP journey time** N durée f du trajet

⚠ **journée** means 'day', not **journey**.

**journeyman** /ˈdʒɜːnɪmən/
**N** (pl **-men**) artisan m
**COMP journeyman baker** N ouvrier m boulanger
**journeyman joiner** N compagnon m charpentier

**journo*** /ˈdʒɜːnəʊ/ **N** (abbrev of **journalist**) journaliste mf, journaleux* m (pej)

**joust** /dʒaʊst/
**N** joute f
**VI** (lit, fig) jouter

**jouster** /ˈdʒaʊstər/ **N** jouteur m

**Jove** /dʒəʊv/ **N** Jupiter m ◆ **by Jove!** † * sapristi ! *

**jovial** /ˈdʒəʊvɪəl/ SYN **ADJ** jovial

**joviality** /ˌdʒəʊvɪˈælɪtɪ/ **N** jovialité f

**jovially** /ˈdʒəʊvɪəlɪ/ ADV [say] jovialement ; [laugh] gaiement

**jowl** /dʒaʊl/ N (= jaw) mâchoire f ; (= cheek) bajoue f ; → cheek

**-jowled** /dʒaʊld/ ADJ (in compounds) ♦ **square-jowled** à la mâchoire carrée

**jowly** /ˈdʒaʊlɪ/ ADJ aux joues flasques

**joy** /dʒɔɪ/ SYN N ① (NonC) joie f ♦ **the joy of my life** mon rayon de soleil ♦ **to my great joy** à ma grande joie
② (= enjoyable thing) plaisir m ♦ **the joys of the seaside** les plaisirs or les charmes du bord de la mer ♦ **the joys of motherhood** les joies fpl or satisfactions fpl de la maternité ♦ **it was a joy to see him again** c'était un (vrai) plaisir de le revoir ♦ **this car is a joy to drive** c'est un (vrai) plaisir de conduire cette voiture ♦ **his dancing was a joy to watch, it was a joy to watch him dancing** c'était un (vrai) plaisir or délice de le regarder danser ♦ **to be full of the joys of spring** avoir le cœur joyeux ♦ **I wish you joy of it!** (iro) je vous souhaite bien du plaisir !
③ (Brit * = success) ♦ **any joy?** alors, ça a marché ?* ♦ **I got no joy out of it** ça n'a pas marché, ça n'a rien donné ♦ **I got no joy out of him** avec lui ça n'a rien donné, je n'en ai rien tiré

**joyful** /ˈdʒɔɪfʊl/ SYN ADJ joyeux

**joyfully** /ˈdʒɔɪfəlɪ/ ADV [greet, sing] joyeusement

**joyfulness** /ˈdʒɔɪfʊlnɪs/ N (gen) joie f ♦ **the joyfulness of the occasion** le caractère joyeux de l'événement

**joyless** /ˈdʒɔɪlɪs/ SYN ADJ [world] sans joie ; [person, experience] triste

**joylessly** /ˈdʒɔɪlɪslɪ/ ADV sans joie

**joyous** /ˈdʒɔɪəs/ SYN ADJ (liter) joyeux

**joyously** /ˈdʒɔɪəslɪ/ ADV (liter) (with vb) avec joie ; (with adj) joyeusement

**joypad** /ˈdʒɔɪpæd/ N manette f de jeu, joypad m

**joyride** /ˈdʒɔɪraɪd/
N ♦ **to go for a joyride** faire une virée* dans une voiture volée
VI (also **go joyriding**) faire une virée* dans une voiture volée

**joyrider** /ˈdʒɔɪˌraɪdər/ N jeune chauffard m au volant d'une voiture volée

**joyriding** /ˈdʒɔɪˌraɪdɪŋ/ N ♦ **joyriding is on the increase** il y a de plus en plus de jeunes qui volent une voiture juste pour aller faire une virée

**joystick** /ˈdʒɔɪstɪk/ N (in plane) manche m à balai ; (Comput) manche m à balai, manette f (de jeu), joystick m

**JP** /ˌdʒeɪˈpiː/ N (Brit Jur) (abbrev of **Justice of the Peace**) → **justice**

**Jr** (US) (abbrev of **Junior**) Jr

**JSA** /ˌdʒeɪesˈeɪ/ N (Brit) (abbrev of **job seeker's allowance**) → **job**

**jubilant** /ˈdʒuːbɪlənt/ SYN ADJ [person, voice] débordant de joie ; [face] épanoui, radieux ♦ **he was jubilant** il jubilait

**jubilantly** /ˈdʒuːbɪləntlɪ/ ADV avec jubilation, en jubilant

**jubilation** /ˌdʒuːbɪˈleɪʃən/ SYN
N (= emotion) allégresse f, jubilation f
NPL **jubilations** (= celebrations) fête f, réjouissance(s) f(pl)

**jubilee** /ˈdʒuːbɪliː/ SYN N jubilé m ; → **diamond**

**Judaea** /dʒuːˈdiːə/ N Judée f

**Judaeo-Christian, Judeo-Christian** (US) /dʒuːˌdiːəʊˈkrɪstɪən/ ADJ judéo-chrétien

**Judaeo-Spanish** /dʒuːˈdiːəʊ/ ADJ judéo-espagnol, ladino

**Judah** /ˈdʒuːdə/ N Juda m

**Judaic** /dʒuːˈdeɪɪk/ ADJ judaïque

**Judaism** /ˈdʒuːdeɪɪzəm/ N judaïsme m

**Judaize** /ˈdʒuːdeɪˌaɪz/ VT judaïser

**Judas** /ˈdʒuːdəs/
N ① (= name) Judas m ♦ **Judas Iscariot** Judas Iscariote
② (= traitor) judas m
③ (= peephole) ♦ **judas** judas m
COMP **Judas tree** arbre m de Judée, gainier m

**judder** /ˈdʒʌdər/ (Brit)
VI vibrer ; (stronger) trépider ♦ **to judder to a halt** s'arrêter en trépidant
N vibration f, trépidation f

**Jude** /dʒuːd/ N Jude m

**Judea** /dʒuːˈdiːə/ N Judée f

**Judezmo** /dʒuːˈdezməʊ/ N (= language) ladino m

**judge** /dʒʌdʒ/ SYN
N ① (gen, Jur, Sport) juge m ; (= member of judging panel) membre m du jury ♦ **(the book of) Judges** (Bible) (le livre des) Juges mpl ♦ **the judges' rules** (Brit Police) la procédure criminelle avant un procès ; see also **comp**
② (fig) connaisseur m, juge m ♦ **to be a good judge of character** être bon psychologue, savoir juger les gens ♦ **to be a good judge of wine** être bon juge en vins, s'y connaître en vins ♦ **I'll be the judge** or **let me be the judge of that** c'est à moi de juger
VT ① (= assess) [+ person, conduct, competition] juger ; [+ qualities] apprécier
② (= consider) juger, estimer (that que) ♦ **to judge it necessary to do sth** juger or estimer nécessaire de faire qch ♦ **to judge o.s. ready/qualified** s'estimer prêt/compétent ♦ **you can't judge a book by its cover** (Prov) il ne faut pas se fier aux apparences
VI juger, rendre un jugement ♦ **to judge for oneself** juger par soi-même ♦ **as far as one can judge, as far as can be judged** autant qu'on puisse en juger ♦ **judging by** or **from** à en juger par or d'après
COMP **judge advocate** N (pl **judge advocates**) (Mil, Jur) assesseur m (auprès d'un tribunal militaire)
**judge of appeal** N (Jur) conseiller m à la cour d'appel

**judg(e)ment** /ˈdʒʌdʒmənt/
N ① (= opinion) avis m ♦ **to give one's judg(e)ment (on)** donner son avis (sur) ♦ **in my judg(e)ment** selon moi
♦ **to make a judg(e)ment** se faire une opinion ♦ **they had to make a judgement about what they had seen** ils ont dû se faire une opinion sur ce qu'ils venaient de voir ♦ **my job is to make a judgement as to whether a good job has been done** mon rôle est de décider si le travail a été bien fait
♦ **to pass judg(e)ment** (= criticize) juger ♦ **it's not for me to pass judgement** il ne m'appartient pas de juger
♦ **against one's better judg(e)ment** ♦ **against my better judg(e)ment I agreed** j'ai accepté tout en sachant que c'était une erreur
♦ **to sit in judg(e)ment** porter un jugement ; → **reserve**
② (Jur, Rel) jugement m ♦ **in a historic judgement, the court rejected this argument** le tribunal a rejeté cet argument dans un jugement qui fera date ♦ **to give** or **pass judg(e)ment (on)** prononcer or rendre un jugement (sur) ; → **last¹**
③ (NonC = good sense) jugement m ♦ **to have (sound) judg(e)ment** avoir du jugement ♦ **I respect his judg(e)ment** j'ai confiance en son jugement ♦ **an error of judg(e)ment** une erreur de jugement
COMP **judg(e)ment call** N (esp US) ♦ **to make a judg(e)ment call** prendre une décision en s'en remettant à son jugement personnel
**Judg(e)ment Day** N (Rel) le jour du Jugement (dernier)

⚠ **judg(e)ment** is not usually translated by **jugement** when it means 'opinion'.

**judg(e)mental** /dʒʌdʒˈmentəl/ ADJ ♦ **he is very judg(e)mental** il porte toujours des jugements catégoriques, il s'érige toujours en juge

**judicature** /ˈdʒuːdɪkətʃər/ N ① (= process of justice) justice f
② (= body of judges) magistrature f
③ (= judicial system) système m judiciaire

**judicial** /dʒuːˈdɪʃəl/ SYN
ADJ ① (Jur) [power, function] judiciaire ; [decision] de justice ♦ **judicial and extrajudicial documents** actes mpl judiciaires et extrajudiciaires ♦ **the judicial process** la procédure judiciaire ♦ **judicial appointments** nominations fpl judiciaires
② (= wise) [mind] sage ♦ **judicial faculty** sens m critique
COMP **judicial inquiry** N enquête f judiciaire
**judicial murder** N exécution f
**judicial proceedings** NPL poursuites fpl judiciaires

**judicial review** N (Jur) (Brit) réexamen m d'une décision de justice (par une juridiction supérieure) ; (US) examen m de la constitutionnalité d'une loi
**judicial sale** N vente f forcée or judiciaire

**judicially** /dʒuːˈdɪʃəlɪ/ ADV judiciairement

**judiciary** /dʒuːˈdɪʃɪərɪ/
ADJ judiciaire
N ① (= system) système m judiciaire
② (= body of judges) magistrature f
③ (= branch of government) pouvoir m judiciaire

**judicious** /dʒuːˈdɪʃəs/ SYN ADJ (frm) judicieux

**judiciously** /dʒuːˈdɪʃəslɪ/ ADV (frm) [use, say] judicieusement

**judiciousness** /dʒuːˈdɪʃəsnɪs/ N [of comment] pertinence f

**Judith** /ˈdʒuːdɪθ/ N Judith f

**judo** /ˈdʒuːdəʊ/ N judo m

**judoist** /ˈdʒuːdəʊɪst/ N judoka mf

**judoka** /ˈdʒuːdəʊˌkɑː/ N judoka m

**Judy** /ˈdʒuːdɪ/ N (dim of **Judith**) → **Punch**

**jug** /dʒʌg/ SYN
N ① (for water) carafe f ; (for wine) pichet m ; (round, heavy, jar-shaped) cruche f ; (for milk) pot m ; (for washing water) broc m
② (* = prison) taule* f or tôle* f, bloc* m ♦ **in jug** en taule*, au bloc*
VT ① (Culin) cuire en civet ♦ **jugged hare** civet m de lièvre
② (* = imprison) coffrer*
COMP **jug band** N (US) orchestre m (de folk or de jazz) improvisé (utilisant des ustensiles ménagers)

**jugal** /ˈdʒuːgəl/ ADJ jugal

**juggernaut** /ˈdʒʌgənɔːt/ N ① (Brit = truck) gros poids lourd m, mastodonte m
② (fig = irresistible force) ♦ **the media/military juggernaut** le pouvoir écrasant des médias/de l'armée ♦ **the juggernaut of tradition/religion** l'influence écrasante de la tradition/religion
③ (Rel) ♦ **Juggernaut** Jagannâth m

**juggins*** /ˈdʒʌgɪnz/ N jobard(e) m(f), cruche* f

**juggle** /ˈdʒʌgl/ SYN
VI (lit, fig) jongler (with avec)
VT [+ balls, plates, facts, figures] jongler avec ; [+ one's time] essayer de partager ♦ **to juggle a career and a family** jongler pour concilier sa carrière et sa vie de famille

**juggler** /ˈdʒʌglər/ N jongleur m, -euse f

**juggling** /ˈdʒʌglɪŋ/
N (NonC) ① (lit : with balls, plates) jonglerie f
② (fig = clever organization) ♦ **combining career and family requires a lot of juggling** il faut beaucoup jongler pour concilier sa carrière et sa famille ♦ **with a bit of juggling I managed to pack everything into one suitcase** avec un peu d'astuce j'ai réussi à tout mettre dans une seule valise
③ (= trickery) tours mpl de passe-passe
COMP **juggling act** N (fig) ♦ **to do a juggling act** tout mener de front ♦ **to do a juggling act with sth** jongler avec qch (fig)

**jughead*** /ˈdʒʌghed/ N (US pej) andouille* f

**Jugoslav** /ˈjuːgəʊˌslɑːv/
ADJ yougoslave
N Yougoslave mf

**Jugoslavia** /ˌjuːgəʊˈslɑːvɪə/ N Yougoslavie f

**jugular** /ˈdʒʌgjʊlər/
ADJ jugulaire
N (veine f) jugulaire f ♦ **to go for the jugular** frapper au point le plus faible

**juice** /dʒuːs/ SYN
N ① [of fruit, meat] jus m ♦ **orange juice** jus m d'orange
② (Physiol) suc m ♦ **digestive juices** sucs mpl digestifs
③ (US * = alcohol) alcool m
④ (* = electricity, gas) jus* m ; (Brit = petrol) essence f
VT [+ fruit, vegetable] faire du jus (avec)
COMP **juice extractor** N (Brit) centrifugeuse f électrique
**juicing orange** N orange f à jus
► **juice up*** VT SEP ① (US) [+ car] gonfler le moteur de
② (= spice up) [+ occasion] mettre de l'ambiance dans ; [+ image, brand] donner du punch à*

**juicehead** /ˈdʒuːʃed/ N (US) poivrot(e)* m(f), alcoolique mf

**juicer** /ˈdʒuːsər/ N centrifugeuse f électrique

**juiciness** /ˈdʒuːsɪnɪs/ N juteux m

**juicy** /ˈdʒuːsɪ/ SYN ADJ ⓵ (= succulent) [fruit, steak] juteux
⓶ * (= desirable) [role, part] savoureux ; [deal] juteux ; (= interesting) [story, scandal, details] croustillant ◆ **I heard some juicy gossip about him** j'ai entendu des histoires bien croustillantes à son sujet

**jujitsu** /dʒuːˈdʒɪtsuː/ N jiu-jitsu m

**juju** /ˈdʒuːdʒuː/ N culte africain proche du vaudou

**jujube** /ˈdʒuːdʒuːb/ N jujube m

**jukebox** /ˈdʒuːkbɒks/ N juke-box m

**Jul.** abbrev of **July**

**julep** /ˈdʒuːlep/ N boisson f sucrée, sirop m, julep m ; → mint²

**Julian** /ˈdʒuːlɪən/
N Julien m
ADJ julien

**julienne** /ˌdʒuːlɪˈen/ (Culin)
ADJ (en) julienne inv
N (= consommé) julienne f

**Juliet** /ˈdʒuːlɪet/ N Juliette f

**Julius** /ˈdʒuːlɪəs/ N Jules m ◆ **Julius Caesar** Jules m César

**July** /dʒuːˈlaɪ/ N juillet m ◆ **the July Monarchy** (Hist) la Monarchie de Juillet ; pour loc voir **September**

**jumble** /ˈdʒʌmbl/ SYN
VT (also jumble up) ⓵ (lit) [+ objects, clothes, figures] mélanger ◆ **to jumble everything (up)** tout mélanger ◆ **his clothes are all jumbled up on his bed** ses vêtements sont pêle-mêle or en vrac sur son lit ◆ **a jumbled mass of wires** un amas de fils entortillés ◆ **can you work out whose famous face has been jumbled up in the picture?** (in magazine) pouvez-vous recomposer le visage du personnage célèbre qui figure sur cette image ?
⓶ (fig) [+ facts, details] brouiller, embrouiller ◆ **jumbled thoughts/memories** pensées fpl/souvenirs mpl confus(es)
N ⓵ (lit) [of objects] fouillis m, méli-mélo* m ◆ **a jumble of toys/papers** un tas de jouets/papiers en vrac ◆ **in a jumble** [objects, papers, toys] en vrac
⓶ ◆ **a jumble of words** une suite de mots sans queue ni tête ◆ **a jumble of ideas/thoughts/ memories** des idées fpl/pensées fpl/souvenirs mpl confus(es) ◆ **in a jumble** [ideas, thoughts] confus
⓷ (NonC: Brit = junk, goods at jumble sale) bric-à-brac m
COMP **jumble sale** N (Brit) vente f de charité (d'objets d'occasion)

**jumbo** /ˈdʒʌmbəʊ/ SYN
N ⓵ éléphant m
⓶ ⇒ jumbo jet
COMP [order, load, box, bottle, vegetable, prawn, egg] géant ◆ **jumbo jet** N jumbo-jet m, avion m gros porteur ◆ **jumbo loan** N prêt m géant or jumbo ◆ **jumbo pack** N (gen) paquet m géant ; [of bottles, cans] emballage m géant

**jumbuck*** /ˈdʒʌmbʌk/ N (Austral) mouton m

**jump** /dʒʌmp/ SYN
N ⓵ (gen) saut m ; (of fear, nervousness) sursaut m ◆ **to give a jump** faire un saut, sauter ; (nervously) sursauter ◆ **at one jump** d'un (seul) bond ◆ **to be one jump ahead** (fig) avoir une longueur d'avance (of sur) ◆ **to get a or the jump on sb/sth** (US) prendre une longueur d'avance sur qn/qch ◆ **it's a big jump from medical student to doctor** il y a une grande différence entre être étudiant en médecine et devenir médecin ; → **bungee jumping, high, parachute, running**
⓶ (= increase) bond m ◆ **a jump in profits/sales/ inflation** un bond des profits/des ventes/de l'inflation ◆ **the jump in prices** la hausse brutale des prix ◆ **a 5% jump in the unemployment figures** un bond de 5% des chiffres du chômage
⓷ (Comput) saut m
⓸ (Horse-riding) obstacle m
VI (= leap) sauter, bondir ◆ **to jump in/out/ across** entrer/sortir/traverser d'un bond ◆ **to jump across a stream** franchir un ruisseau d'un bond ◆ **to jump into the river** sauter dans la rivière ◆ **to jump off a bus/train** sauter d'un autobus/d'un train ◆ **to jump off a wall** sauter (du haut) d'un mur ◆ **to jump over a wall/ fence/ditch** sauter un mur/une barrière/un fossé ◆ **he managed to jump clear as the car went over the cliff** il a réussi à sauter hors de la voiture au moment où celle-ci passait par-dessus la falaise ◆ **to jump up and down** sauter ◆ **to jump up and down with excitement** bondir d'excitation ◆ **to jump up and down with anger** trépigner de colère ◆ **to jump for joy** (fig) sauter de joie
⓶ (from nervousness) sursauter, tressauter ◆ **to make sb jump** [loud noise] faire sursauter or tressauter qn ◆ **it almost made him jump out of his skin*** ça l'a fait sauter au plafond* ◆ **his heart jumped** (with fear) il a eu un coup au cœur ; (with happiness) son cœur a bondi
⓷ (fig) [person] sauter ◆ **to jump from one subject to another** sauter (sans transition) d'un sujet à un autre, passer du coq à l'âne ◆ **she jumped from kitchen assistant to chef** elle est passée directement de simple aide-cuisinière à chef de cuisine ◆ **she jumped from seventh place to second** elle est passée directement de la septième à la seconde place ◆ **to jump at** [+ chance, suggestion, offer] sauter sur ; [+ idea] accueillir avec enthousiasme ◆ **to jump down sb's throat*** rembarrer qn ◆ **to jump to conclusions** tirer des conclusions hâtives ◆ **he jumped to the conclusion that…** il en a conclu hâtivement que… ◆ **to jump to sb's defence** s'empresser de prendre la défense de qn ◆ **jump to it!*** et plus vite que ça !*, et que ça saute !*
⓸ [prices, shares, profits, costs] monter en flèche, faire un bond ◆ **her salary jumped from $25,000 to $50,000** son salaire est passé d'un seul coup de 25 000 à 50 000 dollars ◆ **losses jumped to $4.1 million** les pertes ont subitement atteint les 4,1 millions de dollars
VT ⓵ [person, horse] [+ obstacle, ditch, fence] sauter, franchir (d'un bond) ◆ **the horse jumped a clear round** le cheval a fait un parcours d'obstacles sans faute ◆ **the electric current jumps the gap between the two wires** sans que les fils se touchent, le courant électrique passe de l'un à l'autre ◆ **to jump 2 metres** sauter 2 mètres, faire un saut de 2 mètres
⓶ [rider] [+ horse] faire sauter ◆ **the jockey jumped his horse over the fence** le jockey a fait sauter l'obstacle à son cheval ◆ **she's jumping three horses in this competition** [jockey] elle monte trois chevaux dans cette épreuve d'obstacles ; [owner] elle engage trois chevaux dans cette épreuve d'obstacles
⓷ (= skip) sauter ◆ **the stylus jumped a groove** la pointe de lecture a sauté un sillon ◆ **the disease has jumped a generation** cette maladie a sauté une génération ◆ **the film then jumps ten years to 1996** le film fait alors un bond de dix ans pour arriver en 1996 ◆ **the company's shares jumped £1.25/3%** les actions de la société ont monté de 1,25 livres/de 3% ◆ **to jump bail** (Jur) ne pas comparaître au tribunal ◆ **to jump a claim** (Jur) s'emparer illégalement d'une concession minière ◆ **to jump the gun** (Sport) partir avant le départ ; (*fig) agir prématurément ◆ **to jump the gun on sb** couper l'herbe sous le pied de qn ◆ **to jump the lights** or **a red light*** [motorist] brûler le feu rouge ◆ **to jump the queue** (Brit) passer avant son tour, resquiller* ◆ **to jump the points** [train] dérailler à l'aiguillage ◆ **to jump the rails** (lit) [train] dérailler ; (esp Brit fig = go wrong) déraper ◆ **to jump a train** (= get on) sauter dans un train en marche ; (= get off) sauter d'un train en marche ◆ **to jump ship** (lit) déserter le navire ; (fig = join rival organization) passer dans un autre camp ◆ **to jump town*** (US) quitter la ville
⓸ (= attack) ◆ **to jump sb*** sauter sur qn
⓹ (* esp US = have sex with) sauter* ◆ **to jump sb's bones*** sauter qn

**jumped-up*** ADJ (Brit pej) (= pushy) parvenu ; (= cheeky) effronté ; (= conceited) prétentieux ◆ **he is a jumped-up clerk** ce n'est que un petit employé qui a monté en grade

**jump-jet** N avion m à décollage vertical

**jump jockey** N (Brit Racing) jockey m de steeple-chase

**jump leads** NPL (Brit) [of vehicle] câbles mpl de démarrage (pour batterie)

**jump-off** N (Horse-riding) (épreuve f) finale f (d'un concours hippique)

**jump rope** N (US) corde f à sauter

**jump seat** N strapontin m

**jump-start** → jump-start

**jump suit** N (gen) combinaison(-pantalon) f, combinaison f de saut

▸ **jump about, jump around** VI sautiller

▸ **jump down** VI (gen) descendre d'un bond (from de) ◆ **jump down!** (from wall, bicycle) sautez !

▸ **jump in** VI sauter dedans ◆ **he came to the river and jumped in** arrivé à la rivière il a sauté dedans ◆ **jump in!** (into vehicle) montez ! ; (into swimming pool) sautez !

▸ **jump off**
VI sauter ◆ **he jumped off** il a sauté
ADJ ◆ **jumping-off** → jumping
N ◆ **jump-off** → jump

▸ **jump on**
VI (onto truck, bus) ◆ **jump on!** montez ! ◆ **to jump on(to) one's bicycle** sauter sur son vélo
VT FUS ⓵ ◆ **to jump on(to) a bus** sauter dans un autobus
⓶ (* = reprimand) tomber sur

▸ **jump out** VI sauter (of de) ◆ **to jump out of bed** sauter (à bas) du lit ◆ **to jump out of the window** sauter par la fenêtre ◆ **to jump out of a car/train** sauter d'une voiture/d'un train ◆ **jump out!** (from vehicle) sortez !, descendez ! ◆ **the mistake jumped out of the page at him** l'erreur dans la page lui a sauté aux yeux

▸ **jump up**
VI se (re)lever d'un bond
ADJ ◆ **jumped-up*** → jump

**jumper** /ˈdʒʌmpər/ SYN
N ⓵ (Brit = sweater) pull(-over) m
⓶ (US = dress) robe-chasuble f
⓷ (= one who jumps : person, animal) sauteur m, -euse f
⓸ (Comput) cavalier m
COMP **jumper cables** NPL câbles mpl de démarrage (pour batterie)

**jumpily*** /ˈdʒʌmpɪlɪ/ ADV nerveusement

**jumping** /ˈdʒʌmpɪŋ/
N (gen) saut m ; (= equitation) jumping m, concours m hippique
ADJ (US * = lively) plein d'animation
COMP **jumping bean** N haricot m sauteur ◆ **jumping Jack** N (= puppet) pantin m ◆ **jumping-off place, jumping-off point** N (fig) tremplin m ◆ **they used the agreement as a jumping-off place** or **point for further negotiations** ils se sont servis de l'accord comme d'un tremplin pour de plus amples négociations ◆ **jumping rope** N (US) corde f à sauter

**jump-start** /ˈdʒʌmpstɑːt/
VT ⓵ ◆ **to jump-start a car** (by pushing) faire démarrer une voiture en la poussant ; (with jump leads) faire démarrer une voiture en branchant sa batterie sur une autre
⓶ [+ negotiations, process, economy] relancer
N ⓵ ◆ **to give sb a jump-start** (by pushing) faire démarrer la voiture de qn en la poussant ; (with jump leads) faire démarrer la voiture de qn en branchant sa batterie sur une autre
⓶ [of negotiations, process, economy] relance f

**jumpy*** /ˈdʒʌmpɪ/ ADJ [person] nerveux ; [stock market] instable

**Jun.** ⓵ abbrev of **June**
⓶ (abbrev of **Junior**) Jr

**junction** /ˈdʒʌŋkʃən/ SYN
N ⓵ (NonC) jonction f
⓶ (Brit) (= meeting place) [of roads] bifurcation f ; (= crossroads) carrefour m ; [of rivers] confluent m ; [of railway lines] embranchement m ; [of pipes] raccordement m ; (= station) gare f de jonction ◆ **leave the motorway at junction 13** prenez la sortie numéro 13
COMP **junction box** N (Elec) boîte f de dérivation ◆ **junction transistor** N (Elec) transistor m à jonction

**juncture** /ˈdʒʌŋktʃər/ SYN N ⓵ (= joining place) jointure f, point m de jonction ; (Ling) joncture f
⓶ (fig = state of affairs) conjoncture f ◆ **at this juncture** (fig = point) à ce moment

**June** /dʒuːn/
N juin m ; pour loc voir **September**
COMP **June bug** N hanneton m

**Juneberry** /ˈdʒuːnˌberɪ/ N amélanchier m

**Jungian** /ˈjʊŋɪən/
N (= follower of Jung) jungien(ne) m(f)
ADJ jungien

**jungle** /ˈdʒʌŋgl/

**N** 1 jungle *f* ◆ **"The Jungle Book"** *(Literat)* « Le Livre de la jungle »

2 *(Mus)* jungle *f*

**COMP** *[animal, bird]* de la jungle

**jungle bunny**** **N** *(esp US pej)* nègre *m*, négresse *f*, Noir(e) *m(f)*

**jungle fever** **N** *forme de malaria*

**jungle gym** **N** *(in playground)* cage *f* à poules *or* aux écureuils

**jungle juice*** **N** gnôle* *f*

**jungle warfare** **N** *(NonC)* combats *mpl* de jungle

**junior** /ˈdʒuːnɪəʳ/ SYN

**ADJ** 1 *(in age)* (plus) jeune, cadet ◆ **John Smith, Junior** John Smith fils *or* junior ; see also **comp**

2 *(in position)* *[employee, job]* subalterne ◆ **junior members of staff** les employés subalternes ◆ **he is junior to me in the business** il est au-dessous de moi dans l'entreprise ◆ **people at the most junior level in the company** les petits employés de l'entreprise ; see also **comp**

3 *(Sport)* *[competition, team, title]* *(gen)* junior ; *(= under 11)* ≃ de poussins ; *(= 12 to 13)* ≃ de benjamins ; *(= 14 to 15)* ≃ de minimes ; *(= 16 to 17)* ≃ de cadets ; *(= 18 to 19)* ≃ de juniors ◆ **to compete at junior level** faire partie de l'équipe des poussins (*or* des benjamins *etc*)

**N** 1 cadet(te) *m(f)* ◆ **he is two years my junior , he is my junior by two years** il est mon cadet de deux ans

2 *(Brit Scol)* petit(e) élève *m(f)* *(de 7 à 11 ans)* ; *(US Scol)* élève *mf* de classe de première ; *(US Univ)* étudiant(e) *m(f)* de troisième année

3 *(Sport)* *(gen)* junior *mf* ; *(= under 11)* ≃ poussin *mf* ; *(= 12 to 13)* ≃ benjamin(e) *m(f)* ; *(= 14 to 15)* ≃ minime *mf* ; *(= 16 to 17)* ≃ cadet(te) *m(f)* ; *(= 18 to 19)* ≃ junior *mf*

**COMP** **junior class** **N** ◆ **the junior classes** les petites classes *fpl* *(de 7 à 11 ans)*

**junior clerk** **N** petit commis *m*

**junior college** **N** *(US)* institut *m* universitaire (du premier cycle)

**Junior Common Room** **N** *(Brit Univ)* *(= room)* salle *f* des étudiants ; *(= students)* étudiants *mpl*

**junior doctor** **N** interne *m* des hôpitaux

**junior executive** **N** jeune cadre *m*

**junior high school** **N** *(US)* ≃ collège *m*

**Junior League** **N** 1 *(US : for voluntary work)* *association locale féminine d'aide à la communauté*

2 *(Brit Sport)* championnat *m* junior

**junior minister** **N** *(Parl)* sous-secrétaire *m* d'État

**junior miss** † **N** *(Comm)* fillette *f* *(de 11 à 14 ans)*

**junior officer** **N** officier *m* subalterne

**junior partner** **N** associé(-adjoint) *m*

**junior rating** **N** *(Brit Navy)* matelot *m*

**junior school** **N** *(Brit)* école *f* primaire *(de 7 à 11 ans)*

**junior's license** **N** *(US)* *permis spécial pour adolescents et autres apprentis conducteurs* → **Driving Licence, Driver's License**

**junior technician** **N** *(Brit = airman)* soldat *m* de première classe

**junior training centre** **N** *(Brit)* centre *m* médico-éducatif

**junior varsity sports** **NPL** *(US Univ)* *sports pratiqués entre les équipes de deuxième division des établissements scolaires et universitaires*

**juniper** /ˈdʒuːnɪpəʳ/ **N** genévrier *m* ◆ **juniper berry** baie *f* de genièvre ◆ **juniper berries** genièvre *m*

**junk¹** /dʒʌŋk/ SYN

**N** *(NonC)* *(= discarded objects)* bric-à-brac *m inv*, vieilleries *fpl* ; *(= metal)* ferraille *f* ; *(* = bad quality goods)* camelote* *f* ; *(* = worthless objects)* pacotille *f* ; *(** = nonsense)* âneries *fpl* ; *(Drugs *)* came* *f*

**VT** * bazarder*, balancer*

**COMP** **junk art** **N** junk art *m* *(sculptures réalisées à l'aide de déchets)*

**junk bond** **N** junk bond *m*, obligation *f* à risque

**junk dealer** **N** brocanteur *m*, -euse *f*

**junk food*** **N** *(NonC)* ◆ **to eat junk food** manger des cochonneries*

**junk heap** **N** dépotoir *m*

**junk mail** **N** *(NonC)* imprimés *mpl* publicitaires *(envoyés par la poste)*

**junk market** **N** marché *m* aux puces

**junk shop** **N** (boutique *f* de) brocante *f*

**junk²** /dʒʌŋk/ **N** *(= boat)* jonque *f*

**junket** /ˈdʒʌŋkɪt/

**N** 1 *(Culin)* (lait *m*) caillé *m*

2 *(US = trip at public expense)* voyage *m* aux frais de la princesse*

**VI** faire bombance

**junketing** /ˈdʒʌŋkɪtɪŋ/ **N** *(NonC)* *(= merrymaking)* bombance *f*, bringue** *f* ; *(US * = trip, banquet at public expense)* voyage *m or* banquet *m* aux frais de la princesse*

**junkie, junky*** /ˈdʒʌŋkɪ/ **N** drogué(e) *m(f)*, camé(e)* *m(f)* ◆ **a television junkie** un accro* de la télé

**junkyard** /ˈdʒʌŋkjɑːd/ **N** entrepôt *m* de chiffonnier-ferrailleur

**Juno** /ˈdʒuːnəʊ/ **N** Junon *f*

**Junr** (abbrev of **Junior**) Jr

**junta** /ˈdʒʌntə/ **N** junte *f*

**Jupiter** /ˈdʒuːpɪtəʳ/ **N** *(Myth)* Jupiter *m* ; *(Astron)* Jupiter *f*

**Jura** /ˈdʒʊərə/ **N** (also **Jura Mountains**) Jura *m*

**Jurassic** /dʒʊˈræsɪk/ **ADJ** *[period]* jurassique

**juridical** /dʒʊəˈrɪdɪkəl/ **ADJ** juridique

**jurisdiction** /ˌdʒʊərɪsˈdɪkʃən/ SYN **N** *(Jur)* juridiction *f* ; *(Admin)* compétence *f* ◆ **it comes within our jurisdiction** *(Jur)* cela relève de notre juridiction ; *(Admin)* cela relève de notre compétence *or* de nos attributions, c'est de notre ressort ◆ **to be outside sb's jurisdiction** *(Jur)* ne pas relever de la juridiction de qn ; *(Admin)* ne pas relever des compétences de qn, sortir des attributions de qn ; → **court**

**jurisdictional** /ˌdʒʊərɪsˈdɪkʃənl/ **ADJ** *(US)* ◆ **jurisdictional dispute** conflit *m* d'attributions

**jurisprudence** /ˌdʒʊərɪsˈpruːdəns/ **N** droit *m* ; → **medical**

**jurist** /ˈdʒʊərɪst/ **N** juriste *m*

**juror** /ˈdʒʊərəʳ/ **N** juré *m*

**jury¹** /ˈdʒʊərɪ/

**N** *[of trial]* jury *m*, jurés *mpl* ; *[of examination, exhibition, competition]* jury *m* ◆ **to be on the jury** faire partie du jury ◆ **Ladies and Gentlemen of the jury** Mesdames et Messieurs les jurés ◆ **the jury is out** *(lit)* le jury s'est retiré pour délibérer ; *(fig)* cela reste à voir ◆ **the jury is out on whether this is true** reste à voir si c'est vrai ; → **coroner, grand**

**COMP** **jury box** **N** banc *m* des jurés

**jury duty** **N** *(US, Scot)* ⇒ **jury service**

**jury-rigging** **N** *constitution d'un jury partisan*

**jury service** **N** ◆ **to do jury service** faire partie d'un jury, être juré ◆ **to be called for jury service** être appelé à faire partie d'un jury

**jury shopping** **N** *(US Jur)* *recherche du jury idéal (par récusation de jurés)*

**the jury system** **N** le système de jugement par jury

**jury²** /ˈdʒʊərɪ/

**ADJ** *(Naut)* de fortune, improvisé

**COMP** **jury-rigged** **ADJ** *(esp Naut)* de fortune

**juryman** /ˈdʒʊərɪmən/ **N** (pl **-men**) juré *m*

**jurywoman** /ˈdʒʊərɪwʊmən/ **N** (pl **-women**) femme *f* juré

**just¹** /dʒʌst/ SYN

1 - ADVERB

2 - COMP

## 1 - ADVERB

1 [= EXACTLY] juste, exactement ◆ **it's just 9 o'clock** il est 9 heures juste, il est exactement 9 heures ◆ **you're just in time** vous arrivez juste à temps ◆ **it took me just two hours** il m'a fallu exactement *or* juste deux heures ◆ **it's just what I wanted** c'est exactement *or* juste ce que je voulais ◆ **that's just what I thought** c'est exactement ce que je pensais ◆ **that's just what I was going to say** c'est juste *or* exactement ce que j'allais dire ◆ **just how many came we don't know** nous ne savons pas exactement *or* au juste combien de personnes sont venues ◆ **just then** *or* **at that moment** à ce moment-là, juste à ce moment ◆ **he has to have everything just so*** il faut que tout soit exactement comme il veut

Note the translations of the following examples, where **just** is used for emphasis:

◆ **just what are you implying?** qu'est-ce que tu veux dire au juste ? ◆ **just what did they hope to achieve!** on se demande bien ce qu'ils s'imaginaient obtenir ! ◆ **I'm sure that's just what it was** c'était sûrement ça ◆ **just when everything was going so well!** dire que tout allait si bien !

◆ **just on** tout juste ◆ **it cost just on 10 euros** ça a coûté tout juste 10 € ◆ **it's just on 2 kilos** ça fait tout juste 2 kilos ◆ **it's just on nine** il est tout juste 9 heures

2 [INDICATING POSITION] juste ◆ **just by the church** juste à côté de *or* tout près de l'église ◆ **my house is just here** ma maison est juste ici ◆ **it's just on the left as you go in** c'est tout de suite à gauche en entrant ◆ **just over there** là(, tout près) ◆ **just past the station** juste après la gare ◆ **it's just to the left of the bookcase** c'est juste à gauche de la bibliothèque

3 [= AT THIS OR THAT MOMENT] ◆ **we're just off** nous partons à l'instant ◆ **I'm just coming!** j'arrive ! ◆ **it's okay, I was just leaving** ce n'est pas grave, je partais ◆ **are you leaving? – not just yet** tu pars ? – pas encore *or* pas tout de suite ◆ **are you ready? – not just yet** tu es prêt ? – pas tout à fait

4 [REFERRING TO RECENT TIME] ◆ **just last week** pas plus tard que la semaine dernière ◆ **I saw him just last week** je l'ai vu pas plus tard que la semaine dernière ◆ **this book is just out** ce livre vient de paraître

◆ **to have just done sth** venir de faire qch ◆ **he had just left** il venait de partir ◆ **I have only just heard about it** je viens juste de l'apprendre ◆ **I've just this minute finished it** je viens de le finir à l'instant, je viens tout juste de le finir

5 [= BARELY] ◆ **we (only) just caught the train** nous avons juste eu le temps de sauter dans le train ◆ **I'll just catch the train if I hurry** j'aurai tout juste le temps d'attraper le train si je me dépêche ◆ **his voice was just audible** sa voix était tout juste audible

◆ **only just** tout juste ◆ **I will only just get there on time** j'arriverai tout juste à l'heure ◆ **I have only just enough money** j'ai tout juste assez d'argent ◆ **we only just missed the train** nous avons raté le train de justesse ◆ **he passed the exam but only just** il a été reçu à l'examen mais de justesse *or* mais ça a été juste

6 [= SLIGHTLY] juste ◆ **he got home just after 9 o'clock** il est rentré peu après *or* juste après 9 heures ◆ **just after he came** juste après son arrivée ◆ **just after this** juste après, tout de suite après ◆ **just before Christmas** juste avant Noël ◆ **just before it started to rain** juste avant qu'il ne commence à pleuvoir ◆ **that's just over the kilo** cela fait juste un peu plus du kilo

BUT ◆ **just over $10** un peu plus de 10 dollars ◆ **just under $10** un peu moins de 10 dollars ◆ **it's just after 9 o'clock** il est un peu plus de 9 heures

7 [= CONCEIVABLY] ◆ **it may just be possible** ce n'est pas totalement exclu ◆ **it's an old trick, but it could just work** c'est une vieille astuce mais avec un peu de chance ça pourrait marcher

8 [= MERELY] juste, ne... que ◆ **it's just a suggestion** c'est juste une suggestion, ce n'est qu'une suggestion ◆ **there will be just the two of us** il n'y aura que nous deux, il y aura juste nous deux ◆ **just a few** juste quelques-uns ◆ **would you like some? – just a little bit** tu en veux ? – juste un petit peu ◆ **just a quick note to let you know that...** juste un petit mot pour vous dire que... ◆ **he did it just for a laugh*** il l'a fait juste pour rigoler* ◆ **that's just your opinion** ça c'est ce que tu penses, ça c'est ton opinion

9 [= SIMPLY] juste, simplement ◆ **I just told him to go away** je lui ai juste *or* simplement dit de s'en aller ◆ **I would just like to say this** je voudrais juste *or* simplement dire ceci ◆ **don't take any notice of her, she's just jealous** ne fais pas attention à elle, elle est tout simplement jalouse

When **just** is used in mitigation, or for emphasis, this is expressed in French in various ways.

◆ **I was just wondering if you knew...** je me demandais si vous saviez... ◆ **I'm just phoning to remind you that...** je te téléphone juste pour te rappeler que... ◆ **it's just one of those things*** c'est comme ça* ◆ **I just can't imagine what's happened to him** je n'arrive tout simplement pas à comprendre *or* j'ai du mal à imaginer ce qui a (bien) pu lui arriver ◆ **you should just send it back** vous n'avez qu'à le renvoyer ◆ **just because YOU think so doesn't mean...** ce n'est pas parce que tu le crois que...

10 [= SPECIALLY] spécialement ◆ **I did it just for you** je l'ai fait spécialement pour toi

**11** [= ABSOLUTELY] absolument, tout simplement ♦ **it was just marvellous!** c'était absolument or tout simplement merveilleux ! ♦ **she's just amazing!** elle est tout simplement or absolument stupéfiante ! ♦ **that's just stupid!** c'est complètement or vraiment stupide ♦ **we're managing just fine** on s'en sort (sans problème)

**12** [IN IMAGINATION] ♦ **I can just see her face if I told her** j'imagine déjà la tête qu'elle ferait si je (le) lui disais ♦ **I can just hear the roars of laughter** j'entends déjà les rires (que ça provoquerait)

**13** [IN COMMANDS, REQUESTS, THREATS] ♦ **just wait here a minute** attends une minute ici ♦ **just be reasonable** sois donc (un peu) raisonnable ♦ **just don't ask me to help** ne me demande surtout pas de t'aider ♦ **just a moment please** un instant s'il vous plaît ♦ **just imagine!** * rends-toi compte !, tu t'imagines un peu ! * ♦ **just look at that!** regarde-moi ça ! * ♦ **just you do!** *, **just you try it!** *, **just you dare!** * essaie un peu pour voir ! ♦ **just shut up!** * veux-tu te taire !, tu vas te taire ! ♦ **just let me get my hands on him!** * celui-là, si je l'attrape !

**14** [IN REJOINDERS] ♦ **that's just it!, that's just the point!** justement ! ♦ **just so!** exactement ! ♦ **yes, but just the same...** oui, mais tout de même... ♦ **that's ridiculous! – isn't it just!** (Brit) c'est ridicule ! – ça tu peux le dire ! ♦ **she made a real mess of it – didn't she just!** (Brit) elle a tout gâché – ça tu peux le dire !

**15** [SET STRUCTURES]

♦ **just about** (= approximately) à peu près ♦ **it's just about 3 o'clock** il est à peu près 3 heures ♦ **it's just about 5 kilos** ça pèse à peu près 5 kilos ♦ **I think that it was just about here that I saw him** je pense que c'est par ici que je l'ai vu ♦ **have you finished?** – **just about** avez-vous fini ? – presque or pratiquement ♦ **the incident just about ruined him** l'incident l'a pratiquement ou quasiment ruiné ♦ **I've had just about enough** or **about as much as I can stand!** j'en ai par-dessus la tête ! *, j'en ai vraiment assez !

♦ **to be just about to do sth** être sur le point de faire qch ♦ **we were just about to leave** on était sur le point de partir, on allait partir

♦ **just as** ♦ **leave everything just as you find it** laissez tout exactement en l'état ♦ **just as we arrived it began to rain** juste au moment où nous arrivions, il s'est mis à pleuvoir ♦ **come just as you are** venez comme vous êtes ♦ **just as you like** (c'est) comme vous voulez or voudrez ♦ **just as I thought!** c'est bien ce que je pensais ! ♦ **this one is just as good as the more expensive model** celui-ci est tout aussi bon que le modèle plus cher

♦ **just as well** ♦ **I wasn't expecting much, which was just as well** je ne m'attendais pas à grand-chose, heureusement or et c'est tant mieux ♦ **I was driving slowly, and just as well** heureusement que je roulais lentement ♦ **we might just as well have stayed on a few days longer** on aurait très bien pu rester quelques jours de plus

♦ **just in case** ♦ **just in case it rains** juste au cas où il pleuvrait ♦ **I'm taking a sleeping bag, just in case** j'emmène un sac de couchage, au cas où or pour le cas où

♦ **just like** ♦ **he's just like his father** (physically) c'est le portrait de son père, c'est son père tout craché ; (in behaviour) il est comme son père ♦ **they have their problems just like the rest of us** eux aussi, ils ont leurs problèmes comme tout le monde ♦ **that's just like Robert, always late** c'est bien Robert ça, toujours en retard ♦ **I can't find £1,000 just like that** je ne peux pas trouver 1 000 livres comme ça

♦ **just now** (= a short time ago) à l'instant, tout à l'heure ♦ **I saw him just now** je l'ai vu à l'instant or tout à l'heure ♦ **I'm busy just now** (= at the moment) je suis occupé (pour l'instant) ♦ **he's on the phone just now** il est au téléphone

**2 – COMP**

**just-in-time manufacturing** N (Comm) production f à flux tendu or « juste à temps »

**just**² /dʒʌst/ SYN ADJ (= fair) juste (to or towards sb avec qn) ♦ **it is only just to point out that...** il n'est que juste de faire remarquer que... ; → **deserts**

**justice** /'dʒʌstɪs/ SYN

**N** **1** (NonC: Jur) justice f ♦ **to bring sb to justice** traduire qn en justice ♦ **justice has been done** justice a été faite ; → **poetic**

**2** (NonC = fairness) justice f ♦ **I must, in (all) justice, say (that)...** pour être juste, je dois dire (que)... ♦ **in justice to him he..., to do him justice he...** pour être juste envers lui, il..., il faut lui rendre cette justice qu'il... ♦ **this photograph doesn't do him justice** cette photo ne le flatte pas or ne l'avantage pas ♦ **she never does herself justice** elle ne se montre jamais à sa juste valeur ♦ **to do justice to a meal** faire honneur à un repas

**3** (= judge) (Brit) juge m ; (US) juge m de la Cour Suprême ; ♦ **lord**

**4** (= justness) [of cause] bien-fondé m ♦ **to dispute the justice of a claim** contester le bien-fondé d'une réclamation

**COMP** **Justice Department** N (US) département m de la Justice

**Justice of the Peace** N juge m de paix

**justifiable** /ˌdʒʌstɪ'faɪəbl/ SYN ADJ [action] justifié ; [desire, emotion] légitime ; [choice] défendable ♦ **justifiable homicide** (Jur) homicide m justifiable (commis par qn dans l'exercice de ses fonctions)

**justifiably** /ˌdʒʌstɪ'faɪəblɪ/ ADV à juste titre ♦ **he was angry, and justifiably so** il était en colère, à juste titre or et il y avait de quoi

**justification** /ˌdʒʌstɪfɪ'keɪʃən/ SYN N **1** (gen, also Rel) justification f (of, for de, à, pour) ♦ **as a justification for his action** comme justification de or à son acte ♦ **in justification of** pour justifier ♦ **to have some justification for doing sth** avoir des raisons de faire qch ♦ **there is no justification for the recent rise in prices** la hausse récente des prix n'est absolument pas justifiée ♦ **there can be no justification for these barbaric acts** rien ne saurait justifier ces actes de barbarie ♦ **I knew there was no justification for what I was doing** je savais que je n'avais aucune raison valable de faire ce que je faisais ♦ **the only justification for a zoo is education** la seule raison d'être des zoos est leur fonction éducative ♦ **with justification** à juste titre

**2** (Typography, Comput) [of text, page] justification f

**justify** /'dʒʌstɪfaɪ/ SYN VT **1** [+ behaviour, action] justifier ; [+ decision] prouver le bien-fondé de ♦ **to justify o.s.** se justifier ♦ **this does not justify his being late** cela ne justifie pas son retard ♦ **the decision was fully justified by economic conditions** la décision était entièrement justifiée par les conditions économiques ♦ **to be justified in doing sth** avoir de bonnes raisons de faire qch ♦ **you're not justified in talking to her like that** rien ne vous autorise à lui parler de cette façon ♦ **am I justified in thinking...?** est-ce que j'ai raison de penser... ?

**2** (Typography, Comput) [+ paragraph, text] justifier ♦ **justified left/right, left/right justified** justifié à gauche/à droite

**justly** /'dʒʌstlɪ/ SYN ADV **1** (= justifiably, deservedly) [proud, famous, claim, accuse] à juste titre

**2** (= fairly, equitably) [treat, rule, govern, reward] justement

**justness** /'dʒʌstnɪs/ N [of cause] justesse f

**jut** /dʒʌt/ SYN VI (also jut out) faire saillie, dépasser ♦ **he saw a gun jutting (out) from behind a wall** il a vu le canon d'un fusil dépasser de derrière un mur ♦ **the cliff juts (out) into the sea** la falaise avance dans la mer ♦ **to jut (out) over the street/the sea** surplomber la rue/la mer

**Jute** /dʒuːt/ N Jute m

**jute** /dʒuːt/ N jute m

**Juvenal** /'dʒuːvɪnəl/ N Juvénal m

**juvenile** /'dʒuːvənaɪl/ SYN

**N** (= human) adolescent(e) m(f), jeune mf ; (= bird, animal) jeune mf

**ADJ** **1** (= young) [animal] jeune

**2** [violence, employment] des jeunes ; [diabetes, arthritis] juvénile ♦ **juvenile crime** délinquance f juvénile ♦ **juvenile books** livres mpl pour enfants ; see also **comp** ; → **lead**¹

**3** (pej) [behaviour, attitude] puéril(e) m(f), juvénile

**COMP** **juvenile court** N (Jur) tribunal m pour enfants

**juvenile delinquency** N délinquance f juvénile

**juvenile delinquent** N délinquant(e) m(f) juvénile, jeune délinquant(e) m(f) ♦ **juvenile delinquents** l'enfance f or la jeunesse délinquante

**juvenile offender** N (Jur) jeune délinquant(e) m(f)

**juvenilia** /ˌdʒuːvɪ'nɪlɪə/ NPL (frm) œuvres fpl de jeunesse

**juxtapose** /ˈdʒʌkstəpəʊz/ VT juxtaposer

**juxtaposition** /ˌdʒʌkstəpə'zɪʃən/ SYN N juxtaposition f ♦ **to be in juxtaposition** se juxtaposer

# K

**K, k** /keɪ/ N ① (= *letter*) K, k m ◆ **K for King** ≈ K comme Kléber
② (= *thousand*) mille m ◆ **he earns 30K** * il gagne 30 000 livres (*or* dollars)
③ (*Comput*) ◆ **K** K m

**kabala** /kæˈbɑːlə/ N cabale f

**kabob** /kəˈbɒb/ N ⇒ **kebab**

**kabuki** /kəˈbuːkɪ/ N kabuki m

**Kabul** /kəˈbʊl/ N Kaboul

**Kabyle** /kəˈbaɪl/ N ① Kabyle mf
② (= *dialect*) kabyle m

**Kabylia** /kəˈbɪlɪə/ N (*Geog*) Kabylie m

**kaffeeklatsch** /ˈkæfɪklætʃ/ N (*US*) réunion de femmes qui se retrouvent régulièrement pour bavarder autour d'une tasse de café

**Kaffir** /ˈkæfər/ (*pej*)
N (pl **Kaffirs** *or* **Kaffir**) Cafre mf
ADJ cafre

**Kafkaesque** /ˌkæfkəˈesk/ ADJ kafkaïen

**kaftan** /ˈkæftæn/ N caf(e)tan m

**kagoul(e)** /kəˈguːl/ N ⇒ **cagoule**

**kail** /keɪl/ N ⇒ **kale**

**kainite** /ˈkaɪnaɪt/ N (*Miner*) kaïnite f

**Kaiser** /ˈkaɪzər/ N Kaiser m

**kakemono** /ˌkækɪˈməʊnəʊ/ N (pl **kakemonos**) (*Art*) kakémono m

**Kalahari** /ˌkæləˈhɑːrɪ/ N ◆ **the Kalahari (Desert)** le (désert du) Kalahari

**Kalashnikov** /kəˈlæʃnɪˌkɒf/ N kalachnikov f

**kale** /keɪl/ N chou m frisé

**kaleidoscope** /kəˈlaɪdəskəʊp/ N (*lit, fig*) kaléidoscope m

**kaleidoscopic** /kəˌlaɪdəˈskɒpɪk/ ADJ kaléidoscopique

**kaleyard** /ˈkeɪljɑːd/ N (*Scot*) (jardin m) potager m

**Kama Sutra** /ˌkɑːməˈsuːtrə/ N Kamasutra m

**kami** /ˈkɑːmɪ/ N (*Rel*) kami m

**kamikaze** /ˌkæmɪˈkɑːzɪ/
N kamikaze m
ADJ kamikaze

**Kampala** /ˌkæmˈpɑːlə/ N Kampala

**Kampuchea** /ˌkæmpʊˈtʃɪə/ N ◆ **(Democratic) Kampuchea** le Kampuchéa (démocratique)

**Kampuchean** /ˌkæmpʊˈtʃɪən/
N Kampuchéen(ne) m(f)
ADJ kampuchéen

**Kan.** abbrev of **Kansas**

**Kanak** /kəˈnæk/ N canaque mf, kanak(e) m(f)

**kangaroo** /ˌkæŋɡəˈruː/
N kangourou m ◆ **to have kangaroos in one's top paddock** * (*Austral*) débloquer *
COMP **kangaroo court** N (*pej*) tribunal m irrégulier

**kanji** /ˈkændʒɪ/ N (*Ling*) kandji m, kanji m

**Kans.** abbrev of **Kansas**

**Kansas** /ˈkænzəs/ N Kansas m ◆ **in Kansas** dans le Kansas

**Kantian** /ˈkæntɪən/
N kantien(ne) m(f)
ADJ kantien

**Kantianism** /ˈkæntɪənɪzəm/ N (*Philos*) kantisme m

**kaolin** /ˈkeəlɪn/ N kaolin m

**kaon** /ˈkeɪɒn/ N (*Phys*) kaon m

**kapok** /ˈkeɪpɒk/
N (= *material*) kapok m ; (= *tree*) fromager m
COMP [*cushion*] rembourré de kapok

**Kaposi's sarcoma** /kæˈpəʊsɪzɑːˈkəʊmə/ N (*Med*) sarcome m de Kaposi

**kaput** * /kəˈpʊt/ ADJ [*watch, car*] fichu *, kaput * inv ; [*plan*] fichu *, foutu *

**karabiner** /ˌkærəˈbiːnər/ N (*Climbing*) mousqueton m

**Karachi** /kəˈrɑːtʃɪ/ N (*Geog*) Karachi

**karaoke** /ˌkɑːrɪˈəʊkɪ/
N karaoké m
COMP [*competition, singer*] de karaoké
**karaoke bar** N bar m karaoké
**karaoke machine** N karaoké m

**karat** /ˈkærət/ N ⇒ **carat**

**karate** /kəˈrɑːtɪ/
N (*NonC*) karaté m
COMP **karate chop** N coup m de karaté (donné avec le tranchant de la main)

**karateka** /kəˈrɑːtɪˌkæ/ N (*Sport*) karatéka mf

**Kariba** /kəˈriːbə/ N ◆ **Lake Kariba** le lac Kariba

**karma** /ˈkɑːmə/ N (*Rel*) karma m ◆ **good/bad karma** (*fig*) bonnes/mauvaises vibrations fpl

**Karnak** /ˈkɑːnæk/ N (*Antiq*) Karnak, Carnac

**kart** /kɑːt/
N kart m
VI ◆ **to go karting** faire du karting

**karting** /ˈkɑːtɪŋ/ N karting m

**karyokinesis** /ˌkærɪəʊkɪˈniːsɪs/ N caryocinèse f

**karyotype** /ˈkærɪəˌtaɪp/ N caryotype m

**Kashmir** /kæʃˈmɪər/ N Cachemire m

**Kashmiri** /kæʃˈmɪərɪ/
N ① (= *person*) Cachemirien(ne) m(f)
② (= *language*) kashmiri m, cachemirien m
ADJ cachemirien

**kat** /kæt/ N ⇒ **khat**

**kata** /ˈkɑːtə/ N (*Martial Arts*) kata m

**katabolic** /ˌkætəˈbɒlɪk/ ADJ catabolique

**Kate** /keɪt/ N dim of **Katharine**

**Katharine, Katherine** /ˈkæθərɪn/, **Kathleen** /ˈkæθliːn/ N Catherine f

**Kathmandu, Katmandu** /ˌkætmænˈduː/ N (*Geog*) Katmandou

**katydid** /ˈkeɪtɪdɪd/ N sauterelle f d'Amérique

**katzenjammer** * /ˈkætsənˌdʒæmər/ N (*US*)
① (= *noise*) tapage m
② (= *hangover*) gueule f de bois *

**Kawasaki's disease** /ˌkæwəˈsækɪz/ N (*Med*) syndrome m de Kawasaki

**kayak** /ˈkaɪæk/ N kayak m

**Kazak(h)** /kəˈzɑːk/
ADJ kazakh
N ① (= *person*) Kazakh(e) m(f)
② (= *language*) kazakh m

**Kazakhstan** /ˌkɑːzɑːkˈstæn/ N Kazakhstan m

**kazoo** /kəˈzuː/ N mirliton m

**KB** (abbrev of **kilobyte**) Ko m

**KBE** /ˌkeɪbiːˈiː/ N (*Brit*) (abbrev of **Knight of the British Empire**) titre honorifique

**KC** /keɪˈsiː/ N ① (*Brit Jur*) (abbrev of **King's Counsel**) → **counsel**
② abbrev of **Kansas City**

**kcal** /ˈkeɪkæl/ N (abbrev of **kilocalorie**) kcal

**KCB** /ˌkeɪsiːˈbiː/ N (*Brit*) (abbrev of **Knight Commander of the Bath**) titre honorifique

**KD** /keɪˈdiː/ ADJ (*US Comm*) (abbrev of **knocked down**) (livré) non monté

**kebab** /kəˈbæb/ N (also **shish kebab**) brochette f (de viande) ; (also **doner kebab**) doner kebab m

**kecks** * /keks/ NPL (*N Engl*) falzar * m

**kedge** /kedʒ/ (*Naut*)
N ancre f à jet
VT haler (sur une ancre à jet)

**kedgeree** /ˈkedʒəriː/ N (*Brit*) kedgeree m (pilaf de poisson avec des œufs durs)

**keek** /kiːk/ VI (*Scot*) regarder furtivement

**keel** /kiːl/ N [*of ship*] quille f ◆ **on an even keel** [*ship*] dans ses lignes, à égal tirant d'eau ; (*fig*) stable ◆ **to keep sth on an even keel** (*fig*) maintenir qch en équilibre ◆ **to get back on an even keel** retrouver l'équilibre

▸ **keel over**
VI ① [*ship*] chavirer
② (*fig*) [*person*] tourner de l'œil *
VT [+ *ship*] (faire) chavirer

**keelhaul** /ˈkiːlhɔːl/ VT (*lit*) faire passer sous la quille (en guise de châtiment) ; (*fig*) passer un savon à *

**keelson** /ˈkiːlsən/ N carlingue f

**keen**[1] /kiːn/ LANGUAGE IN USE 19.2 SYN ADJ
① (= *eager*) ◆ **to be keen to do sth** *or* **on doing sth** tenir à faire qch ◆ **to be keen for** [+ *solution, referendum etc*] avoir hâte de voir ◆ **she's keen for a family** elle a envie d'avoir des enfants ◆ **he's not keen on her coming** il ne tient pas tellement à ce qu'elle vienne ◆ **to be keen for sb to do sth** *or* **that sb should do sth** tenir à ce que qn fasse qch ◆ **to await sth with keen anticipation** attendre qch avec beaucoup d'impatience
② (= *enthusiastic*) [*student, amateur*] enthousiaste ◆ **a keen gardener/photographer** un passionné de jardinage/de photo ◆ **a keen advocate of sth** un fervent partisan de qch ◆ **he tried not to seem too keen** il a essayé de ne pas se montrer trop enthousiaste *or* de ne pas montrer trop d'enthousiasme ◆ **to be keen on music/cycling** aimer beaucoup la musique/le vélo ◆ **to be keen on an idea** être emballé * par une

idée ◆ **to become** *or* **get keen on sth** se passionner pour qch ◆ **I got quite keen on the idea** l'idée m'a séduit ◆ **to be (as) keen as mustard***, **to be mustard keen*** *(Brit)* déborder d'enthousiasme ◆ **to be mad keen on sth*** être fou de qch

3 *(esp Brit *)* ◆ **to be keen on sb** être inspiré *or* branché* par qn, être attiré par qn ; *(= sexually attracted)* en pincer* pour qn ◆ **I'm not too keen on him** il ne me plaît pas beaucoup

4 *(= acute) [desire, interest, disappointment, sense of humour, intellect, intelligence]* vif ; *[look, gaze, sight]* perçant ; *[hearing, sense of smell]* fin ◆ **to have a keen sense of** *or* **instinct for sth** avoir un sens aigu de qch ◆ **to have a keen appetite for sth** *(fig)* avoir un vif intérêt pour qch ◆ **to have a keen awareness of sth** être profondément conscient de qch, avoir une conscience vive de qch ◆ **to have a keen eye** *(= good eyesight)* avoir la vue perçante ◆ **to have a keen eye for detail** être minutieux ◆ **to have a keen ear** *(= good hearing)* avoir l'oreille *or* ouïe fine ◆ **to have a keen nose for sth** *(= sense of smell)* avoir le nez fin *or* du nez pour qch ; *(fig)* savoir flairer qch

5 *(= fierce) [competition]* serré ; *[fight]* acharné

6 *(= sharp) [blade, edge]* tranchant ; *[wind]* pénétrant ; *[frost]* mordant ; *[air]* vif

7 *(esp Brit = competitive) [price]* compétitif

8 *(US * = good)* chouette* ◆ **he plays a keen game of squash** il se défend bien au squash

**keen²** /kiːn/

**N** *(= lament)* mélopée *f* funèbre *(irlandaise)*

**VI** chanter une mélopée funèbre

**keenly** /ˈkiːnlɪ/ **ADV** 1 *(= intensely) [interested]* vivement ; *[aware]* profondément ◆ **to feel sth keenly** ressentir qch profondément

2 *(= alertly) [listen, watch]* très attentivement

3 *(= eagerly) [awaited, anticipated]* impatiemment, avec impatience

4 *(= fiercely) [fight, debate]* âprement ◆ **keenly contested** vivement contesté

5 *(= competitively)* ◆ **keenly priced** vendu à un prix compétitif

**keenness** /ˈkiːnnɪs/ SYN **N** 1 *(= eagerness)* volonté *f* ; *(= haste)* empressement *m* ◆ **the Government's keenness for economic reform** la volonté du gouvernement de mettre en place des réformes économiques ◆ **his keenness to leave** son empressement à partir

2 *(= enthusiasm) [of student, supporter]* enthousiasme *m*

3 *(= acuteness) [of interest, pleasure, grief]* intensité *f* ; *[of pain]* violence *f*, acuité *f* ; *[of cold, wind]* âpreté *f* ; *[of hearing]* finesse *f* ; *[of intelligence, mind]* finesse *f*, pénétration *f* ◆ **keenness of sight** acuité *f* visuelle

4 *(= sharpness) [of blade]* tranchant *m*

## keep /kiːp/ SYN

vb: pret, ptp **kept**

1 - TRANSITIVE VERB
2 - INTRANSITIVE VERB
3 - NOUN
4 - COMPOUNDS
5 - PHRASAL VERBS

### 1 - TRANSITIVE VERB

► When **keep** is part of a set combination, eg **keep control/a promise/an appointment**, look up the noun.

1 [= RETAIN] garder, conserver *(more frm)* ◆ **you can keep this book** tu peux garder ce livre ◆ **if that's what it costs, you can keep it!*** à ce prix-là, vous pouvez le garder ! ◆ **you must keep the receipt** il faut garder *or* conserver le reçu ◆ **keep the change!** gardez la monnaie ! ◆ **to keep one's job** garder *or* conserver son emploi ◆ **this material will keep its colour/softness** ce tissu garde ses couleurs/sa souplesse ◆ **to keep sth for o.s.** garder qch (pour soi) ◆ **I bought it for my niece but decided to keep it for myself** je l'ai acheté pour ma nièce mais j'ai décidé de le garder (pour moi) ◆ **keep it to yourself*** garde-ça pour toi, ne le répète à personne ◆ **I can't keep telephone numbers in my head** je n'arrive pas à retenir les numéros de téléphone

2 [= PRESERVE, PUT ASIDE] garder, mettre de côté ◆ **we're keeping the best ones for Christmas** nous gardons *or* mettons de côté les meilleurs pour Noël ◆ **you must keep it in a cold place** il faut le garder *or* le conserver au froid ◆ **I'm keeping this champagne in case we have visitors** je garde cette bouteille de champagne (en réserve) au cas où nous aurions de la visite

3 [= HAVE READY] avoir ◆ **I always keep a blanket and a shovel in the car** j'ai toujours une couverture et une pelle dans la voiture

4 [COMM = STOCK] faire, avoir ◆ **we don't keep that model any more** nous ne faisons plus *or* n'avons plus ce modèle

5 [= STORE, PUT] ranger, mettre ◆ **where does he keep his passport?** où est-ce qu'il range *or* met son passeport ? ◆ **where do you keep the sugar?** où est-ce que vous mettez *or* rangez le sucre ? ◆ **keep it somewhere safe** mettez-le en lieu sûr ◆ **she keeps her money under the mattress** elle cache son argent sous son matelas

6 [= DETAIN] retenir ◆ **they kept him prisoner for two years** ils l'ont retenu *or* gardé prisonnier pendant deux ans ◆ **what kept you?** qu'est-ce qui vous a retenu ? ◆ **I mustn't keep you** je ne veux pas vous retenir *or* vous retarder ◆ **he was kept in hospital overnight** il a dû passer une nuit à l'hôpital ◆ **he was kept in prison for 20 years** il a passé 20 ans en prison ◆ **they kept the prisoners in a dark room** les prisonniers étaient enfermés dans une salle sombre ◆ **a nasty cold kept her in bed** un mauvais rhume l'a forcée à rester au lit *or* à garder le lit

7 [= HAVE] *[+ shop]* tenir, avoir ; *[+ house, servant, dog]* avoir ; *[+ pigs, bees, chickens]* élever ◆ **he keeps a good cellar** il a une bonne cave

8 [= SUPPORT] subvenir aux besoins de ; *[+ mistress]* entretenir ◆ **you can't keep a family on that** ça ne suffit pas pour subvenir aux besoins d'une famille *or* pour faire vivre une famille ◆ **I have three children to keep** j'ai trois enfants à ma charge *or* à nourrir ◆ **such a sum would keep me for a year** une somme pareille me permettrait de vivre pendant un an ◆ **the money keeps me in beer and cigarettes** cet argent me permet d'acheter de la bière et des cigarettes ◆ **our garden keeps us in vegetables all summer** notre jardin nous fournit tout l'été les légumes dont nous avons besoin

9 [= OBSERVE] *[+ law]* observer, respecter ; *[+ vow]* respecter ; *[+ feast day]* célébrer ◆ **to keep Christmas** célébrer Noël

10 [+ ACCOUNTS, DIARY] tenir ◆ **keep a note of this number, in case there's some problem** prends *or* note ce numéro, au cas où il y aurait un problème ; → **count¹**, **track**

11 [† = GUARD, PROTECT] protéger ◆ **God keep you!** que Dieu vous garde *or* protège !

12 [SET STRUCTURES]

♦ **to keep sb at sth** ◆ **they kept him at it all day** ils l'ont fait travailler toute la journée ; see also **keep at**

♦ **to keep sth from sb** *(= conceal)* cacher qch à qn ◆ **to keep a piece of news from sb** cacher une nouvelle à qn ◆ **I know he's keeping something from me** je sais qu'il me cache quelque chose

♦ **to keep sb from sth** ◆ **the thought kept him from despair** cette pensée l'a empêché de sombrer dans le désespoir

♦ **to keep sb/sth from doing sth** *(= prevent)* empêcher qn/qch de faire qch ◆ **shyness kept him from making new friends** sa timidité l'empêchait de se faire de nouveaux amis ◆ **a spot of oil will keep it from going rusty** une goutte d'huile l'empêchera de rouiller ◆ **to keep o.s. from doing sth** se retenir *or* s'abstenir de faire qch ◆ **what can we do to keep it from happening again?** que pouvons-nous faire pour que ça ne se reproduise pas ?

♦ **to keep sb to sth** ◆ **she kept him to his promise** elle l'a forcé à tenir sa promesse

♦ **to keep o.s. to o.s.** se tenir à l'écart ◆ **she keeps herself to herself** elle n'est pas très sociable, elle ne se mêle pas aux autres ◆ **they keep themselves to themselves** *[group]* ils font bande à part, ils restent entre eux

♦ **to keep sb/sth** + *-ing* ◆ **to keep sb waiting** faire attendre qn ◆ **he kept them working all night** il les a fait travailler toute la nuit ◆ **keep him talking while I...** fais-lui la conversation pendant que je... ◆ **we want to keep customers coming back** nous voulons fidéliser notre clientèle ◆ **she managed to keep the conversation going** elle a réussi à entretenir la conversation ◆ **he kept the engine running** il a laissé le moteur en marche

♦ **to keep** ... + *adjective* ◆ **to keep sth clean** tenir *or* garder qch propre ◆ **cats keep themselves clean** les chats sont toujours propres ◆ **exercise will keep you fit** l'exercice physique vous maintiendra en forme ◆ **to keep inflation as low as possible** maintenir l'inflation au plus bas niveau possible ◆ **you must keep your bedroom tidy** ta chambre doit toujours être bien rangée *or* en ordre ◆ **to keep sb informed (of sth)** tenir qn au courant (de qch) ◆ **she kept the plants watered for me** elle a arrosé mes plantes régulièrement

### 2 - INTRANSITIVE VERB

1 [= CONTINUE] continuer ◆ **to keep straight on** continuer *or* aller tout droit ◆ **keep north till you get to...** continuez vers le nord jusqu'à ce que vous arriviez *subj* à...

2 [= REMAIN] rester ◆ **she kept inside for three days** elle est restée enfermée chez elle *or* elle n'est pas sortie pendant trois jours ◆ **keep there for a minute** restez là une minute ◆ **to keep in the middle of the road** rester au milieu de la route

3 [IN HEALTH] aller, se porter ◆ **how are you keeping?** comment allez-vous ?, comment vous portez-vous ? ◆ **to keep well** aller bien, se porter bien ◆ **she's not keeping very well** elle ne va pas très bien *or* elle ne se porte pas très bien

4 [FOOD] se garder, se conserver ◆ **apples that keep all winter** des pommes qui se gardent *or* se conservent tout l'hiver

5 [= WAIT] ◆ **that letter can** *or* **will keep until tomorrow** cette lettre peut attendre jusqu'à demain

6 [SET STRUCTURES]

♦ **to keep** + *-ing* ◆ **to keep doing sth** *(= continue)* continuer à *or* de faire qch ; *(= do repeatedly)* ne pas arrêter de faire qch, ne pas cesser de faire qch ◆ **he kept walking** il a continué à *or* de marcher ◆ **if you keep complaining** si vous continuez à vous plaindre ◆ **she keeps saying it was my fault** elle ne cesse de dire *or* n'arrête pas de dire que c'était de ma faute ◆ **he kept interrupting us** il n'a pas arrêté *or* cessé de nous couper la parole ◆ **keep smiling!** gardez le sourire !

An adverb is often added to verbs such as **oublier** and **espérer**.

◆ **I keep leaving things on the bus** j'oublie constamment des choses dans le bus ◆ **I keep forgetting to pay the gas bill** j'oublie tout le temps de payer la facture de gaz ◆ **I keep hoping she'll come back** j'espère toujours qu'elle reviendra

♦ **to keep** + *preposition* ◆ **she bit her lip to keep FROM crying** elle s'est mordu la lèvre pour s'empêcher de pleurer ◆ **he leaned against the wall to keep FROM falling** il s'est appuyé contre le mur pour ne pas tomber ◆ **he's promised to keep OFF alcohol** il a promis de ne plus boire ◆ **you'll save money if you keep OFF the motorways** vous économiserez de l'argent si vous évitez d'utiliser les autoroutes ◆ **"keep OFF the grass"** « défense de marcher sur les pelouses » ◆ **keep ON this road until you come to...** suivez cette route jusqu'à ce que vous arriviez *subj* à... ◆ **keep TO the left!** gardez votre gauche ! ◆ **to keep TO one's bed/one's room** garder le lit/la chambre ◆ **she keeps TO herself** elle n'est pas très sociable ◆ **they keep TO themselves** *[group]* ils font bande à part, ils restent entre eux ; see also **phrasal verbs**

♦ **to keep** + *adjective* ◆ **keep calm!** reste calme ! ◆ **to keep fit** se maintenir en forme ; see also **compounds** ◆ **to keep silent** se taire, rester silencieux ◆ **to keep still** rester *or* se tenir tranquille

### 3 - NOUN

1 [= LIVELIHOOD, FOOD] ◆ **I got £30 a week and my keep** je gagnais 30 livres par semaine logé et nourri, je gagnais 30 livres par semaine plus le gîte et le couvert ◆ **I need to give my parents money for my keep** je dois donner de l'argent à mes parents pour participer aux frais de la maison ◆ **in a poem every word must earn its keep** dans un poème chaque mot doit avoir sa raison d'être

2 [OF CASTLE] donjon *m*

3 [SET STRUCTURE]

♦ **for keeps*** pour toujours

### 4 - COMPOUNDS

**keep-fit** **N** *(Brit)* ◆ **she does keep-fit once a week** elle fait de la gymnastique une fois par semaine ◆ **keep-fit (classes)** cours *mpl* de gymnastique ◆ **keep-fit exercises** gymnastique *f*

**5 – PHRASAL VERBS**

▶ **keep at** VT FUS ① (= persevere with) poursuivre, continuer ◆ **despite his problems he kept at his studies** malgré ses problèmes, il a poursuivi or continué ses études ◆ **keep at it!** persévère !, ne baisse pas les bras !

② (= nag at) harceler ◆ **I kept at them until they paid me** je les ai harcelés jusqu'à ce qu'ils me paient

▶ **keep away**

VI (lit) ne pas s'approcher (from de) ◆ **keep away from the fire** ne t'approche pas du feu ◆ **he promised to keep away from drink** il a promis de ne plus toucher une goutte d'alcool ◆ **keep away! n'approchez pas !**

VT SEP empêcher de s'approcher (from de) ◆ **the police kept the crowds away** la police a empêché la foule de s'approcher ◆ **keep him away!** ne le laisse pas approcher !

▶ **keep back**

VI ne pas approcher ◆ **keep back!** n'approchez pas !, restez où vous êtes !

VT SEP ① (= restrain) retenir ◆ **he struggled to keep back his tears** il retenait ses larmes à grand-peine

② (= save) mettre de côté ◆ **keep back some of the parsley to garnish** mettez de côté or réservez une partie du persil pour la garniture

③ (= conceal) cacher ; [+ secrets] ne pas révéler, taire ◆ **I'm sure he's keeping something back** je suis sûr qu'il me (or nous etc) cache quelque chose

④ [+ crowd] empêcher de s'approcher (from de)

▶ **keep down**

VI rester à couvert ◆ **keep down!** baissez-vous !, restez à couvert !

VT SEP ① (= control) [+ one's anger] réprimer, contenir ; [+ dog] retenir, maîtriser ◆ **it's just a way to keep women down** c'est une manière de cantonner les femmes à un statut inférieur ◆ **you can't keep him down** elle ne se laisse jamais abattre ◆ **he's living proof that you can't keep a good man down** il est la preuve vivante que quelqu'un qui en veut arrive toujours à s'en sortir !

② (= limit) [+ inflation, costs] maîtriser ; [+ number] limiter ◆ **to keep prices down** empêcher les prix de monter ◆ **could you keep the noise down?** est-ce que vous pourriez faire un peu moins de bruit ?

③ (Scol) ◆ **to keep a pupil down** faire redoubler une classe à un élève ◆ **to be kept down** redoubler

④ (= avoid vomiting) ◆ **she drank some water but couldn't keep it down** elle a bu de l'eau mais elle a tout vomi or rendu ◆ **I can't keep anything down** je ne peux rien garder

▶ **keep in**

VI ◆ **to keep in with sb** rester en bons termes avec qn

VT SEP ① [+ anger] contenir BUT ◆ **keep your stomach in!** rentre le ventre !

② (Scol) ◆ **to keep a child in** garder un enfant en retenue, consigner un enfant ◆ **I'm going to keep her in till she is better** je vais la garder à la maison jusqu'à ce qu'elle soit rétablie

▶ **keep off**

VI [person] rester à l'écart or à distance ◆ **if the rain keeps off** s'il ne se met pas à pleuvoir

VT SEP ◆ **cover it with clingfilm to keep the flies off** recouvrez-le de film alimentaire pour le protéger des mouches ◆ **they want to keep young people off the streets** ils veulent qu'il n'y ait plus de jeunes qui traînent dans les rues ◆ **keep your hands off!** * pas touche ! * ◆ **he kept his hat off** il s'était découvert ; see also **keep intransitive verb 6**

▶ **keep on**

VI ① (= continue) continuer ◆ **if you keep on like this you'll fail the exam** si tu continues comme ça, tu seras recalé à l'examen ◆ **he kept on reading** il a continué à or de lire ◆ **keep on past the church till you get to the school** continuez après l'église jusqu'à (ce que vous arriviez subj à) l'école ◆ **I'll keep on trying** (on phone) je rappellerai

② (Brit = nag) ◆ **don't keep on!** * arrête donc un peu !, laisse-moi tranquille !

VT SEP ① [+ servant, employee] garder

② ◆ **to keep one's hat on** garder son chapeau ; [man] rester couvert ; see also **keep intransitive verb 6**

▶ **keep on about** * VT FUS (Brit) ne pas arrêter de parler de ◆ **she keeps on about her important friends** elle n'arrête pas de parler de ses amis haut placés ◆ **he kept on about me being selfish** il n'arrêtait pas de dire que j'étais égoïste

▶ **keep on at** * VT FUS (Brit) harceler ◆ **she kept on at him to look for a job** elle le harcelait pour qu'il cherche du travail

▶ **keep out**

VI rester en dehors ◆ **"keep out"** « défense d'entrer », « accès interdit » ◆ **to keep out of danger** rester or se tenir à l'abri du danger ◆ **to keep out of a quarrel** ne pas se mêler à une dispute ◆ **keep out of this!, you keep out of it!** ne te mêle pas de ça !

VT SEP ① (= exclude) [+ person, dog] empêcher d'entrer ◆ **that coat looks as if it will keep out the cold** ce manteau doit bien protéger du froid ◆ **I'll keep the kids out of your** or **the way so that you two can have a nice evening together** je me débrouillerai pour que les enfants ne vous embêtent pas et que vous puissiez passer la soirée entre vous

② (= not involve) ◆ **let's keep my mother out of this, shall we?** pas la peine de mêler ma mère à ça, d'accord ? ◆ **racist attitudes are blamed for keeping black people out of the police** on considère que le racisme décourage les Noirs d'entrer dans la police

▶ **keep to** VT FUS [+ promise] tenir, être fidèle à ; [+ agreement, rules, schedule] respecter ; [+ plan] s'en tenir à ; [+ subject] ne pas s'écarter de, rester dans ◆ **his production/translation keeps close to the original text** sa mise en scène/traduction reste fidèle au texte original ◆ **to keep to one's bed** garder le lit ◆ **to keep to a/one's diet** suivre scrupuleusement un/son régime, ne pas faire d'écart à un/son régime ◆ **to keep to one's ideal weight** rester or se maintenir à son poids idéal ; see also **keep verb**

▶ **keep together**

VI [people] ne pas se séparer, rester ensemble ◆ **keep together!** ne vous séparez pas, restez ensemble !

VT SEP [+ objects] garder ensemble ; (= keep fixed together) maintenir ensemble ; [+ team, group] maintenir la cohésion de, souder ◆ **it's been hard to keep the team together** ça n'a pas été facile de souder l'équipe

▶ **keep under** VT SEP [+ people, race] assujettir ; [+ subordinates] dominer ; [+ unruly pupils etc] se faire obéir de, mater

▶ **keep up**

VI ① [prices] se maintenir ◆ **their spirits are keeping up** ils ne se découragent pas, ils ne se laissent pas abattre ◆ **I hope the good weather will keep up** j'espère que le beau temps va continuer or se maintenir

② (in walk, race, work, achievement) suivre (le rythme) ; (in comprehension) suivre ◆ **to keep up with sb** (in walk, race, work, achievement) suivre qn ; (in comprehension) suivre qn ◆ **they went so fast I couldn't keep up (with them)** ils allaient si vite que je n'arrivais pas à (les) suivre ◆ **I couldn't keep up with what he was saying** je n'ai pas pu suivre ce qu'il disait ◆ **wage increases have not kept up with inflation** les hausses de salaires n'ont pas suivi le taux d'inflation ◆ **the company has failed to keep up with the times** la société n'a pas réussi à évoluer ◆ **to keep up with demand** parvenir à satisfaire la demande ; → **Joneses**

③ (= stay friends with) ◆ **to keep up with sb** rester en relations avec qn, garder le contact avec qn

VT SEP ① [+ pressure, standards, subscription] maintenir ; [+ correspondence] entretenir ; [+ study] continuer ◆ **I try to keep up my German** j'essaie d'entretenir mon allemand ◆ **I couldn't keep the diet up for more than a week** je n'ai pas réussi à suivre ce régime pendant plus d'une semaine ◆ **they can no longer keep the payments up** ils n'arrivent plus à payer les traites ◆ **they kept up a constant barrage of criticism** ils ont opposé un flot ininterrompu de critiques ◆ **to keep up a custom** maintenir or perpétuer une tradition ◆ **keep it up!** continuez !

② (= maintain) [+ house, paintwork] entretenir, maintenir en bon état

---

**keeper** /ˈkiːpəʳ/ SYN N (in museum) conservateur m, -trice f ; (in park, zoo) gardien(ne) m(f) ; (also **gamekeeper**) garde-chasse m ; (also **goalkeeper**) gardien(ne) m(f) (de but) ◆ **am I my brother's keeper?** (Bible) suis-je le gardien de mon frère ? ◆ **I'm not his keeper** (fig) je ne suis pas responsable de lui ; → **beekeeper, goalkeeper, shopkeeper**

**keeping** /ˈkiːpɪŋ/ SYN N (NonC) ① (= care) garde f ◆ **to put sb in sb's keeping** confier qn à (la garde de) qn ◆ **to put sth in sb's keeping** confier qch à qn ; → **safekeeping**

② (= observing) [of rule] observation f ; [of festival etc] célébration f

③ (set structures)

◆ **to be in keeping with** [+ regulation, law, image] être conforme à ; [+ status, tradition] être conforme à ; [+ character] correspondre à ; [+ surroundings, area] être en harmonie avec

◆ **to be out of keeping with** [+ image, character] ne pas correspondre à ; [+ status, tradition] ne pas être conforme à ; [+ surroundings, area] détonner dans

**keepnet** /ˈkiːpnet/ N (Fishing) bourriche f, filoche f

**keepsake** /ˈkiːpseɪk/ SYN N souvenir m (objet)

**keester** ‡ /ˈkiːstəʳ/ N ⇒ **keister**

**keg** /keg/ SYN N ① (= barrel) [of beer, brandy etc] tonnelet m, baril m ; [of fish] caque f

② (also **keg beer**) bière f en tonnelet

**keister** ‡ /ˈkiːstəʳ/ N (US) (= buttocks) derrière m, postérieur m ; (= case) mallette f

**keks** ‡ /keks/ NPL ⇒ **kecks**

**kelly-green** /ˈkelɪˈɡriːn/ ADJ, N (US) vert pomme m inv

**keloid** /ˈkiːlɔɪd/ N chéloïde f

**kelp** /kelp/ N (NonC) varech m

**kelvin** /ˈkelvɪn/

N (Phys) kelvin m

COMP **Kelvin scale** N (Phys) échelle f thermodynamique (de Kelvin)

**ken** /ken/

N ◆ **that is beyond** or **outside my ken** ça dépasse mes capacités d'entendement

VT (Scot) ⇒ **know**

**Ken.** abbrev of **Kentucky**

**kendo** /ˈkendəʊ/ N kendo m

**kennel** /ˈkenl/ N ① [of dog] niche f ; (pej) tanière f ◆ **kennels** (for breeding) élevage m (de chiens), chenil m ; (for boarding) chenil m ◆ **to put a dog in kennels** mettre un chien dans un chenil

② [of fox] repaire m, tanière f

**Kentish plover** /ˈkentɪʃ/ N (= bird) gravelot m à collier interrompu

**Kentucky** /kenˈtʌkɪ/ N Kentucky m ◆ **in Kentucky** dans le Kentucky

**Kenya** /ˈkenjə/ N Kenya m ◆ **in Kenya** au Kenya ◆ **Mount Kenya** le mont Kenya

**Kenyan** /ˈkenjən/

N Kényan(e) m(f)

ADJ kényan

**kepi** /ˈkeɪpɪ/ N képi m

**Kepler's laws** /ˈkepləz/ NPL (Astron) lois fpl de Kepler

**kept** /kept/ VB (pret, ptp of **keep**) ◆ **a kept man/woman** † un homme/une femme entretenu(e)

**keratin** /ˈkerətɪn/ N kératine f

**kerb** /kɜːb/ (Brit)

N ① [of pavement] (bordure f or bord m du) trottoir m ◆ **along the kerb** le long du trottoir ◆ **to pull into the kerb** s'arrêter (le long du trottoir) ◆ **to hit the kerb** [car] heurter le trottoir

② (Stock Exchange) ◆ **on the kerb** en coulisse, après la clôture (de la Bourse)

COMP **kerb broker** N (Stock Exchange) courtier m en valeurs mobilières

**kerb crawler** N dragueur * motorisé, conducteur m qui accoste les femmes sur le trottoir

**kerb crawling** N (NonC) drague * f en voiture

**kerb drill** N ◆ **to learn one's kerb drill** apprendre à traverser la rue (en toute sécurité)

**kerb market** N (Stock Exchange) marché m hors-cote, coulisse † f

**kerbstone** /ˈkɜːbstəʊn/ N bordure f de trottoir

**kerchief** † /ˈkɜːtʃɪf/ N fichu m, fanchon f

**kerchiefed** † /ˈkɜːtʃɪft/ ADJ portant un fichu, coiffé d'un fichu

**kerfuffle** * /kəˈfʌfl/ N (Brit) histoire * f ◆ **what a kerfuffle!** quelle histoire ! *, que d'histoires ! *

**Kerguelen** /ˈkɜːɡɪlɪn/ N (Geog) (îles fpl) Kerguelen fpl

## kernel | kick

**kernel** /ˈkɜːnl/ SYN N ① [of nut, fruit stone] amande f ; (= seed) grain m ◆ **there's a kernel of truth in what he says** il y a un grain de vérité dans ce qu'il dit
② (Ling, Comput) noyau m ◆ **kernel sentence** (Ling) phrase-noyau f

**kerosene** /ˈkerəsiːn/
N ① (= aircraft fuel) kérosène m
② (US : for stoves, lamps) pétrole m (lampant)
COMP **kerosene lamp** N lampe f à pétrole

**Kerry blue terrier** /ˈkerɪ/ N (= dog) terrier kerry-blue m

**kestrel** /ˈkestrəl/ N crécerelle f

**ketch** /ketʃ/ N ketch m

**ketchup** /ˈketʃəp/ N ketchup m

**ketonaemia, ketonemia** (US) /ˌkiːtəʊˈniːmɪə/ N cétonémie f

**ketone** /ˈkiːtəʊn/ N (Chem) cétone f

**ketonic** /kɪˈtɒnɪk/ ADJ cétonique

**ketonuria** /ˌkiːtəʊˈnjʊərɪə/ N cétonurie f

**kettle** /ˈketl/ N ① (for water; US) (also **teakettle**) bouilloire f ◆ **the kettle's boiling** l'eau bout (dans la bouilloire) ◆ **I'll just put the kettle on (for some tea)** je vais mettre l'eau à chauffer (pour le thé)
② (also **fish kettle**) poissonnière f ◆ **that's a fine** or **a pretty kettle of fish** quel micmac ! *
◆ **that's another** or **a different kettle of fish** c'est une autre paire de manches *

**kettledrum** /ˈketldrʌm/ N (Mus) timbale f

**key** /kiː/ SYN
N ① (for lock) clé or clef f ◆ **to turn the key (in the door)** donner un tour de clé (dans la serrure) ◆ **to leave the key in the door** laisser la clé sur la porte ; **lock**¹, **master**
② [of clock] clé f or clef f, remontoir m ; [of clockwork toy etc] remontoir m ; (= spanner) clé f de serrage or à écrous
③ (to problem etc) clé f or clef f ◆ **he holds the key to the mystery** il détient la clé du mystère ◆ **the key to understanding his behaviour is...** la clé pour comprendre son comportement, c'est..., l'explication de son comportement, c'est... ◆ **the key to ending this recession** la solution pour mettre fin à la récession
④ (= answers) solutions fpl ; (Scol) corrigé m ; (= explanation) (for map, diagram etc) légende f ; (to symbols, abbreviations) liste f
⑤ [of piano, computer, typewriter etc] touche f ; [of wind instrument] clé f or clef f ; → **function**
⑥ (Mus) ton m ◆ **to be in/off key** être/ne pas être dans le ton ◆ **to go off key** sortir du ton ◆ **to sing in/off key** chanter juste/faux ◆ **to play in/off key** jouer juste/faux ◆ **that note was off key** cette note était fausse ◆ **in the key of C/D etc** en do/ré etc ◆ **in the major key** en mode majeur ◆ **change of key** changement m de ton ; → **low**¹, **minor**
ADJ (= crucial) [role, factor, area, concept] clé inv ◆ **to be a key player (in sth)** jouer un rôle-clé (dans qch) ◆ **we will provide additional resources in key areas** nous injecterons des fonds supplémentaires dans certains domaines-clés ◆ **a key issue** une question fondamentale ◆ **a key figure in American politics** l'une des principales personnalités de la scène politique américaine ◆ **a key component of...** une composante essentielle or l'une des principales composantes de... ◆ **a key witness** un témoin essentiel
VT ① (Comput, Typography: also **key in** or **up**) [+ text, data] saisir
② ◆ **to key one's speech to** or **for one's audience** adapter son discours à son auditoire ◆ **the colour scheme was keyed to brown** les coloris s'harmonisaient autour du brun
COMP **key card** N (at hotel etc) carte f magnétique
**key fruit** N samare f
**key grip** N (Cine, TV) machiniste mf
**key money** N pas m de porte (fig)
**key punch** N (Comput) perforatrice f à clavier
**key ring** N porte-clés m inv
**key signature** N (Mus) armature f

▶ **key in** VT SEP saisir

▶ **key up** VT SEP ① (Comput, Typography) saisir
② (fig) (= excite) surexciter ; (= make tense) tendre ◆ **she was (all) keyed up about the interview** elle était excitée or tendue à la perspective de l'entrevue

**keyboard** /ˈkiːbɔːd/
N [of piano, computer, typewriter etc] clavier m
VT (Comput, Typography) saisir

NPL **keyboards** (Mus) (instrument m à) clavier m électronique, synthétiseur m ◆ **he's on keyboards** il est aux claviers or au synthétiseur
COMP **keyboard instruments** NPL (Mus) instruments mpl à clavier
**keyboard operator** N (Comput) ⇒ **keyboarder**
**keyboard player** N (Mus) ◆ **he's a keyboard player** il joue du piano (or clavecin etc)
**keyboard skills** NPL (Comput) compétences fpl de claviste

**keyboarder** /ˈkiːbɔːdəʳ/ N (Comput) opérateur m, -trice f de saisie, claviste mf

**keyboardist** /ˈkiːbɔːdɪst/ N (Mus) joueur m, -euse f de synthétiseur

**keyhole** /ˈkiːhəʊl/
N trou m de serrure ◆ **through the keyhole** par le trou de la serrure
COMP **keyhole saw** N scie f à guichet
**keyhole surgery** N (Med) chirurgie f endoscopique

**keying** /ˈkiːɪŋ/ N saisie f (de données)

**Keynesian** /ˈkeɪnzɪən/ (Econ)
ADJ keynésien
N partisan m du keynésianisme

**Keynesianism** /ˈkeɪnzɪənˌɪzəm/ N (Econ) keynésianisme m

**keynote** /ˈkiːnəʊt/ SYN
N (Mus) tonique f ; (fig) (= main theme) [of speech, policy] idée-force f
COMP **keynote speaker** N (Pol etc) orateur m principal
**keynote speech** N discours-programme m

**keynoter** * /ˈkiːnəʊtəʳ/ N (US) ⇒ **keynote speaker** ; → **keynote**

**keypad** /ˈkiːpæd/ N (on computer keyboard) pavé m numérique ; (on telephone, calculator etc) clavier m

**keystone** /ˈkiːstəʊn/
N (Archit, fig) clé or clef f de voûte
COMP **the Keystone State** N (US) la Pennsylvanie

**keystroke** /ˈkiːstrəʊk/ N (Typography, Comput) frappe f

**keyword** /ˈkiːwɜːd/ N mot-clé m

**keyworker** /ˈkiːwɜːkəʳ/ N (Med, Social Work) coordonnateur m, -trice f

**Kg** (abbrev of **kilogram(s)**) kg

**KGB** /keɪdʒiːˈbiː/ N (in former USSR) KGB m

**Khafre** /ˈkæfreɪ/ N Chéphren m

**khaki** /ˈkɑːkɪ/
ADJ kaki inv
N kaki m

**Khartoum** /kɑːˈtuːm/ N Khartoum

**khat** /kæt/ N qat or khat m

**Khmer** /kmɛəʳ/
ADJ khmer (khmère f)
N ① Khmer m, Khmère f
② (= language) khmer m, cambodgien m
COMP **Khmer Republic** N République f khmère
**Khmer Rouge** N Khmer m rouge

**Khonsu** /ˈkɒnsuː/ N Khonsou m

**Khyber Pass** /ˌkaɪbəˈpɑːs/ N passe f de Khyber or Khaybar

**kHz** abbrev of **kilohertz**

**kiang** /kɪˈæŋ/ N hémione m

**kibbutz** /kɪˈbʊts/ N (pl **kibbutzim** /kɪˈbʊtsɪm/) kibboutz m

**kibitz** * /ˈkɪbɪts/ VI (US) (Cards) regarder le jeu de quelqu'un par-dessus son épaule ; (fig) mettre son grain de sel *

**kibitzer** * /ˈkɪbɪtsəʳ/ N (US) (Cards) spectateur m, -trice f (qui regarde le jeu de quelqu'un par-dessus son épaule) ; (= busybody) mouche f du coche ; (pej) (= disruptive wisecracker) petit malin m, petite maligne f

**kibosh** ‡ /ˈkaɪbɒʃ/ N ◆ **to put the kibosh on sth** mettre le holà à qch

**kick** /kɪk/ SYN
N ① (= action) coup m de pied ◆ **to give the door a kick** donner un coup de pied dans la porte ◆ **to get a kick on the leg** recevoir un coup de pied à la jambe ◆ **to aim** or **take a kick at sb/sth** lancer un coup de pied à qn/qch or dans la direction de qn/qch ◆ **he needs a kick up the backside** ‡ il a besoin d'un bon coup de pied au cul ◆ **to give sb a kick in the pants** * botter * le derrière à or de qn ◆ **this refusal was a kick in the teeth for her** * ce refus lui a fait l'effet d'une gifle ; → **free**
② (* = thrill, excitement) ◆ **I get a kick out of it** j'adore ça ◆ **she got quite a kick out of seeing Paris** elle était super contente de voir Paris * ◆ **he gets a kick out of making his sister cry** il prend un malin plaisir à faire pleurer sa sœur ◆ **he did it for kicks** * il l'a fait pour se marrer * or pour rigoler *
③ ( * = zest, punch) ◆ **a drink with plenty of kick in it** une boisson qui vous donne un coup de fouet ◆ **an old man with plenty of kick left in him** un vieil homme encore plein de punch *
④ (= recoil) [of gun] recul m ◆ **a kick of the starting handle** un retour de manivelle
⑤ (fig) ◆ **he's on a fishing kick now** * son truc en ce moment c'est la pêche
⑥ (Football etc) ◆ **he's a good kick** * il a un bon dégagement
VI ① [person] donner or lancer un coup de pied ; [footballer] shooter ; [baby] (in womb) donner des coups de pied ; (after birth) gigoter ; [horse] ruer ◆ **to kick at sb/sth** [person] lancer un coup de pied à qn/qch or en direction de qn/qch ; [horse] lancer une ruade à qn/qch or en direction de qn/qch ◆ **kicking and screaming** à son (or leur etc) corps défendant ◆ **they need to be dragged kicking and screaming into the 21st century** il faut les forcer à entrer à leur corps défendant dans le XXIᵉ siècle ◆ **to kick for touch** (Rugby) chercher la touche ◆ **to kick against the pricks** regimber en pure perte ◆ **to kick over the traces** (fig) ruer dans les brancards (fig)
② (* = object to sth) ruer dans les brancards, se rebiffer * ◆ **to kick (out) at** or **against sth** se rebiffer contre qch *
③ [gun] reculer
VT ① [person] (gen) donner un coup de pied à ; [+ ball] donner un coup de pied à, botter ; [horse] lancer une ruade à ◆ **she kicked him in the face/head/shin/stomach** elle lui a donné un coup de pied au visage/à la tête/dans le tibia/dans le ventre ◆ **to kick one's legs in the air** [baby] gigoter ◆ **to kick sb's bottom** botter * le derrière or les fesses à qn ◆ **to kick a goal** (Football etc) marquer un but ◆ **to kick the ball into touch** (Rugby) botter en touche ◆ **I could have kicked myself** * je me serais giflé ◆ **to kick sb in the teeth** * (fig) faire un coup vache * à qn ◆ **to kick sb when he's (or she's) down** * (fig) frapper qn à terre ◆ **to kick sb downstairs** (lit) faire descendre qn à coups de pied dans le derrière ; (fig) rétrograder qn ◆ **to kick sb upstairs** (lit) faire monter qn à coups de pied dans le derrière ; ( * fig) catapulter or bombarder * qn à un poste supérieur (pour s'en débarrasser) ; (Brit Pol *) catapulter qn à la Chambre des lords (un député dont on ne veut plus aux Communes) ◆ **I'm going to kick (some) ass** ‡ (esp US) il y a des coups de pied au cul qui se perdent ‡ ◆ **it kicks ass!** * ‡ (esp US) c'est à en tomber sur le cul ! * ‡ ◆ **to kick** (Brit) or **kick up** (US) **one's heels** * (= wait around) faire le pied de grue, poireauter * ◆ **to kick the bucket** ‡ (= die) casser sa pipe ‡
② (= stop) ◆ **to kick the habit** (gen) arrêter ; [smoker] arrêter de fumer ; [drug addict] décrocher *
COMP **kick boxing** N boxe f française
**kick-off** SYN N (Football etc) coup m d'envoi ; ( * fig = start) [of meeting, ceremony etc] démarrage * m ◆ **the kick-off is at 3pm** (Football) le coup d'envoi est à 15 h ◆ **when's the kick-off?** * (fig) à quelle heure ça démarre ? * ◆ **for a kick-off** * (fig) d'abord, pour commencer
**kick pleat** N (Sewing) pli m d'aisance
**kick-stand** N [of motorcycle, bicycle] béquille f
**kick-start** VT [+ motorcycle] démarrer au kick ; (fig) [+ economy] donner un coup de fouet à ; [+ negotiations, process] relancer
**kick starter** N [of motorcycle] kick m
**kick turn** N (Ski) conversion f

▶ **kick about, kick around**
VI * [books, clothes etc] traîner ; [person] traîner, traînasser (pej)

VT SEP ◆ **to kick a ball about** or **around** donner des coups de pied dans un ballon, taper dans un ballon * ◆ **to kick sb around** (= mistreat) traiter qn sans ménagement, malmener qn ◆ **to kick an idea around** * (reflecting) tourner et retourner une idée ; (discussing) débattre une idée

▶ **kick away** VT SEP ① [+ object on ground] repousser du pied
② ◆ **he kicked away the last part of the fence** il a démoli à coups de pied ce qui restait de la clôture

▸ **kick back**
VI 1 *[engine]* avoir un retour de manivelle
2 * *(esp US = relax)* se la couler douce *
VT SEP 1 *[+ ball etc]* renvoyer (du pied)
2 *(US* ‡*) [+ money]* ristourner

▸ **kick down** VT SEP *[+ door]* enfoncer à coups de pied ; *[+ hedge, barrier]* démolir à coups de pied

▸ **kick in**
VT SEP 1 *[+ door]* enfoncer à coups de pied ◆ **to kick sb's teeth in** * casser la figure * *or* la gueule ‡ à qn
2 *(US* ‡ *= contribute)* cracher *, abouler ‡
VI (* *= begin, take effect) [drug]* commencer à agir ; *[mechanism, generator]* entrer en action

▸ **kick off**
VI *(Football)* donner le coup d'envoi ; (* *fig)* démarrer * ◆ **the party kicked off in great style** la soirée a démarré * en beauté ◆ **it all kicked off when...** ce qui a tout déclenché, c'est que...
VT SEP enlever d'un coup de pied, envoyer valser *
N ◆ **kick-off** → **kick**

▸ **kick out**
VI *[horse]* ruer ◆ **the man kicked out at his assailants** l'homme envoyait de grands coups de pied à ses assaillants ◆ **to kick out against one's lot/society** *etc* se révolter contre son sort/la société *etc* ; see also **kick vi 2**
VT SEP *(lit)* chasser à coups de pied, flanquer * dehors ; (* *fig)* flanquer * dehors *or* à la porte

▸ **kick up** VT SEP *[+ dust]* faire voler ◆ **to kick up a row** * *or* **a din** * *or* **a racket** * faire du chahut *or* du boucan * ◆ **to kick up a fuss** * faire des histoires *or* toute une histoire ◆ **he kicked up a stink** ‡ **about it** il en a fait tout un plat * ; see also **kick vt 1**

**kickable** /ˈkɪkəbl/ ADJ *[penalty]* que l'on peut réussir

**kickback** * /ˈkɪkbæk/ N *(= reaction)* réaction *f*, contrecoup *m* ; *(= bribe)* pot-de-vin *m* ; *(= rebate on sale)* ristourne *f*, rabais *m*

**kicker** /ˈkɪkəʳ/ N *(Rugby)* botteur *m*

**kicking** ‡ /ˈkɪkɪn/ ADJ ◆ **a really kicking club** une boîte qui bouge * ◆ **a kicking beat** un rythme d'enfer *

**kicky** ‡ /ˈkɪkɪ/ ADJ excitant, palpitant

**kid** /kɪd/ SYN
N 1 *(= goat)* chevreau *m*, chevrette *f*
2 *(NonC = leather)* chevreau *m NonC*
3 * *(= child)* gosse * *mf*, gamin(e) * *m(f)* ; *(= teenager)* (petit(e)) jeune *m(f)* ◆ **when I was a kid** quand j'étais gosse * ◆ **that's kid's stuff** *(= easy to do)* un gamin * *or* un gosse * saurait faire ça ; *(= suitable for children)* c'est bon pour des gosses * ◆ **hi, kid!** salut mon vieux *(or* ma vieille) ! ◆ **to be like a kid in a candy store** *(US)* être aux anges
VT * ◆ **to kid sb** faire marcher qn * ◆ **no kidding!, you're kidding!** sans blague ! * ◆ **(and) I'm not kidding, I kid you not** je t'assure ◆ **you can't kid me** tu ne me la feras pas ‡ ◆ **I kid you not** je te jure ◆ **who are you trying to kid?** à qui tu veux faire croire ça ? ◆ **to kid o.s.** se faire des illusions, se fourrer le doigt dans l'œil ◆ **to kid o.s. that...** s'imaginer que...
VI (* : also **kid on**) raconter des blagues * ◆ **he's just kidding (on)** il te *(or* nous *etc)* fait marcher * ◆ **I was only kidding (on)** j'ai dit ça pour plaisanter *or* pour rigoler *
COMP **kid brother** * N petit frère *m*
**kid gloves** NPL gants *mpl* de chevreau ◆ **to handle with kid gloves** *(fig) [+ person]* ménager, prendre des gants avec * ; *[+ subject]* traiter avec précaution
**kid sister** * N petite sœur *f*

▸ **kid on**
VI ⇒ **kid vi**
VT SEP * 1 ◆ **to kid sb on** faire marcher qn *, raconter des blagues à qn *
2 *(= pretend)* ◆ **he was kidding on that he was hurt** il faisait semblant d'être blessé

**kidding** * /ˈkɪdɪŋ/ N ◆ **all kidding aside** blague * à part

**kiddo** * /ˈkɪdəʊ/ N mon petit *m*, ma petite *f*

**kiddy** * /ˈkɪdɪ/ N gosse * *mf*, gamin(e) * *m(f)*

**kidnap** /ˈkɪdnæp/ SYN VT kidnapper, enlever

**kidnapper, kidnaper** *(US)* /ˈkɪdnæpəʳ/ N kidnappeur *m*, -euse *f*, ravisseur *m*, -euse *f*

**kidnapping, kidnaping** *(US)* /ˈkɪdnæpɪŋ/ N enlèvement *m*, kidnapping *m*, rapt *m*

**kidney** /ˈkɪdnɪ/
N *(Anat)* rein *m* ; *(Culin)* rognon *m*
COMP *[disease etc]* rénal, de(s) reins
**kidney bean** N haricot *m* rouge *or* de Soissons
**kidney dish** N haricot *m*
**kidney donor** N donneur *m*, -euse *f* de rein(s)
**kidney failure** N *(Med)* insuffisance *f* rénale
**kidney machine** N *(Med)* rein *m* artificiel ◆ **to be on a kidney machine** être sous rein artificiel *or* en (hémo)dialyse
**kidney-shaped** ADJ en forme de haricot
**kidney specialist** N néphrologue *mf*
**kidney stone** N calcul *m* rénal
**kidney transplant** N greffe *f* du rein, transplantation *f* rénale
**kidney vetch** N *(= plant)* (anthyllis *f* *or* anthyllide *f*) vulnéraire *f*

**kidology** * /kɪˈdɒlədʒɪ/ N *(Brit)* bluff *m*

**Kiel** /kiːl/ N ◆ **Kiel Canal** canal *m* de Kiel

**Kiev** /ˈkiːef/ N *(Geog)* Kiev

**kif** /kiːf/ N *(= marijuana)* marijuana *f* ; *(= other smoked drug)* herbe * *f*

**kike** *‡ /kaɪk/ N *(esp US pej)* youpin(e) *‡ *m(f) (pej)*

**Kilimanjaro** /ˌkɪlɪmənˈdʒɑːrəʊ/ N ◆ **Mount Kilimanjaro** le Kilimandjaro

**kill** /kɪl/ SYN
N 1 *(at bullfight, hunt)* mise *f* à mort ◆ **the wolves gathered round for the kill** les loups se sont rassemblés pour tuer leur proie ◆ **the tiger had made a kill** le tigre avait tué ◆ **to move in for the kill** *(lit)* s'approcher pour la curée ; *(fig)* guetter le dénouement ◆ **to be in at the kill** *(fig)* assister au dénouement ; *(for unpleasant event)* assister au coup de grâce
2 *(NonC: Hunting = animals killed)* pièces *fpl* tuées, tableau *m* de chasse ◆ **the lion dragged his kill over to the trees** le lion a traîné (le cadavre de) sa proie sous les arbres
VT 1 tuer ; *(= murder)* assassiner ; *(= gun down)* abattre ; *[+ animal]* tuer ; *(Hunting, Shooting: also in slaughterhouse)* abattre ◆ **the earthquake killed five people** le tremblement de terre a fait cinq morts ◆ **the shock killed her** c'est le choc qui l'a tuée ◆ **the frost has killed my trees** le gel a tué *or* a fait mourir mes arbres ◆ **to be killed in action/battle** tomber au champ d'honneur/au combat ◆ **thou shalt not kill** tu ne tueras point ◆ **to kill two birds with one stone** *(Prov)* faire d'une pierre deux coups *(Prov)* ◆ **it was kill or cure** *(hum)* c'était un remède de cheval * *(fig)*
2 *(fig) [+ parliamentary bill]* couler ; *[+ proposal, attempt]* faire échouer ; *(Press etc) [+ paragraph, line]* (faire) supprimer ; *[+ story]* interdire la publication de ; *[+ rumour]* étouffer, mettre fin à ; *[+ pain]* supprimer ; *[+ feeling, hope]* détruire ; *[+ flavour, smell]* tuer ; *[+ sound]* étouffer ; *[+ engine, motor]* arrêter ◆ **to kill time** tuer le temps ◆ **we're just killing time** on tue le temps ◆ **to kill** * **a bottle of whisky** liquider * une bouteille de whisky
3 * ◆ **to kill o.s. with work** se tuer au travail ◆ **to kill sb with kindness** accabler qn de prévenances ◆ **he certainly wasn't killing himself** le moins qu'on puisse dire c'est qu'il ne se surmenait pas ◆ **don't kill yourself!** *(iro)* surtout ne te surmène pas ! *(iro)* ◆ **I'll do it (even) if it kills me** je le ferai même si je dois y laisser ma peau ◆ **this heat is killing me** cette chaleur me tue *or* me crève * ◆ **my feet are killing me** j'ai un de ces * mal aux pieds ◆ **she was killing herself (laughing)** elle était morte de rire, elle était pliée en deux de rire ◆ **this will kill you!** tu vas (mourir de) rire ! ; → **dressed**
VI *[cancer, drugs, drink etc]* tuer

▸ **kill off** VT SEP *[+ people]* tuer ; *[+ weeds, disease, bacteria, infection]* éliminer ; *[+ parliamentary bill]* couler

**killer** /ˈkɪləʳ/ SYN
N 1 *(= assassin)* tueur *m*, -euse *f* ; *(= murderer)* assassin *m*, meurtrier *m*, -ière *f* ; → **hire, ladykiller**
2 *(= deadly thing)* ◆ **diphtheria was once a killer** autrefois la diphtérie tuait ◆ **it's a killer** * *(fig) (= hard work)* c'est tuant ; *(= very funny)* c'est tordant * ; *(= very impressive)* c'est terrible * *or* formidable
COMP *[disease, virus, drug]* mortel
**killer bee** N abeille *f* tueuse
**killer blow** N coup *m* décisif, coup *m* de grâce
**killer cell** N *(Med)* cellule *f* K *or* tueuse
**killer instinct** N *(lit)* instinct *m* de meurtre ◆ **he's got the killer instinct** *(fig)* il est prêt à tout pour réussir ◆ **he lacks the killer instinct** *(fig)* il manque d'agressivité
**killer whale** N épaulard *m*, orque *f*

**killing** /ˈkɪlɪŋ/ SYN
N *[of person]* meurtre *m* ; *[of people, group]* tuerie *f*, massacre *m* ; *[of animal] (at abattoir)* abattage *m* ◆ **the killing of stags is forbidden** il est interdit de tuer les cerfs ◆ **all the killing sickened him of war** toute cette tuerie lui fit prendre la guerre en horreur ◆ **to make a killing** * *(fig:in buying and selling)* réussir un beau coup
ADJ 1 *[blow, disease, shot]* meurtrier
2 (* *= exhausting) [work]* tuant, crevant *
3 * *(o.f hilarious)* tordant *, crevant * *(o.f)*
COMP **killing fields** NPL, **killing ground(s)** N(PL) charniers *mpl*
**killing spree** N massacre *m* ◆ **to go on a killing spree** se livrer à un massacre

**killingly** /ˈkɪlɪŋlɪ/ ADV ◆ **it was killingly funny** c'était crevant * *or* tordant *, c'était à mourir de rire

**killjoy** /ˈkɪldʒɔɪ/ SYN N rabat-joie *mf inv*

**kiln** /kɪln/ N four *m* ◆ **pottery kiln** four *m* céramique ; → **lime¹**

**Kilner jar** ® /ˈkɪlnəˌdʒɑːʳ/ N *(Brit)* bocal *m* à conserves

**kilo** /ˈkiːləʊ/ N (abbrev of **kilogram(me)**) kilo *m*

**kiloampère** /ˈkɪləʊˌæmpɛəʳ/ N kiloampère *m*

**kilobar** /ˈkɪləʊˌbɑːʳ/ N kilobar *m*

**kilobyte** /ˈkɪləʊˌbaɪt/ N *(Comput)* kilo-octet *m*

**kilocalorie** /ˈkɪləʊˌkælərɪ/ N kilocalorie *f*

**kilocycle** /ˈkɪləʊˌsaɪkl/ N kilocycle *m*

**kilogram(me)** /ˈkɪləʊgræm/ N kilogramme *m*

**kilohertz** /ˈkɪləʊˌhɜːts/ N *(pl inv)* kilohertz *m*

**kilolitre, kiloliter** *(US)* /ˈkɪləʊˌliːtəʳ/ N kilolitre *m*

**kilometre** *(Brit)*, **kilometer** *(US)* /ˈkɪləʊˌmiːtəʳ, kɪˈlɒmətəʳ/ N kilomètre *m* ◆ **it is 5 kilometres to the nearest town** la ville la plus proche est à 5 kilomètres

**kilometric** /ˌkɪləʊˈmetrɪk/ ADJ kilométrique

**kiloton** /ˈkɪləʊˌtʌn/ N kilotonne *f*

**kilovolt** /ˈkɪləʊˌvəʊlt/ N kilovolt *m*

**kilowatt** /ˈkɪləʊwɒt/
N kilowatt *m*
COMP **kilowatt-hour** N kilowattheure *m*

**kilt** /kɪlt/ N kilt *m*

**kilted** /ˈkɪltɪd/ ADJ *[man]* en kilt ◆ **kilted skirt** kilt *m*

**kilter** /ˈkɪltəʳ/ N ◆ **out of kilter** détraqué, déglingué * ◆ **out of kilter with** déphasé par rapport à

**kimono** /kɪˈməʊnəʊ/ N kimono *m*

**kin** /kɪn/ SYN N *(NonC)* parents *mpl*, famille *f* ; → **kith, next**

**kind** /kaɪnd/ LANGUAGE IN USE 4, 22, 25.1 SYN
N 1 *(= class, variety, sort, type)* genre *m*, type *m*, sorte *f* ; *(= make) [of car, coffee etc]* marque *f* ◆ **this kind of book** ce genre de livre ◆ **books of all kinds** des livres de tous genres *or* de toutes sortes ◆ **this kind of thing** ce genre *or* ce type de chose ◆ **what kind of flour do you want? – the kind you gave me last time** quelle sorte *or* quel type de farine voulez-vous ? – celle que vous m'avez donnée la dernière fois ◆ **what kind do you want?** vous en voulez de quelle sorte ? ◆ **what kind of car is it?** quelle marque de voiture est-ce ? ◆ **what kind of dog is he?** qu'est-ce que c'est comme (race de) chien ? ◆ **what kind of man is he?** quel genre *or* quel type d'homme est-ce ? ◆ **he is not the kind of man to refuse** ce n'est pas le genre d'homme à refuser, il n'est pas homme à refuser ◆ **he's not that kind of person** ce n'est pas son genre ◆ **I'm not that kind of girl!** * *(gen)* ce n'est pas mon genre ! ; *(refusing sb's advances)* pour qui me prenez-vous ? ◆ **that's the kind of person I am** c'est comme ça que je suis (fait) ◆ **what kind of people does he think we are?** (mais enfin,) pour qui nous prend-il ? ◆ **what kind of a fool does he take me for?** (non mais *,) il me prend pour un imbécile ! ◆ **what kind of behaviour is this?** qu'est-ce que c'est que cette façon de se conduire ? ◆ **what kind of an answer do you call that?** vous appelez ça une réponse ? ◆ **classical music is the kind she likes most** c'est la musique classique qu'elle préfère ◆ **and all that kind of thing** et tout ça * ◆ **you know the kind of thing I mean** vous voyez (à peu près) ce que je veux dire ◆ **I don't like that kind of talk** je n'aime pas ce genre de propos ◆ **he's the kind that will cheat** il est du genre à tricher ◆ **I know his kind!** * je connais ce genre de type ◆ **your kind never do any good** * il n'y a rien de bon à tirer de gens de votre espèce ◆ **he's not my**

**kind** * (gen) je n'aime pas les gens de son genre or de son espèce ; (sexually) ce n'est pas mon genre d'homme ◆ **it's my kind* of film** c'est le genre de film que j'aime or qui me plaît
- **a kind of...** une sorte or une espèce de..., un genre de... ◆ **there was a kind of box in the middle of the room** il y avait une sorte or une espèce de boîte au milieu de la pièce ◆ **there was a kind of tinkling sound** on entendait quelque chose qui ressemblait à un bruit de grelot ◆ **in a kind of way I'm sorry*** d'une certaine façon je le regrette
- **kind of*** ◆ **I was kind of frightened that...** j'avais comme peur que... + ne + subj ◆ **I kind of like that** j'aime assez ça ◆ **I kind of thought that he would come** j'avais dans l'idée qu'il viendrait ◆ **he was kind of worried-looking** il avait l'air un peu inquiet, il avait l'air comme qui dirait* inquiet ◆ **it's kind of blue** c'est plutôt bleu ◆ **aren't you pleased? – kind of!** tu n'es pas content ? – si, assez !
- **of a kind** (pej) ◆ **it was beef of a kind** c'était quelque chose qui pouvait passer pour du bœuf ◆ **it was an apology of a kind** ça pouvait ressembler à une excuse ◆ **the cease-fire brought peace of a kind** le cessez-le-feu a introduit une certaine paix
- **of the kind** ◆ **something of the kind** quelque chose de ce genre or d'approchant ◆ **this is wrong – nothing of the kind!** c'est faux – pas le moins du monde or absolument pas ! ◆ **I shall do nothing of the kind!** je n'en ferai rien !, certainement pas ! ◆ **I will have nothing of the kind!** je ne tolérerai pas cela !

[2] (= race, species) genre m, espèce f ◆ **they differ in kind** ils sont de genres différents or de natures différentes ◆ **they're two of a kind** ils sont du même genre ; (pej) ils sont d'u même acabit ◆ **this painting is perfect of/the only one of its kind** ce tableau est parfait dans/unique en son genre ; → **humankind, mankind**

[3] (NonC = goods as opposed to money) nature f ◆ **to pay/payment in kind** payer/paiement m en nature ◆ **I shall repay you in kind** (fig) (after good deed) je vous revaudrai ça ; (after bad deed) je vous rendrai la monnaie de votre pièce

**ADJ** [1] (= caring, helpful) [person, remark, smile] gentil ; [gesture] aimable ; [face, voice] doux (douce f), affable ◆ **to be kind to sb** [person] être gentil avec qn ◆ **to be kind to sb/sth** [photograph, lighting] montrer qn/qch à son avantage ; [clothes] avantager qn ◆ **to be kind to animals** être bon avec les animaux ◆ **that's very kind of you** c'est très gentil or (more frm) aimable (de votre part) ◆ **life has been kind to me** j'ai eu de la chance dans la vie, j'ai eu la vie belle ◆ **life has not been kind to her** la vie ne l'a pas gâtée ◆ **to have a kind heart** avoir bon cœur ◆ **"Kind Hearts and Coronets"** (Literat) « Noblesse oblige » ; → **soul**

[2] (= charitable) [person] gentil ; [comments] aimable ; [thought] délicat, attentionné ◆ **he was very kind about me** il a dit des choses très gentilles or aimables sur moi ◆ **the critics were not kind to the film** les critiques n'ont pas été tendres avec le film ◆ **the kindest thing that can be said about him is that...** ce qu'on peut en dire de plus aimable, c'est que...

[3] (in polite formulae) ◆ **he was kind enough to write to me** il a eu la gentillesse de m'écrire ◆ **please be kind enough to..., please be so kind as to...** veuillez avoir la gentillesse de... (frm) ◆ **would you be kind enough to...?, would you be so kind as to...?** voudriez-vous avoir la gentillesse or l'amabilité de... ? (frm)

[4] (= not harmful) doux (douce f) ◆ **a washing-up liquid that is kind to your hands** un produit à vaisselle qui n'abîme pas vos mains or qui est doux pour vos mains

**COMP** **kind-hearted** SYN ADJ bon, qui a bon cœur **kind-heartedness** N bonté f, grand cœur m

**kinda*** /'kaɪndə/ ⇒ **kind of** ; → **kind**

**kindergarten** /'kɪndəˌɡɑːtn/ N (gen) jardin m d'enfants ; (state-run) (école f) maternelle f ◆ **she's in kindergarten now** elle est en maternelle maintenant

**kindle** /'kɪndl/ SYN

**VT** [+ fire] allumer ; [+ wood] enflammer ; (fig) [+ passion, desire] allumer, enflammer ; [+ enthusiasm, interest] susciter ; [+ heart] enflammer

**VI** s'allumer, s'enflammer

**kindliness** /'kaɪndlɪnɪs/ SYN N bienveillance f, bonté f

**kindling** /'kɪndlɪŋ/ N (NonC = wood) petit bois m, bois m d'allumage

**kindly** /'kaɪndlɪ/ SYN

**ADV** [1] (= in a caring way) [say, speak, treat] avec bienveillance

[2] (= generously) [offer, give, invite] gentiment, aimablement ◆ **Mr Lea has kindly offered to help us** M. Lea nous a gentiment proposé son aide

[3] (= please) ◆ **kindly be seated** veuillez vous asseoir ◆ **would you kindly pass the salt?** auriez-vous la gentillesse de me passer le sel ? ◆ **will you kindly be quiet!** (annoyed) veux-tu te taire ?

[4] (= favourably) ◆ **to think kindly of sb** apprécier qn ◆ **to look kindly (up)on sb/sth** considérer qn/qch avec bienveillance ◆ **they don't look kindly on disloyalty** ils n'apprécient pas du tout la déloyauté ◆ **he'll look kindly on your request** il sera favorable à votre demande ◆ **not to take kindly to sb/sth/to doing sth** ne pas apprécier qn/qch/de faire qch ◆ **she didn't take it kindly when I said that** elle n'a pas apprécié quand j'ai dit cela ; → **disposed**

**ADJ** [person, smile, words] bienveillant ; [face, eyes] doux (douce f) ; → **soul**

**kindness** /'kaɪndnɪs/ SYN N [1] (NonC) gentillesse f, bonté f (towards pour, envers) ◆ **to treat sb with kindness, to show kindness to sb** être gentil avec or envers qn, faire preuve de bonté envers qn ◆ **out of the kindness of his heart** par (pure) bonté d'âme ; → **kill**

[2] (= act of kindness) gentillesse f, attention f ◆ **to do sb a kindness** rendre service à qn ◆ **he thanked the teachers for all their kindnesses** il a remercié les professeurs pour toutes leurs petites attentions ◆ **it would be a kindness to let him know** ce serait lui rendre service que de le lui dire

**kindred** /'kɪndrɪd/ SYN

**N** (NonC) (= relatives) parents mpl, famille f ; (= relationship) parenté f

**ADJ** [1] (= related) [languages, tribes] apparenté, de la même famille

[2] (= similar) similaire, semblable, analogue ◆ **to have a kindred feeling for sb** sympathiser avec qn

**COMP** **kindred spirit** N âme f sœur

**kinesics** /kɪˈniːsɪks/ N kinésique f

**kinesiology** /ˌkɪniːsɪˈɒlədʒɪ/ N cinésiologie f, kinésiologie f

**kinetheodolite** /ˌkɪnɪθɪˈɒdəˌlaɪt/ N cinéthéodolite m

**kinetic** /kɪˈnetɪk/ ADJ (Phys, Art) cinétique

**kinetics** /kɪˈnetɪks/ N (NonC) cinétique f

**kinfolk** /'kɪnfəʊk/ NPL ⇒ **kinsfolk**

**king** /kɪŋ/ SYN

**N** [1] (lit, fig) roi m ◆ **King Arthur/David** le roi Arthur/David ◆ **"King Lear"** (Literat) « Le Roi Lear » ◆ **(the Book of) Kings** (Bible) le livre des Rois ◆ **the king of beasts** le roi des animaux ◆ **it cost a king's ransom** ça a coûté des sommes fabuleuses ◆ **an oil king** un roi or un magnat du pétrole

[2] (Cards, Chess) roi m ; (Draughts) dame f

**COMP** **King Charles spaniel** N (= dog) (épagneul m) king-charles m inv
**king cobra** N cobra m royal
**king crab** N (= animal) limule f, crabe m des Moluques
**King James Version** N traduction anglaise de la Bible, publiée en 1611
**king penguin** N manchot m royal
**king prawn** N (grosse) crevette f rose
**King's Bench** N (Brit Jur) cour f supérieure de justice
**King's Counsel** N (Jur) avocat m de la Couronne
**King's evidence** N (Jur) ◆ **to turn King's evidence** témoigner contre ses complices
**the King's highway** N (Jur) la voie publique
**King's Messenger** N courrier m diplomatique
**King's speech** N (Brit) discours m du roi → **QUEEN'S SPEECH, KING'S SPEECH**

**kingbolt** /'kɪŋbəʊlt/ N pivot m central, cheville f ouvrière

**kingcup** /'kɪŋkʌp/ N (= buttercup) bouton m d'or ; (= marsh marigold) souci m d'eau or des marais, populage m

**kingdom** /'kɪŋdəm/ SYN N royaume m ◆ **the animal/plant kingdom** le règne animal/végétal ◆ **the Kingdom of God** le règne de Dieu ◆ **the Kingdom of Heaven** le royaume des cieux, le royaume céleste ◆ **he's gone to kingdom come*** il est parti dans l'autre monde or dans un monde meilleur ◆ **to send sb to kingdom come*** envoyer qn dans l'autre monde or ad patres ◆ **till kingdom come*** jusqu'à la fin des siècles ◆ **in the kingdom of the blind (the one-eyed man is king)** (Prov) au royaume des aveugles, les borgnes sont rois (Prov) ; → **animal, united**

**kingfish*** /'kɪŋfɪʃ/ N (US = leader) caïd* m

**kingfisher** /'kɪŋfɪʃər/ N martin-pêcheur m

**kingly** /'kɪŋlɪ/ ADJ (lit, fig) royal, de roi

**kingmaker** /'kɪŋmeɪkər/ N personne f qui fait et défait les rois ◆ **the kingmakers** (Pol fig) les gens mpl qui font et défont les hommes politiques

**kingpin** /'kɪŋpɪn/ N (Tech) pivot m central, cheville f ouvrière ; (fig) pilier m ; (US) (in tenpin bowling, skittles) première quille f

**kingship** /'kɪŋʃɪp/ N royauté f

**kink** /kɪŋk/

**N** (in rope, tube, wire) nœud m ; (in paper) défaut m ◆ **to work out** or **iron out the kinks** (fig) résoudre les problèmes ◆ **her hair has a kink in it** ses cheveux frisent légèrement

**VI** [rope, tube, wire] s'entortiller

**kinkiness** /'kɪŋkɪnɪs/ N [1] [of hair] ondulations fpl
[2] (= strangeness) bizarrerie f
[3] [of sexual tastes] perversité f ; [of underwear] caractère m coquin

**kinky** /'kɪŋkɪ/ SYN

**ADJ** [1] (*: sexually) [person] aux mœurs spéciales, pervers sur les bords* ; [activity] spécial (euph) ; [underwear] d'un goût spécial ◆ **kinky sex** des pratiques sexuelles un peu spéciales ◆ **kinky black leather gear** un attirail en cuir noir d'un goût spécial

[2] (*: = eccentric) [person] farfelu

[3] (= curly) [hair] frisé

**COMP** **kinky boots** NPL bottes fpl de cuir (ajustées au-dessous du genou)

**kinsfolk** /'kɪnzfəʊk/ NPL (NonC) parents mpl, famille f

**Kinshasa** /kɪnˈʃɑːzə/ N (Geog) Kinshasa

**kinship** /'kɪnʃɪp/ SYN N (NonC) [1] (= blood relationship) parenté f
[2] (fig = bond) affinité f ◆ **to feel a deep kinship with sb** avoir de nombreuses affinités avec qn

**kinsman** /'kɪnzmən/ SYN N (pl **-men**) parent m

**kinswoman** /'kɪnzˌwʊmən/ N (pl **-women**) parente f

**kiosk** /'kiːɒsk/ (Brit) SYN N (for selling: also **bandstand**) kiosque m ; (Telec) cabine f téléphonique

**Kioto** /kɪˈəʊtəʊ/ N (Geog) Kyōto

**kip*** /kɪp/ (Brit)

**N** (= bed) plumard* m, pieu* m ; (= nap) roupillon* m ◆ **to get some kip** piquer un roupillon*, pioncer*

**VI** (also **kip down**) se pieuter*

**kippa** /'kɪpə/ N (Rel) kippa f

**kipper** /'kɪpər/ (Brit)

**N** hareng m fumé et salé, kipper m

**VT** [+ herring] fumer et saler

**COMP** **kipper tie** N large cravate f (des années 60)

**kir** /kɪər/ N kir m

**Kirbigrip** ®, **kirbygrip** /'kɜːbɪˌɡrɪp/ N pince f à cheveux

**Kirg(h)iz** /'kɜːɡɪz/

**ADJ** kirghiz inv

**N** [1] (= person) Kirghiz(e) m(f)
[2] (= language) kirghiz m

**Kirg(h)izia** /ˌkɜːˈɡɪzɪə/ N Kirghizstan m

**Kirg(h)izstan** /ˌkɜːɡɪsˈtɑːn/ N Kirghizstan m

**Kiribati** /ˈkɪrɪbæs/ N Kiribati

**kirk** /kɜːk/ N (Scot) église f ◆ **the Kirk** l'Église f presbytérienne (d'Écosse)

**Kirsch** /kɪəʃ/, **Kirschwasser** /ˈkɪəʃˌvɑːsər/ N kirsch m

**kiss** /kɪs/ SYN

**N** baiser m ◆ **to give sb a kiss** donner un baiser à qn, embrasser qn ◆ **give me a kiss** embrasse-moi ; (to child) fais-moi une bise* or un bisou* ◆ **kiss of life** (esp Brit) bouche-à-bouche m ◆ **"love and kisses"** (in letter) « bons baisers », « grosses bises » ◆ **to give the kiss of death to...** (fig) porter le coup fatal à... ; → **blow¹**

**kit** /kɪt/ SYN

**VT** 1 embrasser, donner un baiser à ◆ **to kiss sb's cheek** embrasser qn sur la joue ◆ **to kiss sb's hand** baiser la main de qn ◆ **to kiss hands** (Diplomacy etc) être admis au baisemain (du roi or de la reine) ◆ **they kissed each other** ils se sont embrassés ◆ **to kiss sb good night/goodbye** embrasser qn en lui souhaitant bonne nuit/en lui disant au revoir, souhaiter bonne nuit/dire au revoir à qn en l'embrassant ◆ **I'll kiss it better** (to hurt child) un petit bisou ◆ **ça ira mieux** ◆ **to kiss ass**‡ (esp US) faire de la lèche* ◆ **to kiss sb's ass**‡ (esp US) lécher le cul à qn*‡ ◆ **kiss my ass!**‡ (esp US) va chier !*‡; see also **goodbye**

2 (= touch lightly : also liter) frôler ◆ **the ball kissed the top of the crossbar** le ballon a frôlé la barre transversale

**VI** s'embrasser ◆ **to kiss and make up** faire la paix ◆ **to kiss and tell** raconter ses secrets d'alcôve

**COMP** **kiss-and-tell*** ADJ [story, memoirs] divulguant des secrets d'alcôve (avec une personnalité en vue)

**kiss curl** N (Brit) accroche-cœur m

**kissing gate** N portail qui empêche le passage du bétail

**kiss-off*** N (US) ◆ **to give sb the kiss-off** [+ employee] virer* qn ; [+ girlfriend etc] plaquer‡ qn

▶ **kiss away** VT SEP ◆ **she kissed away the child's tears** elle a séché les larmes de l'enfant en l'embrassant

▶ **kiss back** VT SEP [+ person] rendre un baiser à

**kissable** /ˈkɪsəbl/ ADJ que l'on a envie d'embrasser

**kissagram** /ˈkɪsəˌɡræm/ N baiser télégraphié

- **KISSAGRAM**
- Un **kissagram** est un « baiser télégraphié » adressé à une personne pour lui faire une surprise, par exemple à l'occasion de son anniversaire. Le message est remis par un porteur costumé, qui lit un petit texte et embrasse le destinataire devant tout le monde.

**kisser**‡ /ˈkɪsəʳ/ N gueule*‡ f

**kit** /kɪt/ SYN

N 1 (NonC) (= equipment, gear) (for camping, skiing, climbing, photography etc) matériel m, équipement m ; (Mil) fourniment m, fourbi* m ; (= tools) outils mpl ◆ **fishing** etc **kit** matériel m or attirail m de pêche etc ◆ **the whole kit and caboodle*** (US) tout le bataclan*, tout le fourbi*

2 (NonC: *) (= belongings) affaires fpl ; (= clothes) fringues* fpl ; (= luggage) affaires fpl ; (= luggage) bagages mpl ◆ **get your kit off!**‡ à poil ! ◆ **have you got your gym/football kit?** tu as tes affaires de gym/de football ?

3 (= set of items) trousse f ◆ **puncture-repair kit** trousse f de réparations ◆ **first-aid kit** trousse f d'urgence or de premiers secours ; ◆ **survival kit**

4 (= parts for assembly) kit m ◆ **sold in kit form** vendu en kit ◆ **he built it from a kit** il l'a assemblé à partir d'un kit ◆ **model aeroplane kit** maquette f d'avion (à assembler)

**COMP** **kit car** N voiture f en kit

**kit inspection** N (Mil) revue f de détail

▶ **kit out, kit up** VT SEP (Brit) 1 (Mil) équiper (with de)

2 ◆ **to kit sb out with sth** équiper qn de qch ◆ **he arrived kitted out in oilskins** il est arrivé équipé d'un ciré ◆ **he had kitted himself out in a bright blue suit** il avait mis un costume bleu vif

**kitbag** /ˈkɪtbæɡ/ N (esp Brit) sac m (de voyage, de sportif, de soldat, de marin etc)

**kitchen** /ˈkɪtʃɪn/ SYN

N cuisine f ; → **thief**

**COMP** [table, cutlery, scissors etc] de cuisine

**kitchen cabinet** N buffet m de cuisine ; (Pol fig) proches conseillers mpl du Premier ministre ; (in US) proches conseillers mpl du Président → **CABINET**

**kitchen-diner, kitchen-dinette** N cuisine f avec coin-repas

**kitchen foil** N papier m d'aluminium or d'alu*

**kitchen garden** N (jardin m) potager m

**kitchen paper** N essuie-tout m inv

**kitchen police** N (US Mil) (= work) corvée f de cuisine ; (= soldiers) soldats mpl chargés de la corvée de cuisine

**kitchen range** N fourneau m (de cuisine), cuisinière f

**kitchen roll** N ⇒ **kitchen paper**

**kitchen salt** N sel m de cuisine, gros sel m

**kitchen scales** NPL balance f (de cuisine)

**kitchen sink** N évier m ◆ **I've packed everything but the kitchen sink** * j'ai tout emporté sauf les murs

**kitchen-sink drama** N (Theat) théâtre misérabiliste des années 50 et 60

**kitchen soap** N savon m de Marseille

**kitchen unit** N élément m de cuisine

**kitchen utensil** N ustensile m de cuisine

**kitchen waste** N déchets mpl domestiques

**kitchen wastes** NPL (US) ⇒ **kitchen waste**

**kitchenette** /ˌkɪtʃɪˈnet/ N kitchenette f

**kitchenmaid** /ˈkɪtʃɪnmeɪd/ N fille f de cuisine

**kitchenware** /ˈkɪtʃɪnwɛəʳ/ N (NonC) (= dishes) vaisselle f or faïence f (de cuisine) ; (= equipment) ustensiles mpl de cuisine

**kite** /kaɪt/

N 1 (= bird) milan m ; (= toy) cerf-volant m ; → **fly³**, **high**

2 (Fin *) (= cheque) chèque m en bois* ; (= bill) traite f en l'air*

**COMP** **kite balloon** N (Mil) ballon m d'observation, saucisse f

**Kite mark** N (Brit Comm) label m de qualité (délivré par l'Association britannique de normalisation)

**kith** /kɪθ/ N ◆ **kith and kin** amis mpl et parents mpl

**kitsch** /kɪtʃ/

N (NonC) kitsch m, art m kitsch or pompier

ADJ kitsch inv, pompier

**kitschy** /ˈkɪtʃɪ/ ADJ kitsch inv

**kitten** /ˈkɪtn/ N chaton m, petit chat m ◆ **to have kittens**‡ (Brit fig) piquer une crise *

**kittenish** /ˈkɪtənɪʃ/ ADJ (lit) de chaton ; (fig) de chaton, mutin

**kittiwake** /ˈkɪtɪweɪk/ N mouette f tridactyle

**kitty** /ˈkɪtɪ/

N 1 (Cards etc) cagnotte f ; (* fig) caisse f, cagnotte f ◆ **there's nothing left in the kitty** il n'y a plus un sou dans la caisse or dans la cagnotte

2 (* = cat) minet* m, minou* m

**COMP** **Kitty Litter** ® N (US) litière f pour chats

**Kiushu** /kjuːʃuː/ N (Geog) Kyūshū f

**kiwi** /ˈkiːwiː/ N 1 (= bird) kiwi m, aptéryx m

2 (also **kiwi fruit**) kiwi m

3 (* = New Zealander) Néo-Zélandais(e) m(f)

**KKK** /ˌkeɪkeɪˈkeɪ/ abbrev of **Ku Klux Klan**

**Klan** /klæn/ N ◆ **the Klan** le Ku Klux Klan

**Klanism** /ˈklænɪzəm/ N doctrine f du Ku Klux Klan

**Klansman** /ˈklænzmən/ N membre m du Ku Klux Klan

**klatch** /klætʃ/ N (also **coffee klatch**) (US) ⇒ **kaffeeklatsch**

**klaxon** /ˈklæksn/ N klaxon ® m

**Kleenex** ® /ˈkliːneks/ N (pl **Kleenex** or **Kleenexes**) kleenex ® m

**Klein bottle** /klaɪn/ N (Math) vase m de Klein

**kleptomania** /ˌkleptəʊˈmeɪnɪə/ N kleptomanie f

**kleptomaniac** /ˌkleptəʊˈmeɪnɪæk/ ADJ, N kleptomane mf

**klieg light** /ˈkliːɡlaɪt/ N (esp US) lampe f à arc

**kludge*** /klʌdʒ/ N (Comput) bidouille* f, kludge m

**klutz**‡ /klʌts/ N (US) empoté(e) m(f), manche* m

**klystron** /ˈklɪstrɒn/ N klystron m

**km** N (abbrev of **kilometre(s)**) km

**kmh** N (abbrev of **kilometres per hour**) km/h

**knack** /næk/ SYN N 1 (= physical dexterity) tour m de main ◆ **to learn** or **get the knack of doing sth** prendre le tour de main pour faire qch ◆ **there's a knack to it** il y a un tour de main à prendre ◆ **I've lost the knack** j'ai perdu la main

2 (= talent) ◆ **to have the knack of doing sth** avoir le don pour faire qch ; (iro) avoir le chic pour faire qch ◆ **she's got a knack of saying the wrong thing** elle a le chic pour dire ce qu'il ne faut pas ◆ **I never really got the knack of it** je n'ai jamais compris le truc *

**knacker** /ˈnækəʳ/ N (Brit)

1 [of horses] équarrisseur m ◆ **to send a horse to the knacker's yard** envoyer un cheval à l'équarrissage

2 [of boats, houses] entrepreneur m de démolition, démolisseur m

**knackers**‡ NPL (Brit : = testicles) couilles*‡ fpl

VT * 1 (= tire) crever *

2 (= break) bousiller *

**knackered**‡ /ˈnækəd/ ADJ (Brit) 1 (= tired out) crevé *, éreinté *

2 (= broken, worn out) nase *, foutu ‡

**knapsack** /ˈnæpsæk/ N sac m à dos, havresac m

**knapweed** /ˈnæpwiːd/ N (= plant) centaurée f

**knave** /neɪv/ SYN N († pej) filou m, fripon † m ; (Cards) valet m

**knavery** /ˈneɪvərɪ/ SYN N (NonC: pej) filouterie f, friponnerie † f

**knavish** /ˈneɪvɪʃ/ ADJ (pej) de filou, de fripon †

**knawel** /ˈnɔːl/ N (= plant) scléranthe m

**knead** /niːd/ SYN VT [+ dough] pétrir, travailler ; [+ muscles] malaxer

**knee** /niː/

N genou m ◆ **he sank in up to the knees** il s'est enfoncé jusqu'aux genoux ◆ **these trousers have gone at the knee(s)** ce pantalon est usé aux genoux ◆ **to sit on sb's knee** s'asseoir sur les genoux de qn ◆ **to put a child over one's knee** donner une fessée à un enfant ◆ **to learn sth at one's mother's knee** apprendre qch dès son jeune âge ◆ **to go (down) on one's knees** s'agenouiller, tomber or se mettre à genoux ◆ **to go down on one's knees to sb** (lit) tomber or se mettre à genoux devant qn ; (fig) se mettre à genoux devant qn (fig), supplier qn à genoux ◆ **on bended knee(s)** à genoux ◆ **to bring sb to his knees** (fig) forcer qn à capituler or à se soumettre ◆ **it will bring the country/the steel industry to its knees** ça va mettre le pays/l'industrie sidérurgique à genoux

VT ◆ **to knee sb in the groin** donner un coup de genou dans le bas-ventre de qn

**COMP** **knee-bend** N (gen, Ski) flexion f (du genou)

**knee breeches** NPL culotte f courte

**knee-deep** ADJ ◆ **he was knee-deep in mud** la boue lui arrivait aux genoux, il était dans la boue jusqu'aux genoux ◆ **the water was knee-deep** l'eau arrivait aux genoux ◆ **to be knee-deep in paperwork** * être dans la paperasse jusqu'au cou

**knee-high** ADJ à hauteur de genou ◆ **knee-high to a grasshopper** * haut comme trois pommes

**knee jerk** N réflexe m rotulien

**knee-jerk** ADJ [reaction, response] réflexe ◆ **he's a knee-jerk conservative** * c'est un conservateur primaire

**knee joint** N articulation f du genou

**knee level** N ◆ **at knee level** à (la) hauteur du genou

**knee pants** NPL (US) bermuda m

**knee reflex** N réflexe m rotulien

**knees-up**‡ N (pl **knees-ups**) (Brit) pince-fesses‡ m, bringue* f

**kneecap** /ˈniːkæp/

N (Anat) rotule f

VT tirer dans le genou de

**kneecapping** /ˈniːkæpɪŋ/ N mutilation f en tirant dans le genou

**kneel** /niːl/ SYN (pret, ptp **knelt** or **kneeled**) VI (also **kneel down**) s'agenouiller, se mettre à genoux ; (= be kneeling) être agenouillé ◆ **he had to kneel on his case to shut it** il a dû se mettre à genoux sur sa valise pour la fermer ◆ **to kneel (down) to** or **before sb** (lit, fig) se mettre à genoux devant qn

**kneeling** /ˈniːlɪŋ/ ADJ à genoux, agenouillé

**kneepad** /ˈniːpæd/ N genouillère f

**kneeroom** /ˈniːrʊm/ N espace m pour les jambes

**knell** /nel/ SYN N glas m ◆ **to sound** or **toll the (death) knell** sonner le glas

**knelt** /nelt/ VB pt, ptp of **kneel**

**Knesset** /ˈknesɪt/ N ◆ **the Knesset** la Knesset

**knew** /njuː/ VB pt of **know**

**knickerbocker** /ˈnɪkəˌbɒkəʳ/

NPL **knickerbockers** (knee-length) knickers mpl ; (longer) culotte f de golf

**COMP** **knickerbocker glory** N (Brit) coupe glacée faite de glace, de gelée, de crème et de fruits

**knickers** /ˈnɪkəz/ SYN NPL 1 (Brit : woman's) culotte f, slip m (de femme) ◆ **knickers!**‡ (annoyed) mince ! * ; (disbelieving) mon œil ! * ◆ **to get one's knickers in a twist** * se mettre dans tous ses états ◆ **don't get your knickers in a twist!** * ne te mets pas dans cet état !

2 † ⇒ **knickerbockers** ; → **knickerbocker**

**knick-knack** /ˈnɪknæk/ SYN N bibelot m, babiole f ; (on dress) colifichet m

**knife** /naɪf/ SYN
■ N (pl **knives**) couteau m ; (also **pocket knife**) canif m ◆ **knife, fork and spoon** couvert m ◆ **to turn** or **twist the knife in the wound** (fig) retourner le couteau dans la plaie (fig) ◆ **he's got his knife into me*** (fig) il s'acharne contre moi ◆ **the knives are out*** (esp Brit) (fig) c'est la guerre ouverte ◆ **the knives are out for him*** (esp Brit) (fig) on en a après lui ◆ **to put** or **stick the knife into sb** (fig) blesser qn ◆ **the critics are trying to put the knife in (him)** les critiques l'attendent au tournant ◆ **it's war to the knife between them** ils sont à couteaux tirés (fig) ◆ **(to go) under the knife***= (Med) (passer) sur le billard * ◆ **before you could say knife*** en moins de temps qu'il n'en faut pour le dire ◆ **like a (hot) knife through butter** (US = easily) facilement
■ VT [+ person] donner un coup de couteau à ◆ **she had been knifed** elle avait reçu un coup (or des coups) de couteau ; (to death) elle avait été tuée à coups de couteau
COMP **knife edge** N [of knife] fil m d'un couteau ; [of balance] couteau m ◆ **on a knife edge** (fig = tense, anxious) sur des charbons ardents (fig) ◆ **the success of the scheme/the result was balanced on a knife edge** la réussite du projet/le résultat ne tenait qu'à un fil
**knife-edge(d)** ADJ [blade] tranchant, aiguisé ; [crease] bien marqué
**knife-grinder** N rémouleur m
**knife pleat** N pli m couché
**knife point** N ◆ **to hold sb at knife point** menacer qn d'un couteau
**knife rest** N porte-couteau m
**knife-sharpener** N (on wall, on wheel etc) affiloir m, aiguisoir m ; (long, gen with handle) fusil m (à repasser les couteaux)

**knifeman** /ˈnaɪfmən/ N (Brit) agresseur m armé d'un couteau

**knifing** /ˈnaɪfɪŋ/ N attaque f au couteau

**knight** /naɪt/
■ N chevalier m ; (Chess) cavalier m ◆ **a knight in shining armour** (= romantic figure) un prince charmant ; (= saviour) un sauveur, un redresseur de torts
■ VT ① (Hist) [+ squire etc] adouber, faire chevalier ② (Brit) [sovereign] donner l'accolade (de chevalier) à, faire chevalier ◆ **he was knighted for services to industry** il a été fait chevalier pour services rendus dans l'industrie
COMP **knight errant** N (pl **knights errant**) (Hist) chevalier m errant
**knight-errantry** N (NonC) chevalerie f errante
**Knight of the Garter** N chevalier m de (l'ordre de) la Jarretière
**Knight Templar** N (pl **Knights Templars** or **Knights Templar**) chevalier m de l'ordre du Temple, Templier m

**knighthood** /ˈnaɪthʊd/ N ① (= knights collectively) chevalerie f ② (Brit = rank) titre m de chevalier ◆ **to get** or **receive a knighthood** être fait chevalier, recevoir le titre de chevalier

**knightly** /ˈnaɪtlɪ/ ADJ [courtesy] chevaleresque ; [armour] de chevalier

**knit** /nɪt/ SYN (pret, ptp **knitted** or **knit**)
■ VT ① [+ garment, blanket etc] tricoter ◆ "**knit three, purl one**" « trois mailles à l'endroit, une maille à l'envers » ◆ **to knit sth for sb, to knit sb sth** tricoter qch pour qn ◆ **knitted jacket** veste f tricotée or en tricot ◆ **knitted goods** tricots mpl, articles mpl en maille ; → **close¹**, **thick**
② ◆ **to knit one's brows** froncer les sourcils
■ VI ① tricoter ② (also **knit together, knit up**) [bone] se souder
COMP **knit stitch** N maille f à l'endroit

▶ **knit together**
■ VI se souder
■ VT SEP ① "**knit two together**" « tricoter deux mailles ensemble »
② (fig) [+ family, community] lier, unir ; [+ team] souder

▶ **knit up**
■ VI ① [bone] se souder ② ◆ **this wool knits up very quickly** cette laine monte très vite
■ VT SEP [+ jersey] tricoter

**knitter** /ˈnɪtər/ N tricoteur m, -euse f

**knitting** /ˈnɪtɪŋ/
■ N (NonC) ① (gen) tricot m ; (industrial) tricotage m ◆ **where's my knitting?** où est mon tricot ? ; → **double**
② [of bone] consolidation f, soudure f
COMP **knitting bag** N sac m à tricot
**knitting machine** N machine f à tricoter, tricoteuse f
**knitting needle, knitting pin** N aiguille f à tricoter
**knitting wool** N laine f à tricoter

**knitwear** /ˈnɪtwɛər/ N (NonC: Comm) tricots mpl

**knives** /naɪvz/ NPL of **knife**

**knob** /nɒb/ SYN N ① [of door, instrument] bouton m ; [of cane, walking stick] pommeau m ; (= small bump) bosse f, protubérance f ; (on tree) nœud m ◆ **with knobs on*** (fig) et encore plus
② (= small piece) [of cheese etc] petit morceau m ◆ **knob of butter** (Brit) noix f de beurre
③ (*** = penis) zob*** m, bitte*** f

**knobbly** /ˈnɒblɪ/, **knobby** /ˈnɒbɪ/ ADJ noueux

**knobkerrie** /ˈnɒbˌkerɪ/ N massue f

**knock** /nɒk/ SYN
■ N ① (= blow) coup m ; (= collision) heurt m, choc m ; (in engine etc) cognement m ◆ **he got a knock (on the head etc)** il a reçu or pris* un coup (sur la tête etc) ◆ **he gave himself a nasty knock (on the head etc)** il s'est cogné très fort (la tête etc)
② (at door) ◆ **there was a knock at the door** on a frappé (à la porte) ◆ **I heard a knock (at the door)** j'ai entendu (quelqu'un) frapper (à la porte) ◆ **knock, knock!** toc, toc, toc ! ◆ **I'll give you a knock at 7 o'clock** je viendrai frapper à ta porte à 7 heures
③ (fig) (= setback) revers m ◆ **knocks*** (= criticism) critiques fpl ◆ **to take a knock** [person] recevoir un coup (fig) ◆ **his pride/credibility has taken a knock** son orgueil/sa crédibilité en a pris un coup ◆ **his confidence has taken a knock** sa confiance a été sérieusement ébranlée ◆ **her professional reputation took a very hard knock** sa réputation professionnelle en a pris un sacré* coup
■ VT ① (= hit, strike) [+ object] frapper ◆ **to knock a nail into a plank** planter or enfoncer un clou dans une planche ◆ **to knock a nail in (with a hammer/shoe** etc**)** enfoncer un clou (d'un coup or à coups de marteau/de chaussure etc) ◆ **he knocked the ball into the hedge** il a envoyé la balle dans la haie ◆ **she knocked the knife out of his hand** elle lui a fait tomber le couteau des mains ◆ **to knock a glass off a table** faire tomber un verre d'une table ◆ **she knocked the cup to the floor** elle a fait tomber la tasse (par terre) ◆ **to knock the bottom out of a box** défoncer (le fond d')une boîte ◆ **to knock the bottom out of an argument** démolir un argument ◆ **this knocked the bottom out of the market** (Stock Exchange) cela a provoqué l'effondrement des cours ◆ **to knock holes in sth** faire des trous dans qch ◆ **to knock holes in an argument** battre un argument en brèche ◆ **to knock sb's confidence** ébranler la confiance de qn ◆ **that knocked his plans on the head*** (Brit) ça a flanqué* par terre or démoli ses projets ◆ **it's time to knock this idea on the head*** il est temps de faire un sort à cette idée ◆ **to knock some sense into sb*** ramener qn à la raison (par la manière forte) ◆ **to knock spots off sb*** battre qn à plate(s) couture(s) ◆ **to knock spots off sth*** être beaucoup mieux que qch ; → **stuffing**
② (= hit, strike) ◆ **to knock sb to the ground** [person, explosion] jeter qn à terre, faire tomber qn ; (= stun) assommer qn ◆ **to knock sb unconscious** or **cold** or **senseless** or **silly *** assommer qn ◆ **to knock sb off balance** faire perdre l'équilibre à qn ◆ **he knocked the child out of the way** il a brusquement écarté l'enfant ◆ **to knock sb dead*** épater qn*, en mettre plein la vue à qn* ◆ **go out there and knock 'em dead!*** montre-leur de quoi tu es capable ! ◆ **to knock sb on the head** frapper qn à la tête ; (= stun) assommer qn ◆ **to knock sb into the middle of next week*** faire voir trente-six chandelles à qn* ◆ **to knock sth on the head*** [+ project, idea] laisser tomber qch ; [+ relationship] mettre fin à qch ◆ **his wife's death really knocked him sideways*** (Brit = shook him) la mort de sa femme l'a profondément ébranlé ◆ **confidence in the legal system has been knocked sideways*** (Brit) la confiance dans le système légal a été sérieusement ébranlée ◆ **to knock sb for six*** (Brit) [cold, flu] lessiver* qn ; [news] faire un choc à qn
③ (= collide with, strike) [person] se cogner dans, heurter ; [vehicle] heurter ◆ **to knock one's head on** or **against** se cogner la tête contre ◆ **he knocked his foot against the leg of the table** il a buté contre le pied de la table
④ (Constr) ◆ **to knock two rooms into one** abattre la cloison entre deux pièces
⑤ ( * = denigrate) [+ person, sb's work] débiner* ; [+ plan, project, idea] dénigrer ◆ **don't knock it!** arrête de dénigrer ! ◆ **don't knock it if you haven't tried it!** c'est pas la peine* de critiquer si tu n'as pas essayé !
⑥ (Scot * = steal) piquer*
■ VI ① (= strike, hit) frapper ; (more forcefully) cogner ◆ **to knock at the door/window** frapper à la porte/la fenêtre ◆ **he knocked on the table** il a frappé la table, il a cogné sur la table ◆ **his knees were knocking** il tremblait de peur, il avait les chocottes*
② (= bump, collide) ◆ **to knock against** or **into sb/sth** se cogner contre qn/qch, heurter qn/qch ◆ **his hand knocked against the shelf** sa main a heurté l'étagère, il s'est cogné la main contre l'étagère ◆ **he knocked into the table** il s'est cogné dans or contre la table, il a heurté la table ◆ **the car knocked into the lamppost** la voiture a heurté le réverbère
③ [car engine] cogner
COMP **knocked down** ADJ (US Comm) [table, shed etc] (livré) non monté
**knock-for-knock agreement** N (Insurance) convention f d'indemnisation directe de l'assuré
**knock-kneed** ADJ ◆ **to be knock-kneed** avoir les genoux cagneux
**knock-knees** NPL ◆ **to have knock-knees** avoir les genoux cagneux
**knock-on** N (Rugby) en-avant m inv
**knock-on effect** N répercussions fpl
**knock-out agreement** N (Jur, Fin) entente f entre enchérisseurs
**knock-out drops*** NPL soporifique m
**knock-up** N (Tennis) ◆ **to have a knock-up** faire des balles

▶ **knock about***, **knock around***
■ VI (= travel) vadrouiller*, bourlinguer* (fig) ; (= hang around) traîner, glander*** ◆ **he spent many years knocking about in the provinces** il a passé de nombreuses années à vadrouiller* or bourlinguer* en province ◆ **he has knocked about a bit** il a beaucoup bourlingué* ◆ **what are all these boxes knocking about in the garage?** que font tous ces cartons dans le garage ? ◆ **who's he knocking around with these days?** qui est-ce qu'il fréquente en ce moment ?
■ VT FUS ◆ **to knock about the world** vadrouiller* de par le monde ◆ **he's knocking about France somewhere*** il vadrouille* or il se balade quelque part en France
■ VT SEP ① ( * = beat) taper sur, frapper ◆ **he knocks her about** il lui tape dessus*
② [storm, waves] [+ boat] ballotter
③ ◆ **to knock a ball about** or **around** donner des coups de pied dans un ballon, taper dans un ballon*
■ N, ADJ ◆ **knockabout** → **knockabout**

▶ **knock back**
■ VI (lit) ◆ **he knocked on the wall and she knocked back** il a frappé au mur et elle a répondu de la même façon
■ VT SEP * ① (= drink) s'enfiler*, s'envoyer* ; (= eat) avaler, engloutir
② (= cost) coûter ◆ **how much did it knock you back?** ça vous a coûté combien ? ◆ **this watch knocked me back £120** cette montre m'a coûté 120 livres
③ (fig = shock) sonner* ◆ **the news knocked her back a bit** la nouvelle l'a un peu sonnée*
④ ( * = reject) [+ offer, suggestion] refuser ; [+ person] envoyer balader*

▶ **knock down**
■ VT SEP ① [+ object] (= topple) renverser ; (= knock off, table etc) faire tomber ; [+ building, wall etc] abattre, démolir ; [+ door] (= remove) démolir ; (= kick in) défoncer, enfoncer ◆ **he knocked me down with one blow** il m'a jeté à terre d'un seul coup ; → **feather**
② (= run over) [vehicle] [+ person] renverser ; [+ lamppost] emboutir ; [+ fence, wall] défoncer ◆ **he got knocked down by a bus** il a été renversé par un autobus
③ [+ price] baisser ◆ **he knocked the price down by 10%** il a baissé le prix de 10%, il a fait une remise de 10% sur le prix

**515 ANGLAIS-FRANÇAIS**

**knockabout | know**

4 *(at auction)* ♦ **to knock down sth to sb** adjuger qch à qn ♦ **it was knocked down for £10** ça a été adjugé 10 livres

[ADJ, N] ♦ knockdown → knockdown
[ADJ] ♦ knocked down → knock

▶ **knock off**

[VI] * (= *stop work*) s'arrêter (de travailler) ; (= *leave work*) se casser*, se tirer* ; (= *strike*) débrayer

[VT SEP] 1 (*lit*) [+ *object on shelf etc*] faire tomber ♦ **I got knocked off my bike** j'ai été renversé en vélo ♦ **to knock sb's block off*** casser la figure* à qn

2 (= *reduce price by*) [+ *percentage, amount*] faire une remise de ♦ **I'll knock off £10/10%** je vous fais une remise de 10 livres/de 10% ♦ **she knocked 15 seconds off the world record** elle a battu le record du monde de 15 secondes

3 ♦ [+ *homework, correspondence, piece of work*] expédier

4 (*Brit* * = *steal*) piquer*

5 (= *stop*) ♦ **knock it off!*** ça suffit !

6 (* = *kill*) liquider*

[ADJ] ♦ knocking-off → knocking

▶ **knock on**

[VT SEP] (*Rugby*) ♦ **to knock the ball on** faire un en-avant

[VT FUS] ♦ **he's knocking on for fifty*** il frise la cinquantaine

[N, ADJ] ♦ knock-on → knock

▶ **knock out**

[VT SEP] 1 [+ *nail etc*] faire sortir (*of* de) ♦ **to knock out one's pipe** débourrer or éteindre sa pipe ♦ **to knock a window out** [*builder*] enlever une fenêtre ; [*explosion, earthquake*] souffler une fenêtre

2 (* = *put out of action*) [*storm, earthquake, bomb*] [+ *power supply, electricity*] couper ; [*missile*] [+ *target*] détruire, bousiller*

3 (= *stun*) [*person*] assommer ; (*Boxing*) mettre knock-out or k.-o. ; [*drug*] sonner*, assommer ♦ **to knock o.s. out** s'assommer

4 * (= *shock, overwhelm*) sidérer* ; (= *exhaust*) mettre à plat*

5 (*from competition, contest*) éliminer (*of* de)

[N, ADJ] ♦ knockout → knockout

▶ **knock over** [VT SEP] 1 [+ *object*] renverser

2 [*vehicle*] [+ *pedestrian*] renverser ; [+ *lamppost*] emboutir ; [+ *fence*] défoncer ♦ **he was knocked over by a taxi** il a été renversé par un taxi

▶ **knock together**

[VI] [*glasses, knees*] s'entrechoquer

[VT SEP] 1 (*lit*) [+ *two objects*] cogner l'un contre l'autre ♦ **I'd like to knock their heads together!** ce sont deux têtes à claques

2 * ⇒ **knock up vt sep 3**

▶ **knock up**

[VI] (*Tennis*) faire des balles

[VT SEP] 1 (*lit*) [+ *handle, lever etc*] faire lever d'un coup

2 (*Brit* = *waken*) réveiller (en frappant à la porte)

3 (* = *make hurriedly*) [+ *meal*] improviser ; [+ *shed, furniture*] bricoler*

4 (*Brit* * = *exhaust*) [+ *person*] crever*

5 (⚠ = *make pregnant*) engrosser⚠

[N] ♦ knock-up → knock

**knockabout** /ˈnɒkəˌbaʊt/

[N] (*esp US* = *small sailing boat*) dériveur *m*, petit voilier *m*

[ADJ] (*esp Brit* = *boisterous*) [*fun, humour, style*] exubérant ♦ **knockabout comedy** (*Theat*) (grosse) farce *f*

**knockback*** /ˈnɒkbæk/ [N] (= *setback*) contretemps *m* ♦ **he got** or **received** or **suffered a knockback** on l'a envoyé balader*

**knockdown** /ˈnɒkdaʊn/

[ADJ] 1 ♦ **a knockdown blow** (*lit*) un coup à assommer un bœuf ; (*fig*) un coup de boutoir

2 (*Brit Comm*) ♦ **knockdown price** prix *m* très avantageux or intéressant ♦ "**knockdown prices**" (*in posters, announcements*) « prix sacrifiés » ♦ **to sell at knockdown prices** vendre pour une bouchée de pain

[N] (*Boxing*) knock-down *m inv*

**knocker** /ˈnɒkəʳ/

[N] (*also* **door-knocker**) marteau *m* (de porte), heurtoir *m*

[NPL] ⚠ **knockers** ⚠ (= *breasts*) nichons⚠ *mpl*, roberts⚠ *mpl*

**knocking** /ˈnɒkɪŋ/

[N] (*NonC*) 1 coups *mpl* ♦ **I can hear knocking at the door** j'entends frapper à la porte

2 (*in engine*) cognement *m*

[COMP] ♦ **knocking copy** [N] (*Advertising*) publicité *f* comparative

**knocking-off time*** [N] (*from work*) heure *f* de la sortie

**knocking shop**⚠ [N] (*Brit*) bordel⚠ *m*

**knockout** /ˈnɒkaʊt/ [SYN]

[N] 1 (*Boxing*) knock-out *m inv*

2 (= *overwhelming success*) ♦ **to be a knockout*** [*person, record, achievement*] être sensationnel*

3 (= *competition*) compétition *f* (avec épreuves éliminatoires) ♦ "**It's a Knockout**" (*TV:formerly*) ≈ « Jeux sans frontières »

[ADJ] 1 (*Boxing etc*) ♦ **he delivered** or **landed a knockout blow** or **punch** il a mis son adversaire K.-O. ♦ **the knockout blow came in round six** il a été mis K.-O. au sixième round ♦ **knockout blow** (*fig*) coup *m* terrible

2 (*Brit Sport*) [*competition, tournament*] par élimination

**knoll** /nəʊl/ [N] (= *hillock*) tertre *m*, monticule *m*

**Knossos** /ˈnɒsəs/ [N] Cnossos

**knot¹** /nɒt/

[N] 1 nœud *m* ♦ **to tie/untie a knot** faire/défaire un nœud ♦ **the marriage knot** le lien du mariage ♦ **to have a knot in one's stomach** (= *feel tense*) avoir l'estomac noué, avoir un nœud à l'estomac ; → **granny**, **reef²**, **slipknot**, **tie**

2 (= *unit of speed*) nœud *m* ♦ **to make 20 knots** filer 20 nœuds ; → **rate¹**

3 (*in wood*) nœud *m* ♦ **a knot of people** un petit groupe de gens

[VT] [+ *rope, scarf, tie, handkerchief*] faire un nœud à, nouer ♦ **he knotted the piece of string to the rope** il a noué la ficelle à la corde ♦ **get knotted!**⚠ va te faire voir* or foutre⚠ !

[COMP] **knotted clover** [N] (= *plant*) trèfle *m* strié

**knotted cranesbill** [N] (= *plant*) géranium *m* noueux

▶ **knot together** [VT SEP] attacher, nouer

**knot²** /nɒt/ [N] (= *bird*) bécasseau *m* maubèche

**knotgrass** /ˈnɒtɡrɑːs/ [N] (= *plant*) renouée *f* des oiseaux

**knothole** /ˈnɒtθəʊl/ [N] (*in wood*) trou *m* (laissé par un nœud)

**knotty** /ˈnɒtɪ/ [ADJ] 1 (*lit*) [*wood, muscle, hand*] noueux ; [*rope, hair*] plein de nœuds

2 (*fig* = *thorny*) [*problem, issue, question*] épineux

**knout** /naʊt/ [N] knout *m*

◆ ◆ ◆ ◆ ◆ ◆ ◆ ◆ ◆ ◆ ◆ ◆ ◆ ◆ ◆ ◆ ◆

## know /nəʊ/

vb: pret **knew**, ptp **known**

**LANGUAGE IN USE 16.1** [SYN]

1 - TRANSITIVE VERB
2 - INTRANSITIVE VERB
3 - NOUN
4 - NOUN
5 - COMPOUNDS

◆ ◆ ◆ ◆ ◆ ◆ ◆ ◆ ◆ ◆ ◆ ◆ ◆ ◆ ◆ ◆ ◆

**1 - TRANSITIVE VERB**

▶ Look up set combinations such as **know the ropes**, **know the score** at the noun.

1 [= HAVE KNOWLEDGE OF] connaître ♦ **to know the details/the results/the truth** connaître les détails/les résultats/la vérité ♦ **I know the problem!** je connais le problème ! ♦ **to know one's business*** connaître son affaire, s'y connaître

▶ **savoir** can often also be used.

♦ **to know the difference between** connaître or savoir la différence entre ♦ **to know French** savoir or connaître le français ♦ **that's worth knowing** c'est bon à savoir ♦ **it was sure to cause trouble, as well he knew** ça allait sûrement faire des histoires et il le savait très bien ♦ **I know the problems that arise when...** je connais les problèmes qui surviennent lorsque...

▶ When **know** is followed by a clause, **savoir** must be used. Unlike **that**, **que** can never be omitted.

♦ **I know (that) you're wrong** je sais que vous avez tort ♦ **I know him to be a liar** je sais que c'est un menteur ♦ **I will** or **would have you know that...** sachez que... ♦ **to know how to do sth** savoir faire qch ♦ **I know how you feel** je sais ce que tu ressens, je comprends ça ♦ **you don't know how glad/relieved I am to see you** vous ne pouvez pas savoir comme je suis content/soulagé de vous voir ♦ **she knows what it means to suffer** or **what suffering means** elle sait ce qu'est la souffrance ♦ **he knows what he's talking about** il sait de quoi il parle ♦ **I don't know where to begin** je ne sais pas par où commencer ♦ **do you know whether she's coming?** est-ce que tu sais si elle vient ? ♦ **I don't know why he reacted like that** je ne sais pas pourquoi il a réagi comme ça

2 [= BE ACQUAINTED WITH] [+ *person, place, book, author*] connaître ♦ **I know him well** je le connais bien ♦ **do you know Paris?** connaissez-vous Paris ? ♦ **to know sb by sight/by name/by reputation** connaître qn de vue/de nom/de réputation ♦ **he knows all his customers by name** il connaît tous ses clients par leur(s) nom(s) ♦ **I don't know her to speak to** je ne la connais que de vue ♦ **everyone knows him as Dizzy** on le connaît sous le nom de Dizzy ♦ **most of us know him only as a comedian** la plupart d'entre nous ne le connaissons qu'en tant que comique ♦ **he is known as a man of great charm** c'est un homme connu pour son charme, il passe pour un homme plein de charme ♦ **civilisation as we know it** la civilisation telle que nous la connaissons

3 [= UNDERSTAND] ♦ **I don't know how you can say that!** comment peux-tu dire une chose pareille ! ♦ **you know what I mean** tu vois ce que je veux dire

4 [= RECOGNIZE] reconnaître ♦ **to know sb by his voice/his walk** reconnaître qn à sa voix/à sa démarche ♦ **I knew him at once** je l'ai reconnu tout de suite ♦ **I know real expertise when I see it!** je sais reconnaître un spécialiste quand j'en vois un ! ♦ **she knows a good thing when she sees it** ♦ elle ne laisse pas passer les bonnes occasions ♦ **he knew he was to blame** il se savait coupable

5 [= BE CERTAIN] ♦ **I don't know that it's made things any easier** je ne suis pas sûr que ça ait simplifié les choses ♦ **I don't know if** or **that that is a very good idea** je ne suis pas sûr que ce soit une bonne idée ♦ **I don't know if I can do it** je ne suis pas sûr de pouvoir le faire

6 [EXCLAMATIONS] ♦ **well, what do you know!** (*US*) * tiens, tiens ! ♦ **I know (what)***, **let's leave it till tomorrow!** et on si remettait ça à demain ? ♦ **(do) you know what***, **I think she did it!** tu sais quoi, je pense que c'est elle qui a fait ça ! ♦ **she's furious – don't I know it!** elle est furieuse ! – à qui le dis-tu or je suis bien placé pour le savoir ! ♦ **not if I know it!** ça m'étonnerait ! ♦ **that's all you know (about it)!*** c'est ce que tu crois ! ♦ **you know what you can do with it** or **where you can stick it!**⚠ tu peux te le mettre où je pense !⚠

**2 - INTRANSITIVE VERB**

savoir ♦ **who knows?** qui sait ? ♦ **is she nice? – I don't know** or **I wouldn't know*** est-ce qu'elle est gentille ? – je ne sais pas or je n'en sais rien ♦ **how should I know?** est-ce que je sais (moi) !*, comment veux-tu que je sache ? ♦ **it'll be expensive, you know** ça va coûter cher, tu sais ♦ **you know, that's not a bad idea** tu sais, ce n'est pas une mauvaise idée ♦ **as far as I know** autant que je sache, à ma connaissance ♦ **not as far as I know** pas que je sache, pas à ma connaissance ♦ **for all I know** pour ce que j'en sais ♦ **one never knows, you never know** on ne sait jamais ♦ **and afterwards they just don't want to know*** et après ça ils ne veulent plus en entendre parler

**3 - NOUN**

[SET STRUCTURES]

♦ **to know sth about sth/sb** ♦ **to know a lot about sth/sb** en savoir long sur qch/qn ♦ **I don't know much about it/him** je ne sais pas grand-chose à ce sujet/je ne le connais pas beaucoup ♦ **I'd like to know more (about it)** je voudrais en savoir plus (à ce sujet) ♦ **it's no good lying, I know all about it** ce n'est pas la peine de mentir, je sais tout ♦ **she knows (all) about computers** elle s'y connaît en informatique ♦ **I know nothing about music** je n'y connais rien en musique ♦ **I know nothing about it** je ne sais rien à ce sujet

♦ **to know about sth/sb** ♦ **I didn't know about their quarrel** je ne savais pas qu'ils s'étaient disputés, je n'étais pas au courant de leur dispute ◆ **I didn't know about the accident** je n'étais pas au courant pour l'accident ◆ **I didn't know about that** je n'étais pas au courant ◆ **he knows about antiques** il s'y connaît en antiquités ◆ **do you know about Paul?** tu es au courant pour Paul ? ◆ **I don't know about you, but I think it's terrible** je ne sais pas ce que tu en penses mais personnellement je trouve ça affreux ◆ **I don't know about you, but I'm hungry!** vous n'avez peut-être pas faim, mais moi si ! ◆ **so you're satisfied?** – **I don't know about that** alors tu es satisfait ? – satisfait c'est beaucoup dire ◆ **I'm not going to school tomorrow** – **I don't know about that!** je ne vais pas à l'école demain – c'est à voir or c'est ce qu'on va voir !

◆ **to know of** (= be acquainted with) connaître ; (= be aware of) savoir ; (= learn about) apprendre ; (= have heard of) entendre parler de ◆ **do you know of a good hairdresser?** connaissez-vous un bon coiffeur ? ◆ **I know of a nice little café** je connais un petit café sympathique ◆ **I'd known of his death for some time** je savais depuis quelque temps qu'il était mort ◆ **is he married?** – **not that I know of** il est marié ? – pas que je sache or pas à ma connaissance ◆ **I knew of his death through a friend** j'ai appris sa mort par un ami ◆ **I know of you through your sister** j'ai entendu parler de vous par votre sœur ◆ **I don't know him but I know of him** je ne le connais pas mais j'ai entendu parler de lui ◆ **I know of no reason why he should have committed suicide** je ne lui connais aucune raison de se suicider ◆ **I know of no evidence for this claim** rien à ma connaissance ne permet de l'affirmer

◆ **to know sb/sth from sb/sth** (= distinguish) savoir distinguer qn/qch de qn/qch, savoir faire la différence entre qn/qch et qn/qch ◆ **students nowadays don't know a pronoun from an adverb** les étudiants ne savent plus distinguer un pronom d'un adverbe ◆ **he doesn't know good wine from cheap plonk*** il ne sait pas faire la différence entre un bon vin et une piquette, il est incapable de distinguer un bon vin d'une piquette BUT ◆ **he doesn't know one end of a horse/hammer from the other** c'est à peine s'il sait ce que c'est qu'un cheval/marteau

◆ **to know sb/sth** + infinitive ◆ **I've never known him to smile** je ne l'ai jamais vu sourire ◆ **I've never known her to be wrong** je dois dire qu'elle ne se trompe jamais ◆ **I've known such things to happen before** ça s'est déjà produit auparavant ◆ **well, it has been known (to happen)** enfin, ça c'est déjà vu ◆ **I've never known it to rain like this in June** je n'ai jamais vu autant de pluie en juin

◆ **to know better** ◆ **I know better than to offer advice** je me garde bien de donner des conseils ◆ **he knows better than to touch his capital** il est trop prudent pour entamer son capital ◆ **you ought to know better than to listen to him** tu sais bien qu'il ne faut pas l'écouter ◆ **you ought to have known better** tu aurais dû réfléchir ◆ **he should know better at his age** à son âge il devrait avoir un peu plus de bon sens ◆ **they did that because they didn't know any better** ils faisaient ça par ignorance ◆ **he says he didn't do it but I know better** il dit qu'il n'est pas responsable mais je sais que ce n'est pas vrai or que ce n'est pas le cas ◆ **she told him not to go but he thought he knew better** elle lui a dit de ne pas y aller mais il pensait qu'il était plus apte à juger qu'elle ◆ **a lot of people think he's rich but I know better** beaucoup de gens pensent qu'il est riche, mais je sais que ce n'est pas vrai or que ce n'est pas le cas

◆ **know best** ◆ **mother knows best!** maman a toujours raison ! ◆ **you know best, I suppose!** bon, puisque tu le dis !

◆ **to get to know** [+ fact] apprendre ; [+ person] faire plus ample connaissance avec, apprendre à connaître ◆ **I'd like to see you again and get to know you better** j'aimerais vous revoir et faire plus ample connaissance avec vous or apprendre à mieux vous connaître ◆ **he seems arrogant, but when you get to know him you can see he's just shy** il a l'air arrogant, mais quand on le connaît mieux on s'aperçoit que c'est simplement de la timidité

◆ **to let sb know** ◆ **I'll let you know** je te ferai savoir ◆ **I'll let you know on Monday** je te dirai or te ferai savoir ça lundi ◆ **if you can't come, please let me know (in advance)** préviens-moi si tu ne peux pas venir, s'il te plaît

◆ **to let sb know sth** dire qch à qn ◆ **I'll let you know the price as soon as possible** je te dirai combien ça coûte dès que possible ◆ **let me know if I can help** si je peux me rendre utile,

dites-le-moi BUT ◆ **he soon let me know what he thought of it** il n'a pas tardé à me faire savoir ce qu'il en pensait

**4 - NOUN**

◆ **to be in the know*** être au courant or au parfum* ◆ **those in the know choose Collins** ceux qui s'y connaissent choisissent Collins

**5 - COMPOUNDS**

**know-all*** N (Brit) (Monsieur) je-sais-tout* m, (Madame or Mademoiselle) je-sais-tout* f
**know-how*** N savoir-faire m ◆ **they have the materials to make the missile but they haven't got the know-how** ils ont le matériel nécessaire à la fabrication du missile mais ils n'ont pas le savoir-faire ◆ **after years in the job he has acquired a lot of know-how** après des années dans cet emploi il a acquis beaucoup de savoir-faire or de métier ◆ **you need quite a bit of know-how to operate this machine** il faut pas mal s'y connaître pour faire marcher cette machine
**know-it-all*** N (US) ⇒ know-all

---

**knowable** /ˈnəʊəbəl/ ADJ connaissable

**knowing** /ˈnəʊɪŋ/ SYN
ADJ [1] (= shrewd) fin, malin (-igne f) ; (= wise) sage
[2] (= arch) [look, smile] entendu
N ◆ **there's no knowing what she might do** on ne peut pas savoir ce qu'elle va faire ◆ **will he help us?** – **there's no knowing** est-ce qu'il va nous aider ? – on ne peut pas savoir

**knowingly** /ˈnəʊɪŋli/ SYN ADV [1] (= consciously) sciemment, intentionnellement
[2] (= archly) [look, smile, nod] d'un air entendu

**knowledge** /ˈnɒlɪdʒ/ LANGUAGE IN USE 19.2 SYN
N (NonC) [1] (= understanding, awareness) connaissance f ◆ **to have knowledge of** avoir connaissance de ◆ **to have no knowledge of** ne pas savoir, ignorer ◆ **to (the best of) my knowledge** à ma connaissance, pour autant que je sache ◆ **not to my knowledge** pas à ma connaissance, pas que je sache ◆ **they had never to her knowledge complained before** à sa connaissance ils ne s'étaient jamais plaints auparavant ◆ **without his knowledge** à son insu, sans qu'il le sache ◆ **without the knowledge of her mother** à l'insu de sa mère, sans que sa mère le sache ◆ **to bring sth to sb's knowledge** porter qch à la connaissance de qn ◆ **to bring to sb's knowledge that...** porter à la connaissance de qn le fait que... ◆ **it has come to my knowledge that...** j'ai appris que... ◆ **knowledge of the facts** la connaissance des faits ◆ **it's common or public knowledge that...** il est de notoriété publique que...
[2] (= body of knowledge) savoir m ; (= learning, facts learnt) connaissances fpl ◆ **his knowledge will die with him** son savoir mourra avec lui ◆ **my knowledge of English is elementary** mes connaissances d'anglais sont élémentaires ◆ **he has a thorough knowledge of geography** il a de grandes connaissances en géographie, il possède la géographie à fond ◆ **he has a working knowledge of Japanese** il possède les éléments de base du japonais
COMP **knowledge-based system** N (Comput) système m expert
**knowledge engineering** N (Comput) génie m cognitif

**knowledgeable** /ˈnɒlɪdʒəbl/ SYN ADJ [person] (in general) cultivé ; (in a given subject) qui s'y connaît ◆ **she's very knowledgeable about cars** elle s'y connaît en voitures

**knowledgeably** /ˈnɒlɪdʒəbli/ ADV de manière compétente

**known** /nəʊn/ SYN
N (ptp of know)
ADJ connu (to sb de qn) ◆ **to be known for sth/for doing sth** être connu pour qch/pour faire qch ◆ **she wishes to be known as Jane Beattie** elle veut se faire appeler Jane Beattie ◆ **he is known to be unreliable** il est bien connu qu'on ne peut pas compter sur lui ◆ **he is known to have been there/to be dishonest** on sait qu'il a été/qu'il est malhonnête ◆ **it soon became known that...** on a bientôt su que... ◆ **to make sth known to sb** faire savoir qch à qn ◆ **to make o.s. known to sb** se présenter à qn ◆ **to make one's presence known to sb** manifester sa présence à qn ◆ **known to the Ancient Greeks** connu des Grecs de l'antiquité ◆ **to let it be known that** faire savoir que ◆ **it is a known**

---

**fact that...** c'est un fait établi que... ◆ **an internationally-known expert** un expert reconnu au plan international ◆ **he is a known quantity** on sait ce qu'il vaut ◆ **the most dangerous snake known to science** le serpent le plus dangereux que l'on connaisse

**knuckle** /ˈnʌkl/
N articulation f or jointure f du doigt ◆ **to graze one's knuckles** s'écorcher les articulations des doigts ◆ **to be near the knuckle*** être limite* ; → rap
COMP **knuckle-bone** N (Anat) articulation f du doigt ; (Culin) os m de jarret
**knuckle sandwich*** N châtaigne* f, coup m de poing
▶ **knuckle down*** VI s'y mettre ◆ **to knuckle down to work** s'atteler au travail
▶ **knuckle under*** VI céder

**knuckleduster** /ˈnʌklˌdʌstər/ N coup-de-poing m américain

**knucklehead*** /ˈnʌklhed/ N crétin(e)* m(f), nouille* f

**knurl** /nɜːl/
N (in wood) nœud m ; (on screw, nut) moletage m
VT [+ screw, nut] moleter

**KO*** /ˈkeɪˈəʊ/ abbrev of knockout
N (pl **KO's**) (= blow) K.-O. m
VT (vb: pret, ptp **KO'd** /ˈkeɪˈəʊd/) (gen, Boxing) mettre K.-O.

**koala** /kəʊˈɑːlə/ N (also **koala bear**) koala m

**kohl** /kəʊl/
N khôl m
COMP **kohl pencil** N crayon m khôl

**kohlrabi** /ˌkəʊlˈrɑːbɪ/ N (pl **kohlrabies**) chou-rave m

**kolkhoz** /kɒlˈkɔːz/ N kolkhoz(e) m

**kook*** /kuːk/ N (US) dingue* mf

**kookaburra** /ˈkʊkəˌbʌrə/ N kookaburra m (oiseau d'Australie)

**kookie*, kooky*** /ˈkuːkɪ/ ADJ (US) dingue*, cinglé*

**kopeck** /ˈkəʊpek/ N kopeck m

**Koran** /kɒˈrɑːn/ N Coran m

**Koranic** /kɒˈrænɪk/ ADJ coranique

**Korea** /kəˈrɪə/ N Corée f ◆ **North/South Korea** Corée f du Nord/du Sud

**Korean** /kəˈrɪən/
ADJ coréen ◆ **North/South Korean** nord-/sud-coréen
N [1] Coréen(ne) m(f) ◆ **North/South Korean** Nord-/Sud-Coréen(ne)
[2] (= language) coréen m

**korma** /ˈkɔːmə/ N type of curry souvent préparé à la crème et à la noix de coco

**Kosevo** /ˈkɒsəˌvəʊ/ N, ADJ ⇒ Kosovo

**kosher** /ˈkəʊʃər/ ADJ [1] (Rel) casher inv, kasher inv
[2] (* fig) ◆ **it's kosher** c'est OK ◆ **there's something not quite kosher about him/it** il y a quelque chose de pas très catholique* en lui/là-dedans

**Kosova** /ˈkɒsəvɑː/ N, ADJ ⇒ Kosovo

**Kosovan** /ˈkɒsəvən/, **Kosovar** /ˈkɒsəvɑːʳ/
ADJ kosovar
N Kosovar(e) m(f)

**Kosovo** /ˈkɒsəvəʊ/
N Kosovo m ◆ **in Kosovo** au Kosovo
ADJ kosovar

**Kowloon Peninsula** /ˈkaʊluːnpɪˈnɪnsjʊlə/ N péninsule f de Kowloon

**kowtow** /ˈkaʊtaʊ/ VI se prosterner ◆ **to kowtow to sb** courber l'échine devant qn, faire des courbettes devant qn

**KP** /keɪˈpiː/ N [1] (US) (abbrev of **kitchen police**) → kitchen
[2] (Med) abbrev of **Kaposi's sarcoma**

**kph** /ˌkeɪpiːˈeɪtʃ/ N (abbrev of **kilometres per hour**) km/h

**kraal** /krɑːl/ N kraal m

**kraft** ® /krɑːft/ N (also **kraft paper**) (papier m) kraft m

**kraken** /ˈkrɑːkən/ N (Myth) kraken m

**Kraut*** /kraʊt/ N (pej) Boche* mf

**Kremlin** /ˈkremlɪn/ N Kremlin m

**kremlinologist** /ˌkremlɪnˈɒlədʒɪst/ N kremlinologue mf

**kremlinology** /ˈkremlɪˈnɒlədʒɪ/ N kremlinologie f

**krill** /krɪl/ N (pl inv) krill m

**kris** /krɪs/ N kriss m, criss m

**Krishna** /ˈkrɪʃnə/ N (= deity) Krisna or Krishna ; (= river) Krishna m, Kistna m

**Krishnaism** /ˈkrɪʃnəˌɪzəm/ N kris(h)naïsme m

**krona** /ˈkrəʊnə/ N couronne f (suédoise)

**krone** /ˈkrəʊnə/ N (Danish) couronne f (danoise) ; (Norwegian) couronne f (norvégienne)

**Krugerrand** /ˈkruːɡəˌrænd/ N krugerrand m

**Krum(m)horn** /ˈkrʌmˌhɔːn/ N (Mus) cromorne m

**krypton** /ˈkrɪptɒn/ N krypton m

**KS** abbrev of **Kansas**

**Kt** (Brit) abbrev of **knight**

**Kuala Lumpur** /ˌkwɑːləˈlʊmpʊər/ N (Geog) Kuala Lumpur

**Kubla Khan** /ˈkuːblɑːˈkɑːn/, **Kublai Khan** /ˈkuːblaɪˈkɑːn/ N Kuiblai Khan

**kudos** * /ˈkjuːdɒs/ N (NonC) gloire f ◆ **to have kudos** avoir du prestige ◆ **he got all the kudos** c'est lui qui a récolté toute la gloire or tous les lauriers

**Kufic** /ˈkuːfɪk/ ADJ coufique

**Ku Klux Klan** /ˈkuːˈklʌksˈklæn/ N Ku Klux Klan m

**kukri** /ˈkʊkrɪ/ N koukri m

**kulak** /ˈkuːlæk/ N (Hist) koulak m

**kulfi** /ˈkʊlfɪ/ N (Culin) kulfi m (dessert indien)

**kumiss** /ˈkuːmɪs/ N (Culin) koumis m, koumys m

**kummel** /ˈkɪməl/ N kummel m

**kumquat** /ˈkʌmkwɒt/ N kumquat m

**kung fu** /ˈkʌŋˈfuː/ N kung-fu m

**Kuomintang** /ˈkwəʊˈmɪnˈtæŋ/ N Kuo-min-tang m

**Kurd** /kɜːd/ N Kurde mf

**Kurdish** /ˈkɜːdɪʃ/
ADJ kurde
N (= language) kurde m

**Kurdistan** /ˌkɜːdɪˈstɑːn/ N Kurdistan m ◆ **in Kurdistan** au Kurdistan

**Kuril Islands** /kʊˈrɪl/ NPL (archipel m des) Kouriles fpl

**Kuwait** /kʊˈweɪt/ N Koweït m ◆ **in Koweit** au Koweït

**Kuwaiti** /kʊˈweɪtɪ/
N Koweitien(ne) m(f)
ADJ koweitien

**kvas(s)** /kvɑːs/ N kwas or kvas m

**kvetch** * /kvetʃ/ VI (US) se plaindre (about de), râler *

**kW** (abbrev of **kilowatt**) kW

**kwashiorkor** /ˌkwɑːʃɪˈɔːkɔːr/ N kwashiorkor m

**kWh** (abbrev of **kilowatt-hour(s)**) kWh

**KY** abbrev of **Kentucky**

**kymograph** /ˈkaɪməˌɡrɑːf/ N (Med) kymographe m

**Kyoto** /kɪˈəʊtəʊ/ N (Geog) Kyōto

**kyphosis** /kaɪˈfəʊsɪs/ N (Med) cyphose f

**Kyrgyzstan** /ˌkɜːɡɪsˈtɑːn/ N ⇒ **Kirg(h)izstan**

**Kyrie eleison** /ˌkɪrɪɪ əˈleɪsən/ N (Rel) kyrie eleison m inv

**Kyushu** /ˈkjuːʃuː/ N Kyūshū

# L

**L, l** /el/
**N** 1 (= letter) L, l m ◆ **L for London, L for Love** (US) ≈ L comme Louis
2 (abbrev of **litre(s)**) l
3 (US) ◆ **the L**∗ le métro aérien
4 (Geog) (abbrev of **Lake**) L
5 (abbrev of **left**) gauche
6 (abbrev of **large**) L (pour indiquer la taille sur l'étiquette)
7 (Ling) (abbrev of **Latin**) lat.
**COMP** **L-driver N** (Brit) conducteur m, -trice f débutant(e)
**L-plate N** (Brit) plaque signalant la conduite accompagnée ; [of driving school] plaque f d'auto-école
**L-shaped ADJ** en (forme de) L

**LA¹** /el'eɪ/ abbrev of **Los Angeles**

**LA²** abbrev of **Louisiana**

**La** abbrev of **Lane**

**La.** abbrev of **Louisiana**

**la** /lɑː/ **N** (Mus) la m

**laager** /'lɑːɡəʳ/ **N** (= camp) camp m (défendu par une formation circulaire de chariots) ◆ **laager mentality** mentalité f d'assiégé ◆ **their laager mentality** leur mentalité d'assiégés

**Lab** (Brit) abbrev of **Labour**
**ADJ** travailliste
**N** (NonC) le parti travailliste, les travaillistes mpl

**lab**∗ /læb/
**N** (abbrev of **laboratory**) labo∗ m
**COMP** [work, test] en laboratoire
**lab book N** (Scol etc) cahier m de travaux pratiques
**lab coat N** blouse f blanche
**lab technician N** technicien(ne) m(f) de laboratoire

**labdanum** /'læbdənəm/ **N** ladanum m

**label** /'leɪbl/ SYN
**N** (lit, fig, Ling) étiquette f ; (= brand guarantee) label m ◆ **an album on the Technix label** un album sorti chez Technix or sous le label Technix ◆ **he was stuck with the label of "political activist"** il avait du mal à se défaire de l'étiquette d'« activiste politique » ; → **luggage**
**VT** 1 [+ parcel, bottle] coller une or des étiquette(s) sur ; [+ goods for sale] étiqueter ◆ **all packets must be clearly labelled** tous les paquets doivent être clairement étiquetés ◆ **the bottle was not labelled** il n'y avait pas d'étiquette sur la bouteille ◆ **the bottle was labelled "poison"** sur la bouteille il y avait marqué « poison »
2 [+ person, group] étiqueter, cataloguer (pej) (as comme) ◆ **he was labelled a dissident** on l'a étiqueté or catalogué comme dissident
3 (Ling) marquer

**labelling, labeling** (US) /'leɪblɪŋ/ **N** (Comm, Bio) étiquetage m

**labia** /'leɪbɪə/ **NPL** of **labium**) lèvres fpl (de la vulve) ◆ **labia minora/majora** petites/grandes lèvres fpl

**labial** /'leɪbɪəl/
**ADJ** (Anat, Phon) labial
**N** (Phon) labiale f

**labialization** /ˌleɪbɪəlaɪˈzeɪʃən/ **N** (Phon) labialisation f

**labiate** /'leɪbɪeɪt/
**N** labiée f, labiacée f
**ADJ** labié, labiacé

**labile** /'leɪbaɪl/ **ADJ** (Chem) labile

**lability** /ləˈbɪlɪtɪ/ **N** (Chem) labilité f

**labiodental** /ˌleɪbɪəʊˈdentəl/
**ADJ** labiodental
**N** labiodentale f

**labiovelar** /ˌleɪbɪəʊˈviːləʳ/ **ADJ, N** labiovélaire f

**labium** /ˈleɪbɪəm/ **N** → **labia**

**labor** /'leɪbəʳ/ (US) ⇒ **labour**

**laboratory** /ləˈbɒrətərɪ, (US) ˈlæbrətərɪ/
**N** laboratoire m ; → **language**
**COMP** [experiment, instrument, product] de laboratoire
**laboratory assistant N** assistant(e) m(f) de laboratoire, laborantin(e) m(f)
**laboratory equipment N** équipement m de laboratoire
**laboratory school N** (US) école f d'application
**laboratory technician N** technicien(ne) m(f) de laboratoire

**laborious** /ləˈbɔːrɪəs/ **ADJ** laborieux

**laboriously** /ləˈbɔːrɪəslɪ/ **ADV** laborieusement

**labour** (Brit), **labor** (US) /'leɪbəʳ/ SYN
**N** 1 (= work, task) travail m ; (= hard work) dur travail m, labeur m ◆ **a labour of love** une tâche accomplie pour le plaisir ◆ **the (twelve) labours of Hercules** les (douze) travaux mpl d'Hercule ; → **hard, manual, organized, slave**
2 (NonC = workers) main-d'œuvre f ◆ **Minister/Ministry of Labour, Secretary/Department of Labour** (US) ministre m/ministère m du Travail ◆ **to withdraw one's labour** faire grève ; → **management, skilled**
3 (Pol) (also **the Labour Party**) ◆ **Labour** le parti travailliste, les travaillistes mpl ◆ **he votes Labour** il vote travailliste ◆ **New Labour** le New Labour, le nouveau parti travailliste
4 (Med) travail m ◆ **in labour** en travail, en train d'accoucher ◆ **to go into labour** commencer à avoir des contractions ◆ **a 15-hour labour** un accouchement qui a duré 15 heures
**ADJ** (Pol) ◆ **Labour** travailliste
**VI** 1 (= work with effort) travailler dur (at à) ; (= work with difficulty) peiner (at sur) ◆ **to labour to do sth** peiner pour faire qch ◆ **to labour up a slope** [person, car] gravir péniblement une pente
2 [engine, motor] peiner ; [ship, boat] fatiguer
3 ◆ **to labour under a delusion** or **an illusion** or **a misapprehension** être victime d'une illusion ◆ **to labour under the delusion** or **illusion** or **misapprehension that...** s'imaginer que...
**VT** insister sur, s'étendre sur ◆ **I won't labour the point** je n'insisterai pas (lourdement) sur ce point, je ne m'étendrai pas là-dessus
**COMP** [dispute, trouble] ouvrier
**labo(u)r agreement N** convention f collective

**labo(u)r camp N** camp m de travail
**Labo(u)r Day N** fête f du Travail (Brit : premier lundi de mai ; US, Can : premier lundi de septembre)
**Labour Exchange N** (Brit : formerly) ≈ Bourse f de l'emploi †, ≈ Agence f pour l'emploi
**labo(u)r force N** main-d'œuvre f, travailleurs mpl
**labo(u)r-intensive ADJ** ◆ **a labo(u)r-intensive industry** une industrie à forte main-d'œuvre ◆ **to be labo(u)r-intensive** nécessiter une main-d'œuvre importante
**labo(u)r laws NPL** législation f or droit m du travail
**labo(u)r market N** marché m du travail
**labo(u)r movement N** (Pol) mouvement m ouvrier ◆ **the Labo(u)r movement** le mouvement travailliste
**labo(u)r pains NPL** (Med) douleurs fpl de l'accouchement
**Labour Party N** (Pol) parti m travailliste
**labour relations NPL** relations fpl du travail
**labo(u)r-saving ADJ** qui facilite le travail
**labo(u)r-saving device N** (in household) appareil m ménager
**labo(u)r shortage N** pénurie f de main-d'œuvre
**labo(u)r supply N** main-d'œuvre f (disponible)
**labor union N** (US) syndicat m
**labo(u)r ward N** (Med) salle f d'accouchement or de travail

- **LABOR DAY**
- 
- La fête du Travail aux États-Unis et au Canada
- est fixée au premier lundi de septembre. Instituée par le Congrès en 1894 après avoir été
- réclamée par les mouvements ouvriers pendant douze ans, elle a perdu une grande partie de son caractère politique pour devenir un
- jour férié assez ordinaire et l'occasion de
- partir pour un long week-end avant la rentrée
- des classes.

**laboured, labored** (US) /'leɪbəd/ SYN **ADJ**
1 (= involving effort) [movement] pénible ; [debate, negotiations, process, task] laborieux ◆ **laboured breathing** respiration f pénible or difficile
2 (= clumsy) [joke, pun, rhyme, style] lourd, laborieux

**labourer** (Brit), **laborer** (US) /'leɪbərəʳ/ SYN **N** ouvrier m, travailleur m ; (on farm) ouvrier m agricole ; (on roads, building sites etc) manœuvre m ◆ **the labourer is worthy of his hire** (Prov) l'ouvrier mérite son salaire ; → **dock¹**

**labouring, laboring** (US) /'leɪbərɪŋ/ **ADJ** [work, job] d'ouvrier ◆ **a labouring man** un ouvrier ◆ **the interests of the labouring man** les intérêts des ouvriers or de la population ouvrière ◆ **the labouring class(es)** la classe ouvrière

**labourite, laborite** (US) /'leɪbəraɪt/ **N** (Pol) travailliste mf

**Labrador** /ˈlæbrədɔːʳ/ **N** 1 (Geog) Labrador m ◆ **in Labrador** au Labrador
2 (= dog : also **labrador**) labrador m

**labradorite** /ˌlæbrəˈdɔːraɪt/ **N** labrador m

**laburnum** /ləˈbɜːnəm/ **N** cytise m

**labyrinth** /ˈlæbɪrɪnθ/ SYN N (lit, fig) labyrinthe m ◆ **a labyrinth of streets** un dédale or un labyrinthe de rues

**labyrinthine** /ˌlæbɪˈrɪnθaɪn/ ADJ labyrinthique

**labyrinthodont** /ˈlæbəˈrɪnθəˈdɒnt/ N labyrinthodonte m

**Lacanian** /ləˈkeɪnɪən/ ADJ lacanien

**laccolite** /ˈlækəˌlaɪt/, **laccolith** /ˈlækəlɪθ/ N laccolithe f

**lace** /leɪs/ SYN
- N 1 (NonC = fabric) dentelle f ◆ **dress trimmed with lace** robe f bordée de dentelle(s) ◆ **a piece of lace** de la dentelle
- 2 [of shoe, corset] lacet m
- VT (also **lace up**) [+ shoe, corset] lacer ◆ **to lace one's fingers together** joindre les mains
- 2 ◆ **to lace with** [+ alcohol] arroser de ◆ **tea laced with whisky** du thé arrosé de whisky ◆ **coffee laced with cyanide** du café additionné de cyanure ◆ **her comments were laced with sarcasm/humour** ses propos étaient empreints de sarcasme/d'humour
- VI (also **lace up**) se lacer
- COMP [collar, curtains] de or en dentelle
- **lace-ups*** NPL ⇒ **lace-up shoes**
- **lace-up shoes** NPL (Brit) chaussures fpl à lacets

**lacemaker** /ˈleɪsˌmeɪkəʳ/ N dentellier m, -ière f

**lacemaking** /ˈleɪsˌmeɪkɪŋ/ N fabrication f de la dentelle, dentellerie f

**lacerate** /ˈlæsəreɪt/ SYN VT (lit) [+ face, skin, clothes] lacérer ; (fig) [+ person] déchirer, fendre le cœur de

**laceration** /ˌlæsəˈreɪʃən/ N (= act) lacération f ; (= tear : also Med) déchirure f

**lacey** /ˈleɪsɪ/ ADJ ⇒ **lacy**

**lachryma Christi** /ˌlækrəməˈkrɪstɪ/ N Lacryma-Christi m

**lachrymal** /ˈlækrɪməl/ ADJ lacrymal

**lachrymose** /ˈlækrɪməʊs/ SYN ADJ (liter) larmoyant

**laciness** /ˈleɪsɪnɪs/ N dentelle(s) f(pl)

**lacing*** /ˈleɪsɪŋ/ N raclée* f

**lack** /læk/ LANGUAGE IN USE 17.1 SYN
- N manque m ◆ **through** or **for lack of** faute de, par manque de ◆ **such was their lack of confidence that...** ils manquaient tellement de confiance que... ◆ **there was a complete lack of interest in my proposals** mes suggestions se sont heurtées à une indifférence totale ◆ **there was no lack of applicants/customers** ce n'étaient pas les candidats/les clients qui manquaient ; → **try**
- VT [+ confidence, friends, strength, interest] manquer de ◆ **we lack the resources** nous manquons de ressources, nous n'avons pas les ressources nécessaires ◆ **he doesn't lack talent** il ne manque pas de talent, ce n'est pas le talent qui lui manque
- VI 1 ◆ **to be lacking** [food, money etc] manquer, faire défaut ◆ **innovation has been sadly lacking throughout this project** l'innovation a fait cruellement défaut tout au long de ce projet
- 2 ◆ **to be lacking in, to lack for** [person] manquer de

**lackadaisical** /ˌlækəˈdeɪzɪkəl/ SYN ADJ (= listless) nonchalant, apathique ; (= lazy) indolent ; [work] fait à la va-comme-je-te-pousse*

**lackadaisically** /ˌlækəˈdeɪzɪkəlɪ/ ADV nonchalamment

**lackey** /ˈlækɪ/ SYN N laquais m (also pej), larbin* m (pej)

**lacking*** /ˈlækɪŋ/ ADJ (= stupid) simplet, demeuré

**lacklustre, lackluster** (US) /ˈlækˌlʌstəʳ/ SYN ADJ terne, peu brillant

**laconic** /ləˈkɒnɪk/ SYN ADJ laconique

**laconically** /ləˈkɒnɪkəlɪ/ ADV laconiquement

**lacquer** /ˈlækəʳ/
- N (= substance : for wood, hair etc) laque f ; (= object) laque m ◆ **lacquer ware** laques mpl
- VT [+ wood] laquer ; (Brit) [+ hair] mettre de la laque sur

**lacrosse** /ləˈkrɒs/
- N lacrosse m
- COMP **lacrosse stick** N crosse f

**lactalbumin** /lækˈtælbjʊmɪn/ N (Chem) lactalbumine f

**lactase** /ˈlækteɪs/ N lactase f

**lactate** /ˈlækteɪt/
- N (Chem) lactate m
- VI produire du lait

**lactation** /lækˈteɪʃən/ N lactation f

**lacteal** /ˈlæktɪəl/
- ADJ lacté
- NPL **lacteals** veines fpl lactées

**lactescence** /lækˈtesns/ N [of plant] lactescence f

**lactescent** /lækˈtesnt/ ADJ [plant] lactescent

**lactic** /ˈlæktɪk/
- ADJ lacté
- COMP **lactic acid** N (Chem) acide m lactique

**lactiferous** /lækˈtɪfərəs/ ADJ lactifère

**lactobacillus** /ˌlæktəʊbəˈsɪləs/ N lactobacille m

**lactoflavin** /ˌlæktəʊˈfleɪvɪn/ N lactoflavine f

**lactogenic** /ˌlæktəˈdʒenɪk/ ADJ lactogène

**lactometer** /lækˈtɒmɪtəʳ/ N (Agr) lactomètre m, galactomètre m

**lacto-ovo-vegetarian** /ˈlæktəʊˌəʊvəʊˌvedʒɪˈtɛərɪən/ N lacto-ovo-végétarien(ne) m(f)

**lactose** /ˈlæktəʊs/ N lactose m

**lacto-vegetarian** /ˈlæktəʊˌvedʒɪˈtɛərɪən/ N lactovégétarien(ne) m(f)

**lacuna** /ləˈkjuːnə/ N (pl **lacunas** or **lacunae** /ləˈkjuːniː/) lacune f

**lacustrine** /ləˈkʌstraɪn/ ADJ lacustre

**lacy** /ˈleɪsɪ/ ADJ [underwear, shirt, cushion] (= made of lace) en dentelle ; (= containing lace) avec des dentelles ◆ **her tights had a lacy pattern** (= resembling lace) ses collants avaient un motif de dentelle ◆ **the frost made a lacy pattern** il y avait une dentelle de givre

**lad** /læd/ SYN
- N (esp Brit) (= boy) garçon m, gars* m ; (* = son) fiston* m ◆ **when I was a lad** quand j'étais jeune, dans mon jeune temps ◆ **he's only a lad** ce n'est qu'un gosse* or un gamin* ◆ **I'm going for a drink with the lads** je vais boire un pot* avec les copains ◆ **come on lads!** (Brit) allez les gars ! ◆ **he's one of the lads*** (Brit) il fait partie de la bande ◆ **he's a bit of a lad*** (Brit) c'est un vrai mec* ; → **stable²**
- COMP **lad mag** N magazine m pour homme

**ladder** /ˈlædəʳ/
- N 1 (lit, fig) échelle f ◆ **to be at the top/bottom of the ladder** (fig) être en haut/en bas de l'échelle ◆ **the social ladder** l'échelle f sociale ◆ **to move up the social ladder** monter dans l'échelle sociale ◆ **to move up the career ladder** monter dans la hiérarchie ◆ **she has reached the top of the career ladder** elle est au sommet de sa carrière ◆ **to get on the housing ladder** accéder à la propriété ◆ **an evolutionary ladder from monkey to ape to man** l'échelle de l'évolution du singe au grand singe puis à l'homme ; → **rope, stepladder**
- 2 (Brit : in tights) échelle f, maille f filée ◆ **to have a ladder in one's tights** avoir une échelle à son collant, avoir un collant filé
- VT (Brit) [+ tights, stocking] filer, faire une échelle à
- VI (Brit) [tights, stocking] filer

**ladderproof** /ˈlædəpruːf/ ADJ (Brit) [tights, stockings] indémaillable

**laddie*** /ˈlædɪ/ N (esp Scot and dial) garçon m, (petit) gars* m ◆ **look here, laddie!** dis donc, mon petit* or fiston* !

**laddish*** /ˈlædɪʃ/ ADJ (Brit) macho* inv

**lade** /leɪd/ (pret **laded**, ptp **laden**) VT charger

**laden** /ˈleɪdn/ SYN
- VB (ptp of **lade**)
- ADJ chargé (with de) ◆ **fully laden truck/ship** camion m/navire m avec un plein chargement

**la-di-da*** /ˌlɑːdɪˈdɑː/ (pej)
- ADJ [person] chochotte* ; [voice] maniéré, apprêté ; [manner] affecté
- ADV [talk, speak] de façon maniérée or affectée

**Ladin** /læˈdiːn/ N ladin m

**lading** /ˈleɪdɪŋ/ N cargaison f, chargement m ; → **bill¹**

**Ladino** /ləˈdiːnəʊ/ N ladino m

**ladle** /ˈleɪdl/
- N louche f
- VT [+ soup] servir (à la louche)

▶ **ladle out** VT SEP [+ soup] servir (à la louche) ; (* fig) [+ money, advice] prodiguer (à foison)

**lady** /ˈleɪdɪ/
- N 1 (= woman) dame f ◆ **she's a real lady** c'est une vraie dame ◆ **she's no lady** elle n'a aucune classe ◆ **a little old lady** une petite vieille* ◆ **young lady** (married) jeune femme f ; (unmarried) jeune fille f ◆ **look here, young lady!** dites donc, jeune fille ! ◆ **this is the young lady who served me** (in shop, restaurant etc) voilà la demoiselle qui m'a servi ◆ **Ladies and Gentlemen!** Mesdames, Mesdemoiselles, Messieurs ! ◆ **good morning, ladies and gentlemen** bonjour mesdames, bonjour mesdemoiselles, bonjour messieurs ◆ **listen here, lady*** écoutez, ma petite dame* ◆ **the lady of the house** (Brit) la maîtresse de maison ◆ **"The Lady with the Camelias"** (Literat) « La Dame aux camélias » ◆ **ladies who lunch*** dames fpl de la bonne société ; → **first, leading¹**
- 2 († = wife) dame f ◆ **the headmaster and his lady** le directeur et sa dame † ◆ **your good lady** (hum) votre dame* (also hum) ◆ **his young lady*** (= girlfriend) sa petite amie ; (= fiancée) sa fiancée
- 3 (in titles) ◆ **Lady Davenport** lady Davenport ◆ **Sir John and Lady Smith** sir John Smith et lady Smith
- 4 (for ladies) ◆ **ladies' hairdresser** coiffeur m, -euse f pour dames ◆ **lady's umbrella** parapluie m de femme ◆ **he's a ladies' man** or **a lady's man** c'est un homme à femmes
- 5 ◆ **ladies** (also **ladies' room**) (= public lavatory) toilettes fpl (pour dames) ◆ **where is the ladies' room?, where is the ladies?** où sont les toilettes (pour dames) ? ◆ **"Ladies"** (on sign) « Dames »
- 6 (Rel) ◆ **Our Lady** Notre-Dame f
- COMP [engineer etc] femme before n
- **ladies' auxiliary** N (US Med) association de bénévoles s'occupant d'œuvres de bienfaisance dans un hôpital
- **Lady Bountiful** N généreuse bienfaitrice f
- **Lady Chapel** N (Rel) chapelle f de la (Sainte) Vierge
- **Lady Day** N (Brit) la fête de l'Annonciation
- **lady doctor** N femme f médecin
- **lady friend*** N amie f
- **lady-in-waiting** N (pl **ladies-in-waiting**) dame f d'honneur
- **lady-love** N († or hum) ◆ **his lady-love** sa bien-aimée †, la dame de ses pensées (hum)
- **Lady Luck** Dame f Fortune
- **Lady Mayoress** N (Brit) femme f du lord-maire
- **Lady Muck** N ◆ **she thinks she's Lady Muck*** ce qu'elle peut se croire !*
- **lady's-bedstraw** N (= plant) gaillet m jaune
- **lady's finger** N (= biscuit) boudoir m ; (= vegetable) gombo m
- **lady's maid** N femme f de chambre (attachée au service particulier d'une dame)
- **lady's mantle** N (= plant) alchémille f
- **lady's-slipper** N (= plant) sabot m de Vénus, soulier m de Notre-Dame
- **lady's-smock** N (= plant) cardamine f or cresson m des prés
- **lady teacher** N femme f professeur

**ladybird** /ˈleɪdɪbɜːd/ N (Brit) coccinelle f

**ladyboy*** /ˈleɪdɪbɔɪ/ N transsexuel ou travesti dans certains pays du Sud-Est asiatique

**ladybug** /ˈleɪdɪbʌg/ N (US) ⇒ **ladybird**

**ladyfinger** /ˈleɪdɪˌfɪŋɡəʳ/ N (US Culin) boudoir m (biscuit)

**ladykiller** /ˈleɪdɪˌkɪləʳ/ SYN N don Juan m, bourreau m des cœurs (hum)

**ladylike** /ˈleɪdɪlaɪk/ SYN ADJ [person] bien élevé, distingué ; [manners] raffiné ◆ **it's not ladylike to yawn** une jeune fille bien élevée or comme il faut ne bâille pas

**ladyship** /ˈleɪdɪʃɪp/ N ◆ **Her/Your Ladyship** Madame f (la comtesse or la baronne etc)

**Laffer curve** /ˈlæfəʳ/ N (Econ) graphique servant à démontrer qu'une augmentation de l'imposition des gros revenus diminue les revenus de l'État

**lag¹** /læɡ/
- VI rester en arrière, traîner ◆ **he was lagging behind the others** il était à la traîne ; (physically) il traînait derrière les autres ◆ **their country lags behind ours in car exports** leur pays a du retard or est en retard sur le nôtre dans l'exportation automobile ◆ **he now lags ten points behind the leader** il a maintenant un retard de dix points sur le leader
- N (= delay) retard m ; (between two events) décalage m ; → **jet¹, time**

▶ **lag behind** VI rester en arrière, traîner ◆ **the government is lagging behind in the opinion polls** le gouvernement est à la traîne dans les sondages

**lag²** /læg/ VT [+ pipes] calorifuger

**lag³** */læg/ N (esp Brit) ◆ **old lag** récidiviste mf, cheval m de retour

**lager** /ˈlɑːgəʳ/ N lager f, ≃ bière f blonde ◆ **lager lout** (Brit) voyou m imbibé de bière

**laggard** /ˈlægəd/ SYN N traînard(e) m(f)

**lagging** /ˈlægɪŋ/ N (NonC) (= material) calorifuge m ; (= act) calorifugeage m

**lagniappe** /lænˈjæp/ N (US) prime f

**lagoon** /ləˈguːn/ N (gen) lagune f ; (coral) lagon m

**Lagos** /ˈleɪgɒs/ N Lagos m

**Lagrangian point** /ləˈgreɪndʒɪən/ N (Astron) point m de Lagrange

**lah** /lɑː/ N (Mus) la m

**lah-di-dah** */ˌlɑːdɪˈdɑː/ ⇒ **la-di-da**

**laicization** /ˌleɪɪsaɪˈzeɪʃən/ N laïcisation f

**laicize** /ˈleɪɪsaɪz/ VT laïciser

**laid** /leɪd/
- VB pt, ptp of **lay¹** → new
- COMP **laid-back** * ADJ relax *, décontracté

**lain** /leɪn/ VB ptp of **lie¹**

**lair** /lɛəʳ/ SYN N (lit, fig) tanière f, repaire m

**laird** /lɛəd/ N (Scot) laird m, propriétaire m foncier

**laity** /ˈleɪɪtɪ/ NPL ◆ **the laity** les laïcs or les laïques mpl

**lake¹** /leɪk/
- N lac m ◆ **Lake Michigan** le lac Michigan ◆ **Lake Constance** le lac de Constance ◆ **Lake Geneva** le lac Léman or de Genève
- COMP **the Lake District** N (Brit Geog) la région des lacs
- **lake dwellers** NPL (Hist) habitants mpl d'un village (or d'une cité) lacustre
- **lake dwelling** N (Hist) habitation f lacustre
- **the Lake poets** NPL (Literat) les lakistes mpl
- **the Lakes** NPL (Brit Geog) ⇒ **the Lake District**

**lake²** /leɪk/ N (Art) laque f

**Lakeland** /ˈleɪklænd/
- N (Brit Geog) la région des lacs
- COMP **Lakeland terrier** N (= dog) terrier m Lakeland

**lakeside** /ˈleɪksaɪd/
- N bord m de lac
- ADJ au bord du (or d'un) lac ◆ **along the lakeside** le long du lac ◆ **by** or **at the lakeside** au bord du lac

**Lakshmi** /ˈlækʃmɪ/ N (Rel) Laksmī f

**La-La Land** */ˈlɑːlɑːˌlænd/ N (esp US) Los Angeles, et plus particulièrement Hollywood

**Lallans** /ˈlælənz/
- N lallans m (forme littéraire du dialecte parlé dans les Basses Terres d'Écosse)
- ADJ en lallans

**lallation** /læˈleɪʃən/ N (Phon) lallation f, lambdacisme m

**lallygag*** /ˈlælɪˌgæg/ VI (US) ⇒ **lollygag**

**lam¹** */læm/
- VT tabasser*
- VI **to lam into sb** (= thrash) rentrer dans qn* ; (= scold) engueuler qn*

**lam²** /læm/ N (US) ◆ **on the lam** en fuite, en cavale‡ ◆ **to take it on the lam** filer, partir en cavale‡

**lama** /ˈlɑːmə/ N lama m (Rel)

**Lamaism** /ˈlɑːməˌɪzəm/ N (Rel) lamaïsme m

**Lamaist** /ˈlɑːməɪst/ ADJ, N (Rel) lamaïste mf

**Lamaistic** /ˌlɑːməˈɪstɪk/ ADJ (Rel) lamaïste

**Lamarckian** /lɑːˈmɑːkɪən/ ADJ, N lamarckien(ne) m(f)

**Lamarckism** /lɑːˈmɑːkɪzəm/ N lamarckisme m

**lamasery** /ˈlɑːməsərɪ/ N (Rel) lamaserie f

**lamb** /læm/
- N agneau m ◆ **Lamb of God** Agneau de Dieu ◆ **my little lamb!*** mon trésor !, mon ange ! ◆ **poor lamb!*** pauvre petit(e) ! ◆ **he followed her like a lamb** il l'a suivie sans broncher or sans protester ◆ **like a lamb to the slaughter** comme un agneau que l'on mène à l'abattoir
- VI agneler, mettre bas
- COMP **lamb chop**, **lamb cutlet** N côtelette f d'agneau
- **lamb's lettuce** N mâche f, doucette f
- **lamb's wool** N (NonC) lambswool m, laine f d'agneau

**lambada** /læmˈbɑːdə/ N lambada f

**lambast** /læmˈbæst/, **lambaste** /læmˈbeɪst/ VT (= scold) réprimander ; (= criticize severely) éreinter, démolir ; (= beat) rosser*

**lambent** /ˈlæmbənt/ ADJ chatoyant

**lambert** /ˈlæmbət/ N (Phys) lambert m

**lambing** /ˈlæmɪŋ/ N agnelage m ◆ **lambing time**, **lambing season** (période f d')agnelage m

**lambkin** /ˈlæmkɪn/ N jeune agneau m, agnelet m ◆ **my little lambkin!*** mon trésor or ange !

**lambrequin** /ˈlæmbrɪkɪn/ N lambrequin m

**Lambrusco** /læmˈbruskəʊ/ N (= wine) lambrusco m

**lambskin** /ˈlæmskɪn/
- N (= skin itself) peau f d'agneau ; (= material) agneau m NonC
- ADJ en agneau, d'agneau

**lame** /leɪm/ SYN
- ADJ ① (= disabled) [person] éclopé ; [horse] boiteux ; [leg] estropié ◆ **to be lame** boiter ◆ **to be slightly lame** boitiller ◆ **to go** or **fall lame** se mettre à boiter ◆ **this horse is lame in one leg** ce cheval boite d'une jambe
- ② (= feeble) [excuse] mauvais ; [performance] piètre before n ; [joke] vaseux ; [argument] boiteux
- ③ (Poetry) [metre] boiteux, faux (fausse f)
- VT [+ person, animal] estropier
- N (US ‡) personne f qui n'est pas dans le coup
- COMP **lame duck** N (= failure) canard m boiteux ; (US Pol) homme politique non réélu qui assure l'intérim en attendant l'entrée en fonction de son successeur

**lamé** /ˈlɑːmeɪ/
- N lamé m
- COMP en lamé ◆ **gold lamé jacket** veste f lamée or

**lamebrain*** /ˈleɪmbreɪn/ N crétin(e) m(f)

**lamebrained*** /ˈleɪmbreɪnd/ ADJ crétin

**lamelliform** /ləˈmelɪˌfɔːm/ ADJ lamelliforme

**lamely** /ˈleɪmlɪ/ ADV [say, ask] sans conviction ◆ **to argue lamely (that…)** avancer des arguments boiteux (selon lesquels…)

**lameness** /ˈleɪmnɪs/ N (lit) claudication f (frm), boiterie f ; (of excuse) faiblesse f

**lament** /ləˈment/ SYN
- N ① lamentation f
- ② (= poem) élégie f ; (= song) complainte f ; (at funerals) chant m funèbre ; (for bagpipes etc) lamentation f
- VT [+ loss, lack] regretter ◆ **to lament sb's death** pleurer la mort de qn ◆ **to lament the fact that…** regretter que… + subj ◆ "**she doesn't believe me!**", he lamented « elle ne me croit pas ! », gémit-il or se lamenta-t-il ◆ **our (late) lamented sister** notre regrettée sœur ◆ **the late lamented James Rose** le regretté James Rose
- VI se lamenter (for sur) ◆ **to lament over one's lost youth** pleurer sa jeunesse perdue

**lamentable** /ˈlæməntəbl/ SYN ADJ [state, situation, performance] lamentable, déplorable ; [incident] fâcheux, regrettable

**lamentably** /ˈlæməntəblɪ/ ADV lamentablement ◆ **there are still lamentably few women surgeons** il est déplorable qu'il y ait toujours aussi peu de femmes chirurgiens ◆ **there are, lamentably, no set rules** il n'y a pas, on peut le déplorer, de règles établies

**lamentation** /ˌlæmənˈteɪʃən/ SYN N lamentation f ◆ **(the Book of) Lamentations** (Bible) le livre des Lamentations

**lamia** /ˈleɪmɪə/ N lamie f

**laminaria** /ˌlæmɪˈnɛərɪə/ N laminaire f

**laminate** /ˈlæmɪneɪt/
- VT [+ metal] laminer ; [+ book jacket] plastifier
- N stratifié m

**laminated** /ˈlæmɪneɪtɪd/ ADJ [metal] laminé ; [glass] feuilleté ; [windscreen] (en verre) feuilleté ; [book, jacket] plastifié ◆ **laminated wood** contreplaqué m

**laminectomy** /ˌlæmɪˈnektəmɪ/ N laminectomie f

**laminitis** /ˌlæmɪˈnaɪtɪs/ N fourbure f

**lammergeier** /ˈlæməˌgaɪəʳ/ N (= bird) gypaète m

**lamp** /læmp/
- N ① (= light) lampe f ; [of vehicle] feu m ; → **blowlamp**, **safety**, **streetlamp**
- ② (= bulb) ampoule f ◆ **100-watt lamp** ampoule f de 100 watts
- COMP **lamp bracket** N applique f
- **lamp standard** N réverbère m

**lampblack** /ˈlæmpblæk/ N noir m de fumée or de carbone

**lampern** /ˈlæmpən/ N lamproie f de rivière

**lamplight** /ˈlæmplaɪt/ N ◆ **by lamplight** à la lumière de la (or d'une) lampe

**lamplighter** /ˈlæmplaɪtəʳ/ N allumeur m de réverbères

**lamplit** /ˈlæmplɪt/ ADJ éclairé (par une lampe)

**lampoon** /læmˈpuːn/ SYN
- N (gen) virulente satire f ; (written) pamphlet m, libelle m ; (spoken) diatribe f
- VT [+ person, action, quality] tourner en dérision ; (in song) chansonner

**lampoonist** /læmˈpuːnɪst/ N (gen) satiriste m ; (= writer) pamphlétaire m ; (= singer) chansonnier m

**lamppost** /ˈlæmpˌpəʊst/ N réverbère m

**lamprey** /ˈlæmprɪ/ N lamproie f

**lampshade** /ˈlæmpʃeɪd/ N abat-jour m inv

**lampstand** /ˈlæmpstænd/ N pied m de lampe

**LAN** /læn/ N (Comput) (abbrev of **local area network**) → **local**

**lanai** /ləˈnaɪ/ N (US) véranda f

**Lancashire** /ˈlæŋkəʃɪəʳ/
- N ① (Geog) Lancashire m
- ② (= cheese) fromage m du Lancashire
- COMP **Lancashire heeler** N (= dog) Lancashire-heeler m, heeler m du Lancashire

**Lancaster** /ˈlæŋkəstəʳ/ N (Geog) Lancaster ; (Hist) Lancastre

**Lancastrian** /læŋˈkæstrɪən/
- ADJ (Geog) lancastrien, de Lancaster ; (Hist) de Lancastre
- N Lancastrien(ne) m(f), natif m, -ive f or habitant(e) m(f) de Lancaster ; (Hist) Lancastrien(ne) m(f), natif m, -ive f or habitant(e) m(f) de Lancastre

**lance** /lɑːns/
- N ① (= weapon) lance f ; (= soldier) lancier m
- ② (Med) lancette f, bistouri m
- VT [+ abscess] percer ; [+ finger] ouvrir
- COMP **lance corporal** N (Brit Mil) caporal m

**lancelet** /ˈlɑːnslət/ N (= animal) amphioxus m

**lanceolate** /ˈlɑːnsɪəˌleɪt/ ADJ [leaf etc] lancéolé

**lancer** /ˈlɑːnsəʳ/ N (= soldier) lancier m

**lancet** /ˈlɑːnsɪt/
- N (Med) lancette f, bistouri m
- COMP **lancet window** N (Archit) fenêtre f en ogive

**lanceted** /ˈlɑːnsɪtɪd/ ADJ (Art) lancéolé

**Lancs.** /læŋks/ N abbrev of **Lancashire**

**land** /lænd/ SYN
- N ① (NonC: as opposed to sea) terre f ◆ **on land** à terre ◆ **over land and sea** sur terre et sur mer ◆ **dry land** terre f ferme ◆ **on dry land** sur la terre ferme ◆ **to sight land** apercevoir la terre ◆ **to go by land** voyager par voie de terre ◆ **to make land** toucher terre ◆ **to see how the land lies, to find out the lie** (Brit) or **the lay** (US) **of the land** tâter le terrain, prendre le vent* ◆ **(for) land's sake!*** (US) juste ciel ! (liter)
- ② (NonC: Agr) terre f ; (= countryside) campagne f ◆ **many people have left the land** beaucoup d'agriculteurs ont cessé leur activité et quitté la campagne ◆ **to work (on) the land** travailler la terre ◆ **to live off the land** vivre de la terre ◆ **agricultural land** (suitable for agriculture) terres fpl cultivables ; (used for agriculture) terres fpl agricoles ◆ **fertile land** terre f fertile ◆ **grazing land** pâturage m
- ③ (= property) (large) terre(s) f(pl) ; (smaller) terrain m ◆ **she's bought a piece of land** elle a acheté un terrain ◆ **get off my land!** sortez de mon terrain or de mes terres !
- ④ (= country, nation) pays m ◆ **people of many lands** des gens de nationalités diverses ◆ **throughout the land** dans tout le pays ◆ **a land of contrasts** une terre de contrastes ◆ **a land of opportunity** un pays où tout le monde a ses chances ◆ **a land fit for heroes** un pays digne de ses héros ◆ **to be in the land of the living** être encore de ce monde ◆ **the Land of the Rising Sun** l'empire m or le pays m du Soleil-Levant ◆ **land of milk and honey** or **flowing with milk and honey** pays m de cocagne ◆ **in the Land of Nod** au pays des rêves ; → **law**, **native**, **promised**
- VT ① [+ cargo] décharger, débarquer ; [+ passengers] débarquer ; [+ aircraft] poser ; [+ fish] pren-

dre ◆ **to land a blow on sb's cheek/mouth, to land sb a blow on the cheek/mouth** frapper qn sur la joue/bouche

☐ ( * = obtain) [+ job, contract, prize] décrocher *

☐ (Brit * = cause to be) ◆ **to land sb in it** mettre qn dans de beaux draps or dans le pétrin * ◆ **that will land you in trouble** ça va vous attirer des ennuis ◆ **to land sb in debt** endetter qn ◆ **buying the house landed him in debt** en achetant la maison, il s'est endetté ◆ **that's what landed him in jail** c'est comme ça qu'il s'est retrouvé en prison ◆ **his outspoken comments landed him in court for slander** son franc-parler lui a valu un procès en diffamation

☐ (Brit *) ◆ **to be landed with sth** (= left with) avoir qch or rester avec qch sur les bras ; (= forced to take on) récolter qch *, devoir se coltiner qch * ◆ **now we're landed with all this extra work** maintenant il faut qu'on se coltine * subj tout ce boulot * en plus ◆ **I've got landed with this job** on m'a collé * ce travail ◆ **being overdrawn could land you with big bank charges** avec un découvert, vous pourriez vous retrouver à payer d'importants frais bancaires

**VI** ☐ [aircraft] atterrir, se poser ; (on sea) amerrir ; (on ship's deck) apponter ◆ **to land on the moon** [rocket, spacecraft] alunir, se poser sur la lune ; [person] atterrir sur la lune ◆ **we landed at Orly** nous avons atterri à Orly ◆ **as the plane was coming in to land** comme l'avion s'apprêtait à atterrir

☐ [person, object] (gen) retomber ; (= fall) tomber ; [ski jumper, gymnast] retomber, se recevoir ◆ **he slipped and landed heavily on his arm** il a glissé et est tombé lourdement sur le bras ◆ **to land awkwardly** mal retomber ◆ **to land on sth** [falling object] tomber sur qch ; [person or animal jumping] retomber or atterrir * sur qch ; [bird, insect] se poser sur qch ◆ **to land on one's feet** (lit, fig) retomber sur ses pieds

☐ (from boat) débarquer

**COMP** [breeze] de terre ; [prices] des terrains ; [defences] terrestre ; [law, policy, reform] agraire ; [tax] foncier
**land agent** N (= steward) régisseur m ; (= estate agent) agent m immobilier
**land army** N ⇒ land forces
**the (Women's) Land Army** N (Brit) pendant les deux guerres mondiales, corps composé de femmes, chargé des travaux agricoles en l'absence des hommes
**land forces** NPL armée f de terre, forces fpl terrestres
**land girl** N (Brit) membre m de la Land Army
**land grant college** N (US) établissement m d'enseignement supérieur (créé grâce à une donation foncière du gouvernement fédéral)
**land line** N (Telec) ligne f terrestre
**land mass** N bloc m continental
**land-office** N (US fig) ◆ **to do a land-office business** * faire d'excellentes affaires
**land ownership** N propriété f foncière
**land patent** N (US) titre m (constitutif) de propriété foncière
**land-poor farmer** N (US) fermier m riche en terre mais pauvre en disponibilités
**land reform** N réforme f agraire
**land registry** N (Brit) ≈ bureau m du cadastre
**Land Rover** ® N Land Rover f, landrover f
**Land's End** N (Geog) Land's End (pointe sud-ouest de l'Angleterre)
**land worker** N ouvrier m, -ière f agricole
**land yacht** N char m à voile

▶ **land up** * VI atterrir *, (finir par) se retrouver ◆ **to land up in Paris/in jail** atterrir * or finir par se retrouver à Paris/en prison ◆ **the report landed up on my desk** le rapport a atterri * or a fini par arriver sur mon bureau ◆ **we finally landed up in a small café** nous avons fini par échouer or nous retrouver dans un petit café

**landau** /ˈlændɔː/ N landau m (véhicule)

**landed** /ˈlændɪd/

**ADJ** [proprietor] foncier, terrien ; [property] foncier (-ière f)
**COMP** **landed gentry** N aristocratie f terrienne
**landed price** N (Comm) prix m débarqué or au débarquement

**landfall** /ˈlændfɔːl/ N terre f (aperçue d'un navire) ◆ **to make landfall** (= see land) apercevoir la terre ; (= make land) accoster

**landfill** /ˈlændfɪl/ N enfouissement m des déchets ◆ **landfill site** site m d'enfouissement (des déchets)

**landgrave** /ˈlændgreɪv/ N (Hist) landgrave m

**landing¹** /ˈlændɪŋ/

**N** ☐ [of aircraft, spacecraft etc] atterrissage m ; (on sea) amerrissage m ; (on moon) alunissage m ; (on deck) appontage m ; → **crash¹**, **pancake**, **soft**

☐ (from ship) débarquement m ◆ **the Normandy landings** (Mil Hist) le débarquement (du 6 juin 1944)

☐ [of jumper, gymnast] réception f

**COMP** **landing card** N carte f de débarquement
**landing craft** N (Mil) chaland m or navire m de débarquement
**landing field** N terrain m d'aviation
**landing force** N (Mil) troupes fpl de débarquement
**landing gear** N [of plane] train m d'atterrissage
**landing ground** N terrain m d'atterrissage
**landing lights** NPL (on aircraft) phares mpl d'atterrissage ; (on ground) balises fpl (d'atterrissage)
**landing net** N (Fishing) épuisette f
**landing party** N (from ship) détachement m de débarquement
**landing stage** N (Brit) débarcadère m, appontement m
**landing strip** N piste f d'atterrissage
**landing wheels** NPL roues fpl du train d'atterrissage

**landing²** /ˈlændɪŋ/ N (between stairs) palier m ; (= storey) étage m

**landlady** /ˈlænd,leɪdɪ/ N [of flat, house] (gen) propriétaire f ; (= live-in owner) logeuse f ; (Brit) [of pub, guest house] patronne f

**landless** /ˈlændlɪs/ ADJ sans terre

**landlocked** /ˈlændlɒkt/ ADJ (= totally enclosed) [country] enclavé, sans accès à la mer ; [lake] qui ne communique pas avec la mer ; (= almost totally enclosed) entouré par les terres

**landlord** /ˈlænd,lɔːd/ SYN N [of flat, house] (gen) propriétaire m ; (= live-in owner) logeur m ; (Brit) [of pub, guest house] patron m

**landlubber** * /ˈlænd,lʌbəʳ/ N (hum) marin m d'eau douce (pej)

**landmark** /ˈlændmɑːk/ SYN

**N** ☐ (for navigating) point m de repère ◆ **we used the castle as a landmark** le château nous a servi de point de repère

☐ (= famous sight) (monument) grand monument m ; (natural phenomenon) grand site m ◆ **one of the landmarks of historic Prague** l'un des grands monuments du vieux Prague

☐ (= momentous event, achievement etc) jalon m ◆ **a landmark in the history of cinema** un jalon dans l'histoire du cinéma

**ADJ** [decision, ruling, victory] historique ◆ **this was hailed as a landmark decision** cette décision a été jugée historique ◆ **this is a landmark event** il s'agit d'un événement historique or qui fera date

**landmine** /ˈlændmaɪn/ N mine f terrestre

**landowner** /ˈlændəʊnəʳ/ N propriétaire m terrien

**landowning** /ˈlændəʊnɪŋ/ ADJ [family] de propriétaires terriens ◆ **the landowning class** les propriétaires mpl terriens

**landscape** /ˈlænd,skeɪp/ SYN

**N** (= land, view, picture) paysage m

**VT** [+ garden] dessiner ; [+ bomb site, dirty place etc] aménager

**ADJ, ADV** (Comput) en format paysage

**COMP** **landscape architect** N architecte mf paysagiste
**landscape gardener** N jardinier m, -ière f paysagiste
**landscape gardening** N jardinage m paysagiste, paysagisme m
**landscape mode** N (Comput) ◆ **to print sth in landscape mode** imprimer qch en format paysage
**landscape painter** N (peintre m) paysagiste mf

**landscaping** /ˈlænd,skeɪpɪŋ/ N (NonC) aménagements mpl paysagers

**landslide** /ˈlænd,slaɪd/ SYN

**N** glissement m de terrain ; (loose rocks etc) éboulement m ; (fig Pol: also **landslide victory**) écrasante ◆ **to win by a landslide, to win a landslide victory** remporter une victoire écrasante ◆ **landslide majority** majorité f écrasante

**VI** (US Pol) remporter une victoire électorale écrasante

**landslip** /ˈlændslɪp/ N (esp Brit) glissement m de terrain ; [of loose rocks etc] éboulement m

**landward** /ˈlændwəd/

**ADJ** (situé or dirigé) du côté de la terre ◆ **landward breeze** brise f de mer ◆ **landward side** côté m terre

**ADV** (also **landwards**) vers or en direction de la terre, vers l'intérieur

**lane** /leɪn/

**N** ☐ (in country) chemin m, petite route f ; (in town) ruelle f

☐ (= part of road) voie f ; (= line of traffic) file f ◆ **"keep in lane"** ne changez pas de file ◆ **"get in lane"** mettez-vous dans or sur la bonne file ◆ **(to be in) the left-hand lane** (être or rouler sur) la voie de gauche ◆ **three-lane road** route f à trois voies ◆ **I'm in the wrong lane** je suis dans or sur la mauvaise file ◆ **traffic was reduced to a single lane** on ne roulait plus que sur une seule file

☐ (for aircraft, ships, runners, swimmers) couloir m ◆ **air/shipping lane** couloir m aérien/de navigation

**COMP** **lane closure** N fermeture f de voie(s) de circulation ◆ **there'll be lane closures on the M1** certaines voies seront fermées à la circulation sur la M1
**lane markings** NPL signalisation f au sol des voies, signalisation f horizontale

**lang** (abbrev of **language**) langue(s) f(pl)

**langlauf** /ˈlɑːˌlaʊf/ N (Ski) ski m de fond ◆ **langlauf specialist** fondeur m, -euse f ◆ **langlauf skier** skieur m, -euse f de fond

**langoustine** /ˌlɒŋguːˈstiːn/ N (Culin) langoustine f

**language** /ˈlæŋgwɪdʒ/ SYN

**N** ☐ (= particular tongue) langue f ◆ **the French language** la langue française ◆ **English has become the international language of business** l'anglais est devenu la langue internationale des affaires ◆ **he's studying languages** il fait des études de langues ; → **dead**, **source**

☐ (NonC = ability to talk) langage m ◆ **the faculty of language** le langage ◆ **animal language** le langage des animaux ◆ **the origin of language** l'origine du langage ◆ **how do children acquire language?** comment se fait l'acquisition du langage chez les enfants ? ◆ **speaking is one aspect of language** la parole est l'un des aspects du langage ◆ **he's studying language** il étudie les sciences du langage

☐ (= specialized terminology : also Comput) langage m ◆ **the formal language of official documents** le langage conventionnel des documents officiels ◆ **scientific/legal language** langage m scientifique/juridique ◆ **the language of art/science/flowers** le langage de l'art/de la science/des fleurs ◆ **we're not speaking the same language here** (fig) nous ne parlons pas le même langage ◆ **cigarettes and beer, now you're talking my language!** des cigarettes et de la bière ? voilà qui devient intéressant ! ◆ **to speak the language of diplomacy/violence** parler le langage de la diplomatie/violence ; → **machine**, **sign**

☐ (NonC = individual's manner of expression) langage m ◆ **(watch your) language!** * surveille ton langage ! ◆ **strong** or **bad** or **foul language** gros mots mpl, grossièretés fpl

**COMP** [studies, teacher, textbooks, department, school] de langues ; [students, degree] en langues ; [development] langagier, linguistique ; [ability] à s'exprimer
**language barrier** N barrière f linguistique or de la langue
**language laboratory, language lab** * N laboratoire m de langues ◆ **language lab training** or **practice** entraînement m en cabines
**language school** N école f de langues

**languid** /ˈlæŋgwɪd/ SYN ADJ languissant

**languidly** /ˈlæŋgwɪdlɪ/ ADV avec langueur ◆ **languidly graceful/elegant** d'une grâce/élégance langoureuse

**languidness** /ˈlæŋgwɪdnɪs/ N langueur f

**languish** /ˈlæŋgwɪʃ/ SYN VI (gen) (se) languir ; (in prison) se morfondre, dépérir

**languishing** /ˈlæŋgwɪʃɪŋ/ SYN ADJ languissant, langoureux

**languor** /ˈlæŋgəʳ/ N langueur f

**languorous** /ˈlæŋgərəs/ ADJ langoureux, alangui

**laniferous** /ləˈnɪfərəs/ ADJ (Bio) lanifère, lanigère

**lank** /læŋk/ SYN ADJ [hair] raide et terne ; [grass, plant] long (longue f) et grêle

## lanky | larval

**lanky** /ˈlæŋkɪ/ SYN ADJ grand et maigre, dégingandé

**lanner** /ˈlænəʳ/ N lanier m

**lanneret** /ˈlænəˌret/ N laneret m

**lanolin** /ˈlænəʊlɪn/ N lanoline f

**lantern** /ˈlæntən/
  N (all senses) lanterne f ; (in paper) lanterne f vénitienne, lampion m ; → **Chinese**, **magic**
  COMP **lantern gurnard** N (= fish) grondin m sombre
  **lantern-jawed** ADJ aux joues creuses
  **lantern slide** N plaque f de lanterne magique

**lanthanide** /ˈlænθənaɪd/ N (Chem) lanthanide m

**lanthanum** /ˈlænθənəm/ N lanthane m

**lanuginous** /ləˈnjuːdʒɪnəs/ ADJ lanugineux

**lanugo** /ləˈnjuːgəʊ/ N (Bio) lanugo m

**lanyard** /ˈlænjəd/ N (gen, Mil) cordon m ; (on ship) ride f (de hauban)

**Lao** /laʊ/ N (pl inv) Lao mpl

**Laos** /laʊs/ N Laos m **in Laos** au Laos

**Laotian** /ˈlaʊʃɪən/
  ADJ laotien
  N [1] (= person) Laotien(ne) m(f)
  [2] (= language) laotien m

**Laotze** /ˈlaʊˈtzeɪ/, **Lao-tzu** /ˈlaʊˈtsuː/ N Laozi m, Lao-tseu m

**lap¹** /læp/
  N (= knees) genoux mpl, giron m (gen hum) ◆ **sitting on his mother's lap** assis sur les genoux de sa mère ◆ **with her hands in her lap** les mains sur les genoux ◆ **it fell right into his lap*** (fig) ça lui est tombé tout cuit dans le bec* ◆ **they dropped the problem in his lap** ils lui ont laissé or collé* le problème (à résoudre) ◆ **it's in the lap of the gods** on ne peut que s'en remettre au destin ◆ **(to live) in the lap of luxury** (vivre) dans le plus grand luxe
  COMP **lap and shoulder belt** N ceinture f (de sécurité) trois points
  **lap dancer** N strip-teaseuse f (qui s'assoit sur les genoux des clients)
  **lap dancing** N (esp US) numéro de strip-tease où une danseuse s'assoit sur les genoux d'un client
  **lap dissolve** N (Cine) fondu m enchaîné
  **lap robe** N (US) plaid m (pour les genoux)

**lap²** /læp/ SYN
  N (Sport) tour m de piste ◆ **to run a lap** faire un tour de piste ◆ **ten-lap race** course f en or sur dix tours ◆ **on the 10th lap** au 10ᵉ tour ◆ **lap of honour** (esp Brit) tour m d'honneur ◆ **we're on the last lap** (fig) on a fait le plus gros or le plus difficile, on tient le bon bout*
  VT (Sport) [+ runner, car] prendre un tour d'avance sur
  VI (Racing) ◆ **the car was lapping at 200km/h** la voiture faisait le circuit à 200 km/h de moyenne

**lap³** /læp/
  VT [+ milk] laper
  VI [waves] clapoter (against contre)
▶ **lap up** VT SEP [1] [+ milk etc] laper
  [2] (* fig) [+ information, congratulations, compliments] avaler, gober ; [+ attention] se délecter de ◆ **he laps up everything you say** il gobe * tout ce qu'on lui dit ◆ **he fairly lapped it up** il buvait du petit-lait * ◆ **the media are lapping up this latest scandal** les médias se délectent de or font leurs choux gras * de ce dernier scandale

**lap⁴** /læp/ VT (= wrap) enrouler (round autour de), envelopper (in de)
▶ **lap over** VI [tiles etc] se chevaucher

**laparoscope** /ˈlæpərəskəʊp/ N (Med) laparoscope m

**laparoscopy** /ˌlæpəˈrɒskəpɪ/ N laparoscopie f, cœlioscopie f

**laparotomy** /ˌlæpəˈrɒtəmɪ/ N laparotomie f

**La Paz** /læˈpæz/ N La Paz

**lapdog** /ˈlæpdɒg/ N petit chien m d'appartement, chien m de manchon †

**lapel** /ləˈpel/ N revers m (de veston etc) ◆ **lapel microphone, lapel mike*** micro m cravate

**lapidary** /ˈlæpɪdərɪ/ N (= craftsman) lapidaire m ; (= craft) art m or métier m du lapidaire

**lapidify** /ləˈpɪdɪˌfaɪ/ VT lapidifier

**lapilli** /ləˈpɪlaɪ/ NPL (Geol) lapilli mpl

**lapin** /ˈlæpɪn/ N (US) (fourrure f or peau f de) lapin m

**lapis lazuli** /ˌlæpɪsˈlæzjʊlaɪ/ N (= stone) lapis(-lazuli) m ; (= colour) bleu m lapis(-lazuli)

**Laplace operator** /ləˈplæs/ N (Math) laplacien m

**Lapland** /ˈlæplænd/
  N Laponie f
  COMP **Lapland bunting** N (= bird) bruant m de Laponie

**Laplander** /ˈlæplændəʳ/ N Lapon(e) m(f)

**Lapp** /læp/
  ADJ lapon (-one f)
  N [1] Lapon(e) m(f)
  [2] (= language) lapon m

**lapping** /ˈlæpɪŋ/ N [of waves] clapotis m

**Lappish** /ˈlæpɪʃ/ ADJ, N ⇒ **Lapp**

**lapse** /læps/ SYN
  N [1] (= fault) faute f (légère), défaillance f ; (= in behaviour) écart m (de conduite) ◆ **a lapse into bad habits** un retour à de mauvaises habitudes ◆ **lapses of (good) taste** des fautes fpl de goût ◆ **a serious security lapse** une grave défaillance des services de sécurité ◆ **lapses of judgement** des erreurs fpl de jugement ◆ **lapse of memory, memory lapse** trou m de mémoire ◆ **lapse from a diet** entorse f à un régime ◆ **a momentary lapse of concentration** or **attention** un moment d'inattention
  [2] (= passage of time) intervalle m ◆ **a lapse of time, a time lapse** un laps de temps ◆ **after a lapse of ten weeks** au bout de dix semaines, après un intervalle de dix semaines
  [3] (= falling into disuse) [of custom etc] disparition f, oubli m ; [of right, privilege] déchéance f
  VI [1] (= err) faire un or des écart(s)
  [2] (Rel) cesser de pratiquer ◆ **to lapse from grace** perdre l'état de grâce
  [3] ◆ **to lapse into bad habits** prendre de mauvaises habitudes or un mauvais pli ◆ **to lapse into silence** se taire ◆ **to lapse into unconsciousness** (re)perdre connaissance ◆ **to lapse into a coma** tomber dans le coma ◆ **he lapsed into reverie** il s'est laissé aller à la rêverie ◆ **he lapsed into French** il est repassé au français, il s'est remis à parler français ◆ **she lapsed into legal jargon** elle s'est remise à parler le jargon juridique
  [4] [act, law] devenir caduc, tomber en désuétude ; [contract] expirer, venir à expiration ; [ticket, passport] se périmer ; [membership, subscription] prendre fin, venir à expiration ◆ **her insurance policy has lapsed** sa police d'assurance est périmée or n'est plus valable

**lapsed** /læpst/ SYN ADJ [contract, law] caduc (-uque f) ; [ticket, passport] périmé ◆ **a lapsed Catholic** un(e) catholique qui ne pratique plus

**laptop (computer)** /ˈlæptɒp(kəmˈpjuːtəʳ)/ N (ordinateur m) portable m

**lapwing** /ˈlæpwɪŋ/ N vanneau m

**larboard** †† /ˈlɑːbəd/ (Naut)
  N bâbord m
  ADJ de bâbord

**larcenist** /ˈlɑːsənɪst/ N (Jur) voleur m, -euse f

**larceny** /ˈlɑːsənɪ/ N (Jur) vol m simple ◆ **to commit larceny by servant** (US Jur) commanditer un vol ; → **grand**, **petty**

**larch** /lɑːtʃ/ N mélèze m

**lard** /lɑːd/
  N saindoux m
  VT (Culin) larder (with de) ◆ **a speech larded with quotations/references to...** un discours bourré or truffé de citations/références à...

 **lard** in French means 'bacon'.

**larder** /ˈlɑːdəʳ/ N (= cupboard) garde-manger m inv ; (= small room) cellier m

**lardon** /ˈlɑːdən/ NPL (Culin) lardons mpl (gras)

**large** /lɑːdʒ/ SYN
  ADJ [area, town, house, garden, company, object, amount, problem] grand ; [person, animal, hand, slice, piece] gros (grosse f) ; [dose] fort ; [sum, share, proportion, group] important ; [population] nombreux, important ; [family, crowd] nombreux ; [losses] lourd, important ; [meal] copieux, grand ◆ **to get** or **grow large(r)** [stomach] grossir ; [population, overdraft] augmenter ◆ **to make larger** agrandir ◆ **"large"** (on clothing label) L ◆ **the large size** (of packet, tube) le grand modèle ◆ **the largest size of this dress** la plus grande taille dans ce modèle de robe ◆ **a large number of them refused** beaucoup d'entre eux ont refusé ◆ **large numbers of people came** les gens sont venus nombreux or en grand nombre ◆ **a large slice of his savings** une bonne partie de ses économies ◆ **a large proportion of the business** une part importante des affaires ◆ **to do sth on a large scale** faire qch sur une grande échelle or en grand ; see also **large-scale** ◆ **to a large extent** dans une grande mesure ◆ **in (a) large measure** en grande partie, dans une large mesure ◆ **in large part** en grande partie ◆ **there he was (as) large as life** c'était bien lui ◆ **larger than life** [character] plus vrai que nature

◆ **at large** (= at liberty) en liberté ; (US Pol) [candidate, congressman] non rattaché à une circonscription électorale ◆ **the prisoner is still at large** le prisonnier court toujours or est toujours en liberté ◆ **the country/population at large** (= as a whole) le pays/la population dans son ensemble ; → **ambassador**

◆ **by and large**, in one façon générale, en gros ◆ **taking it by and large** à tout prendre
  VT ◆ **to large it** * (Brit) faire la fête
  COMP **large-hearted** ADJ au grand cœur
  **large intestine** N gros intestin m
  **large-leaved lime** N (= tree) tilleul m à grandes feuilles
  **large-minded** ADJ large d'esprit
  **large-mouth bass** N achigan m à grande bouche
  **large-print book** N livre m imprimé en gros caractères
  **large-scale** SYN ADJ [1] (= extensive) [operation, reforms, research] de grande envergure ; [production, fraud] à grande échelle ; [immigration, aid, redundancies] massif ; [attack] vaste ; [unrest] général
  [2] (Geog) [drawing, map] à grande échelle
  [3] (Comput) ◆ **very large-scale integration** intégration f à (très) grande échelle
  **large-size(d)** ADJ grand

 **large** is rarely translated by the French word **large**, which means 'wide'.

**largely** /ˈlɑːdʒlɪ/ SYN ADV [ignore, forget] pratiquement ; [correct, responsible, irrelevant, unchanged] en grande partie ◆ **largely forgotten/unnoticed** pratiquement oublié/inaperçu ◆ **the traffic consisted largely of bicycles** le trafic se composait en grande partie de vélos ◆ **these estimates are based largely on conjecture** ces estimations s'appuient en grande partie sur des conjectures ◆ **the town was largely untouched by the hurricane** la ville a été presque complètement épargnée par l'ouragan ◆ **the phenomenon appears to be largely confined to coastal areas** ce phénomène semble presque exclusivement circonscrit aux régions côtières ◆ **largely because** principalement parce que, surtout parce que ◆ **thanks largely to** notamment grâce à, en raison notamment de

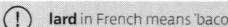 **largely** is not translated by **largement**, which does not mean 'mainly'.

**largeness** /ˈlɑːdʒnɪs/ N (= size) [of person, body, object] grande taille f ; [of number, amount] importance f ; (fig) (= breadth) largesse f

**largesse** /lɑːˈʒes/ SYN N (NonC) (= generosity) largesse f ; (= gifts) largesses fpl

**larghetto** /lɑːˈgetəʊ/ ADV, N larghetto m

**largish*** /ˈlɑːdʒɪʃ/ ADJ assez grand ; [person, body, object] assez gros (grosse f) ; [amount, proportion] assez important

**largo** /ˈlɑːgəʊ/ ADV, N largo m inv

**lariat** /ˈlærɪət/ N (= lasso) lasso m ; (= tether) longe f

**lark¹** /lɑːk/ N (= bird) alouette f ◆ **to be up** or **rise with the lark** se lever au chant du coq ; → **happy**, **sing**

**lark²** † * /lɑːk/ SYN N blague f ◆ **we only did it for a lark** on l'a seulement fait pour rigoler*, on l'a seulement fait histoire de rigoler* ◆ **what a lark!** quelle rigolade ! *, la bonne blague ! ◆ **I don't believe in all this horoscope lark** je ne crois pas à ces histoires d'horoscope
▶ **lark about**, **lark around** VI faire le fou* ◆ **they were larking about with a ball/on their bikes** ils s'amusaient avec une balle/leurs vélos

**larkspur** /ˈlɑːkspɜːʳ/ N (= plant) pied-d'alouette m

**larky** /ˈlɑːkɪ/ ADJ espiègle

**larrup** /ˈlærəp/ VT (dial) donner une raclée * à

**Larry** /ˈlærɪ/ N (dim of **Lawrence**) ; see also **happy**

**larva** /ˈlɑːvə/ N (pl **larvae** /ˈlɑːviː/) larve f (Zool)

**larval** /ˈlɑːvəl/ ADJ larvaire (Zool)

**larvicidal** /ˌlɑːvɪˈsaɪdəl/ ADJ larvicide

**larvicide** /ˈlɑːvɪˌsaɪd/ N larvicide *m*

**laryngitis** /ˌlærɪnˈdʒaɪtɪs/ N laryngite *f*

**laryngologist** /ˌlærɪŋˈgɒlədʒɪst/ N (*Med*) laryngologue *mf*, laryngologiste *mf*

**laryngology** /ˌlærɪŋˈgɒlədʒɪ/ N (*Med*) laryngologie *f*

**laryngoscope** /ləˈrɪŋgəskəʊp/ N (*Med*) laryngoscope *m*

**laryngoscopy** /ˌlærɪŋˈgɒskəpɪ/ N (*Med*) laryngoscopie *f*

**laryngotomy** /ˌlærɪŋˈgɒtəmɪ/ N (*Med*) laryngotomie *f*

**larynx** /ˈlærɪŋks/ N (pl **larynxes** or **larynges** /ləˈrɪndʒiːz/) larynx *m*

**lasagna, lasagne** /ləˈzænjə/ N lasagnes *fpl*

**lascivious** /ləˈsɪvɪəs/ ADJ lascif, luxurieux

**lasciviously** /ləˈsɪvɪəslɪ/ ADV lascivement

**lasciviousness** /ləˈsɪvɪəsnɪs/ N luxure *f*, lascivité *f*

**laser** /ˈleɪzəʳ/

N laser *m*

COMP **laser beam** N rayon *m* laser
**laser disk** N disque *m* laser
**laser-guidance** N (*Mil*) guidage *m* laser
**laser-guided** ADJ (*Mil*) guidé par laser
**laser printer** N imprimante *f* laser
**laser proof** N épreuve *f* laser
**laser show** N spectacle *m* laser
**laser surgery** N chirurgie *f* au laser
**laser treatment** N (*Med*) traitement *m* au laser
**laser weapon** N arme *f* laser

**lash** /læʃ/ SYN

N [1] (= *blow from whip*) coup *m* de fouet ◆ **sentenced to ten lashes** condamné à dix coups de fouet ◆ **to feel the lash of sb's tongue** essuyer les propos cinglants de qn ; → **whiplash**

[2] (also **eyelash**) cil *m*

[3] (= *thong*) mèche *f*, lanière *f*

VT [1] [*person*] (= *beat*) frapper (d'un grand coup de fouet), fouetter violemment ; (= *flog*) flageller

[2] [*storm*] s'abattre sur ; [*wind*] cingler, fouetter ; [*waves*] fouetter ◆ **the wind lashed the sea into a fury** le vent a déchaîné la mer ◆ **the storm has been lashing the Bahamas with high winds and heavy rain** de violentes bourrasques de vent et de pluie se sont abattues sur les Bahamas ◆ **the hailstones lashed my face** la grêle me cinglait le visage ◆ **to lash sb with one's tongue** faire des remarques cinglantes à qn

[3] ◆ **the lion lashed its tail** le lion a fouetté l'air de sa queue

[4] (= *fasten*) attacher *or* fixer fermement ; [+ *cargo*] arrimer ; [+ *load*] attacher, amarrer ◆ **to lash sth to a post** attacher solidement qch à un piquet ◆ **he lashed himself to the life raft** il s'est attaché *or* amarré solidement au radeau de sauvetage

VI ◆ **the rain was lashing against the window** la pluie fouettait *or* cinglait les carreaux

▸ **lash about** VI (*in bonds, in pain etc*) se débattre violemment

▸ **lash down**

VI [*rain*] tomber avec violence

VT SEP [+ *cargo*] arrimer

▸ **lash out**

VI [1] ◆ **to lash out at sb (with one's fists/a knife)** envoyer des coups (de poing/de couteau) à qn ◆ **she lashed out with her fists** elle s'est débattue à coups de poing ◆ **to lash out at sb** (*verbally*) s'en prendre violemment à qn

[2] (* = *spend a lot of money*) faire une folie* ◆ **he lashed out on a car** il a fait une folie* et s'est payé une voiture

VT SEP * [+ *money*] lâcher*, allonger*

▸ **lash up** VT SEP [+ *person, dog*] attacher ; [+ *boat*] attacher, amarrer

**lashing** /ˈlæʃɪŋ/ N [1] (= *flogging*) flagellation *f* ◆ **to give sb a lashing** (*lit*) donner le fouet à qn ; (*fig* : *verbally*) réprimander sévèrement qn, tancer † vertement qn

[2] (= *rope*) corde *f* ; (*on ship*) amarre *f*

[3] (*esp Brit* *) ◆ **with lashings of cream/butter** avec une montagne *or* des tonnes de crème/beurre ◆ **lashings of mascara** des tonnes de mascara

**Las Palmas** /lasˈpalmas/ N (*Geog*) Las Palmas

**lass** /læs/ SYN N (*esp Scot and dial*) (= *girl*) jeune fille *f* ; († = *sweetheart*) bonne amie † *f*

**Lassa fever** /ˈlæsəˈfiːvəʳ/ N fièvre *f* de Lassa

**lassie** /ˈlæsɪ/ N (*esp Scot and dial*) gamine* *f*, gosse* *f*

**lassitude** /ˈlæsɪtjuːd/ N lassitude *f*

**lasso** /læˈsuː/

N (pl **lassos** or **lassoes**) [1] (= *rope*) lasso *m*

[2] (*Climbing*) ⇒ **lassoing**

VT prendre au lasso

**lassoing** /læˈsuːɪŋ/ N (*Climbing*) lancer *m* de corde

**last¹** /lɑːst/ SYN

ADJ [1] (= *final in series*) dernier *before n* ◆ **the last Saturday of the month** le dernier samedi du mois ◆ **the last ten pages** les dix dernières pages ◆ **last but one, second last** avant-dernier ◆ **the last time but one** l'avant-dernière fois ◆ **it's the last round but three** il ne reste plus que trois rounds (après celui-ci) ◆ **his office is the second last** son bureau est l'avant-dernier ◆ **the third and last point is that...** le troisième et dernier point est que... ◆ **to fight to the last man** se battre jusqu'au dernier ◆ **to make it through to the last four** (*in tournament*) atteindre les demi-finales ; (*in race*) arriver dans les quatre premiers ; → **every**

[2] (= *past, most recent*) dernier *gen after n* ◆ **last night** (= *evening*) hier soir ; (= *night*) cette nuit, la nuit dernière ◆ **last week/year** la semaine/l'année *f* dernière ◆ **last month/summer** le mois/l'été *m* dernier ◆ **last Monday, on Monday last** lundi dernier ◆ **for the last few days** ces derniers jours, ces jours-ci ◆ **for the last few weeks** ces dernières semaines, depuis quelques semaines ◆ **he hasn't been seen these last two years** on ne l'a pas vu ces deux dernières années *or* depuis deux ans ◆ **for the last two years he has been...** depuis deux ans il est... ◆ **the day before last** avant-hier ◆ **the night/morning before last** avant-hier soir/matin ◆ **the week before last** l'avant-dernière semaine ◆ **what did you do last time?** qu'avez-vous fait la dernière fois ? ◆ **he was ill (the) last time I saw him** il était malade la dernière fois que je l'ai vu ◆ **this time last year** l'an dernier à la même époque

[3] (= *final*) [*chance, hope*] dernier ◆ **this is my last pound** c'est ma dernière livre ◆ **I'm down to my last pound** je n'ai plus *or* il ne me reste plus qu'une seule livre ◆ **he took the last sandwich** il a pris le dernier sandwich ◆ **at the last minute** à la dernière minute ; see also **comp** ◆ **that was the last time I saw him** c'est la dernière fois que je l'ai vu ◆ **that's the last time I lend you anything!** c'est la dernière fois que je te prête quelque chose ! ◆ **for the last time, shut up!** pour la dernière fois, tais-toi ! ◆ **last thing (at night)** juste avant de se coucher ◆ **I'll get it, if it's the last thing I do** je l'aurai coûte que coûte *or* même si ça doit me coûter la vie ◆ **to fight to the last ditch** (*lit, fig*) se battre jusqu'au bout ; see also **comp** ◆ **at one's last gasp** (= *dying*) sur le point de mourir, à l'agonie ; (* = *exhausted*) à bout de force ; see also **comp** ◆ **he was on his last legs*** il était à bout ◆ **the company is on its last legs*** l'entreprise est au bord de la faillite ◆ **the washing machine is on its last legs*** la machine à laver va bientôt nous lâcher, la machine à laver va bientôt rendre l'âme ◆ **she always wants to have the last word** elle veut toujours avoir le dernier mot ◆ **it's the last word in comfort** c'est ce que l'on fait de mieux *or* c'est le dernier cri en matière de confort ◆ **"The Last of the Mohicans"** (*Literat*) « Le Dernier des Mohicans » ; → **first, laugh, stand, straw**

[4] (= *least likely or desirable*) dernier ◆ **he's the last person to ask** c'est la dernière personne à qui demander ◆ **that's the last thing to worry about** c'est le dernier *or* le cadet de mes (*or* tes *etc*) soucis

[5] (*Rel*) ◆ **at the Last Judgement** au Jugement dernier ◆ **the last rites** les derniers sacrements *mpl* ◆ **the last trump** *or* **trumpet** la trompette du Jugement dernier

ADV [1] (= *at the end*) en dernier ◆ **she arrived last** elle est arrivée en dernier *or* la dernière ◆ **he arrived last of all** il est arrivé le tout dernier ◆ **his horse came in last** son cheval est arrivé (bon) dernier ◆ **last but not least** enfin et surtout ◆ **last in, first out** dernier entré, premier sorti ◆ **to leave sth/sb till last** placer qch/qn en dernier *or* à la fin

[2] (= *most recently*) la dernière fois ◆ **when I last saw him** quand je l'ai vu la dernière fois, la dernière fois que je l'ai vu ◆ **who dealt last?** (*Cards*) qui a donné en dernier ?

[3] (= *finally*) finalement, pour terminer ◆ **last, I would like to say...** pour terminer *or* enfin, je voudrais dire...

N dernier *m*, -ière *f* ◆ **he was the last of the Tudors** ce fut le dernier des Tudor ◆ **this is the last of the pears** (*one*) c'est la dernière poire ; (*several*) ce sont les dernières poires, voici le reste des poires ◆ **this is the last of the cider** c'est tout ce qui reste de *or* comme cidre ◆ **the last but one** l'avant-dernier *m*, -ière *f* ◆ **I'd be the last to criticize, but...** ce n'est pas mon genre de critiquer, mais..., j'ai horreur de critiquer, mais... ◆ **each one better than the last** tous meilleurs les uns que les autres ◆ **to stick to one's last** (*fig*) s'en tenir à ce que l'on sait faire ◆ **to look one's last on sth** (*liter*) jeter un ultime regard sur qch ; → **breathe**

♦ **at (long) last** enfin, à la fin ◆ **at (long) last** enfin ◆ **at long last he came** il a enfin fini par arriver ◆ **here he is! – at last!** le voici ! – enfin *or* ce n'est pas trop tôt !

♦ **the last...** (= *the end*) ◆ **we shall never hear the last of this** on n'a pas fini d'en entendre parler ◆ **you haven't heard the last of this!** vous n'avez pas fini d'en entendre parler ! ; (*threatening*) vous aurez de mes nouvelles ! ◆ **the last I heard (of her), she was abroad** aux dernières nouvelles, elle était à l'étranger ◆ **I shall be glad to see the last of this** je serai content de voir tout ceci terminé *or* de voir la fin de tout ceci ◆ **we were glad to see the last of him** nous avons été contents de le voir partir *or* d'être débarrassés de lui ◆ **that was the last I saw of him** c'est la dernière fois que je l'ai vu, je ne l'ai pas revu depuis

♦ **to the last** jusqu'au bout, jusqu'à la fin

COMP **last-chance saloon** N (*Brit*) ◆ **it's the last-chance saloon for them, they are drinking in the last-chance saloon** c'est leur dernière chance
**last-ditch, last-gasp** ADJ ultime, de dernière minute
**last-minute** ADJ de dernière minute
**last post** N (*Brit*) (= *bugle call*) (sonnerie *f* de l')extinction *f* des feux ; (*at funerals*) sonnerie *f* aux morts
**the Last Supper** N (*Rel*) la Cène

**last²** /lɑːst/ SYN

VI [1] (= *continue*) [*pain, film, supplies etc*] durer ◆ **it lasted two hours** cela a duré deux heures ◆ **it's too good to last** c'est trop beau pour durer *or* pour que ça dure *subj* ◆ **will this good weather last till Saturday?** est-ce que le beau temps va durer *or* tenir jusqu'à samedi ?

[2] (= *hold out*) tenir ◆ **no one lasts long in this job** personne ne reste longtemps dans ce poste ◆ **after he got pneumonia he didn't last long** après sa pneumonie il n'en a pas eu pour longtemps* ◆ **that whisky didn't last long** ce whisky n'a pas fait long feu *or* n'a pas duré longtemps

[3] (= *remain usable*) durer ◆ **made to last** fait pour durer ◆ **this table will last a lifetime** cette table vous fera toute une vie ◆ **will this material last?** ce tissu fera-t-il de l'usage ?

VT durer ◆ **this amount should last you (for) a week** cela devrait vous durer *or* vous faire une semaine ◆ **I have enough money to last me a lifetime** j'ai assez d'argent pour tenir jusqu'à la fin de mes jours ◆ **she must have got enough chocolates to last her a lifetime** elle a dû recevoir assez de chocolats pour tenir jusqu'à la fin de ses jours

▸ **last out**

VI [*person*] tenir (le coup) ; [*money*] suffire

VT SEP faire ◆ **he won't last the winter out** il ne passera pas *or* ne fera pas l'hiver*, il ne verra pas la fin de l'hiver ◆ **my money doesn't last out the month** mon argent ne me fait pas le mois

**last³** /lɑːst/ N [*of cobbler*] forme *f*

**Lastex** ® /ˈlasteks/ N (*US*) Lastex ® *m*

**lasting** /ˈlɑːstɪŋ/ SYN ADJ [*friendship, situation, benefit, impression, effect*] durable ◆ **to cause lasting damage to sb/sth** affecter qn/qch de façon durable ◆ **to his lasting shame** à sa plus grande honte

**lastly** /ˈlɑːstlɪ/ SYN ADV (= *as final point, item*) enfin, en dernier lieu ; (= *as final action*) enfin

**latch** /lætʃ/ SYN

N clenche *f*, loquet *m* ◆ **the door is on** *or* **off the latch** la porte n'est pas fermée à clé ◆ **to leave**

**latchkey | latest** ENGLISH-FRENCH 524

**the door on** *or* **off the latch** fermer la porte sans la verrouiller

VT fermer au loquet

▸ **latch on** * VI [1] *(= grab)* s'accrocher *(to* à)

[2] *(= understand)* saisir, piger *

▸ **latch on to** * VT FUS [1] *(= get possession of)* prendre possession de ; *(= catch hold of)* saisir ; *(US) (= obtain)* se procurer ◆ **he latched on to me as soon as I arrived** il n'a pas arrêté de me coller * depuis que je suis arrivé ◆ **he latches on to the slightest mistake** il ne laisse pas passer la moindre erreur

[2] *(= understand)* saisir, piger * ; *(= realize)* se rendre compte de, réaliser * ◆ **when children latch on to the idea that reading is fun** quand les enfants se rendent compte que la lecture est un plaisir

**latchkey** /ˈlætʃkiː/

N clé *f* (de la porte d'entrée)

COMP **latchkey child, latchkey kid** * N *enfant qui rentre à la maison avant ses parents*

**late** /leɪt/ SYN (compar **later**, superl **latest**)

ADJ [1] *(= delayed, after scheduled time)* ◆ **to be late** *[person] (gen)* être en retard ; *(arriving)* arriver en retard ◆ **I'm late** *(gen)* je suis en retard ; *(menstrual period)* j'ai du retard * *(euph)*, mes règles ont du retard ◆ **to be late (in) arriving** arriver avec du retard *or* en retard ◆ **she was late (in) returning from work** elle est rentrée du travail en retard ◆ **to be late for an appointment** être *or* arriver en retard à un rendez-vous ◆ **I was late for work** je suis arrivé au travail en retard ◆ **hurry up, I'm late for work** dépêche-toi, je vais arriver en retard au travail ◆ **to be late with sth** avoir du retard dans qch ◆ **I was late with the rent** *(now paid)* j'avais payé mon loyer en retard ◆ **the train is late** le train est en retard *or* a du retard ◆ **your essay is late** vous rendez votre dissertation en retard ◆ **too late** trop tard ◆ **to make sb late** mettre qn en retard ◆ **I apologized for my late arrival** je me suis excusé d'être arrivé en retard ◆ **we apologize for the late arrival of flight XY 709** nous vous prions d'excuser le retard du vol XY 709 ◆ **late arrivals will not be admitted** les retardataires ne seront pas admis ◆ **his campaign got off to a late start** sa campagne a démarré tard ◆ **both my babies were late** mes deux bébés sont nés *or* arrivés après terme

[2] *(with time expressions)* ◆ **to be 20 minutes late** avoir 20 minutes de retard ◆ **it made me an hour late** j'ai eu une heure de retard à cause de ça ◆ **the train is 30 minutes late** le train a 30 minutes de retard ◆ **I'm/I was two hours late for work** je vais arriver/je suis arrivé au travail avec deux heures de retard ◆ **a technical problem on the plane made us two hours late** un problème technique dans l'avion nous a fait arriver avec deux heures de retard ◆ **I'm a week late** *(gen)* j'ai une semaine de retard ; *(menstrual period)* j'ai une semaine de retard *, mes règles ont une semaine de retard

[3] *(= after usual time) [crop, flowers]* tardif ; *[booking]* de dernière minute ◆ **Easter is late this year** Pâques est *or* tombe tard cette année ◆ **spring was late** le printemps était en retard *or* était tardif

[4] *(= at advanced time of day)* tard ◆ **it was very late** il était très tard ◆ **it's getting late** il se fait tard ◆ **owing to the late hour** en raison de l'heure tardive ◆ **at this late hour** à cette heure tardive ◆ **to work late hours** finir son travail tard le soir, travailler tard le soir ◆ **to keep late hours** être un(e) couche-tard * *inv* ◆ **to have a late meal/lunch** manger/déjeuner tard ◆ **there's a late(-night) film on Saturdays** *(Cine)* le samedi, il y a une séance supplémentaire le soir ◆ **the late film tonight is...** *(TV)* le film diffusé en fin de soirée est... ◆ **there's a late(-night) show on Saturdays** *(Theat)* il y a une seconde représentation en soirée le samedi ◆ **late(-night) opening** *[of shop]* nocturne *f* ◆ **there's late(-night) opening on Thursdays** les magasins ouvrent en nocturne *or* font nocturne * le jeudi ◆ **late(-night) opening Fridays until 7pm** nocturne jusqu'à 19 heures le vendredi

[5] *(= near end of period or series)* ◆ **the latest edition of the catalogue** la toute dernière édition du catalogue ◆ **the subject of her later books is...** le sujet de ses derniers livres est... ◆ **two late goals** deux buts en fin de match ◆ **at this late stage** à ce stade avancé ◆ **he was in his late thirties** il approchait de la quarantaine ◆ **in the late afternoon** en fin d'après-midi ◆ **she was enjoying the cool late evening** elle appréciait la fraîcheur de cette fin de soirée ◆ **by late morning** à la fin de la matinée ◆ **in late June/September** fin juin/septembre, à la fin (du mois de) juin/septembre ◆ **in late spring** à la fin du printemps ◆ **it was not until late 1989 that...** ce n'est qu'à la fin de l'année 1989 que... ◆ **in the late 1980s** à la fin des années 80 ◆ **in the late 18th century** à la fin du 18e (siècle) ◆ **in the late Middle Ages** à la fin du Moyen Âge ◆ **a late Victorian house** une maison de la fin de l'époque victorienne ; see also **later, latest**

[6] *(= dead)* feu *(liter)* **the late queen** feu la reine ◆ **the late Harry Thomas** feu Harry Thomas ◆ **my late wife** ma pauvre *or* défunte *(frm)* femme ◆ **our late colleague** notre regretté *(frm) or* défunt *(frm)* collègue

ADV [1] *(= after scheduled time) [arrive]* en retard ; *[start, finish, deliver]* avec du retard ◆ **to arrive late for sth** *(meeting, dinner, film)* arriver en retard à qch ◆ **we're running late this morning** nous sommes en retard ce matin ◆ **the baby was born late** le bébé est né *or* arrivé après terme ◆ **the baby was born two weeks late** le bébé est né avec deux semaines de retard ◆ **he turned up two hours late** il est arrivé avec deux heures de retard ◆ **we're running about 40 minutes late** nous avons environ 40 minutes de retard ◆ **work on the new motorway started two years late** la construction de la nouvelle autoroute a commencé avec deux ans de retard ◆ **too late** trop tard ; see also **later** ; → **better**[1]

[2] *(= after usual time)* ◆ **to flower late** fleurir tard ◆ **her periods started very late** elle a eu ses premières règles très tard ◆ **they married late in life** ils se sont mariés sur le tard ◆ **she had started learning German quite late in life** elle avait commencé à apprendre l'allemand assez tard ◆ **she came late to acting** elle est devenue comédienne sur le tard ◆ **he had come quite late to painting** il s'était mis à la peinture sur le tard

[3] *(= at advanced time of day) [work, get up, sleep, start, finish]* tard ◆ **they stayed up talking until very late** ils sont restés à parler jusque tard dans la nuit ◆ **the chemist is open late on Thursdays** la pharmacie est ouverte tard *or* en nocturne le jeudi ◆ **to stay up late** veiller tard, se coucher tard ◆ **to work late at the office** rester tard au bureau pour travailler ◆ **late at night** tard dans la nuit *or* la soirée ◆ **late that night** tard dans la nuit *or* la soirée ◆ **late last night** tard hier soir ◆ **late in the afternoon** en fin d'après-midi ◆ **late the previous evening** la veille, en fin de soirée ◆ **it was late in the evening before I returned to Baker Street** je ne suis retourné à Baker Street qu'en fin de soirée ◆ **late into the night** tard dans la nuit ◆ **it is rather late in the day to change your mind** *(fig)* c'est un peu tard pour changer d'avis ◆ **it was her intervention, late in the day, that saved the scheme** *(fig)* ce fut son intervention, assez tardive, qui sauva le projet

[4] *(= near end of period)* ◆ **late in 2001** à la fin de l'année 2001, fin 2001 ◆ **late in the year** en fin d'année ◆ **late last year** à la fin de l'année dernière ◆ **late in May** fin mai ◆ **they scored late in the second half** ils ont marqué à la fin de la deuxième mi-temps ◆ **symptoms appear only late in the disease** les symptômes n'apparaissent qu'à un stade avancé de la maladie ◆ **very late in the proceedings** * tout à la fin, très tard ◆ **it wasn't until relatively late in his career that...** ce n'est que vers la fin de sa carrière que...

[5] *(= recently)* ◆ **as late as last week** pas plus tard que la semaine dernière, la semaine dernière encore ◆ **as late as 1950** en 1950 encore ◆ **as late as the 1980s** jusque dans les années 1980

◆ **of late** *(= lately)* dernièrement, ces derniers temps ◆ **we haven't seen much of him of late** on ne l'a pas beaucoup vu ces derniers temps

[6] *(frm = formerly)* ◆ **Jane Burdon, late of Bristol** Jane Burdon, autrefois domiciliée à Bristol ◆ **Carrington, late of the Diplomatic Service** Carrington, ancien membre du corps diplomatique

COMP **late developer** N ◆ **he's a late developer** il n'est pas précoce, il a mis du temps à sortir de l'enfance

**late-night** ADJ ◆ **late-night television** émissions *fpl* de fin de soirée ◆ **there's late-night shopping on Thursdays** le magasin ouvre en nocturne *or* fait nocturne * le jeudi

**latecomer** /ˈleɪtkʌməʳ/ N [1] *(lit)* retardataire *mf* ◆ **latecomers will not be admitted** *(frm)* les retardataires ne seront pas admis

[2] *(fig)* ◆ **he is a latecomer to politics** il est venu à la politique sur le tard

**lateen** /ləˈtiːn/ N (also **lateen sail**) voile *f* latine

**lately** /ˈleɪtlɪ/ SYN ADV ces derniers temps, dernièrement ◆ **till lately** jusqu'à ces derniers temps ; see also **Johnny**

**latency** /ˈleɪtənsɪ/ N *(Med)* latence *f*

**lateness** /ˈleɪtnɪs/ SYN N [1] *(= not being on time) [of person, train, flight]* retard *m* ◆ **he apologized for his lateness** il s'est excusé de son retard ◆ **his boss became exasperated by his constant lateness** ses retards perpétuels ont fini par exaspérer son patron

[2] ◆ **a crowd had gathered despite the lateness of the hour** une foule s'était formée malgré l'heure tardive

**latent** /ˈleɪtənt/

ADJ *[tendency, talent, antagonism, racism, threat]* latent ; *[meaning]* caché

COMP **latent defect** N *(Jur)* vice *m* caché

**latent heat** N *(Phys)* chaleur *f* latente

**latent image** N *(Phot)* image *f* latente

**latent period** N *(Med)* période *f* de latence

**later** /ˈleɪtəʳ/ SYN (compar of **late**)

ADV plus tard ◆ **later that night** plus tard (dans la soirée) ◆ **even later** encore plus tard ◆ **two years later** deux ans plus tard ◆ **later on** *(in period of time, film)* plus tard ; *(in book)* plus loin ◆ **not** *or* **no later than...** pas plus tard que... ◆ **essays must be handed in not later than Monday morning** les dissertations devront être remises lundi matin dernier délai *or* au plus tard ◆ **later!** *(when interrupted etc)* tout à l'heure ! ; *(US * = goodbye)* à plus ! * ◆ **see you later!** * *(= in a few minutes)* à tout à l'heure ! ; *(longer)* à plus tard ! ; see also **soon**

ADJ [1] *(= subsequent, more recent) [chapter, date]* ultérieur (-eure *f*) ◆ **we'll discuss it at a later meeting** nous en discuterons au cours d'une réunion ultérieure *or* d'une autre réunion ◆ **at a later meeting they decided...** au cours d'une réunion ultérieure, ils ont décidé... ◆ **I decided to take a later train** j'ai décidé de prendre un autre train *or* de partir plus tard ◆ **the later train** *(of two)* le train suivant ◆ **a later edition** une édition postérieure ◆ **this version is later than that one** *(= subsequent)* cette version est postérieure à celle-là

[2] *(in period or series)* ◆ **at a later stage** plus tard ◆ **at a later stage in the negotiations** lors d'une phase ultérieure des négociations ◆ **the later 18th century** la fin du 18e (siècle) ◆ **Beethoven's later symphonies** les dernières symphonies de Beethoven ◆ **in later life** plus tard ◆ **in his later years** vers la fin de sa vie

**lateral** /ˈlætərəl/ SYN

ADJ latéral *(also Phon)*

COMP **lateral thinking** N *(esp Brit)* la pensée latérale *(manière non conventionnelle d'aborder les problèmes)*

**laterality** /ˌlætəˈrælɪtɪ/ N latéralité *f*

**laterally** /ˈlætərəlɪ/ ADV *(= sideways)* latéralement *(= originally)* ◆ **to think laterally** pratiquer la pensée latérale, avoir une manière originale d'aborder les problèmes

**laterite** /ˈlætəraɪt/ N *(Miner)* latérite *f*

**latest** /ˈleɪtɪst/ SYN (superl of **late**)

ADJ [1] *(= most recent)* dernier ◆ **his latest film** son dernier film ◆ **the latest in a series of murders** le dernier en date d'une série de meurtres ◆ **the latest news** les dernières nouvelles *fpl* ◆ **the latest news (bulletin)** *(Rad, TV)* les dernières informations *fpl* ◆ **his latest statement** sa dernière déclaration (en date) ◆ **he is the latest minister to resign** c'est le dernier ministre en date à démissionner ◆ **the very latest technology** la toute dernière technologie

[2] *(= last possible)* limite ◆ **what is the latest date for applications?** quelle est la date limite de dépôt des candidatures ? ◆ **the latest date he could do it was 31 July** la dernière date à laquelle il pouvait le faire était le 31 juillet ◆ **the latest time you may come is 4 o'clock** l'heure limite à laquelle vous pouvez arriver est 4 heures ◆ **the latest time for doing it is April** il faut le faire en avril au plus tard ◆ **at the latest possible moment** au tout dernier moment

ADV *(= last)* ◆ **to arrive/get up (the) latest** être le dernier *or* la dernière à arriver/se lever ◆ **to work latest** travailler plus tard que les autres ◆ **to flower (the) latest** fleurir en dernier

N [1] * *(= latest version)* ◆ **it's the latest in computer games** c'est le dernier cri * en matière de jeux électroniques ✦ **the very latest in technology** le dernier cri* de la technologie ✦ **have you heard the latest?** (= news) tu connais la dernière ? * ✦ **what's the latest on this affair?** qu'y a-t-il de nouveau sur cette affaire ? ✦ **for the latest on the riots, over to Ian** (Rad, TV) pour les dernières informations sur les émeutes, à vous, Ian ✦ **have you seen his latest?** (= girlfriend) tu as vu sa nouvelle ? * ✦ **have you heard his latest?** (= joke) tu connais sa dernière ? * ✦ **did you hear about his latest?** (= exploit) on t'a raconté son dernier exploit or sa dernière prouesse ?

**2** (= latest time) ✦ **when** or **what is the latest you can come?** quand pouvez-vous venir, au plus tard ? ✦ **I'll be there by noon at the latest** j'y serai à midi au plus tard ✦ **give me your essay by Monday at the latest** rendez-moi votre dissertation lundi dernier délai or au plus tard

**latex** /ˈleɪteks/ N (pl **latexes** or **latices** /ˈlætɪˌsiːz/) latex m

**lath** /lɑːθ/ N (pl **laths** /lɑːðz/) latte f ✦ **a lath-and-plaster wall** un mur fait en lattes et enduit de plâtre

**lathe** /leɪð/ N (= machine) tour m ; → **capstan, power**

**lather** /ˈlɑːðəʳ/ SYN

**N 1** [of soap] mousse f (de savon)
**2** (= sweat) [of horse] écume f ✦ **in a lather** [horse] couvert d'écume ; (* fig = nervous, anxious) [person] agité, dans tous ses états ✦ **to work o.s. up into a lather** * se mettre dans tous ses états ✦ **what's he getting into such a lather about?** * pourquoi se met-il dans un état pareil ?

**VT** ✦ **to lather one's face/hands** etc se savonner le visage/les mains etc
**VI** [soap] mousser

**latices** /ˈlætɪˌsiːz/ NPL of **latex**

**laticiferous** /ˌlætɪˈsɪfərəs/ ADJ laticifère

**latifundia** /ˌlætɪˈfʊndɪə/ NPL latifundia mpl

**latifundium** /ˌlætɪˈfʌndɪəm/ N latifundium m

**Latin** /ˈlætɪn/

**ADJ 1** [text, grammar, poet] latin ; [lesson] de latin
**2** [people, temperament, culture] (European) latin ; (in US) latino-américain

**N 1** (= language) latin m ✦ **late Latin** bas latin m ✦ **low Latin** bas latin m ✦ **vulgar Latin** latin m vulgaire
**2** Latin(e) m(f) ; (in US) Latino-Américain(e) m(f)

**COMP Latin America** N Amérique f latine **Latin-American** ADJ latino-américain, d'Amérique latine N Latino-Américain(e) m(f)
**latin lover** N latin lover m
**Latin quarter** N quartier m latin
**Latin school** N (US) = lycée m classique

**Latinate** /ˈlætɪneɪt/ ADJ [language] latin

**Latinism** /ˈlætɪnɪzəm/ N (Ling) latinisme m

**Latinist** /ˈlætɪnɪst/ N latiniste mf

**Latinization** /ˌlætɪnaɪˈzeɪʃən/ N latinisation f

**Latinize** /ˈlætɪnaɪz/ VT latiniser

**Latinizer** /ˈlætɪˌnaɪzəʳ/ N (Rel) latinisant m

**Latino** /læˈtiːnəʊ/

**N** (pl **Latinos**) (in US) Latino mf

**COMP Latino-American** ADJ latino-américain N (US) Latino-Américain(e) m(f)

**latish** * /ˈleɪtɪʃ/

**ADJ** [hour] assez avancé, assez tardif ✦ **it's getting latish** il commence à se faire tard ✦ **we had a latish breakfast** nous avons pris notre petit déjeuner assez or plutôt tard
**ADV** assez tard, plutôt tard

**latitude** /ˈlætɪtjuːd/ SYN **N 1** (Geog) latitude f ✦ **at a latitude of 48° north** à or par 48° de latitude Nord ✦ **in these latitudes** sous ces latitudes
**2** (NonC = freedom) latitude f ✦ **to give** or **allow sb a certain amount of latitude** laisser or accorder une certaine latitude à qn

**latitudinal** /ˌlætɪˈtjuːdɪnl/ ADJ latitudinal

**latitudinarian** /ˌlætɪtjuːdɪˈnɛərɪən/ ADJ, N latitudinaire mf, laxiste mf

**latria** /ləˈtraɪə/ N latrie f

**latrine** /ləˈtriːn/ N latrine(s) f(pl) gen pl

**latte** /ˈlɑːteɪ/ N (= coffee) café m au lait

**latter** /ˈlætəʳ/ LANGUAGE IN USE 26.2 SYN (frm)

**ADJ 1** (= second of two) dernier, second ✦ **the latter proposition was accepted** cette dernière or la seconde proposition fut acceptée ✦ **of the two, we prefer the latter solution** nous préfé-

rons la seconde solution ✦ **the latter half** la seconde moitié ✦ **the latter half of the month** la seconde quinzaine du mois

**2** (= later) ✦ **the latter stages of the match produced some fine football** vers la fin du match, il y a eu du très bon football ✦ **the college was destroyed in the latter stages of the war/the century** le collège a été détruit vers la fin de la guerre/du siècle ✦ **in the latter years of his life, in his latter years** les dernières années de sa vie, tard dans sa vie

**N** ✦ **the latter is the more expensive of the two systems** ce dernier or second système est le plus coûteux des deux ✦ **of these two books the former is expensive but the latter is not** le premier de ces deux livres est cher mais le second ne l'est pas ✦ **he visited his cousin and uncle - the latter was ill** il a rendu visite à son cousin et à son oncle : ce dernier était souffrant ✦ **of the two possible solutions, I prefer the latter** je préfère la seconde solution

**COMP latter-day** ADJ moderne, d'aujourd'hui **Latter-Day Saints** NPL (Rel) Saints mpl des derniers jours

**latterly** /ˈlætəlɪ/ SYN ADV (frm) (= recently) récemment, dernièrement ; (= towards end of life) vers la fin de sa (or leur etc) vie ; (= towards end of period) vers la fin ✦ **he has lived abroad for many years, latterly in Rome** il a longtemps vécu à l'étranger, maintenant il est à Rome

**lattice** /ˈlætɪs/ SYN

**N** treillis m ; (= fence) treillage m, claire-voie f ; (also **lattice structure**) structure f réticulaire

**COMP lattice girder** N poutre f en treillis **lattice window** N fenêtre f treillissée

**latticed** /ˈlætɪst/ ADJ [window] treillissé ; [fence, wall] treillagé

**latticework** /ˈlætɪswɜːk/ N treillis m

**Latvia** /ˈlætvɪə/ N Lettonie f

**Latvian** /ˈlætvɪən/

**ADJ** lette, letton (-on(n)e f)
**N 1** Lette mf, Letton(n)e m(f), Latvien(ne) m(f)
**2** (= language) lette m, letton m

**laud** /lɔːd/

**VT** (liter) louanger (liter) ; (Rel) louer, glorifier, chanter les louanges de
**NPL** (Rel) laudes fpl

**laudable** /ˈlɔːdəbl/ SYN ADJ louable, digne de louanges

**laudably** /ˈlɔːdəblɪ/ ADV [behave] de façon louable ✦ **he was laudably calm** son calme était remarquable ✦ **a laudably objective article** un article d'une louable objectivité

**laudanum** /ˈlɔːdnəm/ N laudanum m

**laudatory** /ˈlɔːdətərɪ/ SYN ADJ (frm) élogieux

**lauds** /lɔːdz/ NPL laudes fpl

**laugh** /lɑːf/ SYN

**N 1** rire m ✦ **he has a very distinctive laugh** il a un rire très caractéristique ✦ **with a laugh** (brief) dans un éclat de rire ; (longer) en riant ✦ **with a scornful laugh** avec un rire méprisant or dédaigneux ✦ **to give a laugh** rire ✦ **to have a good laugh at sb/sth** bien rire de qn/qch ✦ **his act didn't get a single laugh** son numéro n'a fait rire personne ✦ **that joke always gets a laugh** cette plaisanterie fait toujours rire ✦ **he had the last laugh** finalement c'est lui qui a bien ri ✦ **we'll see who has the last laugh** on verra bien qui rira le dernier ✦ **the laugh is on you** * c'est toi qui fais les frais de la plaisanterie ✦ **it was a laugh a minute!** (also iro) c'était d'un drôle ! (also iro) ; → **play, raise**

**2** (* = amusement, amusing time) ✦ **it was** or **we had a good laugh** on s'est bien amusés, on a bien rigolé * ✦ **if you want a laugh go to her German class!** si tu veux t'amuser or rigoler * va assister à son cours d'allemand ! ✦ **what a laugh!** ça, c'est (or c'était etc) marrant ! * ✦ **just for a laugh** or **for laughs** rien que pour rire, histoire de rire * ✦ **he's always good for a laugh** il nous fera toujours bien rire ✦ **his films are always good for a laugh** ses films sont toujours drôles ✦ **he's a good laugh** on rigole * bien avec lui

**VI** rire ✦ **you may laugh!, it's easy for you to laugh!** tu peux toujours rire ! ✦ **you've got to laugh** *, **you have to laugh** * (philosophical) il vaut mieux en rire ✦ **I didn't know whether to laugh or cry** je ne savais plus si je devais rire ou pleurer ✦ **he laughed until he cried** il pleurait de rire, il riait aux larmes ✦ **to laugh about** or **over sth** rire de qch ✦ **there's nothing to laugh about** il n'y a pas de quoi rire ✦ **he never laughs**

**at my jokes** mes plaisanteries ne le font jamais rire ; see also **laugh at** ✦ **she laughed to herself** elle a ri dans sa barbe, elle a ri sous cape ✦ **to laugh up one's sleeve** rire dans sa barbe, rire sous cape ✦ **he makes me laugh** il me fait rire ✦ **don't make me laugh** (* iro) = don't be silly) laisse-moi rire, ne me fais pas rire ✦ **he who laughs last laughs longest** (Prov) rira bien qui rira le dernier (Prov) ✦ **to laugh in sb's face** rire au nez de qn ✦ **he'll soon be laughing on the other side of his face** il n'aura bientôt plus envie de rire, il va bientôt rire jaune ✦ **you'll be laughing on the other side of your face in a minute!** * tu vas le regretter ! ✦ **it's all right for him, he's laughing** * lui il s'en fiche, il est peinard * ✦ **once we get this contract signed we're laughing** * une fois ce contrat signé, ce sera dans la poche * ✦ **he's laughing all the way to the bank** * il n'a pas de problèmes de compte en banque ! ; → **burst out**

**VT** ✦ **he laughed a jolly laugh** il eut un rire jovial ✦ **"don't be silly," he laughed** « ne sois pas idiot », dit-il en riant ✦ **to be laughed out of court** [person, idea] être tourné en ridicule ✦ **they laughed him to scorn** ils l'ont tourné en dérision ✦ **he laughed himself silly** * il a ri comme un bossu * or une baleine *

**COMP laugh track** N (US Rad, TV) (bande f sonore de) rires mpl préenregistrés

▶ **laugh at** VT FUS (lit) [+ person, sb's behaviour] rire de ; (unpleasantly) se moquer de ; (fig) [+ difficulty, danger] se rire de

▶ **laugh down** VT SEP ✦ **they laughed the speaker down** leurs moqueries ont réduit l'orateur au silence

▶ **laugh off** VT SEP **1** ✦ **to laugh one's head off** * rire comme un bossu * or une baleine *
**2** [+ accusation] écarter d'une plaisanterie or d'une boutade ✦ **she managed to laugh it off** elle a réussi à tourner la chose en plaisanterie ✦ **you can't laugh this one off** cette fois tu ne t'en tireras pas par la plaisanterie

**laughable** /ˈlɑːfəbl/ SYN ADJ [person, behaviour, idea, suggestion] ridicule ; [offer, amount] dérisoire ✦ **it's laughable to compare him with Gandhi** il est ridicule de le comparer à Gandhi

**laughably** /ˈlɑːfəblɪ/ ADV ridiculement

**laughing** /ˈlɑːfɪŋ/

**ADJ 1** [person, face, eyes] riant, rieur
**2** (= light-hearted) ✦ **this is no laughing matter** il n'y a pas de quoi rire ✦ **I'm in no laughing mood** (= angry) je ne suis pas d'humeur à rire ; (= sad) je n'ai pas le cœur à rire

**COMP laughing gas** N gaz m hilarant
**laughing hyena** N hyène f (tachetée)
**laughing jackass** N (= bird) martin-pêcheur m géant
**laughing stock** N ✦ **he was the laughing stock of the class** il était la risée de la classe ✦ **he made himself a laughing stock** il s'est couvert de ridicule

**laughingly** /ˈlɑːfɪŋlɪ/ ADV **1** (= amusedly) [say] en riant
**2** (= ironically) ✦ **this patch of lawn that I laughingly call my garden** ce carré de gazon que j'appelle pour rire mon jardin ✦ **what the government laughingly calls its economic policy** (= risibly) ce que le gouvernement appelle sans rire sa politique économique

**laughline** /ˈlɑːflaɪn/ N (US : on face) ride f d'expression

**laughter** /ˈlɑːftəʳ/ SYN

**N** (NonC) rire(s) m(pl) ✦ **there was a little nervous laughter** on entendit quelques rires nerveux ✦ **there was loud laughter at this remark** cette remarque a provoqué des éclats de rire ✦ **he said amid laughter that…** il dit au milieu des rires que… ✦ **laughter is good for you** cela fait du bien de rire ✦ **their laughter could be heard in the next room** on les entendait rire dans la pièce à côté ; → **can²**, **roar**

**COMP laughter line** N (Brit : on face) ride f d'expression

**launce** /lɑːns/ N (= fish) lançon m

**launch** /lɔːntʃ/ SYN

**N 1** (= motorboat) (for patrol etc) vedette f ; (for pleasure) bateau m de plaisance ✦ **police launch** vedette f de la police
**2** (= boat carried by warship) chaloupe f
**3** (= launching) [of ship, spacecraft, product] lancement m ; → **window**

**VT 1** [+ ship, satellite, missile] lancer ; [+ shore lifeboat etc] faire sortir ; [+ ship's boat] mettre à la mer

## launcher | lax

[2] *[+ company, product, career, scheme, plan]* lancer ; *[+ attack, offensive]* lancer, déclencher ; *[+ inquiry, investigation]* ouvrir ◆ **to launch a share issue** *(Fin)* émettre des actions, faire une émission d'actions ◆ **it was this novel that really launched her as a writer** c'est ce roman qui l'a vraiment lancée en tant qu'écrivain ◆ **the film launched her as Hollywood's latest star** le film a fait d'elle la nouvelle star d'Hollywood

**VI** *(fig : also* **launch forth)** se lancer ◆ **to launch into** *[+ speech, explanation, attack]* se lancer dans

**COMP** **launch pad** N *(Space)* ⇒ **launching pad**
**launch party** N *(Publishing etc)* réception f de lancement
**launch vehicle** N *(Space)* fusée f de lancement

▸ **launch forth** VI ⇒ **launch** vi

▸ **launch out** VI *[business, company]* *(= diversify)* se diversifier ◆ **to launch out into sth** *[speaker, business]* se lancer dans qch

**launcher** /ˈlɔːntʃəʳ/ N *(Mil, Space)* lanceur m ; → **missile, rocket**

**launching** /ˈlɔːntʃɪŋ/
**N** [1] *[of new ship, missile, satellite]* lancement m ; *[of shore lifeboat]* sortie f ; *[of ship's boat]* mise f à la mer
[2] *[of company, product, career]* lancement m
**COMP** **launching ceremony** N cérémonie f de lancement
**launching pad** N *(Space)* rampe f de lancement
**launching site** N *(Mil, Space)* aire f de lancement

**launder** /ˈlɔːndəʳ/ VT [1] *[+ clothes]* laver ◆ **to send sth to be laundered** envoyer qch à la blanchisserie or au blanchissage
[2] *[+ money]* blanchir

**launderer** /ˈlɔːndərəʳ/ N *[of money]* blanchisseur m

**Launderette** ® /ˌlɔːndəˈret/ N *(Brit)* laverie f automatique

**laundering** /ˈlɔːndərɪŋ/ N [1] *[of clothes]* blanchissage m
[2] *[of money]* blanchiment m

**laundress** /ˈlɔːndrɪs/ N blanchisseuse f

**laund(e)rette** /ˌlɔːndəˈret/ N laverie f automatique

**Laundromat** ® /ˈlɔːndrəmæt/ N *(US)* ⇒ **laund(e)rette**

**laundry** /ˈlɔːndrɪ/
**N** [1] *(NonC)* *(= clean clothes)* linge m ; *(= dirty clothes)* linge m *(sale)* ◆ **to do the laundry** faire la lessive, laver le linge
[2] *(= place)* blanchisserie f
**COMP** **laundry basket** N panier m à linge
**laundry list** N *(lit)* liste f de blanchissage ; *(fig pej)* liste f interminable
**laundry mark** N marque f de la blanchisserie or du blanchissage
**laundry van** N camionnette f de la blanchisserie
**laundry worker** N blanchisseur m, -euse f *(employé)*

**laureate** /ˈlɔːrɪɪt/ ADJ, N lauréat(e) m(f) ◆ **(poet) laureate** *(in Brit)* poète m lauréat

**laurel** /ˈlɒrəl/
**N** laurier m ◆ **to rest on one's laurels** se reposer sur ses lauriers ◆ **to win one's laurels** se couvrir de lauriers ◆ **you must look to your laurels** ne t'endors pas sur tes lauriers
**COMP** **laurel wreath** N couronne f de lauriers

**laurustinus** /ˌlɔːrəsˈtaɪnəs/ N laurier-tin m

**Lausanne** /ləʊˈzæn/ N *(Geog)* Lausanne

**lav**⁎ /læv/ N *(abbrev of* **lavatory)** cabinets mpl, W.-C. mpl

**lava** /ˈlɑːvə/
**N** lave f
**COMP** **lava bed** N champ m de lave
**lava flow** N coulée f de lave
**lava lamp** N lampe f à bulles d'huile

**lavage** /læˈvɑːʒ/ N *(Med)* lavage m ; *(colonic)* lavement m

**lavalier(e)** /ˌlævəˈlɪəʳ/ N *(US)* pendentif m

**lavatorial** /ˌlævəˈtɔːrɪəl/ ADJ scatologique

**lavatory** /ˈlævətrɪ/ SYN
**N** [1] *(= room)* toilettes fpl, W.-C. mpl
[2] *(Brit = fitting)* (cuvette f et siège m de) W.-C. mpl ◆ **to put sth down the lavatory** jeter qch dans les W.-C. or cabinets ; → **public**
**COMP** **lavatory bowl** N cuvette f de W.-C.
**lavatory humour** N *(pej)* humour m scatologique

**lavatory pan** N ⇒ **lavatory bowl**
**lavatory paper** N papier m hygiénique
**lavatory seat** N siège m de W.-C.

**lavender** /ˈlævɪndəʳ/
**N** lavande f
**COMP** *[colour]* lavande inv
**lavender bag** N sachet m de lavande
**lavender-blue** ADJ bleu lavande inv
**lavender water** N eau f de lavande

**laver bread** /ˈlɑːvəbred/ N gâteau m d'algues

**lavish** /ˈlævɪʃ/ SYN
**ADJ** [1] *[person]* prodigue *(of, with* de) ◆ **to be lavish with one's money** dépenser sans compter, se montrer prodigue
[2] *(= generous)* *[expenditure]* très considérable ; *[amount]* gigantesque ; *[meal]* plantureux, copieux ; *[helping, hospitality]* généreux ◆ **to bestow lavish praise on sb** se répandre en éloges sur qn
**VT** prodiguer *(sth on sb* qch à qn)

**lavishly** /ˈlævɪʃlɪ/ ADV *[illustrated, decorated]* somptueusement ; *[equipped, furnished]* somptueusement, luxueusement ◆ **to entertain lavishly** recevoir somptueusement ◆ **to spend lavishly** dépenser sans compter ◆ **to tip sb lavishly** donner un pourboire très généreux à qn

**lavishness** /ˈlævɪʃnɪs/ N *[of spending]* extravagance f ; *[of hospitality, helping]* générosité f ; *[of meal]* luxe m

**law** /lɔː/ SYN
**N** [1] *(NonC = set of laws, legislation)* loi f, législation f ◆ **the law** la loi ◆ **it's the law** c'est la loi ◆ **the law as it stands** les lois en vigueur, la législation en vigueur ◆ **they're campaigning for a change in the law** ils font campagne pour une réforme législative ◆ **according to French/European law** selon la loi or la législation française/européenne ◆ **by or under French/international law** selon la loi or la législation française/internationale ◆ **when a bill becomes law** *(Parl)* quand un projet de loi est voté ◆ **to be above the law** être au-dessus des lois ◆ **to keep within the law** rester dans (les limites de) la légalité ◆ **to take the law into one's own hands** (se) faire justice soi-même ◆ **the law of the land** la législation or les lois du pays ◆ **the law of the jungle** la loi de la jungle ◆ **the Law of Moses** la loi de Moïse ◆ **law and order** l'ordre m public ; see also **comp** ◆ **forces of law and order** forces fpl de l'ordre ◆ **to have the law on one's side** avoir la loi pour soi ◆ **he's a law unto himself** il ne connaît d'autre loi que la sienne, il fait ce qu'il veut ; → **break, lay down, rule, word**
◆ **against the law** contraire à la loi, illégal
◆ **by law** ◆ **protected/prohibited/permitted by law** protégé/interdit/autorisé par la loi ◆ **bound** or **obliged by law** légalement obligé ◆ **you must by law provide access for the handicapped** vous êtes légalement obligé d'aménager un accès pour les handicapés ◆ **parents who must by law remain anonymous** les parents que la loi oblige à rester dans l'anonymat
[2] *(NonC = operation of the law)* justice f ◆ **the report looks at how women are treated by the law** ce rapport étudie la façon dont la justice traite les femmes ◆ **court of law** cour f de justice, tribunal m ◆ **to go to law** recourir à la justice ◆ **to take a case to law** porter une affaire devant les tribunaux, saisir la justice ◆ **to take sb to law** faire un procès à qn ◆ **I'll have the law on you!**⁎ je vous traînerai devant les tribunaux ! ◆ **here's the law arriving!**⁎ *(= the police)* voilà les flics !⁎ ; → **arm¹, brush, officer**
[3] *(NonC = system, science, profession)* droit m ◆ **civil/criminal** etc **law** le droit civil/criminel etc ◆ **to study** or **read law** faire son or du droit ◆ **to practise law** *[solicitor]* être notaire m ; *[barrister]* être avocat(e) ◆ **Faculty of Law** *(Univ)* faculté f de droit ◆ **common, martial, lord**
[4] *(= regulation)* loi f ◆ **to pass a law** voter une loi ◆ **several laws have been passed against pollution** plusieurs lois ont été votées pour combattre la pollution ◆ **is there a law against it?** est-ce que c'est interdit par la loi ? ◆ **there should be a law against it!** ça devrait être interdit ! ◆ **there's no law against it!**⁎ ce n'est pas défendu ! ◆ **framework law** loi-cadre f
[5] *(= principle, rule)* *(also Phys)* loi f ; *(Sport)* règle f ◆ **the law of averages** la loi des probabilités ◆ **the law of diminishing returns** la loi des rendements décroissants ◆ **the law(s) of gravity** la loi de la chute des corps or de la pesanteur ◆ **the laws of nature** les lois fpl de la nature ◆ **the**

## ENGLISH-FRENCH 526

**law(s) of supply and demand** la loi de l'offre et de la demande ; → **Murphy, Parkinson's law, sod²**
**COMP** **law-abiding** SYN ADJ respectueux des lois
**law-and-order issues** NPL questions fpl d'ordre public
**law-breaking** N *(NonC)* violation f de la loi ADJ violant or enfreignant la loi
**law centre, law center** *(US)* N service de consultations juridiques gratuites
**law clerk** N *(US Jur)* jeune juriste qui prépare le travail du juge
**law court** N cour f de justice, tribunal m
**Law Courts** NPL ≈ Palais m de justice
**law enforcement agency** N *(US)* service chargé de faire respecter la loi
**law enforcement officer** N *(US)* personne ayant des pouvoirs de police
**Law Faculty** N *(Univ)* faculté f de droit
**Law Lords** NPL *(Brit)* juges siégeant à la Chambre des lords
**law school** N *(Univ)* faculté f de droit ◆ **he's at law school** il fait son droit or du droit
**law student** N étudiant(e) m(f) en droit

**lawbreaker** /ˈlɔːˌbreɪkəʳ/ SYN N personne f qui enfreint la loi

**lawful** /ˈlɔːfʊl/ SYN ADJ *[action]* légal ; *[marriage, child]* légitime ; *[contract]* valide ◆ **it is not lawful to do that** il n'est pas légal de or il est illégal de faire cela ◆ **to go about one's lawful business** vaquer à ses occupations

**lawfully** /ˈlɔːfəlɪ/ ADV légalement

**lawfulness** /ˈlɔːfʊlnɪs/ N légalité f

**lawgiver** /ˈlɔːˌɡɪvəʳ/ N *(Brit)* législateur m, -trice f

**lawless** /ˈlɔːlɪs/ SYN ADJ *[country]* sans loi ; *[period]* d'anarchie ; *[person]* sans foi ni loi ◆ **lawless behaviour** manque m de respect des lois ◆ **we live in an increasingly lawless society** nous vivons dans une société où l'on respecte de moins en moins la loi

**lawlessness** /ˈlɔːlɪsnɪs/ N *[of person]* non-respect m des lois ; *[of country, period]* anarchie f

**lawmaker** /ˈlɔːˌmeɪkəʳ/ N *(US)* législateur m, -trice f

**lawman** /ˈlɔːmæn/ N (pl **-men**) *(US)* policier m

**lawn¹** /lɔːn/
**N** pelouse f
**COMP** **lawn party** N *(US)* garden-party f
**lawn tennis** N *(on grass)* tennis m sur gazon ; *(on hard surface)* tennis m

**lawn²** /lɔːn/ N *(= fabric)* batiste f, linon m

**lawnmower** /ˈlɔːnˌməʊəʳ/ N tondeuse f (à gazon)

**lawrencium** /lɔːˈrensɪəm/ N lawrencium m

**Lawson cypress** /ˈlɔːsən/ N cyprès m de Lawson

**lawsuit** /ˈlɔːsuːt/ SYN N *(esp US)* procès m ◆ **to bring a lawsuit against sb** intenter un procès à qn, poursuivre qn en justice

**lawyer** /ˈlɔːjəʳ/ SYN N [1] *(= barrister)* avocat m ; *(= solicitor)* *(for sales, wills etc)* notaire m ; *(in court for litigation)* avocat m ; *(in firm etc)* conseiller m juridique
[2] *(= person trained in law)* juriste mf

### LAWYER

Il existe deux catégories d'avocats en Grande-Bretagne : les « solicitors » et les « barristers » (appelés « advocates » en Écosse). Les premiers sont à la fois des notaires, qui traitent donc les transactions immobilières, les affaires de succession, etc, et des avocats habilités à plaider au civil dans les instances inférieures. Les seconds sont des avocats plus spécialisés, qui interviennent au pénal ou au civil dans les instances supérieures, y compris pour défendre des affaires dont ils sont saisis par des « solicitors ».
Aux États-Unis, les avocats sont appelés « attorneys ». Ils travaillent souvent selon le système dit « no win no fee » (c'est-à-dire que le client ne paie les honoraires que s'il a gain de cause), ce qui leur permet de défendre des clients pauvres dans des affaires importantes, avec la perspective d'obtenir des gains importants en cas de succès. Ainsi, les dommages et intérêts demandés dans les affaires civiles sont souvent beaucoup plus élevés qu'en Europe, et les Américains ont volontiers recours aux voies judiciaires pour régler leurs différends.

**lax** /læks/ SYN ADJ [1] *[behaviour, discipline, morals]* relâché ; *[person]* négligent ; *[government]* laxiste ; *[pronunciation]* relâché ◆ **to be lax in doing sth** faire qch avec négligence *or* sans soin ◆ **to be lax about security/one's work/duties** négliger la sécurité/son travail/ses devoirs ◆ **he's become very lax recently** il s'est beaucoup relâché récemment

2 *(Med) [bowels]* relâché

3 *(Ling) [vowel]* lâche

**laxative** /ˈlæksətɪv/ ADJ, N laxatif *m*

**laxity** /ˈlæksɪtɪ/, **laxness** /ˈlæksnɪs/ N *[of behaviour, discipline, morals]* relâchement *m* ; *[of person]* négligence *f* ; *[of government]* laxisme *m*

**lay¹** /leɪ/ SYN (vb: pret, ptp **laid**)

N 1 *[of countryside, district etc]* disposition *f*, configuration *f* ; → **land**

2 (*‡* = *sex*) partie *f* de jambes en l'air ◆ **it was a good lay** on a bien baisé*‡ ◆ **she's an easy lay** elle couche* avec n'importe qui, c'est une fille facile ◆ **he's/she's a good lay** il/elle baise bien*‡, c'est un bon coup‡

VT 1 (= *put, place, set*) *[+ cards, objects]* mettre, poser ; (= *stretch out*) *[+ cloth etc]* étendre ◆ **he laid his briefcase on the table** il a posé sa serviette à plat sur la table ◆ **she laid her hand on my shoulder** elle a posé *or* mis la main sur mon épaule ◆ **he laid his head on the table/the pillow** il a posé sa tête sur la table/l'oreiller ◆ **I didn't lay a finger on him** je ne l'ai pas touché ◆ **if you so much as lay a finger on me...** si tu oses (seulement) lever la main sur moi... ◆ **I wish I could lay my hands on a good dictionary** si seulement je pouvais mettre la main sur *or* dénicher un bon dictionnaire ◆ **to lay hands on a territory** *etc* (= *seize*) s'emparer d'un territoire *etc* ◆ **to lay a hand** *or* **hands on sb** (= *strike*) porter *or* lever la main sur qn ◆ **to lay hands on sb** *(Rel)* faire l'imposition des mains à qn ◆ **to lay it on the line*** y aller carrément, ne pas y aller par quatre chemins ◆ **he laid it on me*** *(US = explained)* il m'a tout expliqué ◆ **to lay one on sb‡** *(Brit)* (= *hit*) coller un pain‡ à qn, flanquer une châtaigne* à qn ; (= *trick*) jouer un sale tour à qn ; → **curse, eye, hand, rest, siege**

2 (= *put down, install*) poser, mettre ; *[+ bricks, carpet, cable, pipe]* poser ; *[+ mine]* poser, mouiller ◆ **to lay a road** faire une route ◆ **to lay a floor with carpet** poser une moquette sur un sol ; → **foundation**

3 *[+ eggs]* pondre ◆ **this bird lays its eggs in the sand** cet oiseau pond (ses œufs) dans le sable ; see also **egg, new**

4 (= *prepare*) *[+ fire]* préparer ; *[+ snare, trap]* tendre, dresser *for* à) ; *[+ plans]* élaborer ◆ **to lay the table (for lunch)** *(Brit)* mettre la table *or* le couvert (pour le déjeuner) ◆ **all our carefully-laid plans went wrong** tous nos projets si bien élaborés ont échoué ◆ **even the best-laid plans can go wrong** même les projets les mieux élaborés peuvent échouer ; see also **best**

5 *(with adjective)* ◆ **to lay bare one's innermost thoughts/feelings** mettre à nu *or* dévoiler ses pensées les plus profondes/ses sentiments les plus secrets ◆ **to lay bare one's soul** *(liter)* mettre son âme à nu ◆ **the blow laid him flat** le coup l'étendit par terre *or* l'envoya au tapis ◆ **the storm laid the town flat** la tempête a rasé la ville ◆ **to be laid low** être immobilisé ◆ **he was laid low with flu** il était immobilisé par la grippe, la grippe l'obligeait à garder le lit ◆ **to lay sb/to lay o.s. open to criticism** *etc* exposer qn/s'exposer à la critique *etc* ◆ **to lay waste a town, to lay a town to waste** ravager *or* dévaster une ville

6 (= *impose, place*) *[+ tax]* faire payer (*on sth* sur qch) ; *[+ burden]* imposer (*on sb* à qn) ; → **blame, emphasis, responsibility**

7 (= *wager*) *[+ money]* parier, miser (*on* sur) ◆ **I'll lay you (a fiver*) that...** je te parie (5 livres) que... ◆ **to lay a bet (on sth)** parier (sur qch)

8 (= *register, bring to sb's attention*) *[+ accusation, charge]* porter ◆ **we shall lay the facts before him** nous lui exposerons les faits ◆ **they laid their plan before him** ils lui ont soumis leur projet ◆ **to lay a matter before the court** *(Jur)* saisir le tribunal d'une affaire ◆ **he laid his case before the commission** il a porté son cas devant *or* soumis son cas à la commission ◆ **to lay a complaint** *(Jur)* porter plainte (*against* contre ; *with* auprès de) ◆ **to lay information** *(Police = inform authorities)* donner des informations, servir d'indicateur ; → **claim**

9 (= *suppress*) *[+ ghost]* exorciser, conjurer ; *[+ doubt, fear]* dissiper ◆ **to lay the dust** faire tomber la poussière

10 (*‡* = *have sex with*) baiser*‡ ◆ **to get laid** baiser*‡, se faire sauter‡

VI *[bird, fish, insect]* pondre

COMP **lay-by** N *(Brit : for cars)* (petite) aire *f* de stationnement *(sur le bas-côté)*

**lay days** NPL *[of ship]* jours *mpl* de planche, estarie *f*

**lay-off** N (= *redundancy*) licenciement *m*

► **lay about** VT FUS ◆ **to lay about sb (with a stick)** rouer qn de coups (de bâton)

► **lay alongside** *(Naut)* VI, VT SEP accoster

► **lay aside** VT SEP 1 (= *save*) *[+ money, supplies]* mettre de côté

2 (= *put away*) *[+ object]* mettre de côté ◆ **he laid aside his book to greet me** il a posé son livre pour me dire bonjour

3 (= *relinquish*) *[+ prejudice, scruples]* faire abstraction de ; *[+ differences, disagreements, doubts]* faire taire ; *[+ principles]* se départir de ; *[+ fears, anxieties, doubts]* écarter ; *[+ plans, projects]* abandonner

► **lay away** VT SEP *(US)* ⇒ **lay aside 1**

► **lay back** VT SEP remettre (*on* sur)

► **lay by**

VT SEP ⇒ **lay aside 1**

N ◆ **lay-by** → **lay¹**

► **lay down**

VI *(Cards)* étaler son jeu *or* ses cartes

VT SEP 1 (= *deposit*) *[+ object, parcel, burden]* poser, déposer ◆ **to lay down one's cards** poser son jeu *or* ses cartes

2 *[+ wine]* mettre en cave

3 (= *give up*) ◆ **to lay down one's arms** déposer ses *or* les armes ◆ **to lay down one's life for sb** sacrifier sa vie pour qn

4 (= *establish, decide*) *[+ rule]* établir, poser ; *[+ condition, price]* imposer, fixer ◆ **he laid it down that...** il décréta *or* stipula que... ◆ **it is laid down in the rules that...** il est stipulé dans le règlement que... ◆ **to lay down a policy** dicter une politique ◆ **to lay down the law (to sb) (about sth)** *(fig)* (essayer de) faire la loi (à qn) (sur qch) ◆ **in our house it's my mother who lays down the law** c'est ma mère qui fait la loi à la maison ◆ **stop laying down the law!** arrête de commander !

► **lay in** VT SEP *[+ goods, reserves]* faire provision de ; *(in shop)* emmagasiner ◆ **to lay in provisions** faire des provisions ◆ **I must lay in some fruit** il faut que je m'approvisionne *subj* en fruits *or* que je fasse provision de fruits

► **lay into*** VT FUS (= *attack verbally*) prendre à partie ; (= *scold*) passer un savon à* ; (= *attack physically*) rentrer dans le chou *or* le lard de*, tomber à bras raccourcis sur ◆ **we really laid into the beer last night** *(fig = devour)* on a descendu pas mal de bière hier soir*

► **lay off**

VT SEP *[+ workers]* licencier, débaucher

VT FUS (* = *leave alone*) ◆ **you'd better lay off the beer/running for a while** tu ferais mieux de t'abstenir de boire/courir pour le moment ◆ **lay off (it)!** (= *stop*) arrête !, ça suffit ! ; (= *don't touch*) pas touche !*, bas les pattes !* ◆ **lay off him!** fiche-lui la paix !* ◆ **I told him to lay off (it)** je lui ai dit d'arrêter

N ◆ **lay-off** → **lay¹**

► **lay on** VT SEP 1 *[+ tax]* mettre ◆ **they lay on an extra charge for tea** ils ajoutent à la note le prix du thé

2 *(Brit)* (= *install*) *[+ water, gas]* installer, mettre ; (= *provide*) *[+ facilities, entertainment]* fournir ◆ **a house with water/gas/electricity laid on** une maison qui a l'eau courante/le gaz/l'électricité ◆ **I'll have a car laid on for you** je mettrai une voiture à votre disposition, je ferai en sorte que vous ayez une voiture à votre disposition ◆ **everything will be laid on** il y aura tout ce qu'il faut ◆ **it was all laid on (for us) so that we didn't have to buy anything** tout (nous) était fourni si bien qu'on n'a rien eu à acheter

3 *[+ varnish, paint]* étaler ◆ **he laid it on thick** *or* **with a trowel*** *(fig)* il en a rajouté* ; → **lay¹**

► **lay out**

VT SEP 1 (= *plan, design*) *[+ garden]* dessiner ; *[+ house]* concevoir (le plan de) ; *[+ essay]* faire le plan de ◆ **a well laid-out flat** un appartement bien conçu ◆ **to lay out page 4** *(Typography)* faire la mise en page de la (page) 4, monter la (page) 4

2 (= *get ready, display*) *[+ clothes]* sortir, préparer ; *[+ goods for sale]* disposer, étaler ◆ **the meal that was laid out for them** le repas qui leur avait été préparé ◆ **to lay out a body** faire la toilette d'un mort

3 (= *present systematically*) *[+ reasons, events etc]* exposer systématiquement

4 (= *spend*) *[+ money]* débourser, dépenser (*on* pour)

5 (= *knock out*) mettre knock-out *or* KO

6 (= *make an effort*) ◆ **to lay o.s. out to do sth** faire tout son possible pour faire qch, se mettre en quatre pour faire qch

N ◆ **layout** → **layout**

► **lay over** *(US)*

VI s'arrêter, faire une halte

N ◆ **layover** → **layover**

► **lay to** *(Naut)*

VI *[ship]* être en panne

VT SEP *[+ ship]* mettre en panne

► **lay up** VT SEP 1 *[+ store, provisions]* amasser, entasser ; *(in shop)* emmagasiner ◆ **to lay up trouble for o.s.** se préparer des ennuis

2 *[+ car]* remiser ; *[+ boat]* désarmer ◆ **he is laid up (in bed) with flu** il est au lit avec la grippe

**lay²** /leɪ/ VB pt of **lie¹**

**lay³** /leɪ/ N *(Mus, Poetry)* lai *m*

**lay⁴** /leɪ/ SYN

ADJ 1 *[missionary, school, education]* laïque

2 *(fig)* ◆ **to the lay mind** aux yeux du profane, pour le profane ◆ **lay opinion on this** l'opinion des profanes sur la question

COMP **lay analyst** N psychanalyste *non titulaire d'un doctorat*

**lay brother** N frère *m* convers *or* lai

**lay person** N 1 *(Rel)* laïc *m*

2 *(fig)* profane *mf*, non-initié(e) *m(f)*

**lay reader** N prédicateur *m* laïque

**lay sister** N sœur *f* converse

**lay⁵** /leɪ/ ADJ *(Art)* ◆ **lay figure** mannequin *m*

**layabout*** /ˈleɪəbaʊt/ N *(Brit)* fainéant(e) *m(f)*, feignant(e)* *m(f)*

**layaway (plan)** /ˈleɪəweɪ(ˌplæn)/ N *(US Comm)* vente *f* à livraison différée

**layback** /ˈleɪbæk/ N *(Climbing)* dülfer *f*

**layer** /ˈleɪəʳ/ SYN

N 1 *[of atmosphere, paint, dust, sand]* couche *f* ; *(Geol)* couche *f*, strate *f* ◆ **several layers of clothing** plusieurs épaisseurs *fpl* de vêtements

2 (= *hen*) ◆ **a good layer** une bonne pondeuse

3 (= *plant runner*) marcotte *f*

VT 1 *[+ hair]* couper en dégradé

2 *[+ plant]* marcotter

COMP **layer cake** N gâteau *m* fourré

**layette** /leɪˈet/ N layette *f*

**laying** /ˈleɪɪŋ/

N *[of carpet]* pose *f* ◆ **the laying of wreaths** *(ceremony)* le dépôt de gerbes ◆ **the laying on of hands** *(Rel)* l'imposition *f* des mains

ADJ ◆ **laying hen** poule *f* pondeuse

**layman** /ˈleɪmən/ SYN N (pl **-men**) 1 *(Rel)* laïc *m*

2 *(fig)* profane *m*, non-initié *m* ◆ **in layman's terms** en termes simples

**layout** /ˈleɪaʊt/ SYN N *[of house, school]* disposition *f*, agencement *m* ; *[of garden]* plan *m*, dessin *m*, disposition *f* ; *[of district]* disposition *f* ; *[of essay]* plan *m* ; *[of advertisement, newspaper article etc]* agencement *m*, mise *f* en page ◆ **the layout of page 4** *(Press etc)* la mise en page de la (page) 4 ◆ **I don't like the layout of my hand** *(Cards)* je n'aime pas mon jeu

**layover** /ˈleɪˌəʊvəʳ/ N *(US)* halte *f*

**Lazarist** /ˈlæzərɪst/ N *(Rel)* lazariste *m*

**Lazarus** /ˈlæzərəs/ N Lazare *m*

**laze** /leɪz/ VI (also **laze about, laze around**) (= *be idle*) paresser, ne rien faire, traînasser *(pej)* ◆ **we lazed (about** *or* **around) in the sun for a week** nous avons passé une semaine au soleil à ne rien faire, nous avons eu une semaine de farniente au soleil ◆ **stop lazing about** *or* **around and do some work!** cesse de perdre ton temps (à ne rien faire) et mets-toi au travail !

► **laze away** VT SEP ◆ **to laze the time away** passer son temps à ne rien faire

**lazily** /ˈleɪzɪlɪ/ ADV (= *idly, languidly*) *[stretch, get up, yawn, watch]* paresseusement ; *[smile]* avec indolence ◆ **to drift lazily** *[smoke, cloud]* flotter mollement ; *[snowflakes]* voleter légèrement

**laziness** /ˈleɪzɪnɪs/ SYN N paresse *f*, indolence *f*, fainéantise *f*

**lazulite** /ˈlæzjʊlaɪt/ N *(Miner)* lazulite *f*

# lazy | lead

**lazy** /ˈleɪzɪ/ SYN

**ADJ** ① (pej = idle) [person] paresseux ◆ **I'm lazy about washing my vegetables** je suis trop paresseux pour laver mes légumes, je ne prends pas la peine de laver mes légumes ◆ **to feel lazy** être pris de paresse

② (pej = sloppy) [attitude] nonchalant, paresseux ; [writing, work] peu soigné ; [style] relâché

③ (= relaxed, languid) [gesture, smile] nonchalant, indolent ; [river] paresseux, lent ; [hour, day, afternoon] de détente ; [lunch, dinner] décontracté ◆ **a lazy drawl** une voix traînante et nonchalante ◆ **we had a lazy holiday on the beach** nous avons passé des vacances reposantes à la plage

**COMP** **lazy eye** N (Med) amblyopie f
**lazy Susan** N (= dish) plateau m tournant

**lazybones** * /ˈleɪzɪbəʊnz/ N feignant(e) * m(f)

**LB** (abbrev of **Labrador**) LB

**lb** (abbrev of **libra**) ⇒ **pound**¹

**LBO** /ˌelbiːˈəʊ/ N (abbrev of **leveraged buyout**) → **leverage**

**lbw** /ˌelbiːˈdʌbljuː/ N (Cricket) (abbrev of **leg before wicket**) faute du batteur qui met la jambe devant le guichet au moment où la balle arrive

**LC** N (in US) (abbrev of **Library of Congress**) → **library**

**lc** (Typography) (abbrev of **lower case**) → **lower**¹

**L/C** (abbrev of **letter of credit**) → **letter**

**LCD** /ˌelsiːˈdiː/ N ① (abbrev of **liquid crystal display**) LCD m
② (abbrev of **lowest common denominator**) PPDC m

**lcd** /ˌelsiːˈdiː/ N PPDC m

**LCM, lcm** /ˌelsiːˈem/ N (abbrev of **lowest common multiple**) PPCM m

**Ld** (Brit) abbrev of **Lord**

**L-dopa** /elˈdəʊpə/ N L-dopa f

**LDS** /ˌeldiːˈes/ N (abbrev of **Licentiate in Dental Surgery**) diplôme m de chirurgien dentiste

**LEA** /ˌeliːˈeɪ/ N (Brit) (abbrev of **local education authority**) → **local**

**lea** /liː/ N (liter) pré m

**leach** /liːtʃ/ SYN
**VT** [+ liquid] filtrer ; [+ particles] lessiver
**VI** [liquid] filtrer (from de ; into dans ; through à travers)

◆ ◆ ◆ ◆ ◆ ◆ ◆ ◆ ◆ ◆ ◆ ◆ ◆ ◆ ◆ ◆ ◆ ◆ ◆

## **lead**¹ /liːd/
LANGUAGE IN USE 26.3 SYN

vb: pret, ptp **led**

1 - NOUN
2 - ADJECTIVE
3 - TRANSITIVE VERB
4 - INTRANSITIVE VERB
5 - COMPOUNDS
6 - PHRASAL VERBS

◆ ◆ ◆ ◆ ◆ ◆ ◆ ◆ ◆ ◆ ◆ ◆ ◆ ◆ ◆ ◆ ◆ ◆ ◆

### 1 - NOUN

① [ESP SPORT] (= front position) tête f ; (= distance or time ahead) avance f ◆ **to be in the lead** (in match) mener ; (in race, league) être en tête ◆ **to go into** or **take the lead** (in race) prendre la tête ; (in match, league) mener ◆ **to have a three-point lead** avoir trois points d'avance ◆ **to have a two-minute/ten-metre lead over sb** avoir deux minutes/dix mètres d'avance sur qn

② [= INITIATIVE] initiative f, exemple m ◆ **to follow sb's lead** suivre l'exemple de qn ◆ **to give the lead** montrer l'exemple ◆ **to give sb a lead** montrer l'exemple à qn ◆ **to take the lead in doing sth** être le premier à faire qch ◆ **thanks to his lead the rest were able to...** grâce à son initiative les autres ont pu...

③ [= CLUE] piste f ◆ **the police have a lead** la police tient une piste ◆ **the footprints gave them a lead** les traces de pas les ont mis sur la piste

④ [THEAT] rôle m principal ◆ **to play the lead** jouer or avoir le rôle principal ◆ **to sing the lead** chanter le rôle principal ◆ **male/female lead** premier rôle m masculin/féminin ◆ **juvenile lead** jeune premier m

⑤ [= LEASH] laisse f ◆ **dogs must be kept on a lead** les chiens doivent être tenus en laisse

⑥ [ELEC = FLEX] fil m

⑦ [PRESS] article m à la une ; (= editorial) éditorial m ◆ **the financial crisis is the lead (story) in this morning's papers** (= headlines) la crise financière fait les gros titres des journaux or est à la une des journaux ce matin

⑧ [CARDS] ◆ **whose lead is it?** à qui est-ce de jouer ?

⑨ [COMM] ◆ **leads and lags** termaillage m, jeu m de termes de paiement

### 2 - ADJECTIVE

[= LEADING] ◆ **lead guitarist** première guitare f ◆ **lead vocalist** (chanteur m) leader m, (chanteuse f) leader f

### 3 - TRANSITIVE VERB

① [= CONDUCT, SHOW THE WAY TO] [+ person, horse] conduire, mener (to à) ; [+ procession, parade] être à la tête de ◆ **to lead sb in/out/across etc** faire entrer/sortir/traverser etc qn ◆ **they led him into the king's presence** on le conduisit devant le roi ◆ **to lead sb into a room** faire entrer qn dans une pièce ◆ **the guide led them through the courtyard** le guide leur a fait traverser la cour or les a fait passer par la cour ◆ **the first street on the left will lead you to the church** la première rue à gauche vous mènera à l'église ◆ **what led you to Venice?** qu'est-ce qui vous a amené à Venise ? ◆ **each clue led him to another** chaque indice le menait au suivant ◆ **this leads me to an important point** cela m'amène à un point important ◆ **to lead a team onto the field** conduire une équipe sur le terrain

② [= BE LEADER OF] [+ government, movement, party, team] être à la tête de, diriger ; [+ expedition] être à la tête de, mener ; [+ regiment] être à la tête de, commander ; [+ Football etc) [+ league] être en tête de ; [+ orchestra] (Brit) être le premier violon de ; (US) diriger ◆ **we are looking for someone to lead our new department** nous cherchons quelqu'un pour assurer la direction de notre nouveau service

③ [SPORT, FIG = BE AHEAD OF] ◆ **they were leading us by 10 metres** ils avaient une avance de 10 mètres sur nous ◆ **to lead the field** (Sport, fig) venir or être en tête ◆ **our country leads the world in textiles** notre pays est le leader mondial dans le domaine du textile

④ [+ LIFE, EXISTENCE] mener ◆ **they lead a simple life** ils mènent une vie simple

⑤ [= INDUCE, BRING] porter, amener ◆ **I am led to the conclusion that...** je suis amené à conclure que...
◆ **to lead sb to do sth** ◆ **he led me to believe that he would help me** il m'a amené à croire qu'il m'aiderait ◆ **what led you to think that?** qu'est-ce qui vous a amené à penser ça ? ◆ **his financial problems led him to change his attitude** ses problèmes financiers l'ont amené à changer d'attitude

⑥ [CARDS] jouer ; (Bridge etc : at first trick) attaquer de, entamer ◆ **what is led?** qu'est-ce qui est joué or demandé ?

### 4 - INTRANSITIVE VERB

① [= BE AHEAD : ESP SPORT] (in match) mener ; (in race) être en tête ◆ **which horse is leading?** quel est le cheval de tête ? ◆ **to lead by half a length/three points** avoir une demi-longueur/trois points d'avance ◆ **to lead (by) four goals to three** mener (par) quatre (buts) à trois

② [= GO AHEAD] aller devant ; (= show the way) montrer le chemin ◆ **you lead, I'll follow** passez devant, je vous suis

③ [JUR] ◆ **to lead for the defence** être l'avocat principal de la défense

④ [DANCING] mener, conduire

⑤ [= GO] [road, corridor] mener, conduire ; [door] mener (to à), s'ouvrir (to sur) ; (fig) mener (to à) ◆ **where is all this leading?** (trend, events) où cela va-t-il nous mener ? ; (questions, reasoning) où veut-il (or voulez-vous etc) en venir ? ◆ **the streets that lead into/from the square** les rues qui débouchent sur/partent de la place ; see also **lead off**

◆ **to lead to** ◆ **it led to war** cela a conduit à la guerre ◆ **it led to his arrest** cela a abouti à son arrestation ◆ **that will lead to his undoing** cela causera or sera sa perte ◆ **it led to nothing** ça n'a mené à rien ◆ **this led to their asking to see the president** cela les a amenés à demander à voir le président ◆ **it could lead to some confusion** cela pourrait créer or occasionner une certaine confusion ◆ **it led to a change in his attitude** cela a provoqué un changement dans son attitude ◆ **one story led to another** une histoire en a amené une autre ◆ **one thing led to another and we...** une chose en amenant une autre, nous...

⑥ [CARDS] ◆ **who is it to lead?** c'est à qui de commencer ? ◆ **south to lead** (Bridge) sud joue

### 5 - COMPOUNDS

**lead-in** N introduction f, entrée f en matière
**lead story** N (Press) noun 7
**lead time** N [of project, process] délais mpl (d'exécution or de réalisation) ; [of stock] délais mpl (de réapprovisionnement) ; [of new product] délais mpl (de démarrage or de mise en production)
**lead-up** N préparation f (to sth de qch)

### 6 - PHRASAL VERBS

▶ **lead away** VT SEP emmener ◆ **he was led away by the soldiers** il a été emmené par les soldats ◆ **they led him away to the cells** ils l'ont conduit en cellule

▶ **lead back** VT SEP ramener, reconduire ◆ **they led us back to the office** ils nous ont ramenés or reconduits au bureau ◆ **this street leads you back to the town hall** cette rue vous ramène à l'hôtel de ville

▶ **lead off**
**VI** (= begin) commencer
**VT FUS** [corridor, path] partir de ◆ **a passage leading off the foyer** un couloir qui part du foyer ◆ **the rooms which lead off the corridor** les pièces qui donnent sur le couloir
**VT SEP** ⇒ **lead away**

▶ **lead on**
**VI** (= lead the way) marcher devant ◆ **lead on (, Macduff)!** (hum) allez-y, je vous suis !
**VT SEP** ① (= tease) taquiner, faire marcher * ; (= fool) duper, avoir * ; (= raise hopes in) donner de faux espoirs à ; (sexually) allumer *
② (= induce) amener ◆ **they led him on to talk about his experiences** ils l'ont amené à parler de son expérience ◆ **this led him on to say that...** cela l'amena à dire que...

▶ **lead up** VI ① [path etc] conduire ◆ **this road leads up to the castle** cette route conduit or mène au château ◆ **this staircase leads up to the roof** cet escalier conduit au or donne accès au toit
② (= precede) précéder ◆ **the years that led up to the war** les années qui ont précédé la guerre ◆ **the events that led up to the revolution** les événements qui ont conduit à la révolution
③ (= lead on) ◆ **he led up carefully to his proposal** il a soigneusement amené sa proposition ◆ **what are you leading up to?** où voulez-vous en venir ? ◆ **what's all this leading up to?** (= what's he trying to say?) où veut-il en venir ?

**lead**² /led/

**N** ① (NonC = metal) plomb m ◆ **they filled** or **pumped him full of lead** * (hum) ils l'ont criblé de balles, ils l'ont transformé en écumoire * ; → **red**

② (NonC: also **black lead**) mine f de plomb

③ [of pencil] mine f ; [of fishing line] plomb m ; (for sounding) plomb m (de sonde) ; (for wheel balancing) masselotte f ◆ **that'll put lead in your pencil** †⁂ (Brit hum) ça va te donner de la vigueur (virile) ; → **swing**

④ (Brit) ◆ **leads** [of roof] couverture f de plomb ◆ **(window) leads** plombures fpl

**COMP** [object, weight etc] de or en plomb
**lead acetate** N acétate m de plomb
**lead balloon** * N ◆ **it went down like a lead balloon** c'est tombé à plat, ça a foiré⁂
**lead crystal** N cristal m au plomb
**lead-crystal** ADJ [decanter, bowl] en cristal (au plomb)
**lead-free** ADJ sans plomb
**lead glass** N verre m au plomb
**lead oxide** N oxyde m de plomb
**lead paint** N peinture f à base de carbonate de plomb
**lead pencil** N crayon m à papier
**lead pipe** N tuyau m de plomb
**lead piping** N tuyauterie f de plomb
**lead poisoning** N saturnisme m
**lead replacement petrol** N ≈ super m
**lead shot** N (NonC) grenaille f de plomb

**leaded** /ˈledɪd/ ADJ [1] ◆ **leaded window** fenêtre *f* à petits carreaux ◆ **leaded lights** petits carreaux *mpl*
[2] *[petrol]* au plomb, qui contient du plomb

**leaden** /ˈledn/
ADJ [1] *(† = made of lead)* de *or* en plomb
[2] *(liter : in colour) [sky, clouds]* de plomb, plombé
[3] *(= heavy) [footsteps, atmosphere]* lourd, pesant ; *[silence]* de mort ; *[translation, dialogue]* lourd
[4] *(pej = stodgy) [food]* bourratif *
COMP **leaden-eyed** ADJ aux yeux ternes
**leaden-limbed** ADJ ◆ **to feel leaden-limbed** se sentir des membres de plomb

**leadenly** /ˈlednlɪ/ ADV *[walk]* d'un pas lourd, lourdement ; *[look]* d'un œil terne

**leader** /ˈliːdəʳ/ SYN
N [1] *[of expedition, gang, tribe]* chef *m* ; *[of club]* dirigeant(e) *m(f)* ; *(= guide)* guide *m* ; *(Climbing)* premier *m* (de cordée) ; *[of riot, strike]* meneur *m*, -euse *f* ; *(Mil)* commandant *m* ; *(Pol)* dirigeant(e) *m(f)*, leader *m* ◆ **they're (the) world leaders in the cosmetics industry** ce sont les leaders mondiaux de l'industrie cosmétique ◆ **he's a born leader** il est né pour commander ◆ **one of the leaders in the scientific field** une des sommités du monde scientifique ◆ **one of the leaders of the trade union movement** l'un des chefs de file *or* leaders du mouvement syndical ◆ **the leader of the Labour Party, the Labour leader** le leader *or* le chef (du parti) travailliste ◆ **opposition leader** leader *m or* chef *m* de l'opposition ◆ **the Iraqi leader** le chef du gouvernement irakien ◆ **political leaders** leaders *mpl or* chefs *mpl* politiques ◆ **religious leaders** chefs *mpl* religieux ◆ **community leaders** notables *mpl* ◆ **the leader of the orchestra** *(Brit)* le premier violon ; *(US)* le chef d'orchestre ◆ **the leader for the defence** *(Jur)* l'avocat *m* principal de la défense ; → **follow, world, youth**
[2] *(Sport) (in race) (= runner)* coureur *m* de tête ; *(= horse)* cheval *m* de tête ; *(in league)* leader *m* ◆ **he managed to stay up with the leaders** il a réussi à rester dans les premiers *or* dans le peloton de tête
[3] *(Press)* article *m* principal ; *(= editorial)* éditorial *m* ◆ **leader writer** *(Brit)* éditorialiste *mf*
[4] *(Mus) (= principal violinist)* premier violon *m* ; *(US) (= director)* chef *m* d'orchestre
[5] *(Recording)* (also **leader tape**) amorce *f*
[6] *(Fishing)* bas *m* de ligne
[7] *(Comm:* also **loss leader**) produit *m* d'appel
[8] *(Stock Exchange)* ◆ **leaders** valeurs *fpl* vedettes
COMP **Leader of the House** N *(Brit Parl)* président *m* de la Chambre *(des communes ou des lords)*

**LEADER OF THE HOUSE**

**Leader of the House** désigne le président de la Chambre des communes ou celui de la Chambre des lords. L'un et l'autre ont pour fonction de préparer les débats parlementaires et d'en assurer le bon déroulement. Ils occupent une place importante au sein de l'équipe gouvernementale.

**leaderboard** /ˈliːdəbɔːd/ N *(Golf)* leaderboard *m*, têtes *fpl* de liste

**leaderless** /ˈliːdəlɪs/ ADJ *[party]* sans chef

**leadership** /ˈliːdəʃɪp/ SYN N [1] *(NonC) (= position)* direction *f*, leadership *m* ; *(= action)* direction *f* ◆ **during** *or* **under his leadership** sous sa direction ◆ **they were rivals for the party leadership** ils étaient candidats rivaux à la direction du parti ◆ **to take over the leadership of the country** prendre la succession à la tête du pays ◆ **to resign the party leadership** démissionner de la tête du parti ◆ **he has leadership potential** il a l'étoffe d'un chef ◆ **what we want to see is firm leadership** ce que nous voulons c'est un dirigeant à poigne ◆ **he praised her leadership during the crisis** il a loué la manière dont elle a géré la crise ◆ **the company is suffering from poor leadership** la société est mal gérée ◆ **leadership skills** qualités *fpl* de leader ◆ **to play** *or* **take a leadership role (in sth)** jouer un rôle de meneur (dans qch)
[2] *(= leaders collectively)* dirigeants *mpl* ◆ **the union leadership has** *or* **have agreed to arbitration** les dirigeants du syndicat ont accepté de recourir à l'arbitrage

**leading**[1] /ˈliːdɪŋ/ SYN
ADJ [1] *(= important)* important ◆ **a leading industrialist** un industriel de premier plan ◆ **a leading industrial nation** une des principales nations industrialisées ◆ **a leading advocate of economic sanctions** un des principaux partisans des sanctions économiques
[2] *(= most important)* principal ◆ **Britain's leading car manufacturer** le premier *or* le principal constructeur automobile britannique ◆ **one of the leading figures of the twenties** un personnage marquant des années vingt ◆ **one of our leading industries** l'une de nos principales industries ◆ **one of the country's leading writers** un des écrivains les plus importants *or* les plus en vue du pays
[3] *(Theat, Cine) [role, part]* principal ◆ **to play the leading part** *or* **role (in a film/play)** être la vedette (d'un film/d'une pièce) ◆ **to play** *or* **take a leading part** *or* **role in sth** *(fig)* jouer un rôle majeur *or* prépondérant dans qch
[4] *(= in foremost position) [car, aircraft, battalion]* de tête
[5] *(= winning) (in race) [runner, driver, car]* en tête de course ; *(in league) [competitor, club, team]* en tête de classement
COMP **leading aircraft(s)man** (pl **leading aircraft(s)men**), **leading aircraft(s)woman** (pl **leading aircraft(s)women**) N *(Brit)* ≈ soldat *m* (de l'armée de l'air)
**leading article** N *(Press) (Brit)* éditorial *m* ; *(US)* article *m* de tête
**leading case** N *(Jur)* précédent *m*
**leading counsel** N *(Brit Jur) avocat commis sur une affaire*
**leading edge** N [1] *[of wing]* ◆ **the leading edge** le bord d'attaque
[2] *(fig)* ◆ **to be at** *or* **on the leading edge of technology** être à la pointe de la technologie ◆ **to invest in the leading edge of technology** investir dans les technologies de pointe
**leading lady** N *(Cine)* actrice *f* principale ◆ **his leading lady in that film was Gill Page** sa partenaire principale dans ce film était Gill Page ◆ **the leading lady was Mary Dodd** *(Theat)* c'est Mary Dodd qui tenait le premier rôle féminin
**leading light** N ◆ **he is one of the leading lights in the campaign** c'est un des personnages les plus en vue de la campagne ◆ **she was one of the leading lights in the local drama society** c'était une des étoiles du groupe d'art dramatique local ◆ **one of the leading lights in the economic field** une des sommités *or* lumières en matière d'économie
**leading man** N (pl **leading men**) *(Cine)* acteur *m* principal ◆ **her leading man in that film was Will Preston** son partenaire principal dans ce film était Will Preston ◆ **the leading man was David Penn** *(Theat)* c'est David Penn qui tenait le premier rôle masculin
**leading note** N *(Mus)* note *f* sensible
**leading question** N *(Jur, fig : pej)* question *f* tendancieuse
**leading rating** N *(Brit Navy)* quartier-maître *m* de 1$^{re}$ classe
**leading rein** N *(Horse-riding)* longe *f*

**leading**[2] /ˈledɪŋ/ N *(NonC: Typography)* interligne *f*, blanc *m*

**leadworks** /ˈledwɜːks/ N fonderie *f* de plomb

**leaf** /liːf/ SYN (pl **leaves**)
N [1] *[of tree, plant]* feuille *f* ◆ **the leaves** les feuilles *fpl* , le feuillage ◆ **in leaf** en feuilles ◆ **to come into leaf** se couvrir de feuilles ◆ **to shake like a leaf** trembler comme une feuille ; → **fig**
[2] *[of book]* feuillet *m*, page *f* ◆ **you should take a leaf out of his book** vous devriez prendre exemple sur lui ◆ **to turn over a new leaf** s'acheter une conduite ; → **flyleaf**
[3] *[of table] (on hinges)* rabat *m*, abattant *m* ; *(in groove, removable)* rallonge *f*
[4] *(NonC) [of metal]* feuille *f* ; → **gold**
COMP **leaf beetle** N chrysomèle *f*
**leaf bud** N bourgeon *m* à feuilles
**leaf insect** N phyllie *f*
**leaf mould, leaf mold** *(US)* N *(NonC)* terreau *m* de feuilles
**leaf tobacco** N tabac *m* en feuilles
▸ **leaf through** VT FUS *[+ book]* feuilleter, parcourir

**leafless** /ˈliːflɪs/ ADJ sans feuilles, dénudé

**leaflet** /ˈliːflɪt/ SYN
N [1] *(= publication)* prospectus *m* ; *(Pol, Rel)* tract *m* ; *(for publicity)* dépliant *m*, prospectus *m* ; *(= instruction sheet)* notice *f* explicative, mode *m* d'emploi
[2] *[of plant]* foliole *f*
VI distribuer des prospectus *or* des tracts *etc*
VT *[+ area, street]* distribuer des prospectus *or* des tracts *etc* dans

**leafstalk** /ˈliːfstɔːk/ N *[of plant]* queue *f*, pétiole *m*

**leafy** /ˈliːfɪ/ ADJ *[branch]* couvert de feuilles ; *[tree, plant]* touffu ; *[garden]* luxuriant ; *[lane]* bordé d'arbres (feuillus) ; *[suburb]* vert ◆ **green leafy vegetables** les légumes *mpl* verts à feuilles

**league**[1] /liːg/ SYN
N [1] *(= association)* ligue *f* ◆ **to form a league against** se liguer contre ◆ **to be in league (with sb)** être de connivence (avec qn)
[2] *(Football)* championnat *m* ; *(Baseball)* division *f* ◆ **major/minor league** *(Baseball)* première/deuxième division *f* ; → **rugby**
[3] *(fig = class)* classe *f*, catégorie *f* ◆ **they're in a different** *or* **not in the same league** ils ne sont pas du même calibre ◆ **in the big league** dans le peloton de tête, parmi les premiers ◆ **this is way out of your league!** tu ne fais pas le poids !, tu n'es pas de taille !
COMP **league champions** NPL *(Brit Football)* vainqueurs *mpl* du championnat ◆ **they were the league champions last year** ils ont remporté le championnat l'année dernière
**league championship** N championnat *m*
**league leaders** NPL ◆ **they are the league leaders now** pour le moment ils sont en tête du championnat
**league match** N *(Brit Football)* match *m* de championnat
**League of Nations** N Société *f* des Nations
**league table** N *(Football)* classement *m* du championnat ; *(esp Brit) [of schools, companies etc]* palmarès *m*

**league**[2] /liːg/ N lieue *f* ◆ **seven-league boots** bottes *fpl* de sept lieues

**leak** /liːk/ SYN
N [1] *(in bucket, pipe, roof, bottle, pen)* fuite *f* ; *(in boat)* voie *f* d'eau ; *(in shoe)* trou *m* ◆ **to spring a leak** *[bucket, pipe]* se mettre à fuir ; *[boat]* commencer à faire eau ◆ **the ship sprang a leak in the bow** une voie d'eau s'est déclarée à l'avant du navire ◆ **a gas leak** une fuite de gaz
[2] *[of information]* fuite *f* ◆ **a Cabinet leak** une fuite ministérielle ◆ **budget/security leak** fuite *f* concernant le budget/la sécurité
[3] *(** = urinate)* ◆ **to take a leak** pisser** ◆ **to go for a leak** aller pisser**
VI [1] *[bucket, pen, pipe, bottle]* fuir ; *[ship]* faire eau ; *[shoe]* prendre l'eau ◆ **the roof leaks** le toit fuit, il y a des fuites dans le toit
[2] *[gas, liquid]* fuir, s'échapper ◆ **the acid leaked (through) onto the carpet** l'acide a filtré jusque dans le tapis
[3] *[cabinet, ministry etc]* ◆ **the Cabinet has been leaking** il y a eu des fuites au sein du cabinet
VT [1] *[+ liquid]* répandre, faire couler ◆ **the tanker had leaked its contents into the river/all over the road** le contenu du camion-citerne s'était répandu dans la rivière/sur la route
[2] *[+ information]* divulguer ; *[+ story, document]* divulguer *(à la presse)*
▸ **leak in** VI *[spilt liquid]* filtrer ; *[water]* s'infiltrer ◆ **the water is leaking in through the roof** l'eau entre *or* s'infiltre par le toit
▸ **leak out** VI *[gas, liquid]* fuir, s'échapper ; *[secret, news]* filtrer, être divulgué ◆ **it finally leaked out that...** on a fini par apprendre que...

**leakage** /ˈliːkɪdʒ/ N *(= leak) [of gas, liquid, information]* fuite *f* ; *(= amount lost)* perte *f*

**leakproof** /ˈliːkpruːf/ ADJ étanche

**leaky** /ˈliːkɪ/ SYN ADJ *[roof, pipe, bucket]* qui fuit ; *[boat]* qui fait eau ; *[shoe]* qui prend l'eau

**lean**[1] /liːn/ SYN (pret, ptp **leaned** *or* **leant**)
VI [1] *(= slope) [wall, construction etc]* pencher ◆ **I lean towards the belief that...** *(fig)* je tends à *or* j'incline à croire que... ◆ **to lean towards sb's opinion** tendre à partager l'opinion de qn ◆ **to lean towards the left** *(Pol)* avoir des sympathies pour la gauche *or* à gauche
[2] *(= support o.s., rest) [person]* s'appuyer *((up) against* contre, à ; *on* sur), prendre appui *((up) against* contre ; *on* sur) ; *(with one's back)* s'adosser *((up) against* à), s'appuyer *((up) against* contre, à) ; *(with elbows)* s'accouder *(on* à) ◆ **to be leaning** être appuyé *or* adossé *or* accoudé ◆ **to be leaning (up) against the wall** *[ladder, cycle etc]* être appuyé contre le mur ; *[person]* être appuyé contre le mur, être adossé au mur ◆ **to lean on one's elbows** s'appuyer *or* prendre appui sur les coudes ◆ **to lean on sb for help** *or* **support** s'appuyer sur qn ◆ **to lean (heavily) on sb for advice** compter (beaucoup) sur qn pour ses conseils
[3] *(* = apply pressure)* faire pression *(on* sur), forcer la main *(on* à) ◆ **they leaned on him for payment** ils ont fait pression sur lui pour qu'il paie

*subj* ◆ **the editor was leaning on him for the article** le rédacteur en chef le pressait pour qu'il remette son article

VT *[+ ladder, cycle etc]* appuyer (*(up) against* contre) ◆ **to lean one's elbows on the table/one's head on sb's shoulder** poser ses coudes sur la table/sa tête sur l'épaule de qn ◆ **she leaned her weight on the door** elle s'appuya de tout son poids contre la porte

N inclinaison *f*

COMP **lean-to** N (pl **lean-tos**) appentis *m* ◆ **lean-to garage/shed** *etc* garage *m*/cabane *f etc* en appentis

▸ **lean back**

VI se pencher en arrière ◆ **to lean back in an armchair** se laisser aller en arrière dans un fauteuil ◆ **to lean back against sth** s'adosser contre *or* à qch

VT SEP *[+ chair]* pencher en arrière ◆ **to lean one's head back** pencher la tête en arrière, renverser la tête (en arrière)

▸ **lean forward**

VI se pencher en avant

VT SEP pencher en avant

▸ **lean out**

VI se pencher au dehors ◆ **to lean out of the window** se pencher par la fenêtre ◆ **"do not lean out"** « ne pas se pencher au dehors »

VT SEP pencher au dehors ◆ **he leant his head out of the window** il a passé la tête par la fenêtre

▸ **lean over** VI *[person]* (*= forward*) se pencher en avant ; (*= sideways*) se pencher sur le côté ; *[object, tree]* pencher, être penché ◆ **to lean over backwards** se pencher en arrière

▸ **lean up** VI, VT SEP → **lean[1]**

**lean[2]** /liːn/ SYN

ADJ [1] (*= slim*) *[person, body]* mince ; *[animal]* svelte ◆ **to have a lean build** être mince

[2] (*= fatless*) *[meat, beef]* maigre

[3] (*= poor*) *[harvest]* maigre, pauvre ◆ **lean diet** régime *m* maigre ◆ **lean years** années *fpl* de vaches maigres ◆ **there are lean times ahead in the property market** le marché de l'immobilier connaîtra une période difficile ◆ **we had a lean time of it** on a mangé de la vache enragée ◆ **to go through a lean patch** traverser une période difficile

[4] *[company]* (*through downsizing*) dégraissé ◆ **a leaner, more efficient team** une équipe plus légère et plus efficace

N *[of meat]* maigre *m*

COMP **lean-burn engine** N moteur *m* à carburant maigre

**leaning** /ˈliːnɪŋ/ SYN

N (*= liking*) penchant *m* (*towards* pour) ; (*= tendency*) tendance *f* (*towards* à) ◆ **I always had a leaning towards sport** j'ai toujours été attiré par le sport ◆ **he has artistic leanings** il a une prédisposition pour les arts, il a des tendances artistiques ◆ **what are his political leanings?** quelles sont ses tendances politiques ?

ADJ *[wall, building]* penché

COMP **the Leaning Tower of Pisa** N la tour (penchée) de Pise

**leanness** /ˈliːnnɪs/ N maigreur *f*

**leant** /lent/ VB pt, ptp of **lean[1]**

**leap** /liːp/ SYN (vb: pret, ptp **leaped** *or* **leapt**)

N [1] (*lit*) saut *m*, bond *m* ◆ **to take a leap** bondir, sauter ◆ **at one leap** d'un bond

[2] (*fig*) bond *m* ◆ **a leap in profits/inflation** un bond dans les profits/l'inflation ◆ **there has been a leap of 13% in profits/sales** les profits/les ventes ont fait un bond de 13% ◆ **Russia's leap into the market economy** le passage de la Russie à l'économie de marché ◆ **the film takes a leap into fantasy** le film plonge dans le fantastique ◆ **to make the leap from singer to actor** réussir à passer de la chanson au cinéma (*or* au théâtre) ◆ **in** *or* **by leaps and bounds** à pas de géant ◆ **a leap in the dark** un saut dans l'inconnu ◆ **a big** *or* **great leap forward** un grand bond en avant ◆ **a giant leap for mankind** un pas de géant pour l'humanité ◆ **(to take** *or* **make) a leap of faith** (*Rel, fig*) (faire) un acte de foi ◆ **to make a leap of the imagination** *or* **an imaginative leap** faire preuve de beaucoup d'imagination ◆ **you're making a leap of logic here that I can't follow** je n'arrive pas à suivre votre logique

VI [1] *[person, animal, fish]* sauter, bondir ; *[flames]* jaillir ◆ **to leap in/out** *etc* entrer/sortir *etc* d'un bond ◆ **to leap to one's feet** se lever d'un bond ◆ **he leapt into/out of the car** il sauta dans/de la voiture ◆ **he leapt out of bed** il sauta du lit ◆ **he leapt over to the window** il se précipita à la fenêtre ◆ **to leap off a bus/train** sauter d'un bus/train ◆ **to leap over a ditch** franchir un fossé d'un bond, sauter (par-dessus) un fossé ◆ **he leapt into the air** il fit un bond (en l'air) ◆ **the flames leapt into the air** les flammes ont jailli *or* se sont élevées dans les airs ◆ **to leap to attention** se mettre vivement au garde-à-vous ◆ **he leapt for joy** il a sauté *or* bondi de joie ◆ **the word leapt out at him** *or* **leapt off the page (at him)** le mot lui a sauté aux yeux

[2] (*fig*) *[profits, sales, prices, unemployment]* faire un bond ◆ **the shares leapt from 125p to 190p** les actions ont fait un bond de 125 à 190 pence ◆ **the shares leapt (by) 21p to 370p** les actions ont fait un bond de 21 pence pour atteindre la cote de 370 pence ◆ **her heart leapt** son cœur a bondi dans sa poitrine ◆ **my heart leapt at the sight of her** j'ai eu un coup au cœur en la voyant ◆ **to leap at sth** *[+ chance, suggestion, offer]* sauter sur qch ; *[+ idea]* accueillir qch avec enthousiasme ◆ **to leap to the conclusion that...** conclure hâtivement que... ◆ **you mustn't leap to conclusions** il ne faut pas tirer de conclusions hâtives ◆ **to leap to sb's defence** s'empresser de prendre la défense de qn ; → **look**

VT [1] *[+ stream, hedge etc]* sauter (par-dessus), franchir d'un bond

[2] *[+ horse]* faire sauter

[3] (*fig*) ◆ **to leap a generation** *[disease, illness, trait]* sauter une génération

COMP **leap year** N année *f* bissextile

▸ **leap about** VI gambader ◆ **to leap about with excitement** sauter de joie

▸ **leap up** VI [1] (*lit*) (*off ground*) sauter en l'air ; (*to one's feet*) se lever d'un bond ; *[flame]* jaillir ◆ **the dog leapt up at him** le chien lui a sauté dessus ◆ **he leapt up indignantly** il a bondi d'indignation

[2] (*fig*) *[profits, sales, prices, unemployment]* faire un bond

**leapfrog** /ˈliːp,frɒg/

N saute-mouton *m*

VI ◆ **to leapfrog over** (*lit*) *[+ person]* sauter à saute-mouton par-dessus ; *[+ stool, object]* franchir à saute-mouton ; (*fig*) dépasser

VT (*fig*) dépasser

**leapt** /lept/ VB pt, ptp of **leap**

**learn** /lɜːn/ SYN (pret, ptp **learned** *or* **learnt**)

VT [1] (*by study*) *[+ language, lesson, musical instrument]* apprendre ◆ **to learn (how) to do sth** apprendre à faire qch ◆ **he's learnt his lesson** (*fig*) il a compris la leçon ◆ **I've learnt a lot since then** (*fig*) je sais à quoi m'en tenir maintenant, maintenant j'ai compris

[2] (*= find out*) *[+ facts, news, results etc]* apprendre ◆ **I was sorry to learn (that) you had been ill** j'ai appris avec regret que vous aviez été malade ◆ **we haven't yet learned whether he recovered** nous ne savons toujours pas s'il est guéri

[3] (*Psych = acquire*) *[behaviour, reaction]* acquérir ◆ **a learned reaction** une réaction acquise ◆ **learned behaviour** comportement *m* acquis

[4] (** = teach*) apprendre ◆ **I'll learn you!** je vais t'apprendre, moi !* ◆ **that'll learn you!** ça t'apprendra !*

VI [1] apprendre ◆ **it's never too late to learn** il n'est jamais trop tard pour apprendre, on apprend à tout âge ◆ **he'll learn!** (*fig iro*) un jour il comprendra ! ◆ **we are learning about the Revolution at school** on étudie la Révolution en classe ◆ **to learn from experience** apprendre par l'expérience ◆ **to learn from one's mistakes** tirer la leçon de ses erreurs ; → **live[1]**

[2] (*= hear*) ◆ **I was sorry to learn of** *or* **about your illness** j'ai appris avec regret votre maladie

▸ **learn off** VT SEP apprendre par cœur

▸ **learn up** VT SEP (*= revise*) *[+ maths etc]* travailler, bûcher* ; *[+ new facts]* apprendre ◆ **she learnt up all she could about the district** elle a appris tout ce qu'elle a pu sur la région

**learnable** /ˈlɜːnəbl/ ADV que l'on peut apprendre, qui s'apprend ◆ **easily learnable** facile à apprendre

**learned** /ˈlɜːnɪd/ SYN ADJ (*= erudite*) *[person, journal, society, essay]* savant ; *[profession]* intellectuel ◆ **my learned friend** (*Brit Jur*) mon éminent confrère

**learnedly** /ˈlɜːnɪdlɪ/ ADV avec érudition, savamment

**learnedness** /ˈlɜːnɪdnɪs/ N érudition *f*

**learner** /ˈlɜːnəʳ/ SYN

N apprenant(e) *m(f)* ◆ **learner (driver)** (*Brit*) apprenti(e) conducteur *m*, -trice *f* ◆ **you are a quick learner** vous apprenez vite ◆ **a learners' dictionary** un dictionnaire pour apprenants ◆ **language learner** étudiant(e) *m(f)* en langues ◆ **a learner of English** un apprenant d'anglais

COMP **learner-centred, learner-centered** (*US*) ADJ centré sur l'apprenant

**learner's license** N (*US*) *permis spécial pour apprentis conducteurs* → DRIVING LICENCE, DRIVER'S LICENSE

**learning** /ˈlɜːnɪŋ/ SYN

N (*NonC*) [1] (*= fund of knowledge*) érudition *f*, savoir *m* ◆ **a man of learning** (*in humanities*) un érudit ; (*in sciences*) un savant ◆ **a little learning is a dangerous thing** (*Prov*) mieux vaut être ignorant qu'à demi-savant ; → **seat**

[2] (*= act*) apprentissage *m*, étude *f* (*of* de) ◆ **language learning** apprentissage *m or* étude *f* des langues *etc* ◆ **children who are behind in their learning** des enfants qui ont du retard à l'école ◆ **learning develops the memory** apprendre développe la mémoire ◆ **a place of learning** un lieu d'étude ; → **distance, rote**

COMP **learning curve** N courbe *f* d'apprentissage (*SPEC*) ◆ **to be on a (steep) learning curve** devoir apprendre (très) vite, avoir beaucoup à apprendre

**learning difficulties, learning disabilities** NPL difficultés *fpl* d'apprentissage

**learning-disabled** ADJ (*US*) ayant des difficultés d'apprentissage

**learning resources centre** N centre *m* de documentation et d'information

**learnt** /lɜːnt/ VB (*esp Brit*) pt, ptp of **learn**

**lease** /liːs/ SYN

N [1] (*Jur = contract, duration*) bail *m* ◆ **long lease** bail *m* à long terme ◆ **99-year lease** bail *m* de 99 ans ◆ **to take a house on lease** prendre une maison à bail, louer une maison

[2] (*fig*) ◆ **to get** *or* **find** *or* **be given a new lease of** (*Brit*)*or* **on** (*US*) **life** *[person]* retrouver un second souffle ◆ **after a career as a comedian, he found a new lease of life as an actor** après une carrière de comique, il a retrouvé un second souffle en devenant acteur ◆ **it's like getting a new lease of life!** je retrouve un second souffle ! ; (*stronger*) je me sens revivre ! ◆ **after months of pain and immobility I have found a new lease of life** après des mois de douleur et d'immobilité j'ai retrouvé une nouvelle jeunesse ◆ **the heart transplant has given him a new lease of** *or* **on life** sa greffe du cœur lui a donné un regain de vitalité ◆ **printing can give old T-shirts a new lease of** *or* **on life** l'impression d'un motif peut donner une nouvelle jeunesse à de vieux tee-shirts

VT *[+ house, car etc]* louer à bail

COMP **lease-lend** N (*Econ*) prêt-bail *m*

**leaseback** /ˈliːsbæk/ N cession-bail *f* ◆ **leaseback scheme** *or* **contract** contrat *m* de cession-bail

**leasehold** /ˈliːshəʊld/

N (*= contract*) ≈ bail *m* emphytéotique ; (*= property*) propriété *f* louée à bail

ADJ *[property, building, land]* loué à bail

ADV *[buy]* à bail

COMP **leasehold reform** N révision *f* du bail

**leaseholder** /ˈliːshəʊldəʳ/ N ≈ locataire *mf* emphytéotique

**leash** /liːʃ/ SYN N (*for dog*) laisse *f* ◆ **to keep a dog on a leash** tenir un chien en laisse ◆ **to hold** *or* **keep sb on a short** *or* **tight leash** tenir la bride haute à qn ◆ **to give sb a longer leash** (*esp US*) laisser la bride sur le cou à qn

**leasing** /ˈliːsɪŋ/ N crédit-bail *m*

**least** /liːst/ LANGUAGE IN USE 26.3 SYN (superl of **little[2]**)

ADJ (*= smallest amount of*) le moins de ; (*= smallest*) le moindre, la moindre, le plus petit, la plus petite ◆ **he has (the) least money** c'est lui qui a le moins d'argent ◆ **the least thing upsets her** la moindre chose *or* la plus petite chose la contrarie ◆ **the principle of least effort** le principe du moindre effort ◆ **the least common denominator** (*Math*) le plus petit dénominateur commun ◆ **with the least possible expenditure** avec le moins de dépenses possible(s) ◆ **that's the least of our worries** c'est le moindre *or* le cadet de nos soucis ; → **resistance**

PRON le moins ◆ **you've given me the least** c'est à moi que tu en as donné le moins ◆ **it's the least I can do** c'est le moins que je puisse faire, c'est la moindre des choses ◆ **it's the least one can expect** c'est la moindre des choses ◆ **what's**

**the least you are willing to accept?** quel prix minimum êtes-vous prêt à accepter ? ◆ **I wasn't the least bit surprised** cela ne m'a pas surpris le moins du monde ◆ **least said soonest mended** *(Prov)* moins on en dit mieux on se porte, moins on en dit et mieux ça vaut ◆ **that's the least of it!** s'il n'y avait que ça !, ça, ce n'est rien !

◆ **at least** *(with quantity, comparison)* au moins ; *(parenthetically)* du moins, tout au moins ◆ **it costs $5 at least** cela coûte au moins 5 dollars ◆ **there were at least eight books** il y avait au moins huit livres ◆ **he's at least as old as you** il a au moins votre âge ◆ **he eats at least as much as I do** il mange au moins autant que moi ◆ **at least it's not raining** au moins il ne pleut pas ◆ **you could at least have told me!** tu aurais pu au moins me le dire ! ◆ **I can at least try** je peux toujours essayer ◆ **he's ill, at least that's what he says** il est malade, du moins c'est ce qu'il dit

◆ **at the very least** au moins, au minimum ◆ **it will cost $100 at the very least** cela coûtera 100 dollars au minimum *or* au bas mot

◆ **in the least** ◆ **not in the least!** pas du tout ! ◆ **he was not in the least tired** *or* **not the least bit tired** *or* **not tired in the least** il n'était pas le moins du monde fatigué ◆ **it didn't surprise me in the least** cela ne m'a pas surpris le moins du monde ◆ **it doesn't matter in the least** cela n'a pas la moindre importance

◆ **to say the least** ◆ **I was annoyed, to say the least (of it)** j'étais mécontent, c'était le moins qu'on puisse dire ◆ **she was not very wise, to say the least** elle était pour le moins imprudente ◆ **it wasn't a very good meal, to say the least of it** c'était un repas assez médiocre pour ne pas dire plus

ADV le moins ◆ **the least expensive** le moins cher ◆ **the least expensive car** la voiture la moins chère ◆ **he did it least easily of all** *(= least easily of all he did)* c'est ce qu'il a eu le plus de mal à faire ; *(= least easily of all people involved)* c'est lui qui l'a fait le moins facilement de tous ◆ **she is least able to afford it** elle est la dernière à pouvoir se l'offrir ◆ **when you are least expecting it** quand vous vous y attendez le moins

◆ **least of all** ◆ **he deserves it least of all** c'est lui qui le mérite le moins de tous ◆ **nobody seemed amused, least of all John** cela ne semblait amuser personne et surtout pas John ◆ **least of all would I wish to offend him** je ne voudrais surtout pas le froisser

◆ **not least** ◆ **all countries, not least the USA** tous les pays, et en particulier les USA ◆ **not least because...** notamment *or* entre autres parce que...

COMP **least-worst** * ADJ moins pire*, moins mauvais

**leastways** * /ˈliːstweɪz/, **leastwise** * /ˈliːstwaɪz/ ADV du moins, ou plutôt

**leather** /ˈleðəʳ/

N 1 *(NonC)* cuir *m* ; → **hell, patent**

2 (also **wash leather**) peau *f* de chamois ; → **chamois**

3 *(US * = wallet)* portefeuille *m*

NPL **leathers** *(= suit)* cuir* *m* ; *(= trousers)* pantalon *m* en cuir

VT *( * = beat)* tanner le cuir à*

COMP *[boots, jacket, seat]* de *or* en cuir

**leather bar** * N bar *m* cuir*

**leather goods** NPL *(gen)* articles *mpl* en cuir ; *(fancy goods)* maroquinerie *f*

**leatherback** /ˈleðəbæk/ N *(= animal)* (tortue *f*) luth *m*, fausse tortue

**leatherbound** /ˈleðəbaʊnd/ ADJ *[book]* relié (en) cuir

**Leatherette** ® /ˌleðəˈret/ N similicuir *m*, skaï ® *m*

**leatheriness** /ˈleðərɪnɪs/ N *[of meat]* coriacité *f* ; *[of skin]* aspect *m* parcheminé

**leathering** * /ˈleðərɪŋ/ N ◆ **to give sb a leathering** tanner le cuir à qn*

**leatherjacket** /ˈleðəˌdʒækɪt/ N *(= larva)* larve *f* de tipule

**leathern** /ˈleðən/ ADJ *(= of leather)* de *or* en cuir ; *(= like leather)* tanné

**leatherneck*** /ˈleðənek/ N *(US)* marine *m*, fusilier *m* marin américain

**leathery** /ˈleðərɪ/ SYN ADJ *[meat, substance]* coriace ; *[skin]* parcheminé, tanné

**leave** /liːv/ SYN (vb: pret, ptp **left**)

N 1 *(NonC = consent)* permission *f* ◆ **to ask leave (from sb) to do sth** demander (à qn) la permission de faire qch ◆ **by** *or* **with your leave** avec votre permission ; → **by**

2 *(= holiday) (gen)* congé *m* ; *(Mil)* permission *f* ◆ **how much leave do you get?** vous avez droit à combien de jours de congé (*or* de jours de permission) ? ◆ **six weeks' leave** permission *f* *or* congé *m* de six semaines ◆ **to be on leave** être en congé *or* en permission ◆ **on leave of absence** en congé exceptionnel ; *(Mil)* en permission spéciale ; → **absent, French, sick**

3 *(= departure)* congé *m* ◆ **to take (one's) leave (of sb)** prendre congé (de qn) ◆ **I must take my leave** il faut que je prenne congé ◆ **have you taken leave of your senses?** avez-vous perdu la tête *or* la raison ?

VT 1 *(= go away from) [+ town]* quitter, partir de ; *(permanently)* quitter ; *[+ room, building]* sortir de, quitter ; *[+ person, job, one's husband, wife]* quitter ; *[+ one's children]* abandonner ◆ **he left Paris in 2001** il a quitté Paris en 2001 ◆ **we left Paris at 6 o'clock** nous sommes partis de Paris *or* nous avons quitté Paris à 6 heures ◆ **I must leave you** il faut que je vous quitte *subj* ◆ **you may leave us** *(frm)* vous pouvez vous retirer *(frm)* ◆ **they were left to die/to starve** on les a laissés mourir/mourir de faim ◆ **he has left this address** il n'habite plus à cette adresse ◆ **he left home in 1989** il a quitté la maison en 1989 ◆ **I left home at 6 o'clock** je suis sorti de chez moi *or* j'ai quitté la maison à 6 heures ◆ **to leave hospital** sortir de *or* quitter l'hôpital ◆ **the ship left port** le navire a quitté le port ◆ **to leave prison** sortir de prison ◆ **the car left the road** la voiture a quitté la route ◆ **to leave the room** *(= go out)* sortir de la pièce ; *(euph = go to toilet)* sortir *(euph)* ◆ **he left school in 2001** *(Brit)* il a quitté l'école en 2001 ; *(US)* il a terminé ses études en 2001 ; *(US = gave up studies)* il a arrêté ses études en 2001 ◆ **he left school at 4pm** il est sorti de l'école *or* il a quitté l'école à 16 heures ◆ **the train left the station** le train est sorti de *or* a quitté la gare ◆ **to leave the table** se lever de table, quitter la table ◆ **to leave the track** *or* **rails** *[train]* dérailler ; → **love, lurch²**

2 *(= forget) [+ object, keys, umbrella]* laisser, oublier ◆ **he left his umbrella on the train** il a laissé *or* oublié son parapluie dans le train

3 *(= deposit, put)* laisser ◆ **I'll leave the book for you with my neighbour** je laisserai le livre pour vous chez mon voisin ◆ **has the postman left anything?** est-ce que le facteur a apporté *or* laissé quelque chose ? ◆ **can I leave my camera with you?, can I leave you my camera?** puis-je vous confier mon appareil-photo ? ◆ **he left the children with a neighbour** il a laissé *or* confié les enfants à un voisin ◆ **he leaves a widow and one son** il laisse une veuve et un orphelin ◆ **to leave a message for sb** laisser un message à qn ◆ **to leave the waiter a tip** laisser un pourboire au garçon ◆ **to leave word** laisser un mot *or* un message *(with sb for sb* à qn pour qn ; *that* que) ◆ **he left word for Paul to go and see him** il a fait dire à Paul d'aller le voir ◆ **he left word with me for Paul to go and see him** il m'a chargé de dire à Paul d'aller le voir

4 *(= allow to remain)* laisser ◆ **leave it where it is** laisse-le là où il est ◆ **he left half his meal** il a laissé la moitié de son repas ◆ **to leave a space** *(Typography etc)* laisser un blanc *or* un espace ◆ **to leave the door open/the phone off the hook** laisser la porte ouverte/le téléphone décroché ◆ **to leave two pages blank** laisser deux pages blanches ◆ **it left me free for the afternoon** cela m'a laissé l'après-midi de libre, cela m'a libéré pour l'après-midi ◆ **this deal has left me in debt** cette affaire m'a laissé des dettes ◆ **he was left a widower** il est devenu veuf ◆ **he left it lying on the floor** il l'a laissé traîner par terre ◆ **don't leave that letter lying around** ne laissez pas traîner cette lettre ◆ **to leave sb on his own** *or* **to himself** laisser qn tout seul ◆ **to leave sb in peace** *or* **to himself** laisser qn tranquille ◆ **left to himself, he'd never have finished** (tout) seul, il n'aurait jamais fini ◆ **I'll leave it to you to decide** je te laisse le soin de décider ◆ **I('ll) leave you to judge** je vous laisse juger ◆ **I'll leave the matter in your hands** je vous laisse vous occuper de l'affaire, je vous laisse le soin d'arranger cela ◆ **shall we go via Paris? – I'll leave it to you** et si on passait par Paris ? – je m'en remets à vous *or* je vous laisse décider ◆ **leave it to me!** laissez-moi faire !, je m'en charge ! ◆ **I'll leave you to it** * je vous laisse (à vos occupations) ◆ **I wanted to leave myself (with) at least £80 a week** je voulais garder *or* qu'il me reste *subj* au moins 80 livres par semaine ◆ **let's leave it at that** tenons-nous-en là ◆ **let's leave it at that for today** restons-en là pour aujourd'hui ◆ **it left a good impression on me** cela m'a fait bonne impression ◆ **to leave sb in charge of a house/shop** *etc* laisser à qn la garde d'une maison/d'une boutique *etc* ◆ **the boss is out and he's left me in charge** le patron est sorti et m'a laissé la charge de tout ◆ **take it or leave it** c'est à prendre ou à laisser ◆ **I can take it or leave it** cela ne me fait ni chaud ni froid ; → **alone, baby, chance, cold, desire, device, go, shelf, stand, stone, unsaid**

5 *(Math)* ◆ **three from six leaves three** six moins trois égalent trois ◆ **if you take four from seven, what are you left with?** si tu enlèves quatre de sept, qu'est-ce qui te reste ?

6 *(in will) [+ money]* laisser *(to* à) ; *[+ object, property]* laisser, léguer *(to* à)

7 ◆ **to be left** rester ◆ **what's left?** qu'est-ce qui reste ? ◆ **who's left?** qui est-ce qui reste ? ◆ **there'll be none left** il n'en restera pas ◆ **how many are (there) left?** combien en reste-t-il ? ◆ **there are three cakes left** il reste trois gâteaux ◆ **are there any left?** est-ce qu'il en reste ? ◆ **nothing was left for me but to sell the house** il ne me restait plus qu'à vendre la maison ◆ **I was left with a lot of stock I couldn't sell** je me suis retrouvé avec un gros stock que je ne pouvais pas écouler ◆ **I've got $6 left** il me reste 6 dollars ◆ **I've got a half left** il m'en reste la moitié ◆ **I'll have nothing left** il ne me restera plus rien ◆ **I've no money left** je n'ai plus d'argent ◆ **have you got any left?** est-ce qu'il vous en reste ?

VI *(= go away) [person, train, ship etc]* partir, s'en aller ; *(= resign)* partir, démissionner ◆ **to leave for Paris** *[person, train]* partir pour Paris ; *[ship]* partir *or* appareiller pour Paris ◆ **it's time we left, it's time for us to leave** il est l'heure de partir *or* que nous partions *subj* ◆ **the train leaves at 4 o'clock** le train part à 4 heures ◆ **he's just left** il vient de partir ◆ **his wife has left** *(permanently)* sa femme est partie

▸ **leave about, leave around** VT SEP *[+ clothes, possessions etc]* laisser traîner

▸ **leave aside** VT SEP laisser de côté

▸ **leave behind** VT SEP 1 *(= not take) [+ person]* laisser, ne pas emmener ; *[+ object]* laisser, ne pas emporter ◆ **he left the children behind in Paris** il a laissé les enfants à Paris ◆ **you'll get left behind if you don't hurry up** on va te laisser là si tu ne te dépêches pas

2 *(= outdistance) [+ opponent in race]* distancer ; *[+ fellow students etc]* dépasser

3 *(= forget) [+ gloves, umbrella etc]* laisser, oublier

▸ **leave in** VT SEP *[+ paragraph, words etc]* garder, laisser ; *[+ plug]* laisser, ne pas enlever ◆ **leave the cake in for 50 minutes** *(in oven)* laisser cuire le gâteau pendant 50 minutes

▸ **leave off**

VI *( * = stop)* s'arrêter ◆ **where did we leave off?** *(in work, reading)* où nous sommes-nous arrêtés ? ◆ **leave off!** arrête !, ça suffit !*

VT SEP 1 *( * = stop)* arrêter *(doing sth* de faire qch)

2 *[+ lid]* ne pas remettre ; *[+ clothes] (= not put back on)* ne pas remettre ; *(= stop wearing)* cesser de porter, abandonner ; *(= not put on)* ne pas mettre

3 *[+ gas, heating, tap]* laisser fermé ; *[+ light]* laisser éteint

4 *(= not add to list) (deliberately)* exclure ; *(accidentally)* oublier, omettre

▸ **leave on** VT SEP 1 *[+ one's hat, coat etc]* garder, ne pas enlever ; *[+ lid]* ne pas enlever, laisser

2 *[+ gas, heating, tap]* laisser ouvert ; *[+ light]* laisser allumé

▸ **leave out** VT SEP 1 *(= omit) (accidentally)* oublier, omettre ; *(deliberately)* exclure ; *[+ line in text] (also Mus) [+ note]* sauter ◆ **they left him out** ils l'ont tenu *or* laissé à l'écart ◆ **I'm feeling left out** j'ai l'impression d'être tenu à l'écart ◆ **leave it out!*** arrête !*

2 *(= not put back)* laisser sorti, ne pas ranger ; *(= leave visible) [+ food, note, etc]* laisser ◆ **I left the box out on the table** j'ai laissé la boîte sortie sur la table ◆ **to leave sth out in the rain** laisser qch dehors sous la pluie ◆ **to leave sb out in the cold** *(in cold place)* laisser qn dans le froid ; *(on the sidelines)* laisser qn à l'écart *or* sur la touche ; *(in the lurch)* laisser qn en plan

▸ **leave over** VT SEP 1 ◆ **this is all the meat that was left over** c'est toute la viande qui reste ◆ **there's nothing left (over)** il ne reste plus rien ◆ **there's never anything left over** il n'y a jamais de restes ◆ **after each child has three there are two left over** quand chaque enfant en a pris trois, il en reste deux ◆ **if there's any money left over** s'il reste de l'argent

2 *(= postpone)* remettre (à plus tard) ◆ **let's leave this over till tomorrow** remettons cela à demain

**-leaved** /li:vd/ ADJ *(in compounds)* ◆ **small-leaved** à petites feuilles ◆ **round-leaved** à feuilles rondes ◆ **five-leaved stem** tige *f* à cinq feuilles

**leaven** /'levn/ SYN

N levain *m*

VT *(lit)* faire lever ◆ **his speech was leavened by a few witty stories** son discours était agrémenté de quelques anecdotes spirituelles

COMP **leavened bread** N pain *m* au levain

**leavening** /'levnɪŋ/ N *(lit, fig)* levain *m*

**leaves** /li:vz/ NPL of **leaf**

**leavetaking** /'li:v,teɪkɪŋ/ N adieux *mpl*

**leaving** /'li:vɪŋ/

N départ *m*

COMP **leaving present** N cadeau *m* de départ

**leavings** /'li:vɪŋz/ SYN NPL restes *mpl*

**Lebanese** /,lebə'ni:z/

ADJ libanais

N *(pl inv)* Libanais(e) *m(f)*

NPL **the Lebanese** les Libanais *mpl*

**Lebanon** /'lebənən/ N Liban *m* ◆ **in Lebanon** au Liban ; → **cedar**

**Lebensraum** /'leɪbənz,raʊm/ N *(Hist)* Lebensraum *m*

**leccy**‡ /'lekɪ/ *(Brit)* N *(= electricity)* courant *m*

**lech*** /letʃ/

VI ◆ **to lech after sb** *(= desire)* désirer qn ; *(= behave lecherously)* courir après qn

N ⇒ **lecher**

**lecher** /'letʃə^r/ N coureur *m* de jupons

**lecherous** /'letʃərəs/ SYN ADJ lubrique, libidineux *(hum)* ; *[look]* lascif

**lecherously** /'letʃərəslɪ/ ADV lubriquement, lascivement

**lechery** /'letʃərɪ/ SYN N *(NonC)* luxure *f*, lubricité *f*

**lecithin** /'lesɪθɪn/ N *(Chem)* lécithine *f*

**lecky**‡ /'lekɪ/ N *(Brit)* électricité *f*, jus* *m*

**Leclanché cell** /lə'klɑ:nʃeɪ/ N *(Elec)* pile *f* Leclanché

**lectern** /'lektən/ N lutrin *m*

**lectionary** /'lekʃənrɪ/ N *(Rel)* lectionnaire *m*

**lector** /'lektɔ:^r/ N *(Univ)* lecteur *m*, -trice *f*

**lecture** /'lektʃə^r/ SYN

N 1 *(gen single occurrence)* conférence *f* ; *(Univ etc : gen one of a series)* cours *m* (magistral) ◆ **to give a lecture** faire *or* donner une conférence, faire un cours *(on* sur) ◆ **I went to the lectures on French poetry** j'ai suivi les cours de poésie française ; → **inaugural**

2 *(fig = reproof)* réprimande *f*, sermon *m (pej)* ◆ **to give** *or* **read sb a lecture** sermonner qn *(about* au sujet de)

VI faire *or* donner une conférence *(to* à ; *on* sur), faire un cours *(to* à ; *on* sur) ◆ **he lectures at 10 o'clock** il fait son cours à 10 heures ◆ **he lectures at Bristol** il enseigne dans le supérieur à Bristol ◆ **he lectures in law** il est professeur de droit à l'université ◆ **she lectures on Keats** elle fait cours sur Keats

VT *(= reprove)* réprimander *(for having done* pour avoir fait), sermonner *(pej)* ◆ **he lectured me about my clumsiness** il m'a réprimandé pour ma maladresse

COMP **lecture course** N *(Univ)* cours *m* magistral

**lecture hall** N amphithéâtre *m*

**lecture notes** NPL notes *fpl* de cours

**lecture room, lecture theatre** N *(gen)* salle *f* de conférences ; *(Univ)* amphithéâtre *m*

(!) In French, **lecture** means 'reading'.

**lecturer** /'lektʃərə^r/ N 1 *(= speaker)* conférencier *m*, -ière *f*

2 *(Brit Univ)* ≃ enseignant(e) *m(f)* du supérieur ◆ **senior lecturer** ≃ maître *m* de conférences

**lectureship** /'lektʃəʃɪp/ N *(Brit Univ)* ≃ poste *m* d'enseignant(e) du supérieur ◆ **senior lectureship** ≃ poste *m* de maître de conférences ◆ **he's got a lectureship in English at Birmingham University** il enseigne l'anglais à l'université de Birmingham

**lecythus** /'lesɪθəs/ N lécythe *m*

**LED** /,eli:'di:/

N (abbrev of **light-emitting diode**) (diode *f*) LED *f*

COMP **LED display** N affichage *m* LED

**led** /led/ VB pt, ptp of **lead**[1]

**ledge** /ledʒ/ SYN N *(on wall)* rebord *m*, saillie *f* ; (also **window ledge**) rebord *m* (de la fenêtre) ; *(on mountain)* saillie *f* ; *(Climbing)* vire *f* ; *(under sea) (= ridge)* haut-fond *m* ; *(= reef)* récif *m*

**ledger** /'ledʒə^r/

N *(Accounting)* grand livre *m*

COMP **ledger line** N *(Mus)* ligne *f* supplémentaire

**lee** /li:/

N côté *m* sous le vent ◆ **in** *or* **under the lee of...** à l'abri de...

ADJ *[side of ship, shore]* sous le vent

**leech** /li:tʃ/ N *(lit, also fig pej)* sangsue *f* ◆ **he clung like a leech to me all evening** il est resté pendu à mes basques* toute la soirée

**leek** /li:k/ N poireau *m*

**leer** /lɪə^r/ SYN

VI lorgner ◆ **to leer at sb** lorgner qn

N *(evil)* regard *m* mauvais ; *(lustful)* regard *m* concupiscent

**leeringly** /'lɪərɪŋlɪ/ ADV lascivement, lubriquement

**leery*** /'lɪərɪ/ ADJ 1 *(esp US, Can)* ◆ **to be leery about sth** se méfier de qch

2 *[smile, grin]* lubrique, concupiscent

3 *(= flashy, showy) [clothes, car etc]* tape-à-l'œil *inv*

**lees** /li:z/ SYN NPL *[of wine]* lie *f NonC*

**leet** /li:t/ N *(Scot)* liste *f (des candidats à un poste)*

**leeward** /'li:wəd/ *(esp Naut)*

ADJ, ADV sous le vent

N côté *m* sous le vent ◆ **to leeward** sous le vent

COMP **the Leeward Islands** NPL les îles *fpl* Sous-le-Vent

**leeway** /'li:weɪ/ SYN N 1 *[of ship]* dérive *f*

2 *(fig = freedom)* liberté *f* ; *(= margin for action)* latitude *f* ◆ **he gives his children/his staff too much leeway** il laisse trop de liberté à ses enfants/à son personnel ◆ **that allows** *or* **gives him a certain (amount of) leeway** cela lui donne une certaine liberté d'action *or* marge de manœuvre ◆ **we had ten minutes' leeway to catch the train** nous avions une marge (de sécurité) de dix minutes pour attraper le train ◆ **they want more leeway to make decisions** ils veulent davantage de latitude *or* de liberté pour prendre des décisions ◆ **we had little leeway in our choice of hotel** *or* **in choosing a hotel** nous n'étions pas vraiment libres de choisir notre hôtel ◆ **he has some leeway in deciding how much money to spend** il dispose d'une certaine liberté *or* marge de manœuvre pour les dépenses

**left**[1] /left/

VB pt, ptp of **leave**

COMP **left luggage** N *(Brit)* bagages *mpl* en consigne

**left-luggage locker** N (casier *m* à) consigne *f* automatique

**left-luggage office** N consigne *f*

**left**[2] /left/ SYN

ADJ gauche ◆ **my left arm/foot** mon bras/pied gauche ◆ **left hand down!** *(to driver)* braquez à gauche ! ◆ **to have two left feet*** être maladroit de ses pieds ◆ **to be (way) out in left field*** *(esp US)* être (tout à fait) saugrenu ◆ **to come out of left field*** *(esp US)* être totalement inattendu ; see also **comp**

ADV *[turn, look]* à gauche ◆ **go** *or* **bear** *or* **turn left at the church** tournez *or* prenez à gauche à l'église ◆ **eyes left!** *(Mil)* tête gauche ! ; → **right**

N 1 gauche *f* ◆ **on your left** à *or* sur votre gauche ◆ **on the left** sur la gauche, à gauche ◆ **the door on the left** la porte de gauche ◆ **to drive on the left** conduire à gauche ◆ **the third man from the left** le troisième homme en partant de la gauche ◆ **to the left** à gauche ◆ **to keep to the left** *[driver]* tenir sa gauche ◆ **turn it to the left** tournez-le vers la gauche *or* à gauche

2 *(Pol)* ◆ **the Left** la gauche ◆ **he's further to the Left than I am** il est plus à gauche que moi ◆ **the parties of the Left** les partis *mpl* de gauche

3 *(Boxing)* gauche *m* ◆ **he threw a left to the jaw** il a porté un direct du gauche à la mâchoire ◆ **he hit him with his left** il l'a frappé du gauche

COMP **left back** N *(Sport)* arrière *m* gauche

**Left Bank** N *(in Paris)* rive *f* gauche

**left-click** *(Comput)* VI cliquer à gauche VT cliquer à gauche sur

**left-footed** ADJ *[shot]* du pied gauche ; *[player]* gaucher

**left-footer*** N *(Brit : = catholic)* catho* *mf*

**left half** N *(Sport)* demi *m* gauche

**left-hand** ADJ à *or* de gauche ◆ **the left-hand door/page** *etc* la porte/page *etc* de gauche ◆ **left-hand drive car** conduite *f* à gauche *(véhicule)* ◆ **this car is left-hand drive** cette voiture a la conduite à gauche ◆ **on the left-hand side** à gauche ◆ **a left-hand turn** un virage à gauche

**left-handed** ADJ *[person]* gaucher ; *[screw]* fileté à gauche, avec pas à gauche ; *[scissors etc]* pour gaucher ◆ **left-handed compliment** *(= insincere)* compliment *m* hypocrite ; *(= ambiguous)* compliment *m* ambigu

**left-handedness** N *[of person]* fait *m* d'être gaucher, manualité *f* gauche, sinistralité *f (SPEC)*

**left-hander** N *(= person)* gaucher *m*, -ère *f* ; *(* = blow)* gifle *f or* claque* *f (donnée de la main gauche)*

**left-of-centre** ADJ *(Pol)* de centre gauche

**left wing** N *(Mil, Sport)* aile *f* gauche ; *(Pol)* gauche *f*

**left-wing** ADJ *[newspaper, view]* de gauche ◆ **he's very left-wing** il est très à gauche ◆ **he's on the left-wing of the party** il se situe à la gauche du parti

**left-winger** N *(Pol)* homme *m or* femme *f* de gauche ; *(Sport)* ailier *m* gauche

**leftie*** /'leftɪ/ N 1 *(esp Brit : Pol, pej)* gaucho* *mf (pej)*, gauchiste *mf*

2 *(US = left-handed person)* gaucher *m*, -ère *f*

**leftish** /'leftɪʃ/ ADJ ⇒ **leftist adj**

**leftism** /'leftɪzəm/ N *(NonC)* gauchisme *m*

**leftist** /'leftɪst/ *(Pol)*

N gauchiste *mf*

ADJ de gauche

**leftover** /'left,əʊvə^r/ SYN

N *(= throwback)* vestige *m (from* de) ◆ **a leftover from the days when...** un vestige des jours *or* de l'époque où...

NPL **leftovers** *(after meal)* restes *mpl*

ADJ restant, qui reste ◆ **a bottle with some leftover wine in it** une bouteille avec un restant de vin ◆ **a leftover bottle of wine** une bouteille de vin qui reste *(or* restait *etc)*

**leftward(s)** /'leftwəd(z)/ *(Pol, lit)*

ADJ orienté vers la gauche

ADV vers la gauche

**lefty*** /'leftɪ/ N ⇒ **leftie**

**leg** /leg/ SYN

N 1 *[of person, horse]* jambe *f* ; *[of other animal, bird, insect]* patte *f* ◆ **my legs won't carry me any further!** je ne tiens plus sur mes jambes ! ◆ **to stand on one leg** se tenir sur un pied *or* une jambe ◆ **to give sb a leg up** *(lit)* faire la courte échelle à qn ; *(* fig)* donner un coup de pouce à qn ◆ **he hasn't got a leg to stand on** il ne peut s'appuyer sur rien, il n'a aucun argument valable ◆ **it's got legs*** *(esp US) [idea, plan, story]* ça tient debout ◆ **to pull sb's leg** *(= hoax)* faire marcher qn ; *(= tease)* taquiner qn ◆ **to get one's leg over**‡ *(Brit)* s'envoyer en l'air‡ ; → **fast**[1], **hind**[2], **last**[1]

2 *(Culin) [of lamb]* gigot *m* ; *[of beef]* gîte *m* ; *[of veal]* sous-noix *f* ; *[of pork, chicken, frog]* cuisse *f* ; *[of venison]* cuissot *m*

3 *[of table etc]* pied *m* ; *[of trousers, tights etc]* jambe *f* ; → **inside**

4 *(= stage) [of journey]* étape *f* ◆ **first leg** *(Football etc)* match *m* aller ◆ **second** *or* **return leg** match *m* retour ◆ **to run/swim the first leg** *(Sport: in relay)* courir/nager la première distance *or* le premier relais

VT ◆ **to leg it*** *(= run)* cavaler‡ ; *(= flee)* se barrer‡ ; *(= walk)* aller à pied, faire le chemin à pied

COMP **leg bone** N tibia *m*

**leg iron** N *(Med)* appareil *m* (orthopédique)

**leg muscle** N muscle *m* de la jambe, muscle *m* jambier *(frm)*

**leg-of-mutton sleeve** N manche *f* gigot *inv*

**leg-pull*** N canular *m*

**leg-pulling*** N mise *f* en boîte*

**leg shield** N protège-jambe *m*

**leg-warmers** NPL jambières *fpl*

**legacy** /'legəsɪ/ SYN

N *(Jur)* legs *m (de biens mobiliers)* ; *(fig)* legs *m*, héritage *m* ◆ **to leave a legacy to sb** *(Jur)* faire un legs *or* un héritage à qn ; *(fig)* laisser un héritage à qn ◆ **they have left us a legacy of bureaucracy and red tape** ils nous ont légué leur bureaucratie et leur paperasserie • **we are left with the legacy of 40 years of environmental disaster** nous héritons de 40 ans de désastre écologique • **the legacy of the past** l'héritage *m* or le legs du passé • **the tragedy left a legacy of bitterness** cette tragédie a laissé un profond sentiment d'amertume • **this law is a legacy from medieval times** cette loi est un héritage de l'époque médiévale • **the economic legacy of Thatcherism/Communism** l'héritage *m* économique du thatchérisme/du communisme • **this vase is a legacy from the previous tenants** on a hérité ce vase des précédents locataires

COMP **legacy duty, legacy tax** *(US)* **N** droits *mpl* de succession

**legal** /ˈliːgəl/ SYN

ADJ [1] *(= concerning the law) [error, protection]* judiciaire ; *[question, battle, services, framework]* juridique ; *[status]* légal, judiciaire • **to take legal action against sb** intenter un procès à qn, poursuivre qn en justice • **I am considering taking legal action** j'envisage d'intenter une action • **to take legal advice (on** *or* **about** *or* **over sth)** consulter un juriste *or* un avocat (à propos de qch) • **legal loophole** vide *m* juridique • **it's a legal matter** c'est une question juridique *or* de droit • **in legal matters** en matière de droit • **to have a fine legal mind** être un excellent juriste • **to the legal mind the issue is quite clear** pour un juriste ce problème est tout à fait clair • **for legal reasons** pour des raisons légales • **he's below the legal age for driving a car** il n'a pas l'âge légal pour conduire une voiture

[2] *(= lawful) [act, decision, right, obligation, requirement]* légal

COMP **legal adviser N** conseiller *m*, -ère *f* juridique
**legal aid N** aide *f* juridictionnelle
**legal costs NPL** frais *mpl* de justice
**legal currency N** monnaie *f* légale • **this note is no longer legal currency** ce billet n'a plus cours
**legal department N** *[of bank, firm]* service *m* du contentieux
**legal document N** *(concerning the law)* document *m* juridique ; *(legally valid)* document *m* légal
**legal eagle** * **N** as * *m* du barreau
**legal entity N** personne *f* morale
**legal fees NPL** frais *mpl* de justice
**legal fiction N** fiction *f* juridique
**legal holiday N** *(US)* jour *m* férié
**the legal limit N** la limite légale
**legal offence N** infraction *f* à la loi
**legal opinion N** avis *m* juridique
**legal proceedings NPL** procès *m*, poursuites *fpl* • **to begin** *or* **start legal proceedings against sb** engager des poursuites contre qn, intenter un procès à qn
**the legal process N** la procédure (judiciaire)
**the legal profession N** *(= lawyers)* les gens *mpl* de loi *(= occupation)* • **to go into the legal profession** faire une carrière juridique
**legal redress N** réparation *f* en justice
**legal representation N** représentation *f* en justice
**legal successor N** ayant cause *m*
**legal system N** système *m* juridique
**legal tender N** monnaie *f* légale • **is this legal tender?** *[banknote]* ce billet a-t-il cours ? ; *[coin]* cette pièce a-t-elle cours ?

**legalese** * /ˌliːgəˈliːz/ **N** *(pej)* jargon *m* des juristes

**legalism** /ˈliːgəˌlɪzəm/ **N** *(pej)* [1] *(word, point, rule etc)* argutie *f* juridique
[2] *(turn of mind)* juridisme *m*, légalisme *m*

**legalistic** /ˌliːgəˈlɪstɪk/ **ADJ** *(pej)* légaliste

**legalistically** /ˌliːgəˈlɪstɪkəlɪ/ **ADV** *(frm)* d'un point de vue purement juridique

**legality** /lɪˈgælɪtɪ/ SYN **N** légalité *f*

**legalization** /ˌliːgəlaɪˈzeɪʃən/ **N** légalisation *f*

**legalize** /ˈliːgəlaɪz/ SYN **VT** légaliser

**legally** /ˈliːgəlɪ/ **ADV** *(gen)* légalement • **to acquire sth legally** acquérir qch légalement *or* par des moyens légaux • **legally, the whole issue is a nightmare** du point de vue juridique, toute cette question est un cauchemar • **it could be a bit problematic, legally speaking** du point de vue juridique, ça pourrait poser un problème • **the school is legally responsible for your child's safety** du point de vue juridique *or* selon la loi, l'école est responsable de la sécurité de vos enfants • **a lorry driver can legally work eighty-two hours a week** selon la loi, les chauffeurs de poids lourds peuvent travailler jusqu'à 82 heures par semaine

**legate** /ˈlegɪt/ **N** légat *m*

**legatee** /ˌlegəˈtiː/ **N** légataire *mf*

**legation** /lɪˈgeɪʃən/ SYN **N** légation *f*

**legato** /lɪˈgɑːtəʊ/ **ADV** legato

**legator** /ˌlegəˈtɔːʳ/ **N** testateur *m*, -trice *f*

**legend** /ˈledʒənd/ SYN **N** *(all senses)* légende *f* • **a legend in his own lifetime** une légende de son vivant • **a living legend** une légende vivante

**legendary** /ˈledʒəndərɪ/ SYN **ADJ** légendaire • **to achieve legendary status** devenir légendaire

**-legged** /ˈlegɪd/ **ADJ** *(in compounds)* • **four-legged** à quatre pattes, quadrupède *(frm)* • **bare-legged** aux jambes nues ; → **three**

**leggiero** /ledʒˈɛərəʊ/ *(Mus)* **ADV** leggiero

**leggings** /ˈlegɪŋz/ **NPL** *(for woman)* caleçon *m*, leggings *mpl* ; *(= legwarmers)* jambières *fpl* ; *(for baby)* petit pantalon *m* ; *(protective: for walker, farmer)* cuissardes *fpl*

**leggo** * /leˈgəʊ/ **EXCL** ⇒ **let go** ; → **go**

**leggy** * /ˈlegɪ/ **ADJ** *[person]* aux longues jambes ; *(slightly pej) [youth etc]* tout en jambes ; *[animal]* aux longues pattes, haut sur pattes • **a gorgeous leggy blonde** une magnifique blonde aux longues jambes

**Leghorn** /ˈlegˌhɔːn/ **N** *(Geog)* Livourne

**legibility** /ˌledʒɪˈbɪlɪtɪ/ SYN **N** lisibilité *f*

**legible** /ˈledʒəbl/ SYN **ADJ** lisible

**legibly** /ˈledʒəblɪ/ **ADV** de façon lisible

**legion** /ˈliːdʒən/ SYN

**N** *(lit, fig)* légion *f* ; → **foreign**

**ADJ** légion *inv* • **books on the subject are legion** les ouvrages sur ce sujet sont légion

> **LEGION**
>
> La **British Legion** est un organisme d'aide aux anciens combattants et à leurs familles. Comptant de nombreux clubs locaux, elle organise des collectes au profit des associations caritatives de l'armée le jour anniversaire de l'armistice de la Première Guerre mondiale. C'est le « Poppy Day Appeal ».
> L'**American Legion** remplit des fonctions similaires et aide à la réinsertion des anciens combattants. D'autre part, elle fait pression auprès du Congrès pour défendre leurs intérêts et milite en faveur d'une forte défense nationale. Elle compte également de nombreux clubs locaux où ses membres peuvent se retrouver.

**legionary** /ˈliːdʒənərɪ/

**N** légionnaire *m*

**ADJ** de la légion

**legionella** /ˌliːdʒəˈnelə/ **N** légionellose *f*

**legionnaire** /ˌliːdʒəˈnɛəʳ/

**N** légionnaire *m*

COMP **legionnaire's disease N** *(Med)* maladie *f* du légionnaire

**legislate** /ˈledʒɪsleɪt/ SYN

**VI** légiférer, faire des lois • **to legislate against** faire des lois contre • **the government's decision to legislate for immigration control** la décision du gouvernement de légiférer sur le contrôle de l'immigration • **we can't legislate for people doing that** ça ne servirait à rien d'interdire aux gens de le faire

**VT** • **attempts to legislate a national energy strategy** des tentatives pour mettre en place, par la voie législative, une stratégie nationale de l'énergie • **a clause which allows the EU to legislate a fuller anti-discrimination law** une clause qui permet à l'UE d'adopter une loi plus complète contre la discrimination

**legislation** /ˌledʒɪsˈleɪʃən/ SYN **N** [1] *(= body of laws)* législation *f* ; *(= single law)* loi *f* • **a piece of legislation** une loi • **to bring in** *or* **introduce legislation** mettre en place des dispositions législatives • **the government is considering legislation against...** le gouvernement envisage de légiférer contre... • **we are in favour of legislation to abolish...** nous sommes partisans d'une législation qui abolirait... • **under the present legislation** sous la législation actuelle
[2] *(NonC) (= making laws)* élaboration *f* des lois ; *(= enacting)* promulgation *f* des lois

**legislative** /ˈledʒɪslətɪv/ SYN **ADJ** *(frm) [reform, assembly, powers, process]* législatif ; *[session]* parlementaire ; *[programme]* de lois ; *[proposals]* de loi • **the legislative body** le (corps) législatif • **a legislative agenda** *(US)* un programme de lois • **legislative drafting** *(US)* rédaction *f* des projets de loi

**legislator** /ˈledʒɪsleɪtəʳ/ SYN **N** législateur *m*, -trice *f*

**legislature** /ˈledʒɪslətʃəʳ/ SYN **N** (corps *m*) législatif *m*

**legist** /ˈliːdʒɪst/ **N** légiste *mf*

**legit** * /ləˈdʒɪt/ **ADJ** *[business, deal, person]* réglo * • **to go legit** faire les choses dans les règles

**legitimacy** /lɪˈdʒɪtɪməsɪ/ **N** légitimité *f*

**legitimate** /lɪˈdʒɪtɪmɪt/ SYN

**ADJ** [1] *(= lawful) [action, government, business, child]* légitime • **he has a legitimate claim to the property** il a légitimement droit à cette propriété • **it's legitimate for the international community to intervene** il est légitime que la communauté internationale intervienne
[2] *(= valid) [reason, excuse, argument, conclusion]* valable ; *[fear]* légitime ; *[complaint]* fondé ; *[target]* admissible • **for legitimate purposes** dans un but légitime, pour des motifs valables • **it's perfectly legitimate to raise objections** il est parfaitement légitime de soulever des objections
[3] *(Theat)* • **the legitimate stage** *or* **theatre** *(gen)* le théâtre sérieux ; *(as opposed to cinema)* le théâtre

**VT** /lɪˈdʒɪtɪmeɪt/ légitimer

**legitimately** /lɪˈdʒɪtɪmɪtlɪ/ **ADV** *[act, claim, argue, expect]* légitimement • **a legitimately elected government** un gouvernement élu légitimement • **one might legitimately believe/ask...** on est en droit de croire/de demander...

**legitim(iz)ation** /lɪˌdʒɪtɪm(aɪˈz)eɪʃən/ **N** légitimation *f*

**legitimization** /lɪˌdʒɪtɪmaɪˈzeɪʃən/ **N** légitimation *f*

**legitimize** /lɪˈdʒɪtɪmaɪz/ SYN **VT** légitimer

**legless** /ˈleglɪs/ **ADJ** [1] *(lit)* sans jambes, cul-de-jatte
[2] *(Brit * fig = drunk)* bourré *, rond *

**legman** * /ˈlegmæn/ **N** *(pl* **-men***)* *(Press)* reporter *m* débutant (qui enquête sur le terrain) ; *(gen)* garçon *m* de courses

**Lego** ® /ˈlegəʊ/

**N** Lego ® *m*

COMP **Lego brick N** bloc *m* de Lego ®

**legroom** /ˈlegrʊm/ **N** place *f* pour les jambes

**legume** /ˈlegjuːm/ **N** *(gen) (= plant)* légumineuse *f* ; *(= pod)* gousse *f*

**leguminous** /leˈgjuːmɪnəs/ **ADJ** légumineux • **leguminous plants** fabacées

**legwork** * /ˈlegwɜːk/ **N** *[of reporter, investigator etc]* travail *m* sur le terrain • **I had to do all the legwork** *(gen)* c'est moi qui ai dû me déplacer

**Leibnitzian** /laɪbˈnɪtsɪən/ **ADJ** leibnizien

**Leicester** /ˈlestəʳ/ **N** *(= cheese)* leicester *m (fromage de vache anglais à pâte dure)*

**Leics.** abbrev of **Leicestershire**

**Leipzig** /ˈlaɪpsɪg/ **N** Leipzig

**leishmania** /liːʃˈmeɪnɪə/ **N** leishmania *f*

**leishmaniasis** /ˌliːʃməˈnaɪəsɪs/ **N** *(Med)* leishmaniose *f*

**leisure** /ˈleʒəʳ, *(US)* ˈliːʒəʳ/ SYN

**N** *(NonC)* loisir *m*, temps *m* libre • **she's a lady of leisure** *(hum)* elle est rentière *(fig hum)* • **a life of leisure** une vie pleine de loisirs, une vie oisive *(pej)* • **in my moments** *or* **hours of leisure** à mes moments perdus, pendant mes loisirs • **do it at your leisure** prenez tout votre temps • **think about it at (your) leisure** réfléchissez-y à tête reposée • **a park where the public can stroll at leisure** un parc où l'on peut flâner à sa guise • **he is not often at leisure** il n'a pas souvent de temps libre

COMP *[pursuits, activities]* de loisirs ; *[sector]* des loisirs
**leisure centre N** *(Brit)* centre *m* de loisirs
**leisure complex N** complexe *m* de loisirs
**the leisure industry N** l'industrie *f* des loisirs
**leisure occupations NPL** loisirs *mpl*
**leisure suit N** costume *m* sport, tenue *f* décontractée
**leisure time N** loisirs *mpl*, temps *m* libre
**leisure wear N** *(NonC)* sportswear *m*

### leisured | less

**leisured** /ˈleʒəd/ ADJ [person, life, existence] oisif ; [meal] tranquille ◆ **the leisured classes** les classes fpl oisives

**leisurely** /ˈleʒəlɪ/ SYN
  ADJ [pace, stroll, meal, occupation] tranquille ◆ **to adopt a leisurely approach to sth** aborder qch avec décontraction ◆ **to have a leisurely bath** prendre tranquillement un bain
  ADV tranquillement, sans se presser

**leitmotif, leitmotiv** /ˈlaɪtməʊˌtiːf/ N (Mus, fig) leitmotiv m

**lem** /lem/ N (Space) lem m, module m lunaire

**lemma** /ˈlemə/ N (pl **lemmas** or **lemmata** /ˈlemətə/) (Ling: gen) vocable m ; (in computational linguistics) lemme m

**lemmatization** /ˌleməˌtaɪˈzeɪʃən/ N lemmatisation f

**lemmatize** /ˈlemətaɪz/ VT lemmatiser

**lemming** /ˈlemɪŋ/ N lemming m

**lemniscate** /ˈlemnɪskɪt/ N lemniscate f

**lemon** /ˈlemən/
  N ①  (= fruit, drink) citron m ; (= tree) citronnier m ; (= colour) citron m ; → **bitter**
  ② * (= idiot) cruche* f, imbécile mf ; (= defective object) cochonnerie* f ◆ **I stood there like a lemon** j'étais là comme un imbécile or une cruche*
  ADJ (in colour) citron inv
  COMP **lemon balm** N citronnelle f, eau f de mélisse
  **lemon cheese, lemon curd** N (Brit) crème f au citron
  **lemon drink** N citronnade f
  **lemon drop** N bonbon m (acidulé) au citron
  **lemon grass** N citronnelle f
  **lemon grove** N plantation f de citronniers
  **lemon juice** N jus m de citron ; (= drink) citron m pressé
  **lemon soda** N (esp US) limonade f
  **lemon sole** N (Brit) limande-sole f
  **lemon squash** N ≈ citronnade f
  **lemon squeezer** N presse-citron m, presse-agrumes m inv
  **lemon tea** N thé m au citron
  **lemon tree** N citronnier m
  **lemon yellow** ADJ, N jaune citron m inv

**lemonade** /ˌleməˈneɪd/ N (still) citronnade f ; (fizzy) limonade f

**lemur** /ˈliːmər/ N lémurien m

**lemures** /ˈlemjʊˌriːz/ NPL (Myth) Lémures mpl

**lend** /lend/ SYN (pret, ptp **lent**)
  VT ① [+ money, possessions] prêter ◆ **to lend sb sth, to lend sth to sb** prêter qch à qn ◆ **to lend money at 10%** prêter de l'argent à 10% ; → **lease**
  ② (fig) [+ importance] prêter, accorder (to à) ; [+ dignity, mystery] donner, conférer (to à) ◆ **to lend credibility to sth** donner or conférer une certaine crédibilité à qch ◆ **to lend authority to sth** conférer une certaine autorité à qch ◆ **to lend an ear** prêter l'oreille (à qn), écouter (qn) ; see also **ear**¹ ◆ **to lend one's name to…** prêter son nom à…, accorder son patronage à…
  ③ (reflexive) ◆ **to lend itself (or o.s.) to…** se prêter à… ◆ **the novel doesn't lend itself to being filmed** ce roman ne se prête pas à une adaptation cinématographique ◆ **the programme doesn't really lend itself to radio** cette émission ne se prête pas vraiment à la radio ◆ **these problems don't lend themselves to quick solutions** ces problèmes ne se prêtent pas à des solutions rapides ◆ **he refused to lend himself to such a dishonest scheme** il a refusé de cautionner un plan aussi malhonnête, il a refusé de se laisser impliquer dans une affaire aussi malhonnête ; → **hand**, **support**, **weight**
  COMP **lend-lease** N (US) ⇒ **lease-lend** ; → **lease**

▶ **lend out** VT SEP [+ object, book] prêter

**lender** /ˈlendər/ N prêteur m, -euse f ; → **moneylender**

**lending** /ˈlendɪŋ/
  N prêt m ◆ **bank lending** le prêt bancaire
  COMP **lending library** N bibliothèque f de prêt
  **lending limit** N (Fin) plafond m de crédit
  **lending policy** N (Fin) politique f de prêt
  **lending rate** N (Fin) taux m de prêt, taux m d'intérêt débiteur

**length** /leŋ(k)θ/ SYN
  N ① (NonC: in space) longueur f ◆ **its length was 6 metres, it was 6 metres in length** il faisait 6 mètres de long, sa longueur était de 6 mètres ◆ **what is the length of the field?, what length is the field?** quelle est la longueur du champ ? ◆ **along the whole length of the river** tout le long or sur toute la longueur de la rivière ◆ **what length do you want?** quelle longueur vous faut-il ?, il vous en faut combien (de long) ? ◆ **what length (of cloth) did you buy?** quel métrage (de tissu) as-tu acheté ? ◆ **the ship turns in its own length** le navire vire sur place ◆ **over the length and breadth of England** dans toute l'Angleterre ◆ **to fall full length, to go or measure one's length** tomber or s'étaler* de tout son long ; see also **full** ; → **arm**¹
  ② (NonC: in time) durée f ; [of book, essay, letter, film, speech] longueur f ◆ **what length is the film?, what's the length of the film?** quelle est la durée du film ? ◆ **length of life** durée f de vie ◆ **for the whole length of his life** pendant toute la durée de sa vie ◆ **for what length of time?** pour combien de temps ?, pour quelle durée ? ◆ **for some length of time** pendant un certain temps, pendant quelque temps ◆ **the length of time he took to do it** le temps qu'il a mis à le faire ◆ **length of service** ancienneté f ◆ **4,000 words in length** (essay, book) de 4 000 mots
  ◆ **at + length** (= at last) enfin, à la fin ◆ **at (great) length** (= for a long time) fort longuement ; (= in detail) dans le détail, en long et en large
  ◆ **to go to the length/to… lengths** ◆ **he went to the length of asking my advice** il est allé jusqu'à me demander conseil ◆ **I've gone to great lengths to get it finished** je me suis donné beaucoup de mal pour le terminer ◆ **he would go to any length(s) to succeed** il ne reculerait devant rien pour réussir ◆ **I didn't think he would go to such lengths to get the job** je n'aurais pas cru qu'il serait allé jusque-là pour avoir le poste
  ③ (Sport) longueur f ◆ **to win by a length** gagner d'une longueur ◆ **he was two lengths behind** il avait deux longueurs de retard ◆ **the race will be swum over six lengths** la course se nagera sur six longueurs ◆ **four lengths of the pool** quatre longueurs de piscine ◆ **he was about three car lengths behind me** il était à trois longueurs de voiture derrière moi
  ④ (Phon) [of vowel] quantité f ; [of syllable] longueur f
  ⑤ (= section) [of rope, wire] morceau m, bout m ; [of wallpaper] lé m, laize f ; [of cloth] métrage m, pièce f ; [of tubing] morceau m, bout m ; [of track] tronçon m ◆ **cut into metre lengths** coupé en morceaux d'un mètre ◆ **I bought several lengths of dress material** j'ai acheté plusieurs métrages de tissu de confection ◆ **dress/skirt length** (Sewing) hauteur f de robe/de jupe
  COMP **length mark** N (Ling) signe m diacritique de longueur

**-length** /leŋ(k)θ/ ADJ (in compounds) ◆ **ankle-length skirt** jupe f qui descend jusqu'aux chevilles ◆ **elbow-length sleeve** manche f mi-longue ; → **shoulder**

**lengthen** /ˈleŋ(k)θən/ SYN
  VT [+ object] allonger, rallonger ; [+ visit, life] prolonger ; [+ vowel] allonger ◆ **to lengthen one's stride** allonger le pas
  VI [object, process, cycle, shadows, queue] s'allonger ; [visit, silence] se prolonger ; [skirts] rallonger ◆ **the days/nights are lengthening** les jours/nuits rallongent ◆ **the intervals between his visits were lengthening** ses visites s'espaçaient

**lengthily** /ˈleŋθɪlɪ/ ADV longuement

**lengthways** /ˈleŋ(k)θˌweɪz/, **lengthwise** /ˈleŋ(k)θˌwaɪz/
  ADV dans le sens de la longueur
  ADJ longitudinal

**lengthy** /ˈleŋ(k)θɪ/ SYN ADJ très long (longue f) ◆ **a lengthy process** un processus très long ◆ **lengthy delays on the M8** de très forts ralentissements sur la M8 ◆ **for a lengthy period of time** pendant très longtemps ◆ **patients who have a lengthy wait for treatment** les patients qui doivent attendre très longtemps pour être soignés

**lenience** /ˈliːnɪəns/, **leniency** /ˈliːnɪənsɪ/ N [of parent, teacher, treatment, view] indulgence f ; [of government, judge, sentence] clémence f ◆ **to show sb lenience** se montrer clément envers qn

**lenient** /ˈliːnɪənt/ SYN ADJ [parent, teacher, treatment, view] indulgent (with sb avec qn) ; [government, judge, sentence] clément

**leniently** /ˈliːnɪəntlɪ/ ADV [treat] avec indulgence

**Lenin** /ˈlenɪn/ N Lénine m

**Leningrad** /ˈlenɪnɡræd/ N Leningrad

**Leninism** /ˈlenɪˌnɪzəm/ N léninisme m

**Leninist** /ˈlenɪnɪst/ ADJ, N léniniste mf

**lenitive** /ˈlenɪtɪv/ ADJ, N lénitif m

**lens** /lenz/
  N (for magnifying) lentille f ; [of camera] objectif m ; [of spectacles] verre m ; (also **contact lens**) lentille f, verre m de contact ; [of eye] cristallin m ; → **contact**, **telephoto lens**, **wide**
  COMP **lens cap** N bouchon m d'objectif
  **lens field** N angle m de couverture
  **lens holder** N porte-objectif m inv
  **lens hood** N pare-soleil m inv

**Lent** /lent/ N (Rel) le carême ◆ **in** or **during Lent** pendant le carême ◆ **to keep Lent** observer le carême, faire carême ◆ **I gave it up for Lent** j'y ai renoncé pour le carême

**lent** /lent/ VB pt, ptp of **lend**

**Lenten** /ˈlentən/ ADJ de carême

**lenticel** /ˈlentɪˌsel/ N lenticelle f

**lentigo** /lenˈtaɪɡəʊ/ N (pl **lentigines** /lenˈtɪdʒɪniːz/) (Med) lentigo m

**lentil** /ˈlentl/ N lentille f ◆ **lentil soup** soupe f aux lentilles

**lento** /ˈlentəʊ/ ADV lento

**Leo** /ˈliːəʊ/ N (Astron) Lion m ◆ **I'm (a) Leo** (Astrol) je suis (du) Lion

**Leonardo (da Vinci)** /ˌliːəˈnɑːdəʊ(dəˈvɪntʃɪ)/ N Léonard de Vinci m

**Leonian** /liːˈəʊnɪən/ N ◆ **to be a Leonian** être (du) Lion

**leonine** /ˈliːənaɪn/ ADJ léonin

**leopard** /ˈlepəd/
  N léopard m ◆ **the leopard cannot change its spots** (Prov) on ne peut pas changer sa nature, chassez le naturel, il revient au galop ◆ **"The Leopard"** (Literat) « Le Guépard »
  COMP **leopard moth** N zeuzère f

**leopardess** /ˈlepədes/ N léopard m femelle

**leopardskin** /ˈlepədskɪn/ N peau f de léopard

**leotard** /ˈliːətɑːd/ N justaucorps m

**leper** /ˈlepər/ N (Med) lépreux m, -euse f ; (fig) pestiféré m ◆ **leper colony** léproserie f

**lepidolite** /lɪˈpɪdəˌlaɪt/ N lépidolit(h)e m

**lepidoptera** /ˌlepɪˈdɒptərə/ NPL lépidoptères mpl

**lepidopteran** /ˌlepɪˈdɒptərən/ ADJ, N lépidoptère m

**lepidopterist** /ˌlepɪˈdɒptərɪst/ N lépidoptériste mf

**lepidosiren** /ˌlepɪdəʊˈsaɪərən/ N lépidosirène m

**leprechaun** /ˈleprəkɔːn/ N lutin m, farfadet m (dans la mythologie irlandaise)

**leprosarium** /ˌleprəˈseərɪəm/ N (pl **leprosaria** /ˌleprəˈseərɪə/) léproserie f

**leprosy** /ˈleprəsɪ/ N lèpre f

**leprous** /ˈleprəs/ ADJ lépreux

**leptocephalus** /ˌleptəʊˈsefələs/ N leptocéphale m

**lepton** /ˈleptɒn/ N (Phys) lepton m

**leptospirosis** /ˌleptəʊspaɪˈrəʊsɪs/ N (Med) leptospirose f

**lesbian** /ˈlezbɪən/ SYN
  ADJ [woman, activist, feminist, group, film] lesbien ; [couple] de lesbiennes ; [relationship, affair] homosexuel (entre femmes) ◆ **lesbian sex** rapports mpl homosexuels entre femmes ◆ **lesbian and gay community** communauté f lesbienne et gay ◆ **lesbian and gay issues** questions fpl concernant les lesbiennes et les gays ◆ **lesbian and gay movement/rights** mouvement m/droits mpl des lesbiennes et des gays ◆ **lesbian and gay people** les lesbiennes fpl et les gays mpl
  N lesbienne f

**lesbianism** /ˈlezbɪəˌnɪzəm/ N lesbianisme m, homosexualité f féminine

**lese-majesty** /ˌliːzˈmædʒɪstɪ/ N lèse-majesté f inv

**lesion** /ˈliːʒən/ N lésion f

**Lesotho** /lɪˈsuːtəʊ/ N Lesotho m ◆ **in Lesotho** au Lesotho

**less** /les/ SYN (compar of **little**²)
  ADJ, PRON (in amount, size, degree) moins (de) ◆ **less butter** moins de beurre ◆ **even less** encore moins ◆ **even** or **still less butter** encore moins de beurre ◆ **much less milk** beaucoup moins de lait ◆ **a little less cream** un peu moins de crème ◆ **less and less** de moins en moins ◆ **less and less money** de moins en moins d'argent

• **he couldn't have done less if he'd tried** il aurait pu difficilement (en) faire moins • **of less importance** de moindre importance, de moins d'importance • **I have less time for reading** j'ai moins le temps de lire, j'ai moins de temps pour lire • **can't you let me have it for less?** vous ne pouvez pas me faire un prix ? • **less of your cheek!*** ça suffit ! • **less noise please!** moins de bruit s'il vous plaît ! • **less of that** *or* **it!** assez !, ça suffit ! • **with less trouble** avec moins de mal • **he knows little German and less Russian** il ne connaît pas bien l'allemand et encore moins le russe • **he has little but I have less** il n'a pas grand-chose mais j'en ai encore moins • **we must see less of her** il faut que nous la voyions *subj* moins souvent

♦ **less... than** moins... que ; *(before a number)* moins de... • **I have less than you** j'en ai moins que vous • **I need less than that** il m'en faut moins que cela • **I have less money than you** j'ai moins d'argent que vous • **it costs less than the export model** il coûte moins cher que le modèle d'exportation • **it was less money than I expected** c'était moins (d'argent) que je n'escomptais • **less than half the audience** moins de la moitié de l'assistance • **I got less out of it than you did** j'en ai tiré moins de profit que toi • **it took less time than I expected** cela a pris moins de temps que je ne pensais • **we eat less bread than we used to** nous mangeons moins de pain qu'avant • **he did less to help them than his brother did** il a moins fait *or* fait moins pour les aider que son frère • **it is less than perfect** on ne peut pas dire que ce soit parfait • **in less than a month** en moins d'un mois • **in less than no time*** en un rien de temps, en moins de deux* • **not less than one kilo** pas moins d'un kilo • **a sum less than 10 euros** une somme de moins de 10 € • **it's less than you think** c'est moins que vous ne croyez • **I won't sell it for less than $10** je ne le vendrai pas à *or* pour moins de 10 dollars

♦ **no less** • **with no less skill than enthusiasm** avec non moins d'habileté que d'enthousiasme • **no less a person than the Prime Minister** rien moins que le Premier ministre • **he's bought a car, no less*** il s'est payé une voiture, rien que ça* • **I was told the news by the bishop, no less*** c'est l'évêque en personne, s'il vous plaît*, qui m'a appris la nouvelle • **he has no less than four months' holiday a year** il a au moins quatre mois de vacances par an • **it costs no less than £100** ça ne coûte pas moins de 100 livres • **I think no less of him for that** il n'est pas descendu dans mon estime pour autant

♦ **the less...** • **there will be so much the less to pay** cela fera autant de moins à payer • **the less said about it the better** mieux vaut ne pas en parler • **the less you buy the less you spend** moins vous achetez, moins vous dépensez • **I think none the less of him** *or* **I don't think any the less of him for that** il n'est pas descendu dans mon estime pour autant

♦ **nothing less than** rien moins que, tout simplement • **he's nothing less than a thief** c'est tout simplement un voleur, ce n'est qu'un voleur • **nothing less than a bomb would move them** il faudrait au moins une bombe pour les faire bouger • **nothing less than a public apology will satisfy him** il ne lui faudra rien moins que des excuses publiques pour le satisfaire • **it's nothing less than disgraceful** le moins qu'on puisse dire c'est que c'est une honte

**ADV** moins • **you must eat less** vous devez moins manger, il faut que vous mangiez *subj* moins • **I must see you less** il faut que je vous voie moins souvent • **to grow less** diminuer • **that's less important** c'est moins important, ça n'est pas si important • **less and less** de moins en moins • **still less, much less, even less** encore moins • **less regularly/often** moins régulièrement/souvent • **whichever is (the) less expensive** le moins cher des deux • **he is less well known** il est moins (bien) connu • **he was (all) the less pleased as he'd refused to give his permission** il était d'autant moins content qu'il avait refusé son autorisation • **he wasn't expecting me but he was none the less pleased to see me** il ne m'attendait pas mais il n'en était pas moins content de me voir

♦ **less... than** moins... que • **it's less expensive than you think** c'est moins cher que vous ne croyez • **he was less hurt than frightened** il a eu plus de peur que de mal • **the problem is less one of capital than of personnel** ce n'est pas tant *or* c'est moins un problème de capital qu'un problème de personnel • **he was less annoyed than amused** il était moins fâché qu'amusé • **it is less a short story than a novel** c'est moins une nouvelle qu'un roman

♦ **no less... than** • **she is no less intelligent than you** elle n'est pas moins intelligente que vous • **he criticized the director no less than the caretaker** il a critiqué le directeur tout autant que le concierge

♦ **the less...**+ *comparative* • **the less he works the less he earns** moins il travaille, moins il gagne • **the less you worry about it the better** moins vous vous ferez du souci à ce sujet, mieux ça vaudra ; → **more**

**PREP** moins • **less 10% discount** moins 10% de remise • **in a year less four days** dans un an moins quatre jours

**...less** /lɪs/ **SUF** • **hatless** sans chapeau • **childless** sans enfants

**lessee** /le'siː/ **N** preneur *m*, -euse *f* (à bail)

**lessen** /'lesn/ SYN

**VT** *(gen)* diminuer ; *[+ cost]* réduire ; *[+ anxiety, pain]* atténuer ; *[+ effect, shock]* amortir ; *(Pol) [+ tension]* relâcher

**VI** diminuer, s'amoindrir ; *[pain]* s'atténuer ; *[tension]* se relâcher

**lessening** /'lesnɪŋ/ SYN **N** *(NonC)* diminution *f*, amoindrissement *m* • **lessening of tension** *(Pol)* détente *f*

**lesser** /'lesəʳ/ SYN

**ADJ** [1] moindre • **to a lesser degree** *or* **extent** à un moindre degré, à un degré moindre • **the lesser of two evils** le moindre de deux maux • **we lesser mortals*** *or* **beings*** *(hum)* nous (autres) simples mortels *(hum)*

[2] *(in names of animals, plants, places)* petit

**COMP** **the Lesser Antilles NPL** les Petites Antilles *fpl*

**lesser black-backed gull N** goéland *m* brun

**lesser celandine N** ficaire *f*

**lesser panda N** petit panda *m*

**lesser spotted dogfish N** *(= fish)* petite roussette *f*

**lesser spotted woodpecker N** pic *m* épeichette

**lesser weever N** *(= fish)* petite vive *f*

**lesser whitethroat N** fauvette *f* babillarde

**lesson** /'lesn/ SYN

**N** [1] *(gen)* leçon *f* ; *(in school, college etc)* leçon *f*, cours *m* • **a French/geography** *etc* **lesson** une leçon *or* un cours de français/de géographie *etc* • **swimming/driving lesson** leçon *f* de natation/de conduite • **to have** *or* **take lessons in** prendre des leçons de • **to give lessons in** donner des leçons de • **we have lessons from nine to midday** nous avons classe *or* cours de 9 heures à midi • **lessons start at 9 o'clock** la classe commence *or* les cours commencent à 9 heures • **let that be a lesson to you!** que cela te serve de leçon ! ; → **private, teach**

[2] *(Rel)* leçon *f* ; → **read**

**COMP** **lesson plans NPL** *(Scol)* dossier *m* pédagogique

**lessor** /le'sɔːʳ/ **N** bailleur *m*, -eresse *f*

**lest** /lest/ **CONJ** *(liter)* de peur *or* de crainte de + *infin*, de peur *or* de crainte que (+ ne) + *subj* • **he took the map lest he should get lost** il a pris la carte de peur *or* crainte de se perdre, il a pris la carte au cas où il se perdrait • **I gave him the map lest he should get lost** je lui ai donné la carte de peur *or* de crainte qu'il (ne) se perde, je lui ai donné la carte au cas où il se perdrait • **lest anyone had forgotten, may I remind you that...** au cas où certains auraient oublié, permettez-moi de vous rappeler que... • **I was afraid lest he should** *or* **might fall** je craignais qu'il ne tombe *subj or* ne tombât *subj (frm)* • **"lest we forget"** *(on war memorial etc)* « in memoriam »

**let¹** /let/ LANGUAGE IN USE 3.1, 9, 26.1 SYN (pret, ptp **let**)

**VT** [1] *(= allow)* laisser • **to let sb do sth** laisser qn faire qch • **he wouldn't let us** il n'a pas voulu • **she wanted to help but her mother wouldn't let her** elle voulait aider mais sa mère ne l'a pas laissée faire • **I won't let you be treated like that** je ne permettrai pas qu'on vous traite *subj* de cette façon • **I won't let it be said that...** je ne permettrai pas que l'on dise que... • **to let sb into a secret** révéler un secret à qn • **don't let it get you down*** ne te laisse pas démoraliser pour autant* • **don't let me forget** rappelle-le-moi, tu m'y feras penser • **don't let the fire go out** ne laisse pas s'éteindre le feu • **let me have a look** faites voir • **let me help you** laissez-moi vous aider • **let me give you some advice** permettez-moi de vous donner un conseil • **let me take your coat** laissez-moi vous débarrasser de votre manteau • **let me tell you...** que je vous dise... *or* raconte *subj*... • **when can you let me have it?** quand est-ce que je pourrai l'avoir *or* le prendre ? • **let him have it!** *(= give)* donnez-le-lui ! ; *(* = shoot, strike etc)* règle-lui son compte !* • **let him be!** laisse-le (tranquille) ! • **(just you) let me catch you stealing again!*** que je t'attrape *subj or* t'y prenne encore à voler ! • **the hunted man let himself be seen** l'homme traqué s'est laissé repérer • **I let myself be persuaded** je me suis laissé convaincre ; → **alone, drop, fall, fly³, go, know, lie¹**

[2] *(used to form imperative of 1st person)* • **let us** *or* **let's go for a walk** allons nous promener • **let's go!** allons-y ! • **let's get out of here!** filons !, fichons le camp (d'ici) !* • **don't let's*** *or* **let's not start yet** ne commençons pas tout de suite • **don't let me keep you** que je ne vous retienne pas • **don't let me see you doing that again** que je ne t'y reprenne pas, que je ne te revoie pas faire ça • **let us pray** prions • **let me see (now)..., let's see (now)...** voyons... • **let me think** laissez-moi réfléchir ; → **say**

[3] *(used to form imperative of 3rd person)* • **if he wants the book, let him come and get it himself** s'il veut le livre, qu'il vienne le chercher lui-même *or* il n'a qu'à venir le chercher lui-même • **let him say what he likes, I don't care** qu'il dise ce qu'il veut, ça m'est égal • **let no one believe that I will change my mind** que personne ne s'imagine *subj* que je vais changer d'avis • **let that be a warning to you** que cela vous serve d'avertissement • **let there be light** que la lumière soit • **just let them try!** qu'ils essaient *subj* un peu ! • **let it be done at once** *(frm)* qu'on le fasse tout de suite • **let x equal two** *(Math)* soit x égal à deux

[4] *(Med)* • **to let blood** tirer du sang, faire une saignée

[5] • **to let a window/door into a wall** percer *or* ouvrir une fenêtre/porte dans un mur

[6] *(esp Brit = hire out) [+ house etc]* louer, mettre en location • **"flat to let"** « appartement à louer » • **"to let", "to be let"** « à louer »

**N** *[of house etc]* location *f* • **I'm looking for a long/short let for my villa** je cherche à louer ma villa pour une longue/brève période

**COMP** **let alone CONJ** → **alone**

**let-down*** **N** déception *f* • **what a let-down!** quelle déception ! • **the film was a let-down after the book** le film était décevant par rapport au livre

**let-out N** *(Brit)* échappatoire *f*, issue *f*

**let-up*** **N** *(= decrease)* diminution *f* ; *(= stop)* arrêt *m* ; *(= respite)* relâchement *m*, répit *m* • **if there is a let-up in the rain** si la pluie s'arrête un peu • **he worked five hours without (a) let-up** il a travaillé cinq heures d'affilée *or* sans s'arrêter • **there will be no let-up in my efforts** je ne relâcherai pas mes efforts

▸ **let away VT SEP** *(= allow to leave)* laisser partir • **the headmaster let the children away early today** le directeur a laissé partir *or* a renvoyé les enfants tôt aujourd'hui • **you can't let him away with that!** tu ne peux pas le laisser s'en tirer comme ça !

▸ **let down**

**VT SEP** [1] *[+ window]* baisser ; *[+ one's hair]* dénouer, défaire ; *[+ dress]* rallonger ; *[+ tyre]* dégonfler ; *(on rope etc) [+ person, object]* descendre • **to let down a hem** défaire un ourlet *(pour rallonger un vêtement)* • **he let me down gently** *(fig) (in giving bad news)* il me l'a dit *or* il m'a traité avec ménagement ; *(in punishing etc)* il n'a pas été trop sévère avec moi ; see also **hair**

[2] *(= disappoint, fail)* faire faux bond à, décevoir • **we're expecting you on Sunday, don't let us down** nous vous attendons dimanche, nous comptons sur vous *or* ne nous faites pas faux bond • **he's let me down several times** il m'a déçu plusieurs fois *or* à plusieurs reprises • **to feel let down** être déçu • **that shop has let me down before** j'ai déjà été déçu par cette boutique • **the car let me down** la voiture m'a joué des tours • **my watch never lets me down** ma montre est toujours à l'heure • **you've let the team down** ta façon de jouer a beaucoup déçu *or* desservi l'équipe • **you've let the side down** *(fig)* tu ne nous (*or* leur) as pas fait honneur • **the weather let us down** le beau temps n'a pas été de la partie

**N** • **let-down*** → **let¹**

▸ **let in VT SEP** *[+ person, cat]* faire entrer, laisser entrer, ouvrir (la porte) à • **can you let him in?**

pouvez-vous lui ouvrir (la porte) ? ◆ **the maid let him in** la bonne lui a ouvert la porte *or* l'a fait entrer ◆ **he pleaded with us to let him in** il nous a suppliés de le laisser entrer *or* de lui ouvrir (la porte) ◆ **they wouldn't let me in** ils ne voulaient pas me laisser entrer ◆ **shall I let myself in?** je peux entrer ? ◆ **he let himself in with a key** il a ouvert (la porte) *or* il est entré avec une clé ◆ **to let in water** *[shoes, tent]* prendre l'eau ; *[roof]* laisser entrer *or* passer la pluie ◆ **the curtains let the light in** les rideaux laissent entrer la lumière ◆ **this camera lets the light in** cet appareil-photo laisse passer la lumière ◆ **to let the clutch in** *(Driving)* embrayer

♦ **to let sb in for sth** * ◆ **see what you've let me in for now!** tu vois dans quelle situation tu me mets maintenant ! ◆ **if I'd known what you were letting me in for I'd never have come** si j'avais su dans quoi tu allais m'entraîner je ne serais jamais venu ◆ **you're letting yourself in for trouble** tu te prépares des ennuis ◆ **you don't know what you're letting yourself in for** tu ne sais pas à quoi tu t'engages ◆ **I let myself in for doing the washing-up** je me suis laissé coincer pour la corvée de vaisselle ◆ **I got let in for a £5 donation** j'ai dû donner cinq livres

♦ **to let sb in on sth** mettre qn au courant de qch ◆ **can't we let him in on it?** ne peut-on pas le mettre au courant ?

▸ **let off** VT SEP 1 *(= cause to explode, fire etc)* *[+ bomb]* faire éclater ; *[+ firework]* tirer, faire partir ; *[+ firearm]* faire partir

2 *(= release)* dégager, lâcher ◆ **to let off steam** *[boiler, engine]* lâcher *or* dégager de la vapeur ; *(* fig) [person] [+ anger]* décharger sa bile ; *[+ excitement]* se défouler *

3 *(= allow to leave)* laisser partir ◆ **they let the children off early today** aujourd'hui ils ont laissé partir *or* renvoyé les enfants de bonne heure ◆ **will you please let me off at 3 o'clock?** pourriez-vous s'il vous plaît me laisser partir à 3 heures ?

4 *(= excuse)* dispenser ◆ **to let sb off (doing) sth** dispenser qn de (faire) qch ◆ **if you don't want to do it, I'll let you off** si tu ne veux pas le faire, je t'en dispense

5 *(= not punish)* ne pas punir, faire grâce à ◆ **he let me off** il ne m'a pas puni ◆ **I'll let you off this time** je vous fais grâce *or* je ferme les yeux pour cette fois ◆ **the headmaster let him off with a warning** le directeur lui a seulement donné un avertissement ◆ **he was let off with a fine** il s'en est tiré avec une amende, il en a été quitte pour une amende ◆ **to let sb off lightly** laisser qn s'en tirer à bon compte

6 *[+ rooms etc]* louer ◆ **the house has been let off in flats** la maison a été louée en plusieurs appartements

▸ **let on** *

VI *(= tell)* ◆ **I won't let on** je ne dirai rien, je garderai ça pour moi ◆ **they knew the answer but they didn't let on** ils connaissaient la réponse mais ils n'ont pas pipé ◆ **don't let on!** motus ! ◆ **don't let on about what they did** ne va pas raconter *or* dire ce qu'ils ont fait ◆ **she didn't let on that she'd seen me** elle n'a pas dit qu'elle m'avait vu

VT SEP 1 *(= admit, acknowledge)* dire, aller raconter *(that* que) ◆ **he didn't let on who gave it to him/where he got it** il n'a pas révélé qui le lui avait donné/où il l'avait trouvé

2 *(= pretend)* prétendre, raconter *(that* que)

▸ **let out**

VI ◆ **to let out at sb** *(with fists, stick etc)* envoyer des coups à qn ; *(= abuse)* injurier qn ; *(= speak angrily to)* attaquer qn ; *(= scold)* réprimander qn sévèrement

VT SEP 1 *(= allow to leave)* *[+ person, cat]* faire *or* laisser sortir ; *(= release)* *[+ prisoner]* relâcher ; *[+ sheep, cattle]* faire sortir *(of* de) ; *[+ caged bird]* lâcher ◆ **let me out!** laissez-moi sortir ! ◆ **I'll let you out** je vais vous ouvrir la porte *or* vous reconduire ◆ **the watchman let me out** le veilleur m'a fait sortir ◆ **he let himself out quietly** il est sorti sans faire de bruit, il a ouvert la porte sans faire de bruit ◆ **I'll let myself out** pas besoin de me reconduire ◆ **they are let out of school at 4** on les libère à 16 heures ◆ **to let the air out of a tyre** dégonfler un pneu ◆ **to let the water out of the bath** vider l'eau de la baignoire ; → **cat**

2 *[+ fire, candle]* laisser s'éteindre

3 *(= reveal)* *[+ secret, news]* laisser échapper, révéler ◆ **don't let it out that...** ne va pas raconter que...

4 *[+ shout, cry]* laisser échapper ◆ **to let out a laugh** faire entendre un rire

5 *[+ dress]* élargir ◆ **to let one's belt out by two holes** desserrer sa ceinture de deux crans ◆ **to let out a seam** défaire une couture *(pour agrandir un vêtement)*

6 *(= remove suspicion from)* disculper, mettre hors de cause ; *(= exclude)* exclure, éliminer ◆ **his alibi lets him out** son alibi le met hors de cause ◆ **if it's a bachelor you need that lets me out** si c'est un célibataire qu'il vous faut je ne peux pas faire votre affaire

7 *(esp Brit)* *[+ house etc]* louer

N ◆ **let-out** → **let**[1]

▸ **let past** VT SEP *[+ person, vehicle, animal, mistake]* laisser passer

▸ **let through** VT SEP *[+ vehicle, person, light]* laisser passer

▸ **let up**

VI *[rain]* diminuer ; *[cold weather]* s'adoucir ◆ **he didn't let up until he'd finished** il ne s'est accordé aucun répit avant d'avoir fini ◆ **she worked all night without letting up** elle a travaillé toute la nuit sans relâche ◆ **what a talker she is, she never lets up!** quelle bavarde, elle n'arrête pas ! ◆ **to let up on sb** * lâcher la bride à qn

VT SEP *(= allow to rise)* ◆ **to let sb up** permettre à qn de se lever

N ◆ **let-up** * → **let**[1]

**let**[2] /let/ N 1 *(Tennis)* let *m*, balle *f* à remettre ◆ **to play a let** jouer un let, remettre le service ◆ **let ball** balle *f* de let ◆ **let!** net !, let !

2 *(Jur)* ◆ **without let or hindrance** librement, sans empêchement aucun

**letch** * /letʃ/ VI ⇒ **lech**

**lethal** /ˈliːθəl/ SYN ADJ *(= causing death)* *[poison, chemical, gas, effect, injection, dose]* mortel ; *[attack, blow]* fatal ; *[weapon, explosion]* meurtrier ◆ **(by) lethal injection** (par) injection *f* (d'une dose) mortelle ◆ **a lethal combination** *or* **cocktail (of...)** *[of drink, drugs etc]* un mélange fatal (de...) ; *(fig) [of ignorance, fear, poverty etc]* un mélange explosif *or* détonant (de...) *(Pol, Mil)* ◆ **lethal/non-lethal aid** aide *f* militaire/humanitaire ◆ **that stuff is lethal!** *(* hum :coffee, beer etc)* c'est infect !

**lethargic** /lɪˈθɑːdʒɪk/ SYN ADJ 1 *(= tired)* *[person]* léthargique ; *[movement]* indolent ◆ **to feel lethargic** se sentir tout mou

2 *[market]* léthargique ◆ **trading was lethargic** les affaires étaient moroses

**lethargically** /lɪˈθɑːdʒɪkəlɪ/ ADV de façon léthargique

**lethargy** /ˈleθədʒɪ/ SYN N léthargie *f*

**Lethe** /ˈliːθɪ/ N *(Myth)* Léthé *m*

**LETS** /lets/ N (abbrev of **Local Exchange Trading Scheme** or **System**) SEL *m*

**let's** /lets/ ⇒ **let us** ; → **let**[1]

**Lett** /let/ ADJ, N ⇒ **Latvian**

**letter** /ˈletəʳ/ SYN

N 1 *[of alphabet]* lettre *f* ◆ **the letter L** la lettre L ◆ **it was printed in letters 15cm high** c'était écrit en lettres de 15 cm de haut ◆ **the letter of the law** la lettre de la loi ◆ **he followed the instructions to the letter** il a suivi les instructions à la lettre *or* au pied de la lettre ◆ **to have a lot of letters after** *(Brit)* **or behind** *(US)* **one's name** être bardé de diplômes ; → **block, capital, red**

2 *(= written communication)* lettre *f* ◆ **I wrote her a letter** je lui ai écrit une lettre ◆ **thank you for your letter of 1 June 1996** je vous remercie pour votre lettre du 1er juin 1996 ◆ **were there any letters for me?** y avait-il du courrier *or* des lettres pour moi ? ◆ **to write a letter of complaint/support/apology/protest** écrire une lettre de réclamation/de soutien/d'excuse/de protestation ◆ **she apologized/complained by letter** elle a envoyé une lettre d'excuse/de réclamation ◆ **he was invited by letter** il a reçu une invitation écrite ◆ **his appointment to the post was confirmed by letter** il a reçu une lettre confirmant sa nomination ◆ **the news came in a letter from her brother** une lettre de son frère annonçait la nouvelle ◆ **"The Letters of Virginia Woolf"** « La correspondance de Virginia Woolf », « Les lettres de Virginia Woolf » ; → **covering, love, open**

3 *(= literature)* ◆ **letters** (belles-)lettres *fpl* ◆ **man of letters** homme *m* de lettres

4 *(US Scol)* distinctions *fpl (pour succès sportifs)*

VT 1 *(= put letter on)* ◆ **I've lettered the packets according to the order they arrived in** j'ai inscrit des lettres sur les paquets selon leur ordre d'arrivée ◆ **she lettered the envelopes from A to M** elle a marqué les enveloppes de A à M

2 *(= add lettering to)* ◆ **the book cover was lettered in gold** la couverture du livre portait une inscription en lettres d'or ◆ **the case is lettered with my initials** l'étui est gravé à mes initiales, mes initiales sont gravées sur l'étui

COMP **letter bomb** N lettre *f* piégée
**letter-card** N *(Brit)* carte-lettre *f*
**letter of acknowledgement** N *(Comm)* lettre *f* accusant réception
**letter of attorney** N *(Jur)* procuration *f*
**letter of credence** N ⇒ **letters of credence**
**letter of credit** N *(Fin)* lettre *f* de crédit
**letter of intent** N lettre *f* d'intention
**letter of introduction** N lettre *f* de recommandation
**letter of request** N *(Jur)* commission *f* rogatoire
**letter opener** N coupe-papier *m inv*
**letter paper** N papier *m* à lettres
**letter-perfect** ADJ *(US)* ◆ **to be letter-perfect in sth** connaître qch sur le bout des doigts
**letter quality** N *(Comput)* qualité *f* « courrier »
**letter rogatory** N ⇒ **letter of request**
**letters of credence** NPL *(Diplomacy)* lettres *fpl* de créance
**letters page** N *(in newspaper)* (page *f* du) courrier *m* des lecteurs
**letters patent** NPL lettres *fpl* patentes
**letter-writer** N ◆ **he's a good/bad letter-writer** c'est un bon/mauvais correspondant *or* épistolier *(hum)*

**letterbox** /ˈletəbɒks/ N *(esp Brit)* boîte *f* aux *or* à lettres

**lettered** /ˈletəd/ ADJ *[person]* lettré ; see also **letter**

**letterhead** /ˈletəhed/ N en-tête *m* (de lettre)

**lettering** /ˈletərɪŋ/ N *(NonC)* *(= engraving)* gravure *f* ; *(= letters)* caractères *mpl*

**letterpress** /ˈletəpres/ N *(Typography)* *(= method)* typographie *f* ; *(= text)* texte *m* imprimé

**letting** /ˈletɪŋ/ N 1 *[of flat etc]* location *f*

2 → **bloodletting**

**Lettish** /ˈletɪʃ/ N *(= language)* letton *m*, lette *m*, lettique *m*

**lettuce** /ˈletɪs/ N *(as plant, whole)* laitue *f* ; *(leaves, as salad)* salade *f*

**leu** /ˈleɪuː/ N *(Fin)* leu *m*

**leucine** /ˈluːsiːn/ N leucine *f*

**leucite** /ˈluːsaɪt/ N leucite *f*

**leucoblast** /ˈluːkəʊblɑːst/ N *(Bio)* leucoblaste *m*

**leucocyte, leukocyte** *(esp US)* /ˈluːkəˌsaɪt/ N leucocyte *m*

**leucocytic** /ˌluːkəˈsɪtɪk/ ADJ leucocytaire

**leucocytosis** /ˌluːkəʊsaɪˈtəʊsɪs/ N leucocytose *f*

**leucoma** /luːˈkəʊmə/ N (pl **leucomas** or **leucomata** /luːˈkəʊmətə/) *(Med)* leucome *m*

**leucopenia** /ˌluːkəʊˈpiːnɪə/ N leucopénie *f*

**leucopoiesis** /ˌluːkəʊpɔɪˈiːsɪs/ N leucopoïèse *f*

**leucopoietic** /ˌluːkəʊpɔɪˈetɪk/ ADJ leucopoïétique

**leucorrhoea** /ˌluːkəˈrɪːə/ N *(Med)* leucorrhée *f*

**leucotomy, leukotomy** *(esp US)* /luːˈkɒtəmɪ/ N leucotomie *f*, lobotomie *f* cérébrale

**leukaemia, leukemia** *(esp US)* /luːˈkiːmɪə/ N leucémie *f*

**leukocyte** /ˈluːkəˌsaɪt/ N *(esp US)* ⇒ **leucocyte**

**leukocytic** /ˌluːkəˈsɪtɪk/ ADJ *(esp US)* ⇒ **leucocytic**

**leukocytosis** /ˌluːkəʊsaɪˈtəʊsɪs/ N *(esp US)* ⇒ **leucocytosis**

**leukopenia** /ˌluːkəʊˈpiːnɪə/ N *(esp US)* ⇒ **leucopenia**

**leukopoiesis** /ˌluːkəʊpɔɪˈiːsɪs/ N *(esp US)* ⇒ **leucopoiesis**

**leukopoietic** /ˌluːkəʊpɔɪˈetɪk/ ADJ *(esp US)* ⇒ **leucopoietic**

**leukotomy** /luːˈkɒtəmɪ/ N *(esp US)* ⇒ **leucotomy**

**Levalloisian** /ˌlevəˈlɔɪzɪən/ ADJ levalloisien

**Levant** /lɪˈvænt/ N Levant *m*

**Levantine** /ˈlevəntaɪn/

ADJ levantin

N *(Hist)* Levantin(e) *m(f)*

**levee**[1] /ˈlevɪ/ N *(= raised riverside of silt)* levée *f* naturelle ; *(= man-made embankment)* levée *f*, digue *f* ; *(= ridge surrounding field)* digue *f* ; *(= landing place)* quai *m*

**levee²** /lə'veɪ/ N *(Hist)* réception *f* royale *(pour hommes)* ; *(at royal bedside)* lever *m* (du roi) • **a presidential levee** *(US)* une réception présidentielle

**level** /'levl/ SYN
N 1 *(lit = height)* niveau *m*, hauteur *f* • **the water reached a level of 10 metres** l'eau a atteint un niveau *or* une hauteur de 10 mètres • **water finds its own level** l'eau trouve son niveau • **at roof level** au niveau du toit • **the top of the tree was on a level with the roof** la cime de l'arbre arrivait au niveau *or* à la hauteur du toit • **she bent down until her eyes were on a level with mine** elle s'est baissée pour que ses yeux soient au même niveau que les miens ; → **eye, knee, sea**
2 *(fig : in intellect, achievement)* niveau *m* • **the child will find his own level** l'enfant trouvera son niveau • **intellectual level** niveau *m* intellectuel • **he's far above my level** il est d'un niveau bien supérieur au mien • **the teacher came down to their level** le professeur s'est mis à leur niveau • **I'm not on his level at all** je ne suis pas du tout à son niveau • **his reading/writing is on a level with that of his brother** il a le même niveau que son frère en lecture/écriture • **that dirty trick is on a level with the other one he played** ce mauvais coup est (bien) à la hauteur du *or* vaut le précédent
3 *(fig : in hierarchy)* niveau *m*, échelon *m* • **social level** niveau *m* social • **at a higher/lower level** *(in company)* à un échelon supérieur/inférieur ; *[talks, negotiations]* à un niveau *or* échelon supérieur/inférieur • **at local/national/international level** au niveau local/national/international • **at departmental level** à l'échelon départemental • **there were redundancies at all levels of the organization** il y a eu des licenciements à tous les niveaux *or* échelons de l'organisation • **we need to address the gun problem at grassroots level** nous devons affronter le problème du port d'armes à la source
4 *(= rate, degree) [of inflation, unemployment, radiation]* niveau *m*, taux *m* ; *[of income, noise, difficulty, violence]* niveau *m* • **the level of hormones/insulin in the blood** le taux d'hormones/d'insuline dans le sang • **the level of alcohol in the blood** le taux d'alcoolémie • **cholesterol level(s), level(s) of cholesterol** taux *m* de cholestérol • **fluoride level(s)** quantité *f* de fluor dans l'eau • **level of consciousness** *(Med)* état *m* de conscience • **a higher level of consciousness** un niveau de conscience supérieur • **the idea attracted a high level of interest** cette idée a suscité beaucoup d'intérêt • **the level of support for the government is high/low** beaucoup/peu de gens soutiennent le gouvernement • **the level of violence in those societies is very high** il y a énormément de violence dans ces sociétés • **the strike received a fairly low level of support** la grève n'a pas vraiment été suivie • **the level of public interest in the scheme remains low** le public continue à manifester peu d'intérêt pour ce projet • **these polls do not reflect the true level of support for Green policies** ces sondages ne reflètent pas la popularité réelle des mesures écologiques • **the rising level of violence** la montée de la violence • **the rising level of inflation/unemployment** l'augmentation *f* de l'inflation/du chômage • **there has been a falling/rising level of support for their policies** de moins en moins/de plus en plus de gens soutiennent leur politique
5 *(= floor)* niveau *m* • **the house is on four levels** la maison est sur *or* la maison a quatre niveaux
6 *(Nuclear Industry)* • **high-/intermediate-/low-level waste** déchets *mpl* de haute/moyenne/faible activité
7 (also **spirit level**) niveau *m* à bulle
8 *(= flat place)* terrain *m* plat
9 *(set phrase)* **on the level** • **speed on the level** *[of car, train]* vitesse *f* en palier • **I'm telling you on the level** * je te le dis franchement • **is this on the level?** * est-ce que c'est réglo ? * • **is he on the level?** * est-ce qu'il joue franc-jeu ?, est-ce qu'il est fair-play ?
ADJ 1 *(= flat, not bumpy, not sloping) [surface]* plat, plan, uni • **level ground** terrain *m* plat *or* plan • **it's dead level** c'est parfaitement plat • **the tray must be absolutely level** il faut que le plateau soit parfaitement horizontal • **hold the stick level** tiens le bâton horizontal *or* à l'horizontale • **a level spoonful** une cuillerée rase • **a level playing field** *(fig)* une situation équitable pour tout le monde • **a level playing field for all companies** une situation équitable pour toutes les entreprises • **to compete on a level playing field** être sur un pied d'égalité • **to do one's level best (to do sth)** * faire tout son possible *or* faire de son mieux (pour faire qch)
2 *(= equal) (at same standard)* à égalité ; *(at same height)* à la même hauteur • **the two contestants are dead level** les deux participants sont exactement à égalité • **hold the two sticks absolutely level (with each other)** tiens les deux bâtons exactement à la même hauteur • **keep your shoulders level throughout the exercise** gardez vos épaules à la même hauteur tout au long de l'exercice • **he knelt down so that their eyes were level** il s'est agenouillé afin que leurs yeux soient au même niveau • **the dining room is level with the garden** la salle à manger est de plain-pied avec le jardin • **level with the ground** au niveau du sol, à ras du sol • **to be level with sb** *(in race)* être à la hauteur de qn ; *(in league)* être à égalité avec qn, avoir le même nombre de points que qn ; *(in one's studies, achievements etc)* être au niveau de *or* au même niveau que qn ; *(in salary, rank)* être à l'échelon de *or* au même échelon que qn, être au même niveau que qn • **to be level in seniority with** avoir la même ancienneté que, être au même niveau d'ancienneté que • **to draw level with sb** *(esp Brit) (in race)* arriver à la hauteur de *or* à la même hauteur que qn ; *(in league)* arriver dans la même position que qn, arriver au même score que qn ; *(in one's studies, achievements etc)* arriver au niveau de *or* au même niveau que qn ; *(in salary, rank)* arriver au niveau de *or* au même niveau que qn, arriver au même échelon que qn • **she slowed down a little to let the car draw level (with her)** elle a ralenti un peu afin de permettre à la voiture d'arriver à sa hauteur
3 *(= steady) [voice, tones]* calme • **she gave him a level stare** elle l'a dévisagé calmement • **to keep a level head** garder tout son sang-froid ; see also **comp**
4 *(US * = honest) [person, deal]* honnête, régulier
VT 1 *(= make level) [+ site, ground]* niveler, aplanir ; *[+ quantities]* répartir également • **to level the score** *(in competition, league etc)* égaliser • **Graf levelled the score to one set all** *(Tennis)* Graf a égalisé à un set partout
2 *(= demolish) [+ building, town]* raser • **to level sth to the ground** raser qch
3 *(= aim)* • **to level a blow at sb** allonger un coup de poing à qn • **to level a gun at sb** braquer *or* pointer un pistolet sur qn • **to level an accusation at sb** lancer *or* porter une accusation contre qn • **to level criticism at *or* against sb** formuler des critiques à l'encontre de qn • **to level charges at *or* against sb** *(Jur)* porter des accusations contre qn
VI • **I'll level with you** je vais être franc avec vous • **you're not levelling with me about how much it cost** tu ne me dis pas combien ça a coûté
COMP **level crossing** N *(Brit) [of railway line]* passage *m* à niveau
**level-headed** SYN ADJ équilibré, pondéré
**level-pegging** ADJ *(Brit)* • **they were level-pegging** ils étaient à égalité
▸ **level down**
VT SEP *(lit) [+ surface]* aplanir, raboter ; *(fig) [+ standards]* niveler par le bas
N • **levelling down** → **levelling**
▸ **level off**
VI *[statistics, results, prices etc]* se stabiliser ; *[curve on graph]* s'aplatir ; *[aircraft]* amorcer le vol en palier • **output has levelled off over recent months** la production s'est stabilisée ces derniers mois
VT SEP *(= make flat) [+ heap of sand etc]* égaliser, niveler
N • **levelling off** → **levelling**
▸ **level out**
VI *[statistics, results, prices etc]* se stabiliser ; *[curve on graph]* s'aplatir ; *[road etc]* s'aplanir
VT SEP niveler, égaliser
▸ **level up** VT SEP *[+ ground]* niveler ; *[+ standards]* niveler par le haut

**leveling** /'levlɪŋ/ *(US)* ⇒ **levelling**

**leveller, leveler** *(US)* /'levləʳ/ N • **poverty is a great leveller** tous les hommes sont égaux dans la misère • **death is the great leveller** *(Prov)* nous sommes tous égaux devant la mort

**levelling, leveling** *(US)* /'levlɪŋ/
N *(NonC: lit, fig)* nivellement *m*
ADJ *(fig) [process, effect]* de nivellement
COMP **levelling down** N nivellement *m* par le bas
**levelling off** N *(gen)* égalisation *f*, nivellement *m* ; *(Econ, Fin)* stabilisation *f*, tassement *m*
**levelling rod, levelling staff** N mire *f*, jalonmire *m*
**levelling up** N nivellement *m* par le haut

**levelly** /'levlɪ/ ADV *(= evenly) [look at, say]* posément

**lever** /'liːvəʳ/ SYN
N *(gen, also fig)* levier *m* ; *(small: on machine etc)* manette *f* • **he used it as a lever to get what he wanted** *(fig)* cela lui a servi de marchepied pour arriver à ses fins ; → **gear**
VT • **to lever sth into position** mettre qch en place (à l'aide d'un levier) • **to lever sth out/open** extraire/ouvrir qch (au moyen d'un levier) • **they had levered open the door with a crowbar** ils avaient ouvert la porte à l'aide d'un levier • **he levered himself out of the chair** *(hum)* il s'est extirpé * du fauteuil • **to lever sb into a post** pistonner qn pour un poste • **to lever sb out** déloger qn
▸ **lever up** VT SEP soulever au moyen d'un levier • **he levered himself up on one elbow** il s'est soulevé sur un coude • **to lever up the bank rate** relever le taux d'escompte officiel

**leverage** /'liːvərɪdʒ/ SYN
N *(lit)* force *f* (de levier) ; *(fig = influence)* influence *f*, prise *f* *(on or with sb* sur qn) ; *(US Fin)* effet *m* de levier
VT *(Fin) [+ company]* augmenter le ratio d'endettement de • **leveraged buyout** rachat *m* d'entreprise financé par l'endettement

**leveret** /'levərɪt/ N levraut *m*

**leviathan** /lɪ'vaɪəθən/ N *(Bible)* Léviathan *m* ; *(fig = ship/organization etc)* navire *m*/organisme *m etc* géant

**Levi's** ® /'liːvaɪz/ NPL Levi's ® *m*

**levitate** /'levɪteɪt/
VI se soulever *or* être soulevé par lévitation
VT soulever *or* élever par lévitation

**levitation** /ˌlevɪ'teɪʃən/ N lévitation *f*

**Leviticus** /lɪ'vɪtɪkəs/ N Lévitique *m*

**levity** /'levɪtɪ/ SYN N *(= frivolity)* manque *m* de sérieux, légèreté *f*

**levy** /'levɪ/ SYN
N 1 *(gen)* prélèvement *m* *(on* sur) ; *(= tax)* impôt *m*, taxe *f* *(on* sur) ; *(= amount, act of taxing)* taxation *f* • **import levy** prélèvement *m* à l'importation • **the political levy** *(in Brit) cotisation des membres d'un syndicat au parti travailliste* • **training levy** ≃ taxe *f* d'apprentissage ; → **capital**
2 *(Mil)* *(= act)* levée *f*, enrôlement *m* ; *(= troops)* troupes *fpl* enrôlées, levée *f*
VT 1 *(= impose) [+ tax]* prélever *(on sth* sur qch) ; *[+ fine]* infliger, imposer *(on sb* à qn)
2 *(= collect) [+ taxes, contributions]* lever, percevoir
3 *(Mil)* • **to levy troops/an army** lever des troupes/une armée
▸ **levy on** VT FUS *(Jur)* • **to levy on sb's property** saisir (les biens de) qn

**lewd** /luːd/ SYN ADJ *[comment, picture, gesture, joke]* obscène • **to have a lewd expression on one's face** avoir un air lubrique

**lewdly** /'luːdlɪ/ ADV de façon obscène

**lewdness** /'luːdnɪs/ SYN N *[of person]* lubricité *f* ; *[of object, drawing]* obscénité *f*

**Lewis gun** /'luːɪs/ N *mitrailleuse de la Première Guerre mondiale*

**lexeme** /'leksiːm/ N lexème *m*

**lexical** /'leksɪkəl/ ADJ lexical • **lexical item** unité *f* lexicale, item *m* lexical

**lexicalization** /ˌleksɪkəlaɪ'zeɪʃən/ N lexicalisation *f*

**lexicalize** /'leksɪkəˌlaɪz/ VT lexicaliser

**lexicographer** /ˌleksɪ'kɒgrəfəʳ/ N lexicographe *mf*

**lexicographical** /ˌleksɪkəʊ'græfɪkəl/ ADJ lexicographique

**lexicography** /ˌleksɪ'kɒgrəfɪ/ N lexicographie *f*

**lexicological** /ˌleksɪkə'lɒdʒɪkəl/ ADJ lexicologique

**lexicologist** /ˌleksɪ'kɒlədʒɪst/ N lexicologue *mf*

**lexicology** /ˌleksɪ'kɒlədʒɪ/ N lexicologie *f*

**lexicon** /'leksɪkən/ N 1 *(Ling = wordlist, lexis)* lexique *m*
2 *(fig = terminology, language)* vocabulaire *m* • **the word "perestroika" has entered the political lexicon** le mot « perestroïka » fait désormais partie du vocabulaire politique

**lexis** /ˈlɛksɪs/ **N** (Ling) lexique m

**Leyden jar** /ˈleɪdn/ **N** (Phys) bouteille f de Leyde

**Leyland cypress** /ˈleɪlənd/ **N** (pl **Leyland cypresses**) cyprès m hybride de Leyland

**LGV** /ˌeldʒiːˈviː/ **N** (abbrev of **large goods vehicle**) poids lourd m

**lhasa apso** /ˈlɑːsə ˈæpsəʊ/ **N** (= dog) Lhasa apso m

**LI** abbrev of **Long Island**

**liability** /ˌlaɪəˈbɪlɪtɪ/ SYN
- ▮ 1 (NonC) responsabilité f ◆ **don't admit liability for the accident** n'acceptez pas la responsabilité de l'accident ◆ **his liability for the company's debts was limited to $50,000** il n'était responsable qu'à hauteur de 50 000 dollars des dettes de la société
- 2 (NonC) ◆ **liability for tax/for paying tax** assujettissement m à l'impôt/au paiement de l'impôt ◆ **liability for military service** obligations fpl militaires
- 3 (Fin) ◆ **liabilities** (= debts) dettes fpl, passif m ◆ **assets and liabilities** actif m et passif m ◆ **to meet one's liabilities** rembourser ses dettes ◆ **current liability** dettes fpl à court terme ◆ **non-current liability** dettes fpl à moyen et long terme
- 4 (= handicap) ◆ **this car is a liability (for us)** on n'arrête pas d'avoir des problèmes avec cette voiture ◆ **he's a real liability** ce type est un boulet * ◆ **this issue has become a political liability** cette question constitue maintenant un handicap politique

COMP **liability insurance N** assurance f responsabilité civile

**liability suit N** (US Jur) procès m en responsabilité (civile) → **joint, limited, strict**

**liable** /ˈlaɪəbl/ SYN ADJ 1 ◆ **to be liable to do sth** (= be likely to) avoir des chances de faire qch ; (= risk) risquer de faire qch ◆ **he's liable to refuse to do it** il risque de refuser de le faire ◆ **he is liable not to come** il y a des chances (pour) qu'il ne vienne pas, il y a peu de chances qu'il vienne ◆ **we are liable to get shot at** on risque de se faire tirer dessus ◆ **we are liable to be in London next week** nous pourrions bien être or nous serons probablement à Londres la semaine prochaine ◆ **it's liable to be hot there** il peut faire très chaud là-bas
- 2 (= subject) ◆ **to be liable to sth** être sujet à qch ◆ **the programme is liable to alteration without notice** la direction se réserve le droit d'apporter sans préavis des modifications à ce programme ◆ **to be liable to imprisonment/a fine** être passible d'emprisonnement/d'une amende ◆ **to be liable to** or **for prosecution** s'exposer à des poursuites ◆ **to be liable to** or **for duty** [goods] être assujetti à des droits ; [person] avoir à payer des droits ◆ **to be liable to** or **for tax** [person] être imposable ; [thing] être assujetti à la taxation ◆ **every man of 20 is liable for military service** tout homme de 20 ans est astreint au service militaire ◆ **he is not liable for military service** il a été exempté du service militaire
- 3 (Jur = responsible) (civilement) responsable (for sb/sth de qn/qch) ◆ **jointly and severally liable** responsable conjointement et solidairement ◆ **to be liable for sb's debts** répondre des dettes de qn ◆ **he is still liable for interest on the loan** il est toujours redevable d'intérêts sur cet emprunt ◆ **liable for damages** tenu de verser des dommages et intérêts ◆ **you could be liable for hefty damages** on serait en droit de vous demander des dommages et intérêts importants ◆ **to be held liable (for sth)** être tenu (pour) responsable (de qch) ◆ **to be liable in law** or **under the law** être responsable devant la loi ◆ **to be liable in law** or **under the law to do sth** être tenu, de par la loi, de faire qch, être tenu par la loi de faire qch

**liaise** /liːˈeɪz/ **VI** (Brit) collaborer ◆ **to liaise with** (= cooperate with) se concerter avec ; (= act as go-between) assurer la liaison avec ◆ **to liaise between** assurer la liaison entre ◆ **to liaise closely** travailler en étroite collaboration

**liaison** /liːˈeɪzɒn/ SYN
- ▮ (gen, Mil, Phon) liaison f
COMP **liaison committee N** comité m de liaison
**liaison officer N** (Mil, gen) officier m de liaison

**liana** /liːˈɑːnə/ **N** liane f

**liar** /ˈlaɪəʳ/ SYN **N** menteur m, -euse f

**Lib** /lɪb/
ADJ, N (Brit) (abbrev of **Liberal**) libéral(e) m(f)

COMP **Lib-Lab*** ADJ (Brit Pol Hist) (abbrev of **Liberal-Labour**) ◆ **Lib-Lab pact** pacte m libéral-travailliste

**lib*** /lɪb/ **N** abbrev of **liberation**

**libation** /laɪˈbeɪʃən/ **N** libation f

**libber*** /ˈlɪbəʳ/ **N** ⇒ **liberationist**

**libel** /ˈlaɪbəl/ SYN
- **N** (Jur) (= act) diffamation f (par écrit) ; (= document) écrit m diffamatoire ◆ **to sue sb for libel, to bring an action for libel against sb** intenter un procès à qn ◆ **that's (a) libel!** (fig) c'est une calomnie !
- **VT** (Jur) diffamer (par écrit) ; (gen) calomnier, médire de

COMP **libel laws NPL** (Jur) lois fpl sur la diffamation

**libel proceedings NPL, libel suit N** procès m en diffamation

**libellous, libelous** (US) /ˈlaɪbələs/ SYN ADJ diffamatoire

**liberal** /ˈlɪbərəl/ SYN
- ADJ 1 (= broad-minded) [education, régime, society] libéral ; [ideas, views] progressiste ; [person] large d'esprit
- 2 (= broad) [interpretation] libre
- 3 (= generous) [amount, helping, contribution, offer] généreux ; [person] prodigue (with de), généreux ; [supply] ample, abondant ◆ **a liberal amount of** beaucoup de ◆ **she made liberal use of the hairspray** elle a utilisé beaucoup de laque ◆ **she made liberal use of her sister's make-up and clothes** elle se servait abondamment du maquillage et des vêtements de sa sœur ◆ **because of the liberal use of weedkillers and pesticides these days** parce que les herbicides et les pesticides sont utilisés abondamment de nos jours ◆ **the artist's liberal use of black** la dominante noire dans l'œuvre de ce peintre
- 4 (Brit Pol) ◆ **Liberal** libéral
- **N** (Pol) ◆ **Liberal** libéral(e) m(f)

COMP **liberal arts NPL** arts mpl libéraux
**liberal democracy N** démocratie f libérale
**Liberal Democrat N** (Pol) libéral(e)-démocrate m(f)
**the Liberal Democrat Party N** (Brit) le parti démocrate-libéral
**liberal-minded ADJ** adj 1
**liberal studies NPL** (Scol etc) ≃ programme m de culture générale

**liberalism** /ˈlɪbərəlɪzəm/ **N** (gen, Pol) libéralisme m

**liberality** /ˌlɪbəˈrælɪtɪ/ SYN **N** (= broad-mindedness) libéralisme m ; (= generosity) libéralité f, générosité f

**liberalization** /ˌlɪbərəlaɪˈzeɪʃən/ **N** libéralisation f

**liberalize** /ˈlɪbərəlaɪz/ SYN **VT** libéraliser

**liberally** /ˈlɪbərəlɪ/ ADV 1 (= generously) généreusement
- 2 (= indulgently) [treat] libéralement

**liberate** /ˈlɪbəreɪt/ SYN **VT** [+ prisoner, slave] libérer ; [+ women etc] libérer, émanciper ; (Chem) [+ gas] libérer, dégager ; (Fin) [+ capital] dégager

**liberated** /ˈlɪbəreɪtɪd/ ADJ libéré

**liberation** /ˌlɪbəˈreɪʃən/ SYN
- **N** libération f ; (Fin) dégagement m
COMP **liberation theology N** théologie f de la libération

**liberationist** /ˌlɪbəˈreɪʃənɪst/ **N** (active) membre m d'un (or du) mouvement de libération ; (sympathiser) partisan m de la libération (des femmes etc)

**liberator** /ˈlɪbəreɪtəʳ/ SYN **N** libérateur m, -trice f

**Liberia** /laɪˈbɪərɪə/ **N** Libéria or Liberia m ◆ **in Liberia** au Libéria

**Liberian** /laɪˈbɪərɪən/
- ADJ (gen) libérien ; [ambassador, embassy] du Libéria
- **N** Libérien(ne) m(f)

**libertarian** /ˌlɪbəˈtɛərɪən/
- ADJ [person, attitude, view, policy, politics] libertaire
- **N** libertaire mf

**libertarianism** /ˌlɪbəˈtɛərɪənɪzəm/ **N** (= philosophy) doctrine f libertaire ; (= sb's characteristic) idées fpl libertaires

**liberticidal** /ˌlɪbɜːtɪˈsaɪdəl/ ADJ liberticide

**libertinage** /ˈlɪbətɪnɪdʒ/ **N** libertinage m

**libertine** /ˈlɪbətiːn/ SYN ADJ, **N** libertin(e) m(f)

**Liberty** /ˈlɪbətɪ/ **N** (= civil rights group) association britannique de défense des libertés civiques

**liberty** /ˈlɪbətɪ/ SYN
- ▮ 1 (= freedom) liberté f ◆ **individual/political liberty** liberté f individuelle/politique
- ◆ **at liberty** ◆ **the escaped prisoner remains at liberty** le prisonnier évadé est toujours en liberté ◆ **to set sb at liberty** mettre qn en liberté ◆ **to set** or **leave sb at liberty to do sth** permettre qn à faire qch ◆ **you are at liberty to choose** vous êtes libre de choisir, libre à vous de choisir ◆ **I am not at liberty to reveal that information** je n'ai pas le droit de révéler ces informations
- 2 (= presumption) liberté f ◆ **to take liberties (with sb)** prendre or se permettre des libertés (avec qn) ◆ **to take the liberty of doing sth** prendre la liberté or se permettre de faire qch ◆ **that was rather a liberty on his part** il ne s'est pas gêné ◆ **what a liberty!*** quel toupet ! *

COMP **liberty bodice** † **N** ≃ chemise f américaine
**liberty cap N** (Hist) bonnet m phrygien
**liberty hall N** (fig hum) ◆ **it's liberty hall here*** ici tout est permis

**libidinal** /lɪˈbɪdɪnl/ ADJ libidinal

**libidinous** /lɪˈbɪdɪnəs/ SYN ADJ (frm) libidineux (liter or hum)

**libidinously** /lɪˈbɪdɪnəslɪ/ ADV de façon libidineuse ◆ **a libidinously worded letter** une lettre libidineuse

**libidinousness** /lɪˈbɪdɪnəsnɪs/ **N** libidinosité f

**libido** /lɪˈbiːdəʊ/ **N** libido f

**Libra** /ˈliːbrə/ **N** (Astron, Astrol) Balance f ◆ **I'm (a) Libra** (Astrol) je suis (de la) Balance

**Libran** /ˈliːbrən/ **N** ◆ **to be a Libran** être (de la) Balance

**librarian** /laɪˈbrɛərɪən/ **N** bibliothécaire mf

**librarianship** /laɪˈbrɛərɪənʃɪp/ **N** (= job) poste m de bibliothécaire ; (esp Brit = science) bibliothéconomie f ; (= knowledge) connaissances fpl de bibliothécaire ◆ **to do** or **study librarianship** faire des études de bibliothécaire or de bibliothéconomie

**library** /ˈlaɪbrərɪ/
- ▮ 1 (= building, room) bibliothèque f ; → **mobile, public, reference**
- 2 (= collection, also Comput) bibliothèque f ; (= published series) collection f, série f

COMP **library book N** livre m de bibliothèque
**library card N** ⇒ **library ticket**
**library edition N** édition f de luxe
**Library of Congress N** (US) Bibliothèque f du Congrès
**library pictures NPL** (TV) images fpl d'archives
**library science N** bibliothéconomie f
**library software N** (Comput) répertoire m de macro-instructions
**library ticket N** carte f de lecteur or de bibliothèque

⓵ **librairie** in French means 'bookshop', not **library**

○ **LIBRARY OF CONGRESS**
La Bibliothèque du Congrès a été fondée à Washington en 1800, initialement pour servir les besoins des membres du Congrès. Devenue par la suite la Bibliothèque nationale des États-Unis, elle reçoit, au titre du dépôt légal, deux exemplaires de chaque ouvrage publié dans le pays et possède un fonds très riche de manuscrits, partitions de musique, cartes, films et autres enregistrements. D'autre part, c'est elle qui gère la bibliothèque internationale en attribuant les numéros d'ISBN.

**librettist** /lɪˈbretɪst/ **N** librettiste mf

**libretto** /lɪˈbretəʊ/ **N** (pl **librettos** or **libretti** /lɪˈbretiː/) libretto m, livret m

**Librium** ® /ˈlɪbrɪəm/ **N** Librium ® m

**Libya** /ˈlɪbɪə/ **N** Libye f

**Libyan** /ˈlɪbɪən/
- **N** Libyen(ne) m(f)
- ADJ (gen) libyen ; [ambassador, embassy] de Libye ◆ **Libyan Arab Jamahiriya** Jamahiriya f arabe libyenne ◆ **the Libyan Desert** le désert de Libye

**lice** /laɪs/ **NPL** of **louse**

**licence** (Brit), **license** (US) /ˈlaɪsəns/ SYN
- ▮ 1 (= permit) (gen) autorisation f, permis m ; (for manufacturing, trading etc) licence f ; (for driver) permis m ; (for car) vignette f ; (for radio, TV) redevance f ; (= document itself) fiche f de redevance

◆ **driving licence** *(Brit)* permis *m* de conduire ◆ **export/import licence** permis *m* d'exporter/d'importer ◆ **pilot's licence** brevet *m* de pilote ◆ **have you got a licence for this television?** est-ce que vous avez payé votre redevance pour cette télévision ? ◆ **they were married by special licence** ils se sont mariés avec dispense (de bans) ◆ **to manufacture sth under licence** fabriquer qch sous licence ; → **marriage, off**

2 *(NonC)* *(= freedom)* licence *f*, liberté *f* ; *(= excess)* licence *f* ◆ **you can allow some licence in translation** on peut tolérer une certaine licence *or* liberté dans la traduction ; → **poetic**

COMP **licence fee** N *(Brit TV)* redevance *f*

**licence number** N *[of driving licence]* numéro *m* de permis de conduire ; *[of car]* numéro *m* minéralogique *or* d'immatriculation

**licence plate** N plaque *f* minéralogique *or* d'immatriculation

> Check what kind it is before translating **licence** by the French word **licence**.

**license** /ˈlaɪsəns/ SYN

N *(US)* ⇒ **licence**

VT 1 *(= give licence to)* donner une licence à ; *[+ car]* *[licensing authority]* délivrer la vignette pour ; *[owner]* acheter la vignette de *or* pour ◆ **is that gun licensed?** avez-vous un permis pour ce revolver ? ◆ **the shop is licensed to sell tobacco** le magasin détient une licence de bureau de tabac ◆ **the shop is licensed for the sale of alcoholic liquor** le magasin détient une licence de débit de boissons ◆ **licensed victualler** *(Brit)* patron *m or* gérant *m* d'un pub ◆ **(on) licensed premises** *(Brit)* (dans un) établissement ayant une licence de débit de boissons ◆ **licensed product** produit *m* sous licence ◆ **licensed practical nurse** *(US)* infirmier *m*, -ière *f* auxiliaire

2 *(frm = permit)* autoriser *(sb to do sth* qn à faire qch), permettre *(sb to do sth* à qn de faire qch)

COMP **license plate** N *(US)* ⇒ **licence plate**

**licensee** /ˌlaɪsənˈsiː/ N concessionnaire *mf* d'une licence ; *[of pub]* patron(ne) *m(f)*

**licenser** /ˈlaɪsənsəʳ/ N ⇒ **licensor**

**licensing** /ˈlaɪsənsɪŋ/

ADJ ◆ **the licensing authority** l'organisme *m or* le service délivrant les permis (*or* les licences *etc*)

COMP **licensing agreement** N *(Comm)* accord *m* de licence

**licensing hours** NPL *(Brit)* heures *fpl* d'ouverture légales *(des débits de boisson)*

**licensing laws** NPL *(Brit)* lois *fpl* réglementant la vente d'alcool

> **LICENSING LAWS**
>
> En Grande-Bretagne, les lois réglementant la vente et la consommation d'alcool sont connues sous le nom de **licensing laws**. L'âge minimum pour boire de l'alcool dans les lieux publics est de 18 ans.
> Aux États-Unis, chaque État a sa propre législation en la matière. L'âge minimum varie de 18 à 21 ans et, dans certains comtés, il reste rigoureusement interdit de vendre ou de consommer de l'alcool. Dans d'autres, on ne peut acheter les boissons alcoolisées que dans des magasins spécialisés appelés « liquor stores » ou « package stores ». La plupart des restaurants et discothèques ont une licence (liquor license) qui les autorise à vendre de l'alcool.

**licensor** /ˈlaɪsənsəʳ/ N *(Jur)* bailleur *m or* bailleresse *f* de licence

**licentiate** /laɪˈsenʃɪɪt/ N diplômé(e) *m(f)* *(pour pratiquer une profession libérale)*

**licentious** /laɪˈsenʃəs/ SYN ADJ *(frm)* licencieux

**licentiousness** /laɪˈsenʃəsnɪs/ SYN N *(frm)* licence *f*

**lichee** /ˌlaɪˈtʃiː/ N ⇒ **lychee**

**lichen** /ˈlaɪkən/ N lichen *m*

**lichgate** /ˈlɪtʃgeɪt/ N porche *m* de cimetière

**licit** /ˈlɪsɪt/ ADJ licite

**lick** /lɪk/ SYN

N 1 coup *m* de langue ◆ **the cat gave me a lick** le chat m'a donné un coup de langue ◆ **the cat gave my hand a lick** le chat m'a léché la main ◆ **give me** *or* **let me have a lick** je peux goûter ? ◆ **to give o.s. a lick and a promise*** faire un (petit) brin de toilette ◆ **a lick of paint** un (petit) coup de peinture ◆ **he didn't do a lick of work*** il n'a rien fichu*

2 *(* = speed)* vitesse *f* ◆ **at a fair** *or* **a good** *or* **one hell of a lick** en quatrième vitesse*, à toute blinde*

3 *(Mus *)* riff *m*

VT 1 *[person, animal, flames]* lécher ◆ **she licked the cream off her fingers** elle a léché la crème qu'elle avait sur les doigts ◆ **the cat licked (at) her hand** le chat lui a léché la main ◆ **the cat licked its paws** le chat s'est léché les pattes ◆ **to lick sth clean** nettoyer qch à coups de langue ◆ **to lick the bowl out** *or* **clean** lécher le saladier ◆ **to lick one's lips** *(lit)* se lécher les lèvres ; *(fig)* se frotter les mains ◆ **to lick one's chops*** se lécher les babines* ; *(fig)* se frotter les mains, s'en lécher les babines* ◆ **to lick sb's boots** lécher les bottes à qn*, jouer les lèche-bottes* avec qn ◆ **to lick sb's arse*** lécher le cul à qn* ◆ **to lick one's wounds** *(fig)* panser ses blessures *(fig)*

2 * *(= defeat)* écraser*, battre à plate(s) couture(s) ; *(= outdo, surpass)* battre ; *(= thrash)* flanquer une correction à, tabasser* ◆ **I've got it licked** *[+ problem, puzzle etc]* j'ai trouvé la solution ; *[+ bad habit]* j'ai réussi à m'arrêter ◆ **it's got me licked** *[problem etc]* cela me dépasse ; → **shape**

▸ **lick at** VT FUS *[dog, flames]* lécher

▸ **lick off** VT SEP enlever à coups de langue, lécher ◆ **lick it off!** lèche-le !

▸ **lick up** VT SEP lécher ; *[cat]* laper

**lickety-split*** /ˈlɪkɪtɪˈsplɪt/ ADV *(US)* à fond de train

**licking*** /ˈlɪkɪŋ/ N *(= whipping)* rossée* *f*, raclée* *f* ; *(= defeat)* déculottée* *f*

**lickspittle** /ˈlɪkˌspɪtl/ N *(pej)* lèche-botte* *mf*

**licorice** /ˈlɪkərɪs/ N *(US)* ⇒ **liquorice**

**lid** /lɪd/ N 1 *[of pan, box, jar, piano]* couvercle *m* ◆ **the newspaper articles took** *or* **blew the lid off his illegal activities** les articles de presse ont étalé au grand jour ses activités illégales ◆ **that puts the (tin) lid on it!** †* *(= that's the end)* ça c'est un comble *or* le pompon !* ◆ **to keep the lid on sth** *[+ scandal, affair]* étouffer qch ; *[+ crime]* contenir qch ◆ **to keep a lid on prices** enrayer la hausse des prix

2 (also **eyelid**) paupière *f*

**lidded** /ˈlɪdɪd/ ADJ *[container, jar]* à couvercle ◆ **heavily lidded eyes** yeux *mpl* aux paupières lourdes

**lido** /ˈliːdəʊ/ N *(= resort)* complexe *m* balnéaire ; *(Brit)* *(= swimming pool)* piscine *f* *(en plein air)*

**lie**[1] /laɪ/ SYN (pret **lay**, ptp **lain**)

VI 1 *[person etc]* *(= lie down)* s'allonger, s'étendre ; *(state = be lying)* être allongé *or* étendu ; *(in grave etc)* être enterré ◆ **go and lie on the bed** allez vous allonger *or* vous étendre sur le lit ◆ **don't lie on the grass** ne t'allonge pas sur l'herbe ◆ **he was lying on the floor** *(resting etc)* il était allongé *or* étendu par terre ; *(unable to move)* il était étendu *or* il gisait par terre ◆ **she lay in bed until 10 o'clock** elle est restée *or* a traîné *(pej)* au lit jusqu'à 10 heures ◆ **she was lying in bed** elle était au lit ◆ **she was lying on her bed** elle était allongée *or* étendue sur son lit ◆ **she was lying in bed reading** elle lisait au lit ◆ **lie on your side** couche-toi *or* allonge-toi sur le côté ◆ **she was lying face downwards** elle était (allongée *or* étendue) à plat ventre ◆ **he was lying asleep** il était allongé et il dormait, il était allongé endormi ◆ **he lay asleep on the bed** il dormait allongé *or* étendu sur le lit ◆ **he lay dead** il était étendu mort ◆ **he lay dead at her feet** il était étendu mort à ses pieds, il gisait à ses pieds ◆ **he lay helpless on the floor** il était étendu *or* il gisait par terre sans pouvoir rien faire ◆ **he was lying still** il était étendu immobile ◆ **lie still!** ne bouge pas !, reste tranquille ! ◆ **his body was lying on the ground** son corps gisait sur le sol ◆ **he lies in the churchyard** il repose dans le *or* est enterré au cimetière ◆ **the corpse lay in the coffin/the tomb** le corps reposait *or* était dans le cercueil/la tombe ◆ **to lie in state** être exposé solennellement ◆ **here lies** *or* **lieth...** † *(on tombstone)* ci-gît... ◆ **to lie low** *(fig)* *(= hide)* se cacher, rester caché ; *(= stay out of limelight)* ne pas se faire remarquer, se tenir à carreau* ; → **ambush, sleeping, wait**

2 *[object]* être ; *[place, road]* se trouver, être ; *[land, sea etc]* s'étendre ; *(= remain)* rester, être ◆ **the book lay on the table** le livre était sur la table ◆ **the book lay unopened all day** le livre est resté fermé toute la journée ◆ **the book lay open on the table** le livre était ouvert sur la table ◆ **his food lay untouched while he told us the story** il n'a pas touché à son assiette pendant qu'il nous racontait l'histoire ◆ **his clothes were lying on the floor** ses vêtements étaient par terre ◆ **the contents of the box lay scattered on the carpet** le contenu de la boîte était éparpillé sur le tapis ◆ **our road lay along the river** notre route longeait la rivière ◆ **the road lies over the hills** la route traverse les collines ◆ **the British team is lying third** l'équipe britannique est troisième *or* en troisième position ◆ **to lie at anchor** *[ship]* être à l'ancre, avoir mouillé ◆ **obstacles lie in the way** la route est semée d'embûches ◆ **the money is lying (idle) in the bank** l'argent dort à la banque ◆ **the factory lay idle** personne ne travaillait dans l'usine ◆ **the machines lay idle** les machines étaient arrêtées ◆ **the snow lay two metres deep** il y avait deux mètres de neige ◆ **the snow lay thick** *or* **deep on the ground** il y avait une épaisse couche de neige sur le sol ◆ **this snow will not lie** la neige ne tiendra pas ◆ **the town lay in ruins** la ville était en ruines ◆ **the meal lay heavy on his stomach** le repas lui pesait sur l'estomac ◆ **the crime lay heavy on his conscience** ce crime lui pesait sur la conscience ◆ **the valley/lake/sea lay before us** la vallée/le lac/la mer s'étendait devant nous ◆ **Stroud lies to the west of Oxford** Stroud est situé à l'ouest d'Oxford ◆ **the years that lie before us** les années à venir ◆ **a brilliant future lies before you** vous avez devant vous un brillant avenir ◆ **what lies before him** *(fig:in future)* ce que lui réserve l'avenir ◆ **what lies ahead** *(fig)* ce qui reste à venir, ce que réserve l'avenir ◆ **the (whole) world lay at her feet** toutes les portes lui étaient ouvertes ◆ **to let it** *or* **things lie** *(fig)* laisser les choses comme elles sont ; → **land**

3 *(with abstract subject)* être, résider ◆ **he knows where his interests lie** il sait où sont *or* résident ses intérêts ◆ **what lies behind his refusal?** quelle est la véritable raison de son refus ? ◆ **the real cause that lay behind the rise in divorce** la vraie cause de la hausse du nombre des divorces ◆ **the trouble lies in the engine** le problème vient du moteur ◆ **the trouble lies in his inability to be strict** le problème vient de *or* réside dans son incapacité à être sévère ◆ **the difference lies in the fact that...** la différence vient de ce que... ◆ **the real solution lies in education** la véritable solution réside dans l'éducation ◆ **the blame lies with you** c'est vous qui êtes à blâmer, c'est à vous que la faute est imputable ◆ **a curse lay on the family** une malédiction pesait sur la famille ◆ **it does not lie within my power to decide** il n'est pas en mon pouvoir de décider ◆ **it lies with you to decide** il vous appartient de décider, c'est à vous (qu'il incombe) de décider ◆ **as far as in me lies** *(liter, frm)* au mieux de mes possibilités, du mieux que je peux

4 *(Jur)* *[evidence, appeal]* être recevable

N 1 *(Golf)* *[of ball]* position *f*

2 *[of land]* configuration *f* ; → **land**

COMP **lie-abed** † N flemmard(e)* *m(f)* (qui traîne au lit)

**lie-down** N *(Brit)* ◆ **to have a lie-down** s'allonger, se reposer

**lie-in** N *(Brit)* ◆ **to have a lie-in** faire la grasse matinée

▸ **lie about, lie around** VI 1 *[objects, clothes, books]* traîner ◆ **don't leave that money lying about** ne laissez pas traîner cet argent

2 *[person]* traîner, traînasser* *(pej)* ◆ **don't just lie about all day!** tâche de ne pas traîner *or* traînasser* *(pej)* toute la journée !

▸ **lie back** VI *(in chair, on bed)* se renverser (en arrière) ◆ **just lie back and enjoy yourself!** *(fig)* laisse-toi (donc) vivre !

▸ **lie down**

VI *[person, animal]* s'allonger, s'étendre ◆ **she lay down for a while** elle s'est allongée quelques instants ◆ **when I arrived she was lying down** quand je suis arrivé elle était allongée ◆ **lie down!** *(to dog)* couché ! ◆ **to lie down on the job*** tirer au flanc*, flemmarder* ◆ **to take sth lying down*** *(fig)* encaisser qch* sans broncher, accepter qch sans protester ◆ **he won't take that lying down*** il va se rebiffer*, il ne va pas se laisser faire ◆ **I won't take it lying down*** ça ne va pas se passer comme ça, je ne vais pas me laisser faire ◆ **he's not one to take things lying down*** il n'est pas du genre à tout encaisser sans rien dire

N ◆ **lie-down*** → **lie**[1]

▸ **lie in**

VI 1 *(= stay in bed)* rester au lit, faire la grasse matinée

2 *( † : in childbirth)* être en couches

**N** ◆ **lie-in** * → **lie**[1]

▸ **lie off** VI *(Naut) [ship]* rester au large

▸ **lie over** VI *(= be postponed)* être ajourné, être remis (à plus tard)

▸ **lie to** VI *(Naut) [ship]* être *or* se tenir à la cape

▸ **lie up** VI [1] *(= stay in bed)* garder le lit *or* la chambre
[2] *(= hide)* se cacher, rester caché

**lie**[2] /laɪ/ (vb: pret, ptp **lied**)
**N** mensonge *m* ◆ **to tell lies** mentir, dire des mensonges ◆ **I tell a lie** * je mens, je dis une bêtise ◆ **that's a lie!** vous mentez !, c'est un mensonge ! ◆ **to give the lie to** *[+ person]* accuser de mentir ; *[+ claim, account]* démentir, contredire ; → **pack, white**
**VI** mentir ◆ **he's lying through** *or* **in his teeth** * il ment effrontément *or* comme un arracheur de dents
**VT** ◆ **he tried to lie his way out of it** il a essayé de s'en sortir par des mensonges ◆ **he managed to lie his way into the director's office** il a réussi à s'introduire dans le bureau du directeur sous un prétexte mensonger ◆ **he lied his way into the job** il a obtenu le poste grâce à des mensonges
**COMP** **lie detector** N détecteur *m* de mensonges

**Liebig condenser** /ˈliːbɪɡ/ N *(Chem)* condensateur *m* droit de West

**Liechtenstein** /ˈlɪktənˌstaɪn/
**N** Liechtenstein *m* ◆ **in Liechtenstein** au Liechtenstein ◆ **native** *or* **inhabitant of Liechtenstein** Liechtensteinois(e) *m(f)*
**ADJ** liechtensteinois

**lied** /liːd/ N (pl **lieder** /ˈliːdəʳ/) lied *m*

**lief** †† /liːf/ ADV ◆ **I would as lief die as tell a lie** j'aimerais mieux mourir que mentir

**liege** /liːdʒ/ N *(Hist)* [1] (also **liege lord**) seigneur *m*, suzerain *m* ◆ **yes, my liege!** oui, Sire !
[2] (also **liege man**) vassal *m* (lige)

**lien** /lɪən/ N *(Jur)* privilège *m*, droit *m* de gage ◆ **to have a lien on the estate of a debtor** avoir un privilège sur les biens d'un débiteur

**lienee** /lɪəˈniː/ N débiteur-gagiste *m*

**lienor** /ˈlɪənəʳ/ N créancier-gagiste *m*

**lierne** /lɪˈɜːn/ N lierne *f*

**lieu** /luː/ N ◆ **in lieu of** au lieu de, à la place de ◆ **one month's notice or £2,400 in lieu** un mois de préavis ou bien 2 400 livres

**Lieut.** (abbrev of **Lieutenant**) ◆ **Lieut. J Smith** *(on envelope)* le lieutenant J. Smith

**lieutenant** /lefˈtenənt, (US) luːˈtenənt/
**N** [1] *(Brit Army)* lieutenant *m* ; *(Brit, US Navy)* lieutenant *m* de vaisseau ; *(fig = chief assistant)* second *m* ◆ **first lieutenant** *(US Army)* lieutenant *m* ; → **lord**
[2] *(US Police) (uniformed)* officier *m* de paix ; *(plain clothes)* inspecteur *m* de police
**COMP** **lieutenant colonel** N *(Brit, US Army, also US Air Force)* lieutenant-colonel *m*
**lieutenant commander** N *(Navy)* capitaine *m* de corvette
**lieutenant general** N *(Brit, US Army)* général *m* de corps d'armée ; *(US Air Force)* général *m* de corps aérien
**lieutenant-governor** N *(Can)* lieutenant-gouverneur *m*

**life** /laɪf/ SYN
**N** (pl **lives**) [1] *(in general)* vie *f* ◆ **is there (a) life after death?** y a-t-il une vie après la mort ? ◆ **I don't believe in life after death** je ne crois pas à la vie après la mort ◆ **a matter of life and death** une question de vie ou de mort ◆ **to be tired of life** être las de vivre ◆ **to lay down one's life (for sb)** *(liter)* sacrifier sa vie (pour qn), donner sa vie (pour qn) ◆ **to be on trial for one's life** risquer la peine capitale ◆ **he ran for his life** il a pris ses jambes à son cou, il s'est sauvé à toutes jambes ◆ **run for your lives!** sauve qui peut ! ◆ **I couldn't for the life of me tell you his name** * je ne pourrais absolument pas vous dire son nom ◆ **I couldn't for the life of me understand...** * je n'arrivais absolument pas à comprendre... ; → **large, loss, still**[2]

♦ **to bring (back) to life** ◆ **to bring sb back to life** *(= resuscitate)* ranimer qn ◆ **he brought me back to life** *(fig)* il m'a redonné goût à la vie ◆ **his interpretation brings the character to life** son interprétation donne vie au personnage ◆ **she brought the party to life** elle a vraiment animé la soirée ◆ **Victorian England is vividly brought to life in this film** ce film est une évocation très vivante de l'Angleterre victorienne

♦ **to come to life** ◆ **he came to life again** *(= regained consciousness)* il a repris conscience ◆ **the creature came to life** la créature s'est animée ◆ **the town came to life when the sailors arrived** la ville s'éveillait à l'arrivée des marins

♦ **lose + life** ◆ **to lose one's life** perdre la vie ◆ **how many lives were lost?** combien de vies cela a-t-il coûté ? ◆ **many lives were lost** beaucoup ont trouvé la mort ◆ **no lives were lost** il n'y a eu aucun mort *or* aucune victime

♦ **take + life** ◆ **to take one's (own) life** se donner la mort ◆ **to take sb's life** donner la mort à qn ◆ **when is it acceptable to take a life?** quand devient-il acceptable de tuer quelqu'un ? ◆ **to take one's life in one's hands** jouer sa vie

[2] *(= existence)* vie *f* ◆ **life went on uneventfully** la vie poursuivit son cours paisible ◆ **life goes on, life must go on** la vie continue ◆ **he lived in France all his life** il a vécu toute sa vie en France ◆ **life begins at forty** la vie commence à quarante ans ◆ **she began life as a teacher** elle a débuté comme professeur ◆ **how's life?** comment (ça) va ? ◆ **departed this life, 27 February 1997** *(on tombstone etc)* enlevé(e) *(liter)* aux siens le 27 février 1997 ◆ **life isn't worth living** la vie ne vaut pas la peine d'être vécue ◆ **for the rest of his life** pour le restant de ses jours, pour le reste de sa vie ◆ **at my time of life** à mon âge ◆ **cats have nine lives** le chat a neuf vies ; → **afterlife, claim, danger, fight, risk, rose**[2], **save**[1], **working**

♦ **in + life** ◆ **in early life, early in life** de bonne heure, tôt dans la vie ◆ **in her early life** dans sa jeunesse ◆ **in later life** plus tard (dans la vie) ◆ **in his later life** plus tard dans sa vie ◆ **late in life** sur le tard, à un âge avancé ◆ **they married late in life** ils se sont mariés sur le tard ◆ **in the next life** dans l'autre vie ◆ **for the first time in my life** pour la première fois de ma vie ◆ **never in (all) my life have I seen such stupidity** jamais de ma vie je n'ai vu une telle stupidité ◆ **she's in the life** ‡ *(US) (of prostitute)* elle fait le trottoir

♦ **for life** ◆ **to be banned/scarred for life** être exclu/marqué à vie ◆ **to be jailed for life** être condamné à perpétuité *or* à la prison à vie ◆ **it will last you for life** cela vous durera toute votre vie ◆ **friends for life** amis pour toujours ◆ **a job for life** un emploi pour la vie ◆ **president for life** président(e) *m(f)* à vie

[3] *(= living things)* vie *f* ◆ **is there life on Mars?** la vie existe-t-elle sur Mars ? ◆ **bird life** les oiseaux *mpl* ◆ **insect life** les insectes *mpl* ◆ **animal and plant life** vie *f* animale et végétale

[4] *(= way of living)* vie *f* ◆ **which do you prefer, town or country life?** que préférez-vous, la vie à la ville ou (la vie) à la campagne ? ◆ **his life was very unexciting** sa vie n'avait rien de passionnant ◆ **to lead a busy life** avoir une vie bien remplie ◆ **to lead a charmed life** avoir la chance avec soi ◆ **the good life** *(= pleasant)* la belle vie ; *(Rel)* la vie d'un saint, une vie sainte ◆ **it's a good life** c'est la belle vie ◆ **to live one's own life** vivre sa vie ◆ **to make a new life for o.s., to start a new life** commencer une nouvelle vie ◆ **to lead a quiet life** mener une vie tranquille ◆ **to have another life** *or* **a life of one's own** avoir sa propre vie ◆ **that washing machine seems to have a life of its own** cette machine à laver n'en fait qu'à sa tête ◆ **I do have a life outside of work, you know!** il n'y a pas que le travail dans ma vie, vous savez ! ; → **live**[1], **married, nightlife, private, see**[1]

[5] *(= liveliness)* ◆ **there isn't much life in our village** notre village n'est pas très vivant *or* est plutôt mort ◆ **there's life in the old dog yet** * le bonhomme a encore du ressort ◆ **to be full of life** être plein de vie ◆ **you need to put a bit of life into it** il faut y mettre plus d'ardeur, il faut y aller avec plus d'entrain ◆ **it put new life into me** ça m'a fait revivre, ça m'a ragaillardi ◆ **he's the life and soul of the party** c'est un boute-en-train, c'est lui qui met l'ambiance

[6] *(in exclamations)* ◆ **that's life!, such is life!** c'est la vie ! ◆ **get a life!** * bouge-toi un peu ! * ◆ **not on your life!** * jamais de la vie ! ◆ **this is the life!** * voilà comment je comprends la vie ! ◆ **upon my life!** † seigneur !, diantre ! † ◆ **what a life!** quelle vie !

[7] *[of car, ship, government, battery etc]* durée *f* de vie ; *[of licence]* validité *f* ◆ **my car's nearing the end of its life** ma voiture a fait son temps

[8] *(Art)* ◆ **a portrait taken from life** un portrait d'après nature ◆ **it was Paul to the life** c'était Paul tout craché *

[9] *(= biography)* vie *f*, biographie *f* ◆ **a life of Henry VIII** une biographie d'Henri VIII, la vie d'Henri VIII ◆ **the lives of the Saints** la vie des saints

[10] *(* = life imprisonment)* ◆ **he got life** il a été condamné à perpétuité *or* à perpète * ◆ **he's doing life (for murder)** il a été condamné à perpétuité *or* à perpète * (pour meurtre)

**COMP** *[subscription etc]* à vie
**life-affirming** ADJ (humainement) positif
**life-and-death struggle** N combat *m* à mort, lutte *f* désespérée
**life annuity** N rente *f* viagère
**life assurance** N *(esp Brit)* assurance *f* vie, assurance-vie *f*
**life class** N *(Art)* cours *m* de dessin d'après modèle
**life coach** N coach *m/f* (personnel)
**life cycle** N cycle *m* de (la) vie
**life-enhancing** ADJ revigorant
**life expectancy** N espérance *f* de vie ◆ **life expectancy table** table *f* de survie
**the life force** N la force vitale
**life form** N forme *f* de vie
**life-giving** ADJ vivifiant
**Life Guards** NPL *(Brit Mil)* régiment *m* de cavalerie de la garde royale
**life history** N ◆ **her life history** l'histoire *f* de sa vie ◆ **the life history of the salmon** *(Bio)* la vie du saumon
**life imprisonment** N prison *f* à vie, réclusion *f* à perpétuité
**life insurance** N ⇒ **life assurance**
**life interest** N *(Jur)* usufruit *m*
**life jacket** N gilet *m* de sauvetage ; *(Navy)* brassière *f* (de sauvetage)
**life member** N membre *m* à vie
**life membership** N carte *f* de membre à vie ◆ **to be given life membership** être nommé *or* fait membre à vie
**life-or-death struggle** N ⇒ **life-and-death struggle**
**life peer** N *(Brit)* pair *m* à vie
**life peerage** N *(Brit)* pairie *f* à vie
**life preserver** N *(US)* → **life jacket** ; *(Brit* ‡ *= bludgeon)* matraque *f*
**life president** N président(e) *m(f)* à vie
**life raft** N radeau *m* de sauvetage
**life-saver** N *(= person)* maître *m* nageur *(surveillant un lieu de baignade)* ◆ **that money was a life-saver** cet argent m'a (*or* lui a *etc*) sauvé la vie
**life-saving** N *(= rescuing)* sauvetage *m* ; *(= first aid)* secourisme *m* ADJ de sauvetage
**the life sciences** NPL les sciences *fpl* de la vie
**life sentence** N *(Jur)* condamnation *f* à perpétuité
**life-size(d)** ADJ grandeur nature *inv*
**life span** N durée *f* *or* espérance *f* de vie
**life story** N biographie *f* ◆ **his life story** sa biographie, l'histoire *f* de sa vie ◆ **he started telling me his life story** * il a commencé à me raconter sa vie
**life support machine** N *(Space)* équipements *mpl* de vie ; *(Med)* respirateur *m* artificiel ◆ **he's on a life support machine** *(Med)* il est sous assistance respiratoire ◆ **to switch off the life support machine** *(Med)* débrancher le respirateur artificiel
**life's work** N œuvre *f* de toute une (*or* ma *or* sa *etc*) vie
**life tenancy** N ◆ **to hold a life tenancy of a house** être locataire d'une maison à vie
**life-threatening** ADJ *[disease, ][emergency]* extrêmement grave
**life-vest** N *(US)* ⇒ **life jacket**

**lifebelt** /ˈlaɪfbelt/ N bouée *f* de sauvetage

**lifeblood** /ˈlaɪfblʌd/ N *(fig)* élément *m* vital *or* moteur, âme *f*

**lifeboat** /ˈlaɪfbəʊt/ N *(from shore)* bateau *m* *or* canot *m* de sauvetage ; *(from ship)* chaloupe *f* de sauvetage ◆ **lifeboat station** centre *m* *or* poste *m* de secours en mer

**lifeboatman** /ˈlaɪfbəʊtmən/ N (pl **-men**) sauveteur *m* (en mer)

**lifebuoy** /ˈlaɪfbɔɪ/ N bouée *f* de sauvetage

**lifeguard** /ˈlaɪfɡɑːd/ N *(on beach)* maître nageur *m* ; *(Mil) (= bodyguard)* garde *m* du corps

**lifeless** /ˈlaɪflɪs/ SYN ADJ [1] *(= dead) [person, eyes]* sans vie ; *[animal]* mort ; *[body]* sans vie, inanimé
[2] *(= inanimate) [object]* inanimé
[3] *(= not supporting life) [lake]* stérile ; *[planet]* sans aucune forme de vie

4 *(pej = dull, feeble) [style, novel, description]* plat ; *[voice]* terne ; *[team, player, performer]* sans énergie

**lifelessness** /ˈlaɪflɪsnɪs/ **N** *(lit)* absence *f* de vie ; *(fig)* manque *m* de vigueur *or* d'entrain

**lifelike** /ˈlaɪflaɪk/ SYN **ADJ** qui semble vivant *or* vrai

**lifeline** /ˈlaɪflaɪn/ **N** 1 *(on ship)* main *f* courante ; *(for diver)* corde *f* de sécurité • **it was his lifeline** *(fig)* c'était vital pour lui
2 *(in palmistry)* ligne *f* de vie

**lifelong** /ˈlaɪflɒŋ/ SYN
**ADJ** *[ambition]* de toute ma *(or* sa *etc)* vie ; *[friend, friendship]* de toujours • **it is a lifelong task** c'est le travail de toute une vie
**COMP** **lifelong learning** **N** formation *f* tout au long de la vie

**lifer** * /ˈlaɪfəʳ/ **N** condamné(e) *m(f)* à perpète *

**lifestyle** /ˈlaɪfstaɪl/ **N** style *m or* mode *m* de vie • **a lifestyle change** un changement de mode de vie

**lifetime** /ˈlaɪftaɪm/ SYN **N** 1 *(of person)* vie *f* • **it won't happen in** *or* **during my lifetime** je ne verrai pas cela de mon vivant • **it was the chance/holiday of a lifetime** c'était la chance/c'étaient les plus belles vacances de ma *(or* sa *etc)* vie • **the experience of a lifetime** une expérience inoubliable • **once in a lifetime** une fois dans la *or* une vie • **the work of a lifetime** l'œuvre de toute une vie • **a lifetime's experience/work** l'expérience/le travail de toute une vie ; → **last²**
2 *(fig = eternity)* éternité *f* • **an hour that seemed (like) a lifetime** une heure qui semblait une éternité
3 *[of battery, machine etc]* (durée *f* de) vie *f* ; *[of nuclear reactor]* durée *f* de vie

**LIFO** /ˈlaɪfəʊ/ (abbrev of **last in, first out**) DEPS

**lift** /lɪft/ SYN
**N** 1 *(Brit) (= elevator)* ascenseur *m* ; *(for goods)* monte-charge *m inv* ; → **service**
2 *(Ski)* téléski *m*, tire-fesses * *m*, remontée *f* mécanique
3 • **give the box a lift** soulève la boîte • **can you give me a lift up, I can't reach the shelf** soulève-moi, s'il te plaît, je n'arrive pas à atteindre l'étagère ; → **airlift, face**
4 *(= transport)* • **can I give you a lift?** est-ce que je peux vous déposer quelque part ? • **I gave him a lift to Paris** je l'ai pris en voiture *or* je l'ai emmené jusqu'à Paris • **we didn't get any lifts** personne ne s'est arrêté pour nous prendre • **he stood there hoping for a lift** il était là (debout) dans l'espoir d'être pris en stop ; → **hitch**
5 *(NonC: of wing)* portance *f*
6 *(fig = boost)* • **it gave us a lift** cela nous a remonté le moral *or* nous a encouragés
**VT** 1 *(= raise)* lever, soulever ; *(Agr) [+ potatoes etc]* arracher • **to lift sth into the air** lever qch en l'air • **to lift sb/sth onto a table** soulever qn/qch et le poser *or* pour le poser sur une table • **to lift sb/sth off a table** descendre qn/qch d'une table • **to lift sb over a wall** faire passer qn par-dessus un mur • **this suitcase is too heavy for me to lift** cette valise est trop lourde pour que je la soulève *subj* • **to lift weights** *(Sport)* faire de l'haltérophilie *or* des haltères • **he lifted his fork to his mouth** il a porté la fourchette à sa bouche • **"lift here"** « soulever ici » ; → **face, finger**
2 *(= repeal) [+ restrictions]* supprimer, abolir ; *[+ ban, blockade, siege]* lever • **to lift the prohibition on sth** lever l'interdiction de qch
3 *(* = steal)* piquer *, chiper * ; → **shoplift**
4 *(= copy) [+ quotation, passage]* prendre, voler • **he lifted that idea from Sartre** il a volé *or* pris cette idée à Sartre, il a plagié Sartre
**VI** *[lid etc]* se soulever ; *[fog]* se lever
**COMP** **lift attendant** **N** *(Brit)* liftier *m*, -ière *f*
**lift cage** **N** *(Brit)* cabine *f* d'ascenseur
**lift-off** **N** *(Space)* décollage *m* • **we have lift-off!** décollage !
**lift operator** **N** ⇒ **lift attendant**
**lift pump** **N** pompe *f* aspirante
**lift shaft** **N** *(Brit)* cage *f* d'ascenseur

► **lift down** **VT SEP** *[+ box, person]* descendre • **to lift sth down from a shelf** descendre qch d'une étagère

► **lift off**
**VI** *(Space)* décoller
**VT SEP** *[+ lid]* enlever ; *[+ person]* descendre
**N** • **lift-off** → **lift**

► **lift out** **VT SEP** *[+ object]* sortir ; *(Mil) [+ troops] (by plane)* évacuer par avion, aéroporter ; *(by helicopter)* héliporter, évacuer par hélicoptère • **he lifted the child out of his playpen** il a sorti l'enfant de son parc

► **lift up**
**VI** *[drawbridge etc]* se soulever, basculer
**VT SEP** *[+ object, carpet, skirt, person]* soulever • **to lift up one's eyes** lever les yeux • **to lift up one's head** lever *or* redresser la tête • **he lifted up his voice** *(liter)* il a élevé la voix

**liftboy** /ˈlɪftbɔɪ/ **N** *(Brit)* liftier *m*, garçon *m* d'ascenseur

**liftgate** /ˈlɪftgeɪt/ **N** *(esp US) [of car]* hayon *m*

**liftman** /ˈlɪftmæn/ **N** (pl **-men**) *(Brit)* ⇒ **liftboy**

**lig** * /lɪg/ **VI** *(Brit) (at party)* s'inviter ; *(at concert etc)* resquiller *

**ligament** /ˈlɪgəmənt/ **N** ligament *m*

**ligand** /ˈlɪgənd/ **N** *(Chem)* ligand *m*

**ligase** /ˈlaɪˌgeɪz/ **N** ligase *f*

**ligature** /ˈlɪgətʃəʳ/ **N** *(Surgery, Typography = act, object)* ligature *f* ; *(Mus)* liaison *f*

**ligger** * /ˈlɪgəʳ/ **N** *(Brit) (at party) personne qui s'invite* ; *(at concert etc)* resquilleur * *m*, -euse * *f*

**ligging** * /ˈlɪgɪŋ/ **N** *(Brit) (at party)* fait *m* de s'inviter ; *(at concert etc)* resquille * *f*

**light¹** /laɪt/ LANGUAGE IN USE 26.3 SYN (vb: pret, ptp **lit** or **lighted**)
**N** 1 *(gen)* lumière *f* ; *(from lamp)* lumière *f*, éclairage *m* ; *(from sun)* lumière *f* ; (also **daylight**) lumière *f*, jour *m* • **we saw several lights on the horizon** nous avons vu plusieurs lumières à l'horizon • **by the light of a candle/the fire/a torch** à la lumière *or* lueur d'une bougie/du feu/d'une lampe de poche • **there were lights on in several of the rooms** il y avait de la lumière dans plusieurs pièces • **the lights are on but nobody's (at) home** * *(fig hum)* il *(or* elle *etc)* est complètement dans les nuages • **at first light** au point du jour • **the light was beginning to fail** le jour commençait à baisser • **the light isn't good enough to take photographs** il ne fait pas assez clair *or* il n'y a pas assez de lumière pour prendre des photos • **light and shade** *(Art, Phot)* ombre *f* et lumière *f* • **there's no light and shade in their life** leur vie est très monotone • **you're holding it against the light** vous le tenez à contre-jour • **to stand sth in the light** mettre qch à la lumière • **to be** *or* **stand in one's own light** se faire de l'ombre • **you're in my** *or* **the light** *(daylight)* vous me cachez le jour ; *(electric)* vous me cachez la lumière • **she was sitting with her back to the light** elle tournait le dos à la lumière ; → **firelight, go out, hide¹, electric, moonlight**
2 *(fig)* • **in a good/bad light** sous un jour favorable/défavorable • **to see things in a new light** voir les choses sous un nouveau jour • **the incident revealed him in a new light** l'incident l'a montré sous un jour nouveau • **to see sb/sth in a different light** voir qn/qch sous un autre jour *or* un jour différent • **to shed** *or* **cast a new light on a subject** jeter un jour nouveau sur un sujet • **can you throw any light on this question?** pouvez-vous éclaircir cette question ? • **to bring to light** mettre en lumière, révéler • **the case will be reconsidered in the light of new evidence** l'affaire sera revue à la lumière des nouvelles preuves • **in the light of recent events, I think we should...** étant donné les *or* compte tenu des récents événements, je pense que nous devrions... • **to come to light** être dévoilé *or* découvert • **new facts have come to light** on a découvert des faits nouveaux • **in (the) light of what you say** à la lumière de ce que vous dites • **I don't see things in that light** je ne vois pas les choses sous cet angle-là *or* sous ce jour-là • **in the cold light of day** à tête reposée • **to see the light** *(= understand)* comprendre ; *(= see error of one's ways : also Rel)* trouver son chemin de Damas • **to see the light (of day)** *(= be born)* venir au monde ; *(= be published etc)* paraître • **there is (a)** *or* **one can see the light at the end of the tunnel** on entrevoit la lumière au bout du tunnel
3 *(in eyes)* lueur *f* • **with the light of battle in his eyes** (avec) une lueur belliqueuse dans le regard
4 *(= lamp etc)* lampe *f* • **desk light** lampe *f* de bureau
5 *[of motor vehicle] (gen)* feu *m* ; *(= headlight)* phare *m* ; *[of cycle]* feu *m* • **have you got your lights on?** as-tu mis tes phares *(or* tes feux) ? ; → **parking, sidelight**
6 • **the lights** *(= traffic lights)* les feux *mpl* (de circulation) • **the lights aren't working** les feux sont en panne • **the lights were (at) red** le feu était (au) rouge • **he stopped at the lights** il s'est arrêté au feu (rouge) ; see also **red**
7 *(for cigarette etc)* feu *m* • **have you got a light?** avez-vous du feu ? • **to set light to sth** *(Brit)* mettre le feu à qch ; → **pilot, strike**
8 *(Archit = window)* fenêtre *f*, ouverture *f* ; → **fan¹, leaded, skylight**
**ADJ** 1 *(in brightness) [evening, room]* clair • **it was growing** *or* **getting light** il commençait à faire jour • **while it's still light** pendant qu'il fait encore jour
2 *(in colour) [hair]* clair, blond ; *[colour, complexion, skin]* clair • **light green** vert clair *inv* • **light blue** bleu clair *inv*
**VT** 1 *(= set fire to) [+ candle, cigarette, gas]* allumer • **to light a match** frotter *or* gratter une allumette • **a lighted match** une allumette enflammée • **he lit the fire** il a allumé le feu • **he lit a fire** il a fait du feu • **to light a fire under sb** *(esp US)* mettre la pression sur qn
2 *(= illuminate)* éclairer • **lit by electricity** éclairé à l'électricité • **this torch will light your way** *or* **the way for you** cette lampe de poche vous éclairera le chemin
**VI** 1 *[match]* s'allumer ; *[coal, wood]* prendre (feu)
2 • **to light into sb** * tomber sur qn (à bras raccourcis)
**COMP** **light bulb** **N** *(Elec)* ampoule *f*
**light-coloured** **ADJ** clair, de couleur claire
**light effects** **NPL** effets *mpl or* jeux *mpl* de lumière
**light-emitting diode** **N** diode *f* électroluminescente
**light fitting** **N** appareil *m* d'éclairage
**light-haired** **ADJ** blond
**light meter** **N** *(Phot)* posemètre *m*
**light pen, light pencil** **N** *(Comput)* photostyle *m*, crayon *m* optique
**light pollution** **N** pollution *f* lumineuse
**light-sensitive** **ADJ** photosensible
**light show** **N** éclairages *mpl*
**lights out** **N** l'extinction *f* des feux • **lights out at 9 o'clock** extinction des feux à 21 heures • **lights out!** extinction des feux !, on éteint !
**light switch** **N** interrupteur *m*
**light wave** **N** onde *f* lumineuse
**light-year** **N** année-lumière *f* • **3,000 light-years away** à 3 000 années-lumière • **that's light-years away** *(fig)* c'est à des années-lumière

► **light out** †* **VI** partir à toute vitesse *(for* pour), se barrer *

► **light up**
**VI** 1 *[lamp]* s'allumer ; *(fig)* s'allumer, s'éclairer • **her eyes/face lit up** son regard/visage s'est éclairé
2 *(* = start to smoke)* allumer une cigarette *or* une pipe *etc*
**VT SEP** *(= illuminate)* éclairer • **a smile lit up her face** un sourire a éclairé *or* illuminé son visage
**ADJ** • **lit up** → **lit**
**N** • **lighting-up** → **lighting**

**light²** /laɪt/ SYN
**ADJ** 1 *(= not heavy) [parcel, weapon, clothes, sleep, meal, wine, soil]* léger • **lighter than air** plus léger que l'air • **as light as a feather** léger comme une plume • **to be light on one's feet** *(gen)* avoir le pas léger *or* la démarche légère ; *(of boxer)* avoir un très bon jeu de jambes ; *(of dancer)* être aérien • **to be a light sleeper** avoir le sommeil léger
2 *(fig) (= not serious) [play, music, breeze, punishment, shower]* léger ; *[rain]* petit, fin ; *[work, task] (= easy)* facile ; *(= not strenuous)* peu fatigant • **it is no light matter** c'est sérieux, ça n'est pas une plaisanterie • **a light fall of snow** une légère chute de neige • **with a light heart** le cœur léger • **"woman wanted for light work"** « on demande employée de maison pour travaux légers » • **to make light work of sth** faire qch aisément *or* sans difficulté • **to make light of sth** prendre *or* traiter qch à la légère
**ADV** • **to sleep light** avoir le sommeil léger • **to travel light** voyager avec peu de bagages
**NPL** **lights** *(= meat)* mou *m (abats)*
**COMP** **light aircraft** **N** petit avion *m*
**light ale** **N** *(Brit) sorte de bière blonde légère*
**light beer** **N** *(US)* bière *f* basses calories
**light comedy** **N** comédie *f* légère
**light cream** **N** *(US)* crème *f* liquide
**light entertainment** **N** *(NonC: Rad, TV)* variétés *fpl*

## light | like

**light-fingered** ADJ ◆ **to be light-fingered** être chapardeur
**light-footed** ADJ (gen) au pas léger, à la démarche légère ; [dancer] aérien
**light-footedly** ADV d'un pas léger
**light-headed** ADJ (= dizzy) étourdi, pris de vertige ; (= unable to think clearly) étourdi, hébété ; (= excited) exalté, grisé ; (= thoughtless) étourdi, écervelé
**light-hearted** ADJ [person] gai, aimable, enjoué ; [laugh] joyeux, gai ; [atmosphere] joyeux, gai, plaisant ; [discussion] enjoué ; [question, remark] plaisant, peu sérieux
**light-heartedly** ADV (= happily) joyeusement, allégrement ; (= jokingly) en plaisantant ; (= cheerfully) de bon cœur, avec bonne humeur
**light heavyweight** ADJ, N (Boxing) (poids m) mi-lourd m
**light industry** N industrie f légère
**light infantry** N (Mil) infanterie f légère
**light middleweight** ADJ, N (Boxing) (poids m) superwelter m or super-mi-moyen m
**light opera** N opérette f
**light railway** N transport m urbain sur rail
**light reading** N lecture f distrayante
**light vehicles** NPL véhicules mpl légers
**light verse** N poésie f légère
**light welterweight** ADJ, N (Boxing) (poids m) super-léger m

**light³** /laɪt/ SYN (pret, ptp **lighted** or **lit**) VI ◆ **to light (up)on sth** trouver qch par hasard, tomber par chance sur qch ◆ **his eyes lit upon the jewels** son regard est tombé sur les bijoux

**lighten¹** /ˈlaɪtn/ SYN

☐ ① (= light up) [+ darkness, face] éclairer, illuminer
② (= make lighter) [+ colour, hair] éclaircir
☐ ① [sky] s'éclaircir
② ◆ **it is lightening** (of lightning) il fait or il y a des éclairs

**lighten²** /ˈlaɪtn/ SYN

☐ ① (= make less heavy) [+ cargo, burden] alléger ; [+ tax] alléger, réduire
② (fig) [+ atmosphere] détendre ; [+ discussion] rendre plus léger ◆ **to lighten sb's mood** dérider qn ◆ **the sunshine did nothing to lighten his mood** malgré le soleil, il ne s'est pas déridé
☐ [load] se réduire ◆ **her heart lightened at the news** la nouvelle lui a enlevé le poids qu'elle avait sur le cœur or lui a ôté un grand poids

▸ **lighten up** * VI se relaxer, se détendre

**lighter¹** /ˈlaɪtər/

☐ (for gas cooker) allume-gaz m inv ; (also **cigarette lighter**) briquet m ; (on car dashboard) allume-cigare m inv, allume-cigarette m inv ; → **cigar, firelighter, lamplighter**
COMP **lighter flint** N pierre f à briquet
**lighter fuel** N gaz m (or essence f) à briquet

**lighter²** /ˈlaɪtər/ N (= barge) péniche f, chaland m ; (= for unloading ships) allège f

**lighterage** /ˈlaɪtərɪdʒ/ N (transport m par) ac(c)onage m ; (= fee) droit m d'ac(c)onage

**lighthouse** /ˈlaɪthaʊs/

☐ N phare m
COMP **lighthouse keeper** N gardien(ne) m(f) de phare

**lighting** /ˈlaɪtɪŋ/

☐ N (NonC) ① (Elec) éclairage m ; (Theat) éclairages mpl
② (= act) [of lamp, candle etc] allumage m
COMP **lighting cameraman** N (Cine) éclairagiste m
**lighting effects** NPL effets mpl or jeux mpl d'éclairage, éclairages mpl
**lighting engineer** N éclairagiste mf
**lighting fixture** N appareil m d'éclairage
**lighting-up time** N (Brit : for drivers) heure à laquelle les automobilistes sont tenus d'allumer leurs phares

**lightless** /ˈlaɪtlɪs/ SYN ADJ sombre

**lightly** /ˈlaɪtli/ SYN ADV ① (= gently) [walk] légèrement ; [stroke] doucement, légèrement ; [brush] délicatement ◆ **she touched his brow lightly with her hand** elle lui a effleuré le front de la main ◆ **bring to the boil and season lightly with pepper** faire bouillir et assaisonner légèrement de poivre ◆ **lightly boiled egg** ≈ œuf m mollet ◆ **lightly cooked** pas trop cuit ◆ **to kiss sb lightly** donner un petit baiser à qn ◆ **he kissed me lightly on the lips** il a déposé un petit baiser sur mes lèvres

② (= light-heartedly) [speak] légèrement, à la légère ; [laugh] légèrement ; [remark, say] d'un ton dégagé ◆ **if this deadline is not met, they will not take it lightly** si ce délai n'est pas respecté, ils ne le prendront pas à la légère ◆ **to get off lightly** s'en tirer à bon compte

**lightness¹** /ˈlaɪtnɪs/ N (= brightness) clarté f

**lightness²** /ˈlaɪtnɪs/ N (in weight, Culin) légèreté f

**lightning** /ˈlaɪtnɪŋ/

☐ (= flash) éclair m ; (= phenomenon) foudre f ◆ **we saw lightning** nous avons vu un éclair or des éclairs ◆ **there was a lot of lightning** il y avait beaucoup d'éclairs ◆ **a flash of lightning** un éclair ◆ **struck by lightning** frappé par la foudre, foudroyé ◆ **lightning never strikes twice in the same place** (Prov) la foudre ne frappe or ne tombe jamais deux fois au même endroit ◆ **like lightning** * avec la rapidité de l'éclair or à la vitesse de l'éclair ; → **forked, grease, sheet**
COMP [attack] foudroyant ; [strike] surprise inv ; [visit] éclair inv
**lightning bug** N (US) luciole f
**lightning conductor, lightning rod** (US) N paratonnerre m

**lightship** /ˈlaɪtʃɪp/ N bateau-phare m, bateau-feu m

**lightweight** /ˈlaɪtweɪt/

ADJ [jacket, shoes] léger ; (Boxing) poids léger inv
N (Boxing) poids m léger ◆ **European lightweight champion/championship** champion m/championnat m d'Europe des poids légers

**ligneous** /ˈlɪɡnɪəs/ ADJ ligneux

**lignification** /ˌlɪɡnɪfɪˈkeɪʃən/ N lignification f

**lignify** /ˈlɪɡnɪfaɪ/ VI se lignifier

**lignin** /ˈlɪɡnɪn/ N lignine f

**lignite** /ˈlɪɡnaɪt/ N lignite m

**lignitic** /lɪɡˈnɪtɪk/ ADJ ligniteux

**lignum vitae** /ˌlɪɡnəmˈviːtaɪ/ N ① (= tree) gaïac m
② (= wood) bois m de gaïac

**Liguria** /lɪˈɡjʊərɪə/ N Ligurie f

**Ligurian** /lɪˈɡjʊərɪən/ ADJ ligurien

**likable** /ˈlaɪkəbl/ SYN ADJ ⇒ **likeable**

✦ ✦ ✦ ✦ ✦ ✦ ✦ ✦ ✦ ✦ ✦ ✦ ✦ ✦ ✦ ✦

### like /laɪk/

LANGUAGE IN USE 3.3, 4, 7, 8, 11.2, 13, 25.2 SYN

1 - ADJECTIVE
2 - PREPOSITION
3 - ADVERB
4 - CONJUNCTION
5 - NOUN
6 - PLURAL NOUN
7 - TRANSITIVE VERB
8 - COMPOUNDS

✦ ✦ ✦ ✦ ✦ ✦ ✦ ✦ ✦ ✦ ✦ ✦ ✦ ✦ ✦ ✦

#### 1 - ADJECTIVE

[= SIMILAR] de ce type or genre, analogue ◆ **this technique detects sugar and other like substances** cette technique permet de détecter le sucre et d'autres substances de ce type or analogues ◆ **in like manner** de la même manière ◆ **they are as like as two peas (in a pod)** ils se ressemblent comme deux gouttes d'eau

#### 2 - PREPOSITION

① [= IN THE MANNER OF] comme ◆ **he spoke like an aristocrat** il parlait comme un aristocrate ◆ **he spoke like the aristocrat he was** il parlait comme l'aristocrate qu'il était ◆ **he behaved like a fool** il s'est conduit comme un imbécile ◆ **like the fool he is, he...** imbécile comme il l'est, il... ◆ **like an animal in a trap he...** comme or telle une bête prise au piège, il... ◆ **an idiot like you** un imbécile comme toi ◆ **she was like a sister to me** elle était comme une sœur pour moi ◆ **the news spread like wildfire** la nouvelle s'est répandue comme une traînée de poudre ◆ **to tell it like it is** * dire les choses comme elles sont

◆ **like that** comme ça ◆ **don't do it like that** ne fais pas comme ça ◆ **some people are like that** il y a des gens comme ça ◆ **his father is like that** son père est comme ça ◆ **it wasn't like that at all** ce n'est pas comme ça que ça s'est passé ◆ **people like that can't be trusted** on ne peut pas se fier à des gens pareils or à des gens comme ça

◆ **like this** comme ceci, comme ça ◆ **you do it like this** tu fais comme ceci or ça ◆ **it happened like this...** voici comment ça s'est passé..., ça s'est passé comme ça... ◆ **it was like this, I'd just got home...** voilà, je venais juste de rentrer chez moi... ◆ **I'm sorry I didn't come but it was like this...** je m'excuse de ne pas être venu mais c'est que...

② [IN COMPARISONS] comme ◆ **to be like sb/sth** ressembler à qn/qch ◆ **they are very (much) like one another** ils se ressemblent beaucoup ◆ **he is like his father** il ressemble à son père, il est comme son père ◆ **he's just like anybody else** il est comme tout le monde ◆ **the portrait is not like him** le portrait ne lui ressemble pas or n'est pas ressemblant ◆ **his work is rather like Van Gogh's** son œuvre est un peu dans le style de Van Gogh ◆ **your writing is rather like mine** vous avez un peu la même écriture que moi, votre écriture ressemble un peu à la mienne ◆ **a house like mine** une maison comme la mienne ◆ **a hat rather or something like yours** un chapeau un peu comme le vôtre or dans le genre du vôtre ◆ **I found one like it** j'en ai trouvé un pareil, j'ai trouvé le même ◆ **I never saw anything like it!** je n'ai jamais rien vu de pareil ! ◆ **we heard a noise like a car backfiring** on a entendu comme une pétarade de voiture

③ [IN DESCRIPTIONS] ◆ **what's he like?** comment est-il ? ◆ **you know what she's like** * vous savez comment elle est ◆ **what's he like as a teacher?** comment est-il or que vaut-il comme professeur ? ◆ **what was the film like?** comment as-tu trouvé le film ? ◆ **what's the weather like in Paris?** quel temps fait-il à Paris ? ◆ **that's more like it!** * voilà qui est mieux !, il y a du progrès !

◆ **something/nothing like** ◆ **it cost something like $100** cela a coûté dans les 100 dollars, cela a coûté quelque chose comme 100 dollars ◆ **he's called Middlewick or something like that** il s'appelle Middlewick ou quelque chose comme ça or quelque chose d'approchant ◆ **I was thinking of giving her something like a necklace** je pensais lui offrir un collier ou quelque chose dans ce genre-là or quelque chose comme ça ◆ **that's something like a steak!** * voilà ce que j'appelle or ce qui s'appelle un bifteck ! ◆ **there's nothing like real silk** rien de tel que la soie véritable, rien ne vaut la soie véritable ◆ **that's nothing like it!** ça n'est pas du tout ça !

④ [= TYPICAL OF] ◆ **that's just like him!** c'est bien de lui ◆ **it's not like him to be late** ça ne lui ressemble pas or ça n'est pas son genre d'être en retard ◆ **that's just like a woman!** voilà bien les femmes !

⑤ [= IN THE SAME WAY AS] comme, de même que ◆ **like me, he is fond of Brahms** comme moi, il aime Brahms ◆ **he, like me, thinks that...** comme moi, il pense que... ◆ **he thinks like us** * il pense comme nous ◆ **do it like me** * fais comme moi ◆ **can't you just accept it like everyone else?** tu ne peux pas simplement l'accepter comme tout le monde ? ◆ **like father, like son** (Prov) tel père, tel fils (Prov)

⑥ [= SUCH AS] comme, tel que ◆ **the things she prefers, like reading and music** les activités qu'elle préfère, telles que la lecture et la musique or comme la lecture et la musique

#### 3 - ADVERB

① [= LIKELY] ◆ **(as) like as not, like enough** * probablement
② [= NEAR] ◆ **that record's nothing like as good as this one** ce disque-là est loin d'être aussi bon que celui-ci ◆ **she's more like 30 than 25** elle est plus près de 30 ans que de 25 ◆ **he asked her to do it – ordered her, more like!** * il lui a demandé de le faire – il le lui a ordonné, plutôt !
③ [* : CONVERSATIONAL FILLER] ◆ **he felt tired like, he felt like tired** (US) il se sentait comme qui dirait* fatigué ◆ **I had a fortnight's holiday, like, so I did a bit of gardening** j'avais quinze jours de vacances, alors comme ça* j'ai fait un peu de jardinage

#### 4 - CONJUNCTION

① [* = AS] comme ◆ **he did it like I did** il l'a fait comme moi ◆ **he can't play poker like his brother can** il ne sait pas jouer au poker comme or aussi bien que son frère ◆ **like we used to** comme nous en avions l'habitude ◆ **it's just like I say** c'est comme je vous le dis

543 ANGLAIS-FRANÇAIS likeable | limber

2 [* = AS IF] comme si ◆ **he behaved like he was afraid** il se conduisait comme s'il avait peur ◆ **it's not like she's poor, or anything** ce n'est pas comme si elle était pauvre

#### 5 - NOUN

[= SIMILAR THING] ◆ **oranges, lemons and the like** les oranges, les citrons et autres fruits de ce genre ◆ **the like of which we'll never see again** comme on n'en reverra plus jamais ◆ **did you ever see the like (of it)?** * a-t-on jamais vu une chose pareille ? ◆ **I've never known his like for...** il n'a pas son pareil pour... ◆ **we'll never see his like again** nous ne verrons plus jamais quelqu'un comme lui *or* son pareil ◆ **the likes of him** * les gens comme lui *or* de son acabit *(pej)*

#### 6 - PLURAL NOUN

**likes** goûts *mpl*, préférences *fpl* ◆ **he knows all my likes and dislikes** il sait tout ce que j'aime et (tout) ce que je n'aime pas

#### 7 - TRANSITIVE VERB

1 [+ PERSON] aimer bien ◆ **I like him** je l'aime bien ◆ **I don't like him** je ne l'aime pas beaucoup, il me déplaît ◆ **I've come to like him** il m'est devenu sympathique, maintenant je l'aime bien ◆ **he is well liked here** on l'aime bien ici, on le trouve sympathique ici ◆ **how do you like him?** comment le trouvez-vous ? ◆ **I don't like the look of him** son allure ne me dit rien qui vaille

2 [+ OBJECT, FOOD, ACTIVITY] aimer (bien) ◆ **I like that hat** j'aime bien ce chapeau, ce chapeau me plaît ◆ **which do you like best?** lequel préférez-vous ? ◆ **this plant doesn't like sunlight** cette plante ne se plaît pas à la lumière du soleil ◆ **I like oysters but they don't like me** * j'aime bien les huîtres mais elles ne me réussissent pas ◆ **I like music/Beethoven/football** j'aime bien la musique/Beethoven/le football ◆ **I like to have a rest after lunch** j'aime (bien) me reposer après déjeuner ◆ **he likes to be obeyed** il aime être obéi *or* qu'on lui obéisse ◆ **I like people to be punctual** j'aime que les gens soient à l'heure, j'aime qu'on soit ponctuel ◆ **I don't like it when he's unhappy** je n'aime pas ça quand il est malheureux ◆ **well, I like that!** * *(iro)* ah ça, par exemple ! ◆ **I like your cheek!** * *(iro)* tu as quand même du toupet ! * ◆ **how do you like Paris?** que pensez-vous de Paris ?, est-ce que Paris vous plaît ? ◆ **how do you like it here?** (est-ce que) vous vous plaisez ici ? ◆ **your father won't like it** cela ne plaira pas à ton père, ton père ne sera pas content ◆ **whether he likes it or not** que cela lui plaise ou non

3 [= WANT, WISH] aimer (bien), vouloir ◆ **I'd like to go home** j'aimerais (bien) *or* je voudrais (bien) rentrer chez moi ◆ **I'd have liked to be there** j'aurais (bien) aimé être là ◆ **I didn't like to disturb you** je ne voulais pas vous déranger ◆ **I thought of asking him but I didn't like to** j'ai bien pensé (à) le lui demander mais j'étais gêné ◆ **would you like a drink?** voulez-vous boire quelque chose ? ◆ **I would like more time** je voudrais plus de temps ◆ **which one would you like?** lequel voudriez-vous *or* aimeriez-vous ? ◆ **I would like you to speak to him** je voudrais que tu lui parles *subj* ◆ **would you like me to go and get it?** veux-tu que j'aille le chercher ? ◆ **would you like to go to Paris?** aimerais-tu aller à Paris ? ◆ **how would you like to go to Paris?** est-ce que cela te plairait *or* te dirait * d'aller à Paris ? ◆ **how do you like your steak: rare, medium or well done?** vous le voulez comment, votre bifteck : saignant, à point ou bien cuit ? ◆ **how would you like a steak?** est-ce que ça te dirait * de manger un bifteck ? ◆ **I can do it when/where/as much as/how I like** je peux le faire quand/où/autant que/comme je veux ◆ **when would you like breakfast?** à quelle heure voulez-vous votre petit déjeuner ? ◆ **whenever you like** quand vous voudrez ◆ **"As You Like It"** « Comme il vous plaira » ◆ **don't think you can do as you like** ne croyez pas que vous puissiez faire comme vous voulez *or* comme bon vous semble ◆ **I'll go out as much as I like** je sortirai autant qu'il me plaira ◆ **come on Sunday if you like** venez dimanche si vous voulez ◆ **if you like** si tu veux, si vous voulez ◆ **she can do what(ever) she likes with him** elle fait tout ce qu'elle veut de lui ◆ **(you can) shout as much as you like, I won't open the door** crie tant que tu veux *or* voudras, je n'ouvrirai pas la porte ◆ **he can say** *or* **let him say what he likes, I won't change my mind** il peut dire ce qu'il veut, je ne changerai pas d'avis

#### 8 - COMPOUNDS

**like-minded** ADJ de même sensibilité ◆ **it was nice to be with like-minded individuals** c'était agréable d'être en compagnie de gens de même sensibilité

**likeable** /ˈlaɪkəbl/ ADJ sympathique, agréable

**likeableness** /ˈlaɪkəblnɪs/ N caractère *m* sympathique *or* agréable

**likelihood** /ˈlaɪklɪhʊd/ SYN N probabilité *f*, chance *f* ◆ **there is little likelihood of his coming** *or* **that he will come** il y a peu de chances *or* il est peu probable qu'il vienne ◆ **there is a strong likelihood of his coming** *or* **that he will come** il y a de fortes chances (pour) qu'il vienne, il est très probable qu'il viendra ◆ **there is no likelihood of that** cela ne risque pas d'arriver ◆ **in all likelihood she...** selon toute probabilité elle..., il est fort probable qu'elle...

**likely** /ˈlaɪklɪ/ LANGUAGE IN USE 16.2, 26.3 SYN

ADJ 1 *(= probable) [outcome, result, consequences]* probable ◆ **likely developments in the region** les développements que la région va probablement connaître ◆ **what is the likeliest time to find him at home?** à quelle heure a-t-on le plus de chances de le trouver chez lui ? ◆ **it is likely that...** il est probable que... + *subj* , il y a des chances (pour) que... + *subj* ◆ **it is not likely that...** il est peu probable que... + *subj* , il y a peu de chances que... + *subj* ◆ **it is very likely that...** il est tout à fait possible que... + *subj* , il y a de grandes chances (pour) que... + *subj* ◆ **it's hardly likely that...** il n'est guère probable que... + *subj* ◆ **is it likely that he would forget?** se peut-il qu'il oublie *subj* ? ◆ **is it likely that I'd forget?** comment aurais-je pu oublier ?

2 ◆ **he/it is likely to...** il est bien possible qu'il/que cela... + *subj* ◆ **to be likely to win/succeed** *(with pleasant outcome)[person]* avoir de fortes chances de gagner/réussir ◆ **to be likely to fail/refuse** *(with unpleasant outcome)[person]* risquer d'échouer/de refuser ◆ **it is likely to sell well/to improve** *(pleasant)[thing]* il y a de fortes chances (pour) que cela se vende bien/que cela s'améliore *subj* ◆ **it is likely to break/make a loss** *(unpleasant)[thing]* cela risque de se casser/de ne pas être rentable ◆ **she is likely to arrive at any time** *(gen)* elle va probablement arriver d'une minute à l'autre ; *(unwelcome)* elle risque d'arriver d'une minute à l'autre ◆ **she is not likely to come** il est peu probable *or* il y a peu de chances qu'elle vienne ◆ **this trend is likely to continue** *(gen)* cette tendance va probablement se poursuivre ; *(unpleasant)* cette tendance risque de se poursuivre ◆ **he is not likely to succeed** il a peu de chances de réussir ◆ **the man most likely to succeed** l'homme qui a le plus de chances de réussir ◆ **this incident is likely to cause trouble** cet incident pourrait bien créer *or* risque de créer des problèmes ◆ **that is not likely to happen** cela a peu de chances de se produire ◆ **they were not likely to forget it** ils n'étaient pas près de l'oublier

3 *(= plausible) [explanation]* plausible, vraisemblable ◆ **a likely story** *or* **tale!** *(iro)* elle est bonne, celle-là ! *(iro)* ◆ **a likely excuse!** *(iro)* belle excuse ! *(iro)*

4 *(= promising)* ◆ **he's a likely candidate/recruit** c'est un candidat/une nouvelle recrue qui promet ◆ **a likely candidate to become** *or* **for Prime Minister** quelqu'un qui a de fortes chances de devenir Premier ministre ◆ **I asked six likely people** j'ai demandé à six personnes susceptibles de convenir *or* qui me semblaient pouvoir convenir ◆ **he's a likely young man** c'est un jeune homme qui promet ◆ **it's not a very likely place for a film festival** *(= surprising choice)* ce n'est pas vraiment l'endroit auquel on penserait pour un festival du cinéma ◆ **he glanced round for a likely-looking person to help him** il chercha des yeux une personne susceptible de l'aider ◆ **a likely place for him to be hiding** un endroit où il pouvait être caché

ADV 1 ◆ **very** *or* **most likely** très probablement ◆ **it will very** *or* **most likely rain** il va très probablement pleuvoir ◆ **as likely as not** sans doute

2 *(US)* probablement ◆ **some prisoners will likely be released soon** certains prisonniers seront probablement bientôt libérés

3 *(esp Brit : *)* ◆ **not likely!** sûrement pas ! * ◆ **are you going? – not likely!** tu y vas ? – sûrement pas *or* ça risque pas !

**liken** /ˈlaɪkən/ SYN VT comparer *(to* à) ◆ **to liken sb to a fox/bird/hamster** comparer qn à un renard/un oiseau/un hamster ◆ **he likened the situation to a time bomb** il a comparé la situation à une bombe à retardement ◆ **he likened himself to the former president** il se comparait à l'ancien président ◆ **X can be likened to Y** on peut comparer X et Y

**likeness** /ˈlaɪknɪs/ SYN N 1 *(= resemblance)* ressemblance *f (to* avec) ◆ **I can't see much likeness between them** je ne vois guère de ressemblance entre eux, je ne trouve pas qu'ils se ressemblent *subj* beaucoup ◆ **a strong family likeness** un air de famille très marqué ◆ **to bear a likeness to sb/sth** ressembler à qn/qch

2 ◆ **in the likeness of...** sous la forme *or* l'aspect de...

3 *(= portrait)* ◆ **to draw sb's likeness** faire le portrait de qn ◆ **to have one's likeness taken** se faire faire son portrait ◆ **it is a good likeness** c'est très ressemblant ◆ **to catch a likeness** *(Art, Phot)* saisir une ressemblance

**likewise** /ˈlaɪkwaɪz/ ADV 1 *(= similarly)* de même ; *(= also)* également, aussi ; *(= moreover)* de plus, en outre ◆ **in Italy football is the national sport, likewise in Britain** en Italie, le football est le sport national ; il en est de même en Grande-Bretagne ◆ **I can talk to him about anything. Likewise with my brother** je peux lui parler de tout ; c'est la même chose avec mon frère *or* il en est de même avec mon frère ◆ **overtures from the Right have likewise been rejected** des ouvertures de la part de la droite ont de même *or* ont également été rejetées ◆ **my wife is well, the children likewise** ma femme va bien, les enfants aussi *or* également ◆ **and likewise, it cannot be denied that...** et on ne peut pas nier non plus que...

2 *(with vb)* ◆ **to do likewise** faire de même

3 *(in replies)* ◆ **nice to talk to you – likewise** * ça m'a fait plaisir de parler avec vous – moi de même

**liking** /ˈlaɪkɪŋ/ SYN N *(for person)* sympathie *f*, affection *f (for* pour) ; *(for thing)* goût *m (for* pour), penchant *m (for* pour) ◆ **to take a liking to sb** se prendre d'amitié pour qn ◆ **to take a liking to (doing) sth** se mettre à aimer (faire) qch ◆ **to have a liking for sb** avoir de la sympathie pour qn ◆ **to have a liking for sth** avoir un penchant *or* du goût pour qch, aimer qch ◆ **a liking for work** le goût du travail ◆ **to your liking, for your liking** à votre goût ◆ **the curry is a little too hot for my liking** le curry est un petit peu trop épicé à mon goût

**lilac** /ˈlaɪlək/

N *(= bush, colour, flower)* lilas *m* ◆ **a bunch of white lilac** un bouquet de lilas blanc

ADJ *(in colour)* lilas *inv*

**Lilliputian** /ˌlɪlɪˈpjuːʃɪən/

ADJ lilliputien

N Lilliputien(ne) *m(f)*

**Lilo** ® /ˈlaɪˌləʊ/ N matelas *m* pneumatique

**lilt** /lɪlt/ N *[of speech, song]* rythme *m*, cadence *f* ◆ **a song with a lilt to it** une chanson bien rythmée ◆ **her voice had a pleasant lilt (to it)** sa voix avait des inflexions mélodieuses

**lilting** /ˈlɪltɪŋ/ ADJ *[song]* cadencé ; *[voice]* aux intonations mélodieuses ; *[movement]* cadencé

**lily** /ˈlɪlɪ/

N lis *m* ◆ **lily of the valley** muguet *m* ; → **water**

COMP **lily-livered** ADJ poltron

**lily pad** N feuille *f* de nénuphar

**lily-white** ADJ *(lit)* d'une blancheur de lis ; *(fig = innocent)* blanc (blanche *f*) comme neige ; *(US : for Whites only)* excluant totalement les Noirs

**Lima** /ˈliːmə/

N Lima

COMP **Lima bean** N haricot *m* de Lima

**limb** /lɪm/ SYN N 1 *[of body]* membre *m* ; *[of tree]* grosse branche *f* ; *[of cross]* bras *m* ; *(fig) [of organisation, company, government]* branche *f* ◆ **to tear limb from limb** *[+ person]* mettre en pièces ; *[+ animal]* démembrer ◆ **to be out on a limb** *(= isolated)* être isolé ; *(= vulnerable)* être dans une situation délicate ◆ **to go out on a limb** prendre des risques ◆ **limb of Satan** suppôt *m* de Satan ; → **risk**

2 *(Astron)* limbe *m*

**-limbed** /lɪmd/ ADJ *(in compounds)* ◆ **long-limbed** aux membres longs ◆ **strong-limbed** aux membres forts

**limber**[1] /ˈlɪmbəʳ/ ADJ *[person]* leste ; *[thing]* souple, flexible

▸ **limber up** VI *(Sport etc)* se dégourdir, faire des exercices d'assouplissement ; *(fig)* se préparer, se mettre en train ◆ **limbering-up exercises** exercices mpl d'assouplissement

**limber²** /ˈlɪmbəʳ/ N [of gun carriage] avant-train m

**limbic** /ˈlɪmbɪk/
ADJ limbique
COMP **limbic system** N (Anat) système m limbique

**limbless** /ˈlɪmlɪs/ ADJ ◆ **limbless man** (= no limbs) homme m sans membres, homme m tronc ; (= limb missing) homme m estropié, homme m à qui il manque un bras or une jambe ; (after amputation) amputé m (d'un membre) ◆ **limbless ex-servicemen** ≈ (grands) mutilés mpl de guerre

**limbo¹** /ˈlɪmbəʊ/ N ◆ **in limbo** (= forgotten) tombé dans l'oubli ; (= still undecided) encore dans les limbes mpl (liter) ; (Rel) dans les limbes ◆ **in legal/social limbo** dans un vide juridique/social ◆ **negotiations have been in limbo since December** les négociations sont dans une impasse depuis décembre ◆ **refugee children live on in a limbo of hunger and fear** les enfants réfugiés mènent une existence incertaine dominée par la faim et la peur

**limbo²** /ˈlɪmbəʊ/ N (= dance) limbo m ◆ **limbo dancer** danseur m, -euse f de limbo

**lime¹** /laɪm/
N 1 (Chem) chaux f ; → **quicklime**
2 (also **birdlime**) glu f
VT 1 [+ ground] chauler
2 [+ twig] engluer ; [+ bird] prendre à la glu, engluer
COMP **lime kiln** N four m à chaux

**lime²** /laɪm/
N 1 (= fruit) citron m vert, lime f
2 (= tree) lime f
3 (= drink) jus m de citron vert ◆ **vodka/lager and lime** vodka f/bière f citron vert
COMP **lime cordial** N sirop m de citron vert
**lime green** N vert m jaune inv
**lime juice** N jus m de citron vert

**lime³** /laɪm/ N (= linden : also **lime tree**) tilleul m

**limeade** /ˈlaɪmeɪd/ N sirop m de citron vert

**limelight** /ˈlaɪmlaɪt/ SYN N (Theat) feux mpl de la rampe ◆ **to be in the limelight** (fig) être sous les projecteurs (de l'actualité) ◆ **to keep out of the limelight** ne pas se faire remarquer

**limerick** /ˈlɪmərɪk/ N limerick m

- **LIMERICK**
- Un **limerick** est un poème humoristique ou burlesque en cinq vers, dont les rimes se succèdent dans l'ordre aabba. Le sujet de ces épigrammes (qui commencent souvent par « There was a... ») est généralement une personne décrite dans des termes crus ou sur un mode surréaliste.

**limescale** /ˈlaɪmskeɪl/ N tartre m

**limestone** /ˈlaɪmstəʊn/ N calcaire m

**Limey\*** /ˈlaɪmɪ/ N (US, Austral) Anglais(e) m(f), Anglic*he* mf

**limicolous** /laɪˈmɪkələs/ ADJ limicole

**liminal** /ˈlɪmɪnl/ ADJ (Psych) liminal

**limit** /ˈlɪmɪt/ SYN
N (= furthest point) [of territory, experience, vision etc] limite f ; (fig) limite f, borne f ; (= restriction on amount, number etc) limitation f, restriction f ; (= permitted maximum) limite f ◆ **the city limits (of Baghdad)** les limites de la ville (de Bagdad) ◆ **we must set a limit to the expense** il faut limiter or restreindre les dépenses ◆ **his anger knows no limits** sa colère ne connaît pas de limites, sa colère est sans borne(s) ◆ **to go to the limit to help sb** faire tout son possible pour aider qn ◆ **the 60km/h limit** (= speed limit) la limitation de vitesse de 60 km/h ◆ **there is a 60km/h limit on this road** la vitesse est limitée à 60 km/h sur cette route ; see also **speed** ◆ **that's the limit!\*** c'est le comble !, ça dépasse les bornes ! ◆ **he's the limit!\*** (= goes too far) il dépasse les bornes ! ; (= amusing) il est impayable ! ◆ **there are limits!\*** quand même il y a des limites !, il y a des limites à tout ! ◆ **he is at the limit of his patience/endurance** il est à bout de patience/de forces ◆ **off limits** [area, district] d'accès interdit ; (on sign) « accès interdit » ◆ **there is no limit on the amount you can import** la quantité que l'on peut importer n'est pas limitée ◆ **outside the limits of...** en dehors des limites de... ◆ **over the limit** (of lorry in weight) en surcharge, surchargé ; (of driver on Breathalyser) qui excède le taux maximal légal d'alcoolémie ◆ **he was three times over the limit** [driver] son taux d'alcoolémie était trois fois plus élevé que le maximum légal ◆ **there is a limit to my patience** ma patience a des limites ◆ **there is a limit to what one can do** il y a une limite à ce que l'on peut faire, on ne peut (quand même) pas faire l'impossible ◆ **within the limits of** dans les limites de ◆ **within a 5-mile limit** dans un rayon de 8 kilomètres ◆ **it is true within limits** c'est vrai dans une certaine limite or mesure ◆ **without limit** sans limitation, sans limite ; see also **stretch**

VT 1 (= restrict) [+ speed, time] limiter (to à) ; [+ expense, power] limiter, restreindre (to à) ; [+ person] limiter ◆ **he limited questions to 25 minutes** il a limité les questions à 25 minutes ◆ **he limited questions to those dealing with education** il a accepté seulement les questions portant sur l'éducation ◆ **to limit o.s. to a few remarks** se borner à (faire) quelques remarques ◆ **to limit o.s. to ten cigarettes a day** se limiter à dix cigarettes par jour ◆ **we are limited in what we can do** nous sommes limités dans ce que nous pouvons faire

2 (= confine) limiter ◆ **Neo-Fascism is not limited to Europe** le néofascisme ne se limite pas à l'Europe ◆ **our reorganization plans are limited to Africa** nos projets de réorganisation se limitent à or ne concernent que l'Afrique ◆ **the government's attempts to limit unemployment to 2.5 million** les efforts du gouvernement pour empêcher le chômage de dépasser la barre des 2,5 millions

**limitation** /ˌlɪmɪˈteɪʃən/ SYN N 1 (= restriction) limitation f, restriction f ◆ **the limitation on imports** la limitation or la restriction des importations ◆ **there is no limitation on the amount of currency you may take out** il n'y a aucune restriction sur les devises que vous pouvez emporter ◆ **he has/knows his limitations** il a/connaît ses limites ◆ **the limitation of nuclear weapons** la limitation des armements nucléaires ◆ **an exercise in damage limitation, a damage-limitation exercise** une tentative pour limiter les dégâts ◆ **this drug has one important limitation** ce médicament a un inconvénient de taille ◆ **parents tend to blame schools for the educational limitations of their children** les parents ont tendance à tenir l'école pour responsable des insuffisances scolaires de leurs enfants ◆ **limitation of movement** restriction f des mouvements
2 (Jur) prescription f

**limited** /ˈlɪmɪtɪd/ SYN
ADJ 1 (= restricted) [number, resources, choice, means, amount, range] limité ; [intelligence, person] borné, limité ◆ **for a limited period only** pour une durée limitée ◆ **to a limited extent** jusqu'à un certain point, dans une certaine mesure seulement
2 (esp Brit : in company name) ◆ **Smith and Sons Limited** ≈ Smith et fils, SA
COMP **limited bus** N (US) ⇒ **limited-stop bus**
**limited company** N (esp Brit) (also **private limited company**) ≈ société f à responsabilité limitée ; (also **public limited company**) ≈ société f anonyme
**limited edition** N [of book] édition f à tirage limité ; [of poster, print] tirage m limité ; [of record] pressage m limité ; [of car] série f limitée
**limited liability** N (Brit) responsabilité f limitée ◆ **limited liability company** société f à responsabilité limitée
**limited partnership** N société f en commandite simple
**limited-stop bus** N autobus m semi-direct

**limiting** /ˈlɪmɪtɪŋ/ ADJ restrictif, contraignant

**limitless** /ˈlɪmɪtlɪs/ SYN ADJ [power] sans borne(s), illimité ; [opportunities] illimité

**limnological** /ˌlɪmnəˈlɒdʒɪkəl/ ADJ limnologique

**limnologist** /lɪmˈnɒlədʒɪst/ N limnologue mf

**limnology** /lɪmˈnɒlədʒɪ/ N limnologie f

**limo\*** /ˈlɪməʊ/ N (abbrev of **limousine**) limousine f

**limonene** /ˈlɪməˌniːn/ N limonène m

**limonite** /ˈlaɪməˌnaɪt/ N limonite f

**limousine** /ˈlɪməzɪːn/
N (gen) limousine f ; (US : from airport etc) (voiture-)navette f
COMP **limousine liberal\*** N (US) libéral m de salon

**limp¹** /lɪmp/ SYN
ADJ 1 (= not firm) [hand, handshake, hair, penis] mou (molle f) ; [lettuce, flowers] pas très frais (fraîche f) ◆ **to go limp** devenir mou ◆ **his body went limp** tous les muscles de son corps se sont relâchés ◆ **to let one's body go limp** laisser son corps se relâcher ◆ **let your arm go limp** laissez aller votre bras ◆ **his arms hung limp by his sides** il avait les bras ballants ◆ **he was limp with exhaustion** il était épuisé ◆ **I feel very limp in this hot weather** je me sens tout ramolli or avachi par cette chaleur ◆ **to have a limp wrist\*** (fig : be effeminate) avoir des manières efféminées
2 (fig : feeble) [excuse] faible ; [style] mou (molle f)
3 (Publishing) ◆ **limp cover(s)** reliure f souple
COMP **limp-wristed** ADJ (pej = effeminate) efféminé

**limp²** /lɪmp/ SYN
VI [person] boiter ; (fig) [vehicle etc] marcher tant bien que mal ◆ **to limp in/out** etc entrer/sortir etc en boitant ◆ **to limp along** avancer en boitant, aller clopin-clopant\* ◆ **he limped to the door** il est allé à la porte en boitant, il a clopiné jusqu'à la porte ◆ **the plane managed to limp home** l'avion a réussi à regagner sa base tant bien que mal
N claudication f, boiterie f ◆ **to have a limp, to walk with a limp** boiter, clopiner

**limpet** /ˈlɪmpɪt/ N 1 (= shellfish) patelle f, bernique f ; (fig = person) crampon m ◆ **to cling** or **stick to sth like a limpet** s'accrocher à qch comme une moule au rocher
2 (Mil : also **limpet mine**) mine-ventouse f

**limpid** /ˈlɪmpɪd/ (liter) ADJ limpide

**limpidity** /lɪmˈpɪdɪtɪ/ N limpidité f

**limpidly** /ˈlɪmpɪdlɪ/ ADV limpidement

**limply** /ˈlɪmplɪ/ ADV 1 (lit) mollement ◆ **his arms hung limply by his side** il avait les bras ballants ◆ **the flag hung limply from the mast** le drapeau pendait mollement
2 (fig) [say, express] mollement

**limpness** /ˈlɪmpnɪs/ N 1 (lit) mollesse f
2 (fig) [of style] mollesse f ; [of excuse] faiblesse f

**limulus** /ˈlɪmjʊləs/ N limule m or f

**limy** /ˈlaɪmɪ/ ADJ 1 (= chalky) [soil, water] calcaire
2 (also **limy green**) d'un vert acide

**linage** /ˈlaɪnɪdʒ/
N (Press) lignage m, nombre m de lignes ◆ **advertising linage** nombre m de lignes de publicité
COMP **linage advertisement** N petite annonce f ordinaire (sans encadrement)

**linchpin** /ˈlɪntʃˌpɪn/ N 1 (in car) esse f
2 (fig) (= person) pilier m, cheville f ouvrière ; (= thing) élément m central, pilier m

**Lincs.** /lɪŋks/ abbrev of **Lincolnshire**

**linctus** /ˈlɪŋktəs/ N (pl **linctuses**) sirop m (contre la toux)

**lindane** /ˈlɪndeɪn/ N (Chem, Agr) lindane m

**linden** /ˈlɪndən/ N (also **linden tree**) tilleul m

◆ ◆ ◆ ◆ ◆ ◆ ◆ ◆ ◆ ◆ ◆ ◆ ◆ ◆ ◆

## line¹ /laɪn/

**LANGUAGE IN USE 27** SYN

1 - NOUN
2 - TRANSITIVE VERB
3 - COMPOUNDS
4 - PHRASAL VERB

◆ ◆ ◆ ◆ ◆ ◆ ◆ ◆ ◆ ◆ ◆ ◆ ◆ ◆ ◆

### 1 - NOUN

1 [= MARK] ligne f, trait m ; (Math, TV, Sport) ligne f ; (= pen stroke) trait m ; (on palm) ligne f ◆ **a straight line** une (ligne) droite ◆ **a curved line** une (ligne) courbe ◆ **to put a line through sth** barrer or rayer qch ◆ **the teacher put a red line through my translation** le professeur a barré or rayé ma traduction au stylo rouge ◆ **to draw a line under sth** (in exercise book) tirer un trait sous qch ; (fig : episode, event) tirer un trait sur qch ◆ **line by line** ligne par ligne ◆ **above the line** (Bridge) (marqué) en points d'honneur ◆ **below the line** (Bridge) (marqué) en points de marche ; (Accounting) hors bilan ◆ **on the line** (Mus) sur la ligne ; → **bottom, dotted, draw, state**

2 [= BOUNDARY] frontière f ◆ **there's a thin** or **fine line between genius and madness** il n'y a qu'un pas du génie à la folie, peu de choses séparent génie et folie

3 [GEOG] ◆ **the Line** (= equator) la ligne

[4] [= WRINKLE] ride *f* ◆ **the lines on her face were now deeper** les rides de son visage s'étaient creusées

[5] [= SHAPE] ◆ **the rounded lines of this car** les contours *mpl* arrondis de cette voiture ◆ **clothes that follow the lines of the body** des vêtements *mpl* moulants *or* qui épousent les contours du corps

[6] [= ROPE] corde *f* ; *(= wire)* fil *m* ; *(Fishing)* ligne *f*, fil *m* ; *[of diver]* corde *f* (de sûreté) ; (also **clothes line, washing line**) corde *f* (à linge) ◆ **they threw a line to the man in the sea** ils ont lancé une corde à l'homme qui était tombé à la mer

[7] [= PIPE] tuyau *m* ; *(larger: esp for oil, gas)* pipeline *m*

[8] [TELEC, ALSO ELEC = CABLE] ligne *f* ◆ **"663-1111 five lines"** « 663.11.11 cinq lignes groupées » ◆ **it's a bad line** la ligne est mauvaise ◆ **the line's gone dead** *(during conversation)* on nous a coupés ; *(before dialling)* la ligne est en dérangement ◆ **the lines are down** les lignes ont été coupées ◆ **the line is engaged** *or (US)* **busy** la ligne est occupée, c'est occupé ◆ **Mr Smith is on the line (for you)** j'ai M. Smith à l'appareil (pour vous) ◆ **he's on the line to the manager** il est en ligne avec le directeur ◆ **the lines are open from 6 o'clock onwards** on peut téléphoner *or* appeler à partir de 6 heures

[9] [OF PRINT, WRITING] ligne *f* ; *[of poem]* vers *m* ; *(* = letter)* mot *m* ◆ **page 20, line 18** page 20, ligne 18 ◆ **new line** *(in dictation)* à la ligne ◆ **a six-line stanza** une strophe de six vers ◆ **it's one of the best lines in "Hamlet"** c'est l'un des meilleurs vers de « Hamlet » ◆ **drop me a line*** envoyez-moi un (petit) mot ◆ **to read between the lines** lire entre les lignes ◆ **lines** *(Scol = punishment)* lignes *fpl* à copier ◆ **to learn/forget one's lines** *(Theat)* apprendre/oublier son texte

[10] [ESP US = QUEUE] file *f*, queue *f* ◆ **to form a line** faire la queue ◆ **to stand** *or* **wait in line** faire la queue

[11] [= ROW, COLUMN] *[of trees, parked cars, hills]* rangée *f* ; *[of cars in traffic jam]* file *f* ; *[of people] (side by side)* rang *m*, rangée *f* ; *(one behind another)* file *f*, colonne *f* ; (also **assembly line**) chaîne *f* ◆ **the new recruits marched in a line** les nouvelles recrues avançaient en file ◆ **they sat in a line in front of him** ils se sont assis en rang devant lui ◆ **a line of winning numbers** une série de numéros gagnants ◆ **the first line of defence** le premier moyen de défense ◆ **the first line of treatment** le premier traitement à suivre

[12] [= SUCCESSION] série *f* ; *(= descent)* ligne *f*, lignée *f* ◆ **the latest in a long line of tragedies** la dernière d'une longue série de tragédies ◆ **in a direct line from** en droite ligne de, en ligne directe de ◆ **he comes from a long line of artists** il est issu d'une longue lignée d'artistes ◆ **the royal line** la lignée royale ◆ **succession passes through the male line** la succession se fait par les hommes

[13] (also **shipping line**) *(= company)* compagnie *f* maritime ; *(= route)* ligne *f* (maritime) ◆ **the Cunard Line** la compagnie Cunard ◆ **the New York-Southampton line** la ligne New York-Southampton

[14] [FOR TRAIN *etc*] *(= route)* ligne *f* (de chemin de fer) ; *[of underground]* ligne *f* (de métro) ; *[of bus]* ligne *f* ; *(= track)* voie *f* ◆ **the Brighton line** la ligne de Brighton ◆ **the line was blocked for several hours** la voie a été bloquée plusieurs heures ◆ **cross the line by the footbridge** empruntez la passerelle pour traverser la voie ◆ **the train left the line** le train a déraillé

[15] [= DIRECTION] ◆ **the main** *or* **broad lines** *[of story, plan]* les grandes lignes *fpl* ◆ **line of argument** raisonnement *m* ◆ **the next chapter continues this line of thinking** le chapitre suivant développe cet argument ◆ **line of research** ligne *f* de recherche ◆ **you're on the right lines** vous êtes sur la bonne voie ◆ **on ethnic/geographical lines** selon des critères ethniques/géographiques ; → **inquiry, resistance**

[16] [= STANCE] position *f* ; *(= argument)* argument *m* ◆ **they voted against the government line** ils ont voté contre la position adoptée par le gouvernement ◆ **they came out with their usual line** ils ont sorti leur argument habituel ◆ **to take a strong line on...** se montrer ferme sur...

[17] [* = FIELD] ◆ **line of business** *or* **work** activité *f* ◆ **you must be very aware of that in your line of business** vous devez en être très conscient dans votre métier ◆ **what's your line (of business** *or* **work)?** que faites-vous dans la vie ? ◆ **we're in the same line (of business)** *(of companies)* nous sommes dans la même branche ◆ **most kids can do something in the art line** la plupart des gosses ont un certain don artistique ◆ **cocktail parties are not (in) my line** les cocktails ne sont pas mon genre ◆ **fishing's more (in) my line (of country)** la pêche est davantage mon truc* ◆ **he's got a nice line in rude jokes** il connaît plein d'histoires cochonnes*

[18] [= PRODUCT] ◆ **this lager is the shop's best selling line** cette bière blonde est ce qui se vend le mieux (dans le magasin)

[19] [= COURSE] ◆ **in the line of duty** dans l'exercice de ses (*or* mes *etc*) fonctions ◆ **it's all in the line of duty*** *(fig)* ça fait partie du boulot*

[20] [* = IDEA] ◆ **... but I really don't have a line on what's going to happen** ... mais je n'ai vraiment aucune idée de ce qui va se passer ◆ **we've got a line on where he's gone to** nous croyons savoir où il est allé

[21] [= SPIEL] ◆ **to give sb a line*** baratiner* qn ◆ **to feed** *or* **hand sb a line about sth*** raconter des bobards* à qn sur qch

[22] [MIL] ligne *f* ◆ **in the front line** *(Mil, fig)* en première ligne ◆ **behind (the) enemy lines** derrière les lignes ennemies ◆ **line of battle** ligne *f* de combat ◆ **regiment of the line** *(Brit Mil)* ≈ régiment *m* d'infanterie ◆ **line abreast** *(Navy)* ligne *f* de front ◆ **line astern** *(Navy)* ligne *f* de file ◆ **ship of the line** vaisseau *m* de ligne, navire *m* de haut bord ◆ **the (battle) lines are drawn** *(fig)* les hostilités *fpl* sont engagées

[23] [DRUGS] *[of cocaine etc]* ligne *f*

[24] [SET STRUCTURES]

♦ **along the line** ◆ **somewhere along the line he got an engineering degree** je ne sais pas exactement quand, il a décroché son diplôme d'ingénieur ◆ **all along the line** *(= constantly)* toujours ; *(= everywhere)* partout ◆ **didn't I tell you that all along the line?** c'est ce que je n'ai pas arrêté de te dire ◆ **they've been involved all along the line** ils ont participé depuis le début ◆ **the effects will be felt all along the line** les effets en seront ressentis à tous les niveaux

♦ **all (the way)** *or* **right down the line** ⇒ all along the line

♦ **along those/the same** *etc* **lines** ◆ **he'd already said something along those lines** il avait déjà dit quelque chose du même genre ◆ **we are all thinking along the same lines** nous pensons tous de la même façon, nous sommes tous d'accord *or* du même avis ◆ **several projects were suggested, all along the same lines** plusieurs projets avaient été suggérés et tous étaient du même genre ◆ **I hope we'll continue along the same lines** j'espère que nous continuerons sur cette lancée ◆ **along** *or* **on political/racial lines** *[decide, divide]* selon des critères politiques/raciaux ; *[organize, plan]* dans une optique politique/raciale ◆ **factories now work along Japanese lines** les usines emploient maintenant des méthodes japonaises

♦ **in line** ◆ **to keep sb in line** faire tenir qn tranquille ◆ **if the Prime Minister fails to keep the rebels in line** si le Premier ministre ne réussit pas à maîtriser les éléments rebelles ◆ **to be in line for a job** être sur les rangs pour un emploi ◆ **public sector pay is in line to rise** les salaires des fonctionnaires devraient augmenter ◆ **Earth was in line with Venus and the Sun** la Terre était alignée avec Vénus et le Soleil ◆ **the law is now in line with most medical opinion** la loi va maintenant dans le sens de l'avis de la plupart des médecins ◆ **our system is broadly in line with that of other countries** notre système correspond plus ou moins à celui d'autres pays

♦ **into line** ◆ **to come** *or* **fall** *or* **step into line** *[person, group]* se conformer *(with* à) ◆ **to come** *or* **fall into line** *[plans, proposals]* concorder *(with* avec) ◆ **to fall into line with sb** *(fig)* se ranger *or* se conformer à l'avis de qn ◆ **to bring sth into line with sth** *(lit, fig)* aligner qch sur qch ◆ **attempts to bring the system into line with that of Germany** des tentatives pour aligner le système sur celui de l'Allemagne

♦ **on line** *(= on computer)* en ligne ◆ **they can order their requirements on line** ils peuvent passer leurs commandes en ligne ◆ **to come on line** *(= in or into service) [power station, machine]* entrer en service

♦ **on the line** *(* = at stake)* en jeu ◆ **my reputation/job is on the line** ma réputation/mon emploi est en jeu ◆ **to put one's reputation/job on the line** mettre sa réputation/son emploi en jeu ◆ **to put o.s. on the line** prendre de gros risques ◆ **to put one's neck*** *or* **ass*** *(US)* **on the line** risquer sa peau*

♦ **out of line*** *(= unreasonable)* ◆ **to be out of line** ◆ **he was completely out of line to suggest that...** il n'aurait vraiment pas dû suggérer que... ◆ **he is out of line with his own party** *(= in conflict)* il est en décalage par rapport à son parti ◆ **their debts are completely out of line with their incomes** leurs dettes sont tout à fait disproportionnées par rapport à leurs revenus ◆ **this result is out of line with the trend** ce résultat ne s'inscrit pas dans la tendance générale

#### 2 - TRANSITIVE VERB

[= MARK] *[+ face]* rider, marquer ◆ **his face was lined with exhaustion** il avait le visage marqué par la fatigue ◆ **lined paper** papier *m* réglé

#### 3 - COMPOUNDS

**line dancing** N *danse de style country*
**line drawing** N *(Art)* dessin *m* (au trait)
**line feed** N *(Comput)* saut *m or* changement *m* de ligne
**line fishing** N *(Sport)* pêche *f* à la ligne
**line judge** N *(Tennis)* juge *m* de ligne
**line manager** N *(Brit)* supérieur *m* hiérarchique *or* direct
**line of attack** N *(Mil)* plan *m* d'attaque ; *(fig)* plan *m* d'action
**line of communication** N ligne *f* de communication ◆ **to keep the lines of communication open with sb** ne pas rompre le dialogue avec qn
**line of descent** N *(lit, fig)* lignée *f* ◆ **an ancient family who trace their line of descent back more than a thousand years** *(lit)* une vieille famille dont les origines remontent à plus de mille ans ◆ **in a direct line of descent from sth** *(fig)* dans la lignée directe de qch
**line of fire** N *(Mil)* ligne *f* de tir ◆ **right in the line of fire** en plein dans la ligne de tir *or* de feu
**line of flight** N *[of bird etc]* ligne *f* de vol ; *[of object]* trajectoire *f*
**line of latitude** N ligne *f* de latitude
**line of longitude** N ligne *f* de longitude
**line of sight** N *(Mil)* ligne *f* de visée
**line of vision** N champ *m* de vue
**line-out** N *(Rugby)* touche *f*
**line printer** N *(Comput)* imprimante *f* ligne par ligne
**line spacing** N *(Typography, Comput)* interligne *m*
**line storm** N *(US)* ouragan *m*
**line-up** N *[of people etc] (= row)* file *f* ; *(Police = identity parade)* séance *f* d'identification (d'un suspect) ; *(Football etc)* (composition *f* de l')équipe *f* ◆ **the new line-up** *(fig, Pol etc)* la nouvelle composition du Parlement (*or* du Congrès *etc*) ◆ **the President chose his line-up** le Président a choisi son équipe *or* ses collaborateurs ◆ **the line-up of African powers** le front des puissances africaines

#### 4 - PHRASAL VERB

▸ **line up**

**VI** [1] *(= stand in row)* se mettre en rang(s), s'aligner ; *(= stand in queue)* faire la queue ◆ **the teams lined up and waited for the whistle** les équipes se sont alignées et ont attendu le coup de sifflet

[2] *(fig = align o.s.)* ◆ **to line up against sb/sth** se liguer contre qn/qch ◆ **to line up behind sth** se rallier à qch ◆ **most senators lined up in support of the president** la plupart des sénateurs se sont ralliés au président ◆ **black people have lined up on both sides of the issue** les Noirs se sont ralliés aux deux camps ◆ **to line up with** *or* **behind** *or* **alongside sb** se ranger du côté de qn, se rallier à qn

**VT SEP** [1] *[+ people, objects]* aligner, mettre en ligne ◆ **line them up against the wall** alignez-les contre le mur ◆ **they were lined up and shot** on les a alignés pour les fusiller ◆ **to be all lined up*** *(= ready)* être fin prêt *(for* pour ; *to do sth* pour faire qch)

[2] * *(= organize) [+ party, trip]* organiser ; *(= find)* trouver ◆ **we must line up a chairman for the meeting** il faut que nous trouvions un président pour la réunion ◆ **to have sth lined up** avoir prévu qch ◆ **to have sb lined up** avoir qn en vue ◆ **have you got something lined up for this evening?** est-ce que tu as prévu quelque chose pour ce soir ? ◆ **have you got someone lined up?** avez-vous quelqu'un en vue ? ◆ **I wonder what he's got lined up for us** je me demande ce qu'il nous prépare

**line²** /laɪn/ SYN **VT** *[+ clothes, bag, box]* doubler *(with* de) ; *[bird] [+ nest]* garnir, tapisser ; *[+ tank, engine part]* revêtir, chemiser ◆ **to line one's pockets** *(fig: esp pej)* se remplir les poches ◆ **eat something to line your stomach** ne reste pas l'estomac vide ◆ **the walls were lined with books**

**lineage | lipstick**

**and pictures** les murs étaient couverts or tapissés de livres et de tableaux ◆ **the streets were lined with cheering crowds** les rues étaient bordées d'une (double) haie de spectateurs enthousiastes ◆ **cheering crowds lined the route** une foule enthousiaste faisait la haie tout le long du parcours ◆ **the road was lined with trees** la route était bordée d'arbres ; → **wool**

**lineage** /ˈlɪnɪɪdʒ/ **N** ①(= *ancestry*) lignage † *m*, famille *f* ; (= *descendants*) lignée *f* ◆ **she can trace her lineage back to the 17th century** sa famille remonte au 17ᵉ siècle
②⇒ **linage**

**lineal** /ˈlɪnɪəl/ **ADJ** en ligne directe

**lineament** /ˈlɪnɪəmənt/ **N** (*liter*) (= *feature*) trait *m*, linéament *m* (*liter*) ◆ **lineaments** (= *characteristic*) caractéristiques *fpl*, particularités *fpl*

**linear** /ˈlɪnɪəʳ/
**ADJ** linéaire
**COMP** **linear accelerator N** accélérateur *m* linéaire
**linear equation N** équation *f* linéaire
**linear motor N** moteur *m* linéaire
**linear perspective N** perspective *f* linéaire
**linear programming N** programmation *f* linéaire

**linebacker** /ˈlaɪnbækə/ **N** (*US Sport*) linebacker *m*, défenseur *m* (*positionné derrière la ligne*)

**lineman** /ˈlaɪnmən/ **N** (pl **-men**) (*US*) (*on railway line*) poseur *m* de rails ; (*on phone line*) ouvrier *m* de ligne

**linen** /ˈlɪnɪn/
**N** ①(*NonC* = *fabric*) lin *m*
②(*collective n*) (= *sheets, tablecloths etc* : also **linens**) : *esp US*) linge *m* (de maison) ; (= *underwear*) linge *m* (de corps) ◆ **dirty** or **soiled linen** linge *m* sale ; → **household, wash**
**COMP** [*sheet*] de fil, pur fil ; [*suit, thread*] de lin
**linen basket N** panier *m* à linge
**linen closet, linen cupboard N** armoire *f* or placard *m* à linge
**linen paper N** papier *m* de lin

**liner** /ˈlaɪnəʳ/
**N** ①(= *ship*) paquebot *m* ; → **airliner, Atlantic**
②(also **dustbin liner**) sac *m* poubelle
③ → **eyeliner**
④(*US*) [*of record*] pochette *f*
**COMP** **liner note N** (*US*) texte *m* (sur pochette de CD)

**linesman** /ˈlaɪnzmən/ **N** (pl **-men**) (*Sport, Tennis*) juge *m* de ligne ; (*Football, Rugby*) juge *m* de touche

**ling**¹ /lɪŋ/ **N** (= *heather*) bruyère *f*

**ling**² /lɪŋ/ **N** (pl **ling** or **lings**) ①(= *sea fish*) lingue *f*, julienne *f*
②(= *freshwater fish*) lotte *f* de rivière

**linger** /ˈlɪŋɡəʳ/ SYN **VI** (also **linger on**) [*person*] (= *wait behind*) s'attarder ; (= *take one's time*) prendre son temps ; (= *dawdle*) traîner, lambiner* ; [*smell, pain*] persister ; [*tradition, memory*] persister, subsister ; [*doubt*] subsister ◆ **the others had gone, but he lingered (on)** les autres étaient partis, lui restait en arrière or s'attardait ◆ **after the accident he lingered (on) for several months** (*before dying*) après l'accident il a traîné quelques mois avant de mourir ◆ **he always lingers behind everyone else** il est toujours derrière tout le monde, il est toujours à la traîne ◆ **don't linger about** or **around** ne lambine pas*, ne traîne pas ◆ **to linger over a meal** rester longtemps à table, manger sans se presser ◆ **I let my eye linger on the scene** j'ai laissé mon regard s'attarder sur la scène ◆ **to linger on a subject** s'attarder or s'étendre sur un sujet

**lingerie** /ˈlænʒəri/ **N** (*NonC*) lingerie *f*

**lingering** /ˈlɪŋɡərɪŋ/ SYN **ADJ** [*look*] long (longue *f*), insistant ; [*doubt*] qui subsiste (encore) ; [*hope*] faible ; [*death*] lent

**lingo*** /ˈlɪŋɡəʊ/ **N** (pl **lingoes**) (*pej*) (= *language*) langue *f* ; (= *jargon*) jargon *m* ◆ **I don't speak the lingo** je ne cause* pas la langue

**lingua franca** /ˈlɪŋɡwəˈfræŋkə/ or **linguae francae** /ˈlɪŋɡwiːˈfrænsiː/ langue *f* véhiculaire, lingua franca *f inv*

**linguiform** /ˈlɪŋɡwɪfɔːm/ **ADJ** linguiforme

**linguist** /ˈlɪŋɡwɪst/ **N** linguiste *mf* ◆ **I'm no great linguist** je ne suis pas vraiment doué pour les langues

**linguistic** /lɪŋˈɡwɪstɪk/
**ADJ** linguistique
**COMP** **linguistic atlas N** atlas *m* linguistique
**linguistic borrowing N** (= *item borrowed*) emprunt *m* ; (= *process*) emprunts *mpl*
**linguistic geography N** géographie *f* linguistique
**linguistic philosophy N** philosophie *f* linguistique

**linguistically** /lɪŋˈɡwɪstɪkəlɪ/ **ADV** linguistiquement

**linguistics** /lɪŋˈɡwɪstɪks/
**N** (*NonC*) linguistique *f*
**COMP** [*book, degree, professor*] de linguistique ; [*student*] en linguistique

**liniment** /ˈlɪnɪmənt/ **N** liniment *m*

**lining** /ˈlaɪnɪŋ/ **N** [*of clothes, bag, box*] doublure *f* ; [*of tank, engine part*] revêtement *m* ; [*of brakes*] garniture *f* ; [*of stomach*] paroi *f* ◆ **lining paper** papier *m* d'apprêt ; (*for drawers*) papier *m* à tapisser ; → **silver**

**link** /lɪŋk/ LANGUAGE IN USE 17.1 SYN
**N** ①[*of chain*] maillon *m*
②(= *connection*) lien *m*, liaison *f* ; (= *interrelation*) rapport *m*, lien *m* ; (= *bonds*) lien *m*, relation *f* ; (*Comput: of hypertext*) lien *m* ◆ **a new rail link** une nouvelle liaison ferroviaire ◆ **there must be a link between the two phenomena** il doit y avoir un lien or un rapport entre ces deux phénomènes ◆ **he served as link between management and workers** il a servi de lien or d'intermédiaire entre la direction et les ouvriers ◆ **cultural links** liens *mpl* culturels, relations *fpl* culturelles ◆ **links of friendship** liens *mpl* d'amitié ◆ **he broke off all links with his friends** il a cessé toutes relations avec ses amis, il a rompu tous les liens avec ses amis ; → **cufflink, missing, weak**
**VT** ①(*physically*) lier ◆ **to link arms** se donner le bras
②(= *establish communication between*) relier ; (*fig*) lier ◆ **linked by rail/by telephone** reliés par (la) voie ferrée/par téléphone ◆ **linked (together) in friendship** liés d'amitié ◆ **the two companies are now linked (together)** ces deux sociétés sont maintenant liées or associées
③(= *establish logical connection between*) établir un lien or rapport entre ◆ **to link sth with sb** établir un lien entre qch et qn ◆ **the police are not linking him with the murder** la police n'a établi aucun rapport entre lui et le meurtre ◆ **this is closely linked to our sales figures** ceci est étroitement lié à nos chiffres de vente ◆ **smoking and lung cancer are closely linked** le tabac et le cancer des poumons sont étroitement liés
**VI** ◆ **to link to a site** (*Comput*) proposer des liens avec un site

**COMP** **linking consonant N** (*Phon*) consonne *f* de liaison
**linking verb N** (*Ling*) verbe *m* copulatif, copule *f*
**link road N** (*Brit*) voie *f* de raccordement
**link-up N** (*gen*) lien *m*, rapport *m* ; (*Rad, TV*) (= *connection*) liaison *f* ; (= *programme*) émission *f* en duplex ; (*Space*) jonction *f* ◆ **there is no apparent link-up between the two cases** il n'y a pas de rapport apparent or de lien apparent entre les deux affaires ◆ **is there any link-up between our company and theirs?** y a-t-il un lien entre notre entreprise et la leur ?

▶ **link together**
**VI** s'unir, se rejoindre
**VT SEP** [+ *two objects*] unir, joindre ; (*by means of a third*) relier

▶ **link up**
**VI** [*persons*] se rejoindre ; [*firms, organizations etc*] s'associer ; [*spacecraft*] opérer l'arrimage ; [*roads, railway lines*] se rejoindre, se rencontrer ◆ **they linked up with the other group** ils ont rejoint l'autre groupe
**VT SEP** ①(*Rad, Telec, TV*) relier, assurer la liaison entre
②[+ *spacecraft*] opérer l'arrimage de
**N** ◆ **link-up** → **link**

**linkage** /ˈlɪŋkɪdʒ/ **N** ①(= *connection*) lien *m*, relation *f*
②(*for regulating mechanism*) tringlerie *f*, transmission *f* par tringlerie
③(*Bio*) linkage *m*

**linkman** /ˈlɪŋkmæn/ **N** (pl **-men**) (*esp US TV, Rad*) présentateur *m*

**links** /lɪŋks/ **NPL** (*terrain m de*) golf *m*, links *mpl*

**Linnaean** /lɪˈneɪən/ **ADJ** (*Bio*) linnéen

**linnet** /ˈlɪnɪt/ **N** linotte *f*

**lino*** /ˈlaɪnəʊ/ **N** (*Brit*) (abbrev of **linoleum**) lino *m* ◆ **lino cut** gravure *f* sur linoléum

**linocut** /ˈlaɪnəʊkʌt/ **N** (*Art*) linogravure *f*

**linoleum** /lɪˈnəʊlɪəm/ **N** linoléum *m*

**Linotype** ® /ˈlaɪnəʊtaɪp/ **N** linotype *f*

**linsang** /ˈlɪnsæŋ/ **N** linsang *m*

**linseed** /ˈlɪnsiːd/ **N** (*NonC*) graines *fpl* de lin ◆ **linseed oil** huile *f* de lin

**lint** /lɪnt/ **N** ①(*Med*) tissu *m* ouaté (*pour pansements*) ◆ **a small piece of lint** une compresse, un petit pansement ouaté
②(*US* = *fluff*) peluches *fpl* ◆ **a piece** or **speck of lint** une peluche

**lintel** /ˈlɪntl/ **N** linteau *m*

**Linus** /ˈlaɪnəs/ **N** (*esp US*) ◆ **Linus blanket*** couverture *f* sécurisante (*pour jeune enfant*)

**lion** /ˈlaɪən/
**N** lion *m* ; (*fig* = *person*) personnage *m* en vue, célébrité *f* ◆ **the Lion** (*Astrol, Astron*) le Lion ◆ **to get** or **take the lion's share** se tailler la part du lion ◆ **to put one's head in the lion's mouth** (*fig*) se jeter or se précipiter dans la gueule du loup ◆ **to throw sb to the lions** (*fig*) abandonner qn à son sort, jeter or livrer qn en pâture ; → **beard, mountain, Richard**
**COMP** **lion cub N** lionceau *m*
**lion-hearted ADJ** d'un courage de lion
**lion-hunter N** (*fig*) ◆ **she is a lion-hunter*** elle cherche toujours à avoir des célébrités comme invités
**lion-tamer N** dompteur *m*, -euse *f* de lions

**lioness** /ˈlaɪənɪs/ **N** lionne *f*

**lionization** /ˌlaɪənaɪˈzeɪʃən/ **N** starisation* *f*

**lionize** /ˈlaɪənaɪz/ **VT** [+ *person*] aduler, stariser*

**lip** /lɪp/ SYN
**N** ①(*Anat*) lèvre *f* ; [*of dog etc*] babine *f* ◆ **on every lip** or **everyone's lips** sur toutes les lèvres
②(= *edge*) [*of jug*] bec *m* ; [*of cup, saucer*] rebord *m* ; [*of crater*] bord *m* ; [*of wound*] bord *m*, lèvre *f*
③(* = *insolence*) culot* *m*, insolences *fpl* ◆ **less of your lip!** ne sois pas insolent ! ; → **bite, button, stiff**
**COMP** **lip balm N** (*esp US*) ⇒ **lip salve**
**lip gloss N** brillant *m* à lèvres
**lip pencil N** crayon *m* à lèvres
**lip-read VT** lire sur les lèvres
**lip-reader N** personne *f* qui sait lire sur les lèvres
**lip-reading N** lecture *f* sur les lèvres
**lip salve N** (*Brit*) baume *m* pour les lèvres
**lip service N** ◆ **to pay lip service to sth** manifester un intérêt de pure forme pour qch ◆ **lip-service paid by politicians to family needs** l'intérêt de pure forme manifesté par la classe politique à l'égard de la famille ◆ **they only pay lip-service to human rights when it suits them** ils ne manifestent un intérêt pour les droits de l'homme que lorsque cela les arrange ◆ **he only pays lip service to socialism** il n'est socialiste qu'en paroles
**lip-smacking*** **ADJ** [*pleasure, satisfaction, relish*] vif ; [*food*] délicieux
**lip-sync(h) VI** (= *sing*) chanter en play-back ; (= *speak*) doubler des films **VT** (= *sing*) chanter en play-back ; (= *speak*) doubler ◆ **to lip-sync(h) sb's words** doubler qn en play-back

**lipaemia** /lɪˈpiːmɪə/ **N** lipidémie *f*

**lipase** /ˈlaɪpeɪs/ **N** lipase *f*

**lipemia** /lɪˈpiːmɪə/ **N** (*US*) ⇒ **lipaemia**

**lipid** /ˈlaɪpɪd/ **N** lipide *m*

**lipogenesis** /ˌlɪpəʊˈdʒenɪsɪs/ **N** lipogenèse *f*

**lipolysis** /lɪˈpɒlɪsɪs/ **N** lipolyse *f*

**lipoma** /lɪˈpəʊmə/ **N** lipome *m*

**lipophilic** /ˌlɪpəʊˈfɪlɪk/ **ADJ** lipophile

**lipoprotein** /ˌlɪpəʊˈprəʊtiːn/ **N** lipoprotéine *f*

**liposome** /ˈlɪpəʊsəʊm/ **N** liposome *m*

**liposuction** /ˈlɪpəʊˌsʌkʃən/ **N** lipo-aspiration *f*, liposuccion *f*

**lipotropic** /ˌlɪpəʊˈtrɒpɪk/ **ADJ** lipotrope

**-lipped** /lɪpt/ **ADJ** (*in compounds*) ◆ **dry-lipped** aux lèvres sèches ; → **thick**

**lippy*** /ˈlɪpɪ/
**ADJ** insolent
**N** (= *lipstick*) rouge *m* à lèvres

**lipstick** /ˈlɪpstɪk/ **N** (*NonC*) (= *substance*) rouge *m* à lèvres ; (= *stick*) (bâton *m* or tube *m* de) rouge *m* à lèvres ◆ **lipstick lesbian*** lesbienne très féminine

ENGLISH-FRENCH 546

**liquation** /laɪˈkweɪʃən/ N liquation f
**liquefaction** /ˌlɪkwɪˈfækʃən/ N liquéfaction f
**liquefiable** /ˈlɪkwɪˌfaɪəbl/ ADJ liquéfiable
**liquefied** /ˈlɪkwɪfaɪd/
  ADJ liquéfié
  COMP **liquefied natural gas** N gaz m naturel liquéfié
  **liquefied petroleum gas** N gaz m de pétrole liquéfié
**liquefy** /ˈlɪkwɪfaɪ/
  VT liquéfier
  VI se liquéfier
**liqueur** /lɪˈkjʊər/
  N liqueur f
  COMP **liqueur brandy** N fine (champagne) f
  **liqueur chocolates** NPL chocolats mpl à la liqueur
  **liqueur glass** N verre m à liqueur
**liquid** /ˈlɪkwɪd/ SYN
  ADJ 1 (= not solid etc) [substance] liquide ; [container] pour (les) liquides ◆ **liquid air/oxygen** air m/oxygène m liquide ◆ **liquid ammonia** ammoniaque m (liquide) ◆ **liquid crystal** cristal m liquide ◆ **liquid crystal display** affichage m à cristaux liquides ◆ **liquid diet** régime m (exclusivement) liquide ◆ **to have a liquid lunch** (hum) boire de l'alcool en guise de déjeuner ◆ **liquid measure** mesure f de capacité pour les liquides ◆ **Liquid Paper** ® (for corrections) correcteur m liquide ◆ **liquid paraffin** (Pharm) huile f de paraffine or de vaseline ◆ **liquid petroleum gas** GPL m, gaz m de pétrole liquéfié
  2 (fig) [eyes, sky] limpide, clair ; [sound, voice] limpide, harmonieux ; [Phon] liquide ◆ **liquid assets** (Fin) liquidités fpl, disponibilités fpl
  N (= fluid) liquide m ; (Ling) liquide f
**liquidambar** /ˌlɪkwɪdˈæmbər/ N liquidambar m
**liquidate** /ˈlɪkwɪdeɪt/ SYN VT 1 (Fin, Jur) liquider ◆ **liquidated damages** (Jur) dommages-intérêts mpl préalablement fixés (par les parties)
  2 (* = kill) liquider*
**liquidation** /ˌlɪkwɪˈdeɪʃən/ N (Fin, Jur) liquidation f ; [of debt] remboursement m ◆ **to go into liquidation** déposer son bilan
**liquidator** /ˈlɪkwɪdeɪtər/ N (Jur) ≈ liquidateur m
**liquidity** /lɪˈkwɪdɪtɪ/
  N (Econ) liquidité f ; (Fin) disponibilités fpl de trésorerie
  COMP **liquidity cushion** N (Fin) volant m de trésorerie
**liquidize** /ˈlɪkwɪdaɪz/ VT liquéfier ; (Culin) passer au mixer or mixeur
**liquidizer** /ˈlɪkwɪdaɪzər/ N (Brit Culin) mixer m, mixeur m
**liquor** /ˈlɪkər/ SYN
  N 1 (esp US) (= alcoholic drink) boissons fpl alcoolisées ; (= spirits) spiritueux m, alcool m ◆ **to be the worse for liquor** (US) être soûl or ivre ◆ **he can't hold his liquor** il ne supporte pas l'alcool
  2 (Culin) liquide m
  COMP **liquor license** N (US) licence f de débit de boissons
  **liquor store** N (US) magasin m de vins et spiritueux → LICENSING LAWS
▸ **liquor up**⁕ (US)
  VI se pinter⁕
  VT SEP ◆ **to liquor sb up** faire trop boire qn, soûler* qn
**liquorice** /ˈlɪkərɪs/ (Brit)
  N (= plant) réglisse f ; (= sweet) réglisse m
  COMP **liquorice all-sorts** NPL (gen Brit) bonbons mpl assortis au réglisse
  **liquorice root** N bois m de réglisse
  **liquorice stick** N bâton m de réglisse
**lira** /ˈlɪərə/ N (pl lire /ˈlɪərɪ/) lire f
**Lisbon** /ˈlɪzbən/ N Lisbonne
**lisle** /laɪl/ N (also lisle thread) fil m d'Écosse
**lisp** /lɪsp/
  VI zézayer, zozoter
  VT (also lisp out) dire en zézayant ◆ **"please don't say that," she lisped coyly** « s'il vous plaît, ne dites pas cela », dit-elle en minaudant
  N zézaiement m ◆ **... she said with a lisp** ... dit-elle en zézayant ◆ **to speak with** or **have a lisp** zézayer, avoir un cheveu sur la langue*
**lisper** /ˈlɪspər/ N zozoteur* m, -euse f
**lisping** /ˈlɪspɪŋ/ ADJ zézayant, zozotant*

**lispingly** /ˈlɪspɪŋlɪ/ ADV en zézayant, en zozotant*
**lissom(e)** /ˈlɪsəm/ ADJ souple, agile
**list¹** /lɪst/ SYN
  N liste f ; (= catalogue) catalogue m ◆ **your name isn't on the list** votre nom ne figure pas sur la liste ◆ **you can take me off the list** vous pouvez me rayer de la liste ◆ **you're (at the) top/bottom of the list** (lit) vous êtes en tête/en fin de liste ◆ **that's at the top of my list** je le ferai en priorité ; → **active, civil, danger**
  VT 1 (= make list of) faire or dresser la liste de ; (= write down) inscrire ; (= produce list of : Comput) lister ; (= enumerate) énumérer ◆ **your name isn't listed** votre nom n'est pas inscrit, votre nom n'est pas sur la liste ◆ **it isn't listed** (= not in catalogue) cela ne figure pas au catalogue ◆ **"airgun" is listed under "air"** « airgun » se trouve sous « air » ◆ **the shares are listed at €15** les actions sont cotées 15 € ◆ **listed on the Stock Exchange** coté en Bourse
  2 (= categorize) répertorier, classer ◆ **the deaths were listed as homicides** les décès ont été répertoriés or classés parmi les homicides ◆ **an airgun is listed as a weapon** les fusils à air comprimé sont classés parmi les armes
  COMP **listed building** N (Brit) monument m classé or historique
  **listed company** N société f cotée en Bourse
  **listed securities** NPL valeurs fpl inscrites or admises à la cote officielle, valeurs fpl cotées en Bourse
  **list price** N prix m catalogue
**list²** /lɪst/ SYN
  VI (= lean) donner de la bande, gîter ◆ **the ship is listing badly** le bateau gîte dangereusement ◆ **to list to port** gîter or donner de la bande sur bâbord
  N inclinaison f ◆ **to have a list** gîter ◆ **to have a list of 20°** gîter de 20°, donner 20° de gîte or de bande
**listen** /ˈlɪsn/ SYN
  VI 1 écouter ◆ **listen to me** écoute-moi ; see also 2 ◆ **listen!** écoute ! ◆ **you never listen to a word I say!** tu n'écoutes jamais ce que je dis ! ◆ **to listen to the radio** écouter la radio ◆ **you are listening to the BBC** vous êtes à l'écoute de la BBC ◆ **to listen for** [+ voice, remark, sign] guetter ; [+ footsteps] guetter le bruit de ◆ **listen for the telephone while I'm out** réponds au téléphone pendant mon absence ; → **half**
  2 (= heed) écouter ◆ **listen to your father** écoute ton père ◆ **listen to me!** (as threat) écoute-moi bien ! ◆ **listen*, I can't stop to talk now but...** écoute, je n'ai pas le temps de parler tout de suite mais... ◆ **he wouldn't listen to reason** il n'a pas voulu entendre raison ◆ **when I asked him to stop, he would not listen** quand je lui ai demandé d'arrêter, il n'a rien voulu entendre
  N ◆ **to have a listen** * écouter (to sth qch)
▸ **listen in** VI 1 (Rad †) être à l'écoute, écouter
  2 (= eavesdrop) écouter ◆ **to listen in on sth** or **to sth** (secretly) écouter qch secrètement ◆ **I should like to listen in to your discussion** j'aimerais assister à votre discussion
▸ **listen out for** VT FUS [+ voice, remark, sign] guetter ; [+ footsteps] guetter le bruit de
▸ **listen up** VI (esp US) écouter
**listenable** /ˈlɪsənəbl/ ADJ agréable à écouter
**listener** /ˈlɪsnər/ N (gen) personne f qui écoute ; (to speaker, radio etc) auditeur m, -trice f ◆ **the listeners** l'auditoire m, le public ◆ **she's a good listener** elle sait écouter
**listening** /ˈlɪsnɪŋ/
  N écoute f ◆ **good listening is good parenting** il faut savoir écouter ses enfants ◆ **he did all the talking, I did all the listening** il a monopolisé la parole et moi, je me suis contenté d'écouter
  COMP **listening device** N dispositif m d'écoute
  **listening post** N (Mil) poste m d'écoute
**listeria** /lɪˈstɪərɪə/ N listeria f
**listeriosis** /lɪˌstɪərɪˈəʊsɪs/ N listériose f
**listing** /ˈlɪstɪŋ/
  N (gen, also Comput) listage m ; (Stock Exchange) inscription f à la cote officielle ◆ **the TV listings** les programmes mpl de télévision
  COMP **listings magazine** N (gen) guide m des sorties ; (TV) magazine m de télévision
**listless** /ˈlɪstlɪs/ SYN ADJ (= without energy) sans énergie, mou (molle f) ◆ **to feel listless** se sentir sans énergie or ressort ◆ **the heat made him**

**listless** la chaleur lui enlevait son énergie ◆ **a day of listless trading on the world's stock markets** une journée morose sur les marchés financiers mondiaux
**listlessly** /ˈlɪstlɪslɪ/ ADV [say, behave] avec apathie
**listlessness** /ˈlɪstlɪsnɪs/ N manque m d'énergie
**lists** /lɪsts/ NPL (Hist) lice f ◆ **to enter the lists** (lit, fig) entrer en lice
**lit** /lɪt/
  VB pt, ptp of **light¹**
  ADJ éclairé, illuminé ◆ **the street was very badly lit** la rue était très mal éclairée ◆ **lit up*** (= drunk) parti*, paf⁕ inv
**lit.¹** */lɪt/ N 1 abbrev of **literature**
  2 (abbrev of **literary**) littér. ◆ **lit crit** critique f littéraire
**lit.²** (abbrev of **literal(ly)**) lit.
**litany** /ˈlɪtənɪ/ N litanie f ◆ **the Litany** (Rel) les litanies
**litchi** /ˌlaɪˈtʃiː/ N ⇒ **lychee**
**lite** /laɪt/ * ADJ (= low-fat) allégé
**liter** /ˈliːtər/ N (US) ⇒ **litre**
**literacy** /ˈlɪtərəsɪ/ SYN
  N [of person] fait m de savoir lire et écrire ; [of population] degré m d'alphabétisation ◆ **his literacy was not in doubt** personne ne doutait du fait qu'il savait lire et écrire ◆ **universal literacy is one of the principal aims** l'un des buts principaux est de donner à tous la capacité de lire et d'écrire ◆ **there is a high/low degree of literacy in that country** le degré d'alphabétisation est élevé/bas dans ce pays ◆ **many adults have problems with literacy** de nombreux adultes ont du mal à lire et à écrire
  COMP **literacy campaign** N campagne f d'alphabétisation or contre l'illettrisme
  **literacy project, literacy scheme** N projet m d'alphabétisation
  **literacy test** N test m mesurant le niveau d'alphabétisation
**literal** /ˈlɪtərəl/ SYN
  ADJ 1 (= basic) [meaning] littéral ◆ **in the literal sense (of the word)** au sens propre du terme
  2 (= verbatim) [translation] littéral, mot pour mot ; [interpretation] littéral ◆ **to be very literal about sth** prendre qch au pied de la lettre ; see also **literal-minded**
  3 (= absolute) ◆ **the literal truth** l'entière or la pure vérité ◆ **it was a literal fact** c'était un fait ◆ **the drought has meant literal starvation for millions** la sécheresse a réduit littéralement à la famine des millions de gens
  COMP **literal-minded** ADJ prosaïque, sans imagination
  **literal-mindedness** N manque m d'imagination
**literalism** /ˈlɪtərəlɪzəm/ N tendance à tout prendre au pied de la lettre
**literally** /ˈlɪtərəlɪ/ SYN ADV [translate, believe, understand] littéralement ◆ **to take sb/sth literally** prendre qn/qch au pied de la lettre ◆ **he interpreted the message literally** il a interprété le message au pied de la lettre or dans son sens littéral ◆ **I'm literally* dumbstruck by the news** je suis littéralement* assommé par cette nouvelle
**literary** /ˈlɪtərərɪ/ SYN
  ADJ littéraire ◆ **a literary man** un lettré ◆ **literary types** * amateurs mpl de la littérature
  COMP **literary agent** N agent m littéraire
  **literary critic** N critique mf littéraire
  **literary criticism** N critique f littéraire
  **literary editor** N rédacteur m, -trice f littéraire
  **literary theory** N théorie f littéraire
**literate** /ˈlɪtərɪt/ SYN ADJ 1 (= able to read etc) qui sait lire et écrire ; (= educated) instruit ; (= cultured) cultivé ◆ **few of them are literate** peu d'entre eux savent lire et écrire ◆ **highly literate** très instruit or cultivé
  2 (fig = competent) ◆ **to be economically/scientifically etc literate** avoir des connaissances de base en économie/sciences etc ; → **computer**
**literati** /ˌlɪtəˈrɑːtiː/ NPL gens mpl de lettres, lettrés mpl
**literature** /ˈlɪtərɪtʃər/ SYN N (NonC) 1 (= literary works) littérature f ◆ **18th-century French literature** la littérature française du 18ᵉ siècle ◆ **the literature of ornithology** la littérature or la bibliographie de l'ornithologie

# litharge | little

**litharge** /ˈlɪθɑːdʒ/ N litharge f

**lithe** /laɪð/ SYN ADJ [person, body, movement] souple, agile

**lithely** /ˈlaɪðli/ ADV agilement

**lithiasis** /lɪˈθaɪəsɪs/ N (Med) lithiase f

**lithium** /ˈlɪθɪəm/ N lithium m

**litho*** /ˈlaɪθəʊ/ N (abbrev of **lithograph**) litho* f

**lithograph** /ˈlɪθəʊɡrɑːf/
- N lithographie f (estampe)
- VT lithographier

**lithographer** /lɪˈθɒɡrəfəʳ/ N lithographe mf

**lithographic** /ˌlɪθəˈɡræfɪk/ ADJ lithographique

**lithography** /lɪˈθɒɡrəfɪ/ N (NonC) lithographie f (procédé)

**lithosphere** /ˈlɪθəsfɪəʳ/ N (Geol) lithosphère f

**lithotomy** /lɪˈθɒtəmɪ/ N (Med) lithotomie f

**lithotripsy** /ˈlɪθəʊˌtrɪpsɪ/ N (Med) lithotripsie f

**lithotripter** /ˈlɪθəˌtrɪptəʳ/ N lithotri(p)teur m

**lithotrity** /lɪˈθɒtrɪtɪ/ N (Med) lithotritie f

**Lithuania** /ˌlɪθjʊˈeɪnɪə/ N Lituanie f

**Lithuanian** /ˌlɪθjʊˈeɪnɪən/
- ADJ lituanien
- N ⓵ Lituanien(ne) m(f) ⓶ (= language) lituanien m

**litigable** /ˈlɪtɪɡəbl/ ADJ (Jur) [case] litigieux

**litigant** /ˈlɪtɪɡənt/ SYN N (Jur) plaideur m, -euse f

**litigate** /ˈlɪtɪɡeɪt/ SYN
- VI plaider
- VT mettre en litige, contester

**litigation** /ˌlɪtɪˈɡeɪʃən/ SYN N litige m, procès m ◆ **they are in litigation** ils sont en litige or en procès ◆ **the case is in litigation** l'affaire est en litige or devant les tribunaux

**litigator** /ˈlɪtɪɡeɪtəʳ/ N (Jur) avocat-conseil m

**litigious** /lɪˈtɪdʒəs/ SYN ADJ (Jur) litigieux ; [person] (= given to litigation) procédurier, chicaneur ; (= argumentative etc) chicanier

**litigiousness** /lɪˈtɪdʒəsnɪs/ N esprit m chicanier

**litmus** /ˈlɪtməs/
- N (Chem) tournesol m ◆ **litmus (paper)** papier m de tournesol
- COMP **litmus test** N (lit) réaction f au (papier de) tournesol ; (fig) test m décisif

**litotes** /ˈlaɪtəʊˌtiːz/ N, PL INV litote f

**litre** (Brit), **liter** (US) /ˈliːtəʳ/ N litre m ◆ **litre bottle** (bouteille f d')litre m

**litter** /ˈlɪtəʳ/ SYN
- N ⓵ (NonC) (= rubbish) détritus mpl ; (dirtier) ordures fpl ; (= papers) vieux papiers mpl ; (left after picnic etc) papiers mpl gras ◆ "litter" (on basket etc) « papiers (SVP) » ◆ "(leave) no litter" (on notice) « prière de ne pas laisser de détritus »
  ⓶ (= untidy mass) fouillis m ◆ **a litter of papers** un fouillis or un fatras de papiers
  ⓷ (= offspring) portée f
  ⓸ (= bedding) litière f
  ⓹ (= stretcher) civière f ; (= couch) litière f
  ⓺ **cat litter** litière f (pour chats)
- VT ⓵ [person] [+ room] mettre du désordre dans, mettre en désordre ; [+ countryside] laisser des détritus dans ◆ **he littered the floor with all his football gear** il a éparpillé ses affaires de football par terre
  ⓶ (gen pass) [rubbish, papers] joncher (with de) ◆ **the floor was littered with paper** des papiers jonchaient le sol ◆ **glass from broken bottles littered the pavements, the pavements were littered with glass from broken bottles** les trottoirs étaient jonchés de tessons de bouteilles ◆ **littered with mistakes** bourré de fautes ◆ **the desk was littered with books** le bureau était couvert or encombré de livres ◆ **the streets were littered with corpses** les rues étaient jonchées de cadavres ◆ **the road is littered with obstacles** cette route est parsemée d'obstacles ◆ **a field littered with mines** un champ truffé de mines
- VI (= give birth) mettre bas
- COMP **litter basket, litter bin** N (Brit) poubelle f
- **litter box** N (US) ⇒ **litter tray**
- **litter tray** N (esp Brit) caisse f à litière

**litterbug*** /ˈlɪtəbʌɡ/, **litter-lout*** /ˈlɪtəlaʊt/ N (pej) personne qui jette des détritus par terre ◆ **litterbugs should be fined** on devrait mettre à l'amende ces cochons* qui jettent des détritus n'importe où ◆ **all these litterbugs who foul up camp sites** tous ces cochons* qui jettent leurs détritus dans les campings

**little¹** /ˈlɪtl/ SYN
- ADJ petit ◆ **a little present** un petit cadeau ◆ **a little cat** un petit chat ◆ **when I was little** quand j'étais petit ◆ **she had a little girl yesterday** elle a eu une petite fille hier ◆ **here's a little something for yourself*** voilà un petit quelque chose* pour vous ◆ **a little old woman** une petite vieille ◆ **poor little thing!** pauvre petit(e) ! ◆ **she's a dear little thing** (patronizing) c'est une jolie petite fille ◆ **what an annoying little man!** ce qu'il est agaçant, ce type ! ◆ **the little ones** (= children) les petits mpl ◆ **the little woman** (hum, gen patronizing = wife) ma (or ta etc) petite femme* ◆ **it's always the little man who suffers** (= small trader) ce sont toujours les petits (commerçants) qui paient ◆ **he's quite a** or **the little gentleman!** qu'il est bien élevé ce petit ! ◆ **we went for a little holiday** on s'est pris des petites vacances ◆ **I'll pay you a little visit** je passerai rapidement te voir ◆ **who knows what's going on in his little mind** (pej) qui sait ce qui se passe dans sa petite tête ◆ **all his dirty little jokes** toutes ses plaisanteries cochonnes* ◆ **"The Little Prince"** (Literat) « Le Petit Prince »
- COMP **little auk** N mergule m (nain)
- **little end** N (in car) pied m de bielle
- **Little Englander** N (Brit) ⓵ (Hist) Anglais opposé à l'expansion de l'empire britannique ⓶ (= chauvinistic) Anglais(e) m(f) chauvin(e) et insulaire ; (= anti-European) Anglais(e) m(f) anti-européen(ne)
- **little finger** N petit doigt m, auriculaire m
- **little grebe** N grèbe m castagneux
- **little green men*** NPL (hum = aliens) petits hommes mpl verts, extraterrestres mpl
- **little gull** N mouette f pygmée
- **little hand** N [of clock] petite aiguille f
- **Little League** N (US Sport) championnat de baseball pour les moins de 12 ans
- **little owl** N (chouette f) chevêche f
- **the little people** NPL (Ir = fairies) les fées fpl, les lutins mpl
- **little ringed plover** N petit gravelot m
- **little slam** N (Sport, Cards) petit chelem m
- **little stint** N (= bird) bécasseau m minute
- **little tern** N sterne f naine
- **little toe** N petit orteil m

---

## little² /ˈlɪtl/ SYN

compar **less**, superl **least**

1 - ADJECTIVE
2 - PRONOUN
3 - ADVERB
4 - SET STRUCTURES

---

### 1 - ADJECTIVE

[= NOT MUCH] peu de ◆ **there is little hope of finding survivors** il y a peu d'espoir de retrouver des survivants ◆ **I have very little money** j'ai très peu d'argent ◆ **he gave me too little money** il m'a donné trop peu d'argent ◆ **I have little money left** il me reste peu d'argent, il ne me reste pas beaucoup d'argent ◆ **so little time** si peu de temps ◆ **I have little time for reading** je n'ai pas beaucoup or je n'ai guère le temps de lire ◆ **with no little trouble/difficulty/satisfaction** avec beaucoup de mal/difficulté/satisfaction

◆ **a little...** (= some) un peu de... ◆ **I have a little money left** il me reste un peu d'argent ◆ **would you like a little milk in your tea?** voulez-vous une goutte de lait dans votre thé ? ◆ **a little bit (of)** un peu (de) ◆ **we're having a little (bit of) trouble** nous avons un petit problème or quelques difficultés

### 2 - PRONOUN

⓵ [= NOT MUCH] peu, pas grand-chose ◆ **he reads little** il lit peu ◆ **so little of what he says is true** il y a si peu de vrai dans ce qu'il dit ◆ **he lost weight because he ate so little** il a perdu du poids parce qu'il mangeait très peu ◆ **so little of the population is literate** une proportion si infime de la population est alphabétisée, la population est si peu alphabétisée ◆ **I know too little about him to have an opinion** je le connais trop mal pour me former une opinion ◆ **there was little anyone could do** il n'y avait pas grand-chose à faire ◆ **he did little to help** il n'a pas fait grand-chose pour aider ◆ **he did very little** il n'a vraiment pas fait grand-chose ◆ **he had little to say** il n'avait pas grand-chose à dire ◆ **I had little to do with it** je n'ai pas eu grand-chose à voir là-dedans ◆ **that has very little to do with it!** ça n'a pas grand-chose à voir ! ◆ **however little you give, we'll be grateful** même si vous ne donnez pas grand-chose, nous vous serons reconnaissants ◆ **I see little of her nowadays** je ne la vois plus beaucoup ◆ **he had little or nothing to say about it** il n'avait pratiquement rien à dire là-dessus

⓶ [= SMALL AMOUNT] ◆ **the little I have seen is excellent** le peu que j'en ai vu est excellent ◆ **I did what little I could** j'ai fait ce que j'ai pu ◆ **every little helps** (= gift) tous les dons sont les bienvenus ◆ **all I can do – every little helps!** c'est tout ce que je peux faire – c'est toujours ça !

◆ **a little** (= a certain amount) un peu ◆ **give me a little** donne-m'en un peu ◆ **I'd like a little of everything** je voudrais un peu de tout ◆ **I know a little about stamp collecting** je m'y connais un peu en philatélie ◆ **they'll have to wait a little** (= a certain time) ils vont devoir attendre un moment ◆ **after/for a little (time** or **while)** au bout d'un/pendant un moment

### 3 - ADVERB

⓵ [= HARDLY, SCARCELY, NOT MUCH] ◆ **they spoke very little on the way home** ils n'ont pas dit grand-chose sur le chemin du retour ◆ **it's little better now he's rewritten it** ça n'est pas beaucoup or ça n'est guère mieux maintenant qu'il l'a récrit ◆ **it's little short of folly** ça frise la folie ◆ **little more than a month ago** il y a à peine plus d'un mois ◆ **a little-known work by Corelli** un morceau peu connu de Corelli ◆ **his work is little performed these days** on ne joue plus beaucoup ses œuvres aujourd'hui ◆ **however little you like it you'll have to go** même si ça ne te plaît pas, il va falloir que tu y ailles ◆ **little as I like him, I must admit that...** bien que je ne l'aime pas beaucoup, je dois admettre que...

◆ **a little...** (= slightly, somewhat) un peu... ◆ **she is a little tired** elle est un peu fatiguée ◆ **a little too big** un peu trop grand ◆ **a little more** un peu plus, encore un peu ◆ **a little less** un peu moins ◆ **a little more slowly** un peu plus lentement ◆ **a little later** un peu plus tard ◆ **a little more/less cream** un peu plus de/moins de crème ◆ **he was not a little surprised** (frm or hum) il a été pour le moins surpris ◆ **he spoke a little harshly** il a eu des propos un peu trop durs ◆ **she reacted a little unreasonably** elle ne s'est pas montrée très raisonnable

⓶ [= NOT AT ALL] ◆ **he little imagined that...** était loin de s'imaginer que... ◆ **little did he think that...** il était loin de se douter que...

⓷ [= RARELY] rarement, peu souvent ◆ **I see him/it happens very little** je le vois/cela arrive très rarement or très peu souvent ◆ **I watch television very little nowadays** je ne regarde plus beaucoup or plus très souvent la télévision

### 4 - SET STRUCTURES

◆ **as little as** ◆ **as little as possible** le moins possible ◆ **you could get one for as little as $20** on peut en trouver un pour (seulement) 20 dollars ◆ **you can eat well for as little as 8 euros** on peut bien manger pour 8 euros ◆ **I like him as little as you do** je ne l'aime pas plus que toi ◆ **as little as I like him, I must admit that...** bien que je ne l'aime pas beaucoup, je dois admettre que...

◆ **little by little** petit à petit, peu à peu

◆ **to make little of sth** (= accomplish easily) faire qch sans aucun mal ; (= play down) minimiser qch ; (= underestimate) sous-estimer qch ◆ **the sailors made little of loading the huge boxes** les marins chargeaient les énormes caisses sans aucun mal ◆ **it's hard work, but the scouts make little of it** c'est dur mais les scouts ne s'arrêtent pas à ça ◆ **government spokesmen have made little of the latest setback** les porte-parole du gouvernement ont minimisé les implications de ce dernier revers ◆ **we've made little of the link between women's health and work** nous avons sous-estimé le lien entre la santé et le travail des femmes ◆ **he made little of his opportunities** (= fail to exploit) il n'a pas tiré parti des possibilités qu'il avait

♦ **to say little for sb/sth** *(= reflect badly on)* ◆ **it says (very) little for him** cela n'est pas vraiment à son honneur ◆ **it says little for his honesty** cela en dit long sur son honnêteté *(iro)*

**littleness** /ˈlɪtlnɪs/ N petitesse *f*

**littoral** /ˈlɪtərəl/ ADJ, N littoral *m*

**liturgical** /lɪˈtɜːdʒɪkəl/ ADJ liturgique

**liturgist** /ˈlɪtədʒɪst/ N liturgiste *mf*

**liturgy** /ˈlɪtədʒɪ/ N liturgie *f*

**livable** /ˈlɪvəbl/ ADJ *[climate, life]* supportable ; *[pain]* supportable, tolérable ; *[house]* habitable ◆ **this house is not livable (in)*** cette maison est inhabitable ◆ **he is/is not livable (with)*** il est facile à vivre/insupportable *or* invivable* ◆ **her life is not livable** elle mène une vie impossible *or* insupportable

**live¹** /lɪv/ SYN

VI 1 *(= be alive)* vivre ; *(= survive)* survivre ; *(after illness, accident)* s'en sortir ◆ **she has only six months to live** il ne lui reste plus que six mois à vivre ◆ **she'll never live to see it** elle ne vivra pas assez longtemps pour le voir ◆ **the doctor said she would live** le docteur a dit qu'elle s'en sortirait ◆ **nothing could live in such a hostile environment** rien ne pourrait survivre dans un environnement si hostile ◆ **he didn't live long after his wife died** il n'a pas survécu longtemps à sa femme ◆ **he won't live long** *(gen)* il n'en a plus pour longtemps ; *[young person]* il ne fera pas de vieux os ◆ **as long as I live I shall never leave you** je ne te quitterai pas tant que je vivrai ◆ **I shall remember it as long as I live** je m'en souviendrai jusqu'à mon dernier jour ◆ **he was still living when his daughter got married** il était encore en vie quand sa fille s'est mariée ◆ **are your parents still living?** vous avez encore vos parents ? ◆ **while his uncle lived** du vivant de son oncle ◆ **to live to be 90** vivre jusqu'à (l'âge de) 90 ans ◆ **you'll live to be a hundred** vous serez centenaire ◆ **you'll live!** *(* hum, iro)* tu n'en mourras pas !

♦ **to live for sb** *or* **sth** ne vivre que pour qn *or* qch ◆ **she lives for her children/her work** elle ne vit que pour ses enfants/son travail ◆ **he is living for the day when he will see his son again** il ne vit que pour le jour où il reverra son fils ◆ **he just lived for football** il ne vivait que pour le football, il n'y avait que le football dans sa vie ◆ **I've got nothing left to live for** je n'ai plus de raison de vivre

♦ **to live with sth** *[+ illness, grief]* vivre avec qch ◆ **people living with HIV and AIDS** ceux qui vivent avec la séropositivité et le sida ◆ **he will have to live with that awful memory all his life** il lui faudra vivre avec cet horrible souvenir jusqu'à la fin de ses jours ◆ **it's unjust and we can't live with that** c'est injuste et nous ne pouvons pas le tolérer *or* l'accepter ◆ **you must learn to live with it** il faut que tu t'y fasses *or* que tu t'en accommodes *subj* ◆ **OK, I can live with that** *(= it's not a problem)* d'accord, je ferai avec ◆ **if you can live with that** si ça ne te dérange pas

2 *(fig = live on)* ◆ **her voice will live with me forever** je garderai toujours le souvenir de sa voix ◆ **this night will live in history** cette nuit fera date (dans l'histoire)

3 *(= have lifestyle)* vivre ◆ **to live honestly** vivre honnêtement, mener une vie honnête ◆ **to live in luxury** vivre dans le luxe ◆ **to live like a king** *or* **a lord** mener grand train ◆ **to live by an ideal/a principle** *etc* vivre en accord avec un idéal/un principe *etc* ◆ **to live in fear/terror (of)** vivre dans la peur/la terreur (de) ◆ **you** *or* **we live and learn** on apprend à tout âge ◆ **live and let live** *(Prov)* il faut se montrer tolérant ◆ **let's live a little!*** il faut profiter de la vie ! ◆ **if you haven't been to London you haven't lived!*** si tu n'as pas vu Londres, tu n'as rien vu ! ◆ **you haven't lived until you've used their new software*** leur nouveau logiciel, c'est vraiment quelque chose ; → **hand, hope, style, well²**

4 *(= earn one's living)* gagner sa vie ◆ **to live by journalism** gagner sa vie en tant que *or* comme journaliste ◆ **to live by buying and selling used cars** gagner sa vie en achetant et vendant des voitures d'occasion

5 *(= reside)* habiter, vivre ◆ **where do you live?** où habitez-vous ? ◆ **to live in London** habiter (à) Londres, vivre à Londres ◆ **to live in a flat** habiter un appartement ◆ **she lives in Station Road** elle habite (dans) Station Road ◆ **this is a nice place to live** il fait bon vivre ici ◆ **he lives with his mother** il vit *or* habite avec sa mère ; *(in her house)* il vit chez sa mère ◆ **he's living with Ann** *(as man and wife)* il vit avec Ann ◆ **he's not an easy person to live with** il n'est pas facile à vivre ◆ **a house fit for a queen to live in** une maison princière ; see also **fit¹**, **unfit** ◆ **to live under occupation** être occupé ; → **sin**

VT vivre, mener ◆ **to live a life of luxury/crime** vivre dans le luxe/le crime ◆ **to live a healthy life** mener une vie saine ◆ **to live a life of ease** avoir une vie facile ◆ **to live life to the full** vivre pleinement sa vie, profiter au maximum de la vie ◆ **he has lived and breathed football since he was seven** il ne vit que pour le football depuis qu'il a sept ans ◆ **to live a lie** vivre dans le mensonge ◆ **to live the part** *(Theat, fig)* entrer dans la peau du personnage ; → **life**

COMP **lived-in** ADJ *(lit = inhabited) [house, flat etc]* habité ; *(fig = well-worn) [+ face]* marqué par le temps

**live-in** ADJ *(gen) [housekeeper etc]* à demeure ◆ **live-in lover** petit(e) ami(e) *m(f)* avec qui l'on vit ◆ **live-in partner** compagnon *m* , compagne *f*

▸ **live down** VT SEP *[+ disgrace, scandal]* faire oublier (avec le temps) ◆ **you'll never live it down!** ça va te rester !

▸ **live in**

VI *[servant]* être logé et nourri ; *[student, doctor]* être interne

ADJ ◆ **lived-in** → **live¹**

ADJ ◆ **live-in** → **live¹**

▸ **live off** VT FUS 1 *[+ fruit, rice]* vivre de, se nourrir de ◆ **to live off the land** vivre des ressources naturelles

2 *(= depend financially on) [+ person]* vivre aux dépens *or* aux crochets de

▸ **live on**

VI *[person]* continuer à vivre ; *[tradition, memory]* rester, survivre

VT FUS 1 *(= feed on) [+ fruit, rice]* vivre de, se nourrir de ◆ **you can't live on air*** on ne vit pas de l'air du temps ◆ **she absolutely lives on chocolate*** elle se nourrit exclusivement de chocolat ◆ **to live on hope** vivre d'espérance

2 *(= subsist on)* ◆ **to live on $10,000 a year** vivre avec 10 000 dollars par an ◆ **we have just enough to live on** nous avons juste de quoi vivre ◆ **what does he live on?** de quoi vit-il ?, qu'est-ce qu'il a pour vivre ? ◆ **to live on one's salary** vivre de son salaire ◆ **to live on one's capital** vivre de *or* manger son capital ◆ **to live on borrowed time** être en sursis *(fig)*

3 *(= depend financially on) [+ person]* vivre aux dépens *or* aux crochets de

▸ **live out**

VI *[servant]* ne pas être logé ; *[student, doctor]* être externe

VT SEP passer ◆ **she won't live the year out** elle ne passera pas l'année ◆ **he lived out the war in the country** il a passé la durée de la guerre à la campagne

VT FUS *(frm) [+ one's destiny]* accomplir, réaliser ; *[+ one's beliefs]* mettre en pratique, vivre en accord avec

▸ **live through** VT FUS 1 *(= experience)* vivre, voir ◆ **she has lived through two world wars** elle a vu deux guerres mondiales ◆ **the difficult years he has lived through** les années difficiles qu'il a vécues

2 *(= survive)* supporter ◆ **he can't live through the winter** il ne passera pas l'hiver ◆ **I couldn't live through another day like that** je ne pourrais pas supporter *or* passer une deuxième journée comme ça

▸ **live together** VI *(as man and wife)* vivre ensemble ; *(as flatmates)* partager un appartement

▸ **live up** VT SEP ◆ **to live it up*** *(= live in luxury)* mener la grande vie ; *(= have fun)* faire la fête

▸ **live up to** VT FUS 1 *(= be true to) [+ one's principles]* vivre en accord avec, vivre selon ; *[+ one's promises]* être fidèle à, respecter

2 *(= be equal to)* être *or* se montrer à la hauteur de ; *(= be worthy of)* répondre à, se montrer digne de ◆ **to live up to sb's expectations** être *or* se montrer à la hauteur des espérances de qn ◆ **the holiday didn't live up to expectations** les vacances n'ont pas été ce qu'on avait espéré ◆ **sales have not lived up to expectations this year** les ventes ont été décevantes cette année ◆ **his brother's success will give him something to live up to** la réussite de son frère lui servira de modèle

**live²** /laɪv/ SYN

ADJ 1 *[person, animal]* vivant, en vie ; *(fig)* dynamique ◆ **a live birth** une naissance viable ◆ **live bait** *(Fishing)* vif *m (appât)* ◆ **a real live spaceman** un astronaute en chair et en os

2 *(Rad, TV)* (transmis *or* diffusé) en direct ◆ **the programme was live** cette émission était (transmise *or* diffusée) en direct ◆ **performed before a live audience** joué en public ◆ **they're a great live act** ils font un excellent numéro sur scène ◆ **a CD featuring live recordings from her New York concert** un CD avec des morceaux du concert qu'elle a donné à New York ◆ **"recorded live"** « enregistré en public »

3 *[coal]* ardent ; *[ammunition, shell, cartridge]* de combat ; *(= unexploded)* non explosé

4 *(Elec)* ◆ **that's live!** c'est branché ! ◆ **the switch/hair-dryer was live** l'interrupteur/le séchoir à cheveux était mal isolé (et dangereux) ; see also **comp**

ADV *(Rad, TV)* en direct ◆ **to play live** *(= on stage)* jouer sur scène ◆ **it was broadcast live** c'était (transmis *or* diffusé) en direct ◆ **the match is brought to you live from...** le match vous est transmis en direct depuis... ◆ **here, live from New York, is our reporter Guy Pugh** voici, en direct de New York, notre envoyé spécial Guy Pugh ◆ **to go live** *(Brit)* prendre l'antenne

COMP **live rail** N *(Elec)* rail *m* conducteur

**live wire** N *(Elec)* fil *m* sous tension ◆ **he's a (real) live wire*** il a un dynamisme fou

**live yoghurt** N yaourt *m* fermenté

**liveable** /ˈlɪvəbl/ ADJ ⇒ **livable**

**livedo** /lɪˈviːdəʊ/ N *(Med)* livedo *m or f*, livédo *m or f*

**livelihood** /ˈlaɪvlɪhʊd/ SYN N (NonC) moyens *mpl* d'existence, gagne-pain *m inv* ◆ **to earn a** *or* **one's livelihood** gagner sa vie ◆ **his livelihood depends on...** son gagne-pain dépend de... ◆ **their principal livelihood is tourism/rice** leur principale source de revenu est le tourisme/la culture du riz

**liveliness** /ˈlaɪvlɪnɪs/ SYN N 1 *(= lively nature) [of person, animal, mind, language]* vivacité *f*, vitalité *f* ; *[of eyes]* éclat *m* ; *[of voice]* enjouement *m*

2 *(= lively mood) [of party, bar, street, debate]* animation *f* ; *[of person]* entrain *m* ; *[of song, tune]* gaieté *f*

**livelong** /ˈlɪvlɒŋ/ ADJ *(liter)* ◆ **all the livelong day** tout au long du jour *(liter)*, toute la journée

**lively** /ˈlaɪvlɪ/ SYN ADJ 1 *(by nature) [person, animal, personality]* vif, plein de vitalité ; *[mind, imagination]* vif ◆ **she took a lively interest in everything** elle manifestait un vif intérêt pour tout

2 *(in mood) [party, bar, street, atmosphere, debate]* animé ; *[person]* plein d'entrain ; *[description, language, style]* vivant ; *[song, tune]* entraînant, gai ◆ **the meeting promises to be a lively affair** la réunion va sûrement être mouvementée ◆ **things were getting quite lively** *(hum)* ça commençait à chauffer* ◆ **at a lively pace** *or* **speed** à vive allure

3 * ◆ **to look lively** se remuer* ◆ **come on, look lively!** allez, remue-toi !*

**liven** /ˈlaɪvn/ SYN

VT ◆ **to liven up** *[+ person]* égayer ; *[+ evening, discussion, party etc]* animer ◆ **a bit of paint should liven the room up** un peu de peinture égayerait la pièce

VI ◆ **to liven up** s'animer ◆ **things are beginning to liven up** ça commence à s'animer

**liver** /ˈlɪvəʳ/

N foie *m* ; → **lily**

COMP **liver complaint** N problème *m* de foie

**liver fluke** N douve *f* du foie

**liver opal** N *(Miner)* ménilite *f*

**liver paste** N ≃ pâté *m* de foie

**liver pâté** N pâté *m* de foie

**liver salts** NPL ≃ Alka-Seltzer ® *m*

**liver sausage** N saucisse *f* au pâté de foie

**liver spot** N *(on skin)* tache *f* brune *or* de vieillesse

**liveried** /ˈlɪvərɪd/ ADJ en livrée

**liverish** /ˈlɪvərɪʃ/ ADJ 1 *(= bilious)* qui a mal au foie

2 *(= irritable)* de mauvais poil*, grincheux

**Liverpudlian** /ˌlɪvəˈpʌdlɪən/

N ◆ **he's a Liverpudlian** il est de Liverpool

ADJ de Liverpool

**liverwort** /ˈlɪvəwɜːt/ N hépatique *f*, herbe *f* de la Trinité

**liverwurst** /ˈlɪvəwɜːst/ N *(esp US)* ⇒ **liver sausage** ; → **liver**

**livery** /ˈlɪvərɪ/ SYN
N 1 *[of servant]* livrée *f*
2 *[of company, product, train]* couleurs *fpl*
3 ◆ **to keep a horse at livery** avoir un cheval en pension *or* en garde
COMP **livery company** N *(Brit)* corporation *f* londonienne
**livery man** N (pl **livery men**) *(in London)* membre *m* d'une corporation ; *(†† = retainer)* serviteur *m*
**livery stable** N *(boarding)* pension *f* pour chevaux ; *(hiring out)* écurie *f* de louage

**lives** /laɪvz/ NPL of **life**

**livestock** /ˈlaɪvstɒk/ N *(NonC)* animaux *mpl* d'élevage

**livid** /ˈlɪvɪd/ SYN ADJ 1 *(* = furious) [person, expression, glare]* furieux *(at or about sth* à propos de qch*)* ◆ **to be livid at** *or* **about having to do sth** être furieux de devoir faire qch ◆ **to be livid that...** être furieux que...
2 *(= purple) [bruise, scar]* violet ; *[shade, hue]* livide *(liter)* ; *[sky]* plombé, de plomb ◆ **livid red** rouge plombé
3 *(liter = pale, greyish) [face]* livide, blême ◆ **to be livid with rage (at sth)** être livide *or* blême de colère (contre qch)

**living** /ˈlɪvɪŋ/ SYN
ADJ *[person]* vivant, en vie ; *[language, example, faith]* vivant ; *[water]* vif ◆ **living or dead** mort ou vif ◆ **the (world's) greatest living pianist** le plus grand pianiste vivant ◆ **a living death** un enfer, un calvaire ◆ **"the Living Desert"** « le désert vivant » ◆ **the living rock** le roc ◆ **carved out of the living rock** taillé à même le *or* dans le roc ◆ **living fossil** fossile *m* vivant ◆ **a living skeleton** *(fig)* un cadavre ambulant ◆ **in** *or* **within living memory** de mémoire d'homme ; → **daylight, image, proof, soul**
N 1 *(= livelihood)* vie *f* ◆ **to earn** *or* **make a living by painting portraits/as an artist** gagner sa vie en peignant des portraits/en tant qu'artiste ◆ **to work for one's living** travailler pour gagner sa vie ◆ **what does he do for a living?** que fait-il dans la vie ? ◆ **he thinks the world owes him a living** il croit que tout lui est dû ; → **cost**
2 *(NonC = way of life)* vie *f* ◆ **gracious living** vie *f* élégante *or* raffinée ◆ **healthy living** vie *f* saine ◆ **living was not easy in those days** la vie n'était pas facile en ce temps-là ; → **loose, standard**
3 *(Brit Rel)* cure *f*, bénéfice *m*
NPL **the living** les vivants *mpl* ; → **land**
COMP **living conditions** NPL conditions *fpl* de vie
**the living dead** NPL *(in horror films etc)* les morts *mpl* vivants ; *(= dying people)* les morts *mpl* en sursis
**living expenses** NPL frais *mpl* de subsistance
**living quarters** NPL quartiers *mpl*, logement(s) *m(pl)*
**living room** N salon *m*, salle *f* de séjour
**living space** N espace *m* vital
**living standards** NPL niveau *m* de vie
**living wage** N ◆ **they were asking for a living wage** ils demandaient un salaire décent ◆ **£50 a week isn't a living wage** on ne peut pas vivre avec 50 livres par semaine
**living will** N testament *m* de vie

**Livorno** /lɪˈvɔːnəʊ/ N Livourne

**Livy** /ˈlɪvɪ/ N Tite-Live *m*

**Lizard** /ˈlɪzəd/ N *(Brit Geog)* ◆ **the Lizard** le cap Lizard

**lizard** /ˈlɪzəd/
N lézard *m* ; (also **lizardskin**) (peau *f* de) lézard *m*
COMP *[bag etc]* en lézard

**llama** /ˈlɑːmə/ N lama *m (animal)*

**LLB** /ˌeleIˈbiː/ N (abbrev of **Legum Baccalaureus**) *(= Bachelor of Laws)* ≈ licence *f* de droit

**LLD** /ˌeleIˈdiː/ N (abbrev of **Legum Doctor**) *(= Doctor of Laws)* ≈ doctorat *m* de droit

**LLM** /ˌeleIˈem/ N (abbrev of **Master of Laws**) ◆ **to have an LLM** avoir une maîtrise en *or* de droit

**LM** /elˈem/ N (abbrev of **lunar module**) → **lunar**

**LMS** /ˌelemˈes/ N (abbrev of **local management of schools**) → **local**

**LMT** /ˌelemˈtiː/ *(US)* (abbrev of **local mean time**) heure *f* locale

**LNG** /ˌelenˈdʒiː/ N (abbrev of **liquefied natural gas**) GNL *m*

**lo** /ləʊ/ EXCL *(liter or hum)* regardez ! ◆ **... when lo and behold, in he walked!** ... et c'est alors qu'il est entré ! ◆ **lo and behold the result!** et voilà le résultat !

**loach** /ləʊtʃ/ N loche *f* (de rivière)

**load** /ləʊd/ SYN
N 1 *(= cargo, weight) [of person, animal, washing machine]* charge *f* ; *[of lorry]* chargement *m*, charge *f* ; *[of ship]* cargaison *f* ; *(= weight)* (gros) poids *m* ; *(= pressure)* poids *m*, pression *f* ◆ **he was carrying a heavy load** il était lourdement chargé ◆ **the load slipped off the lorry** le chargement *or* la charge a glissé du camion ◆ **the lorry had a full load** le camion avait un chargement complet ◆ **the ship had a full load** le navire avait une cargaison complète ◆ **under (full) load** chargé (à plein) ◆ **I had three loads of coal (delivered) last autumn** on m'a livré trois fois du charbon l'automne dernier ◆ **I put another load in the washing machine** j'ai mis une autre charge de linge dans la machine à laver ◆ **he was buckling under the load of his rucksack** il pliait sous le poids de son sac à dos
2 *(fig) (= burden)* fardeau *m*, charge *f* ; *(= mental strain)* poids *m* ◆ **supporting his brother's family was a heavy load for him** c'était pour lui une lourde charge (que) de faire vivre la famille de son frère ◆ **he finds his new responsibilities a heavy load** il trouve ses nouvelles responsabilités pesantes *or* lourdes ◆ **to take a load off sb's mind** débarrasser qn de ce qui lui pèse *(fig)* ◆ **that's a load off my mind!** c'est un poids en moins !, quel soulagement ! ; → **busload, payload, shed², work**
3 *(Constr, Elec, Tech, also of firearm)* charge *f*
4 * ◆ **a load of** un tas de, des masses de* ◆ **loads of** des tas de*, des masses de* ◆ **that's a load of rubbish!** tout ça c'est de la blague !* ◆ **we've got loads of time** on a tout notre temps, on a largement le temps ◆ **he's got loads of money** il est plein de fric* ◆ **we've got loads (of them) at home** nous en avons des tas* *or* des tonnes* à la maison ◆ **there were loads of people there** il y avait des tas de gens* ◆ **get a load of this!**‡ *(= look)* vise‡ un peu ça !, regarde voir !* ; *(= listen)* écoute un peu ça !, écoute voir !*
VT 1 *[+ lorry, ship, washing machine etc]* charger *(with* de) ; *[+ person]* charger ; *(= overwhelm)* accabler ◆ **the branch was loaded (down) with pears** la branche était chargée de poires, la branche ployait sous les poires ◆ **she was loaded (down) with shopping** elle pliait sous le poids de ses achats ◆ **his pockets were loaded with sweets and toys** ses poches étaient bourrées de bonbons et de jouets ◆ **they arrived loaded (down) with presents for us** ils sont arrivés chargés de cadeaux pour nous ◆ **to load sb (down) with gifts** couvrir qn de cadeaux ◆ **to load sb with honours** combler *or* couvrir qn d'honneurs ◆ **we are loaded (down) with debts** nous sommes couverts *or* criblés de dettes ◆ **loaded (down) with cares** accablé de soucis ◆ **a heart loaded (down) with sorrow** un cœur lourd *or* accablé de chagrin ◆ **the whole business is loaded with problems** toute cette affaire présente d'énormes difficultés
2 *(= take on cargo of)* ◆ **to load coal/grain** *etc* *[ship etc]* charger du charbon/du grain *etc* ◆ **to be loaded for bear** * *(US:= eager)* être gonflé à bloc*
3 *(= refill) [+ gun, camera, computer, file, disk]* charger *(with* de, avec)
4 *(= weight) [+ cane etc]* plomber ; *[+ dice]* piper ◆ **to load the dice against sb** défavoriser qn ◆ **his lack of experience loads the dice against him** son manque d'expérience joue contre lui ; see also **loaded**
5 *[+ insurance premium]* majorer
VI *[lorry, ship, camera, gun] (also Comput)* se charger
COMP **load-bearing** ADJ *[beam, structure]* porteur
**load factor** N *(Elec)* facteur *m* d'utilisation ; *[of plane]* coefficient *m* de remplissage
**load line** N *[of ship]* ligne *f* de charge
**load-shedding** N *(Elec)* délestage *m*

▸ **load down** VT SEP charger *(with* de); → **load vt 1**

▸ **load up**
VI *[ship, lorry]* se charger ; *[person]* charger, ramasser son chargement ◆ **to load up with sth** charger qch ◆ **to load up with** *or* **on**‡ *(US fig)[+ food, drink]* se bourrer de*
VT SEP *[+ truck, animal, person]* charger *(with* de, avec)

**...load** /ləʊd/ N *(in compounds)* → **carload, planeload**

**loaded** /ˈləʊdɪd/ SYN ADJ 1 *(= full) [lorry, shelf, gun, camera]* chargé *(with sth* de qch) ◆ **she was loaded (down) with parcels** elle avait les bras chargés de colis ◆ **to be loaded for bear** *(US)* être prêt à intervenir ◆ **loaded software** *(Comput)* logiciel *m* chargé ; see also **load**
2 *(= rich)* ◆ **to be loaded**‡ **(with money)** être friqué*, être plein aux as*
3 *(‡ = drunk)* bourré* ; *(through drugs)* défoncé*
4 *(= tendentious) [word, term, statement]* lourd de sens ◆ **that's a loaded question!** c'est une question tendancieuse !
5 *(= weighted) [cane etc]* plombé ; *[dice]* pipé ◆ **the dice were loaded** *(lit, fig)* les dés étaient pipés ◆ **the dice were loaded against him** il avait peu de chances de réussir ◆ **the dice were loaded in his favour** tout jouait en sa faveur ◆ **the situation is loaded in our favour** les faits jouent en notre faveur
6 *(US Baseball) [bases]* occupé

**loader** /ˈləʊdəʳ/ N *(= person, instrument)* chargeur *m* ; *(Constr)* chargeuse *f* ; → **low¹**

**loading** /ˈləʊdɪŋ/
N chargement *m* ◆ **"no loading or unloading"** *(street sign)* « interdiction de charger et de décharger »
COMP **loading bay** N aire *f* de chargement

**loadstar** /ˈləʊdstɑːʳ/ N ⇒ **lodestar**

**loadstone** /ˈləʊdstəʊn/ N ⇒ **lodestone**

**loaf¹** /ləʊf/ SYN
N (pl **loaves**) 1 (also **loaf of bread**) pain *m* ; *(= round loaf)* pain *m* rond, miche *f* de pain ◆ **half a loaf is better than no bread** *(Prov)* faute de grives on mange des merles *(Prov)* ◆ **use your loaf!**‡ *(Brit)* réfléchis un peu !, fais marcher tes méninges !* → **cottage, sandwich, slice**
2 ◆ **sugar loaf** pain *m* de sucre ; → **meat**
COMP **loaf pan** N *(US)* ⇒ **loaf tin**
**loaf sugar** N sucre *m* en pain
**loaf tin** N moule *m* à pain

**loaf²** /ləʊf/ VI (also **loaf about, loaf around**) traîner, fainéanter

**loafer** /ˈləʊfəʳ/ N 1 *(= person)* flemmard(e)* *m(f)*, tire-au-flanc* *m inv*
2 *(= shoe)* mocassin *m*

**loam** /ləʊm/ N *(NonC)* 1 *(= soil)* terreau *m*
2 *(for moulds)* terre *f* de moulage

**loaminess** /ˈləʊmɪnɪs/ N richesse *f* en terreau

**loamy** /ˈləʊmɪ/ ADJ *[soil]* riche en terreau

**loan** /ləʊn/ SYN
N 1 *(= money) (lent)* prêt *m* ; *(borrowed)* emprunt *m* ◆ **to take out a loan** contracter un emprunt ◆ **can I ask you for a loan?** pouvez-vous m'accorder un prêt ? ◆ **loans and deposits** *(Banking)* emplois *mpl* et ressources *fpl* ; → **raise**
2 prêt *m* ◆ **I asked Barbara for the loan of her car** j'ai demandé à Barbara de me prêter sa voiture ◆ **may I have the loan of your lawnmower?** pouvez-vous me prêter votre tondeuse à gazon ? ◆ **I can give you the loan of it for a few days** je peux vous le prêter pour quelques jours ◆ **he had offered the loan of his villa at Cavalaire** il avait offert de prêter sa villa à Cavalaire
◆ **on loan** ◆ **this picture is on loan from the city museum** ce tableau est prêté par le *or* est un prêt du musée municipal ◆ **I have a car on loan from the company** la compagnie me prête une voiture *or* met une voiture à ma disposition ◆ **my assistant is on loan to another department at the moment** mon assistant est détaché dans un autre service en ce moment ◆ **the book is out on loan** *(in library)* le livre est sorti ◆ **I have this book out on loan from the library** j'ai emprunté ce livre à la bibliothèque
VT prêter *(sth to sb* qch à qn)
COMP **loan agreement** N *(Fin)* convention *f* de prêt
**loan capital** N capital *m* d'emprunt
**loan collection** N *(Art etc)* collection *f* de tableaux *(or* d'objets *etc)* en prêt
**loan investment** N *(Fin)* investissement *m* sous forme de prêt
**loan office** N bureau *m* de prêt
**loan officer** N *[of bank]* gestionnaire *mf* de crédit
**loan shark** * N *(pej)* usurier *m*, -ière *f*
**loan translation** N *(Ling)* calque *m*
**loan word** N *(Ling)* (mot *m* d')emprunt *m*

**loath** /ləʊθ/ SYN ADJ *(frm)* ◆ **to be (very) loath to do sth** répugner à faire qch ◆ **he was loath to see her again** il n'était pas du tout disposé à la revoir ◆ **I am loath to add to your difficulties but...** je ne voudrais surtout pas ajouter à vos difficultés mais... ◆ **nothing loath** très volontiers

**loathe** /ləʊð/ LANGUAGE IN USE 7.3 VT *[+ person]* détester, haïr ; *[+ thing]* avoir en horreur ◆ **to**

**loathe doing sth** avoir horreur de faire qch ◆ **he loathes being criticized** il a horreur d'être critiqué

**loathing** /ˈləʊðɪŋ/ SYN N (NonC) dégoût m, répugnance f ◆ **he/it fills me with loathing** il/cela me répugne or me dégoûte

**loathsome** /ˈləʊðsəm/ SYN ADJ détestable

**loathsomeness** /ˈləʊðsəmnɪs/ N caractère m répugnant, nature f détestable or écœurante

**loaves** /ləʊvz/ NPL of **loaf**

**lob** /lɒb/
  VT [+ stone etc] lancer (haut or en chandelle) ◆ **to lob a ball** (Tennis) faire un lob, lober ◆ **he lobbed the book (over) to me** il m'a lancé or balancé * le livre ◆ **to lob the goalkeeper** (Football) lober le gardien de but
  VI (Tennis) lober, faire un lob
  N (Tennis) lob m

**lobar** /ˈləʊbəʳ/ ADJ lobaire

**lobby** /ˈlɒbɪ/ SYN
  N 1 (= entrance hall) [of hotel] hall m ; (smaller) vestibule m, entrée f ; [of private house] vestibule m, entrée f ; [of theatre] foyer m (des spectateurs)
  2 (Brit Parl) (where MPs meet public) hall m (de la Chambre des communes où les députés rencontrent le public), ≈ salle f des pas perdus ; (where MPs vote: also **division lobby**) vestibule m (où les députés se répartissent pour voter)
  3 (Pol = pressure group) groupe m de pression, lobby m ◆ **the anti-vivisection lobby** le groupe de pression or le lobby antivivisection
  VT (Parl, also gen) [+ person] faire pression sur ; (esp US) [+ proposal, cause] faire pression en faveur de, soutenir activement
  VI (Pol) ◆ **to lobby for sth** faire pression pour obtenir qch
  COMP **lobby correspondent** N (Brit Press) journaliste mf parlementaire

**lobbyer** /ˈlɒbɪəʳ/ N (US) ⇒ **lobbyist**

**lobbying** /ˈlɒbɪɪŋ/ N (Pol) lobbying m

**lobbyism** /ˈlɒbɪɪzəm/ N (US) ⇒ **lobbying**

**lobbyist** /ˈlɒbɪɪst/ N (Pol) lobbyiste mf

**lobe** /ləʊb/ N lobe m

**lobectomy** /ləʊˈbektəmɪ/ N (Med) lobectomie f

**lobelia** /ləʊˈbiːlɪə/ N lobélie f

**lobeline** /ˈləʊbəˌliːn/ N lobéline f

**lobotomize** /ləʊˈbɒtəmaɪz/ VT lobotomiser

**lobotomy** /ləʊˈbɒtəmɪ/ N lobotomie f

**lobster** /ˈlɒbstəʳ/
  N (pl **lobsters** or **lobster**) homard m
  COMP **lobster nets** NPL filets mpl à homards
  **lobster pot** N casier m à homards

**lobule** /ˈlɒbjuːl/ N lobule m

**local** /ˈləʊkəl/ SYN
  ADJ [custom, saying, weather forecast, newspaper, currency, train, branch, fog] local ; [shops, library] du or de quartier ; [wine, speciality] du pays, local ; (Med) [pain] localisé ◆ **he's a local man** il est du pays or du coin * ◆ **the local doctor** (gen) le médecin le plus proche ; (in town) le médecin du quartier ◆ **what is the local situation?** (here) quelle est la situation ici ? ; (there) quelle est la situation là-bas ? ◆ **it adds a bit of local colour** ça met un peu de couleur locale ◆ **of local interest** d'intérêt local ◆ **a local call** (Telec) une communication locale ◆ **local management of schools** (Brit) gestion f des établissements scolaires par les administrations locales
  N 1 ( * = person) personne f du pays or du coin * ◆ **the locals** les gens du pays or du coin * ◆ **he's one of the locals** il est du pays or du coin *
  2 (Brit * = pub) café m du coin, bistro(t)* m du coin ◆ **my local** le café du coin, le pub où je vais
  3 (US = train) (train m) omnibus m
  4 * ⇒ **local anaesthetic**
  5 (US = trade union branch) section f syndicale
  COMP **local anaesthetic** N anesthésie f locale
  **local area network** N (Comput) réseau m local
  **local authority** N autorité f locale ADJ des autorités locales
  **local council** conseil m municipal
  **local education authority** N autorité locale chargée de l'enseignement
  **local government** N administration f locale ◆ **local government elections** élections fpl municipales
  **local government officer, local government official** N ≈ fonctionnaire mf (de l'administration locale)

**local radio** N radio f locale ◆ **she works in local radio** elle travaille dans une radio locale
**local time** N heure f locale

**locale** /ləʊˈkɑːl/ N endroit m

**localism** /ˈləʊkəˌlɪzəm/ N (Pol) régionalisation f, décentralisation f

**locality** /ləʊˈkælɪtɪ/ SYN N 1 (= neighbourhood) environs mpl, voisinage m ; (= district) région f ◆ **in the locality** dans les environs, dans la région ◆ **in the immediate locality of** tout près de
  2 (= place, position) lieu m ◆ **the locality of the murder** le lieu du meurtre ; → **bump**

**localization** /ˌləʊkəlaɪˈzeɪʃən/ N localisation f

**localize** /ˈləʊkəlaɪz/ SYN VT localiser ◆ **localized pain** douleur f localisée

**locally** /ˈləʊkəlɪ/ ADV (gen) localement ◆ **to live locally** habiter dans le coin ◆ **both nationally and locally** à l'échelon tant national que local ◆ **to be available locally** être disponible sur place ◆ **to produce/buy sth locally** produire/acheter qch sur place ◆ **we deliver free locally** nous livrons gratuitement dans les environs ◆ **this is Cirencester, known locally as "Ciren"** c'est Cirencester, que l'on appelle ici « Ciren » ◆ **an ugly concrete building known locally as "the Gulag"** un bâtiment en béton très laid que les gens du coin surnomment « le goulag »

**locate** /ləʊˈkeɪt/ SYN
  VT 1 (= find) [+ place, person] repérer, trouver ; [+ noise, leak, cause] localiser ◆ **I can't locate the school on this map** je n'arrive pas à repérer or à trouver l'école sur cette carte ◆ **have you located the briefcase I left yesterday?** avez-vous retrouvé la serviette que j'ai oubliée hier ? ◆ **the doctors have located the cause of the pain/the source of the infection** les médecins ont localisé la cause de la douleur/la source de l'infection
  2 (= situate) [+ factory, school etc] situer ◆ **they decided to locate the factory in Manchester** ils ont décidé d'implanter or de construire l'usine à Manchester ◆ **where is the hospital to be located?** où va-t-on construire l'hôpital ? ◆ **the college is located in London** le collège est situé or se trouve à Londres
  3 (= assume to be) situer, placer ◆ **many scholars locate the Garden of Eden there** c'est là que de nombreux érudits situent or placent le Paradis terrestre
  4 (US = have place to live) ◆ **to be located** être installé
  VI (US *) s'installer

**location** /ləʊˈkeɪʃən/ SYN
  N 1 (= position) emplacement m ◆ **a hotel set in a beautiful location** un hôtel situé dans un endroit magnifique ◆ **what's your location?** où vous trouvez-vous ?
  2 (Cine) extérieur m ◆ **to film in foreign locations** tourner en extérieur à l'étranger
  ◆ **on location** en décor naturel, en extérieur
  3 (NonC = finding) [of person, object] repérage m
  COMP (Cine) [scene, shot] en extérieur

 **location** is not translated by the French word **location**, which means 'rental'.

**locative** /ˈlɒkətɪv/ ADJ, N locatif m

**loc. cit.** /ˌlɒkˈsɪt/ (abbrev of **loco citato**) loc. cit.

**loch** /lɒx/ N (Scot) lac m, loch m ◆ **Loch Lomond** le loch Lomond ; → **sea**

**lochia** /ˈlɒkɪə/ N (Med) lochies fpl

**loci** /ˈləʊsaɪ/ NPL of **locus**

**lock¹** /lɒk/ SYN
  N 1 [of door, box etc] serrure f ; (on steering wheel, bicycle, motorbike) antivol m
  ◆ **under lock and key** [possessions] sous clé ; [prisoner] sous les verrous ◆ **to put/keep sth under lock and key** mettre/garder qch sous clé ◆ **to put sb under lock and key** enfermer qn à clé ; [prisoner] mettre qn sous les verrous ◆ **to keep sb under lock and key** garder qn enfermé à clé ; [prisoner] garder qn sous les verrous
  2 [of gun] (also **safety lock**) cran m de sûreté ; (also **gunlock**) percuteur m
  ◆ **lock, stock and barrel** en bloc ◆ **he sold the factory lock, stock and barrel** il a vendu l'usine en bloc ◆ **they rejected the proposals lock, stock and barrel** ils ont rejeté les suggestions en bloc or toutes les suggestions sans exception ◆ **I'll be moving my family, lock, stock and barrel** ma famille et moi allons déménager avec tout notre fourbi *

  3 (Comput) verrouillage m
  4 [of canal] écluse f ; → **airlock**
  5 (Wrestling) immobilisation f ◆ **to hold sb in a lock** immobiliser qn
  6 [of car steering] rayon m de braquage ◆ **this car has a good lock** cette voiture braque bien or a un bon rayon de braquage ◆ **3.5 turns from lock to lock** 3,5 tours d'une butée à l'autre
  7 (Rugby: also **lock forward**) (avant m de) deuxième ligne f
  VT 1 (= fasten) [+ door, suitcase, car, safe] fermer à clé, verrouiller ◆ **behind locked doors** à huis clos ◆ **to lock the stable door after the horse has bolted** (fig) prendre ses précautions trop tard ◆ **to lock horns** (lit) [animals] se mettre à lutter cornes contre cornes ; (fig) se disputer ◆ **to lock horns with sb** avoir une prise de bec avec qn
  2 [+ person] enfermer (in dans) ◆ **he got locked in the bathroom** il s'est trouvé enfermé dans la salle de bains
  3 (= prevent use of) [+ mechanism] bloquer ; [+ computer] verrouiller ◆ **he locked the steering wheel on his car** il a bloqué la direction de sa voiture ◆ **to lock the wheels** (by braking) bloquer les roues
  4 (= grip, also fig) [+ person] étreindre, serrer ◆ **she was locked in his arms** elle était serrée dans ses bras ◆ **they were locked in a close embrace** ils étaient unis dans une étreinte passionnée ◆ **the two armies were locked in combat** les deux armées étaient aux prises
  VI 1 [door] fermer à clé
  2 [wheel, elbow, knee] se bloquer
  COMP **lock gate** N porte f d'écluse
  **lock keeper** N éclusier m, -ière f
  **lock-up** N (Brit = garage) box m ; (Brit = shop) boutique f (sans logement) ; (US = prison) prison f, lieu m de détention provisoire ; ( * = cell) cellule f provisoire
  ▶ **lock away** VT SEP [+ object, jewels] mettre sous clé ; [+ criminal] mettre sous les verrous ; [+ mental patient etc] enfermer
  ▶ **lock in** VT SEP 1 [+ person, dog] enfermer (à l'intérieur) ◆ **to lock o.s. in** s'enfermer (à l'intérieur)
  2 (Fin) [+ assets, loans] engager (à plus d'un an)
  ▶ **lock on** VI [spacecraft] s'arrimer (to à) ◆ **to lock on to sth** [radar] capter qch
  ▶ **lock out** VT SEP 1 [+ person] (deliberately) mettre à la porte ; (by mistake) enfermer dehors, laisser dehors (sans clé) ◆ **to find o.s. locked out** (by mistake) se trouver enfermé dehors, se retrouver à la porte ; (as punishment) se trouver mis à la porte ◆ **to lock o.s. out** s'enfermer dehors ◆ **to lock o.s. out of one's car** fermer la voiture en laissant les clés à l'intérieur
  2 [+ workers] (during dispute) fermer l'usine à, lockouter
  ▶ **lock up**
  VI fermer (toutes les portes) à clé ◆ **will you lock up when you leave?** voulez-vous tout fermer en partant ? ◆ **to lock up for the night** tout fermer pour la nuit
  VT SEP 1 [+ object, jewels] enfermer, mettre sous clé ; [+ house] fermer (à clé) ; [+ criminal] mettre sous les verrous or en prison ; [+ mental patient etc] enfermer ◆ **you ought to be locked up!** * on devrait t'enfermer !, il faut te faire soigner !
  2 [+ capital, funds] immobiliser, bloquer (in dans)
  N ◆ **lock-up** → **lock¹**

**lock²** /lɒk/ SYN N [of hair] mèche f ; (= ringlet) boucle f ◆ **his locks** sa chevelure, ses cheveux mpl ◆ **her curly locks** ses boucles fpl

**lockable** /ˈlɒkəbl/ ADJ qui ferme à clé

**lockaway** /ˈlɒkəˌweɪ/ N (Fin) titre m à long terme

**locker** /ˈlɒkəʳ/
  N casier m (fermant à clé) ◆ **the left-luggage lockers** la consigne (automatique)
  COMP **locker-room** N vestiaire m ADJ (fig) [joke etc] de corps de garde, paillard

**locket** /ˈlɒkɪt/ N médaillon m (bijou)

**locking** /ˈlɒkɪŋ/
  ADJ [door, container, cupboard] qui ferme à clé, verrouillable ◆ **locking petrol cap** bouchon m antivol (pour réservoir)
  N (gen, Comput) verrouillage m ; [of car door] verrouillage m, condamnation f ; → **central**

**lockjaw** /ˈlɒkdʒɔː/ N (Med) tétanos m

**locknut** /ˈlɒknʌt/ N (= washer) contre-écrou m ; (self-locking) écrou m autobloquant

**lockout** /ˈlɒkaʊt/ N (at factory) lock-out m inv
**locksmith** /ˈlɒksmɪθ/ N serrurier m
**loco¹** ⁎ /ˈləʊkəʊ/ ADJ (esp US) dingue ⁎
**loco²** ⁎ /ˈləʊkəʊ/ N (abbrev of **locomotive**) loco † f, locomotive f
**locomotion** /ˌləʊkəˈməʊʃən/ N locomotion f
**locomotive** /ˌləʊkəˈməʊtɪv/
  N locomotive f
  ADJ [engine, power] locomotif ; [muscle] locomoteur (-trice f)
  COMP **locomotive driver, locomotive engineer** N mécanicien m
  **locomotive shed** N hangar m à locomotives
  **locomotive workshop** N (= factory) usine f de construction de locomotives ; (for repairs) atelier m de réparation de locomotives
**locomotor** /ˌləʊkəˈməʊtəʳ/
  ADJ locomoteur (-trice f)
  COMP **locomotor ataxia** N (Med) ataxie f locomotrice
**locoweed** /ˌləʊkəʊˈwiːd/ N oxytrope m
**locular** /ˈlɒkjʊləʳ/ ADJ loculaire, loculé, loculeux
**locum** /ˈləʊkəm/ N (also **locum tenens**) (= esp Brit) suppléant(e) m(f) (de prêtre ou de médecin etc)
**locus** /ˈləʊkəs/ N (pl **loci**) lieu m, point m ; (Math) lieu m géométrique
**locust** /ˈləʊkəst/
  N locuste f, sauterelle f
  COMP **locust bean** N caroube f
  **locust tree** N caroubier m
**locution** /ləˈkjuːʃən/ N locution f
**lode** /ləʊd/ N (Miner) filon m, veine f
**loden** /ˈləʊdən/ N loden m
**lodestar** /ˈləʊdstɑːʳ/ N ① (Astron) étoile f polaire
  ② (fig) principe m directeur
**lodestone** /ˈləʊdstəʊn/ N magnétite f, aimant m naturel
**lodge** /lɒdʒ/ SYN
  N (= small house in grounds) maison f or pavillon m de gardien ; (= porter's room in building) loge f ; (Freemasonry) loge f ; (US : of union) section f syndicale ; [of beaver] abri m, gîte m ; → **hunting**
  VT ① [+ person] loger, héberger
  ② [+ bullet] loger
  ③ (Admin, Jur) (= leave) [+ money] déposer ; [+ statement, report] présenter (with sb à qn), déposer (with sb chez qn) ✦ **to lodge an appeal** (Jur) interjeter appel, se pourvoir en cassation ✦ **to lodge a complaint against** (Jur) porter plainte contre ✦ **documents lodged by the parties** (Jur) pièces fpl versées aux débats par les parties
  VI [person] être logé, être en pension (with chez) ; [bullet] se loger
**lodger** /ˈlɒdʒəʳ/ SYN N (Brit) (room only) locataire mf ; (room and meals) pensionnaire mf ✦ **to take (in) lodgers** (room only) louer des chambres ; (room and meals) prendre des pensionnaires
**lodging** /ˈlɒdʒɪŋ/ SYN
  N (NonC = accommodation) logement m, hébergement m ✦ **they gave us a night's lodging** ils nous ont logés or hébergés une nuit ; → **board**
  NPL **lodgings** (= room) chambre f ; (= flatlet) logement m ✦ **he took lodgings with Mrs Smith** † (with meals) il a pris pension chez Mme Smith ; (without meals) il a pris une chambre or un logement chez Mme Smith ✦ **he's in lodgings** il vit en meublé or en garni † ✦ **to look for lodgings** (room) chercher une chambre meublée ; (flatlet) chercher un appartement meublé ; (with meals) chercher à prendre pension ✦ **we took him back to his lodgings** nous l'avons ramené chez lui
  COMP **lodging house** N pension f
**loess** /ˈləʊɪs/ N lœss m
**loft** /lɒft/
  N ① [of house, stable, barn] grenier m ; → **hayloft, pigeon**
  ② [of church, hall] galerie f ; → **organ**
  ③ (= converted living space) loft m
  VT ① (Golf) [+ ball] lancer en chandelle
  ② (= send very high) lancer très haut
  COMP **loft conversion** N (Brit) (= accommodation) grenier m aménagé ; (NonC = process, activity) aménagement m de grenier
**loftily** /ˈlɒftɪlɪ/ ADV [say, declare, look at] avec hauteur ✦ **his loftily dismissive attitude** son attitude hautaine et dédaigneuse ✦ **to be loftily indifferent to sb/sth** être d'une indifférence hautaine vis-à-vis de qn/qch

**loftiness** /ˈlɒftɪnɪs/ N ① (= great height) hauteur f
  ② (fig = nobility) noblesse f
  ③ (pej = haughtiness) hauteur f
**lofty** /ˈlɒftɪ/ SYN ADJ ① (= high) [building, ceiling, mountain] haut ; [room] haut de plafond ✦ **to rise to a lofty position in government** atteindre un poste élevé au gouvernement
  ② (= noble) [aim, ideal, idea] noble
  ③ (pej = haughty) hautain
  ④ (= elevated) [style, rhetoric] élevé, noble
**log¹** /lɒg/ SYN
  N ① (= felled tree trunk) rondin m ; (for fire) bûche f ; → **sleep**
  ② (= device on boat) loch m
  ③ (= logbook) journal m de bord ; [of lorry driver etc] carnet m de route ; (gen) registre m ; (Comput) fichier m compte-rendu ✦ **to keep the log** tenir le journal de bord ✦ **to write up the log** rédiger le journal de bord
  VT ① [+ trees] tronçonner, débiter or tailler en rondins
  ② (= record) (gen) noter, consigner ; (on plane, ship: also **log up**) inscrire au journal de bord ✦ **details of the crime are logged in the computer** les données concernant le crime sont entrées dans l'ordinateur
  ③ (speed) ✦ **the ship was logging 18 knots** le navire filait 18 nœuds ✦ **the plane was logging 300mph** l'avion volait à 500 km/h
  ④ (= clock up) (also **log up**) ✦ **he has logged 5,000 hours' flying time** il a à son actif or il compte 5 000 heures de vol ✦ **sailors often log 5,000 sea miles in a year** les marins font souvent 5 000 milles marins par an ✦ **I logged eight hours' work each day** j'ai travaillé huit heures par jour
  COMP **log cabin** N cabane f en rondins
  **log file** N fichier m compte-rendu
  **log fire** N feu m de bois
  **log jam** N (lit) train m de flottage bloqué ; (fig) impasse f
  **log-rolling** N (Sport) sport de bûcheron, consistant à faire tourner avec les pieds, sans tomber, un tronc d'arbre flottant ; (fig pej) échange de concessions ou de faveurs
▶ **log in** (Comput) ⇒ **log on**
▶ **log off** (Comput)
  VI sortir
  VT SEP déconnecter
▶ **log on** (Comput)
  VI entrer
  VT SEP connecter, faire entrer dans le système
▶ **log out** (Comput) ⇒ **log off**
▶ **log up** VT SEP → **log¹** vt b 4
**log²** /lɒg/ N (Math) (abbrev of **logarithm**) log ⁎ m ✦ **log tables** tables fpl de logarithmes
**loganberry** /ˈləʊgənbərɪ/ N framboise f de Logan
**logarithm** /ˈlɒgərɪθəm/ N logarithme m
**logarithmic** /ˌlɒgəˈrɪðmɪk/ ADJ (Math) logarithmique
**logbook** /ˈlɒgbʊk/ N ① (on plane, ship) ⇒ **log¹** noun 3
  ② (Brit : for driver) ≈ carte f grise
**loge** /ləʊʒ/ N (Theat) loge f
**logger** /ˈlɒgəʳ/ N (US) bûcheron m
**loggerhead** /ˈlɒgəhed/
  N (also **loggerhead turtle**) caouane f
  NPL ✦ **to be at loggerheads (with)** être en désaccord or à couteaux tirés (avec)
**loggerheads** /ˈlɒgəhedz/ NPL ✦ **to be at loggerheads (with)** être en désaccord or à couteaux tirés (avec)
**loggia** /ˈlɒdʒɪə/ N (pl **loggias** or **loggie** /ˈlɒdʒeɪ/) loggia f
**logging** /ˈlɒgɪŋ/ N exploitation f du bois
**logic** /ˈlɒdʒɪk/ SYN
  N logique f ✦ **I can't see the logic of it** ça ne me paraît pas rationnel ✦ **to chop logic** (Brit fig) discutailler (pej), ergoter (with sb avec qn)
  COMP **logic bomb** N (Comput) bombe f logique
  **logic-chopping** N (Brit fig) ergoterie f, ergotage m
  **logic circuit** N (Comput) circuit m logique
**logical** /ˈlɒdʒɪkəl/ SYN
  ADJ logique ✦ **capable of logical thinking** capable de penser logiquement
  COMP **logical positivism** N positivisme m logique, logicopositivisme m
  **logical positivist** N logicopositiviste mf

**logically** /ˈlɒdʒɪkəlɪ/ ADV [possible, consistent] logiquement ; [consider, examine, discuss] rationnellement ✦ **it follows logically (from this) that...** il s'ensuit logiquement que... ✦ **the keyboard is laid out logically** le clavier est logiquement conçu or conçu avec logique ✦ **logically, I should have taken this into consideration** logiquement, j'aurais dû en tenir compte
**logician** /lɒˈdʒɪʃən/ N logicien(ne) m(f)
**logicism** /ˈlɒdʒɪsɪzəm/ N logicisme m
**logistic** /lɒˈdʒɪstɪk/
  ADJ logistique
  NPL **logistics** logistique f
**logistical** /lɒˈdʒɪstɪkəl/ ADJ logistique
**logistically** /lɒˈdʒɪstɪkəlɪ/ ADV sur le plan logistique
**loglog** /ˈlɒglɒg/ N (Math) log m de log
**logo** /ˈləʊgəʊ/ N logo m
**logocentrism** /ˌlɒgəʊˈsentrɪzəm/ N (Philos) logocentrisme m
**logogram** /ˈlɒgəgræm/ N logogramme m
**logographer** /lɒˈgɒgrəfəʳ/ N logographe m
**logography** /lɒˈgɒgrəfɪ/ N logographie f
**logogriph** /ˈlɒgəʊgrɪf/ N logogriphe m
**logopaedics, logopedics** (US) /ˌlɒgəˈpiːdɪks/ (NonC) logopédie f
**logorrhoea** /ˌlɒgəˈrɪə/ N logorrhée f
**logroll** /ˈlɒgrəʊl/ VI (esp US Pol) magouiller ⁎
**logrolling** /ˈlɒgrəʊlɪŋ/ N (esp US Pol) magouilles ⁎ fpl
**logy** ⁎ /ˈləʊgɪ/ ADJ (US) apathique, léthargique
**loin** /lɔɪn/
  N (Culin: gen) filet m ; [of veal, venison] longe f ; [of beef] aloyau m
  NPL **loins** ① (= lower back) reins mpl, lombes mpl
  ② (= groin) aine f ; (euph) (= genitals) bas-ventre m (euph) ; → **gird**
  COMP **loin chop** N (Culin) côte f première
**loincloth** /ˈlɔɪnklɒθ/ N pagne m (d'étoffe)
**Loire** /lwɑːʳ/ N Loire f ✦ **the Loire Valley** la vallée de la Loire ; (between Orléans and Tours) le Val de Loire
**loiter** /ˈlɔɪtəʳ/ SYN VI ① (also **loiter about**) = stand around) traîner ; (suspiciously) rôder
  ② (Jur) ✦ **to loiter with intent** ≈ commettre un délit d'intention ✦ **to be charged with loitering with intent** être accusé d'un délit d'intention
**loll** /lɒl/ SYN VI [person] se prélasser ; [head] pendre
▶ **loll about, loll around** VI fainéanter, flâner
▶ **loll back** VI [person] se prélasser ; [head] pendre en arrière ✦ **to loll back in an armchair** se prélasser dans un fauteuil
▶ **loll out**
  VI [tongue] pendre
  VT SEP [+ tongue] laisser pendre
**lollapalooza** ⁎ /ˌlɒləpəˈluːzəʳ/, **lollapaloosa** ⁎ /ˌlɒləpəˈluːsəʳ/ N (US) (amazing) truc ⁎ m génial ; (large) truc m maous ⁎
**Lollards** /ˈlɒlədz/ NPL (Hist) Lollards mpl
**lollipop** /ˈlɒlɪpɒp/
  N sucette f (bonbon)
  COMP **lollipop lady** ⁎, **lollipop man** ⁎ (pl **lollipop men**) N (Brit) personne chargée d'aider les écoliers à traverser la rue

  ▪ **LOLLIPOP LADY, LOLLIPOP MAN**
  ▪ On appelle respectivement **lollipop lady** et **lollipop man** une femme ou un homme placé à proximité d'une école et chargé d'aider les écoliers à traverser la rue. Vêtues d'un manteau blanc ou jaune fluorescent, ces personnes arrêtent la circulation à l'aide d'un grand panneau rond indiquant « stop » et qui rappelle par sa forme les sucettes appelées « lollipops ».

**lollop** /ˈlɒləp/ VI [animal] galoper ; [person] courir gauchement or à grandes enjambées maladroites ✦ **to lollop in/out** etc entrer/sortir etc à grandes enjambées maladroites
**lolly** /ˈlɒlɪ/ N (Brit) ① ⁎ sucette f ; → **ice**
  ② (NonC: ⁎ = money) fric ⁎ m, pognon ⁎ m

**lollygag**‡ /ˈlɒlɪgæg/ VI (US) 1 (= *waste time*) glander‡
2 (= *kiss and cuddle*) se peloter‡

**Lombard** /ˈlɒmbəd/
N Lombard(e) *m(f)*
ADJ lombard

**Lombardy** /ˈlɒmbədɪ/
N Lombardie *f*
COMP **Lombardy poplar** N peuplier *m* d'Italie

**London** /ˈlʌndən/
N Londres
COMP *[life]* londonien, à Londres ; *[person, accent, street]* londonien, de Londres ; *[taxi]* londonien
**London Bridge** N pont *m* de Londres
**London plane** N (= *tree*) platane *m (hispanicus)*
**London pride** N (= *plant*) saxifrage *f* ombreuse, désespoir *m* des peintres

**Londoner** /ˈlʌndənəʳ/ N Londonien(ne) *m(f)*

**lone** /ləʊn/ SYN
ADJ *[gunman]* isolé ; *[piper, rider]* solitaire ; *[survivor]* unique ◆ **a lone figure** une silhouette solitaire ◆ **to fight a lone battle for sth** être seul à se battre pour qch ◆ **she was a lone voice** elle était la seule à être de cet avis
COMP **lone father** N père *m* célibataire
**lone mother** N mère *f* célibataire
**lone parent** N *père ou mère qui élève seul ses enfants*
**lone-parent family** N (*Brit*) famille *f* monoparentale
**the lone star state** N (*US*) le Texas
**lone wolf** N ◆ **he's a lone wolf** c'est un (loup) solitaire

**loneliness** /ˈləʊnlɪnɪs/ SYN N *[of person, atmosphere, life]* solitude *f* ; *[of house, road]* (= *isolated position*) isolement *m*

**lonely** /ˈləʊnlɪ/ SYN
ADJ *[person, time, life, journey, job]* solitaire ; *[village, house]* isolé ; *[road]* peu fréquenté ◆ **it's lonely at the top** le pouvoir isole ◆ **to feel lonely** se sentir seul ◆ **you might find London a lonely place** il se peut que vous vous sentiez seul *or* que vous souffriez de solitude à Londres
NPL ◆ **the lonely** les personnes *fpl* seules
COMP **lonely hearts ad*** N petite annonce *f* de rencontre
**lonely hearts club*** N club *m* de rencontres (pour personnes seules)
**lonely hearts column*** N petites annonces *fpl* de rencontres

**loner** /ˈləʊnəʳ/ N solitaire *mf*

**lonesome** /ˈləʊnsəm/
ADJ (*esp US*) ⇒ **lonely**
N ◆ **all on my** (*or* **your** *etc*) **lonesome*** tout seul, toute seule

◆ ◆ ◆ ◆ ◆ ◆ ◆ ◆ ◆ ◆ ◆ ◆ ◆ ◆ ◆ ◆ ◆ ◆ ◆ ◆ ◆ ◆ ◆ ◆ ◆

## long[1] /lɒŋ/ SYN

1 - ADJECTIVE
2 - ADVERB
3 - NOUN
4 - COMPOUNDS

◆ ◆ ◆ ◆ ◆ ◆ ◆ ◆ ◆ ◆ ◆ ◆ ◆ ◆ ◆ ◆ ◆ ◆ ◆ ◆ ◆ ◆ ◆ ◆ ◆

### 1 - ADJECTIVE

1 [IN SIZE] *[dress, hair, rope, distance, journey, book etc]* long (longue *f*) ◆ **the wall is 10 metres long** le mur fait *or* a 10 mètres de long ◆ **a wall 10 metres long** un mur de 10 mètres de long ◆ **how long is the swimming pool?** quelle est la longueur de la piscine ? ◆ **to get longer** *[queue]* s'allonger ; *[hair]* pousser ◆ **the document is long on generalities and short on practicalities** le document fait une large place aux généralités et ne donne pas beaucoup de détails pratiques ◆ **the cooking wasn't exactly long on imagination*** la cuisine n'était pas très originale ◆ **to have a long arm** (*fig*) avoir le bras long ◆ **they were eventually caught by the long arm of the law** ils ont fini par être rattrapés par la justice ◆ **a string of degrees as long as your arm*** (= *masses of degrees*) des diplômes à n'en plus finir ◆ **to have a long face** (*fig*) avoir la mine allongée, faire triste mine ◆ **to make** *or* **pull a long face** faire la grimace ◆ **to be long in the leg** (*of person*) avoir de longues jambes ; (*of trousers*) être trop long ◆ **he's getting a bit long in the tooth*** il n'est plus tout jeune, il n'est plus de la première jeunesse ◆ **not by a long chalk** *or* **shot*** loin de là ◆ **it's a long shot but we might be lucky** (*fig*) c'est très risqué mais nous aurons peut-être de la chance ◆ **it was just a long shot** (*fig*) il y avait peu de chances pour que cela réussisse ; see also **compounds**

2 [IN DISTANCE] ◆ **it's a long way** c'est loin ◆ **it's a long way to the shops** les magasins sont loin ◆ **we walked a long way** nous avons beaucoup marché ◆ **it was a long 3 miles to the nearest pub** le pub le plus proche était à 5 bons kilomètres

3 [IN TIME] *[visit, wait, weekend, look, film]* long (longue *f*) ; *[delay]* important ◆ **I find the days very long** je trouve les jours bien longs ◆ **the days are getting longer** les jours rallongent ◆ **to be six months long** durer six mois ◆ **at long last** enfin ◆ **he took a long drink of water** il a bu beaucoup d'eau ; see also **compounds** ◆ **it will be a long job** ça va prendre du temps ◆ **to have a long memory** ne pas oublier vite ◆ **in the long run** à la longue ◆ **in the long term** à long terme ; see also **long-term** ◆ **long time no see!**‡ tiens, un revenant !*, ça fait une paye !* ◆ **to take the long view** penser à l'avenir ◆ **he's not long for this world*** il n'en a plus pour longtemps ◆ **the reply was not long in coming** la réponse n'a pas tardé à venir

♦ **a long time** longtemps ◆ **a long time ago** il y a longtemps ◆ **that was a long, long time ago** il y a bien longtemps de cela ◆ **what a long time you've been!** tu en as mis du temps !* ◆ **to be a long time coming** mettre du temps à arriver ◆ **it will be a long time before I see her again** je ne la reverrai pas de si tôt *or* pas avant longtemps ◆ **it will be remembered for a long time to come** on s'en souviendra longtemps ◆ **it'll be a long time before I do that again!** je ne recommencerai pas de si tôt ! ◆ **for a long time I had to stay in bed** j'ai dû longtemps garder le lit ◆ **have you been studying English for a long time?** il y a longtemps que vous étudiez l'anglais ? ◆ **it's a long time since I last saw him** ça fait longtemps que je ne l'ai pas vu ◆ **he has not been seen for a long time** on ne l'a pas vu depuis longtemps, cela fait longtemps qu'on ne l'a pas vu ◆ **for a long time now he has been unable to work** voilà longtemps qu'il est dans l'incapacité de travailler ◆ **you took a long time to get here** *or* **getting here** tu as mis longtemps pour *or* à venir ◆ **it takes a long time for the drug to act** ce médicament met du temps à agir ◆ **it took a long time for the truth to be accepted** les gens ont mis très longtemps à accepter la vérité

4 [LING] *[vowel]* long (longue *f*)

### 2 - ADVERB

1 [= A LONG TIME] longtemps ◆ **they didn't stay long** ils ne sont pas restés longtemps ◆ **he didn't live long after that** il n'a pas survécu longtemps ◆ **he hasn't been gone long** il n'y a pas longtemps qu'il est parti ◆ **it didn't take him long to realize that...** il n'a pas mis longtemps à se rendre compte que... ◆ **are you going away for long?** vous partez pour longtemps ? ◆ **not for long** pas pour longtemps ◆ **not for much longer** plus pour très longtemps ◆ **will you be long?** tu en as pour longtemps ? ◆ **I won't be long** je n'en ai pas pour longtemps ◆ **don't be long** dépêche-toi ◆ **he hasn't long to live** il n'en a plus pour longtemps ◆ **women live longer than men** les femmes vivent plus longtemps que les hommes ◆ **this method has long been used in industry** cette méthode est employée depuis longtemps dans l'industrie ◆ **have you been here/been waiting long?** vous êtes ici/vous attendez depuis longtemps ?, il y a longtemps que vous êtes ici/que vous attendez ? ◆ **these are long-needed changes** ce sont des changements qui s'imposent depuis longtemps ◆ **his long-awaited reply** sa réponse (si) longtemps attendue ◆ **I have long wished to say...** il y a longtemps que je souhaite dire... ◆ **long may this situation continue** espérons que cela continuera ◆ **long live the King!** vive le roi ! ◆ **I only had long enough to buy a paper** je n'ai eu que le temps d'acheter un journal ◆ **six months at (the) longest** six mois au plus ◆ **so long!*** à bientôt !

2 [= THROUGH] ◆ **all night long** toute la nuit ◆ **all summer long** tout l'été ◆ **his whole life long** toute sa vie

3 [SET STRUCTURES]

♦ **before long** (+ *future*) sous peu, dans peu de temps ; (+ *past*) peu après

♦ **how long?** (*in time*) ◆ **how long will you be?** ça va te demander combien de temps ?, tu vas mettre combien de temps ? ◆ **how long did they stay?** combien de temps sont-ils restés ? ◆ **how long is it since you saw him?** cela fait combien de temps que tu ne l'as pas vu ? ◆ **how long are the holidays?** les vacances durent combien de temps ?

In the following **depuis** + present/imperfect translates English perfect/pluperfect continuous.

◆ **how long have you been learning Greek?** depuis combien de temps apprenez-vous le grec ? ◆ **how long had you been living in Paris?** depuis combien de temps viviez-vous à Paris ?, cela faisait combien de temps que vous viviez à Paris ?

♦ **long ago** il y a longtemps ◆ **how long ago was it?** il y a combien de temps de ça ? ◆ **as long ago as 1930** déjà en 1930 ◆ **of long ago** d'il y a longtemps ◆ **not long ago** il n'y a pas longtemps, il y a peu de temps ◆ **he arrived not long ago** il n'y a pas longtemps qu'il est arrivé, il vient d'arriver

♦ **long after** longtemps après ◆ **long after he died** longtemps après sa mort ◆ **he died long after his wife** il est mort longtemps après sa femme

♦ **long before** ◆ **long before the war** bien avant la guerre ◆ **long before his wife's death** bien avant la mort de sa femme, bien avant que sa femme ne meure ◆ **his wife had died long before** sa femme était morte depuis longtemps, il y avait longtemps que sa femme était morte ◆ **you should have done it long before now** vous auriez dû le faire il y a longtemps ◆ **not long before the war** peu (de temps) avant la guerre ◆ **not long before his wife died** peu (de temps) avant la mort de sa femme, peu avant que sa femme ne meure ◆ **she had died not long before** elle était morte peu de temps avant *or* auparavant

♦ **long since** ◆ **it's not long since he died, he died not long since*** il est mort il y a peu *or* il n'y a pas longtemps ◆ **long since** il y a longtemps ◆ **he thought of friends long since dead** il a pensé à des amis morts depuis longtemps

♦ **any/no/a little longer** ◆ **I can't stay any longer** je ne peux pas rester plus longtemps ◆ **she no longer wishes to do it** elle ne veut plus le faire ◆ **he is no longer living there** il n'y habite plus ◆ **wait a little longer** attendez encore un peu

♦ **as long as** (*relating to time*) ◆ **as long as necessary** le temps qu'il faudra ◆ **stay (for) as long as you like** restez autant que *or* aussi longtemps que vous voulez ◆ **as** *or* **so long as this crisis lasts** tant que durera cette crise ◆ **as** *or* **so long as the war lasted** tant que dura la guerre

♦ **as** *or* **so long as** (*conditional*) à condition que + *subj* ◆ **you can borrow it as long as** *or* **so long as John doesn't mind** vous pouvez l'emprunter à condition que John n'y voie pas d'inconvénient

### 3 - NOUN

1 ◆ **the long and the short of it is that...** le fin mot de l'histoire, c'est que...
2 [= SYLLABLE, BEAT] longue *f*

### 4 - COMPOUNDS

**long-acting** ADJ *[drug]* à effet lent et à action longue
**long-chain** ADJ (*Chem*) à chaîne longue
**long-dated** ADJ (*Fin*) à longue échéance
**long-distance** ADJ *[race, runner]* de fond ◆ **long-distance call** (*Telec*) appel *m* (à) longue distance ◆ **long-distance flight** vol *m* long-courrier ◆ **long-distance lorry driver** (*Brit*) routier *m* ◆ **long-distance skier** fondeur *m*, -euse *f* ADV ◆ **to call sb long-distance** appeler qn à longue distance
**long division** N (*Math*) division *f* écrite complète *(avec indication des restes partiels)*
**long-drawn-out** ADJ interminable, qui n'en finit pas
**long drink** N long drink *m*
**long-eared** ADJ aux longues oreilles
**long-eared owl** N hibou *m* moyen-duc
**long-established** ADJ *[business, company]* qui existe depuis longtemps ; *[habit]* vieux (vieille *f*)
**long fin tuna, long fin tunny** N thon *m* blanc
**long-forgotten** ADJ oublié depuis longtemps
**long-grain rice** N riz *m* long
**long green*** N (*US* = *money*) argent *m*, fric* *m*
**long-haired** ADJ *[person]* aux cheveux longs ; *[animal]* à longs poils
**long-haul** N transport *m* à longue distance ◆ **long-haul airline/flight** ligne *f*/vol *m* long-courrier
**long-headed** ADJ (*fig*) avisé, perspicace, prévoyant

**long-horned beetle** N cérambyx *m*
**long johns*** NPL caleçon *m* long
**long jump** N *(Sport)* saut *m* en longueur
**long jumper** N sauteur *m*, -euse *f* en longueur
**long-lasting** ADJ durable ◆ **to be longer-lasting** *or* **more long-lasting** durer plus longtemps
**long-legged** ADJ *[person, horse]* aux jambes longues ; *[other animal, insect]* à longues pattes
**long-life** ADJ *[milk]* longue conservation ; *[batteries]* longue durée
**long-limbed** ADJ aux membres longs
**long list** N première liste *f*, liste *f* préliminaire
**long-lived** ADJ d'une grande longévité ◆ **women are longer-lived** *or* **more long-lived than men** les femmes vivent plus longtemps que les hommes
**long-lost** ADJ *[person]* perdu de vue depuis longtemps ; *[thing]* perdu depuis longtemps
**long-nosed** ADJ au nez long
**long-nosed skate** N *(= fish)* raie *f* à bec pointu
**long play** N *(US)* ⇒ **long-playing record**
**long-playing record** N 33 tours *m inv*
**long-range** ADJ *[missile, rocket, gun]* à longue portée ; *[planning etc]* à long terme ◆ **long-range plane** *(Mil)* avion *m* à grand rayon d'action ; *(civil)* long-courrier *m* ◆ **long-range weather forecast** prévisions *fpl* météorologiques à long terme
**long-running** ADJ *[play]* qui tient l'affiche depuis longtemps ; *[TV programme]* qui est diffusé depuis longtemps ◆ **long-running series** *(TV)* série-fleuve *f* ; *[dispute]* qui dure depuis longtemps
**long shot** N *(Cine)* plan *m* général *or* d'ensemble ; see also **adjective 1**
**long-sighted** ADJ *(Brit) (lit)* hypermétrope ; *(in old age)* presbyte ; *(fig) [person]* prévoyant, qui voit loin ; *[decision]* pris avec prévoyance ; *[attitude]* prévoyant
**long-sightedness** N *(lit)* hypermétropie *f* ; *(in old age)* presbytie *f* ; *(fig)* prévoyance *f*
**long-sleeved** ADJ à manches longues
**long-spined sea scorpion** N *(= fish)* chabot *m* de mer
**long-standing** ADJ de longue date ◆ **long-standing links** des liens de longue date ◆ **their long-standing dispute** le conflit qui les oppose depuis longtemps ◆ **the city's long-standing policy** la politique déjà ancienne de la ville
**long-stay car park** N parking *m or* parc *m* de stationnement de longue durée
**long stop** N *(fig)* garde-fou *m*
**long-suffering** ADJ très patient, d'une patience à toute épreuve
**long-tailed** ADJ à longue queue ◆ **long-tailed tit** mésange *f* à longue queue
**long-term** ADJ → **long-term**
**long-time** ADJ de longue date, vieux (vieille *f*)
**long trousers** NPL *(as opposed to shorts)* pantalon *m* ◆ **when I was old enough to wear long trousers** quand j'ai passé l'âge des culottes courtes
**the long vacation, the long vac*** N *(Brit Univ)* les grandes vacances *fpl*
**long wave** N *(Rad)* grandes ondes *fpl* ◆ **on (the) long wave** sur les grandes ondes
**long-wearing** ADJ *(US)* solide, résistant
**long-winded** ADJ *[person]* intarissable, prolixe ; *[speech]* interminable
**long-windedly** ADV intarissablement
**long-windedness** N prolixité *f*

---

**long²** /lɒŋ/ VI ◆ **to long to do sth** *(= hope to)* avoir très envie de faire qch ; *(= dream of)* rêver de faire qch ◆ **I'm longing to meet her** j'ai très envie de la rencontrer ◆ **to long for sth** *(= hope for)* avoir très envie de qch ; *(= dream of)* rêver de qch ◆ **the longed-for baby** le bébé tant attendu ◆ **to long for sb to do sth** mourir d'envie que qn fasse qch ◆ **she longed for her friends** ses amis lui manquaient beaucoup *or* terriblement

**longan** /ˈlɒŋgən/ N longane *m*

**longboat** /ˈlɒŋbəʊt/ N (grande) chaloupe *f*

**longbow** /ˈlɒŋbəʊ/ N arc *m* (anglais)

**longeron** /ˈlɒndʒərən/ N *[of aircraft]* longeron *m*

**longevity** /lɒnˈdʒevɪtɪ/ N longévité *f*

**longhair*** /ˈlɒŋhɛəʳ/ N *(US)* intello* *m*

**longhand** /ˈlɒŋhænd/
N écriture *f* normale *or* courante ◆ **in longhand** *(not shorthand)* en clair ; *(not typed)* à la main
ADJ en clair

**longhorn cattle** /ˈlɒŋhɔːnˈkætl/ N *(NonC)* bovins *mpl* longhorn *inv or* à longues cornes

**longing** /ˈlɒŋɪŋ/ SYN
N [1] *(= urge)* désir *m*, envie *f* (*for sth* de qch) ; *(= craving) (for food etc)* envie *f* ◆ **to have a sudden longing to do sth** avoir un désir soudain *or* une envie soudaine de faire qch
[2] *(= nostalgia)* nostalgie *f* ◆ **his longing for the happy days of his childhood** la nostalgie qu'il avait des jours heureux de son enfance
ADJ *[look, glance] (for sth)* plein d'envie ; *(for sb)* plein de désir

**longingly** /ˈlɒŋɪŋlɪ/ ADV ◆ **to look longingly at sb** regarder qn d'un air enamouré ◆ **to look longingly at sth** regarder qch avec convoitise, dévorer qch des yeux ◆ **to think longingly of sb** penser amoureusement à qn ◆ **to think longingly of sth** penser avec envie à qch

**longish** /ˈlɒŋɪʃ/ ADJ *[hair, period, distance]* assez long (longue *f*) ; *[book, play]* assez long (longue *f*), longuet* *(slightly pej)* ◆ **(for) a longish time** assez longtemps

**longitude** /ˈlɒŋgɪtjuːd/ N longitude *f* ◆ **at a longitude of 48°** par 48° de longitude

**longitudinal** /ˌlɒŋgɪˈtjuːdɪnl/ ADJ longitudinal

**longitudinally** /ˌlɒŋgɪˈtjuːdɪnəlɪ/ ADV longitudinalement

**longlist** /ˈlɒŋlɪst/ VT ◆ **to be longlisted** figurer sur une première liste de sélection

**longship** /ˈlɒŋʃɪp/ N *(Vikings)* drakkar *m*

**longshoreman** /ˈlɒŋʃɔːmən/ N (pl **-men**) *(US)* débardeur *m*, docker *m*

**longshoring** /ˈlɒŋʃɔːrɪŋ/ N *(US)* débardage *m*

**long-term** /ˈlɒŋˈtɜːm/
ADJ *[loan, policy, investment, effects, solution, view, interests, future]* à long terme ; *[resident]* de longue durée ◆ **long-term political prisoners** prisonniers politiques de longue durée ◆ **no amount of aid will solve the long term problems of the people** quelle que soit l'aide fournie, elle ne résoudra pas les problèmes persistants des gens ◆ **the side-effects of long term injections of growth hormone** les effets secondaires des injections d'hormone de croissance sur une longue période ◆ **a long-term project** un projet de longue haleine ◆ **I'm looking for a long-term relationship** je recherche une relation qui dure *or* durable ◆ **he's in a long-term relationship** *(going out with sb)* il sort avec la même personne depuis longtemps ; *(living with)* il vit avec la même personne depuis longtemps ◆ **they're in a long-term relationship** *(going out)* ils sortent ensemble depuis longtemps ; *(living together)* ils vivent ensemble depuis longtemps
COMP **long-term care** N prise *f* en charge de longue durée
**long-term car park** N parc *m* de stationnement *(avec forfait à la journée/à la semaine etc)*
**long-term health care** N ⇒ **long-term care**
**long-term memory** N mémoire *f* à long terme
**the long-term unemployed** NPL les chômeurs *mpl* de longue durée ; see also **long¹**

**longways** /ˈlɒŋweɪz/ ADV en longueur, en long ◆ **longways on** dans le sens de la longueur

**lonicera** /lɒˈnɪsərə/ N chèvrefeuille *m*

**loo** * /luː/
N *(Brit)* toilettes *fpl*, W.-C. *mpl* ◆ **he's in the loo** il est au petit coin* *or* aux toilettes
COMP **loo paper*** N PQ* *m*

**loofah** /ˈluːfəʳ/ N luffa *m*, loofa *m*

# look /lʊk/

LANGUAGE IN USE 16.2 SYN

1 - NOUN
2 - PLURAL NOUN
3 - INTRANSITIVE VERB
4 - TRANSITIVE VERB
5 - COMPOUNDS
6 - PHRASAL VERBS

### 1 - NOUN

[1] [AT STH, SB] ◆ **do you want a look?** tu veux regarder *or* jeter un coup d'œil ? ◆ **and now for a quick look at the papers** et maintenant, les grands titres de vos journaux

◆ **to have/take + a look** ◆ **let me have a look** *(= may I)* fais voir ; *(= I'm going to)* je vais voir ◆ **let me have another look** *(= may I)* je peux regarder encore une fois ? ◆ **to have** *or* **take a look at sth** regarder qch, jeter un coup d'œil à qch ◆ **take** *or* **have a look at this!** regarde-moi ça !, regarde ! ◆ **to take another** *or* **a second look at sth** examiner qch de plus près ◆ **to take a good look at sth** bien regarder qch ◆ **to take a good look at sb** regarder qn avec attention ◆ **take a good look!** regarde bien ! ◆ **to take a long look at sb** regarder longuement qn, bien regarder qn ◆ **to take a long hard look at sth** *(fig)* examiner qch de près ◆ **to take a long (hard) look at o.s.** *(fig)* faire son autocritique ◆ **to have a look round the house** visiter la maison ◆ **I just want to have a look round** *(in town)* je veux simplement faire un tour ; *(in a shop)* est-ce que je peux regarder ? ◆ **have a look through the telescope** regarde dans le télescope

[2] [= EXPRESSION] regard *m* ◆ **an inquiring look** un regard interrogateur ◆ **with a nasty look in his eye** avec un regard méchant ◆ **he gave me a furious look** il m'a jeté un regard furieux, il m'a regardé d'un air furieux ◆ **we got some very odd looks** les gens nous ont regardé d'un drôle d'air ◆ **I told her what I thought and if looks could kill*, I'd be dead** je lui ai dit ce que je pensais et elle m'a fusillé *or* foudroyé du regard ; see also **black, dirty, long¹**

[3] [= SEARCH] **to have a look for sth** chercher qch ◆ **have another look!** cherche bien ! ◆ **I've had a good look for it already** je l'ai déjà cherché partout

[4] [= APPEARANCE] air *m* ◆ **there was a sad look about him** il avait l'air plutôt triste ◆ **I like the look of her*** je trouve qu'elle a l'air sympathique *or* qu'elle a une bonne tête* ◆ **I don't like the look(s) of him*** il a une tête qui ne me revient pas* ◆ **he had the look of a sailor (about him)** il avait l'air d'un marin ◆ **she has a look of her mother (about her)** elle a quelque chose de sa mère ◆ **by the look(s) of him*** à le voir ◆ **by the look(s) of it** *or* **things*** de toute évidence ◆ **you can't go by looks** il ne faut pas se fier aux apparences *(Prov)* ◆ **I don't like the look of this at all*** ça ne me dit rien qui vaille

[5] [FASHION = STYLE] look *m* ◆ **I need a new look** il faut que je change *subj* de look

### 2 - PLURAL NOUN

**looks*** beauté *f* ◆ **looks aren't everything** la beauté n'est pas tout ◆ **she has kept her looks** elle est restée belle ◆ **she's losing her looks** elle n'est plus aussi belle qu'autrefois, sa beauté se fane

### 3 - INTRANSITIVE VERB

[1] [= SEE, GLANCE] regarder ◆ **look over there!** regarde là-bas ! ◆ **look!** regarde ! ◆ **just look!** regarde un peu ! ◆ **look and see if he's still there** regarde s'il est encore là ◆ **look what a mess you've made!** regarde le gâchis que tu as fait ! ◆ **look who's here!*** regarde qui est là ! ◆ **let me look** *(= may I)* fais voir ; *(= I'm going to)* je vais voir ◆ **to look the other way** *(lit = avert one's eyes)* détourner le regard ; *(fig)* fermer les yeux *(fig)* ◆ **look before you leap** *(Prov)* il faut réfléchir avant d'agir

◆ **to look** + *adverb/preposition* ◆ **he looked AROUND him for an ashtray** il a cherché un cendrier des yeux ◆ **to look DOWN one's nose at sb*** regarder qn de haut ◆ **she looks DOWN her nose at* romantic novels** elle méprise les romans à l'eau de rose ◆ **to look DOWN the list** parcourir la liste ◆ **look HERE*, we must discuss it first** écoutez, il faut d'abord en discuter ◆ **look HERE*, that isn't what I said!** dites donc, ce n'est pas (du tout) ce que j'ai dit ! ◆ **she looked INTO his eyes** *(gen)* elle l'a regardé droit dans les yeux ; *(romantically)* elle a plongé son regard dans le sien ◆ **(you must) look ON the bright side (of life)** il faut être optimiste, il faut voir le bon côté des choses ◆ **to look OVER sb's shoulder** *(lit)* regarder par-dessus l'épaule de qn ; *(fig)* être constamment sur le dos de qn, surveiller qn constamment ◆ **to be looking OVER one's shoulder** *(fig)* être sur ses gardes ◆ **he looked right THROUGH me*** *(fig)* il a fait comme s'il ne me voyait pas

[2] [= FACE] *[building]* donner ◆ **the house looks east** la maison donne à l'est ◆ **the house looks onto the main street** la maison donne sur la rue principale

[3] [= SEARCH] chercher ◆ **you should have looked more carefully** tu aurais dû chercher un peu mieux ◆ **you can't have looked far** tu n'as pas dû beaucoup chercher

[4] [= SEEM] avoir l'air ◆ **he doesn't look himself, he's not looking himself** il n'a pas l'air dans son assiette, il n'a pas l'air en forme ◆ **he looks about 40** il doit avoir la quarantaine ◆ **he looks about 75 kilos/1 metre 80** il doit faire environ

75 kilos/1 mètre 80 ◆ **she's tired and she looks it** elle est fatiguée et ça se voit ◆ **he's 50 and he looks it** il a 50 ans et il les fait ◆ **how did she look?** *(health)* elle avait l'air en forme ? ; *(on hearing news)* quelle tête elle a fait ? ◆ **how do I look?** comment me trouves-tu ? ◆ **how does it look to you?** qu'en pensez-vous ?

♦ **to look as if** ◆ **try to look as if you're glad to see them!** essaie d'avoir l'air content de les voir ! ◆ **it looks as if it's going to snow** on dirait qu'il va neiger ◆ **it looks as if he isn't coming, it doesn't look as if he's coming** on dirait qu'il ne va pas venir ◆ **it looks to me as if he isn't coming, it doesn't look to me as if he's coming** j'ai l'impression qu'il ne va pas venir

♦ **to look** + *adjective/noun* ◆ **she looks her** AGE elle fait son âge ◆ **look** ALIVE *or* LIVELY! * remue-toi ! * ◆ **it will look** BAD ça va faire mauvais effet ◆ **she looks her** BEST **in blue** c'est le bleu qui lui va le mieux ◆ **you must look your** BEST **for this interview** il faut que tu présentes bien pour cet entretien ◆ **he just does it to look** BIG * il fait ça uniquement pour se donner de l'importance ◆ **they made me look** FOOLISH *or* A FOOL ils m'ont ridiculisé ◆ **he looks** GOOD **in uniform** l'uniforme lui va bien ◆ **that dress looks** GOOD *or* WELL **on her** cette robe lui va bien ◆ **that hat/necklace looks** GOOD **on you** ce chapeau/collier te va bien ◆ **that pie looks** GOOD cette tarte a l'air bonne ◆ **how are you getting on with your autobiography? – it's looking** GOOD comment avance ton autobiographie ? – elle avance bien ◆ **it looks** GOOD **on paper** c'est très bien en théorie *or* sur le papier ◆ **that story looks** INTERESTING cette histoire a l'air intéressante *or* semble intéressante ◆ **that hairstyle makes her look** OLD cette coiffure la vieillit ◆ **it makes him look ten years** OLDER/YOUNGER ça le vieillit/rajeunit de dix ans ◆ **he looks** OLDER **than that** il a l'air plus âgé que ça ◆ **to look the** PART *(fig)* avoir le physique *or* avoir la tête de l'emploi * ◆ **how** PRETTY **you look!** comme vous êtes jolie ! ◆ **it looks** PROMISING c'est prometteur ◆ **it doesn't look** RIGHT il y a quelque chose qui ne va pas ◆ **it looks** ALL RIGHT **to me** ça m'a l'air d'aller ◆ **to make sb look** SMALL *(fig)* rabaisser qn, diminuer qn ◆ **she looks** TIRED elle a l'air fatigué(e) ◆ **you look** *or* **you're looking** WELL vous avez bonne mine ◆ **she doesn't look** WELL elle n'a pas bonne mine, elle a mauvaise mine

♦ **to look like** *(= be in appearance)* ◆ **what does he look like?** comment est-il ? ◆ **you can see what the house used to look like** on voit comment était la maison ◆ **he looks like his father** *(= resemble)* il ressemble à son père ◆ **the picture doesn't look like him at all** on ne le reconnaît pas du tout sur cette photo ◆ **he looks like a soldier** il a l'air d'un soldat ◆ **she looked like nothing on earth** (‡ *(pej) ill, depressed)* elle avait une tête épouvantable ◆ **it looks like salt** *(= seem)* on dirait du sel ◆ **this looks to me like the right shop** cela m'a l'air d'être le bon magasin ◆ **it looks like rain** * on dirait qu'il va pleuvoir ◆ **the rain doesn't look like stopping** la pluie n'a pas l'air de (vouloir) s'arrêter ◆ **it certainly looks like it** ça m'en a tout l'air ◆ **the evening looked like being interesting** la soirée promettait d'être intéressante

### 4 - TRANSITIVE VERB

1 [= LOOK AT] regarder ◆ **to look sb in the face** *or* **in the eye(s)** regarder qn en face *or* dans les yeux ◆ **I could never look him in the face** *or* **in the eye(s) again** *(fig)* je ne pourrais plus le regarder en face ◆ **to look sb up and down** toiser qn

2 [= PAY ATTENTION TO] regarder, faire attention à ◆ **look where you're going!** regarde où tu vas ! ◆ **look what you've done now!** regarde ce que tu as fait !

### 5 - COMPOUNDS

**look-alike** * N sosie *m* ◆ **a Churchill look-alike** un sosie de Churchill

**looked-for** ADJ *[result]* attendu, prévu ; *[effect]* escompté, recherché

**look-in** * N *(= visit)* ◆ **to give sb a look-in** passer voir qn, faire une visite éclair *or* un saut chez qn ◆ **with such competition we won't get a look-in** *(Brit = chance)* avec de tels concurrents nous n'avons pas la moindre chance ◆ **our team didn't have** *or* **get a look-in** notre équipe n'a jamais eu le moindre espoir *or* la moindre chance de gagner

**looking-glass** † N glace *f*, miroir *m*

**look-out** SYN N → look-out

**look-see** ‡ N ◆ **to have** *or* **to take a look-see** jeter un coup d'œil, jeter un œil *

**look-up** *(Comput)* N consultation *f* ADJ *[list etc]* à consulter

### 6 - PHRASAL VERBS

▸ **look about** VI regarder autour de soi ◆ **to look about for sb/sth** chercher qn/qch (des yeux)

▸ **look after** VT FUS 1 *(= take care of)* *[+ invalid, animal, plant]* s'occuper de ; *[+ one's possessions]* prendre soin de ; *[+ finances]* gérer ◆ **she doesn't look after herself properly** elle se néglige ◆ **look after yourself!** * prends soin de toi !, fais bien attention à toi ! * ◆ **she's quite old enough to look after herself** elle est assez grande pour se débrouiller * toute seule ◆ **he certainly looks after his car** il bichonne sa voiture ◆ **we're well looked after here** on s'occupe bien de nous ici, on nous soigne ici

2 *(= mind)* *[+ child]* garder, s'occuper de ; *[+ shop, business]* s'occuper de ; *[+ luggage, house]* *(= watch over)* surveiller ; *(= keep temporarily)* garder *(sth for sb* qch pour qn) ◆ **to look after one's own interests** protéger ses propres intérêts

▸ **look ahead** VI *(= in front)* regarder devant soi ; *(= to future)* penser à l'avenir ◆ **I'm looking ahead at what might happen** j'essaie d'imaginer ce qui pourrait se passer

▸ **look around** VI ⇒ look about

▸ **look at** VT FUS 1 *(= observe)* *[+ person, object]* regarder ◆ **to look hard at** *[+ person]* dévisager ; *[+ thing]* regarder *or* examiner de très près ◆ **just look at this mess!** regarde un peu ce fouillis ! ◆ **just look at you!** * regarde de quoi tu as l'air !, regarde-toi ! ◆ **to look at him you would never think (that)...** à le voir, on n'imaginerait pas que... ◆ **it isn't much to look at** *, **it's nothing to look at** * ça ne paie pas de mine

2 *(= consider)* *[+ situation, problem]* examiner ◆ **let's look at the facts** considérons *or* examinons les faits ◆ **they wouldn't look at my proposal** ils n'ont même pas pris ma proposition en considération, ils ont d'emblée rejeté ma proposition ◆ **he now looked at her with new respect** il commença à la considérer avec respect ◆ **that's one way of looking at it** c'est un point de vue, mais pas le mien ◆ **it depends (on) how you look at it** tout dépend comment on voit *or* envisage la chose ◆ **just look at him now!** *(what's become of him)* regarde où il en est aujourd'hui !

3 *(= check)* vérifier ; *(= see to)* s'occuper de ◆ **will you look at the carburettor?** pourriez-vous vérifier le carburateur ? ◆ **I'll look at it tomorrow** je m'en occuperai demain

4 *(* = have in prospect)* ◆ **you're looking at a minimum of £65** ça va vous coûter 65 livres au minimum ◆ **they are looking at savings of £3m** il s'agit d'économies qui pourraient atteindre 3 millions de livres

▸ **look away** VI *(lit)* détourner les yeux *or* le regard *(from* de) ; *(fig)* fermer les yeux

▸ **look back** VI 1 *(lit)* regarder derrière soi ◆ **she looked back at Marie and smiled** elle se retourna pour regarder Marie et lui sourit

2 *(fig : in memory)* revenir sur le passé ◆ **after that he never looked back** * après, ça n'a fait qu'aller de mieux en mieux pour lui ◆ **there's no point looking back** ça ne sert à rien de revenir sur le passé ◆ **looking back, I'm surprised I didn't suspect anything** rétrospectivement *or* avec le recul, je suis étonné de n'avoir rien soupçonné ◆ **to look back on** *or* **at** *or* **over sth** *(= remember, evaluate)* repenser à qch ◆ **when they look back on** *or* **at this match...** lorsqu'ils repenseront à ce match... ◆ **we can look back on** *or* **over 20 years of happy marriage** nous avons derrière nous 20 ans de bonheur conjugal

▸ **look behind** VI regarder en arrière

▸ **look down** VI baisser les yeux ◆ **to look down at the ground** regarder par terre ◆ **don't look down or you'll fall** ne regarde pas en bas, sinon tu vas tomber ◆ **he looked down at** *or* **on the town from the hilltop** il a regardé la ville du haut de la colline

▸ **look down on** VT FUS 1 *(= despise)* mépriser ◆ **to look down on sb** regarder qn de haut, mépriser qn

2 *(= overlook)* dominer ◆ **the castle looks down on the valley** le château domine la vallée

▸ **look for** VT FUS 1 *(= seek)* *[+ object, work]* chercher ◆ **to be looking for trouble** * chercher les ennuis

2 *(= expect)* *[+ praise, reward]* attendre, espérer

▸ **look forward to** VT FUS *[+ event, meal, trip, holiday]* attendre avec impatience ◆ **I'm looking forward to seeing them** j'ai hâte de les voir ◆ **I look forward to meeting you on the 5th** *(frm)* je vous verrai donc le 5 ◆ **looking forward to hearing from you** *(in letter)* en espérant avoir bientôt de vos nouvelles, dans l'attente de votre réponse *(frm)* ◆ **I look forward to the day when...** j'attends avec impatience le jour où... ◆ **are you looking forward to your birthday?** tu attends ton anniversaire avec impatience ? ◆ **we'd been looking forward to it for weeks** on attendait ça depuis des semaines ◆ **I'm really looking forward to it** je m'en fais déjà une fête, je m'en réjouis à l'avance ◆ **they are looking forward to an increase in sales** ils anticipent une augmentation des ventes

▸ **look in** VI 1 *(lit)* regarder à l'intérieur ◆ **to look in at the window** regarder par la fenêtre

2 *(* = pay visit)* passer ◆ **we looked in at Robert's** nous sommes passés chez Robert, nous avons fait un saut chez Robert ◆ **to look in on sb** passer voir qn ◆ **the doctor will look in again tomorrow** le docteur repassera demain

▸ **look into** VT FUS *(= examine)* *[+ possibility, problem, situation]* examiner, étudier ◆ **they are going to look into other possibilities** ils vont examiner d'autres solutions ◆ **there's obviously been a mistake. I'll look into it** il y a dû y avoir une erreur. Je vais m'en occuper ◆ **we must look into what happened to the money** il va falloir que nous enquêtions pour voir ce qu'est devenu cet argent

▸ **look on**

VI regarder (faire) ◆ **they just looked on while the raiders escaped** quand les bandits se sont enfuis, ils se sont contentés de regarder ◆ **he wrote the letter while I looked on** il a écrit la lettre tandis que je le regardais faire

VT FUS considérer ◆ **many look on him as a hero** beaucoup le considèrent comme un héros ◆ **to look kindly (up)on sth/sb** *(frm)* approuver qch/qn ◆ **I do not look on the matter in that way** *(frm)* je ne vois *or* n'envisage pas la chose de cette façon(-là)

▸ **look out**

VI 1 *(lit = look outside)* regarder dehors ◆ **to look out of the window** regarder par la fenêtre

2 *(= take care)* faire attention, prendre garde ◆ **I told you to look out!** je t'avais bien dit de faire attention ! ◆ **look out!** attention !

VT SEP *(Brit)* *(= look for)* chercher ; *(= find)* trouver ◆ **I'll look out some old magazines** je vais essayer de trouver *or* vais chercher des vieux magazines ◆ **I've looked out the minutes of the meeting** j'ai trouvé le procès-verbal de la réunion

▸ **look out for** VT FUS 1 *(= look for)* chercher, être à la recherche de ; *(= watch out for)* *[+ sth good]* essayer de repérer ; *[+ danger]* se méfier de, faire attention à ◆ **look out for special deals** soyez à l'affût des bonnes affaires ◆ **look out for ice on the road** méfiez-vous du *or* faites attention au verglas

2 *(* = look after)* *[+ person]* s'occuper de ◆ **to look out for oneself** se débrouiller tout seul ◆ **we look out for each other** on se tient les coudes

▸ **look over** VT SEP *[+ document, list]* parcourir ; *[+ goods, produce]* inspecter ; *[+ town, building]* visiter ; *[+ person]* *(quickly)* jeter un coup d'œil à ; *(slowly)* regarder de la tête aux pieds, toiser

▸ **look round**

VI 1 *(= glance about)* regarder (autour de soi) ◆ **we're just looking round** *(in shop)* on regarde

2 *(= search)* chercher ◆ **I looked round for you after the concert** je vous ai cherché après le concert ◆ **I'm looking round for an assistant** je cherche un assistant, je suis à la recherche d'un assistant

3 *(= look back)* se retourner ◆ **I looked round to see where he was** je me suis retourné pour voir où il était ◆ **don't look round!** ne vous retournez pas !

VT FUS *[+ town, factory]* visiter, faire le tour de

▸ **look through** VT FUS 1 *(= scan)* *[+ mail]* regarder ; *(thoroughly)* *[+ papers, book]* examiner ; *(briefly)* *[+ papers]* parcourir ; *[+ book]* parcourir, feuilleter

2 *(= revise)* *[+ lesson]* réviser, repasser ; *(= reread)* *[+ notes]* relire

3 *(= ignore)* ◆ **he just looked right through me** * il a fait comme s'il ne me voyait pas

▸ **look to** VT FUS 1 *(= seek help from)* se tourner vers ◆ **many sufferers look to alternative therapies** de nombreux malades se tournent vers les médecines parallèles ◆ **I look to you for help** je compte sur votre aide

2 *(= think of)* penser à ◆ **to look to the future** penser à l'avenir

3 *(= seek to)* chercher à ◆ **they are looking to make a profit** ils cherchent à réaliser un bénéfice

▸ **look up**

VI 1 *(= glance upwards)* regarder en haut ; *(from reading etc)* lever les yeux

2 *(* = improve) [prospects, weather]* s'améliorer ; *[business]* reprendre ◆ **things are looking up** ça va mieux, ça s'améliore ◆ **oil shares are looking up** les actions pétrolières remontent *or* sont en hausse

VT SEP 1 *(* = seek out) [+ person]* passer voir ◆ **look me up the next time you are in London** venez *or* passez me voir la prochaine fois que vous serez à Londres

2 *(in reference book) [+ name, word]* chercher ◆ **to look up a word in the dictionary** chercher un mot dans le dictionnaire ◆ **you'll have to look that one up** *[+ word]* il va falloir que tu cherches *subj* dans le dictionnaire

VT FUS *[+ reference book]* consulter, chercher dans *or* vérifier dans

▸ **look upon** VT FUS ⇒ **look on vt fus**

▸ **look up to** VT FUS *(= admire)* admirer

**looker** /ˈlʊkəʳ/

N * ◆ **she's a (real) looker** c'est une belle plante*, elle est vraiment canon* ◆ **he's a (real) looker** c'est un beau mec*

COMP **looker-on** N badaud(e) *m(f)*

**-looking** /ˈlʊkɪŋ/ ADJ *(in compounds)* ◆ **ugly-looking** laid (d'aspect) ◆ **sinister-looking** à l'air sinistre ; → **good**

**look-out** /ˈlʊkaʊt/ SYN

N 1 *(= observation)* surveillance *f*, guet *m* ◆ **to keep a look-out, to be on the look-out** faire le guet, guetter ◆ **to keep a** *or* **be on the look-out for sb/sth** guetter qn/qch ◆ **to be on the look-out for bargains** être à l'affût des bonnes affaires ◆ **to be on the look-out for danger** être sur ses gardes ◆ **to be on look-out (duty)** *(Mil)* être au guet ; *(on ship)* être en vigie ; → **sharp**

2 *(= observer) (gen)* guetteur *m* ; *(Mil)* homme *m* de guet, guetteur *m* ; *(on ship)* homme *m* de veille *or* de vigie, vigie *f*

3 *(= observation post) (gen, Mil)* poste *m* de guet ; *(on ship)* vigie *f*

4 *(esp Brit : * = outlook)* perspective *f* ◆ **it's a poor look-out for cotton** les perspectives pour le coton ne sont pas brillantes ◆ **it's a grim look-out for people like us** la situation *or* ça s'annonce mal pour les gens comme nous ◆ **that's your look-out!** cela vous regarde !, c'est votre affaire !

COMP *[tower]* d'observation

**look-out post** N *(Mil)* poste *m* de guet *or* d'observation

**loom**[1] /luːm/ SYN VI (also **loom up**) = *appear) [building, mountain]* apparaître indistinctement, se dessiner ; *[figure, ship]* surgir ; *(fig) [danger, crisis]* menacer ; *[event]* être imminent ◆ **the ship loomed (up) out of the mist** le navire a surgi de *or* dans la brume ◆ **the dark mountains loomed (up) in front of us** les sombres montagnes sont apparues *or* se sont dressées menaçantes devant nous ◆ **the possibility of defeat loomed (up) before him** la possibilité de la défaite s'est présentée à son esprit ◆ **a recession is looming in the United States** une récession menace sérieusement les États-Unis ◆ **the threat of war looms ahead** la guerre menace d'éclater ◆ **the threat of an epidemic loomed large in their minds** la menace d'une épidémie était au premier plan de leurs préoccupations ◆ **the exams are looming large** les examens sont dangereusement proches

**loom**[2] /luːm/ N *(for weaving)* métier *m* à tisser

**loon** /luːn/ N 1 *(* = fool)* imbécile *m*, idiot *m*

2 *(US = bird)* plongeon *m* arctique, huard *m* *or* huart *m*

**looniness**⁑ /ˈluːnɪnɪs/ N folie *f*, dinguerie* *f*

**loon pants** /ˈluːnpænts/, **loons** /luːnz/ NPL *pantalon moulant à taille basse et pattes d'éléphant*

**loony**⁑ /ˈluːnɪ/

N timbré(e)* *m(f)*, cinglé(e)* *m(f)*

ADJ timbré*, cinglé*

COMP **loony bin** N maison *f* de fous, asile *m* ◆ **in the loony bin** chez les fous

**loony left*** *(Brit Pol:pej)* N ◆ **the loony left** *l'aile extrémiste du parti travailliste* ADJ *de l'aile extrémiste du parti travailliste*

**loop** /luːp/ SYN

N 1 *(in string, ribbon, writing)* boucle *f* ; *(in river)* méandre *m*, boucle *f* ◆ **the string has a loop in it** la ficelle fait une boucle ◆ **to put a loop in sth** faire une boucle à qch ◆ **to knock** *or* **throw sb for a loop*** *(esp US)* sidérer* qn ◆ **to be in/out of the loop*** être/ne pas être au courant ◆ **keep me in the loop*** tiens-moi au courant

2 *(Elec)* circuit *m* fermé ; *(Comput)* boucle *f* ; *(= railway :* also **loop line**) voie *f* d'évitement ; *(by motorway etc)* bretelle *f*

3 *(Med)* ◆ **the loop** *(= contraceptive)* le stérilet

4 *(= curtain fastener)* embrasse *f*

VT *[+ string etc]* faire une boucle à, boucler ◆ **he looped the rope round the post** il a passé la corde autour du poteau ◆ **to loop the loop** *(in plane)* faire un looping, boucler la boucle

VI former une boucle

▸ **loop back**

VI *[road, river]* former une boucle ; *(Comput)* se reboucler

VT SEP (also **loop up**) *[+ curtain]* retenir *or* relever avec une embrasse

**loophole** /ˈluːphəʊl/ SYN N *(in law, regulations)* faille *f*, lacune *f* ; *(Archit)* meurtrière *f* ◆ **a loophole in the law** une faille *or* une lacune de la législation, un vide juridique ◆ **they're going to change the rules and close the loophole** ils vont changer le règlement et combler la faille *or* lacune ◆ **we must try to find a loophole** *(fig)* il faut que nous trouvions une échappatoire *or* une porte de sortie*

**loopy**⁑ /ˈluːpɪ/ ADJ cinglé* ◆ **to go loopy** perdre les pédales*

**loose** /luːs/ SYN

ADJ 1 *(= not tied up) [animal] (= free)* en liberté ; *(= escaped)* échappé ; *(= freed)* lâché ; *[hair]* dénoué, flottant ; *(= not attached) [page from book]* détaché ◆ **loose chippings** *(on roadway)* gravillons *mpl* ◆ **write it on a loose sheet of paper** écrivez-le sur une feuille volante ; *(to pupil)* écrivez-le sur une (feuille de) copie ◆ **the loose end of a rope** le bout libre d'une corde ◆ **to let** *or* **set** *or* **turn an animal loose** libérer *or* lâcher un animal ◆ **to tear (o.s.) loose** se dégager ◆ **to tear sth loose** détacher qch (en déchirant)

◆ **to be coming** *or* **getting** *or* **working loose** *[knot]* se desserrer, se défaire ; *[screw]* se desserrer, avoir du jeu ; *[stone, brick]* branler ; *[tooth]* branler, bouger ; *[page]* se détacher ; *[hair]* se dénouer, se défaire

◆ **to cut loose** *(= liberate oneself)* se laisser aller ; *(on ship)* couper les amarres ◆ **you need to cut loose and just relax** il faut que tu te laisses aller et que tu te détendes un peu ◆ **she feels she has cut loose from Japanese culture** elle sent qu'elle a pris de la distance par rapport à la culture japonaise ◆ **he cut loose (from his family)** il a coupé les ponts (avec sa famille)

◆ **to get loose** *[animal]* s'échapper

◆ **to have come loose** *[page]* s'être détaché ; *[hair]* s'être dénoué ; *[knot]* s'être défait ; *[screw]* s'être desserré ; *[stone, brick]* branler ; *[tooth]* branler, bouger

◆ **to let + loose on** ◆ **to let the dogs loose on sb** lâcher les chiens sur qn ◆ **we can't let him loose on that class** on ne peut pas le lâcher dans cette classe ; → **break, hell**

2 *(= not firmly in place) [screw]* desserré, qui a du jeu ; *[stone, brick]* branlant ; *[tooth]* qui branle, qui bouge ; *[knot, shoelace]* qui se défait, desserré ◆ **one of your buttons is very loose** l'un de tes boutons va tomber *or* se découd ◆ **a loose connection** *(Elec)* un mauvais contact ◆ **the reins hung loose** les rênes n'étaient pas tenues *or* tendues, les rênes étaient sur le cou ◆ **hang** *or* **stay loose!**⁑ relax !* ; → **screw**

3 *(= not pre-packed) [biscuits, carrots etc]* en vrac ; *[butter, cheese]* à la coupe ◆ **the potatoes were loose in the bottom of the basket** les pommes de terre étaient à même au fond du panier ◆ **just put them loose into the basket** mettez-les à même *or* tels quels dans le panier

4 *(= not tight) [skin]* flasque, mou (molle *f*) ; *[coat, dress] (= not close-fitting)* ample, vague ; *(= not tight enough)* lâche, large ; *[collar]* lâche ◆ **these trousers are too loose round the waist** ce pantalon est trop large *or* lâche à la taille ◆ **loose clothes are better for summer wear** l'été il vaut mieux porter des vêtements amples *or* pas trop ajustés ◆ **the rope round the dog's neck was quite loose** la corde passée au cou du chien était toute lâche ◆ **a loose weave** un tissu lâche ; see also **comp** ◆ **he's got a loose tongue** il ne sait pas tenir sa langue ◆ **his bowels are loose** ses intestins sont relâchés ; → **play**

5 *(= not strict) [discipline]* relâché ; *[organization]* peu structuré ; *[translation]* approximatif, assez libre ; *[style]* lâche, relâché ; *(= vague) [reasoning, thinking]* imprécis ; *[association, link]* vague ◆ **a loose interpretation of the rules** une interprétation peu rigoureuse du règlement ◆ **a loose coalition of left-wing forces** une coalition informelle de mouvements de gauche ◆ **there is a loose connection between the two theories** il y a un vague lien entre les deux théories

6 *(pej) (= dissolute) [woman]* facile, de mœurs légères ; *[morals]* relâché, douteux ◆ **loose living** vie *f* dissolue *or* de débauche ◆ **loose talk** *(= careless)* propos *mpl* inconsidérés

7 *(= available) [funds]* disponible, liquide

8 *(= not compact) [soil]* meuble ◆ **loose scrum** *(Rugby)* mêlée *f* ouverte

N *(of prisoner)* ◆ **on the loose*** en cavale ◆ **there was a crowd of kids on the loose* in the town** il y avait une bande de jeunes qui traînait dans les rues sans trop savoir quoi faire ◆ **a gang of hooligans on the loose*** une bande de voyous déchaînés ◆ **in the loose** *(Rugby)* dans la mêlée ouverte

VT 1 *(= undo)* défaire ; *(= untie)* délier, dénouer ; *[+ screw etc]* desserrer ; *(= free) [+ animal]* lâcher ; *[+ prisoner]* relâcher, mettre en liberté ◆ **to loose a boat (from its moorings)** démarrer une embarcation, larguer les amarres ◆ **they loosed the dogs on him** ils ont lâché les chiens après *or* sur lui

2 (also **loose off**) *[+ gun]* décharger *(on or at sb* sur qn) ; *[+ arrow]* tirer *(on or at sb* sur qn) ; *[+ violence etc]* déclencher *(on* contre) ◆ **to loose (off) a volley of abuse at sb** *(fig)* déverser un torrent *or* lâcher une bordée d'injures sur qn

COMP **loose box** N *(Brit : for horses)* box *m*

**loose cannon*** N franc-tireur *m*

**loose change** N petite *or* menue monnaie *f*

**loose covers** NPL *(Brit : of furniture)* housses *fpl*

**loose end** N détail *m* inexpliqué ◆ **there are some loose ends in the plot** il y a des détails inexpliqués dans le scénario ◆ **to tie up (the) loose ends** *(fig)* régler les détails qui restent ◆ **to be at a loose end** ne pas trop savoir quoi faire, ne pas savoir quoi faire de sa peau*

**loose-fitting** ADJ ample, vague

**loose-leaf** ADJ à feuilles volantes, à feuilles *or* feuillets mobiles

**loose-leaf binder** N classeur *m* (à feuilles mobiles)

**loose-leafed** ADJ ⇒ **loose-leaf**

**loose-limbed** ADJ agile

**loose-weave** ADJ *[material]* lâche ; *[curtains]* en tissu lâche

▸ **loose off**

VI *(= shoot)* tirer *(at sb* sur qn)

VT SEP ⇒ **loose vt 2**

**loosely** /ˈluːslɪ/

ADV 1 *(= not tightly) [hold]* sans serrer ; *[tie]* lâchement ◆ **stand with your arms hanging loosely by your sides** tenez-vous debout, les bras relâchés le long du corps ◆ **a loosely woven mesh** des mailles lâches

2 *(= imprecisely, not strictly) [translated]* librement ; *[connected]* vaguement ◆ **loosely defined** mal défini ◆ **loosely organized** peu structuré ◆ **loosely knit** *[association, grouping]* peu structuré ◆ **a character loosely based on Janis Joplin** un personnage librement inspiré de Janis Joplin ◆ **loosely speaking** grosso modo ◆ **that word is loosely used to mean...** on emploie couramment ce mot pour dire...

COMP **loosely-knit** ADJ aux mailles lâches

**loosen** /ˈluːsn/ SYN

VT 1 *(= slacken) [+ screw, belt, knot]* desserrer ; *[+ rope]* détendre, relâcher ; *(= untie) [+ knot, shoelace]* défaire ; *(fig) [+ emotional ties]* distendre ; *[+ laws, restrictions]* assouplir ◆ **first loosen the part then remove it gently** il faut d'abord dégager la pièce puis l'enlever doucement ◆ **to loosen one's grip (on sth)** *(lit)* desserrer sa prise *or* son étreinte (sur qch) ; *(fig = be less strict with)* perdre son emprise (sur qch) ◆ **to loosen sb's tongue** délier la langue à qn

2 *(Agr) [+ soil]* rendre meuble, ameublir ◆ **to loosen the bowels** *(Med)* relâcher les intestins

VI *[fastening]* se défaire ; *[screw]* se desserrer, jouer ; *[knot] (= slacken)* se desserrer ; *(= come undone)* se défaire ; *[rope]* se détendre

► **loosen up**

VI 1 *(= limber up)* faire des exercices d'assouplissement ; *(before race etc)* s'échauffer

2 *(= become less shy)* se dégeler, perdre sa timidité

3 *(= become less strict with)* ◆ **to loosen up on sb** * se montrer plus coulant * *or* moins strict envers qn

VT SEP ◆ **to loosen up one's muscles** faire des exercices d'assouplissement ; *(before race etc)* s'échauffer

**looseness** /ˈluːsnɪs/ N 1 *(= immorality)* *[of behaviour]* immoralité *f* ; *[of morals]* relâchement *m*

2 *[of translation]* imprécision *f* ; *[of style]* manque *m* de rigueur *or* de précision

3 *[of soil]* ameublissement *m* ◆ **looseness of the bowels** *(Med)* relâchement *m* des intestins *or* intestinal

**loot** /luːt/ SYN

N 1 *(= plunder)* butin *m*

2 (* *fig*) *(= prizes, gifts etc)* butin *m* ; *(= money)* pognon * *m*, fric * *m*

VT *[+ town]* piller, mettre à sac ; *[+ shop, goods]* piller

VI ◆ **to go looting** se livrer au pillage

**looter** /ˈluːtəʳ/ N pillard *m*

**looting** /ˈluːtɪŋ/ N pillage *m*

**lop** /lɒp/ VT *[+ tree]* tailler ; *[+ branch]* couper

► **lop off** VT SEP *[+ branch, piece]* couper ; *[+ head]* trancher

**lope** /ləʊp/ VI courir en bondissant ◆ **to lope along/in/out** *etc* avancer/entrer/sortir *etc* en bondissant

**lop-eared** /ˈlɒpˌɪəd/ ADJ aux oreilles pendantes

**lophobranch** /ˈləʊfəˌbræŋk/ N lophobranche *m*

**lophophore** /ˈləʊfəˌfɔːʳ/ N lophophore *m*

**lopsided** /ˈlɒpˈsaɪdɪd/ ADJ 1 *(= not straight)* de travers, de guingois * ; *[smile]* de travers ; *(= asymmetric)* disproportionné

2 *(fig = unequal)* *[contest etc]* inégal

**loquacious** /ləˈkweɪʃəs/ ADJ loquace, bavard

**loquacity** /ləˈkwæsɪtɪ/ N loquacité *f*, volubilité *f*

**loran** /ˈlɔːrən/ N loran *m*

**lord** /lɔːd/ SYN

N 1 seigneur *m* ◆ **lord of the manor** châtelain *m* ◆ **lord and master** *(hum)* seigneur *m* et maître *m* *(hum)* ◆ **Lord (John) Russel** *(Brit)* lord (John) Russel ◆ **the (House of) Lords** la Chambre des lords ◆ **my Lord Bishop of Tooting** (Monseigneur) l'évêque de Tooting ◆ **my Lord** Monsieur le baron *(or comte etc)* ; *(to judge)* Monsieur le Juge ; *(to bishop)* Monseigneur, Excellence ◆ **"The Lord of the Rings"** *(Literat)* « Le Seigneur des anneaux » ; → **law, live¹, sea**

2 *(Rel)* ◆ **the Lord** le Seigneur ◆ **Our Lord** Notre Seigneur ◆ **the Lord Jesus** le Seigneur Jésus ◆ **the Lord's supper** l'Eucharistie *f*, la sainte Cène ◆ **the Lord's prayer** le Notre-Père ◆ **the Lord's day** le jour du Seigneur

3 *(in exclamations)* ◆ **good Lord!** * mon Dieu !, bon sang ! * ◆ **oh Lord!** * Seigneur !, zut ! * ◆ **Lord knows** * **(what/who** *etc***)** Dieu sait (quoi/qui *etc*)

VT * ◆ **to lord it** vivre en grand seigneur, mener la grande vie ◆ **to lord it over sb** traiter qn avec arrogance *or* de haut

COMP **Lord Advocate** N *(Scot)* ≈ procureur *m* de la République

**Lord Chamberlain** N *(Brit)* grand chambellan *m*

**Lord Chancellor** N ⇒ **Lord High Chancellor**

**Lord Chief Justice (of England)** N président *m* de la Haute Cour de justice

**Lord High Chancellor** N grand chancelier *m* d'Angleterre

**Lord High Commissioner** N *représentant de la Couronne à l'Assemblée générale de l'église d'Écosse*

**Lord Justice of Appeal** N juge *m* à la cour d'appel

**Lord Lieutenant** N *représentant de la Couronne dans un comté*

**Lord Mayor** N lord-maire *m* *(titre du maire des principales villes anglaises et galloises)* ; see also **mayor**

**Lord of Appeal (in Ordinary)** N juge *m* de la Cour de cassation *(siégeant à la Chambre des lords)*

**Lord President of the Council** N président *m* du Conseil privé de la reine

**Lord Privy Seal** N lord *m* du Sceau privé

**Lord Provost** N *titre du maire des principales villes écossaises*

**lords-and-ladies** N *(= plant)* pied-de-veau *m*

**Lord spiritual** N *(Brit)* *membre ecclésiastique de la Chambre des lords*

**Lord temporal** N *(Brit)* *membre laïque de la Chambre des lords*

**lordliness** /ˈlɔːdlɪnɪs/ N *(frm)* 1 *(pej = haughtiness)* morgue *f* *(liter)*

2 *(= dignity)* *[of person, bearing]* dignité *f* ; *(= impressiveness)* *[of mansion, palace]* magnificence *f*

**lordly** /ˈlɔːdlɪ/ SYN ADJ *(frm)* 1 *(pej = haughty)* *[person, expression, sneer]* hautain, arrogant ; *[behaviour, indifference]* souverain

2 *(= dignified)* *[person]* noble, digne ; *[bearing]* noble, majestueux

3 *(= impressive)* *[mansion, palace]* seigneurial

**lordosis** /lɔːˈdəʊsɪs/ N *(Med)* lordose *f*

**Lord's** /lɔːdz/ N *célèbre terrain de cricket londonien*

**lordship** /ˈlɔːdʃɪp/ N *(= rights, property)* seigneurie *f* ; *(= power)* autorité *f* *(over* sur) ◆ **your Lordship** Monsieur le comte *(or* le baron *etc)* ; *(to judge)* Monsieur le Juge ; *(to bishop)* Monseigneur, Excellence

**lore** /lɔːʳ/ SYN N *(NonC)* 1 *(= traditions)* tradition(s) *f(pl)*, coutumes *fpl*, usages *mpl* ; → **folklore**

2 *(= knowledge : gen in compounds)* ◆ **his bird/wood lore** sa (grande) connaissance des oiseaux/de la vie dans les forêts

**Lorenzo** /ləˈrenzəʊ/ N ◆ **Lorenzo the Magnificent** Laurent *m* le Magnifique

**lorgnette** /lɔːˈnjet/ N *(= eyeglasses)* face-à-main *m* ; *(= opera glasses)* lorgnette *f*, jumelles *fpl* de spectacle

**loris** /ˈlɔːrɪs/ N loris *m*

**Lorraine** /lɒˈreɪn/ N Lorraine *f* ◆ **Cross of Lorraine** croix *f* de Lorraine

**lorry** /ˈlɒrɪ/ *(Brit)*

N camion *m*, poids *m* lourd ◆ **to transport sth by lorry** transporter qch par camion, camionner qch ◆ **it fell off the back of a lorry** * *(Brit)* ça sort pas d'un magasin *, c'est de la fauche * ; → **articulate**

COMP **lorry driver** N camionneur *m*, conducteur *m* de poids lourd ; *(long-distance)* routier *m*

**lorry load** N chargement *m* (de camion)

**Los Angeles** /lɒsˈændʒɪˌliːz/ N Los Angeles

**lose** /luːz/ SYN (pret, ptp **lost**)

VT 1 *(= mislay, fail to find)* *[+ object]* perdre ◆ **I lost him in the crowd** je l'ai perdu dans la foule ◆ **you've lost me there** * je ne vous suis plus, je n'y suis plus

◆ **to get lost** ◆ **he got lost in the wood** il s'est perdu *or* égaré dans la forêt ◆ **some of our boxes got lost in the move** nous avons perdu quelques cartons pendant le déménagement ◆ **to get lost in the post** être égaré par la poste ◆ **get lost!** * *(= go away)* barre-toi ! * ; *(= forget it)* va te faire voir ! *

2 *(= not win)* *[+ game, match, money, bet]* perdre ◆ **how much did you lose?** *(in gambling etc)* combien avez-vous perdu ?

3 *(= be deprived of)* *[+ person, money, possessions, job, one's sight, limb, enthusiasm]* perdre ◆ **he lost $1,000 on that deal** il a perdu 1 000 dollars dans cette affaire ◆ **7,000 jobs lost** 7 000 suppressions *fpl* d'emploi ◆ **they lost 100 planes in one battle** ils ont perdu 100 avions en une seule bataille ◆ **he's lost his licence** *[driver]* on lui a retiré *or* il s'est fait retirer son permis de conduire ◆ **I lost my father when I was ten** j'ai perdu mon père à l'âge de dix ans ◆ **to lose a patient** *[doctor]* perdre un malade ◆ **100 men were lost** 100 hommes ont perdu la vie, 100 hommes ont péri *(liter)* ◆ **to be lost at sea** *[person]* être perdu en mer, périr *(liter)* en mer ◆ **the ship was lost with all hands** le navire a disparu *or* a sombré corps et biens ◆ **to lose one's life** perdre la vie ◆ **20 lives were lost in the explosion** 20 personnes ont trouvé la mort *or* ont péri *(liter)* dans l'explosion ◆ **to lose one's breath** s'essouffler ◆ **to have lost one's breath** être hors d'haleine, être à bout de souffle ◆ **he didn't lose any sleep over it** il n'en a pas perdu le sommeil pour autant, ça ne l'a pas empêché de dormir ◆ **don't lose any sleep over it!** ne vous en faites pas !, dormez sur vos deux oreilles ! ◆ **to lose one's voice** *(because of a cold)* avoir une extinction de voix ◆ **to have lost one's voice** avoir une extinction de voix, être aphone ◆ **she's lost her figure** elle a perdu sa ligne ◆ **she's losing her looks** elle n'est plus aussi belle qu'autrefois, sa beauté se fane ◆ **to lose interest in sth** se désintéresser de qch ◆ **to lose the use of an arm** perdre l'usage d'un bras ◆ **the poem loses a lot in translation** la traduction n'a pas su rendre les subtilités de ce poème ◆ **you've got nothing to lose (by it)** tu n'as rien à perdre ◆ **you've got nothing to lose by helping him** tu n'as rien à perdre à l'aider ◆ **he's lost it** * *(= doesn't know what he's doing)* il déraille * ; *(= has lost his touch)* il n'est plus à la hauteur ; see also **lost** ; → **balance, consciousness, cool, heart**

4 *(= miss, waste)* *[+ opportunity]* manquer, perdre ◆ **what he said was lost in the applause** ses paroles se sont perdues dans les applaudissements ◆ **this was not lost on him** cela ne lui a pas échappé ◆ **there's no time to lose** *or* **to be lost** il n'y a pas de temps à perdre ◆ **there's not a minute to lose** il n'y a pas une minute à perdre

5 *[watch, clock]* ◆ **to lose ten minutes a day** retarder de dix minutes par jour

6 *(= get rid of)* *[+ unwanted object]* renoncer à, se débarrasser de ; *(= shake off)* *[+ competitors, pursuers]* distancer, semer ◆ **to lose weight** perdre du poids, maigrir ◆ **I lost 2 kilos** j'ai maigri de *or* j'ai perdu 2 kilos ◆ **they had to lose 100 workers** ils ont dû licencier 100 employés ◆ **he managed to lose the detective who was following him** il a réussi à semer le détective qui le suivait ◆ **try to lose him** * **before you come to see us** essaie de le semer avant de venir nous voir

7 *(= cause to lose)* faire perdre, coûter ◆ **that will lose you your job** cela va vous faire perdre *or* vous coûter votre place ◆ **that lost us the war/the match** cela nous a fait perdre la guerre/le match

VI 1 *[player, team]* perdre ◆ **they lost 6-1** *(Football etc)* ils ont perdu *or* ils se sont fait battre 6 à 1 ◆ **they lost to the new team** ils se sont fait battre par la nouvelle équipe ◆ **our team is losing today** notre équipe est en train de perdre aujourd'hui

2 *(fig)* ◆ **he lost on the deal** il a été perdant dans l'affaire ◆ **you can't lose!** * tu n'as rien à perdre (mais tout à gagner) ◆ **it loses in translation** cela perd à la traduction ◆ **the story did not lose in the telling** l'histoire n'a rien perdu à être racontée

3 *[watch, clock]* retarder

► **lose out** VI être perdant ◆ **to lose out on a deal** être perdant dans une affaire ◆ **he lost out on it** il y a été perdant

**loser** /ˈluːzəʳ/ SYN N 1 *(Sport etc)* perdant(e) *m(f)* ◆ **good/bad loser** bon/mauvais joueur *m*, bonne/mauvaise joueuse *f* ◆ **to come off the loser** être perdant ◆ **he is the loser by it** il y perd

2 (* *pej*) loser * *or* looser * *m* ◆ **he's a born loser** c'est un loser * *or* looser * ; → **back**

**losing** /ˈluːzɪŋ/

ADJ *[team, party, candidate]* perdant ◆ **(to fight) a losing battle** *(fig)* (livrer) une bataille perdue d'avance ◆ **to be on the losing side** être du côté des perdants ◆ **(to be on) a losing streak** * (être dans) une période de déveine * ◆ **to be on a losing wicket** * *(Brit fig)* ne pas être en veine *

NPL **losings** *(= money losses)* pertes *fpl*

**loss** /lɒs/ LANGUAGE IN USE 24.4 SYN

N 1 *(gen)* perte *f* ◆ **a loss of confidence/control/interest** une perte de confiance/de contrôle/d'intérêt ◆ **the loss of a limb/one's eyesight** la perte d'un membre/de la vue ◆ **our sadness at the loss of a loved one** notre tristesse après la perte d'un être aimé ◆ **after the loss of his wife, he...** après avoir perdu sa femme, il... ◆ **it was a comfort to her in her great loss** c'était un réconfort pour elle dans son grand malheur *or* sa grande épreuve ◆ **his death was a great loss to the company** sa mort a été *or* a représenté une grande perte pour la société ◆ **he's no great loss** * ce n'est pas une grande *or* une grosse perte ◆ **to feel a sense of loss** éprouver un sentiment de vide ◆ **losses amounting to $2 million** des pertes qui s'élèvent (*or* s'élevaient *etc*) à 2 millions de dollars ◆ **to suffer heavy losses** subir des pertes importantes *or* de lourdes pertes ◆ **enemy losses were high** l'ennemi avait subi de lourdes pertes ◆ **Conservative losses in the North** *(in election)* les sièges perdus par les conservateurs dans le nord ◆ **to sell at a loss** *[salesman]* vendre à perte ; *[goods]* se vendre à perte ◆ **to cut one's losses** faire la part du feu, sauver les meubles *

◆ **to be at a loss** être perplexe *or* embarrassé ◆ **to be at a loss to explain sth** être incapable d'expliquer qch, être embarrassé pour expliquer qch ◆ **we are at a loss to know why he did it** nous ne savons absolument pas pourquoi il l'a fait ◆ **to be at a loss for words** chercher *or* ne pas trouver ses mots • **he's never at a loss for words** il a toujours quelque chose à dire

[2] • **loss of appetite, appetite loss** perte *f* d'appétit • **loss of blood, blood loss** perte *f* de sang ; *(more serious)* hémorragie *f* • **hair loss** perte *f* de cheveux • **weight loss, loss of weight** perte *f* de poids • **there was great loss of life** il y a eu beaucoup de victimes *or* de nombreuses victimes • **the coup succeeded without loss of life** le coup (d'État) a réussi sans faire de victimes • **loss of heat, heat loss** perte *f* de chaleur • **loss of earnings** *or* **income** perte *f* de revenus • **job losses** suppressions *fpl* d'emploi • **the factory closed with the loss of 300 jobs** l'usine a fermé et 300 emplois ont été supprimés • **without loss of time** sans perte *or* sans perdre de temps • **to suffer a loss of face** perdre la face ; → **dead, profit**

COMP **loss adjuster** N *(Brit Insurance)* expert *m* en sinistres

**loss leader** N *(= product)* article *m* pilote *(vendu à perte pour attirer les clients)*

**loss maker** N *(= product)* article *m* vendu à perte ; *(= firm)* entreprise *f* en déficit chronique

**loss-making** ADJ *[product]* vendu à perte ; *[firm]* déficitaire

**loss ratio** N *(Insurance)* ratio *m* sinistres-pertes

**lost** /lɒst/ SYN

VB pt, ptp of **lose**

ADJ [1] *(= mislaid, not found)* perdu, égaré • **several lost children were reported** on a signalé plusieurs cas d'enfants qui s'étaient perdus *or* égarés • **the lost sheep** *(Rel)* la brebis égarée

[2] *(= bewildered, uncomprehending)* perdu • **it was too difficult for me, I was lost** c'était trop compliqué pour moi, j'étais perdu • **after his death I felt lost** après sa mort j'étais complètement perdu *or* désorienté • **he had a lost look in his eyes** *or* **a lost expression on his face** il avait l'air complètement perdu *or* désorienté • **to be lost for words** chercher *or* ne pas trouver ses mots

[3] *(= gone, disappeared, departed) [person, job, limb, enthusiasm, interest]* perdu • **to give sb/sth up for lost** considérer qn/qch comme perdu • **the lost generation** la génération perdue • **songs that reminded him of his lost youth** des chansons qui lui rappelaient sa jeunesse passée • **a mother mourning for her lost child** une mère pleurant son enfant (disparu) • **he was lost to British science forever** ses dons ont été perdus à jamais pour la science britannique • **to regain one's lost confidence** retrouver confiance en soi

[4] *(= beyond hope)* • **lost cause** cause *f* perdue • **a lost soul** *(Rel fig)* une âme en peine • **all is not lost!** tout n'est pas perdu ! • **he is lost to all finer feelings** tous les sentiments délicats le dépassent

[5] *(= wasted) [+ opportunity]* manqué, perdu • **my advice was lost on him** il n'a pas écouté mes conseils, mes conseils ont été en pure perte • **modern music is lost on me** *(= don't understand it)* je ne comprends rien à la musique moderne ; *(= don't enjoy it)* la musique moderne me laisse froid • **the remark was lost on him** il n'a pas compris la remarque • **to make up for lost time** rattraper le temps perdu

[6] *(= absorbed)* perdu, plongé *(in* dans), absorbé *(in* par) • **to be lost in one's reading** être plongé dans sa lecture, être absorbé par sa lecture • **he was lost in thought** il était perdu dans *or* absorbé par ses pensées • **she is lost to the world** * elle est ailleurs, plus rien n'existe pour elle

COMP **lost and found** N *(US)* ⇒ **lost property**

**lost-and-found columns** NPL *(Press)* (page *f* des) objets *mpl* perdus et trouvés

**lost-and-found department** N *(US)* ⇒ **lost property office**

**lost property** N objets *mpl* trouvés

**lost property office** N (bureau *m* des) objets *mpl* trouvés

**Lot** /lɒt/ N *(Bible)* Lot(h) *m*

**lot¹** /lɒt/ SYN

N • **a lot** *(= a great deal)* beaucoup • **I'd give a lot to know...** je donnerais cher pour savoir... • **there wasn't a lot we could do/say** nous ne pouvions pas faire/dire grand-chose • **a lot of** beaucoup de • **a lot of time/money** beaucoup de temps/d'argent • **there were a lot of people** il y avait beaucoup de monde • **a lot of people think that...** beaucoup de gens pensent que... • **quite a lot of** *[of people, cars]* un assez grand nombre de, pas mal de ; *[of honey, cream]* une assez grande quantité de, pas mal de • **such a lot of...** tellement de..., tant de... • **what a lot!** quelle quantité ! • **what a lot of people!** que de monde *or* de gens ! • **what a lot of time you take to get dressed!** tu en mets du temps à t'habiller ! • **we don't go out a lot** nous ne sortons pas beaucoup *or* pas souvent • **we see a lot of her** nous la voyons souvent *or* beaucoup • **things have changed quite a lot** les choses ont beaucoup *or* pas mal changé • **he cries such a lot** il pleure tellement • **he's a lot better** il va beaucoup *or* bien mieux • **that's a lot better** c'est beaucoup *or* bien mieux • **a lot you care!** * *(iro)* comme si ça te faisait quelque chose ! • **thanks a lot!** * merci beaucoup ! ; *(iro)* merci (bien) ! *(iro)* ; → **awful, fat**

NPL **lots** * *(= plenty)* beaucoup, des tas * • **lots of** beaucoup de, plein de * • **lots and lots (of)** *[of people, cars]* des tas * (de) ; *[of flowers]* des masses * (de) ; *[of butter, honey]* des tonnes * (de) • **I've got lots** j'en ai plein * • **there's lots (of it)** il y en a plein * • **there were lots (of them)** il y en avait plein * • **lots better/bigger/easier** bien mieux/plus grand/plus facile

**lot²** /lɒt/ SYN N [1] *(= destiny)* sort *m*, lot *m (liter)* • **the hardships that are the lot of the poor** la dure vie qui est lot des pauvres • **it is the common lot** *(liter)* c'est le sort *or* le lot commun • **she is content with her lot** elle est contente de son sort • **a woman's/soldier's lot is not always a happy one** ce n'est pas toujours facile d'être une femme/d'être soldat • **her lot (in life) had not been a happy one** elle n'avait pas eu une vie heureuse • **it was not his lot to make a fortune** il n'était pas destiné à faire fortune, le sort n'a pas voulu qu'il fasse fortune • **it fell to my lot to break the news to her** il m'incomba de *or* il me revint de lui annoncer la nouvelle • **to improve one's lot** améliorer sa condition • **to throw in** *or* **cast in one's lot with sb** partager (volontairement) le sort de qn, unir sa destinée à celle de qn

[2] *(= random selection)* tirage *m* au sort, sort *m* • **by lot** par tirage au sort • **to draw** *or* **cast lots** tirer au sort

[3] *(= batch) [of goods]* lot *m* ; *[of shares]* paquet *m* • **there was only one lot of recruits still to arrive** il ne manquait plus qu'un lot de recrues • **lot no. 69 is an antique table** *(at auction)* le lot no. 69 est une table ancienne • **are you coming, you lot?** * bon vous venez, vous autres ? * • **us lot**‡ **should stick together** il faut qu'on se serre *subj* les coudes • **he's a bad lot** * il ne vaut pas cher * • **you rotten lot!** * vous êtes vaches !‡ ; → **job**

[4] *(noun phrase)* • **the lot** * *(= everything)* (le) tout ; *(= everyone)* tous *mpl*, toutes *fpl* • **that's the lot** c'est tout, tout y est • **here are some apples, take the (whole) lot** voici des pommes, prends-les toutes • **here's some money, just take the lot** voici de l'argent, prends tout • **the (whole) lot cost me £1** ça m'a coûté une livre en tout • **big ones, little ones, the lot!** les grands, les petits, tous ! • **the lot of you** vous tous • **they went off, the whole lot of them** ils sont tous partis, ils sont partis tous tant qu'ils étaient

[5] *(esp US) (= plot of land)* lot *m* (de terrain), parcelle *f* ; *(= film studio)* enceinte *f* des studios • **building lot** terrain *m* à bâtir • **vacant** *or* **empty lot** terrain *m* disponible ; → **parking** • **all over the lot** * *(US) (= everywhere)* partout ; *(= in confusion)* en désordre, bordélique *

**loth** /ləʊθ/ ADJ ⇒ **loath**

**Lothario** /ləʊˈθɑːrɪ,əʊ/ N *(liter or hum)* don Juan *m*

**lotion** /ˈləʊʃən/ SYN N lotion *f* ; → **hand**

**lotos** /ˈləʊtəs/ N ⇒ **lotus**

**lottery** /ˈlɒtərɪ/ SYN N *(lit, fig)* loterie *f* • **lottery ticket** billet *m* de loterie

**lotto** /ˈlɒtəʊ/ N loto *m*

**lotus** /ˈləʊtəs/

N lotus *m*

COMP **lotus-eater** N *(Myth)* mangeur *m*, -euse *f* de lotus, lotophage *m*

**lotus position** N *(Yoga)* position *f* du lotus

**louche** /luːʃ/ ADJ *[person, place]* louche

**loud** /laʊd/ SYN

ADJ [1] *(= noisy) [voice]* fort, sonore ; *[laugh]* bruyant, sonore ; *[noise, cry]* grand ; *[music]* fort, bruyant ; *[thunder]* fracassant ; *[protests]* vigoureux ; *(pej) [behaviour]* tapageur • **the orchestra is too loud** l'orchestre joue trop fort • **the music is too loud** la musique est trop bruyante • **in a loud voice** d'une voix forte • **... he said in a loud whisper** ... chuchota-t-il bruyamment • **this remark was greeted by loud applause** un tonnerre d'applaudissements a accueilli cette remarque • **to be loud in one's support/condemnation of sth** soutenir/condamner qch avec force *or* virulence • **loud pedal** *(Mus)* pédale *f* forte

[2] *(pej = gaudy) [colour]* voyant, criard ; *[clothes]* voyant, tapageur

ADV *[speak etc]* fort, haut • **turn the radio up a little louder** mets la radio un peu plus fort, augmente le volume (de la radio)

♦ **loud and clear** • **I am reading** *or* **receiving you loud and clear** je vous reçois cinq sur cinq • **the president's message was received loud and clear** le message du président a été reçu cinq sur cinq • **we could hear it loud and clear** nous l'entendions clairement

♦ **out loud** tout haut • **to laugh out loud** rire tout haut

COMP **loud-mouth** * N *(pej)* grande gueule‡ *f*

**loud-mouthed** ADJ *(pej)* braillard, fort en gueule *

**loudhailer** /ˌlaʊdˈheɪləʳ/ N *(Brit)* porte-voix *m inv*, mégaphone *m*

**loudly** /ˈlaʊdlɪ/ SYN ADV [1] *(= noisily, in a loud voice) [say]* d'une voix forte ; *[talk, speak, shout]* fort ; *[laugh, clear one's throat, knock, applaud, quarrel, complain]* bruyamment ; *[proclaim]* haut et fort

[2] *(fig = vociferously) [complain, protest]* vigoureusement

[3] *(pej = garishly) [dress]* d'une façon voyante *or* tapageuse

**loudness** /ˈlaʊdnɪs/ N *[of voice, tone, music, thunder]* force *f* ; *[of applause]* bruit *m* ; *[of protests]* vigueur *f*

**loudspeaker** /ˌlaʊdˈspiːkəʳ/ N *(for PA system, musical instruments)* haut-parleur *m*, enceinte *f* ; *[of stereo]* baffle *m*, enceinte *f*

**lough** /lɒx/ N *(Ir)* lac *m* • **Lough Corrib** le lough Corrib

**Louis** /ˈluːɪ/ N Louis *m* • **Louis XIV** Louis XIV

**louis** /ˈluːɪ/ N *(pl inv)* louis *m* (d'or)

**Louisiana** /luː,iːzɪˈænə/ N Louisiane *f* • **in Louisiana** en Louisiane

**lounge** /laʊndʒ/ SYN

N *(esp Brit) [of house, hotel]* salon *m* ; → **airport, arrival, departure, sun, television**

VI *(= recline) (on bed, chair)* se prélasser ; *(pej) (= sprawl)* être allongé paresseusement • **to lounge against a wall** s'appuyer paresseusement contre un mur

COMP **lounge bar** N *[of pub]* ≈ salon *m* ; *[of hotel]* ≈ bar *m*

**lounge jacket** N *(US)* veste *f* d'intérieur *or* d'appartement

**lounge lizard** † * N *(pej)* salonnard *m (pej)*

**lounge suit** N *(Brit)* complet(-veston) *m* ; *(US)* tenue *f* d'intérieur (de femme) • **"lounge suit"** *(Brit: on invitation)* « tenue de ville »

▸ **lounge about, lounge around** VI paresser, flâner, flemmarder *

▸ **lounge back** VI • **to lounge back in a chair** se prélasser dans un fauteuil

**lounger** /ˈlaʊndʒəʳ/ N [1] *(= bed)* lit *m* de plage

[2] *(pej = person)* fainéant(e) *m(f)*, flemmard(e) * *m(f)*

**louse** /laʊs/ N (pl **lice**) [1] *(= insect)* pou *m*

[2] *(‡ pej = person)* salaud‡ *m*, (peau *f* de) vache‡ *f* *(« louse » dans ce sens est utilisé au singulier seulement)*

▸ **louse up**‡ VT SEP *[+ deal, event]* bousiller *, foutre en l'air‡

**lousewort** /ˈlaʊswɜːt/ N pédiculaire *f* (des bois)

**lousy** /ˈlaʊzɪ/ ADJ [1] *(* = terrible) [car, day, weather]* pourri * ; *[idea, film, book, pay]* nul, minable ; *[food]* infect, dégueulasse‡ ; *[headache]* fichu * *before n* ; *[mood]* massacrant • **to be a lousy secretary/teacher** être nul en tant que secrétaire/professeur • **she's a lousy driver** elle conduit comme un pied * • **to be lousy in bed, to be a lousy lover** être nul au lit * • **to be lousy at sth** être nul en qch • **she's been having a lousy time lately** la vie n'est pas drôle pour elle en ce moment • **we had a lousy time on holiday** nos vacances ont été un vrai cauchemar • **to be lousy to sb** être infect avec qn

[2] *(* : expressing displeasure)* malheureux • **10 lousy pounds!** 10 malheureuses livres ! • **a lousy trick** une vacherie * • **you can keep your lousy job, I don't want it!** votre boulot minable *or* votre boulot de merde‡, je n'en veux pas !

[3] *(= ill)* • **to feel lousy** * être mal fichu *

4 *(esp US : * = teeming)* ◆ **this place is lousy with cops** c'est infesté de flics * ici ◆ **he is lousy with money** il est bourré de fric *

5 *(= infested with lice) [person, blanket]* pouilleux

**lout** /laʊt/ SYN N rustre *m*, butor *m* ; → **litterbug**

**loutish** /ˈlaʊtɪʃ/ ADJ *[manners]* de rustre, de butor ◆ **his loutish behaviour** la grossièreté de sa conduite

**Louvre** /luvrə/ N ◆ **the Louvre** le Louvre

**louvre, louver** *(US)* /ˈluːvər/ N *(in roof)* lucarne *f* ; *(on window)* persienne *f*, jalousie *f*

**louvred door, louvered door** *(US)* /ˈluːvəddɔːr/ N porte *f* à claire-voie

**lovable** /ˈlʌvəbl/ SYN ADJ *[person]* très sympathique ; *[child, animal]* adorable

**lovage** /ˈlʌvɪdʒ/ N livèche *f*, ache *f* des montagnes

**love** /lʌv/ LANGUAGE IN USE 21.2 SYN

N 1 *(for person)* amour *m (of* de, pour ; *for* pour) ; *(for country, music, horses)* amour *m (of* de ; *for* pour) ; *(stronger)* passion *f (of* de ; *for* pour) ◆ **her love for** *or* **of her children** son amour pour ses enfants, l'amour qu'elle porte *(or* portait *etc)* à ses enfants ◆ **her children's love (for her)** l'amour que lui portent *(or* portaient *etc)* ses enfants ◆ **he did it out of love for his children** il l'a fait par amour pour ses enfants ◆ **I feel no love for** *or* **towards him any longer** je n'éprouve plus d'amour pour lui ◆ **it was love at first sight** ça a été le coup de foudre ◆ **there's no love lost between them** ils ne peuvent pas se sentir * ◆ **I won't do it for love nor money** je ne le ferai pour rien au monde ◆ **it wasn't to be had for love nor money** c'était introuvable, on ne pouvait se le procurer à aucun prix ; → **brotherly, labour, lady**

◆ **for + love** ◆ **don't give me any money, I'm doing it for love** ne me donnez pas d'argent, je le fais gratuitement *or* pour l'amour de l'art ◆ **to marry for love** faire un mariage d'amour ◆ **for love of her son** par amour pour son fils ◆ **for the love of God** pour l'amour de Dieu ◆ **he studies history for the love of it** il étudie l'histoire pour son *or* le plaisir

◆ **to fall in love** tomber amoureux ◆ **we fell madly in love** nous sommes tombés amoureux fous l'un de l'autre

◆ **to fall in love with sb** *or* **sth** tomber amoureux de qn *or* qch ◆ **I immediately fell in love with him** je suis tout de suite tombée amoureuse de lui ◆ **I fell in love with the cinema** je suis tombé amoureux du cinéma

◆ **to be in love** être amoureux ◆ **she's in love** elle est amoureuse ◆ **we were madly in love for two years** nous nous sommes aimés passionnément pendant deux ans ◆ **they are in love** ils s'aiment ◆ **my mother has always been in love with France** ma mère a toujours été amoureuse de la France

◆ **to make love** faire l'amour *(with* avec ; *to* à)

2 *(in formulae: in letter)* ◆ **(with) love (from) Jim** affectueusement, Jim ◆ **all my love, Jim** bises, Jim ◆ **give her my love** dis-lui bien des choses de ma part ; *(stronger)* embrasse-la pour moi ◆ **love and kisses** bisous *mpl* , grosses bises *fpl* ◆ **he sends (you) his love** il t'envoie ses amitiés ; *(stronger)* il t'embrasse

3 *(= object of affections) [of thing, object]* passion *f* ; *[of person]* amour *m* ◆ **the theatre was her great love** le théâtre était sa grande passion ◆ **he's a little love!** * il est adorable ! ◆ **his first love was football** sa première passion a été le football ◆ **he thought of his first love** il pensait à son premier amour ◆ **he/she is the love of my life** c'est l'homme/la femme de ma vie ◆ **football is the love of her life** le football est sa grande passion

4 *(Brit * : term of address: in shop etc) (to man)* monsieur ; *(to woman)* ma jolie * ; *(to child)* mon petit, ma petite ◆ **(my) love** *(to man)* mon chéri ; *(to woman)* ma chérie

5 *(Tennis etc)* rien *m*, zéro *m* ◆ **love 30** rien à 30, zéro 30

VT 1 *(= feel affection for) [+ partner, spouse, child]* aimer ; *[+ relative, friend]* aimer (beaucoup) ◆ **he didn't just like her, he loved her** il ne l'aimait pas d'amitié, mais d'amour ◆ **they love each other** ils s'aiment ◆ **love me, love my dog** *(Prov)* qui m'aime aime mon chien ◆ **I must love you and leave you** * malheureusement, il faut que je vous quitte ◆ **love thy neighbour as thyself** *(Bible)* tu aimeras ton prochain comme toi-même ◆ **she loves me, she loves me not** *(counting etc)* elle m'aime, un peu, beaucoup, passionnément, à la folie, pas du tout

2 *(= appreciate, enjoy) [+ music, food, activity, place]* aimer (beaucoup) ; *(stronger)* adorer ◆ **to love to do** *or* **doing sth** aimer (beaucoup) *or* adorer faire qch ◆ **he loves reading/knitting/photography** il est passionné de lecture/tricot/photographie, il aime *or* adore lire/tricoter/la photographie ◆ **she loves singing/swimming** elle aime *or* adore chanter/nager ◆ **I'd love to come** j'aimerais beaucoup venir, je serais enchanté *or* ravi de venir ◆ **I'd love to!** *(in answer to question)* avec plaisir ! ◆ **I'd love to but unfortunately...** j'aimerais bien, malheureusement... ◆ **I love the way she smiles** j'adore son sourire ◆ **I love the way he leaves us to do all the work!** *(iro)* il nous laisse tout le travail, vraiment j'apprécie *(iro)* ◆ **she's going to love you!** *(iro)* elle va te bénir ! *(iro)* ◆ **she's going to love that!** *(iro)* elle va être ravie ! *(iro)*

COMP **love affair** SYN N *(lit)* liaison *f* (amoureuse) ; *(fig)* passion *f (with* pour)

**love apple** † N *(= tomato)* pomme *f* d'amour †

**love child** * N enfant *mf* de l'amour, enfant *mf* illégitime *or* naturel(le)

**loved ones** NPL êtres *mpl* chers ◆ **my loved ones** les êtres qui me sont chers

**love feast** N *(among early Christians)* agape *f* ; *(= banquet)* banquet *m* ; *(iro)* agapes *fpl*

**love game** N *(Tennis)* jeu *m* blanc

**love handles** * NPL poignées *fpl* d'amour *

**love-hate relationship** N rapport *m* amour-haine ◆ **they have a love-hate relationship** ils s'aiment et se détestent à la fois

**love-in-a-mist** N *(= plant)* nigelle *f* de Damas

**love-knot** N lacs *mpl* d'amour

**love letter** N lettre *f* d'amour, billet *m* doux *(often hum)*

**love-lies-bleeding** N *(= plant)* amarante *f* queue-de-renard

**love life** * N ◆ **how's your love life (these days)?** comment vont les amours ? ◆ **his love life is bothering him** il a des problèmes de cœur *or* sentimentaux

**love match** N mariage *m* d'amour

**love nest** * N nid *m* d'amoureux *or* d'amour

**love potion** N philtre *m* d'amour

**love scene** N scène *f* d'amour

**love seat** N causeuse *f (siège)*

**love story** N histoire *f* d'amour

**love-stricken** ADJ ⇒ **lovestruck**

**love token** N gage *m* d'amour

**love triangle** N triangle *m* amoureux

**loveable** /ˈlʌvəbl/ ADJ ⇒ **lovable**

**lovebirds** /ˈlʌvbɜːdz/ NPL 1 *(= birds)* perruches *fpl* inséparables

2 *(fig = lovers)* tourtereaux *mpl*

**lovebite** /ˈlʌvbaɪt/ N suçon *m*

**-loved** /lʌvd/ ADJ *(in compounds)* ◆ **much-loved** adoré ◆ **best-loved** préféré

**loveless** /ˈlʌvlɪs/ ADJ *[life, family, marriage]* sans amour ; *[person] (= unloved)* qui manque d'affection ; *(= unloving)* incapable d'aimer

**lovelessly** /ˈlʌvlɪslɪ/ ADV sans amour

**loveliness** /ˈlʌvlɪnɪs/ N beauté *f*, charme *m*

**lovelock** /ˈlʌvlɒk/ N accroche-cœur *m (sur le front)*

**lovelorn** /ˈlʌvˌlɔːn/ ADJ († *or hum)* qui languit d'amour

**lovely** /ˈlʌvlɪ/ SYN

ADJ 1 *(= beautiful) [woman, place, clothes, flower]* ravissant ; *[baby, animal, picture, voice]* beau (belle *f*) ◆ **you look lovely** tu es ravissante ◆ **this dress looks lovely on you** cette robe te va à ravir

2 *(= pleasant) [person]* charmant ; *[day, weekend, flavour, meal, surprise]* merveilleux ; *[weather, holiday]* beau (belle *f*), merveilleux ; *[food, smell]* délicieux ; *[idea, suggestion]* excellent ◆ **lovely!** formidable ! ◆ **thanks, that's lovely** * *(= fine)* merci, c'est très bien comme ça ◆ **it's lovely to see you again** ça me fait bien plaisir de te revoir ◆ **it's been lovely seeing** *or* **to see you** j'ai été vraiment content de vous voir ◆ **we had a lovely time** nous nous sommes bien amusés ◆ **he made a lovely job of it** il a fait du bon travail ◆ **the water's lovely and warm** l'eau est bonne ◆ **it was lovely and hot outside** il faisait agréablement chaud dehors ◆ **we're lovely and early** * c'est bien, on est en avance

N *( * = girl)* belle fille *f*, beau brin *m* de fille, mignonne *f* ◆ **my lovely** ma jolie, ma mignonne

**lovemaking** /ˈlʌvˌmeɪkɪŋ/ N *(NonC)* amour *m*, rapports *mpl* (sexuels) ◆ **after lovemaking** après l'amour

**lover** /ˈlʌvər/ SYN

N 1 amant *m* ; († *= suitor)* amoureux *m* ◆ **lovers' vows** promesses *fpl* d'amoureux ◆ **they are lovers** ils ont une liaison, ils couchent * ensemble ◆ **they have been lovers for two years** leur liaison dure depuis deux ans ◆ **she took a lover** elle a pris un amant ◆ **Casanova was a great lover** Casanova fut un grand séducteur

2 *[of hobby, wine etc]* amateur *m* ◆ **he's a lover of good food** il est grand amateur de bonne cuisine, il aime beaucoup la bonne cuisine ◆ **he's a great lover of Brahms** *or* **a great Brahms lover** c'est un fervent de Brahms, il aime beaucoup (la musique de) Brahms ◆ **art/theatre lover** amateur *m* d'art/de théâtre ◆ **music lover** amateur *m* de musique, mélomane *mf* ◆ **he's a nature lover** il aime la nature, c'est un amoureux de la nature ◆ **football lovers everywhere** tous les amateurs *or* passionnés de football

COMP **lover boy** * N *(hum or iro = womanizer)* don Juan *m*, tombeur * *m* ◆ **come on lover boy!** allez, beau gosse ! *

**lovesick** /ˈlʌvsɪk/ ADJ amoureux, qui languit d'amour

**lovesickness** /ˈlʌvsɪknɪs/ N mal *m* d'amour

**lovesong** /ˈlʌvsɒŋ/ N chanson *f* d'amour

**lovestruck** /ˈlʌvstrʌk/ ADJ éperdument amoureux

**lovey** * /ˈlʌvɪ/

N chéri(e) *m(f)*

COMP **lovey-dovey** * ADJ *(hum)* (trop) tendre

**lovie** * /ˈlʌvɪ/ N chéri(e) *m(f)*

**loving** /ˈlʌvɪŋ/ SYN

ADJ *[person, child, couple, relationship]* affectueux ; *[marriage]* heureux ; *[wife, husband, parent]* aimant ; *[family]* uni ; *[kiss]* tendre ; *[smile]* plein de tendresse ◆ **loving kindness** bonté *f* , charité *f* ◆ **with loving care** avec le plus grand soin ◆ **"from your loving son, Martin"** « ton fils qui t'aime, Martin »

COMP **loving cup** N coupe *f* de l'amitié

**-loving** /ˈlʌvɪŋ/ ADJ *(in compounds)* ◆ **art-loving** qui aime l'art, qui est amateur d'art ◆ **money-loving** qui aime l'argent

**lovingly** /ˈlʌvɪŋlɪ/ ADV 1 *[look at] (= with affection)* tendrement, avec tendresse ; *(= with love)* amoureusement

2 *(= carefully) [restored, maintained]* avec amour

**low**[1] /ləʊ/ SYN

ADJ 1 *[wall, shelf, seat, ceiling, level, tide]* bas (basse *f*) ◆ **a dress with a low neck** une robe décolletée ◆ **to make a low bow** saluer bien bas ◆ **low cloud** nuages *mpl* bas ◆ **fog on low ground** brouillard *m* à basse altitude ◆ **the low ground near the sea** les basses terres *fpl* près de la mer ◆ **the house/town is on low ground** la maison/ville est bâtie dans une dépression ◆ **the river is very low just now** la rivière est très basse en ce moment ◆ **the sun is low in the sky** le soleil est bas dans le ciel *or* bas sur l'horizon ◆ **at low tide** à marée basse ◆ **low water** marée *f* basse, basses eaux *fpl* ◆ **the low point** *[of sb's career]* le creux de la vague

2 *[voice] (= soft)* bas (basse *f*) ; *(= deep)* bas (basse *f*), profond ; *(Mus) [note]* bas (basse *f*) ◆ **in a low voice** *(= softly)* à voix basse ; *(= in deep tones)* d'une voix basse *or* profonde ◆ **a low murmur** un murmure sourd *or* étouffé ◆ **they were talking in a low murmur** ils chuchotaient ◆ **he gave a low groan** il a gémi faiblement, il a poussé un faible gémissement ◆ **it's a bit low** *[radio etc]* on n'entend pas, ce n'est pas assez fort ; see also **comp**

3 *[wage, rate]* bas (basse *f*), faible ; *[price]* bas (basse *f*), modéré ◆ **people on low incomes** les gens à faibles revenus ◆ **at the lowest price** au meilleur prix

4 *[latitude, number, frequency]* bas (basse *f*) ; *(Scol) [mark]* bas (basse *f*), faible ; *(Chem, Phys) [density]* faible ; *[temperature]* bas (basse *f*), peu élevé ; *[speed]* petit *before n*, faible ; *[lights]* faible, bas (basse *f*) ; *[visibility]* mauvais, limité ◆ **in low gear** en première ou en seconde (vitesse) ◆ **the temperature never falls below 20° at the lowest** la température ne tombe jamais en dessous de 20° ◆ **the temperature is in the low thirties** il fait entre 30 et 35 degrés ◆ **the fire is getting low /is low** le feu baisse/est bas ◆ **at** *or* **on a low heat** *(Culin)* à feu doux ◆ **cook in a low oven** cuire au four à feu doux

5 *[standard]* bas (basse *f*), faible ; *[quality]* inférieur (-eure *f*) ◆ **activity is at its lowest in the summer** c'est en été que l'activité est particulièrement réduite ◆ **people of low intelligence** les gens peu intelligents ◆ **to have a low opinion of sb** ne pas avoir bonne opinion de qn, avoir une piètre opinion de qn ◆ **to have a low**

**opinion of sth** ne pas avoir bonne opinion de qch ◆ **their stock of soap was very low** *(shop)* leur stock de savon était presque épuisé ◆ **supplies are getting** *or* **running low** les provisions diminuent

6 ◆ **low in fat** à faible teneur en matières grasses ◆ **low in nitrogen** contenant peu d'azote ◆ **we're a bit low on petrol** nous n'avons plus beaucoup *or* il ne nous reste plus beaucoup d'essence ◆ **they were low on water** ils étaient à court d'eau ◆ **I'm low on funds** * je suis à court (d'argent)

7 *(Cards)* ◆ **a low card** une basse carte ◆ **a low diamond** un petit carreau

8 *(= feeble) [person]* faible, affaibli ; *[health]* mauvais ; *(= depressed)* déprimé ◆ **to be in low spirits, to be** *or* **feel low** être déprimé, ne pas avoir le moral ◆ **the patient is very low** le malade est bien bas ; see also **comp**

9 *(= primitive) [animals, plants]* inférieur (-eure *f*), peu évolué ◆ **the low forms of life** les formes *fpl* de vie inférieures *or* les moins évoluées

10 *(= humble) [rank, origin]* bas (basse *f*) ; *(= vulgar) [company, taste]* mauvais ; *[character]* grossier, bas (basse *f*) ; *[café etc]* de bas étage ; *(= shameful) [behaviour]* ignoble, odieux ◆ **the lowest of the low** le dernier des derniers ◆ **that's a low trick** c'est un sale tour * ◆ **with low cunning** avec une ruse ignoble ; see also **comp**, **lower¹**

**ADV** 1 *(= in low position) [aim, fly]* bas **to bow low** saluer bien bas ◆ **a dress cut low in the back** une robe très décolletée dans le dos ◆ **she is rather low down in that chair** elle est bien bas dans ce fauteuil, elle est assise bien bas ◆ **lower down the wall/the page** plus bas sur le mur/la page ◆ **lower down the hill** plus bas sur la colline, en contrebas ◆ **the plane came down low over the town** l'avion est descendu et a survolé la ville à basse altitude ◆ **the plane flew low over the town** l'avion a survolé la ville à basse altitude ◆ **to fall** *or* **sink low** tomber bien bas ◆ **I wouldn't stoop so low as to do that** je ne m'abaisserais pas à faire cela ; → **lay¹**, **lie¹**

2 *(= at low volume, intensity, cost)* ◆ **to turn the heating/lights/music/radio down low** baisser le chauffage/la lumière/la musique/la radio ◆ **the fire was burning low** le feu était bas ◆ **to speak low** parler à voix basse *or* doucement ◆ **to sing low** chanter bas ◆ **the song is pitched too low for me** le ton de cette chanson est trop bas pour moi ◆ **I can't get as low as that** *(in singing)* ma voix ne descend pas si bas ◆ **to buy low** *(on Stock Exchange)* acheter quand le cours est bas ◆ **to play low** *(Cards)* jouer une basse carte

**N** 1 *(Weather)* dépression *f*

2 ◆ **in low** *(= in low gear)* en première ou en seconde (vitesse)

3 *(= low point : esp Fin)* minimum *m* ◆ **prices/temperatures have reached a new low** *or* **an all-time low** les prix/les températures ont atteint leur niveau le plus bas *or* n'ont jamais été aussi bas(ses) ◆ **the pound has sunk** *or* **fallen to a new low** la livre a atteint son niveau le plus bas ◆ **this is really a new low in vulgarity** cela bat tous les records de vulgarité

**COMP** **low-alcohol** ADJ *[lager, wine, beer]* à faible teneur en alcool, peu alcoolisé

**low-angle shot** N *(Phot)* contre-plongée *f*

**low blow** N *(Boxing, fig)* coup *m* bas

**low-budget** ADJ *[film, project]* à petit budget ; *[car etc]* pour les petits budgets

**low-calorie, low-cal** * ADJ *[food, diet]* à basses calories, hypocalorique

**low-cholesterol** ADJ *[diet]* anti-cholestérol ; *[spread etc]* à basse teneur en cholestérol

**Low Church** N *tendance évangéliste de l'Église anglicane*

**low-cost** ADJ (à) bon marché, pas cher ◆ **low-cost housing** *(NonC)* habitations *fpl* à loyer modéré, HLM *mpl*

**the Low Countries** NPL les Pays-Bas *mpl*

**low-cut** ADJ *[dress etc]* décolleté

**low-down** N → **low-down**

**lowest common denominator** N *(Math)* plus petit dénominateur *m* commun ◆ **these papers pander to the lowest common denominator** ces journaux flattent les instincts les plus triviaux du public

**lowest common multiple** N *(Math)* plus petit commun multiple *m*

**low-fat** ADJ *[diet]* pauvre en matières grasses ; *[milk, cheese etc]* allégé

**low flying** N *(NonC)* vol(s) *m(pl)* à basse altitude

**low-flying** ADJ volant à basse altitude

**low-frequency** ADJ *(Elec)* basse fréquence *inv*

**Low German** N bas allemand *m*

**low-grade** ADJ de qualité *or* de catégorie inférieure

**low-heeled** ADJ à talon(s) plat(s), plat

**low-impact** ADJ *[aerobics, exercise]* low-impact *inv*

**low-key** ADJ discret (-ète *f*) ◆ **it was a low-key operation** l'opération a été conduite de façon très discrète ◆ **to keep sth low-key** faire qch de façon discrète ◆ **the wedding will be a low-key affair** ce sera un mariage tout simple ◆ **he wanted to keep the meeting low-key** il ne voulait pas faire toute une affaire de cette réunion ◆ **the low-key approach to the incident taken by the prison authorities** l'approche prudente adoptée par les autorités carcérales à la suite de l'incident

**Low Latin** N bas latin *m*

**low-level** ADJ *(gen)* bas (basse *f*) ; *[job]* subalterne ; *[talks, discussions]* à bas niveau ◆ **low-level flying** vol *m or* navigation *f* à basse altitude ◆ **low-level language** *(Comput)* langage *m* de bas niveau ◆ **low-level waste** *(Nucl Phys)* déchets *mpl* de faible activité

**low-loader** N *(= lorry)* semi-remorque *f* à plateforme surbaissée ; *(= train wagon)* wagon *m* (de marchandises) à plateforme surbaissée

**low-lying** ADJ à basse altitude

**Low Mass** N *(Rel)* messe *f* basse

**low-minded** ADJ vulgaire, grossier

**low-mindedness** N vulgarité *f* d'esprit

**low-necked** ADJ décolleté

**low-paid** ADJ *[job]* mal payé, qui paie mal ; *[worker]* mal payé, qui ne gagne pas beaucoup ◆ **the low-paid** les petits salaires *mpl*, les petits salariés *mpl* ; see also **lower¹**

**low-pass filter** N *(Elec)* filtre *m* passe-bas

**low-pitched** ADJ *[ball]* bas (basse *f*) ; *[sound]* bas (basse *f*), grave

**low-powered** ADJ de faible puissance

**low-pressure** ADJ à *or* de basse pression

**low-priced** ADJ à bas prix, (à) bon marché *inv*

**low-principled** ADJ sans grands principes

**low-profile** ADJ *(gen)* discret (-ète *f*) ◆ **to keep a low profile** rester discret ◆ **the police deliberately kept a low profile** la police est volontairement restée discrète ◆ **low-profile tyre** pneu *m* taille basse

**low-quality** ADJ *[goods]* de qualité inférieure

**low-rent** ADJ *(lit) [housing, flat]* à loyer modéré ; *(fig)* de bas étage

**low-rise** ADJ *(Archit)* à *or* de hauteur limitée, bas (basse *f*)

**low-scoring** ADJ *où peu de points ou buts sont marqués*

**low season** N *(esp Brit)* basse *or* morte-saison *f* ADJ *[rates, holiday]* pendant la basse *or* morte-saison

**low-slung** ADJ *[chair]* bas (basse *f*) ; *[sports car]* surbaissé

**low-spirited** ADJ déprimé, démoralisé

**low-start mortgage** N *(Brit) emprunt hypothécaire à faibles remboursements initiaux*

**low-sulphur** ADJ *[diesel, petrol, fuel]* à faible teneur en soufre

**Low Sunday** N dimanche *m* de Quasimodo

**low-tar** ADJ *[cigarette]* à faible teneur en goudron

**low-tech** ADJ *[machinery]* rudimentaire ; *[design]* sommaire

**low-tension** ADJ à basse tension

**low vowel** N *(Ling)* voyelle *f* basse

**low-water mark** N *(lit)* laisse *f* de basse mer ◆ **their morale had reached low-water mark** leur moral était on ne peut plus bas, ils avaient le moral à zéro * ◆ **sales had reached low-water mark** les ventes n'avaient jamais été aussi mauvaises

**low²** /ləʊ/ VI *[cattle]* meugler, beugler, mugir

**lowborn** /ˈləʊbɔːn/ ADJ de basse extraction

**lowboy** /ˈləʊbɔɪ/ N *(US)* commode *f* basse

**lowbrow** * /ˈləʊbraʊ/

**N** *(= person)* personne *f* peu intellectuelle *or* sans prétentions intellectuelles

**ADJ** *[person, book, film, programme]* sans prétentions intellectuelles

**lowchen** /ˈlaʊtʃən/ N *(= dog)* petit chien *m* lion

**low-down** * /ˈləʊdaʊn/

**ADJ** *(esp US pej) [person]* méprisable ◆ **a low-down trick** un sale tour

**N** ◆ **to get the low-down on sb/sth** se renseigner sur qn/qch ◆ **to give sb the low-down on sth** mettre qn au courant *or* au parfum ⁑ de qch

**lower¹** /ˈləʊəʳ/ SYN (compar of **low¹**)

**ADJ** inférieur (-eure *f*) ◆ **the lower half of the body** le bas du corps ◆ **Annapurna is the lower of the two** l'Annapurna est la moins haute (des deux) ◆ **the lower shelf** l'étagère *f* du bas ; see also **low¹** ; → **reach**

**COMP** **the lower abdomen** N le bas-ventre

**the lower animals** NPL les animaux *mpl* inférieurs

**the lower back** N le bas du dos

**lower-back pain** N douleurs *fpl* lombaires

**Lower California** N *(Geog)* Basse-Californie *f*

**lower case** N *(Typography)* bas *m* de casse ◆ **in lower case** en bas de casse

**lower-case** ADJ minuscule

**the lower chamber** N *(Parl)* la Chambre basse

**lower class** N classes *fpl* inférieures, classe *f* populaire ◆ **lower-class family** famille *f* prolétarienne *or* ouvrière

**lower classes** NPL ⇒ **lower class**

**lower court** N *(Jur)* instance *f* inférieure

**lower deck** N *[of bus]* étage *m* inférieur ; *(= part of ship)* pont *m* inférieur ◆ **the lower deck** * *(= personnel)* les sous-officiers *mpl* et les matelots *mpl*

**Lower Egypt** N Basse-Égypte *f*

**the Lower House** N *(Parl) (gen)* la Chambre basse ; *(Brit)* la Chambre basse, la Chambre des communes

**lower-income** ADJ *[group, family]* économiquement faible

**lower jaw** N mâchoire *f* inférieure

**the lower leg** N la partie inférieure de la jambe

**lower limbs** NPL membres *mpl* inférieurs

**lower lip** N lèvre *f* inférieure

**the lower mammals** NPL les mammifères *mpl* inférieurs

**lower middle class** N petite bourgeoisie *f*, (petite) classe *f* moyenne ◆ **a lower middle-class family** une famille de la classe moyenne *or* de la petite bourgeoisie ◆ **a lower middle-class background** un milieu petit bourgeois

**the lower paid** NPL les personnes *fpl* à faible revenu

**the lower ranks** NPL *(Mil)* les grades *mpl* inférieurs ; *(fig)* les rangs *mpl* inférieurs

**the lower regions** NPL *(hum)* les enfers *mpl*

**the Lower Rhine** N le Bas-Rhin

**Lower Saxony** N Basse-Saxe *f*

**the lower school** N ≈ le collège

**lower sixth (form)** N *(Brit Scol)* ≈ classe *f* de première

**the lower vertebrates** NPL les vertébrés *mpl* inférieurs ; see also **second¹**

**lower²** /ˈləʊəʳ/ SYN

**VT** 1 *[+ blind, window, construction]* baisser, abaisser ; *[+ sail, flag]* abaisser, amener ; *[+ boat, lifeboat]* mettre à la mer ◆ **to lower the boats** mettre les embarcations à la mer ◆ **to lower sb/sth on a rope** (faire) descendre qn/descendre qch au bout d'une corde ◆ **to lower one's guard** baisser sa garde ◆ **to lower the boom on sb** *(fig)* serrer la vis * à qn

2 *[+ pressure, heating, price, voice]* baisser ◆ **to lower sb's resistance** *(Med)* diminuer la résistance de qn ◆ **to lower sb's morale** démoraliser qn, saper le moral de qn ◆ **lower your voice!** baisse la voix !, (parle) moins fort ! ◆ **he lowered his voice to a whisper** il a baissé la voix jusqu'à en chuchoter, il s'est mis à chuchoter ◆ **to lower o.s. to do sth** s'abaisser à faire qch ◆ **I refuse to lower myself** je refuse de m'abaisser *or* de m'avilir ainsi

**VI** *(lit)* baisser ; *[pressure, price etc]* baisser, diminuer

**lower³** /ˈlaʊəʳ/ VI *[sky]* se couvrir, s'assombrir ; *[clouds]* être menaçant ; *[person]* prendre un air sombre *or* menaçant ◆ **to lower at sb** jeter un regard menaçant à qn, regarder qn de travers

**lowering¹** /ˈləʊərɪŋ/

**N** 1 *[of window, flag]* abaissement *m* ; *[of boat]* mise *f* à la mer

2 *[of temperature]* baisse *f*, abaissement *m* ; *[of price, value]* baisse *f*, diminution *f* ; *[of pressure]* baisse *f* ; *(Med) [of resistance]* diminution *f* ◆ **the lowering of morale** la baisse du moral, la démoralisation

**ADJ** abaissant, dégradant, humiliant

**lowering²** /ˈlaʊərɪŋ/ ADJ *[look, sky]* sombre, menaçant

**lowermost** /ˈləʊəməʊst/ ADJ le plus bas

**lowing** /ˈləʊɪŋ/ N *[of cattle]* meuglement *m*, beuglement *m*, mugissement *m*

**lowland** /ˈləʊlənd/

**N** plaine *f* ◆ **the Lowlands (of Scotland)** la Basse Écosse, les Basses-Terres *fpl* (d'Écosse)

**COMP** *(in Scotland) [town, people, culture]* de Basse-Écosse

**Lowland Scots** N *(Ling)* ⇒ **Lallans noun**

**lowlander** /ˈləʊləndəʳ/ N *(gen)* habitant(e) *m(f)* de la (*or* des) plaine(s) ◆ **Lowlander** *(in Scot)* habitant(e) *m(f) or* originaire *mf* de la Basse-Écosse

**lowlife*** /ˈləʊlaɪf/ ADJ *(esp US)* ◆ **his lowlife friends** les voyous qu'il fréquente

**lowlights** /ˈləʊlaɪts/ NPL 1 *(Hairdressing)* mèches *fpl* sombres
2 *(hum)* ◆ **one of the lowlights*** **of the sporting season** un des moments les moins glorieux de la saison sportive

**lowliness** /ˈləʊlɪnɪs/ N humilité *f*

**lowly** /ˈləʊlɪ/ SYN ADJ humble

**lowness** /ˈləʊnɪs/ N *(in height)* manque *m* de hauteur ; *[of price, wages]* modicité *f* ; *[of temperature]* peu *m* d'élévation ◆ **the lowness of the ceiling made him stoop** la maison était si basse de plafond qu'il a dû se baisser

**lox** /lɒks/ N *(US)* saumon *m* fumé

**loyal** /ˈlɔɪəl/ SYN ADJ *[friend, ally, supporter]* loyal, fidèle ; *[wife, customer, reader]* fidèle ; *[employee, servant]* fidèle, dévoué ◆ **he has a loyal following** il a des partisans fidèles ◆ **the Queen's loyal subjects** les loyaux sujets de la reine ◆ **the loyal toast** *(Brit)* le toast porté au souverain ◆ **to be/remain** *or* **stay loyal to sb/sth** être/rester fidèle à qn/qch

**loyalist** /ˈlɔɪəlɪst/ ADJ, N loyaliste *mf*

**loyally** /ˈlɔɪəlɪ/ ADV *[serve, support]* fidèlement ; *[say]* en toute loyauté

**loyalty** /ˈlɔɪəltɪ/ SYN
N *(to person)* loyauté *f* *(to* envers) ; *(to cause)* dévouement *m* *(to* à) ; *(to political party)* loyauté *f*, loyalisme *m* *(to* envers) ◆ **my first loyalty is to my family** ma famille passe avant tout ◆ **to pledge one's loyalty to sb/sth** promettre d'être loyal envers qn/d'être dévoué à qch ◆ **to decide where one's loyalties lie** choisir son camp ◆ **to suffer from** *or* **have divided loyalties** être partagé , se sentir écartelé ◆ **a man of fierce loyalties** un homme d'une loyauté farouche
COMP **loyalty card** N *(Brit)* carte *f* de fidélité

**lozenge** /ˈlɒzɪndʒ/ N 1 *(= throat tablet)* pastille *f*
2 *(= shape, heraldic device)* losange *m*

**LP** /elˈpiː/ N *(Mus)* (abbrev of **long-playing (record)**) → **long**[1]

**LPG** /elpiːˈdʒiː/ N (abbrev of **liquified petroleum gas**) GPL *m*

**LPN** /elpiːˈen/ N *(US)* (abbrev of **Licensed Practical Nurse**) → **license**

**LRAM** /elɑːreɪˈem/ N *(Brit)* (abbrev of **Licentiate of the Royal Academy of Music**) *diplôme d'un des Conservatoires de musique*

**LRCP** /elɑːsiːˈpiː/ N *(Brit)* (abbrev of **Licentiate of the Royal College of Physicians**) ≃ agrégation *f* de médecine

**LRCS** /elɑːsiːˈes/ N *(Brit)* (abbrev of **Licentiate of the Royal College of Surgeons**) ≃ agrégation *f* de médecine (opératoire)

**LRP** /ˌelɑːˈpiː/ N (abbrev of **lead replacement petrol**) → **lead**[2]

**LSAT** /eleseɪˈtiː/ N *(US)* (abbrev of **Law School Admission Test**) *examen d'entrée à une faculté de droit*

**LSD**[1] /elesˈdiː/ N *(Drugs)* (abbrev of **lysergic acid diethylamide**) LSD *m*

**LSD**[2] /elesˈdiː/ N *(Brit)* (abbrev of **librae, solidi, denarii**) *(= pounds, shillings and pence) ancien système monétaire britannique*

**LSE** /ˌelesˈiː/ N 1 *(Brit)* abbrev of **London School of Economics**
2 abbrev of **London Stock Exchange**

**LSI** /elesˈaɪ/ N (abbrev of **large scale integration**) intégration *f* à grande échelle, LSI *f*

**LSO** /elesˈəʊ/ N (abbrev of **London Symphony Orchestra**) *orchestre symphonique de Londres*

**LT** /elˈtiː/ *(Elec)* (abbrev of **low tension**) → **low**[1]

**Lt** (abbrev of **Lieutenant**) *(on envelope etc)* ◆ **Lt. J. Smith** Lieutenant J. Smith ◆ **Lt.-Col** (abbrev of **Lieutenant-Colonel**) → **lieutenant** ◆ **Lt.-Gen** (abbrev of **Lieutenant-General**) → **lieutenant**

**Ltd** *(Brit)* (abbrev of **Limited (Liability)**) ◆ **Smith & Co. Ltd** Smith & Cie SA *or* Ltée *(Can)*

**lubber** /ˈlʌbəʳ/ N *(pej : = landlubber)* marin *m* d'eau douce

**lube*** /luːb/
N 1 *(= oil)* huile *f* de graissage
2 *(= gel)* lubrifiant *m* (intime)
VT graisser, lubrifier

**lubricant** /ˈluːbrɪkənt/ ADJ, N lubrifiant *m* ◆ **alcohol is a great (social) lubricant** l'alcool facilite beaucoup les contacts

**lubricate** /ˈluːbrɪkeɪt/ SYN
VT 1 *(lit)* lubrifier ; *(with grease)* graisser
2 *(fig = facilitate)* faciliter
COMP **lubricating oil** N huile *f* (de graissage), lubrifiant *m*

**lubricated**‡ /ˈluːbrɪkeɪtɪd/ ADJ *(hum = drunk)* paf‡ *inv*, beurré‡

**lubrication** /ˌluːbrɪˈkeɪʃən/ N lubrification *f* ; *(with grease)* graissage *m*

**lubricator** /ˈluːbrɪkeɪtəʳ/ N *(= person, device)* graisseur *m*

**lubricious** /luːˈbrɪʃəs/ ADJ *(frm = lewd)* lubrique

**lubricity** /luːˈbrɪsɪtɪ/ N *(frm = lewdness)* lubricité *f*

**lucerne** /luːˈsɜːn/ N *(esp Brit)* luzerne *f*

**lucid** /ˈluːsɪd/ SYN
ADJ 1 *(= clear) [style, explanation, account]* clair
2 *(= clear-headed) [person]* lucide ; *[moment, interval]* de lucidité
3 *(liter = bright) [air, light]* lucide *(o.f)* *(also liter)*
COMP **lucid dream** N *(Psych)* rêve *m* lucide
**lucid dreamer** N *(Psych)* rêveur *m*, -euse *f* lucide
**lucid dreaming** N *(Psych)* rêverie *f* lucide

**lucidity** /luːˈsɪdɪtɪ/ N 1 *(= clarity) [of style, explanation, book]* clarté *f*
2 *(= clear-headedness) [of mind]* lucidité *f*
3 *(liter = brightness)* éclat *m*

**lucidly** /ˈluːsɪdlɪ/ ADV *[explain, write, argue]* clairement ; *[think]* lucidement, avec lucidité

**Lucifer** /ˈluːsɪfəʳ/ N Lucifer *m*

**lucifugous** /luːˈsɪfjʊgəs/ ADJ lucifuge

**luck** /lʌk/ LANGUAGE IN USE 23.5 SYN N 1 *(= chance, fortune)* chance *f*, hasard *m* ◆ **good health is not simply a matter of luck** si l'on est en bonne santé, ce n'est pas simplement une question de hasard ◆ **it's the luck of the draw** *(fig)* c'est une question de chance ◆ **(it's) just my luck!*** c'est bien ma chance *or* ma veine ! * ◆ **it was just his luck*** **to meet the boss** il a eu la malchance *or* le malheur de rencontrer le patron ◆ **luck favoured him, luck was with him, luck was on his side** la chance lui souriait ◆ **as luck would have it** comme par hasard ◆ **better luck next time!*** ça ira mieux la prochaine fois ! ◆ **any luck?*** *(gen)* alors (ça a marché) ? * ; *(= did you find it?)* tu as trouvé ? ◆ **no luck?*** *(gen)* ça n'a pas marché ? ; *(= didn't you find it?)* tu n'as pas trouvé ?
♦ **good luck** chance *f* ◆ **by good luck the first man I ran into was Dan** la chance a voulu que la première personne que je rencontre soit Dan ◆ **to have the good luck to do sth** avoir la chance de faire qch
♦ **to be** *or* **bring good luck** porter bonheur ◆ **it's good luck to see a black cat** cela porte bonheur de voir un chat noir ◆ **he brought me good luck** il m'a porté bonheur
♦ **good luck!** bonne chance ! ◆ **good luck with your exams!** bonne chance pour tes examens !
♦ **bad luck** malchance *f*, malheur *m* ◆ **I had a lot of bad luck at the start of the season** j'ai eu beaucoup de malchance *or* j'ai joué de malchance en début de saison
♦ **to be** *or* **bring bad luck** porter malheur ◆ **it's bad luck to walk under a ladder** ça porte malheur de passer sous une échelle ◆ **she believed the colour green brought bad luck** elle croyait que le vert était une couleur qui portait malheur ◆ **it brought us nothing but bad luck** cela ne nous a vraiment pas porté chance ◆ **to have the bad luck to do sth** avoir la malchance de faire qch
♦ **bad** *or* **hard** *or* **tough luck!** * pas de veine ! *
♦ **worse luck!** * malheureusement ! ◆ **she's not here, worse luck** elle n'est pas là, malheureusement
♦ **to push one's luck*** y aller fort, exagérer ◆ **I didn't dare push my luck too far** je n'ai pas osé y aller trop fort ◆ **he's pushing his luck** il y va un peu fort, il exagère ◆ **don't push your luck!** n'exagère pas !
♦ **to be down on one's luck*** *(= be going through bad patch)* traverser une mauvaise passe ◆ **she seemed down on her luck** elle avait l'air de traverser une mauvaise passe ◆ **I seem to attract people who are down on their luck** j'ai l'impression que j'attire les gens à problèmes ; → **beginner, chance**
2 *(= good fortune)* bonheur *m*, chance *f* ◆ **you're in luck, the doctor's still here** tu as de la veine * *or* du pot *, le docteur est encore là ◆ **it looks like your luck's in tonight** c'est ta soirée, on dirait ◆ **you're out of luck***, **your luck's out*** tu n'as pas de veine * *or* de pot * ◆ **that's a bit** *or* **a stroke of luck!*** quelle veine ! *, coup de pot ! * ◆ **he had the luck to meet her in the street** il a eu la chance de la rencontrer dans la rue ◆ **here's (wishing you) luck!** bonne chance ! ◆ **no such luck!*** ç'aurait été trop beau !, penses-tu ! ◆ **with any luck...** avec un peu de chance *or* de veine *... ◆ **to keep a horseshoe for luck** avoir un fer à cheval comme porte-bonheur ◆ **and the best of (British) luck!*** *(iro)* je vous *(or* leur *etc)* souhaite bien du plaisir ! * *(iro)* ◆ **he's got the luck of the devil***, **he's got the devil's own luck*** il a une veine de cocu *

► **luck out*** VI *(US)* avoir de la veine * *or* du pot *

**luckily** /ˈlʌkɪlɪ/ SYN ADV heureusement ◆ **luckily for me...** heureusement pour moi...

**luckless** /ˈlʌklɪs/ SYN *(liter)* ADJ *[person, journey]* infortuné *(liter)* ; *[week, year]* d'infortune *(liter)*

**lucklessness** /ˈlʌklɪsnɪs/ N malchance *f*, manque *m* de chance

**lucky** /ˈlʌkɪ/ SYN
ADJ 1 *[person] (= having luck) (always)* qui a de la chance, chanceux ; *(on one occasion)* qui a de la chance ◆ **we were lucky with the weather** on a eu de la chance avec le temps ◆ **he is lucky to be alive** il a de la chance d'être en vie ◆ **he's lucky that I didn't run him over** il a eu de la chance, j'aurais pu l'écraser ◆ **it was lucky that you got here in time** heureusement que vous êtes arrivé à temps ◆ **it was lucky for him that he got out of the way** heureusement (pour lui), il s'est écarté ◆ **to be lucky in life** avoir de la chance dans la vie ◆ **to be lucky in love** être heureux en amour ◆ **I'm lucky in having an excellent teacher** j'ai la chance d'avoir un excellent professeur ◆ **to count o.s. lucky** s'estimer heureux ◆ **some people are born lucky** il y a des gens qui ont de la chance ◆ **lucky winner** heureux gagnant *m* , heureuse gagnante *f* ◆ **who's the lucky man/woman?** *(hum)* comment s'appelle l'heureux élu/l'heureuse élue ? ◆ **(you) lucky thing*** *or* **devil*** *or* **dog*!** veinard(e) ! * ◆ **he's a lucky thing*** *or* **devil*** *or* **dog*!** quel veinard ! * ◆ **lucky (old) you!*** tu en as de la veine ! * ◆ **lucky old Thomson!*** quel veinard *, ce Thomson ! ◆ **if you're lucky** avec un peu de chance ◆ **you'll be lucky!**‡ *(= not likely)* tu peux toujours courir ! * ◆ **you'll be lucky* if you get any breakfast** tu pourras t'estimer heureux si tu as un petit déjeuner ◆ **you'll be lucky to get $5 for that** tu auras du mal à en tirer 5 dollars ◆ **I should be so lucky**‡ tu parles ! *, ce serait trop beau ! * ◆ **to get lucky**‡ **(with sb)** *(= be allowed sex)* arriver à ses fins (avec qn) ; → **strike, third**
2 *(= fortunate, resulting from luck) [coincidence, shot]* heureux ◆ **how lucky!, that was lucky!** quelle chance ! ◆ **to have a lucky escape** l'échapper belle, s'en tirer de justesse ◆ **a lucky chance** un coup de chance ◆ **a lucky break*** un coup de bol * ◆ **how did you know? – it was just a lucky guess** comment as-tu deviné ? – par hasard *or* j'ai dit ça au hasard ◆ **it's your lucky day*** c'est ton jour de chance
3 *(= bringing luck) [number, horseshoe]* porte-bonheur *inv* ◆ **a lucky charm** un porte-bonheur ◆ **a lucky rabbit's foot** une patte de lapin porte-bonheur ; → **star**
COMP **lucky bag** N pochette-surprise *f*
**lucky dip** N *(Brit : at fair)* ≃ pêche *f* à la ligne ; *(fig)* loterie *f (fig)*

**lucrative** /ˈluːkrətɪv/ SYN ADJ lucratif

**lucrativeness** /ˈluːkrətɪvnɪs/ N caractère *m* lucratif

**lucre** /ˈluːkəʳ/ SYN N 1 *(NonC: pej = gain)* lucre *m*
2 *(* hum = money :* also **filthy lucre**) fric * *m*

**Lucretia** /luːˈkriːʃɪə/ N Lucrèce *f*

**Lucretius** /luːˈkriːʃɪəs/ N Lucrèce *m*

**Luddite** /ˈlʌdaɪt/ ADJ, N luddite *mf*

**ludic** /ˈlʌdɪk/ ADJ *(liter)* ludique

**ludicrous** /ˈluːdɪkrəs/ SYN ADJ ridicule

**ludicrously** /ˈluːdɪkrəslɪ/ ADV ridiculement

**ludicrousness** /ˈluːdɪkrəsnɪs/ N ridicule *m*

**ludo** /ˈluːdəʊ/ N *(Brit)* jeu *m* des petits chevaux

**luff** /lʌf/ *(Naut)*
N aulof(f)ée *f*
VI lofer, venir au lof

**luffa** /ˈlʌfə/ N *(US)* ⇒ **loofah**

**lug**¹ /lʌɡ/
**N** ① (Constr) tenon m ; [of dish, saucepan etc] oreille f (d'une casserole etc)
② (Brit ⁑ = ear) oreille f, portugaise ⁑ f
**COMP lug screw** N vis f sans tête

**lug**² ⁕ /lʌɡ/ **VT** traîner, tirer ◆ **to lug sth up/down** monter/descendre qch en le traînant ◆ **to lug sth out** traîner qch dehors ◆ **why are you lugging that parcel around?** pourquoi est-ce que tu trimballes ⁕ ce paquet ? ◆ **they lugged him off to the theatre** ils l'ont traîné or embarqué ⁕ au théâtre (malgré lui)

**luge** /luːʒ/
**N** luge f
**VI** faire de la luge

**luggage** /ˈlʌɡɪdʒ/ SYN
**N** (NonC) bagages mpl ◆ **luggage in advance** (on train) bagages mpl non accompagnés ; → **hand, left**¹, **piece**
**COMP luggage boot** N (Brit : in car) coffre m
**luggage carrier** N porte-bagages m inv
**luggage handler** N (at airport etc) bagagiste m
**luggage insurance** N assurance f bagages
**luggage label** N étiquette f à bagages
**luggage locker** N (casier m de) consigne f automatique
**luggage rack** N (in train) porte-bagages m inv, filet m ; (on car) galerie f
**luggage van** N (esp Brit on train) fourgon m (à bagages)

**lugger** /ˈlʌɡəʳ/ N lougre m

**lughole** ⁑ /ˈlʌɡhəʊl/ N (Brit = ear) oreille f

**lugubrious** /luˈɡuːbrɪəs/ SYN ADJ (liter) lugubre

**lugubriously** /luˈɡuːbrɪəslɪ/ ADV (liter) lugubrement

**lugubriousness** /luˈɡuːbrɪəsnɪs/ N caractère m lugubre

**lugworm** /ˈlʌɡwɜːm/ N arénicole f

**Luke** /luːk/ N Luc m

**lukewarm** /ˈluːkwɔːm/ SYN ADJ ① (in temperature) tiède
② (= unenthusiastic) [response, reception, applause] peu enthousiaste ◆ **to be lukewarm about sb/sth** ne pas être enthousiasmé par qn/qch ◆ **to be lukewarm about (doing) sth** ne pas être très chaud pour (faire) qch

**lull** /lʌl/ SYN
**N** [of storm] accalmie f ; [of hostilities, shooting] arrêt m ; [of conversation] arrêt m, pause f ◆ **it's just the lull before the storm** (fig) c'est le calme avant la tempête
**VT** [+ person, fear] apaiser, calmer ◆ **to lull a child to sleep** endormir un enfant en le berçant ◆ **to be lulled into a false sense of security** s'endormir dans une fausse sécurité

**lullaby** /ˈlʌləbaɪ/ SYN N berceuse f ◆ **lullaby my baby** dors (mon) bébé, dors

**lulu** ⁕ /ˈluːluː/ N (esp US) ◆ **it's a lulu!** c'est super ! ; (iro) c'est pas de la tarte ! ⁑

**lumbago** /lʌmˈbeɪɡəʊ/ N lumbago m

**lumbar** /ˈlʌmbəʳ/
**ADJ** lombaire
**COMP lumbar puncture** N ponction f lombaire

**lumber**¹ /ˈlʌmbəʳ/ SYN
**N** (NonC) ① (= wood) bois m de charpente
② (⁕ = junk) bric-à-brac m inv
**VT** ① (Brit ⁕ = burden) ◆ **to lumber sb with a task** refiler un boulot à qn ⁕ ◆ **she was lumbered with a bill for £90** elle s'est pris une facture de 90 livres ◆ **he got lumbered with the job of making the list** il s'est tapé ⁕ or farci ⁕ le boulot de dresser la liste ◆ **I lumbered myself with a lot of extra work lately** je me suis tapé ⁕ pas mal de travail en plus dernièrement ◆ **I got lumbered with the girl for the evening** j'ai dû me coltiner ⁕ or m'appuyer ⁕ la fille toute la soirée ◆ **now (that) we're lumbered with it...** maintenant qu'on a ça sur les bras or qu'on nous a collé ⁕ ça...
② (US Forestry) (= fell) abattre ; (= saw up) débiter
**COMP lumber jacket** N grosse veste f (de bûcheron)
**lumber mill** N scierie f
**lumber room** N (Brit) (cabinet d'un) débarras m
**lumber yard** N dépôt m de bois d'œuvre et de construction

**lumber**² /ˈlʌmbəʳ/ SYN VI (also **lumber about, lumber along**) [person, animal] marcher pesamment ; [vehicle] rouler lentement ◆ **to lumber in/out** etc [person] entrer/sortir etc d'un pas pesant or lourd

**lumbering**¹ /ˈlʌmbərɪŋ/ N (US) débit m or débitage m or tronçonnage m de bois

**lumbering**² /ˈlʌmbərɪŋ/ SYN ADJ [step] lourd, pesant ; [person] mal dégrossi

**lumberjack** /ˈlʌmbədʒæk/
**N** bûcheron m
**COMP lumberjack shirt** N épaisse chemise à carreaux

**lumberman** /ˈlʌmbəmən/ N (pl -men) ⇒ **lumberjack**

**lumen** /ˈluːmɪn/ N (pl **lumens** or **lumina** /ˈluːmɪnə/) (Phys) lumen m

**luminary** /ˈluːmɪnərɪ/ N (= person) lumière f, sommité f

**luminescence** /ˌluːmɪˈnesns/ N luminescence f

**luminescent** /ˌluːmɪˈnesnt/ ADJ luminescent

**luminosity** /ˌluːmɪˈnɒsɪtɪ/ N luminosité f

**luminous** /ˈluːmɪnəs/ SYN ADJ lumineux ◆ **my watch is luminous** le cadran de ma montre est lumineux

**lumme** † ⁑ /ˈlʌmɪ/ EXCL (Brit) ⇒ **lummy**

**lummox** /ˈlʌməks/ N (US) lourdaud(e) m(f)

**lummy** † ⁑ /ˈlʌmɪ/ EXCL (Brit) ça alors !, sapristi ! ⁕

**lump**¹ /lʌmp/ SYN
**N** ① (= piece) (gen) morceau m ; (larger) gros morceau m, masse f ; [of metal, stone] morceau m, masse f ; [of coal, cheese, sugar] morceau m ; [of clay, earth] motte f ; (in sauce etc) grumeau m ◆ **meteorites are lumps of rock** les météorites sont des amas rocheux
② (cancerous) grosseur f ; (= swelling) protubérance f ; (from bump etc) bosse f ◆ **to have a lump in one's throat** (fig) avoir une boule dans la gorge, avoir la gorge serrée
③ (⁕ pej = person) lourdaud(e) m(f), empoté(e) ⁕ m(f) ◆ **fat lump!** gros lourdaud !, espèce d'empoté(e) ! ⁕
**VT** (also **lump together**) [+ books, objects] réunir, mettre en tas ; [+ persons] réunir ; [+ subjects] réunir, considérer en bloc
**COMP lump sugar** N sucre m en morceaux
**lump sum** N (Fin etc) montant m forfaitaire ; (= payment) paiement m unique ◆ **he was working for a lump sum** il travaillait à forfait ◆ **to pay a lump sum** (Insurance etc) verser un capital

▶ **lump together** VT SEP réunir ; (fig) [+ people, cases] mettre dans la même catégorie or dans le même sac ⁕ (pej), considérer en bloc ; see also **lump**¹

**lump**² ⁕ /lʌmp/ SYN VT (Brit = endure) ◆ **(if you don't like it) you'll just have to lump it** que ça te plaise ou pas, t'as pas le choix ⁕ ◆ **like it or lump it**, **you'll have to go** que tu le veuilles ou non or que ça te plaise ou non il faudra que tu y ailles

**lumpectomy** /lʌmˈpektəmɪ/ N ablation f d'une tumeur mammaire

**lumpen** /ˈlʌmpən/ ADJ (esp Brit) ① (liter = shapeless) informe
② (= dull) [person] terne

**lumpenproletariat** /ˌlʌmpənprəʊləˈtɛərɪət/ N sous-prolétariat m, lumpenprolétariat m

**lumpfish** /ˈlʌmpfɪʃ/ N (pl **lumpfish** or **lumpfishes**) lump m, lompe m ◆ **lumpfish roe** œufs mpl de lump

**lumpiness** /ˈlʌmpɪnɪs/ N [of bed, pillow] bosses fpl ; [of sauce] grumeaux mpl

**lumpish** /ˈlʌmpɪʃ/ ADJ ① (⁕ = clumsy) gauche, maladroit, pataud ; (= stupid) idiot, godiche ⁕
② (= shapeless) [mass, piece] informe

**lumpsucker** /ˈlʌmpˌsʌkəʳ/ N lump m, lompe m

**lumpy** /ˈlʌmpɪ/ ADJ [mattress, bed] plein de bosses ; [gravy, sauce, mixture] grumeleux, plein de grumeaux ; [person, face, thighs] plein de bourrelets ; [surface, ground] plein de bosses, inégal ◆ **to become** or **go lumpy** [sauce] faire des grumeaux

**lunacy** /ˈluːnəsɪ/ SYN N (Med) aliénation f mentale, folie f, démence f ; (Jur) démence f ; (fig) folie f, démence f ◆ **that's sheer lunacy!** c'est de la pure folie !, c'est démentiel or de la démence !

**lunar** /ˈluːnəʳ/
**ADJ** [month, rock, year] lunaire ; [eclipse] de lune
**COMP lunar landing** (Space) alunissage m
**lunar module** N (Space) module m lunaire
**lunar orbit** N (Space) ◆ **in lunar orbit** en orbite lunaire or autour de la lune

**lunatic** /ˈluːnətɪk/ SYN
**N** (Med) aliéné(e) m(f) ; (Jur) dément(e) m(f) ; (fig) fou m, folle f, cinglé(e) ⁕ m(f) ◆ **he's a lunatic!** il est fou à lier !, il est cinglé ! ⁕
**ADJ** (Med) [person] (also fig) fou (folle f), dément ; [idea, action] absurde, extravagant, démentiel ◆ **lunatic asylum** asile m d'aliénés ◆ **the lunatic fringe** les enragés ⁕ mpl, les extrémistes mpl fanatiques

**lunch** /lʌntʃ/
**N** déjeuner m ◆ **light/quick lunch** déjeuner m léger/rapide ◆ **we're having pork for lunch** nous avons du porc pour déjeuner or à midi ◆ **to have lunch** déjeuner ◆ **he is at** or **out to lunch** (= away from office etc) il est parti déjeuner ; (Brit = having lunch) il est en train de déjeuner ◆ **to be out to lunch** ⁕ (fig, hum) débloquer ⁕ ◆ **come to** or **for lunch on Sunday** venez déjeuner dimanche ◆ **we had him to lunch yesterday** il est venu déjeuner (chez nous) hier ; → **school**¹, **working**
**VI** déjeuner ◆ **we lunched on sandwiches** nous avons déjeuné de sandwiches, nous avons eu des sandwiches pour déjeuner ◆ **to lunch out** déjeuner à l'extérieur or en ville
**COMP lunch break** N pause f de midi, heure f du déjeuner
**lunch hour** N ◆ **it's his lunch hour just now** c'est l'heure à laquelle il déjeune, c'est l'heure de son déjeuner ◆ **during one's lunch hour** à l'heure du déjeuner ; see also **lunchtime**

**lunchbox** /ˈlʌntʃbɒks/ N ① (= box) boîte f à sandwichs
② ⁑ (Brit = genitals) attributs mpl virils

**luncheon** /ˈlʌntʃən/
**N** (frm) déjeuner m
**COMP luncheon basket** N panier-repas m
**luncheon meat** N viande f de porc en conserve
**luncheon voucher** N (in Brit) chèque-repas m, ticket-repas m, ticket-restaurant m

**luncheonette** /ˌlʌntʃəˈnet/ N (US) ≈ snack-bar m

**lunchpail** /ˈlʌntʃpeɪl/ N (US) ⇒ **lunchbox**

**lunchtime** /ˈlʌntʃtaɪm/ N ◆ **it's his lunchtime just now** c'est l'heure à laquelle il déjeune, c'est l'heure de son déjeuner ◆ **it's lunchtime** c'est l'heure de déjeuner ◆ **at lunchtime** à l'heure du déjeuner

**lung** /lʌŋ/
**N** poumon m ◆ **at the top of one's lungs** à pleins poumons, à tue-tête ; → **iron**
**COMP** [disease, infection] pulmonaire
**lung cancer** N cancer m du poumon
**lung specialist** N pneumologue mf
**lung transplant** N greffe f du poumon

**lungan** /ˈlʌŋɡən/ N longane m

**lunge** /lʌndʒ/ SYN
**N** ① (= thrust) (brusque) coup m or mouvement m en avant ; (Fencing) botte f
② (also **lunge rein**) longe f
**VI** ① (= move : also **lunge forward**) faire un mouvement brusque en avant ; (Fencing) se fendre
② (= attack) ◆ **to lunge at sb** envoyer or asséner un coup à qn ; (Fencing) porter or allonger une botte à qn
**VT** [+ horse] mener à la longe

**lungfish** /ˈlʌŋfɪʃ/ N (= fish) dipneuste m

**lungwort** /ˈlʌŋwɜːt/ N pulmonaire f (officinale)

**lunisolar** /ˌluːnɪˈsəʊləʳ/ ADJ lunisolaire

**lunula** /ˈluːnjʊlə/ N (pl **lunulae** /ˈluːnjuˌliː/) (Anat) lunule f

**lupin** /ˈluːpɪn/ N lupin m

**lupine** /ˈluːpaɪn/ ADJ [features, smile etc] de loup

**lupulin** /ˈluːpjʊlɪn/ N lupuline f

**lupus** /ˈluːpəs/ N (Med) lupus m ◆ **lupus erythematosus** lupus érythémateux

**lurch**¹ /lɜːtʃ/
**N** ① [of person] écart m brusque, vacillement m ; [of car, ship] mouvement m désordonné f ◆ **to give a lurch** [car, ship] faire une embardée ; [person] vaciller, tituber ◆ **my stomach gave a lurch** (from disgust, sickness) j'ai eu un haut-le-cœur ◆ **my heart gave a lurch** (from misery) mon cœur s'est serré ◆ **my heart** or **stomach gave a lurch** (from fear) mon sang n'a fait qu'un tour
② (fig : Pol) ◆ **the party's lurch to the right** le virage à droite du parti ◆ **they fear a lurch into recession** ils craignent que l'on ne sombre subj dans la récession
**VI** ① [person] vaciller, tituber ; [car, ship] faire une embardée ◆ **to lurch in/out/along** etc [person] entrer/sortir/avancer etc en titubant ◆ **the**

car lurched along or forwards la voiture avançait en faisant des embardées ◆ **the ship lurched from side to side** le bateau se mit à rouler violemment ◆ **he lurched to his feet** il s'est levé en titubant ◆ **my stomach lurched** (from disgust, sickness) j'ai eu un haut-le-cœur ◆ **my heart lurched** (from misery) mon cœur s'est serré ◆ **my heart lurched** (from fear) mon sang n'a fait qu'un tour

2 (fig) ◆ **to lurch towards crisis/into turmoil** sombrer dans la crise/le chaos ◆ **the government lurches from one crisis to the next** le gouvernement navigue entre les écueils

**lurch²** /lɜːtʃ/ **N** ◆ **to leave sb in the lurch** laisser qn en plan*

**lure** /ljʊəʳ/ SYN

**N** 1 (NonC) (= charm) [of sea, travel etc] attrait m, charme m ◆ **the lure of money/drugs** (fig = false attraction) l'attrait m exercé par l'argent/la drogue ◆ **the lure of profit** l'appât m du gain

2 (Hunting = decoy) leurre m

**VT** tromper, attirer or persuader par la ruse ◆ **to lure sb in/out** etc persuader qn par la ruse d'entrer/de sortir etc ◆ **clever advertising to lure customers in** de la publicité accrocheuse pour faire entrer les clients ◆ **to lure sb into a trap** attirer qn dans un piège ◆ **to lure sb into a house** attirer qn dans une maison

▸ **lure away VT SEP** ◆ **to lure sb away from the house** éloigner qn or faire sortir qn de la maison par la ruse ◆ **to lure customers away from one's competitors** attirer les clients de ses concurrents

▸ **lure on VT SEP** entraîner par la ruse, séduire

**lurex** /ˈlʊəreks/ **N** lurex m

**lurgy*** /ˈlɜːgɪ/ **N** (Brit hum) ◆ **to have the (dreaded) lurgy** (= cold, flu) avoir la crève* ; (= infectious illness) avoir chopé* un microbe

**lurid** /ˈljʊərɪd/ SYN **ADJ** 1 (= graphic, sensational) [story] horrible, cru ; [image, photo] horrible ; [headlines] à sensation ; [scandal, rumour] épouvantable ◆ **in lurid detail** avec un luxe de détails choquants ◆ **lurid details of their relationship** les détails les plus scabreux de leur liaison

2 (= garish) [colour] criard ; [shirt, skirt] aux couleurs criardes

3 (= glowing) [sky, sunset] empourpré ; [glow] sanglant

4 (liter = pallid) [light] blafard

**luridly** /ˈljʊərɪdlɪ/ **ADV** (= garishly) [lit] de façon tapageuse ◆ **luridly coloured** (one colour) criard ; (two or more colours) aux couleurs criardes

**lurk** /lɜːk/ **VI** [person] se cacher (dans un but malveillant), se tapir ; [danger] menacer ; [doubt] persister ◆ **he was lurking behind the bush** il se cachait or il était tapi derrière le buisson ◆ **there's someone lurking (about) in the garden** quelqu'un rôde dans le jardin, il y a un rôdeur dans le jardin

**lurking** /ˈlɜːkɪŋ/ **ADJ** [fear, doubt] vague ◆ **a lurking idea** une idée de derrière la tête

**luscious** /ˈlʌʃəs/ SYN **ADJ** 1 (* = beautiful) [woman, blonde, lips] pulpeux ; [fabrics] somptueux

2 (= delicious) [food, wine] succulent

**lusciously** /ˈlʌʃəslɪ/ **ADV** délicieusement

**lush** /lʌʃ/ SYN

**ADJ** 1 (= luxuriant) [field, vegetation] luxuriant ; [pasture] riche ◆ **lush green meadows** de luxuriantes prairies fpl

2 (= opulent) [hotel, surroundings, fabric] luxueux

3 (Mus) [harmonies, sound] riche

**N** (* = alcoholic) alcoolo* m, poivrot(e)* m(f)

**lushness** /ˈlʌʃnɪs/ **N** 1 [of vegetation] luxuriance f

2 [of opulence] luxe m

**Lusitania** /ˌluːsɪˈteɪnɪə/ **N** (Antiq) Lusitanie f

**lust** /lʌst/ SYN **N** (sexual) désir m (sexuel) ; (Rel = one of the seven sins) luxure f ; (for fame, power etc) soif f (for de) ◆ **the lust for life** la soif or la rage de vivre

▸ **lust after, lust for VT FUS** [+ woman] désirer, convoiter ; [+ revenge, power] avoir soif de ; [+ riches] convoiter

**luster** /ˈlʌstəʳ/ **N** (US) ⇒ lustre

**lustful** /ˈlʌstfʊl/ **ADJ** (= lecherous) lascif

**lustfully** /ˈlʌstfəlɪ/ **ADV** lascivement

**lustfulness** /ˈlʌstfʊlnɪs/ **N** lubricité f, lascivité f

**lustily** /ˈlʌstɪlɪ/ **ADV** vigoureusement

**lustiness** /ˈlʌstɪnɪs/ **N** vigueur f

**lustre, luster** (US) /ˈlʌstəʳ/ SYN

**N** (= gloss) lustre m, brillant m ; (= substance) lustre m ; (fig) (= renown) éclat m

**VT** lustrer

**lustreless** /ˈlʌstəlɪs/ **ADJ** (liter) terne

**lustreware** /ˈlʌstəwɛəʳ/ **N** poterie f mordorée

**lustrous** /ˈlʌstrəs/ **ADJ** (= shining) [material] lustré, brillant ; [eyes] brillant ; [pearls] chatoyant ; (fig) (= splendid) splendide, magnifique

**lustrum** /ˈlʌstrəm/ **N** (pl **lustrums** or **lustra** /ˈlʌstrə/) lustre m

**lusty** /ˈlʌstɪ/ SYN **ADJ** (= healthy) [person, infant] vigoureux, robuste ; (= hearty) [cheer, voice] vigoureux, vif

**lute** /luːt/ **N** luth m

**lutein** /ˈluːtɪɪn/ **N** (Bio) lutéine f

**luteinizing hormone** /ˈluːtɪɪnaɪzɪŋ/ **N** (Bio) hormone f lutéinisante or de lutéinisation

**luteotrophin** /ˌluːtɪəʊˈtrəʊfɪn/ (esp US), **luteotropin** /ˌluːtɪəʊˈtrəʊpɪn/ **N** prolactine f

**Lutetia** /luːˈtiːʃə/ **N** Lutèce f

**lutetium** /lʊˈtiːʃɪəm/ **N** lutécium m

**Luther** /ˈluːθəʳ/ **N** Luther m

**Lutheran** /ˈluːθərən/
**N** Luthérien(ne) m(f)
**ADJ** luthérien

**Lutheranism** /ˈluːθərənɪzəm/ **N** luthéranisme m

**luv*** /lʌv/ **N** (Brit) ⇒ love

**luvvie*** /ˈlʌvɪ/ **N** (Brit) 1 (term of address = darling) chéri(e) m(f)

2 (hum, gen pej = actor, actress) acteur m (prétentieux), actrice f (prétentieuse)

**lux** /lʌks/ **N** (pl **lux**) (Phys) lux m

**luxate** /ˈlʌkseɪt/ **VT** (Med) luxer

**luxation** /lʌkˈseɪʃən/ **N** (Med) luxation f

**Luxemb(o)urg** /ˈlʌksəmbɜːg/ **N** Luxembourg m ◆ **in Luxembourg** au Luxembourg ◆ **the Grand Duchy of Luxemb(o)urg** le grand-duché de Luxembourg ◆ **the Luxemb(o)urg Embassy, the Embassy of Luxemb(o)urg** l'ambassade f du Luxembourg

**Luxemb(o)urger** /ˈlʌksəmbɜːgəʳ/ **N** Luxembourgeois(e) m(f)

**Luxor** /ˈlʌksɔːʳ/ **N** Louxor m

**luxuriance** /lʌgˈzjʊərɪəns/ **N** 1 [of foliage, garden] luxuriance f ; [of hair] abondance f

2 [of style, language] exubérance f

**luxuriant** /lʌgˈzjʊərɪənt/ **ADJ** 1 [foliage, leaves, garden, forest, plants] luxuriant ; [beard] touffu ; [hair, moustache] abondant

2 [style, imagery] exubérant

**luxuriantly** /lʌgˈzjʊərɪəntlɪ/ **ADV** (= in profusion) ◆ **to grow luxuriantly** [flowers, hair] pousser en abondance ; [tropical vegetation] pousser avec exubérance ◆ **his luxuriantly silky beard** sa barbe épaisse et soyeuse

2 (= richly) ◆ **luxuriantly poetic writing** des écrits d'une poésie exubérante

**luxuriate** /lʌgˈzjʊərɪeɪt/ **VI** 1 (= revel) ◆ **to luxuriate in sth** s'abandonner or se livrer avec délices à qch

2 (= grow profusely) pousser avec exubérance or à profusion

**luxurious** /lʌgˈzjʊərɪəs/ SYN **ADJ** 1 (= comfortable) [hotel, surroundings] luxueux, somptueux ; [car, fabric, lifestyle] luxueux ; [tastes] de luxe

2 (= sensuous) [sigh, yawn] voluptueux

**luxuriously** /lʌgˈzjʊərɪəslɪ/ **ADV** 1 (= comfortably) [furnished, appointed, decorated] luxueusement ◆ **to live luxuriously** vivre dans le luxe

2 (= sensuously) [sigh, yawn, stretch] voluptueusement

**luxuriousness** /lʌgˈzjʊərɪəsnɪs/ **N** [of hotel, car, surroundings] luxe m

**luxury** /ˈlʌkʃərɪ/ SYN

**N** 1 (NonC) luxe m ◆ **to live in luxury** vivre dans le luxe ; → lap¹

2 (= luxurious item) luxe m ◆ **good bread is becoming a luxury** le bon pain devient un (produit de) luxe ◆ **it's quite a luxury for me to go to the theatre** c'est du luxe pour moi que d'aller au théâtre ◆ **what a luxury to have** or **take a bath at last!** quel luxe de pouvoir enfin prendre un bain !

**ADJ** [goods, article, item] de luxe ; [flat, hotel] de grand luxe, de grand standing ◆ **a luxury car** une voiture de luxe

**LV** (abbrev of **luncheon voucher**) → luncheon

**LW** (Rad) (abbrev of **long wave**) GO fpl

**lycanthrope** /ˈlaɪkənθrəʊp/ **N** lycanthrope m

**lycanthropy** /laɪˈkænθrəpɪ/ **N** lycanthropie f

**lyceum** /laɪˈsiːəm/ **N** ≈ maison f de la culture

**lychee** /ˈlaɪtʃiː/ **N** litchi m

**lychgate** /ˈlɪtʃgeɪt/ **N** = lichgate

**lychnis** /ˈlɪknɪs/ **N** lychnis m

**lycopod** /ˈlaɪkəˌpɒd/ **N** lycopode m

**Lycra** ® /ˈlaɪkrə/
**N** Lycra ® m
**COMP** en Lycra

**lyddite** /ˈlɪdaɪt/ **N** lyddite f

**lye** /laɪ/ **N** lessive f (substance)

**lying¹** /ˈlaɪɪŋ/ SYN
**N** (NonC) mensonge(s) m(pl) ◆ **lying will get you nowhere** ça ne te servira à rien de mentir
**ADJ** [person] menteur ; [statement, story] mensonger ◆ **you lying bastard!***⁎sale menteur !*

**lying²** /ˈlaɪɪŋ/
**N** [of body] ◆ **lying in state** exposition f (solennelle)
**COMP** **lying-in** † **N** (pl **lyings-in**) (Med) accouchement m, couches fpl
**lying-in ward N** salle f de travail or d'accouchement

**Lyme disease** /ˈlaɪm/ **N** (Med, Vet) maladie f de Lyme

**lymph** /lɪmf/
**N** (Anat) lymphe f
**COMP** **lymph gland** † **N** = lymph node
**lymph node N** ganglion m lymphatique

**lymphangitis** /ˌlɪmfænˈdʒaɪtɪs/ **N** lymphangite f

**lymphatic** /lɪmˈfætɪk/ **ADJ** lymphatique

**lymphocyte** /ˈlɪmfəʊsaɪt/ **N** lymphocyte m

**lymphocytic** /ˌlɪmfəʊˈsɪtɪk/ **ADJ** lymphocytaire

**lymphocytopenia** /ˌlɪmfəʊsaɪtəʊˈpiːnɪə/ **N** lymphopénie f

**lymphocytosis** /ˌlɪmfəʊsaɪˈtəʊsɪs/ **N** lymphocytose f

**lymphoid** /ˈlɪmfɔɪd/ **ADJ** lymphoïde

**lymphokine** /ˈlɪmfəʊˌkaɪn/ **N** lymphokine f

**lymphoma** /lɪmˈfəʊmə/ **N** lymphome m

**lymphopenia** /ˌlɪmfəʊˈpiːnɪə/ **N** lymphopénie f

**lymphosarcoma** /ˌlɪmfəʊsɑːˈkəʊmə/ **N** lymphosarcome m

**lynch** /lɪntʃ/
**VT** (= hang) exécuter sommairement (par pendaison) ; (= kill) lyncher
**COMP** **lynch law N** loi f de Lynch
**lynch mob N** lyncheurs mpl

**lynching** /ˈlɪntʃɪŋ/ **N** (= action, result) lynchage m

**lynchpin** /ˈlɪntʃpɪn/ **N** = linchpin

**lynx** /lɪŋks/
**N** (pl **lynxes** or **lynx**) lynx m inv
**COMP** **lynx-eyed** **ADJ** aux yeux de lynx

**Lyons** /ˈlaɪənz/ **N** Lyon

**lyophilize** /laɪˈɒfɪˌlaɪz/ **VT** lyophiliser

**lyre** /ˈlaɪəʳ/ **N** lyre f

**lyrebird** /ˈlaɪəbɜːd/ **N** oiseau-lyre m, ménure m

**lyric** /ˈlɪrɪk/ SYN
**N** 1 (= poem) poème m lyrique
2 (= words of song) ◆ **lyric(s)** paroles fpl
**ADJ** [poem, poet] lyrique
**COMP** **lyric writer N** parolier m, -ière f

**lyrical** /ˈlɪrɪkəl/ SYN **ADJ** 1 (Poetry) lyrique
2 * → wax²

**lyrically** /ˈlɪrɪkəlɪ/ **ADV** (= poetically) [speak, write, describe] avec lyrisme ◆ **lyrically beautiful** d'une beauté lyrique

**lyricism** /ˈlɪrɪsɪzəm/ **N** lyrisme m

**lyricist** /ˈlɪrɪsɪst/ **N** (= poet) poète m lyrique ; (= song-writer) parolier m, -ière f

**lysergic** /laɪˈsɜːdʒɪk/
**ADJ** lysergique
**COMP** **lysergic acid N** acide m lysergique

**lysin** /ˈlaɪsɪn/ **N** lysine f (anticorps)

**lysine** /ˈlaɪsiːn/ **N** lysine f (acide aminé)

**lysosome** /ˈlaɪsəˌsəʊm/ **N** lysosome m

**lysozyme** /ˈlaɪsəzaɪm/ **N** (Bio) lysozyme m

**lythe** /laɪð/ **N** (Scot : = fish) lieu m jaune

# M

**M, m** /em/ N ① (= letter) M, m ◆ **M for Mike, M for Mother** ≈ M comme Marie
② (Brit) (abbrev of **motorway**) ◆ **on the M6** sur l'autoroute M6
③ (abbrev of **million(s)**) → million
④ (abbrev of **medium**) moyen
⑤ (abbrev of **metre(s)**) m
⑥ (abbrev of **mile(s)**) → mile

**MA** /ˌemˈeɪ/ N ① (Univ) (abbrev of **Master of Arts**) ◆ **to have an MA in French** ≈ avoir une maîtrise de français ; → **master** ; → DEGREE
② abbrev of **Massachusetts**
③ (US) (abbrev of **Military Academy**) → military

**ma\*** /mɑː/ N maman f ◆ **Ma Smith** (pej) la mère Smith

**ma'am** /mæm/ N (abbrev of **madam**) (gen: esp US) Madame f, Mademoiselle f ; (to royalty) Madame f

**Maastricht Treaty** /ˈmɑːstrɪktˈtriːtɪ/ N ◆ **the Maastricht Treaty** le traité de Maastricht

**mac** /mæk/ N ① (Brit) (abbrev of **mackintosh**) imperméable m, imper* m
② (esp US * : form of address) ◆ **hurry up Mac!** hé ! dépêchez-vous ! ; (to friend) dépêche-toi mon vieux or mon pote !*

**macabre** /məˈkɑːbrə/ SYN ADJ macabre

**macadam** /məˈkædəm/
N macadam m ; → **tar¹**
COMP [surface] en macadam ; [road] macadamisé

**macadamia nut** /ˌmækəˈdeɪmɪə/ N macadamia m

**macadamize** /məˈkædəmaɪz/ VT macadamiser

**Macao** /məˈkaʊ/ N (Geog) Macao

**macaque** /məˈkɑːk/ N (= animal) macaque m

**macaroni** /ˌmækəˈrəʊnɪ/
N (pl **macaronis** or **macaronies**) macaroni(s) m(pl)
COMP **macaroni cheese** N gratin m de macaroni(s)

**macaronic** /ˌmækəˈrɒnɪk/
ADJ macaronique
N vers m macaronique

**macaroon** /ˌmækəˈruːn/ N macaron m

**macaw** /məˈkɔː/ N ara m

**Macbeth** /məkˈbeθ/ N (Literat) Macbeth m

**Maccabees** /ˈmækəˌbiːz/ NPL (Rel) Maccabées mpl

**Mace** ® /meɪs/
N (= gas) gaz m incapacitant, mace m
VT attaquer au gaz incapacitant or au mace

**mace¹** /meɪs/ N (NonC = spice) macis m

**mace²** /meɪs/ N (= weapon) massue f ; (= ceremonial staff) masse f

**macebearer** /ˈmeɪsbɛərəʳ/ N massier m

**macédoine** /ˌmæsɪˈdwɑːn/ N [of fruit, vegetables] macédoine f

**Macedonia** /ˌmæsɪˈdəʊnɪə/ N Macédoine f

**Macedonian** /ˌmæsɪˈdəʊnɪən/
ADJ macédonien
N (= person) Macédonien(ne) m(f)

**macerate** /ˈmæsəreɪt/ VTI macérer

**maceration** /ˌmæsəˈreɪʃən/ N macération f

**Mach** /mæk/ N (also **Mach number**) (nombre m de) Mach m ◆ **to fly at Mach 2** voler à Mach 2

**machete** /məˈʃetɪ/ N machette f

**Machiavelli** /ˌmækɪəˈvelɪ/ N Machiavel m

**Machiavellian** /ˌmækɪəˈvelɪən/ ADJ machiavélique

**machination** /ˌmækɪˈneɪʃən/ N machination f, intrigue f, manœuvre f

**machine** /məˈʃiːn/ SYN
N ① (lit) machine f ◆ **bread-making/cigarette-making** etc **machine** machine f à fabriquer du pain/à fabriquer des cigarettes etc ◆ **shredding machine** broyeur m, broyeuse f ◆ **milking machine** trayeuse f ◆ **by machine** à la machine ; → **flying, knitting, washing**
② (fig) machine f ◆ **the company is a real money-making machine** cette société est une vraie machine à fabriquer de l'argent ◆ **the military machine** la machine or l'appareil m militaire ◆ **publicity/propaganda machine** appareil m publicitaire/de propagande ◆ **the political machine** la machine or l'appareil m politique ◆ **the Democratic machine** (US Pol) la machine administrative or l'appareil m du parti démocrate ; → **party**
③ (pej = soulless person) machine f, automate m
VT (Tech) façonner à la machine, usiner ; (Sewing) coudre à la machine, piquer (à la machine)
COMP (gen) de la machine, des machines ; (Comput) machine
**machine age** N siècle m de la machine or des machines
**machine-assisted translation** N traduction f assistée par ordinateur
**machine code** N (Comput) code m machine
**machine error** N erreur f technique
**machine gun** N mitrailleuse f
**machine-gun** VT mitrailler
**machine gunner** N mitrailleur m
**machine-gunning** N mitraillage m
**machine intelligence** N intelligence f artificielle
**machine language** N langage m machine
**machine-made** ADJ fait à la machine
**machine operator** N (in factory) opérateur m, -trice f (sur machines) ; (Comput) opérateur m, -trice f
**machine-readable** ADJ (Comput) exploitable par un ordinateur ◆ **in machine-readable form** sous (une) forme exploitable par ordinateur
**machine shop** N atelier m d'usinage
**machine stitch** N point m (de piqûre) à la machine
**machine-stitch** VT piquer à la machine
**machine time** N temps m d'opération (d'une machine)
**machine tool** N machine-outil f ◆ **machine-tool operator** opérateur m sur machine-outil, usineur m
**machine translation** N traduction f automatique
**machine washable** ADJ lavable à la or en machine

**machinery** /məˈʃiːnərɪ/ SYN N (NonC) ① (= machines collectively) machinerie f, machines fpl ; (= parts of machine) mécanisme m, rouages mpl ◆ **a piece of machinery** un mécanisme ◆ **to get caught in the machinery** être pris dans la machine ◆ **agricultural machinery** machines fpl agricoles ◆ **electrical machinery** appareils mpl électriques ◆ **industrial machinery** équipements mpl industriels
② (fig) ◆ **the machinery of government** l'appareil m étatique ◆ **the machinery to enforce this legislation simply doesn't exist** aucun dispositif d'application n'a été mis en place pour cette législation

**machinist** /məˈʃiːnɪst/ N machiniste mf, opérateur m, -trice f (sur machine) ; (on sewing, knitting machines) mécanicienne f

**machismo** /mæˈtʃɪzməʊ/ N (NonC) machisme m, phallocratie f

**Machmeter** /ˈmækˌmiːtəʳ/ N machmètre m

**macho** /ˈmætʃəʊ/
N macho m, phallocrate m
ADJ macho inv

**mackerel** /ˈmækrəl/
N (pl **mackerel** or **mackerels**) maquereau m
COMP **mackerel shark** N (requin m) taupe f, lamie f
**mackerel sky** N ciel m pommelé

**Mackinaw** /ˈmækɪˌnɔː/ N (US) (also **Mackinaw coat**) grosse veste f de laine à carreaux ; (also **Mackinaw blanket**) grosse couverture f de laine à carreaux

**mackintosh** /ˈmækɪntɒʃ/ N imperméable m

**mackle** /ˈmækl/ VT (Typography) maculer

**macramé** /məˈkrɑːmɪ/
N macramé m
COMP [plant holder etc] en macramé

**macro** /ˈmækrəʊ/
N (Comput) macro f
COMP **macro lens** N (Phot) objectif m macro

**macrobiotic** /ˌmækrəʊbaɪˈɒtɪk/ ADJ macrobiotique

**macrobiotics** /ˌmækrəʊbaɪˈɒtɪks/ N (NonC) macrobiotique f

**macrocephalia** /ˌmækrəsɪˈfeɪlɪə/ N macrocéphalie f

**macrocephalic** /ˌmækrəʊsɪˈfælɪk/ ADJ (Med) macrocéphale

**macrocephaly** /ˌmækrəʊˈsefəlɪ/ N (Med) macrocéphalie f

**macroclimate** /ˈmækrəʊˌklaɪmɪt/ N macroclimat m

**macrocosm** /ˈmækrəʊkɒzəm/ N macrocosme m

**macrocosmic** /ˌmækrəʊˈkɒzmɪk/ ADJ macrocosmique

**macrocyte** /ˈmækrəʊˌsaɪt/ N macrocyte m

**macroeconomics** /ˈmækrəʊˌiːkəˈnɒmɪks/ N (NonC) macroéconomie f

**macrographic** /ˌmækrəʊˈgræfɪk/ ADJ macrographique

**macro-instruction** /ˌmækrəʊɪnˈstrʌkʃən/ N macro-instruction f

**macrolinguistics** /ˌmækrəʊlɪŋˈɡwɪstɪks/ N (NonC) macrolinguistique f

**macromarketing** /ˌmækrəʊˈmɑːkɪtɪŋ/ N macromarketing m

**macromolecule** /ˈmækrəʊˌmɒlɪˈkjuːl/ N macromolécule f

**macron** /ˈmækrɒn/ N macron m

**macrophage** /ˈmækrəʊfeɪdʒ/ N (Bio) macrophage m

**macrophotography** /ˌmækrəʊfəˈtɒɡrəfɪ/ N macrophotographie f

**macroscopic** /ˌmækrəˈskɒpɪk/ ADJ macroscopique

**macrosporangium** /ˌmækrəʊspɔːˈrændʒɪəm/ N macrosporange m

**macrospore** /ˈmækrəʊspɔːʳ/ N macrospore f

**macrostructure** /ˈmækrəʊˌstrʌktʃəʳ/ N macrostructure f

**macruran** /məˈkrʊərən/ N macroure m

**macula** /ˈmækjʊlə/ N macula f

**MAD** /ˌemerˈdiː/ N (US) (abbrev of mutual(ly) assured destruction) → **mutual**

**mad** /mæd/ SYN
  **ADJ** ① [person] (= deranged) fou (folle f) ; (= rash, crazy) fou (folle f), insensé ; [hope, plan, idea] insensé ; [race, gallop] effréné ; [bull] furieux ; [dog] enragé ◆ **to go mad** devenir fou ◆ **this is idealism gone mad** c'est de l'idéalisme qui dépasse les bornes ; (stronger) c'est de l'idéalisme qui vire à la folie ◆ **to drive sb mad** (lit, fig) rendre qn fou ; see also 2 ◆ **as mad as a hatter** or **a March hare** *, **(stark) raving mad** *, **stark staring mad** * fou à lier ◆ **mad with grief** fou de chagrin ◆ **that was a mad thing to do** il fallait être fou pour faire cela ◆ **you're mad to think of it!** tu es fou d'y songer ! ◆ **are you mad?** ça ne va pas ? * (iro) **you must be mad!** ça ne va pas, non ! * ◆ **you must be mad to cycle in this weather!**, **you must be mad, cycling in this weather!** il faut vraiment que tu sois fou pour faire du vélo par ce temps !, tu es fou de faire du vélo par ce temps ! ◆ **we had a mad dash for the bus** nous avons dû foncer * pour attraper le bus ◆ **I'm in a mad rush** je suis à la bourre *
  ◆ **like mad** * ◆ **to pedal/push** etc **like mad** pédaler/appuyer etc comme un fou ◆ **to run like mad** courir comme un fou or un dératé ◆ **to cry like mad** pleurer comme une Madeleine ◆ **to laugh like mad** rire comme une baleine ◆ **the phone has been ringing like mad all morning** le téléphone n'a pas arrêté de sonner ce matin ◆ **to work/shout like mad** travailler/crier comme un fou or un forcené ◆ **this plant grows like mad** cette plante pousse comme du chiendent
  ② (esp US * = angry) furieux ◆ **to be mad at** or **with sb** être furieux contre qn ◆ **to get mad at** or **with sb** s'emporter contre qn ◆ **don't get mad at** or **with me!** ne te fâche pas contre moi ! ◆ **he was mad at** or **with me for spilling the tea** il était furieux contre moi parce que j'avais renversé le thé ◆ **he was really mad about my mistake** mon erreur l'a mis hors de lui ◆ **he makes me mad!** ce qu'il peut m'agacer or m'énerver ! ◆ **to drive sb mad** faire enrager qn, mettre qn en fureur ◆ **he's hopping** or **spitting mad** il est fou furieux ◆ **mad as a hornet** * (US) furibard *
  ③ (* = enthusiastic : also **mad keen**) ◆ **to go mad on sth** devenir dingue * de qch ◆ **mad on** or **about sth** mordu * or dingue * de qch ◆ **to be mad on** or **about sb** être fou de qn ◆ **I'm not mad on** or **about him** je ne l'aime pas trop ◆ **to be mad on** or **about swimming/football/computers**, **to be swimming-/football-/computer-mad** être mordu * or dingue * de natation/de football/d'informatique ◆ **I'm not mad about it** ça ne m'emballe pas *
  ④ (* = excited) ◆ **the audience went mad** la folie a gagné le public ◆ **the dog went mad when he saw his master** le chien est devenu comme fou quand il a vu son maître ◆ **I went mad and finished everything in an hour** j'ai eu un coup de tête de folie, j'ai tout fini en une heure
  **COMP** **mad cow disease** N maladie f de la vache folle
  **mad money** * N (NonC: US) ◆ **this is my mad money** cet argent-là, c'est pour mes petits plaisirs

**Madagascan** /ˌmædəˈɡæskən/
  **ADJ** malgache
  **N** (= person) Malgache mf

**Madagascar** /ˌmædəˈɡæskəʳ/ N (= island) Madagascar f ; (= country) Madagascar m ◆ **the Democratic Republic of Madagascar** la République démocratique de Madagascar ◆ **in Madagascar** à Madagascar

**madam** /ˈmædəm/ N (pl **madams** or **mesdames** /ˈmeɪdæm/) ① madame f ; (unmarried) mademoiselle f ◆ **Dear Madam** (in letters) Madame, Mademoiselle ◆ **Madam Chairman** (frm) Madame la Présidente
  ② (Brit) ◆ **she's a little madam** * c'est une petite pimbêche or mijaurée
  ③ (= brothelkeeper) sous-maîtresse f, tenancière f de maison close

**madcap** /ˈmædkæp/ ADJ, N écervelé(e) m(f)

**madden** /mædn/ SYN VT rendre fou ; (= infuriate) exaspérer ◆ **maddened by pain** fou de douleur

**maddening** /ˈmædnɪŋ/ ADJ exaspérant

**maddeningly** /ˈmædnɪŋlɪ/ ADV [say, smile] d'une façon exaspérante ◆ **to be maddeningly cautious/slow** être d'une prudence/lenteur exaspérante

**madder** /ˈmædəʳ/ N (= plant, dye) garance f

**made** /meɪd/
  **VB** pt, ptp of **make**
  **COMP** **made-to-measure** ADJ (fait) sur mesure
  **made-to-order** ADJ (fait) sur commande
  **made-up** ADJ SYN ① (= invented) [story] inventé, fabriqué ; (pej) faux (fausse f) ; (with cosmetics) [face, eyes] maquillé ; [nails] fait ◆ **she is too made-up** elle est trop maquillée
  ② * (Brit = happy, delighted) ravi

**-made** /meɪd/ ADJ ENDING IN COMPS ◆ **British/French-made** fabriqué en Grande-Bretagne/France

**Madeira** /məˈdɪərə/
  **N** (Geog) (l'île f de) Madère f ; (= wine) (vin m de) madère m
  **COMP** **Madeira cake** N = quatre-quarts m
  **Madeira sauce** N sauce f madère

**madhouse** * /ˈmædhaʊs/ N (lit, fig) maison f de fous

**Madison Avenue** /ˈmædɪsənˈævənjuː/ N (US) le monde de la publicité

**madly** /ˈmædlɪ/ SYN ADV ① [scream, grin] comme un fou ◆ **to be/fall madly in love with sb** être/tomber éperdument amoureux de qn ◆ **to love sb madly** aimer qn à la folie ◆ **we were madly rushing for the train** (= furiously) c'était la course pour attraper le train ◆ **I was madly trying to open it** j'essayais désespérément de l'ouvrir
  ② [attractive, exciting] follement ; [irritating] extrêmement ◆ **madly impatient** piaffant d'impatience ◆ **madly jealous** fou de jalousie

**madman** /ˈmædmən/ N (pl **-men**) fou m

**madness** /ˈmædnɪs/ N (gen, Med) folie f ; (in animals = rabies) rage f ; (= rashness) folie f, démence f ◆ **it is sheer madness to say so** c'est de la pure folie or de la démence de le dire ◆ **what madness!** c'est de la pure folie !, il faut être fou !

**Madonna** /məˈdɒnə/
  **N** (Rel) Madone f ; (fig) madone f
  **COMP** **Madonna lily** N lis m blanc

**Madras** /məˈdrɑːs/ N (Geog) Madras

**madras** /məˈdrɑːs/ N ① (Culin = curry) curry très épicé ◆ **beef/chicken madras** curry de bœuf/poulet très épicé
  ② (also **madras cotton**) madras m

**madrepore** /ˈmædrɪpɔːʳ/ N madrépore m

**Madrid** /məˈdrɪd/ N Madrid

**madrigal** /ˈmædrɪɡəl/ N madrigal m

**madrigalist** /ˈmædrɪɡəlɪst/ N madrigaliste mf

**madwoman** /ˈmædwʊmən/ N (pl **-women**) folle f

**Maecenas** /miːˈsiːnæs/ N (Antiq) Mécène m ; (fig : = patron) mécène m

**maelstrom** /ˈmeɪlstrəʊm/ N (lit, fig) tourbillon m, maelström m

**maenad** /ˈmiːnæd/ N (Antiq) ménade f

**maestro** /ˈmaɪstrəʊ/ N (pl **maestros** or **maestri** /ˈmaɪstrɪ/) maestro m

**Mae West** † * /ˌmeɪˈwest/ N gilet m de sauvetage (gonflable)

**MAFF** N (Brit) (abbrev of **Ministry of Agriculture, Fisheries and Food**) ministère m de l'Agriculture, de la Pêche et de l'Alimentation

**mafia** /ˈmæfɪə/ N (lit, fig) mafia f ◆ **it's a real mafia** c'est une véritable mafia ◆ **a literary mafia** une coterie littéraire ◆ **mafia links** relations mafieuses

**mafioso** /ˌmæfɪˈəʊsəʊ/ N maf(f)ioso m, maf(f)ieux m

**mag** * /mæɡ/ N (abbrev of **magazine**) revue f, magazine m

**magazine** /ˌmæɡəˈziːn/ SYN ① (Press) revue f, magazine m ; (Rad, TV: also **magazine programme**) magazine m
  ② (Mil = store) magasin m (du corps)
  ③ (in gun) (= compartment) magasin m ; (= cartridges) chargeur m ; (in slide projector etc) magasin m

**Magdalenian** /ˌmæɡdəˈliːnɪən/ ADJ, N (Geol) magdalénien ◆ **the Magdalenian** le Magdalénien

**Magellan** /məˈɡelən/ N Magellan m ◆ **Magellan Strait** détroit m de Magellan

**Magellanic cloud** /ˌmæɡɪˈlænɪk/ N (Astron) nuage m de Magellan

**magenta** /məˈdʒentə/
  **N** magenta m
  **ADJ** magenta inv

**Maggiore** /ˌmædʒɪˈɔːrɪ/ N ◆ **Lake Maggiore** le lac Majeur

**maggot** /ˈmæɡət/ N ver m, asticot m

**maggoty** /ˈmæɡətɪ/ ADJ [fruit] véreux

**Maghreb** /ˈmʌɡrəb/ N Maghreb m

**Maghrebi** /ˈmʌɡrəbɪ/
  **ADJ** maghrébin
  **N** Maghrébin(e) m(f)

**Magi** /ˈmeɪdʒaɪ/ NPL (rois mpl) mages mpl

**magic** /ˈmædʒɪk/ SYN
  **N** (NonC) magie f, enchantement m ◆ **as if by magic**, **like magic** comme par enchantement or magie ◆ **the magic of that moment** la magie de cet instant
  **ADJ** ① (= supernatural) magique, enchanté ; (fig) merveilleux, prodigieux ◆ **to say the magic word** prononcer la formule magique ◆ **the Magic Flute** la Flûte enchantée
  ② (esp Brit * = brilliant) super *, génial *
  **COMP** **magic bullet** N (= miracle cure) médicament m miracle ; (US = solution) solution f miracle
  **magic carpet** N tapis m volant
  **magic circle** N cercle m magique
  **magic eye** N (Elec) œil m magique, indicateur m cathodique
  **magic lantern** N lanterne f magique
  **magic mushroom** * N champignon m hallucinogène
  **magic realism** N réalisme m magique
  **magic spell** N sort m, sortilège m
  **magic square** N carré m magique
  ► **magic away** VT SEP faire disparaître comme par enchantement
  ► **magic up** VT SEP faire apparaître comme par enchantement

**magical** /ˈmædʒɪkəl/
  **ADJ** ① (= supernatural) [powers, properties] magique
  ② (= wonderful) [story, tale, experience] merveilleux ; [place, moment] magique
  **COMP** **magical mystery tour** N voyage m enchanté
  **magical realism** N réalisme m magique ; → **magic**

**magically** /ˈmædʒɪkəlɪ/ ADV [disappear, transform, produce] comme par magie or enchantement

**magician** /məˈdʒɪʃən/ SYN N (lit, fig) magicien(ne) m(f) ; (Theat etc) illusionniste m

**magisterial** /ˌmædʒɪsˈtɪərɪəl/ SYN ADJ (lit) de magistrat ; (fig) magistral, formidable

**magisterially** /ˌmædʒɪsˈtɪərɪəlɪ/ ADV magistralement

**magistracy** /ˈmædʒɪstrəsɪ/ N (NonC) magistrature f

**magistrate** /ˈmædʒɪstreɪt/ SYN N magistrat m ; (dealing with minor crimes) juge mf d'instance ◆ **magistrates' court** = tribunal m d'instance

**magma** /ˈmæɡmə/ N (pl **magmas** or **magmata** /ˈmæɡmətə/) magma m

**Magna C(h)arta** /ˌmæɡnəˈkɑːtə/ N (Brit Hist) ◆ **(the) Magna Carta** la Grande Charte f

**magna cum laude** /ˌmæɡnəkʌmˈlaʊdeɪ/ ADV (US Univ) ◆ **to graduate magna cum laude** = obtenir la mention très bien

**Magna Graecia** /ˈmægnəˈgriːʃə/ N (Antiq) Grande-Grèce f

**magnanimity** /ˌmægnəˈnɪmɪtɪ/ SYN N magnanimité f

**magnanimous** /mægˈnænɪməs/ SYN ADJ [person, gesture] magnanime (to sb envers qn) ◆ **to be magnanimous in victory** se montrer magnanime dans la victoire, être un vainqueur magnanime

**magnanimously** /mægˈnænɪməslɪ/ ADV magnanimement

**magnate** /ˈmægneɪt/ SYN N magnat m, roi m ◆ **industrial/financial magnate** magnat m de l'industrie/de la finance ◆ **oil magnate** magnat m or roi m du pétrole

**magnesia** /mægˈniːʃə/ N magnésie f ; → milk

**magnesium** /mægˈniːzɪəm/ N magnésium m

**magnet** /ˈmægnɪt/
- N (lit, fig) aimant m
- COMP **magnet school** N (US) école, généralement située dans un quartier défavorisé, qui bénéficie d'avantages particuliers destinés à attirer des élèves d'autres quartiers

**magnetic** /mægˈnetɪk/ SYN
- ADJ (lit, fig) magnétique
- COMP **magnetic card reader** N lecteur m de cartes magnétiques
- **magnetic declination** N inclinaison f magnétique
- **magnetic disk** N disque m magnétique
- **magnetic field** N champ m magnétique
- **magnetic needle** N aiguille f aimantée
- **magnetic north** N nord m magnétique
- **magnetic resonance imager** N imageur m à résonance magnétique
- **magnetic resonance imaging** N imagerie f par résonance magnétique
- **magnetic storm** N orage m magnétique
- **magnetic strip, magnetic stripe** N (on credit card etc) piste f magnétique
- **magnetic tape** N bande f magnétique

**magnetically** /mægˈnetɪkəlɪ/ ADV 1 (Phys) [attach] magnétiquement
2 (fig) ◆ **to be magnetically drawn to sb/sth** être attiré par qn/qch comme par un aimant

**magnetism** /ˈmægnɪtɪzəm/ SYN N (lit, fig) magnétisme m

**magnetization** /ˌmægnɪtaɪˈzeɪʃən/ N aimantation f

**magnetize** /ˈmægnɪtaɪz/ VT (lit) aimanter, magnétiser ; (fig) magnétiser

**magneto** /mægˈniːtəʊ/ N magnéto f

**magnetoelectric** /mægˌniːtəʊɪˈlektrɪk/ ADJ (Phys) magnétoélectrique, électromagnétique

**magnetoelectricity** /mægˌniːtəʊɪlekˈtrɪsɪtɪ/ N (Phys) électromagnétisme m

**magnetohydrodynamics** /mægˌniːtəʊˈhaɪdrəʊdaɪˈnæmɪks/ N (NonC) magnétohydrodynamique f

**magnetometer** /ˌmægnɪˈtɒmɪtər/ N magnétomètre m

**magnetomotive** /mægˌniːtəʊˈməʊtɪv/ ADJ magnétomoteur

**magnetosphere** /mægˈniːtəʊsfɪər/ N magnétosphère f

**magnetostriction** /mægˌniːtəʊˈstrɪkʃən/ N magnétostriction f

**magnetron** /ˈmægnɪˌtrɒn/ N magnétron m

**Magnificat** /mægˈnɪfɪˌkæt/ N (Rel) Magnificat m inv

**magnification** /ˌmægnɪfɪˈkeɪʃən/ SYN
- N 1 (Opt) grossissement m ◆ **under magnification** au microscope
- 2 (fig = amplification) amplification f
- 3 (Rel) glorification f
- COMP **magnification factor** N coefficient m de grossissement

**magnificence** /mægˈnɪfɪsəns/ SYN N magnificence f, splendeur f, somptuosité f

**magnificent** /mægˈnɪfɪsənt/ SYN ADJ (gen) magnifique ; [food, meal] splendide ◆ "**The Magnificent Seven**" (Cine) « Les Sept Mercenaires »

**magnificently** /mægˈnɪfɪsəntlɪ/ ADV magnifiquement

**magnify** /ˈmægnɪfaɪ/ SYN
- VT 1 [+ image] grossir ; [+ sound] amplifier ; [+ incident] exagérer, grossir ◆ **to magnify sth four times** grossir qch quatre fois ◆ **a severe lack of information is magnifying their confusion** un grave manque d'information ajoute à leur confusion ◆ **adolescence is a time when all your insecurities are magnified** l'adolescence est une période où tous nos sentiments d'insécurité sont amplifiés ◆ **poverty magnifies the effects of disasters** la pauvreté amplifie les effets des catastrophes naturelles ◆ **signs of discontent are often magnified** les signes de mécontentement sont souvent exagérés ◆ **the dispute has been magnified out of all proportion** l'importance du conflit a été démesurément exagérée ◆ **companies that use bank loans to magnify their buying power** les sociétés qui ont recours aux prêts bancaires pour augmenter leur pouvoir d'achat
- 2 (Rel = praise) glorifier
- COMP **magnifying glass** N loupe f, verre m grossissant

**magniloquence** /mægˈnɪləkwəns/ N grandiloquence f

**magniloquent** /mægˈnɪləkwənt/ ADJ grandiloquent

**magnitude** /ˈmægnɪtjuːd/ SYN N ampleur f ; (Astron) magnitude f ◆ **of the first magnitude** (fig) de première grandeur

**magnolia** /mægˈnəʊlɪə/
- N 1 (also **magnolia tree**) magnolia m, magnolier m
- 2 (= colour) rose m pâle
- ADJ rose pâle inv
- COMP **the Magnolia State** N (US) le Mississippi

**magnox** /ˈmægnɒks/ N magnox m ◆ **magnox reactor** réacteur m au magnox

**magnum** /ˈmægnəm/
- N (pl **magnums**) magnum m
- COMP **magnum opus** N (Art, Literat, fig) œuvre f maîtresse

**magpie** /ˈmægpaɪ/ N 1 (= bird) pie f ◆ **to chatter like a magpie** jacasser comme une pie, être un vrai moulin à paroles *
2 (fig = collector) ◆ **he's a real magpie** c'est un collectionneur invétéré

**magus** /ˈmeɪgəs/ N (pl **magi** /ˈmeɪdʒaɪ/) mage m

**Magyar** /ˈmægjɑːr/
- ADJ magyar
- N Magyar(e) m(f)

**Mahabharata** /məhɑːˈbɑːrətə/ N (Literat) Mahābhārata

**maharaja(h)** /ˌmɑːhəˈrɑːdʒə/ N mahara(d)jah m

**maharanee, maharani** /ˌmɑːhəˈrɑːniː/ N maharani f

**maharishi** /ˌmɑːhɑːˈriːʃɪ/ N maharishi m

**mahatma** /məˈhɑːtmə/ N mahatma m

**Mahdi** /ˈmɑːdɪ/ N mahdi m

**Mahdism** /ˈmɑːdɪzəm/ N mahdisme m

**Mahdist** /ˈmɑːdɪst/ ADJ, N mahdiste mf

**mahjong(g)** /ˌmɑːˈdʒɒŋ/ N ma(h)-jong m

**mahogany** /məˈhɒgənɪ/
- N acajou m
- COMP (= made of mahogany) en acajou ; (= mahogany-coloured) acajou inv

**Mahomet** /məˈhɒmɪt/ N Mahomet m

**Mahometan** † /məˈhɒmɪtən/
- ADJ mahométan
- N mahométan(e) m(f)

**Mahometanism** † /məˈhɒmɪtənɪzəm/ N mahométisme m

**mahonia** /məˈhəʊnɪə/ N mahonia m

**mahout** /məˈhaʊt/ N cornac m

**maid** /meɪd/ SYN
- N 1 (= servant) domestique f ; (in hotel) femme f de chambre ; → **barmaid, housemaid, lady**
- 2 †† (= young girl) jeune fille f ; (= virgin) vierge f ◆ **the Maid (of Orleans)** (Hist) la Pucelle (d'Orléans) ◆ **old**
- COMP **maid-of-all-work** N bonne f à tout faire
- **maid of honour** N (esp US) demoiselle f d'honneur

**maiden** /ˈmeɪdn/ SYN
- N (liter) jeune fille f ; (= virgin) vierge f
- COMP [flight, voyage] premier before n, inaugural
- **maiden aunt** N tante f célibataire, tante f restée vieille fille (pej)
- **maiden lady** N († or hum) demoiselle f
- **maiden name** N nom m de jeune fille
- **maiden over** N (Cricket) série de six balles où aucun point n'est marqué
- **maiden pink** N (= plant) œillet m deltoïde or couché
- **maiden speech** N (Parl) premier discours m (d'un député etc)

**maidenhair** /ˈmeɪdnhɛər/
- N (also **maidenhair fern**) capillaire m, cheveu-de-Vénus m
- COMP **maidenhair tree** N ginkgo m, arbre m aux écus

**maidenhead** /ˈmeɪdnhed/ N 1 (Anat) hymen m
2 (= virginity) virginité f

**maidenhood** /ˈmeɪdnhʊd/ N virginité f

**maidenly** /ˈmeɪdnlɪ/ SYN ADJ de jeune fille, virginal, modeste

**maidservant** † /ˈmeɪdsɜːvənt/ N servante f

**maieutics** /meɪˈjuːtɪks/ N (NonC) maïeutique f

**mail**[1] /meɪl/ SYN
- N 1 (NonC = postal system) poste f ◆ **by mail** par la poste
- 2 (NonC = letters) courrier m ◆ **here's your mail** voici votre courrier
- 3 (Comput: also **e-mail, electronic mail**) courrier m électronique, e-mail m ◆ **to send sb a mail** envoyer un message à qn (par courrier électronique), envoyer un courrier électronique or un e-mail à qn
- VT 1 (esp US = post) envoyer or expédier (par la poste), poster
- 2 (Comput: also **e-mail**) [+ message, memo etc] envoyer par courrier électronique ◆ **to mail sb** envoyer un message à qn (par courrier électronique), envoyer un courrier électronique à qn (about à propos de)
- COMP **mail bomb** N (US) colis m piégé
- **mail car** N (US : of train) wagon m postal
- **mail carrier** N (US) facteur m, préposé(e) m(f)
- **mail clerk** N (employé(e) m(f)) préposé(e) m(f) au courrier
- **mail coach** N (of train) wagon-poste m ; (horse-drawn) malle-poste f
- **mail drop** N (US, Can) boîte f à or aux lettres
- **mailing list** N (Comput) liste f d'adresses
- **mail-merge** N (Comput) publipostage m
- **mail order** N vente f par correspondance ◆ **we got it by mail order** nous l'avons acheté par correspondance
- **mail-order** ADJ ◆ **mail-order catalogue** catalogue m de vente par correspondance ◆ **mail-order firm, mail-order house** maison f de vente par correspondance
- **mail room** N (esp US) service m courrier
- **mail slot** N (US) fente f de la or d'une boîte aux lettres
- **mail train** N train m postal
- **mail truck** N (US) camionnette f or fourgon m des postes
- **mail van** N (Brit) (= vehicle) camionnette f or fourgon m des postes ; (= train wagon) wagon m postal

**mail**[2] /meɪl/ N (NonC) mailles fpl ◆ **coat of mail** cotte f de mailles ◆ **the mailed fist** (fig) la manière forte ; → **chain**

**mailbag** /ˈmeɪlbæg/ N sac m postal

**mailboat** /ˈmeɪlbəʊt/ N paquebot(-poste) m

**mailbox** /ˈmeɪlbɒks/ N (Comput, US Post) boîte f aux lettres

**Mailgram** ® /ˈmeɪlgræm/ N (US) télégramme m (distribué avec le courrier)

**mailing** /ˈmeɪlɪŋ/
- N publipostage m, mailing m ◆ **mailing list** fichier m or liste f d'adresses
- COMP **mailing address** N (US) adresse f postale
- **mailing clerk** N préposé(e) m(f) au courrier

**mailman** /ˈmeɪlmæn/ N (pl **-men**) (US) facteur m, préposé m

**mailshot** /ˈmeɪlʃɒt/ N (Brit) mailing m, publipostage m

**maim** /meɪm/ SYN VT estropier, mutiler ◆ **to be maimed for life** être estropié pour la vie or à vie

**Main** /meɪn/ N (= river) Main m

**main** /meɪn/ SYN
- ADJ 1 [door, entrance, shop, feature, idea, objective] principal ; [pipe, beam] maître (maîtresse f) ◆ **the main body of the army/the crowd** le gros de l'armée/de la foule ◆ **one of his main ideas was...** une de ses principales idées or des idées maîtresses consistait à... ◆ **my main idea was to establish...** mon idée directrice était d'établir... ◆ **the main point of his speech** le point fondamental de son discours ◆ **the main point** or **object** or **objective of the meeting** l'objet principal de cette réunion ◆ **the main thing is to**

**keep quiet** l'essentiel est de se taire • **the main thing to remember is...** ce qu'il ne faut surtout pas oublier c'est... • **to have an eye to the main chance** tirer profit de toutes les situations • **one of the main tourist areas of Amsterdam** l'un des grands quartiers touristiques d'Amsterdam • **my main concern is to protect the children** ma préoccupation première *or* essentielle est de protéger les enfants ; see also comp ; → **drag, eye, issue**

2 • **by main force** de vive force

**N** 1 *(= principal pipe, wire)* canalisation *f or* conduite *f* maîtresse • **(electricity) main** conducteur *m* principal • **(gas) main** *(in street)* conduite *f* principale ; *(in house)* conduite *f* de gaz • **main (sewer)** (égout *m*) collecteur *m* • **(water) main** *(in street or house)* conduite *f* d'eau de la ville • **the water in this tap comes from the mains** l'eau de ce robinet vient directement de la conduite • **the mains** *(Elec)* le secteur • **connected to the mains** branché sur (le) secteur • **this radio works by battery or from the mains** ce poste de radio marche sur piles ou sur (le) secteur • **to turn off the electricity/gas/water at the main(s)** couper le courant/le gaz/l'eau au compteur

2 *(set structure)*

♦ **in the main** dans l'ensemble, en général

3 *(liter)* • **the main** *(= sea)* l'océan *m* , le (grand) large ; → **Spanish**

**COMP main beam** N *(Archit)* poutre *f* maîtresse
**main bearing** N *(in mechanism, car)* palier *m*
**main clause** N *(Gram)* proposition *f* principale
**main course** N *(Culin)* plat *m* principal
**main deck** N *[of ship]* pont *m* principal
**main door (flat)** N *(Brit)* appartement *m* avec porte d'entrée particulière sur la rue
**main line** N *[of railway]* grande ligne *f*
**main man*** N (pl **main men**) *(US)* meilleur pote* *m*
**main memory** N *(Comput)* mémoire *f* centrale
**main office** N *[of company]* bureau *m* principal ; *[of political party, newspaper, agency etc]* siège *m* (social)
**main road** N grande route *f*, route *f* à grande circulation • **the main road** la grand-route • **it is one of the main roads into Edinburgh** c'est une des grandes voies d'accès à Édimbourg
**main sheet** N *[of ship]* écoute *f* de (la) grand-voile
**mains set** N *(radio, tape recorder etc)* appareil *m* fonctionnant sur secteur
**mains supply** N • **to be on the mains supply** *(for electricity/gas/water)* être raccordé au réseau (de distribution) d'électricité/de gaz/d'eau
**main street** N grand-rue *f*, rue *f* principale
**mains water** N eau *f* de la ville
**main-topmast** N *[of ship]* grand mât *m* de hune

**mainbrace** /ˈmeɪnbreɪs/ N *[of ship]* bras *m* (de grand-vergue) ; → **splice**

**Maine** /meɪn/ N Maine *m* • **in Maine** dans le Maine

**mainframe** /ˈmeɪnfreɪm/ N (also **mainframe computer**) *(= central computer)* unité *f* centrale, processeur *m* central ; *(= large computer)* gros ordinateur *m*

**mainland** /ˈmeɪnlænd/

**N** continent *m (opposé à une île)* • **the mainland of Greece, the Greek mainland** la Grèce continentale • **the Mainland** *(Brit) (not Northern Ireland)* la Grande-Bretagne *(l'Angleterre, l'Écosse et le pays de Galles)* ; *(not Hong Kong)* la Chine continentale

**ADJ** /ˈmeɪnlənd/ continental • **mainland Greece** la Grèce continentale

**mainlander** /ˈmeɪnləndəʳ/ N habitant(e) *m(f)* du continent, continental(e) *m(f)*

**mainline** /ˈmeɪnlaɪn/

**ADJ** 1 *(= principal)* → **mainstream**

2 *[station, train]* de grande ligne

**VI** *(* Drugs)* se shooter

**VT** *(* = inject)* • **to mainline heroin** se shooter* à l'héroïne

**mainliner*** /ˈmeɪnlaɪnəʳ/ N *(Drugs)* junkie *mf* qui se shoote*

**mainly** /ˈmeɪnlɪ/ SYN ADV surtout, principalement • **mainly because** surtout parce que

**mainmast** /ˈmeɪnmɑːst/ N grand mât *m*

**mainsail** /ˈmeɪnseɪl/ N grand-voile *f*

**mainspring** /ˈmeɪnsprɪŋ/ N *[of clock etc]* ressort *m* principal ; *(fig)* mobile *m* principal

**mainstay** /ˈmeɪnsteɪ/ SYN N *[of ship]* étai *m* (de grand mât) ; *(fig)* soutien *m*, point *m* d'appui • **he was the mainstay of the organization** c'était lui le pilier *or* le pivot de l'organisation

**mainstream** /ˈmeɪnstriːm/

**ADJ** *[political party, denomination]* grand, dominant ; *[media]* principal ; *[press]* traditionnel ; *[culture]* grand public *inv* ; *[film, music]* conventionnel, mainstream* ; *[audience]* moyen • **fascism has never been part of mainstream politics in Britain** le fascisme n'a jamais fait partie des grands courants politiques en Grande-Bretagne

**N** *[of politics etc]* courant *m* dominant

**VT** *(US Scol)* intégrer dans la vie scolaire normale

**mainstreaming** /ˈmeɪnstriːmɪŋ/ N *(US)* 1 *(Scol) intégration (d'enfants retardés ou surdoués) dans la vie scolaire normale*

2 *[of social group] fait de faire sortir (un groupe social) de la marginalité*

**mainstreeting** /ˈmeɪnˌstriːtɪŋ/ N *(Can Pol)* bain *m* de foule

**maintain** /meɪnˈteɪn/ LANGUAGE IN USE 26.2 SYN

**VT** 1 *(= continue, keep up) [+ rate, level, order, progress, stability, sanctions, temperature, speed, value, standard, quality]* maintenir ; *[+ friendship, correspondence, diplomatic relations]* entretenir ; *[+ silence]* garder ; *[+ attitude, advantage]* conserver, garder • **to maintain the status quo** maintenir le statu quo • **to maintain sth at a constant temperature** maintenir qch à une température constante • **to maintain radio silence** maintenir le silence radio • **to maintain control** garder le contrôle • **maintain the pressure on the wound** continuez à comprimer la blessure • **to maintain one's living standards** maintenir son niveau de vie • **the government has failed to maintain standards of health care in this country** le gouvernement n'a pas réussi à maintenir la qualité des soins médicaux dans notre pays • **pupils who manage to maintain their high standards throughout their school career** des élèves qui arrivent à rester parmi les meilleurs pendant toute leur scolarité • **he maintained his opposition to...** il continua à s'opposer à... • **if the improvement is maintained** si l'on (*or* s'il *etc*) continue à faire des progrès • **products which help to maintain healthy skin and hair** des produits qui aident à garder une peau et des cheveux en bonne santé • **to maintain one's weight (at the same level)** garder le même poids • **he wants to maintain his weight at 150 pounds** il veut rester à 68 kilos

2 *(= support, finance) [+ family, wife, child, army]* entretenir

3 *(= assure upkeep of) [+ road, building, car, machine]* entretenir ; *[+ child]* élever • **a husband should pay and maintain his wife** le mari devrait payer sa femme et subvenir à ses besoins

4 *(= assert) [+ opinion, fact]* soutenir, maintenir • **to maintain one's innocence** clamer son innocence • **I maintain that...** je soutiens *or* maintiens que... • **"I wasn't there," she maintained** « je n'y étais pas », insista-t-elle • **he maintained the money was donated for humanitarian aid** il a maintenu que l'argent avait été donné à des fins d'aide humanitaire • **"life doesn't have to be like this," she maintains** « on n'est pas forcé de vivre comme ça », maintient-elle

**COMP maintained school** N *(Brit)* école *f* publique

**maintenance** /ˈmeɪntɪnəns/ SYN

**N** (NonC) 1 *(= continuation, preservation) [of rate, level, order, progress, stability, sanctions, temperature, speed, value, standard, quality]* maintien *m*

2 *(= upkeep) [of road, building, car, machine]* entretien *m*, maintenance *f (Tech)* • **car maintenance** mécanique *f* (auto) • **they are responsible for maintenance on long haul flights** ils sont chargés de l'entretien *or* de la maintenance sur les vols long-courriers

3 *(= financing) [of family, wife, child, army]* entretien *m* • **parents are liable for the maintenance of their children** les parents doivent subvenir aux besoins de leurs enfants

4 *(Jur)* pension *f* alimentaire • **he pays £50 per week maintenance** il verse une pension alimentaire de 50 livres par semaine • **plans to make absent fathers pay maintenance for their children** un projet visant à obliger les pères absents à payer la pension alimentaire de leurs enfants

**COMP maintenance allowance** N *[of student]* bourse *f* (d'études) ; *[of worker away from home]* indemnité *f* (pour frais) de déplacement
**maintenance contract** N contrat *m* d'entretien
**maintenance costs** NPL frais *mpl* d'entretien
**maintenance crew** N équipe *f* d'entretien
**maintenance grant** N ⇒ **maintenance allowance**
**maintenance man** N (pl **maintenance men**) *(Tech etc)* employé *m* chargé de l'entretien
**maintenance order** N *(Jur)* ordonnance *f* de versement de pension alimentaire

**maintop** /ˈmeɪntɒp/ N *[of ship]* grande hune *f*

**maintopsail** /ˌmeɪnˈtɒpseɪl/ N grand hunier *m*

**Mainz** /maɪnts/ N *(Geog)* Mayence

**maiolica** /məˈjɒlɪkə/ N majolique *f*

**maisonette** /ˌmeɪzəˈnet/ N *(esp Brit)* (appartement *m* en) duplex *m*

**maître d'hôtel** /ˌmetrədəʊˈtel/ N (pl **maîtres d'hôtel**) (also **maître d'**) maître *m* d'hôtel

**maize** /meɪz/ N *(Brit)* maïs *m* • **maize field** champ *m* de maïs

**Maj.** (abbrev of **Major**) *(on envelope)* • **Maj. J. Smith** Monsieur le Major J. Smith

**majestic** /məˈdʒestɪk/ SYN ADJ majestueux

**majestically** /məˈdʒestɪkəlɪ/ ADV majestueusement

**majesty** /ˈmædʒɪstɪ/ SYN N majesté *f* • **His Majesty the King** Sa Majesté le Roi • **Your Majesty** Votre Majesté • **His** *or* **Her Majesty's Government** *(Brit)* le gouvernement britannique • **on His** *or* **Her Majesty's service** *(Brit)* au service du gouvernement britannique • **His** *or* **Her Majesty's Stationery Office** *(Brit)* ≈ l'Imprimerie *f* nationale ; → **ship**

**majolica** /məˈdʒɒlɪkə/ N majolique *f*

**major** /ˈmeɪdʒəʳ/ SYN

**ADJ** majeur • **of major importance** d'importance majeure • **to play a major part in sth** jouer un rôle majeur dans qch • **of major interest** d'intérêt majeur • **the major factor in his decision to stay was...** le facteur principal qui l'a poussé à rester est... • **a major operation** *(Med)* une grosse opération • **major repairs** grosses réparations *fpl* , gros travaux *mpl* • **a major portion of funding comes from the trade unions** la majeure partie du financement provient des syndicats • **major road** route *f* principale • **it was a major success** cela a eu un succès considérable • **Smith Major** *(Brit Scol)* Smith aîné

**N** 1 *[of army and US Air Force]* commandant *m* ; *[of cavalry]* chef *m* d'escadron ; *[of infantry]* chef *m* de bataillon

2 *(Jur)* majeur(e) *m(f)*

3 *(US Univ)* matière *f* principale

4 *(esp US Univ)* • **music/psychology** *etc* **major** étudiant(e) *m(f)* en musique/psychologie *etc*

**VI** *(US Univ)* • **to major in chemistry** se spécialiser en chimie

**COMP major-general** N *(Mil)* général *m* de division ; *(US Air Force)* général *m* de division aérienne
**major key** N *(Mus)* ton *m* majeur • **in the major key** en majeur
**major league** N *(US Sport)* première division *f*
**major suit** N *(Cards)* majeure *f*

**Majorca** /məˈjɔːkə/ N Majorque *f* • **in Majorca** à Majorque

**Majorcan** /məˈjɔːkən/

**ADJ** majorquin

**N** Majorquin(e) *m(f)*

**majordomo** /ˌmeɪdʒəˈdəʊməʊ/ N majordome *m*

**majorette** /ˌmeɪdʒəˈret/ N majorette *f*

**majority** /məˈdʒɒrɪtɪ/ SYN

**N** 1 *(= greater part)* majorité *f* • **to be in the** *or* **a majority** être majoritaire *or* en majorité • **elected by a majority of nine** élu avec une majorité de neuf voix • **a four-fifths majority** une majorité des quatre cinquièmes • **in the majority of cases** dans la majorité *or* la plupart des cas • **the majority of people think that...** la plupart *or* la majorité des gens pensent que... • **the vast majority of them believe...** dans leur immense majorité ils croient... ; → **silent**

2 *(in age)* majorité *f* • **the age of majority** l'âge *m* de la majorité • **to reach one's majority** atteindre sa majorité

**COMP** *(Pol) [government, rule]* majoritaire
**majority opinion** N *(US Jur)* arrêt *m* rendu à la majorité *(des votes des juges)*
**majority rule** N *(Pol)* gouvernement *m* par la majorité
**majority verdict** N *(Jur)* verdict *m* majoritaire *or* rendu à la majorité

## make /meɪk/ SYN

vb: pret, ptp **made**

1 - TRANSITIVE VERB
2 - INTRANSITIVE VERB
3 - NOUN
4 - COMPOUNDS
5 - PHRASAL VERBS

### 1 - TRANSITIVE VERB

► When **make** is part of a set combination, eg **make a case**, **make an attempt**, **make a bow**, **make sure**, **make bold**, look up the other word.

1 [= CREATE, PRODUCE] *[+ bed, cake, clothes, coffee, fire, noise, remark, one's will]* faire ; *[+ shelter]* construire ; *[+ toys, tools, machines]* fabriquer, faire ◆ **I'm going to make a cake** je vais faire un gâteau◆ **he made it himself** il l'a fait lui-même◆ **two and two make four** deux et deux font *or* égalent quatre◆ **how much does that make (altogether)?** combien ça fait (en tout) ?◆ **that makes the third time I've rung him** ça fait la troisième fois *or* trois fois que je l'appelle◆ **to make a payment** effectuer un paiement◆ **God made Man** Dieu a créé l'homme◆ **he's as clever as they make 'em*** il est malin comme pas un*, il est malin comme tout*

♦ **to make the/a total** ◆ **I make the total 15 euros** selon mes calculs ça fait 15 €◆ **that makes a total of 18 points** ça fait 18 points en tout

♦ **to make sth into sth** transformer qch en qch

♦ **made** + *preposition* ◆ **they were made FOR each other** ils étaient faits l'un pour l'autre◆ **her shoes weren't made FOR walking** elle n'avait pas les chaussures adaptées pour la marche◆ **made IN France** *(on label)* fabriqué en France,« made in France »◆ **the frames are made OF plastic** la monture est en plastique◆ **to show what one is made OF** montrer ce dont on est capable◆ **this car wasn't made TO carry eight people** cette voiture n'est pas faite pour transporter huit personnes

2 [= EARN] *[+ money] [person]* gagner, se faire ; *[company, firm]* réaliser un bénéfice net de ; *[product, deal]* rapporter ◆ **he makes $400 a week** il gagne *or* se fait 400 dollars par semaine◆ **how much do you make?** combien gagnez-vous ?◆ **how much do you stand to make?** combien pensez-vous pouvoir gagner ?◆ **the company made 1.4 million pounds last year** la société a réalisé un bénéfice net de 1,4 million de livres l'année dernière◆ **the film made millions** le film a rapporté des millions◆ **the deal made him $500** cette affaire lui a rapporté 500 dollars◆ **what did you make by** *or* **on it?** combien est-ce que ça t'a rapporté ?

3 [= SCORE] marquer ◆ **Lara made a hundred** Lara a marqué cent points

4 [= REACH, ATTAIN] *[+ destination]* arriver à ; *(= catch) [+ train, plane]* attraper, avoir ◆ **will we make Paris before lunch?** est-ce que nous arriverons à Paris avant le déjeuner ?◆ **we made good time** *(on foot)* nous avons bien marché ; *(in vehicle)* nous avons bien roulé◆ **he made the list of...*** son nom a figuré sur la liste de...

**réussir à/arriver à** + infinitive are used in the following to translate **make** + noun:

◆ **do you think he'll make (it to) university?** croyez-vous qu'il arrivera à entrer à l'université ?◆ **the novel made the bestseller list** le roman a réussi à se placer sur la liste des best-sellers◆ **he made (it into) the first team** il a réussi à être sélectionné dans l'équipe première

5 [= FORCE] obliger, forcer ◆ **you can't make me!** tu ne peux pas m'y forcer *or* obliger ! ; see also **10**

6 [= RECKON] ◆ **how many do you make it?** combien en comptes-tu ?◆ **I make it 100km from here to Paris** d'après moi *or* selon moi il y a 100 km d'ici à Paris◆ **what time do you make it?** quelle heure as-tu ?

7 [= ENSURE SUCCESS OF] ◆ **the beautiful pictures make the book** ce livre doit beaucoup à ses magnifiques images◆ **that film made her** ce film l'a consacrée◆ **he was made for life*** son avenir était assuré◆ **you're made!*** ton avenir est assuré,tu n'as pas de soucis à te faire pour ton avenir !◆ **he's got it made*** son avenir est assuré,il n'a pas à s'en faire pour son avenir◆ **to make or break sb** assurer ou briser la carrière de qn◆ **his visit made my day!*** sa visite m'a fait un plaisir fou !*◆ **go ahead, make my day!*** *(iro)* vas-y, qu'est-ce que tu attends ?

8 [= BE, CONSTITUTE] faire ◆ **he'll make a good footballer** il fera un bon joueur de football◆ **he'll make somebody a good husband** il fera un bon mari◆ **to make a fourth** *(in game)* faire le quatrième◆ **I made one of their group** je faisais partie de leur groupe◆ **they make good cooking apples** ce sont *or* elles font de bonnes pommes à cuire◆ **she made him a good wife** elle a été une bonne épouse pour lui◆ **they make a handsome pair** ils forment un beau couple◆ **these books make a set** ces livres forment une collection◆ **the latest report doesn't make pleasant reading** le dernier compte-rendu n'est pas très réjouissant

9 [CARDS] ◆ **to make the cards** battre les cartes◆ **to make a trick** faire un pli◆ **he made ten and lost three (tricks)** il a fait dix plis et en a perdu trois◆ **to bid and make three hearts** *(Bridge)* demander et faire trois cœurs◆ **he managed to make his queen of diamonds** il a réussi à faire un pli avec sa dame de carreau

10 [SET STRUCTURES]

♦ **to make sb do sth** *(= cause to)* faire faire qch à qn ; *(= force)* obliger *or* forcer qn à faire qch◆ **to make o.s. do sth** s'obliger à faire qch◆ **to make sb laugh** faire rire qn◆ **what made you believe that...?** qu'est-ce qui vous a fait croire que... ?◆ **the author makes him die in the last chapter** l'auteur le fait mourir au dernier chapitre◆ **I was made to wait for an hour** on m'a fait attendre une heure◆ **they made him tell them the password** ils l'ont obligé *or* forcé à leur dire le mot de passe◆ **I don't know what makes him do it** je ne sais pas ce qui le pousse à faire ça

♦ **to make sb sth** *(= choose as)* ◆ **to make sb king** mettre qn sur le trône◆ **he made John his assistant** il a fait de John son assistant◆ **he made her his wife** il l'a épousée◆ **this actor makes the hero a tragic figure** cet acteur fait du héros un personnage tragique

♦ **to make + of** ◆ **what did you make of the film?** que penses-tu de ce film ?◆ **what do you make of him?** qu'est-ce que tu penses de lui ?◆ **I don't know what to make of it all** je ne sais pas quoi penser de tout ça◆ **I can't make anything of this letter, I can make nothing of this letter** je ne comprends rien à cette lettre◆ **to make sth of o.s.** *or* **of one's life** faire qch de sa vie

♦ **to make...** + *adjective* ◆ **to make o.s. useful/ill** se rendre utile/malade◆ **to make sb happy/unhappy** rendre qn heureux/malheureux◆ **make yourself comfortable** mettez-vous à l'aise

Look up other combinations, eg **to make sb thirsty**, **to make o.s. ridiculous**, at the adjective.

♦ **to make believe** *(= pretend)* faire semblant ; *(= imagine)* imaginer ◆ **he made believe he couldn't understand** il a fait semblant de ne pas comprendre◆ **let's make believe we're on a desert island** imaginons que nous sommes sur une île déserte

♦ **to make do** *(= manage)* se débrouiller ◆ **I'll make do with what I've got** je vais me débrouiller avec ce que j'ai◆ **she had to make do and mend for many years** elle a dû se débrouiller pendant des années avec ce qu'elle avait◆ **he can't come, you'll have to make do with me** *(= be satisfied)* il ne peut pas venir, tu vas devoir te contenter de moi

♦ **to make it** *(= come)* venir ; *(= arrive)* arriver ; *(= succeed)* réussir,y parvenir,y arriver◆ **sorry, I can't make it** désolé, je ne peux pas venir◆ **he made it just in time** il est arrivé juste à temps◆ **you've got the talent to make it** tu as tout pour réussir◆ **he tried for months to get into the team and eventually made it** il a essayé pendant des mois d'intégrer l'équipe et a fini par y parvenir *or* y arriver◆ **can you make it by 3 o'clock?** est-ce que tu peux y être pour 3 heures ?◆ **they're making it (together)**‡ ils couchent* ensemble

♦ **to make it with sb** *(* = be accepted)* être accepté par qn ; *(‡ = have sex with)* s'envoyer‡ *or* se taper‡ qn◆ **he'll never make it with them*** il ne réussira jamais à se faire accepter d'eux

♦ **to make it** + *time, date, amount* ◆ **let's make it 5 o'clock/$30** si on disait 5 heures/30 dollars ?◆ **I'm coming tomorrow – okay, can you make it the afternoon?** je viendrai demain – d'accord, mais est-ce que tu peux venir dans l'après-midi ?

### 2 - INTRANSITIVE VERB

1 [= ACT]

♦ **to make as if, to make like*** ◆ **he made as if to strike me** il fit mine de me frapper◆ **she made as if to protest, then hesitated** elle parut sur le point de protester, puis hésita◆ **he was making like he didn't have any money** il faisait mine de ne pas avoir d'argent

2 [TIDE, FLOOD] monter

### 3 - NOUN

1 [COMM] *(= brand)* marque *f* ; *(= manufacture)* fabrication *f* ◆ **it's a good make** c'est une bonne marque◆ **the cars were mainly of French make** les voitures étaient pour la plupart de fabrication française◆ **what make of car do you drive?** qu'est-ce que vous avez comme (marque de) voiture ? BUT◆ **these are our own make** *(industrial products)* ceux-là sont fabriqués par nous ; *(confectionery, food)* ceux-là sont faits maison BUT◆ **it's my own make** je l'ai fait moi-même

2 [SET STRUCTURE]

♦ **to be on the make** * *(pej) (= be trying to make money)* chercher à se remplir les poches ; *(= be trying to get power)* avoir une ambition dévorante ; *(US) (= be successful)* avoir du succès◆ **some politicians are on the make** certains hommes politiques cherchent à se remplir les poches◆ **a brilliant young man on the make** un jeune homme brillant à l'ambition dévorante◆ **it's on the make** ça a du succès◆ **the tide is on the make** la marée monte

### 4 - COMPOUNDS

**make-believe** SYN **N** ◆ **to play at make-believe** jouer à faire semblant◆ **the land of make-believe** le pays des chimères◆ **theatre is a world of make-believe** le théâtre est un monde d'illusions **ADJ** ◆ **his story is pure make-believe** son histoire est de l'invention pure *or* (de la) pure fantaisie◆ **they were on a make-believe island** ils faisaient semblant d'être sur une île◆ **the child made a make-believe boat out of the chair** l'enfant faisait de la chaise un bateau imaginaire

**make-or-break*** **ADJ** décisif *(for sb/sth* pour qn/qch)

**make-up** SYN **N** → **make-up**

### 5 - PHRASAL VERBS

► **make after** **VT FUS** se lancer à la poursuite de ◆ **they made after him** ils se sont lancés à sa poursuite

► **make at** **VT FUS** se jeter sur ◆ **he made at me with a knife** il s'est jeté sur moi avec un couteau

► **make away** **VI** ⇒ **make off**

► **make away with** **VT FUS** *(= murder)* supprimer ◆ **to make away with o.s.** se supprimer

► **make for** **VT FUS** 1 *(= go to)* ◆ **where are you making for?** où allez-vous ?◆ **he made for the door** il se dirigea vers la porte◆ **the ship is making for Cyprus** le navire fait route vers Chypre◆ **to make for home** rentrer (chez soi)

2 *(= produce)* produire ; *(= contribute to)* contribuer à◆ **controversy makes for eye-catching headlines** toute controverse produit des gros titres accrocheurs◆ **a good education system makes for a successful economy** un bon système éducatif contribue à la prospérité de l'économie◆ **happy parents make for a happy child** quand les parents sont heureux, l'enfant l'est aussi,à parents heureux, enfant heureux

► **make off** **VI** se tirer* ◆ **to make off with sth** se tirer* avec qch

► **make out**

**VI** 1 *(* = manage)* se débrouiller ◆ **they're making out fairly well** ils se débrouillent assez bien◆ **how are you making out?** comment ça marche ?,comment te débrouilles-tu ?◆ **how are you making out with your research?** comment avancent tes recherches ?◆ **the firm is making out all right** l'entreprise marche bien

2 *(US ‡ = have sex)* s'envoyer en l'air‡◆ **to make out with sb** s'envoyer‡ qn

**VT SEP** 1 *(= draw up, write) [+ list, bill]* faire, dresser ; *[+ cheque]* libeller ; *[+ will]* faire, rédiger ◆ **cheques made out to...** chèques *mpl* libellés à l'ordre *or* au nom de...◆ **who shall I make it out to?** je le fais à l'ordre de qui ?,c'est à quel ordre ?

2 *(= put forward)* ◆ **he made out a good case for not doing it** il a présenté de bons arguments pour ne pas le faire

3 (= see, distinguish) [+ object, person] discerner, distinguer ; (= hear) distinguer, comprendre ; (= understand) comprendre ; (= decipher) [+ handwriting] déchiffrer ◆ **I could just make out three figures in the distance** j'arrivais tout juste à discerner or distinguer trois silhouettes au loin ◆ **I can't make it out at all** je n'y comprends rien ◆ **how do you make that out?** qu'est-ce qui vous fait penser cela ? ◆ **I can't make out what he wants/why he is here** je n'arrive pas à comprendre ce qu'il veut/pourquoi il est ici

4 (= claim, pretend) prétendre (that que) ; (= portray as) présenter comme ◆ **he's not as stupid as he makes out** il n'est pas aussi stupide qu'il le prétend ◆ **he isn't as rich as people make out** il n'est pas aussi riche que les gens le prétendent ◆ **the programme made her out to be naive** l'émission la présentait comme une femme naïve ◆ **the biography makes her out to be ruthless** cette biographie la décrit comme une femme impitoyable ◆ **they made him out to be a fool** ils disaient que c'était un imbécile ◆ **he made out that he was a doctor** il se faisait passer pour (un) médecin ◆ **he made out to be looking for a pen** il a fait semblant de chercher un stylo

▶ **make over** VT SEP 1 (= assign) [+ money, land] céder, transférer (to à)

2 (= remake) [+ garment, story] reprendre ; (= convert) [+ building] convertir ◆ **she made the jacket over to fit her son** elle a repris la veste pour (qu'elle aille à) son fils

▶ **make up**

VI 1 (= become friends again) se réconcilier, se rabibocher *

2 (= apply cosmetics) se maquiller ; (Theat) se maquiller ; (heavily) se grimer

VT SEP 1 (= invent) [+ story, excuse, explanation] inventer, fabriquer ◆ **you're making it up!** tu l'inventes (de toutes pièces) !

2 (= put together) [+ packet, parcel] faire ; [+ dish, medicine, solution] préparer ; [+ garment] assembler ; [+ list] faire, dresser ◆ **to make sth up into a bundle** faire un paquet de qch ◆ **to make up a book** (Typography) mettre un livre en pages ◆ **to make up a prescription** (Pharm) exécuter or préparer une ordonnance ◆ **she made up a bed for him on the sofa** elle lui a fait or préparé un lit sur le canapé ◆ **have you made up the beds?** as-tu fait les lits ? ◆ **customers' accounts are made up monthly** les relevés de compte des clients sont établis chaque mois ◆ **they sell material and also make up clothes** ils vendent du tissu et font aussi des vêtements ◆ **"customers' own material made up"** « travail à façon »

3 (= counterbalance, replace) [+ loss, deficit] combler, compenser ; [+ sum of money, numbers, quantity, total] compléter ◆ **to make up the difference** mettre la différence ◆ **they made up the number with five amateurs** ils ont complété l'équipe en faisant appel à cinq amateurs ◆ **he made it up to $100** il a complété les 100 dollars ◆ **to make up lost time** rattraper le temps perdu ◆ **you'll have to make the time up** il faudra que vous rattrapiez vos heures de travail ◆ **to make up lost ground** regagner le terrain perdu ◆ **to make up ground on sb** gagner du terrain sur qn

4 (= repay) ◆ **to make sth up to sb, to make it up to sb for sth** revaloir qch à qn ◆ **I'll make it up to you I promise** je te revaudrai ça, je te le promets ◆ **I must make it up to him for my stupid mistake** je dois me faire pardonner auprès de lui pour mon erreur stupide

5 (= settle) [+ dispute] mettre fin à ; [+ differences] régler ◆ **to make up one's quarrel, to make it up** se réconcilier, se rabibocher * ◆ **let's make it up** faisons la paix

6 (= apply cosmetics to) [+ person] maquiller ; (Theat) maquiller ; (heavily) grimer ◆ **to make o.s. up, to make up one's face** se maquiller ; (Theat) se maquiller ; (heavily) se grimer ◆ **she was making up her eyes** elle se maquillait les yeux

7 (= compose, form) composer, constituer ; (= represent) constituer, représenter ◆ **the group was made up of six teachers** le groupe était composé or constitué de six professeurs ◆ **how many people make up the team?** combien y a-t-il de personnes dans l'équipe ? ◆ **they make up 6% of...** ils représentent or constituent 6% de...

▶ **make up for** VT FUS compenser ◆ **he has made up for last year's losses** il a comblé les pertes de l'année dernière ◆ **money can't make up for what we've suffered** l'argent ne peut compenser ce que nous avons souffert ◆ **he tried to make up for all the trouble he'd caused** il essaya de se faire pardonner les ennuis qu'il avait causés ◆ **he made up for all the mistakes he'd made** il s'est rattrapé pour toutes les erreurs qu'il avait commises ◆ **she said that nothing could make up for her husband's death** elle dit que rien ne la consolerait de la mort de son mari ◆ **to make up for lost time** rattraper le temps perdu

▶ **make up on** VT FUS (= catch up with) rattraper

▶ **make up to** * VT FUS (= curry favour with) passer de la pommade * à qn

**makefast** /ˈmeɪkfɑːst/ N (US) point m d'amarre

**makeover** /ˈmeɪkəʊvəʳ/ N (lit, fig) changement m de look *

**Maker** /ˈmeɪkəʳ/ N (Rel) ◆ **our Maker** le Créateur ◆ **he's gone to meet his Maker** (hum) il est allé ad patres (hum)

**-maker** /ˈmeɪkəʳ/ N (in compounds) 1 (= manufacturer : gen) fabricant(e) m(f) de... ◆ **tyre/furniture-maker** fabricant m de pneus/de meubles ◆ **film-maker** cinéaste mf ; see also watchmaker

2 (= machine) ◆ **coffee-maker** cafetière f électrique ◆ **yoghurt-maker** yaourtière f

**makeshift** /ˈmeɪkʃɪft/ SYN

N expédient m, moyen m de fortune

ADJ de fortune ◆ **makeshift shelters** des abris de fortune

**make-up** /ˈmeɪkʌp/ SYN

N 1 (NonC = nature) [of object, group etc] constitution f ; [of person] tempérament m, caractère m

2 (NonC = cosmetics) maquillage m ◆ **she wears too much make-up** elle se maquille trop, elle est trop maquillée

3 (US Scol etc : *) examen m de rattrapage

COMP **make-up artist** N maquilleur m, -euse f
**make-up bag** N trousse f de maquillage
**make-up base** N base f (de maquillage)
**make-up case** N nécessaire m or boîte f de maquillage
**make-up class** N (US Scol) cours m de rattrapage
**make-up girl** N maquilleuse f
**make-up man** N (pl **make-up men**) maquilleur m
**make-up remover** N démaquillant m

**makeweight** /ˈmeɪkweɪt/ N 1 (lit) (= weight, object) tare f

2 (fig = person) bouche-trou m

**making** /ˈmeɪkɪŋ/

N 1 (NonC) (gen) fabrication f ; [of dress] façon f, confection f ; [of machines] fabrication f, construction f ; [of food] (by machine) fabrication f ◆ **rennet is used in the making of cheese** on utilise la présure dans la fabrication du fromage ◆ **bread-/cheese-/wine-** etc **making** fabrication f du pain/du fromage/du vin etc ◆ **she does her own wine-making** elle fait son vin elle-même ◆ **all his troubles are of his own making** tous ses ennuis sont de sa faute ◆ **decision-making** prise f de décisions ◆ **he wrote a book on the making of the film** il a écrit un livre sur la genèse de ce film

◆ **in the making** ◆ **the film was three months in the making** il a fallu trois mois pour faire ce film ◆ **a new system/society is in the making** un nouveau système/une nouvelle société est en train de se créer ◆ **a compromise may be in the making** il se peut que l'on soit sur le point d'arriver à un compromis ◆ **a genius/star in the making** un génie/une star en herbe ◆ **a dictator/criminal in the making** de la graine de dictateur/criminel ◆ **it's a disaster in the making** ça risque de tourner au désastre ◆ **it's history in the making** c'est l'histoire en train de se faire ◆ **it's still in the making** [product, film] c'est encore en chantier

2 (= forming) ◆ **it was the making of him** (gen) c'est ce qui a formé son caractère ; (= made him successful) son succès est parti de là

NPL **makings** éléments mpl essentiels ◆ **he has the makings of a footballer** il a l'étoffe d'un footballeur ◆ **the situation has the makings of a civil war** cette situation laisse présager une guerre civile ◆ **we have all the makings of a great movie** il y a tous les ingrédients pour faire un grand film

**malabsorption** /ˌmæləbˈsɔːpʃən/ N (Med) malabsorption f

**malacca** /məˈlækə/ N (also **malacca cane**) (= stem) malacca m ; (= stick) canne f en malacca

**Malachi** /ˈmæləkaɪ/ N Malachie m

**malachite** /ˈmæləkaɪt/ N malachite f

**malacology** /ˌmæləˈkɒlədʒɪ/ N malacologie f

**maladjusted** /ˌmæləˈdʒʌstɪd/ SYN ADJ 1 (Psych) inadapté

2 [mechanism] mal ajusté, mal réglé

**maladjustment** /ˌmæləˈdʒʌstmənt/ N 1 (Psych) inadaptation f

2 [of mechanism] mauvais ajustement m

**maladministration** /ˌmælədˌmɪnɪsˈtreɪʃən/ SYN N mauvaise gestion f

**maladroit** /ˌmæləˈdrɔɪt/ ADJ (frm) inhabile, maladroit

**maladroitly** /ˌmæləˈdrɔɪtlɪ/ ADV (frm) maladroitement

**maladroitness** /ˌmæləˈdrɔɪtnɪs/ N (frm) maladresse f

**malady** /ˈmælədɪ/ SYN N (frm) maladie f, mal m

**Malagasy** /ˌmæləˈɡɑːzɪ/

N 1 Malgache mf

2 (= language) malgache m

ADJ (Hist) malgache ◆ **the Malagasy Republic** la République malgache

**malaise** /mæˈleɪz/ N (frm) malaise m

**malanders** /ˈmæləndəz/ N (NonC: = disease of horses) malandre f

**malapropism** /ˈmæləprɒpɪzəm/ N impropriété f (de langage)

**malapropos** /ˌmæləprəˈpəʊ/ ADJ déplacé

**malar** /ˈmeɪləʳ/ ADJ malaire

**malaria** /məˈlɛərɪə/ N paludisme m, malaria f

**malarial** /məˈlɛərɪəl/ ADJ [parasite] du paludisme ; [mosquito] porteur de paludisme ; [region] impaludé ◆ **malarial fever** paludisme m, malaria f

**malark(e)y** ‡ /məˈlɑːkɪ/ N (NonC) âneries fpl

**Malawi** /məˈlɑːwɪ/ N Malawi m ◆ **in Malawi** au Malawi

**Malawian** /məˈlɑːwɪən/

N Malawien(ne) m(f)

ADJ malawien

**Malay** /məˈleɪ/

ADJ [language, community, culture] malais ◆ **the Malay mainland** la Malaisie continentale

N 1 (= person) Malais(e) m(f)

2 (= language) malais m

COMP **the Malay Archipelago** N l'archipel m malais
**the Malay Peninsula** N la péninsule malaise
**Malay States** NPL (Hist) États mpl malais

**Malaya** /məˈleɪə/ N Malaisie f occidentale

**Malayalam** /ˌmælɪˈɑːləm/ N malayalam m

**Malayan** /məˈleɪən/ ADJ, N ⇒ **Malay**

**Malayo-Polynesian** /məˈleɪəʊ/ ADJ malayo-polynésien

**Malaysia** /məˈleɪzɪə/ N Malaisie f, Malaysia f

**Malaysian** /məˈleɪzɪən/

ADJ malais

N Malais(e) m(f)

**malcontent** /ˈmælkənˌtent/ SYN ADJ, N mécontent(e) m(f)

**Maldives** /ˈmɔːldaɪvz/ NPL Maldives fpl

**male** /meɪl/ SYN

ADJ (Anat, Bio, Tech etc) mâle ; (fig) (= manly) mâle, viril (virile f) ◆ **male child** enfant m mâle ◆ **the male sex** le sexe masculin ; → chauvinist, menopause, model

N (= animal) mâle m ; (= man) homme m

COMP **male bonding** N fraternisation f masculine
**male-dominated** ADJ dominé par les hommes
**male-voice choir** N chœur m d'hommes, chœur m de voix mâles

**maleate** /ˈmælɪeɪt/ N (Chem) maléate m

**malediction** /ˌmælɪˈdɪkʃən/ N malédiction f

**malefactor** /ˈmælɪfæktəʳ/ SYN N malfaiteur m, -trice f

**maleficence** /mæˈlefɪsəns/ N malfaisance f

**maleficent** /mæˈlefɪsənt/ ADJ malfaisant

**maleic** /məˈleɪɪk/ ADJ (Chem) ◆ **maleic acid** acide m maléique

**maleness** /ˈmeɪlnɪs/ N (= being male) fait m d'être mâle ; (= masculinity) masculinité f

**malevolence** /məˈlevələns/ SYN N malveillance f (towards envers)

**malevolent** /məˈlevələnt/ SYN ADJ malveillant

**malevolently** /məˈlevələntlɪ/ ADV avec malveillance

**malformation** /ˌmælfɔːˈmeɪʃən/ SYN N malformation f, difformité f

**malformed** /ˌmælˈfɔːmd/ ADJ [baby] malformé ◆ **to have a malformed heart/foot** avoir une malformation cardiaque/du pied

**malfunction** /ˌmælˈfʌŋkʃən/ SYN
N mauvais fonctionnement m, défaillance f
VI mal fonctionner

**Mali** /ˈmɑːlɪ/ N Mali m ◆ **in Mali** au Mali

**Malian** /ˈmɑːlɪən/
N Malien(ne) m(f)
ADJ malien

**malic** /ˈmælɪk/ ADJ (Chem) ◆ **malic acid** acide m malique

**malice** /ˈmælɪs/ SYN N méchanceté f ; (stronger) malveillance f ◆ **to bear sb malice** vouloir du mal à qn ◆ **a man without malice** un homme sans malice ◆ **with malice aforethought** (Jur) avec préméditation, avec intention criminelle or délictueuse

**malicious** /məˈlɪʃəs/ SYN
ADJ [person] méchant ; [talk, rumour, attack, phone call] malveillant ; [smile] mauvais ◆ **malicious gossip** médisances fpl ◆ **with malicious intent** avec l'intention de nuire
COMP **malicious falsehood** N (Jur) diffamation f ◆ **malicious wounding** N (Jur) ≈ coups mpl et blessures fpl volontaires

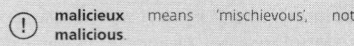 **malicieux** means 'mischievous', not **malicious**.

**maliciously** /məˈlɪʃəslɪ/ ADV [say, smile] méchamment ; (stronger) avec malveillance ; (Jur) avec préméditation, avec intention criminelle

**malign** /məˈlaɪn/ SYN
ADJ pernicieux
VT calomnier, diffamer ◆ **you malign me** vous me calomniez

**malignancy** /məˈlɪɡnənsɪ/ N 1 malveillance f, malfaisance f
2 (Med) malignité f

**malignant** /məˈlɪɡnənt/ SYN ADJ 1 (= malevolent) [influence, effect] nocif ; [plot, look, person] malveillant
2 (Med) malin (-igne f)

**malignantly** /məˈlɪɡnəntlɪ/ ADV [speak, say] avec malveillance

**malignity** /məˈlɪɡnɪtɪ/ N ⇒ **malignancy**

**malignly** /məˈlaɪnlɪ/ ADV pernicieusement

**malinger** /məˈlɪŋɡəʳ/ VI faire le (or la) malade

**malingerer** /məˈlɪŋɡərəʳ/ N faux malade m, fausse malade f ; (Admin, Mil etc) simulateur m, -trice f ◆ **he's a malingerer** il se fait passer pour malade

**mall** /mɔːl, (US) mæl/
N 1 (gen) allée f, mail m
2 (US = pedestrianized street) rue f piétonnière ; (also **shopping mall**) centre m commercial
COMP **mall rat** * N jeune qui traîne dans les centres commerciaux

**mallard** /ˈmæləd/ N (pl **mallard(s)**) (also **mallard duck**) colvert m

**malleability** /ˌmælɪəˈbɪlɪtɪ/ N malléabilité f

**malleable** /ˈmælɪəbl/ ADJ 1 (lit) [material] malléable
2 (fig) [person] malléable, influençable

**malleolus** /məˈliːələs/ N (pl **malleoli** /məˈliːəˌlaɪ/) (Anat) malléole f

**mallet** /ˈmælɪt/ N maillet m

**malleus** /ˈmælɪəs/ N (pl **mallei** /ˈmælɪˌaɪ/) marteau m

**Mallorca** /məˈjɔːkə/ N (Geog) Majorque f

**mallow** /ˈmæləʊ/ N (= plant) mauve f ; → **marshmallow**

**malmsey** /ˈmɑːmzɪ/ N malvoisie f

**malnourished** /ˌmælˈnʌrɪʃt/ ADJ [person] qui souffre de malnutrition

**malnutrition** /ˌmælnjuːˈtrɪʃən/ N malnutrition f

**malodorous** /mælˈəʊdərəs/ ADJ (liter) malodorant

**malposition** /ˌmælpəˈzɪʃən/ N malposition f

**malpractice** /ˌmælˈpræktɪs/ SYN
N (= wrongdoing) faute f professionnelle ; (= neglect of duty) négligence f or incurie f professionnelle
COMP **malpractice suit** N (US Jur) procès m pour faute professionnelle ◆ **to bring a malpractice suit against sb** poursuivre qn pour faute professionnelle

**malt** /mɔːlt/
N malt m
VT malter
COMP [vinegar] de malt
**malt extract** N extrait m de malt
**malt liquor** N (US) bière f
**malt whisky** N (whisky m) pur malt m

**Malta** /ˈmɔːltə/ N (island) Malte f ; (state) Malte m ◆ **in Malta** à Malte

**maltase** /ˈmɔːlteɪz/ N maltase f

**malted** /ˈmɔːltɪd/
ADJ malté
COMP **malted barley** N orge f maltée
**malted milk** N lait m malté

**Maltese** /ˌmɔːlˈtiːz/
ADJ maltais ◆ **Maltese cross** croix f de Malte ◆ **Maltese fever** fièvre f de Malte
N 1 (pl inv) Maltais(e) m(f)
2 (= language) maltais m
NPL **the Maltese** les Maltais mpl

**Malthus** /ˈmælθəs/ N Malthus m

**Malthusian** /mælˈθjuːzɪən/ ADJ, N malthusien(ne) m(f)

**Malthusianism** /mælˈθjuːzɪəˌnɪzəm/ N malthusianisme m

**maltodextrin** /ˌmɔːltəʊˈdekstrɪn/ N (Chem) maltodextrine f

**maltose** /ˈmɔːltəʊz/ N maltose m

**maltreat** /ˌmælˈtriːt/ SYN VT maltraiter, malmener

**maltreatment** /ˌmælˈtriːtmənt/ N mauvais traitement m ◆ **sexual maltreatment** sévices mpl sexuels

**malty** /ˈmɔːltɪ/ ADJ [smell, taste] de malt

**malware** /ˈmælweə/ N (Comput) malware m, logiciel m néfaste

**mam** * /mæm/ N (Brit dial) maman f ◆ **my mam** maman

**mama** /məˈmɑː/ N (esp US) mère f, maman f ◆ **he's a mam(m)a's boy** (pej) c'est un fils à sa mère (pej)

**mamba** /ˈmæmbə/ N (= snake) mamba m ◆ **black/green mamba** mamba m noir/vert

**mambo** /ˈmæmbəʊ/ N (pl **mambos**) mambo m

**mamma** /məˈmɑː/ N ⇒ **mama**

**mammal** /ˈmæməl/ N mammifère m

**mammalian** /mæˈmeɪlɪən/ ADJ mammalien

**mammalogy** /mæˈmælədʒɪ/ N mammalogie f

**mammaplasty** /ˈmæməˌplæstɪ/, **mammoplasty** /ˈmæməʊˌplæstɪ/ N mammoplastie f, chirurgie f des seins

**mammary** /ˈmæmərɪ/
ADJ mammaire
COMP **mammary gland** N glande f mammaire

**mammogram** /ˈmæməɡræm/ N (Med) mammographie f

**mammography** /mæˈmɒɡrəfɪ/ N mammographie f

**Mammon** /ˈmæmən/ N le dieu Argent, Mammon m

**mammoplasty** /ˈmæməʊˌplæstɪ/ N ⇒ **mammaplasty**

**mammoth** /ˈmæməθ/ SYN
N mammouth m
ADJ colossal

**mammy** /ˈmæmɪ/ N 1 (* = mother) maman f
2 (US = Black nurse) nourrice f noire

**Man** /mæn/ N ⇒ **Isle of Man**

**man** /mæn/ SYN
N (pl **men**) 1 (gen) homme m ; (= servant) domestique m ; (in factory etc) ouvrier m ; (in office, shop etc) employé m ; (= Sport = player) joueur m, équipier m ; (= husband) homme m ◆ **men and women** les hommes mpl et les femmes fpl ◆ **he's a nice man** c'est un homme sympathique ◆ **an old man** un vieil homme, un vieillard ◆ **a blind man** un aveugle ◆ **a medical man** un docteur ◆ **a man of God** un homme de Dieu ◆ **I don't like the man** je n'aime pas cet homme or ce type * ◆ **the man's an idiot** c'est un imbécile ◆ **that man Smith** ce (type *) Smith ◆ **the man Jones** † le dénommé or le nommé Jones ◆ **the man in the moon** le visage que l'on peut imaginer en regardant la lune ◆ **as one man** (= in unison) comme un seul homme ◆ **as one man to another** d'homme à homme ◆ **they're communists to a man** or **to the last man** ils sont tous communistes sans exception ◆ **they perished to a man** pas un seul d'entre eux n'a survécu ◆ **he's been with this firm man and boy for 30 years** cela fait 30 ans qu'il est entré tout jeune encore dans la maison ◆ **the employers and the men** les patrons mpl et les ouvriers mpl ◆ **man and wife** mari m et femme f ◆ **to live as man and wife** vivre maritalement ◆ **her man** * son homme ◆ **my old man** * (= father) mon paternel * ; (= husband) mon homme * ◆ **her young man** † * son amoureux †, son futur (hum) ◆ **it will make a man of him** cela fera de lui un homme ◆ **be a man!** sois un homme ! ◆ **he took it like a man** il a pris ça vaillamment ◆ **he was man enough to apologize** il a eu le courage de s'excuser ◆ **he's his own man again** (= not subordinate to anyone) il est redevenu son propre maître ; (= in control of his emotions etc) il est de nouveau maître de lui ; → **best, estate, jack**

2 (in Army) homme m (de troupe), soldat m ; (in Navy) homme m (d'équipage), matelot m ◆ **officers and men** (in Airforce, Army) officiers mpl et soldats mpl , officiers mpl et hommes mpl de troupe ; (in Navy) officiers mpl et matelots mpl ◆ **the corporal and his men** le caporal et ses hommes ◆ **they fought to the last man** ils se sont battus jusqu'au dernier

3 (= sort, type) ◆ **I'm not a drinking man** je ne bois pas (beaucoup) ◆ **I'm not a gambling man** je ne suis pas joueur ◆ **he's not a football man** ce n'est pas un amateur de football ◆ **I'm a whisky man myself** personnellement, je préfère le whisky ◆ **a leg/tit**⁂/**bum**⁂ **man** un homme attiré par les belles jambes/les beaux nichons⁂/les belles fesses ◆ **he's a man's man** c'est un homme qui est plus à l'aise avec les hommes ◆ **he's a Leeds man** (= native) il est or vient de Leeds ; (= football supporter) c'est un supporter de Leeds ◆ **he's not the man to fail** il n'est pas homme à échouer ◆ **he's not the man for that** il n'est pas fait pour cela ◆ **he's the man for the job** c'est l'homme qu'il nous (or leur etc) faut ◆ **if you're looking for someone to help you, then I'm your man** si vous cherchez quelqu'un pour vous aider, je suis votre homme ◆ **the man in the street** l'homme m de la rue, Monsieur Tout-le-monde ◆ **a man of the world** un homme d'expérience ◆ **a man about town** un homme du monde ◆ **the man of the hour** or **the moment** le héros du jour, l'homme m du moment ; → **destiny, idea, lady, letter, local, property**

4 (in compounds) ◆ **the ice-cream man** le marchand de glaces ◆ **the TV man** l'installateur m (or le dépanneur) de télé ◆ **the gas man** l'employé m du gaz ◆ **it's the green/red man** (Brit: at crossing) le feu pour les piétons est au vert/au rouge ; → **repair**¹

5 (= humanity in general) ◆ **Man** l'homme m ◆ **that's no use** or **good to man (n)or beast** cela ne sert strictement à rien ◆ **Man proposes, God disposes** (Prov) l'homme propose et Dieu dispose (Prov)

6 (= person) homme m ◆ **all men must die** tous les hommes sont mortels, nous sommes tous mortels ◆ **men say that…** on dit que…, certains disent que… ◆ **any man would have done the same** n'importe qui aurait fait de même ◆ **no man could blame him** personne ne pouvait le lui reprocher ◆ **what else could a man do?** qu'est-ce qu'on aurait pu faire d'autre ?

7 (in direct address) ◆ **hurry up, man!** * dépêchez-vous !, magnez-vous donc ! * ; (to friend etc) magne-toi, mon vieux ! * ◆ **man**\*, **was I terrified!** quelle frousse * j'ai eue ! ◆ **look here young man!** dites donc, jeune homme ! ◆ **(my) little man!** mon grand ! ◆ **old man** † * mon vieux ! * ◆ **my (good) man** † mon brave † ◆ **good man!** bravo !

8 (Chess) pièce f ; (Draughts) pion m

9 (US) ◆ **the Man**⁂ (= white man) le blanc ; (= boss) le patron ; (= police) les flics * mpl

VT 1 (= provide staff for) assurer une permanence à ; (= work at) être de service à ◆ **they haven't enough staff to man the office every day** ils n'ont pas assez de personnel pour assurer une permanence au bureau tous les jours ◆ **who will man the enquiry desk?** qui sera de service au bureau des renseignements ? ◆ **the** telephone is manned twelve hours per day il y a une permanence téléphonique douze heures par jour

② (Mil) [+ post] être en faction à ; [+ fortress] être en garnison à ◆ **to man a ship** équiper un navire en personnel ◆ **the ship was manned mainly by Chinese** l'équipage était composé principalement de Chinois ◆ **the troops who manned the look-out posts** les troupes en faction au poste ◆ **the soldiers manning the fortress** les soldats qui étaient en garnison dans la forteresse ◆ **to man the boats** (Naut) armer les bateaux ◆ **to man the guns** (Mil) servir les canons ◆ **to man the pumps** armer les pompes ; see also **manned**

COMP **man-at-arms** N (pl **men-at-arms**) homme m d'armes, cuirassier m
**man-bag** N sacoche f
**man-child** N (liter) enfant m mâle
**man-day** N (= time worked) jour-homme m, jour m de travail
**man-eater** N (= animal) mangeur m d'hommes ; (= cannibal) cannibale m, anthropophage m ; (fig hum = woman) dévoreuse f d'hommes, mante f religieuse
**man-eating** ADJ [animal] mangeur d'hommes ; [tribe etc] anthropophage
**man Friday** N (in Robinson Crusoe) Vendredi m ; (fig) (= retainer) fidèle serviteur m ; (= assistant) aide m de bureau
**man-hater** N ◆ **to be a man-hater** [woman] avoir les hommes en horreur
**man-hour** N (= time worked) heure-homme f, heure f de travail
**man-made** SYN ADJ [fibre, fabric] synthétique ; [lake, barrier] artificiel
**man management** N ◆ **he's not very good at man management** il ne sait pas très bien diriger une équipe ◆ **man management is an important skill** il faut savoir bien diriger une équipe
**man-of-war, man-o'-war** N (pl **men-of-war**) (= ship) vaisseau m or navire m or bâtiment m de guerre ; → **Portuguese**
**man orchid** N (= plant) acéras f homme-pendu
**man-sized** * ADJ (fig) grand, de taille, de grande personne*
**man-to-man** ADJ, ADV d'homme à homme
**man-to-man marking** N (Brit Football) marquage m individuel

**manacle** /ˈmænəkl/ SYN
N (gen pl) menottes fpl
VT mettre les menottes à ◆ **manacled** les menottes aux poignets

**manage** /ˈmænɪdʒ/ **LANGUAGE IN USE 15.4, 16.4** SYN

VT ① (= direct) [+ business, estate, theatre, restaurant, hotel, shop, time, capital] gérer ; [+ institution, organization] administrer, diriger ; [+ football team, boxer etc] être le manager de ; [+ actor, singer etc] être le manager or l'impresario de ; [+ farm] exploiter

② (= handle, deal with) [+ boat, vehicle] manœuvrer, manier ; [+ animal, person] savoir s'y prendre avec ◆ **you managed the situation very well** tu as très bien géré la situation

③ (= succeed, contrive) ◆ **to manage to do sth** réussir or arriver à faire qch ◆ **how did you manage to do it?** comment as-tu réussi à le faire ?, comment y es-tu arrivé ? ◆ **how did you manage not to spill it?** comment as-tu fait pour ne pas le renverser ? ◆ **he managed not to get his feet wet** il a réussi à ne pas se mouiller les pieds ◆ **he managed to annoy everybody** (iro) il a trouvé le moyen de mécontenter tout le monde ◆ **you'll manage it next time!** tu réussiras or tu y arriveras la prochaine fois ! ◆ **will you come? – I can't manage (it) just now** tu viendras ? – je ne peux pas pour l'instant

④ (= manage to do, pay, eat etc) ◆ **how much will you give? – I can manage 10 euros** combien allez-vous donner ? – je peux aller jusqu'à 10 € or je peux mettre 10 € ◆ **surely you could manage another biscuit?** tu mangeras bien encore un autre biscuit ? ◆ **I couldn't manage another thing!** * je n'en peux plus ! ◆ **can you manage the suitcases?** pouvez-vous porter les valises ? ◆ **can you manage 8 o'clock?** 8 heures, ça vous convient ? ◆ **can you manage two more in the car?** peux-tu en prendre deux or as-tu de la place pour deux de plus dans la voiture ? ◆ **I managed a smile/a few words of greeting etc** j'ai quand même réussi à sourire/à dire quelques mots de bienvenue etc

VI (= succeed, get by) se débrouiller ◆ **can you manage?** tu y arrives or arriveras ? ◆ **thanks, I can manage** merci, ça va ◆ **I can manage without him** je peux me débrouiller sans lui ◆ **she manages on her pension/on £60 a week** elle se débrouille avec seulement sa retraite/avec seulement 60 livres par semaine ◆ **how will you manage?** comment allez-vous faire or vous débrouiller ?

COMP **managed care** N (Med) soins mpl coordonnés
**managed competition** N (US) concurrence f réglementée or encadrée
**managed economy** N économie f dirigée
**managed forests** NPL forêts fpl gérées
**managed funds** NPL fonds mpl gérés
**managed trade** N commerce m dirigé

**manageability** /ˌmænɪdʒəˈbɪlɪtɪ/ N maniabilité f ; [of hair] souplesse f, facilité f d'entretien ◆ **one of the advantages of the new system is its manageability** un des avantages du nouveau système, c'est qu'il est pratique

**manageable** /ˈmænɪdʒəbl/ SYN ADJ [size, amount, number, proportions] raisonnable ; [problem] soluble ; [task] faisable ; [person] souple ; [child, animal] docile ; [hair] facile à coiffer ; [vehicle, boat] maniable ◆ **the situation is manageable** la situation est gérable

**management** /ˈmænɪdʒmənt/ SYN

N ① (NonC = managing) [of company, estate, theatre] gestion f ; [of institution, organization] administration f, direction f ; [of farm] exploitation f ◆ **his skilful management of his staff** l'habileté avec laquelle il dirige son personnel

② (= people in charge) [of business, hotel, theatre etc] direction f ◆ **by order of the management** par ordre de la direction ◆ **the management and the workers** la direction et les travailleurs ◆ **management and labour** or **unions** les partenaires mpl sociaux ◆ **he's (one of the) management now** il fait partie des cadres (supérieurs) maintenant ◆ **"under new management"** « changement de propriétaire »

COMP **management accounting** N comptabilité f de gestion
**management buyout** N rachat m d'une entreprise par ses cadres or sa direction
**management chart** N organigramme m
**management committee** N comité m de direction
**management company** N société f de gestion
**management consultancy** N (= business) cabinet m de conseil ; (= advice) conseil m en gestion d'entreprise
**management consultant** N conseiller m en gestion (d'entreprise)
**management information system** N système m intégré de gestion
**management selection procedures** NPL (procédure f de) sélection f des cadres
**management studies** NPL (études fpl de) gestion f
**management style** N mode m de gestion
**management trainee** N cadre m stagiaire

**manager** /ˈmænɪdʒəʳ/ SYN N [of company, business] directeur m, administrateur m ; [of theatre, cinema] directeur m ; [of restaurant, hotel, shop] gérant m ; [of farm] exploitant m ; [of actor, singer, boxer etc] manager m ; [of sports team] directeur m sportif ; (Fin) chef m de file ◆ **school manager** (Brit) = membre m du conseil d'établissement ◆ **general manager** directeur m général ◆ **to be a good manager** être bon gestionnaire ; → **business, sale**

**manageress** /ˌmænɪdʒəˈres/ N [of hotel, café, shop] gérante f ; [of theatre, cinema] directrice f

**managerial** /ˌmænəˈdʒɪərɪəl/ ADJ [responsibilities, staff] d'encadrement ; [job, position] d'encadrement, de cadre ; [Football] [career] de directeur sportif ◆ **the managerial class** les cadres mpl (supérieurs) ◆ **proven managerial skills** des compétences fpl confirmées en matière de gestion ◆ **his managerial style** son style de gestion ◆ **a managerial decision** une décision de la direction

**managership** /ˈmænɪdʒəʃɪp/ N directorat m

**managing** /ˈmænɪdʒɪŋ/
ADJ (Brit = bossy) autoritaire
COMP **managing bank** N banque f chef de file
**managing director** N (Brit) directeur m général, PDG m
**managing editor** N directeur m de la rédaction

**manatee** /ˌmænəˈtiː/ N lamantin m

**Manaus, Manáos** /məˈnaʊs/ N (Geog) Manaus

**Manchester terrier** /ˈmæntʃɪstəʳ/ N (= dog) terrier m de Manchester

**manchineel** /ˌmæntʃɪˈniːl/ N (also **manchineel tree**) mancenillier m

**Manchu** /mænˈtʃuː/
N ① (= person) Mandchou(e) m(f)
② (= language) mandchou m
ADJ mandchou

**Manchuria** /mænˈtʃʊərɪə/ N Mandchourie f
**Manchurian** /mænˈtʃʊərɪən/
ADJ mandchou
N Mandchou(e) m(f)

**Mancunian** /mænˈkjuːnɪən/
N ◆ **he's a Mancunian** il est de Manchester
ADJ de Manchester

**mandala** /ˈmændələ/ N mandala m

**Mandarin** /ˈmændərɪn/ N (also **Mandarin Chinese**) Mandarin m

**mandarin** /ˈmændərɪn/ N ① (= person : lit, fig) mandarin m
② (also **mandarin orange**) mandarine f
③ (also **mandarin duck**) canard m mandarin

**mandate** /ˈmændeɪt/ SYN
N ① (= authority) mandat m ◆ **they have no mandate to govern** ils n'ont pas le mandat du peuple ◆ **with such a small majority, how can the government claim to have a mandate?** avec une majorité si infime, le gouvernement ne peut pas prétendre avoir reçu le mandat du peuple ◆ **the union has a mandate to…** le syndicat est mandaté pour… ◆ **the ICRC's mandate is to provide impartial assistance to victims of conflict** le CICR a pour mandat de fournir une assistance impartiale aux victimes de conflits
② (= country) pays m sous mandat ◆ **under French mandate** sous mandat français
VT ① (= give authority to) donner mandat (sb to do sth à qn de faire qch)
② (US) (= make obligatory) rendre obligatoire ; (= entail) [act, decision] entraîner, comporter
③ (= place under mandate) [+ territory] mettre sous le mandat (to de)

**mandatory** /ˈmændətərɪ/ SYN ADJ ① (= obligatory) obligatoire (for sb/sth pour qn/qch) ◆ **to be mandatory (for sb) to do sth** être obligatoire (pour qn) de faire qch ◆ **the mandatory retirement age** l'âge m de la retraite obligatoire
② (Jur = not discretionary) [life sentence, death penalty, ban, fine] automatique
③ (Pol) [state, functions] mandataire ◆ **to be a mandatory power** être une puissance mandataire ◆ **to have mandatory powers** avoir des pouvoirs conférés par mandat

**mandible** /ˈmændɪbl/ N [of bird, insect] mandibule f ; [of mammal, fish] mâchoire f (inférieure)

**mandolin(e)** /ˈmændəlɪn/ N mandoline f
**mandolinist** /ˌmændəˈlɪnɪst/ N mandoliniste mf
**mandorla** /mænˈdɔːlə/ N mandorle f
**mandrake** /ˈmændreɪk/, **mandragora** /mænˈdrægərə/ N mandragore f
**mandrel** /ˈmændrəl/ N [of lathe] mandrin m
**mandrill** /ˈmændrɪl/ N mandrill m
**mane** /meɪn/ N (lit, fig) crinière f
**manes** /ˈmɑːneɪz/ NPL (Antiq) mânes mpl
**maneuver** etc /məˈnuːvəʳ/ (US) ⇒ **manoeuvre** etc
**manful** /ˈmænfʊl/ SYN ADJ [attempt] vaillant
**manfully** /ˈmænfəlɪ/ SYN ADV [struggle, battle, cope] vaillamment
**manga** /ˈmæŋgə/ N (pl **manga**) manga m
**manganese** /ˌmæŋgəˈniːz/
N manganèse m
COMP **manganese bronze** N bronze m au manganèse
**manganese oxide** N oxyde m de manganèse
**manganese steel** N acier m au manganèse

**manganic** /mænˈgænɪk/ ADJ manganique
**manganous** /ˈmæŋgənəs/ ADJ manganeux
**mange** /meɪndʒ/ N gale f
**mangel(-wurzel)** /ˈmæŋgl(ˌwɜːzl)/ N betterave f fourragère
**manger** /ˈmeɪndʒəʳ/ N (Agr) mangeoire f ; (Rel) crèche f ; → **dog**
**mangetout** /ˈmɒnʒtuː/ N (pl inv) (also **mangetout pea**) mange-tout m inv
**manginess** /ˈmeɪndʒɪnɪs/ N [of animal] aspect m galeux ; [of carpet] aspect m miteux
**mangle¹** /ˈmæŋgl/
N (for wringing) essoreuse f à rouleaux ; (for smoothing) calandre f
VT essorer, calandrer

**mangle²** /ˈmæŋgl/ SYN VT (also **mangle up**) [+ object, body] déchirer, mutiler ; (fig) [+ text] mutiler ; [+ quotation] estropier ; [+ message] estropier, mutiler

**mango** /ˈmæŋgəʊ/
- N (pl **mango(e)s**) (= fruit) mangue f ; (= tree) manguier m
- COMP **mango chutney** N condiment m à la mangue

**mangold(-wurzel)** /ˈmæŋgəld(ˌwɜːzl)/ N ⇒ **mangel(-wurzel)**

**mangosteen** /ˈmæŋgəˌstiːn/ N mangoustan m

**mangrove** /ˈmæŋgrəʊv/
- N palétuvier m, manglier m
- COMP **mangrove swamp** N mangrove f

**mangy** /ˈmeɪndʒɪ/ SYN ADJ [1] (= diseased) [animal] galeux
- [2] * (= shabby) [coat, wig, rug, blanket] miteux ◆ **what a mangy trick!** quel tour de cochon ! *

**manhandle** /ˈmænˌhændl/ SYN VT (= treat roughly) malmener ; (esp Brit) (= move by hand) [+ goods etc] manutentionner

**Manhattan** /mænˈhætən/ N [1] (Geog) Manhattan
- [2] (= drink) manhattan m (cocktail de whisky et de vermouth doux)

**manhole** /ˈmænhəʊl/
- N bouche f d'égout
- COMP **manhole cover** N plaque f d'égout

**manhood** /ˈmænhʊd/ SYN N [1] (= age, state) âge m d'homme, âge m viril ◆ **to reach manhood** atteindre l'âge d'homme ◆ **during his early manhood** quand il était jeune homme
- [2] (= manliness) virilité f ◆ **a threat to his manhood** une menace pour sa virilité
- [3] (= men collectively) hommes mpl
- [4] (euph = penis) membre m viril

**manhunt** /ˈmænhʌnt/ SYN N (Psych, fig) manie f ◆ **persecution mania** manie f or folie f de la persécution ◆ **to have a mania for (doing) sth** * avoir la manie de (faire) qch

**maniac** /ˈmeɪnɪæk/ SYN
- N (Psych) maniaque mf ; * fou m, folle f ; (Jur) dément(e) m(f) ◆ **a self-confessed golf maniac** * un mordu * du golf, de son propre aveu ◆ **he drives like a maniac** * il conduit comme un fou ◆ **he's a maniac!** * il est fou à lier !, il est bon à enfermer !
- ADJ (Psych) maniaque ; * fou (folle f) ; (Jur) dément

**maniacal** /məˈnaɪəkəl/ ADJ [person] maniaque ; [laughter] hystérique ; [expression, eyes] de fou (folle f)

**maniacally** /məˈnaɪəkəlɪ/ ADV [grin] comme un(e) dément(e) ◆ **he laughed maniacally** il a ri d'un rire hystérique

**manic** /ˈmænɪk/
- ADJ (Psych) [person] maniaque ; (fig) [person] survolté * ; [activity, energy] frénétique ; [grin, smile] de dément(e) ; [laughter] hystérique
- COMP **manic depression** N psychose f maniacodépressive, cyclothymie f
- **manic-depressive** ADJ, N maniacodépressif m, -ive f, cyclothymique mf

**Manich(a)ean** /ˌmænɪˈkiːən/ ADJ, N manichéen(ne) m(f) ◆ **the Manich(a)ean heresy** l'hérésie f manichéenne

**Manich(a)eism** /ˈmænɪkiːˌɪzəm/ N (Hist, fig) manichéisme m

**manicure** /ˈmænɪˌkjʊəʳ/
- N (= act) soin m des mains, manucure f ◆ **to have a manicure** se faire faire les mains, se faire manucurer ◆ **to give sb a manicure** faire les mains à qn, manucurer qn
- VT [+ person] faire les mains à, manucurer ; [+ sb's nails] faire ◆ **to manicure one's nails** se faire les ongles
- COMP **manicure case** N trousse f à ongles or de manucure
- **manicure scissors** NPL ciseaux mpl de manucure or à ongles
- **manicure set** N ⇒ **manicure case**

**manicured** /ˈmænɪˌkjʊəd/ ADJ [nails, hands] manucuré ; [person] aux mains manucurées ; (fig) [lawn, garden] impeccable

**manicurist** /ˈmænɪˌkjʊərɪst/ N manucure mf

**manifest** /ˈmænɪfest/ SYN
- ADJ manifeste
- VT manifester ◆ **the virus needs two weeks to manifest itself** il faut deux semaines avant que le virus ne se manifeste ◆ **he manifested a pleasing personality on stage** sur scène il présentait une personnalité agréable ◆ **a problem manifested itself** un problème s'est présenté
- N (for ship, plane) manifeste m
- COMP **Manifest Destiny** N (US Hist) destinée f manifeste

● **MANIFEST DESTINY**

Au 19ᵉ siècle, les Américains estimaient que les États-Unis avaient pour « destinée manifeste », voulue par Dieu, d'étendre leur territoire et leur influence à travers le continent nord-américain. Ce principe a servi à justifier l'avance des colons vers le Mexique ainsi que la guerre hispano-américaine de 1898, à l'issue de laquelle les États-Unis ont annexé Porto Rico et les Philippines. Rarement évoqué aujourd'hui, ce sentiment demeure sous-jacent chez beaucoup d'Américains qui trouvent naturelle la suprématie de leur pays en Amérique et sur le pourtour de l'océan Pacifique.

**manifestation** /ˌmænɪfesˈteɪʃən/ SYN N manifestation f

**manifestly** /ˈmænɪfestlɪ/ ADV (frm) manifestement

**manifesto** /ˌmænɪˈfestəʊ/ N (pl **manifesto(e)s**) (Pol etc) manifeste m

**manifold** /ˈmænɪfəʊld/ SYN
- ADJ (frm) [difficulties, benefits] multiple ; [effects] divers ; [shortcomings, duties] nombreux ; [collection] divers, varié ◆ **in manifold forms** sous diverses formes ◆ **manifold wisdom** sagesse f infinie
- N ◆ **inlet/exhaust manifold** collecteur m or tubulure f d'admission/d'échappement

**manikin** /ˈmænɪkɪn/ N ⇒ **mannikin**

**Manila** /məˈnɪlə/ N Manille, Manila

**mani(l)la envelope** /məˌnɪləˈenvələʊp/ N enveloppe f en papier kraft

**mani(l)la paper** /məˌnɪləˈpeɪpəʳ/ N papier m kraft

**manioc** /ˈmænɪɒk/ N manioc m

**manipulate** /məˈnɪpjʊleɪt/ SYN VT [1] [+ tool etc] manipuler ◆ **they use computers to manipulate images** ils utilisent l'ordinateur pour manipuler des images
- [2] (pej) [+ facts, figures, accounts] tripoter, trafiquer * ; [+ events] agir sur ; [+ person] manipuler, manœuvrer ◆ **to manipulate a situation** faire son jeu des circonstances ◆ **to manipulate sb into doing sth** manipuler qn pour lui faire faire qch

**manipulation** /məˌnɪpjʊˈleɪʃən/ N (gen, Med) manipulation f ◆ **market manipulation** (Fin) manœuvre(s) f(pl) boursière(s)

**manipulative** /məˈnɪpjʊlətɪv/ ADJ [1] (pej = controlling) [person, behaviour, film, speech] manipulateur (-trice f)
- [2] (Physiotherapy) ◆ **manipulative therapy** or **treatment** (traitement m par) manipulations fpl ◆ **manipulative therapist** thérapeute mf qui soigne par manipulations

**manipulator** /məˈnɪpjʊleɪtəʳ/ N manipulateur m, -trice f

**Manitoba** /ˌmænɪˈtəʊbə/ N Manitoba m ◆ **in Manitoba** dans le Manitoba

**manitou** /ˈmænɪtuː/ N (Rel) manitou m

**mankind** /mænˈkaɪnd/ SYN N (NonC) (= the human race) le genre humain, l'humanité f ; (= the male sex) les hommes mpl

**manky** * /ˈmæŋkɪ/ (Brit) ADJ cradingue *

**manlike** /ˈmænlaɪk/ ADJ [form, figure, qualities] humain ; (pej) [woman] hommasse (pej)

**manliness** /ˈmænlɪnɪs/ SYN N virilité f, caractère m viril

**manly** /ˈmænlɪ/ SYN ADJ [man, boy, chest, shoulders, sport] viril (virile f) ; [pride, virtue] mâle

**manna** /ˈmænə/ N manne f ◆ **manna from heaven** manne f tombée du ciel or providentielle

**manned** /mænd/ ADJ [spacecraft, flight] habité ; [mission] habité, humain ; see also **man**

**mannequin** /ˈmænɪkɪn/ N mannequin m

**manner** /ˈmænəʳ/ SYN
- N [1] (= mode, way) manière f, façon f ◆ **the manner in which he did it** la manière or façon dont il l'a fait ◆ **in such a manner that...** (frm) de telle sorte que... ◆ **+ indic** (actual result) or **subj** (intended result) ◆ **in this manner, after this manner** (frm) de cette manière or façon ◆ **in** or **after the manner of Van Gogh** à la manière de Van Gogh ◆ **in the same manner, in like manner** (frm) de la même manière ◆ **in a (certain) manner** en quelque sorte ◆ **in such a manner as to...** de façon à... ◆ **in a manner of speaking** pour ainsi dire ◆ **it's a manner of speaking** c'est une façon de parler ◆ **manner of payment** mode m de paiement ◆ **(as) to the manner born** comme s'il (or elle etc) avait cela dans le sang
- [2] (= behaviour, attitude) attitude f, comportement m ◆ **his manner to his mother** son attitude envers sa mère, sa manière de se conduire avec sa mère ◆ **I don't like his manner** je n'aime pas son attitude ◆ **there's something odd about his manner** il y a quelque chose de bizarre dans son comportement
- [3] (= class, sort, type) sorte f, genre m ◆ **all manner of birds** toutes sortes d'oiseaux ◆ **no manner of doubt** aucun doute ; → **means**
- NPL **manners** [1] (= social behaviour) manières fpl ◆ **good manners** bonnes manières fpl , savoir-vivre m ◆ **bad manners** mauvaises manières fpl ◆ **it's good/bad manners (to do that)** ça se fait/ne se fait pas (de faire ça) ◆ **he has no manners, his manners are terrible** il a de très mauvaises manières, il n'a aucun savoir-vivre ◆ **aren't you forgetting your manners?** (to child) est-ce que c'est comme ça qu'on se tient ? ◆ **road manners** politesse f au volant
- [2] (= social customs) mœurs fpl, usages mpl ◆ **novel of manners** roman m de mœurs ; → **comedy**

**mannered** /ˈmænəd/ SYN ADJ [1] (pej = affected) [voice, gesture, writing, painting] maniéré ; [style] maniéré, précieux
- [2] (= polite) [person] bien élevé ; [society] civilisé ◆ **beautifully** or **impeccably mannered** qui a des manières exquises

**-mannered** /ˈmænəd/ ADJ (in compounds) ◆ **rough-mannered** aux manières rudes ; → **bad, mild, well²**

**mannerism** /ˈmænərɪzəm/ SYN N [1] (= habit, trick of speech etc) trait m particulier ; (pej) tic m, manie f
- [2] (NonC: Art, Literat etc) maniérisme m

**mannerist** /ˈmænərɪst/ ADJ, N maniériste mf

**mannerliness** /ˈmænəlɪnɪs/ N (= civility) savoir-vivre m

**mannerly** /ˈmænəlɪ/ SYN ADJ bien élevé

**mannikin** /ˈmænɪkɪn/ N [1] (Art, Dressmaking) mannequin m (objet)
- [2] (= dwarf etc) homoncule m, nabot m

**manning** /ˈmænɪŋ/ N (Mil) armement m ; (= employees) effectifs mpl ◆ **manning levels** niveau m des effectifs

**mannish** /ˈmænɪʃ/ ADJ [woman] masculin, hommasse (pej) ; [behaviour, clothes] masculin ◆ **in a mannish way** comme un homme, d'une façon masculine

**mannishly** /ˈmænɪʃlɪ/ ADV [dress] comme un homme

**mannishness** /ˈmænɪʃnɪs/ N masculinité f

**mannite** /ˈmænaɪt/ N mannite f, mannitol m

**mannitol** /ˈmænɪtɒl/ N (Bio) mannitol m, mannite f

**mannose** /ˈmænəʊs/ N mannose m

**manoeuvrability, maneuverability** (US) /məˌnuːvrəˈbɪlɪtɪ/ N manœuvrabilité f, maniabilité f

**manoeuvrable, maneuverable** (US) /məˈnuːvrəbl/ ADJ [car, ship] maniable, manœuvrable

**manoeuvre, maneuver** (US) /məˈnuːvəʳ/ SYN
- N (all senses) manœuvre f ◆ **to be on manoeuvres** (Mil etc) faire des or être en manœuvres ◆ **it doesn't leave much room for manoeuvre** (fig) cela ne laisse pas une grande marge de manœuvre
- VT (all senses) manœuvrer ◆ **to manoeuvre sth out/in/through** etc faire sortir/entrer/traverser etc qch en manœuvrant ◆ **they manoeuvred the gun into position** ils ont manœuvré le canon pour le mettre en position ◆ **he manoeuvred the car through the gate** il a pu à force de manœuvres faire passer la voiture par le portail ◆ **to manoeuvre sb into doing sth** manœuvrer

qn pour qu'il fasse qch ◆ **the government tried to manoeuvre itself into a stronger position** le gouvernement a essayé de manœuvrer pour renforcer ses positions
◼ VI *(all senses)* manœuvrer

**manoeuvring** /məˈnuːvərɪŋ/ N *(NonC: pej = scheming)* magouille * f

**manometer** /mæˈnɒmɪtəʳ/ N manomètre m

**manor** /ˈmænəʳ/ N ① *(also* **manor house***)* manoir m, gentilhommière f
② *(Hist = estate)* domaine m seigneurial ; → **lord**
③ *(Brit Police etc : *)* fief m

**manorial** /məˈnɔːrɪəl/ ADJ seigneurial

**manpower** /ˈmænˌpaʊəʳ/
◼ N *(NonC)* ① *(= workers available)* main-d'œuvre f ; *(in armed forces)* effectifs mpl ◆ **the shortage of skilled manpower** la pénurie de main-d'œuvre qualifiée
② *(= physical exertion)* force f physique
◼ COMP **Manpower Services Commission** N *(Brit : formerly)* ≈ Agence f nationale pour l'emploi

**manqué** /ˈmɒŋkeɪ/ ADJ manqué

**mansard** /ˈmænsɑːd/ N *(also* **mansard roof***)* mansarde f, comble m brisé

**manse** /mæns/ N presbytère m *(d'un pasteur presbytérien)*

**manservant** /ˈmænsɜːvənt/ N (pl **menservants** or **manservants**) valet m de chambre

**mansion** /ˈmænʃən/ SYN
◼ N *(in town)* hôtel m particulier ; *(in country)* château m, manoir m
◼ COMP **the Mansion House** N résidence officielle du Lord Mayor de Londres

**manslaughter** /ˈmænslɔːtəʳ/ N *(Jur)* homicide m *(involontaire or par imprudence)*

**mansuetude** †† /ˈmænswɪtjuːd/ N mansuétude f, douceur f

**manta** /ˈmæntə/ N *(= fish : also* **manta ray***)* mante f, raie f cornue

**mantel** /ˈmæntl/ N ① *(also* **mantelpiece, mantelshelf***)* (dessus m or tablette f de) cheminée f
② *(= structure round fireplace)* manteau m, chambranle m (de cheminée)

**mantes** /ˈmæntiːz/ NPL of **mantis**

**mantic** /ˈmæntɪk/ ADJ divinatoire

**mantilla** /mænˈtɪlə/ N mantille f

**mantis** /ˈmæntɪs/ N (pl **mantises** or **mantes**) mante f ; → **praying**

**mantissa** /mænˈtɪsə/ N *(Math)* mantisse f

**mantle** /ˈmæntl/ SYN
◼ N ① † *(= cloak)* cape f ; *[of lady]* mante †† f ◆ **mantle of snow** *(liter)* manteau m de neige ◆ **since taking on the mantle of European City of Culture in 1990 Glasgow...** depuis qu'elle a assumé, en 1990, le rôle de ville européenne de la culture, Glasgow... ◆ **she has the intellectual form to take up the mantle of party leader** elle a les capacités intellectuelles nécessaires pour prendre la tête du parti
② *[of gas lamp]* manchon m ; → **gas**
③ *(Geol: of earth)* manteau m
◼ VT *(liter)* (re)couvrir

**mantra** /ˈmæntrə/ N ① *(lit)* mantra m
② *(fig)* litanie f

**mantrap** /ˈmæntræp/ N piège m à hommes

**Mantua** /ˈmæntjʊə/ N *(Geog)* Mantoue f

**manual** /ˈmænjʊəl/ SYN
◼ ADJ *[work, worker, lens, method, dexterity, gearbox]* manuel ; *[transmission, typewriter]* mécanique ; *[pump]* à main ◆ **manual labour** main-d'œuvre f ◆ **manual controls** commandes fpl manuelles
◼ N ① *(= book)* manuel m
② *[of organ]* clavier m

**manually** /ˈmænjʊəlɪ/ ADV à la main, manuellement ◆ **manually operated** à la main, manuel

**manufacture** /ˌmænjʊˈfæktʃəʳ/ SYN
◼ N *(NonC)* fabrication f ; *[of clothes]* confection f
◼ NPL **manufactures** produits mpl manufacturés
◼ VT *(gen)* fabriquer ; *[+ clothes]* confectionner ; *(fig)* *[+ story, excuse]* fabriquer ◆ **manufactured goods** produits mpl manufacturés

**manufacturer** /ˌmænjʊˈfæktʃərəʳ/ SYN
◼ N fabricant m
◼ COMP **manufacturers' recommended price** N prix m public

**manufacturing** /ˌmænjʊˈfæktʃərɪŋ/
◼ N fabrication f
◼ COMP *[town, city, job, output, sector]* industriel ; *[industry]* de transformation
**manufacturing base** N base f industrielle
**manufacturing company** N manufacture f
**manufacturing plant** N usine f

**manumission** /ˌmænjʊˈmɪʃən/ N *(Hist)* affranchissement m

**manumit** /ˌmænjʊˈmɪt/ VT *(Hist)* affranchir

**manure** /məˈnjʊəʳ/ SYN
◼ N *(NonC)* *(also* **farmyard manure***)* fumier m ; *(also* **artificial manure***)* engrais m ◆ **liquid manure** *(organic)* purin m, lisier m ; *(artificial)* engrais m liquide ; → **horse**
◼ VT *(with farmyard manure)* fumer ; *(with artificial manure)* répandre des engrais sur
◼ COMP **manure heap** N *(tas m de)* fumier m

**manuscript** /ˈmænjʊskrɪpt/
◼ N manuscrit m ◆ **in manuscript** *(= not yet printed)* sous forme de manuscrit ; *(= handwritten)* écrit à la main
◼ ADJ manuscrit, écrit à la main

**Manx** /mæŋks/
◼ ADJ de l'île de Man, mannois
◼ N *(= language)* mannois m
◼ NPL **the Manx** les Mannois mpl
◼ COMP **Manx cat** N chat m de l'île de Man
**Manx shearwater** N puffin m des Anglais

**Manxman** /ˈmæŋksmən/ N (pl **-men**) Mannois m

**Manxwoman** /ˈmæŋkswʊmən/ N (pl **-women**) Mannoise f

**many** /ˈmenɪ/ SYN
◼ ADJ, PRON *(compar* **more**, *superl* **most***)* beaucoup (de), un grand nombre (de) ◆ **many books** beaucoup de livres, un grand nombre de livres ◆ **very many books** un très grand nombre de livres, de très nombreux livres ◆ **many of those books** un grand nombre de ces livres ◆ **many of them** un grand nombre d'entre eux, beaucoup d'entre eux ◆ **a good many of those books** (un) bon nombre de ces livres ◆ **many people** beaucoup de gens or de monde, bien des gens ◆ **many came** beaucoup sont venus ◆ **many believe that to be true** bien des gens croient que c'est vrai ◆ **the many** *(liter)* la multitude, la foule ◆ **the many who admire him** le grand nombre de gens qui l'admirent ◆ **many times** bien des fois ◆ **many a time, many's the time*** maintes fois, souvent ◆ **I've lived here for many years** j'habite ici depuis des années ◆ **he lived there for many years** il vécut là de nombreuses années or de longues années ◆ **people of many kinds** des gens de toutes sortes ◆ **a good or great many things** beaucoup de choses ◆ **in many cases** dans bien des cas, dans de nombreux cas ◆ **many a man would be grateful** il y en a plus d'un qui serait reconnaissant ◆ **a woman of many moods** une femme d'humeur changeante ◆ **a man of many parts** un homme qui a des talents très divers ◆ **many happy returns (of the day)!** bon or joyeux anniversaire !

◆ **as many** ◆ **I have as many problems as you** j'ai autant de problèmes que vous ◆ **I have as many as you** j'en ai autant que vous ◆ **as many as wish to come** tous ceux qui désirent venir ◆ **as many as 100 people are expected on attend jusqu'à 100 personnes ◆ **there were as many again outside the hall** il y en avait encore autant dehors que dans la salle

◆ **how many** ◆ **how many people?** combien de gens ? ◆ **how many?** combien ? ◆ **how many there are!** qu'ils sont nombreux !

◆ **however many** ◆ **however many books you have** quel que soit le nombre de livres que vous ayez ◆ **however many there may be** quel que soit leur nombre

◆ **so many** ◆ **so many have said it** il y en a tant qui l'ont dit ◆ **I've got so many already (that...)** j'en ai déjà tant (que...) ◆ **there were so many (that...)** il y en avait tant (que...) ◆ **so many dresses** tant de robes ◆ **ever so many times*** je ne sais combien de fois, tant de fois ◆ **the people far below, like so many ants** les gens tout en bas comme autant de fourmis ◆ **he did not say that in so many words** il n'a pas dit cela explicitement

◆ **too many** trop ◆ **there were too many** il y en avait trop ◆ **too many cakes** trop de gâteaux ◆ **three too many** trois de trop ◆ **20 would not be too many** il n'y en aurait pas trop de 20 ◆ **he's had one too many** *(drinks)* il a bu un coup de trop ◆ **I've got too many already** j'en ai déjà trop ◆ **there are too many of you** vous êtes trop nombreux ◆ **too many of these books** trop de ces livres ◆ **too many of us know that...** nous sommes trop (nombreux) à savoir que...
◼ COMP **many-coloured, many-hued** ADJ *(liter)* multicolore
**many-sided** ADJ *[object]* qui a de nombreux côtés ; *(fig)* *[person]* aux intérêts *(or* talents) variés or multiples ; *[problem]* complexe, qui a de nombreuses facettes

**manzanilla** /ˌmænzəˈnɪlə/ N *(Culin)* manzanilla m

**Maoism** /ˈmaʊɪzəm/ N maoïsme m

**Maoist** /ˈmaʊɪst/ ADJ, N maoïste mf

**Maori** /ˈmaʊrɪ/
◼ ADJ maori
◼ N ① *(= person)* Maori(e) m(f)
② *(= language)* maori m

**Mao (Tse Tung)** /ˈmaʊ(tseɪˈtʊŋ)/ N Mao (Tsê-Tung) m

**map** /mæp/
◼ N *(gen)* carte f ; *[of town, bus, tube, subway]* plan m ◆ **geological/historical/linguistic map** carte f géologique/historique/linguistique ◆ **map of Paris/the Underground** plan m de Paris/du métro ◆ **map of France** carte f de la France ◆ **this will put Bishopbriggs on the map** *(fig)* cela fera connaître Bishopbriggs ◆ **the whole town was wiped off the map** la ville entière a été rayée de la carte ◆ **off the map*** *(fig)* *(= unimportant)* perdu ; *(= distant)* à l'autre bout du monde ; → **relief**
◼ VT *[+ country, district etc]* faire or dresser la carte (or le plan) de ; *[+ route]* tracer
◼ COMP **map projection** N *(Geog)* projection f cartographique
**map-reading** N lecture f des cartes

◆ **map out** VT SEP *[+ route, plans]* tracer ; *[+ book, essay]* établir les grandes lignes de ; *[+ one's time, career, day]* organiser ; *[+ strategy, plan]* élaborer ◆ **he hasn't yet mapped out what he will do** il n'a pas encore de plan précis de ce qu'il va faire

**maple** /ˈmeɪpl/
◼ N érable m
◼ COMP **maple leaf** N (pl **maple leaves**) feuille f d'érable
**maple sugar** N sucre m d'érable
**maple syrup** N sirop m d'érable

**mapmaker** /ˈmæpmeɪkəʳ/ N cartographe mf

**mapmaking** /ˈmæpmeɪkɪŋ/ N cartographie f

**mapping** /ˈmæpɪŋ/
◼ N *(Math)* application f ; *(Comput)* mappage m
◼ COMP **mapping pen** N plume f de dessinateur or à dessin

**Maputo** /məˈpuːtəʊ/ N *(Geog)* Maputo

**mar** /mɑːʳ/ SYN VT gâter, gâcher ◆ **to make or mar sth** assurer le succès ou l'échec de qch

**Mar.** abbrev of **March**

**marabou** /ˈmærəˌbuː/ N *(= bird)* marabout m

**marabout** /ˈmærəˌbuː/ N *(Rel)* marabout m

**maraca** /məˈrækə/ N *(Mus)* maraca f or m

**Maracaibo** /ˌmærəˈkaɪbəʊ/ N *(Geog)* Maracaibo

**maracas** /məˈrækəz/ NPL maracas mpl

**maranta** /məˈræntə/ N maranta m

**marasca cherry** /məˈræskə/ N marasque f

**maraschino** /ˌmærəsˈkiːnəʊ/
◼ N marasquin m
◼ COMP **maraschino cherry** N cerise f au marasquin

**Marathon** /ˈmærəθən/ N *(Geog, Hist)* Marathon

**marathon** /ˈmærəθən/
◼ N *(Sport, fig)* marathon m
◼ ADJ ① *(Sport)* *[runner]* de marathon
② *(fig = very long)* marathon inv ◆ **a marathon session** une séance-marathon

**maraud** /məˈrɔːd/ SYN VI marauder, être en maraude ◆ **to go marauding** aller à la maraude

**marauder** /məˈrɔːdəʳ/ SYN N maraudeur m, -euse f

**marauding** /məˈrɔːdɪŋ/
◼ ADJ en maraude
◼ N maraude f

**marble** /ˈmɑːbl/
◼ N ① *(= stone, sculpture)* marbre m
② *(= toy)* bille f ◆ **to play marbles** jouer aux billes ◆ **to lose one's marbles*** perdre la boule * ◆ **to pick up one's marbles and go home*** *(US)* reprendre ses billes
◼ VT marbrer

**marcasite** /ˈmɑːkəsaɪt/ N (Miner) marcassite f

**marcescent** /mɑːˈsesənt/ ADJ marcescent

**March** /mɑːtʃ/ N mars m ; → **mad** ; pour autres loc voir **September**

**march** /mɑːtʃ/ SYN
N 1 (Mil etc) marche f ◆ **on the march** en marche ◆ **quick/slow march** marche rapide/lente ◆ **a day's march** une journée de marche ◆ **a 10km march, a march of 10km** une marche de 10 km ◆ **the march on Rome** la marche sur Rome ◆ **the march of time/progress** la marche du temps/progrès ; → **forced, route, steal**
2 (= demonstration) manifestation f (against contre ; for pour)
3 (Mus) marche f ; → **dead**
VI 1 (Mil etc) marcher au pas ◆ **the army marched in/out** l'armée entra/sortit (au pas) ◆ **to march into battle** marcher au combat ◆ **to march past** défiler ◆ **to march past sb** défiler devant qn ◆ **march!** marche ! ; → **forward, quick**
2 (gen) ◆ **to march in/out/up** etc (briskly) entrer/sortir/monter etc d'un pas énergique ; (angrily) entrer/sortir/monter etc d'un air furieux ◆ **he marched up to me** il s'est approché de moi d'un air décidé ◆ **to march up and down the room** faire les cent pas dans la pièce, arpenter la pièce
3 (= demonstrate) manifester (against contre ; for pour)
VT 1 (Mil) faire marcher (au pas) ◆ **to march troops in/out** etc faire entrer/faire sortir etc des troupes (au pas)
2 (fig) ◆ **to march sb in/out/away** faire entrer/faire sortir/emmener qn tambour battant ◆ **to march sb off to prison*** embarquer qn en prison*
COMP **march-past** N (Mil etc) défilé m

**marcher** /ˈmɑːtʃəʳ/ N (in demo etc) manifestant(e) m(f)

**marches** /ˈmɑːtʃɪz/ NPL (= border) frontière f ; (= borderlands) marche f

**marching** /ˈmɑːtʃɪŋ/
N marche f
COMP **marching band** N (US) orchestre m d'école (avec majorettes)
**marching orders** NPL (Mil) feuille f de route ◆ **to give sb his marching orders*** (fig) flanquer* qn à la porte, envoyer promener* qn ◆ **to get one's marching orders*** (fig) se faire mettre à la porte
**marching song** N chanson f de route

**marchioness** /ˈmɑːʃənɪs/ N marquise f (personne)

**Marco Polo** /ˈmɑːkəʊˈpəʊləʊ/ N Marco Polo m

**Marcus Aurelius** /ˈmɑːkəsɔːˈriːliəs/ N Marc Aurèle m

**Mardi Gras** /ˈmɑːdɪˈgrɑː/ N mardi gras m inv, carnaval m

**mare** /mɛəʳ/
N jument f
COMP **mare's nest** N ◆ **his discovery turned out to be a mare's nest** sa découverte s'est révélée très décevante

**mare's-tail** N (= cloud) cirrus allongé ; (= plant) pesse f (d'eau)

**Maremma** /məˈremə/ N (= dog) berger m des Abruzzes

**marg*** /mɑːdʒ/ N (Brit) abbrev of **margarine**

**Margaret** /ˈmɑːgərɪt/ N Marguerite f

**margarine** /ˌmɑːdʒəˈriːn/ N margarine f

**margarita** /ˌmɑːgəˈriːtə/ N margarita f

**margay** /ˈmɑːgeɪ/ N margay m

**marge*** /mɑːdʒ/ N (Brit) abbrev of **margarine**

**margin** /ˈmɑːdʒɪn/ SYN N [of book, page] marge f ; [of river, lake] bord m ; [of wood] lisière f ; (fig : Comm, Econ, gen) marge f ◆ **notes in the margin** notes en marge or marginales ◆ **do not write in the margin** n'écrivez rien dans la marge ◆ **wide/narrow margin** (Typography) grande/petite marge f ◆ **to win by a wide/narrow margin** gagner de justesse/de peu ◆ **elected by a narrow margin** élu de justesse or avec peu de voix de majorité ◆ **on the margin(s) of society** en marge de la société ◆ **to allow a margin for...** laisser une marge pour... ◆ **to allow for a margin of error** prévoir une marge d'erreur ◆ **profit margin, margin of profit** marge f (bénéficiaire) ◆ **margin of safety, safety margin** marge f de sécurité

**marginal** /ˈmɑːdʒɪnl/ SYN
ADJ 1 (= unimportant) [importance, significance, role, writer, business] marginal (to sth par rapport à qch) ; [existence] de marginal(e) ; [issue] (sociale), [benefit] minime ◆ **a marginal case** un cas limite ◆ **the effect will be marginal** l'effet sera négligeable ◆ **this is a marginal improvement on October** ceci constitue une amélioration négligeable or minime par rapport au mois d'octobre ◆ **the role of the opposition party proved marginal** le rôle du parti d'opposition s'est révélé minime or insignifiant
2 (Brit Parl) [seat, constituency] très disputé
3 (Soc) [people, groups] marginal
4 (Agr) [land] à faible rendement
5 (= written in margin) [comments, notes] en marge, marginal
N (Brit Parl) siège m à faible majorité

● **MARGINAL SEAT**
En Grande-Bretagne, siège de député obtenu à une faible majorité et qui ne peut donc être considéré comme solidement acquis à un parti, contrairement au « safe seat » (siège sûr). Les circonscriptions à faible majorité appelées « marginal constituencies », intéressent particulièrement les médias en cas d'élection partielle, car elles constituent un bon baromètre de la popularité du parti au pouvoir.

**marginalia** /ˌmɑːdʒɪˈneɪliə/ NPL notes fpl marginales or en marge

**marginalization** /ˌmɑːdʒɪnəlaɪˈzeɪʃən/ N marginalisation f

**marginalize** /ˈmɑːdʒɪnəlaɪz/ VT marginaliser

**marginally** /ˈmɑːdʒɪnəlɪ/ ADV légèrement

**margravate** /ˈmɑːgrəvɪt/, **margraviate** /mɑːˈgreɪvɪɪt/ N margraviat m

**marguerita** /ˌmɑːgəˈriːtə/ N ⇒ **margarita**

**marguerite** /ˌmɑːgəˈriːt/ N marguerite f

**Maria** /məˈraɪə/ N Marie f ; → **black**

**Marie Galante** /marigalɑ̃t/ N (Geog) Marie-Galante f

**marigold** /ˈmærɪgəʊld/ N (= plant) souci m

**marigraph** /ˈmærɪˌgræf/ N marégraphe m

**marijuana, marihuana** /ˌmærɪˈhwɑːnə/ N marihuana f or marijuana f

**marimba** /məˈrɪmbə/ N marimba m

**marina** /məˈriːnə/ N marina f

**marinade** /ˌmærɪˈneɪd/
N marinade f
VT /ˌmærɪˈneɪd/ mariner

**marinate** /ˈmærɪneɪt/ VT mariner

**marine** /məˈriːn/ SYN
ADJ (= in the sea) [plant, animal] marin, (= from the sea) [products] de la mer ; (= by the sea) [vegetation, forces] maritime
N 1 (Naut) ◆ **mercantile** or **merchant marine** marine f marchande
2 (Mil) fusilier m marin ; (US) marine m (américain) ◆ **the Marines** (Brit), **the Marine Corps** (US) les fusiliers mpl marins, les marines mpl ◆ **tell that to the marines!** (o.f) à d'autres ! *
COMP **marine biologist** N océanographe mf biologiste
**marine biology** N océanographie f biologique
**marine engineer** N ingénieur m du génie maritime
**marine engineering** N génie m maritime
**marine insurance** N assurance f maritime
**marine life** N vie f marine
**marine science** N sciences fpl marines or de la mer
**marine underwriter** N assureur m maritime

**mariner** /ˈmærɪnəʳ/ SYN
N (liter) marin m
COMP **mariner's compass** N boussole f, compas m ; → **master**

**Mariolatry** /ˌmærɪˈɒlətrɪ/ N (Rel: pej) vénération f excessive de la Vierge

**Mariology** /ˌmærɪˈɒlədʒɪ/ N mariologie f

**marionette** /ˌmærɪəˈnet/ N marionnette f

**Marist** /ˈmærɪst/ N (Rel) mariste mf

**marital** /ˈmærɪtl/ SYN
ADJ 1 (= relating to marriage) conjugal ◆ **marital breakdown** rupture f des rapports conjugaux ◆ **to commit marital rape** violer son épouse
2 (= relating to husband) marital
COMP **marital relations** NPL rapports mpl conjugaux
**marital status** N (frm) situation f de famille, état m civil

**maritime** /ˈmærɪtaɪm/ SYN
ADJ maritime
COMP **Maritime Alps** NPL (Geog) Alpes fpl maritimes
**maritime law** N droit m maritime
**maritime pine** N pin m maritime
**the Maritime Provinces** NPL (in Canada) les provinces fpl maritimes

**marjoram** /ˈmɑːdʒərəm/ N marjolaine f

**Mark** /mɑːk/ N Marc m ◆ **Mark Antony** Marc-Antoine m

**mark¹** /mɑːk/ N (= currency) mark m

**mark²** /mɑːk/ SYN
N 1 (= physical marking) marque f ; (= stain) marque f, tache f ; (= written symbol on paper, cloth etc) signe m ; (as signature) marque f, croix f ; (= footprint, animal track, tyre track etc) empreinte f ; (= marking on animal, bird) tache f ◆ **that will leave a mark** (gen) cela laissera une marque ; (= stain) cela laissera une tache ◆ **to make one's mark** (as signature) faire une marque or une croix ; see also 4 ◆ **he was found without a mark on his body** quand on l'a trouvé, son corps ne portait aucune trace de blessure ◆ **the marks of violence were visible everywhere** on voyait partout des marques or traces de violence ◆ **the city still bears the marks of occupation** la ville porte encore les marques or traces de son occupation ; see also 3 ; → **finger, punctuation**
2 (fig = sign) signe m ◆ **a mark of strength/success** un signe de force/de réussite (sociale) ◆ **the tendency to drink in secret is a mark of addiction** la propension à boire en cachette est un signe d'alcoolisme ◆ **a mark of shame** un objet de honte ◆ **as a mark of protest/defiance** en signe de protestation/défi ◆ **as a mark of respect** en signe de respect ◆ **as a mark of my gratitude** en témoignage de ma gratitude ◆ **as a mark of his confidence in/disapproval of...** pour marquer sa confiance en/sa désapprobation de...
3 (fig = hallmark) marque f ◆ **it bears the mark(s) of genius** cela porte la marque du génie ◆ **the attack bore the marks of a terrorist organization** cet attentat portait la marque d'une organisation terroriste ◆ **it is the mark of a good teacher** c'est le signe d'un bon professeur ◆ **the mark of a true teacher/architect is the ability to...** on reconnaît le véritable professeur/architecte à sa capacité à... ◆ **to react the way he did was the mark of a true hero** il s'est montré or révélé un véritable héros en réagissant comme il l'a fait
4 (fig = lasting impression) ◆ **to leave one's mark on sth** laisser son empreinte sur qch ◆ **he has certainly made his mark** il s'est certainement imposé ◆ **he has certainly made a** or **his mark in British politics** il a certainement marqué la politique britannique de son empreinte ◆ **to make one's mark as a politician** s'imposer comme homme politique ◆ **to make one's mark as a poet/writer** se faire un nom en tant que poète/qu'écrivain
5 (Scol) (= grade : in exam, essay, overall assessment) note f ; (= point) point m ◆ **good/bad mark** bonne/mauvaise note f ◆ **she got a good mark** or **good marks in French** elle a eu une bonne note en français ◆ **marks for effort/conduct** etc (Brit) note f d'application/de conduite etc ◆ **the mark is out of 20** c'est une note sur 20 ◆ **you need 50 marks to pass** il faut avoir 50 points pour être reçu ◆ **to fail by two marks** échouer à deux points près ◆ **he got full marks** (Brit Scol) il a eu dix sur dix (or vingt sur vingt etc) ◆ **he deserves full marks** (Brit fig) il mérite vingt sur vingt ◆ **full marks to him for achieving so much** (Brit:fig) on ne peut que le féliciter de tout ce qu'il a accompli ◆ **(I give him) full marks for trying** c'est bien d'avoir essayé ◆ **full marks for honesty** bravo pour l'honnêteté ◆ **there are no marks * for guessing his name** (hum) il n'y a pas besoin d'être un génie pour savoir de qui je parle
6 (= target) cible f ◆ **to hit the mark** (lit) faire mouche ; (fig) faire mouche, mettre dans le mille ◆ **to be right on the mark** [comment, observation] être très pertinent ◆ **she's normally**

**right on the mark** d'habitude, ses observations sont très pertinentes ◆ **to miss the mark** (lit) manquer le but ◆ **to miss the mark, to be wide of the mark** or **off the mark** or **far from the mark** (fig) être loin de la vérité ◆ **it's way off the mark*** [*forecast, estimate*] c'est complètement à côté de la plaque * ◆ **to be an easy mark** (pej) être une cible facile ; → **overshoot, overstep**

⑦ (Sport) ligne f de départ ; (Rugby) arrêt m de volée ◆ **on your marks! get set! go!** à vos marques ! prêts ! partez ! ◆ **to get off the mark** (lit, fig) démarrer ◆ **to be quick off the mark** (= quick on the uptake) avoir l'esprit vif ; (= quick in reacting) avoir des réactions rapides ◆ **to be quick off the mark in doing sth** ne pas perdre de temps pour faire qch ◆ **to be slow off the mark** (fig) être lent (à la détente*) ◆ **I don't feel up to the mark** je ne suis pas dans mon assiette, je ne suis pas en forme ◆ **he isn't up to the mark for this job** il n'est pas à la hauteur de ce travail ◆ **his work isn't up to the mark, his work doesn't come up to the mark** son travail n'est pas satisfaisant, son travail laisse à désirer ◆ **this film came well up to the mark** ce film ne m'a pas déçu

⑧ (Econ = level, point) barre f ◆ **the number of unemployed has reached the 2 million mark/fallen below the 2 million mark** le chiffre du chômage a atteint la barre des 2 millions/est descendu en dessous de la barre des 2 millions

⑨ (= brand name) marque f

⑩ (Mil, Tech = model, type) série f ◆ **Concorde Mark 1** Concorde m première série

⑪ (= oven temperature) ◆ **(gas) mark 6** thermostat m 6

**VT** ① (= make a mark on) marquer, mettre une marque à or sur ; [+ paragraph, item, linen, suitcase] marquer ; (= stain) tacher, marquer ◆ **I hope your dress isn't marked** j'espère que ta robe n'est pas tachée ◆ **to mark the cards** (lit) marquer les cartes

② [animal, bird] ◆ **a bird marked with red** un oiseau tacheté de rouge

③ (fig = scar) marquer ◆ **the accident marked him for life** l'accident l'a marqué pour la vie ◆ **suffering had marked him** la douleur l'avait marqué ◆ **his reign was marked by civil wars** son règne fut marqué par des guerres civiles

④ (= indicate) marquer ; [+ price etc] marquer, indiquer ; (Stock Exchange) coter ; (Sport) [+ score] marquer ◆ **this flag marks the frontier** ce drapeau marque la frontière ◆ **they marked his grave with a cross** ils ont mis une croix sur sa tombe ◆ **it marks a change of policy** cela indique un changement de politique ◆ **in order to mark the occasion** pour marquer l'occasion ◆ **this marks him as a future manager** ceci fait présager pour lui une carrière de cadre ◆ **to mark time** (Mil) marquer le pas ; (fig) (= wait) faire du sur place, piétiner ; (by choice, before doing sth) attendre son heure ; → **X** ; see also **marked**

⑤ [+ essay, exam] corriger, noter ; [+ candidate] noter, donner une note à ◆ **to mark sth right/wrong** marquer qch juste/faux

⑥ (= note, pay attention to) bien écouter ◆ **(you) mark my words!** crois-moi ! ; (= predicting) tu verras ! ◆ **mark you, he may have been right** remarquez qu'il avait peut-être raison ◆ **mark him well** †† écoutez bien ce qu'il dit

⑦ (Sport) [+ opposing player] marquer

**VI** se tacher

**COMP** **mark reader** N lecteur m optique
**mark reading** N lecture f optique
**mark scanner** N lecteur m de marques
**mark scanning** N lecture f de marques
**mark-up** N (= price increase) hausse f, majoration f de prix ; (= profit margin) bénéfice m ◆ **mark-up on a bill** majoration f sur une facture ◆ **there's a 50% mark-up on this product** ils ont une marge or ils font un bénéfice de 50% sur ce produit

▶ **mark down** VT SEP ① (= write down) inscrire, noter

② (= reduce) [+ price] baisser ; [+ goods] démarquer, baisser le prix de ◆ **all these items have been marked down for the sales** tous ces articles ont été démarqués pour les soldes ◆ **to be marked down** (Stock Exchange) s'inscrire en baisse, reculer

③ (Scol) [+ exercise, pupil] baisser la note de

④ (= single out) [+ person] désigner, prévoir (for pour)

▶ **mark off** VT SEP ① (= separate) séparer, distinguer (from de)

② [+ area] délimiter ; [+ distance] mesurer ; [+ road, boundary] tracer

③ [+ items on list etc] cocher ◆ **he marked the names off as the people went in** il cochait les noms (sur la liste) à mesure que les gens entraient

▶ **mark out** VT SEP ① [+ zone etc] délimiter, tracer les limites de ; [+ field] borner ; [+ route, footpath] baliser ; (with stakes) jalonner ◆ **to mark out a tennis court** tracer les lignes d'un court de tennis ◆ **the route is marked out with flags** l'itinéraire est jalonné de drapeaux

② (= single out) désigner, distinguer ◆ **to mark sb out for promotion** désigner qn pour l'avancement ◆ **he was marked out long ago for that job** il y a longtemps qu'on l'avait prévu pour ce poste ◆ **his red hair marked him out from the others** ses cheveux roux le distinguaient des autres

▶ **mark up**

**VT SEP** ① (on board, wall etc) [+ price, score] marquer
② (= put a price on) indiquer or marquer le prix de ◆ **these items have not been marked up** le prix n'est pas marqué sur ces articles
③ (= increase) [+ price] majorer ; [+ goods] majorer le prix de ◆ **all these chairs have been marked up** toutes ces chaises ont augmenté ◆ **to be marked up** s'inscrire en hausse, avancer
④ [+ exercise, pupil] surnoter, gonfler la note de

**N** ◆ **mark-up** comp

**markdown** /'mɑːkdaʊn/ N (= price reduction) remise f, réduction f

**marked** /mɑːkt/ SYN ADJ ① (= noticeable) [improvement, increase, decline, change, effect] sensible ; [lack] net ; [preference, tendency, difference] net, marqué ; [reluctance] vif, marqué ; [contrast] frappant ; [bias] manifeste ; [accent] prononcé ◆ **it is becoming more marked** cela s'accentue ◆ **in marked contrast (to...)** en contraste frappant (avec...)

② ◆ **to be a marked man** être un homme marqué

③ (= signposted) [path, trail] balisé

④ (Ling) marqué ◆ **marked form** forme f marquée ◆ **to be marked for number/gender** porter la marque du nombre/du genre

⑤ (Stock Exchange) ◆ **marked shares** actions fpl estampillées

**markedly** /'mɑːkɪdlɪ/ SYN ADV [improve, differ, contrast, change] sensiblement ◆ **to be markedly better/worse** être nettement mieux/moins bien

**marker** /'mɑːkəʳ/ N ① (also **marker pen**) marqueur m indélébile ; (for laundry etc) marquoir m
② (= flag, stake) marque f, jalon m ; (= light etc) balise f ◆ **to put** or **lay down a marker for sth** (fig) révéler ses intentions pour qch
③ (= bookmark) signet m
④ (Sport etc = person) marqueur m, -euse f ◆ **to lose** or **shake off one's marker** (Football) se démarquer
⑤ (Scol = person) correcteur m, -trice f
⑥ (Tech: showing sth is present) indicateur m (for sth de qch)
⑦ (Ling) marqueur m

**market** /'mɑːkɪt/ SYN

**N** ① (= trade, place) marché m ◆ **to go to market** aller au marché ◆ **the wholesale market** le marché de gros ◆ **cattle market** marché m or foire f aux bestiaux ◆ **the sugar market, the market in sugar** le marché du sucre ◆ **the world coffee market** le marché mondial du or des café(s) ◆ **free market** marché m libre ◆ **a dull/lively market** (Stock Exchange) un marché lourd/actif ◆ **the market is rising/falling** (Stock Exchange) les cours mpl sont en hausse/en baisse ◆ **the company intends to go to the market** (Stock Exchange) la société a l'intention d'entrer en Bourse ; → **black, buyer, common**

② (fig) marché m ◆ **home/overseas/world market** marché m intérieur/d'outre-mer/mondial ◆ **to have a good market for sth** avoir une grosse demande pour qch ◆ **to find a ready market for sth** trouver facilement un marché or des débouchés pour qch ◆ **there is a ready market for small cars** les petites voitures se vendent bien ◆ **there's no market for pink socks** les chaussettes roses ne se vendent pas ◆ **this appeals to the French market** cela se vend bien à la clientèle française, cela se vend bien en France ◆ **our competitors control 72% of the market** nos concurrents contrôlent 72% du marché ◆ **to be in the market for sth** être acheteur de qch ◆ **to put sth/to be on the market** mettre qch/être en vente or dans le commerce or sur le marché ◆ **to come on to the market** arriver sur le marché ◆ **it's the dearest car on the market** c'est la voiture la plus chère sur le marché ◆ **on the open market** en vente libre ; → **flood**

**VT** (= promote) commercialiser ; (= sell) vendre ; (= find outlet for) trouver un or des débouché(s) pour

**VI** (esp US : also **to go marketing**) aller faire des commissions

**COMP** **market analysis** N analyse f de marché
**market cross** N croix f sur la place du marché
**market day** N jour m de or du marché ; (Stock Exchange) jour m de bourse
**market-driven** ADJ [innovation] répondant inv à la demande du marché
**market economy** N économie f de marché
**market forces** NPL forces fpl du marché
**market garden** N (Brit) jardin m maraîcher
**market gardener** N (Brit) maraîcher m, -ère f
**market gardening** N (Brit) culture f maraîchère
**market leader** N (= company, product) leader m du marché
**market maker** N (Fin) faiseur m de marché
**market opportunity** N créneau m
**market place** N (lit) place f du marché ◆ **in the market place** (lit) au marché ; (fig : Econ) sur le marché
**market price** N prix m du marché ◆ **at market price** au cours, au prix courant ◆ **market prices** (Stock Exchange) cours m du marché
**market rates** NPL taux m du cours libre
**market research** N étude f de marché (in de) ◆ **to do some market research** faire une étude de marché ◆ **I work in market research** je travaille pour un consultant en études de marché or une société de marketing ◆ **market research institute** or **organization** institut m de marketing
**market researcher** N enquêteur m, -trice f (qui fait des études de marché)
**market share** N part f du marché
**market square** N place f du marché
**market-test** VT tester sur le marché N test m de marché
**market town** N (Brit) bourg m
**market trader** N (Brit) commerçant(e) m(f) (qui vend sur les marchés)
**market trends** NPL tendances fpl du marché
**market value** N valeur f marchande

**marketability** /ˌmɑːkɪtəˈbɪlɪtɪ/ N possibilité f de commercialisation

**marketable** /ˈmɑːkɪtəbl/ SYN ADJ ① [commodity, product, skill] facilement commercialisable ; [securities] négociable ◆ **of marketable quality** d'une bonne qualité marchande
② (fig) [person] coté

**marketeer** /ˌmɑːkəˈtɪəʳ/ N ① → **black**
② (Brit Pol) ◆ **(pro-)Marketeers** ceux qui sont en faveur du Marché commun ◆ **anti-Marketeers** ceux qui s'opposent au Marché commun

**marketing** /ˈmɑːkɪtɪŋ/

**N** ① [of product, goods] commercialisation f, marketing m
② (= field of activity) marketing m, mercatique f
③ (= department) service m du marketing, département m marketing

**COMP** [concept, plan] de commercialisation
**marketing arrangement** N accord m de commercialisation
**marketing campaign** N campagne f de marketing
**marketing department** N service m du marketing, département m marketing
**marketing intelligence** N informations fpl commerciales
**marketing manager** N directeur m, -trice f du marketing
**marketing mix** N marketing mix m, plan m de marchéage
**marketing people** NPL ◆ **one of our marketing people** l'un de nos commerciaux
**marketing strategy** N stratégie f marketing

**marking** /ˈmɑːkɪŋ/

**N** ① (NonC) [of animals, trees, goods] marquage m
② (Brit Scol) (gen = correcting) correction f (des copies) ; (= giving of marks) attribution f de notes, notation f ; (= marks given) notes fpl
③ (also **markings**) (on animal) marques fpl, taches fpl ; (on road) signalisation f horizontale
④ (Football) marquage m (d'un joueur)

**COMP** **marking ink** N encre f indélébile
**marking scheme** N barème m

**marksman** /ˈmɑːksmən/ SYN N (pl **-men**) tireur m ; *(Police)* tireur m d'élite

**marksmanship** /ˈmɑːksmənʃɪp/ N adresse f au tir

**markswoman** /ˈmɑːkswʊmən/ N (pl **markswomen** /ˈmɑːkswɪmɪn/) tireuse f d'élite

**marl** /mɑːl/ *(Geol)*
- N marne f
- VT marner

**marlin** /ˈmɑːlɪn/ N 1 (pl **marlin** or **marlins**) (= *fish*) marlin m, makaire m
- 2 ⇒ **marline**

**marline** /ˈmɑːlɪn/
- N (= *rope*) lusin m
- COMP **marlin(e) spike** N épissoir m

**marlite** /ˈmɑːlaɪt/ N *(Geol)* marne f vitrifiable

**marly** /ˈmɑːlɪ/ ADJ marneux

**marmalade** /ˈmɑːməleɪd/
- N confiture f or marmelade f (d'agrumes)
- COMP **marmalade cat** N chat m roux
- **marmalade orange** N orange f amère, bigarade f

**Marmara, Marmora** /ˈmɑːmərə/ N ◆ **the Sea of Marmara** la mer de Marmara

**Marmite** ® /ˈmɑːmaɪt/ N pâte à tartiner à base d'extrait de levure

**marmoreal** /mɑːˈmɔːrɪəl/ ADJ *(liter)* marmoréen

**marmoset** /ˈmɑːməʊzet/ N ouistiti m

**marmot** /ˈmɑːmət/ N marmotte f

**Maronite** /ˈmærənaɪt/
- N Maronite mf
- ADJ maronite

**maroon¹** /məˈruːn/ ADJ (= *colour*) bordeaux inv

**maroon²** /məˈruːn/ N (= *distress signal*) fusée f de détresse

**maroon³** /məˈruːn/ SYN VT *(lit)* [+ *castaway*] abandonner (sur une île or une côte déserte) ; *(fig)* [*sea, traffic, strike etc*] bloquer ◆ **to be marooned** *(fig)* être abandonné or délaissé

**marque** /mɑːk/ N (= *brand*) marque f

**marquee** /mɑːˈkiː/ N 1 (*esp Brit*) (= *tent*) grande tente f ; *(in circus)* chapiteau m
- 2 (= *awning*) auvent m ; *(US)* [*of theatre, cinema*] marquise f, fronton m

**Marquesas Islands** /mɑːˈkeɪsæsˈaɪləndz/ NPL îles fpl Marquises

**marquess** /ˈmɑːkwɪs/ N marquis m

**marquetry** /ˈmɑːkɪtrɪ/
- N marqueterie f
- COMP [*table etc*] de or en marqueterie

**marquis** /ˈmɑːkwɪs/ N ⇒ **marquess**

**marquise** /mɑːˈkiːz/ N 1 (= *ring*) marquise f
- 2 *(US)* (= *canopy*) *(gen)* auvent m ; *(glass)* marquise f

**Marrakesh, Marrakech** /məˈrækeʃ, mærəˈkeʃ/ N Marrakech

**marram grass** /ˈmærəm/ N ammophila f, oyat m

**marriage** /ˈmærɪdʒ/ LANGUAGE IN USE 24.3 SYN
- N mariage m ; *(fig)* mariage m, alliance f ◆ **to give sb in marriage** donner qn en mariage ◆ **to take sb in marriage** † *(gen)* épouser qn ; *(in actual wording of service)* prendre qn comme époux (or épouse) ◆ **civil marriage** mariage m civil ◆ **aunt by marriage** tante f par alliance ◆ **they are related by marriage** ils sont parents par alliance ◆ "**The Marriage of Figaro**" *(Theat)* « Le Mariage de Figaro » ; *(Mus)* « Les Noces de Figaro » ; → **offer, shotgun**
- COMP **marriage bed** N lit m conjugal
- **marriage bonds** NPL liens mpl conjugaux
- **marriage broker** N agent m matrimonial
- **marriage bureau** N agence f matrimoniale
- **marriage ceremony** N (cérémonie f de) mariage m
- **marriage certificate** N (extrait m d')acte m de mariage
- **marriage customs** NPL coutumes fpl matrimoniales
- **marriage guidance** N consultation f conjugale
- **marriage guidance counsellor** N conseiller m, -ère f conjugal(e)
- **marriage licence** N certificat m de publication des bans
- **marriage lines** NPL *(Brit)* ⇒ **marriage certificate** ◆ **marriage of convenience** mariage m de convenance
- **marriage partner** N conjoint(e) m(f)
- **marriage rate** N taux m de nuptialité

**marriage settlement** N ≈ contrat m de mariage

**marriage vows** NPL vœux mpl de mariage

**marriageable** † /ˈmærɪdʒəbl/ ADJ [*person*] mariable ◆ **of marriageable age** en âge de se marier ◆ **he's very marriageable** c'est un très bon parti

**married** /ˈmærɪd/ SYN
- ADJ 1 (= *wedded*) [*person, couple*] marié *(to* à, avec) ◆ **twice-married** marié deux fois ◆ "**just married**" « jeunes mariés » ◆ **the newly married couple** les (nouveaux) mariés mpl ◆ **he is a married man** c'est un homme marié ◆ **to be happily married** être heureux en ménage ◆ **married life** vie f conjugale ; *see also* **happily**
- 2 *(fig)* ◆ **to be married to one's job** or **work** ne vivre que pour son travail
- COMP **married name** N nom m de femme mariée
- **married quarters** NPL *(Mil)* quartiers mpl des personnes mariées ; → **marry**

**marrow** /ˈmærəʊ/ SYN N 1 [*of bone*] moelle f ; *(fig)* essence f ◆ **to be chilled** or **frozen to the marrow** être gelé jusqu'à la moelle des os
- 2 *(Brit* = *vegetable)* courge f ◆ **baby marrow** courgette f

**marrowbone** /ˈmærəʊbəʊn/ N os m à moelle

**marrowfat** /ˈmærəʊfæt/ N (also **marrowfat pea**) pois de grande taille

**marry** /ˈmærɪ/ LANGUAGE IN USE 24.3 SYN
- VT 1 (= *take in marriage*) épouser, se marier avec ◆ **will you marry me?** veux-tu or voulez-vous m'épouser ? ◆ **to get** or **be married** se marier ◆ **they've been married for ten years** ils sont mariés depuis dix ans ◆ **to marry money** épouser une grosse fortune
- 2 (= *give or join in marriage*) [*priest, parent*] marier ◆ **he has three daughters to marry** il a trois filles à marier ◆ **she married (off) her daughter to a lawyer** elle a marié sa fille avec or à un avocat
- VI se marier ◆ **to marry for money/love** faire un mariage d'argent/d'amour ◆ **to marry into a family** s'allier à une famille par le mariage, s'apparenter à une famille ◆ **to marry into money** épouser une grosse fortune ◆ **to marry beneath o.s.** † se mésallier, faire une mésalliance ◆ **to marry again** se remarier
- ▶ **marry off** VT SEP [*parent etc*] marier ; → **marry** vt 2
- ▶ **marry up** VT SEP [*pattern etc*] faire coïncider

**Mars** /mɑːz/ N *(Myth)* Mars m ; *(Astron)* Mars f

**Marseillaise** /ˌmɑːsəˈleɪz/ N Marseillaise f

**Marseilles** /mɑːˈseɪlz/ N Marseille

**marsh** /mɑːʃ/
- N marais m, marécage m ; → **salt**
- COMP **marsh cinquefoil** N comaret m des marais
- **marsh fever** N paludisme m, fièvre f des marais
- **marsh gas** N gaz m des marais
- **marsh harrier** N busard m des marais
- **marsh marigold** N renoncule f des marais
- **marsh tit** N mésange f nonnette, nonnette f des marais
- **marsh warbler** N rousserolle f

**marshal** /ˈmɑːʃəl/ SYN
- N 1 *(Mil etc)* maréchal m ◆ **Marshal of the Royal Air Force** *(Brit)* maréchal de la RAF ; → **air, field**
- 2 *(Brit : at demonstration, sports event etc)* membre m du service d'ordre
- 3 *(in US, in police/fire department)* ≈ capitaine m de gendarmerie/des pompiers ; (= *law officer*) marshal m *(magistrat et officier de police fédérale)*
- 4 *(in Brit : at court etc)* chef m du protocole
- VT 1 *(Mil, Police)* [+ *troops, forces*] rassembler ; [+ *crowd, traffic*] canaliser ; [+ *railway wagons*] trier ◆ **the police marshalled the procession into the town** la police a fait entrer le cortège en bon ordre dans la ville
- 2 *(fig)* [+ *facts*] organiser ; [+ *evidence*] rassembler ; [+ *resources*] mobiliser ; [+ *support*] obtenir, rallier ◆ **to marshal one's thoughts** rassembler ses idées

**marshalling** /ˈmɑːʃəlɪŋ/
- N 1 [*of crowd, demonstrators*] maintien m de l'ordre *(of* parmi)
- 2 [*of trains etc*] triage m
- COMP **marshalling yard** N gare f or centre m de triage

**Marshall Islands** /ˈmɑːʃəl/ NPL îles fpl Marshall

**marshland** /ˈmɑːʃlænd/ N région f marécageuse, marécage m

**marshmallow** /mɑːʃˈmæləʊ/ N 1 (= *plant*) guimauve f
- 2 (= *sweet*) marshmallow m

**marshy** /ˈmɑːʃɪ/ SYN ADJ marécageux

**marsupial** /mɑːˈsuːpɪəl/ ADJ, N marsupial m

**mart** /mɑːt/ N *(esp US)* (= *trade centre*) centre m commercial ; (= *market*) marché m ; (= *auction room*) salle f des ventes ; → **property**

**martagon** /ˈmɑːtəɡən/ N (also **martagon lily**) (lis m) martagon m

**marten** /ˈmɑːtɪn/ N (pl **martens** or **marten**) martre f or marte f

**martensite** /ˈmɑːtɪnzaɪt/ N martensite f

**martensitic** /ˌmɑːtɪnˈzɪtɪk/ ADJ martensitique

**martial** /ˈmɑːʃəl/ SYN
- ADJ [*music*] militaire ; [*spirit*] guerrier ; [*behaviour*] martial ; → **court martial**
- COMP **martial art** N art m martial
- **martial artist** N expert m en arts martiaux
- **martial law** N loi f martiale ◆ **to be under martial law** être soumis à la loi martiale
- **martial rule** N domination f militaire

**Martian** /ˈmɑːʃən/
- N martien(ne) m(f)
- ADJ martien

**martin** /ˈmɑːtɪn/ N (= *bird*) ◆ **house martin** hirondelle f de fenêtre ◆ **sand martin** hirondelle f de rivage

**martinet** /ˌmɑːtɪˈnet/ SYN N ◆ **to be a (real) martinet** être impitoyable or intraitable en matière de discipline

**martingale** /ˈmɑːtɪŋɡeɪl/ N *(Horse-riding, Gambling)* martingale f

**Martini** ® /mɑːˈtiːnɪ/ N Martini ® m ; *(US = cocktail)* Martini m américain ◆ **sweet Martini** Martini m rouge

**Martinique** /ˌmɑːtɪˈniːk/ N Martinique f ◆ **in Martinique** à la Martinique, en Martinique

**Martinmas** /ˈmɑːtɪnməs/ N la Saint-Martin

**martyr** /ˈmɑːtə'/
- N *(Rel, fig)* martyr(e) m(f) *(to* de) ◆ **a martyr's crown** la couronne du martyre ◆ **he is a martyr to migraine(s)** ses migraines lui font souffrir le martyre ◆ **don't be such a martyr!**\*, **stop acting like a martyr!** arrête de jouer les martyrs !
- VT *(Rel, fig)* martyriser

**martyrdom** /ˈmɑːtədəm/ SYN N (NonC) *(Rel)* martyre m ; *(fig)* martyre m, calvaire m

**martyrization** /ˌmɑːtɪraɪˈzeɪʃən/ N martyre m

**martyrize** /ˈmɑːtɪraɪz/ VT *(Rel, fig)* martyriser

**martyrologist** /ˌmɑːtəˈrɒlədʒɪst/ N *(Rel)* martyrologiste mf

**martyrology** /ˌmɑːtəˈrɒlədʒɪ/ N *(Rel)* (= *list*) martyrologe m ; (= *study*) martyrologie f

**MARV** /mɑːv/ N (abbrev of **manoeuvrable re-entry vehicle**) MARV m

**marvel** /ˈmɑːvəl/ SYN
- N (= *thing*) merveille f ; (= *wonder*) prodige m, miracle m ◆ **the marvels of modern science** les prodiges mpl de la science moderne ◆ **plastics were hailed as a marvel of modern science** on a salué les matières plastiques comme un prodige de la science moderne ◆ **the cathedral is a marvel of Gothic architecture** la cathédrale est un joyau de l'architecture gothique ◆ **if he gets there it will be a marvel** ce sera (un) miracle s'il y arrive ◆ **she's a marvel**\* c'est une perle ◆ **it's a marvel to me**\* **how he does it** je ne sais vraiment pas comment il y arrive ◆ **it's a marvel to me**\* **that...** cela me paraît un miracle que... + *subj* , je n'en reviens pas que... + *subj* ◆ **it's a marvel that...** c'est un miracle que... + *subj* ; → **work**
- VI s'émerveiller, s'étonner *(at* de)
- VT s'étonner *(that* de ce que + *indic* or + *subj*)

**marvellous, marvelous** *(US)* /ˈmɑːvələs/ SYN ADJ merveilleux ◆ **(isn't it) marvellous!** *(iro)* c'est vraiment extraordinaire ! *(iro)* ◆ **to have a marvellous time** s'amuser énormément ◆ **it's marvellous to see you** je suis si content de te voir

**marvellously, marvelously** *(US)* /ˈmɑːvələslɪ/ ADV merveilleusement

**Marxian** /ˈmɑːksɪən/ ADJ marxien

**Marxism** /ˈmɑːksɪzəm/
- N marxisme m
- COMP **Marxism-Leninism** N marxisme-léninisme m

## Marxist | master

**Marxist** /ˈmɑːksɪst/
**ADJ, N** marxiste *mf* ◆ **with Marxist tendencies** marxisant
**COMP** **Marxist-Leninist** **ADJ, N** marxiste-léniniste *mf*

**Mary** /ˈmɛərɪ/ **N** Marie *f* ◆ **Mary Magdalene** Marie-Madeleine *f* ◆ **Mary Queen of Scots, Mary Stuart** Marie Stuart(, reine d'Écosse) ◆ **Mary Jane*** (*Drugs*) marie-jeanne* *f*, marijuana *f* ; → **bloody**

**Maryland** /ˈmɛərɪlænd/ **N** Maryland *m* ◆ **in Maryland** dans le Maryland

**marzipan** /ˈmɑːzɪˌpæn/
**N** pâte *f* d'amandes, massepain *m*
**COMP** [*sweet etc*] à la pâte d'amandes

**masc.** abbrev of **masculine**

**mascara** /mæsˈkɑːrə/ **N** mascara *m*

**mascaraed** /mæsˈkɑːrəd/ **ADJ** maquillé (au mascara)

**Mascarene Islands** /ˌmæskəˈriːn/ **NPL** (*Geog*) ◆ **the Mascarene Islands** l'archipel *m* des Mascareignes, les Mascareignes *fpl*

**mascarpone** /ˌmæskɑːˈpəʊneɪ/ **N** mascarpone *m*

**mascot** /ˈmæskət/ **N** mascotte *f*

**masculine** /ˈmæskjʊlɪn/ **SYN**
**ADJ** masculin
**N** (*Gram*) masculin *m* ◆ **in the masculine** au masculin

**masculinist** /ˈmæskjʊlɪnɪst/ **/, masculist** /ˈmæskjʊlɪst/ **ADJ** masculin ; (*pej*) phallocrate, machiste

**masculinity** /ˌmæskjʊˈlɪnɪtɪ/ **N** masculinité *f*

**masculinization** /ˌmæskjʊlɪnaɪˈzeɪʃən/ **N** masculinisation *f*

**masculinize** /ˈmæskjʊlɪnaɪz/ **VT** masculiniser

**masculist** /ˈmæskjʊlɪst/ **N** ⇒ **masculinist**

**maser** /ˈmeɪzə<sup>r</sup>/ **N** maser *m*

**MASH** /mæʃ/
**N** (*US*) (abbrev of **mobile army surgical hospital**) unité *f* chirurgicale mobile de campagne
**COMP** **MASH team N** équipe *f* chirurgicale mobile de campagne
**MASH unit N** unité *f* chirurgicale mobile de campagne

**mash** /mæʃ/
**N** ① (= *pulp*) pulpe *f*
② (*Brit Culin* * = *potatoes*) purée *f* (de pommes de terre) ; → **banger**
③ (*Agr*) (*for pigs, hens etc*) pâtée *f* ; (*for horses*) mash *m*
④ (*Brewing*) pâte *f*
**VT** ① (= *crush*) (also **mash up**) écraser, broyer ; (*Culin*) [+ *potatoes, bananas*] faire une purée de ◆ **mashed potatoes** purée *f* (de pommes de terre)
② (= *injure, damage*) écraser
③ (*Brewing*) brasser

**masher** /ˈmæʃə<sup>r</sup>/ **N** (*Tech*) broyeur *m* ; (*in kitchen*) presse-purée *m inv*

**mashie** /ˈmæʃɪ/ **N** (*Golf*) mashie *m*

**mask** /mɑːsk/ **SYN**
**N** (*gen*) masque *m* ; (*for eyes: in silk or velvet*) masque *m*, loup *m* ; (*Comput*) masque *m* de saisie ; → **death, gasmask, iron**
**VT** ① [+ *person, face*] masquer
② (= *hide*) [+ *object, truth, fact, differences*] masquer, cacher ; [+ *motives, pain*] cacher, dissimuler ; [+ *taste, smell*] masquer ◆ **to mask sth from sb** (*fig*) cacher qch à qn
**VI** [*surgeon etc*] se masquer
**COMP** **masked ball N** bal *m* masqué
**masking tape N** ruban *m* de masquage

**maskinonge** /ˈmæskɪˌnɒndʒ/ **N** (= *fish*) maskinongé *m*

**masochism** /ˈmæsəʊkɪzəm/ **N** masochisme *m*

**masochist** /ˈmæsəʊkɪst/ **N** masochiste *mf*

**masochistic** /ˌmæsəʊˈkɪstɪk/ **ADJ** masochiste

**mason** /ˈmeɪsn/
**N** ① (= *stoneworker*) maçon *m* ; → **monumental**
② (also **freemason**) (franc-)maçon *m*
**COMP** **the Mason-Dixon Line N** (*US Hist*) la ligne Mason-Dixon
**Mason jar N** (*US*) bocal *m* à conserves (étanche)

> ### MASON-DIXON LINE
> La **ligne Mason-Dixon** est la frontière symbolique (longue de 375 km) qui, au 18<sup>e</sup> siècle, séparait le nord du sud des États-Unis, c'est-à-dire les États esclavagistes des États anti-esclavagistes. L'expression est encore utilisée de nos jours. De même, les chanteurs de musique country parlent souvent avec nostalgie de traverser la **ligne Mason-Dixon** pour évoquer leur désir de rentrer chez eux dans le Sud.

**masonic** /məˈsɒnɪk/ **ADJ** (franc-)maçonnique

**Masonite** ® /ˈmeɪsənaɪt/ **N** (*US*) aggloméré *m*

**masonry** /ˈmeɪsənrɪ/ **N** (*NonC*) ① (= *stonework*) maçonnerie *f*
② (= *freemasonry*) (franc-)maçonnerie *f*

**masque** /mɑːsk/ **N** (*Theat*) mascarade *f*, comédie-masque *f*

**masquerade** /ˌmæskəˈreɪd/
**N** (*lit, fig*) mascarade *f*
**VI** ◆ **to masquerade as...** se faire passer pour...

**mass¹** /mæs/ **SYN**
**N** ① (*NonC: Art, Phys*) masse *f*
② [*of matter, dough, rocks, air, snow, water etc*] masse *f* ◆ **a mass of daisies** une multitude de pâquerettes ◆ **the garden was a (solid) mass of colour** le jardin n'était qu'une profusion de couleurs ◆ **he was a mass of bruises** il était couvert de bleus ◆ **in the mass** dans l'ensemble ◆ **the great mass of people** la (grande) masse des gens, la (grande) majorité des gens
③ (= *people*) ◆ **the mass(es)** les masses (populaires) ◆ **Shakespeare for the masses** Shakespeare à l'usage des masses
**NPL** **masses*** ◆ **masses (of...)** des masses* (de...), des tas* (de...) ◆ **I've got masses** j'en ai plein*
**ADJ** ① (= *en masse*) [*support, unemployment, opposition, destruction*] massif ; [*rally*] massif, de masse ; [*resignations, desertions, sackings*] en masse ; [*hysteria, hypnosis*] collectif ◆ **mass executions** exécutions *fpl* systématiques
② (= *for the masses*) [*culture, movement*] (also Comput) [*memory*] de masse ; (= *relating to the masses*) [*psychology, education*] des masses
**VT** ◆ **massed bands/troops** fanfares *fpl*/troupes *fpl* regroupées
**VI** [*troops, people*] se masser ; [*clouds*] s'amonceler
**COMP** **mass catering N** restauration *f* de collectivités
**mass cult*** **N** (*US*) culture *f* populaire *or* de masse
**mass funeral N** obsèques *fpl* collectives
**mass grave N** charnier *m*
**mass mailing N** publipostage *m*
**mass-market ADJ** grand public *inv*
**mass marketing N** commercialisation *f* de masse
**mass media NPL** (mass-)médias *mpl*
**mass meeting N** grand rassemblement *m*
**mass murder N** tuerie *f*, massacre *m*
**mass murderer N** (*lit, fig*) boucher *m*, auteur *m* d'un massacre
**mass noun N** (*Ling*) nom *m* massif
**mass number N** (*Chem*) nombre *m* de masse
**mass-produce VT** fabriquer en série
**mass production N** production *f or* fabrication *f* en série
**mass spectrometer N** spectromètre *m* de masse

**mass²** /mæs/ **N** (*Rel, Mus*) messe *f* ◆ **to say mass** dire la messe ◆ **to go to mass** aller à la messe ; → **black**

**Mass.** abbrev of **Massachusetts**

**Massachusetts** /ˌmæsəˈtʃuːsɪts/ **N** Massachusetts *m* ◆ **in Massachusetts** dans le Massachusetts

**massacre** /ˈmæsəkə<sup>r</sup>/ **SYN**
**N** (*lit, fig*) massacre *m* ◆ **a massacre on the roads** une hécatombe sur les routes
**VT** (*lit, fig*) massacrer

**massage** /ˈmæsɑːʒ/ **SYN**
**N** massage *m* ; (*euph*) massage *m* thaïlandais
**VT** masser ; (*fig*) [+ *figures*] manipuler
**COMP** **massage glove N** gant *m* de crin
**massage parlour N** institut *m* de massage (spécialisé)

**massé** /ˈmæseɪ/ **N** (*Billiards*: also **massé shot**) massé *m*

**masseur** /mæˈsɜː<sup>r</sup>/ **N** masseur *m*

**masseuse** /mæˈsɜːz/ **N** masseuse *f*

**massicot** /ˈmæsɪkɒt/ **N** massicot *m*

**massif** /ˈmæsiːf/
**N** massif *m*
**COMP** **the Massif Central N** le Massif central

**massive** /ˈmæsɪv/ **SYN** **ADJ** ① (= *imposing, solid*) [*features, physique, building, furniture, rock face*] massif
② (= *large-scale*) [*dose, explosion, increase*] massif ; [*majority*] écrasant ; [*heart attack, stroke*] foudroyant ◆ **on a massive scale** à très grande échelle
③ (* = *huge*) [*suitcase, car, house etc*] énorme, gigantesque ◆ **he weighs in at a massive 100 kilos** il fait le poids imposant de 100 kilos , c'est un colosse de 100 kilos

**massively** /ˈmæsɪvlɪ/ **ADV** [*invest, borrow, increase*] massivement ; [*reduce*] énormément ; [*successful, popular*] extrêmement ◆ **massively overloaded** beaucoup trop chargé ◆ **massively overweight** obèse

**massiveness** /ˈmæsɪvnɪs/ **N** ① [*of building, features, dose, increase*] aspect *m* ou caractère *m* massif ; [*of majority*] ampleur *f*
② * [*of suitcase, car, house etc*] taille *f* gigantesque

**mast¹** /mɑːst/ **N** (*on ship, also flagpole*) mât *m* ; (*for radio*) pylône *m* ◆ **the masts of a ship** la mâture d'un navire ◆ **to sail before the mast** servir comme simple matelot

**mast²** /mɑːst/ **N** (= *nut*) → **beechmast**

**mastectomy** /mæˈstektəmɪ/ **N** mastectomie *f*

**-masted** /ˈmɑːstɪd/ **ADJ** (*in compounds*) ◆ **three-masted** à trois mâts

**master** /ˈmɑːstə<sup>r</sup>/ **SYN**
**N** ① [*of household, institution, animal*] maître *m* ◆ **the master of the house** le maître de maison ◆ **to be master in one's own house** être maître chez soi ◆ **the master is not at home** † Monsieur n'est pas là ◆ **like master like man** (*Prov*) tel maître tel valet (*Prov*) ◆ **old masters** (*Art* = *pictures*) tableaux *mpl* de maître ◆ **I am the master now** c'est moi qui commande *or* qui donne les ordres maintenant ◆ **he has met his master** (*fig*) il a trouvé son maître ◆ **to be one's own master** être son (propre) maître ◆ **to be master of o.s./of the situation** être maître de soi/de la situation ◆ **to be (the) master of one's destiny** *or* **fate** être maître de sa destinée ◆ **he is a master of the violin** c'est un virtuose du violon ◆ **the Master** (*Bible*) le Seigneur ; → **old, past**
② († : also **schoolmaster**) (*in secondary school*) professeur *m* ; (*in primary school*) instituteur *m*, maître *m* ◆ **music master** (*in school*) professeur *m* de musique ; (*private tutor*) professeur *m or* maître *m* de musique ; → **fencing**
③ [*of ship*] capitaine *m* ; [*of liner*] (capitaine) commandant *m* ; [*of fishing boat*] patron *m*
④ (*Univ*) ◆ **Master of Arts/Science** *etc* ≈ titulaire *mf* d'une maîtrise en lettres/sciences *etc* → **Degree** ◆ **a master's (degree)** ≈ une maîtrise ◆ **master's essay** *or* **paper** *or* **thesis** (*US*) ≈ mémoire *m* (de maîtrise)
⑤ (*Brit Univ*) [*of Oxbridge college etc*] ≈ directeur *m*, ≈ principal *m*
⑥ (*Brit: title for boys*) monsieur *m*
⑦ ⇒ **master tape, master disk**
⑧ (*Golf*) ◆ **the (US) Masters** les Masters *mpl*
**VT** ① [+ *person*] mater ; [+ *animal*] dompter ; [+ *emotion*] maîtriser ; [+ *difficulty, crisis, problem*] gérer, surmonter ; [+ *situation*] se rendre maître de
② (= *understand, learn*) [+ *theory*] saisir ; [+ *language, skill*] maîtriser ◆ **he has mastered Greek** il connaît *or* possède le grec à fond ◆ **he'll never master the violin** il ne saura jamais bien jouer du violon ◆ **he has mastered the trumpet** il est devenu très bon trompettiste *or* un trompettiste accompli ◆ **it's so difficult that I'll never master it** c'est si difficile que je n'y parviendrai jamais
**COMP** [*beam*] maître (maîtresse *f*) ; [*control, cylinder, switch*] principal
**master-at-arms N** (pl **masters-at-arms**) [*of ship*] capitaine *m* d'armes
**master baker N** maître *m* boulanger
**master bedroom N** chambre *f* principale
**master builder N** entrepreneur *m* en bâtiment
**master butcher N** maître *m* boucher
**master card N** (*Cards, fig*) carte *f* maîtresse
**master chief petty officer N** (*US Navy*) major *m*
**master class N** cours *m* de (grand) maître
**master copy N** original *m*
**master cylinder N** (*in car engine*) maître cylindre *m*

## masterful | material

**master disk** N (Comput) disque m d'exploitation
**master file** N (Comput) fichier m maître or permanent
**master hand** N (= expert) maître m ◆ **to be a master hand at (doing) sth** être passé maître dans l'art de (faire) qch ◆ **the work of a master hand** un travail exécuté de main de maître
**master key** N passe-partout m inv
**master mariner** N (foreign-going) ≈ capitaine m au long cours ; (home trade) ≈ capitaine m de la marine marchande
**master of ceremonies** N maître m des cérémonies ; (TV etc) animateur m
**master of (fox)hounds** N grand veneur m
**Master of the Rolls** N (Brit Jur) ≈ premier président m de la Cour de cassation
**master plan** N schéma m directeur
**master print** N (Cine) copie f étalon
**master race** N race f supérieure
**master sergeant** N (US Army) adjudant m ; (US Airforce) ≈ sergent-chef m
**master stroke** N coup m magistral or de maître
**master switch** N (Elec) interrupteur m général
**master tape** N bande f mère

**masterful** /'mɑːstəfʊl/ SYN ADJ ⓵ (= dominant) [person] à l'autorité naturelle
⓶ (= skilful) [performance, job, display] magistral ◆ **to be masterful at doing sth** réussir remarquablement à faire qch

**masterfully** /'mɑːstəfəlɪ/ ADV ⓵ (= imperiously) [act, decide] en maître ; [speak, announce] d'un ton décisif, sur un ton d'autorité
⓶ (= expertly) magistralement, de main de maître

**masterly** /'mɑːstəlɪ/ SYN ADJ [performance, analysis] magistral ; [actor, player, politician] de grande classe ◆ **in masterly fashion** avec maestria ◆ **to say sth with masterly understatement** dire qch avec un art consommé de la litote

**mastermind** /'mɑːstəmaɪnd/ SYN
 N (= genius) génie m, cerveau m ; [of plan, crime etc] cerveau m
 VT [+ operation etc] diriger, organiser

**masterpiece** /'mɑːstəpiːs/ SYN N chef-d'œuvre m
**masterwork** /'mɑːstəwɜːk/ N chef-d'œuvre m
**mastery** /'mɑːstərɪ/ SYN N (gen) maîtrise f (of de) ◆ **to gain mastery over** [+ person] avoir le dessus sur, l'emporter sur ; [+ animal] dompter ; [+ nation, country] s'assurer la domination de ; [+ the seas] s'assurer la maîtrise de

**masthead** /'mɑːsthed/ N [of ship] tête f de mât ; [of newspaper] (= title) titre m ; (= staff etc) ours* m (Press)

**mastic** /'mæstɪk/ N (= resin, adhesive) mastic m
**masticate** /'mæstɪkeɪt/ VTI mastiquer, mâcher
**mastiff** /'mæstɪf/ N mastiff m
**mastitis** /mæs'taɪtɪs/ N mastite f
**mastodon** /'mæstədɒn/ N mastodonte m (lit)
**mastoid** /'mæstɔɪd/
 ADJ mastoïdien
 N (= bone) apophyse f mastoïde
**mastoiditis** /ˌmæstɔɪ'daɪtɪs/ N mastoïdite f
**masturbate** /'mæstəbeɪt/
 VI se masturber
 VT masturber
**masturbation** /ˌmæstə'beɪʃən/ N masturbation f
**masturbator** /'mæstəˌbeɪtər/ N masturbateur m, -trice f
**masturbatory** /ˌmæstə'beɪtərɪ/ ADJ masturbatoire, masturbateur (-trice f)

**MAT** /ˌemeɪ'tiː/ N (abbrev of **machine-assisted translation**) TAO f

**mat¹** /mæt/
 N ⓵ (for floors etc) (petit) tapis m, carpette f ; [of straw etc] natte f ; (at door) paillasson m ; (in car, gymnasium) tapis m ◆ **to have sb on the mat*** (fig) passer un savon à qn* ◆ **a mat of hair** des cheveux emmêlés ◆ **to go to the mat for sb/to do sth** (US) monter au créneau pour qn/pour faire qch ; → **rush²**
 ⓶ (on table, heat-resistant) dessous-de-plat m inv ; (decorative) set m (de table) ; (embroidered linen) napperon m ; → **drip, place**
 VI (= become matted) [hair etc] s'emmêler ; [woollens] (se) feutrer ; → **matted**

**mat²** /mæt/ ADJ ⇒ **matt(e)**

**matador** /'mætədəːr/ N matador m

**match¹** /mætʃ/ N allumette f ◆ **box/book of matches** boîte f/pochette f d'allumettes ◆ **have you got a match?** avez-vous une allumette or du feu ? ◆ **to strike** or **light a match** gratter or frotter or faire craquer une allumette ◆ **to put** or **set a match to sth** mettre le feu à qch ; → **safety**

**match²** /mætʃ/ SYN
 N ⓵ (Sport) match m ; (esp Brit) (= game) partie f ◆ **to play a match against sb** disputer un match contre qn, jouer contre qn ◆ **international match** match m international, rencontre f internationale ◆ **match abandoned** match m suspendu ; → **away, home, return**
 ⓶ (= equal) égal(e) m(f) ◆ **to meet one's match (in sb)** trouver à qui parler (avec qn), avoir affaire à forte partie (avec qn) ◆ **he's a match for anybody** il est de taille à faire face à n'importe qui ◆ **he's no match for Paul** il n'est pas de taille à lutter contre Paul, il ne fait pas le poids contre Paul ◆ **he was more than a match for Simon** Simon n'était pas à sa mesure or ne faisait pas le poids contre lui
 ⓷ ◆ **to be a good match** [clothes, colours etc] aller bien ensemble, s'assortir bien ◆ **I'm looking for a match for these curtains** je cherche quelque chose pour aller avec ces rideaux
 ⓸ (= comparison) adéquation f ◆ **a poor match between our resources and our objectives** une mauvaise adéquation entre nos ressources et nos objectifs
 ⓹ († = marriage) mariage m ◆ **he's a good match for her** c'est un bon parti (pour elle) ◆ **they're a good match** ils sont bien assortis ; see also **love**
 VT ⓵ (= be equal to) (also **match up to**) égaler, être l'égal de ◆ **his essay didn't match (up to) Jason's in originality** sa dissertation n'égalait pas or ne valait pas celle de Jason en originalité ◆ **she doesn't match (up to) her sister in intelligence** elle n'a pas l'intelligence de sa sœur ◆ **the result didn't match (up to) our hopes** le résultat a déçu nos espérances ◆ **he didn't match (up to) his father's expectations** il n'a pas été à la hauteur des espérances de son père
 ⓶ (= produce equal to) ◆ **to match sb's offer/proposal** faire une offre/une proposition équivalente à celle de qn ◆ **I can match any offer** je peux offrir autant que n'importe qui ◆ **to match sb's price/terms** offrir le même prix/des conditions aussi favorables que qn ◆ **this is matched only by...** cela n'a d'égal que...
 ⓷ [clothes, colours etc] (intended as a set) être assorti à ; (a good match) aller bien avec ◆ **his tie doesn't match his shirt** sa cravate ne va pas avec sa chemise
 ⓸ (= find similar piece etc to : also **match up**) ◆ **can you match (up) this material?** avez-vous du tissu identique à celui-ci ? ; (going well with) avez-vous du tissu assorti à celui-ci ?
 ⓹ (= pair off) ◆ **to match sb against sb** opposer qn à qn ◆ **she matched her wits against his strength** elle opposait son intelligence à sa force ◆ **evenly matched** de force égale ◆ **they are well matched** [opponents] ils sont de force égale ; [married couple etc] ils sont bien assortis
 VI [colours, materials] être bien assortis, aller bien ensemble ; [cups] être appareillés ; [gloves, socks] faire la paire ; [two identical objects] se faire pendant ◆ **with (a) skirt to match** avec (une) jupe assortie
 COMP **match day** N (Brit Sport) jour m de match
 **match-fit** ADJ (Brit Sport) en état de jouer (un match)
 **match fitness** N (Brit Sport) ◆ **to regain match fitness** retrouver la forme pour jouer (un match)
 **match-fixing** N ◆ **there were allegations of match-fixing** selon certains, le match aurait été truqué
 **match play** N (Golf) match-play m
 **match point** N (Tennis) balle f de match
 **match-winner** N (= goal, point) but m (or point m) de la victoire

▸ **match up**
 VI [colours etc] aller bien ensemble, être assortis
 VT SEP ⇒ **match²** vt 4

▸ **match up to** VT FUS ⇒ **match²** vt 1

**matchboard** /'mætʃbɔːd/ N latte f bouvetée (pour lambris, parquets etc)

**matchbook** /'mætʃbʊk/ N (esp US) pochette f d'allumettes

**matchbox** /'mætʃbɒks/ N boîte f d'allumettes

**matching** /'mætʃɪŋ/ SYN ADJ [clothes, accessories, earrings, curtains] assorti ◆ **he was dressed in a smart grey suit and matching tie** il était vêtu d'un élégant costume gris avec une cravate assortie ◆ **her matching blue sweater and skirt** son pull bleu et sa jupe assortie ◆ **a matching pair** une paire

**matchless** /'mætʃlɪs/ SYN ADJ (liter) sans égal

**matchmake*** /'mætʃmeɪk/ VI jouer les entremetteurs

**matchmaker** /'mætʃmeɪkər/ N entremetteur m, -euse f, marieur* m, -euse* f ◆ **she is a great matchmaker** elle aime jouer les entremetteuses

**matchstick** /'mætʃstɪk/
 N allumette f
 COMP (= thin) [limbs, body] filiforme

**matchwood** /'mætʃwʊd/ N (for matches) bois m d'allumettes ◆ **to smash sth to matchwood** (= debris) réduire qch en miettes, pulvériser qch

**mate¹** /meɪt/ SYN
 N ⓵ (at work) camarade mf
 ⓶ (Brit * = friend) copain* m, copine* f ◆ **he's a good mate** c'est un bon copain ◆ **cheers mate!*** merci, mon vieux !* ; → **classmate, playmate, workmate**
 ⓷ (= assistant) aide mf ◆ **plumber's mate** aide-plombier m
 ⓸ [of animal] mâle m, femelle f ; (* hum) [of human] (= spouse etc) compagnon m, compagne f
 ⓹ (Brit Merchant Navy) ≈ second m (capitaine m) ; (US Navy) maître m (dans la marine) ; → **first**
 VT accoupler (with à)
 VI s'accoupler (with à, avec)

**mate²** /meɪt/ (Chess)
 N mat m ; → **checkmate, stalemate**
 VT mettre échec et mat, mater

**maté** /'mɑːteɪ/ N (= tree, drink) maté m

**matelot*** /'mætləʊ/ N mataf* m

**mater dolorosa** /ˌdɒlə'rəʊsə/ N mater dolorosa f

**material** /mə'tɪərɪəl/ SYN
 ADJ ⓵ (esp Jur) (= physical) matériel ◆ **material damage** dommage m matériel ◆ **material evidence** preuves fpl matérielles
 ⓶ (= relevant) pertinent (to sth pour qch) ◆ **material information** informations fpl pertinentes ◆ **material witness** témoin m de fait
 N ⓵ (= substance) substance f, matière f ◆ **chemical/dangerous materials** substances fpl or matières fpl chimiques/dangereuses ; → **waste**
 ⓶ (= cloth, fabric) tissu m ◆ **dress material** tissu m pour robes
 ⓷ (= substances from which product is made) matériau m ◆ **building materials** matériaux mpl de construction ◆ **he's officer material** il a l'étoffe d'un officier ◆ **he's not university material** il n'est pas capable d'entreprendre des études supérieures ; → **raw**
 ⓸ (= necessary tools, supplies) matériel m ◆ **the desk held all his writing materials** le bureau contenait tout son matériel nécessaire pour écrire ◆ **have you got any writing materials?** avez-vous de quoi écrire ? ◆ **reading material** (gen) de quoi lire, de la lecture ; (for studies) des ouvrages mpl (et des articles mpl) à consulter ◆ **play materials** le matériel de jeu ◆ **teaching** or **course material(s)** (Scol etc) matériel m pédagogique
 ⓹ (NonC = facts, data) matériaux mpl ◆ **they had all the material necessary for a biography** ils avaient tous les matériaux or toutes les données nécessaires pour une biographie ◆ **I had all the material I needed for my article** j'avais tout ce qu'il me fallait pour mon article ◆ **the amount of material to be examined** la quantité de matériaux or de documents à examiner ◆ **all the background material** toute la documentation d'appui ◆ **reference material** ouvrages mpl de référence
 ⓺ (NonC = sth written, composed etc) ◆ **she writes her own material** [singer] elle écrit ses propres chansons ; [comic] elle écrit ses propres sketches ◆ **an album of original material** un album de titres inédits ◆ **she has written some very funny material** elle a écrit des choses très amusantes ◆ **we cannot publish this material** nous ne pouvons pas publier ce texte ◆ **in my version of the story, I added some new material** dans ma version de l'histoire, j'ai ajouté des éléments nouveaux ◆ **publicity material** matériel m publicitaire or promotionnel ◆ **video material** enregistrements mpl vidéo ◆ **30% of the programme was recorded material** 30% de l'émission avait été préenregistrée

**materialism** /məˈtɪərɪəlɪzəm/ N matérialisme m

**materialist** /məˈtɪərɪəlɪst/ ADJ, N matérialiste mf

**materialistic** /məˌtɪərɪəˈlɪstɪk/ ADJ (pej) matérialiste

**materialize** /məˈtɪərɪəlaɪz/ SYN
**VI** 1 (= take shape) [plan, wish] se matérialiser, se réaliser ; [offer, loan etc] se concrétiser, se matérialiser ; [idea] prendre forme
2 (= appear, happen) ◆ **the promised cash didn't materialize** l'argent promis ne s'est pas concrétisé or matérialisé ◆ **a rebellion by radicals failed to materialize** il n'y a pas eu de rébellion des radicaux ◆ **none of the anticipated difficulties materialized** les difficultés auxquelles on s'attendait ne se sont pas présentées
3 (Spiritualism etc) prendre une forme matérielle, se matérialiser ◆ **Derek materialized at her side** (hum) Derek est soudain apparu à ses côtés
**VT** matérialiser, concrétiser

**materially** /məˈtɪərɪəlɪ/ SYN ADV matériellement

**materia medica** /məˌtɪərɪəˈmedɪkə/ N (= study) matière f médicale

**maternal** /məˈtɜːnəl/ SYN
**ADJ** maternel ◆ **maternal smoking can damage the unborn child** en fumant, les femmes enceintes risquent de compromettre la santé de leur bébé
**COMP** **maternal death** N mort f en couches
**maternal deprivation** N (Psych) dépression f anaclitique
**maternal health care** N soins mpl aux jeunes mères
**maternal instinct** N instinct m maternel

**maternity** /məˈtɜːnɪtɪ/ SYN
**N** maternité f
**COMP** [services etc] obstétrique ; [clothes] de grossesse
**maternity allowance, maternity benefit** N (Brit) allocation f de maternité
**maternity dress** N robe f de grossesse
**maternity home, maternity hospital** N maternité f ; (private) clinique f d'accouchement
**maternity leave** N congé m de maternité
**maternity pay** N (Brit) indemnités versées pendant le congé de maternité
**maternity ward** N (service m de) maternité f

**matey** /ˈmeɪtɪ/ (Brit)
**ADJ** * [person] copain * (copine * f) (with sb avec qn) ; [tone] copain-copain * f inv ; [charm] familier
**N** (as term of address) ◆ **sorry, matey!** * désolé, mon vieux !*

**math** * /mæθ/ N (US) (abbrev of **mathematics**) math(s)* fpl

**mathematical** /ˌmæθəˈmætɪkəl/ ADJ [formula, equation, model, calculations] mathématique ; [skills, ability] en mathématiques ◆ **I'm not mathematical** * je ne suis pas un matheux *, je n'ai pas la bosse* des maths ◆ **I haven't got a mathematical mind** je n'ai pas l'esprit mathématique ◆ **she was a mathematical genius** c'était une mathématicienne de génie, c'était un génie en mathématiques

**mathematically** /ˌmæθəˈmætɪkəlɪ/ ADV (gen) mathématiquement ◆ **mathematically gifted** doué en mathématiques ◆ **mathematically precise** avec une précision mathématique ◆ **to be mathematically inclined** or **minded** avoir l'esprit mathématique

**mathematician** /ˌmæθəməˈtɪʃən/ N mathématicien(ne) m(f)

**mathematics** /ˌmæθəˈmætɪks/ N (NonC) mathématiques fpl ◆ **I don't understand the mathematics of it** je ne vois pas comment on arrive à ce chiffre or à ce résultat

**maths** * /mæθs/ N (Brit) (abbrev of **mathematics**) math(s)* fpl

**matinée** /ˈmætɪneɪ/
**N** (Theat) matinée f
**COMP** **matinée coat** N (Brit) veste f (de bébé)
**matinée idol** N (Theat) idole f du public féminin
**matinée jacket** N ⇒ matinée coat

**mating** /ˈmeɪtɪŋ/
**N** [of animals] accouplement m
**COMP** **mating call** N appel m du mâle
**mating season** N saison f des amours

**matins** /ˈmætɪnz/ N (Rel) matines fpl

**matriarch** /ˈmeɪtrɪɑːk/ N matrone f, femme f chef de tribu or de famille

**matriarchal** /ˌmeɪtrɪˈɑːkl/ ADJ matriarcal

**matriarchy** /ˈmeɪtrɪɑːkɪ/ N matriarcat m

**matric** * /məˈtrɪk/ N (Brit Scol) (abbrev of **matriculation noun** 2)

**matrices** /ˈmeɪtrɪsiːz/ NPL of **matrix**

**matricide** /ˈmeɪtrɪsaɪd/ N (= crime) matricide m ; (= person) matricide mf

**matriculate** /məˈtrɪkjʊleɪt/ VI 1 s'inscrire, se faire immatriculer
2 (Brit Scol: formerly) être reçu à l'examen de « matriculation »

**matriculation** /məˌtrɪkjʊˈleɪʃən/
**N** 1 (Univ) inscription f, immatriculation f
2 (Brit Scol: formerly) examen donnant droit à l'inscription universitaire
**COMP** (Univ) [card, fee] d'inscription

**matrilineal** /ˌmætrɪˈlɪnɪəl/ ADJ matrilinéaire

**matrilocal** /ˌmætrɪˈləʊkəl/ ADJ matrilocal

**matrimonial** /ˌmætrɪˈməʊnɪəl/ ADJ (frm) [bed, problems] matrimonial ; [law] sur le mariage ◆ **the matrimonial home** le domicile conjugal

**matrimony** /ˈmætrɪmənɪ/ SYN N (NonC) mariage m ; ◆ **holy**

**matrix** /ˈmeɪtrɪks/ SYN N (pl **matrixes** or **matrices**) matrice f

**matron** /ˈmeɪtrən/
**N** 1 († = woman) matrone † f
2 (Med) [of hospital] surveillante f générale ; (in school) infirmière f ; [of orphanage, old people's home etc] directrice f ◆ **yes matron** oui madame (or mademoiselle)
**COMP** **matron of honour** N dame f d'honneur

**matronly** /ˈmeɪtrənlɪ/ ADJ [figure] imposant ; [manner, clothes] de matrone ◆ **a matronly woman** une matrone

**matt(e)** /mæt/
**ADJ** mat
**COMP** **matt emulsion** N peinture f mate
**matt finish** N finition f mate
**matt paint** N peinture f mate

**matted** /ˈmætɪd/ SYN ADJ [hair, beard, fur] emmêlé ; [fibres, wool] feutré ◆ **to become matted** [hair, beard, fur] s'emmêler ; [fibres, wool] feutrer ◆ **matted together** emmêlé ◆ **matted with blood/mud** mêlé de sang/boue, collé par le sang/la boue

**matter** /ˈmætər/ LANGUAGE IN USE 7.5 SYN
**N** 1 (NonC) (= physical substance) matière f, substance f ; (Philos, Phys) matière f ; (Typography) matière f, copie f ; (Med) (= pus) pus m ◆ **vegetable/inanimate matter** matière f végétale/inanimée ◆ **colouring matter** colorant m ◆ **advertising matter** publicité f, réclames fpl ; → grey, mind, reading
2 (NonC = content) [of book etc] fond m, contenu m ◆ **matter and form** le fond et la forme ◆ **the matter of his essay was good but the style poor** le contenu de sa dissertation était bon mais le style laissait à désirer
3 (= affair, concern) affaire f, question f ◆ **the matter in hand** l'affaire en question ◆ **the matter is closed** l'affaire est close or classée ◆ **she placed the matter in the hands of her solicitor** elle a remis l'affaire entre les mains de son avocat ◆ **it's a small matter** c'est un détail ◆ **in this matter** à cet égard ◆ **in the matter of...** en matière de..., en ce qui concerne... ◆ **he doesn't see this as a resigning matter** il n'y a pas là, selon lui, de quoi démissionner ◆ **this is no joking matter** c'est très sérieux ; → laughing ◆ **it will be no easy matter** cela ne sera pas une mince affaire ◆ **for that matter** d'ailleurs ◆ **there's the matter of my expenses** il y a la question de mes frais ◆ **there's the small matter of that £200 I lent you** il y a le petit problème des 200 livres que je vous ai prêtées ◆ **in all matters of education** pour tout ce qui touche à or concerne l'éducation ◆ **it is a matter of great concern** c'est extrêmement inquiétant ◆ **it's a matter of habit** c'est une question or une affaire d'habitude ◆ **it took a matter of days** cela a été l'affaire de quelques jours ◆ **in a matter of ten minutes** en l'espace de dix minutes ◆ **it's a matter of $200 or so** il s'agit de quelque 200 dollars ◆ **as a matter of course** automatiquement ◆ **as a matter of fact** à vrai dire, en fait ; see also **matter-of-fact** ◆ **it's a matter of life and death** c'est une question de vie ou de mort ◆ **that's a matter of opinion!** c'est discutable ! ◆ **it is only a matter of time** ce n'est qu'une question de temps ◆ **it is only a matter of time before the bridge collapses** le pont va s'écrouler ce n'est qu'une question de temps
4 (= importance) ◆ **no matter!** peu importe !, tant pis ! ◆ **what matter (if...)?** (liter) qu'importe (si...) ? ◆ **(it is of) no matter whether...** (liter) peu importe si... ◆ **it is (of) no great matter** c'est peu de chose, cela n'a pas grande importance ◆ **get one, no matter how** débrouille-toi (comme tu peux) pour en trouver un ◆ **it must be done, no matter how** cela doit être fait par n'importe quel moyen ◆ **ring me no matter how late** téléphonez-moi même tard or à n'importe quelle heure ◆ **no matter how you use it** peu importe comment vous l'utilisez ◆ **no matter when he comes** quelle que soit l'heure à laquelle il arrive ◆ **no matter how big it is** aussi grand qu'il soit ◆ **no matter what he says** quoi qu'il dise ◆ **no matter where/who** où/qui que ce soit
5 (NonC) (= difficulty, problem) ◆ **what's the matter?** qu'est-ce qu'il y a ?, qu'y a-t-il ? ◆ **what's the matter with him?** qu'est-ce qu'il a ?, qu'est-ce qui lui prend ? ◆ **what's the matter with your hand?** qu'est-ce que vous avez à la main ? ◆ **what's the matter with my hat?** qu'est-ce qu'il a, mon chapeau ? ◆ **what's the matter with trying to help him?** quel inconvénient or quelle objection y a-t-il à ce qu'on l'aide subj ? ◆ **is anything the matter?** quelque chose ne va pas ? ◆ **there's something the matter with my arm** j'ai quelque chose au bras ◆ **there's something the matter with the engine** il y a quelque chose qui ne va pas dans le moteur ◆ **as if nothing was the matter** comme si de rien n'était ◆ **nothing's the matter** * il n'y a rien ◆ **there's nothing the matter with me!** moi, je vais tout à fait bien ! ◆ **there's nothing the matter with the car** la voiture marche très bien ◆ **there's nothing the matter with that idea** il n'y a rien à redire à cette idée
**VI** importer (to à) ◆ **it doesn't matter** ça n'a pas d'importance, ça ne fait rien ◆ **it doesn't matter whether...** peu importe que... + subj, cela ne fait rien si..., peu importe si... ◆ **it doesn't matter who/where** etc peu importe qui/où etc ◆ **it matters little** (frm) peu importe ◆ **what does it matter?** qu'est-ce que cela peut faire ? ◆ **what does it matter to you (if...)?** qu'est-ce que cela peut bien vous faire (si...) ? ◆ **why should it matter to me?** pourquoi est-ce que cela me ferait quelque chose ? ◆ **some things matter more than others** il y a des choses qui importent plus que d'autres ◆ **nothing else matters** le reste n'a aucune importance

**Matterhorn** /ˈmætəhɔːn/ N ◆ **the Matterhorn** le Cervin

**matter-of-fact** /ˌmætərəvˈfækt/ SYN ADJ [tone, voice] neutre ; [style] prosaïque ; [attitude, person] terre à terre or terre-à-terre ; [assessment, account] neutre, qui se limite aux faits

**matter-of-factly** /ˌmætərəvˈfæktlɪ/ ADV [say, explain] d'un ton neutre

**Matthew** /ˈmæθjuː/ N Matthieu m

**matting** /ˈmætɪŋ/ N (NonC) sparterie f, pièces fpl de natte ; → rush²

**mattins** /ˈmætɪnz/ N ⇒ matins

**mattock** /ˈmætək/ N pioche f

**mattress** /ˈmætrɪs/
**N** matelas m
**COMP** **mattress cover** N alèse f

**maturation** /ˌmætjʊəˈreɪʃən/ N maturation f

**mature** /məˈtjʊər/ SYN
**ADJ** 1 [person] mûr ; (euph = of age) d'âge mûr ◆ **she was mature enough to take on these responsibilities** elle était assez mûre pour assumer ces responsabilités ◆ **he behaves like a mature adult** il se comporte en adulte ◆ **he's got much more mature since then** il a beaucoup mûri depuis
2 [age, reflection, plan] mûr ; [tree, democracy] adulte ; [market] arrivé à maturité, mûr ; [wine] à maturité ; [cheese] affiné ; [style, writing] abouti ; [cell] mature
**VT** affiner
**VI** [person] (psychologically) mûrir ; [child, animal] se développer ; [cheese] s'affiner ; [wine] (= reach maturity) arriver à maturité ; (Fin) [policy, pension plan] venir à échéance
**COMP** **mature student** N (Univ) (gen) étudiant(e) m(f) plus âgé(e) que la moyenne ; (Brit Admin) étudiant(e) m(f) de plus de 26 ans (ou de 21 ans dans certains cas)

 The word **mature** exists in French, but 'mûr' is much commoner in everyday contexts.

**maturely** /məˈtjʊəlɪ/ ADV [think, behave] en adulte

**maturity** /məˈtjʊərɪtɪ/ SYN N maturité f ◆ **date of maturity** (Fin) échéance f

**matutinal** /ˌmætjʊˈtaɪnəl/ ADJ matutinal

**matzo** /ˈmɒtsə/
- N pain m azyme
- COMP **matzo balls** NPL boulettes fpl de pain azyme
- **matzo cracker** N cracker m de pain azyme
- **matzo meal** N farine f de pain azyme

**maudlin** /ˈmɔːdlɪn/ SYN ADJ larmoyant ◆ **to get maudlin about sth** devenir excessivement sentimental à propos de qch

**maul** /mɔːl/ SYN
- VT [1] (= attack) [tiger etc] mutiler, lacérer ; (fatally) déchiqueter
- [2] (= manhandle) malmener
- [3] (* = paw at : sexually) tripoter ◆ **stop mauling me!** arrête de me tripoter !
- N (Rugby) maul m

**mauling** /ˈmɔːlɪŋ/ N ◆ **to get a mauling** [player, team] être battu à plate(s) couture(s) ; [author, book] être éreinté par la critique

**maulstick** /ˈmɔːlstɪk/ N appuie-main m

**maunder** /ˈmɔːndəʳ/ SYN VI (= talk) divaguer ; (= move) errer ; (= act) agir de façon incohérente

**Maundy money** /ˈmɔːndɪˌmʌnɪ/ N (Brit) aumône f royale du jeudi saint

**Maundy Thursday** /ˌmɔːndɪˈθɜːzdɪ/ N le jeudi saint

**Mauritania** /ˌmɒrɪˈteɪnɪə/ N Mauritanie f

**Mauritanian** /ˌmɒrɪˈteɪnɪən/
- ADJ mauritanien
- N Mauritanien(ne) m(f)

**Mauritian** /məˈrɪʃən/
- ADJ (gen) mauricien ; [ambassador, embassy] de l'île Maurice
- N Mauricien(ne) m(f)

**Mauritius** /məˈrɪʃəs/ N (l'île f) Maurice f ◆ **in Mauritius** à (l'île) Maurice

**mausoleum** /ˌmɔːsəˈlɪəm/ N (pl **mausoleums** or **mausolea** /ˌmɔːsəˈlɪə/) mausolée m

**mauve** /məʊv/ ADJ, N mauve m

**maverick** /ˈmævərɪk/
- N [1] (= unmarked calf) veau m non marqué
- [2] (fig = person) franc-tireur m (fig), indépendant(e) m(f)
- ADJ dissident, non-conformiste

**maw** /mɔː/ N (= mouth : lit, fig) gueule f

**mawkish** /ˈmɔːkɪʃ/ SYN ADJ (= sentimental) mièvre

**mawkishness** /ˈmɔːkɪʃnɪs/ N [of film, poem] mièvrerie f

**max** /mæks/ abbrev of **maximum**
- ADV ◆ **a couple of weeks, max**\* quinze jours, max*
- N max* m ◆ **to do sth to the max**\* faire qch à fond

**maxi*** /ˈmæksɪ/
- N (= coat/skirt) (manteau m/jupe f) maxi m
- COMP **maxi single** N disque m double durée

**maxilla** /mækˈsɪlə/ N (pl **maxillae** /mækˈsɪliː/) (Anat) maxillaire m

**maxillary** /mækˈsɪlərɪ/ ADJ (Anat) maxillaire

**maxim** /ˈmæksɪm/ SYN N maxime f

**maxima** /ˈmæksɪmə/ NPL of **maximum**

**maximal** /ˈmæksɪml/ ADJ maximal

**maximization** /ˌmæksɪmaɪˈzeɪʃən/ N maximalisation f, maximisation f ◆ **maximization of profits** maximalisation or maximisation f des bénéfices

**maximize** /ˈmæksɪmaɪz/ VT (= increase) porter au or développer au maximum ; [+ profits] maximiser ◆ **to maximize the advantages of sth** exploiter au maximum les avantages de qch

**maximum** /ˈmæksɪməm/ SYN
- N (pl **maximums** or **maxima**) maximum m ◆ **a maximum of $8** un maximum de 8 dollars, 8 livres au maximum ◆ **at the maximum** au maximum ◆ **to the maximum** au maximum, à fond
- ADJ maximum ◆ **maximum prices** prix mpl maximums or maxima ◆ **maximum security jail** or **prison** prison f de haute sécurité ; see also **security** ◆ **maximum speed** (= highest permitted) vitesse f limite, vitesse f maximale autorisée ; (= highest possible) plafond m ◆ **maximum load** (on truck) charge f limite ◆ **maximum temperatures** températures fpl maximales

- ADV (au) maximum ◆ **twice a week maximum** deux fois par semaine (au) maximum

**maxwell** /ˈmækswel/ N (Phys) maxwell m

**May** /meɪ/
- N mai m ◆ **the merry month of May** (liter) le joli mois de mai ; see also **September**
- COMP **May beetle, May bug** N hanneton m
- **May Day** N le Premier Mai (fête du Travail)
- **May queen** N reine f de mai

**may¹** /meɪ/ LANGUAGE IN USE 9.1 MODAL AUX VB
[1] (= might)

*When **may** expresses present, past or future possibility, it is often translated by **peut-être**, with the appropriate tense of the French verb.*

◆ **he may arrive late** il arrivera peut-être en retard, il pourrait arriver en retard ◆ **you may be making a big mistake** tu es peut-être en train de faire une grosse erreur ◆ **I may have left it behind** il se peut que je l'aie oublié, je l'ai peut-être oublié ◆ **a vegetarian diet may not provide enough iron** il se peut qu'un régime végétarien ne soit pas assez riche en fer ◆ **it may rain later** il se peut qu'il pleuve plus tard ◆ **be that as it may** (frm) quoi qu'il en soit ◆ **that's as may be but...** peut-être bien or c'est bien possible mais...

◆ **may as well** ◆ **one may as well say £5 million** autant dire 5 millions de livres ◆ **I may as well tell you all about it** je ferais aussi bien de tout vous dire ◆ **you may as well leave now** vous feriez aussi bien de partir tout de suite ◆ **can I tell her? – you may as well** est-ce que je peux le lui dire ? – oui, pourquoi pas ?

◆ **may well** ◆ **this may well be his last chance** c'est peut-être bien sa dernière chance ◆ **that may well be so** c'est bien possible ◆ **one may well ask if this is a waste of money** on est en droit de se demander si c'est une dépense inutile ; see also **might¹**

[2] (= can) pouvoir ◆ **the sleeping bag may be used as a bedcover** le sac de couchage peut servir de couvre-lit ◆ **you may go now** (permission, also polite order) vous pouvez partir ; (to subordinate) vous pouvez disposer ◆ **if I may say so** si je puis me permettre ◆ **as soon as may be** aussitôt que possible

◆ **may I?** vous permettez ?

◆ **may I...?** ◆ **may I interrupt for a moment?** je peux vous interrompre une seconde ? ◆ **may I help you?** puis-je or est-ce que je peux vous aider ? ; (in shop) vous désirez (quelque chose) ? ◆ **may I sit here?** vous permettez que je m'assoie ici ? ◆ **may I have a word with you? – of course you may** puis-je vous parler un instant ? – mais oui or bien sûr ◆ **may I call? – no, you may not** puis-je passer vous voir ? – non

[3] (in prayers, wishes) ◆ **may God bless you!** (que) Dieu vous bénisse ! ◆ **may he rest in peace** qu'il repose subj en paix ◆ **much good may it do you!** (iro) grand bien vous fasse ! ◆ **O Lord, grant that we may always obey** Seigneur, accorde-nous de toujours obéir ◆ **in order that they may know** afin qu'ils sachent

**may²** /meɪ/
- N (= hawthorn) aubépine f
- COMP **may blossom** N fleurs fpl d'aubépine
- **may tree** N (Brit) aubépine f

**Maya** /ˈmaɪə/ NPL ◆ **the Maya** les Mayas mpl

**Mayan** /ˈmaɪən/ (in South America)
- ADJ maya
- N [1] Maya mf
- [2] (= language) maya m

**maybe** /ˈmeɪbiː/ LANGUAGE IN USE 15.3 SYN ADV peut-être ◆ **maybe he'll be there** peut-être qu'il sera là, il sera peut-être là ◆ **maybe, maybe not** peut-être que oui, peut-être que non ◆ **that's as maybe** peut-être bien

**mayday** /ˈmeɪdeɪ/ N SOS m

**Mayfair** /ˈmeɪfɛəʳ/ N (Brit) Mayfair (quartier chic de Londres)

**mayfish** /ˈmeɪfɪʃ/ N (= fish) poisson m de mai

**mayfly** /ˈmeɪflaɪ/ N éphémère mf

**mayhem** /ˈmeɪhem/ SYN N [1] (Jur ††, also US) mutilation f du corps humain
[2] (= havoc) grabuge* m ; (= destruction) destruction f

**mayn't** /meɪnt/ ⇒ **may not** ; → **may¹**

**mayo*** /ˈmeɪəʊ/ N (US) abbrev of **mayonnaise**

**mayonnaise** /ˌmeɪəˈneɪz/ N mayonnaise f

**mayor** /mɛəʳ/ N maire m ; (in London) maire m exécutif (élu au suffrage universel) ◆ **Mr/Madam Mayor** Monsieur/Madame le maire ; → **lord**

**mayoral** /ˈmɛərəl/ ADJ de (or du) maire ◆ **the mayoral residence/limousine** etc la résidence/limousine etc du maire

**mayoralty** /ˈmɛərəltɪ/ N mandat m de maire

**mayoress** /ˈmɛərɛs/ N (esp Brit) [1] (= female mayor) maire m
[2] (= wife of mayor) femme f du maire ; → **lady**

**maypole** /ˈmeɪpəʊl/ N mât m enrubanné

**mayweed** /ˈmeɪwiːd/ N matricaire f

**maze** /meɪz/ SYN N labyrinthe m, dédale m ◆ **a maze of little streets** un labyrinthe or un dédale de ruelles

**mazuma*** /məˈzuːmə/ N (US = money) fric* m, pognon* m

**mazurka** /məˈzɜːkə/ N mazurka f

**MB** /emˈbiː/ N [1] (Comput) (abbrev of **megabyte**) Mo
[2] (Brit) (abbrev of **Bachelor of Medicine**) diplôme de médecine

**MBA** /emˈbiːˈeɪ/ N (Univ) (abbrev of **Master of Business Administration**) mastère de gestion

**MBBS** (Univ), **MBChB** (abbrev of **Bachelor of Medicine and Surgery**) diplôme de chirurgie

**MBE** /ˌembiːˈiː/ N (Brit) (abbrev of **Member of the Order of the British Empire**) titre honorifique → **Honours List**

**MBO** /ˌembiːˈəʊ/ N (abbrev of **management buyout**) RES m

**MC** /emˈsiː/ N [1] (abbrev of **Master of Ceremonies**) → **master**
[2] (US) (abbrev of **Member of Congress**) → **member**
[3] (Brit) (abbrev of **Military Cross**) ≈ Croix f de la valeur militaire
[4] (on registration plate) abbrev of **Monaco**

**MCAT** /ˌemsiːeɪˈtiː/ N (US) (abbrev of **Medical College Admissions Test**) → **medical**

**MCC** /ˌemsiːˈsiː/ N (abbrev of **Marylebone Cricket Club**) organisme de gestion de l'équipe nationale anglaise de cricket

**McCarthyism** /məˈkɑːθɪɪzəm/ N (US Pol: gen pej) maccarthysme m

**McCarthyist** /məˈkɑːθɪɪst/ ADJ, N (US Pol) maccarthyste mf

**McCoy** /məˈkɔɪ/ N ◆ **it's the real McCoy** c'est du vrai de vrai *, c'est pas du chiqué*

**MCh** N (abbrev of **Master of Surgery**) (titulaire d'un) diplôme d'études en chirurgie

**MCP*** /ˌemsiːˈpiː/ N (abbrev of **male chauvinist pig**) → **chauvinist**

**MD** /emˈdiː/
- N [1] (Univ) (abbrev of **Doctor of Medicine**) → **medicine**
- [2] (US) ◆ **the MD*** le médecin
- [3] (Brit) (abbrev of **Managing Director**) PDG m
- [4] abbrev of **Maryland**
- [5] (Mus) (abbrev of **minidisc**) MD m
- COMP **MD-player** N lecteur m (de) MD

**Md.** abbrev of **Maryland**

**MDF** /ˌemdiːˈef/ N (abbrev of **medium-density fibreboard**) médium m, MDF m

**MDT** /ˌemdiːˈtiː/ (US) (abbrev of **Mountain Daylight Time**) → **mountain**

**ME** /ˌemˈiː/ N [1] (Med) (abbrev of **myalgic encephalomyelitis**) SFC m, syndrome m de fatigue chronique, encéphalomyélite f myalgique
[2] abbrev of **Maine**
[3] (US) (abbrev of **medical examiner**) médecin m légiste

**me¹** /miː/
PERS PRON [1] (direct) (unstressed) me ; (before vowel) m' ; (stressed) moi ◆ **he can see me** il me voit ◆ **he saw me** il m'a vu ◆ **you don't like jazz? me, I love it*** tu n'aimes pas le jazz ? moi, j'adore
[2] (indirect) me, moi ; (before vowel) m' ◆ **he gave me the book** il me donna or m'a donné le livre ◆ **give it to me** donnez-le-moi ◆ **he was speaking to me** il me parlait
[3] (after prep etc) moi ◆ **without me** sans moi ◆ **I'll take it with me** je l'emporterai avec moi ◆ **it's me** c'est moi ◆ **it's me he's speaking to** c'est à moi qu'il parle ◆ **you're smaller than me** tu es plus petit que moi ◆ **if you were me** à

ma place • **poor (little) me!** * pauvre de moi ! • **dear me!** * mon Dieu !, oh là là ! *

**COMP** **Me generation** N génération *f* du moi

**me**[2] /miː/ N *(Mus)* mi *m*

**Me.** abbrev of Maine

**mead**[1] /miːd/ N *(= drink)* hydromel *m*

**mead**[2] /miːd/ N *(liter = meadow)* pré *m*, prairie *f*

**meadow** /ˈmedəʊ/ SYN

N pré *m*, prairie *f* ; → **water**

**COMP** **meadow grass** N pâturin *m*

**meadow mushroom** N mousseron *m*, rosé-des-prés *m*

**meadow pipit** N pipit *m* des prés

**meadow saffron** N colchique *m*

**meadowlark** /ˈmedəʊlɑːk/ N sturnelle *f*

**meadowsweet** /ˈmedəʊswiːt/ N reine *f* des prés

**meagre, meager** (US) /ˈmiːgəʳ/ SYN ADJ maigre *before n* • **he eked out a meagre existence (as a labourer)** il gagnait péniblement sa vie (en tant qu'ouvrier) • **his salary is a meagre £350 a month** il gagne un salaire de misère : 350 livres par mois

**meal**[1] /miːl/

N repas *m* • **to have a meal** prendre un repas, manger • **to have a good meal** bien manger • **to have one meal a day** manger une fois par jour • **we had a meal at the Sea Crest Hotel** nous avons déjeuné (*or* dîné) au Sea Crest Hotel • **midday meal** déjeuner *m* • **evening meal** dîner *m* • **that was a lovely meal!** nous avons très bien déjeuné (*or* dîné) ! • **he made a meal of bread and cheese** il a déjeuné (*or* dîné) de pain et de fromage • **to make a meal of sth** * *(fig)* faire tout un plat de qch * ; → **square**

**COMP** **meals on wheels** NPL *repas livrés à domicile aux personnes âgées ou handicapées*

**meal ticket** N *(lit)* ticket-repas *m*, coupon-repas *m* ; (* *fig*) *(= job)* gagne-pain *m inv* • **(don't forget) she's your meal ticket** *(= person)* (n'oublie pas que) sans elle tu crèverais de faim

**meal**[2] /miːl/ N *(NonC = flour etc)* farine *f (d'avoine, de seigle, de maïs etc)* ; → **oatmeal, wheatmeal**

**mealie meal** /ˈmiːlɪmiːl/ N *(in South Africa)* farine *f* de maïs

**mealies** /ˈmiːlɪz/ NPL maïs *m*

**mealtime** /ˈmiːltaɪm/ N heure *f* du repas • **at mealtimes** aux heures des repas

**mealworm** /ˈmiːlwɜːm/ N ver *m* de farine

**mealy** /ˈmiːlɪ/

ADJ *[substance, mixture, texture, potato]* farineux ; *[complexion]* blême

**COMP** **mealy-mouthed** ADJ • **to be mealy-mouthed** ne pas s'exprimer franchement, tourner autour du pot *

**mean**[1] /miːn/ LANGUAGE IN USE 26.3 SYN (pret, ptp **meant**) VT [1] *(= signify)* vouloir dire, signifier ; *(= imply)* vouloir dire • **what does "media" mean?, what is meant by "media"?** que veut dire *or* que signifie « media » ? • **"homely" means something different in America** « homely » a un sens différent en Amérique • **what do you mean (by that)?** que voulez-vous dire (par là) ?, qu'entendez-vous par là ? • **is he honest? – how** *or* **what do you mean, honest?** est-il honnête ? – que voulez-vous dire *or* qu'entendez-vous par « honnête » ? • **see what I mean?** * tu vois ce que je veux dire ? • **this is John, I mean Jim** voici John, pardon (je veux dire) Jim • **the name means nothing to me** ce nom ne me dit rien • **the play didn't mean a thing to her** la pièce n'avait aucun sens pour elle • **what does this mean?** qu'est-ce que cela signifie *or* veut dire ? • **it means he won't be coming** cela veut dire qu'il ne viendra pas • **this means war** c'est la guerre à coup sûr • **it means trouble** cela nous annonce des ennuis • **it will mean a lot of expense** cela entraînera beaucoup de dépenses • **catching the train means getting up early** pour avoir ce train il faut se lever tôt • **a pound means a lot to him** une livre représente une grosse somme pour lui • **holidays don't mean much to me** les vacances comptent peu pour moi • **I can't tell you what your gift has meant to me!** je ne saurais vous dire à quel point votre cadeau m'a touché ! • **don't I mean anything to you at all?** je ne suis donc rien pour toi ? • **you mean everything to me, darling** tu es tout pour moi, mon amour • **what it means to be free!** quelle belle chose que la liberté ! • **money doesn't mean happiness** l'argent ne fait pas le bonheur • **you don't really mean that?** *(= fully intend)* vous n'êtes pas sérieux ?, vous plaisantez ? • **I really mean it** je ne plaisante pas, je suis sérieux • **he said it as if he meant it** il a dit cela d'un air sérieux *or* sans avoir l'air de plaisanter • **I always mean what I say** quand je dis quelque chose c'est que je le pense • **I mean, it's not difficult** * *(as conversational filler)* après tout, ce n'est pas difficile ; → **know, world**

[2] *(= intend, purpose)* avoir l'intention *(to do sth* de faire qch), compter *(to do sth* faire qch) ; *(= intend, destine)* *[+ gift etc]* destiner *(for* à) ; *[+ remark]* adresser *(for* à) • **I meant to come yesterday** j'avais l'intention de *or* je comptais venir hier • **what does he mean to do now?** qu'a-t-il l'intention de faire maintenant ?, que compte-t-il faire maintenant ? • **I didn't mean to break it** je n'ai pas fait exprès de le casser, je ne l'ai pas cassé exprès • **I didn't mean to!** je ne l'ai pas fait exprès ! • **I touched it without meaning to** je l'ai touché sans le vouloir • **I mean to succeed** j'ai bien l'intention de réussir • **despite what he says I mean to go** je partirai quoi qu'il dise • **I mean you to leave, I mean for you to leave** (US) je veux que vous partiez *subj* • **I'm sure he didn't mean it** je suis sûr que ce n'était pas intentionnel *or* délibéré • **he didn't mean anything by it** il l'a fait (*or* dit) sans penser à mal • **I meant it as a joke** j'ai dit (*or* fait) cela par plaisanterie *or* pour rire • **we were meant to arrive at six** nous étions censés arriver *or* nous devions arriver à six heures • **she means well** ce qu'elle fait (*or* dit *etc*) part d'un bon sentiment, elle est pleine de bonnes intentions • **he looks as if he means trouble** * il a une mine qui n'annonce rien qui vaille *or* de bon • **do you mean me?** *(= are you speaking to me)* c'est à moi que vous parlez ? ; *(= are you speaking about me)* c'est de moi que vous parlez ? • **he meant you when he said...** c'est vous qu'il visait *or* c'est à vous qu'il faisait allusion lorsqu'il disait... • **I meant the book for Douglas** je destinais le livre à Douglas • **that book is meant for children** ce livre est destiné aux enfants *or* s'adresse aux enfants • **perhaps you're not meant to be a doctor** peut-être n'êtes-vous pas fait pour être médecin • **it was meant to be** le destin en avait décidé ainsi • **the poem is not meant to be read silently** le poème n'est pas fait pour *or* n'est pas censé être lu silencieusement • **this portrait is meant to be Anne** ce portrait est censé être celui d'Anne *or* représenter Anne • **it's meant to be like that** c'est fait exprès ; → **business, harm, offence**

[3] *(modal usage in passive)* • **it's meant to be good** *(= considered to be)* on dit que c'est bien ; *(= supposed to be)* c'est censé être bien

**mean**[2] /miːn/ SYN

N *(= middle term)* milieu *m*, moyen terme *m* ; *(Math)* moyenne *f* • **the golden** *or* **happy mean** le juste milieu ; → **geometric(al), means**

ADJ *(= average) [distance, temperature, price]* moyen • **mean life** *(Phys)* vie *f* moyenne

**COMP** **mean deviation** N *(Math)* écart *m* moyen

**mean sun** N soleil *m* moyen

**mean time** N temps *m* solaire moyen

**mean**[3] /miːn/

ADJ [1] *(Brit = stingy)* avare, mesquin • **mean with one's time/money** avare de son temps/argent • **don't be so mean!** ne sois pas si radin ! *

[2] *(= unpleasant, unkind) [person, behaviour]* mesquin, méchant • **a mean trick** un sale tour, une crasse * • **you mean thing!** * chameau ! * ; *(to a child)* méchant ! • **you were mean to me** tu n'as vraiment pas été chic * *or* sympa * avec moi • **that was mean of them** c'était bien mesquin de leur part, ce n'était pas chic * de leur part • **to feel mean about sth** avoir un peu honte de qch, ne pas être très fier de qch

[3] *(US * = vicious) [horse, dog etc]* méchant, vicieux

[4] *(= inferior, poor) [appearance, existence]* misérable, minable • **the meanest citizen** le dernier des citoyens • **the meanest intelligence** l'esprit le plus borné • **he is no mean scholar** c'est un grand savant • **he's no mean singer** c'est un chanteur de talent • **it was no mean feat** cela a été un véritable exploit, ce n'a pas été un mince exploit • **to have no mean opinion of o.s.** avoir une (très) haute opinion de soi-même

[5] (* = *excellent*) super * • **she plays a mean game of tennis** elle joue super * bien au tennis

**COMP** **mean-spirited** ADJ mesquin

**mean-spiritedness** N mesquinerie *f*

**meander** /mɪˈændəʳ/ SYN

VI [1] *[river]* faire des méandres, serpenter

[2] *[person] (= aimlessly)* errer, vagabonder ; *(= leisurely)* flâner

N méandre *m*

**meandering** /mɪˈændərɪŋ/ ADJ [1] *(= winding) [river, stream, road, path, route]* sinueux

[2] *(pej = rambling) [speech, account, article]* plein de méandres

**meanie** * /ˈmiːnɪ/ N [1] *(Brit = stingy person)* radin(e) * *m(f)*, pingre *m*

[2] *(US = unpleasant person)* sale type *m*, mégère *f*

**meaning** /ˈmiːnɪŋ/ SYN

N *[of word]* sens *m*, signification *f* ; *[of phrase, action]* signification *f* ; *(Ling)* signification *f* • **with a double meaning** à double sens • **literal meaning** sens *m* propre *or* littéral • **what is the meaning of this word?** quel est le sens de ce mot ?, que signifie ce mot ? • **he doesn't know the meaning of the word "fear"** il ne sait pas ce que le mot « peur » veut dire, il ignore le sens du mot « peur » • **she doesn't know the meaning of love/kindness** elle ne sait pas ce qu'est l'amour/la gentillesse • **what is the meaning of this?** *(in anger, disapproval etc)* qu'est-ce que cela signifie ? • **within the meaning of this Act** *(Jur)* au sens de la présente loi • **... if you get my meaning** * ... vous voyez ce que je veux dire ? • **look/gesture full of meaning** regard *m*/geste *m* éloquent • **his speech had meaning for many people** beaucoup de gens se sentaient concernés par son discours • **"really?" he said with meaning** son « vraiment ? » était éloquent

ADJ *[look etc]* éloquent, expressif ; → **well**[2]

**meaningful** /ˈmiːnɪŋfʊl/ SYN ADJ [1] *(= worthwhile) [relationship, discussion, dialogue]* sérieux ; *[experience]* riche ; *[role]* important ; *[contribution]* important, significatif • **a meaningful life** une vie qui a (*or* avait) un sens

[2] *(= comprehensible, not spurious) [response, results, statement, gesture]* significatif ; *[explanation]* sensé

[3] *(= eloquent) [look, glance, smile]* éloquent

[4] *(Ling) [phrase]* sémantique

**meaningfully** /ˈmiːnɪŋfəlɪ/ ADV [1] *(= eloquently, pointedly) [say]* d'un ton qui en dit (*or* disait) long • **he looked/smiled at her meaningfully** il lui jeta un regard éloquent/fit un sourire qui en disait long

[2] *(= usefully) [participate, spend time]* utilement

[3] *(= comprehensibly) [explain]* clairement

**meaningless** /ˈmiːnɪŋlɪs/ SYN ADJ [1] *(= without meaning) [words, song, action, gesture]* dénué de sens ; *[distinction]* insignifiant • **to be meaningless (to sb)** ne pas avoir de sens (pour qn), ne rien vouloir dire (pour qn)

[2] *(= futile) [life, existence, victory]* futile, vain ; *[waste, suffering]* insensé

**meanly** /ˈmiːnlɪ/ ADV [1] *(= spitefully)* méchamment

[2] *(= stingily)* mesquinement

**meanness** /ˈmiːnnɪs/ SYN N [1] *(= stinginess) [of person]* avarice *f*

[2] *(= unkindness) [of person]* méchanceté *f* • **meanness of spirit** mesquinerie *f*

[3] *(US = viciousness) [of animal]* comportement *m* sauvage

[4] *(= wretchedness) [of place]* misère *f*

**means** /miːnz/ SYN

N [1] *(= method, way)* moyen(s) *m(pl)* • **to find the means to do sth** *or* **of doing sth** trouver le(s) moyen(s) de faire qch • **to find (a) means of doing sth** trouver moyen de faire qch • **the only means of contacting him is...** le seul moyen de le joindre, c'est... • **there's no means of getting in** il n'y a pas moyen d'entrer • **the means to an end** le moyen d'arriver à ses fins • **by illegal/political/military means** par des moyens illégaux/politiques/militaires • **the means of salvation** *(Rel)* les voies *fpl* du salut • **by some means or (an)other** d'une façon ou d'une autre • **by this means** de cette façon

♦ **by all means** • **come in by all means!** je vous en prie, entrez ! • **by all means!** *(= of course)* mais certainement !, bien sûr ! • **read them if you like, by all means** vous pouvez les lire si vous voulez • **by all means consult your physician about this** vous pouvez en parler à votre médecin si vous voulez • **by all manner of means** par tous les moyens

♦ **by any means** • **the military collapse is not imminent by any means** la débâcle militaire est loin d'être imminente • **I'm not a country person by any (manner of) means** je ne suis vraiment pas attiré par la (vie à la) campagne

## meant | medalist

♦ **I don't think we're leading the field by any (manner of) means** je suis loin de penser que nous sommes les leaders dans ce domaine
♦ **by no means** nullement, pas le moins du monde ♦ **she is by no means stupid** elle est loin d'être stupide ♦ **they were by no means the poorest residents of their neighbourhood** ils étaient loin d'être les plus pauvres de leur quartier
♦ **by means of...** (gen) au moyen de... ♦ **by means of a penknife/binoculars** au moyen d'un canif/à l'aide d'un canif/au moyen de or à l'aide de jumelles ♦ **by means of the telephone/a ballot** par le moyen du téléphone/d'un scrutin ♦ **he taught English by means of play** il enseignait l'anglais par le jeu or par le biais du jeu ♦ **by means of hard work** à force de travail

**2** (= wealth) moyens mpl, ressources fpl ♦ **he is a man of means** il a une belle fortune or de gros moyens ♦ **to live within/beyond one's means** vivre selon ses moyens/au-dessus de ses moyens ♦ **to have private means** avoir une fortune personnelle ♦ **slender means** ressources fpl très modestes

**COMP** **means test** N (Admin) examen m des ressources (d'une personne qui demande une aide pécuniaire)
**means-test** VT (Admin) ♦ **to means-test sb** examiner les ressources de qn (avant d'accorder certaines prestations sociales) ♦ **the grant is not means-tested** cette allocation ne dépend pas des ressources familiales (or personnelles)

**meant** /ment/ VB pt, ptp of **mean**¹

**meantime** /'miːntaɪm/ SYN, **meanwhile** /'miːnwaɪl/ ADV ♦ **(in the) meantime** en attendant, pendant ce temps, dans l'intervalle ♦ **for the meantime** en attendant

**meany** * /'miːnɪ/ N ⇒ **meanie**

**measles** /'miːzlz/ N rougeole f ; → **German**

**measly** * /'miːzlɪ/ ADJ misérable ♦ **a measly £5!** 5 misérables livres !

**measurable** /'meʒərəbl/ SYN ADJ mesurable

**measurably** /'meʒərəblɪ/ ADV sensiblement

**measure** /'meʒəʳ/ SYN
**N** **1** (= system, unit) mesure f ; (fig) mesure f ; [of alcohol] dose f ♦ **to give good** or **full measure** faire bonne mesure or bon poids ♦ **to give short measure** voler or rogner sur la quantité ♦ **for good measure** (fig) pour faire bonne mesure ♦ **suit made to measure** complet m fait sur mesure ♦ **liquid measure** mesure f de capacité pour les liquides ♦ **a pint measure** ≈ une mesure d'un demi-litre ♦ **happiness beyond measure** bonheur m sans bornes ♦ **in some measure** dans une certaine mesure, jusqu'à un certain point ♦ **in great** or **large measure** dans une large mesure, en grande partie ♦ **the audience laughed and cried in equal measure** le public a ri autant qu'il a pleuré ♦ **to take the measure of sb** (fig) évaluer qch ♦ **I've got his measure** † je sais ce qu'il vaut ♦ **it had a measure of success** cela a eu un certain succès ♦ **"Measure for Measure"** (Literat) « Mesure pour Mesure »

**2** (sth for measuring) (= ruler) règle f ; (folding) mètre m pliant ; (= tape) (steel) mètre m à ruban ; (fabric) centimètre m ; (= jug, glass) verre m gradué or mesureur m ; (= post) toise f ♦ **to be the measure of sth** (fig) donner la mesure de qch ♦ **this exam is just a measure of how you're getting on** (fig) cet examen sert simplement à évaluer votre progression ; → **tape**

**3** (= step) mesure f, démarche f ; (Parl) (= bill) projet m de loi ; (= act) loi f ♦ **strong/drastic measures** mesures fpl énergiques/draconiennes ♦ **precautionary/preventive measures** mesures fpl de précaution/de prévention ♦ **temporary** or **interim measures** mesures fpl temporaires or provisoires ♦ **to take measures against** prendre des mesures contre ♦ **measures aimed at building confidence between states** des mesures fpl visant à créer un climat de confiance entre États

**4** (Mus, Poetry etc) mesure f

**VT** (lit) [+ child, length, time] mesurer ; (fig) [+ strength, courage] mesurer ; [+ success, performance] évaluer, juger ♦ **to measure the height of sth** mesurer la hauteur de qch ♦ **to be measured for a dress** faire prendre ses mesures pour une robe ♦ **what does it measure?** quelles sont ses dimensions ? ♦ **the room measures 4 metres across** la pièce fait or mesure 4 mètres de large ♦ **the carpet measures 3 metres by 2** le tapis fait or mesure 3 mètres sur 2

♦ **to be measured against** (fig) être comparé avec or à ♦ **to measure one's strength against sb** se mesurer à qn ; see also **length**

▶ **measure off** VT SEP [+ lengths of fabric etc] mesurer

▶ **measure out** VT SEP **1** [+ ingredients, piece of ground] mesurer
**2** (= issue) distribuer

▶ **measure up**
**VT SEP** [+ wood] mesurer ; [+ sb's intentions] jauger ; [+ person] évaluer, jauger
**VI** (fig) [person] être à la hauteur

▶ **measure up to** VT FUS [+ task] être au niveau de, être à la hauteur de ; [+ person] être l'égal de

**measured** /'meʒəd/ ADJ **1** [amount, dose, distance, time] mesuré ♦ **over a measured kilometre** sur un kilomètre exactement
**2** (= even, calm) [look, gaze] posé ; [pace, words, language, statement] modéré, mesuré ♦ **to make a measured response to sth** réagir de façon modérée à qch ♦ **with measured steps** à pas comptés or mesurés ♦ **to speak in measured tones** parler d'un ton mesuré

**measureless** /'meʒəlɪs/ ADJ (liter) incommensurable

**measurement** /'meʒəmənt/ SYN N **1** (= dimension : gen pl) ♦ **measurements** mesures fpl , dimensions fpl ; [of piece of furniture etc] encombrement m au sol ♦ **to take the measurements of a room** prendre les mesures d'une pièce ♦ **what are your measurements?** quelles sont vos mesures ?
**2** (NonC) (= activity) mesurage m
**3** (Comm) [of freight] cubage m ♦ **to pay by measurement for freight** payer la cargaison au cubage

**measuring** /'meʒərɪŋ/
**N** (NonC) mesurage m, mesure f
**COMP** **measuring chain** N chaîne f d'arpenteur
**measuring device** N appareil m de mesure or de contrôle
**measuring glass** N verre m gradué or mesureur
**measuring jug** N pot m gradué
**measuring rod** N règle f, mètre m
**measuring spoon** N cuiller f à mesurer
**measuring tape** N (fabric) centimètre m ; (steel) mètre m (à) ruban

**meat** /miːt/ SYN
**N** **1** (fresh) viande f ; ( †† = food) nourriture f, aliment m ♦ **cold meat** viande f froide ♦ **cold meat platter** assiette f anglaise ♦ **meat and two veg** * de la viande avec des pommes de terre et un légume ♦ **remove the meat from the bone** ôter la chair de l'os ♦ **meat and drink** (lit) de quoi manger et boire ♦ **this is meat and drink to them** (fig) ils se régalent (fig) ♦ **that's my meat!** ‡ (US) ça me botte vachement ! ‡ ♦ **one man's meat is another man's poison** (Prov) le malheur des uns fait le bonheur des autres (Prov)

**2** (fig) substance f ♦ **there's not much meat in his book** son livre n'a pas beaucoup de substance

**COMP** **meat ax** N (US) ⇒ **meat axe**
**meat axe** N couperet m
**meat cleaver** N ⇒ **meat axe**
**meat diet** N régime m carné
**meat-eater** N (= animal) carnivore m ♦ **he's a big meat-eater** c'est un gros mangeur de viande
**meat-eating** ADJ carnivore
**meat extract** N concentré m de viande
**meat grinder** N (US) hachoir m (à viande)
**meat hook** N crochet m de boucherie, allonge f
**meat loaf** N pain m de viande
**meat market** N **1** (for animals) halle f aux viandes
**2** (* pej : for people) lieu m de drague *
**meat pie** N tourte f à la viande
**meat products** NPL produits mpl à base de viande
**meat safe** N (Brit) garde-manger m inv

**meatball** /'miːtbɔːl/ N boulette f de viande

**meathead** ‡ /'miːthed/ N (US) andouille ‡ f

**meatless** /'miːtlɪs/ ADJ sans viande

**meatpacker** /'miːtpækəʳ/ N (US Comm) ouvrier m, -ière f d'abattoir

**meatpacking** /'miːtpækɪŋ/ N (US Comm) abattage m

**meatus** /mɪ'eɪtəs/ N (pl **meatus** or **meatuses**) (Anat) conduit m, méat m

**meaty** /'miːtɪ/ ADJ **1** (= like meat) [flavour] de viande ; [soup] plein de viande ♦ **a meaty sauce** une sauce qui contient beaucoup de viande ♦ **to**

## ENGLISH-FRENCH 582

**have a meaty texture** avoir la consistance de la viande ♦ **shark is a meaty fish** la chair du requin ressemble à de la viande
**2** (* = containing meat, meat-based) [diet] carné ; [sauce, stock] à base de viande ♦ **nothing meaty for me, thanks** pas de viande pour moi, merci
**3** (= fleshy) [hands] épais (-aisse f) ; [arms, legs] gros (grosse f) before n ; [lips] charnu
**4** (* = satisfying, chewy) ♦ **meaty chunks** gros morceaux mpl ♦ **a nice meaty steak** un bon steak bien épais ♦ **a meaty wine** un vin qui a du corps
**5** (* = substantial) [story, report, book] où il y a de quoi lire ; [role] substantiel

**Mecca** /'mekə/ N (Geog) La Mecque ♦ **a Mecca for Japanese tourists** la Mecque des touristes japonais

**Meccano** ® /mɪ'kɑːnəʊ/ N (Brit) Meccano ® m

**mechanic** /mɪ'kænɪk/ N mécanicien m ♦ **motor mechanic** mécanicien m garagiste

**mechanical** /mɪ'kænɪkəl/ SYN
**ADJ** **1** [device, means, problem, process] mécanique ♦ **a mechanical failure** une panne (mécanique)
**2** (= mechanically minded) ♦ **to be mechanical** avoir le sens de la mécanique
**3** (= unthinking) [behaviour, action, reply] machinal, mécanique
**4** (= stilted) [style, painting] qui manque de naturel ♦ **his dancing is mechanical** il danse d'une manière guindée

**COMP** **mechanical advantage** N (Phys) amplification f de la force mécanique
**mechanical digger** N pelleteuse f, pelle f mécanique
**mechanical drawing** N dessin m à l'échelle
**mechanical engineer** N ingénieur m mécanicien
**mechanical engineering** N (= theory) mécanique f ; (= practice) construction f mécanique
**mechanical shovel** N pelle f mécanique

**mechanically** /mɪ'kænɪklɪ/
**ADV** **1** [operate, work, harvest] mécaniquement ♦ **to be mechanically minded** or **inclined** avoir le sens de la mécanique
**2** (= unthinkingly) [eat, drink, say, reply, shake hands] machinalement, mécaniquement
**COMP** **mechanically recovered meat** N viande f obtenue par désossement mécanique

**mechanics** /mɪ'kænɪks/
**N** (NonC = science) mécanique f
**NPL** (= technical aspect) mécanisme m, processus m ; (= mechanism, working parts) mécanique f ♦ **we'll discuss the mechanics of organizing your accounts** nous discuterons de l'aspect pratique or des détails pratiques de votre comptabilité ♦ **the mechanics of government** les mécanismes mpl du gouvernement

**mechanism** /'mekənɪzəm/ SYN N (all senses) mécanisme m ♦ **defence mechanism** mécanisme m de défense ; → **safety**

**mechanistic** /ˌmekə'nɪstɪk/ ADJ mécaniste

**mechanization** /ˌmekənaɪ'zeɪʃən/ N mécanisation f

**mechanize** /'mekənaɪz/ VT [+ process, production] mécaniser ; [+ army] motoriser ♦ **mechanized industry** industrie f mécanisée

**mechanoreceptor** /ˌmekənəʊrɪ'septəʳ/ N (Physiol) mécanorécepteur m

**mechanotherapy** /ˌmekənəʊ'θerəpɪ/ N (Med) mécanothérapie f

**meconium** /mɪ'kəʊnɪəm/ N (Med) méconium m

**MEd** /em'ed/ N (Univ) (abbrev of **Master of Education**) = CAPES m

**Med** * /med/ N **1** (abbrev of **Mediterranean Sea**) ♦ **the Med** la Méditerranée
**2** (= region) région f méditerranéenne

**med.**
**ADJ** abbrev of **medium**
**N** abbrev of **medicine**

**médaillons** /medaɪ'jɔ̃/ NPL (Culin) médaillons mpl

**medal** /'medl/
**N** (Mil, Sport, gen) médaille f ♦ **swimming/athletics medal** médaille f de natation/d'athlétisme ♦ **(Congressional) Medal of Honor** (in US) Médaille f d'honneur (la plus haute décoration militaire)

**COMP** **medal-holder** N médaillé(e) m(f)
**medal play** N (Golf) partie f par coups, medal play m

**medalist** /'medəlɪst/ N (US) ⇒ **medallist**

**medallion** /mɪˈdæljən/ N (gen, Archit) médaillon m

**medallist, medalist** (US) /ˈmedəlɪst/ N ◆ **he's a gold/silver medallist** il a eu la médaille d'or/d'argent ◆ **the three medallists on the podium** les trois médaillés mpl or vainqueurs mpl sur le podium

**meddle** /ˈmedl/ SYN VI ① (= interfere) se mêler, s'occuper (in de), s'ingérer (frm) (in dans) ◆ **stop meddling!** cesse de t'occuper or de te mêler de ce qui ne te regarde pas !
② (= tamper) toucher (with à)

**meddler** /ˈmedlə$^r$/ N ① (= busybody) ◆ **he's a compulsive meddler** il faut toujours qu'il fourre son nez partout
② (touching things) touche-à-tout m inv

**meddlesome** /ˈmedlsəm/, **meddling** /ˈmedlɪŋ/ ADJ (pej) [person] qui fourre son nez partout

**Medea** /məˈdɪə/ N (Myth) Médée f

**Medellin** /meðeˈjin/ N (Geog) Medellín

**Medevac** /ˈmedɪˌvæk/ N (= helicopter) hélicoptère m sanitaire de l'armée

**media** /ˈmiːdɪə/
NPL of **medium**) ◆ **the media** les médias mpl ◆ **the media is** or **are state-controlled** les médias sont étatisés ◆ **the media have welcomed her visit** les médias ont salué sa visite ◆ **they issued a statement to the media assembled outside** ils ont fait une déclaration à l'intention des journalistes qui attendaient à l'extérieur
COMP [attention, reaction] des médias ; [event, coverage] médiatique
**media circus*** N (pej = event) cirque m médiatique
**media event** N événement m médiatique
**media man** N (pl **media men**) (Press, Rad, TV) journaliste m, reporter m ; (Advertising) publicitaire m
**media person** N (Press, Rad, TV) journaliste mf ; (Advertising) publicitaire mf
**media-shy** ADJ qui n'aime pas être interviewé
**media star** N vedette f des médias
**media studies** NPL (Univ etc) études fpl de communication

**mediaeval** etc /ˌmedɪˈiːvəl/ ⇒ **medieval**

**medial** /ˈmiːdɪəl/
ADJ ① (= middle) (gen) médian ; (Phon) médial, médian
② (= mid-point) moyen
N (Phon) médiane f

**median** /ˈmiːdɪən/
ADJ (= mid value) médian ◆ **median income** revenu m médian
N ① (Math, Stat) médiane f
② (US) (also **median strip**) terre-plein m central
COMP **median lethal dose** N (Med) dose f létale moyenne
**median nerve** N (Anat) nerf m médian
**median strip** N (US) terre-plein m central

**mediant** /ˈmiːdɪən/ N médiante f

**mediate** /ˈmiːdɪeɪt/ SYN
VI servir d'intermédiaire (between entre ; in dans)
VT ① (= arbitrate) [+ peace, settlement] obtenir par médiation ; [+ dispute] arbitrer
② (frm, lit = change) modifier (légèrement)

**mediating** /ˈmiːdɪeɪtɪŋ/ ADJ médiateur (-trice f)

**mediation** /ˌmiːdɪˈeɪʃən/ N médiation f ◆ **through the mediation of sb** par l'entremise f de qn

**mediatize** /ˈmiːdɪətaɪz/ VT médiatiser

**mediator** /ˈmiːdɪeɪtə$^r$/ SYN N médiateur m, -trice f

**Medibank** /ˈmedɪbæŋk/ N (Austral) Sécurité sociale australienne

**medic*** /ˈmedɪk/ N (abbrev of **medical**) (= student) carabin* m ; (= doctor) toubib* m

**medicable** /ˈmedɪkəbl/ ADJ guérissable, curable

**Medicaid** /ˈmedɪˌkeɪd/ N (US Med) Medicaid m

> **MEDICAID, MEDICARE**
>
> **Medicaid** est un organisme américain, administré conjointement par le gouvernement fédéral et par les États, qui prend en charge les traitements hospitaliers et les soins médicaux des personnes de moins de 65 ans vivant en dessous du seuil de pauvreté officiel. Les critères pour bénéficier de ces soins gratuits varient selon les États.
>
> **Medicare** est un régime d'assurance maladie, financé par le gouvernement fédéral, qui prend en charge une partie des coûts d'hospitalisation et de traitement des personnes âgées de plus de 65 ans, des insuffisants rénaux et de certains handicapés. Les bénéficiaires de ce régime paient une cotisation mensuelle et doivent se faire soigner dans certains hôpitaux et par certains médecins agréés. Il existe parallèlement une assurance complémentaire privée appelée « Medigap ». Toute personne non couverte par **Medicare** ou **Medicaid** doit prendre en charge personnellement ses soins de santé par le biais d'une assurance maladie privée.

**medical** /ˈmedɪkəl/
ADJ [subject, certificate, treatment] médical
N (also **medical examination**) (in hospital, school, army etc) visite f médicale ; (private) examen m médical
COMP **medical board** N commission f médicale, conseil m de santé ; (Mil) conseil m de révision
**medical care** N soins mpl médicaux
**Medical College Admissions Test** N (US Univ) examen d'entrée en faculté de médecine
**medical doctor** N docteur m en médecine
**medical examination** ⇒ **medical noun**
**medical examiner** N (US Med) médecin m légiste
**medical history** N ① [of person] (= record) dossier m médical ; (= background) antécédents mpl médicaux
② (= history of medicine) histoire f de la médecine
**medical insurance** N assurance f maladie
**medical jurisprudence** N médecine f légale
**medical librarian** N (US) bibliothécaire mf médical(e)
**medical man*** N (pl **medical men**) médecin m
**medical officer** N (at work) médecin m du travail ; (in armed forces) médecin-major m (or -colonel etc)
**Medical Officer of Health** N directeur m de la santé publique
**medical practitioner** N médecin m (de médecine générale), généraliste mf
**the medical profession** N (= career) la carrière médicale ; (= personnel) les corps médical
**the Medical Research Council** N (Brit) organisme d'aide à la recherche médicale
**medical school** N (Univ) école f or faculté f de médecine
**medical social worker** N (Brit) assistant(e) m(f) social(e) (dans un hôpital)
**medical student** N étudiant(e) m(f) en médecine
**medical studies** NPL études fpl de médecine or médicales
**medical technician** N technicien(ne) m(f) de laboratoire
**medical unit** N service m de médecine générale
**medical ward** N salle f de médecine générale

**medically** /ˈmedɪkəlɪ/ ADV [treat] médicalement ; [prove, explain, recognize] d'un point de vue médical ◆ **to examine sb medically** faire subir un examen médical à qn ◆ **to be medically fit for sth** être en état de faire qch ◆ **to be medically qualified** être diplômé en médecine ◆ **to be medically safe** être sans danger pour la santé ◆ **to be medically trained** avoir suivi une formation médicale

**medicament** /meˈdɪkəmənt/ N médicament m

**Medicare** /ˈmedɪkeə$^r$/ N (US) Medicare m → **MEDICAID, MEDICARE**

**medicate** /ˈmedɪkeɪt/ VT [+ patient] traiter avec des médicaments ; [+ substance] ajouter une substance médicinale à

**medicated** /ˈmedɪkeɪtɪd/ ADJ [soap] médical ; [shampoo] traitant ◆ **medicated sweet** pastille f médicamenteuse

**medication** /ˌmedɪˈkeɪʃən/ N médication f

**Medici** /ˈmedɪtʃɪ/ NPL Médicis mpl

**medicinal** /meˈdɪsɪnl/ SYN ADJ [plant, herb, value] médicinal ; [property, quality] thérapeutique ◆ **medicinal drug** médicament m ◆ **for medicinal purposes** or **use** (lit) à des fins thérapeutiques ◆ **"medicinal use only"** « pour usage médical »

**medicinally** /meˈdɪsɪnəlɪ/ ADV [use, prescribe] comme médicament

**medicine** /ˈmedsn, ˈmedsɪn/ SYN
N ① (NonC = science) médecine f ◆ **to study medicine** faire (sa) médecine ◆ **Doctor of Medicine** (Univ) docteur m en médecine ; → **forensic**
② (= drug etc) médicament m ◆ **it's a very good medicine for colds** c'est un remède souverain contre les rhumes ◆ **to take one's medicine** (lit) prendre son médicament ; (fig) avaler la pilule ◆ **let's give him a taste** or **dose of his own medicine** on va lui rendre la monnaie de sa pièce ; → **patent**
COMP **medicine ball** N médecine-ball m
**medicine bottle** N flacon m
**medicine box** N pharmacie f (portative)
**medicine cabinet** N (armoire f à) pharmacie f
**medicine chest** N (= box) pharmacie f (portative) ; (= cupboard) (armoire f à) pharmacie f
**medicine cupboard** N ⇒ **medicine cabinet**
**medicine man** N (pl **medicine men**) sorcier m

**medick** /ˈmedɪk/ N (= plant) luzerne f

**medico*** /ˈmedɪkəʊ/ N ⇒ **medic**

**medieval** /ˌmedɪˈiːvəl/
ADJ ① (Hist) [period, building, town, streets, art, architecture, manuscript] médiéval ; [knight, lady, peasant] du Moyen Âge ; [atmosphere, charm] moyenâgeux ◆ **medieval Europe/England** l'Europe f/l'Angleterre f médiévale or du Moyen Âge ◆ **medieval German literature** la littérature allemande médiévale ◆ **in medieval times** à l'époque médiévale
② (pej = primitive) [plumbing, facilities] moyenâgeux (pej)
COMP **Medieval History** N histoire f médiévale
**Medieval Latin** N latin m médiéval
**medieval studies** NPL études fpl médiévales

**medievalism** /ˌmedɪˈiːvəlɪzəm/ N médiévisme m

**medievalist** /ˌmedɪˈiːvəlɪst/ N médiéviste mf

**Medina** /meˈdiːnə/ N (Geog, Rel) Médine f

**mediocre** /ˌmiːdɪˈəʊkə$^r$/ SYN ADJ médiocre

**mediocrity** /ˌmiːdɪˈɒkrɪtɪ/ SYN N médiocrité f

**meditate** /ˈmedɪteɪt/ SYN VI méditer (on, about sur), réfléchir (on, about à)

**meditation** /ˌmedɪˈteɪʃən/ SYN N méditation f (on, about sur) ◆ **the fruit of long meditation** le fruit de longues méditations ◆ **meditations** (Literat, Rel etc) méditations fpl (on sur)

**meditative** /ˈmedɪtətɪv/ ADJ [person, mood, techniques, music] méditatif ; [exercises, state] de méditation ◆ **the meditative calm of churches** le calme des églises qui incite à la méditation

**meditatively** /ˈmedɪtətɪvlɪ/ ADV d'un air méditatif

**Mediterranean** /ˌmedɪtəˈreɪnɪən/
ADJ [country, town, coast, culture, climate, diet, species] méditerranéen ; [island] de la Méditerranée ; [holiday] au bord de la Méditerranée ; [cruise] en Méditerranée ◆ **the Mediterranean Sea** la mer Méditerranée ◆ **Mediterranean people** les Méditerranéens mpl ◆ **the Mediterranean type** le type méditerranéen
N ① ◆ **the Mediterranean** (= sea) la Méditerranée ; (= region) la région méditerranéenne
② (= person) Méditerranéen m, -enne f

**medium** /ˈmiːdɪəm/ SYN
N (pl **media** or **mediums**) ① (Bio, Chem, gen) (= substance) substance f ◆ **blood is the medium in which oxygen is carried all over the body** le sang est la substance qui sert au transport de l'oxygène à travers le corps ◆ **water-based mediums like gouache and acrylics** les substances à base d'eau telles que la gouache et les peintures acryliques ; → **culture**
② (= means of expression) véhicule m ; [of artist] moyen m d'expression ; (= branch of art) discipline f ◆ **English is used as the medium of instruction** l'anglais est utilisé comme véhicule de l'enseignement ◆ **he chose sculpture as his medium** il a choisi la sculpture comme moyen d'expression ◆ **video is his favourite medium** la vidéo est son moyen d'expression favori or sa discipline favorite ◆ **watercolour painting is a difficult medium** l'aquarelle est une technique difficile ◆ **through the medium of the press** par voie de presse ◆ **advertising medium** support m publicitaire ◆ **television is the best medium for this type of humour** c'est à la télévision que ce genre d'humour passe le mieux, la télévision est le meilleur véhicule pour ce genre d'humour
③ (= mid-point) milieu m ◆ **the happy medium** le juste milieu
④ (pl **mediums**) (Spiritualism) médium m
ADJ (gen) moyen ; [pen] à pointe moyenne ◆ **"medium"** (on garment labels) « moyen » ; see also **comp**
COMP **medium close shot** N (Cine) plan m américain

**mediumship | melinite**

**medium-dated** ADJ (Fin) à moyen terme
**medium-dry** ADJ [wine, sherry, cider] demi-sec
**medium-fine pen** N stylo m or feutre m à pointe moyenne
**medium-priced** ADJ à prix moyen
**medium range missile** N missile m à moyenne portée
**medium rare** ADJ (of steaks) à point
**medium-sized** ADJ de grandeur or de taille moyenne
**medium-sweet** ADJ [wine, sherry, cider] demi-doux
**medium-term** ADJ à moyen terme
**medium-wave** ADJ (Rad) sur ondes moyennes ◆ **on medium wave** sur les ondes moyennes

**mediumship** /ˈmiːdɪəmʃɪp/ N médiumnité f

**medlar** /ˈmedlər/ N (= fruit) nèfle f ; (also **medlar tree**) néflier m

**medley** /ˈmedlɪ/ SYN N mélange m ; (Mus) pot-pourri m ◆ **400 metres medley** (Sport) le 4 x 100 mètres quatre nages

**medulla** /meˈdʌlə/ N (pl medullas or medullae /meˈdʌliː/) (Anat) moelle f ◆ **medulla oblongata** bulbe m rachidien

**medullary canal** /mɪˈdʌlərɪ/ N [of long bone] canal m médullaire ; [of spine] canal rachidien

**Medusa** /mɪˈdjuːzə/ N Méduse f

**meek** /miːk/ SYN
ADJ [person] docile, bonasse (pej) ; [voice] doux (douce f) ◆ **meek and mild** doux et docile ◆ **as meek as a lamb** doux comme un agneau
NPL **the meek** (Bible) les débonnaires mpl

**meekly** /ˈmiːklɪ/ ADV [listen, accept, sit, stand] docilement ; [say] humblement

**meekness** /ˈmiːknɪs/ SYN N humilité f

**meerschaum** /ˈmɪəʃəm/ N ① (NonC = clay) écume f (de mer)
② (= pipe) pipe f en écume (de mer)

**meet** /miːt/ SYN (pret, ptp **met**)
VT ① [+ person] (by chance) rencontrer, tomber sur ; (coming in opposite direction) croiser ; (by arrangement) retrouver ; (= go to meet) aller chercher ; (= come to meet) venir chercher ◆ **to arrange to meet sb at 3 o'clock** donner rendez-vous à qn pour 3 heures ◆ **I am meeting the chairman at the airport** je vais chercher le président à l'aéroport ◆ **I am being met at the airport** on doit venir me chercher à l'aéroport ◆ **I'll meet you outside the cinema** je te or on se retrouve devant le cinéma ◆ **don't bother to meet me** ne prenez pas la peine de venir me chercher ◆ **he went to meet them** il est allé à leur rencontre, il est allé au-devant d'eux ◆ **she came down the steps to meet me** elle a descendu les escaliers et est venue à ma rencontre, elle a descendu les escaliers pour venir à ma rencontre ◆ **candidates will be required to meet the committee** les candidats devront se présenter devant les membres du comité ; → halfway, match²

② [+ river, sea] rencontrer ◆ **the bus for Aix meets the 10 o'clock train** l'autobus d'Aix assure la correspondance avec le train de 10 heures ◆ **a car met his train at King's Cross** une voiture l'attendait à l'arrivée de son train en gare de King's Cross ◆ **I'm due back at 10 o'clock, can you be there to meet my plane?** je reviens à 10 heures, peux-tu venir me chercher à l'aéroport

③ (= make acquaintance of) rencontrer, faire la connaissance de ◆ **meet Mr Martin** je vous présente M. Martin ◆ **I am very pleased to meet you** enchanté de faire votre connaissance ◆ **glad** or **pleased to meet you!** enchanté !

④ (= encounter) [+ opponent, opposing team, obstacle] rencontrer ; (+ face) [+ enemy, danger] faire face à, affronter ; (in duel) se battre avec ◆ **he met his death** or **his end in 1880** il trouva la mort en 1880 ◆ **to meet death calmly** affronter la mort avec calme or sérénité ; → halfway

⑤ (= satisfy, settle) [+ expenses, bill] régler, payer ; [+ responsibilities, debt] faire face à, s'acquitter de ; [+ deficit] combler ; [+ goal, aim] atteindre ; [+ demand, need, want] satisfaire, répondre à ; [+ condition, stipulation] remplir ; [+ charge, objection] réfuter ; (+ Comm) [+ orders] satisfaire, assurer ◆ **to meet the cost of sth** prendre en charge les frais de qch ◆ **he offered to meet the full cost of the repairs** il a proposé de payer la totalité des réparations ◆ **to meet payments** faire face à ses obligations financières ◆ **to meet the payments on a washing machine** payer les traites d'une machine à laver ◆ **this meets our requirements** cela correspond à nos besoins

◆ **it did not meet our expectations** nous n'en avons pas été satisfaits

⑥ (seeing, hearing) ◆ **the sound which met his ears** le bruit qui frappa ses oreilles ◆ **the sight which met my eye(s)** le spectacle qui s'offrit à mes yeux ◆ **I met his eye** mon regard rencontra le sien, nos regards se croisèrent ◆ **I dared not** or **couldn't meet her eye** je n'osais pas la regarder en face ◆ **there's more to this than meets the eye** (sth suspicious) on ne voit pas or on ne connaît pas les dessous de cette affaire ; (more difficult than it seems) c'est moins simple que cela n'en a l'air

VI ① [people] (by chance) se rencontrer ; (by arrangement) se retrouver ; (more than once) se voir ; (= become acquainted) se rencontrer, faire connaissance ◆ **to meet again** se revoir ◆ **until we meet again!** au revoir !, à la prochaine fois ! ◆ **keep it until we meet again** or **until we next meet** garde-le jusqu'à la prochaine fois ◆ **have you met before?** vous vous connaissez déjà ? ◆ **they arranged to meet at 10 o'clock** ils se sont donné rendez-vous pour 10 heures

② [Parliament etc] se réunir, tenir séance ; [committee, society etc] se réunir ◆ **the class meets in the art room** le cours a lieu dans la salle de dessin

③ [armies] se rencontrer, s'affronter ; [opposing teams] se rencontrer

④ [lines, roads etc] (= join) se rencontrer ; (= cross) se croiser ; [rivers] se rencontrer, confluer ◆ **our eyes met** nos regards se croisèrent ; → end

N ① (Brit Hunting) rendez-vous m de chasse (au renard) ; (= huntsmen collectively) chasse f
② (Sport etc) meeting m

COMP **meet-and-greet** (US) VT accueillir, recevoir N réception f

▶ **meet up** VI (by chance) se rencontrer ; (by arrangement) se retrouver ◆ **to meet up with sb** (by chance) rencontrer qn ; (by arrangement) retrouver qn ◆ **this road meets up with the motorway** cette route rejoint l'autoroute

▶ **meet with** VT FUS ① [+ difficulties, resistance, obstacles] rencontrer ; [+ refusal, losses, storm, gale] essuyer ; [+ welcome, reception] recevoir ◆ **he met with an accident** il lui est arrivé un accident ◆ **to meet with failure** échouer ◆ **only 59 out of 238 applicants met with success** seuls 59 des 238 candidats ont vu leur demande acceptée ◆ **I'm delighted this approach has met with success** je suis ravi que cette approche ait été couronnée de succès ◆ **this suggestion was met with angry protests** de vives protestations ont accueilli cette suggestion ◆ **this met with no response** (in writing) il n'y a pas eu de réponse ; (in person) il (or elle) n'a pas réagi ◆ **we hope our offer meets with your approval** (frm) nous espérons que notre proposition vous conviendra

② (US) [+ person] (by chance) rencontrer, tomber sur ; (coming in opposite direction) croiser ; (by arrangement) retrouver

**meet²** †† /miːt/ ADJ (= fitting) convenable, séant †

**meeting** /ˈmiːtɪŋ/ SYN
N ① (of group of people, political party, club etc) réunion f ; (large, formal) assemblée f ; (Pol, Sport) meeting m ◆ **business meeting** réunion f d'affaires or de travail ◆ **he's in a meeting** il est en réunion ◆ **I've got meetings all afternoon** je suis pris par des réunions tout l'après-midi ◆ **to call a meeting of shareholders** convoquer les actionnaires ◆ **to call a meeting to discuss sth** convoquer une réunion pour débattre qch ◆ **to address a meeting** prendre la parole à une réunion (or un meeting) ; → annual, mass¹, open

② (between individuals) rencontre f ; (arranged) rendez-vous m ; (formal) entrevue f ◆ **the minister had a meeting with the ambassador**, le ministre s'est entretenu avec l'ambassadeur, le ministre a eu une entrevue avec l'ambassadeur ◆ **a meeting of minds** une entente profonde

③ (Quakers) culte m ◆ **to go to meeting** aller au culte

COMP **meeting house** N (also Quakers' meeting house) temple m (des Quakers)
**meeting place** N lieu m de réunion

**meg** /meg/ N (pl meg or megs) (Comput = megabyte) méga* m ; (= megahertz) mégahertz m

**mega**‡ /ˈmegə/ ADJ hypergénial *

**megabuck** * /ˈmegəˌbʌk/ N ① (US = million dollars) million m de dollars
② (fig) ◆ **megabucks** des sommes astronomiques ◆ **it's worth megabucks** ça vaut la peau des fesses *

**megabyte** /ˈmegəˌbaɪt/ N (Comput) méga-octet m, Mo m

**megacephalic** /ˌmegəsɪˈfælɪk/ ADJ (Med) mégalocéphale

**megacephaly** /ˌmegəˈsefəlɪ/ N (Med) mégacéphalie f

**megacycle** /ˈmegəˌsaɪkl/ N mégacycle m

**megadeath** /ˈmegəˌdeθ/ N million m de morts

**megafauna** /ˈmegəˌfɔːnə/ N mégafaune f

**megahertz** /ˈmegəˌhɜːts/ N (pl megahertz) mégahertz m

**megalith** /ˈmegəlɪθ/ N mégalithe m

**megalithic** /ˌmegəˈlɪθɪk/ ADJ mégalithique

**megalomania** /ˌmegələʊˈmeɪnɪə/ N mégalomanie f

**megalomaniac** /ˌmegələʊˈmeɪnɪæk/ ADJ, N mégalomane mf

**megalopolis** /ˌmegəˈlɒpəlɪs/ N mégalopole f

**megaphone** /ˈmegəfəʊn/ N porte-voix m inv

**megasporangium** /ˌmegəspɔːˈrændʒɪəm/ N macrosporange m

**megaspore** /ˈmegəˌspɔːr/ N macrospore f

**megastar** /ˈmegəˌstɑːr/ N mégastar f

**megaton** /ˈmegətʌn/ N mégatonne f ◆ **a five-megaton bomb** une bombe de cinq mégatonnes

**megavolt** /ˈmegəvɒlt/ N mégavolt m

**megawatt** /ˈmegəwɒt/ N mégawatt m

**megillah** ‡ /məˈɡɪlə/ N (US) grand laïus m, longues explications fpl ◆ **the whole megillah** tout le tremblement *

**megohm** /ˈmegəʊm/ N mégohm m

**megrim** /ˈmiːɡrɪm/ N (= fish) calimande f

**meiosis** /maɪˈəʊsɪs/ N (pl meioses /maɪˈəʊsiːz/)
① (Bio) méiose f
② (Literat) litote f

**Mekong** /ˌmiːˈkɒŋ/
N Mékong m
COMP **Mekong Delta** N delta m du Mékong

**melamine** /ˈmeləmiːn/
N mélamine f
COMP [cup, surface] de or en mélamine
**melamine-coated**, **melamine-faced** ADJ mélaminé

**melancholia** /ˌmelənˈkəʊlɪə/ N (Psych) mélancolie f

**melancholic** † /ˌmelənˈkɒlɪk/ ADJ [person, nature, mood, song] mélancolique ◆ **the melancholic temperament** (Med) le tempérament mélancolique

**melancholically** /ˌmelənˈkɒlɪklɪ/ ADV mélancoliquement

**melancholy** /ˈmelənkəlɪ/ SYN
N (NonC) mélancolie f
ADJ [person, place, look, smile, thoughts, sound, song] mélancolique ; [news, event, duty] triste ◆ **to be in a melancholy mood** être d'humeur mélancolique ◆ **the melancholy truth** la triste vérité

**Melanesia** /ˌmeləˈniːzɪə/ N Mélanésie f

**Melanesian** /ˌmeləˈniːzɪən/
ADJ mélanésien
N ① (= person) Mélanésien(ne) m(f)
② (= language) mélanésien m

**melange, mélange** /meɪˈlɑːnʒ/ N (esp liter) mélange m

**melanic** /məˈlænɪk/ ADJ mélanique

**melanin** /ˈmelənɪn/ N mélanine f

**melanism** /ˈmelənɪzəm/ N mélanisme m

**melanocyte** /ˈmelənəʊˌsaɪt/ N mélanocyte f

**melanoma** /ˌmeləˈnəʊmə/ N (pl melanomas or melanomata /ˌmeləˈnəʊmətə/) (Med) mélanome m

**melanosis** /ˌmeləˈnəʊsɪs/ N (Med) mélanose f

**melatonin** /ˌmeləˈtəʊnɪn/ N mélatonine f

**Melba toast** /ˈmelbəˌtəʊst/ N biscotte f très fine

**Melbourne** /ˈmelbən/ N Melbourne

**Melchite** /ˈmelkaɪt/ N melchite mf

**meld** /meld/ VT (= blend) mélanger, mêler

**melee, mêlée** /ˈmeleɪ/ N mêlée f

**melic** /ˈmelɪk/ ADJ mélique

**melilot** /ˈmelɪlɒt/ N (= plant) mélilot m

**melinite** /ˈmelɪˌnaɪt/ N mélinite f

**melliferous** /mɪˈlɪfərəs/ ADJ [insect, plant] mellifère

**mellifluous** /meˈlɪfluəs/ ADJ mélodieux

**mellow** /ˈmeləʊ/ SYN
- ADJ 1 (= soft, smooth) [light, colour, music, voice] doux (douce f) ; [brick, stone] patiné ; [wine, flavour, cheese, fruit] moelleux ; [brandy, whisky] velouté
- 2 (= genial, serene) [person] serein
- 3 (* = relaxed) [person, mood, feeling] relax* inv
- VT [+ wine] rendre moelleux, donner du moelleux à ; [+ voice, sound] adoucir, rendre plus moelleux ; [+ colour] fondre, velouter ; [+ person, character] adoucir ◆ **the years have mellowed him** les angles de son caractère se sont arrondis avec l'âge, il s'est adouci or assagi avec les années
- VI [fruit] mûrir ; [wine] se velouter ; [colour] se velouter, se patiner ; [voice] prendre du moelleux, se velouter ; [person, character] s'adoucir

**mellowing** /ˈmeləʊɪŋ/
- N [of fruit, wine] maturation f ; [of voice, colours, person, attitude] adoucissement m
- ADJ [effect etc] adoucissant

**mellowness** /ˈmeləʊnɪs/ N [of light, colour, music, voice] douceur f ; [of wine, flavour, cheese, fruit] moelleux m ; [of brick, stone] patine f

**melodic** /mɪˈlɒdɪk/
- ADJ 1 (= melodious) [music, song, voice] mélodieux
- 2 (Mus) [line, theme, structure, invention] mélodique
- COMP **melodic minor (scale)** N (Mus) gamme f mineure mélodique

**melodically** /mɪˈlɒdɪkəlɪ/ ADV mélodiquement

**melodious** /mɪˈləʊdɪəs/ SYN ADJ mélodieux

**melodiously** /mɪˈləʊdɪəslɪ/ ADV mélodieusement

**melodist** /ˈmelədɪst/ N (= composer) mélodiste mf

**melodize** /ˈmelədaɪz/
- VT [+ poem] mettre en musique
- VI composer des mélodies

**melodrama** /ˈmeləʊˌdrɑːmə/ N (lit, fig) mélodrame m

**melodramatic** /ˌmeləʊdrəˈmætɪk/ SYN
- ADJ mélodramatique
- NPL **melodramatics** mélo* m ◆ **I've had enough of your melodramatics** j'en ai assez de ton cinéma*

**melodramatically** /ˌmeləʊdrəˈmætɪkəlɪ/ ADV d'une façon mélodramatique

**melody** /ˈmelədɪ/ SYN N mélodie f

**melon** /ˈmelən/ N melon m ◆ **to cut a melon*** (US fig) se partager le gâteau ◆ **melons**‡ (= breasts) roberts‡ mpl ; → **watermelon**

**melt** /melt/ SYN
- VI 1 [ice, butter, metal] fondre ; [solid in liquid] fondre, se dissoudre ◆ **these cakes melt in the mouth** ces pâtisseries fondent dans la bouche ◆ **he looks as if butter wouldn't melt in his mouth** on lui donnerait le bon Dieu sans confession* ; see also **melting**
- 2 (fig) [colours, sounds] se fondre, s'estomper (into dans) ; [person] se laisser attendrir ; [anger] tomber ; [resolution, determination] fléchir, fondre ◆ **to melt into tears** fondre en larmes ◆ **her heart melted with pity** son cœur a fondu de pitié ◆ **night melted into day** la nuit a fait insensiblement place au jour ◆ **one colour melted into another** les couleurs se fondaient les unes dans les autres ◆ **the thief melted into the crowd** le voleur s'est fondu or a disparu dans la foule
- 3 (= be too hot) ◆ **to be melting*** fondre, être en nage
- VT [+ ice, butter] (faire) fondre ; [+ metal] fondre ◆ **to melt sb's heart** attendrir or émouvoir (le cœur de) qn ◆ **melted butter** (Culin) beurre m fondu ; see also **melting**

▸ **melt away** VI 1 [ice etc] fondre complètement, disparaître
- 2 (fig) [money, savings] fondre ; [anger] se dissiper, tomber ; [confidence] disparaître ; [fog] se dissiper ; [crowd] se disperser ; [person] se volatiliser

▸ **melt down** VT SEP fondre ; [+ scrap iron, coins] remettre à la fonte

**meltdown** /ˈmeltdaʊn/ N 1 (Nucl Phys) fusion f (du cœur d'un réacteur nucléaire)
- 2 (fig) (= disaster) effondrement m

**melting** /ˈmeltɪŋ/
- ADJ [snow] fondant ; (fig) [voice, look] attendrissant ; [words] attendrissant
- N [of snow] fonte f ; [of metal] fusion f, fonte f
- COMP **melting point** N point m de fusion

**melting pot** N (fig) melting-pot m ◆ **the country was a melting pot of many nationalities** ce pays fut un melting-pot or fut un creuset ethnique ◆ **the scheme was back in the melting pot again** (Brit) le projet a été remis en question une fois de plus ◆ **it's still all in the melting pot** (Brit) c'est encore en pleine discussion or au stade des discussions

**meltwater** /ˈmeltwɔːtəʳ/ N neige f fondue

**member** /ˈmembəʳ/ SYN
- N 1 [of society, political party etc] membre m, adhérent(e) m(f) ; [of family, tribe] membre m ◆ **"members only"** (on notice etc) « réservé aux adhérents » ◆ **a member of the audience** un membre de l'assistance ; (= hearer) un auditeur ; (= spectator) un spectateur ◆ **Member of Congress** (US Pol) membre m du Congrès, ≈ député m ◆ **a member of the congress** un(e) congressiste ◆ **they treated her like a member of the family** ils l'ont traitée comme si elle faisait partie de or était de la famille ◆ **Member of Parliament** (Brit Pol) ≈ député m ◆ **the Member (of Parliament) for Woodford** le député de Woodford ◆ **Member of the European Parliament** (Brit) député m européen ◆ **a member of the public** un particulier ◆ **members of the public were not allowed in** le public n'était pas admis ◆ **a member of the staff, an ordinary member of the public** un(e) simple citoyen(e) ; (of firm, organization) un(e) employé(e) ◆ **a member of staff** (Scol, Univ) un professeur ; → **full, honorary, private**
- 2 (Anat, Bot, Math etc) membre m ◆ **(male) member** (= penis) membre m (viril)
- COMP **member countries, member nations, member states** NPL États mpl or pays mpl membres

**membership** /ˈmembəʃɪp/ SYN
- N 1 (= position as member) appartenance f ; (= admission as member) adhésion f ◆ **Britain's membership of the EU** l'appartenance de la Grande-Bretagne à l'UE ◆ **when I applied for membership of the club** quand j'ai fait ma demande d'adhésion au club ◆ **the application by Namibia for membership of the United Nations** la demande d'adhésion de la Namibie aux Nations unies ◆ **he has given up his membership of the party** il a rendu sa carte du parti ◆ **membership carries certain privileges** les membres jouissent de certains privilèges ◆ **temporary membership** (système m d') adhésion f provisoire ◆ **he was charged with membership of the IRA** il a été accusé d'appartenir à l'IRA
- 2 (= number of members) nombre m d'adhérents ◆ **organizations with huge memberships** des organismes qui ont un nombre d'adhérents énorme ◆ **this society has a membership of over 800** cette société a plus de 800 membres
- 3 (= members) membres mpl
- COMP **membership card** N carte f d'adhérent or de membre

**membership fee** N cotisation f, droits mpl d'inscription

**membership qualifications** NPL conditions fpl d'adhésion

**membrane** /ˈmembreɪn/ N membrane f

**membranous** /memˈbreɪnəs/ ADJ membraneux

**memento** /məˈmentəʊ/ N (pl **mementos** or **mementoes**) (= keepsake) souvenir m ; [of note, mark etc] mémento m ; (= scar) souvenir m ◆ **as a memento of** en souvenir de ◆ **memento mori** memento mori m inv

**memo** /ˈmeməʊ/
- N (abbrev of **memorandum**) note f (de service)
- COMP **memo pad** N bloc-notes m

**memoir** /ˈmemwɑːʳ/ SYN N (= essay) mémoire m, étude f (on sur) ; (= short biography) notice f biographique ◆ **memoirs** (autobiographical) mémoires mpl ; [of learned society] actes mpl

**memorabilia** /ˌmemərəˈbɪlɪə/ N souvenirs mpl (objets)

**memorable** /ˈmemərəbl/ SYN ADJ mémorable ◆ **one of his more memorable films** un de ses films dont on se souvient mieux

**memorably** /ˈmemərəblɪ/ ADV mémorablement

**memorandum** /ˌmeməˈrændəm/ N (pl **memorandums** or **memoranda** /ˌmeməˈrændə/) 1 (= reminder, note) note f ◆ **to make a memorandum of sth** prendre note de qch, noter qch
- 2 (= communication within company etc) note f (de service) ◆ **he sent a memorandum round about the drop in sales** il a fait circuler une note or il a fait passer une circulaire à propos de la baisse des ventes
- 3 (Diplomacy) mémorandum m
- 4 (Jur) sommaire m des articles (d'un contrat) ◆ **memorandum of agreement** protocole m d'accord

**memorial** /mɪˈmɔːrɪəl/ SYN
- ADJ [plaque] commémoratif
- N 1 (= sth serving as reminder) ◆ **this scholarship is a memorial to John F. Kennedy** cette bourse d'études a été créée en mémoire de John F. Kennedy
- 2 (= monument) monument m (commémoratif), mémorial m ; (over grave) monument m (funéraire) ◆ **a memorial to the victims** un monument aux victimes
- 3 (also **war memorial**) monument m aux morts
- 4 (Hist) ◆ **memorials** (= chronicles) chroniques fpl, mémoires mpl, mémorial m
- 5 (Admin etc = petition) pétition f, requête f (officielle)
- COMP **Memorial Day** N (US) le jour des morts au champ d'honneur (dernier lundi de mai)

**memorial park** N (US = cemetery) cimetière m

**memorial service** N ≈ messe f de souvenir

**memorialize** /mɪˈmɔːrɪəlaɪz/ VT commémorer

**memorize** /ˈmeməraɪz/ SYN VT [+ facts, figures, names] mémoriser, retenir ; [+ poem, speech] apprendre par cœur

**memory** /ˈmemərɪ/ SYN
- N 1 (= faculty : also Comput) mémoire f ◆ **to have a good/bad memory** avoir (une) bonne/mauvaise mémoire ◆ **to have a memory for faces** avoir la mémoire des visages, être physionomiste mf ◆ **to play/quote from memory** jouer/citer de mémoire ◆ **to have a long memory** ne pas oublier facilement ◆ **to commit to memory** [+ poem] apprendre par cœur ; [+ facts, figures] mémoriser, retenir ◆ **to the best of my memory** autant que je m'en souvienne ◆ **loss of memory, memory loss** perte f de mémoire ; (Med) amnésie f ◆ **additional** or **back-up memory** (Comput) mémoire f auxiliaire ; → **fresh, living**
- 2 (= recollection) souvenir m ◆ **childhood memories** souvenirs mpl d'enfance ◆ **he had happy memories of his father** il avait de bons souvenirs de son père ◆ **"Memories of a country childhood"** « Souvenirs d'une enfance à la campagne » ◆ **the memory of the accident remained with him all his life** il a conservé toute sa vie le souvenir de l'accident, le souvenir de l'accident est resté gravé dans sa mémoire toute sa vie ◆ **to keep sb's memory alive** or **green** garder vivant le souvenir de qn, entretenir la mémoire de qn ◆ **in memory of** en souvenir de, à la mémoire de ◆ **sacred to the memory of** à la mémoire de ◆ **of blessed memory** de glorieuse mémoire
- COMP **memory bank** N bloc m de mémoire

**memory capacity** N (Comput) capacité f de mémoire

**memory card** N (Comput) carte f d'extension mémoire

**memory chip** N (Comput) puce f mémoire

**memory lane** N ◆ **it was a trip down memory lane** c'était un retour en arrière или un retour aux sources

**memsahib** /ˈmemˌsɑːhɪb/ N Madame f (aux Indes)

**men** /men/
- NPL of **man** ◆ **that'll separate the men from the boys** (hum) cela fera la différence (entre les hommes et les mauviettes*)
- COMP **men's room** N (US) toilettes fpl pour hommes

**menace** /ˈmenɪs/ SYN
- N menace f ◆ **he drives so badly he's a menace to the public** il conduit si mal qu'il est un danger public ◆ **that child/dog/motorbike is a menace*** cet enfant/ce chien/cette moto est une plaie* ◆ **to demand money with menaces** (Brit Jur) extorquer de l'argent
- VT menacer

**menacing** /ˈmenɪsɪŋ/ SYN ADJ menaçant

**menacingly** /ˈmenɪsɪŋlɪ/ ADV [act] d'un air menaçant ; [say] d'un ton menaçant

**ménage** /meˈnɑːʒ/ N (pej) ménage m ◆ **ménage à trois** ménage m à trois

## menagerie | merciful

**menagerie** /mɪˈnædʒərɪ/ N ménagerie f

**Mencap** /ˈmenkæp/ N (Brit) association pour les handicapés mentaux

**mend** /mend/ SYN
- **VT** ① (= repair) [+ watch, wall, vehicle, shoes etc] réparer ; [+ clothes etc] raccommoder ; (= darn) [+ sock, stocking] repriser ; [+ laddered stocking] remmailler ; → fence
- ② (fig) [+ marriage] sauver ◆ **to mend relations with sb** renouer de bonnes relations avec qn ◆ **that won't mend matters** cela ne va pas arranger les choses ◆ **to mend one's ways, to mend one's manners** s'amender ; → least
- **VI** ① (= darn etc) faire le raccommodage
- ② * ⇒ **to be on the mend**
- **N** ① (on clothes) raccommodage m ; (= patch) pièce f ; (= darn) reprise f
- ② **to be on the mend** [invalid] être en voie de guérison, aller mieux ; [business, sales] reprendre, s'améliorer ; [conditions, situation, weather] s'améliorer

**mendacious** /menˈdeɪʃəs/ SYN ADJ (frm) [statement, report] mensonger ; [person] menteur

**mendacity** /menˈdæsɪtɪ/ N ① (NonC) (habit) fausseté f, habitude f de mentir ; (tendency) propension f au mensonge ; [of report] caractère m mensonger
- ② (= lie) mensonge m

**mendelevium** /ˌmendɪˈliːvɪəm/ N mendélévium m

**Mendelian** /menˈdiːlɪən/ ADJ mendélien

**Mendelism** /ˈmendəlɪzəm/ N mendélisme m

**Mendel's laws** /ˈmendlz/ NPL (Bio) lois fpl de Mendel

**mendicancy** /ˈmendɪkənsɪ/ N mendicité f

**mendicant** /ˈmendɪkənt/ ADJ, N mendiant(e) m(f)

**mendicity** /menˈdɪsɪtɪ/ N mendicité f

**mending** /ˈmendɪŋ/ N (= act) raccommodage m ; (= clothes to be mended) vêtements mpl à raccommoder ; → invisible

**Mendoza** /menˈdəʊzə/ N (Geog) Mendoza

**Menelaus** /ˌmenɪˈleəs/ N Ménélas m

**menfolk** /ˈmenfəʊk/ NPL ◆ **the menfolk** les hommes mpl

**menhaden** /menˈheɪdən/ N, PL INV (= fish) menhaden m

**menhir** /ˈmenhɪər/ N menhir m

**menial** /ˈmiːnɪəl/ SYN
- **ADJ** [person] servile ; [task] de domestique, inférieur (-eure f) ; [position] subalterne
- **N** domestique mf, laquais m (pej)

**meninges** /mɪˈnɪndʒiːz/ NPL méninges fpl

**meningitic** /ˌmenɪnˈdʒɪtɪk/ ADJ méningitique

**meningitis** /ˌmenɪnˈdʒaɪtɪs/ N méningite f

**meningococcus** /meˌnɪŋɡəʊˈkɒkəs/ N méningocoque m

**meniscus** /mɪˈnɪskəs/ N (pl **meniscuses** or **menisci** /mɪˈnɪsaɪ/) ménisque m

**Mennonite** /ˈmenəˌnaɪt/ ADJ, N mennonite mf

**menopausal** /ˌmenəʊˈpɔːzəl/ ADJ [symptom] de la ménopause ; [woman] ménopausée

**menopause** /ˈmenəʊpɔːz/ N ménopause f ◆ **the male menopause** l'andropause f

**Menorca** /mɪˈnɔːkə/ N Minorque f ◆ **in Menorca** à Minorque

**menorrhagia** /ˌmenɔːˈreɪdʒɪə/ N ménorragie f

**menorrhoea** /ˌmenəˈrɪə/ N (Med) menstruation f

**Mensa** /ˈmensə/ N Mensa f (association de personnes ayant un QI supérieur à la moyenne)

**mensch*** /menʃ/ N (US) (= man) type m vraiment bien ; (= woman) fille f vraiment bien ◆ **be a mensch!** comporte-toi en adulte !

**menses** /ˈmensiːz/ NPL menstrues fpl

**Menshevik** /ˈmenʃɪvɪk/ N, ADJ menchevik m

**Menshevism** /ˈmenʃəvɪzəm/ N (Hist) menchevisme m

**menstrual** /ˈmenstrʊəl/
- **ADJ** menstruel
- **COMP** **menstrual cramps** NPL dysménorrhée f, règles fpl douloureuses
- **menstrual cycle** N cycle m (menstruel)
- **menstrual period** N règles fpl, menstruation f

**menstruate** /ˈmenstrʊeɪt/ VI avoir ses règles

**menstruation** /ˌmenstrʊˈeɪʃən/ SYN N menstruation f

**mensuration** /ˌmensjʊəˈreɪʃən/ N (also Math) mesurage m

**menswear** /ˈmenzwɛər/ N (NonC) (= clothing) habillement m masculin ; (= department) rayon m hommes

**mental** /ˈmentl/ SYN
- **ADJ** ① (= not physical) mental ◆ **I made a mental note of her phone number** j'ai noté mentalement son numéro de téléphone ◆ **I made a mental note to get petrol** je me suis dit que je devais faire le plein
- ② (* = mad) cinglé* ◆ **to go mental** perdre la boule*
- **COMP** **mental age** N âge m mental
- **mental arithmetic** N calcul m mental
- **mental block** N blocage m (psychologique)
- **mental cruelty** (Jur) cruauté f mentale
- **mental defective** N débile mf mental(e)
- **mental deficiency** N débilité f or déficience f mentale
- **mental disability**, **mental handicap** N handicap m mental
- **mental healing** N (US Med) thérapeutique f par la suggestion
- **mental health** N (of person) santé f mentale ; (= activity, profession) psychiatrie f
- **mental home** N clinique f psychiatrique
- **mental hospital** N hôpital m psychiatrique
- **mental illness** N maladie f mentale
- **mental institution** N institution f psychiatrique
- **mental patient** N malade mf mental(e)
- **mental powers** NPL facultés fpl intellectuelles
- **mental reservation** N restriction f mentale
- **mental retardation** N arriération f mentale
- **mental strain** N (= tension) tension f nerveuse ; (= overwork) surmenage m (intellectuel) ◆ **she's been under a great deal of mental strain** ses nerfs ont été mis à rude épreuve

**mentalism** /ˈmentəlɪzəm/ N (Philos) mentalisme m

**mentalistic** /ˌmentəˈlɪstɪk/ ADJ (Philos) mentaliste

**mentality** /menˈtælɪtɪ/ SYN N mentalité f

**mentally** /ˈmentəlɪ/ ADV [calculate, formulate] mentalement ◆ **mentally handicapped** handicapé mental ◆ **a mentally handicapped son/child** un fils/enfant handicapé mental ◆ **he is mentally handicapped** c'est un handicapé mental ◆ **mentally ill** or **sick** malade mental ◆ **a mentally ill** or **sick person** un(e) malade mental(e) ◆ **the mentally ill** les malades mpl mentaux ◆ **mentally retarded** † débile mental ◆ **mentally subnormal** † débile léger ◆ **mentally disturbed** or **disordered** or **unstable** or **unbalanced** déséquilibré ◆ **mentally defective** or **deficient** † mentalement déficient

**mentee** /menˈtiː/ N filleul(e) m(f)

**menthol** /ˈmenθɒl/
- **N** menthol m
- **COMP** **menthol cigarettes** NPL cigarettes fpl mentholées

**mentholated** /ˈmenθəleɪtɪd/ ADJ mentholé

**mention** /ˈmenʃən/ LANGUAGE IN USE 26.2 SYN
- **VT** (gen) mentionner ; [+ dates, figures] citer ◆ **he mentioned to me that you were coming** il m'a dit que vous alliez venir ◆ **I'll mention it to him** je lui en toucherai un mot, je le lui signalerai ◆ **I've never heard him mention his father** je ne l'ai jamais entendu parler de son père ◆ **to mention sb in one's will** coucher qn sur son testament ◆ **he didn't mention the accident** il n'a pas fait mention de l'accident, il n'a pas soufflé mot de l'accident ◆ **just mention my name** dites que c'est de ma part ◆ **he mentioned several names** il a cité plusieurs noms ◆ **without mentioning any names** sans nommer or citer personne ◆ **I mention this fact only because...** je relève ce fait uniquement parce que... ◆ **they are too numerous to mention** ils sont trop nombreux pour qu'on les mentionne subj or cite subj tous ◆ **don't mention it!** il n'y a pas de quoi !, je vous en prie ! ◆ **I need hardly mention that...** il va sans dire que... ◆ **it is not worth mentioning** cela ne vaut pas la peine d'en parler ◆ **I have no jazz records worth mentioning** je n'ai pour ainsi dire pas de disques de jazz ; → dispatch
- ◆ **not to mention** sans parler de ◆ **a lot of time, not to mention the expense and anxiety** beaucoup de temps, sans parler du coût et du stress
- **N** mention f ◆ **to make mention of sth** (frm) faire mention de qch, signaler qch ◆ **honourable mention** mention f honorable ◆ **it got a**

**mention in the news** on en a parlé or on l'a mentionné aux informations

**mentor** /ˈmentɔːr/ SYN N ◆ **he has been my mentor and friend for 8 years** voilà 8 ans qu'il est mon guide or conseiller et mon ami ◆ **their spiritual mentor** leur guide spirituel

**menu** /ˈmenjuː/ SYN
- **N** (in restaurant etc) menu m ; (printed, written) menu m, carte f ; (Comput) menu m ◆ **on the menu** au menu ; → fixed
- **COMP** **menu bar** N (Comput) barre f de menu
- **menu-driven** ADJ (Comput) dirigé or piloté par menu

**meow** /miːˈaʊ/ N, VI ⇒ miaow

**MEP** /ˌemiːˈpiː/ N (Brit) (abbrev of **Member of the European Parliament**) → member

**Mephistopheles** /ˌmefɪsˈtɒfɪliːz/ N Méphistophélès m

**mephistophelian** /ˌmefɪstəˈfiːlɪən/ ADJ méphistophélique

**mephitic** /mɪˈfɪtɪk/ ADJ méphitique

**mercantile** /ˈmɜːkəntaɪl/ SYN
- **ADJ** ① [class, tradition, navy, vessel] marchand ; [affairs] commercial ; [nation] commerçant ; [firm, establishment, court] de commerce
- ② (pej) [person, attitude] mercantile
- **COMP** **mercantile law** N droit m commercial
- **mercantile marine** N (Brit) marine m marchande

**mercantilism** /ˈmɜːkəntɪlɪzəm/ N (Econ, also pej) mercantilisme m

**mercantilist** /ˈmɜːkəntɪlɪst/ ADJ, N (Econ) mercantiliste m

**Mercator** /mɜːˈkeɪtər/ N ◆ **Mercator projection** projection f de Mercator

**mercenary** /ˈmɜːsɪnərɪ/ SYN
- **ADJ** ① (pej) [person, attitude] intéressé, mercenaire
- ② (Mil) mercenaire
- **N** (Mil) mercenaire m

**mercer** /ˈmɜːsər/ N (Brit) marchand m de tissus

**mercerize** /ˈmɜːsəraɪz/ VT [+ fabric] merceriser

**merchandise** /ˈmɜːtʃəndaɪz/ SYN
- **N** (NonC) marchandises fpl
- **VI** commercer, faire du commerce
- **VT** promouvoir la vente de

**merchandizer** /ˈmɜːtʃəndaɪzər/ N spécialiste mf du marchandisage or merchandising

**merchandizing** /ˈmɜːtʃəndaɪzɪŋ/ N marchandisage m, merchandising m

**merchant** /ˈmɜːtʃənt/ SYN
- **N** (= trader, dealer) négociant m ; (= wholesaler) marchand m en gros, grossiste m ; (= retailer) marchand m au détail, détaillant m ; (= shopkeeper) commerçant m ◆ **builders'/plumbers' merchant** fournisseur m de or en matériaux de construction/en sanitaires ◆ **timber/cloth/spice merchant** marchand m de bois/de tissu/d'épices ◆ **"The Merchant of Venice"** « le Marchand de Venise » ◆ **a doom-and-gloom merchant** * un oiseau de mauvais augure ◆ **a rip-off merchant***  un arnaqueur* ; → coal, speed, wine
- **COMP** **merchant bank** N (Brit) banque f d'affaires
- **merchant banker** N (Brit) banquier m d'affaires
- **merchant marine** N (US) ⇒ **merchant navy**
- **merchant navy** N (Brit) marine f marchande
- **merchant seaman** N (pl **merchant seamen**) marin m de la marine marchande
- **merchant ship** N navire m marchand or de commerce
- **merchant shipping** N (NonC) navires mpl marchands or de commerce
- **merchant vessel** N navire m marchand or de commerce

**merchantability** /ˌmɜːtʃəntəˈbɪlɪtɪ/ N (Comm) valeur f commerciale ; (Jur) qualité f loyale et marchande

**merchantable** /ˈmɜːtʃəntəbl/ ADJ ① (Comm) commercialisable, vendable
- ② (Jur) (also **of merchantable quality**) d'une bonne qualité marchande

**merchantman** /ˈmɜːtʃəntmən/ N (pl **-men**) (= ship) ⇒ **merchant ship** ⇒ **merchant**

**merciful** /ˈmɜːsɪfʊl/ SYN ADJ ① (= compassionate) [person, judge, court] clément (to or towards sb envers qn) ; [God] miséricordieux (to or towards sb envers qn)
- ② (= welcome) ◆ **death came as a merciful release** la mort fut une délivrance ◆ **his death**

came with merciful suddenness heureusement pour lui, la mort a été rapide

**mercifully** /ˈmɜːsɪfəlɪ/ ADV ① [judge, act] (person) avec clémence ; (God) miséricordieusement
② (= fortunately) ◆ **mercifully it didn't rain** Dieu merci or par bonheur il n'a pas plu

**merciless** /ˈmɜːsɪlɪs/ SYN ADJ [person, attack, treatment] impitoyable (towards sb envers qn) ; [sun, heat, rain, scrutiny] implacable ◆ **to be a merciless critic of sb/sth** critiquer qn/qch impitoyablement

**mercilessly** /ˈmɜːsɪlɪslɪ/ ADV [behave, attack, treat, criticize] impitoyablement, sans pitié ◆ **the sun beat down mercilessly** le soleil était implacable

**mercurial** /mɜːˈkjʊərɪəl/ ADJ ① (liter) (= changeable) [person, temperament, nature] versatile, lunatique (pej) ; [moods] changeant ; (= lively) [wit] vif
② (Chem) mercuriel

**mercuric** /mɜːˈkjʊərɪk/ ADJ (Chem) mercurique

**Mercurochrome** ® /məˈkjʊərəˌkrəʊm/ N (Med) mercurochrome ® m

**mercurous** /ˈmɜːkjʊrəs/ ADJ (Chem) mercureux

**mercury** /ˈmɜːkjʊrɪ/ N ① (Chem) mercure m
② ◆ **Mercury** (Myth) Mercure m ; (Astron) Mercure f

**mercy** /ˈmɜːsɪ/ SYN
N ① (gen) miséricorde f ; (= clemency) clémence f ; (= pity) pitié f ◆ **God in his mercy** Dieu en sa miséricorde ◆ **to have mercy on sb, to show mercy to sb** † faire preuve de clémence envers qn, avoir pitié de qn ◆ **have mercy on me!** ayez pitié de moi ! ◆ **to beg for mercy** demander grâce ◆ **with a recommendation for** or **of mercy** (Jur) = avec avis en faveur d'une commutation de peine ◆ **a cruelty without mercy** une cruauté impitoyable ◆ **he was beaten without mercy** il a été battu impitoyablement ◆ **no mercy was shown to them** ils furent impitoyablement traités or traités sans merci ◆ **to throw o.s. on sb's mercy** (liter) s'en remettre à la merci de qn ◆ **at the mercy of sb/the weather** etc à la merci de qn/du temps etc ◆ **to leave sb to the mercy of** or **to the tender mercies of...** (iro) livrer qn à..., abandonner qn à la merci de... ◆ **mercy (me)!** † * Seigneur !, miséricorde ! ◆ **for mercy's sake!** † par pitié ! ; → **errand**
② (= piece of good fortune) ◆ **it's a mercy that...** heureusement que... + indic , c'est une chance que... + subj ◆ **his death was a mercy** sa mort a été une délivrance

COMP [flight, dash] ◆ **a helicopter arrived for the mercy dash** or **flight to hospital** un hélicoptère est arrivé pour le transporter d'urgence à l'hôpital
**mercy killing** N euthanasie f

**mere¹** /mɪər/ N étang m, (petit) lac m

**mere²** /mɪər/ SYN ADJ ① (= least, even) simple before n ◆ **the mere mention of sth** le simple fait de mentionner qch ◆ **the mere existence of neo-Nazis is an outrage** le simple fait que les néo-Nazis existent constitue un scandale, la simple existence des néonazis constitue un scandale ◆ **the mere possibility of rain was enough to put him off** le fait qu'il risquait de pleuvoir a suffi à le décourager ◆ **the mere sight of him makes me shiver** sa seule vue me fait frissonner, rien qu'à le voir je frissonne ◆ **the merest suggestion of sth** (= mention) le simple fait d'évoquer qch ◆ **the merest hint** or **suspicion of sth** le moindre soupçon de qch
② (= simple, slight) [coincidence, formality] simple before n ◆ **a mere mortal** un(e) simple mortel(le) ◆ **he's a mere clerk** c'est un simple employé de bureau ◆ **I was a mere child when I married him** je n'étais qu'une enfant quand je l'ai épousé ◆ **by a mere chance** par pur hasard ◆ **he's a mere nobody** c'est un moins que rien ◆ **a mere nothing** trois fois rien ◆ **they quarrelled over a mere nothing** ils se sont disputés pour une vétille ◆ **his voice was the merest whisper** sa voix n'était qu'un murmure ◆ **it's a mere kilometre away** ce n'est qu'à un kilomètre (de distance) ◆ **in a mere 17 minutes** en 17 minutes seulement ◆ **a mere $45** 45 dollars seulement

**merely** /ˈmɪəlɪ/ ADV simplement ◆ **I merely said that she was coming** j'ai tout simplement dit or je n'ai fait que dire qu'elle arrivait ◆ **he merely nodded** il se contenta de faire un signe de tête ◆ **he's merely a good friend** c'est un ami, c'est tout ◆ **I did it merely to please her** je ne l'ai fait que pour lui faire plaisir ◆ **merely to**

look at him makes me shiver rien que de le regarder me fait frissonner ◆ **it's merely a formality** c'est une simple formalité ◆ **it's not merely dirty, it's filthy** ce n'est pas seulement sale, c'est dégoûtant

**meretricious** /ˌmerɪˈtrɪʃəs/ ADJ (frm) [charm, attraction] factice ; [style] ampoulé

**merganser** /mɜːˈgænsər/ N (pl **mergansers** or **merganser**) (bird) mergule m

**merge** /mɜːdʒ/ SYN
VI ① [colours, shapes] se mêler (into, with à), se fondre (into, with dans) ; [sounds] se mêler (into, with à), se perdre (into, with dans) ; [roads] se rencontrer (with avec), se joindre (with à) ; [river] confluer (with avec) ◆ **to merge into** (also fig) se fondre dans ◆ **the colours merged into one another** les couleurs se mélangeaient
② (Comm, Fin) fusionner (with avec)
VT ① unifier ◆ **the states were merged (into one) in 1976** ces États se sont unifiés en 1976, l'unification de ces États s'est réalisée en 1976
② (Comm, Fin, Comput) fusionner ◆ **the firms were merged** les entreprises ont fusionné ◆ **they decided to merge the companies into a single unit** ils décidèrent de fusionner les deux sociétés

**merger** /ˈmɜːdʒər/ SYN N (Comm, Fin) fusion f, fusionnement m

**meridian** /məˈrɪdɪən/
N (Astron, Geog) méridien m ; (fig) apogée m, zénith m
ADJ méridien

**meridional** /məˈrɪdɪənl/
ADJ méridional
N (= person) méridional(e) m(f)

**meringue** /məˈræŋ/ N meringue f

**merino** /məˈriːnəʊ/ N mérinos m

**meristem** /ˈmerɪˌstem/ N méristème m

**merit** /ˈmerɪt/ LANGUAGE IN USE 13 SYN
N mérite m, valeur f ◆ **people of merit** gens mpl de valeur or de mérite ◆ **a work of great merit** un travail de grande valeur ◆ **the great merit of this scheme** le grand mérite de ce projet ◆ **the idea has (some) merit** l'idée n'est pas mauvaise ◆ **the plan has the merit of being simple** le plan a le mérite d'être simple ◆ **there is little merit in continuing with this policy** il n'y a pas grand intérêt à poursuivre cette politique ◆ **he sees little merit in...** il ne voit pas vraiment l'intérêt de... ◆ **to treat sb according to his merits** traiter qn selon ses mérites ◆ **to judge sth on its own merits** juger qch en fonction de ses mérites ◆ **to judge sb on their own merits** juger qn selon ses mérites ◆ **to take** or **judge each case on its own merits** décider au cas par cas ◆ **whatever its merits, their work will never be used** quelle que soit leur validité, leurs travaux ne seront jamais utilisés ◆ **certificate of merit** prix m
◆ **the merits of sth** (= good points) les avantages de qch ◆ **they have been persuaded of the merits of these proposals** ils sont convaincus des avantages de ces propositions ◆ **they went into the merits of the new plan** ils ont discuté le pour et le contre de ce nouveau projet
VT mériter ◆ **this merits fuller discussion** ceci mérite plus ample discussion
COMP **merit list** N (Scol etc) tableau m d'honneur ◆ **to get one's name on the merit list** être inscrit au tableau d'honneur
**merit system** N (US Admin) système m de recrutement et de promotion par voie de concours

**meritocracy** /ˌmerɪˈtɒkrəsɪ/ N méritocratie f

**meritocrat** /ˈmerɪtəʊkræt/ N membre m de la méritocratie

**meritocratic** /ˌmerɪtəʊˈkrætɪk/ ADJ méritocratique

**meritorious** /ˌmerɪˈtɔːrɪəs/ SYN ADJ (frm) [performance, victory, work, deed] méritoire ; [person] méritant ◆ **for meritorious conduct** pour conduite exemplaire

**meritoriously** /ˌmerɪˈtɔːrɪəslɪ/ ADV d'une façon méritoire

**Merlin** /ˈmɜːlɪn/ N (Myth) Merlin m l'Enchanteur

**merlin** /ˈmɜːlɪn/ N (= bird) émerillon m

**mermaid** /ˈmɜːmeɪd/ N (Myth) sirène f

**merman** /ˈmɜːmæn/ N (pl **-men**) (Myth) triton m

**Merovingian** /ˌmerəʊˈvɪndʒɪən/
ADJ mérovingien
N Mérovingien(ne) m(f)

**merrie** † /ˈmerɪ/ ADJ ◆ **Merrie England** l'Angleterre f du bon vieux temps

**merrily** /ˈmerɪlɪ/ ADV ① (= jovially) [laugh, say] gaiement, joyeusement
② (= cheeringly) [burn, boil, bubble, ring] gaiement
③ (* = obliviously, inconsiderately) gaiement ◆ **I was chattering away merrily, without realizing that...** je bavardais gaiement sans me rendre compte que...

**merriment** /ˈmerɪmənt/ SYN N (NonC) gaieté or gaîté f, joie f ; (= laughter) hilarité f ◆ **this remark caused a lot of merriment** cette remarque a provoqué l'hilarité générale

**merry** /ˈmerɪ/ LANGUAGE IN USE 23.2 SYN
ADJ ① (= cheerful) [laughter, mood, face, sound, tune] joyeux ; [eyes] rieur ◆ **Merry Christmas** Joyeux Noël ◆ **a Merry Christmas to all our readers** Joyeux Noël à tous nos lecteurs ◆ **Robin Hood and his merry men** Robin des Bois et ses joyeux compagnons ◆ **to make merry** (liter) se divertir ; → **May, more**
② (pej, iro) ◆ **to go on one's merry way** poursuivre son petit bonhomme de chemin ◆ **to lead sb a merry dance** † (Brit) donner du fil à retordre à qn ; → **hell**
③ (Brit * : euph = tipsy) éméché*, gris * ◆ **to get merry** être éméché * ◆ **"The Merry Wives of Windsor"** (Literat) « Les Joyeuses Commères de Windsor »
COMP **merry-go-round** N (in fairground) manège m ; (fig) tourbillon m

**merrymaker** /ˈmerɪˌmeɪkər/ N fêtard m

**merrymaking** /ˈmerɪˌmeɪkɪŋ/ N (NonC) réjouissances fpl

**mesa** /ˈmeɪsə/ N (US) mesa f, plateau m

**mescal** /meˈskæl/ N (= cactus) peyotl m ; (= alcohol) mescal m, mezcal m

**mescaline** /ˈmeskəlɪn/ N mescaline f

**mesenchyme** /ˈmesəŋˌkaɪm/ N mésenchyme m

**mesentery** /ˈmesəntərɪ/ N (Anat) mésentère m

**mesh** /meʃ/ SYN
N ① [of net, sieve etc] (= space) maille f ; (fig = network) réseau m, rets mpl ; (= net) filet m, filets mpl ◆ **netting with a 5cm mesh** filet m à mailles de 5 cm ◆ **meshes** (= threads) mailles fpl ; [of spider's web] fils mpl , toile f ◆ **a mesh of lies** un tissu de mensonges ◆ **caught in the meshes of the law** pris dans les mailles de la justice ◆ **the mesh(es) of intrigue** le réseau d'intrigues ; → **micromesh stockings**
② (NonC = fabric) tissu m à mailles ◆ **nylon mesh** tulle m de nylon ® ◆ **wire mesh** treillis m , grillage m
③ [of gears etc] engrenage m ◆ **in mesh** en prise
VI [wheels, gears] s'engrener ; [dates, plans] concorder, cadrer ; (fig) [two people, their characters etc] avoir des affinités
VT [+ fish etc] prendre au filet
COMP **mesh bag** N filet m (à provisions)
**mesh stockings** NPL (non-run) bas mpl indémaillables ; (in cabaret, circus etc) bas mpl résille

**meshug(g)a, meshuggah** /mɪˈʃʊgə/ ADJ (US) cinglé*, maboul*

**mesmeric** /mezˈmerɪk/ ADJ (lit, fig) hypnotique, magnétique

**mesmerism** /ˈmezmərɪzəm/ N mesmérisme m

**mesmerize** /ˈmezməraɪz/ SYN VT (lit, fig) hypnotiser, magnétiser ; [snake] fasciner ◆ **I was mesmerized** (fig) je ne pouvais pas détourner mon regard, j'étais comme hypnotisé

**mesoblast** /ˈmesəʊˌblæst/ N mésoblaste m

**mesoblastic** /ˌmesəʊˈblæstɪk/ ADJ mésoblastique

**mesocarp** /ˈmesəʊkɑːp/ N mésocarpe m

**mesoderm** /ˈmesəʊdɜːm/ N (Bio) mésoderme m

**mesodermal** /ˌmesəʊˈdɜːməl/, **mesodermic** /ˌmesəʊˈdɜːmɪk/ ADJ mésodermique

**Mesolithic** /ˌmesəʊˈlɪθɪk/
ADJ mésolithique
N ◆ **the Mesolithic (period)** le Mésolithique

**mesomorph** /ˈmesəʊmɔːf/ N mésomorphe mf

**mesomorphic** /ˌmesəʊˈmɔːfɪk/ ADJ (Chem) mésomorphe

**meson** /ˈmiːzɒn/ N (Phys) méson m

**mesophyte** /ˈmesəʊfaɪt/ N mésophyte f

**Mesopotamia** /ˌmesəpəˈteɪmɪə/ N Mésopotamie f

**Mesopotamian** /ˌmesəpəˈteɪmɪən/ ADJ mésopotamien

## mesosphere | metamorphosis

**mesosphere** /ˈmesəʊˌsfɪəʳ/ N (Phys) mésosphère f

**mesothelioma** /ˈmesəʊθiːlɪˈəʊmə/ N (pl **mesotheliomas** or **mesotheliomata** /ˈmesəʊθiːlɪˈəʊmətə/) (Med) mésothéliome m

**mesotherapy** /ˈmiːzəʊθerəpi/ N mésothérapie f

**mesothorax** /ˌmesəʊˈθɔːræks/ N mésothorax m

**Mesozoic** /ˌmesəʊˈzəʊɪk/ ADJ, N mésozoïque m

**mesquit(e)** /ˈmeskiːt/ N (= tree) prosopis m

**mess** /mes/ SYN

  **N** ① (= confusion of objects etc) pagaille* f, pagaïe* f, fouillis m ; (= dirt) saleté f ; (= muddle) gâchis m ◆ **get this mess cleared up at once!** range-moi ce fouillis tout de suite ! ◆ **the result is a political/legal** etc **mess** politiquement/juridiquement etc on aboutit à un vrai gâchis ◆ **a financial/an administrative mess** une pagaille* financière/administrative ◆ **what a mess it all is!** quel gâchis ! ◆ **this page is a mess, rewrite it** cette page est un vrai torchon, recopiez-la ◆ **you look a mess, you're a mess** tu n'es pas présentable ◆ **he's a mess** (emotionally, psychologically) il est complètement déboussolé* ; (US) (= no use) il n'est bon à rien ◆ **to get (o.s.) out of a mess** se sortir d'un mauvais pas, se dépatouiller* ◆ **to get sb out of a mess** sortir qn d'un mauvais pas

  ◆ **in a mess** (= untidy) la maison était dans un désordre épouvantable ; (= dirty) la maison était d'une saleté épouvantable ; (after bombing etc) la maison était dans un état épouvantable ◆ **the toys were in a mess** les jouets étaient en pagaille* or en désordre ◆ **they left everything in a mess** ils ont tout laissé en désordre ◆ **his face was in a dreadful mess** (after fight, accident etc) il avait le visage dans un état épouvantable ◆ **to be/get (o.s.) in a mess** (fig = difficulties) être/se mettre dans de beaux draps ◆ **his life is in a mess** sa vie est un vrai gâchis

  ◆ **to make a mess** ◆ **she made a mess of her new skirt** (= dirtied it) elle a sali or tout taché sa jupe neuve ; (= damaged it) elle a déchiré sa jupe neuve ◆ **the dog has made a mess of the flowerbeds** le chien a saccagé les plates-bandes ◆ **your boots have made an awful mess on the carpet** tu as fait des saletés sur le tapis avec tes bottes ◆ **the cat has made a mess in the kitchen** (euph) le chat a fait des saletés dans la cuisine ◆ **what a mess they've made!** ils ont mis un de ces pagailles ! ◆ **to make a mess of one's life/career** gâcher sa vie/sa carrière ◆ **to make a mess of things*** tout bousiller*, tout gâcher

  ② (Mil) (= place) mess m, cantine f ; (on ship) carré m, gamelle f ; (= food) ordinaire m, gamelle f ; (= members collectively) mess m

  ③ (= animal food) pâtée f ; (†† = dish) mets m, plat m ◆ **a mess of pottage** (Bible) un plat de lentilles

  **VT** salir, souiller

  **VI** (Mil etc) manger au mess, manger en commun (with avec) ◆ **no messing!*** (fig) sans blague ! *

  COMP **mess deck** N (on ship) poste m d'équipage
  **mess dress, mess gear*** (Brit) N (Mil etc) tenue f de soirée
  **mess hall** N (US) ⇒ **mess room**
  **mess jacket** N (Mil etc) veston m de tenue de soirée ; [of civilian waiter] veste f courte
  **mess kit** N (US) gamelle f ; (Brit *) tenue f de soirée
  **mess mate** N (Mil) camarade mf de mess
  **mess room** N (Mil) mess m ; (on ship) carré m
  **mess tin** N (Mil) gamelle f
  **mess-up*** N gâchis m

▶ **mess about***

  **VI** ① (= play in water, mud) patouiller* ; (= act the fool) faire l'imbécile or le fou ◆ **we were messing about playing with paint** on faisait les fous en jouant avec de la peinture ◆ **stop messing about!** arrête tes bêtises ! ◆ **I love messing about in boats** (= have fun) j'aime (m'amuser à) faire du bateau

  ② (= waste time) gaspiller or perdre son temps ; (= dawdle) lambiner, lanterner ◆ **he was messing about with his friends** il traînait avec ses copains ◆ **what were you doing? — just messing about** que faisais-tu ? — rien de particulier or de spécial

  **VT SEP** (Brit = disturb, upset) [+ person] créer des complications à, embêter* ; [+ plans, arrangements] chambarder*, chambouler* ◆ **stop messing me about** arrête de me traiter par-dessus la jambe * comme ça

▶ **mess about with*** VT FUS ① (= fiddle with) [+ pen etc] s'amuser avec, tripoter

② (= amuse o.s. with) ◆ **they were messing about with a ball** ils s'amusaient à taper dans un ballon

③ ⇒ **mess about** vt sep

④ (sexually) peloter*

▶ **mess around** ⇒ **mess about**

▶ **mess around with*** VT FUS ⇒ **mess about with**

▶ **mess together** VI (Mil etc) manger ensemble au mess ; (* gen) faire popote* ensemble

▶ **mess up**

  **VT SEP** [+ clothes] salir, gâcher ; [+ room] mettre en désordre, semer la pagaille dans* ; [+ hair] ébouriffer ; [+ task, situation, plans, life etc] gâcher ◆ **to mess sb's hair up** décoiffer qn ◆ **that's messed everything up!** ça a tout gâché ! ◆ **to mess sb up*** (fig) (psychologically) perturber or traumatiser qn ; (US = beat up) abîmer le portrait de qn

  **N** ◆ **mess-up*** → **mess**

▶ **mess with*** VT FUS [+ people] se frotter à* ; [+ drugs, drinks etc] toucher à * ◆ **if you mess with me...** (threatening) si tu m'embêtes...

**message** /ˈmesɪdʒ/ LANGUAGE IN USE 27.3 SYN

  **N** ① (= communication) message m ◆ **telephone message** message m téléphonique ◆ **to leave a message (for sb)** laisser un message (pour or à qn) ◆ **would you give him this message?** voudriez-vous lui transmettre ce message ? ◆ **I'll give him the message** je lui ferai la commission ◆ **to send sb a message** envoyer un message à qn ◆ **the President's message to Congress** le message du Président au Congrès ◆ **to send the wrong message** être trompeur or ambigu ◆ **the jury's verdict sends out the wrong message to the community** le verdict du jury est susceptible d'être mal interprété par le public

  ② (= meaning) [of prophet, writer, artist, book etc] message m ◆ **to get the message*** comprendre, saisir* ◆ **to get the** or **one's message across to sb** se faire comprendre de qn ◆ **I get the message!*** (c'est) compris !, je pige ! *

  ③ (Scot = errand) course f, commission f ◆ **to go on a message for sb** faire une course pour qn ◆ **to go for** or **get the messages** faire les courses or les commissions

  **VI** (= send text messages) envoyer des télémessages

  COMP **message bag** N (Scot) sac m à provisions
  **message board** N (Comput) forum m
  **message-boy** N garçon m de courses
  **message switching** N (Comput) commutation f des messages

**messaging** /ˈmesɪdʒɪŋ/ N (Comput) messagerie f

**Messalina** /ˌmesəˈliːnə/ N (Antiq) Messaline f

**messenger** /ˈmesɪndʒəʳ/ SYN

  **N** messager m, -ère f ; (in office) commissionnaire m, coursier m ; (in hotel etc) chasseur m, coursier m ; (Post) (petit) télégraphiste m ; → **king**

  COMP **messenger boy** N garçon m de courses
  **messenger RNA** N (Bio) ARN m messager

**Messiah** /mɪˈsaɪə/ N Messie m

**messiah** /mɪˈsaɪə/ N messie m

**messianic** /ˌmesɪˈænɪk/ ADJ messianique

**messily** /ˈmesɪlɪ/ ADV [play, eat, work] salement, de manière peu soignée ◆ **my parents divorced very messily** le divorce de mes parents a été très pénible or difficile

**Messina** /meˈsiːnə/ N (Geog) Messine f

**Messrs** /ˈmesəz/ NPL (Brit) (abbrev of **Messieurs**) MM., messieurs mpl ◆ **Messrs Smith & Co** MM. Smith & Cie

**messy** /ˈmesɪ/ SYN ADJ ① (= producing mess) [person] désordonné ; [activity, job] salissant ◆ **to be messy** [animal] salir ◆ **to be a messy eater** manger salement

  ② (= dirty) [nappy] sale

  ③ (= untidy) [place, room, desk] en désordre ; [clothes] négligé ; [hair] en bataille ; [work, job] bâclé ; [handwriting] peu soigné

  ④ (= complicated, awkward) [situation, business, compromise] embrouillé ; [process] délicat ; [dispute, relationship, love affair] compliqué ◆ **he had been through a messy divorce** son divorce a été difficile

**mestizo** /mɪˈstiːzəʊ/ N (pl **mestizos** or **mestizoes**) (US) métis(se) m(f) (né d'un parent espagnol ou portugais et d'un parent indien)

---

**Met*** /met/ N ◆ **the Met** ① (US) (abbrev of **Metropolitan Opera Company**) principal opéra de New York

  ② (US) (abbrev of **Metropolitan Museum of Art**) principal musée d'art de New York

  ③ (Brit) (abbrev of **Metropolitan Police**) → **metropolitan**

**met¹** /met/ VB pt, ptp of **meet**

**met²** /met/

  ADJ (Brit) (abbrev of **meteorological**) météo inv

  COMP **the Met Office** N (Brit) ≈ la Météorologie nationale

  **met report** N bulletin m (de la) météo

**metabolic** /ˌmetəˈbɒlɪk/

  ADJ [process, activity] métabolique ; [disorder] du métabolisme

  COMP **metabolic rate** N métabolisme m basal or de base

**metabolically** /ˌmetəˈbɒlɪklɪ/ ADV métaboliquement

**metabolism** /meˈtæbəlɪzəm/ N métabolisme m

**metabolite** /mɪˈtæbəˌlaɪt/ N métabolite m

**metabolize** /meˈtæbəlaɪz/ VT métaboliser

**metacarpal** /ˌmetəˈkɑːpl/ ADJ, N métacarpien m

**metacarpus** /ˌmetəˈkɑːpəs/ N (pl **metacarpi** /ˌmetəˈkɑːpaɪ/) métacarpe m

**metacentre** /ˈmetəˌsentəʳ/ N métacentre m

**metal** /ˈmetl/

  **N** ① (Chem, Miner) métal m

  ② (Brit) (for road) empierrement m, cailloutis m ; (for railway) ballast m

  ③ ⇒ **mettle**

  **VT** ① (= cover with metal) métalliser

  ② (Brit) [+ road] empierrer, caillouter

  COMP de métal, en métal
  **metal detector** N détecteur m de métaux
  **metal fatigue** N fatigue f du métal
  **metal polish** N produit m d'entretien (pour métaux)

**metalanguage** /ˈmetəlæŋgwɪdʒ/ N métalangue f, métalangage m

**metalinguistic** /ˌmetəlɪŋˈgwɪstɪk/ ADJ métalinguistique

**metalinguistics** /ˌmetəlɪŋˈgwɪstɪks/ N (NonC) métalinguistique f

**metallic** /mɪˈtælɪk/ ADJ [object, element, mineral, sound, colour, taste] métallique ; [paint, finish] métallisé ; [dish] en métal ◆ **a metallic blue Ford** une Ford bleu métallisé

**metallographic** /məˌtæləˈgræfɪk/ ADJ métallographique

**metallography** /meˌtæˈlɒgrəfɪ/ N métallographie f

**metalloid** /ˈmetəlɔɪd/ (Chem)

  **N** métalloïde m

  ADJ métalloïdique

**metallophone** /meˈtæləˌfəʊn/ N métallophone m

**metallurgic(al)** /ˌmetəˈlɜːdʒɪk(əl)/ ADJ métallurgique

**metallurgist** /meˈtælədʒɪst/ N métallurgiste m

**metallurgy** /meˈtælədʒɪ/ N métallurgie f

**metalwork** /ˈmetlwɜːk/ N (NonC) ① (= structure, articles) ferronnerie f ; [of car] carrosserie f

  ② (= craft) (also **metalworking**) travail m des métaux

  ③ (Scol) travail m des métaux

**metalworker** /ˈmetlwɜːkəʳ/ N ferronnier m ; (in foundry) (ouvrier m) métallurgiste m

**metamathematics** /ˈmetəˌmæθɪˈmætɪks/ N (NonC) métamathématique f

**metamere** /ˈmetəmɪəʳ/ N métamère m

**metameric** /ˌmetəˈmerɪk/ ADJ métamère

**metamerism** /mɪˈtæməˌrɪzəm/ N (Chem) métamérie f

**metamorphic** /ˌmetəˈmɔːfɪk/ ADJ métamorphique

**metamorphism** /ˌmetəˈmɔːfɪzəm/ N ① (Geol) métamorphisme m

  ② (= metamorphosis) métamorphose f

**metamorphose** /ˌmetəˈmɔːfəʊz/

  **VT** métamorphoser, transformer (into en)

  **VI** se métamorphoser (into en)

**metamorphosis** /ˌmetəˈmɔːfəsɪs/ N (pl **metamorphoses** /ˈmetəˈmɔːfəsiːz/) métamorphose f

♦ **"Metamorphosis"** (Literat) « La Métamorphose »

**metamorphous** /ˌmetəˈmɔːfəs/ ADJ ⇒ **metamorphic**

**metaphor** /ˈmetəfəʳ/ SYN N métaphore f ; → **mix, mixed**

**metaphorical** /ˌmetəˈfɒrɪkəl/ SYN ADJ [language] métaphorique ♦ **to talk** or **speak in metaphorical terms** parler par métaphores ♦ **to express sth in metaphorical terms** exprimer qch en termes métaphoriques

**metaphorically** /ˌmetəˈfɒrɪkəlɪ/ ADV [speak] métaphoriquement ♦ **metaphorically speaking** métaphoriquement

**metaphysical** /ˌmetəˈfɪzɪkəl/ SYN ADJ métaphysique ♦ **the Metaphysical poets** les poètes mpl métaphysiques

**metaphysics** /ˌmetəˈfɪzɪks/ N (NonC) métaphysique f

**metaplasia** /ˌmetəˈpleɪzɪə/ N métaplasie f

**metapsychology** /ˌmetəsaɪˈkɒlədʒɪ/ N métapsychologie f

**metastasis** /mɪˈtæstəsɪs/ N (pl **metastases** /mɪˈtæstəsiːz/) métastase f

**metastasize** /mɪˈtæstəsaɪz/ VI (Med) métastaser

**metatarsal** /ˌmetəˈtɑːsl/ ADJ, N métatarsien m

**metatarsus** /ˌmetəˈtɑːsəs/ N (pl **metatarsi** /ˌmetəˈtɑːsaɪ/) métatarse m

**metathesis** /meˈtæθəsɪs/ N (pl **metatheses** /meˈtæθəsiːz/) métathèse f

**metathorax** /ˌmetəˈθɔːræks/ N métathorax m

**metazoan** /ˌmetəˈzəʊən/ N, ADJ métazoaire m

**mete** /miːt/ SYN VT ♦ **to mete out** [+ punishment] infliger, donner ; [+ reward] décerner ♦ **to mete out justice** rendre la justice

**metempsychosis** /mɪˌtempsɪˈkəʊsɪs/ N métempsycose f

**meteor** /ˈmiːtɪəʳ/
N météore m
COMP **meteor crater** N cratère m météorique **meteor shower** N averse f météorique

**meteoric** /miːtɪˈɒrɪk/ SYN ADJ [1] (= rapid) [career] fulgurant ♦ **his meteoric rise to power/to fame** sa fulgurante ascension au pouvoir/à la célébrité
[2] (Astron) [dust, impact] météorique

**meteorite** /ˈmiːtɪəraɪt/ N météorite m or f

**meteoroid** /ˈmiːtɪərɔɪd/ N (Astron) météoroïde m

**meteorological** /ˌmiːtɪərəˈlɒdʒɪkəl/
ADJ [conditions, data, station, centre] météorologique
COMP **the Meteorological Office** N office météorologique britannique, ≈ la Météorologie nationale

**meteorologically** /ˌmiːtɪərəˈlɒdʒɪklɪ/ ADV météorologiquement

**meteorologist** /ˌmiːtɪəˈrɒlədʒɪst/ N météorologiste mf, météorologue mf

**meteorology** /ˌmiːtɪəˈrɒlədʒɪ/ N météorologie f

**meter** /ˈmiːtəʳ/
N [1] (gen = measuring device) compteur m ♦ **electricity/gas/water meter** compteur m d'électricité/à gaz/à eau ♦ **to turn water/gas/electricity off at the meter** fermer le gaz/le gaz/l'électricité au compteur ; → **light**[1]
[2] (also **parking meter**) parcmètre m
[3] (US) ⇒ **metre**
COMP **meter maid*** N contractuelle f **meter reader** N releveur m de compteurs

**meterage** /ˈmiːtərɪdʒ/ N métrage m

**methacrylic acid** /meθəˈkrɪlɪk/ N acide m méthacrylique

**methadone** /ˈmeθədəʊn/ N méthadone f

**methaemoglobin, methemoglobin** (US) /metˌhiːməˈɡləʊbɪn/ N méthémoglobine f

**methamphetamine** /ˌmeθæmˈfetəmiːn/ N méthamphétamine f

**methane** /ˈmiːθeɪn/ N (also **methane gas**) méthane m

**methanol** /ˈmeθənɒl/ N méthanol m

**methinks** /mɪˈθɪŋks/ (pret **methought**) VB (†† or hum) ce me semble

**methionine** /meˈθaɪənɪːn/ N méthionine f

**method** /ˈmeθəd/ SYN
N [1] (NonC = orderliness) méthode f, ordre m ♦ **lack of method** manque m de méthode

♦ **there's method in his madness** il n'est pas si fou qu'il en a l'air
[2] (= manner, fashion) méthode f ♦ **his method of working** sa méthode de travail ♦ **there are several methods of doing this** il a plusieurs méthodes pour faire cela ♦ **method of assessment** (Scol etc) modalités fpl de contrôle ♦ **teaching methods** la didactique
[3] (Cine, Theat) ♦ **the Method** le système or la méthode de Stanislavski
COMP **method acting** N (Cine, Theat) système m or méthode f de Stanislavski
**method actor, method actress** N (Cine, Theat) adepte mf du système or de la méthode de Stanislavski

**methodical** /mɪˈθɒdɪkəl/ SYN ADJ méthodique

**methodically** /mɪˈθɒdɪklɪ/ ADV méthodiquement

**Methodism** /ˈmeθədɪzəm/ N méthodisme m

**Methodist** /ˈmeθədɪst/ ADJ, N méthodiste mf

**methodological** /ˌmeθədəˈlɒdʒɪkəl/ ADJ méthodologique

**methodologically** /ˌmeθədəˈlɒdʒɪklɪ/ ADV méthodologiquement

**methodology** /ˌmeθəˈdɒlədʒɪ/ N méthodologie f

**methought** †† /mɪˈθɔːt/ VB pret of **methinks**

**meths*** /meθs/ (Brit)
N abbrev of **methylated spirit(s)**
COMP **meths drinker** N alcoolo* mf (qui se soûle à l'alcool à brûler)

**Methuselah** /məˈθuːzələ/ N (Bible) Mathusalem m ♦ **he's as old as Methuselah** il est vieux comme Mathusalem

**methyl** /ˈmeθɪl/ N méthyle m ♦ **methyl acetate/bromide/chloride** acétate m/bromure m/chlorure m de méthyle ♦ **methyl orange** méthylorange m , héliantine f

**methylated spirit(s)** /ˈmeθɪleɪtɪdˈspɪrɪt(s)/ N(PL) alcool m à brûler or dénaturé

**methylene** /ˈmeθɪliːn/ N méthylène m

**meticulous** /mɪˈtɪkjʊləs/ SYN ADJ méticuleux ♦ **to be meticulous about sth** apporter un soin méticuleux à qch ♦ **meticulous attention to detail** souci m minutieux du détail

**meticulously** /mɪˈtɪkjʊləslɪ/ ADV méticuleusement ♦ **to be meticulously clean** être d'une propreté méticuleuse ♦ **meticulously precise** d'une exactitude scrupuleuse

**meticulousness** /mɪˈtɪkjʊləsnɪs/ N soin m méticuleux

**métier** /ˈmeɪtɪeɪ/ SYN N [1] (= calling) métier m
[2] (= strong point) point m fort

**metol** /ˈmiːtɒl/ N (Phot) métol ® m

**metonymy** /mɪˈtɒnɪmɪ/ N métonymie f

**metope** /ˈmetəʊp/ N métope f

**metre** /ˈmiːtəʳ/ N (Measure, Poetry) mètre m ; (Mus) mesure f

**metric** /ˈmetrɪk/
ADJ [measurement, weights and measures] du système métrique ; [equivalent, size] dans le système métrique ♦ **Britain went metric*** **in 1971** la Grande-Bretagne a adopté le système métrique en 1971
COMP **the metric system** N le système métrique **metric ton, metric tonne** N tonne f

**metrical** /ˈmetrɪkəl/
ADJ (Literat, Mus) métrique
COMP **metrical psalm** N psaume m versifié

**metricate** /ˈmetrɪkeɪt/ VT convertir au système métrique

**metrication** /ˌmetrɪˈkeɪʃən/ N conversion f au or adoption f du système métrique

**metrics** /ˈmetrɪks/ N (NonC) métrique f

**metrist** /ˈmetrɪst/ N métricien(ne) m(f)

**metro** /ˈmetrəʊ/ N métro m

**metrological** /ˌmetrəˈlɒdʒɪkəl/ ADJ métrologique

**metrology** /mɪˈtrɒlədʒɪ/ N métrologie f

**metronome** /ˈmetrənəʊm/ N métronome m

**metronomic** /ˌmetrəˈnɒmɪk/ ADJ métronomique

**metronymic** /ˌmetrəʊˈnɪmɪk/
ADJ matronymique
N matronyme m

**metropolis** /mɪˈtrɒpəlɪs/ SYN N (pl **metropolises**) métropole f (ville)

**metropolitan** /ˌmetrəˈpɒlɪtən/
ADJ (Geog, Rel) métropolitain

N (Rel) métropolitain m ; (in Orthodox Church) métropolite m
COMP **the Metropolitan Police** N (Brit) la police de Londres

**metrorrhagia** /ˌmetrɔːˈreɪdʒɪə/ N (Med) métrorragie f

**metrosexual** /ˌmetrəˈseksjʊəl/ ADJ, N métrosexuel(le) m(f)

**mettle** /ˈmetl/ N [of person] courage m ; [of horse] fougue f ♦ **to be on one's mettle** être prêt à donner le meilleur de soi-même ♦ **to prove** or **show one's mettle** montrer de quoi on est capable, faire ses preuves ♦ **to test sb's mettle** mettre qn à l'épreuve ♦ **to be a test of sb's mettle** être un test pour qn

**mettlesome** /ˈmetlsəm/ ADJ ardent, fougueux

**mew**[1] /mjuː/
N [of cat etc] (also **mewing**) miaulement m
VI miauler

**mew**[2] /mjuː/ N (= bird) mouette f

**mewl** /mjuːl/ VI vagir

**mews** /mjuːz/ (Brit)
N [1] (= small street) ruelle f, venelle f
[2] (= stables) écuries fpl
COMP **mews flat** N petit appartement aménagé dans une ancienne écurie, remise etc

**Mexican** /ˈmeksɪkən/
ADJ (gen) mexicain ; [ambassador, embassy] du Mexique
N Mexicain(e) m(f)
COMP **Mexican jumping bean** N fève f sauteuse **Mexican standoff** N (US fig) impasse f **the Mexican War** (Hist) la guerre du Mexique **Mexican wave** N hola f (vague déferlante produite dans un stade par les spectateurs qui se lèvent tour à tour)

**Mexico** /ˈmeksɪkəʊ/
N Mexique m ♦ **in Mexico** au Mexique
COMP **Mexico City** N Mexico

**mezcaline** /ˈmezkəlɪn/ N mescaline f

**mezzanine** /ˈmezəniːn/ N [1] (= floor) entresol m
[2] (Theat) (Brit) dessous m de scène ; (US) mezzanine f, corbeille f

**mezzo(-soprano)** /ˈmetsəʊ(səˈprɑːnəʊ)/ N (= voice) mezzo-soprano m ; (= singer) mezzo(-soprano) f

**mezzotint** /ˈmetsəʊtɪnt/ N mezzo-tinto m inv

**MF** /emˈef/ N (abbrev of **medium frequency**) OM

**MFA** /ˌemefˈeɪ/ N (US Univ) (abbrev of **Master of Fine Arts**) diplôme des beaux-arts

**mfd** (abbrev of **manufactured**) fabr

**mfg** (abbrev of **manufacturing**) fabr

**MFH** /ˌemefˈeɪtʃ/ N (Brit) (abbrev of **Master of Foxhounds**) → **master**

**mfrs.** (abbrev of **manufacturers**) → **manufacturer**

**mg** (abbrev of **milligram(s)**) mg

**Mgr** abbrev of **Monseigneur** or **Monsignor**

**mgr** abbrev of **manager**

**MHR** /ˌemeɪtʃˈɑːʳ/ N (in US) (abbrev of **Member of the House of Representatives**) ≈ député m

**MHz** (abbrev of **megahertz**) MHz

**MI** N [1] abbrev of **Michigan**
[2] (abbrev of **machine intelligence**) IA f

**mi** /miː/ N (Mus) mi m

**MI5** /ˌemaɪˈfaɪv/ N (Brit) (abbrev of **Military Intelligence 5**) service britannique chargé de la surveillance du territoire, ≈ DST f

**MI6** /ˌemaɪˈsɪks/ N (Brit) (abbrev of **Military Intelligence 6**) services britanniques d'espionnage et de contre-espionnage, ≈ DGSE f

**MIA** /ˌemaɪˈeɪ/ N (Mil) (abbrev of **missing in action**) → **missing**

**miaow** /miːˈaʊ/
N miaulement m, miaou ♦ **miaow!** miaou !
VI miauler

**miasma** /mɪˈæzmə/ N (pl **miasmas** or **miasmata** /mɪˈæzmətə/) miasme m

**mica** /ˈmaɪkə/
N mica m
COMP **mica-schist** N micaschiste m

**mice** /maɪs/ NPL of **mouse**

**micelle** /mɪˈsel/ N (Chem) micelle f

**Mich.** abbrev of **Michigan**

**Michael** /ˈmaɪkl/ N Michel m

## Michaelmas | mid

**Michaelmas** /ˈmɪklməs/
**N** (also **Michaelmas Day**) la Saint-Michel
**COMP Michaelmas daisy N** aster m d'automne ◆ **Michaelmas term N** (Brit Jur, Univ) trimestre m d'automne

**Michelangelo** /ˌmaɪkəlˈændʒɪləʊ/ **N** Michel-Ange m

**Michigan** /ˈmɪʃɪɡən/ **N** Michigan m ◆ **in Michigan** dans le Michigan ◆ **Lake Michigan** le lac Michigan

**Mick** / mɪk / **N** 1 (dim of **Michael**)
2 (※ pej) Irlandais m
3 (Brit) ◆ **to take the Mick**※ se moquer ◆ **to take the Mick out of sb**※ se payer la tête de qn

**Mickey** /ˈmɪkɪ/
**N** dim of **Michael**
**COMP Mickey Finn N** boisson f droguée ◆ **Mickey Mouse N** (= cartoon character) Mickey m **ADJ** (※ pej : also **mickey-mouse**) [car, penknife, regulations] à la noix※ ; [job, courses] pas sérieux, enfantin ; [degree] sans valeur, à la noix※

**mickey** /ˈmɪkɪ/
**N** (Brit) ◆ **to take the mickey**※ **out of sb** se payer la tête de qn ◆ **he's always taking the mickey**※ il n'arrête pas de se payer la tête des gens
**COMP mickey finn N** ⇒ **Mickey Finn** ; → **Mickey** ◆ **mickey-mouse ADJ** → **Mickey**

**micra** /ˈmaɪkrə/ **NPL** of **micron**

**micro**※ /ˈmaɪkrəʊ/ **N** abbrev of **microcomputer**

**microanalysis** /ˌmaɪkrəʊəˈnælɪsɪs/ **N** microanalyse f

**microanalytical** /ˈmaɪkrəʊˌænəˈlɪtɪkl/ **ADJ** microanalytique

**microbe** /ˈmaɪkrəʊb/ **SYN N** microbe m

**microbial** /maɪˈkrəʊbɪəl/, **microbian** /maɪˈkrəʊbɪən/, **microbic** /maɪˈkrəʊbɪk/ **ADJ** microbien

**microbiological** /ˌmaɪkrəʊbaɪəˈlɒdʒɪkəl/ **ADJ** microbiologique

**microbiologist** /ˌmaɪkrəʊbaɪˈɒlədʒɪst/ **N** microbiologiste mf

**microbiology** /ˌmaɪkrəʊbaɪˈɒlədʒɪ/ **N** microbiologie f

**micro-brewery, microbrewery** /ˈmaɪkrəʊˌbruːərɪ/ **N** microbrasserie f

**microbus** /ˈmaɪkrəʊˌbʌs/ **N** (US) microbus m

**microcapsule** /ˈmaɪkrəʊˌkæpsjʊl/ **N** microcapsule f

**microcassette** /ˈmaɪkrəʊkəˈset/ **N** microcassette f

**microcephalic** /ˌmaɪkrəʊsɪˈfælɪk/ **ADJ** microcéphale

**microcephaly** /ˌmaɪkrəʊˈsefəlɪ/ **N** microcéphalie f

**microchemistry** /ˌmaɪkrəʊˈkemɪstrɪ/ **N** microchimie f

**microchip** /ˈmaɪkrəʊˌtʃɪp/
**N** puce f (électronique)
**VT** [+ dog, cat etc] implanter or mettre une micropuce à

**microcircuit** /ˈmaɪkrəʊˌsɜːkɪt/ **N** microcircuit m

**microcircuitry** /ˈmaɪkrəʊˈsɜːkətrɪ/ **N** microcircuit m

**microclimate** /ˈmaɪkrəʊˌklaɪmɪt/ **N** microclimat m

**micrococcus** /ˌmaɪkrəʊˈkɒkəs/ **N** micrococque m

**microcomputer** /ˈmaɪkrəʊkəmˈpjuːtəʳ/ **N** micro-ordinateur m

**microcomputing** /ˈmaɪkrəʊkəmˈpjuːtɪŋ/ **N** micro-informatique f

**microcopy** /ˈmaɪkrəʊˌkɒpɪ/
**N** microcopie f
**VT** microcopier

**microcosm** /ˈmaɪkrəʊˌkɒzəm/ **N** microcosme m ◆ **a microcosm of...** un microcosme de... ◆ **in microcosm** en microcosme

**microcosmic** /ˌmaɪkrəʊˈkɒzmɪk/ **ADJ** microcosmique

**microcredit** /ˈmaɪkrəʊˌkredɪt/ **N** microcrédit m

**microcrystal** /ˈmaɪkrəʊˌkrɪstəl/ **N** microcristal m

**microcrystalline** /ˌmaɪkrəʊˈkrɪstəˌlaɪn/ **ADJ** microcristallin

**microculture** /ˈmaɪkrəʊˌkʌltʃəʳ/ **N** microculture f

**microdissection** /ˌmaɪkrəʊdɪˈsekʃən/ **N** microdissection f

**microdot** /ˈmaɪkrəʊˌdɒt/ **N** microcopie f

**microeconomic** /ˌmaɪkrəʊˌiːkəˈnɒmɪk/ **ADJ** microéconomique

**microeconomics** /ˌmaɪkrəʊˌiːkəˈnɒmɪks/ **N** (NonC) microéconomie f

**microelectrode** /ˌmaɪkrəʊɪˈlektrəʊd/ **N** microélectrode f

**microelectronic** /ˌmaɪkrəʊɪlekˈtrɒnɪk/ **ADJ** microélectronique

**microelectronically** /ˌmaɪkrəʊɪlekˈtrɒnɪklɪ/ **ADV** microélectroniquement

**microelectronics** /ˌmaɪkrəʊɪlekˈtrɒnɪks/ **N** (NonC) microélectronique f

**microenvironment** /ˌmaɪkrəʊɪnˈvaɪərənmənt/ **N** microenvironnement m

**microfauna** /ˈmaɪkrəʊˌfɔːnə/ **N** microfaune f

**microfibre** (Brit), **microfiber** (US) /ˈmaɪkrəʊˌfaɪbəʳ/ **N** microfibre f

**microfiche** /ˈmaɪkrəʊˌfiːʃ/
**N** microfiche f
**COMP microfiche reader N** microlecteur m (pour microfiches)

**microfilm** /ˈmaɪkrəʊˌfɪlm/
**N** microfilm m
**VT** microfilmer
**COMP microfilm reader N** microlecteur m

**microflora** /ˈmaɪkrəʊˌflɔːrə/ **N** microflore f

**microform** /ˈmaɪkrəʊˌfɔːm/ **N** microforme f

**microgram** /ˈmaɪkrəʊˌɡræm/ **N** microgramme m

**micrographic** /ˌmaɪkrəʊˈɡræfɪk/ **ADJ** micrographique

**micrographically** /ˌmaɪkrəʊˈɡræfɪklɪ/ **ADV** micrographiquement

**micrographics** /ˌmaɪkrəʊˈɡræfɪks/ **N** (NonC) micrographie f

**micrography** /maɪˈkrɒɡrəfɪ/ **N** micrographie f

**microgravity** /ˈmaɪkrəʊˌɡrævɪtɪ/ **N** (Phys) microgravité f

**microgroove** /ˈmaɪkrəʊˌɡruːv/ **N** microsillon m

**microhabitat** /ˈmaɪkrəʊˌhæbɪtæt/ **N** microhabitat m

**microlight** /ˈmaɪkrəʊˌlaɪt/ **N** (= aircraft) ULM m, ultra-léger-motorisé m

**microlinguistics** /ˈmaɪkrəʊlɪŋˈɡwɪstɪks/ **N** (NonC) microlinguistique f

**microlith** /ˈmaɪkrəʊˌlɪθ/ **N** (Archeol) microlithe m

**microlitre, microliter** (US) /ˈmaɪkrəʊˌliːtəʳ/ **N** microlitre m

**micromesh stockings** /ˈmaɪkrəʊmeʃˈstɒkɪŋz/ **NPL** bas mpl superfins

**micrometeorite** /ˌmaɪkrəʊˈmiːtɪəˌraɪt/ **N** micrométéorite f or m

**micrometeorologist** /ˌmaɪkrəʊmiːtɪəˈrɒlədʒɪst/ **N** micrométéorologue mf

**micrometeorology** /ˌmaɪkrəʊmiːtɪəˈrɒlədʒɪ/ **N** micrométéorologie f

**micrometer** /maɪˈkrɒmɪtəʳ/ **N** 1 (= instrument) palmer m
2 (US = unit) micromètre m

**micrometry** /maɪˈkrɒmɪtrɪ/ **N** micrométrie f

**microminiature** /ˌmaɪkrəʊˈmɪnɪtʃəʳ/ **N** microminiature f

**microminiaturization** /ˌmaɪkrəʊˌmɪnɪtʃəraɪˈzeɪʃən/ **N** microminiaturisation f

**microminiaturize** /ˌmaɪkrəʊˈmɪnɪtʃəˌraɪz/ **VT** microminiaturiser

**micron** /ˈmaɪkrɒn/ **N** (pl **microns** or **micra** /ˈmaɪkrə/) micron m

**Micronesia** /ˌmaɪkrəʊˈniːzɪə/ **N** (Geog) Micronésie f

**Micronesian** /ˌmaɪkrəʊˈniːzɪən/
**ADJ** micronésien
**N** 1 Micronésien(ne) m(f)
2 (= language) micronésien m

**microorganism** /ˌmaɪkrəʊˈɔːɡəˌnɪzəm/ **N** microorganisme m

**microphone** /ˈmaɪkrəˌfəʊn/ **N** microphone m

**microphotograph** /ˌmaɪkrəʊˈfəʊtəˌɡrɑːf/
**N** microphotographie f
**VT** microphotographier

**microphotographic** /ˌmaɪkrəʊˌfəʊtəˈɡræfɪk/ **ADJ** microphotographique

**microphotography** /ˌmaɪkrəʊfəˈtɒɡrəfɪ/ **N** microphotographie f

**microphotometer** /ˌmaɪkrəʊfəˈtɒmɪtəʳ/ **N** microphotomètre m

**microphotometric** /ˌmaɪkrəʊfəʊtəˈmetrɪk/ **ADJ** microphotométrique

**microphotometry** /ˌmaɪkrəʊfəˈtɒmɪtrɪ/ **N** microphotométrie f

**microphysical** /ˌmaɪkrəʊˈfɪzɪkəl/ **ADJ** microphysique

**microphysicist** /ˌmaɪkrəʊˈfɪzɪsɪst/ **N** microphysicien(ne) m(f)

**microphysics** /ˌmaɪkrəʊˈfɪzɪks/ **N** (NonC) microphysique f

**microprint** /ˈmaɪkrəʊˌprɪnt/ **N** (= copy) micrographie f

**microprism** /ˈmaɪkrəʊˌprɪzəm/ **N** microprisme m

**microprobe** /ˈmaɪkrəʊˌprəʊb/ **N** microsonde f

**microprocessor** /ˌmaɪkrəʊˈprəʊsesəʳ/ **N** microprocesseur m

**microprogram** /ˌmaɪkrəʊˈprəʊɡræm/ **N** microprogramme m

**microprogramming** /ˌmaɪkrəʊˈprəʊɡræmɪŋ/ **N** (Comput) microprogrammation f

**micropyle** /ˈmaɪkrəʊˌpaɪl/ **N** micropyle m

**microreader** /ˈmaɪkrəʊˌriːdəʳ/ **N** lecteur m de microforme, microlecteur m

**microreproduction** /ˌmaɪkrəʊˌriːprəˈdʌkʃən/ **N** microreproduction f

**micro-scooter** /ˈmaɪkrəʊˌskuːtəʳ/ **N** trottinette f

**microscope** /ˈmaɪkrəʊˌskəʊp/ **N** microscope m ◆ **under the microscope** au microscope

**microscopic** /ˌmaɪkrəˈskɒpɪk/ **SYN ADJ** 1 (= visible with, using microscope) [cell, fibre, particle, organism] microscopique ; [examination, analysis] au microscope ◆ **microscopic section** coupe f histologique
2 (= minute) [amount] minuscule ; [writing] microscopique, minuscule ◆ **to be microscopic in size** être d'une taille microscopique or minuscule
3 (= meticulous) ◆ **with microscopic care** avec un soin minutieux ◆ **with microscopic precision** avec une précision minutieuse

**microscopical** /ˌmaɪkrəˈskɒpɪkəl/ **ADJ** ⇒ **microscopic**

**microscopically** /ˌmaɪkrəˈskɒpɪklɪ/ **ADV**
1 (= with microscope) [examine, detect] au microscope
2 (= minutely) ◆ **microscopically small** microscopique

**microscopy** /maɪˈkrɒskəpɪ/ **N** microscopie f

**microsecond** /ˈmaɪkrəʊˌsekənd/ **N** microseconde f

**microsporangium** /ˌmaɪkrəʊspɔːˈrændʒɪəm/ **N** microsporange m

**microspore** /ˈmaɪkrəʊˌspɔːʳ/ **N** microspore f

**microstructural** /ˌmaɪkrəʊˈstrʌktʃərəl/ **ADJ** microstructurel

**microstructure** /ˈmaɪkrəʊˌstrʌktʃəʳ/ **N** microstructure f

**microsurgery** /ˌmaɪkrəʊˈsɜːdʒərɪ/ **N** microchirurgie f

**microsurgical** /ˌmaɪkrəʊˈsɜːdʒɪkəl/ **ADJ** microchirurgical

**microtome** /ˈmaɪkrəʊˌtəʊm/ **N** microtome m

**microtransmitter** /ˌmaɪkrəʊtrænzˈmɪtəʳ/ **N** micro-émetteur m

**microtubule** /ˌmaɪkrəʊˈtjuːbjuːl/ **N** microtubule m

**microvolt** /ˈmaɪkrəʊˌvəʊlt/ **N** microvolt m

**microwatt** /ˈmaɪkrəʊˌwɒt/ **N** microwatt m

**microwave** /ˈmaɪkrəʊˌweɪv/
**N** 1 (Phys, Rad) micro-onde f
2 (also **microwave oven**) (four m à) micro-ondes m
**VT** faire cuire au micro-ondes
**COMP microwave spectroscopy N** spectroscopie f à ondes courtes

**microwaveable** /ˌmaɪkrəʊˈweɪvəbl/ **ADJ** que l'on peut faire cuire au micro-ondes

**micturate** /ˈmɪktjʊəreɪt/ **VI** uriner

**micturition** /ˌmɪktjʊəˈrɪʃən/ **N** miction f

**mid**[1] /mɪd/
**PREF** ◆ **mid May** la mi-mai ◆ **in mid May** à la mi-mai, au milieu (du mois) de mai ◆ **mid morning** au milieu de la matinée ◆ **mid-morning coffee break** pause-café f du matin ◆ **to take a**

**mid-career break** interrompre sa carrière ◆ **in mid course** à mi-course ◆ **in mid ocean** en plein océan, au milieu de l'océan ◆ **in mid Atlantic** en plein Atlantique, au milieu de l'Atlantique ◆ **a mid-Channel collision** une collision au milieu de la Manche ◆ **in mid discussion** etc au beau milieu de la discussion etc ◆ **she's in her mid forties** elle a dans les quarante-cinq ans ◆ **Mid Wales** la région centrale du pays de Galles ; → **midday, midstream, midterm, mid-Victorian**

**COMP** **mid heavyweight** N (Wrestling) lourd-léger m

**mid²** /mɪd/ **PREP** (liter) ⇒ **amid**

**midair** /ˌmɪdˈɛəʳ/

**N** (lit) ◆ **in midair** en plein ciel ◆ **to leave sth in midair** laisser qch en suspens
**ADJ** [collision etc] en plein ciel

**Midas** /ˈmaɪdəs/ N Midas m ◆ **to have the Midas touch** avoir le don de tout transformer en or

**mid-Atlantic** /ˌmɪdətˈlæntɪk/ **ADJ** [accent] mi-britannique, mi-américain

**midbrain** /ˈmɪdˌbreɪn/ N mésencéphale m

**midday** /ˌmɪdˈdeɪ/ **SYN**
**N** midi m ◆ **at midday** à midi
**COMP** /ˈmɪddeɪ/ [sun, heat] de midi

**midden** /ˈmɪdn/ N (= dunghill) fumier m ; (= refuse-heap) tas m d'ordures ◆ **this place is (like) a midden!*** c'est une vraie écurie or porcherie ici !, on se croirait dans une écurie or porcherie ici !

**middie** /ˈmɪdɪ/ N ⇒ **middy**

**middle** /ˈmɪdl/ **SYN**
**ADJ** [chair, period etc] du milieu ◆ **the middle button of his jacket** le bouton du milieu de sa veste ◆ **she's in her middle forties** elle a dans les quarante-cinq ans ◆ **the middle way** (fig) (= compromise) la solution intermédiaire ; (= happy medium) le juste milieu ◆ **to take the middle course** choisir le moyen terme or la solution intermédiaire ◆ **he was of (less than) middle height** il était d'une taille (inférieure à la) moyenne ◆ **I'm the middle child of three*** je suis la deuxième de trois enfants ◆ **the middle fortnight in May** les deuxième et troisième semaines de mai ; see also **comp**

**N** 1 milieu m ◆ **in the middle of the morning/year/century** au milieu de la matinée/de l'année/du siècle ◆ **in the middle of the room** au milieu de la pièce ◆ **in the very middle (of...), right in the middle (of...)** au beau milieu (de...) ◆ **to cut sth down the middle** couper qch en deux ◆ **the bullet hit him in the middle of his chest** le coup de feu l'a atteint en pleine poitrine ◆ **in the middle of June** au milieu (du mois) de juin, à la mi-juin ◆ **by the middle of the 19th century** vers le milieu du 19ᵉ siècle ◆ **they are all due to leave by the middle of next year** ils doivent tous partir d'ici le milieu de l'année prochaine ◆ **it's in the middle of nowhere*** c'est dans un bled perdu* or en pleine brousse* ◆ **a village in the middle of nowhere*** un petit trou perdu* ◆ **I was in the middle of my work** j'étais en plein travail ◆ **I'm in the middle of reading it** je suis justement en train de le lire ; → **split**

2 (* = waist) taille f ◆ **he wore it round his middle** il le portait à la taille or autour de la taille ◆ **in the water up to his middle** dans l'eau jusqu'à la taille

**COMP** **middle age** N ≈ la cinquantaine ◆ **he's reached middle age** il a la cinquantaine ◆ **during his middle age** lorsqu'il avait la cinquantaine
**middle-aged ADJ** [person] d'âge moyen ; [outlook, attitude] vieux jeu inv ◆ **the middle-aged** les gens d'âge moyen
**the Middle Ages NPL** le Moyen Âge or moyen âge
**middle-age spread** N embonpoint m (que l'on prend avec l'âge)
**Middle America** N les Américains mpl moyens
**Middle American** N (Geog) Américain(e) m(f) du Middle-West ; (fig) américain(e) m(f) moyen(ne) **ADJ** (Geog) du Middle-West ; (fig) de l'américain moyen
**middle C** N (Mus) do m du milieu du piano
**middle class** N ◆ **the middle class(es)** les classes fpl moyennes, la classe moyenne
**middle-class ADJ** des classes moyennes
**middle distance** N ◆ **in the middle distance** (Art etc) au second plan ; (gen) à mi-distance
**middle-distance race** N (Sport) course f de demi-fond
**middle-distance runner** N (Sport) coureur m, -euse f de demi-fond
**middle ear** N (Anat) oreille f moyenne
**Middle East** N Moyen-Orient m
**Middle Eastern ADJ** du Moyen-Orient
**Middle England** N (fig) l'Angleterre f moyenne
**Middle English** N (= language) moyen anglais m
**middle finger** N majeur m, médius m
**Middle French** N (= language) moyen français m
**middle game** N (Chess) milieu m de partie
**middle-grade manager** N (US) cadre m moyen
**middle ground** N terrain m d'entente
**Middle High German** N (= language) moyen haut allemand m
**the Middle Kingdom** N (Hist) (of Egypt) le Moyen Empire ; (of China) l'Empire m du Milieu
**middle management** N (NonC) cadres mpl moyens ◆ **to be in middle management** être cadre moyen
**middle manager** N cadre m moyen
**middle name** N deuxième prénom m ◆ **discretion is my middle name** la discrétion est ma plus grande vertu or qualité
**middle-of-the-road ADJ** (fig) [politics, approach, group] modéré, centriste ; [solution] moyen, du juste milieu ; [music] grand public inv ; [fashion] passe-partout inv
**middle-of-the-roader** N modéré(e) m(f), centriste mf, partisan(e) m(f) du juste milieu
**middle school** N ≈ premier cycle m du secondaire
**middle-sized ADJ** [tree, building] de grandeur moyenne ; [parcel] de grosseur moyenne ; [person] de taille moyenne
**middle voice** N (Ling) voix f moyenne
**the Middle West** N (US) le Middle West, le Midwest

**middlebrow*** /ˈmɪdlbraʊ/
**N** personne f sans grandes prétentions intellectuelles
**ADJ** intellectuellement moyen

**middleman** /ˈmɪdlmæn/ **SYN** N (pl **-men**) (gen) intermédiaire m ; (Comm) intermédiaire m, revendeur m ◆ **to cut out the middleman** se passer d'intermédiaire

**middlemost** /ˈmɪdlməʊst/ **ADJ** ⇒ **midmost**

**middleweight** /ˈmɪdlweɪt/ (Boxing)
**N** (poids m) moyen m
**ADJ** [championship, boxer] de poids moyen

**middling*** /ˈmɪdlɪŋ/ **SYN**
**ADJ** [performance, result] moyen, passable ; [success] moyen ◆ **business is only middling** les affaires vont comme ci comme ça or moyennement ◆ **how are you? – middling** comment ça va ? – couci-couça* ; → **fair¹**
**ADV** * assez, moyennement ◆ **middling well** assez bien ◆ **middling big** assez grand

**Middx** abbrev of **Middlesex**

**middy*** /ˈmɪdɪ/ N (abbrev of **midshipman**) midship* m

**Mideast** /mɪdˈiːst/ (US)
**N** ◆ **the Mideast** le Moyen-Orient
**ADJ** du Moyen-Orient

**midfield** /ˈmɪdfiːld/ N (Football = place, player) milieu m de terrain

**midfielder** /mɪdˈfiːldəʳ/ N (Football) milieu m de terrain

**midge** /mɪdʒ/ N moucheron m

**midget** /ˈmɪdʒɪt/ **SYN**
**N** nain(e) m(f) ; (fig) puce f
**ADJ** minuscule

**MIDI** /ˈmɪdɪ/ abbrev of **musical instrument digital interface**
**N** interface f MIDI
**ADJ** MIDI inv
**COMP** **MIDI system** N chaîne f (hi-fi) midi

**midi** /ˈmɪdɪ/ N (= skirt) jupe f mi-longue

**midiron** /ˈmɪdaɪən/ N (Golf) midiron m, fer m n° 2

**midland** /ˈmɪdlənd/
**N** (Brit Geog) ◆ **the Midlands** les Midlands (les comtés du centre de l'Angleterre)
**COMP** du centre (du pays)
**midland regions NPL** régions fpl centrales (de l'Angleterre)

**midlife** /ˈmɪdlaɪf/
**ADJ** de la cinquantaine
**ADV** autour de la cinquantaine
**N** ◆ **in midlife** autour de la cinquantaine
**COMP** **midlife crisis** N crise f de la cinquantaine

**midmost** /ˈmɪdməʊst/ **ADJ** le plus proche du milieu or centre

**midnight** /ˈmɪdnaɪt/ **SYN**
**N** minuit m ◆ **at midnight** à minuit
**COMP** de minuit
**midnight blue** N bleu m nuit
**midnight-blue ADJ** bleu nuit inv
**midnight oil** N ◆ **to burn the midnight oil** travailler très tard dans la nuit ◆ **his essay smells of the midnight oil*** on dirait qu'il a passé la moitié de la nuit sur sa dissertation
**midnight sun** N soleil m de minuit

**midpoint** /ˈmɪdpɔɪnt/ N milieu m ◆ **at midpoint** à mi-course, à mi-parcours

**mid-price** /ˌmɪdpraɪs/ **ADJ** milieu de gamme inv

**mid-range** /mɪdˈreɪndʒ/ **ADJ** [product, car] de milieu de gamme ; [hotel, restaurant] à prix modérés

**midriff** /ˈmɪdrɪf/ N [of person] ventre m ; [of dress] taille f ◆ **dress with a bare midriff** robe f découpée à la taille, robe f (deux-pièces) laissant voir le ventre

**mid-season**
**N** mi-saison f, milieu m de saison
**ADJ** de mi-saison, de milieu de saison

**mid-sentence** /ˌmɪdˈsentəns/ N ◆ **in mid-sentence** au beau milieu d'une phrase

**midshipman** /ˈmɪdʃɪpmən/ N (pl **-men**) midshipman m, ≈ enseigne m de vaisseau de deuxième classe, ≈ aspirant m

**midships** /ˈmɪdʃɪps/ **ADV** ⇒ **amidships**

**midsize** /ˈmɪdˌsaɪz/ **ADJ** de taille moyenne

**midst** /mɪdst/ **SYN**
**N** ◆ **in the midst of** (= in the middle of) au milieu de ; (= surrounded by) entouré de ; (= among) parmi ; (= during) pendant, au milieu de ◆ **we are in the midst of an economic crisis** nous sommes en pleine crise économique ◆ **he's in the midst of revising for his exams** il est en plein dans ses révisions ◆ **in our midst** parmi nous ◆ **in the midst of plenty** (liter) dans l'abondance ◆ **in the midst of life** au milieu de la vie
**PREP** (liter) ⇒ **amidst**

**midstream** /ˈmɪdstriːm/
**N** ◆ **in midstream** (lit) au milieu du courant ; (fig) en plein milieu ; (when speaking) au beau milieu d'une phrase ◆ **to change course in midstream** (fig) changer d'avis en cours de route or à mi-parcours ; (Sport) changer de tactique en milieu de match ; → **horse**
**ADV** ⇒ **in midstream** noun

**midsummer** /ˈmɪdˌsʌməʳ/
**N** (= height of summer) milieu m or cœur m de l'été ; (= solstice) solstice m d'été ◆ **in midsummer** au cœur du l'été, au milieu de l'été ◆ **at midsummer** à la Saint-Jean ◆ **"A Midsummer Night's Dream"** (Literat) « le Songe d'une nuit d'été »
**COMP** [heat, weather, storm etc] estival, de plein été
**Midsummer Day** N la Saint-Jean
**midsummer madness** N ◆ **it's midsummer madness** c'est de la folie pure

**midterm** /ˈmɪdtɜːm/
**N** 1 le milieu du trimestre
2 (also **midterm holiday**) ≈ vacances fpl de (la) Toussaint (or de février or de Pentecôte)
**COMP** **midterm elections NPL** ≈ élections fpl législatives (intervenant au milieu du mandat présidentiel)
**midterm exams NPL** examens mpl de milieu de trimestre

**mid-term** /mɪdˈtɜːm/ **ADJ** ◆ **mid-term blues** (Brit Pol) désenchantement de l'électorat en milieu de mandat

**midtown** /ˈmɪdtaʊn/ (US)
**N** centre-ville m
**ADJ** du centre-ville

**mid-Victorian** /ˈmɪdvɪkˈtɔːrɪən/ **ADJ** (Brit) du milieu de l'époque victorienne

**midway** /ˌmɪdˈweɪ/ **SYN**
**ADJ** [place] (situé) à mi-chemin
**ADV** [stop, pause] à mi-chemin, à mi-route ◆ **midway between** à mi-chemin entre
**N** (US : in fair) emplacement m d'attractions foraines

**midweek** /ˌmɪdˈwiːk/
**ADJ** [flight, performance, match] en milieu de semaine ◆ **midweek return (ticket)** (= train ticket) (billet m) aller et retour m en semaine (meilleur marché)
**ADV** en milieu de semaine

**Midwest** /ˌmɪd'west/ **N** *(in US)* ◆ **the Midwest** le Middle West, le Midwest

**Midwestern** /ˌmɪd'westən/ **ADJ** du Middle West, du Midwest

**Midwesterner** /mɪd'westənəʳ/ **N** natif *m*, -ive *f or* habitant(e) *m(f)* du Middle West

**midwife** /'mɪdwaɪf/

**N** (pl **-wives**) sage-femme *f*, maïeuticien *m*

**COMP** **midwife toad N** alyte *m*, crapaud *m* accoucheur

**midwifery** /'mɪdwɪfərɪ/ **N** *(NonC = profession)* profession *f* de sage-femme ◆ **she's studying midwifery** elle fait des études de sage-femme

**midwinter** /ˌmɪd'wɪntəʳ/

**N** *(= heart of winter)* milieu *m or* fort *m* de l'hiver ; *(= solstice)* solstice *m* d'hiver ◆ **in midwinter** au cœur de l'hiver, en plein hiver ◆ **at midwinter** au solstice d'hiver

**COMP** *[cold, snow, temperature]* hivernal, de plein hiver

**mien** /miːn/ **N** *(frm, liter)* contenance *f*, air *m*, mine *f*

**mifepristone** /mɪfə'prɪstəʊn/ **N** *(Med)* ≃ RU 486 *m*

**miff** * /mɪf/

**N** *(= quarrel)* fâcherie *f* ; *(= sulks)* bouderie *f*

**VT** fâcher, mettre en boule * ◆ **to be miffed about** *or* **at sth** être fâché *or* vexé de qch

**might**[1] /maɪt/ LANGUAGE IN USE 15.3 ; see also **may**[1]

**MODAL AUX VB** 1

> When **might** expresses present, past or future possibility, it is often translated by **peut-être**, with the appropriate tense of the French verb.

◆ **you might be right** tu as peut-être raison ◆ **he might still be alive** il est peut-être encore vivant ◆ **you might be making a big mistake** tu es peut-être en train de faire une grosse erreur ◆ **he might arrive late** il se peut qu'il arrive *subj* en retard, il arrivera peut-être en retard ◆ **I might have left it behind** il se peut que je l'aie oublié, je l'ai peut-être oublié ◆ **might they have left already?** se peut-il qu'ils soient déjà partis ? ◆ **I heard what might have been an explosion** j'ai entendu ce qui était peut-être une explosion ◆ **they might not come** ils ne viendront peut-être pas ◆ **you might not have heard of it** vous n'en avez peut-être pas entendu parler

> When **might** expresses a future possibility, the conditional of **pouvoir** can also be used.

◆ **the two countries might go to war** les deux pays pourraient entrer en guerre ◆ **you might regret it later** tu pourrais le regretter plus tard ◆ **I said that he might arrive late** j'ai dit qu'il arriverait peut-être en retard

♦ **might as well** ◆ **I might as well tell you all about it** je ferais aussi bien de tout vous dire ◆ **you might as well leave now** vous feriez aussi bien de partir tout de suite ◆ **we might as well not buy the paper, since no one reads it** je me demande bien pourquoi nous achetons le journal puisque personne ne le lit ◆ **they might (just) as well not have gone** ils auraient tout aussi bien pu ne pas y aller

♦ **might well** ◆ **why did he give her his credit card? – you might well ask!** mais pourquoi lui a-t-il donné sa carte de crédit ? – va savoir ! ◆ **one might well ask whether...** on est en droit de se demander si... ◆ **crime levels in other countries might well be higher** il se pourrait bien que le taux de criminalité soit plus élevé dans d'autres pays

2 *(= could)*

> When **might** means 'could', and refers to the future, or the present, it is often translated by the conditional of **pouvoir**.

◆ **the sort of people who might be interested** le genre de personnes qui pourraient être intéressées ◆ **you might at least say thank you** tu pourrais au moins dire merci ◆ **you might give me a lift home if you've got time** tu pourrais peut-être me ramener si tu as le temps ◆ **mightn't it be an idea to go and see him?** on ferait *(or* tu ferais *etc)* peut-être bien d'aller le voir ◆ **it might be an idea** c'est une idée

> When **might** indicates permission given in the past, it is often translated by a past tense of **pouvoir**.

◆ **he said I might leave** il a dit que je pouvais partir ◆ **he wrote to ask if he might stay with her for a week** il a écrit pour demander s'il pouvait loger chez elle pendant une semaine

♦ **you might...** *(offering advice)* tu devrais *or* pourrais peut-être... ◆ **you might try writing to him** tu devrais *or* pourrais peut-être essayer de lui écrire ◆ **you might want to consider other options** vous devriez *or* pourriez peut-être envisager d'autres options

♦ **might I...?** *(frm)* ◆ **might I see it?** est-ce que je pourrais le voir ?, vous permettez que je le voie ? ◆ **might I suggest that...?** puis-je me permettre de suggérer que... ?

♦ **might have** *(recriminatory)* ◆ **you might have told me you weren't coming!** tu aurais (tout de même) pu me prévenir que tu ne viendrais pas ! ◆ **you might have killed me!** tu aurais pu me tuer !

3 *(= should)* ◆ **you might be more careful!** tu pourrais faire attention ! ◆ **I might have known** j'aurais dû m'en douter ◆ **she blushed, as well she might!** elle a rougi, et pour cause !

4 *(emphatic)* ◆ **and, I might add, it was entirely his fault** et j'ajouterais que c'était entièrement de sa faute ◆ **try as he might, he couldn't do it** il a eu beau essayer, il n'y est pas arrivé ◆ **what might your name be?** et vous, comment vous appelez-vous ? ◆ **who might you be?** qui êtes-vous, sans indiscrétion ?

**COMP** **might-have-been N** ce qui aurait pu être, espoir *m* déçu ; *(= person)* raté(e) *m(f)*

**might**[2] /maɪt/ SYN **N** *(NonC)* puissance *f*, force(s) *f(pl)* ◆ **might is right** *(Prov)* la force prime le droit ◆ **with might and main, with all one's might** de toutes ses forces

**mightily** /'maɪtɪlɪ/ **ADV** 1 *( † = greatly)* considérablement ◆ **to deem sth mightily important** donner une importance considérable à qch

2 *(liter = powerfully) [strike, hit]* vigoureusement

**mightiness** /'maɪtɪnɪs/ **N** puissance *f*, pouvoir *m*, grandeur *f*

**mightn't** /'maɪtnt/ ⇒ **might not** → **might**[1]

**mighty** /'maɪtɪ/ SYN

**ADJ** *(liter) [nation, king, river, effort, blow, bang]* puissant ; *[oak, redwood]* imposant, majestueux ; *[power]* formidable ◆ **the mighty ocean** le vaste océan ; → **high**

**ADV** *(esp US *)* vachement *

**NPL** **the mighty** les puissants *mpl* ◆ **how are the mighty fallen** *(Bible)* ils sont tombés les héros

**migmatite** /'mɪgməˌtaɪt/ **N** migmatite *f*

**mignonette** /ˌmɪnjə'net/ **N** *(= plant)* réséda *m*

**migraine** /'miːgreɪn/ **N** migraine *f* ◆ **it gives me a migraine** ça me donne la migraine ◆ **to get** *or* **suffer from migraines** souffrir de migraines

**migrainous** /'miːgreɪnəs/ **ADJ** migraineux

**migrant** /'maɪgrənt/ SYN

**ADJ** 1 *[worker, labour] (gen)* itinérant ; *(= immigrant)* immigré ; *(= seasonal)* saisonnier ; *[family, child] (gen)* itinérant ; *(= nomadic)* nomade ; *(= immigrant)* d'immigrés

2 *[animal, bird]* migrateur (-trice *f*)

**N** 1 *(= bird, animal)* migrateur *m* ; *(= person)* migrant(e) *m(f)*

2 (also **migrant worker**) *(gen)* travailleur *m* itinérant ; *(immigrant)* travailleur *m* immigré ; *(seasonal)* travailleur *m* saisonnier ; → **economic**

**migrate** /maɪ'greɪt/ SYN

**VI** migrer

**VT** faire migrer

**migration** /maɪ'greɪʃən/ SYN **N** migration *f*

**migratory** /maɪ'greɪtərɪ/ SYN **ADJ** 1 *[bird, animal, fish, locust]* migrateur (-trice *f*) ; *[habits, movement, journey]* migratoire

2 *[labour] (gen)* itinérant ; *(= immigrant)* immigré ; *(= seasonal)* saisonnier ; *[population] (gen)* itinérant ; *(= nomadic)* nomade ; *(= immigrant)* d'immigrés ◆ **migratory pressures** les pressions *fpl* qui obligent les gens à migrer

**mihrab** /'miːræb/ **N** mihrab *m*

**mikado** /mɪ'kɑːdəʊ/ **N** mikado *m*

**Mike** /maɪk/ **N** 1 dim of **Michael**

2 ◆ **for the love of Mike** ‡ pour l'amour du ciel

**mike** * /maɪk/ **N** (abbrev of **microphone**) micro *m*

▸ **mike up** * **VT SEP** ◆ **to be miked up** porter un micro

**mil**[1] /mɪl/ **N** *(Phot)* (abbrev of **millimetre**) mm

**mil**[2] * /mɪl/ **N** abbrev of **million(s)**

**milady** † /mɪ'leɪdɪ/ **N** madame la comtesse *etc*

**Milan** /mɪ'læn/ **N** Milan

**Milanese** /ˌmɪlə'niːz/ **ADJ** *(gen, also Culin)* milanais

**milch cow** /'mɪltʃkaʊ/ **N** 1 *(Agr †)* vache *f* laitière

2 *(fig)* vache *f* à lait

**mild** /maɪld/ SYN

**ADJ** *[climate, winter, voice, flavour, cheese, soap, shampoo]* doux (douce *f*) ; *[tobacco, reproach, punishment]* léger ; *[exercise, effect, protest]* modéré ; *[sauce]* peu épicé *or* relevé ; *[medicine]* bénin (-igne *f*), anodin ; *[illness]* bénin (-igne *f*) ◆ **it's mild today** il fait doux aujourd'hui ◆ **a mild spell** *(gen)* une période clémente ; *(after frost)* un redoux ◆ **he had a mild form of polio** il a eu la poliomyélite sous une forme bénigne *or* atténuée ◆ **a mild sedative** un sédatif léger ◆ **a mild curry** un curry pas trop fort *or* pimenté

**N** *(Brit)* (also **mild ale**) *bière brune faiblement alcoolisée*

**COMP** **mild-mannered ADJ** doux (douce *f*), d'un naturel doux

**mildew** /'mɪldjuː/

**N** *(NonC) (gen)* moisissure *f* ; *(on wheat, roses etc)* rouille *f* ; *(on vine)* mildiou *m*

**VT** *[+ plant]* piquer de rouille ; *[+ vine]* frapper de mildiou ; *[+ paper, cloth]* piquer (d'humidité)

**VI** *[roses, wheat etc]* se rouiller ; *[vine]* devenir mildiousé, être attaqué par le mildiou ; *[paper, cloth]* se piquer

**mildewed** /'mɪlˌdjuːd/ **ADJ** *[carpet, mattress, wallpaper, wall, wood]* moisi ; *[cloth, paper]* piqué (par l'humidité) ; *[wheat, roses]* piqué de rouille ; *[vine]* mildiousé

**mildly** /'maɪldlɪ/ **ADV** 1 *(= gently) [say, reply, ask]* doucement, avec douceur ◆ **to protest mildly** protester faiblement *or* timidement ◆ **that's putting it mildly** *(= euphemistically)* c'est le moins que l'on puisse dire ◆ **to call him naïve is putting it mildly** le qualifier de naïf est un euphémisme

2 *(= moderately) [interested, amusing]* modérément ; *[surprised, irritated, encouraging]* légèrement ◆ **to be mildly critical of sb/sth** critiquer légèrement qn/qch

**mildness** /'maɪldnɪs/ SYN **N** *[of person, manner, response, weather, soap]* douceur *f* ; *[of flavour, food, tobacco, cigarette]* légèreté *f* ; *[of punishment, sentence]* clémence *f* ; *[of illness]* bénignité *f*

**mile** /maɪl/ **N** mile *m* ( = 1 609,33 *m*) ; (also **nautical mile**) mille *m* ◆ **a 50-mile journey** ≃ un trajet de 80 km ◆ **it's 12 miles to Manchester** ≃ il y a vingt kilomètres d'ici à Manchester ◆ **30 miles per gallon** ≃ huit litres aux cent ◆ **50 miles per hour** ≃ 80 kilomètres à l'heure ◆ **there was nothing but sand for miles and miles** il n'y avait que du sable sur des kilomètres (et des kilomètres) ◆ **they live miles away** ils habitent à cent lieues d'ici ◆ **we've walked (for) miles!** on a marché pendant des kilomètres !, on a fait des kilomètres ! → IMPERIAL SYSTEM ◆ **not a million miles from here** sans aller chercher bien loin ◆ **you could see/smell it a mile off** ça se voyait/se sentait à un kilomètre ◆ **it sticks** *or* **stands out a mile** * ça se voit comme le nez au milieu de la figure ◆ **you were miles off (the) target** * *(lit)* vous n'étiez pas près de toucher la cible ; *(fig)* vous étiez bien loin du but ◆ **sorry, I was miles away** * *(= day-dreaming)* désolé, j'étais ailleurs ◆ **the President is willing to go the extra mile for peace** *or* **to achieve peace** le président est prêt à faire un effort supplémentaire pour ramener la paix

♦ **miles** * *(= lots)* ◆ **she's miles better than I am at maths** elle est bien plus calée que moi en maths * ◆ **he's miles bigger than you** il est bien plus grand que toi

**mileage** /'maɪlɪdʒ/

**N** 1 *(= distance covered)* distance *f or* parcours *m* en miles, ≃ kilométrage *m* ◆ **the indicator showed a very low mileage** le compteur marquait peu de kilomètres ◆ **the car had a low mileage** la voiture avait peu roulé *or* avait peu de kilomètres ◆ **what mileage has this car done?** quel est le kilométrage de cette voiture ?, combien de kilomètres a cette voiture ? ◆ **most of our mileage is in and around town** nous roulons surtout en ville et dans les alentours

2 *(= miles per gallon or litre)* ≃ consommation *f* (de carburant) aux cent (km) ◆ **for a car of that size the mileage was very good** pour une voiture aussi puissante elle consommait peu ◆ **you'll get a better mileage from this car** vous consommerez moins (d'essence) avec cette voiture ; → **gas**

3 *(* fig = potential, profit)* ◆ **he got a lot of mileage out of it** *(of idea, story, event)* il en a tiré le

maximum ◆ **there's still some mileage left in it** (idea etc) on peut encore en tirer quelque chose ◆ **he decided there was no mileage in provoking a row with his boss** il a décidé que cela ne servirait à rien de se disputer avec son patron
- **COMP** **mileage allowance** N ≈ indemnité f kilométrique
**mileage indicator** N ≈ compteur m kilométrique

**mileometer** /maɪˈlɒmɪtəʳ/ N ⇒ **milometer**

**milepost** /ˈmaɪlpəʊst/ N ≈ borne f kilométrique

**miler*** /ˈmaɪləʳ/ N (= person, horse) athlète ou cheval qui court le mile

**milestone** /ˈmaɪlstəʊn/ N (lit) borne f (milliaire), ≈ borne f kilométrique ; (fig : in life, career etc) jalon m, événement m marquant or déterminant

**milfoil** /ˈmɪlfɔɪl/ N (= plant) millefeuille f

**milieu** /ˈmiːljɜː/ SYN N (pl **milieus**) (frm) milieu m (social)

**militancy** /ˈmɪlɪtənsɪ/ N militantisme m

**militant** /ˈmɪlɪtənt/ SYN
- **ADJ** militant
- **N** (all senses) militant(e) m(f)
- **COMP** **Militant Tendency** N (Brit Pol) ex-faction trotskiste du parti travailliste britannique

**militantly** /ˈmɪlɪtəntlɪ/ ADV [act] de façon militante ◆ **to be militantly opposed to sb/sth** s'opposer activement à qn/qch ◆ **militantly nationalist/Catholic** d'un nationalisme/catholicisme militant

**militarily** /ˌmɪlɪˈtɛərɪlɪ/ ADV [significant, useful, sensitive, effective] d'un point de vue militaire ; [strong, powerful] militairement ◆ **to intervene/respond militarily** intervenir/répondre militairement

**militarism** /ˈmɪlɪtərɪzəm/ N militarisme m

**militarist** /ˈmɪlɪtərɪst/ ADJ, N militariste mf

**militaristic** /ˌmɪlɪtəˈrɪstɪk/ ADJ (pej) militariste

**militarization** /ˌmɪlɪtəraɪˈzeɪʃən/ N militarisation f

**militarize** /ˈmɪlɪtəraɪz/ VT militariser

**military** /ˈmɪlɪtərɪ/ SYN
- **ADJ** [government, life, uniform] militaire ; [family] de militaires ◆ **of military age** en âge de faire son service (militaire or national)
- **NPL** **the military** l'armée f, le(s) militaire(s) m(pl)
- **COMP** **military academy** N (US) école f (spéciale) militaire
**military attaché** N attaché m militaire
**military band** N musique f militaire
**military-industrial complex** N complexe m militaro-industriel
**military police** N police f militaire
**military policeman** N agent m de la police militaire
**military service** N service m (militaire or national) ◆ **to do one's military service** faire son service (militaire or national)
**military superiority** N supériorité f militaire
**military training** N préparation f militaire

**militate** /ˈmɪlɪteɪt/ VI militer (against contre ; for, in favour of pour) ◆ **his attitude militates against him** son attitude le dessert or joue contre lui ◆ **this militates against any improvement in the situation** cela tend à empêcher toute amélioration de la situation

**militia** /mɪˈlɪʃə/ SYN COLLECTIVE N (gen) milice(s) f(pl) ◆ **the militia** (US) la réserve (territoriale) ; → **state**

**militiaman** /mɪˈlɪʃəmən/ N (pl **-men**) milicien m

**milk** /mɪlk/ SYN
- **N** (also Cosmetics) lait m ◆ **coconut milk** lait m de coco ◆ **moisturising milk** lait m hydratant ◆ **the milk of human kindness** le lait de la tendresse humaine ◆ **a land flowing with milk and honey** un pays de cocagne ◆ **he came home with the milk*** (hum) il est rentré avec le jour ◆ **he dismissed the report as milk and water** il a déclaré que le rapport n'était ni fait ni à faire ; → **cleansing, condense, cry, skim**
- **VT** 1 [+ cow] traire
2 (fig = rob) dépouiller (of de), exploiter ◆ **his son milked him of all his savings** son fils l'a dépouillé de toutes ses économies ◆ **it milked (him of) his strength** cela a sapé or miné ses forces ◆ **to milk sb of ideas/information** soutirer des idées/des renseignements à qn ◆ **to milk sb dry** exploiter qn à fond, épuiser les forces créatrices de qn ◆ **to milk a joke** faire durer une blague
3 ◆ **to milk the applause** tout faire pour que les gens continuent d'applaudir
- **VI** ◆ **to go milking** (s'en) aller traire ses vaches
- **COMP** **milk-and-water** SYN ADJ (fig pej) à la manque*
**milk bank** N lactarium m
**milk bar** N milk-bar m
**milk can** N pot m à lait ; (larger) bidon m à lait
**milk chocolate** N chocolat m au lait
**milk churn** N bidon m à lait
**milk diet** N régime m lacté
**milk duct** N (Anat) canal m galactophore
**milk fever** N fièvre f lactée
**milk float** N (Brit) voiture f de laitier
**milk gland** N (Anat) glande f galactogène
**milk jug** N (petit) pot m à lait
**milk of magnesia** N lait m de magnésie, magnésie f hydratée
**milk pan** N petite casserole f pour le lait
**milk parsley** N peucédan m des marais
**milk powder** N lait m en poudre
**milk products** NPL produits mpl laitiers
**milk pudding** N entremets m au lait
**milk round** N (Brit) tournée f (du laitier) ; (Brit Univ) = tournée de recrutement dans les universités ◆ **to do a milk round** [child etc] livrer le lait
**milk run** N (= flight) vol m sans accroc
**milk saucepan** N petite casserole f pour le lait
**milk shake** N milk-shake m
**milk stout** N (Brit) bière f brune douce
**milk thistle** N chardon m Marie
**milk tooth** N dent f de lait
**the milk train** N (fig hum) le tout premier train (du matin)
**milk-white** ADJ (liter) d'une blancheur de lait, blanc (blanche f) comme le or du lait, laiteux

**milking** /ˈmɪlkɪŋ/
- **N** traite f ◆ **to do the milking** traire les vaches
- **COMP** [pail, stool] à traire
**milking machine** N trayeuse f (mécanique)
**milking time** N heure f de la traite

**milkmaid** /ˈmɪlkmeɪd/ N trayeuse f (personne)

**milkman** /ˈmɪlkmən/ N (pl **-men**) laitier m

**milksop** /ˈmɪlksɒp/ N chiffe f molle* (fig), lavette* f (fig), mollusque* m (fig)

**milkweed** /ˈmɪlkwiːd/ N laiteron m

**milkwort** /ˈmɪlkwɜːt/ N polygala m, herbe f au lait

**milky** /ˈmɪlkɪ/
- **ADJ** 1 (in colour) laiteux
2 [drink] à base de lait ; [coffee, tea] avec beaucoup de lait
- **COMP** **the Milky Way** la Voie lactée
**milky-white** ADJ d'un blanc laiteux

**mill** /mɪl/ SYN
- **N** 1 (also **windmill** or **water mill**) moulin m ; (= industrial grain mill) minoterie f ; (small: for coffee etc) moulin m ◆ **pepper-mill** moulin m à poivre ◆ **to go through the mill** (fig) passer par de dures épreuves, en voir de dures ◆ **to put sb through the mill** (fig) mettre qn à l'épreuve, en faire voir de dures à qn* ; → **coffee, run, windmill**
2 (= factory : gen) usine f, fabrique f ; (also **spinning mill**) filature f ; (also **weaving mill**) tissage m ; (also **steel mill**) aciérie f ◆ **paper mill** (usine f de) papeterie f ◆ **cotton mill** filature f de coton ; → **sawmill**
- **VT** 1 [+ flour, coffee, pepper] moudre
2 [+ screw, nut] moleter ; [+ wheel, edge of coin] créneler ◆ **milled edge** [of coin] tranche f cannelée
- **VI** ◆ **to mill round sth** [crowd etc] grouiller autour de qch
- **COMP** **mill girl** N (in factory) ouvrière f des filatures (or des tissages or des aciéries)
**mill owner** N (= owner of factory) industriel m (du textile)
**mill race** N bief m d'amont or de moulin
**mill stream** N courant m du bief
**mill wheel** N roue f de moulin
**mill worker** N (in factory) ouvrier m, -ière f des filatures (or des tissages or des aciéries)

▶ **mill about, mill around** VI [crowd] grouiller, fourmiller ; [cattle etc] tourner sur place or en rond

**millboard** /ˈmɪlbɔːd/ N carton m pâte

**millenarian** /ˌmɪləˈnɛərɪən/ ADJ, N millénariste mf

**millenarianism** /ˌmɪlɪˈnɛərɪənɪzəm/ N (Rel) millénarisme m

**millenary** /mɪˈlɛnərɪ/, **millennial** /mɪˈlɛnɪəl/ ADJ, N millénaire m

**millennium** /mɪˈlɛnɪəm/
- **N** (pl **millenniums** or **millennia** /mɪˈlɛnɪə/) millénaire m ◆ **the millennium** (Rel, also fig) le millénium
- **COMP** **the millennium bug** N (Comput) le bogue de l'an 2000
**the Millennium Dome** N (Brit) le Dôme du millénaire

**millepede** /ˈmɪlɪpiːd/ N ⇒ **millipede**

**millepore** /ˈmɪlɪpɔːʳ/ N millépore m

**miller** /ˈmɪləʳ/
- **N** meunier m ; (large-scale) minotier m
- **COMP** **miller's thumb** N (= fish) chaboisseau m, chabot m d'eau douce

**millet** /ˈmɪlɪt/ N (NonC) millet m

**millhand** /ˈmɪlhænd/ N ⇒ **mill worker** ; → **mill**

**milliard** /ˈmɪlɪɑːd/ N (Brit) milliard m

**millibar** /ˈmɪlɪbɑːʳ/ N millibar m

**milligram(me)** /ˈmɪlɪɡræm/ N milligramme m

**millilitre, milliliter** (US) /ˈmɪlɪˌliːtəʳ/ N millilitre m

**millimetre, millimeter** (US) /ˈmɪlɪˌmiːtəʳ/ N millimètre m

**milliner** /ˈmɪlɪnəʳ/ N modiste f, chapelier m, -ière f

**millinery** /ˈmɪlɪnərɪ/ N (NonC) chapellerie f féminine

**milling** /ˈmɪlɪŋ/
- **N** (NonC) [of flour etc] mouture f ; [of screw etc] moletage m ; [of coin] crénelage m
- **ADJ** [crowd, people] grouillant

**million** /ˈmɪljən/ N million m ◆ **a million men** un million d'hommes ◆ **he's one in a million** c'est la crème des hommes or la perle des hommes ◆ **it's a chance etc in a million** c'est une occasion etc unique ◆ **millions of...** des milliers de... ◆ **thanks a million!*** merci mille fois ! ◆ **to feel (like) a million dollars** or (esp US) **bucks*** se sentir dans une forme époustouflante ◆ **she looked (like) a million dollars** or (esp US) **bucks** in her new outfit* elle était absolument superbe dans sa nouvelle tenue

**millionaire** /ˌmɪljəˈnɛəʳ/ N millionnaire m, ≈ milliardaire m

**millionairess** /ˌmɪljəˈnɛərɪs/ N millionnaire f

**millionth** /ˈmɪljənθ/
- **ADJ** millionième
- **N** millionième mf ; (= fraction) millionième m

**millipede** /ˈmɪlɪpiːd/ N mille-pattes m inv

**millisecond** /ˈmɪlɪˌsɛkənd/ N milliseconde f

**millivolt** /ˈmɪlɪvəʊlt/ N millivolt m

**millpond** /ˈmɪlpɒnd/ N bief m or retenue f d'un moulin ◆ **the sea was like a millpond** c'était une mer d'huile

**Mills-and-Boon** ® /ˌmɪlzənˈbuːn/ ADJ ≈ de la collection Harlequin

**Mills bomb** /ˈmɪlzˌbɒm/ N grenade f à main

**millstone** /ˈmɪlstəʊn/ SYN N (lit) meule f ◆ **it's a millstone round his neck** c'est un boulet qu'il traîne avec lui

**millwright** /ˈmɪlraɪt/ N constructeur m or installateur m de moulins

**milometer** /maɪˈlɒmɪtəʳ/ N (Brit) compteur m de miles, ≈ compteur m kilométrique

**milord** /mɪˈlɔːd/ N milord m

**milt** /mɪlt/ N laitance f, laite f

**mime** /maɪm/ SYN
- **N** 1 (= skill, classical play) mime m ; (= modern play) mimodrame m ; (fig) (= gestures etc) mimique f ◆ **an adaptation in mime** une adaptation mimée
2 (= actor) mime m
- **VTI** mimer ◆ **to mime to a tape** (= sing etc) chanter etc en play-back
- **COMP** **mime artist** N mime mf

**mimeo** /ˈmɪmɪəʊ/ abbrev of **mimeograph**
- **N** ronéo ® f
- **VT** ronéoter*

**Mimeograph** ® /ˈmɪmɪəɡrɑːf/
- **N** (= machine) ronéo ® f ; (= copy) polycopié m
- **VT** ◆ **mimeograph** ronéotyper, ronéoter*

**mimesis** /mɪˈmiːsɪs/ N (Bio) mimétisme m ; (Art, Literat) mimesis f

**mimetic** /mɪˈmɛtɪk/ ADJ mimétique

**mimic** /ˈmɪmɪk/ SYN

**N** imitateur *m*, -trice *f*

**ADJ** 1 *(= imitating)* imitateur (-trice *f*)

2 *(= sham)* factice, simulé

**VT** *(= copy)* imiter ; *(= burlesque)* imiter, singer • **computers that mimic human intelligence** des ordinateurs qui cherchent à reproduire l'intelligence humaine

**mimicry** /ˈmɪmɪkrɪ/ **N** *(NonC)* imitation *f* ; *(in animals)* mimétisme *m*

**mimosa** /mɪˈməʊzə/ **N** 1 *(= tree)* mimosa *m*

2 *(US = cocktail)* mimosa *m* *(champagne-jus d'orange)*

**Min.** *(Brit)* abbrev of **Ministry**

**min.** 1 (abbrev of **minute**[1]) min.

2 (abbrev of **minimum**) min.

**mina** /ˈmaɪnə/ **N** ⇒ **mynah**

**minaret** /ˈmɪnəret/ **N** minaret *m*

**minatory** /ˈmɪnətərɪ/ **ADJ** *(frm)* *[silence, place]* menaçant

**mince** /mɪns/ SYN

**N** *(Brit Culin)* bifteck *m* haché, hachis *m* de viande

**VT** 1 *[+ meat, vegetables]* hacher • **minced beef** bœuf *m* haché

2 *(fig)* • **he didn't mince (his) words** il n'a pas mâché ses mots, il n'y est pas allé par quatre chemins • **never one to mince words, he...** n'ayant pas l'habitude de mâcher ses mots, il...

**VI** *(in talking)* parler du bout des lèvres ; *(in walking)* marcher en minaudant • **to mince in/out** entrer/sortir en minaudant

**COMP** **mince pie** **N** *(Culin)* tartelette *f* de Noël (aux fruits secs)

▸ **mince up** **VT SEP** hacher

**mincemeat** /ˈmɪnsmiːt/ **N** *(Culin)* *hachis de fruits secs, de pommes et de graisse* • **to make mincemeat of** *(fig)* *[+ opponent, enemy]* battre à plate(s) couture(s)*, pulvériser ; *[+ theories, arguments]* pulvériser

**mincer** /ˈmɪnsər/ **N** hachoir *m* *(appareil)*

**mincing** /ˈmɪnsɪŋ/ SYN

**ADJ** *(pej)* *[steps, gait, voice]* affecté

**COMP** **mincing machine** **N** hachoir *m*

**mincingly** /ˈmɪnsɪŋlɪ/ **ADV** *(pej)* *[say, walk]* en minaudant

**MIND** /maɪnd/ **N** *organisme d'aide aux handicapés mentaux*

## mind /maɪnd/

LANGUAGE IN USE 4, 7.5, 8.2, 9.1 SYN

1 - NOUN
2 - TRANSITIVE VERB
3 - INTRANSITIVE VERB
4 - COMPOUNDS
5 - PHRASAL VERB

### 1 - NOUN

1 [= BRAIN] esprit *m* • **a logical/an analytical/a creative mind** un esprit logique/d'analyse/créateur *or* créatif • **he is one of the great minds of the century** c'est un des grands esprits de son siècle • **great minds think alike** *(Prov)* les grands esprits se rencontrent • **he has the mind of a five-year-old** il a cinq ans d'âge mental • **mind over matter** victoire de l'esprit sur la matière • **his mind went blank** il a eu un trou *or* un passage à vide • **his mind is going** il n'a plus toute sa tête • **at the back of my mind I had the feeling that...** je sentais confusément que... • **of sound mind** sain d'esprit • **to be of unsound mind** ne plus avoir toutes ses facultés (mentales) • **that's a load** *or* **a weight off my mind*** c'est un gros souci de moins, cela m'ôte un poids • **what's on your mind?** qu'est-ce qui vous préoccupe *or* vous tracasse ? • **it came (in)to** *or* **entered my mind that...** il m'est venu à l'esprit que..., l'idée m'est venue que... • **to come** *or* **spring to mind** venir à l'esprit • **she wanted to get into the mind of this woman** elle voulait se mettre dans la peau de cette femme • **I can't get it out of my mind** je ne peux pas m'empêcher d'y penser • **I can't get him/her out of my mind** je ne peux pas m'empêcher de penser à lui/elle • **you can put that right out of your mind!** tu peux faire une croix dessus ! • **try to put it out of your mind** essayez de ne plus y penser • **to let one's mind run on sth** se laisser aller à penser à qch • **to read** *or* **see into sb's mind** lire dans les pensées de qn • **to set** *or* **put sb's mind at ease** *or* **rest** rassurer qn • **it's all in the mind** tout ça, c'est dans la tête* • **nobody in their right mind would do that** aucun être sensé ne ferait cela

♦ **in mind** • **to bear sth in mind** *(= take account of)* tenir compte de qch ; *(= remember)* ne pas oublier qch • **bear it in mind!** songez-y bien ! • **I'll bear you in mind** je songerai *or* penserai à vous • **to keep sth in mind** ne pas oublier qch • **we must keep in mind that...** n'oublions pas que... • **have you (got) anything particular in mind?** avez-vous quelque chose de particulier en tête ? • **do you have somebody in mind for the job?** vous avez quelqu'un en vue pour ce poste ? • **to have (it) in mind to do sth** penser faire qch • **that puts me in mind of...** cela me rappelle...

♦ **in one's mind** • **I'm not clear in my own mind about it** je ne sais pas qu'en penser moi-même • **to be easy in one's mind (about sth)** avoir l'esprit tranquille (à propos de qch) • **to be uneasy in one's mind (about sth)** être inquiet (au sujet de qch) • **to be in one's right mind** avoir toute sa raison *or* sa tête • **in one's mind's eye** en imagination

♦ **out of one's mind** • **to be out of one's mind*** **(with worry/jealousy)** être fou (d'inquiétude/de jalousie) • **to go out of one's mind with worry/jealousy** devenir fou d'inquiétude/de jalousie • **he's out of his mind!** il est complètement fou ! • **you must be out of your mind!** tu es complètement fou !, ça ne va pas !* • **he went out of his mind** il a perdu la tête *or* la raison

2 [= ATTENTION, CONCENTRATION] • **to have one's mind on sth** être préoccupé par qch • **to have one's mind on something else** avoir la tête ailleurs • **to let one's mind wander** relâcher son attention • **it went quite** *or* **right** *or* **clean*** **out of my mind** ça m'est complètement sorti de la tête* • **to bring one's mind to bear on sth** porter *or* concentrer son attention sur qch • **to give one's mind to sth** bien réfléchir à qch • **I haven't had time to give my mind to it** je n'ai pas eu le temps de bien y réfléchir • **he can't give his whole mind to his work** il n'arrive pas à se concentrer sur son travail • **to keep one's mind on sth** se concentrer sur qch • **to put** *or* **set one's mind to a problem** s'attaquer à un problème • **you can do it if you put** *or* **set your mind to it** tu peux le faire si tu le veux vraiment • **this will take her mind off her troubles** cela lui changera les idées

3 [= OPINION] avis *m*, idée *f* • **to my mind** à mon avis • **to have a closed mind (on** *or* **about sth)** avoir des idées *or* opinions arrêtées (sur *or* au sujet de qch) • **to have a mind of one's own** *[person]* avoir ses idées ; *[machine]* avoir des caprices • **they were of one mind** *or* **like mind** *or* **the same mind** ils étaient d'accord *or* du même avis • **I'm still of the same mind** je n'ai pas changé d'avis • **they thought with one mind** ils étaient unanimes • **to know one's own mind** savoir ce que l'on veut

♦ **to make up one's mind** • **we can't make up our minds about the house** nous ne savons pas quelle décision prendre pour la maison • **I can't make up my mind about him** je ne sais pas vraiment que penser de lui • **have you made your mind up?** avez-vous pris votre décision ? • **to make up one's mind to do sth** décider de faire qch

4 [= INCLINATION, INTENTION] • **you can do it if you have a mind (to)** vous pouvez le faire si vous en avez envie • **I have no mind to offend him** † je n'ai aucune envie de l'offenser • **I've a good mind to do it*** j'ai bien envie de le faire • **I've a good mind to tell him everything!*** j'ai bien envie de tout lui dire ! • **I've half a mind to do it*** j'ai presque envie de le faire • **nothing is further from my mind!** (bien) loin de moi cette pensée ! • **nothing was further from my mind than going to see her** je n'avais nullement l'intention d'aller la voir • **I was of a mind to go and see him** j'avais l'intention d'aller le voir • **to set one's mind on doing sth** avoir fermement l'intention de faire qch

♦ **in two minds** • **to be in two minds about doing sth** hésiter à faire qch • **I'm in two minds about it** j'hésite, je me tâte*

5 [= MEMORY] • **to stick in sb's mind** rester gravé dans la mémoire de qn • **to bring** *or* **call sth to mind** rappeler qch • **to pass out of mind** *(liter)* tomber dans l'oubli

### 2 - TRANSITIVE VERB

1 [= PAY ATTENTION TO] faire *or* prêter attention à ; *(= beware of)* prendre garde à ; *(US = listen to)* écouter • **mind what you're doing!** (fais) attention à ce que tu fais ! • **mind you don't fall!** prenez garde de ne pas tomber ! • **mind what I say!** écoute bien ce que je te dis !, fais bien attention à ce que je te dis ! • **mind the step!** attention à la marche ! • **mind your head!** attention à votre tête ! • **mind your backs!*** gare à vous !, dégagez !* • **mind yourself!, mind your eye!**‡ prends garde !, fais gaffe !‡ • **mind your language/your manners!** surveille ton langage/tes manières ! • **mind how you go*** prends bien soin de toi • **don't mind him!** ne t'occupe pas de lui !, ne fais pas attention à lui ! • **don't mind me!*** *(iro)* ne vous gênez surtout pas (pour moi) !* *(iro)*

2 [= DISLIKE, OBJECT TO] • **I don't mind ironing/travelling alone** ça ne me dérange pas de faire le repassage/de voyager seul • **I don't mind wet weather** la pluie ne me dérange pas • **I don't mind him but she's awful!*** lui, passe encore *or* lui, ça va, mais elle, je la trouve vraiment horrible ! • **I wouldn't mind a cup of coffee*** une tasse de café ne serait pas de refus*, je prendrais bien une tasse de café • **if you don't mind my** *(frm)* *or* **me saying (so)** si je puis me permettre • **I don't mind telling you*, I was shocked** inutile de dire que j'ai été vraiment choqué • **I don't mind going with you** je veux bien vous accompagner • **cigarette? – I don't mind if I do** une cigarette ? – ce n'est pas de refus !*

♦ **would you mind** + *gerund* • **would you mind opening the door?** cela vous ennuierait d'ouvrir la porte ? • **would you mind coming with me?** cela vous dérangerait de m'accompagner ? ; *(abruptly)* suivez-moi, s'il vous plaît

3 [= CARE] • **I don't mind what people say** je me moque du qu'en-dira-t-on • **I don't mind where we go** peu importe où nous allons

4 [= TAKE CHARGE OF] *[+ children, animals]* garder ; *[+ shop, business]* garder, tenir • **to mind the shop** * *or* **the store*** *(US)* *(fig)* veiller au grain

5 [DIAL] • **I mind the day when...** *(= remember)* je me rappelle le jour où...

### 3 - INTRANSITIVE VERB

1 [= OBJECT] • **if you don't mind** si cela ne vous fait rien • **if you don't mind!** *(iro indignantly)* non, mais ! • **do you mind if I take this book? – I don't mind at all** ça ne vous ennuie pas que je prenne ce livre ? – mais non, je vous en prie • **I'm sure they won't mind if you don't come** je suis sûre qu'ils ne seront pas trop contrariés si tu ne viens pas

2 [= CARE] • **which do you want? – I don't mind** lequel voulez-vous ? – ça m'est égal

♦ **never** + **mind** *(= don't worry)* ne t'en fais pas !, ne t'inquiète pas ! ; *(= it makes no odds)* ça ne fait rien !, peu importe ! • **never mind that now!** *(soothingly)* n'y pense plus ! ; *(irritably)* ça peut très bien attendre ! • **he can't walk, never mind*** **run** il ne peut pas marcher, encore moins courir • **never you mind!*** ça ne te regarde pas !, ce ne sont pas tes oignons !*

3 *(= be sure)* • **mind you tell her!** n'oubliez pas de le lui dire ! • **mind and come to see us!*** n'oublie pas de venir nous voir ! • **be there at ten, mind*** sois là à 10 heures sans faute

♦ **mind you*** • **mind you, I didn't know he was going to Paris** remarquez, je ne savais pas qu'il allait à Paris • **mind you, it won't be easy** mais ce ne sera pas facile pour autant • **mind you, he could be right, he could be right, mind you** peut-être qu'il a raison après tout • **I got substantial damages. It took two years, mind you** je me suis fait largement dédommager mais ça a quand même pris deux ans

### 4 - COMPOUNDS

**mind-altering** **ADJ** *[drug, substance]* psychotrope

**mind-bender*** **N** *(US)* révélation *f*

**mind-bending***, **mind-blowing*** **ADJ** *[drug]* hallucinogène ; *[experience, news, scene]* hallucinant

**mind-boggling*** **ADJ** époustouflant*, ahurissant

**mind-expanding** **ADJ** *[drug etc]* hallucinogène

**mind game** **N** manœuvre *f* psychologique • **to play mind games with sb** chercher à manœuvrer qn psychologiquement

**mind-numbing*** **ADJ** ennuyeux à mourir

**mind-numbingly*** ADV ◆ **mind-numbingly boring** ennuyeux à mourir ◆ **mind-numbingly simple** d'une simplicité enfantine ◆ **mind-numbingly banal** d'une banalité affligeante
**mind reader** N (lit) télépathe mf ◆ **he's a mind reader!** il lit dans la pensée des gens ! ◆ **I'm not a mind reader!*** je ne suis pas devin !*
**mind reading** N télépathie f
**mind-set** N mentalité f

**5 - PHRASAL VERB**

▶ **mind out*** VI faire attention, faire gaffe* ◆ **mind out!** attention ! ◆ **mind out of the way!** ôtez-vous de là !, dégagez ! ◆ **mind out or you'll break it** fais attention de ne pas le casser

**Mindanao** /ˌmɪndəˈnaʊ/ N (Geog) Mindanao f
**minded** /ˈmaɪndɪd/ ADJ (frm) ◆ **if you are so minded** si le cœur vous en dit ◆ **to be minded to do sth** être disposé à faire qch
**-minded** /ˈmaɪndɪd/ ADJ (in compounds) ① (describing mental faculties) qui est... d'esprit ◆ **feeble-minded** faible d'esprit ; → **high, strong-minded** ② (describing interests) qui s'intéresse à... ◆ **business-minded** qui a le sens des affaires ◆ **he's become very ecology-minded** il est devenu très sensible aux problèmes écologiques ◆ **an industrially-minded nation** une nation tournée vers l'industrie ◆ **a romantically-minded girl** une jeune fille aux idées romantiques ; → **family, like**
**minder** /ˈmaɪndər/ N ① (Brit : also **baby-minder, child-minder**) gardienne f ② (* = bodyguard etc) ange m gardien (fig)
**mindful** /ˈmaɪndfʊl/ SYN ADJ (frm) ◆ **to be mindful of sth** être attentif à qch ◆ **to be mindful that...** être attentif au fait que... ◆ **I am ever mindful of how much I am indebted to you** je n'oublie pas à quel point je vous suis obligé ◆ **be mindful of what I said** songez à ce que j'ai dit
**mindless** /ˈmaɪndlɪs/ SYN ADJ ① (Brit = senseless) [violence, brutality, vandalism, killing] gratuit ② (= stupid) [work, routine, film, entertainment] bêtifiant ; [person] stupide ◆ **a mindless idiot** un(e) idiot(e) fini(e) ③ (frm = unmindful) ◆ **to be mindless of sth** être oublieux or insouciant de qch

**mine¹** /maɪn/
POSS PRON le mien, la mienne, les miens mpl, les miennes fpl ◆ **that book is mine** ce livre m'appartient or est à moi ◆ **this poem is mine** ce poème est de moi ◆ **will you be mine?** † voulez-vous m'épouser ? ◆ **the house became mine** la maison est devenue la mienne or m'est venue non, c'est à moi or le mien ◆ **which dress do you prefer, hers or mine?** quelle robe préférez-vous, la sienne ou la mienne ? ◆ **what is mine is yours** ce qui est à moi est à toi, ce qui m'appartient t'appartient ◆ **it is not mine to decide** (frm) ce n'est pas à moi de décider, il ne m'appartient pas de décider ◆ **mine is a specialized department** le service où je suis est spécialisé ◆ **... of mine** ◆ **no advice of mine could prevent him** aucun conseil de moi ne pouvait l'empêcher ◆ **a friend of mine** un de mes amis, un ami à moi ◆ **I think that cousin of mine* is responsible** je pense que c'est mon cousin qui est responsable ◆ **it's no fault of mine** ce n'est pas (de) ma faute
POSS ADJ †† mon, ma, mes ; → **host¹**

**mine²** /maɪn/ SYN
N ① (= pit) mine f ◆ **coalmine** mine f de charbon ◆ **to go down the mine(s)** travailler or descendre à la mine ◆ **to work a mine** exploiter une mine ② (fig = rich source) ◆ **a (real) mine of information** une véritable mine de renseignements, une source inépuisable de renseignements ◆ **she's a mine of celebrity gossip** elle connaît tous les potins sur les célébrités ③ (= bomb) mine f ◆ **to lay a mine** mouiller or poser une mine ◆ **to clear a beach of mines** déminer une plage ; → **landmine**
VT ① [+ coal, ore] extraire ② (Mil, Navy etc) [+ sea, beach] miner, semer de mines ; [+ ship, tank] miner
VI exploiter un gisement ◆ **to mine for coal** extraire du charbon, exploiter une mine (de charbon)
COMP **mine-clearing** N (Mil, Navy) déminage m
**mine detector** N (Mil) détecteur m de mines
**mine disposal** N (Mil, Navy) déminage m
**mine-sweeping** N (Mil, Navy) dragage m de mines, déminage m

**minefield** /ˈmaɪnfiːld/ N ① (lit) champ m de mines ② (fig = problematic area) ◆ **it's a legal/political minefield** c'est un terrain politiquement/juridiquement miné
**minehunter** /ˈmaɪnhʌntər/ N (Mil, Navy) chasseur m de mines
**minelayer** /ˈmaɪnleɪər/ N (Mil, Navy) mouilleur m de mines
**minelaying** /ˈmaɪnleɪɪŋ/ N (Mil, Navy) mouillage m de mines
**miner** /ˈmaɪnər/ SYN N mineur m ◆ **the miners' strike** la grève des mineurs ◆ **miner's lamp** lampe f de mineur
**mineral** /ˈmɪnərəl/
N (Geol) minéral m
NPL **minerals** (Brit = soft drinks) boissons fpl gazeuses
ADJ minéral
COMP **mineral deposits** NPL gisements mpl miniers
**the mineral kingdom** N le règne minéral
**mineral oil** N (Brit) huile f minérale ; (US) huile f de paraffine
**mineral rights** NPL droits mpl miniers
**mineral water** N eau f minérale
**mineralogical** /ˌmɪnərəˈlɒdʒɪkl/ ADJ minéralogique
**mineralogist** /ˌmɪnəˈrælədʒɪst/ N minéralogiste mf
**mineralogy** /ˌmɪnəˈrælədʒɪ/ N minéralogie f
**Minerva** /mɪˈnɜːvə/ N Minerve f
**mineshaft** /ˈmaɪnʃɑːft/ N puits m de mine
**minestrone** /ˌmɪnɪˈstrəʊnɪ/ N minestrone m
**minesweeper** /ˈmaɪnswiːpər/ N (Mil, Navy) dragueur m de mines
**Ming Dynasty** /mɪŋ/ N (Hist) dynastie f Ming
**minging*** /ˈmɪŋɪŋ/ ADJ horrible
**mingle** /ˈmɪŋgl/ SYN
VT mêler, mélanger (with avec)
VI (= mix) se mêler, se mélanger ; (at party etc) se mêler aux invités or à la fête ; (= become indistinguishable) se confondre (with avec) ◆ **to mingle with the crowd** se mêler à la foule ◆ **he mingles with all sorts of people** il fraye avec toutes sortes de gens ◆ **guests ate and mingled** les invités ont mangé et ont discuté les uns avec les autres ◆ **she mingled for a while and then sat down with her husband** elle s'est mêlée aux autres invités pour discuter puis s'est assise avec son mari
**mingy*** /ˈmɪndʒɪ/ ADJ (Brit) ① (= mean) [person] radin* (about sth en ce qui concerne qch) ② (= measly) [amount] misérable
**Mini**® /ˈmɪnɪ/ N (= car) Mini (Cooper)® f
**mini** /ˈmɪnɪ/
N (= fashion) mini f
ADJ ◆ **mini system** (= hi-fi) chaîne f (hi-fi) mini
**mini...** /ˈmɪnɪ/ PREF mini... ◆ **he's a kind of minidictator*** c'est une sorte de minidictateur
**miniature** /ˈmɪnɪtʃər/ SYN
N ① (Art) miniature f ◆ **in miniature** (lit, fig) en miniature ② (of whisky etc) mignonnette f
ADJ [rose, railway, car, camera, version] miniature ; [dog, tree] nain ◆ **miniature submarine** sous-marin m de poche ◆ **miniature bottle of whisky** mignonnette f de whisky
COMP **miniature golf** N minigolf m
**miniature poodle** N caniche m nain
**miniaturist** /ˈmɪnɪtʃərɪst/ N miniaturiste mf
**miniaturization** /ˌmɪnɪtʃəraɪˈzeɪʃən/ N miniaturisation f
**miniaturize** /ˈmɪnɪtʃəraɪz/ VT miniaturiser
**minibar** /ˈmɪnɪbɑːr/ N (= fridge) minibar m
**mini-boom** /ˈmɪnɪbuːm/ N miniboom m
**mini-break** /ˈmɪnɪbreɪk/ N petit voyage m, mini-séjour m
**minibudget** /ˈmɪnɪbʌdʒɪt/ N (Pol) collectif m budgétaire
**minibus** /ˈmɪnɪbʌs/ N minibus m ◆ **by minibus** en minibus
**minicab** /ˈmɪnɪkæb/ N (Brit) taxi m (qu'il faut commander par téléphone) ◆ **by minicab** en taxi
**minicalculator** † /ˈmɪnɪˌkælkjʊˌleɪtər/ N calculette f, calculatrice f de poche
**minicam** /ˈmɪnɪkæm/ N minicam f

**minicar** /ˈmɪnɪˌkɑːr/ N toute petite voiture f
**minicassette** /ˌmɪnɪkəˈset/ N minicassette f
**minicomputer** /ˈmɪnɪkəmˌpjuːtər/ N mini-ordinateur m
**mini-course** /ˈmɪnɪˌkɔːs/ N (US Scol) cours m extrascolaire
**minidisc** /ˈmɪnɪdɪsk/
N (= system, disc) MiniDisc m
COMP **minidisc player** N lecteur m de MiniDisc
**minidress** /ˈmɪnɪˌdres/ N minirobe f
**minim** /ˈmɪnɪm/
N ① (Brit Mus) blanche f ② (Measure = 0.5ml) ≈ goutte f
COMP **minim rest** N demi-pause f
**minima** /ˈmɪnɪmə/ NPL of **minimum**
**minimal** /ˈmɪnɪml/ SYN
ADJ [risk, role, resources, effect, change] minime ; [level, requirements] minimal, minimum ◆ **the money saved is minimal** la somme d'argent économisée est minime ◆ **minimal publicity/disruption** un minimum de publicité/perturbation ◆ **a minimal amount of effort** un minimum d'effort, un effort minime ◆ **to have minimal impact on sth** n'avoir qu'un très faible impact sur qch ◆ **damage was minimal** les dégâts étaient minimes ◆ **minimal loss of life** des pertes minimums en vies humaines ◆ **at minimal cost** pour un coût minimum ◆ **with minimal effort** avec un minimum d'effort
COMP **minimal art** N art m minimal
**minimal free form** N (Ling) forme f libre minimale
**minimal pair** N (Ling) paire f minimale
**minimalism** /ˈmɪnɪməlɪzəm/ N (Art etc) minimalisme m
**minimalist** /ˈmɪnɪməlɪst/ ADJ, N (Art etc) minimaliste mf
**minimally** /ˈmɪnɪməlɪ/ ADV à peine
**minimarket** /ˈmɪnɪˌmɑːkɪt/, **minimart** /ˈmɪnɪˌmɑːt/ N supérette f
**minimax** /ˈmɪnɪmæks/ N (Math) minimax m
**minimization** /ˌmɪnɪmaɪˈzeɪʃən/ N minimisation f
**minimize** /ˈmɪnɪmaɪz/ SYN VT ① (= reduce to minimum) [+ amount, risk, losses] réduire au minimum ② (= play down) [+ risk, losses, sb's contribution, help] minimiser
**minimum** /ˈmɪnɪməm/ SYN
N (pl **minimums** or **minima**) minimum m ◆ **a minimum of $100** un minimum de 100 dollars ◆ **$100 (at the) minimum** au moins 100 dollars ◆ **to do the minimum** faire le minimum ◆ **to reduce to a or the minimum** réduire au minimum ◆ **keep interruptions to a or the minimum** limitez les interruptions autant que possible ◆ **to keep costs to a minimum** maintenir les coûts au plus bas ◆ **with a minimum of commonsense one could...** avec un minimum de bon sens on pourrait...
ADJ minimum f inv, minimal ◆ **with minimum effort** avec un minimum d'effort ◆ **at minimum cost** pour un coût minimum
COMP **minimum iron fabric** N tissu m ne demandant qu'un repassage minimum
**minimum lending rate** N taux m de base bancaire
**minimum security prison** N (esp US) établissement m pénitentiaire à régime assoupli or souple
**minimum wage** N salaire m minimum, ≈ SMIC m
**mining** /ˈmaɪnɪŋ/
N (NonC) ① (Min) exploitation f minière ② (Mil, Navy) pose f or mouillage m de mines
COMP [village, company, industry, rights] minier ; [family] de mineurs
**mining area** N région f (d'industrie) minière
**mining bee** N andrène m
**mining engineer** N ingénieur m des mines
**mining engineering** N génie m minier ◆ **to study mining engineering** ≈ faire des études à l'école des Mines
**minion** /ˈmɪnɪən/ SYN N (lit = servant) laquais m ; (fig, hum) sous-fifre* m ◆ **she delegated the job to one of her minions** elle a donné ce travail à l'un de ses sous-fifres*
**minipill** /ˈmɪnɪpɪl/ N minipilule f
**miniscule** /ˈmɪnɪˌskjuːl/ ADJ minuscule
**miniseries** /ˈmɪnɪˌsɪərɪz/ N (TV) minifeuilleton m

**mini-ski** /ˈmɪnɪˌskiː/ N (Ski) miniski m
**miniskirt** /ˈmɪnɪˌskɜːt/ N minijupe f
**minister** /ˈmɪnɪstəʳ/ SYN
  N ① (Brit Govt) ministre m
  ② (Rel: also **minister of religion**) pasteur m, ministre m
  VI ◆ **to minister to sb's needs** pourvoir aux besoins de qn ◆ **to minister to sb** secourir qn ◆ **to minister to a parish** (Rel) desservir une paroisse
  COMP **ministering angel** N (fig) ange m de bonté
  **Minister for Education and Employment** N (Brit) ministre mf de l'Éducation et de l'Emploi
  **Minister of Health** N ministre m de la Santé
  **Minister of State** N (Brit Govt) ≃ secrétaire m d'État ; (gen) ministre m
  **minister plenipotentiary** N ministre m plénipotentiaire
  **minister resident** N ministre m résident ; → **defence, foreign**

**ministerial** /ˌmɪnɪsˈtɪərɪəl/ ADJ ① (Govt) [meeting, team, reshuffle, approval, decision] ministériel ; [post, career, duties] de ministre ; [resignation] d'un ministre ◆ **the ministerial benches** le banc des ministres ◆ **a ministerial colleague** un(e) collègue ministre ◆ **the rules governing ministerial conduct** le règlement régissant la conduite des ministres ◆ **at ministerial level** à niveau ministériel ◆ **to hold ministerial office** occuper des fonctions ministérielles
  ② (Rel) ◆ **his ministerial duties** les obligations de son ministère ◆ **a ministerial friend of his in Glasgow** un de ses amis, ministre du culte à Glasgow

**ministration** /ˌmɪnɪsˈtreɪʃən/ N ① ◆ **ministrations** (= services, help) soins mpl
  ② (Rel) ministère m

**ministry** /ˈmɪnɪstrɪ/ SYN N ① (= government department) ministère m ◆ **Ministry of Health/Defence** ministère m de la Santé/Défense ◆ **to form a ministry** (Parl) former un ministère or un gouvernement ◆ **the coalition ministry lasted two years** le ministère de coalition a duré deux ans
  ② (= period of office) ministère m
  ③ (= clergy) ◆ **the ministry** le saint ministère ◆ **to go into** or **enter the ministry** devenir or se faire pasteur or ministre

**minisystem** /ˈmɪnɪˌsɪstəm/ N (= hi-fi) minichaîne f

**minium** /ˈmɪnɪəm/ N minium m

**minivan** /ˈmɪnɪvæn/ N (US) monospace m

**miniver** /ˈmɪnɪvəʳ/ N menu-vair m

**mink** /mɪŋk/
  N (pl **mink** or **minks**) (= animal, fur) vison m
  COMP [coat etc] de vison

**minke** /ˈmɪŋkɪ/ N ◆ **minke (whale)** baleine f minke

**Minn.** abbrev of **Minnesota**

**minneola** /ˌmɪnɪˈəʊlə/ N minnéola m

**Minnesota** /ˌmɪnɪˈsəʊtə/ N Minnesota m ◆ **in Minnesota** dans le Minnesota

**minnow** /ˈmɪnəʊ/ N ① (= specific species of fish) vairon m ; (= any small fish) fretin m
  ② (fig = unimportant person) menu fretin m pl inv

**Minoan** /mɪˈnəʊən/ ADJ minoen

**minor** /ˈmaɪnəʳ/ SYN
  ADJ [change, consideration, defect] (also Jur, Mus, Philos, Rel) mineur (-eure f) ; [detail, expenses, repairs] petit, menu ; [importance, interest, position, role] secondaire, mineur ◆ **minor poet** poète m mineur ◆ **minor problem/worry** problème m/souci m mineur ◆ **G minor** (Mus) sol mineur ◆ **minor key** (Mus) ton m mineur ◆ **in the minor key** (Mus) en mineur ◆ **minor offence** (Jur) ≃ délit m mineur ◆ **minor operation** (Med) opération f bénigne ◆ **to play a minor part** (Theat, fig) jouer un rôle accessoire or un petit rôle ◆ **minor planet** petite planète f, astéroïde m ◆ **minor suit** (Cards) (couleur f) mineure f ◆ **Smith minor** (Brit Scol) Smith junior
  N ① (Jur) mineur(e) m(f)
  ② (US Univ) matière f secondaire
  VI (US Univ) ◆ **to minor in chemistry** étudier la chimie comme matière secondaire or sous-dominante

**Minorca** /mɪˈnɔːkə/ N Minorque f ◆ **in Minorca** à Minorque

**minority** /maɪˈnɒrɪtɪ/
  N (also Jur) minorité f ◆ **in a** or **the minority** en minorité ◆ **you are in a minority of one** (hum) vous êtes le seul à penser ainsi, personne ne partage vos vues or votre opinion ◆ **the reforms will affect only a small minority of the population** les réformes ne toucheront qu'une petite minorité de la population
  COMP [party, opinion, government] minoritaire
  **minority president** N (US Pol) président n'ayant pas la majorité absolue au Congrès
  **minority programme** N (Rad, TV) émission f destinée à un public restreint
  **minority report** N (Admin) rapport m soumis par un groupe minoritaire

**Minos** /ˈmaɪnɒs/ N Minos m

**Minotaur** /ˈmaɪnətɔːʳ/ N Minotaure m

**minster** /ˈmɪnstəʳ/ N cathédrale f ; [of monastery] église f abbatiale ◆ **York Minster** cathédrale f d'York

**minstrel** /ˈmɪnstrəl/ SYN
  N (Hist etc) ménestrel m
  COMP **minstrel gallery** N (Archit) tribune f des musiciens
  **minstrel show** N (Theat) spectacle m de chanteurs et musiciens blancs déguisés en noirs

**minstrelsy** /ˈmɪnstrəlsɪ/ N (NonC) (= art) art m du ménestrel or trouvère or troubadour ; (= songs) chants mpl

**mint¹** /mɪnt/ SYN
  N ① (also Brit: also **Royal Mint**) Monnaie f, hôtel m de la Monnaie
  ② (fig = large sum) une or des somme(s) folle(s) ◆ **to make a mint (of money)** faire fortune ◆ **he made a mint in oil** * il a fait fortune dans le pétrole
  VT [+ coins] battre ; [+ gold] monnayer (into pour obtenir) ; (fig) [+ word, expression] forger, inventer ◆ **he mints money** * il fait des affaires d'or, il ramasse l'argent à la pelle
  COMP **mint condition** N ◆ **in mint condition** à l'état (de) neuf, en parfaite condition
  **mint stamp** N (Philat) timbre m non oblitéré

**mint²** /mɪnt/
  N (= plant, leaves, extract) menthe f ; (= sweet) bonbon m à la menthe
  COMP [chocolate, sauce] à la menthe
  **mint julep** N (US) whisky m etc glacé à la menthe
  **mint sauce** N sauce f à la menthe
  **mint tea** N (= herbal tea) infusion f de menthe ; (= tea with mint) thé m à la menthe

**-minted** /ˈmɪntɪd/ ADJ (in compounds) ◆ **newly-minted** [coin] tout neuf

**minuend** /ˈmɪnjʊend/ N (Math) terme duquel on soustrait

**minuet** /ˌmɪnjʊˈet/ N menuet m

**minus** /ˈmaɪnəs/
  PREP ① (Math) moins ◆ **five minus three equals two** cinq moins trois égale(nt) deux ◆ **A/B minus** (Scol) ≃ A/B moins
  ② ( * = without) sans, avec... en or de moins ◆ **he arrived minus his coat** il est arrivé sans son manteau ◆ **they found his wallet minus the money** ils ont retrouvé son portefeuille mais sans l'argent ◆ **minus a finger** avec un doigt en or de moins
  N (Math) (= sign) moins m ; (= amount) quantité f négative ◆ **the minuses** (fig:of situation etc) les inconvénients mpl ◆ **the minuses far outweigh any possible gain** les inconvénients l'emportent largement sur les avantages éventuels ◆ **the plusses and minuses were about equal** les avantages et les inconvénients s'équilibraient plus ou moins
  COMP **minus quantity** N (Math) quantité f négative ; (*fig) quantité f négligeable
  **minus sign** N (Math) (signe m) moins m

**minuscule** /ˈmɪnəˌskjuːl/ ADJ minuscule

**minute¹** /ˈmɪnɪt/ SYN
  N ① (fig, of time) minute f ◆ **it is 23 minutes past 2** il est 2 heures 23 (minutes) ◆ **at 4 o'clock to the minute** à 4 heures pile or tapant(es) ◆ **we got the train without a minute to spare** une minute de plus et nous manquions le train ◆ **I'll do it in a minute** je le ferai dans une minute ◆ **I'll do it the minute he comes** je le ferai dès qu'il arrivera ◆ **do it this minute!** * fais-le tout de suite or à la minute ! ◆ **he went out this (very) minute** * il vient tout juste de sortir ◆ **I've just this minute heard of it** * je viens de l'apprendre à la minute ◆ **at any minute** à tout moment, d'une minute or d'un instant à l'autre ◆ **any minute now** * d'une minute à l'autre ◆ **at the last minute** à la dernière minute ◆ **to leave things till the last minute** tout faire à la dernière minute ◆ **I'll just be a minute, I shan't be a minute** * j'en ai pour deux secondes ◆ **it won't take five minutes** ce sera fait en un rien de temps ◆ **I'm not suggesting for a minute that he's lying** loin de moi l'idée qu'il ment ◆ **one minute he's there, the next he's gone** une minute il est là, la minute d'après il est parti ◆ **one minute you say you love me, the next you're threatening to leave** tu dis que tu m'aimes et deux minutes plus tard tu menaces de me quitter ◆ **it's a few minutes' walk from the station** c'est tout près de la gare, c'est à quelques minutes à pied de la gare ◆ **wait a minute, just a minute** attendez une minute or un instant or un moment ; (indignantly) minute ! ◆ **half a minute!** (o.f) une petite minute ! ◆ **there's one born every minute!** * il faut vraiment le faire ! *
  ② (Geog, Math = part of degree) minute f
  ③ (= official record) compte rendu m, procès-verbal m ; (Comm etc) (= memorandum) note f ◆ **to take the minutes of a meeting** rédiger le procès-verbal or le compte rendu d'une réunion ◆ **who will take the minutes?** qui se charge du compte rendu ?
  VT ① (= note etc) [+ fact, detail] prendre note de ; [+ meeting] rédiger le compte rendu de, dresser le procès-verbal de
  ② (= send minute to) [+ person] faire passer une note à (about au sujet de)
  COMP **minute book** N (Admin, Comm etc) registre m des délibérations
  **minute hand** N [of clock etc] grande aiguille f
  **minute steak** N (Culin) entrecôte f minute

**minute²** /maɪˈnjuːt/ SYN ADJ (= tiny) [object, amount, variation, trace] minuscule ; (= detailed) [examination, analysis] minutieux ◆ **in minute** or **the minutest detail** jusque dans les moindres or plus infimes détails

**minutely** /maɪˈnjuːtlɪ/ SYN ADV ① (= in detail) [examine, describe] minutieusement, dans les moindres détails ◆ **a minutely detailed account** un compte rendu extrêmement détaillé or circonstancié
  ② (= slightly) [move, change, differ] très légèrement ◆ **anything minutely resembling a fish** quelque chose qui ressemble de près ou de loin à un poisson
  ③ (= very small) [write, fold] en tout petit

**minutiae** /mɪˈnjuːʃɪiː/ SYN NPL menus détails mpl

**minx** /mɪŋks/ SYN N (petite) espiègle f

**Miocene** /ˈmaɪəˌsiːn/ ADJ, N miocène m

**miosis** /maɪˈəʊsɪs/ N (Med) myosis m

**MIP** /ˌemaɪˈpiː/ N ① (abbrev of **monthly investment plan**) plan m d'épargne (à versement mensuel)
  ② (abbrev of **maximum investment plan**) assurance à capital différé à taux de rendement élevé

**MIPS, mips** /mɪps/ N (abbrev of **millions of instructions per second**) MIPS

**miracle** /ˈmɪrəkl/ SYN
  N miracle m ◆ **by a miracle, by some miracle** par miracle ◆ **it is a miracle of ingenuity** c'est un miracle or une merveille d'ingéniosité ◆ **it is a miracle that...** c'est miracle que... + subj ◆ **it will be a miracle if...** ce sera (un) miracle si...
  COMP **miracle cure, miracle drug** N remède m miracle
  **miracle-man** N (pl **miracle-men**) faiseur m de miracles
  **miracle play** N (Rel, Theat) miracle m
  **miracle worker** N (fig) ◆ **I'm not a miracle worker!** * je ne sais pas faire de miracles !

**miraculous** /mɪˈrækjʊləs/ SYN ADJ (Rel, fig) miraculeux ◆ **to make a miraculous escape** en réchapper miraculeusement ◆ **to make a miraculous recovery** guérir miraculeusement ◆ **to be little** or **nothing short of miraculous** être tout bonnement miraculeux

**miraculously** /mɪˈrækjʊləslɪ/ ADV ① (= as if by miracle) [survive, escape, transform] miraculeusement, par miracle ◆ **to be miraculously intact/unharmed** être miraculeusement intact/ indemne ◆ **miraculously the baby appeared to be unhurt** par miracle, il semblait que le bébé était indemne
  ② (= extremely) [beautiful] merveilleusement

**mirage** /ˈmɪrɑːʒ/ SYN N (lit, fig) mirage m

**MIRAS** /ˈmaɪræs/ N (Brit) (abbrev of **mortgage interest relief at source**) exonération fiscale à la source sur les intérêts d'emprunts hypothécaires

**mire** /ˈmaɪəʳ/ SYN N (liter) (= mud) fange f (liter) ; (= swampy ground) bourbier m ◆ **to drag sb's**

**name through the mire** traîner (le nom de) qn dans la fange or la boue

**mired** /ˈmaɪəd/ ADJ (esp liter) ①(= dirtied) ◆ **mired in mud** [vehicle] embourbé ; [road] recouvert de boue
② (= involved) ◆ **mired in debt** endetté jusqu'au cou ◆ **mired in scandal** fortement compromis dans un scandale

**mirror** /ˈmɪrə<sup>r</sup>/ SYN
N miroir m, glace f ; [of vehicle] rétroviseur m ; (fig) miroir m ◆ **hand mirror** miroir m à main ◆ **pocket mirror** miroir m de poche ◆ **to look at o.s. in the mirror** se regarder dans le miroir or dans la glace ◆ **it holds a mirror (up) to...** (fig) cela reflète...
VT (lit, fig) refléter ◆ **to be mirrored in** or **by sth** se refléter dans qch
COMP **mirror ball** N boule f (à facettes en miroir) **mirror carp** N (= fish) carpe f miroir **mirror image** N image f inversée **mirror site** N (Comput) site m miroir **mirror writing** N écriture f en miroir

**mirth** /mɜːθ/ SYN N (NonC) hilarité f ◆ **this remark caused some mirth** cette remarque a déclenché une certaine hilarité

**mirthful** /ˈmɜːθfʊl/ SYN ADJ (liter) gai, joyeux

**mirthless** /ˈmɜːθlɪs/ ADJ sans joie

**mirthlessly** /ˈmɜːθlɪslɪ/ ADV sans joie

**MIRV** /mɜːv/ (abbrev of **Multiple Independently Targeted Re-entry Vehicle**) MIRV m

**miry** /ˈmaɪərɪ/ ADJ (liter) fangeux (liter), bourbeux

**MIS** /ˌemaɪˈes/ N (abbrev of **management information system**) SIG m

**misadventure** /ˌmɪsədˈventʃə<sup>r</sup>/ SYN N mésaventure f ; (less serious) contretemps m ◆ **death by misadventure** (Jur) mort f accidentelle

**misalignment** /ˌmɪsəˈlaɪnmənt/ N mauvais alignement m ◆ **the dollar misalignment** le mauvais alignement du dollar

**misalliance** /ˌmɪsəˈlaɪəns/ N mésalliance f

**misandrist** /mɪsˈændrɪst/ ADJ, N misandre f

**misandrous** /mɪsˈændrəs/ ADJ misandre

**misandry** /ˈmɪsəndrɪ/ N misandrie f

**misanthrope** /ˈmɪzənθrəʊp/ SYN N misanthrope mf

**misanthropic** /ˌmɪzənˈθrɒpɪk/ ADJ [person] misanthrope ; [feeling, mood, view] de misanthrope

**misanthropist** /mɪˈzænθrəpɪst/ N misanthrope mf

**misanthropy** /mɪˈzænθrəpɪ/ N misanthropie f

**misapplication** /ˌmɪsæplɪˈkeɪʃən/ N [of knowledge] usage m impropre ; [of funds] détournement m

**misapply** /ˌmɪsəˈplaɪ/ VT [+ discovery, knowledge] mal employer, mal appliquer ; [+ abilities, intelligence] mal employer ; [+ money, funds] détourner

**misapprehend** /ˈmɪsˌæprɪˈhend/ SYN VT mal comprendre, se faire une idée fausse de or sur

**misapprehension** /ˈmɪsˌæprɪˈhenʃən/ SYN N malentendu m, méprise f ◆ **there seems to be some misapprehension** il semble y avoir malentendu or méprise

**misappropriate** /ˌmɪsəˈprəʊprɪeɪt/ SYN VT [+ money, funds] détourner

**misappropriation** /ˌmɪsəˌprəʊprɪˈeɪʃən/ N détournement m

**misbegotten** /ˌmɪsbɪˈɡɒtn/ ADJ ①(lit : liter) illégitime, bâtard
② (fig = misguided) [plan, scheme] mal conçu, malencontreux

**misbehave** /ˌmɪsbɪˈheɪv/ SYN VI se conduire mal ; [child] ne pas être sage, se tenir mal

**misbehaviour, misbehavior** (US) /ˈmɪsbɪˈheɪvjə<sup>r</sup>/ SYN N [of person, child] mauvaise conduite f ; (stronger) inconduite f

**misbelief** /ˌmɪsbɪˈliːf/ SYN N (Rel) croyance f fausse

**misbeliever** /ˌmɪsbɪˈliːvə<sup>r</sup>/ N (Rel) mécréant(e) m(f)

**misc.** ADJ (abbrev of **miscellaneous**) divers

**miscalculate** /mɪsˈkælkjʊleɪt/ SYN
VT mal calculer
VI (fig) se tromper

**miscalculation** /ˈmɪsˌkælkjʊˈleɪʃən/ N (lit, fig) erreur f de calcul, mauvais calcul m

**miscall** /mɪsˈkɔːl/ VT mal nommer, appeler à tort

**miscarriage** /ˈmɪsˈkærɪdʒ/ SYN N ①[of plan etc] insuccès m, échec m ; [of letter, goods] perte f ◆ **miscarriage of justice** erreur f judiciaire
② (Med) fausse couche f ◆ **to have a miscarriage** faire une fausse couche

**miscarry** /ˌmɪsˈkærɪ/ SYN VI ①[plan, scheme] échouer, avorter ; [letter, goods] s'égarer, ne pas arriver à destination
② (Med) faire une fausse couche

**miscast** /ˈmɪsˈkɑːst/ (pret, ptp **miscast**) VT (Cine, Theat etc) ◆ **the play has been miscast** la distribution est mauvaise ◆ **he was miscast** on n'aurait pas dû lui donner or attribuer ce rôle

**miscegenation** /ˌmɪsɪdʒɪˈneɪʃən/ N croisement m entre races (humaines)

**miscellanea** /ˌmɪsəˈleɪnɪə/ NPL mélanges mpl

**miscellaneous** /ˌmɪsɪˈleɪnɪəs/ SYN
ADJ [people, objects, writings, costs] divers ; [collection] hétéroclite ◆ **categorized** or **classified as "miscellaneous"** classé « divers » ◆ **"miscellaneous"** (on agenda) « divers »
COMP **miscellaneous expenses** NPL frais mpl divers
**miscellaneous items** NPL (Comm) articles mpl divers ; (Press) faits mpl divers

**miscellany** /mɪˈseləni/ SYN N [of objects etc] collection f hétéroclite ; (Literat) sélection f, anthologie f ; (Rad, TV) sélection f, choix m ◆ **miscellanies** (Literat) miscellanées fpl, (volume m de) mélanges mpl

**mischance** /ˌmɪsˈtʃɑːns/ SYN N mésaventure f, malchance f ◆ **by (a) mischance** par malheur

**mischief** /ˈmɪstʃɪf/ SYN
N ①(NonC = roguishness) malice f, espièglerie f ; (= naughtiness) sottises fpl, polissonnerie f ; (= maliciousness) méchanceté f ◆ **he's up to (some) mischief** [child] il (nous) prépare une sottise ; [adult] (in fun) il (nous) prépare une farce or niche ; (from malice) il médite un mauvais tour or coup ◆ **he's always up to some mischief** il trouve toujours une sottise or niche à faire ◆ **to get into mischief** [child only] faire des sottises, faire des siennes ◆ **to keep sb out of mischief** empêcher qn de faire des sottises or des bêtises, garder qn sur le droit chemin (hum) ◆ **the children managed to keep out of mischief** les enfants sont arrivés à ne pas faire de sottises, les enfants ont même été sages ◆ **he means mischief** [child] il va sûrement faire une sottise ; [adult] (in fun) il va sûrement faire une farce ; (from malice) il est mal intentionné ◆ **out of sheer mischief** (for fun) par pure espièglerie ; (from malice) par pure méchanceté ◆ **full of mischief** espiègle, plein de malice ◆ **bubbling over with mischief** pétillant de malice ◆ **to make mischief (for sb)** créer des ennuis (à qn) ◆ **to make mischief between two people** semer la zizanie or la discorde entre deux personnes
② (* = child) polisson(ne) m(f), petit(e) vilain(e) m(f)
③ (= injury, damage) mal m ; (to ship, building etc) dommage m, dégât(s) m(pl) ◆ **to do sb a mischief** * faire mal à qn ◆ **to do o.s. a mischief** se faire mal
COMP **mischief-maker** N semeur m, -euse f de discorde, faiseur m, -euse f d'histoires ; (esp gossip) mauvaise langue f

**mischievous** /ˈmɪstʃɪvəs/ SYN ADJ ①(= impish) [person, nature, smile, glance] malicieux ; (= naughty) [child, trick] vilain ; [kitten, behaviour] espiègle
② (= malicious) [person, behaviour, attempt, suggestion, rumour] malveillant

**mischievously** /ˈmɪstʃɪvəslɪ/ ADV ①(= impishly) [say, smile] malicieusement ; (= naughtily) [behave] mal
② (= maliciously) [suggest, claim, attempt] avec malveillance

**mischievousness** /ˈmɪstʃɪvəsnɪs/ N (= roguishness) malice f, espièglerie f ; (= naughtiness) polissonnerie f

**miscible** /ˈmɪsɪbl/ ADJ miscible

**misconceive** /ˌmɪskənˈsiːv/
VT mal comprendre, mal interpréter
VI se tromper, se méprendre (of sur)

**misconceived** /ˌmɪskənˈsiːvd/ ADJ [policy, plan, approach] peu judicieux ; [idea] faux (fausse f), erroné

**misconception** /ˌmɪskənˈsepʃən/ SYN N ①(= wrong idea/opinion) idée f/opinion f fausse or erronée
② (= misunderstanding) malentendu m, méprise f

**misconduct** /ˌmɪsˈkɒndʌkt/ SYN
N ①(= bad behaviour) mauvaise conduite f ; (Jur: sexual) adultère m ; (Sport) mauvaise conduite f ◆ **to be sacked for misconduct** être licencié pour faute professionnelle ◆ **gross misconduct** faute f (professionnelle) grave ◆ **professional misconduct** faute f professionnelle ◆ **allegations of police misconduct** des allégations fpl selon lesquelles la police aurait commis des abus
② (= bad management) [of business etc] mauvaise administration f or gestion f
VT /ˌmɪskənˈdʌkt/ [+ business] mal diriger, mal gérer ◆ **to misconduct o.s.** † se conduire mal

**misconstruction** /ˌmɪskənˈstrʌkʃən/ N (= misinterpretation) fausse interprétation f ◆ **words open to misconstruction** mots qui prêtent à méprise or contresens

**misconstrue** /ˌmɪskənˈstruː/ VT [+ acts, words] mal interpréter

**miscount** /ˈmɪsˈkaʊnt/
N (gen) mécompte m ; (Pol: during election) erreur f de comptage or dans le décompte des voix
VTI mal compter

**miscreant** /ˈmɪskrɪənt/ N (frm) scélérat(e) m(f), gredin(e) m(f)

**miscue** /ˌmɪsˈkjuː/
N (Billiards) fausse queue f
VI ①(Billiards) faire une fausse queue
② (Theat) manquer sa réplique

**misdate** /ˌmɪsˈdeɪt/ VT mal dater ◆ **the letter was misdated** la lettre ne portait pas la bonne date

**misdeal** /ˈmɪsˈdiːl/ (vb: pret, ptp **misdealt**) (Cards)
N maldonne f
VTI ◆ **to misdeal (the cards)** faire maldonne

**misdeed** /ˈmɪsˈdiːd/ N méfait m, mauvaise action f ; (stronger) crime m

**misdemeanour, misdemeanor** (US) /ˌmɪsdɪˈmiːnə<sup>r</sup>/ SYN N ①(= misdeed) incartade f, écart m de conduite ; (more serious) méfait m
② (Jur) (Brit) infraction f, contravention f ; (US) délit m

**misdescribe** /ˌmɪsdɪˈskraɪb/ VT [+ goods for sale] décrire de façon mensongère

**misdiagnose** /ˌmɪsdaɪəɡˈnəʊz/ VT ①(Med) [+ illness] faire une erreur de diagnostic au sujet de ; [+ patient] faire une erreur de diagnostic sur
② (= analyse wrongly) [+ problem, situation] faire une erreur d'analyse quant à

**misdiagnosis** /ˌmɪsdaɪəɡˈnəʊsɪs/ N (pl **misdiagnoses** /ˌmɪsdaɪəɡˈnəʊsiːz/) ①(Med) [of illness] erreur f de diagnostic
② (= wrong analysis) [of problem, situation] erreur f d'analyse

**misdirect** /ˌmɪsdɪˈrekt/ VT [+ letter etc] mal acheminer ; [+ person] mal renseigner ; [+ blow, efforts] mal diriger, mal orienter ; [+ operation, scheme] mener mal ◆ **to misdirect the jury** (Jur) mal instruire le jury

**misdirection** /ˌmɪsdɪˈrekʃən/ N [of letter etc] erreur f d'acheminement ; [of blow, efforts] mauvaise orientation f ; [of operation, scheme] mauvaise conduite f

**miser** /ˈmaɪzə<sup>r</sup>/ SYN N avare mf, grippe-sou m

**miserable** /ˈmɪzərəbl/ SYN ADJ ①(= unhappy) [person, face, look, experience] malheureux ◆ **to feel miserable** (= unhappy) ne pas avoir le moral ; (= unwell) être mal en point ◆ **to make sb's life miserable, to make life miserable for sb** [person] mener la vie dure à qn ; [illness] gâcher la vie à qn ◆ **don't look so miserable!** ne fais pas cette tête ! ◆ **she's been having a miserable time recently** la vie n'est pas drôle pour elle en ce moment ◆ **we had a miserable time on holiday** nos vacances ont été un vrai cauchemar
② ◆ **miserable weather** * (= awful) un temps affreux, un très sale temps ; (= depressing, overcast) un temps maussade
③ (= wretched, abject) [person, place, conditions, life, existence] misérable ; [sight] lamentable, déplorable ; [failure] lamentable
④ (= paltry) [number, amount] dérisoire ; [offer] minable ; [salary] dérisoire, de misère ; [meal] piteux ; [gift] miteux ◆ **a miserable 10 euros** la somme dérisoire de 10 euros

**miserably** /ˈmɪzərəblɪ/ ADV (= unhappily) [say, look, smile, nod] d'un air malheureux ◆ **a miserably unhappy family** une famille des plus misérables et malheureuses ◆ **it was miserably cold and wet** il faisait désagréablement froid et humide

**misère** /mɪˈzɛə{r}/ N (Cards) misère f

**miserliness** /ˈmaɪzəlɪnɪs/ N avarice f

**miserly** /ˈmaɪzəlɪ/ SYN ADJ 1 (= mean) [person] avare (with sth de qch)
2 (= parsimonious) [sum, amount, offer] dérisoire ◆ **a miserly 8 dollars** 8 malheureux dollars

**misery** /ˈmɪzərɪ/ SYN
N 1 (= unhappiness) tristesse f, douleur f ; (= suffering) souffrances fpl, supplice m ; (= wretchedness) misère f, détresse f ◆ **the miseries of mankind** la misère de l'homme ◆ **a life of misery** une vie de misère ◆ **to make sb's life a misery** [person] mener la vie dure à qn ; [illness] gâcher la vie de qn ◆ **to put an animal out of its misery** achever un animal ◆ **put him out of his misery and tell him the results** abrégez son supplice et donnez-lui les résultats
2 (Brit * = gloomy person) (child) pleurnicheur m, -euse f ; (adult) grincheux m, -euse f, rabat-joie m inv ◆ **what a misery you are!** ce que tu peux être grincheux or rabat-joie !
COMP **misery-guts** N râleur* m, -euse* f, rabat-joie m inv

**misfile** /ˌmɪsˈfaɪl/ VT mal classer

**misfire** /ˈmɪsfaɪə{r}/ SYN VI [gun] faire long feu, rater ; [plan] rater, foirer* ; [joke] tomber à plat ; [car engine] avoir des ratés

**misfit** /ˈmɪsfɪt/ SYN N 1 (Dress) vêtement m mal réussi or qui ne va pas bien
2 (fig = person) inadapté(e) m(f) ◆ **he's always been a misfit here** il ne s'est jamais intégré ici, il n'a jamais su s'adapter ici ◆ **"The Misfits"** (Cine) « Les Désaxés » ; → **social**

**misfortune** /mɪsˈfɔːtʃən/ SYN N (single event) malheur m ; (NonC = bad luck) malchance f, infortune f (liter) ◆ **misfortunes never come singly** un malheur n'arrive jamais seul ◆ **misfortune dogs his footsteps** (liter) il joue de malchance ◆ **he'd had more than his fair share of misfortune** il avait eu plus que sa part de malheur ◆ **companion in misfortune** compagnon m or compagne f d'infortune ◆ **it is his misfortune that he is deaf** pour son malheur il est sourd ◆ **I had the misfortune to meet him** par malheur or par malchance je l'ai rencontré ◆ **that's your misfortune!** tant pis pour toi !

**misgiving** /mɪsˈɡɪvɪŋ/ SYN N (= worries) inquiétude f ; (= doubts) doutes mpl ◆ **to have misgivings about sb/sth** avoir des doutes au sujet de qn/qch ◆ **her son is already having misgivings about religion** son fils se pose déjà des questions sur la religion ◆ **not without some misgiving(s)** non sans hésitation

**misgovern** /ˌmɪsˈɡʌvən/ VTI mal gouverner, mal administrer

**misgovernment** /ˌmɪsˈɡʌvənmənt/ N mauvaise gestion f

**misguided** /ˌmɪsˈɡaɪdɪd/ SYN ADJ [person] dans l'erreur ; [attempt] peu judicieux ; [patriotism, idealism] fourvoyé ; [belief, view, policy] erroné ◆ **to be misguided in sth/in doing sth** faire erreur en ce qui concerne qch/en faisant qch ◆ **it would be misguided to do that** ce serait une erreur de faire cela

**misguidedly** /ˌmɪsˈɡaɪdɪdlɪ/ ADV malencontreusement, peu judicieusement, à mauvais escient

**mishandle** /ˌmɪsˈhændl/ SYN VT 1 (= treat roughly) [+ object] manier or manipuler sans précaution
2 (= mismanage) [+ person] mal prendre, mal s'y prendre avec ; [+ problem] mal traiter, mal aborder ◆ **he mishandled the whole situation** il a mal géré l'ensemble de la situation

**mishap** /ˈmɪshæp/ SYN N mésaventure f ◆ **slight mishap** contretemps m , anicroche f ◆ **without mishap** sans encombre ◆ **he had a mishap** il lui est arrivé une (petite) mésaventure

**mishear** /ˌmɪsˈhɪə{r}/ (pret, ptp **misheard** /ˌmɪsˈhɜːd/) VT mal entendre

**mishit** /ˈmɪshɪt/
N coup m manqué
VT [+ ball] mal jouer

**mishmash*** /ˈmɪʃmæʃ/ N méli-mélo* m

**misinform** /ˌmɪsɪnˈfɔːm/ SYN VT mal renseigner

**misinformation** /ˌmɪsɪnfəˈmeɪʃən/ N désinformation f

**misinterpret** /ˌmɪsɪnˈtɜːprɪt/ SYN VT mal interpréter, prendre à contresens

**misinterpretation** /ˌmɪsɪnˌtɜːprɪˈteɪʃən/ N interprétation f erronée (of de), contresens m ◆ **open to misinterpretation** qui prête à confusion

**misjudge** /ˌmɪsˈdʒʌdʒ/ SYN VT [+ amount, numbers, time] mal évaluer ; (= underestimate) sous-estimer ; [+ person] méjuger, se méprendre sur le compte de

**misjudg(e)ment** /ˌmɪsˈdʒʌdʒmənt/ N [of person, situation, mood, attitude] appréciation f erronée ; [of time, distance, speed, amount] mauvaise évaluation f ◆ **the government's economic misjudg(e)ments** les erreurs de jugement du gouvernement en matière d'économie

**miskick** /ˌmɪsˈkɪk/
VT ◆ **to miskick the ball** rater son coup de pied
N coup m de pied raté

**mislay** /mɪsˈleɪ/ SYN (pret, ptp **mislaid**) VT égarer

**mislead** /ˌmɪsˈliːd/ SYN (pret, ptp **misled**) VT (accidentally) induire en erreur, tromper ; (deliberately) tromper, fourvoyer

**misleading** /ˌmɪsˈliːdɪŋ/ SYN ADJ [information, report, statement] trompeur ◆ **misleading advertising** publicité f mensongère ◆ **it would be misleading to suggest that...** il serait trompeur de suggérer que...

**misleadingly** /ˌmɪsˈliːdɪŋlɪ/ ADV [describe] de façon trompeuse

**misled** /ˌmɪsˈled/ VB pt, ptp of **mislead**

**mislike** † /mɪsˈlaɪk/ VT ne pas aimer, détester

**mismanage** /ˌmɪsˈmænɪdʒ/ SYN VT [+ business, estate, shop] mal gérer, gérer en dépit du bon sens ; [+ institution, organization] mal administrer ◆ **the whole situation has been mismanaged** l'affaire a été mal gérée d'un bout à l'autre

**mismanagement** /ˌmɪsˈmænɪdʒmənt/ N mauvaise gestion f or administration f

**mismarriage** /mɪsˈmærɪdʒ/ N mésalliance f

**mismatch** /mɪsˈmætʃ/ N [of objects] disparité f ; [of colours, styles] dissonance f

**mismatched** /mɪsˈmætʃt/ ADJ [people, things] mal assortis

**misname** /ˌmɪsˈneɪm/ VT donner un nom inexact or impropre à, mal nommer

**misnomer** /ˌmɪsˈnəʊmə{r}/ N terme m impropre ◆ **that is a misnomer** c'est un terme qui ne convient guère

**miso** /ˈmiːsəʊ/ N (Culin) miso m

**misogamist** /mɪˈsɒɡəmɪst/ N misogame mf

**misogamy** /mɪˈsɒɡəmɪ/ N misogamie f

**misogynist** /mɪˈsɒdʒɪnɪst/
N misogyne mf
ADJ (= misogynistic) misogyne

**misogynistic** /mɪˌsɒdʒɪˈnɪstɪk/ ADJ misogyne

**misogynous** /mɪˈsɒdʒɪnəs/ ADJ misogyne

**misogyny** /mɪˈsɒdʒɪnɪ/ N misogynie f

**mispickel** /ˈmɪspɪkəl/ N mispickel m

**misplace** /ˈmɪspleɪs/ SYN VT 1 [+ object, word] mal placer, ne pas mettre où il faudrait ; [+ affection, trust] mal placer
2 (= lose) égarer

**misplaced** /ˈmɪspleɪst/
ADJ [remark, humour] déplacé
COMP **misplaced modifier** N (Gram) participe amphibologique

**misprint** /ˈmɪsprɪnt/ SYN
N faute f d'impression or typographique, coquille f
VT /ˌmɪsˈprɪnt/ imprimer mal or incorrectement

**mispronounce** /ˌmɪsprəˈnaʊns/ VT prononcer de travers, écorcher

**mispronunciation** /ˌmɪsprəˌnʌnsɪˈeɪʃən/ N prononciation f incorrecte (of de), faute(s) f(pl) de prononciation

**misquotation** /ˌmɪskwəʊˈteɪʃən/ N citation f inexacte

**misquote** /ˌmɪsˈkwəʊt/ SYN VT citer faussement or inexactement ◆ **he was misquoted in the press** la presse a déformé ses propos ◆ **he was misquoted as having said...** on lui a incorrectement fait dire que... ◆ **he said that he had been misquoted** il a dit qu'on avait déformé ses propos

**misread** /ˌmɪsˈriːd/ (pret, ptp **misread** /ˌmɪsˈred/) VT
1 (lit) [+ word] mal lire ◆ **he misread "bat" as "rat"** il s'est trompé et a lu « rat » au lieu de « bat »
2 (fig = misinterpret) [+ sb's reply, signs etc] mal interpréter, se tromper sur ◆ **he misread the statements as promises of...** il s'est mépris sur les déclarations en y voyant des promesses de..., il a vu à tort dans ces déclarations des promesses de... ◆ **he misread the whole situation** il a interprété la situation de façon tout à fait incorrecte

**misremember** /ˌmɪsrɪˈmembə{r}/ VT (esp US : frm) se tromper (dans son souvenir) sur

**misrepresent** /ˈmɪsˌreprɪˈzent/ SYN VT [+ facts] dénaturer, déformer ; [+ person] présenter sous un faux jour, donner une impression incorrecte de ◆ **he was misrepresented in the press** (= wrongly portrayed) la presse a donné de lui une image inexacte ; (= misquoted) la presse a déformé ses propos

**misrepresentation** /ˈmɪsˌreprɪzenˈteɪʃən/ N déformation f, présentation f déformée ◆ **their misrepresentation of the facts...** le fait qu'ils aient déformé les faits... ◆ **the programme is guilty of bias and misrepresentation** l'émission véhicule des préjugés et déforme la réalité

**misrule** /ˌmɪsˈruːl/ SYN
N 1 (= bad government) mauvaise administration f
2 (= disorder) désordre m, anarchie f
VT gouverner mal

**miss** /mɪs/ SYN
N 1 (= shot etc) coup m manqué or raté ; (* = omission) manque m, lacune* f ; (* = mistake) erreur f, faute f ◆ **a miss is as good as a mile** (Prov) rater c'est rater (même de justesse) ; → **hit, near**
◆ **to give sth a miss*** se passer de qch ◆ **to give a concert/a lecture/the Louvre a miss*** se passer d'aller à un concert/à une conférence/au Louvre ◆ **I'll give the wine a miss this evening*** je me passerai de vin ce soir ◆ **I'll give my evening class a miss this week*** tant pis pour mon cours du soir cette semaine ◆ **oh give it a miss!*** ça suffit !, arrête !
2 (= failure) four m, bide* m ◆ **they voted the record a miss*** le disque a été jugé minable*
VT 1 (= fail to hit) [+ target, goal] manquer ◆ **the shot just missed me** la balle m'a manqué de justesse or d'un cheveu ◆ **the plane just missed the tower** l'avion a failli toucher la tour
2 (= fail to find, catch, use etc) [+ vocation, opportunity, appointment, train, person to be met, cue, road, turning] manquer, rater ; [+ house, thing looked out for, solution] ne pas trouver, ne pas voir ; [+ meal] sauter ; [+ class, lecture] manquer ◆ **you haven't missed much!** (iro) vous n'avez pas manqué or perdu grand-chose ! ◆ **we missed the tide** nous avons manqué la marée ◆ **you missed your vocation** vous avez raté votre vocation ◆ **to miss the boat*or the bus*** louper le coche* ◆ **to miss one's cue** (Theat) manquer sa réplique ; (fig) rater l'occasion, manquer le coche* ◆ **to miss one's footing** glisser ◆ **she doesn't miss much or a trick*** rien ne lui échappe ◆ **to miss one's way** perdre son chemin, s'égarer ◆ **you can't miss our house** vous trouverez tout de suite notre maison ◆ **you mustn't miss (seeing) this film** ne manquez pas (de voir) or ne ratez pas ce film, c'est un film à ne pas manquer or rater ◆ **don't miss the Louvre** ne manquez pas d'aller au Louvre ◆ **if we go that way we'll miss Bourges** si nous prenons cette route nous ne verrons pas Bourges ◆ **I missed him at the station by five minutes** je l'ai manqué or raté de cinq minutes à la gare ◆ **to miss a payment (on sth)** sauter un versement (pour qch) ◆ **I've never missed a payment on my mortgage** je n'ai jamais sauté de versement pour mon emprunt immobilier
3 [+ remark, joke, meaning] (= not hear) manquer, ne pas entendre ; (= not understand) ne pas comprendre, ne pas saisir ◆ **I missed what you said** je n'ai pas entendu ce que vous avez dit ◆ **I missed that** je n'ai pas entendu, je n'ai pas compris ◆ **I missed the point of that joke** je n'ai pas compris ce que ça avait de drôle, je n'ai pas saisi l'astuce ◆ **you've missed the whole point!** vous n'avez rien compris !, vous avez laissé passer l'essentiel !
4 (= escape, avoid) [+ accident, bad weather] échapper à ◆ **he narrowly missed being killed** il a manqué or il a bien failli se (faire) tuer
5 (= long for) [+ person] regretter (l'absence de) ◆ **I do miss Paris** Paris me manque beaucoup ◆ **we miss you very much** nous regrettons beaucoup ton absence, tu nous manques beau-

coup ◆ **are you missing me?** est-ce que je te manque ? ◆ **they're missing one another** ils se manquent l'un à l'autre ◆ **he will be greatly missed** on le regrettera beaucoup ◆ **he won't be missed** personne ne le regrettera,bon débarras ◆ **I miss the old trams** je regrette les vieux trams ◆ **I miss the sunshine/the freedom** le soleil/la liberté me manque ◆ **I miss going to concerts** les concerts me manquent

6 *(= notice loss of) [+ money, valuables]* remarquer l'absence *or* la disparition de ◆ **I suddenly noticed I was missing my wallet** tout d'un coup je me suis aperçu que je n'avais plus mon portefeuille ◆ **I'm missing 8 dollars*** il me manque 8 dollars ◆ **here's your hat back – I hadn't even missed it!** je vous rends votre chapeau – je ne m'étais même pas aperçu *or* n'avais même pas remarqué que je ne l'avais plus ! ◆ **you can keep that pen, I won't miss it** vous pouvez garder ce stylo, je n'en aurai pas besoin ◆ **missed call** appel en absence

**VI** *[shot, person]* manquer son coup, rater ◆ **you can't miss!** *(fig)* vous ne pouvez pas ne pas réussir ! ; see also **missing**

▸ **miss out**

**VT SEP** *(esp Brit)* 1 *(accidentally) [+ name, word, line of verse, page]* sauter, oublier ; *(in distributing sth) [+ person]* sauter, oublier

2 *(on purpose) [+ course at meal]* ne pas prendre, sauter ; *[+ name on list]* omettre ; *[+ word, line of verse, page]* laisser de côté, sauter ; *[+ concert, lecture, museum]* ne pas aller à ; *(in distributing sth) [+ person]* omettre

**VI** *(= lose out)* ◆ **I feel my children miss out because we don't have much money** j'ai l'impression que mes enfants sont désavantagés parce que nous n'avons pas beaucoup d'argent ◆ **I feel I missed out by not having my father around when I was growing up** j'ai le sentiment que l'absence de mon père pendant mon enfance m'a privé de quelque chose d'important

▸ **miss out on*** **VT FUS** 1 *(= fail to benefit from) [+ opportunity, bargain]* rater, louper* ; *[+ one's share]* ne pas recevoir, perdre ◆ **he missed out on several good deals** il a raté *or* loupé* plusieurs bonnes affaires

2 *(= come off badly)* ◆ **he missed out on the deal** il n'a pas obtenu tout ce qu'il aurait pu de l'affaire ◆ **make sure you don't miss out on anything** vérifie que tu reçois ton dû

**miss²** /mɪs/ SYN **N** 1 Mademoiselle *f* ◆ **Miss Smith** Mademoiselle Smith, Mlle Smith ◆ **the Misses Smith** † les demoiselles *fpl* Smith ; *(on letter)* Mesdemoiselles Smith ◆ **Dear Miss Smith** *(in letter)* Chère Mademoiselle ◆ **yes Miss Smith** oui, Mademoiselle ◆ **yes, miss*** oui, Mademoiselle ◆ **Miss France 2000** Miss France 2000

2 †* petite *or* jeune fille *f* ◆ **the modern miss** la jeune fille moderne ◆ **she's a cheeky little miss** c'est une petite effrontée

**Miss.** abbrev of **Mississippi**

**missal** /ˈmɪsəl/ **N** missel *m*

**mis-sell** /mɪsˈsel/ (pt, pp **mis-sold**) **VT** ◆ **to mis-sell pensions** vendre des contrats de retraite lésant les souscripteurs *or* de contrats de retraite inadaptés ◆ **to be mis-sold a pension** souscrire un contrat de retraite inadapté

**mis-selling** /mɪsˈselɪŋ/ **N** ◆ **the mis-selling of pensions** la vente de contrats de retraite lésant les souscripteurs *or* de contrats de retraite inadaptés

**misshapen** /ˈmɪsˈʃeɪpən/ SYN **ADJ** difforme

**missile** /ˈmɪsaɪl/ SYN

**N** *(Mil)* missile *m* ; *(= stone etc thrown)* projectile *m* ; → **ballistic, ground¹, guided**

**COMP** **missile base** **N** base *f* de missiles (*or* fusées)

**missile launcher** **N** lance-missiles *m inv*

**missilery** /ˈmɪsaɪlrɪ/ **N** *(= collection)* missiles *mpl*

**missing** /ˈmɪsɪŋ/ SYN

**ADJ** 1 *(= lost)* ◆ **to be missing** *[person, object]* avoir disparu*(from sth* de qch) ◆ **to go missing** disparaître ◆ **there is one plate missing, one plate has gone** *or* **is missing** il manque une assiette ◆ **missing luggage** bagages *mpl* égarés

2 *(= lacking)* ◆ **to be missing** *[person, object, details, information]* manquer*(from sth* à qch) ◆ **two pieces are missing** il manque deux pièces ◆ **how many are missing?** combien en manque-t-il ? ◆ **there's nothing missing** il ne manque rien,tout y est ◆ **there's a button missing on** *or* **from my jacket** il manque un bouton à ma veste ◆ **he had a tooth missing** il lui manquait une dent, il avait une dent en moins ◆ **fill in the missing words** trouvez les mots manquants *or* qui manquent

3 *[serviceman, fisherman, plane]* porté disparu ◆ **missing in action adj** porté disparun soldat *m etc* porté disparu ◆ **missing (and) presumed dead, missing believed killed** *or* **presumed dead, reported missing** porté disparu ◆ **one of our aircraft is missing** un de nos avions n'est pas rentré

**COMP** **the missing link** **N** *(Anthropology)* le chaînon manquant ; *(detail)* l'élément *m* manquant

**missing person** **N** personne *f* disparue ◆ **missing persons file** fichier *m* des personnes disparues

**Missing Persons*** **N** *(US)* ⇒ **Missing Persons Bureau**

**Missing Persons Bureau** **N** *service de police enquêtant sur les personnes disparues*

**mission** /ˈmɪʃən/ SYN

**N** *(all senses)* mission *f* ◆ **foreign missions** *(Rel)* missions *fpl* étrangères ◆ **to send sb on a mission to sb** envoyer qn en mission auprès de qn ◆ **his mission in life is to help others** il s'est donné pour mission d'aider autrui ; → **trade**

**COMP** **mission control** **N** *(Space etc)* centre *m* de contrôle

**mission controller** **N** ingénieur *m* du centre de contrôle

**mission statement** **N** *(= description of work to be done)* cahier *m* des charges

**missionary** /ˈmɪʃənrɪ/ SYN

**N** missionnaire *mf*

**COMP** *[work, duties]* missionnaire ; *[society]* de missionnaires

**missionary position** **N** *(sex)* position *f* du missionnaire

**missis**⁑ /ˈmɪsɪz/ **N** ◆ **the/my missis** *(= wife)* la/ma bourgeoise⁑ ◆ **the missis** *(= boss)* la patronne⁑ ◆ **hey missis!** eh, Madame !*

**Mississippi** /ˌmɪsɪˈsɪpɪ/ **N** *(= state, river)* Mississippi *m* ◆ **in Mississippi** dans le Mississippi ◆ **the Mississippi Delta** le delta du Mississippi

**missive** /ˈmɪsɪv/ SYN **N** missive *f*

**Missouri** /mɪˈzʊərɪ/ **N** *(= state, river)* Missouri *m* ◆ **in Missouri** dans le Missouri ◆ **I'm from Missouri*** *(US fig)* je veux des preuves

**misspell** /ˈmɪsˈspel/ (pret, ptp **misspelled** *or* **misspelt**) **VT** mal écrire, mal orthographier

**misspelling** /ˈmɪsˈspelɪŋ/ **N** 1 *(= mistake)* faute *f* d'orthographe

2 *(= mistakes)* fautes *fpl* d'orthographe

**misspend** /ˈmɪsˈspend/ (pret, ptp **misspent**) **VT** *[+ money]* dépenser à mauvais escient, gaspiller ; *[+ time, strength, talents]* mal employer, gaspiller

**misspent** /ˌmɪsˈspent/

**VB** pret, ptp of **misspend**

**ADJ** ◆ **misspent youth** folle jeunesse *f*

**misstate** /ˈmɪsˈsteɪt/ **VT** rapporter incorrectement

**misstatement** /ˈmɪsˈsteɪtmənt/ **N** rapport *m* inexact

**missus**⁑ /ˈmɪsɪz/ **N** ⇒ **missis**

**missy** †* /ˈmɪsɪ/ **N** ma petite demoiselle*

**mist** /mɪst/ SYN

**N** *(Weather)* brume *f* ; *(on glass)* buée *f* ; *(before eyes)* brouillard *m* ; *[of perfume, dust etc]* nuage *m* ; *[of ignorance, tears]* voile *m* ◆ **morning/sea mist** brume *f* matinale/de mer ◆ **lost in the mists of time** *(fig liter)* perdu dans la nuit des temps ; → **Scotch**

**VT** (also **mist over, mist up**) *[+ mirror, windscreen, eyes]* embuer

**VI** (also **mist over, mist up**) *[scene, landscape, view]* se couvrir de brume, devenir brumeux ; *[mirror, windscreen, eyes]* s'embuer

**mistakable** /mɪsˈteɪkəbl/ **ADJ** facile à confondre *(with, for* avec)

**mistake** /mɪsˈteɪk/ LANGUAGE IN USE 26.3 SYN (vb: pret **mistook**, ptp **mistaken**)

**N** *(= error) (in judgment, calculation, procedure)* erreur *f* ; *(in spelling, typing etc)* faute *f* ; *(= misunderstanding)* méprise *f* ◆ **there must be** *or* **let there be no mistake about it** qu'on ne s'y méprenne pas *or* ne s'y trompe *subj* pas ◆ **it was a mistake to do that** c'était une erreur de faire cela ◆ **turning down that job was the biggest mistake of his life** en refusant ce poste il a fait la plus grosse erreur *or* bêtise de sa vie ◆ **my mistake was to do...** *or* **in doing...** mon erreur a été de faire... ◆ **my mistake!** c'est (de) ma faute !, mea culpa ! ◆ **there must be some mistake** il doit y avoir erreur ◆ **I took his keys in mistake for mine** j'ai pris ses clés par erreur *or* en croyant prendre les miennes ◆ **they arrested him in mistake for his brother** ils l'ont pris pour son frère *or* l'ont confondu avec son frère et l'ont arrêté ◆ **that's a surprise and no mistake!** pour une surprise c'est une surprise ! ◆ **by mistake** par erreur

◆ **to make + mistake(s)** faire une erreur *or* une faute ; *(= misunderstand)* se tromper ◆ **you're making a big mistake** tu fais une grave *or* lourde erreur ◆ **she doesn't want her daughters to make the same mistakes she did** elle ne veut pas que ses filles fassent les mêmes erreurs qu'elle ◆ **to make the mistake of thinking/doing sth** faire l'erreur de penser/faire qch ◆ **to make a mistake in a calculation** faire une erreur de calcul ◆ **to make a mistake in a dictation** faire une faute dans une dictée ◆ **I made a mistake about the book/about him** je me suis trompé sur le livre/sur son compte ◆ **I made a mistake about** *or* **over the dates** je me suis trompé de dates ◆ **I made a mistake about the** *or* **over the** *or* **which road to take** je me suis trompé de route ◆ **make no mistake about it** ne vous y trompez pas

**VT** *[+ meaning]* mal comprendre, mal interpréter ; *[+ intentions]* se méprendre sur ; *[+ time, road]* se tromper de ◆ **to mistake A for B** prendre A pour B, confondre A avec B

◆ **no mistaking** ◆ **there's no mistaking her voice** il est impossible de ne pas reconnaître sa voix ◆ **there's no mistaking that...** il est indubitable que... ◆ **there's no mistaking it, he...** il ne faut pas s'y tromper, il... ; see also **mistaken**

**mistaken** /mɪsˈteɪkən/ LANGUAGE IN USE 12.1 SYN

**VB** ptp of **mistake**

**ADJ** 1 *(= wrong)* ◆ **to be mistaken (about sb/sth)** se tromper (à propos de qn/qch) ◆ **to be mistaken in thinking that...** se tromper en croyant que... ◆ **I knew I wasn't mistaken!** je savais bien que je ne me trompais pas ! ◆ **unless I'm (very much) mistaken, if I'm not (very much) mistaken** si je ne me trompe, sauf erreur de ma part ◆ **if they think that, then they are very much mistaken** si c'est ce qu'ils croient, eh bien ils se trompent lourdement ◆ **that's just where you're mistaken!** c'est là que vous vous trompez ! ◆ **you couldn't be more mistaken!** vous vous trompez du tout au tout !

2 *(= erroneous) [belief, idea, opinion, conclusion]* erroné ◆ **to do sth in the mistaken belief that...** faire qch en croyant à tort que... ◆ **to be under** *or* **have the mistaken impression that...** avoir l'impression fausse que... ; → **identity**

**mistakenly** /mɪsˈteɪkənlɪ/ SYN **ADV** 1 *(= wrongly) [believe, think, assume]* à tort

2 *(= accidentally) [kill, attack]* par erreur

**mister** /ˈmɪstəʳ/ **N** 1 *(gen shortened to Mr)* monsieur *m* ◆ **Mr Smith** Monsieur Smith,M. Smith ◆ **yes Mr Smith** oui, Monsieur ◆ **Mr Chairman** monsieur le président ◆ **Mister Big*** *(fig)* le caïd⁑, le gros bonnet* ◆ **Mister Right*** *(fig)* l'homme idéal *or* de ses (*or* mes *etc*) rêves

2 ◆ **hey mister!**⁑ eh, Monsieur !*

**mistime** /ˈmɪsˈtaɪm/ **VT** *[+ act, blow, kick]* mal calculer ◆ **mistimed remark** remarque *f* inopportune ◆ **he mistimed it** il a choisi le mauvais moment ◆ **he mistimed his entrance** *[actor]* il a raté son entrée ◆ **to mistime one's arrival** *(= arrive inopportunely)* arriver au mauvais moment ; *(= miscalculate time)* se tromper sur *or* mal calculer son (heure d')arrivée

**mistiming** /ˌmɪsˈtaɪmɪŋ/ **N** ◆ **the mistiming of his arrival** son arrivée malencontreuse ◆ **the mistiming of the announcement** le moment mal choisi de cette annonce

**mistiness** /ˈmɪstɪnɪs/ **N** *[of morning etc]* bruine *f*, état *m* brumeux ; *(on mirror, window pane)* buée *f*

**mistlethrush** /ˈmɪslθrʌʃ/ **N** draine *f or* drenne *f*

**mistletoe** /ˈmɪsltəʊ/ **N** *(NonC)* gui *m*

**mistook** /mɪsˈtʊk/ **VB** pt of **mistake**

**mistranslate** /ˈmɪstrænzˈleɪt/ **VT** mal traduire, faire un (*or* des) contresens en traduisant

**mistranslation** /ˈmɪstrænzˈleɪʃən/ **N** 1 erreur *f* de traduction, contresens *m*

2 *(NonC) [of text etc]* mauvaise traduction *f*, traduction *f* inexacte

**mistreat** /ˌmɪsˈtriːt/ SYN **VT** maltraiter

**mistreatment** /ˌmɪsˈtriːtmənt/ **N** mauvais traitement *m*

**mistress** /ˈmɪstrɪs/ SYN N ① (= lover) maîtresse f ; ( †† = sweetheart) amante* f
② [of household, institution etc] maîtresse f ◆ **is your** or **the mistress at home?** † (to servant) Madame est-elle là ? ◆ **to be one's own mistress** être sa propre maîtresse, être indépendante
③ (Brit † = teacher) (in primary school) maîtresse f, institutrice f ; (in secondary school) professeur m ◆ **the English mistress** le professeur d'anglais
④ ( †† : term of address) madame f

**mistrial** /ˌmɪsˈtraɪəl/ N (Brit, US Jur) procès m entaché d'un vice de procédure ; (US) procès m ajourné pour défaut d'unanimité dans le jury

**mistrust** /ˈmɪsˌtrʌst/ SYN
N méfiance f, défiance f (of à l'égard de)
VT [+ person, sb's motives, suggestion] se méfier de, se défier de (liter) ; [+ abilities] douter de, ne pas avoir confiance en

**mistrustful** /ˌmɪsˈtrʌstfʊl/ SYN ADJ [person, look, glance] méfiant ◆ **to be mistrustful of sb/sth** se méfier de qn/qch

**mistrustfully** /ˌmɪsˈtrʌstfəlɪ/ ADV avec méfiance ; [look, say] d'un air méfiant

**misty** /ˈmɪstɪ/ SYN
ADJ [weather] brumeux ; [day] de brume, brumeux ; [mirror, windowpane] embué ; (fig) [eyes, look] embrumé, embué ; [outline, recollection, idea] nébuleux, flou ◆ **misty blue/grey/green** bleu/gris/vert vaporeux or fondu
COMP **misty-eyed** ADJ (= near tears) qui a les yeux embués de larmes ; (= sentimental) qui a la larme à l'œil

**mistype** /ˌmɪsˈtaɪp/ VT ◆ **her name had been mistyped** il y avait une faute de frappe dans son nom

**misunderstand** /ˌmɪsʌndəˈstænd/ SYN (pret, ptp **misunderstood**) VT [+ words, action, reason] mal comprendre, comprendre de travers ◆ **you misunderstand me** vous m'avez mal compris ◆ **she was misunderstood all her life** toute sa vie elle est restée incomprise

**misunderstanding** /ˌmɪsʌndəˈstændɪŋ/ SYN N malentendu m, méprise f ◆ **there must be some misunderstanding** il doit y avoir méprise or une erreur ◆ **they had a slight misunderstanding** (= disagreement) il y a eu un léger malentendu entre eux

**misunderstood** /ˌmɪsʌndəˈstʊd/ VB pt, ptp of **misunderstand**

**misuse** /ˈmɪsˈjuːs/ SYN
N [of power, authority] abus m ; [of word, tool] usage m impropre or abusif ; [of money, resources, energies, one's time] mauvais emploi m ◆ **misuse of funds** (Jur) détournement m de fonds
VT /ˈmɪsˈjuːz/ [+ power, authority] abuser de ; [+ word] employer improprement or abusivement ; [+ tool, money, resources, energies, one's time] mal employer ; [+ funds] détourner

**MIT** /ˌemaɪˈtiː/ N (US Univ) abbrev of **Massachusetts Institute of Technology**

**mite** /maɪt/ N ① (= ancient coin) denier m ; (as contribution) obole f ◆ **the widow's mite** le denier de la veuve ◆ **he gave his mite to the collection** il a apporté son obole à la souscription
② (= small amount) ◆ **there's not a mite of bread left** il ne reste plus une miette de pain ◆ **not a mite of truth** pas une parcelle or un atome de vérité ◆ **a mite of consolation** une toute petite consolation ◆ **well, just a mite then** bon, mais alors un tout petit peu seulement ◆ **we were a mite surprised**\* nous avons été un tantinet or un rien surpris
③ (= small child) petit(e) m(f) ◆ **poor little mite** (le) pauvre petit
④ (= animal) acarien m ◆ **cheese mite** acarien m ou mite f du fromage

**miter** /ˈmaɪtər/ (US) ⇒ **mitre**

**Mithraic** /mɪθˈreɪɪk/ ADJ mithriaque

**Mithraism** /ˈmɪθreɪɪzəm/ N (Rel) mithr(i)acisme m

**Mithraist** /ˈmɪθreɪɪst/ ADJ (Rel) mithriaque

**Mithras** /ˈmɪθræs/ N Mithra m

**mithridatic** /ˌmɪθrɪˈdætɪk/ ADJ (Med) [method] de mithridatisation ◆ **mithridatic immunity** mithridatisation f

**mithridatism** /ˈmɪθrɪdəˌtɪzəm/ N (Med) mithridatisation f, mithridatisme m

**mitigate** /ˈmɪtɪgeɪt/ SYN
VT [+ punishment, sentence, suffering, sorrow] alléger, atténuer ; [+ effect, evil] atténuer

COMP **mitigating circumstances** NPL circonstances fpl atténuantes

**mitigation** /ˌmɪtɪˈgeɪʃən/ SYN N ① (Jur) [of sentence] réduction f, allègement m
② (= excuse for crime, behaviour) circonstances fpl atténuantes (for pour) ◆ **in mitigation** en guise de circonstances atténuantes ◆ **to tender a plea in mitigation** plaider les circonstances atténuantes
③ (= alleviation) [of problem, illness, suffering] atténuation f ; [of situation] apaisement m

**mitochondrion** /ˌmaɪtəʊˈkɒndrɪən/ N (pl **mitochondria** /ˌmaɪtəʊˈkɒndrɪə/) (Bio) mitochondrie f

**mitosis** /maɪˈtəʊsɪs/ N (Bio) mitose f

**mitotic** /maɪˈtɒtɪk/ ADJ (Bio) mitotique

**mitral** /ˈmaɪtrəl/ ADJ mitral ◆ **mitral valve** valvule f mitrale

**mitre, miter** (US) /ˈmaɪtər/
N (Rel) mitre f ; (Carpentry) onglet m
VT (Carpentry) (= join) [+ frame etc] assembler à or en onglet ; (= cut) [+ corner, end] tailler à onglet
COMP **mitre box** N (Carpentry) boîte f à onglets
**mitre joint** N (assemblage m à) onglet m

**mitt** /mɪt/ N ① ⇒ **mitten**
② (Baseball: also **catcher's mitt**) gant m de baseball
③ (\* = hand) patte\* f, paluche\* f

**mitten** /ˈmɪtn/ N (with cut-off fingers) mitaine f ; (with no separate fingers) moufle f ; (Boxing \*) gant m, mitaine\* f

**mix** /mɪks/ SYN
N ① (= combination) [of styles, types, cultures, emotions] mélange m ◆ **a mix of modern and traditional styles** un mélange de styles modernes et traditionnels ◆ **the company's product mix** les différents articles produits par l'entreprise ◆ **a real mix of people** toutes sortes de gens ◆ **schools which have an ethnic or religious mix** des écoles qui ont des élèves d'origines ethniques ou religieuses variées ◆ **the broad racial mix in this country** le melting-pot or le brassage des races dans ce pays ◆ **the candidate with the correct mix of skills for this job** le candidat possédant la diversité des compétences requises pour cet emploi ◆ **pupils study a broad mix of subjects at this school** les élèves étudient des matières diverses dans cette école ◆ **a mix of plants including roses and lavender** un assortiment de plantes comprenant (notamment) des roses et des lavandes ◆ **shirt in a linen and cotton mix** chemise f en mélange lin et coton ◆ **a wool mix pullover** un pull-over en laine mélangée
② (Culin etc) ◆ **(packet) cake/bread/pizza mix** préparation f pour gâteau/pain/pizza ◆ **cement mix** mortier m
③ (Mus) (= track) version f mixée ; (= mixing process) mixage m
VT ① [+ liquids, ingredients, colours] mélanger (with avec, à) ; [+ small objects] mêler (with avec, à) ; [+ metals] allier, amalgamer ; [+ cement, mortar] malaxer, préparer ; [+ cake, sauce] préparer, faire ; [+ salad] remuer, retourner ◆ **to mix one thing with another** mélanger une chose à or avec une autre ◆ **to mix sth to a smooth paste** (bien) mélanger qch pour obtenir une pâte homogène ◆ **mix the eggs into the sugar** incorporez les œufs au sucre ◆ **he mixed the drinks** il a préparé les boissons ◆ **can I mix you a drink?** je vous sers un verre ? ◆ **never mix your drinks!** évitez toujours les mélanges ! ◆ **to mix business and** or **with pleasure** mêler le travail et l'agrément, joindre l'utile à l'agréable ◆ **to mix one's metaphors** faire des métaphores incohérentes ◆ **to mix and match** mélanger différents types de
② (Mus) [+ track, album] mixer
③ (Brit fig) ◆ **to mix it**\* (= cause trouble) causer des ennuis ; (= quarrel, fight) se bagarrer\*
VI ① [liquids, ingredients, colours] se mélanger ◆ **oil and water don't mix** (lit) l'huile et l'eau ne se mélangent pas ; (fig) l'eau et le feu ne se marient pas ◆ **these colours just don't mix** ces couleurs ne s'harmonisent pas or ne vont pas bien ensemble ◆ **to mix and match** faire des mélanges
② (socially) ◆ **he mixes with all kinds of people** il fréquente toutes sortes de gens ◆ **he doesn't mix well** il est peu sociable ◆ **children from different social backgrounds don't often mix** les enfants d'origines sociales différentes ne se fréquentent or ne se mélangent pas souvent ◆ **they don't mix (with each other) socially**

[work colleagues] ils ne se voient pas en dehors du bureau
COMP **mix-and-match** ADJ composite
**mix-up** SYN N (= confusion) confusion f ; (= trouble) démêlé m ◆ **there was a mix-up over tickets** il y a eu confusion en ce qui concerne les billets ◆ **we got in a mix-up over the dates** nous nous sommes embrouillés dans les dates ◆ **he got into a mix-up with the police** il a eu un démêlé avec la police

▶ **mix in**
VI ◆ **he doesn't want to mix in** il préfère rester à l'écart ◆ **you must try to mix in** il faut essayer de vous mêler un peu aux autres
VT SEP ◆ **mix in the eggs with...** incorporez les œufs à... ◆ **the producer used archive news footage mixed in with interviews** le producteur a combiné documents d'archives et interviews

▶ **mix round** VT SEP mélanger, remuer
▶ **mix together** VT SEP mélanger, amalgamer
▶ **mix up**
VT SEP ① (= prepare) [+ drink, medicine] préparer
② (= put in disorder) [+ documents, garments] mêler, mélanger
③ (= confuse) [+ two objects, two people] confondre ◆ **he mixed her up with Jane** il l'a confondue avec Jane
④ ◆ **to mix sb up in sth** impliquer qn dans qch ◆ **to be/get mixed up in an affair** être/se trouver mêlé à une affaire ◆ **don't get mixed up in it!** restez à l'écart ! ◆ **he is/he has got mixed up with a lot of criminals** il fréquente/il s'est mis à fréquenter un tas de malfaiteurs \* ◆ **to mix it up**\* (US) (= cause trouble) causer des ennuis ; (= quarrel, fight) se bagarrer\*
⑤ (= muddle) [+ person] embrouiller ◆ **to be mixed up** [person] être (tout) désorienté or déboussolé\* ; [account, facts] être embrouillé or confus ◆ **I'm all mixed up about it** je ne sais plus où j'en suis, je ne m'y reconnais plus ◆ **you've got me all mixed up** vous m'avez embrouillé

N ◆ **mix-up** → **mix**
ADJ ◆ **mixed-up** → **mixed**

**mixed** /mɪkst/ SYN
ADJ ① (gen) [school, education, bathing] mixte ; [neighbourhood] mélangé, hétérogène ; [biscuits] assorti ◆ **a man/woman of mixed blood** un(e) métis(se) ◆ **in mixed company** en présence d'hommes et de femmes ◆ **you shouldn't swear in mixed company** tu ne devrais pas jurer devant des dames ◆ **mixed vegetables** assortiment de légumes ◆ **mixed herbs** herbes mélangées ◆ **mixed nuts** noix fpl et noisettes fpl assorties ◆ **to be of mixed parentage** être issu d'un mariage mixte
② (= varying) [reviews, emotions, messages, signals] contradictoire ; [results, reaction] inégal ; [weather] inégal, variable ; [success, reception] mitigé ; [year] avec des hauts et des bas ◆ **she had mixed feelings about it** elle était partagée à ce sujet ◆ **to have had mixed fortunes** avoir connu un sort inégal ◆ **to have mixed motives** ne pas être complètement désintéressé
COMP **mixed ability** N (Scol) ◆ **a class of mixed ability** une classe sans groupes de niveau ◆ **mixed-ability group** classe f sans groupes de niveau ◆ **mixed-ability teaching** enseignement m sans groupes de niveau
**mixed bag** N ◆ **to be a mixed bag (of sth)** être un mélange (de qch) ◆ **the students are a bit of a mixed bag** il y a un peu de tout parmi les étudiants ◆ **it's very much a mixed bag of activities** c'est un pot-pourri d'activités, c'est tout un mélange d'activités
**mixed blessing** N ◆ **to be a mixed blessing** avoir du bon et du mauvais ◆ **children can be a mixed blessing!** les enfants, ça peut avoir du bon et du mauvais !
**mixed bunch** N ◆ **a mixed bunch** [of people] un groupe hétérogène or disparate ; [of products] un ensemble hétéroclite ; [of flowers] un bouquet composé
**mixed doubles** NPL (Sport) double m mixte
**mixed economy** N (Pol, Econ) économie f mixte
**mixed farm** N exploitation f en polyculture et élevage
**mixed farming** N polyculture f et élevage m
**mixed grill** N (Brit) assortiment m de grillades, mixed-grill m
**mixed marriage** N mariage m mixte
**mixed media** ADJ multimédia
**mixed metaphor** N mélange m de métaphores
**mixed race** N ◆ **to be of mixed race** être métis (-isse) f ◆ **people of mixed race** des métis

**mixed-race** ADJ [couple, neighbourhood] mixte ; [child] métis (-isse f) ◆ **a mixed-race marriage** un mariage interracial
**mixed spice** N mélange m d'épices
**mixed-up** SYN ADJ [person] désorienté, déboussolé * ; [report etc] embrouillé, confus ◆ **he's a mixed-up kid** * c'est un gosse * qui a des problèmes

**mixer** /ˈmɪksəʳ/
■ ① (Culin) ◆ **hand mixer** batteur m à main ◆ **electric mixer** batteur m électrique, mixer or mixeur m
② [of cement, mortar etc] malaxeur m ; [of industrial liquids] agitateur m
③ (Cine etc : also **sound mixer**) (= person) ingénieur m du son ; (= machine) mélangeur m de signaux, mixeur m
④ (socially) ◆ **he's a good mixer** il est très sociable or liant
⑤ (US = social gathering) soirée-rencontre f, réunion-rencontre f
⑥ (= drink) boisson f gazeuse (servant à couper un alcool)
COMP **mixer tap** N (Brit) (robinet m) mélangeur m

**mixing** /ˈmɪksɪŋ/
■ ① (gen) [of ingredients, substances, sexes, generations, races] mélange m ; [of cocktails, cake, sauce] préparation f ; [of cement, mortar] malaxage m ◆ **the mixing of charcoal with clay** le mélange de charbon de bois et d'argile ◆ **the mixing of the eggs into the flour** l'incorporation f des œufs dans la farine ◆ **colour mixing** mélange m de couleurs
② (Cine, Audio, Video) mixage m ◆ **audio mixing** mixage m audio
COMP **mixing bowl** N (Culin) saladier m (de cuisine)
**mixing desk** N table f de mixage
**mixing faucet** N (US) (robinet m) mélangeur m

**mixture** /ˈmɪkstʃəʳ/ SYN N ① (= combination) [of colours, flavours, ingredients, styles, types, reasons, emotions] mélange m ◆ **they spoke in a mixture of French, Italian and English** ils parlaient un mélange de français, d'italien et d'anglais ◆ **the family is an odd mixture** cette famille est un mélange bizarre or curieux ◆ **a mixture of people** toutes sortes de gens ◆ **the course offers a mixture of subjects** le cours propose des matières diverses ◆ **it's just the mixture as before** (fig) c'est toujours la même chose, il n'y a rien de nouveau
② (Med) préparation f, mixture f ; (Culin: for cake, dough, batter etc) mélange m ◆ **fold the eggs into the cheese mixture** incorporez les œufs dans le mélange à base de fromage ; → **cough**

**miz(z)en** /ˈmɪzn/ N (= sail) artimon m
**miz(z)enmast** /ˈmɪznmɑːst/ N mât m d'artimon
**mizzle** * /ˈmɪzl/ ( dial)
■ bruiner
■ bruine f

**mk** (abbrev of **mark**) DM m
**MKSA system** /ˌemkeɪesˈeɪ/ N système m MKSA
**mks units** /ˌemkeɪˈes/ NPL unités fpl MKS
**mkt** (abbrev of **market**) (Fin) marché m
**ml** N (abbrev of **millilitre(s)**) ml
**MLA** (pl **MLAs**) /ˌemelˈeɪ/ N (Brit) (abbrev of **Member of the Legislative Assembly**) député m
**MLitt** /ˈemˈlɪt/ N (abbrev of **Master of Literature** or **Master of Letters**) ≈ doctorat m de troisième cycle
**MLR** /ˌemelˈɑːʳ/ N (abbrev of **minimum lending rate**) → **minimum**
**MLS** /ˌemelˈes/ N (US Univ) (abbrev of **Master of Library Science**) diplôme supérieur de bibliothécaire
**M'lud** /məˈlʌd/ N (Brit) (abbrev of **My Lord**) Monsieur le Juge
**MM** /emˈem/ N (Brit) (abbrev of **Military Medal**) médaille militaire
**mm¹** /əm/ EXCL mmm !
**mm²** (abbrev of **millimetre(s)**) mm
**MMC** /ˌememˈsiː/ N (abbrev of **Monopolies and Mergers Commission**) → monopoly
**MME** /ˌememˈiː/ N (US Univ) ① abbrev of **Master of Mechanical Engineering**
② abbrev of **Master of Mining Engineering**
**MMR** /ˌemem'ɑːʳ/
■ (abbrev of **measles, mumps, rubella**) ROR m
COMP **MMR vaccine** N vaccin m ROR

**MMS** /ˌememˈes/ N (abbrev of **multimedia messaging service**) MMS m
**MMus** N (abbrev of **Master of Music**) ≈ maîtrise f de musique
**MN** /ˌemˈen/ N ① (Brit) (abbrev of **Merchant Navy**) → **merchant**
② abbrev of **Minnesota**
**mnemonic** /nɪˈmɒnɪk/ ADJ, N mnémotechnique f, mnémonique f
**mnemonics** /nɪˈmɒnɪks/ N (NonC) mnémotechnique f
**Mnemosyne** /niːˈmɒzɪˌniː/ N (Myth) Mnémosyne f
**MO** /ˌemˈəʊ/ N ① (abbrev of **medical officer**) → **medical**
② abbrev of **Missouri**
③ (esp US) (abbrev of **modus operandi**) méthode f, truc * m
**Mo.** abbrev of **Missouri**
**mo'** * /məʊ/ N (abbrev of **moment**) moment m, instant m ◆ **half** or **just a mo'!** un instant ! ; (interrupting) minute ! *
**m.o.** /ˌemˈəʊ/ N (abbrev of **money order**) → **money**
**moa** /ˈməʊə/ N (= bird) moa m
**moan** /məʊn/ SYN
■ (= groan) gémissement m, plainte f ◆ **I'm fed up with all your moans** * (= complaint) j'en ai marre de tes récriminations or de t'entendre râler * ◆ **one of my biggest moans is that...** une des choses qui me fait le plus râler *, c'est que...
■ (= groan) gémir, geindre ; [wind etc] gémir ; ( * = complain) récriminer, râler *
■ dire en gémissant ◆ **they moan that they're underpaid** ils se plaignent d'être sous-payés
**moaner** * /ˈməʊnəʳ/ N rouspéteur * m, -euse * f, râleur * m, -euse * f
**moaning** /ˈməʊnɪŋ/
■ gémissements mpl, plainte(s) f(pl) ; ( * = complaints) plaintes fpl, récriminations fpl
■ gémissant ; ( * = complaining) rouspéteur *, râleur *
**moat** /məʊt/ N douves fpl, fossés mpl
**moated** /ˈməʊtɪd/ ADJ [castle etc] entouré de douves or de fossés
**mob** /mɒb/ SYN
■ ① (= crowd) foule f ◆ **they went in a mob to the town hall** ils se rendirent en foule or en masse à la mairie ◆ **the embassy was set on fire by the mob** la foule a incendié l'ambassade ◆ **an angry mob** une foule en colère
② ( * = group) bande f, clique f (pej) ◆ **Paul and his mob** Paul et sa bande, Paul et sa clique (pej)
③ (= gang) [of criminals, bandits etc] gang m
④ (= Mafia) ◆ **the Mob** la Maf(f)ia
⑤ (pej) ◆ **the mob** (= the common people) la populace
■ [+ person] (= surround) se presser en foule autour de ; (= attack) assaillir ; [+ place] assiéger ◆ **the shops were mobbed** * les magasins étaient pris d'assaut *
COMP **mob-handed** * ADV en force
**mob hysteria** N hystérie f collective
**mob oratory** N éloquence f démagogique
**mob rule** N (pej) la loi de la populace or de la rue
**mob violence** N violence f collective
**mobcap** /ˈmɒbkæp/ N charlotte f (bonnet)
**mobile** /ˈməʊbaɪl/ SYN
■ (gen, also Soc) mobile ◆ **I'm not mobile this week** * (= don't have car) je ne suis pas motorisé * cette semaine ; → **shop, upwardly mobile**
■ ① (also **mobile phone**) portable m
② (Art, toy) mobile m
COMP **mobile canteen** N (cuisine f) roulante f
**mobile data system** N système m de données mobile
**mobile home** N mobile home m
**mobile library** N bibliobus m
**mobile phone** N (téléphone m) portable m
**mobile police unit** N unité f mobile de police
**mobile studio** N (Rad, TV) car m de reportage
**mobile television** N télévision f nomade
**mobility** /məʊˈbɪlɪtɪ/
■ mobilité f
COMP **mobility allowance** N allocation f or indemnité f de transport (pour handicapés) ; → **upward**
**mobilization** /ˌməʊbɪlaɪˈzeɪʃən/ N (all senses) mobilisation f

**mobilize** /ˈməʊbɪlaɪz/ SYN VTI (gen, also Mil) mobiliser ◆ **to mobilize sb into doing sth** mobiliser qn pour faire qch ◆ **they were mobilized into a group which...** on les a mobilisés pour constituer un groupe qui...
**mobocracy** /mɒˈbɒkrəsɪ/ N voyoucratie f
**mobster** /ˈmɒbstəʳ/ N membre m du milieu, truand m
**Moby Dick** /ˈməʊbɪˈdɪk/ N (Literat) Moby Dick
**moccasin** /ˈmɒkəsɪn/ N mocassin m
**mocha** /ˈmɒkə/ N moka m
**mock** /mɒk/ SYN
■ ◆ **to make a mock of sth/sb** tourner qch/qn en ridicule
NPL **mocks** * (Brit Scol) examens mpl blancs
■ ① (= imitation) [leather etc] faux (fausse f ) before n, imitation inv before n, simili- inv
② (= pretended) [anger, modesty] simulé, feint ◆ **a mock battle/trial** un simulacre de bataille/de procès
③ (Literat) burlesque ; see also **comp**
■ ① (= ridicule) ridiculiser ; (= scoff at) se moquer de, railler ; (= mimic, burlesque) singer, parodier
② (liter = defy) [+ sb's plans, attempts] narguer
■ se moquer (at de)
COMP **mock examination** N examen m blanc
**mock-heroic** ADJ (gen) burlesque ; (Literat) héroïcomique, burlesque
**mock orange** N (= plant) seringa(t) m
**mock-serious** ADJ à demi sérieux
**mock turtle soup** N consommé m à la tête de veau
**mock-up** N maquette f
▶ **mock up**
VT SEP faire la maquette de
■ ◆ **mock-up** → **mock**
**mocker** /ˈmɒkəʳ/ N moqueur m, -euse f
**mockers** * /ˈmɒkəz/ NPL ◆ **to put the mockers on sth** ficher qch en l'air *
**mockery** /ˈmɒkərɪ/ SYN N ① (= mocking) moquerie f, raillerie f ; (= person, thing) sujet m de moquerie or de raillerie, objet m de raille ◆ **to make a mockery of sb/sth** tourner qn/qch en dérision, bafouer qn/qch ◆ **he had to put up with a lot of mockery** il a dû endurer beaucoup de railleries or de persiflages
② (= travesty) ◆ **it is a mockery of justice** c'est une parodie de justice ◆ **a mockery of a trial** une parodie or une caricature de procès ◆ **what a mockery it was!** c'était grotesque !
**mocking** /ˈmɒkɪŋ/ SYN
■ (NonC) moquerie f, raillerie f
■ (gen) moqueur, railleur ; (maliciously) narquois
**mockingbird** /ˈmɒkɪŋˌbɜːd/ N oiseau m moqueur
**mockingly** /ˈmɒkɪŋlɪ/ ADV [say] (gen) d'un ton moqueur or railleur ; (= maliciously) d'un ton narquois ; [smile] (gen) d'une façon moqueuse ; (= maliciously) d'une façon narquoise
**MOD** /ˌeməʊˈdiː/ N (Brit) (abbrev of **Ministry of Defence**) → **defence**
**mod¹** /mɒd/ abbrev of **modern**
■ (Brit) ◆ **mod cons** * ⇒ **modern conveniences** ; → **modern**
NPL **mods** mods * mpl
**mod²** /mɒd/ N (Scot) concours m de musique et de poésie (en gaélique)
**modal** /ˈməʊdl/ ADJ (Ling, Mus etc) modal ◆ **modal auxiliary** or **verb** auxiliaire m modal
**modality** /məʊˈdælɪtɪ/ N modalité f
**mode** /məʊd/ N ① (= way, manner) mode m, façon f, manière f ◆ **mode of life** façon f or manière f de vivre, mode m de vie
② (Comput, Ling, Mus, Philos etc) mode m ◆ **in interactive** etc **mode** (Comput) en mode conversationnel etc
**model** /ˈmɒdl/ SYN
■ ① (= small-scale representation) [of boat etc] modèle m (réduit) ; (Archit, Tech, Town Planning etc) maquette f ; → **scale¹**
② (= standard, example) modèle m, exemple m ◆ **he was a model of discretion** c'était un modèle de discrétion ◆ **on the model of** sur le modèle de, à l'image de ◆ **to take sb/sth as one's model** prendre modèle or exemple sur qn/qch ◆ **to hold sb out** or **up as a model** citer or donner qn en exemple

**modeller** | **Moldavian**

③ (= person) (for artist) modèle m ; (= fashion model) mannequin m ◆ **male model** mannequin m masculin

④ [of product, car, clothing] modèle m ◆ **the latest models** (= garments, hats) les derniers modèles mpl ◆ **a 1998 model** un modèle 1998 ◆ **sports model** modèle m sport ◆ **four-door model** version f quatre portes ◆ **factory model** modèle m de fabrique

⑤ (Ling) modèle m

**ADJ** ① (= exemplary, designed as model) modèle

② (= miniature) [railway, theatre, village] miniature ◆ **model aeroplane/boat/train** maquette f d'avion/de bateau/de train, modèle m réduit d'avion/de bateau/de train ◆ **model car** modèle m réduit de voiture

**VT** ① (= make model of) modeler (in en)

② (= base) ◆ **to model sth on sth** modeler qch sur qch ◆ **to model o.s. on sb** se modeler sur qn, prendre modèle or exemple sur qn

③ (Fashion) ◆ **to model clothes** être mannequin, présenter les modèles de collection ◆ **she was modelling swimwear** elle présentait les modèles de maillots de bain

④ (= describe, map out) [+ system, process] modéliser

**VI** (for artist) poser (for pour) ; (for fashion designer) être mannequin (for chez)

**modeller, modeler** (US) /ˈmɒdlər/ N modeleur m, -euse f

**modelling, modeling** (US) /ˈmɒdlɪŋ/

**N** ① (Art etc) modelage m ; (= model making) modélisme m ◆ **she does modelling** (fashion) elle travaille comme mannequin ; (for artist) elle travaille comme modèle

② [of system, process] modélisation f

**COMP modelling clay** N pâte f à modeler

**modem** /ˈməʊdem/ N modem m

**Modena** /ˈmɔːdenə/ N Modène f

**moderate** /ˈmɒdərɪt/ SYN

**ADJ** ① (also Pol = not extreme) [person, behaviour, views, demands] modéré ; [language, terms] mesuré ◆ **he was moderate in his demands** ses exigences étaient raisonnables or n'avaient rien d'excessif ◆ **to be a moderate drinker** boire modérément ◆ **to take moderate exercise** faire de l'exercice avec modération

② (= average, middling) [size] moyen, modéré ; [amount, appetite, speed] modéré ; [improvement, reduction, success, benefit] léger ; [price] modéré, raisonnable ◆ **over a moderate heat** (Culin) à or sur feu moyen ◆ **in a moderate oven** à four moyen

③ [climate] tempéré

**N** (esp Pol) modéré(e) m(f)

**VT** /ˈmɒdəreɪt/ ① (= restrain, diminish) modérer ◆ **moderating influence** influence f modératrice

② (= preside over) présider

**VI** [storm, wind etc] se modérer, se calmer

**COMP** /ˈmɒdərɪt/

**moderate-sized** ADJ de grandeur or de grosseur or de taille moyenne

**moderately** /ˈmɒdərɪtlɪ/ SYN ADV ① [wealthy, pleased, expensive, difficult] relativement, moyennement ◆ **to make a moderately good attempt to do sth** essayer tant bien que mal de faire qch ◆ **moderately priced** d'un prix raisonnable ◆ **moderately quickly** assez or relativement vite ◆ **to be moderately successful** réussir moyennement ◆ **she did moderately well in her exams** elle s'en est relativement bien tirée à ses examens

② [increase, decline] quelque peu ◆ **the dollar has gained moderately against the yen** le dollar a enregistré une hausse modérée par rapport au yen

③ [act] avec modération ; [eat, drink] modérément, avec modération ◆ **to exercise moderately** faire de l'exercice avec modération

**moderation** /ˌmɒdəˈreɪʃən/ SYN N (NonC) modération f, mesure f ◆ **in moderation** [eat, drink, exercise] avec modération ◆ **it's all right in moderation** c'est très bien à petites doses or à condition de ne pas en abuser ◆ **with moderation** avec mesure or modération ◆ **to advise moderation in drinking** conseiller la modération en matière de consommation d'alcool, conseiller de boire modérément or avec modération

**moderato** /ˌmɒdəˈrɑːtəʊ/ ADV moderato

**moderator** /ˈmɒdəreɪtər/ N ① (Rel) ◆ **Moderator** président m (de l'Assemblée générale de l'Église presbytérienne)

② (in assembly, council, discussion) président(e) m(f)

③ (Brit Univ = examiner) examinateur m, -trice f

④ (Phys, Tech) modérateur m

**modern** /ˈmɒdən/ SYN

**ADJ** moderne ◆ **house with all modern conveniences** maison f tout confort ◆ **it has all modern conveniences** il y a tout le confort (moderne) ◆ **modern languages** langues fpl vivantes ◆ **in modern times** dans les temps modernes, à l'époque moderne ◆ **modern-day** des temps modernes

**N** (= artist, poet etc) moderne mf

**modernism** /ˈmɒdənɪzəm/ N ① (NonC: Art, Rel) modernisme m

② (= word) néologisme m

**modernist** /ˈmɒdənɪst/ ADJ, N moderniste mf

**modernistic** /ˌmɒdəˈnɪstɪk/ ADJ [building, room, architecture, design] moderniste

**modernity** /mɒˈdɜːnɪtɪ/ N modernité f

**modernization** /ˌmɒdənaɪˈzeɪʃən/ N modernisation f

**modernize** /ˈmɒdənaɪz/ SYN

**VT** moderniser

**VI** se moderniser

**modest** /ˈmɒdɪst/ SYN ADJ ① (= not boastful) [person] modeste ◆ **to be modest about sth** être modeste à propos de qch ◆ **to be modest about one's achievements** ne pas se faire gloire de ses réussites or exploits

② (= small, unostentatious) [amount, size, house, income, proposal, ambition] modeste ◆ **his modest beginnings/origins** ses modestes débuts/origines ◆ **a family of modest means** une famille aux moyens modestes ◆ **he was modest in his demands** ses exigences étaient modestes ◆ **on a modest scale** à une échelle modeste ◆ **the book was a modest success** le livre a eu un succès modeste

③ (= decorous) [person] pudique ; [clothes] décent

**modestly** /ˈmɒdɪstlɪ/ ADV ① (= in moderation) [gamble] avec modération ; [drink] modérément, avec modération ◆ **to live modestly** vivre simplement ◆ **modestly furnished** modestement meublé ◆ **modestly priced** d'un prix raisonnable ◆ **modestly sized** de taille modeste ◆ **his modestly successful paintings** ses tableaux au succès modeste

② (= not boastfully) [talk, smile] modestement, avec modestie

③ (= decorously) [behave] pudiquement ; [dress] avec pudeur

**modesty** /ˈmɒdɪstɪ/ SYN N ① (gen) modestie f ; († = chasteness) pudeur f, modestie f ◆ **false modesty** fausse modestie f ◆ **may I say with all due modesty...** soit dit en toute modestie...

② [of request etc] modération f ; [of sum of money, price] modicité f

**modicum** /ˈmɒdɪkəm/ N ◆ **a modicum of...** un minimum de...

**modifiable** /ˈmɒdɪfaɪəbl/ ADJ modifiable

**modification** /ˌmɒdɪfɪˈkeɪʃən/ SYN N modification f (to, in à) ◆ **to make modifications (in or to)** faire or apporter des modifications (à)

**modifier** /ˈmɒdɪfaɪər/ N modificateur m ; (Gram) modificatif m

**modify** /ˈmɒdɪfaɪ/ SYN VT ① (= change) [+ plans, design] modifier, apporter des modifications à ; [+ customs, society] transformer, modifier ; (Gram) modifier

② (= make less strong) modérer ◆ **he'll have to modify his demands** il faudra qu'il modère subj ses exigences ◆ **he modified his statement** il modéra les termes de sa déclaration

**modifying** /ˈmɒdɪfaɪɪŋ/

**N** modification f

**ADJ** [note, term] modificatif (also Gram) ; [factor] modifiant

**modillion** /məˈdɪljən/ N (Archit) modillon m

**modish** /ˈməʊdɪʃ/ ADJ à la mode

**modishly** /ˈməʊdɪʃlɪ/ ADV à la mode

**modiste** /məʊˈdiːst/ N modiste f

**Mods**\* /mɒdz/ N (at Oxford university) (abbrev of **moderations**) premier examen du cursus universitaire

**modular** /ˈmɒdjʊlər/ ADJ ① (Constr) modulaire

② (esp Brit Univ) [course, programme, curriculum] par modules or unités de valeur ◆ **the course is modular in structure** l'enseignement est organisé en modules or unités de valeur ◆ **a six-week modular course** une unité de valeur or un module de six semaines ◆ **modular degree** licence f (par modules ou unités de valeur)

**modulate** /ˈmɒdjʊleɪt/

**VT** (all senses) moduler

**VI** (Mus) moduler

**modulation** /ˌmɒdjʊˈleɪʃən/ N modulation f ◆ **amplitude modulation** modulation f d'amplitude ◆ **frequency modulation** modulation f de fréquence

**module** /ˈmɒdjuːl/ N (gen) module m ; (esp Brit Univ) module m, ≈ unité f de valeur, ≈ UV f ◆ **module learning** (US) enseignement m par groupes de niveaux ; → **lunar**

**modulus** /ˈmɒdjʊləs/ N (pl **moduli** /ˈmɒdjʊlaɪ/) (Math, Phys) module m, coefficient m

**modus** /ˈməʊdəs/ N ◆ **modus operandi** modus operandi m inv ◆ **modus vivendi** (between people) modus vivendi m inv ; (= way of life) mode m de vie

**mog**\* /mɒg/ N (Brit : = cat) minou\* m

**Mogadishu** /ˌmɒgəˈdɪʃuː/ N (Geog) Mogadiscio

**moggie**\*, **moggy**\* /ˈmɒgɪ/ N (Brit = cat) minou\* m

**Mogul** /ˈməʊgəl/

**ADJ** mog(h)ol

**N** Mog(h)ol m

**mogul** /ˈməʊgəl/ SYN N ① (fig = powerful person) nabab m ◆ **a mogul of the film industry** un nabab du cinéma

② (Ski) bosse f

**MOH** /ˌemˈəʊˈeɪtʃ/ N (Brit) (abbrev of **Medical Officer of Health**) → **medical**

**mohair** /ˈməʊhɛər/

**N** mohair m

**COMP** en or de mohair

**Mohammed** /məʊˈhæmed/ N Mohammed m, Mahomet m

**Mohammedan** † /məʊˈhæmɪdən/

**ADJ** mahométan

**N** mahométan(e) m(f)

**Mohammedanism** † /məʊˈhæmɪdənɪzəm/ N mahométisme m

**Mohican** /ˈməʊhɪkən/ N (pl **Mohicans** or **Mohican**) (also Mohican Indian) Mohican mf ◆ **mohican (hairdo)** iroquoise f

**moire** /mwɑː/ N moire f

**moiré** /ˈmwɑːreɪ/ ADJ, N moiré(e) m(f)

**moist** /mɔɪst/ SYN ADJ [air, atmosphere, heat, skin] (gen) humide ; (unpleasantly) moite ; [place, climate, soil, eyes] humide ; [cake, texture] moelleux ◆ **a plant which likes moist conditions** une plante qui aime l'humidité ◆ **moist with tears** mouillé de larmes

**moisten** /ˈmɔɪsn/ SYN

**VT** humecter, mouiller légèrement ; (Culin) mouiller légèrement ◆ **to moisten one's lips** s'humecter les lèvres

**VI** devenir humide or moite

**moistness** /ˈmɔɪstnɪs/ N [of air, atmosphere, heat, skin] (gen) humidité f ; (unpleasant) moiteur f ; [of soil] humidité f ; [of cake, texture] moelleux m ◆ **she tried to hide the moistness in her eyes** elle essaya de cacher ses yeux embués de larmes

**moisture** /ˈmɔɪstʃər/ SYN N humidité f ; (on glass etc) buée f

**moisturize** /ˈmɔɪstʃəraɪz/ VT [+ skin] hydrater ; [+ air, atmosphere] humidifier

**moisturizer** /ˈmɔɪstʃəraɪzər/ N crème f hydratante, lait m hydratant

**mojahedin** /ˌmɒdʒeˈhediːn/ NPL ⇒ **mujaheddin**

**moke**\* /məʊk/ N (Brit) bourricot m, baudet m

**molal** /ˈməʊləl/ ADJ (Chem) molaire

**molar** /ˈməʊlər/

**N** (= tooth) molaire f

**ADJ** (Dentistry, Phys) molaire

**molasses** /məʊˈlæsɪz/ N (NonC) mélasse f ◆ **to be as slow as molasses in winter**\* (US) être lent comme une tortue

**mold** /məʊld/ (US) ⇒ **mould**

**Moldavia** /mɒlˈdeɪvɪə/ N (formerly) Moldavie f

**Moldavian** /mɒlˈdeɪvɪən/ (formerly)

**N** Moldave mf

**ADJ** moldave

**Moldova** /mɒlˈdəʊvə/ N Moldova f

**Moldovan** /mɒlˈdəʊvən/
- ADJ moldave
- N Moldave mf

**mole¹** /məʊl/
- N taupe f (also fig)
- COMP **mole-catcher** N taupier m
  **mole cricket** N courtilière f, taupe-grillon f

**mole²** /məʊl/ N (on skin) grain m de beauté

**mole³** /məʊl/ N (= breakwater) môle m, digue f

**mole⁴** /məʊl/ N (Chem) mole f

**molecular** /məʊˈlekjʊlər/
- ADJ [structure] moléculaire
- COMP **molecular biologist** N biologiste mf moléculaire
  **molecular biology** N biologie f moléculaire
  **molecular geneticist** N chercheur m en génétique moléculaire
  **molecular genetics** N (NonC) génétique f moléculaire

**molecule** /ˈmɒlɪkjuːl/ SYN N molécule f

**molehill** /ˈməʊlhɪl/ N taupinière f ; → **mountain**

**moleskin** /ˈməʊlskɪn/
- N (lit) (peau f de) taupe f ; (Brit = fabric) moleskine f
- ADJ (lit) de or en (peau de) taupe (Brit) [trousers etc] de or en moleskine

**molest** /məʊˈlest/ SYN VT (= attack) attaquer ; (Jur: sexually) attenter à la pudeur de ; [dog] s'attaquer à ; († = trouble) importuner, harceler

**molestation** /ˌməʊlesˈteɪʃən/ N [1] (Jur) brutalités fpl ◆ **child molestation** maltraitance f à enfant ◆ **sexual molestation** agression f sexuelle
[2] († = annoyance) importunité f ◆ **I was allowed to work without hindrance or molestation** on m'a laissé travailler sans me gêner ni m'importuner

**molester** /məʊˈlestər/ N satyre m

**Moley** /ˈməʊlɪ/ → **holy**

**Molinism** /ˈmɒlɪnɪzəm/ N molinisme m

**moll*** /mɒl/ N (pej) nana* f (de gangster)

**mollify** /ˈmɒlɪfaɪ/ VT apaiser, calmer ◆ **mollifying remarks** propos mpl lénifiants

**mollusc, mollusk** (US) /ˈmɒləsk/ N mollusque m

**molly** /ˈmɒlɪ/ N (= fish) molly m

**mollycoddle** /ˈmɒlɪkɒdl/ VT (gen) élever dans du coton, chouchouter* ; [+ pupil] materner

**mollycoddling** /ˈmɒlɪkɒdlɪŋ/ N (pej) chouchoutage m, maternage m

**moloch** /ˈməʊlɒk/ N moloch m

**Molotov** /ˈmɒlətɒf/ N ◆ **Molotov cocktail** cocktail m Molotov

**molt** /məʊlt/ (US) ⇒ **moult**

**molten** /ˈməʊltən/ ADJ en fusion

**Molucca** /məʊˈlʌkə/ N ◆ **the Molucca Islands** or **the Moluccas** les Moluques fpl

**Moluccan** /məʊˈlʌkən/ N → **south**

**Moluccas** /məˈlʌkəz/ NPL (Geog) Moluques fpl

**molybdenite** /mɒˈlɪbdɪnaɪt/ N (Miner) molybdénite f

**molybdenum** /mɒˈlɪbdɪnəm/ N molybdène m

**molybdic** /mɒˈlɪbdɪk/ ADJ molybdique

**mom*** /mɒm/ N (US) maman f ◆ **mom and pop store*** petite boutique f familiale, petit commerce m

**Mombasa** /mɒmˈbæsə/ N (Geog) Mombas(s)a

**moment** /ˈməʊmənt/ SYN N [1] moment m, instant m ◆ **man of the moment** homme m du moment ◆ **wait a moment!, just a moment!, one moment!** (attendez) un instant or une minute ! ; (objecting to sth) minute !, pas si vite ! ◆ **I shan't be a moment, I'll just** or **only be a moment** j'en ai pour un instant ◆ **a moment ago** il y a un instant ◆ **a moment later** un instant plus tard ◆ **that very moment** à cet instant or ce moment précis ◆ **the moment he arrives** dès qu'il arrivera ◆ **the moment he arrived** dès qu'il arriva, dès son arrivée ◆ **do it this moment!** fais-le à l'instant or tout de suite ! ◆ **I've just this moment heard of it** je viens de l'apprendre à l'instant (même) ◆ **it won't take a moment** c'est l'affaire d'un instant ◆ **at the (present) moment, at this moment in time** en ce moment (même) ◆ **any moment now** d'une minute à l'autre ◆ **at that moment** à ce moment(-là) ◆ **(at) any moment** d'un moment or instant à l'autre ◆ **at every moment** à chaque instant, à tout moment ◆ **at the right moment** au bon moment, à point nommé ◆ **at the last moment** au dernier moment ◆ **to leave things till the last moment** attendre le dernier moment ◆ **for a moment** un instant ◆ **for a brief moment** l'espace d'un instant ◆ **not for a moment!** jamais de la vie ! ◆ **I don't think for a** or **one moment (that) he believed my story** je ne crois or pense pas un (seul) instant qu'il ait cru mon histoire ◆ **for the moment** pour le moment ◆ **that's enough for the moment** ça suffit pour le moment ◆ **from the moment I saw him** dès l'instant où je l'ai vu ◆ **from that moment** dès ce moment, dès cet instant ◆ **she changes her mind from one moment to the next** elle n'arrête pas de changer d'avis ◆ **I'll come in a moment** j'arrive dans un instant ◆ **it was all over in a moment** ça n'a duré qu'un instant ◆ **the moment of truth** la minute or l'heure f de vérité ◆ **he has his moments** (fig) il a ses bons côtés ◆ **it has its moments** (of film) il y a de bons moments ; (of book) il y a de bons passages ; (of essay) il y a de bonnes choses ◆ **the psychological moment** le moment psychologique ; → **spur**
[2] († = importance) importance f ◆ **of little moment** de peu d'importance ◆ **of (great) moment** de grande or haute importance
[3] (Phys) moment m ◆ **moment of inertia** moment m d'inertie

**momentarily** /ˈməʊməntərɪlɪ/ SYN ADV [1] (= temporarily) [distracted, blinded] momentanément ◆ **I had momentarily forgotten** j'avais momentanément oublié ◆ **to be momentarily lost for words** ne pas savoir quoi dire pendant un moment ◆ **to pause momentarily** s'arrêter un instant
[2] (US = shortly) dans un instant

**momentary** /ˈməʊməntərɪ/ SYN ADJ [lapse, lull, weakness, silence] momentané ; [feeling, relief, panic, hesitation] passager ◆ **I caught a momentary glimpse of him** je l'ai entrevu rapidement or l'espace d'un instant ◆ **a momentary lapse of concentration** un moment d'inattention ◆ **she experienced a momentary loss of confidence** elle perdit momentanément confiance

**momentous** /məʊˈmentəs/ SYN ADJ [event, occasion, day] de grande importance ; [decision, change] capital

**momentousness** /məʊˈmentəsnɪs/ N (NonC) importance f capitale, portée f

**momentum** /məʊˈmentəm/ SYN N (pl **momentums** or **momenta** /məʊˈmentə/) (gen) vitesse f (acquise) ; (Phys) moment m (des quantités de mouvement) ; (of political movement etc) dynamisme m ◆ **to gain** or **gather momentum** [spacecraft, car etc] prendre de la vitesse ; (fig) gagner du terrain ◆ **to lose momentum** (lit, fig) être en perte de vitesse ◆ **to have momentum** [politician, party etc] avoir le vent en poupe ◆ **the Bush momentum** la dynamique or l'effet m Bush

**momma*** /ˈmɒmə/ N (US) ⇒ **mom**

**mommy*** /ˈmɒmɪ/ N (US) ⇒ **mom**

**Mon.** abbrev of **Monday**

**Monacan** /mɒˈnɑːkən/
- ADJ monégasque
- N Monégasque mf

**Monaco** /ˈmɒnəkəʊ/ N Monaco m ◆ **in Monaco** à Monaco

**monad** /ˈmɒnæd/ N (Chem, Philos) monade f

**monadelphous** /ˌmɒnəˈdelfəs/ ADJ [plant] monadelphe

**monadism** /ˈmɒnədɪzəm/ N monadisme m

**monadnock** /məˈnædnɒk/ N (Geol) monadnock m

**monadology** /ˌmɒnəˈdɒlədʒɪ/ N monadologie f

**Mona Lisa** /ˌməʊnəˈliːzə/ N ◆ **the Mona Lisa** la Joconde

**monandrous** /mɒˈnændrəs/ ADJ [plant] monandre

**monarch** /ˈmɒnək/ SYN N (lit, fig) monarque m

**monarchic(al)** /mɒˈnɑːkɪk(əl)/ ADJ monarchique

**monarchism** /ˈmɒnəkɪzəm/ N monarchisme m

**monarchist** /ˈmɒnəkɪst/ ADJ, N monarchiste mf

**monarchy** /ˈmɒnəkɪ/ SYN N monarchie f

**monastery** /ˈmɒnəstərɪ/ SYN N monastère m

**monastic** /məˈnæstɪk/ SYN ADJ [1] (Rel) [life] monacal, monastique ; [community, building, vows] monastique
[2] (= austere) [life, existence] monacal ; [room] austère

**monasticism** /məˈnæstɪsɪzəm/ N monachisme m

**monatomic** /ˌmɒnəˈtɒmɪk/ ADJ (Chem) monoatomique

**monaural** /mɒˈnɔːrəl/ ADJ [instrument] monophonique, monaural ; [hearing] monauriculaire

**monazite** /ˈmɒnəˌzaɪt/ N monazite f

**Monday** /ˈmʌndɪ/
- N lundi m ; → **Easter, Whit** ; pour autres loc voir **Saturday**
- COMP **Monday-morning** ADJ (fig) ◆ **that Monday-morning feeling** la déprime* du lundi matin ◆ **Monday-morning quarterback** (* (US) fig) spécialiste mf du je-vous-l'avais-bien-dit

**monecious** /mɒˈniːʃəs/ ADJ ⇒ **monoecious**

**Monegasque** /mɒnəˈgæsk/
- ADJ monégasque
- N Monégasque mf

**moneme** /ˈməʊniːm/ N (Ling) monème m

**monetarism** /ˈmʌnɪtərɪzəm/ N monétarisme m

**monetarist** /ˈmʌnɪtərɪst/ ADJ, N monétariste mf

**monetary** /ˈmʌnɪtərɪ/ SYN ADJ [cooperation, policy, control, value] monétaire ; [gain] financier ◆ **economic and monetary union** union f économique et monétaire ◆ **monetary school** école f monétaire or monétariste ; → **international**

**monetization** /ˌmʌnɪtaɪˈzeɪʃən/ N (Econ) monétisation f

**monetize** /ˈmʌnɪtaɪz/ VT (Econ) monétiser

**money** /ˈmʌnɪ/ SYN
- N [1] (NonC) argent m ; (Fin) monnaie f ◆ **French/Swedish money** argent m français/suédois ◆ **paper money** papier-monnaie m, monnaie f de papier (often pej) ◆ **to make money** [person] gagner de l'argent ; [business etc] rapporter, être lucratif ; see also noun 2 ◆ **he made his money by dealing in cotton** il s'est enrichi avec le coton ◆ **the government's answer to the problem has been to throw money at it** le gouvernement n'a pas trouvé d'autre solution pour résoudre le problème que d'y injecter de l'argent ◆ **to come into money** (by inheritance) hériter (d'une somme d'argent) ; (gen) recevoir une somme d'argent ◆ **I paid** or **gave good money for it** ça m'a coûté de l'argent ◆ **he's earning good money** il gagne bien sa vie ; see also noun 2 ◆ **he's earning big money** il gagne gros ◆ **that's big money** c'est une grosse somme ◆ **the deal involves big money** de grosses sommes sont en jeu dans cette transaction ; see also noun 2 ◆ **he gets his money on Fridays** il touche son argent or sa paie le vendredi, il est payé le vendredi ◆ **when do I get my money?** quand est-ce que j'aurai mon argent ? ◆ **to get one's money's worth** (lit, fig) en avoir pour son argent ◆ **to get one's money back** se faire rembourser ; (with difficulty) récupérer son argent ◆ **I want my money back!** remboursez ! ◆ **to put money into sth** placer son argent dans qch ◆ **is there money in it?** est-ce que ça rapporte ?, est-ce que c'est lucratif ? ◆ **it was money well spent** j'ai (or nous avons etc) fait une bonne affaire ; → **coin, counterfeit, ready**
[2] (phrases) ◆ **it's a bargain for the money!*** à ce prix-là c'est une occasion ! ◆ **that's the one for my money!** c'est juste ce qu'il me faut ! ◆ **that's the team for my money** je serais prêt à parier pour cette équipe ◆ **for my money we should do it now** à mon avis nous devrions le faire maintenant ◆ **it's money for jam*** or **old rope*** (Brit) c'est de l'argent vite gagné or gagné sans peine, c'est être payé à ne rien faire ◆ **he's made of money**, **he's rolling in money**, **he has pots of money*** il est cousu d'or, il roule sur l'or* ◆ **he's got money to burn** il a de l'argent à ne savoir qu'en faire or à jeter par la fenêtre ◆ **we're in the money now!*** nous roulons sur l'or* maintenant ◆ **he's in the big money*** il récolte un fric fou* ◆ **money makes money** (Prov) l'argent attire l'argent ◆ **money is the root of all evil** (Prov) l'argent est la racine de tous les maux ◆ **money talks** (Prov) l'argent est roi ◆ **money doesn't grow on trees** l'argent ne tombe pas du ciel ◆ **to put one's money where one's mouth is** joindre l'acte à la parole (en déboursant une somme d'argent) ◆ **to throw** or **send good money after bad** dépenser de l'argent pour rien ◆ **bad money drives out good** les capitaux douteux font fuir les investissements sains ◆ **your money or your life!** la bourse ou la vie ! ◆ **money runs through his fingers like water**, **he spends money like water** l'argent lui fond dans les mains ◆ **it's money from**

# moneybag | monoplane

**home** * (US fig) c'est du tout cuit * ◆ **his analysis was right on the money** (US) son analyse était tout à fait juste ; → **even²**
③ (Jur) ◆ **moneys, monies** sommes fpl d'argent ◆ **moneys paid out** versements mpl ◆ **moneys received** recettes fpl, rentrées fpl ◆ **public moneys** deniers mpl publics
**COMP** [difficulties, problems, questions] d'argent, financier
**money belt** N ceinture-portefeuille f
**money expert** N expert m en matières financières
**money laundering** N blanchiment m d'argent
**money-loser** N affaire f non rentable or qui perd de l'argent
**money market** N (Econ) marché m monétaire
**money matters** NPL questions fpl d'argent or financières
**money order** N (US) mandat m postal, mandat-poste m
**money spider** * N araignée f porte-bonheur inv
**money spinner** * N (Brit) mine f d'or (fig)
**money-spinning** * ADJ (Brit) [idea] qui peut rapporter de l'or
**money supply** N (Econ) masse f monétaire

**moneybag** /ˈmʌnɪbæg/ N sac m d'argent ◆ **he's a moneybags‡** il est plein aux as‡

**moneybox** /ˈmʌnɪbɒks/ N tirelire f

**moneychanger** /ˈmʌnɪˌtʃeɪndʒəʳ/ N (= person) changeur m ; (= change machine) distributeur m de monnaie, monnayeur f

**moneyed** /ˈmʌnɪd/ ADJ riche, aisé ◆ **the moneyed classes** les classes fpl possédantes, les nantis mpl

**moneygrubber** /ˈmʌnɪˌgrʌbəʳ/ N (pej) grippe-sou m

**moneygrubbing** /ˈmʌnɪˌgrʌbɪŋ/
N (pej) thésaurisation f, rapacité f
ADJ rapace, grippe-sou inv

**moneylender** /ˈmʌnɪˌlendəʳ/ N prêteur m, -euse f sur gages

**moneylending** /ˈmʌnɪˌlendɪŋ/
N prêt m à intérêt
ADJ prêteur

**moneymaker** /ˈmʌnɪˌmeɪkəʳ/ N ◆ **to be a moneymaker** [scheme] être une affaire lucrative ; [person] gagner beaucoup d'argent

**moneymaking** /ˈmʌnɪˌmeɪkɪŋ/ SYN
N acquisition f d'argent
ADJ lucratif, qui rapporte

**moneyman** * /ˈmʌnɪmæn/ N (pl **-men**) (US) financier m

**moneywort** /ˈmʌnɪwɜːt/ N souci m d'eau, lysimaque f

**...monger** /ˈmʌŋgəʳ/ SUF marchand m de... ; → **fishmonger, scandalmonger, warmonger**

**Mongol** /ˈmɒŋgəl/
ADJ mongol
N ① Mongol(e) m(f)
② (= language) mongol m

**mongol** † /ˈmɒŋgəl/
ADJ (= with/of Down's syndrome) mongolien
N (= person with Down's syndrome) mongolien(ne) m(f)

**Mongolia** /mɒŋˈgəʊlɪə/ N Mongolie f

**Mongolian** /mɒŋˈgəʊlɪən/
ADJ mongol ◆ **the Mongolian People's Republic** la République populaire de Mongolie

**mongolism** † /ˈmɒŋgəlɪzəm/ N (= Down's syndrome) mongolisme m

**Mongoloid** /ˈmɒŋgəˌlɔɪd/ ADJ, N ⇒ **Mongol** adj, noun 1, **mongol** noun

**mongoose** /ˈmɒŋguːs/ N (pl **mongooses**) mangouste f

**mongrel** /ˈmʌŋgrəl/ SYN
N (= dog) (chien m) bâtard m ; (= animal, plant) hybride m, métis(se) m(f)
ADJ hybride, bâtard, (de race) indéfinissable

**monied** /ˈmʌnɪd/ ADJ ⇒ **moneyed**

**monies** /ˈmʌnɪz/ NPL of **money** noun 3

**moniker**‡ /ˈmɒnɪkəʳ/ N (= name) nom m ; (= nickname) surnom m

**monism** /ˈmɒnɪzəm/ N (Philos) monisme m

**monition** /məʊˈnɪʃən/ N (Rel) monition f

**monitor** /ˈmɒnɪtəʳ/ SYN
N ① (= device) moniteur m ◆ **heart rate monitor** moniteur m cardiaque
② (= person : Rad) rédacteur m, -trice f d'un service d'écoute
③ (Scol) ≈ chef m de classe
④ (= official) observateur m, -trice f
VT ① [+ person, pupil, work, progress, system] suivre de près ; [+ equipment etc] contrôler (les performances de) ; [+ machine] contrôler ◆ **a nurse monitors the patient's progress** une infirmière suit de près or surveille l'évolution de l'état du malade ◆ **a machine monitors the patient's progress** une machine contrôle l'évolution de l'état du malade ◆ **to monitor the situation** surveiller l'évolution des choses ◆ **UN officials are monitoring the voting** les délégués de l'ONU surveillent le déroulement du scrutin
② (Rad) [+ foreign broadcasts, station] être à l'écoute de

**monitoring** /ˈmɒnɪtərɪŋ/ N ① (gen) (by person) surveillance f ; (by machine) contrôle m ; (Med, Tech) monitorage m ; (Univ, Scol) contrôle m continu (des connaissances)
② (Rad) (service m d')écoute f

**monitory** /ˈmɒnɪtərɪ/ ADJ monitoire, d'admonition

**monk** /mʌŋk/ SYN
N moine m, religieux m
**COMP monk seal** N (= animal) moine m

**monkey** /ˈmʌŋkɪ/ SYN
N singe m ; (= naughty child) galopin(e) m(f), polisson(ne) m(f) ; (Brit ‡ = £500) cinq cents livres ◆ **to make a monkey out of sb** tourner qn en ridicule ◆ **to have a monkey on one's back** * (US Drugs) être esclave de la drogue ◆ **I don't give a monkey's‡** or **a monkey's cuss** †‡ (about football) (Brit) je n'en ai rien à foutre‡ (du football) ◆ **as clever as a cartload** or **barrel (load) of monkeys** †* (Brit) malin (-igne f) comme un singe
**COMP monkey bars** NPL (for climbing on) cage f à poules
**monkey business** * N (fig) (dishonest) affaire f louche, combine(s) f(pl) ; (mischievous) singeries fpl ◆ **no monkey business now!** * pas de blagues !*
**monkey house** N cage f des singes, singerie f
**monkey jacket** N vareuse f ajustée
**monkey nut** N (Brit) cacahouète or cacahuète f
**monkey puzzle** N (= tree) araucaria m
**monkey suit** * N (esp US : pej) costume m de pingouin*, smoking m
**monkey tricks** NPL (fig) (dishonest) manœuvres fpl, combine(s) f(pl) ; (mischievous) singeries fpl ◆ **no monkey tricks now!** * pas de blagues !*
**monkey wrench** N clé f anglaise or à molette ◆ **to throw a monkey wrench into the works** * (US fig) flanquer la pagaille *

▶ **monkey about** *, **monkey around** * VI
① (= waste time) perdre son temps ◆ **stop monkeying about and get on with your work** cesse de perdre ton temps et fais ton travail
② (= play the fool) faire l'idiot or l'imbécile ◆ **to monkey about with sth** tripoter qch, faire l'imbécile avec qch

**monkeyshines** * /ˈmʌŋkɪʃaɪnz/ NPL (US) pitreries fpl

**monkfish** /ˈmʌŋkfɪʃ/ N (pl **monkfish** or **monkfishes**) (= angler fish) lotte f ; (= angel fish) ange m de mer

**monkish** /ˈmʌŋkɪʃ/ ADJ de moine

**monkshood** /ˈmʌŋkshʊd/ N (= plant) aconit m

**mono** /ˈmɒnəʊ/
ADJ (abbrev of **monophonic**) mono inv
N ① ◆ **recorded in mono** enregistré en mono
② (also **mono record**) disque m mono

**monoacid** /ˌmɒnəʊˈæsɪd/ ADJ (Chem) monoacide

**monobasic** /ˌmɒnəʊˈbeɪsɪk/ ADJ monobasique

**monocarpic** /ˌmɒnəʊˈkɑːpɪk/ ADJ [plant] monocarpien, monocarpique

**monochromatic** /ˌmɒnəʊkrəʊˈmætɪk/ ADJ monochromatique

**monochromator** /ˌmɒnəʊˈkrəʊmeɪtəʳ/ N monochromateur m

**monochrome** /ˈmɒnəkrəʊm/
N (gen, also Art) monochrome m ; (Phot, TV) noir m et blanc m ◆ **landscape in monochrome** paysage m en camaïeu
ADJ (gen) monochrome ; (Art) en camaïeu ; (Phot, TV) en noir et blanc

**monocle** /ˈmɒnəkl/ N monocle m

**monocled** /ˈmɒnəkld/ ADJ qui porte un monocle

**monoclinal** /ˌmɒnəʊˈklaɪnəl/ ADJ monoclinal

**monocline** /ˈmɒnəʊklaɪn/ N (Geol) pli m monoclinal, monocline m

**monoclinic** /ˌmɒnəʊˈklɪnɪk/ ADJ monoclinique

**monoclonal antibody** /ˌmɒnəʊˈkləʊnl/ N (Bio, Med) anticorps m monoclonal

**monocoque** /ˈmɒnəkɒk/
ADJ monocoque
N (= car) monocoque f ; (= boat, bicycle) monocoque m

**monocotyledon** /ˌmɒnəʊˌkɒtɪˈliːdən/ N monocotylédone f

**monocracy** /mɒˈnɒkrəsɪ/ N monocratie f

**monocrat** /ˈmɒnəkræt/ N monocrate m

**monocratic** /ˌmɒnəˈkrætɪk/ ADJ monocratique

**monocular** /mɒˈnɒkjʊləʳ/ ADJ monoculaire

**monoculture** /ˈmɒnəʊkʌltʃəʳ/ N monoculture f

**monocyte** /ˈmɒnəʊsaɪt/ N monocyte m

**monody** /ˈmɒnədɪ/ N monodie f

**monoecious** /mɒˈniːʃəs/ ADJ [plant] monoïque

**monogamist** /məˈnɒgəmɪst/ N monogame mf

**monogamous** /məˈnɒgəməs/ ADJ monogame

**monogamy** /məˈnɒgəmɪ/ N monogamie f

**monogenetic** /ˌmɒnəʊdʒɪˈnetɪk/ ADJ monogénétique

**monogram** /ˈmɒnəgræm/
N monogramme m
VT marquer de son (or mon etc) monogramme or de son (or mon etc) chiffre

**monogrammed, monogramed** (US) /ˈmɒnəgræmd/ ADJ portant un (or son etc) monogramme, à son (or mon etc) chiffre

**monograph** /ˈmɒnəgræf/ N monographie f

**monogynous** /mɒˈnɒdʒɪnəs/ ADJ monogame

**monogyny** /mɒˈnɒdʒɪnɪ/ N monogamie f

**monohull** /ˈmɒnəʊhʌl/ N monocoque m (Naut)

**monokini** /ˌmɒnəʊˈkiːnɪ/ N monokini m

**monolingual** /ˌmɒnəʊˈlɪŋgwəl/ ADJ monolingue

**monolith** /ˈmɒnəlɪθ/ N ① (lit = stone) monolithe m
② (fig = organization etc) mastodonte m

**monolithic** /ˌmɒnəˈlɪθɪk/ ADJ SYN [system, structure, building, state, party] monolithique ; (Archeol) monolithe

**monolog** /ˈmɒnəlɒg/ N (US) ⇒ **monologue**

**monologist** /ˈmɒnəlɒgɪst/ N monologueur m

**monologue, monolog** (also US) /ˈmɒnəlɒg/ SYN
N monologue m

**monomania** /ˌmɒnəʊˈmeɪnɪə/ N monomanie f

**monomaniac** /ˌmɒnəʊˈmeɪnɪæk/ N, ADJ monomane mf, monomaniaque mf

**monomer** /ˈmɒnəməʳ/ N (Chem) monomère m

**monomeric** /ˌmɒnəˈmerɪk/ ADJ monomère

**monometallism** /ˌmɒnəʊˈmetəlɪzəm/ N monométallisme m

**monometer** /mɒˈnɒmɪtəʳ/ N monomètre m

**monomial** /mɒˈnəʊmɪəl/
N monôme m
ADJ de or en monôme

**monomorphic** /ˌmɒnəʊˈmɔːfɪk/ ADJ monomorphe

**monomorphism** /ˌmɒnəʊˈmɔːfɪzəm/ N monomorphisme m

**mononuclear** /ˌmɒnəʊˈnjuːklɪəʳ/ ADJ mononucléaire

**mononucleosis** /ˌmɒnəʊnjuːklɪˈəʊsɪs/ N mononucléose f

**monophonic** /ˌmɒnəʊˈfɒnɪk/ ADJ monophonique, monaural

**monophony** /mɒˈnɒfənɪ/ N monophonie f

**monophthong** /ˈmɒnəfθɒŋ/ N monophthongue f

**Monophysite** /mɒˈnɒfɪsaɪt/ ADJ, N Monophysite mf

**Monophysitism** /mɒˈnɒfɪsɪtɪzəm/ N Monophysisme m

**monoplane** /ˈmɒnəʊpleɪn/ N monoplan m

**monopolist** /məˈnɒpəlɪst/ N monopoliste mf

**monopolistic** /mənɒpəˈlɪstɪk/ ADJ monopolistique

**monopolization** /məˌnɒpəlaɪˈzeɪʃən/ N monopolisation f

**monopolize** /məˈnɒpəlaɪz/ SYN VT (Comm) monopoliser, avoir le monopole de ; (fig) monopoliser, accaparer

**monopoly** /məˈnɒpəlɪ/
  N 1 monopole m (of, in de)
  2 (= game) ◆ Monopoly ® Monopoly ® m
  COMP **Monopolies and Mergers Commission** N (Brit) Commission f d'enquête sur les monopoles, Commission f de la concurrence **Monopoly money** * N (NonC) (= large amount) somme f mirobolante * ; (pej) (= foreign currency) ≈ monnaie f de singe

**monopteros** /mɒnˈɒptərɒs/ N (= temple) monoptère m

**monorail** /ˈmɒnəʊreɪl/ N monorail m

**monosaccharide** /ˌmɒnəʊˈsækəraɪd/ N (Chem) monosaccharide m, ose m

**monosemic** /ˌmɒnəʊˈsiːmɪk/ ADJ monosémique

**monoski** /ˈmɒnəʊˌskiː/ N monoski m

**monoskier** /ˈmɒnəʊˌskiːəʳ/ N monoskieur m, -ieuse f

**monosodium glutamate** /mɒnəʊˌsəʊdɪəmˈgluːtəmeɪt/ N glutamate m (de sodium)

**monospermal** /ˌmɒnəʊˈspɜːməl/, **monospermous** /ˌmɒnəʊˈspɜːməs/ ADJ monosperme

**monosyllabic** /ˌmɒnəʊsɪˈlæbɪk/ ADJ [word, reply] monosyllabique ◆ **she was monosyllabic** elle ne s'exprimait que par monosyllabes ◆ **his English was fairly monosyllabic** son anglais était plutôt rudimentaire

**monosyllable** /ˈmɒnəˌsɪləbl/ N monosyllabe m ◆ **to answer in monosyllables** répondre par monosyllabes

**monotheism** /ˈmɒnəʊˌθiːɪzəm/ N monothéisme m

**monotheist** /ˈmɒnəʊˌθiːɪst/ N monothéiste mf

**monotheistic** /ˌmɒnəʊθiːˈɪstɪk/ ADJ monothéiste

**monotherapy** /ˌmɒnəʊˈθerəpɪ/ N monothérapie f

**monotone** /ˈmɒnətəʊn/ N (= voice/tone etc) voix f/ton m etc monocorde ◆ **to speak in a monotone** parler sur un ton monocorde

**monotonous** /məˈnɒtənəs/ SYN ADJ monotone

**monotonously** /məˈnɒtənəslɪ/ ADV [predictable] de façon monotone ◆ **the rain dripped monotonously from the trees** la pluie ruisselait des arbres avec monotonie ◆ **the sky was monotonously grey** le ciel était d'un gris monotone

**monotony** /məˈnɒtənɪ/ SYN N monotonie f

**monotype** /ˈmɒnəʊtaɪp/ N (Art, Engraving) monotype m ◆ **Monotype** ® (= machine) Monotype ® f

**monounsaturated** /ˌmɒnəʊʌnˈsætʃəreɪtɪd/ ADJ (Chem) mono(-)insaturé

**monovalence** /ˌmɒnəʊˈveɪləns/ N (Chem) monovalence f

**monovalent** /ˌmɒnəʊˈveɪlənt/ ADJ (Chem) monovalent

**monoxide** /mɒnˈɒksaɪd/ N monoxyde m

**monozygotic** /ˌmɒnəʊzaɪˈɡɒtɪk/ ADJ (Bio) monozygote

**Monroe doctrine** /mənˈrəʊˈdɒktrɪn/ N doctrine f de Monroe

**monseigneur** /ˌmɒnsenˈjɜːʳ/ N monseigneur m

**monsignor** /mɒnˈsiːnjəʳ/ N (pl **monsignors** or **monsignori**) (Rel) monsignor m

**monsoon** /mɒnˈsuːn/ N mousson f ◆ **the monsoons** la mousson ◆ **the monsoon season** la mousson d'été

**mons pubis** /mɒnzˈpjuːbɪs/ N (pl **montes pubis** /ˈmɒntiːzˈpjuːbɪs/) mont m de Vénus, pénil m (chez l'homme)

**monster** /ˈmɒnstəʳ/ SYN
  N (all senses) monstre m
  ADJ * colossal, monstre *

**monstrance** /ˈmɒnstrəns/ N ostensoir m

**monstrosity** /mɒnˈstrɒsɪtɪ/ SYN N (= thing) monstruosité f ; (= person) monstre m

**monstrous** /ˈmɒnstrəs/ SYN ADJ monstrueux ◆ **it is monstrous that...** c'est monstrueux que... + subj

**monstrously** /ˈmɒnstrəslɪ/ ADV monstrueusement

**mons veneris** /mɒnzˈvenərɪs/ N (pl **montes veneris** /ˈmɒntiːzˈvenərɪs/) mont m de Vénus

**Mont.** abbrev of Montana

**montage** /mɒnˈtɑːʒ/ N (Cine, Phot) montage m

**Montagu's blenny** /ˈmɒntəgjuːz/ N (= fish) blennie f de Montagu

**Montana** /mɒnˈtænə/ N Montana m ◆ **in Montana** dans le Montana

**Mont Blanc** /mɔ̃blɑ̃/ N le mont Blanc

**montbretia** /mɒntˈbriːʃə/ N (= plant) monbrétia m

**monte** * /ˈmɒntɪ/ N ⇒ **monty**

**Monte Carlo** /ˈmɒntɪˈkɑːləʊ/ N Monte-Carlo

**Montenegrin** /ˌmɒntɪˈniːgrɪn/, **Montenegran** /ˌmɒntɪˈniːgrən/
  ADJ monténégrin
  N Monténégrin(e) m(f)

**Montenegro** /ˌmɒntɪˈniːgrəʊ/ N Monténégro m ◆ **in Montenegro** au Monténégro

**Monterey cypress** /ˌmɒntəˈreɪ/ N cyprès m à gros fruits or de Monterey

**Monterey pine** N pin m de Monterey

**Montezuma** /ˌmɒntɪˈzuːmə/ N Montezuma m, Moctezuma II m ◆ **Montezuma's revenge** * turista f

**month** /mʌnθ/ SYN N mois m ◆ **it went on for months** or **for month after month** cela a duré des mois (et des mois) ◆ **in the month of May** au mois de mai, en mai ◆ **to be paid by the month** être payé au mois, être mensualisé ◆ **every month** [happen] tous les mois ; [pay] mensuellement ◆ **month by month** de mois en mois ◆ **month on month** (+ noun) mensuel ◆ **output climbed by 0.3% month on month in March** en mars, la production a augmenté de 0,3% par rapport au mois précédent ◆ **which day of the month is it?** le combien sommes-nous ? ◆ **at the end of this month** à la fin du or de ce mois ◆ **at the end of the current month** (Comm) fin courant * ◆ **he owes his landlady two months' rent** il doit deux mois à sa propriétaire ◆ **six months pregnant** enceinte de six mois ◆ **he'll never do it in a month of Sundays** * il le fera la semaine des quatre jeudis * or à la saint-glinglin * ; → **calendar, lunar**

**monthly** /ˈmʌnθlɪ/
  ADJ mensuel ◆ **on a monthly basis** [pay] par mensualités ; [happen, do sth] tous les mois ◆ **monthly payment** or **instalment** mensualité f ◆ **monthly period** (= menstruation) règles fpl ◆ **monthly ticket** carte f (d'abonnement) mensuelle
  N (Press) mensuel m
  ADV [publish] mensuellement ; [pay] au mois ; [happen] tous les mois ◆ **monthly paid staff** employés mpl mensualisés

**Montpelier maple** /mɒntˈpiːljə/ N érable m de Montpel(l)ier

**Montreal** /ˌmɒntrɪˈɔːl/ N Montréal

**Mont-Saint-Michel** /mɔ̃sɛ̃miʃɛl/ N le Mont-Saint-Michel

**Montserrat** /ˌmɒntsəˈræt/ N (Geog: = island) Montserrat f

**monty** * /ˈmɒntɪ/ N (Brit) ◆ **the full monty** la totale *

**monument** /ˈmɒnjʊmənt/ SYN N (all senses) monument m (to, of ◆ **Monty Python films are a monument to British eccentricity** les films de Monty Python sont un monument d'excentricité britannique

**monumental** /ˌmɒnjʊˈmentl/ SYN
  ADJ 1 (= huge) [object, task, achievement, blunder] monumental ; [effort, success] prodigieux ◆ **on a monumental scale** [build] sur une très grande or une vaste échelle ◆ **he was stupid on a monumental scale** il était d'une bêtise monumentale
  2 [art, sculpture] monumental
  COMP **monumental mason** N marbrier m (funéraire)

**monumentally** /ˌmɒnjʊˈmentəlɪ/ ADV [dull, boring] prodigieusement ◆ **monumentally important** d'une importance capitale or monumentale ◆ **it was monumentally successful** ça a eu un succès foudroyant

**moo** /muː/
  N meuglement m ◆ **moo!** meuh ! ◆ **silly moo** * pauvre cloche * f
  VI meugler
  COMP **moo-cow** N (baby talk) meuh-meuh f (baby talk)

**mooch** * /muːtʃ/
  VT (US) ◆ **to mooch sth from sb** (= cadge) taper qn de qch *
  VI ◆ **to mooch in/out** etc entrer/sortir etc en traînant
► **mooch about** *, **mooch around** * VI traînasser, flemmarder *

**mood** /muːd/ SYN
  N 1 humeur f ◆ **to be in a good/bad mood** être de bonne/mauvaise humeur, être de bon/mauvais poil * ◆ **to be in a mood** être de mauvaise humeur ◆ **to be in an ugly mood** [person] être d'une humeur massacrante or exécrable ; [crowd] être menaçant ◆ **to be in a forgiving mood** être en veine de générosité or d'indulgence ◆ **that depends on his mood** cela dépend de son humeur ◆ **he's in one of his moods** il est encore mal luné ◆ **she has moods** elle a des sautes d'humeur, elle est lunatique ◆ **the mood of the meeting** l'état d'esprit de l'assemblée ◆ **they misread the mood of the electorate** ils ont mal interprété l'état d'esprit des électeurs ◆ **the government is in tune with the mood of the people** le gouvernement est en phase avec la population ◆ **the political mood in the country** le climat politique du pays ◆ **she set the mood with music and candlelight** elle a créé une ambiance avec de la musique et des bougies ◆ **as the mood takes him** selon son humeur, comme ça lui chante
  ◆ **in the mood** ◆ **I'm in the mood for a dance** j'ai envie de danser ◆ **I'm not in the mood for laughing** je ne suis pas d'humeur à rire, je n'ai aucune envie de rire ◆ **are you in the mood for chess?** une partie d'échecs, ça vous dit * ? ◆ **he plays well when he's in the mood** il joue bien quand or quand ça lui chante * ◆ **I'm not in the mood** ça ne me dit rien
  ◆ **in no mood** ◆ **I'm in no mood to listen to him** je ne suis pas d'humeur à l'écouter ◆ **they were in no mood for compromise** ils n'étaient nullement disposés à faire des compromis
  2 (Ling, Mus) mode m
  COMP **mood disorder** N (Psych) trouble m de l'humeur
  **mood music** N musique f d'ambiance
  **mood swing** N saute f d'humeur

**moodily** /ˈmuːdɪlɪ/ ADV (= bad-temperedly) [reply] d'un ton maussade, maussadement ; (= gloomily) [stare at] d'un air morose

**moodiness** /ˈmuːdɪnɪs/ N (= sulkiness) humeur f maussade ; (= changeability) humeur f changeante

**moody** /ˈmuːdɪ/ SYN ADJ 1 (= sulky) [person] de mauvaise humeur (with sb avec qn) ◆ **Elvis's moody looks** la beauté ténébreuse d'Elvis
  2 (= temperamental) [person] d'humeur changeante, lunatique ◆ **to be moody** être lunatique
  3 (= atmospheric) [music, film, picture] sombre

**Moog synthesizer** ® /muːg/ N (Mus) Minimoog ® m

**moola(h)** * /ˈmuːlə/ N (US = money) pèze * m, fric * m

**mooli** /ˈmuːlɪ/ N (Culin) sorte de radis

**moon** /muːn/
  N lune f ◆ **there was no moon** c'était une nuit sans lune ◆ **there was a moon that night** il y avait clair de lune cette nuit-là ◆ **when the moon is full** à la pleine lune ◆ **by the light of the moon** à la clarté de la lune, au clair de lune ◆ **the moons of Jupiter** les lunes de Jupiter ◆ **many moons ago** (hum) il y a de cela bien longtemps ◆ **to ask for the moon** demander la lune ◆ **he's over the moon** * (about it) il est aux anges ; → **blue, half, land, man, new, shoot**
  VI * (= exhibit buttocks) montrer son cul * *
  COMP **moon buggy** N jeep ® f lunaire
  **moon landing** N alunissage m
  **moon rock** N roche f lunaire
  **moon shot** N (Space) lancement m d'une fusée lunaire
  **moon walk** N marche f sur la lune
► **moon about**, **moon around** VI musarder en rêvassant
► **moon over** VT FUS ◆ **to moon over sb** soupirer pour qn

**moonbeam** /ˈmuːnbiːm/ N rayon m de lune

**moonboots** /'muːnbuːts/ N PL après-skis mpl, moonboots fpl

**mooncalf** /'muːnkɑːf/ N (= idiot) imbécile mf ; (= daydreamer) rêveur m, -euse f

**mooncraft** /'muːnkrɑːft/ N (Space) module m lunaire

**moonfaced** /'muːnfeɪst/ ADJ au visage rond

**Moonie** /'muːnɪ/ N mooniste mf, adepte mf de la secte Moon

**moonless** /'muːnlɪs/ ADJ sans lune

**moonlight** /'muːnlaɪt/
N clair m de lune ◆ **by moonlight, in the moonlight** au clair de lune
VI (* = work extra) travailler au noir
COMP [walk, encounter] au clair de lune ◆ **moonlight flit** N (Brit fig) ◆ **to do a moonlight flit** déménager à la cloche de bois ◆ **moonlight night** N nuit f de lune

**moonlighting*** /'muːnlaɪtɪŋ/ N (NonC) travail m au noir

**moonlit** /'muːnlɪt/ ADJ éclairé par la lune ◆ **a moonlit night** une nuit de lune

**moonquake** /'muːnkweɪk/ N secousse f sismique lunaire, tremblement m de lune

**moonrise** /'muːnraɪz/ N lever m de (la) lune

**moonscape** /'muːnskeɪp/ N paysage m lunaire

**moonshine*** /'muːnʃaɪn/ N (fig = nonsense) sornettes fpl ; (US = illegal spirits) alcool m de contrebande

**moonshiner** /'muːnʃaɪnər/ N (US) (= distiller) bouilleur m de cru clandestin ; (= smuggler) contrebandier m d'alcool

**moonshining** /'muːnʃaɪnɪŋ/ N (US) distillation f clandestine

**moonship** /'muːnʃɪp/ N (Space) module m lunaire

**moonstone** /'muːnstəʊn/ N pierre f de lune

**moonstruck** /'muːnstrʌk/ ADJ ◆ **he's moonstruck** il n'a pas toute sa tête

**moony*** /'muːnɪ/ ADJ dans la lune

**Moor** /mʊər/ N Maure m or More m, Mauresque f or Moresque f

**moor¹** /mʊər/ SYN N (esp Brit) lande f

**moor²** /mʊər/ SYN
VT [+ ship] amarrer
VI mouiller

**moorcock** /'mʊəkɒk/ N (= bird) lagopède m d'Écosse or des saules (mâle)

**moorhen** /'mʊəhen/ N poule f d'eau

**mooring** /'mʊərɪŋ/ N [of ship] (= place) mouillage m ; (= ropes etc) amarres fpl ◆ **at her moorings** sur ses amarres ◆ **mooring buoy** coffre m (d'amarrage), bouée f de corps-mort

**Moorish** /'mʊərɪʃ/ ADJ [person, culture, influence, invasion] maure ; [architecture] mauresque

**moorland** /'mʊələnd/ N lande f ; (boggy) terrain m tourbeux

**moose** /muːs/ N (pl inv) (in Canada) orignal m ; (in Europe) élan m

**moot** /muːt/ SYN
ADJ [question] discutable, controversé ◆ **it's a moot point** c'est discutable
VT [+ question] soulever, mettre sur le tapis ◆ **it has been mooted that...** on a suggéré que...
COMP **moot case** N (Jur) hypothèse f d'école ◆ **moot court** N (US) tribunal fictif permettant aux étudiants de s'exercer

**mop** /mɒp/ SYN
N 1 (for floor) balai m à franges ; (for dishes) lavette f (à vaisselle) ; (on ship) faubert m
2 (also **mop of hair**) tignasse f ◆ **mop of curls** crinière* f bouclée
VT [+ floor, surface] essuyer ◆ **to mop one's brow** s'éponger le front
COMP **mopping-up operation, mop-up** N (Mil) (opération f de) nettoyage m

▶ **mop down** VT SEP passer un coup de balai à
▶ **mop up**
VT SEP 1 [+ liquid] éponger ; [+ floor, surface] essuyer ◆ **she mopped up the sauce with a piece of bread** elle a saucé son assiette avec un morceau de pain
2 [+ profits] rafler, absorber
3 (Mil) [+ terrain] nettoyer ; [+ remnants of enemy] éliminer
ADJ ◆ **mopping-up** → **mop**

**mopboard** /'mɒpbɔːd/ N (US) plinthe f

**mope** /məʊp/ VI se morfondre, avoir le cafard* or des idées noires ◆ **she moped about it all day** toute la journée elle a broyé du noir en y pensant

▶ **mope about, mope around** VI passer son temps à se morfondre, traîner son ennui

**moped** /'məʊped/ N (esp Brit) vélomoteur m, mobylette ® f

**moppet*** /'mɒpɪt/ N chéri(e) m(f)

**moquette** /mɒ'ket/ N moquette f (étoffe)

**MOR** ADJ (Mus) (abbrev of **middle-of-the-road**) grand public inv

**moraine** /mɒ'reɪn/ N moraine f

**moral** /'mɒrəl/ SYN
ADJ (all senses) moral ◆ **it is a moral certainty** c'est une certitude morale ◆ **to be under** or **have a moral obligation to do sth** être moralement obligé de faire qch, être dans l'obligation morale de faire qch ◆ **moral support** soutien m moral ◆ **I'm going along as moral support for him** j'y vais pour le soutenir moralement ◆ **the Moral Majority** (US Pol) les néoconservateurs mpl (américains) ◆ **moral philosopher** moraliste mf ◆ **moral philosophy** la morale, l'éthique f ◆ **Moral Rearmament** (Rel) Réarmement m moral ◆ **to raise moral standards** relever le niveau moral ◆ **moral standards are falling** le sens moral se perd ◆ **moral suasion** pression f morale ◆ **a moral victory** une victoire morale
N [of story] morale f ◆ **to point the moral** tirer la morale
N PL **morals** [of person, act, attitude] moralité f ◆ **of loose morals** de mœurs relâchées ◆ **he has no morals** il est sans moralité

**morale** /mɒ'rɑːl/ SYN
N (NonC) moral m ◆ **high morale** bon moral m ◆ **his morale was very low** il avait le moral très bas or à zéro ◆ **to raise sb's morale** remonter le moral à qn ◆ **to lower** or **undermine sb's morale** démoraliser qn
COMP **morale booster** N ◆ **to be a morale booster for sb** remonter le moral de qn ◆ **morale-boosting** ADJ qui regonfle le moral

**moralist** /'mɒrəlɪst/ N moraliste mf

**moralistic** /ˌmɒrə'lɪstɪk/ ADJ (pej) moralisateur (-trice f) (pej)

**morality** /mə'rælɪtɪ/ SYN N 1 (NonC) (= ethics) morale f ◆ **an effort to preserve traditional morality** des efforts pour préserver la morale traditionnelle ◆ **they've got no morality** ils n'ont aucun sens moral
2 (= value system) morale f ◆ **you have the typical bourgeois morality** vous avez une morale typiquement bourgeoise
3 (= rightness) moralité f
4 (Theat: also **morality play**) moralité f

**moralize** /'mɒrəlaɪz/
VI moraliser (about sur)
VT moraliser, faire la morale à

**moralizing** /'mɒrəlaɪzɪŋ/
ADJ moralisateur (-trice f)
N leçons fpl de morale

**morally** /'mɒrəlɪ/ ADV 1 (= ethically) moralement ◆ **morally wrong** contraire à la morale ◆ **morally right** conforme à la morale ◆ **she was morally right** elle avait raison d'un point de vue moral ◆ **morally the situation is a minefield** d'un point de vue moral la situation est épineuse
2 (frm = virtually) ◆ **morally certain** pratiquement sûr

**morass** /mə'ræs/ N marais m, marécage m ◆ **a morass of problems** des problèmes à ne plus s'y retrouver or dont on ne sait plus par où sortir ◆ **a morass of figures** un fatras de chiffres ◆ **a morass of paperwork** de la paperasserie, un monceau de paperasserie ◆ **a legal/political morass** un imbroglio juridique/politique

**moratorium** /ˌmɒrə'tɔːrɪəm/ SYN N (pl **moratoriums** or **moratoria** /ˌmɒrə'tɔːrɪə/) moratoire m, moratorium m

**Moravia** /mə'reɪvɪə/ N Moravie f

**Moravian** /mə'reɪvɪən/
ADJ morave ◆ **the Moravian Church** l'Église morave
N Morave mf

**moray eel** /mɒ'reɪiːl/ N murène f

**morbid** /'mɔːbɪd/ SYN
ADJ (= ghoulish) [person, thoughts, interest] morbide ; [fear, dislike] maladif ◆ **don't be so morbid!** cesse donc de broyer du noir !
COMP **morbid anatomy** N anatomie f pathologique

**morbidity** /mɔː'bɪdɪtɪ/
N (also Med) morbidité f
COMP **morbidity rate** N taux m de morbidité

**morbidly** /'mɔːbɪdlɪ/ ADV ◆ **to be morbidly curious about sb/sth** être animé d'une curiosité malsaine pour qn/qch ◆ **to be morbidly fascinated by sb/sth** avoir une fascination malsaine pour qn/qch ◆ **to be morbidly obsessed by sth** avoir la hantise de qch

**morbidness** /'mɔːbɪdnɪs/ N ⇒ **morbidity**

**mordacious** /mɔː'deɪʃəs/ ADJ mordant, caustique

**mordacity** /mɔː'dæsɪtɪ/ N mordacité f (liter), causticité f

**mordant** /'mɔːdənt/ ADJ (frm) mordant

**mordent** /'mɔːdənt/ N (Mus) ◆ **(lower) mordent** mordant m, pincé m ◆ **upper** or **inverted mordent** pincé m renversé

**more** /mɔːr/ LANGUAGE IN USE 5.1 SYN (compar of **many,** **much**)
ADJ, PRON (= greater in number or quantity) plus (de), davantage (de) ; (= additional) encore (de) ; (= other) d'autres ◆ **many came but more stayed away** beaucoup de gens sont venus mais davantage or un plus grand nombre se sont abstenus ◆ **many more** or **a lot more books/time** beaucoup plus de livres/de temps ◆ **I need a lot more** il m'en faut beaucoup plus or bien davantage ◆ **I need a few more books** il me faut encore quelques livres or quelques livres de plus ◆ **some were talking and a few more were reading** il y en avait qui parlaient et d'autres qui lisaient ◆ **a little more** un peu plus (de) ◆ **several more days** quelques jours de plus, encore quelques jours ◆ **I'd like (some) more meat** je voudrais encore de la viande ◆ **there's no more meat** il n'y a plus de viande ◆ **is there (any) more wine?** y a-t-il encore du vin ?, est-ce qu'il reste du vin ? ◆ **have some more ice cream** reprenez de la glace ◆ **has she any more children?** a-t-elle d'autres enfants ? ◆ **no more shouting!** assez de cris !, arrêtez de crier ! ◆ **I've got no more, I haven't any more** il ne m'en reste plus, je n'en ai plus ◆ **I've no more time** je n'ai plus le temps ◆ **I shan't say any more, I shall say no more** je n'en dirai pas davantage ; (threat) tenez-le-vous pour dit ◆ **have you heard any more about him?** avez-vous d'autres nouvelles de lui ? ◆ **I've got more like these** j'en ai d'autres comme ça ◆ **you couldn't ask for more** on ne peut guère en demander plus or davantage ◆ **we must see more of her** il faut que nous la voyions subj davantage or plus souvent ◆ **I want to know more about it** je veux en savoir plus long, je veux en savoir davantage ◆ **there's more where that came from** ce n'est qu'un début ◆ **the more the merrier** plus on est de fous plus on rit (Prov) ◆ **and what's more...** et qui plus est... ◆ **his speech, of which more later,...** son discours, sur lequel nous reviendrons,... ◆ **let's say no more about it** n'en parlons plus ◆ **I shall have more to say about that** je reviendrai sur ce sujet (plus tard) ◆ **I've nothing more to say** je n'ai rien à ajouter ◆ **nothing more** rien de plus ◆ **something more** autre chose, quelque chose d'autre or de plus

◆ **more... than** plus... que ; (before a number) plus de... ◆ **I've got more money/books than you** j'ai plus d'argent/de livres que vous ◆ **he's got more than you** il en a plus que vous ◆ **more people than seats** plus de gens que de places ◆ **more people than usual/than we expected** plus de gens que de coutume/que prévu ◆ **it cost more than I expected** c'était plus cher que je ne pensais ◆ **more than half the audience** plus de la moitié de l'assistance or des auditeurs ◆ **not more than a kilo** pas plus d'un kilo ◆ **more than 20 came** plus de 20 personnes sont venues ◆ **no more than a dozen** une douzaine au plus ◆ **more than enough** plus que suffisant, amplement ; bien suffisant ◆ **he can't afford more than a small house** il ne peut pas se payer qu'une petite maison

ADV plus ; [exercise, sleep etc] plus, davantage ◆ **more difficult** plus difficile ◆ **more easily** plus facilement ◆ **more and more difficult** de plus en plus difficile ◆ **even more difficult** encore plus difficile ◆ **you must rest more** vous

devez vous reposer davantage ◆ **he sleeps more and more** il dort de plus en plus ; → never
◆ **more than** plus que ◆ **he talks more than I do** il parle plus *or* davantage que moi ◆ **she talks even more than he does** elle parle encore plus *or* davantage que lui ◆ **I like apples more than oranges** je préfère les pommes aux oranges ◆ **no** *or* **nothing more than...** rien (de plus) que... ◆ **not much more than...** pas beaucoup plus que... ◆ **it will more than cover the cost** cela couvrira largement *or* amplement les frais ◆ **the house is more than half built** la maison est plus qu'à moitié bâtie ◆ **I had more than kept my promise** j'avais fait plus que tenir ma promesse
◆ **more... than** plus... que ◆ **more amused than annoyed** plus amusé que fâché ◆ **more frightened than hurt** il a eu plus de peur que de mal ◆ **each more beautiful than the next** *or* **the other** tous plus beaux les uns que les autres ◆ **it's more a short story than a novel** c'est une nouvelle plus qu'un roman ◆ **he's no more a duke than I am** il n'est pas plus duc que moi ◆ **he could no more pay me than fly in the air*** il ne pourrait pas plus me payer que devenir pape*
◆ **... any more** (= *any longer*, *again*) ◆ **I won't do it any more** je ne le ferai plus ◆ **don't do it any more!** ne recommence pas ! ◆ **he doesn't live here any more** il n'habite plus ici ◆ **I can't stay any more** je ne peux pas rester plus longtemps *or* davantage
◆ **more or less** plus ou moins
◆ **no more and no less** ni plus ni moins
◆ **neither more nor less (than...)** ni plus ni moins (que...)
◆ **no more...** † (= *neither*) ◆ **I can't bear him! – no more can I!** je ne peux pas le souffrir ! – ni moi non plus ! ◆ **I shan't go there again! – no more you shall** je ne veux pas y retourner ! – c'est entendu
◆ **... no more** (*liter*) (= *no longer*) ◆ **we shall see him no more** nous ne le reverrons jamais plus *or* plus jamais ◆ **he is no more** il n'est plus
◆ **... only more so*** ◆ **he's like his father, only more so** (= *worse*) il est comme son père, mais en pire ◆ **it's like that in Canada, only more so** (= *better*) c'est comme ça au Canada, mais en mieux
◆ **once more** une fois de plus, encore une fois
◆ **only once more** une dernière fois
◆ **the more...** ◆ **the more you rest the quicker you'll get better** plus vous vous reposerez plus vous vous rétablirez rapidement ◆ **the more I think of it the more ashamed I feel** plus j'y pense plus j'ai honte ◆ **he is all the more happy** il est d'autant plus heureux(*as que*) ◆ **(all) the more so as** *or* **because...** d'autant plus que... ◆ **I love him all the more for it** je l'aime d'autant plus ◆ **she respected him all the more for his frankness** elle l'a respecté d'autant plus pour sa franchise

**moreish*** /ˈmɔːrɪʃ/ ADJ ◆ **these cakes are very moreish** ces gâteaux ont un goût de revenez-y*

**morel** /mɒˈrel/ N (= *mushroom*) morille *f*

**morello** /məˈreləʊ/ N (pl **morellos**) (also **morello cherry**) griotte *f*

**moreover** /mɔːˈrəʊvəʳ/ LANGUAGE IN USE 26.2, 26.3 SYN ADV (*frm*) de plus, en outre

**mores** /ˈmɔːreɪz/ NPL mœurs *fpl*

**morganatic** /ˌmɔːgəˈnætɪk/ ADJ morganatique

**morganatically** /ˌmɔːgəˈnætɪkəli/ ADV morganatiquement

**morgue** /mɔːg/ SYN N (= *mortuary*) morgue *f* ; (* : *of newspaper*) archives *fpl* (*d'un journal*)

**MORI** /ˈmɒrɪ/ N (abbrev of **Market and Opinion Research Institute**) ◆ **MORI poll** sondage *m* d'opinion

**moribund** /ˈmɒrɪbʌnd/ SYN ADJ (*frm* : *lit*, *fig*) moribond

**Mormon** /ˈmɔːmən/
N mormon(e) *m(f)*
ADJ mormon

**Mormonism** /ˈmɔːmənɪzəm/ N mormonisme *m*

**morn** /mɔːn/ N (*liter*) (= *morning*) matin *m* ; (= *dawn*) aube *f*

**morning** /ˈmɔːnɪŋ/ SYN
N (= *point in time*) matin *m* ; (= *duration*) matinée *f* ◆ **on the morning of 23 January** le 23 janvier au matin, le matin du 23 janvier ◆ **during (the course of) the morning** pendant la matinée ◆ **I was busy all morning** j'ai été occupé toute la matinée ◆ **good morning!** (= *hello*) bonjour ! ;
(† = *goodbye*) au revoir ! ◆ **he came in the morning** il est arrivé dans la matinée ◆ **I'll do it in the morning** je le ferai le matin *or* dans la matinée ; (= *tomorrow*) je le ferai demain matin ◆ **it happened first thing in the morning** c'est arrivé tout au début de la matinée ◆ **I'll do it first thing in the morning** je le ferai demain à la première heure ◆ **at 7 (o'clock) in the morning** à 7 heures du matin ◆ **in the early morning** au (petit) matin ◆ **to get up very early in the morning** se lever de très bonne heure *or* très tôt le matin, se lever de bon *or* de grand matin ◆ **I work in the morning(s)** je travaille le matin ◆ **she's working mornings** *or* **she's on mornings*** **this week** elle travaille le matin, cette semaine ◆ **a morning's work** une matinée de travail ◆ **she's got the morning off (today)** elle a congé ce matin ◆ **I have a morning off every week** j'ai un matin *or* une matinée (de) libre par semaine ◆ **what a beautiful morning!** quelle belle matinée ! ◆ **this morning** ce matin ◆ **tomorrow morning** demain matin ◆ **the morning before** la veille au matin ◆ **yesterday morning** hier matin ◆ **the next** *or* **following morning, the morning after** le lendemain matin ◆ **the morning after (the night before)*** un lendemain de cuite* ◆ **every Sunday morning** tous les dimanches matin ◆ **one summer morning** (par) un matin d'été ; → Monday
ADJ [*walk*, *swim*] matinal, du matin ◆ **a morning train** un train le matin *or* dans la matinée ◆ **the morning train** le train du matin
COMP **morning-after pill** N (= *contraceptive*) pilule *f* du lendemain
**morning coat** N jaquette *f*
**morning coffee** N pause-café *f* (dans la matinée) ◆ **we have morning coffee together** nous prenons un café ensemble le matin
**morning dress** N jaquette *f* (et pantalon *m* rayé)
**morning-glory** N (= *flower*) belle-de-jour *f*
**morning paper** N journal *m* (du matin)
**morning prayer(s)** N(PL) prière(s) *f(pl)* du matin
**morning room** † N petit salon *m* (*conçu pour recevoir le soleil le matin*)
**morning service** N office *m* du matin
**morning sickness** N nausée *f* (du matin), nausées *fpl* matinales
**morning star** N étoile *f* du matin
**morning watch** N (*on ship*) premier quart *m* du jour

**Moroccan** /məˈrɒkən/
ADJ (*gen*) marocain ; [*ambassador*, *embassy*] du Maroc
N Marocain(e) *m(f)*

**Morocco** /məˈrɒkəʊ/ N ① Maroc *m* ◆ **in Morocco** au Maroc
② ◆ **morocco (leather)** maroquin *m* ◆ **morocco-bound** relié en maroquin

**moron** /ˈmɔːrɒn/ SYN N (* = *idiot*) crétin (e) *m(f)** ;
(*Med*) débile *m* léger, débile *f* légère

**moronic** /məˈrɒnɪk/ ADJ crétin*

**morose** /məˈrəʊs/ SYN ADJ morose

**morosely** /məˈrəʊsli/ ADV [*look at*] d'un air morose ; [*say*] d'un ton morose

**morph¹** /mɔːf/ N (Ling) morphe *m*

**morph²*** /mɔːf/ VI ◆ **to morph into sth** se transformer en qch

**morpheme** /ˈmɔːfiːm/ N (Ling) morphème *m*

**morphemics** /mɔːˈfiːmɪks/ N (*NonC*) (Ling) morphématique *f*

**Morpheus** /ˈmɔːfiəs/ N Morphée *m* ; → **arm¹**

**morphia** /ˈmɔːfɪə/ N ⇒ **morphine**

**morphine** /ˈmɔːfiːn/
N morphine *f*
COMP **morphine addict** N morphinomane *mf*
**morphine addiction** N morphinomanie *f*

**morphing** /ˈmɔːfɪŋ/ N (Cine, Comput) morphing *m*

**morphogenesis** /ˌmɔːfəʊˈdʒenɪsɪs/ N morphogenèse *f*

**morphogenetic** /ˌmɔːfəʊdʒɪˈnetɪk/ ADJ morphogène

**morphological** /ˌmɔːfəˈlɒdʒɪkəl/ ADJ morphologique

**morphologically** /ˌmɔːfəˈlɒdʒɪkəli/ ADV morphologiquement

**morphologist** /mɔːˈfɒlədʒɪst/ N morphologue *mf*

**morphology** /mɔːˈfɒlədʒɪ/ N morphologie *f*

**morphophonemics** /ˌmɔːfəʊfəʊˈniːmɪks/ N (*NonC*) morphophonémique *f*

**morphophonology** /ˌmɔːfəʊfəˈnɒlədʒɪ/ N morphophonologie *f*

**morphosyntax** /ˌmɔːfəʊˈsɪntæks/ N morphosyntaxe *f*

**morris** /ˈmɒrɪs/
N (US) ⇒ **morris dance**
COMP **morris dance** N danse folklorique anglaise
**morris dancer** N danseur de « morris dance »
**morris dancing** N danse folklorique anglaise
**morris men** NPL danseurs de « morris dance »

▸ **MORRIS DANCING**
Le **Morris dancing** est une danse folklorique anglaise traditionnelle réservée aux hommes. Habillés tout en blanc et portant des clochettes, ils exécutent différentes figures avec des mouchoirs et de longs bâtons. Cette danse est très populaire dans les fêtes de village.

**morrow** /ˈmɒrəʊ/ N († *or liter*) (= *morning*) matin *m* ; (= *next day*) lendemain *m* ◆ **he said he would leave on the morrow** il a dit qu'il partirait le lendemain

**Morse** /mɔːs/
N morse *m*
COMP **Morse alphabet** N alphabet *m* morse
**Morse Code** N morse *m*
**Morse signals** NPL signaux *mpl* en morse

**morsel** /ˈmɔːsl/ SYN N (*gen*) (petit) bout *m* ◆ **she ate only a morsel of fish** elle n'a mangé qu'une bouchée de poisson ◆ **choice morsel** morceau *m* de choix

**mortadella** /ˌmɔːtəˈdelə/ N mortadelle *f*

**mortal** /ˈmɔːtl/ SYN
ADJ [*life*, *hatred*, *enemy*, *fear*] mortel ; [*injury*] mortel, fatal ◆ **mortal combat** combat *m* à mort ◆ **mortal remains** dépouille *f* mortelle ◆ **mortal sin** péché *m* mortel ◆ **it's no mortal good to him** cela ne lui sert strictement à rien
N mortel(le) *m(f)*

**mortality** /mɔːˈtælɪtɪ/ SYN N mortalité *f* ◆ **infant mortality** (taux *m* de) mortalité *f* infantile

**mortally** /ˈmɔːtəlɪ/ ADV [*wounded*, *offended*] mortellement ; [*embarrassed*] horriblement ◆ **mortally ill** condamné ◆ **mortally afraid** mort de peur

**mortar** /ˈmɔːtəʳ/ N (= *substance*, *weapon*) mortier *m*

**mortarboard** /ˈmɔːtəbɔːd/ N toque portée par les enseignants et les étudiants pendant la cérémonie de remise de diplômes universitaires

**mortgage** /ˈmɔːgɪdʒ/
N (*in house buying etc*) emprunt *m* immobilier ; (= *second loan etc*) hypothèque *f* ◆ **to take out** *or* **raise a mortgage** contracter un emprunt immobilier(*on*, *for* pour), prendre une hypothèque ◆ **to pay off** *or* **clear a mortgage** rembourser un emprunt immobilier, purger une hypothèque ◆ **to carry a mortgage** être grevé d'une hypothèque
VT [+ *house*, *one's future*] hypothéquer
COMP **mortgage broker** N courtier *m* en prêts hypothécaires
**mortgage payment** N remboursement *m* d'un emprunt immobilier
**mortgage rate** N taux *m* d'emprunt hypothécaire
**mortgage relief** N (*Brit*) exonération fiscale sur les emprunts immobiliers

**mortgageable** /ˈmɔːgədʒɪbl/ ADJ hypothécable

**mortgagee** /ˌmɔːgəˈdʒiː/ N créancier *m*, -ière *f* hypothécaire

**mortgagor** /ˌmɔːgəˈdʒɔːʳ/ N débiteur *m*, -trice *f* hypothécaire

**mortice** /ˈmɔːtɪs/ N ⇒ **mortise**

**mortician** /mɔːˈtɪʃən/ N (US) entrepreneur *m* de pompes funèbres

**mortification** /ˌmɔːtɪfɪˈkeɪʃən/ SYN N (*gen*) grande honte *f* ; (Rel) mortification *f* ◆ **mortification of the flesh** (Rel) mortification *f* de la chair

**mortified** /ˈmɔːtɪfaɪd/ ADJ ◆ **I was mortified to learn that...** j'ai été morte de honte en apprenant que...

**mortify** /ˈmɔːtɪfaɪ/ SYN VT (*gen*) faire honte à, rendre honteux ; (Rel) mortifier ◆ **to mortify the flesh** se mortifier, mortifier sa chair

**mortifying** /ˈmɔːtɪfaɪɪŋ/ ADJ très gênant (*to sb* pour qn)

## mortise | motion

**mortise** /ˈmɔːtɪs/
- N mortaise f
- VT mortaiser
- COMP **mortise and tenon joint** N assemblage m à tenon et mortaise
- **mortise lock** N serrure f encastrée

**mortuary** /ˈmɔːtjʊərɪ/ SYN
- N morgue f, dépôt m mortuaire
- ADJ mortuaire

**morula** /ˈmɒrjʊlə/ N morula f

**Mosaic** /məʊˈzeɪɪk/ ADJ (of Moses) mosaïque, de Moïse

**mosaic** /məʊˈzeɪɪk/
- N mosaïque f
- COMP en mosaïque

**moschatel** /ˌmɒskəˈtel/ N (= plant) moschatelline f, herbe f musquée

**Moscow** /ˈmɒskəʊ/ N Moscou ◆ **the Moscow team** l'équipe f moscovite

**Moselle** /məʊˈzel/ N 1 (Geog) Moselle f
2 (= wine) (vin m de) Moselle m

**Moses** /ˈməʊzɪz/
- N Moïse m ◆ **Holy Moses!**\* mince alors !\*
- COMP **Moses basket** N moïse m

**mosey**\* /ˈməʊzɪ/ (US)
- VI ◆ **to mosey along** (se) baguenauder\*, aller or marcher sans (trop) se presser ◆ **they moseyed over to Joe's** ils sont allés faire un tour chez Joe ◆ **I'll just mosey on down** je vais y aller doucement
- N ◆ **to have a mosey round somewhere** faire une balade\* or un tour quelque part

**Moslem** /ˈmɒzləm/ N, ADJ ⇒ Muslim

**mosque** /mɒsk/ N mosquée f

**mosquito** /mɒsˈkiːtəʊ/
- N (pl **mosquito(e)s**) moustique m
- COMP **mosquito bite** N piqûre f de moustique
- **mosquito coil** N serpentin m antimoustique
- **mosquito net** N moustiquaire f
- **mosquito netting** N mousseline f or gaze f pour moustiquaire

**moss** /mɒs/
- N mousse f (Bot) ; → **rolling**
- COMP **moss campion** N silène m à tige courte
- **moss green** ADJ vert mousse inv N vert m mousse inv
- **moss rose** N rose f mousseuse
- **moss stitch** N (Knitting) point m de riz

**Mossad** /ˈmɒsæd/ N Mossad m

**mossback**\* /ˈmɒsbæk/ N (US fig) conservateur m à tout crin

**mossy** /ˈmɒsɪ/ ADJ [wall, stone] moussu ◆ **mossy green** adj vert mousse invn vert m mousse

**most** /məʊst/ LANGUAGE IN USE 7.2 (superl of **many,**) much)
- ADJ, PRON 1 (= greatest in amount, number) le plus (de) ◆ **he earns (the) most money** c'est lui qui gagne le plus d'argent ◆ **I've got (the) most records** c'est moi qui ai le plus (grand nombre) de disques ◆ **(the) most** le plus, le maximum ◆ **who has got (the) most?** qui en a le plus ? ◆ **at (the) most, at the very most** au maximum,(tout) au plus ◆ **they're the most!**\* ils sont champions !\*
  ◆ **to make the most of** [+ one's time] ne pas perdre,bien employer ; [+ opportunity, sunshine, sb's absence] profiter (au maximum) de ; [+ one's talents, business offer, money] tirer le meilleur parti de ; [+ one's resources, remaining food] utiliser au mieux,faire durer ◆ **make the most of it!** profitez-en bien !,tâchez de bien en profiter ! ◆ **he certainly made the most of the story** il a vraiment exploité cette histoire à fond ◆ **to make the most of o.s.** se faire valoir, se mettre en valeur
2 (= largest part) la plus grande partie (de), la majeure partie (de) ; (= greatest number) la majorité (de), la plupart (de) ◆ **most (of the) people/books** etc la plupart or la majorité des gens/des livres etc ◆ **most cars are bought on credit** la plupart or la majorité des voitures sont achetées à crédit ◆ **most of the butter** presque tout le beurre ◆ **most of the money** la plus grande or la majeure partie de l'argent, presque tout l'argent ◆ **most of it** presque tout ◆ **most of them** la plupart d'entre eux ◆ **most of the day** la plus grande or la majeure partie de la journée ◆ **most of the time** la plupart du temps ◆ **for the most part** pour la plupart, en général ◆ **in most cases** dans la plupart or la majorité des cas
- ADV 1 (forming superl of adjs and advs) le plus ◆ **the most intelligent boy** le garçon le plus intelligent ◆ **the most beautiful woman of all** la plus belle femme or la femme la plus belle de toutes ◆ **most easily** le plus facilement
2 [work, sleep etc] le plus ◆ **he talked most** c'est lui qui a le plus parlé or parlé le plus ◆ **what he wants most (of all)** ce qu'il veut par-dessus tout or avant tout ◆ **the book he wanted most (of all)** le livre qu'il voulait le plus or entre tous ◆ **that's what annoyed me most (of all)** c'est ce qui m'a contrarié le plus or par-dessus tout
3 (= very) bien, très, fort ◆ **most likely** très probablement ◆ **a most delightful day** une journée on ne peut plus agréable or des plus agréables ◆ **you are most kind** vous êtes (vraiment) très aimable ◆ **it's a most useful gadget** c'est un gadget des plus utiles or tout ce qu'il y a de plus utile ◆ **the Most High** le Très-Haut ◆ **Most Reverend** révérendissime
4 (US \* = almost) presque

**...most** /məʊst/ SUF le plus ◆ **northernmost** le plus au nord ; → **foremost, inmost**

**mostly** /ˈməʊstlɪ/ SYN ADV 1 (= chiefly) principalement, surtout ◆ **he now works mostly in Hollywood** à présent, il travaille principalement or surtout à Hollywood ◆ **the human body is mostly water** le corps humain est presque entièrement composé d'eau ◆ **it is mostly a book about nature** c'est avant tout un livre sur la nature
2 (= almost all) pour la plupart ◆ **the men were mostly fairly young** les hommes étaient, pour la plupart, assez jeunes ◆ **more than one hundred people, mostly women** plus de cent personnes, pour la plupart des femmes
3 (= usually) en général ◆ **he mostly comes on Mondays** il vient en général le lundi

**MOT** /ˌemˌəʊˈtiː/ (Brit)
- N 1 abbrev of **Ministry of Transport**
2 (also **MOT test**) = contrôle m technique ◆ **the car has passed/failed its MOT (test)** la voiture a obtenu/n'a pas obtenu le certificat de contrôle technique ◆ **the MOT (certificate) runs out in April** le certificat de contrôle technique expire en avril
- VT ◆ **to get one's car MOT'd** faire passer sa voiture au contrôle technique ◆ **car for sale, MOT'd till June** voiture à vendre, certificat de contrôle technique valable jusqu'en juin

**mote** /məʊt/ N atome m ; [of dust] grain m ◆ **the mote in thy brother's eye** (Bible) la paille dans l'œil de ton frère

**motel** /məʊˈtel/ N motel m

**motet** /məʊˈtet/ N motet m

**moth** /mɒθ/
- N papillon m de nuit, phalène m or f ; (also **clothes-moth**) mite f ◆ **to be attracted like a moth to a flame** être irrésistiblement attiré
- COMP **moth-eaten** SYN ADJ mangé par les mites, mité ; (\* fig) mangé aux mites\* ◆ **to become moth-eaten** se miter
- **moth-hole** N trou m de mite

**mothball** /ˈmɒθbɔːl/
- N boule f de naphtaline ◆ **in mothballs**\* (fig) [object] au placard (hum) ; [ship] en réserve ◆ **to put sth in mothballs** (fig)[+ project] mettre or remiser qch au placard
- VT [+ ship] mettre en réserve ; [+ factory] fermer provisoirement ; (fig) [+ project] mettre or remiser au placard

**mother** /ˈmʌðər/ SYN
- N 1 (lit, fig) mère f ◆ **yes, Mother** (as form of address) oui, mère ◆ **she was (like) a mother to me** elle était une vraie mère pour moi ◆ **a mother of three** une mère de trois enfants ◆ **to learn sth at one's mother's knee** apprendre qch au berceau ◆ **mother's milk** lait m maternel ◆ **he took in poetry with his mother's milk** il a été imprégné de poésie depuis sa plus tendre enfance ◆ **the Reverend Mother** (Rel) la Révérende Mère ◆ **she's her mother's daughter** c'est (bien) la fille de sa mère ◆ **every mother's son of them**\* tous sans exception ◆ **shall I be mother?** (Brit hum = shall I serve) je fais le service or la mère de famille ? ; → **foster, housemother, necessity, single**
2 \* ◆ **the mother of all battles** une bataille homérique or sans précédent ◆ **the mother of all controversies/confrontations** une controverse/une confrontation homérique or sans précédent ◆ **the mother of all traffic jams** un énorme bouchon
3 († or liter) ◆ **old Mother Jones** la mère Jones ; see also **comp**
4 (US ⁑) ⇒ **motherfucker**
- VT (= act as mother to) s'occuper de ; (= indulge, protect) dorloter, chouchouter ; (Psych) materner ; († †† = give birth to) donner naissance à ◆ **she always mothers her lodgers** c'est une vraie mère pour ses locataires ◆ **why do men so often want their girlfriends to mother them?** pourquoi les hommes veulent-ils si souvent être maternés par leur petite amie ?
- COMP **mother abbess** N (Rel) mère f abbesse
- **Mother Carey's chicken** N pétrel m
- **Mother Church** N ◆ **our Mother Church** notre sainte mère l'Église
- **mother country** N mère patrie f
- **mother craft** N (Space) vaisseau m amiral
- **Mother Earth** N notre mère f la Terre, la Terre mère
- **Mother Goose** N ma Mère l'Oye
- **mother hen** N mère f poule
- **mother-in-law** N (pl **mothers-in-law**) belle-mère f
- **mother lode** N (Min) veine f principale ; (fig) source f
- **mother love** N amour m maternel
- **mother-naked** ADJ nu comme un ver
- **Mother Nature** N Dame Nature f
- **Mother of God** N Marie, mère f de Dieu
- **mother-of-pearl** N nacre f (de perle)
- **mother-of-thousands** N (= plant) chlorophytum m
- **mother of vinegar** N mère m de vinaigre
- **Mother's Day** N la fête des Mères
- **mother's help, mother's helper** (US) N aide f maternelle
- **mother ship** N ravitailleur m
- **Mother Superior** N (pl **Mother Superiors** or **Mothers Superior**) (Rel) Mère f supérieure
- **mother-to-be** N (pl **mothers-to-be**) future maman f
- **mother tongue** N langue f maternelle
- **mother wit** SYN N bon sens m inné

**motherboard** /ˈmʌðəbɔːd/ N (Comput) carte f mère

**mothercraft** /ˈmʌðəkrɑːft/ N puériculture f

**motherfucker**⁑ /ˈmʌðəfʌkər/ N (esp US) (= person) enfoiré(e)⁑ m(f), enculé(e)⁑ m(f) ; (= thing) saloperie⁑ f

**motherfucking**⁑ /ˈmʌðəfʌkɪŋ/ ADJ (esp US) ◆ **that motherfucking car!** cette putain de bagnole !⁑ ◆ **get your motherfucking ass in gear!** magne-toi le cul !⁑ ◆ **you motherfucking son-of-a-bitch!** espèce de fils de pute !⁑

**motherhood** /ˈmʌðəhʊd/ N maternité f

**mothering** /ˈmʌðərɪŋ/
- N soins mpl maternels ; (fig) maternage m ◆ **he needs mothering** il a besoin d'être materné
- COMP **Mothering Sunday** N (Brit) la fête des Mères

**motherland** /ˈmʌðəlænd/ N patrie f

**motherless** /ˈmʌðəlɪs/ ADJ sans mère

**motherly** /ˈmʌðəlɪ/ SYN ADJ maternel

**motherwort** /ˈmʌðəwɜːt/ N agripaume f, léonure f

**mothproof** /ˈmɒθpruːf/
- ADJ traité à l'antimite
- VT traiter à l'antimite

**motif** /məʊˈtiːf/ N (Art, Mus) motif m

**motile** /ˈməʊtaɪl/ ADJ (Physiol) mobile

**motility** /məʊˈtɪlɪtɪ/ N (Physiol) motilité f

**motion** /ˈməʊʃən/ SYN
- N 1 (NonC) mouvement m, marche f ; (Mus) mouvement m ◆ **perpetual motion** mouvement m perpétuel ◆ **to be in motion** [vehicle] être en marche ; [machine] être en mouvement or en marche ◆ **to set in motion** [+ machine] mettre en mouvement or en marche ; [+ vehicle] mettre en marche ; (fig) [+ process etc] mettre en branle ◆ **to put or set the wheels in motion** (fig:of process etc) lancer le processus, mettre les choses en branle ◆ **the motion of the car made him ill** le mouvement de la voiture l'a rendu malade
2 (= gesture etc) mouvement m, geste m ◆ **he made a motion to close the door** il a esquissé le geste d'aller fermer la porte ◆ **to go through the motions of doing sth** (fig) (mechanically) faire qch machinalement or en ayant l'esprit ailleurs ; (insincerely) faire mine or semblant de faire qch
3 (at meeting etc) motion f ; (Parl) proposition f ◆ **to propose a motion** proposer une motion

**motion carried/rejected** motion f adoptée/rejetée ◆ **meeting convened of its own motion** (Admin, Jur) réunion f convoquée d'office

**4** (Brit: also **bowel motion**) selles fpl ◆ **to have** or **pass a motion** aller à la selle

**5** [of watch] mouvement m

**VII** ◆ **to motion (to) sb to do sth** faire signe à qn de faire qch ◆ **he motioned me in/out/to a chair** il m'a fait signe d'entrer/de sortir/de m'asseoir

**COMP** **motion picture** N (esp US Cine) film m (de cinéma) ◆ **motion-picture camera** caméra f ◆ **the motion-picture industry** l'industrie f cinématographique, le cinéma
**motion sickness** N mal m des transports
**motion study** N (in industry) étude f des cadences

**motionless** /ˈməʊʃənlɪs/ SYN ADJ [person, body] immobile ◆ **to remain motionless** rester immobile ◆ **to stand/sit/lie motionless** rester debout/assis/étendu sans bouger

**motivate** /ˈməʊtɪveɪt/ SYN VT [+ act, decision] motiver ; [+ person] pousser, inciter (to do sth à faire qch)

**motivated** /ˈməʊtɪveɪtɪd/ ADJ motivé (to do sth pour faire qch) ◆ **to keep sb motivated** faire en sorte que qn reste subj motivé ◆ **highly motivated** extrêmement motivé ◆ **he's not very politically motivated** il ne s'intéresse pas beaucoup à la politique ◆ **the violence was racially motivated** c'est le racisme qui a motivé les violences

**motivation** /ˌməʊtɪˈveɪʃən/ SYN

**N** **1** (= motive) mobile m ◆ **he did not tell them the true motivation for the killings** il ne leur a pas révélé le véritable mobile des assassinats ◆ **the primary motivation behind the deal was political** la raison principale de l'accord était politique ◆ **money is my motivation** je fais ça pour l'argent

**2** [of worker, student] motivation f ◆ **he lacks motivation** il n'est pas assez motivé, il manque de motivation

**COMP** **motivation research** N études fpl de motivation

**motivational research** /ˌməʊtɪˈveɪʃənəlrɪˈsɜːtʃ/ N ⇒ **motivation research** ; → **motivation**

**motive** /ˈməʊtɪv/ SYN

**N** **1** (= reason) intention f, raison f ; (= motivation) [of person] motivations fpl ; (for action) motifs mpl ; (Jur) mobile m ◆ **I did it from the best motives** je l'ai fait avec les meilleures intentions or avec les motifs les plus louables ◆ **his motive for saying that** la raison pour laquelle il a dit cela ◆ **what were his motives?** quelles étaient ses motivations ? ◆ **what was the motive for his behaviour?** quels étaient les motifs de sa conduite ? ◆ **he had no motive for killing her** il n'avait aucune raison de la tuer ◆ **what was the motive for the murder?** quel était le mobile du meurtre ? ◆ **the only suspect with a motive** le seul suspect à avoir un mobile ; → **profit, ulterior**

**2** ⇒ **motif**

**ADJ** moteur (-trice f) ◆ **motive power** force f motrice

**motiveless** /ˈməʊtɪvlɪs/ ADJ [act, crime] immotivé, gratuit

**motley** /ˈmɒtlɪ/ SYN

**ADJ** **1** (pej = ill-assorted) [collection, assortment] disparate ◆ **what a motley crew!** en voilà une belle équipe !*

**2** (= multicoloured) (also **motley coloured**) bariolé

**N** (= garment) habit m bigarré (du bouffon)

**motocross** /ˈməʊtəkrɒs/ N moto-cross m

**motor** /ˈməʊtəʳ/

**N** **1** (= engine) moteur m

**2** (Brit *) voiture f, bagnole* f

**ADJ** [muscle, nerve] moteur (-trice f) ; see also **comp**

**VI** † aller en auto ◆ **to go motoring** faire de l'auto ◆ **we motored downriver** (in boat) nous avons descendu la rivière en bateau à moteur

**VT** (Brit †) conduire en auto ◆ **to motor sb away/back** etc emmener/ramener etc qn en auto

**COMP** [accident] de voiture
**motor-assisted** ADJ à moteur
**motor bus** † N autobus m
**motor coach** N (Brit) car m
**motor drive** N (Tech) entraînement m par moteur
**motor-driven** ADJ à entraînement par moteur
**motor home** N (US) camping-car m
**motor industry** N industrie f automobile
**motor inn** N (US) ⇒ **motor lodge**
**motor insurance** N assurance-automobile f
**motor launch** N vedette f
**motor lodge** N (US) motel m
**motor lorry** N (Brit) ⇒ **motor truck**
**motor mechanic** N mécanicien m garagiste
**motor mower** N tondeuse f (à gazon) à moteur
**motor neuron disease** N (Med) sclérose f latérale amyotrophique
**motor oil** N huile f (de graissage)
**motor racing** N (NonC) course f automobile
**motor road** † N route f carrossable
**motor scooter** N scooter m
**motor ship** N ⇒ **motor vessel**
**motor show** N exposition f de voitures ◆ **the Motor Show** (Brit) le Salon de l'automobile
**motor torpedo boat** N vedette f lance-torpilles
**the motor trade** N (le secteur de) l'automobile f
**motor truck** N camion m (automobile)
**motor vehicle** N véhicule m automobile
**motor vessel** N navire m à moteur (diesel), motorship m

**motorail** /ˈməʊtəreɪl/ N train m auto-couchettes

**motorbike** /ˈməʊtəbaɪk/ N moto f ◆ **motorbike gang** bande f de motards*

**motorboat** /ˈməʊtəbəʊt/ N canot m automobile, bateau m à moteur

**motorcade** /ˈməʊtəkeɪd/ N cortège m de voitures

**motorcar** /ˈməʊtəkɑːʳ/ N (Brit) automobile f, voiture f

**motorcycle** /ˈməʊtəsaɪkl/

**N** moto(cyclette) f

**COMP** **motorcycle club** N club m de moto
**motorcycle combination** N (motocyclette f à) side-car m
**motorcycle engine** N moteur m de moto

**motorcycling** /ˈməʊtəsaɪklɪŋ/ N motocyclisme m

**motorcyclist** /ˈməʊtəsaɪklɪst/ N motocycliste mf

**-motored** /ˈməʊtəd/ ADJ (in compounds) ◆ **four-motored** quadrimoteur (-trice f)

**motoring** /ˈməʊtərɪŋ/

**N** promenades fpl en voiture

**COMP** [accident] de voiture, d'auto ; [holiday] en voiture, en auto
**motoring correspondent** N (Brit Press) chroniqueur m automobile
**motoring magazine** N revue f automobile
**motoring public** N automobilistes mpl
**motoring school** N auto-école f

**motorist** /ˈməʊtərɪst/ N automobiliste mf

**motorization** /ˌməʊtəraɪˈzeɪʃən/ N motorisation f

**motorize** /ˈməʊtəraɪz/ VT (esp Mil) motoriser ◆ **motorized bicycle** or **bike** * cyclomoteur m

**motorman** /ˈməʊtəmən/ N (pl **-men**) (US) conducteur m ; [of train] conducteur m, mécanicien m

**motormouth** * /ˈməʊtəmaʊθ/ N moulin m à paroles*

**motorway** /ˈməʊtəweɪ/ (Brit)

**N** autoroute f → **ROADS**

**COMP** [bridge, exit, junction] d'autoroute
**motorway restaurant** N restoroute m ®

**Motown** /ˈməʊtaʊn/ N (US) **1** Detroit

**2** (Mus) Motown m

**mottle** /ˈmɒtl/ VT marbrer (with de)

**mottled** /ˈmɒtld/ SYN ADJ [leaf, skin, colour, porcelain] marbré (with sth de sth) ; [horse] moucheté ; [sky] pommelé ; [material] chiné ◆ **mottled complexion** teint m brouillé ◆ **mottled blue and white** marbré de bleu et de blanc

**motto** /ˈmɒtəʊ/ SYN N (pl **mottoes** or **mottos**) **1** [of family, school etc] devise f

**2** (in cracker) (= riddle) devinette f ; (= joke) blague f

**3** (Mus) ◆ **motto theme** leitmotiv m

**motu proprio** /ˈməʊtuːˈprəʊprɪˌəʊ/ N motu proprio m

**mould¹, mold¹** (US) /məʊld/ SYN

**N** (Art, Culin, Metal, Tech etc) (= container, core, frame) moule m ; (for design) modèle m, gabarit m ◆ **rice mould** (Culin) gâteau m de riz ◆ **to cast metal in a mould** couler or jeter du métal dans un moule ◆ **to cast a figure in a mould** jeter une figure en moule, mouler une figure (fig) ◆ **to break the mould** (= reorganize) rompre avec la tradition ◆ **they broke the mould when they made him** il n'y a pas deux comme lui ◆ **cast in a heroic mould** de la trempe des héros ◆ **cast in the same mould** fait sur or coulé dans le même moule ◆ **men of his mould** des hommes de sa trempe or de son calibre* ◆ **he doesn't fit into the usual mould of a retired colonel** il ne correspond pas à l'image traditionnelle or que l'on a d'un colonel à la retraite

**VT** (= cast) [+ metals] fondre, mouler ; [+ plaster, clay] mouler ; (= fashion) [+ figure etc] modeler (in, out of en) ; (fig) [+ sb's character, public opinion etc] former, façonner

**VI** ◆ **the dress moulded to her body** la robe moulait son corps

**mould², mold²** (US) /məʊld/ SYN

**N** (= fungus) moisissure f

**VI** moisir

**mould³, mold³** (US) /məʊld/ N (= soil) humus m, terreau m ; → **leaf**

**moulder, molder** (US) /ˈməʊldəʳ/ VI (gen) moisir ; (also **moulder away**) [building] tomber en poussière, se désagréger ; (* fig) [person, object] moisir

**moulding, molding** (US) /ˈməʊldɪŋ/

**N** **1** (Archit) moulure f

**2** (on car body) baguette f

**3** (= moulded object) objet m moulé, moulage m ; (= process) (gen) moulage m ; [of metal] coulée f ; [of statue] coulage m

**4** (NonC = influencing) [of character, public opinion] formation f

**COMP** **moulding machine** N machine f à moulures
**moulding process** N procédé m de moulage
**moulding technique** N technique f de moulage

**mouldy, moldy** (US) /ˈməʊldɪ/ SYN ADJ **1** (= with mould) [food, mattress, wallpaper, clothes] moisi ◆ **to go mouldy** moisir ◆ **to smell mouldy** sentir le moisi ◆ **to taste mouldy** avoir goût de moisi

**2** (Brit * = paltry) minable ◆ **all he gave me was a mouldy £5** il m'a juste refilé un malheureux billet de 5 livres

**moult, molt** (US) /məʊlt/

**N** mue f

**VI** [bird] muer ; [dog, cat] perdre ses poils

**VT** [+ feathers, hair] perdre

**mound** /maʊnd/ SYN N **1** [of earth] (natural) monticule m ; (artificial) levée f de terre, remblai m ; (Archeol) (also **burial mound**) tumulus m

**2** (= pile) tas m, monceau m

**mount** /maʊnt/ SYN

**N** **1** (liter) mont m, montagne f ◆ **Mount Carmel** le mont Carmel ◆ **Mount Fuji** or **Fujiyama** le Fuji-Yama ◆ **the Mount of Olives** le mont des Oliviers ; → **sermon**

**2** (= horse) monture f

**3** (= support) [of machine] support m ; [of jewel, lens, specimen] monture f ; [of microscope slide] lame f ; [of transparency] cadre m ; [of painting, photo] carton m de montage ; [of stamp in album] charnière f

**VT** **1** (frm : = climb on or up) [+ hill, stairs] monter ; (with effort) gravir ; [+ horse, ladder] monter à ; [+ cycle] monter sur, enfourcher ; [+ platform, throne] monter sur ◆ **the car mounted the pavement** la voiture est montée sur le trottoir

**2** [male animal] monter

**3** [+ machine, specimen, jewel] monter (on, in sur) ; [+ map] monter, entoiler ; [+ picture, photo] monter or coller sur un carton ; [+ exhibit] fixer sur un support ; [+ gun] mettre en position ◆ **to mount stamps in an album** coller or mettre des timbres dans un album ◆ **mounting press** (Phot) colleuse f

**4** (= stage, orchestrate) [+ play, demonstration, plot, campaign, rescue operation etc] monter ◆ **to mount guard** (Mil) monter la garde (on sur ; over auprès de) ◆ **to mount an offensive** monter une attaque ◆ **she mounted a challenge to the Prime Minister's leadership** elle s'est posée en successeur du Premier ministre, en contestant son autorité ◆ **she mounted a title challenge to the reigning World Champion** elle a essayé de ravir son titre au champion du monde ◆ **they mounted a legal challenge to the directive** ils ont essayé de contester cette directive devant les tribunaux

**5** (= provide with horse) monter ; → **mounted**

**VI** **1** [prices, temperature] monter, augmenter ; [pressure, tension] monter ; [concern] grandir, monter ; [debts, losses] augmenter ◆ **the death**

**mountain | move**

toll has mounted to 8,000 le nombre de morts se monte maintenant à 8 000 ◆ **opposition to the treaty is mounting** l'opposition au traité grandit or prend de l'ampleur ◆ **pressure is mounting on him to resign** la pression s'accentue sur lui pour qu'il démissionne ◆ **evidence is mounting that...** il y a de plus en plus de raisons de penser que... ◆ **speculation was mounting that she was about to resign** on se perdait en conjectures sur sa démission éventuelle

2 (= get on horse) se mettre en selle

▶ **mount up** VI (= increase) monter, s'élever ; (= accumulate) s'accumuler ◆ **it all mounts up** tout cela finit par chiffrer

**mountain** /ˈmaʊntɪn/ SYN

N montagne f ◆ **to go to/live in the mountains** aller à/habiter la montagne ◆ **to make a mountain out of a molehill** (se) faire une montagne d'une taupinière ◆ **beef/butter mountain** (Econ) montagne f de bœuf/de beurre ◆ **debt mountain** montagne de dettes ◆ **faith can move mountains** la foi soulève des montagnes ◆ **we have a mountain to climb** (esp Brit) (fig) nous allons devoir soulever des montagnes ◆ **if Mohammed won't go to the mountain, the mountain must come to Mohammed** si la montagne ne vient pas à Mahomet, Mahomet ira à la montagne ◆ **a mountain of** (fig) une montagne de ◆ **a mountain of dirty washing** un monceau de linge sale ◆ **a mountain of work** un travail fou or monstre

COMP [tribe, people] montagnard ; [animal, plant] de(s) montagne(s) ; [air] de la montagne ; [path, scenery, shoes, chalet] de montagne

**mountain ash** N sorbier m (des oiseleurs)
**mountain avens** N (pl inv) dryade f à huit pétales
**mountain bike** N VTT m, vélo m tout terrain
**mountain cat** N puma m, couguar m
**mountain chain** N chaîne f de montagnes
**mountain climber** N grimpeur, alpiniste mf
**Mountain Daylight Time** N (US) heure f d'été des montagnes Rocheuses
**mountain dew** * N whisky m (en général illicitement distillé)
**mountain goat** N chèvre f de montagne
**mountain guide** N (Climbing) guide m de montagne
**mountain lion** N (US) ⇒ mountain cat
**mountain pass** N col m
**mountain pine** N pin m de montagne
**mountain range** N chaîne f de montagnes
**mountain sickness** N mal m des montagnes
**Mountain Standard Time** N (US) heure f d'hiver des montagnes Rocheuses
**the Mountain State** N (US) la Virginie occidentale
**Mountain Time** N (US) heure f des montagnes Rocheuses
**mountain top** N sommet m de la (or d'une) montagne, cime f

**mountaineer** /ˌmaʊntɪˈnɪəʳ/

N alpiniste mf
VI faire de l'alpinisme

**mountaineering** /ˌmaʊntɪˈnɪərɪŋ/ N alpinisme m

**mountainous** /ˈmaʊntɪnəs/ SYN ADJ 1 (= hilly) montagneux
2 (= immense) colossal
3 [seas] démonté ; [waves] énorme

**mountainside** /ˈmaʊntɪnsaɪd/ N flanc m or versant m d'une (or de la) montagne

**mountebank** /ˈmaʊntɪbæŋk/ N charlatan m

**mounted** /ˈmaʊntɪd/

ADJ [soldiers, troops] à cheval
COMP **mounted police** N police f montée
**mounted policeman** N (pl **mounted policemen**) policier m à cheval

**Mountie** * /ˈmaʊntɪ/ N (Can) membre m de la police montée ◆ **the Mounties** la police montée

**mounting** /ˈmaʊntɪŋ/ N ⇒ mount vt 3

**mourn** /mɔːn/ SYN

VI pleurer ◆ **to mourn for sb** pleurer qn ◆ **to mourn for sth** pleurer la perte de qch
VT [+ person] pleurer ; (sth gone) pleurer la perte de ; (sth sad) déplorer (frm) ◆ **he was still mourning the loss of his son** il pleurait encore son fils ◆ **he is still mourning the break-up of his relationship** il ne s'est pas encore remis de leur rupture

**mourner** /ˈmɔːnəʳ/ N parent(e) m(f) or ami(e) m(f) du défunt ◆ **the mourners** le convoi or le cortège funèbre ◆ **to be the chief mourner** mener le deuil

**mournful** /ˈmɔːnfʊl/ SYN ADJ [person, face, voice, sound, music] mélancolique ; [howl] lugubre ; [occasion] triste

**mournfully** /ˈmɔːnfəlɪ/ ADV mélancoliquement

**mournfulness** /ˈmɔːnfʊlnɪs/ N [of person] tristesse f, mélancolie f

**mourning** /ˈmɔːnɪŋ/ SYN

N deuil m ; (= clothes) vêtements mpl de deuil ◆ **in deep mourning** en grand deuil ◆ **to be in mourning (for sb)** porter le deuil (de qn), être en deuil (de qn) ◆ **to go into/come out of mourning** prendre/quitter le deuil
COMP **mourning band** N crêpe m
**mourning clothes** NPL habits mpl de deuil

**mouse** /maʊs/

N (pl **mice**) 1 souris f ; (fig) timide mf, souris f ; → fieldmouse
2 (Comput) souris f
ADJ [hair] châtain terne inv ◆ **mouse brown** brun terne inv
VI chasser les souris
COMP **mouse mat, mouse pad** N (Comput) tapis m (pour souris)

**mousehole** /ˈmaʊshəʊl/ N trou m de souris

**mouser** /ˈmaʊsəʳ/ N souricier m

**mousetail** /ˈmaʊsteɪl/ N (= plant) queue f de souris

**mousetrap** /ˈmaʊstræp/ N souricière f ◆ **mousetrap (cheese)** * (pej) fromage m ordinaire ◆ **"The Mousetrap"** (Literat) « La Souricière »

**mousey** /ˈmaʊsɪ/ ADJ ⇒ mousy

**moussaka** /muːˈsɑːkə/ N moussaka f

**mousse** /muːs/ N (Culin) mousse f ◆ **chocolate mousse** mousse f au chocolat ◆ **(styling) mousse** (for hair) mousse f coiffante or de coiffage

**moustache** /məsˈtɑːʃ/, **mustache** (US) /ˈmʌstæʃ/ N moustache(s) f(pl) ◆ **man with a moustache** homme m moustachu or à moustache

**moustachio** /məsˈtɑːʃɪəʊ/ N moustache f à la gauloise

**moustachioed** /məsˈtɑːʃɪəʊd/ ADJ moustachu

**Mousterian** /muːˈstɪərɪən/ ADJ, N moustérien ◆ **the Mousterian** le moustérien

**mousy** /ˈmaʊsɪ/ ADJ (pej) (= nondescript) [person] effacé ; (= brownish) [hair] châtain terne inv ◆ **mousy brown** brun terne inv

**mouth** /maʊθ/ SYN

N (pl **mouths** /maʊðz/) 1 [of person, horse, sheep, cow] bouche f ; [of dog, cat, lion, tiger, bear, snake, whale] gueule f ◆ **to be taken by mouth** (Pharm) à prendre par voie orale ◆ **that'll be another mouth to feed** c'est une autre bouche à nourrir ◆ **with one's mouth wide open** la bouche grand ouverte ◆ **it makes my mouth water** (lit, fig) cela me met l'eau à la bouche ◆ **she didn't dare open her mouth** elle n'a pas osé ouvrir la bouche ◆ **he never opened his mouth all evening** il n'a pas ouvert la bouche or il n'a pas desserré les dents de la soirée ◆ **he kept his mouth shut (about it)** il n'a pas soufflé mot ◆ **keep your mouth shut about this!** n'en parle à personne !, garde-le pour toi ! ◆ **shut your mouth!** ‡ ferme-la !‡, boucle-la !‡ ◆ **to shut sb's mouth (for him)** * (fig) (= silence) clouer le bec à qn ‡ ; (= kill) supprimer qn ◆ **he's a big mouth** * c'est un fort en gueule‡, c'est une grande gueule‡ ◆ **(you've got a) big mouth!** * tu ne pouvais pas la fermer ! * ◆ **me and my big mouth!** * j'ai encore perdu une occasion de me taire ! ◆ **to speak** or **talk out of both sides of one's mouth** (US) retourner sa veste sans arrêt ◆ **out of the mouths of babes (and sucklings or innocents)** (Prov) la vérité sort de la bouche des enfants (Prov) ◆ **he's all mouth** * (Brit) c'est un fort en gueule ‡ ◆ **watch your mouth!** * sois poli !, surveille ton langage ! ; → down¹, feed, heart, word

2 [of river] embouchure f ; [of bag] ouverture f ; [of hole, cave, harbour] entrée f ; [of bottle] goulot m ; [of cannon, gun] bouche f, gueule f ; [of well] trou m ; [of volcano] bouche f ; [of letterbox] ouverture f, fente f

VT /maʊð/ 1 (soundlessly: gen) articuler en silence ; (during spoken voice-over) faire semblant de prononcer ; (during singing) faire semblant de chanter ◆ **"go away!" she mouthed at him** « va-t-en ! » lui dit-elle en remuant les lèvres silencieusement

2 (insincerely) [+ platitudes, slogans, rhetoric] débiter ◆ **to mouth apologies/promises** se répandre en plates excuses/en fausses promesses

COMP **mouth organ** N (esp Brit) harmonica m
**mouth-to-mouth (resuscitation)** N bouche-à-bouche m inv
**mouth ulcer** N aphte m
**mouth-watering** ADJ appétissant, alléchant

▶ **mouth off** VI (= talk boastfully) en avoir plein la bouche * (about de) ; (US) (= talk insolently) dégoiser‡

**-mouthed** /maʊðd/ ADJ (in compounds) ◆ **wide-mouthed** [person] qui a une grande bouche ; [river] à l'embouchure large ; [cave] avec une vaste entrée ; [bottle] au large goulot ; → loud, mealy

**mouthful** /ˈmaʊθfʊl/ SYN N [of food] bouchée f ; [of drink] gorgée f ◆ **he swallowed it in one mouthful** [+ food] il n'en a fait qu'une bouchée ; [+ drink] il l'a avalé d'un trait ◆ **it's a real mouthful of a name!** * quel nom à coucher dehors ! ◆ **you said a mouthful!** * (fig) c'est vraiment le cas de le dire ! ◆ **to give sb a mouthful** * (fig) passer un savon * à qn, enguirlander * qn

**mouthpiece** /ˈmaʊθpiːs/ SYN N [of wind instrument, brass instrument] embouchoir m ; [of recorder] bec m ; [of telephone] microphone m ; (fig = spokesman) porte-parole m inv

**mouthwash** /ˈmaʊθwɒʃ/ N bain m de bouche ; (for gargling) gargarisme m

**mouthy** * /ˈmaʊθɪ/ ADJ ◆ **to be mouthy** être grande gueule‡

**movable** /ˈmuːvəbl/ SYN
ADJ mobile ◆ **movable feast** (Rel) fête f mobile ◆ **it's a movable feast** il n'y a pas de date fixe
NPL **movables** (Jur) biens mpl meubles

- - -

## move /muːv/ SYN

1 - NOUN
2 - TRANSITIVE VERB
3 - INTRANSITIVE VERB

- - -

**1 - NOUN**

1 [= MOVEMENT] mouvement m ◆ **get a move on!** * remue-toi !*, grouille-toi !‡

◆ **on the move** ◆ **to be on the move** [troops, army] être en marche or en mouvement ◆ **he's on the move the whole time** (= moving around) il se déplace constamment, il est sans arrêt en déplacement ◆ **to be always on the move** [gipsies etc] se déplacer continuellement, être sans cesse par monts et par vaux ; [military or diplomatic personnel etc] être toujours en déplacement ; [child, animal] ne pas tenir en place ; ( * = be busy) ne jamais (s')arrêter ◆ **the circus is on the move again** le cirque a repris la route ◆ **the police were after him and he had to stay on the move** recherché par la police, il était obligé de se déplacer constamment or de déménager constamment ◆ **it's a country on the move** c'est un pays en marche

◆ **to make a move** (= leave) manifester l'intention de partir ; (= act) faire quelque chose, agir ◆ **it's time we made a move** (= that we left) il est temps que nous partions ; (= acted, did sth) il est temps que nous fassions quelque chose ◆ **it was midnight and no one had made a move** il était minuit et personne n'avait manifesté l'intention de partir ◆ **he made a move towards the door** il esquissa un mouvement vers la porte

2 [= CHANGE] (of house) déménagement m ; (of job) changement m d'emploi ◆ **it's our third move in two years** c'est notre troisième déménagement en deux ans ◆ **it's time he had a move** il a besoin de changer d'air or d'horizon

3 [Chess, Draughts etc] [of chessman etc] coup m ; (= player's turn) tour m ; (fig) pas m, démarche f, manœuvre f, mesure f ◆ **knight's move** marche f du cavalier ◆ **that was a silly move** (in game) c'était un coup stupide ; (fig) c'était une démarche or une manœuvre stupide ◆ **it's your move** (c'est) à vous de jouer ◆ **to have the first move** jouer en premier ; (Chess, Draughts) avoir le trait ◆ **he knows every move in the game** (fig) il connaît toutes les astuces ◆ **his first move after his election was to announce...** la première mesure qu'il a prise après son élection a été d'annoncer... ◆ **what's our** or **the next move?** et maintenant, qu'est-ce qu'on fait ? ◆ **let him make the first move** laisse-lui faire les premiers pas ◆ **we must watch his every**

**move** il nous faut surveiller tous ses faits et gestes ◆ **there was a move to defeat the proposal** on a tenté de faire échec à la proposition
4 [CLIMBING] *(= step etc)* pas *m* ; *(= section of pitch)* passage *m*

**2 - TRANSITIVE VERB**

1 [= CHANGE POSITION OF] *[+ object, furniture]* déplacer ; *[+ limbs]* remuer ; *[+ troops, animals]* transporter ◆ **you've moved the stick!** tu as bougé le bâton ! ◆ **he hadn't moved his chair** il n'avait pas déplacé sa chaise *or* changé sa chaise de place ◆ **move your chair nearer the fire** approchez votre chaise du feu ◆ **move your books over here** mets tes livres par ici ◆ **can you move your fingers?** pouvez-vous remuer vos doigts ? ◆ **he moved his family out of the war zone** il a évacué sa famille hors de la zone des conflits ◆ **they moved the crowd off the grass** ils ont fait dégager la foule de la pelouse ◆ **move your feet off the table** enlève tes pieds de la table ◆ **the wind moves the leaves** le vent agite *or* fait remuer les feuilles ◆ **to move house** *(Brit)* déménager ◆ **to move one's job** changer d'emploi ◆ **his firm want to move him** son entreprise veut l'envoyer ailleurs ; *(Admin)* son entreprise veut le muter ◆ **he's asked to be moved to London/to a different department** il a demandé à être muté à Londres/affecté à *or* muté dans un autre service ◆ **to move heaven and earth to do sth** remuer ciel et terre pour faire qch, se mettre en quatre pour faire qch ◆ **to move a piece** *(Chess)* jouer une pièce
2 [= CHANGE TIMING OF] ◆ **to move sth (forward/back)** *[+ event, date]* avancer/reculer qch
3 [= REMOVE] *[+ stain, mark]* enlever, faire partir
4 [MED] ◆ **to move one's bowels** aller à la selle
5 [COMM] *[+ stock]* écouler
6 [EMOTIONALLY] émouvoir, attendrir ◆ **she's easily moved** elle est facilement émue *or* attendrie ◆ **this did not move him** ceci n'a pas réussi à l'émouvoir *or* à l'attendrir ◆ **to move sb to tears** émouvoir qn jusqu'aux larmes ◆ **to move sb to laughter** faire rire qn ◆ **to move sb to anger** mettre qn en colère ◆ **to move sb to pity** apitoyer qn
7 [= STIMULATE, PERSUADE] pousser, inciter *(sb to do sth* qn à faire qch) ◆ **I am moved to ask why...** je suis incité à demander pourquoi... ◆ **if I feel moved to do it , if the spirit moves me** *(hum)* si le cœur m'en dit ◆ **he won't be moved** il est inébranlable ◆ **even this did not move him** même ceci n'a pas réussi à l'ébranler
8 [ADMIN, PARL *etc* = PROPOSE] proposer ◆ **to move a resolution** proposer une motion ◆ **to move that sth be done** proposer que qch soit fait ◆ **he moved that the meeting be adjourned** il a proposé que la séance soit levée

**3 - INTRANSITIVE VERB**

1 [PERSON, ANIMAL] *(= stir)* bouger, remuer ; *(= go)* aller, se déplacer ; *[limb, lips, trees, leaves, curtains, door]* bouger, remuer ; *[clouds]* passer, avancer ; *[vehicle, ship, plane, procession]* aller, passer ; *[troops, army]* se déplacer ◆ **don't move!** ne bougez pas ! ◆ **troops are moving near the frontier** il y a des mouvements de troupes près de la frontière ◆ **the procession moved slowly out of sight** petit à petit la procession a disparu ◆ **I saw something moving over there** j'ai vu quelque chose bouger là-bas ◆ **keep moving!** *(to keep warm etc)* ne restez pas sans bouger ! ; *(= pass along etc)* circulez ! ◆ **to move freely** *[mechanical part]* jouer librement ; *[people, cars]* circuler aisément ; *[traffic]* être fluide ◆ **to keep the traffic moving** assurer la circulation ininterrompue des véhicules ◆ **the car in front isn't moving** la voiture devant nous est à l'arrêt ◆ **do not get out while the bus is moving** ne descendez pas de l'autobus en marche,attendez l'arrêt complet de l'autobus pour descendre ◆ **the coach was moving at 30km/h** le car faisait du 30 km/h *or* roulait à 30 (km) à l'heure ◆ **to move in high society** *(fig)* fréquenter la haute société ◆ **he was certainly moving!** il ne traînait pas ! ◆ **that horse can certainly move** quand il s'agit de foncer ce cheval se défend !* ◆ **you can't move for books in that room*** on ne peut plus se retourner dans cette pièce tellement il y a de livres
◆ **to move** *+ preposition* ◆ **they moved rapidly ACROSS the lawn** ils ont traversé la pelouse rapidement ◆ **I'll not move FROM here** je ne bougerai pas d'ici ◆ **he has moved INTO another class** il est passé dans une autre classe ◆ **let's move INTO the garden** passons dans le jardin ◆ **the car moved ROUND the corner** la voiture a tourné au coin de la rue ◆ **he moved slowly TOWARDS the door** il se dirigea lentement vers la porte
2 [= DEPART] ◆ **it's time we were moving** il est temps que nous partions *subj*, il est temps de partir ◆ **let's move!** partons !, en route !
3 [= MOVE HOUSE *etc*] *[person, family]* déménager ; *[office, shop, business]* être transféré ◆ **to move to a bigger house** emménager dans une maison plus grande ◆ **to move to the country** aller habiter (à) la campagne, aller s'installer à la campagne
4 [= PROGRESS] *[plans, talks etc]* progresser, avancer ◆ **things are moving at last!** enfin ça avance *or* ça progresse ! ◆ **he got things moving** avec lui ça a bien démarré *or* c'est bien parti
5 [= ACT, TAKE STEPS] agir ◆ **the government won't move until...** le gouvernement ne bougera pas *or* ne fera rien tant que... ◆ **we must move first** nous devons prendre l'initiative ◆ **we'll have to move quickly if we want to avoid...** il nous faudra agir sans tarder si nous voulons éviter... ◆ **the committee moved to stop the abuse** le comité a pris des mesures pour mettre fin aux abus
6 [IN GAMES] *[player]* jouer ; *[chesspiece]* avancer, se déplacer ◆ **it's you to move** (c'est) votre tour de jouer ◆ **white moves** *(Chess)* les blancs jouent ◆ **the knight moves like this** *(Chess)* le cavalier avance *or* se déplace comme cela
7 [COMM] *[goods]* se vendre

▸ **move about**
VI *(gen)* se déplacer ; *(= fidget)* remuer ; *(= travel)* voyager ◆ **he can move about only with difficulty** il ne se déplace qu'avec peine ◆ **stop moving about!** tiens-toi tranquille ! ◆ **we've moved about a good deal** *(= change residence)* nous ne sommes jamais restés longtemps au même endroit, nous avons souvent déménagé
VT SEP *[+ object, furniture, employee]* déplacer

▸ **move along**
VI *[people or vehicles in line]* avancer, circuler ◆ **move along there!** *(on bus)* avancez un peu, ne restez pas près des portes ! ; *(policeman)* circulez ! ◆ **can you move along a few places?** *(on bench etc)* pouvez-vous vous pousser un peu ?
VT SEP *[+ crowd]* faire circuler, faire avancer ; *[+ animals]* faire avancer

▸ **move around** ⇒ **move about**

▸ **move away**
VI 1 *(= depart)* partir, s'éloigner *(from* de)
2 *(= move house)* déménager ◆ **they've moved away from here** ils n'habitent plus ici
VT SEP *[+ person, object]* éloigner, écarter *(from* de)

▸ **move back**
VI 1 *(= withdraw)* reculer
2 *(to original position)* *(= go back)* retourner ; *(= come back)* revenir ◆ **he moved back to the desk** il retourna au bureau
3 *(= move house)* ◆ **they've moved back to London** *(= gone back)* ils sont retournés habiter (à) Londres ; *(= come back)* ils sont revenus habiter (à) Londres
VT SEP 1 *(backwards)* *[+ person, crowd, animals]* faire reculer ; *[+ troops]* replier ; *[+ object, furniture]* reculer
2 *(to original position)* *[+ person]* faire revenir *or* retourner ; *[+ object]* remettre ◆ **his firm moved him back to London** *(= go back)* son entreprise l'a fait retourner à Londres ; *(= come back)* son entreprise l'a fait revenir à Londres ◆ **move the table back to where it was before** remets la table là où elle était

▸ **move down**
VI 1 *[person, object, lift]* descendre ◆ **he moved down from the top floor** il est descendu du dernier étage ◆ **can you move down a few places?** *(on bench etc)* pouvez-vous vous pousser un peu ?
2 *(Sport: in league)* reculer
VT SEP 1 *[+ person]* faire descendre ; *[+ object]* descendre
2 *(= demote)* *[+ pupil]* faire descendre (dans une classe inférieure) ; *[+ employee]* rétrograder

▸ **move forward**
VI *[person, animal, vehicle]* avancer ; *[troops]* se porter en avant
VT SEP *[+ person, vehicle]* faire avancer ; *[+ troops]* porter en avant ; *[+ object, chair]* avancer

▸ **move in**
VI 1 *(= approach)* *[police etc]* avancer, intervenir
2 *(to a house)* emménager
VT SEP *[+ person]* faire entrer ; *[+ furniture etc]* rentrer, mettre *or* remettre à l'intérieur ; *(on removal day)* installer

▸ **move in on*** VT FUS *(= advance on)* *(Mil etc)* marcher sur, avancer sur ; *[police]* faire une descente dans ; *(= attempt takeover of)* *[+ firm]* essayer de mettre la main sur ◆ **to move in on sb (for the night)** se faire héberger par qn (pour la nuit)

▸ **move off**
VI *[person]* s'en aller, partir ; *[car]* démarrer ; *[train, army, procession]* s'ébranler, partir
VT SEP *[+ object]* enlever

▸ **move on**
VI *[person, vehicle]* avancer ; *(after stopping)* se remettre en route ; *[time]* passer, s'écouler ◆ **the gipsies moved on to another site** les gitans sont allés s'installer plus loin ◆ **move on (now) please!** *(policeman etc)* circulez s'il vous plaît ! ◆ **moving on now to...** *(in discussion etc)* passons maintenant à...
VT SEP *[+ person, onlookers]* faire circuler ; *[+ clock]* avancer

▸ **move out**
VI *(of house, office, room etc)* déménager ◆ **to move out of a flat** déménager d'un appartement, quitter un appartement
VT SEP *[+ person, animal]* faire sortir ; *[+ troops]* retirer ; *[+ object, furniture]* sortir ; *(on removal day)* déménager

▸ **move over**
VI s'écarter, se pousser ◆ **move over!** pousse-toi ! ◆ **if he can't do the job he should move over and let someone else who can** *(in job)* s'il n'est pas capable de faire ce travail, il n'a qu'à céder la place à quelqu'un de plus compétent ◆ **to move over to sth new** *(= change over)* adopter qch de nouveau
VT SEP *[+ object]* déplacer

▸ **move up**
VI 1 *[person, flag etc]* monter ◆ **can you move up a few seats?** pouvez-vous vous pousser un peu *or* vous décaler de quelques sièges ? ◆ **I want to move up nearer the stage** je veux m'approcher de la scène
2 *[employee]* avoir de l'avancement ; *(Sport: in league)* progresser dans le classement ◆ **to move up a class** *[pupil]* passer dans la classe supérieure
VT SEP 1 *[+ person]* faire monter ; *[+ object]* monter
2 *(= promote)* *[+ pupil]* faire passer dans une classe supérieure ; *[+ employee]* donner de l'avancement à

**moveable** /ˈmuːvəbl/ ADJ ⇒ **movable**

**movement** /ˈmuːvmənt/ SYN N 1 *[of person, troops, army, population, vehicles, goods, capital]* mouvement *m* ; *(= gesture)* mouvement *m*, geste *m* ◆ **massage the skin using small circular movements** massez la peau en faisant de petits mouvements circulaires ◆ **hand movements** mouvements *mpl or* gestes *mpl* de la main ◆ **eye movements** *(during sleep)* mouvements *mpl* oculaires ◆ **her eye movements were furtive and suspicious** elle jetait des coups d'œil furtifs et soupçonneux ◆ **there was a movement towards the exit** il y eut un mouvement vers la sortie,on se dirigea vers la sortie ◆ **the accident disrupted the movement of traffic** l'accident a perturbé la circulation ◆ **the free movement of labour, capital and goods** la libre circulation de la main-d'œuvre, des capitaux et des marchandises
2 ◆ **movements** *(= comings and goings)* allées *fpl* et venues *fpl* ◆ **the police know very little about the suspect's movements** la police ne sait pas grand-chose sur les allées et venues du suspect
3 *(= action, impetus)* *[of prices, shares, market, situation]* mouvement *m* ◆ **an upward/downward movement in the economy** une progression/régression économique ◆ **an upward/downward movement in share prices** un mouvement *or* une tendance à la hausse/à la baisse du prix des actions ◆ **there has been little movement in the political situation** la situation politique demeure à peu près inchangée ◆ **there has been some movement towards fewer customs restrictions** il semble que l'on aille vers une réduction des restrictions douanières ◆ **a movement towards multimedia products** un intérêt grandissant pour les produits multimédia
4 *(Pol = group, party)* mouvement *m* ◆ **peace movement** mouvement *m* en faveur de la paix ◆ **separatist/resistance movement** mouvement *m* séparatiste/de résistance

**mover** | **much**

⑤ *(Mus) [of symphony, concerto etc]* mouvement *m* ◆ **in four movements** en quatre mouvements
⑥ *(= mechanism) [of machine, clock, watch etc]* mouvement *m*
⑦ *(Med: also* **bowel movement***)* selles *fpl* ◆ **to have a (bowel) movement** aller à la selle

**mover** /ˈmuːvəʳ/ N ① *(Admin, Parl etc) [of motion]* motionnaire *mf*, auteur *m* d'une motion ; → **prime**
② *(US = removal person)* déménageur *m*
③ ◆ **she's a lovely mover** * elle a une chouette façon de danser *(or* de marcher *etc)* *
④ ◆ **the movers and shakers** * les personnages *mpl* influents

**movie** /ˈmuːvɪ/ *(esp US)*
N film *m (de cinéma)* ◆ **the movies** * le ciné * ◆ **to go to the movies** * aller au ciné *
COMP **movie actor** N acteur *m* de cinéma
**movie actress** N actrice *f* de cinéma
**movie camera** N caméra *f*
**movie director** N cinéaste *mf*
**movie-going** N la fréquentation des salles de cinéma
**movie house** N cinéma *m (salle)*
**the movie industry** N l'industrie *f* cinématographique, le cinéma
**movie maker** N *(US)* cinéaste *mf*
**movie rating** N *(US) système de classification des films*
**movie star** N star *f or* vedette *f (de cinéma)*
**movie theater** N *(US)* cinéma *m (salle)*

• **MOVIE RATING, FILM RATING**
•
• En Grande-Bretagne, l'organisme chargé
• d'autoriser la diffusion des films et vidéos est
• le British Board of Classification. Le système
• de classification adopté est le suivant : « U »
• (Universal) : pour tous publics ; « PG » (Paren-
• tal Guidance) : certaines scènes peuvent heur-
• ter les jeunes enfants ; « 12 », « 15 » ou « 18 » :
• interdiction aux moins de 12, 15 ou 18 ans ;
• « Restricted 18 » : pour adultes seulement, le
• film ne pouvant être diffusé que dans des
• salles disposant d'une licence spéciale.
• Aux États-Unis, ces fonctions de contrôle
• sont assumées par la Motion Picture Associa-
• tion of America, et la classification est la sui-
• vante : « G » (General) : pour tous publics ;
• « PG » (Parental Guidance) : certaines scènes
• peuvent heurter la sensibilité des jeunes en-
• fants ; « PG13 » : certaines scènes sont décon-
• seillées aux moins de 13 ans ; « R » (Re-
• stricted) : toute personne de moins de 17 ans
• doit être accompagnée d'un adulte ; « NC-17 »
• ou « X » : strictement interdit aux moins de 17
• ans.

**moviegoer** /ˈmuːvɪɡəʊəʳ/ N *(gen)* amateur *m* de cinéma, cinéphile *mf* ◆ **I'm an occasional moviegoer** je vais de temps en temps au cinéma
**movieland*** /ˈmuːvɪlænd/ N le (monde du) cinéma

**moving** /ˈmuːvɪŋ/ SYN
ADJ ① *(= in motion) [vehicle, train]* en marche ; *[object, crowd]* en mouvement ; *[picture, image, graphics]* animé ◆ **moving part** *(in machine)* pièce *f* mobile ◆ **moving target** cible *f* mouvante *or* mobile ◆ **moving traffic** circulation *f*
② *(emotionally) [sight, plea]* émouvant, touchant ; *[book, film, story, account]* émouvant ◆ **it was a deeply moving moment** c'était un moment vraiment très émouvant
③ *(= motivating)* ◆ **he was the moving force** *or* **spirit in the whole affair** il était l'âme de toute l'affaire
COMP **moving belt** N tapis *m* roulant
**the moving party** N *(Jur)* la partie demanderesse
**moving pavement** N trottoir *m* roulant
**moving picture** † N *(Cine)* film *m (de cinéma)*
**moving sidewalk** N *(US)* trottoir *m* roulant
**moving staircase** N escalier *m* mécanique *or* roulant
**moving walkway** N trottoir *m* roulant

**movingly** /ˈmuːvɪŋlɪ/ ADV d'une manière émouvante *or* touchante

**mow** /məʊ/ SYN *(pret* mowed, ptp mowed *or* mown) VT *[+ corn]* faucher ◆ **to mow the lawn** tondre le gazon
▶ **mow down** VT SEP *[+ people, troops]* faucher

**mower** /ˈməʊəʳ/ N ① *(= machine : Agr)* faucheuse *f* ; *(also* **lawnmower***)* tondeuse *f* (à gazon) ; → **motor**
② *(= person)* faucheur *m*, -euse *f*

**mowing** /ˈməʊɪŋ/ N *(Agr)* fauchage *m* ◆ **mowing machine** *(Agr)* faucheuse *f* ; *(in garden)* tondeuse *f* (à gazon)

**mown** /məʊn/ VB ptp of **mow**

**moxie*** /ˈmɒksɪ/ N *(US)* couilles* *fpl*, cran *m*

**Mozambican** /ˌməʊzəmˈbiːkən/
ADJ mozambicain
N Mozambicain(e) *m(f)*

**Mozambique** /ˌməʊzəmˈbiːk/ N Mozambique *m*, **in Mozambique**, au Mozambique

**Mozarab** /məʊˈzærəb/ N mozarabe *mf*

**Mozarabic** /məʊzˈærəbɪk/ ADJ mozarabe

**Mozart** /ˈməʊtsɑːt/ N Mozart *m*

**Mozartian** /məʊˈtsɑːtɪən/ ADJ mozartien

**mozzarella** /ˌmɒtsəˈrɛlə/ N *(= cheese)* mozzarella *f*

**mozzetta** /məʊˈzɛtə/ N mosette *f*

**MP** /ˌemˈpiː/ N ① *(Brit)* (abbrev of **Member of Parliament**) → **member**
② (abbrev of **Military Police**) → **military**
③ *(Can)* (abbrev of **Mounted Police**) → **mounted**

**MP3** /ˌempiːˈθriː/
N mp3 *m*
COMP **MP3-player** N lecteur *m* mp3

**mpg** /ˌempiːˈdʒiː/ N (abbrev of **miles per gallon**) → **mile**

**mph** /ˌempiːˈeɪtʃ/ N (abbrev of **miles per hour**) ≈ km/h

**MPhil** /ˌemˈfɪl/ N *(Univ)* (abbrev of **Master of Philosophy**) *diplôme de fin de deuxième cycle universitaire en lettres*, ≈ DEA *m*

**MPS** /ˌempiːˈes/ N *(Brit)* (abbrev of **Member of the Pharmaceutical Society**) *diplôme de pharmacie*

**MPV** /ˌempiːˈviː/ N (abbrev of **multipurpose vehicle**) → **multipurpose**

**Mr** /ˈmɪstəʳ/ N *(pl* Messrs) M., Monsieur ; → **mister**

**MRC** /ˌemɑːˈsiː/ N *(Brit)* (abbrev of **Medical Research Council**) → **medical**

**MRCP** /ˌemɑːsiːˈpiː/ N *(Brit)* (abbrev of **Member of the Royal College of Physicians**) *diplôme supérieur de médecine générale*

**MRCS** /ˌemɑːsiːˈes/ N *(Brit)* (abbrev of **Member of the Royal College of Surgeons**) *diplôme supérieur de chirurgie*

**MRCVS** /ˌemɑːsiːviːˈes/ N *(Brit)* (abbrev of **Member of the Royal College of Veterinary Surgeons**) *diplôme de médecine vétérinaire*

**MRI** /ˌemɑːˈraɪ/ N (abbrev of **magnetic resonance imaging**) IRM *f*, imagerie *f* par résonance magnétique

**MRM** /ˌemɑːˈrem/ N (abbrev of **mechanically recovered meat**) → **mechanically**

**m-RNA** /ˌemɑːrenˌeɪ/ N (abbrev of **messenger RNA**) ARN m *m*

**MRP** /ˌemɑːˈpiː/ N (abbrev of **manufacturers' recommended price**) → **manufacturer**

**Mrs** /ˈmɪsɪz/
N *(pl inv)* Mme
COMP **Mrs Mop** * N *(Brit hum)* femme *f* de ménage

**MRSA** /ˌemɑːresˈeɪ/ N *(Med)* (abbrev of **methicillin-resistant staphyloccus aureus**) MRSA *m*, staphylocoque résistant à la méthicilline

**MS** /ˌemˈes/ N ① *(also* **ms***)* abbrev of **manuscript**
② (abbrev of **multiple sclerosis**) → **multiple**
③ abbrev of **Mississippi**
④ *(US Univ)* (abbrev of **Master of Science**) *maîtrise de sciences* → **DEGREE**

**Ms** /mɪz, məz/ N ≈ Mme

• **Ms**
•
• **Ms** est un titre utilisé à la place de « Mrs »
• (Mme) ou de « Miss » (Mlle) pour éviter la dis-
• tinction traditionnelle entre femmes mariées
• et femmes non mariées. Il se veut ainsi
• l'équivalent du « Mr » (M.) pour les hommes.
• Souvent tourné en dérision à l'origine comme
• étant l'expression d'un féminisme exacerbé,
• ce titre est aujourd'hui couramment utilisé.

**MSA** /ˌemesˈeɪ/ N *(US Univ)* (abbrev of **Master of Science in Agriculture**) *diplôme d'ingénieur agronome*

**MSC** /ˌemesˈsiː/ N *(Brit)* (abbrev of **Manpower Services Commission**) → **manpower**

ENGLISH-FRENCH  612

**MSc** /ˌemesˈsiː/ N *(Brit Univ)* (abbrev of **Master of Science**) ◆ **to have an MSc in Biology** avoir une maîtrise de biologie ; → **master** ; → **DEGREE**

**MS-DOS** ® /ˌemesˈdɒs/ N *(Comput)* MS-DOS ® *m*

**MSF** N *(Brit)* (abbrev of **Manufacturing, Science, Finance**) *syndicat*

**MSG** /ˌemesˈdʒiː/ N abbrev of **monosodium glutamate**

**Msgr** abbrev of **monsignor**

**MSP** /ˌemesˈpiː/ *(pl* MSPs) N *(Brit)* (abbrev of **Member of the Scottish Parliament**) député *m* au Parlement écossais

**MSS, mss** NPL abbrev of **manuscripts**

**MST** /ˌemesˈtiː/ N *(US)* (abbrev of **Mountain Standard Time**) → **mountain**

**MSW** /ˌemesˈdʌbljuː/ N (abbrev of **Master of Social Work**) ≈ maîtrise *f* en sciences sociales

**MT** /ˌemˈtiː/ N ① (abbrev of **machine translation**) → **machine**
② abbrev of **Montana**
③ *(US)* (abbrev of **Mountain Time**) → **mountain**

**Mt** *(Geog)* (abbrev of **Mount**) Mt ◆ **Mt Pelat** Mt Pelat ◆ **Mt Everest** l'Everest *m*

**MTech** /ˌemˈtek/ *(Univ)* (abbrev of **Master of Technology**) ≈ maîtrise *f* de technologie

**mth** abbrev of **month**

**MTV** /ˌemtiːˈviː/ N (abbrev of **music television**) MTV

**mu** /mjuː/ N mu *m*

◆ ◆ ◆ ◆ ◆ ◆ ◆ ◆ ◆ ◆ ◆ ◆ ◆ ◆ ◆

**much** /mʌtʃ/ SYN

compar **more**, superl **most**

1 - PRONOUN
2 - ADJECTIVE
3 - ADVERB

◆ ◆ ◆ ◆ ◆ ◆ ◆ ◆ ◆ ◆ ◆ ◆ ◆ ◆ ◆

**1 - PRONOUN**

① [= A GREAT DEAL, A LOT] ◆ **much has happened since then** beaucoup de choses se sont passées depuis ◆ **much will depend on the state of the economy** cela va dépendre en grande partie de l'état de l'économie ◆ **much has been written about this phenomenon** on a écrit beaucoup de choses sur ce phénomène ◆ **we have much to be thankful for** nous avons tout lieu d'être reconnaissants ◆ **does it cost much?** est-ce que ça coûte cher ? ◆ **is it worth much?** est-ce que ça a de la valeur ?

◆ **much of** *(= a large part of)* une bonne partie de ◆ **much of the town/night** une bonne partie de la ville/de la nuit ◆ **much of what you say** une bonne partie de ce que vous dites

◆ **to make** ◆ **much of sth** *(= emphasize)* faire grand cas de qch, attacher beaucoup d'importance à qch ◆ **he made much of the fact that...** il a fait grand cas du fait que..., il a attaché beaucoup d'importance au fait que... ◆ **he made too much of it** il y attachait trop d'importance ◆ **I couldn't make much of what he was saying** je n'ai pas bien compris *or* saisi ce qu'il disait

② [IN NEGATIVE SENTENCES] ◆ **not... much** *(= a small amount)* pas grand-chose, pas beaucoup

When the sense is **not much of it**, **en** is required with **pas beaucoup**, but not with **pas grand-chose**.

◆ **I haven't got much left** il ne m'en reste pas beaucoup, il ne me reste pas grand-chose ◆ **what was stolen? – nothing much** qu'est-ce qui a été volé ? – pas grand-chose ◆ **he hadn't much to say about it** il n'avait pas grand-chose à en dire ◆ **there's not much anyone can do about it** personne n'y peut grand-chose ◆ **I haven't heard much of him lately** je n'ai pas eu beaucoup de nouvelles de lui ces derniers temps ◆ **we don't see much of each other** nous ne nous voyons pas beaucoup BUT **he's/it's not much to look at*** il/ça ne paie pas de mine ◆ **it isn't up to much*** ce n'est pas terrible * ◆ **she won but there wasn't much in it** elle a gagné mais de justesse

Constructions with **valoir** are often used when assessing value or merit.

◆ **I don't think much of that film** à mon avis ce film ne vaut pas grand-chose, je ne trouve pas ce film très bon ◆ **there isn't much to choose between them** ils se valent plus ou moins ◆ **there isn't much in it** *(in choice, competition)* ça se vaut

**2 - ADJECTIVE**

beaucoup de ◆ **much money** beaucoup d'argent ◆ **much crime goes unreported** beaucoup de crimes ne sont pas signalés ◆ **he hasn't (very) much time** il n'a pas beaucoup de temps ◆ **much "antique" furniture is not genuine** beaucoup de *or* bien des meubles dits « anciens » ne le sont pas ◆ **without much money** avec peu d'argent*(iro)* ◆ **and much good may it do you** grand bien t'en fasse ◆ **it's a bit much!** * c'est un peu fort !

**3 - ADVERB**

[1] [= TO A GREAT DEGREE] beaucoup ◆ **he hasn't changed much** il n'a pas beaucoup changé ◆ **she doesn't go out much** elle ne sort pas beaucoup *or* pas souvent ◆ **much bigger** beaucoup plus grand ◆ **much more easily** beaucoup plus facilement ◆ **much the cleverest** de beaucoup *or* de loin le plus intelligent ◆ **it doesn't much matter** ça n'a pas grande importance ◆ **he much regrets that...** *(frm)* il regrette beaucoup *or* vivement que... ◆ **much to my amazement** à ma grande stupéfaction

♦ **very much** ◆ **thank you very much** merci beaucoup ◆ **I very much hope that...** j'espère de tout cœur que... ◆ **something was very much the matter** quelque chose n'allait pas du tout ◆ **this is very much the case** c'est tout à fait le cas

♦ **much** + *past participle* ◆ **the much-improved program will be introduced next year** le logiciel, qui a subi de nombreuses améliorations, sera introduit l'année prochaine ◆ **they would lose much-needed development funds** ils perdraient des fonds de développement dont ils ont le plus grand besoin ◆ **estate agents are much maligned** on dit beaucoup de mal des agents immobiliers ◆ **potatoes are a much-maligned vegetable** la pomme de terre est un légume méconnu ◆ **he was much displeased** *(frm)* il était très mécontent

[2] [= MORE OR LESS] ◆ **it's (very** *or* **pretty) much the same** c'est presque la même chose ◆ **the town is (pretty) much the same as it was ten years ago** la ville n'a pas beaucoup changé en dix ans ◆ **they are (very** *or* **pretty) much of an age** ils sont à peu près du même âge

[3] [SET STRUCTURES]

♦ **as much** *(= that quantity)* ◆ **as much again** encore autant ◆ **twice as much** deux fois plus *or* autant ◆ **half as much again** la moitié de plus ◆ **I thought as much!** *(= that)* c'est bien ce que je pensais !, je m'y attendais ! ◆ **it was his fault, and he admitted as much later** c'était de sa faute et il l'a admis par la suite

♦ **as much... as** *(in comparisons of equality)* ◆ **as much as possible** autant que possible ◆ **as much time as...** autant de temps que... ◆ **I've got as much as you** j'en ai autant que toi ◆ **I need it as much as you do** j'en ai autant besoin que toi ◆ **I love him as much as ever** je l'aime toujours autant ◆ **twice as much money as...** deux fois plus d'argent que... ◆ **I didn't enjoy it as much as all that** je ne l'ai pas aimé tant que ça ◆ **it's as much as he can do to stand up** c'est tout juste s'il peut se lever

♦ **as much as** + *amount* ◆ **you could pay as much as 60 euros for that** ça va chercher jusqu'à 60 euros ◆ **they hope to raise as much as $5 million** ils espèrent collecter près de *or* jusqu'à 5 millions de dollars

♦ **however much** ◆ **however much you protest...** on a beau protester... ◆ **however much you like him...** quelle que soit votre affection pour lui,...

♦ **how much** combien ◆ **how much does it cost?** combien ça coûte ? ◆ **how much money have you got?** combien d'argent as-tu ? ◆ **you know how much I wanted to go** tu sais à quel point je voulais y aller ◆ **I didn't realise how much she loved me** je ne me rendais pas compte à quel point elle m'aimait

♦ **much as** ◆ **much as I like him, I don't trust him** ce n'est pas que je ne l'aime pas mais je ne lui fais pas confiance ◆ **much as I dislike doing this,...** bien que je n'aime pas du tout faire cela,...

♦ **much less** *(= and even less)* ◆ **he couldn't understand the question, much less answer it** il ne pouvait pas comprendre la question et encore moins y répondre

♦ **much though** ◆ **much though she loves them both** bien qu'elle les aime *subj* tous deux profondément

♦ **not much of a** * *(= not a great)* ◆ **he is not much of a writer** ce n'est pas un très bon écrivain,comme écrivain il y a mieux ◆ **I'm not much of a drinker** je ne bois pas beaucoup ◆ **it wasn't much of an evening** ce n'était pas une soirée très réussie

♦ **so much** *(= a lot)* tellement,tant ◆ **he'd drunk so much that...** il avait tellement *or* tant bu que... ◆ **so much of what he says is untrue** il y a tellement *or* tant de mensonges dans ce qu'il dit ◆ **so much pleasure** tant de plaisir ◆ **you spend so much of your time worrying that...** tu passes tellement de temps à te faire du souci que... ◆ **he beat me by so much** il m'a battu de ça ◆ **do you want water in your whisky? – about so much** vous voulez de l'eau dans votre whisky ? – à peu près comme ça ◆ **so much so that...** à tel point que... ◆ **without so much as a word** sans même (dire) un mot

♦ **not so much... as** ◆ **the problem is not so much one of money as of staff** il ne s'agit pas tant d'un problème d'argent que d'un problème de personnel ◆ **I think of her not so much as a doctor but as a friend** je la considère plus comme une amie que comme un médecin

♦ **so much for** ◆ **so much for the producers, what of the consumers?** nous avons examiné le cas des producteurs mais qu'en est-il des consommateurs ? ◆ **so much for his help!** c'est ça qu'il appelle aider ! ◆ **so much for his promises!** voilà ce que valaient ses promesses ! ◆ **so much for that!** tant pis !

♦ **so much the** + *comparative* ◆ **so much the better!** tant mieux ! ◆ **that leaves so much the less to do** c'est toujours ça de moins à faire

♦ **this/that much** ◆ **this much?** (ça ira) comme ça ? ◆ **it's that much too long** c'est trop long de ça ◆ **he was at least this much taller than me** il était plus grand que moi d'au moins ça ◆ **I can't carry this much** je ne peux pas porter (tout) ceci ◆ **I know this much** je sais tout au moins ceci ◆ **this much we do know:...** tout au moins nous savons ceci :... ◆ **he has left, this much we do know** il est parti, ça nous le savons déjà ◆ **this much is certain...** un point est acquis... ◆ **this much is true** il y a ceci de vrai

♦ **too much** trop ◆ **I've eaten too much** j'ai trop mangé ◆ **he talks too much** il parle trop ◆ **$500 is too much** 500 dollars, c'est trop ◆ **that was too much for me** c'en était trop pour moi ◆ **too much sugar** trop de sucre ◆ **that's too much!** *(lit)* c'est trop ! ; *(protesting)* (ça) c'est trop fort ! BUT ◆ **too much!** * c'est dingue * ! ◆ **he was too much for his opponent** il était trop fort pour son adversaire ◆ **the stress was too much for me** je n'arrivais plus à supporter le stress*(disapproving)* BUT ◆ **that film was really too much** *or* **a bit much for me** j'ai trouvé que le film dépassait vraiment *or* un peu les bornes

**muchness** * /ˈmʌtʃnɪs/ **N** ◆ **they're much of a muchness** c'est blanc bonnet et bonnet blanc

**mucilage** /ˈmjuːsɪlɪdʒ/ **N** mucilage *m*

**mucilaginous** /ˌmjuːsɪˈlædʒɪnəs/ **ADJ** mucilagineux

**muck** /mʌk/ SYN

**N** [1] *(= dirt)* saletés *fpl* ; *(= mud)* boue *f*, gadoue *f* ◆ **where there's muck there's brass** * *(Prov)* l'argent n'a pas d'odeur ; → **lady**

[2] *(= excrement)* *[of dog]* crotte *f* ; *[of horse ]* crottin *m* ; *[of cow]* bouse *f* ; *[of bird]* fiente *f* ; *(= manure)* fumier *m*

[3] *(fig : describing food, film, book, conversation etc)* saleté(s) *f(pl)*, cochonnerie(s) * *f(pl)*

[4] *(= bungle)* ◆ **to make a muck** * **of sth** saloper * qch

**COMP** **muck heap N** tas *m* de fumier *or* d'ordures
**muck-up** * **N** *(= bungle)* gâchis *m*

▸ **muck about** *, **muck around** * *(Brit)*

**VI** [1] *(= spend time aimlessly)* perdre son temps ◆ **stop mucking about and get on with your work** cesse de perdre ton temps et fais ton travail

[2] *(= potter around)* ◆ **he enjoys mucking about in the garden** il aime bricoler dans le jardin

[3] *(= play the fool)* faire l'idiot *or* l'imbécile ◆ **to muck about with sth** *(= fiddle with)* jouer avec qch,tripoter qch

**VT SEP** *[+ person]* traiter par-dessus la jambe *

▸ **muck in** * **VI** *(Brit)* *(= share money etc)* faire bourse commune *(with* avec) ◆ **to muck in with sb** *(= share room)* crécher * avec qn ◆ **everyone mucks in here** tout le monde met la main à la pâte * ici

▸ **muck out VT SEP** *(Brit)* *[+ stable]* nettoyer, curer

▸ **muck up** * *(Brit)*

**VT SEP** [1] *(= ruin)* *[+ task]* saloper * ; *[+ plans, deal]* chambouler * ; *[+ life]* gâcher ; *[+ mechanism]* bousiller * ◆ **he's really mucked things up!** il a vraiment tout flanqué par terre ! *

[2] *(= make untidy)* *[+ room]* semer la pagaille * dans ; *[+ hair]* emmêler ; *[+ hairstyle]* abîmer ; *(= make dirty)* *[+ room, clothes]* salir

**N** ◆ **muck-up** * → **muck**

**mucker** * /ˈmʌkəʳ/ **N** *(Brit)* pote * *m*

**muckiness** /ˈmʌkɪnɪs/ **N** saleté *f*, malpropreté *f*

**muckraker** /ˈmʌkreɪkəʳ/ **N** *(fig)* fouineur *m*, -euse *f* *(qui déterre des scandales)*, fouille-merde * *mf*

**muckraking** /ˈmʌkreɪkɪŋ/ **N** mise *f* au jour de scandales

**mucksweat** * /ˈmʌkˌswet/ **N** ◆ **to be in a mucksweat** être en nage *or* en eau *

**mucky** * /ˈmʌkɪ/ **ADJ** *(Brit)* [1] *(= dirty)* *[person, animal, place, object]* boueux ; *[job]* crasseux ◆ **to get mucky** se salir ◆ **to get sth mucky** salir qch ◆ **keep your mucky paws off!** *(hum)* touche pas avec tes pattes sales ! ◆ **you mucky pup!** *(hum)* petit(e) cochon(ne) !

[2] *(= smutty)* *[book, magazine, film]* cochon

[3] *(= unpleasant)* *[weather]* sale

**mucous** /ˈmjuːkəs/ **ADJ** muqueux ◆ **mucous membrane** (membrane *f*) muqueuse *f*

**mucro** /ˈmjuːkrəʊ/ **N** (pl **mucrones** /mjuːˈkrəʊniːz/) mucron *m*

**mucus** /ˈmjuːkəs/ **N** mucus *m*, mucosités *fpl*

**mud** /mʌd/ SYN

**N** boue *f* ; *(in river, sea)* boue *f*, vase *f* ; *(in swamp)* boue *f*, bourbe *f* ◆ **car stuck in the mud** voiture *f* embourbée ◆ **to drag sb's (good) name through the mud** *or* **drag sb through the mud** calomnier qn ◆ **to throw** *or* **sling mud at sb** *(fig)* couvrir qn de boue ◆ **mud sticks** *(esp Brit)* il est difficile de se laver de tout soupçon ◆ **here's mud in your eye!** * *(hum)* à la tienne Étienne ! * *(hum)* ; → **clear, name, stick**

**COMP** **mud-caked ADJ** tout crotté
**mud flap N** *[of car, motorcycle]* pare-boue *m inv* ; *[of truck]* bavette *f*
**mud flat(s) N(PL)** laisse *f* de vase
**mud hut N** hutte *f* de terre
**mud pie N** pâté *m* *(de sable, de terre)*
**mud-slinging N** *(NonC)* médisance *f*, dénigrement *m*
**mud wrestling N** catch *m* dans la boue *(généralement féminin)*

**mudbank** /ˈmʌdbæŋk/ **N** banc *m* de vase

**mudbath** /ˈmʌdbæθ/ **N** bain *m* de boue

**muddle** /ˈmʌdl/ SYN

**N** *(= disorder)* désordre *m* ; *(= tangle of objects)* fouillis *m* ; *(fig)* confusion *f* ◆ **the muddle of notebooks and papers on her desk** le fouillis de bloc-notes et de papiers sur son bureau ◆ **her office was a muddle of files and papers** il y avait un vrai fouillis de dossiers et de papiers dans son bureau ◆ **there's been a muddle over the seats** il y a eu confusion en ce qui concerne les places ◆ **a legal/financial/bureaucratic muddle** un imbroglio juridique/financier/bureaucratique ◆ **what a muddle!** *(= disorder)* quel fouillis ! ; *(= mix-up)* quelle confusion !, quelle pagaille ! * ◆ **to be in a muddle** *[room, books, clothes]* être en désordre, être sens dessus dessous ; *[person]* ne plus s'y retrouver*(over sth* dans qch) ; *[ideas]* être embrouillé *or* confus ; *[plans, arrangements]* être confus *or* incertain ◆ **to get into a muddle** *[person]* s'embrouiller*(over sth* dans qch, au sujet de qch) ; *[ideas]* s'embrouiller ◆ **the files have got into a real muddle** les dossiers sont sens dessus dessous

**VT** (also **muddle up**) [1] ◆ **to muddle (up) A and** *or* **with B** confondre A avec B

[2] *(= perplex)* *[+ person]* embrouiller ; *[+ sb's ideas]* brouiller, embrouiller ◆ **to be muddled (up)** être embrouillé ◆ **I got rather muddled by her explanation** son explication m'a plutôt embrouillé ◆ **to get muddled (up)** *[person, ideas]* s'embrouiller ; see also **muddled**

[3] *[+ facts, story, details]* brouiller, embrouiller ; see also **muddled**

**COMP** **muddle-headed ADJ** *[person]* aux idées confuses, brouillon ; *[plan, ideas]* confus
**muddle-up N** confusion *f*, embrouillamini * *m*

▸ **muddle along VI** se débrouiller tant bien que mal

▸ **muddle on VI** se débrouiller tant bien que mal

▸ **muddle through VI** se tirer d'affaire *or* s'en sortir tant bien que mal ◆ **I expect we'll muddle through** je suppose que nous nous en sortirons d'une façon ou d'une autre

**muddled** | **multiprocessor**

▸ **muddle up**
VT SEP ⇒ **muddle** vt
N ◆ **muddle-up** → **muddle**

**muddled** /ˈmʌdəld/ ADJ [message, effort, attempt, situation, storyline] confus

**muddler** /ˈmʌdlər/ N esprit m brouillon (personne)

**muddy** /ˈmʌdɪ/ SYN
ADJ 1 (= dirty) [clothes, object] boueux, couvert de boue ; [person] couvert de boue
2 (= dull) [colour] terne ; [skin, complexion] terreux ; [liquid] trouble ◆ **muddy brown** brun terne inv
3 (= confused) [ideas, thinking] confus
VT [+ hands, clothes, shoes] crotter, salir ; [+ road] rendre boueux ; [+ water, river] troubler ◆ **to muddy the waters** (fig) brouiller les pistes

**Mudéjar** /muˈðexar/ N mudéjar mf

**mudguard** /ˈmʌdgɑːd/ N (Brit) [of car etc] pare-boue m inv ; [of bicycle] garde-boue m inv

**mudlark** † /ˈmʌdlɑːk/ N gamin(e) m(f) des rues

**mudpack** /ˈmʌdpæk/ N masque m (de beauté) à l'argile

**mudslide** /ˈmʌdslaɪd/ N coulée f de boue

**mudstone** /ˈmʌdstəʊn/ N argilite f

**muesli** /ˈmjuːzlɪ/ N muesli m

**muezzin** /muːˈezɪn/ N muezzin m

**muff** /mʌf/
N (Dress, Tech) manchon m
VT * rater, louper* ; (Sport) [+ ball, shot] rater, louper* ; [+ chance, opportunity] rater, laisser passer ◆ **to muff one's lines** (Theat) se tromper dans son texte ◆ **to muff it** * rater son texte
VI * rater son coup

**muffin** /ˈmʌfɪn/ N (Brit) muffin m (petit pain rond et plat) ; (US) petit gâteau au chocolat ou aux fruits ◆ **muffin top** * (= roll of fat) bourrelet m

**muffle** /ˈmʌfl/ SYN VT 1 [+ sound, noise] assourdir, étouffer ; [+ noisy thing, bell, drum] assourdir ◆ **to muffle the oars** assourdir les avirons ◆ **in a muffled voice** d'une voix sourde or étouffée
2 (also **muffle up**) (= wrap up) [+ object] envelopper ; [+ person] emmitoufler ◆ **to muffle o.s. (up)** s'emmitoufler ◆ **he was all muffled up** il était emmitouflé des pieds à la tête

▸ **muffle up**
VI s'emmitoufler
VT SEP ⇒ **muffle** 2

**muffler** /ˈmʌflər/ N 1 (= scarf) cache-nez m inv, cache-col m inv
2 (US : in car) silencieux m

**mufti** /ˈmʌftɪ/ N 1 (Brit *) tenue f civile ◆ **in mufti** en civil, en pékin * (Mil)
2 (Muslim) mufti or muphti m

**mug** /mʌg/ SYN
N 1 (= cup) tasse f (américaine), grande tasse f, mug m ; (= glass : for beer etc) chope f ◆ **a mug of coffee** (= amount) un grand café
2 (* = face) bouille * f, bille * f ◆ **ugly mug** sale gueule f
3 (Brit ‡ = fool) andouille ‡ f, poire * f ◆ **what sort of a mug do you take me for?** tu me prends pour une andouille ? ‡ ◆ **they're looking for a mug to help** ils cherchent une bonne poire * pour aider ◆ **it's a mug's game** c'est un piège à cons ‡
VT (= assault) agresser
VI * 1 (= pull faces) faire des grimaces
2 (= overact, act up) charger son rôle
COMP **mug money** * N petite somme d'argent que l'on garde sur soi pour la donner à un agresseur éventuel (et éviter ainsi de tout se faire voler)
**mug shot** N (Police) photo f d'identité judiciaire ; (gen) photo f d'identité

▸ **mug up** *
VT SEP 1 (Brit = swot up) bûcher *, potasser *
2 (US) ◆ **to mug it up** ‡ faire des grimaces
VI (Brit) ◆ **to mug up for an exam** bûcher * pour un examen

**mugger** /ˈmʌgər/ N agresseur m

**mugging** /ˈmʌgɪŋ/ N 1 (= assault) agression f
2 (= overacting) jeu m forcé

**muggins** ‡ /ˈmʌgɪnz/ N (Brit) idiot(e) m(f), niais(e) m(f) ◆ **muggins had to pay for it** ‡ (= oneself) c'est encore ma pomme ‡ qui a payé

**muggy** /ˈmʌgɪ/ SYN ADJ [weather, air, heat] lourd ; [climate] chaud et humide ; [summer, day, evening] lourd, chaud et humide ◆ **it's very muggy today** il fait très lourd aujourd'hui

**mugwort** /ˈmʌgwɜːt/ N armoise f vulgaire, herbe f à cent goûts

**mugwump** /ˈmʌgwʌmp/ N (US Pol) non-inscrit m, indépendant m

**mujaheddin, mujahedeen** /ˌmuːdʒəhəˈdiːn/ NPL ◆ **the mujaheddin** les moudjahiddin mpl

**mulatto** /mjuːˈlætəʊ/
N (pl **mulattos** or **mulattoes**) mulâtre(sse) m(f)
ADJ mulâtre f inv

**mulberry** /ˈmʌlbərɪ/ N (= fruit) mûre f ; (also **mulberry tree**) mûrier m

**mulch** /mʌltʃ/
N paillis m, mulch m
VT pailler, couvrir

**mulct** /mʌlkt/
N (= fine) amende f
VT 1 (= fine) frapper d'une amende
2 (by fraud etc) ◆ **to mulct sb of sth, to mulct sth from sb** extorquer qch à qn

**mule¹** /mjuːl/
N 1 (= animal) mulet m ; (female) mule f ; (fig) (= person) mule f ◆ **obstinate** or **stubborn as a mule** têtu comme une mule or un mulet
2 (Spinning) renvideur m
3 (Drugs * = courier) fourmi * f
COMP **mule driver, mule skinner** * (US) N muletier m, -ière f
**mule track** N chemin m muletier

**mule²** /mjuːl/ N (= slipper) mule f

**muleteer** /ˌmjuːlɪˈtɪər/ N muletier m, -ière f

**mulish** /ˈmjuːlɪʃ/ ADJ (pej) [person] têtu ; [look] buté, têtu ; [attitude] buté

**mulishness** /ˈmjuːlɪʃnɪs/ N entêtement m

**mull** /mʌl/ SYN VT [+ wine, ale] chauffer et épicer ; see also **mulled**

▸ **mull over** VT SEP retourner dans sa tête

**mullah** /ˈmʌlə/ N mollah m

**mulled** /mʌld/ ADJ ◆ **(a glass of) mulled wine** (un) vin chaud

**mullein** /ˈmʌlɪn/ N molène f

**mullet** /ˈmʌlɪt/ N ◆ **grey mullet** mulet m ◆ **red mullet** rouget m

**mulligan stew** ‡ /ˈmʌlɪgən stjuː/ N (US) ragoût m grossier

**mulligatawny** /ˌmʌlɪgəˈtɔːnɪ/ N soupe f au curry

**mullion** /ˈmʌlɪən/ N meneau m ◆ **mullioned window** fenêtre f à meneaux

**multi...** /ˈmʌltɪ/ PREF multi... ◆ **multi-family accommodation** résidence f pour or destinée à plusieurs familles ◆ **multi-journey ticket** abonnement m (pour un nombre déterminé de trajets) ◆ **multi-person vehicle** véhicule m pour plusieurs personnes ◆ **multistage rocket** fusée f à plusieurs étages

**multi-access** /ˌmʌltɪˈækses/ N (Comput) multivoie f ◆ **multi-access system** système m à multivoie

**multicellular** /ˌmʌltɪˈseljʊlər/ ADJ multicellulaire

**multichannel** /ˌmʌltɪˈtʃænl/ ADJ ◆ **multichannel TV** télévision f à canaux multiples

**multicoloured, multicolored** (US) /ˈmʌltɪˌkʌləd/ ADJ multicolore

**multicultural** /ˌmʌltɪˈkʌltʃərəl/ ADJ multiculturel, pluriculturel

**multiculturalism** /ˌmʌltɪˈkʌltʃərəlɪzəm/ N multiculturalisme m, pluriculturalisme m

**multidimensional** /ˌmʌltɪdaɪˈmenʃənl/ ADJ multidimensionnel

**multidirectional** /ˌmʌltɪdɪˈrekʃənl/ ADJ multidirectionnel

**multidisciplinary** /ˌmʌltɪˈdɪsɪplɪnərɪ/ ADJ pluridisciplinaire, multidisciplinaire ◆ **multidisciplinary system** pluridisciplinarité f

**multifaceted** /ˌmʌltɪˈfæsɪtɪd/ ADJ (fig) qui présente de nombreux aspects, à multiples facettes

**multifactorial** /ˌmʌltɪfækˈtɔːrɪəl/ ADJ multifactoriel

**multifarious** /ˌmʌltɪˈfɛərɪəs/ SYN ADJ (frm) multiple

**multiflora** /ˌmʌltɪˈflɔːrə/ ADJ [rose etc] multiflore

**multiform** /ˈmʌltɪfɔːm/ ADJ multiforme

**multi-function** /ˌmʌltɪˈfʌŋkʃən/ ADJ multifonctionnel, polyvalent

**multigym** /ˈmʌltɪˌdʒɪm/ N banc m de musculation

**multihull** /ˈmʌltɪhʌl/ N multicoque m

**multilateral** /ˌmʌltɪˈlætərəl/ ADJ multilatéral

**multilateralist** /ˌmʌltɪˈlætərəlɪst/ (Pol)
ADJ en faveur des accords multilatéraux sur le désarmement nucléaire
N partisan(e) m(f) des accords multilatéraux sur le désarmement nucléaire

**multi-level** /ˈmʌltɪˈlevl/ ADJ (US) à plusieurs niveaux

**multilingual** /ˌmʌltɪˈlɪŋgwəl/ ADJ [person] polyglotte ; [society, country, dictionary] multilingue, plurilingue ; [pamphlet, announcement, sign] en plusieurs langues

**multilingualism** /ˌmʌltɪˈlɪŋgwəlɪzəm/ N multilinguisme m, plurilinguisme m

**multimedia** /ˌmʌltɪˈmiːdɪə/ ADJ [product, system, market, CD] multimédia f inv

**multimillion** /ˌmʌltɪˈmɪljən/ ADJ ◆ **a multimillion pound deal** une affaire qui vaut plusieurs millions de livres ◆ **a multimillion dollar investment** un investissement de plusieurs millions de dollars

**multimillionaire** /ˌmʌltɪˈmɪljəˈnɛər/ N multimillionnaire mf, multimilliardaire mf

**multi-nation** /ˌmʌltɪˈneɪʃən/ ADJ [treaty, agreement] multinational

**multinational** /ˌmʌltɪˈnæʃənl/
N multinationale f
ADJ multinational

**multipack** /ˈmʌltɪpæk/ N pack m

**multiparous** /mʌlˈtɪpərəs/ ADJ multipare

**multipartite** /ˌmʌltɪˈpɑːtaɪt/ ADJ divisé en plusieurs parties

**multiparty** /ˌmʌltɪˈpɑːtɪ/ ADJ (Pol) pluripartite

**multiple** /ˈmʌltɪpl/ SYN
N (Math) multiple m ; → **low¹**
ADJ multiple ◆ **multiple crash** or **pileup** carambolage m
COMP **multiple choice** N (Scol, Univ) (also **multiple-choice exam** or **test**) QCM m, questionnaire m à choix multiple ; (also **multiple-choice question**) question f à choix multiple
**multiple-entry visa** N visa autorisant à entrer plusieurs fois dans un pays
**multiple exposure** N (Phot) exposition f multiple
**multiple ownership** N multipropriété f
**multiple personality** N (Psych) dédoublement m de la personnalité
**multiple-risk insurance** N assurance f multirisque
**multiple sclerosis** N (Med) sclérose f en plaques
**multiple store** N (Brit) grand magasin m à succursales multiples

**multiplex** /ˈmʌltɪpleks/
ADJ multiplex ◆ **multiplex cinema** complexe m multisalle
N multiplex m ; (Cine) complexe m multisalle
VT communiquer en multiplex

**multiplexer** /ˈmʌltɪpleksər/ N multiplexeur m

**multiplexing** /ˈmʌltɪpleksɪŋ/ N multiplexage m

**multipliable** /ˈmʌltɪˌplaɪəbl/, **multiplicable** /ˈmʌltɪˌplɪkəbl/ ADJ multipliable

**multiplicand** /ˌmʌltɪplɪˈkænd/ N multiplicande m

**multiplication** /ˌmʌltɪplɪˈkeɪʃən/
N multiplication f
COMP **multiplication sign** N signe m de multiplication
**multiplication tables** NPL tables fpl de multiplication

**multiplicative** /ˈmʌltɪplɪˌkeɪtɪv/ ADJ (Math, Gram) multiplicatif

**multiplicity** /ˌmʌltɪˈplɪsɪtɪ/ N multiplicité f

**multiplier** /ˈmʌltɪplaɪər/
N multiplicateur m
COMP **multiplier effect** N effet m multiplicateur

**multiply** /ˈmʌltɪplaɪ/ SYN
VT multiplier (by par)
VI se multiplier

**multiplying** /ˈmʌltɪplaɪɪŋ/ ADJ multiplicateur (-trice), multiplicatif

**multipolar** /ˈmʌltɪˌpəʊlər/ ADJ multipolaire

**multiprocessing** /ˌmʌltɪˈprəʊsesɪŋ/ N (Comput) multitraitement m

**multiprocessor** /ˌmʌltɪˈprəʊsesər/ N (Comput) multiprocesseur m

**multiprogramming** /ˌmʌltɪˈprəʊgræmɪŋ/ N (Comput) multiprogrammation f

**multipurpose** /ˌmʌltɪˈpɜːpəs/
**ADJ** polyvalent, à usages multiples
**COMP** **multipurpose vehicle** N (= off-roader) tout-terrain m ; (= people-carrier) monospace m

**multiracial** /ˌmʌltɪˈreɪʃəl/ **ADJ** multiracial

**multirisk** /ˌmʌltɪˈrɪsk/ **ADJ** (Insurance) multirisque

**multisensory** /ˌmʌltɪˈsensərɪ/ **ADJ** multisensoriel

**multiskilled** /ˌmʌltɪˈskɪld/ **ADJ** polyvalent

**multiskilling** /ˌmʌltɪˈskɪlɪŋ/ N formation f pluridisciplinaire

**multistage** /ˈmʌltɪsteɪdʒ/ **ADJ** 1 [rocket] à plusieurs étages
2 [process] à plusieurs étapes

**multistandard** /ˌmʌltɪˈstændəd/ **ADJ** (TV) [set, video etc] multistandard inv

**multistorey** /ˌmʌltɪˈstɔːrɪ/, **multistoreyed, multistoried** (US) /ˌmʌltɪˈstɔːrɪd/ **ADJ** à étages ◆ **multistorey car park** parking m à étages or à niveaux multiples

**multitasking, multi-tasking** /ˌmʌltɪˈtɑːskɪŋ/ N (Comput) traitement m multitâche ; (by person) capacité f à mener plusieurs tâches de front

**multitrack** /ˌmʌltɪˈtræk/ **ADJ** à plusieurs pistes

**multitude** /ˈmʌltɪtjuːd/ SYN N multitude f ◆ **the multitude** la multitude, la foule ◆ **for a multitude of reasons** pour une multitude or une foule de raisons ◆ **that covers** or **hides a multitude of sins** c'est un véritable cache-misère

**multitudinous** /ˌmʌltɪˈtjuːdɪnəs/ **ADJ** innombrable

**multiuser** /ˌmʌltɪˈjuːzəʳ/ **ADJ** (Comput) ◆ **multiuser system** configuration f multiposte

**multivalence** /ˌmʌltɪˈveɪləns/ N polyvalence f

**multivalent** /ˌmʌltɪˈveɪlənt/ **ADJ** polyvalent

**multivitamin** /ˌmʌltɪˈvɪtəmɪn/ N complexe m vitaminé ◆ **multivitamin tablet** comprimé m de multivitamines

**mum**[1] */ mʌm/ N (Brit = mother) maman f, mère f ◆ **hello mum!** bonjour, maman ! ◆ **she's a teacher and her mum's a doctor** elle est enseignante et sa mère est médecin

**mum**[2] /mʌm/ **ADJ** ◆ **to keep mum (about sth)** ne pas piper mot (de qch), ne pas souffler mot (de qch) ◆ **mum's the word!** motus !, bouche cousue !

**mum**[3] */ mʌm/ N (abbrev of chrysanthemum) ◆ **mums** chrysanthèmes mpl

**Mumbai** /mʊmˈbaɪ/ N Mumbai (nouveau nom de Bombay)

**mumble** /ˈmʌmbl/
**VI** marmotter ◆ **stop mumbling!** arrête de marmotter or de parler entre tes dents !
**VT** marmonner, marmotter ◆ **to mumble one's words** manger ses mots ◆ **to mumble an answer** répondre entre ses dents, marmonner une réponse ◆ **to mumble that...** marmonner que...
N marmonnement m, marmottement m ◆ **he said in a mumble...** dit-il entre ses dents

**mumbo jumbo** /ˌmʌmbəʊˈdʒʌmbəʊ/ N (= nonsense) baragouin* m, charabia* m ; (= pretentious words) jargon m obscur ; (= pretentious ceremony etc) tralala* m, salamalecs* mpl

**mummer** /ˈmʌməʳ/ N (Theat) mime mf

**mummery** /ˈmʌmərɪ/ N (Theat, fig) momerie f

**mummification** /ˌmʌmɪfɪˈkeɪʃən/ N momification f

**mummify** /ˈmʌmɪfaɪ/ **VT** momifier

**mummy**[1] /ˈmʌmɪ/ N (= embalmed) momie f

**mummy**[2]* /ˈmʌmɪ/ N (Brit = mother) maman f ◆ **mummy's boy** (pej) fils m à sa maman*

**mump** /mʌmp/ **VI** grogner, grommeler

**mumps** /mʌmps/ N (NonC) oreillons mpl

**mumsiness*** /ˈmʌmzɪnɪs/ N (= drabness) manque m de charme, mocheté* f

**mumsy*** /ˈmʌmzɪ/ **ADJ** (= drab) sans charme, moche* ; (= motherly) mère poule inv

**munch** /mʌntʃ/ SYN **VTI** (gen) croquer ; (= chew noisily) mastiquer bruyamment ◆ **to munch (away) on** or **at sth** dévorer qch à belles dents

**Münchhausen's syndrome** /ˈmʌntʃaʊzənzˌsɪndrəʊm/ N (Med) syndrome m de Münchhausen

**munchies*** /ˈmʌntʃɪz/ NPL 1 (= snack) quelque chose à grignoter
2 ◆ **to have the munchies** (= be hungry) avoir un creux

**munchkin*** /ˈmʌntʃkɪn/ N (esp US = small person, child) lilliputien m

**mundane** /mʌnˈdeɪn/ SYN **ADJ** [matter, issue, problem, object] banal ; [task] courant ; [explanation, concern] terre-à-terre ◆ **on a more mundane level** au niveau pratique

**mung bean** /ˈmʌŋbiːn/ N haricot m mung

**Munich** /ˈmjuːnɪk/ N Munich

**municipal** /mjuːˈnɪsɪpəl/ SYN
**ADJ** municipal
**COMP** **municipal court** N (US Jur) tribunal local de première instance

**municipality** /mjuːˌnɪsɪˈpælɪtɪ/ SYN N municipalité f

**municipalization** /mjuːˌnɪsɪpəlaɪˈzeɪʃən/ N municipalisation f

**municipalize** /mjuːˈnɪsɪpəlaɪz/ **VT** municipaliser

**munificence** /mjuːˈnɪfɪsns/ SYN N munificence f

**munificent** /mjuːˈnɪfɪsnt/ SYN **ADJ** munificent (liter)

**muniments** /ˈmjuːnɪmənts/ NPL (Jur) titres mpl (concernant la propriété d'un bien-fonds)

**munitions** /mjuːˈnɪʃənz/
**NPL** munitions fpl
**COMP** **munitions dump** N dépôt m de munitions
**munitions factory** N fabrique f de munitions

**Munro** /mʌnˈrəʊ/
N (Brit) sommet de plus de 1000 m d'altitude
**COMP** **Munro-bagger*** N personne qui a pour ambition d'escalader tous les sommets de plus de 1000 m d'altitude en Grande-Bretagne

**muntjac, muntjak** /ˈmʌntˌdʒæk/ N muntjac m

**muon** /ˈmjuːɒn/ N (Phys) muon m

**mural** /ˈmjʊərəl/
**ADJ** mural
N peinture f murale ; (in Modern Art) mural m

**murder** /ˈmɜːdəʳ/ SYN
N 1 (gen) meurtre m ; (Jur) meurtre m ; (premeditated) assassinat m ◆ **four murders in one week** quatre meurtres en une semaine ◆ **murder!** au meurtre !, à l'assassin ! ◆ **murder will out** (Prov) tôt ou tard la vérité se fait jour ◆ **he was screaming** or **shouting blue murder** il criait comme un putois or comme si on l'écorchait ◆ **she lets the children get away with murder*** elle passe tout aux enfants ◆ **they get away with murder*** ils peuvent tout se permettre
2 * ◆ **the noise/heat in here is murder** le bruit/la chaleur ici est infernal(e) ◆ **the exam was murder** l'examen était épouvantable or coton* ◆ **did you have a good holiday? – no, it was murder** avez-vous passé de bonnes vacances ? – non, c'était l'enfer ◆ **the roads were murder** les routes étaient un cauchemar
**VT** [+ person] assassiner ; (fig) [+ song, music, language] massacrer ; [+ opponent, team] battre à plates coutures, écraser ◆ **the murdered man** (or **woman** etc) la victime ◆ **I could murder a steak/a beer*** (hum) je me taperais* or m'enfilerais* bien un steak/une bière
**COMP** **murder case** N (Jur) procès m pour meurtre ; (Police) affaire f de meurtre
**murder hunt** N chasse f à l'homme pour retrouver le (or un) meurtrier
**Murder Squad** N (Police) ≈ brigade f criminelle (de la police judiciaire)
**murder trial** N ≈ procès m pour homicide
**murder weapon** N arme f du crime

**murderer** /ˈmɜːdərəʳ/ SYN N meurtrier m, assassin m

**murderess** /ˈmɜːdərɪs/ N meurtrière f

**murderous** /ˈmɜːdərəs/ SYN **ADJ** 1 (= homicidal) meurtrier ◆ **a murderous-looking individual** un individu à tête d'assassin
2 (* = awful) [heat] effroyable

**murk** /mɜːk/, **murkiness** /ˈmɜːkɪnɪs/ N obscurité f

**murky** /ˈmɜːkɪ/ SYN **ADJ** [room, street, day, sky] sombre ; [fog, night, darkness] épais (épaisse f) ; [water, depths] trouble ; [colour] terne, terreux ◆ **murky brown/green** brun inv/vert inv sale ◆ **the room was murky with smoke** la pièce était obscurcie par la fumée ◆ **his murky past** son passé trouble ◆ **the murky world of the arms trade** le monde trouble des trafiquants d'armes

**murmur** /ˈmɜːməʳ/ SYN
N 1 [of voice(s)] murmure m ; [of bees, traffic etc] bourdonnement m ; (fig = protest) murmure m ◆ **there wasn't a murmur in the classroom** il n'y avait pas un murmure dans la classe ◆ **to speak in a murmur** parler à voix basse, chuchoter ◆ **a murmur of conversation** un bourdonnement de voix ◆ **there were murmurs of disagreement** il y eut des murmures de désapprobation ◆ **he agreed without a murmur** il accepta sans murmure
2 (Med) ◆ **a heart murmur** un souffle au cœur
**VT** murmurer
**VI** [person, stream] murmurer ; (= complain) murmurer (against, about contre)

**murmuring** /ˈmɜːmərɪŋ/
N [of people, stream] (also fig) [of protests] murmures mpl ; [of bees etc] bourdonnement m
**ADJ** [stream] murmurant, qui murmure

**Murphy** /ˈmɜːfɪ/
N (US, Ir * = potato) pomme f de terre
**COMP** **Murphy bed** N (US) lit m escamotable
**Murphy's law** N (hum) loi f de l'emmerdement* maximum

**MusB** (abbrev of Bachelor of Music) ≈ maîtrise f de musique

**MusBac** N (abbrev of Bachelor of Music) diplôme d'études musicales

**muscarine** /ˈmʌskərɪn/ N muscarine f

**muscat** /ˈmʌskət/ N 1 (also muscat grape) (raisin m) muscat m
2 (= wine) (vin m) muscat m

**muscatel** /ˌmʌskəˈtel/ N (= grape, wine) muscat m

**muscle** /ˈmʌsl/ SYN
N 1 (Anat) muscle m ◆ **he didn't move a muscle** il n'a pas levé or remué le petit doigt (to help etc pour aider etc) (= didn't flinch) il n'a pas bronché, il n'a pas sourcillé ◆ **put some muscle into it** (= energy) vas-y avec un peu plus de nerf* or de force
2 (= power) pouvoir m effectif, impact m ◆ **political muscle** pouvoir m politique effectif, moyens mpl politiques ◆ **this union hasn't much muscle** ce syndicat n'a pas beaucoup d'impact or de poids
**COMP** **muscle-bound** **ADJ** (lit) aux muscles hypertrophiés ; (fig) raide
▶ **muscle in** **VI** 1 (Brit : into group etc) intervenir, s'immiscer ◆ **to muscle (one's way) in on a group/a discussion** essayer de s'imposer dans un groupe/une discussion ◆ **stop muscling in!** occupe-toi de tes oignons !*
2 (US = force one's way inside) entrer violemment

**muscleman** /ˈmʌslmæn/ N (pl **-men**) (= strong man) hercule m ; (= gangster etc) homme m de main, sbire m

**muscl(e)y** /ˈmʌsəlɪ/ **ADJ** musclé

**Muscovite** /ˈmʌskəvaɪt/
**ADJ** moscovite
N Moscovite mf

**Muscovy duck** /ˈmʌskəvɪ/ N canard m de Barbarie

**muscular** /ˈmʌskjʊləʳ/ SYN
**ADJ** 1 (= brawny) musclé ◆ **to be of muscular build** être musclé
2 (Med, Physiol) musculaire
**COMP** **muscular dystrophy** N dystrophie f musculaire, myopathie f musculaire progressive

**musculature** /ˈmʌskjʊlətjʊə/ N musculature f

**MusD** (abbrev of Doctor of Music) ≈ doctorat m de musique

**MusDoc** N (abbrev of Doctor of Music) ≈ doctorat m de musique

**muse** /mjuːz/ SYN
**VI** méditer (on, about, over sur), songer, réfléchir (on, about, over à)
**VT** ◆ **"they might accept," he mused** (= said) « il se pourrait qu'ils acceptent », dit-il d'un ton songeur ; (= thought) « il se pourrait qu'ils acceptent », songeait-il
N (Myth, fig : also **Muse**) muse f

**museology** /ˌmjuːzɪˈɒlədʒɪ/ N muséologie f

**museum** /mjuːˈzɪəm/
N musée m
**COMP** **museum piece** N (lit, fig) pièce f de musée

**mush**[1] /mʌʃ/ N (NonC) bouillie f ; (fig) sentimentalité f de guimauve or à l'eau de rose

**mush² *** /mʊʃ/ **N** (Brit) **1** (= face) tronche* f
**2** (= person) ◆ **hey, mush!** hé, machin !*

**mushroom** /ˈmʌʃrʊm/ SYN
**N** champignon m (comestible) ◆ **to spring up** or **sprout like mushrooms** pousser comme des champignons
**VI** **1** (= grow quickly) [town] pousser comme un champignon ; [sales, debts, investment] augmenter rapidement ; [market] connaître une expansion rapide ; [population] connaître une croissance rapide ◆ **this small town mushroomed into a large city** cette petite ville a poussé comme un champignon ◆ **the dispute mushroomed into a serious political crisis** le contentieux a pris de l'ampleur et s'est vite transformé en une grave crise politique ◆ **unemployment has mushroomed** le chômage monte en flèche ◆ **his debts have mushroomed into thousands of dollars** ses dettes se montent maintenant à des milliers de dollars
**2** (= appear, spring up) apparaître un peu partout ; (= multiply) proliférer, se multiplier ◆ **voluntary groups have mushroomed in recent years** les groupes de bénévoles se sont multipliés ces dernières années
**3** (= gather mushrooms) ◆ **to go mushrooming** aller aux champignons
**COMP** [soup, omelette] aux champignons ; [flavour] de champignons ; (= colour) [carpet etc] beige rosé inv
**mushroom cloud N** champignon m atomique
**mushroom growth N** poussée f soudaine
**mushroom town N** ville f champignon inv

**mushrooming** /ˈmʌʃrʊmɪŋ/
**N** **1** (= picking mushrooms) cueillette f des champignons ; → **mushroom** vi 3
**2** (fig = growth) [of town etc] poussée f rapide ; [of sales, debts, investment] montée f en flèche ; [of market] expansion f or essor m rapide ◆ **the mushrooming of new shopping centres in the suburbs** (= proliferation) la prolifération des centres commerciaux en périphérie des villes
**ADJ** (= fast-growing) [unemployment] qui monte en flèche ; [problem] de plus en plus présent ; [number] croissant ; [growth] très rapide ; [population] qui connaît une croissance rapide

**mushy** /ˈmʌʃɪ/
**ADJ** **1** (= soft) [vegetables, fish] en bouillie ; [fruit] blet ; [snow] à demi fondu ◆ **to become** or **get** or **go mushy** se ramollir
**2** (pej = sentimental) [film, book, sentimentality] à l'eau de rose
**COMP** **mushy peas NPL** (Brit) purée f de petits pois

**music** /ˈmjuːzɪk/
**N** (all senses) musique f ◆ **to set to music** mettre en musique ◆ **it was music to his ears** c'était doux à son oreille ◆ **the Faculty of Music** (Univ) la faculté de musique ; → **ear¹**, **face**, **pop²**
**COMP** [teacher, lesson, exam] de musique
**music box N** boîte f à musique
**music case N** porte-musique m inv
**music centre N** (= equipment) chaîne f (stéréo) ; (= shop) magasin m de hi-fi
**music critic N** (Press) critique m musical
**music director N** directeur m musical
**music festival N** festival m de musique
**music hall** (Brit) **N** music-hall m **ADJ** de music-hall
**music lover N** mélomane mf
**music paper N** papier m à musique
**music stand N** pupitre m à musique
**music stool N** tabouret m (de musicien)
**music video N** (for single) vidéoclip m ; (for album) série f de vidéoclips ; (for concert) concert m en vidéo

**musical** /ˈmjuːzɪkəl/ SYN
**ADJ** (lit, fig) [voice, sound, criticism, studies] musical ; [family, person] musicien ◆ **he comes from a musical family** ils sont très musiciens dans sa famille ◆ **she's very musical** (= gifted) elle est musicienne, elle est très douée pour la musique ; (= fond of it) elle est mélomane
**N** (Cine, Theat) comédie f musicale
**COMP** **musical box N** boîte f à musique
**musical chairs NPL** chaises fpl musicales ◆ **they were playing at musical chairs** (fig) ils changeaient tout le temps de place
**musical comedy N** comédie f musicale, opérette f
**musical director N** directeur m musical
**musical evening N** soirée f musicale
**musical instrument N** instrument m de musique
**musical statues** (game) **NPL** jeu où les participants doivent s'immobiliser dès que la musique s'arrête

**musically** /ˈmjuːzɪkəlɪ/ **ADV** musicalement ; [develop] du point de vue musical (melodiously) ◆ **she laughed musically** elle a eu un rire mélodieux ◆ **I'm musically trained** j'ai pris des leçons de musique ◆ **there's a lot going on musically in London** il se passe beaucoup de choses d'un point de vue musical à Londres ◆ **musically (speaking) this piece is beautiful** musicalement parlant, ce morceau est magnifique

**musician** /mjuːˈzɪʃən/ **N** musicien(ne) m(f)

**musicianship** /mjuːˈzɪʃənʃɪp/ **N** maestria f (de musicien), sens m de la musique

**musicologist** /ˌmjuːzɪˈkɒlədʒɪst/ **N** musicologue mf

**musicology** /ˌmjuːzɪˈkɒlədʒɪ/ **N** musicologie f

**musing** /ˈmjuːzɪŋ/ SYN
**ADJ** songeur, pensif
**N** songerie f ◆ **idle musings** rêvasseries fpl

**musingly** /ˈmjuːzɪŋlɪ/ **ADV** d'un air songeur, pensivement

**musk** /mʌsk/
**N** musc m
**COMP** **musk ox N** bœuf m musqué
**musk rose N** rose f muscade
**musk thistle N** chardon m penché

**muskeg** /ˈmʌskeg/ **N** (US = bog) tourbière f

**musket** /ˈmʌskɪt/ **N** mousquet m

**musketeer** /ˌmʌskɪˈtɪər/ **N** mousquetaire m ◆ **the Three Musketeers** les Trois Mousquetaires

**musketry** /ˈmʌskɪtrɪ/
**N** tir m (au fusil etc)
**COMP** [range, training] de tir (au fusil etc)

**muskmelon** /ˈmʌskmelən/ **N** cantaloup m

**muskrat** /ˈmʌskræt/ **N** rat m musqué, ondatra m

**musky** /ˈmʌskɪ/ **ADJ** musqué

**Muslim** /ˈmʊzlɪm/
**N** (pl **Muslims** or **Muslim**) musulman(e) m(f) ; → **black**
**ADJ** musulman

**muslin** /ˈmʌzlɪn/
**N** mousseline f
**COMP** de or en mousseline

**muso*** /ˈmjuːzəʊ/
**N** (= musician) musicien (ne) m(f)
**ADJ** musical

**musquash** /ˈmʌskwɒʃ/
**N** (= animal) rat m musqué, ondatra m ; (= fur) rat m d'Amérique, ondatra m
**COMP** [coat] d'ondatra

**muss*** /mʌs/ **VT** (also **muss up**) [+ dress, clothes] chiffonner, froisser ◆ **to muss sb's hair** décoiffer qn

**mussel** /ˈmʌsl/ **N** moule f ◆ **mussel bed** parc m à moules, moulière f

**Mussorgsky** /mʊˈsɔːgskɪ/ **N** Moussorgski m

**must¹** /mʌst/ LANGUAGE IN USE 10, 15.2 SYN
MODAL AUX VB **1** (obligation)

> When **must** expresses obligation, it is translated either by the impersonal expression **il faut que**, followed by the subjunctive, or by **devoir**, followed by the infinitive.

◆ **I must be going** il faut que j'y aille ◆ **I must phone my mother** il faut que j'appelle ma mère ◆ **I must see him!** il faut absolument que je le voie ! ◆ **you must get your brakes checked** tu dois absolument faire vérifier tes freins, il faut absolument que tu fasses vérifier tes freins ◆ **you must hand in your work on time** tu dois rendre ton travail à temps, il faut que tu rendes ton travail à temps ◆ **why must you always be so pessimistic?** pourquoi faut-il toujours que tu sois si pessimiste ? ◆ **this is what must be done now** voici ce qu'il faut faire maintenant ◆ **how long must I continue with the tablets?** pendant combien de temps dois-je continuer à prendre les comprimés ? ◆ **I must ask you not to touch that** (frm) je dois vous prier or je vous prie de ne pas toucher à cela ◆ **you must know that...** (frm := I must tell you) il faut que vous sachiez que...

◆ **must not** (= should not) ◆ **we must not repeat the mistakes of the 20th century** nous devons éviter de reproduire les erreurs commises au 20ᵉ siècle ◆ **you must not forget this** n'oubliez pas ceci ◆ **patients must not be put at risk** il ne faut pas mettre en danger la santé des patients ◆ **"the windows must not be opened"** (on notice) « défense d'ouvrir les fenêtres »

◆ **it must be** + past participle ◆ **it must be noted that not all officers obeyed orders** notez que tous les officiers n'ont pas obéi aux ordres ◆ **it must be remembered that this is a serious disease** il ne faut pas oublier qu'il s'agit d'une maladie grave ◆ **it must not be forgotten that...** il ne faut pas oublier que...

◆ **if I** (or **you** or **we**) **must** s'il le faut, si c'est nécessaire ◆ **(well), if I must** eh bien, s'il le faut vraiment or si c'est vraiment nécessaire ◆ **we'll handle them by ourselves if we must** nous nous occuperons d'eux tout seuls s'il le faut or si c'est nécessaire ◆ **kill me if you must, not him** si vous devez tuer quelqu'un, tuez-moi, pas lui

◆ **if you must know** si tu tiens vraiment à le savoir, si tu veux vraiment le savoir ◆ **I've been to Jan's for dinner, if you must know** je suis allé dîner chez Jan, si tu tiens vraiment à le savoir or si tu veux vraiment le savoir

◆ **I must say** or **admit** je dois avouer ◆ **this came as a surprise, I must say** je dois avouer que cela m'a surpris ◆ **I must admit I'm envious** je dois avouer que je suis jaloux ◆ **I must say, he's very irritating** il est vraiment très agaçant ◆ **it took a long time, I must say!** ça a pris drôlement longtemps ! ◆ **well, you've got a nerve, I must say!** eh bien, tu es drôlement culotté !

**2** (invitations, suggestions)

> When **you must** is used to make invitations and suggestions more forceful, the imperative may be used in French.

◆ **you must come and have dinner some time** venez dîner à la maison un de ces jours ◆ **you must be very careful** faites bien attention ◆ **you must stop being so negative** ne sois pas si négatif

◆ **you mustn't** (= don't) ◆ **you mustn't touch it** n'y touche pas ◆ **you mustn't forget to send her a card** n'oublie pas de lui envoyer une carte

**3** (indicating certainty) ◆ **he must be wrong** il doit se tromper, il se trompe certainement ◆ **you must know my aunt** vous devez connaître ma tante, vous connaissez sans doute ma tante ◆ **that must be Paul** ça doit être Paul ◆ **he must be regretting it, mustn't he?** il le regrette sûrement ◆ **he must be clever, mustn't he?** il faut croire qu'il est intelligent, non ? ◆ **he must be mad!** il est fou, ma parole ! ◆ **you must be joking!** vous plaisantez !

> When **must** indicates certainty in the past, it is translated by the imperfect of **devoir**.

◆ **I thought he must be really old** je me suis dit qu'il devait être très vieux ◆ **he said there must be some mistake** il a dit qu'il devait y avoir une erreur

◆ **must have made/had/been** etc

> The perfect tense of **devoir** + infinitive is generally used to translate **must have** + past participle.

◆ **I must have made a mistake** j'ai dû me tromper ◆ **you must have had some idea of the situation** tu as dû te rendre compte de la situation ◆ **was he disappointed? – he must have been!** est-ce qu'il a été déçu ? – sûrement ! ◆ **I realized she must have heard what we'd said** j'ai compris qu'elle avait dû nous entendre

**N** * chose f indispensable , must* m ◆ **a must for all housewives!** un must* pour toutes les ménagères !, indispensable pour toutes les ménagères ! ◆ **this concert is a must for all Barry Manilow fans** ce concert est un must* pour tous les fans de Barry Manilow ◆ **this book is a must** c'est un livre à lire absolument ◆ **a car is a must in the country** une voiture est absolument indispensable à la campagne

**must²** /mʌst/ **N** [of fruit] moût m

**must³** /mʌst/ **N** (= mould) moisi m

**must⁴** /mʌst/ **N** [of animal] rut m

**must-*** /mʌst/ **PREF** ◆ **a must-see movie** un film à ne pas manquer ◆ **Machu Picchu is a must-see for any visitor to Peru** le Machu Picchu est LE site à visiter au Pérou ◆ **a must-read** un livre à lire absolument ◆ **the must-have fashion item of the season** le must* de la saison ◆ **it was a must-win match** c'était un match qu'ils devaient gagner

**mustache** /ˈmʌstæʃ/ **N** (US) ⇒ **moustache**

**mustachio** /məˈstɑːʃɪəʊ/ **N** (US) moustache f à la gauloise

**mustachioed** /məˈstɑːʃɪəʊd/ **ADJ** (US) moustachu

**mustang** /ˈmʌstæŋ/ **N** mustang m

**mustard** /ˈmʌstəd/
**N** (= plant, condiment) moutarde f ◆ **to cut the mustard**✶ faire le poids, être à la hauteur ; → **keen**¹
**ADJ** moutarde
**COMP** **mustard and cress N** salade de cresson alénois et de pousses de moutarde blanche
**mustard bath N** bain m sinapisé or à la moutarde
**mustard gas N** ypérite f, gaz m moutarde
**mustard plaster N** sinapisme m, cataplasme m sinapisé
**mustard pot N** moutardier m, pot m à moutarde
**mustard powder N** farine f de moutarde

**muster** /ˈmʌstəʳ/ SYN
**N** (= gathering) assemblée f ; (in Army, Navy: also **muster roll**) rassemblement m ; (= roll-call) appel m ◆ **to pass muster** (fig) (pouvoir) passer, être acceptable
**VT** **1** (= assemble, collect) [+ helpers, number, sum] réunir ; (also **muster up**) [+ strength, courage, energy] rassembler ◆ **I couldn't muster (up) enough energy to protest** je n'ai pas trouvé l'énergie de protester ◆ **they could only muster five volunteers** ils n'ont trouvé que cinq volontaires ◆ **the club can only muster 20 members** le club ne compte que 20 membres
**2** (= call roll of) battre le rappel de
**VI** (= gather, assemble) se réunir, se rassembler
**COMP** **muster station N** (on ship) point m de rassemblement

**musth** /mʌst/ N [of animal] rut m

**mustiness** /ˈmʌstɪnɪs/ **N** (= stale taste) goût m de moisi ; (= stale smell) odeur f de renfermé ; (= damp smell) odeur f de moisi

**mustn't** /ˈmʌsnt/ ⇒ **must not** ; → **must**

**musty** /ˈmʌstɪ/ SYN **ADJ** **1** [taste] de moisi ; [smell] (= stale) de renfermé ; (= damp) de moisi ; [book, clothes] moisi ◆ **to grow musty** moisir ◆ **to smell musty** [room] sentir le renfermé ◆ [book, clothes] avoir une odeur de moisi
**2** (= hackneyed) [ideas, methods] suranné

**mutability** /ˌmjuːtəˈbɪlɪtɪ/ SYN **N** mutabilité f

**mutable** /ˈmjuːtəbl/ SYN **ADJ** sujet à mutation ; [virus, gene] mutable ; (Ling) sujet à la mutation

**mutagen** /ˈmjuːtədʒən/ **N** mutagène m

**mutagenic** /ˌmjuːtəˈdʒenɪk/ **ADJ** mutagène

**mutant** /ˈmjuːtənt/ **ADJ, N** mutant (e) m(f)

**mutate** /mjuːˈteɪt/
**VI** **1** (lit = undergo mutation) subir une mutation
**2** (fig = change) se transformer (into sth en qch)
**VT** faire subir une mutation à

**mutation** /mjuːˈteɪʃən/ **N** (gen, Ling) mutation f

**mutatis mutandis** /muːˈtɑːtɪsmuːˈtændɪs/ **ADV** mutatis mutandis

**mute** /mjuːt/ SYN
**ADJ** **1** [person, reproach] muet ; [consent] tacite ◆ **mute with admiration**, **in mute admiration** muet d'admiration ◆ **he turned to her in mute appeal** il lui lança un regard suppliant ◆ **to be** or **bear mute testimony** or **witness to sth** être un témoin silencieux or muet de qch
**2** (Ling) ◆ **H mute** H muet ◆ **mute "e"** « e » muet
**N** **1** (Med † = deaf person) muet(te) m(f) ; → **deaf**
**2** (Mus) sourdine f
**VT** **1** (Mus) [+ trumpet, violin etc] mettre la sourdine à
**2** [+ sound] assourdir, rendre moins sonore ; [+ colour] adoucir, atténuer
**3** [+ feelings, emotions, enthusiasm] tempérer, modérer ◆ **to mute one's criticism of sth** tempérer or modérer ses critiques de qch
**COMP** **mute swan N** cygne m tuberculé or muet

**muted** /ˈmjuːtɪd/ **ADJ** [voice, sound] sourd, assourdi ; [colour] sourd ; (Mus) [violin] en sourdine ; [criticism, protest, feelings, enthusiasm] tempéré

**mutilate** /ˈmjuːtɪleɪt/ SYN **VT** [+ person, limb] mutiler, estropier ; [+ object] mutiler, dégrader ; (fig) [+ text] mutiler, tronquer

**mutilation** /ˌmjuːtɪˈleɪʃən/ **N** mutilation f

**mutineer** /ˌmjuːtɪˈnɪəʳ/ **N** (in army, on ship) mutiné m, mutin m

**mutinous** /ˈmjuːtɪnəs/ SYN **ADJ** [crew, soldiers] prêt à se mutiner, mutin ; [workers, prisoners] rebelle ; [feelings] de rébellion ; [attitude, mood] rebelle ; [look] de défi ◆ **the children were already fairly mutinous** les enfants regimbaient déjà

**mutiny** /ˈmjuːtɪnɪ/
**N** (in army, on ship) mutinerie f ; (fig) révolte f
**VI** se mutiner ; (fig) se révolter

**mutism** /ˈmjuːtɪzəm/ **N** (Med, Psych) mutisme m

**mutt**✶ /mʌt/ **N** **1** (= fool) corniaud ✶ m, crétin(e) ✶ m(f)
**2** (= dog) clebs ✶ m, corniaud m

**mutter** /ˈmʌtəʳ/ SYN
**N** marmonnement m ; (= grumbling) grommellement m
**VT** [+ word, excuse, threat, prayer] marmonner, marmotter ; [+ curses, obscenities] marmonner, grommeler ◆ **"no", he muttered** « non » marmonna-t-il or dit-il entre ses dents ◆ **he muttered something to himself** il a marmonné or marmotté quelque chose entre ses dents ◆ **a muttered conversation** une conversation à voix basse ◆ **to mutter that** marmonner que
**VI** marmonner, murmurer ; (= grumble) grommeler, grogner ◆ **to mutter to oneself** (talking) marmonner or marmotter entre ses dents ; (complaining) grommeler entre ses dents ◆ **she was muttering about the bad weather** elle maugréait contre le mauvais temps ◆ **to mutter about doing sth** parler de faire qch ◆ **the man who dared to say what others only muttered about** l'homme qui osait dire tout haut ce que les autres pensaient tout bas

**muttering** /ˈmʌtərɪŋ/ **N** grommellement m

**mutton** /ˈmʌtn/
**N** (Culin) mouton m ◆ **leg of mutton** gigot m ◆ **shoulder of mutton** épaule f de mouton ◆ **she's mutton dressed (up) as lamb**✶ elle s'habille trop jeune pour son âge ; → **dead, leg**
**COMP** **mutton chop N** côtelette f de mouton
**mutton chops**✶ **NPL** (= whiskers) favoris mpl (bien fournis), rouflaquettes fpl

**muttonhead**✶ /ˈmʌtnhed/ **N** cornichon✶ m

**mutual** /ˈmjuːtjʊəl/ SYN
**ADJ** **1** (= reciprocal) [support, hatred, respect, need, destruction] mutuel ◆ **mutual aid** entraide f, aide f mutuelle ◆ **I didn't like him and the feeling was mutual** je ne l'aimais pas et c'était réciproque
**2** (= common) [interest, friend] commun ◆ **it is to our mutual benefit** or **advantage** c'est dans notre intérêt commun ◆ **by mutual consent** par consentement mutuel
**COMP** **mutual assured destruction N** (US Mil) destruction f mutuelle assurée
**mutual fund (company) N** (US) société f d'investissement (de type SICAV)
**mutual insurance (company) N** mutuelle f
**mutual masturbation N** masturbation f mutuelle
**mutual society N** mutuelle f

**mutuality** /ˌmjuːtjʊˈælɪtɪ/ **N** mutualité f

**mutually** /ˈmjuːtjʊəlɪ/
**ADV** [convenient, acceptable, beneficial] mutuellement ◆ **a mutually agreed goal** un objectif convenu ◆ **mutually contradictory** contradictoire ◆ **the two things are not mutually exclusive** ces deux choses ne sont pas incompatibles
**COMP** **mutually assured destruction N** ⇒ **mutual assured destruction** ; → **mutual**

**mutule** /ˈmjuːtjuːl/ **N** mutule f

**Muzak** ® /ˈmjuːzæk/ **N** musique f (d'ambiance) enregistrée

**muzzle** /ˈmʌzl/ SYN
**N** **1** [of dog, fox etc] museau m ; [of gun] bouche f, gueule f
**2** (= anti-biting device) muselière f ; (fig) muselière f, bâillon m
**VT** [+ dog] museler ; (fig) museler, bâillonner
**COMP** **muzzle loader N** arme f qu'on charge par le canon
**muzzle velocity N** vitesse f initiale

**muzzy** /ˈmʌzɪ/ **ADJ** (Brit) **1** (= groggy, confused) [brain] brouillé ; [feeling] de confusion ; [ideas] confus, nébuleux ◆ **to be** or **feel muzzy** [person] avoir le cerveau brouillé
**2** (= blurred) [TV picture] flou, [outline] estompé, flou

**MVP N** (US Sport) (abbrev of **most valuable player**) (= person) meilleur joueur m, meilleure joueuse f ; (= title) titre m de meilleur joueur

**MW N** **1** (Rad) (abbrev of **medium wave**) PO
**2** (Elec) (abbrev of **megawatt(s)**) MW

**MX** /emˈeks/ **N** (Mil) (abbrev of **missile experimental**) MX m

**Mx** (abbrev of **maxwell**) M.

**my** /maɪ/
**POSS ADJ** mon, ma, mes ◆ **my book** mon livre ◆ **my table** ma table ◆ **my friend** mon ami(e) ◆ **my clothes** mes vêtements ◆ **MY book** mon livre à moi ◆ **I've broken my leg** je me suis cassé la jambe
**EXCL** ◆ **(oh) my!**✶, **my, my!**✶ ça, par exemple !

**myalgia** /maɪˈældʒɪə/ **N** myalgie f

**myalgic encephalomyelitis** /maɪˈældʒɪkenˌsefələʊmaɪəˈlaɪtɪs/ **N** (Med) encéphalomyélite f myalgique

**Myanmar** /ˈmaɪænmɑːʳ/ **N** Myanmar m ◆ **in Myanmar** au Myanmar

**myasthenia** /ˌmaɪəsˈθiːnɪə/ **N** myasthénie f

**myasthenic** /ˌmaɪəsˈθenɪk/ **ADJ** myasthénique

**mycelium** /maɪˈsiːlɪəm/ **N** (pl **mycelia** /maɪˈsiːlɪə/) mycélium m

**Mycenae** /maɪˈsiːniː/ **N** Mycènes

**Mycenaean** /ˌmaɪsəˈniːən/
**ADJ** mycénien
**N** Mycénien(ne) m(f)

**mycology** /maɪˈkɒlədʒɪ/ **N** mycologie f

**mycoplasma** /ˌmaɪkəʊˈplæzmə/ **N** mycoplasme m

**mycorrhiza** /ˌmaɪkəˈraɪzə/ **N** mycorhize m

**mycosis** /maɪˈkəʊsɪs/ **N** mycose f

**mycotoxin** /ˌmaɪkəˈtɒksɪn/ **N** mycotoxine f

**mydriactic** /ˌmɪdrɪˈætɪk/ **ADJ** mydriatique

**mydriasis** /mɪˈdraɪəsɪs/ **N** mydriase f

**myelin** /ˈmaɪəlɪn/ **N** myéline f

**myelitis** /ˌmaɪɪˈlaɪtɪs/ **N** myélite f

**myeloblast** /ˈmaɪələʊˌblɑːst/ **N** myéloblaste m

**myelocyte** /ˈmaɪələʊˌsaɪt/ **N** myélocyte m

**myelogram** /maɪˈelə(ʊ)ˌɡræm/ **N** myélographie f

**myeloma** /ˌmaɪəˈləʊmə/ **N** (pl **myelomas** or **myelomata** /ˌmaɪəˈləʊmətə/) myélome m

**myiasis** /ˈmaɪəsɪs/ **N** myiase f

**mynah** /ˈmaɪnə/ **N** (also **mynah bird**) mainate m

**myocardial infarction** /ˌmaɪəʊˌkɑːdɪəlɪnˈfɑːkʃən/ **N** infarctus m du myocarde

**myocardium** /ˌmaɪəʊˈkɑːdɪəm/ **N** myocarde m

**myogram** /ˈmaɪəˌɡræm/ **N** myogramme m

**myograph** /ˈmaɪəˌɡræf/ **N** myographe m

**myologic** /ˌmaɪəˈlɒdʒɪk/ **ADJ** myologique

**myology** /maɪˈɒlədʒɪ/ **N** myologie f

**myoma** /maɪˈəʊmə/ **N** myome m

**myopathy** /maɪˈɒpəθɪ/ **N** myopathie f

**myopia** /maɪˈəʊpɪə/ **N** myopie f

**myopic** /maɪˈɒpɪk/ SYN **ADJ** (Opt) myope ; (fig) [attitude] peu prévoyant, à courte vue ◆ **this is a somewhat myopic view** c'est une vision à court terme

**myosin** /ˈmaɪəsɪn/ **N** myosine f

**myosis** /maɪˈəʊsɪs/ **N** myosis m

**myriad** /ˈmɪrɪəd/ SYN
**N** myriade f ◆ **a myriad of** une myriade de
**ADJ** (liter) innombrable, sans nombre

**myriapod** /ˈmɪrɪəpɒd/ **N** myriapode m

**myrmecophile** /ˈmɜːmɪkəʊˌfaɪl/ **N** myrmécophile m

**myrmecophilous** /ˌmɜːmɪˈkɒfɪləs/ **ADJ** myrmécophile

**myrmidon** /ˈmɜːmɪdən/ **N** (pej hum) sbire m

**myrrh** /mɜːʳ/ **N** myrrhe f

**myrtle** /ˈmɜːtl/ **N** myrte m

**myself** /maɪˈself/ **PERS PRON** (reflexive: direct and indirect) me ; (emphatic) moi-même ; (after prep) moi ◆ **I've hurt myself** je me suis blessé ◆ **I said to myself** je me suis dit ◆ **I spoke to him myself** je lui ai parlé moi-même ◆ **people like myself** des gens comme moi ◆ **I've kept one for myself** j'en ai gardé un pour moi ◆ **he asked me for a photo of myself** il m'a demandé une photo de moi ◆ **I told him myself** je le lui ai dit moi-même ◆ **I'm not myself today** je ne suis pas dans mon assiette aujourd'hui
◆ **(all) by myself** tout seul

**mysterious** /mɪsˈtɪərɪəs/ SYN ADJ *[person, object, disappearance, illness, power]* mystérieux ; *[smile]* mystérieux, énigmatique ◆ **why are you being so mysterious?** pourquoi tous ces mystères ? ◆ **God moves in mysterious ways** les voies du Seigneur sont impénétrables

**mysteriously** /mɪsˈtɪərɪəslɪ/ ADV mystérieusement

**mystery** /ˈmɪstərɪ/ SYN
 N ① *(gen, Rel)* mystère *m* ◆ **there's no mystery about it** ça n'a rien de mystérieux ◆ **it's a mystery to me how he did it** je n'arrive pas à comprendre comment il l'a fait ◆ **to make a great mystery of sth** faire grand mystère de qch
 ② *(Theat: also* **mystery play***)* mystère *m*
 ③ *(Literat: also* **mystery story***)* roman *m* à énigmes

COMP *[ship, man]* mystérieux
**mystery play** N *(Theat)* mystère *m*

**mystery tour** N *(in coach etc)* voyage *m* surprise *(dont on ne connaît pas la destination)*

**mystic** /ˈmɪstɪk/ SYN
 ADJ *(Rel)* mystique ; *[power]* occulte ; *[rite]* ésotérique ; *[truth]* surnaturel ; *[formula]* magique
 N mystique *mf*

**mystical** /ˈmɪstɪkəl/ ADJ mystique

**mysticism** /ˈmɪstɪsɪzəm/ N mysticisme *m*

**mystification** /ˌmɪstɪfɪˈkeɪʃən/ N
 ① *(= bewilderment)* perplexité *f*
 ② *[of issue, subject]* mystification *f*

**mystify** /ˈmɪstɪfaɪ/ SYN VT rendre *or* laisser perplexe ; *(= deliberately deceive)* mystifier

**mystique** /mɪsˈtiːk/ N mystique *f*

**myth** /mɪθ/ SYN N *(lit, fig)* mythe *m*

**mythic** /ˈmɪθɪk/ ADJ *[figure, symbol, status]* mythique ; *[proportions]* fabuleux

**mythical** /ˈmɪθɪkəl/ SYN ADJ *[beast, creature, figure]* mythique ; *[world]* fictif, mythique

**mythicize** /ˈmɪθɪsaɪz/ VT mythifier

**mythological** /ˌmɪθəˈlɒdʒɪkəl/ ADJ mythologique

**mythologist** /mɪˈθɒlədʒɪst/ N mythologue *mf*

**mythologize** /mɪˈθɒlədʒaɪz/ VT *[+ person]* transformer en héros mythique ; *[+ event]* mythifier

**mythology** /mɪˈθɒlədʒɪ/ SYN N mythologie *f*

**mythomania** /ˌmɪθəʊˈmeɪnɪə/ N mythomanie *f*

**mythomaniac** /ˌmɪθəʊˈmeɪnɪæk/ N mythomane *mf*

**myxoedema, myxedema** *(US)* /ˌmɪksɪˈdiːmə/ N myxœdème *m*

**myxoedematous, myxedematous** *(US)* /ˌmɪksɪˈdemətəs/ ADJ myxœdémateux

**myxoedemic, myxedemic** *(US)* /ˌmɪksɪˈdemɪk/ ADJ myxœdémateux

**myxomatosis** /ˌmɪksəʊməˈtəʊsɪs/ N myxomatose *f*

# N

**N, n** /en/ N ⃞1 (= *letter*) N, n *m* ◆ **N for Nancy** ≃ N comme Noémie
⃞2 (*Math*) ◆ **to the nth (power)** à la puissance n ◆ **to the nth degree** (*fig*) à la puissance mille ◆ **I told him for the nth time** * **to stop talking** je lui ai dit pour la énième fois de se taire ◆ **there are n ways of doing it** il y a mille *or* des tas de * façons de le faire
⃞3 (abbrev of **north**) N
⃞4 (*Elec*) (abbrev of **neutral**) N

**'n'** * /ən/ CONJ ⇒ **and**

**NA** /en'eɪ/ N (abbrev of **Narcotics Anonymous**) association d'aide aux toxicomanes

**n/a** ⃞1 (abbrev of **not applicable**) ne s'applique pas
⃞2 (*Banking*) (abbrev of **no account**) pas de compte

**NAACP** /eneɪˌeɪsiːˈpiː/ N (US) (abbrev of **National Association for the Advancement of Colored People**) organisation de défense des droits civiques des Noirs

**NAAFI** /ˈnæfɪ/ N (Brit) (abbrev of **Navy, Army and Air Force Institute**) coopérative *f* militaire

**nab*** /næb/ VT ⃞1 (= *catch in wrongdoing*) pincer*, choper*
⃞2 (= *catch to speak to etc*) attraper, coincer*
⃞3 (= *take*) [+ *sb's pen, chair*] piquer*

**nabla** /ˈnæblə/ N nabla *m*

**nabob** /ˈneɪbɒb/ N (*lit, fig*) nabab *m*

**Nabucco** /næˈbuːkəʊ/ N (*Mus*) Nabucco *m*

**nacelle** /næˈsel/ N [*of aircraft*] nacelle *f*

**nacho** /ˈnɑːtʃəʊ/ N (pl **nachos**) (*Culin*) nacho *m*

**nacre** /ˈneɪkəʳ/ N nacre *f*

**nacred** /ˈneɪkəd/, **nacreous** /ˈneɪkrɪəs/ ADJ nacré

**NACU** /eneɪˌsiːˈjuː/ N (US) (abbrev of **National Association of Colleges and Universities**) association des associations américaines d'enseignement supérieur

**nada*** /ˈnɑːdə/ PRON (US) rien

**Naderism** /ˈneɪdərɪzəm/ N consumérisme *m*, défense *f* du consommateur

**nadir** /ˈneɪdɪəʳ/ N SYN N (*Astron*) nadir *m* ; (*fig*) point *m* le plus bas ◆ **in the nadir of despair** dans le plus profond désespoir ◆ **his fortunes reached their nadir when…** il atteignit le comble de l'infortune quand…

**naevus, nevus** (US) /ˈniːvəs/ N (pl **naevi**, (US) **nevi** /ˈniːvaɪ/) nævus *m*

**naff*** /næf/ (Brit) ADJ tarte*, ringard*

▸ **naff off*** VI foutre le camp*

**naffing*** /ˈnæfɪŋ/ ADJ (Brit) foutu*

**NAFTA** /ˈnæftə/ N (abbrev of **North American Free Trade Agreement**) ALENA *f*

**nag¹** /næg/ SYN

VT ⃞1 (also **nag at**) [*person*] harceler, asticoter* ; [*worries*] harceler, accabler ; [*doubt*] harceler, assaillir ; [*anxiety*] tenailler ◆ **he was nagging (at) me to tidy my room** il me harcelait *or* m'asticotait* pour que je range *subj* ma chambre ◆ **to nag sb into doing sth** harceler *or* asticoter* qn jusqu'à ce qu'il fasse subj qch ◆ **to nag sb about sth** embêter* qn avec qch ◆ **to nag sb to do sth** *or* **about doing sth** harceler *or* asticoter* qn pour qu'il fasse qch ◆ **she nagged him about never being home** elle lui reprochait de ne jamais être à la maison ◆ **his conscience was nagging (at) him** sa conscience le travaillait ◆ **nagged by doubts** rongé par le doute

VI [*person*] (= *scold*) ne pas arrêter de faire des remarques ; [*pain, doubts*] être harcelant ◆ **to nag at sb** VT

N ◆ **he's a dreadful nag*** (*scolding*) il n'arrête pas de faire des remarques ; (*pestering*) il n'arrête pas de nous (*or le etc*) harceler

**nag²*** /næg/ SYN N (= *horse*) cheval *m* ; (*pej*) canasson* *m* (*pej*)

**Nagasaki** /ˌnɑːgəˈsɑːkɪ/ N Nagasaki

**nagger** /ˈnægəʳ/ N ⇒ **nag¹ noun**

**nagging** /ˈnægɪŋ/ SYN
ADJ ⃞1 [*doubt, feeling, fear, worry, question*] persistant ; [*pain*] tenace
⃞2 [*voice*] insistant ◆ **she lost patience with her nagging mother** les remarques continuelles de sa mère lui ont fait perdre patience
N (*NonC*) remarques *fpl* continuelles

**Nagorno-Karabakh** /nəˌgɔːnəʊkərʌˈbɑːk/ N Haut-Karabakh *m*, Nagorno-Karabakh *m*

**Nagoya** /ˈnɑːgəʊjə/ N Nagoya

**NAHT** /eneɪˌeɪtʃˈtiː/ N (Brit) (abbrev of **National Association of Head Teachers**) association nationale des chefs d'établissements

**naiad** /ˈnaɪæd/ N (pl **naiads** *or* **naiades** /ˈnaɪədiːz/) naïade *f*

**nail** /neɪl/ SYN

N ⃞1 [*of finger, toe*] ongle *m* ; → **bite, fingernail, toenail, tooth**
⃞2 (= *spike*) clou *m* ◆ **to pay on the nail** payer rubis sur l'ongle ◆ **to demand cash on the nail** demander à être payé rubis sur l'ongle ◆ **that decision was a** *or* **another nail in his coffin** cette décision a été un nouveau coup dur pour lui ◆ **to be as hard** *or* **tough as nails** (= *resilient*) être coriace ; (*towards other people*) être impitoyable ; → **bed, hit**

VT ⃞1 (= *fix with nails*) clouer ◆ **to nail the lid on(to) a crate** clouer le couvercle d'une caisse ◆ **to be nailed to the spot** *or* **ground** rester cloué sur place ◆ **to nail sth back on** reclouer qch ◆ **to nail one's colours to the mast** proclamer une fois pour toutes sa position ◆ **the Prime Minister has nailed his colours firmly to the European mast** le Premier ministre a proclamé une fois pour toutes qu'il était pro-européen ◆ **it's like trying to nail Jell-O® to the wall*** (US) autant essayer de vider la mer avec une petite cuiller
⃞2 (= *put nails into*) clouer ◆ **nailed shoes** chaussures *fpl* cloutées
⃞3 * (= *catch in crime etc*) [+ *person*] pincer*, choper* ; (= *expose*) [+ *lie*] démasquer ; [+ *rumour*] démentir
⃞4 (* = *hit with shot etc*) descendre*, abattre

COMP **nail-biting** N habitude *f* de se ronger les ongles ADJ [*film*] à suspense, angoissant ; [*finish, match*] serré ◆ **nail bomb** N ≈ bombe *f* de fabrication artisanale ◆ **nail clippers** NPL coupe-ongles *m inv*, pince *f* à ongles ◆ **nail enamel** N (US) ⇒ **nail lacquer** ◆ **nail lacquer, nail polish** N vernis *m* à ongles ◆ **nail polish remover** N dissolvant *m* ◆ **nail puller** N (*Tech*) tire-clou *m* ◆ **nail scissors** NPL ciseaux *mpl* à ongles ◆ **nail set** N (*Tech*) chasse-clou *m* ◆ **nail varnish** N (Brit) ⇒ **nail polish** ◆ **nail varnish remover** N (Brit) ⇒ **nail polish remover** ◆ **nail wrench** N (*Tech*) arrache-clou *m*

▸ **nail down** VT SEP ⃞1 [+ *lid*] clouer
⃞2 (*fig*) [+ *hesitating person*] obtenir une décision de ; [+ *agreement, policy*] établir, arrêter ◆ **I nailed him down to coming at 6 o'clock** je l'ai réduit *or* contraint à accepter de venir à 6 heures

▸ **nail up** VT SEP ⃞1 [+ *picture etc*] fixer par des clous
⃞2 [+ *door, window*] condamner (en clouant)
⃞3 [+ *box, crate*] clouer ◆ **to nail up goods in a crate** empaqueter des marchandises dans une caisse clouée

**nailbrush** /ˈneɪlbrʌʃ/ N brosse *f* à ongles

**nailfile** /ˈneɪlfaɪl/ N lime *f* à ongles

**nainsook** /ˈneɪnsʊk/ N nansouk *m*

**Nairobi** /naɪˈrəʊbɪ/ N Nairobi

**naïve, naive** /naɪˈiːv/ SYN ADJ ⃞1 (*pej* = *unrealistic*) [*person, belief, optimism*] naïf (naïve *f*) ◆ **politically naïve** naïf sur le plan politique ◆ **it is naïve to think that…** il faut être naïf pour croire que…
⃞2 (= *innocent*) [*person, charm*] ingénu
⃞3 (*Art*) [*painting, style*] naïf (naïve *f*)

**naïvely, naively** /naɪˈiːvlɪ/ ADV [*think, assume, expect, believe*] naïvement ◆ **to be naïvely idealistic** être d'un idéalisme naïf

**naïveté, naiveté** /naɪˈiːvteɪ/ SYN, **naivety** /naɪˈiːvtɪ/ N naïveté *f*, ingénuité *f*

**naked** /ˈneɪkɪd/ SYN ADJ ⃞1 [*person, body, flesh, animal, light bulb, sword*] nu ; [*wire*] dénudé ◆ **to go naked** être (tout) nu ◆ **to sunbathe naked** se bronzer (tout) nu, faire du bronzage intégral ◆ **naked to the waist** torse nu ◆ **naked except for his socks** tout nu à part ses chaussettes, avec ses chaussettes pour seul vêtement ◆ **to feel naked without sth** se sentir nu sans qch ◆ **(as) naked as the day he/she was born** nu/nue comme un ver, en costume d'Adam/d'Ève ◆ **to see sth with the naked eye** voir qch à l'œil nu ◆ **visible/invisible to the naked eye** visible/invisible à l'œil nu ◆ **a naked flame** une flamme (nue) ; → **stark, strip**
⃞2 (= *pure*) [*hatred*] non déguisé ; [*greed*] éhonté ; [*attempt*] flagrant ; [*ambition, aggression*] pur ; [*facts*] brut ◆ **the naked truth** la vérité toute nue
⃞3 (*liter* = *defenceless*) [*person*] sans défense

**nakedly** /ˈneɪkɪdlɪ/ ADV ouvertement ◆ **he was nakedly ambitious** il ne cachait pas son ambition

**nakedness** /ˈneɪkɪdnɪs/ SYN N nudité f

**NALGO** /ˈnælɡəʊ/ N (Brit) (abbrev of **National and Local Government Officers Association**) ancien syndicat de fonctionnaires

**NAM** /enerˈem/ N (US) (abbrev of **National Association of Manufacturers**) organisation patronale américaine

**Nam**✶ /nɑːm/ N Viêt-nam m

**namby-pamby**✶ /ˈnæmbɪˈpæmbɪ/ (pej)
 N gnangnan✶ mf
 ADJ gnangnan✶ inv

**name** /neɪm/ SYN
 N ① nom m ◆ **what's your name?** comment vous appelez-vous ?, quel est votre nom ? ◆ **my name is Robert** je m'appelle Robert, mon nom est Robert ◆ **his real name is Piers Knight** il s'appelle Piers Knight de son vrai nom, son vrai nom est Piers Knight ◆ **what name are they giving the child?** comment vont-ils appeler l'enfant ? ◆ **they married to give the child a name** ils se sont mariés pour que l'enfant soit légitime ◆ **what name shall I say?** (on telephone) c'est de la part de qui ? ; (announcing arrival) qui dois-je annoncer ? ◆ **please fill in your name and address** prière d'inscrire vos nom, prénom et adresse ◆ **to take sb's name and address** noter le nom et l'adresse or les coordonnées de qn ◆ **to put one's name down for a job** poser sa candidature à un poste ◆ **to put one's name down for a competition/for a class** s'inscrire à un concours/à un cours ◆ **we've put our name down for a council house** on a fait une demande pour avoir un logement social ◆ **to have one's name taken** (Sport) recevoir un avertissement ◆ **to name names** donner des noms ◆ **to name** or **mention no names, naming** or **mentioning no names** pour ne nommer personne ◆ **without mentioning any names** sans nommer or citer personne ◆ **that's the name of the game** (= that's what matters) c'est ce qui compte ; (= that's how it is) c'est comme ça ◆ **I'll do it or my name's not Robert Smith!**✶ je le ferai, foi de Robert Smith ! ; → **first, know, maiden, pet¹**

 ◆ **by + name** ◆ **to refer to sb by name** désigner qn par son nom ◆ **this man, Smith by name** or **by the name of Smith** cet homme, qui répond au nom de Smith ◆ **he goes by the name of...** il est connu sous le nom de... ◆ **we know him by the name of...** on le connaît sous le nom de... ◆ **to go by the name of...** se faire appeler...

 ◆ **in + name** ◆ **in name only** or **alone** de nom seulement ◆ **to exist in name only** or **in name alone** n'exister que de nom ◆ [power, rights] être nominal ◆ **a marriage in name only** un mariage qui n'en est pas un ◆ **he is king in name only** il n'est roi que de nom, il n'a de roi que le nom ◆ **she's the boss in all but name** elle est le patron sans en avoir le titre

 ◆ **in the name of...** au nom de... ◆ **terrible crimes were committed in the name of patriotism** des crimes atroces ont été commis au nom du patriotisme ◆ **in God's name** pour l'amour du ciel or de Dieu ◆ **in the king's name** au nom du roi, de par le roi ◆ **what in Heaven's**✶ **or God's**✶ **name are you doing?** mais qu'est-ce que tu fais, pour l'amour du ciel ? ◆ **what in Heaven's**✶ **or God's**✶ **name does that mean?** mais qu'est-ce que ça peut bien vouloir dire ?

 ◆ **to one's name** ◆ **she has five bestsellers/gold medals to her name** elle a cinq best-sellers/médailles d'or à son actif ◆ **she only has one pair of shoes to her name** elle n'a qu'une seule paire de chaussures ◆ **I haven't a penny to my name**✶ je n'ai pas un sou, je suis sans le sou

 ◆ **under the name of** sous le nom de ◆ **the drug is sold under the name of...** le médicament est vendu sous le nom de... ◆ **he goes under the name of Steve Jones** il se fait appeler Steve Jones ◆ **he writes under the name of John Smith** il écrit sous le pseudonyme de John Smith

 ② (= reputation) réputation f, renom m ◆ **he has a name for honesty** il est réputé honnête, il a la réputation d'être honnête ◆ **he has a name for stubbornness** il a la réputation d'être têtu ◆ **to protect one's (good) name** protéger sa réputation ◆ **this firm has a good name** cette maison a (une) bonne réputation ◆ **to have a bad name** avoir (une) mauvaise réputation ◆ **to get a bad name** se faire une mauvaise réputation ◆ **my name is mud**✶ je ne suis pas en odeur de sainteté ici, je suis grillé✶ ici ◆ **if I do that my name will be mud**✶ **in the office** si je fais ça, c'en est fini de ma réputation or je suis grillé✶ au bureau ; → **dog, vain**

 ◆ **to make + name** ◆ **this book made his name** ce livre l'a rendu célèbre ◆ **to make a name for o.s. (as)** se faire une réputation or un nom (comme or en tant que) ◆ **he made his name as a singer** il s'est fait un nom en tant que chanteur

 ③ (= famous person) ◆ **all the great** or **big names were there** toutes les célébrités étaient là ◆ **he's one of the big names in show business** c'est un des grands noms du show-business

 ④ (= insult) ◆ **to call sb names** injurier qn, traiter qn de tous les noms ◆ **he called me names!** il m'a traité de tous les noms ! ◆ **names can't hurt me** les injures ne me touchent pas

 ⑤ (Fin) (also **Lloyd's name**) membre de la Lloyd's

 VT ① (= call by a name, give a name to) nommer, appeler ; [+ ship] baptiser ; [+ comet, star, mountain] donner un nom à ◆ **a person named Smith** un(e) nommé(e) Smith ◆ **the child was named Isobel** on a appelé l'enfant Isobel ◆ **to name a child after** or **for sb** donner à un enfant le nom de qn ◆ **the child was named after his father** l'enfant a reçu le nom de son père ◆ **they named him Winston after Churchill** ils l'ont appelé Winston en souvenir de Churchill ◆ **tell me how plants are named** expliquez-moi l'appellation des plantes

 ② (= give name of) nommer ; (= list) nommer, citer ; (= fix) [+ date, price] fixer ◆ **he was named for the chairmanship** son nom a été avancé pour la présidence ◆ **he named his son (as) his heir** il a désigné son fils comme héritier ◆ **he refused to name his accomplices** il a refusé de nommer ses complices or de révéler les noms de ses complices ◆ **my collaborators are named in the preface** mes collaborateurs sont mentionnés dans l'avant-propos ◆ **name the presidents** donnez le nom des présidents, nommez les présidents ◆ **name the chief works of Shakespeare** citez les principaux ouvrages de Shakespeare ◆ **name your price** fixez votre prix ◆ **to name the day** (for wedding) fixer la date du mariage ◆ **you name it, they have it!**✶ [shop] ils ont tous les produits possibles et imaginables ; [family] ils ont tous les gadgets ◆ **he was named as chairman** il a été nommé président ◆ **he has been named as the leader of the expedition** on l'a désigné pour diriger l'expédition ◆ **he was named as the thief** on a dit que c'était lui le voleur ◆ **they have been named as witnesses** ils ont été cités comme témoins ◆ **to name and shame sb**✶ désigner qn du doigt (fig)

 COMP **name-calling** N injures fpl
 **name-check** N = **name-check**
 **name day** N fête f
 **name-drop** VI émailler sa conversation de noms de gens en vue
 **name-dropper**✶ N ◆ **he's a dreadful name-dropper** il émaille toujours sa conversation de noms de gens en vue, à l'entendre il connaît la terre entière
 **name-dropping**✶ N ◆ **there was so much name-dropping in his speech** son discours était truffé de noms de gens en vue
 **name part** N (Theat) rôle-titre m
 **name tape** N marque f (sur du linge ou des vêtements)

**name-check** /ˈneɪmtʃek/
 N mention f ◆ **to get a name-check** être nommément cité
 VT citer nommément

**-named** /neɪmd/ ADJ (in compounds) ◆ **the first-named** le premier, la première ◆ **the last-named** ce dernier, cette dernière

**nameless** /ˈneɪmlɪs/ SYN ADJ ① (= unnamed) [person, grave] anonyme ; [baby, town, island] sans nom ◆ **to remain nameless** (= anonymous) garder l'anonymat ◆ **a certain person, who shall be** or **remain nameless** une certaine personne, que je ne nommerai pas
 ② (= indefinable) [terror, sensation, emotion] indéfinissable ; (= unmentionable) [vice, crime] innommable

**namely** /ˈneɪmlɪ/ SYN ADV à savoir ◆ **two of them, namely Emma and Harry** deux d'entre eux, (à savoir) Emma et Harry ◆ **namely that...** à savoir que...

**nameplate** /ˈneɪmpleɪt/ N (on door etc) plaque f ; (on manufactured goods) plaque f du fabricant or du constructeur

**namesake** /ˈneɪmseɪk/ N homonyme m

**Namibia** /nɑːˈmɪbɪə/ N Namibie f

**Namibian** /nɑːˈmɪbɪən/
 ADJ namibien
 N Namibien(ne) m(f)

**nan¹** /nɑːn/ N (also **nan bread**) nan m (pain indien)

**nan²** /næn/, **nana**✶ /ˈnænə/ N (Brit = grandmother) mamie f, mémé f

**nance**✶ /næns/, **nancy**✶ /ˈnænsɪ/, **nancy-boy**✶ /ˈnænsɪbɔɪ/ N (Brit pej) tante✶ f (pej), tapette✶ f (pej)

**NAND circuit** /nænd/ N (Comput) circuit m NON-ET

**NAND gate** /nænd/ N (Comput) porte f NON-ET

**nandrolone** /ˈnændrəloʊn/ N nandrolone f

**nankeen** /nænˈkiːn/ N (= fabric) nankin m

**nanny** /ˈnænɪ/
 N ① (= live-in carer) bonne f d'enfants, nurse f ; (= daytime carer) garde f d'enfants, nourrice f ◆ **yes nanny** oui nounou (baby talk)
 ② (✶ = grandmother) mamie f, mémé f
 COMP **nanny-goat** N chèvre f, bique✶ f
 **nanny state** N (esp Brit) État-providence m

**nannying** /ˈnænɪɪŋ/ N ① (= job) garde f d'enfants ② (pej = mollycoddling) maternage m (excessif)

**nanometre** /ˈnænəʊˌmiːtər/ N nanomètre m

**nanoscience** /ˈnænəʊˌsaɪəns/ N nanoscience f

**nanosecond** /ˈnænəʊˌsekənd/ N nanoseconde f

**nanotechnology** /ˌnænəʊtekˈnɒlədʒɪ/ N nanotechnologie f

**nap¹** /næp/ SYN
 N (= sleep) petit somme m ◆ **afternoon nap** sieste f ◆ **to have** or **take a nap** faire un petit somme ; (after lunch) faire la sieste
 VI faire un (petit) somme, sommeiller ◆ **to catch sb napping** (= unawares) prendre qn à l'improviste or au dépourvu ; (= in error etc) surprendre qn en défaut

**nap²** /næp/ SYN N [of fabric] poil m ◆ **cloth that has lost its nap** tissu m râpé or élimé ◆ **with/without nap** (on sewing pattern) avec/sans sens

**nap³** /næp/ N (Cards) ≈ manille f aux enchères

**nap⁴** /næp/ VT (Brit Racing) ◆ **to nap the winner** donner le cheval gagnant

**NAPA** /ˌeneɪpiːˈeɪ/ N (US) (abbrev of **National Association of Performing Artists**) syndicat

**napalm** /ˈneɪpɑːm/
 N napalm m
 VT attaquer au napalm
 COMP **napalm bomb** N bombe f au napalm
 **napalm bombing** N bombardement m au napalm

**nape** /neɪp/ N (also **nape of the neck**) nuque f

**naphtha** /ˈnæfθə/ N (gen) naphte m ◆ **petroleum naphtha** naphta m

**naphthalene** /ˈnæfθəliːn/ N naphtaline f

**naphthene** /ˈnæfθiːn/ N naphtène m

**naphthol** /ˈnæfθɒl/ N naphtol m

**napkin** /ˈnæpkɪn/
 N ① serviette f (de table)
 ② (Brit †: for babies) couche f
 COMP **napkin ring** N rond m de serviette

**Naples** /ˈneɪplz/ N Naples

**Napoleon** /nəˈpoʊlɪən/ N ① Napoléon m
 ② (= coin) ◆ **napoleon** napoléon m
 ③ (US) ◆ **napoleon** (= pastry) millefeuille m

**Napoleonic** /nəˌpoʊlɪˈɒnɪk/ ADJ napoléonien

**nappe** /næp/ N (Geol) nappe f de charriage ; (Geom) nappe f

**napper** †✶ /ˈnæpər/ N (= head) caboche✶ f

**nappy** /ˈnæpɪ/ (Brit)
 N couche f ◆ **he's barely out of nappies** si on lui pressait le nez, il en sortirait du lait
 COMP **nappy liner** N protège-couche m
 **nappy rash** N érythème m (fessier) (Med frm) ◆ **to have nappy rash** (gen) avoir les fesses rouges

**narc**✶ /nɑːk/ N (US) (abbrev of **narcotics agent**) agent m de la brigade des stupéfiants, stup✶ m

**narceen, narceine** /ˈnɑːsiːn/ N narcéine f

**narcissi** /nɑːˈsɪsaɪ/ NPL of **narcissus**

**narcissism** /ˈnɑːsɪsɪzəm/ SYN N narcissisme m

**narcissist** /ˈnɑːsɪsɪst/ N narcissique mf

**narcissistic** /ˌnɑːsɪˈsɪstɪk/
 ADJ [person] narcissique
 COMP **narcissistic personality disorder** N (Psych) névrose f narcissique

**narcissus** /nɑːˈsɪsəs/ N (pl **narcissi** or **narcissuses**)
① (= flower) narcisse m
② ◆ **Narcissus** Narcisse m

**narco-** /ˈnɑːkəʊ/ PREF narco-

**narcoanalysis** /ˌnɑːkəʊəˈnælɪsɪs/ N narcoanalyse f

**narcolepsy** /ˈnɑːkəʊlepsɪ/ N narcolepsie f

**narcoleptic** /ˌnɑːkəˈleptɪk/ ADJ narcoleptique

**narcosis** /nɑːˈkəʊsɪs/ N narcose f

**narco-terrorism** /ˈnɑːkəʊˈterəˌrɪzəm/ N narco-terrorisme m

**narcotic** /nɑːˈkɒtɪk/ SYN
ADJ ① (Med) [effect] narcotique ◆ **narcotic drug** narcotique m
② (esp US Drugs) [industry] des stupéfiants
N ① (Med) narcotique m
② (esp US Drugs) stupéfiant m
COMP **narcotics agent** N agent m de la brigade des stupéfiants
**narcotics charge** N ◆ **to be on a narcotics charge** être mis en examen pour une affaire de stupéfiants
**Narcotics Squad** N brigade f des stupéfiants

**narcotism** /ˈnɑːkəˌtɪzəm/ N narcotisme m

**narcotize** /ˈnɑːkətaɪz/ VT donner or administrer un narcotique à, narcotiser

**nares** /ˈnɛərɪːz/ NPL (Anat) narines fpl

**narghile** /ˈnɑːgɪlɪ/ N narguilé m

**nark*** /nɑːk/
VT ① (Brit = infuriate) ficher en boule*, foutre en rogne*; see also **narked**
② ◆ **to nark it** arrêter (de faire qch) ◆ **nark it!** suffit !*, écrase !*
VI (Brit = inform police) moucharder*
N ① (Brit: also **copper's nark**) indic* m, mouchard* m
② (US) ⇒ **narc**

**narked*** /nɑːkt/ ADJ de mauvais poil* ◆ **to get narked** se mettre or se foutre* en rogne* (about à propos de)

**narky*** /ˈnɑːkɪ/ ADJ (Brit) grognon(ne), mal embouché ; (on one occasion) de mauvais poil*, en rogne*

**narrate** /nəˈreɪt/ SYN VT raconter, narrer (liter) ◆ **narrated by Richard Briers** narrateur : Richard Briers

**narration** /nəˈreɪʃən/ SYN N narration f ◆ **a film about dolphins, with narration by Jacques Cousteau** un film sur les dauphins avec un commentaire de Jacques Cousteau

**narrative** /ˈnærətɪv/ SYN
N ① (= story, account) récit m, narration f
② (NonC) narration f ◆ **he has a gift for narrative** il est doué pour la narration
ADJ [poem, painting, structure, style] narratif ; [skill] de conteur ◆ **Jane Austen's narrative voice** le ton narratif de Jane Austen

**narrator** /nəˈreɪtər/ SYN N narrateur m, -trice f ; (Mus) récitant(e) m(f)

**narrow** /ˈnærəʊ/ SYN
ADJ ① [road, path, passage, stream, garment, limits] étroit ; [valley] étroit, encaissé ◆ **within a narrow compass** dans d'étroites limites, dans un champ restreint
② [mind] étroit, borné [means, income] limité [majority] faible, petit ; [advantage] petit ◆ **his outlook is too narrow** ses vues sont trop étroites ◆ **in the narrowest sense (of the word)** au sens le plus restreint (du terme) ◆ **a narrow victory** une victoire remportée de justesse ◆ **to have a narrow escape** s'en tirer de justesse, l'échapper belle ◆ **that was a narrow shave*** or **squeak!*** on l'a échappé belle !, il était moins une ! ◆ **narrow vowel** (Ling) voyelle f tendue
NPL **narrows** passage m étroit ; [of harbour] passe f, goulet m ; [of river] pertuis m, étranglement m
VI ① [road, path, river, valley] se rétrécir ◆ **his eyes narrowed** il plissa les yeux
② (fig) [majority] s'amenuiser, se rétrécir ◆ **the search has now narrowed (down) to Soho** les recherches se concentrent maintenant sur Soho ◆ **the choice has narrowed (down) to five candidates** il ne reste maintenant que cinq personnes en lice ◆ **the field of inquiry has narrowed (down) to five people** ils concentrent maintenant leurs recherches sur cinq personnes ◆ **his outlook has narrowed considerably since then** son horizon s'est beaucoup restreint or rétréci depuis ◆ **Britain's trade deficit narrowed a little last month** le déficit commercial de la Grande-Bretagne s'est légèrement réduit le mois dernier ◆ **the gap between Labour and the Conservatives is narrowing** l'écart entre les travaillistes et les conservateurs se réduit ◆ **"road narrows"** « chaussée rétrécie »
VT ① (= make narrower) [+ road, piece of land] rétrécir, réduire la largeur de ; [+ skirt] rétrécir, resserrer ◆ **with narrowed eyes** en plissant les yeux
② (fig) [+ choice] réduire, restreindre ; [+ ideas] rétrécir ; [+ differences] réduire ◆ **they decided to narrow the focus of their investigation** ils ont décidé de restreindre le champ de leur enquête ◆ **to narrow the field (down)** restreindre le champ ◆ **they are hoping to narrow the gap between rich and poor nations** ils espèrent réduire l'écart entre pays riches et pays pauvres
COMP **narrow boat** N (Brit) péniche f
**narrow-gauge line**, **narrow-gauge track** N [of railway] voie f étroite
**narrow-minded** SYN ADJ [person] à l'esprit étroit, borné ; [ideas, outlook] étroit, borné
**narrow-mindedness** N étroitesse f d'esprit
**narrow-shouldered** ADJ étroit de carrure

▶ **narrow down**
VI ① [road, path, valley] se rétrécir
② (fig) ⇒ **narrow vt 2**
VT SEP [+ choice] réduire, restreindre ; [+ meaning, interpretation] restreindre, limiter ; see also **narrow vt**

**narrowcasting** /ˈnærəʊˌkɑːstɪŋ/ N (Telec, TV) câblodistribution f (sur une zone réduite)

**narrowing** /ˈnærəʊɪŋ/ N (NonC) (lit) rétrécissement m ; (fig) (= reduction) réduction f

**narrowly** /ˈnærəʊlɪ/ SYN ADV ① (= barely) [escape, avoid, defeat] de justesse ; [miss, fail] de peu
② [defined] (= strictly) rigoureusement ; (= restrictively) d'une manière restrictive ; [technical, vocational] strictement ◆ **a narrowly based curriculum** un programme d'enseignement restreint ◆ **to focus too narrowly on sth** trop se focaliser sur qch ◆ **to interpret a rule narrowly** interpréter une règle de manière restrictive, donner une interprétation restrictive d'une règle ◆ **in Britain, or more narrowly, in England** en Grande-Bretagne, ou plus précisément en Angleterre
③ (= closely) [look at, watch] de près

**narrowness** /ˈnærəʊnɪs/ N étroitesse f

**narthex** /ˈnɑːθeks/ N narthex m

**narwhal** /ˈnɑːwəl/ N narval m

**NAS** /eneɪˈes/ N (US) (abbrev of **National Academy of Sciences**) académie des sciences

**NASA** /ˈnæsə/ N (US) (abbrev of **National Aeronautics and Space Administration**) NASA f

**nasal** /ˈneɪzəl/
ADJ (Anat) nasal ; (Ling) [sound, vowel, pronunciation] nasal ; [accent] nasillard ◆ **to speak in a nasal voice** parler du nez, nasiller
N (Ling) nasale f

**nasality** /neɪˈzælɪtɪ/ N nasalité f

**nasalization** /ˌneɪzəlaɪˈzeɪʃən/ N nasalisation f

**nasalize** /ˈneɪzəlaɪz/ VT nasaliser

**nasally** /ˈneɪzəlɪ/ ADV [whine, complain] d'une voix nasillarde ◆ **to speak nasally** nasiller

**nascent** /ˈnæsnt/ ADJ ① (frm = developing) [democracy, science, industry] naissant
② (Chem) naissant

**nasogastric** /ˌneɪzəʊˈɡæstrɪk/ ADJ [tube] gastrique

**Nassau** /ˈnæsɔː/ N (Bahamas) Nassau

**nastic movement** /ˈnæstɪk/ N nastie f

**nastily** /ˈnɑːstɪlɪ/ ADV ① (= spitefully) [say, laugh] méchamment
② (= badly) [injured] gravement ◆ **to cough nastily** avoir une vilaine toux ◆ **her marriage ended rather nastily** son mariage s'est mal terminé

**nastiness** /ˈnɑːstɪnɪs/ SYN N ① [of person, behaviour, remark] méchanceté f
② (= trouble) troubles mpl ◆ **the recent nastiness in the West Bank** les récents troubles en Cisjordanie

**nasturtium** /nəsˈtɜːʃəm/ N capucine f ◆ **climbing/dwarf nasturtium** capucine f grimpante/naine

**nasty** /ˈnɑːstɪ/ SYN
ADJ ① (= unkind, spiteful) [person, remark, joke] méchant ◆ **to get** or **turn nasty** [person] devenir méchant ◆ **to be nasty to sb** être méchant avec qn ◆ **to be nasty about sb/sth** dire du mal de qn/qch ◆ **she never said a nasty word about anybody** elle n'a jamais dit de mal de personne ◆ **a nasty little man** un type* désagréable ◆ **he's/she's a nasty piece of work** c'est un sale type*/une sale bonne femme* ◆ **to have a nasty look in one's eye** avoir une lueur mauvaise dans le regard ◆ **to have a nasty temper** avoir un sale caractère ◆ **to have a nasty mind** toujours voir le mal partout ◆ **a nasty trick** un sale tour
② (= unpleasant) [habit, rumour] vilain ; [bend, corner] dangereux ; [smell, taste, moment] mauvais before n, désagréable ; [feeling, situation, experience] désagréable ; [problem] épineux ; [weather] affreux, vilain ; [book, story] ignoble ; [life] dur ◆ **a nasty business** une sale affaire ◆ **a nasty job** un sale travail ◆ **what a nasty mess!** (lit) quel pagaille épouvantable ! ; (fig) quel gâchis ! ◆ **a nasty shock** or **surprise** une mauvaise surprise ◆ **to turn nasty** [situation] mal tourner ; [weather] se gâter ◆ **events took a nasty turn** les choses ont mal tourné ◆ **to smell nasty** sentir mauvais, avoir une mauvaise odeur ◆ **to taste nasty** avoir un goût désagréable ; see also **taste** ◆ **he had a nasty time of it** (short spell) il a passé un mauvais quart d'heure ! ; (longer period) il a traversé une période très éprouvante !
③ (= serious) [accident, disease] grave ; [fall, wound] vilain, mauvais ◆ **a nasty cold** un gros rhume ◆ **a nasty bout of flu** une mauvaise grippe ◆ **a nasty case of food poisoning** une grave intoxication alimentaire
NPL **nasties*** (= nasty things) saletés fpl, saloperies* fpl ; → **video**

**NAS/UWT** /eneɪˌesjuːdʌbljuːˈtiː/ (Brit) (abbrev of **National Association of Schoolmasters/Union of Women Teachers**) syndicat

**Nat*** /næt/ N (= nationalist) nationaliste mf

**Natal** /nəˈtæl/ N Natal m ◆ **in Natal** au Natal

**natal** /ˈneɪtl/ ADJ natal ◆ **natal day** (liter) jour m de (la) naissance ; → **antenatal**, **postnatal**

**natality** /nəˈtælɪtɪ/ N natalité f

**natatory** /nəˈteɪtərɪ/ ADJ natatoire

**natch*** /nætʃ/ EXCL (abbrev of **naturally**) naturellement

**nates** /ˈneɪtiːz/ NPL (Anat) fesses fpl

**NATFHE** /ˈneɪtfiːˈeɪtʃiː/ N (Brit) (abbrev of **National Association of Teachers in Further and Higher Education**) syndicat

**nation** /ˈneɪʃən/ SYN
N nation f ◆ **the French nation** la nation française ◆ **people of all nations** des gens de toutes les nationalités ◆ **the voice of the nation** la voix de la nation or du peuple ◆ **in the service of the nation** au service de la nation ◆ **the whole nation watched while he did it** il l'a fait sous les yeux de la nation tout entière ; → **league¹**, **united**
COMP **nation-state** N État-nation m

**national** /ˈnæʃənl/ SYN
ADJ national ◆ **on a national scale** à l'échelon national ◆ **they won 20% of the national vote** ils ont obtenu 20% des voix à l'échelle nationale
N ① (= person) ressortissant(e) m(f) ◆ **he's a French national** il est de nationalité française, c'est un ressortissant français ◆ **foreign nationals** ressortissants mpl étrangers
② (Brit Racing) ◆ **the (Grand) National** le Grand National (course d'obstacles qui se tient annuellement à Liverpool)
③ (also **national newspaper**) quotidien m national
COMP **National Aeronautics and Space Administration** N (US Admin) Agence f nationale de l'aéronautique et de l'espace
**national anthem** N hymne m national
**National Assembly** N Assemblée f nationale
**National Assistance** N (Brit Admin: formerly) ≈ Sécurité f sociale
**national bank** N (US) banque f fédérale
**national costume** N ⇒ **national dress**
**National Criminal Intelligence Service** N (Brit) services mpl de renseignements
**National Curriculum** N (Brit) programme m d'enseignement obligatoire
**national debt** N dette f publique or nationale
**national dress** N costume m national or du pays
**National Economic Development Council** N (Brit : formerly) ≈ Agence f nationale d'information économique
**National Enterprise Board** N (Brit) ≈ Institut m de développement industriel

**National Executive Committee** N bureau m exécutif or national

**National Extension College** N (Brit Scol) ≃ Centre m national d'enseignement par correspondance

**national flag** N drapeau m national ; [of ship] pavillon m national

**National Foundation of the Arts and the Humanities** N (US) ≃ ministère m de la Culture

**National Front** N (Brit Pol) parti britannique d'extrême droite

**national government** N (= not local) gouvernement m (central) ; (= coalition) gouvernement m de coalition

**national grid** N (Brit Elec) réseau m national

**National Guard** N (US) garde f nationale (milice de volontaires intervenant en cas de catastrophe naturelle et pouvant prêter main forte à l'armée en cas de crise)

**National Guardsman** N (pl **National Guardsmen**) (US) membre m de la garde nationale ; see also **National Guard**

**National Health** N ◆ **I got it on the National Health** * ≃ je l'ai eu par la Sécurité sociale, ≃ ça m'a été remboursé par la Sécurité sociale

**National Health Service** N (Brit) ≃ Sécurité f sociale → **NHS**, **NATIONAL INSURANCE**

**national holiday** N fête f nationale

**national hunt** N (Racing) ◆ **national hunt season** saison f des courses d'obstacles

**National Hunt racing** N (NonC: Brit) courses fpl d'obstacles

**national income** N revenu m national

**National Insurance** N (Brit) ≃ Sécurité f sociale

**National Insurance benefits** NPL (Brit) ≃ prestations fpl de la Sécurité sociale

**National Insurance contributions** NPL (Brit) ≃ cotisations fpl de Sécurité sociale

**National Insurance number** N (Brit) ≃ numéro m de Sécurité sociale

**National Labor Relations Board** N (US Admin) commission d'arbitrage du ministère du travail

**National League** N (US Sport) l'une des deux principales divisions de base-ball aux États-Unis

**National Liberation Front** N Front m de libération nationale

**the National Lottery** N (Brit) ≃ la Loterie nationale

**national monument** N monument m national

**national park** N parc m national

**National Rifle Association** N (US) organisation américaine militant pour le droit du port d'armes → **GUN CONTROL**

**National Safety Council** N (Brit) Protection f civile

**National Savings** N (Brit) épargne f nationale

**National Savings Bank** N (Brit) ≃ Caisse f nationale d'épargne

**National Savings Certificate** N (Brit) bon m d'épargne

**National Security Council** N (US Pol) Conseil m national de sécurité

**national service** N (Brit Mil) service m national or militaire ◆ **to do one's national service** faire son service national or militaire

**national serviceman** N (pl **national servicemen**) (Brit Mil) appelé m, conscrit m

**National Socialism** N national-socialisme m

**national status** N nationalité f

**National Trust** N (Brit) ≃ Caisse f nationale des monuments historiques et des sites

**National Vocational Qualification** N ≃ certificat m d'aptitude professionnelle

○ **NATIONAL CURRICULUM**

Le **National Curriculum** est le programme d'enseignement obligatoire pour tous les élèves des écoles en Angleterre, au pays de Galles et en Irlande du Nord. Il comprend les matières suivantes : anglais, mathématiques, sciences, technologie, histoire, géographie, musique, art, éducation physique et une langue vivante étrangère (et le gallois dans les écoles du pays de Galles). Tous les établissements primaires et secondaires doivent proposer un enseignement religieux, et les écoles secondaires une éducation sexuelle, mais les parents sont libres, s'ils le veulent, d'en dispenser leurs enfants.

○ **NATIONAL INSURANCE**

La **National Insurance** est le régime de sécurité sociale britannique auquel cotisent les salariés, leurs employeurs et les travailleurs indépendants. Une partie de ces contributions finance l'assurance maladie (National Health Service), mais l'essentiel sert à payer les pensions de retraite, l'assurance chômage et les allocations de veuvage, d'invalidité et de maternité. Pour avoir droit à ces dernières prestations, il faut avoir cotisé à la **National Insurance** pendant un certain nombre d'années. → **NHS**

**nationalism** /ˈnæʃnəlɪzəm/ SYN N nationalisme m ; → **Scottish**

**nationalist** /ˈnæʃnəlɪst/
ADJ nationaliste ◆ **Nationalist China** la Chine nationaliste ; → **Scottish**
N nationaliste mf

**nationalistic** /ˌnæʃnəˈlɪstɪk/ ADJ (esp pej) nationaliste

**nationality** /ˌnæʃəˈnælɪtɪ/ SYN N nationalité f ; → **dual**

**nationalization** /ˌnæʃnəlaɪˈzeɪʃən/ N 1 [of industry] nationalisation f
2 [of person] ⇒ **naturalization 1**

**nationalize** /ˈnæʃnəlaɪz/ VT 1 [+ industry] nationaliser
2 [+ person] ⇒ **naturalize vt 1**

**nationally** /ˈnæʃnəlɪ/ ADV [distribute, make available] dans l'ensemble du pays ; [broadcast] sur l'ensemble du pays ; [organize] à l'échelon national ◆ **a nationally recognized qualification** une qualification reconnue dans tout le pays

**nationhood** /ˈneɪʃənhʊd/ N (= existence as a nation) statut m de nation ; (= national identity) identité f nationale ◆ **to achieve nationhood** accéder au statut de nation ◆ **a strong sense of nationhood** un sentiment très fort d'identité nationale ◆ **the idea of Macedonian nationhood** l'idée d'une nation macédonienne

**nationwide** /ˈneɪʃənwaɪd/ SYN
ADJ [strike, protest etc] à l'échelle nationale, national
ADV à l'échelle nationale ◆ **there was a nationwide search for the killers** on a organisé une chasse à l'homme dans tout le pays pour retrouver les assassins

**native** /ˈneɪtɪv/ SYN
ADJ 1 (= original) [country, town] natal ; [language] maternel ◆ **native land** pays m natal, patrie f ◆ **French native speaker** personne f de langue maternelle française, francophone mf ◆ **you should ask a native speaker** (Ling) il faudrait demander à un locuteur natif ◆ **native son** (fig) enfant m du pays ; → **informant**
2 (= innate) [charm, talent, ability] inné, naturel ◆ **native wit** bon sens m inné
3 (= indigenous) [plant, animal] indigène ; [product, resources] (= of country) du pays ; (= of region) de la région ◆ **plant/animal native to...** plante f/animal m originaire de...
4 (= of the natives) [customs, costume] du pays ; [matters, rights, knowledge] du pays, des autochtones ◆ **Minister of Native Affairs** ministre m chargé des Affaires indigènes ◆ **Ministry of Native Affairs** ministère m des Affaires indigènes ◆ **native labour** main-d'œuvre f indigène ◆ **native quarter** quartier m indigène ◆ **to go native** * adopter le mode de vie indigène

N 1 (= person) autochtone mf ; (esp of colony) indigène mf ◆ **a native of the country** un(e) autochtone ◆ **a native of France** un(e) Français(e) de naissance ◆ **he is a native of Bourges** il est originaire de or natif de Bourges ◆ **she speaks French like a native** elle parle français comme si c'était sa langue maternelle ◆ **the natives** (hum or pej) les autochtones mpl, les indigènes mpl

2 (= plant, animal) indigène mf ◆ **this plant/animal is a native of Australia** cette plante/cet animal est originaire d'Australie

COMP **Native American** N Indien(ne) m(f) d'Amérique, Amérindien(ne) m(f) ADJ amérindien

**native-born** ADJ de souche ◆ **he's a native-born Scot** il est écossais de souche

○ **NATIVE AMERICAN**

Aux États-Unis, l'expression **Native Americans** désigne les populations autochtones, par opposition aux Américains d'origine européenne, africaine ou asiatique. On peut aussi parler d'« American Indian » (Indien d'Amérique), mais l'on évite les dénominations « Red Indian » ou « redskin » (Peau-Rouge), considérées comme méprisantes ou insultantes.

**nativism** /ˈneɪtɪˌvɪzəm/ N (US) hostilité f aux immigrants

**nativity** /nəˈtɪvɪtɪ/
N 1 (Rel) ◆ **Nativity** Nativité f
2 (Astrol) horoscope m
COMP **nativity play** N pièce f représentant la Nativité

**NATO** /ˈneɪtəʊ/ N (abbrev of **North Atlantic Treaty Organization**) OTAN f

**natron** /ˈneɪtrən/ N (Miner) natron m, natrum m

**Nats** * /næts/ NPL (Pol) nationalistes mpl

**NATSOPA** /ˌnætˈsəʊpə/ N (Brit) (abbrev of **National Society of Operative Printers, Graphical and Media Personnel**) syndicat

**natter** * /ˈnætə'/ (Brit)
VI (= chat) causer, bavarder ; (= chatter) bavarder, jacasser ◆ **we nattered (away) for hours** nous avons bavardé pendant des heures ◆ **she does natter!** elle n'arrête pas de jacasser !
N 1 (= chat) causerie f, causette f ◆ **we had a good natter** nous avons bien bavardé, nous avons taillé une bonne bavette *
2 (= chatterbox) moulin m à paroles *

**natterer** * /ˈnætərə'/ N ⇒ **natter noun 2**

**natterjack** /ˈnætədʒæk/ N (also **natterjack toad**) calamite m

**natty** * /ˈnætɪ/ ADJ 1 (= smart) [person] chic inv ◆ **to be a natty dresser** être toujours bien sapé * ◆ **to look natty** être très chic
2 (= handy) [gadget] pratique

**natural** /ˈnætʃrəl/ SYN
ADJ 1 (= normal) naturel, normal ◆ **it's only natural** c'est tout naturel, c'est bien normal ◆ **it seems quite natural to me** ça me semble tout à fait naturel or normal ◆ **there's a perfectly natural explanation for the sound** le bruit s'explique tout à fait naturellement ◆ **it is natural for this animal to hibernate** il est dans la nature de cet animal d'hiberner ◆ **it is natural or normal que cet animal hiberne** subj ◆ **it is natural for you to think..., it is natural that you should think...** il est naturel or normal que vous pensiez subj... ◆ **natural break** (in television programme) interruption f normale ◆ **death from natural causes** (Jur) mort f naturelle ◆ **to die of or from natural causes** (Jur) mourir de mort naturelle ◆ **to die a natural death** mourir de sa belle mort ◆ **for (the rest of) his natural life** (Jur) à vie ◆ **natural size** grandeur f nature

2 (= of or from nature) naturel ◆ **natural resources** ressources fpl naturelles ◆ **her hair is a natural blonde** ses cheveux sont naturellement blonds

3 (= inborn) inné, naturel ◆ **to have a natural talent for** être naturellement doué pour, avoir un don (inné) pour ◆ **he's a natural** or (US) **natural-born painter** c'est un peintre né

4 (= unaffected) [person, manner] simple, naturel

5 (Mus) naturel ◆ **B natural** si m naturel ◆ **natural horn** cor m d'harmonie ◆ **natural key** ton m naturel ◆ **natural trumpet** trompette f naturelle

6 (= biological) [parents, child] biologique

7 († † = illegitimate) [child] naturel

ADV * ◆ **playing the piano comes natural to her** elle est naturellement douée pour le piano ◆ **try to act natural!** essaie d'avoir l'air naturel !, fais comme si de rien n'était !

N 1 (Mus) (= sign) bécarre m ; (= note) note f naturelle

2 (* = ideal) ◆ **he's a natural for this part** il est fait pour ce rôle ◆ **did you hear her play the piano? she's a natural!** est-ce que vous l'avez entendue jouer ? c'est une pianiste née ! ◆ **it's a natural** (US) ça coule de source

3 († † = simpleton) idiot(e) m(f) (de naissance), demeuré(e) m(f)

COMP **natural-born** ADJ ◆ **he's not a natural-born orator** ce n'est pas un orateur-né

**natural (child)birth** N accouchement m sans douleur
**natural disaster** N catastrophe f naturelle
**natural gas** N gaz m naturel
**natural history** N histoire f naturelle
**natural justice** N (NonC) principes mpl élémentaires du droit
**natural language** N langage m naturel
**natural language processing** N (Comput) traitement m automatique de la langue, traitement m de la langue naturelle
**natural law** N loi f naturelle or de la nature
**natural logarithm** N logarithme m népérien or naturel
**natural monopoly** N (Econ) monopole m naturel
**natural number** N (Math) nombre m naturel
**natural philosopher** N physicien(ne) m(f)
**natural philosophy** N physique f
**natural science** N (NonC) sciences fpl naturelles
**natural selection** N sélection f naturelle
**natural theology** N théologie f naturelle, théodicée f
**natural wastage** N (= employees leaving) départs mpl naturels ◆ **to reduce the staff by natural wastage** (esp Brit) réduire le personnel par départs naturels

**naturalism** /ˈnætʃrəlɪzəm/ SYN N naturalisme m
**naturalist** /ˈnætʃrəlɪst/ SYN ADJ, N naturaliste mf
**naturalistic** /ˌnætʃrəˈlɪstɪk/ ADJ (Art, Literat) [artist, writer, novel, painting] naturaliste ◆ **a naturalistic environment** (= simulating nature) un environnement qui reproduit les conditions naturelles

**naturalization** /ˌnætʃrəlaɪˈzeɪʃən/
[1] [of person] naturalisation f
[2] [of plant, animal] acclimatation f
COMP **naturalization papers** NPL (Brit) déclaration f de naturalisation

**naturalize** /ˈnætʃrəlaɪz/ SYN
VT [1] [+ person] naturaliser ◆ **to be naturalized** se faire naturaliser
[2] [+ animal, plant] acclimater ; [+ word, sport] naturaliser
VI [plant, animal] s'acclimater

**naturally** /ˈnætʃrəlɪ/ SYN ADV [1] (= as is normal) [happen, develop, follow from, lead to, give birth] naturellement ; [die] de mort naturelle
[2] (= of course) naturellement ◆ **naturally, I understand your feelings** naturellement, je comprends vos sentiments ◆ **naturally, I'll do all I can to help you** je ferai naturellement tout mon possible pour vous aider, il va de soi que je ferai tout mon possible pour vous aider ◆ **naturally enough** bien naturellement
[3] (= unaffectedly) [behave, talk, smile] avec naturel, naturellement
[4] (= by nature) [cautious, cheerful, lazy] de nature ◆ **her hair is naturally blond** c'est une vraie blonde ◆ **her hair is naturally curly** elle frise naturellement ◆ **a naturally optimistic person** un(e) optimiste né(e) ◆ **to do what comes naturally (to one)** faire ce qui (vous) semble naturel ◆ **caution comes naturally to him** il est prudent de nature ◆ **cynicism doesn't come naturally to her** elle n'est pas du genre cynique ◆ **playing the piano comes naturally to her** elle a un don (inné) pour le piano

**naturalness** /ˈnætʃrəlnɪs/ N naturel m

**nature** /ˈneɪtʃəʳ/ SYN
N [1] (NonC: also **Nature**) nature f ◆ **he loves nature** il aime la nature ◆ **in nature** dans la nature ◆ **nature versus nurture** l'inné m et l'acquis m ◆ **let nature take its course** laissez faire la nature ◆ **a freak of nature** un caprice de la nature ◆ **to paint from nature** peindre d'après nature ◆ **against nature** contre nature ◆ **nature abhors a vacuum** la nature a horreur du vide ◆ **in a state of nature** (hum) à l'état naturel, dans le costume d'Adam* ◆ **to go back** or **return to nature** [person] retourner à la nature ; [land] retourner à la nature, redevenir sauvage ◆ **a return to nature** [of garden, land] un retour à la nature or l'état sauvage ; [of person] un retour à la nature ; → **law, mother**
[2] (= character) [of person, animal] nature f, naturel m ◆ **by nature** de nature, par tempérament ; see also [3] ◆ **he has a nice nature** c'est quelqu'un de très gentil ◆ **it is in the nature of human beings to contradict themselves** la contradiction est le propre de l'homme ◆ **it is in the nature of young people to want to travel** il est naturel de vouloir voyager quand on est jeune ◆ **it is not in his nature to lie** il n'est pas de nature à mentir ou dans sa nature de mentir ◆ **that's very much in his nature** c'est tout à fait dans sa nature ◆ **the nature of the soil** la nature du sol ◆ **it is in the nature of things** c'est dans l'ordre des choses, c'est dans la nature des choses ◆ **the true nature of things** l'essence des choses ◆ **in the nature of this case it is clear that...** vu la nature de ce cas il est clair que... ◆ **cash is, by its (very) nature, easy to steal** l'argent est, par nature or de par sa nature, facile à voler ◆ **that's the nature of the beast** (fig) ça fait partie (des règles) du jeu ; → **better¹, good, human, second¹**
[3] (= type, sort) nature f, genre m ◆ **things of this nature** ce genre de chose ◆ **I will have nothing to do with anything of that nature** je refuse d'être mêlé à ce genre de chose ◆ **his comment was in the nature of a compliment** sa remarque était en quelque sorte un compliment ◆ **something in the nature of an apology** une sorte d'excuse, une vague excuse ◆ **ceremonies of a religious/solemn etc nature** cérémonies fpl religieuses/solennelles etc

COMP **nature conservancy** N protection f de la nature
**Nature Conservancy Board** N (Brit) ≈ Direction f générale de la protection de la nature et de l'environnement
**nature cure** N (NonC: Med) naturopathie f
**nature-identical** ADJ synthétique
**nature lover** N amoureux m, -euse f de la nature
**nature reserve** N réserve f naturelle
**nature study** N histoire f naturelle ; (Scol) sciences fpl naturelles
**nature trail** N sentier m de découverte de la nature
**nature worship** N adoration f de la nature

**-natured** /ˈneɪtʃəd/ ADJ (in compounds) de nature ◆ **jealous-natured** jaloux de nature, d'un naturel jaloux ; → **good, ill**

**naturism** /ˈneɪtʃərɪzəm/ N (esp Brit) naturisme m
**naturist** /ˈneɪtʃərɪst/ SYN N (esp Brit) naturiste mf
**naturopath** /ˈneɪtʃərəˌpæθ/ N naturopathe mf
**naturopathic** /ˌneɪtʃərəˈpæθɪk/ ADJ naturopathique
**naturopathy** /ˌneɪtʃəˈrɒpəθɪ/ N naturopathie f

**naught** SYN /nɔːt/ N [1] (esp Brit Math) zéro m ◆ **naughts and crosses** (Brit) ≈ morpion m (jeu)
[2] († or liter = nothing) rien m ◆ **to bring sth to naught** faire échouer qch, faire avorter qch ◆ **to come to naught** échouer, n'aboutir à rien ◆ **to care naught for, to set at naught** ne tenir aucun cas de, ne tenir aucun compte de

**naughtily** /ˈnɔːtɪlɪ/ ADV [1] [say, remark] avec malice ◆ **to behave naughtily** se conduire mal ; [child] être vilain
[2] (= suggestively) d'une manière osée

**naughtiness** /ˈnɔːtɪnɪs/ N [1] [of child etc] désobéissance f, mauvaise conduite f ◆ **it was just a young boy's natural naughtiness** il était désobéissant, comme tous les enfants de son âge
[2] (= suggestiveness) [of story, joke, play] grivoiserie f ◆ **a writer who shocked the bourgeoisie with his sexual naughtiness** un écrivain qui a choqué la bourgeoisie avec ses grivoiseries

**naughty** /ˈnɔːtɪ/ SYN
ADJ [1] (= badly behaved) ◆ **a naughty boy/girl** un vilain garçon/une vilaine (petite) fille ◆ **(you) naughty boy/girl!** vilain/vilaine ! ◆ **he's being very naughty** les filles, vous êtes très vilaines ◆ **that was a naughty thing to do!** c'est vilain d'avoir fait ça !
[2] (esp Brit hum = slightly immoral) [person] culotté ◆ **it was naughty of us, but it solved the problem** on n'aurait peut-être pas dû, mais ça a résolu le problème* ◆ **a wonderfully naughty chocolate cake** un gâteau au chocolat à se mettre à genoux devant*
[3] (Brit = suggestive) [joke] grivois, leste ; [book, magazine, story] osé
COMP **naughty bits** NPL (euph = genitals) parties fpl intimes
**the Naughty Nineties** NPL (Brit) ≈ la Belle Époque
**naughty word** N (esp baby talk) vilain mot m

**nauplius** /ˈnɔːplɪəs/ N (pl **nauplii** /ˈnɔːplɪaɪ/) (= larva) nauplius m

**nausea** /ˈnɔːsɪə/ SYN N (lit) nausée f ; (fig) dégoût m, écœurement m ◆ **she looked at the plate with a feeling of nausea** l'assiette de nourriture lui soulevait le cœur ◆ **"Nausea"** (Literat) « La Nausée »

**nauseate** /ˈnɔːsɪeɪt/ SYN VT (lit, fig) écœurer

**nauseating** /ˈnɔːsɪeɪtɪŋ/ ADJ (lit, fig) écœurant
**nauseatingly** /ˈnɔːsɪeɪtɪŋlɪ/ ADV d'une façon dégoûtante or écœurante ◆ **she was nauseatingly beautiful/thin** elle était d'une beauté/minceur écœurante

**nauseous** /ˈnɔːsɪəs/ ADJ [1] (= queasy) ◆ **to be** or **feel nauseous (at the sight/thought of sth)** avoir la nausée (à la vue/pensée de qch) ◆ **to make sb (feel) nauseous** donner la nausée à qn
[2] (= nauseating) [smell] écœurant

**nautical** /ˈnɔːtɪkəl/ SYN
ADJ [chart] nautique, marin ; [theme, look, feel] marin ; [term] de marine ; [uniform] de marin ; [book] sur la navigation maritime ◆ **he's a nautical man** c'est un marin
COMP **nautical almanac** N almanach m marin
**nautical mile** N mille m marin or nautique

**nautilus** /ˈnɔːtɪləs/ N (pl **nautiluses** or **nautili** /ˈnɔːtɪlaɪ/) (= animal) nautile m

**NAV** /ˌenerˈviː/ N (abbrev of **net asset value**) valeur f liquidative

**Navaho** /ˈnævəhəʊ/ N (also **Navaho Indian**) Navaho or Navajo mf

**naval** /ˈneɪvəl/ SYN
ADJ [battle, blockade, operation, unit] naval ; [affairs, matters] de la marine ; [commander] de marine ◆ **naval forces** forces fpl navales ◆ **to have a naval presence in a region** avoir des forces navales dans une région ◆ **naval warfare** combats mpl navals
COMP **naval air station** N station f aéronavale
**naval architect** N architecte m(f) naval(e)
**naval architecture** N architecture f navale
**naval aviation** N aéronavale f
**naval barracks** NPL caserne f maritime
**naval base** N base f navale
**naval college** N école f navale
**naval dockyard** N arsenal m (maritime)
**naval hospital** N hôpital m maritime
**naval officer** N officier m de marine
**naval station** N ⇒ **naval base**
**naval stores** NPL entrepôts mpl maritimes

**Navarre** /nəˈvɑːʳ/ N Navarre f

**nave¹** /neɪv/ N [of church] nef f

**nave²** /neɪv/
N [of wheel] moyeu m
COMP **nave plate** N enjoliveur m

**navel** /ˈneɪvəl/ SYN
N (Anat) nombril m
COMP **navel-gazing** N (pej) nombrilisme* m
**navel orange** N (orange f) navel f inv

**navicert** /ˈnævɪˌsɜːt/ N navicert m

**navicular** /nəˈvɪkjʊləʳ/ N [of foot] os m naviculaire, scaphoïde m tarsien ; [of wrist] scaphoïde (carpien)

**navigable** /ˈnævɪgəbl/ SYN ADJ [river, canal, channel] navigable ; [missile, balloon, airship] dirigeable

**navigate** /ˈnævɪgeɪt/ SYN
VI naviguer ◆ **you drive, I'll navigate** (in car) tu prends le volant, moi je lis la carte (or le plan) ◆ **the Government is trying to navigate through its present difficulties** le gouvernement essaie actuellement de naviguer entre les écueils
VT [1] (= plot course of) ◆ **to navigate a ship** (or a **plane**) naviguer
[2] (= steer) [+ boat] être à la barre de ; [+ aircraft] piloter ; [+ missile] diriger ◆ **he navigated the ship through the dangerous channel** il a dirigé le navire dans ce dangereux chenal
[3] (= sail) [+ seas, ocean] naviguer sur
[4] (fig) ◆ **he navigated his way through to the bar** il s'est frayé un chemin jusqu'au bar ◆ **he navigated the maze of back streets** il a réussi à retrouver son chemin dans le dédale des petites rues

**navigation** /ˌnævɪˈgeɪʃən/ SYN
N navigation f ; → **coastal**
COMP **navigation laws** NPL code m maritime
**navigation lights** NPL feux mpl de bord

**navigational** /ˌnævɪˈgeɪʃənəl/ ADJ [instrument, techniques] de navigation ◆ **it is a navigational hazard** c'est un danger pour la navigation

**navigator** /ˈnævɪgeɪtəʳ/ SYN N [1] (in plane, ship) navigateur m ; (in car) copilote mf ◆ **I'm a useless navigator** (in car) je suis incapable de lire une carte
[2] (= sailor-explorer) navigateur m, marin m

**navvy** /ˈnævɪ/ SYN N (Brit) terrassier m

**navy** /ˈneɪvɪ/ SYN
N 1 marine *f* (militaire *or* de guerre) ◆ **he's in the navy** il est dans la marine ◆ **Department of the Navy, Navy Department** *(US)* ministère *m* de la Marine ◆ **Secretary for the Navy** *(US)* ministre *m* de la Marine ◆ **to serve in the navy** servir dans la marine ; → **merchant, royal**
2 *(= colour)* ⇒ **navy-blue**
ADJ ⇒ **navy-blue**
COMP **navy bean** N *(US)* haricot *m* blanc
**navy-blue** N, ADJ bleu marine *m inv*
**Navy Register** N *(US)* liste *f* navale
**navy yard** N *(US)* arsenal *m* (maritime)

**nay** /neɪ/ *(†† or liter)*
PARTICLE non ◆ **do not say me nay** ne me dites pas non ; → **yea**
ADV ou plutôt ◆ **surprised, nay astonished** surpris, ou plutôt abasourdi

**naysayer** /ˈneɪseɪəʳ/ N *(US)* opposant(e) *m(f)* systématique

**Nazareth** /ˈnæzərɪθ/ N Nazareth

**Nazi** /ˈnɑːtsɪ/
N Nazi(e) *m(f)*
ADJ nazi

**Nazism** /ˈnɑːtsɪzəm/ N nazisme *m*

**NB** /enˈbiː/ (abbrev of **nota bene**) NB

**NBA** /ˌenbiːˈeɪ/ N 1 *(US)* (abbrev of **National Basketball Association**) *association nationale de basket-ball*
2 *(Brit)* (abbrev of **Net Book Agreement**) → **net**[2]

**NBC** /ˌenbiːˈsiː/
N *(US)* (abbrev of **National Broadcasting Company**) NBC *f (chaîne de télévision américaine)*
ADJ (abbrev of **nuclear, biological and chemical**) NBC

**NBS** /ˌenbiːˈes/ N *(US)* (abbrev of **National Bureau of Standards**) ≈ AFNOR *f*

**NC** 1 (abbrev of **no charge**) gratuit
2 abbrev of **North Carolina**

**NCB** /ˌensiːˈbiː/ N *(Brit)* (abbrev of **National Coal Board**) Charbonnages *mpl* de Grande-Bretagne

**NCCL** /ˌensiːsiːˈel/ N *(Brit)* (abbrev of **National Council for Civil Liberties**) ≈ ligue *f* des droits de l'homme

**NCIS** /ˈensɪs/ N *(Brit)* (abbrev of **National Criminal Intelligence Service**) → **national**

**NCO** /ˌensiːˈəʊ/ N *(Mil)* (abbrev of **non-commissioned officer**) sous-officier *m*

**ND** abbrev of **North Dakota**

**NDP** /ˌendiːˈpiː/ N (abbrev of **net domestic product**) → **net**[2]

**NE** 1 (abbrev of **north-east**) N-E
2 abbrev of **Nebraska**

**Neanderthal** /nɪˈændətɑːl/
N 1 *(lit : Geog)* Neandertal *or* Néanderthal *m*
2 *(fig) (= unreconstructed male)* primaire *m (pej)*, primate * *m (pej)* ; *(= brute)* brute *f* épaisse
ADJ 1 *(= primitive) [age, times]* de Neandertal *or* de Néanderthal ; *[skeleton, grave]* de l'époque de Neandertal *or* de Néanderthal
2 *(pej = primitive) [person, attitude, approach]* primitif *(pej)* ; *[system, method]* primitif, archaïque
3 *(hum = brutish) [person]* fruste ; *[grunt]* de sauvage ; *[appearance]* d'homme des cavernes
COMP **Neanderthal man** N (pl **Neanderthal men**) homme *m* de Neandertal *or* de Néanderthal

**neap** /niːp/
N (also **neaptide**) marée *f* de morte-eau
COMP **neap season** N (also **neaptide season**) époque *f* des mortes-eaux

**Neapolitan** /nɪəˈpɒlɪtən/
ADJ napolitain ◆ **a Neapolitan ice (cream)** une tranche napolitaine
N Napolitain(e) *m(f)*

**near** /nɪəʳ/ SYN
ADV 1 *(in space)* tout près, à proximité ; *(in time)* près, proche ◆ **he lives quite near** il habite tout près ◆ **near at hand** *[object]* à portée de (la) main ; *[event]* tout proche ◆ **the shops are near at hand** les magasins sont tout près ◆ **to draw** *or* **come near (to)** s'approcher (de) ◆ **to draw** *or* **bring sth nearer** rapprocher qch ◆ **it was drawing** *or* **getting near to Christmas, Christmas was drawing** *or* **getting near** Noël approchait ◆ **the nearer it gets to the election, the more they look like losing** plus les élections approchent, plus leur défaite semble certaine ◆ **it was near to 6 o'clock** il était près de *or* presque 6 heures ◆ **near to where I had seen him** près de l'endroit où je l'avais vu ◆ **she was near to tears** elle était au bord des larmes ◆ **so near and yet so far!** on était pourtant si près du but !
2 (also **nearly**) *: in degree)* presque ; → **nowhere**
3 *(= close)* ◆ **as near as I can judge** pour autant que je puisse en juger ◆ **you won't get any nearer than that to what you want** vous ne trouverez pas mieux ◆ **that's near enough** * ça pourra aller ◆ **there were 60 people, near enough** * il y avait 60 personnes à peu près *or* grosso modo ◆ **as near as dammit** * ou presque, ou c'est tout comme *
4 *(Naut) [ship]* près du vent, en serrant le vent ◆ **as near as she can** au plus près
PREP 1 *(in space)* près de, auprès de ; *(in time)* près de, vers ◆ **near here/there** près d'ici/de là ◆ **near the church** près de l'église ◆ **he was standing near the table** il se tenait près de la table ◆ **regions near the Equator** les régions *fpl* près de *or* avoisinant l'équateur ◆ **stay near me** restez près de moi ◆ **don't come near me** ne vous approchez pas de moi ◆ **the sun was near to setting** le soleil était près *or* sur le point de se coucher ◆ **the passage is near the end of the book** le passage se trouve vers la fin du livre ◆ **her birthday is near mine** son anniversaire est proche du mien ◆ **he won't go near anything illegal** il ne se risquera jamais à faire quoi que ce soit d'illégal
2 *(= on the point of)* près de, sur le point de ◆ **near tears** au bord des larmes ◆ **near death** près de *or* sur le point de mourir
3 *(= on the same level, in the same degree)* au niveau de, près de ◆ **to be near sth** se rapprocher de qch ; *(fig)* ressembler à qch ◆ **French is nearer Latin than English is** le français ressemble plus au latin *or* est plus près du latin que l'anglais ◆ **it's the same thing or near it** c'est la même chose ou presque ◆ **it was of a quality as near perfection as makes no difference** c'était d'une qualité proche de la perfection ◆ **nobody comes anywhere near him at swimming** personne ne lui arrive à la cheville en natation ◆ **that's nearer it, that's nearer the thing** * voilà qui est mieux ; → **nowhere**
ADJ 1 *(= close in space) [building, town, tree]* proche, voisin ; *[neighbour]* proche ◆ **these glasses make things look nearer** ces lunettes rapprochent les objets ◆ **to the nearest decimal place** *(Math)* à la plus proche décimale près ◆ **to the nearest pound** à une livre près ◆ **the nearest route** l'itinéraire le plus court *or* le plus direct ; see also **comp**
2 *(= close in time)* proche, prochain ◆ **the hour is near (when...)** l'heure est proche (où...) ◆ **in the near future** dans un proche avenir, dans un avenir prochain ◆ **these events are still very near** ces événements sont encore très proches
3 *(fig) [relative]* proche ; *[race, contest, result]* serré ◆ **my nearest and dearest** * les êtres qui me sont chers ◆ **the nearest equivalent** ce qui s'en rapproche le plus ◆ **his nearest rival/challenger** son plus dangereux rival/challenger ◆ **that was a near thing** *(gen)* il s'en est fallu de peu *or* d'un cheveu ; *[of shot]* c'est passé très près ◆ **it was a near thing** *(of election, race result)* ça a été très juste ◆ **the translation is fairly near** la traduction est assez fidèle ◆ **that's the nearest thing to a compliment** ça pourrait passer pour un compliment, de sa *etc* part c'est un compliment
4 ⇒ **nearside**
5 *(* = mean)* radin *, pingre
VT *[+ place]* approcher de ; *[+ person]* approcher, s'approcher de ◆ **to be nearing one's goal** toucher au but ◆ **my book is nearing completion** mon livre est près d'être achevé ◆ **the book is nearing publication** la date de publication du livre approche ◆ **the country is nearing disaster** le pays est au bord de la catastrophe ◆ **to be nearing one's end** *(= dying)* toucher à *or* être près de sa fin
COMP **near beer** N *(US)* bière *f* légère
**near-death experience** N état *m* de mort imminente
**the Near East** N le Proche-Orient
**near gale** N *(Weather)* grand frais *m*
**near gold** N similor *m*
**near letter quality** N qualité *f* pseudo-courrier
ADJ de qualité pseudo-courrier
**near-market** ADJ *(Comm)* bientôt commercialisable
**near miss** N *(in plane, ship)* quasi-collision *f* ; *(in shooting)* tir *m* très près du but ; *(in football)* tir *m* raté de peu ◆ **we had a near miss with that truck** on a frôlé l'accident *or* on l'a échappé belle avec ce camion ◆ **that was a near miss** *or* **a near thing** *(gen)* il s'en est fallu de peu *or* d'un cheveu ; *[of shot]* c'est passé très près ◆ **he made up for his near miss the previous day with a stunning victory** il a compensé par une victoire éclatante le fait qu'il l'avait manquée de très peu la veille
**near money** N *(Fin)* quasi-monnaie *f*
**near-nudity** N nudité *f* presque totale, quasi-nudité *f*
**near point** N *(Opt)* punctum *m* proximum
**near-sighted** SYN ADJ *(esp US)* ◆ **to be near-sighted** être myope, avoir la vue basse
**near-sightedness** N *(esp US)* myopie *f*
**near silk** N soie *f* artificielle

**nearby** /ˌnɪəˈbaɪ/ SYN
ADV tout près, à proximité
ADJ voisin ◆ **the house is nearby** la maison est tout près ◆ **a nearby house** une maison voisine

**Nearctic** /nɪˈɑːktɪk/ ADJ néarctique

**nearly** /ˈnɪəlɪ/ SYN
ADV 1 *(= almost)* presque ◆ **it's nearly complete** c'est presque terminé ◆ **nearly black** presque noir ◆ **I've nearly finished** j'ai presque fini ◆ **we are nearly there** nous sommes presque arrivés ◆ **it's nearly 2 o'clock** il est près de *or* presque 2 heures ◆ **it's nearly time to go** il est presque l'heure de partir ◆ **she is nearly 60** elle a près de 60 ans, elle va sur ses 60 ans ◆ **their marks are nearly the same** leurs notes sont à peu près les mêmes ◆ **nearly all my money** presque tout mon argent, la presque totalité de mon argent ◆ **he nearly laughed** il a failli rire ◆ **I very nearly lost my place** j'ai bien failli perdre ma place ◆ **she was nearly crying** elle était sur le point de pleurer, elle était au bord des larmes ◆ **it's the same or very nearly so** c'est la même chose ou presque
2 ◆ **not nearly** loin de ◆ **she is not nearly so old as you** elle est loin d'être aussi âgée que vous ◆ **that's not nearly enough** c'est loin d'être suffisant ◆ **it's not nearly good enough** c'est loin d'être satisfaisant
3 *(= closely)* près, de près ◆ **this concerns me very nearly** cela me touche de très près
COMP **nearly-new** ADJ *[clothes]* d'occasion *(en bon état)*
**nearly-new shop** N *(Brit)* magasin *m* d'articles d'occasion

**nearness** /ˈnɪənɪs/ SYN N 1 *(in time, place)* proximité *f* ; *[of relationship]* intimité *f* ; *[of translation]* fidélité *f* ; *[of resemblance]* exactitude *f*
2 *(* = meanness)* parcimonie *f*, radinerie * *f*

**nearside** /ˈnɪəˌsaɪd/ *(Driving, Horse-riding etc)*
N *(in Brit)* côté *m* gauche ; *(in France, US etc)* côté *m* droit
ADJ *(in Brit)* de gauche ; *(in France, US etc)* de droite

**neat** /niːt/ SYN ADJ 1 *(= ordered) [house, room, desk]* bien rangé ; *[garden]* bien entretenu ; *[hair]* bien coiffé ; *[handwriting, clothes, notes, work, appearance, sewing, stitches]* soigné ◆ **everything was neat and tidy** tout était bien rangé ◆ **she put her clothes in a neat pile** elle a soigneusement empilé ses vêtements ◆ **in neat rows** en rangées régulières ◆ **a neat hairstyle** une coiffure nette ◆ **a neat little suit** un petit tailleur bien coupé ◆ **she is very neat in her dress** elle est toujours impeccable *or* tirée à quatre épingles ◆ **he is a neat worker** il est soigneux dans son travail
2 *(= trim) [waist, waistline, ankles]* fin ; *[legs]* bien fait ◆ **she has a neat figure** elle est bien faite ◆ **a neat little car** une jolie petite voiture
3 *(= skilful and effective) [solution]* ingénieux ; *[plan]* habile, ingénieux ; *[division, category]* net, bien défini ; *[explanation] (= clever)* astucieux ; *(= devious)* habile ; *[phrase]* bien tourné ◆ **to make a neat job of sth** bien faire qch, réussir qch
4 *(US * = good) [car, apartment, idea]* super * ◆ **he's a really neat guy** c'est un mec super * ◆ **it would be neat to do that** ce serait chouette * (de faire ça)
5 *(= undiluted) [whisky, brandy, vodka]* sec (sèche *f*), sans eau

**neaten** /ˈniːtn/ VT *[+ dress]* ajuster ; *[+ desk]* ranger ◆ **to neaten one's hair** se recoiffer

**'neath** /niːθ/ PREP *(liter)* ⇒ **beneath prep**

**neatly** /ˈniːtlɪ/ SYN ADV 1 *(= carefully) [write, type, dress, fold]* soigneusement ◆ **to put sth away neatly** ranger qch soigneusement *or* avec soin
2 *(= skilfully) [summarize]* habilement ◆ **he avoided the question very neatly** il a éludé la question très habilement ◆ **as you so neatly**

**put it** comme vous le dites si bien ◆ **a neatly turned sentence** une phrase bien tournée *or* joliment tournée ◆ **you got out of that very neatly** vous vous en êtes très habilement tiré
[3] *(= conveniently) [fit, work out]* parfaitement

**neatness** /ˈniːtnɪs/ SYN N [1] *(= tidiness) [of person, clothes, house]* netteté *f*, belle ordonnance *f* ; *[of garden, sewing]* aspect *m* soigné ◆ **the neatness of her work/appearance** son travail/sa tenue soigné(e), le soin qu'elle apporte à son travail/à sa tenue
[2] *[of ankles]* finesse *f* ; *[of figure]* sveltesse *f*
[3] *(= skilfulness)* adresse *f*, habileté *f*

**NEB** /ˌeniːˈbiː/ N [1] *(Brit)* (abbrev of **National Enterprise Board**) → **national**
[2] (abbrev of **New English Bible**) → **new comp**

**nebbish**‡ /ˈnebɪʃ/
ADJ *(US)* empoté* ◆ **your nebbish brother** ton empoté de frère
N ballot* *m*, empoté(e) *m(f)*

**Nebr.** *(US)* abbrev of **Nebraska**

**Nebraska** /nɪˈbræskə/ N Nebraska *m* ◆ **in Nebraska** dans le Nebraska

**Nebuchadnezzar** /ˌnebjʊkədˈnezəʳ/ N Nabuchodonosor *m*

**nebula** /ˈnebjʊlə/ N (pl **nebulas** *or* **nebulae** /ˈnebjʊliː/) nébuleuse *f*

**nebular hypothesis** /ˈnebjʊləʳ/ N *(Astron)* hypothèse *f* nébulaire

**nebulization** /ˌnebjʊlaɪˈzeɪʃən/ N nébulisation *f*

**nebulize** /ˈnebjʊˌlaɪz/ VT nébuliser

**nebulizer** /ˈnebjʊlaɪzəʳ/ N *(Med)* nébuliseur *m*

**nebulous** /ˈnebjʊləs/ SYN ADJ *(= vague) [notion, concept]* nébuleux, vague ; *(Astron)* nébuleux

**NEC** /ˌeniːˈsiː/ N [1] (abbrev of **National Executive Committee**) → **national**
[2] (abbrev of **National Exhibition Centre**) *parc des expositions situé près de Birmingham en Angleterre*

**necessarily** /ˈnesɪsərɪlɪ/ LANGUAGE IN USE 16.1 SYN
ADV [1] *(= automatically)* ◆ **not necessarily** pas forcément ◆ **this is not necessarily the case** ce n'est pas forcément le cas ◆ **you don't necessarily have to believe it** vous n'êtes pas forcé *or* obligé de le croire ◆ **he was lying, of course – not necessarily** bien entendu, il mentait – pas forcément
[2] *(= inevitably) [slow, short]* forcément, nécessairement ◆ **at this stage the plan necessarily lacks detail** à ce stade, le plan n'est forcément pas très détaillé

**necessary** /ˈnesɪsərɪ/ LANGUAGE IN USE 10.3 SYN
ADJ [1] *(= required) [skill, arrangements]* nécessaire, requis *(to, for sth* à qch) ◆ **all the qualifications necessary for this job** toutes les qualifications requises pour ce poste ◆ **if necessary** le cas échéant, si nécessaire ◆ **when** *or* **where necessary** lorsque c'est nécessaire ◆ **to do more than is necessary** en faire plus qu'il n'est nécessaire ◆ **to do no more than is strictly necessary** ne faire que le strict nécessaire ◆ **to do whatever is** *or* **everything necessary (for)** faire le nécessaire (pour) ◆ **to make it necessary for sb to do sth** mettre qn dans la nécessité de faire qch ◆ **it is necessary to do this** il est nécessaire de le faire ◆ **it is necessary for him to do this** il est nécessaire qu'il le fasse ◆ **it is necessary that...** il est nécessaire que... + *subj*
[2] *(= inevitable) [consequence]* inéluctable ; *[corollary]* nécessaire ; *[result]* inévitable ◆ **there is no necessary connection between...** il n'y a pas nécessairement de rapport entre... ◆ **a necessary evil** un mal nécessaire
N [1] ◆ **to do the necessary*** faire le nécessaire
[2] *(= money)* ◆ **the necessary*** le fric‡
[3] *(Jur)* ◆ **necessaries** *(= necessities)* les choses *fpl* nécessaires

**necessitate** /nɪˈsesɪteɪt/ SYN VT nécessiter, rendre nécessaire ◆ **the situation necessitated his immediate return** la situation l'a obligé à revenir immédiatement, la situation a nécessité son retour immédiat ◆ **the situation necessitates our abandoning the plan** la situation exige que nous abandonnions le projet

**necessitous** /nɪˈsesɪtəs/ ADJ *(frm)* nécessiteux ◆ **in necessitous circumstances** dans le besoin, dans la nécessité

**necessity** /nɪˈsesɪtɪ/ SYN N [1] *(NonC) (= compelling circumstances)* nécessité *f* ; *(= need, compulsion)* besoin *m*, nécessité *f* ◆ **the necessity of doing sth** le besoin *or* la nécessité de faire qch ◆ **she realized the necessity of going to see him** elle a compris qu'il était nécessaire d'aller le voir *or* qu'il fallait aller le voir ◆ **she questioned the necessity of buying a brand new car** elle mettait en doute la nécessité d'acheter une voiture neuve ◆ **she regretted the necessity of making him redundant** elle regrettait d'avoir à le licencier ◆ **is there any necessity?** est-ce nécessaire ? ◆ **there's no necessity for tears/apologies** il n'est pas nécessaire de pleurer/s'excuser ◆ **there is no necessity for you to do that** il n'est pas nécessaire que vous fassiez cela ◆ **from** *or* **out of necessity** par nécessité, par la force des choses ◆ **of necessity** par nécessité ◆ **to be born of necessity** être dicté par les circonstances ◆ **to be under the necessity of doing sth** *(frm)* être dans la nécessité *or* dans l'obligation de faire qch ◆ **a case of absolute necessity** un cas de force majeure ◆ **in case of necessity** au besoin, en cas de besoin ◆ **necessity knows no law** *(Prov)* nécessité fait loi *(Prov)* ◆ **necessity is the mother of invention** *(Prov)* la nécessité rend ingénieux, nécessité est mère d'invention † ; → **virtue**
[2] *(NonC = poverty)* besoin *m*, nécessité † *f*
[3] *(= necessary object etc)* chose *f* indispensable ◆ **a dishwasher is a necessity nowadays** un lave-vaisselle est indispensable de nos jours, de nos jours, il est indispensable d'avoir un lave-vaisselle ◆ **a basic necessity** *(= product)* un produit de première nécessité ◆ **water is a basic necessity of life** l'eau est indispensable à la vie ◆ **a political/economic necessity** un impératif politique/économique ; → **bare**

**neck** /nek/
N [1] cou *m* ; *[of horse, cow, swan]* encolure *f* ◆ **to have a sore neck** avoir mal au cou ◆ **there was water dripping down my neck** de l'eau dégoulinait le long de mon cou ◆ **to fling one's arms round sb's neck, to fall on sb's neck** *(liter)* se jeter *or* sauter au cou de qn ◆ **to win by a neck** *(Racing)* gagner d'une encolure ◆ **I don't want (to have) him (hanging) round my neck*** je ne veux pas l'avoir sur le dos ◆ **to risk one's neck** risquer sa vie *or* sa peau* ◆ **he's up to his neck in it*** *(in crime, plot, conspiracy)* il est mouillé jusqu'au cou* ◆ **to be up to one's neck in work*** être débordé (de travail) ◆ **he's up to his neck in debt*** il est endetté jusqu'au cou ◆ **he's up to his neck in drug dealing*** il est mouillé jusqu'au cou dans des affaires de trafic de stupéfiants ◆ **the government is up to its neck in new allegations of corruption*** le gouvernement a fort à faire avec ces nouvelles allégations de corruption ◆ **he got it in the neck‡** *(= got told off)* il en a pris pour son grade* ; *(= got beaten up)* il a dérouillé‡ ; *(= got killed)* il s'est fait descendre* ◆ **to stick one's neck out*** se mouiller* ◆ **to throw sb out neck and crop** jeter qn dehors avec violence ◆ **it's neck or nothing*** *(Brit)* il faut jouer *or* risquer le tout pour le tout ; → **breakneck, breathe, pain, save¹, stiff**
[2] *(Culin)* ◆ **neck of mutton** collet *m or* collier *m* de mouton ◆ **neck of beef** collier *m* de bœuf ◆ **best end of neck** côtelettes *fpl* premières
[3] *[of dress, shirt etc]* encolure *f* ◆ **high neck** col *m* montant ◆ **square neck** col *m* carré ◆ **a dress with a low neck** une robe décolletée ◆ **a shirt with a 38cm neck** une chemise qui fait 38 cm d'encolure *or* de tour de cou ; → **polo, roll**
[4] *[of bottle]* goulot *m* ; *[of vase]* col *m* ; *[of tooth, screw]* collet *m* ; *[of land]* isthme *m* ; *[of guitar, violin]* manche *m* ; *[of uterus, bladder]* col *m* ◆ **in our** *or* **this neck of the woods** par ici ◆ **she's from your neck of the woods** elle vient du même coin que vous ; → **bottleneck**
[5] *(Brit* * = impertinence)* toupet* *m*, culot* *m*
VI *(esp US *) [couple]* se peloter* ◆ **to neck with sb** peloter* qn
VT * *(= drink)* s'enfiler*
COMP **neck and neck** ADJ à égalité

**neckband** /ˈnekbænd/ N *(= part of garment)* col *m* ; *(= choker)* tour *m* de cou

**-necked** /nekt/ ADJ *(in compounds)* → **low¹, round, stiff**

**neckerchief** /ˈnekətʃiːf/ N *(= scarf)* foulard *m*, tour *m* de cou ; *(on dress)* fichu *m*

**necking*** /ˈnekɪŋ/ N *(esp US)* pelotage* *m*

**necklace** /ˈneklɪs/
N collier *m* ; *(long)* sautoir *m* ◆ **ruby/pearl necklace** collier *m* de rubis/de perles ◆ **diamond necklace** collier *m or* rivière *f* de diamants
VT *(* = kill with burning tyre)* faire subir le supplice du collier à
COMP **necklace killing** N supplice *m* du collier

**necklacing** /ˈneklɪsɪŋ/ N ⇒ **necklace killing** ; → **necklace**

**necklet** /ˈneklɪt/ N collier *m*

**neckline** /ˈneklaɪn/ N encolure *f*

**neckshot** /ˈnekʃɒt/ N ≃ balle *f* dans la nuque

**necktie** /ˈnektaɪ/ N *(esp US)* cravate *f*

**necrobiosis** /ˌnekrəʊbaɪˈəʊsɪs/ N nécrobiose *f*, bionécrose *f*

**necrological** /ˌnekrəʊˈlɒdʒɪkəl/ ADJ nécrologique

**necrologist** /neˈkrɒlədʒɪst/ N nécrologue *m*

**necrology** /neˈkrɒlədʒɪ/ N nécrologie *f*

**necromancer** /ˈnekrəʊmænsəʳ/ N nécromancien(ne) *m(f)*

**necromancy** /ˈnekrəʊmænsɪ/ N nécromancie *f*

**necrophile** /ˈnekrəʊˌfaɪl/ N nécrophile *mf*

**necrophilia** /ˌnekrəʊˈfɪlɪə/ N nécrophilie *f*

**necrophiliac** /ˈnekrəʊˈfɪlɪˈæk/ N nécrophile *mf*

**necrophilic** /ˌnekrəʊˈfɪlɪk/ ADJ nécrophile

**necrophilism** /neˈkrɒfɪlɪzəm/ N ⇒ **necrophilia**

**necrophobe** /ˈnekrəʊˌfəʊb/ N nécrophobe *mf*

**necrophobia** /ˌnekrəʊˈfəʊbɪə/ N nécrophobie *f*

**necrophobic** /ˌnekrəʊˈfəʊbɪk/ ADJ nécrophobe

**necropolis** /neˈkrɒpəlɪs/ N (pl **necropolises** *or* **necropoleis** /neˈkrɒpəˌleɪs/) nécropole *f*

**necrosis** /neˈkrəʊsɪs/ N nécrose *f*

**necrotic** /neˈkrɒtɪk/ ADJ nécrotique ; *[tissue]* nécrosé

**necrotising fasciitis, necrotizing fasciitis** *(US)* /ˈnekrəʊtaɪzɪŋfæʃɪˈaɪtɪs/ N *(Med)* fasciite *f* nécrosante *or* gangreneuse

**nectar** /ˈnektəʳ/ N nectar *m*

**nectarine** /ˈnektərɪn/ N *(= fruit)* brugnon *m*, nectarine *f* ; *(= tree)* brugnonier *m*

**ned**‡ /ned/ N *(esp Scot)* voyou *m*

**NEDC** /ˌeniːdiːˈsiː/ N *(Brit)* (abbrev of **National Economic Development Council**) → **national**

**Neddy*** /ˈnedɪ/ N *(Brit)* (abbrev of **National Economic Development Council**) → **national**

**née** /neɪ/ ADJ née ◆ **Mrs Gautier, née Buchanan** Mme Gautier, née Buchanan

**need** /niːd/ LANGUAGE IN USE 10.2 SYN
N [1] *(NonC = necessity, obligation)* besoin *m* ◆ **in case of need** en cas de besoin ◆ **I can't see the need for it** je n'en vois pas la nécessité
◆ **if need be** si besoin est, s'il le faut
◆ **no need** ◆ **there's no need to hurry** il n'y a pas besoin *or* lieu de se dépêcher ◆ **no need to rush!** il n'y a pas le feu ! ◆ **no need to worry!** inutile de s'inquiéter ! ◆ **no need to tell him** pas besoin de lui dire ◆ **to have no need to do sth** ne pas avoir besoin de faire qch ◆ **there's no need for you to come, you have no need to come** vous n'êtes pas obligé de venir ◆ **should I call him? – no, there's no need** dois-je l'appeler ? – non, ce n'est pas la peine
[2] *(NonC) (= want, lack, poverty)* besoin *m* ◆ **there is much need of food** il y a un grand besoin de vivres ◆ **when the need arises** quand le besoin se présente *or* s'en fait sentir ◆ **your need is greater than mine** vous êtes plus dans le besoin que moi ; *( * hum)* vous en avez plus besoin que moi ; → **serve**
◆ **to be in need of, to have need of** avoir besoin de ◆ **to be badly** *or* **greatly in need of** avoir grand besoin de ◆ **I'm in need of a drink** j'ai besoin de prendre un verre ◆ **the house is in need of repainting** la maison a besoin d'être repeinte ◆ **those most in need of help** ceux qui ont le plus besoin d'aide ◆ **I have no need of advice** je n'ai pas besoin de conseils
[3] *(NonC) (= misfortune)* adversité *f*, difficulté *f* ; *(= poverty)* besoin *m* ◆ **in times of need** aux heures *or* aux moments difficiles ◆ **do not fail me in my hour of need** ne m'abandonnez pas dans l'adversité
◆ **in need** ◆ **to be in need** être dans le besoin ; → **friend**
[4] *(= thing needed)* besoin *m* ◆ **to supply sb's needs** subvenir aux besoins de qn ◆ **his needs are few** il a peu de besoins ◆ **give me a list of your needs** donnez-moi une liste de ce dont vous avez besoin *or* de ce qu'il vous faut ◆ **the greatest needs of industry** ce dont l'industrie a le plus besoin
VT [1] *(= require) [person, thing]* avoir besoin de ◆ **they need one another** ils ont besoin l'un de l'autre ◆ **I need money** j'ai besoin d'argent, il me faut de l'argent ◆ **I need more money** il me faut plus d'argent ◆ **I need it** j'en ai besoin ◆ **do you need more time?** avez-vous besoin qu'on vous accorde *subj* plus de *or* davantage de temps ? ◆ **have you got all that you need?** vous

avez tout ce qu'il vous faut ? ◆ **it's just what I needed** c'est tout à fait ce qu'il me fallait ◆ **I need two more to complete the series** il m'en faut encore deux pour compléter la série ◆ **he needed no second invitation** il n'a pas eu besoin qu'on lui répète *subj* l'invitation ◆ **the house needs repainting** *or* **to be repainted** la maison a besoin d'être repeinte ◆ **her hair needs brushing** *or* **to be brushed** ses cheveux ont besoin d'un coup de brosse ◆ **a visa is needed** il faut un visa ◆ **a much needed holiday** des vacances dont on a (*or* j'ai *etc*) grand besoin ◆ **I gave it a much needed wash** je l'ai lavé, ce dont il avait grand besoin ◆ **it needed a war to alter that** il a fallu une guerre pour changer ça ◆ **it** *or* **he doesn't need me to tell him** il n'a pas besoin que je le lui dise ◆ **she needs watching** *or* **to be watched** elle a besoin d'être surveillée ◆ **he needs to have everything explained to him in detail** il faut tout lui expliquer en détail ◆ **you will hardly need to be reminded that...** vous n'avez sûrement pas besoin qu'on (*or* que je *etc*) vous rappelle *subj* que... ◆ **you only needed to ask** tu n'avais qu'à demander ◆ **who needs it?*** *(fig)* on s'en fiche !* ◆ **who needs politicians (anyway)?*** *(fig)* (de toutes façons) les hommes politiques, à quoi ça sert * *or* qu'est-ce qu'on en a à faire ?* ; → **hole**

[2] *(= demand)* demander ◆ **this book needs careful reading** ce livre demande à être lu attentivement *or* nécessite une lecture attentive ◆ **this coat needs to be cleaned regularly** ce manteau doit être nettoyé régulièrement ◆ **this plant needs care** il faut prendre soin de cette plante ◆ **the situation needs detailed consideration** la situation doit être considérée dans le détail ◆ **this will need some explaining** il va falloir fournir de sérieuses explications là-dessus

MODAL AUX VB [1] *(indicating obligation)* ◆ **need he go?, does he need to go?** a-t-il besoin *or* est-il obligé d'y aller ?, faut-il qu'il y aille ? ◆ **you needn't wait** vous n'avez pas besoin *or* vous n'êtes pas obligé d'attendre ◆ **you needn't bother to write to me** ce n'est pas la peine *or* ne vous donnez pas la peine de m'écrire ◆ **I told her she needn't reply** *or* **she didn't need to reply** je lui ai dit qu'elle n'était pas obligée *or* forcée de répondre ◆ **we needn't have hurried** ce n'était pas la peine de nous presser ◆ **need I finish the book now?** faut-il que je termine *subj* le livre maintenant ? ◆ **need we go into all this now?** est-il nécessaire de *or* faut-il discuter de tout cela maintenant ? ◆ **I need hardly say that...** je n'ai guère besoin de dire que..., inutile de dire que... ◆ **need I say more?** ai-je besoin d'en dire plus (long) ? ◆ **you needn't say any more** inutile d'en dire plus ◆ **no one need go** *or* **needs to go hungry nowadays** de nos jours personne ne devrait souffrir de la faim ◆ **why need you always remind me of that?, why do you always need to remind me of that?** pourquoi faut-il toujours que tu me rappelles *subj* cela ?

[2] *(indicating logical necessity)* ◆ **need that be true?** est-ce nécessairement vrai ? ◆ **that needn't be the case** ce n'est pas nécessairement *or* forcément le cas ◆ **it need not follow that they are all affected** il ne s'ensuit pas nécessairement *or* forcément qu'ils soient tous affectés

COMP **need-to-know** ADJ ◆ **to access information on a need-to-know basis** avoir accès à des renseignements de manière ponctuelle

**needful** /ˈniːdfʊl/ SYN

ADJ nécessaire ◆ **to do what is needful** faire ce qui est nécessaire, faire le nécessaire ◆ **as much as is needful** autant qu'il en faut

N ◆ **to do the needful*** faire ce qu'il faut

**neediness** /ˈniːdɪnɪs/ N indigence *f*

**needle** /ˈniːdl/ SYN

N [1] aiguille *f* ◆ **knitting/darning** *etc* **needle** aiguille *f* à tricoter/à repriser *etc* ◆ **record-player needle** pointe *f* de lecture, saphir *m* ◆ **gramophone needle** aiguille *f* de phonographe ◆ **pine needle** aiguille *f* de pin ◆ **it's like looking for a needle in a haystack** autant chercher une aiguille dans une botte de foin ◆ **to be on the needle**‡ *(Drugs)* se shooter‡ ; → **pin, sharp**

[2] *(Brit* *)* ◆ **he gives me the needle** *(= teases me)* il me charrie‡ ; *(= annoys me)* il me tape sur les nerfs * *or* sur le système * ◆ **to get the needle** se ficher en boule‡

VT [1] * *(= annoy)* asticoter, agacer ; *(= sting)* piquer *or* toucher au vif ; *(= nag)* harceler ◆ **she was needled into replying sharply** touchée au vif *or* agacée elle a répondu avec brusquerie

[2] *(US)* ◆ **to needle a drink**‡ corser une boisson

COMP **needle book, needle case** N porte-aiguilles *m inv*

**needle exchange** N *(= needle swapping)* échange *m* de seringues ; *(= place)* centre *m* d'échange de seringues

**needle match** N *(Brit Sport)* règlement *m* de comptes

**needle-sharp** *(fig)* ADJ *(= alert)* malin (-igne *f*) comme un singe ; *(= penetrating)* perspicace

**needlecord** /ˈniːdlkɔːd/ N velours *m* mille-raies

**needlecraft** /ˈniːdlkrɑːft/ N travaux *mpl* d'aiguille

**needlepoint** /ˈniːdlpɔɪnt/ N tapisserie *f* (à l'aiguille)

**needless** /ˈniːdlɪs/ SYN ADJ *[death, suffering, sacrifice, repetition]* inutile ; *[cruelty, destruction]* gratuit ; *[expense, risk]* inutile, superflu ; *[remark, sarcasm, rudeness]* déplacé ◆ **needless to say,...** inutile de dire que..., il va sans dire que...

**needlessly** /ˈniːdlɪslɪ/ ADV *[repeat, prolong]* inutilement ; *[die]* en vain ; *[suffer]* pour rien ◆ **you're worrying quite needlessly** vous vous inquiétez sans raison ◆ **he was needlessly rude** il a été d'une impolitesse tout à fait déplacée

**needlessness** /ˈniːdlɪsnɪs/ N inutilité *f* ; *[of remark]* inopportunité *f*

**needlestick** /ˈniːdlstɪk/ N ◆ **needlestick injury** blessure *f* causée par une seringue

**needlewoman** /ˈniːdlwʊmən/ N (pl **-women**) ◆ **she is a good needlewoman** elle est douée pour les travaux d'aiguille

**needlework** /ˈniːdlwɜːk/ SYN N *(gen)* travaux *mpl* d'aiguille ; *(= mending etc) (also Scol)* couture *f* ◆ **bring your needlework with you** apportez votre ouvrage

**needn't** /ˈniːdnt/ ⇒ **need not** ; → **need modal aux vb**

**needs** /niːdz/ ADV *(liter)* ◆ **I must needs leave tomorrow** il me faut absolument partir demain, je dois de toute nécessité partir demain ◆ **if needs must** s'il le faut absolument, si c'est absolument nécessaire ◆ **needs must when the devil drives** *(Prov)* nécessité fait loi *(Prov)*

**needy** /ˈniːdɪ/ SYN

ADJ *[person]* indigent, dans le besoin ; *[area]* sinistré ◆ **he's very needy at the moment** *(emotionally)* il a besoin de beaucoup d'attention en ce moment

NPL **the needy** les nécessiteux *mpl*

**neep** /niːp/ N *(Scot)* rutabaga *m*

**ne'er** /nɛəʳ/

ADV *(liter)* ⇒ **never adv**

COMP **ne'er-do-well** N bon(ne) *m(f)* or propre *mf* à rien ADJ bon *or* propre à rien

**ne'ertheless** /ˌnɛəðəˈles/ ADV *(liter)* ⇒ **nevertheless**

**NEET** /niːt/ N (abbrev of **not in employment, education or training**) *terme administratif désignant les jeunes chômeurs qui ne suivent pas de formation*

**nefarious** /nɪˈfɛərɪəs/ SYN ADJ *(frm)* vil (vile *f*) *(liter)*

**nefariousness** /nɪˈfɛərɪəsnɪs/ N *(frm)* scélératesse *f*

**Nefertiti** /ˌnefəˈtiːtɪ/ N Néfertiti *f*

**neg.** (abbrev of **negative**) nég.

**negate** /nɪˈgeɪt/ SYN VT *(frm) (= nullify)* annuler ; *(= deny truth of)* nier la vérité de ; *(= deny existence of)* nier (l'existence de) ◆ **this negated all the good that we had achieved** cela a réduit à rien tout le bien que nous avions fait

**negation** /nɪˈgeɪʃən/ SYN N *(all senses)* négation *f*

**negative** /ˈnegətɪv/ SYN

ADJ *(gen, Elec, Ling, Phys etc)* négatif *(about sb/sth* à l'égard de qn/qch) ; *(= harmful) [effect, influence]* néfaste ◆ **he's a very negative person** c'est quelqu'un de très négatif

N [1] réponse *f* négative ◆ **his answer was a curt negative** il a répondu par un non fort sec ◆ **the answer was in the negative** la réponse était négative ◆ **to answer in the negative** répondre négativement *or* par la négative, faire une réponse négative ◆ **"negative"** *(as answer, gen)* « négatif » ; *(computer voice)* « réponse négative »

[2] *(Ling)* négation *f* ◆ **double negative** double négation *f* ◆ **two negatives make a positive** deux négations équivalent à une affirmation ◆ **in(to) the negative** à la forme négative

[3] *(Phot)* négatif *m*, cliché *m*

[4] *(Elec)* (pôle *m*) négatif *m*

VT [1] *(= veto) [+ plan]* rejeter, repousser ◆ **the amendment was negatived** l'amendement fut repoussé

[2] *(= contradict, refute) [+ statement]* contredire, réfuter

[3] *(= nullify) [+ effect]* neutraliser

COMP **negative campaigning** N *(NonC: Pol)* campagne *f* négative

**negative cash flow** N trésorerie *f* négative

**negative charge** N *(Phys)* charge *f* négative

**negative equity** N moins-value *f*

**negative feedback** N *(NonC)* [1] *(= criticism)* réactions *fpl* négatives ◆ **to give sb/get negative feedback (about sb/sth)** faire part à qn de ses/recevoir des réactions négatives (au sujet de qn/qch)

[2] *(Elec)* contre-réaction *f*

**negative income tax** N impôt *m* négatif

**negative number** N nombre *m* négatif

**negative particle** N *(Ling, Phys)* particule *f* négative

**negative pole** N *(Phys)* pôle *m* négatif

**negative sign** N *(Math)* signe *m* moins

**negative tax** N ⇒ **negative income tax**

**negatively** /ˈnegətɪvlɪ/ ADV *[respond]* négativement ; *[affect]* d'une manière défavorable ◆ **to look at things negatively** voir les choses de façon négative

**negativism** /ˈnegətɪvɪzəm/ N négativisme *m*

**negativity** /negəˈtɪvɪtɪ/ SYN N *(in science)* négativité *f* ; *[of attitude, person]* négativité *f*, négativisme *m*

**Negev Desert** /ˈnegevˈdezət/ N désert *m* du Néguev

**neglect** /nɪˈglekt/ SYN

VT *[+ person, animal]* négliger, délaisser ; *[+ garden, house, car, machinery]* ne pas entretenir ; *[+ rule, law]* ne tenir aucun compte de, ne faire aucun cas de ; *[+ duty, obligation, promise]* manquer à ; *[+ business, work, hobby]* négliger ; *[+ opportunity]* laisser passer ; *[+ one's health]* négliger ; *[+ advice]* ne tenir aucun compte de, ne faire aucun cas de *(frm)* ◆ **to neglect o.s.** *or* **one's appearance** se négliger ◆ **to neglect to do sth** négliger *or* omettre de faire qch ; see also **neglected**

N *(NonC) [of duty]* manquement *m (of* à) ; *[of work]* manque *m* d'intérêt *m (of* pour) ; *[of building]* manque *m* d'entretien ◆ **neglect of one's appearance** manque *m* de soin apporté à son apparence ◆ **his neglect of his promise** son manquement à sa promesse, le fait de ne pas tenir sa promesse ◆ **his neglect of his children** la façon dont il a négligé *or* délaissé ses enfants ◆ **his neglect of his house/garden/car** le fait qu'il ne s'occupe pas de sa maison/de son jardin/de sa voiture ◆ **the garden was in a state of neglect** le jardin était mal tenu *or* était à l'abandon ◆ **after years of neglect, the building is being renovated** après être resté des années à l'abandon, l'immeuble est en train d'être rénové

**neglected** /nɪˈglektɪd/ SYN ADJ [1] *(= uncared-for) [person, district]* délaissé ; *[house, garden]* mal entretenu ; *[appearance]* négligé

[2] *(= forgotten) [play]* méconnu, ignoré ◆ **a neglected area of scientific research** un domaine négligé de la recherche scientifique

**neglectful** /nɪˈglektfʊl/ ADJ négligent ◆ **to be neglectful of sth** négliger qch

**neglectfully** /nɪˈglektfəlɪ/ ADV avec négligence

**négligé, negligee, negligée** /ˈneglɪʒeɪ/ N négligé *m*, déshabillé *m*

**negligence** /ˈneglɪdʒəns/ SYN N *(NonC)* négligence *f*, manque *m* de soins *or* de précautions ◆ **through negligence** par négligence ◆ **sin of negligence** *(Rel)* faute *f* or péché *m* d'omission ; → **contributory**

**negligent** /ˈneglɪdʒənt/ SYN

ADJ [1] *(= careless)* négligent ◆ **he was negligent in his work** il a fait preuve de négligence dans son travail ◆ **to be negligent in doing sth** faire preuve de négligence en faisant qch ◆ **to be negligent of sth** négliger qch

[2] *(= nonchalant)* nonchalant

COMP **negligent homicide** N *(US)* ≃ homicide *m* involontaire

**negligently** /ˈneglɪdʒəntlɪ/ ADV [1] *(= carelessly)* ◆ **to behave negligently** faire preuve de négligence

**negligently** ② (= nonchalantly, offhandedly) négligemment ◆ ... **she answered negligently** ... répondit-elle négligemment

**negligible** /ˈneɡlɪdʒəbl/ SYN ADJ [amount, effect] négligeable ; [risk, impact] négligeable, insignifiant ; [support, cost] insignifiant

**negotiability** /nɪˌɡəʊʃəˈbɪlɪtɪ/ N négociabilité f

**negotiable** /nɪˈɡəʊʃəbl/ SYN
  ADJ ① (esp Fin) [price, salary] à débattre ; [rates, conditions, contract, bonds] négociable ◆ **not negotiable** non négociable
  ② (= passable) [road, valley] praticable ; [mountain, obstacle] franchissable ; [river] (= can be sailed) navigable ; (= can be crossed) franchissable
  COMP **negotiable instrument** N (Fin) instrument m négociable
  **negotiable securities** NPL fonds mpl négociables

**negotiant** /nɪˈɡəʊʃɪənt/ N négociateur m, -trice f

**negotiate** /nɪˈɡəʊʃɪeɪt/ SYN
  VT ① [+ sale, loan, settlement, salary] négocier
  ② [+ obstacle, hill] franchir ; [+ river] (= sail on) naviguer ; (= cross) franchir, traverser ; [+ rapids, falls] franchir ; [+ bend in road] prendre, négocier ; [+ difficulty] surmonter, franchir
  ③ [+ bill, cheque, bond] négocier
  VI négocier, traiter (with sb for sth avec qn pour obtenir qch) ◆ **they are negotiating for more pay** ils sont en pourparler(s) or ils ont entamé des négociations pour obtenir des augmentations
  COMP **negotiating table** N table f des négociations

**negotiation** /nɪˌɡəʊʃɪˈeɪʃən/ SYN N (= discussion) négociation f ◆ **to begin negotiations with** engager or entamer des négociations or des pourparlers avec ◆ **to be in negotiation with** être en pourparlers avec ◆ **the deal is under negotiation** l'affaire est en cours de négociation ◆ **negotiations are proceeding** des négociations or des pourparlers sont en cours ◆ **to solve sth by negotiation** résoudre qch par la négociation

**negotiator** /nɪˈɡəʊʃɪeɪtər/ N négociateur m, -trice f

**Negress** /ˈniːɡrɪs/ N Noire f

**negritude** /ˈneɡrɪtjuːd/ N négritude f

**Negro** /ˈniːɡrəʊ/
  ADJ noir ; (Anthropology) négroïde ; → **spiritual**
  N (pl **Negroes**) Noir m

**Negroid** /ˈniːɡrɔɪd/ ADJ négroïde

**Negus** /ˈniːɡəs/ N négus m

**Nehemiah** /ˌniːɪˈmaɪə/ N Néhémie m

**neigh** /neɪ/
  VI hennir
  N hennissement m

**neighbour, neighbor** (US) /ˈneɪbər/
  N voisin(e) m(f) ; (Bible etc) prochain(e) m(f) ◆ **she is my neighbour** c'est ma voisine ◆ **she is a good neighbour** c'est une bonne voisine ◆ **Good Neighbor Policy** (US Pol) politique f de bon voisinage ◆ **Britain's nearest neighbour is France** la France est la plus proche voisine de la Grande-Bretagne ; → **next door**
  VI (US) ◆ **to neighbor with sb** se montrer bon voisin envers qn
  COMP **neighbor states** NPL (US) États mpl voisins

**neighbourhood, neighborhood** (US) /ˈneɪbəhʊd/ SYN
  N (= district) quartier m ; (= area nearby) voisinage m, environs mpl ◆ **all the children of the neighbourhood** tous les enfants du voisinage or du quartier ◆ **it's not a nice neighbourhood** c'est un quartier plutôt mal famé ◆ **the whole neighbourhood knows him** tout le quartier le connaît ◆ **is there a cinema in your neighbourhood?** y a-t-il un cinéma près de chez vous ? ◆ **in the neighbourhood of the church** dans le voisinage de l'église, du côté de l'église ◆ **(something) in the neighbourhood of $100** dans les 100 dollars, environ 100 dollars ◆ **anyone in the neighbourhood of the crime** toute personne se trouvant dans les parages du crime
  ADJ [doctor, shops] du quartier ; [café] du coin ◆ **our/your friendly neighbourhood dentist** (fig, often iro) le gentil dentiste de notre/votre quartier
  COMP **neighbourhood TV** N télévision f locale
  **neighbourhood watch** N système de surveillance assuré par les habitants d'un quartier

**neighbouring, neighboring** (US) /ˈneɪbərɪŋ/ SYN ADJ [country, area, building] voisin, avoisinant ; [state, town] voisin ◆ **in neighbouring Italy** dans l'Italie voisine

**neighbourliness, neighborliness** (US) /ˈneɪbəlɪnɪs/ N ◆ **(good) neighbourliness** rapports mpl de bon voisinage

**neighbourly, neighborly** (US) /ˈneɪbəlɪ/ ADJ [person] aimable (to sb avec qn), amical ; [feeling] amical ; [behaviour, gesture] de bon voisin ◆ **they are neighbourly people** ils sont bons voisins ◆ **neighbourly relations** rapports mpl de bon voisinage ◆ **to behave in a neighbourly way** se conduire en bon voisin ◆ **that's very neighbourly of you** c'est très aimable (de votre part)

**neighing** /ˈneɪɪŋ/
  N hennissement(s) m(pl)
  ADJ hennissant

**neither** /ˈnaɪðər, ˈniːðər/
  ADV ni ◆ **neither... nor** ni... ni + *ne* before vb ◆ **neither good nor bad** ni bon ni mauvais ◆ **I've seen neither him nor her** je ne les ai vus ni l'un ni l'autre ◆ **he can neither read nor write** il ne sait ni lire ni écrire ◆ **the house has neither water nor electricity** la maison n'a ni eau ni électricité ◆ **neither you nor I know** ni vous ni moi ne (le) savons ◆ **he neither knows nor cares** il n'en sait rien et ça lui est égal ◆ **neither here nor there** ◆ **that's neither here nor there** ce n'est pas la question ◆ **the fact that she needed the money is neither here nor there, it's still stealing** peu importe qu'elle ait eu besoin de cet argent, il n'en reste pas moins que c'est du vol ◆ **an extra couple of miles is neither here nor there** on n'en est pas à deux ou trois kilomètres près
  CONJ ① ◆ **if you don't go, neither shall I** si tu n'y vas pas je n'irai pas non plus ◆ **I'm not going – neither am I** je n'y vais pas – moi non plus ◆ **he didn't do it – neither did his brother** il ne l'a pas fait – son frère non plus
  ② (liter = moreover... not) d'ailleurs... ne... pas ◆ **I can't go, neither do I want to** je ne peux pas y aller et d'ailleurs je n'en ai pas envie
  ADJ ◆ **neither story is true** ni l'une ni l'autre des deux histoires n'est vraie, aucune des deux histoires n'est vraie ◆ **neither candidate got the job** les candidats n'ont eu le poste ni l'un ni l'autre ◆ **in neither way** ni d'une manière ni de l'autre ◆ **in neither case** ni dans un cas ni dans l'autre
  PRON aucun(e) m(f), ni l'un(e) ni l'autre + *ne* before vb ◆ **neither of them knows** ni l'un ni l'autre ne le sait, ils ne le savent ni l'un ni l'autre ◆ **I know neither of them** je ne (les) connais ni l'un ni l'autre ◆ **which (of the two) do you prefer? – neither** lequel (des deux) préférez-vous ? – ni l'un ni l'autre

**nekton** /ˈnektɒn/ N necton m

**Nelly** /ˈnelɪ/ N (dim of **Helen**) Hélène f, Éléonore f ◆ **not on your Nelly!*** jamais de la vie !

**nelson** /ˈnelsən/ N (Wrestling) ◆ **full nelson** nelson m ◆ **half-nelson** clef f au cou ◆ **to put a half-nelson on sb** * (fig) attraper qn (pour l'empêcher de faire qch)

**nelumbo** /nɪˈlʌmbəʊ/ N nélombo m

**nemathelminth** /ˌneməˈθelmɪnθ/ N némathelminthe m

**nematocyst** /ˈnemətəsɪst/ N nématocyste m

**nematode** /ˈnemətəʊd/ N (also **nematode worm**) nématode m

**nem. con.** (abbrev of **nemine contradicente**) (= no one contradicting) à l'unanimité

**nemertean** /nɪˈmɜːtɪən/ N némerte m or f, némertien m

**nemesia** /nɪˈmiːʒə/ N némésia m (fleur)

**Nemesis** /ˈnemɪsɪs/ N (pl **Nemeses**) ① (Myth) Némésis f
② (also **nemesis**) némésis f, instrument m de vengeance ◆ **it's Nemesis** c'est un juste retour des choses ◆ **she's my Nemesis** (esp US) je suis vaincu d'avance avec elle

**nemophila** /neˈmɒfɪlə/ N (= plant) némophile m

**neo...** /ˈniːəʊ/ PREF néo...

**neocapitalism** /ˌniːəʊˈkæpɪtəlɪzəm/ N néocapitalisme m

**neocapitalist** /ˌniːəʊˈkæpɪtəlɪst/ ADJ, N néocapitaliste mf

**Neocene** /ˈniːəsiːn/ N néogène m

**neoclassical** /ˌniːəʊˈklæsɪkəl/ ADJ néoclassique

**neoclassicism** /ˌniːəʊˈklæsɪsɪzəm/ N néoclassicisme m

**neocolonial** /ˌniːəʊkəˈləʊnɪəl/ ADJ néocolonial

**neocolonialism** /ˌniːəʊkəˈləʊnɪəlɪzəm/ N néocolonialisme m

**neocolonialist** /ˌniːəʊkəˈləʊnɪəlɪst/ N néocolonialiste mf

**Neo-Darwinian** /ˌniːəʊdɑːˈwɪnɪən/ ADJ néodarwinien

**Neo-Darwinism** /ˌniːəʊˈdɑːwɪnɪzəm/ N néodarwinisme m

**neodymium** /ˌniːəʊˈdɪmɪəm/ N néodyme m

**neofascism** /ˌniːəʊˈfæʃɪzəm/ N néofascisme m

**neofascist** /ˌniːəʊˈfæʃɪst/ ADJ, N néofasciste mf

**Neogene** /ˈniːəˌdʒiːn/ N néogène m

**neogothic** /ˌniːəʊˈɡɒθɪk/ ADJ, N néogothique m

**neoimpressionism** /ˌniːəʊɪmˈpreʃənɪzəm/ N néo-impressionisme m

**neoimpressionist** /ˌniːəʊɪmˈpreʃənɪst/ ADJ, N néo-impressionniste mf

**neolith** /ˈniːəlɪθ/ N (Archeol) pierre f polie

**neolithic** /ˌniːəʊˈlɪθɪk/
  ADJ [site, tomb] néolithique ; [person] du néolithique
  COMP **the Neolithic Age, the Neolithic Period** N le néolithique

**neological** /ˌniːəˈlɒdʒɪkəl/ ADJ néologique

**neologism** /nɪˈɒlədʒɪzəm/ N néologisme m

**neologize** /nɪˈɒlədʒaɪz/ VI faire un (or des) néologisme(s)

**neology** /nɪˈɒlədʒɪ/ N ⇒ **neologism**

**neomycin** /ˌniːəʊˈmaɪsɪn/ N néomycine f

**neon** /ˈniːɒn/
  N (gaz m) néon m
  COMP [lamp, lighting] au néon
  **neon sign** N enseigne f (lumineuse) au néon

**neonatal** /ˌniːəʊˈneɪtəl/ ADJ néonatal ◆ **neonatal care** soins mpl néonatals ◆ **neonatal unit** service m de nouveau-nés or de néonatalité

**neonate** /ˈniːəʊneɪt/ N (frm) nouveau-né m

**neonatology** /ˌniːəʊnəˈtɒlədʒɪ/ N néonatologie f

**neonazi** /ˌniːəʊˈnɑːtsɪ/ ADJ, N néonazi(e) m(f)

**neophyte** /ˈniːəʊfaɪt/ N néophyte mf

**neoplasm** /ˈniːəʊˌplæzəm/ N néoplasme m

**neoplastic** /ˌniːəʊˈplæstɪk/ ADJ néoformé

**Neo-Platonic, neoplatonic** /ˌniːəʊpləˈtɒnɪk/ ADJ néoplatonicien

**Neo-Platonism, neoplatonism** /ˌniːəʊˈpleɪtəˌnɪzəm/ N néoplatonisme m

**Neo-Platonist, neoplatonist** /ˌniːəʊˈpleɪtəˌnɪst/ N néoplatonicien(ne) m(f)

**neoprene** ® /ˈniːəʊpriːn/ N néoprène ® m

**neoteny** /nɪˈɒtənɪ/ N néoténie f

**Neozoic** /ˌniːəʊˈzəʊɪk/ ADJ néozoïque

**Nepal** /nɪˈpɔːl/ N Népal m ◆ **in Nepal** au Népal

**Nepalese** /ˌnepɔːˈliːz/, **Nepali** /nɪˈpɔːlɪ/
  ADJ népalais
  N ① (pl inv) Népalais(e) m(f)
  ② (= language) népalais m

**nepenthe** /nɪˈpenθɪ/ N (= drug, plant) népenthès m

**nepeta** /ˈnepətə/ N népète f

**nephelometry** /ˌnefɪˈlɒmɪtrɪ/ N néphélométrie f

**nephew** /ˈnefjuː/ N neveu m

**nephology** /nɪˈfɒlədʒɪ/ N néphologie f, étude f des nuages

**nephralgia** /nɪˈfrældʒɪə/ N néphralgie f

**nephrectomy** /nɪˈfrektəmɪ/ N néphrectomie f

**nephridium** /nɪˈfrɪdɪəm/ N (pl **nephridia** /nɪˈfrɪdɪə/) néphridie f

**nephrite** /ˈnefraɪt/ N (Miner) néphrite f

**nephritic** /neˈfrɪtɪk/ ADJ néphrétique

**nephritis** /neˈfraɪtɪs/ N néphrite f

**nephrologist** /nɪˈfrɒlədʒɪst/ N néphrologue mf

**nephrology** /nɪˈfrɒlədʒɪ/ N néphrologie f

**nephron** /ˈnefrɒn/ N (Anat) néphron m

**nephroscope** /ˈnefrəskəʊp/ N néphroscope m

**nephroscopy** /nɪˈfrɒskəpɪ/ N néphroscopie f

**nephrosis** /nɪˈfrəʊsɪs/ N néphrose f

**nephrotomy** /nɪˈfrɒtəmɪ/ N néphrotomie f

**nepotism** /ˈnepətɪzəm/ N népotisme m

**nepotist** /ˈnepətɪst/ N personne qui pratique le népotisme

**Neptune** /ˈneptjuːn/ N (Myth) Neptune m ; (Astron) Neptune f

**neptunium** /nepˈtjuːnɪəm/ N neptunium m

**nerd*** /nɜːd/ N ① (= pathetic person) pauvre mec* m, ringard* m
② (= enthusiast) ◆ **a computer/science nerd** un fou d'informatique/de sciences

**nerdish*** /ˈnɜːdɪʃ/, **nerdy*** /ˈnɜːdɪ/ ADJ ringard*

**nereid** /ˈnɪərɪɪd/ N (= nymph, worm) néréide f

**nerine** /nəˈriːnɪ/ N (= plant) nérine f

**neritic** /neˈrɪtɪk/ ADJ néritique

**Nero** /ˈnɪərəʊ/ N Néron m

**neroli** /ˈnɪərəlɪ/ N ◆ **neroli (oil)** (essence f de) néroli m

**nervate** /ˈnɜːveɪt/ ADJ [leaf] nervuré

**nervation** /nɜːˈveɪʃən/ N nervation f

**nerve** /nɜːv/ SYN
N ① (Anat, Dentistry) nerf m ; [of leaf] nervure f ◆ **to kill the nerve of a tooth** dévitaliser une dent ◆ **his speech touched** or **struck a (raw) nerve** son discours a touché un point sensible
② (NonC: fig) sang-froid m ◆ **it was a test of nerve and stamina for the competitors** le sang-froid et l'endurance des concurrents furent mis à l'épreuve ◆ **to hold** or **keep one's nerve** garder son sang-froid ◆ **he held his nerve to win the race** (Sport) il a gardé son sang-froid et il a gagné la course ◆ **he never got his nerve back** or **never regained his nerve** il n'a jamais repris confiance en lui ◆ **I haven't the nerve to do that** je n'ai pas le courage or le cran* de faire ça ◆ **did you tell him? – I didn't/wouldn't have the nerve!** le lui as-tu dit ? – je n'en ai pas eu/je n'en aurais pas le courage ! ◆ **his nerve failed him, he lost his nerve** le courage lui a manqué, il s'est dégonflé*
③ (* = cheek) toupet* m, culot* m ◆ **you've got a nerve!** tu es gonflé !*, tu as du culot* ou du toupet* ! ◆ **you've got a bloody*: nerve!** (Brit) tu charries !*: ◆ **what a nerve!, of all the nerve!, the nerve of it!** quel toupet !*, quel culot !* ◆ **he had the nerve to say that...** il a eu le toupet* or le culot* de dire que...
NPL **nerves** (fig = nervousness) nerfs mpl, nervosité f ◆ **her nerves are bad, she suffers from nerves** elle a les nerfs fragiles ◆ **to have a fit** or **an attack of nerves** (before performance, exam etc) avoir le trac* ◆ **it's only nerves** c'est de la nervosité ◆ **to be all nerves, to be a bundle of nerves** être un paquet de nerfs ◆ **he was in a state of nerves, his nerves were on edge** il était sur les nerfs, il avait les nerfs tendus or à vif ◆ **he/the noise gets on my nerves** il/ce bruit me tape sur les nerfs* or sur le système* ◆ **to live on one's nerves** vivre sur les nerfs ◆ **to have nerves of steel** avoir les nerfs solides or des nerfs d'acier ◆ **war of nerves** guerre f des nerfs ; → **strain¹**
VT ◆ **to nerve o.s. to do sth** prendre son courage à deux mains or s'armer de courage pour faire qch ◆ **I can't nerve myself to do it** je n'ai pas le courage de le faire
COMP **nerve agent** N substance f neurotoxique
**nerve block** N (Med) anesthésie f par bloc nerveux
**nerve cell** N cellule f nerveuse
**nerve centre** N (Anat) centre m nerveux ; (fig) centre m d'opérations (fig)
**nerve ending** N terminaison f nerveuse
**nerve fibre** N (Anat) fibre f nerveuse
**nerve gas** N gaz m neurotoxique
**nerve impulse** N influx m nerveux
**nerve-racking** SYN ADJ angoissant, très éprouvant pour les nerfs
**nerve specialist** N neurologue mf
**nerve-wracking** ADJ ⇒ **nerve-racking**

**nerveless** /ˈnɜːvlɪs/ ADJ ① (= weak) [fingers, hands] inerte ◆ **the dagger fell from his nerveless grasp** sa main inerte a lâché le poignard
② (= brave) intrépide ; (= calm, collected) impassible
③ (pej = cowardly) lâche, dégonflé* ◆ **he's nerveless** c'est un dégonflé*
④ (Anat) peu innervé ; [leaf] sans nervures

**nervelessness** /ˈnɜːvlɪsnɪs/ N (fig) ① (= calmness) sang-froid m
② (= cowardice) lâcheté f

**nerviness*** /ˈnɜːvɪnɪs/ N ① nervosité f
② (US = cheek) culot* m, toupet* m

**nervous** /ˈnɜːvəs/ SYN
ADJ ① [person] (= tense) nerveux, tendu ; (by nature) nerveux ◆ **to be nervous about sth** appréhender qch ◆ **I was nervous about him** or **on his account** j'étais inquiet pour lui ◆ **to be nervous of sth** appréhender qch ◆ **to be nervous of** or **about doing sth** hésiter à faire qch ◆ **don't be nervous, it'll be all right** ne t'inquiète pas, tout se passera bien ◆ **people of a nervous disposition** les personnes sensibles ◆ **to feel nervous** être nerveux ; (before performance, exam etc) avoir le trac* ◆ **he makes me (feel) nervous** il m'intimide
② (Med) [disorder, tension] nerveux ◆ **on the verge of nervous collapse** au bord de la dépression nerveuse
COMP **nervous breakdown** N dépression f nerveuse ◆ **to have a nervous breakdown** avoir or faire une dépression nerveuse
**nervous energy** N vitalité f, énergie f
**nervous exhaustion** N fatigue f nerveuse ; (serious) surmenage m
**nervous Nellie*** N (esp US) timoré(e) m(f), trouillard(e)* m(f)
**nervous system** N système m nerveux
**nervous wreck** N ◆ **to be a nervous wreck** être à bout de nerfs ◆ **to turn sb into** or **make sb a nervous wreck** pousser qn à bout

**nervously** /ˈnɜːvəslɪ/ ADV nerveusement

**nervousness** /ˈnɜːvəsnɪs/ SYN N nervosité f

**nervure** /ˈnɜːvjʊər/ N nervure f

**nervy*** /ˈnɜːvɪ/ ADJ ① (= nervous) nerveux ◆ **to be in a nervy state** avoir les nerfs à vif
② (US = cheeky) ◆ **to be nervy** avoir du toupet* or du culot*

**Nessie*** /ˈnesɪ/ N (Scot) surnom affectueux donné au monstre du Loch Ness

**nest** /nest/ SYN
N ① [of birds, mice, turtles, ants etc] nid m ; (= contents) nichée f ◆ **to leave** or **fly the nest** (lit, fig) quitter le nid ; → **hornet, love**
② (fig) nid m ◆ **nest of spies/machine guns** nid m d'espions/de mitrailleuses
③ [of boxes etc] jeu m ◆ **nest of tables** tables fpl gigognes
VI ① [bird etc] (se) nicher, faire son nid
② **to go (bird) nesting** aller dénicher les oiseaux or les œufs
③ [boxes etc] s'emboîter
COMP **nest box** N (for wild birds) nichoir m ; (for hens) pondoir m
**nest egg** SYN N (= money) pécule m

**nested** /ˈnestɪd/ ADJ ① [tables] gigognes
② (Gram) emboîté

**nesting** /ˈnestɪŋ/ N ① [of birds] nidification f ◆ **nesting box** nichoir m ; (gen: for hens) pondoir m
② (Gram) emboîtement m

**nestle** /ˈnesl/ SYN VI [person] se blottir, se pelotonner (up to, against contre) ; [house etc] se nicher ◆ **to nestle down in bed** se pelotonner dans son lit ◆ **to nestle against sb's shoulder** se blottir contre l'épaule de qn ◆ **a house nestling among the trees** une maison nichée parmi les arbres or blottie dans la verdure

**nestling** /ˈnestlɪŋ/ SYN N oisillon m

**Nestorian** /nesˈtɔːrɪən/ ADJ, N nestorien(ne) m(f)

**Nestorianism** /nesˈtɔːrɪəˌnɪzəm/ N nestorianisme m

**net¹** /net/ SYN
N ① (gen, Football, Tennis etc) filet m ◆ **to come up to the net** (Tennis) monter au filet ◆ **the ball's in the net!** (Football etc) c'est un but !
② (fig) filet m ◆ **to slip through the net** passer à travers les mailles du filet ◆ **to be caught in the net** être pris au piège ◆ **to walk into the net** donner or tomber dans le panneau ◆ **to cast one's net wider** élargir son horizon or ses perspectives ; → **butterfly, hairnet, mosquito, safety**
③ (NonC = fabric) tulle m, voile m
④ (Internet) ◆ **the Net** le Net
VT ① (= catch) [+ fish, game] prendre au filet ◆ **the police netted several wanted men** un coup de filet de la police a permis d'arrêter plusieurs personnes recherchées
② [+ river] tendre des filets dans ; [+ fruit bushes] poser un filet sur
③ (Sport) ◆ **to net the ball** envoyer la balle dans le filet ◆ **to net a goal** marquer un but
COMP **net cord** N (Tennis) bande f du filet
**net curtains** NPL voilage m ; (half-length) brise-bise m inv
**net fishing** N pêche f au filet
**net play** N (Tennis etc) jeu m au filet
**Net surfer** N (Comput) internaute mf

**net²** /net/ SYN
ADJ ① [income, assets, worth, price, loss] net ◆ **the price is $15 net** le prix net est de 15 dollars ◆ **"terms strictly net"** « prix nets »
② [result, effect] final
VT [business deal etc] rapporter or produire net ; [person] gagner or toucher net
COMP **the Net Book Agreement** N (Brit : formerly) accord de maintien des prix publics des livres (entre les éditeurs et les librairies)
**net domestic product** N produit m intérieur net
**net national product** N produit m national net
**net present value** N valeur f actuelle nette
**net profit** N bénéfice m net
**net realizable value** N valeur f nette réalisable
**net weight** N poids m net

**netball** /ˈnetbɔːl/ N (Brit) netball m

**nethead*** /ˈnethed/ N accro mf du Net

**nether** †† /ˈneðər/ SYN ADJ ◆ **nether lip** lèvre f inférieure ◆ **nether garments** (also hum) sous-vêtements mpl ◆ **the nether regions** (= Hell) les enfers mpl ; (hum euph = genitals) les parties fpl intimes ◆ **the nether regions of the company** (hum) les coulisses fpl de l'entreprise ◆ **the nether world** les enfers mpl

**Netherlander** /ˈneðəˌlændər/ N Néerlandais(e) m(f)

**Netherlands** /ˈneðələndz/
NPL ◆ **the Netherlands** les Pays-Bas mpl ◆ **in the Netherlands** aux Pays-Bas
ADJ néerlandais

**nethermost** †† /ˈneðəməʊst/ ADJ le plus bas, le plus profond

**netiquette** /ˈnetɪket/ N netiquette f

**netspeak** /ˈnetspiːk/ N jargon m du Net

**netsuke** /ˈnetsʊkɪ/ N netsuké m

**netsurfer** /ˈnetsɜːfər/ N surfeur m, -euse f

**netsurfing** /ˈnetsɜːfɪŋ/ N surfing m

**nett** /net/ ADJ, VT ⇒ **net²**

**netting** /ˈnetɪŋ/ N (NonC) ① (= nets) filets mpl ; (= mesh) mailles fpl ; (for fence etc) treillis m métallique ; (= fabric) voile m, tulle m (pour rideaux) ; → **mosquito, wire**
② (= net-making) fabrication f de filets
③ (= action : Fishing) pêche f au filet

**nettle** /ˈnetl/ SYN
N (= plant) ortie f ◆ **stinging nettle** ortie f brûlante or romaine ◆ **dead nettle** ortie f blanche ◆ **to grasp the nettle** (Brit) prendre le taureau par les cornes
VT (= annoy) agacer, irriter ◆ **he was nettled into replying sharply** agacé, il a répondu avec brusquerie
COMP **nettle sting** N piqûre f d'ortie

**nettlerash** /ˈnetlræʃ/ N urticaire f

**nettlesome** /ˈnetlsəm/ ADJ (= annoying) irritant ; (= touchy) susceptible

**network** /ˈnetwɜːk/ SYN
N réseau m ◆ **rail network** réseau m ferré or ferroviaire or de chemin de fer ◆ **road network** réseau m or système m routier ◆ **a network of narrow streets** un lacis (liter) or enchevêtrement m de ruelles ◆ **network of veins** réseau m or lacis m de veines ◆ **a network of spies/contacts/salesmen** un réseau d'espions/de relations/de représentants ◆ **the programme went out over the whole network** le programme a été diffusé sur l'ensemble du réseau ◆ **the networks** (TV) les chaînes fpl ; → **old**
VT [+ radio or TV programmes] diffuser sur l'ensemble du réseau ; [+ computers] mettre en réseau
VI ① (= form business contacts) prendre des contacts ◆ **these parties are a good opportunity to network** ces soirées permettent de prendre des contacts
② (= work as a network) travailler en réseau
COMP **network provider** N (for mobile telephone) opérateur m (de téléphone mobile)
**Network Standard** N (US Ling) américain m standard ; → **ENGLISH**

**networking** /ˈnetˌwɜːkɪŋ/ N ① (= making contacts) établissement m d'un réseau de relations ◆ **these seminars make networking very easy** ces séminaires facilitent les prises de contact
② (= working as part of network) travail m en réseau ◆ **networking software** logiciels mpl de gestion de réseau
③ (Internet) (also **social networking**) réseautage m (social)

**neum(e)** /njuːm/ N (Mus) neume m

**neural** /ˈnjʊərəl/
ADJ [tube] neural ; [system] nerveux

**neural cell** N cellule f nerveuse, neurone m
**neural network** N (Comput) réseau m neuronal
**neural tube** N tube m neural
**neural tube defect** N malformation f du tube neural
**neuralgia** /njʊˈrældʒə/ N névralgie f
**neuralgic** /njʊˈrældʒɪk/ ADJ névralgique
**neurasthenia** /ˌnjʊərəsˈθiːnɪə/ N neurasthénie f
**neurasthenic** /ˌnjʊərəsˈθenɪk/ ADJ, N neurasthénique mf
**neuritis** /njʊˈraɪtɪs/ N névrite f
**neurobiology** /ˌnjʊərəʊbaɪˈɒlədʒɪ/ N neurobiologie f
**neuroblast** /ˈnjʊərəʊblæst/ N neuroblaste m
**neurochemistry** /ˌnjʊərəʊˈkemɪstrɪ/ N neurochimie f
**neurochip** /ˈnjʊərəʊtʃɪp/ N (Comput) puce f neuronale
**neurocomputer** /ˈnjʊərəʊkəmˌpjuːtəʳ/ N ordinateur m neuronal
**neuroendocrine** /ˌnjʊərəʊˈendəʊkraɪn/ ADJ neuroendocrinien
**neuroendocrinology** /ˈnjʊərəʊˌendəʊkrɪˈnɒlədʒɪ/ N neuroendocrinologie f
**neurogenic** /ˌnjʊərəʊˈdʒenɪk/ ADJ neurogène
**neurohypophysis** /ˌnjʊərəʊhaɪˈpɒfɪsɪs/ N (pl **neurohypophyses** /ˈnjʊərəʊhaɪˈpɒfɪˌsiːz/) posthypophyse f
**neurolemma** /ˌnjʊərəʊˈlemə/ N (Anat) gaine f de Schwann
**neuroleptic** /ˌnjʊərəʊˈleptɪk/ ADJ (Med) neuroleptique
**neurolinguistic programming** /ˈnjʊərəʊlɪŋˈgwɪstɪkˈprəʊgræmɪŋ/ N programmation f neurolinguistique
**neurolinguistics** /ˌnjʊərəʊlɪŋˈgwɪstɪks/ N (NonC) neurolinguistique f
**neurological** /ˌnjʊərəʊˈlɒdʒɪkəl/ ADJ [disease, disorder, damage] neurologique ◆ **neurological surgeon** neurochirurgien m ◆ **neurological department** (service m de) neurologie f
**neurologist** /njʊˈrɒlədʒɪst/ N neurologue mf
**neurology** /njʊˈrɒlədʒɪ/ N neurologie f
**neuroma** /njʊˈrəʊmə/ N (pl **neuromas** or **neuromata** /njʊˈrəʊmətə/) névrome m, neurome m
**neuromuscular** /ˌnjʊərəʊˈmʌskjʊləʳ/ ADJ neuromusculaire
**neuron** /ˈnjʊərɒn/, **neurone** /ˈnjʊərəʊn/ N neurone m
**neuropaediatrician** (Brit), **neuropediatrician** (US) /ˈnjʊərəˌpiːdɪəˈtrɪʃən/ N neuropédiatre mf
**neuropaediatrics** (Brit), **neuropediatrics** (US) /ˈnjʊərəˌpiːdɪˈætrɪks/ N neuropédiatrie f
**neuropath** /ˈnjʊərəpæθ/ N névropathe mf
**neuropathic** /ˌnjʊərəˈpæθɪk/ ADJ névropathique
**neuropathology** /ˌnjʊərəʊpəˈθɒlədʒɪ/ N neuropathologie f
**neuropathy** /njʊˈrɒpəθɪ/ N névropathie f
**neuropeptide** /ˌnjʊərəˈpeptaɪd/ N neuropeptide m
**neurophysiological** /ˈnjʊərəʊˌfɪzɪəˈlɒdʒɪkəl/ ADJ neurophysiologique
**neurophysiologist** /ˈnjʊərəʊˌfɪzɪˈɒlədʒɪst/ N neurophysiologiste mf
**neurophysiology** /ˈnjʊərəʊˌfɪzɪˈɒlədʒɪ/ N neurophysiologie f
**neuropsychiatric** /ˈnjʊərəʊˌsaɪkɪˈætrɪk/ ADJ neuropsychiatrique
**neuropsychiatrist** /ˌnjʊərəʊsaɪˈkaɪətrɪst/ N neuropsychiatre mf
**neuropsychiatry** /ˌnjʊərəʊsaɪˈkaɪətrɪ/ N neuropsychiatrie f
**neuropsychologist** /ˌnjʊərəʊsaɪˈkɒlədʒɪst/ N neuropsychologue mf
**neuropsychology** /ˌnjʊərəʊsaɪˈkɒlədʒɪ/ N neuropsychologie f
**neuroscience** /ˈnjʊərəʊsaɪəns/ N neurosciences fpl
**neurosis** /njʊˈrəʊsɪs/ SYN N (pl **neuroses** /njʊˈrəʊsiːz/) (Psych, fig) névrose f
**neurosurgeon** /ˌnjʊərəʊˈsɜːdʒən/ N neurochirurgien(ne) m(f)
**neurosurgery** /ˌnjʊərəʊˈsɜːdʒərɪ/ N neurochirurgie f
**neurosurgical** /ˌnjʊərəʊˈsɜːdʒɪkəl/ ADJ neurochirurgical

**neurotic** /njʊˈrɒtɪk/ SYN
 **1** (Psych) [person] névrosé ; [behaviour, personality, disorder] névrotique
 **2** (pej = unreasonably anxious) [person] parano* ; [obsession] maladif ◆ **he's getting neurotic about the whole business** toute cette histoire le rend complètement parano*
 N (Psych) névrosé(e) m(f) ; (fig pej) parano* mf
**neurotically** /njʊˈrɒtɪkəlɪ/ ADV de façon obsessionnelle, jusqu'à la névrose
**neuroticism** /njʊˈrɒtɪsɪzəm/ N tendances fpl à la névrose
**neurotomy** /njʊˈrɒtəmɪ/ N neurotomie f
**neurotoxic** /ˌnjʊərəʊˈtɒksɪk/ ADJ neurotoxique
**neurotoxin** /ˌnjʊərəʊˈtɒksɪn/ N neurotoxine f
**neurotransmitter** /ˌnjʊərəʊtrænzˈmɪtəʳ/ N neurotransmetteur m
**neurovascular** /ˌnjʊərəʊˈvæskjʊləʳ/ ADJ neurovasculaire
**neuter** /ˈnjuːtəʳ/ SYN
 ADJ **1** (gen) neutre
 **2** (= castrated) châtré
 N **1** (Gram) neutre m ◆ **in the neuter** au neutre
 **2** (= animal) animal m châtré
 VT **1** [+ animal] châtrer
 **2** (esp Brit fig = render ineffective) neutraliser
**neutral** /ˈnjuːtrəl/ SYN
 ADJ neutre ◆ **let's meet on neutral territory** rencontrons-nous en terrain neutre ◆ **let's try to find some neutral ground** essayons de trouver un terrain d'entente ◆ **neutral policy** politique f neutraliste or de neutralité
 N **1** (Pol) habitant(e) m(f) d'un pays neutre
 **2** (Driving) point m mort ◆ **in neutral** au point mort
**neutralism** /ˈnjuːtrəlɪzəm/ N neutralisme m
**neutralist** /ˈnjuːtrəlɪst/ ADJ, N neutraliste mf
**neutrality** /njuːˈtrælɪtɪ/ SYN N (gen, Chem, Pol etc) neutralité f ; → **armed**
**neutralization** /ˌnjuːtrəlaɪˈzeɪʃən/ N neutralisation f
**neutralize** /ˈnjuːtrəlaɪz/ SYN VT (also Chem) neutraliser
**neutrino** /njuːˈtriːnəʊ/ N neutrino m
**neutron** /ˈnjuːtrɒn/
 N neutron m
 COMP **neutron bomb** N bombe f à neutrons ; **neutron number** N nombre m de neutrons ; **neutron star** étoile f à neutrons
**Nev.** (US) abbrev of **Nevada**
**Nevada** /nɪˈvɑːdə/ N Nevada m ◆ **in Nevada** dans le Nevada
**névé** /ˈneɪveɪ/ N (Geog) névé m
**never** /ˈnevəʳ/
 ADV **1** ne... jamais ◆ **I never eat fish** je ne mange jamais de poisson ◆ **I have never seen him** je ne l'ai jamais vu ◆ **he will never come back** il ne reviendra jamais or plus (jamais) ◆ **never more** (liter) (ne...) plus jamais, (ne...) jamais plus ◆ **never in all my life** jamais de ma vie ◆ **I never heard such a thing!** je n'ai jamais entendu une chose pareille !
 ◆ **never (...) again** ◆ **never say that again** ne répète jamais ça ◆ **you must never ever come here again** tu ne dois jamais plus revenir ici ◆ **we shall never see her again** on ne la reverra (plus) jamais ◆ **never again!** plus jamais !, jamais plus !
 ◆ **never (...) before** ◆ **I'd never seen him before** je ne l'avais jamais vu auparavant ◆ **never before had there been such a disaster** jamais on n'avait connu tel désastre
 ◆ **never yet** ◆ **I have never yet been able to find...** je n'ai encore jamais pu trouver..., jusqu'ici je n'ai jamais pu trouver...
 **2** (emphatic) ◆ **that will never do!** c'est inadmissible ! ◆ **I never slept a wink** je n'ai pas fermé l'œil ◆ **he never so much as smiled** il n'a pas même souri ◆ **he never said a word**, **he said never a word** (liter) il n'a pas pipé mot ◆ **never a one** pas un seul ◆ **never was a child more loved** jamais enfant ne fut plus aimé ◆ **(surely) you've never left it behind!*** ne me dites pas que vous l'avez oublié ! ◆ **I've left it behind!** – **never!** je l'ai oublié ! – ça n'est pas vrai or pas possible ! ◆ **well I never (did)!*** ça par exemple !*, ça alors !* ◆ **never fear!** n'ayez pas peur !, soyez tranquille ! ; → **mind**
 COMP **never-ending** SYN ADJ interminable

**never-failing** ADJ [method] infaillible ; [source, spring] inépuisable, intarissable
**never-never** * N (Austral = outback) régions désertiques d'Australie (Brit) ◆ **to buy on the never-never** acheter à crédit or à tempérament
**never-never land** N pays m imaginaire
**never-outs** NPL (Comm) articles mpl toujours en stock
**never-to-be-forgotten** ADJ inoubliable, qu'on n'oubliera jamais
**nevermore** /ˈnevəmɔːʳ/ ADV ne... plus jamais, ne... jamais plus ◆ **nevermore!** jamais plus !, plus jamais !
**nevertheless** /ˌnevəðəˈles/ LANGUAGE IN USE 26.2, 26.3 SYN ADV néanmoins ◆ **it wasn't my fault. Nevertheless, I felt guilty** ce n'était pas ma faute ; néanmoins or cependant, je me suis senti coupable ◆ **it is nevertheless true that...** cependant, il est vrai que..., il est néanmoins vrai que... ◆ **I shall go nevertheless** j'irai néanmoins or malgré tout ◆ **he is nevertheless my brother** il n'en reste pas moins mon frère ◆ **she has had no news, (yet) nevertheless she goes on hoping** elle n'a pas eu de nouvelles, et pourtant or et malgré tout elle continue d'espérer
**nevus** /ˈniːvəs/ N (US) ⇒ **naevus**
**new** /njuː/ SYN
 ADJ **1** (= not previously known etc) nouveau (nouvelle f) , nouvel m before vowel ; (also **brand-new**) neuf (neuve f) ◆ **I've got a new car** (= different) j'ai une nouvelle or une autre voiture ; (= brand-new) j'ai une voiture neuve ◆ **he has written a new book/article** il a écrit un nouveau livre/un nouvel article ◆ **this is Juliette's new book** c'est le nouveau or dernier livre de Juliette ◆ **new carrots** carottes fpl de primeur or nouvelles ◆ **there are several new plays on in London** on donne plusieurs nouvelles pièces à Londres ◆ **it's the new fashion** c'est la dernière or la nouvelle mode f ◆ **a new theory/invention** une nouvelle théorie/invention ◆ **the new moon** la nouvelle lune ◆ **there's a new moon tonight** c'est la nouvelle lune ce soir ◆ **I need a new notebook** il me faut un nouveau carnet or un carnet neuf ◆ **don't get your new shoes wet** ne mouille pas tes chaussures neuves ◆ **dressed in new clothes** vêtu or habillé de neuf ◆ **as good as new** comme neuf, à l'état de neuf ◆ **he made the bike as good as new** il a remis le vélo à neuf ◆ **"as new"** « état neuf » ◆ **I don't like all these new paintings** je n'aime pas tous ces tableaux modernes ◆ **I've got several new ideas** j'ai plusieurs idées nouvelles or neuves ◆ **this idea is not new** ce n'est pas une idée nouvelle or neuve ◆ **the new nations** les pays mpl neufs ◆ **this is a completely new subject** c'est un sujet tout à fait neuf ◆ **this sort of work is new to me** ce genre de travail est (quelque chose de) nouveau pour moi ◆ **a new deal** (Pol etc) une nouvelle donne ◆ **the new diplomacy** la nouvelle diplomatie ◆ **new style** nouveau style m ; see also **comp**, **the New Left** (Pol) la nouvelle gauche ◆ **the new rich** les nouveaux riches mpl
 **2** (= recently arrived) ◆ **he came new to the firm last year** il est arrivé (dans l'entreprise) l'an dernier ◆ **I'm new to this kind of work** je n'ai jamais fait ce genre de travail, je suis novice dans ce genre de travail ◆ **he's new to the trade** il est nouveau dans le métier ◆ **it's quite new to the town** il est tout nouvellement arrivé dans la ville ◆ **she's new to this game*** elle fait ses premières armes ◆ **the new people at number five** les gens qui viennent d'emménager au numéro cinq ◆ **new recruit** nouvelle recrue f , bleu * m ◆ **the new students** les nouveaux mpl , les nouvelles fpl ◆ **a new boy** (Scol) un nouveau ◆ **a new girl** (Scol) une nouvelle ◆ **she's new, poor thing** elle est nouvelle, la pauvre ◆ **are you new here?** (gen) vous venez d'arriver ici ? ; (in school, firm etc) vous êtes nouveau ici ?
 **3** (= different) ◆ **bring me a new glass, this one is dirty** apportez-moi un autre verre, celui-ci est sale ◆ **there was a new waiter today** il y avait un autre or un nouveau serveur aujourd'hui ◆ **he's a new man since he remarried** il est transformé or c'est un autre homme depuis qu'il s'est remarié ; see also **comp**
 ◆ **there's nothing new under the sun** (Prov) il n'y a rien de nouveau sous le soleil (Prov) ◆ **that's nothing new!** ce or ça n'est pas nouveau !, il n'y a rien de neuf là-dedans ! ◆ **that's a new one on me!*** première nouvelle !*, on en apprend tous les jours ! (iro) ◆ **that's something new!** ça c'est nouveau ! ◆ **what's new?*** quoi de neuf ? * ; see also **comp** ; → **brand**, **broom**, **leaf**, **split**

**newbie** | **next** 630 ENGLISH-FRENCH

④ (= fresh) [bread] frais (fraîche f) ; [milk] frais (fraîche f), fraîchement trait ; [cheese] frais (fraîche f), pas (encore) fait ; [wine] nouveau (nouvelle f), nouvel m before vowel

**ADV** (gen in compounds) nouvellement ◆ **he's new out of college** il sort tout juste de l'université ; see also **comp**

**COMP** **New Age** N New Age m **ADJ** New Age inv
**New Ager** * N adepte mf du New Age
**New Age travellers** NPL voyageurs mpl New Age (personnes vivant en marge de la société, selon un mode de vie nomade)
**New Amsterdam** N La Nouvelle-Amsterdam
**New Brunswick** N Nouveau-Brunswick m
**New Caledonia** N Nouvelle-Calédonie f
**New Caledonian** N Néo-Calédonien(ne) m(f)
**New Delhi** N New Delhi
**New England** N Nouvelle-Angleterre f
**New Englander** N habitant(e) m(f) de la Nouvelle-Angleterre
**New English Bible** N traduction moderne de la Bible en anglais
**new face** N nouveau visage m
**new-fangled** SYN **ADJ** (pej) ultramoderne
**new-for-old** (Insurance) remplacement m (par du neuf)
**new-found** **ADJ** [happiness etc] de fraîche date
**New Guinea** N Nouvelle-Guinée f
**New Hampshire** N New Hampshire m ◆ **in New Hampshire** dans le New Hampshire
**the New Hebrides** NPL les Nouvelles-Hébrides fpl
**New Jersey** N New Jersey m ◆ **in New Jersey** dans le New Jersey
**New Jerusalem** N la Nouvelle Jérusalem
**New Labour** N SG (Brit Pol) le New Labour
**New Lad** * N (Brit) macho m nouvelle manière
**new-laid egg** N œuf m du jour or tout frais (pondu)
**New Latin** N latin m moderne
**new look** N new-look m
**new-look** **ADJ** new-look inv
**New Man** (Brit) ≈ homme m moderne (qui partage les tâches ménagères, s'occupe des enfants etc)
**new maths** N mathématiques fpl or maths* fpl modernes
**New Mexico** N Nouveau-Mexique m
**new-mown** **ADJ** [grass] frais coupé ; [hay] frais fauché
**New Orleans** N La Nouvelle-Orléans ◆ **in New Orleans** à La Nouvelle-Orléans
**new potato** N pomme f (de terre) nouvelle
**new product development** N développement m de nouveaux produits
**New Scotland Yard** N Scotland Yard m
**New South Wales** N Nouvelle-Galles du Sud f
**new-speak** N (Pol) langue f de bois ; (Literat) novlangue f
**the new-style calendar** N le nouveau calendrier, le calendrier grégorien
**New Technology** N nouvelles technologies fpl
**New Testament** N Nouveau Testament m
**new town** N (Brit) ville f nouvelle
**New Wave** **ADJ** [film] de la nouvelle vague ; [music] New Wave inv N (Cine) nouvelle vague f ; (Mus) New Wave f
**the New World** N le Nouveau Monde ◆ **the New World Symphony, the Symphony from the New World** la Symphonie du Nouveau Monde
**New Year** N → **New Year**
**New Year's** N (US) ⇒ New Year's Day, New Year's Eve ; → New Year
**New York** N (= state) (l'État m de) New York m ; (= city) New York ◆ **in New York (State)** dans l'État de New York **ADJ** new-yorkais
**New Yorker** N New-Yorkais(e) m(f)
**New Zealand** N Nouvelle-Zélande f **ADJ** néo-zélandais
**New Zealander** N Néo-Zélandais(e) m(f)

**newbie** * /'nju:bɪ/ N nouveau m, nouvelle f ; (Internet) newbie m

**newborn** /'nju:bɔ:n/
**ADJ** ① (lit) [child, animal] nouveau-né ◆ **a newborn babe** un(e) nouveau-né(e) m(f)
② (fig) [nation, organization] tout jeune
**NPL** **the newborn** les nouveaux-nés mpl
**N** nouveau-né(e) m(f) ; → **innocent**

**newcomer** /'nju:kʌmə'/ SYN N nouveau venu m, nouvelle venue f ◆ **they are newcomers to this town** ils viennent d'arriver dans cette ville

**newel** /'nju:əl/ N noyau m (d'escalier)

**Newfoundland** /'nju:fəndlənd/
**N** Terre-Neuve f
**ADJ** terre-neuvien ◆ **Newfoundland fisherman** terre-neuvas m

**COMP** **Newfoundland dog** N chien m de Terre-Neuve, terre-neuve m inv

**Newfoundlander** /nju:'faʊndləndə'/ N habitant(e) m(f) de Terre-Neuve, Terre-Neuvien(ne) m(f)

**newish** /'nju:ɪʃ/ **ADJ** assez neuf (neuve f)

**newly** /'nju:lɪ/ SYN
**ADV** nouvellement ◆ **the newly-elected members** les membres nouvellement élus ◆ **her newly-awakened curiosity** sa curiosité récemment éveillée ◆ **newly arrived** récemment arrivé ◆ **newly rich** nouveau riche ◆ **newly shaved** rasé de frais ◆ **a newly-dug grave** une tombe fraîchement creusée or ouverte ◆ **a newly-formed friendship** une amitié de fraîche date ◆ **his newly-found happiness** son bonheur tout neuf ◆ **newly-made wine** vin m qu'on vient de faire ◆ **her newly-made friends** ses nouveaux amis ◆ **when I was newly married** quand j'étais jeune marié

**COMP** **newly industrialized country, newly industrializing country** N nouveau pays m industrialisé, pays m nouvellement industrialisé
**newly-weds** NPL jeunes mariés mpl

**newness** /'nju:nɪs/ N [of fashion, ideas etc] nouveauté f ; [of clothes etc] état m (de) neuf ; [of bread] fraîcheur f ; [of cheese] manque m de maturité ; [of wine] jeunesse f

**news** /nju:z/ SYN
**N** (NonC) ① nouvelle(s) f(pl) ◆ **a piece** or **an item of news** (gen) une nouvelle ; (Press) une information ◆ **have you heard the news?** tu es au courant ? ◆ **have you heard the news about Paul?** vous savez ce qui est arrivé à Paul ? ◆ **have you any news of him?** (= heard from him) avez-vous de ses nouvelles ? ◆ **I have no news of her** je ne sais pas ce qu'elle est devenue ◆ **do let me have your news** surtout donnez-moi de vos nouvelles ◆ **what's your news?** quoi de neuf or de nouveau (chez vous) ? ◆ **is there any news?** y a-t-il du nouveau ? ◆ **I've got news for you!** j'ai du nouveau à vous annoncer ! ◆ **this is news to me!** * première nouvelle ! *, on en apprend tous les jours ! (iro) ◆ **it will be news to him** * that we are here ça va le surprendre de nous savoir ici ◆ **good news** bonnes nouvelles fpl ◆ **bad** or **sad news** mauvaises or tristes nouvelles fpl ◆ **he's/it's bad news** * on a toujours des ennuis avec lui/ça ◆ **she/it made news** on a parlé d'elle/on en a parlé dans le journal ◆ **bad news travels fast** les malheurs s'apprennent vite ◆ **no news is good news!** (Prov) pas de nouvelles, bonnes nouvelles ! ◆ **when the news broke** quand on a su la nouvelle ◆ **"dog bites man" isn't news** « un homme mordu par un chien » n'est pas (ce qu'on peut appeler) une nouvelle ◆ **he's in the news again** (fig) le voilà qui refait parler de lui ; → **break**
② (Press, Rad) informations fpl ; (TV) informations fpl, journal m télévisé ◆ **official news** communiqué m officiel ◆ **financial/sporting etc news** chronique f or rubrique f financière/sportive etc ◆ **"news in brief"** (Press) « nouvelles brèves »

**COMP** **news agency** N agence f de presse
**news analyst** N (US Rad, TV) commentateur m
**news blackout** N black-out m
**news broadcast, news bulletin** N bulletin m d')informations fpl, journal m télévisé
**news conference** N conférence f de presse
**news desk** N service m des informations
**news editor** N rédacteur m
**news film** N film m d'actualités
**news flash** N flash m (d'information)
**news gathering** N (NonC) collecte f des informations
**news headlines** NPL titres mpl de l'actualité
**news item** N (Press etc) information f
**news magazine** N magazine m d'actualités
**news photographer** N reporter m photographe
**news pictures** NPL reportage m photographique
**news release** N (esp US) communiqué m de presse
**news service** N agence f de presse
**news sheet** N feuille f d'informations
**news stand** N kiosque m (à journaux)
**news theatre** N cinéma m or salle f d'actualités
**news value** N ◆ **to have news value** présenter un intérêt pour le public
**news weekly** N hebdomadaire m d'actualités

**newsagent** /'nju:z,eɪdʒənt/
**N** (Brit) marchand(e) m(f) de or dépositaire mf de journaux
**COMP** **newsagent's (shop)** N (Brit) maison f de la presse

**newsboy** /'nju:zbɔɪ/ N vendeur m or crieur m de journaux

**newsbreak** /'nju:zbreɪk/ N (US) nouvelle f digne d'intérêt

**newscast** /'nju:zkɑ:st/ N (US) bulletin m d'informations fpl

**newscaster** /'nju:zkɑ:stə'/ N (Rad, TV) présentateur m, -trice f (de journal télévisé)

**newsclip** /'nju:zklɪp/ N (US Press) coupure f de journal

**newsdealer** /'nju:zdi:lə'/ N (US) ⇒ newsagent

**newsgroup** /'nju:zgru:p/ N (on Internet) forum m de discussion

**newshound** /'nju:zhaʊnd/, **newshawk** /'nju:zhɔ:k/ N reporter m ◆ **there was a crowd of newshounds around him** (pej) il était aux prises avec une meute de journalistes

**newsletter** /'nju:zletə'/ N bulletin m (d'une entreprise)

**newsmaker** /'nju:zmeɪkə'/ N (US) (= event) sujet m d'actualité ; (= person) vedette f de l'actualité

**newsman** /'nju:zmən/ N (pl -men) journaliste m

**newsmonger** /'nju:zmʌŋgə'/ N (pej) pipelette * f, commère f

**newspaper** /'nju:z,peɪpə'/
**N** journal m ◆ **daily newspaper** quotidien m ◆ **weekly newspaper** hebdomadaire m ◆ **he works for** or **on a newspaper** il travaille pour un journal
**COMP** **newspaper advertising** N publicité-presse f
**newspaper clipping, newspaper cutting** N coupure f de journal or de presse
**newspaper office** N (bureaux mpl de la) rédaction f
**newspaper photographer** N reporter m photographe
**newspaper report** N reportage m

**newspaperman** /'nju:z,peɪpəmæn/ N (pl -men) journaliste m

**newspaperwoman** /'nju:z,peɪpəwʊmən/ N (pl -women) journaliste f

**Newspeak** /'nju:spi:k/ N Novlangue m

**newsprint** /'nju:zprɪnt/ N (NonC) (= paper) papier m (journal) ; (= ink) encre f d'imprimerie

**newsreader** /'nju:zri:də'/ N (Brit Rad, TV) présentateur m, -trice f (de journal)

**newsreel** /'nju:zri:l/ N actualités fpl (filmées)

**newsroom** /'nju:zrʊm/ N salle f de rédaction

**newsvendor** /'nju:zvendə'/ N vendeur m de journaux

**newsworthy** /'nju:zwɜ:ðɪ/ **ADJ** ◆ **to be newsworthy** valoir la peine d'être publié

**newsy** * /'nju:zɪ/ **ADJ** (= full of news) [letter] plein de nouvelles

**newt** /nju:t/ N triton m

**newton** /'nju:tən/
**N** (Phys) newton m
**COMP** **Newton's rings** NPL (Opt) anneaux mpl colorés de Newton

**Newtonian** /nju:'təʊnɪən/ **ADJ** newtonien

**New Year** /'nju:'jɪə'/ **LANGUAGE IN USE 23.2**
**N** nouvel an m, nouvelle année f ◆ **to bring in** or **see in the New Year** réveillonner (à la Saint-Sylvestre), fêter le nouvel an ◆ **Happy New Year!** bonne année ! ◆ **to wish sb a happy New Year** souhaiter une or la bonne année à qn
**COMP** **New Year gift** N étrennes fpl
**New Year resolution** N bonne résolution f (de nouvel an)
**New Year's Day** N jour m or premier m de l'an, nouvel an m
**New Year's Eve** N la Saint-Sylvestre
**New Year's Honours List** N (Brit) ⇒ Honours List → **honour**

**next** /nekst/ SYN
**ADJ** ① (in time, in future) prochain ; (in past) suivant ◆ **come back next week/month** revenez la semaine prochaine/le mois prochain ◆ **he came back the next week** il est revenu la semaine suivante or d'après ◆ **he came back the next day** il est revenu le lendemain or le jour suivant ◆ **the next day but one** le surlendemain ◆ **during the next five days he did not go out** il n'est pas sorti pendant les cinq jours qui ont suivi ◆ **I will finish this in the next five days** je finirai ceci dans les cinq jours qui viennent or à venir ◆ **the next morning** le lendemain matin ◆ **(the) next time I see him** la pro-

chaine fois que je le verrai ◆ **the next time I saw him** la première fois où *or* que je l'ai revu, quand je l'ai revu ◆ **I'll come back next week and the next again** je reviendrai la semaine prochaine et la suivante ◆ **this time next week** d'ici huit jours ◆ **the next moment** l'instant d'après ◆ **from one moment to the next** d'un moment à l'autre ◆ **the year after next** dans deux ans ◆ **next Wednesday, Wednesday next*** mercredi prochain ◆ **next March** en mars prochain ◆ **next year** l'année prochaine, l'an prochain

2 *(in series, list etc) (= following) [page, case]* suivant ; *(= which is to come)* prochain ◆ **he got off at the next stop** il est descendu à l'arrêt suivant ◆ **you get off at the next stop** vous descendez au prochain arrêt ◆ **who's next?** à qui le tour ?, c'est à qui ? ◆ **you're next** c'est votre tour, c'est à vous (maintenant) ◆ **next please!** au suivant ! ◆ **I was the next person** *or* **I was next to speak** ce fut ensuite à mon tour de parler ; see also noun 1 ◆ **I'll ask the very next person I see** je vais demander à la première personne que je verrai ◆ **in the next place** ensuite ◆ **on the next page** à la page suivante ◆ **"continued in the next column"** « voir colonne ci-contre » ◆ **the next thing to do is...** la première chose à faire maintenant est de... ◆ **he saw that the next thing to do was...** il a vu que ce qu'il devait faire ensuite (c')était... ◆ **(the) next thing I knew, he had gone*** et tout d'un coup, il a disparu ◆ **I'll try the next size up** je vais essayer la taille au-dessus ◆ **the next size down** la taille au-dessous

3 *(= immediately adjacent) [house, street, room]* d'à côté

**ADV** *(in time)* ensuite, après ◆ **next we had lunch** ensuite *or* après nous avons déjeuné ◆ **what shall we do next?** qu'allons-nous faire maintenant ? ◆ **when you next come to see us** la prochaine fois que vous viendrez nous voir ◆ **when I next saw him, when next I saw him** *(frm)* quand je l'ai revu (la fois suivante) ◆ **when shall we meet next?** quand nous reverrons-nous ? ◆ **a new dress! what(ever) next?** une nouvelle robe ! et puis quoi encore ?

◆ **next** + *superlative* ◆ **the next best thing would be to speak to his brother** à défaut le mieux serait de parler à son frère ◆ **she's my next best friend** à part une autre c'est ma meilleure amie ◆ **this is my next oldest daughter after Marie** c'est la plus âgée de mes filles après Marie ◆ **she's the next youngest** elle suit (par ordre d'âge) ◆ **who's the next tallest (boy)?** qui est le plus grand après ?

◆ **next to** *(= beside)* à côté de ; *(= almost)* presque ◆ **his room is next to mine** sa chambre est à côté de la mienne ◆ **the church stands next to the school** l'église est à côté de l'école ◆ **he was sitting next to me** il était assis à côté de moi ◆ **to wear wool next to the skin** porter de la laine à même la peau ◆ **the thing next to my heart** la chose qui me tient le plus à cœur ◆ **next to France, what country do you like best?** après la France, quel est votre pays préféré ? ◆ **to get next to sb**‡ *(US)* se mettre bien* avec qn ◆ **the next to last row** l'avant-dernier *or* le pénultième rang ◆ **he was next to last** il était avant-dernier ◆ **next to nothing*** presque rien ◆ **I got it for next to nothing*** je l'ai payé trois fois rien ◆ **next to nobody*** presque personne ◆ **there's next to no news*** il n'y a presque rien de neuf ◆ **the next to top/bottom shelf** le deuxième rayon (en partant) du haut/du bas

**PREP** *(Brit* †*)* à côté de

**N** prochain(e) *m(f)* ◆ **the next to speak is Paul** c'est Paul qui parle ensuite, c'est Paul qui est le prochain à parler ◆ **the next to arrive was Robert** c'est Robert qui est arrivé ensuite *or* le suivant ◆ **I hope my next* will be a boy** *(= baby)* j'espère que mon prochain (enfant) sera un garçon ◆ **to be continued in our next** *(= edition)* suite au prochain numéro

**COMP** **next door** N, ADV → next door

**next of kin** N *(on forms etc)* « nom et prénom de votre plus proche parent » ◆ **who is your next of kin?** qui est votre plus proche parent ? ◆ **the police will inform the next of kin** la police préviendra la famille

**next door** /ˈneksˈdɔːʳ/

**N** la maison *(or* l'appartement *etc)* d'à côté ◆ **it's the man from next door** c'est le monsieur d'à côté *or* qui habite à côté

**ADV** 1 *(= in or to next house, room) [live, go]* à côté ◆ **she lived next door to me** elle habitait à côté de chez moi ◆ **we live next door to each other** nous sommes voisins ◆ **he has the room next door to me at the hotel** il a la chambre à côté de la mienne à l'hôtel ◆ **the house next door** la maison d'à côté ◆ **the boy/girl next door** *(lit)* le garçon/la fille d'à côté ◆ **he's the boy next door type** *(fig)* c'est quelqu'un de très simple ◆ **she married the boy next door** *(fig)* elle s'est mariée avec un bon gars* ◆ **at the table next door*** à la table d'à côté

2 *(* fig = almost)* ◆ **that is next door to madness** cela frise la folie ◆ **if he isn't mad he's next door to it** s'il n'est pas fou il s'en faut de peu *or* c'est tout comme* ◆ **we were next door to being ruined** nous avons été au bord de la ruine, nous avons frôlé la ruine

**ADJ** ◆ **next-door** *[neighbour, building, room, table]* d'à côté

**nexus** /ˈneksəs/ **N** *(pl inv) (= connection)* lien *m* ; *(= series of connections)* liaison *f*

**NF** /enˈef/ **N** 1 *(Brit Pol)* (abbrev of **National Front**) → **national**

2 abbrev of **Newfoundland**

**n/f** *(Banking)* (abbrev of **no funds**) défaut *m* de provision

**NFL** /enefˈel/ **N** *(US)* (abbrev of **National Football League**) Fédération *f* américaine de football

**NFU** /ˌenefˈjuː/ **N** *(Brit)* (abbrev of **National Farmers' Union**) *syndicat*

**NG** /enˈdʒiː/ **N** *(US)* (abbrev of **National Guard**) → **national**

**NGA** /ˌendʒiːˈeɪ/ **N** *(Brit)* (abbrev of **National Graphical Association**) *ancien syndicat*

**NGO** /ˌendʒiːˈəʊ/ **N** (abbrev of **non-governmental organization**) ONG *f*

**NH** abbrev of **New Hampshire**

**NHL** /ˌeneɪtʃˈel/ **N** *(US)* (abbrev of **National Hockey League**) Fédération *f* américaine de hockey sur glace

**NHS** /ˌeneɪtʃˈes/ **N** *(Brit)* (abbrev of **National Health Service**) ≈ Sécurité *f* sociale

**NHS**

Le **National Health Service**, ou **NHS**, est la branche maladie du régime de sécurité sociale, qui, depuis 1948, assure des soins médicaux gratuits à toute personne résidant en Grande-Bretagne. Le **NHS** est essentiellement financé par l'impôt, mais aussi par les charges et les cotisations sociales et, enfin, par la quote-part à la charge de l'assuré sur les médicaments prescrits. Les soins dentaires ne sont pas gratuits. → PRESCRIPTION CHARGE

**NI** 1 (abbrev of **Northern Ireland**) → **northern**

2 *(Brit)* (abbrev of **National Insurance**) → **national**

**niacin** /ˈnaɪəsɪn/ **N** acide *m* nicotinique

**Niagara** /naɪˈægrə/

**N** Niagara *m*

**COMP** **Niagara Falls** NPL les chutes *fpl* du Niagara

**nib** /nɪb/ **N** 1 *[of pen]* (bec *m* de) plume *f* ◆ **fine nib** plume *f* fine *or* à bec fin ◆ **broad nib** grosse plume *f*, plume *f* à gros bec

2 *[of tool]* pointe *f*

**-nibbed** /nɪbd/ **ADJ** *(in compounds)* ◆ **fine-nibbed** à plume fine ◆ **gold-nibbed** à plume en or

**nibble** /ˈnɪbl/ SYN

**VTI** *[person] [+ food]* grignoter ; *[+ pen, finger, ear]* mordiller ; *[sheep, goats etc]* brouter ; *[fish]* mordre, mordiller ◆ **to nibble (at) one's food** chipoter ◆ **she was nibbling (at) some chocolate** elle grignotait un morceau de chocolat ◆ **he was nibbling (at) her ear** il lui mordillait l'oreille ◆ **she nibbled (on) her pencil** elle mordillait son crayon ◆ **to nibble at an offer** se montrer tenté par une offre

**N** 1 *(Fishing)* touche *f*

2 *(= snack)* ◆ **I feel like a nibble*** je grignoterais bien quelque chose

**NPL** **nibbles** amuse-gueule(s) *m(pl)*

**niblick** /ˈnɪblɪk/ **N** *(Golf)* niblick *m*

**nibs** /nɪbz/ **N** *(hum)* ◆ **his nibs**‡ Son Altesse *(iro)*, sézigue*

**NIC** /ˌenaɪˈsiː/ **N** 1 (abbrev of **newly industrialized** *or* **industrializing country**) NPI *m*

2 *(Brit)* (abbrev of **National Insurance Contribution**) → **national**

**nicad** /ˈnaɪkæd/ **ADJ** *[battery]* NiCad *inv*

**NICAM** /ˈnaɪkæm/ (abbrev of **near-instantaneous companded audio multiplex**) NICAM

**Nicaragua** /ˌnɪkəˈrægjʊə/ **N** Nicaragua *m*

**Nicaraguan** /ˌnɪkəˈrægjʊən/

**ADJ** nicaraguayen

**N** Nicaraguayen(ne) *m(f)*

**nice** /naɪs/ SYN

**ADJ** 1 *(= pleasant, likeable) [person]* sympathique ; *[place, manners]* agréable ; *[view]* beau (belle *f*) ; *[holiday]* beau (belle *f*), agréable ; *[smell, taste]* bon, agréable ; *[meal, idea]* bon ; *[dress, face, voice, smile, ring, photo]* joli ; *[car] (to look at)* beau (belle *f*) ; *(to drive)* bon ◆ **he seems like a nice person** il a l'air sympathique ◆ **it's nice here** on est bien ici ◆ **to smell nice** sentir bon ◆ **to taste nice** avoir bon goût ◆ **you look very nice** tu es très bien ◆ **you look nice in that dress** cette robe te va bien ◆ **a nice little house** une jolie petite maison ◆ **it would be nice if...** ce serait bien si... ◆ **it would be nice to know what they intend to do** j'aimerais bien savoir ce qu'ils ont l'intention de faire ◆ **(it's) nice to see you** ça fait plaisir de vous voir ◆ **(it's been) nice meeting you** *or* **to have met you** ça m'a fait plaisir de faire votre connaissance ◆ **nice to meet you!*** enchanté ! ◆ **a nice cup of coffee** un bon petit café ◆ **nice one!*** *(Brit)*, **nice work!*** *(lit)* bien joué !* ; *(also iro)* bravo ! ◆ **have a nice day!** bonne journée ! ◆ **we had a nice evening** nous avons passé une bonne soirée *or* une soirée agréable ◆ **did you have a nice time at the party?** vous vous êtes bien amusés à la soirée ?

2 *(= kind, friendly) [person]* gentil *(to sb* avec qn), aimable *(to sb* envers qn) ◆ **he was perfectly nice about it** il a bien pris la chose ◆ **that wasn't nice of you** ce n'était pas gentil à vous *or* de votre part ◆ **it's nice of you to do that** c'est gentil à vous de faire cela ◆ **to say nice things about sb/sth** dire du bien de qn/sur qch ◆ **to be as nice as pie* (to sb)** être gentil comme tout (avec qn) ◆ **to be as nice as pie* about sth** très bien prendre qch ◆ **no more Mr Nice Guy!*** *(hum)* finis les ronds de jambe !

3 *(often iro = respectable, refined) [person, behaviour, expression, book, film]* convenable, comme il faut ◆ **not nice** peu convenable, pas comme il faut ◆ **that's not nice!** ça ne se fait pas ! ◆ **nice girls don't do that** les filles bien élevées ne font pas ce genre de chose

4 *(= fine) [weather, day]* beau (belle *f*) ◆ **nice weather we're having!*** beau temps, n'est-ce pas ?

5 *(* : used as intensifier)* ◆ **a nice bright colour** une belle couleur vive ◆ **to have a nice cold drink** boire quelque chose de bien frais ◆ **he gets nice long holidays** il a la chance d'avoir de longues vacances ◆ **we had a nice long chat** nous avons bien bavardé

◆ **nice and...** ◆ **to get up nice and early** se lever de bonne heure ◆ **we'll take it nice and easy** on va y aller doucement ◆ **it's so nice and peaceful here** c'est tellement paisible ici ◆ **I like my coffee nice and sweet** j'aime mon café bien sucré ◆ **it's nice and warm outside** il fait bon dehors

6 *(iro)* joli ◆ **you're in a nice mess** vous voilà dans un joli pétrin* *or* dans de beaux draps ◆ **here's a nice state of affairs!** c'est du joli ! ◆ **that's a nice way to talk!** c'est sympa* ce que tu dis ! *(iro)* ◆ **you're so stupid! – oh that's nice!** ce que tu peux être stupide ! – merci pour le compliment ! ◆ **nice friends you've got!** ils sont bien, tes amis !

7 *(frm = subtle, fastidious) [distinction, judgement, point]* subtil ◆ **he has a nice taste in wine** il est difficile en ce qui concerne le vin ◆ **she's not very nice in her methods** elle n'a pas beaucoup de scrupules quant à ses méthodes

**COMP** **nice-looking** ADJ joli, beau (belle *f*) ◆ **he's nice-looking** il est joli *or* beau garçon

**nicely** /ˈnaɪslɪ/ SYN **ADV** 1 *(= well) [manage, function, work, progress]* bien ◆ **to dress nicely** être bien habillé ◆ **nicely done** bien fait ◆ **that will do nicely!*** c'est parfait ! ◆ **to be doing very nicely (for oneself)*** s'en sortir très bien ◆ **to be coming along nicely*** bien se présenter ◆ **to be nicely placed to do sth** être bien placé pour faire qch

2 *(= politely) [eat, thank]* poliment ; *[ask]* gentiment, poliment ◆ **a nicely behaved child** un enfant bien élevé

3 *(frm = subtly) [differentiated]* subtilement

**Nicene** /ˈnaɪsiːn/ **ADJ** ◆ **the Nicene Creed** le Credo *or* le symbole de Nicée

**niceness** /ˈnaɪsnɪs/ SYN **N** 1 *(= pleasantness) [of person]* gentillesse *f*, amabilité *f* ; *[of place, thing]* agrément *m*, caractère *m* agréable

## nicety | nightdress

**2** (frm = subtlety) délicatesse f ; [of distinction, point, taste etc] subtilité f

**nicety** /ˈnaɪsɪtɪ/ SYN N **1** (of one's judgement) justesse f, précision f ◆ **to a nicety** à la perfection

**2** ◆ **niceties** N (= subtleties, fine details) [of system, process, legislation, diplomacy] subtilités fpl ; (= refinements) [of clothes, fashion etc] raffinements mpl ◆ **legal/diplomatic niceties** subtilités fpl légales/diplomatiques ◆ **social niceties** mondanités fpl ◆ **the niceties of dinner party conversation** les mondanités qui s'échangent lors des dîners

**niche** /niːʃ/ SYN

**N** (gen) niche f ; (in market) créneau m ◆ **to find one's niche (in life)** trouver sa voie (dans la vie)

COMP **niche marketing** N marketing m du créneau

**niche publishing** N édition de livres destinés à un créneau spécifique du marché

**Nicholas** /ˈnɪkələs/ N Nicolas m ◆ **"Nicholas Nickleby"** (Literat) « Nicolas Nickleby »

**Nick** /nɪk/ N **1** (dim of **Nicholas**)

**2** ◆ **Old Nick** * le diable, le malin

**nick** /nɪk/ SYN

**N** **1** (in wood) encoche f ; (in blade, dish) ébréchure f ; (on face, skin) (petite) coupure f ◆ **in the nick of time** juste à temps

**2** (Brit ⁑) taule* f ; (= police station) poste m de police ◆ **to be in the nick** être en taule*

**3** (Brit * = condition) état m, condition f ◆ **in good nick** en bon état ◆ **in bad nick** en mauvais état, nase⁑ ◆ **his car's in better nick than mine** sa voiture est en meilleur état que la mienne

VT **1** [+ plank, stick] faire une or des encoche(s) sur ; [+ blade, dish] ébrécher ; [+ cards] biseauter ◆ **he nicked his chin while shaving** il s'est fait une (petite) coupure au menton en se rasant

**2** (Brit * = arrest) pincer*, choper* ◆ **to get nicked** se faire pincer* or choper* ◆ **to nick sb for sth** pincer* qn pour qch ◆ **all right mate, you're nicked!** allez, mon gars, tu es fait ! *

**3** (Brit ⁑ = steal) piquer*, faucher*

**4** (US) ◆ **how much did they nick you for that suit?**⁑ tu t'es fait avoir* de combien pour or sur ce costume ?

**nickel** /ˈnɪkl/

**N** **1** (NonC = metal) nickel m

**2** (in Can, US = coin) pièce f de cinq cents

VT nickeler

COMP **nickel-and-dime** * ADJ (US = cheap and nasty) de camelote, au rabais

**nickel-in-the-slot machine** † N (US) machine f à sous

**nickel-plate** VT (Metal) nickeler
**nickel-plated** ADJ nickelé
**nickel-plating** N nickelage m
**nickel silver** N argentan m, maillechort m
**nickel steel** N acier m au nickel

**nickeliferous** /ˌnɪkəˈlɪfərəs/ ADJ nickélifère

**nickelodeon** /ˌnɪkəˈləʊdɪən/ N (US) (= cinema) cinéma m à cinq sous ; (= jukebox) juke-box m

**nicker** /ˈnɪkəʳ/

VI **1** [horse] hennir doucement

**2** (= snigger) ricaner

**N** (pl inv: Brit ⁑) livre f

**nickname** /ˈnɪkneɪm/ SYN

**N** surnom m ; (esp humorous or malicious) sobriquet m ; (= short form of name) diminutif m

VT surnommer, donner un sobriquet à ◆ **John, nicknamed "Taffy"** John, surnommé « Taffy » ◆ **they nicknamed their teacher "Goggles"** ils ont surnommé leur professeur « Goggles », ils ont donné à leur professeur le sobriquet de « Goggles »

**Nicodemus** /ˌnɪkəˈdiːməs/ N Nicodème m

**Nicol prism** /ˈnɪkl/ N nicol m

**Nicosia** /ˌnɪkəˈsiːə/ N Nicosie f

**nicotiana** /nɪˌkəʊʃɪˈɑːnə/ N nicotiana m

**nicotinamide** /ˌnɪkəˈtɪnəmaɪd/ N amide m nicotinique

**nicotine** /ˈnɪkətiːn/

**N** nicotine f

COMP **nicotine patch** N patch m de nicotine, timbre m à la nicotine or antitabac
**nicotine poisoning** N nicotinisme m
**nicotine-stained** ADJ jauni or taché de nicotine

**nicotinic** /nɪkəˈtɪnɪk/ ADJ ◆ **nicotinic acid** acide m nicotinique

**nicotinism** /ˈnɪkətiːnɪzəm/ N nicotinisme m, tabagisme m

**nictitating membrane** /ˈnɪktɪteɪtɪŋ/ N paupière f nictitante

**nictitation** /ˌnɪktɪˈteɪʃən/ N nictation f

**nidation** /naɪˈdeɪʃən/ N nidation f

**nidicolous** /nɪˈdɪkələs/ ADJ [young bird] nidicole

**nidifugous** /nɪˈdɪfjʊgəs/ ADJ [young bird] nidifuge

**niece** /niːs/ N nièce f

**niello** /nɪˈeləʊ/

**N** (pl **niellos** or **nielli** /nɪˈelɪ/) (= substance, object) nielle m

VT nieller

**Nielsen rating** /ˈniːlsənreɪtɪŋ/ N (TV) ≈ audimat ® m

**Nietzschean** /ˈniːtʃɪən/ ADJ nietzschéen

**niff** ⁑ /nɪf/ N (Brit) puanteur f ◆ **what a niff!** ce que ça cocotte⁑ or (s)chlingue⁑ !

**niffy** * /ˈnɪfɪ/ ADJ (Brit) puant ◆ **it's niffy in here** ça cocotte⁑ or (s)chlingue⁑ ici !

**nifty** * /ˈnɪftɪ/ ADJ **1** (= excellent) [person, place, idea, gadget, car] chouette *

**2** (= skilful) [player] habile ◆ **he's pretty nifty with a screwdriver** il manie drôlement bien le tournevis

**3** (= quick) ◆ **you'd better be nifty about it!** tu as intérêt à te magner ! *

**4** (= stylish) [outfit] coquet, chic inv

**nigella** /naɪˈdʒelə/ N nigelle f

**Niger** /ˈnaɪdʒəʳ/

**N** (= country, river) Niger m ◆ **in Niger** au Niger

COMP nigérien ; [embassy, capital] du Niger

**Nigeria** /naɪˈdʒɪərɪə/ N Nigeria m ◆ **in Nigeria** au Nigeria

**Nigerian** /naɪˈdʒɪərɪən/

**N** Nigérian(e) m(f)

ADJ (gen) nigérian ; [ambassador, embassy] du Nigeria

**Nigerien** /niːˈʒɛərɪən/

**N** Nigérien(enne) m(f)

ADJ (gen) nigérien ; [ambassador, embassy] du Niger

**niggardliness** /ˈnɪgədlɪnɪs/ SYN N avarice f, pingrerie f

**niggardly** /ˈnɪgədlɪ/ SYN

ADJ [person] pingre, avare ; [amount, portion] mesquin, piètre ; [salary] piètre ◆ **a niggardly £50** 50 malheureuses livres

ADV chichement, mesquinement

**nigger** ⁑ /ˈnɪgəʳ/

**N** (pej) nègre m, négresse f ◆ **there's a nigger in the woodpile** il se trame quelque chose ◆ **to be the nigger in the woodpile** (Brit) faire le trouble-fête

COMP **nigger brown** † ADJ (Brit) tête-de-nègre inv

**niggle** /ˈnɪgl/ SYN

VI [person] (= go into detail) couper les cheveux en quatre ; (= find fault) trouver toujours à redire

VT ◆ **his conscience was niggling him** sa conscience le travaillait

**N** (= doubt, query) ◆ **your report is excellent, I just have one little niggle** * votre rapport est excellent, j'ai juste une petite remarque

**niggling** /ˈnɪglɪŋ/ SYN

ADJ (= trivial but annoying) [doubt, suspicion] obsédant ; (= finicky) [person] tatillon ; (= petty) [details] insignifiant ◆ **a niggling injury** une vieille blessure qui se réveille de temps en temps ◆ **a niggling little pain** une petite douleur tenace ◆ **I've got a niggling worry about it** il y a quelque chose qui me tracasse (là-dedans)

**N** (NonC) chicanerie f

**nigh** /naɪ/ ADV (liter) ⇒ **near** ◆ **it was nigh on ten years ago** cela fait près de dix ans ◆ **that's nigh on impossible** c'est presque impossible ◆ **well nigh** presque ◆ **the hour is nigh** l'heure est proche

**night** /naɪt/ SYN

**N** **1** (= night-time) nuit f ◆ **night after night** des nuits durant ◆ **night and day** nuit et jour ◆ **all night (long)** toute la nuit ◆ **to sit up all night talking** passer la nuit (entière) à bavarder ◆ **at night, in the night** la nuit ◆ **by night, in the night** de nuit ◆ **during the night, in the night** pendant la nuit ◆ **far into the night** jusqu'à une heure avancée de la nuit, (très) tard dans la nuit ◆ **to spend the night (with sb)** passer la nuit (avec qn) ◆ **to have a good/bad night** bien/mal dormir, passer une bonne/mauvaise nuit ◆ **I've had several bad nights in a row** j'ai mal dormi plusieurs nuits de suite ◆ **he needs a good night's sleep** il a besoin d'une bonne nuit de sommeil ◆ **a night's lodging** un toit or un gîte pour la nuit ◆ **he's on nights this week** il est de nuit cette semaine ◆ **to work nights** travailler de nuit (US) ◆ **I can't sleep (at) nights** je ne peux pas dormir la nuit ; → **Arabian, early, goodnight**

**2** (= evening) soir m ◆ **6 o'clock at night** 6 heures du soir ◆ **to have a night out** sortir le soir ◆ **a night at the opera** une soirée à l'opéra ◆ **to make a night of it** * prolonger la soirée ◆ **I've had too many late nights** je me suis couché tard trop souvent ◆ **she's used to late nights** elle a l'habitude de se coucher tard

**3** (specifying) ◆ **last night** (= night-time) la nuit dernière, cette nuit ; (= evening) hier soir ◆ **tomorrow night** demain soir ◆ **the night before** la veille au soir ◆ **the night before last** avant-hier soir m ◆ **Monday night** (= evening) lundi soir ; (= night-time) dans la nuit de lundi à mardi

**4** (NonC = darkness) nuit f ◆ **night is falling** la nuit or le soir tombe ◆ **he went out into the night** il partit dans la nuit ◆ **he's afraid of the night** il a peur du noir ◆ **a creature of the night** (lit, fig) une créature de la nuit

**5** (Theat) soirée f, représentation f ◆ **the last three nights of...** les trois dernières (représentations) de... ◆ **Mozart night** soirée f (consacrée à) Mozart ; → **first**

COMP [clothes, flight] de nuit

**night-bird** N (lit) oiseau m de nuit, nocturne m ; (fig) couche-tard mf inv, noctambule mf
**night-blind** ADJ héméralope
**night blindness** N héméralopie f
**night editor** N (Press) secrétaire mf de rédaction de nuit
**night-fighter** N (= plane) chasseur m de nuit
**night letter** N (US) télégramme à tarif réduit, livré le lendemain matin
**night light** N (child's) veilleuse f ; [of ship] feu m de position
**night-night** * EXCL (= goodnight) bonne nuit
**night nurse** N infirmier m, -ière f de nuit
**night owl** * N (fig) couche-tard mf inv, noctambule mf
**night porter** N gardien m de nuit, concierge mf de service la nuit
**night safe** N coffre m de nuit
**night school** N cours mpl du soir
**night shelter** N asile m de nuit
**night shift** N (= workers) équipe f de nuit ; (= work) poste m de nuit ◆ **to be** or **to work on (the) night shift** être (au poste) de nuit
**night sights** NPL viseur m de nuit
**the night sky** N (gen) le ciel la nuit ; (liter) la voûte céleste
**night soil** † N selles fpl (nocturnes)
**night stand** N (US) table f de nuit
**night stick** N (US Police) matraque f (d'agent de police)
**night storage heater** N radiateur m par accumulation (fonctionnant au tarif de nuit)
**night storage heating** N chauffage m par accumulation (fonctionnant au tarif de nuit)
**night table** N table f de nuit
**night-time** N (NonC) nuit f ◆ **at night-time** la nuit ◆ **in the night-time** pendant la nuit, de nuit
**night vision** N vision f nocturne
**night-vision** ADJ [equipment, goggles] pour la vision nocturne
**night watch** N (= activity, period of time) veille f or garde f de nuit ; (= group of guards) équipe f des veilleurs or gardiens de nuit ; (= one man) ⇒ **night watchman**
**night watchman** N (pl **night watchmen**) veilleur m or gardien m de nuit
**night work** N travail m de nuit

**nightcap** /ˈnaɪtkæp/ N **1** (= hat) bonnet m de nuit

**2** (= drink) boisson f (généralement alcoolisée, prise avant le coucher) ◆ **would you like a nightcap?** voulez-vous boire quelque chose avant d'aller vous coucher ?

**nightclothes** /ˈnaɪtkləʊðz/ NPL vêtements mpl de nuit

**nightclub** /ˈnaɪtklʌb/ N boîte f (de nuit)

**nightclubber** /ˈnaɪtklʌbəʳ/ N noctambule mf, night-clubber mf

**nightclubbing** /ˈnaɪtklʌbɪŋ/ N sorties fpl en boîte (de nuit), clubbing m ◆ **to go nightclubbing** sortir en boîte

**nightdress** /ˈnaɪtdres/ N (esp Brit) chemise f de nuit

**nightfall** /ˈnaɪtfɔːl/ SYN N tombée f du jour or de la nuit ◆ **at nightfall** à la tombée du jour, à la nuit tombante

**nightgown** /ˈnaɪtɡaʊn/ N chemise f de nuit

**nighthawk** /ˈnaɪthɔːk/ N ① (= bird) engoulevent m (d'Amérique)
② (US fig = person) couche-tard mf inv, noctambule mf

**nightie*** /ˈnaɪtɪ/ N chemise f de nuit

**nightingale** /ˈnaɪtɪŋɡeɪl/ N rossignol m

**nightjar** /ˈnaɪtdʒɑːʳ/ N engoulevent m (d'Europe)

**nightlife** /ˈnaɪtlaɪf/ N vie f nocturne ◆ **the Parisian/Roman nightlife** la vie nocturne à Paris/Rome

**nightlong** /ˈnaɪtlɒŋ/ ADJ (gen) de toute une nuit ; [festivities, vigil] qui dure toute la nuit

**nightly** /ˈnaɪtlɪ/ SYN
ADJ ◆ **muggings are a nightly occurrence** les agressions nocturnes sont devenues quotidiennes ◆ **nightly performance** (Theat) représentation f tous les soirs
ADV (= every evening) tous les soirs ; (= every night) toutes les nuits ◆ **performances nightly** (Theat) représentations fpl tous les soirs

**nightmare** /ˈnaɪtmɛəʳ/ SYN
N cauchemar m ◆ **what a nightmare!*** quel cauchemar ! ◆ **to be sb's worst nightmare** être la pire hantise de qn
COMP **nightmare scenario** N scénario m catastrophe

**nightmarish** /ˈnaɪtmɛərɪʃ/ ADJ de cauchemar, cauchemardesque

**nightshade** /ˈnaɪtʃeɪd/ N (= plant) ◆ **the nightshade family** les solanacées fpl ; → **deadly, woody**

**nightshirt** /ˈnaɪtʃɜːt/ N chemise f de nuit

**nightspot*** /ˈnaɪtspɒt/ N ⇒ nightclub

**nightwear** /ˈnaɪtwɛəʳ/ N (NonC) vêtements mpl de nuit

**nihilism** /ˈnaɪɪlɪzəm/ N nihilisme m

**nihilist** /ˈnaɪɪlɪst/ N nihiliste mf

**nihilistic** /ˌnaɪɪˈlɪstɪk/ ADJ nihiliste

**Nikkei index** /ˌnɪkeɪˈɪndeks/, **Nikkei average** /ˌnɪkeɪˈævərɪdʒ/ N (Fin) indice m Nikkei

**nil** /nɪl/ SYN N (Sport) zéro ; (in form-filling etc) néant ◆ **my morale was nil** j'avais le moral à zéro* ◆ **his motivation was nil** il n'était pas du tout motivé ◆ **"nil by mouth"** (in hospital) « à jeun » → **ZERO**

**Nile** /naɪl/ N Nil m ◆ **the Nile Delta/Valley** le Delta/la Vallée du Nil ◆ **Nile cruise** croisière f sur le Nil ◆ **the Battle of the Nile** (Hist) la bataille d'Aboukir ◆ **Nile perch** perche f du Nil

**nilgai** /ˈnɪlɡaɪ/ N (pl nilgai or nilgais), **nilghau** (pl nilghau or nilghaus) N nilgaut m

**Nilotic** /naɪˈlɒtɪk/ ADJ (Geog) nilotique

**nimbi** /ˈnɪmbaɪ/ NPL of nimbus

**nimble** /ˈnɪmbl/ SYN
ADJ [person, fingers, feet] agile ; [mind] vif ; [car] maniable
COMP **nimble-fingered** ADJ aux doigts agiles
**nimble-footed** ADJ au pied léger
**nimble-minded, nimble-witted** ADJ à l'esprit vif

**nimbleness** /ˈnɪmblnɪs/ N [of person, fingers, limbs etc] agilité f ; [of mind] vivacité f

**nimbly** /ˈnɪmblɪ/ SYN ADV [move, jump] lestement

**nimbostratus** /ˌnɪmbəʊˈstreɪtəs/ N (pl nimbostrati /ˌnɪmbəʊˈstreɪtaɪ/) nimbostratus m

**nimbus** /ˈnɪmbəs/ SYN N (pl nimbi or nimbuses)
① (= halo) nimbe m
② (= cloud) nimbus m

**Nimby*** /ˈnɪmbɪ/ N (abbrev of not in my back yard) riverain(e) m(f) contestataire (s'opposant à toute installation gênante près de chez lui)

**nincompoop†*** /ˈnɪŋkəmpuːp/ N cornichon* m, gourde* f

**nine** /naɪn/
ADJ neuf inv ◆ **nine times out of ten** neuf fois sur dix ◆ **cats have nine lives** un chat retombe toujours sur ses pattes ◆ **he's got nine lives** (hum) [person] un ange gardien veille sur lui
N neuf m inv ◆ **dressed (up) to the nines*** sur son trente et un ; pour autres loc voir **six**
PRON neuf ◆ **there are nine** il y en a neuf
COMP **nine-day wonder** N merveille f d'un jour
**Nine-Eleven, 9-11** N le 11 septembre

**nine-hole** ADJ ◆ **nine-hole golf course** (parcours m de) neuf trous

**nine-nine-nine** N le numéro des urgences, en Grande-Bretagne ◆ **to call** or **ring** or **dial 999** appeler les urgences

**nine-to-five*** ADJ ◆ **nine-to-five job** travail m de bureau ◆ **he's got a nine-to-five mentality** or **attitude** il a une mentalité de fonctionnaire

**ninefold** /ˈnaɪnfəʊld/
ADJ ◆ **there was a ninefold increase in violent crime** le nombre des crimes violents a été multiplié par neuf, il y a neuf fois plus de crimes violents
ADV ◆ **to increase ninefold** se multiplier par neuf

**ninepins** /ˈnaɪnpɪnz/ NPL (jeu m de) quilles fpl ◆ **they went down like ninepins** ils sont tombés comme des mouches

**nineteen** /ˈnaɪnˈtiːn/
ADJ dix-neuf inv
N dix-neuf m inv ◆ **he talks nineteen to the dozen*** (Brit) c'est un vrai moulin à paroles ◆ **they were talking nineteen to the dozen*** ils jacassaient à qui mieux mieux ; pour autres loc voir **six**
PRON dix-neuf ◆ **there are nineteen** il y en a dix-neuf

**nineteenth** /ˈnaɪnˈtiːnθ/
ADJ dix-neuvième ◆ **the nineteenth (hole)** (Golf hum) le bar, la buvette
N dix-neuvième mf ; (= fraction) dix-neuvième m ; pour loc voir **sixth**

**ninetieth** /ˈnaɪntɪɪθ/
ADJ quatre-vingt-dixième
N quatre-vingt-dixième mf ; (= fraction) quatre-vingt-dixième m ; pour loc voir **sixth**

**ninety** /ˈnaɪntɪ/
ADJ quatre-vingt-dix inv
N quatre-vingt-dix m inv ◆ **ninety-one** quatre-vingt-onze ◆ **ninety-nine** quatre-vingt-dix-neuf ◆ **ninety-nine times out of a hundred** quatre-vingt dix-neuf fois sur cent ◆ **to be in one's nineties** être nonagénaire, avoir passé quatre-vingt-dix ans ◆ **"say ninety-nine!"** (at doctor's) ≈ « dites trente-trois ! » ; → **naughty** ; pour autres loc voir **sixty**
PRON quatre-vingt-dix ◆ **there are ninety** il y en a quatre-vingt-dix

**ninny*** /ˈnɪnɪ/ N cornichon* m, serin(e)* m(f), gourde* f

**ninth** /naɪnθ/
ADJ neuvième
N neuvième mf ; (= fraction) neuvième m ; pour loc voir **sixth**

**niobium** /naɪˈəʊbɪəm/ N niobium m

**Nip*,** /nɪp/ N (pej) Nippon m, -on(n)e f, Jap* m (pej)

**nip¹** /nɪp/ SYN
N (= pinch) pinçon m ; (= bite) morsure f ◆ **the dog gave him a nip** le chien lui a donné un (petit) coup de dent ◆ **there's a nip in the air today** (= chill) il fait frisquet aujourd'hui
VT (= pinch) pincer ; (= bite) donner un (petit) coup de dent à ; [cold, frost] [+ plants] brûler ; (= prune) [+ bud, shoot] pincer ; (fig) [+ plan, ambition] faire échec à ◆ **the cold air nipped our faces** l'air froid nous piquait or pinçait le or au visage ◆ **to nip sth in the bud** faire avorter qch, tuer or écraser qch dans l'œuf
VI ① (Brit *) ◆ **to nip up/down/out** monter/descendre/sortir en courant ◆ **he nipped into the café** il a fait un saut au café
② (= bite) ◆ **the dog nipped at his feet** le chien lui a mordillé le pied
COMP **nip and tuck*** ADV (= neck and neck) ◆ **it was nip and tuck** [race] la course a été serrée , ils sont arrivés dans un mouchoir de poche N (= plastic surgery) lifting m

▶ **nip along*** VI (Brit) [person] aller d'un bon pas ; [car] filer ◆ **nip along to Anne's house** cours vite or fais un saut chez Anne

▶ **nip in***
VI (Brit) entrer en courant, entrer un instant ◆ **I've just nipped in for a minute** je ne fais qu'entrer et sortir ◆ **to nip in and out of the traffic** se faufiler entre les voitures
VT SEP (Sewing) faire une (or des) pince(s) à ◆ **dress nipped in at the waist** robe f pincée à la taille

▶ **nip off**
VI (Brit *) filer*, se sauver*
VT SEP [+ bud, shoot] pincer ; [+ top of sth] couper

**nip²** /nɪp/ SYN N (= drink) goutte f, petit verre m ◆ **to take a nip** boire une goutte or un petit verre ◆ **have a nip of whisky!** une goutte de whisky ?

**nipper** /ˈnɪpəʳ/ SYN N ① (Brit *) (= child) gosse* mf, mioche* mf
② (= tool) ◆ **(pair of) nippers** pince f, tenaille(s) f(pl)
③ [of crab etc] pince f

**nipple** /ˈnɪpl/ SYN N ① (Anat) mamelon m, bout m de sein
② [of baby's bottle] tétine f ; (Geog) mamelon m
③ (for grease etc) graisseur m

**Nippon** /ˈnɪpɒn/ N (= Japan) Japon m

**Nipponese** /ˌnɪpəˈniːz/
ADJ nippon (-on(n)e f)
N Nippon m, -on(n)e f

**nippy*** /ˈnɪpɪ/ ADJ ① (= chilly) [weather, wind] frisquet ◆ **it's a bit nippy today** il fait frisquet aujourd'hui ◆ **a nippy autumn day** une fraîche journée d'automne
② (Brit = brisk) [person] rapide ◆ **a nippy little car** une petite voiture rapide et nerveuse
③ (US = piquant) [cheese, flavour] piquant

**NIREX** /ˈnaɪreks/ (abbrev of Nuclear Industry Radioactive Waste Executive) → **nuclear**

**nirvana** /nɪəˈvɑːnə/ N nirvana m

**Nisei** /ˈniːseɪ/ N (pl Nisei or Niseis) (US) Américain né d'immigrants japonais

**nisi** /ˈnaɪsaɪ/ ADJ → **decree**

**Nissen hut** /ˈnɪsnˌhʌt/ N hutte f préfabriquée (en tôle, en forme de tunnel)

**nit** /nɪt/
N ① (= louse-egg) lente f
② (Brit ‡ = fool) crétin(e)* m(f)
COMP **nit-pick** VI ◆ **he's always nit-picking** il est très tatillon
**nit-picker*** N tatillon m, -onne f

**nite*** /naɪt/ N ⇒ night

**niter** /ˈnaɪtəʳ/ N (US) ⇒ nitre

**nitrate** /ˈnaɪtreɪt/ N nitrate m

**nitration** /naɪˈtreɪʃən/ N nitration f

**nitre, niter** (US) /ˈnaɪtəʳ/ N nitre m, salpêtre m

**nitric** /ˈnaɪtrɪk/
ADJ nitrique
COMP **nitric acid** N acide m nitrique
**nitric oxide** N oxyde m nitrique

**nitride** /ˈnaɪtraɪd/ N nitrure m

**nitrification** /ˌnaɪtrɪfɪˈkeɪʃən/ N nitrification f

**nitrify** /ˈnaɪtrɪfaɪ/ VT nitrifier

**nitrile** /ˈnaɪtrɪl/ N nitrile m

**nitrite** /ˈnaɪtraɪt/ N nitrite m

**nitro*** /ˈnaɪtrəʊ/ N abbrev of nitroglycerin(e)

**nitro...** /ˈnaɪtrəʊ/ PREF nitro...

**nitrobacteria** /ˌnaɪtrəʊbækˈtɪərɪə/ NPL nitrobactéries fpl

**nitrobenzene** /ˌnaɪtrəʊˈbenziːn/ N nitrobenzène m

**nitrocellulose** /ˌnaɪtrəʊˈseljʊləʊs/ N nitrocellulose f

**nitrogen** /ˈnaɪtrədʒən/
N azote m
COMP **nitrogen cycle** N cycle m de l'azote
**nitrogen dioxide** N dioxyde m d'azote
**nitrogen fixation** N fixation f de l'azote atmosphérique
**nitrogen gas** N (gaz m) azote m

**nitrogenization** /naɪˌtrɒdʒɪnaɪˈzeɪʃən/ N nitruration f

**nitrogenize** /naɪˈtrɒdʒɪnaɪz/ VT nitrurer

**nitrogenous** /naɪˈtrɒdʒɪnəs/ ADJ azoté

**nitroglycerin(e)** /ˌnaɪtrəʊˈɡlɪsəriːn/ N nitroglycérine f

**nitromethane** /ˌnaɪtrəʊˈmiːθeɪn/ N nitrométhane m

**nitrophilous** /naɪˈtrɒfɪləs/ ADJ nitrophile

**nitrous** /ˈnaɪtrəs/
ADJ nitreux, d'azote
COMP **nitrous acid** N acide m nitreux
**nitrous oxide** N oxyde m d'azote

**nitty-gritty*** /ˌnɪtɪˈɡrɪtɪ/
N ◆ **to get down to the nitty-gritty** passer aux choses sérieuses ◆ **the nitty-gritty of life** (= hard facts) la dure réalité ◆ **the nitty-gritty of motherhood** (les difficultés de) la vie quotidienne d'une mère de famille ◆ **the nitty-**

**gritty of everyday politics** la dure réalité quotidienne de la vie politique

ADJ *[details]* pratique ; *[problems]* concret

**nitwit**‡ /ˈnɪtwɪt/ N crétin(e) *m(f)*

**nival** /ˈnaɪvl/ ADJ nivéal

**nix**‡ /nɪks/

N *(esp US = nothing)* que dalle‡

VT *(US)* mettre son veto à

**nixie mail*** /ˈnɪksɪmeɪl/ N *(US) courrier difficile à faire parvenir en raison d'une adresse illisible, incomplète etc*

**NJ** abbrev of **New Jersey**

**NLF** /ˌenelˈef/ N (abbrev of **National Liberation Front**) FLN *m*

**NLP** /ˌenelˈpiː/ N (abbrev of **neurolinguistic programming**) PNL *f*

**NLQ** /ˌenelˈkjuː/ (abbrev of **near letter quality**) → **near**

**NLRB** /ˌenelɑːˈbiː/ N (abbrev of **National Labor Relations Board**) *commission américaine d'arbitrage en matière d'emploi*

**NM, NMex** abbrev of **New Mexico**

**NMR** /ˌenemˈɑːʳ/ N (abbrev of **nuclear magnetic resonance**) RMN *f*

**No** /nəʊ/ N *(Theat)* nô *m*

**no** /nəʊ/

PARTICLE non ◆ **oh no!** *(denying)* mais non ! ; *(disappointed)* oh non ! ◆ **to say/answer no** dire/répondre non ◆ **the answer is no** la réponse est non *or* négative ◆ **I won't take no for an answer*** j'insiste ◆ **I wouldn't do it, nonot for $1,000** je ne le ferais pas, même pas pour 1 000 dollars ◆ **no to nuclear power!** non au nucléaire ! ; see also **say**

N (pl **noes**) non *m inv* ◆ **the noes have it** les non l'emportent, les voix contre l'emportent ◆ **there were seven noes** il y avait sept non *or* sept voix contre ; → **aye**

ADJ [1] *(= not any)* pas de *used with ne*, aucun *used with ne* ◆ **she had no coat** elle n'avait pas de manteau ◆ **I have no idea** je n'ai aucune idée ◆ **I have no more money** je n'ai plus d'argent ◆ **no man could do more** *(liter)* aucun homme ne pourrait faire davantage ◆ **no one man could do it** aucun homme ne pourrait le faire (à lui) seul ◆ **no two men would agree on this** il n'y a pas deux hommes qui seraient d'accord là-dessus ◆ **no two are alike** il n'y en a pas deux pareils ◆ **no sensible man would have done that** un homme sensé n'aurait pas fait ça, aucun homme sensé n'aurait fait ça ◆ **no Frenchman would say that** aucun Français ne dirait ça, un Français ne dirait jamais ça ◆ **there's no whisky like Scotch whisky** il n'y a pas de meilleur whisky que le whisky écossais ◆ **there's no Catholic like a converted Catholic** il n'y a pas plus catholique qu'un catholique converti ◆ **it's of no interest** ça n'a aucun intérêt, c'est sans intérêt ◆ **a man of no intelligence** un homme sans intelligence, un homme dénué d'intelligence ◆ **no win no fee** *(US) le client ne paie les honoraires que s'il a gain de cause* ◆ **no way!***, **no go!*** pas question !* ; see also **comp** ◆ **it's no good waiting for him** cela ne sert à rien *or* ce n'est pas la peine de l'attendre ◆ **it's no wonder (that...)** (ce n'est) pas étonnant (que... + *subj or* si... + *indic*) ◆ **no wonder!*** pas étonnant !*

[2] *(emphatic)* ◆ **by no means** pas du tout, absolument pas ◆ **he's no friend of mine** il n'est pas de mes amis ◆ **he's no genius** ce n'est certes pas un génie, il n'a rien d'un génie ◆ **this is no place for children** ce n'est pas un endroit pour les enfants ◆ **in no time (at all)** en un rien de temps ◆ **it's no small matter** *(frm)* ce n'est pas rien ◆ **headache or no headache, you'll have to do it*** migraine ou pas (migraine), tu vas devoir le faire ◆ **theirs is no easy task** ils n'ont pas la tâche facile, leur tâche n'est pas facile ◆ **there's no such thing** cela n'existe pas ; → **end, mistake**

[3] *(forbidding)* ◆ **no smoking** défense de fumer ◆ **no entry** entrée *f* interdite, défense d'entrer ◆ **no parking** stationnement *m* interdit ◆ **no surrender!** on ne se rend pas ! ◆ **nononsense!** pas d'histoires !, pas de blagues !* ; see also **comp**

[4] *(with gerund)* ◆ **there's no saying** *or* **knowing what he'll do next** impossible de dire ce qu'il fera après ◆ **there's no pleasing him** (quoi qu'on fasse) il n'est jamais satisfait

ADV [1] non ◆ **whether he comes or no** qu'il vienne ou non ◆ **hungry or no, you'll eat your soup** que tu aies faim ou non, tu vas manger ta soupe

[2] *(with compar)* ne... pas ◆ **the patient is no better** le malade ne va pas mieux ◆ **I can go no further** je ne peux pas aller plus loin, je n'en peux plus ◆ **I can bear it no longer** je ne peux plus le supporter, je n'en peux plus ◆ **she took no less than four weeks to do it** il lui a fallu pas moins de quatre semaines pour le faire ◆ **he returned with a bottle of champagne, no less!** il est revenu avec une bouteille de champagne, excusez du peu !* ◆ **no sooner said than done** aussitôt dit aussitôt fait

COMP **no-account*** ADJ, N *(US)* bon(ne) *m(f)* à rien

**no ball** N *(Cricket)* balle *f* nulle

**no-brainer** N *(esp US : pej) (= person)* débile *mf* ; *(= film, book)* nullité *f* ◆ **it's a no-brainer** *(= obvious)* c'est une évidence, ça tombe sous le sens

**no-claim(s) bonus** N *(Insurance)* bonus *m*

**no-fault divorce** N *(Jur)* ≃ divorce *m* par consentement mutuel *(sans torts prononcés)*

**no-fault insurance** N *(esp US Jur)* assurance *f* automobile à remboursement automatique

**no-fly zone** N zone *f* d'exclusion aérienne

**no-frills** ADJ avec service (réduit au strict) minimum *or* simplifié

**no-go** ADJ ◆ **it's no-go*** ça ne marche pas ◆ **no-go area** zone *f* interdite

**no-good*** ADJ nul (nulle *f*), propre *or* bon à rien N propre *mf* à rien

**no-holds-barred** ADJ *(lit, fig)* où tous les coups sont permis ; see also **hold**

**no-hoper*** N raté(e) *m(f)*, nullard(e)* *m(f)*, zéro* *m*

**no jump** N *(Sport)* saut *m* annulé

**no-knock raid** N *(US)* perquisition-surprise *f*

**no-man's-land** N *(Mil)* no man's land *m* ; *(= wasteland)* terrain *m* vague ; *(= indefinite area)* zone *f* mal définie

**no-mark*** *(Brit)* N ◆ **he's a no-mark** c'est un moins que rien

**no-no*** N ◆ **it's a no-no** *(= forbidden)* ça ne se fait pas ; *(= impossible)* c'est impossible

**no-nonsense** ADJ *[approach, attitude]* raisonnable, plein de bon sens

**no one** N ⇒ **nobody pron**

**no place*** ADV *(esp US)* ⇒ **nowhere**

**no sale** N *(Comm)* non-vente *f*

**no-score draw** N *(Brit Ftbl)* match *m* nul sans but marqué

**no-show** N *(esp US : on plane/at show etc)* passager *m*/spectateur *m etc* qui ne se présente pas

**no throw** N *(Sport)* lancer *m* annulé

**no-trump(s)** N sans-atout *m inv* ◆ **to call no-trump(s)** annoncer sans-atout ◆ **three tricks in no-trump(s)** trois sans-atout

**no-win situation** N situation *f* inextricable

**no.** (abbrev of **number**) n°

**Noah** /ˈnəʊə/ N Noé *m* ◆ **Noah's ark** l'arche *f* de Noé

**nob**[1] †* /nɒb/ SYN N *(esp Brit)* aristo* *mf*, richard(e)* *m(f)* *(pej)* ◆ **the nobs** (les gens de) la haute*, les rupins* *mpl*

**nob**[2]‡ /nɒb/ N *(= head)* caboche* *f*, fiole‡ *f*

**nobble*** /ˈnɒbl/ VT *(Brit)* [1] *(= corrupt) [+ person, jury etc] (by bribery)* acheter, soudoyer ; *(by intimidation)* intimider

[2] *(Racing) [+ horse, dog]* droguer *(pour l'empêcher de gagner)*

[3] *(= thwart) [+ plan etc]* contrecarrer

[4] *(= obtain dishonestly) [+ votes etc]* acheter

[5] *(= catch) [+ wrongdoer]* pincer‡, choper‡ ◆ **the reporters nobbled him as he left his hotel** les reporters l'ont happé *or* lui ont mis la main dessus au moment où il quittait son hôtel

**Nobel** /nəʊˈbel/ N ◆ **Nobel prize** prix *m* Nobel ◆ **Nobel prizewinner** *or* **laureate** (lauréat(e) *m(f)* du) prix *m* Nobel

**nobelium** /nəʊˈbiːlɪəm/ N nobélium *m*

**nobility** /nəʊˈbɪlɪtɪ/ SYN N *(NonC)* [1] *(= nobles)* (haute) noblesse *f*

[2] *(= quality)* noblesse *f* ◆ **nobility of mind** grandeur *f* d'âme, magnanimité *f*

**noble** /ˈnəʊbl/ SYN

ADJ [1] *(= aristocratic, admirable) [person, family, cause, attempt, sentiment]* noble ; *[wine]* grand, noble ; *[brandy]* grand ; *[monument, edifice]* majestueux, imposant ◆ **to be of noble birth** être de naissance noble ◆ **the noble art** le noble art, la boxe ; see also **comp**

[2] *(* = unselfish)* généreux, magnanime ◆ **I was very noble and gave her my share** dans un geste magnanime je lui ai donné ma part, je lui ai généreusement donné ma part ◆ **it's very noble of you to give up your day off to help** c'est très généreux de ta part de te priver de ton jour de congé pour aider

[3] *(Chem) [metal]* noble ; see also **comp**

N noble *mf*

COMP **noble fir** N sapin *m* noble

**noble gas** N gaz *m* noble

**noble-minded** ADJ magnanime, généreux

**noble savage** N bon sauvage *m*

**nobleman** /ˈnəʊblmən/ N (pl **-men**) noble *m*, aristocrate *m*

**nobleness** /ˈnəʊblnɪs/ N *[of person, birth]* noblesse *f* ; *[of spirit, action etc]* noblesse *f*, magnanimité *f*, générosité *f* ; *[of animal, statue etc]* belles proportions *fpl*, noblesse *f* de proportions ; *[of building etc]* majesté *f* ◆ **nobleness of mind** grandeur *f* d'âme, magnanimité *f*

**noblewoman** /ˈnəʊblwʊmən/ N (pl **-women**) aristocrate *f*, noble *f*

**nobly** /ˈnəʊblɪ/ ADV [1] *(= aristocratically, admirably) [behave]* noblement ◆ **nobly born** de naissance noble

[2] *(* = selflessly) [volunteer, offer]* généreusement ◆ **he nobly did the washing up** généreux, il a fait la vaisselle

[3] *(= imposingly) [stand, rise]* majestueusement

**nobody** /ˈnəʊbədɪ/ SYN

PRON personne + *ne before vb* ◆ **I saw nobody** je n'ai vu personne ◆ **nobody knows** personne *or* nul ne le sait ◆ **nobody spoke to me** personne ne m'a parlé ◆ **who saw him? – nobody** qui l'a vu ? – personne ◆ **nobody knows better than I** personne ne sait mieux que moi ◆ **nobody (that was) there will ever forget...** personne parmi ceux qui étaient là n'oubliera jamais... ◆ **it is nobody's business** cela ne regarde personne ◆ **it's nobody's business what I do, what I do is nobody's business** ce que je fais ne regarde personne ◆ **like nobody's business**‡ *[run etc]* à toutes jambes, comme un dératé* ; *[work etc]* d'arrache-pied, sans désemparer ◆ **he's nobody's fool** il n'est pas né d'hier, c'est loin d'être un imbécile ; → **else**

N moins que rien *mf inv*, rien du tout *m* ◆ **he's a mere nobody, he's just a nobody** c'est un moins que rien *or* un rien du tout ◆ **they are nobodies** ce sont des moins que rien *or* des riens du tout ◆ **I worked with him when he was nobody** j'ai travaillé avec lui alors qu'il était encore inconnu

**nock** /nɒk/ N encoche *f*

**noctiluca** /ˌnɒktɪˈluːkə/ N (pl **noctilucae** /ˌnɒktɪˈluːsiː/) noctiluque *f*

**noctilucent** /ˌnɒktɪˈluːsnt/ ADJ noctiluque

**noctuid** /ˈnɒktjʊɪd/ N *(Zool)* noctuidé *m* ; *(= moth)* noctuelle *f*

**noctule** /ˈnɒktjuːl/ N *(= animal)* noctule *f*

**nocturnal** /nɒkˈtɜːnl/ SYN

ADJ *[animal, activity, habits]* nocturne ; *[raid]* de nuit

COMP **nocturnal emission** † N *(Med)* pollutions *fpl* nocturnes

**nocturnally** /nɒkˈtɜːnəlɪ/ ADV de nuit ◆ **a nocturnally active species** une espèce nocturne

**nocturne** /ˈnɒktɜːn/ N *(Mus)* nocturne *m*

**nod** /nɒd/ SYN

N [1] signe *m* (affirmatif) *or* inclination *f* de (la) tête ◆ **he gave me a nod** *(gen)* il m'a fait un signe de (la) tête ; *(in greeting)* il m'a salué de la tête ; *(signifying "yes")* il m'a fait signe que oui de la tête ◆ **he rose with a nod of agreement** il s'est levé, signifiant son accord d'un signe de (la) tête ◆ **to answer with a nod** répondre d'un signe de (la) tête ◆ **to get the nod*** *[project etc]* avoir le feu vert ◆ **on the nod*** *(Brit) [pass, approve]* sans discussion, d'un commun accord ◆ **to give sb the nod** *(lit)* faire un signe de tête à qn ; *(= give approval)* accepter qn ; *(= give permission)* donner le feu vert à qn ◆ **a nod and a wink*** un clin d'œil entendu ◆ **to give sb a nod and a wink*** faire un clin d'œil entendu à qn ◆ **a nod is as good as a wink (to a blind horse)** *(Prov)* l'allusion est claire

[2] ◆ **Land of Nod** → **land**

VI [1] *(= move head)* faire un signe de (la) tête, incliner la tête ; *(as sign of assent)* hocher la tête, faire signe que oui ◆ **to nod to sb** faire un signe de tête à qn ; *(in greeting)* saluer qn d'un signe de tête, saluer qn de la tête ◆ **"does it work?" he asked, nodding at the piano** « est-ce qu'il marche ? » demanda-t-il, montrant le piano d'un signe de (la) tête ◆ **he nodded to me to go** de la tête il m'a fait signe de m'en aller ◆ **we're on**

**nodding terms**, we have a nodding acquaintance nous nous disons bonjour, nous nous saluons ◆ **he has a nodding acquaintance with German/Montaigne** il connaît vaguement l'allemand/Montaigne

② (= doze) sommeiller, somnoler ◆ **he was nodding over a book** il dodelinait de la tête or il somnolait sur un livre ◆ **to catch sb nodding** (fig) prendre qn en défaut

③ [flowers, plumes] se balancer, danser

**VT** ◆ **to nod one's head** (= move head down) faire un signe de (la) tête, incliner la tête ; (as sign of assent) faire un signe de tête affirmatif ◆ **to nod one's agreement/approval** manifester son assentiment/son approbation par un or d'un signe de tête ◆ **to nod assent** faire signe que oui ◆ **they nodded goodnight to Jane** ils ont dit bonsoir à Jane d'un signe de tête ◆ **Taylor leapt up to nod the ball home** (Football) Taylor a bondi pour marquer un but de la tête

▶ **nod off** VI s'endormir ◆ **I nodded off for a moment** je me suis endormi un instant

**nodal** /ˈnəʊdl/ ADJ nodal

**noddle** †* /ˈnɒdl/ N (= head) caboche* f, fiole* f

**Noddy** /ˈnɒdɪ/ N (= children's character) Oui-Oui m

**node** /nəʊd/ N (gen) nœud m ; [of plant] nœud m, nodosité f ; (Anat) nodus m, nodosité f ◆ **remote/network node** (Comput) nœud m distant/de réseau ; → **lymph**

**nodular** /ˈnɒdjʊləʳ/ ADJ nodulaire

**nodule** /ˈnɒdjuːl/ N (Anat, Bot, Geol) nodule m

**Noel** /nəʊəl/ N Noël m

**noetic** /nəʊˈetɪk/ ADJ noétique

**noggin** /ˈnɒɡɪn/ N ① (= container) (petit) pot m ; (= amount) quart m (de pinte) ◆ **let's have a noggin** (Brit = drink) allons boire or prendre un pot
② (US* = head) caboche* f, tête f

**Noh** /nəʊ/ N ⇒ **No**

**nohow*** /ˈnəʊhaʊ/ ADV (esp US = no way) pas du tout

**noise** /nɔɪz/ SYN

**N** ① (= sound) bruit m ◆ **I heard a small noise** j'ai entendu un petit bruit ◆ **the noise of the traffic** le bruit de la circulation ◆ **to make a noise** faire du bruit ◆ **stop that noise!** arrêtez(-moi) tout ce bruit ! ◆ **noises in the ears** bourdonnements mpl (d'oreilles) ◆ **a hammering noise** un martèlement ◆ **a clanging noise** un bruit métallique ◆ **noises off** (Theat) bruits mpl dans les coulisses

② (fig) ◆ **to make reassuring/placatory noises** tenir des propos rassurants/apaisants ◆ **to make (all) the right noises*** se montrer complaisant ◆ **the book made a lot of noise when it came out** le livre a fait beaucoup de bruit quand il est sorti ◆ **to make a lot of noise about sth*** faire du tapage autour de qch ◆ **she made noises* about wanting to go home early** elle a laissé entendre qu'elle voulait rentrer tôt ; → **big**

③ (NonC) (Rad, TV) interférences fpl, parasites mpl ; (on phone) friture f ; (Comput) bruit m

**VT** (frm) ◆ **to noise sth about** or **abroad** ébruiter qch

**COMP** **noise abatement** N lutte f antibruit ◆ **noise-abatement campaign/society** campagne f/ligue f antibruit or pour la lutte contre le bruit

**noise pollution** N nuisances fpl sonores

**noise prevention** N mesure f antibruit or contre le bruit

**noiseless** /ˈnɔɪzlɪs/ SYN ADJ [person, machine] silencieux

**noiselessly** /ˈnɔɪzlɪslɪ/ ADV sans bruit

**noiselessness** /ˈnɔɪzlɪsnɪs/ N silence m, absence f de bruit

**noisily** /ˈnɔɪzɪlɪ/ ADV bruyamment

**noisiness** /ˈnɔɪzɪnɪs/ N caractère m bruyant ; [of child] turbulence f

**noisome** /ˈnɔɪsəm/ ADJ (liter) ① (= malodorous) [smell, odour, vapours] méphitique (liter)
② (= unpleasant) [person] immonde ; (= harmful) [environment] néfaste

**noisy** /ˈnɔɪzɪ/ SYN ADJ ① (= loud) bruyant ◆ **to be noisy** [person, car] être bruyant, faire beaucoup de bruit
② (= garish) [colour] criard, voyant

**nomad** /ˈnəʊmæd/ SYN N nomade mf

**nomadic** /nəʊˈmædɪk/ SYN ADJ (lit, fig) nomade

**nomadism** /ˈnəʊmædɪzəm/ N nomadisme m

**nom de plume** † /ˈnɒmdəˈpluːm/ SYN N (pl **noms de plume**) (Literat) pseudonyme m

**nomenclator** /ˈnəʊmenˌkleɪtəʳ/ N nomenclateur m, -trice f

**nomenclature** /nəʊˈmenklətʃəʳ/ SYN N nomenclature f

**nomenklatura** /ˌnəʊmenkləˈtʊərə/ N (Pol: formerly in Eastern Europe) ◆ **the nomenklatura** la nomenklatura

**nominal** /ˈnɒmɪnl/ SYN

**ADJ** ① (= in name only) [agreement, power, rights, control, leader, value] nominal ◆ **he's a nominal socialist/Christian** il n'a de socialiste/chrétien que le nom

② (= minimal) [fee, charge, sum] minimal, insignifiant ; [wage, salary, rent] insignifiant ; [fine, penalty] symbolique ◆ **nominal damages** (Jur) dommages-intérêts mpl symboliques

③ (Gram) [clause] nominal

**N** (Gram) expression f nominale

**nominalism** /ˈnɒmɪnəlɪzəm/ N nominalisme m

**nominalist** /ˈnɒmɪnəlɪst/ N, ADJ nominaliste mf

**nominalization** /ˌnɒmɪnəlaɪˈzeɪʃən/ N (Ling) nominalisation f

**nominalize** /ˈnɒmɪnəlaɪz/ VT (Ling) nominaliser

**nominally** /ˈnɒmɪnəlɪ/ ADV [independent] théoriquement, en théorie ◆ **nominally in charge** théoriquement responsable ◆ **nominally, they are on the same side, but...** en principe, ils sont du même bord, mais... ◆ **nominally socialist/Christian** qui n'a de socialiste/chrétien que le nom

**nominate** /ˈnɒmɪneɪt/ SYN VT ① (= appoint) nommer, désigner ◆ **he was nominated chairman, he was nominated to the chairmanship** il a été nommé président ◆ **nominated and elected members of a committee** membres mpl désignés et membres élus d'un comité

② (= propose) proposer, présenter ◆ **he was nominated for the presidency** il a été proposé comme candidat à la présidence ◆ **they nominated Mr Lambotte for mayor** ils ont proposé M. Lambotte comme candidat à la mairie ◆ **to nominate sb for an Oscar** proposer or nominer qn pour un Oscar

**nomination** /ˌnɒmɪˈneɪʃən/ SYN

**N** ① (= appointment) nomination f (to à)

② (for job, political office etc) proposition f de candidat ◆ **nominations must be received by...** toutes propositions de candidats doivent être reçues avant...

③ (Cine: for award) nomination f

**COMP** **nomination paper** N (Pol) feuille f de candidature, nomination f

**nominative** /ˈnɒmɪnətɪv/

**ADJ** (gen) nominatif ; [ending] du nominatif

**N** nominatif m ◆ **in the nominative** au nominatif, au cas sujet

**nominator** /ˈnɒmɪneɪtəʳ/ N présentateur m

**nominee** /ˌnɒmɪˈniː/ SYN N (for post) personne f désignée or nommée ; (in election) candidat(e) m(f) désigné(e) ; (for annuity etc) personne f dénommée ; (Stock Exchange) mandataire mf ◆ **nominee company** (Stock Exchange) société f prête-nom

**nomogram** /ˈnɒməɡræm/ N nomogramme m

**non-** /nɒn/

**PREF** non- ◆ **strikers and non-strikers** grévistes mpl et non-grévistes mpl ◆ **believers and non-believers** ceux qui croient et ceux qui ne croient pas, (les) croyants mpl et (les) non-croyants mpl

**COMP** **non-absorbent** ADJ non absorbant
**non-accidental injury** N (NonC) maltraitance f
**non-accountable** ADJ non responsable
**non-achievement** N échec m
**non-achiever** N personne f qui ne réussit pas
**non-addictive** ADJ qui ne crée pas de dépendance
**non-affiliated** ADJ [business] non affilié ; [industry] non confédéré
**non-aggression** N non-agression f ◆ **non-aggression pact** or **treaty** pacte m de non-agression
**non-alcoholic** ADJ non alcoolisé, sans alcool
**non-aligned** ADJ (Pol) non aligné
**non-alignment** N (Pol) non-alignement m ◆ **non-alignment policy** politique f de non-alignement
**non-appearance** N (Jur) non-comparution f
**non-arrival** N non-arrivée f
**non-assertive** ADJ qui manque d'assurance, qui ne se met pas en avant
**non-attendance** N absence f
**non-availability** N non-disponibilité f
**non-believer** N (Rel) incroyant(e) m(f)
**non-biological** ADJ [solution, parent] non biologique ; [washing powder] sans enzymes
**non-Catholic** ADJ, N non catholique mf
**non-Christian** ADJ non chrétien
**non-classified** ADJ qui n'est pas classé secret
**non-collegiate** ADJ [student] qui n'appartient à aucun collège ◆ **non-collegiate university** université f qui n'est pas divisée en collèges
**non-com*** N (abbrev of **non-commissioned officer**) (US Mil) sous-off* m
**non-communication** N manque m de communication
**non-completion** N [of work] non-achèvement m ; [of contract] non-exécution f
**non-compliance** N refus m d'obéissance (with à)
**non compos mentis** SYN ADJ qui n'a pas toute sa raison
**non-contagious** ADJ non contagieux
**non-contributory** ADJ ◆ **non-contributory pension scheme** régime m de retraite sans retenues or cotisations
**non-controversial** ADJ ⇒ **uncontroversial**
**non-conventional** ADJ non conventionnel
**non-cooperation** N refus m de coopérer, non-coopération f
**non-cooperative** ADJ peu coopératif
**non-crush(able)** ADJ infroissable
**non-cumulative** ADJ non cumulatif
**non-custodial** ADJ (Jur) ◆ **non-custodial sentence** peine f non privative de liberté
**non-dairy** ADJ qui n'est pas à base de lait
**non-degradable** ADJ qui n'est pas biodégradable
**non-democratic** ADJ non démocratique
**non-denominational** ADJ œcuménique
**non-drinker** N personne f qui ne boit pas d'alcool
**non-drip** ADJ [paint] qui ne coule pas
**non-driver** N personne f qui n'a pas le permis de conduire
**non-EU** ADJ [citizens, passports] des pays qui n'appartiennent pas à l'UE ; [imports] hors Union européenne
**non-executive** ADJ non-exécutif N non-exécutif m
**non-governmental organization** N organisation f non gouvernementale
**non-greasy** ADJ [ointment, lotion] qui ne graisse pas ; [skin, hair] normal, qui n'est pas gras (grasse f)
**non-hero** N antihéros m
**non-interference** N non-intervention f
**non-iron** ADJ qui ne nécessite aucun repassage ◆ "**non-iron**" (on label) « ne pas repasser »
**non-Jew** N non-juif m, -ive f
**non-Jewish** ADJ non juif
**non-league** ADJ (Brit Sport) hors division
**non-manual worker** N col m blanc
**non-Muslim** ADJ non musulman N non-musulman(e) m(f)
**non-negotiable** ADJ non négociable
**non-nuclear** ADJ [weapon] conventionnel ; [country] non nucléaire
**non-nutritious** ADJ sans valeur nutritive
**non-party** ADJ (Pol) [vote, decision] indépendant, neutre
**non-penetrative** ADJ [sex] sans pénétration
**non-person** N (= stateless etc) personne f sans identité juridique
**non-practising** ADJ [Christian, Muslim etc] non pratiquant
**non-productive** ADJ non productif
**non-professional** ADJ [player etc] amateur ◆ **non-professional conduct** manquement m aux devoirs de sa profession N (Sport etc) amateur mf
**non-punitive** ADJ dont l'intention n'est pas de punir
**non-racial** ADJ non racial
**non-refillable** ADJ [pen, bottle] non rechargeable
**non-reflective** ADJ [glass] non réfléchissant, antireflet f inv
**non-religious** ADJ non croyant
**non-renewable energy sources** NPL énergies fpl non renouvelables
**non-resident** ADJ (gen) non résident ◆ **non-resident course** stage m sans hébergement ◆ **non-resident doctor** attaché(e) m(f) de consultations ◆ **non-resident student** (US) étudiant(e) d'une université d'État dont le domicile permanent est situé en dehors de cet État N non-résident(e) m(f) ; (Brit : in hotel) client(e) m(f) de passage (qui n'a pas de chambre)
**non-sexist** ADJ qui n'est pas sexiste, non sexiste

**non-student** N non-étudiant(e) m(f)
**non-threatening** ADJ qui n'est pas menaçant
**non-traditional** ADJ non traditionnel
**non-union** ADJ [company, organization] qui n'emploie pas de personnel syndiqué
**non-unionized** ADJ ⇒ **non-union**
**non-white** N personne f de couleur ADJ de couleur

**nonacademic** /ˌnɒnækəˈdemɪk/ ADJ ① (= extracurricular) extrascolaire
② (= non-educational) [staff] non enseignant ; [career] en dehors de l'enseignement
③ (= not academically gifted) [child, pupil] peu doué pour les études

**nonage** /ˈnəʊnɪdʒ/ N (Jur) minorité f

**nonagenarian** /ˌnɒnədʒɪˈnɛərɪən/ ADJ, N nonagénaire mf

**nonagon** /ˈnɒnəgɒn/ N ennéagone m

**nonagonal** /nɒˈnægənəl/ ADJ ennéagonal

**nonattributable** /ˌnɒnəˈtrɪbjʊtəbl/ ADJ de source non divulguée

**nonbelligerent** /ˌnɒnbɪˈlɪdʒərənt/
ADJ non belligérant
N non-belligérant(e) m(f)

**nonbreakable** /ˌnɒnˈbreɪkəbl/ ADJ incassable

**nonce** /nɒns/
N ① ◆ **for the nonce** pour la circonstance, pour l'occasion
② \* pointeur\* m
COMP ◆ **nonce-bashing**\* N chasse f aux pointeurs\*

**nonchalance** /ˈnɒnʃələns/ SYN N nonchalance f

**nonchalant** /ˈnɒnʃələnt/ SYN ADJ nonchalant ◆ **to be nonchalant about sth** prendre qch avec nonchalance

**nonchalantly** /ˈnɒnʃələntlɪ/ ADV nonchalamment, avec nonchalance

**noncombatant** /ˌnɒnˈkɒmbətənt/ ADJ, N non-combattant(e) m(f)

**noncombustible** /ˌnɒnkəmˈbʌstɪbl/ ADJ non combustible

**noncommercial** /ˌnɒnkəˈmɜːʃəl/ ADJ sans but lucratif

**noncommissioned** /ˌnɒnkəˈmɪʃənd/ ADJ (Mil) non breveté, sans brevet ◆ **noncommissioned officer** sous-officier m

**noncommittal** /ˌnɒnkəˈmɪtl/ SYN ADJ [person] qui ne s'engage pas ; [letter, statement] qui n'engage à rien, évasif ; [grunt] évasif ; [expression, attitude] réservé ◆ **he gave a noncommittal answer** il fit une réponse évasive or qui ne l'engageait pas ◆ **I'll be very noncommittal** je ne m'engagerai pas ◆ **he was very noncommittal about it** il ne s'est pas prononcé là-dessus

**noncommittally** /ˌnɒnkəˈmɪtəlɪ/ ADV [say, answer] évasivement, sans s'engager

**noncommunicant** /ˌnɒnkəˈmjuːnɪkənt/ ADJ, N (Rel) non-communiant(e) m(f)

**noncommunist** /ˌnɒnˈkɒmjʊnɪst/
ADJ non communiste
N non-communiste mf

**nonconductor** /ˌnɒnkənˈdʌktər/ N (Phys) non-conducteur m, mauvais conducteur m ; [of heat] isolant m, calorifuge m ; (Elec) isolant m

**nonconformism** /ˌnɒnkənˈfɔːmɪzəm/ N non-conformisme m

**nonconformist** /ˌnɒnkənˈfɔːmɪst/ SYN
N non-conformiste mf
ADJ non conformiste

**Nonconformity** /ˌnɒnkənˈfɔːmɪtɪ/ N (Rel) non-conformité f

**nonconsecutive** /ˌnɒnkənˈsekjʊtɪv/ ADJ non consécutif

**nonconvertible** /ˌnɒnkənˈvɜːtəbl/ ADJ non convertible

**noncustodial sentence** /ˌnɒnkʌsˈtəʊdɪəl/ N (Jur) peine f non privative de liberté

**nondazzle** /ˈnɒnˈdæzl/ ADJ antiéblouissant

**nondelivery** /ˌnɒndɪˈlɪvərɪ/ N (Comm) défaut m de livraison, non-livraison f

**nondescript** /ˈnɒndɪskrɪpt/ SYN ADJ [person, face, building] quelconque ; [appearance] insignifiant, quelconque ; [colour] indéfinissable

**nondestructive** /ˌnɒndɪsˈtrʌktɪv/ ADJ (Tech) [testing] non destructeur (-trice f)

**nondetachable** /ˌnɒndɪˈtætʃəbl/ ADJ [handle etc] fixe, indémontable ; [lining, hood] non détachable

**nondirectional** /ˌnɒndɪˈrekʃənl/ ADJ omnidirectionnel

**nondirective therapy** /ˌnɒndɪˌrektɪvˈθerəpɪ/ N (Psych) psychothérapie f non directive, non-directivisme m

**nondisclosure** /ˌnɒndɪsˈkləʊzər/ N non-divulgation f ◆ **nondisclosure agreement** accord m de confidentialité

**nondistinctive** /ˌnɒndɪsˈtɪŋktɪv/ ADJ (Ling) non distinctif

**none** /nʌn/ SYN
PRON ①
*When* **none** *refers to a noun in the plural, it is generally translated by* **aucun(e)**. *The verb that follows is preceded by* **ne**.

◆ **I tried four jackets on, but none fitted me** j'ai essayé quatre vestes, mais aucune ne m'allait ◆ **the police interviewed ten men, but none admitted seeing her** la police a interrogé dix hommes, mais aucun n'a avoué l'avoir vue

*Note the possible translations when* **none** *refers to an uncountable noun or a noun in the singular.*

◆ **I looked for butter, but there was none** j'ai cherché du beurre mais il n'y en avait pas ◆ **I asked her for an answer, but she gave none** je lui ai demandé une réponse, mais elle n'en a pas donné ◆ **he tried to hire a car but there were none available** il a essayé de louer une voiture mais il n'y en avait pas de disponible ◆ **there's none left** il n'y en a plus, il n'en reste plus
◆ **none at all** ◆ **there was no evidence, none at all** il n'y avait aucune preuve, absolument aucune ◆ **we had no notice of it, none at all** nous n'en avons pas été prévenus à l'avance, absolument pas ◆ **is there any bread left? – none at all** y a-t-il encore du pain ? – pas une miette ◆ **I need money but have none at all** j'ai besoin d'argent mais je n'en ai pas du tout
◆ **none of**

*When* **none of** *is followed by a plural, it is generally translated* **aucun(e) de**. *The verb that follows is preceded by* **ne**.

◆ **none of these problems should affect us** aucun de ces problèmes ne devrait nous toucher ◆ **none of the band members are well known** aucun des membres du groupe n'est célèbre ◆ **I want none of your excuses!** vos excuses ne m'intéressent pas !

*When* **none of** *is followed by an uncountable noun, the negative idea is expressed in various ways.*

◆ **she did none of the work herself** elle n'a rien fait elle-même ◆ **none of the food/aid arrived on time** la nourriture/l'aide n'est pas arrivée à temps, toute la nourriture/l'aide est arrivée en retard ◆ **none of this milk was pasteurized/contained bacteria** ce lait n'était pas pasteurisé/ne contenait aucune bactérie ◆ **none of this money** pas un centime de cet argent ◆ **none of this land** pas un mètre carré or pas un pouce de ce terrain ◆ **none of the evidence unequivocally shows that it is harmful** rien ne prouve clairement que c'est nocif ; → **business**

*When* **none of** *is followed by a pronoun, it is generally translated by* **aucun(e) de**. *When referring to people, it can be translated by* **aucun(e) d'entre**. *Note the use of* **ne** *before the verb.*

◆ **none of us** aucun de nous or d'entre nous, personne parmi nous ◆ **none of us knew how to change a wheel** aucun de nous or d'entre nous ne savait changer une roue ◆ **none of them saw him** aucun d'entre eux ne l'a vu ◆ **none of you knew** aucun d'entre vous ne le savait ◆ **I checked the glasses and none of them were broken** j'ai vérifié les verres et aucun n'était cassé
◆ **none of it** ◆ **I read what he'd written but none of it made any sense** j'ai lu ce qu'il avait écrit mais c'était complètement incohérent ◆ **none of it was true** tout cela était faux ◆ **we tried the wine but none of it was drinkable** nous avons goûté le vin mais pas une goutte n'était buvable ◆ **they promised financial aid, but so far none of it has arrived** ils ont promis une aide financière, mais jusqu'à maintenant pas un seul centime n'a été versé ◆ **I understood none of it** je n'y ai rien compris
◆ **none of this/that** rien de ceci/cela ◆ **none of that!** pas de ça !
◆ **will have** or **is having** etc **none of** ◆ **he will have none of this kind of talk** il ne tolère pas ce genre de discours ◆ **he would have none of it** il ne voulait rien savoir ◆ **she was having none of that nonsense** elle refusait d'écouter ces sottises
② (= nobody) personne + ne before vb ◆ **I know, none better, that...** je sais mieux que personne que... ◆ **Dr. Harriman was a specialist, none better** le Docteur Harriman était un spécialiste, il n'y en avait pas de meilleur
◆ **none but** (frm) seul ◆ **none but God will ever know what I suffered** seul Dieu saura jamais combien j'ai souffert ◆ **none but Sarah came** seule Sarah est venue
◆ **none other** ◆ **it was Hillary Clinton, none other** c'était Hillary Clinton en personne ◆ **their guest was none other than the president himself** leur invité n'était autre que le président en personne ◆ **for this reason and none other** pour cette raison très exactement
③ (in form-filling) néant m
ADV **none the...** ◆ **he's none the worse for it** il ne s'en porte pas plus mal ◆ **she's looking none the worse for her ordeal** cette épreuve ne semble pas l'avoir trop marquée ◆ **I like him none the worse for it** je ne l'en aime pas moins pour cela ◆ **the house would be none the worse for a coat of paint** une couche de peinture ne ferait pas de mal à cette maison ◆ **he was none the wiser** il n'en savait pas plus pour autant, il n'était pas plus avancé
◆ **none too...** ◆ **it's none too warm** il ne fait pas tellement chaud ◆ **and none too soon either!** et ce n'est pas trop tôt ! ◆ **I was none too sure that he would come** j'étais loin d'être sûr qu'il viendrait ◆ **she was none too happy about it** elle était loin d'être contente ◆ **he was none too pleased at being disturbed** ça ne l'a pas enchanté qu'on le dérange

**nonedible** /nɒˈnedɪbl/ ADJ non comestible

**nonego** /nɒnˈiːgəʊ/ N non-moi m

**nonentity** /nɒˈnentɪtɪ/ SYN N personne f insignifiante or sans intérêt ◆ **he's a complete nonentity** c'est une nullité

**nonessential** /ˌnɒnɪˈsenʃl/
ADJ non essentiel, accessoire
NPL **nonessentials** accessoires mpl ◆ **the nonessentials** l'accessoire m

**nonestablished** /ˌnɒnɪsˈtæblɪʃt/ ADJ [church] non établi

**nonesuch** /ˈnɒnsʌtʃ/ N ⇒ **nonsuch**

**nonet** /nɒˈnet/ N (Mus) nonet m

**nonetheless** /ˌnʌnðəˈles/ SYN ADV ⇒ **nevertheless**

**nonevent**\* /ˈnɒnɪˈvent/ N non-événement m

**nonexamination course** /ˌnɒnɪgˌzæmɪˈneɪʃənˌkɔːs/ N (Scol etc) études fpl non sanctionnées par un examen

**nonexecutive director** /ˌnɒnɪgˈzekjʊtɪv dɪˈrektər/ N administrateur m

**nonexistence** /ˌnɒnɪgˈzɪstəns/ N non-existence f

**nonexistent** /ˌnɒnɪgˈzɪstənt/ ADJ inexistant

**nonexplosive** /ˌnɒnɪkˈspləʊsɪv/ ADJ [gas] non explosif

**nonfactual** /ˌnɒnˈfæktjʊəl/ ADJ qui n'est pas fondé sur des faits

**nonfat** /ˈnɒnfæt/ ADJ [cooking, diet] sans corps gras or matière grasse ; [meat] maigre

**nonfattening** /ˌnɒnˈfætnɪŋ/ ADJ qui ne fait pas grossir

**nonferrous** /ˌnɒnˈferəs/ ADJ non ferreux

**nonfiction** /ˌnɒnˈfɪkʃən/ N littérature f non romanesque ◆ **he only reads nonfiction** il ne lit jamais de romans

**nonfinite** /ˌnɒnˈfaɪnaɪt/ ADJ ◆ **nonfinite verb** verbe m au mode impersonnel ◆ **nonfinite forms** modes mpl impersonnels

**nonflammable** /ˌnɒnˈflæməbl/ ADJ ⇒ **noninflammable**

**nonfulfilment** /ˌnɒnfʊlˈfɪlmənt/ N non-exécution f, inexécution f

**nonglare** /ˌnɒnˈglɛər/ ADJ antiéblouissant

**nongovernmental** /ˌnɒngʌvənˈmentl/ ADJ non gouvernemental

**nongrammatical** /ˌnɒngrəˈmætɪkəl/ ADJ non grammatical

**non grata**\* /ˌnɒnˈgrɑːtə/ ADJ ◆ **he felt rather non grata** il avait l'impression d'être un intrus ; see also **persona**

**nonillion** /nəʊˈnɪljən/ N (esp Brit = 10⁵⁴) nonillion m ; (esp US = 10³⁰) quintillion m

**noninfectious** /ˌnɒnɪnˈfekʃəs/ ADJ non contagieux

**noninflammable** /ˌnɒnɪnˈflæməbl/ ADJ ininflammable

**nonintervention** /ˌnɒnɪntəˈvenʃən/ N (Pol etc) non-intervention f, laisser-faire m

**noninterventionist** /ˌnɒnɪntəˈvenʃənɪst/
■ ADJ non interventionniste
■ N (Pol etc) non-interventionniste mf

**noninvolvement** /ˌnɒnɪnˈvɒlvmənt/ N (in war, conflict) non-engagement m, neutralité f ; (in negotiations etc) non-participation f ; (Psych) détachement m

**nonjudg(e)mental** /ˌnɒndʒʌdʒˈmentəl/ ADJ qui ne porte pas de jugement, neutre

**nonladdering** /ˌnɒnˈlædərɪŋ/ ADJ ⇒ nonrun

**nonlinear** /ˌnɒnˈlɪnɪəʳ/ ADJ non linéaire

**nonlinguistic** /ˌnɒnlɪŋˈgwɪstɪk/ ADJ (communication etc) non verbal

**nonliterate** /ˌnɒnˈlɪtərɪt/ ADJ [tribe, culture] sans écriture

**nonmalignant** /ˌnɒnməˈlɪgnənt/ ADJ [tumour] bénin (-igne f)

**nonmaterial** /ˈnɒnməˈtɪərɪəl/ ADJ immatériel

**nonmember** /ˌnɒnˈmembəʳ/ N [of club etc] personne f étrangère (au club etc) ◆ **open to nonmembers** ouvert au public

**nonmetal** /ˈnɒnmetl/ N (Chem) non-métal m, métalloïde m

**nonmetallic** /ˌnɒnmɪˈtælɪk/ ADJ (= relating to non-metals) métalloïdique ; (= not of metallic quality) non métallique

**nonmilitant** /ˌnɒnˈmɪlɪtənt/ ADJ non militant

**nonmilitary** /ˌnɒnˈmɪlɪtərɪ/ ADJ non militaire

**nonobservance** /ˌnɒnəbˈzɜːvəns/ N (gen) non-observation f, inobservation f ; (Rel) non-observance f

**non obst.** PREP (abbrev of **non obstante**) (= notwithstanding) nonobstant

**nonoperational** /ˌnɒnɒpəˈreɪʃənl/ ADJ non opérationnel

**nonpareil** /ˌnɒnpərəl/ (liter)
■ N personne f or chose f sans pareille
■ ADJ incomparable, sans égal

**nonpartisan** /ˈnɒnˌpɑːtɪˈzæn/ ADJ impartial

**nonpaying** /ˌnɒnˈpeɪɪŋ/ ADJ [visitor etc] qui ne paie pas, admis à titre gracieux

**nonpayment** /ˌnɒnˈpeɪmənt/ N non-paiement m (of de)

**non-penetrative** /ˌnɒnˈpenɪtrətɪv/ ADJ [sex] sans pénétration

**nonperformance** /ˌnɒnpəˈfɔːməns/ N [of contract] non-exécution f ; [of government] mauvais résultats mpl ; [of company] mauvaises performances fpl

**nonplus** /ˌnɒnˈplʌs/ VT déconcerter, dérouter ◆ **I was utterly nonplussed** j'étais complètement déconcerté or dérouté

**nonpolitical** /ˌnɒnpəˈlɪtɪkəl/ ADJ apolitique

**nonpolluting** /ˌnɒnpəˈluːtɪŋ/ ADJ non polluant

**nonprofitmaking** /ˌnɒnˈprɒfɪtmeɪkɪŋ/, **nonprofit** (US) /ˌnɒnˈprɒfɪt/ ADJ à but non lucratif

**nonproliferation** /ˌnɒnprəˌlɪfəˈreɪʃən/ N non-prolifération f ◆ **nonproliferation treaty** traité m de non-prolifération

**non-punitive** /ˌnɒnˈpjuːnɪtɪv/ ADJ dont l'intention n'est pas de punir

**non-racial** /ˌnɒnˈreɪʃəl/ ADJ [society] non racial

**nonreader** /ˌnɒnˈriːdəʳ/ N (averse to reading) personne qui ne lit pas ; (= illiterate) analphabète mf

**nonreceipt** /ˌnɒnrɪˈsiːt/ N [of letter etc] non-réception f

**nonrecoverable** /ˌnɒnrɪˈkʌvərəbl/ ADJ (Jur) irrécouvrable

**nonrecurring expenses** /ˌnɒnrɪˈkɜːrɪŋɪkˈspensɪz/ NPL dépenses fpl d'équipement

**nonrenewable** /ˌnɒnrɪˈnjuːəbl/ ADJ non renouvelable

**nonrepresentational** /ˌnɒnreprɪzenˈteɪʃənl/ ADJ (Pol) non représentatif ; (Art) non figuratif

**nonreturnable** /ˌnɒnrɪˈtɜːnəbl/ ADJ [bottle etc] non consigné

**nonrun** /ˌnɒnˈrʌn/ ADJ indémaillable

**nonrunner** /ˈnɒnˈrʌnəʳ/ N non-partant m

**nonscheduled** /ˌnɒnˈʃedjuːld/ ADJ [plane, flight] spécial

**nonsectarian** /ˌnɒnsekˈtɛərɪən/ ADJ non confessionnel

**nonsegregated** /ˌnɒnˈsegrɪgeɪtɪd/ ADJ sans ségrégation

**nonsense** /ˈnɒnsəns/ SYN
■ N (NonC) absurdités fpl, idioties fpl ◆ **to talk nonsense** dire n'importe quoi ◆ **that's a piece of nonsense!** c'est une absurdité !, n'importe quoi ! ◆ **that's (a lot of) nonsense** tout ça ce sont des absurdités ◆ **but that's nonsense!** mais c'est absurde !, mais c'est n'importe quoi ! ◆ **oh, nonsense!** non, il ne dis pas n'importe quoi ! ◆ **I'm putting on weight - nonsense!** je grossis - penses-tu ! ◆ **that is dangerous nonsense** c'est absurde et même dangereux ◆ **all this nonsense about them not being able to pay** toutes ces histoires idiotes comme quoi * or selon lesquelles ils seraient incapables de payer ◆ **it is nonsense to say...** il est absurde or idiot de dire... ◆ **he will stand no nonsense from anybody** il ne se laissera pas faire par qui que ce soit, il ne se laissera marcher sur les pieds par personne ◆ **he won't stand any nonsense about that** il ne plaisante pas là-dessus ◆ **I've had enough of this nonsense!** j'en ai assez de ces histoires or idioties ! ◆ **stop this nonsense!, no more of your nonsense!** arrête tes idioties ! ◆ **there's no nonsense about him** c'est un homme très carré ◆ **to knock the nonsense out of sb*** ramener qn à la raison ◆ **to make (a) nonsense of** [+ project, efforts, pledge] rendre inutile ; [+ claim] invalider ◆ **it is an economic nonsense to...** c'est absolument absurde d'un point de vue économique que de... ◆ **that is just publicity nonsense** ce n'est que du baratin publicitaire ; → **stuff**
COMP **nonsense verse** N vers mpl amphigouriques
**nonsense word** N mot m inventé de toutes pièces

**nonsensical** /nɒnˈsensɪkəl/ ADJ [idea, action] absurde, dénué de sens ; [person, attitude, rule, lyrics] absurde

**nonsensically** /nɒnˈsensɪkəlɪ/ ADV absurdement

**non sequitur** /nɒnˈsekwɪtəʳ/ N ◆ **it's a non sequitur** ça manque de suite

**nonshrink** /ˌnɒnˈʃrɪŋk/ ADJ irrétrécissable

**nonsinkable** /ˌnɒnˈsɪŋkəbl/ ADJ insubmersible

**nonsked*** /ˌnɒnˈsked/ N (US) avion m spécial

**nonskid** /ˌnɒnˈskɪd/ ADJ antidérapant

**nonskilled** /ˌnɒnˈskɪld/ ADJ ⇒ unskilled

**nonslip** /ˌnɒnˈslɪp/ ADJ [shoe sole, ski] antidérapant

**nonsmoker** /ˌnɒnˈsməʊkəʳ/ N (= person) non-fumeur m, -euse f, personne f qui ne fume pas ◆ **he is a nonsmoker** il ne fume pas

**nonsmoking** /ˌnɒnˈsməʊkɪŋ/ ADJ [flight, seat, compartment, area] non-fumeurs inv ; [office, restaurant] où il est interdit de fumer ; [person] qui ne fume pas, non fumeur ◆ **the nonsmoking population** ceux mpl qui ne fument pas, les non-fumeurs mpl

**nonsolvent** /ˌnɒnˈsɒlvənt/ ADJ (Chem) non dissolvant

**nonspecialist** /ˌnɒnˈspeʃəlɪst/
■ N (gen) non-spécialiste mf ; (Med) généraliste mf
■ ADJ [knowledge, dictionary] général

**nonspecific** /ˌnɒnspəˈsɪfɪk/
ADJ 1 (Med) non spécifique
2 (= imprecise) général
COMP **nonspecific urethritis** N (Med) urétrite f

**nonstandard** /ˌnɒnˈstændəd/ ADJ (Ling) non standard inv

**nonstarter** /ˌnɒnˈstɑːtəʳ/ N 1 (= horse) non-partant m
2 (= person) nullité f
3 (= idea) ◆ **it's a nonstarter** c'est voué à l'échec

**nonstick** /ˌnɒnˈstɪk/ ADJ [coating] antiadhésif ; [saucepan] qui n'attache pas

**nonstop** /ˌnɒnˈstɒp/
ADJ [flight] sans escale ; [train] direct ; [journey] sans arrêt ; [music] ininterrompu ; (Ski) non-stop ◆ **the movie's two hours of nonstop action** les deux heures d'action ininterrompue du film
ADV [talk, work, rain] sans interruption, sans arrêt ; (Ski) non-stop ◆ **to fly nonstop from London to Chicago** faire Londres-Chicago sans escale

**nonsuch** /ˈnɒnsʌtʃ/ N (liter) personne f or chose f sans pareille

**nonsuit** /ˌnɒnˈsuːt/
■ N (Jur) (gen) ordonnance f de non-lieu ; (on the part of the plaintiff) cessation f de poursuites, retrait m de plainte ◆ **to direct a nonsuit** rendre une ordonnance de non-lieu
■ VT † débouter ◆ **to be nonsuited** être débouté (de sa demande)

**nonsupport** /ˌnɒnsəˈpɔːt/ N (US Jur) défaut m de pension alimentaire

**nonswimmer** /ˌnɒnˈswɪməʳ/ N personne f qui ne sait pas nager

**nontaxable** /ˌnɒnˈtæksəbl/ ADJ non imposable

**nonteaching staff** /ˌnɒnˈtiːtʃɪŋstɑːf/ N (Scol etc) personnel m non enseignant

**nontoxic** /ˌnɒnˈtɒksɪk/ ADJ non toxique

**nontransferable** /ˈnɒntrænsˈfɜːrəbl/ ADJ [ticket] non transmissible ; [share] nominatif ; [pension] non réversible

**non-trivial** /ˌnɒnˈtrɪvɪəl/ ADJ non insignifiant

**nonverbal** /ˌnɒnˈvɜːbəl/ ADJ non verbal

**nonviable** /ˌnɒnˈvaɪəbl/ ADJ non viable

**nonvintage** /ˌnɒnˈvɪntɪdʒ/ ADJ [wine] non millésimé

**nonviolence** /ˌnɒnˈvaɪələns/ N non-violence f

**nonviolent** /ˌnɒnˈvaɪələnt/ ADJ non violent

**nonvocational** /ˌnɒnvəʊˈkeɪʃənl/ ADJ [courses] non professionnel

**nonvoluntary** /ˌnɒnˈvɒləntərɪ/ ADJ [work] rémunéré

**nonvoter** /ˌnɒnˈvəʊtəʳ/ N (US Pol) abstentionniste mf

**nonvoting share** /ˌnɒnˈvəʊtɪŋˈʃɛəʳ/ N (Fin) action f sans droit de vote

**nonworker** /ˌnɒnˈwɜːkəʳ/ N personne f sans activité professionnelle

**nonworking** /ˌnɒnˈwɜːkɪŋ/ ADJ sans emploi, qui ne travaille pas

**nonwoven** /ˌnɒnˈwəʊvən/ ADJ non tissé

**noodle** /ˈnuːdl/ N 1 (Culin) ◆ **noodles** nouilles fpl ◆ **noodle soup** potage m au vermicelle
2 (* = silly person) nouille * f, nigaud(e) m(f)
3 (US, Can * = head) caboche * f, tête f

**nook** /nʊk/ SYN N (= corner) coin m, recoin m ; (= remote spot) retraite f ◆ **nooks and crannies** coins mpl et recoins mpl ◆ **breakfast nook** coin-repas m ◆ **a shady nook** une retraite ombragée, un coin ombragé

**nookie**/*, **nooky*** /ˈnʊkɪ/ N (Brit : esp hum) la fesse ◆ **to have a bit of nookie** se faire une partie de jambes en l'air

**noon** /nuːn/ N SYN ◆ midi m ◆ **at/about noon** à/vers midi ; → **high**

**noonday** /ˈnuːndeɪ/, **noontide** †† /ˈnuːntaɪd/, **noontime** (esp US) /ˈnuːntaɪm/
■ N midi m ◆ **at the noonday of his fame** (fig,liter) à l'apogée de sa gloire
■ ADJ de midi

**noose** /nuːs/
■ N nœud m coulant ; (in animal trapping) collet m ; [of cowboy] lasso m ; [of hangman] corde f ◆ **to put one's head in the noose, to put a noose round one's neck** (fig) se jeter dans la gueule du loup
■ VT [+ rope] faire un nœud coulant à
2 (in trapping) prendre au collet ; [cowboy] prendre or attraper au lasso

**nope*** /nəʊp/ PARTICLE non

**nor** /nɔːʳ/ CONJ 1 (following "neither") ni ◆ **neither you nor I can do it** ni vous ni moi (nous) ne pouvons le faire ◆ **she neither eats nor drinks** elle ne mange ni ne boit ◆ **neither here nor elsewhere does he stop working** ici comme ailleurs il ne cesse pas de travailler ; → **neither**
2 (= and not) ◆ **I don't know, nor do I care** je ne sais pas et d'ailleurs je m'en moque ◆ **that's not funny, nor is it true** ce n'est ni drôle ni vrai ◆ **that's not funny, nor do I believe it's true** cela n'est pas drôle et je ne crois pas non plus que ce soit vrai ◆ **I shan't go and nor will you** je n'irai pas et toi non plus ◆ **I don't like him - nor do I** je ne l'aime pas - moi non plus ◆ **nor was this all** et ce n'était pas tout ◆ **nor will I deny that...** je ne le nie pas non plus que... ◆ subj ◆ **nor was he disappointed** et il ne fut pas déçu non plus ; → **yet**

**nor'** /nɔːʳ/ **ADJ** : (in compounds) ⇒ **north** ◆ **nor'east** etc ⇒ **north-east** ; → **north**

**noradrenalin(e)** /ˌnɔːrəˈdrenəlɪn, iːn/ **N** noradrénaline f

**NOR circuit** /nɔːʳ/ **N** circuit m NON-OU or NI

**Nordic** /ˈnɔːdɪk/
  **ADJ** nordique
  **COMP** **Nordic skier N** skieur m, -euse f nordique ◆ **Nordic skiing N** ski m nordique

**norepinephrine** /ˌnɔːrepɪˈnefrɪn/ **N** (US Med) noradrénaline f

**Norf** abbrev of **Norfolk**

**Norfolk terrier** /ˈnɔːfək/ **N** (= dog) norfolk-terrier m

**noria** /ˈnɔːrɪə/ **N** noria f

**norm** /nɔːm/ **SYN** norme f ◆ **to differ from the norm** s'écarter de la norme

**normal** /ˈnɔːməl/ **SYN**
  **ADJ** 1 (gen) normal ; (= usual) habituel ◆ **traffic was normal for a bank holiday weekend** la circulation était normale pour un long week-end ◆ **a higher than normal risk of infection** un risque d'infection plus élevé que la normale ◆ **it's perfectly normal to feel that way** il est tout à fait normal de ressentir cela ◆ **it was quite normal for him to be late** c'était tout à fait dans ses habitudes d'arriver en retard ◆ **as normal** comme d'habitude ◆ **it's normal practice to do that** il est normal de faire cela ◆ **to buy sth for half the normal price** acheter qch à moitié prix ◆ **normal service will be resumed as soon as possible** (TV) nous vous prions de nous excuser pour cette interruption momentanée de l'image ◆ **the factory is back to normal working** le travail a repris normalement à l'usine
  2 (Math) normal, perpendiculaire
  3 (Chem) neutre
  **N** 1 normale f ◆ **above/below normal** au-dessus/en dessous de la normale ◆ **temperatures below normal** des températures au-dessous de la normale ◆ **to return** or **get back to normal** revenir à la normale
  2 (Math) normale f, perpendiculaire f
  **COMP** **normal curve N** (Math) courbe f de répartition normale
  **normal distribution N** (Math) répartition f normale
  **normal school N** (US : formerly) institut universitaire de formation des maîtres, ≈ école f normale
  **normal time N** (Sport) temps m réglementaire ◆ **at the end of normal time** à l'issue du temps réglementaire

**normality** /nɔːˈmælɪtɪ/ **SYN**, **normalcy** (esp US) /ˈnɔːməlsɪ/ **N** normalité f

**normalization** /ˌnɔːməlaɪˈzeɪʃən/ **N** normalisation f

**normalize** /ˈnɔːməlaɪz/
  **VT** normaliser, régulariser
  **VI** se normaliser, se régulariser

**normally** /ˈnɔːməlɪ/ **SYN** **ADV** (= usually) généralement, d'habitude ; (= as normal) normalement ◆ **he normally arrives at about 10 o'clock** d'habitude il arrive vers 10 heures ◆ **the trains are running normally** les trains circulent normalement

**Norman** /ˈnɔːmən/
  **ADJ** normand ; (Archit) roman ◆ **the Norman Conquest** la conquête normande ◆ **Norman French** (= language) anglo-normand m
  **N** Normand(e) m(f)

**Normandy** /ˈnɔːməndɪ/ **N** Normandie f ; → **landing**[1]

**normative** /ˈnɔːmətɪv/ **ADJ** normatif

**Norse** /nɔːs/
  **ADJ** (Hist) nordique, scandinave ◆ **Norseman** Scandinave m
  **N** (= language) nordique m, norrois m ◆ **Old Norse** vieux norrois m

**north** /nɔːθ/ **SYN**
  **N** nord m ◆ **magnetic north** Nord m or pôle m magnétique ◆ **to the north of...** au nord de... ◆ **house facing the north** maison f exposée au nord ◆ **to veer to the north, to go into the north** [wind] tourner au nord, anordir (Naut) ◆ **the wind is in the north** le vent est au nord ◆ **the wind is (coming** or **blowing) from the north** le vent vient or souffle du nord ◆ **to live in the north** habiter dans le Nord ◆ **in the north of Scotland** dans le nord de l'Écosse ◆ **the North** (US Hist) les États mpl antiesclavagistes or du Nord
  **ADJ** [side, coast, slope, end] nord inv ; [region, area] septentrional (frm) ◆ **north wind** vent m du nord ◆ **(in) north Wales/London** (dans) le nord du pays de Galles/de Londres ◆ **on the north side** du côté nord ◆ **studio with a north light** atelier m exposé au nord ◆ **a north aspect** une exposition au nord ◆ **room with a north aspect** pièce f exposée au nord ◆ **north wall** mur m (exposé au) nord ◆ **north transept/door** (Archit) transept m/portail m nord ; see also **pole**
  **ADV** [lie, be] au nord (of de) ; [go] vers le nord, en direction du nord ◆ **further north** plus au nord ◆ **north of the island** au nord de l'île ◆ **the town lies north of the border** la ville est (située) au nord de la frontière ◆ **we drove north for 100km** nous avons roulé pendant 100 km en direction du nord ◆ **go north till you get to Oxford** allez en direction du nord or vers le nord jusqu'à Oxford ◆ **to sail due north** aller droit vers le nord ; (Naut) [ship] avoir le cap au nord ◆ **north by north-east** nord quart nord-est
  **COMP** **North Africa N** Afrique f du Nord
  **North African ADJ** nord-africain, d'Afrique du Nord **N** Africain(e) m(f) du Nord, Nord-Africain(e) m(f)
  **North America N** Amérique f du Nord
  **North American ADJ** nord-américain, d'Amérique du Nord **N** Nord-Américain(e) m(f)
  **the North Atlantic N** l'Atlantique m nord
  **North Atlantic Drift N** dérive f nord-atlantique
  **North Atlantic Treaty Organization N** Organisation f du traité de l'Atlantique nord
  **North Carolina N** Caroline f du Nord ◆ **in North Carolina** en Caroline du Nord
  **the North Country N** (Brit) le Nord de l'Angleterre
  **north-country ADJ** du Nord (de l'Angleterre)
  **North Dakota N** Dakota m du Nord ◆ **in North Dakota** dans le Dakota du Nord
  **north-east N** nord-est m **ADJ** (du or au) nord-est inv **ADV** vers le nord-est
  **north-easter N** nordet m (Naut), vent m du nord-est
  **north-easterly ADJ** [wind, direction] du nord-est ; [situation] au nord-est **ADV** vers le nord-est
  **north-eastern ADJ** (du) nord-est inv
  **north-eastward(s) ADV** vers le nord-est
  **north-facing ADJ** exposé au nord
  **North Island N** (of New Zealand) l'île f du Nord (de la Nouvelle-Zélande)
  **North Korea N** Corée f du Nord
  **North Korean ADJ** nord-coréen **N** Nord-Coréen(ne) m(f)
  **north-north-east N** nord-nord-est m **ADJ** (du or au) nord-nord-est inv **ADV** vers le nord-nord-est
  **north-north-west N** nord-nord-ouest m **ADJ** (du or au) nord-nord-ouest inv **ADV** vers le nord-nord-ouest
  **North Pole N** pôle m Nord
  **North Sea N** mer f du Nord
  **North Sea gas N** (Brit) gaz m naturel de la mer du Nord
  **North Sea oil N** pétrole m de la mer du Nord
  **North Star N** étoile f polaire
  **North Vietnam N** Vietnam m du Nord
  **North Vietnamese ADJ** nord-vietnamien **N** Nord-Vietnamien(ne) m(f)
  **north-wall hammer N** (Climbing) marteau-piolet m
  **north-west N** nord-ouest m **ADJ** (du or au) nord-ouest inv **ADV** vers le nord-ouest
  **north-wester N** noroît m (Naut), vent m du nord-ouest
  **north-westerly ADJ** [wind, direction] du nord-ouest ; [situation] au nord-ouest **ADV** vers le nord-ouest
  **north-western ADJ** nord-ouest inv, du nord-ouest
  **North-West Frontier N** frontière f du Nord-Ouest
  **North-West Passage N** passage m du Nord-Ouest
  **north-westward(s) ADV** vers le nord-ouest

**Northants** /nɔːˈθænts/ abbrev of **Northamptonshire**

**northbound** /ˈnɔːθbaʊnd/ **ADJ** [traffic] en direction du nord ; [vehicle] qui va vers le nord ; [carriageway] nord inv

**Northd** abbrev of **Northumberland**

**northerly** /ˈnɔːðəlɪ/
  **ADJ** [wind] du nord ; [situation] au nord ; [direction] vers le nord ◆ **northerly latitudes** latitudes fpl boréales ◆ **northerly aspect** exposition f au nord, vers le nord
  **ADV** vers le nord

**northern** /ˈnɔːðən/
  **ADJ** [province, state, neighbour] du nord ; [border, suburbs] nord inv ◆ **the northern coast** le littoral nord or septentrional ◆ **house with a northern outlook** maison f exposée au nord ◆ **northern wall** mur m exposé au nord ◆ **in northern Spain** dans le nord de l'Espagne ◆ **northern hemisphere** hémisphère m Nord or boréal ◆ **in the northern town of Leeds** à Leeds, dans le nord
  **COMP** **Northern Ireland N** Irlande f du Nord
  **Northern Irish ADJ** d'Irlande du Nord **NPL** Irlandais mpl du Nord
  **northern lights NPL** aurore f boréale
  **the Northern Territory N** (of Australia) le Territoire du Nord

**northerner** /ˈnɔːðənəʳ/ **N** 1 homme m or femme f du Nord, habitant(e) m(f) du Nord ◆ **he is a northerner** il vient du Nord ◆ **the northerners** les gens mpl du Nord, les septentrionaux mpl
  2 (US Hist) Nordiste mf

**northernmost** /ˈnɔːðənməʊst/ **ADJ** le plus au nord, à l'extrême nord

**Northlands** /ˈnɔːθləndz/ **NPL** pays mpl du Nord

**Northman** /ˈnɔːθmən/ **N** (pl **-men**) (Hist) Viking m

**Northumb** abbrev of **Northumberland**

**Northumbria** /nɔːˈθʌmbrɪə/ **N** Northumbrie f

**Northumbrian** /nɔːˈθʌmbrɪən/
  **ADJ** de Northumbrie
  **N** habitant(e) m(f) or natif m, -ive f de Northumbrie

**northward** /ˈnɔːθwəd/
  **ADJ** au nord
  **ADV** (also **northwards**) vers le nord

**Northwest Territories** /ˌnɔːθwestˈterɪtərɪz/ **NPL** (Can) (Territoires mpl du) Nord-Ouest m

**Northwest Territory** /ˌnɔːθwestˈterɪtərɪ/ **N** (US Hist) Territoire m du Nord-Ouest

**Norway** /ˈnɔːweɪ/
  **N** Norvège f
  **COMP** **Norway rat N** surmulot m

**Norwegian** /nɔːˈwiːdʒən/
  **ADJ** (gen) norvégien ; [ambassador, embassy] de Norvège
  **N** 1 (= person) Norvégien(ne) m(f)
  2 (= language) norvégien m

**Norwich terrier** /ˈnɒrɪdʒ/ **N** (= dog) norwich-terrier m

**Nos, nos** (abbrev of **numbers**) n°

**nose** /nəʊz/ **SYN**
  **N** 1 [of person, animal] nez m ; [of dog, cat] museau m ◆ **he has a nice nose** il a un joli nez ◆ **his nose was bleeding** il saignait du nez ◆ **the horse won by a nose** le cheval a gagné d'une demi-tête ◆ **to speak through one's nose** nasiller, parler du nez
  2 (= sense of smell) odorat m, nez m ◆ **to have a good nose** avoir l'odorat or le nez fin
  3 (= instinct) ◆ **to have a (good) nose for sth** savoir flairer qch ◆ **he's got a (good) nose for a bargain/for danger/for a story** il sait flairer les bonnes affaires/le danger/les scoops
  4 [of wine etc] arôme m, bouquet m
  5 (in phrases: fig) ◆ **with one's nose in the air** d'un air hautain ◆ **she's always got her nose in a book*** elle a toujours le nez fourré dans un livre* ◆ **it was there under his very nose** or **right under his nose all the time** c'était là juste or en plein sous son nez ◆ **she did it under his very nose** or **right under his nose** elle l'a fait à sa barbe or sous son nez ◆ **to look down one's nose at sb/sth** prendre qn/qch de haut ◆ **he can't see beyond** or **further than (the end of) his nose** il ne voit pas plus loin que le bout de son nez ◆ **to turn one's nose up (at sth)** faire le dégoûté (devant qch) ◆ **to keep one's nose out of sth** ne pas se mêler de qch ◆ **to poke** or **stick one's nose into sth** mettre or fourrer* son nez dans qch ◆ **you'd better keep your nose clean*** il vaut mieux que tu te tiennes à carreau* ◆ **to lead sb by the nose** mener qn par le bout du nez ◆ **it gets up my nose*** ça me pompe l'air*, ça me tape sur les nerfs* (US) ◆ **right on the nose**⁑ en plein dans le mille ; → **blow**[1], **end**, **follow**, **grindstone**, **joint**, **pay**, **rub**, **thumb**
  **VT** 1 (= smell) flairer, renifler
  2 ◆ **a van nosed its way past** or **through** une camionnette est passée lentement
  **VI** [ship, vehicle] avancer lentement

**nose cone** N [of missile] ogive f
**nose drops** NPL gouttes fpl nasales, gouttes fpl pour le nez
**nose flute** N flûte dans laquelle on souffle avec le nez
**nose job** * N (plastic surgery) ◆ **to have a nose job** se faire refaire le nez
**nose ring** N anneau m de nez
**nose wheel** N [of plane] roue f avant du train d'atterrissage

▶ **nose about***, **nose around*** VI fouiner*, fureter

▶ **nose at** VT FUS flairer, renifler

▶ **nose in** VI ① [car] se glisser dans une file ② * [person] s'immiscer or s'insinuer (dans un groupe)

▶ **nose out**
VI [car] déboîter prudemment
VT SEP ① flairer ② ◆ **to nose out a secret** découvrir or flairer un secret ◆ **to nose sb out** dénicher or dépister qn

**nosebag** /ˈnəʊzbæɡ/ N musette f

**noseband** /ˈnəʊzbænd/ N [of horse] muserolle f

**nosebleed** /ˈnəʊzbliːd/ N saignement m de nez
◆ **to have a nosebleed** saigner du nez

**-nosed** /nəʊzd/ ADJ (in compounds) au nez... ◆ **red-nosed** au nez rouge ; → **long¹**, **snub²**

**nosedive** /ˈnəʊzdaɪv/ SYN
N ① [of plane] piqué m ② (fig) [of stocks, prices] chute f libre, plongeon m
◆ **to take a nosedive** vi 2
VI ① [plane] descendre en piqué ② (fig) [stocks] baisser rapidement ; [prices, sales] chuter ; [career] s'effondrer

**nosegay** /ˈnəʊzɡeɪ/ SYN N petit bouquet m

**nosepiece** /ˈnəʊzpiːs/ N (on spectacles) pont m ; (on microscope) porte-objectif m

**nosey*** /ˈnəʊzɪ/ ADJ fouineur*, curieux ◆ **to be nosey** mettre or fourrer* son nez partout ◆ **don't be (so) nosey!** mêlez-vous de vos affaires or de ce qui vous regarde ! ◆ **Nosey Parker** (pej) fouineur* m, -euse* f

**nosh*** /nɒʃ/
N ① (Brit = food) bouffe‡ f ◆ **to have some nosh** boulotter*, bouffer‡ ② (US = snack) casse-croûte m
VI ① (Brit = eat) boulotter*, bouffer‡ ② (US = have a snack) manger or grignoter entre les repas
COMP **nosh-up**‡ N (Brit) bouffe‡ f ◆ **to have a nosh-up** bouffer‡ (de dette), bâfrer‡

**nosily*** /ˈnəʊzɪlɪ/ ADV indiscrètement

**nosiness*** /ˈnəʊzɪnɪs/ N curiosité f

**nosing** /ˈnəʊzɪŋ/ N [of stair] rebord m

**nosocomial** /ˌnɒsəˈkəʊmɪəl/ ADJ nosocomial

**nosography** /nɒˈsɒɡrəfɪ/ N nosographie f

**nosological** /ˌnɒsəˈlɒdʒɪkəl/ ADJ nosologique

**nosologist** /nɒˈsɒlədʒɪst/ N nosologiste mf

**nosology** /nɒˈsɒlədʒɪ/ N nosologie f

**nostalgia** /nɒsˈtældʒɪə/ SYN N nostalgie f

**nostalgic** /nɒsˈtældʒɪk/ SYN ADJ nostalgique ◆ **to be nostalgic for** or **about sth** avoir la nostalgie de qch

**nostalgically** /nɒsˈtældʒɪkəlɪ/ ADV avec nostalgie

**nostoc** /ˈnɒstɒk/ N nostoc m

**Nostradamus** /ˌnɒstrəˈdɑːməs/ N Nostradamus m

**nostril** /ˈnɒstrəl/ N [of person, dog etc] narine f ; [of horse etc] naseau m

**nostro account** /ˈnɒstrəʊ/ N (Fin) compte m nostro

**nostrum** /ˈnɒstrəm/ SYN N (= patent medicine, also fig) panacée f, remède m universel ; (= quack medicine) remède m de charlatan

**nosy*** /ˈnəʊzɪ/ SYN ADJ ⇒ **nosey**

**not** /nɒt/ ADV ① (with vb) ne... pas ◆ **he is not here** il n'est pas ici ◆ **he has not** or **hasn't come** il n'est pas venu ◆ **he will not** or **won't stay** (prediction) il ne restera pas ; (refusal) il ne veut pas rester ◆ **is it not?, isn't it?** non ?, n'est-ce pas ? ◆ **you have got it, haven't you?** vous l'avez (bien), n'est-ce pas ? ◆ **he told me not to come** il m'a dit de ne pas venir ◆ **not wanting to be heard**, he removed his shoes ne voulant pas qu'on l'entende, il ôta ses chaussures ; → **mention**
◆ **not only... but also...** non seulement... mais également...

② (as substitute for clause) non ◆ **is he coming? – I believe not** est-ce qu'il vient ? – je crois que non ◆ **it would appear not** il semble que non ◆ **I am going whether he comes or not** j'y vais qu'il vienne ou non

③ (elliptically) ◆ **I wish it were not so** (frm) je voudrais bien qu'il en soit autrement ◆ **for the young and the not so young** pour les jeunes et les moins jeunes ◆ **big, not to say enormous** gros pour ne pas dire énorme ◆ **will he come? – as likely as not** est-ce qu'il viendra ? – ça se peut ◆ **as likely as not he'll come** il y a une chance sur deux or il y a des chances (pour) qu'il vienne

◆ **not at all** pas du tout ◆ **are you cold? – not at all** avez-vous froid ? – pas du tout ◆ **thank you very much – not at all** merci beaucoup – je vous en prie or de rien or il n'y a pas de quoi

◆ **not in the least** pas du tout, nullement

◆ **not that...** ◆ **not that I care** non pas que cela me fasse quelque chose ◆ **not that I know of** pas (autant) que je sache ◆ **not that they haven't been useful** on ne peut pas dire qu'ils or ce n'est pas qu'ils n'aient pas été utiles

◆ **why not?** pourquoi pas ?

④ (understatement) ◆ **not a few...** bien des..., pas mal de... ◆ **not without reason** non sans raison ◆ **not without some regrets** non sans quelques regrets ◆ **I shall not be sorry to...** je ne serai pas mécontent de... ◆ **it is not unlikely that...** il n'est pas du tout impossible que... ◆ **a not inconsiderable number of...** un nombre non négligeable de...

⑤ (with pron etc) ◆ **not me** or (frm) **I!** moi pas !, pas moi ! ◆ **not one book** pas un livre ◆ **not one man knew** pas un (homme) ne savait ◆ **not everyone can do that** tout le monde n'en est pas capable, ce n'est pas donné à tout le monde ◆ **not any more** plus (maintenant) ◆ **not yet** pas encore

⑥ (with adj) non, pas ◆ **not guilty** non coupable ◆ **not negotiable** non négociable

**notability** /ˌnəʊtəˈbɪlɪtɪ/ SYN N ① (NonC) [of quality] prééminence f ② [of person] notabilité f, notable m

**notable** /ˈnəʊtəbl/ SYN
ADJ [designer, philosopher, example] éminent ; [fact] notable, remarquable ; [success] remarquable ◆ **with a few notable exceptions** à quelques notables exceptions près ◆ **to be notable for sth** se distinguer par qch ◆ **it is notable that...** il est remarquable que... + subj
N notable m

**notably** /ˈnəʊtəblɪ/ LANGUAGE IN USE 26.2 SYN ADV ① (= in particular) notamment ② (= noticeably) notablement ◆ **notably, she failed to mention...** il est significatif or intéressant qu'elle n'ait pas mentionné...

**notarial** /nəʊˈtɛərɪəl/ ADJ [seal] notarial ; [deed] notarié ; [style] de notaire

**notarize** /ˈnəʊtəraɪz/ VT (US) [notary] authentifier, certifier conforme

**notary** /ˈnəʊtərɪ/ N (also **notary public**) notaire m ◆ **before a notary** par-devant notaire

**notate** /nəʊˈteɪt/ VT (Mus) noter, transcrire

**notation** /nəʊˈteɪʃən/ SYN N (Mus, Ling, Math) notation f

**notch** /nɒtʃ/ SYN
N (in wood, stick etc) entaille f, encoche f ; (in belt etc) cran m ; (in wheel, board etc) dent f, cran m ; (in saw) dent f ; (in blade) ébréchure f ; (US Geog) défilé m ; (Sewing) cran m ◆ **he pulled his belt in one notch** il a resserré sa ceinture d'un cran ◆ **to be a notch/several notches above sth** (fig) être un peu/nettement mieux que qch
VT [+ stick etc] encocher ; [+ wheel etc] cranter, denteler ; [+ blade] ébrécher ; (Sewing) [+ seam] cranter

▶ **notch together** VT SEP (Carpentry) assembler à entailles

▶ **notch up** VT SEP [+ score, point, win, success] marquer

**notchback** /ˈnɒtʃbæk/ N (US = car) tricorps f, trois-volumes f

**NOT circuit** /nɒt/ N circuit m NON

**note** /nəʊt/ LANGUAGE IN USE 26.1, 26.2 SYN
N ① (= short record of facts, things to do etc) note f ◆ **to take** or **make a note of sth** prendre qch en note, prendre note de qch ◆ **I must make a mental note to buy some more** il faut que je me souvienne d'en racheter ◆ **to take** or **make notes** [student, policeman, secretary etc] prendre des notes ◆ **lecture notes** notes fpl ◆ **to speak from notes** parler en consultant ses notes ◆ **to speak without notes** parler sans notes or papiers ; → **compare**

② (= short commentary) note f, annotation f ◆ **author's note** note f de l'auteur ◆ **translator's notes** (= footnotes etc) remarques fpl or notes fpl du traducteur ; (= foreword) préface f du traducteur ◆ "Notes on Molière" « Notes sur Molière » ◆ **notes on a literary work** commentaire m sur un ouvrage littéraire ◆ **to put notes into a text** annoter un texte

③ (= informal letter) mot m ◆ **take a note to Mr Jones** (to secretary) je vais vous dicter un mot pour M. Jones ◆ **just a quick note to tell you...** un petit mot à la hâte or en vitesse pour te dire...

④ (Diplomacy) note f ◆ **diplomatic note** note f diplomatique, mémorandum m ◆ **official note from the government** note f officielle du gouvernement

⑤ (Mus) note f ; [of piano] touche f ; [of bird] note f ◆ **to hold a note** tenir or prolonger une note ◆ **to play a false note, to sing a false note** faire une fausse note

⑥ (fig = tone) note f ◆ **on an optimistic/positive note** sur une note optimiste/positive ◆ **on a personal/practical note** d'un point de vue personnel/pratique ◆ **if I could add just a personal note** si je peux me permettre une remarque personnelle ◆ **on a more positive note...** pour continuer sur une note plus optimiste... ◆ **peace talks ended on a high/a more positive note** les pourparlers de paix se sont terminés sur une note optimiste/plus positive ◆ **on a more serious note...** plus sérieusement or pour passer aux choses sérieuses... ◆ **the talks began on a friendly note** les négociations ont débuté sur une note amicale ◆ **his speech struck the right/wrong note** son discours était bien dans la note/n'était pas dans la note ◆ **several speakers struck a pessimistic note** plusieurs orateurs se sont montrés pessimistes

⑦ (= quality, implication) note f, accent m ◆ **with a note of anxiety in his voice** avec une note d'anxiété dans la voix ◆ **his voice held a note of desperation** sa voix avait un accent de désespoir ◆ **a note of nostalgia** une note or touche nostalgique ◆ **a note of warning** un avertissement discret

⑧ (Brit : also **banknote**) billet m (de banque) ◆ **ten-pound note** billet m de dix livres (sterling)

⑨ (Comm) (= promise to pay) effet m, billet m ; (= voucher) bon m ◆ **note of hand** reconnaissance f (de dette) ◆ **notes payable** (Fin) effets mpl à payer ; → **advice, promissory note**

⑩ (NonC: frm = notability) ◆ **a man of note** un homme éminent or de marque ◆ **a family of note** une famille éminente ◆ **all the people of note** toutes les personnes importantes ◆ **nothing of note** rien d'important

⑪ (NonC = notice) ◆ **to take note of** prendre (bonne) note de, remarquer ◆ **take note!** prenez bonne note ! ◆ **the critics took note of the book** les critiques ont remarqué le livre ◆ **they will take note of what you say** ils feront or prêteront attention à ce que vous dites ◆ **worthy of note** (frm) remarquable, digne d'attention

VT ① (gen) noter, prendre (bonne) note de (frm) ; (Jur) prendre acte de ◆ **to note a fact** (gen) prendre note d'un fait ; (Jur) prendre acte d'un fait ◆ **which fact is duly noted** (Jur) dont acte ◆ **we have noted your remarks** nous avons pris (bonne) note de vos remarques

② (= notice) constater ◆ **to note an error** constater une erreur ◆ **I note that...** je constate que... ◆ **note that the matter is not yet closed** notez bien que l'affaire n'est pas encore close

③ (also **note down**) noter ◆ **let me note it (down)** laissez-moi le noter ◆ **to note (down) sb's remarks** noter les remarques de qn ◆ **to note (down) an appointment in one's diary** noter un rendez-vous dans son agenda

COMP **note-case** N (Brit) portefeuille m, porte-billets m inv

**note issue** N émission f fiduciaire

▶ **note down** VT SEP ⇒ **note** vt 3

**notebook** /ˈnəʊtbʊk/ SYN N ① (= notepad) carnet m, calepin m ; (Scol) cahier m ; (tear-off) bloc-notes m ② (Comput: also **notebook computer**) notebook m

**noted** /ˈnəʊtɪd/ SYN ADJ [historian, writer] éminent, célèbre ; [thing, fact] célèbre ◆ **to be noted for sth/for doing sth** être connu pour qch/pour avoir fait qch ◆ **a man not noted for his gener-**

**osity** *(iro)* un homme qui ne passe pas pour être particulièrement généreux

**notelet** /ˈnəʊtlɪt/ **N** carte-lettre *f*

**notepad** /ˈnəʊtpæd/ **N** bloc-notes *m*

**notepaper** /ˈnəʊtpeɪpəʳ/ **N** papier *m* à lettres

**noteworthiness** /ˈnəʊtwɜːðɪnɪs/ **N** importance *f*

**noteworthy** /ˈnəʊtwɜːðɪ/ SYN **ADJ** *(frm)* remarquable, notable ◆ **it is noteworthy that...** il convient de noter que...

**nothing** /ˈnʌθɪŋ/ SYN

**N** 1 rien *m* + *ne before vb* ◆ **I saw nothing** je n'ai rien vu ◆ **nothing happened** il n'est rien arrivé, il ne s'est rien passé ◆ **to eat nothing** ne rien manger ◆ **nothing to eat/read** rien à manger/à lire ◆ **he's had nothing to eat yet** il n'a encore rien mangé ◆ **nothing could be easier** rien de plus simple ◆ **nothing pleases him** rien ne le satisfait, il n'est jamais content

2 *(+ adj)* rien de ◆ **nothing new/interesting** *etc* rien de nouveau/d'intéressant *etc*

3 *(in phrases)*

► For set expressions such as **nothing doing**, **nothing else**, **nothing likeetc**, look up the other word

◆ **he's five foot nothing** * il ne fait qu'un (petit) mètre cinquante deux ◆ **as if nothing had happened** comme si de rien n'était ◆ **I can do nothing (about it)** je n'y peux rien ◆ **he got nothing out of it** il n'en a rien retiré, il n'y a rien gagné ◆ **all his fame was as nothing, all his fame counted for nothing** toute sa gloire ne comptait pour rien ◆ **nothing of the kind!** absolument pas !, (mais) pas du tout ! ◆ **don't apologize, it's nothing** ne vous excusez pas, ce n'est rien ◆ **her secretarial skills are nothing compared with** *or* **to her sister's** elle est beaucoup moins bonne secrétaire que sa sœur ◆ **that is nothing to you** *(= it's easy for you)* pour vous ce n'est rien ◆ **£500 is nothing to her** 500 livres, c'est une bricole pour elle, elle n'en est pas à 500 livres près ◆ **she is** *or* **means nothing to him** elle n'est rien pour lui ◆ **it's** *or* **it means nothing to me whether he comes or not** il m'est indifférent qu'il vienne ou non ◆ **that's nothing to what is to come** ce n'est rien à côté de ce qui nous attend ◆ **I can make nothing of it** je n'y comprends rien ◆ **there's nothing to it** * c'est facile (comme tout *) ◆ **you get nothing for nothing** on n'a rien pour rien ◆ **to come to nothing** ne pas aboutir, ne rien donner, faire fiasco ◆ **to be reduced to nothing** être réduit à néant ◆ **there is nothing to laugh at** il n'y a pas de quoi rire ◆ **I've got nothing to say** je n'ai rien à dire ◆ **he had nothing to say for himself** *(= no explanation)* il ne trouvait aucune excuse ; *(= no conversation)* il n'avait pas de conversation ◆ **in nothing flat** * *(= very quickly)* en un rien de temps, en cinq sec *

◆ **for nothing** *(= in vain)* en vain, inutilement ; *(= without payment)* pour rien, gratuitement ; *(= for no reason)* sans raison ◆ **he was working for nothing** il travaillait gratuitement *or* sans se faire payer ◆ **I'm not Scottish for nothing** * *(hum)* ce n'est pas pour rien que je suis écossais

◆ **nothing but** ◆ **he does nothing but eat** il ne fait que manger ◆ **he does nothing but complain** il ne fait que se plaindre, il n'arrête pas de se plaindre ◆ **I get nothing but complaints all day** je n'entends que des plaintes à longueur de journée

◆ **nothing for it** ◆ **there's nothing for it but to go** il n'y a qu'à *or* il ne nous reste qu'à partir ◆ **there was nothing for it, he would have to tell her** rien à faire, il fallait qu'il le lui dise

◆ **nothing in...** ◆ **there's nothing in it** *(= not interesting)* c'est sans intérêt ; *(= not true)* ce n'est absolument pas vrai ; *(= no difference)* c'est du pareil au même ; *(in contest = very close)* c'est très serré ◆ **there's nothing in these rumours** il n'y a rien de vrai *or* pas un grain de vérité dans ces rumeurs ◆ **there's nothing in it * for us** nous n'avons rien à y gagner ◆ **Oxford is leading, but there's nothing in it** Oxford est en tête, mais c'est très serré

◆ **nothing on** ◆ **to have nothing on** *(= be naked)* être nu ; *(= have no plans)* être libre ◆ **I have nothing on (for) this evening** je suis libre ce soir, je n'ai rien de prévu ce soir ◆ **the police have nothing on him** la police n'a rien pu retenir contre lui ◆ **he has nothing on her** * *(fig = isn't as good as)* il ne lui arrive pas à la cheville

◆ **nothing to do with** ◆ **that has nothing to do with us** nous n'avons rien à voir là-dedans ◆ **I've got nothing to do with it** je n'y suis pour rien ◆ **have nothing to do with it!** ne vous en mêlez pas ! ◆ **that has nothing to do with it** cela n'a rien à voir

◆ **to say nothing of...** sans parler de... ◆ **the tablecloth was ruined, to say nothing of my shirt** la nappe était fichue *, sans parler de ma chemise

4 *(Math *)* zéro *m*

5 *(NonC = nothingness)* néant *m*, rien *m*

6 *(= person)* nullité *f* ; *(= thing)* vétille *f*, rien *m* ◆ **it's a mere nothing compared with what he spent last year** ça n'est rien en comparaison de ce qu'il a dépensé l'an dernier ◆ **he's a nothing** c'est une nullité

**ADV** aucunement, nullement ◆ **nothing less than** rien moins que ◆ **it was nothing like as big as we thought** c'était loin d'être aussi grand qu'on avait cru ◆ **nothing daunted, he...** nullement *or* aucunement découragé, il..., sans se (laisser) démonter, il... ; → **loath**

**ADJ** *(US * pej)* minable, de rien du tout

**nothingness** /ˈnʌθɪŋnɪs/ SYN **N** *(NonC)* néant *m*

**notice** /ˈnəʊtɪs/ SYN

**N** 1 *(NonC)* *(= warning, intimation)* avis *m*, notification *f* ; *(Jur = official personal communication)* mise *f* en demeure ; *(= period)* délai *m* ; *(= end of work contract)* *(by employer)* congé *m* ; *(by employee)* démission *f* ◆ **I must have (some) notice of what you intend to do** il faut que je sois prévenu *or* avisé à l'avance de ce que vous avez l'intention de faire ◆ **we require six days' notice** nous demandons un préavis de six jours ◆ **a week's notice** une semaine de préavis, un préavis d'une semaine ◆ **I must have at least a week's notice if you want to...** il faut me prévenir *or* m'avertir au moins une semaine à l'avance si vous voulez... ◆ **we had no notice (of it)** nous n'avons pas été prévenus à l'avance ◆ **advance** *or* **previous notice** préavis *m* ◆ **final notice** dernier avertissement *m* ◆ **to get one's notice** *(from job)* recevoir son congé, être licencié ◆ **to give notice to** *[+ tenant]* donner congé à ; *[+ landlord etc]* donner un préavis de départ à ◆ **to give notice that...** faire savoir que... ; *(Admin etc : officially)* donner acte que... ◆ **to give notice of sth** annoncer qch ◆ **notice is hereby given that...** il est porté à la connaissance du public par la présente que... ◆ **to give sb notice of sth** avertir *or* prévenir qn de qch ; *(Admin etc : officially)* donner acte à qn de qch ◆ **to give sb notice that...** aviser qn que..., faire savoir à qn que... ◆ **he gave her notice to...** il l'a avisée qu'elle devait... ◆ **to give sb notice (of dismissal)** *[+ employee]* licencier qn, renvoyer qn ; *[+ servant etc]* donner son congé à qn, congédier qn ◆ **to give in** *or* **hand in one's notice** *[professional or office worker]* donner sa démission ; *[servant]* donner ses huit jours ◆ **to serve notice on sb that...** aviser qn que..., faire savoir à qn que...

2 *(Jur)* ◆ **notice to appear** assignation *f* (à comparaître) ◆ **notice of calls** *(Jur, Fin)* (avis *m* d')appel *m* de fonds ◆ **notice to pay** avis *m* d'avoir à payer ◆ **notice to quit** *(to tenant etc)* congé *m* ◆ **notice of receipt** *(Comm)* avis *m* de réception ◆ **notice of termination** *(Jur)* avis *m* de clôture (d'une procédure)

3 ◆ **at short notice** *(Fin)* à court terme ◆ **he rang me up at short notice** il m'a téléphoné à la dernière minute ◆ **you must be ready to leave at very short notice** il faut que vous soyez prêt à partir dans les plus brefs délais ◆ **I know it's short notice, but can I come this evening?** je sais que je préviens un peu tard, mais est-ce que je peux venir ce soir ? ◆ **at a moment's notice** sur-le-champ, immédiatement ◆ **at three days' notice** dans un délai de trois jours ◆ **he's under notice (to leave)** *(from job)* il a reçu son congé ◆ **until further notice** jusqu'à nouvel ordre ◆ **without (previous) notice** *(Admin frm)* sans préavis, sans avis préalable ◆ **he was dismissed without (any) notice** il a été renvoyé sans préavis

4 *(= announcement)* avis *m*, annonce *f* ; *(in newspaper)* *(= advert etc)* annonce *f* ; *(= short article)* entrefilet *m* ; *(= poster)* affiche *f*, placard *m* ; *(= sign)* pancarte *f*, écriteau *m* ◆ **birth/marriage/death notice** annonce *f* de naissance/mariage/décès ◆ **public notice** avis *m* au public ◆ **to put a notice in the paper** mettre *or* faire insérer une annonce dans le journal ◆ **I saw a notice in the paper about the concert** *(Press)* j'ai vu une annonce *or* un entrefilet dans le journal à propos du concert ◆ **the notice says "keep out"** l'écriteau porte l'inscription « défense d'entrer » ◆ **the notice of the meeting was published in...** l'annonce de la réunion a été publiée dans...

5 *(= review)* *[of book, film, play etc]* compte rendu *m*, critique *f* ◆ **the book/film/play got good notices** le livre/le film/la pièce a eu de bonnes critiques

6 *(= attention)* ◆ **it escaped his notice that...** il ne s'est pas aperçu que... ◆ **nothing escapes their notice** rien ne leur échappe ◆ **to attract notice** se faire remarquer ; *(deliberately = show off)* s'afficher *(pej)* ◆ **it has attracted a lot of notice** cela a suscité un grand intérêt ◆ **to avoid notice** (essayer de) passer inaperçu ◆ **to bring sth to sb's notice** faire observer *or* remarquer qch à qn, porter qch à la connaissance de qn ◆ **it has come** *or* **it has been brought to my notice that...** *(frm)* il a été porté à ma connaissance que..., on m'a signalé que...

◆ **to take notice** ◆ **I wasn't taking much notice at the time** je ne faisais pas très attention à ce moment-là ◆ **we should take notice when things like this happen** de tels événements devraient nous interpeller ◆ **recent events have made the government sit up and take notice** les récents événements ont fait réagir le gouvernement ◆ **to take notice of sb/sth** remarquer qn/qch ◆ **he got talking to me and started really taking notice of me for the first time** il s'est mis à me parler et c'est là qu'il m'a vraiment remarqué pour la première fois ◆ **as for Henry, he took little notice of me** quant à Henry, il ne faisait guère attention à moi *or* il ne me prêtait guère attention ◆ **a lot of notice he takes of me!** * *(= he ignores my advice)* il ne fait absolument pas attention à ce que je lui dis !

◆ **to take no notice** ne pas faire attention ◆ **take no notice!** ne faites pas attention ! ◆ **to take no notice of sb/sth** ne pas faire attention à qn/qch ◆ **he took no notice of her** il n'a absolument pas fait attention à elle ◆ **he took no notice of her remarks** il n'a absolument pas tenu compte de ses remarques *(iro)*

**VT** 1 *(= perceive)* s'apercevoir de, remarquer ; *(= heed)* faire attention à ◆ **I noticed a tear in his coat** j'ai remarqué un accroc dans son manteau ◆ **when he noticed me he called out to me** quand il m'a vu, il m'a appelé ◆ **to notice a mistake** remarquer une faute, s'apercevoir d'une faute ◆ **without my noticing it** sans que je le remarque *subj* *or* que je m'en aperçoive ◆ **I'm afraid I didn't notice** malheureusement je n'ai pas remarqué ◆ **did you notice what he said/when he arrived?** avez-vous remarqué ce qu'il a dit/à quelle heure il est arrivé ? ◆ **I never notice such things** je ne remarque jamais ce genre de chose ◆ **I noticed her hesitating** j'ai remarqué *or* je me suis aperçu qu'elle hésitait ◆ **I notice you have a new dress** je vois que vous avez une nouvelle robe ◆ **yes, so I've noticed!** je m'en suis aperçu !, j'ai remarqué !

2 *(= review)* *[+ book, film, play]* faire le compte rendu *or* la critique de

**COMP** **notice board N** *(esp Brit)* *(printed or painted sign)* écriteau *m*, pancarte *f* ; *(for holding announcements)* panneau *m* d'affichage

ⓘ The French word **notice** means a short note in a book or leaflet.

**noticeable** /ˈnəʊtɪsəbl/ LANGUAGE IN USE 26.3 SYN **ADJ** *[effect, difference, improvement]* visible, sensible ; *[lack]* évident, sensible ◆ **it isn't really noticeable** ça ne se voit pas vraiment ◆ **to be noticeable by one's absence** briller par son absence ◆ **it is noticeable that...** *(= noteworthy)* on remarque que... ; *(= easily visible)* on voit bien que... ◆ **it is noticeable that mature students generally get better marks** on remarque que les étudiants adultes ont généralement de meilleures notes ◆ **it was noticeable that his hands were shaking** on voyait bien que ses mains tremblaient

**noticeably** /ˈnəʊtɪsəblɪ/ **ADV** *[better, worse, higher, lower]* nettement ◆ **to be noticeably absent** briller par son absence ◆ **noticeably lacking** manquant visiblement ◆ **to improve noticeably** s'améliorer sensiblement ◆ **he shuddered noticeably** il frissonna de façon visible

◆ **most noticeably** *(= particularly)* notamment, en particulier ◆ **some industries, most noticeably construction...** certaines industries, notamment *or* en particulier le bâtiment...

**notifiable** /ˈnəʊtɪfaɪəbl/ **ADJ** *(frm : Admin)* *[disease]* à déclarer obligatoirement ; *[offence]* à signaler ◆ **all changes of address are notifiable immediately** tout changement d'adresse doit être signalé immédiatement aux autorités

**notification** /ˌnəʊtɪfɪˈkeɪʃən/ SYN **N** *(NonC)* avis *m* ; *(Jur, Admin)* notification *f* ; *[of marriage, engagement]* annonce *f* ; *[of birth, death]* déclaration *f* ◆ **written notification** *(Press)* notification *f* écrite

**notify** /ˈnəʊtɪfaɪ/ SYN VT ◆ **to notify sth to sb** signaler *or* notifier qch à qn ◆ **to notify sb of sth** aviser *or* avertir qn de qch ◆ **any change of address must be notified** tout changement d'adresse doit être signalé *or* notifié ◆ **you will be notified later of the result** on vous communiquera le résultat ultérieurement *or* plus tard

**notion** /ˈnəʊʃən/ SYN

N 1 *(= thought, project)* idée *f* ◆ **I've got a notion for a play** j'ai l'idée d'une pièce ◆ **I hit (up)on the notion of going to see her** tout à coup l'idée m'est venue d'aller la voir ◆ **the notion never entered my head!** cette idée ne m'est jamais venue à l'esprit *or* ne m'a jamais effleuré ! ◆ **he got the notion (into his head)** *or* **he somehow got hold of the notion that she wouldn't help him** il s'est mis en tête (l'idée) qu'elle ne l'aiderait pas ◆ **where did you get the notion** *or* **what gave you the notion that I couldn't come?** qu'est-ce qui t'a fait penser que je ne pourrais pas venir ? ◆ **to put notions into sb's head***, **to give sb notions*** mettre *or* fourrer* des idées dans la tête de qn ◆ **that gave me the notion of inviting her** c'est ce qui m'a donné l'idée de l'inviter ◆ **I'd had a few notions about being a journalist** j'avais songé à devenir journaliste

2 *(= opinion)* idée *f*, opinion *f* ; *(= way of thinking)* façon *f* de penser ◆ **he has some odd notions** il a de drôles d'idées ◆ **she has some odd notions about how to bring up children** elle a de drôles d'idées sur la façon d'élever les enfants ◆ **according to his notion** selon sa façon de penser ◆ **if that's your notion of fun...** si c'est ça que tu appelles t'amuser... ◆ **it wasn't my notion of a holiday** ce n'était pas ce que j'appelle des vacances

3 *(= vague knowledge)* idée *f*, notion *f* ◆ **I've got some notion of physics** j'ai quelques notions de physique ◆ **have you any notion of what he meant to do?** avez-vous la moindre idée de ce qu'il voulait faire ? ◆ **I haven't the least** †*or* **slightest** *or* **foggiest*** **notion** je n'en ai pas la moindre idée ◆ **I have a notion that he was going to Paris** j'ai dans l'idée qu'il allait à Paris ◆ **I had no notion they knew each other** je n'avais aucune idée *or* j'ignorais absolument qu'ils se connaissaient ◆ **he has no notion of time** il n'a pas la notion du temps

NPL **notions** *(US = ribbons, thread etc)* (articles *mpl* de) mercerie *f*

**notional** /ˈnəʊʃənl/ SYN ADJ 1 *(= hypothetical)* *[value, profit, amount]* théorique, hypothétique ; *[time, line]* imaginaire

2 *(Philos)* notionnel, conceptuel

3 *(Ling)* *[grammar]* notionnel ◆ **notional word** mot *m* plein

4 *(US = whimsical)* *[person]* capricieux, fantasque

**notionally** /ˈnəʊʃənəlɪ/ ADV *(= hypothetically)* théoriquement

**notochord** /ˈnəʊtəkɔːd/ N *(Anat)* notocorde *f*

**notoriety** /ˌnəʊtəˈraɪətɪ/ SYN N 1 *(NonC)* (triste) notoriété *f*, triste réputation *f*

2 *(= person)* individu *m* au nom tristement célèbre

**notorious** /nəʊˈtɔːrɪəs/ SYN ADJ *[criminal, liar, womaniser, meanness, brothel]* notoire ; *[crime, case]* célèbre ; *[person, prison]* tristement célèbre ◆ **the notorious Richard** le tristement célèbre Richard ◆ **to be notorious for one's meanness** être d'une mesquinerie notoire ◆ **to be notorious for one's racism** être bien connu pour ses idées racistes ◆ **he's notorious as a womanizer** c'est un coureur de jupons notoire ◆ **he's notorious for murdering his wife** il est tristement célèbre pour avoir assassiné sa femme ◆ **it is notorious that...** il est notoire que...

**notoriously** /nəʊˈtɔːrɪəslɪ/ SYN ADV *[slow, unreliable, fickle]* notoirement ◆ **notoriously cruel/inefficient** d'une cruauté/incompétence notoire ◆ **it is notoriously difficult to do that** chacun sait à quel point c'est difficile à faire

**Notts** abbrev of **Nottinghamshire**

**notwithstanding** /ˌnɒtwɪθˈstændɪŋ/ SYN

PREP malgré, en dépit de ; *(Jur)* nonobstant

ADV néanmoins, malgré tout

CONJ (also **notwithstanding that**) quoique + *subj*, bien que + *subj*

**nougat** /ˈnuːgɑː, ˈnʌgət/ N nougat *m*

**nought** /nɔːt/ SYN N ⇒ **naught** ; → **ZERO**

**Nouméa** /ˌnuːˈmeɪə/ N Nouméa

**noun** /naʊn/

N nom *m*, substantif *m*

COMP **noun clause** N proposition *f*

**noun phrase** N syntagme *m* nominal

**nourish** /ˈnʌrɪʃ/ SYN VT *[+ person]* nourrir *(with* de) ; *[+ leather etc]* entretenir ; *(fig)* *[+ hopes etc]* nourrir, entretenir ; → **ill, undernourish, well²**

**nourishing** /ˈnʌrɪʃɪŋ/ SYN ADJ *(= nutritious)* *[food]* nourrissant, nutritif ; *(Cosmetics)* *[cream]* qui nourrit la peau

**nourishment** /ˈnʌrɪʃmənt/ SYN N *(NonC = food)* nourriture *f*, aliments *mpl* ◆ **to take nourishment** *(frm)* se nourrir, s'alimenter ◆ **he has taken (some) nourishment** *(frm)* il s'est alimenté ◆ **sugar provides no real nourishment, there's no real nourishment in sugar** le sucre n'est pas vraiment nourrissant

**nous*** /naʊs/ N *(NonC: Brit)* bon sens *m* ◆ **he's got a lot of nous** il a du plomb dans la cervelle*

**Nov.** abbrev of **November**

**nova** /ˈnəʊvə/ N (pl **novas** *or* **novae** /ˈnəʊviː/) nova *f*

**Nova Scotia** /ˈnəʊvəˈskəʊʃə/ N Nouvelle-Écosse *f*

**Nova Scotian** /ˈnəʊvəˈskəʊʃən/

ADJ néo-écossais

N Néo-Écossais(e) *m(f)*

**novation** /nəʊˈveɪʃən/ N *(Jur)* novation *f*

**Novaya Zemlya** /ˈnɒvəjəzɪmˈljɑ/ N Nouvelle-Zemble *f*, Novaïa Zemlia *f*

**novel** /ˈnɒvəl/ SYN

N *(Literat)* roman *m*

ADJ original

**novelette** /ˌnɒvəˈlet/ N *(Literat)* nouvelle *f* ; *(trivial)* roman *m* de quatre sous *(pej)* ; *(= love story)* roman *m* à l'eau de rose

**novelist** /ˈnɒvəlɪst/ N romancier *m*, -ière *f*

**novelistic** /ˌnɒvəˈlɪstɪk/ ADJ romanesque

**novelization** /ˌnɒvəlaɪˈzeɪʃən/ N novélisation *f*

**novelize** /ˈnɒvəˌlaɪz/ VT novéliser

**novella** /nəʊˈvelə/ N (pl **novellas** *or* **novelle** /nəʊˈveleɪ/) roman *m* court

**novelty** /ˈnɒvəltɪ/ SYN

N 1 *(NonC)* *(= newness)* nouveauté *f* ; *(= unusualness)* étrangeté *f* ◆ **once** *or* **when the novelty has worn off** une fois passé l'attrait de la nouveauté ◆ **the game sold well because of its novelty value** le jeu s'est bien vendu parce que c'était quelque chose de nouveau ◆ **it's fun at first, but it soon loses its novelty value** au début c'est amusant mais ça perd vite son attrait

2 *(= idea, thing)* innovation *f* ◆ **it was quite a novelty** c'était assez nouveau

3 *(= gadget)* gadget *m*

ADJ fantaisie *inv* ◆ **a novelty keyring/mug** un porte-clés/une tasse fantaisie ◆ **novelty cushions/jewellery** des coussins/des bijoux fantaisie

**November** /nəʊˈvembəʳ/ N novembre *m* ; *pour loc voir* **September**

**novena** /nəʊˈviːnə/ N (pl **novenae** /nəʊˈviːniː/) neuvaine *f*

**novice** /ˈnɒvɪs/ SYN

N 1 *(= beginner)* novice *mf*, débutant(e) *m(f)* ◆ **to be a novice at sth** être novice en qch ◆ **he's a novice in politics, he's a political novice** c'est un novice *or* débutant en politique ◆ **he's no novice** il n'est pas novice, il n'en est pas à son coup d'essai

2 *(Sport)* *(= person)* débutant(e) *m(f)* *(sportif qui n'a pas remporté de titre important)* ; *(= racehorse)* *cheval qui n'a pas remporté suffisamment de courses*

3 *(Rel)* novice *mf*

ADJ *[worker, writer etc]* novice, débutant

**noviciate, novitiate** /nəʊˈvɪʃɪɪt/ N 1 *(Rel)* *(= period)* (temps *m* du) noviciat *m* ; *(= place)* maison *f* des novices, noviciat *m*

2 *(fig)* noviciat *m*, apprentissage *m*

**Novocain(e)** ® /ˈnəʊvəʊkeɪn/ N novocaïne *f*

**Novosibirsk** /nəvəsiˈbirsk/ N Novossibirsk

**NOW** /naʊ/ N *(in US)* (abbrev of **National Organization for Women**) *organisation féministe*

**now** /naʊ/ SYN

ADV 1 *(= at this time)* maintenant ; *(= these days, at the moment)* actuellement, en ce moment ; *(= at that time)* alors, à ce moment-là ◆ **now I'm ready** je suis prêt maintenant ◆ **now is the best time to go to Scotland** c'est maintenant le meilleur moment pour aller en Écosse ◆ **she's a widow now** elle est maintenant veuve ◆ **the couple, who now have three children...** ce couple, qui a maintenant trois enfants... ◆ **they won't be long now** ils ne vont plus tarder (maintenant) ◆ **what are you doing now?** qu'est-ce que tu fais actuellement *or* en ce moment ? ◆ **strawberries are in season now** c'est la saison des fraises ◆ **he now understood why she had left him** alors il comprit *or* il comprit alors pourquoi elle l'avait quitté ◆ **now is the time to do it** c'est le moment de le faire ◆ **I'll do it (right) now** je vais le faire dès maintenant *or* à l'instant ◆ **I am doing it (right) now** je suis (justement) en train de le faire, je le fais à l'instant même ◆ **now for the question of your expenses** et maintenant en ce qui concerne la question de vos dépenses ◆ **how can I believe you now?** comment puis-je te croire maintenant ? ◆ **(every) now and again, (every) now and then** de temps en temps, de temps à autre ◆ **it's now or never!** c'est le moment ou jamais !

♦ **even now** ◆ **even now there's time to change your mind** il est encore temps (maintenant) de changer d'avis ◆ **even now he doesn't believe me** il ne me croit toujours pas ◆ **people do that even now** les gens font ça encore aujourd'hui *or* maintenant ◆ **even now we are very short of money** encore actuellement *or* à l'heure actuelle nous avons très peu d'argent

2 *(with prep)* ◆ **between now and next Tuesday** d'ici (à) mardi prochain ◆ **that will do for now** ça ira pour l'instant *or* pour le moment ◆ **till now, until now, up to now** *(= till this moment)* jusqu'à présent, jusqu'ici ; *(= till that moment)* jusque-là

♦ **before now** ◆ **you should have done that before now** vous auriez déjà dû l'avoir fait ◆ **before now people thought that...** auparavant les gens pensaient que... ◆ **you should have finished long before now** il y a longtemps que vous auriez dû avoir fini ◆ **long before now it was realized that...** il y a longtemps déjà, on comprenait que...

♦ **by now** ◆ **they should have arrived by now** ils devraient être déjà arrivés, ils devraient être arrivés à l'heure qu'il est ◆ **haven't you finished by now?** vous n'avez toujours pas fini ?, vous n'avez pas encore fini ? ◆ **by now it was clear that...** dès lors, il était évident que...

♦ **from now** ◆ **(in) three weeks from now** dans trois semaines ◆ **from now until then** d'ici là ◆ **from now on(wards)** *(with present tense)* à partir de maintenant ; *(with future tense)* à partir de maintenant, dorénavant, désormais ; *(with past tense)* dès lors, dès ce moment-là

3 *(showing alternation)* ◆ **now walking, now running** tantôt (en) marchant tantôt (en) courant ◆ **now here, now there** tantôt par ici tantôt par là

4 *(without temporal implication)* ◆ **now!** bon !, alors ! ◆ **now, now!** allons, allons ! ◆ **now, Simon!** *(warning)* allons, Simon ! ◆ **come now!** allons ! ◆ **well, now!** eh bien ! ◆ **now then, let's start!** bon, commençons ! ◆ **now then, what's all this?** alors, qu'est-ce que c'est que ça ? ◆ **now, they had been looking for him all morning** or, ils avaient passé toute la matinée à sa recherche ◆ **now, he was a fisherman** or, il était pêcheur ◆ **now do be quiet for a minute** allons, taisez-vous une minute

CONJ maintenant que ◆ **now (that) you've seen him** maintenant que vous l'avez vu

ADJ 1 *(esp US = present)* actuel ◆ **the now president** le président actuel

2 * *(= exciting and new)* *[clothes]* du dernier cri ; *(= interested in new things)* *[people]* branché*, dans le vent

N → **here**

**nowadays** /ˈnaʊədeɪz/ SYN ADV *(in contrast to past years)* de nos jours, aujourd'hui ; *(in contrast to recently)* ces jours-ci ◆ **rents are very high nowadays** les loyers sont très élevés de nos jours ◆ **why don't we ever see Jim nowadays?** pourquoi ne voit-on plus jamais Jim ces jours-ci ?

**noway(s)** /ˈnəʊweɪ(z)/ ADV *(US)* *(after request for favour)* pas question ; *(= not at all)* pas du tout

**nowcast** /ˈnaʊkɑːst/ N prévision *f* en temps réel

**nowhere** /ˈnəʊweəʳ/, **nowheres*** *(US)* /ˈnəʊweəz/ ADV 1 *(lit = no place)* nulle part ◆ **they have nowhere to go** ils n'ont nulle part où aller ◆ **there was nowhere to hide** il n'y avait aucun endroit où se cacher ◆ **from (out of) nowhere** de nulle part ◆ **there's nowhere I'd rather be** je me sens vraiment bien ici ◆ **there is nowhere more romantic than Paris** il n'y a pas d'en-

**nowise** /ˈnəʊwaɪz/ ADV (US) ⇒ **noway(s)**

**nowt** /naʊt/ N (Brit dial) ⇒ **nothing**

**noxious** /ˈnɒkʃəs/ ADJ (= toxic) [gas, substance] nocif ; (= unpleasant) [smell] infect, nauséabond ; (= repugnant) [attitude, behaviour] odieux ; [influence, habit] nocif ◆ **to have a noxious effect on** avoir un effet nocif sur

**nozzle** /ˈnɒzl/ N ⓵ [of hose etc] ajutage m, jet m ; [of syringe] canule f ; (for icing) douille f ; [of bellows] bec m ; [of vacuum cleaner] suceur m ; [of flamethrower] ajutage m
⓶ (✱ = nose) pif✱ m, blair✱ m

**NP** (abbrev of **notary public**) notaire m

**NPD** /ˌenpiːˈdiː/ N (abbrev of **new product development**) → **new**

**NPV** /ˌenpiːˈviː/ N (abbrev of **net present value**) VAN f

**nr** PREP abbrev of **near**

**NRA** /ˌenɑːˈreɪ/ N ⓵ (US) (abbrev of **National Rifle Association**) → **national**
⓶ (Brit) (abbrev of **National Rivers Authority**) administration nationale des cours d'eau

**NRV** /ˌenɑːˈviː/ N (abbrev of **net realizable value**) → **net²**

**NS** abbrev of **Nova Scotia**

**n/s**
Ⓝ abbrev of **nonsmoker**
ADJ abbrev of **nonsmoking**

**NSAID** /ˌenseɪeɪˈdiː/ N (Med) (abbrev of **nonsteroidal anti-inflammatory drug**) AINS m (anti-inflammatoire m non-stéroïdien)

**NSB** /ˌenesˈbiː/ N (Brit) (abbrev of **National Savings Bank**) → **national**

**NSC** /ˌenesˈsiː/ N ⓵ (US) (abbrev of **National Security Council**) → **national**
⓶ (Brit) (abbrev of **National Safety Council**) → **national**

**NSPCC** /ˈenesˌpiːsiːˈsiː/ N (Brit) (abbrev of **National Society for the Prevention of Cruelty to Children**) société pour la protection de l'enfance

**NSU** /ˌenesˈjuː/ N (abbrev of **nonspecific urethritis**) → **nonspecific**

**NSW** (abbrev of **New South Wales**) → **new**

**NT** ⓵ (abbrev of **New Testament**) → **new**
⓶ (Brit) (abbrev of **National Trust**) → **national**

**nth** /enθ/ ADJ ⇒ **N 2**

**NTP** /ˌentiːˈpiː/ N (abbrev of **normal temperature and pressure**) température f et pression f normales

**NTSC** /ˌentiːesˈsiː/ (US) abbrev of **National Television System Committee**

**nt. wt.** (abbrev of **net weight**) poids m net

**n-type** /ˈentaɪp/ ADJ (Elec) type N

---

droit plus romantique que Paris ◆ **it's nowhere you know** ce n'est pas un endroit que tu connais ◆ **it's nowhere you'll ever find it** tu n'arriveras jamais à le trouver ◆ **where are you going? – nowhere special** or **nowhere in particular** où vas-tu ? – nulle part ◆ **she was nowhere to be found** elle était introuvable ◆ **he was nowhere in sight** or **nowhere to be seen** il avait disparu ; → **else, middle**
⓶ (fig) ◆ **without him I would be nowhere** sans lui, je ne serais arrivé à rien ◆ **to come nowhere*** (Sport) n'arriver à rien ◆ **he came from nowhere to take the lead from Coe** contre toute attente, il a dépassé Coe ◆ **he came from nowhere to win the election** cet outsider a remporté l'élection ◆ **the enquiry was getting nowhere** l'enquête piétinait ◆ **threatening me will get you nowhere** vous n'obtiendrez rien en me menaçant ◆ **lying will get you nowhere** ça ne te servira à rien de mentir ◆ **we're getting** or **this is getting us nowhere (fast)*** ça ne nous mène à rien, on tourne en rond ◆ **to be going nowhere (fast)*** [person] n'arriver à rien ; [talks] être dans l'impasse ◆ **to get nowhere with sb** n'arriver à rien avec qn ◆ **a fiver goes nowhere these days** on ne va pas loin avec un billet de cinq livres (or dollars) aujourd'hui
◆ **nowhere near** ◆ **his house is nowhere near the church** sa maison n'est pas près de l'église du tout ◆ **you are nowhere near the truth** vous êtes à mille lieues de la vérité ◆ **you're nowhere near it!, you're nowhere near right!** tu n'y es pas du tout ! ◆ **we're nowhere near finding a cure** nous sommes loin d'avoir trouvé un traitement ◆ **she is nowhere near as clever as he is** elle est nettement moins intelligente que lui ◆ **£10 is nowhere near enough** 10 livres sont loin de suffire

---

**NUAAW** N (Brit) (abbrev of **National Union of Agricultural and Allied Workers**) syndicat

**nuance** /ˈnjuːɑːns/
Ⓝ nuance f
VT nuancer

**nub** /nʌb/ N (= small lump) petit morceau m ◆ **the nub of the matter** (fig) l'essentiel m ◆ **to get to the nub of the matter** entrer dans le vif du sujet

**Nubia** /ˈnjuːbɪə/ N Nubie f

**Nubian** /ˈnjuːbɪən/
ADJ nubien
Ⓝ Nubien(ne) m(f)

**nubile** /ˈnjuːbaɪl/ ADJ (frm or hum) [young woman] nubile

**nubility** /njuːˈbɪlɪtɪ/ N nubilité f

**nucellus** /njuːˈseləs/ N (pl **nucelli** /njuːˈselaɪ/) nucelle m

**nucha** /ˈnjuːkə/ N (pl **nuchae** /ˈnjuːkiː/) (Anat, Zool) nuque f

**nuchal** /ˈnjuːkəl/ ADJ nucal

**nuclear** /ˈnjuːklɪəʳ/
ADJ nucléaire ◆ **to go nuclear** [country] acquérir l'arme nucléaire, se nucléariser ; [conflict] dégénérer en guerre nucléaire ; (esp Brit) [person] piquer une crise*, exploser*
COMP **nuclear bomb** N bombe f atomique or nucléaire
**nuclear capability** N capacité f nucléaire
**nuclear deterrent** N force f de dissuasion nucléaire
**nuclear disarmament** N désarmement m nucléaire
**nuclear energy** N énergie f nucléaire
**nuclear family** N (Soc) famille f nucléaire
**nuclear fission** N fission f nucléaire
**nuclear-free** ADJ [zone, world] dénucléarisé
**nuclear fuel** N combustible m nucléaire
**nuclear fusion** N fusion f nucléaire
**nuclear industry** N industrie f nucléaire
**Nuclear Industry Radioactive Waste Executive** N (Brit) organisme de décision en matière de politique concernant les déchets radioactifs
**nuclear magnetic resonance** N résonance f magnétique nucléaire
**nuclear medicine** N médecine f nucléaire
**the Nuclear Non-Proliferation Treaty** N le Traité de non-prolifération des armes nucléaires
**nuclear physicist** N physicien(ne) m(f) nucléaire
**nuclear physics** N physique f nucléaire
**nuclear plant** N centrale f nucléaire
**nuclear power** N puissance f nucléaire
**nuclear-powered** ADJ (à propulsion) nucléaire
**nuclear power station** N centrale f nucléaire
**nuclear reaction** N réaction f nucléaire
**nuclear reactor** N réacteur m nucléaire
**nuclear reprocessing plant** N usine f de retraitement des déchets nucléaires
**nuclear scientist** N chercheur m en physique nucléaire
**nuclear submarine** N sous-marin m nucléaire
**nuclear test** N essai m nucléaire
**nuclear testing** N essais mpl nucléaires
**nuclear umbrella** N parapluie m nucléaire
**nuclear warhead** N ogive f or tête f nucléaire
**nuclear waste** N déchets mpl nucléaires
**nuclear weapon** N arme f nucléaire
**nuclear winter** N hiver m nucléaire

**nuclease** /ˈnjuːklɪeɪz/ N nucléase f

**nucleate** /ˈnjuːklɪɪt/
ADJ nucléé
VI /ˈnjuːklɪeɪt/ former un noyau

**nuclei** /ˈnjuːklɪaɪ/ NPL of **nucleus**

**nucleic acid** /njuːˈkliːɪkˈæsɪd/ N acide m nucléique

**nucleolar** /ˌnjuːklɪˈəʊləʳ/ ADJ nucléolaire

**nucleolus** /ˌnjuːklɪˈəʊləs/ N (pl **nucleoli** /ˌnjuːklɪˈəʊlaɪ/) nucléole m

**nucleon** /ˈnjuːklɒn/
Ⓝ nucléon m
COMP **nucleon number** N nombre m de masse

**nucleonic**
ADJ /ˌnjuːklɪˈɒnɪk/ nucléonique
Ⓝ **nucleonics** /ˌnjuːklɪˈɒnɪks/ (NonC) nucléonique f

**nucleophile** /ˈnjuːklɪəfaɪl/ N nucléophile m

**nucleophilic** /ˌnjuːklɪəʊˈfɪlɪk/ ADJ nucléophile

**nucleoprotein** /ˌnjuːklɪəʊˈprəʊtiːn/ N nucléoprotéine f

---

**nucleoside** /ˈnjuːklɪəsaɪd/ N nucléoside m

**nucleosome** /ˈnjuːklɪəˌsəʊm/ N nucléosome m

**nucleotide** /ˈnjuːklɪəˌtaɪd/ N nucléotide m

**nucleus** /ˈnjuːklɪəs/ SYN N (pl **nuclei** or **nucleuses**) noyau m ; [of cell] nucléus m, noyau m ◆ **atomic nucleus** noyau m atomique ◆ **the nucleus of a library/university/crew** les principaux éléments mpl d'une bibliothèque/d'une université/d'un équipage ◆ **these three great footballers form the nucleus of the side** ces trois grands footballeurs forment la base de l'équipe ◆ **this group could be the nucleus of a future centrist party** ce groupe pourrait servir de base à un futur parti centriste

**nuclide** /ˈnjuːklaɪd/ N nucléide m, nuclide m

**NUCPS** /ˌenjuːsiːpiːˈes/ N (abbrev of **National Union of Civil and Public Servants**) syndicat

**nude** /njuːd/ SYN
ADJ [person, body] nu ; [photograph] de nu ◆ **to bathe nude** se baigner nu ◆ **to sunbathe nude** bronzer nu ◆ **nude scene** (Cine) scène f déshabillée ◆ **nude figures** or **studies** (Art) nus mpl
Ⓝ ⓵ (Art) nu m ◆ **a Goya nude** un nu de Goya
⓶ ◆ **in the nude** nu

**nudge** /nʌdʒ/ SYN
VT ⓵ (lit) pousser du coude, donner un (petit) coup de coude à ◆ **she nudged him forward** elle l'a (légèrement) poussé en avant
⓶ (fig = approach) ◆ **she's nudging fifty** elle approche de la cinquantaine ◆ **the temperature was nudging 35°C** la température approchait or frôlait les 35°
⓷ (= encourage) encourager ◆ **to nudge sb into doing sth** amener qn à faire qch
Ⓝ coup m de coude ; (fig) coup m de pouce ◆ **to give sb a nudge (in the ribs)** donner un coup de coude à qn (dans les côtes) ◆ **a nudge and a wink** (fig) un clin d'œil ◆ **she made me an offer I couldn't refuse, nudge-nudge wink-wink (say no more)!**✱ elle m'a fait une proposition très intéressante, si vous voyez ce que je veux dire

► **nudge up** VT SEP [+ prices] donner un coup de pouce à

**nudibranch** /ˈnjuːdɪbræŋk/ N nudibranche m

**nudie*** /ˈnjuːdɪ/ ADJ ◆ **nudie calendar** calendrier m avec des photos de femmes nues ◆ **nudie magazine** (gen) magazine m de charme ; (= pornographic) revue f porno*

**nudism** /ˈnjuːdɪzəm/ N nudisme m

**nudist** /ˈnjuːdɪst/
ADJ, N nudiste mf
COMP **nudist camp** N camp m de nudistes
**nudist colony** N colonie f de nudistes

**nudity** /ˈnjuːdɪtɪ/ SYN N nudité f

**nudnik**✱ /ˈn(j)ʊdnɪk/ N (US) casse-pieds mf inv

**nugatory** /ˈnjuːɡətərɪ/ ADJ (frm) (= worthless) futile, sans valeur ; (= trivial) insignifiant ; (= ineffectual) inefficace, inopérant ; (= not valid) non valable

**nugget** /ˈnʌɡɪt/ SYN N pépite f ◆ **gold nugget** pépite f d'or

**NUGMW** N (Brit) (abbrev of **National Union of General and Municipal Workers**) syndicat

**nuisance** /ˈnjuːsns/ SYN
Ⓝ ⓵ (= annoying thing or event) ◆ **what a nuisance he can't come** comme c'est ennuyeux or embêtant qu'il ne puisse pas venir ◆ **it's a nuisance having to shave** c'est agaçant d'avoir à se raser ◆ **the nuisance of having to shave each morning** la corvée de devoir se raser tous les matins ◆ **these weeds are a nuisance** ces mauvaises herbes sont une vraie plaie*, quel fléau, ces mauvaises herbes ◆ **these mosquitoes are a nuisance** ces moustiques sont un vrai fléau or une plaie* ◆ **what a nuisance!** c'est vraiment ennuyeux !, quelle barbe !*
⓶ (= annoying person) peste f, fléau m ◆ **that child is a nuisance** cet enfant est une peste or un fléau ◆ **what a nuisance you are!** ce que tu peux être agaçant or casse-pieds* ! ◆ **he could be a bit of a nuisance when he was drunk** il pouvait être un peu casse-pieds* quand il était ivre ◆ **you're being a nuisance** tu es agaçant ◆ **sorry to be a nuisance** désolé de vous déranger or importuner ◆ **to make a nuisance of o.s.** embêter le monde*, être une peste or un fléau ; → **public**
⓷ (Jur) infraction f simple, dommage m simple ; → **public**
COMP **nuisance call** N appel m anonyme

**nuisance caller** N auteur m d'un appel anonyme
**nuisance value** N ✦ **it has a certain nuisance value** cela sert à gêner or embêter* le monde

**NUJ** /ˌenjuːˈdʒeɪ/ N (Brit) (abbrev of **National Union of Journalists**) syndicat

**nuke*** /njuːk/
　▶ VT ① (= attack) [+ city] lancer une bombe atomique sur ; [+ nation, enemy] lancer une attaque nucléaire contre ; (= destroy) détruire à l'arme atomique or nucléaire
　② (= reheat) réchauffer au (four à) micro-ondes
　▶ N ① (= weapon) arme f atomique or nucléaire ✦ **"no nukes!"** * (slogan) « à bas les armes nucléaires ! », « non au nucléaire ! »
　② (US = power station) centrale f nucléaire

**null** /nʌl/ SYN
　▶ ADJ ① (Jur) [act, decree] nul (nulle f), invalide ; [legacy] caduc (-uque f) ✦ **null and void** nul et non avenu ✦ **to render null** annuler, frapper de nullité
　② (= ineffectual) [person] insignifiant ; [influence] inexistant
　▶ COMP **null hypothesis** N hypothèse f nulle

**nullification** /ˌnʌlɪfɪˈkeɪʃən/ N ① infirmation f, invalidation f
　② (US Hist) invalidation f par un État d'une loi fédérale

**nullify** /ˈnʌlɪfaɪ/ SYN VT infirmer, invalider

**nullipara** /nʌˈlɪpərə/ N (pl **nulliparae** /nʌˈlɪpəriː/) nullipare f

**nulliparous** /nʌˈlɪpərəs/ ADJ nullipare

**nullity** /ˈnʌlɪtɪ/ SYN
　▶ N (NonC: Jur) [of act, decree] nullité f, invalidité f ; [of legacy] caducité f
　▶ COMP **nullity suit** N (Jur) demande f en nullité de mariage

**NUM** /ˌenjuːˈem/ N (Brit) (abbrev of **National Union of Mineworkers**) syndicat

**numb** /nʌm/ SYN
　▶ ADJ ① (= without sensation) [person, limb, face, lip] engourdi ✦ **to go numb** s'engourdir ✦ **numb with cold** [person, body] transi, engourdi par le froid ; [face, hands, feet] engourdi par le froid
　② (= stunned) [person] hébété ✦ **numb with disbelief** figé d'incrédulité ✦ **numb with fright** paralysé par la peur, transi or glacé de peur ✦ **numb with grief** muet de douleur ✦ **numb with shock** abasourdi par le choc
　▶ VT engourdir ; (fig) [fear etc] transir, glacer ✦ **numbed with grief** muet de douleur ✦ **numbed with fear** paralysé par la peur, transi or glacé de peur ✦ **it numbs the pain** cela endort la douleur

**number** /ˈnʌmbəʳ/ LANGUAGE IN USE 27 SYN
　▶ N ① (gen) nombre m ; (= actual figure : when written etc) chiffre m ✦ **even/odd/whole/cardinal/ordinal number** nombre m pair/impair/entier/cardinal/ordinal ✦ **(the Book of) Numbers** (Bible) les Nombres mpl ✦ **to paint by numbers** peindre selon des indications chiffrées ✦ **to do sth by numbers** or **by the numbers** (US) (fig) faire qch mécaniquement or bêtement ✦ **to play the numbers** or **the numbers game** or **the numbers racket*** (US Gambling: also **numbers racket**) parier aux paris clandestins, jouer à une loterie clandestine ; → **lucky**, **round**
　② (= quantity, amount) nombre m, quantité f ✦ **a number of people** de nombreuses personnes ✦ **large numbers of people** un grand nombre de personnes ✦ **a great number of books/chairs** une grande quantité de livres/chaises ✦ **in a small number of cases** dans un petit nombre de cas ✦ **on a number of occasions** à plusieurs occasions, à maintes occasions ✦ **there were a number of faults in the machine** la machine avait un (certain) nombre de défauts ✦ **there are a number of things which...** il y a un certain nombre de choses or pas mal* de choses qui... ✦ **a fair number** un assez grand nombre, un nombre assez important ✦ **boys and girls in equal numbers** garçons et filles en nombre égal ✦ **numbers being equal...** à nombre égal... ✦ **ten in number** au nombre de dix ✦ **they were ten in number** ils étaient (au nombre de) dix ✦ **to the number of some 200** au nombre de 200 environ ✦ **few in number, in small numbers** en petit nombre ✦ **many in number, in large numbers** en grand nombre ✦ **in vast** or **huge numbers** en très grand nombre ✦ **to swell the number of...** grossir le nombre de... ✦ **he was brought in to swell the numbers** on l'a amené pour grossir l'effectif ✦ **without** or **beyond number** innombrable, sans nombre ✦ **times without number** à maintes reprises, mille et mille fois ✦ **any number can play** le nombre de joueurs est illimité ✦ **there were any number of* cards in the box** il y avait une quantité or un tas * de cartes dans la boîte ✦ **I've told you any number of* times** je te l'ai dit mille fois ✦ **they are found in numbers in Africa** on les trouve en grand nombre en Afrique ✦ **they came in their numbers** ils sont venus en grand nombre ✦ **there were flies in such numbers that...** les mouches étaient en si grand nombre que... ✦ **the power of numbers** le pouvoir du nombre ✦ **to win by force of numbers** or **by sheer numbers** l'emporter par le nombre or par la force du nombre ✦ **one of their number** un d'entre eux ✦ **one of our number** un des nôtres ✦ **he was of our number** il était des nôtres, il était avec nous
　③ (in series) (Telec) numéro m ✦ **wrong number** (Telec) faux numéro ✦ **to get a wrong number** se tromper de numéro ✦ **that's the wrong number** ce n'est pas le bon numéro ✦ **at number four** au (numéro) quatre ✦ **Number 10** (Brit Pol) 10 Downing Street (résidence du Premier ministre) → **DOWNING STREET** ✦ **reference number** numéro m de référence ✦ **(registration) number** [of car] (numéro m d')immatriculation f, numéro m minéralogique ✦ **to take a car's number** relever le numéro d'une voiture ✦ **I've got his number!*** (fig) je l'ai repéré ! ✦ **their number came up*** ça a été leur tour d'y passer*, il a fallu qu'ils y passent* aussi ✦ **his number's up*** il est fichu*, son compte est bon ✦ **that bullet had his number on it!*** cette balle était pour lui ! ✦ **he only thinks of number one*** il ne pense qu'à lui or qu'à sa pomme* ✦ **to look after** or **take care of number one*** penser avant tout à soi ✦ **to be number one (in the charts)** être numéro un (au hit-parade) ✦ **the number one English player** le meilleur or premier joueur anglais ✦ **he's the number one there** c'est lui qui dirige tout là-dedans ✦ **this is the number one issue at the moment** c'est le problème numéro un en ce moment ✦ **he's my number two*** il est mon second ; → **opposite**
　④ (= model, issue) [of manufactured goods, clothes, car] modèle m ; [of newspaper, journal] numéro m ✦ **the January number** (Press) le numéro de janvier ✦ **this car's a nice little number** c'est une chouette* petite voiture ✦ **this wine is a nice little number*** c'est un bon petit vin ✦ **a little number in black** (= dress) une petite robe noire (toute simple) ; → **back**
　⑤ [of music hall, circus] numéro m ; [of pianist, dance band] morceau m ; [of singer] chanson f ; [of dancer] danse f ✦ **there were several dance numbers on the programme** le programme comprenait plusieurs numéros de danse ✦ **my next number will be...** (singer) je vais maintenant chanter...
　⑥ (NonC: Gram) nombre m ✦ **number is one of the basic concepts** le nombre est un des concepts de base ✦ **to agree in number** s'accorder en nombre
　⑦ (Mus) rythme m ✦ **numbers** (Poetry) vers mpl, poésie f ; (Mus) mesures fpl
　▶ VT ① (= give a number to) numéroter ✦ **they are numbered from one to ten** ils sont numérotés de un à dix ✦ **the houses are not numbered** les maisons n'ont pas de numéro ✦ **numbered (bank) account** compte m (en banque) numéroté
　② (= include) compter, comprendre ✦ **the library numbers 30,000 volumes** la bibliothèque compte or comporte 30 000 volumes ✦ **I number him among my friends** je le compte parmi mes amis ✦ **to be numbered with the heroes** compter au nombre des or parmi les héros
　③ (= amount to) compter ✦ **the crew numbers 50 men** l'équipage compte 50 hommes ✦ **they numbered 700** leur nombre s'élevait or se montait à 700, ils étaient 700
　④ (= count) compter ✦ **his days were numbered** ses jours étaient comptés ✦ **your chances of trying again are numbered** il ne te reste plus beaucoup d'occasions de tenter ta chance ✦ **he was numbering the hours till the attack began** il comptait les heures qui le séparaient de l'assaut
　▶ VI (Mil etc : also **number off**) se numéroter ✦ **to number (off) from the right** se numéroter en partant de la droite
　▶ COMP **number-cruncher*** N (= machine) calculatrice f ✦ **he's the number-cruncher*** c'est le comptable, c'est le préposé aux chiffres (hum)

**number-crunching*** N calcul m
**number plate** N (Brit : on car) plaque f minéralogique or d'immatriculation or de police ✦ **a car with French number plates** une voiture immatriculée en France
**numbers game** N ① (US Gambling: also **numbers racket**) ⇒ **number** noun 1
　② (= focusing on numbers) usage trompeur de chiffres ✦ **to play the numbers game** jouer sur les chiffres
**number theory** N théorie f des nombres

**numbering** /ˈnʌmbərɪŋ/
　▶ N (NonC) [of houses, seats etc] numérotage m
　▶ COMP **numbering machine** N machine f à numéroter

**numberless** /ˈnʌmbəlɪs/ SYN ADJ (liter) innombrable

**numbhead*** /ˈnʌmhed/ N (US) imbécile mf, gourde* f

**numbly** /ˈnʌmlɪ/ ADV [say, look at] d'un air hébété ; [walk] l'air hébété

**numbness** /ˈnʌmnɪs/ SYN N [of hand, finger, senses] engourdissement m ; [of mind] torpeur f, engourdissement m

**numbskull*** /ˈnʌmskʌl/ N imbécile mf, gourde* f

**numerable** /ˈnjuːmərəbl/ ADJ nombrable, dénombrable

**numeracy** /ˈnjuːmərəsɪ/ N (NonC) notions fpl de calcul, capacités fpl au calcul

**numeral** /ˈnjuːmərəl/ SYN
　▶ N chiffre m, nombre m ✦ **Arabic/Roman numeral** chiffre m arabe/romain
　▶ ADJ numéral

**numerate** /ˈnjuːmərɪt/ ADJ [child, graduate] qui sait compter ✦ **he is barely numerate** il sait à peine compter

**numeration** /ˌnjuːməˈreɪʃən/ N (Math) numération f

**numerator** /ˈnjuːməreɪtəʳ/ N (Math) numérateur m ; (= instrument) numéroteur m

**numerical** /njuːˈmerɪkəl/ ADJ [value, data, superiority, strength] numérique ; [majority] en nombre ✦ **in numerical order** dans l'ordre numérique

**numerically** /njuːˈmerɪkəlɪ/ ADV numériquement

**numeric keypad** /njuːˈmerɪkˈkiːpæd/ N pavé m numérique

**numerological** /ˌnjuːmərəˈlɒdʒɪkəl/ ADJ numérologique

**numerology** /ˌnjuːməˈrɒlədʒɪ/ N numérologie f

**numerous** /ˈnjuːmərəs/ ADJ nombreux

**Numidia** /njuːˈmɪdɪə/ N (Antiq Geog) Numidie f

**numinous** /ˈnjuːmɪnəs/ ADJ (liter) [power, symbol] sacré

**numismatic** /ˌnjuːmɪzˈmætɪk/ ADJ numismatique

**numismatics** /ˌnjuːmɪzˈmætɪks/ N (NonC) numismatique f

**numismatist** /njuːˈmɪzmətɪst/ N numismate mf

**nummular** /ˈnʌmjʊləʳ/ ADJ nummulaire

**nummulite** /ˈnʌmjʊlaɪt/ N (= fossil) nummulite f

**nummulitic** /ˌnʌmjʊˈlɪtɪk/ ADJ nummulitique

**numpkin*** /ˈnʌmpkɪn/, **numpty*** /ˈnʌmptɪ/ N (Brit) tête f de linotte

**numskull** /ˈnʌmskʌl/ N ⇒ **numbskull**

**nun** /nʌn/
　▶ N religieuse f, bonne sœur* f ✦ **to become a nun** entrer en religion, prendre le voile
　▶ COMP **nun buoy** N (for ships) tonne f

**nunatak** /ˈnʌnəˌtæk/ N nunatak m

**Nunavut** /ˈnʊnəvʊt/ N Nunavut m

**nunciature** /ˈnʌnʃɪətjʊəʳ/ N nonciature f

**nuncio** /ˈnʌnʃɪəʊ/ N nonce m ; → **papal**

**nunnery** † /ˈnʌnərɪ/ N couvent m

**NUPE** /ˈnjuːpɪ/ N (Brit) (abbrev of **National Union of Public Employees**) ancien syndicat

**nuptial** /ˈnʌpʃəl/ (liter or hum)
　▶ ADJ nuptial ✦ **the nuptial day** le jour des noces
　▶ NPL **nuptials** noce f

**NUR** /ˌenjuːˈɑːʳ/ N (Brit) (abbrev of **National Union of Railwaymen**) ancien syndicat

**nurd*** /nɜːd/ N ⇒ **nerd**

**Nuremberg** /ˈnjʊərəmˌbɜːg/ N Nuremberg

**nurse** /nɜːs/ SYN
　▶ N ① (in hospital) infirmier m, -ière f ; (at home) infirmier m, -ière f, garde-malade f ✦ **(male)**

**nurse** infirmier *m* , garde-malade *m* ◆ **nurse's aide** (US Med) aide-soignant(e) *m(f)* ◆ **nurses' station** (US Med) bureau *m* des infirmières ◆ **the nurses' strike** la grève du personnel soignant or des infirmiers ; → **night**

② († = *children's nurse*) nurse *f*, bonne *f* d'enfants ◆ **yes nurse** oui, nounou

③ († : also **wet-nurse**) nourrice *f*

**VT** ① (*Med*) [+ *person, illness, injury*] soigner ◆ **she nursed him through pneumonia** elle l'a soigné pendant sa pneumonie ◆ **she nursed him back to health** il a guéri grâce à ses soins ◆ **to nurse a cold** soigner un rhume

② [+ *baby*] (= *suckle*) nourrir, allaiter ; (Brit) (= *cradle in arms*) bercer (dans ses bras)

③ (*fig*) [+ *hope, one's wrath etc*] nourrir, entretenir ; [+ *ambition*] nourrir ; [+ *plan, plot*] mijoter, couver ; [+ *horse, car engine*] ménager ; [+ *a fire*] entretenir ◆ **to nurse one's wounded pride** lécher ses plaies ◆ **to nurse a constituency** (Brit Pol) soigner les électeurs ◆ **Jane still nurses the pain of rejection** Jane souffre toujours d'avoir été rejetée ◆ **to nurse the business along** (essayer de) maintenir la compagnie à flot ◆ **to nurse a drink all evening** faire durer un verre toute la soirée

**nursehound** /ˈnɜːshaʊnd/ **N** (= *fish*) roussette *f*

**nurseling** /ˈnɜːslɪŋ/ **N** ⇒ **nursling**

**nursemaid** /ˈnɜːsmeɪd/ **N** nurse *f*, bonne *f* d'enfants

**nursery** /ˈnɜːsərɪ/

**N** ① (= *room*) nursery *f*, chambre *f* d'enfants ◆ **night nursery** chambre *f* des enfants or d'enfants ; → **day**

② (= *institution*) (*daytime only*) crèche *f*, garderie *f* ; (*daytime or residential*) pouponnière *f*

③ (*Agr*) pépinière *f*

④ (*fig*) pépinière *f* ◆ **a nursery of talent** une pépinière de talents

**COMP** **nursery education N** enseignement *m* de l'école maternelle
**nursery nurse N** puéricultrice *f*
**nursery rhyme N** comptine *f*
**nursery school N** (*state-run*) école *f* maternelle ; (*gen private*) jardin *m* d'enfants ◆ **nursery school teacher** (*state-run*) professeur *m* d'école maternelle ; (*private*) jardinière *f* d'enfants
**nursery slopes NPL** (*Brit Ski*) pentes *fpl* or pistes *fpl* pour débutants

**nurseryman** /ˈnɜːsərɪmən/ **N** (pl **-men**) pépiniériste *m*

**nursing** /ˈnɜːsɪŋ/

**ADJ** ① ◆ **nursing mother** mère *f* qui allaite ◆ **room for nursing mothers** salle *f* réservée aux mères qui allaitent

② ◆ **the nursing staff** [*of hospital*] le personnel soignant *m* ; (*all female*) les infirmières *fpl* ; (*male and female*) les infirmiers *mpl*

**N** ① (= *profession of nurse*) profession *f* d'infirmière ; (= *care of invalids*) soins *mpl* ◆ **she's going in for nursing** elle va être infirmière

② (= *suckling*) allaitement *m*

**COMP** **nursing auxiliary N** (Brit) aide-soignant(e) *m(f)*
**nursing bottle N** (US) biberon *m*
**nursing bra N** soutien-gorge *m* d'allaitement
**nursing home N** (*esp Brit*) (*for medical, surgical cases*) clinique *f*, polyclinique *f* ; (*for mental cases, disabled etc*) maison *f* de santé ; (*for convalescence/rest cure*) maison *f* de convalescence/de repos ; (*for old people*) maison *f* de retraite
**nursing officer N** (Brit Med) surveillant(e) *m(f)* général(e)
**nursing orderly N** (Brit Mil) infirmier *m* (militaire)
**nursing sister N** (Brit Med) infirmière *f* chef
**nursing studies NPL** études *fpl* d'infirmière or d'infirmier

**nursling** /ˈnɜːslɪŋ/ **N** (*liter*) nourrisson *m*

**nurture** /ˈnɜːtʃər/ SYN

**N** (*frm* : *lit, fig*) nourriture *f* ; → **nature**

**VT** (= *rear*) élever, éduquer ; (= *feed*) nourrir (*on* de) ◆ **she nurtures her plants** elle s'occupe bien de ses plantes ◆ **he nurtured an ambition to take over the company** il nourrissait l'ambition de prendre le contrôle de l'entreprise ◆ **a nurturing mother** une mère très présente

**NUS** /ˌenjuːˈes/ **N** (Brit) ① (abbrev of **National Union of Students**) syndicat

② (*formerly*) (abbrev of **National Union of Seamen**) ancien syndicat

**NUT** /ˌenjuːˈtiː/ **N** (Brit) (abbrev of **National Union of Teachers**) syndicat

**nut** /nʌt/ SYN

**N** ① fruit *m* à coque ; (*Agr*) fruit *m* (sec) oléagineux, oléagineux *m* ◆ **this chocolate has got nuts in it** c'est du chocolat aux noisettes (*or* aux amandes *etc*) ◆ **a bag of mixed nuts** un sachet de noisettes, cacahouètes, amandes *etc* panachées ◆ **nuts and raisins** mendiants *mpl* ◆ **he's a tough nut** c'est un dur à cuire* ◆ **that's a hard nut to crack** ce n'est pas un petit problème ◆ **he's a hard nut to crack** c'est un dur à cuire* ◆ **he can't paint for nuts*** il peint comme un pied* ; → **beechnut, nuts, pistachio**

② (*for bolt*) écrou *m* ; (*Climbing*) coinceur *m* ◆ **the nuts and bolts of...** (*fig*) les détails *mpl* pratiques de... ; see also **comp**

③ ◆ **(coal) nuts, nut coal** noix *fpl* , tête(s)-de-moineau *f(pl)* or tête(s) de moineau *f(pl)* ◆ **anthracite nuts** noix *fpl* or tête(s)-de-moineau *f(pl)* d'anthracite

④ (*Culin*) → **ginger**

⑤ (* = *head*) caboche* *f* ◆ **use your nut!** réfléchis donc un peu !, creuse-toi un peu les méninges !* ◆ **to be off one's nut** être tombé sur la tête*, être cinglé* ◆ **you must be off your nut!** mais ça (ne) va pas !*, mais tu es tombé sur la tête !* ◆ **to go off one's nut** perdre la boule* ◆ **to do one's nut** (Brit) piquer une crise*

⑥ ◆ **he's a real nut*** (= *mad person*) il est cinglé* or toqué*

⑦ (= *enthusiast*) ◆ **a movie/football nut*** un(e) dingue* de cinéma/football

⑧ * ◆ **nuts!** des clous !* ◆ **nuts to you!** va te faire fiche !*

⑨ ◆ **nuts*** (= *testicles*) couilles*** *fpl* , roubignoles**fpl* ; see also **nuts**

**VT** (* Brit = *headbutt*) ◆ **to nut sb** donner un coup de tête *or* de boule* à qn

**COMP** (*Culin*) [*cutlet, rissoles, roast etc*] à base de cacahouètes (*or* noisettes *etc*) hachées
**nut allergy N** allergie *f* aux fruits à coque
**nut-brown** ADJ [*eyes*] noisette *inv* ; [*complexion*] brun ; [*hair*] châtain
**nut chocolate N** chocolat *m* aux noisettes (*or* aux amandes *etc*)
**nuts-and-bolts*** ADJ (= *practical*) avant tout pratique ◆ **nuts-and-bolts education** enseignement *m* axé sur les matières fondamentales

**nutcase*** /ˈnʌtkeɪs/ **N** dingue* *mf*, cinglé(e)* *m(f)* ◆ **he's a nutcase** il est bon à enfermer*, il est dingue*

**nutcracker(s)** /ˈnʌtkrækə(z)/

**N(PL)** N(PL) casse-noix *m inv*, casse-noisette(s) *m* ◆ **"The Nutcracker"** (*Mus*) « Casse-noisette »

**COMP** **nutcracker chin N** menton *m* en galoche *or* en casse-noisette

**nuthatch** /ˈnʌthætʃ/ **N** (= *bird*) sittelle *f*

**nuthouse*** /ˈnʌthaʊs/ **N** asile *m* ◆ **he's in the nuthouse** il est à l'asile

**nutloaf** /ˈnʌtləʊf/ **N** (pl **nutloaves** /ˈnʌtləʊvz/) pain de légumes et de noix ou de noisettes

**nutmeg** /ˈnʌtmeg/

**N** (= *nut*) (noix *f*) muscade *f* ; (= *tree*) muscadier *m*

**COMP** **nutmeg-grater N** râpe *f* à muscade
**the Nutmeg State N** (US) le Connecticut

**Nutrasweet** ® /ˈnjuːtrəswiːt/ **N** (= *artificial sweetener*) édulcorant *m* ; (*for tea, coffee*) sucrette ® *f*

**nutrient** /ˈnjuːtrɪənt/

**ADJ** nutritif

**N** substance *f* nutritive, nutriment *m*

**nutriment** /ˈnjuːtrɪmənt/ **N** élément *m* nutritif, nutriment *m*

**nutrition** /njuːˈtrɪʃən/ SYN **N** nutrition *f*, alimentation *f*

**nutritional** /njuːˈtrɪʃənl/ ADJ [*information, advice*] nutritionnel ; [*value, content, requirements, deficiencies*] nutritif

**nutritionist** /njuːˈtrɪʃənɪst/ **N** nutritionniste *mf*

**nutritious** /njuːˈtrɪʃəs/ SYN ADJ nourrissant, nutritif

**nutritiousness** /njuːˈtrɪʃəsnɪs/ **N** caractère *m* nutritif

**nutritive** /ˈnjuːtrɪtɪv/ ADJ nutritif

**nuts*** /nʌts/ ADJ dingue*, cinglé* ◆ **to go nuts** perdre la boule* ◆ **to be nuts about sb/sth** être dingue* de qn/qch ; see also **nut**

**nutshell** /ˈnʌtʃel/ **N** coquille *f* de noix *or* de noisette *etc* ◆ **in a nutshell...** en un mot, ◆ **to put the matter in a nutshell** résumer l'affaire en un mot

**nutter*** /ˈnʌtər/ **N** (Brit) cinglé(e)* *m(f)*, dingue* *mf*

**nutty** /ˈnʌtɪ/

ADJ ① (*no generic term in French*) (*with hazelnuts*) aux noisettes ; (*with almonds*) aux amandes ; (*with walnuts*) aux noix ; [*flavour, taste, smell*] de noisette *etc*

② (* = *mad*) [*idea*] dingue* ; [*person*] cinglé*, dingue* ◆ **to be (as) nutty as a fruitcake** (*hum*) être complètement dingue* ◆ **to be nutty about sb/sth** (= *enthusiastic*) être dingue* de qn/qch

**COMP** **nutty professor*** **N** professeur Tournesol *m*
**nutty slack N** (Brit Min) déclassés *mpl* des gros

**nux vomica** /ˌnʌksˈvɒmɪkə/ **N** (= *tree*) vomiquier *m* ; (= *fruit*) noix *f* vomique

**nuzzle** /ˈnʌzl/ **VI** [*pig*] fouiller du groin, fouiner ◆ **the dog nuzzled up to my leg** le chien est venu fourrer son nez contre ma jambe ◆ **she nuzzled up to me** elle est venue se blottir contre moi

**NV** abbrev of **Nevada**

**NVQ** /ˌenviːˈkjuː/ **N** (abbrev of **National Vocational Qualification**) ◆ **NVQ level 1** ≃ CAP *m* ◆ **NVQ level 3** ≃ BTS *m*

• **NVQ**
• 
• Les **National Vocational Qualifications**, ou
• **NVQ**, sont un système de qualifications à la
• fois théoriques et pratiques destinées essen-
• tiellement aux personnes occupant déjà un
• emploi. Toutefois, certains établissements
• secondaires préparent à ces examens, en plus
• ou à la place des examens traditionnels
• (« GCSE » ou « A levels »). Ce système existe en
• Angleterre, au pays de Galles et en Irlande du
• Nord ; en Écosse, il existe une filière compa-
• rable qui porte le nom de « Scottish Voca-
• tional Qualifications » ou « SVQ ».

**NW** (abbrev of **north-west**) N-O

**NWT** /ˌendʌbljuːˈtiː/ **N** (Can) abbrev of **Northwest Territories**

**NY** /ˌenˈwaɪ/ **N** (abbrev of **New York**) → **new**

**nyala** /ˈnjɑːlə/ **N** (pl **nyala** or **nyalas**) (= *animal*) nyala *m*

**Nyasaland** /nɪˈæsəlænd/ **N** Nyas(s)aland *m* ◆ **in Nyasaland** au Nyas(s)aland

**NYC** /ˌenwaɪˈsiː/ **N** abbrev of **New York City**

**nyctalopia** /ˌnɪktəˈləʊpɪə/ **N** nyctalopie *f*

**nyctitropism** /nɪkˈtɪtrəpɪzəm/ **N** nyctitropisme *m*

**nylghau** /ˈnɪlgɔː/ **N** (pl **nylghau** or **nylghaus**) nilgaut *m*

**nylon** /ˈnaɪlɒn/

**N** (*NonC*) nylon ® *m*

ADJ [*stockings etc*] de or en nylon ®

**NPL** **nylons** bas *mpl* (or collant *m*) de or en nylon ®

**nymph** /nɪmf/ **N** nymphe *f* ; (also **water nymph**) naïade *f* ; (also **wood nymph**) (hama)dryade *f* ; (also **sea nymph**) néréide *f* ; (also **mountain nymph**) oréade *f*

**nymphae** /ˈnɪmfiː/ **NPL** (*Anat*) nymphes *fpl*

**nymphet** /nɪmˈfet/ **N** nymphette *f*

**nympho*** /ˈnɪmfəʊ/ ADJ, **N** abbrev of **nymphomaniac**

**nymphomania** /ˌnɪmfəʊˈmeɪnɪə/ **N** nymphomanie *f*

**nymphomaniac** /ˌnɪmfəʊˈmeɪnɪæk/ ADJ, **N** nymphomane *f*

**NYSE** /ˌenwaɪesˈiː/ **N** (US) (abbrev of **New York Stock Exchange**) Bourse de New York

**nystagmus** /nɪˈstægməs/ **N** nystagmus *m*

**NZ, N. Zeal** (abbrev of **New Zealand**) → **new**

# O

**O, o¹** /əʊ/

[N] 1 (= *letter*) O, o m ◆ **O for Orange** ≈ O comme Oscar ; see also **OK²**
2 (= *number : Telec etc*) zéro m
[COMP] **O Grade** N (*Scot Educ: formerly*) ≈ matière f présentée au brevet ◆ **to do an O Grade in French** ≈ passer l'épreuve de français au brevet ◆ **O level** N (*Brit Educ: formerly*) ≈ matière f présentée au brevet ◆ **to do an O level in French** ≈ passer l'épreuve de français au brevet ◆ **O levels** ≈ brevet m
**O-shaped** ADJ en forme de O or de cercle

**O²** /əʊ/ EXCL (*liter*) ô

**O'** /əʊ/ PREP (abbrev of **of**) de ; → **o'clock**

**oaf** /əʊf/ SYN N (*awkward*) balourd* m ; (*bad-mannered*) malotru(e) m(f), mufle m

**oafish** /ˈəʊfɪʃ/ SYN ADJ (*pej*) [*person*] mufle ; [*behaviour, remark*] de mufle

**oak** /əʊk/

[N] (= *wood, tree*) chêne m ◆ **light/dark oak** chêne m clair/foncé ◆ **great oaks from little acorns grow** (*Prov*) les petits ruisseaux font les grandes rivières (*Prov*)
[COMP] (= *made of oak*) de or en (bois de) chêne ; (= *oak-coloured*) (couleur) chêne inv
**oak-aged** ADJ vieilli en fûts de chêne
**oak apple** N noix f de galle, galle f du chêne
**oak gall** N noix f de galle
**oak grove** N chênaie f
**oak leaf** N (= *tree leaf, salad*) feuille f de chêne
**oak leaf cluster** N (*US*) ≈ barrette f (*portée sur le ruban d'une médaille*)
**oak-panelled** ADJ lambrissé de chêne

**oaken** /ˈəʊkən/ ADJ (*liter*) de or en chêne

**oakum** /ˈəʊkəm/ N étoupe f ◆ **to pick oakum** faire de l'étoupe

**oakwood** /ˈəʊkwʊd/ N 1 (= *forest*) chênaie f, forêt f de chênes
2 (NonC = *material*) (bois m de) chêne m

**O & M** /ˌəʊəndˈem/ (abbrev of **organization and methods**) → **organization**

**OAP** /ˌəʊeɪˈpiː/ N (*Brit*) (abbrev of **old age pension** or **pensioner**) → **old**

**oar** /ɔːʳ/ N 1 (*gen*) rame f ; (*Sport*) aviron m ◆ **he always puts** or **sticks*** or **shoves* his oar in** il faut toujours qu'il se mêle subj de tout or qu'il vienne mettre son grain de sel* ; → **rest, ship**
2 (= *person*) rameur m, -euse f

**-oared** /ɔːd/ ADJ (*in compounds*) ◆ **four-oared** à quatre avirons

**oarfish** /ˈɔːfɪʃ/ N régalec m, roi m des harengs

**oarlock** /ˈɔːlɒk/ N dame f (de nage), tolet m

**oarsman** /ˈɔːzmən/ N (pl **-men**) rameur m, nageur m (SPEC)

**oarsmanship** /ˈɔːzmənʃɪp/ N (= *art of rowing*) art m de ramer ; (= *skill as rower*) qualités fpl de rameur

**oarswoman** /ˈɔːzwʊmən/ N (pl **-women**) rameuse f, nageuse f (SPEC)

**OAS** /ˌəʊeɪˈes/ N 1 (*US*) (abbrev of **Organization of American States**) OEA f
2 (*Hist*) (abbrev of **Organisation de l'armée secrète**) OAS f

**oasis** /əʊˈeɪsɪs/ N (pl **oases** /əʊˈeɪsiːz/) (*lit, fig*) oasis f ◆ **an oasis of peace** un havre or une oasis de paix

**oast** /əʊst/
[N] four m à (sécher le) houblon
[COMP] **oast house** N sécherie f or séchoir m à houblon

**oat** /əʊt/ NPL ◆ **oats** (= *plant, food*) avoine f NonC ◆ **to get one's oats**☆ (*Brit*) tirer son coup☆ ◆ **to feel one's oats*** (*US*) (= *feel high-spirited*) avoir la pêche ; (= *feel important*) faire l'important ; → **rolled, wild**

**oatcake** /ˈəʊtkeɪk/ N biscuit m or galette f d'avoine

**oaten** /ˈəʊtn/ ADJ [*bread, biscuit*] à l'avoine ; [*flute*] en paille d'avoine

**oath** /əʊθ/ SYN
[N] (pl **oaths** /əʊðz/) 1 serment m ◆ **he took** or **swore an oath promising to uphold the country's laws** il a fait le serment or il a juré de faire respecter les lois du pays ◆ **he took** or **swore an oath of loyalty to the government** il a juré loyauté au gouvernement ◆ **he swore on his oath that he had never been there** il jura n'y avoir jamais été or qu'il n'y avait jamais été ◆ **I'll take my oath on it!** je vous le jure !
2 (Jur) ◆ **to take the oath** prêter serment ◆ **on** or **under oath** sous serment ◆ **witness on** or **under oath** témoin m assermenté ◆ **to put sb on** or **under oath, to administer the oath to sb** faire prêter serment à qn ◆ **to put sb on** or **under oath to do sth** faire promettre à qn sous serment de faire qch ; → **allegiance**
3 (= *bad language*) juron m ◆ **to let out** or **utter an oath** lâcher or pousser un juron
4 (*Antiq*) ◆ **The Oath of the Horatii** Le serment des Horaces
[COMP] **oath-taking** N (*Jur etc*) prestation f de serment

**oatmeal** /ˈəʊtmiːl/
[N] (NonC) (= *cereal*) flocons mpl d'avoine ; (*US*) (= *porridge*) bouillie f d'avoine, porridge m
[COMP] (*in colour*) [*dress, fabric*] beige, grège

**OAU** /ˌəʊeɪˈjuː/ N (abbrev of **Organization of African Unity**) OUA f

**OB** N (*Brit*) (abbrev of **outside broadcast**) → **outside**

**Obadiah** /ˌəʊbəˈdaɪə/ N Abdias m

**obbligato** /ˌɒblɪˈɡɑːtəʊ/ (*Mus*)
[ADJ] obligé
[N] (pl **obbligatos** or **obbligati** /ˌɒblɪˈɡɑːtiː/) partie f obligée

**obduracy** /ˈɒbdjʊərəsɪ/ N (*frm*) 1 (*pej* = *stubbornness*) [*of person*] obstination f, entêtement m ◆ **the obduracy of his behaviour** son comportement obstiné ◆ **the obduracy of his silence** son silence obstiné
2 (= *difficulty*) [*of problem, situation*] insolubilité f

**obdurate** /ˈɒbdjʊərɪt/ SYN ADJ (*frm, pej*) [*person*] obstiné, entêté ◆ **her look of obdurate stubbornness** son air obstiné et inflexible ◆ **to remain obdurate** s'obstiner, rester inflexible ◆ **they were obdurate in their refusal** ils s'obstinaient dans leur refus

**obdurately** /ˈɒbdjʊərɪtlɪ/ ADV (*frm*) (= *stubbornly*) obstinément, opiniâtrement ; (= *unyieldingly*) inflexiblement

**OBE** /ˌəʊbiːˈiː/ N (abbrev of **Officer of the Order of the British Empire**) titre honorifique → **HONOURS LIST**

**obedience** /əˈbiːdɪəns/ SYN N (NonC) obéissance f (to à) ; (Rel) obédience f (to à) ◆ **in obedience to the law/his orders** conformément à la loi/ses ordres ◆ **to owe obedience to sb** devoir obéissance à qn ◆ **to command obedience (from)** savoir se faire obéir (de) ◆ **obedience training** dressage m ; → **blind**

⚠ **obedience** is rarely translated by the French word **obédience**, which usually means 'allegiance'.

**obedient** /əˈbiːdɪənt/ SYN ADJ [*person, child*] obéissant ; [*dog*] obéissant, docile ◆ **to be obedient to sb** être obéissant avec qn, obéir à qn ◆ **to be obedient to sb's wishes** obéir aux désirs de qn ◆ **your obedient servant** † (*in letters*) votre très obéissant serviteur † m

**obediently** /əˈbiːdɪəntlɪ/ ADV docilement

**obeisance** /əʊˈbeɪsəns/ N (*frm*) 1 (NonC = *homage*) hommage m
2 (= *bow*) révérence f, salut m cérémonieux ◆ **to pay obeisance** or **to make (an) obeisance to sb** (= *bow*) faire la révérence à qn ; (= *homage*) rendre hommage à qn

**obelisk** /ˈɒbɪlɪsk/ SYN N 1 (*Archit*) obélisque m
2 (*Typography* †) obel m or obèle m

**obelus** /ˈɒbɪləs/ N (= *mark*) obel m

**obese** /əʊˈbiːs/ SYN ADJ obèse

**obeseness** /əʊˈbiːsnɪs/, **obesity** /əʊˈbiːsɪtɪ/ N obésité f

**obesogenic** /ˌəʊbiːsəʊˈdʒenɪk/ ADJ obésogène

**obey** /əˈbeɪ/ SYN
[VT] [+ *person, instinct, order*] obéir à ; [+ *the law*] se conformer à, obéir à ; [+ *instructions*] se conformer à, observer ; (*Jur*) [+ *summons, order*] obtempérer à ◆ **the plane's engine refused to obey the computer's commands** le moteur de l'avion refusait de répondre aux commandes de l'ordinateur
[VI] obéir

**obfuscate** /ˈɒbfəskeɪt/ (*frm*)
[VT] [+ *intentions, figures*] essayer de masquer ◆ **they are obfuscating the issue** ils cherchent des faux-fuyants, ils essaient de noyer le poisson
[VI] chercher des faux-fuyants, chercher à noyer le poisson

**obfuscation** /ˌɒbfəˈskeɪʃən/ N (= *attempt to confuse*) faux-fuyants mpl ◆ **the deliberate obfuscation of their huge deficit** la tentative délibérée de masquer leur énorme déficit

**obfuscatory** /ˌɒbfəsˈkeɪtərɪ/ ADJ [*answer, clause*] obscur

**obi** /ˈəʊbɪ/ N (pl **obis** or **obi**) obi m

**obit** * /ˈəʊbɪt/ N (abbrev of **obituary**) notice *f* nécrologique, nécrologie *f*

**obiter dictum** /ˈəʊbɪtəˈdɪktəm/ N (pl **obiter dicta** /ˈdɪktə/) 1 *(Jur) opinion incidente du juge contenue dans les attendus, sans portée directe sur le litige*
2 (= *incidental remark*) remarque *f* faite en passant

**obituarist** /əˈbɪtjʊərɪst/ N nécrologue *mf*

**obituary** /əˈbɪtjʊərɪ/
N (also **obituary notice**) notice *f* nécrologique, nécrologie *f*
COMP *[announcement]* nécrologique
**obituary column** N nécrologie *f*, rubrique *f* nécrologique

**object** /ˈɒbdʒɪkt/ LANGUAGE IN USE 26.1, 26.3 SYN
N 1 (= *thing in general*) objet *m*, chose *f* ; *(Comput)* objet *m* ◆ **what is this object?** *(pej)* quelle est cette chose ? *(pej)*
2 (= *focus*) ◆ **object of pity/ridicule** objet *m* de pitié/de risée ◆ **the object of one's love** l'objet *m* aimé
3 (= *aim*) but *m* ; *(Philos)* objet *m* ◆ **he has no object in life** il n'a aucun but dans la vie ◆ **with this object (in view** *or* **in mind)** dans ce but, à cette fin ◆ **with the object of doing sth** dans le but de faire qch ◆ **with the sole object of doing sth** à seule fin *or* dans le seul but de faire qch ◆ **what object is there in** *or* **what's the object of doing that?** à quoi bon faire cela ? ; → **defeat**
4 (= *obstacle*) ◆ **distance/money is no object** la distance/l'argent n'est pas un problème
5 *(Gram)* complément *m* (d'objet) ◆ **direct/indirect object** complément *m* (d'objet) direct/indirect
6 ◆ **object of virtu** objet *m* d'art, curiosité *f*
VI /əbˈdʒekt/ élever une objection *(to sb/sth* contre qn/qch) ◆ **I object!** je proteste ! ◆ **I object most strongly!** je proteste catégoriquement *or* énergiquement ! ◆ **if you don't object** si cela ne vous fait rien, si vous n'y voyez pas d'inconvénient *or* d'objection ◆ **he didn't object when...** il n'a élevé *or* formulé aucune objection quand... ◆ **I object to that remark** je proteste *or* je m'élève contre cette remarque ◆ **I object to your rudeness** votre grossièreté est inadmissible ◆ **he objects to her drinking** cela l'ennuie qu'elle boive ◆ **do you object to my smoking?** cela vous ennuie que je fume *subj* ? , est-ce que cela vous gêne si je fume ? ◆ **she objects to all this noise** elle se plaint de tout ce bruit ◆ **I don't object to helping you** je veux bien vous aider ◆ **to object to sb** élever des objections contre qn ◆ **I would object to Paul but not to Robert as chairman** je ne voudrais pas que Paul soit président mais je n'ai rien contre Robert ◆ **they objected to him because he was too young** ils lui ont objecté son jeune âge ◆ **to object to a witness** *(Jur)* récuser un témoin ◆ **I wouldn't object to a bite to eat** * je mangerais bien un morceau
VT /əbˈdʒekt/ ◆ **to object that...** objecter que..., faire valoir que...
COMP **object clause** N *(Gram)* proposition *f* complément d'objet, complétive *f* d'objet
**object database** N base *f* de données objet
**object language** N *(Ling)* langage-objet *m*
**object lesson** N *(fig)* ◆ **it was an object lesson in how not to drive a car** c'était une illustration de ce que l'on ne doit pas faire au volant ◆ **it was an object lesson in good manners** c'était une démonstration de bonnes manières
**object-oriented** ADJ *[software, technology, programming]* orienté objet
**object programme** N programme *m* objet

**objectify** /əbˈdʒektɪfaɪ/ VT objectiver

**objection** /əbˈdʒekʃən/ LANGUAGE IN USE 9.1, 26.3 SYN N objection *f* ◆ **I have no objection(s)** je n'ai pas d'objection, je ne m'y oppose pas ◆ **if you have no objection(s)** si cela ne vous fait rien, si vous n'y voyez pas d'inconvénient *or* d'objection ◆ **I have no objection to him** je n'ai rien contre lui ◆ **I have a strong objection to dogs in shops** je ne supporte pas les chiens dans les magasins ◆ **have you any objection to my smoking?** cela ne vous ennuie pas que je fume *subj* ? , est-ce que cela vous gêne si je fume ? ◆ **I have no objection to the idea/to his leaving** je ne vois pas d'objection *or* je ne m'oppose pas à cette idée/à ce qu'il parte ◆ **there is no objection to our leaving** il n'y a pas d'obstacle *or* d'inconvénient à ce que nous partions *subj* ◆ **to make** *or* **raise an objection** soulever *or* formuler une objection ◆ **to make objection to an argument** *(Jur)* récuser un argument ◆ **objection!** *(Jur)* objection ! ; *(gen)* je proteste ! ◆ **objection overruled!** *(Jur)* objection rejetée !

**objectionable** /əbˈdʒekʃnəbl/ SYN ADJ *[smell]* nauséabond ; *[behaviour, attitude]* répréhensible ; *[language]* choquant ; *[remark]* désobligeant ◆ **I find him thoroughly objectionable** il me déplaît souverainement ◆ **I find your tone highly objectionable** je trouve votre ton tout à fait désagréable ◆ **the language used in the programme was objectionable to many viewers** le langage utilisé au cours de l'émission a choqué de nombreux téléspectateurs

**objective** /əbˈdʒektɪv/ SYN
ADJ 1 (= *impartial*) *[person, report, view]* objectif, impartial ; *[evidence, facts, criteria]* objectif ◆ **to take an objective look at sth** examiner qch d'une manière objective ◆ **he is very objective in his reporting** ses reportages sont très objectifs
2 *(Philos)* objectif
3 *(Gram)* *[pronoun]* complément d'objet ; *[genitive]* objectif ◆ **objective case** (cas *m*) accusatif *m*, cas *m* régime
N 1 *(gen, also Phot)* objectif *m* ◆ **to reach** *or* **attain one's objective** atteindre le but qu'on s'était fixé *or* son objectif
2 *(Gram)* accusatif *m*

**objectively** /əbˈdʒektɪvlɪ/ SYN ADV objectivement

**objectivism** /əbˈdʒektɪvɪzəm/ N objectivisme *m*

**objectivity** /ˌɒbdʒɪkˈtɪvɪtɪ/ SYN N objectivité *f*

**objectivize** /əbˈdʒektɪvaɪz/ VT objectiver

**objector** /əbˈdʒektəʳ/ N opposant(e) *m(f)* ◆ **the objectors to this scheme** les opposants au projet, les adversaires du projet ; → **conscientious**

**objet d'art** /ˈɒbʒeɪˈdɑː/ N (pl **objets d'art**) objet *m* d'art

**objet de vertu** /ˈɒbʒeɪdəˈvɜːtjuː/ N (pl **objets de vertu**) objet *m* d'art, curiosité *f*

**objurgate** /ˈɒbdʒɜːgeɪt/ VT *(frm)* réprimander ; *(stronger)* accabler de reproches

**objurgation** /ˌɒbdʒɜːˈgeɪʃən/ N *(frm)* réprimande *f*

**oblate** /ˈɒbleɪt/
N *(Rel)* oblat(e) *m(f)*
ADJ *(Geom)* aplati aux pôles

**oblation** /əʊˈbleɪʃən/ N *(Rel)* (= *act*) oblation *f* ; (= *offering* : also **oblations**) oblats *mpl*

**obligate** /ˈɒblɪgeɪt/ VT obliger, contraindre *(sb to do sth* qn à faire qch) ◆ **to be obligated to do sth** être obligé de *or* contraint à faire qch

**obligation** /ˌɒblɪˈgeɪʃən/ SYN N 1 (= *duty*) obligation *f* ◆ **to be under an obligation to do sth** être tenu de faire qch, être dans l'obligation de faire qch ◆ **I'm under no obligation to do it** rien ne m'oblige à le faire ◆ **to lay** *or* **put sb under an obligation** créer une obligation à qn ◆ **to put** *or* **lay an obligation on sb to do sth** mettre qn dans l'obligation de faire qch ◆ **it is your obligation to see that...** il vous incombe de veiller à ce que... + *subj* ◆ **"without obligation"** *(in advert)* « sans engagement » ◆ **"no obligation to buy"** *(in advert)* « aucune obligation d'achat » ; *(in shop)* « entrée libre »
2 (= *commitment*) obligation *f*, engagement *m* ◆ **to meet one's obligations** respecter ses obligations *or* ses engagements ◆ **to fail to meet one's obligations** manquer à ses obligations *or* à ses engagements ◆ **to be under an obligation to sb** devoir de la reconnaissance à qn ◆ **to be under an obligation to sb for sth** être redevable à qn de qch
3 (= *debt*) devoir *m*, dette *f* (de reconnaissance) ◆ **to repay an obligation** acquitter une dette de reconnaissance

**obligatory** /ɒˈblɪgətərɪ/ LANGUAGE IN USE 10.1 SYN
ADJ 1 (= *compulsory*) *[attendance]* obligatoire ◆ **it is not obligatory to attend** il n'est pas obligatoire d'y assister ◆ **it is obligatory for you to attend** vous êtes dans l'obligation *or* vous êtes tenu d'y assister ◆ **to make it obligatory for sb to do sth** obliger qn à faire qch
2 (= *customary*) *[smile, kiss]* de rigueur ◆ **she was wearing the obligatory sweater and pearl necklace** elle portait le pull et le collier de perles de rigueur

**oblige** /əˈblaɪdʒ/ LANGUAGE IN USE 4, 10, 20.6 SYN
VT 1 (= *compel*) obliger *(sb to do sth* qn à faire qch) ◆ **to be obliged to do sth** être obligé de faire qch
2 (= *do a favour to*) rendre service à, obliger *(liter)* ◆ **he did it to oblige us** il l'a fait pour nous rendre service ◆ **can you oblige me with a pen?** *(frm)* auriez-vous l'amabilité *or* l'obligeance de me prêter un stylo ? ◆ **he's always ready to oblige journalists with information** il est toujours prêt à communiquer des informations aux journalistes ◆ **to be obliged to sb for sth** *(Comm)* être reconnaissant *or* savoir gré à qn de qch ◆ **I am much obliged to you** je vous remercie infiniment ◆ **I would be obliged if you would read it to us** je vous serais reconnaissant de bien vouloir nous le lire ◆ **thanks, I'd be obliged** merci, ce serait très gentil (de votre part) ◆ **much obliged!** merci beaucoup !, merci mille fois ! ◆ **much obliged for your assistance!** merci beaucoup *or* merci mille fois de votre aide !
VI ◆ **she is always ready** *or* **willing to oblige** elle est toujours prête à rendre service ◆ **anything to oblige!** * à votre service ! ◆ **he asked for more time and they obliged by delaying their departure** il a demandé un délai et ils se sont pliés à ses désirs en retardant leur départ ◆ **we asked him the way and he obliged with directions** nous lui avons demandé notre chemin et il nous a très gentiment donné des indications ◆ **a prompt answer will oblige** *(Comm †)* une réponse rapide nous obligerait

**obligee** /ˌɒblɪˈdʒiː/ N *(Jur)* obligataire *m*, créancier *m*

**obliging** /əˈblaɪdʒɪŋ/ SYN ADJ obligeant, serviable ◆ **it is very obliging of them** c'est très gentil *or* aimable de leur part

**obligingly** /əˈblaɪdʒɪŋlɪ/ ADV obligeamment

**obligor** /ˌɒblɪˈgɔːʳ/ N *(Jur)* obligé *m*

**oblique** /əˈbliːk/ SYN
ADJ 1 (= *indirect*) *[approach, reference, criticism, warning]* indirect
2 (= *slanting*) *[line, plane, cut]* oblique ; *[look]* en biais, oblique ; *[view]* de biais ; *(Math)* *[angle]* (= *acute*) aigu (-guë *f*) ; (= *obtuse*) obtus ◆ **it lies at an oblique angle to the coastline** c'est en biais par rapport à la côte
3 *(Gram)* ◆ **oblique case** cas *m* oblique
N 1 *(Anat)* oblique *f*
2 *(Brit Typography:* also **oblique stroke**) trait *m* oblique, oblique *f*

**obliquely** /əˈbliːklɪ/ SYN ADV 1 (= *indirectly*) *[refer to, answer, approach]* indirectement
2 (= *diagonally*) *[cut]* obliquement, en biais

**obliqueness** /əˈbliːknɪs/, **obliquity** /əˈblɪkwɪtɪ/ N 1 *[of approach, reference]* caractère *m* indirect
2 *[of line]* obliquité *f*

**obliterate** /əˈblɪtəreɪt/ SYN VT 1 (= *destroy*) détruire, anéantir
2 *[+ writing etc]* (= *erase*) effacer, enlever ; (= *obscure*) rendre illisible ; *(by progressive wear)* oblitérer *(frm)* ; *(fig)* *[+ memory, impressions]* oblitérer *(frm)* ; *[+ the past]* faire table rase de
3 *(Post)* *[+ stamp]* oblitérer

**obliteration** /əˌblɪtəˈreɪʃən/ SYN N
1 (= *destruction*) *[of person, object, country]* anéantissement *m* ; *[of rainforest]* destruction *f*
2 (= *erasure*) rature *f*, biffure *f* ; *(fig)* *[of memory]* effacement *m*

**oblivion** /əˈblɪvɪən/ SYN N (état *m* d')oubli *m* ◆ **to sink** *or* **fall into oblivion** tomber dans l'oubli

**oblivious** /əˈblɪvɪəs/ SYN ADJ (= *unaware*) inconscient *(of or to sb/sth* de qn/qch) ; (= *forgetful*) oublieux *(of or to sb/sth* de qn/qch)

**oblong** /ˈɒblɒŋ/
ADJ (= *rectangular*) oblong (oblongue *f*) ; (= *elongated*) allongé ◆ **an oblong dish** un plat rectangulaire
N rectangle *m*

**obloquy** /ˈɒbləkwɪ/ N opprobre *m*

**obnoxious** /əbˈnɒkʃəs/ SYN ADJ *[person]* odieux ; *[child, dog, behaviour]* odieux, détestable ; *[smell]* nauséabond ◆ **stop being so obnoxious!** arrête d'être odieux !

**obnoxiously** /əbˈnɒkʃəslɪ/ ADV odieusement

**o.b.o., OBO** /əʊbiːˈəʊ/ (abbrev of **or best offer**) à déb., à débattre ; → **offer**

**oboe** /ˈəʊbəʊ/
N hautbois *m*
COMP **oboe d'amore** N hautbois *m* d'amour

**oboist** /ˈəʊbəʊɪst/ N hautboïste *mf*

**obs** * /ɒbz/ N 1 abbrev of **obstetrics**
2 abbrev of **observation**

**obscene** /əbˈsiːn/ SYN
ADJ *[act, gesture, language, remark, phone call]* obscène ; *[profit, salary]* indécent ◆ **it is obscene that discrimination of this sort can take**

**place today** c'est une honte or un scandale qu'il puisse y avoir une telle discrimination de nos jours ◆ **they spend an obscene amount of money** ils dépensent des sommes scandaleuses

**COMP** **obscene publication** N (Jur) publication f obscène
**Obscene Publications Act** N (Brit) loi f sur les publications obscènes
**Obscene Publications Squad** N (Brit) brigade de répression des publications obscènes

**obscenely** /əbˈsiːnlɪ/ ADV ◆ to talk obscenely dire des obscénités ◆ **obscenely rich** d'une richesse indécente ◆ **she earns obscenely large amounts of money** elle gagne tellement d'argent que c'en est indécent ◆ **an obscenely expensive house** une maison tellement chère que c'en est indécent

**obscenity** /əbˈsenɪtɪ/ SYN N (gen, also Jur) obscénité f ; (= moral outrage) infamie f ◆ **he was convicted on obscenity charges** il a été condamné pour obscénité ◆ **the obscenity laws** les lois fpl sur l'obscénité ◆ **obscenity trial** procès m pour obscénité

**obscurantism** /ˌɒbskjʊəˈræntɪzəm/ N obscurantisme m

**obscurantist** /ˌɒbskjʊəˈræntɪst/ ADJ, N obscurantiste mf

**obscure** /əbˈskjʊəʳ/ SYN
**ADJ** 1 (= not straightforward, not obvious) [word, reference, reason, origins] obscur
2 (= not well-known) [writer, artist, book] obscur, peu connu ; [village] peu connu, perdu
3 (= indistinct) [shape] indistinct
**VT** 1 (= hide) [+ sun] (partly) voiler ; (completely) cacher ; [+ view] cacher, masquer ◆ **his view was obscured by trees** les arbres lui cachaient la vue
2 [+ argument] [+ idea] rendre obscur ; [+ truth] masquer, cacher ◆ **to obscure the issue** embrouiller la question

**obscurely** /əbˈskjʊəlɪ/ ADV obscurément

**obscurity** /əbˈskjʊərɪtɪ/ SYN N 1 (= darkness) obscurité f, ténèbres fpl (liter)
2 (fig) [of argument, idea] obscurité f

**obsequies** /ˈɒbsɪkwɪz/ NPL (frm) obsèques fpl, funérailles fpl

**obsequious** /əbˈsiːkwɪəs/ ADJ (pej) [person, manner] obséquieux, servile (to sb devant qn) ; [smile] obséquieux ◆ **their obsequious treatment of the film star** leur obséquiosité f à l'égard de la vedette

**obsequiously** /əbˈsiːkwɪəslɪ/ ADV (pej) obséquieusement

**obsequiousness** /əbˈsiːkwɪəsnɪs/ N obséquiosité f, servilité f

**observable** /əbˈzɜːvəbl/ SYN ADJ [facts, phenomena, pattern] observable ; [benefits, consequences, effect] observable, visible ◆ **the observable universe** (Astron) l'univers m observable

**observably** /əbˈzɜːvəblɪ/ ADV visiblement

**observance** /əbˈzɜːvəns/ SYN N 1 (NonC) [of rule, law] observation f , respect m ; [of rite, custom, Sabbath] observance f ; [of anniversary] célébration f
2 (= rite, ceremony) observance f ◆ **religious observances** observances fpl religieuses

**observant** /əbˈzɜːvənt/ SYN ADJ [person, eye] observateur (-trice f)

**observation** /ˌɒbzəˈveɪʃən/ SYN
**N** 1 (NonC) observation f ◆ **observation of birds/bats** observation f des oiseaux/des chauves-souris ◆ **his powers of observation** ses facultés fpl d'observation ◆ **careful observation of the movement of the planets** une observation attentive du mouvement des planètes ◆ **to keep sb under observation** (Med) garder qn en observation ; (Police) surveiller qn ◆ **they kept the house under observation** ils surveillaient la maison ◆ **to be under observation** (Med) être en observation ; (Police) être sous surveillance ◆ **he came under observation when...** (Police) on s'est mis à le surveiller quand... ◆ **to take an observation** (Astron) faire une observation
2 (= remark) observation f, remarque f ◆ **this book contains observations about the causes of addictions** ce livre contient diverses observations or remarques sur les causes des dépendances ◆ **his observations on "Hamlet"** ses réflexions fpl sur « Hamlet »

**COMP** **observation balloon** N ballon m d'observation
**observation car** N [of train] wagon m or voiture f panoramique
**observation deck** N terrasse f panoramique
**observation post** N (Mil) poste m d'observation, observatoire m
**observation satellite** N satellite m d'observation
**observation tower** N mirador m, tour f de guet
**observation ward** N (Med) salle f d'observation

**observational** /ˌɒbzəˈveɪʃənl/ ADJ (frm) [skills, faculties, test, device] d'observation ; [evidence, data, study] basé sur l'observation

**observatory** /əbˈzɜːvətrɪ/ N observatoire m

**observe** /əbˈzɜːv/ LANGUAGE IN USE 26.2, 26.3 SYN VT
1 (= obey) [+ rule, custom, ceasefire] observer, respecter ; [+ silence] garder ◆ **to observe a minute's silence** observer une minute de silence ◆ **failure to observe the law** (Jur) inobservation f de la loi
2 (= celebrate) [+ anniversary] célébrer ; [+ the Sabbath] observer ◆ **to observe Christmas/May Day** fêter Noël/le premier mai
3 (= take note of) observer, remarquer ; (= study) observer ◆ **to observe sth closely** observer qch attentivement, scruter qch ◆ **I'm only here to observe** je ne suis ici qu'en tant qu'observateur
4 (= say, remark) (faire) remarquer, faire observer ◆ **he observed that the weather was cold** il a fait observer or remarquer qu'il faisait froid ◆ **as I was about to observe...** comme j'allais le dire or le faire remarquer... ◆ **I observed to him that...** je lui ai fait remarquer or observer que... ◆ **"he's a handsome young man", she observed** « c'est un beau jeune homme », remarqua-t-elle ◆ **... as Elliot observed** ... comme l'a remarqué or relevé Elliot

**observer** /əbˈzɜːvəʳ/ SYN
**N** 1 (= person watching) observateur m, -trice f, spectateur m, -trice f ◆ **the observer may note...** les observateurs or spectateurs remarqueront... ◆ **a casual observer would have assumed they were friends** un simple observateur aurait pensé qu'ils étaient amis
2 (= official: at meeting etc) observateur m, -trice f ◆ **UN observers will attend the conference** les observateurs de l'ONU assisteront à la conférence
3 (Pol etc = analyst, commentator) spécialiste mf, expert m ◆ **an observer of Soviet politics** un spécialiste de la politique soviétique ◆ **political observers believe that...** les observateurs politiques pensent que...

**COMP** **observer force** N (Mil) force f d'observation
**observer mission** N (Mil) mission f d'observation
**observer team** N (Mil) groupe m d'observateurs

**obsess** /əbˈses/ SYN
**VT** obséder ◆ **obsessed by** obsédé par
**VI** ◆ **to obsess about** or **over sth** être obsédé par qch

**obsession** /əbˈseʃən/ SYN N (= state) obsession f ; (= fixed idea) obsession f, idée f fixe ; (of sth unpleasant) hantise f ◆ **sport is an obsession with him** c'est un obsédé de sport ◆ **he has an obsession about cleanliness** c'est un obsédé de la propreté, il a l'obsession de la propreté ◆ **his obsession with her** la manière dont il l'obsède ◆ **his obsession with death** (= fascination) son obsession de la mort ; (= fear) sa hantise de la mort

**obsessional** /əbˈseʃənl/ ADJ [behaviour, love, hatred] obsessionnel ◆ **to be obsessional** [person] souffrir d'une obsession or d'obsessions ◆ **to be obsessional about tidiness/cleanliness** etc être un maniaque de l'ordre/de la propreté etc

**obsessionally** /əbˈseʃənəlɪ/ ADV de façon obsessionnelle ◆ **obsessionally tidy** obsédé par l'ordre, maniaque de l'ordre ◆ **to be obsessionally jealous of sb** éprouver une jalousie obsessionnelle vis-à-vis de qn

**obsessive** /əbˈsesɪv/
**ADJ** [behaviour, need, desire, love, interest, secrecy] obsessif ; [memory, thought] obsédant ◆ **to be obsessive** [person] souffrir d'une obsession or d'obsessions ◆ **to be obsessive about tidiness/cleanliness** etc être un maniaque de l'ordre/de la propreté etc ◆ **an obsessive gambler** un(e) obsédé(e) du jeu ◆ **his obsessive tidiness was driving her crazy** son obsession de l'ordre la rendait folle

**COMP** **obsessive compulsive disorder** N (Psych) troubles mpl obsessionnels compulsifs

**obsessively** /əbˈsesɪvlɪ/ ADV [work, love, hate] de façon obsessionnelle ◆ **she is obsessively tidy** c'est une maniaque de l'ordre ◆ **to be obsessively in love with sb** aimer qn d'un amour obsessionnel ◆ **he's obsessively worried about her** il se fait tellement de souci pour elle que ça tourne à l'obsession

**obsidian** /ɒbˈsɪdɪən/ N obsidienne f

**obsolescence** /ˌɒbsəˈlesns/
**N** 1 [of machinery, goods, words] obsolescence f ◆ **planned** or **built-in obsolescence** obsolescence f programmée
2 (Bio) atrophie f, myopathie f
**COMP** **obsolescence clause** N (Insurance) clause f de vétusté

**obsolescent** /ˌɒbsəˈlesnt/ SYN ADJ 1 [machinery, weapon] obsolescent ; [word] désuet
2 (Bio) [organ] en voie d'atrophie

**obsolete** /ˈɒbsəliːt/ SYN ADJ 1 [weapon, equipment, machine] obsolète ; [system, attitude, idea, process, practice] dépassé ; [word] obsolète, tombé en désuétude ; [law] caduc (caduque f), tombé en désuétude
2 (Bio) atrophié

**obstacle** /ˈɒbstəkl/ SYN
**N** (lit, fig) obstacle m ◆ **to be an obstacle to sth** être un obstacle à qch ◆ **overcrowding remains a serious obstacle to improving living conditions** le surpeuplement reste un obstacle important à l'amélioration des conditions de vie ◆ **the main obstacle in negotiations is...** le principal obstacle dans les négociations est... ◆ **to put an obstacle in the way of sth/in sb's way** faire obstacle à qch/qn

**COMP** **obstacle course** N (lit) parcours m d'obstacles ; (fig) parcours m du combattant
**obstacle race** N (Sport) course f d'obstacles

**obstetric(al)** /ɒbˈstetrɪk(əl)/ ADJ [techniques etc] obstétrical ; [clinic] obstétrique

**obstetrician** /ˌɒbstəˈtrɪʃən/ N obstétricien(ne) m(f), (médecin m) accoucheur m

**obstetrics** /ɒbˈstetrɪks/ N (NonC) obstétrique f

**obstinacy** /ˈɒbstɪnəsɪ/ SYN N [of person] obstination f (in doing sth à faire qch) ; [of illness] persistance f ; [of resistance, refusal] obstination f

**obstinate** /ˈɒbstɪnɪt/ SYN ADJ 1 (= stubborn) [person, refusal, silence, resistance] obstiné ◆ **to have an obstinate streak** être du genre obstiné ◆ **he's very obstinate about it** il n'en démord pas ◆ **she was obstinate in her refusal** elle s'est obstinée dans son refus ◆ **they are obstinate in their resolution** leur résolution est inébranlable
2 (= persistent) [weeds, stain, cough] rebelle ; [pain, illness] persistant

**obstinately** /ˈɒbstɪnɪtlɪ/ ADV [refuse, insist, struggle] obstinément ◆ **to be obstinately uncooperative** refuser obstinément de coopérer ◆ **he was obstinately silent** il restait obstinément silencieux ◆ **unemployment figures are remaining obstinately high** le taux de chômage reste obstinément élevé ◆ **"no" he said obstinately** « non » répondit-il d'un air obstiné ◆ **he tried obstinately to do it by himself** il s'est obstiné or entêté à le faire tout seul

**obstreperous** /əbˈstrepərəs/ SYN ADJ (= noisy) tapageur, bruyant ; (= awkward, rebellious) récalcitrant ◆ **to get obstreperous** (= make a fuss) faire un scandale

**obstreperously** /əbˈstrepərəslɪ/ ADV (= noisily) bruyamment, tapageusement ; (= rebelliously) avec force protestations, en rouspétant *

**obstruct** /əbˈstrʌkt/ SYN
**VT** 1 (= block) [+ road] bloquer (with de) ; [+ pipe] engorger ; (Med) [+ artery, windpipe] obstruer ; [+ view] boucher, cacher
2 (= halt) [+ traffic] bloquer ; [+ progress] arrêter, enrayer
3 (= hinder) [+ progress, traffic, plan] entraver ; [+ person] gêner, entraver ; (Sport) [+ player] faire obstruction à ◆ **to obstruct the course of justice** entraver le cours de la justice ◆ **to obstruct (the passage of) a bill** (Pol) faire de l'obstruction parlementaire ◆ **to obstruct a policeman in the execution of his duty** (Jur) gêner or entraver un agent de police dans l'exercice de ses fonctions
**VI** (Sport) faire de l'obstruction

**obstruction** /əbˈstrʌkʃən/ SYN N 1 (to plan, progress, view) obstacle m ; (in pipe) bouchon m ; (in artery, windpipe) obstruction f, occlusion f ◆ **to remove an obstruction from a chimney** enlever un objet qui obstrue une cheminée ◆ **the**

**country's obstruction of the UN inspection process** l'obstruction du pays au processus d'inspection de l'ONU • **legal obstructions** obstacles *mpl* juridiques • **a bowel obstruction** une occlusion intestinale • **an obstruction of the Fallopian tubes** une obturation des trompes de Fallope • **to cause an obstruction** *(Jur, gen)* encombrer *or* obstruer la voie publique ; *(to traffic)* bloquer la circulation • **obstruction of justice** *(Jur)* entrave *f* à la justice • **he was charged with obstruction of the police in the course of their duties** il a été inculpé pour entrave à l'action de la police dans l'exercice de ses fonctions

2 *(Sport)* obstruction *f*

**obstructionism** /əbˈstrʌkʃənɪzəm/ N obstructionnisme *m*

**obstructionist** /əbˈstrʌkʃənɪst/ ADJ, N obstructionniste *mf* • **to adopt obstructionist tactics** faire de l'obstruction, pratiquer l'obstruction

**obstructive** /əbˈstrʌktɪv/ SYN ADJ 1 *(= troublesome) [bureaucracy]* tracassier (-ière *f*) • **he's intent on being obstructive** il fait de l'obstruction systématique

2 *(Parl) [person, behaviour, policy, tactics, measures]* obstructionniste

3 *(Med)* obstructif, obstruant

**obstructiveness** /əbˈstrʌktɪvnɪs/ N tendance *f* à dresser des obstacles *or* à faire obstacle

**obtain** /əbˈteɪn/ SYN

VT *(gen)* obtenir ; *[+ goods]* procurer *(for sb* à qn) ; *(for o.s.)* se procurer ; *[+ information, job, money]* obtenir, (se) procurer ; *[+ votes]* obtenir, recueillir ; *[+ prize]* obtenir, remporter ; *(Fin) [+ shares]* acquérir • **this gas is obtained from coal** on obtient ce gaz à partir du charbon • **these goods may be obtained from any large store** on peut se procurer ces articles dans tous les grands magasins

VI *(frm) [rule, custom etc]* avoir cours, être en vigueur ; *[fashion]* être en vogue ; *[method]* être courant

**obtainable** /əbˈteɪnəbl/ SYN ADJ *[product]* qu'on peut se procurer, disponible • **the form is obtainable from** *or* **at post offices** on peut se procurer ce formulaire dans les bureaux de poste

**obtrude** /əbˈtruːd/ *(frm)*

VT imposer *(sth on sb* qch à qn)

VI *[object]* gêner ; *[person]* s'imposer, imposer sa présence • **the author's opinions do not obtrude** l'auteur n'impose pas ses opinions

**obtrusion** /əbˈtruːʒən/ N intrusion *f*

**obtrusive** /əbˈtruːsɪv/ SYN ADJ *[person]* envahissant, qui s'impose ; *[object, building]* trop en évidence ; *[presence]* gênant, envahissant ; *[music, smell]* gênant, envahissant

**obtrusively** /əbˈtruːsɪvlɪ/ ADV *[leave, walk out]* ostensiblement ; *[stare]* de façon importune

**obtuse** /əbˈtjuːs/ ADJ 1 *[person]* obtus • **are you just being deliberately obtuse?** faites-vous exprès de ne pas comprendre ?

2 *(Math) [angle]* obtus

**obtuseness** /əbˈtjuːsnɪs/ N stupidité *f*

**obverse** /ˈɒbvɜːs/

N *[of coin]* face *f*, côté *m* face ; *[of statement, truth]* contrepartie *f*, contre-pied *m*

ADJ 1 *[side of coin etc]* de face, qui fait face ; *(fig)* correspondant, faisant contrepartie

2 *(in shape) [leaf]* renversé, plus large au sommet qu'à la base

**obviate** /ˈɒbvɪeɪt/ VT *[+ difficulty]* obvier à, parer à ; *[+ danger, objection]* prévenir • **it obviates the need to buy new equipment** cela évite de devoir acheter du matériel neuf • **this can obviate the need for surgical intervention** cela peut rendre inutile l'intervention chirurgicale

**obvious** /ˈɒbvɪəs/ LANGUAGE IN USE 26.3 SYN

ADJ *[question, solution, danger, reason, disadvantage]* évident *(to sb* pour qn) ; *[good faith]* évident, incontestable ; *[remark]* prévisible ; *[lie]* flagrant • **an obvious injustice** une injustice manifeste *or* patente • **he was the obvious choice for the role** il était tout désigné pour ce rôle • **obvious statement** truisme *m* , lapalissade *f* • **it's the obvious thing to do** c'est la chose à faire, cela s'impose • **the obvious thing to do is to leave** la chose à faire c'est évidemment de partir • **that's the obvious one to choose** c'est bien évidemment celui-là qu'il faut choisir • **we mustn't be too obvious about it** il ne faut pas dévoiler notre jeu • **it is obvious that...** il est évident que... • **he made it obvious that he didn't like it** il a bien fait comprendre qu'il n'aimait pas cela

N • **you are merely stating the obvious** c'est une lapalissade *or* un truisme, vous enfoncez une porte ouverte • **to repeat the obvious** répéter des évidences

**obviously** /ˈɒbvɪəslɪ/ LANGUAGE IN USE 15.1 SYN ADV *[angry, upset, happy, pregnant]* visiblement • **it's obviously true that...** il est manifeste *or* notoire que... • **that's obviously true!** c'est la vérité ! • **you're obviously not surprised** manifestement, tu n'es pas surpris • **he was not obviously drunk** à le voir, on ne pouvait pas dire s'il était ivre • **it wasn't obviously wrong** l'erreur ne sautait pas aux yeux • **she obviously adores her sister** il est évident qu'elle adore sa sœur • **obviously I am delighted** je suis bien entendu ravi • **obviously!** bien sûr !, évidemment ! • **obviously not!** apparemment non !

**OC** /ˈəʊˈsiː/ N abbrev of **Officer Commanding**

**ocarina** /ˌɒkəˈriːnə/ N ocarina *m*

**Occam** /ˈɒkəm/ N Occam *m* • **Occam's razor** le rasoir d'Occam

**occasion** /əˈkeɪʒən/ SYN

N 1 *(= particular time, date, occurrence etc)* occasion *f* • **on the occasion of...** à l'occasion de... • **(on) the first occasion (that) it happened** la première fois que cela s'est passé • **on that occasion** à cette occasion, cette fois-là • **on several occasions** à plusieurs occasions *or* reprises • **on rare occasions** en de rares occasions • **on just such an occasion** dans une occasion tout à fait semblable • **on great occasions** dans les grandes occasions • **on a previous** *or* **former occasion** précédemment • **I'll do it on the first possible occasion** je le ferai à la première occasion (possible) *or* dès que l'occasion se présentera • **on occasion(s)** à l'occasion, quand l'occasion se présente *(or* se présentait *etc)* • **should the occasion arise** le cas échéant • **should the occasion so demand** si les circonstances l'exigent • **as the occasion requires** selon le cas • **he has had few occasions to speak Italian** il n'a pas eu souvent l'occasion de parler italien • **he took (the) occasion to say...** il en a profité pour dire... • **he was waiting for a suitable occasion to apologize** il attendait une occasion favorable pour *or* l'occasion de présenter ses excuses • **this would be a good occasion to try it out** c'est l'occasion tout indiquée pour l'essayer • **to rise to** *or* **be equal to the occasion** être à la hauteur de la situation

2 *(= event, function)* événement *m*, occasion *f* • **a big occasion** un grand événement, une grande occasion • **it was quite an occasion** c'était un véritable événement • **it was an occasion to remember** c'était un événement mémorable • **he has no sense of occasion** il n'a pas le sens de la fête • **flowers add to the sense of occasion at a wedding** pour un mariage, des fleurs ajoutent au caractère exceptionnel de l'événement • **play/music written for the occasion** pièce *f* spécialement écrite/musique *f* spécialement composée pour l'occasion

3 *(= reason)* motif *m* • **there is no occasion for alarm** *or* **to be alarmed** il n'y a pas lieu de s'alarmer, il n'y a pas de quoi s'inquiéter • **there was no occasion for it** ce n'était pas nécessaire • **I have no occasion for complaint** je n'ai pas motif à *or* sujet de me plaindre • **you had no occasion to say that** vous n'aviez aucune raison de dire cela • **I had occasion to reprimand him** *(frm)* j'ai eu l'occasion de *or* j'ai eu à le réprimander

4 *(frm)* • **to go about one's lawful occasions** vaquer à ses occupations

VT *(frm)* occasionner, causer

**occasional** /əˈkeɪʒənl/ SYN

ADJ 1 *(= infrequent) [meeting, event]* qui a *(or* avait) lieu de temps en temps ; *[worker, use]* occasionnel ; *[rain, showers]* intermittent ; *[skirmish, gunshot]* sporadique • **I have the occasional drink** je prends un verre de temps en temps • **she made occasional visits to England** elle allait de temps en temps en Angleterre • **they had passed an occasional car on the road** ils avaient croisé quelques rares voitures • **occasional series** *(TV)* émission *f* thématique *(non diffusée régulièrement)*

2 *(frm : Literat, Mus) [poem, essay, music]* de circonstance

COMP **occasional table** N *(Brit)* table *f* d'appoint

**occasionalism** /əˈkeɪʒənəˌlɪzəm/ N occasionnalisme *m*

**occasionally** /əˈkeɪʒnəlɪ/ SYN ADV *[do, say, think etc]* parfois, de temps en temps, à l'occasion ; *[rude, silly, angry etc]* parfois • **(only) very occasionally** très rarement, exceptionnellement

**occident** /ˈɒksɪdənt/ N *(liter)* occident *m*, couchant *m* • **the Occident** l'Occident *m*

**occidental** /ˌɒksɪˈdentl/ ADJ *(liter)* occidental

**occipita** /ɒkˈsɪpɪtə/ NPL of **occiput**

**occipital** /ɒkˈsɪpɪtəl/

ADJ occipital

COMP **occipital bone** N os *m* occipital
**occipital lobe** N lobe *m* occipital

**occiput** /ˈɒksɪpʌt/ N (pl **occiputs** *or* **occipita**) occiput *m*

**occlude** /ɒˈkluːd/

VT *(all senses)* occlure

VI *(Dentistry)* s'emboîter

COMP **occluded front** N *(Weather)* front *m* occlus

**occlusion** /ɒˈkluːʒən/ N *(all senses)* occlusion *f*

**occlusive** /ɒˈkluːsɪv/

ADJ *(also Ling)* occlusif

N *(Phon)* (consonne *f*) occlusive *f*

**occult** /ɒˈkʌlt/

ADJ occulte

N • **the occult** le surnaturel • **to study the occult** étudier les sciences occultes

**occultism** /ˈɒkəltɪzəm/ N occultisme *m*

**occultist** /ɒˈkʌltɪst/ N occultiste *mf*

**occupancy** /ˈɒkjʊpənsɪ/ N *[of house, hotel, hospital]* occupation *f* • **occupancy rates** taux *mpl* d'occupation • **they charge 275 euros for double (room) occupancy** le prix de la chambre est de 275 euros pour deux personnes • **supplements apply on single occupancy bookings** un supplément est payable lorsque la réservation est pour une seule personne

**occupant** /ˈɒkjʊpənt/ SYN N *[of house]* occupant(e) *m(f)*, habitant(e) *m(f)* ; *(= tenant)* locataire *mf* ; *[of land, vehicle etc]* occupant(e) *m(f)* ; *[of job, post]* titulaire *mf*

**occupation** /ˌɒkjʊˈpeɪʃən/ SYN

N 1 *(NonC) [of house etc]* occupation *f* ; *(Jur)* prise *f* de possession • **unfit for occupation** impropre à l'habitation • **the house is ready for occupation** la maison est prête à être habitée • **we found them already in occupation** nous les avons trouvés déjà installés

2 *(NonC: Mil, Pol)* occupation *f* • **army of occupation** armée *f* d'occupation • **under (military) occupation** sous occupation (militaire) • **during the Occupation** pendant *or* sous l'Occupation

3 *(= trade)* métier *m* ; *(= profession)* profession *f* ; *(= work)* emploi *m*, travail *m* ; *(= activity, pastime)* occupation *f*, passe-temps *m inv* • **he is a plumber by occupation** il est plombier de son métier • **he needs some occupation for his spare time** il lui faut une occupation *or* de quoi occuper ses loisirs • **his only occupation was helping his father** sa seule occupation était *or* il avait pour seule occupation d'aider son père • **parachuting is a dangerous occupation** le parachutisme est un passe-temps dangereux

COMP *[troops]* d'occupation
**occupation groupings** NPL catégories *fpl* socio-professionnelles

**occupational** /ˌɒkjʊˈpeɪʃənl/

ADJ *[training, group]* professionnel ; *[disease, accident]* du travail ; *[safety]* au travail ; *[risk]* professionnel, du métier

COMP **occupational hazard** N *[of job]* risque *m* professionnel *or* du métier ; *[of skiing/sailing etc]* risque *m* encouru par ceux qui font du ski/de la voile *etc* • **it's an occupational hazard of** *or* **in this job** c'est un des risques de ce métier
**occupational health** N santé *f* du travail • **occupational health service** *or* **department** service *m* de médecine du travail
**occupational medicine** N médecine *f* du travail
**occupational pension** N retraite *f* complémentaire
**occupational psychologist** N psychologue *mf* du travail
**occupational psychology** N psychologie *f* du travail
**Occupational Safety and Health Administration** N *(US)* ≈ inspection *f* du travail
**occupational therapist** N ergothérapeute *mf*
**occupational therapy** N ergothérapie *f* • **occupational therapy department** service *m* d'ergothérapie

**occupationally** /ˌɒkjʊˈpeɪʃənəlɪ/ ADV *[acquired, received]* dans l'exercice de sa (or leur etc) profession ◆ **an occupationally induced disease** une maladie professionnelle

**occupied** /ˈɒkjʊpaɪd/ SYN
 ADJ 1 (= inhabited) *[house]* habité
 2 *[toilet, room]* occupé ; *[seat, bed]* occupé, pris
 3 (= busy, active) occupé ◆ **to keep sb occupied** occuper qn ◆ **how do you keep occupied all day?** que faites-vous pour occuper vos journées ? ◆ **to keep one's mind occupied** s'occuper l'esprit ◆ **she was fully occupied packing up** elle était tout occupée à faire les bagages
 ◆ **to be occupied with** (= doing) être occupé à ◆ **I was occupied with other things** (= doing) j'étais occupé à autre chose ; (= thinking about) je pensais à autre chose ◆ **my mind was occupied with other matters** mon esprit était concentré sur autre chose ◆ **he was fully occupied with the children** les enfants l'accaparaient complètement
 4 (Mil) occupé ◆ **Nazi-occupied Budapest** Budapest sous l'occupation nazie ; → **occupy**
 COMP **the Occupied Territories** NPL (in Middle East) les territoires mpl occupés

**occupier** /ˈɒkjʊpaɪər/ N *[of house]* occupant(e) m(f), habitant(e) m(f) ; (= tenant) locataire mf ; *[of land]* occupant(e) m(f) ; → **owner**

**occupy** /ˈɒkjʊpaɪ/ SYN VT 1 (= inhabit) *[+ house]* résider dans, habiter ; (= fill) *[+ post]* occuper
 2 *[troops, demonstrators]* occuper ; → **occupied**
 3 (= take up) *[+ attention, mind, person, time, space]* occuper ◆ **occupied with the thought of...** absorbé par la pensée de... ◆ **to be occupied in or with doing sth** être occupé à faire qch ◆ **to occupy o.s.** or **one's time (with** or **by doing sth)** s'occuper (à faire qch) ◆ **how do you occupy your time/your days?** comment occupez-vous votre temps/vos journées ?

**occur** /əˈkɜːr/ SYN VI 1 *[event]* se produire, arriver ; *[word]* se rencontrer, se trouver ; *[difficulty, opportunity]* se présenter ; *[change]* s'opérer ; *[disease, error]* se produire, se rencontrer ; *[plant etc]* se trouver ◆ **if a vacancy occurs** au cas où un poste se libérerait ◆ **should a crisis/problem occur** en cas de crise/de problème
 2 (= come to mind) se présenter or venir à l'esprit (to sb de qn) ◆ **an idea occurred to me** une idée m'est venue à l'esprit ◆ **it occurred to me that he might be wrong** l'idée m'a traversé l'esprit qu'il pouvait avoir tort ◆ **it occurred to me that we could...** j'ai pensé or je me suis dit que nous pourrions... ◆ **it didn't occur to him to refuse** il n'a pas eu l'idée de refuser ◆ **the thought would never occur to me** ça ne me viendrait jamais à l'esprit or à l'idée ◆ **did it never occur to you to ask?** il ne t'est jamais venu à l'esprit de demander ?, tu n'as jamais eu l'idée de demander ?

**occurrence** /əˈkʌrəns/ SYN N 1 (= event) événement m, circonstance f ◆ **an everyday occurrence** un fait journalier ◆ **terrorist attacks have become a daily occurrence** les attentats terroristes sont devenus une réalité quotidienne ◆ **this is a common/rare occurrence** ceci arrive or se produit souvent/rarement ◆ **these attacks have become a regular/frequent occurrence** ces attaques sont devenues courantes/fréquentes
 2 fait m de se produire or d'arriver ◆ **chemicals which are used to prevent the occurrence of algae** les produits chimiques utilisés pour empêcher l'apparition d'algues ◆ **the greatest occurrence of heart disease is in those over 65** c'est chez les plus de 65 ans que l'on trouve or observe le plus grand nombre de cas de maladies cardiaques
 3 (Ling) occurrence f

**ocean** /ˈəʊʃən/
 N (lit, fig) océan m ◆ **the ocean deeps** les grands fonds mpl ◆ **oceans of**\* énormément de\* ◆ **it's a drop in the ocean** c'est une goutte d'eau dans la mer
 COMP *[climate, region]* océanique ; *[cruise]* sur l'océan
 **ocean bed** N fond(s) m(pl) sous-marin(s)
 **ocean-going** ADJ de haute mer ◆ **ocean-going ship** navire m de haute mer
 **ocean liner** N paquebot m
 **the Ocean State** N (US) Rhode Island

**oceanarium** /ˌəʊʃəˈnɛərɪəm/ N (pl **oceanariums** or **oceanaria** /ˌəʊʃəˈnɛərɪə/) parc m océanographique

**Oceania** /ˌəʊʃɪˈeɪnɪə/ N Océanie f

**Oceanian** /ˌəʊʃɪˈeɪnɪən/
 ADJ océanien
 N Océanien(ne) m(f)

**oceanic** /ˌəʊʃɪˈænɪk/
 ADJ océanique
 COMP **the oceanic feeling** N (Psych) le sentiment océanique
 **oceanic ridge** N dorsale f océanique
 **oceanic trench** N fosse f océanique

**Oceanid** /əʊˈsɪənɪd/ N océanide f

**oceanographer** /ˌəʊʃəˈnɒgrəfər/ N océanographe mf

**oceanographic** /ˌəʊʃənəˈgræfɪk/ ADJ océanographique

**oceanography** /ˌəʊʃəˈnɒgrəfɪ/ N océanographie f

**oceanology** /ˌəʊʃəˈnɒlədʒɪ/ N océanologie f

**Oceanus** /əʊˈsɪənəs/ N (Myth) Océan m

**ocelot** /ˈəʊsɪlɒt/ N ocelot m

**och** /ɒx/ EXCL (Scot) oh !

**oche** /ˈɒkɪ/ N (Darts) ligne derrière laquelle doivent se tenir les joueurs de fléchettes pour lancer

**ochlocracy** /ɒkˈlɒkrəsɪ/ N loi f de la rue, voyoucratie f

**ochre, ocher** (US) /ˈəʊkər/ N (= substance) ocre f ; (= colour) ocre m

**ochreous** /ˈəʊkrɪəs/ ADJ ocreux

**ocicat** /ˈɒsɪkæt/ N (= animal) ocicat m

**ocker**\* /ˈɒkər/ (Austral)
 N (Australien m) rustre m
 ADJ *[behaviour, language]* de rustre

**Ockham** /ˈɒkəm/ N Occam m

**Ockham's razor** /ˈɒkəmz/ N (Philos) le rasoir d'Occam

**o'clock** /əˈklɒk/ ADV ◆ **it is one o'clock** il est une heure ◆ **it's 4 o'clock in the morning** il est 4 heures du matin ◆ **at 5 o'clock** à 5 heures ◆ **at exactly 5 o'clock** à 5 heures précises or justes ◆ **at 12 o'clock** (= midday) à midi ; (= midnight) à minuit ◆ **the 12 o'clock train** (= midday) (gen) le train de midi ; (over loudspeaker) le train de 12 heures ; (= midnight) (gen) le train de minuit ; (over loudspeaker) le train de o heure ◆ **the 6 o'clock (bus/train)** le bus/train etc de 6 heures ◆ **the Nine O'Clock News** le journal de 21 heures ◆ **aircraft approaching at 5 o'clock** (direction) avion à 5 heures ; → **five**

**OCR** /ˌəʊsiːˈɑːr/ N (Comput) (abbrev of **optical character reader, optical character recognition**) → **optical**

**Oct.** abbrev of **October**

**octagon** /ˈɒktəgən/ N octogone m

**octagonal** /ɒkˈtægənl/ ADJ octogonal

**octahedral** /ˌɒktəˈhiːdrəl/ ADJ (Math) octaédrique

**octahedron** /ˌɒktəˈhiːdrən/ N (pl **octahedrons** or **octahedra** /ˌɒktəˈhiːdrə/) octaèdre m

**octal** /ˈɒktəl/ N, ADJ (Comput) **octal (notation)** octal m

**octane** /ˈɒkteɪn/
 N octane m ◆ **high-octane petrol** carburant m à indice d'octane élevé
 **octane number, octane rating** N indice m d'octane

**octant** /ˈɒktənt/ N (Math) octant m

**octave** /ˈɒktɪv/ N (gen, Mus, Rel, Fencing) octave f ; (Poetry) huitain m

**octavo** /ɒkˈteɪvəʊ/ N (pl **octavos**) in-octavo m

**octet** /ɒkˈtet/ N (Mus) octuor m ; (Poetry) huitain m

**octillion** /ɒkˈtɪljən/ N (Brit) $10^{48}$ ; (US) $10^{27}$

**October** /ɒkˈtəʊbər/
 N octobre m ; pour loc voir **September**
 COMP **the October Revolution** N (Russian Hist) la Révolution d'octobre

**octocentenary** /ˌɒktəʊsenˈtiːnərɪ/ N huit-centième anniversaire m

**octogenarian** /ˌɒktəʊdʒɪˈnɛərɪən/ ADJ, N octogénaire mf

**octopus** /ˈɒktəpəs/ N (pl **octopuses**)
 N (= animal) pieuvre f ; (Culin) poulpe m ; (Brit : for luggage etc) pieuvre f, fixe-bagages m inv
 COMP *[organization]* ramifié à ramifications (multiples)

**octopush** /ˈɒktəpʊʃ/ N sorte de hockey qui se joue sous l'eau

**octosyllabic** /ˌɒktəʊsɪˈlæbɪk/
 ADJ octosyllabique
 N octosyllabe m, vers m octosyllabique

**octosyllable** /ˌɒktəʊˈsɪləbl/ N (= line) octosyllabe m, vers m octosyllabique ; (= word) mot m octosyllabique

**octuple** /ˈɒktjʊpl/
 ADJ, N octuple m
 VT /ɒkˈtjuːpl/ octupler, multiplier par huit

**ocular** /ˈɒkjʊlər/ ADJ, N oculaire m

**ocularist** /ˈɒkjʊlərɪst/ N oculariste mf

**oculist** /ˈɒkjʊlɪst/ N oculiste mf

**oculomotor** /ˌɒkjʊləʊˈməʊtər/ ADJ oculomoteur

**OD**\* /ˌəʊˈdiː/ abbrev of **overdose**
 N (lit) surdose f, overdose f
 VI 1 (lit) (gen) faire une overdose ; (fatally) mourir d'une surdose or d'une overdose ◆ **to OD on sth** prendre une surdose de qch
 2 (fig) faire une surdose de télé etc ◆ **to OD on TV** etc faire une surdose de télé etc ◆ **to OD on chocolate** forcer\* sur le chocolat

**odalisque** /ˈəʊdəlɪsk/ N odalisque f

**odd** /ɒd/ SYN
 ADJ 1 (= strange) bizarre, étrange ◆ **(how) odd!** bizarre !, étrange ! ◆ **how odd that we should meet him** comme c'est étrange que nous l'ayons rencontré ◆ **what an odd thing for him to do!** c'est bizarre qu'il ait fait cela ! ◆ **they have an odd way of showing their gratitude** ils ont une drôle de façon de montrer leur reconnaissance ◆ **he says/does some very odd things** il dit/fait de drôles de choses parfois ◆ **the odd thing about it is...** ce qui est bizarre or étrange à ce sujet c'est... ◆ **he's got rather odd lately** il est bizarre depuis quelque temps
 2 (Math) *[number]* impair
 3 (= extra, left over) qui reste(nt) ; (from pair, set) *[shoe, sock]* dépareillé ◆ **I've got it all but the odd penny** il me manque un penny pour avoir le compte ◆ **£5 and some odd pennies** 5 livres et quelques pennies ◆ **any odd piece of wood** un morceau de bois quelconque ◆ **an odd scrap of paper** un bout de papier ◆ **a few odd bits of paper** deux ou trois bouts de papier ◆ **this is an odd size that we don't stock** (Brit) c'est une taille peu courante que nous n'avons pas (en stock) ◆ **to be the odd one over** être en surnombre ◆ **the odd man out, the odd one out** l'exception f ; see also **comp, odds**
 4 (\* **= and a few more**) **sixty-odd** soixante et quelques ◆ **forty-odd years** une quarantaine d'années, quarante et quelques années ◆ **£20-odd** 20 et quelques livres, 20 livres et quelques
 5 (= occasional, not regular) ◆ **in odd moments he... in odd times** de temps en temps ◆ **in odd corners all over the house** dans les coins et recoins de la maison ◆ **odd jobs** travaux mpl divers, petits travaux mpl ; see also **comp** ◆ **I did a lot of odd jobs before becoming an actor** j'ai fait beaucoup de petits boulots\* or j'ai touché un peu à tout avant d'être acteur ◆ **to do odd jobs about the house** (= housework) faire des travaux domestiques divers ; (= do-it-yourself) bricoler dans la maison ◆ **he does odd jobs around the garden** il fait des petits travaux de jardinage ◆ **I've got one or two odd jobs for you (to do)** j'ai deux ou trois choses or bricoles\* à te faire faire ◆ **he has written the odd article** il a écrit un ou deux articles ◆ **I get the odd letter from him** de temps en temps je reçois une lettre de lui ◆ **tomorrow will be mainly sunny with the odd shower** la journée de demain sera ensoleillée avec quelques averses éparses
 COMP **odd-jobber, odd-job man** N homme m à tout faire
 **odd-looking** ADJ à l'air bizarre
 **odd lot** N (on Stock Exchange) lot m fractionné (au nombre de titres inférieur à 100)
 **odd pricing** N prix mpl psychologiques

**oddball**\* /ˈɒdbɔːl/
 N excentrique mf
 ADJ loufoque, excentrique ; *[humour]* loufoque

**oddbod** /ˈɒdbɒd/ N ◆ **he's a bit of an oddbod** c'est un drôle d'oiseau\*

**oddity** /ˈɒdɪtɪ/ SYN N 1 (= strangeness) ⇒ **oddness**
 2 (= odd person) personne f bizarre, excentrique mf ; (= odd thing) curiosité f ; (= odd trait) singularité f ◆ **he's a bit of an/a real oddity** il est un peu/très spécial ◆ **one of the oddities of the situation** un des aspects insolites de la situation

**oddly** /ˈɒdlɪ/ ADV curieusement, bizarrement ◆ **they sound oddly like the Beatles** leur style ressemble curieusement à celui des Beatles ◆ **an oddly shaped room** une pièce aux formes bizarres ◆ **oddly enough...** chose curieuse..., curieusement... ◆ **it was oddly comforting** curieusement or bizarrement, c'était réconfortant ◆ **the group's drummer, the oddly named Foxtrot Tango,...** le percussionniste du groupe, au nom bizarre de Foxtrot Tango,... ◆ **the skinhead haircut sits oddly with the tweed suit** la coupe skinhead s'accommode mal du costume en tweed ◆ **his attitude sits oddly with his proclaimed liberalism** son attitude détonne par rapport au libéralisme qu'il affiche

**oddment** /ˈɒdmənt/ N (Brit Comm) fin f de série ; (one of a pair or collection) article m dépareillé ; [of cloth] coupon m

**oddness** /ˈɒdnɪs/ N (NonC) bizarrerie f, étrangeté f

**odds** /ɒdz/ SYN

**NPL** ① (Betting) cote f ◆ **he gave him odds of 5 to 1 (for Jupiter)** il lui a donné une cote de 5 contre 1 (sur Jupiter) ◆ **he gave him odds of 5 to 1 that he would fail his exams** il lui a parié à 5 contre 1 qu'il échouerait à ses examens ◆ **I got good/short/long odds** on m'a donné une bonne/faible/forte cote ◆ **the odds on or against a horse** la cote d'un cheval ◆ **the odds are 7 to 2 against Lucifer** Lucifer est à 7 contre 2, la cote de Lucifer est de 7 contre 2 ◆ **the odds are 6 to 4 on** la cote est à 4 contre 6 ◆ **the odds are 6 to 4 against** la cote est à 6 contre 4 ◆ **what odds will you give me?** quelle est votre cote ? ◆ **the odds are 10 to 1 that he'll go** il y a 9 chances sur 10 (pour) qu'il y aille ◆ **I'll lay odds that he gets it right or on him getting it right** je suis prêt à parier qu'il y arrivera ◆ **over the odds** (Brit fig) plus que nécessaire ◆ **I got £30 over the odds for it** on me l'a payé 30 livres de plus que je ne demandais (or ne m'y attendais etc)

② (fig = balance of advantage) chances fpl (for pour ; against contre), avantage m ◆ **all the odds are against you** vous n'avez pratiquement aucune chance d'y arriver, c'est pratiquement perdu d'avance ◆ **the odds are against his or him coming** il est pratiquement certain qu'il ne viendra pas, il y a gros à parier qu'il ne viendra pas ◆ **the odds against another attack are very high** une nouvelle attaque est hautement improbable ◆ **the odds are on him coming or that he will come** il y a gros à parier qu'il viendra, il y a de fortes chances (pour) qu'il vienne ◆ **the odds are even that he will come** il y a cinquante pour cent de chances qu'il vienne ◆ **by all the odds** (= unquestionably) sans aucun doute ; (= judging from past experience) à en juger par l'expérience, d'après ce que l'on sait

◆ **against + odds** ◆ **against all odds** contre toute attente ◆ **he won against all odds** contre toute attente, il a gagné ◆ **he managed to succeed against overwhelming odds or against all odds** il a réussi alors que tout était contre lui ◆ **to fight against heavy or great odds** avoir affaire à forte partie ◆ **they are struggling against heavy or great odds to survive** ils doivent surmonter les plus grands obstacles pour survivre ◆ **he had to battle against heavy odds to set up his own company** il a dû se battre contre vents et marées pour monter son entreprise ; → **stack**

③ (= difference) ◆ **it makes no odds** cela n'a pas d'importance, ça ne fait rien * ◆ **it makes no odds to me** ça m'est complètement égal, ça ne me fait rien ◆ **what's the odds?** * qu'est-ce que ça peut bien faire ?

④ ◆ **to be at odds (with sb over sth)** être en désaccord (avec qn sur qch) ◆ **to be at odds with the world** (= discontented) en vouloir au monde entier ◆ **to be at odds with o.s.** être mal dans sa peau ◆ **his pompous tone was at odds with the vulgar language he used** son ton pompeux ne cadrait pas avec son langage vulgaire ◆ **to set two people at odds** brouiller deux personnes, semer la discorde entre deux personnes

**COMP** **odds and ends, odds and sods** SYN NPL (gen) des petites choses fpl qui restent ; [of food] restes mpl ◆ **there were a few odds and ends lying about the house** quelques objets traînaient çà et là dans la maison ◆ **we still have a few odds and ends to settle** (fig) il nous reste encore quelques points à régler

**oddsmakers** NPL bookmakers mpl

**odds-on** ADJ (Racing) ◆ **odds-on favourite** grand favori m ◆ **he's the odds-on favourite for the job** c'est le grand favori pour le poste ◆ **it's odds-on that he'll come** il y a toutes les chances qu'il vienne, il y a gros à parier qu'il viendra

**ode** /əʊd/ N ode f (to à ; on sur)

**Odessa** /əʊˈdesə/ N Odessa

**Odin** /ˈəʊdɪn/ N (Myth) Odin m

**odious** /ˈəʊdɪəs/ SYN ADJ [person] détestable, odieux ; [behaviour, crime] odieux

**odiously** /ˈəʊdɪəslɪ/ ADV odieusement

**odiousness** /ˈəʊdɪəsnɪs/ N [of person] caractère m détestable or odieux ; [of crime] caractère m odieux

**odium** /ˈəʊdɪəm/ N (NonC) réprobation f générale, anathème m

**odometer** /ɒˈdɒmɪtəʳ/ N (US) compteur m (kilométrique)

**odontalgia** /ˌɒdɒnˈtældʒɪə/ N odontalgie f

**odontoid** /ɒˈdɒntɔɪd/ ADJ odontoïde

**odontological** /ɒˌdɒntəˈlɒdʒɪkəl/ ADJ odontologique

**odontologist** /ˌɒdɒnˈtɒlədʒɪst/ N odontologiste mf

**odontology** /ˌɒdɒnˈtɒlədʒɪ/ N odontologie f

**odor** /ˈəʊdəʳ/ N (US) ⇒ **odour**

**odoriferous** /ˌəʊdəˈrɪfərəs/ ADJ odoriférant, parfumé

**odorless** /ˈəʊdəlɪs/ ADJ (US) ⇒ **odourless**

**odorous** /ˈəʊdərəs/ ADJ (liter) (gen) odorant ; (pleasantly) parfumé

**odour** (Brit), **odor** (US) /ˈəʊdəʳ/ SYN
**N** odeur f ; (pleasant) odeur f (agréable), parfum m ; (unpleasant) (mauvaise) odeur f ; (fig) trace f, parfum m (liter) ◆ **to be in good/bad odour with sb** (fig) être/ne pas être en faveur auprès de qn, être bien/mal vu de qn ◆ **odour of sanctity** odeur f de sainteté
**COMP** **odour-free** ADJ inodore

**odourless, odorless** (US) /ˈəʊdəlɪs/ ADJ inodore

**Odysseus** /əˈdɪsɪəs/ N Ulysse m

**Odyssey** /ˈɒdɪsɪ/ N (Myth) Odyssée f ◆ **odyssey** (gen) odyssée f

**OE** N (abbrev of Old English) → **old**

**OECD** /ˌəʊiːsiːˈdiː/ N (abbrev of **Organization for Economic Cooperation and Development**) OCDE f

**oecumenical** /ˌiːkjʊˈmenɪkəl/ ADJ ⇒ **ecumenical**

**oedema** /ɪˈdiːmə/ N (pl **oedemata** /ɪˈdiːmətə/) (Brit) œdème m

**Oedipal** /ˈiːdɪpəl/ ADJ œdipien

**Oedipus** /ˈiːdɪpəs/
**N** Œdipe m
**COMP** **Oedipus complex** N (Psych) complexe m d'Œdipe

**OEIC** /ɔɪk/ (pl **OEICs**) N (Brit) (abbrev of **open-ended investment company**) société f d'investissement à capital variable

**œil-de-bœuf** /ˌœjdəbœf/ N (Archit) oculus m, œil-de-bœuf m

**OEM** /ˌəʊiːˈem/ N (abbrev of **original equipment manufacturer**) (constructeur m) OEM m

**oenological** /ˌiːnəˈlɒdʒɪkəl/ ADJ œnologique

**oenologist** (Brit) /iːˈnɒlədʒɪst/ N œnologue mf

**oenology** (Brit) /iːˈnɒlədʒɪ/ N œnologie f

**o'er** /ˈəʊəʳ/ (liter) ⇒ **over**

**oersted** /ˈɜːsted/ N (Phys) œrsted m

**oesophagoscope** /iːˈsɒfəgəʊˌskəʊp/ N œsophagoscope m

**oesophagoscopy** /iːˌsɒfəˈgɒskəpɪ/ N œsophagoscopie f

**oesophagus** /iːˈsɒfəgəs/ N ⇒ **esophagus**

**oestradiol** /ˌiːstrəˈdaɪɒl/ N (Med) œstradiol m, estradiol m

**oestrogen** (Brit) /ˈiːstrəʊdʒən/ N œstrogène m

**oestrone** /ˈiːstrəʊn/ N œstrone f

**oestrous** /ˈiːstrəs/ ADJ œstral ◆ **oestrous cycle** cycle m œstral

**oestrus** (Brit) /ˈiːstrəs/ N œstrus m

**œuvre** /ˈɜːvrə/ N œuvre f

**of** /ɒv, əv/ PREP

▶ For expressions such as **free of, rid of, to taste of**, look up the other word.

① (possession) de ◆ **the wife of the doctor** la femme du médecin ◆ **a painting of the queen's** un tableau de la reine or qui appartient à la reine ◆ **a friend of ours** (l')un de nos amis, un ami à nous ◆ **that funny nose of hers** son drôle de nez, ce drôle de nez qu'elle a ◆ **the tip of it is broken** le bout en est cassé

② (objective genitive) de, pour ; (subjective) de ◆ **his love of his father** son amour pour son père, l'amour qu'il porte (or portait etc) à son père ◆ **love of money** amour de l'argent ◆ **a painting of the queen** un tableau de la reine or qui représente la reine ◆ **a leader of men** un meneur d'hommes ◆ **writer of legal articles** auteur m d'articles de droit

③ (partitive) de ◆ **the whole of the house** toute la maison ◆ **how much of this do you want?** combien or quelle quantité en voulez-vous ? ◆ **there were six of us** nous étions six ◆ **he asked the six of us to lunch** il nous a invités tous les six à déjeuner ◆ **of the ten only one was absent** sur les dix un seul était absent ◆ **he is not one of us** il n'est pas des nôtres ◆ **the 2nd of June** le 2 juin ◆ **today of all days** ce jour entre tous ◆ **you of all people ought to know** vous devriez le savoir mieux que personne ◆ **he is the bravest of the brave** (liter) c'est un brave entre les braves ◆ **he drank of the wine** (liter) il but du vin

④ (concerning, in respect of) de ◆ **what do you think of him?** que pensez-vous de lui ? ◆ **what of it?** et alors ?

⑤ (separation in space or time) de ◆ **south of Paris** au sud de Paris ◆ **within a month/a kilometre of...** à moins d'un mois/d'un kilomètre de... ◆ **a quarter of six** (US) six heures moins le quart

⑥ (origin) de ◆ **of noble birth** de naissance noble ◆ **of royal origin** d'origine royale ◆ **a book of Dante's** un livre de Dante

⑦ (cause) de ◆ **to die of hunger** mourir de faim ◆ **because of** à cause de ◆ **for fear of** de peur de

⑧ (material) de, en ◆ **dress (made) of wool** robe f en or de laine

⑨ (descriptive) de ◆ **a man of courage** un homme courageux ◆ **a girl of ten** une petite fille de dix ans ◆ **a question of no importance** une question sans importance ◆ **the city of Paris** la ville de Paris ◆ **town of narrow streets** ville f aux rues étroites ◆ **fruit of his own growing** fruits mpl qu'il a cultivés lui-même ◆ **that idiot of a doctor** cet imbécile de docteur ◆ **he has a real palace of a house** c'est un véritable palais que sa maison

⑩ (agent etc) de ◆ **beloved of all** bien-aimé de tous ◆ **it was nasty of him to say so** c'était méchant de sa part de dire cela

⑪ (in temporal phrases) ◆ **of late** depuis quelque temps ◆ **it was often fine of a morning** (dial) il faisait souvent beau le matin

**Ofcom** /ˈɒfkɒm/ N (Brit) (abbrev of **Office of Communications Regulation**) organe de régulation des télécommunications

◆ ◆ ◆ ◆ ◆ ◆ ◆ ◆ ◆ ◆ ◆ ◆ ◆ ◆ ◆ ◆ ◆ ◆ ◆

**off** /ɒf/ SYN

1 - PREPOSITION
2 - ADVERB
3 - ADJECTIVE
4 - NOUN
5 - INTRANSITIVE VERB
6 - TRANSITIVE VERB
7 - COMPOUNDS

▶ When **off** is the second element in a phrasal verb, eg **get off, keep off, take off**, look up the verb. When it is part of a set combination, eg **off duty/work, far off**, look up the other word.

◆ ◆ ◆ ◆ ◆ ◆ ◆ ◆ ◆ ◆ ◆ ◆ ◆ ◆ ◆ ◆ ◆ ◆ ◆

**1 - PREPOSITION**

① [= FROM] de

**de + le = du, de + les = des**

◆ **he fell/jumped off the wall** il est tombé/a sauté du mur ◆ **the orange fell off the table** l'orange est tombée de la table ◆ **he cut a piece off the steak and gave it to the dog** il a coupé un morceau du steak et l'a donné au chien ◆ **he was balancing on the wall and fell off it** il était en équilibre sur le mur et il est tombé

Note the French prepositions used in the following:

◆ **he took the book off the table** il a pris le livre sur la table ◆ **we ate off paper plates** nous avons mangé dans des assiettes en carton

② [= MISSING FROM] ◆ **there are two buttons off my coat** il manque deux boutons à mon manteau ◆ **the lid was off the tin** le couvercle n'était pas sur la boîte

3 [= AWAY FROM] de ◆ **the helicopter was just a few metres off the ground** l'hélicoptère n'était qu'à quelques mètres du sol ◆ **he ran towards the car and was 5 yards off it when...** il a couru vers la voiture et n'en était plus qu'à 5 mètres lorsque... ◆ **we want a house off the main road** nous cherchons une maison en retrait de la route principale

4 [= NEAR] près de ◆ **a flat just off the high street** un appartement près de la rue principale ◆ **it's off Baker Street** c'est une rue qui donne dans Baker Street, c'est une rue perpendiculaire à Baker Street ◆ **a street (leading) off the square** une rue qui part de la place

5 [ON SEA] au large de ◆ **off Portland Bill** au large de Portland Bill ◆ **it's off the coast of Brittany** c'est au large de la Bretagne

6 [* = NOT TAKING, AVOIDING] ◆ **I'm off coffee at the moment** je ne bois pas de café en ce moment ◆ **I'm off smoking** je ne fume plus ◆ **he's off drugs** il ne touche plus à la drogue ; see also **go off**

**2 - ADVERB**

1 [= AWAY] ◆ **the house is 5km off** la maison est à 5 km ◆ **the power station is visible from miles off** la centrale électrique est visible à des kilomètres à la ronde ◆ **my holiday is a week off** je suis en vacances dans une semaine

♦ **to be off** * *(= going)* partir ◆ **we're off to France today** nous partons pour la France aujourd'hui ◆ **they're off!** *(Sport)* les voilà partis !, ils sont partis ! ◆ **Dave's not here, he's off fishing** Dave n'est pas ici, il est parti pêcher *or* il est allé à la pêche ◆ **I must be off, it's time I was off** il faut que je file * *or* me sauve * ◆ **be off with you!, off you go!** va-t-en !, file ! * BUT ◆ **where are you off to?** où allez-vous ? ◆ **I'm off fishing** je vais à la pêche ◆ **he's off on his favourite subject** le voilà lancé sur son sujet favori

2 [AS HOLIDAY] ◆ **to take a day off** prendre un jour de congé ◆ **I've got this afternoon off** je ne travaille pas cet après-midi ◆ **he gets two days off each week** il a deux jours de congé *or* de repos par semaine ◆ **he gets one week off a month** il a une semaine de congé par mois

3 [= REMOVED] ◆ **he had his coat off** il avait enlevé son manteau ◆ **the lid was off** le couvercle n'était pas mis ◆ **the handle is off** *or* **has come off** la poignée s'est détachée ◆ **there are two buttons off** il manque deux boutons ◆ **off with those socks!** enlève ces chaussettes ! ◆ **off with his head!** qu'on lui coupe *subj* la tête !

4 [AS REDUCTION] ◆ **10% off** 10% de remise *or* de réduction ◆ **I'll give you 10% off** je vais vous faire une remise *or* une réduction de 10%

5 [* : REFERRING TO TIME]

♦ **off and on** par intermittence ◆ **I'm still working as a waitress off and on** je travaille toujours comme serveuse par intermittence *or* de temps à autre ◆ **they lived together off and on for six years** ils ont vécu six ans ensemble par intermittence

**3 - ADJECTIVE**

1 [= ABSENT FROM WORK] ◆ **he's off sick** il est malade *or* en congé de maladie ◆ **several teachers were off sick** plusieurs enseignants étaient malades ◆ **10% of the workforce were off sick** 10% des effectifs *or* du personnel étaient absents pour cause de maladie ◆ **he's been off for three weeks** cela fait trois semaines qu'il est absent

2 [= OFF DUTY] ◆ **she's off at 4 o'clock today** elle termine à 4 heures aujourd'hui ◆ **he's off on Tuesdays** il n'est pas là le mardi, il ne travaille pas le mardi

3 [= NOT FUNCTIONING, CONNECTED, FLOWING] *[brake]* desserré ; *[machine, light]* éteint ; *[engine, gas at main, electricity, water]* coupé ; *[tap]* fermé ◆ **make sure the gas is off** n'oubliez pas de fermer le gaz ◆ **the light/TV/radio is off** la lumière/la télé/la radio est éteinte ◆ **the switch was in the off position** l'interrupteur était en position « arrêt » *or* n'était pas enclenché

4 [= CANCELLED] *[meeting, trip, match]* annulé ◆ **the party is off** la soirée est annulée ◆ **their engagement is off** ils ont rompu leurs fiançailles ◆ **the lasagne is off** *(in restaurant)* il n'y a plus de lasagnes

5 [BRIT = BAD] *[fish, meat]* avarié ; *[milk]* tourné ; *[butter]* rance ; *[taste]* mauvais

6 [INDICATING WEALTH, POSSESSION] ◆ **they are comfortably off** ils sont aisés ◆ **they are badly off** **(financially)** ils sont dans la gêne ◆ **how are you off for time/money/bread?** tu as assez de temps/d'argent/de pain ?

7 [= NOT RIGHT]

♦ **a bit off** * ◆ **it was a bit off, him leaving like that** ce n'était pas très bien de sa part de partir comme ça ◆ **that's a bit off!** ce n'est pas très sympa ! * ◆ **the timing seems a bit off, seeing that an election is imminent** le moment est mal choisi étant donné l'imminence des élections

8 [BRIT SPORT] ⇒ **offside adj 1**

**4 - NOUN**

[* = START] ◆ **they're ready for the off** ils sont prêts à partir ◆ **from the off** dès le départ

**5 - INTRANSITIVE VERB**

[ESP US ⁑ = LEAVE] ficher le camp *

**6 - TRANSITIVE VERB**

[US ⁑ = KILL] buter ⁑, tuer

**7 - COMPOUNDS**

**off air** ADV *(TV, Rad)* hors antenne ◆ **to go off air** *[broadcast]* rendre l'antenne ; *[station]* cesser d'émettre ◆ **to take sb off air** reprendre l'antenne à qn ◆ **to take sth off air** arrêter la diffusion de qch

**off-air** ADJ *(TV, Rad)* hors antenne

**off-balance-sheet reserve** N *(Fin)* réserve *f* hors bilan

**off-beam** * ADJ *[statement, person]* à côté de la plaque *

**off-Broadway** ADJ *(US Theat)* d'avant-garde, off

**off-camera** ADJ *(TV, Cine)* hors champ

**off-campus** ADJ *(Univ)* en dehors de l'université *or* du campus

**off-centre** ADJ *(gen)* désaxé, décentré ; *[construction]* en porte-à-faux ; *(fig) [assessment etc]* pas tout à fait exact

**off chance** N ◆ **I came on the off chance of seeing her** je suis venu avec l'espoir de la voir ◆ **he bought it on the off chance that it would come in useful** il l'a acheté pour le cas où cela pourrait servir ◆ **I did it on the off chance** * je l'ai fait à tout hasard *or* au cas où *

**off-colour** SYN ADJ *(Brit)* ◆ **he's off-colour today** il est mal fichu * *or* il n'est pas dans son assiette * aujourd'hui ◆ **an off-colour * story** une histoire osée *or* scabreuse

**off day** N *(US) (= holiday)* jour *m* de congé ◆ **he was having an off day** *(Brit)* il n'était pas en forme ce jour-là, ce n'était pas son jour

**off-guard** ADJ *[moment]* d'inattention ◆ **to catch sb off-guard** prendre qn au dépourvu

**off-key** *(Mus)* ADJ faux (fausse *f*) ADV *[sing]* faux

**off-label store** N *(US)* magasin *m* de (vêtements) dégriffés

**off-licence** N *(Brit) (= shop)* magasin *m* de vins et spiritueux ; *(= permit)* licence *f* *(permettant la vente de boissons alcoolisées à emporter)*

**off-limits** ADJ *(US Mil)* ◆ **off-limits to troops** interdit au personnel militaire

**off-line** *(Comput)* ADJ autonome ADV ◆ **to go off-line** *[computer]* se mettre en mode autonome ◆ **to put the printer off-line** mettre l'imprimante en mode manuel

**off-load** SYN VT *[+ goods]* décharger, débarquer ; *[+ passengers]* débarquer ; *[+ task, responsibilities]* se décharger de *(on or onto sb* sur qn)

**off-message** ADJ ◆ **he was off-message** ses propos n'étaient pas dans la ligne

**off-off-Broadway** ADJ *(US Theat)* résolument expérimental → OFF-BROADWAY

**off-peak** ADJ → **off-peak**

**off-piste** ADJ , ADV *(Ski)* hors-piste

**off-putting** SYN ADJ *[task]* rebutant ; *[food]* peu ragoûtant ; *[person, manner]* rébarbatif, peu engageant

**off-road** ADJ *[driving, racing, cycling]* off-road *inv*

**off-roader, off-road vehicle** N véhicule *m* tout terrain

**off-roading** N tout-terrain *m*

**off-sales** N *(Brit) (= sales)* vente *f* de boissons alcoolisées (à emporter) ; *(= shop)* ≃ marchand *m* de vins ; *(= counter)* comptoir *m* des vins et spiritueux

**off screen** ADV *(Cine, TV)* dans le privé, hors écran

**off-screen** ADJ *(Cine, TV)* hors écran ◆ **an off-screen romance** une aventure sentimentale à la ville

**off-season** ADJ hors saison N morte-saison *f* ◆ **in the off-season** en morte-saison

**off site** ADV à l'extérieur du site

**off-site** ADJ hors site

**off-street parking** N place *f* de parking ◆ **a flat with off-street parking** un appartement avec une place de parking

**off-the-cuff** ADJ *[remark]* impromptu ; *[speech]* impromptu, au pied levé ; see also **cuff**

**off-the-job training** N → **job noun 1**

**off-the-peg, off-the-rack** *(US)* ADJ de confection ; see also **peg, rack**[1]

**off-the-record** ADJ *(= unofficial)* officieux ; *(= confidential)* confidentiel ; see also **record**

**off-the-shelf** ADJ *[goods, item]* disponible dans le commerce ADV ◆ **to buy sth off-the-shelf** acheter qch dans le commerce ; see also **shelf**

**off-the-shoulder** ADJ *[dress]* sans bretelles

**off-the-wall** * ADJ bizarre, dingue *

**off-topic** * ADJ hors sujet *inv*

**off-white** ADJ blanc cassé *inv*

**off year** N *(US Pol) année sans élections importantes* ; see also **offbeat, offhand, offset, offshore**

**OFF-BROADWAY**

Dans le monde du théâtre new-yorkais, on qualifie de **off-Broadway** les pièces qui ne sont pas montées dans les grandes salles de Broadway. Le terme a d'abord été utilisé dans les années 1950 pour désigner les productions à petit budget d'auteurs d'avant-garde comme Tennessee Williams ou Edward Albee. Les salles **off-Broadway**, généralement assez petites, proposent des billets à des prix raisonnables. Aujourd'hui, les théâtres les plus à l'avant-garde sont appelés **off-off-Broadway**.

**offal** /ˈɒfəl/ N (NonC) 1 *(Culin)* abats *mpl (de boucherie)*

2 *(= refuse, rubbish)* ordures *fpl* ; *(= waste or by-product)* déchets *mpl*

**offbeat** /ˈɒfbiːt/ SYN

ADJ 1 *(* = unusual) [film, book, comedy, approach]* original ; *[person, behaviour, clothes]* excentrique **his offbeat sense of humour** son sens de l'humour cocasse

2 *(Mus)* à temps faible

N *(Mus)* temps *m* faible

**offcut** /ˈɒfkʌt/ N *[of fabric]* chute *f* ; *[of wood]* copeau *m* ; *[of meat, fish] (for human consumption)* parures *fpl* ; *(for animals)* déchets *mpl*

**offence** *(Brit)*, **offense** *(US)* /əˈfens/ SYN N

1 *(Jur)* délit *m (against* contre), infraction *f (against* à) ; *(Rel = sin)* offense *f*, péché *m* ◆ **it is an offence to do that** *(Jur)* il est contraire à la loi *or* il est illégal de faire cela ◆ **first offence** premier délit *m* ◆ **further offence** récidive *f* ◆ **political offence** délit *m or* crime *m* politique ◆ **capital offence** crime *m* capital ◆ **to commit an offence** commettre un délit, commettre une infraction (à la loi) ◆ **offences against national security** atteintes *fpl* à la sécurité nationale ◆ **he was charged with four offences of indecent assault** il a été inculpé de quatre attentats à la pudeur ◆ **offence against God** offense *f* faite à Dieu ◆ **an offence against common decency** un outrage aux bonnes mœurs ◆ **it is an offence to the eye** cela choque *or* offense la vue ; → **indictable**

2 *(NonC = insult)* ◆ **to give** *or* **cause offence to sb** froisser *or* offenser qn ◆ **to take offence (at)** s'offenser (de), s'offusquer (de) ◆ **no offence taken!** il n'y a pas de mal ! ◆ **no offence meant** *or* **intended (but...)!** je ne voulais pas vous offenser *or* froisser (mais...) ! ◆ **no offence to the Welsh, of course!** sans vouloir offenser les Gallois, bien sûr !

3 *(NonC) (Mil: as opposed to defence)* attaque *f* ◆ **the offence** *(US Sport)* les attaquants *mpl* ◆ **offence is the best (form of) defence** *(Prov)* la meilleure défense, c'est l'attaque ; → **weapon**

**offend** /əˈfend/ SYN

VT *[+ person]* offenser ; *[+ ears, eyes]* offusquer, choquer ; *[+ reason]* choquer, heurter ◆ **to be** *or* **become offended (at)** s'offenser (de), s'offusquer (de) ◆ **she was offended by** *or* **at my remark** mon observation l'a offensée *or* vexée ◆ **you mustn't be offended** *or* **don't be offended if I say...** sans vouloir vous offenser *or* vous vexer, je dois dire... ◆ **it offends my sense of justice** cela va à l'encontre de *or* cela choque mon sens de la justice

VI 1 *(gen)* choquer ◆ **scenes that may offend** des scènes qui peuvent choquer

2 *(Jur)* commettre un délit *or* une infraction ◆ **girls are less likely to offend than boys** les

filles ont moins tendance que les garçons à commettre des délits *or* infractions

▸ **offend against** VT FUS *[+ law, rule]* enfreindre, violer ; *[+ good taste]* offenser ; *[+ common sense]* être une insulte *or* un outrage à ◆ **this bill offends against good sense** ce projet de loi est une insulte au bon sens

**offender** /əˈfendəʳ/ SYN N [1] *(= lawbreaker)* délinquant(e) *m(f)* ; *(against traffic regulations etc)* contrevenant(e) *m(f)* ◆ **first offender** *(Jur)* délinquant(e) *m(f)* primaire ◆ **previous offender** récidiviste *mf* ◆ **persistent** *or* **habitual offender** récidiviste *mf* ◆ **sex offender** délinquant *m* sexuel ◆ **young offender** jeune délinquant *m* ◆ **carbon dioxide is one of the main environmental offenders** le dioxyde de carbone est l'un des principaux responsables de la dégradation de l'environnement ◆ **small firms are the worst offenders when it comes to...** les petites entreprises sont les plus coupables quand il s'agit de...
[2] *(= insulter)* offenseur *m* ; *(= aggressor)* agresseur *m*

**offending** /əˈfendɪŋ/ ADJ *(hum)* ◆ **the offending word/object** *etc* le mot/l'objet *etc* incriminé

**offense** /əˈfens/ N *(US)* ⇒ **offence**

**offensive** /əˈfensɪv/ SYN
ADJ [1] *(= objectionable, insulting)* insultant ; *(= shocking)* choquant ; *(= disgusting)* repoussant ; *(= rude, unpleasant)* déplaisant ◆ **she has said some offensive things about the town** elle a tenu des propos insultants sur la ville ◆ **some people found the play horribly offensive** certains ont trouvé la pièce terriblement choquante ◆ **offensive language** propos *mpl* choquants, grossièretés *fpl* ◆ **these are terms I find deeply offensive** ce sont des termes que je trouve absolument odieux ◆ **to be offensive to sb** *[person]* insulter *or* injurier qn ; *[joke]* choquer qn ; *[remark]* offenser qn ◆ **they found his behaviour very** *or* **deeply offensive** sa conduite les a profondément indignés ◆ **an offensive smell** une odeur repoussante
[2] *(Mil, Sport) [action, tactics]* offensif ◆ **to take offensive action** passer à l'offensive
N *(Mil, Pol, Sport, Comm)* offensive *f* ◆ **to be on the offensive** avoir pris l'offensive ◆ **to go on the offensive** passer à l'offensive ◆ **to take the offensive** prendre l'offensive ◆ **a sales/an advertising offensive** une offensive commerciale/publicitaire ◆ **they mounted an offensive on the government** *(Pol)* ils ont lancé une offensive contre le gouvernement ◆ **a diplomatic offensive** une offensive diplomatique ; → **peace**
COMP **offensive weapon** N *(Jur)* arme *f* offensive

**offensively** /əˈfensɪvlɪ/ ADV [1] *(= abusively) [behave]* de manière offensante ; *[shout]* de manière injurieuse ◆ **offensively rude** d'une impolitesse outrageante ◆ **offensively sexist** d'un sexisme offensant ◆ **an offensively anti-German article** un article injurieux contre les Allemands
[2] *(= unpleasantly) [loud, bland]* désagréablement ◆ **to smell offensively** sentir (très) mauvais
[3] *(Mil, Sport) [use, deploy, play]* de manière offensive ◆ **to be good/poor offensively** *(Sport)* être bon/mauvais en attaque

**Offer** /ˈɒfəʳ/ N *organisme de contrôle des exploitants des réseaux de distribution de l'électricité*

**offer** /ˈɒfəʳ/ LANGUAGE IN USE 19.5 SYN
N *(gen, Comm)* offre *f* *(of* de ; *for* pour ; *to do sth* de faire qch), proposition *f* *(of* de) ; *[of marriage]* demande *f* (en mariage) ◆ **to make a peace offer** faire une proposition *or* offre de paix ◆ **make me an offer!** faites-moi une proposition *or* offre ! ◆ **I'm open to offers** je suis ouvert à toute proposition ◆ **it's my best offer** c'est mon dernier mot ◆ **offers over/around £90,000** offres *fpl* au-dessus/autour de 90 000 livres ◆ **he's had a good offer for the house** on lui a fait une offre avantageuse *or* une proposition intéressante pour la maison ◆ **£50 or near(est)** *or* **best offer** *(in advertisement)* 50 livres à débattre ◆ **he made me an offer I couldn't refuse** *(lit, fig)* il m'a fait une offre que je ne pouvais pas refuser ◆ **"this week's special offer"** « promotion de la semaine »
♦ **on + offer** *(= available)* disponible ◆ **this brand is on (special) offer** cette marque est en promotion ◆ **"on offer this week"** « promotion de la semaine »
♦ **under offer** *(Brit)* ◆ **these premises are under offer** ces locaux ont fait l'objet d'une offre d'achat

VT [1] *[+ job, gift, entertainment, food, friendship etc]* offrir *(to* à) ; *[+ help, money]* proposer *(to* à), offrir *(to* à) ; *[+ prayer]* faire *(to* à) ◆ **to offer to do sth** offrir *or* proposer de faire qch ◆ **he offered me a sweet** il m'a offert un bonbon ◆ **she offered me her house for the holidays** elle m'a proposé sa maison pour les vacances ◆ **to offer o.s. for a mission** être volontaire *or* se proposer pour exécuter une mission ◆ **to have a lot to offer** avoir beaucoup à offrir ◆ **to offer (sb) one's hand** tendre la main (à qn) ◆ **he offered her his hand in marriage** il lui a proposé le mariage ◆ **to offer a sacrifice** *(Rel)* offrir un sacrifice, faire l'offrande d'un sacrifice ◆ **to offer a prayer to God** prier Dieu ◆ **to offer one's flank to the enemy** *(Mil)* présenter le flanc à l'ennemi
[2] *[+ apology, difficulty, opportunity, view, advantage]* offrir, présenter ; *[+ remark]* suggérer ; *[+ opinion]* émettre ; *[+ facilities, guarantee, protection]* offrir ; → **resistance**
VI *[opportunity]* s'offrir, se présenter
COMP **offer document** N *(Fin) document accompagnant une offre publique d'achat*
**offer of cover** N *(Fin)* promesse *f* de garantie
**offer price** N *(on Stock Exchange)* prix *m* d'émission
▸ **offer up** VT SEP *(liter) [+ prayers]* faire ; *[+ sacrifice]* offrir, faire l'offrande de

**offeree** /ɒfəˈriː/ N *(Jur, Fin)* destinataire *m* de l'offre

**offering** /ˈɒfərɪŋ/ SYN N *(= act, thing offered)* offre *f* ; *(= suggestion)* suggestion *f* ; *(Rel)* offrande *f*, sacrifice *m* ; → **burnt, peace, thank**

**offeror** /ˈɒfərəʳ/ N *(Jur, Fin)* auteur *m* de l'offre, offrant *m*

**offertory** /ˈɒfətərɪ/
N *(Rel) (= part of service)* offertoire *m*, oblation *f* ; *(= collection)* quête *f*
COMP **offertory box** N tronc *m*

**offhand** /ɒfˈhænd/ SYN
ADJ (also **offhanded**) [1] *(= casual) [person, manner]* désinvolte, sans-gêne *inv* ; *[tone]* désinvolte
[2] *(= curt)* brusque
ADV de but en blanc ◆ **I can't say offhand** je ne peux pas vous le dire comme ça* ◆ **do you happen to know offhand?** est-ce que vous pouvez me le dire de but en blanc ? ◆ **do you know offhand whether...?** est-ce que vous pouvez me dire de but en blanc *or* comme ça* si... ?

**offhanded** /ˈɒfˈhændɪd/ ADJ ⇒ **offhand adj**

**offhandedly** /ˈɒfˈhændɪdlɪ/ ADV [1] *(= casually)* avec désinvolture
[2] *(= curtly)* avec brusquerie

**offhandedness** /ˈɒfˈhændɪdnɪs/ N [1] *(= casualness)* désinvolture *f*, sans-gêne *m*
[2] *(= curtness)* brusquerie *f*

**office** /ˈɒfɪs/ SYN
N [1] *(= place, room)* bureau *m* ; *(= part of organization)* service *m* ◆ **lawyer's office** étude *f* de notaire ◆ **doctor's office** *(US)* cabinet *m* (médical) ◆ **our London office** notre siège *or* notre bureau de Londres ◆ **the sales office** le service des ventes ◆ **he works in an office** il travaille dans un bureau, il est employé de bureau ◆ **the whole office went on strike** tous les gens du bureau ont fait grève, tout le bureau a fait grève ◆ **"usual offices"** *(esp Brit) [of house etc]* « sanitaires » ; → **box office, foreign, head, home, newspaper**
[2] *(= function)* fonction *f*, charge *f* ; *(= duty)* fonctions *fpl*, devoir *m* ◆ **it is my office to ensure...** *(frm)* j'ai charge d'assurer..., il m'incombe d'assurer... ◆ **he performs the office of treasurer** il fait fonction de trésorier ◆ **to be in office, to hold office** *[mayor, chairman]* être en fonction, occuper sa charge ; *[government, minister]* détenir *or* avoir un portefeuille ; *[political party]* être au pouvoir *or* au gouvernement ◆ **to take** *or* **come into office** *[chairman, mayor, government, minister]* entrer en fonction, prendre ses fonctions ; *[political party]* arriver au *or* prendre le pouvoir ◆ **he took office as prime minister in January** il est entré dans ses fonctions de premier ministre au mois de janvier ◆ **to be out of office** *[party, politician]* ne plus être au pouvoir ◆ **to go out of office** *[mayor, chairman, minister]* quitter ses fonctions ; *[political party, government]* perdre le pouvoir ◆ **to seek office** se présenter aux élections, se porter candidat ◆ **public office** fonctions *fpl* officielles ◆ **to be in** *or* **hold public office** occuper des fonctions officielles, être en fonction ◆ **to be disqualified from (holding) public office** être révoqué ; → **jack, sweep**
[3] ◆ **offices** offices *mpl* ◆ **through his good offices** par ses bons offices ◆ **through the offices of...** par l'entremise de... ◆ **to offer one's good offices** *(frm)* offrir ses bons offices
[4] *(Rel)* office *m* ◆ **Office for the dead** office *m* funèbre *or* des morts ; → **divine**[1]
COMP *[staff, furniture, work]* de bureau
**office automation** N bureautique *f*
**office bearer** N *[of club, society]* membre *m* du bureau *or* comité directeur
**office block** N *(Brit)* immeuble *m* de bureaux
**office boy** N garçon *m* de bureau
**office building** N ⇒ **office block**
**office holder** N ⇒ **office bearer**
**office hours** NPL heures *fpl* de bureau ◆ **to work office hours** avoir des heures de bureau
**office job** N ◆ **he's got an office job** il travaille dans un bureau
**office junior** N employé(e) *m(f)* de bureau
**office manager** N chef *m* de bureau
**Office of Fair Trading** N ≈ Direction *f* générale de la concurrence, de la consommation et de la répression des fraudes
**Office of Management and Budget** N *(US) organisme chargé de gérer les ministères et de préparer le budget*
**office party** N fête *f* au bureau
**office politics** N *(esp pej)* politique *f* interne
**office space** N ◆ **"office space to let"** « bureaux à louer » ◆ **100m$^2$ of office space** 100 m$^2$ de bureaux
**office worker** N employé(e) *m(f)* de bureau

**officer** /ˈɒfɪsəʳ/ SYN
N [1] *(in armed forces, on ship, plane)* officier *m* ; → **commission, man, petty**
[2] *(= official) [of company, institution, organization, club]* membre *m* du bureau *or* comité directeur ◆ **the Committee shall elect its officers** *(Admin, Jur)* le comité désigne son bureau ◆ **duly authorized officer** *(Jur)* représentant *m* dûment habilité ; → **local**
[3] ◆ **police officer** policier *m* ◆ **officer of the law** fonctionnaire *m* de police ◆ **the officer in charge of the inquiry** l'inspecteur chargé *or* le fonctionnaire de police chargé de l'enquête ◆ **yes officer** *(to policeman)* oui, monsieur l'agent
VT *(Mil) (= command)* commander ; *(= provide with officers)* pourvoir d'officiers *or* de cadres
COMP **officer of the day** N *(Mil)* officier *m* *or* service *m* de jour
**officer of the watch** N *(on ship)* officier *m* de quart
**officers' mess** N mess *m* (des officiers)
**Officers' Training Corps** N *(Brit)* corps *m* volontaire de formation d'officiers

**official** /əˈfɪʃəl/ SYN
ADJ *(gen)* officiel ; *[uniform]* réglementaire ◆ **it's not yet official** ce n'est pas encore officiel ◆ **official biography/biographer** biographie *f*/biographe *mf* officiel(le) ◆ **he learned of her death through official channels** il a appris sa mort par des sources officielles ◆ **to apply for sth through official channels** faire la demande de qch par les voies officielles ◆ **"for official use only"** « réservé à l'administration »
N *(gen, Sport etc = person in authority)* officiel *m* ; *[of civil service]* fonctionnaire *mf* ; *[of railways, post office etc]* employé(e) *m(f)* ◆ **the official in charge of...** le (*or* la) responsable de... ◆ **information/personnel official** responsable *mf* de l'information/du personnel ◆ **town hall official** employé(e) *m(f)* de mairie ◆ **local government official** ≈ fonctionnaire *mf* (de l'administration locale) ◆ **government official** fonctionnaire *mf* (de l'Administration) ◆ **an official of the Ministry** un représentant officiel du ministère ; → **elect**
COMP **Official Receiver** N *(Brit Fin)* administrateur *m* judiciaire
**the Official Secrets Act** N *(Brit) loi relative aux secrets d'État*

**officialdom** /əˈfɪʃəldəm/ N *(NonC)* administration *f*, bureaucratie *f* *(also pej)*

**officialese** /əˌfɪʃəˈliːz/ N *(NonC: pej)* jargon *m* administratif

**officially** /əˈfɪʃəlɪ/ ADV [1] *(= formally)* officiellement, à titre officiel ◆ **"may be opened officially"** *(Post)* « peut être ouvert d'office »
[2] *(= theoretically)* en principe ◆ **officially, she shares the flat with another girl** en principe, elle partage l'appartement avec une autre fille

**officiant** /əˈfɪʃɪənt/ N *(Rel)* officiant *m*, célébrant *m*

**officiate** /əˈfɪʃieɪt/ SYN VI (= arbitrate : at competition, sports match etc) arbitrer ; (Rel) officier ◆ **to officiate as** remplir or exercer les fonctions de ◆ **to officiate at** assister à titre officiel à ◆ **to officiate at a wedding** célébrer un mariage

**officious** /əˈfɪʃəs/ SYN ADJ (pej) [person, behaviour, manner] trop zélé ◆ **to be officious** être trop empressé, faire du zèle

**officiously** /əˈfɪʃəslɪ/ ADV (pej) avec un zèle excessif

**officiousness** /əˈfɪʃəsnɪs/ N (pej) excès m de zèle

**offie*** /ˈɒfɪ/ N (Brit) magasin m de vins et spiritueux

**offing** /ˈɒfɪŋ/ SYN N ◆ **in the offing** (Naut) (= on sea) au large ; (fig) en perspective

**offish*** /ˈɒfɪʃ/ ADJ distant

**offishly*** /ˈɒfɪʃlɪ/ ADV d'un air distant

**offishness*** /ˈɒfɪʃnɪs/ N attitude f distante

**off-peak** /ˌɒfˈpiːk/ (Brit)

ADJ [period, time] creux ; [train, service, journey, electricity] en période creuse ; [telephone call] à tarif réduit (aux heures creuses) ◆ **off-peak rates** or **charges** tarif m réduit (aux heures creuses) ◆ **off-peak hours** heures fpl creuses ◆ **off-peak ticket** (for train etc) billet m au tarif réduit heures creuses

ADV [travel, cost] (outside of rush hour) en dehors des heures de pointe ; (outside of holiday season) en période creuse

**offprint** /ˈɒfprɪnt/ N (Typography) tirage m or tiré m à part ◆ **I'll send you an offprint of my article** je vous enverrai une copie de mon article

**offset** /ˈɒfset/ SYN (vb: pret, ptp **offset**)

N 1 (= counterbalancing factor) compensation f ◆ **as an offset to sth** pour compenser qch

2 (Typography) (= process) offset m ; (= smudge etc) maculage m

3 [of plant] rejeton m ; (= bend in pipe etc) coude m, courbure f

VT 1 (= counteract, compensate for) compenser ◆ **loans can be offset against corporation tax** les emprunts peuvent venir en déduction de l'impôt sur les sociétés ◆ **the increase in pay costs was offset by higher productivity** l'augmentation des coûts salariaux a été compensée par une amélioration de la productivité ◆ **they'll receive a large shipment of food to help offset winter shortages** ils recevront une importante cargaison de nourriture pour compenser les pénuries de l'hiver

2 (= weigh up) ◆ **to offset one factor against another** mettre en balance deux facteurs

3 (Typography) (= print) imprimer en offset ; (= smudge) maculer

COMP **offset lithography** N ⇒ offset printing
**offset paper** N papier m offset
**offset press** N presse f offset
**offset printing** N offset m
**offset sheet** N (Typography) décharge f

**offshoot** /ˈɒfʃuːt/ SYN N 1 [of plant, tree] rejeton m

2 [of organization] ramification f, antenne f ; [of company] filiale f ; [of scheme, discussion, action] conséquence f ◆ **a firm with many offshoots** une société aux nombreuses ramifications ◆ **this group is an offshoot of a charitable organization** ce groupe est une émanation d'une organisation caritative

**offshore** /ˈɒfʃɔːr/

ADJ 1 (= out at sea) [rig, platform] offshore inv ; [drilling, well] en mer ◆ **Britain's offshore oil industry** l'industrie offshore de la Grande-Bretagne ◆ **offshore worker** ouvrier m travaillant sur une plateforme offshore

2 (= near land) [reef, island] proche du littoral ; [waters] côtier, proche du littoral ; [fishing] côtier

3 (= from land) [wind, breeze] de terre

4 (Fin) [investment, fund, banking, account] offshore inv, extraterritorial ◆ **offshore orders** commandes fpl d'outre-mer

ADV 1 (= near coast) [lie, anchor, fish] au large ; (nearer) en vue des côtes ◆ **20 miles offshore** à 20 milles de la côte

2 (= away from coast) [sail] vers le large

3 (Fin) ◆ **to invest offshore** faire des investissements offshore or extraterritoriaux ◆ **to move one's operations offshore** se délocaliser

**offside** /ˈɒfsaɪd/

N 1 (Sport) hors-jeu m inv

2 (Driving) (in Brit) côté m droit ; (in France, US etc) côté m gauche

ADJ 1 (Sport) ◆ **to be offside** être hors jeu ◆ **the offside rule** la règle du hors-jeu

2 (Driving) (in Brit) de droite ; (in France, US etc) de gauche

**offspring** /ˈɒfsprɪŋ/ SYN N (pl inv) progéniture f NonC ; (fig) fruit m, résultat m ◆ **how are your offspring?**\* comment va votre progéniture ?\*, comment vont vos rejetons ?\*

**offstage** /ˌɒfˈsteɪdʒ/

ADV en coulisse, dans les coulisses ◆ **offstage, she's a different personality altogether** dans la vie, elle a une personnalité complètement différente

ADJ [voices] en coulisse, dans les coulisses ◆ **his offstage life** sa vie privée

**Ofgas** /ˈɒfɡæs/ N (Brit) organisme de contrôle des réseaux de distribution du gaz

**Ofgem** /ˈɒfdʒem/ N (Brit) (abbrev of Office of Gas and Electricity Markets) organe de régulation des compagnies de gaz et d'électricité

**Oflot** /ˈɒflɒt/ N (Brit) organisme de contrôle de la loterie nationale

**OFS** /ˌəʊefˈes/ N (abbrev of **Orange Free State**) État m libre d'Orange

**Ofsted** /ˈɒfsted/ N (Brit) organisme de contrôle des établissements scolaires

**OFT** /ˌəʊefˈtiː/ N (Brit) (abbrev of **Office of Fair Trading**) ≈ DGCCRF f

**oft** /ɒft/ ADV (liter) maintes fois, souvent ◆ **many a time and oft** maintes et maintes fois

**oft-** /ɒft/ PREF ◆ **oft-repeated** souvent répété ◆ **oft-quoted** souvent cité ◆ **oft-times** †† souventes fois †

**Oftel** /ˈɒftel/ N (Brit) organisme de contrôle des réseaux de télécommunication

**often** /ˈɒfən, ˈɒftən/ SYN ADV souvent ◆ **(all) too often** trop souvent ◆ **it cannot be said too often that...** on ne dira or répétera jamais assez que... ◆ **once too often** une fois de trop ◆ **every so often** (in time) de temps en temps, de temps à autre ; (in spacing, distance) çà et là ◆ **as often as he did it** chaque fois or toutes les fois qu'il l'a fait ◆ **as often as not, more often than not** la plupart du temps ◆ **how often have I warned you about him?** combien de fois t'ai-je dit de te méfier de lui ? ◆ **how often do the boats leave?** les bateaux partent tous les combien ? ◆ **how often she had asked herself that very question!** combien de fois elle s'était justement posé cette question !

**Ofwat** /ˈɒfwɒt/ N (Brit) organisme de contrôle des réseaux de distribution d'eau

**ogam, ogham** /ˈɒɡəm/ N écriture f oghamique, ogam m, ogham m

**ogival** /əʊˈdʒaɪvəl/ ADJ ogival, en ogive

**ogive** /ˈəʊdʒaɪv/ N ogive f

**ogle*** /ˈəʊɡl/ VT reluquer\*, lorgner

**ogre** /ˈəʊɡər/ SYN N ogre m

**ogress** /ˈəʊɡrɪs/ N ogresse f

**OH** abbrev of **Ohio**

**oh** /əʊ/ EXCL 1 oh !, ah ! ◆ **oh dear!** oh là là !, (oh) mon Dieu ! ◆ **oh what a waste of time!** ah, quelle perte de temps ! ◆ **oh for some fresh air!** si seulement on pouvait avoir un peu d'air frais ! ◆ **oh to be in France!** si seulement je pouvais être en France ! ◆ **oh really?** ce n'est pas vrai ! ◆ **he's going with her** - **oh is he!** (neutral) il y va avec elle - tiens, tiens or ah bon ! ; (surprise) il y va avec elle - vraiment ! ; (disapproval) il y va avec elle - je vois ! ◆ **oh no you don't! - oh yes I do!** ah mais non ! - ah mais si or oh que si ! ◆ **oh, just a minute...** euh, une minute...

2 (cry of pain) aïe !

**Ohio** /əʊˈhaɪəʊ/ N Ohio m ◆ **in Ohio** dans l'Ohio

**ohm** /əʊm/

N ohm m

COMP **Ohm's law** N (Elec) loi f d'Ohm

**ohmmeter** /ˈəʊmˌmiːtər/ N (Phys) ohmmètre m

**OHMS** /ˌəʊeɪtʃemˈes/ (Brit) (abbrev of **On His** or **Her Majesty's Service**) → majesty

**oho** /əʊˈhəʊ/ EXCL ah

**OHP** N (abbrev of **overhead projector**) → overhead

**oi**\* /ɔɪ/ EXCL (Brit) hé !

**oi(c)k**\* /ɔɪk/ N (Brit) péquenaud\* m

**oil** /ɔɪl/ SYN

N 1 (NonC: = petroleum) pétrole m ◆ **to find** or **strike oil** (lit) trouver du pétrole ; (fig) trouver le filon ◆ **to pour oil on troubled waters** ramener le calme ; → **crude**

2 (Art) huile f ◆ **painted in oils** peint à l'huile ◆ **to paint in oils** faire de la peinture à l'huile ◆ **an oil by Picasso** une huile de Picasso

3 (for car engine) huile f ◆ **to check the oil** vérifier le niveau d'huile ◆ **to change the oil** faire la vidange

4 (Culin, Pharm etc) huile f ◆ **fried in oil** frit à l'huile ◆ **oil and vinegar dressing** vinaigrette f ; → **hair**, **palm²**, **midnight**

5 (Austral) ◆ **the good oil**\* la vérité vraie

VT [+ machine] graisser, lubrifier ◆ **to oil the wheels** or **works** (fig) mettre de l'huile dans les rouages ◆ **to be well oiled**\* (= drunk) être beurré\* ; see also **oiled**

COMP [industry, shares] pétrolier ; [prices, king, magnate, millionaire] du pétrole

**oil-based paint** N peinture f glycérophtalique or à l'huile

**oil beetle** N méloé m

**oil-burning** ADJ [lamp] à pétrole, à huile ; [stove] (paraffin) à pétrole ; (fuel oil) à mazout ; [boiler] à mazout

**oil change** N vidange f

**oil colour** N peinture f à l'huile

**oil-cooled** ADJ à refroidissement par huile

**oil deposits** NPL gisements mpl pétrolifères or de pétrole

**oil drill** N trépan m

**oil drum** N baril m de pétrole

**oil filter** N filtre m à huile

**oil find** N (Geol) découverte f de pétrole

**oil-fired** ADJ [boiler] à mazout ; [central heating] au mazout

**oil gauge** N jauge f de niveau d'huile

**oil industry** N industrie f pétrolière, secteur m pétrolier

**oil installation** N installation f pétrolière

**oil lamp** N lampe f à huile or à pétrole

**oil level** N niveau m d'huile

**oil men** NPL pétroliers mpl

**oil minister** N ministre m du pétrole

**oil of cloves** N essence f de girofle

**oil paint** N peinture f à l'huile ; (Art) couleur f à l'huile

**oil painting** N (= picture, occupation) peinture f à l'huile ◆ **she's no oil painting**\* ce n'est vraiment pas une beauté

**oil palm** N éléis m, élæis m

**oil pipeline** N oléoduc m, pipeline m

**oil platform** N plateforme f pétrolière

**oil pollution** N pollution f due aux hydrocarbures

**oil press** N pressoir m à huile

**oil pressure** N pression f d'huile

**oil producers, oil-producing countries** NPL pays mpl producteurs de pétrole

**oil refinery** N raffinerie f (de pétrole)

**oil rig** N (on land) derrick m ; (at sea) plateforme f pétrolière

**oil-seed rape** N (= plant) colza m

**oil sheik** N émir m du pétrole

**oil slick** N (at sea) nappe f de pétrole ; (on beach) marée f noire

**oil spill** N (on sea, road) déversement m accidentel de pétrole

**oil storage tank** N (industrial) réservoir m de stockage de pétrole ; (for central heating) cuve f à mazout

**oil stove** N (paraffin) poêle m à pétrole ; (fuel oil) poêle m à mazout

**oil tank** N (industrial) réservoir m de pétrole ; (for central heating) cuve f à mazout

**oil tanker** N (= ship) pétrolier m, tanker m ; (= truck) camion-citerne m (à pétrole)

**oil terminal** N port m d'arrivée or de départ pour le pétrole

**oil well** N puits m de pétrole

**oilcake** /ˈɔɪlkeɪk/ N tourteau m (pour bétail)

**oilcan** /ˈɔɪlkæn/ N (for lubricating) burette f d'huile or de graissage ; (for storage) bidon m d'huile

**oilcloth** /ˈɔɪlklɒθ/ N toile f cirée

**oiled** /ɔɪld/ ADJ 1 [cloth, paper] huilé

2 (\* = drunk: also **well oiled**) beurré\*

**oiler** /ˈɔɪlər/

N (= ship) pétrolier m ; (= can) burette f à huile or de graissage ; (= person) graisseur m

NPL **oilers** (US = clothes) ciré m

**oilfield** /ˈɔɪlfiːld/ N gisement m pétrolifère or de pétrole, champ m de pétrole

**oilgas** /ˈɔɪlɡæs/ N gaz m d'huile

**oiliness** /ˈɔɪlɪnɪs/ N 1 *[of liquid, consistency, stain]* aspect *m* huileux ; *[of cooking, food]* aspect *m* gras ; *(= greasiness) [of skin, hair]* aspect *m* gras
2 *(pej) [of manners, tone etc]* onctuosité *f*

**oilpan** /ˈɔɪlpæn/ N *(US : in car)* carter *m*

**oilpaper** /ˈɔɪlpeɪpəʳ/ N papier *m* huilé

**oilskin** /ˈɔɪlskɪn/
N toile *f* cirée
NPL **oilskins** *(Brit = clothes)* ciré *m*
ADJ en toile cirée

**oilstone** /ˈɔɪlstəʊn/ N pierre *f* à aiguiser *(lubrifiée avec de l'huile)*

**oily** /ˈɔɪlɪ/
ADJ 1 *(= greasy) [skin, hair, food, cooking]* gras (grasse *f*) ; *[hands]* graisseux, gras (grasse *f*) ; *[rag, clothes]* graisseux ; *[stain]* d'huile ; *[liquid, consistency, substance, flavour]* huileux ; *[road]* couvert d'huile ; *[beach]* mazouté
2 *(pej = smarmy) [person, manner, voice, tone]* onctueux, mielleux
COMP **oily fish** N *(Culin)* poisson *m* gras

**oink** /ɔɪŋk/
VI *[pig]* grogner
N grognement *m*

**ointment** /ˈɔɪntmənt/ SYN N onguent *m*, pommade *f*

**OJ** * /ˈəʊdʒeɪ/ N *(US)* (abbrev of **orange juice**) → **orange**

**OK**[1] abbrev of **Oklahoma**

**OK**[2] * (vb: pret, ptp **OK'd**) /ˈəʊˈkeɪ/
EXCL d'accord !, OK * *or* O.K. * ! ◆ **OK, OK!** *(= don't fuss)* ça va, ça va ! ◆ **OK, the next subject on the agenda is...** bon, le point suivant à l'ordre du jour est...
ADJ 1 *(= agreed)* parfait, très bien ; *(= in order)* en règle ; *(on draft etc: as approval)* (lu et) approuvé ◆ **I'm coming too, OK?** je viens aussi, d'accord *or* OK * ? ◆ **leave me alone, OK?** tu me laisses tranquille, compris * *or* OK * ?
2 *(= acceptable)* ◆ **it's OK by me** *or* **with me!** (je suis) d'accord !, ça me va !, O.K. ! * ◆ **is it OK with you if I come too?** ça ne vous ennuie pas si je vous accompagne ? ◆ **this car is OK but I prefer the other one** cette voiture n'est pas mal mais je préfère l'autre
3 *(= no problem)* ◆ **everything's OK** tout va bien ◆ **it's OK(, it's not your fault)** ce n'est pas grave, ce n'est pas de ta faute ◆ **can I help? – it's OK, I'm sure I'll manage** je peux vous aider ? – ne vous en faites pas, ça va aller ◆ **thanks! – that's OK** merci ! – de rien
4 *(= undamaged, in good health)* ◆ **are you OK?** *(gen)* tu vas bien ? ; *(after accident)* tu n'as rien ? ◆ **I'm OK** *(gen)* je vais bien, ça va (bien) ; *(after accident)* je n'ai rien ◆ **he's OK, he's only bruised** il n'a rien de grave, seulement quelques bleus ◆ **the car is OK** *(= undamaged)* la voiture est intacte *or* n'a rien ; *(= repaired, functioning)* la voiture marche *or* est en bon état
5 *(= likeable)* ◆ **he's OK , he's an OK guy** c'est un type bien *
6 *(= well provided for)* ◆ **another drink? – no thanks, I'm OK (for now)** un autre verre ? – non merci, ça va (pour le moment) ◆ **are you OK for cash/work** *etc*? question argent/travail *etc*, ça va *or* tu n'as pas de problème ?
ADV *(recovering from illness, operation)* ◆ **she's doing OK** elle va bien ◆ **she's doing OK (for herself)** *(socially, financially, in career)* elle se débrouille *or* se défend bien ◆ **we managed OK for the first year** nous nous sommes bien débrouillés la première année
VT *[+ document, plan]* approuver ◆ **his doctor wouldn't OK the trip** son docteur ne voulait pas donner son accord pour le voyage
N *(gen)* ◆ **to give the** *or* **one's OK** donner son accord *(to* à) ◆ **to give the** *or* **one's OK to a plan** donner le feu vert à un projet ◆ **I'm free to start work as soon as I get the OK** je suis prêt à commencer à travailler dès que j'aurai reçu le feu vert

**okapi** /əʊˈkɑːpɪ/ N (pl **okapis** *or* **okapi**) okapi *m*

**okay** * /ˈəʊˈkeɪ/ ⇒ **OK**[2]

**okey-doke(y)** ‡ /ˈəʊkɪˈdəʊk(ɪ)/ EXCL d'ac ! *, OK * *or* O.K. * !

**Okie** /ˈəʊkiː/ N *(US)* travailleur *m* agricole migrant

**Okla.** abbrev of **Oklahoma**

**Oklahoma** /əʊkləˈhəʊmə/ N Oklahoma *m* ◆ **in Oklahoma** dans l'Oklahoma

**okra** /ˈəʊkrə/ N gombo *m*

**ol'** * /əʊl/ ADJ *(esp US)* ⇒ **old**

**old** /əʊld/ SYN

ADJ 1 *(= aged, not young)* vieux (vieille *f*), vieil *m before vowel*, âgé ◆ **an old man** un vieil homme, un vieillard ◆ **an old lady** une vieille dame ◆ **an old woman** une vieille femme ◆ **he's a real old woman** il a des manies de petite vieille ◆ **a poor old man** un pauvre vieillard, un pauvre vieux ◆ **old people, old folk** *, **old folks** * les personnes *fpl* âgées ; *(disrespectful)* les vieux *mpl* ◆ **the older generation** la génération antérieure *or* précédente ◆ **older people** les personnes *fpl* d'un certain âge ◆ **it will appeal to old and young (alike)** cela plaira aux vieux comme aux jeunes, cela plaira à tous les âges ◆ **to have an old head on young shoulders** être mûr pour son âge, faire preuve d'une maturité précoce ◆ **old for his age** *or* **his years** mûr pour son âge ◆ **to be/grow old before one's time** être vieux/vieillir avant l'âge ◆ **to grow** *or* **get old(er)** vieillir ◆ **he's getting old** il vieillit ◆ **that dress is too old for you** cette robe te vieillit, cette robe fait trop vieux pour toi ◆ **old Mr Smith** le vieux M. Smith ◆ **old Smith** *, **old man Smith** ‡ le vieux Smith, le (vieux) père Smith * ; see also **comp** ; → **fogey, Methuselah, ripe, salt**
2 *(* : as term of affection)* ◆ **old Paul here** ce bon vieux Paul ◆ **he's a good old dog** c'est un brave (vieux) chien ◆ **you old scoundrel!** sacré vieux ! ◆ **I say, old man** *or* **old fellow** *or* **old chap** *or* **old boy** † dites donc, mon vieux * ◆ **my** *or* **the old man** ‡ *(= husband)* le patron * ; *(= father)* le *or* mon paternel ‡, le *or* mon vieux ‡ ◆ **"The Old Man and the Sea"** *(Literat)* « Le Vieil Homme et la mer » ◆ **my** *or* **the old woman** ‡ *or* **lady** ‡ *(= wife)* la patronne ‡, ma bourgeoise * ; *(= mother)* la *or* ma mater ‡, la *or* ma vieille ‡
3 *(of specified age)* ◆ **how old are you?** quel âge as-tu ? ◆ **he is ten years old** il a dix ans ◆ **at ten years old** à (l'âge de) dix ans ◆ **a six-year-old boy, a boy (of) six years old** un garçon (âgé) de six ans ◆ **a three-year-old** *(= child)* un(e) enfant de trois ans ; *(= horse)* un cheval de trois ans ◆ **for 10 to 15-year-olds** *(gen)* destiné aux 10-15 ans ◆ **the firm is 80 years old** la compagnie a 80 ans ◆ **too old for that sort of work** trop vieux *or* âgé pour ce genre de travail ◆ **I didn't know he was as old as that** je ne savais pas qu'il avait cet âge-là ◆ **if I live to be as old as that** si je vis jusqu'à cet âge-là ◆ **when you're older** *(to child)* quand tu seras plus grand ◆ **if I were older** si j'étais plus âgé ◆ **if I were ten years older** si j'avais dix ans de plus ◆ **he is older than you** il est plus âgé que toi ◆ **he's six years older than you** il a six ans de plus que toi ◆ **older brother/son** frère *m*/fils *m* aîné ◆ **his oldest son** son fils aîné ◆ **she's the oldest** elle est *or* c'est elle la plus âgée, elle est l'aînée ◆ **he is old enough to dress himself** il est assez grand pour s'habiller tout seul ◆ **they are old enough to vote** ils sont en âge de voter ◆ **you're old enough to know better!** à ton âge tu devrais avoir plus de bon sens ! ◆ **she's old enough to be his mother!** elle a l'âge d'être sa mère !, elle pourrait être sa mère !
4 *(= not new)* vieux (vieille *f*), vieil *m before vowel* ; *(with antique value)* ancien *after n* ; *(= of long standing)* vieux (vieille *f*), vieil *m before vowel* ◆ **an old building** un vieil immeuble, un immeuble ancien ◆ **old wine** vin *m* vieux ◆ **the old adage** le vieil adage ◆ **that's an old one!** *[story, joke]* elle n'est pas nouvelle !, elle est connue ! ; *[trick etc]* ce n'est pas nouveau ! ◆ **the old part of Nice** le vieux Nice ◆ **we're old friends** nous sommes de vieux amis *or* des amis de longue date ◆ **an old family** une vieille famille, une famille de vieille souche ; see also **comp** ; → **Adam, brigade, hand, hill, lag**[3], **school**[1]
5 *(= former) [school, mayor, home]* ancien *before n* ◆ **old boy** *(Brit Scol)* ancien élève *m* ; see also **comp** ◆ **old girl** *(Brit Scol)* ancienne élève *f* ◆ **this is the old way of doing it** c'est comme ça que l'on faisait autrefois ◆ **old campaigner** *(Mil)* vétéran *m* ◆ **in the old days** dans le temps, autrefois, jadis ◆ **for old times' sake** en souvenir du bon vieux temps ◆ **they chatted about old times** ils ont causé du passé ◆ **just like old times!** comme au bon vieux temps ! ◆ **in the good old days** *or* **times** au bon vieux temps ◆ **those were the good old days** c'était le bon vieux temps ; see also **comp** ; → **school**[1], **soldier**
6 *(* : as intensifier)* ◆ **any old how/where** *etc* n'importe comment/où *etc* ◆ **any old thing** n'importe quoi ◆ **we had a great old time** on s'est vraiment bien amusé ◆ **it's the same old story** c'est toujours la même histoire ◆ **it isn't (just) any old painting, it's a Rembrandt** ce n'est pas n'importe quel tableau, c'est un Rembrandt
N ◆ **(in days) of old** autrefois, (au temps) jadis ◆ **the men of old** les hommes *mpl* du temps jadis ◆ **I know him of old** je le connais depuis longtemps
NPL **the old** les personnes *fpl* âgées
COMP **old age** SYN N vieillesse *f* ◆ **in his old age** dans sa vieillesse, sur ses vieux jours
**old age pension** N (pension *f* de) retraite *f (de la sécurité sociale)*
**old age pensioner** N *(Brit)* retraité(e) *m(f)*
**Old Bailey** N *(Brit Jur) cour d'assises de Londres*
**(the) Old Bill** ‡ N *(Brit)* les poulets ‡ *mpl*, la rousse ‡
**the old boy network** * N *(Brit) le réseau de relations des anciens élèves des écoles privées* ◆ **he heard of it through the old boy network** il en a entendu parler par ses relations
**the old country** N la mère patrie
**the Old Dominion** N *(US)* la Virginie
**Old English** N *(= language)* vieil anglais *m*
**Old English sheepdog** N bobtail *m*
**old-established** ADJ ancien *after n*, établi (depuis longtemps)
**old-fashioned** SYN ADJ → **old-fashioned**
**Old Father Time** N le Temps
**old folks' home** N ⇒ **old people's home**
**Old French** N *(= language)* ancien *or* vieux français *m*
**Old Glory** N *(US)* la bannière étoilée *(drapeau des États-Unis)*
**old gold** ADJ *(= colour)* vieil or *inv*
**old guard** N → **guard**
**old hat** N *(fig)* ◆ **that's old hat!** * c'est vieux !, c'est dépassé !
**old-line** ADJ *(Pol etc)* ultraconservateur (-trice *f*), ultratraditionaliste
**old-looking** ADJ qui a l'air vieux
**old maid** N *(pej)* vieille fille *f*
**old-maidish** ADJ *(pej) [habits]* de vieille fille ◆ **she's very old-maidish** elle fait très vieille fille
**Old Man River** N *(US)* le Mississippi
**old man's beard** N *(= plant)* clématite *f* vigne-blanche *or* des haies, herbe *f* aux gueux
**old master** N *(Art) (= artist)* grand peintre *m*, grand maître *m* (de la peinture) ; *(= painting)* tableau *m* de maître
**old money** N 1 *(= fortune)* vieilles fortunes *fpl*
2 *(= currency) ancien système monétaire* ◆ **in old money** *(fig)* selon l'ancien système
**Old Nick** * N *(hum)* Lucifer *m*
**Old Norse** N *(= language)* vieux nor(r)ois *m*
**old people's home** N maison *f* de retraite
**old school tie** N *(Brit) (lit)* cravate *f* aux couleurs de son ancienne école ; *(fig)* réseau *m* des relations ◆ **it's the old school tie** *(fig)* c'est l'art de faire marcher ses relations
**the Old South** N *(US Hist)* le vieux Sud *(d'avant la guerre de Sécession)*
**old stager** N vétéran *m*, vieux routier *m*
**old-style** ADJ à l'ancienne (mode)
**Old Testament** N Ancien Testament *m*
**old-time** SYN ADJ du temps jadis ; *(older)* ancien *before n* ◆ **old-time dancing** danses *fpl* d'autrefois
**old-timer** * N *(US)* vieillard *m*, ancien *m* ; *(as term of address)* le vieux, l'ancien *m*
**old wives' tale** N conte *m* de bonne femme
**old-womanish** ADJ *(pej) [behaviour, remark]* de petite vieille ◆ **she's very old-womanish** on dirait vraiment une petite vieille
**the Old World** N le Vieux *or* l'Ancien Monde *m*
**old-world** SYN ADJ → **old-world**

**olde** †† /ˈəʊldɪ/ ADJ d'antan *(liter)*

**olden** /ˈəʊldən/ ADJ *(liter)* ◆ **olden days** *or* **times** le temps jadis ◆ **the quaint customs of olden times** les curieuses coutumes d'antan ◆ **in (the) olden days** dans le temps jadis ◆ **in olden times** jadis, autrefois

**olde-worlde** /ˈəʊldɪˈwɜːldɪ/ ADJ *(hum or pej) (genuinely)* vieillot (-otte *f*) ; *(pseudo)* faussement ancien *after n*

**old-fashioned** /ˈəʊldˈfæʃnd/ SYN
ADJ 1 *(= not modern)* démodé ; *(= traditional)* traditionnel ◆ **to look old-fashioned** faire vieux jeu ◆ **a good old-fashioned love story** une bonne vieille histoire d'amour ◆ **she is a good old-fashioned kind of teacher** c'est un professeur de la vieille école ◆ **good old-fashioned discipline** la bonne (vieille) discipline d'autrefois ◆ **good old-fashioned home cooking** la bonne (vieille) cuisine à l'ancienne
2 *(= not progressive) [person, attitude, ideas, values, virtues]* vieux jeu *inv*, dépassé

ANGLAIS-FRANÇAIS

③ (Brit = disapproving) ◆ **to give sb an old-fashioned look** † regarder qn de travers

**N** (US = cocktail) old-fashioned m (cocktail à base de whisky)

**oldie*** /ˈəʊldɪ/ **N** (= film, song) vieux succès* m ; (= person) croulant(e)* m(f) ; (= joke) bonne vieille blague* f ; → **golden**

**oldish** /ˈəʊldɪʃ/ **ADJ** assez vieux (vieille f), assez vieil m before vowel

**oldster*** /ˈəʊldstər/ **N** (US) ancien m, vieillard m

**old-world** /ˈəʊldˈwɜːld/ **ADJ** ① (= traditional) [charm, atmosphere] suranné, désuet (-ète f) ; [village, cottage] de l'ancien temps ◆ **an old-world interior** un intérieur de style ancien ◆ **Stratford is very old-world** Stratford est une ville au charme suranné
② [Geog] [country] du vieux monde or continent

**OLE** /ˈəʊliː/ **N** (Comput) (abbrev of **object linking and embedding**) liaison f OLE

**ole*** /əʊl/ **ADJ** (esp US : often hum) ⇒ **old**

**oleaginous** /ˌəʊlɪˈædʒɪnəs/ **ADJ** oléagineux

**oleander** /ˌəʊlɪˈændər/ **N** laurier-rose m

**oleate** /ˈəʊlɪˌeɪt/ **N** oléate m

**olecranon** /əʊˈlekrənɒn/ **N** olécrane m

**olefine** /ˈəʊlɪfiːn/ **N** oléfine f

**oleic** /əʊˈliːɪk/ **ADJ** ◆ **oleic acid** acide m oléique

**olein** /ˈəʊlɪɪn/ **N** (Chem) oléine f

**oleo*** /ˈəʊlɪəʊ/ **N** (US) abbrev of **oleomargarine**

**oleomargarine** /ˈəʊlɪəʊˈmɑːdʒəriːn/ **N** (US) margarine f

**oleum** /ˈəʊlɪəm/ **N** (Chem) oléum m

**olfaction** /ɒlˈfækʃən/ **N** olfaction f

**olfactory** /ɒlˈfæktərɪ/ **ADJ** olfactif

**oligarchic(al)** /ˌɒlɪˈɡɑːkɪk(əl)/ **ADJ** oligarchique

**oligarchy** /ˈɒlɪɡɑːkɪ/ **N** oligarchie f

**Oligocene** /ˈɒlɪɡəʊsiːn/ **N** oligocène m

**oligochaete** /ˈɒlɪɡəʊkiːt/ **N** oligochète m

**oligomer** /ɒˈlɪɡəmər/ **N** oligomère m

**oligopeptide** /ˌɒlɪɡəʊˈpeptaɪd/ **N** oligopeptide m

**oligopolistic** /ˌɒlɪˈɡɒpəˈlɪstɪk/ **ADJ** oligopolistique

**oligopoly** /ˌɒlɪˈɡɒpəlɪ/ **N** oligopole m

**oligosaccharide** /ˌɒlɪɡəʊˈsækəˈraɪd/ **N** oligosaccharide m

**oligospermia** /ˌɒlɪɡəʊˈspɜːmɪə/ **N** (Med) oligospermie f

**oligotrophic** /ˌɒlɪɡəʊˈtrɒfɪk/ **ADJ** (Bio) oligotrophe

**oliguresis** /ˌɒlɪɡjʊˈriːsɪs/, **oliguria** /ˌɒlɪˈɡjʊərɪə/ **N** oligurie f

**olive** /ˈɒlɪv/
**N** ① olive f ; (also **olive tree**) olivier m ; (also **olive wood**) (bois m d')olivier m ; → **mount**
② (= colour) (vert m) olive m
**ADJ** (also **olive-coloured**) [paint, cloth] (vert) olive inv ; [complexion, skin] olivâtre
**COMP olive branch N** (fig) ◆ **to hold out the olive branch to sb** tendre à qn le rameau d'olivier ◆ **olive drab ADJ** gris-vert (olive) inv **N** toile f de couleur gris-vert (olive) (utilisée pour les uniformes de l'armée des USA)
◆ **olive-green ADJ** (vert) olive inv **N** (vert m) olive m ◆ **olive grove N** olivaie f or oliveraie f
◆ **olive oil N** huile f d'olive

**olivine** /ˈɒlɪˌviːn/ **N** (Miner) olivine f

**oloroso** /ˌɒləˈrəʊsəʊ/ **N** (pl **olorosos**) (= sherry) oloroso m

**Olympia** /əˈlɪmpɪə/ **N** ① (in Greece) Olympie f
② (Brit) nom du palais des expositions de Londres

**Olympiad** /əʊˈlɪmpɪæd/ **N** olympiade f

**Olympian** /əʊˈlɪmpɪən/
**ADJ** [Myth, fig] olympien
**N** (Myth) dieu m de l'Olympe, Olympien m ; (Sport) athlète mf olympique

**Olympic** /əʊˈlɪmpɪk/
**ADJ** olympique
**NPL the Olympics** les Jeux mpl olympiques
**COMP the Olympic flame N** la flamme olympique ◆ **the Olympic Games NPL** les Jeux mpl olympiques ◆ **the Olympic torch N** le flambeau olympique

**Olympus** /əˈlɪmpəs/ **N** (Geog, Myth: also **Mount Olympus**) le mont Olympe, l'Olympe m

**OM** /əʊˈem/ (Brit) (abbrev of **Order of Merit**) → **order**

**Oman** /əʊˈmɑːn/ **N** ◆ **(the Sultanate of) Oman** (le Sultanat d')Oman m

**Omani** /əʊˈmɑːnɪ/
**N** Omanais(e) m(f)
**ADJ** omanais

**Omar Khayyám** /ˈəʊmɑːkaɪˈɑːm/ **N** Omar Khayam m

**omasum** /əʊˈmeɪsəm/ **N** (pl **omasums** or **omasa** /əʊˈmeɪsə/) feuillet m

**OMB** /ˌəʊemˈbiː/ **N** (US) (abbrev of **Office of Management and Budget**) organisme chargé de gérer les ministères et de préparer le budget

**ombudsman** /ˈɒmbʊdzmən/ **N** (pl **-men**) médiateur m, ombudsman m (Admin), protecteur m du citoyen (Can)

**omega** /ˈəʊmɪɡə/ **N** oméga m

**omelet(te)** /ˈɒmlɪt/ **N** omelette f ◆ **cheese omelet(te)** omelette f au fromage ◆ **you can't make an omelet(te) without breaking eggs** (Prov) on ne fait pas d'omelette sans casser des œufs (Prov)

**omen** /ˈəʊmən/ **SYN** présage m, augure m ◆ **it is a good omen that...** il est de bon augure or c'est un bon présage que... + subj ◆ **of ill** or **bad omen** de mauvais augure or présage ; → **bird**

**omentum** /əʊˈmentəm/ **N** (pl **omenta** /əʊˈmentə/) épiploon m ◆ **lesser/greater omentum** petit/grand épiploon m

**omertà** /omerˈta/ **N** omerta f

**omicron** /əʊˈmaɪkrɒn/ **N** omicron m

**ominous** /ˈɒmɪnəs/ **SYN ADJ** [sign, development, event] de mauvais augure ; [warning, tone, look, clouds] menaçant ; [sound] sinistre, inquiétant ◆ **there was an ominous silence** il y eut un silence qui ne présageait rien de bon ◆ **to look/sound ominous** ne rien présager de bon

**ominously** /ˈɒmɪnəslɪ/ **ADV** [say] d'un ton sinistre ; [loom, creak] de façon sinistre or inquiétante ◆ **he was ominously quiet** son silence ne présageait rien de bon ◆ **this sounded ominously like a declaration of war** ceci ressemblait de façon inquiétante à une déclaration de guerre ◆ **the deadline was drawing ominously close** l'heure limite s'approchait de façon inquiétante ◆ **more ominously, the government is talking of reprisals** fait plus inquiétant, le gouvernement parle de représailles

**omission** /əʊˈmɪʃən/ **SYN N** (= thing omitted) omission f, lacune f ; (Typography) (= words omitted) bourdon m ; (= act of omitting) omission f, oubli m ◆ **it was an omission on my part** c'est un oubli de ma part ; → **sin**

**omit** /əʊˈmɪt/ **SYN VT** (accidentally) omettre, oublier (to do sth de faire qch) ; (deliberately) omettre, négliger (to do sth de faire qch) ◆ **to omit any reference to sth** passer qch sous silence

**omnibus** /ˈɒmnɪbəs/
**N** ① († = bus) omnibus † m
② ⇒ **omnibus edition**
③ (= book) recueil m
**ADJ** [device] à usage multiple
**COMP omnibus bill N** (US Pol) projet m de loi fourre-tout ◆ **omnibus edition N** (Publishing) gros recueil m ; (Brit TV, Rad) récapitulation des épisodes de la semaine ou du mois

**omnicompetent** /ˌɒmnɪˈkɒmpɪtənt/ **ADJ** [state] souverain ; [science] capable de répondre à toutes les questions

**omnidirectional** /ˌɒmnɪdɪˈrekʃənl/ **ADJ** omnidirectionnel

**omnipotence** /ɒmˈnɪpətəns/ **SYN N** omnipotence f, toute-puissance f

**omnipotent** /ɒmˈnɪpətənt/ **SYN**
**ADJ** [God, person, figure] omnipotent ; [power] absolu
**N** ◆ **the Omnipotent** le Tout-Puissant

**omnipresence** /ˌɒmnɪˈprezəns/ **N** omniprésence f

**omnipresent** /ˌɒmnɪˈprezənt/ **ADJ** omniprésent

**omniscience** /ɒmˈnɪsɪəns/ **N** omniscience f

**omniscient** /ɒmˈnɪsɪənt/ **ADJ** omniscient

**omnium-gatherum** /ˌɒmnɪəmˈɡæðərəm/ **N** (often hum) collection f disparate, ramassis m (pej)

**omnivore** /ˈɒmnɪvɔːr/ **N** omnivore m

**omnivorous** /ɒmˈnɪvərəs/ **ADJ** [animal, person, diet] omnivore ; (fig) [reader] vorace

**ON** (US) abbrev of **Ontario**

◆ ◆ ◆ ◆ ◆ ◆ ◆ ◆ ◆ ◆ ◆ ◆ ◆ ◆ ◆ ◆

**on** /ɒn/

1 - ADVERB
2 - PREPOSITION
3 - ADJECTIVE
4 - COMPOUNDS

◆ ◆ ◆ ◆ ◆ ◆ ◆ ◆ ◆ ◆ ◆ ◆ ◆ ◆ ◆ ◆

**1 - ADVERB**

▶ When **on** is the second element in a phrasal verb, eg **have on**, **get on**, **go on**, look up the verb. When it is part of a set combination, such as **broadside on**, **farther on**, look up the other word.

① [= IN PLACE] ◆ **the lid is on** le couvercle est mis ◆ **it was not on properly** ça avait été mal mis ◆ **on with your pyjamas!** allez, mets ton pyjama !

② [IN TIME EXPRESSIONS] ◆ **from that time on** à partir de ce moment-là ◆ **it was well on in the night** il était tard dans la nuit ◆ **it was well on into September** septembre était déjà bien avancé ◆ **early on in the pregnancy** au début de la grossesse ◆ **the vital goal came late on** le but décisif a été marqué en fin de partie

③ [INDICATING CONTINUATION] ◆ **let's drive on a bit** continuons un peu (en voiture) ◆ **if you read on, you'll see that...** si tu continues (à lire), tu verras que...

④ [SET STRUCTURES]

◆ **on and off*** par intermittence ◆ **I'm still working as a waitress on and off** je travaille toujours comme serveuse, par intermittence or de temps à autre ◆ **they lived together on and off for six years** ils ont vécu six ans ensemble par intermittence

◆ **on and on** ◆ **they talked on and on for hours** ils n'ont pas arrêté de parler pendant des heures ◆ **the list goes on and on** la liste n'en finit plus

◆ **to be on about sth*** ◆ **I don't know what you're on about** (= talk) qu'est-ce que tu racontes ? * ; see also **go on**

◆ **to be on at sb*** ◆ **he is always on at me** (= nag) il est toujours après moi *

◆ **to be on to sb*** (= speak to) parler à qn ◆ **he's been on to me about the broken window** il m'a parlé du carreau cassé ◆ **I've been on to him on the phone** je lui ai parlé or je l'ai eu au téléphone ; see also **go on**

◆ **to be on to sb/sth*** (= have found out about) ◆ **the police are on to him** la police est sur sa piste ◆ **I'm on to something** je suis sur une piste intéressante ◆ **archeologists knew they were on to something big** les archéologues savaient qu'ils allaient faire une découverte importante ◆ **she's on to the fact that we met yesterday** elle a découvert or elle a su que nous nous étions vus hier ◆ **he's on to a good thing** il a trouvé le filon *

**2 - PREPOSITION**

▶ When **on** occurs in a set combination, eg **on the right**, **on occasion**, **on the dole**, **to swear on**, **lecture on**, look up the other word.

① [INDICATING PLACE, POSITION] sur, à ◆ **on the pavement** sur le trottoir ◆ **a house on the main road** une maison sur la route principale ◆ **he threw it on (to) the table** il l'a jeté sur la table ◆ **I have no money on me** je n'ai pas d'argent sur moi ◆ **he climbed (up) on (to) the wall** il a grimpé sur le mur ◆ **there was mould on the bathroom walls** il y avait de la moisissure sur les murs de la salle de bain ◆ **there were posters on the wall** il y avait des posters sur le mur or au mur ◆ **he hung his jacket on the hook** il a suspendu sa veste à la patère ◆ **what page are we on?** à quelle page sommes-nous ? ◆ **she had sandals on her feet** elle avait des sandales aux pieds ◆ **the ring on her finger** la bague qu'elle avait au doigt ◆ **on the other side of the road** de l'autre côté de la route

**on it** and **on them**, (when **them** refers to things), are not translated by preposition + noun:

◆ **you can't wear that shirt, there's a stain on it** tu ne peux pas porter cette chemise, il y a une tache dessus ◆ **bottles with no labels on them** des bouteilles sans étiquette ◆ **envelopes with no stamps on them** des enveloppes non affranchies

**onanism | one** ENGLISH-FRENCH 656

[2] [WITH NAME OF PLACE] ◆ **on the continent of Europe** sur le continent européen ◆ **on an island** dans *or* sur une île ◆ **on the island of...** à *or* dans *or* sur l'île de... ◆ **on Malta** à Malte

[3] [WITH STREET NAMES] dans ◆ **I live on Main Street** j'habite (dans) Main Street ◆ **a house on North Street** une maison dans North Street

[4] [= ON BOARD] dans ◆ **there were a lot of people on the train/bus/plane** il y avait beaucoup de monde dans le train/le bus/l'avion ◆ **on the boat** dans *or* sur le bateau

♦ **to go/come on the train/bus** ◆ **I went on the train/bus** j'ai pris le train/le bus ◆ **he came on the train/bus** il est venu en train/bus

[5] [= AT THE TIME OF]

♦ **on** + *noun* ◆ **on my arrival home** à mon arrivée à la maison ◆ **on the death of his son** à la mort de son fils ◆ **on my refusal to go away** devant mon refus de partir

♦ **on** + *-ing* ◆ **on hearing this** en entendant cela ◆ **on completing the course, she got a job in an office** à la fin de son stage elle a trouvé un emploi dans un bureau

[6] [WITH DAY, DATE] ◆ **on Sunday** dimanche ◆ **on Sundays** le dimanche ◆ **on 1 December** le 1er décembre ◆ **on the evening of 3 December** le 3 décembre au soir ◆ **on or about the 20th** vers le 20 ◆ **on or before 9 November** le 9 novembre au plus tard ◆ **on and after the 20th** à partir *or* à dater du 20 ◆ **on Easter Day** le jour de Pâques

[7] [WITH NUMBER, SCORE] avec ; *(phone number)* à ◆ **Smith is second on 21, but Jones is top on 23** Smith est second avec 21, mais Jones le bat avec 23 points ◆ **you can get me on 329 3065** tu peux m'appeler au 329 30 65

[8] [RAD, TV] à ; *(name of channel)* sur ◆ **on the radio/TV** à la radio/la télé* ◆ **on the BBC** à la BBC ◆ **on Radio 3/Channel 4** sur Radio 3/Channel 4 ◆ **you're on air** vous êtes en direct *or* à l'antenne

[9] [= EARNING, GETTING] ◆ **he's on $50,000 a year** il gagne 50 000 dollars par an ◆ **how much are you on?** combien gagnez-vous ? ◆ **a student on a grant** un boursier *or* une boursière de l'enseignement supérieur

[10] [= TAKING, USING] ◆ **I'm back on cigarettes** je me suis remis à fumer ◆ **to be on drugs** se droguer ◆ **he's on heroin** il se drogue à l'héroïne ◆ **to be on the pill** prendre la pilule ◆ **what is he on?**‡ *(rhetorical question)* à quoi il carbure ?‡ ◆ **the doctor put her on antibiotics/Valium ®** le médecin l'a mise sous antibiotiques/Valium ®

[11] [= PLAYING] ◆ **with Louis Armstrong on trumpet** avec Louis Armstrong à la trompette ◆ **he played it on the piano** il l'a joué au piano

[12] [= ABOUT, CONCERNING] sur ◆ **a lecture/book on medical ethics** un cours/livre sur l'éthique médicale ◆ **an essay on this subject** une dissertation sur ce sujet ◆ **a decision on this project** une décision sur ce projet ◆ **we've read Jones on Marx** nous avons lu ce que Jones a écrit sur Marx ◆ **have you heard him on VAT?** vous l'avez entendu parler de la TVA ? ◆ **while we're on the subject** pendant que nous y sommes

[13] [= DOING] ◆ **he's on a course** il suit un cours ; *(away from office, home)* il fait un stage ◆ **he was away on an errand** il était parti faire une course ◆ **I'm on a new project** je travaille à *or* sur un nouveau projet

[14] [= AT THE EXPENSE OF] ◆ **we had a drink on the house** nous avons bu un verre aux frais du patron *or* de la maison ◆ **this round's on me** c'est ma tournée ◆ **the tickets are on me** je paie les billets ◆ **it's on me** c'est moi qui paie

[15] [INDICATING MEMBERSHIP] ◆ **to be on the team/committee** faire partie de l'équipe/du comité ◆ **he is on the "Evening News"** il travaille à l'« Evening News »

### 3 - ADJECTIVE

[1] [= FUNCTIONING, OPERATIVE] *[machine, engine]* en marche ; *[radio, TV, electrical apparatus, light]* allumé ; *[handbrake]* mis ; *[electricity]* branché ; *[water tap, gas tap, gas main]* ouvert ◆ **leave the tap on** laisse le robinet ouvert ◆ **is the water on?** est-ce que l'arrivée d'eau est ouverte ? ◆ **don't leave the lights on!** ne laisse pas les lumières allumées ◆ **don't leave the lights on in the kitchen** ne laisse pas la lumière allumée dans la cuisine ◆ **the gas is still on** le gaz est toujours allumé ◆ **are you sure the handbrake is on?** est-ce que tu as bien mis le frein à main ? ◆ **the "on" switch** l'interrupteur *m* ◆ **the switch is in the "on" position** l'interrupteur est enclenché *or* en position « marche »

[2] [= TAKING PLACE] ◆ **there's a marvellous match on at Wimbledon at the moment** il y a un très bon match à Wimbledon en ce moment ◆ **while the meeting was on** pendant la réunion ◆ **is the party still on?** est-ce que la fête a bien *or* toujours lieu ? ◆ **the search for a new Tory leader is on again** le Parti conservateur est de nouveau en quête d'un leader

[3] [= BEING PERFORMED, SHOWN] ◆ **it's on in London** *[play]* ça se joue à Londres ; *[film]* ça passe à Londres ◆ **it's on for three nights** *[play]* il y a trois représentations ; *[film]* ça passe trois soirs de suite ◆ **it's still on** *[play, film]* ça se joue encore, c'est encore à l'affiche ◆ **what's on?** *(Theat, Cine)* qu'est-ce qu'on joue ? ; *(Rad, TV)* qu'est-ce qu'il y a à la radio/à la télé ? ◆ **"Eastenders"/Clive James is on tonight** *(Rad, TV)* il y a « Eastenders »/Clive James ce soir ◆ **you're on now!** *(Rad, TV, Theat)* à vous (maintenant) ! ◆ **you're on in five minutes** c'est à vous dans cinq minutes

[4] [= ON DUTY] ◆ **I'm on every Saturday** je travaille tous les samedis ◆ **which doctor is on this morning?** qui est le médecin de garde ce matin ? ◆ **she's not on till 6 o'clock** elle n'arrive pas avant 6 heures

[5] [= AVAILABLE: IN RESTAURANT] ◆ **are the chops still on?** il y a encore des côtelettes ?

[6] [INDICATING AGREEMENT] ◆ **you're on!*** d'accord ! ◆ **are you on for dinner over here tonight?*** est-ce que vous pouvez venir dîner ici ce soir ?

♦ **it's not on*** *(Brit)* *(= not acceptable)* c'est inadmissible ; *(= not feasible)* ce n'est pas concevable

♦ **you're not on!*** *(= no way!)* pas question !

### 4 - COMPOUNDS

**on-campus** ADJ *(Univ)* sur le campus, à l'université

**on-costs** NPL *(Brit Comm)* frais *mpl* généraux

**on day*** N ◆ **he's having an on day today!*** c'est son jour aujourd'hui !, il est dans une forme olympique aujourd'hui !

**on-glide** N *(Phon)* catastase *f*

**on-line** N ⇒ **online**

**on-message** ADJ ◆ **she was on-message** elle était dans la ligne

**on-off** ADJ ◆ **on-off switch** interrupteur *m* marche-arrêt ◆ **it's an on-off affair*** *[relationship, plan etc]* c'est une affaire qui évolue en dents de scie

**on screen** ADV *(Cine, TV, Comput)* à l'écran

**on-screen** ADJ *(Cine, TV, Comput)* à l'écran ◆ **their on-screen romance** leur aventure sentimentale à l'écran

**on-side*** ADJ ◆ **to keep sb on-side** garder qn de son côté ; → **onside**

**on-site** ADJ sur place

**on-street parking** N stationnement *m* dans la rue

**on-the-job** ADJ → **job noun 1**

---

**onanism** /ˈəunənɪzəm/ N onanisme *m*

**onanist** /ˈəunənɪst/ N onaniste *mf*, masturbateur *m*, -trice *f*

**ONC** /əuenˈsiː/ N *(Brit Educ)* (abbrev of **Ordinary National Certificate**) → **ordinary**

**once** /wʌns/ SYN

ADV [1] *(= on one occasion)* une fois ◆ **he walked away without looking back once** il est parti sans regarder une seule fois en arrière ◆ **you once said you'd never do that** vous avez dit un jour que vous ne le feriez jamais ◆ **only once, once only** une seule fois ; see also **comp** ◆ **he visited them only once** il ne leur a rendu visite qu'une seule fois ◆ **once or twice** une ou deux fois, une fois ou deux ◆ **more than once** plus d'une fois ◆ **never once, not once** pas une seule fois ◆ **once again, once more** encore une fois, une fois de plus ◆ **once before** une fois déjà ◆ **once a week** tous les huit jours, une fois par semaine ◆ **once a month, once every month** une fois par mois ◆ **once every fortnight/two days** une fois tous les quinze jours/tous les deux jours ◆ **once in a while** *or* **way** (une fois) de temps en temps, de temps à autre ◆ **for once** pour une fois ◆ **(just) this once** juste pour cette fois-ci, (juste) pour une fois ◆ **once and for all** une fois pour toutes ◆ **once a thief, always a thief** qui a volé volera ◆ **once a smoker, always a smoker** qui a été fumeur le restera toute sa vie

[2] *(= ever)* jamais ◆ **if once you begin to hesitate** si jamais vous commencez à hésiter

[3] *(= formerly)* autrefois ◆ **Texas was once ruled by Mexico** le Texas était autrefois gouverné par le Mexique ◆ **a once powerful nation** une nation autrefois *or* jadis puissante ◆ **once upon a time there were three little pigs** *(in children's stories)* il était une fois trois petits cochons ◆ **once upon a time you could be hanged for stealing a sheep** *(historically)* autrefois *or* jadis, on pouvait être pendu pour avoir volé un mouton ◆ **"Once Upon a Time in the West"** *(Cine)* « Il était une fois dans l'ouest »

[4] *(set structure)*

♦ **at once** *(= immediately)* immédiatement ; *(= simultaneously)* en même temps ◆ **all at once** *(= simultaneously)* tous (toutes *fpl*) en même temps *or* à la fois ; *(= suddenly)* tout à coup, soudain

CONJ une fois que ◆ **once she'd seen him she left** l'ayant vu *or* après l'avoir vu *or* une fois qu'elle l'eut vu elle s'en alla ◆ **once you give him the chance** si jamais on lui en donne l'occasion

COMP **once-only** ADJ ◆ **a once-only offer** une offre unique

**once-over*** N *(= quick look)* ◆ **to give sb the once-over** jauger qn d'un coup d'œil ◆ **to give sth the once-over** vérifier qch très rapidement, jeter un coup d'œil rapide à qch ◆ **I gave the room a quick once-over with the duster** *(= quick clean)* j'ai donné *or* passé un coup (de chiffon) dans la pièce

**onchocerciasis** /ˌɒŋkəusəˈkaɪəsɪs/ N (pl **onchocerciases** /ˌɒŋkəusəˈkaɪəsiːz/) onchocercose *f*

**oncogene** /ˈɒŋkəudʒiːn/ N oncogène *m*

**oncogenic** /ˌɒŋkəˈdʒenɪk/ ADJ oncogène

**oncological** /ˌɒŋkəˈlɒdʒɪkəl/ ADJ cancérologique, carcinologique

**oncologist** /ɒŋˈkɒlədʒɪst/ N oncologiste *mf*, oncologue *mf*

**oncology** /ɒŋˈkɒlədʒɪ/ N oncologie *f*

**oncoming** /ˈɒnkʌmɪŋ/

ADJ *[traffic, vehicle]* venant en sens inverse ; *[headlights, troops]* qui approche (*or* approchait) ; *[winter, night]* qui arrive (*or* arrivait) ; *[danger]* imminent

N *[of winter etc]* approche *f*, arrivée *f*

**OND** /əuenˈdiː/ N *(Brit Educ)* (abbrev of **Ordinary National Diploma**) → **ordinary**

**one** /wʌn/

ADJ [1] *(numerical)* un, une ◆ **one woman out of** *or* **in two** une femme sur deux ◆ **one or two people** une ou deux personnes ◆ **one girl was pretty, the other was ugly** une des filles était jolie, l'autre était laide ◆ **one hundred and twenty** cent vingt ◆ **God is one** Dieu est un ◆ **that's one way of doing it** c'est une façon (entre autres) de le faire, on peut aussi le faire comme ça ◆ **she is one (year old)** elle a un an ◆ **it's one o'clock** il est une heure ◆ **for one thing I've got no money** d'abord *or* pour commencer je n'ai pas d'argent ◆ **as one man** comme un seul homme ◆ **as one woman** toutes ensemble ◆ **with one voice** d'une seule voix

[2] *(indefinite)* un, une ◆ **one day** un jour ◆ **one Sunday morning** un (certain) dimanche matin ◆ **one hot summer afternoon she went...** par un chaud après-midi d'été elle partit... ◆ **one moment she's laughing, the next she's in tears** elle passe facilement du rire aux larmes

[3] *(= sole)* un(e) seul(e), unique ◆ **the one man who could do it** le seul qui pourrait *or* puisse le faire ◆ **no one man could do it** un homme ne pourrait pas le faire (à lui) seul

♦ **one and only** ◆ **my one and only pleasure** mon seul et unique plaisir ◆ **the one and only Charlie Chaplin!** le seul, l'unique Charlot ! ◆ **my one and only*** *(= partner)* ma moitié* *f*

[4] *(= same)* (le/la) même ◆ **they all went in the one car** ils sont tous partis dans la même voiture ◆ **they are one person** ils sont une seule et même personne ◆ **art and life are one** l'art et la vie ne font qu'un

♦ **one and the same** ◆ **the two methods are one and the same** les deux méthodes sont identiques ◆ **to him, scientific and religious knowledge are one and the same thing** selon lui, la connaissance scientifique et religieuse ne font qu'une ◆ **they turned out to be one and the same (person)** il s'est avéré qu'ils n'étaient qu'une seule et même personne

N [1] *(= numeral)* un(e) *m(f)* ◆ **one, two, three** un(e), deux, trois ◆ **twenty-one** vingt et un ◆ **there are three ones in her phone number** il y a trois un dans son numéro de téléphone ◆ **one of them** *(people)* l'un d'eux, l'une d'elles ; *(things)* (l')un(e) ◆ **any one of them** *(people)* n'importe lequel d'entre eux, n'importe laquelle d'entre elles ; *(things)* n'importe lequel, n'importe laquelle ◆ **chapter one** chapitre *m* un ◆ **price of one** *(Comm)* prix *m* à la pièce

• **these items are sold in ones** ces articles se vendent à la pièce

2 *(phrases)* • **I for one don't believe it** pour ma part je ne le crois pas • **who doesn't agree? – I for one!** qui n'est pas d'accord ? – moi par exemple *or* pour commencer ! • **never (a) one** pas un (seul) • **one by one** un à un, un par un • **by** *or* **in ones and twos** par petits groupes • **one after the other** l'un après l'autre • **one and all** tous tant qu'ils étaient, tous sans exception • **it's all one** c'est tout un • **it's all one to me** cela m'est égal *or* indifférent • **one and sixpence** †† *(Brit)* un shilling et six pence • **he's president and secretary (all) in one** il est à la fois président et secrétaire • **it's made all in one** c'est fait d'une seule pièce *or* tout d'une pièce • **to be** *or* **have/go** *or* **get one up (on sb)** * avoir/prendre l'avantage (sur qn) ; see also comp • **to go one better than sb** faire mieux que qn • **he's had one too many** * il a bu un coup de trop * ; → **last¹, number, road**

PRON 1 *(indefinite)* un(e) *m(f)* • **would you like one?** en voulez-vous (un) ? • **have you got one?** en avez-vous (un) ? • **the problem is one of money** c'est une question d'argent • **one of these days** un de ces jours • **he's one of my best friends** c'est un de mes meilleurs amis • **she's one of the family** elle fait partie de la famille • **he's one of us** il est des nôtres • **the book is one which** *or* **that I've never read** c'est un livre que je n'ai jamais lu • **he's a teacher and I want to be one too** il est professeur et je veux l'être aussi • **every one of the boys/books** tous les garçons/les livres sans exception • **you can't have one without the other** on ne peut avoir l'un sans l'autre • **sit in one or other of the chairs** asseyez-vous sur l'une des chaises ; → **anyone, no, someone**

2 *(specific)* • **this one** celui-ci, celle-ci • **these ones** ceux-ci, celles-ci • **that one** celui-là, celle-là • **those ones** ceux-là, celles-là • **which one?** lequel ?, laquelle ? • **which ones?** lesquels ?, lesquelles ? • **which is the one you want?** lequel voulez-vous ? • **the one who** *or* **that** celui qui, celle qui • **the one whom** *or* **that** celui que, celle que • **the one that** *or* **which is lying on the table** celui *or* celle qui se trouve sur la table • **the one on the floor** celui *or* celle qui est par terre • **here's my brother's one** * voici celui *or* celle de mon frère • **he's the one with brown hair** c'est celui qui a les cheveux bruns • **he hit her one on the nose** * il lui a flanqué un coup sur le nez * • **I want the red one/the grey ones** je veux le rouge/les gris • **this grey one will do** ce gris-ci fera l'affaire • **mine's a better one** le mien *or* la mienne est meilleur(e) • **you've taken the wrong one** vous n'avez pas pris le bon • **that's a difficult one!** *(= question)* ça c'est difficile ! ; → **eye, quick**

3 *(= person)* • **they thought of the absent one** ils ont pensé à l'absent • **the little ones** les petits *mpl* • **my dearest one** mon chéri, ma chérie • **our dear ones** ceux qui nous sont chers • **one John Smith** *(† or frm)* un certain *or* un nommé John Smith • **he's a clever one** c'est un malin • **to sing as one** chanter en chœur • **for one who claims to know the language, he...** pour quelqu'un qui prétend connaître la langue, il... • **he looked like one who had seen a ghost** il avait l'air de quelqu'un qui aurait vu un fantôme • **to one who can read between the lines...** à celui qui sait lire entre les lignes... • **he's never** *or* **not one to agree to that sort of thing** il n'est pas de ceux qui acceptent ce genre de choses • **he's a great one for chess** c'est un mordu * des échecs • **I'm not one** *or* **much of a one * for sweets** je ne suis pas (grand) amateur de bonbons • **you are a one!** †* tu en as de bonnes ! * ; → **fine²**

4 • **one another** ⇒ **each other** ; → **each**

5 *(impersonal, subject)* on ; *(object)* vous • **one must try to remember** on doit *or* il faut se souvenir • **it tires one too much** cela vous fatigue trop • **one likes to see one's friends happy** on aime voir ses amis heureux, on aime que ses amis soient heureux

COMP **one-...** ADJ d'un/une (seul(e))..., à un/une seul(e)..., à... unique

**one-acter** *, **one-act play** N pièce *f* en un acte

**one-arm bandit** N ⇒ **one-armed bandit**

**one-armed** ADJ manchot (-ote *f*)

**one-armed bandit** * N machine *f* à sous, ≈ jackpot *m*

**one-day** ADJ *[seminar, course]* d'une journée

**one-dimensional** ADJ *(Math)* unidimensionnel ; *(fig)* *[character]* d'une pièce, carré ; *[story]* simpliste

**one-eyed** ADJ *[person]* borgne ; *[animal etc]* qui n'a qu'un œil

**one-handed** ADJ *[person]* manchot (-ote *f*), qui a une (seule) main ; *[tool]* utilisable d'une (seule) main ADV d'une (seule) main

**one-horse place** * N bled * *m*, trou * *m*

**one-horse race** N *(fig)* • **it's a one-horse race** c'est couru d'avance

**one-horse town** * N ⇒ **one-horse place**

**one-hundred share index** N *(Brit Stock Exchange)* *indice des cent principales valeurs de la Bourse de Londres*

**one-legged** ADJ unijambiste

**one-line message** N message *m* d'une (seule) ligne

**one-liner** N *(= joke)* bon mot *m* ; *(* = letter)* note *f*, mot *m*

**one-man** ADJ → **one-man**

**one-night stand** N *(Theat)* soirée *f or* représentation *f* unique ; *(sex)* liaison *f* sans lendemain

**one-off** * ADJ, N *(Brit)* → **one-off**

**one-one, one-on-one** ADJ, ADV *(US)* ⇒ **one-to-one**

**one-owner** ADJ qui n'a eu qu'un propriétaire

**one-parent family** N famille *f* monoparentale

**one-party system** N *(Pol)* système *m* à parti unique

**one-piece** *(Dress)* ADJ une pièce *inv*, d'une seule pièce N *(gen)* vêtement *m* une pièce ; (also **one-piece swimsuit**) maillot *m* une pièce

**one-reeler** N *(US Cine)* court-métrage *m*, film *m* d'une bobine

**one-room(ed) apartment** N *(US)* ⇒ **one-room(ed) flat**

**one-room(ed) flat** N *(Brit)* studio *m*, appartement *m* d'une pièce

**one-shot** * ADJ, N *(US)* ⇒ **one-off**

**one-sided** SYN ADJ *[decision]* unilatéral ; *[contest, game]* inégal ; *[judgement, account]* partial ; *[bargain, contract]* inéquitable

**one-sidedness** N *[of account, presentation]* partialité *f* ; *[of bargain]* caractère *m* inéquitable

**one-size** ADJ taille unique *inv*

**one-stop shop** N organe *m* unique (centralisé)

**one-stop shopping** N *concentration des achats sur un seul point de vente*

**one-time** SYN ADJ ancien *before n*

**one-to-one** → **one-to-one**

**one-track** ADJ *[railway line]* à voie unique • **to have a one-track mind** n'avoir qu'une idée en tête

**one-two** N 1 *(Boxing)* gauche-droite *m inv*

2 *(Football)* une-deux *m inv*

3 *(in race)* *arrivée où le gagnant est suivi d'un coéquipier*

**one-up** * VT *(US)* • **to one-up sb** marquer un point sur qn

**one-upmanship** * N *(hum)* art *m* de faire mieux que les autres

**one-way** ADJ *[street]* à sens unique ; *[traffic]* en sens unique ; *[transaction]* unilatéral ; *[bottle]* non consigné ; *(fig)* *[friendship, emotion etc]* non partagé • **one-way mirror** miroir *m* • **one-way trip** (voyage *m*) aller *m* • **a one-way ticket** un aller simple • **it's a one-way ticket to disaster** * c'est la catastrophe assurée • **she knew the job was a one-way ticket to nowhere** * elle savait que ce boulot * ne mènerait à rien

**one-woman** ADJ *[business, office]* que fait marcher une seule femme • **one-woman show** *(Art)* exposition *f* consacrée à une seule artiste ; *(Rad, Theat, TV)* one woman show *m* • **he's a one-woman man** c'est l'homme d'une seule femme

## oneiromancy /əʊˈnaɪərəʊˌmænsɪ/ N oniromancie *f*

## one-man /ˈwʌnˈmæn/

ADJ 1 *(= solo)* *[business, company]* individuel ; *[rule, government]* d'une seule personne

2 *(= designed, suitable for one)* *[canoe]* monoplace ; *[job]* pour une seule personne

3 *(= monogamous)* • **a one-man woman** la femme d'un seul homme

COMP **one-man band** N *(Mus)* homme-orchestre *m* • **the company is a one-man band** * *(fig)* il (*or* elle) fait marcher l'affaire à lui (*or* elle) tout seul (*or* toute seule)

**one-man show** N *(Rad, Theat, TV)* one man show *m* ; *(Art)* exposition *f* consacrée à un seul artiste • **this company is a one-man show** * *(fig)* il (*or* elle) fait marcher l'affaire à lui (*or* elle) tout seul (*or* toute seule)

## oneness /ˈwʌnnɪs/ N unité *f* ; *(= sameness)* identité *f* ; *(= agreement)* accord *m*, entente *f*

## one-off * /ˈwʌnɒf/ *(Brit)*

ADJ *[object, building, design, situation, show, concert]* unique ; *[meeting, incident]* qui ne se produit (*or* ne s'est produit) qu'une seule fois, exceptionnel ; *[fee]* forfaitaire ; *[grant, payment]* versé en une seule fois • **it was not a one-off event** ça ne s'est pas produit qu'une seule fois, ça n'était pas exceptionnel

N • **it's a one-off** c'est le seul (*or* la seule) ; *[event]* ça ne va pas se reproduire, c'est exceptionnel ; *[TV programme]* c'est une émission exceptionnelle

## onerous /ˈɒnərəs/ SYN ADJ *(frm)* *[duty, restrictions]* pénible ; *[task]* pénible, lourd ; *[responsibility]* lourd

> ! **onéreux** usually means 'expensive', not **onerous**.

## oneself /wʌnˈself/ PRON *(reflexive)* se, soi-même ; *(after prep)* soi(-même) ; *(emphatic)* soi-même • **to hurt oneself** se blesser • **to speak to oneself** se parler (à soi-même) • **to be sure of oneself** être sûr de soi(-même) • **one must do it oneself** il faut le faire soi-même • **to have sth (all) to oneself** avoir qch pour soi (tout) seul

♦ **(all) by oneself** (tout) seul

## one-to-one /wʌntəˈwʌn/, one-on-one *(US)* /wʌnɒnˈwʌn/

ADJ 1 *(= involving two people)* *[conversation]* en tête-à-tête, seul à seul ; *[talks]* en tête-à-tête ; *[training, therapy, counselling]* individuel • **on a one-to-one basis** *[discuss etc]* seul à seul, en tête-à-tête • **to teach sb on a one-to-one basis** donner des leçons particulières à qn • **she has a one-to-one relationship with her pupils** elle connaît bien chacun de ses élèves • **to have a one-to-one meeting with sb** voir qn en tête-à-tête *or* seul à seul • **a one-to-one session** *(gen)* une réunion seul à seul *or* en tête-à-tête ; *(Psych)* un face à face • **one-to-one tuition** leçons *fpl* particulières

2 *(= corresponding exactly)* *[correspondence]* biunivoque ; *[ratio, rate]* de un pour un

ADV 1 *(= person-to-person)* *[talk, discuss]* seul à seul

2 *(= in exact correspondence)* *[convert]* au taux de un pour un

## ongoing /ˈɒngəʊɪŋ/ ADJ *[debate, process, research]* en cours ; *[crisis, situation]* actuel • **they have an ongoing relationship** ils ont des relations suivies

## onion /ˈʌnjən/

N oignon *m* • **to know one's onions** †* *(Brit)* connaître son affaire, s'y connaître ; → **cocktail, spring**

COMP *[soup, pie]* à l'oignon ; *[stew]* aux oignons

**onion dome** N *(Archit)* bulbe *m*

**onion johnny** N vendeur *m* d'oignons (ambulant)

**onion ring** N *(raw)* rondelle *f* d'oignon ; *(= fritter)* rondelle *f* d'oignon en beignet

**onion-shaped** ADJ bulbeux

**onion skin** N pelure *f* d'oignon

## oniony /ˈʌnjənɪ/ ADJ *[smell, taste]* d'oignon

## online, on-line /ˈɒnlaɪn/ *(Comput)*

ADJ *[business, person]* en ligne • **to go on-line** se mettre en mode interactif • **to put the printer on-line** connecter l'imprimante

ADV en ligne

COMP **on-line data processing** N traitement *m* de données en ligne

## onlooker /ˈɒnlʊkəʳ/ SYN N • **the onlookers** *(gen)* les spectateurs *mpl*, l'assistance *f* ; *(after accident)* les badauds *mpl*

## onlooking /ˈɒnlʊkɪŋ/ ADJ • **the onlooking crowd** *(gen)* les spectateurs ; *(after accident)* la foule des badauds

## only /ˈəʊnlɪ/ SYN

ADJ seul, unique • **only child** enfant *mf* unique • **you're the only one to think of that** vous êtes le seul à y avoir pensé, vous seul y avez pensé • **I'm tired! – you're not the only one!** * je suis fatigué ! – vous n'êtes pas le seul *or* il n'y a pas que vous ! • **it's the only one left** c'est le seul qui reste *subj* • **he is not the only one here** il n'est pas le seul ici, il n'y a pas que lui ici • **the only book he has** le seul livre qu'il ait • **his only friend was his dog** son chien était son seul ami • **his only answer was to sigh deeply** pour toute réponse il a poussé un profond soupir • **your only hope is to find another one** votre unique espoir est d'en trouver un autre • **the only thing is that it's too late** seulement *or* malheureusement il est trop tard • **that's the only way to do it** c'est la seule façon de le faire, on ne peut pas le faire autrement ; → **one, pebble**

**ONO** | **open**   ENGLISH-FRENCH  658

**ADV** [1] seulement, ne... que ◆ **he's only ten** il n'a que dix ans ◆ **there are only two people who know that** il n'y a que deux personnes qui savent *or* sachent cela ◆ **only Paul can come** Paul seul peut venir, il n'y a que Paul qui puisse venir ◆ **only time will tell** c'est l'avenir qui le dira ◆ **I'm only the secretary** je ne suis que le secrétaire ◆ **a ticket for one person only** un billet pour une seule personne ◆ **"ladies only"** « réservé aux dames » ◆ **he can only wait** il ne peut qu'attendre ◆ **God only knows!** Dieu seul le sait ! ◆ **I can only say how sorry I am** tout ce que je peux dire c'est combien je suis désolé ◆ **that only makes matters worse** cela ne fait qu'aggraver les choses ◆ **I will only say that...** je me bornerai à dire *or* je dirai simplement que... ◆ **it will only take a minute** ça ne prendra qu'une minute ◆ **I only looked at it** je n'ai fait que le regarder ◆ **you only have to ask** vous n'avez qu'à demander ◆ **only think of the situation!** imaginez un peu la situation ! ◆ **only to think of it** rien que d'y penser ◆ **it's only that I thought he might...** c'est que je pensais qu'il pourrait...
[2] *(phrases)* ◆ **he was only too pleased to come** il n'a été que trop content de venir, il ne demandait pas mieux que de venir ◆ **it's only too true** ce n'est que trop vrai ◆ **not only... but also...** non seulement... mais aussi... ◆ **not only does it look good, it also saves you money** non seulement c'est beau, mais en plus ça vous permet de faire des économies ◆ **only yesterday** hier encore, pas plus tard qu'hier ◆ **it seems like only yesterday** il semble que c'était hier
◆ **only just** ◆ **he has only just arrived** il vient tout juste d'arriver ◆ **but I've only just bought it!** mais je viens seulement de l'acheter ! ◆ **I caught the train but only just** j'ai eu le train mais (c'était) de justesse

**CONJ** seulement, mais ◆ **I would buy it, only it's too dear** je l'achèterais bien, seulement *or* mais il est trop cher ◆ **he would come too, only he's ill** il viendrait bien aussi, si ce n'est qu'il est malade *or* seulement il est malade ◆ **if only** si seulement ◆ **only if** seulement si

**ONO** /ˌəʊenˈəʊ/ (abbrev of **or near(est) offer**) à déb., à débattre ; see also **offer**

**onomasiology** /ˈɒnəʊˌmeɪsɪˈɒlədʒɪ/ N [1] (Ling) onomasiologie f
[2] ⇒ **onomastics**

**onomastic** /ˌɒnəʊˈmæstɪk/ ADJ onomastique

**onomastics** /ˌɒnəˈmæstɪks/ N (NonC) onomastique f

**onomatopoeia** /ˌɒnəʊˌmætəʊˈpiːə/ N onomatopée f

**onomatopoeic** /ˌɒnəʊˌmætəʊˈpiːɪk/ SYN, **onomatopoetic** /ˌɒnəʊmætəʊpəʊˈetɪk/ ADJ onomatopéique

**onrush** /ˈɒnrʌʃ/ N [of people] ruée f ; [of water] torrent m ◆ **he felt an onrush of pain/tears** il a senti une douleur l'envahir/les larmes lui monter aux yeux

**onrushing** /ˈɒnrʌʃɪŋ/ ADJ [vehicle] qui arrive à toute allure ; [water] qui arrive à flots

**onset** /ˈɒnset/ N [1] (= attack) attaque f, assaut m
[2] (= beginning) [of illness, winter etc] début m, commencement m ◆ **at the onset** d'emblée

**onshore** /ˈɒnˈʃɔːʳ/
**ADJ** [1] (= towards land) [wind, breeze] de mer, du large
[2] (= on, near land) [oilfield, facilities, job, work] à terre
**ADV** (also **on shore**) [1] (= towards land) ◆ **to wash up onshore** être rejeté sur le rivage ◆ **the wind was blowing onshore** le vent venait du large
[2] (= on land) [build, work] à terre

**onside** /ˈɒnˈsaɪd/ ADJ (Football etc) ◆ **to be onside** ne pas être hors jeu

**onslaught** /ˈɒnslɔːt/ SYN N attaque f ◆ **their relentless onslaught against the government's plans** leurs attaques implacables contre les projets du gouvernement ◆ **the constant onslaught of adverts on TV** le matraquage publicitaire constant à la télé

**onstage** /ˈɒnsteɪdʒ/ (Theat)
**ADV** en scène
**ADJ** ◆ **her onstage presence** sa présence en scène

**Ont.** abbrev of **Ontario**

**Ontario** /ɒnˈtɛərɪəʊ/ N Ontario m ◆ **Lake Ontario** lac m Ontario

**onto** /ˈɒntʊ/ PREP ⇒ **on to** ; → **on** adv 4

**ontogenesis** /ˌɒntəʊˈdʒenɪsɪs/ N ontogenèse f

**ontogeny** /ɒnˈtɒdʒənɪ/ N ontogénie f

**ontological** /ˌɒntəˈlɒdʒɪkəl/ ADJ ontologique

**ontology** /ɒnˈtɒlədʒɪ/ N ontologie f

**onus** /ˈəʊnəs/ SYN N (pl **onuses**) (= responsibility) responsabilité f ; (= duty) charge f ◆ **the onus of proof rests with him** la charge de la preuve lui incombe ◆ **the onus is on him to do it** il lui incombe de le faire ◆ **the onus is on the manufacturers** c'est la responsabilité des fabricants

**onward** /ˈɒnwəd/
**ADJ** [1] (Transport, Comm) ◆ **onward flight** or **connection** correspondance f ◆ **"British Airways would like to wish you a safe onward journey"** « British Airways vous souhaite de poursuivre agréablement votre voyage » ◆ **a flight to Mykonos, with an onward boat journey to Paros** un vol jusqu'à Mykonos suivi d'une traversée en bateau jusqu'à Paros ◆ **goods delivered to Staverton for onward movement by rail** des marchandises livrées à Staverton d'où elles seront transportées par chemin de fer
[2] (= developing) ◆ **onward progress** avancée f ◆ **the onward march of sth** la marche en avant de qch
**ADV** (esp Brit) ⇒ **onwards**

**onwards** /ˈɒnwədz/ ADV [1] (in direction) ◆ **to continue** (or **walk** or **sail** etc) **onwards** avancer ◆ **to journey onwards** poursuivre son voyage ◆ **onwards!** en avant !
[2] (in development) ◆ **to move onwards** aller de l'avant ◆ **the plot moves breathlessly onwards** l'intrigue se déroule à un rythme haletant
[3] (in time) ◆ **from then onwards, from that time onwards** depuis, depuis lors ◆ **from now onwards** désormais, dorénavant ◆ **from today onwards** à partir d'aujourd'hui ◆ **from Saturday/September/1960 onwards** à partir de samedi/septembre/1960

**onyx** /ˈɒnɪks/
**N** onyx m
**COMP** en onyx, d'onyx

**oocyte** /ˈəʊəʊsaɪt/ N ovocyte m

**oodles*** /ˈuːdlz/ NPL un tas*, des masses* fpl ◆ **oodles of** un tas* de, des masses* de

**ooh*** /uː/
**EXCL** oh !
**VI** ◆ **to ooh and aah** pousser des oh ! et des ah !

**oohing** /ˈuːɪŋ/ N ◆ **there was a lot of oohing and aahing** on entendait fuser des oh ! et des ah !

**oolite** /ˈəʊəlaɪt/ N oolithe m

**oolitic** /ˌəʊəˈlɪtɪk/ ADJ oolithique

**oology** /əʊˈɒlədʒɪ/ N oologie f

**oompah** /ˈuːmpɑː/ N flonflon m

**oomph*** /ʊmf/ N (= energy) punch* m, dynamisme m ◆ **a pill designed to put the oomph back into your sex life** un médicament conçu pour redonner du tonus à votre vie sexuelle

**oophorectomy** /ˌəʊəfəˈrektəmɪ/ N ovariectomie f

**oophoritis** /ˌəʊəfəˈraɪtɪs/ N ovarite f

**oops*** /ʊps/ EXCL houp ! ◆ **oops-a-daisy!** hop-là !

**oosphere** /ˈəʊəsfɪəʳ/ N oosphère f

**oospore** /ˈəʊəspɔːʳ/ N oospore f

**ootheca** /ˌəʊəˈθiːkə/ N (pl **oothecae** /ˌəʊəˈθiːsiː/) oothèque f

**ooze** /uːz/ SYN
**N** vase f, limon m
**VI** [water, pus, walls etc] suinter ; [resin, gum] exsuder ◆ **she was oozing with confidence** elle débordait d'assurance
**VT** ◆ **his wounds oozed pus** le pus suintait de ses blessures ◆ **she was oozing charm/complacency** (pej) le charme/la suffisance lui sortait par tous les pores

▶ **ooze away** VI [liquids] s'en aller, suinter ; [strength, courage, enthusiasm] disparaître, se dérober ◆ **his strength** etc **was oozing away** ses forces etc l'abandonnaient

▶ **ooze out** VI [liquids] sortir, suinter

**op¹*** /ɒp/ N (Med) (abbrev of **operation** noun b, 3)

**op²** /ɒp/ ADJ (in compounds) ◆ **op art** op art m ◆ **op artist** artiste mf op art

**op.** (abbrev of **opus**) op

**opacity** /əʊˈpæsɪtɪ/ N [of material] opacité f ; [of meaning etc] obscurité f

**opah** /ˈəʊpə/ N (= fish) opah m

**opal** /ˈəʊpəl/
**N** opale f
**COMP** [ring, necklace] d'opale ; (also **opal-coloured**) opalin

**opalescence** /ˌəʊpəˈlesns/ N opalescence f

**opalescent** /ˌəʊpəˈlesnt/ ADJ (liter) [light, sky, glass, colour] opalescent (liter) ; [eyes] d'opale

**opaline** /ˈəʊpəlaɪn/
**ADJ** opalin
**N** opaline f

**opaque** /əʊˈpeɪk/ SYN
**ADJ** [glass, liquid, darkness, language] opaque ; [plan, intention] obscur ◆ **opaque black tights/stockings** collants mpl/bas mpl noirs opaques
**COMP** **opaque projector** N (US Opt) épiscope m

**op. cit.** /ˈɒpsɪt/ (abbrev of **opere citato**) op. cit.

**OPEC** /ˈəʊpek/ N (abbrev of **Organization of Petroleum-Exporting Countries**) OPEP f

**Op-Ed** /ˈɒpˈed/ N, ADJ (US) (abbrev of **opposite editorial**) ◆ **Op-Ed (page)** page contenant les chroniques et commentaires (en face des éditoriaux)

**open** /ˈəʊpən/ SYN
**ADJ** [1] (= not closed) [shop, road, door, box, bottle, book, shirt, grave, wound, eye] ouvert ◆ **the shops are open** les magasins sont ouverts ◆ **the house is not open to visitors** la maison n'est pas ouverte au public ◆ **to welcome sb/sth with open arms** accueillir qn/qch à bras ouverts ◆ **the door was slightly open** la porte était entrouverte *or* entrebâillée ◆ **the window flew open** la fenêtre s'ouvrit brusquement ◆ **he is an open book** c'est un homme transparent, on lit en lui comme dans un livre ouvert ; see also **comp** ◆ **break, cut, eye, mouth, throw**
[2] [river, water, canal] ouvert à la navigation ; [road] dégagé ; [pipe] ouvert ; [pores] dilaté ◆ **the way to Paris lay open** la route de Paris était libre ◆ **the open air** le plein air ◆ **in the open air** [eat] en plein air ; [live, walk] au grand air ; [sleep] à la belle étoile ; see also **comp** ◆ **the open sea** la haute mer, le large ◆ **on the open sea(s)** en haute mer, au large ◆ **in open country** en rase campagne ; (outside of town) à la campagne ◆ **when you reach open country** *or* **open ground** (Mil) quand vous arriverez en rase campagne ◆ **patch of open ground** (between trees) clairière f ◆ **beyond the woods there were open fields** au-delà des bois, il y avait des champs ◆ **the speed permitted on the open road** la vitesse autorisée en dehors des agglomérations ◆ **an open space for public use** un espace vert à l'usage du public ◆ **the (wide) open spaces** les grands espaces mpl ◆ **open view** *or* **aspect** vue f dégagée ◆ **have your bowels been open this morning?** est-ce que vous êtes allé à la selle ce matin ?
[3] (= not enclosed) [car, carriage] découvert ; [boat] non ponté ; [drain, sewer] à ciel ouvert ◆ **open market** (in town) marché m en plein air ; see also **comp**
[4] (= unrestricted) [meeting, trial, discussion] public (-ique f) ; [economy, city] ouvert ◆ **in open court** (Jur) en audience publique ◆ **to keep open house** tenir table ouverte ◆ **we had an open invitation (to visit anytime)** on nous avait invités à venir quand nous voulions ◆ **open tournament** (Sport) tournoi m open ◆ **jobs are advertised and filled by open competition** le recrutement se fait par voie de presse
[5] (= exposed) ouvert ◆ **(wide) open to the winds/the elements** ouvert à tous les vents/aux quatre vents
[6] (fig : to advice, question etc) ◆ **I'm open to advice** je suis ouvert à toutes les suggestions ◆ **it is open to doubt whether...** on peut douter que... + subj ◆ **it is open to question** *or* **debate if** *or* **whether...** (il) reste à savoir si... ; see also **abuse, attack, correction, criticism, lay¹, offer, persuasion**
[7] (= available) [post, job] vacant ◆ **this post is still open** ce poste est encore vacant ◆ **the offer is still open** cette proposition tient toujours ◆ **the number of jobs open to women is limited** le nombre de postes ouverts aux femmes *or* auxquels les femmes peuvent postuler est limité ◆ **membership is not open to women** l'adhésion n'est pas ouverte aux femmes, les femmes ne peuvent pas être membres ◆ **the course is not open to men** les hommes ne sont pas acceptés dans ce cours ◆ **it is open to you to refuse** libre à vous de refuser ◆ **several meth-**

**ods/choices were open to them** plusieurs méthodes/choix s'offraient *or* se présentaient à eux

8 *(= frank) [person, character, face, manner, hostility]* ouvert ; *(= declared) [admiration, envy, attempt]* non dissimulé ◆ **in open revolt (against)** en rébellion ouverte (contre) ◆ **I'm going to be completely open with you** je vais être tout à fait franc avec vous ◆ **you're not being very open with me** tu me caches quelque chose

9 *(= undecided)* ◆ **they left the matter open** ils n'ont pas tranché la question, ils ont laissé la question en suspens ◆ **let's leave the date/arrangements open** attendons avant de fixer une date/avant de prendre ces dispositions ◆ **to keep an open mind on sth** réserver son jugement *or* son opinion sur qch ◆ **I've got an open mind about it** je n'ai pas encore formé d'opinion à ce sujet ; see also **comp** ◆ **it's an open question whether he will come** (il) reste à voir s'il viendra ◆ **how effective those sanctions are is an open question** (il) reste à voir si ces sanctions seront vraiment efficaces ◆ **the legality of these sales is still an open question** la légalité de ces ventes n'a pas encore été clairement établie ; → **option**

**N** 1 *(outside)* ◆ **(out) in the open** *(= out of doors)* dehors, en plein air ; *(= in the country)* au grand air ; *(= not secretly)* au grand jour ◆ **to sleep (out) in the open** dormir à la belle étoile ◆ **why can't we do it out in the open?** *(= not secretly)* pourquoi ne pouvons-nous pas le faire ouvertement ? ◆ **that swindle is now in the open** cette escroquerie est maintenant sur la place publique ◆ **to come out into the open** *[fact]* apparaître au grand jour ; *[scandal]* éclater au grand jour ◆ **to come out into the open about sth** *[person]* s'exprimer au grand jour sur qch ◆ **he came (out) into the open about what had been going on** il s'est exprimé au grand jour sur ce qui s'était passé ◆ **why don't you come into the open about it?** pourquoi ne le dites-vous pas ouvertement ? ◆ **to bring a dispute (out) into the open** révéler des différends au grand jour

2 *(Golf, Tennis)* ◆ **the Open** l'open *m*, le tournoi open ◆ **the French Open** (le tournoi de) Roland Garros ◆ **the California Open** l'Open *m* de Californie

**VT** 1 *(gen)* ouvrir ; *[+ pores]* dilater ; *[+ wound]* (r)ouvrir ; *[+ legs]* écarter ◆ **it opens the way for new discoveries** cela ouvre la voie à de nouvelles découvertes ◆ **he opened his heart to me** il m'a ouvert son cœur ◆ **to open sb's mind (to sth)** ouvrir l'esprit de qn (à qch) ◆ **have you opened your bowels?** êtes-vous allé à la selle ? ◆ **to open wide** ouvrir grand ◆ **open wide!** *(mouth)* ouvrez grand ! ◆ **to open slightly** *(door, window, eyes)* entrouvrir ◆ **to open again** rouvrir ; → **eye, mouth**

2 *(= make) [+ road]* tracer ; *[+ hole]* percer ; *[+ gulf]* creuser ◆ **this opened a gulf between father and son** cela a creusé un fossé entre le père et le fils ◆ **he opened his way through the bushes** il s'est frayé un chemin à travers les buissons

3 *(= begin, inaugurate, found) [+ meeting, debate, exhibition, trial]* ouvrir ; *[+ account, conversation]* commencer, entamer ; *[+ new building, institution]* inaugurer ; *[+ negotiations]* ouvrir, engager ◆ **he had opened the conversation by telling her that...** il avait commencé par lui dire que...

4 *(Bridge)* ◆ **to open (with) two hearts** ouvrir de deux cœurs

**VI** 1 *[door, book, eyes, flower]* s'ouvrir ; *[shop, museum, bank]* ouvrir ; *[crack]* se former ◆ **the door opened** la porte s'est ouverte ◆ **the door opened slightly** la porte s'est entrouverte *or* s'est entrebâillée ◆ **to open again** *[door]* se rouvrir ; *[shops etc]* rouvrir ◆ **there's a door that opens onto the garden** il y a une porte qui donne sur le jardin ◆ **the kitchen opens into the dining room** la cuisine donne sur la salle à manger ◆ **the two rooms open into one another** les deux pièces communiquent

2 *(= begin)* commencer ; *(Bridge)* ouvrir ◆ **to open with sth** *[debate, meeting, trial]* s'ouvrir sur qch, commencer par qch ; *[class, book, play]* commencer par qch ◆ **the trial opened with the testimony of the victim** le procès s'est ouvert sur *or* a commencé par le témoignage de la victime ◆ **he opened with a warning about inflation** il a commencé par lancer un avertissement sur l'inflation ◆ **the play/film opens next week** la première (de la pièce/du film) a lieu la semaine prochaine

**COMP** **open-air** SYN **ADJ** *[games, activities]* de plein air ; *[swimming pool]* découvert ; *[market, meeting]* en plein air, à ciel ouvert ◆ **open-air theatre** théâtre *m* en plein air

**open-and-shut** **ADJ** *(fig)* ◆ **it's an open-and-shut case** la solution est évidente *or* crève les yeux

**open-cast** **ADJ** *(Brit Min)* à ciel ouvert

**open cheque** **N** *(Brit)* chèque *m* non barré

**open circuit** **N** *(Elec)* circuit *m* ouvert

**open-cut** **ADJ** *(US Min)* ⇒ **open-cast**

**open day** **N** *(Brit)* journée *f* portes ouvertes

**open door** *(Econ)* **N** politique *f* d'ouverture **ADJ** *[policy, approach etc]* d'ouverture

**open-ended, open-end** *(US)* **ADJ** *[tube]* ouvert ; *[discussion, meeting]* sans limite de durée ; *[ticket]* sans réservation de retour ; *[contract]* à durée indéterminée ; *[question]* ouvert ; *[commitment]* inconditionnel ; → **OEIC**

**open-eyed** **ADJ** *(lit)* les yeux ouverts ◆ **to be open-eyed about sth** garder les yeux ouverts sur qch

**open-faced sandwich** **N** *(US)* tartine *f*

**open goal** **N** *(Ftbl)* but *m* dégarni

**open government** **N** *(NonC)* politique *f* de transparence *(pratiquée par un gouvernement)*

**open-handed** SYN **ADJ** ◆ **to be open-handed** être généreux, avoir le cœur sur la main

**open-hearted** **ADJ** franc (franche *f*), sincère

**open-heart surgery** **N** chirurgie *f* à cœur ouvert

**open learning** **N** *(gen) enseignement universitaire à la carte, notamment par correspondance ; (= distance learning)* télé-enseignement *m*

**open letter** **N** lettre *f* ouverte

**open market** **N** *(Econ)* marché *m* libre ◆ **you can buy it on the open market** c'est en vente libre

**open marriage** **N** mariage *m* libre

**open-minded** SYN **ADJ** à l'esprit ouvert *or* large ◆ **to be very open-minded** avoir l'esprit très ouvert

**open-mindedness** **N** ouverture *f* d'esprit

**open-mouthed** **ADJ, ADV** *(fig)* bouche bée *inv* ◆ **in open-mouthed disbelief** *or* **amazement** bouche bée ◆ **in open-mouthed admiration** béat d'admiration

**open-necked** **ADJ** *(not buttoned up)* à col ouvert ; *(low-cut)* échancré

**open pit** **N** *(US)* mine *f* à ciel ouvert

**open-plan** **ADJ** *(Archit) [design]* qui élimine les cloisons ; *[house, school]* sans cloison ◆ **open-plan kitchen** cuisine *f* à l'américaine ◆ **open-plan office** bureau *m* paysager

**open primary** **N** *(US Pol) élection primaire ouverte aux non-inscrits d'un parti*

**open prison** **N** prison *f* ouverte

**open sandwich** **N** tartine *f*

**open scholarship** **N** *(Scol etc) bourse décernée par un concours ouvert à tous*

**open season** **N** *(Hunting)* saison *f* de la chasse

**open secret** **N** secret *m* de Polichinelle ◆ **it's an open secret that...** ce n'est un secret pour personne que...

**open shop** **N** *(in workplace)* atelier *m* ouvert aux non-syndiqués

**open station** **N** gare *f* avec libre accès aux quais

**open string** **N** *(Mus)* corde *f* à vide

**open ticket** **N** billet *m* open

**open-top(ped)** **ADJ** *[bus]* à impériale découverte ; *[car]* découvert

**the Open University** **N** *(Brit)* ≈ le Centre national d'enseignement par correspondance ◆ **an Open University course** un cours universitaire par correspondance

**open verdict** **N** verdict *m* constatant un décès sans cause déterminée

**open vowel** **N** voyelle *f* ouverte

▸ **open out**

**VI** 1 *[view]* ◆ **soon a wonderful view opened out** bientôt une vue magnifique s'offrit à nous ◆ **as he left the town the countryside opened out** à la sortie de la ville, la campagne s'offrit à ses yeux

2 *(= widen) [passage, tunnel, street]* s'élargir ◆ **to open out on to** déboucher sur

3 *[person] (= become less shy)* s'ouvrir ; *[team, player etc]* s'affirmer

**VT SEP** ouvrir ; *[+ map, newspaper]* ouvrir, déplier

▸ **open up**

**VI** 1 *[new shop, business]* s'ouvrir ; *[new career]* commencer ; *[opportunity]* se présenter

2 *(= start shooting)* ouvrir le feu ◆ **they opened up with machine guns** ils ont ouvert le feu à la mitrailleuse

3 *[flower]* s'ouvrir

4 *(= confide)* s'ouvrir *(to sb* à qn*)* ◆ **I couldn't get him to open up at all** je ne suis pas arrivé à le faire parler ◆ **he finds it difficult to open up** il a de la peine à s'ouvrir *or* à se confier

5 *(Sport) [match]* s'animer

6 *(= develop) [gulf]* se creuser ; *[split]* se former ◆ **a gulf has opened up between the countries involved** un fossé s'est creusé entre les pays concernés

**VT SEP** 1 *[+ box, building, shop, wound, business, branch]* ouvrir ; *[+ map, newspaper]* ouvrir, déplier ◆ **to open up again** rouvrir

2 *[+ oilfield, mine, road, area]* ouvrir ; *[+ possibilities]* offrir ; *[+ virgin country]* défricher ; *[+ blocked road]* dégager ; *[+ blocked pipe]* déboucher ◆ **they opened up the way for other women** elles ont ouvert la voie à d'autres femmes ◆ **they opened up new paths in transplantation** ils ont ouvert de nouvelles voies en matière de transplantation ◆ **she opened up a lead of almost four minutes** elle était en tête avec près de quatre minutes d'avance ◆ **he decided to open up China for foreign investors** il décida d'ouvrir la Chine aux investisseurs étrangers

**OPEN UNIVERSITY**

L'**Open University** est une université ouverte à tous et fonctionnant essentiellement sur le principe du téléenseignement : cours par correspondance et émissions de radio et de télévision diffusées par la BBC. Ces enseignements sont complétés par un suivi pédagogique et par des stages, qui se tiennent généralement en été.

**opener** /ˈəʊpnəʳ/ **N** 1 *(esp in compounds) personne ou dispositif qui ouvre* ; → **bottle, eye, tin**

2 *(Theat) (= artiste)* artiste *mf* en lever de rideau ; *(= act)* lever *m* de rideau

3 *(Bridge)* ouvreur *m*

4 *(fig)* ◆ **for openers*** pour commencer, tout d'abord

**opening** /ˈəʊpnɪŋ/ SYN

**N** 1 ouverture *f* ; *(in wall)* brèche *f* ; *[of door, window]* embrasure *f* ; *(in trees)* trouée *f* ; *(in forest, roof)* percée *f* ; *(in clouds)* éclaircie *f* ; *[of tunnel]* entrée *f*

2 *(= beginning) [of meeting, debate, play, speech]* ouverture *f* ; *[of negotiations]* ouverture *f*, amorce *f*

3 *(NonC = act of opening) [of door, road, letter]* ouverture *f* ; *[of shooting, war]* déclenchement *m* ; *[of flower]* éclosion *f* ; *(Jur)* exposition *f* des faits ; *(Cards, Chess)* ouverture *f* ; *[of ceremony, exhibition]* inauguration *f* ◆ **the Opening of Parliament** *(Brit)* l'ouverture *f* de la session parlementaire

4 *(= opportunity)* occasion *f (to do sth* de faire qch, pour faire qch*)* ; *(= trade outlet)* débouché *m (for* pour*)* ◆ **to give one's opponent/the enemy an opening** prêter le flanc à son adversaire/à l'ennemi

5 *(= work: gen)* débouché *m* ; *(= specific job, or work in specific firm)* poste *m* ◆ **there are a lot of openings in computing** il y a beaucoup de débouchés dans l'informatique ◆ **we have an opening for an engineer** nous avons un poste (vacant) d'ingénieur ◆ **an opening with HarperCollins** un poste vacant chez HarperCollins

**ADJ** *[ceremony, speech]* d'inauguration, inaugural ; *[remark]* préliminaire ; *(Stock Exchange) [price]* d'ouverture ◆ **opening gambit** *(Chess)* gambit *m* ; *(fig)* manœuvre *f* or ruse *f* (stratégique) ◆ **his favourite opening gambit is...** *(in conversation)* sa remarque préférée pour entamer une conversation, c'est... ◆ **opening hours** heures *fpl* d'ouverture ◆ **opening lines** *[of play]* premières répliques *fpl* ; *[of poem]* premiers vers *mpl* ◆ **opening night** *(Theat)* première *f* ; *[of festival etc]* soirée *f* d'ouverture ◆ **opening shot** *(in battle etc)* premier coup *m* de feu ; *(fig) [of campaign etc]* coup *m* d'envoi ◆ **opening time** *(Brit)* l'heure *f* d'ouverture des pubs

**openly** /ˈəʊpənlɪ/ SYN **ADV** *[admit, acknowledge, talk about]* ouvertement ◆ **to be openly critical of sb/sth** critiquer qn/qch ouvertement ◆ **she wept openly** elle n'a pas caché ses larmes ◆ **he is openly gay** il ne cache pas son homosexualité

**openness** /ˈəʊpnnɪs/ **N** 1 *(= frankness)* franchise *f* ; *(= receptivity)* ouverture *f* d'esprit

2 *(Pol)* ouverture *f* ; *(= glasnost)* transparence *f* ◆ **a new policy of openness** une nouvelle politique d'ouverture ◆ **greater openness in their financial activities** une plus grande transparence dans leurs opérations financières

3 *[of land, countryside]* aspect *m* découvert *or* exposé

**openwork** /ˈəʊpənwɜːk/
- N (Sewing) jours mpl ; (Archit) claire-voie f, ajours mpl
- COMP [stockings etc] ajouré ; (Archit) à claire-voie

**opera** /ˈɒpərə/
- N 1 opéra m ; → **comic, grand, light²**
- 2 (pl of **opus**)
- COMP **opera bouffe** N opéra m bouffe
- **opera company** N troupe f or compagnie f d'opéra
- **opera glasses** NPL jumelles fpl de théâtre
- **opera-goer** N amateur m d'opéra
- **opera hat** N (chapeau m) claque m, gibus m
- **opera house** N opéra m (édifice)
- **opera-lover** N amateur m d'opéra
- **opera singer** N chanteur m, -euse f d'opéra

**operable** /ˈɒpərəbl/ ADJ opérable

**operand** /ˈɒpərænd/ N opérande m

**operate** /ˈɒpəreɪt/ SYN
- VI 1 [machine, vehicle] marcher, fonctionner ; [system, sb's mind] fonctionner ; [law] jouer ♦ **he believes that a conspiracy is operating to discredit his good name** il pense qu'il se trame un complot visant à le discréditer ♦ **several factors are operating to moderate wage rises** plusieurs facteurs jouent pour freiner les hausses de salaires
- 2 [drug, medicine, propaganda] opérer, faire effet (on, upon sur)
- 3 [fleet, regiment, thief etc] opérer ; (on Stock Exchange) faire des opérations (de bourse), spéculer ♦ **they can't operate efficiently on so little money** le manque d'argent les empêche d'opérer or de procéder avec efficacité ♦ **this allowed commercial banks to operate in the country** cela a permis aux banques commerciales d'opérer dans ce pays ♦ **troops were operating from bases along the border** les troupes opéraient or menaient leurs opérations à partir de bases le long de la frontière ♦ **I can't operate under pressure** je ne peux pas travailler sous pression
- 4 (Med) opérer ♦ **he was operated on for appendicitis** il a été opéré de l'appendicite ♦ **he operated for appendicitis** [surgeon] il l'a opéré de l'appendicite ♦ **to operate on sb's eyes** opérer qn aux or des yeux, opérer les yeux de qn ♦ **he has still not been operated on** il n'a pas encore été opéré
- VT 1 [person] [+ machine, tool] utiliser ; [+ vehicle] utiliser, conduire ♦ **a machine operated by electricity** une machine qui marche à l'électricité ♦ **the system that operates the brakes** le système qui commande or actionne les freins
- 2 [+ business, factory] diriger, gérer ; [+ coalmine, oil well, canal, quarry] exploiter, faire valoir ♦ **this airline operates flights to over 30 countries** cette compagnie assure des liaisons avec plus de 30 pays
- 3 [+ system] pratiquer ♦ **the government constantly operated embargoes against them** le gouvernement les frappait constamment d'embargo

**operatic** /ˌɒpəˈrætɪk/
- ADJ [aria, role, piece of music] d'opéra ; [convention, version] opératique ♦ **Verdi's Requiem is often criticised for being too operatic** on reproche souvent au Requiem de Verdi d'être trop opératique ♦ **an operatic society** une association d'amateurs d'art lyrique
- N ♦ **(amateur) operatics** opéra m d'amateurs

**operating** /ˈɒpəreɪtɪŋ/
- ADJ [cost, deficit, expenses etc] d'exploitation
- COMP **operating cash** N trésorerie f d'exploitation
- **operating cycle** N cycle m d'exploitation
- **operating instructions** NPL mode m or notice f d'emploi
- **operating manual** N manuel m d'utilisation
- **operating profit** N bénéfice m d'exploitation
- **operating room** N (US) ⇒ **operating theatre**
- **operating system** N (Comput) système m d'exploitation
- **operating table** N (Med) table f d'opération
- **operating theatre** N (Brit) salle f d'opération

**operation** /ˌɒpəˈreɪʃən/ SYN
- N 1 (NonC) [of machine, vehicle] marche f, fonctionnement m ; [of mind, digestion] fonctionnement m ; [of drug etc] action f (on sur) ; [of business] gestion f ; [of mine, oil well, quarry, canal] exploitation f ; [of system] application f ♦ **to be in operation** [machine] être en service ; [business etc] fonctionner ; [mine etc] être en exploitation ; [law, system] être en vigueur ♦ **in full operation** [machine] fonctionner à plein (rendement) ; [business, factory etc] en pleine activité ; [mine etc] en pleine exploitation ♦ **to come into operation** [law, system] entrer en vigueur ; [machine] entrer en service ; [business] se mettre à fonctionner ♦ **to put into operation** [machine] mettre en service ; [law] mettre or faire entrer en vigueur ; [plan] mettre en application
- 2 (= enterprise, action) opération f ♦ **that was an expensive operation** l'opération a été coûteuse ♦ **rescue/security operation** opération de sauvetage/de sécurité ♦ **our operations in Egypt** (trading company) nos opérations or nos activités en Égypte ; (oil, mining) nos exploitations en Égypte ♦ **a multinational operation** (= company) une multinationale ♦ **rebuilding operations began at once** les opérations de reconstruction ont commencé immédiatement ♦ **Operation Overlord** (Mil) opération f Overlord
- 3 (Med) opération f, intervention f (chirurgicale) ♦ **to have an operation** se faire opérer (for de) ♦ **a lung/heart/kidney operation** une opération des poumons/du cœur/des reins ♦ **to perform an operation on sb (for sth)** opérer qn (de qch)
- 4 (Math) opération f
- COMP **operation code** N (Comput) code m d'opération
- **operations research** N recherche f opérationnelle
- **operations room** N (Mil, Police) centre m d'opérations

**operational** /ˌɒpəˈreɪʃənl/ SYN
- ADJ [staff, troops, vehicle, plan, system, service] opérationnel ; [machine] en état de marche ; [cost, expenses, profit] d'exploitation ; [problems] de fonctionnement ♦ **to have operational control** avoir le contrôle des opérations ♦ **at an operational level** au niveau opérationnel ♦ **for operational reasons** pour des raisons opérationnelles ♦ **on operational duties** (Police) en service
- COMP **operational research** N recherche f opérationnelle
- **operational strategy** N (Fin, Econ) stratégie f d'intervention

**operative** /ˈɒpərətɪv/ SYN
- ADJ 1 (= functioning) [scheme, plan, system, service] opérationnel ♦ **the operative part of the text** (Jur) le dispositif
- 2 ♦ **the operative word** le mot-clé ♦ **caution has been the operative word since the killings** prudence est devenu le mot d'ordre depuis la tuerie
- 3 (Med) [report] d'opération ; [risk] opératoire
- N (= worker) ouvrier m, -ière f ; (= machine operator) opérateur m, -trice f ; (= detective) détective m (privé) ; (= spy) espion(ne) m(f) ; (= secret agent) agent m secret ; (US Pol) (= campaign worker) membre m de l'état-major (d'un candidat) ♦ **the steel operatives** la main-d'œuvre des aciéries

**operator** /ˈɒpəreɪtəʳ/ SYN N 1 (= person) [of machine, computer etc] opérateur m, -trice f ; (Cine) opérateur m, -trice f (de prise de vues) ; [of telephones] téléphoniste mf, standardiste mf ; [of business, factory] dirigeant(e) m(f), directeur m, -trice f ♦ **operators in this section of the industry** ceux qui travaillent dans ce secteur de l'industrie ♦ **he is a shrewd political operator** c'est un politicien habile ♦ **a big-time operator** (= criminal) un escroc d'envergure ; → **smooth, tour**
- 2 (= company) (telecommunications, television) opérateur m ♦ **cable (TV) operator** câblo-opérateur m ♦ **ferry/coach operator** compagnie f de ferries/d'autocars
- 3 (Math) opérateur m

**operetta** /ˌɒpəˈretə/ N opérette f

**ophicleide** /ˈɒfɪˌklaɪd/ N ophicléide m

**ophidian** /ɒˈfɪdɪən/ N ophidien m

**ophite** /ˈəʊfaɪt/ N ophite m

**ophthalmia** /ɒfˈθælmɪə/ N ophtalmie f

**ophthalmic** /ɒfˈθælmɪk/
- ADJ [clinic, hospital, surgery] ophtalmologique ; [surgeon] ophtalmologue ; [nerve, vein] ophtalmique
- COMP **ophthalmic optician** N opticien(ne) m(f) optométriste ; (prescribing) oculiste mf ; (dispensing) opticien(ne) m(f)

**ophthalmological** /ˌɒfθælməˈlɒdʒɪkəl/ ADJ ophtalmologique

**ophthalmologist** /ˌɒfθælˈmɒlədʒɪst/ N ophtalmologiste mf, ophtalmologue mf

**ophthalmology** /ˌɒfθælˈmɒlədʒɪ/ N ophtalmologie f

**ophthalmoscope** /ɒfˈθælməskəʊp/ N ophtalmoscope m

**ophthalmoscopy** /ˌɒfθælˈmɒskəpɪ/ N ophtalmoscopie f

**opiate** /ˈəʊpɪɪt/
- N opiacé m ; (fig) soporifique m
- ADJ opiacé

**opine** /əʊˈpaɪn/ VT (frm) (= think) être d'avis (that que) ; (= say) émettre l'avis (that que)

**opinion** /əˈpɪnjən/ LANGUAGE IN USE 1.1, 2.1, 2.2, 6, 26.2 SYN
- N (= point of view) avis m, opinion f ; (= belief, judgement) opinion f ; (= professional advice) avis m ♦ **in my opinion** à mon avis, d'après moi ♦ **in the opinion of** d'après, selon ♦ **that's my opinion for what it's worth** c'est mon humble avis ♦ **it's a matter of opinion whether...** c'est (une) affaire d'opinion pour ce qui est de savoir si... ♦ **I'm entirely of your opinion** je suis tout à fait de votre avis or opinion, je partage tout à fait votre opinion ♦ **to be of the opinion that...** être d'avis que..., estimer que... ♦ **political opinions** opinions fpl politiques ♦ **she's in a position to influence opinion** elle occupe une position d'influence ♦ **what is your opinion of this book?** quel est votre point de vue sur ce livre ? ♦ **her already favourable opinion of him** l'opinion favorable qu'elle avait déjà de lui ♦ **I haven't much of an opinion of him, I've got a low opinion of him** j'ai mauvaise opinion or une piètre opinion de lui ♦ **to take counsel's opinion** (Jur) consulter un avocat ♦ **opinion of the court** (Jur) jugement m rendu par le tribunal ; → **legal, public, second¹, strong**
- COMP **opinion former, opinion maker** N meneur m, -euse f or leader m d'opinion
- **opinion poll** N sondage m d'opinion

**opinionated** /əˈpɪnjəneɪtɪd/ SYN ADJ ♦ **to be opinionated** avoir des opinions arrêtées

**opium** /ˈəʊpɪəm/
- N opium m
- COMP **opium addict** N opiomane mf
- **opium den** N fumerie f d'opium
- **opium poppy** N pavot m somnifère

**Oporto** /əˈpɔːtəʊ/ N (Geog) Porto

**opossum** /əˈpɒsəm/ N (pl **opossums** or **opossum**) opossum m, sarigue f

**opp.** abbrev of **opposite**

**opponent** /əˈpəʊnənt/ SYN N (Mil, Sport, in election) adversaire mf ; (in discussion, debate) antagoniste mf ; (of government, ideas etc) adversaire mf, opposant(e) m(f) (of de) ♦ **he has always been an opponent of nationalization** il a toujours été contre les nationalisations, il s'est toujours opposé aux nationalisations ♦ **opponents of the regime** les opposants mpl au régime

**opportune** /ˈɒpətjuːn/ SYN ADJ [action, remark] à propos, opportun ♦ **to happen/arrive at an opportune time** or **moment (for sb/sth)** tomber/arriver au moment opportun (pour qn/qch) ♦ **you have come at an opportune moment** vous arrivez à point nommé, vous tombez bien

**opportunely** /ˈɒpətjuːnlɪ/ ADV opportunément, à propos

**opportuneness** /ˌɒpəˈtjuːnnɪs/ N opportunité f

**opportunism** /ˌɒpəˈtjuːnɪzəm/ SYN N opportunisme m

**opportunist** /ˌɒpəˈtjuːnɪst/ ADJ, N opportuniste mf

**opportunistic** /ˌɒpətjuːˈnɪstɪk/ ADJ opportuniste

**opportunity** /ˌɒpəˈtjuːnɪtɪ/ SYN N 1 (= occasion, chance) occasion f ♦ **a trip to London is a great opportunity for shopping** un voyage à Londres est une excellente occasion de faire du shopping ♦ **to have the** or **an opportunity to do** or **of doing sth** avoir l'occasion or la possibilité de faire qch ♦ **to take the opportunity of doing** or **to do sth** profiter de l'occasion pour faire qch ♦ **you really missed your opportunity there!** tu as vraiment laissé passer ta chance or l'occasion ! ♦ **at the first** or **earliest opportunity** à la première occasion, dès que l'occasion se présentera ♦ **when the opportunity presents itself** or **arises** à l'occasion ♦ **if the opportunity should present itself** or **arise** si l'occasion se présente ♦ **if you get the opportunity** si vous en avez l'occasion
- 2 (= possibility for action) chance f ; (in career etc) perspective f d'avenir ♦ **equality of opportunity** égalité f des chances ♦ **to make the most of one's opportunities** profiter pleinement de

**opposable** /əˈpəʊzəbl/ ADJ [thumb] opposable

**oppose** /əˈpəʊz/ SYN VT [1] [+ person, argument, opinion, decision, plan] s'opposer à ; [+ sb's will, desires, suggestion] s'opposer à, faire opposition à ; [+ motion, resolution] (Pol) faire opposition à ; (in debate) parler contre ◆ **the government opposes a lifting of the embargo** le gouvernement s'oppose à une levée de l'embargo ◆ **the President opposes sending the refugees back** le président s'oppose au renvoi des réfugiés ◆ **he opposed it** il s'y est opposé

[2] (= set against) opposer (sth to sth else qch à qch d'autre)

**opposed** /əˈpəʊzd/ LANGUAGE IN USE 8.3, 9.3, 12, 14 SYN ADJ [aims, attitudes, viewpoints] opposé ◆ **to be opposed to sth** être opposé à qch ◆ **I'm opposed to your marrying him** je ne veux pas que tu l'épouses subj ◆ **as opposed to** par opposition à ◆ **as opposed to that, there is the question of...** par contre, il y a la question de...

**opposing** /əˈpəʊzɪŋ/ SYN ADJ [factions, forces, views] opposé ; (Jur) adverse ◆ **to be on opposing sides** ne pas être du même bord ◆ **the opposing team** l'équipe f adverse ◆ **the opposing votes** les voix fpl contre

**opposite** /ˈɒpəzɪt/ SYN

ADJ [house etc] d'en face ; [bank, side, end] opposé, autre ; [direction, pole] opposé ; (fig) [attitude, point of view] opposé, contraire ◆ **"see map on opposite page"** « voir plan ci-contre » ◆ **the opposite sex** l'autre sexe m ◆ **we take the opposite view (to his)** nous pensons le contraire (de ce qu'il pense), notre opinion est diamétralement opposée (à la sienne) ◆ **his opposite number** son homologue mf

ADV (d')en face ◆ **the house opposite** la maison d'en face ◆ **the house is immediately** or **directly opposite** la maison est directement en face ◆ **opposite to** en face de

PREP en face de ◆ **the house is opposite the church** la maison est en face de l'église ◆ **the house and the church are opposite one another** la maison et l'église sont en vis-à-vis ◆ **they sat opposite one another** ils étaient assis face à face or en vis-à-vis ◆ **they live opposite us** ils habitent en face de chez nous ◆ **to play opposite sb** (Cine, Theat etc) partager la vedette avec qn ◆ **opposite Calais** (of ship) à la hauteur de Calais

N contraire m, inverse m ◆ **quite the opposite!** bien au contraire ! ◆ **he told me just the opposite** or **the exact opposite** il m'a dit exactement l'inverse or le contraire ◆ **he says the opposite of everything I say** il prend le contre-pied de tout ce que je dis, il faut toujours qu'il me contredise ◆ **what's the opposite of white?** quel est le contraire de blanc ? ◆ **opposites attract** les contraires s'attirent

**Opposition** /ˌɒpəˈzɪʃən/ (Brit Pol)

N ◆ **the Opposition** l'opposition f ◆ **the leader of the Opposition** le chef de l'opposition

COMP [speaker, member, motion, party] de l'opposition

**the Opposition benches** NPL (les bancs mpl de) l'opposition f

**opposition** /ˌɒpəˈzɪʃən/ SYN

N [1] opposition f (also Astron, Pol) ◆ **his opposition to the scheme** son opposition au projet ◆ **in opposition (to)** en opposition (avec) ◆ **the party in opposition** (Pol) le parti de l'opposition ◆ **to be in opposition** (Pol) être dans l'opposition ◆ **the opposition** (in politics) l'opposition f ; (= opposing team) l'adversaire m ; (= business competitors) la concurrence

[2] (Mil etc) opposition f, résistance f ◆ **they put up** or **offered considerable opposition** ils ont opposé une vive résistance ◆ **the army met with little or no opposition** l'armée a rencontré peu sinon point de résistance

COMP **opposition hold** N (Climbing) opposition f

**oppositionist** /ˌɒpəˈzɪʃənɪst/ N (Pol) opposant(e) m(f) (systématique)

**oppress** /əˈprɛs/ SYN VT [1] (Mil, Pol etc) opprimer ◆ **the oppressed** les opprimés mpl
[2] [anxiety, heat etc] oppresser, accabler

**oppression** /əˈprɛʃən/ SYN N (all senses) oppression f

**oppressive** /əˈprɛsɪv/ SYN ADJ [1] (Mil, Pol) [system, regime, law] oppressif

[2] (= uncomfortable) [air, heat, silence, mood] oppressant ; [weather] lourd ◆ **the little room was oppressive** on étouffait dans cette petite pièce

**oppressively** /əˈprɛsɪvlɪ/ ADV [1] (Mil, Pol) [rule] de manière oppressive

[2] (= uncomfortably) ◆ **the room was oppressively hot** on étouffait dans cette pièce ◆ **oppressively humid** d'une humidité oppressante ◆ **it's oppressively hot today** il fait très lourd aujourd'hui ◆ **oppressively drab** or **grey** d'un gris sinistre

**oppressor** /əˈprɛsə<sup>r</sup>/ SYN N oppresseur m

**opprobrious** /əˈprəʊbrɪəs/ ADJ (frm) chargé d'opprobre (liter)

**opprobrium** /əˈprəʊbrɪəm/ N opprobre m

**oppugn** /əˈpjuːn/ VT contester

**oppugner** /əˈpjuːnə<sup>r</sup>/ N adversaire mf

**opsin** /ˈɒpsɪn/ N opsine f

**opsonin** /ˈɒpsənɪn/ N opsonine f

**opt** /ɒpt/ VI ◆ **to opt for sth** opter pour qch ◆ **to opt to do sth** choisir de faire qch

▶ **opt in** VI choisir de participer (to à)

▶ **opt out** VI choisir de ne pas participer (of à) ; [hospital, school] choisir l'autonomie par rapport aux autorités locales ; [dentist] choisir de ne plus être conventionné par la Sécurité sociale ; (Soc) s'évader de or rejeter la société (de consommation) ; (Brit : pension) choisir une caisse de retraite privée (par opposition au système de la Sécurité sociale) ◆ **he opted out of going** il a choisi de ne pas y aller ◆ **you can always opt out** tu peux toujours te retirer or te récuser ; see also **opt-out**

**optative** /ˈɒptətɪv/ ADJ, N optatif m

**optic** /ˈɒptɪk/

ADJ optique

N (Brit : in bar) bouchon m doseur

NPL **optics** optique f

COMP **optic nerve** N nerf m optique

**optical** /ˈɒptɪkəl/

ADJ [microscope, telescope, system, glass, lens] optique ; [instrument] d'optique, optique

COMP **optical brightener** N agent m éclaircissant

**optical character reader** N lecteur m optique de caractères

**optical character recognition** N reconnaissance f optique de caractères

**optical computer** N ordinateur m optique

**optical disc, optical disk** N disque m optique

**optical fibre** N fibre f optique

**optical illusion** N illusion f d'optique

**optical scanner** N lecteur m optique

**optical scanning** N lecture f optique

**optician** /ɒpˈtɪʃən/ N opticien(ne) m(f) ; (prescribing) oculiste mf

**optima** /ˈɒptɪmə/ NPL of **optimum**

**optimal** /ˈɒptɪml/ ADJ optimal

**optimism** /ˈɒptɪmɪzəm/ N optimisme m

**optimist** /ˈɒptɪmɪst/ N optimiste mf

**optimistic** /ˌɒptɪˈmɪstɪk/ SYN ADJ optimiste (about sth quant à qch) ◆ **she was optimistic of success** or **that she would succeed** elle avait bon espoir de réussir ◆ **to be cautiously optimistic** être d'un optimisme prudent

**optimistically** /ˌɒptɪˈmɪstɪklɪ/ ADV avec optimisme

**optimization** /ˌɒptɪmaɪˈzeɪʃən/ N optimisation f

**optimize** /ˈɒptɪmaɪz/ VT optimiser, optimaliser

**optimum** /ˈɒptɪməm/ SYN

ADJ [level, number, time] optimum, optimal ◆ **optimum conditions** conditions fpl optimales ◆ **exercise three times a week for optimum health** faites de l'exercice trois fois par semaine pour être au mieux de votre forme

N (pl **optimums** or **optima**) optimum m

COMP **optimum population** N (Econ) population f optimale

**option** /ˈɒpʃən/ SYN

N [1] (gen) choix m, option f ◆ **I have no option** je n'ai pas le choix ◆ **he had no option but to come** il n'a pas pu faire autrement que de venir ◆ **you have the option of remaining here** vous pouvez rester ici si vous voulez ◆ **the military option** l'option f militaire ◆ **he left** or **kept his options open** (fig) il n'a pas voulu s'engager (irrévocablement) ◆ **to give sb the option of doing sth** donner à qn la possibilité de faire qch ◆ **children are given the option of learning French or German** les enfants peuvent choisir entre le français et l'allemand ◆ **borrowing more money is not an option** emprunter plus n'est pas une option viable ◆ **doing nothing is not an option** on ne peut pas ne rien faire

[2] (Comm, Fin) option f (on sur) ◆ **to take up the option** lever l'option ◆ **at the option of the purchaser** au gré de l'acheteur ◆ **option taker** (Comm, Fin) optant m ◆ **to have the option to do sth** avoir l'option de faire qch ◆ **(to have an) option to buy/acquire/sell** (Comm,Fin) (avoir une) option d'achat/d'acquisition/de vente ◆ **six months with/without the option of a fine** (Jur) six mois avec/sans substitution d'amende

[3] (Brit Scol = subject/course etc) (matière f/cours m etc à) option f ◆ **programme offering options** programme m optionnel

COMP **option money** N (Comm) prix m de l'option

**optional** /ˈɒpʃənl/ SYN ADJ [course, subject] (Scol) facultatif ; (Univ) en option ; [accessories] en option ◆ **a medical with optional eye test** un contrôle médical avec examen de la vue en option ◆ **optional extra** option f ◆ **dress optional** tenue f de soirée facultative

**optoelectronic** /ˌɒptəʊɪlekˈtrɒnɪk/ ADJ optoélectronique

**optoelectronics** /ˌɒptəʊɪlekˈtrɒnɪks/ N (NonC) optoélectronique f

**optometer** /ɒpˈtɒmɪtə<sup>r</sup>/ N optomètre m

**optometric** /ˌɒptəˈmetrɪk/ ADJ optométrique

**optometrist** /ɒpˈtɒmɪtrɪst/ N optométriste mf

**optometry** /ɒpˈtɒmɪtrɪ/ N optométrie f

**opt-out** /ˈɒptaʊt/

ADJ (Brit) [school, hospital] qui a choisi l'autonomie par rapport aux autorités locales

N [1] (Brit) [of school, hospital] choix d'autonomie par rapport aux autorités locales

[2] (esp Brit) = also **opt-out clause**) (Jur, Comm) clause f de sortie ; (from treaty) clause f d'exemption

**opulence** /ˈɒpjʊləns/ SYN N [of person, lifestyle] opulence f ; [of palace] somptuosité f, opulence f ; [of room] somptuosité f, richesse f ; [of clothes, furnishings] somptuosité f ; [of material, voice] richesse f ◆ **a life of opulence** une vie opulente ◆ **the opulence of the production** (Cine, Theat) la somptuosité de la production

**opulent** /ˈɒpjʊlənt/ SYN ADJ [person, lifestyle] opulent ; [building, room, costume, film, production] somptueux ◆ **silk curtains give the room an opulent feel** des rideaux de soie rendent la pièce plus somptueuse

**opulently** /ˈɒpjʊləntlɪ/ ADV [furnish etc] avec opulence ; [live] dans l'opulence

**opuntia** /ɒˈpʌnʃɪə/ N opuntia m, oponce m

**opus** /ˈəʊpəs/

N (pl **opuses** or **opera**) opus m ; → **magnum**

COMP **Opus Dei** N (= prayers) office m divin ; (Catholic organization) Opus Dei f

**opuscule** /ɒˈpʌskjuːl/ N opuscule m

**OR** abbrev of **Oregon**

**or** /ɔː<sup>r</sup>/ CONJ ou ; (with neg) ni ◆ **red or black?** rouge ou noir ? ◆ **or else** ou bien ◆ **do it or else!\*** fais-le, sinon (tu vas voir) ! ◆ **without tears or sighs** sans larmes ni soupirs ◆ **he could not read or write** il ne savait ni lire ni écrire ◆ **an hour or so** environ une heure, à peu près une heure ◆ **botany, or the science of plants** la botanique, ou la science des plantes or autrement dit la science des plantes ; → **either**

**orache, orach** (US) /ˈɒrɪtʃ/ N (= plant) arroche f

**oracle** /ˈɒrəkl/ SYN N (Hist, fig) oracle m ◆ **the government managed to work the oracle and be re-elected** le gouvernement a réussi l'exploit d'être réélu ◆ **she's the oracle on house buying** c'est une autorité en matière d'immobilier

**oracular** /ɒˈrækjʊlə<sup>r</sup>/ ADJ (frm) (= prophetic) [guidance, utterance] prophétique ; (= mysterious) [person, tone, pronouncement] sibyllin ◆ **oracular shrine** oracle m

**oral** /ˈɔːrəl/ SYN

ADJ [1] [examination, teaching methods] oral ; [testimony, message, account] oral, verbal

[2] (Anat) [cavity] buccal, oral ; (Pharm etc) [dose] par voie orale

N oral m

COMP **oral examiner** N (Scol etc) examinateur m, -trice f à l'oral

**oral history** N la tradition orale

**oral hygiene** N hygiène f buccale or bucco-dentaire
**oral hygienist** N hygiéniste mf dentaire
**oral sex** N (gen) rapports mpl bucco-génitaux ; (= fellatio) fellation f ; (= cunnilingus) cunnilingus m
**oral society** N société f à tradition orale
**oral tradition** N la tradition orale
**oral vowel** N voyelle f orale

**orally** /ˈɔːrəlɪ/ ADV ⓵ (= verbally) [express, promise, pass down] oralement ; [testify, communicate] oralement, de vive voix
⓶ (Med) [take, administer] par voie orale
⓷ (= with mouth) ◆ **to stimulate sb orally** stimuler qn avec la bouche or par des caresses bucco-génitales

**Oran** /əˈræn/ N (Geog) Oran

**orange** /ˈɒrɪndʒ/
Ⓝ orange f ; (also **orange tree**) oranger m ; (= colour) orange m, orangé m ◆ **"oranges and lemons"** chanson et jeu d'enfants ◆ **Orange** (Geog) Orange ; → **blood**
ADJ ⓵ (in colour) [dress, shirt, glow] orange inv ◆ **bright orange** orange vif inv
⓶ (in taste) [drink, liqueur] à l'orange ; [flavour] d'orange
COMP **orange blossom** N fleur(s) f(pl) d'oranger
**orange box, orange crate** (US) N caisse f à oranges
**Orange Day** N (Ir) le 12 juillet (procession annuelle des Orangistes)
**orange flower water** N eau f de fleur d'oranger
**Orange Free State** N État m libre d'Orange
**orange grove** N orangeraie f
**orange juice** N jus m d'orange
**Orange Lodge** N (Ir Pol) association orangiste
**Orange march** or **parade** N (Brit) défilé m des Orangistes
**orange marmalade** N confiture f d'oranges
**the Orange Order** N (Brit) l'Ordre m d'Orange
**orange peel** N (gen) peau f or écorce f d'orange ; (Culin) zeste m d'orange ◆ **orange peel effect** (Med) peau f d'orange
**orange squash** N ≈ orangeade f
**orange stick** N bâtonnet m (pour manucure etc)
**orange tree** N oranger m

**orangeade** /ˌɒrɪndʒˈeɪd/ N soda m à l'orange

**Orangeism** /ˈɒrɪndʒɪzm/ N (Ir Pol) orangisme m

**Orangeman** /ˈɒrɪndʒmən/ N (pl **-men**) Orangiste m

**orangery** /ˈɒrɪndʒərɪ/ N orangerie f

**Orangewoman** /ˈɒrɪndʒˌwʊmən/ N (pl **Orangewomen** /ˈɒrɪndʒˌwɪmɪn/) (Ir Pol) Orangiste f

**orangewood** /ˈɒrɪndʒwʊd/ N (bois m d')oranger m

**orangey** /ˈɒrɪndʒɪ/ ADJ [colour] orangé ; [taste, flavour] d'orange ◆ **orangey-red** rouge orangé inv

**orang-outang** /ɔːˌræŋuːˈtæŋ/, **orang-utan** /ɔːˌræŋuːˈtæn/ N orang-outan(g) m

**orate** /ɔːˈreɪt/
VI discourir, faire un discours ; (pej) pérorer
VT déclamer

**oration** /ɔːˈreɪʃən/ SYN N discours m solennel ; → **funeral**

**orator** /ˈɒrətər/ SYN N orateur m, -trice f

**Oratorian** /ˌɒrəˈtɔːrɪən/ N oratorien m

**oratorical** /ˌɒrəˈtɒrɪkəl/ SYN ADJ oratoire

**oratorio** /ˌɒrəˈtɔːrɪəʊ/ N (pl **oratorios**) oratorio m

**oratory**¹ /ˈɒrətərɪ/ SYN N (= art) art m oratoire ; (= what is said) éloquence f, rhétorique f ◆ **brilliant piece of oratory** brillant discours m

**oratory**² /ˈɒrətərɪ/ N (Rel) oratoire m

**orb** /ɔːb/ SYN N ⓵ (= sphere) globe m, sphère f ; (in regalia) globe m
⓶ (liter = eye) œil m
⓷ (liter = celestial body) orbe m

**orbicular** /ɔːˈbɪkjʊlər/ ADJ orbiculaire

**orbit** /ˈɔːbɪt/ SYN
Ⓝ (Anat, Astron) orbite f ◆ **to be in/go into/put into orbit (around)** être/entrer/mettre en or sur orbite (autour de) ◆ **countries within the communist orbit** pays mpl dans l'orbite communiste
VT graviter autour de, décrire une or des orbite(s) autour de
VI orbiter, être or rester en or sur orbite (round autour de)

**orbital** /ˈɔːbɪtl/
ADJ ⓵ (Brit) [road, motorway] périphérique
⓶ (Space) orbital
⓷ (Anat) orbitaire
COMP **orbital velocity** N (Astron) vitesse f orbitale or de révolution

**orbiter** /ˈɔːbɪtər/ N (Space) orbiteur m

**Orcadian** /ɔːˈkeɪdɪən/
ADJ des (îles) Orcades
Ⓝ habitant(e) m(f) des (îles) Orcades

**orchard** /ˈɔːtʃəd/ N verger m ◆ **cherry orchard** champ m de cerisiers, cerisaie f

**orchestra** /ˈɔːkɪstrə/
Ⓝ ⓵ (Mus) orchestre m ; → **leader, string**
⓶ (US Theat) (fauteuils mpl d')orchestre m
COMP **orchestra pit** N fosse f d'orchestre
**orchestra stalls** NPL (fauteuils mpl d')orchestre m

**orchestral** /ɔːˈkestrəl/ ADJ [music] orchestral, d'orchestre ; [playing] de l'orchestre ; [concert] d'orchestre ; [piece, work, arrangement] pour orchestre ◆ **orchestral score** orchestration f

**orchestrate** /ˈɔːkɪstreɪt/ SYN VT orchestrer

**orchestration** /ˌɔːkɪsˈtreɪʃən/ N orchestration f, instrumentation f

**orchestrator** /ˈɔːkɪsˌtreɪtər/ N (Mus) orchestrateur m, -trice f

**orchid** /ˈɔːkɪd/ N orchidée f ◆ **wild orchid** orchis m

**orchidectomy** /ˌɔːkɪˈdektəmɪ/ N (Med) orchidectomie f

**orchil** /ˈɔːkɪl/ N orseille f

**orchis** /ˈɔːkɪs/ N orchis m

**orchitis** /ɔːˈkaɪtɪs/ N orchite f

**OR circuit** /ˈɔːr/ N (Comput) circuit m OU, mélangeur m

**ordain** /ɔːˈdeɪn/ SYN VT ⓵ [God, fate] décréter (that que) ; [law] décréter (that que), prescrire (that que + subj) ; [judge] ordonner (that que + subj) ◆ **it was ordained that he should die young** il était destiné à mourir jeune, le sort or le destin a voulu qu'il meure jeune
⓶ (Rel) [+ priest] ordonner ◆ **he was ordained (priest)** il a reçu l'ordination, il a été ordonné prêtre

**ordeal** /ɔːˈdiːl/ SYN ⓵ Ⓝ rude épreuve f, supplice m ◆ **they suffered terrible ordeals** ils sont passés par or ils ont subi d'atroces épreuves ◆ **speaking in public was an ordeal for him** il était au supplice quand il devait parler en public, parler en public le mettait au supplice ◆ **the painful ordeal of the last eight months** l'épreuve pénible qu'ont été ces huit derniers mois ◆ **it was less of an ordeal than expected** cela a été moins pénible que prévu
⓶ (Hist Jur) ordalie f ◆ **ordeal by fire** épreuve f du feu

✦ ✦ ✦ ✦ ✦ ✦ ✦ ✦ ✦ ✦ ✦ ✦ ✦ ✦ ✦ ✦ ✦

**order** /ˈɔːdər/

LANGUAGE IN USE 20.3, 27.7 SYN

1 - NOUN
2 - TRANSITIVE VERB
3 - INTRANSITIVE VERB
4 - COMPOUNDS
5 - PHRASAL VERBS

✦ ✦ ✦ ✦ ✦ ✦ ✦ ✦ ✦ ✦ ✦ ✦ ✦ ✦ ✦ ✦ ✦

**1 - NOUN**

⓵ [= DISPOSITION, SEQUENCE] ordre m ◆ **word order** ordre m des mots ◆ **what order should these documents be in?** dans quel ordre faut-il classer ces documents ? ◆ **to be in order** être en ordre ◆ **to put in(to) order** mettre en ordre ◆ **the cards were out of order** les cartes n'étaient pas en ordre ◆ **the files have got all out of order** les dossiers sont sens dessus dessous ◆ **in order of merit/precedence** par ordre de mérite/préséance ◆ **"cast in order of appearance:"** (Theat) « avec par ordre d'entrée en scène : » ; (Cine) « avec par ordre d'apparition : » ◆ **he loves his boat and his family, in that order** il aime son bateau et sa famille, dans cet ordre-là

⓶ [NonC: also **good order**] ordre m ◆ **he's got no sense of order** il n'a aucun sens de l'ordre ◆ **in order** [room etc] en ordre ; [passport, documents] en règle ◆ **to put one's room/one's affairs in order** mettre de l'ordre dans sa chambre/ses affaires, mettre sa chambre/ses affaires en ordre ◆ **in short order** (US) sans délai, tout de suite ◆ **to be in running** or **working order** être en état de marche ◆ **in good order** (= in good condition) en bon état ◆ **the machine is out of order** la machine est en panne or détraquée* ◆ **"out of order"** (on sign) « hors service » ◆ **the line is out of order** (Telec) la ligne est en dérangement

⓷ [EXPRESSING PURPOSE]
◆ **in order to** pour, afin de ◆ **I did it in order to clarify matters** je l'ai fait pour or afin de clarifier la situation
◆ **in order that** afin que + subj, pour que + subj ◆ **in order that there should be no misunderstanding** afin or pour qu'il n'y ait pas de malentendu, pour éviter tout malentendu

⓸ [= CORRECT PROCEDURE] (Parl etc) ordre m ◆ **order, order!** silence ! ◆ **to call sb to order** rappeler qn à l'ordre ◆ **he intervened on a point of order** il a soulevé un point de procédure ◆ **"(on a) point of order, Mister Chairman…"** « j'aimerais soulever un point de procédure… » ◆ **to be in order** (gen)[action, request etc] être dans les règles ◆ **that's quite in order** je n'y vois aucune objection ◆ **is it in order to do that?** est-ce que ça se fait ? ◆ **would it be in order for me to speak to her?** pourrais-je lui parler ? ◆ **it's quite in order for him to do that** rien ne s'oppose à ce qu'il le fasse ◆ **reforms are clearly in order** il est évident que des réformes s'imposent ◆ **a drink seems in order** un verre s'impose ◆ **congratulations are surely in order!** recevez toutes nos (or mes etc) félicitations ! ◆ **it seems a celebration is in order!** on va devoir fêter ça ! ◆ **out of order** * [remark] déplacé ◆ **that was well out of order!***, **you're way out of order!*** ça se fait pas !*

⓹ [= PEACE, CONTROL] ordre m ◆ **to keep order** [police] faire régner l'ordre, maintenir l'ordre ; [teacher] faire régner la discipline ◆ **she can't keep her class in order** elle n'arrive pas à tenir sa classe ◆ **keep your dog in order!** surveillez votre chien !

⓺ [= CATEGORY, CLASS] (Bio) ordre m ; (= social position) classe f ; (= kind) ordre m ◆ **the lower/higher orders** (= social rank) les classes fpl inférieures/supérieures ◆ **of a high order** (fig) de premier ordre ◆ **order of magnitude** ordre m de grandeur ◆ **something in the order of 500 euros**, **something of the order of 500 euros** (Brit), **something on the order of 500 euros** (US) quelque chose de l'ordre de 500 euros ◆ **the present crisis is of a (very) different order** la crise actuelle est d'un (tout) autre ordre

⓻ [= THE WAY THINGS ARE] ordre m ◆ **it is in the order of things** c'est dans l'ordre des choses ◆ **the old order is changing** le monde change ◆ **a new world order** un nouvel ordre mondial ◆ **a new social/political order** un nouvel ordre social/politique ◆ **strikes were the order of the day** les grèves étaient à l'ordre du jour

⓼ [REL] ordre m ◆ **the Benedictine Order** l'ordre m des bénédictins ◆ **to be in/take (holy) orders** être/entrer dans les ordres

⓽ [= COMMAND] ordre m, consigne f (Mil) ◆ **to obey orders** obéir aux ordres, observer or respecter la consigne (Mil) ◆ **orders are orders** les ordres sont les ordres, la consigne c'est la consigne ◆ **that's an order!** c'est un ordre ! ◆ **on the orders of…** sur l'ordre de… ◆ **by order of…** par ordre de… ◆ **till further orders** jusqu'à nouvel ordre ◆ **to give sb orders to do sth** donner l'ordre à qn de faire qch ◆ **he gave the order for it to be done** il a ordonné qu'on le fasse, il a donné l'ordre de le faire ◆ **you can't give me orders!**, **I don't take orders from you!** je ne suis pas à vos ordres !, ce n'est pas à vous de me donner des ordres ! ◆ **I don't take orders from anyone** je n'ai d'ordres à recevoir de personne ◆ **to be under the orders of** être sous les ordres de ◆ **to be under orders to do sth** avoir (reçu l')ordre de faire qch ◆ **sorry, I'm under orders** désolé, j'ai (reçu) des ordres ◆ **Order in Council** (Brit Parl) ordonnance f prise en Conseil privé, ≈ décret-loi m

⓾ [JUR] ◆ **judge's order** ordonnance f ◆ **order of bankruptcy** déclaration f de faillite ◆ **order of the Court** injonction f de la cour ◆ **deportation order** arrêté m d'expulsion

⑪ [COMM] commande f ◆ **made to order** fait sur commande ◆ **to give an order to sb (for sth)**, **to place an order with sb (for sth)** passer une commande (de qch) à qn ◆ **we have received your order for…** nous avons bien reçu votre commande de… ◆ **we have the shelves on order for you** vos étagères sont commandées ◆ **to do sth to order** (Comm, fig) faire qch sur commande ◆ **can I take your order?** (in restaurant) vous avez choisi ?

[12] [= WARRANT, PERMIT] permis m ✦ **order to view** permis m de visiter
[13] [FIN] ✦ **pay to the order of...** payer à l'ordre de... ✦ **pay John Smith or order** payez John Smith ou à son ordre
[14] [= PORTION] portion f ✦ **an order of French fries** une portion de frites
[15] [ARCHIT] ordre m

**2 - TRANSITIVE VERB**

[1] [= COMMAND] ordonner à, donner l'ordre à ✦ **to order sb to do sth** ordonner à qn de faire qch, donner l'ordre à qn de faire qch ✦ **he ordered that the army should advance** (frm) il a donné l'ordre à l'armée d'avancer ✦ **he was ordered to be quiet** on lui a ordonné de se taire ✦ **to order sb in/out/up** etc ordonner à qn d'entrer/de sortir/de monter etc ✦ **to order a player off** renvoyer un joueur ✦ **to order a regiment abroad** envoyer un régiment à l'étranger ✦ **the regiment was ordered to Berlin** le régiment a reçu l'ordre d'aller à Berlin
[2] [= ASK FOR] [+ goods, meal] commander ; [+ taxi] faire venir ✦ **to order more wine** redemander du vin ✦ **I didn't order this!** ce n'est pas ce que j'ai commandé !
[3] [= PUT IN SEQUENCE] classer, ranger ✦ **they are ordered by date/size** ils sont classés or rangés dans l'ordre chronologique/par ordre de grandeur
[4] [= PUT IN GOOD ORDER] [+ one's affairs etc] régler

**3 - INTRANSITIVE VERB**

[IN RESTAURANT etc] passer sa commande ✦ **are you ready to order?** vous avez choisi ?

**4 - COMPOUNDS**

**order book** N (Comm, Ind) carnet m de commandes ✦ **the company's order books were full** les carnets de commandes de l'entreprise étaient pleins
**order form** N (Comm) bulletin m or bon m de commande
**order mark** N (Brit Scol) avertissement m
**the Order of Merit** N (Brit) l'ordre m du mérite
**Order of Service** N (Rel) ordre m de cérémonie
**the Order of the Bath** N (Brit) l'ordre m du Bain
**the Order of the Garter** N (Brit) l'ordre m de la Jarretière
**order paper** N (Brit Parl) ordre m du jour

**5 - PHRASAL VERBS**

▶ **order about, order around** VT SEP commander ✦ **he likes ordering people about** il aime donner des ordres à tout le monde ✦ **I won't be ordered about by him!** je ne suis pas à ses ordres !, je n'ai pas d'ordres à recevoir de lui !

**ordered** /'ɔːdəd/ ADJ (also **well ordered**) [world, society, universe] ordonné

**ordering** /'ɔːdərɪŋ/ N (Comm) passation f de commandes

**orderliness** /'ɔːdəlɪnɪs/ N (NonC) (habitudes fpl d')ordre m

**orderly** /'ɔːdəlɪ/ SYN
ADJ [person] (= tidy) ordonné ; (= methodical) méthodique ; (= disciplined) discipliné ; [mind, system] méthodique ; [life] rangé, réglé ; [room, queue] ordonné ; [row] régulier ; [school] où règne la discipline ✦ **in an orderly fashion** or **manner** avec ordre
[1] (Mil) planton m, ordonnance f
[2] (Med) garçon m de salle ; → **nursing**
COMP **orderly officer** N (Mil) officier m de service
**orderly room** N (Mil) salle f de rapport

**ordinal** /'ɔːdɪnl/
ADJ [number] ordinal
N (nombre m) ordinal m

**ordinance** /'ɔːdɪnəns/ N ordonnance f, arrêté m

**ordinand** /'ɔːdɪnænd/ N ordinand m

**ordinarily** /'ɔːdnrɪlɪ/ SYN ADV ✦ **more than ordinarily polite/honest** d'une politesse/honnêteté qui sort de l'ordinaire ✦ **the car would ordinarily cost more** cette voiture coûterait normalement plus ✦ **ordinarily, I would have disbelieved him** normalement, je ne l'aurais pas cru

**ordinary** /'ɔːdnrɪ/ SYN
ADJ [1] (= usual, day-to-day) ordinaire, normal ✦ **it has 25 calories less than ordinary ice cream** elle a 25 calories de moins que les glaces ordinaires ✦ **in ordinary use** d'usage or d'emploi courant ✦ **my ordinary grocer's** mon épicerie habituelle ✦ **the heat made ordinary life impossible** la chaleur rendait impossible la routine habituelle ✦ **in the ordinary way** † en temps normal, d'ordinaire
[2] (= average, not outstanding) [person, day] ordinaire, comme les autres ; [intelligence, knowledge, reader etc] moyen ✦ **a perfectly ordinary Monday morning** un lundi matin comme les autres ✦ **mine was a fairly ordinary childhood** j'ai eu une enfance normale or assez ordinaire ✦ **I'm just an ordinary fellow** je suis un homme comme les autres ✦ **ordinary people** le commun des mortels ✦ **ordinary Germans** etc l'Allemand m etc moyen ✦ **it's not what you would call an ordinary present** c'est vraiment un cadeau peu ordinaire or peu banal ✦ **it was no ordinary bar** ce n'était pas un bar ordinaire or comme les autres ✦ **she's no ordinary woman** ce n'est pas une femme ordinaire or comme les autres ✦ **this is no ordinary novel, this is a masterpiece** ce n'est pas un roman comme les autres, c'est un chef-d'œuvre
[3] (pej) [person, meal etc] ordinaire, quelconque
N [1] ordinaire m ✦ **out of the ordinary** hors du commun, qui sort de l'ordinaire ✦ **above the ordinary** au-dessus du commun or de l'ordinaire
[2] (Rel) ✦ **the ordinary of the mass** l'ordinaire m de la messe
COMP **ordinary degree** N (Brit Univ) ≃ licence f
**Ordinary grade** N (Scot) ⇒ **Ordinary level**
**Ordinary level** N (Brit Educ: formerly) examen passé à l'âge de 16 ans dans le cadre des études secondaires
**Ordinary National Certificate** N (Brit Educ) ≃ brevet m de technicien
**Ordinary National Diploma** N (Brit Educ) ≃ brevet m de technicien supérieur
**ordinary seaman** N (pl **ordinary seamen**) (Brit Navy) matelot m non breveté
**ordinary share** N (Stock Exchange) action f ordinaire

**ordination** /ˌɔːdɪˈneɪʃən/ N (Rel) ordination f

**ordnance** /'ɔːdnəns/ (Mil)
N (= guns) (pièces fpl d')artillerie f ; (= unit) service m du matériel et des dépôts
COMP **Ordnance Corps** N Service m du matériel
**ordnance factory** N usine f d'artillerie
**Ordnance Survey** N (in Brit) service m cartographique de l'État ✦ **Ordnance Survey map** ≃ carte f d'état-major

**Ordovician** /ˌɔːdəʊˈvɪʃən/ ADJ ordovicien

**ordure** /'ɔːdjʊər/ N ordure f

**ore** /ɔːr/ N minerai m ✦ **iron ore** minerai m de fer

**Ore(g).** abbrev of **Oregon**

**oregano** /ˌɒrɪˈɡɑːnəʊ, (US) əˈreɡənəʊ/ N origan m

**Oregon** /'ɒrɪɡən/ N Oregon m ✦ **in Oregon** dans l'Oregon

**Oreo** ® /'ɔːrɪəʊ/ N (US) [1] (= food) gâteau sec au chocolat fourré à la vanille
[2] (* = person) Noir(e) m(f) qui imite les Blancs

**Orestes** /ɒˈrestiːz/ N Oreste m

**orfe** /ɔːf/ N (= fish) orfe m, ide m rouge

**orfray** /'ɔːfrɪ/ N orfroi m

**organ** /'ɔːɡən/ SYN
N [1] (Mus) orgue m, orgues fpl ✦ **grand organ** grandes orgues fpl ; → **barrel, mouth**
[2] (Anat) organe m ; (= penis) sexe m ✦ **vocal organs, organs of speech** organes mpl vocaux, appareil m vocal ✦ **reproductive** or **sex(ual) organs** organes mpl génitaux or sexuels ✦ **the male organ** le sexe masculin
[3] (fig = instrument) organe m ✦ **the chief organ of the administration** l'organe principal de l'administration
[4] (Press = mouthpiece) organe m, porte-parole m inv
COMP **organ bank** N (Med) banque f d'organes
**organ-builder** N facteur m d'orgues
**organ donor** N donneur m, -euse f d'organe(s)
**organ-grinder** N joueur m, -euse f d'orgue de Barbarie ✦ **I want to talk to the organ-grinder, not the (organ-grinder's) monkey** * (pej) je veux parler au responsable
**organ loft** N tribune f d'orgue
**organ pipe** N tuyau m d'orgue
**organ screen** N jubé m
**organ stop** N jeu m d'orgue
**organ transplant** N greffe f or transplantation f d'organe

**organdie, organdy** (US) /'ɔːɡəndɪ/
N organdi m
COMP en organdi, d'organdi

**organelle** /ˌɔːɡəˈnel/ N organelle m, organite m

**organic** /ɔːˈɡænɪk/
ADJ [1] (Chem) [matter, waste, fertilizer, compound] organique
[2] (Agr, Culin = non-chemical) [farm, farming, methods, produce, food] biologique, bio * inv ; [farmer] biologique ; [meat, poultry] sans hormones ✦ **organic restaurant** restaurant m diététique
[3] (frm = integral) [society, state, community] organique ; [part] fondamental ✦ **organic whole** tout m systématique ✦ **organic law** loi f organique
[4] (frm = gradual, natural) [growth, development] organique
COMP **organic chemistry** N chimie f organique
**organic disease** N maladie f organique

**organically** /ɔːˈɡænɪkəlɪ/ ADV [1] (Agr, Culin = not chemically) [farm, grow, produce] biologiquement, sans engrais chimiques ✦ **organically grown vegetables** légumes mpl biologiques ✦ **an organically rich soil** un sol riche en composés organiques
[2] (= naturally) [develop, integrate] naturellement
[3] (= physically) [weak] physiquement

**organicism** /ɔːˈɡænɪˌsɪzəm/ N organicisme m

**organism** /'ɔːɡənɪzəm/ SYN N organisme m (Bio)

**organist** /'ɔːɡənɪst/ N organiste mf

**organization** /ˌɔːɡənaɪˈzeɪʃən/ SYN
N [1] (= association) organisation f ; (= statutory body) organisme m, organisation f ; (= society) organisation f, association f ✦ **youth organization** organisation f or organisme m de jeunesse ✦ **she belongs to several organizations** elle est membre de plusieurs organisations or associations ✦ **a charitable organization** une œuvre or une association de bienfaisance ; → **travel**
[2] [of event, activity] organisation f ✦ **his work lacks organization** son travail manque d'organisation ✦ **a project of this size takes a lot of organization** un projet de cette ampleur requiert une bonne organisation
COMP **organization and methods** N (Comm, Admin) organisation f scientifique du travail, OST f
**organization chart** N organigramme m
**organization expenses** NPL (Fin) frais mpl d'établissement
**Organization for Economic Cooperation and Development** N Organisation f de coopération et de développement économique
**Organization for European Economic Cooperation** N Organisation f européenne de coopération économique
**organization man** N (pl **organization men**) (pej) cadre qui s'identifie complètement à son entreprise
**Organization of African Unity** N Organisation f de l'unité africaine
**Organization of American States** N Organisation f des États américains
**Organization of Petroleum-Exporting Countries** N Organisation f des pays exportateurs de pétrole

**organizational** /ˌɔːɡənaɪˈzeɪʃənl/ ADJ [skill, ability] d'organisateur ; [problems] d'organisation, organisationnel ; [support, goals, links, structure] organisationnel ; [experience] de l'organisation ; [framework] structurel, organisationnel ✦ **organizational change** (Jur, Comm) changement m structurel, modification f structurelle ✦ **at an organizational level** au niveau organisationnel or de l'organisation

**organize** /'ɔːɡənaɪz/ SYN
VT [1] [+ meeting, scheme, course, visit, elections, strike, campaign, protest] organiser ✦ **they organized (it) for me to go to London** ils ont organisé mon départ pour Londres ✦ **I'll organize something to eat for us*, I'll organize us something to eat*** (= buy food) je vais prévoir quelque chose à manger pour nous ; (= prepare food) je vais nous préparer un petit quelque chose ✦ **can you organize the food for us?** vous pouvez vous occuper de la nourriture ? ✦ **she's always organizing people** elle veut toujours tout organiser ✦ **to organize one's thoughts, to get one's thoughts organized** mettre de l'ordre dans ses idées ✦ **to get (o.s.) organized** s'organiser ✦ **I can organize myself to be ready on Friday** je peux m'arranger pour être prêt vendredi
[2] (into trade union) syndiquer ; see also **organized**
VI (= form trade union) se syndiquer

**organized** /'ɔːɡənaɪzd/
ADJ organisé

**organizer** | **OS**     ENGLISH-FRENCH    664

**COMP organized chaos**\* N (hum) désordre m organisé
**organized crime** N crime m organisé
**organized labour** N main-d'œuvre f syndiquée
**organized religion** N religion f en tant qu'institution

**organizer** /'ɔːgənaɪzəʳ/ N ① [of event, activity] organisateur m, -trice f ◆ **the organizers apologize for...** les organisateurs vous prient de les excuser pour... ② ◆ **to be a good/bad organizer** être un bon/mauvais organisateur ③ (= diary) ◆ **personal organizer** Filofax ® m, organiseur m personnel ◆ **electronic organizer** agenda m électronique

**organizing** /'ɔːgənaɪzɪŋ/
N [of event, activity etc] organisation f ◆ **she loves organizing** elle adore organiser
ADJ [group, committee] (qui est) chargé de l'organisation

**organogram** /ɔːˈgænəʊgræm/ N organigramme m

**organophosphate** /ɔːgənəʊˈfɒsfeɪt/ N organophosphoré m

**organza** /ɔːˈgænzə/ N organza m

**orgasm** /'ɔːgæzəm/
N orgasme m ◆ **to bring sb to orgasm** amener qn à l'orgasme ◆ **to achieve** or **reach orgasm** atteindre l'orgasme
VI avoir un orgasme

**orgasmic** /ɔːˈgæzmɪk/ ADJ ① [person, state] orgasmique ② (\* = enjoyable) [experience, pleasure] jouissif

**orgiastic** /ˌɔːdʒɪˈæstɪk/ ADJ orgiaque

**orgy** /'ɔːdʒɪ/ SYN N (lit, fig) orgie f ◆ **an orgy of killing/destruction** une orgie de tueries/destruction ◆ **a spending orgy** des dépenses folles

**oriel** /'ɔːrɪəl/ N (also **oriel window**) (fenêtre f en) oriel m

**orient** /'ɔːrɪənt/
N (liter) orient m, levant m ◆ **the Orient** l'Orient
VT (lit, fig) orienter ◆ **to orient o.s.** s'orienter, se repérer ; see also **oriented**

**oriental** /ˌɔːrɪˈentəl/
ADJ [peoples, civilization, design] oriental ; [carpet] d'Orient
N ◆ **Oriental** † Oriental(e) m(f)

**Orientalism** /ˌɔːrɪˈentəlɪzəm/ N orientalisme m
**orientalist** /ˌɔːrɪˈentəlɪst/ N orientaliste mf
**orientate** /'ɔːrɪənteɪt/ VT ⇒ **orient** vt, **oriented**
**orientated** /'ɔːrɪənteɪtɪd/ ADJ ⇒ **oriented**

**orientation** /ˌɔːrɪənˈteɪʃən/ SYN N (gen) orientation f ◆ **the group's political orientation** la tendance or l'orientation politique du groupe ◆ **orientation week** (US Univ) semaine f d'accueil des étudiants

**oriented** /'ɔːrɪəntɪd/ ADJ ◆ **oriented to** or **towards** (= giving priority to, influenced by) axé sur ; (= specially for needs of) adapté aux besoins de ◆ **the film is oriented to the British audience** ce film s'adresse en premier lieu au public britannique ◆ **their policies are oriented to(wards) controlling inflation** leurs politiques ont pour objet de or visent à juguler l'inflation ◆ **a defence-oriented budget** un budget axé sur la défense, un budget qui privilégie la défense ◆ **a strongly export-oriented economy** une économie fortement axée sur l'exportation ◆ **industry-oriented research** recherche f axée sur les besoins de l'industrie ◆ **user-/pupil-** etc **oriented** adapté aux besoins de or spécialement conçu pour l'usager/l'élève etc ◆ **politically oriented** orienté (politiquement) ◆ **he's not very family-oriented** il n'est pas très famille ◆ **it's still a very male-oriented job** cela demeure un emploi essentiellement masculin

**orienteer** /ˌɔːrɪənˈtɪəʳ/
N (Sport) personne qui fait des courses d'orientation
VI faire de la course d'orientation

**orienteering** /ˌɔːrɪənˈtɪərɪŋ/
N (Sport) course f d'orientation
COMP **orienteering race** N (Sport) course f d'orientation

**orifice** /'ɒrɪfɪs/ SYN N orifice m
**oriflamme** /'ɒrɪflæm/ N oriflamme f
**origami** /ˌɒrɪˈgɑːmɪ/ N origami m
**origan** /'ɒrɪgən/ N origan m

**origin** /'ɒrɪdʒɪn/ SYN N (= parentage, source) origine f ; [of manufactured goods] origine f, provenance f ◆ **the origin of this lies in...** l'origine en est... ◆ **to have humble origins, to be of humble origin** être d'origine modeste, avoir des origines modestes ◆ **his family's origins are in France** sa famille est d'origine française or originaire de France ◆ **country of origin** pays m d'origine ◆ **to have its origins in** [problem] provenir de ◆ **the idea has its origins in medieval Europe** cette idée trouve sa source dans l'Europe du Moyen Âge ◆ **this fruit has its origins in Asia** ce fruit est originaire d'Asie

**original** /əˈrɪdʒɪnl/ SYN
ADJ ① (= first, earliest) [meaning] originel ; [inhabitant, member] premier ; [purpose, suggestion] initial, premier ; [shape, colour] primitif ; [edition] original, princeps inv ◆ **original cost** (Fin, Comm) coût m d'acquisition ◆ **original jurisdiction** (US Jur) juridiction f de première instance ◆ **original sin** le péché originel
② (= not copied etc) [painting, idea, writer] original ; [play] inédit, original
③ (= unconventional, innovative) [character, person] original ◆ **he's an original thinker, he's got an original mind** c'est un esprit original
N ① [of painting, language, document] original m ◆ **to read Dante in the original (Italian)** lire Dante dans le texte
② (\* = person) original(e) m(f), phénomène \* m

**originality** /əˌrɪdʒɪˈnælɪtɪ/ SYN N originalité f

**originally** /əˈrɪdʒənəlɪ/ SYN ADV ① (= initially) [intend, plan] au départ, à l'origine ◆ **he's originally from Armenia** il est originaire d'Arménie ◆ **it was originally a hit for Janis Joplin** au départ, c'était un succès de Janis Joplin
② (= unconventionally, innovatively) [dress] de façon originale ◆ **to think originally** avoir des idées novatrices or originales

**originate** /əˈrɪdʒɪneɪt/ SYN
VT [person] être l'auteur de, être à l'origine de ; [event etc] donner naissance à ◆ **originating bank** banque f émettrice
VI ◆ **to originate from** [person] être originaire de ; [goods] provenir de ◆ **to originate from sb** [suggestion, idea] émaner de qn ◆ **to originate in** [stream, custom etc] prendre naissance or sa source dans

**origination fee** /əˌrɪdʒɪˈneɪʃənfiː/ N frais mpl de constitution de dossier

**originator** /əˈrɪdʒɪneɪtəʳ/ SYN N auteur m, créateur m, -trice f ; [of plan etc] initiateur m, -trice f

**Orinoco** /ˌɒrɪˈnəʊkəʊ/ N Orénoque m

**oriole** /'ɔːrɪəʊl/ N loriot m ; → **golden**

**Orion** /əˈraɪən/ N (Astron) Orion f ; (Myth) Orion m

**Orkney** /'ɔːknɪ/ N ◆ **the Orkney Islands, the Orkneys** les Orcades fpl

**orle** /ɔːl/ N (Heraldry) orle m

**Orleanist** /ɔːˈlɪənɪst/ N orléaniste mf

**Orlon** ® /'ɔːlɒn/
N orlon ® m
COMP en orlon ®

**ormer** /'ɔːməʳ/ N (= shellfish) ormeau m

**ormolu** /'ɔːməʊluː/
N similor m, chrysocale m
COMP en similor, en chrysocale

**ornament** /'ɔːnəmənt/ SYN
N ① (on building, ceiling, dress etc) ornement m
② (= ornamental object) objet m décoratif, bibelot m ; (fig, liter = person, quality) ornement m (fig) , (liter) ◆ **a row of ornaments on the shelf** une rangée de bibelots sur l'étagère
③ (NonC = ornamentation) ornement m ◆ **rich in ornament** richement orné
④ (Mus) ornement m
VT [+ namement] [+ style] orner, embellir (with de) ; [+ room, building, ceiling] décorer, ornementer (with de) ; [+ dress] agrémenter, orner (with de)

**ornamental** /ˌɔːnəˈmentl/ SYN ADJ ① (= decorative) [plant, shrub] ornemental, décoratif ; [garden, pond, lake] d'agrément ; [design] décoratif
② (\* : pej hum) [person, role] décoratif (pej)

**ornamentation** /ˌɔːnəmenˈteɪʃən/ SYN N (NonC) (gen) ornementation f, décoration f ; (Mus) ornements mpl

**ornate** /ɔːˈneɪt/ SYN ADJ très orné

**ornately** /ɔːˈneɪtlɪ/ ADV [carved, decorated] richement

**ornery** \* /'ɔːnərɪ/ ADJ (US) [person] (= bad-tempered) désagréable ; (= nasty) méchant ; (= stubborn) entêté

**ornithological** /ˌɔːnɪθəˈlɒdʒɪkəl/ ADJ ornithologique

**ornithologist** /ˌɔːnɪˈθɒlədʒɪst/ N ornithologue mf

**ornithology** /ˌɔːnɪˈθɒlədʒɪ/ N ornithologie f

**ornithomancy** /ˌɔːnɪθəʊˈmænsɪ/ N ornithomancie f

**ornithosis** /ˌɔːnɪˈθəʊsɪs/ N ornithose f

**orogeny** /ɒˈrɒdʒɪnɪ/ N orogénie f, orogenèse f

**orographic** /ˌɒrəʊˈgræfɪk/ ADJ (Geog) orographique

**orography** /ɒˈrɒgrəfɪ/ N (Geog) orographie f

**orotund** /'ɒrəʊtʌnd/ ADJ (= full-voiced) tonitruant, retentissant ; (= bombastic) pompeux, grandiloquent

**orphan** /'ɔːfən/
N orphelin(e) m(f)
ADJ orphelin
VT ◆ **to be orphaned** devenir orphelin(e) ◆ **the children were orphaned by** or **in the accident** les enfants ont perdu leurs parents dans l'accident

**orphanage** /'ɔːfənɪdʒ/ N orphelinat m

**Orpheus** /'ɔːfjuːs/ N Orphée m ◆ **Orpheus in the Underworld** (Mus) Orphée aux enfers

**Orphic** /'ɔːfɪk/ ADJ orphique

**orphrey** /'ɔːfrɪ/ ⇒ **orfray**

**orpiment** /'ɔːpɪmənt/ N orpiment m

**orthocentre** /'ɔːθəʊsentəʳ/ N (Math) orthocentre m

**orthochromatic** /ˌɔːθəʊkrəʊˈmætɪk/ ADJ orthochromatique

**orthoclase** /'ɔːθəʊkleɪz/ N (Miner) orthose m

**orthodontic** /ˌɔːθəʊˈdɒntɪk/ ADJ orthodontique

**orthodontics** /ˌɔːθəʊˈdɒntɪks/ N (NonC) orthodontie f

**orthodontist** /ˌɔːθəʊˈdɒntɪst/ N orthodontiste mf

**orthodox** /'ɔːθədɒks/ SYN
ADJ (gen, Rel) [person, view, method] orthodoxe ; (Med) [doctor, practitioner] exerçant la médecine traditionnelle ; [medicine] traditionnel ◆ **orthodox Jews/Communists** juifs mpl/communistes mpl orthodoxes
COMP **the Orthodox Church** N (also **the Eastern Orthodox Church**) les Églises fpl orthodoxes

**orthodoxy** /'ɔːθədɒksɪ/ SYN N orthodoxie f

**orthogonal** /ɔːˈθɒgənl/ ADJ orthogonal

**orthographic(al)** /ˌɔːθəˈgræfɪk(əl)/ ADJ orthographique

**orthography** /ɔːˈθɒgrəfɪ/ N orthographe f

**orthopaedic, orthopedic** (US) /ˌɔːθəʊˈpiːdɪk/
ADJ [ward, shoes] orthopédique ; [patient] en traitement orthopédique
COMP **orthopaedic bed** N (specially firm) lit m à sommier anatomique , lit m orthopédique
**orthopaedic mattress** N sommier m anatomique
**orthopaedic surgeon** N chirurgien m orthopédiste
**orthopaedic surgery** N chirurgie f orthopédique

**orthopaedics, orthopedics** (US) /ˌɔːθəʊˈpiːdɪks/ N (NonC) orthopédie f

**orthopaedist, orthopedist** (US) /ˌɔːθəʊˈpiːdɪst/ N orthopédiste mf

**orthopaedy, orthopedy** (US) /'ɔːθəʊpiːdɪ/ N ⇒ **orthopaedics**

**orthopteran** /ɔːˈθɒptərən/ ADJ, N orthoptère m

**orthopteron** /ɔːˈθɒptərən/ ADJ, N (pl **orthoptera** /ɔːˈθɒptərə/) orthoptère m

**orthopterous** /ɔːˈθɒptərəs/ ADJ orthoptère

**orthoptic** /ɔːˈθɒptɪk/ ADJ orthoptique

**orthoptics** /ɔːˈθɒptɪks/ N (NonC) orthoptique f

**orthoptist** /ɔːˈθɒptɪst/ N orthoptiste mf

**orthorexia** /ˌɔːθəˈreksɪə/ N orthorexie f

**orthorhombic** /ˌɔːθəʊˈrɒmbɪk/ ADJ orthorhombique

**ortolan** /'ɔːtələn/ N ortolan m

**Orwellian** /ɔːˈwelɪən/ ADJ (Literat etc) d'Orwell, orwellien

**oryx** /'ɒrɪks/ N (pl **oryxes** or **oryx**) oryx m

**OS** /əʊˈes/ ① (Comput) abbrev of **operating system**
② (Brit Navy) (abbrev of **Ordinary Seaman**) → **ordinary**

③ (Brit) (abbrev of **Ordnance Survey**) → **ordnance**
④ abbrev of **outsize**

**os** /ɒs/
**N** (Anat) os m
**COMP os coxae** N os m iliaque or coxal

**Osaka** /əʊˈsɑːkə/ N Ōsaka

**OSAR** /ˈəʊzɑːʳ/ N (abbrev of **optical storage and retrieval**) (Comput) OSAR m

**Oscar** /ˈɒskəʳ/ N (Cine) Oscar m ♦ **he won an Oscar for best actor/for his last film** il a reçu l'Oscar du meilleur acteur/un Oscar pour son dernier film ♦ **to win an Oscar nomination** être nominé aux Oscars, recevoir une nomination aux Oscars ♦ **Oscar-winning** qui a reçu or remporté un Oscar (or des Oscars) ♦ **Oscar-winner Gary Irons** Gary Irons, qui a reçu or remporté l'Oscar du meilleur acteur (or réalisateur etc) ♦ **his first film, his only Oscar-winner** son premier film, le seul à avoir reçu un Oscar or à avoir été oscarisé ♦ **Oscar night** la nuit des Oscars

**oscillate** /ˈɒsɪleɪt/ SYN
**VI** (gen, Elec, Phys etc) osciller ; (fig) [ideas, opinions] fluctuer, varier ; [person] osciller, balancer (between entre)
**VT** faire osciller

**oscillation** /ˌɒsɪˈleɪʃən/ SYN N oscillation f

**oscillator** /ˈɒsɪleɪtəʳ/ N oscillateur m

**oscillatory** /ˈɒsɪleɪtərɪ/ ADJ oscillatoire

**oscillogram** /ɒˈsɪləgræm/ N oscillogramme m

**oscillograph** /ɒˈsɪləgrɑːf/ N oscillographe m

**oscilloscope** /ɒˈsɪləskəʊp/ N oscilloscope m

**osculate** /ˈɒskjʊleɪt/ (hum)
**VI** s'embrasser
**VT** embrasser

**osculation** /ˌɒskjʊˈleɪʃən/ N (Math) osculation f

**osculatory** /ˈɒskjʊlətərɪ/ ADJ (Math) osculateur m

**OSHA** /ˈəʊəʃeɪˈeɪ/ N (US) (abbrev of **Occupational Safety and Health Administration**) → **occupational**

**osier** /ˈəʊzəʳ/
**N** osier m
**COMP** [branch] d'osier ; [basket] en osier, d'osier

**Osiris** /əʊˈsaɪrɪs/ N Osiris m

**Oslo** /ˈɒzləʊ/ N Oslo

**osmic** /ˈɒzmɪk/ ADJ osmique

**osmium** /ˈɒzmɪəm/ N osmium m

**osmometer** /ɒzˈmɒmɪtəʳ/ N osmomètre m

**osmosis** /ɒzˈməʊsɪs/ N (Phys, fig) osmose f ♦ **by osmosis** (lit, fig) par osmose

**osmotic** /ɒzˈmɒtɪk/ ADJ osmotique

**osmund** /ˈɒzmənd/, **osmunda** /ɒzˈməndə/ N osmonde f

**osprey** /ˈɒspreɪ/ N balbuzard m (pêcheur)

**osseous** /ˈɒsɪəs/ ADJ ① (Anat) osseux
② ⇒ **ossiferous**

**Ossianic** /ˌɒsɪˈænɪk/ ADJ ossianique

**ossicle** /ˈɒsɪkl/ N osselet m

**ossiferous** /ɒˈsɪfərəs/ ADJ ossifère

**ossification** /ˌɒsɪfɪˈkeɪʃən/ N ossification f

**ossify** /ˈɒsɪfaɪ/ SYN (lit, fig)
**VT** ossifier
**VI** s'ossifier

**osso bucco** /ˌɒsəʊˈbʊkəʊ/ N osso buco m

**ossuary** /ˈɒsjʊərɪ/ N ossuaire m

**osteitis** /ˌɒstɪˈaɪtɪs/ N ostéite f

**Ostend** /ɒsˈtend/ N Ostende

**ostensible** /ɒsˈtensəbl/ SYN ADJ (frm) avoué

**ostensibly** /ɒsˈtensəblɪ/ SYN ADV (frm) [independent, innocuous etc] soi-disant ♦ **he was ostensibly a student** il était soi-disant étudiant ♦ **he went out, ostensibly to telephone** il est sorti, soi-disant pour téléphoner ♦ **the road is closed, ostensibly because of landslides** la route est barrée, soi-disant à cause d'éboulements

**ostensive** /ɒˈstensɪv/ ADJ ① (Ling etc) ostensif
② ⇒ **ostensible**

**ostentation** /ˌɒstenˈteɪʃən/ SYN N (NonC) ostentation f

**ostentatious** /ˌɒstenˈteɪʃəs/ SYN ADJ ① (pej = extravagant) [car, clothes] tape-à-l'œil inv ; [surroundings] prétentieux

② (pej = flamboyant) [person] prétentieux ; [manner] prétentieux, ostentatoire (liter)
③ (= exaggerated) [gesture, dislike, concern, attempt] exagéré, ostentatoire (liter)

**ostentatiously** /ˌɒstenˈteɪʃəslɪ/ ADV ① (pej = extravagantly) [decorate, live] avec ostentation ; [dress] de façon voyante
② (= exaggeratedly) [try, yawn] avec ostentation ♦ **he looked ostentatiously at his watch** il a regardé sa montre avec ostentation

**osteo...** /ˈɒstɪəʊ/ PREF ostéo...

**osteoarthritic** /ˌɒstɪəʊɑːˈθrɪtɪk/ ADJ arthrosique

**osteoarthritis** /ˌɒstɪəʊɑːˈθraɪtɪs/ N ostéoarthrite f

**osteoblast** /ˈɒstɪəʊblɑːst/ N ostéoblaste m

**osteoclasis** /ˌɒstɪˈɒkləsɪs/ N (Surg) ostéoclasie f

**osteogenesis** /ˌɒstɪəʊˈdʒenɪsɪs/ N ostéogenèse f, ostéogénie f

**osteology** /ˌɒstɪˈɒlədʒɪ/ N ostéologie f

**osteoma** /ˌɒstɪˈəʊmə/ N (pl **osteomas** or **osteomata** /ˌɒstɪˈəʊmətə/) ostéome m

**osteomalacia** /ˌɒstɪəʊməˈleɪʃɪə/ N ostéomalacie f

**osteomyelitis** /ˌɒstɪəʊmaɪˈlaɪtɪs/ N ostéomyélite f

**osteopath** /ˈɒstɪəpæθ/ N ostéopathe mf

**osteopathy** /ˌɒstɪˈɒpəθɪ/ N ostéopathie f

**osteophyte** /ˈɒstɪəfaɪt/ N ostéophyte m

**osteoplasty** /ˈɒstɪəplæstɪ/ N ostéoplastie f

**osteoporosis** /ˌɒstɪəʊpɔːˈrəʊsɪs/ N ostéoporose f

**osteotomy** /ˌɒstɪˈɒtəmɪ/ N ostéotomie f

**ostinato** /ˌɒstɪˈnɑːtəʊ/ N (pl **ostinatos**) (Mus) ostinato m

**ostler** †† /ˈɒslər/ N (esp Brit) valet m d'écurie

**ostracism** /ˈɒstrəsɪzəm/ N ostracisme m

**ostracize** /ˈɒstrəsaɪz/ SYN VT ostraciser

**ostrich** /ˈɒstrɪtʃ/ N autruche f

**Ostrogoth** /ˈɒstrəgɒθ/ N (Hist) Ostrogoth(e) m(f)

**Ostrogothic** /ˌɒstrəˈgɒθɪk/ ADJ (Hist) ostrogoth

**OT** /əʊˈtiː/ ① (Bible) (abbrev of **Old Testament**) → **old**
② (Med) (abbrev of **occupational therapy**) → **occupational**

**otalgia** /əʊˈtældʒɪə/ N (Med) otalgie f

**OTB** /ˌəʊtiːˈbiː/ N (US) (abbrev of **off-track betting**) ≈ PMU m

**OTC** /ˌəʊtiːˈsiː/
**N** (Brit Mil) (abbrev of **Officers' Training Corps**) → **officer**
**ADJ** abbrev of **over-the-counter**

**OTE** /ˌəʊtiːˈiː/ N (abbrev of **on-target earnings**) → **target**

**other** /ˈʌðəʳ/ SYN
**ADJ the other one** l'autre mf ♦ **the other five** les cinq autres mfpl ♦ **other people have done it** d'autres l'ont fait ♦ **other people's property** la propriété d'autrui ♦ **it always happens to other people** ça arrive toujours aux autres ♦ **the other world** (fig) l'au-delà m , l'autre monde m ; see also **otherworldly** ♦ **the other day/week** l'autre jour m/semaine f ♦ **come back some other time** revenez un autre jour ♦ **other ranks** (esp Brit) (Mil) ≈ sous-officiers mpl et soldats mpl ♦ **some writer or other said that...** je ne sais quel écrivain a dit que..., un écrivain, je ne sais plus lequel, a dit que... ♦ **some fool or other** un idiot quelconque ♦ **there must be some other way of doing it** on doit pouvoir le faire d'une autre manière ; → **every, hand, time, word**

**PRON** autre mf ♦ **and these five others** et ces cinq autres ♦ **there are some others** il y en a d'autres ♦ **several others have mentioned it** plusieurs autres l'ont mentionné ♦ **one after the other** l'un après l'autre ♦ **others have spoken of him** il y en a d'autres qui ont parlé de lui ♦ **he doesn't like hurting others** il n'aime pas faire de mal aux autres or à autrui ♦ **some like flying, others prefer the train** les uns aiment prendre l'avion, les autres préfèrent le train ♦ **some do, others don't** il y en a qui le font, d'autres qui ne le font pas ♦ **one or other of them will come** il y en aura bien un qui viendra ♦ **somebody or other suggested that...** je ne sais qui a suggéré que..., quelqu'un, je ne sais qui, a suggéré que... ♦ **they concentrated on one problem to the exclusion of all others** ils se sont concentrés sur un problème, à l'exclusion de tous les autres ♦ **you and no other** vous et personne d'autre ♦ **no other than** nul autre que ; → **each, none**

**ADV** ① (= **otherwise**) autrement ♦ **he could not have acted other than he did** il n'aurait pas pu agir autrement ♦ **I wouldn't wish him other than he is** il est très bien comme il est ♦ **I've never seen her other than with her husband** je ne l'ai jamais vue (autrement) qu'avec son mari ♦ **I couldn't do other than come, I could do nothing other than come** (frm) je ne pouvais faire autrement que de venir, je ne pouvais pas ne pas venir
② ♦ **other than...** (= apart from) à part... ♦ **other than that, I said nothing** à part ça, je n'ai rien dit, je n'ai rien dit d'autre ♦ **no one other than a member of the family** nul autre qu'un membre de la famille ; → **somehow**

**COMP other-directed** ADJ (US Psych) conformiste

**otherness** /ˈʌðənɪs/ N altérité f

**otherwise** /ˈʌðəwaɪz/ SYN ADV ① (= in another way) autrement ♦ **some people think otherwise** certaines personnes pensent autrement ♦ **I could not do otherwise** je ne pouvais faire autrement ♦ **it cannot be otherwise** il ne peut en être autrement ♦ **he was otherwise engaged** il était occupé à (faire) autre chose ♦ **should it be otherwise** (frm) dans le cas contraire ♦ **Montgomery otherwise (known as) Monty** Montgomery alias Monty

♦ **or otherwise** (= or not) ♦ **any organization, political or otherwise** toute organisation, politique ou non ♦ **the success or otherwise of the project** la réussite ou l'échec du projet
② (= if this were not the case) sinon, autrement ♦ **I do lots of sport, otherwise I'd go mad** je fais beaucoup de sport, sinon or autrement je deviendrais fou
③ (in other respects) par ailleurs ♦ **it was a violent end to an otherwise peaceful demonstration** la manifestation, par ailleurs pacifique, s'est terminée dans la violence ♦ **the boat needed repainting, but otherwise it was in good condition** le bateau avait besoin d'être repeint, mais sinon or autrement il était en bon état
④ (= something different) ♦ **they say crime is on the increase, but a recent study suggests otherwise** ils prétendent que la criminalité augmente, mais une étude récente tend à prouver le contraire ♦ **take 60mg a day, unless otherwise advised by a doctor** prendre 60 mg par jour, sauf avis médical contraire ♦ **all the translations are my own, unless otherwise stated** toutes les traductions sont de moi, sauf mention contraire ♦ **until proved otherwise** jusqu'à preuve du contraire

**otherworldly** /ˌʌðəˈwɜːldlɪ/ ADJ [attitude] détaché des contingences ; [person] détaché du monde

**otic** /ˈəʊtɪk/ ADJ otique

**otiose** /ˈəʊʃɪəʊs/ ADJ (frm) (= idle) oisif ; (= useless) oiseux

**otitis** /əʊˈtaɪtɪs/ N otite f

**otolaryngologist** /ˌəʊtəʊˌlærɪŋˈgɒlədʒɪst/ N oto-rhino-laryngologiste mf

**otolaryngology** /ˌəʊtəʊˌlærɪŋˈgɒlədʒɪ/ N oto-rhino-laryngologie f

**otolith** /ˈəʊtəʊlɪθ/ N otolithe m

**otology** /əʊˈtɒlədʒɪ/ N otologie f

**otorhinolaryngology** /ˌəʊtəʊˈraɪnəʊˌlærɪŋˈgɒlədʒɪ/ N oto-rhino-laryngologie f

**otoscope** /ˈəʊtəʊskəʊp/ N otoscope m

**OTT** */ˌəʊtiːˈtiː/ (abbrev of **over the top**) → **top¹**

**Ottawa** /ˈɒtəwə/ N (= city) Ottawa ; (= river) Ottawa f, Outaouais m

**otter** /ˈɒtəʳ/
**N** loutre f
**COMP otter hound** N (= dog) otterhound m ; → **sea**

**Otto** /ˈɒtəʊ/ N (Hist) Othon m or Otton m

**Ottoman** /ˈɒtəmən/
**ADJ** ottoman
**N** Ottoman(e) m(f)

**ottoman** /ˈɒtəmən/ N (pl **ottomans**) ottomane f

**OU** /əʊˈjuː/ (Brit Educ) ① (abbrev of **Open University**) → **open**
② abbrev of **Oxford University**

**ouabain** /ˈwɑːbɑːɪn/ N ouabaïne f

**Ouagadougou** /ˌwɑːgəˈduːguː/ N (Geog) Ouagadougou

**ouch** /aʊtʃ/ EXCL aïe !

**ought¹** /ɔːt/ LANGUAGE IN USE 1.1 (pret **ought**) MODAL AUX VB ① (indicating obligation, advisability, desirability) ♦ **I ought to do it** je devrais le faire, il fau-

**ought** | **out**

drait *or* il faut que je le fasse ◆ **I really ought to go and see him** je devrais bien aller le voir ◆ **he thought he ought to tell you** il a pensé qu'il devait vous le dire ◆ **if they behave as they ought** s'ils se conduisent comme ils le doivent, s'ils se conduisent correctement ◆ **this ought to have been finished long ago** cela aurait dû être terminé il y a longtemps ◆ **oughtn't you to have left by now?** est-ce que vous n'auriez pas dû déjà être parti ?

② (*indicating probability*) ◆ **they ought to be arriving soon** ils devraient bientôt arriver ◆ **he ought to have got there by now I expect** je pense qu'il est arrivé *or* qu'il a dû arriver (à l'heure qu'il est) ◆ **that ought to do** ça devrait aller ◆ **that ought to be very enjoyable** cela devrait être très agréable

**ought²** /ɔːt/ N ⇒ **aught**

**Ouija, ouija** ® /ˈwiːdʒə/ N ◆ **Ouija board** oui-ja *m* inv

**ounce** /aʊns/ SYN N ① (= *measurement*) once *f* ( = 28,35 *grammes*) ; (*fig*) [*of truth, malice, sense, strength etc*] once *f*, gramme *m*
② (= *animal*) once *f*

**OUP** /ˌəʊjuːˈpiː/ N (abbrev of **Oxford University Press**) Presses universitaires d'Oxford

**our** /aʊəʳ/ POSS ADJ notre (nos *pl*) ◆ **our book** notre livre *m* ◆ **our table** notre table *f* ◆ **our clothes** nos vêtements *mpl* ◆ **Our Father/Lady** (*Rel*) Notre Père *m*/Dame *f* ◆ **that's OUR car** (*emphatic*) c'est notre voiture à nous

**ours** /aʊəz/ POSS PRON le nôtre, la nôtre, les nôtres ◆ **this car is ours** cette voiture est à nous *or* nous appartient *or* est la nôtre ◆ **your house is better than ours** votre maison est mieux que la nôtre ◆ **the house became ours** la maison est devenue la nôtre ◆ **it is not ours to decide** (*frm*) ce n'est pas à nous de décider, il ne nous appartient pas de décider ◆ **ours is a specialized department** nous sommes un service spécialisé
◆ **of ours** ◆ **a friend of ours** un de nos amis (à nous), un ami à nous * ◆ **I think it's one of ours** je crois que c'est des nôtres ◆ **it's no fault of ours** ce n'est pas de notre faute (à nous) ◆ **that car of ours** (*pej*) notre fichue * voiture ◆ **that stupid son of ours** (*pej*) notre idiot de fils ◆ **no advice of ours could prevent him** aucun conseil de notre part ne pouvait l'empêcher

**ourself** /ˌaʊəˈself/ PERS PRON (*frm, liter* : *of royal or editorial "we"*) nous-même

**ourselves** /ˌaʊəˈselvz/ PERS PRON (*reflexive: direct and indirect*) nous ; (*emphatic*) nous-mêmes ; (*after prep*) nous ◆ **we enjoyed ourselves** nous nous sommes bien amusés ◆ **we said to ourselves** nous nous sommes dit, on s'est dit * ◆ **we saw it ourselves** nous l'avons vu nous-mêmes ◆ **we've kept three for ourselves** nous nous en sommes réservé trois ◆ **people like ourselves** des gens comme nous ◆ **we were talking amongst ourselves** nous discutions entre nous ◆ **we had the beach to ourselves** on avait la plage pour nous
◆ **(all) by ourselves** tout seuls, toutes seules

**oust** /aʊst/ VT évincer (*sb from sth* qn de qch) ◆ **they ousted him from the chairmanship** ils l'ont évincé de la présidence, ils l'ont forcé à démissionner ◆ **he soon ousted him as the teenagers' idol** elle eut vite fait de lui prendre sa place d'idole des jeunes

✦✦✦✦✦✦✦✦✦✦✦✦✦✦✦

**out** /aʊt/ SYN

1 - ADVERB
2 - ADJECTIVE
3 - PREPOSITION
4 - NOUN
5 - TRANSITIVE VERB
6 - COMPOUNDS

▶ When **out** is the second element in a phrasal verb, eg **get out, go out, speak out**, look up the verb. When **out** is part of a set combination, eg **day out, voyage out**, look up the noun.

✦✦✦✦✦✦✦✦✦✦✦✦✦✦✦

**1 - ADVERB**

① [= OUTSIDE] dehors ◆ **it's hot out** il fait chaud dehors *or* à l'extérieur ◆ **out you go!** sortez !, filez ! * (*above exit*) BUT **"out"** « sortie »
② [PERSON] ◆ **to be out** (= *to have gone out*) être sorti ; (= *to go out*) sortir ◆ **Paul is out** Paul est sorti *or* n'est pas là ◆ **he's out a good deal** il sort

beaucoup, il n'est pas souvent chez lui ◆ **he's out fishing** il est (parti) à la pêche

**out**, when followed by a preposition, is not usually translated.

◆ **he's out in the garden** il est dans le jardin ◆ **when he was out in Iran** lorsqu'il était en Iran ◆ **he's out to dinner** il est sorti dîner ◆ **he went out to China** il est parti en Chine ; → **out of**

③ [HOMOSEXUAL] ◆ **to be out** * assumer publiquement son homosexualité
④ [TENNIS] ◆ **(the ball is) out!** (la balle est) out !
⑤ [TIDE] ◆ **when the tide is out** à marée basse
⑥ [EXPRESSING DISTANCE] ◆ **five days out from Liverpool** à cinq jours (de voyage) de Liverpool ◆ **the boat was 10 miles out (to sea)** le bateau était à 10 milles de la côte ◆ **their house is 10km out (of town)** leur maison est à 10 km de la ville ◆ **to be out at sea** être en mer
⑦ [SET STRUCTURES]
◆ **to be out and about** ◆ **you should be out and about!** ne restez donc pas enfermé ! ◆ **to be out and about again** être de nouveau sur pied
◆ **out here** ici ◆ **come in! — no, I like it out here** entrez ! – non, je suis bien ici ◆ **she doesn't know how to get on with the people out here** elle a du mal à sympathiser avec les gens d'ici
◆ **out there** (= *in that place*) là ; (*further away*) là-bas ◆ **look out there** regardez là-bas
◆ **out with it!** * vas-y, parle !

**2 - ADJECTIVE**

① [= EXTINGUISHED] [*light, fire, gas*] éteint
② [= AVAILABLE] en vente ◆ **the video is out now** la vidéo est maintenant en vente ◆ **a new edition is out this month** une nouvelle édition sort ce mois-ci
③ [= UNAVAILABLE : FOR LENDING, RENTING] ◆ **that book is out** ce livre est sorti ◆ **the video I wanted was out** la cassette vidéo que je voulais était sortie
④ [= REVEALED] ◆ **the secret is out** le secret n'en est plus un
⑤ [= UNCONSCIOUS] évanoui, sans connaissance ◆ **he was out for 30 seconds** il est resté évanoui *or* sans connaissance pendant 30 secondes
⑥ [= WRONG, INCORRECT] ◆ **their timing was five minutes out** ils s'étaient trompés de cinq minutes ◆ **you were out by 20cm, you were 20cm out** vous vous êtes trompé *or* vous avez fait une erreur de 20 cm ◆ **you're not far out** tu ne te trompes pas de beaucoup, tu n'es pas tombé loin *
⑦ [= UNACCEPTABLE] [*idea, suggestion*] ◆ **that's right out, I'm afraid** il n'en est malheureusement pas question
⑧ [= DEFEATED] (*in cards, games*) ◆ **you're out** tu es éliminé ◆ **the socialists are out** (*politically*) les socialistes sont battus
⑨ [= FINISHED] ◆ **before the month was out** avant la fin du mois
⑩ [= STRIKING] ◆ **the steelworkers are out (on strike)** les ouvriers des aciéries sont en grève
⑪ [= UNFASHIONABLE] passé de mode, out *inv* ◆ **long skirts are out** les jupes longues sont passées de mode *or* out ◆ **romance is making a comeback, reality is out** les histoires d'amour font leur come-back, le réalisme est passé de mode *or* out
⑫ [IN SOCIETY] [*girl*] ◆ **is your sister out?** † est-ce que votre sœur a fait son entrée dans le monde ?
⑬ [FLOWERS, SUN, MOON *etc*] ◆ **the roses are out** les rosiers sont en fleur(s) ◆ **the trees were out** les arbres étaient verts ◆ **the sun was out** le soleil brillait ◆ **the moon was out** la lune s'était levée, il y avait clair de lune ◆ **the stars were out** les étoiles brillaient
⑭ [SET STRUCTURES]
◆ **to be out to do sth** * (= *seeking to do*) chercher à faire qch ◆ **they're just out to make a quick profit** ils ne cherchent qu'à se remplir les poches ◆ **they were out to get him** ils voulaient sa peau *
◆ **to be out for sth** * (= *seeking*) ◆ **he's out for all he can get** il cherche à profiter au maximum de la situation ◆ **she was just out for a good time** elle ne cherchait qu'à s'amuser

**3 - PREPOSITION**

◆ **out of**

▶ When **out of** is part of a phrasal verb, eg **come out of, run out of**, look up the verb. When it is part of a set combination, eg **out of danger, out of the way, out of bounds**, look up the noun.

ENGLISH-FRENCH 666

① [= OUTSIDE] en dehors de, hors de ◆ **he lives out of town** il habite en dehors de la ville ◆ **the town was out of range of their missiles** la ville était hors d'atteinte de leurs missiles ◆ **the work was done out of house** le travail a été fait en externe
◆ **out of it** * (= *escaped from situation*) ◆ **I was glad to be out of it** j'étais bien content d'y avoir échappé ◆ **you're well out of it** tu n'as rien à regretter ◆ **I felt rather out of it at the party** (= *excluded*) je me sentais un peu exclu à cette fête ◆ **he's out of it** (= *drunk, drugged*) il est dans les vapes *
② [EXPRESSING DISTANCE] ◆ **they were 10okm out of Paris** ils étaient à 100 km de Paris ◆ **it's 15km out of town** c'est à 15 km du centre-ville
③ [= ABSENT FROM] ◆ **the boss is out of town this week** le patron est en déplacement cette semaine ◆ **he's out of the office at the moment** il n'est pas au bureau actuellement
④ [= THROUGH] par ◆ **out of the window** par la fenêtre ◆ **he went out of the back door** il est sorti par la porte de derrière
⑤ [= FROM] ◆ **only one chapter out of the novel** un seul chapitre du roman ◆ **a model made out of matchsticks** un modèle réduit construit avec des allumettes ◆ **this is just one chapter out of a long novel** ce n'est qu'un chapitre tiré d'un long roman ◆ **he had made the table out of a crate** il avait fabriqué la table avec une caisse ◆ **it was like something out of a nightmare** c'était cauchemardesque ◆ **he looked like something out of "Star Trek"** il semblait sorti tout droit de « Star Trek »

In the following **dans** describes the original position of the thing being moved.

◆ **to take sth out of a drawer** prendre qch dans un tiroir ◆ **to drink out of a glass** boire dans un verre ◆ **they ate out of the same plate** ils mangeaient dans la même assiette ◆ **he copied the poem out of a book** il a copié le poème dans un livre
⑥ [= BECAUSE OF] par ◆ **out of curiosity/necessity** par curiosité/nécessité
⑦ [= FROM AMONG] sur ◆ **in nine cases out of ten** dans neuf cas sur dix ◆ **one out of five smokers** un fumeur sur cinq
⑧ [= WITHOUT] ◆ **we are out of bread/money** nous n'avons plus de pain/d'argent ◆ **we were out of petrol** nous n'avions plus d'essence, nous étions en panne d'essence
⑨ [= SHELTERED FROM] à l'abri de ◆ **out of the wind** à l'abri du vent
⑩ [= ELIMINATED FROM] éliminé de ◆ **out of the World Cup** éliminé de la coupe du monde
⑪ [RACING] ◆ **Lexicon by Hercules out of Alphabet** Lexicon issu d'Hercule et d'Alphabet

**4 - NOUN**

① [ * = MEANS OF ESCAPE] ◆ **this gives them an out, a chance to change their minds** cela leur laisse une porte de sortie, une occasion de changer d'avis
◆ **to want out** ◆ **the cat wants out** le chat veut sortir ◆ **he wants out but he doesn't know what he can do instead** il veut partir mais il ne sait pas trop ce qu'il pourrait faire d'autre ◆ **he wants out of his contract** il veut résilier son contrat
② [US] ◆ **on the outs with sb** * brouillé avec qn

**5 - TRANSITIVE VERB**

[= EXPOSE AS A HOMOSEXUAL] révéler l'homosexualité de

**6 - COMPOUNDS**

**out-and-out** SYN ADJ [*lie*] pur et simple ; [*liar*] fieffé, fini ; [*cheat, fool, crook*] fini ; [*racist, fascist*] à tout crin ; [*winner*] incontestable ; [*success, victory, defeat*] total

**out-and-outer** * N (*esp US*) jusqu'au-boutiste *mf*

**out-front** * ADJ (*US* = *frank*) ouvert, droit

**out-Herod** VT ◆ **to out-Herod Herod** dépasser Hérode en cruauté

**out-of-body experience** N expérience *f* de sortie de corps

**out-of-bounds** ADJ [*place*] interdit ; (*US Football*) [*ball*] sorti

**out-of-court** ADJ [*settlement, agreement, damages*] à l'amiable

**out-of-date** SYN ADJ [*passport, ticket*] périmé ; [*custom*] suranné, désuet (-ète *f*) ; [*clothes*] démodé ; [*theory, concept*] périmé, démodé ; [*word*] vieilli

**out-of-doors** ADV ⇒ **outdoors**

**out-of-pocket expenses** NPL débours mpl, frais mpl

**out-of-sight**⁎ ADJ (US fig) formidable, terrible⁎

**out-of-state** ADJ (US) [company, visitor, licence plate] d'un autre État

**out-of-the-body experience** N ⇒ out-of-body experience

**out-of-the-ordinary** ADJ [theory, approach, film, book] insolite, qui sort de l'ordinaire

**out-of-the-way** SYN ADJ (= remote) [spot] isolé, perdu ; (= unusual) ⇒ out-of-the-ordinary

**out-of-this-world**⁎ ADJ (fig) sensationnel⁎, fantastique⁎

**out-of-town** ADJ [shopping centre, cinema] en périphérie

**out-of-towner**⁎ N (US) étranger m, -ère f à la ville

**out-of-work** ADJ au chômage ; [actor] sans engagement

**out-there** ⁎ ADJ (= weird) bizarre ; (= daring, experimental) d'avant-garde

**out-tray** N corbeille f de départ

---

**outa**⁎ /ˈaʊtə/ PREP (esp US) (abbrev of out of) ◆ **I'm outa here** (= I'm going) moi, je me tire⁎ ◆ **get outa here!** (= go away) fiche le camp !⁎ ; (= you're joking) tu me fais marcher ?⁎ ◆ **that's outa sight!** (US) (= amazing) c'est incroyable ! ; (= great) c'est génial !⁎

**outage** /ˈaʊtɪdʒ/ N 1 (= break in functioning) interruption f de service ; (Elec) coupure f de courant
2 (= amount removed : gen) quantité f enlevée ; (Cine = cut from film) film m (rejeté au montage) ; (= amount lost : gen) quantité f perdue ; (Comm: during transport) déchet m de route or de freinte

**out-and-out** /ˌaʊtəndˈaʊt/ SYN ADJ [lie] pur et simple ; [liar] fieffé, fini ; [cheat, fool, crook] fini ; [racist, fascist] à tout crin ; [winner] incontestable ; [success, victory, defeat] total

**out-and-outer**⁎ /ˌaʊtənˈdaʊtəʳ/ N (esp US) jusqu'au-boutiste mf

**outasite**⁎ /ˈaʊtəsaɪt/ ADJ (US = out of sight) formidable, terrible⁎

**outback** /ˈaʊtbæk/ N 1 (in Australia) intérieur m du pays (plus ou moins inculte)
2 (= back country) campagne f isolée or presque déserte, cambrousse⁎ f

**outbid** /aʊtˈbɪd/ (pret outbid or outbade /aʊtˈbeɪd/) (ptp outbidden or outbid)
VT enchérir sur
VI surenchérir

**outbidding** /aʊtˈbɪdɪŋ/ N (Fin) surenchères fpl

**outboard** /ˈaʊtbɔːd/ ADJ, N ◆ **outboard (motor)** (moteur m) hors-bord m

**outbound** /ˈaʊtbaʊnd/ ADJ [passengers, train] en partance

**outbox** /ˈaʊtbɒks/ VT boxer mieux que

**outbreak** /ˈaʊtbreɪk/ SYN N [of war, fighting] début m, déclenchement m ; [of violence] éruption f ; [of emotion] débordement m ; [of fever, disease] accès m ; [of spots] éruption f, poussée f ; [of demonstrations] vague f ; [of revolt] déclenchement m ◆ **at the outbreak of the disease** lorsque la maladie se déclara ◆ **at the outbreak of war** lorsque la guerre éclata ◆ **the outbreak of hostilities** l'ouverture f des hostilités ◆ **there has been a renewed** or **fresh outbreak of fighting** les combats ont repris

**outbuilding** /ˈaʊtbɪldɪŋ/ N dépendance f ; (separate) appentis m, remise f ◆ **the outbuildings** les communs mpl, les dépendances fpl

**outburst** /ˈaʊtbɜːst/ SYN N (gen) emportement m ; [of anger] explosion f, accès m ; [of violence] éruption f ; [of energy] accès m ◆ **outburst of laughter** grand éclat m de rire ◆ **he was ashamed of his outburst** (= anger) il avait honte de s'être emporté ; (emotional) il avait honte d'avoir laissé libre cours à ses émotions ◆ **in an angry outburst she accused him of lying** elle s'est emportée et l'a accusé de mentir

**outcast** /ˈaʊtkɑːst/ SYN N exclu(e) m(f), paria m ◆ **their government's attitude has made them international outcasts** l'attitude de leur gouvernement les a mis au ban de la communauté internationale ◆ **this has made him an outcast from his own family** à cause de cela, il a été rejeté par sa propre famille ◆ **social outcast** exclu(e) m(f), paria m

**outclass** /ˌaʊtˈklɑːs/ SYN VT (gen) surclasser, surpasser ; (Sport) surclasser

**outcome** /ˈaʊtkʌm/ SYN N [of election, inquiry] résultat m ; [of trial, appeal, discussion] issue f ◆ **studies to evaluate the outcome of psychotherapy** des études pour évaluer l'impact de la psychothérapie

**outcrop** /ˈaʊtkrɒp/ (Geol)
N affleurement m
VI affleurer

**outcry** /ˈaʊtkraɪ/ SYN N (= protest) tollé m (général) ; (= raised voices) huées fpl ◆ **there was a general outcry against...** un tollé général s'éleva contre... ◆ **to raise an outcry about sth** crier haro sur qch, ameuter l'opinion sur qch

**outdated** /aʊtˈdeɪtɪd/ SYN ADJ [technology, equipment] périmé ; [clothes] démodé ; [method, system, concept, theory, idea, notion, practice] dépassé, démodé ; [custom] suranné, désuet (-ète f)

**outdid** /aʊtˈdɪd/ VB pt of outdo

**outdistance** /aʊtˈdɪstəns/ SYN VT distancer

**outdo** /aʊtˈduː/ SYN (pret outdid ptp outdone) /aʊtˈdʌn/ VT l'emporter sur (sb in sth qn en qch) ◆ **but he was not to be outdone** mais il refusait de s'avouer vaincu or battu ◆ **and I, not to be outdone, said that...** et moi, pour ne pas être en reste, j'ai dit que...

**outdoor** /ˈaʊtdɔːʳ/ SYN ADJ [activities, pursuits, sports, games] de plein air ; [work, swimming pool, tennis court] en plein air ; [toilet] à l'extérieur ; [market] à ciel ouvert ; [shoes] de marche ◆ **outdoor clothing** (Sport) vêtements mpl sport inv ◆ **outdoor centre** centre m aéré ◆ **for outdoor use** pour usage extérieur ◆ **to lead an outdoor life** vivre au grand air ◆ **he likes the outdoor life** il aime la vie au grand air or en plein air ◆ **outdoor living** vie f au grand air ◆ **she's the** or **an outdoor type** elle aime le grand air et la nature

**outdoors** /ˈaʊtˈdɔːz/
ADV (also out-of-doors) [stay, play, exercise, bathe] dehors ; [live] au grand air ; [sleep] dehors, à la belle étoile ◆ **to be outdoors** être dehors ◆ **to go outdoors** sortir ◆ **outdoors, there are three heated swimming pools** il y a trois piscines chauffées à l'extérieur
N ◆ **the great outdoors** le grand air
ADJ ⇒ outdoor

**outer** /ˈaʊtəʳ/ SYN
ADJ [layer, surface, skin, shell, wall, edge] extérieur (-eure f) ; [door] qui donne sur l'extérieur ◆ **outer garments** vêtements mpl de dessus ◆ **outer harbour** avant-port m ◆ **the outer suburbs** la grande banlieue ◆ **the outer world** le monde extérieur ◆ **the outer reaches of the solar system** les confins mpl du système solaire
COMP **the Outer Hebrides** NPL (Geog) les Outer Hebrides fpl
**Outer London** N grande banlieue f londonienne
**Outer Mongolia** N Mongolie-Extérieure f
**outer office** N (= reception area) réception f
**outer space** N espace m

**outermost** /ˈaʊtəməʊst/ ADJ [layer, rim] extérieur (-eure f) ; [edge] extrême ◆ **the outermost planet** la planète la plus éloignée ◆ **the outermost suburbs** la grande banlieue ◆ **the outermost limits of...** les extrémités fpl de...

**outerwear** /ˈaʊtəwɛəʳ/ N (NonC: US) vêtements mpl d'extérieur (pardessus, manteaux, vestes etc)

**outface** /aʊtˈfeɪs/ VT (= stare out) dévisager ; (fig) faire perdre contenance à

**outfall** /ˈaʊtfɔːl/ N [of river] embouchure f ; [of sewer] déversoir m

**outfield** /ˈaʊtfiːld/ N (Baseball, Cricket) champ m or terrain m extérieur

**outfielder** /ˈaʊtfiːldəʳ/ N (Baseball, Cricket) joueur m, -euse f de champ or de terrain extérieur

**outfit** /ˈaʊtfɪt/ SYN
N 1 (= set of clothes) tenue f ◆ **did you see the outfit she was wearing?** (in admiration) avez-vous remarqué sa toilette ? ; (pej) avez-vous remarqué son accoutrement or comment elle était accoutrée ? ◆ **she's got a new spring outfit** elle s'est acheté une nouvelle tenue pour le printemps ◆ **travelling/skiing outfit** tenue f de voyage/de ski ◆ **cowboy outfit** panoplie f de cowboy
2 (= clothes and equipment) équipement m ; (= tools) matériel m, outillage m ◆ **puncture repair outfit** trousse f de réparation (de pneus)
3 (⁎ = company, organization) boîte⁎ f ; (= pop group) groupe m ; (= sports team) équipe f ◆ **I wouldn't want to work for that outfit** je ne voudrais pas travailler pour cette boîte⁎
VT (esp US) équiper

**outfitter** /ˈaʊtfɪtəʳ/ SYN N 1 (Brit) ◆ **gents' outfitter** magasin m d'habillement or de confection pour hommes ◆ **sports outfitter's** magasin m de sport
2 (Can) (= shop) magasin m de sport ; (= expedition guide) pourvoyeur m (Can) (organisateur d'expéditions de chasse et de pêche)

**outflank** /aʊtˈflæŋk/ VT (Mil) déborder ; (fig) déjouer les manœuvres de

**outflow** /ˈaʊtfləʊ/ SYN N [of water] écoulement m, débit m ; [of emigrants etc] exode m ; [of capital] exode m, sortie(s) f(pl)

**outfox** /aʊtˈfɒks/ VT se montrer plus futé que

**out-front**⁎ /aʊtˈfrʌnt/ ADJ (US = frank) ouvert, droit

**outgeneral** /aʊtˈdʒenərəl/ VT (Mil) surpasser en tactique

**outgoing** /ˈaʊtɡəʊɪŋ/ SYN
ADJ 1 (= departing) [president, director, tenant] sortant ; [flight, mail] en partance ; [tide] descendant ◆ **"outgoing calls only"** (Telec) « appels sortants uniquement »
2 (= extrovert) [person, personality, nature] extraverti
NPL **outgoings** (Brit) dépenses fpl, débours mpl

**outgrow** /aʊtˈɡrəʊ/ (pret outgrew /aʊtˈɡruː/) (ptp outgrown /aʊtˈɡrəʊn/) VT 1 [+ clothes] devenir trop grand pour ◆ **we had outgrown our old house** notre ancienne maison était devenue trop petite pour nous
2 (fig) [hobby, sport, toy] se désintéresser de (avec le temps) ; [opinion, way of life] abandonner (avec le temps) ◆ **we've outgrown all that now** nous avons dépassé ce stade, nous n'en sommes plus là ◆ **to outgrow one's friends** se détacher de ses amis

**outgrowth** /ˈaʊtɡrəʊθ/ N (Geol) excroissance f ; (fig) développement m, conséquence f

**outguess** /aʊtˈɡes/ VT (= outwit) se montrer plus rapide que

**outgun** /aʊtˈɡʌn/ VT 1 (= surpass in fire power) avoir une puissance de feu supérieure à
2 (= surpass in shooting) tirer mieux que
3 (⁎ = outperform) éclipser ◆ **the French team were completely outgunned by the Welsh** l'équipe française a été complètement écrasée par les Gallois

**out-Herod** /aʊtˈherəd/ VT ◆ **to out-Herod Herod** dépasser Hérode en cruauté

**outhouse** /ˈaʊthaʊs/ N 1 appentis m, remise f ◆ **the outhouses** (gen) les communs mpl, les dépendances fpl
2 (US = outdoor lavatory) cabinets mpl extérieurs

**outing** /ˈaʊtɪŋ/ SYN N 1 (= excursion) sortie f, excursion f ◆ **the school outing** la sortie annuelle de l'école ◆ **the annual outing to Blackpool** l'excursion f annuelle à Blackpool ◆ **let's go for an outing tomorrow** faisons une sortie demain ◆ **to go for an outing in the car** partir faire une randonnée or un tour en voiture ◆ **a birthday outing to the theatre** une sortie au théâtre pour (fêter) un anniversaire
2 (NonC: ⁎ = exposing as homosexual) [of public figure] révélation f de l'homosexualité

**outlandish** /aʊtˈlændɪʃ/ SYN ADJ (pej) [clothes] extravagant ; [idea, claim] saugrenu

**outlast** /aʊtˈlɑːst/ VT survivre à

**outlaw** /ˈaʊtlɔː/ SYN
N hors-la-loi m
VT [+ person] mettre hors la loi ; [+ activity, organisation] proscrire, déclarer illégal

**outlay** /ˈaʊtleɪ/ SYN N (= spending) dépenses fpl ; (= investment) mise f de fonds ◆ **national outlay on education** dépenses fpl nationales pour l'éducation

**outlet** /ˈaʊtlet/ SYN
N 1 (for water etc) issue f, sortie f ; (US Elec) prise f de courant ; [of lake] dégorgeoir m, déversoir m ; [of river, stream] embouchure f ; [of tunnel] sortie f
2 (fig) (for talents etc) débouché m ; (for energy, emotions) exutoire m (for à)
3 (= market) débouché m ; (= store) point m de vente ; → retail
COMP (Tech) [pipe] d'échappement, d'écoulement ; [valve] d'échappement
**outlet point** N [of pipe] point m de sortie

**outline** /ˈaʊtlaɪn/ SYN
N 1 (= profile, silhouette) [of object] contour m, configuration f ; [of building, tree etc] profil m, silhouette f ; [of face] profil m ◆ **he drew the out-**

**line of the house** il traça le contour de la maison ◆ **to draw sth in outline** dessiner qch au trait ◆ **rough outline** *(Art)* premier jet *m*, ébauche *f*

[2] *(= plan, summary)* plan *m* ; *(less exact)* esquisse *f*, idée *f* ◆ **outlines** *(= main features)* grandes lignes *fpl*, grands traits *mpl* ◆ **rough outline of an article** canevas *m* d'un article ◆ **to give the broad** *or* **main** *or* **general outlines of sth** décrire qch dans les grandes lignes ◆ **in broad outline the plan is as follows** dans ses grandes lignes *or* en gros, le plan est le suivant ◆ **I'll explain the plan in outline** je vais expliquer les grandes lignes du plan *or* le plan dans ses grandes lignes ◆ **I'll give you a quick outline of what we mean to do** je vous donnerai un aperçu de ce que nous avons l'intention de faire ◆ **"Outlines of Botany"** *(as title)* « Éléments de botanique »

**VT** [1] *(= emphasize shape of)* tracer le contour de ◆ **she outlined her eyes with a dark pencil** elle a souligné *or* dessiné le contour de ses yeux avec un crayon noir ◆ **the mountain was outlined against the sky** la montagne se profilait *or* se dessinait *or* se découpait sur le ciel

[2] *(= summarize)* *[+ theory, plan, idea]* exposer les grandes lignes de ; *[+ book, event]* faire un bref compte rendu de ; *[+ facts, details]* passer brièvement en revue ◆ **to outline the situation** brosser un tableau *or* donner un aperçu de la situation

**COMP** **outline agreement** N accord-cadre *m*
**outline drawing** N dessin *m* au trait
**outline map** N tracé *m* des contours (d'un pays), carte *f* muette
**outline planning permission** N *(Brit : for building)* avant-projet *m (valorisant le terrain)*
**outline specifications** NPL *(Comm)* devis *m* préliminaire

**outlive** /aʊt'lɪv/ SYN VT *(= survive)* *[+ person, era, war, winter]* survivre à ◆ **he outlived her by ten years** il lui a survécu dix ans ◆ **to have outlived one's usefulness** *[person, object, scheme]* avoir fait son temps

**outlook** /'aʊtlʊk/ SYN N [1] *(= view)* vue *f (on, over sur)*, perspective *f (on, over de)*

[2] *(fig)* *(= prospect)* perspective *f* (d'avenir), horizon *m (fig)* ◆ **the outlook for June is wet** on annonce *or* prévoit de la pluie pour juin ◆ **the economic outlook** les perspectives *fpl or* les horizons *mpl* économiques ◆ **the outlook for the wheat crop is good** la récolte de blé s'annonce bonne ◆ **the outlook (for us) is rather rosy** * les choses se présentent *or* s'annoncent assez bien (pour nous) ◆ **it's a grim** *or* **bleak outlook** l'horizon est sombre *or* bouché, les perspectives sont fort sombres

[3] *(= point of view)* attitude *f (on* à l'égard de), point *m* de vue *(on* sur), conception *f (on* de) ◆ **he has a pessimistic outlook** il voit les choses en noir ◆ **she has a practical outlook** elle est très pragmatique ◆ **they are European in outlook** ils sont tournés vers l'Europe

**outlying** /'aʊtlaɪɪŋ/ SYN ADJ *[area]* écarté ◆ **the outlying villages/islands** les villages *mpl*/îles *fpl* les plus éloigné(e)s ◆ **the outlying suburbs** la grande banlieue

**outmanoeuvre, outmaneuver** *(US)* /ˌaʊt mə'nuːvəʳ/ VT *(Mil)* dominer en manœuvrant plus habilement ; *(fig)* déjouer les plans de ◆ **domestic car manufacturers are outmanoeuvred by foreign competitors** les constructeurs automobiles du pays sont surclassés par leurs concurrents étrangers

**outmatch** /aʊt'mætʃ/ VT *(Sport, fig)* surpasser

**outmoded** /aʊt'məʊdɪd/ SYN ADJ *[attitude, clothes]* démodé ; *[concept, theory, system]* dépassé, démodé ; *[custom]* suranné, désuet (-ète *f*) ; *[equipment]* périmé ; *[industry]* obsolète

**outnumber** /aʊt'nʌmbəʳ/ VT surpasser en nombre, être plus nombreux que ◆ **we were outnumbered five to one** ils étaient cinq fois plus nombreux que nous

**out-of-town** /ˌaʊtəv'taʊn/ ADJ *[shopping centre, cinema]* en périphérie

**out-of-towner** * /ˌaʊtəv'taʊnəʳ/ N *(US)* étranger *m*, -ère *f* à la ville

**outpace** /aʊt'peɪs/ VT devancer, distancer

**outpatient** /'aʊtpeɪʃənt/ N malade *mf* en consultation externe ◆ **outpatients (department)** service *m* de consultation externe

**outperform** /ˌaʊtpə'fɔːm/ VT *[person, machine, company]* être plus performant que ; *[product]* donner de meilleurs résultats ; *[shares etc]* réaliser mieux que ◆ **this car outperforms its competitors on every score** cette voiture l'emporte sur ses concurrentes sur tous les plans

**outplacement** /'aʊtˌpleɪsmənt/ N outplacement *m (aide à la réinsertion professionnelle des cadres au chômage)*

**outplay** /aʊt'pleɪ/ VT *(Sport)* dominer par son jeu

**outpoint** /aʊt'pɔɪnt/ VT *(gen)* l'emporter sur ; *(in game)* avoir plus de points que

**outpost** /'aʊtpəʊst/ N *(Mil)* avant-poste *m* ; *[of firm, organization]* antenne *f* ; *(fig)* avant-poste *m*

**outpouring** /'aʊtpɔːrɪŋ/ SYN N *[of emotion]* épanchement(s) *m(pl)*, effusion(s) *f(pl)* ◆ **this event triggered off an outpouring of anger/support** cet événement a provoqué une vague de colère/soutien

**output** /'aʊtpʊt/ SYN (vb: pret, ptp **output**)

**N** [1] *[of factory, mine, oilfield, writer]* production *f* ; *[of land]* rendement *m*, production *f* ; *[of machine, factory worker]* rendement *m* ◆ **output fell/rose** le rendement *or* la production a diminué/augmenté ◆ **this factory has an output of 600 radios per day** cette usine débite 600 radios par jour ◆ **gross output** production *f* brute

[2] *(Comput)* sortie *f*, restitution *f* ; (also **output data**) données *fpl* de sortie

[3] *(Elec)* puissance *f* fournie *or* de sortie

**VT** [1] *(Comput)* sortir ◆ **to output sth to a printer** imprimer qch

[2] *[factory etc]* sortir, débiter

**VI** *(Comput)* sortir les données *or* les informations ◆ **to output to a printer** imprimer

**COMP** **output device** N *(Comput)* unité *f* périphérique de sortie

**outrage** /'aʊtreɪdʒ/ SYN

**N** [1] *(= act, event)* atrocité *f* ; *(during riot etc)* acte *m* de violence ; *(= public scandal)* scandale *m* ◆ **the prisoners suffered outrages at the hands of...** les prisonniers ont été atrocement maltraités par... ◆ **it's an outrage against humanity** c'est un crime contre l'humanité ◆ **an outrage against justice** un outrage à la justice ◆ **several outrages occurred** *or* **were committed in the course of the night** plusieurs actes de violence ont été commis au cours de la nuit ◆ **bomb outrage** attentat *m* au plastic *or* à la bombe ◆ **it's an outrage!** c'est un scandale !

[2] *(= emotion)* indignation *f* ◆ **sense of outrage** sentiment *m* d'indignation ◆ **they expressed outrage at this desecration** ils ont exprimé leur indignation devant cette profanation ◆ **it caused public outrage** cela a scandalisé l'opinion publique

**VT** /aʊt'reɪdʒ/ *[+ morals, sense of decency]* outrager, faire outrage à

**outraged** /'aʊtreɪdʒd/ ADJ *[person]* outré *(about, at, by sth* de qch), indigné ; *[protest, letter, tone]* indigné ; *[dignity, pride]* offensé

**outrageous** /aʊt'reɪdʒəs/ SYN ADJ [1] *(= scandalous)* *[behaviour, act, conduct]* scandaleux ; *[prices]* exorbitant ◆ **that's outrageous!** c'est scandaleux ! ◆ **he's outrageous!** * il dépasse les bornes !

[2] *(= unconventional, flamboyant)* *[remark]* outrancier ; *[story, claim, clothes, idea]* extravagant ; *[sense of humour]* outré

**outrageously** /aʊt'reɪdʒəslɪ/ ADV *[expensive, high, funny, exaggerated]* outrageusement ; *[behave]* effrontément ; *[dress]* de manière extravagante ◆ **to flirt/lie outrageously** flirter/mentir effrontément *or* de façon outrancière

**outrank** /aʊt'ræŋk/ VT *(Mil)* avoir un grade supérieur à

**outré** /'uːtreɪ/ ADJ outré, outrancier

**outreach** /'aʊtriːtʃ/

**N** *programme destiné à informer les personnes défavorisées de leurs droits et des aides dont elles peuvent bénéficier*, ≃ travail *m* de proximité

**COMP** **outreach worker** N *travailleur social effectuant un travail d'information sur le terrain auprès des groupes défavorisés*, ≃ travailleur *m*, -euse *f* de proximité

**outrider** /'aʊtˌraɪdəʳ/ N *(on motorcycle)* motocycliste *mf*, motard * *m* ; *(on horseback)* cavalier *m* ◆ **there were four outriders** il y avait une escorte de quatre motocyclistes *(or cavaliers etc)*

**outrigger** /'aʊtˌrɪgəʳ/ N outrigger *m*

**outright** /aʊt'raɪt/ SYN

**ADV** [1] *(= openly)* *[say, tell]* carrément, tout net ; *[laugh]* franchement

[2] *(= completely)* *[win]* haut la main ; *[reject, refuse, deny]* catégoriquement ◆ **he won the prize outright** il a gagné le prix haut la main ◆ **to be owned outright by sb** *(Comm)* appartenir entièrement *or* complètement à qn ◆ **to buy sth outright** *(= buy and pay immediately)* acheter qch au comptant ; *(= buy all of sth)* acheter qch en totalité

[3] *(= instantly)* ◆ **to be killed outright** être tué sur le coup

**ADJ** /'aʊtraɪt/ [1] *(= undisguised)* *[lie, fraud, selfishness, arrogance]* pur ; *[hostility]* franc (franche *f*) ; *[condemnation, denial, refusal, rejection]* catégorique ; *[support, supporter]* inconditionnel

[2] *(= absolute)* *[victory]* total, complet (-ète *f*) ; *[independence]* total ; *[majority, ban]* absolu ; *[winner]* incontesté ; *(Comm)* *(= full)* *[owner, ownership]* à part entière ; *[grant]* sans conditions ; *[sale, purchase]* *(= paying immediately)* au comptant ; *(= selling all of sth)* en totalité ◆ **to be an outright opponent of sth** s'opposer catégoriquement à qch

**outrival** /ˌaʊt'raɪvəl/ VT surpasser

**outrun** /aʊt'rʌn/ (pret, ptp **outrun**) VT [1] *[+ opponent, pursuer]* distancer

[2] *(fig)* *[+ resources, abilities]* excéder, dépasser

**outsell** /ˌaʊt'sel/ VT *[company]* obtenir de meilleurs résultats que ; *[product]* mieux se vendre que

**outset** /'aʊtset/ SYN N début *m*, commencement *m* ◆ **at the outset** au début ◆ **from the outset** dès le début

**outshine** /aʊt'ʃaɪn/ SYN (pret, ptp **outshone** /aʊt'ʃɒn/) VT *(fig)* éclipser, surpasser

**outside** /'aʊt'saɪd/ SYN

**ADV** [1] *(gen)* à l'extérieur, dehors ◆ **outside in the corridor** dehors dans le couloir ◆ **the car was clean outside but filthy inside** la voiture était propre à l'extérieur mais dégoûtante à l'intérieur ◆ **the difficulties of life outside for ex-prisoners** les difficultés de la vie en liberté pour les anciens détenus ◆ **seen from outside** *(lit, fig)* vu du dehors *or* de l'extérieur

[2] *(= outdoors)* dehors ◆ **to go outside** sortir (dehors) ◆ **he left the car outside** il a laissé la voiture dans la rue ◆ **the scene was shot outside** *(Cine)* cette scène a été tournée en extérieur

**PREP** (also **outside of**) *) [1] *[+ building]* *(= on the exterior of)* à l'extérieur de, hors de ; *(= in front of)* devant ◆ **store flammable substances outside the house** conservez les produits inflammables à l'extérieur de *or* hors de la maison ◆ **the noise was coming from outside the house** le bruit venait de dehors ◆ **a man was standing outside the house** un homme se tenait devant la maison ◆ **the street outside his house** la rue devant sa maison ◆ **a crowd had gathered outside the building** une foule s'était rassemblée à l'extérieur du bâtiment *or* devant le bâtiment ◆ **they chose to live outside London** ils ont choisi de vivre à l'extérieur de *or* hors de Londres ◆ **they have 45 shops, 38 outside the UK** ils possèdent 45 magasins dont 38 à l'extérieur du Royaume-Uni *or* hors du Royaume-Uni ◆ **countries outside Europe** pays *mpl* non européens ◆ **he was waiting outside the door** il attendait à la porte ◆ **don't go outside the garden** ne sors pas du jardin ◆ **the ball landed outside the line** la balle a atterri de l'autre côté de la ligne ◆ **outside the harbour** au large du port ◆ **this fish can live for several hours outside water** ce poisson peut vivre plusieurs heures hors de l'eau ◆ **women who work outside the home** les femmes qui travaillent à l'extérieur ◆ **visitors from outside the area** les visiteurs *mpl* étrangers à la région

[2] *(fig = beyond, apart from)* en dehors de, hors de ◆ **investments outside Europe** investissements *mpl* en dehors de l'Europe *or* hors d'Europe ◆ **their reluctance to get involved militarily outside NATO** leur réticence à intervenir militairement en dehors du cadre *or* hors du cadre de l'OTAN ◆ **outside the festival proper** en dehors du *or* en marge du festival à proprement parler ◆ **outside office hours** en dehors des heures de bureau ◆ **it's outside the normal range** ça ne fait pas partie de la gamme habituelle ◆ **that falls outside the committee's terms of reference** ceci n'est pas du ressort de la commission ◆ **she doesn't see anyone outside her immediate family** elle ne voit personne en dehors de ses proches parents ◆ **babies born outside marriage** naissances *fpl* hors mariage, bébés *mpl* nés hors mariage ◆ **sex outside marriage** relations *fpl* sexuelles hors (du) mariage ◆ **to marry outside one's religion** se marier avec une personne d'une autre confession ◆ **to marry outside the Church** *(= with non-Christian)* se marier avec un(e) non-chré-

**tien(e)** ✦ **outside of selling the car, there seemed to be no solution** (US) à part vendre la voiture, il ne semblait pas y avoir de solution

**N** [of house, car, object] extérieur m, dehors m ; (= appearance) aspect m extérieur, apparence f ; (fig) [of prison, convent etc] (monde m) extérieur m ✦ **on the outside of** à l'extérieur de, hors de, en dehors de ✦ **he opened the door from the outside** il a ouvert la porte du dehors ✦ **there's no window on to the outside** aucune fenêtre ne donne sur l'extérieur ✦ **the box was dirty on the outside** la boîte était sale à l'extérieur ✦ **the outside of the box was dirty** l'extérieur or le dehors de la boîte était sale ✦ **outside in** ⇒ **inside out** ; → **inside** ✦ **to look at sth from the outside** (lit, fig) regarder qch de l'extérieur or du dehors ✦ **(judging) from the outside** à en juger par les apparences ✦ **he passed the car on the outside** (in Brit) il a doublé la voiture sur la droite ; (in US, Europe etc) il a doublé la voiture sur la gauche ✦ **at the (very) outside** (= at most) (tout) au plus, au maximum ✦ **life on the outside** [of prison] la vie en liberté or à l'air libre

**ADJ** 1 (= outdoor) [temperature, aerial, staircase] extérieur (-eure f) ; [toilet] à l'extérieur ✦ **outside swimming pool/running track** piscine f/piste f en plein air

2 (= outer) [wall, edge, measurements] extérieur (-eure f) ✦ **the outside lane** (of road) (in Brit) la voie de droite ; (in US, Europe etc) la voie de gauche ; (Sport) la piste extérieure

3 (Telec) ✦ **outside call** appel m extérieur ✦ **outside line** ligne f extérieure

4 (= from elsewhere) [world, community, influence] extérieur (-eure f) ; [consultant, investor] externe ✦ **outside examiner** (Scol, Univ) examinateur m, -trice f extérieur(e) ✦ **to need outside help** avoir besoin d'aide extérieure ✦ **without outside help** sans aide extérieure ✦ **to get an outside opinion** demander l'avis d'un tiers

5 (= beyond usual environment) ✦ **outside commitments** autres responsabilités fpl ✦ **outside work** (in addition to main job) travail m ; (outside the home) travail m à l'extérieur ✦ **outside interests** (= hobbies) passe-temps mpl inv

6 (= faint) ✦ **there is an outside chance** or **possibility that he will come** il y a une petite chance qu'il vienne ✦ **he has an outside chance of a medal** il a une petite chance de remporter une médaille, il n'est pas impossible qu'il remporte subj une médaille

**COMP** **outside broadcast N** (Rad, TV) émission f réalisée en extérieur
**outside broadcasting unit, outside broadcasting van N** (Rad, TV) car m de reportage
**outside-left N** (Football) ailier m gauche
**outside-right N** (Football) ailier m droit

**outsider** /aʊtˈsaɪdər/ SYN **N** 1 (= stranger) étranger m, -ère f ✦ **we don't want some outsider coming in and telling us what to do** ce n'est pas quelqu'un de l'extérieur qui va nous dire ce qu'il faut faire ✦ **he is an outsider** (pej) il n'est pas des nôtres ✦ "**The Outsider**" (Literat) « L'Étranger »

2 (= horse or person unlikely to win) outsider m

**outsize** /ˈaʊtsaɪz/ **ADJ** 1 (also **outsized**) (= exceptionally large) [spectacles, scissors, bed] énorme ; [photograph] géant ; [ego] démesuré

2 (Dress) [clothes] grande taille inv ✦ **outsize shop** magasin m spécialisé dans les grandes tailles

3 (Transport) ✦ **outsize load** convoi m exceptionnel

**outskirts** /ˈaʊtskɜːts/ SYN NPL [of town] périphérie f, banlieue f ; [of forest] orée f, lisière f ✦ **on the outskirts of the city** à la périphérie de la ville

**outsmart*** /aʊtˈsmɑːt/ **VT** être or se montrer plus malin(-igne f) que

**outsource** /ˈaʊtsɔːs/ **VT** externaliser, sous-traiter

**outsourcing** /ˈaʊtsɔːsɪŋ/ **N** externalisation f, sous-traitance f ✦ **the outsourcing of components** l'externalisation de la fabrication de composants

**outspend** /aʊtˈspend/ (pret, ptp **outspent** /aʊtˈspend/) **VT** ✦ **to outspend sb** dépenser plus que qn

**outspoken** /aʊtˈspəʊkən/ SYN **ADJ** [person, criticism, comment, answer] franc (franche f) ; [critic, opponent] qui ne mâche pas ses mots ; [attack] cinglant ; [views] tranché ✦ **to be outspoken** avoir son franc-parler, ne pas mâcher ses mots ✦ **she was outspoken in her criticism of the party** elle a critiqué le parti avec véhémence

**outspokenly** /aʊtˈspəʊkənlɪ/ **ADV** franchement, carrément

**outspokenness** /aʊtˈspəʊkənnɪs/ **N** franc-parler m, franchise f

**outspread** /aʊtˈspred/ **ADJ** [wings] déployé ; [fingers] écarté ; [arms] grand ouvert

**outsprint** /aʊtˈsprɪnt/ **VT** battre au sprint

**outstanding** /aʊtˈstændɪŋ/ SYN

**ADJ** 1 (= exceptional) [person, work, service, talent, success, achievement] remarquable, exceptionnel ; [example, event] remarquable ; [importance] exceptionnel ; [feature] dominant ; [exception] notable ✦ **an area of outstanding natural beauty** (in Brit) une zone naturelle protégée

2 (= remaining) [debt, balance, bill, account] impayé ; [loan] non remboursé ; [interest] à échoir ; [work] en suspens, en souffrance ; [issue, problem] non résolu ✦ **a lot of work is still outstanding** beaucoup de travail reste à faire ✦ **outstanding amount** (Fin, Comm) montant m dû ✦ **outstanding claims** (Jur, Fin) sinistres mpl en cours ✦ **outstanding item** (Banking) suspens m ✦ **outstanding share** (Jur, Fin) action f en circulation

**N** (Banking) encours m

**outstandingly** /aʊtˈstændɪŋlɪ/ **ADV** [good, beautiful] exceptionnellement ; [play] magnifiquement ✦ **to be outstandingly successful** réussir remarquablement ✦ **outstandingly well** exceptionnellement bien

**outstare** /ˌaʊtˈstɛər/ **VT** ⇒ **stare out**

**outstation** /ˈaʊtsteɪʃən/ **N** (in remote area) poste m éloigné ; (Comput) terminal m

**outstay** /aʊtˈsteɪ/ **VT** [+ person] rester plus longtemps que ✦ **I hope I haven't outstayed my welcome** j'espère que je n'ai pas abusé de votre hospitalité ✦ **I know when I've outstayed my welcome** je sais reconnaître quand je deviens indésirable

**outstretched** /ˈaʊtstretʃt/ **ADJ** [arm, hand, leg] tendu ; [wings] déployé

**outstrip** /aʊtˈstrɪp/ LANGUAGE IN USE 26.3 **VT** (Sport, fig) devancer (in en)

**outtake** /ˈaʊtteɪk/ **N** (Cine, TV) chute f

**outturn** /ˈaʊttɜːn/ **N** (US) [of factory] production f ; [of machine, worker] rendement m

**outvote** /aʊtˈvəʊt/ **VT** [+ person] mettre en minorité, battre ✦ **his project was outvoted** son projet a été mis en minorité

**outward** /ˈaʊtwəd/ SYN

**ADJ** 1 (= from a place) [flight] à l'aller ; [ship, freight] en partance ; [movement] vers l'extérieur ✦ **the outward journey/voyage, the outward leg of the trip** l'aller m, le voyage (d')aller

2 (= external) [appearance, display, sign] extérieur (-eure f) ; [calm] apparent ✦ **to make an outward show of concern** faire mine de s'inquiéter ✦ **to all outward appearances** selon toute apparence

**ADV** 1 (esp Brit) ⇒ **outwards**

2 ✦ **outward bound (for/from)** [ship] en partance (pour/de)

**COMP** **outward journey N** (voyage m d')aller m
**outward-looking ADJ** ouvert sur l'extérieur

**outwardly** /ˈaʊtwədlɪ/ SYN **ADV** 1 (= externally) [calm, unattractive] extérieurement ; [respectable] apparemment ✦ **outwardly he appeared calm and confident** extérieurement, il paraissait calme et confiant ✦ **outwardly I showed not the faintest sign of anger** extérieurement, je n'ai pas donné le moindre signe de colère

2 (in direction) [point, direct, curve] vers l'extérieur

**outwards** /ˈaʊtwədz/ **ADV** [move, spread, face, open] vers l'extérieur ; [look] au loin ✦ **the journey/voyage outwards** l'aller m, le voyage (d')aller

**outwear** /aʊtˈwɛər/ **VT** 1 (= destroy by wearing) user

2 (= last longer than) durer plus longtemps que

**outweigh** /aʊtˈweɪ/ SYN **VT** (= be more important than) (gen) l'emporter sur ; [figures, balance etc] dépasser ; (= compensate for) compenser

**outwit** /aʊtˈwɪt/ SYN **VT** (eg) se montrer plus malin or spirituel que ; [+ pursuer] dépister, semer *

**outwith** /ˌaʊtˈwɪθ/ **PREP** (Scot) ⇒ **outside prep 2**

**outwork** /ˈaʊtwɜːk/ **N** travail m (fait) à domicile

**outworker** /ˈaʊtwɜːkər/ **N** travailleur m, -euse f à domicile, ouvrier m, -ière f à domicile

**outworn** /ˈaʊtwɔːn/ SYN **ADJ** [custom, superstition] qui n'a plus cours ; [idea, concept] périmé

**ouzo** /ˈuːzəʊ/ **N** ouzo m

**ova** /ˈəʊvə/ **NPL** of **ovum**

**oval** /ˈəʊvəl/ SYN

**ADJ** oval

**N** ovale m ✦ **an oval of light** un halo de lumière

**COMP** **the Oval Office N** (US Pol) (lit) le bureau ovale (bureau du président à la Maison-Blanche) ; (fig) la présidence (des États-Unis)

**oval-shaped ADJ** (de forme) ovale

**ovarian** /əʊˈvɛərɪən/ **ADJ** ovarien

**ovariectomy** /əʊˌvɛərɪˈektəmɪ/ **N** ovariectomie f

**ovariotomy** /əʊˌvɛərɪˈɒtəmɪ/ **N** ovariotomie f

**ovaritis** /ˌəʊvəˈraɪtɪs/ **N** ovarite f

**ovary** /ˈəʊvərɪ/ **N** [of plant, animal] ovaire m

**ovate** /ˈəʊveɪt/ **ADJ** ové

**ovation** /əʊˈveɪʃən/ SYN **N** ovation f, acclamations fpl ✦ **to give sb an ovation** ovationner qn, faire une ovation à qn ; → **standing**

**oven** /ˈʌvn/

**N** (Culin) four m ; (Tech) four m, étuve f ✦ **in the oven** (Culin) au four ✦ **in a hot oven** à four vif or chaud ✦ **in a cool** or **slow oven** à four doux ✦ **the room/the town was like an oven** la pièce/la ville était une fournaise or une étuve ; → **Dutch, gas**

**COMP** **oven chips NPL** (Culin) frites fpl prêtes à cuire (au four)
**oven cleaner N** nettoyant m pour four
**oven glove N** (Brit) gant m de cuisine, manique f
**oven-ready ADJ** prêt à cuire

**ovenbird** /ˈʌvnbɜːd/ **N** fournier m

**ovenproof** /ˈʌvnpruːf/ **ADJ** allant au four

**ovenware** /ˈʌvnwɛər/ **N** (NonC) plats mpl allant au four

✦ ✦ ✦ ✦ ✦ ✦ ✦ ✦ ✦ ✦ ✦ ✦ ✦

## **over** /ˈəʊvər/ SYN

1 - ADVERB
2 - ADJECTIVE
3 - PREPOSITION
4 - PREFIX
5 - NOUN
6 - COMPOUNDS

▶ When **over** is the second element in a phrasal verb, eg **come over, go over, turn over**, look up the verb.

✦ ✦ ✦ ✦ ✦ ✦ ✦ ✦ ✦ ✦ ✦ ✦ ✦

### 1 - ADVERB

1 [= ABOVE] dessus ✦ **this one goes over and that one goes under** celui-ci passe dessus et celui-là dessous ✦ **where do you want it, under or over?** où est-ce que tu veux le mettre, dessus ou dessous ?

2 [= HERE, THERE] ✦ **I'll be over at 7 o'clock** je serai là à 7 heures ✦ **when you're next over this way** la prochaine fois que vous passerez par ici ✦ **they were over for the day** ils sont venus passer la journée

✦ **to have sb over** (= invite) inviter qn chez soi ✦ **I must have them over some time** il faut que je les invite subj chez moi un de ces jours ✦ **we had them over to dinner last week** ils sont venus dîner chez nous la semaine dernière

3 [WITH PREPOSITION/ADVERB]

When followed by a preposition or adverb, **over** is not usually translated.

✦ **they're over from Canada for the summer** ils sont venus du Canada pour passer ici l'été ✦ **over here** ici ✦ **they're over in France** ils sont en France ✦ **over there** là-bas ✦ **he drove us over to the other side of town** il nous a conduits de l'autre côté de la ville ✦ **and now over to our Birmingham studio** (Rad, TV) et nous passons maintenant l'antenne à notre studio de Birmingham

✦ **over against** contre ✦ **over against the wall** contre le mur ✦ **the issue of quality over against economy** le problème de l'opposition entre les exigences de la qualité et les contraintes de l'économie

4 [TELEC] ✦ **over (to you)!** à vous ! ✦ **over and out!** terminé !

5 [= MORE] plus ✦ **if it is 2 metres or over, then...** si ça fait 2 mètres ou plus, alors... ✦ **those aged 65 and over** les personnes âgées de 65 ans et plus ✦ **balances of £50,000 and over** les comptes créditeurs de 50 000 livres et plus ✦ **children of eight and over** les enfants de huit ans et plus, les enfants à partir de huit ans

## overachieve | overcompensate

6 [= IN SUCCESSION] ◆ **he did it five times over** il l'a fait cinq fois de suite
◆ **over and over (again)** ◆ **he played the same tune over and over (again)** il a joué le même air je ne sais combien de fois ◆ **I got bored doing the same thing over and over again** je m'ennuyais à refaire toujours la même chose ◆ **all directors make the same film over and over again** tous les réalisateurs ne font qu'un seul film, qu'ils déclinent à l'infini ◆ **they have fallen into this trap over and over again** ils sont tombés dans ce piège maintes et maintes fois *or* à maintes reprises

7 [= REMAINING]

> Note the impersonal use of **il reste**:

◆ **if there is any meat (left) over** s'il reste de la viande ◆ **there are three over** il en reste trois ◆ **four into twenty-nine goes seven and one over** vingt-neuf divisé par quatre font sept et il reste un BUT ◆ **there were two slices each and one over** il y avait deux tranches pour chacun et une en plus ◆ **when they've paid the bills there's nothing over for luxuries** une fois qu'ils ont payé les factures, ils n'ont pas de quoi faire des folies

### 2 - ADJECTIVE

[= FINISHED] ◆ **after the war was over** après la guerre ◆ **when this is (all) over** quand tout cela sera fini ◆ **when the exams/holidays are over** après les examens/vacances, quand les examens/vacances seront fini(e)s ◆ **our troubles are over** voilà la fin de nos ennuis
◆ **over and done with** fini et bien fini ◆ **I'll be glad when it's all over and done with** je serai content lorsque tout sera fini et bien fini ◆ **as far as we were concerned the incident was over and done with** pour nous, l'incident était clos ◆ **to get sth over and done with** en finir avec qch

### 3 - PREPOSITION

► When **over** occurs in a set combination, eg **over the phone**, **an advantage over**, look up the noun. When **over** is used with a verb such as **jump, trip, step**, look up the verb.

1 [= ON TOP OF] sur ◆ **she put an apron on over her dress** elle a mis un tablier sur sa robe ◆ **I spilled coffee over it/them** j'ai renversé du café dessus
2 [= ABOVE] au-dessus de ◆ **the water came over his knees** l'eau lui arrivait au-dessus du genou ◆ **he's over me in the firm** il est au-dessus de moi dans l'entreprise ◆ **a washbasin with a mirror over it** un lavabo surmonté d'une glace
3 [= ACROSS] de l'autre côté de ◆ **it's just over the river** c'est juste de l'autre côté de la rivière ◆ **the noise came from over the wall** le bruit venait de l'autre côté du mur ◆ **the bridge over the river** le pont qui traverse la rivière ◆ **over the road** *or* **way** en face ◆ **there is a café over the road** il y a un café en face ◆ **the house over the way** *or* **the road** la maison d'en face
4 [= DURING] ◆ **over the summer** pendant l'été ◆ **over Christmas** pendant les fêtes de Noël ◆ **a fare which doesn't require a stay over Saturday night** un tarif qui n'impose pas de passer sur place la nuit du samedi ◆ **the meetings take place over several days** les réunions se déroulent sur plusieurs jours ◆ **over a period of** sur une période de ◆ **over the last few years** ces dernières années
5 [= ABOUT] ◆ **they fell out over money** ils se sont brouillés pour une question d'argent ◆ **the two sides disagreed over how much should be spent** les deux côtés n'arrivaient pas à se mettre d'accord sur la somme à dépenser
6 [= MORE THAN] plus de ◆ **they stayed for over three hours** ils sont restés plus de trois heures ◆ **she is over 60** elle a plus de 60 ans ◆ **(the) over-18s/-21s** les plus de 18/21 ans ◆ **women over 21** les femmes de plus de 21 ans ◆ **the boat is over 10 metres long** le bateau fait plus de 10 mètres de long ◆ **well over 200 people** bien plus de 200 personnes ◆ **all numbers over 20** tous les chiffres au-dessus de 20 ◆ **an increase of 5% over last year's total** une augmentation de 5% par rapport au total de l'année dernière
◆ **over and above** ◆ **this was over and above his normal duties** cela dépassait le cadre de ses fonctions *or* attributions ◆ **spending has gone up by 7% over and above inflation** les dépenses ont augmenté de 7%, hors inflation ◆ **over and above the fact that...** sans compter que... ◆ **yes, but over and above that, we must...** oui, mais en plus nous devons...

7 [= ON] ◆ **I spent a lot of time over that report** j'ai passé beaucoup de temps sur ce rapport ◆ **he took hours over the preparations** il a consacré des heures à ces préparatifs
8 [= WHILE HAVING] ◆ **they talked over a cup of coffee** ils ont bavardé autour d'une tasse de café ◆ **we met over a meal in the canteen** nous nous sommes vus autour d'un repas à la cantine
9 [= RECOVERED FROM]
◆ **to be over sth** [+ *illness, bad experience*] s'être remis de qch ◆ **I was heartbroken when she left but I'm over it now** j'ai eu le cœur brisé lorsqu'elle est partie mais je m'en suis remis ◆ **hoping you'll soon be over your cold** en espérant que tu te remettras vite de ton rhume ◆ **we're over the worst now** ça devrait aller mieux maintenant

### 4 - PREFIX

◆ **overabundant** surabondant ◆ **overabundance** surabondance *f* ; → **overachieve, overanxious, overmuch** *etc*

### 5 - NOUN

[CRICKET] série *f* de six balles

### 6 - COMPOUNDS

**over-age** ADJ trop âgé
**over-egg*** VT (*Brit fig*) ◆ **to over-egg the pudding** exagérer
**over-the-counter** ADJ [*drugs, medicine*] vendu sans ordonnance ; [*securities, transactions*] hors cote ; see also **counter**[1]
**over-the-counter market** N (*Stock Exchange*) (marché *m*) hors cote *m*

**overachieve** /ˌəʊvərəˈtʃiːv/ VI [*pupil, student*] réussir mieux que prévu ; [*executive*] être un bourreau de travail

**overachiever** /ˌəʊvərəˈtʃiːvəʳ/ N (= *pupil, student*) élève *m* ou étudiant(e) qui réussit mieux que prévu ; (= *worker*) bourreau *m* de travail

**overact** /ˌəʊvərˈækt/ SYN VI (*Theat*) en faire trop*

**overactive** /ˌəʊvərˈæktɪv/ ADJ trop actif ; [*imagination*] débordant ◆ **to have an overactive thyroid** souffrir d'hyperthyroïdie *f*

**overage** /ˈəʊvərɪdʒ/ N (*US Comm*) excédent *m* (*de marchandises etc*)

**overall** /ˈəʊvərɔːl/ SYN
ADJ [*length, width, height, capacity, loss, gain*] total ; [*effect, impression*] d'ensemble ; [*improvement, increase, trend*] global ; [*study, survey*] global, d'ensemble ; (*Sport*) [*winner, leader, victory*] au classement général ◆ **no party holds overall control of the council** aucun parti n'a la majorité absolue dans la municipalité ◆ **an overall majority** une majorité absolue ◆ **a satisfactory overall performance** une performance globalement satisfaisante ◆ **he has overall responsibility** il a la responsabilité d'ensemble ◆ **overall measurements** [*of car*] encombrement *m*, dimensions *fpl* hors tout ◆ **overall placings** (*Sport*) le classement général, le combiné ◆ **to be in overall lead** (*Sport*) être en tête du classement général
ADV /ˌəʊvərˈɔːl/ [*view, survey*] en général ; [*measure*] d'un bout à l'autre, hors tout ; [*cost*] en tout ◆ **he came first overall** (*Sport*) il est arrivé premier au classement général ◆ **overall, it was disappointing** dans l'ensemble, ça a été décevant
N /ˈəʊvərɔːl/ (*Brit : shirt-type*) blouse *f*
NPL **overalls** [*of mechanic etc*] bleu *m* (de travail) ; (= *dungarees*) salopette *f*

**overambitious** /ˌəʊvəræmˈbɪʃəs/ ADJ trop ambitieux

**overanxious** /ˌəʊvərˈæŋkʃəs/ ADJ (= *worried*) trop inquiet (-ète *f*), trop anxieux ; (= *zealous*) trop zélé ◆ **overanxious parents** des parents *mpl* hyperanxieux ◆ **I'm not overanxious to go** (= *not keen*) je n'ai pas trop *or* tellement envie d'y aller ; (= *not in a hurry*) je ne suis pas trop pressé d'y aller

**overarching** /ˌəʊvərˈɑːtʃɪŋ/ ADJ [*structure, framework, principle*] global ; [*question*] primordial

**overarm** /ˈəʊvərɑːm/ ADV, ADJ (*esp Brit*) par en dessus

**overate** /ˌəʊvərˈeɪt/ VB pt of **overeat**

**overawe** /ˌəʊvərˈɔː/ SYN VT [*person*] intimider, impressionner, troubler ; [*sight etc*] impressionner

**overbade** /ˌəʊvəˈbeɪd/ VB pt of **overbid**

---

ENGLISH-FRENCH 670

**overbalance** /ˌəʊvəˈbæləns/ SYN
VI [*person*] perdre l'équilibre, basculer ; [*object*] se renverser, basculer
VT [+ *object, boat*] (faire) basculer, renverser ; [+ *person*] faire perdre l'équilibre à

**overbearing** /ˌəʊvəˈbɛərɪŋ/ SYN ADJ (*pej*) dominateur (-trice *f*)

**overbid** /ˌəʊvəˈbɪd/ (pret **overbid** *or* **overbade**, ptp **overbid** *or* **overbidden**) (*at auction*)
VT enchérir sur
VI surenchérir

**overblown** /ˌəʊvəˈbləʊn/ ADJ [*flower*] trop ouvert ; [*woman*] plantureux ; [*style*] ampoulé

**overboard** /ˈəʊvəbɔːd/ ADV [*fall, jump*] par-dessus bord ◆ **man overboard!** un homme à la mer ! ◆ **to throw sth overboard** (*lit*) jeter qch par-dessus bord ; (* *fig*) ne faire aucun cas de qch ◆ **to go overboard** * aller trop loin ◆ **to go overboard about sth** * s'emballer* pour qch ◆ **to go overboard about sb** * s'emballer* pour qn ◆ **don't go overboard with the sugar** * vas-y mollo* *or* doucement avec le sucre ; → **wash**

**overbold** /ˌəʊvəˈbəʊld/ ADJ [*person, remark*] impudent ; [*action*] trop audacieux

**overbook** /ˌəʊvəˈbʊk/ VTI [*hotel, airline*] surréserver, surbooker

**overbooking** /ˌəʊvəˈbʊkɪŋ/ N [*of hotel, flight*] surréservation *f*, surbooking *m*

**overburden** /ˌəʊvəˈbɜːdn/ VT (*lit*) surcharger ; (*fig*) surcharger, accabler (*with* de)

**overburdened** /ˌəʊvəˈbɜːdnd/ ADJ [*person*] (*with work*) surchargé ; (*with problems*) accablé ; [*system*] surchargé ◆ **overburdened with** *or* **by sth** surchargé *or* accablé de qch

**overcame** /ˌəʊvəˈkeɪm/ VB pt of **overcome**

**overcapacity** /ˌəʊvkəˈpæsɪti/ N surcapacité *f*

**overcapitalization** /ˌəʊvəkæpɪtəlaɪˈzeɪʃən/ N surcapitalisation *f*

**overcapitalize** /ˌəʊvəˈkæpɪtəlaɪz/ VT surcapitaliser

**overcapitalized** /ˌəʊvəˈkæpɪtəlaɪzd/ ADJ surcapitalisé

**overcast** /ˈəʊvəkɑːst/ SYN (vb: pret, ptp **overcast**)
ADJ [*sky*] couvert, sombre ; [*weather, conditions*] couvert ; [*day*] au temps couvert ◆ **it is overcast** le temps est couvert ◆ **it/the weather grew overcast** ça/le temps s'est couvert
N (*Sewing*: also **overcast stitch**) point *m* de surjet
VT /ˌəʊvəˈkɑːst/ (*Sewing*) surjeter
COMP **overcast seam** N (*Brit Sewing*) surjet *m*

**overcautious** /ˌəʊvəˈkɔːʃəs/ ADJ trop prudent, trop circonspect

**overcautiously** /ˌəʊvəˈkɔːʃəsli/ ADV avec un excès de prudence *or* de circonspection

**overcautiousness** /ˌəʊvəˈkɔːʃəsnɪs/ N excès *m* de prudence *or* de circonspection

**overcharge** /ˌəʊvəˈtʃɑːdʒ/ SYN
VT 1 ◆ **to overcharge sb for sth** faire payer qch trop cher à qn, surfacturer qch à qn ◆ **I was overcharged by twenty pounds** on m'a fait payer vingt livres de trop
2 [+ *electric circuit*] surcharger
VI ◆ **he overcharged for it** il le lui a (*or* il me l'a *etc*) fait payer trop cher

**overcoat** /ˈəʊvəkəʊt/ N pardessus *m* ◆ **wooden overcoat** * (*hum*) costume *m* en sapin*

**overcome** /ˌəʊvəˈkʌm/ SYN (pret **overcame**, ptp **overcome**)
VT [+ *enemy*] vaincre, triompher de ; [+ *difficulty, obstacle, temptation*] surmonter ; [+ *one's rage, disgust, dislike etc*] maîtriser, dominer ; [+ *opposition*] triompher de ◆ **to be overcome by temptation/remorse/grief** succomber à la tentation/au remords/à la douleur ◆ **sleep overcame him** il a succombé au sommeil ◆ **overcome with fear** paralysé de peur, transi de peur ◆ **overcome with cold** transi (de froid) ◆ **she was quite overcome** elle fut saisie, elle resta muette de saisissement
VI ◆ **we shall overcome!** nous vaincrons !

**overcommit** /ˌəʊvəkəˈmɪt/
VI trop s'engager
VT ◆ **to overcommit o.s.** trop s'engager ◆ **to be overcommitted** (*financially*) avoir des charges financières excessives ; (= *have too much work*) s'être engagé à faire trop de travail

**overcompensate** /ˌəʊvəˈkɒmpənseɪt/ VI (*gen*) faire de la surcompensation ; (*Psych*) surcompenser (*for sth* qch)

**overcompensation** /ˈəʊvəˌkɒmpənˈseɪʃən/ N (gen, Psych) surcompensation f

**overcompress** /ˌəʊvəkəmˈpres/ VT surcomprimer

**overconfidence** /ˌəʊvəˈkɒnfɪdəns/ N (= assurance) suffisance f, présomption f ; (= trust) confiance f aveugle (in en)

**overconfident** /ˌəʊvəˈkɒnfɪdənt/ SYN ADJ (= assured) suffisant, présomptueux ; (= trusting) trop confiant (in en)

**overconsumption** /ˌəʊvəkənˈsʌmpʃən/ N (Comm, Econ) surconsommation f

**overcook** /ˌəʊvəˈkʊk/ VT trop (faire) cuire

**overcritical** /ˌəʊvəˈkrɪtɪkəl/ SYN ADJ trop critique

**overcrowded** /ˌəʊvəˈkraʊdɪd/ SYN ADJ [city, prison, house] surpeuplé ; [classroom] surchargé ; [train, bus, office] bondé ◆ **they live in overcrowded conditions** ils vivent dans des conditions de surpeuplement

**overcrowding** /ˌəʊvəˈkraʊdɪŋ/ N (in housing, prison, town, district) surpeuplement m ; (in classroom) effectif(s) m(pl) surchargé(s) ; (in bus etc) encombrement m

**overdependence** /ˌəʊvədɪˈpendəns/ N dépendance f excessive (on envers, à l'égard de)

**overdependent** /ˌəʊvədɪˈpendənt/ ADJ trop dépendant (on de)

**over-designed** /ˌəʊvədɪˈzaɪnd/ ADJ (pej) hypersophistiqué

**overdevelop** /ˌəʊvədɪˈveləp/ VT (Econ) surdévelopper

**overdeveloped** /ˌəʊvədɪˈveləpt/ ADJ (gen, Phot) trop développé ; (Econ) surdéveloppé

**overdevelopment** /ˌəʊvədɪˈveləpmənt/ N (Econ) surdéveloppement m

**overdo** /ˌəʊvəˈduː/ SYN (pret **overdid** /ˌəʊvəˈdɪd/, ptp **overdone** /ˌəʊvəˈdʌn/) VT ① (= exaggerate) [+ attitude, accent, concern, interest] exagérer ; (= eat or drink to excess) abuser de, forcer sur* ◆ **don't overdo the beer** ne bois pas trop de bière, ne force* pas sur la bière ◆ **she rather overdoes the perfume** elle force * un peu sur le parfum, elle y va un peu fort * avec le parfum ◆ **he rather overdoes the devoted husband bit** * il en rajoute* dans le rôle du mari dévoué ◆ **to overdo it, to overdo things** (= push o.s. too hard) s'épuiser ; (= go too far) (in comments, description etc) exagérer ◆ **he's overdone it a bit on the sunbed** il y a été un peu fort * avec les UV
② (= overcook) trop cuire

**overdone** /ˌəʊvəˈdʌn/ SYN
VB ptp of **overdo**
ADJ ① (= exaggerated) excessif, outré
② (= overcooked) trop cuit

**overdose** /ˈəʊvədəʊs/
N ① (lit) surdose f, overdose f ◆ **to take an overdose** faire une overdose ◆ **to take an overdose of sth** prendre une surdose de qch ◆ **he died from an overdose (of heroin)** il est mort d'une overdose or d'une surdose (d'héroïne)
② (fig, hum) overdose f ◆ **I had an overdose of TV last week** j'ai fait une overdose de télé la semaine dernière
VI ① (lit) (gen) faire une overdose ; (fatally) mourir d'une surdose or d'une overdose ◆ **to overdose on sth** prendre une surdose de qch
② (fig, hum) ◆ **to overdose on TV** etc faire une overdose de télé etc ◆ **to overdose on chocolate** forcer* sur le chocolat

**overdraft** /ˈəʊvədrɑːft/ (Banking)
N découvert m ◆ **I've got an overdraft** mon compte est à découvert, j'ai un découvert à la banque
COMP **overdraft facility** N découvert m autorisé, autorisation f de découvert
**overdraft interest** N intérêts mpl débiteurs, agios mpl
**overdraft limit** N (Fin) limite f de découvert

**overdramatize** /ˌəʊvəˈdræmətaɪz/ VT exagérer

**overdraw** /ˌəʊvəˈdrɔː/ (pret **overdrew**, ptp **overdrawn**) (Banking)
VI mettre son compte à découvert, dépasser son crédit
VT [+ one's account] mettre à découvert

**overdrawn** /ˌəʊvəˈdrɔːn/
VB ptp of **overdraw**
ADJ [person, account] à découvert ◆ **I'm £500 overdrawn, my account is £500 overdrawn** j'ai un découvert de 500 livres ◆ **I'm overdrawn/my account is overdrawn by £500** je suis à découvert/mon compte est à découvert de 500 livres

**overdress** /ˈəʊvədres/
N robe-chasuble f
VI /ˌəʊvəˈdres/ (also **to be overdressed**) être trop habillé

**overdrew** /ˌəʊvəˈdruː/ VB pt of **overdraw**

**overdrive** /ˈəʊvədraɪv/ N [of car] (vitesse f) surmultipliée f ◆ **in overdrive** en surmultipliée ◆ **to go into overdrive** * (fig) mettre les bouchées doubles

**overdue** /ˌəʊvəˈdjuː/ SYN ADJ [train, bus] en retard ; [reform] qui tarde (à être réalisé) ; [acknowledgement, recognition, apology] tardif ; [account] impayé, en souffrance ◆ **overdue payments** arriérés mpl ◆ **the plane is 20 minutes overdue** l'avion a 20 minutes de retard ◆ **that change is long overdue** ce changement se fait attendre depuis longtemps ◆ **she's (a week) overdue** (menstrual period) elle est en retard (d'une semaine) ; (baby) elle a dépassé le terme (d'une semaine), elle aurait déjà dû accoucher (il y a une semaine) ◆ **the baby is (a week) overdue** l'enfant aurait déjà dû naître (il y a une semaine) ◆ **my books are (a week) overdue** je suis en retard (d'une semaine) pour rendre mes livres

**overeager** /ˌəʊvərˈiːɡər/ ADJ trop zélé, trop empressé ◆ **he was not overeager to leave** (= not keen) il n'avait pas une envie folle de partir ; (= not in a hurry) il n'était pas trop pressé de partir

**overeat** /ˌəʊvərˈiːt/ SYN (pret **overate**, ptp **overeaten**) VI (on one occasion) trop manger ; (regularly) trop manger, se suralimenter

**overeating** /ˌəʊvərˈiːtɪŋ/ N excès mpl de table

**over-egg** * /ˌəʊvərˈeɡ/ VT (Brit fig) ◆ **to over-egg the pudding** exagérer

**overelaborate** /ˌəʊvərɪˈlæbərɪt/ ADJ [design, plan] trop compliqué ; [style, excuse] contourné ; [dress] trop recherché

**overemphasis** /ˌəʊvərˈemfəsɪs/ N ◆ **to put an overemphasis on sth** accorder trop d'importance à qch

**overemphasize** /ˌəʊvərˈemfəsaɪz/ SYN VT accorder trop d'importance à ◆ **the importance of education cannot be overemphasized** on n'insistera jamais assez sur or on ne soulignera jamais assez l'importance de l'éducation

**overemphatic** /ˌəʊvərɪmˈfætɪk/ ADJ trop catégorique

**overemployment** /ˌəʊvərɪmˈplɔɪmənt/ N suremploi m

**over-engineered** /ˌəʊvərendʒɪˈnɪəd/ ADJ (pej) inutilement compliqué

**overenthusiastic** /ˈəʊvərɪnˌθjuːzɪˈæstɪk/ ADJ trop enthousiaste

**overenthusiastically** /ˈəʊvərɪnˌθjuːzɪˈæstɪkəlɪ/ ADV avec trop d'enthousiasme

**overequip** /ˌəʊvərɪˈkwɪp/ VT suréquiper

**overestimate** /ˌəʊvərˈestɪmeɪt/ VT [+ price, costs, importance] surestimer ; [+ strength] trop présumer de ; [+ danger] exagérer

**overexcite** /ˌəʊvərɪkˈsaɪt/ VT surexciter

**overexcited** /ˌəʊvərɪkˈsaɪtɪd/ ADJ surexcité ◆ **to get overexcited** se mettre dans un état de surexcitation, devenir surexcité ◆ **don't get overexcited!** ne vous excitez pas !

**overexcitement** /ˌəʊvərɪkˈsaɪtmənt/ N surexcitation f

**overexert** /ˌəʊvərɪɡˈzɜːt/ VT ◆ **to overexert o.s.** se surmener, s'éreinter

**overexertion** /ˌəʊvərɪɡˈzɜːʃən/ N surmenage m

**overexploit** /ˌəʊvərɪksˈplɔɪt/ VT surexploiter, trop exploiter

**overexpose** /ˌəʊvərɪksˈpəʊz/ VT (Phot) surexposer

**overexposure** /ˌəʊvərɪksˈpəʊʒər/ N (Phot, also fig) surexposition f

**overextended** /ˌəʊvərɪksˈtendɪd/ ADJ [person] qui a trop d'activités ; [organization] qui a trop diversifié ses activités

**overfamiliar** /ˌəʊvəfəˈmɪlɪər/ ADJ trop familier

**overfeed** /ˌəʊvəˈfiːd/
VT (pret, ptp **overfed** /ˌəʊvəˈfed/) suralimenter, donner trop à manger à ◆ **to be overfed** (animal) être trop nourri ; (person) trop manger
VI se suralimenter, trop manger

**overfeeding** /ˌəʊvəˈfiːdɪŋ/ N suralimentation f

**overfill** /ˌəʊvəˈfɪl/ VT trop remplir

**overfish** /ˌəʊvəˈfɪʃ/ VT surexploiter

**overfishing** /ˌəʊvəˈfɪʃɪŋ/ N surpêche f

**overflew** /ˌəʊvəˈfluː/ VB pt of **overfly**

**overflight** /ˈəʊvəflaɪt/ N (authorized) survol m de l'espace aérien ; (unauthorized) violation f de l'espace aérien

**overflow** /ˈəʊvəfləʊ/ SYN
N ① (= pipe, outlet) [of bath, sink etc] trop-plein m ; [of canal, reservoir etc] déversoir m, dégorgeoir m
② (= flooding) inondation f ; (= excess liquid) débordement m, trop-plein m
③ (= excess) [of people, population] excédent m ; [of objects] excédent m, surplus m
VT /ˌəʊvəˈfləʊ/ [+ container] déborder de ◆ **the river has overflowed its banks** la rivière a débordé or est sortie de son lit
VI /ˌəʊvəˈfləʊ/ ① [liquid, river etc] déborder ◆ **the river overflowed into the fields** la rivière a inondé les champs
② (fig) [people, objects] déborder ◆ **the crowd overflowed into the next room** la foule a débordé dans la pièce voisine
③ [container] déborder (with de) ; [room, vehicle] regorger (with de) ◆ **to be full to overflowing** [cup, jug] être plein à ras bords or à déborder ; [room, vehicle] être plein à craquer ◆ **to fill a cup to overflowing** remplir une tasse à ras bords
④ (fig = be full of) déborder, regorger (with de), abonder (with en) ◆ **the town was overflowing with visitors** la ville regorgeait de visiteurs ◆ **his heart was overflowing with love** son cœur débordait d'amour ◆ **he was overflowing with optimism** il débordait d'optimisme ◆ **he overflowed with suggestions** il abondait en suggestions
COMP /ˈəʊvəˌfləʊ/ [pipe] d'écoulement

**overfly** /ˌəʊvəˈflaɪ/ (pret **overflew** ptp **overflown**) /ˌəʊvəˈfləʊn/ VT survoler

**overfond** /ˌəʊvəˈfɒnd/ ADJ ◆ **she is not overfond of...** elle ne raffole pas de...

**overfull** /ˌəʊvəˈfʊl/ ADJ trop plein (of de)

**overgenerous** /ˌəʊvəˈdʒenərəs/ ADJ [person] prodigue (with de) ; [amount, helping] excessif

**overground** /ˌəʊvəˈɡraʊnd/ ADJ (Transport) à l'air libre

**overgrown** /ˌəʊvəˈɡrəʊn/ ADJ ◆ **the path is overgrown (with grass)** le chemin est envahi par l'herbe ◆ **overgrown with weeds** recouvert de mauvaises herbes ◆ **a wall overgrown with ivy/moss** un mur recouvert or tapissé de lierre/de mousse ◆ **the garden is very overgrown** le jardin est une vraie forêt vierge or est complètement envahi (par la végétation) ◆ **he's just an overgrown schoolboy** c'est un grand gamin

**overhand** /ˈəʊvəhænd/ (US)
ADV ① (Sport etc) [throw, serve] par en dessus
② (Sewing) à points de surjet
VT (Sewing) coudre à points de surjet

**overhang** /ˈəʊvəhæŋ/ SYN (vb: pret, ptp **overhung**)
VT [tree, branch, rocks, balcony] surplomber ; [mist, smoke] planer sur ; [danger etc] menacer
VI [tree, branch, cliff, balcony] être en surplomb
N /ˈəʊvəˌhæŋ/ [of cliff, rock, balcony, building] surplomb m

**overhanging** /ˌəʊvəˈhæŋɪŋ/ ADJ [rock, cliff, eaves] en surplomb, en saillie ; [tree, branch] en surplomb

**overhastily** /ˌəʊvəˈheɪstɪlɪ/ ADV trop hâtivement, de façon trop précipitée

**overhasty** /ˌəʊvəˈheɪstɪ/ ADJ trop précipité or hâtif ◆ **to be overhasty in doing sth** faire qch de façon trop précipitée ◆ **he was overhasty in his condemnation of...** il a été trop hâtif en condamnant...

**overhaul** /ˈəʊvəhɔːl/ SYN
N [of vehicle, machine] révision f (complète) ; [of ship] radoub m ; (fig) [of system, programme] refonte f, remaniement m
VT /ˌəʊvəˈhɔːl/ ① (= check, repair) [+ vehicle, machine] réviser, remettre en état ; [+ ship] radouber ; (fig) [+ system, programme] remanier
② (= catch up with) rattraper, gagner de vitesse ; (= overtake) dépasser

**overhead** /ˈəʊvəhed/ SYN
ADV (= up above) au-dessus (de nos or vos etc têtes), (= in the sky) dans le ciel ; (= on the floor above) (à l'étage) au-dessus, en haut
ADJ /ˈəʊvəhed/ ① [wires, cables, railway] aérien

**overhear | overrun** ENGLISH-FRENCH 672

[2] (Comm) ♦ **overhead charges** or **costs** or **expenses** frais mpl généraux

**N** /ˈəʊvəhed/ (US) ⇒ **overheads**

**NPL overheads** (Brit) frais mpl généraux

**COMP overhead light N** plafonnier m
**overhead lighting N** éclairage m au plafond
**overhead projection N** rétroprojection f
**overhead projector N** rétroprojecteur m
**overhead valve N** (in car engine) soupape f en tête
**overhead-valve engine N** [of vehicle] moteur m à soupape en tête

**overhear** /ˌəʊvəˈhɪəʳ/ (pret, ptp **overheard** /ˌəʊvəˈhɜːd/) **VT** surprendre, entendre (par hasard) ♦ **he was overheard to say that...** on lui a entendu dire or on l'a surpris à dire que... ♦ **I overheard your conversation** j'ai entendu ce que vous disiez, j'ai surpris votre conversation

**overheat** /ˌəʊvəˈhiːt/
**VT** surchauffer
**VI** (gen) devenir surchauffé ; [engine, brakes] chauffer

**overheated** /ˌəʊvəˈhiːtɪd/ SYN ADJ [room] surchauffé ; [brakes, engine, computer] qui chauffe ; [economy, market] en état de surchauffe ♦ **to get overheated** (lit) [person, animal] avoir trop chaud ; (fig) [person] s'emporter

**overheating** /ˌəʊvəˈhiːtɪŋ/ **N** (Econ) surchauffe f

**overhung** /ˌəʊvəˈhʌŋ/ **VB** pt, ptp of **overhang**

**overimpressed** /ˌəʊvərɪmˈprest/ **N** ♦ **I'm not overimpressed with him** il ne m'impressionne pas vraiment ♦ **I'm not overimpressed with his work** je ne suis pas vraiment impressionné par son travail

**overindulge** /ˌəʊvərɪnˈdʌldʒ/ SYN
**VI** abuser (in de) ♦ **I rather overindulged last night** j'ai un peu forcé* or abusé* hier soir, je me suis laissé aller à des excès hier soir
**VT** [+ person] trop gâter, satisfaire tous les caprices de ; [+ passion, appetite] céder trop facilement à

**overindulgence** /ˌəʊvərɪnˈdʌldʒəns/ SYN **N** indulgence f excessive (of/towards sb des/envers les caprices de qn), abus m (in sth de qch)

**overindulgent** /ˌəʊvərɪnˈdʌldʒənt/ **ADJ** trop indulgent (to, towards envers)

**overinvestment** /ˌəʊvərɪnˈvestmənt/ **N** (Econ) surinvestissement m

**overjoyed** /ˌəʊvəˈdʒɔɪd/ SYN ADJ [person] ravi, enchanté ♦ **I can't say I'm overjoyed** je ne peux pas dire que je sois enchanté ♦ **overjoyed at** or **about** or **with sth** ravi or enchanté de qch ♦ **to be overjoyed to see sb** être ravi or enchanté de voir qn ♦ **to be overjoyed that...** être ravi or enchanté que... + subj

**overkill** /ˈəʊvəkɪl/ **N** [1] (Mil) surarmement m
[2] (fig) ♦ **that was a bit of an overkill!*** c'était un peu exagéré ! ♦ **such security measures may well be overkill** de telles mesures de sécurité sont peut-être exagérées or excessives ♦ **her new fitness régime quickly reached overkill** elle a vite dépassé la mesure avec son nouveau programme de mise en forme ♦ **every time I switch on the TV, there's football. It's overkill** chaque fois que j'allume la télévision, il y a du football : trop, c'est trop ♦ **an overkill in negative propaganda** trop de propagande hostile

**overladen** /ˌəʊvəˈleɪdn/ **ADJ** (gen, also Elec) surchargé

**overlaid** /ˌəʊvəˈleɪd/ **VB** pt, ptp of **overlay**

**overland** /ˈəʊvəlænd/
**ADJ** par voie de terre (to pour aller à) ♦ **by an overland route** par voie de terre
**ADV** par voie de terre

**overlap** /ˈəʊvəlæp/
**N** empiètement m, chevauchement m ; [of tiles] chevauchement m
**VI** /ˌəʊvəˈlæp/ (also **overlap each other**) se recouvrir partiellement ; [teeth, boards, tiles] se chevaucher ; (fig) se chevaucher ♦ **his work and ours overlap** son travail et le nôtre se chevauchent or se recoupent ♦ **our holidays overlap** nos vacances coïncident en partie or (se) chevauchent
**VT** /ˌəʊvəˈlæp/ [+ tiles, slates] enchevaucher ; [+ edges] chevaucher, déborder de ; (fig) recouper ♦ **to overlap each other** vi

**overlay** /ˈəʊvəleɪ/ SYN (vb: pret, ptp **overlaid** /ˌəʊvəˈleɪd/)
**VT** (re)couvrir (with de)
**N** /ˈəʊvəleɪ/ revêtement m

**overleaf** /ˈəʊvəliːf/ **ADV** au verso ♦ **see overleaf** voir au verso

**overlie** /ˌəʊvəˈlaɪ/ **VT** recouvrir

**overload** /ˈəʊvəˌləʊd/ SYN
**N** surcharge f
**VT** /ˌəʊvəˈləʊd/ [+ circuit, truck, animal] surcharger (with de) ; [+ engine] surmener

**overlong** /ˌəʊvəˈlɒŋ/
**ADJ** trop long (f longue)
**ADV** trop longtemps

**overlook** /ˌəʊvəˈlʊk/ SYN **VT** [1] (= have a view over) [house, balcony etc] donner sur, avoir vue sur ; [window, door] s'ouvrir sur, donner sur ; [castle etc] dominer ♦ **our garden is not overlooked** personne n'a vue sur notre jardin
[2] (= accidentally miss) [+ fact, detail] oublier, laisser échapper ; [+ problem, difficulty] oublier, négliger ♦ **I overlooked that** j'ai oublié cela, cela m'a échappé ♦ **it is easy to overlook the fact that...** on oublie facilement que... ♦ **this plant is so small that it is easily overlooked** cette plante est si petite qu'il est facile de ne pas la remarquer
[3] (= deliberately allow to pass, ignore) [+ mistake] passer sur, fermer les yeux sur ♦ **we'll overlook it this time** nous passerons là-dessus cette fois-ci, nous fermerons les yeux (pour) cette fois
[4] (= supervise) surveiller

**overlord** /ˈəʊvəlɔːd/ **N** (Hist) suzerain m ; (= leader) chef m suprême ♦ **the steel/coal etc overlord** (fig) le grand patron de la sidérurgie/des charbonnages etc

**overly** /ˈəʊvəlɪ/ SYN ADV trop

**overman** /ˌəʊvəˈmæn/ **VT** affecter trop de personnel à

**overmanned** /ˌəʊvəˈmænd/ **ADJ** en sureffectif

**overmanning** /ˌəʊvəˈmænɪŋ/ **N** sureffectif m, effectif m pléthorique

**overmuch** /ˌəʊvəˈmʌtʃ/
**ADV** excessivement, à l'excès ♦ **I don't like it overmuch** je ne l'aime pas trop
**ADJ** excessif

**overnice** /ˌəʊvəˈnaɪs/ **ADJ** [person] trop pointilleux, trop scrupuleux ; [distinction] trop subtil

**overnight** /ˌəʊvəˈnaɪt/
**ADV** (= during the night) (pendant) la nuit ; (= until next day) jusqu'au lendemain ; (fig = suddenly) du jour au lendemain ♦ **to stay overnight with sb** passer la nuit chez qn ♦ **we drove overnight** nous avons roulé de nuit ♦ **will it keep overnight?** est-ce que cela se gardera jusqu'à demain ? ♦ **the town had changed overnight** la ville avait changé du jour au lendemain
**ADJ** /ˈəʊvənaɪt/ [stay] d'une nuit ; [journey] de nuit ♦ **there had been an overnight change of plans** (fig = sudden) les plans avaient changé du jour au lendemain
**N** nuitée f
**COMP overnight bag N** nécessaire m de voyage

**overoptimistic** /ˈəʊvərˌɒptɪˈmɪstɪk/ **ADJ** trop optimiste

**overpaid** /ˌəʊvəˈpeɪd/ **VB** pt, ptp of **overpay**

**overpass** /ˈəʊvəpɑːs/ **N** (US) (gen) pont m autoroutier ; (at flyover) autopont m

**overpay** /ˌəʊvəˈpeɪ/ (pret, ptp **overpaid**) **VT** [+ person, job] trop payer, surpayer ♦ **he was overpaid by $50** on lui a payé 50 dollars de trop

**overpayment** /ˌəʊvəˈpeɪmənt/ **N** [1] ♦ **overpayment (of wages)** surpaye f, rémunération f excessive
[2] ♦ **overpayment (of tax)** trop-perçu m ♦ **refund of overpayment** remboursement m du trop-perçu

**overpessimistic** /ˈəʊvəˌpesɪˈmɪstɪk/ **ADJ** défaitiste, trop pessimiste

**overplay** /ˌəʊvəˈpleɪ/ **VT** (fig) ♦ **to overplay one's hand** aller trop loin

**overpopulated** /ˌəʊvəˈpɒpjʊleɪtɪd/ **ADJ** surpeuplé

**overpopulation** /ˌəʊvəpɒpjʊˈleɪʃən/ **N** surpopulation f (in dans), surpeuplement m (of de)

**overpower** /ˌəʊvəˈpaʊəʳ/ SYN **VT** (= defeat) vaincre, subjuguer ; (= subdue physically) dominer, maîtriser ; (fig) (= overwhelm) accabler, terrasser

**overpowering** /ˌəʊvəˈpaʊərɪŋ/ SYN ADJ [desire, urge, need, strength] irrésistible ; [feeling] irrépressible ; [force] impérieux ; [smell, scent, flavour] envahissant ; [noise] assourdissant ; [heat] accablant ; [colour] tapageur ; [decoration] oppressant ; [person, manner] dominateur (-trice f)

**overpraise** /ˌəʊvəˈpreɪz/ **VT** faire des éloges excessifs de

**overprescribe** /ˌəʊvəprɪsˈkraɪb/ (Pharm, Med)
**VI** prescrire trop de médicaments
**VT** prescrire en trop grande quantité

**overprice** /ˌəʊvəˈpraɪs/ **VT** [+ goods] vendre trop cher, demander un prix excessif pour

**overpriced** /ˌəʊvəˈpraɪst/ **ADJ** excessivement cher

**overprint** /ˌəʊvəˈprɪnt/ (Typography)
**VT** surcharger ♦ **the price had been overprinted with the word "sale"** les mots « en solde » avaient été imprimés sur l'ancien prix
**N** /ˈəʊvəprɪnt/ surcharge f

**overproduce** /ˌəʊvəprəˈdjuːs/ **VT** surproduire

**overproduction** /ˌəʊvəprəˈdʌkʃən/ **N** surproduction f

**overprotect** /ˌəʊvəprəˈtekt/ **VT** [+ child] protéger excessivement, surprotéger

**overprotective** /ˌəʊvəprəˈtektɪv/ **ADJ** protecteur (-trice f) à l'excès

**overqualified** /ˌəʊvəˈkwɒlɪfaɪd/ **ADJ** trop qualifié

**overran** /ˌəʊvəˈræn/ **VB** pt of **overrun**

**overrate** /ˌəʊvəˈreɪt/ SYN **VT** surévaluer, faire trop de cas de

**overrated** /ˌəʊvəˈreɪtɪd/ **ADJ** surfait, qui ne mérite pas sa réputation

**overreach** /ˌəʊvəˈriːtʃ/
**VT** ♦ **to overreach o.s.** (vouloir) trop entreprendre
**VI** [person] tendre le bras trop loin ; (fig) aller trop loin

**overreact** /ˌəʊvərɪˈækt/ **VI** (gen, Psych) réagir de manière exagérée or excessive ♦ **observers considered that the government had overreacted** les observateurs ont trouvé excessive la réaction gouvernementale ♦ **she's always overreacting** elle exagère toujours, elle dramatise toujours tout

**overreaction** /ˌəʊvərɪˈækʃən/ **N** réaction f exagérée or excessive or disproportionnée

**overreliance** /ˌəʊvərɪˈlaɪəns/ **N** (= dependence) dépendance f excessive (on vis-à-vis de) ; (= trust) confiance f excessive (on en)

**overrepresented** /ˌəʊvəreprɪˈzentɪd/ **ADJ** surreprésenté

**override** /ˌəʊvəˈraɪd/ SYN (pret **overrode** ptp **overridden** /ˌəʊvəˈrɪdn/) **VT** [+ law, duty, sb's rights] fouler aux pieds ; [+ order, instructions] outrepasser ; [+ decision] annuler, casser ; [+ opinion, objection, protests, sb's wishes, claims] passer outre à, ne pas tenir compte de ; [+ person] passer outre aux désirs de ♦ **this fact overrides all others** ce fait l'emporte sur tous les autres ♦ **this overrides what we decided before** ceci annule ce que nous avions décidé auparavant

**overrider** /ˈəʊvəraɪdəʳ/ **N** (of car bumper) tampon m (de pare-chocs)

**overriding** /ˌəʊvəˈraɪdɪŋ/ SYN ADJ [need, consideration, objective, principle, issue] primordial ; [concern, impression, feeling] premier ; [factor] prépondérant ; (Jur) [act, clause] dérogatoire ♦ **of overriding importance** d'une importance primordiale ♦ **his overriding desire was to leave as soon as possible** sa seule envie était de partir le plus vite possible

**overripe** /ˌəʊvəˈraɪp/ **ADJ** [fruit] trop mûr, blet (blette f) ; [cheese] trop fait

**overrode** /ˌəʊvəˈrəʊd/ **VB** pt of **override**

**overrule** /ˌəʊvəˈruːl/ SYN **VT** [+ judgement, decision] annuler, casser ; [+ claim, objection] rejeter ♦ **he was overruled by the chairman** la décision du président a prévalu contre lui ; → **objection**

**overrun** /ˌəʊvəˈrʌn/ SYN (pret **overran**, ptp **overrun**)
**VT** [1] [rats, weeds] envahir, infester ; [troops, army] se rendre maître de, occuper ♦ **the town is overrun by** or **with tourists** la ville est envahie par les touristes or de touristes
[2] [+ line, edge etc] dépasser, aller au-delà de ♦ **to overrun a signal** [train] brûler un signal ♦ **the train overran the platform** le train s'est arrêté au-delà du quai
[3] ♦ **to overrun one's time (by ten minutes)** [speaker] dépasser le temps alloué (de dix minutes) ; [programme, concert etc] dépasser l'heure prévue (de dix minutes)
**VI** ♦ **to overrun (by ten minutes)** [speaker] dépasser le temps alloué (de dix minutes) ; [programme, concert etc] dépasser l'heure prévue (de dix minutes)

**oversaw** /ˈəʊvəsɔː/ VB pt of **oversee**

**overscrupulous** /ˌəʊvəˈskruːpjʊləs/ ADJ trop pointilleux, trop scrupuleux

**overseas** /ˈəʊvəˈsiːz/
- ADV outre-mer ; (= abroad) à l'étranger ◆ **he's back from overseas** il revient de l'étranger ◆ **visitors from overseas** visiteurs mpl (venus) d'outre-mer, étrangers mpl
- ADJ [colony, market] d'outre-mer ; [trade] extérieur (-eure f) ; [visitor] (venu) d'outre-mer, étranger ; [aid] aux pays étrangers ◆ **he got an overseas posting** il a été détaché à l'étranger or outre-mer ◆ **Minister/Ministry of Overseas Development** (Brit) ≈ ministre m/ministère m de la Coopération
- COMP **overseas cap** N (US) calot m, bonnet m de police

**oversee** /ˈəʊvəˈsiː/ (pret **oversaw**, ptp **overseen**) VT surveiller

**overseer** /ˈəʊvəsɪər/ SYN N (in factory, on roadworks etc) contremaître m, chef m d'équipe ; (in coalmine) porion m ; [of prisoners, slaves] surveillant(e) m(f)

**oversell** /ˈəʊvəˈsel/ (pret, ptp **oversold**) VT [1] (lit) ◆ **the match/show was oversold** on a vendu plus de billets qu'il n'y en avait de places pour le match/le spectacle
[2] (fig) faire trop valoir, mettre trop en avant

**oversensitive** /ˈəʊvəˈsensɪtɪv/ ADJ trop sensible, trop susceptible

**oversew** /ˈəʊvəsəʊ/ (pret **oversewed**, ptp **oversewed** or **oversewn**) VT coudre à points de surjet

**oversexed** /ˈəʊvəˈsekst/ ADJ très porté sur le sexe or sur la chose

**overshadow** /ˈəʊvəˈʃædəʊ/ SYN VT [leaves etc] ombrager ; [clouds] obscurcir ; [tree, building] dominer ; (fig) (= cloud, spoil) [+ person, period of time] assombrir ; (= eclipse) [+ person, sb's achievement] éclipser ◆ **her childhood was overshadowed by her mother's death** son enfance a été assombrie par la mort de sa mère

**overshoe** /ˈəʊvəʃuː/ N (gen) galoche f ; (made of rubber) caoutchouc m

**overshoot** /ˈəʊvəˈʃuːt/ (pret, ptp **overshot** /ˈəʊvəˈʃɒt/) VT dépasser, aller au-delà de ◆ **the plane overshot the runway** l'avion a dépassé la piste d'atterrissage ◆ **to overshoot the mark** (lit, fig) dépasser le but

**oversight** /ˈəʊvəsaɪt/ SYN N [1] (= omission) omission f, oubli m ◆ **by or through an oversight** par mégarde, par inadvertance
[2] (= supervision) surveillance f ◆ **under the oversight of** (frm) sous la surveillance de

**oversimplification** /ˈəʊvəˌsɪmplɪfɪˈkeɪʃən/ N simplification f excessive

**oversimplify** /ˈəʊvəˈsɪmplɪfaɪ/ VT trop simplifier, simplifier à l'extrême

**oversize(d)** /ˈəʊvəsaɪz(d)/ ADJ [1] (= too big) trop grand ; (Scol) [class] trop nombreux, pléthorique ; [family] trop nombreux
[2] (= huge) gigantesque, énorme

**oversleep** /ˈəʊvəˈsliːp/ (pret, ptp **overslept** /ˈəʊvəˈslept/) VI (= wake up too late) ne pas se réveiller à l'heure ; (= sleep too long) dormir trop ◆ **I overslept** (= woke too late) je me suis réveillé trop tard

**oversold** /ˈəʊvəˈsəʊld/ VB pt, ptp of **oversell**

**overspend** /ˈəʊvəˈspend/ (vb: pret, ptp **overspent**)
- VT [+ allowance, resources] dépenser au-dessus de or au-delà de
- VI trop dépenser ◆ **to overspend by $10** dépenser 10 dollars de trop
- N dépassement m de budget

**overspending** /ˈəʊvəˈspendɪŋ/ N (gen) dépenses fpl excessives ; (Econ, Admin etc) dépassements mpl de crédits, dépassements mpl budgétaires

**overspent** /ˈəʊvəˈspent/ VB pt, ptp of **overspend**

**overspill** /ˈəʊvəspɪl/ (Brit)
- N excédent m de population ◆ **the London overspill** l'excédent m de la population de Londres
- COMP **overspill town** N ville f satellite

**overstaffed** /ˈəʊvəˈstɑːft/ ADJ en sureffectif

**overstaffing** /ˈəʊvəˈstɑːfɪŋ/ N effectif m pléthorique, sureffectif m

**overstate** /ˈəʊvəˈsteɪt/ VT exagérer

**overstatement** /ˈəʊvəˈsteɪtmənt/ N exagération f

**overstay** /ˈəʊvəˈsteɪ/ VT ◆ **to overstay one's leave** (Mil) excéder la durée fixée de sa permission ;

(gen) excéder la durée fixée de son congé ◆ **I hope I haven't overstayed my welcome** j'espère que je n'ai pas abusé de votre hospitalité ◆ **I know when I've overstayed my welcome** je sais reconnaître quand je deviens indésirable

**oversteer** /ˈəʊvəstɪər/ VI trop braquer

**overstep** /ˈəʊvəˈstep/ VT [+ limits] dépasser, outrepasser ◆ **to overstep one's authority** abuser de son autorité ; (Pol) outrepasser son mandat ◆ **to overstep the line** or **mark** (fig) exagérer (fig) dépasser la mesure or les bornes

**overstocked** /ˈəʊvəˈstɒkt/ ADJ [pond, river] surchargé de poissons ; [farm] qui a un excès de cheptel ; [shop, market] surapprovisionné

**overstrain** /ˈəʊvəˈstreɪn/ VT [+ person] surmener ; [+ heart] fatiguer ; [+ strength] abuser de ; [+ horse, metal] forcer ; [+ resources, reserves] surexploiter ◆ **to overstrain o.s.** se surmener

**overstretch** /ˈəʊvəˈstretʃ/
- VT [1] (lit) [+ muscles, legs] trop étirer
[2] (fig) [+ budget, finances] grever ; [+ resources] surexploiter ; [+ abilities] trop exploiter ◆ **to overstretch o.s.** (= do too much) se surmener ; (financially) dépasser les limites de son budget
- VI [person, muscles, legs] s'étirer de trop

**overstretched** /ˈəʊvəˈstretʃt/ ADJ [person] débordé ◆ **my budget is overstretched** mon budget est extrêmement serré

**overstrung** /ˈəʊvəˈstrʌŋ/ ADJ [piano] à cordes croisées

**overstuffed** /ˈəʊvəˈstʌft/ ADJ [chair] rembourré

**oversubscribed** /ˈəʊvəsəbˈskraɪbd/ ADJ (Stock Exchange) sursouscrit ◆ **this outing was oversubscribed** il y a eu trop d'inscriptions pour cette sortie

**overt** /əʊˈvɜːt/ SYN ADJ [hostility, interference] manifeste ; [criticism] franc (franche f) ; [discrimination, racism] déclaré ; [sexuality] non réprimé ; [message] évident ◆ **overt and covert operations** (Mil, Pol) opérations fpl à découvert et secrètes

**overtake** /ˈəʊvəˈteɪk/ SYN (pret **overtook**, ptp **overtaken**)
- VT [1] (= pass) [+ car] (Brit) doubler, dépasser ; [+ competitor, runner] devancer, dépasser
[2] (fig = take the lead over) [+ competitor, rival] devancer, dépasser ◆ **they have overtaken Britain as the world's fifth largest economy** ils ont dépassé la Grande-Bretagne et sont devenus la cinquième puissance économique mondiale ◆ **lung cancer has overtaken breast cancer as the main cause of death for women** le cancer des poumons a remplacé le cancer du sein comme principale cause de mortalité chez les femmes
[3] (fig = overwhelm) [storm, night] surprendre ◆ **the terrible fate that has overtaken them** le terrible sort qui s'est abattu sur eux or qui les a frappés ◆ **overtaken by fear** frappé d'effroi ◆ **to be overtaken by events** être dépassé par les événements ◆ **his fear was quickly overtaken by anger** sa peur a vite cédé la place à la colère
- VI (Brit) doubler, dépasser ◆ **"no overtaking"** « interdiction de dépasser » ◆ **to overtake on the inside** dépasser or doubler du mauvais côté

**overtax** /ˈəʊvəˈtæks/ VT [1] (Fin) surimposer
[2] [+ person] surmener ◆ **to overtax one's strength** abuser de ses forces, se surmener ◆ **a singer who has overtaxed his voice** un chanteur qui a trop poussé sa voix ◆ **such a project might overtax the skills of our workforce** un tel projet risque de mettre les compétences de notre main-d'œuvre à trop rude épreuve

**over-the-counter** /ˈəʊvəðəˈkaʊntər/
- ADJ [1] [drugs, medicine] vendu sans ordonnance ; see also **counter**[1]
[2] (Stock Exchange) [securities, transactions] hors cote
- COMP **over-the-counter market** N (Stock Exchange) marché m hors cote, hors-cote m

**overthrow** /ˈəʊvəˈθrəʊ/ SYN (vb: pret **overthrew** /ˈəʊvəˈθruː/) (ptp **overthrown** /ˈəʊvəˈθrəʊn/)
- VT [+ enemy, country, empire] vaincre (définitivement) ; [+ dictator, government, system] renverser
- N /ˈəʊvəθrəʊ/ [of enemy etc] défaite f ; [of empire, government, system] chute f, renversement m

**overtime** /ˈəʊvətaɪm/
- N [1] (at work) heures fpl supplémentaires ◆ **I am on overtime, I'm doing** or **working overtime** je fais des heures supplémentaires ◆ **£300 per week with overtime** 300 livres par semaine heures supplémentaires comprises ◆ **to work**

**overtime** (lit) faire des heures supplémentaires ; (fig) mettre les bouchées doubles ◆ **his imagination was working overtime** il s'était laissé emporter par son imagination
[2] (US Sport) prolongation f
- COMP **overtime pay** N (rémunération f pour) heures fpl supplémentaires
**overtime work(ing)** N heures fpl supplémentaires

**overtired** /ˈəʊvəˈtaɪəd/ ADJ (gen) surmené ; [baby, child] énervé ◆ **don't get overtired** ne te surmène pas, ne te fatigue pas trop

**overtly** /əʊˈvɜːtlɪ/ ADV [political, sexual] ouvertement

**overtone** /ˈəʊvətəʊn/ SYN N [1] (Mus) harmonique m or f
[2] (fig = hint) note f, accent m ◆ **there were overtones** or **there was an overtone of hostility in his voice** on sentait une note or des accents d'hostilité dans sa voix ◆ **to have political overtones** avoir des connotations or des sous-entendus politiques

**overtook** /ˈəʊvəˈtʊk/ VB pt of **overtake**

**overtrick** /ˈəʊvətrɪk/ N (Bridge) levée f de mieux

**overtrump** /ˈəʊvəˈtrʌmp/ VT (Cards) surcouper

**overture** /ˈəʊvətjʊər/ SYN N [1] (Mus) ouverture f ◆ **the 1812 Overture** l'Ouverture f solennelle
[2] (fig) ouverture f, avance f ◆ **to make overtures to sb** faire des ouvertures à qn ◆ **peace overtures** ouvertures fpl de paix ◆ **friendly overtures** avances fpl amicales

**overturn** /ˈəʊvəˈtɜːn/ SYN
- VT [1] [+ car, chair] renverser ; [+ boat] faire chavirer or capoter
[2] [+ government, plans] renverser ; [+ decision, judgement] annuler
- VI [chair] se renverser ; [car, plane] se retourner, capoter ; [railway coach] se retourner, verser ; [boat] chavirer, capoter

**overtype** /ˈəʊvətaɪp/ VT taper par-dessus

**overuse** /ˈəʊvəˈjuːz/ VT [+ object, product] abuser de ◆ **the word is overused** c'est un mot galvaudé

**overvalue** /ˈəʊvəˈvæljuː/ VT (gen) surestimer ; (Econ) [+ currency] surévaluer

**overview** /ˈəʊvəvjuː/ N [1] (lit) vue f d'ensemble, panorama m
[2] (fig) [of situation etc] vue f d'ensemble

**overvoltage** /ˈəʊvəˈvɒltɪdʒ/ N surtension f

**overweening** /ˈəʊvəˈwiːnɪŋ/ SYN ADJ (frm) [pride, arrogance, ambition, self-confidence, power] démesuré ; [person] outrecuidant (liter) ; [organization, bureaucracy] présomptueux

**overweight** /ˈəʊvəˈweɪt/ SYN
- ADJ ◆ **to be overweight** [person] avoir des kilos en trop ◆ **to be 5 kilos overweight** peser 5 kilos de trop ◆ **to be medically overweight** avoir une surcharge pondérale ◆ **your luggage is overweight** vous avez un excédent de bagages
- N /ˈəʊvəweɪt/ poids m en excès ; [of person] (gen) surpoids m ; (Med) surcharge f pondérale

**overwhelm** /ˈəʊvəˈwelm/ SYN VT [1] (lit) [flood, waves, sea] [+ land, person, ship] submerger, engloutir ; [earth, lava, avalanche] engloutir, ensevelir ; [+ one's enemy, opponent] écraser
[2] (fig) [emotions] accabler, submerger ; [misfortunes] atterrer, accabler ; [shame, praise, kindness] confondre, rendre confus ; [letters, phone calls] submerger, inonder ◆ **to overwhelm sb with questions** accabler qn de questions ◆ **to overwhelm sb with favours** combler qn de faveurs ◆ **I am overwhelmed by his kindness** je suis tout confus de sa gentillesse ◆ **to be overwhelmed with work** être débordé or accablé de travail ◆ **we have been overwhelmed with offers of help** nous avons été submergés or inondés d'offres d'aide ◆ **Venice quite overwhelmed me** Venise m'a bouleversé ◆ **to be overwhelmed with joy** être au comble de la joie ◆ **to be overwhelmed with grief** être accablé (par la douleur) ◆ **to be overwhelmed with feelings of inadequacy** avoir le sentiment accablant de ne pas être à la hauteur

**overwhelming** /ˈəʊvəˈwelmɪŋ/ SYN ADJ [victory, majority, defeat] écrasant ; [desire, power, pressure] irrésistible ; [success] énorme ; [evidence, misfortune, sorrow, heat] accablant ; [bad news] affligeant, atterrant ; [good news] extrêmement réjouissant ; [welcome, reception] extrêmement chaleureux ; [response] enthousiaste, qui dépasse toute espérance ◆ **to give overwhelming support for sb/sth** soutenir qn/qch sans réserves or à fond ◆ **one's overwhelming impression**

**is that...** l'impression dominante est que... ◆ **an overwhelming vote in favour of the plan** une majorité écrasante en faveur du projet ◆ **he felt an overwhelming sense of relief** il a ressenti un immense soulagement ◆ **they won the competition despite overwhelming odds** ils ont remporté le concours alors que tout était contre eux ◆ **the odds against this happening are overwhelming** tout laisse à penser que cela ne se fera pas ◆ **the overwhelming military superiority of the enemy** la supériorité militaire écrasante de l'ennemi ◆ **for fear of an overwhelming military response** par crainte d'une riposte militaire fulgurante

**overwhelmingly** /ˌəʊvəˈwelmɪŋlɪ/ ADV 1 *(= overpoweringly)* *[tired, anxious, lucky]* extraordinairement
2 *(= predominantly)* *[vote, approve, reject]* à une écrasante majorité ; *[white, male, positive, negative]* en très grande majorité

**overwind** /ˌəʊvəˈwaɪnd/ VT *[+ clock, watch]* trop remonter, remonter trop à fond

**overwinter** /ˌəʊvəˈwɪntəʳ/
VI *[person, animal, plant]* passer l'hiver
VT *[+ animal, plant]* faire passer l'hiver à

**overwork** /ˌəʊvəˈwɜːk/ SYN
N surmenage *m* ◆ **to be ill from overwork** être malade d'avoir trop travaillé *or* de s'être surmené
VT 1 *[+ person]* surmener, surcharger de travail ; *[+ horse]* forcer ◆ **to overwork o.s.** se surmener
2 *(= make too elaborate)* *[+ speech]* trop travailler ◆ **to overwork one's written style** écrire dans un style trop affecté
VI trop travailler, se surmener

**overwrite** /ˌəʊvəˈraɪt/ VT *(Comput)* écraser

**overwrought** /əʊvəˈrɔːt/ SYN ADJ 1 *(= upset)* *[person]* à bout, sur les nerfs
2 *(= overelaborate)* *[poem, song]* tarabiscoté

**overzealous** /əʊvəˈzeləs/ ADJ trop zélé ◆ **to be overzealous** faire de l'excès de zèle, faire du zèle

**Ovid** /ˈɒvɪd/ N Ovide *m*

**oviduct** /ˈəʊvɪdʌkt/ N oviducte *m*

**oviform** /ˈəʊvɪfɔːm/ ADJ ovoïde

**ovine** /ˈəʊvaɪn/ ADJ ovin

**oviparity** /ˌəʊvɪˈpærɪtɪ/ N oviparité *f*

**oviparous** /əʊˈvɪpərəs/ ADJ ovipare

**ovipositor** /ˌəʊvɪˈpɒzɪtəʳ/ N ovipositeur *m*

**ovoid** /ˈəʊvɔɪd/
ADJ ovoïde
N forme *f* ovoïde

**ovotestis** /ˌəʊvəʊˈtestɪs/ N (pl **ovotestes** /ˌəʊvəʊˈtestiːz/) ovotestis *m*

**ovoviviparity** /ˈ"əʊvəʊ"vaɪvɪˈpærɪtɪ/ N ovoviviparité *f*

**ovoviviparous** /ˌəʊvəʊvaɪˈvɪpərəs/ ADJ ovovivipare

**ovular** /ˈɒvjʊləʳ/ ADJ *[plant, animal]* ovulaire

**ovulate** /ˈɒvjʊleɪt/ VI ovuler

**ovulation** /ˌɒvjʊˈleɪʃən/
N ovulation *f*
COMP **ovulation method** N *(Med)* méthode *f* Billings *or* de la glaire cervicale

**ovule** /ˈɒvjuːl/ N *[of plant, animal]* ovule *m*

**ovum** /ˈəʊvəm/ N (pl **ova**) *(Bio)* ovule *m*

**ow** /aʊ/ EXCL ⇒ **ouch**

**owe** /əʊ/ SYN VT 1 *[+ money etc]* devoir *(to sb* à qn) ◆ **he owes me £5** il me doit 5 livres ◆ **I'll owe it to you** je vous le devrai ◆ **I still owe him for the meal** je lui dois toujours le (prix du) repas ◆ **I owe you a lunch** je vous dois un déjeuner
2 *(fig)* *[+ respect, obedience, one's life]* devoir *(to sb* à qn) ◆ **to owe sb a grudge** garder rancune à qn, en vouloir à qn *(for* de) ◆ **I owe you thanks for your help** je tiens à vous remercier de m'avoir aidé *or* pour votre aide, je ne vous ai pas encore remercié de m'avoir aidé *or* pour votre aide ◆ **I owe my family my grateful thanks for their understanding** je suis profondément reconnaissant à ma famille de sa compréhension ◆ **I owe you a favour** je vous revaudrai cela ◆ **the world doesn't owe you a living** tout ne t'est pas dû ◆ **thanks! I owe you one** * merci, je te revaudrai ça ! ◆ **you owe him nothing** vous ne lui devez rien ◆ **he owes his talent to his father** il tient son talent de son père ◆ **he owes his failure to his own carelessness** il doit son échec à sa propre négligence ◆ **to what do I owe the honour of...?** *(frm or hum)* que me vaut l'honneur de... ? ◆ **they owe it to you that they succeeded** ils vous doivent leur succès *or* d'avoir réussi ◆ **I owe it to him to do that** je lui dois bien de faire cela ◆ **you owe it to yourself to make a success of it** vous vous devez de réussir

**owing** /ˈəʊɪŋ/ LANGUAGE IN USE 17.1 SYN
ADJ dû ◆ **the amount owing on the house** ce qui reste dû sur le prix de la maison ◆ **a lot of money is owing to me** on me doit beaucoup d'argent ◆ **the money still owing to me** la somme qu'on me doit encore, la somme qui m'est redue *(Comm)*
PREP ◆ **owing to** en raison de, à cause de

**owl** /aʊl/ N chouette *f* ; *(with ear tufts)* hibou *m* ◆ **a wise old owl** *(fig = person)* un vieux sage ; → **barn, tawny**

**owlet** /ˈaʊlɪt/ N chouette *f* ; *(with ear tufts)* jeune hibou *m*

**owlish** /ˈaʊlɪʃ/ ADJ *[man]* qui a l'air d'un hibou ; *[woman]* qui a l'air d'une chouette ; *(of appearance)* *[man]* de hibou ; *[woman]* de chouette ◆ **his owlish spectacles** ses lunettes qui lui donnent *(or* donnaient) l'air d'un hibou ◆ **he gave me an owlish stare** il m'a regardé fixement comme un hibou

**owlishly** /ˈaʊlɪʃlɪ/ ADV *[peer, stare]* avec des yeux de hibou

**own** /əʊn/ SYN
ADJ propre *before n* ◆ **his own car** sa (propre) voiture, sa voiture à lui ◆ **it's her own company** c'est sa (propre) société ◆ **this is my own book** ce livre est à moi, c'est mon livre ◆ **it's my very own book** c'est mon livre à moi ◆ **I saw it with my own eyes** je l'ai vu de mes propres yeux ◆ **but your own brother said so** mais c'est votre frère qui l'a dit ◆ **all my own work!** c'est moi qui ai fait tout le travail ! ◆ **it was his own idea** c'était son idée à lui ◆ **he's his own man** il est son propre maître ◆ **he is his own worst enemy** son pire ennemi, c'est lui-même ◆ **he does his own cooking** il fait la cuisine lui-même ◆ **the house has its own garage** la maison a son garage particulier ◆ **my own one** mon chéri, ma chérie ◆ **"own garden"** *(in house-selling)* « jardin privatif » ◆ **own goal** *(Brit Football)* but *m* contre son camp ◆ **he scored an own goal** *(Football)* il a marqué un but contre son camp ; *(fig)* ça s'est retourné contre lui
◆ **to do one's own thing** * faire ce qu'on veut ◆ **the kids can do their own thing * while I'm at work** les enfants peuvent faire ce qu'ils veulent pendant que je suis au travail ◆ **a campaign for Europe to do its own thing * in matters of defence** une campagne en faveur de l'indépendance de l'Europe en matière de défense ; → **accord, sake¹, sweet, thing**
PRON ◆ **that's my own** c'est à moi ◆ **those are his own** ceux-là sont à lui ◆ **my time is my own** je suis libre de mon temps, je fais ce que je veux quand il me plaît ◆ **my time's not my own** je n'ai pas une minute à moi ◆ **I'm so busy I can scarcely call my time my own** je suis si occupé que je n'ai pas une minute à moi ◆ **I haven't a minute** *or* **a moment to call my own** je n'ai pas une minute à moi ◆ **it's all my own** c'est tout à moi ◆ **a style all his own** un style bien à lui ◆ **it has a charm all (of) its own** *or* **of its own** cela possède un charme tout particulier *or* qui lui est propre, cela a un charme bien à soi ◆ **for reasons of his own** pour des raisons personnelles *or* qui lui sont propres ◆ **a copy of your own** votre propre exemplaire ◆ **can I have it for my very own?** puis-je l'avoir pour moi tout seul ? ◆ **it's my very own** c'est à moi tout seul ◆ **a house of your very own** une maison bien à vous ◆ **she wants a room of her own** elle veut sa propre chambre *or* sa chambre à elle ◆ **I have money of my own** j'ai de l'argent à moi *or* des ressources personnelles ◆ **he gave me one of his own** il m'a donné un des siens ◆ **Streep made the role her own** ce rôle est définitivement associé à l'interprétation qu'en a donnée Streep ◆ **he's got nothing to call** *or* **nothing that he can call his own** il n'a rien à lui ◆ **each to his own** chacun ses goûts
◆ **on one's own** tout seul ◆ **did you do it (all) on your own?** est-ce que vous l'avez fait tout seul ? ◆ **if I can get him on his own** si je réussis à le voir seul à seul ◆ **you're on your own now!** à toi de jouer (maintenant) !
◆ **to come into one's own** ◆ **women began to come into their own politically** les femmes ont commencé à s'imposer en politique ◆ **I always thought I would come into my own in my thirties** j'ai toujours pensé que je m'épanouirais vers la trentaine ◆ **the tulips come into their own in May** les tulipes apparaissent dans toute leur splendeur en mai ◆ **the movie really comes into its own in the last half hour** le film devient véritablement excellent dans la dernière demi-heure ◆ **in heavy traffic a bicycle really comes into its own** c'est quand il y a beaucoup de circulation que la bicyclette est vraiment utile
◆ **to get one's own back (on sb for sth)** prendre sa revanche (sur qn de qch) ◆ **he's trying to get his own back on me** il essaie de prendre sa revanche sur moi
◆ **to look after one's own** s'occuper des siens
VT 1 *(= possess)* posséder ◆ **who owns this pen/house/paper?** à qui appartient ce stylo/cette maison/ce journal ? ◆ **he acts as if he owns the place** * il se comporte comme en pays conquis
2 *(frm = acknowledge)* reconnaître, avouer *(that* que) ◆ **I own it** je le reconnais, je l'avoue ◆ **he owned his mistake** il a reconnu *or* avoué son erreur ◆ **he owned himself defeated** il s'est avoué vaincu ◆ **he owned the child as his** il a reconnu l'enfant
VI *(frm)* ◆ **to own to a mistake** avouer *or* reconnaître avoir commis une erreur ◆ **he owned to debts of £750** il a avoué *or* reconnu avoir 750 livres de dettes ◆ **he owned to having done it** il a avoué l'avoir fait *or* qu'il l'avait fait
COMP **own-brand, own-label** ADJ *(Comm)* *[product]* vendu sous marque distributeur ◆ **their own-brand** *or* **own-label peas** *etc* leur propre marque *f* de petits pois *etc* ◆ **this supermarket sells own-brand goods** ce supermarché vend des produits sous sa propre marque N *(= make)* marque *f* (de *or* du) distributeur ◆ **buy supermarket own brands wherever possible** achetez, dans la mesure du possible, des produits portant la marque du distributeur
▸ **own up** VI avouer ◆ **to own up to sth** admettre qch ◆ **he owned up to having stolen it** il a avoué l'avoir volé *or* qu'il l'avait volé ◆ **come on, own up!** allons, avoue !

**owner** /ˈəʊnəʳ/ SYN
N *(gen)* propriétaire *mf* ; *(Jur: in house-building)* maître *m* d'ouvrage ◆ **he is the proud owner of...** il est l'heureux propriétaire de... ◆ **the owner of car number...** le propriétaire de la voiture immatriculée... ◆ **as owners of this dictionary know,...** comme les possesseurs de ce dictionnaire le savent,... ◆ **all dog owners will agree that...** tous ceux qui ont un chien conviendront que... ◆ **who is the owner of this book?** à qui appartient ce livre ? ◆ **at owner's risk** *(Comm)* aux risques du client ; → **landowner**
COMP **owner-driver** N conducteur *m* propriétaire
**owner-occupied house** N maison *f* occupée par son propriétaire
**owner-occupier** N *(Brit)* propriétaire *m* occupant

**ownerless** /ˈəʊnəlɪs/ ADJ sans propriétaire

**ownership** /ˈəʊnəʃɪp/ SYN N possession *f* ◆ **"under new ownership"** *(Comm)* « changement de propriétaire » ◆ **under his ownership business was good** du temps où il était propriétaire, les affaires étaient bonnes ◆ **his ownership of the vehicle was not in dispute** on ne lui contestait pas la propriété du véhicule ◆ **to establish ownership of the estate** faire établir un droit de propriété sur le domaine
◆ **to take ownership of sth** *(= assume responsibility)* assumer la responsabilité de qch ◆ **students need to take ownership of their learning** les étudiants doivent assumer la responsabilité de leurs études

**ownsome** * /ˈəʊnsəm/, **owny-o** /ˈəʊnɪəʊ/ N *(hum)* ◆ **on one's ownsome** tout seul

**owt** /aʊt/ N *(Brit dial)* quelque chose

**ox** /ɒks/ (pl **oxen**) N bœuf *m* ◆ **as strong as an ox** fort comme un bœuf ◆ **he's a big ox** * *(pej)* c'est un gros balourd

**oxalate** /ˈɒksəˌleɪt/ N oxalate *m*

**oxalic** /ɒkˈsælɪk/ ADJ oxalique

**oxblood** /ˈɒksblʌd/ ADJ *(in colour)* rouge sang *inv*

**oxbow** /ˈɒksbəʊ/
N *(in river)* méandre *m*
COMP **oxbow lake** N bras *m* mort

**Oxbridge** /ˈɒksbrɪdʒ/ *(Brit)*
N *l'université d'Oxford ou de Cambridge (ou les deux)*
COMP *[education]* à l'université d'Oxford ou de Cambridge ; *[accent, attitude]* typique des uni-

versitaires or des anciens d'Oxford ou de Cambridge

- **OXBRIDGE**

   Oxbridge désigne collectivement les universités d'Oxford et de Cambridge, notamment lorsque l'on veut souligner le côté élitiste de ces deux prestigieuses institutions britanniques. En effet, beaucoup des étudiants de ces universités se retrouvent ensuite aux postes clés de la politique, de l'industrie et de la diplomatie.

**oxcart** /ˈɒkskɑːt/ **N** char m à bœufs

**oxen** /ˈɒksən/ **NPL** of **ox**

**oxeye daisy** /ˈɒksaɪˌdeɪzɪ/ **N** marguerite f (Bot)

**Oxfam** /ˈɒksfæm/ **N** (Brit) (abbrev of **Oxford Committee for Famine Relief**) association caritative d'aide au tiers-monde

- **OXFAM**

   **Oxfam**, acronyme de « Oxford Committee for Famine Relief » est une association caritative d'aide aux pays du tiers-monde ; elle cherche en particulier à y favoriser l'usage des technologies douces et l'utilisation des énergies renouvelables. Les magasins à l'enseigne d'**Oxfam** vendent des vêtements d'occasion et des objets artisanaux fabriqués dans les ateliers et coopératives gérés par l'association dans les pays du tiers-monde.

**Oxford** /ˈɒksfəd/
   **N** Oxford
   **NPL** **Oxfords** (= shoes) oxfords fpl
   **COMP** **Oxford bags NPL** pantalon très ample
   **Oxford blue N** bleu m foncé
   **the Oxford Movement N** (Brit Rel) le Mouvement d'Oxford

**oxhide** /ˈɒkshaɪd/ **N** cuir m de bœuf

**oxidase** /ˈɒksɪdeɪs/ **N** oxydase f

**oxidation** /ˌɒksɪˈdeɪʃən/
   **N** oxydation f
   **COMP** **oxidation-reduction N** (Chem, Phys) oxydoréduction f

**oxide** /ˈɒksaɪd/ **N** oxyde m

**oxidization** /ˌɒksɪdaɪˈzeɪʃən/ **N** oxydation f

**oxidize** /ˈɒksɪdaɪz/
   **VT** oxyder
   **VI** s'oxyder
   **COMP** **oxidizing agent N** (Chem) agent m d'oxydation

**oxidizer** /ˈɒksɪdaɪzəʳ/ **N** (Chem) oxydant m

**oxidizible** /ˌɒksɪˈdaɪzəbl/ **ADJ** oxydable

**oxime** /ˈɒksiːm/ **N** oxime f

**oxlip** /ˈɒkslɪp/ **N** (= plant) primevère f élevée

**Oxon** /ˈɒksən/ abbrev of **Oxfordshire**

**Oxon.** /ˈɒksən/ (Brit) (abbrev of **Oxoniensis**) d'Oxford

**Oxonian** /ɒkˈsəʊnɪən/
   **ADJ** oxonien, oxfordien
   **N** Oxonien(ne) m(f), Oxfordien(ne) m(f)

**oxtail** /ˈɒksteɪl/
   **N** queue f de bœuf
   **COMP** **oxtail soup N** soupe f à la queue de bœuf

**oxter** /ˈɒkstəʳ/ **N** (Scot) aisselle f

**oxyacetylene** /ˌɒksɪəˈsetɪliːn/
   **ADJ** oxyacétylénique
   **COMP** **oxyacetylene burner, oxyacetylene lamp, oxyacetylene torch N** chalumeau m oxyacétylénique
   **oxyacetylene welding N** soudure f (au chalumeau) oxyacétylénique

**oxyacid** /ˌɒksɪˈæsɪd/ **N** (Chem) oxacide m

**oxycephalic** /ˌɒksɪsɪˈfælɪk/, **oxycephalous** /ˌɒksɪˈsefələs/ **ADJ** acrocéphale

**oxycephaly** /ˌɒksɪˈsefəlɪ/ **N** acrocéphalie f

**oxygen** /ˈɒksɪdʒən/
   **N** oxygène m
   **COMP** **oxygen bar N** (US) bar m à oxygène
   **oxygen bottle, oxygen cylinder N** bouteille f d'oxygène
   **oxygen mask N** masque m à oxygène
   **oxygen tank N** ballon m d'oxygène
   **oxygen tent N** tente f à oxygène

**oxygenate** /ˈɒksɪdʒəneɪt/ **VT** oxygéner

**oxygenation** /ˌɒksɪdʒəˈneɪʃən/ **N** oxygénation f

**oxyhaemoglobin** /ˈɒksɪˌhiːməʊˈgləʊbɪn/ **N** (Physiol) oxyhémoglobine f

**oxymoron** /ˌɒksɪˈmɔːrɒn/ **N** (pl **oxymora** /ˌɒksɪˈmɔːrə/) oxymore m

**oxysulphide** /ˌɒksɪˈsʌlfaɪd/ **N** oxysulfure m

**oxytocin** /ˌɒksɪˈtəʊsɪn/ **N** (Med) ocytocine f

**oxytone** /ˈɒksɪˌtəʊn/ **N** oxyton m

**oyez** /əʊˈjez/ **EXCL** oyez ! (cri du crieur public ou d'un huissier)

**oyster** /ˈɔɪstəʳ/
   **N** huître f ◆ **the world is his oyster** le monde est à lui
   **COMP** [industry] ostréicole, huîtrier ; [knife] à huître
   **oyster bed N** banc m d'huîtres, huîtrière f
   **oyster cracker N** (US Culin) petit biscuit m salé
   **oyster farm N** établissement m ostréicole
   **oyster farming N** ostréiculture f
   **oyster mushroom N** pleurote f
   **oyster shell N** coquille f d'huître
   **oyster stew N** (US Culin) soupe f aux huîtres

**oystercatcher** /ˈɔɪstəˌkætʃəʳ/ **N** (= bird) huîtrier m

**oysterman** /ˈɔɪstəmən/ **N** (esp US = person) amareyeur m

**Oz** /ɒz/ abbrev of **Australia**

**oz** abbrev of **ounce(s)**

**Ozalid** ® /ˈɒzəlɪd/ **N** (Typography) ozalid ® m

**ozocerite, ozokerite** /əʊˈzəʊkəˌraɪt/ **N** ozocérite f, ozokérite f

**ozone** /ˈəʊzəʊn/
   **N** (Chem) ozone m
   **COMP** **ozone depletion N** diminution f de la couche d'ozone
   **ozone-friendly ADJ** qui préserve la couche d'ozone
   **ozone hole N** trou m d'ozone
   **ozone layer N** couche f d'ozone
   **ozone-safe ADJ** sans danger pour la couche d'ozone
   **ozone screen N** couche f d'ozone
   **ozone shield N** couche f d'ozone

**ozonize** /ˈəʊzəʊnaɪz/ **VT** ozoniser

**ozonizer** /ˈəʊzəʊˌnaɪzəʳ/ **N** ozoniseur m

**ozonosphere** /əʊˈzəʊnəˌsfɪəʳ/ **N** ozonosphère f

# P

**P¹, p** /piː/
**N** ⓵ (= *letter*) P, p *m* ◆ **to mind** *or* **watch one's Ps and Qs*** se surveiller ◆ **P for Peter** ≃ P comme Pierre
⓶ (abbrev of **penny** *or* **pence**) penny *m*, pence *mpl* ◆ **10p** 10 pence
⓷ (abbrev of **page**) p
**COMP** **P45 N** *(Brit)* attestation de fin de contrat de travail

**p and p N** (abbrev of **post(age) and packing**) → **post³**

- **P45**
- En Grande-Bretagne, le **P45** est l'attestation délivrée à tout employé à la fin de son contrat de travail ; elle indique la rémunération globale versée par l'employeur pendant la période considérée ainsi que les impôts et les cotisations sociales payés par l'employé. Le **P45** doit être présenté à tout nouvel employeur. L'expression « to get one's **P45** » s'utilise dans le sens propre ou figuré de « être licencié ». Ainsi, on pourra dire du sélectionneur d'une équipe sportive qu'il « risque de recevoir son **P45** » si ses joueurs ne sont pas à la hauteur lors d'un match important.

**P²** abbrev of **parking**

**P.** abbrev of **President, Prince**

**PA** /piːˈeɪ/ ⓵ (abbrev of **personal assistant**) → **personal**
⓶ (abbrev of **public-address system**) (also **PA system**) (système *m* de) sonorisation *f*, sono* *f* ◆ **it was announced over the PA that...** on a annoncé par haut-parleur que...
⓷ (abbrev of **Press Association**) agence de presse britannique
⓸ abbrev of **Pennsylvania**

**pa*** /pɑː/ **N** papa *m*

**Pa.** abbrev of **Pennsylvania**

**p.a.** (abbrev of **per annum**) par an

**pabulum** /ˈpæbjʊləm/ **N** ⓵ *(US = nonsense)* niaiseries *fpl*
⓶ *(rare = food)* aliment *m* semi-liquide

**PABX** /piːeɪbiːˈeks/ **N** *(Telec)* (abbrev **private automatic branch exchange**) PABX *m*

**PAC N** *(US)* (abbrev of **political action committee**) → **political**

**pace¹** /peɪs/ SYN
**N** ⓵ (= *measure*) pas *m* ◆ **20 paces away, at 20 paces** à 20 pas ◆ **to take two paces forward** faire deux pas en avant
⓶ (= *speed*) [*of movement*] (*walking*) pas *m* ; (*running*) allure *f* ; (*fig*) [*of action*] rythme *m* ◆ **to go at a quick** *or* **good** *or* **smart pace** [*walker*] aller d'un bon pas ; [*runner, cyclist*] aller à vive allure ◆ **to quicken one's pace** [*walker*] presser *or* hâter le pas ; [*runner, cyclist*] presser *or* accélérer l'allure ◆ **his pace quickened as he reached his car** il pressa *or* hâta le pas en approchant de sa voiture ◆ **to go at a slow pace** [*walker*] marcher lentement *or* à pas lents ; [*runner, cyclist*] aller à (une) petite allure ◆ **their snail-like pace in implementing the programme** leur extrême lenteur dans la mise en œuvre du programme ◆ **to force the pace** forcer l'allure *or* le pas ◆ **to do sth at one's own pace** faire qch à son rythme ◆ **he can't stand** *or* **stay the pace** il n'arrive pas à tenir le rythme ◆ **the pace of life remains slow there** le rythme de vie y reste assez lent ◆ **the pace of political change** le rythme auquel s'effectuent les réformes ◆ **to speed up the pace of reform** accélérer le rythme des réformes

◆ **to set the pace** *(Sport)* mener le train, donner l'allure ; *(for meeting etc)* donner le ton
◆ **to gather pace** *(lit)* prendre de la vitesse ; [*campaign etc*] prendre de l'ampleur ; [*economic recovery*] s'accélérer ◆ **the recovery is gathering pace** la reprise s'accélère
◆ **to keep pace with** ◆ **to keep pace with sb** *(lit)* aller à la même allure que qn ; *(fig)* suivre le rythme de qn ◆ **he can't keep pace with things** il est dépassé par les événements ◆ **earnings have not kept pace with inflation** les salaires n'ont pas suivi le rythme de l'inflation
◆ *possessive* + **paces** ◆ **to put a horse through its paces** faire parader un cheval ◆ **to go through** *or* **show one's paces** *(fig)* montrer ce dont on est capable ◆ **to put sb through his paces** *(fig)* mettre qn à l'épreuve, demander à qn de montrer ce dont il est capable

**VI** marcher à pas mesurés ◆ **to pace up and down** faire les cent pas, marcher de long en large ◆ **to pace round a room** faire les cent pas dans une pièce, arpenter une pièce

**VT** ⓵ [+ *room, floor, street*] arpenter
⓶ *(Sport)* [+ *runner*] régler l'allure de ◆ **to pace o.s.** *(lit, fig)* se ménager, ménager ses forces
**COMP** **pace bowler N** *(Cricket)* lanceur qui envoie des balles très rapides

▶ **pace out** VT SEP [+ *distance*] mesurer en comptant ses pas

**pace²** /peɪs/ PREP *(frm)* n'en déplaise à ◆ **pace your advisers** n'en déplaise à vos conseillers

**-paced** /peɪst/ ADJ *(in compounds)* ◆ **fast-paced** au rythme rapide ◆ **well-paced** au rythme soutenu

**pacemaker** /ˈpeɪsˌmeɪkəʳ/ **N** ⓵ *(Med)* stimulateur *m* (cardiaque), pacemaker *m*
⓶ *(Sport = person)* ◆ **to be (the) pacemaker** mener le train

**pacer** /ˈpeɪsəʳ/ **N** *(US Sport)* meneur *m*, -euse *f* (de train)

**pacesetter** /ˈpeɪsˌsetəʳ/ **N** ⓵ *(Athletics = person)* ◆ **to be (the) pacesetter** mener le train
⓶ (= *leader*) leader *m* ◆ **Boeing is a pacesetter in the marketplace** Boeing est l'un des leaders sur le marché ◆ **Manchester United have emerged as the early-season Premiership pacesetters** Manchester United s'est imposé en tête du championnat en ce début de saison ◆ **Mongolia seemed an unlikely candidate as the pacesetter for political change in Asia** la Mongolie ne semblait pas être le candidat le plus évident au titre de locomotive du changement politique en Asie

**paceway** /ˈpeɪsweɪ/ **N** *(Austral Horse-riding)* piste de pas et de trot

**pacey** /ˈpeɪsɪ/ ADJ [*production, style, book*] au rythme enlevé

**pachyderm** /ˈpækɪdɜːm/ **N** pachyderme *m*

**pacific** /pəˈsɪfɪk/ SYN
**ADJ** [*intentions, disposition*] pacifique *m*
**N** ◆ **Pacific** ⇒ **Pacific Ocean**
**COMP** **Pacific Daylight Time N** *(US)* heure *f* d'été du Pacifique
**the Pacific Islands** NPL les îles *fpl* du Pacifique
**the Pacific Ocean N** le Pacifique, l'océan *m* Pacifique
**the Pacific Rim N** les pays *mpl* riverains du Pacifique
**Pacific Standard Time N** *(US)* heure *f* (normale) du Pacifique

**pacifically** /pəˈsɪfɪkəlɪ/ ADV [*say*] pour calmer les esprits

**pacification** /ˌpæsɪfɪˈkeɪʃən/ **N** [*of country, territory, population*] pacification *f*

**pacifier** /ˈpæsɪfaɪəʳ/ **N** ⓵ *(US = baby's dummy)* tétine *f*, sucette *f*
⓶ (= *person*) pacificateur *m*, -trice *f*

**pacifism** /ˈpæsɪfɪzəm/ **N** pacifisme *m*

**pacifist** /ˈpæsɪfɪst/ SYN ADJ, **N** pacifiste *mf*

**pacifistic** /ˌpæsɪˈfɪstɪk/ ADJ pacifiste

**pacify** /ˈpæsɪfaɪ/ VT [+ *person, fears*] calmer, apaiser ; [+ *country, creditors*] pacifier

**pack** /pæk/ SYN
**N** ⓵ (= *packet*) [*of goods, cereal*] paquet *m* ; [*of cotton, wool*] balle *f* ; [*of pedlar*] ballot *m* ; [*of horse, mule*] charge *f* ; *(Mil)* paquetage *m* ; (also **backpack**) sac *m* à dos ◆ **a pack of cigarettes** (= *individual packet*) un paquet de cigarettes ; (= *carton*) une cartouche de cigarettes
⓶ (= *group*) [*of hounds*] meute *f* ; [*of wolves, thieves*] bande *f* ; [*of brownies, cubs*] meute *f* ; [*of runners, cyclists*] peloton *m* ; *(Comm = set, lot)* pack *m*, lot *m* ◆ **the yoghurt is sold in packs of four** le yaourt se vend par packs *or* lots de quatre (pots) ◆ **a four-/six-pack (of beer)** un pack de quatre/six bières ◆ **a pack of lies** un tissu de mensonges ◆ **a pack of fools*** un tas* *or* une bande* d'imbéciles ◆ **they're behaving like a pack of kids!** ils se comportent comme de vrais gamins ! ◆ **to stay ahead of the pack** *(fig)* maintenir *or* conserver son avance
⓷ *(esp Brit)* [*of cards*] jeu *m*
⓸ *(Rugby)* (= *forwards*) pack *m* ; (= *scrum*) mêlée *f*
⓹ *(Med)* ◆ **cold/wet pack** compresse *f* froide/humide

**VT** ⓵ (= *parcel up*) (*into box, container*) empaqueter, emballer ; (*into suitcase*) mettre dans une valise, emballer ◆ **to pack one's things** faire ses bagages ◆ **pack fragile objects in newspaper** emballez les objets fragiles dans du papier journal ◆ **they come packed in dozens** ils sont conditionnés en paquets de douze ◆ **have you packed your toothbrush?** tu as mis ta brosse à dents dans ta valise ?
⓶ (= *fill tightly*) [+ *trunk, box*] remplir (with de) ; *(fig)* [+ *mind, memory*] bourrer (with de) ◆ **to pack one's case** *or* **suitcase** faire sa valise ◆ **to pack**

**one's bags** (lit) faire ses bagages or ses valises ; (fig) plier bagage, faire ses paquets or son balluchon * ◆ **they packed the hall to see him** (fig) ils se pressaient ou se sont entassés dans la salle pour le voir ◆ **to pack the house** (Theat)[player, play] faire salle comble ◆ **the book is packed with information and photos** le livre est bourré de renseignements et de photos ; see also **packed**

③ (= crush together) [+ earth, objects] [person] tasser (into dans) ; [machine] damer (into dans) ; (Ski) [+ snow] damer ; [+ people] entasser (into dans) ; see also **packed**

④ (pej) ◆ **to pack a jury** composer un jury favorable ◆ **he had packed the committee with his own supporters** il avait noyauté le comité en y plaçant ses partisans

⑤ (= contain) [+ power etc] ◆ **he packs a lot of force in that small frame of his** tout menu qu'il soit, il a énormément de force ◆ **this machine packs enough power to...** cette machine a assez de puissance pour... ◆ **he packs a good punch, he packs quite a wallop*** il a un sacré punch * ◆ **a film that still packs real punch*** un film qui est toujours aussi fort ◆ **to pack a gun**‡ (US) porter un revolver

**VI** ① (= do one's luggage) faire ses bagages or sa valise ; → **send**

② (= fit) ◆ **these books pack easily into that box** ces livres tiennent bien dans cette boîte

③ (= cram) ◆ **they packed into the stadium to hear him** ils se sont entassés dans le stade pour l'écouter ◆ **the crowd packed round him** la foule se pressait autour de lui

**COMP** **pack animal N** bête f de somme
**pack drill N** (Mil) marche f forcée avec paquetage ◆ **no names, no pack drill, but...** (fig) je ne veux citer personne, mais...
**pack ice N** (NonC) banquise f, pack m
**pack trail N** sentier m muletier

▶ **pack away** VT SEP ranger

▶ **pack in** *

**VI** (fig = break down, stop working) [machine, car, watch etc] tomber en panne, rendre l'âme *

**VT SEP** (Brit) [+ person, job] plaquer* ◆ **to pack it all in** tout lâcher, tout plaquer * ◆ **pack it in!** (Brit) (= stop doing sth) laisse tomber !* ; (= stop talking) écrase !‡ ◆ **let's pack it in for the day** (Brit) assez or on arrête pour aujourd'hui ◆ **it's packing them in** (fig)[film, play etc] ça attire les foules

▶ **pack off** * VT SEP (= dismiss) envoyer promener * ◆ **to pack a child off to bed** expédier or envoyer un enfant au lit ◆ **they packed John off to London** ils ont expédié* John à Londres

▶ **pack up**

**VI** ① (= do one's luggage) faire sa valise or ses bagages ; (moving house, business etc) faire ses cartons

② (* = give up and go) (permanently) plier bagage ◆ **I think I'll pack up and go home now** (on one occasion) bon, je crois que je vais m'arrêter là et rentrer chez moi

③ (Brit * = break down, stop working) [machine, car, watch etc] tomber en panne, rendre l'âme *

**VT SEP** ① [+ object, book] emballer, empaqueter ◆ **he packed up his bits and pieces** il a rassemblé ses affaires ◆ **she packed up her few belongings** elle a mis ses quelques affaires dans une valise (or dans un sac etc) ; → **bag**

② (‡ = give up) [+ work, school] laisser tomber* ◆ **pack it up now!** laisse tomber !*, arrête !

**package** /'pækɪdʒ/ SYN

**N** ① (= parcel) paquet m, colis m

② (fig : group) (= items for sale) marché m global ; (= contract) contrat m global ; (= purchase) achat m forfaitaire ; (Comput) progiciel m ◆ **a package of measures** (Pol) un train de mesures ◆ **an aid package** un programme d'aide ◆ **a good financial package for those taking voluntary redundancy** une offre financière intéressante en cas de départ volontaire ◆ **payroll/inventory/management package** (Comput) progiciel m de paie/de stock or inventaire/de gestion ◆ **the president wants his economic plan passed as a package** le président veut que son plan économique soit accepté en bloc ◆ **the plan will be voted on as a package** le plan sera soumis au vote en bloc

③ ⇒ **package holiday**

**VT** (Comm) emballer ; (fig) présenter ◆ **how are they going to package the proposal?** comment vont-ils présenter cette proposition ?

**COMP** **package deal N** (= agreement) accord m global ; (= contract) contrat m global ; (= purchase) achat m forfaitaire

**package holiday N** voyage m organisé
**package policy N** (Insurance) police f multirisque
**package store N** (US) magasin m de vins et spiritueux → **LICENSING LAWS**
**package tour N** voyage m organisé

**packager** /'pækɪdʒə'/ **N** (Publishing) packager or packageur m

**packaging** /'pækɪdʒɪŋ/ **N** (Comm) [of goods] conditionnement m ; (= wrapping materials) emballage m ; (Publishing) packaging m

**packed** /pækt/ **ADJ** SYN

① [room] (with people) comble, bondé ; (with furniture etc) bourré (with de) ; [bus] bondé ; (Brit : also **packed out**) [theatre, hall] comble ◆ **the bus was packed (with people)** le bus était bondé ◆ **the book is packed full of information** le livre est bourré* de renseignements ◆ **the lecture was packed** il y avait foule à la conférence ◆ **to be packed solid** or **tight** (with people) être plein à craquer or archiplein * ◆ **the car park was packed solid** le parking était archiplein *

② (with luggage ready) ◆ **I'm packed and ready to leave** j'ai fait mes bagages et je suis prêt (à partir)

③ (= compressed) [snow, soil] tassé ◆ **the snow was packed hard** la neige était bien tassée

**COMP** **packed lunch N** (Brit) panier-repas m

**-packed** /pækt/ **ADJ** (in compounds) ◆ **a fun-packed holiday** des vacances fpl pleines de distractions ◆ **a thrill-packed evening** une soirée pleine de or riche en péripéties ; → **action**

**packer** /'pækə'/ **N** ① (= person) emballeur m, -euse f
② (= device) emballeuse f

**packet** /'pækɪt/ **N** SYN

① (= parcel) paquet m ; (= paper bag) pochette f ◆ **to earn a packet** * gagner des sommes folles ◆ **to cost a packet** * coûter une somme folle ◆ **that must have cost a packet!** * (Brit) cela a dû coûter les yeux de la tête !

② [of sweets] sachet m ; [of cigarettes, seeds, biscuits, crisps, needles] paquet m

③ (Naut) (also **packet boat**) paquebot m, malle f ◆ **the Dover packet** la malle de Douvres

**COMP** **packet soup N** soupe f en sachet
**packet switching N** (Comput, Telec) commutation f par paquets

**packhorse** /'pækhɔːs/ **N** cheval m de bât

**packing** /'pækɪŋ/

**N** ① [of parcel, goods etc] emballage m, empaquetage m ◆ **to do one's packing** faire sa valise or ses bagages ◆ **meat packing** (Comm) conserverie f de viande (industrie)

② (= act of filling) [of space] remplissage m

③ (Tech) [of piston, joint] garniture f

④ (= padding) (fournitures fpl or matériaux mpl pour) emballage m ; (Tech) (matière f pour) garnitures fpl

**COMP** **packing case N** caisse f d'emballage
**packing density N** (Comput) densité f d'implantation
**packing house N** (US) entreprise f de conditionnement alimentaire

**packsaddle** /'pæk,sædl/ **N** bât m

**packthread** /'pæk,θred/ **N** ficelle f (d'emballage)

**pact** /pækt/ SYN **N** pacte m ◆ **France made a pact with England** la France conclut or signa un pacte avec l'Angleterre ◆ **we made a pact to share the profits** nous nous sommes mis d'accord pour partager les bénéfices

**pacy** /'peɪsɪ/ **ADJ** ⇒ **pacey**

**pad** /pæd/ SYN

**N** ① (to prevent friction, damage) coussinet m ; (to absorb shock) tampon m (amortisseur)

② (Football) protège-cheville m inv ; (Hockey etc) jambière f ; (Fencing) plastron m

③ (= block of paper) bloc m ; (also **writing pad**) bloc m (de papier à lettres) ; (also **notepad**) bloc-notes m ; → **blot**

④ (for inking) tampon m encreur

⑤ [of rabbit] patte f ; [of cat, dog] coussinet m, pelote f plantaire ; [of human fingers, toes] pulpe f ◆ **a pad of fat** un bourrelet de graisse

⑥ (Space) (also **launch pad**) rampe f (de lancement)

⑦ [of water lily] feuille f de nénuphar

⑧ (* = sanitary towel) serviette f hygiénique

⑨ (‡ = flat) piaule* f, appart* m

⑩ (US) ◆ **to be on the pad**‡ [policeman] toucher des pots-de-vin, palper *

**VI** ◆ **to pad along** [person, animal] marcher à pas de loup or à pas feutrés ◆ **to pad about** aller et venir à pas de loup or à pas feutrés

**VT** ① [+ cushion, shoulders] rembourrer ; [+ clothing] matelasser ; [+ furniture, door] matelasser, capitonner ◆ **pad your puppy's bed with something soft** garnissez le panier de votre chiot avec quelque chose de doux ◆ **to pad with cotton wool** ouater

② (Fin) [+ expenses] gonfler

▶ **pad out** VT SEP ① [+ clothes, shoulders] rembourrer

② (fig) [+ meal] rendre plus copieux (with sth en ajoutant qch) ; [+ speech, essay] étoffer ; (pej) délayer

**padded** /'pædɪd/

**ADJ** [garment] matelassé, ouatiné ; [chair] rembourré ; [bedhead] capitonné, matelassé ; [envelope] matelassé

**COMP** **padded bra N** soutien-gorge m rembourré
**padded cell N** cellule f capitonnée
**padded shoulders NPL** épaules fpl rembourrées

**padding** /'pædɪŋ/ SYN **N** ① (= action) rembourrage m

② (= material) bourre f, ouate f ; (fig : in book, speech) délayage m, remplissage m ◆ **there's too much padding in this essay** il y a trop de remplissage or de délayage dans cette dissertation

**paddle** /'pædl/ SYN

**N** ① [of canoe] pagaie f ; [of waterwheel, paddle boat] aube f, palette f ; [of mixer, fan] pale f, palette f

② ◆ **to have** or **go for a paddle** (aller) barboter or faire trempette

③ (US = table tennis bat) raquette f de ping-pong

**VT** ① [+ canoe] faire avancer un canoë à la pagaie ◆ **to paddle one's own canoe** (fig) se débrouiller tout seul

② (US = spank) donner une fessée à

**VI** ① (in boat, canoe) ◆ **to paddle up/down the river** remonter/descendre la rivière en pagayant or à la pagaie

② (= walk) (in water) [person] barboter, faire trempette ; [dog, duck] barboter ; (in mud) patauger

**COMP** **paddle boat, paddle steamer** (Brit) **N** bateau m à aubes or à roues
**paddle wheel N** roue f à aubes or à palettes
**paddling pool N** (Brit) pataugeoire f

▶ **paddle along** **VI** (in boat) pagayer

② (= walk in water) barboter, faire trempette

**paddock** /'pædək/ **N** enclos m (pour chevaux) ; (Racing) paddock m

**Paddy** /'pædɪ/ **N** ① (dim of **Patrick**)

② (‡ esp pej) surnom des Irlandais

**paddy**[1] /'pædɪ/

**N** paddy m, riz m non décortiqué

**COMP** **paddy field N** rizière f

**paddy**[2] * /'pædɪ/ **N** (= anger) rogne* f ◆ **to be in a paddy** être en rogne *

**paddy waggon**‡ /'pædɪ,wægən/ **N** (US) panier m à salade *

**padlock** /'pædlɒk/

**N** [of door, chain] cadenas m ; [of cycle] antivol m

**VT** [+ door] cadenasser ; [+ cycle] mettre un antivol à

**padre** /'pɑːdrɪ/ **N** ① (in army, navy) aumônier m

② (* = clergyman) (Catholic) curé m, prêtre m ; (Protestant) pasteur m

**padsaw** /'pæd,sɔː/ **N** scie f sauteuse

**Padua** /'pædjʊə/ **N** Padoue f

**paean** /'piːən/ **N** péan m ◆ **paeans of praise** des éloges mpl dithyrambiques ◆ **the film is a paean to nature** ce film est un hymne à la nature

**paederast** /'pedəræst/ **N** ⇒ **pederast**

**paediatric** /ˌpiːdɪˈætrɪk/

**ADJ** [department] de pédiatrie ; [illness, medicine, surgery] infantile

**COMP** **paediatric nurse N** infirmier m, -ière f en pédiatrie
**paediatric nursing N** puériculture f

**paediatrician** /ˌpiːdɪəˈtrɪʃən/ **N** pédiatre mf

**paediatrics** /ˌpiːdɪˈætrɪks/ **N** (NonC) pédiatrie f

**paedophile** (Brit) /'piːdəʊfaɪl/ **N** pédophile m ◆ **paedophile ring** réseau m pédophile

**paedophilia** /ˌpiːdəʊˈfɪlɪə/ **N** pédophilie f

**paedophiliac** /ˌpiːdəʊˈfɪlɪæk/ **ADJ** pédophile

**paella** /paɪˈelə/ **N** paella f

**pagan** /ˈpeɪgən/ SYN **ADJ, N** (lit, fig) païen(ne) m(f)
**paganism** /ˈpeɪgənɪzəm/ **N** paganisme m
**paganize** /ˈpeɪgənaɪz/ **VT** paganiser
**page¹** /peɪdʒ/ SYN

 **N** (lit, fig) page f ◆ **on page 10** (à la) page 10 ◆ **continued on page 20** suite (en) page 20 ◆ **the sports pages** (in newspaper) les pages fpl sportives ◆ **a magazine with page upon page of adverts** un magazine bourré de publicité ◆ **to be on the same page** (US = in agreement) être d'accord

 **VT** [+ book] paginer ; [+ printed sheets] mettre en pages

 COMP **page break N** (Comput) saut m de page
**page proofs NPL** (Typography) épreuves fpl en pages
**page three N** (Brit) la page des pin up
**page-turner N** livre m passionnant ◆ **her novel is a real page-turner** son roman se lit d'une traite

 • **PAGE THREE**
 •
 • Depuis de nombreuses années, les lecteurs
 • du journal « The Sun » - le quotidien populaire
 • le plus vendu en Grande-Bretagne - découvrent en page trois la photo pleine page d'une
 • jeune femme posant seins nus. Ce genre de
 • pin up est appelée « **page three** girl », et
 • l'expression **page three** s'est étendue
 • aujourd'hui à toutes les photos de modèles
 • aux seins nus publiées dans les tabloïdes.

**page²** /peɪdʒ/ SYN

 **N** **1** (also **pageboy**) (in hotel) groom m, chasseur m ; (at court) page m
 **2** (US : Congress) jeune huissier m
 **3** (US) ⇒ **pageboy 2**

 **VT** (= call for) [+ person] faire appeler ; [person calling] appeler ; (using pager) biper ◆ **they're paging Mr Smith** on appelle M. Smith ◆ **paging Mr Smith!** on demande M. Smith !

**pageant** /ˈpædʒənt/ SYN **N** (historical) spectacle m or reconstitution f historique ; (fig) spectacle m fastueux ◆ **Christmas pageant** spectacle m de Noël
**pageantry** /ˈpædʒəntrɪ/ SYN **N** apparat m, pompe f
**pageboy** /ˈpeɪdʒˌbɔɪ/ **N** **1** (also **pageboy hairstyle**) (coupe f au) carré m (court) coupe f à la Jeanne d'Arc
 **2** (Brit : at wedding) garçon m d'honneur
 **3** ⇒ **page² noun 1**
**pager** /ˈpeɪdʒəʳ/ **N** bip * m, Alphapage ® m
**paginate** /ˈpædʒɪneɪt/ **VT** paginer
**pagination** /ˌpædʒɪˈneɪʃən/ **N** pagination f
**paging** /ˈpeɪdʒɪŋ/ **N** **1** (Comput, also in book) pagination f
 **2** (Telec) radiomessagerie f
**pagoda** /pəˈgəʊdə/

 **N** pagode f

 COMP **pagoda tree N** sophora m (japonica)
**pah** † /pæ/ **EXCL** pouah !
**paid** /peɪd/

 **VB** pt, ptp de **pay**

 **ADJ** [staff, employee] salarié ; [work] rémunéré, salarié ; [holidays] payé ◆ **to be in paid employment** avoir un emploi rémunéré or salarié ◆ **highly paid** [person, job] très bien payé ◆ **paid gunman** tueur m à gages ◆ **a paid hack** un nègre (fig)

 COMP **paid-in ADJ** (Fin) [moneys] encaissé
**paid-up ADJ** ◆ **paid-up member** membre m à jour de sa cotisation ◆ **fully/partly paid-up shares** actions fpl entièrement/non entièrement libérées ; see also **pay**
**pail** /peɪl/ **N** seau m ◆ **a pail** or **pailful of water** un seau d'eau
**paillasse** /ˈpælɪæs/ **N** paillasse f
**pain** /peɪn/ SYN

 **N** **1** (NonC) (physical) douleur f, souffrance f ; (mental) peine f ; (stronger) douleur f, souffrance f ◆ **to be in (great) pain** souffrir (beaucoup) ◆ **to cause pain to** (physically) faire mal à, faire souffrir ; (mentally) faire de la peine à, peiner ◆ **a cry of pain** un cri de douleur ◆ **no pain, no gain** on n'a rien sans rien

 **2** (localized) douleur f ◆ **I have a pain in my shoulder** j'ai mal à l'épaule ◆ **chest pain** douleurs fpl dans la poitrine ◆ **stomach pains** maux mpl d'estomac ◆ **he suffers from back pain** il a mal au dos ◆ **can you tell me where the pain is?** pouvez-vous me dire où vous avez mal ?

 **3** ( * = nuisance) ◆ **to be a (real) pain** [person, situation] être enquiquinant * or embêtant * ◆ **he's a pain in the neck** il est enquiquinant * or casse-pieds * ◆ **he's a pain in the arse**‡ (Brit) or **the ass**‡ (esp US) c'est un emmerdeur ‡ fini

 **4** ◆ **pains** (= trouble) peine f ◆ **to take pains** or **to be at pains** or **to go to great pains (not) to do sth** s'employer à (ne pas) faire qch ◆ **to take pains over sth** se donner beaucoup de mal pour (faire) qch ◆ **to spare no pains** ne pas ménager ses efforts (to do sth pour faire qch) ◆ **for one's pains** pour sa peine, pour toute récompense ◆ **I got a black eye for my pains** tout ce que ça m'a valu, c'est un œil au beurre noir

 **5** ( †† = punishment) peine f, punition f ◆ **on** or **under pain of death** (frm) sous peine de mort

 **VT** faire de la peine à, peiner ; (stronger) faire souffrir ◆ **it pains him that she's unhappy** cela le peine or lui fait de la peine qu'elle soit malheureuse ◆ **it pains me to think that he's unhappy** cela me fait de la peine de penser qu'il est malheureux

 COMP **pain barrier N** (Sport) ◆ **to go through the pain barrier** vaincre la douleur
**pain clinic N** service de consultation pour le traitement de la douleur
**pain control N** soulagement m de la douleur
**pained** /peɪnd/ SYN **ADJ** [smile, expression, voice] peiné, froissé
**painful** /ˈpeɪnfʊl/ SYN **ADJ** **1** (= causing physical pain) [wound etc] douloureux ◆ **my hand is painful** j'ai mal à la main
 **2** (= distressing) [sight, duty] pénible ◆ **it is painful to see her now** maintenant elle fait peine à voir
 **3** (= laborious) [climb, task] pénible, difficile
**painfully** /ˈpeɪnfəlɪ/ SYN **ADV** **1** (= in pain) [throb] douloureusement ; [move, walk] péniblement ◆ **painfully swollen** enflé et douloureux
 **2** (= laboriously) [write, climb] péniblement, à grand-peine
 **3** (= agonizingly) [learn, realize, understand] de façon douloureuse ; [shy, sensitive, thin, slow] terriblement ◆ **my ignorance was painfully obvious** mon ignorance n'était que trop évidente ◆ **it was painfully clear that...** il n'était que trop évident que... ◆ **to be painfully aware of/that...** être douloureusement conscient de/que...
**painkiller** /ˈpeɪnˌkɪləʳ/ SYN **N** calmant m, analgésique m
**painkilling** /ˈpeɪnˌkɪlɪŋ/ **ADJ** calmant, analgésique
**painless** /ˈpeɪnlɪs/ SYN **ADJ** [operation] indolore, sans douleur ; [experience] indolore ◆ **a quick and painless death** une mort rapide et sans souffrance ◆ **a painless way of paying one's taxes** un moyen indolore de payer ses impôts ◆ **it's a painless way of learning Chinese** de cette façon, on peut apprendre le chinois sans peine ◆ **the exam was fairly painless *** l'examen n'avait rien de bien méchant *
**painlessly** /ˈpeɪnlɪslɪ/ **ADV** (lit = without pain) sans douleur ; (fig = without problems) sans peine
**painstaking** /ˈpeɪnzˌteɪkɪŋ/ SYN **ADJ** [person, work] minutieux, méticuleux
**painstakingly** /ˈpeɪnzˌteɪkɪŋlɪ/ **ADV** minutieusement, méticuleusement
**paint** /peɪnt/ SYN

 **N** **1** (NonC) peinture f ; → **coat, wet**
 **2** ◆ **paints** couleurs fpl ◆ **a box of paints** une boîte de couleurs

 **VT** **1** [+ wall etc] peindre ◆ **to paint a wall red** peindre un mur en rouge ◆ **plates painted with flowers** des assiettes avec des motifs à fleurs ◆ **to paint sth again** repeindre qch ◆ **to paint one's nails** se vernir les ongles ◆ **to paint one's face** (gen, pej) se peinturlurer le visage ◆ **they painted the children's faces** ils ont peint le visage des enfants ◆ **to paint one's lips** se mettre du rouge à lèvres ◆ **to paint the town red** faire la noce *, faire la bringue * ◆ **to paint sb into a corner** pousser qn dans ses derniers retranchements ◆ **to paint o.s. into a corner** se mettre dans une impasse

 **2** (Art) [+ picture, portrait] peindre ◆ **to paint the scenery** (Theat) brosser les décors ◆ **she painted a vivid picture of the moment she escaped** (= described) elle a décrit son évasion avec beaucoup de vivacité ◆ **he painted the situation in very black colours** il brossa un tableau très sombre de la situation

 **3** (Med) [+ throat, wound] badigeonner

 **VI** (Art) peindre, faire de la peinture ◆ **to paint in oils** peindre à l'huile, faire de la peinture à l'huile ◆ **to paint in watercolours** faire de l'aquarelle

 COMP **paint gun N** pistolet m à peinture
**paint remover N** décapant m (pour peinture)
**paint roller N** rouleau m à peinture
**paint spray N** pulvérisateur m (de peinture) ; (for car repairs) bombe f de peinture or de laque
**paint stripper N** (= chemical) décapant m ; (= tool) racloir m

▶ **paint in VT SEP** peindre
▶ **paint out VT SEP** faire disparaître sous une couche de peinture
▶ **paint over VT SEP** [+ slogan, graffiti] couvrir de peinture

**paintballing** /ˈpeɪntˌbɔːlɪŋ/ **N** paintball m
**paintbox** /ˈpeɪntbɒks/ **N** boîte f de couleurs
**paintbrush** /ˈpeɪntbrʌʃ/ **N** pinceau m
**painted** /ˈpeɪntɪd/

 **ADJ** [wall, furniture, room] peint

 COMP **painted lady N** (= butterfly) belle-dame f, vanesse f ; (pej) (also **painted woman**) femme f trop fardée, cocotte * f (pej)
**painter¹** /ˈpeɪntəʳ/ **N** **1** (Art) peintre m ; → **landscape, portrait**
 **2** (also **housepainter**) peintre m (en bâtiments) ◆ **painter and decorator** peintre m décorateur
**painter²** /ˈpeɪntəʳ/ **N** (= rope) amarre f
**painterly** /ˈpeɪntəlɪ/ **ADJ** (lit) [talents, skill, eye] de peintre ; (fig) [film] très pictural ; [account] pittoresque
**painting** /ˈpeɪntɪŋ/ **N** **1** (NonC: lit, fig) peinture f ◆ **painting in oils** peinture f à l'huile ◆ **to study painting** étudier la peinture
 **2** (= picture) tableau m, toile f
**paintpot** /ˈpeɪntpɒt/ **N** pot m de peinture (lit)
**paintwork** /ˈpeɪntwɜːk/ **N** (NonC) peinture f
**pair** /pɛəʳ/ SYN

 **N** **1** (= two) [of shoes, socks, scissors, earrings, eyes, spectacles] paire f ◆ **these gloves make** or **are a pair** ces gants vont ensemble ◆ **these socks are not a pair** ces chaussettes sont dépareillées ◆ **a pair of scissors** une paire de ciseaux ◆ **a pair of pyjamas** un pyjama ◆ **a pair of tweezers** une pince à épiler ◆ **I've only got one pair of hands!** je ne peux pas tout faire à la fois ◆ **to be** or **have a safe pair of hands** être fiable ◆ **she's got a great pair of legs *** elle a de belles jambes ◆ **John won with a pair of aces** John a gagné avec une paire d'as ◆ **the children were shown pairs of words** on a montré aux enfants des mots deux par deux ◆ **in pairs** (= two together) [work etc] à deux ; (= by twos) [enter etc] par deux
 **2** [of animals] paire f ; (= mated) couple m ; → **carriage**
 **3** (= two people) paire f ◆ **you two are a right pair!*** vous faites vraiment la paire tous les deux ! ◆ **pairs of identical twins** paires fpl de vrais jumeaux
 **4** (Brit Parl) un de deux députés de partis opposés qui se sont entendus pour s'absenter lors d'un vote

 **VT** **1** [+ socks] appareiller
 **2** [+ animals] accoupler, apparier ◆ **to be paired with/against sb** (in competition etc) avoir qn comme partenaire/comme adversaire

 **VI** **1** [gloves etc] aller ensemble ◆ **to pair with** aller avec
 **2** [animals] s'accoupler, s'apparier

 COMP **pair bond N** (also **pair-bonding**) union f monogame
**pairs champions NPL** champions mpl par couple
**pairs championship N** championnat m en double
**pairs skaters NPL** patineurs mpl par couple
**pairs tournament N** tournoi m en double

▶ **pair off**

 **VI** **1** [people] s'arranger deux par deux ◆ **to pair off with sb** se mettre avec qn
 **2** (Brit Parl) s'entendre avec un adversaire pour s'absenter lors d'un vote

 **VT SEP** mettre par paires ◆ **John was paired off with her at the dance** on lui a attribué John comme cavalier

▶ **pair up VI** [people] former un tandem, faire équipe ◆ **he paired up with his friend for the race** il a fait équipe avec son ami pour la course

**pairing** /ˈpɛərɪŋ/ **N** **1** (= pair) [of footballers, rugby players, cricketers] association f ; [of tennis players] équipe f de double ; [of ice-skaters] couple m ; [of golfers] camp m ◆ **the pairing of Laurel and**

**Hardy** (Cine, Theat) le duo or le tandem Laurel et Hardy
[2] (NonC = action) ◆ **the pairing of Dixon with Winterburn was a success** l'association Dixon-Winterburn a été un succès
[3] [of birds] appariement m

**paisley** /ˈpeɪzlɪ/
**N** (= fabric) laine f à motif cachemire ; (= design : also **paisley pattern**) motif m or dessin m cachemire
**COMP** **paisley shawl** N châle m (à motif) cachemire

**pajamas** /pəˈdʒɑːməz/ **NPL** (US) ⇒ **pyjama**

**pak choi** /pækˈtʃɔɪ/ **N** (Culin) pak-choi m

**Paki**‡ /ˈpækɪ/ (Brit pej) abbrev of **Pakistani**
**N** Pakistanais(e) m(f)
**ADJ** pakistanais(e)
**COMP** **Paki-basher** N personne qui participe à des attaques racistes contre des immigrés pakistanais
**Paki-bashing** N attaques racistes contre des immigrés pakistanais

**Pakistan** /ˌpɑːkɪsˈtɑːn/ **N** Pakistan m ◆ **in Pakistan** au Pakistan

**Pakistani** /ˌpɑːkɪsˈtɑːnɪ/
**ADJ** pakistanais
**N** Pakistanais(e) m(f)

**pakora** /pəˈkɔːrə/ **N** (pl **pakora** or **pakoras**) (Culin) pakora m (petit beignet indien)

**PAL** /pæl/ **N** (TV) (abbrev of **phase alternation line**) PAL m

**pal**\* /pæl/ **N** copain\* m, copine\* f ; (form of address) mon vieux\* ◆ **they're great pals** ils sont très copains\*, ce sont de grands copains\* ◆ **be a pal!** sois sympa !
▸ **pal up**\* **VI** devenir copain(s)\* (or copine(s)\*) (**with** avec)

**palace** /ˈpælɪs/
**N** palais m ◆ **the Palace** (= the Queen's entourage) le Palais (de Buckingham) ◆ **bishop's palace** évêché m , palais m épiscopal ◆ **royal palace** palais m royal ◆ **presidential palace** palais m présidentiel
**COMP** **palace revolution** N (fig) révolution f de palais

(!) In French, **palace** means 'luxury hotel'.

**paladin** /ˈpælədɪn/ **N** paladin m

**palaeo...** /ˈpælɪəʊ/ **PREF** ⇒ **paleo...**

**Palaeozoic** /ˌpælɪəʊˈzəʊɪk/ **ADJ, N** (Geol) paléozoïque m

**palais** /ˈpæleɪ/ **N** (Brit : also **palais de danse**) † dancing m, salle f de danse or de bal

**palatable** /ˈpælətəbl/ **SYN** **ADJ** [food] agréable au goût ; (fig) [fact etc] acceptable

**palatal** /ˈpælətl/
**ADJ** palatal ◆ **palatal l** (Ling) l mouillé
**N** palatale f

**palatalization** /ˌpælətəlaɪˈzeɪʃən/ **N** palatalisation f

**palatalize** /ˈpælətəlaɪz/ **VT** palataliser, mouiller

**palate** /ˈpælɪt/ **SYN** **N** (Anat) palais m ◆ **to have a discriminating palate** avoir le palais fin ◆ **too sweet for my palate** trop sucré à mon goût ; → **hard, soft**

**palatial** /pəˈleɪʃəl/ **SYN** **ADJ** ◆ **the house is palatial** la maison est un véritable palais ◆ **a palatial hotel** un palace ◆ **the palatial splendour of the building** la splendeur palatiale de cet édifice

**palatinate** /pəˈlætɪnɪt/ **N** palatinat m

**palaver** /pəˈlɑːvər/
**N** [1] (lit = discussion) palabre f
[2] (\* = fuss) palabres fpl ◆ **what a palaver!** quelle histoire pour si peu ! ◆ **to make a lot of palaver about** or **over sth** faire toute une histoire à propos de qch
**VI** palabrer

**pale**[1] /peɪl/ **SYN**
**ADJ** [face, person] (naturally) pâle ; (from sickness, fear) blême ; [colour] pâle ; [dawn, moonlight] blafard ◆ **pale grey/pink** gris/rose pâle ◆ **to grow pale** (gen) pâlir ; (from sickness, emotion) blêmir, pâlir ◆ **he looked pale** il était pâle or blême ◆ **pale blue eyes** yeux mpl bleu pâle
**VI** [person] (gen) (from shock, emotion) pâlir ; (from sickness) blêmir ; (from fear) pâlir, blêmir ◆ **to pale with fear** pâlir or blêmir de peur ◆ **it pales in comparison with...**, **it pales into insignificance beside...** cela paraît dérisoire par rapport

or comparé à... ◆ **her beauty paled beside her mother's** sa beauté était éclipsée par celle de sa mère
**COMP** **pale ale** N (Brit) pale-ale f (sorte de bière blonde légère)
**pale-faced** ADJ (= not tanned) au teint pâle ; (from sickness, fear etc) pâle, blême
**pale-skinned** ADJ à la peau claire

**pale**[2] /peɪl/ **N** (= stake) pieu m ◆ **to be beyond the pale** [behaviour, ideas, beliefs] être inadmissible or inacceptable ; [person] dépasser les bornes

**paleface** /ˈpeɪlfeɪs/ **N** Visage pâle mf

**paleness** /ˈpeɪlnɪs/ **N** pâleur f

**paleo...** /ˈpælɪəʊ/ **PREF** paléo...

**paleobotany** /ˌpælɪəʊˈbɒtənɪ/ **N** paléobotanique f

**paleoclimatology** /ˌpælɪəʊˌklaɪməˈtɒlədʒɪ/ **N** paléoclimatologie f

**paleoecology** /ˌpælɪəʊɪˈkɒlədʒɪ/ **N** paléoécologie f

**paleographer** /ˌpælɪˈɒɡrəfər/ **N** paléographe mf

**paleographic** /ˌpælɪəʊˈɡræfɪk/ **ADJ** paléographique

**paleography** /ˌpælɪˈɒɡrəfɪ/ **N** paléographie f

**paleolithic** /ˌpælɪəʊˈlɪθɪk/ **ADJ** paléolithique ◆ **the paleolithic age** le paléolithique

**paleomagnetism** /ˌpælɪəʊˈmæɡnɪtɪzəm/ **N** paléomagnétisme m

**paleontological** /ˌpælɪɒntəˈlɒdʒɪkəl/ **ADJ** paléontologique

**paleontologist** /ˌpælɪɒnˈtɒlədʒɪst/ **N** paléontologue mf

**paleontology** /ˌpælɪɒnˈtɒlədʒɪ/ **N** paléontologie f

**Paleozoic** /ˌpælɪəʊˈzəʊɪk/
**ADJ** paléozoïque
**N** ◆ **the Paleozoic** le paléozoïque

**Palermo** /pəˈlɛəməʊ/ **N** Palerme

**Palestine** /ˈpælɪstaɪn/
**N** Palestine f
**COMP** **Palestine Liberation Organization** N Organisation f de libération de la Palestine

**Palestinian** /ˌpælɛsˈtɪnɪən/
**ADJ** palestinien
**N** Palestinien(ne) m(f)

**palette** /ˈpælɪt/
**N** (Art, Comput) palette f
**COMP** **palette knife** N (pl **palette knives**) (Art) couteau m (à palette) ; (for cakes) couteau m palette ; (for cooking) spatule f

**palfrey** /ˈpɔːlfrɪ/ **N** palefroi m

**Pali** /ˈpɑːlɪ/ **N** (Ling) pali m

**palilalia** /ˌpælɪˈleɪlɪə/ **N** palilalie f

**palimony**\* /ˈpælɪmənɪ/ **N** pension f alimentaire (versée à un(e) ex-concubin(e))

**palimpsest** /ˈpælɪmpsɛst/ **N** palimpseste m

**palindrome** /ˈpælɪndrəʊm/ **N** palindrome m

**palindromic** /ˌpælɪnˈdrɒmɪk/ **ADJ** palindromique

**paling** /ˈpeɪlɪŋ/ **N** (= fence) palissade f ; (= stake) palis m

**palisade** /ˌpælɪˈseɪd/ **N** [1] palissade f
[2] (US Geol) ligne f de falaises abruptes

**pall**[1] /pɔːl/ **SYN** **VI** perdre son charme (**on sb** pour qn) ◆ **the job was beginning to pall for him** il commençait à se lasser de ce poste

**pall**[2] /pɔːl/ **N** drap m mortuaire ; (Rel) pallium m ; (fig) [of smoke] voile m ; [of snow] manteau m ; (= depressing atmosphere) atmosphère f lugubre ◆ **to cast a pall over** [+ event, celebration] assombrir

**Palladian** /pəˈleɪdɪən/ **ADJ** (Archit) palladien

**palladium** /pəˈleɪdɪəm/ **N** palladium m

**pallbearer** /ˈpɔːlbɛərər/ **N** porteur m (de cercueil)

**pallet** /ˈpælɪt/
**N** [1] (= mattress) paillasse f ; (= bed) grabat m
[2] (for handling goods) palette f
[3] ⇒ **palette**
**COMP** **pallet loader** N palettiseur m
**pallet truck** N transpalette m

**palletization** /ˌpælɪtaɪˈzeɪʃən/ **N** palettisation f

**palletize** /ˈpælɪtaɪz/ **VT** palettiser

**palliasse** /ˈpælɪæs/ **N** ⇒ **paillasse**

**palliate** /ˈpælɪeɪt/ **VT** (Med, fig) pallier ◆ **palliating drugs** médicaments mpl palliatifs

**palliative** /ˈpælɪətɪv/ **ADJ, N** palliatif m

**pallid** /ˈpælɪd/ **ADJ** [person, complexion] pâle, blafard ; [light] blafard ; (fig = insipid) [person, entertainment] insipide

**pallidness** /ˈpælɪdnɪs/, **pallor** /ˈpælər/ **N** pâleur f ; [of face] teint m blafard, pâleur f

**pallium** /ˈpælɪəm/ **N** (pl **palliums** or **pallia** /ˈpælɪə/) (Rel, Zool) pallium m

**pally**\* /ˈpælɪ/ **ADJ** (très) copain\* (copine\* f) (**with** avec)

**palm**[1] /pɑːm/ **SYN**
**N** [of hand] paume f ◆ **she placed the money in his palm** elle lui mit l'argent dans le creux de la main ◆ **to read sb's palm** lire or faire les lignes de la main à qn ◆ **to cross sb's palm with silver** donner la pièce à qn ◆ **to have sb in the palm of one's hand** faire de qn ce qu'on veut ◆ **he had the audience in the palm of his hand** il avait le public dans sa poche\* ◆ **to grease** or **oil sb's palm** graisser la patte\* à qn
**VT** (= conceal) cacher au creux de la main ; (= pick up) subtiliser, escamoter ◆ **to palm sb sth, to palm sth to sb** glisser qch or faire passer qch à qn
▸ **palm off** VT SEP [+ sth worthless] refiler\* (**on, onto** à) ◆ **to palm sb off** se débarrasser de qn ◆ **they palmed the children off on me** ils m'ont refilé les enfants\*

**palm**[2] /pɑːm/ **SYN**
**N** (also **palm tree**) palmier m ; (= branch) palme f ; (Rel) rameau m ; (Rel = straw cross) rameaux mpl ◆ **to carry off the palm** remporter la palme
**COMP** **palm court** ADJ (Brit) [music, orchestra etc] ≈ de thé dansant
**palm grove** N palmeraie f
**palm oil** N huile f de palme
**Palm Sunday** N (dimanche m des) Rameaux mpl
**palm wine** N vin m de palme

**palmar** /ˈpælmər/ **ADJ** (Anat) palmaire

**palmate** /ˈpælmeɪt/ **ADJ** [leaf, foot] palmé

**palmcorder** /ˈpɑːmkɔːdər/ **N** caméscope m de paume

**palmer** /ˈpɑːmər/ **N** (Hist) pèlerin m

**palmetto** /pælˈmɛtəʊ/
**N** (pl **palmettos** or **palmettoes**) palmier m nain
**COMP** **the Palmetto State** N (US) la Caroline du Sud

**palmist** /ˈpɑːmɪst/ **N** chiromancien(ne) m(f)

**palmistry** /ˈpɑːmɪstrɪ/ **N** chiromancie f

**palmitic** /pælˈmɪtɪk/ **ADJ** ◆ **palmitic acid** acide m palmitique

**palmtop computer** /ˈpɑːmtɒpkəmˌpjuːtər/ **N** ordinateur m de poche

**palmy** /ˈpɑːmɪ/ **SYN** **ADJ** (fig) heureux ; [era] florissant, glorieux

**palmyra** /pælˈmaɪrə/ **N** borasse m

**palomino** /ˌpæləˈmiːnəʊ/ **N** (pl **palominos**) alezan m doré à crins blancs

**palooka**‡ /pəˈluːkə/ **N** (US pej) pauvre type\* m

**palp** /pælp/ **N** (pl **palps** or **palpi** /ˈpælpaɪ/) ⇒ **palpus**

**palpable** /ˈpælpəbl/ **SYN** **ADJ** (lit) palpable ; (fig) [tension, fear, unease, frustration, enthusiasm] palpable ; [error] manifeste

**palpably** /ˈpælpəblɪ/ **ADV** manifestement, d'une façon évidente

**palpate** /ˈpælpeɪt/ **VT** (Med) palper

**palpation** /pælˈpeɪʃən/ **N** (Med) palpation f

**palpebral** /ˈpælpɪbrəl/ **ADJ** palpébral

**palpitate** /ˈpælpɪteɪt/ **SYN** **VI** palpiter

**palpitating** /ˈpælpɪteɪtɪŋ/ **ADJ** palpitant

**palpitation** /ˌpælpɪˈteɪʃən/ **N** palpitation f ◆ **to have palpitations** avoir des palpitations

**palpus** /ˈpælpəs/ **N** (pl **palps** or **palpi** /ˈpælpaɪ/) palpe m

**palsied** † /ˈpɔːlzɪd/ **SYN** **ADJ** (Med) (= paralyzed) paralysé, paralytique ; (= trembling) (also fig) tremblotant

**palsy** † /ˈpɔːlzɪ/ **N** (Med) (= trembling) paralysie f agitante ; (= paralysis) paralysie f

**palsy-walsy**‡ /ˌpælzɪˈwælzɪ/ **ADJ** (Brit) ⇒ **pally**

**paltry** /ˈpɔːltrɪ/ **SYN** **ADJ** [1] (= tiny, insignificant) [amount] misérable, dérisoire
[2] (= petty) [behaviour] mesquin ; [excuse] piètre

**paludism** /ˈpæljʊdɪzəm/ **N** paludisme m

**palynological** /ˌpælɪnəˈlɒdʒɪkəl/ **ADJ** palynologique

## palynologist | pantaloon

**palynologist** /ˌpælɪˈnɒlədʒɪst/ N palynologue mf
**palynology** /ˌpælɪˈnɒlədʒɪ/ N palynologie f
**pampas** /ˈpæmpəs/
  **NPL** pampa(s) f(pl)
  **COMP** **pampas grass** N herbe f des pampas
**pamper** /ˈpæmpəʳ/ SYN VT [+ person, pet] bichonner, dorloter ◆ **she pampers her husband with small gifts** elle bichonne or dorlote son mari en lui offrant de petits cadeaux ◆ **pamper your skin with...** offrez à votre peau... ◆ **to pamper o.s.** se faire plaisir ◆ **she pampers herself with luxury beauty products** elle se bichonne avec des produits de beauté de luxe ◆ **go on, pamper yourself!** allez, faites-vous plaisir !
**pamphlet** /ˈpæmflɪt/ SYN N brochure f ; (Literat) opuscule m ; (= scurrilous tract) pamphlet m
**pamphleteer** /ˌpæmflɪˈtɪəʳ/ N auteur m de brochures or d'opuscules ; [of tracts] pamphlétaire mf
**Pan** /pæn/
  **N** Pan m
  **COMP** **Pan pipes** NPL flûte f de Pan
**pan**[1] /pæn/ SYN
  **N** 1 (Culin) casserole f ◆ **roasting pan** plat m à rôtir ; → **frying**, **pot**[1]
  2 [of scales] plateau m ; [of lavatory] cuvette f ; (Miner) batée f ◆ **to go down the pan**‡ (fig) tomber à l'eau* ; → **brain**, **flash**, **salt**
  3 (US ‡ = face) binette‡ f, bille f (de clown) ‡ ; → **deadpan**
  **VT** 1 [+ sand] laver à la batée
  2 (*= criticize harshly) [+ film, book] éreinter, démolir ◆ **his work was panned by his boss** son patron a descendu en flammes son travail
  **VI** ◆ **to pan for gold** laver le sable aurifère (à la batée)
  **COMP** **pan-fry** VT faire sauter or poêler
  **pan-fried** ADJ sauté, poêlé
  **pan scrubber** N tampon m à récurer
▶ **pan out**\* VI (= turn out) tourner, se passer ; (= turn out well) bien tourner, bien se goupiller* ◆ **it all panned out in the long run** ça s'est (bien) goupillé* en fin de compte ◆ **things didn't pan out as he'd planned** les choses ne se sont pas goupillées * comme il l'avait prévu
**pan**[2] /pæn/ SYN
  **VI** [camera] faire un panoramique, panoramiquer (to sur) ◆ **the camera panned across the lawn** la caméra a fait un panoramique or a panoramiqué sur le gazon
  **VT** ◆ **to pan the camera** panoramiquer
**pan...** /pæn/ PREF pan...
**panacea** /ˌpænəˈsɪə/ SYN N panacée f
**panache** /pəˈnæʃ/ SYN N panache m
**Pan-African** /ˌpænˈæfrɪkən/ ADJ panafricain
**Pan-Africanism** /ˌpænˈæfrɪkənɪzəm/ N panafricanisme m
**Panama** /ˈpænəˌmɑː/
  **N** 1 Panama m ◆ **in Panama** au Panama
  2 (also **Panama hat**) panama m
  **COMP** **the Panama Canal** N le canal de Panama
**Panamanian** /ˌpænəˈmeɪnɪən/
  **ADJ** panaméen
  **N** Panaméen(ne) m(f)
**Pan-American** /ˌpænəˈmerɪkən/
  **ADJ** panaméricain
  **COMP** **Pan-American Highway** N route f panaméricaine
  **Pan-American Union** N Union f panaméricaine
**Pan-Americanism** /ˌpænəˈmerɪkənɪzəm/ N panaméricanisme m
**Pan-Arab** /ˌpænˈærəb/ ADJ panarabe
**Pan-Arabism** /ˌpænˈærəbɪzəm/ N panarabisme m
**Pan-Asian** /ˌpænˈeɪʃən/ ADJ panasiatique
**Pan-Asianism** /ˌpænˈeɪʃənɪzəm/ N panasiatisme m
**panatella** /ˌpænəˈtelə/ N panatel(l)a m
**pancake** /ˈpænkeɪk/
  **N** 1 (Culin) crêpe f ; → **flat**[1]
  2 (also **pancake landing**) atterrissage m à plat
  3 (= make-up) → **pancake make-up**
  **VI** (in plane) se plaquer, atterrir à plat
  **COMP** **pancake batter** N pâte f à crêpes
  **pancake coil** N (Elec) galette f
  **Pancake Day** N (Brit) mardi m gras

**pancake make-up** N (= powder compact) maquillage m compact ; (pej) tartine f de maquillage
**pancake roll** N (Brit) = rouleau m de printemps
**Pancake Tuesday** N ⇒ **Pancake Day**
**panchromatic** /ˌpænkrəʊˈmætɪk/ ADJ panchromatique
**pancreas** /ˈpæŋkrɪəs/ N pancréas m
**pancreatic** /ˌpæŋkrɪˈætɪk/ ADJ pancréatique
**pancreatin** /ˈpæŋkrɪətɪn/ N pancréatine f
**pancreatitis** /ˌpæŋkrɪəˈtaɪtɪs/ N pancréatite f
**panda** /ˈpændə/
  **N** panda m
  **COMP** **panda car** N (Brit) voiture f pie inv (de la police)
**pandanus** /pænˈdeɪnəs/ N (pl **pandanuses**) pandanus m
**pandemic** /pænˈdemɪk/
  **ADJ** universel
  **N** pandémie f
**pandemonium** /ˌpændɪˈməʊnɪəm/ SYN N tohu-bohu m, chahut m (monstre) ◆ **it's sheer pandemonium!** c'est un véritable charivari !, quel tohu-bohu ! ◆ **pandemonium broke loose** il y eut un chahut monstre or un véritable tohu-bohu ◆ **scenes of pandemonium** des scènes de désordre indescriptible
**pander** /ˈpændəʳ/ VI ◆ **to pander to** [+ person] se prêter aux exigences de ; [+ whims, desires] se plier à ; [+ tastes, weaknesses] flatter
**p & h** /ˌpiːəndˈeɪtʃ/ N (US) (abbrev of **postage and handling**) port m et manutention f
**P & L** (Comm) (abbrev of **profit and loss**) → **profit**
**Pandora** /pænˈdɔːrə/
  **N** Pandore f
  **COMP** **Pandora's box** N boîte f de Pandore
**p & p** /ˌpiːəndˈpiː/ N (abbrev of **postage and packing**) → **postage**
**pandrop** /ˈpændrɒp/ N grosse pastille f de menthe
**pane** /peɪn/ N vitre f, carreau m
**panegyric** /ˌpænɪˈdʒɪrɪk/ ADJ, N panégyrique m
**panegyrize** /ˈpænɪdʒɪˌraɪz/ VT faire le panégyrique de
**panel** /ˈpænəl/
  **N** 1 (in inquiry) commission f d'enquête ; (= committee) comité m ; [of negotiators etc] table f ronde
  2 (Rad, TV etc) (gen) invités mpl ; (for game) jury m ◆ **a panel of experts** un groupe d'experts, un panel (d'experts)
  3 (Jur) (= list) liste f (des jurés) ; (= jury) jury m ◆ **panel of examiners** (Admin, Scol etc) jury m (d'examinateurs)
  4 (also **interviewing panel**) jury m d'entretien
  5 [of door, wall] panneau m ; [of ceiling] caisson m
  6 (also **instrument panel**) tableau m de bord
  7 (Brit Med: formerly) ◆ **to be on a doctor's panel** être inscrit sur le registre d'un médecin conventionné
  8 (Dress) pan m
  **VT** [+ surface] plaquer ; [+ room, wall] recouvrir de panneaux or de boiseries, lambrisser ◆ **panelled door** porte f à panneaux ◆ **oak-panelled** lambrissé de chêne, garni de boiseries de chêne
  **COMP** **panel-beater** N carrossier m, tôlier m
  **panel-beating** N tôlerie f
  **panel discussion** N (Rad, TV etc) débat m, table f ronde (qui a lieu devant un public)
  **panel doctor** N (Brit : formerly) médecin m conventionné
  **panel game** N (Rad, TV) jeu m radiophonique (or télévisé) (des équipes d'invités)
  **panel patient** N (Brit : formerly) malade mf assuré(e) social(e)
  **panel pin** N pointe f, clou m à tête homme
  **panel truck**, **panel van** N (US) camionnette f
**panelling**, **paneling** (US) /ˈpænəlɪŋ/ N (NonC) panneaux mpl, lambris m, boiseries fpl
**panellist**, **panelist** (US) /ˈpænəlɪst/ N (Rad, TV) invité(e) m(f) (d'une émission)
**Pan-European** /ˌpænjʊərəˈpiːən/ ADJ paneuropéen
**pang** /pæŋ/ SYN N serrement m or pincement m de cœur ◆ **a pang of jealousy/regret** une pointe de jalousie/de regret ◆ **a pang of conscience** un accès de mauvaise conscience, des remords mpl ◆ **he saw her go without a pang** il l'a vue partir sans regret, cela ne lui a fait ni chaud ni froid*

de la voir partir ◆ **hunger pangs**, **pangs of hunger** tiraillements mpl d'estomac
**panga** /ˈpæŋɡə/ N panga m
**pangolin** /pæŋˈɡəʊlɪn/ N (= animal) pangolin m
**panhandle** /ˈpænhændl/
  **N** 1 (lit) manche m (de casserole)
  2 (US = strip of land) bande f de terre ◆ **the Texas panhandle** la partie septentrionale du Texas
  **VI** (US ‡ = beg) faire la manche‡
  **VT** (US ‡ = beg from) mendigoter‡ auprès de
  **COMP** **the Panhandle State** N (US) la Virginie occidentale
**panhandler**‡ /ˈpænhændləʳ/ N (US = beggar) mendiant(e) m(f)
**panic** /ˈpænɪk/ SYN
  **N** (NonC) panique f ◆ **to throw a crowd into a panic** semer la panique dans une foule ◆ **to get into a panic** paniquer* ◆ **to throw sb into a panic** paniquer* qn ◆ **in a panic** complètement affolé or paniqué ◆ **we were in a mad panic** c'était la panique générale ◆ **to do sth in a panic** faire qch en catastrophe ◆ **(there's) no panic**\*, **it can wait** pas de panique * or il n'y a pas le feu *, ça peut attendre
  **VI** être pris de panique, paniquer* ◆ **she's panicking about the future of our relationship** elle est prise de panique or elle panique * quand elle pense à l'avenir de notre relation ◆ **industry is panicking about the recession** l'industrie panique * à cause de la récession ◆ **don't panic!** * pas d'affolement !, pas de panique !
  **VT** [+ crowd] jeter or semer la panique dans ; [+ person] faire paniquer* ◆ **he was panicked by his wife's strange behaviour** le comportement étrange de sa femme le faisait paniquer* ◆ **they were panicked by the prospect of...** ils étaient pris de panique or ils paniquaient* à la perspective de... ◆ **she was panicked into burning the letter** dans un moment d'affolement, elle brûla la lettre
  **COMP** [fear] panique ; [decision] pris dans un moment de panique
  **panic attack** N crise f de panique
  **panic button**\* N (fig) signal m d'alarme ◆ **to hit** or **push the panic button** paniquer*
  **panic buying** N achats mpl de précaution
  **panic grass** N (= plant) panic m
  **panic selling** N (on Stock Exchange) vente d'actions sous l'effet de la panique
  **panic stations**\* NPL ◆ **it was panic stations** ça a été la panique générale*
  **panic-stricken** SYN ADJ [person, crowd] affolé, pris de panique ; [look] affolé
**panicky** /ˈpænɪkɪ/ SYN ADJ [report, newspaper] alarmiste ; [decision, action] de panique ◆ **to feel panicky** être pris de panique
**panicle** /ˈpænɪkəl/ N [of plant] panicule f
**Pan-Islamic** /ˌpænɪzˈlæmɪk/ ADJ panislamique
**Pan-Islamism** /ˌpænˈɪzləmɪzəm/ N panislamisme m
**panjandrum** /pænˈdʒændrəm/ N grand ponte* m, grand manitou* m
**pannier** /ˈpænɪəʳ/ N panier m, corbeille f ; [of pack animal] panier m de bât ; (on cycle, motorcycle: also **pannier bag**) sacoche f
**panoply** /ˈpænəplɪ/ SYN N panoplie f
**panoptic(al)** /pænˈɒptɪk(əl)/ ADJ panoptique
**panorama** /ˌpænəˈrɑːmə/ SYN N panorama m
**panoramic** /ˌpænəˈræmɪk/ SYN
  **ADJ** panoramique
  **COMP** **panoramic screen** N écran m panoramique
  **panoramic view** N vue f panoramique
**pansy** /ˈpænzɪ/ N 1 (= plant) pensée f
  2 (‡ pej = homosexual) tante‡ f, tapette‡ f
**pant** /pænt/ SYN
  **VI** (= gasp) [person] haleter ; [animal] battre du flanc, haleter ◆ **to pant for breath** chercher (à reprendre) son souffle ◆ **the boy/the dog panted along after him** le garçon/le chien le suivait, essoufflé ◆ **he panted up the hill** il grimpa la colline en haletant
  **VT** (also **pant out**) [+ words, phrases] dire d'une voix haletante, dire en haletant
  **N** halètement m
▶ **pant for**‡ VT FUS ◆ **I'm panting for a drink/a cigarette** je meurs d'envie de boire un coup*/ d'en griller une*
**pantaloon** /ˌpæntəˈluːn/ N 1 ◆ **(a pair of) pantaloons** une culotte
  2 (Theat) ◆ **Pantaloon** Pantalon m

**pantechnicon** /pænˈtɛknɪkən/ N (Brit) (= van) grand camion m de déménagement ; (= warehouse) entrepôt m (pour meubles)

**pantheism** /ˈpænθiˌɪzəm/ N panthéisme m

**pantheist** /ˈpænθiɪst/ N panthéiste mf

**pantheistic** /ˌpænθiˈɪstɪk/ ADJ panthéiste

**pantheon** /ˈpænθiən/ N panthéon m

**panther** /ˈpænθəʳ/ N (pl **panthers** or **panther**) panthère f ; → **black**

**panties** * /ˈpæntɪz/ NPL slip m (de femme)

**pantihose** /ˈpæntɪhəʊz/ NPL (esp US) ◆ **(a pair of) pantihose** un collant, des collants mpl

**pantile** /ˈpænˌtaɪl/ N tuile f imbriquée

**panting** /ˈpæntɪŋ/ N halètements mpl

**panto** * /ˈpæntəʊ/ N (Brit Theat) (abbrev of **pantomime** 1)

**pantograph** /ˈpæntəɡrɑːf/ N (Rail, Tech) pantographe m

**pantomime** /ˈpæntəmaɪm/
**N** 1 (Brit Theat) (= show) spectacle de Noël pour enfants
2 (= mime) pantomime f, mime m ◆ **in pantomime** en mimant
3 (Brit fig pej = fuss) pantomime f, comédie f ◆ **the whole thing was a pantomime** toute cette affaire n'était qu'une pantomime ou une comédie ◆ **the government should abandon this pantomime of secrecy** le gouvernement devrait abandonner cette comédie du secret
**COMP** **pantomime dame** N (Brit) rôle travesti de femme dans un spectacle de Noël

> **PANTOMIME**
>
> La **pantomime** ou **panto** est un spectacle de théâtre pour enfants monté au moment de Noël. Le sujet en est un conte de fées ou une histoire populaire (par ex. Cendrillon ou Aladin), généralement présenté sous la forme d'une comédie bouffonne avec des chansons, des costumes fantaisistes et des décors féeriques. Les acteurs font beaucoup appel à la participation du public. Les principaux rôles masculins et féminins sont souvent interprétés par des acteurs du sexe opposé.

**pantothenic acid** /ˌpæntəˈθɛnɪk/ N acide m pantothénique

**pantoum** /pænˈtuːm/ N pantoum m

**pantry** /ˈpæntrɪ/ N (in hotel, mansion) office f ; (in house) garde-manger m inv

**pants** /pænts/ SYN NPL 1 (Brit = underwear) ◆ **(a pair of) pants** un slip ◆ **that's pure pants** ⁑ c'est complètement nul ⁑
2 (esp US * = trousers) ◆ **(a pair of) pants** (un) pantalon ◆ **short pants** culottes fpl courtes ◆ **long pants** pantalon m (long) ◆ **she's the one who wears the pants** * c'est elle qui porte la culotte * ◆ **to be caught with one's pants down** * être pris au dépourvu ◆ **to bore the pants off sb** * barber qn *, raser qn * ◆ **to charm the pants off sb** * séduire qn ◆ **to beat the pants off sb** * (= defeat) mettre une raclée * à qn ◆ **he scared the pants off me** ⁑ il m'a flanqué une de ces trouilles ⁑

**pantsuit** /ˈpæntsuːt/ N (esp US) tailleur-pantalon m

**panty girdle** /ˈpæntɪˌɡɜːdl/ N gaine-culotte f

**pantyhose** /ˈpæntɪhəʊz/ NPL ⇒ **pantihose**

**panty liner** /ˈpæntɪˌlaɪnəʳ/ N protège-slip m

**panzer** /ˈpænzəʳ/
**N** panzer m
**COMP** **panzer division** N division f blindée (allemande)

**pap¹** /pæp/ SYN N (Culin) bouillie f ; (fig pej) niaiseries fpl

**pap²** †† /pæp/ N (= nipple) mamelon m

**papa** /pəˈpɑː/ N père m

**papacy** /ˈpeɪpəsɪ/ N papauté f

**papadum** /ˈpæpədəm/ N poppadum m

**papain** /pəˈpeɪɪn/ N (Chem) papaïne f

**papal** /ˈpeɪpəl/
**ADJ** [throne, mass, guards] pontifical ; [legate, election, visit] du Pape
**COMP** **papal bull** N bulle f papale
**papal cross** N croix f papale
**papal infallibility** N infaillibilité f pontificale
**papal nuncio** N nonce m du Pape

**Papal States** NPL États mpl pontificaux or de l'Église

**Papanicolaou smear** /ˌpæpəˈnɪkəluːsmɪəʳ/, **Papanicolaou test** /ˌpæpəˈnɪkəluːtest/ N ⇒ **Pap smear**

**paparazzo** /ˌpæpəˈrætsəʊ/ N (pl **paparazzi** /ˌpæpəˈrætsiː/) paparazzi m inv

**papaver** /pæˈpɑːvəʳ/ N papaver m, pavot m

**papaverine** /pəˈpeɪvəˌriːn/ N papavérine f

**papaya** /pəˈpaɪə/ N (= fruit) papaye f ; (= tree) papayer m

**paper** /ˈpeɪpəʳ/ SYN
**N** 1 (NonC) papier m ; (pej = piles of paper) paperasses fpl ◆ **a piece of paper** (= odd bit) un bout or un morceau de papier ; (= sheet) une feuille de papier ◆ **he was asked to put his suggestions down on paper** on lui a demandé de mettre ses suggestions par écrit or sur papier ◆ **the project looks impressive enough on paper** sur le papier, le projet semble assez impressionnant ; → **brown, carbon, rice**
2 (also **newspaper**) journal m ◆ **to write for the papers** faire du journalisme ◆ **it was in the papers yesterday** c'était dans les journaux hier ◆ **I saw it in the paper** je l'ai vu dans le journal ; → **illustrate**
3 (Scol, Univ) (= set of exam questions) épreuve f (écrite) ; (= student's written answers) copie f ◆ **a geography paper** une épreuve de géographie ◆ **she did a good paper in French** elle a rendu une bonne copie de français
4 (= scholarly work) (printed) article m ; (spoken) communication f, intervention f ; (in seminar: by student etc) exposé m ◆ **to write a paper on** écrire un article sur
5 (= government publication) livre m ; → **white, green**
6 (also **wallpaper**) papier m peint
7 (Comm) effet m ◆ **commercial paper** effet m de commerce
8 (US * = money) fric * m
**NPL** **papers** (= documents) papiers mpl ◆ **show me your (identity) papers** montrez-moi vos papiers (d'identité) ◆ **call-up papers** (Mil) ordre m d'appel ◆ **ship's papers** papiers mpl de bord ◆ **voting papers** bulletin m de vote
**VT** 1 [+ room, walls] tapisser ◆ **they papered the walls of the cafe with notices about...** ils ont tapissé ou complètement recouvert le mur du café d'affiches concernant...
2 (US fig = fill theatre) ◆ **to paper the house** ⁑ remplir la salle d'invités
**COMP** [doll, towel] en papier, de papier ; (fig pej) [diploma etc] sans valeur, bidon ⁑ inv ; [profits] sur le papier, théorique
**paper bag** N sac m en papier ; (small) poche f de papier ◆ **they couldn't fight their way out of a paper bag** ils sont complètement nuls *
**paper chain** N chaîne f en papier
**paper chase** N jeu m de piste
**paper cup** N gobelet m en carton
**paper currency** N billets mpl (de banque)
**paper-cutter** N massicot m, coupe-papier m inv
**paper dart** N avion m en papier
**paper fastener** N attache f métallique (à tête) ; (= clip) trombone m
**paper handkerchief** N mouchoir m en papier
**paper industry** N industrie f du papier
**paper knife** N (pl **paper knives**) coupe-papier m inv
**paper lantern** N lampion m
**paper loss** N (Fin) perte f comptable
**paper mill** N (usine f de) papeterie f
**paper money** N papier-monnaie m, monnaie f fiduciaire
**paper nautilus** N argonaute m
**paper plate** N assiette f en carton
**paper profit** N (Fin) profit m fictif, plus-value f non matérialisée
**paper qualifications** NPL diplômes mpl
**paper round**, **paper route** (US) N tournée f de distribution des journaux
**paper shop** N (Brit) marchand m de journaux
**paper-shredder** N broyeur m (pour papiers)
**paper tape** N (Comput) bande f perforée, ruban m perforé
**paper-thin** ADJ [slice] extrêmement fin ; [wall] fin comme du papier à cigarettes ◆ **to cut sth into paper-thin slices** émincer finement qch
**paper tiger** N tigre m de papier
**paper trail** N (esp US) traces fpl écrites

▸ **paper over** VT FUS [+ crack in wall etc] recouvrir de papier ; (fig) [+ differences, disagreements] passer sur ◆ **to paper over the cracks** (fig) dissimuler les problèmes or les failles

**paperback** /ˈpeɪpəbæk/
**N** livre m broché ; (smaller) livre m de poche ◆ **it exists in paperback** ça existe en (édition de) poche
**ADJ** ◆ **paperback(ed) edition** édition f brochée ; (smaller) édition f de poche

**paperbound** /ˈpeɪpəbaʊnd/ ADJ ⇒ **paperbacked** ; → **paperback**

**paperboy** /ˈpeɪpəbɔɪ/ N (delivering) livreur m de journaux ; (selling) vendeur m or crieur m de journaux

**paperclip** /ˈpeɪpəklɪp/ N trombone m ; (= bulldog clip) pince f

**papergirl** /ˈpeɪpəɡɜːl/ N (delivering) livreuse f de journaux ; (selling) vendeuse f de journaux

**paperhanger** /ˈpeɪpəˌhæŋəʳ/ N (Brit = decorator) tapissier-décorateur m ; (US * = crook) passeur m de faux billets (or de chèques falsifiés)

**paperless** /ˈpeɪpəlɪs/ ADJ ◆ **the paperless office** le bureau informatisé or zéro papier

**paperweight** /ˈpeɪpəweɪt/ N presse-papiers m inv

**paperwork** /ˈpeɪpəwɜːk/ N (gen) tâches fpl administratives ; (pej) paperasserie f ◆ **we need two more people to deal with the paperwork** il nous faut deux personnes de plus pour s'occuper des tâches administratives ◆ **he brings home paperwork every night** il rapporte du travail à la maison tous les soirs

**papery** /ˈpeɪpərɪ/ SYN ADJ (gen) (fin) comme du papier ; [skin] parcheminé

**papier-mâché** /ˌpæpjeɪˈmæʃeɪ/ N papier m mâché

**papilionaceous** /pəˌpɪliəˈneɪʃəs/ ADJ papilionacé

**papilla** /pəˈpɪlə/ N (pl **papillae** /pəˈpɪliː/) papille f

**papillary** /pəˈpɪlərɪ/, **papillate** /ˈpæpɪleɪt/ ADJ papillaire

**papilloma** /ˌpæpɪˈləʊmə/ N (pl **papillomas** or **papillomata** /ˌpæpɪˈləʊmətə/) papillome m

**papillon** /ˈpæpɪlɒn/ N (= dog) papillon m

**papist** /ˈpeɪpɪst/ (pej)
**N** papiste mf (pej)
**ADJ** de(s) papiste(s) (pej)

**papistry** /ˈpeɪpɪstrɪ/ N (pej) papisme m (pej)

**papoose** /pəˈpuːs/ N 1 (= baby) bébé m amérindien
2 (= baby sling) sac m kangourou, porte-bébé m

**pappus** /ˈpæpəs/ N aigrette f (Bot)

**pappy** * /ˈpæpɪ/ N (US dial) papa m

**paprika** /ˈpæprɪkə/ N paprika m

**Pap smear** /ˈpæpsmɪəʳ/, **Pap test** /ˈpæptest/ N frottis m (vaginal)

**Papuan** /ˈpæpjʊən/
**ADJ** papou
**N** 1 Papou(e) m(f)
2 (= language) papou m

**Papua New Guinea** /ˈpæpjʊəˌnjuːˈɡɪnɪ/
**N** Papouasie-Nouvelle-Guinée f
**ADJ** papou

**Papua-New-Guinean** /ˈpæpjʊəˌnjuːˈɡɪnɪən/ N Papou(e) m(f)

**papula** /ˈpæpjʊlə/, **papule** /ˈpæpjuːl/ N (pl **papulae** or **papules** /ˈpæpjʊliː/) (Med) papule f

**papyrologist** /ˌpæpɪˈrɒlədʒɪst/ N papyrologue mf

**papyrology** /ˌpæpɪˈrɒlədʒɪ/ N papyrologie f

**papyrus** /pəˈpaɪərəs/ N (pl **papyruses** or **papyri** /pəˈpaɪəraɪ/) papyrus m inv

**par¹** /pɑːʳ/ SYN
**N** 1 (= equality of value) égalité f, pair m ; (Fin) [of currency] pair m ◆ **to be on a par with** être comparable à ◆ **an environmental disaster on a par with Chernobyl** une catastrophe écologique comparable à celle de Tchernobyl ◆ **Glasgow is on a par with Liverpool for unemployment** Glasgow est comparable à Liverpool pour ce qui est du chômage ◆ **to put sb on a par with** (= compare with) comparer qn avec ; (= consider as equal) considérer qn comme l'égal de ; (= make level with) mettre qn au même plan que ◆ **above/below par** (Fin) au-dessus/au-dessous du pair ◆ **at par** (Fin) au pair
2 (= expected standard) ◆ **his work isn't up to par**, **his work is below** or **under par** son travail est décevant ◆ **his guitar playing is well below par** son jeu de guitare est vraiment décevant ◆ **a below par effort** une performance décevante ◆ **to feel below** or **under par** (fig) ne pas se sentir en forme ◆ **that's par for the course** (fig)

c'est typique, il fallait (or faut etc) s'y attendre ◆ **his behaviour was par for the course** il a eu un comportement typique ◆ **long hours are par for the course in that line of work** il faut s'attendre à faire de longues journées dans ce travail

3 (*Golf*) par *m*, normale *f* du parcours ◆ **par three** par trois ◆ **a par three (hole)** un par trois ◆ **four over par** quatre coups au-dessus du par ◆ **he was five under par after the first round** il était cinq coups en dessous du par à la fin de la première partie ◆ **to break par** être en dessous du par

COMP **par value** N (*Fin*) valeur *f* au pair

**par**[2] /pɑːʳ/ N (*Press*) abbrev of **paragraph**

**para**[1] /ˈpærə/ N 1 (abbrev of **paragraph** noun 1)

2 (*Brit Mil*) (abbrev of **paratrooper**) para* *m* ◆ **the paras** les paras* *mpl*

3 (*Mil*) (abbrev of **parachutist**) ◆ **the paras** les paras* *mpl* ◆ **he's in the paras** il est para*

**para...** /ˈpærə/ PREF para...

**parabasis** /pəˈræbəsɪs/ N (pl **parabases** /pəˈræbəsiːz/) parabase *f*

**parabiosis** /ˌpærəbaɪˈəʊsɪs/ N parabiose *f*

**parable** /ˈpærəbl/ SYN N parabole *f* ◆ **to speak in parables** parler par paraboles

**parabola** /pəˈræbələ/ N parabole *f* (*Math*)

**parabolic** /ˌpærəˈbɒlɪk/ ADJ parabolique

**parabolically** /ˌpærəˈbɒlɪkəlɪ/ ADV paraboliquement, par paraboles

**paraboloid** /pəˈræbələɪd/ N paraboloïde *m*

**parabrake** /ˈpærəˌbreɪk/ N *[of aircraft]* parachute-frein *m*, parachute *m* de freinage

**Paracelsus** /ˌpærəˈselsəs/ N Paracelse *m*

**paracentesis** /ˌpærəsenˈtiːsɪs/ N (pl **parancenteses** /ˌpærəsenˈtiːsiːz/) paracentèse *f*

**paracetamol** /ˌpærəˈsiːtəmɒl/ N paracétamol *m*

**parachronism** /pəˈrækrəˌnɪzəm/ N parachronisme *m*

**parachute** /ˈpærəʃuːt/

N parachute *m*

VI descendre en parachute ◆ **to parachute behind enemy lines** se faire parachuter derrière les lignes ennemies ◆ **to go parachuting** faire du parachutisme

VT *[+ person, supplies]* parachuter ◆ **food supplies were parachuted into the mountains** on a parachuté des vivres dans les montagnes

COMP *[cords]* de parachute

**parachute drop** N parachutage *m*

**parachute jump** N saut *m* en parachute

**parachute regiment** N régiment *m* de parachutistes

**parachutist** /ˈpærəʃuːtɪst/ N parachutiste *mf*

**Paraclete** /ˈpærəkliːt/ N ◆ **the Paraclete** Le Paraclet

**parade** /pəˈreɪd/ SYN

N 1 (*gen, Mil*) (= *procession*) défilé *m* ; (= *ceremony*) parade *f*, revue *f* ◆ **to be on parade** (*Mil*) (= *drilling*) être à l'exercice ; (*for review*) défiler

2 (*fig*) ◆ **parade of** (= *exhibition of*) *[+ wares, goods]* étalage *m* de ; (= *procession, series of*) *[+ people]* défilé *m* de ◆ **an endless parade of advertisements** des publicités à n'en plus finir ◆ **the dockers' parade of support for their union leader** (*gen*) la manifestation de soutien des dockers à leur leader syndical ; (*pej*) le soutien que les dockers font mine d'apporter au leader de leur syndicat

3 (*esp Brit* = *road*) boulevard *m* (*souvent au bord de la mer*)

4 (*Mil:* also **parade ground**) terrain *m* de manœuvres

VT *[+ troops]* faire défiler ; (*fig* = *display*) *[+ one's wealth, possessions]* faire étalage de, afficher ◆ **she never paraded her knowledge** elle ne faisait jamais étalage de ses connaissances ◆ **these reforms were paraded as progress** (*pej*) ces réformes ont été présentées comme un progrès

VI (*Mil*) défiler

▶ **parade about***, **parade around*** VI se balader*, circuler* ◆ **don't parade about with nothing on!** ne te promène pas or ne te balade* pas tout nu !

**paradigm** /ˈpærədaɪm/

N paradigme *m*

COMP **paradigm shift** N révolution *f* conceptuelle

**paradigmatic** /ˌpærədɪɡˈmætɪk/ ADJ paradigmatique

**paradisaic** /ˌpærədɪˈseɪɪk/, **paradisal** /ˌpærəˈdaɪsəl/ ADJ ⇒ **paradisiacal**

**paradise** /ˈpærədaɪs/ SYN

N paradis *m* ◆ **an earthly paradise** un paradis terrestre ◆ **it's a nature-lover's etc paradise** c'est un paradis pour les amoureux de la nature etc ◆ **to go to paradise** (*euph* = *die*) aller au ciel ◆ **"Paradise Lost"** (*Literat*) « Le Paradis perdu » ; → **fool**[1], **bird**

COMP **paradise fish** N macropode *m*

**paradisiacal** /ˌpærədɪˈsaɪəkəl/ ADJ paradisiaque

**paradox** /ˈpærədɒks/ SYN N paradoxe *m*

**paradoxical** /ˌpærəˈdɒksɪkəl/ SYN ADJ paradoxal

**paradoxically** /ˌpærəˈdɒksɪkəlɪ/ ADV paradoxalement

**paraesthesia** /ˌpæresˈθiːzɪə/ N paresthésie *f*

**paraffin** /ˈpærəfɪn/

N (*Chem*) paraffine *f* ; (*Brit* = *fuel:* also **paraffin oil**) pétrole *m* (lampant) ◆ **liquid paraffin** (*Med*) huile *f* de paraffine

COMP **paraffin heater** N poêle *m* à mazout or à pétrole

**paraffin lamp** N lampe *f* à pétrole

**paraffin wax** N paraffine *f*

**paraglide** /ˈpærəɡlaɪd/ VI faire du parapente

**paraglider** /ˈpærəˌɡlaɪdəʳ/ N 1 (= *person*) parapentiste *mf*

2 (= *object*) parapente *m*

**paragliding** /ˈpærəˌɡlaɪdɪŋ/ N (*NonC*) parapente *m*

**paragon** /ˈpærəɡən/ SYN N modèle *m*, parangon *m* ◆ **a paragon of virtue** un modèle or parangon de vertu

**paragraph** /ˈpærəɡrɑːf/ SYN

N 1 paragraphe *m* ◆ **"new paragraph"** « à la ligne » ◆ **to begin a new paragraph** aller à la ligne

2 (*newspaper item*) entrefilet *m*

VT diviser en paragraphes

COMP **paragraph mark** N (*Typography*) pied *m* de mouche

**paragraphia** /ˌpærəˈɡrɑːfɪə/ N paragraphie *f*

**Paraguay** /ˈpærəɡwaɪ/

N Paraguay *m* ◆ **in Paraguay** au Paraguay

COMP **Paraguay tea** N (= *plant, beverage*) maté *m*

**Paraguayan** /ˌpærəˈɡwaɪən/

ADJ paraguayen

N Paraguayen(ne) *m(f)*

**parakeet** /ˈpærəkiːt/ N perruche *f* (ondulée)

**paralanguage** /ˈpærəˌlæŋɡwɪdʒ/ N paralangage *m*

**paralegal** /ˌpærəˈliːɡəl/ N (*esp US*)

N auxiliaire juridique

ADJ *[secretary, assistant]* juridique

**paralinguistic** /ˌpærəlɪŋˈɡwɪstɪk/ ADJ paralinguistique

**parallactic** /ˌpærəˈlæktɪk/ ADJ parallactique

**parallax** /ˈpærəlæks/ N parallaxe *f*

**parallel** /ˈpærəlel/ SYN

ADJ 1 (*Geom, Math etc*) parallèle (**with, to** à) ◆ **the road runs parallel to the railway** la route est parallèle à la voie de chemin de fer

2 (*fig*) (*situation, process, event, operation*) analogue ; *[development]* parallèle (**with, to** à) ; *[talks, negotiations]* en parallèle ◆ **a parallel universe** un univers parallèle ◆ **in a parallel step, they...** de la même manière, ils...

3 (*Ski*) parallèle

ADV parallèlement (**to** à)

N 1 (*Geog*) parallèle *m* ◆ **the 22nd parallel** le 22ᵉ parallèle

2 (*Math*) (ligne *f*) parallèle *f*

3 (*fig*) parallèle *m*, comparaison *f* ◆ **to draw a parallel between** établir or faire un parallèle or une comparaison entre ◆ **an event without parallel in the modern era** un événement sans précédent à l'époque moderne ◆ **this wooded landscape is almost without parallel (anywhere else)** ce paysage sylvestre est (pratiquement) unique ◆ **he/she is without parallel** il/elle est sans pareil(le) ◆ **to happen etc in parallel with sth** arriver etc parallèlement à or en parallèle avec qch

VT (*Math*) être parallèle à ; (*fig*) (= *find equivalent to*) trouver un parallèle à ; (= *be equal to*) égaler ◆ **a superb performance that no-one (else) could parallel** une magnifique performance que personne ne pourrait égaler ◆ **the increase in the number of smokers has been paralleled by an increase in lung cancers** l'augmentation du nombre des fumeurs s'est accompagnée d'une augmentation des cas de cancer du poumon ◆ **his success here has not been paralleled by recognition in his home country** le succès qu'il remporte ici n'a pas trouvé d'équivalent dans son pays d'origine

COMP **parallel bars** NPL barres *fpl* parallèles

**parallel-park** VI faire un créneau

**parallel processing** N (*Comput*) traitement *m* en parallèle

**parallel turn** N virage *m* parallèle

**parallelepiped** /ˌpærəˈlelɪpaɪped/ N parallélépipède *m*

**parallelism** /ˈpærəlelɪzəm/ N (*Math, fig*) parallélisme *m*

**parallelogram** /ˌpærəˈleləɡræm/ N parallélogramme *m*

**paralogism** /pəˈrælədʒɪzəm/ N paralogisme *m*

**Paralympic** /ˌpærəˈlɪmpɪk/

ADJ paralympique

NPL **Paralympics** ⇒ **Paralympic Games**

COMP **Paralympic Games** NPL Jeux *mpl* paralympiques

**paralysis** /pəˈrælɪsɪs/ SYN N (pl **paralyses** /pəˈrælɪsiːz/) 1 (*lit*) paralysie *f* ; → **creeping**, **infantile**

2 (*fig*) *[of country, government, trade, talks]* paralysie *f* ; *[of traffic etc]* immobilisation *f* ◆ **political paralysis** immobilisme *m* politique

**paralytic** /ˌpærəˈlɪtɪk/ SYN

ADJ 1 (*Med*) paralytique

2 (*Brit* ‡ = *drunk*) ivre mort

N paralytique *mf*

**paralyzation** /ˌpærəlaɪˈzeɪʃən/ N immobilisation *f*

**paralyze** /ˈpærəlaɪz/ SYN VT 1 (*lit*) paralyser ◆ **his arm is paralyzed** il est paralysé du bras ◆ **paralyzed from the waist/neck down** paralysé des membres inférieurs/des quatre membres

2 (*fig*) *[+ person, traffic, communications]* paralyser ◆ **paralyzed with fear** paralysé or transi de peur ◆ **paralyzing cold** froid *m* paralysant ◆ **paralyzing fear/loneliness** peur *f*/solitude *f* pétrifiante ◆ **paralyzing shyness** timidité *f* maladive

**paramagnetic** /ˌpærəmæɡˈnetɪk/ ADJ paramagnétique

**paramagnetism** /ˌpærəˈmæɡnətɪzəm/ N paramagnétisme *m*

**paramecium** /ˌpærəˈmiːsɪəm/ N paramécie *f*

**paramedic** /ˌpærəˈmedɪk/ N auxiliaire *mf* médical(e)

**paramedical** /ˌpærəˈmedɪkəl/ ADJ paramédical

**parament** /ˈpærəmənt/ N (pl **paraments** or **paramenta** /ˌpærəˈmentə/) parement *m*

**parameter** /pəˈræmɪtəʳ/ SYN N 1 (*Math*) paramètre *m*

2 (*fig* = *criterion, principle*) critère *m*, paramètre *m* ◆ **to define** or **establish** or **set the parameters of** or **for sth** définir les critères or paramètres de qch ◆ **to fall within certain parameters** respecter certains critères ◆ **within the parameters of...** dans les limites de... ◆ **the technical parameters of the system** les caractéristiques techniques de ce système ◆ **the parameters of their energy policy** les orientations principales de leur politique énergétique

**parametric** /ˌpærəˈmetrɪk/ ADJ paramétrique

**paramilitary** /ˌpærəˈmɪlɪtərɪ/

ADJ *[organization, group, operation]* paramilitaire

N (= *member*) membre *m* d'une force paramilitaire ◆ **the paramilitaries** les forces *fpl* paramilitaires

NPL **the paramilitary** (= *organizations*) les forces *fpl* paramilitaires

**paramnesia** /ˌpærəmˈniːzɪə/ N paramnésie *f*

**paramorphine** /ˌpærəˈmɔːfiːn/ N paramorphine *f*

**paramount** /ˈpærəmaʊnt/ SYN ADJ primordial ◆ **of paramount importance** d'une importance primordiale, de la plus haute importance ◆ **the interests of the child are paramount** les intérêts de l'enfant sont primordiaux or passent avant tout

**paramountcy** /ˈpærəmaʊntsɪ/ N suprématie *f*

**paramour** /ˈpærəmʊəʳ/ N (*liter*) amant *m*, maîtresse *f*

**parang** /ˈpɑːræŋ/ N petit couteau malaisien
**paranoia** /ˌpærəˈnɔɪə/ N paranoïa f
**paranoic** /ˌpærəˈnɔɪɪk/, **paranoiac** /ˌpærəˈnɔɪæk/ ADJ, N paranoïaque mf
**paranoid** /ˈpærənɔɪd/
- **ADJ** 1 (Psych) paranoïde
- 2 (* fig) parano *
- **N** paranoïaque mf
**paranoidal** /ˌpærəˈnɔɪdl/ ADJ paranoïde
**paranormal** /ˌpærəˈnɔːməl/
- **ADJ** paranormal
- **N** ◆ **the paranormal** les phénomènes mpl paranormaux
**parapente** /ˈpærəpɒnt/ N paraski m, parapente m à ski
**parapet** /ˈpærəpɪt/ N 1 (of bridge, roof etc) parapet m, garde-fou m ◆ **to put** or **stick\* one's head above the parapet** se mouiller *, prendre un risque ◆ **to keep one's head below the parapet** ne pas se mouiller *, ne pas prendre de risques
- 2 (Mil) parapet m
**paraph** /ˈpærəf/ N paraphe m or parafe m
**paraphasia** /ˌpærəˈfeɪzɪə/ N paraphasie f
**paraphernalia** /ˌpærəfəˈneɪlɪə/ SYN N (pl inv)
- 1 (= belongings : also for hobbies, sports etc) attirail m
- 2 (* = bits and pieces) bazar * m
**paraphrase** /ˈpærəfreɪz/ SYN
- **N** paraphrase f
- **VT** paraphraser
**paraphrastic** /ˌpærəˈfræstɪk/ ADJ paraphrastique
**paraphysis** /pəˈræfɪsɪs/ N (pl **paraphyses** /pəˈræfɪsiːz/) paraphyse f
**paraplegia** /ˌpærəˈpliːdʒə/ N paraplégie f
**paraplegic** /ˌpærəˈpliːdʒɪk/
- **ADJ** (gen) paraplégique ; [games] pour les paraplégiques
- **N** paraplégique mf
**paraprofessional** /ˌpærəprəˈfeʃənl/ ADJ, N paraprofessionnel(le) mf
**parapsychological** /ˌpærəsaɪkəˈlɒdʒɪkəl/ ADJ parapsychologique, parapsychique
**parapsychologist** /ˌpærəsaɪˈkɒlədʒɪst/ N parapsychologue mf
**parapsychology** /ˌpærəsaɪˈkɒlədʒɪ/ N parapsychologie f
**Paraquat** ® /ˈpærəkwɒt/ N paraquat ® m
**parasailing** /ˈpærəseɪlɪŋ/ N (NonC) parachutisme m ascensionnel
**parascending** /ˈpærəsendɪŋ/ N (Sport) parachutisme m ascensionnel ◆ **to go parascending** faire du parachute ascensionnel
**parasite** /ˈpærəsaɪt/ SYN N (lit, fig) parasite m
**parasitic(al)** /ˌpærəˈsɪtɪk(əl)/ ADJ 1 (lit, fig) parasite (on de)
- 2 (Med) [disease] parasitaire
**parasiticidal** /ˌpærəˈsɪtɪsaɪdl/ ADJ parasiticide
**parasiticide** /ˌpærəˈsɪtɪsaɪd/ N parasiticide m
**parasitism** /ˈpærəsɪtɪzəm/ N parasitisme m
**parasitize** /ˈpærəsɪtaɪz/ VT parasiter
**parasitologist** /ˌpærəsɪˈtɒlədʒɪst/ N parasitologue mf
**parasitology** /ˌpærəsɪˈtɒlədʒɪ/ N parasitologie f
**parasitosis** /ˌpærəsɪˈtəʊsɪs/ N parasitose f
**paraskiing** /ˈpærəskiːɪŋ/ N paraski m, parapente m à ski
**parasol** /ˈpærəsɒl/
- **N** (hand-held) ombrelle f ; (over table etc) parasol m
- **COMP parasol mushroom** N coulemelle f
**parasuicide** /ˌpærəˈsuːɪsaɪd/ N faux suicide m
**parasympathetic** /ˌpærəsɪmpəˈθetɪk/
- **ADJ** parasympathique
- **COMP parasympathetic nervous system** N système m parasympathique
**parasynthesis** /ˌpærəˈsɪnθəsɪs/ N (Ling) dérivation f parasynthétique
**parasynthetic** /ˌpærəsɪnˈθetɪk/ ADJ (Ling) parasynthétique
**paratactic** /ˌpærəˈtæktɪk/ ADJ ◆ **paratactic style** parataxe f
**parataxis** /ˌpærəˈtæksɪs/ N parataxe f
**parathyroid** /ˌpærəˈθaɪrɔɪd/

- **ADJ** parathyroïdien
- **N** (also **parathyroid gland**) parathyroïde f
**paratrooper** /ˈpærətruːpər/ N parachutiste mf (soldat)
**paratroops** /ˈpærətruːps/ NPL (unités fpl de) parachutistes mpl
**paratyphoid** /ˌpærəˈtaɪfɔɪd/
- **ADJ** paratyphique ◆ **paratyphoid fever** paratyphoïde f
- **N** paratyphoïde f
**parboil** /ˈpɑːbɔɪl/ VT (Culin) blanchir
**parbuckle** /ˈpɑːbʌkl/
- **VT** trévirer
- **N** trévire f
**parcel** /ˈpɑːsəl/ SYN
- **N** 1 (= package) colis m, paquet m
- 2 (= portion) [of land] parcelle f ; [of shares] paquet m ; [of goods] lot m ; → **part**
- 3 (esp Brit fig) ◆ **a parcel of lies** un tas * or un tissu de mensonges ◆ **it's a parcel of nonsense** ce sont des inepties ◆ **a parcel of fools** un tas * or une bande * d'idiots
- **VT** (also **parcel up**) [+ object, purchases] emballer, empaqueter
- **COMP parcel bomb** N colis m piégé
  **parcel net** N filet m à bagages
  **parcel post** N service m de colis postaux, service m de messageries ◆ **to send sth (by) parcel post** envoyer qch par colis postal
  **parcel shelf** N (in car) plage f arrière
  **parcels office** N bureau m des messageries
▸ **parcel out** VT SEP [+ money, jobs, privileges etc] distribuer ; [+ inheritance] partager ; [+ land] lotir ; [+ tasks, duties] répartir
**parch** /pɑːtʃ/ SYN VT [+ crops, land] dessécher, brûler
**parched** /pɑːtʃt/ ADJ [lips, soil, plants] desséché ◆ **I'm parched!\*** je meurs de soif ! *
**parchment** /ˈpɑːtʃmənt/ N parchemin m ◆ **parchment paper** papier-parchemin m
**pardner\*** /ˈpɑːdnər/ N (US) camarade m ◆ **so long, pardner!** au revoir, mon pote ! *
**pardon** /ˈpɑːdən/ SYN
- **N** 1 (NonC) pardon m ; → **beg**
- 2 (Rel) indulgence f
- 3 (Jur) ◆ **(free) pardon** grâce f ◆ **letter of pardon** lettre f de grâce ◆ **general pardon** amnistie f ◆ **royal pardon** grâce f royale ◆ **to grant sb a posthumous pardon** réhabiliter la mémoire de qn
- **VT** 1 [+ mistake, person] (gen) pardonner ; (Rel) absoudre ◆ **to pardon sb for sth** pardonner qch à qn ◆ **to pardon sb for doing sth** pardonner à qn d'avoir fait qch ◆ **pardon me** (apologizing for sth) excusez-moi, désolé ; (disagreeing politely) excusez-moi ; (interrupting) excusez-moi, pardonnez-moi ◆ **pardon me?** (US) comment ?, pardon ? ◆ **pardon me for troubling you** excusez-moi de vous déranger ◆ **pardon my asking, but...** excusez-moi de vous poser cette question, mais... ◆ **pardon me for breathing/speaking/living!\*** (iro) excuse-moi de respirer/de parler/de vivre ! ◆ **pardon my French!** ( * hum : after swearing) passez-moi or pardonnez-moi l'expression ! ◆ **if you'll pardon the expression** si vous me pardonnez l'expression
- 2 (Jur) [+ criminal] gracier ; (= grant amnesty to) amnistier ; (posthumously) réhabiliter la mémoire de qn
- **EXCL** (apologizing) pardon !, excusez-moi ! ◆ **pardon?** (not hearing) comment ?, pardon ?
**pardonable** /ˈpɑːdnəbl/ SYN ADJ [mistake] pardonnable ; (Jur) graciable
**pardonably** /ˈpɑːdnəblɪ/ ADV de façon bien excusable or bien pardonnable
**pardoner** /ˈpɑːdənər/ N (Rel Hist) religieux autorisé à dispenser des indulgences
**pare** /peər/ VT 1 [+ fruit] peler, éplucher ; [+ nails] rogner, couper
- 2 (= reduce : also **pare down**) [+ expenses] réduire
**parenchyma** /pəˈreŋkɪmə/ N (Anat, Bot) parenchyme m
**parent** /ˈpeərənt/ SYN
- **N** (= father) père m ; (= mother) mère f ◆ **his parents** ses parents mpl ◆ **to be born of Scottish parents** être né de parents écossais ◆ **the parent birds/animals** les parents mpl de l'oiseau/l'animal
- **COMP** [interest, involvement etc] parental, des parents
  **parent body** N organisme m de tutelle

**parent company** N (Comm, Fin) maison f or société f mère
**parent power \*** N (Scol) influence f des parents d'élèves
**parents' evening** N (Scol) réunion f d'information avec les parents (d'élèves)
**parent-teacher association** N (Scol) association f de parents d'élèves et de professeurs
**parent tree** N souche f
**parentage** /ˈpeərəntɪdʒ/ SYN N ◆ **of Scottish parentage** (mother and father) (né) de parents écossais ◆ **of unknown parentage** de parents inconnus ◆ **children of (racially) mixed parentage** les enfants issus de couples mixtes ◆ **there was some confusion about his parentage** on ne savait pas exactement qui étaient ses parents ◆ **genetic techniques that provide proof of parentage** des techniques génétiques qui permettent de prouver les liens de parenté
**parental** /pəˈrentl/
- **ADJ** [choice] des parents, parental ; [involvement, cooperation, responsibility] parental ; [rights, attitudes] des parents ◆ **parental consent** consentement des parents ◆ **parental control** or **authority** autorité f parentale ◆ **parental responsibility** la responsabilité des parents ◆ **parental rights over a child** (gen) les droits mpl des parents sur leur enfant ; (Jur) la tutelle d'un enfant
- **COMP parental leave** N congé m parental
**parenteral** /pæˈrentərəl/ ADJ parentéral
**parenthesis** /pəˈrenθɪsɪs/ N (pl **parentheses** /pəˈrenθɪsiːz/) parenthèse f ◆ **in parenthesis** or **parentheses** entre parenthèses
**parenthetic(al)** /ˌpærənˈθetɪk(əl)/ ADJ entre parenthèses
**parenthetically** /ˌpærənˈθetɪkəlɪ/ ADV entre parenthèses
**parenthood** /ˈpeərənthʊd/ N condition f de parent(s), paternité f (or maternité f) ◆ **the joys of parenthood** les joies fpl de la maternité (or paternité) ◆ **the responsibilities of parenthood** les responsabilités fpl des parents or que l'on a quand on a des enfants ◆ **she doesn't feel ready for parenthood** elle ne se sent pas mûre pour avoir des enfants
**parenting** /ˈpeərəntɪŋ/ N éducation f des enfants ◆ **parenting is a full-time occupation** l'éducation d'un enfant or élever un enfant est un travail à plein temps ◆ **shared parenting** partage m de l'éducation des enfants
**parer** /ˈpeərər/ N éplucheur-légumes m inv
**paresis** /pəˈriːsɪs/ N (pl **pareses** /pəˈriːsiːz/) (Med) parésie f
**paresthesia** /ˌpæresˈθiːzɪə/ N (US) ⇒ **paraesthesia**
**parhelic circle** /pɑːˈhiːlɪk/ N cercle m parhélique
**parhelion** /pɑːˈhiːlɪən/ N (pl **parhelia** /pɑːˈhiːlɪə/) par(h)élie m
**pariah** /pəˈraɪə/ SYN N paria m
**parietal** /pəˈraɪɪtl/
- **ADJ** pariétal
- **N** (Anat) pariétal m
- **NPL parietals** (US Univ) heures fpl de visite (du sexe opposé dans les chambres d'étudiants)
**paring** /ˈpeərɪŋ/ N 1 ◆ **parings** [of fruit, vegetable] épluchures fpl , pelures fpl ; [of nails] bouts mpl d'ongles ; [of metal] rognures fpl (de métal), cisaille f ◆ **potato parings** épluchures fpl de pommes de terre
- 2 action f d'éplucher or de peler etc ◆ **paring knife** couteau m à éplucher , éplucheur m ; → **cheeseparing**
**pari passu** /ˈpærɪˈpæsuː/ ADV (frm) de pair
**paripinnate** /ˌpærɪˈpɪneɪt/ ADJ paripenné
**Paris** /ˈpærɪs/
- **N** Paris ◆ **the Paris Basin** (Geog) le Bassin parisien ; → **plaster**
- **ADJ** [society, nightlife, metro etc] parisien ◆ **Paris fashions** la mode de Paris, la mode parisienne ◆ **Paris people** les Parisiens mpl
**parish** /ˈpærɪʃ/ SYN
- **N** (Rel) paroisse f ; (Brit : civil) commune f ; (US : in Louisiana) ≈ comté m
- **COMP parish church** N église f paroissiale

**parish council** N ≈ conseil m municipal (d'une petite commune rurale, en Angleterre)
**parish hall** N salle f paroissiale or municipale
**parish priest** N (Catholic) curé m ; (Protestant) pasteur m
**parish-pump** ADJ (Brit pej) [subject] d'intérêt purement local ; [attitude] borné ◆ **parish-pump mentality/politics/rivalries** esprit m/politique f/rivalités fpl de clocher
**parish register** N registre m paroissial
**parish school** † N école f communale

**parishioner** /pəˈrɪʃənəʳ/ N paroissien(ne) m(f)

**Parisian** /pəˈrɪzɪən/
ADJ [district, theatre, street] parisien, de Paris ; [habit, personality, society] parisien ; [life] à Paris
N Parisien(ne) m(f)

**parisyllabic** /ˌpærɪsɪˈlæbɪk/ ADJ parisyllabique

**parity** /ˈpærɪtɪ/ SYN N 1 [of rights, currencies] parité f ; (in arms race) équilibre m ◆ **they want parity with their colleagues in the private sector** ils veulent une parité des salaires et des conditions de travail avec leurs collègues du secteur privé
2 (Fin) parité f ◆ **at parity (with)** à parité (avec) ◆ **exchange at parity** change m au pair or à (la) parité
3 (US Agr) taux m de parité

**park** /pɑːk/ SYN
N 1 (= public garden) jardin m public, parc m ; (= garden of country house) parc m ; → **car, national, retail, safari**
2 (Brit Sport = field) terrain m
VT 1 [+ car etc] garer ◆ **to park the car** garer la voiture, se garer ◆ **don't park the car in the street** ne laisse pas la voiture dans la rue ◆ **a line of parked cars** une rangée de voitures en stationnement ◆ **he was parked near the theatre** il était stationné or garé près du théâtre
2 ( * = leave) ◆ **to park a child with sb** laisser un enfant chez qn ◆ **I parked granddad in an armchair** j'ai installé pépé dans un fauteuil ◆ **she parked herself on the sofa/at our table** elle s'est installée sur le canapé/à notre table
VI stationner, se garer ◆ **I was parking when I caught sight of him** j'étais en train de me garer quand je l'aperçus ◆ **do not park here** ne stationnez pas ici
COMP **park-and-ride** N stationnement en périphérie d'agglomération combiné à un système de transport en commun
**park bench** N banc m de parc
**park keeper** N (Brit) gardien(ne) m(f) de parc
**park ranger** N (in national park) gardien(ne) m(f) de parc national ; (in forest) garde m forestier ; (in game reserve) garde-chasse m
**park-ride** N ⇒ park-and-ride
**park warden** N ⇒ park keeper

**parka** /ˈpɑːkə/ N parka f

**parkin** /ˈpɑːkɪn/ N gâteau m à l'avoine et au gingembre

**parking** /ˈpɑːkɪŋ/
N stationnement m ◆ **"parking"** « parking », « stationnement autorisé » ◆ **"no parking"** « défense de stationner », « stationnement interdit » ◆ **parking is very difficult** il est très difficile de trouver à se garer ◆ **there's plenty of parking (space)** il y a de la place pour se garer
COMP **parking attendant** N gardien m de parking, gardien m de parc de stationnement
**parking bay** N emplacement m (sur un parking)
**parking brake** N (US) frein m à main
**parking garage** N (US) parking m (couvert)
**parking lights** NPL (US) feux mpl de position
**parking lot** N (US) parking m, parc m de stationnement
**parking meter** N parcmètre m
**parking place, parking space** N place f de stationnement ◆ **I couldn't find a parking place or space** je n'ai pas pu trouver à me garer
**parking ticket** N P.-V. * m, contravention f

**parkinsonism** /ˈpɑːkɪnsənɪzəm/ N parkinsonisme m

**Parkinson's (disease)** /ˈpɑːkɪnsənz(dɪˌziːz)/ N maladie f de Parkinson

**Parkinson's law** /ˈpɑːkɪnsənzlɔː/ N loi f de Parkinson (principe humoristique selon lequel toute tâche finit par occuper l'intégralité du temps qu'on a alloué à son accomplissement)

**parkland** /ˈpɑːklænd/ N espace(s) m(pl) vert(s)

**parkway** /ˈpɑːkweɪ/ N (US) route f (à plusieurs voies) bordée d'espaces verts

**parky** * /ˈpɑːkɪ/ ADJ (Brit) ◆ **it's a bit parky!** il fait frisquet !*

**parlance** /ˈpɑːləns/ N langage m, parler m ◆ **in common parlance** en langage courant ◆ **in medical/legal parlance** en langage médical/juridique ◆ **in the parlance of our profession** dans le jargon de notre profession

**parlando** /pɑːˈlændəʊ/ ADV (Mus) parlando

**parlay** /ˈpɑːlɪ/ (US)
VT (Betting) réemployer (les gains d'un précédent pari et le pari originel) ; (fig) [+ talent, inheritance] faire fructifier
VI (fig) faire fructifier de l'argent

**parley** /ˈpɑːlɪ/ SYN
N pourparlers mpl
VI (also Mil) parlementer (with avec) ; (more frm) entrer or être en pourparlers (with avec)

**parliament** /ˈpɑːləmənt/ SYN N 1 (= institution, building) parlement m ◆ **Parliament** (Brit Hist) Parlement m ◆ **the London** or **Westminster Parliament** le Parlement de Londres or Westminster ◆ **in Parliament** au Parlement ◆ **to go into** or **enter Parliament** entrer au Parlement ◆ **the Queen opened Parliament** la reine a ouvert la session parlementaire ; → **house, member**
2 (= period between elections) législature f ◆ **during the life of this parliament** au cours de cette législature

**parliamentarian** /ˌpɑːləmənˈtɛərɪən/
N 1 (Brit Parl = MP) parlementaire mf, membre m du Parlement
2 (Brit Hist) parlementaire mf
3 (US = expert) spécialiste mf des procédures parlementaires
ADJ (Brit Hist) parlementaire

**parliamentarianism** /ˌpɑːləmənˈtɛərɪənɪzəm/ N parlementarisme m

**parliamentary** /ˌpɑːləˈmentərɪ/ SYN
ADJ [debate, session, business, language, majority] parlementaire ◆ **parliamentary candidate** candidat m au Parlement
COMP **parliamentary agent** N agent m parlementaire
**Parliamentary Commissioner** N (Brit) médiateur m, -trice f
**parliamentary democracy** N démocratie f parlementaire
**parliamentary election** N élections fpl législatives
**parliamentary government** N (NonC) gouvernement m parlementaire
**Parliamentary Labour Party** N (Brit) députés mpl du parti travailliste
**parliamentary private secretary** N (Brit) parlementaire attaché à un ministre assurant la liaison avec les autres parlementaires
**parliamentary privilege** N (Brit) immunité f parlementaire
**parliamentary secretary** N (Brit) (parlementaire mf faisant fonction de) sous-secrétaire mf d'État

**parlour, parlor** (US) /ˈpɑːləʳ/ SYN
N ( † : in house) petit salon m ; (in convent) parloir m ; ( † : in bar) arrière-salle f ; → **beauty, funeral**
COMP **parlor car** N (US) [of train] pullman m
**parlour game** N jeu m de société

**parlourmaid** /ˈpɑːləmeɪd/ N servante f

**parlous** /ˈpɑːləs/ SYN ADJ (frm) alarmant

**Parma** /ˈpɑːmə/
N Parme
COMP **Parma ham** N jambon m de Parme
**Parma violet** N violette f de Parme

**Parmesan** /ˌpɑːmɪˈzæn/ N (also **Parmesan cheese**) parmesan m

**Parnassian** /pɑːˈnæsɪən/ ADJ parnassien

**Parnassus** /pɑːˈnæsəs/ N le Parnasse ◆ **(Mount) Parnassus** le mont Parnasse

**parochial** /pəˈrəʊkɪəl/ SYN
ADJ (Rel) paroissial ; (fig pej) [attitude, outlook] de repli sur soi ◆ **they're very parochial** ils ont vraiment l'esprit de clocher, ils ne sont pas très ouverts sur le monde ◆ **Newcastle seemed parochial after his time in London** Newcastle lui semblait très provincial après son séjour à Londres
COMP **parochial school** N (US) école f catholique

**parochialism** /pəˈrəʊkɪəlɪzəm/ N esprit m de clocher

**parodic** /pæˈrɒdɪk/ ADJ parodique

**parodist** /ˈpærədɪst/ N parodiste mf

**parody** /ˈpærədɪ/ SYN
N (lit, fig) parodie f
VT parodier

**parole** /pəˈrəʊl/
N 1 (Jur) (= period of release) liberté f conditionnelle ; (= act of release) mise f en liberté conditionnelle ◆ **on parole** en liberté conditionnelle ◆ **to release sb on parole** mettre qn en liberté conditionnelle ◆ **to break parole** se rendre coupable d'un délit entraînant la révocation de la libération conditionnelle ◆ **ten years without parole** dix ans de prison sans possibilité de libération conditionnelle
2 (Mil etc) parole f d'honneur ◆ **on parole** sur parole
3 /ˈpærɒl/ (Ling) parole f
VT [+ prisoner] mettre or placer en liberté conditionnelle
COMP **parole board** N (Brit) comité de probation et d'assistance aux prisonniers mis en liberté conditionnelle
**parole officer** N (US) contrôleur m judiciaire (chargé de surveiller un prisonnier en liberté conditionnelle)

**paronomasia** /ˌpærənəʊˈmeɪzɪə/ N (Rhetoric) paronomase f ; (= pun) jeu m de mots

**paronym** /ˈpærənɪm/ N paronyme m

**paroquet** /ˈpærəkɪt/ N ⇒ **parakeet**

**parotid gland** /pəˈrɒtɪd/ N (Anat) (glande f) parotide f

**parotidis** /pəˌrɒtɪˈdaɪtɪs/ N parotidite f

**parotiditic** /pəˌrɒtɪˈdɪtɪk/, **parotitic** /ˌpærəˈtɪtɪk/ ADJ ourlien

**parotitis** /ˌpærəˈtaɪtɪs/ N parotidite f

**parousia** /pəˈruːsɪə/ N parousie f

**paroxysm** /ˈpærəksɪzəm/ SYN N 1 (Med) paroxysme m
2 (fig) ◆ **a paroxysm of tears/laughter/rage** une crise de larmes/rire/colère ◆ **a paroxysm of coughing** une violente quinte de toux ◆ **in a paroxysm of grief/rage** au paroxysme de la douleur/de la colère ◆ **in a paroxysm of delight** dans un transport de joie ◆ **the news sent her into paroxysms of delight** la nouvelle l'a transportée de joie

**paroxysmal** /ˌpærəkˈsɪzməl/ ADJ paroxysmal

**paroxysmic** /ˌpærəkˈsɪzmɪk/ ADJ paroxysmique

**paroxytone** /pəˈrɒksɪˌtəʊn/, **paroxytonic** /ˌpærɒksɪˈtɒnɪk/ ADJ paroxyton

**parquet** /ˈpɑːkeɪ/
N 1 (also **parquet flooring**) parquet m
2 (US Theat) parterre m
VT parqueter

**parquetry** /ˈpɑːkɪtrɪ/ N parquetage m, parqueterie f

**parr** /pɑːʳ/ N (pl **parrs** or **parr**) (= fish) tacon m

**parricidal** /ˈpærɪsaɪdl/ ADJ parricide

**parricide** /ˈpærɪsaɪd/ N 1 (= act) parricide m
2 (= person) parricide mf

**parrot** /ˈpærət/ SYN
N perroquet m ◆ **he was sick as a parrot** * (Brit hum) il en était malade*
VT (= repeat) [+ words, speech] répéter comme un perroquet ; (= copy) [+ behaviour, actions] imiter servilement
COMP **parrot cry** N (pej) slogan m
**parrot disease** N psittacose f
**parrot-fashion** ADV comme un perroquet
**parrot fever** N ⇒ **parrot disease**
**parrot fish** N (pl **parrot fish** or **fishes**) poisson m perroquet
**parrot phrase** N ⇒ **parrot cry**

**parry** /ˈpærɪ/ SYN
VT [+ blow, attack] parer ; [+ question] éluder ; [+ difficulty] tourner, éviter
VI parer ◆ **she parried with another insult** elle a riposté avec une autre insulte
N (Fencing) parade f

**parse** /pɑːz/ VT faire l'analyse grammaticale de

**parsec** /ˈpɑːsek/ N parsec m

**Parsee** /ˈpɑːsiː/ ADJ, N parsi(e) m(f)

**Parseeism** /ˈpɑːsiːˌɪzəm/ N parsisme m

**parser** /ˈpɑːzəʳ/ N (Comput) analyseur m syntaxique

**Parsi** /ˈpɑːsiː/ ADJ, N parsi(e) m(f)

**parsimonious** /ˌpɑːsɪˈməʊnɪəs/ SYN ADJ parcimonieux

**parsimoniously** /ˌpɑːsɪˈməʊnɪəslɪ/ ADV avec parcimonie, parcimonieusement

**parsimony** /ˈpɑːsɪmənɪ/ SYN N parcimonie f

**parsing** /ˈpɑːzɪŋ/ **N** *(Ling, Scol)* analyse *f* grammaticale

**parsley** /ˈpɑːslɪ/
**N** persil *m*
**COMP** **parsely butter N** beurre *m* maître d'hôtel
**parsley piert N** *(= plant)* alchémille *f* des champs
**parsley sauce N** sauce *f* persillée

**parsnip** /ˈpɑːsnɪp/ **N** panais *m*

**parson** /ˈpɑːsn/ SYN
**N** *(= parish priest)* pasteur *m*
**COMP** **parson's nose** * **N** *(Culin)* croupion *m*
**Parsons table N** *(US)* table *f (en plastique)*

**parsonage** /ˈpɑːsənɪdʒ/ **N** presbytère *m*

**part** /pɑːt/ SYN
**N** 1 *(= section, division)* partie *f* ◆ **he spent part of his childhood in Wales** il a passé une partie de son enfance au pays de Galles ◆ **he lost part of his foot in the accident** il a perdu une partie de son pied lors de l'accident ◆ **parts of the play are good** il y a de bons passages dans la pièce ◆ **the funny part of it is that...** le plus drôle dans l'histoire c'est que... ◆ **part of him wanted to call her, part of him wanted to forget about her** il était partagé entre le désir de l'appeler et l'envie de l'oublier ◆ **it's all part of growing up** c'est normal quand on grandit ◆ **to him, it's just part of the job** pour lui, ça fait partie du travail ◆ **respect is an important part of any relationship** le respect est un élément important de toute relation ◆ **an important part of her work is...** une part importante de son travail consiste à... ◆ **his Catholicism was an integral part of him** sa foi catholique faisait partie intégrante de lui-même ◆ **she never really felt like part of the team** elle n'a jamais vraiment eu l'impression de faire partie de l'équipe ◆ **to be part and parcel of sth** faire partie (intégrante) de qch ◆ **a penny is the hundredth part of a pound** le penny est le centième de la livre ◆ **a man of (many) parts** *(liter) (= gifted)* un homme très doué ; *(= versatile)* un homme qui a plusieurs cordes à son arc ; → **moving, private**

◆ **for the most part** dans l'ensemble, en général

◆ **in part** en partie, partiellement ◆ **the delay was due in part to the postal strike** le retard était dû en partie à une grève de la poste

◆ **in parts** par endroits ◆ **the report was badly written and in parts inaccurate** le rapport était mal écrit et par endroits inexact ◆ **the road was damaged in parts** la route était endommagée par endroits ◆ **the film was good in parts** il y avait de bons passages dans le film

2 *(= episode, instalment) [of book, play]* partie *f* ; *(Publishing)* livraison *f*, fascicule *m* ; *(Press, Rad, TV: of serial)* épisode *m* ◆ **a six-part serial, a serial in six parts** un feuilleton en six épisodes

3 *(in machine, car)* pièce *f* ◆ **you can't get the parts for this model** on ne trouve pas de pièces pour ce modèle ◆ **moving parts** pièces *fpl* mobiles ◆ **spare parts** pièces *fpl* détachées, pièces *fpl* de rechange

4 *(esp Culin = measure)* mesure *f* ◆ **three parts water to one part milk** trois mesures d'eau pour une mesure de lait

5 *(Gram)* ◆ **principal parts** *[of verb]* temps *mpl* principaux ; see also **comp**

6 *(= share, involvement)* participation *f*, rôle *m* ; *(Cine, Theat)* rôle *m* ◆ **he was just right for the part** *(Cine, Theat)* il était parfait pour ce rôle ◆ **we all have our part to play** nous avons tous notre rôle à jouer ◆ **he had a large part in the organization of...** il a joué un grand rôle dans l'organisation de... ◆ **she had some part in it** elle y était pour quelque chose ◆ **he had no part in it** il n'y était pour rien ◆ **I'll have** *or* **I want no part in it, I don't want any part of it** je ne veux pas m'en mêler ; → **act, play**

◆ **to take part (in sth)** participer (à qch) ◆ **those taking part** les participants *mpl*

7 *(= side, behalf)* parti *m*, part *f* ◆ **to take sb's part** *(in quarrel)* prendre le parti de qn, prendre parti pour qn ◆ **for my part** pour ma part, quant à moi ◆ **an error on the part of his secretary** une erreur de la part de sa secrétaire ◆ **to take sth in good part** † prendre qch du bon côté

8 *(Mus)* partie *f* ; *[of song, fugue]* voix *f* ; *(= sheet of music)* partition *f* ◆ **the violin part** la partie de violon ◆ **the alto part** la partie alto ◆ **two-part song** chant *m* à deux voix

9 *(= place)* ◆ **in foreign parts** à l'étranger ◆ **in these parts, in this part of the world** * dans le coin *, par ici ◆ **in my part of the world** * dans mon pays, chez moi

10 *(US = parting) (in hair)* raie *f*

**ADV** *(= partly)* en partie ◆ **she is part French** elle a des origines françaises ◆ **the animal was part dog, part wolf** cet animal était moitié chien, moitié loup ◆ **this novel is part thriller, part ghost story** ce roman est à la fois un thriller et une histoire de fantômes ◆ **she was part fascinated, part horrified by the story** cette histoire provoqua chez elle un mélange de fascination et d'horreur

**VT** 1 *[+ crowd]* ouvrir un passage dans ; *[+ people, boxers]* séparer ; *[+ curtains]* ouvrir, écarter ; *[+ legs]* écarter ◆ **they were parted during the war years** ils sont restés séparés pendant la guerre

2 ◆ **to part one's hair** se faire une raie ◆ **he parts his hair at the side/in the centre, his hair is parted at the side/in the centre** il porte *or* a la raie sur le côté/au milieu

3 ◆ **to part company with sb** *(= leave)* se séparer de qn, quitter qn ; *(= disagree)* ne plus être d'accord avec qn ◆ **they parted company** *(lit)* ils se séparèrent, ils se quittèrent ; *(fig)* ils se trouvèrent en désaccord ◆ **the trailer parted company with the car** *(hum)* la remorque a faussé compagnie à la voiture

**VI** *(gen)* 1 *(= take leave of each other)* se quitter ; *(= break up) [couple, boxers]* se séparer ; *(= open up) [crowd, lips, clouds, waters]* s'ouvrir ◆ **to part from sb** quitter qn ; *(permanently)* se séparer de qn ◆ **to part with** *[+ money]* débourser ; *[+ possessions]* se défaire de, renoncer à ; *[+ employee etc]* se séparer de ◆ **they parted friends, they parted amicably** *(lovers, friends)* ils se sont quittés bons amis ; *(business partners)* ils se sont séparés à l'amiable

2 *(= break) [rope]* se rompre

**COMP** **part exchange N** *(Brit)* reprise *f* (en compte) ◆ **to take a car** *etc* **in part exchange** reprendre une voiture *etc* (en compte)
**part of speech N** partie *f* du discours, catégorie *f* grammaticale ◆ **what part of speech is "of"?** à quelle catégorie grammaticale est-ce que « of » appartient ?
**part owner N** copropriétaire *mf*
**part payment N** *(= exchange)* règlement *m* partiel ; *(= deposit)* arrhes *fpl*
**part song N** chant *m* à plusieurs voix *or* polyphonique
**parts per million NPL** parties *fpl* par million
**part-time** → **part-time**
**part-timer N** travailleur *m*, -euse *f or* employé(e) *m(f)* à temps partiel
**part work N** *(Brit)* fascicule *m*

**partake** /pɑːˈteɪk/ SYN (pret **partook**, ptp **partaken**) **VI** *(frm)* ◆ **to partake in** prendre part à, participer à ◆ **to partake of** *[+ meal, refreshment]* prendre ; *(fig)* tenir de, avoir quelque chose de

**parthenogenesis** /ˈpɑːθɪnəʊˈdʒenɪsɪs/ **N** parthénogenèse *f*

**parthenogenetic** /ˌpɑːθɪnəʊdʒɪˈnetɪk/ **ADJ** parthénogénétique

**parthenogenetically** /ˌpɑːθɪnəʊdʒɪˈnetɪkəlɪ/ **ADV** parthénogénétiquement

**Parthenon** /ˈpɑːθənɒn/ **N** Parthénon *m*

**Parthian** /ˈpɑːθɪən/ **ADJ** ◆ **Parthian shot** flèche *f* du Parthe

**partial** /ˈpɑːʃəl/ SYN **ADJ** 1 *(= in part) [success, solution, explanation, withdrawal, eclipse, paralysis]* partiel
2 *(= biased) [person, viewpoint]* partial *(to, towards* envers), injuste
3 * ◆ **to be partial to sth** avoir un faible pour qch, être porté sur qch ◆ **to be partial to doing sth** aimer bien faire qch ◆ **she is not (too) partial to being disturbed** elle n'aime pas trop qu'on la dérange

**partiality** /ˌpɑːʃɪˈælɪtɪ/ SYN **N** 1 *(= bias)* partialité *f (for* pour ; *towards* envers), favoritisme *m*
2 *(= liking)* prédilection *f*, penchant *m*, faible *m (for* pour)

**partially** /ˈpɑːʃəlɪ/ SYN
**ADV** 1 *(= partly)* en partie *after vb* ◆ **partially hidden by the trees** caché en partie par les arbres ◆ **the driver was partially responsible for the accident** le conducteur était en partie responsable de l'accident ◆ **he was only partially successful** il n'a eu qu'un succès mitigé ◆ **partially clothed** à moitié nu ◆ **partially, they were afraid of reprisals** une des raisons est qu'ils avaient peur des représailles ◆ **partially because he was embarrassed** en partie parce qu'il était gêné
2 *(= with bias)* avec partialité, partialement
**COMP** **partially-sighted ADJ** ◆ **to be partially-sighted** être malvoyant ; → **disabled**
**the partially-sighted NPL** les malvoyants *mpl*

**participant** /pɑːˈtɪsɪpənt/ SYN **N** participant(e) *m(f) (in* à)

**participate** /pɑːˈtɪsɪpeɪt/ SYN **VI** participer, prendre part *(in* à)

**participation** /pɑːˌtɪsɪˈpeɪʃən/ SYN **N** participation *f (in* à)

**participative** /pɑːˈtɪsɪpətɪv/ **ADJ** *[management, democracy]* participatif

**participatory** /pɑːtɪsɪˈpeɪtərɪ/ **ADJ** *[approach, democracy]* participatif ◆ **fishing is the most popular participatory sport in the UK** la pêche est le sport le plus couramment pratiqué au Royaume-Uni

**participial** /ˌpɑːtɪˈsɪpɪəl/ **ADJ** participial

**participle** /ˈpɑːtɪsɪpl/ **N** participe *m* ◆ **past/present participle** participe *m* passé/présent

**particle** /ˈpɑːtɪkl/ SYN
**N** 1 *(= small piece) (gen, Phys)* particule *f* ; *(fig)* parcelle *f*, grain *m* ◆ **dust particles, particles of dust** grains *mpl* de poussière ◆ **food particles** quantités *fpl* infimes de nourriture ◆ **subatomic particle** particule *f* subatomique ◆ **a particle of truth/of sense** une parcelle de vérité/de bon sens ◆ **not a particle of evidence** pas l'ombre d'une preuve, pas la moindre preuve
2 *(Ling)* particule *f*
**COMP** **particle accelerator N** accélérateur *m* de particules
**particle board N** *(US)* panneau *m* de particules
**particle physics N** physique *f* des particules élémentaires

**parti-coloured, parti-colored** *(US)* /ˈpɑːtɪˌkʌləd/ **ADJ** bariolé

**particular** /pəˈtɪkjʊlər/ SYN
**ADJ** 1 *(= specific, distinct)* particulier ◆ **in this particular case** dans ce cas particulier *or* précis ◆ **there seemed to be no particular reason for his outburst** son emportement passager ne semblait pas avoir de raison particulière ◆ **for no particular reason** sans raison précise *or* bien définie ◆ **that particular brand** cette marque-là ◆ **his particular chair** son fauteuil à lui ◆ **her particular type of humour** son genre particulier d'humour, son humour personnel ◆ **my particular choice** mon choix personnel ◆ **the report moves from the particular to the general** *(= specific)* le rapport va du particulier au général

◆ **in particular** en particulier ◆ **anything/anybody in particular** quelque chose/quelqu'un en particulier ◆ **nothing/nobody in particular** rien de/personne en particulier ◆ **are you looking for anything in particular?** *(in shop)* vous cherchez quelque chose en particulier ?

2 *(= special)* particulier, spécial ◆ **nothing particular happened** il ne s'est rien passé de particulier *or* spécial ◆ **he took particular care over it** il y a mis un soin (tout) particulier ◆ **to be of particular interest to sb** intéresser qn (tout) particulièrement ◆ **this is of particular concern to us** ceci nous préoccupe tout particulièrement ◆ **to pay particular attention to sth** faire bien *or* particulièrement attention à qch ◆ **a particular friend of his** un de ses meilleurs amis, un de ses amis intimes ◆ **she didn't say anything particular** elle n'a rien dit de spécial

3 *(= fussy)* exigeant ◆ **she is particular about whom she talks to** elle ne parle pas à n'importe qui ◆ **he is particular about his food** il est exigeant *or* difficile pour la nourriture, il ne mange pas n'importe quoi ◆ **which do you want? – I'm not particular** lequel voulez-vous ? – cela m'est égal *or* je n'ai pas de préférence

4 *(† = exact, detailed) [account]* détaillé, circonstancié

**N** *(= detail)* détail *m* ◆ **in every particular** en tout point ◆ **he is wrong in one particular** il se trompe sur un point

**NPL** **particulars** *(= information)* détails *mpl*, renseignements *mpl* ; *(= description)* description *f* ; *[of person] (= description)* signalement *m* ; *(= name, address etc)* nom *m* et adresse *f*, coordonnées *fpl* ; *(for official document etc)* caractéristiques *fpl* signalétiques ◆ **full particulars** tous les détails, tous les renseignements ◆ **for further particulars apply to...** pour de plus amples renseignements s'adresser à...

**particularity** /pəˌtɪkjʊˈlærɪtɪ/ **N** particularité *f*

**particularize** /pəˈtɪkjʊləraɪz/
VT préciser, individualiser
VI préciser

**particularly** /pəˈtɪkjʊləlɪ/ SYN ADV [1] *(= especially)* *[good, bad, well, badly etc]* particulièrement ; *[specify, insist etc]* (tout) particulièrement • **I particularly told you not to do that** je t'ai bien dit de ne pas faire cela, j'ai bien insisté pour que tu ne fasses pas cela • **it's dangerous for children, particularly young ones** c'est dangereux pour les enfants, surtout *or* en particulier *or* notamment les tout jeunes • **not particularly** pas particulièrement
[2] *(= very carefully)* méticuleusement, avec grand soin

**particulate** /pɑːˈtɪkjʊlət/
ADJ • **particulate emissions** émissions *fpl* de particules
NPL **particulates** particules *fpl* dangereuses

**parting** /ˈpɑːtɪŋ/ SYN
N [1] séparation *f* ; *[of waters]* partage *m* • **the parting of the ways** *(lit, fig)* la croisée des chemins
[2] *(Brit) [of hair]* raie *f* ; *[of mane]* épi *m* • **to have a side/centre parting** porter *or* avoir la raie sur le côté/au milieu
ADJ *[gift]* d'adieu • **parting words** paroles *fpl* d'adieu • **parting shot** *(fig)* pointe *f*, flèche *f* du Parthe *(liter)* • **he paused to deliver a** *or* **his parting shot** il s'est arrêté pour lancer une dernière pointe *or* la flèche du Parthe *(liter)*

**partisan** /ˌpɑːtɪˈzæn/ SYN
N *(= supporter, fighter)* partisan *m*
ADJ *[politics, debate]* partisan ; *[warfare]* de partisans • **partisan spirit** *(Pol etc)* esprit *m* de parti

**partisanship** /ˌpɑːtɪˈzænʃɪp/ N esprit *m* de parti, partialité *f* ; *(= membership)* appartenance *f* à un parti

**partita** /pɑːˈtiːtə/ N (pl **partitas** *or* **partite** /pɑːˈtiːteɪ/) *(Mus)* partita *f*

**partition** /pɑːˈtɪʃən/ SYN
N [1] (also **partition wall**) cloison *f* • **a glass partition** une cloison vitrée
[2] *(= dividing) [of property]* division *f* ; *[of country]* partition *f*, partage *m* ; *[of estate]* morcellement *m*
VT *[+ property]* diviser, partager ; *[+ country]* partager ; *[+ estate]* morceler ; *[+ room]* cloisonner
▸ **partition off** VT SEP *[+ room, part of room]* cloisonner

(!) **partition** is only translated by the French word **partition** when it means the division of a country into parts.

**partitive** /ˈpɑːtɪtɪv/ ADJ, N partitif *m*

**partly** /ˈpɑːtlɪ/ SYN ADV en partie • **partly blue, partly green** moitié bleu, moitié vert

**partner** /ˈpɑːtnəʳ/ SYN
N [1] *(gen)* partenaire *mf* ; *(in business partnership)* associé(e) *m(f)* • **our European partners** nos partenaires européens • **partners in crime** complices *mpl* ; → **senior, sleeping, trading**
[2] *(Sport)* partenaire *mf* ; *(= co-driver)* coéquipier *m*, -ière *f* ; *(Dancing)* cavalier *m*, -ière *f* • **take your partners for a waltz** choisissez vos partenaires pour la valse
[3] *(in relationship)* compagnon *m*, compagne *f* ; *(Admin) (cohabiting)* concubin(e) *m(f)* • **sexual partner** partenaire *mf* sexuel • **bring your partner along** venez avec votre conjoint
VT *(in business)* être l'associé (de), s'associer à ; *(Motor Racing)* être le coéquipier de ; *(Dancing) (gen)* être le cavalier (*or* la cavalière) de ; *(in competitions)* être le (*or* la) partenaire de

**partnership** /ˈpɑːtnəʃɪp/ SYN N *(gen)* association *f* ; *(= business)* ≈ société *f* en nom collectif • **limited partnership** (société *f* en) commandite *f* • **to be in partnership** être en association *(with* avec), être associé • **to enter** *or* **go into partnership** s'associer *(with* à, avec) • **to take sb into partnership** prendre qn comme associé • **a doctors' partnership** un cabinet de groupe *(médical)*, une association de médecins ; → **general, working**

**parton** /ˈpɑːˌtɒn/ N parton *m*

**partook** /pɑːˈtʊk/ VB pret of **partake**

**partridge** /ˈpɑːtrɪdʒ/ N (pl **partridges** *or* **partridge**) perdrix *f* ; *(young bird, also Culin)* perdreau *m*

**part-time** /ˈpɑːtˈtaɪm/
ADJ [1] *[work, employment]* à temps partiel ; *(= half-time)* à mi-temps • **to do part-time work, to have a part-time job** travailler à temps partiel *or* à mi-temps • **on a part-time basis** à temps partiel
[2] *[employee, staff, student]* à temps partiel
N • **to be on part-time*** être au chômage partiel
ADV *[work, study]* à temps partiel

**parturient** /pɑːˈtjʊərɪənt/ ADJ parturiente

**parturition** /ˌpɑːtjʊəˈrɪʃən/ N parturition *f*

**partway** /ˌpɑːtˈweɪ/ ADV • **partway along** (*or* **through** *or* **there**) à mi-chemin

**party** /ˈpɑːtɪ/ SYN
N [1] *(Pol etc)* parti *m* • **political/Conservative/Labour party** parti *m* politique/conservateur/travailliste
[2] *(= group) [of travellers]* groupe *m*, troupe* *f* ; *[of workmen]* équipe *f*, brigade *f* ; *(Mil)* détachement *m*, escouade *f* ; → **boarding, rescue, working**
[3] *(= celebration)* fête *f* ; *(in the evening)* soirée *f* ; *(formal)* réception *f* • **to give** *or* **have** *or* **throw* a party** organiser une fête, inviter des amis ; *(more formal gathering)* donner une réception *or* une soirée • **birthday party** fête *f* d'anniversaire • **farewell party** fête *f* d'adieu • **retirement party** cocktail *m* or pot *m* de départ • **launch party** lancement *m* • **children's party** goûter *m* d'enfants • **private party** réception *f* privée • **what does he bring to the party?** *(fig)* quelle contribution apporte-t-il ? ; → **bottle, Christmas, dinner, garden, tea**
[4] *(Jur etc)* partie *f* • **all parties concerned** toutes les parties concernées, tous les intéressés • **to be party to a suit** être en cause • **to become a party to a contract** signer un contrat • **injured party, party aggrieved** partie *f* lésée, victime *f* • **innocent party** innocent(e) *m(f)* • **I will not be (a) party to any dishonesty** je ne me ferai le (*or* la) complice d'aucune malhonnêteté • **to be (a) party to a crime/to treachery** être complice d'un crime/d'une trahison • **the government insists it will never become a party to this conflict** le gouvernement affirme catégoriquement qu'il ne prendra jamais part à ce conflit • **they refused to be party to the negotiations** ils ont refusé de prendre part *or* participer aux négociations ; → **guilty, moving, prevailing, third**
[5] († ⁎ *hum = person)* individu *m*
[6] *(Telec)* correspondant *m* • **your party is on the line** votre correspondant est en ligne
VI * faire la fête • **let's party!** faisons la fête ! • **I'm not a great one for partying*** je ne suis pas fêtard(e)*
COMP *[politics, leader]* de parti, du parti ; *[disputes]* de partis
**party animal*** N fêtard(e)* *m(f)*
**party dress** N robe *f* habillée ; *(= evening dress)* robe *f* de soirée
**party hat** N chapeau *m* de cotillon
**party line** N *(Pol)* politique *f* or ligne *f* du parti ; *(Telec)* ligne *f* commune à plusieurs abonnés • **to follow** *or* **toe the party line** *(Pol)* suivre la ligne du parti, être dans la ligne du parti ; see also **toe**
**party list** N scrutin *m* de liste
**party machine** N *(Pol)* machine *f* or administration *f* du parti
**party manners*** NPL • **his party manners were terrible** sa façon de se tenir en société était abominable • **the children were on their party manners** les enfants se sont conduits de façon exemplaire
**party piece*** N • **to do one's party piece** faire son numéro*
**party plan** N *(= system)* vente *f* par réunions ; *(= party)* réunion *f* de vente à domicile
**party political** ADJ *(Rad, TV)* • **party political broadcast** *émission réservée à un parti politique* • **this is not a party political question** cette question ne relève pas de la ligne du parti
**party politics** N politique *f* de parti ; *(pej)* politique *f* politicienne
**party pooper*** N rabat-joie *m inv*, trouble-fête *mf*
**party popper** N serpentin *m*
**party spirit** N *(Pol)* esprit *m* de parti ; *(= gaiety)* entrain *m*
**party wall** N mur *m* mitoyen

**partygoer** /ˈpɑːtɪˌgəʊəʳ/ N *(gen)* habitué(e) *m(f)* des réceptions ; *(on specific occasion)* invité(e) *m(f)*

**parulis** /pəˈruːlɪs/ N (pl **parulides** /pəˈruːlɪˌdiːz/) parulie *f*

**parvenu** /ˈpɑːvəˌnjuː/ N parvenu(e) *m(f)*

**PASCAL, Pascal** /pæsˈkæl/ N Pascal *m*

**pascal** /ˈpæskəl/ N *(Phys)* pascal *m*

**Pascal's triangle** N triangle *m* de Pascal

**paschal** /ˈpɑːskəl/
ADJ *(Rel)* pascal
COMP **the Paschal Lamb** N l'agneau *m* pascal

**pasha** /ˈpæʃə/ N pacha *m*

**pashmina** /pæʃˈmiːnə/ N pashmina *m*

**Pasiphaë** /pəˈsɪfɪiː/ N *(Myth)* Pasiphaé *f*

**paso doble** /ˈpæsəʊˈdəʊbleɪ/ N (pl **paso dobles** *or* **pasos dobles**) paso doble *m inv*

**pasqueflower** /ˈpɑːskˌflaʊəʳ/ N passe-fleur *f*, anémone *f* pulsatile

**pasquinade** /ˌpæskwɪˈneɪd/ N satire *f*

**pass** /pɑːs/ SYN
N [1] *(= permit) [of journalist, worker etc]* coupe-file *m*, laissez-passer *m inv* ; *(Rail etc)* carte *f* d'abonnement ; *(Theat)* billet *m* de faveur ; *(to museum etc)* laissez-passer *m* ; *(for ship)* lettre *f* de mer ; *(Mil etc) (= safe conduct)* sauf-conduit *m*
[2] *(in mountains)* col *m*, défilé *m* ; → **sell**
[3] *(in exam)* moyenne *f*, mention *f* passable • **did you get a pass?** avez-vous eu la moyenne ?, avez-vous été reçu ? • **to get a pass in history** être reçu en histoire
[4] (* *= state)* • **things have come to a pretty pass when...** il faut que les choses aillent bien mal pour que... • **things have reached such a pass that...** les choses en sont arrivées à un tel point que...
[5] *(Football etc)* passe *f* ; *(Fencing)* botte *f*, attaque *f*
[6] *(= sexual advance)* • **to make a pass* at sb** faire des avances* à qn
VI [1] *(= come, go)* passer *(through* par) ; *[procession]* défiler ; *(= overtake)* dépasser, doubler • **to let sb pass** laisser passer qn • **to pass behind/in front of** passer derrière/devant • **the procession passed down the street** la procession a descendu la rue • **to pass out of sight** disparaître • **letters passed between them** ils ont échangé des lettres • **a knowing look passed between them** ils ont échangé un regard complice • **the virus passes easily from one person to another** le virus se transmet facilement d'une personne à l'autre • **to pass into history/legend** entrer dans l'histoire/la légende • **the word has passed into the language** le mot est entré dans la langue
[2] *[time]* (se) passer, s'écouler • **three hours/days/years had passed** trois heures/jours/années s'étaient écoulé(e)s • **the afternoon passed pleasantly** l'après-midi a passé *or* s'est passé agréablement • **how time passes!** comme le temps passe ! • **I'm very conscious of time passing** j'ai une conscience aiguë du temps qui passe
[3] *(esp Chem = change)* se transformer *(into* en)
[4] *(esp Jur = transfer)* passer, être transmis • **the estate passed to my sister** la propriété est revenue à ma sœur • **the land has now passed into private hands** le terrain appartient désormais à un propriétaire privé
[5] *(= go away) [pain, crisis]* passer ; *[danger]* disparaître ; *[memory]* s'effacer, disparaître ; *[storm]* cesser • **to let an opportunity pass** laisser passer une occasion • **the deadline passed this morning** le délai a expiré ce matin
[6] *(in exam)* être reçu *(in* en)
[7] *(= take place)* se passer, avoir lieu • **all that passed between them** tout ce qui s'est passé entre eux • **to bring sth to pass** *(liter)* accomplir qch, réaliser qch • **it came to pass that...** *(liter)* il advint que...
[8] *(= be accepted) [coins]* avoir cours ; *[behaviour]* convenir, être acceptable ; *[project]* passer • **to pass under the name of...** être connu sous le nom de... • **he tried to pass for a doctor** il a essayé de se faire passer pour (un) médecin • **what passes for** *or* **as law and order in this country** ce que l'on appelle l'ordre public dans ce pays • **a cup of something that passed for coffee** une tasse d'un breuvage auquel ils donnaient le nom de café • **she would pass for 20** on lui donnerait 20 ans • **will this do? – oh, it'll pass*** est-ce que ceci convient ? – oh, ça peut aller • **let it pass!*** *(of insult)* laisse tomber !* • **that's not exactly right, but let it pass** ce n'est pas exactement ça, mais passons *or* ça ne fait rien • **he let it pass** il l'a laissé passer, il ne l'a pas relevé • **he couldn't let that pass** il ne pouvait pas laisser passer ça
[9] *(Cards)* passer • **(I) pass!** *(in games)* (je) passe ! ; *(fig)* aucune idée ! • **I'll have to pass on that one*** *(fig = can't answer)* là je donne ma lan-

gue au chat ◆ **I'll pass on that one** * *(= no thanks)* je m'en passerai ; *(in discussion)* je passe mon tour

10 *(Sport)* faire une passe *(to* à) ◆ **to pass forward/back** faire une passe avant/arrière

**VT** 1 *(= go past)* *[+ building, person]* passer devant ; *[+ barrier, frontier, customs]* passer ; *(in car = overtake)* dépasser, doubler ; *(Sport = go beyond)* dépasser ◆ **when you have passed the town hall...** quand vous aurez dépassé la mairie... ◆ **to pass the finishing line** *(Sport)* passer la ligne d'arrivée ◆ **they passed each other on the way** ils se sont croisés en chemin ◆ **no word passed his lips** *(frm)* il ne souffla *or* ne dit pas un mot ◆ **no meat has passed my lips for 20 years** *(frm)* il y a 20 ans que je n'ai plus mangé de viande

2 *(= get through)* *[+ exam]* être reçu à *or* admis à, réussir ◆ **the film passed the censors** le film a reçu le visa de la censure ; → **muster**

3 *[+ time]* passer ◆ **just to pass the time** pour passer le temps ◆ **to pass the evening reading** passer la soirée à lire ; → **time**

4 *(= hand over)* (faire) passer ◆ **please pass the salt** faites passer le sel s'il vous plaît ◆ **to pass a dish round the table** faire passer un plat autour de la table ◆ **pass me the box** passez-moi la boîte ◆ **to pass sth down the line** faire passer qch (de main en main) ◆ **pass the word that it's time to go** faites passer la consigne que c'est l'heure de partir ◆ **we should pass this information to the police** nous devrions passer *or* transmettre ces informations à la police ; → **buck**

5 *(on phone)* passer

6 *(= accept, allow)* *[+ candidate]* recevoir, admettre ; *(Parl)* *[+ bill]* voter, faire passer ◆ **the censors passed the film** le film a reçu le visa de censure ◆ **they didn't pass him** *(Scol, Univ)* ils l'ont recalé ◆ **the doctor passed him fit for work** le docteur l'a déclaré apte à reprendre le travail ◆ **to pass the proofs (for press)** *(Publishing)* donner le bon à tirer

7 *(= utter)* ◆ **to pass comment (on sth)** faire un commentaire (sur qch) ◆ **to pass remarks about sb/sth** faire des observations sur qn/qch ; → **judg(e)ment, sentence**

8 *(= move)* passer ◆ **he passed his hand over his brow** il s'est passé la main sur le front ◆ **he passed his handkerchief over his face** il a passé son mouchoir sur son visage ◆ **to pass a rope through a ring** passer une corde dans un anneau ◆ **to pass a cloth over a table** donner *or* passer un coup de chiffon sur une table ◆ **to pass a knife through sth** enfoncer un couteau dans qch ◆ **to pass sth through a sieve** *(Culin)* passer qch (au tamis) ◆ **to pass in review** *(Mil, fig)* passer en revue

9 *(Sport)* *[+ ball]* passer

10 *[+ forged money]* (faire) passer, écouler ; *[+ stolen goods]* faire passer

11 *(= surpass)* ◆ **to pass comprehension** dépasser l'entendement ◆ **to pass belief** être incroyable

12 *(Med = excrete)* ◆ **to pass water** uriner ◆ **to pass blood** avoir du sang dans les urines ◆ **to pass a stone** évacuer un calcul

**COMP** **pass degree** **N** *(Univ)* ≈ licence *f* obtenue sans mention

**pass mark** **N** *(Scol, Univ)* moyenne *f* ◆ **to get a pass mark** avoir la moyenne

**pass-the-parcel** **N** ◆ **to play pass-the-parcel** ≈ jouer au furet

**pass-through** **N** *(US)* passe-plat *m*

▸ **pass along**

**VI** passer, circuler, passer son chemin

**VT SEP** 1 *(lit)* *[+ object, book etc]* faire passer (de main en main)

2 ⇒ **pass on vt sep**

▸ **pass away** **VI** *(euph = die)* s'éteindre *(euph)*, décéder *(frm or euph)*

▸ **pass back** **VT SEP** *[+ object]* rendre, retourner ◆ **I will now pass you back to the studio** *(Rad, TV)* je vais rendre l'antenne au studio

▸ **pass by**

**VI** passer (à côté) ; *[procession]* défiler ◆ **I saw him passing by** je l'ai vu passer ◆ **to pass by on the other side** *(fig = fail to help)* détourner les yeux

**VT SEP** ◆ **life has passed me by** je n'ai pas vraiment vécu ◆ **the war seemed to pass them by** la guerre ne semblait pas les toucher ◆ **fashion just passes him by** la mode le laisse froid

▸ **pass down**

**VI** *[inheritance etc]* être transmis, revenir *(to* à)

**VT SEP** transmettre ◆ **to pass sth down (in a family)** transmettre qch par héritage (dans une famille) ◆ **passed down from father to son/from mother to daughter** transmis de père en fils/de mère en fille

▸ **pass in** **VT SEP** (faire) passer ◆ **she passed the parcel in through the window** elle a passé *or* fait passer le colis par la fenêtre

▸ **pass off**

**VI** 1 *(= subside)* *[faintness, headache etc]* passer, se dissiper

2 *(= take place)* *[events]* se passer, se dérouler ◆ **the demonstration passed off peacefully/without incident** la manifestation s'est déroulée pacifiquement/sans incident

**VT SEP** faire passer, faire prendre ◆ **to pass someone off as someone else** faire passer une personne pour une autre ◆ **to pass something off as something else** faire passer une chose pour une autre ◆ **to pass o.s. off as a doctor** se faire passer pour (un) médecin ◆ **to pass sth off on sb** repasser *or* refiler * qch à qn

▸ **pass on**

**VI** 1 *(euph = die)* s'éteindre *(euph)*, décéder *(frm or euph)*

2 *(= continue one's way)* passer son chemin, ne pas s'arrêter ◆ **to pass on to a new subject** passer à un nouveau sujet

**VT SEP** *(= hand on)* *[+ object]* (faire) passer *(to* à) ; *[+ news]* faire circuler, faire savoir ; *[+ message]* transmettre ◆ **take it and pass it on** prends et fais passer ◆ **to pass on old clothes to sb** repasser de vieux vêtements à qn ◆ **you've passed your cold on to me** tu m'as passé ton rhume ◆ **to pass on a tax to the consumer** répercuter un impôt sur le consommateur

▸ **pass out**

**VI** 1 *(= faint)* s'évanouir, perdre connaissance, tomber dans les pommes * ; *(from drink)* tomber ivre mort ; *(= fall asleep)* s'endormir comme une masse

2 *(Brit = complete training)* *(Police)* finir son entraînement *(avec succès)* ; *(Mil)* finir ses classes *(avec succès)*

**VT SEP** *[+ leaflets etc]* distribuer

▸ **pass over**

**VI** *(euph)* *(= die)* ⇒ **pass away**

**VT SEP** *[+ person, event, matter]* *(= fail to mention)* ne pas mentionner ; *(= fail to take into consideration)* ne pas prendre en considération ◆ **the good work they have done is passed over in this article** le bon travail qu'ils ont fait n'est même pas mentionné dans cet article ◆ **to pass sth over in silence** passer qch sous silence ◆ **he was passed over in favour of his brother** on lui a préféré son frère ◆ **they passed over Paul in favour of Robert** ils ont donné la préférence à Robert au détriment de Paul ◆ **she was passed over for promotion** on ne lui a pas accordé la promotion qu'elle attendait

**VT FUS** *(= ignore)* passer sous silence, ne pas relever

▸ **pass round** **VT SEP** *[+ bottle]* faire passer ; *[+ sweets, leaflets]* distribuer ◆ **to pass the hat round** * *(fig)* faire la quête

▸ **pass through**

**VI** passer ◆ **I can't stop, I'm only passing through** je ne peux pas rester, je ne fais que passer

**VT FUS** *[+ country, area, substance, net]* traverser ; *[+ hardships]* subir, endurer ◆ **this thread is too coarse to pass through the needle** ce fil est trop gros pour passer dans l'aiguille

▸ **pass up** **VT SEP** 1 *(lit)* passer

2 *(* = forego)* *[+ chance, opportunity]* laisser passer ◆ **she passed him up for promotion** elle ne lui a pas accordé la promotion qu'il attendait ◆ **he was passed up for the job** on a pris quelqu'un d'autre que lui pour cet emploi ◆ **she passed the film up for a rôle in a theatre play** elle a décliné un rôle dans ce film pour jouer dans une pièce de théâtre

(!) Don't use **passer** in the context 'to pass an exam'.

**passable** /ˈpɑːsəbl/ SYN **ADJ** 1 *(= tolerable)* passable, assez bon ◆ **he spoke passable French** il parlait assez bien (le) français

2 *[road]* praticable, carrossable ; *[river]* franchissable

**passably** /ˈpɑːsəblɪ/ **ADV** assez ◆ **he spoke passably good French** il parlait assez bien (le) français ◆ **she was doing passably well at school** elle avait d'assez bons résultats à l'école

**passage** /ˈpæsɪdʒ/ SYN **N** 1 *(= passing)* *(lit)* passage *m* ; *[of bill, law]* adoption *f* ; *(fig)* passage *m*, transition *f (from ... to* de ... à) ◆ **with the passage of time he understood** avec le temps il finit par comprendre ◆ **her passage through college** le temps qu'elle a passé à l'université ◆ **passage of** *or* **at arms** *(fig, liter)* passe *f* d'armes ; → **bird, rite, safe**

2 *(on ship)* voyage *m*, traversée *f* ◆ **he worked his passage to Australia** il a travaillé pour se payer la traversée *or* son voyage en Australie

3 *(= way through : also* **passageway)** passage *m* ◆ **to force a passage through sth** se frayer un passage *or* un chemin à travers qch ◆ **to leave a passage** laisser un passage, laisser le passage libre

4 (also **passageway**) *(indoors)* couloir *m*, corridor *m* ; *(outdoors)* ruelle *f*, passage *m*

5 *(Mus)* passage *m* ; *[of text]* passage *m* ◆ **selected passages** *(Literat)* morceaux *mpl* choisis

**passageway** /ˈpæsɪdʒweɪ/ **N** ⇒ **passage c 4**

**passbook** /ˈpæsbʊk/ **N** *(= bank book)* livret *m* (bancaire)

**passé** /ˈpæseɪ/ **ADJ** *[play, book, person]* vieux jeu *inv*, démodé, dépassé * ; *[woman]* défraîchi, fané

**passel** /ˈpæsəl/ **N** *(US)* ◆ **a passel of...** une ribambelle de..., un tas * de...

**passenger** /ˈpæsndʒəʳ/ SYN

**N** *(in train)* voyageur *m*, -euse *f* ; *(in boat, plane, car)* passager *m*, -ère *f* ◆ **he's just a passenger** *(fig pej)* il n'est vraiment qu'un poids mort

**COMP** **passenger car** **N** *(US)* ⇒ **passenger coach**

**passenger cell** **N** *(in car)* habitacle *m*

**passenger coach** **N** *(in train)* voiture *f or* wagon *m* de voyageurs

**passenger door** **N** *[of car]* portière *f* avant côté passager

**passenger enquiries** **NPL** (also **passenger service enquiries**) renseignements *mpl*

**passenger ferry** **N** ferry *m*

**passenger jet** **N** avion *m* de ligne

**passenger list** **N** liste *f* des passagers

**passenger mile** **N** *(on plane)* ≈ kilomètre-passager *m* ; *(on train etc)* ≈ kilomètre-voyageur *m*

**passenger seat** **N** *[of car]* *(in front)* siège *m* du passager ; *(in back)* siège *m* arrière

**passenger ship** **N** navire *m* à passagers

**passenger station** **N** *(Rail)* gare *f* de voyageurs

**passenger train** **N** train *m* de voyageurs

**passe-partout** /ˈpæspɑːtuː/ **N** 1 *(= master key)* passe-partout *m inv (clé)*, passe *m*

2 *(Art)* ◆ **passe-partout (frame)** (encadrement *m* en) sous-verre *m*

**passer-by** /ˈpɑːsəˈbaɪ/ SYN **N** (pl **passers-by**) passant(e) *m(f)*

**passerine** /ˈpæsəraɪn/ **ADJ, N** *(= bird)* passereau *m*

**passim** /ˈpæsɪm/ **ADV** passim

**passing** /ˈpɑːsɪŋ/ SYN

**ADJ** 1 *(= moving by)* *[person, car]* qui passe *(or* passait *etc)*

2 *(= brief)* éphémère, passager ◆ **a passing desire** un désir fugitif ◆ **a passing interest in sth/sb** un intérêt éphémère pour qch/qn, un intérêt passager pour qch/qn ◆ **a passing acquaintance** une vague connaissance ◆ **to have a passing acquaintance with sb/sth** connaître vaguement qn/qch ◆ **a passing remark** une remarque en passant ◆ **to bear only a passing resemblance to sb/sth** ne ressembler que vaguement à qn/qch ◆ **to bear more than a passing resemblance to sb/sth** ressembler beaucoup à qn/qch ◆ **with each** *or* **every passing day** de jour en jour ◆ **with each** *or* **every passing year** d'année en année, année après année

**ADV** *(†† or liter)* extrêmement ◆ **passing fair** de toute beauté

**N** 1 ◆ **with the passing of time** avec le temps ◆ **in passing** en passant

2 *[of train, car]* passage *m* ; *(in car = overtaking)* dépassement *m*

3 *(euph = death)* mort *f*, trépas *m (liter)*

**COMP** **passing bell** **N** glas *m*

**passing note** **N** *(Mus)* note *f* de passage

**passing-out parade** **N** *(Mil)* défilé *m* de promotion

**passing place** **N** *(in road)* aire *f* de croisement

**passing shot** **N** *(Tennis)* passing-shot *m*, tir *m* passant

**passion** /ˈpæʃən/ SYN

**N** 1 *(= love)* passion *f (for* de) ◆ **to have a passion for music** être passionné de musique, adorer la musique ◆ **I have a passion for strong colours** j'adore les couleurs vives

## passionate | pat

**2** (= burst of anger) colère f ; (stronger) rage f ◆ **fit of passion** accès m de rage ◆ **to be in a passion** être furieux ; → **fly³**

**3** (= strong emotion) passion f, émotion f violente

**4** (Rel, Mus) ◆ **Passion** Passion f ◆ **the St John/St Matthew Passion** la Passion selon saint Jean/saint Matthieu

**COMP** **passion fruit** N fruit m de la passion, maracuja m
**Passion play** N (Rel) mystère m de la Passion (représentation théâtrale)
**Passion Sunday** N (Rel) dimanche m de la Passion
**Passion Week** N (Rel) semaine f de la Passion

**passionate** /ˈpæʃənɪt/ SYN ADJ [person, plea, love, embrace] passionné ; [speech] véhément

**passionately** /ˈpæʃənɪtlɪ/ ADV [argue, kiss, make love] avec passion ; [believe] passionnément ; [convinced, concerned] passionnément ; [opposed] farouchement ◆ **to be passionately fond of sth** adorer qch ◆ **to be passionately in love with sb** aimer passionnément qn ◆ **a passionately-held opinion** une opinion défendue or soutenue avec passion

**passionflower** /ˈpæʃənˌflaʊəʳ/ N passiflore f, fleur f de la Passion

**passionless** /ˈpæʃənlɪs/ ADJ sans passion

**passivate** /ˈpæsɪˌveɪt/ VT passiver

**passive** /ˈpæsɪv/ SYN
**ADJ** **1** [person] (= motionless) passif, inerte ; (= unresponsive) passif, soumis ; [role, attitude] passif ◆ **his response was passive** il n'a pas vraiment réagi
**2** (Ling) [vocabulary, understanding] passif
**3** (Gram) [tense, voice etc] passif ; [verb] au passif
**N** (Gram) passif m ◆ **in the passive** au passif
**COMP** **passive balance of trade** N balance f commerciale déficitaire
**passive disobedience** N (Pol) désobéissance f passive
**passive resistance** N (Pol) résistance f passive
**passive restraint** N (in car) dispositif m de sécurité passive
**passive smoker** N non-fumeur m, -euse f affecté(e) par le tabagisme passif
**passive smoking** N tabagisme m passif

**passively** /ˈpæsɪvlɪ/ ADV passivement ; (Gram) au passif

**passiveness** /ˈpæsɪvnɪs/, **passivity** /pæˈsɪvɪtɪ/ N passivité f

**passkey** /ˈpɑːskiː/ N passe-partout m inv, passe* m

**Passover** /ˈpɑːsəʊvəʳ/ N pâque f (juive)

**passport** /ˈpɑːspɔːt/
**N** passeport m ◆ **a British/American/French** etc **passport** un passeport britannique/américain/français etc ◆ **visitor's passport** (Brit) passeport m temporaire ◆ **passport to success** clé f de la réussite ◆ **the lottery could be your passport to riches** la loterie pourrait vous ouvrir les portes de la fortune
**COMP** **passport control** N contrôle m des passeports
**passport holder** N titulaire mf de passeport ◆ **are you a British passport holder?** avez-vous un passeport britannique ?
**passport office** N (= building) bureau m du contrôle des passeports ; (= organization) service m du contrôle des passeports

**password** /ˈpɑːswɜːd/ SYN N mot m de passe

**past** /pɑːst/ SYN
**N** **1** passé m ◆ **in the past** (gen) dans le passé ; (longer ago) autrefois ◆ **several times in the past** plusieurs fois dans le passé ◆ **in the past, many of these babies would have died** autrefois, beaucoup de ces bébés seraient morts ◆ **all the happy times in the past** tous les moments heureux du passé ◆ **events in the recent past have demonstrated that...** certains événements récents ont montré que... ◆ **as in the past** comme par le passé ◆ **she lives in the past** elle vit dans le passé ◆ **it's a thing of the past** cela appartient au passé ◆ **new vaccines could make these illnesses a thing of the past** de nouveaux vaccins pourraient faire disparaître ces maladies ◆ **I thought you'd quarrelled? – that's a thing of the past** or **that's all in the past** je croyais que vous vous étiez disputés ? – c'est de l'histoire ancienne ◆ **we have to learn the lessons of the past** il nous faut tirer les leçons du passé ◆ **do you know about his past?** vous connaissez son passé ? ◆ **a woman with a past** une femme au passé chargé
**2** (Gram) passé m ◆ **in the past** au passé
**ADJ** **1** (gen) passé ◆ **for some time past** depuis quelque temps ◆ **in times past** autrefois, (au temps) jadis ◆ **in past centuries** pendant les siècles passés ◆ **the past week** la semaine dernière or passée ◆ **the past few days/years** ces derniers jours/dernières années ◆ **she's been out of work for the past three years** elle est au chômage depuis trois ans ◆ **all that is now past** tout cela c'est du passé ◆ **the time for recriminations is past** le temps des récriminations est révolu ◆ **past president** ancien président m
**2** (Gram: gen) passé ; [verb] au passé ; [form, ending] du passé
**PREP** **1** (beyond in time) plus de ◆ **it is past 11 o'clock** il est plus de 11 heures, il est 11 heures passées ◆ **half past three** (Brit) trois heures et demie ◆ **(a) quarter past three** (Brit) trois heures et quart ◆ **at 20 past three** (Brit) à 3 heures 20 ◆ **the train goes at five past*** (Brit) le train part à cinq* ◆ **she is past 60** elle a plus de 60 ans, elle a 60 ans passés
**2** (= beyond in space) au delà de, plus loin que ◆ **past it** au delà, plus loin ◆ **just past the post office** un peu plus loin que la poste, juste après la poste ◆ **I think we've gone past it** (= missed it) je pense que nous l'avons dépassé ◆ **he stared straight past me** il a fait comme s'il ne me voyait pas
**3** (= in front of) devant ◆ **he goes past the house every day** tous les jours il passe devant la maison ◆ **he rushed past me** il est passé devant moi à toute allure ; (= overtook me) il m'a dépassé à toute allure
**4** (= beyond limits of) au delà de ◆ **past endurance** insupportable ◆ **it is past all understanding** cela dépasse l'entendement ◆ **I'm past caring** je ne m'en fais plus, j'ai cessé de m'en faire ◆ **he's past work** il n'est plus en état de travailler ◆ **I'm long past being surprised at anything he does** il y a longtemps que je ne m'étonne plus de ce qu'il peut (encore) inventer ◆ **he's a bit past it (now)*** il n'est plus dans la course ◆ **that cake is past its best** ce gâteau n'est plus très frais ◆ **I wouldn't put it past her*** **to have done it** je la crois capable d'avoir fait ça ◆ **I wouldn't put it past him** cela ne m'étonnerait pas de lui
**ADV**

▶ When **past** is an element in a phrasal verb, eg **let past, run past, squeeze past**, look up the verb.

auprès, devant ◆ **to go** or **walk past** passer ; → **march**
**COMP** **past anterior** N passé m antérieur
**past definite** N ⇒ **past historic**
**past historic** N passé m simple
**past master** N ◆ **to be a past master at** or **of sth** être expert en qch ◆ **to be a past master at doing sth** avoir l'art de faire qch
**past participle** N participe m passé
**past perfect** N plus-que-parfait m
**past tense** N passé m, forme f passée ◆ **in the past tense** au passé

**pasta** /ˈpæstə/ N (NonC) pâtes fpl

**paste** /peɪst/ SYN
**N** **1** (Culin = spread etc) (meat) pâté m ; (fish) beurre m, mousse f ; (vegetable, fruit) purée f ◆ **mix the butter and flour into a paste** travaillez le beurre et la farine pour en faire une pâte ◆ **liver paste** pâté m or crème f de foie ◆ **tomato paste** concentré m or purée f de tomate ◆ **garlic paste** purée f d'ail ◆ **almond paste** pâte f d'amandes
**2** (= glue) colle f ◆ **wallpaper paste** colle f pour papier peint
**3** (jewellery) strass m
**VT** **1** coller ; [+ wallpaper] enduire de colle ◆ **to paste photos into an album** coller des photos dans un album
**2** (Comput) coller, insérer ◆ **to paste text into a document** insérer du texte dans un document
**3** * (= thrash) flanquer une raclée à* ; (= defeat) flanquer une déculottée à* ; (= criticize) descendre en flammes*
**COMP** [jewellery] en strass
**paste-up** N (Comput) collage m ; (Typography) montage m
▶ **paste up**
**VT SEP** [+ notice, list] afficher ; [+ photos etc] coller ; (Typography) monter
**N** **paste-up** → **paste**

**pasteboard** /ˈpeɪstbɔːd/ N **1** (= card) carton m
**2** (US : also **pastry board**) planche f à pâtisserie

ENGLISH-FRENCH 688

**pastel** /ˈpæstəl/ SYN N **1** (= pencil) (crayon m) pastel m
**2** (= drawing) (dessin m au) pastel m
**3** (also **pastel colour**) ton m pastel inv

**pastern** /ˈpæstən/ N paturon m

**Pasteur Institute** /pæsˈtœr/ N Institut m Pasteur

**pasteurization** /ˌpæstəraɪˈzeɪʃən/ N pasteurisation f

**pasteurize** /ˈpæstəraɪz/ VT pasteuriser

**pasteurized** /ˈpæstəraɪzd/ ADJ pasteurisé

**pastiche** /pæsˈtiːʃ/ SYN N pastiche m

**pastille** /ˈpæstɪl/ N pastille f

**pastime** /ˈpɑːstaɪm/ SYN N passe-temps m inv, divertissement m, distraction f

**pasting*** /ˈpeɪstɪŋ/ N (= thrashing) raclée* f ; (= defeat) déculottée* f ◆ **to give sb a pasting** (physically) flanquer une raclée à qn* ; (= defeat) flanquer une déculottée à qn* ; (= criticize) descendre qn en flammes*

**pastor** /ˈpɑːstəʳ/ SYN N pasteur m

**pastoral** /ˈpɑːstərəl/ SYN
**ADJ** **1** (= rural) pastoral, champêtre ; (Agr) de pâture ; [Literat] pastoral ; (fig, liter) bucolique, champêtre ◆ **pastoral land** pâturages mpl ◆ **"The Pastoral Symphony"** (Mus) « La Symphonie Pastorale »
**2** (Rel) pastoral ◆ **pastoral letter** lettre f pastorale
**3** (Educ etc) [role, duties] de conseiller ◆ **in a pastoral capacity** dans un rôle de conseiller
**N** (Literat, Rel) pastorale f
**COMP** **pastoral care** N (Educ) tutorat m

**pastrami** /pəˈstrɑːmɪ/ N bœuf fumé très épicé

**pastry** /ˈpeɪstrɪ/
**N** **1** (NonC) pâte f ; → **puff, short**
**2** (= cake) pâtisserie f
**COMP** **pastry board** N planche f à pâtisserie
**pastry brush** N pinceau m à pâtisserie
**pastry case** N croûte f ◆ **in a pastry case** en croûte
**pastry chef, pastry cook** N pâtissier m, -ière f
**pastry cutter** N (for cutting) coupe-pâte m inv ; (for shapes) emporte-pièce m
**pastry mix** N (Culin) préparation f (pour pâte)

**pasturage** /ˈpɑːstjʊrɪdʒ/ N pâturage m

**pasture** /ˈpɑːstʃəʳ/ SYN
**N** (Agr) pré m, pâturage m ◆ **to put out to pasture** (lit) mettre au pré or au pâturage ; (fig) mettre à la retraite ◆ **to move on to pastures new** changer d'horizon or d'air ◆ **to seek pastures new** chercher de nouveaux horizons, chercher à changer d'air d'horizon ◆ **greener pastures** cieux mpl plus cléments
**VI** paître
**VT** faire paître, pacager
**COMP** **pasture land** N herbage m, pâturage(s) m(pl)

**pasty¹** /ˈpeɪstɪ/ ADJ pâteux ; (pej) [face, complexion] terreux ◆ **pasty-faced** (pej) au teint terreux ◆ **you look a bit pasty** vous avez une mine de papier mâché

**pasty²** /ˈpæstɪ/ N (Brit Culin) ≃ petit pâté m en croûte (contenant généralement de la viande, des oignons et des pommes de terre)

**Pat** /pæt/ N **1** dim of **Patrick, Patricia**
**2** surnom des Irlandais

**pat¹** /pæt/
**VT** [+ object] tapoter, donner une tape à ; [+ animal] flatter ◆ **he patted my hand** il me tapota la main ◆ **to pat one's stomach** se frotter le ventre ◆ **to pat sb on the back** (lit) tapoter qn dans le dos ; (fig) complimenter qn, congratuler qn ◆ **to pat o.s. on the back** s'envoyer des fleurs, s'applaudir
**N** **1** (= tap) coup m léger, petite tape f ; (on animal) petite tape f ◆ **to give sb a pat on the back** (lit) tapoter qn dans le dos ; (fig) complimenter qn, congratuler qn ◆ **give yourselves a pat on the back** vous pouvez être contents de vous or fiers ◆ **to give o.s. a pat on the back** s'envoyer des fleurs, s'applaudir
**2** (also **pat of butter**) (individual) plaquette f (individuelle) de beurre ; (larger) plaque f de beurre
▶ **pat down** VT SEP (= search) fouiller

**pat²** /pæt/
**ADV** **1** (= exactly suitable) à propos, à point ◆ **to answer pat** (= immediately) répondre sur-le-champ ; (= with repartee) répondre du tac au tac

◆ **he had his explanation pat** il avait son explication toute prête
**2** (= perfectly) [learn] par cœur ◆ **to know sth off pat** savoir qch sur le bout du doigt ◆ **she had all the answers off pat** elle a pu répondre du tac au tac
**3** (= firm, unmoving) [remain] inflexible ◆ **to stand pat** * (US) ne rien faire, refuser de bouger
**ADJ** [example, answer, remark] tout prêt

**Patagonia** /ˌpætəˈgəʊnɪə/ **N** Patagonie f

**Patagonian** /ˌpætəˈgəʊnɪən/
**ADJ** patagonien ◆ **Patagonian dragon** dragon m de Patagonie
**N** Patagonien(ne) m(f)

**patch** /pætʃ/ SYN
**N** **1** (for clothes) pièce f ; (for inner tube, airbed) rustine ® f ; (over eye) cache m ; (cosmetic: on face) mouche f ; (Med) (nicotine, HRT etc) patch m, timbre m
**2** (= small area) [of colour] tache f ; [of sky] pan m, coin m ; [of land] parcelle f ; [of vegetables] carré m ; [of ice] plaque f ; [of mist] nappe f ; [of water] flaque f ; (on dog's back etc) tache f ◆ **a damp patch on the wall/sheet** une tache d'humidité sur le mur/drap ◆ **he's got a bald patch** il a le crâne un peu dégarni ◆ **a man with a bald patch** un homme à la calvitie naissante or au crâne un peu dégarni
**3** (fig) ◆ **a bad** or **rough** or **sticky** * **patch** un moment difficile, une mauvaise passe ◆ **to hit** or **strike a bad patch** entrer dans une mauvaise passe ◆ **to go through a rough patch** traverser une mauvaise passe ◆ **good in patches** bon par moments ◆ **it isn't a patch on...** ça ne soutient pas la comparaison avec... ◆ **he's not a patch on our old boss** * il est loin de valoir notre ancien patron ; (stronger) il n'arrive pas à la cheville de notre ancien patron *
**4** (Comput) correction f (de programme)
**5** (Brit *) [of policeman, social worker etc] secteur m ◆ **they're off my patch now** ils ont quitté mon secteur
**VT** [+ clothes] rapiécer ; [+ tyre] réparer, poser une rustine ® à
**COMP** **patch pocket** **N** poche f appliquée or plaquée
**patch test** **N** (Med) test m cutané
▶ **patch together** **VT SEP** [+ garment] rapiécer ; (hum) [+ old car etc] retaper* ◆ **a new government was hastily patched together** un gouvernement de fortune a été mis sur pied à la hâte
▶ **patch up** **VT SEP** [+ clothes] rapiécer ; [+ machine] rafistoler * ; * [+ injured person] rafistoler * ◆ **to patch up a quarrel** se raccommoder * ◆ **they soon patched up their differences** ils se sont vite rabibochés * or raccommodés *

**patchouli** /ˈpætʃʊlɪ/ **N** (= plant, perfume) patchouli m

**patchwork** /ˈpætʃwɜːk/ SYN
**N** (lit, fig) patchwork m
**COMP** [quilt] en patchwork ; [landscape] bigarré ; (pej = lacking in unity) fait de pièces et de morceaux, fait de bric et de broc

**patchy** /ˈpætʃɪ/ SYN (pej) **ADJ** **1** (lit) ◆ **patchy fog made driving conditions hazardous** des nappes de brouillard rendaient la conduite difficile ◆ **bottle tans can make your skin look a patchy orange colour** les autobronzants peuvent parfois produire des taches orange sur la peau ◆ **brown, patchy grass** des touffes d'herbe brunes et clairsemées
**2** (fig) inégal ◆ **the acting in this film is patchy** l'interprétation dans ce film est inégale ◆ **the evidence is patchy** les preuves sont fragmentaires or incomplètes ◆ **transport is difficult, communications are patchy** les déplacements sont malaisés, les communications mauvaises

**pate** /peɪt/ **N** tête f ◆ **a bald pate** un crâne chauve

**pâté** /ˈpæteɪ/ **N** (NonC: Culin) pâté m

**patella** /pəˈtelə/ **N** (pl **patellae** /pəˈteliː/) rotule f

**paten** /ˈpætən/ **N** patène f

**patency** /ˈpeɪtənsɪ/ **N** évidence f

**patent** /ˈpeɪtənt/ SYN
**ADJ** **1** (frm = obvious) [fact, dishonesty] patent, manifeste ◆ **it was a patent impossibility** c'était manifestement impossible
**2** [invention] breveté ◆ **patent medicine** spécialité f pharmaceutique

**3** (also **patent leather**) cuir m verni ◆ **patent (leather) shoes** chaussures fpl vernies or en cuir verni
**N** (= licence) brevet m d'invention ; (= invention) invention f brevetée ◆ **to take out a patent (on sth)** déposer un brevet (pour qch) ◆ **"patent(s) applied for"** « demande de brevet déposée » ◆ **"patent pending"** « brevet en cours d'homologation » ◆ **to come out of** or **(US) come off patent** tomber dans le domaine public
**VT** faire breveter
**COMP** **patent agent** **N** (Jur) conseil m en propriété industrielle
**Patent and Trademark Office** **N** (US) ⇒ **Patent Office**
**patent attorney** **N** (US) ⇒ **patent agent**
**patent engineer** **N** conseil m en brevets d'invention
**patent holder** **N** détenteur m, -trice f or titulaire mf d'un brevet d'invention
**patent leather** **N** adj 3
**Patent Office** (Brit) ≈ Institut m national de la propriété industrielle
**patent right** **N** propriété f industrielle
**Patent Rolls** **NPL** (Brit) registre m des brevets d'invention
**patent still** **N** alambic dans lequel la distillation est ininterrompue

**patentable** /ˈpeɪtəntəbl/ **ADJ** (Jur etc) brevetable

**patentee** /ˌpeɪtənˈtiː/ **N** breveté(e) m(f)

**patently** /ˈpeɪtəntlɪ/ **ADV** (frm) manifestement, de toute évidence ◆ **patently obvious** tout à fait évident, absolument évident

**patentor** /ˈpeɪtəntər/ **N** (Jur etc) breveteur m, -euse f

**pater** †* /ˈpeɪtər/ **N** (esp Brit) pater* m, paternel* m

**paterfamilias** /ˌpeɪtəfəˈmɪlɪæs/ **N** (pl **patresfamilias** /ˌpɑːtreɪzfəˈmɪlɪæs/) pater familias m

**paternal** /pəˈtɜːnl/ SYN **ADJ** paternel

**paternalism** /pəˈtɜːnəlɪzəm/ **N** paternalisme m

**paternalist** /pəˈtɜːnəlɪst/ **ADJ** paternaliste

**paternalistic** /pəˌtɜːnəˈlɪstɪk/ **ADJ** (pej) (trop) paternaliste

**paternalistically** /pəˌtɜːnəˈlɪstɪklɪ/ **ADV** (pej) de façon (trop) paternaliste

**paternally** /pəˈtɜːnəlɪ/ **ADV** paternellement

**paternity** /pəˈtɜːnɪtɪ/ SYN
**N** (lit, fig) paternité f
**COMP** **paternity leave** **N** congé m de paternité
**paternity order** **N** (Jur) (ordonnance f de) reconnaissance f de paternité
**paternity suit** **N** (Jur) action f en recherche de paternité
**paternity test** **N** test m de paternité

**paternoster** /ˌpætəˈnɒstər/ **N** **1** (Rel) Pater m ◆ **the Paternoster** le Pater, le Notre Père
**2** (= elevator) pater noster m

**path¹** /pɑːθ/ SYN
**N** **1** (also **pathway**) (in woods etc) sentier m, chemin m ; (in garden) allée f ; (also **footpath**) : beside road) sentier m (pour les piétons) ◆ **to clear a path through the woods** ouvrir un sentier un chemin dans les bois ◆ **to beat a path to sb's door** accourir en foule chez qn ; → primrose
**2** (= trajectory, route) [of river] cours m ; [of sun] route f ; [of bullet, missile, spacecraft, planet, hurricane] trajectoire f ; [of advancing person] chemin m ◆ **to cross sb's path** se trouver sur le chemin de qn ◆ **our paths have often crossed** nos chemins se sont souvent croisés ◆ **to destroy everything in one's path** [person, storm etc] tout détruire sur son chemin or son passage ◆ **he found his path barred** il trouva le chemin or le passage barré ◆ **he stepped off the kerb into the path of a car** il est descendu du trottoir au moment où une voiture arrivait
**3** (fig = way) voie f ◆ **she criticized the path the government was taking** elle a critiqué la voie suivie par le gouvernement ◆ **the path to success** la voie or le chemin du succès ◆ **the path towards peace/independence** la voie menant à la paix/l'indépendance ◆ **to break a new path** (esp US) montrer une voie nouvelle
**COMP** **path-breaking** **ADJ** (esp US) révolutionnaire
**path name** **N** (Comput) nom m d'accès

**path²** * /pɑːθ/
**N** abbrev of **pathology**
**COMP** **path lab** **N** laboratoire m or labo * m d'analyses

**Pathan** /pəˈtɑːn/
**ADJ** pathan
**N** Pathan(e) m(f)

**pathetic** /pəˈθetɪk/ SYN **ADJ** **1** (= very sad) [sight, grief] pitoyable, navrant ◆ **a pathetic attempt** une tentative désespérée ◆ **it was pathetic to see it** cela faisait peine à voir, c'était un spectacle navrant
**2** ( * = feeble) [person, piece of work, performance] pitoyable, minable
**3** (Literat) ◆ **(the) pathetic fallacy** l'anthropomorphisme m

**pathetically** /pəˈθetɪklɪ/ **ADV** **1** (= pitifully) [behave, moan, weep] d'une façon pitoyable, pitoyablement ◆ **pathetically thin/shy** d'une maigreur/timidité pitoyable ◆ **she was pathetically glad to see him** elle était terriblement heureuse de le voir
**2** (pej = feebly) lamentablement ◆ **I wimped out, pathetically** je me suis lamentablement dégonflé *

**pathfinder** /ˈpɑːθˌfaɪndər/ SYN **N** (gen) pionnier m, -ière f ; (= plane) avion m éclaireur

**pathogen** /ˈpæθədʒən/ **N** (Med) agent m pathogène

**pathogenesis** /ˌpæθəˈdʒenɪsɪs/, **pathogeny** /pəˈθɒdʒɪnɪ/ **N** (Med) pathogenèse f, pathogénie f

**pathogenetic** /ˌpæθəʊdʒɪˈnetɪk/ **ADJ** pathogénique

**pathogenic** /ˌpæθəˈdʒenɪk/ **ADJ** pathogène

**pathognomonic** /ˌpæθəgnəˈmɒnɪk/ **ADJ** pathognomonique

**pathological** /ˌpæθəˈlɒdʒɪkəl/ **ADJ** pathologique

**pathologically** /ˌpæθəˈlɒdʒɪkəlɪ/ **ADV** [jealous, violent] pathologiquement

**pathologist** /pəˈθɒlədʒɪst/ **N** pathologiste mf

**pathology** /pəˈθɒlədʒɪ/ **N** pathologie f

**pathos** /ˈpeɪθɒs/ SYN **N** pathétique m ◆ **the pathos of the situation** ce que la situation a (or avait etc) de pathétique, le pathétique de la situation ◆ **told with great pathos** raconté d'une façon très émouvante or très pathétique ◆ **a film full of pathos** un film très triste et émouvant

**pathway** /ˈpɑːθweɪ/ **N** **1** (in woods etc) sentier m, chemin m ; (in garden) allée f
**2** (fig) voie f ◆ **diplomacy will smooth your pathway to success** on peut de la diplomatie vous rendra les choses plus faciles sur la voie du succès ◆ **walking can be a good pathway to fitness** la marche peut être un bon moyen de garder la forme

**patience** /ˈpeɪʃəns/ SYN **N** **1** patience f ◆ **to have patience** prendre patience, savoir patienter ◆ **she doesn't have much patience with children** elle n'est pas très patiente or elle n'a pas beaucoup de patience avec les enfants ◆ **I have no patience with these people** ces gens m'exaspèrent ◆ **to lose (one's) patience** perdre patience (with sb/sth avec qn/qch), s'impatienter (with sb/sth contre qn/qch) ◆ **my patience is wearing thin** ma patience a des limites ◆ **I am out of patience, my patience is exhausted** ma patience est à bout, je suis à bout de patience ◆ **the patience of Job** une patience d'ange ; → possess, tax, try
**2** (Brit Cards) réussite f ◆ **to play patience** faire des réussites

**patient** /ˈpeɪʃənt/ SYN
**ADJ** patient (with avec) ◆ **(you must) be patient!** patientez !, (un peu de) patience ! * ◆ **I've been patient long enough!** j'ai assez patienté or attendu !, ma patience a des limites !
**N** (gen) patient(e) m(f) ; (post-operative) opéré(e) m(f) ◆ **a doctor's patients** (undergoing treatment) les patients or les malades d'un médecin ; (on his/her list) les clients mpl d'un médecin ◆ **psychiatric patient** malade mf psychiatrique ◆ **cancer patient** cancéreux m, -euse f ◆ **heart patient** cardiaque mf ; → in, outpatient

**patiently** /ˈpeɪʃəntlɪ/ **ADV** patiemment, avec patience

**patina** /ˈpætɪnə/ **N** **1** (on surface) patine f
**2** (= small amount) vernis m, aura f

**patinate** /ˈpætɪneɪt/ **VT** patiner

**patio** /ˈpætɪəʊ/
**N** patio m
**COMP** **patio doors** **NPL** (esp Brit) portes-fenêtres fpl (donnant sur un patio)

**Patna** /ˈpætnə/
**N** Patna
**COMP** **Patna rice** **N** riz à grain long

**patois** /ˈpætwɑː/ N (pl **patois**) patois m
**pat. pend.** (abbrev of **patent pending**) → **patent**
**patriarch** /ˈpeɪtrɪɑːk/ N patriarche m
**patriarchal** /ˌpeɪtrɪˈɑːkəl/ ADJ patriarcal
**patriarchy** /ˌpeɪtrɪˈɑːkɪ/ N patriarcat m, gouvernement m patriarcal
**patrician** /pəˈtrɪʃən/ ADJ, N patricien(ne) m(f)
**patricide** /ˈpeɪtrɪsaɪd/ N (= crime) parricide m ; (= person) parricide mf
**patrilineal** /ˌpætrɪˈlɪnɪəl/ ADJ patrilinéaire
**patrilinear** /ˌpætrɪˈlɪnɪər/ ADJ patrilinéaire
**patrilocal** /ˌpætrɪˈləʊkəl/ ADJ patrilocal
**patrimonial** /ˌpætrɪˈməʊnɪəl/ ADJ patrimonial
**patrimony** /ˈpætrɪmənɪ/ N ① patrimoine m, héritage m
② (Rel) biens-fonds mpl (d'une église)
**patriot** /ˈpeɪtrɪət/ SYN N patriote mf
**patriotic** /ˌpætrɪˈɒtɪk/ SYN
ADJ [deed, speech] patriotique ; [person] patriote
COMP **the Patriotic Front** N le Front patriote
**patriotically** /ˌpætrɪˈɒtɪkəlɪ/ ADV patriotiquement, en patriote
**patriotism** /ˈpætrɪətɪzəm/ SYN N patriotisme m
**patristic** /pəˈtrɪstɪk/ ADJ (Rel) patristique
**patristics** /pəˈtrɪstɪks/ N (NonC: Rel) patristique f
**Patroclus** /pəˈtrɒkləs/ N (Myth) Patrocle m
**patrol** /pəˈtrəʊl/ SYN
N ① (NonC) patrouille f ◆ **to go on patrol** aller en patrouille, faire une ronde ◆ **to be on patrol** être de patrouille
② [of troops, police, scouts, guides etc] patrouille f ; (= ship, aircraft on patrol) patrouilleur m ; (= police officer) agent m de police ; → **border, immigration, customs**
VT [police, troops etc] [+ district, town, streets] patrouiller dans, faire une patrouille dans
VI [troops, police] patrouiller, faire une patrouille ◆ **to patrol up and down** (fig = walk about) faire les cent pas
COMP [helicopter, vehicle] de patrouille
**patrol car** N (Police) voiture f de police
**patrol leader** N (Mil, scouts, guides) chef mf de patrouille
**patrol wagon** N (US) voiture f or fourgon m cellulaire
**patrolboat** /pəˈtrəʊlbəʊt/ N patrouilleur m
**patrolman** /pəˈtrəʊlmən/ N (pl **-men**) ① (US) agent m de police ◆ **Patrolman Jim Sheppe** l'agent m Jim Sheppe
② (on motorway) agent m (d'une société de dépannage)
**patrologist** /pəˈtrɒlədʒɪst/ N (Rel) spécialiste mf de patrologie
**patrology** /pəˈtrɒlədʒɪ/ N (Rel) patrologie f
**patrolwoman** /pəˈtrəʊlˌwʊmən/ N (pl **-women**) (US) femme f agent de police ◆ **Patrolwoman Jill Brown** l'agent m Jill Brown
**patron** /ˈpeɪtrən/ SYN
N ① [of artist] protecteur m, -trice f ; [of a charity] parrain m, marraine f
② (= customer) [of hotel, shop] client(e) m(f) ◆ **our patrons** (Comm) notre clientèle f ; (Theat) notre public m ◆ **"parking for patrons only"** « stationnement réservé à la clientèle » ◆ **"patrons are reminded that…"** « nous rappelons à notre aimable clientèle que… »
③ ⇒ **patron saint**
COMP **patron of the arts** N protecteur m, -trice f des arts, mécène m
**patron saint** N saint(e) patron(ne) m(f)

(!) **patron** is only translated by the French word **patron** in the expression 'patron saint'.

**patronage** /ˈpætrənɪdʒ/ SYN N ① (gen = support) [of artist etc] patronage m ; (= financial backing) parrainage m, sponsoring m ◆ **under the patronage of…** sous le patronage de…, sous les auspices de… ◆ **patronage of the arts** mécénat m, protection f des arts
② (Rel) droit m de disposer d'un bénéfice ; (Pol) droit m de présentation
③ (Pol pej) népotisme m ◆ **to give out patronage jobs** (US) nommer ses amis politiques à des postes de responsabilité, attribuer des postes aux petits copains *
**patroness** † /ˈpætrənɛs/ N [of artist] protectrice f
**patronize** /ˈpætrənaɪz/ SYN VT ① (pej) traiter avec condescendance

② [+ shop, firm] donner or accorder sa clientèle à ; [+ bar, cinema, club] fréquenter
**patronizing** /ˈpætrənaɪzɪŋ/ SYN ADJ [person] condescendant ; [look, tone, smile, manner] condescendant, de condescendance
**patronizingly** /ˈpætrənaɪzɪŋlɪ/ ADV [speak] d'un ton condescendant, avec condescendance ; [behave, bow, pat, laugh] de façon condescendante ; [smile] d'un air condescendant
**patronymic** /ˌpætrəˈnɪmɪk/
N patronyme m, nom m patronymique
ADJ patronymique
**patsy** * /ˈpætsɪ/ N (US) pigeon * m, gogo * m, victime f
**patter¹** /ˈpætər/ SYN
N [of comedian, conjurer] bavardage m, baratin * m ; [of salesman etc] boniment m, baratin * m
VI (also **patter away, patter on**) jacasser, baratiner *
**patter²** /ˈpætər/ SYN
N [of rain, hail] crépitement m, bruit m ◆ **a patter of footsteps** un petit bruit de pas pressés ◆ **we'll soon be hearing the patter of tiny feet** (hum) on attend un heureux événement
VI [footsteps] trottiner ; [rain] tambouriner (on contre) ; [hail] crépiter
COMP **patter song** N (Mus) ≈ ritournelle f
▸ **patter about, patter around** VI trottiner çà et là
**pattern** /ˈpætən/ SYN
N ① (= design: on material, wallpaper etc) dessin(s) m(pl), motif m ◆ **a floral pattern** un motif floral or à fleurs ◆ **a pattern of small dots on the page** un motif de petits points sur la page ◆ **the torches made patterns of light on the walls** la lumière des torches dessinait des formes sur les murs ◆ **the pattern on a tyre** les sculptures fpl d'un pneu
② (= style) style m ◆ **various patterns of cutlery** différents modèles de couverts ◆ **dresses of different patterns** des robes de styles différents
③ (Sewing: also **paper pattern**) patron m ; (also **knitting pattern**) modèle m
④ (fig = model) exemple m, modèle m ◆ **pattern of living** (fig) mode m de vie ◆ **on the pattern of…** sur le modèle de… ◆ **this set a** or **the pattern for future meetings** cela a institué un modèle pour les réunions suivantes
⑤ (= standard, coherent behaviour etc) ◆ **eating patterns** habitudes fpl alimentaires ◆ **behaviour patterns of teenagers** les types mpl de comportement chez les adolescents ◆ **my sleep(ing) patterns became very disturbed** mes habitudes de sommeil se sont trouvées très perturbées ◆ **his sleep(ing) patterns have returned to normal** il s'est remis à dormir comme avant ◆ **the earth's weather patterns** les tendances fpl climatiques de la terre ◆ **I began to notice a pattern in their behaviour/reactions** etc j'ai commencé à remarquer certaines constantes dans leur conduite/leurs réactions etc ◆ **to be part of a pattern** faire partie d'un tout ◆ **it followed the usual pattern** [meeting, interview, crime, epidemic, drought, storm] cela s'est passé selon le scénario habituel ; [timetable, schedule] cela suivait le schéma habituel ◆ **a clear pattern emerges from these statistics** un schéma très net ressort or se dégage de ces statistiques ◆ **the disease followed the same pattern everywhere** la maladie a présenté partout les mêmes caractéristiques ◆ **this week's violence follows a sadly familiar pattern** les actes de violence de cette semaine suivent un scénario trop familier ◆ **these strikes/attacks all followed the same pattern** ces grèves/attaques se sont toutes déroulées de la même manière ◆ **the pattern of trade** (Econ) la structure or la physionomie des échanges
⑥ (= sample) [of material etc] échantillon m
⑦ (Ling) modèle m ; [of sentence] structure f ◆ **on the pattern of…** sur le modèle de…
VT ① (= model) modeler (on sur) ◆ **to pattern o.s. on sb** prendre modèle sur qn
② (= decorate) orner de motifs
COMP **pattern book** N (material, wallpaper etc) album m d'échantillons ; (Sewing) catalogue m or album m de patrons
**pattern maker** N (Metal) modeleur m
**patterned** /ˈpætənd/ ADJ [material, fabric, china] à motifs
**patterning** /ˈpætənɪŋ/ N (NonC) ① (= markings) [of creature] (motifs mpl de la) livrée f ◆ **the patterning of the bird's winter/summer

**plumage** la livrée de cet oiseau pendant l'hiver/l'été
② (Psych = conditioning) conditionnement m
**patty** /ˈpætɪ/
N rondelle f (de viande hachée)
COMP **patty pan** N petit moule m
**patty shell** N croûte f feuilletée
**paucity** /ˈpɔːsɪtɪ/ SYN N [of crops, coal, oil] pénurie f ; [of money] manque m ; [of news, supplies, water] disette f ; [of ideas] indigence f, disette f
**Pauline** /ˈpɔːlaɪn/ ADJ (= relating to St Paul) paulinien
**paulownia** /pɔːˈləʊnɪə/ N paulownia m
**paunch** /pɔːntʃ/ SYN N [of person] ventre m, panse f, bedaine * f ; [of ruminants] panse f
**paunchiness** /ˈpɔːntʃɪnɪs/ N ventripotence f
**paunchy** /ˈpɔːntʃɪ/ ADJ ventripotent
**pauper** /ˈpɔːpər/ SYN N indigent(e) m(f), pauvre(sse) m(f) ◆ **pauper's grave** fosse f commune
**pauperdom** /ˈpɔːpədəm/ N (= state) pauvreté f ; (= paupers) pauvres mpl
**pauperism** /ˈpɔːpərɪzəm/ N paupérisme m
**pauperization** /ˌpɔːpəraɪˈzeɪʃən/ N paupérisation f
**pauperize** /ˈpɔːpəraɪz/ VT paupériser
**pause** /pɔːz/ SYN
N pause f ; (Mus) point m d'orgue ; (Poetry) césure f ◆ **to give sb pause for thought, to give pause to sb** (frm) faire hésiter qn, donner à réfléchir à qn ◆ **a pause in the conversation** un petit or bref silence (dans la conversation) ◆ **after a pause, he added…** il marqua une pause et ajouta… ◆ **he continued speaking without a pause** il continua sur sa lancée or dans la foulée ◆ **there was a pause for discussion/for refreshments** on s'arrêta pour discuter/pour prendre des rafraîchissements
VI ① (in work, activity) marquer un temps d'arrêt ; (for a rest) faire une pause ◆ **to pause for breath** s'arrêter pour reprendre haleine ◆ **they paused for lunch** il ont fait une pause pour le déjeuner or une pause-déjeuner
② (in speaking) marquer une pause, marquer un temps d'arrêt ◆ **to pause for thought** prendre le temps de réfléchir ◆ **without pausing to consider the consequences** sans prendre le temps de réfléchir aux conséquences
③ (= linger over) s'arrêter (on sur)
VT ◆ **to pause a DVD** appuyer sur la touche « pause » d'un lecteur de DVD ◆ **can you pause it there?** pouvez-vous appuyer sur la touche « pause » ?
**pavane** /pəˈvɑːn/ N pavane f
**pave** /peɪv/ SYN VT [+ street] paver ; [+ yard] carreler, paver ◆ **paved with gold** pavé d'or ◆ **to pave the way (for)** ouvrir la voie (à)
**pavement** /ˈpeɪvmənt/
N ① (Brit) trottoir m
② (= road surface) (of stone, wood) pavé m, pavage m ; (stone slabs) dallage m ; (ornate) pavement m
③ (US = roadway) chaussée f
COMP **pavement artist** N (Brit) artiste mf de rue
**pavement café** N (Brit) café m avec terrasse (sur le trottoir)
**pavilion** /pəˈvɪlɪən/ N ① (= tent, building) pavillon m (tente, construction)
② (Brit Sport) pavillon m des vestiaires
**paving** /ˈpeɪvɪŋ/
N ① (material) (= stone) pavé m ; (= flagstones) dalles fpl ; (= tiles) carreaux mpl
② (= paved ground) pavage m, dallage m, carrelage m ; → **crazy**
COMP **paving stone** N pavé m
**pavlova** /pævˈləʊvə/ N (Culin) tarte meringuée aux fruits
**Pavlovian** /pævˈləʊvɪən/ ADJ pavlovien
**paw** /pɔː/ SYN
N ① [of animal] patte f
② (* = hand) patte * f ◆ **keep your paws off!** bas les pattes ! *
VT ① (also **paw at**) [animal] donner un coup de patte à ◆ **to paw the ground** [horse] piaffer
② (* pej) [person] tripoter * ; (amorously) tripoter *, peloter *
**pawkily** /ˈpɔːkɪlɪ/ ADV (Scot) narquoisement
**pawky** /ˈpɔːkɪ/ ADJ (Scot) narquois
**pawl** /pɔːl/ N cliquet m

**pawn**[1] /pɔːn/ SYN **N** [1] *(Chess)* pion *m*
[2] *(fig)* ◆ **to be sb's pawn** être le jouet de qn, se laisser manœuvrer par qn ◆ **he is a mere pawn (in the game)** il n'est qu'un pion sur l'échiquier

**pawn**[2] /pɔːn/ SYN
**VT** *[+ one's watch etc]* mettre en gage *or* au mont-de-piété
**N** [1] *(= thing pledged)* gage *m*, nantissement *m*
[2] *(NonC)* ◆ **in pawn** en gage, au mont-de-piété ◆ **to get sth out of pawn** dégager qch du mont-de-piété
**COMP** **pawn ticket N** reconnaissance *f* du mont-de-piété

**pawnbroker** /ˈpɔːn,brəʊkəʳ/ **N** prêteur *m*, -euse *f* sur gages ◆ **pawnbroker's** ⇒ **pawnshop**

**pawnbroking** /ˈpɔːn,brəʊkɪŋ/ **N** prêt *m* sur gages

**pawnshop** /ˈpɔːnʃɒp/ **N** bureau *m* de prêteur sur gages, mont-de-piété *m*

**pawpaw** /ˈpɔːpɔː/ **N** papaye *f*

**pax** /pæks/
**EXCL** *(Brit* † *: during game)* pouce !
**N** *(Rel)* paix *f* ◆ **Pax Romana** *(Hist)* pax *f* romana ◆ **Pax Americana/Britannica** *(Pol)* pax *f* americana/britannica

**pay** /peɪ/ SYN (vb: pret, ptp **paid**)
**N** *(gen)* salaire *m* ; *(esp of manual worker)* paie *or* paye *f* ; *[of sailor, soldier]* solde *f*, paie *f* ◆ **three weeks' pay** trois semaines de salaire *or* paie ◆ **to be on half/full pay** toucher la moitié/l'intégralité de son salaire *or* de sa paie ◆ **the pay's not very good** ce n'est pas très bien payé ◆ **holidays with pay** congés *mpl* payés ◆ **time off without pay** congé *m* sans solde

◆ **in the pay of** *(pej)* à la solde de ◆ **he was killed by gunmen in the pay of drug traffickers** il a été assassiné par des tueurs à la solde des trafiquants de drogue ; → **equal, half, holiday, take**

**VT** [1] *[+ person]* payer *(to do sth* à faire qch ; *for doing sth* pour faire qch) ; *[+ tradesman, bill, fee]* payer, régler ◆ **to pay sb $20** payer qn 20 dollars ◆ **he paid them for the book/the ticket** il les a payés pour le livre/le billet ◆ **he paid them $20 for the book/the ticket** il leur a acheté le livre/le billet pour 20 dollars ◆ **he paid them $20 for the work** il les a payés 20 dollars pour ce travail ◆ **he paid me for my trouble** il m'a dédommagé de mes peines ◆ **I don't pay you to ask questions** je ne vous paie pas pour poser des questions ◆ **we're not paid for that** on n'est pas payé pour cela, on n'est pas payé pour* ◆ **that's what you're paid for** c'est pour cela qu'on vous paie ◆ **I get paid on Fridays** je touche ma paie *or* mon salaire le vendredi ◆ **I am paid on a monthly basis** *or* **by the month** je suis payé au mois
[2] *[+ instalments, money]* payer ; *[+ deposit]* verser ; *[+ debt]* payer, rembourser ; *[+ loan]* rembourser ◆ **he paid $20 for the ticket** il a payé le billet 20 dollars ◆ **the company paid a high premium for Mr Peter's services** la société a payé cher pour obtenir les services de M. Peter ◆ **he paid a lot for his suit** son costume lui a coûté cher, il a payé son costume très cher ◆ **they pay good wages** ils paient bien ◆ **to pay cash (down)** payer comptant ◆ **to pay money into an account** verser de l'argent sur un compte
[3] *(Fin)* *[+ interest]* rapporter ; *[+ dividend]* distribuer ◆ **shares that pay 5%** des actions qui rapportent 5% ◆ **his generosity paid dividends** *(fig)* sa générosité a porté ses fruits ◆ **... but it paid him in the long run** ... mais il y a gagné en fin de compte ◆ **it would pay you to be nice to him** vous gagneriez à être aimable avec lui ◆ **it won't pay him to tell the truth** il ne gagnera rien à dire la vérité
[4] *(fig)* ◆ **he's paid his dues** *(for achievement)* il en a bavé* ; *(for crime, error)* il a payé sa dette *(fig)* ◆ **he's paid his debt to society** il a payé sa dette envers la société ◆ **the business is paying its way now** l'affaire couvre ses frais maintenant ◆ **he likes to pay his (own) way** il préfère payer sa part *or* son écot ◆ **he who pays the piper calls the tune** *(Prov)* celui qui paie a le droit de décider comment sera dépensé son argent

◆ **pay + price** ◆ **to pay the price (for sth)** subir *or* payer les conséquences (de qch) ◆ **to pay the price of fame/success** payer le prix de la célébrité/du succès ◆ **the city is still paying the price of war** la ville souffre encore des conséquences de la guerre ◆ **he has paid a high price to stay in power** il a payé très cher sa place au pouvoir

◆ **to put paid to** ◆ **the war put paid to her hopes of a musical career** avec la guerre, elle a dû abandonner tout espoir de faire carrière dans la musique ◆ **your findings have put paid to this theory** vos conclusions ont démenti cette théorie ◆ **I had my own business, but the recession put paid to that** j'avais ma propre entreprise, mais la récession s'est chargée de détruire tout cela ; see also **vi 2**
[5] ◆ **to pay sb a visit** rendre visite à qn ◆ **we paid a visit to Paris on our way south** nous avons fait un petit tour à Paris en descendant vers le sud ◆ **to pay a visit** **or* **a call** * *(= go to the toilet)* aller au petit coin * ◆ **to pay one's last respects to sb** rendre un dernier hommage à qn

**VI** [1] payer ◆ **his job pays well** son travail paie bien ◆ **they pay very poorly** ils paient très mal ◆ **"pay on entry"** *(on bus)* « paiement à l'entrée »

◆ **to pay for** *[+ person]* payer pour ; *[+ thing]* payer ◆ **I offered to pay for my mother** j'ai proposé de payer pour ma mère ◆ **to pay for the meal** payer le repas ◆ **you'll pay for this!** *(fig)* vous (me) le payerez ! ◆ **I'll make him pay for that** *(fig)* je lui ferai payer ça ◆ **he's had to pay for it** *(fig)(for achievement)* il en a bavé* ◆ **he made a mistake and he's had to pay for it** il a fait une erreur et il l'a payée cher ◆ **he paid dearly for it** *(fig)* il l'a payé cher ◆ **to pay through the nose for sth** * payer le prix fort pour qch ◆ **we'll have to pay through the nose for it** * ça va nous coûter les yeux de la tête * ; → **cash, instalment, nail**
[2] *(= be profitable)* *[business, deal]* rapporter, être rentable ◆ **does it pay?** est-ce que ça rapporte ?, c'est rentable ? ◆ **we need to sell 600 copies to make it pay** nous devons vendre 600 exemplaires pour rentrer dans nos frais *or* pour que ce soit rentable ◆ **crime doesn't pay** le crime ne paie pas ◆ **it pays to advertise** la publicité rapporte ◆ **it always pays to ask an expert's opinion** on a toujours intérêt à demander l'avis d'un expert ◆ **it doesn't pay to be polite these days** on ne gagne rien à être *or* cela ne paie pas d'être poli de nos jours ◆ **it doesn't pay to tell lies** cela ne sert à rien de mentir, on ne gagne rien à mentir

◆ **to pay for itself/themselves** être amorti *or* rentabilisé ◆ **insulation soon pays for itself** l'isolation est vite rentabilisée *or* amortie

**COMP** *[dispute, negotiation]* salarial
**pay-and-display ADJ** *(Brit)* *[car park]* à horodateur
**pay as you earn N** retenue *f* à la source de l'impôt sur le revenu
**pay-as-you-go ADJ** *[mobile phone]* à carte rechargeable **N** *(US Tax)* → **pay as you earn**
**pay award N** augmentation *f* de salaire collective
**pay bargaining N** *(NonC)* négociations *fpl* salariales
**pay bed N** *(Brit)* lit *m* (d'hôpital) payant *(par opposition aux soins gratuits du système de Sécurité sociale britannique)*
**Pay Board N** Commission *f* des salaires
**pay-cable channel N** *(TV)* chaîne *f* câblée payante
**pay check N** *(US)* ⇒ **pay cheque**
**pay cheque N** *(Brit)* salaire *m*, paie *or* paye *f*
**pay claim N** revendication *f* salariale
**pay day N** jour *m* de paie ◆ **to have a big pay day** *(Sport)* décrocher le gros lot
**pay desk N** caisse *f* ; *(Theat)* caisse *f*, guichet *m*
**pay dirt** * **N** *(Min)* filon *m* ◆ **to hit** *or* **strike pay dirt** *(lit)* découvrir un filon ; *(fig)* trouver le filon
**pay envelope N** *(US)* enveloppe *f* de paie
**pay increase N** ⇒ **pay rise**
**pay packet N** *(Brit)* enveloppe *f* de paie ; *(fig)* paie *f*, salaire *m*
**pay-per-view N** pay per view *m*, télévision *f* à la carte **ADJ** ◆ **pay-per-view television** le pay per view, la télévision à la carte ◆ **pay-per-view channel** (chaîne *f* de) télévision *f* en pay per view *or* à la carte ◆ **pay-per-view programme** émission *f* en pay per view *or* à la carte ◆ **on a pay-per-view basis** en pay per view, à la carte
**pay phone N** téléphone *m* public
**pay raise N** *(US)* ⇒ **pay rise**
**pay rise N** *(Brit)* augmentation *f* de salaire
**pay station N** *(US)* téléphone *m* public
**pay structure N** *[of company]* barème *m* des salaires
**pay-TV N** télévision *f* payante

▸ **pay back**
**VT SEP** [1] *[+ stolen money]* rendre, restituer ; *[+ loan]* rembourser ; *[+ person]* rembourser ◆ **I paid my brother back the £10 I owed him** j'ai remboursé à mon frère les 10 livres que je lui devais
[2] *(fig = get even with)* ◆ **to pay sb back for doing sth** faire payer à qn qch qu'il a fait ◆ **I'll pay you back for that!** je vous le revaudrai !
**N** ◆ **payback** → **payback**

▸ **pay down VT SEP** ◆ **he paid £10 down** *(as deposit)* il a versé un acompte de 10 livres ; *(whole amount in cash)* il a payé 10 livres comptant

▸ **pay in VT SEP** verser *(to* à) ◆ **to pay in money at the bank** verser de l'argent sur son compte, créditer son compte (bancaire) ◆ **to pay a sum in to an account** verser une somme sur un compte ◆ **to pay in a cheque** déposer un chèque

▸ **pay off**
**VI** *[risk, trick, scheme, work]* être payant ; *[decision]* être valable *or* payant ; *[perseverance, patience]* être récompensé ◆ **his patience paid off in the long run** finalement il a été récompensé de sa patience *or* sa patience a été récompensée
**VT SEP** [1] *[+ debts]* s'acquitter de, régler ; *[+ bill]* régler ; *[+ creditor, loan]* rembourser ◆ **to pay sb off** *(= bribe)* donner des pots-de-vin à qn, acheter qn ◆ **to pay off an old score** *(fig)* régler un vieux compte ◆ **to pay off a grudge** *(fig)* satisfaire un désir de vengeance
[2] *(= discharge)* *[+ worker, staff]* licencier ; *[+ servant]* donner son compte à, congédier ; *[+ ship's crew]* débarquer
**N** ◆ **payoff** → **payoff**

▸ **pay out**
**VI** *[fruit machine etc, insurance policy]* rembourser
**VT SEP** [1] *[+ rope]* laisser filer
[2] *[+ money]* *(= spend)* débourser, dépenser ◆ **they paid out a large sum of money on new equipment** ils ont dépensé beaucoup d'argent pour acheter de nouveaux équipements

▸ **pay up**
**VI** payer ◆ **pay up!** payez !
**VT FUS** *[+ amount]* payer, verser ◆ **pay up what you owe me!** payez-moi *or* remboursez-moi ce que vous me devez ! ; → **paid**

**payable** /ˈpeɪəbl/ SYN **ADJ** *(= due, owed)* payable ◆ **payable in/over three months** payable dans/en trois mois ◆ **payable when due** payable à l'échéance ◆ **payable to bearer/on demand/at sight** payable au porteur/sur présentation/à vue ◆ **to make a cheque payable to sb** faire un chèque à l'ordre de qn ◆ **please make cheques payable to..., cheques should be made payable to...** les chèques doivent être libellés à l'ordre de... ◆ **the interest payable on the loan** les intérêts à payer sur le prêt

**payback** /ˈpeɪ,bæk/
**N** [1] *[of investment]* retour *m*, bénéfice *m* ; *[of debt]* remboursement *m* ; *(fig)* *(= benefit)* avantage *m*
[2] *(= revenge)* revanche *f*
**COMP** **payback time** *(Comm)* **N** temps *m* d'amortissement ◆ **it's payback time!** *(fig)* c'est le moment de la revanche !

**PAYE** /,piːeɪwaɪˈiː/ *(Brit)* (abbrev of **pay as you earn**) → **pay**

**payee** /peɪˈiː/ **N** *[of cheque]* bénéficiaire *mf* ; *[of postal order]* destinataire *mf*, bénéficiaire *mf*

**payer** /ˈpeɪəʳ/ **N** payeur *m*, -euse *f* ; *[of cheque]* tireur *m*, -euse *f* ◆ **to be a bad payer** être un mauvais payeur ◆ **late payers** personnes *fpl* qui paient avec du retard

**paying** /ˈpeɪɪŋ/
**ADJ** [1] *(= who pays)* payant ◆ **paying guest** pensionnaire *mf*, hôte *m* payant
[2] *(= profitable)* *[business]* rémunérateur (-trice *f*), qui rapporte, rentable ; *[scheme, proposition]* rentable
**N** *[of debt]* règlement *m*, acquittement *m* ; *[of creditor]* remboursement *m* ; *[of money]* paiement *m*, versement *m*
**COMP** **paying-in book N** *(Banking)* carnet *m* de bordereaux de versement
**paying-in slip N** *(Banking)* bordereau *m* de versement

**payload** /ˈpeɪləʊd/ **N** *(= cargo)* charge *f* ; *[of vehicle, boat, spacecraft]* charge *f* utile ; *(= explosive energy)* *[of warhead, bomb load]* puissance *f*

**paymaster** /ˈpeɪ,mɑːstəʳ/
**N** *(gen)* intendant *m*, caissier *m*, payeur *m* ; *(on ship)* commissaire *m* ; *(Mil)* trésorier *m*
**COMP** **Paymaster General N** *(Brit)* *trésorier-payeur de l'Échiquier*

**payment** /ˈpeɪmənt/ LANGUAGE IN USE 20.6 SYN
**N** [1] *(= money)* *(gen)* paiement *m* ; *(to creditor)* remboursement *m* ; *(into account)* versement *m* ; *(= monthly repayment)* mensualité *f* ◆ **to make (a)**

**payoff | peak**

**payment** faire or effectuer un paiement ◆ **method of payment** mode m de paiement ◆ **$150, in monthly payments of $10** 150 dollars, payables en mensualités de 10 dollars ◆ **prompt/late payment** paiement m rapide/en retard ◆ **without payment** à titre gracieux ◆ **we demand payment in full** nous exigeons le paiement intégral ◆ **payment by instalments** paiement m par traites or à tempérament ◆ **payment by results** prime f au rendement ◆ **on payment of a supplement/a deposit/$50** moyennant un supplément/une caution/la somme de 50 dollars ◆ **the car will be yours on payment of the balance** la voiture vous appartiendra une fois que vous aurez réglé le solde ◆ **as** or **in payment for...** en règlement or paiement de... ◆ **as** or **in payment for a debt** en règlement d'une dette ◆ **most major credit cards are accepted in payment** les principales cartes de crédit sont acceptées comme moyen de paiement ◆ **as** or **in payment for your help** pour vous remercier de votre aide ; → **balance, cash, down¹, easy, ex gratia, interest, kind, miss¹, mortgage, nonpayment, part, redundancy, stop**
[2] (fig : for favour) récompense f ◆ **those who fought alongside the conquistadors were granted land in payment** ceux qui combattaient aux côtés des conquistadors recevaient une terre en récompense ◆ **travelling minstrels provided entertainment and were given food and lodging in payment** les ménestrels offraient un spectacle et recevaient le gîte et le couvert en échange
**COMP** **payment card** N carte f de paiement **payment date** N date f de paiement ◆ **your first payment date will be...** la date de votre premier remboursement est le...
**payment system** N système m de paiement or de règlement
**payment terms** NPL modalités fpl de paiement

**payoff** /'peɪɒf/ N [1] [of person] remboursement m (total) ; [of debt etc] règlement m (total) ; (* = reward) récompense f ; (* = bribe) pot-de-vin m
[2] (* = outcome) résultat m final ; (= climax) comble m, bouquet m
[3] (= punch line) chute f

**payola*** /peɪˈəʊlə/ N (NonC: US) pots-de-vin mpl

**payout** /'peɪaʊt/ N (in competition) prix m ; (from insurance) dédommagement m

**payroll** /'peɪrəʊl/
N (= list) registre m du personnel ; (= money) masse f salariale ; (= all the employees) personnel m, effectifs mpl ◆ **the factory has 60 people on the payroll** or **a payroll of 60** l'usine compte 60 employés or salariés ◆ **to be on a firm's payroll** être employé par une société
**COMP** **payroll tax** N taxe f sur les traitements et salaires

**payslip** /'peɪslɪp/ N bulletin m de salaire

**PB** N (Sport) (abbrev of **personal best**) → **personal**

**pb** abbrev of **paperback**

**PBS** /ˌpiːbiːˈes/ N (US) abbrev of **Public Broadcasting Service**

**PBX** /ˌpiːbiːˈeks/ N (Brit) (abbrev of **private branch exchange**) PBX m, commutateur m privé

**PC** /piːˈsiː/
N [1] (abbrev of **personal computer**) PC m
[2] (abbrev of **Police Constable**) → **police** ; see also **plod**
[3] (abbrev of **Privy Councillor**) → **privy**
ADJ * (abbrev of **politically correct**) → **politically**

**pc** /piːˈsiː/ N abbrev of **postcard**

**p.c.** (abbrev of **per cent**) → **per**

**p/c** N [1] (abbrev of **prices current**) prix mpl courants
[2] (abbrev of **petty cash**) → **petty**

**PCB** /ˌpiːsiːˈbiː/ N [1] (abbrev of **polychlorinated biphenyl**) PCB m
[2] (abbrev of **printed circuit board**) → **printed**

**PCI** /ˌpiːsiːˈaɪ/ N (Comput) (abbrev of **Peripheral Component Interconnect**) pci m

**pcm** ADV (abbrev of **per calendar month**) par mois ◆ **€500 pcm** 500 €/m, 500 € par mois

**PCP** /ˌpiːsiːˈpiː/ N [1] ® (abbrev of **phencyclidine**) PCP ® f, phencyclidine f
[2] (Med) abbrev of **pneumocystis carinii pneumonia**

**PCV** /ˌpiːsiːˈviː/ N (Brit) abbrev of **passenger carrying vehicle**

**PD** /piːˈdiː/ N (US) (abbrev of **police department**) → **police**

**pd** (abbrev of **paid**) payé

**PDA** /ˌpiːdiːˈeɪ/ N (abbrev of **personal digital assistant**) PDA m, assistant m personnel (numérique)

**PDF, pdf** /ˌpiːdiːˈef/ N (Comput) (abbrev of **Portable Document Format**) pdf m

**pdq*** /ˌpiːdiːˈkjuː/ ADV (abbrev of **pretty damn quick**) en vitesse *

**PDSA** /ˌpiːdiːesˈeɪ/ N (Brit) (abbrev of **People's Dispensary for Sick Animals**) → **people**

**PDT** /ˌpiːdiːˈtiː/ (US) (abbrev of **Pacific Daylight Time**) → **pacific**

**PE** /piːˈiː/ N (Scol) (abbrev of **physical education**) → **physical**

**pea** /piː/
N pois m ◆ **garden** or **green peas** petits pois mpl ◆ **they are as like as two peas (in a pod)** ils se ressemblent comme deux gouttes d'eau ; → **process¹, shell, split, sweet**
**COMP** **pea green** N vert m inv pomme
**pea-green** ADJ vert pomme inv
**pea jacket** N caban m
**pea soup** N soupe f aux pois ; (from split peas) soupe f aux pois cassés

**peace** /piːs/ SYN
N [1] (NonC) (= not war) paix f ; (= treaty) (traité m de) paix f ◆ **a lasting peace** une paix durable ◆ **after a long (period of) peace war broke out** après une longue période de paix la guerre éclata ◆ **to be at peace** être en paix ◆ **to come in peace** venir en ami(s) ◆ **to live in** or **at peace with...** vivre en paix avec... ◆ **to make peace** faire la paix ◆ **to make peace with...** signer or conclure la paix avec... ◆ **to make (one's) peace with sb** se réconcilier avec qn
[2] (= calm) paix f, tranquillité f ◆ **to be at peace with oneself** avoir la conscience tranquille or en paix ◆ **to live at peace with the world** avoir une vie paisible ◆ **to be at peace with the world** ne pas avoir le moindre souci ◆ **peace of mind** tranquillité f d'esprit ◆ **to disturb sb's peace of mind** troubler l'esprit de qn ◆ **leave him in peace** laisse-le tranquille, fiche-lui la paix * ◆ **to sleep in peace** dormir tranquille ◆ **he gives them no peace** il ne les laisse pas en paix ◆ **anything for the sake of peace and quiet** n'importe quoi pour avoir la paix ◆ **I need a bit of peace and quiet** j'ai besoin d'un peu de calme ◆ **to hold** or **keep one's peace** † garder le silence, se taire ; → **rest**
[3] (Jur etc = civil order) paix f, ordre m public ◆ **to disturb** or **break the peace** troubler l'ordre public ◆ **to keep the peace** [citizen] ne pas troubler l'ordre public ; [police] veiller à l'ordre public ; (fig) (= stop disagreement) maintenir le calme or la paix ; → **breach, justice**
**COMP** (Pol) [poster, march, meeting, demonstration] pour la paix
**peace campaign** N campagne f pour la paix ; (for nuclear disarmament) campagne f pour le désarmement nucléaire
**peace campaigner** N militant(e) m(f) pour la paix ; (for nuclear disarmament) militant(e) m(f) pour le désarmement nucléaire
**peace conference** N conférence f de paix
**Peace Corps** N (US) organisation américaine de coopération et d'aide aux pays en développement
**peace dividend** N dividende m de la paix
**peace initiative** N initiative f de paix
**peace lobby** N lobby m pour la paix ; (for nuclear disarmament) lobby m pour le désarmement nucléaire
**peace-loving** ADJ pacifique
**Peace Movement** N Mouvement m pour la paix ; (for nuclear disarmament) Mouvement m pour le désarmement nucléaire
**peace offensive** N offensive f de paix
**peace offering** N (Rel = sacrifice) offrande f propitiatoire ; (fig) cadeau m or gage m de réconciliation
**peace pipe** N calumet m de la paix
**the peace process** N le processus de paix
**peace studies** NPL (Educ) études fpl sur la paix
**peace talks** NPL pourparlers mpl de paix
**peace treaty** N (traité m de) paix f

**peaceable** /'piːsəbl/ SYN ADJ [people, folk] pacifique ; [person] paisible ◆ **he proclaims himself to be a peaceable family man** il se décrit comme un paisible père de famille

**peaceably** /'piːsəbli/ ADV [say, speak, agree] pacifiquement ; [gather, assemble, behave] de manière pacifique

**peaceful** /'piːsfʊl/ SYN ADJ [1] (= quiet) [, countryside, atmosphere, reign, period] paisible ; [life, place, sleep] paisible, tranquille ; [meeting] calme
[2] (= not quarrelsome) [person, disposition, nation] pacifique, paisible ; (= non-violent) [demonstration] non violent ; [solution] pacifique ◆ **peaceful coexistence** coexistence f pacifique ◆ **to do sth by** or **through peaceful means** faire qch en utilisant des moyens pacifiques ◆ **the peaceful uses of atomic energy** l'utilisation pacifique de l'énergie nucléaire ◆ **for peaceful purposes** à des fins pacifiques

**peacefully** /'piːsfəli/ ADV [demonstrate, disperse] paisiblement, dans le calme ; [live, sleep, lie] paisiblement, tranquillement ; [die] paisiblement ◆ **the demonstration passed off peacefully** la manifestation s'est déroulée dans le calme or paisiblement

**peacefulness** /'piːsfʊlnɪs/ N paix f, tranquillité f, calme m

**peacekeeper** /'piːsˌkiːpəʳ/ N (= soldier) soldat m de la paix

**peacekeeping** /'piːsˌkiːpɪŋ/
N maintien m de la paix
**COMP** [operation, policy] de maintien de la paix
**peacekeeping force** N force f de maintien de la paix

**peacemaker** /'piːsˌmeɪkəʳ/ SYN N pacificateur m, -trice f, conciliateur m, -trice f ; (esp international politics) artisan m de la paix

**peacemaking** /'piːsˌmeɪkɪŋ/
N (NonC) négociations fpl de paix
ADJ [efforts] de conciliation ; [role] de conciliateur ◆ **the peacemaking process** le processus de paix

**peacenik*** /'piːsnɪk/ N (pej) pacifiste mf

**peacetime** /'piːstaɪm/
N **in** or **during peacetime** en temps de paix
ADJ en temps de paix

**peach¹** /piːtʃ/
N [1] pêche f ; (also **peach tree**) pêcher m
[2] (* = beauty) ◆ **she's a peach!** elle est jolie comme un cœur ! * ◆ **that was a peach of a shot!** (Sport) quel beau coup ! ◆ **what a peach of a dress!** quel amour * de robe !
ADJ (couleur) pêche inv
**COMP** **peach blossom** N fleur f de pêcher
**peaches-and-cream complexion** N teint m de pêche
**peach melba** N pêche f Melba
**the Peach State** N (US) la Géorgie
**peach stone** N noyau m de pêche

**peach²*** /piːtʃ/ VTI (Prison) ◆ **to peach (on) sb** moucharder qn *

**peachy** /'piːtʃɪ/ ADJ [1] (in colour) [complexion] de pêche
[2] (esp US : * = excellent) super * ◆ **how's it going? – just peachy!** ça va ? – ça roule !

**peacock** /'piːkɒk/
N paon m
**COMP** **peacock blue** N bleu m paon
**peacock-blue** ADJ bleu paon inv
**peacock butterfly** N paon m de jour ; → **proud**
**peacock's tail** N (= seaweed) padine f

**peafowl** /'piːfaʊl/ N (pl **peafowls** or **peafowl**) paon m

**peahen** /'piːhen/ N paonne f

**peak** /piːk/ SYN
N [1] (= high point) [of career] sommet m, apogée m ; (on graph) sommet m ◆ **the peak of perfection** la perfection absolue ◆ **the economy has peaks and troughs** l'économie peut avoir des hauts et des bas ◆ **membership has fallen from a peak of fifty thousand** le nombre d'adhérents est retombé après avoir atteint un niveau record de cinquante mille ◆ **at the peak of his fame** à l'apogée or au sommet de sa gloire ◆ **discontent reached its peak** le mécontentement était à son comble ◆ **traffic reaches its peak about 5 o'clock** l'heure de pointe (de la circulation) est vers 17 heures ◆ **at** or **in the peak of condition** or **physical fitness** au meilleur or au mieux de sa forme

◆ **to be at + peak** ◆ **when the Empire was at its peak** quand l'Empire était à son apogée ◆ **when demand was at its peak** quand la demande était à son maximum ◆ **to be at the peak of one's popularity** être au faîte de sa popularité
[2] (= summit) [of mountain] cime f, sommet m ; (= mountain itself) pic m
[3] [of cap] visière f ; → **off-peak, widow**

## peaked | peddler

**VI** [sales, demand etc] atteindre son plus haut niveau ◆ **to peak at 45%** atteindre 45% à son plus haut niveau

COMP **peak demand N** (Comm) demande f maximum or record inv ; (Elec) heures fpl de pointe (de la consommation d'électricité)
**peak experience N** (fig) expérience f ineffable
**peak hours NPL** (for shops) heures fpl d'affluence ; (for traffic) heures fpl d'affluence or de pointe
**peak listening time N** (Rad) heures fpl de grande écoute
**peak load N** (Elec etc) charge f maximum
**peak period N** (for shops, business) période f de pointe ; (for traffic) période f d'affluence or de pointe
**peak production N** production f maximum
**peak rate N** plein tarif m
**peak season N** pleine saison f
**peak time N** (Brit) (TV) prime time m ; (Rad) heure f de plus forte écoute ; (Elec) périodes fpl de pointe ; (for traffic, train services) heures fpl de pointe
**peak-time ADJ** (Brit) [programme] (TV) de prime time ; (Rad) des heures de plus forte écoute ; [electricity consumption, traffic, train services] des périodes de pointe
**peak traffic N** circulation f aux heures d'affluence or de pointe
**peak viewing (time) N** (TV) heures fpl de grande écoute
**peak year N** année f record inv

**peaked** /piːkt/ **ADJ** [cap] à visière ; [roof] pointu

**peaky*** /ˈpiːkɪ/ **ADJ** fatigué ◆ **to look peaky** avoir mauvaise mine, avoir l'air mal fichu* ◆ **to feel peaky** ne pas se sentir très en forme , se sentir mal fichu*

**peal**[1] /piːl/ SYN
**N** ◆ **peal of bells** (= sound) sonnerie f de cloches, carillon m ; (set) carillon m ◆ **a peal of thunder** un coup de tonnerre ◆ **the peals of the organ** le ronflement de l'orgue ◆ **a peal of laughter** un éclat de rire ◆ **to go (off) into peals of laughter** rire aux éclats or à gorge déployée
**VI** (also **peal out**) [bells] carillonner ; [thunder] gronder ; [organ] ronfler ; [laughter] éclater
**VT** [+ bells] sonner (à toute volée)

**peal**[2] /piːl/ **N** (= young salmon) tacon m

**peanut** /ˈpiːnʌt/
**N** (= nut) cacahuète f ; (= plant) arachide f ◆ **to work for peanuts*** travailler pour trois fois rien or pour une poignée de clopinettes ◆ **$300 is peanuts for him*** pour lui 300 dollars représentent une bagatelle ◆ **if you pay peanuts, you get monkeys*** (Prov) qui ne paie rien n'a que des bons à rien
COMP **peanut butter N** beurre m de cacahuètes
**peanut gallery* N** (US) poulailler* m (dans un théâtre)
**peanut oil N** huile f d'arachide

**peapod** /ˈpiːpɒd/ **N** cosse f de pois

**pear** /pɛəʳ/
**N** poire f ; (also **pear tree**) poirier m
COMP **pear-shaped ADJ** en forme de poire, piriforme ◆ **to be pear-shaped*** [woman] avoir de fortes hanches ◆ **things started to go pear-shaped*** les choses ont commencé à mal tourner ; → **prickly**

**pearl** /pɜːl/
**N** perle f ◆ **real/cultured pearls** perles fpl fines/de culture ◆ **pearls of wisdom** (liter or hum) trésors mpl de sagesse ◆ **a pearl among women** (liter) la perle des femmes ◆ **to cast pearls before swine** (liter) jeter des perles aux pourceaux, donner de la confiture aux cochons* ◆ **it's (just) pearls before swine*** c'est (donner) de la confiture à des cochons* ; → **seed**, **string**
**VI** [water] perler, former des gouttelettes
[2] (= dive for pearls) pêcher les perles
COMP **pearl barley N** orge m perlé
**pearl button N** bouton m de nacre
**pearl diver N** pêcheur m, -euse f de perles
**pearl diving N** pêche f des perles
**pearl grey N** gris m perle inv
**pearl-grey ADJ** gris perle inv
**pearl-handled ADJ** [knife] à manche de nacre ; [revolver] à crosse de nacre
**pearl necklace N** collier m de perles
**pearl oyster N** huître f perlière

**pearlwort** /ˈpɜːlwɜːt/ **N** sagine f

**pearly** /ˈpɜːlɪ/
ADJ (= made of pearl) en or de nacre ; (in colour) nacré ◆ **pearly teeth** dents fpl nacrées or de perle

COMP **the Pearly Gates NPL** (hum) les portes fpl du Paradis
**pearly king, pearly queen N** (Brit) marchand(e) des quatre saisons de Londres qui porte des vêtements couverts de boutons de nacre
**pearly white ADJ** (liter or hum) [teeth, skin] d'un blanc éclatant

**pearmain** /ˈpɛəmeɪn/ **N** (= apple) variété de pomme rouge

**peasant** /ˈpezənt/ SYN
**N** paysan(ne) m(f) ; (pej) paysan(ne) m(f), péquenaud(e)* m(f), rustre m ◆ **the peasants** (Hist, Soc) la paysannerie, les paysans mpl ; (Econ) (= small farmers) les agriculteurs mpl , les ruraux mpl
**ADJ** [crafts, life] rural, paysan ◆ **peasant farmer** petit(e) exploitant(e) m(f) agricole ◆ **peasant farming** petite exploitation f agricole

**peasantry** /ˈpezəntrɪ/ **N** ◆ **the peasantry** la paysannerie, les paysans mpl ; (= countryfolk) les campagnards mpl

**pease pudding** /ˌpiːzˈpʊdɪŋ/ **N** purée f de pois cassés

**peashooter** /ˈpiːʃuːtəʳ/ **N** (lit, fig) sarbacane f

**peasouper*** /ˌpiːˈsuːpəʳ/ **N** brouillard m à couper au couteau*, purée f de pois

**peat** /piːt/
**N** (NonC) tourbe f ; (one piece) motte f de tourbe ◆ **to dig** or **cut peat** extraire de la tourbe
COMP **peat bog N** tourbière f
**peat moss N** (= plant) sphaigne f
**peat pot N** pot m or godet m de tourbe

**peaty** /ˈpiːtɪ/ **ADJ** [soil] tourbeux ; [smell, taste] de tourbe

**pebble** /ˈpebl/
**N** [1] (= stone) caillou m ; (on beach) galet m ◆ **he's not the only pebble on the beach** il n'est pas unique au monde, il n'y a pas que lui
[2] (Opt) lentille f en cristal de roche
COMP **pebble glasses*** NPL culs mpl de bouteille ◆

**pebbledash** /ˈpebldæʃ/
**N** crépi m granité
**VT** recouvrir d'un crépi granité, graniter (SPEC)

**pebbledashed** /ˈpebldæʃt/ **ADJ** [wall, house] recouvert d'un crépi granité

**pebbleweave (cloth)** /ˈpeblwiːv(klɒθ)/ **N** granité m

**pebbly** /ˈpeblɪ/ **ADJ** [surface, road] caillouteux ◆ **a pebbly beach** une plage de galets

**pecan** /prˈkæn/ **N** (= nut) (noix f) pacane f ; (= tree) pacanier m

**peccadillo** /ˌpekəˈdɪləʊ/ SYN **N** (pl **peccadillos** or **peccadilloes**) peccadille f, vétille f

**peccary** /ˈpekərɪ/ **N** (pl **peccary** or **peccaries**) pécari m

**peck**[1] /pek/ SYN
**N** [1] [of bird] coup m de bec
[2] (= hasty kiss) bise f ◆ **to give sb a peck on the cheek** donner à qn une bise sur la joue
**VT** [bird] (+ object, ground) becqueter, picoter ; [+ food] picorer ; [+ person, attacker] donner un coup de bec à ◆ **to peck a hole in sth** faire un trou dans qch à (force de) coups de bec ◆ **the bird nearly pecked his eyes out** l'oiseau a failli lui crever les yeux à coups de bec
**VI** ◆ **to peck at** [bird] [+ object, ground] becqueter, picoter ; [+ food] picorer ; [+ person, attacker] donner un coup de bec à ◆ **to peck at one's food** [person] manger du bout des dents, chipoter*
COMP **pecking order, peck order** (US) **N** [of birds] ordre m hiérarchique ; (fig) hiérarchie f, ordre m des préséances

**peck**[2] /pek/ **N** (Measure) picotin m ◆ **a peck of troubles** bien des ennuis

**pecker** /ˈpekəʳ/ **N** [1] (Brit) ◆ **to keep one's pecker up*** garder le moral
[2] (US ‡ = penis) quéquette* f

**peckish*** /ˈpekɪʃ/ **ADJ** ◆ **to be** or **feel peckish** avoir un petit creux

**pecs*** /peks/ **NPL** pectoraux mpl

**pectin** /ˈpektɪn/ **N** pectine f

**pectinate** /ˈpektɪneɪt/, **pectinated** /ˈpektɪneɪtɪd/ **ADJ** pectiné

**pectoral** /ˈpektərəl/
**ADJ** pectoral ◆ **pectoral fin** nageoire f pectorale ◆ **pectoral girdle** ceinture f scapulaire
**N** [1] ◆ **pectorals** (= muscles) pectoraux mpl
[2] pectoral m (ornement)

**peculate** /ˈpekjʊleɪt/ **VI** détourner des fonds (publics)

**peculation** /ˌpekjʊˈleɪʃən/ **N** détournement m de fonds (publics), péculat m

**peculiar** /pɪˈkjuːlɪəʳ/ SYN **ADJ** [1] (= odd) bizarre ◆ **to feel peculiar** se sentir bizarre
[2] (frm = especial) particulier, spécial ◆ **a matter of peculiar importance** une question d'une importance particulière
[3] (frm = particular) particulier ◆ **the peculiar properties of this drug** les propriétés particulières de ce médicament ◆ **the region has its peculiar dialect** cette région a son dialecte particulier or son propre dialecte
◆ **peculiar to** particulier à, propre à ◆ **a phrase peculiar to him** une expression qui lui est particulière or propre ◆ **an animal peculiar to Africa** un animal qui n'existe qu'en Afrique ◆ **this problem is not peculiar to the UK** ce problème n'est pas propre au Royaume-Uni

**peculiarity** /pɪˌkjuːlɪˈærɪtɪ/ SYN **N** [1] (= distinctive feature) particularité f, trait m distinctif ◆ **it has the peculiarity of being...** cela a or présente la particularité d'être...
[2] (= oddity) bizarrerie f, singularité f (liter) ◆ **she's got her little peculiarities** elle a ses petites manies

**peculiarly** /pɪˈkjuːlɪəlɪ/ **ADV** [1] (= oddly) étrangement, singulièrement
[2] (frm = uniquely) particulièrement ◆ **a peculiarly British characteristic** une caractéristique propre aux Britanniques or typiquement britannique

**pecuniary** /pɪˈkjuːnɪərɪ/ **ADJ** (frm) pécuniaire, financier ◆ **pecuniary difficulties** ennuis mpl d'argent, embarras mpl pécuniaires

**pedagogic(al)** /ˌpedəˈgɒdʒɪk(əl)/ **ADJ** pédagogique

**pedagogically** /ˌpedəˈgɒdʒɪkəlɪ/ **ADV** (frm) d'un point de vue pédagogique

**pedagogue** /ˈpedəgɒg/ SYN **N** (Hist, fig) pédagogue mf

**pedagogy** /ˈpedəgɒgɪ/ **N** pédagogie f

**pedal** /ˈpedl/
**N** [1] (= lever) [of car, bicycle, piano etc] pédale f ◆ **to put the pedal to the floor** or **boards** or **metal*** (= accelerate fast) mettre le pied au plancher* ; (fig) foncer dans le brouillard* ; → **clutch**
[2] (Mus) basse f continue
**VI** [cyclist] pédaler ◆ **he pedalled through the town** il a traversé la ville à bicyclette or à vélo ; → **soft**
**VT** [+ machine, cycle] appuyer sur la or les pédale(s) de ◆ **Gavin pedalled the three miles to the restaurant** Gavin a fait les trois miles jusqu'au restaurant à bicyclette or à vélo
COMP **pedal bin N** poubelle f à pédale
**pedal cycle N** bicyclette f à pédales
**pedal cyclist N** cycliste mf
**pedal pushers NPL** (pantalon m) corsaire m

**pedalboat** /ˈpedlbəʊt/ **N** pédalo ® m

**pedalcar** /ˈpedlkɑːʳ/ **N** voiture f à pédales

**pedalo** /ˈpedələʊ/ **N** (pl **pedalos** or **pedaloes**) pédalo ® m

**pedant** /ˈpedənt/ **N** (parading knowledge) pédant(e) m(f) (obsessed with detail) ◆ **he's a pedant** il est trop pointilleux

**pedantic** /pɪˈdæntɪk/ SYN **ADJ** [person, approach] pointilleux (-euse f) ◆ **my aunt in her pedantic way worked out the exact cost** ma tante, pointilleuse comme toujours, calcula le coût exact ◆ **a pedantic lecture** un exposé aride ◆ **don't be so pedantic!** arrête de pinailler !

 The French word **pédant** refers not to a person obsessed with detail but to someone who shows off their knowledge.

**pedantically** /pɪˈdæntɪkəlɪ/ **ADV** ◆ **Guy pedantically raised points of grammar** Guy, pointilleux, soulevait des points de grammaire

**pedantry** /ˈpedəntrɪ/ SYN **N** ◆ **he rises above narrow academic pedantry** son approche se situe au-delà de celle, pointilleuse et bornée, des universitaires

**peddle** /ˈpedl/ SYN
**VI** faire du colportage
**VT** [+ goods] colporter ; (fig pej) [+ gossip] colporter, répandre ; [+ ideas] propager ; [+ drugs] faire le trafic de

**peddler** /ˈpedləʳ/ **N** [1] (esp US) ⇒ **pedlar**
[2] [of drugs] revendeur m, -euse f

**pederast | pelargonium**

ENGLISH-FRENCH 694

**pederast** /ˈpedəræst/ N pédéraste m
**pederastic** /ˌpedəˈræstɪk/ ADJ pédérastique
**pederasty** /ˈpedəræstɪ/ N pédérastie f
**pedestal** /ˈpedɪstl/ SYN
  **N** piédestal m, socle m ; (fig) piédestal m ◆ **to put** or **set sb on a pedestal** mettre qn sur un piédestal ◆ **to knock sb off their pedestal** faire descendre or faire tomber qn de son piédestal
  **COMP pedestal basin** N lavabo m sur colonne
  **pedestal desk** N bureau m ministre inv
  **pedestal table** N guéridon m
**pedestrian** /pɪˈdestrɪən/ SYN
  **N** piéton m
  **ADJ** (fig = prosaic) dépourvu d'imagination ◆ **his more pedestrian colleagues** ses collègues, qui avaient moins d'imagination
  **COMP pedestrian crossing** N (Brit) passage m pour piétons, passage m clouté
  **pedestrian mall, pedestrian precinct** N (Brit) zone f piétonne
  **pedestrian traffic** N piétons mpl ◆ **pedestrian traffic is increasing here** les piétons deviennent de plus en plus nombreux ici ◆ "**pedestrian traffic only**" « réservé aux piétons »
  **pedestrian zone** N (US) ⇒ pedestrian precinct
**pedestrianization** /pɪˌdestrɪənaɪˈzeɪʃən/ N transformation f en zone piétonne or piétonnière, création f de zone(s) piétonne(s) or piétonnière(s)
**pedestrianize** /pɪˈdestrɪənaɪz/ VT [+ area] transformer en zone piétonne or piétonnière
**pediatric** /ˌpiːdɪˈætrɪk/ ADJ ⇒ paediatric
**pedicab** /ˈpedɪkæb/ N cyclopousse m (à deux places)
**pediculosis** /pɪˌdɪkjʊˈləʊsɪs/ N pédiculose f
**pedicure** /ˈpedɪkjʊər/ N pédicurie f ◆ **to have a pedicure** se faire soigner les pieds (par un pédicure)
**pedigree** /ˈpedɪgriː/ SYN
  **N** [1] (= lineage) [of person, animal] pedigree m ; [of person] ascendance f, lignée f
  [2] (= genealogy) [of person, animal] arbre m généalogique
  [3] (= document) [of dogs, horses etc] pedigree m ; [of person] pièce f or document m généalogique
  **COMP** [dog, cattle etc] de (pure) race
**pediment** /ˈpedɪmənt/ N fronton m
**pedipalp** /ˈpedɪpælp/ N pédipalpe m
**pedlar** /ˈpedlər/ N (door to door) colporteur m ; (in street) camelot m
**pedological** /ˌpiːdəˈlɒdʒɪkl/ ADJ pédologique
**pedologist** /pɪˈdɒlədʒɪst/ N pédologue mf
**pedology** /pɪˈdɒlədʒɪ/ N pédologie f
**pedometer** /pɪˈdɒmɪtər/ N podomètre m
**pedophile** /ˈpiːdəʊfaɪl/ N ⇒ paedophile
**peduncle** /pɪˈdʌŋkl/ N pédoncule m
**pedunculate** /pɪˈdʌŋkjʊlɪt/ ADJ pédonculé
**pee**‡ /piː/
  **VI** pisser‡, faire pipi*
  **N** pisse‡ f, pipi* m
**peek** /piːk/ SYN
  **N** coup m d'œil (furtif) ◆ **to take a peek at sb/sth** jeter un coup d'œil (furtif) à or sur qn/qch
  **VI** jeter un coup d'œil (furtif) (at sur, à) ◆ **no peeking!** on ne regarde pas !
  **COMP peek-a-boo** EXCL coucou !
  **peek-a-boo blouse*** N (US) corsage m semi-transparent
**peel** /piːl/ SYN
  **N** [of apple, potato] pelure f, épluchure f ; [of orange] écorce f, peau f ; (Culin) zeste m
  **VT** [+ fruit] peler, éplucher ; [+ potato] éplucher ; [+ stick] écorcer ; [+ shrimps] décortiquer, éplucher ◆ **to keep one's eyes peeled** * faire attention, ouvrir l'œil* ◆ **keep your eyes peeled* for a signpost!** ouvre l'œil‡ et tâche d'apercevoir un panneau !
  **VI** [fruit] se peler ; [paint] s'écailler ; [skin, part of body] peler
▸ **peel away**
  **VI** [skin] peler ; (Med) se desquamer ; [paint] s'écailler ; [wallpaper] se décoller
  **VT SEP** [+ rind, skin] peler ; [+ film, covering] détacher, décoller
▸ **peel back** VT SEP [+ film, covering] détacher, décoller
▸ **peel off**
  **VI** [1] ⇒ peel away vi
  [2] (= leave formation, group etc) [plane] se détacher de la formation ; [motorcyclists etc] se détacher du groupe (or du cortège etc) en virant ◆ **to peel off from** s'écarter de, se détacher en virant de
  **VT SEP** [1] ⇒ peel away vt sep
  [2] (* fig) [+ garment] enlever, ôter ◆ **to peel off one's clothes** enlever ses vêtements, se déshabiller
**peeler** /ˈpiːlər/ N [1] (= gadget) (couteau-)éplucheur m ; (electric) éplucheur m électrique
  [2] (Brit †† = policeman) sergent m de ville
**peelie-wally*** /ˌpiːlɪˈwælɪ/ ADJ (Scot) chétif, souffreteux
**peeling** /ˈpiːlɪŋ/
  **N** ◆ **peelings** [of fruit, vegetables] pelures fpl, épluchures fpl ◆ **potato peelings** épluchures fpl de pommes de terre
  **ADJ** [skin] qui pèle ; [wallpaper] qui se décolle ; [paint] qui s'écaille
**peen** /piːn/ N [of hammer] panne f
**peep**¹ /piːp/
  **N** [1] (= peek) coup m d'œil, regard m furtif ◆ **have a peep!** jette un coup d'œil ! ◆ **to have** or **take a peep at sth** jeter un coup d'œil à or sur qch, regarder qch furtivement or à la dérobée ◆ **she had a peep at her present** elle a jeté un (petit) coup d'œil à son cadeau ◆ **to get** or **have a peep at the exam papers** jeter un (petit) coup d'œil discret sur les sujets d'examen
  [2] [of gas] veilleuse f, (toute) petite flamme f ◆ **a peep of light showed through the curtains** un rayon de lumière filtrait entre les rideaux
  **VI** jeter un coup d'œil, regarder furtivement ◆ **to peep at sth** jeter un coup d'œil à qch, regarder qch furtivement ◆ **she peeped into the box** elle a jeté un coup d'œil or elle a regardé furtivement à l'intérieur de la boîte ◆ **he was peeping at us from behind a tree** il nous regardait furtivement or à la dérobée de derrière un arbre ◆ **to peep over a wall** regarder furtivement par-dessus un mur, passer la tête par-dessus un mur ◆ **to peep through a window** regarder furtivement or jeter un coup d'œil par la fenêtre
  **COMP peep-bo*** EXCL coucou !
  **Peeping Tom** N voyeur m
  **peep show** N (= box) visionneuse f ; (= pictures) vues fpl stéréoscopiques ; (= event) peep-show m
▸ **peep out**
  **VI** [1] (= peek) ◆ **she was peeping out from behind the curtains** elle passait le nez de derrière les rideaux ◆ **the sun peeped out from behind the clouds** le soleil s'est montré entre les nuages
  [2] (= appear) [gun, petticoat etc] dépasser (from de)
  **VT** ◆ **she peeped her head out** elle a passé la tête
**peep**² /piːp/
  **N** [of bird] pépiement m, piaulement m ; [of mouse] petit cri m aigu ◆ **I don't want to hear a peep out of you*** je ne veux pas entendre le moindre son sortir de votre bouche ◆ **one peep out of you and I'll send you to bed!*** si tu ouvres la bouche je t'envoie te coucher ! ◆ **there wasn't a peep of protest about this** il n'y a eu la moindre protestation à ce sujet
  **VI** [bird] pépier, piauler ; [mouse] pousser de petits cris aigus
**peepers**‡ /ˈpiːpəz/ NPL quinquets‡ mpl
**peephole** /ˈpiːphəʊl/ SYN N (gen) trou m (pour épier) ; (in front door etc) judas m
**peeptoe** /ˈpiːptəʊ/ ADJ ◆ **peeptoe sandal/shoe** sandale f/chaussure f à bout découpé
**peer**¹ /pɪər/ SYN VI (= look) ◆ **to peer at sb** regarder qn ; (inquiringly/doubtfully/anxiously) regarder qn d'un air interrogateur/dubitatif/inquiet ; (short-sightedly) regarder qn avec des yeux de myope ◆ **to peer at a book/photograph** scruter (du regard) un livre/une photographie ◆ **she peered into the room** elle regarda dans la pièce d'un air interrogateur or dubitatif etc ◆ **to peer out of the window/over the wall** regarder à la fenêtre/par-dessus le mur d'un air interrogateur etc ◆ **to peer into sb's face** regarder qn d'un air interrogateur etc, dévisager qn ◆ **she peered around over her spectacles** elle regarda autour d'elle par-dessus ses lunettes
**peer**² /pɪər/ SYN
  **N** [1] (= social equal) pair m ◆ **accepted by his peers** accepté par ses pairs
  [2] (liter : in achievement etc) égal(e) m(f) ◆ **as a musician he has no peer** comme musicien il est hors pair or il n'a pas son pareil
  [3] (= noble : also **peer of the realm**) pair m (du royaume) ; → hereditary, life
  **COMP peer group** N (Soc) pairs mpl
  **peer pressure** N pressions fpl exercées par l'entourage
**peerage** /ˈpɪərɪdʒ/ SYN N (= rank) pairie f ; (collective = the peers) pairs mpl, noblesse f ; (= list of peers) nobiliaire m ◆ **to inherit a peerage** hériter d'une pairie ◆ **to be given a peerage** être anobli ; → life
**peeress** /ˈpɪərɪs/ N pairesse f
**peerless** /ˈpɪəlɪs/ SYN ADJ hors pair, sans pareil
**peeve*** /piːv/
  **VT** mettre en rogne*
  **N** ◆ **pet peeve** bête f noire (fig)
**peeved** /piːvd/ ADJ irrité, en rogne*
**peevish** /ˈpiːvɪʃ/ ADJ grincheux, maussade ; [child] grognon, de mauvaise humeur
**peevishly** /ˈpiːvɪʃlɪ/ ADV d'un air maussade, avec (mauvaise) humeur
**peevishness** /ˈpiːvɪʃnɪs/ N maussaderie f, mauvaise humeur f
**peewee*** /ˈpiːwiː/ (US)
  **ADJ** minuscule
  **N** (= child) petit bout m de chou*
**peewit** /ˈpiːwɪt/ N vanneau m
**peg** /peg/ SYN
  **N** [1] (wooden) cheville f ; (metal) fiche f ; (for coat, hat) patère f ; (tent peg) piquet m ; (Climbing) piton m ; [of violin] cheville f ; [of cask] fausset m ; (Croquet) piquet m ; (Brit = clothes peg) pince f à linge ◆ **to buy a dress off the peg** (Brit) acheter une robe de prêt-à-porter or de confection ◆ **I bought this off the peg** c'est du prêt-à-porter, j'ai acheté ça tout fait ; see also **off the peg** ◆ **to take sb down a peg or two** remettre qn à sa place, rabattre le caquet à qn ◆ **a peg to hang a complaint on** (fig) un prétexte de plainte, un prétexte or une excuse pour se plaindre ; → level, square
  [2] (Brit) ◆ **a peg of whisky** un whisky-soda
  **VT** (gen) fixer à l'aide de fiches (or de piquets etc) ; (Tech) cheviller ◆ **to peg a tent down** fixer une tente avec des piquets ◆ **to peg clothes (out) on the line** étendre du linge sur la corde
  [2] (Econ) [+ prices, wages] stabiliser, bloquer ◆ **to peg prices to sth** lier les prix à qch ◆ **they pegged their currencies to the dollar** ils ont fixé le cours de leurs monnaies par rapport au dollar
  [3] (US * = categorize) ◆ **to have sb pegged as an extremist/a delinquent** cataloguer qn comme extrémiste/délinquant
  [4] (Climbing) pitonner
  **COMP peg pants** NPL (US) ≈ pantalon m fuseau
▸ **peg away** VI bosser*, bûcher ◆ **he's pegging away at his maths** il bosse* or bûche* ses maths
▸ **peg out**
  **VI** (* = die) casser sa pipe‡, clamser‡
  **VT SEP** [+ piece of land] piqueter, délimiter ; see also **peg** vt 1
**Pegasus** /ˈpegəsəs/ N Pégase m
**pegboard** /ˈpegbɔːd/ N (Games) plateau m perforé (utilisé dans certains jeux)
**pegleg**‡ /ˈpegleg/ N jambe f de bois
**pegmatite** /ˈpegmətaɪt/ N pegmatite f
**PEI** N abbrev = **Prince Edward Island**
**pejoration** /ˌpiːdʒəˈreɪʃən/ N péjoration f
**pejorative** /pɪˈdʒɒrətɪv/ ADJ péjoratif
**pejoratively** /pɪˈdʒɒrətɪvlɪ/ ADV péjorativement
**peke*** /piːk/ N abbrev of **pekin(g)ese**
**Pekin** /piːˈkɪn/, **Peking** /piːˈkɪŋ/
  **N** Pékin
  **COMP Peking duck** N canard m laqué
**Pekin(g)ese** /ˌpiːkɪˈniːz/ N (pl inv = dog) pékinois m
**Pekinologist** /ˌpiːkəˈnɒlədʒɪst/ N (Pol) sinologue mf
**pekoe** /ˈpiːkəʊ/ N (thé m) pekoe m
**Pelagianism** /peˈleɪdʒɪəˌnɪzəm/ N (Rel) pélagianisme m
**pelagic** /pɪˈlædʒɪk/ ADJ pélagique
**pelargonium** /ˌpeləˈgəʊnɪəm/ N pélargonium m

**pelf** /pelf/ N (pej) lucre m (pej), richesses fpl

**pelican** /ˈpelɪkən/
- N pélican m
- COMP **pelican crossing** N (Brit) passage m pour piétons (avec feux de circulation)

**pellagra** /pəˈleɪɡrə/ N pellagre f

**pellagrous** /pəˈleɪɡrəs/ ADJ pellagreux

**pellet** /ˈpelɪt/ N [of paper, bread] boulette f ; (for gun) (grain m de) plomb m ; (Med) pilule f ; [of owl etc] boulette f (de résidus regorgés) ; [of chemicals] pastille f

**pellitory** /ˈpelɪtəri/ N (= wall pellitory) pariétaire f ; (= pellitory of Spain) anacycle m

**pell-mell** /ˈpelˈmel/ ADV ① (= in a jumble) [throw, heap] pêle-mêle ◆ **the puppies tumbled pell-mell into their basket** les chiots se sont précipités pêle-mêle dans leur panier
② (= full tilt) [run, dash, drive] comme un fou ◆ **she ran pell-mell to the hospital** elle a couru comme une folle à l'hôpital

**pellucid** /peˈluːsɪd/ ADJ pellucide (liter), transparent ; (fig) [style] clair, limpide ; [mind] lucide, clair

**pelmet** /ˈpelmɪt/ N (esp Brit) (wooden) lambrequin m ; (cloth) cantonnière f

**Peloponnese** /ˌpeləpəˈniːs/ N ◆ **the Peloponnese** le Péloponnèse

**Peloponnesian** /ˌpeləpəˈniːʃən/ ADJ péloponnésien ◆ **the Peloponnesian War** la guerre du Péloponnèse

**pelota** /pɪˈlɒtə/ N pelote f basque

**peloton** /ˈpelətɒn/ N (Cycling) peloton m

**pelt**[1] /pelt/ SYN
- VT bombarder (with de) ◆ **they were pelted with stones/tomatoes** on les a bombardés de pierres/de tomates
- VI ① ◆ **the rain is** or **it's pelting down**\*, **it's pelting with rain**\* il tombe des cordes\*, il pleut à torrents or à seaux ◆ **pelting rain** pluie f battante
② (= run) ◆ **to pelt down the street** descendre la rue à toutes jambes ◆ **she pelted out of the house** elle est sortie de la maison en trombe or comme une flèche
- N ◆ **(at) full pelt** à toute vitesse, à fond de train

**pelt**[2] /pelt/ N (= skin) peau f ; (= fur) fourrure f

**peltate** /ˈpelteɪt/ ADJ pelté

**pelves** /ˈpelviːz/ NPL of **pelvis**

**pelvic** /ˈpelvɪk/
- ADJ pelvien
- COMP **pelvic floor** N plancher m pelvien
**pelvic girdle** N ceinture f pelvienne
**pelvic inflammatory disease** N salpingite f aiguë, pelvipéritonite f

**pelvis** /ˈpelvɪs/ N (pl **pelvises** or **pelves**) bassin m, pelvis m

**pem(m)ican** /ˈpemɪkən/ N pemmican m

**pen**[1] /pen/ SYN
- N stylo m ; (= ball-point) stylo m à bille ; (= felt-tip) (crayon m) feutre m ; (= fountain-pen) stylo m à plume, stylo m à encre ◆ **to put pen to paper** prendre la plume, écrire ◆ **a new novel from the pen of…** un nouveau roman de… ◆ **to live by one's pen** vivre de sa plume ; → **quill**
- VT [+ letter] écrire ; [+ article] rédiger
- COMP **pen-and-ink drawing** N dessin m à la plume
**pen drive** N (Computing) clé f USB
**pen friend** N (Brit) correspondant(e) m(f)
**pen name** N pseudonyme m, nom m de plume
**pen nib** N plume f (de stylo)
**pen pal**\* N ⇒ **pen friend**

**pen**[2] /pen/ SYN (vb: pret **penned**, ptp **penned** or **pent**)
- N [of animals] parc m, enclos m ; (also **playpen**) parc m (d'enfant) ; (also **submarine pen**) abri m de sous-marins
- VT (also **pen in, pen up**) [+ animals] parquer ; [+ people] enfermer, parquer (pej)

**pen**[3] /pen/ N (= swan) cygne m femelle

**pen**[4]\* /pen/ N (US) (abbrev of **penitentiary**) taule\* f or tôle\* f, trou\* m

**penal** /ˈpiːnl/ SYN
- ADJ ① [law, clause, policy] pénal ; [offence] punissable ◆ **penal reform** réforme f du système pénal
② (= harsh) [taxation] très lourd ; [rate of interest] exorbitant
- COMP **penal code** N code m pénal

**penal colony** N colonie f pénitentiaire
**penal servitude** N (Jur) ◆ **penal servitude (for life)** travaux mpl forcés (à perpétuité)
**penal settlement** N ⇒ **penal colony**

**penalization** /ˌpiːnəlaɪˈzeɪʃən/ N pénalisation f

**penalize** /ˈpiːnəlaɪz/ SYN VT ① (= punish) [+ person] pénaliser ; [+ action, mistake] réprimer ◆ **he was penalized for refusing (to…)** il a été pénalisé pour avoir refusé (de…) ◆ **to be penalized for a foul** (Sport) être pénalisé pour une faute
② (= work against) pénaliser, défavoriser ◆ **a law that penalizes single mothers** une loi qui pénalise or défavorise les mères célibataires ◆ **the rail strike penalizes those who haven't got a car** la grève des chemins de fer pénalise ceux qui n'ont pas de voiture

**penalty** /ˈpenəltɪ/ SYN
- N (= punishment) peine f ; (= fine) pénalité f, amende f ; (Sport) pénalisation f ; (Football etc) penalty m ◆ **the penalty for murder is death** le meurtre est passible de la peine de mort ◆ "**no smoking: maximum penalty £500**" « interdiction de fumer : jusqu'à 500 livres d'amende en cas d'infraction » ◆ **a five-point penalty for a wrong answer** (in games) cinq points de pénalité pour chaque erreur ◆ **on penalty of** sous peine de ◆ **under penalty of death** sous peine de mort ◆ **he has paid the penalty for neglecting his responsibilities** il n'a pas assumé ses responsabilités et en a subi les conséquences ◆ **he has paid the penalty for (his) success** il a payé la rançon du succès
- COMP **penalty area, penalty box** N (Football) surface f de réparation
**penalty clause** N (Jur) clause f pénale
**penalty corner** N (Hockey) corner m
**penalty goal** N (Rugby etc) but m sur pénalité
**penalty kick** N (Football) penalty m ; (Rugby) coup m de pied de pénalité
**penalty point** N point m de pénalité
**penalty shoot-out** N (Football) (épreuve f des) tirs mpl au but
**penalty spot** N (Football) point m de penalty or de réparation

**penance** /ˈpenəns/ SYN N pénitence f (for de, pour) ◆ **to give (sb) penance** (Rel)[priest] donner une pénitence (à qn) ◆ **to do penance for sth** faire pénitence pour qch

**pence** /pens/ NPL of **penny**

**penchant** /ˈpɑ̃ːʃɑ̃ːŋ/ SYN N penchant m (for pour), inclination f (for pour)

**pencil** /ˈpensl/
- N ① crayon m ◆ **to write/draw in pencil** écrire/dessiner au crayon ◆ **a coloured pencil** un crayon de couleur ; → **lead**[2], **propel**
② (= thin beam) ◆ **a pencil of light shone from his torch** sa lampe de poche projetait un pinceau lumineux
- VT [+ note] crayonner, écrire au crayon
- COMP [note, line, mark] au crayon
**pencil box** N plumier m
**pencil case** N trousse f (d'écolier)
**pencil cedar** N genévrier m de Virginie
**pencil drawing** N dessin m au crayon, crayonnage m
**pencil pusher**\* N (US pej) gratte-papier\* m, rond-de-cuir\* m
**pencil rubber** N gomme f (à crayon)
**pencil sharpener** N taille-crayon m

▶ **pencil in** VT SEP ① (lit) [+ note] crayonner, écrire au crayon ◆ **to pencil in one's eyebrows** se faire les sourcils au crayon
② (fig) [+ date, meeting] fixer provisoirement ◆ **we had three dates pencilled in** nous avions fixé trois dates possibles, nous avions retenu provisoirement trois dates ◆ **I've pencilled you in for Thursday** j'ai marqué votre nom provisoirement pour jeudi

**pendant** /ˈpendənt/ N (on necklace) pendentif m ; (= earring) pendant m (d'oreille) ; (= ceiling lamp) lustre m ; (on chandelier etc) pendeloque f

**pendency** /ˈpendənsɪ/ N (Jur) ◆ **during the pendency of the action** en cours d'instance

**pending** /ˈpendɪŋ/
- ADJ [case, action] pendant, en instance ; [business, question] en suspens, en souffrance ◆ **the pending tray** le casier des affaires en souffrance ◆ **other matters pending will be dealt with next week** les affaires en suspens seront réglées la semaine prochaine
- PREP dans l'attente de

**pendulous** /ˈpendjʊləs/ ADJ ① (= hanging) [lips, cheeks, nest] pendant ; [flowers] pendant, qui retombe

② (= swinging) [movement] de balancement, oscillant

**pendulum** /ˈpendjʊləm/ N ① (gen) pendule m ; [of clock] balancier m ; see also **swing**
② (Climbing) pendule m

**Penelope** /pəˈneləpɪ/ N Pénélope f

**peneplain, peneplane** /ˈpiːnɪpleɪn/ N pénéplaine f

**penes** /ˈpiːniːz/ NPL of **penis**

**penetrable** /ˈpenɪtrəbl/ ADJ pénétrable

**penetrate** /ˈpenɪtreɪt/ SYN
- VT ① [+ area, region, territory] pénétrer dans ◆ **rescue workers are penetrating this remote region** les sauveteurs pénètrent dans cette région isolée ◆ **to penetrate enemy territory** pénétrer or entrer en territoire ennemi ◆ **to penetrate the enemy's defences/lines** pénétrer or percer les défenses ennemies/le front ennemi ◆ **the bullet penetrated his heart** la balle lui a perforé le cœur ◆ **the knife penetrated his heart** le couteau lui est entré dans le cœur ◆ **the car's lights penetrated the darkness** les phares de la voiture perçaient l'obscurité ◆ **sunlight cannot penetrate the thick foliage** la lumière du soleil ne peut pas passer à travers cette épaisse végétation ◆ **to penetrate a mystery/sb's mind** pénétrer or comprendre un mystère/les pensées de qn ◆ **to penetrate sb's disguise** percer le déguisement de qn ◆ **subversive elements have penetrated the party** (Pol) des éléments subversifs se sont infiltrés dans le parti ◆ **they managed to penetrate the foreign market** (Comm) ils ont réussi à pénétrer le marché étranger
② (during sex) pénétrer
- VI ◆ **to penetrate into** [+ area, region, territory] pénétrer dans ; [light, water] pénétrer (dans), filtrer dans ◆ **to penetrate through** traverser ◆ **the noise penetrated into the lobby** le bruit est parvenu or est arrivé jusque dans le hall

**penetrating** /ˈpenɪtreɪtɪŋ/ SYN ADJ ① [wind, rain] pénétrant ; [cold] pénétrant, mordant ; [sound, voice, look] pénétrant, perçant
② (= acute, discerning) [mind, remark] pénétrant, perspicace ; [person, assessment] clairvoyant, perspicace

**penetratingly** /ˈpenɪtreɪtɪŋlɪ/ ADV ① (= piercingly) [speak, shriek] d'une voix perçante
② (= acutely, discerningly) [assess, observe] avec pénétration, avec perspicacité

**penetration** /ˌpenɪˈtreɪʃən/ SYN N (NonC) pénétration f

**penetrative** /ˈpenɪtrətɪv/ ADJ pénétrant ◆ **penetrative sex** (relations fpl sexuelles avec) pénétration f

**penetrometer** /ˌpenɪˈtrɒmɪtər/ N pénétromètre m

**penguin** /ˈpeŋɡwɪn/
- N (= bird) manchot m
- COMP **penguin suit**\* N (Brit) smoking m ◆ **he was dressed in a penguin suit** il était habillé en pingouin\*

**penholder** /ˈpenˌhəʊldər/ N porte-plume m

**penicillate** /ˌpenɪˈsɪlɪt/ ADJ pénicillé

**penicillin** /ˌpenɪˈsɪlɪn/ N pénicilline f

**penicillium** /ˌpenɪˈsɪlɪəm/ N (pl **penicilliums** or **penicillia** /ˌpenɪˈsɪlɪə/) pénicillium m

**penile** /ˈpiːnaɪl/ ADJ pénien

**peninsula** /pɪˈnɪnsjʊlə/ N péninsule f

**peninsular** /pɪˈnɪnsjʊlər/
- ADJ péninsulaire
- COMP **the Peninsular War** N la guerre d'Espagne (napoléonienne)

**penis** /ˈpiːnɪs/
- N (pl **penises** or **penes**) pénis m
- COMP **penis envy** N (Psych) envie f du pénis

**penitence** /ˈpenɪtəns/ SYN N repentir m

**penitent** /ˈpenɪtənt/ SYN
- ADJ repentant(e) m(f)
- N personne f repentante

**penitential** /ˌpenɪˈtenʃəl/
- ADJ contrit ◆ **penitential psalm** (Rel) psaume m de la pénitence or pénitentiel
- N [code] pénitentiel m

**penitentiary** /ˌpenɪˈtenʃərɪ/ N ① (US = prison : also **state penitentiary**) prison f, (maison f) centrale f
② (Rel) (= cleric) pénitencier m ; (= tribunal) pénitencerie f

## penitently | pep

**penitently** /ˈpenɪtəntlɪ/ ADV d'un air or d'un ton contrit
**penknife** /ˈpennaɪf/ N (pl **-knives**) canif m
**penmanship** /ˈpenmənʃɪp/ SYN N calligraphie f
**Penn.** (US), **Penna.** abbrev of **Pennsylvania**
**penna** /ˈpenə/ N (pl **pennae** /ˈpeniː/) (= feather) penne f
**pennant** /ˈpenənt/ SYN N (Sport etc, also on car, bicycle) fanion m ; (on ship) flamme f
**penniless** /ˈpenɪlɪs/ SYN ADJ sans le sou, sans ressources ✦ **he's quite penniless** il n'a pas le sou, il est sans le sou or sans ressources
**Pennine** /ˈpenaɪn/ N ✦ **the Pennines, the Pennine Range** les Pennines fpl, la chaîne Pennine
**pennon** /ˈpenən/ N flamme f, banderole f ; (on ship) flamme f
**penn'orth** † /ˈpenəθ/ (Brit) ⇒ **pennyworth**
**Pennsylvania** /ˌpensɪlˈveɪnɪə/
 N Pennsylvanie f ✦ **in Pennsylvania** en Pennsylvanie
 COMP **Pennsylvania Dutch** NPL (= people) Allemands mpl de Pennsylvanie N (= language) dialecte des Allemands de Pennsylvanie

**penny** /ˈpenɪ/
 N (value) (pl **pence**) (coins) (pl **pennies**) penny m ✦ **one old/new penny** un ancien/un nouveau penny ✦ **it costs 50 pence** cela coûte 50 pence ✦ **it didn't cost me a penny** cela ne m'a pas coûté un centime ✦ **the holiday cost us a fortune but it was worth every penny** ces vacances nous ont coûté une fortune or les yeux de la tête mais on en a eu pour notre argent ✦ **I have five pennies** j'ai cinq pennies, j'ai cinq pièces de un penny ✦ **one penny in the pound** ≈ un centime l'euro ✦ **they're two** or **ten a penny** (fig) on en trouve partout ✦ **he hasn't a penny to his name, he hasn't got two pennies to rub together** il est sans le sou, il n'a pas un sou vaillant ✦ **he didn't get a penny (out of it)** il n'en a pas tiré un sou ✦ **I'll pay you back every penny** je te rembourserai ce que je te dois jusqu'au dernier sou ✦ **(a) penny for your thoughts!**\* à quoi penses-tu ? ✦ **the penny dropped**\* ça a fait tilt ! \* ✦ **to count** or **watch the pennies** regarder à la dépense ✦ **he keeps turning up like a bad penny** pas moyen de se débarrasser de lui ✦ **a penny saved is a penny gained** (Prov) un sou est un sou ✦ **in for a penny, in for a pound** (Prov) (au point où on en est) autant faire les choses jusqu'au bout ✦ **look after the pennies and the pounds will look after themselves** (Prov) les petits ruisseaux font les grandes rivières (Prov), il n'y a pas de petites économies ; → **honest, pretty, spend, worth**
 COMP [book, pencil] de quatre sous
 **penny-a-liner**\* N pigiste mf, journaliste mf à la pige or à deux sous la ligne
 **penny arcade** N (US) salle f de jeux (avec machines à sous)
 **Penny Black** N (= stamp) penny m noir (premier timbre-poste britannique)
 **penny dreadful** † \* N (Brit) (pl **penny dreadfuls**) roman m à quatre sous, roman m à sensation
 **penny-farthing** N (Brit) vélocipède m
 **penny-in-the-slot machine** N (for amusements) machine f à sous ; (for selling) distributeur m automatique
 **penny loafer** N (US) mocassin m
 **penny-pincher** N pingre mf, radin(e)\* m(f)
 **penny-pinching** N économies fpl de bouts de chandelle ADJ [person] pingre, radin\*
 **penny whistle** N flûteau m
 **penny-wise** ADJ ✦ **to be penny-wise and pound-foolish** économiser un franc et en prodiguer mille

**pennycress** /ˈpenɪˌkres/ N thlaspi m
**pennyroyal** /ˌpenɪˈrɔɪəl/ N (menthe f) pouliot m, herbe f de Saint-Laurent
**pennyweight** /ˈpenɪweɪt/ N gramme m et demi
**pennywort** /ˈpenɪwɜːt/ N (= rock plant) ombilic m ; (= marsh plant) hydrocotyle f, écuelle f d'eau
**pennyworth** /ˈpenəθ/ N ✦ **I want a pennyworth of sweets** je voudrais pour un penny de bonbons
**penologist** /piːˈnɒlədʒɪst/ N pénologue mf
**penology** /piːˈnɒlədʒɪ/ N pénologie f
**penpusher** /ˈpenˌpʊʃəʳ/ N (esp Brit pej) gratte-papier\* m, rond-de-cuir\* m
**penpushing** /ˈpenˌpʊʃɪŋ/ N (esp Brit pej) travail m de gratte-papier\*

**pension** /ˈpenʃən/ SYN
 N 1 (= state payment) pension f ✦ **(old age) pension** pension f de retraite ✦ **retirement pension** (pension f de) retraite f ✦ **war/widow's/disability pension** pension f de guerre/de veuve/d'invalidité ; → **eligible**
 2 (from company etc) retraite f ✦ **to get a pension** toucher une retraite or une pension (de retraite) ✦ **it is possible to retire on a pension at 55** il est possible de toucher une retraite à partir de 55 ans
 3 (= allowance : to artist, former servant etc) pension f
 COMP **pension book** N ≈ titre m de pension
 **pension fund** N caisse f or fonds m de retraite, assurance f vieillesse
 **pension plan** N plan m de retraite
 **pension scheme** N régime m de retraite
▶ **pension off** VT SEP mettre à la retraite

**pensionable** /ˈpenʃnəbl/ ADJ ✦ **to be of pensionable age** avoir atteint l'âge de la retraite ✦ **this is a pensionable job** c'est un emploi qui donne droit à une retraite
**pensioneer trustee** /ˌpenʃəˈnɪə/ N (Brit Fin) membre du conseil d'administration d'une caisse de retraite
**pensioner** /ˈpenʃənəʳ/ SYN N (also **old age pensioner**) retraité(e) m(f) ; (any kind of pension) pensionné(e) m(f) ; (also **war pensioner**) militaire m retraité ; (disabled) invalide m de guerre

 **pensioner** is not translated by **pensionnaire**, which means 'boarder'.

**pensive** /ˈpensɪv/ SYN ADJ pensif, songeur
**pensively** /ˈpensɪvlɪ/ ADV pensivement, d'un air pensif
**pent** /pent/
 VB ptp of **pen²**
 ADJ (liter) emprisonné
 COMP **pent-up** SYN ADJ [emotions, rage] refoulé, réprimé ; [energy] refoulé, contenu ✦ **she was very pent-up** elle était sur les nerfs or très tendue
**pentacle** /ˈpentəkl/ N pentacle m
**pentadactyl** /ˌpentəˈdæktɪl/ ADJ pentadactyle
**Pentagon** /ˈpentəgən/ N (US) ✦ **the Pentagon** le Pentagone
**pentagon** /ˈpentəgən/ N pentagone m
**pentagonal** /penˈtægənl/ ADJ pentagonal
**pentagram** /ˈpentəgræm/ N pentagramme m
**pentahedral** /ˌpentəˈhiːdrəl/ ADJ pentaèdre
**pentahedron** /ˌpentəˈhiːdrən/ N (pl **pentahedrons** or **pentahedra** /ˌpentəˈhiːdrə/) pentaèdre m
**pentameter** /penˈtæmɪtəʳ/ N pentamètre m ; → **iambic**
**pentane** /ˈpenteɪn/ N pentane m
**Pentateuch** /ˈpentətjuːk/ N Pentateuque m
**pentathlete** /penˈtæθliːt/ N pentathlonien(ne) m(f)
**pentathlon** /penˈtæθlən/ N (also **modern pentathlon**) pentathlon m
**pentatomic** /ˌpentəˈtɒmɪk/ ADJ pentatomique
**pentatonic** /ˌpentəˈtɒnɪk/ ADJ pentatonique
**Pentecost** /ˈpentɪkɒst/ N Pentecôte f
**Pentecostal** /ˌpentɪˈkɒstl/ ADJ de (la) Pentecôte ; [church, beliefs] pentecôtiste
**Pentecostalism** /ˌpentɪˈkɒstlɪzəm/ N pentecôtisme m
**Pentecostalist** /ˌpentɪˈkɒstlɪst/ ADJ, N pentecôtiste mf
**pentene** /ˈpentiːn/ N amylène m
**penthouse** /ˈpenthaʊs/ N 1 (also **penthouse flat** or **apartment**) appartement m de grand standing (construit sur le toit d'un immeuble)
 2 (Archit = lean-to) auvent m, abri m extérieur ✦ **penthouse roof** appentis m, toit m en auvent
**pentode** /ˈpentəʊd/ N pent(h)ode f
**pentose** /ˈpentəʊs/ N pentose m
**penultimate** /pɪˈnʌltɪmɪt/
 ADJ avant-dernier, pénultième
 N (Ling) pénultième f, avant-dernière syllabe f
**penumbra** /pɪˈnʌmbrə/ N (pl **penumbras** or **penumbrae** /pɪˈnʌmbriː/) (Astron) pénombre f
**penurious** /pɪˈnjʊərɪəs/ ADJ (frm) 1 (= poor) indigent, misérable
 2 (= mean) parcimonieux, ladre

**penury** /ˈpenjʊrɪ/ SYN N misère f, indigence f ✦ **in penury** dans la misère or l'indigence
**penwiper** /ˈpenˌwaɪpəʳ/ N essuie-plume m inv
**peon** /ˈpiːən/ N péon m
**peony (rose)** /ˈpɪənɪ(ˌrəʊz)/ N pivoine f
**people** /ˈpiːpl/ SYN
 NPL 1 (= persons) gens pl preceding adj gen fem, personnes fpl ✦ **clever people** les gens mpl intelligents ✦ **all these good people** toutes ces bonnes gens, tous ces braves gens ✦ **old people** les personnes fpl âgées ; (less respectful) les vieux mpl ✦ **young people** les jeunes mpl ✦ **people are more important than animals** les gens or les êtres humains sont plus importants que les animaux ✦ **a lot of people** beaucoup de gens or de monde ✦ **what a lot of people!** que de monde ! ✦ **the place was full of people** il y avait beaucoup de monde, il y avait un monde fou\* ✦ **she doesn't know many people** elle ne connaît pas grand monde ✦ **several people said...** plusieurs personnes ont dit... ✦ **some people might prefer to wait** il y a peut-être des gens qui préféreraient attendre, certains préféreraient peut-être attendre ✦ **how many people?** combien de personnes ? ✦ **there were 120 people at the lecture** il y avait 120 personnes à la conférence ✦ **they're strange people** ce sont de drôles de gens ✦ **why ask me of all people?** pourquoi me le demander à moi ? ✦ **you of all people should know that** s'il y a quelqu'un qui devrait le savoir, c'est bien toi ✦ **what do you people**\* **think?** qu'est-ce que vous en pensez, vous (tous) or vous autres ? ; → **little¹, other**
 2 (in general) ✦ **what will people think?** que vont penser les gens ?, que va-t-on penser ? ✦ **people say...** on dit... ✦ **don't tell people about that!** n'allez pas raconter ça (aux gens) ! ✦ **people get worried when they see that** on s'inquiète quand on voit cela, les gens s'inquiètent quand ils voient cela
 3 (= inhabitants, natives) [of a country] population f ; [of district, town] habitants mpl, population f ✦ **country people** les gens mpl de la campagne ✦ **town people** les habitants mpl des villes, les citadins mpl ✦ **Liverpool people are friendly** à Liverpool les gens sont gentils, les habitants de Liverpool sont gentils ✦ **the people of France** les Français mpl ✦ **the American people** le peuple américain ✦ **English/French people** les Anglais mpl/Français mpl
 4 (Pol) ✦ **the people** le peuple ✦ **government by the people** gouvernement m par le peuple ✦ **the will of the people** la volonté du peuple or populaire ✦ **the people's princess** la princesse du peuple ✦ **people of the Republic!** citoyens ! ✦ **the people at large** le grand public ✦ **the minister must tell the people the truth** le ministre doit dire la vérité au pays ✦ **a man of the people** un homme du peuple ✦ **the people's army** l'armée f populaire ✦ **people's democracy** démocratie f populaire ✦ **People's Democratic Republic (of...)** (in country's name) République f populaire (de...) ✦ **the people's war** la guerre du peuple ✦ **people's park** (US) jardin m public ; → **common**
 5 (\* = family) famille f, parents mpl ✦ **how are your people?** comment va votre famille ?, comment ça va chez vous ?\*
 6 (\* = employees, workers) ✦ **the marketing people** les gens mpl du marketing ✦ **the TV people** les gens mpl de la télé ✦ **I'll get my people to look into it** je vais demander à mon personnel d'examiner cela
 N (sg = nation, race etc) peuple m, nation f, race f ✦ **the Jewish people** le peuple juif ✦ **the peoples of the East** les nations de l'Orient
 VT peupler (with de)
 COMP **people-carrier** N (Brit = car) monospace m
 **People's Dispensary for Sick Animals** N (Brit) association qui dispense des soins vétérinaires gratuits
 **people mover** N 1 (= car) monospace m
 2 (= escalator) escalator m ; (= moving pavement) trottoir m roulant
 **people power** N action f citoyenne

**PEP** /pep/ N (Brit) (abbrev of **personal equity plan**) = CEA m

**pep**\* /pep/
 N (NonC) entrain m, punch\* m ✦ **to be full of pep** avoir la pêche f or la frite f
 COMP **pep pill**\* N excitant m, stimulant m
 **pep rally** N (US Scol) réunion f des élèves (ou des étudiants) avant un match interscolaire, pour encourager leur équipe
 **pep talk**\* N discours m or paroles fpl d'encouragement

**pep up** *
**VI** [person] s'animer, être ragaillardi ; [business, trade] reprendre, remonter
**VT SEP** [+ person] remonter le moral à, ragaillardir ; [+ one's social life, love life] redonner du piment à ; [+ party, conversation] animer ; [+ drink, plot] corser

- **PEP RALLY**
  Aux États-Unis, un **pep rally** est une réunion de lycéens ou d'étudiants qui souhaitent stimuler le moral d'une équipe sportive avant un match. La manifestation comprend des discours d'encouragement mais aussi un défilé de l'orchestre de l'école (ou de l'université) et de ses majorettes. Le terme est parfois utilisé pour les meetings politiques ou les séminaires d'entreprise ayant pour but de motiver les militants ou les employés.

**Pepin the Short** /ˈpepɪn/ **N** (Hist) Pépin *m* le Bref

**peplos, peplus** /ˈpepləs/ **N** (pl **peploses**) péplum *m*

**pepo** /ˈpiːpəʊ/ **N** péponide *f*

**pepper** /ˈpepəʳ/ SYN
**N** ① (= spice) poivre *m* ◆ **white/black pepper** poivre *m* blanc/gris or noir
② (= vegetable) poivron *m* ◆ **red/green pepper** poivron *m* rouge/vert
**VT** ① (Culin) poivrer
② (fig) ◆ **to pepper sb with shot** cribler qn de plombs ◆ **to pepper a speech with quotations** émailler or truffer un discours de citations ◆ **the minister was peppered with questions** le ministre a été assailli or bombardé de questions
**COMP** **pepper-and-salt** ADJ [cloth] chiné noir inv et blanc inv ; [beard, hair] poivre et sel inv
**pepper gas** N gaz *m* poivre
**pepper mill** N moulin *m* à poivre
**pepper shaker** N ⇒ **pepperpot**
**pepper spray** N spray *m* au poivre

**peppercorn** /ˈpepəkɔːn/
**N** grain *m* de poivre
**COMP** **peppercorn rent** N (Brit) loyer *m* très modique

**pepperiness** /ˈpepərɪnɪs/ **N** [of food] goût *m* poivré

**peppermint** /ˈpepəmɪnt/
**N** ① (= sweet) pastille *f* de menthe
② (= plant) menthe *f* poivrée
**ADJ** (also **peppermint-flavoured**) à la menthe

**pepperoni** /ˌpepəˈrəʊnɪ/ **N** saucisson sec de porc et de bœuf très poivré

**pepperpot** /ˈpepəpɒt/ **N** poivrier *m*, poivrière *f*

**peppery** /ˈpepərɪ/ SYN ADJ [food, taste] poivré ; (fig) [person] irascible, emporté ; [speech] irrité

**peppy** * /ˈpepɪ/ ADJ (US) [person] (= energetic) énergique ; (= lively) plein d'entrain ; [car] nerveux

**pepsin** /ˈpepsɪn/ **N** pepsine *f*

**peptic** /ˈpeptɪk/
**ADJ** digestif
**COMP** **peptic ulcer** N (Med) ulcère *m* de l'estomac ◆ **he has a peptic ulcer** il a un ulcère à l'estomac

**peptide** /ˈpeptaɪd/
**N** peptide *m*
**COMP** **peptide bond** N liaison *f* peptidique
**peptide chain** N chaîne *f* peptidique

**peptone** /ˈpeptəʊn/ **N** peptone *f*

**per** /pɜːʳ/
**PREP** ① par ◆ **per head** par tête, par personne ◆ **per head of population** par habitant ◆ **30 miles per gallon** ≈ 8 litres aux cent (km) ◆ **to drive at 100km per hour** rouler à 100 (km) à l'heure ◆ **she is paid 13 euros per hour** elle est payée 13 euros (de) l'heure ◆ **5 euros per kilo** 5 euros le kilo
② (Comm) ◆ **per post** par la poste ◆ **as per invoice** suivant facture ◆ **as per normal** *or* **usual** * comme d'habitude ◆ **per pro** (Jur) (abbrev de **per procurationem**) (= by proxy) p.p.
**COMP** **per annum** ADV par an
**per capita** ADV par personne
**per capita income** N (Econ) revenu *m* par habitant
**per cent** ADV pour cent ◆ **a ten per cent discount/increase** un rabais/une augmentation de dix pour cent

**per day, per diem** ADV par jour ◆ **a per diem of 100 dollars** (US) une indemnité journalière de 100 dollars
**per se** ADV en soi

**peradventure** /ˌperədˈventʃəʳ/ ADV (liter) par hasard, d'aventure (liter)

**perambulate** /pəˈræmbjʊleɪt/ (frm)
**VT** parcourir (un terrain, surtout en vue de l'inspecter)
**VI** marcher, faire les cent pas

**perambulation** /pəˌræmbjʊˈleɪʃən/ **N** (frm) marche *f*, promenade(s) *f(pl)*, déambulation *f*

**perambulator** † /pəˈræmbjʊleɪtəʳ/ **N** (Brit) voiture *f* d'enfant, landau *m*

**perborate** /pəˈbɔːreɪt/ **N** perborate *m*

**percale** /pəˈkeɪl/ **N** (= fabric) percale *f*

**perceive** /pəˈsiːv/ SYN VT ① (= see, hear) [+ sound, light] percevoir
② (= notice) remarquer, apercevoir ; (= realize) s'apercevoir de ◆ **he perceived that...** il a remarqué or s'est aperçu que...
③ (= view, regard) [+ person, situation] percevoir ◆ **she was perceived as a threat** elle était perçue comme une menace ◆ **the things children perceive as being important** les choses que les enfants perçoivent comme étant importantes ◆ **they perceive themselves as rebels** ils se considèrent comme des rebelles
④ (= understand) [+ implication, meaning] percevoir, saisir

**perceived** /pəˈsiːvd/ ADJ ◆ **perceived problems** ce que certains considèrent comme des problèmes ◆ **how would they tackle perceived problems of staff morale?** comment aborderaient-ils ce que certains considèrent comme des problèmes de motivation au sein du personnel ? ◆ **there are a lot of perceived problems as opposed to actual problems** il y a beaucoup de problèmes imaginaires par opposition aux problèmes réels ◆ **the perceived threat of nuclear weapons** la menace que constituent les armes nucléaires aux yeux des gens ◆ **the president's perceived failure to deal with these problems** le fait qu'aux yeux du public le président n'ait pas réussi à régler ces problèmes

**percent** /pəˈsent/ ADV → **per**

**percentage** /pəˈsentɪdʒ/
**N** ① (= proportion) proportion *f* ; (Math) pourcentage *m* ◆ **the figure is expressed as a percentage** le chiffre est exprimé or donné en pourcentage ◆ **a high percentage were girls** les filles représentaient un fort pourcentage, il y avait une forte proportion de filles ◆ **few foods have such a high percentage of protein** peu d'aliments contiennent autant de protéines
② (* = share, profit) ◆ **to get a percentage on sth** recevoir or toucher un pourcentage sur qch ◆ **there's no percentage in getting angry with him** (fig) ça ne sert à rien de se mettre en colère contre lui
**COMP** **percentage distribution** N (Econ) ventilation *f* en pourcentage
**percentage point** N point *m* ◆ **ten percentage points** dix pour cent, dix points

**percentile** /pəˈsentaɪl/
**N** centile *m* ◆ **she is in the top earning percentile** elle est dans la catégorie des hauts salaires ◆ **he's in the lowest 10th percentile for reading and writing** il est dans la tranche des 10% les moins bons en lecture et en écriture
**COMP** **percentile ranking** N classement *m* par pourcentage

**perceptible** /pəˈseptəbl/ SYN ADJ [sound, movement] perceptible ; [difference, increase] perceptible

**perceptibly** /pəˈseptəblɪ/ ADV (gen) sensiblement ; (= visibly) visiblement ◆ **to improve perceptibly** s'améliorer sensiblement ◆ **the weather was perceptibly warmer** il faisait sensiblement plus chaud ◆ **he brightened perceptibly** il s'égaya visiblement

**perception** /pəˈsepʃən/ SYN **N** ① (= impression, opinion) ◆ **their perception of foreigners** la façon dont ils voient les étrangers, l'image qu'ils ont des étrangers ◆ **the public's perception of the police/the Conservative party** l'image *f* de la police/du parti conservateur ◆ **our perception of the situation is that these problems are due to...** d'après notre analyse de la situation, ces problèmes sont dus à... ◆ **the President has been giving his perception of the situation** le président a donné son analyse de la situation ◆ **consumers have a rather differ-** ent perception of the situation les consommateurs se font une idée assez différente de la situation, les consommateurs voient la situation de façon assez différente ◆ **there is a popular perception that she...** beaucoup de gens croient qu'elle...
② (= insight) perspicacité *f* ◆ **a person of extraordinary perception** une personne d'une extraordinaire perspicacité ◆ **his powers of perception** sa grande perspicacité
③ [of sound, sight etc] (also Psych) perception *f* ◆ **visual perception** la perception visuelle ◆ **one's powers of perception decrease with age** la faculté de perception diminue avec l'âge
④ (Jur) [of rents, taxes, profits] perception *f*

⚠ When it means 'impression' or 'insight' **perception** is not translated by the French word **perception**.

**perceptive** /pəˈseptɪv/ SYN ADJ ① (= perspicacious) [analysis, assessment] pénétrant ; [person] perspicace ◆ **how very perceptive of you!** vous êtes très perspicace !
② [faculty] percepteur (-trice *f*), de (la) perception

**perceptively** /pəˈseptɪvlɪ/ ADV avec perspicacité

**perceptiveness** /pəˈseptɪvnɪs/ **N** ⇒ **perception** 2

**perceptual** /pəˈseptjʊəl/ ADJ [capacity, system, process, error] de perception ◆ **perceptual distortion** (Med, Psych) troubles *mpl* de la perception

**perch¹** /pɜːtʃ/ **N** (pl **perch** or **perches**) (= fish) perche *f*

**perch²** /pɜːtʃ/ SYN
**N** ① [of bird] perchoir *m*, juchoir *m* ◆ **to knock sb off his perch** * faire dégringoler qn de son perchoir * ◆ **to fall** or **drop** or **topple off one's perch** (⁎ ⁎ Brit hum = die) casser sa pipe *
② (= measure) perche *f*
**VI** [bird] (se) percher ; [person] se percher, se jucher ◆ **she perched on the arm of my chair** elle se percha or se jucha sur le bras de mon fauteuil ◆ **the tower perches on the edge of the cliff** la tour est perchée or juchée au bord de la falaise
**VT** [+ object, child, building etc] percher, jucher

**perchance** /pəˈtʃɑːns/ SYN ADV ( †† or hum) peut-être

**Percheron** /ˈpɜːʃərɒn/ **N** percheron *m*

**perchlorate** /pəˈklɔːreɪt/ **N** perchlorate *m*

**perchloric** /pəˈklɔːrɪk/ ADJ ◆ **perchloric acid** acide *m* perchlorique

**percipient** /pəˈsɪpɪənt/ SYN
**ADJ** [faculty] percepteur (-trice *f*) ; [person] fin, perspicace ; [choice] éclairé
**N** personne *f* qui perçoit

**percolate** /ˈpɜːkəleɪt/ SYN
**VT** ◆ **to percolate the coffee** passer le café ◆ **percolated coffee** café *m* fait dans une cafetière à pression
**VI** [coffee, water] passer (through par) ◆ **the news percolated through from the front** la nouvelle a filtré du front ◆ **new fashions took a long time to percolate down** les modes mettaient longtemps à se propager

**percolation** /ˌpɜːkəˈleɪʃən/ **N** percolation *f*

**percolator** /ˈpɜːkəleɪtəʳ/ **N** cafetière *f* à pression ; (in café) percolateur *m* ◆ **electric percolator** cafetière *f* électrique

**percussion** /pəˈkʌʃən/ SYN
**N** ① (= impact, noise) percussion *f*, choc *m*
② (Mus) percussions *fpl* ◆ **the percussion (section)** les percussions *fpl*
**COMP** **percussion bullet** N balle *f* explosive
**percussion cap** N capsule *f* fulminante
**percussion drill** N perceuse *f* à percussion
**percussion instrument** N (Mus) instrument *m* à percussion
**percussion player** N percussionniste *mf*

**percussionist** /pəˈkʌʃənɪst/ **N** percussionniste *mf*

**percussive** /pəˈkʌsɪv/ ADJ percutant

**percutaneous** /ˌpɜːkjuːˈteɪnɪəs/ ADJ (Med) percutané

**perdition** /pəˈdɪʃən/ **N** perdition *f*, ruine *f*, perte *f* ; (Rel) perdition *f*, damnation *f*

**peregrination** † /ˌperɪgrɪˈneɪʃən/ **N** (frm) pérégrination *f* ◆ **peregrinations** voyage *m*, pérégrinations *fpl*

**peregrine falcon** /ˌperɪgrɪnˈfɔːlkən/ **N** faucon *m* pèlerin

**peremptorily** /pəˈremptərɪlɪ/ ADV *[speak]* d'un ton péremptoire ; *[behave, gesture]* de manière péremptoire, péremptoirement

**peremptory** /pəˈremptərɪ/ SYN ADJ *[instruction, order]* péremptoire, formel ; *[argument]* décisif, sans réplique ; *[tone]* tranchant, péremptoire

**perennial** /pəˈrenɪəl/ SYN
ADJ [1] *(= long-lasting, enduring)* perpétuel, éternel ; *[problem]* éternel, chronique ◆ **a perennial shortage of teachers** un manque chronique d'enseignants ◆ **the piece has been a perennial favourite in orchestral repertoires** cette œuvre est l'une de celles qui reviennent le plus souvent dans le répertoire orchestral
[2] *[plant]* vivace, pluriannuel
N *(= plant)* (plante *f*) vivace *f*, plante *f* pluriannuelle ; → **hardy**

**perennially** /pəˈrenɪəlɪ/ ADV *(= always)* perpétuellement, constamment ◆ **perennially popular** éternellement populaire

**perestroika** /perəˈstrɔɪkə/ N perestroïka *f*

**perfect** /ˈpɜːfɪkt/ SYN
ADJ [1] *(= ideal)* parfait ◆ **no one is perfect** personne n'est parfait, la perfection n'est pas de ce monde ◆ **she is perfect for the job** c'est la personne idéale pour le poste ◆ **in a perfect world** dans un monde parfait ◆ **she speaks perfect English** son anglais est parfait *or* impeccable ◆ **his Spanish is far from perfect** son espagnol est loin d'être parfait ◆ **it was the perfect moment to speak to him about it** c'était le moment idéal pour lui en parler ◆ **I've got the perfect solution!** j'ai trouvé la solution idéale ! ; → **word**
[2] *(emphatic = complete)* véritable, parfait ◆ **he's a** *or* **the perfect gentleman** c'est le parfait gentleman ◆ **he's a perfect stranger** personne ne le connaît ◆ **he's a perfect stranger to me** il m'est complètement inconnu ◆ **I am a perfect stranger in this town** je ne connais absolument rien de cette ville ◆ **a perfect pest** un véritable fléau ◆ **a perfect fool** un parfait imbécile, un imbécile fini ◆ **I have a perfect right to be here** j'ai tout à fait le droit d'être ici ◆ **it makes perfect sense to me** cela me paraît tout à fait évident
N *(Gram)* parfait *m* ◆ **in the perfect** au parfait
VT /pəˈfekt/ *[+ technique, skill, work of art]* parfaire ; *[+ methods]* mettre au point, perfectionner ; *[+ plan]* mettre au point ; *[+ product, design]* perfectionner ◆ **to perfect one's French** se perfectionner en français
COMP **perfect pitch** N *(Mus)* ◆ **to have perfect pitch** avoir l'oreille absolue
**perfect tense** N *(Gram)* parfait *m*

**perfectibility** /pəˌfektɪˈbɪlɪtɪ/ N perfectibilité *f*

**perfectible** /pəˈfektɪbl/ ADJ perfectible

**perfection** /pəˈfekʃən/ SYN N [1] *(= faultlessness)* perfection *f* ◆ **physical perfection** perfection *f* physique ◆ **to perfection** à la perfection
[2] *(NonC = process of perfecting)* perfectionnement *m* ◆ **the perfection of production methods** le perfectionnement des méthodes de production

**perfectionism** /pəˈfekʃənɪzəm/ N perfectionnisme *m*

**perfectionist** /pəˈfekʃənɪst/ SYN ADJ, N perfectionniste *mf*

**perfective** /pəˈfektɪv/ *(Gram)*
ADJ perfectif
N [1] *(= aspect)* aspect *m* perfectif
[2] *(= verb)* verbe *m* perfectif

**perfectly** /ˈpɜːfɪktlɪ/ SYN ADV [1] *(= to perfection)* parfaitement
[2] *(= completely)* parfaitement, tout à fait ◆ **but it's a perfectly good car!** mais il n'y a aucun problème avec cette voiture !, mais cette voiture marche parfaitement ! ◆ **you know perfectly well!** tu le sais parfaitement bien ! ◆ **to be perfectly honest, I hate classical music** pour être parfaitement *or* tout à fait honnête, je déteste la musique classique ◆ **it was perfectly horrible** † c'était parfaitement horrible

**perfervid** /pɜːˈfɜːvɪd/ ADJ *(liter)* plein de ferveur

**perfidious** /pɜːˈfɪdɪəs/ SYN ADJ *(liter)* perfide, traître (traîtresse *f*) ◆ **perfidious Albion** la perfide Albion

**perfidiously** /pɜːˈfɪdɪəslɪ/ ADV *(liter)* perfidement, traîtreusement ; *[act]* en traître, perfidement

**perfidiousness** /pəˈfɪdɪəsnɪs/ N perfidie *f*

**perfidy** /ˈpɜːfɪdɪ/ SYN N *(liter)* perfidie *f*

**perforate** /ˈpɜːfəreɪt/ SYN VT *[+ paper, metal]* perforer, percer ; *[+ ticket]* perforer, poinçonner ◆ **perforated tape** *(Comput)* bande *f* perforée ◆ **"tear along the perforated line"** « détachez suivant le pointillé »

**perforation** /ˌpɜːfəˈreɪʃən/ N perforation *f*

**perforce** † /pəˈfɔːs/ ADV *(frm)* nécessairement, forcément

**perform** /pəˈfɔːm/ SYN
VT [1] *[+ task]* exécuter, accomplir ; *[+ duty]* accomplir, s'acquitter de ; *[+ function]* remplir ; *[+ miracle]* accomplir ; *[+ rite, ceremony]* célébrer ; *[+ cunnilingus, fellatio]* pratiquer ; *(Jur) [+ contract]* exécuter ◆ **to perform an operation** *(gen)* accomplir *or* exécuter une opération ; *(Med)* pratiquer une opération, opérer ◆ **to perform an abortion** pratiquer un avortement
[2] *(Mus, Theat etc) [+ play, ballet, opera, symphony etc]* interpréter ◆ **to perform a part** interpréter un rôle
VI [1] *[person]* se produire ; *[actor, musician]* jouer ; *[singer]* chanter ; *[dancer]* danser ; *[clown, acrobat, trained animal]* exécuter un *or* des numéro(s) ◆ **he's performing at the Vic tonight** *[actor]* il joue ce soir au Vic ◆ **to perform on the violin** jouer du violon, exécuter un morceau au violon ◆ **he performed brilliantly as Hamlet** il a brillamment interprété Hamlet ◆ **when we performed in Edinburgh** *(Theat)* quand nous avons donné une *or* des représentation(s) à Édimbourg, quand nous avons joué à Édimbourg ◆ **the clowns performed well** les clowns ont bien exécuté leur numéro ; see also **performing**
[2] *[machine, vehicle]* marcher, fonctionner ◆ **the car is not performing properly** la voiture ne marche pas bien
[3] *(Econ)* ◆ **to perform well/badly** *[economy, industry, factory]* avoir de bons/mauvais résultats ◆ **their shares are performing strongly** leurs actions se comportent très bien

**performance** /pəˈfɔːməns/ SYN
N [1] *(= session, show) (gen)* spectacle *m* ; *(Theat, Mus)* représentation *f* ; *(at circus, variety show)* séance *f* ◆ **"no performance tonight"** « ce soir relâche » ◆ **what a performance!** * *(= rigmarole)* quelle affaire !, quelle histoire ! * ; *(= fuss about nothing)* quel cinéma ! *
[2] *(= rendering) [of composition]* interprétation *f* ; *[of one's act]* numéro *m* ◆ **her performance as** *or* **of Desdemona** son interprétation de Desdémone, son jeu dans le rôle de Desdémone ◆ **I've never seen her in performance** je ne l'ai jamais vue sur scène ◆ **the pianist gave a splendid performance** le pianiste a joué de façon magnifique ◆ **Kingsley gives an Oscar-winning performance as Gandhi** l'interprétation de Kingsley dans le rôle de Gandhi lui a valu un oscar
[3] *(= record, success) [of racehorse, athlete, team]* performance *f* ; *[of economy, business, factory]* résultats *mpl* ; *[of currency]* tenue *f* ; *(Comm) [of product]* comportement *m* ; *(Fin) [of investment]* rentabilité *f*, rendement *m* ◆ **their performance in the election/in the exam/in maths** leurs résultats aux élections/à l'examen/en maths ◆ **his performance in the debate** sa prestation lors du débat ◆ **economic/financial/academic performance** résultats *mpl* économiques/financiers/universitaires ◆ **drinking too much can affect your sexual performance** l'excès d'alcool peut affecter vos performances sexuelles ◆ **on past performance, an England victory seems unlikely** si l'on se réfère au passé *or* d'après ses résultats passés, l'Angleterre semble avoir peu de chances de gagner
[4] *[of engine, vehicle]* performance *f* ; → **high**
[5] *(NonC = carrying out) [of task, duty]* exécution *f* ; *[of miracle]* accomplissement *m* ; *[of ritual]* célébration *f (of* de) ◆ **in the performance of my/his duties** dans l'exercice de mes/ses fonctions
[6] *(Ling)* performance *f*
COMP **performance anxiety** N trac *m*
**performance art** N art *m* performance
**performance artist** N performer *m (artiste pratiquant l'art performance)*
**performance bond** N garantie *f* de bonne fin *or* de bonne exécution
**performance bonus** N prime *f* de rendement
**performance car** N voiture *f* à hautes performances
**performance drugs** NPL *(Sport)* dopants *mpl*
**performance-enhancing drug** N dopant *m*
**performance indicator** N indicateur *m* de performance
**performance-related pay** N salaire *m* au rendement

**performative** /pəˈfɔːmətɪv/ *(Ling)* ADJ, N ◆ **performative (verb)** (verbe *m*) performatif *m*

**performer** /pəˈfɔːməʳ/ SYN N [1] *(= musician, actor etc)* artiste *mf*, interprète *mf*
[2] ◆ **to be a high performer** *[company]* afficher de très bonnes performances ; *[employee]* être très performant

**performing** /pəˈfɔːmɪŋ/ ADJ ◆ **the performing arts** les arts *mpl* du spectacle ◆ **performing artists** les gens *mpl* du spectacle ◆ **performing dogs** chiens *mpl* savants ◆ **performing flea/seal** puce *f*/otarie *f* savante

**perfume** /ˈpɜːfjuːm/ SYN
N parfum *m*
VT /pəˈfjuːm/ parfumer

**perfumer** /pəˈfjuːməʳ/ N parfumeur *m*, -euse *f*

**perfumery** /pəˈfjuːmərɪ/ N parfumerie *f*

**perfunctorily** /pəˈfʌŋktərɪlɪ/ ADV *[smile]* d'un air indifférent ; *[kiss, thank]* sans conviction, sans enthousiasme ; *[answer, examine, check, deal with]* de façon superficielle ◆ **to glance at sth perfunctorily** jeter un coup d'œil indifférent à qch

**perfunctory** /pəˈfʌŋktərɪ/ SYN ADJ *[nod, kiss, greeting]* indifférent ; *[effort, search]* superficiel ◆ **the medics made a perfunctory effort at resuscitation** les secouristes ont fait une tentative de réanimation pour la forme

**pergola** /ˈpɜːgələ/ N pergola *f*

**perhaps** /pəˈhæps, præps/ LANGUAGE IN USE 1, 2.2, 3.2, 15.3, 26.3 SYN ADV peut-être ◆ **perhaps he is right** il a peut-être raison, peut-être qu'il a raison, peut-être a-t-il raison *(frm)* ◆ **coincidence? perhaps (so)** coïncidence ? peut-être (que oui) ◆ **should he have resigned? perhaps he should** aurait-il dû démissionner ? peut-être (que oui) ◆ **the worst prime minister of the century? perhaps not, but...** le pire Premier ministre du siècle ? peut-être pas *or* peut-être que non, mais... ◆ **is there no hope left? perhaps there is** n'y a-t-il plus d'espoir ? peut-être que si

**perianth** /ˈperɪænθ/ N périanthe *m*

**periastron** /ˌperɪˈæstrɒn/ N périastre *m*

**pericardiac** /"perɪˈkɑːdɪ"æk/, **pericardial** /ˌperɪˈkɑːdɪəl/ ADJ péricardique

**pericarditis** /ˌperɪkɑːˈdaɪtɪs/ N *(Med)* péricardite *f*

**pericardium** /ˌperɪˈkɑːdɪəm/ N (pl **pericardia** /ˌperɪˈkɑːdɪə/) péricarde *m*

**pericarp** /ˈperɪkɑːp/ N péricarpe *m*

**perichondrium** /ˌperɪˈkɒndrɪəm/ N (pl **perichondria** /ˌperɪˈkɒndrɪə/) périchondre *m*

**Pericles** /ˈperɪˌkliːz/ N Périclès *m*

**pericycle** /ˈperɪˌsaɪkəl/ N péricycle *m*

**peridot** /ˈperɪdɒt/ N péridot *m*

**perigee** /ˈperɪdʒiː/ N périgée *m*

**periglacial** /ˌperɪˈgleɪʃəl/ ADJ périglaciaire

**perihelion** /ˌperɪˈhiːlɪən/ N (pl **perihelia** /ˌperɪˈhiːlɪə/) *(Astron)* périhélie *m*

**peril** /ˈperɪl/ SYN N *(esp liter)* péril *m*, danger *m* ◆ **he is in great peril** il court un grand péril ◆ **to be in peril of annihilation** risquer d'être anéanti ◆ **he's in peril of his life** sa vie est en danger ◆ **the cliff is in peril of collapsing** la falaise risque de s'effondrer ◆ **at the peril of** au péril de ◆ **at your peril** à vos risques et périls ◆ **insured peril** *(Insurance)* risque *m* assuré

**perilous** /ˈperɪləs/ SYN ADJ périlleux

**perilously** /ˈperɪləslɪ/ ADV périlleusement ◆ **perilously close** terriblement proche ◆ **to be/come perilously close to disaster/death** *etc* frôler *or* friser la catastrophe/la mort *etc* ◆ **I came perilously close to telling her everything** il s'en est fallu d'un cheveu que je ne lui dise tout

**perimeter** /pəˈrɪmɪtəʳ/ SYN
N périmètre *m*
COMP **perimeter fence** N périmètre *m* enclos, clôture *f* d'enceinte

**perinatal** /ˌperɪˈneɪtl/ ADJ périnatal

**perinea** /ˌperɪˈniːə/ NPL of **perineum**

**perineal** /ˌperɪˈniːəl/ ADJ périnéal

**perineum** /ˌperɪˈniːəm/ N (pl **perinea**) périnée *m*

**period** /ˈpɪərɪəd/ SYN
N [1] *(= epoch)* période *f*, époque *f* ; *(Geol)* période *f* ; *(= stage: in career, development etc)* époque *f*, moment *m* ; *(= length of time)* période *f* ◆ **the classical period** la période classique ◆ **costumes/**

**furniture of the period** costumes mpl/meubles mpl de l'époque ◆ **Picasso's blue period** la période bleue de Picasso ◆ **the period from 1600 to 1750** la période entre 1600 et 1750 ◆ **the post-war period** (la période de) l'après-guerre m ◆ **during the whole period of the negotiations** pendant toute la période or durée des négociations ◆ **at a later period** à une époque ultérieure, plus tard ◆ **at that period in** or **of his life** à cette époque or à ce moment de sa vie ◆ **a period of social upheaval** une période or une époque de bouleversements sociaux ◆ **the magazine was forced to close down for a period** le magazine a dû interrompre sa publication pendant quelque temps or un certain temps ◆ **the factory will be closed for an indefinite period** l'usine sera fermée pour une durée indéterminée ◆ **after a short period in hospital** après un court séjour à l'hôpital ◆ **he had several periods of illness** il a été malade à plusieurs reprises ◆ **the holiday period** la période des vacances ◆ **bright/rainy periods** périodes fpl ensoleillées/de pluie ◆ **in the period of a year** en l'espace d'une année ◆ **it must be done within a three-month period** il faut le faire dans un délai de trois mois ; → **safe**

[2] (Scol = lesson) ≈ heure f ◆ **first period** la première heure ◆ **a double period of French** ≈ deux heures de français

[3] (US = full stop) point m ◆ **I won't do it, period** je ne veux pas le faire or je ne le ferai pas, un point c'est tout

[4] (= menstruation) règles fpl

[5] (Phys, Math = reciprocal of frequency) période f

**COMP** **period costume, period dress** N costume m d'époque
**period furniture** N (genuine) meuble m d'époque ; (copy) meuble m de style ancien
**period of revolution** or **rotation** N (Astron) période f de rotation
**period pain(s)** NPL (Med) règles fpl douloureuses
**period piece** N (fig) curiosité f

**periodic** /ˌpɪərɪˈɒdɪk/
**ADJ** périodique
**COMP** **periodic table** N classification f périodique des éléments

**periodical** /ˌpɪərɪˈɒdɪkəl/ SYN
**ADJ** périodique
**N** (journal m) périodique m, publication f périodique

**periodically** /ˌpɪərɪˈɒdɪkəlɪ/ ADV périodiquement

**periodicity** /ˌpɪərɪəˈdɪsɪtɪ/ N périodicité f

**periodontal** /ˌperɪˈdɒntl/ ADJ parodontal

**periosteum** /ˌperɪˈɒstɪəm/ N (pl periostea /ˌperɪˈɒstɪə/) périoste m

**periostitis** /ˌperɪɒˈstaɪtɪs/ N périostite f

**peripatetic** /ˌperɪpəˈtetɪk/ ADJ (= itinerant) ambulant ; (Brit) [teacher] qui exerce sur plusieurs établissements ; (Philos) péripatéticien

**peripheral** /pəˈrɪfərəl/
**ADJ** [activity, interest] accessoire ; [area] périphérique ◆ **to be peripheral to sth** (of minor importance to) être accessoire par rapport à ◆ **science is peripheral to that debate** l'aspect scientifique n'entre pas dans ce débat
**N** (Comput) périphérique m

**periphery** /pəˈrɪfərɪ/ N périphérie f ◆ **on the periphery** [of subject] en marge ; [of area, place] à la périphérie

**periphrasis** /pəˈrɪfrəsɪs/ N (pl periphrases /pəˈrɪfrəsiːz/) périphrase f, circonlocution f

**periphrastic** /ˌperɪˈfræstɪk/ ADJ périphrastique

**peripteral** /pəˈrɪptərəl/ ADJ périptère

**periscope** /ˈperɪskəʊp/ N périscope m

**perish** /ˈperɪʃ/ SYN
**VI** [1] (liter = die) périr, mourir (from de) ◆ **they perished in the attempt** ils y ont laissé la vie ◆ **perish the thought!** jamais de la vie !, loin de moi cette pensée ! ◆ **if, perish the thought, you should die suddenly** si par malheur or si, Dieu nous en préserve, vous veniez à mourir subitement
[2] [rubber, material, leather] se détériorer, s'abîmer ; [food] se détériorer, s'abîmer
**VT** [+ rubber, food] abîmer, détériorer

**perishable** /ˈperɪʃəbl/ SYN
**ADJ** périssable
**NPL** **perishables** denrées fpl périssables

**perished** /ˈperɪʃt/ ADJ [1] [rubber] détérioré, abîmé
[2] (esp Brit = cold) ◆ **to be perished** † * être frigorifié *, crever * de froid

**perisher** * /ˈperɪʃəʳ/ N (Brit) enquiquineur * m, -euse * f ◆ **you little perisher!** petite peste !

**perishing** /ˈperɪʃɪŋ/ ADJ [1] (= very cold) très froid ◆ **outside in the perishing cold** dehors dans le froid glacial or intense ◆ **it was perishing* (cold)** il faisait un froid de loup or de canard ◆ **to be perishing*** [person] être frigorifié *, crever * de froid ; → **perish**
[2] (Brit † *) sacré * before n, damné * before n ◆ **it's a perishing nuisance!** c'est vraiment enquiquinant ! *

**perisperm** /ˈperɪˌspɜːm/ N périsperme m

**peristalsis** /ˌperɪˈstælsɪs/ N (pl peristalses /ˌperɪˈstælsiːz/) péristaltisme m

**peristaltic** /ˌperɪˈstæltɪk/ ADJ péristaltique

**peristome** /ˈperɪˌstəʊm/ N péristome m

**peristyle** /ˈperɪstaɪl/ N péristyle m

**perithecium** /ˌperɪˈθiːsɪəm/ N (pl perithecia /ˌperɪˈθiːsɪə/) périthèce m

**peritoneal** /ˌperɪtəˈniːəl/ ADJ péritonéal

**peritoneum** /ˌperɪtəˈniːəm/ N (pl peritoneums or peritonea /ˌperɪtəˈniːə/) péritoine m

**peritonitis** /ˌperɪtəˈnaɪtɪs/ N péritonite f

**periwig** /ˈperɪwɪg/ N (Hist) perruque f

**periwinkle** /ˈperɪˌwɪŋkl/ N (= plant) pervenche f ; (= shellfish) bigorneau m

**perjure** /ˈpɜːdʒəʳ/ VT ◆ **to perjure o.s.** se parjurer ; (Jur) faire un faux serment ◆ **perjured evidence** (Jur) faux serment m, faux témoignage m (volontaire)

**perjurer** /ˈpɜːdʒərəʳ/ N parjure mf

**perjurious** /pɜːˈdʒʊərɪəs/ ADJ ◆ **perjurious evidence** fausse preuve f ◆ **perjurious testimony** faux témoignage m

**perjury** /ˈpɜːdʒərɪ/ SYN N (Jur) faux serment m ◆ **to commit perjury** se parjurer ; (Jur) faire un faux serment

**perk¹** /pɜːk/
**VI** ◆ **to perk up** (= cheer up) se ragaillardir ; (after illness) se remonter, se retaper * ; (= show interest) s'animer, dresser l'oreille ◆ **his ears perked up** (lit, fig) il a dressé l'oreille
**VT** ◆ **to perk sb up** ragaillardir qn, retaper qn * ◆ **she perked up her outfit with a bright scarf** elle a égayé sa tenue avec une écharpe de couleur vive

**perk²** * /pɜːk/ N (abbrev of perquisite) (= benefit) à-côté m, avantage m annexe ◆ **it's one of the perks of the job** c'est l'un des avantages or des à-côtés du métier ◆ **one of the perks of being a student is...** l'un des avantages à être étudiant est...

**perk³** * /pɜːk/ VI (abbrev of percolate) [coffee] passer

**perkily** /ˈpɜːkɪlɪ/ ADV [speak] d'un ton guilleret ; [move] vivement, avec vivacité ◆ **a bow pinned perkily to her cap** un nœud coquin attaché à son chapeau

**perkiness** * /ˈpɜːkɪnɪs/ N entrain m

**perky** * /ˈpɜːkɪ/ ADJ (= cheerful) guilleret, gai ; (= lively) plein d'entrain

**perlite** /ˈpɜːlaɪt/ N (Miner) perlite f

**perm¹** /pɜːm/
**N** (esp Brit) (abbrev of permanent) permanente f ◆ **to have a perm** se faire faire une permanente
**VT** ◆ **to perm sb's hair** faire une permanente à qn ◆ **to have one's hair permed** se faire faire une permanente

**perm²** * /pɜːm/
**N** abbrev of **permutation**
**VTI** abbrev of **permutate**

**permafrost** /ˈpɜːməfrɒst/ N permafrost m, pergélisol m

**permalink** /ˈpɜːməlɪŋk/ N permalien m

**permalloy** /pɜːˈmælɔɪ/ N permalloy m

**permanence** /ˈpɜːmənəns/ SYN N permanence f

**permanency** /ˈpɜːmənənsɪ/ N [1] → **permanence**
[2] (job) emploi m permanent, poste m fixe

**permanent** /ˈpɜːmənənt/ SYN
**ADJ** permanent ◆ **the five permanent members of the UN Security Council** les cinq membres permanents du Conseil de sécurité de l'ONU ◆ **the ban is intended to be permanent** l'interdiction est censée être définitive ◆ **we cannot make any permanent arrangements** nous ne pouvons pas prendre de dispositions définitives ◆ **I'm not permanent here** je ne suis pas ici à titre définitif ◆ **permanent address** résidence f or adresse f fixe ◆ **appointment to the permanent staff** nomination f à titre définitif ◆ **a permanent fixture** (= feature, object) une constante ◆ **a permanent fixture of government** une constante dans le gouvernement ◆ **he's a permanent fixture*** il fait partie des meubles * ◆ **he's no longer a permanent fixture*** **on the political scene** il n'est plus le personnage omniprésent or incontournable qu'il a été sur la scène politique
**N** (US † : for hair) permanente f
**COMP** **permanent-press** ADJ [trousers] à pli permanent ; [skirt] indéplissable
**Permanent Secretary** N (Brit Admin) secrétaire m général (de ministère)
**permanent wave** † N permanente f
**permanent way** N (Brit) (= railway) voie f ferrée

**permanently** /ˈpɜːmənəntlɪ/ ADV [1] [change, live] définitivement ; [damage] de façon permanente
[2] [open, closed] en permanence ; [tired, angry, unhappy etc] éternellement, constamment

**permanganate** /pɜːˈmæŋgənɪt/ N permanganate m

**permanganic** /ˌpɜːmænˈgænɪk/ ADJ ◆ **permanganic acid** acide m permanganique

**permeability** /ˌpɜːmɪəˈbɪlɪtɪ/ N perméabilité f

**permeable** /ˈpɜːmɪəbl/ ADJ perméable, pénétrable

**permeate** /ˈpɜːmɪeɪt/ SYN
**VT** [1] (= be prevalent in) être omniprésent dans ◆ **bias against women permeates the legal system** la misogynie est omniprésente dans le système judiciaire ◆ **the melancholy which permeated all his work** la mélancolie omniprésente dans son œuvre
[2] (= fill) [feeling, smell] pénétrer dans or parmi, se répandre dans or parmi ; [liquid] pénétrer, filtrer à travers ◆ **to be permeated with** or **by** être empreint de ◆ **a feeling akin to euphoria began to permeate her being** un sentiment proche de l'euphorie commença à gagner tout son être
**VI** (= spread) se répandre, pénétrer ◆ **this shows how far drugs have permeated into our culture** ceci montre à quel point la drogue s'est répandue dans notre culture ◆ **the message has not permeated to the North Bridge offices** le message n'a pas gagné les bureaux de North Bridge ◆ **to permeate through** [+ society, system] se diffuser or se répandre dans ◆ **water will permeate through the concrete** l'eau s'infiltrera à travers le béton

**Permian** /ˈpɜːmɪən/ N, ADJ (Geol) permien m

**permissible** /pəˈmɪsɪbl/ LANGUAGE IN USE 9.4 SYN
**ADJ** [action etc] permis ; [behaviour, attitude, level, limit] acceptable ◆ **it is permissible to refuse** il est permis de refuser ◆ **would it be permissible to say that...?** serait-il acceptable de dire que... ? ◆ **the degree of permissible error is 2%** la marge d'erreur acceptable or tolérable est de 2%

**permission** /pəˈmɪʃən/ LANGUAGE IN USE 9.2 SYN N permission f ; (official) autorisation f ◆ **without permission** sans permission, sans autorisation ◆ **with your permission** avec votre permission ◆ **"by kind permission of..."** « avec l'aimable autorisation de... » ◆ **no permission is needed** il n'est pas nécessaire d'avoir une autorisation ◆ **he gave permission for the body to be exhumed** il a autorisé l'exhumation du corps ◆ **she gave permission for her daughter's marriage** il a consenti au mariage de sa fille ◆ **she gave her daughter permission to marry** elle a autorisé sa fille à se marier ◆ **permission is required in writing from the committee** il est nécessaire d'obtenir l'autorisation écrite du comité ◆ **who gave you permission to do that?** qui vous a autorisé à or qui vous a permis de faire cela ? ◆ **you have my permission to do that** je vous permets de or vous autorise à faire cela, je vous accorde la permission or l'autorisation de faire cela ◆ **you have my permission to leave** je vous autorise à partir ◆ **to ask (sb's) permission to do sth** demander (à qn) la permission or l'autorisation de faire qch ◆ **to ask permission for sb to do sth** demander que qn ait la permission de faire qch

**permissive** /pəˈmɪsɪv/ SYN ADJ (= tolerant) [person, parent] permissif ◆ **the permissive society** la société permissive

**permissively** /pəˈmɪsɪvlɪ/ ADV de façon permissive

**permissiveness** /pəˈmɪsɪvnɪs/ **N** permissivité *f*

**permit** /ˈpɜːmɪt/ SYN

**N** autorisation *f* écrite ; *(for specific activity)* permis *m* ; *(for entry)* laissez-passer *m inv* ; *(for goods at Customs)* passavant *m* ◆ **fishing permit** permis *m* de pêche ◆ **building permit** permis *m* de construire ◆ **you need a permit to go into the laboratory** pour entrer dans le laboratoire il vous faut une autorisation écrite *or* un laissez-passer ; → **entry**

**VT** /pəˈmɪt/ *(gen)* permettre *(sb to do sth* à qn de faire qch*)*, autoriser *(sb to do sth* qn à faire qch*)* ◆ **he was permitted to leave** on lui a permis de partir, on l'a autorisé à partir ◆ **camping is permitted here** il est permis de camper ici ◆ **is it permitted to smoke?** est-il permis de fumer ? ◆ **it is not permitted to smoke** il n'est pas permis *or* il est interdit de fumer ◆ **we could never permit that to happen** nous ne pourrions jamais permettre que cela se produise, nous ne pourrions jamais laisser cela se produire ◆ **I won't permit it** je ne le permettrai pas ◆ **her mother will never permit the sale of the house** sa mère n'autorisera jamais la vente de la maison ◆ **her mother will not permit her to sell the house** sa mère ne lui permet pas de *or* ne l'autorise pas à vendre la maison ◆ **the law permits the sale of this substance** la loi autorise la vente de cette substance ◆ **the vent permits the escape of gas** l'orifice permet l'échappement du gaz ◆ **permit me to help you** *(frm)* permettez-moi de vous aider ◆ **to permit o.s. sth** *(frm)* se permettre qch

**VI** /pəˈmɪt/ permettre ◆ **weather permitting, if the weather permits** si le temps le permet ◆ **if time permits** si j'ai *(or* nous avons *etc)* le temps ◆ **to permit of sth** *(frm)* permettre qch ◆ **it does not permit of doubt** *(frm)* cela ne permet pas le moindre doute

**permittivity** /ˌpɜːmɪˈtɪvɪtɪ/ **N** *(Phys)* permittivité *f*

**permutate** /ˈpɜːmjʊˌteɪt/ **VTI** permuter

**permutation** /ˌpɜːmjʊˈteɪʃən/ SYN **N** permutation *f*

**permute** /pəˈmjuːt/ **VT** permuter

**pernicious** /pɜːˈnɪʃəs/ SYN

**ADJ** *(gen, also Med)* pernicieux

**COMP** **pernicious anaemia** **N** anémie *f* pernicieuse

**perniciously** /pɜːˈnɪʃəslɪ/ **ADV** pernicieusement

**pernickety** * /pəˈnɪkɪtɪ/ **ADJ** *(= fussy about)* pointilleux, formaliste ; *(= hard to please)* difficile ; *[job]* délicat, minutieux ◆ **he's very pernickety** il est très pointilleux, il cherche toujours la petite bête ◆ **he's very pernickety about what he wears/about his food** il est très difficile pour ses vêtements/pour sa nourriture

**Peronism** /ˈperənɪzəm/ **N** péronisme *m*

**Peronist** /ˈperənɪst/ **ADJ, N** péroniste *mf*

**perorate** /ˈperəˌreɪt/ **VI** *(speak at length)* discourir ; *(conclude a speech)* conclure

**peroration** /ˌperəˈreɪʃən/ SYN **N** péroraison *f*

**peroxidase** /pəˈrɒksɪˌdeɪs/ **N** peroxydase *f*

**peroxidation** /pəˌrɒksɪˈdeɪʃən/ **N** peroxydation *f*

**peroxide** /pəˈrɒksaɪd/ **N** *(Chem)* peroxyde *m* ; *(for hair)* eau *f* oxygénée ◆ **peroxide blonde** * blonde *f* décolorée *or* oxygénée * ; → **hydrogen**

**perpendicular** /ˌpɜːpənˈdɪkjʊləʳ/ SYN

**ADJ** *(also Archit, Math)* perpendiculaire *(to* à*)* ; *[cliff, slope]* à pic

**N** perpendiculaire *f* ◆ **to be out of perpendicular** être hors d'aplomb, sortir de la perpendiculaire

**COMP** **perpendicular Gothic** **ADJ** *(Archit)* gothique *m* perpendiculaire anglais

**perpendicularly** /ˌpɜːpənˈdɪkjʊləlɪ/ **ADV** perpendiculairement

**perpetrate** /ˈpɜːpɪtreɪt/ SYN **VT** *[+ crime]* perpétrer, commettre ; *[+ blunder, hoax]* faire

**perpetration** /ˌpɜːpɪˈtreɪʃən/ **N** perpétration *f*

**perpetrator** /ˈpɜːpɪtreɪtəʳ/ **N** auteur *m* ◆ **perpetrator of a crime** auteur *m* d'un crime

**perpetual** /pəˈpetjʊəl/ SYN **ADJ** *[movement, calendar, rain, sunshine, flower]* perpétuel ; *[nuisance, worry]* perpétuel, constant ; *[noise, questions, complaints]* perpétuel, continuel ; *[snows]* éternel ◆ **he's a perpetual nuisance** il ne cesse d'embêter le monde

**perpetually** /pəˈpetjʊəlɪ/ **ADV** *[live]* perpétuellement ; *[complain]* continuellement, sans cesse ◆ **we were perpetually at war with the other members** nous étions perpétuellement en guerre avec les autres membres

**perpetuate** /pəˈpetjʊeɪt/ SYN **VT** perpétuer

**perpetuation** /pəˌpetjʊˈeɪʃən/ **N** perpétuation *f*

**perpetuity** /ˌpɜːpɪˈtjuːɪtɪ/ **N** perpétuité *f* ◆ **in** *or* **for perpetuity** à perpétuité

**perplex** /pəˈpleks/ SYN **VT** *(= puzzle)* plonger dans la perplexité, rendre perplexe

**perplexed** /pəˈplekst/ **ADJ** *[person]* embarrassé, perplexe ; *[tone, glance]* perplexe ◆ **to look perplexed** avoir l'air perplexe *or* embarrassé

**perplexedly** /pəˈpleksɪdlɪ/ **ADV** avec perplexité

**perplexing** /pəˈpleksɪŋ/ SYN **ADJ** *[matter, question]* embarrassant, compliqué ; *[situation]* embarrassant, confus

**perplexity** /pəˈpleksɪtɪ/ SYN **N** *(= puzzlement)* perplexité *f*

**perquisite** /ˈpɜːkwɪzɪt/ SYN **N** *(frm)* avantage *m* annexe ; *(in money)* à-côté *m*, gratification *f*

**perry** /ˈperɪ/ **N** poiré *m*

**persalt** /ˈpɜːˌsɔːlt/ **N** persel *m*

**persecute** /ˈpɜːsɪkjuːt/ SYN **VT** *(= harass, oppress) [+ minorities etc]* persécuter ; *(= annoy)* harceler *(with* de*)*, tourmenter, persécuter

**persecution** /ˌpɜːsɪˈkjuːʃən/ **N** persécution *f* ◆ **to have a persecution complex** avoir la manie *or* le délire de la persécution

**persecutor** /ˈpɜːsɪkjuːtəʳ/ **N** persécuteur *m*, -trice *f*

**Persephone** /pəˈsefənɪ/ **N** Perséphone *f*

**Perseus** /ˈpɜːsjuːs/ **N** Persée *m*

**perseverance** /ˌpɜːsɪˈvɪərəns/ SYN **N** persévérance *f*

**perseveration** /pɜːˌsevəˈreɪʃən/ **N** *(Psych)* persévération *f*

**persevere** /ˌpɜːsɪˈvɪəʳ/ SYN **VI** persévérer *(in sth* dans qch ; *at doing sth* à faire qch*)*

**persevering** /ˌpɜːsɪˈvɪərɪŋ/ **ADJ** persévérant

**perseveringly** /ˌpɜːsɪˈvɪərɪŋlɪ/ **ADV** avec persévérance

**Persia** /ˈpɜːʃə/ **N** Perse *f*

**Persian** /ˈpɜːʃən/

**ADJ** *(in antiquity)* perse ; *(from 7th century onward)* persan ◆ **"Persian Letters"** *(Literat)* « Les Lettres persanes »

**N** [1] *(= person)* Persan(e) *m(f)* ; *(in antiquity)* Perse *mf*

[2] *(= language)* persan *m*

**COMP** **Persian blinds** **NPL** persiennes *fpl*

**Persian carpet** **N** tapis *m* de Perse

**Persian cat** **N** chat *m* persan

**Persian Gulf** **N** golfe *m* Persique

**Persian lamb** **N** astrakan *m*, agneau *m* rasé

**persicaria** /ˌpɜːsɪˈkeərɪə/ **N** *(= plant)* (renouée *f*) persicaire *f*, pied *m* rouge

**persiennes** /ˌpɜːsɪˈenz/ **NPL** persiennes *fpl*

**persiflage** /ˌpɜːsɪˈflɑːʒ/ **N** persiflage *m*, ironie *f*, raillerie *f*

**persimmon** /pɜːˈsɪmən/ **N** *(= tree)* plaqueminier *m* de Virginie *or* du Japon, kaki *m* ; *(= fruit)* kaki *m*

**persist** /pəˈsɪst/ SYN **VI** *[person]* persister, s'obstiner *(in sth* dans qch ; *in doing sth* à faire qch*)* ; *[pain, opinion]* persister

**persistence** /pəˈsɪstəns/ SYN, **persistency** /pəˈsɪstənsɪ/ **N** *(NonC) [of person] (= perseverance)* persévérance *f* ; *(= obstinacy)* obstination *f* ; *[of pain]* persistance *f* ◆ **as a reward for her persistence** pour la récompenser de sa persévérance ◆ **his persistence in seeking out the truth** son obstination à rechercher la vérité

**persistent** /pəˈsɪstənt/ SYN

**ADJ** [1] *[person] (= persevering)* persévérant ; *(= obstinate)* obstiné

[2] *(= continual) [smell, chemical substance]* persistant ; *[warnings, complaints, interruptions]* continuel, répété ; *[noise, nuisance]* continuel, incessant ; *[pain, fever, cough]* persistant, tenace ; *[fears, doubts]* continuel, tenace

**COMP** **persistent offender** **N** *(Jur)* multirécidiviste *mf*

**persistent organic pollutant** **N** polluant *m* organique persistant

**persistent vegetative state** **N** état *m* végétatif persistant *or* permanent

**persistently** /pəˈsɪstəntlɪ/ **ADV** [1] *(= determinedly, obstinately)* obstinément ◆ **those who persistently break the law** ceux qui persistent à enfreindre la loi

[2] *(= constantly)* constamment ◆ **persistently high unemployment** un taux de chômage qui demeure élevé

**persnickety** * /pəˈsnɪkɪtɪ/ **ADJ** *(US)* ⇒ **pernickety**

**person** /ˈpɜːsn/ SYN **N** [1] personne *f*, individu *m* *(often pej)* ; *(Jur)* personne *f* ◆ **I know no such person** *(= no one of that name)* je ne connais personne de ce nom ; *(= no one like that)* je ne connais personne de ce genre ◆ **I like him as a person, but not as a politician** je l'aime bien en tant que personne mais pas comme homme politique ◆ **in person** *[go, meet, appear, speak etc]* en personne ◆ **give it to him in person** remettez-le-lui en mains propres ◆ **in the person of** dans *or* en la personne de ◆ **I'm not the kind of person to...** je ne suis pas du genre à... ◆ **I'm not much of a city person** je n'aime pas beaucoup la ville ◆ **she likes dogs, but I'm more of a cat person** elle aime les chiens mais personnellement je préfère les chats ◆ **a person to person call** *(Telec)* une communication (téléphonique) avec préavis ◆ **he had a knife concealed on** *or* **about his person** *(Jur)* il avait un couteau caché sur lui ◆ **acting with person or persons unknown** *(Jur)* (agissant) de concert *or* en complicité avec un ou des tiers non identifiés ; → **displace, private**

[2] *(Gram)* personne *f* ◆ **in the first person singular** à la première personne du singulier

**persona** /pɜːˈsəʊnə/ **N** (pl **personae**) [1] *(Literat, Psych etc)* personnage *m*, image *f* (publique) ◆ **James had adopted a new persona** James s'est créé un nouveau personnage *or* une nouvelle image ◆ **I'm able to project an extrovert, energetic persona** je peux donner l'image de quelqu'un d'extraverti et d'énergique

[2] ◆ **persona grata/non grata** persona grata/non grata

**personable** /ˈpɜːsnəbl/ SYN **ADJ** bien de sa personne

**personae** /pɜːˈsəʊniː/ **NPL** of **persona**

**personage** /ˈpɜːsnɪdʒ/ SYN **N** *(Theat, gen)* personnage *m*

**personal** /ˈpɜːsnl/ SYN

**ADJ** *(= private) [opinion, matter]* personnel ; *(= individual) [style]* personnel, particulier ; *[liberty]* personnel, individuel ; *(= for one's own use) [luggage, belongings]* personnel ; *(= to do with the body) [habits]* intime ; *(= in person) [call, visit]* personnel ; *[application]* (fait) en personne ; *(Gram)* personnel ; *(= indiscreet) [remark, question]* indiscret (-ète *f*) ◆ **my personal belief is...** personnellement *or* pour ma part je crois... ◆ **I have no personal knowledge of this** personnellement je ne sais rien à ce sujet ◆ **a letter marked "personal"** une lettre marquée « personnel » ◆ **his personal interests were at stake** ses intérêts personnels étaient en jeu ◆ **his personal appearance leaves much to be desired** son apparence (personnelle) *or* sa tenue laisse beaucoup à désirer ◆ **to make a personal appearance** apparaître en personne ◆ **I will give the matter my personal attention** je m'occuperai personnellement de cette affaire ◆ **these children need the personal attention of trained carers** ces enfants ont besoin d'éducateurs spécialisés qui s'occupent individuellement de chacun ◆ **the conversation/argument grew personal** la conversation/la discussion prit un ton *or* un tour personnel ◆ **don't be personal!** * ne sois pas si blessant ! ◆ **don't let's get personal!** * abstenons-nous d'allusions personnelles ! ◆ **his personal life** sa vie privée ◆ **for personal reasons** pour des raisons personnelles ◆ **the president believes his personal safety is at risk** le président craint pour sa sécurité personnelle ◆ **to give sth the personal touch** ajouter une note personnelle à qch

**N** *(US Press) (= article)* entrefilet *m* mondain ; *(= ad)* petite annonce *f* personnelle

**COMP** **personal accident insurance** **N** assurance *f* individuelle contre les accidents

**personal ad** * **N** petite annonce *f* personnelle

**personal allowance** **N** *(Tax)* abattement *m* personnel

**personal assistant** **N** secrétaire *mf* particulier (-ière)

**personal best** **N** *(Sport)* record *m* personnel

**personal call** **N** *(Brit Telec) (= person to person)* communication *f* (téléphonique) avec préavis ; *(= private)* appel *m* personnel

**personal chair** **N** *(Brit Univ)* ◆ **to have a personal chair** être professeur à titre personnel

**personal cleanliness** **N** hygiène *f* intime

**personal column** N (Press) annonces fpl personnelles

**personal computer** N ordinateur m individuel or personnel

**personal details** NPL (= name, address etc) coordonnées * fpl

**personal effects** NPL effets mpl personnels

**personal estate** N (Jur) biens mpl personnels

**personal friend** N ami(e) m(f) intime

**personal growth** N (Psych) développement m personnel

**personal hygiene** N ⇒ **personal cleanliness**

**personal identification number** N code m personnel

**personal insurance** N assurance f personnelle

**personal loan** N (Banking) prêt m personnel

**personal organizer** N (= Filofax) agenda m (personnel), Filofax ® m ; (electronic) agenda m électronique

**personal pension plan** N plan m d'épargne retraite

**personal pronoun** N (Gram) pronom m personnel

**personal property** N ⇒ **personal estate**

**personal space** N espace m vital

**personal stationery** N papier m à lettres à en-tête personnel

**personal stereo** N baladeur m, Walkman ® m

**personal trainer** N entraîneur m personnel

**personal tuition** N cours mpl particuliers (in de)

**personality** /ˌpɜːsəˈnælɪtɪ/ SYN

N ① (NonC: also Psych) personnalité f ◆ **you must allow him to express his personality** il faut lui permettre d'exprimer sa personnalité ◆ **she has a pleasant/strong personality** elle a une personnalité sympathique/forte ◆ **he has a lot of personality** il a beaucoup de personnalité ◆ **cats all have their own personalities** les chats ont tous leur personnalité propre ◆ **the house seemed to have a personality of its own** la maison semblait avoir une personnalité propre ; **dual, split**

② (= celebrity) personnalité f, personnage m connu ◆ **a well-known television personality** une vedette de la télévision or du petit écran ◆ **it was more about personalities than about politics** (election etc) c'était plus une confrontation de personnalités que d'idées politiques

COMP (gen, Psych) [problems] de personnalité

**personality cult** N culte m de la personnalité

**personality disorder** N troubles mpl de la personnalité

**personality test** N test m de personnalité, test m projectif (SPEC)

**personalization** /ˌpɜːsənəlaɪˈzeɪʃən/ N personnalisation f

**personalize** /ˈpɜːsənəlaɪz/ VT personnaliser

**personalized** /ˈpɜːsənəlaɪzd/

ADJ personnalisé

COMP **personalized number plate** N (Brit) plaque f d'immatriculation personnalisée → VANITY PLATE

**personally** /ˈpɜːsnəlɪ/ LANGUAGE IN USE 1.1, 6.2, 26.2 SYN ADV personnellement ◆ **personally I disapprove of gambling** personnellement je désapprouve les jeux d'argent ◆ **I like him personally but not as an employer** je l'apprécie en tant que personne, mais pas comme patron ◆ **that's something you would have to raise with the director personally** il faudrait en parler au directeur en personne ◆ **I spoke to him personally** je lui ai parlé en personne ◆ **to be personally responsible** or **liable (for sth)** être personnellement responsable (de qch) ◆ **I hold you personally responsible (for this)** je vous en tiens personnellement responsable ◆ **I'm sorry, I didn't mean it personally** excusez-moi, je ne vous visais pas personnellement ◆ **don't take it personally!** ne le prenez pas pour vous !

**personalty** /ˈpɜːsnltɪ/ N (Jur) biens mpl personnels

**personate** /ˈpɜːsəneɪt/ SYN VT ① (Theat) incarner (le rôle de)

② (= personify) personnifier

③ (Jur = impersonate) se faire passer pour

**personification** /pɜːˌsɒnɪfɪˈkeɪʃən/ SYN N (all senses) personnification f ◆ **she's the personification of good taste** elle est la personnification or l'incarnation f du bon goût

**personify** /pɜːˈsɒnɪfaɪ/ SYN VT personnifier ◆ **his kindness personified** c'est la bonté personnifiée or en personne ◆ **he's fascism personified** il est le fascisme personnifié

**personnel** /ˌpɜːsəˈnel/ SYN

N personnel m

COMP **personnel agency** N agence f pour l'emploi, bureau m de placement

**personnel carrier** N (Mil) véhicule m de transport de troupes

**personnel department** N service m du personnel

**personnel management** N gestion f or direction f du personnel

**personnel manager** N chef mf du (service du) personnel

**personnel officer** N responsable mf (de la gestion) du personnel

**perspective** /pəˈspektɪv/ SYN N ① (Archit, Art, Surv, gen) perspective f ◆ **in/out of perspective** en perspective/qui ne respecte pas la perspective

② (fig = viewpoint) point m de vue, perspective f ◆ **in a historical perspective** dans une perspective or une optique historique ◆ **the reconstruction of history from a feminist perspective** la reconstitution de l'histoire d'un point de vue féministe ◆ **the book is written from the perspective of a parent** le livre est écrit du point de vue d'un parent ◆ **to see things from a different perspective** voir les choses d'un point de vue différent or sous un angle différent or sous un jour différent ◆ **you see things from a different perspective if you're the bride** on voit les choses différemment quand on est la mariée ◆ **a child's perspective of the world** l'image f que se fait un enfant du monde ◆ **let me put this case in (its proper) perspective** je vais replacer cette affaire dans son contexte ◆ **let's keep this in perspective** ne perdons pas or gardons le sens des proportions

**Perspex** ® /ˈpɜːspeks/ N (esp Brit) plexiglas ® m

**perspicacious** /ˌpɜːspɪˈkeɪʃəs/ SYN ADJ [person] perspicace ; [analysis] pénétrant

**perspicaciously** /ˌpɜːspɪˈkeɪʃəslɪ/ ADV avec perspicacité

**perspicacity** /ˌpɜːspɪˈkæsɪtɪ/ SYN N perspicacité f, clairvoyance f

**perspicuity** /ˌpɜːspɪˈkjuːɪtɪ/ N ① ⇒ **perspicacity**

② [of explanation, statement] clarté f, netteté f

**perspicuous** /pəˈspɪkjʊəs/ ADJ clair, net

**perspiration** /ˌpɜːspəˈreɪʃən/ SYN N transpiration f ◆ **bathed in** or **dripping with perspiration** en nage

**perspire** /pəsˈpaɪəʳ/ SYN VI transpirer

**persuadable*** /pəˈsweɪdəbl/ ADJ qui peut être persuadé

**persuade** /pəˈsweɪd/ SYN VT (= urge) persuader (sb of sth qn de qch ; sb that qn que) ; (= convince) convaincre (sb of sth qn de qch ; sb that qn que) ◆ **it doesn't take much to persuade him** il n'en faut pas beaucoup pour le persuader or le convaincre ◆ **I am (quite) persuaded that he is wrong** (frm) je suis (tout à fait) persuadé qu'il a tort ◆ **I'm not persuaded of the benefits of your approach** je ne suis pas convaincu des avantages de votre approche ◆ **to persuade sb to do sth** persuader qn de faire qch ◆ **to persuade sb not to do sth** persuader qn de ne pas faire qch, dissuader qn de faire qch ◆ **I wanted to help but they persuaded me not to** je voulais aider mais on m'en a dissuadé ◆ **to persuade sb into doing sth*** persuader qn de faire qch ◆ **they persuaded me that I ought to see him** ils m'ont persuadé que je devais le voir ◆ **to persuade o.s. that...** persuader que... ◆ **to persuade sb of the need for sth** persuader qn de la nécessité de qch ◆ **she is easily persuaded** elle se laisse facilement persuader or convaincre

**persuasion** /pəˈsweɪʒən/ SYN N ① (NonC) persuasion f ◆ **he needed a lot of persuasion** il a fallu beaucoup de persuasion pour le convaincre ◆ **I don't need much persuasion to stop working** il n'en faut pas beaucoup pour me persuader de m'arrêter de travailler ◆ **he is open to persuasion** il est prêt à se laisser convaincre

② (= belief, conviction) (gen) croyance f ; (religious) confession f ; (political) conviction f politique ◆ **people of all religious persuasions** des gens de toutes les religions or confessions ◆ **people of all political persuasions** des gens de tous horizons or de toutes tendances politiques ◆ **I am not of that persuasion myself** personnellement je ne partage pas cette croyance

**persuasive** /pəˈsweɪsɪv/ SYN ADJ [person, voice] persuasif ; [evidence, argument] convaincant

**persuasively** /pəˈsweɪsɪvlɪ/ ADV ① (= convincingly) [argue, write, speak] de façon persuasive

② (= attempting to persuade) ◆ **he smiled persuasively** il eut un sourire qui cherchait à convaincre ◆ **"oh go on, you know you want to"**, **he said persuasively** « allons, tu sais que tu en as envie » dit-il en cherchant à le (or la) convaincre

**persuasiveness** /pəˈsweɪsɪvnɪs/ N pouvoir m or force f de persuasion

**pert** /pɜːt/ ADJ ① (= coquettish) [person] coquin ◆ **a pert little hat** un petit chapeau coquin

② (= neat, firm) [bottom, buttocks, breasts] ferme ; [nose] mutin

**pertain** /pɜːˈteɪn/ SYN VI ① (frm = relate) ◆ **to pertain to** se rapporter à, se rattacher à ◆ **documents pertaining to the case** documents se rapportant à or relatifs à l'affaire

② (Jur etc) [land] appartenir (to à)

**pertinacious** /ˌpɜːtɪˈneɪʃəs/ SYN ADJ (frm) (= stubborn) entêté, obstiné ; (in opinions etc) opiniâtre

**pertinaciously** /ˌpɜːtɪˈneɪʃəslɪ/ ADV (frm) [maintain position] obstinément ; [argue] avec persistance

**pertinacity** /ˌpɜːtɪˈnæsɪtɪ/ N (frm) opiniâtreté f

**pertinence** /ˈpɜːtɪnəns/ N justesse f, à-propos m, pertinence f ; (Ling) pertinence f

**pertinent** /ˈpɜːtɪnənt/ SYN ADJ pertinent ◆ **to be pertinent to sth** se rapporter à qch

**pertinently** /ˈpɜːtɪnəntlɪ/ ADV [say, add] fort pertinemment, fort à propos ◆ **more pertinently...** ce qui est plus important, c'est que...

**pertly** /ˈpɜːtlɪ/ ADV (= cheekily) avec effronterie, avec impertinence

**pertness** /ˈpɜːtnɪs/ SYN N (= cheek) effronterie f, impertinence f

**perturb** /pəˈtɜːb/ SYN VT perturber, inquiéter

**perturbation** /ˌpɜːtɜːˈbeɪʃən/ N (frm) perturbation f, agitation f

**perturbed** /pəˈtɜːbd/ SYN ADJ perturbé, inquiet (-ète f) ◆ **I was perturbed to hear that...** j'ai appris avec inquiétude que...

**perturbing** /pəˈtɜːbɪŋ/ ADJ troublant, inquiétant

**pertussis** /pəˈtʌsɪs/ N coqueluche f

**Peru** /pəˈruː/ N Pérou m ◆ **in Peru** au Pérou

**Perugia** /pəˈruːdʒə/ N Pérouse f

**peruke** /pəˈruːk/ N (Hist) perruque f

**perusal** /pəˈruːzəl/ SYN N (frm) lecture f ; (thorough) lecture f attentive ◆ **I enclose the article for your perusal** je joins l'article à titre d'information

**peruse** /pəˈruːz/ SYN VT lire ; (thoroughly) lire attentivement

**Peruvian** /pəˈruːvɪən/

ADJ péruvien

N Péruvien(ne) m(f)

**perv*** /pɜːv/ N abbrev of **pervert**

**pervade** /pɜːˈveɪd/ SYN VT [smell] se répandre dans ; [influence] s'étendre dans ; [ideas] s'insinuer dans, pénétrer dans ; [gloom] envahir ; [problem] sévir dans ◆ **this atmosphere pervades the whole book** tout le livre baigne dans cette atmosphère

**pervading** /pɜːˈveɪdɪŋ/ ADJ [uncertainty, influence] sous-jacent(e) ◆ **there is a pervading atmosphere of doom and gloom in the film** tout le film baigne dans une atmosphère sinistre ◆ **throughout the book there is a pervading sense of menace** tout au long du roman on ressent comme une menace sourde ◆ **the pervading feeling is that economic recovery is near** le sentiment général est que la reprise (économique) est proche ; see also **all**

**pervasive** /pɜːˈveɪsɪv/ SYN ADJ [smell, ideas] pénétrant ; [gloom] envahissant ; [influence] omniprésent

**perverse** /pəˈvɜːs/ SYN ADJ ① (= twisted) [pleasure, desire, humour] pervers

② (= stubborn) têtu, entêté ; (= contrary) contrariant ◆ **how perverse of him!** qu'il est contrariant ! ◆ **what perverse behaviour!** quel esprit de contradiction ! ◆ **it would be perverse to refuse** ce serait faire preuve d'esprit de contradiction que de refuser

**perversely** /pəˈvɜːslɪ/ ADV ① (= determinedly) obstinément ; (= in order to annoy) par esprit de contradiction

② (= paradoxically) paradoxalement ◆ **perversely enjoyable/engaging/appropriate** paradoxalement agréable/engageant/approprié

**perverseness** /pəˈvɜːsnɪs/ N ⇒ **perversity**

**perversion** /pə'vɜːʃən/ SYN N (also Psych) perversion f ; [of facts] déformation f, travestissement m ◆ **sexual perversions** perversions fpl sexuelles ◆ **perversion of a function** (Med) perversion f or altération f d'une fonction ◆ **a perversion of justice** (gen) un travestissement de la justice ; (Jur) un déni de justice ◆ **a perversion of the truth** un travestissement de la vérité

**perversity** /pə'vɜːsɪtɪ/ SYN N [1] (= wickedness) perversité f, méchanceté f
[2] (= stubbornness) obstination f, entêtement m ; (= contrariness) caractère m contrariant, esprit m de contradiction

**pervert** /pə'vɜːt/ SYN
VT [+ person] pervertir, dépraver ; (Psych) pervertir ; (Rel) détourner de ses croyances ; [+ habits etc] dénaturer, dépraver ; [+ fact] fausser, travestir ; [+ sb's words] dénaturer, déformer ; [+ justice, truth] travestir ◆ **to pervert the course of justice** entraver le cours de la justice
N /'pɜːvɜːt/ (Psych: also sexual pervert) pervers m sexuel, pervertie f sexuelle

**perverted** /pə'vɜːtɪd/ SYN ADJ (frm) pervers

**pervious** /'pɜːvɪəs/ ADJ perméable, pénétrable ; (fig) accessible (to à)

**pervy** /'pɜːvɪ/* ADJ (Brit) vicelard*

**Pesach** /'peɪsɑːk/ N (Rel) Pessah f

**pesade** /pe'sɑːd/ N pesade f

**peseta** /pə'seɪtə/ N peseta f

**pesky**\* /'peskɪ/ ADJ (esp US) sale\* before n ◆ **those pesky kids**\* ces sales mômes\*

**peso** /'peɪsəʊ/ N peso m

**pessary** /'pesərɪ/ N pessaire m

**pessimism** /'pesɪmɪzəm/ SYN N pessimisme m

**pessimist** /'pesɪmɪst/ SYN N pessimiste mf

**pessimistic** /,pesɪ'mɪstɪk/ SYN ADJ pessimiste (about au sujet de, sur) ◆ **I'm very pessimistic about it** je suis très pessimiste à ce sujet or là-dessus ◆ **they are pessimistic about making a profit** ils n'ont pas grand espoir de faire des bénéfices

**pessimistically** /,pesɪ'mɪstɪkəlɪ/ ADV avec pessimisme

**pest** /pest/ SYN
N [1] (= insect) insecte m nuisible ; (= animal) animal m nuisible m ; (agricultural) ennemi m des cultures ◆ **rabbits are classed as a pest in Australia** en Australie le lapin est considéré comme un (animal) nuisible
[2] (\* = person) casse-pieds\* mf inv, enquiquineur\* m, -euse\* f ◆ **you little pest!** que tu es enquiquinant !\* ; (to girl) espèce de petite peste ! ◆ **a sex pest** un vicieux or une vicieuse (qui harcèle qn sexuellement)
COMP **pest control** N [of insects] désinsectisation f, lutte f contre les insectes ; [of rats] dératisation f ◆ **pest control officer** (Admin) préposé(e) m(f) à la lutte antiparasitaire

**pester** /'pestə'/ SYN
VT harceler ◆ **to pester sb with questions** harceler qn de questions ◆ **she has been pestering me for an answer** elle n'arrête pas de me réclamer une réponse ◆ **he pestered me to go to the cinema with him** il n'a pas arrêté d'insister or il m'a cassé les pieds\* pour que j'aille au cinéma avec lui ◆ **he pestered me into going to the cinema with him** il n'a pas arrêté d'insister or il m'a cassé les pieds\* pour que j'aille au cinéma avec lui, et j'ai fini par l'accompagner ◆ **he pestered his father into lending him the car** à force d'insister auprès de son père, il a fini par se faire prêter la voiture ◆ **he pesters the life out of me**\* il me casse les pieds\* ◆ **stop pestering me!** laisse-moi tranquille !, fichemoi la paix ! ◆ **stop pestering me about your bike** fiche-moi la paix\* avec ton vélo ◆ **is this man pestering you?** est-ce que cet homme vous importune ?
COMP **pester power** N pouvoir m de harcèlement (des enfants en matière de consommation)

**pesticidal** /,pestɪ'saɪdl/ ADJ pesticide

**pesticide** /'pestɪsaɪd/ N (gen) pesticide m

**pestiferous** /pes'tɪfərəs/ ADJ ⇒ pestilent

**pestilence** /'pestɪləns/ SYN N peste f

**pestilent** /'pestɪlənt/, **pestilential** /,pestɪ'lenʃəl/ ADJ [1] (= causing disease) pestilentiel ; (= pernicious) nuisible
[2] (\* = annoying) fichu\* before n, sacré\* before n

**pestle** /'pesl/ N pilon m

**pesto** /'pestəʊ/ N pesto m

**pet¹** /pet/ SYN
N [1] (= animal) animal m domestique or de compagnie ◆ **do you have any pets?** avez-vous des animaux domestiques ? ; (said by or to child) as-tu des animaux chez toi or à la maison ? ◆ **she keeps a goldfish as a pet** en fait d'animal elle a un poisson rouge ◆ **"no pets (allowed)"** « les animaux sont interdits »
[2] (\* = favourite) chouchou(te)\* m(f) ◆ **the teacher's pet** le chouchou\* du professeur ◆ **to make a pet of sb** chouchouter qn\*
[3] (\* : term of affection) ◆ **be a pet and fetch my slippers** sois un chou\* or sois gentil, va chercher mes chaussons ◆ **he's a real pet** c'est un chou\*, il est adorable ◆ **come here pet** viens ici mon chou\* or mon lapin\*
ADJ [lion, snake] apprivoisé ◆ **he's got a pet rabbit/dog** il a un lapin/chien ◆ **Jean-François has a pet alligator** Jean-François a un alligator comme animal de compagnie or un alligator apprivoisé
[2] (\* = favourite) [theory, project, charity, theme] favori(te) m(f) ◆ **pet aversion** or **hate** bête f noire ◆ **it's his pet subject** c'est sa marotte, c'est son dada\* ◆ **once he gets onto his pet subject...** quand il enfourche son cheval de bataille or son dada\*...
VT (= indulge) chouchouter\* ; (= fondle) câliner ; (\* : sexually) caresser, peloter\*
VI (\* : sexually) se caresser, se peloter\*
COMP **pet food** N aliments mpl pour animaux
**pet name** N petit nom m (d'amitié)
**pet passport** N passeport m pour animal domestique
**pet shop** N boutique f d'animaux

**pet²** /pet/ SYN ◆ **to be in a pet** être de mauvais poil\*

**petal** /'petl/ N pétale m ◆ **petal-shaped** en forme de pétale

**petaloid** /'petəlɔɪd/ ADJ pétaloïde

**petard** /pɪ'tɑːd/ N pétard m ; → **hoist**

**Pete** /piːt/ N [1] (dim of Peter)
[2] ◆ **for Pete's sake!**\* mais enfin !, bon sang !\*

**petechia** /pɪ'tiːkɪə/ N (pl petechiae /pɪ'tiːkɪ,iː/) pétéchie f

**Peter** /'piːtə'/
N Pierre m
COMP
**"Peter and the Wolf"** N (Mus) « Pierre et le Loup »
**"Peter Pan"** N (Literat) « Peter Pan »
**Peter Pan collar** N col m Claudine
**the Peter Principle** N le principe de Peter
**Peter's pence** N (Rel) denier m de saint Pierre
**Peter the Great** N (Hist) Pierre m le Grand ; → **blue, rob**

**peter¹** /'piːtə'/ VI ◆ **to peter out** [supplies] s'épuiser ; [stream, conversation] tarir ; [plans] tomber à l'eau ; [story, plot, play, book] tourner court ; [fire, flame] mourir ; [road] se perdre

**peter²**\*\* /'piːtə'/ N (US = penis) bite\*\* f

**peterman**\* /'piːtəmən/ N (pl petermen /'piːtəmen/) perceur m de coffres-forts

**pethidine** /'peθɪdiːn/ N (Med) péthédine f, mépéridine f

**petiole** /'petɪəʊl/ N [of plant] pétiole m

**petite** /pə'tiːt/ ADJ [woman] menue

**petit-four** /'petɪ'fɔː'/ N (pl petits-fours) petit-four m

**petition** /pə'tɪʃən/ SYN
N [1] (= list of signatures) pétition f ◆ **to get up a petition against/for sth** organiser une pétition contre/en faveur de qch
[2] (= prayer) prière f ; (= request) requête f, supplique f
[3] (Jur) requête f, pétition f ◆ **a petition for divorce** une demande de divorce ◆ **a petition for** or **in bankruptcy** une demande de mise en liquidation judiciaire ◆ **right of petition** droit m de pétition ; → **file²**
VT [1] (= address petition to) adresser une pétition à, pétitionner ◆ **they petitioned the king for the release of the prisoner** ils ont adressé une pétition au roi pour demander la libération du prisonnier
[2] (frm = request) implorer, prier (sb to do sth qn de faire qch)
[3] (Jur) ◆ **to petition the court** adresser or présenter une pétition en justice
VI adresser une pétition, pétitionner ◆ **to petition for divorce** (Jur) faire une demande de divorce ◆ **to petition for bankruptcy** faire une demande de mise en liquidation judiciaire

**petitioner** /pə'tɪʃnə'/ N pétitionnaire mf ; (Jur) requérant(e) m(f), pétitionnaire mf ; (in divorce) demandeur m, -deresse f (en divorce)

**petit jury** /,petɪ'dʒʊərɪ/ N (US) jury m (de jugement)

**petit mal** /pətɪ'mæl/ N (NonC: Med) petit mal m

**petit point** /'petɪ'pɔɪnt/ N (Sewing) petit point m

**petits pois** /pətɪ'pwɑː/ NPL petits-pois mpl

**petnapping**\* /'petnæpɪŋ/ N (US) vol m d'animaux familiers (pour les revendre aux laboratoires)

**Petrarch** /'petrɑːk/ N Pétrarque m

**petrel** /'petrəl/ N pétrel m ; → **stormy**

**Petri dish** /'piːtrɪdɪʃ/ N boîte f de Petri

**petrifaction** /,petrɪ'fækʃən/ N (lit, fig) pétrification f

**petrified** /'petrɪfaɪd/ SYN ADJ [1] (lit = turned to stone) pétrifié
[2] (fig = terrified) pétrifié or paralysé de peur ◆ **I was absolutely petrified!** j'étais terrifié !, j'étais pétrifié de peur !

**petrify** /'petrɪfaɪ/ SYN
VT [1] (lit = turn to stone) pétrifier
[2] (fig = terrify) terrifier
VI se pétrifier (lit)

**petro...** /'petrəʊ/ PREF pétro...

**petrochemical** /,petrəʊ'kemɪkəl/
N produit m pétrochimique
ADJ pétrochimique

**petrochemist** /,petrəʊ'kemɪst/ N pétrochimiste mf

**petrochemistry** /,petrəʊ'kemɪstrɪ/ N pétrochimie f

**petrocurrency** /'petrəʊ,kʌrənsɪ/ N pétrodevise f

**petrodollar** /'petrəʊ,dɒlə'/ N pétrodollar m

**petroglyph** /'petrəglɪf/ N pétroglyphe m

**petrographer** /pe'trɒgrəfə'/ N pétrographe mf

**petrographic(al)** /,petrə'græfɪk(əl)/ ADJ pétrographique

**petrography** /pe'trɒgrəfɪ/ N pétrographie f

**petrol** /'petrəl/ (Brit)
N essence f ◆ **my car's very heavy on petrol** ma voiture consomme beaucoup (d'essence) ◆ **this car runs on petrol** cette voiture roule à l'essence ; → **star**
COMP **petrol bomb** N cocktail m Molotov
**petrol can** N bidon m à essence
**petrol cap** N ⇒ **petrol filler cap**
**petrol-driven** ADJ à essence
**petrol engine** N moteur m à essence
**petrol filler cap** N bouchon m de réservoir d'essence
**petrol gauge** N jauge f d'essence
**petrol pump** N (on forecourt, in engine) pompe f à essence
**petrol rationing** N rationnement m de l'essence
**petrol station** N station-service f, poste m d'essence
**petrol tank** N réservoir m (d'essence)
**petrol tanker** N (= ship) pétrolier m, tanker m ; (= truck) camion-citerne m (transportant de l'essence)

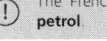 The French word **pétrole** means 'oil', not **petrol**.

**petroleum** /pɪ'trəʊlɪəm/
N pétrole m ◆ **petroleum industry** industrie f pétrolière
COMP **petroleum jelly** N Vaseline ® f

**petroliferous** /,petrə'lɪfərəs/ ADJ pétrolifère

**petrological** /,petrə'lɒdʒɪkəl/ ADJ pétrologique

**petrologist** /pe'trɒlədʒɪst/ N pétrologiste mf

**petrology** /pe'trɒlədʒɪ/ N pétrologie f

**petrosal** /pə'trəʊsəl/ ADJ pétreux

**petticoat** /'petɪkəʊt/ N (= underskirt) jupon m ; (= slip) combinaison f

**pettifogging** /'petɪfɒgɪŋ/ ADJ (= trifling) [details] insignifiant ; [objections] chicanier

**pettily** /'petɪlɪ/ ADV avec mesquinerie, de façon mesquine

**pettiness** /'petɪnɪs/ N (NonC) [1] (= small-mindedness) [of person, behaviour] mesquinerie f
[2] (= triviality) [of detail, complaint] insignifiance f

# petting | philandering

**petting*** /ˈpetɪŋ/
 **N** (NonC) caresses fpl ◆ **heavy petting** pelotage* m ◆ **to indulge in heavy petting** se peloter*
 **COMP** **petting zoo N** (esp US) zoo ou partie d'un zoo où sont réunis des animaux, souvent jeunes, que les enfants peuvent caresser

**pettish** /ˈpetɪʃ/ **ADJ** [person] de mauvaise humeur, irritable ; [remark] maussade ; [child] grognon

**pettishly** /ˈpetɪʃlɪ/ **ADV** avec mauvaise humeur, d'un air or d'un ton maussade

**petty** /ˈpetɪ/ SYN
 **ADJ** ① (= small-minded) [person, behaviour] mesquin
 ② (= trivial) [detail, complaint] insignifiant, sans importance ◆ **petty annoyances** désagréments mpl mineurs, tracasseries fpl ◆ **petty regulations** règlements m tracassier
 ③ (in naval ranks) ◆ **petty officer** ≈ maître m ◆ **petty officer third class** (US Navy) quartier-maître m de première classe
 **COMP** **petty cash N** petite caisse f, caisse f de dépenses courantes
 **petty crime N** ① (NonC = illegal activities) petite délinquance f
 ② (= illegal act) délit m mineur
 **petty criminal N** petit malfaiteur m, malfaiteur m à la petite semaine
 **petty expenses** NPL menues dépenses fpl
 **petty larceny N** (Jur) larcin m
 **petty official N** fonctionnaire mf subalterne, petit fonctionnaire m
 **Petty Sessions** NPL (Brit Jur) sessions fpl des juges de paix

**petulance** /ˈpetjʊləns/ SYN **N** mauvaise humeur f

**petulant** /ˈpetjʊlənt/ SYN **ADJ** (by nature) irritable, irascible ; (on one occasion) irrité ; [expression, gesture] irrité ◆ **in a petulant mood** de mauvaise humeur ◆ **petulant behaviour** irritabilité f, irascibilité f ; (on one occasion) mauvaise humeur f

**petulantly** /ˈpetjʊləntlɪ/ **ADV** avec humeur

**petunia** /pɪˈtjuːnɪə/ **N** pétunia m

**pew** /pjuː/ **N** (Rel) banc m (d'église) ◆ **take a pew*** (hum) prenez donc un siège

**pewter** /ˈpjuːtə<sup>r</sup>/
 **N** étain m ◆ **to collect pewter** collectionner les étains
 **COMP** [pot etc] en étain, d'étain

**peyote** /peɪˈəʊtɪ/ **N** peyotl m

**PFA** /ˌpiːefˈeɪ/ **N** (Brit) (abbrev of **Professional Footballers' Association**) syndicat de footballeurs

**PFC** /ˌpiːefˈsiː/ **N** (US Mil) (abbrev of **Private First Class**) → private

**pfennig** /ˈfenɪɡ/ **N** pfennig m

**PFI** /ˌpiːefˈaɪ/ **N** (pl **PFIs**) (Brit) (abbrev of **private finance initiative**) PFI f

**PFLP** /ˌpiːefelˈpiː/ **N** (abbrev of **Popular Front for the Liberation of Palestine**) FPLP m

**PG** /piːˈdʒiː/
 **ABBR** (Cine) (abbrev of **Parental Guidance**) certaines scènes peuvent heurter la sensibilité des jeunes enfants
 **N** (abbrev of **paying guest**) → paying

**PG 13** /ˌpiːdʒiːθɜːˈtiːn/ (US Cine) (abbrev of **Parental Guidance 13**) interdit aux moins de 13 ans sans autorisation parentale

**PGA** /ˌpiːdʒiːˈeɪ/ **N** (abbrev of **Professional Golfers' Association**) PGA f

**PGCE** /ˌpiːdʒiːsiːˈiː/ **N** (Brit) (abbrev of **Postgraduate Certificate in Education**) diplôme d'aptitude à l'enseignement

**PH** /piːˈeɪtʃ/ (US Mil) (abbrev of **Purple Heart**) → purple

**pH** /piːˈeɪtʃ/ **N** pH m

**Phaedra** /ˈfiːdrə/ **N** Phèdre f

**phaeton** /ˈfeɪtən/ **N** phaéton m

**phage** /feɪdʒ/ **N** (abbrev of **bacteriophage**) phage m

**phagedaena, phagedena** (US) /ˌfædʒɪˈdiːnə/ **N** phagédénisme m

**phagocyte** /ˈfæɡəsaɪt/ **N** phagocyte m

**phagocytic** /ˌfæɡəˈsɪtɪk/ **ADJ** phagocytaire

**phagocytosis** /ˌfæɡəsaɪˈtəʊsɪs/ **N** phagocytose f

**phalange** /ˈfælændʒ/ **N** (Anat) phalange f

**phalangeal** /fəˈlændʒɪəl/ **ADJ** phalangien

**phalanger** /fəˈlændʒə<sup>r</sup>/ **N** phalanger m

**phalanx** /ˈfælæŋks/ **N** (pl **phalanges** /fæˈlændʒiːz/) (gen, Mil, Hist, Anat) phalange f

**phalarope** /ˈfæləˌrəʊp/ **N** phalarope m

**phalli** /ˈfælaɪ/ NPL of phallus

**phallic** /ˈfælɪk/
 **ADJ** phallique
 **COMP** **phallic symbol N** symbole m phallique

**phallicism** /ˈfælɪsɪzəm/ **N** (Rel) phallisme m, phallicisme m

**phallocentric** /ˌfæləˈsentrɪk/ **ADJ** phallocentrique

**phallus** /ˈfæləs/ **N** (pl **phalluses** or **phalli**) phallus m

**phantasm** /ˈfæntæzəm/ **N** fantasme m

**phantasmagoria** /ˌfæntæzməˈɡɔːrɪə/ **N** fantasmagorie f

**phantasmagoric(al)** /ˌfæntæzməˈɡɒrɪk(əl)/ **ADJ** fantasmagorique

**phantasmal** /fænˈtæzməl/ **ADJ** fantomatique

**phantasy** /ˈfæntəzɪ/ **N** ⇒ fantasy

**phantom** /ˈfæntəm/ SYN
 **N** (= ghost) fantôme m ; (= vision) fantasme m ◆ **the phantom pencil thief strikes again!** (hum) le voleur de crayons masqué a encore frappé !
 **COMP** **phantom limb** (Med) **N** membre m fantôme
 **phantom pregnancy N** grossesse f nerveuse

**Pharaoh** /ˈfɛərəʊ/ **N** pharaon m ; (as name) Pharaon m

**Pharisaic(al)** /ˌfærɪˈseɪɪk(əl)/ **ADJ** pharisaïque

**Pharisaism** /ˈfærɪˌseɪɪzəm/ **N** (Rel, fig) pharisaïsme m

**Pharisee** /ˈfærɪsiː/ SYN **N** pharisien(ne) m(f)

**pharmaceutical** /ˌfɑːməˈsjuːtɪkəl/
 **ADJ** pharmaceutique
 **NPL** **pharmaceuticals** médicaments mpl, produits mpl pharmaceutiques

**pharmacist** /ˈfɑːməsɪst/ **N** (= person) pharmacien(ne) m(f) ; (Brit) (also **pharmacist's**) pharmacie f

**pharmacodynamic** /ˌfɑːməkəʊdaɪˈnæmɪk/ **ADJ** pharmacodynamique

**pharmacodynamics** /ˌfɑːməkəʊdaɪˈnæmɪks/ **N** (NonC) pharmacodynamie f

**pharmacognosy** /ˌfɑːməˈkɒɡnəsɪ/ **N** pharmacognosie f

**pharmacological** /ˌfɑːməkəˈlɒdʒɪkəl/ **ADJ** pharmacologique

**pharmacologist** /ˌfɑːməˈkɒlədʒɪst/ **N** pharmacologue mf

**pharmacology** /ˌfɑːməˈkɒlədʒɪ/ **N** pharmacologie f

**pharmacopoeia** /ˌfɑːməkəˈpiːə/ **N** pharmacopée f

**pharmacy** /ˈfɑːməsɪ/ **N** pharmacie f

**pharynges** /fæˈrɪndʒiːz/ NPL of pharynx

**pharyngitis** /ˌfærɪnˈdʒaɪtɪs/ **N** pharyngite f, angine f ◆ **to have pharyngitis** avoir une pharyngite

**pharynx** /ˈfærɪŋks/ **N** (pl **pharynxes** or **pharynges**) pharynx m

**phase** /feɪz/ SYN
 **N** ① (= stage in process) phase f, période f ◆ **a critical phase in the negotiations** une phase or un stade critique des négociations ◆ **the first phase of the work** la première tranche des travaux ◆ **the phases of a disease** les phases fpl d'une maladie ◆ **the phases of the moon** les phases fpl de la lune ◆ **every child goes through a difficult phase** tout enfant passe par une phase or une période difficile ◆ **a passing phase** (gen) un état passager ; (= fad) une passade ◆ **it's just a phase he's going through** ça lui passera
 ② (Astron, Chem, Elec, Phys etc) phase f ◆ **in phase** (Elec, fig) en phase ◆ **out of phase** (Elec, fig) déphasé
 **VT** [+ innovations, developments] introduire graduellement ; [+ execution of plan] procéder par étapes à ◆ **the modernization of the factory was phased over three years** la modernisation de l'usine s'est effectuée en trois ans par étapes ◆ **the changes were phased carefully so as to avoid unemployment** on a pris soin d'introduire les changements graduellement afin d'éviter le chômage ◆ **we must phase the various processes so as to lose as little time as possible** nous devons arranger or organiser les diverses opérations de façon à perdre le moins de temps possible ◆ **phased changes** changements mpl organisés de façon progressive ◆ **a phased withdrawal of troops** un retrait progressif des troupes
 **COMP** **phase difference N** déphasage m
 **phase-out N** suppression f progressive
 ▸ **phase in** VT SEP [+ new machinery, measures etc] introduire progressivement or graduellement
 ▸ **phase out** VT SEP [+ machinery] retirer progressivement ; [+ jobs] supprimer graduellement ; [+ techniques, differences] éliminer progressivement

**phasmid** /ˈfæzmɪd/ **N** phasme m

**phatic** /ˈfætɪk/ **ADJ** phatique

**PhD** /ˌpiːeɪtʃˈdiː/ **N** (Univ) (= qualification) doctorat m ; (= person) ≈ titulaire mf d'un doctorat ◆ **to have a PhD in...** avoir un doctorat de...

**pheasant** /ˈfeznt/ **N** faisan m ◆ **cock pheasant** faisan m ◆ **hen pheasant** poule f faisane

**phelloderm** /ˈfeləʊˌdɜːm/ **N** phelloderme m

**phenanthrene** /fɪˈnænθriːn/ **N** phénanthrène m

**phencyclidine** /fenˈsɪklɪˌdiːn/ **N** phencyclidine f

**phenix** /ˈfiːnɪks/ **N** (US) ⇒ phoenix

**phenobarbitone** /ˌfiːnəʊˈbɑːbɪtəʊn/ **N** phénobarbital m

**phenol** /ˈfiːnɒl/ **N** phénol m

**phenolate** /ˈfiːnəˌleɪt/ **N** phénolate m

**phenolic** /fɪˈnɒlɪk/ **ADJ** ◆ **phenolic resin** phénoplaste m

**phenology** /fɪˈnɒlədʒɪ/ **N** phénologie f

**phenomena** /fɪˈnɒmɪnə/ NPL of phenomenon

**phenomenal** /fɪˈnɒmɪnl/ SYN **ADJ** (lit, fig) phénoménal

**phenomenalism** /fɪˈnɒmɪnəˌlɪzəm/ **N** phénoménisme m

**phenomenally** /fɪˈnɒmɪnəlɪ/ **ADV** [good, popular, well, quick etc] phénoménalement ; [rise, increase] de façon phénoménale ◆ **she has been phenomenally successful** elle a eu un succès phénoménal

**phenomenological** /fənɒmənəˈlɒdʒɪkəl/ **ADJ** phénoménologique

**phenomenologist** /fənɒməˈnɒlədʒɪst/ **N** phénoménologue mf

**phenomenology** /fənɒməˈnɒlədʒɪ/ **N** phénoménologie f

**phenomenon** /fɪˈnɒmɪnən/ SYN **N** (pl **phenomenons** or **phenomena**) (lit, fig) phénomène m

**phenotype** /ˈfiːnəʊtaɪp/ **N** (Bio) phénotype m

**phenoxide** /fɪˈnɒksaɪd/ **N** phénolate m

**phenyl** /ˈfiːnaɪl/ **N** phényle m

**phenylalanine** /ˌfiːnaɪlˈæləˌniːn/ **N** phénylalanine f

**phenylketonuria** /ˌfiːnaɪlˌkiːtəˈnjʊərɪə/ **N** phénylcétonurie f

**pheromone** /ˈferəˌməʊn/ **N** phéromone f

**phew** /fjuː/ **EXCL** (relief) ouf ! ; (heat) pfff ! ; (disgust) pouah ! ; (surprise) oh !

**phi** /faɪ/ **N** phi m

**phial** /ˈfaɪəl/ **N** fiole f

**Phi Beta Kappa** /ˈfaɪˈbeɪtəˈkæpə/ **N** (US Univ) association élitiste d'anciens étudiants très brillants, ou membre de cette association

> **PHI BETA KAPPA**
>
> Le **Phi Beta Kappa** est le club estudiantin le plus ancien et le plus prestigieux des États-Unis. Fondé en 1776, il est réservé aux étudiants les plus brillants et l'adhésion se fait par élection des membres au cours de la troisième ou de la quatrième année d'études universitaires. Le nom du club vient de l'expression grecque « philosophia biou kybernetes » (la philosophie est le timonier de la vie), qui lui sert de devise. Un membre du club est un **phi beta kappa**.

**Phil** abbrev of **Philadelphia**

**Philadelphia** /ˌfɪləˈdelfɪə/ **N** Philadelphie

**philander** /fɪˈlændə<sup>r</sup>/ **VI** courir après les femmes, faire la cour aux femmes

**philanderer** /fɪˈlændərə<sup>r</sup>/ SYN **N** coureur m (de jupons), don Juan m

**philandering** /fɪˈlændərɪŋ/ **N** (NonC) flirts mpl, liaisons fpl

**philanthropic** /ˌfɪlənˈθrɒpɪk/ SYN ADJ philanthropique

**philanthropist** /fɪˈlænθrəpɪst/ SYN N philanthrope mf

**philanthropy** /fɪˈlænθrəpɪ/ SYN N philanthropie f

**philatelic** /ˌfɪləˈtelɪk/ ADJ philatélique

**philatelist** /fɪˈlætəlɪst/ N philatéliste mf

**philately** /fɪˈlætəlɪ/ N philatélie f

**...phile** /faɪl/ SUF ...phile ◆ **francophile** adj, n francophile mf

**Philemon** /faɪˈliːmɒn/ N Philémon m

**philharmonic** /ˌfɪlɑːˈmɒnɪk/ ADJ philharmonique

**philhellene** /fɪlˈheliːn/ N, ADJ philhellène mf

**philhellenic** /ˌfɪlheˈliːnɪk/ ADJ philhellène

**philhellenism** /fɪlˈhelɪnɪzəm/ N philhellénisme m

**...philia** /ˈfɪlɪə/ SUF ...philie f ◆ **francophilia** francophilie f

**Philippi** /ˈfɪlɪpaɪ/ N Philippes

**Philippians** /fɪˈlɪpɪənz/ NPL Philippiens mpl

**philippic** /fɪˈlɪpɪk/ N (liter) philippique f

**Philippine** /ˈfɪlɪpiːn/
  NPL **Philippines** ⇒ the Philippine Islands
  COMP **the Philippine Islands** NPL Philippines fpl

**philistine** /ˈfɪlɪstaɪn/ SYN
  ADJ 1 (fig) béotien
  2 ◆ **Philistine** philistin
  N 1 (Bible) ◆ **Philistine** Philistin m
  2 (fig) philistin m, béotien(ne) m(f)

**philistinism** /ˈfɪlɪstɪnɪzəm/ N philistinisme m

**Phillips** ® /ˈfɪlɪps/ (in compounds) ◆ **Phillips screw** vis f cruciforme ◆ **Phillips screwdriver** tournevis m cruciforme

**phillumenist** /fɪˈluːmənɪst/ N philluministe mf

**philodendron** /ˌfɪləˈdendrən/ N (pl **philodendrons** or **philodendra** /ˌfɪləˈdendrə/) philodendron m

**philological** /ˌfɪləˈlɒdʒɪkəl/ ADJ philologique

**philologist** /fɪˈlɒlədʒɪst/ N philologue mf

**philology** /fɪˈlɒlədʒɪ/ N philologie f

**philosopher** /fɪˈlɒsəfər/ SYN
  N philosophe mf ◆ **he is something of a philosopher** (fig) il est du genre philosophe
  COMP **philosopher's stone** pierre f philosophale

**philosophic(al)** /ˌfɪləˈsɒfɪk(əl)/ ADJ 1 (= relating to philosophy) [subject, debate, discussion, tradition] philosophique
  2 (= calm, resigned) philosophe ◆ **in a philosophic(al) tone** d'un ton philosophe ◆ **to be philosophic(al) about sth** prendre qch avec philosophie

**philosophically** /ˌfɪləˈsɒfɪkəlɪ/ ADV 1 (= with resignation) avec philosophie
  2 ◆ **philosophically important/disputable** etc philosophiquement important/discutable etc, important/discutable etc sur le plan philosophique ◆ **to be philosophically inclined or minded** avoir l'esprit philosophique ◆ **he's philosophically opposed to war** il est, par philosophie, opposé à la guerre

**philosophize** /fɪˈlɒsəfaɪz/ VI philosopher (about, on sur)

**philosophy** /fɪˈlɒsəfɪ/ SYN N philosophie f ◆ **his philosophy of life** sa philosophie, sa conception de la vie ◆ **our management philosophy** notre conception de la gestion ◆ **the best philosophy is to change your food habits to a low-sugar diet** la meilleure solution est d'adopter un régime à faible teneur en sucres ◆ **he developed a philosophy of health and safety...** il a mis en place une politique centrée sur la sécurité des conditions de travail... ;
→ moral, natural

**philtre, philter** (US) /ˈfɪltər/ N philtre m

**phimosis** /faɪˈməʊsɪs/ N phimosis m

**phishing** /ˈfɪʃɪŋ/ N phishing m

**phiz*** /fɪz/, **phizog*** /ˈfɪzɒɡ/ N (abbrev of physiognomy) binette* f, bouille* f

**phlebitis** /flɪˈbaɪtɪs/ N phlébite f

**phlebography** /flɪˈbɒɡrəfɪ/ N phlébographie f

**phlebology** /flɪˈbɒlədʒɪ/ N phlébologie f

**phlebotomist** /flɪˈbɒtəmɪst/ N phlébotomiste mf

**phlebotomy** /flɪˈbɒtəmɪ/ N phlébotomie f

**phlegm** /flem/ N 1 (= mucus) mucosité f
  2 (= equanimity) flegme m

**phlegmatic** /fleɡˈmætɪk/ SYN ADJ flegmatique

**phlegmatically** /fleɡˈmætɪkəlɪ/ ADV flegmatiquement, avec flegme

**phlogiston** /flɒˈdʒɪstɒn/ N phlogistique m

**phlox** /flɒks/ N (pl **phlox** or **phloxes**) phlox m inv

**phlyctaena, phlyctena** (US) /flɪkˈtiːnə/ N (pl **phlyct(a)enae** /flɪkˈtiːniː/) phlyctène f

**Phnom-Penh** /ˈnɒmˈpen/ N Phnom-Penh

**...phobe** /fəʊb/ SUF ...phobe ◆ **francophobe adj, n** francophobe mf

**phobia** /ˈfəʊbɪə/ SYN N phobie f ◆ **I've got a phobia about...** j'ai la phobie de...

**...phobia** /ˈfəʊbɪə/ SUF ...phobie ◆ **anglophobia** anglophobie f

**phobic** /ˈfəʊbɪk/ ADJ, N phobique mf

**phocomelia** /ˌfəʊkəʊˈmiːlɪə/ N phocomélie f

**phocomelic** /ˌfəʊkəʊˈmiːlɪk/ ADJ phocomèle

**phocomely** /fəʊˈkɒməlɪ/ N ⇒ phocomelia

**Phoebus** /ˈfiːbəs/ N (Myth) Phébus m

**Phoenicia** /fəˈnɪʃə/ N (Antiq) Phénicie f

**Phoenician** /fəˈnɪʃɪən/ (Antiq)
  N Phénicien(ne) m(f)
  ADJ phénicien
  COMP **Phoenician juniper** N genévrier m de Phénicie

**phoenix** (Brit), **phenix** (US) /ˈfiːnɪks/ N phénix m ◆ **like a phoenix from the ashes** comme le phénix qui renaît de ses cendres

**phonation** /fəʊˈneɪʃən/ N (Ling) phonation f

**phonatory** /ˈfəʊnətərɪ/ ADJ phonateur (-trice f), phonatoire

**phone¹** /fəʊn/ LANGUAGE IN USE 27 SYN abbrev of **telephone**
  N 1 (= telephone) téléphone m ◆ **on** or **over the phone** (gen) au téléphone ◆ **by phone** par téléphone ◆ **to be on the phone** (Brit) (= be a subscriber) avoir le téléphone ; (= be speaking) être au téléphone ◆ **I've got Jill on the phone** j'ai Jill au téléphone or au bout du fil*
  2 (Brit) ◆ **to give sb a phone*** (= phone call) passer un coup de fil* à qn
  VT (also **phone up**) téléphoner à, appeler, passer un coup de fil à*
  VI téléphoner
  COMP **phone bill** N facture f de téléphone
  **phone book** N annuaire m (de téléphone)
  **phone booth** N 1 (in station, hotel etc) téléphone m public
  2 (US : in street) cabine f téléphonique
  **phone box** N (Brit) cabine f téléphonique
  **phone call** N coup m de téléphone or de fil*, appel m téléphonique ◆ **to make a phone call** passer un coup de téléphone or de fil*, téléphoner
  **phone-in (programme)** N (Brit) émission où les auditeurs ou téléspectateurs sont invités à intervenir par téléphone pour donner leur avis ou pour parler de leurs problèmes
  **phone number** N numéro m de téléphone
  **phone tapping** N mise f sur écoutes téléphoniques

▸ **phone back**
  VT SEP (returning call) rappeler ; (calling again) rappeler, retéléphoner à
  VI (= return call) rappeler ; (= call again) rappeler, retéléphoner

▸ **phone in**
  VI téléphoner ◆ **to phone in sick** appeler pour dire qu'on est malade
  VT SEP [+ order] passer par téléphone ; [+ article] dicter au téléphone

**phone²** /fəʊn/ N (Ling) phone m

**phonecam** /ˈfəʊnkæm/ N (téléphone m) portable m appareil photo

**phonecard** /ˈfəʊnkɑːd/ N (Brit Telec) télécarte ® f

**phoneme** /ˈfəʊniːm/ N phonème m

**phonemic** /fəʊˈniːmɪk/ ADJ phonémique

**phonemicist** /fəˈniːmɪsɪst/ N phonologue mf

**phonemics** /fəʊˈniːmɪks/ N (NonC) phonémique f, phonématique f

**phonetic** /fəʊˈnetɪk/
  ADJ phonétique
  COMP **phonetic alphabet** N alphabet m phonétique
  **phonetic law** N loi f phonétique

**phonetically** /fəʊˈnetɪkəlɪ/ ADV [spell, learn] phonétiquement ◆ **phonetically speaking** phonétiquement parlant

**phonetician** /ˌfəʊnɪˈtɪʃən/ N phonéticien(ne) m(f)

**phonetics** /fəʊˈnetɪks/
  N (NonC = subject, study) phonétique f ◆ **articulatory/acoustic/auditory phonetics** phonétique f articulatoire/acoustique/auditoire
  NPL (= symbols) transcription f phonétique ◆ **the phonetics are wrong** la transcription phonétique est fausse
  COMP [teacher, student, exam, degree, textbook, laboratory] de phonétique

**phoney*** /ˈfəʊnɪ/ (esp US)
  ADJ [name] faux (fausse f) ; [jewels] faux (fausse f), en toc ; [emotion] factice, simulé ; [excuse, story, report] bidon* inv, à la noix* ; [person] pas franc (franche f), poseur ◆ **this diamond is phoney** ce diamant est faux ◆ **apparently he was a phoney doctor** il paraît que c'était un charlatan or un médecin marron ◆ **a phoney company** une société bidon* ◆ **it sounds phoney** cela a l'air d'être de la frime* or de la blague*
  N (pl **phoneys**) (= person) charlatan m, poseur m, faux jeton m ◆ **that diamond is a phoney** ce diamant est faux
  COMP **the phoney war*** N (Brit Hist: in 1939) la drôle de guerre

**phonic** /ˈfɒnɪk/ ADJ phonique

**phono...** /ˈfəʊnəʊ/ PREF phono...

**phonograph** † /ˈfəʊnəɡrɑːf/ N électrophone m, phonographe † m

**phonolite** /ˈfəʊnəlaɪt/ N phonolit(h)e m or f

**phonological** /ˌfəʊnəˈlɒdʒɪkəl/ ADJ phonologique

**phonologically** /ˌfəʊnəˈlɒdʒɪklɪ/ ADV phonologiquement

**phonologist** /fəˈnɒlədʒɪst/ N phonologue mf

**phonology** /fəʊˈnɒlədʒɪ/ N phonologie f

**phonon** /ˈfəʊnɒn/ N phonon m

**phony*** /ˈfəʊnɪ/ ADJ, N ⇒ **phoney**

**phooey*** /ˈfuːɪ/ EXCL (scorn) peuh !, pfft !

**phormium** /ˈfɔːmɪəm/ N phormion m

**phosgene** /ˈfɒzdʒiːn/ N phosgène m

**phosphatase** /ˈfɒsfəˌteɪs/ N phosphatase f

**phosphate** /ˈfɒsfeɪt/ N (Chem) phosphate m ◆ **phosphates** (Agr) phosphates mpl, engrais mpl phosphatés

**phosphatidylcholine** /ˌfɒsfətɪdaɪlˈkəʊliːn/ N lécithine f

**phosphatization** /ˌfɒsfətaɪˈzeɪʃən/ N phosphatation f

**phosphatize** /ˈfɒsfəˌtaɪz/ VT phosphater

**phosphene** /ˈfɒsfiːn/ N phosphène m

**phosphide** /ˈfɒsfaɪd/ N phosphure m

**phosphine** /ˈfɒsfiːn/ N phosphine f

**phosphite** /ˈfɒsfaɪt/ N phosphite m

**phospholipid** /ˌfɒsfəˈlɪpɪd/ N (Physiol) phospholipide m

**phosphoprotein** /ˌfɒsfəˈprəʊtiːn/ N phosphoprotéine f

**phosphoresce** /ˌfɒsfəˈres/ VI être phosphorescent

**phosphorescence** /ˌfɒsfəˈresns/ N phosphorescence f

**phosphorescent** /ˌfɒsfəˈresnt/ ADJ phosphorescent

**phosphoric** /fɒsˈfɒrɪk/ ADJ phosphorique

**phosphorism** /ˈfɒsfərɪzəm/ N (Med) phosphorisme m

**phosphorous** /ˈfɒsfərəs/ ADJ phosphoreux

**phosphorus** /ˈfɒsfərəs/ N phosphore m

**phosphorylation** /ˌfɒsfɒrɪˈleɪʃən/ N phosphorylation f

**photo** /ˈfəʊtəʊ/
  N (pl **photos**) (abbrev of **photograph**) photo f ; see also **photograph**
  COMP **photo album** N album m de photos
  **photo booth** N photomaton ® m
  **photo finish** N (Sport) photo-finish m
  **photo messaging** N messagerie f photo
  **photo-offset** N (Typography) offset m (processus)
  **photo opportunity** N séance f photo or de photos (pour la presse) ◆ **it is a great photo opportunity** il y a de bonnes photos à prendre
  **photo session** N séance f photo or de photos

**photo...** /ˈfəʊtəʊ/ PREF photo...

**photobiology** /ˌfəʊtəʊbaɪˈɒlədʒɪ/ N photobiologie f

**photocall** /ˈfəʊtəʊˌkɔːl/ N (Brit Press) séance f de photos pour la presse

**photocathode** /ˌfəʊtəʊˈkæθəʊd/ N photocathode f

**photocell** /ˈfəʊtəʊˌsel/ N photocellule f

**photochemical** /ˌfəʊtəʊˈkemɪkəl/ ADJ photochimique

**photochemistry** /ˌfəʊtəʊˈkemɪstrɪ/ N photochimie f

**photochromic** /ˌfəʊtəʊˈkrəʊmɪk/ ADJ photochromique

**photocompose** /ˌfəʊtəʊkəmˈpəʊz/ VT photocomposer

**photocomposer** /ˌfəʊtəʊkəmˈpəʊzəʳ/ N photocomposeuse f

**photocomposition** /ˌfəʊtəʊkɒmpəˈzɪʃən/ N photocomposition f

**photoconductive** /ˈfəʊtəʊˌkɒndʌkˈtɪv/ ADJ photoconducteur (-trice f)

**photoconductivity** /ˈfəʊtəʊˌkɒndʌkˈtɪvɪtɪ/ N photoconductivité f

**photocopier** /ˈfəʊtəʊˌkɒpɪəʳ/ N photocopieur m, photocopieuse f

**photocopy** /ˈfəʊtəʊˌkɒpɪ/
- N photocopie f
- VT photocopier

**photodegradable** /ˌfəʊtəʊdɪˈgreɪdəbl/ ADJ [plastic] photodégradable

**photodiode** /ˌfəʊtəʊˈdaɪəʊd/ N photodiode f

**photodisintegration** /ˈfəʊtəʊdɪsˈɪntɪˌgreɪʃən/ N photodissociation f

**photodisk** /ˈfəʊtəʊˌdɪsk/ N (Comput) photodisque m

**photoelectric(al)** /ˌfəʊtəʊɪˈlektrɪk(əl)/ ADJ photoélectrique ◆ **photoelectric(al) cell** cellule f photo-électrique

**photoelectricity** /ˌfəʊtəʊɪlekˈtrɪsɪtɪ/ N photoélectricité f

**photoelectron** /ˌfəʊtəʊɪˈlektrɒn/ N photoélectron m

**photoengrave** /ˌfəʊtəʊɪnˈgreɪv/ VT photograver

**photoengraver** /ˌfəʊtəʊɪnˈgreɪvəʳ/ N photograveur m

**photoengraving** /ˌfəʊtəʊɪnˈgreɪvɪŋ/ N photogravure f

**Photofit** ® /ˈfəʊtəʊˌfɪt/ N (Brit : also **Photofit picture**) portrait-robot m

**photoflash** /ˈfəʊtəʊˌflæʃ/ N flash m

**photoflood** /ˈfəʊtəʊˌflʌd/ N projecteur m

**photogelatin process** /ˌfəʊtəʊˈdʒelətɪn/ N phototypie f

**photogenic** /ˌfəʊtəˈdʒenɪk/ ADJ photogénique

**photogeology** /ˌfəʊtəʊdʒɪˈɒlədʒɪ/ N photogéologie f

**photogrammetry** /ˌfəʊtəʊˈgræmɪtrɪ/ N photogrammétrie f

**photograph** /ˈfəʊtəʊˌgrɑːf/ SYN
- N photo f, photographie † f ◆ **to take a photograph of sb/sth** prendre une photo de qn/qch, prendre qn/qch en photo ◆ **he takes good photographs** il fait de bonnes photos ◆ **he takes a good photograph** * (= is photogenic) il est photogénique, il est bien en photo* ◆ **in** or **on the photograph** sur la photo ; → aerial, colour
- VT photographier, prendre en photo
- VI ◆ **to photograph well** être photogénique, être bien en photo*
- COMP **photograph album** N album m de photos or de photographies †

⚠ In French, the word **photographe** means 'photographer', not **photograph**.

**photographer** /fəˈtɒgrəfəʳ/ N (also Press etc) photographe mf ◆ **press photographer** photographe mf de la presse, reporter m photographe ◆ **street photographer** photostoppeur m ◆ **he's a keen photographer** il est passionné de photo

**photographic** /ˌfəʊtəˈgræfɪk/ SYN
- ADJ photographique ◆ **photographic library** photothèque f
- COMP **photographic memory** N mémoire f photographique

**photographically** /ˌfəʊtəˈgræfɪkəlɪ/ ADV photographiquement

**photography** /fəˈtɒgrəfɪ/ N (NonC) photographie f NonC ; → colour, trick

**photogravure** /ˌfəʊtəʊgrəˈvjʊəʳ/ N photogravure f, héliogravure f

**photojournalism** /ˌfəʊtəʊˈdʒɜːnəlɪzəm/ N photojournalisme m, photoreportage m

**photojournalist** /ˌfəʊtəʊˈdʒɜːnəlɪst/ N photojournaliste mf, journaliste mf photographe

**photokinesis** /ˌfəʊtəʊkɪˈniːsɪs/ N photokinésie f

**photokinetic** /ˌfəʊtəʊkɪˈnetɪk/ ADJ photokinétique

**photolitho** /ˌfəʊtəʊˈlaɪθəʊ/ N abbrev of **photolithography**

**photolithograph** /ˈfəʊtəʊˈlɪθəˈgrɑːf/ N gravure f photolithographique

**photolithography** /ˌfəʊtəʊlɪˈθɒgrəfɪ/ N photolithographie f

**photoluminescence** /ˈfəʊtəʊˌluːmɪˈnesns/ N photoluminescence f

**photolysis** /fəʊˈtɒlɪsɪs/ N photolyse f

**photomachine** /ˌfəʊtəʊməˈʃiːn/ N photomaton ® m

**photomap** /ˈfəʊtəʊˌmæp/ N photoplan m

**photomechanical** /ˌfəʊtəʊmɪˈkænɪkl/ ADJ photomécanique

**photometer** /fəʊˈtɒmɪtəʳ/ N photomètre m

**photometric** /ˌfəʊtəˈmetrɪk/ ADJ photométrique

**photometry** /fəʊˈtɒmɪtrɪ/ N photométrie f

**photomicrograph** /ˌfəʊtəʊˈmaɪkrəʊgrɑːf/ N (= picture) microphotographie f

**photomicrography** /ˌfəʊtəʊmaɪˈkrɒgrəfɪ/ N (= technique) microphotographie f

**photomontage** /ˌfəʊtəʊmɒnˈtɑːʒ/ N photomontage m

**photomultiplier** /ˈfəʊtəʊˈmʌltɪˌplaɪəʳ/ N photomultiplicateur m

**photon** /ˈfəʊtɒn/ N photon m

**photoperiodic** /ˌfəʊtəʊˈpɪərɪˈɒdɪk/ ADJ photopériodique

**photoperiodism** /ˌfəʊtəʊˈpɪərɪədəzəm/ N photopériodisme m

**photophobia** /ˌfəʊtəʊˈfəʊbɪə/ N photophobie f

**photophobic** /ˌfəʊtəʊˈfəʊbɪk/ ADJ (Med) photophobique

**photophore** /ˈfəʊtəʊˌfɔːʳ/ N [of animal] photophore m

**photorealism** /ˌfəʊtəʊˈrɪəˈlɪzəm/ N photoréalisme m

**photoreceptor** /ˌfəʊtəʊrɪˈseptəʳ/ N (Bio) photorécepteur m

**photoreconnaissance** /ˌfəʊtəʊrɪˈkɒnɪsəns/ N reconnaissance f photographique

**photosensitive** /ˌfəʊtəʊˈsensɪtɪv/ ADJ photosensible

**photosensitivity** /ˌfəʊtəʊsensɪˈtɪvɪtɪ/ N photosensibilité f

**photosensitize** /ˈfəʊtəʊˈsensɪˌtaɪz/ VT photosensibiliser

**photosensor** /ˈfəʊtəʊˌsensəʳ/ N dispositif m photosensible

**photoset** /ˈfəʊtəʊˌset/ VT photocomposer

**photosphere** /ˈfəʊtəʊˌsfɪəʳ/ N photosphère f

**Photostat** ® /ˈfəʊtəʊˌstæt/
- N photostat m
- VT photocopier

**photosynthesis** /ˌfəʊtəʊˈsɪnθɪsɪs/ N photosynthèse f

**photosynthesize** /ˈfəʊtəʊˈsɪnθɪˌsaɪz/ VT photosynthétiser

**photosynthetic** /ˌfəʊtəʊsɪnˈθetɪk/ ADJ photosynthétique

**phototaxis** /ˌfəʊtəʊˈtæksɪs/, **phototaxy** /ˌfəʊtəʊˈtæksɪ/ N phototaxie f

**phototelegram** /ˈfəʊtəʊˈteleˈgræm/ N phototélégramme m

**phototelegraphy** /ˌfəʊtəʊtɪˈlegrəfɪ/ N phototélégraphie f

**phototherapy** /ˌfəʊtəʊˈθerəpɪ/, **phototherapeutics** /ˈfəʊtəʊˈθerəˌpjuːtɪks/ N (NonC) photothérapie f

**phototransistor** /ˌfəʊtəʊtrænˈzɪstəʳ/ N phototransistor m

**phototropic** /ˌfəʊtəʊˈtrɒpɪk/ ADJ phototropique

**phototropism** /ˌfəʊtəʊˈtrɒpɪzəm/ N phototropisme m

**phototype** /ˈfəʊtəʊˌtaɪp/ N (= process) phototypie f

**phototypesetting** /ˈfəʊtəʊˈtaɪpˌsetɪŋ/ N (US) photocomposition f

**phototypography** /ˌfəʊtəʊtaɪˈpɒgrəfɪ/ N phototypographie f

**photovoltaic** /ˌfəʊtəʊvɒlˈteɪɪk/ ADJ (Phys) photovoltaïque ◆ **photovoltaic cell** cellule f photovoltaïque, photopile f

**phrasal** /ˈfreɪzəl/
- ADJ syntagmatique
- COMP **phrasal verb** N verbe m à particule

**phrase** /freɪz/ SYN
- N ① (= saying) expression f ◆ **as the phrase is** or **goes** comme on dit, selon l'expression consacrée ◆ **to use Mrs Thatcher's phrase...** comme dirait Mme Thatcher... ◆ **in Marx's famous phrase...** pour reprendre la célèbre formule de Marx... ◆ **that's exactly the phrase I'm looking for** voilà exactement l'expression que je cherche ; → set, turn
  ② (Ling: gen) locution f ; (Gram) syntagme m ◆ **noun/verb phrase** syntagme m nominal/verbal
  ③ (Mus) phrase f
- VT ① [+ thought] exprimer ; [+ letter] rédiger ◆ **a neatly phrased letter** une lettre bien tournée ◆ **can we phrase it differently?** peut-on exprimer or tourner cela différemment ? ◆ **she phrased her question carefully** elle a très soigneusement formulé sa question
  ② (Mus) phraser
- COMP **phrase marker** N (Ling) marqueur m syntagmatique
  **phrase structure** N (Ling) structure f syntagmatique ADJ [rule, grammar] syntagmatique

**phrasebook** /ˈfreɪzbʊk/ N guide m de conversation

**phraseogram** /ˈfreɪzɪəgræm/ N sténogramme m

**phraseology** /ˌfreɪzɪˈɒlədʒɪ/ SYN N phraséologie f

**phrasing** /ˈfreɪzɪŋ/ N ① [of ideas] expression f ; [of text] formulation f, choix m des mots ◆ **the phrasing is unfortunate** les termes sont mal choisis
② (Mus) phrasé m

**phratry** /ˈfreɪtrɪ/ N phratrie f

**phreatic** /frɪˈætɪk/ ADJ phréatique

**phrenetic** /frɪˈnetɪk/ ADJ ⇒ **frenetic**

**phrenic** /ˈfrenɪk/ ADJ (Anat) phrénique

**phrenological** /ˌfrenəˈlɒdʒɪkəl/ ADJ phrénologique

**phrenologist** /frɪˈnɒlədʒɪst/ N phrénologue mf, phrénologiste mf

**phrenology** /frɪˈnɒlədʒɪ/ N phrénologie f

**phthiriasis** /θɪˈraɪəsɪs/ N phtiriase f

**phthisis** /ˈθaɪsɪs/ N phtisie f

**phut*** /fʌt/ ADV ◆ **to go phut** [machine, object] péter*, rendre l'âme* ; [scheme, plan] tomber à l'eau

**phwoar*** /fwɔːʳ/ EXCL (Brit) mazette* !, wow* !

**phycology** /faɪˈkɒlədʒɪ/ N phycologie f

**phyla** /ˈfaɪlə/ NPL of **phylum**

**phylactery** /fɪˈlæktərɪ/ N phylactère m

**phylactic** /fɪˈlæktɪk/ ADJ phylactique

**phyletic** /faɪˈletɪk/ ADJ phylogénique

**phylloxera** /ˌfɪlɒkˈsɪərə/ N phylloxéra m

**phylogenesis** /ˌfaɪləʊˈdʒenɪsɪs/ N phylogenèse f

**phylogenetic** /ˌfaɪləʊdʒɪˈnetɪk/ ADJ phylogénétique

**phylogeny** /faɪˈlɒdʒɪnɪ/ N phylogenèse f, phylogénie f

**phylum** /ˈfaɪləm/ N (pl phyla) embranchement m, phylum m (SPEC)

**physalis** /faɪˈseɪlɪs/ N (= plant) physalis m

**physic** †† /ˈfɪzɪk/ N médicament m

**physical** /ˈfɪzɪkəl/ SYN
- ADJ ① (= of the body) physique ◆ **physical contact** contact m physique ◆ **physical abuse** mauvais traitements mpl ◆ **he appeared to be in good physical condition** il semblait être en bonne forme physique ◆ **physical strength** force f (physique) ◆ **physical violence** violences fpl ◆ **physical symptoms** symptômes mpl physiques ◆ **physical exertion** effort m physique ◆ **physical deformity** difformité f ◆ **physical**

**disabilities** handicaps *mpl* physiques ◆ **physical frailty** constitution *f* frêle ◆ **physical closeness** contact *m* physique ◆ **physical cruelty** brutalité *f*, sévices *mpl* ◆ **it's a physical impossibility for him to get there on time** il lui est physiquement *or* matériellement impossible d'arriver là-bas à l'heure

2 *(= sexual) [love, relationship]* physique ◆ **physical attraction** attirance *f* physique ◆ **the attraction between them is physical** l'attirance qu'ils ont l'un pour l'autre est physique

3 *[geography, properties]* physique ; *[world, universe, object]* matériel

4 *( * = tactile) [person]* qui aime les contacts physiques

5 *(= real)* physique ◆ **physical and ideological barriers** des barrières physiques et idéologiques ◆ **do you have any physical evidence to support your story?** avez-vous des preuves matérielles de ce que vous avancez ?

N *(Med *)* examen *m* médical, bilan *m* de santé, check-up * *m inv* ◆ **to go for a physical** aller passer une visite médicale ◆ **she failed her physical** les résultats de sa visite médicale n'étaient pas assez bons

COMP **physical activity** N activité *f* physique
**physical education** N *(Scol)* éducation *f* physique
**physical examination** N examen *m* médical, bilan *m* de santé
**physical exercise** N exercice *m* physique
**physical fitness** N forme *f* physique
**physical handicap** N handicap *m* physique
**physical jerks** † * NPL *(Brit Scol)* exercices *mpl* d'assouplissement, gymnastique *f*
**physical sciences** N sciences *fpl* physiques
**physical therapist** N *(US Med)* physiothérapeute *mf*, kinésithérapeute *mf*
**physical therapy** N *(US Med)* physiothérapie *f*, kinésithérapie *f* ◆ **to have physical therapy** faire de la rééducation
**physical training** † N *(Scol)* éducation *f* physique

**physicality** /fɪzɪˈkælɪtɪ/ N présence *f* physique

**physically** /ˈfɪzɪkəlɪ/ ADV *[restrain]* de force ; *[violent, attractive, demanding, separate]* physiquement ; *[possible, impossible]* matériellement ◆ **to be physically fit** être en bonne forme physique ◆ **to be physically capable/incapable of (doing) sth** être physiquement capable/incapable de faire qch ◆ **to be physically sick** vomir ◆ **to feel physically sick** avoir envie de vomir ◆ **he is physically handicapped** *or* **disabled** *or* **challenged** c'est un handicapé physique, il a un handicap physique ◆ **to abuse sb physically** *[+ partner]* battre qn ; *[+ child]* maltraiter qn ◆ **she was abused physically but not sexually** elle a été brutalisée mais pas violée

**physician** /fɪˈzɪʃən/ SYN N médecin *m* ◆ **physician-assisted suicide** suicide *m* assisté par un médecin

(!) The French word **physicien** means 'physicist'.

**physicist** /ˈfɪzɪsɪst/ N physicien(ne) *m(f)* ◆ **experimental/theoretical physicist** physicien(ne) *m(f)* de physique expérimentale/théorique ; → **atomic**

**physics** /ˈfɪzɪks/ N *(NonC)* physique *f* ◆ **experimental/theoretical physics** physique *f* expérimentale/théorique ; → **atomic, nuclear**

**physio** * /ˈfɪzɪəʊ/ N *(Brit)* 1 abbrev of **physiotherapy**
2 abbrev of **physiotherapist**

**physiognomy** /ˌfɪzɪˈɒnəmɪ/ N *(gen)* physionomie *f* ; *( * hum = face)* bobine ‡ *f*, bouille ‡ *f*

**physiological** /ˌfɪzɪəˈlɒdʒɪkəl/ ADJ physiologique

**physiologically** /ˌfɪzɪəˈlɒdʒɪkəlɪ/ ADV physiologiquement

**physiologist** /ˌfɪzɪˈɒlədʒɪst/ N physiologiste *mf*

**physiology** /ˌfɪzɪˈɒlədʒɪ/ N physiologie *f*

**physiotherapist** /ˌfɪzɪəˈθerəpɪst/ N physiothérapeute *mf*, ≃ kinésithérapeute *mf*

**physiotherapy** /ˌfɪzɪəˈθerəpɪ/ N physiothérapie *f*, ≃ kinésithérapie *f*

**physique** /fɪˈziːk/ SYN N physique *m* ◆ **he has the physique of a footballer** il est bâti comme un footballeur ◆ **he has a fine/poor physique** il est bien/mal bâti

**physostigmin** /ˌfaɪsəʊˈstɪgmɪn/, **physostigmine** /ˌfaɪsəʊˈstɪgmiːn/ N ésérine *f*

**physostomous** /faɪˈsɒstəməs/ ADJ ◆ **physostomous fish** physostome *m*

**phytogenesis** /ˌfaɪtəʊˈdʒenɪsɪs/ N phytogenèse *f*

**phytogeography** /ˌfaɪtəʊdʒɪˈɒgrəfɪ/ N phytogéographie *f*

**phytohormone** /ˌfaɪtəʊˈhɔːməʊn/ N phytohormone *f*

**phytology** /faɪˈtɒlədʒɪ/ N phytobiologie *f*

**phytopathology** /ˌfaɪtəʊpəˈθɒlədʒɪ/ N phytopathologie *f*

**phytophagous** /faɪˈtɒfəgəs/ ADJ phytophage

**phytoplankton** /ˌfaɪtəˈplæŋktən/ N phytoplancton *m*

**phytosanitary** /ˌfaɪtəʊˈsænɪtrɪ/ ADJ phytosanitaire

**phytosociology** /"faɪtəʊ"səʊsɪˈɒlədʒɪ/ N phytosociologie *f*

**phytotoxin** /ˌfaɪtəˈtɒksɪn/ N phytotoxine *f*

**phytotron** /ˈfaɪtəʊˌtrɒn/ N phytotron *m*

**PI** /piːˈaɪ/ N (abbrev of **private investigator**) → **private**

**pi**[1] * /paɪ/ ADJ *(Brit pej)* (abbrev of **pious**) *[person]* satisfait de soi, suffisant ; *[expression]* suffisant, béat ; *(= sanctimonious)* bigot

**pi**[2] /paɪ/ N (pl **pis**) *(Math)* pi *m*

**pianism** /ˈpiːəˌnɪzəm/ N qualités *fpl* pianistiques

**pianissimo** /pɪəˈnɪsɪˌməʊ/ ADJ, ADV pianissimo

**pianist** /ˈpɪənɪst/ N pianiste *mf*

**pianistic** /ˌpiːəˈnɪstɪk/ ADJ pianistique

**piano** /ˈpjɑːnəʊ/
N (pl **pianos**) piano *m* ; → **baby, grand, upright**
ADV *(Mus)* piano
COMP **piano-accordion** N accordéon *m* à clavier
**piano concerto** N concerto *m* pour piano
**piano duet** N morceau *m* pour quatre mains
**piano lesson** N leçon *f* de piano
**piano music** N ◆ **I'd like some piano music** je voudrais de la musique pour piano ◆ **I love piano music** j'adore écouter de la musique pour piano, j'adore le piano
**piano organ** N piano *m* mécanique
**piano piece** N morceau *m* pour piano
**piano roll** N *(Mus)* bande *f* perforée *(de piano mécanique)*
**piano stool** N tabouret *m* de piano
**piano teacher** N professeur *m* de piano
**piano tuner** N accordeur *m* (de piano)

**pianoforte** /ˌpjɑːnəʊˈfɔːtɪ/ N *(frm)* ⇒ **piano noun**

**Pianola** ® /pɪəˈnəʊlə/ N piano *m* mécanique, Pianola ® *m*

**piassaba** /ˌpiːəˈsɑːbə/, **piassava** /ˌpiːəˈsɑːvə/ N piassava *m*

**piazza** /pɪˈætsə/ N 1 *(= square)* place *f*, piazza *f*
2 *(US)* véranda *f*

**pibroch** /ˈpiːbrɒx/ N pibroch *m* *(suite de variations pour cornemuse)*

**pic** /pɪk/ N (abbrev of **picture**) 1 *(= photo)* photo *f*
2 *(= film)* film *m*

**pica** /ˈpaɪkə/ N *(Typography)* douze *m*, cicéro *m*

**picador** /ˈpɪkədɔːʳ/ N picador *m*

**Picardy** /ˈpɪkədɪ/ N Picardie *f*

**picaresque** /ˌpɪkəˈresk/ ADJ picaresque

**picayune** * /ˌpɪkəˈjuːn/ ADJ *(US)* insignifiant, mesquin

**piccalilli** /ˈpɪkəˌlɪlɪ/ N *condiment à base de légumes conservés dans une sauce moutardée*

**piccaninny** *✱/ˈpɪkəˌnɪnɪ/ N négrillon(ne) *m(f)* *✱

**piccolo** /ˈpɪkələʊ/ N (pl **piccolos**) piccolo *m*

**pick** /pɪk/ SYN
N 1 *(= tool)* pioche *f*, pic *m* ; *(Climbing:* also **ice pick)** piolet *m* ; *[of mason]* smille *f* ; *[of miner]* pic *m* ; → **ice, toothpick**
2 *(= choice)* choix *m* ◆ **to have one's pick of sth** avoir le choix de qch ◆ **she could have had her pick of any man in the room** aucun des hommes de l'assistance n'aurait pu lui résister, elle aurait pu jeter son dévolu sur n'importe quel homme dans l'assistance ◆ **children living closest to the school get first pick** * les enfants qui vivent le plus près de l'école sont prioritaires ◆ **squatters get first pick** * **of all these empty flats** les squatters ont la priorité pour choisir parmi tous ces appartements vides ◆ **to take one's pick** faire son choix ◆ **take your pick** choisissez, vous avez le choix
3 *(= best)* meilleur ◆ **the pick of the bunch** * *or* **the crop** le meilleur de tous
VT 1 *(= choose)* choisir ◆ **to pick sb to do sth** choisir qn pour faire qch ◆ **pick a card, any card** choisissez une carte ◆ **to pick (the) sides** *(Sport)* former *or* sélectionner les équipes ◆ **she was picked for England** *(Sport)* elle a été sélectionnée pour être dans l'équipe d'Angleterre ◆ **he picked the winner** *(Racing)* il a pronostiqué le (cheval) gagnant ◆ **I'm not very good at picking the winner** *(Racing)* je ne suis pas très doué pour choisir le gagnant ◆ **they certainly picked a winner in Colin Smith** *(fig)* avec Colin Smith ils ont vraiment tiré le bon numéro
2 ◆ **to pick one's way through/among** avancer avec précaution à travers/parmi ◆ **to pick a fight** *(physical)* chercher la bagarre * ◆ **to pick a fight** *or* **a quarrel with sb** chercher noise *or* querelle à qn
3 *(= pluck) [+ fruit, flower]* cueillir ; *[+ mushrooms]* ramasser ◆ **"pick your own"** *(at fruit farm)* « cueillette à la ferme »
4 *(= pick at, fiddle with) [+ spot, scab]* gratter, écorcher ◆ **to pick one's nose** se mettre les doigts dans le nez, se curer le nez ◆ **to pick a splinter from one's hand** s'enlever une écharde de la main ◆ **to pick a bone** *(with teeth)* ronger un os ; *[bird]* nettoyer un os ; see also **bone** ◆ **to pick one's teeth** se curer les dents ◆ **you've picked a hole in your jersey** à force de tirer sur un fil tu as fait un trou à ton pull ◆ **to pick holes in an argument** relever les défauts *or* les failles d'un raisonnement ◆ **their lawyers picked holes in the evidence** leurs avocats ont relevé des failles dans le témoignage ◆ **to pick sb's brains** * faire appel aux lumières de qn ◆ **I need to pick your brains about something** * j'ai besoin de vos lumières à propos de quelque chose ◆ **to pick a lock** crocheter une serrure ◆ **to pick pockets** pratiquer le vol à la tire ◆ **I've had my pocket picked** on m'a fait les poches
VI 1 *(= choose)* choisir ; *(= be fussy)* faire la fine bouche ◆ **to pick and choose** faire le *(or* la) difficile ◆ **I haven't got time to pick and choose** je n'ai pas le temps de faire la fine bouche ◆ **you can afford to pick and choose** tu peux te permettre de faire la fine bouche *or* de faire le difficile ◆ **you can pick and choose from the menu** vous pouvez choisir ce que vous voulez dans le menu ◆ **consumers can pick and choose from among the many telephone companies** les consommateurs peuvent choisir *or* ont le choix entre les nombreuses compagnies de téléphone
2 *(= poke, fiddle)* ◆ **to pick at one's food** manger du bout des dents, chipoter * ◆ **the bird picked at the bread** l'oiseau picorait le pain ◆ **don't pick!** *(at food)* ne chipote pas ! ; *(at spot, scab)* ne gratte pas ! ◆ **don't pick at your spots!** ne gratte pas tes boutons !
COMP **pick-and-mix** ⇒ **pick 'n' mix**
**pick-me-up** * N remontant *m*
**pick 'n' mix** * ADJ *[approach, selection, collection]* hétéroclite ; *[morality, politics] qui réunit sélectivement des éléments hétéroclites* VT choisir VI faire son choix

► **pick at** * VT FUS *(US)* ⇒ **pick on 1**

► **pick off** VT SEP 1 *[+ paint]* gratter, enlever ; *[+ flower, leaf]* cueillir, enlever
2 *(= kill)* ◆ **he picked off the sentry** il a visé soigneusement et a abattu la sentinelle ◆ **he picked off the three sentries** il a abattu les trois sentinelles l'une après l'autre ◆ **the lions pick off any stragglers** les lions éliminent les traînards ◆ **to pick o.s. off the floor** se relever

► **pick on** VT FUS 1 *( * = nag, harass)* harceler, s'en prendre à * ◆ **he's always picking on Robert** il s'en prend toujours à Robert *, c'est toujours après Robert qu'il en a * ◆ **pick on someone your own size!** ne t'en prends pas à un plus petit que toi !
2 *(= choose)* choisir ; *(= single out)* choisir, désigner ◆ **why did they pick on Venice for their holiday?** pourquoi ont-ils choisi Venise comme destination de vacances ? ◆ **the teacher picked on him to collect the books** le professeur le choisit *or* le désigna pour ramasser les livres ◆ **why pick on me? All the rest did the same** pourquoi t'en *(or* s'en) prendre à moi ? Les autres ont fait la même chose

► **pick out** VT SEP 1 *(= choose)* choisir ◆ **pick out two or three you would like to keep** choisissez-en deux ou trois que vous aimeriez garder ◆ **she picked two apples out of the basket** elle choisit deux pommes dans le panier ◆ **he had already picked out his successor** il avait déjà choisi son successeur
2 *(= distinguish)* repérer, distinguer ; *(in identification parade)* identifier ◆ **I couldn't pick out anyone I knew in the crowd** je ne pouvais repérer *or* distinguer personne de ma connaissance

dans la foule ◆ **can you pick out the melody in this passage?** pouvez-vous repérer *or* distinguer la mélodie dans ce passage ? ◆ **can you pick me out in this photo?** pouvez-vous me reconnaître sur cette photo ? ◆ **to pick out a tune on the piano** *(= play)* retrouver un air au piano

3 *(= highlight)* ◆ **to pick out a colour** rehausser *or* mettre en valeur une couleur ◆ **letters picked out in gold on a black background** caractères rehaussés d'or sur fond noir ◆ **the bright light picked out all her grey hairs** la lumière crue faisait ressortir tous ses cheveux gris

▸ **pick over** VT SEP *(= examine, sort through) [+ fruit, lentils, rice]* trier ; *[+ events, details, evidence]* décortiquer ◆ **she was picking over the shirts in the sale** elle examinait les chemises en solde les unes après les autres ◆ **it's no good picking over the past** cela ne sert à rien de ressasser le passé

▸ **pick through** VT FUS ⇒ **pick over**

▸ **pick up**

VI 1 *(= improve) [conditions, programme, weather]* s'améliorer ; *[prices, wages]* remonter ; *[trade, business]* reprendre ; *[invalid]* se rétablir, se remettre ◆ **business has picked up recently** les affaires ont repris récemment ◆ **his support has picked up recently** sa cote de popularité a remonté récemment ◆ **the market will pick up soon** *(Comm, Fin)* le marché va bientôt remonter ◆ **things are picking up a bit** * ça commence à aller mieux

2 *(= resume)* continuer, reprendre ◆ **to pick up (from) where one had left off** reprendre là où on s'était arrêté ◆ **so, to pick up where I left off,...** alors je reprends là où je m'étais arrêté...

♦ **to pick up on** ◆ **to pick up on a point** *(= develop)* revenir sur un point ◆ **to pick sb up on sth** *(= correct)* reprendre qn sur qch

VT SEP 1 *(= lift) [+ sth dropped, book, clothes etc]* ramasser ◆ **to pick o.s. up** *(after fall)* se relever, se remettre debout ◆ **he picked up the child** *(gen)* il a pris l'enfant dans ses bras ; *(after fall)* il a relevé l'enfant ◆ **he picked up the phone and dialled a number** il a décroché (le téléphone) et a composé un numéro ◆ **pick up all your clothes before you go out!** ramasse tous tes vêtements avant de sortir ! ◆ **to pick up the pieces** *(lit)* ramasser les morceaux ; *(fig)* recoller les morceaux ◆ **she's trying to pick up the pieces of her career/her marriage** elle essaie de recoller les morceaux de sa carrière/de son couple ◆ **to pick up the threads of one's life** se reprendre en main

2 *(= collect)* (passer) prendre ◆ **can you pick up my coat from the cleaners?** pourrais-tu (passer) prendre mon manteau chez le teinturier ? ◆ **I'll pick up the books next week** je passerai prendre les livres la semaine prochaine

3 *[+ passenger, hitch-hiker] (in bus, car etc)* prendre ; *(in taxi)* charger ◆ **I'll pick you up at 6 o'clock** je passerai vous prendre à 6 heures, je viendrai vous chercher à 6 heures

4 *[+ girl, boy]* ramasser *, lever * ◆ **he picked up a girl at the cinema** il a ramassé une fille au cinéma

5 *(= buy, obtain)* dénicher ◆ **she picked up a secondhand car for just $800** elle a déniché une voiture d'occasion pour seulement 800 dollars ◆ **it's a book you can pick up anywhere** c'est un livre que l'on peut trouver partout ◆ **to pick up a bargain in the sales** trouver une bonne affaire dans les soldes

6 *(= acquire, learn) [+ language, skill]* apprendre ; *[+ habit]* prendre ◆ **he picked up French very quickly** il n'a pas mis longtemps à apprendre le français ◆ **I've picked up a bit of German** j'ai appris quelques mots d'allemand ◆ **you'll soon pick it up** tu t'y mettras rapidement, ça viendra vite ◆ **you'll soon pick it up again** tu t'y remettras rapidement, ça reviendra vite ◆ **to pick up an accent** prendre un accent ◆ **to pick up bad habits** prendre de mauvaises habitudes ◆ **I picked up a bit of news about him today** j'ai appris quelque chose sur lui aujourd'hui ◆ **see what you can pick up about their export scheme** essayez d'avoir des renseignements *or* des tuyaux * sur leur plan d'exportations ◆ **our agents have picked up something about it** nos agents ont appris *or* découvert quelque chose là-dessus ◆ **the papers picked up the story** les journaux se sont emparés de l'affaire

7 *(= detect) [security camera etc] [+ person, object, sound]* détecter ; *(Rad, Telec) [+ station, signal, programme, message]* capter ◆ **the dogs immediately picked up the scent** les chiens ont tout de suite détecté l'odeur ◆ **the cameras picked him up as he left the hall** en sortant du hall il est entré dans le champ des caméras

8 *(= rescue)* recueillir ; *(from sea)* recueillir, repêcher ◆ **the helicopter/lifeboat picked up ten survivors** l'hélicoptère/le canot de sauvetage a recueilli dix survivants

9 *(* = take in) [+ suspect]* interpeller, cueillir * ◆ **they picked him up for questioning** on l'a interpellé pour l'interroger

10 *(= notice) [+ sb's error etc]* relever, ne pas laisser passer ◆ **he picked up ten misprints** il a relevé *or* repéré dix fautes d'impression ◆ **he picked up every mistake** il n'a pas laissé passer une seule erreur

11 *(= reprimand)* faire une remarque à, reprendre ◆ **she picked me up for this mistake** elle m'a repris sur cette erreur

12 *(= gain)* ◆ **to pick up speed** *[car, boat]* prendre de la vitesse ◆ **he managed to pick up a few points in the later events** *(Sport)* il a réussi à gagner *or* rattraper quelques points dans les épreuves suivantes ◆ **he picked up a reputation as a womanizer** il s'est fait une réputation de coureur de jupons

VT FUS * *(= earn)* gagner, toucher * ◆ **to pick up the bill** *or* **tab** *(= pay)* payer la note *or* l'addition

N ◆ **pickup** → **pickup**

N ◆ **pick-me-up** * → **pick**

**pickaback** /ˈpɪkəbæk/ ⇒ **piggyback adv adj noun 1**

**pickaninny** *✱/ˈpɪkəˌnɪnɪ/ N ⇒ **piccaninny**

**pickaxe, pickax** *(US)* /ˈpɪkæks/ N pic *m*, pioche *f*

**picker** /ˈpɪkəʳ/ N *(gen in compounds)* cueilleur *m*, -euse *f* ◆ **apple-picker** cueilleur *m*, -euse *f* de pommes ; → **cherry**

**pickerel** /ˈpɪkərəl/ N (pl **pickerels** *or* **pickerel**) *(= small pike)* brocheton *m*

**picket** /ˈpɪkɪt/ SYN

N 1 *(during strike)* piquet *m* de grève ; *(at civil demonstrations)* piquet *m* (de manifestants)

2 *(= group of soldiers)* détachement *m* (de soldats) ; *(= sentry)* factionnaire *m* ◆ **fire picket** piquet *m* d'incendie

3 *(= stake)* pieu *m*, piquet *m*

VT 1 *(= protest, strike in front of)* ◆ **to picket a factory** mettre un piquet de grève aux portes d'une usine ◆ **the demonstrators picketed the embassy** les manifestants ont formé un cordon devant l'ambassade

2 *[+ field]* clôturer

VI *[strikers]* organiser un piquet de grève

COMP **picket duty** N ◆ **to be on picket duty** faire partie d'un piquet de grève

**picket fence** N palissade *f*

**picket line** N piquet *m* de grève ◆ **to cross a picket line** traverser un piquet de grève

**picketer** /ˈpɪkɪtəʳ/ N gréviste *mf (participant à un piquet de grève)*

**picketing** /ˈpɪkɪtɪŋ/ N *(NonC)* piquets *mpl* de grève ◆ **there was no picketing** il n'y a pas eu de piquet de grève ; → **secondary**

**picking** /ˈpɪkɪŋ/

N *[of object from group]* choix *m* ; *[of candidate, leader]* choix *m*, sélection *f* ; *[of fruit, vegetables]* cueillette *f* ; *[of lock]* crochetage *m* ; *(= careful choosing)* triage *m*

NPL **pickings** 1 *(of food)* restes *mpl*

2 *(fig = profits etc)* ◆ **there are rich pickings to be had** ça pourrait rapporter gros ◆ **easy pickings for thieves** butin *m* facile pour des voleurs

**pickle** /ˈpɪkl/ SYN

N 1 *(NonC: Culin) (= brine)* saumure *f* ; *(= wine, spices)* marinade *f* ; *(= vinegar)* vinaigre *m*

2 ◆ **pickle(s)** pickles *mpl (petits légumes macérés dans du vinaigre)*

3 *(* = awkward situation)* ◆ **to be in a (pretty** *or* **fine) pickle** être dans de beaux draps, être dans le pétrin ◆ **I'm in rather a pickle** je suis plutôt dans le pétrin

VT *(in brine)* conserver dans de la saumure ; *(in vinegar)* conserver dans du vinaigre

COMP **pickling onions** NPL petits oignons *mpl*

**pickled** /ˈpɪkld/ ADJ 1 *[cucumber, cabbage]* conservé *or* macéré dans du vinaigre ◆ **pickled herring** hareng saur ◆ **pickled gherkins** cornichons au vinaigre

2 *(✱ = drunk)* bourré ✱, ivre

**picklock** /ˈpɪklɒk/ N 1 *(= key)* crochet *m*, rossignol *m*

2 *(= thief)* crocheteur *m*

**pickpocket** /ˈpɪkˌpɒkɪt/ N pickpocket *m*, voleur *m*, -euse *f* à la tire

**pickup** /ˈpɪkʌp/

N 1 *[of record-player]* pick-up *m inv*, lecteur *m*

2 *(= passenger of vehicle)* passager *m*, -ère *f* ramassé(e) en route ◆ **the bus made three pickups** l'autobus s'est arrêté trois fois pour prendre des passagers

3 *(* = casual lover)* partenaire *mf* de rencontre

4 *(= collection)* ◆ **to make a pickup** *[truck driver]* s'arrêter pour charger (des marchandises) ; *[drug runner, spy]* aller chercher de la marchandise ◆ **pickup point** *(for people)* point *m* de rendez-vous ; *(for goods)* point de collecte

5 *(NonC = acceleration of vehicle)* reprise(s) *f(pl)*

6 *(= recovery) (Med)* rétablissement *m* ; *(in trade etc)* reprise *f* (d'activité)

7 *(* : also* **pick-me-up)** remontant *m*

8 ⇒ **pickup truck**

ADJ *(Sport) [game]* impromptu, improvisé ◆ **pickup side** équipe *f* de fortune

COMP **pickup truck, pickup van** N *(Brit)* camionnette *f* (découverte), pick-up *m*

**Pickwick Papers** /ˈpɪkwɪk/ N *(Literat)* ◆ **The Pickwick Papers** Les Aventures de M. Pickwick

**picky** * /ˈpɪkɪ/ ADJ difficile (à satisfaire)

**picnic** /ˈpɪknɪk/ SYN (vb: pret, ptp **picnicked**)

N pique-nique *m* ◆ **let's go on a picnic** allons pique-niquer ◆ **it's no picnic** * ce n'est pas une partie de plaisir, c'est pas de la tarte * ◆ **it's no picnic * bringing up children on your own** ce n'est pas une partie de plaisir d'élever seul des enfants

VI pique-niquer, faire un pique-nique

COMP **picnic basket** N panier *m* à pique-nique

**picnic ham** N *(US)* ≈ jambonneau *m*

**picnic hamper** N ⇒ **picnic basket**

**picnicker** /ˈpɪknɪkəʳ/ N pique-niqueur *m*, -euse *f*

**Pict** /pɪkt/ N Picte *mf*

**Pictish** /ˈpɪktɪʃ/ ADJ picte

**pictogram** /ˈpɪktəˌgræm/ N pictogramme *m*

**pictograph** /ˈpɪktəgrɑːf/ N 1 *(= record, chart etc)* pictogramme *m*

2 *(Ling) (= symbol)* idéogramme *m* ; *(= writing)* idéographie *f*

**pictorial** /pɪkˈtɔːrɪəl/ SYN

ADJ *[magazine, calendar]* illustré ; *[record]* en images ; *[work]* pictural ; *[masterpiece]* pictural, de peinture

N illustré *m*

**pictorially** /pɪkˈtɔːrɪəlɪ/ ADV en images, au moyen d'images, à l'aide d'images

**picture** /ˈpɪktʃəʳ/ SYN

N 1 *(gen)* image *f* ; *(= illustration)* image *f*, illustration *f* ; *(= photograph)* photo *f* ; *(TV)* image *f* ; *(= painting)* tableau *m*, peinture *f* ; *(= portrait)* portrait *m* ; *(= engraving)* gravure *f* ; *(= reproduction)* reproduction *f* ; *(= drawing)* dessin *m* ◆ **a picture by David Hockney** un tableau de David Hockney ◆ **a picture of David Hockney** un tableau de *or* représentant David Hockney, un portrait de David Hockney ◆ **a picture of David Hockney's** *(= owned by him)* un tableau appartenant à David Hockney ◆ **"The Picture of Dorian Gray"** *(Literat)* « Le Portrait de Dorian Gray » ◆ **pictures made by reflections in the water** images *fpl* produites par les reflets sur l'eau ◆ **we have the sound but no picture** *(TV)* nous avons le son mais pas l'image ◆ **to paint/draw a picture** faire un tableau/un dessin ◆ **to paint/draw a picture of sth** peindre/dessiner qch ◆ **every picture tells a story** *(Prov)* chaque image raconte une histoire ◆ **a picture is worth a thousand words** *(Prov)* une image en dit plus que de longs discours *(Prov)* ; → **pretty**

2 *(fig = description) (spoken)* tableau *m* ; *(= mental image)* image *f*, représentation *f* ◆ **he gave us a picture of the scenes at the front line** il nous brossa *or* nous fit un tableau de la situation au front ◆ **"Pictures of an Exhibition"** *(Mus)* « Tableaux d'une exposition » ◆ **to paint a gloomy/optimistic picture of sth** brosser un sombre tableau/un tableau optimiste de qch ◆ **eye witness accounts painted a picture of anarchy** les récits des témoins oculaires (nous) ont donné l'image d'une situation anarchique ◆ **to form a picture of sth** se faire une idée de qch ◆ **I have a clear picture of him as he was when I saw him last** je le revois clairement *or* je me souviens très bien de lui tel qu'il était la dernière fois que je l'ai vu ◆ **I have no very clear picture of the room** je ne me représente pas très bien la pièce ◆ **these figures give the general picture** ces chiffres donnent un tableau général de la situation ◆ **(do you) get the pic-**

**ture?*** tu vois le tableau ?*, tu piges ?* ◆ **OK, I get the picture*** ça va, j'ai compris *or* pigé* ◆ **to be/put sb/keep sb in the picture** être/mettre qn/tenir qn au courant ◆ **to be left out of the picture** être mis sur la touche *or* éliminé de la scène

3 *(fig phrases)* ◆ **she was a picture in her new dress** elle était ravissante dans sa nouvelle robe ◆ **the garden is (like) a picture in June** le jardin est magnifique en juin ◆ **he is the** *or* **a picture of health/happiness** il respire la santé/le bonheur ◆ **he is** *or* **looks the picture of misery** c'est la tristesse incarnée ◆ **the other side of the picture** le revers de la médaille ◆ **his face was a picture!*** son expression en disait long !, si vous aviez vu sa tête !* ◆ **we should look at the big picture** il faudrait que nous regardions la situation dans son ensemble

4 *(Cine)* film *m* ◆ **they made a picture about it** on en a fait *or* tiré un film ◆ **to go to the pictures** † *(esp Brit)* aller au cinéma, aller voir un film ◆ **what's on at the pictures?** † *(esp Brit)* qu'est-ce qui passe *or* qu'est-ce qu'on donne au cinéma ? ; → **motion**

**VT** 1 *(= imagine)* s'imaginer, se représenter ◆ **I can just picture the consequences** je m'imagine très bien les conséquences ◆ **can you picture him as a father?** tu l'imagines père ? ◆ **I can't quite picture it somehow** j'ai du mal à imaginer ça ◆ **picture yourself as a father/lying on the beach** imaginez-vous dans le rôle de père/étendu sur la plage

2 *(= describe)* dépeindre, décrire

3 *(by drawing etc)* représenter ◆ **the photo pictured her crossing the finishing line** la photo la représentait en train de franchir la ligne d'arrivée

**COMP picture book** N livre *m* d'images
**picture card** N *(Cards)* figure *f*
**picture desk** N *(Brit Press)* service *m* photo *(d'un journal)*
**picture editor** N *(Press)* directeur *m*, -trice *f* du service photo *(d'un journal)*
**picture frame** N cadre *m*
**picture-framer** N encadreur *m*, -euse *f*
**picture-framing** N encadrement *m*
**picture gallery** N *(public)* musée *m* (de peinture) ; *(private)* galerie *f* (de peinture)
**picture hat** N capeline *f*
**picture house** † N cinéma *m*
**picture-in-picture** N *(NonC: TV, Comput)* insertion *f* d'image
**picture library** N photothèque *f*
**picture messaging** N messagerie *f* photo
**picture palace** † N *(Brit)* cinéma *m*
**picture postcard** N carte *f* postale (illustrée)
**picture rail** N cimaise *f*
**picture show** N *(US o.f) (= cinema)* cinéma *m* ; *(= film)* film *m*
**picture tube** N *(TV)* tube *m* cathodique
**picture window** N fenêtre *f* panoramique
**picture writing** N écriture *f* pictographique

**picturegoer** /ˈpɪktʃəˌgəʊəʳ/ N cinéphile *mf*, amateur *m* de cinéma

**picturesque** /ˌpɪktʃəˈresk/ SYN ADJ pittoresque

**picturesquely** /ˌpɪktʃəˈresklɪ/ ADV pittoresquement ◆ **a cliff picturesquely known as the Black Ladders** une falaise surnommée de façon pittoresque les Échelles Noires

**picturesqueness** /ˌpɪktʃəˈresknɪs/ N pittoresque *m*

**PID** /ˌpiːaɪˈdiː/ N (abbrev of **pelvic inflammatory disease**) → **pelvic**

**piddle*** /ˈpɪdl/
**VI** faire pipi*
**N** ◆ **to do a piddle** faire un petit pipi*

**piddling*** /ˈpɪdlɪŋ/ ADJ *(= insignificant)* insignifiant, futile ; *(= small)* négligeable, de rien

**piddock** /ˈpɪdək/ N *(= animal)* pholade *f*

**pidgin** /ˈpɪdʒɪn/ N 1 *(NonC)* (also **pidgin English**) pidgin-english *m*
2 *(Ling* * = improvised language)* sabir *m*
3 *(fig pej = illiterate language)* charabia *m*, jargon *m* ◆ **pidgin English/French** mauvais anglais *m*/français *m*
4 * ⇒ **pigeon noun 2**

**pidginization** /ˌpɪdʒɪnaɪˈzeɪʃən/ N *(Ling)* pidginisation *f*

**pie** /paɪ/
**N** *[of fruit, fish, meat with gravy etc]* tourte *f* ; *(with compact filling)* pâté *m* en croûte ◆ **apple pie** tourte *f* aux pommes ◆ **rabbit/chicken pie** tourte *f* au lapin/au poulet ◆ **pork pie** pâté *m* en croûte ◆ **it's (all) pie in the sky*** ce sont des promesses en l'air *or* de belles promesses *(iro)* ◆ **they want a piece of the pie** *(fig)* ils veulent leur part du gâteau ◆ **Robert has a finger in the** *or* **that pie** *(gen)* il y a du Robert là-dessous, Robert y est pour quelque chose ; *(financially)* Robert a des intérêts là-dedans *or* dans cette affaire ◆ **he's got a finger in every pie** il se mêle de tout, il est mêlé à tout ◆ **that's pie to him*** *(US)* pour lui, c'est du gâteau* ; → **humble, mud**

**COMP pie chart** N *(Math)* graphique *m* circulaire, camembert* *m*
**pie dish** N plat *m* allant au four, terrine *f*
**pie-eyed*** ADJ beurré*, rond*
**pie plate** N moule *m* à tarte, tourtière *f*

**piebald** /ˈpaɪbɔːld/ SYN
**ADJ** *[horse]* pie *inv*
**N** cheval *m* *or* jument *f* pie

◆ ◆ ◆ ◆ ◆ ◆ ◆ ◆ ◆ ◆ ◆ ◆ ◆ ◆ ◆ ◆ ◆ ◆ ◆ ◆ ◆ ◆ ◆ ◆ ◆

**piece** /piːs/ SYN

1 - NOUN
2 - COMPOUNDS
3 - PHRASAL VERB

◆ ◆ ◆ ◆ ◆ ◆ ◆ ◆ ◆ ◆ ◆ ◆ ◆ ◆ ◆ ◆ ◆ ◆ ◆ ◆ ◆ ◆ ◆ ◆ ◆

### 1 - NOUN

1 [= BIT, PORTION] morceau *m* ; *[of cloth, chocolate, glass, paper]* morceau *m*, bout *m* ; *[of bread, cake]* morceau *m*, tranche *f* ; *[of wood]* bout *m*, morceau *m* ; *(large)* pièce *f* ; *[of ribbon, string]* bout *m* ; *(= broken or detached part)* morceau *m*, fragment *m* ; *(Comm, Ind = part)* pièce *f* ; *(= item, section, also Chess)* pièce *f* ; *(Draughts)* pion *m* ◆ **a piece of silk/paper** *etc* un morceau de soie/de papier *etc* ◆ **a piece of land** *(for agriculture)* une pièce *or* parcelle de terre ; *(for building)* un lotissement ◆ **a piece of meat** un morceau *or* une pièce de viande ; *(left over)* un morceau *or* un bout de viande ◆ **I bought a nice piece of beef** j'ai acheté un beau morceau de bœuf ◆ **a sizeable piece of beef** une belle pièce de bœuf ◆ **I've got a piece of grit in my eye** j'ai une poussière *or* une escarbille dans l'œil ◆ **a piece of clothing** un vêtement ◆ **a piece of fabric** un morceau de tissu ◆ **a piece of fruit** *(= whole fruit)* un fruit ; *(= segment : of orange, grapefruit etc)* un quartier de fruit ◆ **a piece of furniture** un meuble ◆ **a piece of software** un logiciel ◆ **a 30-piece tea set** un service à thé de 30 pièces ◆ **three pieces of luggage** trois bagages ◆ **how many pieces of luggage have you got?** qu'est-ce que vous avez comme bagages ? ◆ **piece by piece** morceau par morceau ◆ **there's a piece missing** *(of jigsaw, game)* il y a une pièce qui manque ◆ **to put** *or* **fit together the pieces of a mystery** résoudre un mystère en rassemblant les éléments

♦ **in one piece** ◆ **the vase is still in one piece** le vase ne s'est pas cassé *or* est intact ◆ **he had a nasty fall but he's still in one piece*** il a fait une mauvaise chute mais il est entier* *or* indemne ◆ **we got back in one piece*** nous sommes rentrés sains et saufs

♦ **(all) of a piece** ◆ **the back is (all) of a piece with the seat** le dossier et le siège sont d'un seul tenant ◆ **this latest volume is all of a piece with her earlier poetry** ce dernier volume est dans l'esprit de ses poèmes précédents

♦ **by the piece** ◆ **sold by the piece** vendu à la pièce *or* au détail ◆ **paid by the piece** payé à la pièce

♦ **in pieces** *(= broken)* en pièces, en morceaux ; *(= not yet assembled : furniture etc)* en pièces détachées

♦ **to come/fall/go** *etc* **to pieces** ◆ **it comes** *or* **takes to pieces** c'est démontable ◆ **it just came to pieces** c'est parti en morceaux *or* en pièces détachées *(hum)* ◆ **the chair comes to pieces if you unscrew the screws** la chaise se démonte si on desserre les vis ◆ **to cut sth to pieces** couper qch en morceaux ◆ **it fell to pieces** c'est tombé en morceaux ◆ **to take sth to pieces** démonter qch, désassembler qch ◆ **to smash sth to pieces** briser qch en mille morceaux, mettre qch en miettes ◆ **the boat was smashed to pieces** le bateau vola en éclats ◆ **to go to pieces*** *[person] (= collapse)* s'effondrer ; *(emotionally)* craquer* ; *[team etc]* se désintégrer ◆ **his confidence is shot to pieces*** il a perdu toute confiance en lui ◆ **the economy is shot to pieces*** l'économie est ruinée ; → **pull, tear**[1]

2 [WITH ABSTRACT NOUNS] ◆ **a piece of information** un renseignement ◆ **a piece of advice** un conseil ◆ **a piece of news** une nouvelle ◆ **a piece of research** une recherche ◆ **a good piece of work** du bon travail ◆ **he's a nasty piece of work*** c'est un sale type* ◆ **it's a piece of folly** c'est de la folie ◆ **a piece of nonsense** une absurdité, une bêtise ◆ **what a piece of nonsense!** quelle absurdité !, quelle bêtise ! ◆ **that was a piece of luck!** c'était un coup de chance ! ◆ **to give sb a piece of one's mind*** dire ses quatre vérités à qn, dire son fait à qn

3 [= MUSICAL PASSAGE] morceau *m* ◆ **a piano piece, a piece of piano music** un morceau pour piano ◆ **a piece by Grieg** un morceau de Grieg ◆ **ten-piece band** *(= instrument, player)* orchestre *m* de dix exécutants

4 [= ARTWORK, ANTIQUE] pièce *f*, objet *m* ◆ **this is an interesting piece** c'est un objet intéressant *or* une pièce intéressante ◆ **her latest piece is a multimedia installation** son œuvre la plus récente est une installation multimédia

5 [= POEM] poème *m*, (pièce *f* de) vers *mpl* ; *(= passage, excerpt)* passage *m* ; *(= article)* article *m* ◆ **a piece of poetry** un poème, une poésie, une pièce de vers *(liter)* ◆ **a good piece of writing** un bon texte ◆ **read me a piece out of "Ivanhoe"** lisez-moi un passage *or* un extrait d'« Ivanhoé » ◆ **there's a piece in the newspaper about...** il y a un article dans le journal sur...

6 [MIL] (also **piece of artillery**) pièce *f* (d'artillerie)

7 [* = HANDGUN] calibre* *m*, flingue* *m* ◆ **he was packing a piece** il avait un calibre* *or* flingue*

8 [= COIN] pièce *f* ◆ **a 2-euro piece** une pièce de 2 euros ◆ **piece of eight** dollar *m* espagnol

9 [= GIRL] ◆ **she's a nice piece*** c'est un beau brin de fille

### 2 - COMPOUNDS

**piece rate** N tarif *m* à la pièce
**piece to camera** N (TV, *Cine*) ◆ **to do a piece to camera** faire face à la caméra *(pour s'adresser directement au public)*

### 3 - PHRASAL VERB

▸ **piece together** VT SEP *[+ broken object]* rassembler ; *[+ jigsaw]* assembler ; *(fig) [+ story]* reconstituer ; *[+ facts]* rassembler, faire concorder ◆ **I managed to piece together what had happened from what he said** à partir de ce qu'il a dit, j'ai réussi à reconstituer les événements

(!) Check what kind of piece it is before translating **piece** by the French word **pièce**.

**pièce de résistance** /pjesdəreˈzistɑ̃s/ SYN N pièce *f* de résistance

**piecemeal** /ˈpiːsmiːl/ SYN
**ADV** *(= bit by bit) [construct]* petit à petit, par morceaux ; *(= haphazardly)* sans (véritable) plan d'ensemble, au coup par coup ; *[tell, explain, recount]* par bribes ◆ **the railway system developed piecemeal** le système ferroviaire s'est développé sans plan d'ensemble *or* au coup par coup ◆ **he tossed the books piecemeal into the box** il jeta les livres en vrac dans la caisse
**ADJ** *(= bit by bit)* en plusieurs étapes ; *(= haphazard)* au coup par coup ; *(= unstructured)* décousu ◆ **technology developed in a rapid and piecemeal fashion** la technologie s'est développée rapidement et au coup par coup ◆ **the castle was built in piecemeal fashion** le château a été construit en plusieurs étapes, le château date de plusieurs époques ◆ **the structure of the company has evolved in a piecemeal way** la structure de la société a évolué par étapes ◆ **he gave me a piecemeal description of it** il m'en a fait une description fragmentaire *or* décousue ◆ **a piecemeal argument** une argumentation décousue

**piecework** /ˈpiːswɜːk/ N travail *m* à la pièce ◆ **to be on piecework, to do piecework** travailler à la pièce

**pieceworker** /ˈpiːsˌwɜːkəʳ/ N ouvrier *m*, -ière *f* payé(e) à la pièce

**piecrust** /ˈpaɪkrʌst/ N croûte *f* de *or* pour pâté

**pied** /paɪd/
**ADJ** bariolé, bigarré ; *[animal]* pie *inv*
**COMP pied flycatcher** N gobe-mouche *m* noir
**the Pied Piper** N le joueur de flûte d'Hameln
**pied wagtail** N bergeronnette *f* grise, hochequeue *m* gris

**pied-à-terre** /ˌpjeɪdɑːˈtɛəʳ/ N (pl **pieds-à-terre** /ˌpjeɪdɑːˈtɛəʳ/) pied-à-terre *m inv*

**Piedmont** /ˈpiːdmɒnt/ N 1 *(Geog)* Piémont *m*
2 *(Geol)* ◆ **piedmont** piémont *m* ◆ **piedmont glacier** glacier *m* de piémont

**Piedmontese** /ˌpiːdmɒnˈtiːz/
**ADJ** (Geog) piémontais
**N** 1 (= person) Piémontais(e) m(f)
2 (= dialect) piémontais m

**pier** /pɪəʳ/ SYN
**N** 1 (with amusements etc) jetée f (promenade) ; (= landing stage) appontement m, embarcadère m ; (= breakwater) brise-lames m ; (in airport) jetée f d'embarquement (or de débarquement)
2 (Archit) (= column) pilier m, colonne f ; [of bridge] pile f ; (= brickwork) pied-droit or piédroit m
**COMP** **pier glass** N (glace f de) trumeau m

**pierce** /pɪəs/ SYN **VT** 1 (= make hole in, go through) percer, transpercer ♦ **the arrow pierced his armour** la flèche perça son armure ♦ **the bullet pierced his arm** la balle lui transperça le bras ♦ **to have** or **get one's ears/nose** etc **pierced** se faire percer les oreilles/le nez etc ♦ **to have pierced ears** avoir les oreilles percées ♦ **pierced earrings\*, earrings for pierced ears** boucles fpl d'oreilles pour oreilles percées
2 [sound, light] percer ; [cold, wind] transpercer ♦ **the words pierced his heart** (liter) ces paroles lui percèrent le cœur

**piercing** /ˈpɪəsɪŋ/ SYN
**ADJ** [sound, voice] aigu (-guë f), perçant ; [look] perçant ; [cold, wind] glacial, pénétrant ♦ **piercing blue eyes** yeux mpl bleus perçants
**N** (also **body piercing**) piercing m ♦ **to get a piercing (done)** se faire faire un piercing

**piercingly** /ˈpɪəsɪŋlɪ/ **ADV** [scream] d'une voix perçante ; [look] d'un œil perçant ♦ **piercingly blue eyes** yeux mpl bleus perçants

**pierhead** /ˈpɪəhed/ N musoir m

**pierrot** /ˈpɪərəʊ/ N pierrot m

**pietism** /ˈpaɪɪˌtɪzəm/ N piétisme m

**pietist** /ˈpaɪɪtɪst/ ADJ, N piétiste mf

**piety** /ˈpaɪətɪ/ SYN
**N** piété f
**NPL** **pieties** (gen pej) sermons mpl moralisateurs

**piezoelectric** /paɪˌiːzəʊɪˈlektrɪk/ ADJ piézoélectrique

**piezoelectricity** /paɪˌiːzəʊlekˈtrɪsɪtɪ/ N piézoélectricité f

**piezometer** /ˌpaɪɪˈzɒmɪtəʳ/ N piézomètre m

**piffle** †\* /ˈpɪfl/ N balivernes fpl, fadaises fpl

**piffling** /ˈpɪflɪŋ/ ADJ (= trivial) futile, frivole ; (= worthless) insignifiant

**pig** /pɪɡ/ SYN
**N** 1 cochon m, porc m ♦ **they were living like pigs** ils vivaient comme des porcs or dans une (vraie) porcherie ♦ **it was a pig**\* **to do** c'était vachement\* difficile à faire ♦ **to buy a pig in a poke** acheter chat en poche ♦ **pigs might fly!**\* ce n'est pas demain la veille ! \*, quand les poules auront des dents ! ♦ **to be as happy as a pig in muck**\* or **shit** (Brit) \*\*être dans son élément ♦ **he was as sick as a pig**\* (Brit) il en était malade ♦ **to make a pig's ear**\* **of sth** (Brit) cochonner qch \* ♦ **a pig's life**\* (US) jamais de la vie !, mon œil ! \* ; → **Guinea, suckling pig**
2 (\* pej = person) (mean) vache\* f ; (dirty) cochon(ne)\* m(f) ; (greedy) goinfre m ♦ **to make a pig of o.s.** manger comme un goinfre, se goinfrer\*
3 (\*\* pej = policeman) flicard \* m, poulet \* m ♦ **the pigs** la flicaille\*\*
**VI** [sow] mettre bas, cochonner
**VT** ♦ **to pig o.s.**\* se goinfrer\* (on de) ♦ **to pig it**\*\* vivre comme un cochon \* (or des cochons)
**COMP** **pig breeding** N élevage m porcin
**pig farmer** N éleveur m, -euse f de porcs
**pig-ignorant**\* ADJ d'une ignorance crasse
**pig industry** N industrie f porcine
**pig in the middle** N (= game) jeu où deux enfants se lancent un ballon tandis qu'un troisième, placé au milieu, essaie de l'intercepter ♦ **he's the pig in the middle** (fig) il est impliqué dans des disputes qui ne le concernent pas
**pig iron** N saumon m de fonte
**Pig Latin** N ≈ javanais m
**pig meat** N charcuterie f
**pig-swill** N pâtée f pour les porcs
▶ **pig out**\* VI s'empiffrer\* (on de)

**pigeon** /ˈpɪdʒən/ SYN
**N** 1 (also Culin) pigeon m ; → **carrier, clay, homing, woodpigeon**
2 \* affaire f ♦ **that's not my pigeon** ça n'est pas mes oignons \*
**COMP** **pigeon-chested** ADJ à la poitrine bombée
**pigeon fancier** N colombophile mf
**pigeon house, pigeon loft** N pigeonnier m
**pigeon post** N ♦ **by pigeon post** par pigeon voyageur
**pigeon shooting** N tir m aux pigeons
**pigeon-toed** ADJ ♦ **to be pigeon-toed** avoir or marcher les pieds tournés en dedans

**pigeonhole** /ˈpɪdʒɪnˌhəʊl/ SYN
**N** (in desk) case f, casier m ; (on wall etc) casier m
**VT** 1 (= store away) [+ papers] classer, ranger
2 (= shelve) [+ project, problem] enterrer provisoirement ♦ **to pigeonhole a bill** (US Pol) enterrer un projet de loi
3 (= classify) [+ person] étiqueter, cataloguer (as comme)

**piggery** /ˈpɪɡərɪ/ N porcherie f

**piggish**\* /ˈpɪɡɪʃ/ ADJ (pej) (in manners) sale, grossier ; (= greedy) goinfre ; (= stubborn) têtu

**piggy** /ˈpɪɡɪ/
**N** (baby talk) cochon m
**ADJ** [eyes] porcin, comme un cochon
**COMP** **piggy in the middle** N ⇒ **pig in the middle** ; → **pig**

**piggyback** /ˈpɪɡɪˌbæk/
**ADV** [ride, be carried] sur le dos ♦ **the space shuttle rides piggyback on the rocket** la navette spatiale est transportée sur le dos de la fusée
**ADJ** [ride etc] sur le dos
**N** 1 ♦ **to give sb a piggyback** porter qn sur son dos ♦ **give me a piggyback, Daddy!** fais-moi faire un tour (à dada) sur ton dos, Papa !
2 (US = transport by rail) ferroutage m
**VT** 1 (= carry on one's back) porter sur son dos
2 (US = transport by rail) ferrouter
3 (fig) [+ plan etc] englober, couvrir
**VI** [plan, expenditure etc] être couvert, être pris en charge

**piggybank** /ˈpɪɡɪˌbæŋk/ N tirelire f (surtout en forme de cochon)

**pigheaded** /ˌpɪɡˈhedɪd/ SYN ADJ (pej) entêté, obstiné

**pigheadedly** /ˌpɪɡˈhedɪdlɪ/ ADV (pej) obstinément, avec entêtement

**pigheadedness** /ˌpɪɡˈhedɪdnɪs/ N (pej) entêtement m, obstination f

**piglet** /ˈpɪɡlɪt/ N porcelet m, petit cochon m

**pigman** /ˈpɪɡmən/ N (pl -men) porcher m

**pigmeat** /ˈpɪɡˌmiːt/ N charcuterie f

**pigment** /ˈpɪɡmənt/ SYN N pigment m

**pigmentation** /ˌpɪɡmənˈteɪʃən/ N pigmentation f

**pigmented** /pɪɡˈmentɪd/ ADJ pigmenté

**pigmy** /ˈpɪɡmɪ/ N, ADJ ⇒ **pygmy**

**pignut** /ˈpɪɡˌnʌt/ N (Brit) conopode m (dénudé)

**pigskin** /ˈpɪɡskɪn/
**N** 1 (= leather) peau f de porc
2 (US Football) ballon m (de football américain)
**COMP** [briefcase, gloves, book-binding etc] en (peau de) porc

**pigsty** /ˈpɪɡstaɪ/ N (lit, fig) porcherie f ♦ **your room is like a pigsty!** ta chambre est une vraie porcherie !

**pigtail** /ˈpɪɡteɪl/ N [of hair] natte f ♦ **to have** or **wear one's hair in pigtails** porter des nattes

**pike¹** /paɪk/ N (= weapon) pique f

**pike²** /paɪk/ N (pl **pike** or **pikes**) (= fish) brochet m

**pike³** /paɪk/ N 1 ⇒ **turnpike**
2 (US) ♦ **to come down the pike** faire son apparition

**pikeman** /ˈpaɪkmən/ N (pl -men) (Hist) piquier m

**pikeperch** /ˈpaɪkpɜːtʃ/ N (pl **pikeperch** or **pikeperches**) sandre m

**piker**\*\* /ˈpaɪkəʳ/ N (US) (= small gambler) thunard\*\* m ; (= small speculator) boursicoteur m, -euse f ; (= stingy person) pingre mf ; (= contemptible person) minable mf

**pikestaff** /ˈpaɪkstɑːf/ N → **plain**

**pilaf(f)** /ˈpɪlæf/ N pilaf m

**pilaster** /pɪˈlæstəʳ/ N pilastre m

**Pilate** /ˈpaɪlət/ N Pilate m

**Pilates** /pɪˈlɑːtɪz/ N Pilates m

**pilau** /pɪˈlaʊ/
**N** pilaf m
**COMP** **pilau rice** N riz m pilaf

**pilchard** /ˈpɪltʃəd/ N pilchard m, sardine f

**pile¹** /paɪl/ SYN
**N** 1 (Constr etc) pieu m de fondation ; (in water) pilotis m ; [of bridge] pile f
2 (= pointed stake) pieu m
**VT** [+ land] enfoncer des pieux or des pilotis dans
**COMP** **pile driver** N (Constr) sonnette f, hie f, mouton m
**pile dwelling** N (Hist) maison f sur pilotis

**pile²** /paɪl/ SYN
**N** 1 (= neat stack) pile f ; (= heap) tas m ♦ **the linen was in a neat pile** le linge était rangé en une pile bien nette ♦ **his clothes lay in a pile** ses vêtements étaient en tas ♦ **the magazines were in an untidy pile** les magazines étaient entassés pêle-mêle ♦ **to make a pile of books, to put books in a pile** empiler des livres, mettre des livres en tas or en pile ♦ **to be at the top/bottom of the pile** (fig) être en haut/en bas de l'échelle ♦ **companies at the bottom of the financial pile** (fig) des entreprises ayant très peu de poids d'un point de vue financier
2 (\* = fortune) fortune f ♦ **to make one's pile** faire son beurre\*, faire fortune ♦ **he made a pile on this deal** il a ramassé un joli paquet\* avec cette affaire ♦ **piles of** [+ butter, honey] beaucoup de, des masses de\* ; [+ cars, flowers] beaucoup de, un tas de \* ♦ **to have/make a pile of** or **piles of money** avoir/faire beaucoup d'argent or un argent fou
3 (Phys) pile f ; → **atomic**
4 (liter or hum = imposing building) édifice m
**NPL** **piles** (Med) hémorroïdes fpl
**VT** 1 (= stack up) empiler ♦ **he piled the plates onto the tray** il a empilé les assiettes sur le plateau ♦ **he piled the books (up) one on top of the other** il a empilé les livres les uns sur les autres ♦ **a table piled up** or **high with books** une table couverte de piles de livres
2 (= pack in) ♦ **he piled the books into the box** il a empilé or entassé les livres dans la caisse ♦ **I piled the children into the car** j'ai entassé les enfants dans la voiture ♦ **to pile coal on the fire, to pile the fire up with coal** rajouter du charbon dans le feu
**VI** ♦ **we all piled into the car** nous nous sommes tous entassés or empilés\* dans la voiture ♦ **we piled off the train** nous sommes descendus du train en nous bousculant ♦ **they piled through the door** ils sont entrés or sortis en se bousculant
▶ **pile in** VI [people] s'entasser ♦ **the taxi arrived and we all piled in** le taxi est arrivé et nous nous sommes tous entassés dedans ♦ **pile in!** entassez-vous\* là-dedans !
▶ **pile off** VI [people] descendre en désordre
▶ **pile on**\*
**VT SEP** ♦ **to pile it on** exagérer, en rajouter \* ♦ **he does tend to pile it on** il faut toujours qu'il en rajoute subj ♦ **to pile on the pressure** mettre toute la gomme \* ♦ **to pile on weight** or **the pounds** prendre kilo sur kilo, grossir
**VI** ♦ **the bus/train arrived and we all piled on** l'autobus/le train est arrivé et nous nous sommes tous entassés or empilés\* dedans
▶ **pile out**\* VI sortir en désordre or en se bousculant
▶ **pile up**
**VI** 1 (= accumulate) [snow, leaves] s'amonceler ; [work, bills, debts, problems, reasons] s'accumuler ; [letters, papers, rubbish] s'entasser, s'accumuler ♦ **the evidence piled up against him** les preuves s'amoncelaient or s'accumulaient contre lui
2 (\* = crash) ♦ **ten cars piled up on the motorway** dix voitures se sont carambolées sur l'autoroute ♦ **the ship piled up on the rocks** le bateau s'est fracassé sur les rochers
**VT SEP** 1 (lit) → **pile²** vt 1
2 [+ evidence, reasons, debts, losses] accumuler
3 (\* = crash) ♦ **he piled up the car/the motorbike last night** hier soir il a bousillé \* la voiture/la moto ; → **pileup**

**pile³** /paɪl/ N [of fabric] poils mpl ♦ **the pile of a carpet** les poils mpl d'un tapis ♦ **a carpet with a deep pile** un tapis de haute laine

**pileup** /ˈpaɪlʌp/ SYN N carambolage m ♦ **there was a ten-car pileup on the motorway** dix voitures se sont carambolées sur l'autoroute

**pilewort** /ˈpaɪlˌwɜːt/ N (= plant) ficaire f

**pilfer** /ˈpɪlfəʳ/ SYN
**VT** chaparder\*
**VI** se livrer au chapardage\*

**pilferage** /ˈpɪlfərɪdʒ/ N chapardage* m, coulage m

**pilferer** /ˈpɪlfərəʳ/ N chapardeur* m, -euse* f

**pilfering** /ˈpɪlfərɪŋ/ N chapardage* m

**pilgrim** /ˈpɪlɡrɪm/ SYN

N pèlerin m ◆ **the pilgrims to Lourdes** les pèlerins de Lourdes ◆ **"Pilgrim's Progress"** « Le Voyage du Pèlerin »

COMP **the Pilgrim Fathers** NPL (Hist) les (Pères mpl) pèlerins mpl

- **PILGRIM FATHERS**
- Les « Pères pèlerins » sont un groupe de puritains qui quittèrent l'Angleterre en 1620 pour fuir les persécutions religieuses. Ayant traversé l'Atlantique à bord du « Mayflower », ils fondèrent New Plymouth en Nouvelle-Angleterre, dans ce qui est aujourd'hui le Massachusetts, et inaugurèrent ainsi le processus de colonisation anglaise de l'Amérique. Ces Pères pèlerins sont considérés comme les fondateurs des États-Unis, et l'on commémore chaque année, le jour de « Thanksgiving », la réussite de leur première récolte. → THANKSGIVING

**pilgrimage** /ˈpɪlɡrɪmɪdʒ/ SYN N pèlerinage m ◆ **to make** or **go on a pilgrimage** faire un pèlerinage

**piling** /ˈpaɪlɪŋ/ N (NonC), **pilings** /ˈpaɪlɪŋz/ NPL (for bridge) piles fpl ; (for building) pilotis m

**pill** /pɪl/ SYN

N 1 (Med, fig) pilule f ◆ **to coat** or **sugar** or **sweeten the pill** (fig) dorer la pilule (for sb à qn) ; → **bitter**

2 (also **Pill, contraceptive pill**) pilule f ◆ **to be on the pill** prendre la pilule ◆ **to come off the pill** arrêter (de prendre) la pilule

COMP **pill popper*** N personne qui se gave de pilules

**pillage** /ˈpɪlɪdʒ/ SYN

N pillage m, saccage m

VT piller, saccager, mettre à sac

VI se livrer au pillage or au saccage

**pillager** /ˈpɪlɪdʒəʳ/ N pilleur m, -euse f

**pillar** /ˈpɪləʳ/ SYN

N 1 (Archit) pilier m, colonne f ; (Min, also Climbing) pilier m ◆ **the Pillars of Hercules** (Geog) les Colonnes fpl d'Hercule ◆ **a pillar of salt** (Bible) une statue de sel ◆ **a pillar of smoke** une colonne de fumée ◆ **a pillar of water** une trombe d'eau ◆ **he was sent from pillar to post** on se le renvoyait de l'un à l'autre ◆ **after giving up his job he went from pillar to post until...** après avoir quitté son emploi il a erré à droite et à gauche jusqu'au jour où...

2 (fig = mainstay) pilier m ◆ **he was a pillar of the Church/the community** c'était un pilier de l'Église/de la communauté ◆ **he was a pillar of strength** il a vraiment été d'un grand soutien

COMP **pillar-box** N (Brit) boîte f aux or à lettres (publique) ◆ **pillar-box red** rouge vif m inv

**pillbox** /ˈpɪlbɒks/ N (Med) boîte f à pilules ; (Mil) casemate f, blockhaus m inv ; (= hat) toque f

**pillion** /ˈpɪljən/

N [of motorcycle] siège m arrière, tansad m ; [of horse] selle f de derrière ◆ **pillion passenger** passager m, -ère f de derrière

ADV ◆ **to ride pillion** (on horse) monter en croupe ; (on motorcycle) monter derrière

**pillock*** /ˈpɪlək/ N (Brit) con* m

**pillory** /ˈpɪlərɪ/ SYN

N pilori m

VT (Hist, fig) mettre au pilori

**pillow** /ˈpɪləʊ/

N 1 oreiller m ◆ **a pillow of moss** un coussin de mousse

2 (Tech: also **lace pillow**) carreau m (de dentellière)

VT [+ head] reposer ◆ **she pillowed her head in her arms** elle a reposé sa tête sur ses bras

COMP **pillow fight** N bataille f d'oreillers or de polochons*

**pillow lace** N guipure f

**pillow slip** N ⇒ **pillowcase**

**pillowcase** /ˈpɪləʊkeɪs/ N taie f d'oreiller

**pillowtalk** /ˈpɪləʊtɔːk/ N confidences fpl sur l'oreiller

**pilocarpin** /ˌpaɪləʊˈkɑːpɪn/, **pilocarpine** /ˌpaɪləʊˈkɑːpiːn/ N pilocarpine f

**pilose** /ˈpaɪləʊz/ ADJ pileux

**pilosity** /paɪˈlɒsɪtɪ/ N pilosité f

**pilot** /ˈpaɪlət/ SYN

N 1 (= person) pilote m ◆ **airline/fighter pilot** pilote m de ligne/de chasse ; → **automatic**

2 (Rad, TV) (also **pilot episode**) pilote m

VT [+ ship, plane] piloter ◆ **she piloted the country through the difficult postwar period** elle a guidé or dirigé le pays à travers les difficultés de l'après-guerre ◆ **to pilot a bill through the House** (Parl) assurer le passage d'un projet de loi

2 (= test) [programme, scheme] tester

COMP **pilot balloon** N (Weather) ballon-sonde m

**pilot boat** N bateau-pilote m

**pilot film** N (TV) film-pilote m

**pilot fish** N (pl **pilot fish** or **fishes**) poisson m pilote

**pilot house** N poste m de pilotage

**pilot jacket** N blouson m d'aviateur

**pilot light** N veilleuse f (de cuisinière, de chauffe-eau etc)

**pilot officer** N sous-lieutenant m (de l'armée de l'air)

**pilot production** N (in manufacturing) présérie f

**pilot scheme** N projet m pilote, projet m expérimental

**pilot study** N étude f pilote

**pilot whale** N globicéphale m

**Pils** /pɪls, pɪlz/ N bière f Pils

**pimento** /pɪˈmentəʊ/ N (pl **pimentos**) piment m

**pi meson** /ˌpaɪˈmesən/ N (Phys) pion m

**pimp** /pɪmp/

N souteneur m, maquereau*‡ m, marlou*‡ m

VI être souteneur, faire le maquereau‡

▸ **pimp out*‡, pimp up*** VT [+ car] couvrir d'accessoires ◆ **a pimped out Limo** une Limousine pleine d'accessoires ◆ **he pimped himself up** (= dressed up) il s'est sapé comme un prince*

**pimpernel** /ˈpɪmpənel/ N mouron m ; → **scarlet**

**pimple** /ˈpɪmpl/ SYN bouton m (Med) ◆ **to come out in pimples** avoir une poussée de boutons

**pimply** /ˈpɪmplɪ/ ADJ [face, person] boutonneux

**PIN** /pɪn/ N (abbrev of **personal identification number**) ◆ **PIN (number)** code m confidentiel or personnel

**pin** /pɪn/ SYN

N 1 (Sewing: also for paper, hair, tie etc) épingle f ; (Brit : also **drawing pin**) punaise f ; (= badge) badge m ; (= lapel badge) pin m ; (also **hatpin**) épingle f à chapeau ◆ **(as) clean as a new pin** propre comme un sou neuf ◆ **the room was as neat as a new pin** la pièce était impeccable ◆ **you could have heard a pin drop** on aurait entendu voler une mouche ◆ **I've got pins and needles (in my foot)** j'ai des fourmis (au pied) ◆ **to be (sitting) on pins and needles** (US) être sur des charbons ardents ◆ **for two pins* I'd hand in my resignation** je suis à deux doigts de démissionner, il s'en faudrait d'un rien pour que je démissionne subj ; → **rolling, safety**

2 (Tech) goupille f, goujon m ; [of hand grenade] goupille f ; [of pulley] essieu m ; (Elec) fiche f or broche f (de prise de courant) ; (Med: in limb) broche f ◆ **three-pin plug** (Elec) prise f à trois fiches or broches

3 (Bowling) quille f ; (Golf) drapeau m de trou

NPL **pins**‡ (= legs) guibol(l)es* fpl, quilles* fpl ◆ **he's not very steady on his pins** il ne tient pas sur ses guiboles*

VT 1 (= put pin in) [+ dress] épingler ; [+ papers] (together) attacher avec une épingle ; (to wall etc) fixer avec une punaise ◆ **he pinned the medal to his uniform** il a épinglé la médaille sur son uniforme ◆ **he pinned the calendar on** or **to the wall** il a fixé le calendrier au mur (avec une punaise)

2 (= trap) clouer ◆ **to pin sb against a wall/tree** clouer qn contre un mur/arbre ◆ **to pin sb to the floor/ground** clouer qn au plancher/sol ◆ **his arms were pinned to his sides** il avait les bras collés au corps

3 (fig = attach) ◆ **to pin (all) one's hopes on sth/sb** mettre tous ses espoirs en qch/en qn ◆ **you can't pin it** or **the blame on me*** tu ne peux pas me mettre ça sur le dos ◆ **they tried to pin the crime on him*** ils ont essayé de lui mettre le crime sur le dos or de lui faire endosser le crime

4 (Tech) cheviller, goupiller

5 (US) ◆ **to pin a girl*** (as sign of love) offrir à une jeune fille son insigne de confrérie en gage d'affection

COMP **pin money** N argent m de poche

**pin oak** N chêne m de marais

**pin table** N ⇒ **pinball machine** ; → **pinball**

▸ **pin back** VT SEP retenir (avec une épingle) ◆ **pin back your ears!*** ouvre grand les oreilles ! ◆ **she had her ears pinned back* listening for the baby's crying** elle ouvrait grand les oreilles pour entendre le bébé pleurer ◆ **to pin sb's ears back*** (US) (= scold) passer un savon* à qn ; (= beat up) foutre une raclée à qn

▸ **pin down** VT SEP 1 (= secure) attacher or fixer avec une épingle or une punaise

2 (= trap) immobiliser, coincer ◆ **to be pinned down by a fallen tree** être immobilisé par or coincé sous un arbre tombé ◆ **the battalion had been pinned down by guerillas** le bataillon avait été bloqué par des guérilleros

3 (fig) ◆ **to pin sb down to a promise** obliger qn à tenir sa promesse ◆ **I couldn't pin her down to a date** je n'ai pas réussi à lui faire fixer une date ◆ **see if you can pin him down to naming a price** essaie de lui faire dire un prix

4 (= define) [+ problem] définir précisément, mettre le doigt sur ; [+ feeling, meaning, quality] définir précisément ; [+ facts] déterminer exactement

▸ **pin on** VT SEP attacher avec une punaise or une épingle, épingler

▸ **pin together** VT SEP épingler

▸ **pin up**

VT SEP [+ notice] fixer (au mur) avec une punaise, punaiser, afficher ; [+ hem] épingler ; [+ hair] épingler, relever avec des épingles

N, ADJ ◆ **pinup** → **pinup**

**pinaceous** /paɪˈneɪʃəs/ ADJ ◆ **pinaceous plant** abiétacée f, pinacée f

**piña colada** /ˌpiːnəkəˈlɑːdə/ N pinacolada f

**pinafore** /ˈpɪnəfɔːʳ/ N (= apron) tablier m ; (= overall) blouse f (de travail) ◆ **pinafore dress** robe f chasuble

**pinaster** /paɪˈnæstəʳ/ N (= tree) pin m maritime

**pinball** /ˈpɪnbɔːl/ N (= game) flipper m ◆ **pinball machine** flipper m, billard m électrique

**pinboard** /ˈpɪnbɔːd/ N panneau m d'affichage

**pince-nez** /ˌpɪntsˈneɪ/ N (pl inv) pince-nez m inv

**pincer** /ˈpɪnsəʳ/

N 1 [of crab] pince f

2 (= tool) ◆ **pincers** tenailles fpl

COMP **pincer movement** N (fig, Mil) mouvement m de tenailles

**pinch** /pɪntʃ/ SYN

N 1 (= action) pincement m ; (= mark) pinçon m ◆ **to give sb a pinch (on the arm)** pincer qn (au bras) ◆ **we're feeling the pinch*** (of the latest tax increases) (à cause des dernières augmentations d'impôts) nous sommes juste or (financièrement) très serrés ◆ **if it comes to the pinch...** si la situation devient critique...

◆ **at a pinch, in a pinch** (US) à la limite, à la rigueur or faute de mieux ◆ **it'll do at a pinch** cela fera l'affaire à la rigueur or faute de mieux

2 (= small amount) [of salt] pincée f ; [of snuff] prise f ◆ **you have to take his remarks with a pinch of salt** il ne faut pas prendre ses remarques pour argent comptant or au pied de la lettre

VT 1 (= squeeze) pincer ; [shoes] serrer ◆ **she pinched me on the arm, she pinched my arm** elle m'a pincé le bras or au bras ◆ **I had to pinch myself** j'ai dû me pincer (pour m'assurer que je ne rêvais pas)

2 (* = steal) piquer*, faucher* ◆ **I had my car pinched** on m'a fauché* or piqué* ma voiture ◆ **he pinched that idea from Shaw** il a chipé* or piqué* cette idée à Shaw ◆ **Robert pinched John's girlfriend** Robert a piqué* sa petite amie à John

3 (*‡ = arrest) pincer* ◆ **to get pinched** se faire pincer* ◆ **he got pinched for speeding** il s'est fait pincer* pour excès de vitesse

VI 1 [shoe] être étroit, serrer

2 ◆ **to pinch and scrape** rogner sur tout, se serrer la ceinture

COMP **pinch-hit** VI → **pinch-hit**

▸ **pinch back, pinch off** VT SEP [+ bud] épincer, pincer

**pinchbeck** /ˈpɪntʃbek/

N 1 (= metal) chrysocale m, similor m

2 (= sth sham) toc m

ADJ 1 (lit) en chrysocale, en similor

2 (= sham) en toc, de pacotille

**pinched** /pɪntʃt/ SYN ADJ 1 (= drawn) ◆ **to look pinched** avoir les traits tirés ◆ **to look pinched**

**with cold/with hunger** avoir l'air transi de froid/tenaillé par la faim
② ✦ **pinched for money/time** à court d'argent/de temps ✦ **pinched for space** à l'étroit

**pinch-hit** /ˈpɪntʃhɪt/ **VI** (US Baseball) jouer en remplaçant ✦ **to pinch-hit for sb** (US fig) assurer le remplacement de qn au pied levé

**pinch-hitter** /ˈpɪntʃˌhɪtəʳ/ **N** remplaçant m, substitut m

**pinchpenny** /ˈpɪntʃˌpenɪ/ **ADJ** grippe-sou

**pincushion** /ˈpɪnˌkʊʃən/ **N** pelote f à épingles

**Pindar** /ˈpɪndəʳ/ **N** Pindare m

**Pindaric** /pɪnˈdærɪk/ **ADJ** pindarique

**pindling** * /ˈpɪndlɪŋ/ **ADJ** (US) chétif, malingre

**pine¹** /paɪn/
**N** (also **pine tree**) pin m
**COMP** **pine cone N** pomme f de pin ✦ **pine grove N** pinède f ✦ **pine kernel N** pignon m (de pin) ✦ **pine marten N** martre f ✦ **pine needle N** aiguille f de pin ✦ **pine nut N** ⇒ **pine kernel** ✦ **pine tar N** goudron m végétal or de bois ✦ **the Pine Tree State N** (US) le Maine

**pine²** /paɪn/ **SYN** **VI** se languir (for de) ✦ **he's pining (for his girlfriend)** il se languit (de sa petite amie) ✦ **an exile pining for home** un exilé qui se languit de son pays or qui se languit, loin de son pays ✦ **after six months in London she began to pine for home** après six mois passés à Londres elle a commencé à avoir le mal du pays
▶ **pine away VI** languir, dépérir

**pineal body** /ˈpɪnɪəlˌbɒdɪ/, **pineal gland** /ˈpɪnɪəlglænd/ **N** glande f pinéale, épiphyse f

**pineapple** /ˈpaɪnˌæpl/
**N** ananas m
**COMP** [flavour, ice cream] à l'ananas ✦ **pineapple juice N** jus m d'ananas ✦ **pineapple weed N** (= plant) matricaire f

**pinewood** /ˈpaɪnwʊd/ **N** ① (= grove) bois m de pins, pinède f ② (NonC = material) pin m

**ping** /pɪŋ/
**N** bruit m métallique ; [of bell, clock] tintement m ; (US : of car engine) cliquettement m
**VI** faire un bruit métallique ; [bell, clock] tinter ; (US : car engine) cliqueter
**COMP** **Ping-Pong** ® **N** ping-pong m ✦ **ping-pong ball** balle f de ping-pong ✦ **ping-pong player** pongiste mf, joueur m, -euse f de ping-pong

**pinging** /ˈpɪŋɪŋ/ **N** (US : of car engine) cliquettement m

**pinhead** /ˈpɪnhed/ **N** ① (lit) tête f d'épingle ② (‡ pej = idiot) imbécile mf, andouille ‡ f

**pinheaded** ‡ /ˈpɪnˌhedɪd/ **ADJ** crétin *

**pinhole** /ˈpɪnhəʊl/ **N** trou m d'épingle ; (Phot) sténopé m

**pinion¹** /ˈpɪnjən/ **SYN**
**N** [of bird] aileron m
**VT** ① [+ person] lier ✦ **to pinion sb's arms** (= hold) tenir les bras de qn ; (= tie up) lier les bras à qn ✦ **she pinioned his arms behind his back** (= hold) elle lui a tenu les bras derrière le dos ; (= tie up) elle lui a lié les bras derrière le dos ✦ **he was pinioned against the wall** (by person) il était plaqué contre le mur ; (by object) il était coincé contre le mur
② [+ bird] rogner les ailes à

**pinion²** /ˈpɪnjən/
**N** (= cogwheel) pignon m ; → **rack¹**
**COMP** **pinion wheel N** roue f à pignon

**pink¹** /pɪŋk/ **SYN**
**N** ① (= colour) rose m ; → **hunting, salmon**
② ✦ **to be in the pink** se porter comme un charme ✦ **in the pink of condition** en excellente or pleine forme
③ (= plant) œillet m, mignardise f
**ADJ** ① [cheek, clothes, paper] rose ✦ **the petals turn pink** les pétales rosissent ✦ **he turned pink with embarrassment** il rougit de confusion ✦ **to be seeing pink elephants** * voir des éléphants roses ; (*   = homosexual) gay *, homo * ; → **strike, tickle**
② (Pol) gauchisant
**COMP** **pink eye N** (Med) conjonctivite f aiguë contagieuse ✦ **pink-footed goose N** oie f à bec court ✦ **pink gin N** cocktail m de gin d'angustura ✦ **pink lady N** (= cocktail) cocktail m à base de gin, cognac, jus de citron et grenadine ✦ **the pink pound** * **N** le pouvoir d'achat de la communauté gay ✦ **pink slip** * **N** (US : terminating employment) avis m de licenciement ✦ **pink-slip** * **VT** (US = dismiss) licencier ✦ **pink-slipped** * **ADJ** (US = dismissed) [worker] licencié

**PINK SLIP**

Aux États-Unis, la « feuille rose » (**pink slip**) désigne familièrement l'avis de licenciement. Cette expression est en usage depuis les années 1920, où l'on glissait dans l'enveloppe de paie d'un employé licencié la copie carbone de couleur rose qui lui notifiait son renvoi. Elle s'utilise aussi comme verbe ou adjectif : ainsi, on dira « they **pink-slipped** him » (ils l'ont licencié), ou « a **pink-slipped** worker » (un ouvrier licencié).

**pink²** /pɪŋk/
**VT** ① (Sewing) denteler ② (= put holes in) perforer ③ (= pierce) percer
**COMP** **pinking scissors, pinking shears NPL** ciseaux mpl à denteler

**pink³** /pɪŋk/ **VI** (Brit) [car engine etc] cliqueter

**pinkie** /ˈpɪŋkɪ/ **N** petit doigt m, auriculaire m

**pinking** /ˈpɪŋkɪŋ/ **N** (Brit : of car engine) cliquettement m

**pinkish** /ˈpɪŋkɪʃ/ **ADJ** ① rosé, rosâtre ✦ **pinkish red/orange/grey** etc rouge/orange/gris etc tirant sur le rose ✦ **pinkish brown** brun rosâtre ② (Pol) gauchisant

**pinko** * /ˈpɪŋkəʊ/ **ADJ, N** (pl **pinkos** or **pinkoes**) (esp US Pol pej) gauchisant(e) m(f)

**pinnace** /ˈpɪnɪs/ **N** chaloupe f

**pinnacle** /ˈpɪnəkl/ **SYN** **N** (Archit) pinacle m ; (= mountain peak) pic m, cime f ; (Climbing) gendarme m ; (fig) apogée m, sommet m, pinacle m ✦ **the pinnacle of her career** l'apogée or le sommet de sa carrière

**pinny** * /ˈpɪnɪ/ **N** (Brit) (abbrev of **pinafore**) tablier m

**Pinocchio** /pɪˈnəʊkjəʊ/ **N** Pinocchio m

**pinochle** /ˈpiːnʌkəl/ **N** (US) (sorte f de) belote f

**pinpoint** /ˈpɪnpɔɪnt/ **SYN**
**N** (lit) pointe f d'épingle
**VT** [+ place] localiser avec précision ; [+ problem] mettre le doigt sur

**pinprick** /ˈpɪnprɪk/ **N** piqûre f d'épingle ✦ **a pinprick of light** un rai de lumière

**pinscher** /ˈpɪnʃəʳ/ **N** (= dog) pinscher m

**pinstripe** /ˈpɪnstraɪp/ **N** rayure f très fine ✦ **black material with a white pinstripe** tissu m noir finement rayé de blanc ✦ **pinstripe suit** costume m rayé

**pinstriped** /ˈpɪnstraɪpt/ **ADJ** à fines rayures

**pint** /paɪnt/ **SYN**
**N** ① pinte f, ≈ demi-litre m (Brit = 0,57 litre, US = 0,47 litre) → **IMPERIAL SYSTEM**
② (Brit * = beer) pinte f (de bière) ✦ **let's go for a pint** allons prendre un pot * ✦ **she had a few pints** ≈ elle a bu quelques bières ✦ **he likes his pint** il aime son verre de bière
**COMP** **pint-size(d) ADJ** minuscule

**pinta** * /ˈpaɪntə/ **N** (Brit) (abbrev of **pint of milk**) ≈ demi-litre m de lait

**pintail** /ˈpɪnteɪl/ **N** (= duck) (canard m) pilet m

**pinto** /ˈpɪntəʊ/
**ADJ** [horse] pie inv
**N** cheval m or jument f pie
**COMP** **pinto bean N** haricot m bicolore (du sud-ouest des États-Unis)

**pinup** * /ˈpɪnʌp/ **N** (= girl) pin up * f ; (= photo) photo f de pin up *

**pinwheel** /ˈpɪnˌwiːl/ **N** (= firework) soleil m

**pinworm** /ˈpɪnˌwɜːm/ **N** oxyure m

**Pinyin** /pɪnˈjɪn/ **N** pinyin m

**pion** /ˈpaɪɒn/ **N** (Nucl Phys) pion m

**pioneer** /ˌpaɪəˈnɪəʳ/ **SYN**
**N** (gen) pionnier m, -ière f ; (= early settler) pionnier m, -ière f, colon m ; (Mil) pionnier m, sapeur m ; (= explorer) explorateur m, -trice f ; [of scheme, science, method] pionnier m, -ière f, précurseur m ✦ **she was one of the pioneers in this field** elle a été l'une des pionnières or l'un des précurseurs dans ce domaine ✦ **one of the pioneers of aviation/scientific research** l'un des pionniers de l'aviation/de la recherche scientifique ✦ **a medical pioneer** un pionnier dans le domaine médical
**VT** ✦ **to pioneer the study of sth** être l'un des premiers (or l'une des premières) à étudier qch ✦ **she pioneered research in this field** elle a été l'une des pionnières or l'une des pionnières de la recherche dans ce domaine ✦ **he pioneered the use of this drug** il a lancé l'usage de ce médicament ✦ **innovations being pioneered by the new universities** des innovations mises au point par les nouvelles universités ✦ **this battle strategy was pioneered by the Russians** cette stratégie militaire a été utilisée pour la première fois par les Russes ; see also **pioneering**
**COMP** [research, study] complètement nouveau (nouvelle f) ✦ **pioneer work N** (NonC) ✦ **he did pioneer work in the development of...** il a été le premier à développer...

**pioneering** /ˌpaɪəˈnɪərɪŋ/ **ADJ** [work] novateur ; [spirit] pionnier, [approach] original, novateur ✦ **America has always retained her pioneering spirit** l'Amérique a toujours gardé son esprit pionnier ✦ **his pioneering approach to architecture** son approche originale or novatrice de l'architecture ✦ **his life was saved by pioneering brain surgery** il a été sauvé par une technique neurochirurgicale entièrement nouvelle ✦ **she was given part of a pig's heart, in a pioneering operation** elle a reçu une partie d'un cœur de cochon lors d'une opération sans précédent

**pious** /ˈpaɪəs/ **SYN** **ADJ** ① (= religious) pieux ② (pej = sanctimonious) hypocrite ✦ **a pious hope** un vœu pieux ✦ **not pious intentions, but real actions** pas de bonnes intentions, mais des actes

**piously** /ˈpaɪəslɪ/ **ADV** ① (= with piety) avec piété, pieusement ② (= sanctimoniously) d'un air sentencieux, avec componction

**pip¹** /pɪp/ **N** ① [of fruit] pépin m ② [of card, dice] point m ③ (Brit Mil: on uniform) ≈ galon m ④ (Telec) top m ✦ **the pips** * le bip-bip * ✦ **put more money in when you hear the pips** * introduisez des pièces supplémentaires quand vous entendrez le bip-bip ✦ **at the third pip it will be 6.49 and 20 seconds** au troisième top il sera exactement 6 heures 49 minutes 20 secondes ⑤ (on radar) spot m

**pip²** /pɪp/ **N** (= disease of chickens) pépie f ✦ **he gives me the pip** † * (Brit) il me hérisse le poil *

**pip³** /pɪp/ **VT** ① (= hit) atteindre d'une balle ② (Brit) ✦ **to be pipped at** or **to the post** se faire coiffer au poteau ✦ **a woman pipped him for the job/for second place** c'est une femme qui lui a soufflé * le poste/la seconde place, il s'est vu souffler * le poste/la seconde place par une femme

**pipa** /ˈpiːpə/ **N** pipa m

**pipe** /paɪp/ **SYN**
**N** ① (for water) tuyau m, conduite f ; (smaller) tube m ; (for gas) tuyau m ✦ **to lay water pipes** poser des conduites d'eau or une canalisation d'eau ✦ **sewage pipe** égout m ; → **drainpipe, windpipe**
② (for smoking) pipe f ✦ **he smokes a pipe** il fume la pipe ✦ **he smoked a pipe before he left** il fuma une pipe avant de partir ✦ **to fill a pipe** bourrer une pipe ✦ **a pipe(ful) of tobacco** une pipe de tabac ✦ **put that in your pipe and smoke it!** * si ça ne te plaît pas, c'est le même prix !*, mets ça dans ta poche et ton mouchoir par-dessus ! ; → **peace**
③ (Mus) pipeau m, chalumeau m ; [of organ] tuyau m ; (boatswain's) sifflet m (also **bagpipes**) ✦ **pipes** cornemuse f ; → **Pan**
**VT** ① (Agr, Comm etc) [+ liquid] amener par tuyau or conduite or canalisation etc ✦ **water is piped to the farm** l'eau est amenée jusqu'à la ferme par une canalisation ✦ **hot water is piped to all the rooms** l'eau chaude est amenée par conduites dans toutes les pièces ✦ **to pipe oil across the desert** transporter du pétrole à travers le désert par pipeline or oléoduc ✦ **to pipe oil into a tank** verser or faire passer du pétrole dans un réservoir à l'aide d'un tuyau ✦ **to pipe music into a room** * (hum) passer de la musique dans une pièce

**pipeclay | pitch** ENGLISH-FRENCH 712

② (Mus) [+ tune] jouer (sur un pipeau etc) ; (on ship) [+ order] siffler ◆ **to pipe all hands on deck** rassembler l'équipage sur le pont (au son du sifflet) ◆ **to pipe sb in/out** saluer l'arrivée/le départ de qn (au son du sifflet) ◆ **the commander was piped aboard** le commandant a reçu les honneurs du sifflet en montant à bord
③ (Sewing) passepoiler, garnir d'un passepoil ◆ **piped with blue** passepoilé de bleu, garni d'un passepoil bleu
④ (Culin) ◆ **to pipe cream onto a cake** décorer un gâteau avec de la crème chantilly (à l'aide d'une douille)
⑤ (= say) dire d'une voix flûtée ; (= sing) chanter d'une voix flûtée ◆ **"it's for you", he piped** « c'est pour toi » dit-il d'une voix flûtée
**VI** ① (Mus) (flute) jouer du pipeau (or du chalumeau) ; (bagpipes) jouer de la cornemuse
② (on ship) donner un coup de sifflet
**COMP** **pipe bomb** N bombe f artisanale (fabriquée à partir d'un morceau de tuyau)
**pipe cleaner** N cure-pipe m
**piped music** N musique f d'ambiance enregistrée
**pipe dream** N projet m chimérique
**pipe organ** N grandes orgues fpl
**pipe rack** N râtelier m à pipes
**pipe smoker** N fumeur m de pipe
**pipe tobacco** N tabac m à pipe
▶ **pipe down*** VI se taire ◆ **pipe down!** mets-la en sourdine !*
▶ **pipe up*** VI se faire entendre
**pipeclay** /ˈpaɪpkleɪ/ N terre f de pipe
**pipefish** /ˈpaɪpfɪʃ/ N (pl **pipefishes** or **pipefish**) syngnathe m, aiguille f (de mer)
**pipefitter** /ˈpaɪpˌfɪtəʳ/ N tuyauteur m
**pipeline** /ˈpaɪplaɪn/ SYN pipeline m ; (for oil) oléoduc m ; (for natural gas) gazoduc m ; (for milk) lactoduc m
◆ **in the pipeline** (= planned or about to happen) prévu ; (= begun or about to be completed) en cours de réalisation ◆ **there are redundancies in the pipeline** des licenciements sont prévus ◆ **they've got a pay increase in the pipeline** il est prévu qu'ils reçoivent or ils doivent recevoir une augmentation de salaire ◆ **there's a new model in the pipeline** un nouveau modèle est en cours de réalisation, on est en train de développer un nouveau modèle
**piper** /ˈpaɪpəʳ/
**N** ① (= flautist) joueur m, -euse f de pipeau (or de chalumeau)
② (also **bagpiper**) joueur m, -euse f de cornemuse ; → **pay**
**COMP** **piper gurnard** N (= fish) grondin-lyre m
**piperine** /ˈpɪpəˌraɪn/ N pipérine f, pipérin m
**pipette** /pɪˈpet/ N pipette f
**pipework** /ˈpaɪpwɜːk/ N (NonC) tuyauterie f
**piping** /ˈpaɪpɪŋ/
**N** (NonC) ① (in house) tuyauterie f, canalisation f
② (Mus) (of flute) son m du pipeau or du chalumeau ; (of bagpipes) son m de la cornemuse
③ (Sewing) passepoil m
④ (on cake) décorations fpl (appliquées) à la douille
**ADJ** [voice, tone] flûté
**ADV** ◆ **piping hot** tout chaud, tout bouillant
**COMP** **piping cord** N ganse f
**pipistrelle** /ˌpɪpɪˈstrel/ N pipistrelle f
**pipit** /ˈpɪpɪt/ N (= bird) pipit m
**pipkin** /ˈpɪpkɪn/ N poêlon m (en terre)
**pippin** /ˈpɪpɪn/ N (pomme f) reinette f
**pipsqueak** † /ˈpɪpskwiːk/ N foutriquet † m
**piquancy** /ˈpiːkənsɪ/ N (flavour) goût m piquant ; (of story) sel m, piquant m
**piquant** /ˈpiːkənt/ SYN ADJ [flavour, story] piquant
**piquantly** /ˈpiːkəntlɪ/ ADV d'une manière piquante
**pique** /piːk/ SYN
**VT** ① [+ person] froisser ; (stronger) piquer au vif
② [+ sb's curiosity, interest] piquer, exciter
**N** ressentiment m, dépit m ◆ **in a fit of pique** dans un accès de dépit ◆ **to do sth out of pique** faire qch par dépit
**piqué** /ˈpiːkeɪ/ N (= fabric) piqué m
**piquet** /pɪˈket/ N piquet m (jeu de cartes)
**piracy** /ˈpaɪərəsɪ/ SYN N (NonC) ① piraterie f ◆ **a tale of piracy** une histoire de pirates

② (fig) [of book, film, tape, video] piratage m ; [of idea] pillage m, vol m ; (Comm) contrefaçon f ◆ **video/computer/software piracy** piratage m vidéo/informatique/de logiciels
**piranha** /pɪˈrɑːnjə/ N piranha m
**pirate** /ˈpaɪərɪt/ SYN
**N** ① (Hist) pirate m, corsaire m, flibustier m
② (Comm: gen) contrefacteur m ; [of book, tape, film, video] pirate m ; [of ideas] voleur m, -euse f
**VT** [+ book, tape, film, video, software, product, invention, idea] pirater
**COMP** [flag, ship] de pirates
**pirate copy** N copie f pirate
**pirate radio** N radio f pirate
**pirated** /ˈpaɪərɪtɪd/ ADJ [book, tape, film, video] pirate ◆ **pirated edition** édition f pirate
**piratical** /paɪˈrætɪkəl/ ADJ [band, family] de pirates ; [appearance] de pirate
**pirating** /ˈpaɪərɪtɪŋ/ N piratage m
**pirogue** /pɪˈrəʊg/ N pirogue f
**pirouette** /ˌpɪrʊˈet/
**N** pirouette f
**VI** faire la pirouette, pirouetter
**Pisa** /ˈpiːzə/ N Pise
**piscatorial** /ˌpɪskəˈtɔːrɪəl/ ADJ halieutique
**Piscean** /ˈpaɪsɪən/ N ◆ **to be a Piscean** être Poisson(s)
**Pisces** /ˈpaɪsiːz/ N (Astron) Poissons mpl ◆ **I'm (a) Pisces** (Astrol) je suis Poisson(s)
**pisciculture** /ˈpɪsɪkʌltʃəʳ/ N pisciculture f
**pisciculturist** /ˌpɪsɪˈkʌltʃərɪst/ N pisciculteur m, -trice f
**piscivorous** /pɪˈsɪvərəs/ N piscivore
**pisolith** /ˈpaɪsəʊˌlɪθ/ N pisolithe f
**piss*** /pɪs/
**N** pisse f ◆ **it's piss easy** or **a piece of piss** (Brit) c'est fastoche* ◆ **to go for** or **have** or **take a piss** pisser un coup* ◆ **to take the piss** charrier ◆ **to take the piss out of sb** (Brit) se foutre de la gueule de qn** ◆ **he took the piss out of my accent** (Brit) il s'est foutu* de moi à cause de mon accent ◆ **to go out on the piss** (Brit = go drinking) aller se soûler la gueule* dans les bars
**VI** pisser ◆ **it's pissing down** or **pissing with rain** (Brit) il pleut comme vache qui pisse*
**VT** ◆ **to piss one's pants** or **o.s.** (= urinate) pisser* dans sa culotte ◆ **to piss o.s. (laughing)** (Brit) pisser de rire*
**COMP** **piss artist*** N (Brit) soûlographe* mf, poivrot(e)* m(f)
**piss easy*** ADJ (Brit) noun
**piss-poor*** ADJ nullard*, minable*
**piss-take*** N mise f en boîte*
**piss-up*** N (Brit) soûlerie f, beuverie* f ◆ **he couldn't organize a piss-up in a brewery** (Brit) il est complètement nul*, c'est un vrai nullard*
▶ **piss about, piss around** *
**VI** (Brit = waste time) glandouiller* ◆ **to piss about with sth** déconner* avec qch ◆ **to piss about with sb** se foutre de la gueule de qn**
**VT** (Brit) [+ person] se foutre de la gueule de**
▶ **piss off**
**VI** foutre le camp* ◆ **piss off!** fous(-moi) le camp !*
**VT** [person, situation] [+ person] faire chier* ◆ **she pisses me off sometimes** il y a des moments où elle me fait chier* ◆ **I'm pissed off** j'en ai ras le bol* or le cul***
**pissed*** /pɪst/ ADJ ① (Brit = drunk) bituré*, bourré* ◆ **to get pissed** se soûler la gueule* ◆ **pissed as a newt** or **a fart, pissed out of one's mind** complètement bituré* or bourré*
② (US) ⇒ **pissed off** ; → **piss off** vt
**pisser*** /ˈpɪsəʳ/ N emmerdement* m, merde**f
**pisshead*** /ˈpɪshed/ N (Brit) poivrot(e)* m(f), soûlard(e)* m(f)
**pistachio** /pɪsˈtɑːʃɪəʊ/
**N** (pl **pistachios**) ① (= nut) pistache f ; (= tree) pistachier m
② (= colour) (vert m) pistache inv
**COMP** **pistachio ice cream** N glace f à la pistache
**piste** /piːst/ N (Ski) piste f ◆ **off piste** hors piste
**pisted** /ˈpiːstɪd/ ADJ (Ski) ◆ **it's well pisted down** c'est bien damé
**pistil** /ˈpɪstɪl/ N pistil m

**pistol** /ˈpɪstl/
**N** pistolet m ; (Sport: also **starter's pistol**) pistolet m (de starter)
**COMP** **pistol point** N ◆ **at pistol point** sous la menace du pistolet
**pistol shot** N coup m de pistolet
**pistol-whip** VT frapper avec un pistolet
**piston** /ˈpɪstən/
**N** piston m
**COMP** **piston engine** N moteur m à pistons
**piston-engined** ADJ à moteur à pistons
**piston pin** N (US) goupille f
**piston ring** N segment m (de pistons)
**piston rod** N tige f de piston
**pit¹** /pɪt/ SYN
**N** ① (= large hole) fosse f, trou m ; (on moon's surface etc) cratère m, dépression f ; (also **coalpit**) mine f, puits m de mine ; (as game trap etc) trappe f, fosse f ; (= quarry) carrière f ; (in garage) fosse f ◆ **chalkpit** carrière f à chaux ◆ **to go down the pit** (= mine) (gen) descendre au fond de la mine ; (= start work there) aller travailler à la mine ◆ **he works in the pits** il travaille à la mine, il est mineur (de fond)
② (liter = hell) ◆ **the pit** l'enfer m
③ (= small depression) (in metal, glass) petit trou m ; (on face) (petite) marque f or cicatrice f
④ [of stomach] creux m ◆ **he felt sick to the pit of his stomach** il en était malade* ; → **armpit**
⑤ (Brit Theat) (fauteuils mpl d')orchestre m ; (for cock fighting) arène f ; (US Stock Exchange) parquet m de la Bourse ◆ **the wheat pit** (US Stock Exchange) la Bourse du blé
⑥ (Motor Racing) ◆ **the pits** le stand de ravitaillement ◆ **it's the pits!*** c'est merdique !*
**VT** ① ◆ **to pit sb against** (= make opponent of) opposer qn à ; (= make enemy of) dresser qn contre ◆ **to pit o.s. against sb** se mesurer à qn ◆ **to pit one's strength against sb** se mesurer à qn ◆ **to be pitted against sb** avoir qn comme or pour adversaire ◆ **a debate which has seen Tory pitted against Tory** un débat qui a divisé les conservateurs ◆ **one man pitted against the universe** un homme seul contre l'univers ◆ **to pit one's wits against** jouer au plus fin avec, se mesurer avec
② [+ metal] trouer, piqueter ; [+ face, skin] (smallpox) marquer ◆ **a car pitted with rust** une voiture piquée de rouille ◆ **his face was pitted with smallpox/acne scars** son visage était grêlé (par la variole)/par l'acné ◆ **the pitted surface of the glass** la surface piquetée du verre ◆ **a pitted road surface** une route pleine de nids-de-poule
**COMP** **pit bull terrier** N pit-bull m
**pit pony** N cheval m de mine
**pit prop** N poteau m or étai m de mine
**pit stop** N (Motor Racing) arrêt m au stand
**pit worker** N (in mine) mineur m de fond
**pit²** /pɪt/
**N** (= fruit-stone) noyau m
**VT** dénoyauter ◆ **pitted prunes/cherries** pruneaux mpl/cerises fpl dénoyauté(e)s
**pita** /ˈpiːtə/, **pita bread** N (US) ⇒ **pitta**
**pitapat** /ˈpɪtəˌpæt/ ADV ◆ **to go pitapat** [feet] trottiner ; [heart] palpiter, battre ; [rain] crépiter
**Pitcairn Island** /ˈpɪtkɛən/ N l'île f Pitcairn
**pitch¹** /pɪtʃ/ SYN
**N** ① (= throw) acte m de lancer, lancement m ◆ **the ball went full pitch over the fence** le ballon a volé par-dessus la barrière
② (= degree) degré m ◆ **he had worked himself up to such a pitch of indignation that...** il était parvenu à un tel degré d'indignation que... ◆ **things have reached such a pitch that...** les choses en sont arrivées à un point tel que... ◆ **excitement was at fever pitch** l'excitation était à son comble
③ (Mus) [of instrument, voice] ton m ; [of note, sound] hauteur f ; (Phon) hauteur f ; → **concert, perfect**
④ (Brit Sport = ground) terrain m ◆ **football/cricket etc pitch** terrain m de football/de cricket etc
⑤ (Brit) [of trader] place f (habituelle) ; → **queer**
⑥ (= sales talk) baratin* m, boniment m ◆ **to make a pitch for sth** (= support) [+ plan, suggestion, sb's point of view] préconiser qch ; → **sale**
⑦ [of roof] degré m de pente
⑧ (= movement of boat) tangage m
⑨ [of propeller] pas m ◆ **variable pitch propeller** hélice f à pas variable
⑩ (Climbing) longueur f (de corde)

**VT** ⓵ (= throw) [+ ball] (also Baseball) lancer ; [+ object] jeter, lancer ; (Agr) [+ hay] lancer avec une fourche ; (= discard) jeter ◆ **pitch it over here!*** jette-le *or* lance-le par ici ! ◆ **to pitch sth over/through/under** *etc* lancer *or* jeter qch par-dessus/à travers/par-dessous *etc* ◆ **the horse pitched him off** le cheval l'a jeté à bas de terre ◆ **pitch it!*** (US) balance-le !* ◆ **the incident pitched him into the political arena** cet incident l'a propulsé dans l'arène politique ◆ **this could pitch the government into confrontation with the unions** cela pourrait précipiter le gouvernement dans un conflit avec les syndicats

⓶ (Mus) [+ note] donner ; [+ melody] donner le ton de *or* à ◆ **she can't pitch a note properly** elle ne sait pas trouver la note juste (lit) ◆ **I'll pitch you a note** je vous donne une note pour commencer ◆ **to pitch the voice higher/lower** hausser/baisser le ton de la voix ◆ **this song is pitched too low** cette chanson est dans un ton trop bas ◆ **the prices of these cars are pitched extremely competitively** le prix de ces voitures est très compétitif ◆ **to pitch one's aspirations too high** aspirer *or* viser trop haut, placer ses aspirations trop haut ◆ **it is pitched in rather high-flown terms** c'est exprimé en des termes assez ronflants ◆ **the speech must be pitched at the right level for the audience** le ton du discours doit être adapté au public ◆ **you're pitching it a bit high!** *or* **strong!** tu exagères un peu !, tu y vas un peu fort ! ◆ **he pitched me a story about having lost his wallet*** il m'a débité *or* m'a sorti* une histoire comme quoi il avait perdu son portefeuille

⓷ (= set up) ◆ **to pitch a tent** dresser une tente ◆ **to pitch camp** établir un camp

⓸ (Comm etc : * = promote, propose) [+ product] promouvoir, faire du battage pour ; [+ plan, idea] présenter ◆ **she pitched the plan to business leaders** elle a présenté le plan à des chefs d'entreprise

**VI** ⓵ (= fall) tomber ; (= be jerked) être projeté ; [ball] rebondir, tomber ◆ **she slipped and pitched forward** elle a glissé et est tombée le nez en avant *or* et a piqué du nez ◆ **he pitched forward as the bus stopped** il a été projeté en avant quand l'autobus s'est arrêté ◆ **he pitched head first into the lake** il est tombé la tête la première dans le lac ◆ **to pitch off a horse** tomber de cheval ◆ **the aircraft pitched into the sea** l'avion a plongé dans la mer ◆ **he pitched over (backwards)** il est tombé à la renverse

⓶ [ship] tanguer ◆ **the ship pitched and tossed** le navire tanguait

⓷ (Baseball) lancer la balle ◆ **he's in there pitching*** (US) il est solide au poste

**COMP pitch-and-putt** N (Golf) pitch-and-putt *m* (jeu de golf limité à deux clubs)
**pitch-and-toss** N sorte de jeu de pile ou face
**pitch invasion** N (Brit Sport) invasion *f* du terrain ◆ **there was a pitch invasion** les spectateurs ont envahi le terrain
**pitch pipe** N (Mus) diapason *m* (en forme de sifflet)

▶ **pitch in*** VI s'atteler *or* s'attaquer au boulot*, s'y coller* ◆ **they all pitched in to help him** ils s'y sont tous mis *or* collés* pour l'aider ◆ **come on, pitch in all of you!** allez, mettez-vous-y *or* collez-vous-y* tous !

▶ **pitch into** VT FUS ⓵ (= attack) tomber sur ; (fig) (= criticize) [reviewer, critic, journalist] [+ author, work] éreinter ◆ **the boss pitched into me** le patron s'en est pris à moi *or* m'est tombé dessus*

⓶ s'attaquer à ◆ **they pitched into the work** ils se sont attaqués *or* collés* au travail ◆ **they pitched into the meal** ils se sont attaqués au repas, ils y sont allés d'un bon coup de fourchette

▶ **pitch on** VT FUS arrêter son choix sur

▶ **pitch out** VT SEP (= get rid of) [+ person] expulser, éjecter*, vider* ; [+ thing] jeter, bazarder* ◆ **the car overturned and the driver was pitched out** la voiture a fait un tonneau et le conducteur a été éjecté

▶ **pitch upon** VT FUS ⇒ **pitch on**

**pitch²** /pɪtʃ/

**N** (= tar) poix *f*, brai *m* ◆ **mineral pitch** asphalte *m* minéral, bitume *m* ◆ **as black as pitch** ⇒ **pitch-black**

**VT** brayer, enduire de poix *or* de brai

**COMP pitch-black** ADJ (= very dark) noir comme du charbon *or* comme de la suie ◆ **it's pitch-black outside** il fait noir comme dans un four dehors
**pitch blackness** N noir *m* absolu *or* complet
**pitch-dark** ADJ ◆ **it's pitch-dark** il fait noir comme dans un four ◆ **it's a pitch-dark night** il fait nuit noire
**pitch darkness** N ⇒ **pitch blackness**
**pitch pine** N (= wood) pitchpin *m*

**pitchblende** /ˈpɪtʃblend/ N pechblende *f*

**pitched** /pɪtʃt/
**ADJ** ◆ **pitched battle** (Mil) bataille *f* rangée ; (fig) véritable bataille *f*
**COMP pitched roof** N toit *m* en pente

**pitcher¹** /ˈpɪtʃər/
**N** (esp US) cruche *f* ; (bigger) broc *m*
**COMP pitcher plant** N sarracéniale *f*

**pitcher²** /ˈpɪtʃər/ N (Baseball) lanceur *m*

**pitchfork** /ˈpɪtʃfɔːk/
**N** fourche *f* (à foin)
**VT** ⓵ (Agr) fourcher, lancer avec une fourche
⓶ * ◆ **I was pitchforked into this** j'ai dû faire cela du jour au lendemain ◆ **he was pitchforked into the job** il a été parachuté* à ce poste

**pitchman*** /ˈpɪtʃmən/ N (pl -men) (US) (= street seller) camelot *m* ; (TV) présentateur *m* de produits

**piteous** /ˈpɪtɪəs/ SYN ADJ (esp liter) pitoyable ◆ **a piteous sight** un spectacle pitoyable *or* à faire pitié

**piteously** /ˈpɪtɪəslɪ/ ADV [say, complain] d'un ton pitoyable, pitoyablement ; [look at, weep] d'un air pitoyable, pitoyablement ; [howl, whine, meow] d'une manière pitoyable, pitoyablement

**pitfall** /ˈpɪtfɔːl/ SYN N ⓵ (lit) trappe *f*, piège *m*
⓶ (fig) piège *m*, embûche *f* ◆ **the pitfalls of English** les pièges de l'anglais ◆ **there are many pitfalls ahead** de nombreuses embûches nous (*or* les *etc*) guettent

**pith** /pɪθ/ SYN
**N** ⓵ [of bone, plant] moelle *f* ; [of orange, grapefruit etc] peau *f* blanche
⓶ (fig) (= essence) essence *f*, moelle *f* (fig) ; (= force) force *f*, vigueur *f* ◆ **the pith of the article** le point capital *or* la thèse centrale de l'article
**COMP pith helmet** N casque *m* colonial

**pithead** /ˈpɪthed/ N (Min) carreau *m* de mine

**pithecanthropine** /ˌpɪθɪkænˈθrəʊpaɪn/
**ADJ** pithécanthropien
**N** pithécanthrope *m*

**pithecanthropus** /ˌpɪθɪkænˈθrəʊpəs/ N (pl pithecanthropi /ˌpɪθɪkænˈθrəʊpaɪ/) pithécanthrope *m*

**pithiness** /ˈpɪθɪnɪs/ N [of style] vigueur *f*, concision *f*

**pithy** /ˈpɪθɪ/ SYN ADJ (= forceful) nerveux, vigoureux ; (= terse) concis ; (= pointed) savoureux, piquant ◆ **a pithy saying** un aphorisme

**pitiable** /ˈpɪtɪəbl/ ADJ [hovel] pitoyable ; [income] misérable, de misère ; [appearance] piteux, minable ; [attempt] piteux ◆ **a pitiable situation** une situation pitoyable *or* navrante

**pitiably** /ˈpɪtɪəblɪ/ ADV ⇒ **pitifully**

**pitiful** /ˈpɪtɪfʊl/ SYN ADJ ⓵ (= touching) [appearance, sight, person] pitoyable
⓶ (= deplorable) [cowardice] lamentable, déplorable ◆ **his pitiful efforts to speak French** ses lamentables efforts pour parler français

**pitifully** /ˈpɪtɪfəlɪ/ ADV [say, complain, weep] d'un ton pitoyable, pitoyablement ; [look at] d'un air pitoyable, pitoyablement ; [howl, whine, meow] d'une manière pitoyable, pitoyablement ◆ **pitifully thin/poor/inadequate** d'une maigreur/ pauvreté/insuffisance affligeante ◆ **a pitifully bad play** une pièce lamentable ◆ **a pitifully small army** une armée si petite qu'elle fait (*or* faisait *etc*) pitié

**pitiless** /ˈpɪtɪlɪs/ SYN ADJ sans pitié, impitoyable

**pitilessly** /ˈpɪtɪlɪslɪ/ ADV impitoyablement, sans pitié

**pitman** /ˈpɪtmən/ N (pl -men) (Brit) mineur *m*

**piton** /ˈpiːtɒn/ N (Climbing) piton *m*

**pitta** /ˈpɪtə/, **pitta bread** N pain *m* pitta

**pittance** /ˈpɪtəns/ SYN N (pej) (= sum) somme *f* dérisoire ; (= income) maigre revenu *m* ; (= wage) salaire *m* de misère ◆ **she's living on a pittance** elle n'a presque rien pour vivre ◆ **they're offering a mere pittance** ils offrent un salaire de misère

**pitter-pat** /ˈpɪtəpæt/ ADV ⇒ **pitapat**

**pitter-patter** /ˈpɪtəpætər/
**ADV** ⇒ **pitapat**
**N** ⇒ **patter¹**

**pituitary** /pɪˈtjuːɪtərɪ/
**ADJ** pituitaire
**COMP pituitary gland** N glande *f* pituitaire, hypophyse *f*

**pity** /ˈpɪtɪ/ LANGUAGE IN USE 14, 26.3 SYN
**N** ⓵ (= mercy, compassion) pitié *f* ◆ **for pity's sake** par pitié, de grâce ◆ **to have pity on sb** avoir pitié de qn ◆ **have pity on him!** ayez pitié de lui ! ◆ **to take pity on sb** avoir pitié de qn, prendre qn en pitié ◆ **to feel pity for sb** s'apitoyer sur qn ◆ **to move sb to pity** exciter la compassion de qn, apitoyer qn ◆ **out of pity (for him)** par pitié (pour lui)
⓶ (= misfortune) dommage *m* ◆ **it is a (great) pity** c'est (bien) dommage ◆ **it's a pity about the job** c'est dommage pour le travail ◆ **it would be a pity if he lost** *or* **were to lose this job** cela serait dommage qu'il perde *or* s'il perdait ce travail ◆ **it is a thousand pities that...** (liter) mille fois *or* extrêmement dommage que... + *subj* ◆ **it's a pity (that) you can't come** il est dommage *or* quel dommage que vous ne puissiez (pas) venir ◆ **it would be a pity to waste the opportunity** cela serait dommage de rater cette occasion ◆ **what a pity!** quel dommage ! ◆ **more's the pity!** c'est bien dommage ! ◆ **the pity of it is that...** le plus malheureux c'est que...
**VT** [+ person] plaindre ; [+ sb's fate, sb's situation] s'apitoyer sur ◆ **you don't deserve to be pitied!** tu ne mérites pas que l'on te plaigne !

**pitying** /ˈpɪtɪɪŋ/ ADJ ⓵ (= compassionate) compatissant, plein de pitié
⓶ (= contemptuous) méprisant

**pityingly** /ˈpɪtɪɪŋlɪ/ ADV avec pitié

**pityriasis** /ˌpɪtəˈraɪəsɪs/ N pityriasis *m*

**Pius** /ˈpaɪəs/ N Pie *m*

**pivot** /ˈpɪvət/ SYN
**N** (= object) pivot *m* ; (= person) personne *f* clé ◆ **their daughter was the pivot of their lives** leur vie tournait autour de leur fille ◆ **the pivot of his argument is that...** son argument repose sur l'idée que...
**VT** (= turn) faire pivoter ; (= mount on pivot) monter sur pivot
**VI** pivoter, tourner ◆ **she pivoted round and round** elle tournoyait sans s'arrêter ◆ **he pivoted on his heel** il a tourné sur ses talons ◆ **his argument pivots on** *or* **around the fact that...** son argument repose sur le fait que...
**COMP pivot joint** N diarthrose *f* rotatoire

**pivotal** /ˈpɪvətl/
**ADJ** essentiel, central
**NPL pivotals** (Stock Exchange) valeurs *fpl* essentielles *or* clés

**pix*** /pɪks/ NPL (abbrev of **pictures**) (= films) ciné* *m* ; (= photos) photos *fpl*

**pixel** /ˈpɪksəl/ N pixel *m*

**pixelate** /ˈpɪksəleɪt/ VT (TV etc) pixéliser

**pixie** /ˈpɪksɪ/ SYN
**N** lutin *m*, fée *f*
**COMP pixie hat, pixie hood** N bonnet *m* pointu

**pixil(l)ated*** /ˈpɪksɪleɪtɪd/ ADJ farfelu

**pizza** /ˈpiːtsə/
**N** pizza *f*
**COMP pizza base** N pizza *f* à garnir
**pizza delivery service** N service *m* de livraison de pizzas (à domicile)
**pizza oven** N four *m* à pizzas
**pizza parlour** N pizzeria *or* pizzéria *f*

**piz(z)azz*** /pɪˈzæz/ N (gen) énergie *f*, vigueur *f* ; (US : in car) allure *f* ; (pej) (= garishness) tape-à-l'œil *m*

**pizzeria** /ˌpiːtsəˈriːə/ N pizzeria *or* pizzéria *f*

**pizzicato** /ˌpɪtsɪˈkɑːtəʊ/ ADJ, ADV pizzicato

**pizzle** /ˈpɪzl/ N († *or* dial *or* hum) verge *f*

**PJs*** /ˈpiːdʒeɪz/ NPL abbrev of **pyjamas**

**pkt** (abbrev of **packet**) paquet *m*

**Pl.** abbrev of **Place**

**placard** /ˈplækɑːd/ SYN
**N** (gen) affiche *f*, placard *m* ; (at demo etc) pancarte *f*
**VT** [+ wall] placarder ; [+ announcement] afficher

**placate** /pləˈkeɪt/ SYN VT calmer, apaiser

**placating** /pləˈkeɪtɪŋ/, **placatory** /pləˈkeɪtərɪ/ ADJ apaisant

◆◆◆◆◆◆◆◆◆◆◆◆◆◆◆◆◆◆◆◆◆◆◆◆◆◆◆

## place /pleɪs/ SYN

1 - NOUN
2 - TRANSITIVE VERB
3 - INTRANSITIVE VERB
4 - COMPOUNDS

◆◆◆◆◆◆◆◆◆◆◆◆◆◆◆◆◆◆◆◆◆◆◆◆◆◆◆

### 1 - NOUN

**1** [GEN] endroit *m* ◆ **we came to a place where...** nous sommes arrivés à un endroit où... ◆ **this is no place for children** ce n'est pas un endroit pour les enfants ◆ **can't you put it a safer place?** tu ne peux pas le mettre dans un endroit plus sûr ? ◆ **can you find a place for this bag?** pouvez-vous trouver un endroit où mettre ce sac ? ◆ **this isn't a very nice place for a picnic** ce n'est pas l'endroit idéal pour pique-niquer ◆ **from place to place** d'un endroit à l'autre ◆ **the time and place of the crime** l'heure et le lieu du crime ◆ **I can't be in two places at once!** * je ne peux pas être partout à la fois !, je n'ai pas le don d'ubiquité ! ◆ **this is the place** c'est ici ◆ **any place will do** n'importe où fera l'affaire ◆ **to find/lose one's place in a book** trouver/perdre sa page dans un livre

◆ **to take place** avoir lieu

◆ **any/some/no place** * *(US)* ◆ **I couldn't find it any place** je ne l'ai trouvé nulle part ◆ **some place** quelque part ◆ **it must be some place in the house** ça doit être quelque part dans la maison ◆ **some place else** quelque part ailleurs ◆ **the kids** * **have no place to go** les gosses * n'ont pas d'endroit *or* n'ont nulle part où aller

◆ **place of** *+ noun (frm)* ◆ **place of birth/residence/work** lieu *m* de naissance/de résidence/de travail ◆ **place of refuge** refuge *m* ◆ **he is at his place of business** il est sur son lieu de travail ◆ **place of worship** lieu *m* de culte ◆ **place of articulation** *(Phon)* lieu *m or* point *m* d'articulation

**2** [= GEOGRAPHICAL LOCATION] endroit *m* ◆ **the train doesn't stop at that place any more** le train ne s'arrête plus à cet endroit *or* ne s'y arrête plus ◆ **the train doesn't stop at many places** le train ne fait pas beaucoup d'arrêts

A more specific word is often used to translate **place**:

◆ **it's a small place** *(= village)* c'est un village ◆ **it's just a little country place** ce n'est qu'un petit village de campagne ◆ **Venice is a lovely place** Venise est une très belle ville *or* un endroit charmant ◆ **Brighton is a good place to live** Brighton est une ville où il fait bon vivre ◆ **we found some excellent places to eat** nous avons trouvé d'excellents restaurants

Note adjective + **place** translated by adjective alone:

◆ **the Atlantic coast is a fine place for yachting** la côte atlantique est parfaite pour la voile ◆ **the museum is a huge place** le musée est immense ◆ **it's a small place** c'est tout petit

◆ **to go places** (* *US*) *(= travel)* voyager, voir du pays ◆ **we like to go places at weekends** le week-end, nous aimons faire un tour *or* bouger * ◆ **he'll go places all right!** *(fig = make good)* il ira loin ! ◆ **he's going places** il fait son chemin ◆ **we're going places at last** *(= make progress)* nous avançons enfin

**3** [* = HOUSE] ◆ **we were at Anne's place** nous étions chez Anne ◆ **come over to our place** passez à la maison ◆ **your place or mine?** on va chez moi ou chez toi ? ◆ **he has a place in the country** il a une maison de campagne ◆ **his family is growing, he needs a bigger place** sa famille s'agrandit, il lui faut quelque chose de plus grand ◆ **the house is a vast great place** la maison est immense ◆ **his business is growing, he needs a bigger place** son affaire s'agrandit, il lui faut quelque chose de plus grand *or* des locaux plus grands

**4** [= SEAT, SPACE] place *f* ; *(laid at table)* couvert *m* ◆ **a car park with 200 places** un parking de 200 places ◆ **keep a place for me** gardez-moi une place ◆ **go back to your places** *(Scol)* retournez à *or* reprenez vos places ◆ **to lay** *or* **set an extra place (at table)** mettre un couvert supplémentaire

**5** [= POSITION] place *f* ; *[of star, planet]* position *f* ◆ **put the book back in its place** remets le livre à sa place ◆ **the key wasn't in its place** la clé n'était pas à sa place ◆ **a place for everything and everything in its place** une place pour chaque chose et chaque chose à sa place ◆ **(if I were) in your place...** (si j'étais) à votre place... ◆ **to keep/lose one's place in the queue** garder/perdre sa place dans la queue ◆ **to give place to...** céder la place à... ◆ **to go back** *or* **fall back into place** se remettre en place ◆ **to take the place of sb/sth** prendre la place de qn/qch, remplacer qn/qch ◆ **to take** *or* **fill sb's place** remplacer qn *(fig)* ◆ **to fall** *or* **fit** *or* **click into place** *(= become clear)* devenir clair ◆ **the moment I changed jobs everything fell into place** *(= turned out well)* il a suffit que je change de travail pour que tout s'arrange

**6** [IN COMPETITION, HIERARCHY] ◆ **Paul won the race with Robert in second place** Paul a gagné la course et Robert est arrivé deuxième ◆ **to back a horse for a place** *(Racing)* jouer un cheval placé ◆ **Sweden took second place in the championships** la Suède s'est classée deuxième aux championnats ◆ **he took second place in history/in the history exam** il a été deuxième en histoire/à l'examen d'histoire ◆ **my personal life has had to take second place to my career** ma vie privée a dû passer après ma carrière ◆ **the team was in third place** l'équipe était en troisième position ◆ **he has risen to second place in the opinion polls** il occupe maintenant la deuxième place dans les sondages ◆ **I know my place** je sais rester à ma place ◆ **people in high places** les gens haut placés ◆ **to put sb in his place** remettre qn à sa place

**7** [= JOB] poste *m*, place *f* ◆ **places for 500 workers** des places *fpl or* des emplois *mpl* pour 500 ouvriers ◆ **we have a place for a receptionist** nous avons un poste de réceptionniste ◆ **we will try to find a place for him** on va essayer de lui trouver une place *or* un poste

**8** [IN SCHOOL] place *f* ◆ **a few private schools give free places** quelques écoles privées offrent des places gratuites ◆ **I've got a place to do sociology** *(Univ)* j'ai réussi à m'inscrire en sociologie ◆ **he's got a place in the first team** *(in team)* il a été admis dans l'équipe première

**9** [= ROLE] ◆ **it's not your place to criticize** ce n'est pas à vous de critiquer, ce n'est pas votre rôle de critiquer

**10** [= ROOM, SCOPE] ◆ **there is no place for racism in the Party** le parti ne peut tolérer le racisme ◆ **there is a place for this sort of counselling** ce genre d'assistance aurait son utilité

**11** [SET STRUCTURES]

◆ **all over the place** * *(= everywhere)* partout ◆ **I've looked for him all over the place** je l'ai cherché partout ◆ **his clothes were all over the place** ses vêtements traînaient partout *or* étaient éparpillés un peu partout ◆ **he was careful and diligent, I was all over the place** *(= confused)* il était soigneux et appliqué, moi j'étais complètement désorganisé

◆ **to be in place** *[object]* être à sa place ; *[measure, policy, elements]* être en place ; *[conditions]* être rassemblé ; *[law, legislation]* être en vigueur

◆ **in places** *(= here and there)* par endroits ◆ **the snow is very deep in places** la neige est très profonde par endroits

◆ **in place of** à la place de, au lieu de ◆ **Lewis came onto the field in place of Jenkins** Lewis est entré sur le terrain à la place de Jenkins

◆ **in the first place** *(= firstly)* tout d'abord, premièrement ◆ **in the first place, it will be much cheaper** d'abord *or* premièrement, ça sera beaucoup moins cher ◆ **he shouldn't have been there in the first place** *(= to start with)* et d'abord il n'aurait pas dû être là, il n'aurait même pas dû être là ◆ **the Latvians never agreed to join the Soviet Union in the first place** d'ailleurs, les Lettons n'ont jamais voulu être rattachés à l'Union soviétique ◆ **we need to consider why so many people are in prison in the first place** nous devons commencer par chercher à comprendre pourquoi tant de gens sont en prison ◆ **what brought you here in the first place?** qu'est-ce qui vous a amené ici ?

◆ **in the second place** deuxièmement, ensuite ◆ **in the second place, it's not worth the money** ensuite *or* deuxièmement, c'est trop cher

◆ **out of place** *[object, remark]* déplacé ◆ **such remarks were out of place at a funeral** de telles remarques étaient déplacées lors d'un enterrement ◆ **dahlias look out of place in a formal garden** les dahlias détonnent *or* ne vont pas bien dans un jardin à la française ◆ **I feel rather out of place here** je ne me sens pas à ma place ici

### 2 - TRANSITIVE VERB

**1** [= PUT] mettre ◆ **she placed a roll on each plate** elle a mis *or* posé un petit pain sur chaque assiette ◆ **to place an advertisement in the paper** mettre *or* passer une annonce dans le journal ◆ **events have placed the president in a difficult position** les événements ont mis le président en mauvaise posture ◆ **to place confidence in sb/sth** placer sa confiance en qn/qch ◆ **to place a book with a publisher** faire accepter un livre par un éditeur

◆ **to be + placed** ◆ **the picture is placed rather high up** le tableau est un peu trop haut ◆ **the house is well placed** la maison est bien située ◆ **the shop is awkwardly placed** le magasin est mal situé *or* mal placé ◆ **we are now well placed to...** nous sommes maintenant bien placés pour... ◆ **we are better placed than we were a month ago** notre situation est meilleure qu'il y a un mois ◆ **I am rather awkwardly placed at the moment** je suis dans une position délicate en ce moment

**2** [= RANK] *(in exam)* placer, classer ; *(in race)* placer ◆ **he wasn't placed in the race** il n'a pas été placé dans la course ◆ **my horse wasn't placed** mon cheval n'a pas été placé ◆ **to be placed first/second** se classer *or* se placer premier/second ◆ **he places good health among his greatest assets** il considère sa (bonne) santé comme l'un de ses meilleurs atouts ◆ **our team is well placed in the league** notre équipe est en bonne position *or* est bien classé ◆ **to place local interests above** *or* **before** *or* **over those of central government** faire passer les intérêts locaux avant ceux du pouvoir central

**3** [= CLASSIFY] classer ◆ **the authorities have placed the drug in Class A** les autorités ont classé cette drogue dans la catégorie A

**4** [= MAKE] *[+ order, contract]* passer ; *[+ bet]* engager ◆ **thousands of people placed bets with Ladbrokes** des milliers de personnes ont engagé des paris chez Ladbrokes ◆ **I'd like to place an overseas call** je voudrais téléphoner à l'étranger

**5** [= INVEST] *[+ money]* placer, investir

**6** [= FIND JOB FOR] trouver une place *or* un emploi pour ◆ **we have so far placed 28 people in permanent jobs** jusqu'à présent nous avons réussi à trouver des emplois permanents à 28 personnes ◆ **the agency is trying to place him with a building firm** l'agence essaie de lui trouver une place *or* de le placer dans une entreprise de construction

**7** [= FIND HOME FOR] placer ◆ **older children are difficult to place** il est difficile de placer les enfants plus âgés

**8** [= IDENTIFY] situer ◆ **he looked familiar, but I couldn't immediately place him** sa tête me disait quelque chose mais je n'arrivais pas à le situer

### 3 - INTRANSITIVE VERB

[US RACING] être placé

### 4 - COMPOUNDS

**place card** N *carte placée sur la table pour marquer la place des convives*
**place kick** N *(Rugby)* coup *m* de pied placé
**place mat** N set *m* (de table)
**place-name** N nom *m* de lieu ◆ **place-names** *(as study, as group)* toponymie *f*
**place setting** N couvert *m*

(!) Check what kind of place it is before translating **place** by the French word **place**.

**placebo** /plə'siːbəʊ/
N (pl **placebos** *or* **placeboes**) *(Med, fig)* placebo *m*
COMP **placebo effect** N *(Med, fig)* effet *m* placebo

**placeman** /'pleɪsmən/ N (pl **-men**) *(Brit : pej) fonctionnaire qui doit son poste à ses obédiences politiques et en tire profit*

**placement** /'pleɪsmənt/
N *(Fin)* placement *m*, investissement *m* ; *(Univ etc : during studies)* stage *m*
COMP **placement office** N *(US Univ) (for career guidance)* centre *m* d'orientation ; *(for jobs)* bureau *m* de placement pour étudiants
**placement test** N *(US Scol etc)* test *m* de niveau

**placenta** /plə'sentə/ N (pl **placentas** *or* **placentae** /plə'sentiː/) placenta *m*

**placental** /plə'sentl/ ADJ placentaire

**placer** /'pleɪsəʳ/ N *(US Geol)* sable *m or* gravier *m* aurifère

**placid** /'plæsɪd/ SYN ADJ *[person, smile]* placide, calme, serein ; *[waters]* tranquille, calme

**placidity** /plə'sɪdɪtɪ/ N placidité *f*, calme *m*, tranquillité *f*

**placidly** /'plæsɪdlɪ/ ADV avec placidité, placidement

**placing** /'pleɪsɪŋ/ N *[of money, funds]* placement *m*, investissement *m* ; *[of ball, players]* position *f*

**placings** /'pleɪsɪŋz/ NPL *(in competition)* classement *m*

**placket** /'plækɪt/ N double patte *f*

**plagal** /'pleɪgəl/ ADJ *(Mus)* plagal

**plagiarism** /'pleɪdʒjərɪzəm/ N plagiat *m*, démarquage *m*

**plagiarist** /'pleɪdʒjərɪst/ N plagiaire *mf*, démarqueur *m*, -euse *f*

**plagiaristic** /,pleɪdʒə'rɪstɪk/ ADJ de plagiaire

**plagiarize** /'pleɪdʒjəraɪz/ SYN VT plagier, démarquer

**plagioclase** /'pleɪdʒɪəʊ,kleɪz/ N plagioclase *m*

**plague** /pleɪg/ SYN

N 1 *(Med)* peste *f* ◆ **to avoid sb/sth like the plague** fuir qn/qch comme la peste ; → **bubonic**

2 *(= epidemic)* épidémie *f*

3 *(= scourge)* fléau *m* ; *(= annoying person)* plaie *f* ◆ **a plague of rats/locusts/ants** une invasion de rats/de sauterelles/de fourmis ◆ **we're suffering from a plague of car thefts at the moment** nous avons affaire à une vague de vols de voitures en ce moment ◆ **he's the plague of my life!** il m'empoisonne la vie ! ◆ **a plague on these statistics!** au diable ces statistiques !

VT *[person, fear etc]* harceler ; *(stronger)* tourmenter ◆ **to plague sb with questions** harceler qn de questions ◆ **they plagued me to tell them...** ils m'ont cassé les pieds * pour que je leur dise... ◆ **my illness has plagued me for 12 years** cette maladie m'a empoisonné la vie *or* m'a tourmenté pendant 12 ans ◆ **to be plagued by injury/kidney trouble** souffrir de blessures à répétition/de problèmes de reins chroniques ◆ **to be plagued by bad luck** jouer de malchance ◆ **plagued by** *or* **with** *[+ doubts, fears, remorse]* rongé par ; *[+ nightmares]* hanté par ; *[+ mosquitoes]* tourmenté par

COMP **plague-ridden, plague-stricken** ADJ *[region, household]* frappé par la peste ; *[person]* pestiféré

**plaguey** († : *) /'pleɪgɪ/ ADJ fâcheux, assommant

**plaice** /pleɪs/ N (pl **plaice** *or* **plaices**) carrelet *m*, plie *f*

**plaid** /plæd/

N 1 *(NonC: esp US = cloth, pattern)* tissu *m* écossais

2 *(over shoulder)* plaid *m*

ADJ (en tissu) écossais

**plain** /pleɪn/ SYN

ADJ 1 *(= obvious)* clair, évident ◆ **the path is quite plain** la voie est clairement tracée ◆ **in plain view** à la vue de tous ◆ **the tower was in plain view** on voyait parfaitement la tour ◆ **it must be plain to everyone that...** il doit être clair pour tout le monde que..., il ne doit échapper à personne que... ◆ **the facts are quite plain** les faits parlent d'eux-mêmes ◆ **it's as plain as a pikestaff** *or* **as the nose on your face** * c'est clair comme le jour *or* comme de l'eau de roche ◆ **it is plain from his comments that...** ses remarques montrent clairement que... ◆ **the reason for their success is plain to see** la raison de leur succès est évidente ◆ **a plain case of jealousy** un cas manifeste *or* évident de jalousie ◆ **I must make it plain that...** vous devez bien comprendre que... ◆ **he made his feelings plain** il ne cacha pas ce qu'il ressentait *or* pensait ◆ **he made it quite plain that he would never agree** il a bien fait comprendre qu'il n'accepterait jamais ◆ **to make sth plain to sb** faire comprendre qch à qn

2 *(= unambiguous)* clair, franc (franche *f*) ; *[statement, assessment]* clair ◆ **plain talk, plain speaking** *(gen)* propos *mpl* sans équivoque ◆ **I like plain speaking** j'aime le franc-parler *or* la franchise ◆ **to be a plain speaker** avoir son franc-parler ◆ **it's a plain statement of fact** ce sont les faits, ni plus ni moins ◆ **to use plain language** parler sans ambages ◆ **in plain words** *or* **in plain English, I think you made a mistake** je vous le dis *or* pour vous le dire carrément, je pense que vous vous êtes trompé ◆ **I explained it all in plain words** *or* **in plain English** j'ai tout expliqué très clairement ◆ **I gave him a plain answer** je lui ai répondu carrément *or* sans détours *or* sans ambages ◆ **the plain truth of the matter is (that)...** à dire vrai..., à la vérité... ◆ **let me be quite plain with you** je serai franc avec vous ◆ **do I make myself plain?** est-ce que je me fais bien comprendre ?

3 *(= sheer, utter)* pur (et simple) ◆ **it's plain folly** c'est de la pure folie

4 *(= simple, unadorned)* *[dress, style, diet, food]* simple ; *(= in one colour)* *[fabric, suit, background, paper]* uni ; *[envelope]* ordinaire ◆ **plain white walls** murs *mpl* blancs unis ◆ **plain living** mode *m* de vie tout simple *or* sans luxe ◆ **I like good plain cooking** j'aime la cuisine simple ◆ **don't worry about "Mr Furness-Gibbon", just call me plain "Simon"** ne vous embêtez pas avec « Monsieur Furness-Gibbon », appelez-moi « Simon » tout court ◆ **plain stitch** *(Knitting)* *(= one stitch)* maille *f* à l'endroit ; *(= technique)* point *m* mousse ◆ **one plain, one purl** *(Knitting)* une maille à l'endroit, une maille à l'envers, ◆ **a row of plain, a plain row** un rang à l'endroit ◆ **to send sth under plain cover** envoyer qch sous pli discret ◆ **plain flour** farine *f (sans levure)* ◆ **plain yoghurt** yaourt *m* nature ◆ **plain chocolate** chocolat *m* à croquer ◆ **it's plain sailing from now on** maintenant tout va marcher comme sur des roulettes

5 *(= not pretty)* quelconque, ordinaire *(pej)* ◆ **she's very plain** elle n'a rien d'une beauté, elle est tout à fait quelconque ◆ **she's rather a plain Jane** * ce n'est pas une beauté

ADV 1 *(= clearly)* ◆ **I can't put it plainer than this** je ne peux pas m'exprimer plus clairement que cela *or* en termes plus explicites

2 *(* = simply)* tout bonnement ◆ **she's just plain shy** elle est tout bonnement timide ◆ **it's (just) plain wrong** c'est tout simplement faux ◆ **(just) plain stupid** tout simplement idiot

N plaine *f* ◆ **the (Great) Plains** *(US)* les Prairies *fpl*, la Grande Prairie

COMP **plain clothes** NPL ◆ **in plain clothes** en civil

**plain-clothes** ADJ ◆ **a plain-clothes policeman** un policier en civil ◆ **plain-clothes officers** *(Police)* personnel *m* en civil

**plain-spoken** SYN ADJ qui a son franc-parler, qui appelle les choses par leur nom

**plainchant** /'pleɪntʃɑːnt/ N plain-chant *m*

**plainly** /'pleɪnlɪ/ ADV 1 *(= obviously)* manifestement ◆ **there has plainly been a mistake** il y a manifestement erreur, il est clair qu'il y a erreur ◆ **plainly, these new techniques are a great improvement** à l'évidence, ces nouvelles techniques représentent un grand progrès

2 *(= unambiguously, distinctly)* *[speak, explain]* clairement ; *[see, hear]* distinctement ◆ **plainly visible** bien visible

3 *(= simply)* *[dressed, furnished]* simplement, sans recherche

**plainness** /'pleɪnnɪs/ N 1 *(= simplicity)* *[of food, décor, dress, language]* simplicité *f*, sobriété *f*

2 *(= lack of beauty)* manque *m* de beauté

**plainsman** /'pleɪnzmən/ N (pl **-men**) habitant *m* de la plaine

**plainsong** /'pleɪnsɒŋ/ N ⇒ **plainchant**

**plaint** /pleɪnt/ N *(liter)* plainte *f*

**plaintiff** /'pleɪntɪf/ N *(Jur)* demandeur *m*, -deresse *f*, plaignant(e) *m(f)*

**plaintive** /'pleɪntɪv/ SYN ADJ *[voice, cry, question, expression]* plaintif

**plaintively** /'pleɪntɪvlɪ/ ADV *[ask, say]* plaintivement, d'un ton plaintif ; *[howl, whine, meow]* plaintivement

**plaintiveness** /'pleɪntɪvnɪs/ N ton *m* plaintif

**plait** /plæt/

N *(esp Brit)* *[of hair]* natte *f*, tresse *f* ◆ **she wears her hair in plaits** elle porte des tresses

VT *(esp Brit)* *[+ hair, string]* natter, tresser ; *[+ basket, wicker]* tresser ; *[+ straw]* ourdir

**plan** /plæn/ LANGUAGE IN USE 8 SYN

N 1 *(= drawing, map)* *[of building, estate, district etc]* plan *m* ; → **seating**

2 *(= project, intention)* plan *m*, projet *m* ◆ **her plan for union reform** son plan *or* projet de réforme syndicale ◆ **plan of action** plan *m* d'action ◆ **plan of campaign** plan *m* de campagne ◆ **development plan** plan *m or* projet *m* de développement ◆ **to draw up a plan** dresser un plan ◆ **everything is going according to plan** tout se passe selon les prévisions *or* comme prévu ◆ **to make plans** faire des projets ◆ **to upset** *or* **spoil sb's plans** déranger les projets de qn ◆ **to change one's plans** changer d'idée, prendre d'autres dispositions ◆ **the best plan would be to leave tomorrow** le mieux serait de partir demain ◆ **the plan is to come back here after the show** notre idée est *or* nous prévoyons de revenir ici après le spectacle ◆ **what plans do you have for the holidays/for your retirement?** quels sont vos projets pour les vacances/pour votre retraite ? ◆ **I haven't any particular plans** je n'ai aucun projet précis ◆ **have you got any plans for tonight?** est-ce que vous avez prévu quelque chose pour ce soir ? ◆ **there are plans to modernize the building** on projette de moderniser l'immeuble ◆ **the government said they had no plans to increase taxes** le gouvernement a dit qu'il n'avait pas l'intention d'augmenter les impôts

VT 1 *[+ research, project, enterprise]* *(= devise and work out)* élaborer, préparer ; *(= devise and schedule)* planifier ◆ **to plan the future of an industry** planifier l'avenir d'une industrie ; see also **planned** ; → **obsolescence**

2 *(= make plans for)* *[+ house, estate, garden etc]* concevoir, dresser les plans de ; *[+ programme, holiday, journey, crime]* préparer à l'avance, organiser ; *[+ essay]* faire le plan de ; *(Mil)* *[+ campaign, attack]* organiser ◆ **who planned the house/garden?** qui a dressé les plans de la maison/du jardin ? ◆ **a well-planned house** une maison bien conçue ◆ **to plan one's day** organiser sa journée ◆ **they planned the attack together** ils ont concerté l'attaque ◆ **he has got it all planned** il a tout prévu, il a pensé à tout ◆ **that wasn't planned** cela n'était pas prévu ◆ **we shall go on as planned** nous continuerons comme prévu ◆ **couples can now plan their families** les couples peuvent maintenant choisir quand avoir des enfants ; see also **planned**

3 *(= intend)* *[+ visit, holiday]* projeter ◆ **to plan to do sth, to plan on doing sth** projeter de *or* avoir l'intention de faire qch ◆ **how long do you plan to be away (for)?** combien de temps avez-vous l'intention de vous absenter *or* pensez-vous être absent ? ◆ **will you stay for a while? – I wasn't planning to** resterez-vous un peu ? – ce n'était pas dans mes intentions ◆ **she's planning a career in law** elle envisage une carrière de juriste

VI faire des projets ◆ **one has to plan months ahead** il faut s'y prendre des mois à l'avance ◆ **we are planning for the future/the holidays** *etc* nous faisons des projets *or* nous prenons nos dispositions pour l'avenir/les vacances *etc* ◆ **we didn't plan for** *or* **on such a large number of visitors** nous n'avions pas prévu un si grand nombre de visiteurs

▸ **plan on** VT FUS 1 *(= intend)* ◆ **to plan on (taking) a trip** avoir l'intention de partir en voyage ◆ **I'm planning on a hot bath and an early night** j'ai l'intention de prendre un bain bien chaud et d'aller me coucher tôt ◆ **to plan on doing sth** avoir l'intention de faire qch, compter faire qch ◆ **she plans on staying in London** elle a l'intention de *or* elle compte rester à Londres

2 *(= foresee, reckon with)* prévoir ◆ **he hadn't planned on the bad weather** il n'avait pas prévu qu'il ferait mauvais temps ◆ **I hadn't planned on being paid for my help** je n'avais pas prévu d'être dédommagé, je n'escomptais pas être dédommagé

▸ **plan out** VT SEP préparer *or* organiser dans tous les détails

**planarian** /plə'nɛərɪən/ N planaire *f*

**planchette** /plɑːn'ʃet/ N planchette *f (spiritisme)*

**plane**[1] /pleɪn/ SYN

N (abbrev of **aeroplane** *or* **airplane**) avion *m* ◆ **by plane** par avion

COMP **plane crash** N accident *m* d'avion

**plane journey** N voyage *m* en avion

**plane ticket** N billet *m* d'avion

**plane**[2] /pleɪn/ *(Carpentry)*

N rabot *m*

VT (also **plane down**) raboter

**plane**[3] /pleɪn/ N (also **plane tree**) platane *m*

**plane**[4] /pleɪn/ SYN

N *(Archit, Art, Math, fig)* plan *m* ◆ **horizontal plane** plan *m* horizontal ◆ **the physical/spiritual plane** le plan physique/spirituel ◆ **a higher plane of consciousness** un niveau de conscience supérieur ◆ **the conversation was on a higher plane** le niveau de la conversation était plus élevé ◆ **he seems to exist on another plane altogether** il semble vivre dans un autre monde *or* univers

ADJ *(gen, Math)* plan ◆ **plane geometry** géométrie *f* plane

**plane**[5] /pleɪn/ VI [bird, glider, boat] planer ; [car] faire de l'aquaplanage
▸ **plane down** VI [bird, glider] descendre en vol plané

**planeload** /'pleɪnləʊd/ N ◆ **planeloads of tourists, tourists by the planeload** des cargaisons fpl de touristes

**planet** /'plænɪt/ N planète f ◆ **the planet Mars/Venus** la planète Mars/Vénus ◆ **what planet is he/she on?**⁂ sur quelle planète est-il/elle ? ◆ **"The Planets"** (Mus) « Les Planètes »

**planetarium** /ˌplænɪ'tɛərɪəm/ N (pl **planetariums** or **planetaria** /ˌplænɪ'tɛərɪə/) planétarium m

**planetary** /'plænɪtərɪ/ ADJ planétaire

**planetology** /ˌplænɪ'tɒlədʒɪ/ N planétologie f

**plangent** /'plændʒənt/ ADJ (liter) retentissant

**planimeter** /plæ'nɪmɪtəʳ/ N planimètre m

**planisphere** /'plænɪsfɪəʳ/ N [of world] planisphère m ; [of stars] planisphère m céleste

**plank** /plæŋk/
N planche f ; (fig : of policy, argument) article m, point m ◆ **to walk the plank** subir le supplice de la planche (sur un bateau de pirates)
VT (⁂ : also **plank down**) déposer brusquement, planter

**planking** /'plæŋkɪŋ/ N (NonC) planchéiage m ; [of ship] planches fpl, bordages mpl, revêtement m

**plankton** /'plæŋktən/ N (NonC) plancton m

**planned** /plænd/ ADJ 1 (Econ, Pol, Ind, Comm = organized) planifié ◆ **planned economy** économie f planifiée ◆ **planned parenthood** planning m familial, contrôle m or régulation f des naissances ◆ **planned pregnancies** grossesses fpl programmées
2 (= premeditated) [crime etc] prémédité
3 (= proposed, intended) prévu

**planner** /'plænəʳ/ N 1 (also **town planner**) urbaniste mf
2 (Econ) planificateur m, -trice f

**planning** /'plænɪŋ/
N 1 (= organizing) planification f ◆ **forward planning** planification f à long terme ◆ **we must do some planning for the holidays** on va devoir organiser nos vacances ◆ **financial planning** (in company, administration) gestion f prévisionnelle des dépenses
2 (also **town** or **urban planning**) urbanisme m ; → **family, town**
COMP **planning board, planning committee** N service m or bureau m de planification ; (in local government) ≈ service m de l'urbanisme
**planning department** N service m de l'urbanisme
**planning permission** N permis m de construire
**planning stage** N ◆ **it's still at the planning stage** c'est encore à l'état d'ébauche

**plano-concave** /'pleɪnəʊ/ ADJ [lens] plan-concave

**plano-convex** /'pleɪnəʊ/ ADJ [lens] plan-convexe

**plant** /plɑːnt/ SYN
N 1 plante f
2 (NonC) (= machinery, equipment) matériel m, biens mpl d'équipement ; (fixed) installation f ; (= equipment and buildings) bâtiments mpl et matériel ◆ **the heating plant** l'installation f de chauffage ◆ **he had to hire the plant to do it** il a dû louer le matériel or l'équipement pour le faire ◆ **heavy plant** engins mpl ◆ **"heavy plant crossing"** « sortie d'engins »
3 (= factory) usine f, fabrique f ◆ **a steel plant** une aciérie ; → **nuclear**
4 (Theat ⁎ = stooge) acolyte m, complice mf ; (= infiltrator, mole) taupe⁎ f, agent m infiltré
VT 1 [+ seeds, plants, bulbs] planter ; [+ field etc] planter (with en) ◆ **a field planted with wheat** un champ planté de or en blé
2 (= place) [+ flag, stick etc] planter, enfoncer ; [+ bomb] poser ; [+ spy, informer] introduire ◆ **he planted his chair next to hers** il a planté sa chaise à côté de la sienne ◆ **to plant a kiss on sb's cheek** planter un baiser sur la joue de qn ◆ **he planted his fist in my guts** il m'a planté son poing dans le ventre ◆ **to plant o.s. in front of sb/sth** se planter devant qn/qch ◆ **to plant an idea in sb's mind** mettre une idée dans la tête de qn ◆ **to plant doubts in sb's mind** semer le doute dans l'esprit de qn ◆ **to plant drugs/evidence on sb** dissimuler de la drogue/des preuves sur qn (pour l'incriminer) ◆ **the drugs were planted!** quelqu'un a dissimulé la drogue dans mes (or ses etc) affaires !
COMP **plant bargaining** N (in industrial relations) négociations fpl au niveau de l'usine
**plant breeder** N phytogénéticien(ne) m(f)
**plant cost** N (Comm) frais mpl d'équipement
**plant food** N engrais m
**plant-hire firm** N (hiring equipment) entreprise f de location de matériel industriel
**the plant kingdom** N le règne végétal
**plant life** N flore f
**plant louse** N puceron m
**plant pot** N pot m de fleurs
▸ **plant down** VT SEP planter, camper
▸ **plant out** VT SEP [+ seedlings] repiquer

**Plantagenet** /plæn'tædʒɪnɪt/ N Plantagenêt

**plantain** /'plæntɪn/ N 1 (= plant) plantain m
2 (= fruit) banane f plantain

**plantar** /'plæntəʳ/ ADJ plantaire

**plantation** /plæn'teɪʃən/ N (all senses) plantation f ◆ **coffee/rubber plantation** plantation f de café/de caoutchouc

**planter** /'plɑːntəʳ/ N (= person) planteur m ; (= machine) planteuse f ; (= plant pot) pot m ; (bigger, decorative) jardinière f ◆ **coffee/rubber planter** planteur m de café/de caoutchouc

**plantigrade** /'plæntɪgreɪd/ ADJ, N plantigrade m

**planting** /'plɑːntɪŋ/ N plantations fpl ◆ **autumn planting** les plantations d'automne

**plaque** /plæk/ SYN N 1 (= plate) plaque f
2 (NonC: on teeth) plaque f dentaire

**plash** /plæʃ/
N [of waves] clapotis m, clapotement m ; [of object falling into water] floc m
VI clapoter, faire floc or flac

**plasm** /'plæzəm/ N protoplasme m

**plasma** /'plæzmə/
N plasma m ; → **blood**
COMP **plasma screen** N écran m plasma
**plasma TV** N téléviseur m plasma

**plasmapheresis** /ˌplæzmə'ferəsəs/ N plasmaphérèse f

**plasmid** /'plæzmɪd/ N plasmide m

**plaster** /'plɑːstəʳ/ SYN
N 1 (Constr) plâtre m
2 (Med: for broken bones) plâtre m ◆ **he had his leg in plaster** il avait la jambe dans le plâtre or la jambe plâtrée
3 (Brit Med: also **adhesive** or **sticking plaster**) sparadrap m ◆ **a (piece of) plaster** un pansement adhésif ; → **mustard**
VT 1 (Constr, Med) plâtrer
2 (fig = cover, stick) couvrir (with de) ◆ **plastered with** couvert de ◆ **to plaster a wall with posters, to plaster posters over a wall** couvrir or tapisser un mur d'affiches ◆ **the story was plastered**⁎ **all over the front page/all over the newspapers** l'histoire s'étalait sur toute la première page/à la une de tous les journaux ◆ **his fringe was plastered to his forehead** sa frange était plaquée sur son front ◆ **to plaster one's face with make-up** se maquiller outrageusement
3 (⁂ = bash up) tabasser⁎, battre comme plâtre⁎
COMP [model, figure, moulding] de or en plâtre
**plaster cast** N (Med) plâtre m ; (Sculp) moule m (en plâtre)
**plaster of Paris** N plâtre m à mouler
**plaster work** N (NonC: Constr) plâtre(s) m(pl)
▸ **plaster down** VT ◆ **to plaster one's hair down** se plaquer les cheveux
▸ **plaster on** VT SEP [+ butter, hair cream, make-up etc] étaler or mettre une couche épaisse de
▸ **plaster over, plaster up** VT SEP [+ crack, hole] boucher

**plasterboard** /'plɑːstəbɔːd/ N (NonC) Placoplâtre ® m

**plastered** /'plɑːstəd/ ADJ (⁂ = drunk) beurré⁂, bourré⁂ ◆ **to get plastered** se soûler (la gueule⁂)

**plasterer** /'plɑːstərəʳ/ N plâtrier m

**plastering** /'plɑːstərɪŋ/ N (Constr) plâtrage m

**plastic** /'plæstɪk/ SYN
N 1 (= substance) plastique m, matière f plastique ◆ **plastics** matières fpl plastiques
2 (NonC ⁎ = credit cards) cartes fpl de crédit
ADJ 1 (= made of plastic) [toy, box, dish] en (matière) plastique ; see also **comp**
2 (⁎ : fig, pej) [food, coffee etc] synthétique ◆ **actresses with plastic smiles** des actrices fpl aux sourires artificiels
3 (Art) plastique ; (= flexible) plastique, malléable
COMP **plastic bag** N sac m en plastique
**plastic bomb** N bombe f au plastic ◆ **plastic bomb attack** attentat m au plastic, plasticage m
**plastic bullet** N balle f de plastique
**plastic explosive** N plastic m
**plastic foam** N mousse f de plastique
**plastic money** N carte(s) f(pl) de crédit
**plastics industry** N industrie f (des) plastique(s)
**plastic surgeon** N spécialiste mf de chirurgie esthétique
**plastic surgery** N chirurgie f esthétique
**plastic wrap** N (US) film m alimentaire

**plasticated** /'plæstɪˌkeɪtɪd/ ADJ (lit) plastifié ; (fig) synthétique, artificiel

**Plasticine** ® /'plæstɪsiːn/ N (NonC) pâte f à modeler

**plasticity** /plæs'tɪsɪtɪ/ N plasticité f

**plastid** /'plæstɪd/ N plaste m

**Plate** /pleɪt/ N ◆ **the River Plate** le Rio de la Plata

**plate** /pleɪt/ SYN
N 1 (Culin) assiette f ; (= platter) plat m ; (in church) plateau m de quête ◆ **a plate of soup/sandwiches** une assiette de soupe/de sandwichs ◆ **to clean** or **to clear one's plate** nettoyer son assiette ◆ **to hand** or **give sth to sb on a plate**⁎ (fig) apporter qch à qn sur un plateau ◆ **to have a lot** or **enough on one's plate**⁎ (things to do) avoir déjà beaucoup à faire ; (problems) avoir déjà beaucoup de problèmes ◆ **he's got too much on his plate already**⁎ (fig) il ne sait déjà plus où donner de la tête ; → **dinner, soup, tea**
2 (NonC) (gold dishes) orfèvrerie f, vaisselle f d'or ; (silver dishes) argenterie f, vaisselle f d'argent
3 (= flat metal) plaque f ; (= metal coating) placage m ; (= coated metal) plaqué m ◆ **it's not silver, it's only plate** ce n'est pas de l'argent massif, ce n'est que du plaqué
4 (on wall, door, in battery, armour) plaque f ; (in car: also **pressure plate**) plateau m d'embrayage ; (on car: also **number plate**) plaque f d'immatriculation, plaque f minéralogique ; → **clutch, hotplate, number**
5 (Geol) (also **tectonic plate**) plaque f
6 (Phot) plaque f ; (Typography) cliché m ; (for engraving) planche f ; (= illustration : in book) planche f ◆ **full-page plate** (in book) gravure f hors-texte, planche f ; → **fashion**
7 (Dentistry: also **dental plate**) dentier m ; (Med: repairing fracture etc) broche f
8 (Racing = prize, race) coupe f
9 (for microscope) lamelle f
VT 1 (gen: with metal) plaquer ; (with gold) dorer ; (with silver) argenter ; (with nickel) nickeler ; → **armour**
2 [+ ship etc] blinder
COMP **plate armour** N (NonC) blindage m
**plate glass** N (NonC) verre m à vitre
**plate-glass window** N baie f vitrée
**plate rack** N (for drying) égouttoir m ; (for storing) range-assiettes m inv
**plate tectonics** N (NonC: Geol) tectonique f des plaques
**plate warmer** N chauffe-assiette(s) m

**plateau** /'plætəʊ/ SYN
N (pl **plateaus** or **plateaux** /'plætəʊz/) (Geog) plateau m ; 1 (fig) palier m ◆ **to reach a plateau** atteindre un palier, se stabiliser
VI atteindre un palier, se stabiliser

**plateful** /'pleɪtfʊl/ N assiettée f, assiette f

**platelayer** /'pleɪtˌleɪəʳ/ N (Brit) poseur m de rails

**platelet** /'pleɪtlɪt/ N plaquette f

**platen** /'plætən/ N [of printing press] platine f ; [of typewriter] rouleau m

**platform** /'plætfɔːm/ SYN
N 1 (on oil rig, bus, scales, in scaffolding etc) plateforme f ; (for band, in hall) estrade f ; (at meeting etc) tribune f ; [of station] quai m ◆ **platform (number) six** [of station] quai m (numéro) six ◆ **he was on the platform at the last meeting** il était sur l'estrade or il était à la tribune (d'honneur) lors de la dernière réunion ◆ **he campaigned on a socialist platform** il a adopté une plateforme socialiste pour sa campagne électorale ◆ **they campaigned on a platform of**

**national sovereignty** ils ont fait campagne sur le thème de la souveraineté de l'État ◆ **this gave him a platform for his views** cela lui a fourni une tribune pour exprimer ses opinions ◆ **the platform would not let me speak** (= *people on the platform*) les orateurs de la tribune m'ont empêché de prendre la parole ; → **diving**

2 ◆ **platforms** * (= *shoes*) ⇒ **platform shoes**

COMP **the platform party** N (*at meeting*) la tribune

**platform scales** NPL (balance *f* à) bascule *f*

**platform shoes, platform soles** * NPL chaussures *fpl* à semelles compensées

**platform ticket** N (*Brit*) billet *m* de quai

**plating** /ˈpleɪtɪŋ/ N 1 (*Metal*) placage *m* ◆ **tin-/copper-plating** *etc* placage *m* (à l')étain/(au) cuivre *etc* ; → **chromium, silver**

2 [*of ship*] bordé *m* ; [*of armoured vehicle*] blindage *m* ◆ **hull plating** bordé *m* ; → **armour**

**platiniferous** /ˌplætɪˈnɪfərəs/ ADJ platinifère

**platinization** /ˌplætɪnaɪˈzeɪʃən/ N platinage *m*

**platinize** /ˈplætɪnaɪz/ VT platiner

**platinum** /ˈplætɪnəm/

N (*NonC*) platine *m*

COMP [*jewellery*] en *or* de platine

**platinum-blond** ADJ [*hair*] blond platiné *or* platine ; [*person*] (aux cheveux) blond platiné *or* platine

**platinum blond(e)** N blond(e) *m(f)* platiné(e)*or* platine

**platinum disc** N (= *award*) disque *m* de platine

**platitude** /ˈplætɪtjuːd/ SYN N platitude *f*, lieu *m* commun

**platitudinize** /ˌplætɪˈtjuːdɪnaɪz/ VI débiter des platitudes *or* des lieux communs

**platitudinous** /ˌplætɪˈtjuːdɪnəs/ SYN ADJ banal, d'une grande platitude, rebattu

**Plato** /ˈpleɪtəʊ/ N Platon *m*

**Platonic** /pləˈtɒnɪk/ ADJ 1 [*philosophy*] platonicien

2 ◆ **platonic** [*relationship, love*] platonique

**Platonism** /ˈpleɪtənɪzəm/ N platonisme *m*

**Platonist** /ˈpleɪtənɪst/ ADJ, N platonicien(ne) *m(f)*

**platoon** /pləˈtuːn/ SYN

N (*Mil*) section *f* ; [*of policemen, firemen etc*] peloton *m*

COMP **platoon sergeant** N (*US Mil*) adjudant *m*

**platter** /ˈplætəʳ/ SYN N 1 (*esp US* = *large dish*) plat *m* ◆ **on a (silver) platter** (*fig*) sur un plateau (d'argent) ◆ **she was handed it on a platter** (*fig*) on le lui a offert *or* apporté sur un plateau

2 (= *meal, course*) assiette *f* ◆ **seafood platter** assiette *f* de fruits de mer

3 (*US* * = *record*) disque *m*

**platypus** /ˈplætɪpəs/ N ornithorynque *m*

**plaudits** /ˈplɔːdɪts/ NPL applaudissements *mpl*, acclamations *fpl*, ovations *fpl*

**plausibility** /ˌplɔːzəˈbɪlɪtɪ/ N [*of argument, excuse*] plausibilité *f* ; [*of person*] crédibilité *f* ◆ **her plausibility as party leader** sa crédibilité en tant que chef du parti

**plausible** /ˈplɔːzəbl/ SYN ADJ [*argument, excuse*] plausible, vraisemblable ; [*person*] convaincant

**plausibly** /ˈplɔːzəblɪ/ ADV de façon plausible

**Plautus** /ˈplɔːtəs/ N Plaute *m*

---

## play /pleɪ/ SYN

1 - NOUN
2 - TRANSITIVE VERB
3 - INTRANSITIVE VERB
4 - COMPOUNDS
5 - PHRASAL VERBS

---

### 1 - NOUN

1 [GEN, SPORT, FIG] jeu *m* ◆ **there was some good play in the second half** on a assisté à du beau jeu pendant la deuxième mi-temps ◆ **that was a clever piece of play** c'était finement *or* astucieusement joué ◆ **play starts at 11 o'clock** le match commence à 11 heures ◆ **ball in play** ballon *m* *or* balle *f* en jeu ◆ **ball out of play** ballon *m* *or* balle *f* hors jeu ◆ **children learn through play** les enfants apprennent par le jeu *or* en jouant ◆ **to say sth in play** dire qch en plaisantant ◆ **the play of light on water** le jeu de la lumière sur l'eau

◆ **at play** (*children, animals*) en train de jouer ◆ **the different factors at play** les divers facteurs qui entrent en jeu

◆ **to bring sth into play** mettre qch en œuvre

◆ **to call sth into play** faire entrer qch en jeu

◆ **to come into play** entrer en jeu

◆ **to make a play for sb** faire des avances à qn

◆ **to make a play for sth** s'efforcer d'obtenir qch

2 [TECH, FIG = MOVEMENT] jeu *m* ◆ **there's too much play in the clutch** il y a trop de jeu dans l'embrayage ◆ **to give full** *or* **free play to one's imagination/emotions** donner libre cours à son imagination/à ses sentiments ◆ **the play of different forces** le jeu des différentes forces ◆ **the free play of market forces** le libre jeu du marché ◆ **the play of ideas in the film is fascinating** l'interaction *f* des idées dans ce film est fascinante

3 [THEAT] pièce *f* (de théâtre) ◆ **the plays of Molière** les pièces *fpl* *or* le théâtre de Molière ◆ **radio play** pièce *f* radiophonique ◆ **television play** dramatique *f* ◆ **the play ends at 10.30** la pièce se termine à 22 h 30 ◆ **a play by Pinter, a Pinter play** une pièce de Pinter ◆ **to be in a play** [*actor*] jouer dans une pièce ◆ **the customs officers made (a) great play of examining our papers** (*Brit fig*) les douaniers ont examiné nos papiers en prenant un air important

### 2 - TRANSITIVE VERB

1 [+ GAME, SPORT] jouer à ◆ **to play chess/bridge** jouer aux échecs/au bridge ◆ **to play football** jouer au football ◆ **will you play tennis with me?** voulez-vous faire une partie de tennis avec moi ? ◆ **to play a match against sb** disputer un match avec qn ◆ **the match will be played on Saturday** le match aura lieu samedi ◆ **what position does she play?** (*in hockey, football etc*) à quelle place joue-t-elle ? ◆ **to play centre-forward** *etc* jouer avant-centre *etc* ◆ **the boys were playing soldiers** les garçons jouaient aux soldats ◆ **the children were playing a game in the garden** les enfants jouaient dans le jardin ◆ **to play a game** (*board game etc*) jouer à un jeu ; (*of tennis etc*) faire une partie ; (*fig : trickery*) jouer (*fig*) ◆ **to play the ball** (*Football*) jouer le ballon ◆ **to play ball with sb** (*fig*) coopérer avec qn ◆ **he won't play ball** (*fig*) il refuse de jouer le jeu ◆ **England will be playing Smith (in the team)** (*fig*) l'Angleterre a sélectionné Smith (pour jouer dans l'équipe)

◆ **to play the game** (*fig* = *play fair*) (*gen*) jouer le jeu ; (*in sports match, race etc*) jouer selon les règles

◆ **to play + games** (*fig*) se moquer du monde ◆ **don't play games with me!** ne vous moquez pas de moi ! ◆ **he accused me of playing games** il m'a accusé de me moquer du monde ◆ **he's just playing silly games** il n'est pas sérieux

◆ **to play the field** * papillonner ◆ **he gave up playing the field and married a year ago** il a cessé de papillonner et s'est marié il y a un an

2 [+ OPPONENT, OPPOSING TEAM] jouer contre ◆ **England are playing Scotland on Saturday** l'Angleterre joue contre *or* rencontre l'Écosse samedi ◆ **I'll play you for the drinks** jouons la tournée

3 [= MOVE] [+ *chess piece*] jouer ◆ **he played the ball into the net** (*Tennis*) il a mis *or* envoyé la balle dans le filet

4 [CARDS] ◆ **to play cards** jouer aux cartes ◆ **to play a card** jouer une carte ◆ **to play hearts/trumps** jouer cœur/atout ◆ **he played a heart** il a joué (un) cœur ◆ **to play one's best/last card** (*fig*) jouer sa meilleure/dernière carte ◆ **to play one's cards well** *or* **right** bien jouer ◆ **he played his ace** (*lit*) il a joué son as ; (*fig*) il a joué sa carte maîtresse

5 [STOCK EXCHANGE] ◆ **to play the market** jouer à la Bourse

6 [THEAT ETC] [+ *part*] jouer, interpréter ; [+ *play*] [*actors*] jouer ; [*director, producer, theatre*] présenter, donner ◆ **they played it as a comedy** ils en ont donné une interprétation comique, ils l'ont joué comme une comédie ◆ **let's play it for laughs** * jouons-le en farce ◆ **we played Brighton last week** nous avons joué à Brighton la semaine dernière ◆ **he played (the part of) Macbeth** il a joué (le rôle de) Macbeth ◆ **what (part) did you play in "Macbeth"?** quel rôle jouiez-vous *or* interprétiez-vous dans « Macbeth » ? ◆ **he played Macbeth as a well-meaning fool** il a fait de Macbeth un sot bien intentionné ◆ **to play one's part well** (*lit, fig*) bien jouer ◆ **he was only playing a part** il jouait la comédie ◆ **to play a part in sth** [*person*] prendre part à qch, contribuer à qch ; [*quality, object*] contribuer à qch ◆ **he played no part in it** il n'y était pour rien ◆ **to play the peacemaker/the devoted husband** jouer les conciliateurs/les maris dévoués ◆ **to play it cautious** ne prendre aucun risque ◆ **to play it cool** * garder son sang-froid, ne pas s'énerver ◆ **to play (it) safe** ne prendre aucun risque ◆ **we could have played it differently** nous aurions pu agir différemment

7 [MUS] [+ *instrument*] jouer de ; [+ *note, tune, concerto*] jouer ; [+ *record, CD*] passer, jouer * ◆ **to play the piano/the clarinet** jouer du piano/de la clarinette ◆ **they were playing Beethoven** ils jouaient du Beethoven

8 [= DIRECT] [+ *hose, searchlight*] diriger (*on, onto* sur) ◆ **they played the searchlights over the front of the building** ils ont promené les projecteurs sur la façade du bâtiment

### 3 - INTRANSITIVE VERB

1 [GEN, CARDS, SPORT ETC] jouer ; [*lambs, puppies, kittens*] s'ébattre, folâtrer ◆ **it's you** *or* **your turn to play** c'est votre tour (de jouer) ◆ **is Paul coming out to play?** est-ce que Paul vient jouer ? ◆ **what are you doing? – just playing** que faites-vous ? – rien, on joue *or* s'amuse ◆ **to play fair** (*Sport etc*) jouer franc jeu, jouer selon les règles ; (*fig*) jouer le jeu, être loyal ; → **fast**[1], **hard, dirty**

◆ **play** + *preposition* ◆ **England is playing AGAINST Scotland (in the semi-final)** l'Angleterre joue contre l'Écosse (en demi-finale) ◆ **to play AT soldiers/chess/bridge** jouer aux soldats/aux échecs/au bridge ◆ **the little girl was playing AT being a lady** la petite fille jouait à la dame ◆ **he just plays AT being a soldier** (*fig*) il ne prend pas au sérieux son métier de soldat ◆ **they're playing AT happy families for the sake of the children** (*iro*) ils jouent les familles unies pour les enfants ◆ **what's he playing AT?** * à quoi il joue ? ◆ **what do you think you're playing AT!** * qu'est-ce que tu fabriques * ? ◆ **to play FOR money/matches** jouer de l'argent/des allumettes ◆ **he plays FOR Manchester** il joue dans l'équipe de Manchester ◆ **to play FOR high stakes** (*lit, fig*) jouer gros (jeu) ◆ **to play FOR time** (*lit, fig*) essayer de gagner du temps ◆ **to play IN defence/IN goal** (*Sport*) jouer en défense/dans les buts ◆ **he played INTO the trees** (*Golf* = *hit, shoot*) il a envoyé sa balle dans les arbres ◆ **she played INTO the back of the net** (*Football*) elle a envoyé le ballon au fond des filets ◆ **to play INTO sb's hands** (*fig*) faire le jeu de qn ◆ **to play TO one's strengths** exploiter ses points forts ◆ **to play WITH** [+ *object, pencil, toy*] jouer avec ◆ **to play WITH o.s.** * (*euph*) se masturber ◆ **to play WITH fire/words** jouer avec le feu/les mots ◆ **how much time/money do we have to play WITH?** * combien de temps/d'argent avons-nous ? ◆ **it's not a question to be played WITH** ce n'est pas une question qui se traite à la légère ◆ **he's not a man to be played WITH** ce n'est pas un homme avec qui on plaisante ◆ **he's just playing WITH you** il te fait marcher ◆ **to play WITH an idea** caresser une idée

2 [LIGHT, FOUNTAIN] jouer (*on* sur) ◆ **a smile played on** *or* **over his lips** un sourire s'ébauchait sur ses lèvres

3 [MUS] [*person, organ, orchestra*] jouer ◆ **to play on the piano** jouer du piano ◆ **will you play for us?** (= *perform*) voulez-vous nous jouer quelque chose ? ; (= *accompany*) voulez-vous nous accompagner ? ◆ **there was music playing** il y avait de la musique ◆ **a record was playing in the background** (*as background music*) un disque passait en fond sonore

4 [THEAT, CINE = ACT] jouer ◆ **he played in a film with Greta Garbo** il a joué dans un film avec Greta Garbo ◆ **we have played all over the South** nous avons joué partout dans le Sud ◆ **the film now playing at the Odeon** le film qui passe actuellement à l'Odéon ◆ **to play dead** (*fig*) faire le mort

5 [= BE RECEIVED] être accueilli ◆ **how will these policies play?** comment cette politique sera-t-elle accueillie ?

### 4 - COMPOUNDS

**play box** N coffre *m* à jouets

**play-by-play** ADJ [*account etc*] (*Sport*) suivi ; (*fig*) circonstancié

**play clothes** NPL vêtements *mpl* qui ne craignent rien (*pour jouer*)

**Play-Doh** ® N pâte *f* à modeler, Play-Doh ®

## playable | please

**play-off** N (Sport) (after a tie) ≈ match m de barrage (départageant des concurrents à égalité) ; (US) (for championship) match m de qualification (de coupe or de championnat)
**play on words** N jeu m de mots, calembour m
**play park** N terrain m de jeu
**play reading** N lecture f d'une pièce de théâtre

### 5 - PHRASAL VERBS

▶ **play about** VI [1] [children etc] jouer, s'amuser
[2] (= toy, fiddle) jouer, s'amuser (with avec) ◆ **he was playing about with the gun when it went off** il s'amusait or jouait avec le fusil quand le coup est parti ◆ **stop playing about with that watch** arrête de tripoter cette montre, laisse cette montre tranquille ◆ **he's just playing about with you** * il te fait marcher, il se moque de toi

▶ **play along**
VI (fig) ◆ **to play along with sb** entrer dans le jeu de qn
VT SEP (fig) ◆ **to play sb along** tenir qn en haleine

▶ **play around** VI [1] ◆ **to play around with an idea** retourner une idée dans sa tête
[2] ( * = sleep around) coucher à droite et à gauche
[3] ⇒ play about

▶ **play back** VT SEP [+ tape] réécouter, repasser

▶ **play down** VT SEP (= minimize importance of) [+ decision, effect] minimiser ; [+ situation, attitude] dédramatiser ; [+ opinion, dissent] mettre une sourdine à ; [+ language] atténuer ; [+ policy] mettre en sourdine

▶ **play in** VT SEP [1] ◆ **to play o.s. in** (esp Cricket) s'habituer aux conditions de jeu ; (fig) s'acclimater
[2] ◆ **the band played the procession in** le défilé entra au son de la fanfare

▶ **play off** VT SEP [1] [+ person] ◆ **to play off A against B** jouer A contre B (pour en tirer profit)
[2] (Sport) ◆ **to play a match off** jouer la belle

▶ **play on** VT FUS [+ sb's emotions, credulity, good nature] jouer sur, miser sur ◆ **to play on words** jouer sur les mots ◆ **the noise began to play on her nerves** le bruit commençait à l'agacer or à lui taper sur les nerfs *

▶ **play out** VT SEP [1] ◆ **the band played the procession out** le cortège sortit au son de la fanfare
[2] ◆ **to be played out** * [person] être éreinté * or vanné * ; [argument] être périmé, avoir fait son temps
[3] [+ fantasies, roles, scenes] jouer

▶ **play over, play through** VT SEP [+ piece of music] jouer

▶ **play up**
VI [1] (Sport) bien jouer ◆ **play up!** † allez-y !
[2] (esp Brit * = give trouble) ◆ **the engine is playing up** le moteur fait des siennes or ne tourne pas rond ◆ **his rheumatism/his leg is playing up** ses rhumatismes/sa jambe le tracasse(nt) ◆ **the children have been playing up all day** les enfants ont été insupportables or ont fait des leurs toute la journée
[3] (= curry favour) ◆ **to play up to sb** * chercher à se faire bien voir de qn, faire de la lèche à qn *
VT SEP [1] (esp Brit : * = give trouble to) ◆ **his rheumatism/his leg is playing him up** ses rhumatismes/sa jambe le tracasse(nt) ◆ **that boy plays his father up** ce garçon en fait voir à son père
[2] (= magnify importance of) insister sur (l'importance de)

▶ **play upon** VT FUS ⇒ play on

**playable** /ˈpleɪəbl/ ADJ jouable
**playact** /ˈpleɪækt/ VI (lit) jouer la comédie, faire du théâtre ; (fig) jouer la comédie, faire du cinéma *
**playacting** /ˈpleɪæktɪŋ/ N (fig) ◆ **it's only playacting** c'est de la comédie or du cinéma *
**playactor** /ˈpleɪæktə/ N (fig) ◆ **he's a playactor** c'est un vrai comédien, il joue continuellement la comédie
**playback** /ˈpleɪbæk/ N (Recording) enregistrement m ; (function) (touche f de or position f) lecture f
**playbill** /ˈpleɪbɪl/ N affiche f (de théâtre) ◆ **Playbill** ®(US Theat) programme m
**playboy** /ˈpleɪbɔɪ/ SYN N playboy m
**player** /ˈpleɪə/ SYN
N [1] (Sport) joueur m, -euse f ◆ **football player** joueur m, -euse f de football ◆ **he's a very good player** il joue très bien, c'est un excellent joueur
[2] (Theat) acteur m, -trice f
[3] (Mus) musicien(ne) m(f), exécutant(e) m(f) ◆ **flute player** joueur m, -euse f de flûte, flûtiste mf ◆ **he's a good player** c'est un bon musicien, il joue bien
[4] (esp Comm = party involved) protagoniste mf ◆ **one of the main** or **major players in...** un des principaux protagonistes de...
COMP **player piano** N piano m mécanique

**playfellow** † /ˈpleɪfeləʊ/ N ⇒ playmate
**playful** /ˈpleɪfʊl/ SYN ADJ [mood, tone, remark] badin, enjoué ; [person] enjoué, taquin ; [child, puppy, etc] espiègle ◆ **he's only being playful** il fait ça pour s'amuser, c'est de l'espièglerie
**playfully** /ˈpleɪfəlɪ/ ADV [nudge, tickle] par jeu ; [remark, say] en plaisantant ; [joke] d'un ton taquin
**playfulness** /ˈpleɪfʊlnɪs/ N (gen) caractère m badin or enjoué ; [of person] enjouement m ; [of child, puppy etc] espièglerie f
**playgoer** /ˈpleɪˌɡəʊə/ N amateur m de théâtre ◆ **he is a regular playgoer** il va régulièrement au théâtre
**playground** /ˈpleɪɡraʊnd/ N cour f de récréation ◆ **a millionaires' playground** un terrain de jeu pour milliardaires
**playgroup** /ˈpleɪɡruːp/ N ≈ garderie f
**playhouse** /ˈpleɪhaʊs/ N [1] (Theat) théâtre m
[2] (for children) maison f (pliante)
**playing** /ˈpleɪɪŋ/
N (NonC) [1] (Sport) jeu m ◆ **there was some good playing in the second half** il y a eu du beau jeu à la deuxième mi-temps
[2] (Mus) interprétation f ◆ **the orchestra's playing of the symphony was uninspired** l'orchestre manquait d'inspiration dans l'interprétation de la symphonie ◆ **there was some fine playing in the violin concerto** il y a eu des passages bien joués dans le concerto pour violon
COMP **playing card** N carte f à jouer
**playing field** N terrain m de jeu or de sport
**playlet** /ˈpleɪlət/ N courte pièce f (de théâtre)
**playlist** /ˈpleɪlɪst/ N (Rad, Mus) playlist f
**playmaker** /ˈpleɪˌmeɪkə/ N (Football) meneur m, -euse f de jeu
**playmate** /ˈpleɪmeɪt/ SYN N camarade mf de jeu, (petit) copain m, (petite) copine f
**playpen** /ˈpleɪpen/ N parc m (pour bébés)
**playroom** /ˈpleɪrʊm/ N salle f de jeux
**playschool** /ˈpleɪskuːl/ N ⇒ playgroup
**playsuit** /ˈpleɪsuːt/ N ensemble m short
**plaything** /ˈpleɪθɪŋ/ SYN N (lit, fig) jouet m
**playtime** /ˈpleɪtaɪm/ N (Scol) récréation f
**playwright** /ˈpleɪraɪt/ SYN N dramaturge m, auteur m dramatique
**plaza** /ˈplɑːzə/ N [1] (= public square) place f, grand-place f
[2] (US) (= motorway services) aire f de service (sur une autoroute) ; (= toll) péage m (d'autoroute)
[3] (US : for parking etc) aire f de stationnement
**PLC, plc** /ˌpiːelˈsiː/ N (Brit) (abbrev of **public limited company**) SARL f ◆ **Smith & Co. PLC** Smith et Cie SARL
**plea** /pliː/ SYN
N [1] (= entreaty) appel m (for à), supplication f ◆ **to make a plea for mercy** implorer la clémence
[2] (Jur) (= allegation) argument m (that selon lequel) ; (= answer, defence) défense f (that selon laquelle) ◆ **to put forward** or **make a plea of self-defence** plaider la légitime défense ◆ **to enter a plea of guilty/not guilty** plaider coupable/non coupable
[3] (= excuse) excuse f ◆ **on the plea of...** en alléguant..., en invoquant... ◆ **on the plea that...** en alléguant or en invoquant que...
COMP **plea agreement, plea bargain** N (Jur) accord entre le procureur et l'avocat de la défense pour revoir à la baisse les chefs d'inculpation
**plea-bargain** VI (Jur) négocier pour parvenir à un accord en vue de revoir à la baisse les chefs d'inculpation
**plea bargaining** N (Jur) négociations entre le procureur et l'avocat de la défense visant à revoir à la baisse les chefs d'inculpation
**pleached** /pliːtʃd/ ADJ [tree] taillé

**plead** /pliːd/ SYN (pret, ptp **pleaded** or (esp US and Scot) **pled**)
VI [1] ◆ **to plead with sb to do sth** supplier or implorer qn de faire qch ◆ **he pleaded for help** il a imploré or supplié qu'on l'aide subj ◆ **he pleaded with them for help** il a imploré leur aide ◆ **to plead for mercy** implorer la clémence ◆ **he pleaded for mercy for his brother** il a imploré la clémence pour son frère ◆ **to plead for a scheme/programme** etc plaider pour un projet/un programme etc
[2] (Jur) plaider (for pour, en faveur de ; against contre) ◆ **to plead guilty/not guilty** plaider coupable/non coupable ◆ **how do you plead?** plaidez-vous coupable ou non coupable ?
VT [1] (Jur etc = argue) plaider ◆ **to plead sb's case, to plead sb's cause** (Jur, fig) plaider la cause de qn (Jur) (fig)
[2] (= give as excuse) alléguer, invoquer ; (Jur) plaider ◆ **to plead ignorance** alléguer or invoquer son ignorance ◆ **he pleaded poverty as a reason for...** il a invoqué la pauvreté pour expliquer... ◆ **to plead insanity** (Jur) plaider la démence ◆ **she pleaded that it was an accident** elle a allégué qu'il s'agissait d'un accident ;
→ fifth

**pleading** /ˈpliːdɪŋ/
N [1] (NonC) prières fpl (for sb en faveur de qn), intercession f (liter)
[2] (Jur) plaidoirie f, plaidoyer m ◆ **pleadings** conclusions fpl (des parties)
ADJ implorant, suppliant

**pleadingly** /ˈpliːdɪŋlɪ/ ADV [say] d'un ton suppliant ; [look at] d'un air suppliant

**pleasant** /ˈpleznt/ LANGUAGE IN USE 7.3 SYN ADJ
[1] (= pleasing) [house, town, surroundings, voice] agréable ; [smell, taste] agréable, bon ; [weather, summer] agréable, beau (belle f) ; [surprise] agréable, bon ◆ **they had a pleasant time** ils se sont bien amusés ◆ **they spent a pleasant afternoon** ils ont passé un après-midi très agréable ◆ **it's very pleasant here** on est bien ici ◆ **Barcombe is a pleasant place** Barcombe est un endroit agréable ◆ **pleasant dreams!** fais de beaux rêves !
[2] (= polite, genial) aimable ◆ **try and be a bit more pleasant to your sister** essaie d'être un peu plus aimable avec ta sœur ◆ **he was very pleasant to** or **with us** il s'est montré très aimable avec nous ◆ **he has a pleasant manner** il est (d'un abord) charmant

**pleasantly** /ˈplezntlɪ/ ADV [behave, smile, answer] aimablement ◆ **to be pleasantly surprised** être agréablement surpris ◆ **the weather was pleasantly warm/cool** il faisait une chaleur/fraîcheur agréable

**pleasantness** /ˈplezntnɪs/ N [of person, manner, welcome] amabilité f ; [of place, house] agrément m, attrait m, charme m

**pleasantry** /ˈplezntrɪ/ SYN N [1] (= joke) plaisanterie f
[2] ◆ **pleasantries** (= polite remarks) civilités fpl, propos mpl aimables ◆ **to exchange pleasantries** échanger des civilités

**please** /pliːz/ LANGUAGE IN USE 4, 21.1 SYN
ADV s'il vous (or te) plaît ◆ **yes please** oui, merci ◆ **would you like some cheese? – yes please** voulez-vous du fromage ? – volontiers or oui, merci ◆ **please come in, come in please** entrez, je vous prie ◆ **please be seated** (frm) veuillez vous asseoir (frm) ◆ **please do not smoke** (on notice) prière de ne pas fumer ; (spoken) ne fumez pas s'il vous plaît, je vous prie de ne pas fumer ◆ **please let me know if I can help you** n'hésitez pas de me faire savoir si je peux vous aider ◆ **may I suggest something? – please do!** puis-je faire une suggestion ? – je vous en prie ! ◆ **shall I tell him? – please do!** je le lui dis ? – mais oui bien sûr or mais oui allez-y ! * ◆ **please!** (entreating) s'il vous plaît ! ; (protesting) (ah non !) je vous en prie or s'il vous plaît ! ◆ **please don't!** ne faites pas ça s'il vous plaît ! ◆ **please let him be all right** (in prayer) mon Dieu, faites qu'il ne lui soit rien arrivé
VI [1] (frm = think fit) ◆ **I shall do as I please** je ferai comme il me plaira or je veux ◆ **do as you please!** faites comme vous voulez or comme bon vous semble ! ◆ **as you please!**, **at your guise !** ◆ **you may take as many as you please** vous pouvez en prendre autant qu'il vous plaira ◆ **if you please** (= please) s'il vous plaît ◆ **he wanted £50 if you please!** (iro) il voulait 50 livres, rien que s'il vous plaît !

2 *(= satisfy, give pleasure)* plaire, faire plaisir ◆ **our aim is to please** *(esp Comm)* nous ne cherchons qu'à satisfaire ◆ **he is very anxious to please** il est très désireux de plaire ◆ **a gift that is sure to please** un cadeau qui ne peut que faire plaisir *or* que plaire

VT 1 *(= give pleasure to)* plaire à, faire plaisir à ; *(= satisfy)* satisfaire, contenter ◆ **the gift pleased him** le cadeau lui a plu *or* lui a fait plaisir ◆ **I did it just to please you** je ne l'ai fait que pour te faire plaisir ◆ **that will please him** ça va lui faire plaisir, il va être content ◆ **he is easily pleased/hard to please** il est facile/difficile à contenter *or* à satisfaire ◆ **there's no pleasing him** * il n'y a jamais moyen de le contenter *or* de le satisfaire ◆ **you can't please all (of) the people all (of) the time** on ne saurait contenter tout le monde ◆ **music that pleases the ear** musique *f* plaisante à l'oreille *or* qui flatte l'oreille ◆ **it pleased him to** *or* **he was pleased to refuse permission** *(frm)* il a trouvé bon de ne pas consentir

2 ◆ **to please oneself** faire comme on veut ◆ **please yourself!** comme vous voulez !, à votre guise ! ◆ **you must please yourself whether you do it or not** c'est à vous de décider si vous voulez le faire ou non ◆ **they're coming today, please God** *(liter)* ils arrivent aujourd'hui, si Dieu le veut ◆ **please God he comes!** *(liter)* plaise à Dieu qu'il vienne !

**pleased** /pliːzd/ SYN ADJ content, heureux *(with* de) ◆ **as pleased as Punch** * heureux comme un roi, aux anges ◆ **he looked very pleased at the news** la nouvelle a eu l'air de lui faire grand plaisir ◆ **he was pleased to hear that...** il a été heureux *or* content d'apprendre que... ◆ **pleased to meet you!** * enchanté ! ◆ **I am pleased that you can come** je suis heureux *or* content que vous puissiez venir ◆ **we are pleased to inform you that...** *(frm)* nous avons le plaisir de *or* l'honneur de vous faire savoir que... ◆ **to be pleased with o.s./sb/sth** *(more frm)* être content de soi/qn/qch ◆ **they were anything but pleased with the decision** la décision était loin de leur faire plaisir ; → **graciously**

**pleasing** /ˈpliːzɪŋ/ SYN ADJ *[personality, climate]* agréable ◆ **he creates a pleasing effect with this border of pot plants** il crée un joli effet avec cette bordure de pots de fleurs ◆ **it's pleasing to see some people have a conscience** ça fait plaisir de voir qu'il y a des gens qui ont une conscience ◆ **she has made pleasing progress this term** elle a fait des progrès satisfaisants ce trimestre ◆ **it was very pleasing to him** cela lui a fait grand plaisir

**pleasingly** /ˈpliːzɪŋlɪ/ ADV agréablement ◆ **the interior design is pleasingly simple** la décoration (intérieure) est d'une simplicité agréable ◆ **pleasingly furnished with natural materials** décoré avec bonheur de matériaux naturels

**pleasurable** /ˈpleʒərəbl/ ADJ (très) agréable

**pleasurably** /ˈpleʒərəblɪ/ ADV *(with vb)* avec plaisir ; *(with adj)* agréablement

**pleasure** /ˈpleʒəʳ/ LANGUAGE IN USE 3.2, 7.2, 11.3, 20.2, 25.1 SYN

N 1 *(NonC = enjoyment, satisfaction)* plaisir *m* ◆ **to do sth for pleasure** faire qch pour le plaisir ◆ **sexual pleasure** plaisir *m* (sexuel) ◆ **toys which can give children hours of pleasure** des jouets avec lesquels les enfants peuvent s'amuser pendant des heures ◆ **has he gone to Paris on business or for pleasure?** est-il allé à Paris pour affaires ou pour son plaisir ? ◆ **to get pleasure from** *or* **out of doing sth** prendre plaisir à faire qch ◆ **he gets a lot of pleasure out of his hobby** son passe-temps lui apporte beaucoup de plaisir ◆ **I no longer get much pleasure from my work** mon travail ne me plaît plus vraiment ◆ **if it gives you any pleasure** si ça peut vous faire plaisir ◆ **it gave me much pleasure to hear that...** *(frm)* cela m'a fait grand plaisir d'apprendre que... ◆ **to take great pleasure in doing sth** prendre beaucoup de plaisir à faire qch ◆ **he finds** *or* **takes great pleasure in reading/music** il prend beaucoup de plaisir à lire/écouter de la musique ◆ **she takes pleasure in the simple things in life** elle apprécie les choses simples ◆ **they took great pleasure in his success** ils se sont réjouis de son succès ◆ **it takes all the pleasure out of it** ça vous gâche le plaisir ◆ **I take no pleasure in telling you this** ce n'est pas de gaieté de coeur que je vous le dis ◆ **to listen/read/remember** *etc* **with pleasure** écouter/lire/se rappeler *etc* avec plaisir

2 *(= source of enjoyment)* plaisir *m* ◆ **one of my greatest pleasures** un de mes plus grands plaisirs, une de mes plus grandes joies ◆ **she has very few pleasures in life** elle a très peu de plaisirs dans la vie ◆ **it's her only real pleasure in life** c'est son seul véritable plaisir dans la vie ◆ **the film was a pleasure to watch** j'ai eu beaucoup de plaisir à regarder ce film ◆ **the book was a pleasure to read** c'était un plaisir que de lire ce livre ◆ **the children's singing was a pleasure to hear** c'était un plaisir que d'écouter les enfants chanter ◆ **it's always a pleasure talking to her** *or* **to talk to her, she's always a pleasure to talk to** c'est toujours un plaisir (que) de parler avec elle ◆ **it's a pleasure to work with him, he's a pleasure to work with** c'est un plaisir (que) de travailler avec lui

3 *(in polite phrases)* ◆ **it's a pleasure!, my pleasure!** *, **the pleasure is mine!** je vous en prie ! ◆ **it's a pleasure to see you again!** quel plaisir de vous revoir ! ◆ **it has been a pleasure meeting you** *or* **to meet you** j'ai été enchanté de vous rencontrer ◆ **with pleasure** *(= willingly) [do, agree, help]* avec plaisir, volontiers ◆ **would you care to join us? – with pleasure!** voudriez-vous vous joindre à nous ? – avec plaisir *or* volontiers ! ◆ **would you mind helping me with this? – with pleasure!** pourriez-vous m'aider ? – avec plaisir *or* volontiers ! ◆ **may I have the pleasure?** *(frm :at dance)* voulez-vous m'accorder cette danse ? ◆ **may we have the pleasure of your company at dinner?** *(frm)* voulez-vous nous faire le plaisir de dîner avec nous ? ◆ **I don't think I've had the pleasure** *(frm)* je ne crois pas que nous nous soyions déjà rencontrés ◆ **I have pleasure in accepting...** *(frm)* j'ai l'honneur d'accepter... ◆ **it is my very great pleasure to introduce to you...** *(frm)* j'ai l'honneur de vous présenter... ◆ **Mrs Torrance requests the pleasure of Mr Simmonds's company at dinner** *(frm)* Mme Torrance prie M. Simmonds de lui faire l'honneur de venir dîner ◆ **Mr and Mrs Brewis request the pleasure of your company at the marriage of their daughter Katherine** *(frm)* M. et Mme Brewis sont heureux de vous faire part du mariage de leur fille Katherine et vous prient d'assister à la bénédiction nuptiale

4 *(NonC = will, desire)* bon plaisir *m*, volonté *f* ◆ **at pleasure** à volonté ◆ **at your pleasure** à votre gré ◆ **at** *or* **during His** *or* **Her Majesty's pleasure** *(Jur)* aussi longtemps qu'il plaira à Sa Majesté ◆ **we await your pleasure** *(Comm)* nous sommes à votre entière disposition

VT *[give sexual pleasure to]* faire jouir ◆ **to pleasure o.s.** se masturber

COMP **pleasure boat** N bateau *m* de plaisance
**pleasure craft** NPL bateaux *mpl* de plaisance
**pleasure cruise** N croisière *f* ; *(short)* promenade *f* en mer *or* en bateau
**pleasure-loving** ADJ qui aime le(s) plaisir(s)
**the pleasure principle** N *(Psych)* le principe de plaisir
**pleasure-seeker** N hédoniste *mf*
**pleasure-seeking** ADJ hédoniste
**pleasure steamer** N vapeur *m* de plaisance
**pleasure trip** N excursion *f*

**pleat** /pliːt/
N pli *m*
VT plisser

**pleb** * /pleb/ N *(Brit pej)* prolo *mf* (*) ◆ **the plebs** le peuple

**plebe** * /pliːb/ N *(US)* élève *mf* de première année *(d'une école militaire ou navale)*

**plebeian** /plɪˈbiːən/ SYN ADJ, N plébéien(ne) *m(f)*

**plebiscite** /ˈplebɪsɪt/ N plébiscite *m* ◆ **to hold a plebiscite** faire un plébiscite

**plectron** /ˈplektrən/, **plectrum** /ˈplektrəm/ N (pl **plectrons** *or* **plectra** /ˈplektrə/) plectre *m*

**pled** * /pled/ VB *(esp US and Scot)* pt, ptp of **plead**

**pledge** /pledʒ/ SYN

N 1 *(= security, token : also in pawnshop)* gage *m* ◆ **as a pledge of his love** en gage *or* témoignage de son amour

2 *(= promise)* promesse *f*, engagement *m* ; *(= agreement)* pacte *m* ◆ **I give you this pledge** je vous fais cette promesse ◆ **he made a pledge of secrecy** il a promis de *or* il s'est engagé à garder le secret ◆ **to be under a pledge of secrecy** avoir promis de ne rien dire ◆ **it was told me under a pledge of secrecy** on me l'a raconté contre la promesse de ne rien en dire ◆ **the government did not honour its pledge to cut taxes** le gouvernement n'a pas honoré son engagement *or* n'a pas tenu sa promesse de réduire les impôts ◆ **an election pledge** une promesse électorale ◆ **a pledge on pay rises** un engagement concernant les augmentations de salaires ◆ **the countries signed a pledge to help each other** les pays ont signé un pacte d'aide mutuelle ◆ **to sign** *or* **take the pledge** faire vœu de tempérance

3 *(US Univ) (= promise) promesse d'entrer dans une confrérie ; (= student) étudiant(e) qui accomplit une période d'essai avant d'entrer dans une confrérie*

4 *(= toast)* toast *m (to* à)

COMP **Pledge of Allegiance** N *(US)* Serment *m* d'allégeance

VT 1 *(= pawn)* engager, mettre en gage

2 *(= promise) [+ one's help, support, allegiance]* promettre ◆ **to pledge (o.s.) to do sth** *(gen)* promettre de faire qch, s'engager à faire qch ; *(solemnly)* faire vœu de faire qch ◆ **to pledge sb to secrecy** faire promettre le secret à qn ◆ **he is pledged to secrecy** il a promis de garder le secret ◆ **to pledge one's word (that...)** donner sa parole (que...) ◆ **they pledged that there would be no tax increases** ils ont promis qu'il n'y aurait pas d'augmentation des impôts

3 *(US Univ: into fraternity)* coopter ◆ **to be pledged to a fraternity** *accomplir une période d'essai avant d'entrer dans une confrérie*

4 *(= toast)* boire à la santé de

**Pledge of Allegiance**

Le Serment d'allégeance (**Pledge of Allegiance**) date de 1892 ; il est prononcé chaque jour par les élèves des écoles primaires américaines, qui, debout devant le drapeau des États-Unis, la main sur le cœur, proclament : « Je jure allégeance au drapeau des États-Unis d'Amérique et à la république qu'il représente, une nation placée sous la protection de Dieu, indivisible et garantissant liberté et justice pour tous ».

**Pleiades** /ˈplaɪədiːz/ NPL Pléiades *fpl*

**Pleistocene** /ˈplaɪstəsiːn/ ADJ, N pléistocène *m*

**plena** /ˈplenə/ NPL of **plenum**

**plenary** /ˈpliːnərɪ/

ADJ *[power]* absolu ; *[assembly]* plénier ; *(Rel)* plénier ◆ **(in) plenary session** (en) séance plénière ◆ **plenary meeting** réunion *f* plénière, plenum *m*

N (also **plenary session**) séance *f* plénière, plenum *m*

**plenipotentiary** /ˌplenɪpəˈtenʃərɪ/ ADJ, N plénipotentiaire *mf* ◆ **ambassador plenipotentiary** ambassadeur *m* plénipotentiaire

**plenitude** /ˈplenɪtjuːd/ N *(liter)* plénitude *f*

**plenteous** /ˈplentɪəs/, **plentiful** /ˈplentɪfʊl/ ADJ *[harvest, food]* abondant ; *[meal, amount]* copieux ◆ **construction jobs are plentiful** les emplois ne manquent pas dans le secteur du bâtiment ◆ **a plenteous supply of** une abondance *or* une profusion de

**plentifully** /ˈplentɪfəlɪ/ ADV abondamment

**plenty** /ˈplentɪ/ SYN

N 1 *(NonC = abundance)* abondance *f* ◆ **it grows here in plenty** cela pousse en abondance *or* à foison ici ◆ **he had friends in plenty** il ne manquait pas d'amis ◆ **to live in plenty** vivre dans l'abondance ◆ **land of plenty** pays *m* de cocagne ; → **horn**

2 ◆ **I've got plenty** j'en ai bien assez ◆ **I've got plenty to do** j'ai largement de quoi m'occuper ◆ **plenty of** (bien) assez de ◆ **he's got plenty of friends** il ne manque pas d'amis ◆ **he's got plenty of money** il n'est pas pauvre ◆ **ten is plenty** dix suffisent (largement *or* amplement) ◆ **that's plenty** ça suffit (amplement) ◆ **there's plenty to go on** *(clues etc)* nous avons toutes les données nécessaires pour le moment

ADJ (* *or dial*) ⇒ **plenty of noun 2**

ADV * assez ◆ **it's plenty big enough!** c'est bien assez grand ! ◆ **it sure rained plenty!** *(US)* qu'est-ce qu'il est tombé ! *

**plenum** /ˈpliːnəm/ N (pl **plenums** *or* **plena**) plenum *m*, réunion *f* plénière

**pleonasm** /ˈpliːənæzəm/ N pléonasme *m*

**pleonastic** /pliːəˈnæstɪk/ ADJ pléonastique

**plesiosaur(us)** /ˈpliːsɪəsɔː(rəs)/ N plésiosaure *m*

**plethora** /ˈpleθərə/ SYN N pléthore *f*, surabondance *f (of* de) ; *(Med)* pléthore *f*

**plethoric** /pleˈθɒrɪk/ ADJ pléthorique

**pleura** /ˈplʊərə/ N (pl **pleurae** /ˈplʊəriː/) plèvre *f*

**pleural** /ˈplʊərəl/ ADJ *(Anat)* pleural

**pleurisy** /ˈplʊərɪsɪ/ N (NonC) pleurésie f ◆ **to have pleurisy** avoir une pleurésie

**pleuritic** /plʊəˈrɪtɪk/ ADJ pleurétique

**pleurocentesis** /ˌplʊərəʊsenˈtiːsɪs/ N thoracentèse f

**pleurodynia** /ˌplʊərəʊˈdaɪnɪə/ N pleurodynie f

**pleuropneumonia** /ˌplʊərəʊnjuːˈməʊnɪə/ N pleuropneumonie f

**pleurotomy** /ˌplʊəˈrɒtəmɪ/ N pleurotomie f

**Plexiglas** ® /ˈpleksɪɡlɑːs/ N (US) plexiglas ® m

**plexus** /ˈpleksəs/ N (pl **plexuses** or **plexus**) plexus m ; → **solar**

**pliability** /ˌplaɪəˈbɪlɪtɪ/ N ① [of material] flexibilité f
② [of character, person] malléabilité f

**pliable** /ˈplaɪəbl/ SYN, **pliant** /ˈplaɪənt/ ADJ [material] flexible ; [character, person] malléable

**plié** /ˈpliːeɪ/ N (Dance) plié m

**pliers** /ˈplaɪəz/ NPL (also **pair of pliers**) pince(s) f(pl), tenaille(s) f(pl)

**plight**¹ /plaɪt/ SYN N situation f critique, état m critique ◆ **the country's economic plight** la crise or les difficultés fpl économique(s) du pays ◆ **in a sad** or **sorry plight** dans un triste état ◆ **what a dreadful plight (to be in)!** quelles circonstances désespérées !, quelle situation lamentable !

**plight**² †† /plaɪt/ VT (liter) ◆ **to plight one's word** engager sa parole ◆ **to plight one's troth** (also hum) engager sa foi †, se fiancer

**plimsoll** /ˈplɪmsəl/
N (Brit) chausson m de gym(nastique) m
COMP **Plimsoll line**, **Plimsoll mark** N (Naut) ligne f de flottaison en charge

**plink** /plɪŋk/ (US)
VI ① (= sound) tinter
② (= shoot) canarder*
VT ① (= sound) faire tinter
② (= shoot at) canarder*

**plinth** /plɪnθ/ N [of column, pedestal] plinthe f ; [of statue, record player] socle m

**Pliny** /ˈplɪnɪ/ N Pline m

**Pliocene** /ˈplaɪəʊsiːn/ ADJ, N pliocène m

**PLO** /ˌpiːelˈəʊ/ N (abbrev of **Palestine Liberation Organization**) OLP f

**plod** /plɒd/ SYN
VI ① (= trudge) (also **plod along**) avancer d'un pas lourd or pesant ◆ **to plod in/out** etc entrer/sortir etc d'un pas lourd or pesant
② * ◆ **he was plodding through his maths** il bûchait* ses maths ◆ **I'm plodding through his book** je lis son livre mais c'est laborieux ◆ **I've already plodded through 900 pages of this!** je me suis déjà tapé* 900 pages de ce pavé !
VT ◆ **we plodded the streets for another hour** nous avons continué à errer dans la rue pendant une heure
N ① (= trudge) ◆ **they went at a steady plod** ils marchaient pesamment, d'un pas égal ◆ **I heard the plod of his footsteps behind me** j'entendais son pas lourd derrière moi
② (* = policeman) poulet* m ◆ **PC Plod, Policeman Plod** agent de police
▶ **plod along** VI → **plod** vi 1
▶ **plod on** VI (lit) continuer or poursuivre son chemin ; (fig) persévérer or progresser (laborieusement)

**plodder** /ˈplɒdəʳ/ N travailleur m, -euse f assidu(e), bûcheur* m, -euse* f

**plodding** /ˈplɒdɪŋ/ ADJ [step] lourd, pesant ; [student, worker] bûcheur

**plonk** /plɒŋk/
N (esp Brit) ① (= sound) plouf m, floc m
② (* = cheap wine) vin m ordinaire, pinard** m
ADV (esp Brit) ◆ **it fell plonk in the middle of the table** c'est tombé au beau milieu de la table
VT (esp Brit * : also **plonk down**) poser (bruyamment) ◆ **he plonked the book (down) on to the table** il a posé (bruyamment) or a flanqué* le livre sur la table ◆ **he plonked himself (down) into the chair** il s'est laissé tomber dans le fauteuil

**plonker*** /ˈplɒŋkəʳ/ N (Brit) imbécile* mf, con** m

**plop** /plɒp/
N ploc m, floc m
ADV ◆ **it went plop into the water*** c'est tombé dans l'eau (en faisant ploc or floc)
VI [stone] faire ploc or floc ; [single drop] faire floc ; [raindrops] faire flic flac ◆ **to plop down*** [person] s'asseoir lourdement, s'affaler
VT ◆ **to plop o.s. down*** [person] s'asseoir lourdement, s'affaler

**plosive** /ˈpləʊsɪv/ (Ling)
ADJ occlusif
N consonne f occlusive

**plot** /plɒt/ SYN
N ① [of ground] (lot m de) terrain m, lotissement m ◆ **plot of grass** gazon m ◆ **building plot** terrain m à bâtir ◆ **the vegetable plot** le coin des légumes
② (= plan, conspiracy) complot m, conspiration f (against contre ; to do sth pour faire qch)
③ (Literat, Theat) intrigue f, action f ◆ **the plot thickens** (fig) l'affaire or ça se corse ! ◆ **to lose the plot*** perdre l'objectif de vue
VT ① (= mark out : also **plot out**) [+ course, route] déterminer ; [+ graph, curve, diagram] tracer point par point ; [+ progress, development] faire le graphique de ; [+ boundary, piece of land] relever ◆ **to plot one's position on the map** (on ship) pointer sa carte
② [+ sb's death, ruin etc] comploter ◆ **to plot to do sth** comploter de faire qch
VI (= conspire) comploter, conspirer (against contre)

**plotless** /ˈplɒtlɪs/ ADJ (pej) [play, film etc] sans intrigue

**plotter**¹ /ˈplɒtəʳ/ N (= conspirator) conspirateur m, -trice f ; (against the government) conjuré(e) m(f)

**plotter**² /ˈplɒtəʳ/ N (Comput etc) traceur m (de courbes)

**plotting** /ˈplɒtɪŋ/
N (NonC) complots mpl, conspirations fpl
COMP **plotting board**, **plotting table** N (Comput etc) table f traçante

**plotzed*** /ˈplɒtst/ ADJ (US = drunk) bourré**, ivre

**plough, plow** (US) /plaʊ/ SYN
N (Agr) charrue f ◆ **the field went under the plough** le champ a été labouré ◆ **the Plough** (Astron) la Grande Ourse, le Grand Chariot ; → **snowplough**
VT (Agr) [+ field] labourer ; [+ furrow] creuser, tracer ◆ **to plough a lonely furrow** (fig) travailler dans son coin ◆ **she didn't want to plough the same furrow as her brother** elle ne voulait pas suivre la même voie que son frère ◆ **to plough money into sth** investir gros dans qch ◆ **we've ploughed millions into this project** nous avons investi des millions dans ce projet ◆ **to plough one's way** vi 2
VI ① (Agr) labourer
② (fig : also **plough one's** or **its way**) ◆ **to plough through the mud/snow** avancer péniblement dans la boue/la neige ◆ **the ship ploughed through the waves** le bateau fendait les flots ◆ **the lorry ploughed into the wall** le camion est allé se jeter contre le mur ◆ **the car ploughed through the fence** la voiture a défoncé la barrière ◆ **to plough through a book** lire laborieusement un livre ◆ **he was ploughing through his maths** il bûchait* ses maths
③ (Brit † * = fail an exam) [candidate] se faire recaler*, être recalé*
COMP **plough horse** N cheval m de labour or de trait
▶ **plough back**
VT SEP [+ profits] réinvestir, reverser (into dans)
N ◆ **ploughing back** → **ploughing**
▶ **plough in** VT SEP ① (also **plough under**) [+ crops, grass] recouvrir or enterrer en labourant
② [+ fertilizer] enfouir en labourant
▶ **plough up** VT SEP ① [+ field, bushes, path, right of way] labourer
② (fig = churn up) ◆ **the tanks ploughed up the field** les tanks ont labouré or défoncé le champ

**ploughing** /ˈplaʊɪŋ/ N (NonC) labour m ; [of field etc] labourage m ◆ **the ploughing back of profits** le réinvestissement des bénéfices

**ploughland** /ˈplaʊlænd/ N terre f de labour, terre f arable

**ploughman** /ˈplaʊmən/
N (pl **-men**) laboureur m
COMP **ploughman's lunch** N (Brit Culin) assiette de fromage et de pickles

**ploughshare** /ˈplaʊʃɛəʳ/ N soc m (de charrue) ; → **sword**

**plover** /ˈplʌvəʳ/ N pluvier m

**plow** /plaʊ/ (US) ⇒ **plough**

**ploy*** /plɔɪ/ N stratagème m, truc* m (to do sth pour faire qch)

**PLP** /ˌpiːelˈpiː/ N (Brit) (abbrev of **Parliamentary Labour Party**) → **parliamentary**

**PLR** /ˌpiːelˈɑːʳ/ N (Brit Admin) (abbrev of **public lending right**) → **public**

**pls** (abbrev of **please**) SVP

**pluck** /plʌk/ SYN
VT [+ fruit, flower] cueillir ; (Mus) [+ strings] pincer ; [+ guitar] pincer les cordes de ; (Culin) [+ bird] plumer ◆ **to pluck one's eyebrows** s'épiler les sourcils ◆ **it's an idea/example I plucked out of the air** c'est une idée/un exemple qui m'est venu(e) comme ça ◆ **she was plucked from obscurity** on l'a sorti de l'anonymat
N ① (NonC: * = courage) courage m, cran* m
② (NonC: Culin) fressure f
③ (= tug) petit coup m
▶ **pluck at** VT FUS ◆ **to pluck at sb's sleeve** tirer qn doucement par la manche
▶ **pluck off** VT SEP [+ feathers] arracher ; [+ fluff etc] détacher, enlever
▶ **pluck out** VT SEP (esp liter) arracher
▶ **pluck up** VT SEP ① [+ weed] arracher, extirper
② (= summon up) ◆ **to pluck up courage** prendre son courage à deux mains ◆ **he plucked up (the) courage to tell her** il a (enfin) trouvé le courage de or il s'est (enfin) décidé à le lui dire

**pluckily*** /ˈplʌkɪlɪ/ ADV courageusement, avec cran*

**pluckiness*** /ˈplʌkɪnɪs/ N (NonC) courage m, cran* m

**plucky*** /ˈplʌkɪ/ SYN ADJ courageux, qui a du cran*

**plug** /plʌɡ/ SYN
N ① (for draining) [of bath, basin] bonde f, vidange f ; [of barrel] bonde f ; (to stop a leak) tampon m ; (= stopper) bouchon m ; (for fixing) cheville f ; (Geol: in volcano) culot m ◆ **a plug of cotton wool** un tampon de coton ◆ **to put in/pull out the plug** mettre/enlever or ôter la bonde ◆ **to pull the plug** (in lavatory)* tirer la chasse d'eau ◆ **to pull the plug on** (fig) [+ patient] débrancher ; [+ accomplice, wrongdoer] exposer ; [+ project etc] laisser tomber* ; → **earplugs**
② (Elec) (on flex, apparatus) prise f (de courant) (mâle) ; (* = socket: also **wall plug**) prise f (de courant) (femelle) ; [of switchboard] fiche f ; → **amp, fused, pin**
③ (also **sparking plug**) [of vehicle] bougie f
④ (US: also **fire plug**) bouche f d'incendie
⑤ (* = publicity) publicité f ◆ **to give sth/sb a plug, to put in a plug for sth/sb** donner un coup de pouce (publicitaire) à qch/qn, faire de la publicité pour qch/qn
⑥ (of tobacco) (for smoking) carotte f ; (for chewing) chique f
VT ① (also **plug up**) [+ hole, crack] boucher, obturer ; [+ barrel, jar] boucher ; [+ leak] colmater ; (on boat) aveugler ; [+ tooth] obturer (with avec) ◆ **to plug the gap in the tax laws** mettre fin aux échappatoires en matière de fiscalité ◆ **to plug the drain on gold reserves** arrêter l'hémorragie or la fuite des réserves d'or
② ◆ **to plug sth into a hole** enfoncer qch dans un trou ◆ **plug the TV into the wall** branchez le téléviseur (sur le secteur)
③ (* = publicize) (on one occasion) faire de la réclame or de la publicité pour ; (repeatedly) matraquer*
④ ** (= shoot) flinguer**, ficher* or flanquer* une balle dans la peau à ; (= punch) ficher* or flanquer* un coup de poing à
COMP **plug-and-play** ADJ (Comput) prêt à l'emploi
**plug hat** N (US) (chapeau m en) tuyau m de poêle
**plug-in** ADJ (Elec) qui se branche sur le secteur
**plug-ugly*** N dur m, brute f
▶ **plug away*** VI bosser*, travailler dur (at doing sth pour faire qch) ◆ **he was plugging away at his maths** il bûchait* ses maths
▶ **plug in**
VT SEP [+ lead, apparatus] brancher
VI se brancher ◆ **the TV plugs in over there** la télé se branche là-bas ◆ **does your radio plug in?** est-ce que votre radio peut se brancher sur le secteur ?
ADJ **plug-in** → **plug**
▶ **plug into*** VT FUS [+ ideas etc] se brancher à l'écoute de*
▶ **plug up** VT SEP ⇒ **plug** vt 1

**plughole** /ˈplʌɡhəʊl/ N trou m (d'écoulement or de vidange), bonde f, vidange f ◆ **it went down**

**plum** /plʌm/
- **N** ① (= *fruit*) prune f ; (also **plum tree**) prunier m ‣ **to speak with** or **have a plum in one's mouth*** (Brit hum) parler avec un accent snob ② (**fig*) (= *choice thing*) meilleur morceau m (fig), meilleure part f (fig) ; (= *good job*) boulot* m en or
- **ADJ** ① (also **plum-coloured**) prune inv, lie-de-vin inv ② (* = *best, choice*) de choix, le plus chouette* ‣ **he got the plum job** c'est lui qui a décroché le meilleur travail or le travail le plus chouette* ‣ **he has a plum job** il a un boulot* en or
- **COMP plum duff, plum pudding N** (plum-)pudding m
- **plum tomato N** olivette f

**plumage** /ˈpluːmɪdʒ/ **N** plumage m

**plumb** /plʌm/ SYN
- **N** plomb m ‣ **out of plumb** hors d'aplomb
- **ADJ** vertical
- **ADV** ① en plein, exactement ‣ **plumb in the middle of** en plein milieu de, au beau milieu de ② (esp US *) complètement
- **VT** ① (= *descend to*) sonder ‣ **to plumb the depths** (lit) sonder les profondeurs ; (fig) toucher le fond ‣ **to plumb the depths of desperation/loneliness** toucher le fond du désespoir/de la solitude ‣ **to plumb the depths of stupidity/tastelessness/mediocrity** atteindre le comble de la stupidité/du mauvais goût/de la médiocrité ‣ **the film plumbs the depths of sexism and racism** ce film est d'un sexisme et d'un racisme inimaginables ‣ **these terrorists have plumbed new depths** ces terroristes sont allés encore plus loin dans l'horreur ‣ **the pound plumbed new depths yesterday** la livre a atteint son niveau le plus bas hier ② (= *connect plumbing in*) [+ *sink, washing machine*] installer la plomberie de
- ▸ **plumb in VT SEP** [+ *sink, washing machine etc*] faire le raccordement de ; [+ *gas fire*] brancher

**plumbago** /plʌmˈbeɪɡəʊ/ **N** (pl **plumbagos**) ① (= *graphite*) plombagine f ② (= *plant*) plumbago m

**plumber** /ˈplʌmər/
- **N** ① plombier m ② (US ‡) agent m de surveillance gouvernementale, plombier* m
- **COMP plumber's mate N** aide-plombier m
- **plumber's merchant N** grossiste m en plomberie

**plumbic** /ˈplʌmbɪk/ **ADJ** plombifère

**plumbing** /ˈplʌmɪŋ/ **N** (= *trade*) (travail m de) plomberie f ; (= *system*) plomberie f, tuyauterie f

**plumbism** /ˈplʌmbɪzəm/ **N** saturnisme m

**plumbline** /ˈplʌmlaɪn/ **N** (in building etc) fil m à plomb ; (on boat) sonde f

**plumcake** /ˈplʌmkeɪk/ **N** (plum-)cake m

**plume** /pluːm/ SYN
- **N** ① (= *large feather*) (grande) plume f ; (= *cluster of feathers*) (on bird) plumes fpl, aigrette f ; (on hat, helmet) plumet m, aigrette f ; (larger) panache m ‣ **in borrowed plumes** portant des vêtements empruntés ② (fig) [of *smoke, dust*] panache m ‣ **a plume of water** un jet d'eau
- **VT** [bird] [+ *wing, feather*] lisser ‣ **the bird was pluming itself** l'oiseau se lissait les plumes ‣ **to plume o.s. on sth** (fig) enorgueillir de qch

**plumed** /pluːmd/ **ADJ** [bird] à aigrette ; [helmet] à plumet

**plummet** /ˈplʌmɪt/
- **VI** [price, sales, popularity] dégringoler, s'effondrer ; [amount, weight, numbers] baisser brusquement ; [temperature] baisser or descendre brusquement ; [spirits, morale] tomber à zéro ; [aircraft, bird] plonger
- **N** plomb m

**plummy*** /ˈplʌmɪ/ **ADJ** ① (Brit) [accent, voice] snob ② (= *colour*) prune inv, lie-de-vin inv

**plump¹** /plʌmp/ SYN
- **ADJ** [person] grassouillet, empâté ; [baby, child, hand] potelé ; [cheek, face] rebondi, plein ; [lips] charnu ; [arm, leg, chicken] dodu ; [cushion] rebondi, bien rembourré
- **VT** (also **plump up**) [+ *pillow*] tapoter
- ▸ **plump out VI** devenir rondelet, grossir

**plump²** /plʌmp/
- **VT** (= *drop*) laisser tomber lourdement, flanquer*
- **VI** tomber lourdement
- **ADV** ① en plein, exactement ‣ **plump in the middle of** en plein milieu de, au beau milieu de ② (= *in plain words*) carrément, sans mâcher ses mots
- ▸ **plump down**
  - **VI** s'affaler
  - **VT SEP** laisser tomber lourdement ‣ **to plump o.s. down on the sofa** s'affaler sur le sofa
- ▸ **plump for VT FUS** fixer son choix sur, se décider pour

**plumpness** /ˈplʌmpnɪs/ **N** [of *person*] rondeur f, embonpoint m

**plunder** /ˈplʌndər/
- **N** (NonC) (= *act*) pillage m ; (= *loot*) butin m
- **VT** piller

**plunderer** /ˈplʌndərər/ **N** pillard m

**plundering** /ˈplʌndərɪŋ/
- **N** (NonC = *act*) pillage m
- **ADJ** pillard

**plunge** /plʌndʒ/ SYN
- **N** [of *bird, diver*] plongeon m ; (= *steep fall*) chute f ; (fig = *fall*) chute f, dégringolade * f ; (= *rash investment*) spéculation f hasardeuse (on sur) ‣ **to take a plunge** [diver etc] plonger ; [bather] faire un (petit) plongeon ; [shares, prices etc] chuter, dégringoler ‣ **his popularity has taken a plunge** sa popularité a chuté ‣ **prices started a downward plunge** les prix ont commencé à chuter or dégringoler ‣ **a plunge in the value of the pound** une chute de la valeur de la livre ‣ **to take the plunge** (fig) se jeter à l'eau, sauter le pas
- **VT** [+ *hand, knife, dagger*] (gen) plonger, enfoncer (into dans) ; (into water) plonger (into dans) ; (fig) plonger ‣ **they were plunged into war/darkness/despair** etc ils ont été plongés dans la guerre/l'obscurité/le désespoir etc
- **VI** ① (= *dive*) [diver, goalkeeper, penguin, submarine] plonger (into dans ; from de) ; [ship] piquer de l'avant or du nez
② [road, cliff] plonger (into dans) ‣ **the stream/road plunged down the mountainside** le ruisseau/la route dévalait le flanc de la colline
③ (= *fall*) [person] tomber, faire une chute (from de) ; [vehicle] tomber (from de) ; [prices etc] chuter, dégringoler ‣ **he plunged to his death** il a fait une chute mortelle ‣ **he plunged over the cliff to his death** il s'est tué en tombant du haut de la falaise ‣ **the plane plunged into the sea** l'avion s'est écrasé au sol/est tombé dans la mer ‣ **the car plunged over the cliff** la voiture est tombée de or a plongé par-dessus la falaise
④ (= *rush, lurch*) ‣ **to plunge in/out/across** etc entrer/sortir/traverser etc précipitamment or à toute allure ‣ **he plunged into the crowd** il s'est jeté dans la foule ‣ **he plunged through the crowd** il s'est frayé un chemin à travers la foule ‣ **he plunged through the hedge** il a piqué brusquement or s'est jeté au travers de la haie ‣ **the truck plunged across the road** le camion a fait une embardée en travers de la route
⑤ (fig) ‣ **to plunge into** [+ *debt, recession, turmoil*] sombrer dans ‣ **he plunged into the argument** il s'est lancé dans la discussion
⑥ (= *plummet*) [sales, prices, profits, currency] chuter, dégringoler ; [temperature] tomber brusquement ‣ **sales have plunged by 24%** les ventes ont chuté de 24%
⑦ * (= *gamble*) jouer gros jeu, flamber ; (= *speculate rashly*) spéculer imprudemment
- **COMP plunge pool N** (in sauna etc) bassin m
- ▸ **plunge in**
  - **VI** [diver etc] plonger ; (fig : into work etc) s'y mettre de grand cœur
  - **VT SEP** (y) plonger

**plunger** /ˈplʌndʒər/ **N** ① (= *piston*) piston m ; (also **sink plunger**) (for blocked pipe) débouchoir m à ventouse f ② (= *gambler*) flambeur m ; (= *rash speculator*) spéculateur m risque-tout m inv

**plunging** /ˈplʌndʒɪŋ/
- **N** (NonC = *action*) plongement m ; [of *diver etc*] plongées fpl ; [of *boat*] tangage m
- **ADJ** ‣ **plunging neckline** décolleté m plongeant

**plunk** /plʌŋk/ (US) ⇒ **plonk**

**pluperfect** /pluːˈpɜːfɪkt/ **N** plus-que-parfait m

**plural** /ˈplʊərəl/
- **ADJ** ① (Gram) [form, number, ending, person] pluriel, du pluriel ; [verb, noun] au pluriel ‣ **the first/second person plural** la première/deuxième personne du pluriel ② [vote] pluriel ③ [society] pluriel, diversifié
- **N** (Gram) pluriel m ‣ **in the plural** au pluriel

**pluralism** /ˈplʊərəlɪzəm/ **N** (Philos) pluralisme m ; (Rel) cumul m

**pluralist** /ˈplʊərəlɪst/ **ADJ, N** pluraliste mf

**pluralistic** /ˌplʊərəˈlɪstɪk/ **ADJ** pluraliste

**plurality** /plʊəˈrælɪtɪ/ **N** ① (= *multitude, diversity*) pluralité f ; [of *benefices etc*] cumul m ② (US Pol) majorité f relative ‣ **a plurality of 5,000 votes** une majorité de 5 000 voix

**plus** /plʌs/ SYN
- **PREP** plus ‣ **three plus four** trois plus or et quatre ‣ **... plus what I've done already** ... plus ce que j'ai déjà fait ‣ **we are plus five** (Bridge etc) nous menons par cinq points
- **CONJ** * en plus, d'ailleurs ‣ **... plus I don't like nightclubs** ... en plus or d'ailleurs, je n'aime pas les boîtes de nuit
- **ADJ** ① (Elec, Math) positif ‣ **on the plus side (of the account)** (lit) à l'actif du compte ‣ **on the plus side (of the account) we have his support** (fig) l'aspect positif, c'est que nous bénéficions de son soutien ‣ **a plus factor** (fig) un atout ② (= *plus hours a week*) ‣ **ten-plus hours a week** un minimum de dix heures ou plus de dix heures par semaine ‣ **A/B** etc **plus** (Scol) A/B etc plus ‣ **we've sold 100 plus** * nous en avons vendu 100 et quelques or plus de 100
- **N** ① (Math = *sign*) (signe m) plus m ② (= *bonus, advantage*) avantage m additionnel, atout m ‣ **the pluses** (of *situation etc*) les côtés mpl positifs
- **COMP plus fours NPL** culotte f de golf
- **plus sign N** (Math) signe m plus

**plush** /plʌʃ/
- **N** (= *fabric*) peluche f
- **ADJ** ① (= *made of plush*) de or en peluche ; (= *plush-like*) peluchheux ② (* = *sumptuous*) rupin‡, somptueux

**plushly** /ˈplʌʃlɪ/ **ADV** somptueusement

**plushy*** /ˈplʌʃɪ/ **ADJ** rupin*, somptueux

**Plutarch** /ˈpluːtɑːk/ **N** Plutarque m

**Pluto** /ˈpluːtəʊ/ **N** (Astron) Pluton f ; (Myth) Pluton m

**plutocracy** /pluːˈtɒkrəsɪ/ **N** ploutocratie f

**plutocrat** /ˈpluːtəkræt/ SYN **N** ploutocrate m

**plutocratic** /ˌpluːtəˈkrætɪk/ **ADJ** ploutocratique

**plutonic** /pluːˈtɒnɪk/ **ADJ** plutonique

**plutonium** /pluːˈtəʊnɪəm/ **N** plutonium m

**pluvial** /ˈpluːvɪəl/ **ADJ** pluvial

**pluviometer** /ˌpluːvɪˈɒmɪtər/ **N** pluviomètre m

**pluviometric** /ˌpluːvɪəˈmetrɪk/ **ADJ** pluviométrique

**pluviometry** /ˌpluːvɪˈɒmɪtrɪ/ **N** pluviométrie f

**ply¹** /plaɪ/ **N** ① [of *wood*] feuille f, épaisseur f ; [of *wool*] fil m, brin m ; [of *rope*] toron m, brin m ② (compound ending) ‣ **four-ply rope** corde f quatre fils ‣ **four-ply wood** contreplaqué m quatre épaisseurs ‣ **three-ply (wool)** laine f trois fils ‣ **two-ply tissues/napkins** mouchoirs mpl/serviettes fpl (en papier) double épaisseur

**ply²** /plaɪ/ SYN
- **VT** ① [+ *needle, tool*] manier, jouer (habilement) de ; [+ *oar*] manier ; [ship] [+ *river, sea*] naviguer sur, voguer sur (liter) ‣ **they plied their oars with a will** ils faisaient force de rames ‣ **to ply one's trade (as)** exercer son métier (de) ② [+ *person*] ‣ **to ply sb with questions** presser qn de questions ‣ **to ply sb for information** demander continuellement des renseignements à qn ‣ **he plied them with drink** il ne cessait de remplir leur verre
- **VI** ‣ **to ply between** [ship, coach etc] faire la navette entre ‣ **to ply for hire** (Jur)(taxi) faire un service de taxi

**plywood** /ˈplaɪwʊd/ **N** contreplaqué m

**PM** /ˌpiːˈem/ **N** (Brit) (abbrev of **Prime Minister**) → **prime**

**pm** /ˌpiːˈem/ (abbrev of **post meridiem**) de l'après-midi ‣ **3pm** 3 heures de l'après-midi, 15 heures ‣ **10pm** 10 heures du soir, 22 heures

**PMG** /ˌpiːemˈdʒiː/ N 1 (Brit) (abbrev of **Paymaster General**) → paymaster 2 (abbrev of **Postmaster General**) → postmaster

**PMS** /ˌpiːemˈes/ N (abbrev of **premenstrual syndrome**) SPM m, syndrome m prémenstruel

**PMT** /ˌpiːemˈtiː/ N (abbrev of **premenstrual tension**) SPM m, syndrome m prémenstruel

**pneumatic** /njuːˈmætɪk/
ADJ pneumatique
COMP **pneumatic drill** N marteau-piqueur m **pneumatic tyre** N pneu m

**pneumatically** /njuːˈmætɪkəlɪ/ ADV [controlled, operated etc] pneumatiquement

**pneumoconiosis** /ˌnjuːməʊˌkəʊnɪˈəʊsɪs/ N (Med) pneumoconiose f

**pneumocystis carinii pneumonia** /ˌnjuːməʊˈsɪstɪskəˈraɪnɪaɪnjuːˈməʊnɪə/ N pneumocystose f

**pneumogastric** /ˌnjuːməʊˈɡæstrɪk/ ADJ (Med) pneumogastrique

**pneumonia** /njuːˈməʊnɪə/ N (NonC) pneumonie f

**pneumonologist** /ˌnjuːməˈnɒlədʒɪst/ N pneumologue mf

**pneumonology** /ˌnjuːməˈnɒlədʒɪ/ N pneumologie f

**pneumothorax** /ˌnjuːməʊˈθɔːræks/ N pneumothorax m

**PO** /piːˈəʊ/ N 1 (abbrev of **post office**) ✦ **PO Box 24** BP f 24 2 (abbrev of **Petty Officer**) → petty 3 (abbrev of **Pilot Officer**) → pilot

**Po** /pəʊ/ N (= river) Pô m

**po**✱ /pəʊ/ (Brit)
N († = potty) pot m (de chambre)
COMP **po-faced**✱ ADJ à l'air pincé

**p.o.** /piːˈəʊ/ (Brit) (abbrev of **postal order**) → postal

**POA** /ˌpiːəʊˈeɪ/ N (Brit) (abbrev of **Prison Officers' Association**) syndicat

**poach¹** /pəʊtʃ/
VT (Culin) pocher
COMP **poached egg** N œuf m poché

**poach²** /pəʊtʃ/ SYN
VT [+ game] braconner, chasser illégalement ; [+ fish] braconner, pêcher illégalement ; (fig) [+ employee] débaucher
VI braconner ✦ **to poach for salmon** etc braconner du saumon etc ✦ **to poach on sb's preserves** or **territory** (lit, fig) braconner sur les terres de qn ✦ **stop poaching!**✱ (fig) (in tennis) arrête de me chiper la balle !✱ ; (in work) arrête de marcher sur mes plates-bandes !✱

**poacher¹** /ˈpəʊtʃəʳ/ N (for eggs) pocheuse f

**poacher²** /ˈpəʊtʃəʳ/ N (of game etc) braconnier m

**poaching** /ˈpəʊtʃɪŋ/ N braconnage m

**pochard** /ˈpəʊtʃəd/ N (= bird) milouin m

**pock** /pɒk/ N (Med) pustule f de petite vérole

**pocket** /ˈpɒkɪt/ SYN
N 1 (in garment, suitcase, file, wallet etc) poche f ✦ **with his hands in his pockets** les mains dans les poches ✦ **with (one's) pockets full of...** les poches pleines de... ✦ **in his trouser/jacket pocket** dans la poche de son pantalon/sa veste ; → back, breast, hip¹ ✦ **to go through sb's pockets** faire les poches à qn ✦ **to be in sb's pocket** (fig) être à la solde de qn ✦ **to have sb in one's pocket** avoir qn dans sa manche or dans sa poche ✦ **to live in each other's** or **one another's pockets** vivre les uns sur les autres ✦ **he has the game in his pocket** il a le jeu dans sa poche
2 (fig = budget, finances) ✦ **it's a drain on his pocket** ça grève son budget ✦ **the deal put $500 in his pocket** l'affaire lui a rapporté 500 dollars ✦ **that will hurt his pocket** ça fera mal à son porte-monnaie ✦ **to line one's pockets** se remplir les poches ✦ **he is always putting his hand in his pocket** il n'arrête pas de débourser ✦ **to pay for sth out of one's own pocket** payer qch de sa poche ✦ **to have deep pockets** avoir de gros moyens ✦ **investors with deep pockets** les investisseurs mpl disposant de gros moyens
✦ **to be in pocket** avoir une marge de bénéfice
✦ **out of pocket** ✦ **to be out of pocket** en être de sa poche ✦ **I could end up well out of pocket** je pourrais en être sérieusement de ma poche ✦ **I was £50 out of pocket** ça m'avait coûté 50 livres ✦ **it left me £50 out of pocket** ça m'a coûté 50 livres ✦ **out-of-pocket** → out

3 (= small area) [of gas, fog] poche f ; [of land] parcelle f ; (Flying: also **air pocket**) trou m d'air ; (Billiards etc) blouse f ✦ **pocket of infection** foyer m de contagion ✦ **pockets of resistance** poches fpl de résistance ✦ **there are still some pockets of unemployment** il reste quelques petites zones de chômage
VT 1 (lit, fig) [+ object, money, prize] empocher 2 (✱ = steal) empocher, barboter✱
COMP [flask, torch, dictionary, edition etc] de poche
**pocket battleship** N cuirassé m de poche
**pocket billiards** NPL (US) billard m américain
**pocket calculator** N calculatrice f de poche, calculette f
**pocket-handkerchief** N mouchoir m de poche
ADJ (fig) grand comme un mouchoir de poche
**pocket-money** N argent m de poche
**pocket-size(d)** ADJ (lit) de poche ; (fig) [house, garden etc] tout petit
**pocket veto** N (US Pol) veto implicite du Président qui ne signe pas un projet de loi dans les délais impartis

**pocketbook** /ˈpɒkɪtbʊk/ N 1 (US) (= wallet) portefeuille m ; (= handbag) sac m à main 2 (= notebook) calepin m, carnet m

**pocketful** /ˈpɒkɪtfʊl/ N (pl **pocketfuls**) poche f pleine ✦ **with pocketfuls of...** les poches pleines de...

**pocketknife** /ˈpɒkɪtnaɪf/ N (pl **-knives**) couteau m de poche, canif m

**pockmark** /ˈpɒkmɑːk/ N cicatrice f de variole

**pockmarked** /ˈpɒkmɑːkt/ ADJ [face] grêlé ; [surface] criblé de trous

**pod** /pɒd/ SYN N [of bean, pea etc] cosse f ; (Space) nacelle f ✦ **in pod** (✱ (hum) = pregnant) en cloque✱

**podagra** /pəˈdæɡrə/ N podagre † f, goutte f

**podcast** /ˈpɒdkɑːst/ VT podcaster

**podcasting** /ˈpɒdkɑːstɪŋ/ N podcasting m

**podginess**✱ /ˈpɒdʒɪnɪs/ N embonpoint m

**podgy**✱ /ˈpɒdʒɪ/ ADJ (esp Brit) grassouillet

**podia** /ˈpəʊdɪə/ NPL of **podium**

**podiatrist** /pɒˈdiːətrɪst/ N (US) pédicure mf, podologue mf

**podiatry** /pɒˈdiːətrɪ/ N (US) (= science) podologie f ; (= treatment) soins mpl du pied, traitement m des maladies du pied

**podium** /ˈpəʊdɪəm/ SYN N (pl **podia**) podium m

**podsol** /ˈpɒdsɒl/ N podzol m

**Podunk** /ˈpəʊdʌŋk/ N (US) petit village m perdu, ≈ Trifouilly-les-Oies

**podzol** /ˈpɒdzɒl/ N podzol m

**POE** (abbrev of **port of embarkation**) → port¹

**poem** /ˈpəʊɪm/ SYN N poème m ✦ **the poems of Keats** les poèmes mpl de Keats

**poesy** /ˈpəʊɪzɪ/ N († or liter) poésie f

**poet** /ˈpəʊɪt/ SYN
N poète m
COMP **poet laureate** N (pl **poets laureate**) poète m lauréat

**poetaster** /ˌpəʊɪˈtæstəʳ/ N mauvais poète m, rimailleur m

**poetess** /ˈpəʊɪtes/ N poétesse f

**poetic** /pəʊˈetɪk/ SYN ADJ poétique ✦ **poetic licence** licence f poétique ✦ **it's poetic justice** il y a une justice immanente

**poetical** /pəʊˈetɪkəl/ ADJ poétique

**poetically** /pəʊˈetɪkəlɪ/ ADV poétiquement

**poeticize** /ˈpəʊɪtɪsaɪz/ VT poétiser

**poetics** /pəʊˈetɪks/ NPL poétique f

**poetry** /ˈpəʊɪtrɪ/ SYN
N (NonC: lit, fig) poésie f ✦ **the poetry of Keats** la poésie de Keats ✦ **he writes poetry** il écrit des poèmes, il est poète
COMP **poetry reading** N lecture f de poèmes

**pogge** /pɒɡ/ N (= fish) souris f de mer

**pogo** /ˈpəʊɡəʊ/
N pogo m
VI (Brit = dance) pogoter, danser le pogo
COMP **pogo stick** N échasse f sauteuse

**pogrom** /ˈpɒɡrəm/
N pogrom m
VT massacrer (au cours d'un pogrom)

**poignancy** /ˈpɔɪnjənsɪ/ SYN N ✦ **the poignancy of the lyrics** le caractère poignant des paroles ✦ **it was a moment of extraordinary poignancy** c'était un moment très poignant

**poignant** /ˈpɔɪnjənt/ SYN ADJ (= touching) émouvant ✦ **a poignant love story** une histoire d'amour émouvante ✦ **he found the sight of her inexpressibly poignant** le fait de la voir éveillait en lui une émotion indicible

 **poignant** is rarely translated by the French word **poignant**, which means 'harrowing'.

**poignantly** /ˈpɔɪnjəntlɪ/ ADV [describe, express, evoke] d'une manière émouvante ✦ **I am reminded very poignantly of this** je me souviens de ceci avec beaucoup d'émotion

**poikilothermal** /ˌpɔɪkɪləʊˈθɜːməl/, **poikilothermic** /ˌpɔɪkɪləʊˈθɜːmɪk/ ADJ poïkilotherme

**poinsettia** /pɔɪnˈsetɪə/ N poinsettia m

✦ ✦ ✦ ✦ ✦ ✦ ✦ ✦ ✦ ✦ ✦ ✦ ✦ ✦ ✦

# point /pɔɪnt/
LANGUAGE IN USE 11.1, 26.1, 26.2, 26.3   SYN

1 - NOUN
2 - PLURAL NOUN
3 - TRANSITIVE VERB
4 - INTRANSITIVE VERB
5 - COMPOUNDS
6 - PHRASAL VERBS

✦ ✦ ✦ ✦ ✦ ✦ ✦ ✦ ✦ ✦ ✦ ✦ ✦ ✦ ✦

**1 - NOUN**

1 [= SHARP END] [of pencil, needle, knife, jaw] pointe f ✦ **a knife with a sharp point** un couteau très pointu ✦ **a star with five points** une étoile à cinq branches ✦ **a stag with ten points** un cerf (de) dix cors ✦ **to be** or **dance on points** (Ballet) faire les pointes ✦ **at the point of a gun** sous la menace d'un revolver ✦ **not to put too fine a point on it** (= frankly) pour être franc

2 [= DOT] (Geom, Typ) point m ; (Math: also **decimal point**) virgule f (décimale) ✦ **three point six** (3,6) trois virgule six (3,6) ✦ **eight-point type** caractères mpl en corps huit ✦ **point A** (Geom) le point A

3 [ON SCALE, IN SPACE, IN TIME] point m ✦ **the highest point in the district** le point culminant de la région ✦ **at that point in the road** à cet endroit de la route ✦ **at the point where the road forks** là où la route bifurque ✦ **he had reached a point where he began to doubt whether...** il en était arrivé à se demander si... ✦ **to reach a low point** [morale] être au plus bas ; [production, reputation] toucher le fond ✦ **this was the low point (of his career)** c'est à ce moment-là qu'il a touché le fond (dans sa carrière) ✦ **from that point onwards** à partir de ce moment ✦ **at this** or **that point** (in space) là, à cet endroit ; (in time) à ce moment-là ✦ **at this point in time** à ce stade ✦ **the train stops at Slough, and all points west** le train s'arrête à Slough et dans toutes les gares à l'ouest de Slough ✦ **the (thirty-two) points of the compass** les points mpl de la boussole ✦ **from all points (of the compass)** de toutes parts, de tous côtés

✦ **point of** + noun ✦ **there was no point of contact between them** ils n'avaient aucun point commun ✦ **he was strict to the point of cruelty** il était sévère au point d'être cruel ✦ **on** or **at the point of death** à l'article de la mort ✦ **point of departure** point m de départ ✦ **point of entry (into a country)** point m d'arrivée (dans un pays) ✦ **he had reached the point of no return** il avait atteint le point de non-retour

✦ **the point of** + -ing ✦ **to be on the point of doing sth** être sur le point de faire qch ✦ **when it came to the point of paying,...** quand il s'est agi de payer,... ✦ **he had reached the point of resigning** il en était arrivé au point de donner sa démission

✦ **up to a point** jusqu'à un certain point, dans une certaine mesure

4 [= UNIT] (in score, on scale) point m ; (on thermometer) degré m ✦ **on points** (Boxing) aux points ✦ **the cost-of-living index went up two points** l'indice du coût de la vie a augmenté de deux points ✦ **to rise** or **gain three points** (on Stock Exchange) augmenter de or gagner trois points

5 [= IDEA, QUESTION] point m ✦ **on this point we are agreed** sur ce point or là-dessus nous sommes d'accord ✦ **on all points** en tous points ✦ **12-point plan** plan m en 12 points ✦ **the main points to remember** les principaux points à retenir ✦ **point by point** point par point ; see also compounds ✦ **you have a point there!** c'est juste !, il y a du vrai dans ce que vous dites ! ✦ **to carry** or **gain** or **win one's point** avoir gain de cause ✦ **he made the point that...** il fit remar-

quer que... • **he made a good point when he said that...** il a mis le doigt dessus lorsqu'il a dit que... • **I'd like to make a point if I may** j'aurais une remarque à faire si vous le permettez • **you've made your point!** *(= had your say)* vous avez dit ce que vous aviez à dire ! ; *(= convinced me)* vous m'avez convaincu ! • **I take your point** je vois ce que vous voulez dire • **point taken!** * d'accord(, je te le concède) !

♦ **point of** + *noun* • **it's a point of DETAIL** c'est un point de détail • **it was a point of HONOUR with him never to refuse** il se faisait un point d'honneur de ne jamais refuser, il mettait son point d'honneur à ne jamais refuser • **point of INTEREST/of no IMPORTANCE** point *m* intéressant/sans importance • **a point of LAW** un point de droit • **on a point of PRINCIPLE** sur une question de principe ; → **order**

6 [= IMPORTANT PART, MAIN IDEA] *[of argument etc]* objet *m* ; *[of joke]* astuce *f* • **that's not the point** il ne s'agit pas de ça, là n'est pas la question • **that is hardly the point, that is beside the point** cela n'a rien à voir • **the whole point was to do it today** tout l'intérêt était justement de le faire aujourd'hui • **that's the (whole) point!, that's just the point!** justement ! • **the point is that you had promised it for today!** le fait est que vous l'aviez promis pour aujourd'hui ! • **to come to the point** *[person]* en venir au fait • **when it comes to the point, they don't value education** au fond, ils n'accordent pas beaucoup d'importance à l'éducation • **we're getting off the point** nous nous éloignons du sujet • **get** *or* **come to the point!** venez-en à l'essentiel !, cessez de tourner autour du pot ! * • **let's get back to the point** revenons à nos moutons * • **to keep** *or* **stick to the point** ne pas s'éloigner du sujet

7 [= MEANING, PURPOSE] • **what was the point of his visit?** quel était le but *or* l'objet de sa visite ? • **there's some** *or* **a point in it** ça a une utilité • **a long story that seemed to have no point at all** une longue histoire sans rime ni raison • **the point of this story is that...** la morale de l'histoire, c'est que... • **(very much) to the point** (très) pertinent • **his remarks lack point** ses remarques ne sont pas très pertinentes • **the news gave point to his arguments** cette nouvelle a souligné la pertinence de ses arguments • **to get** *or* **see the point** comprendre • **you get the point?** vous saisissez ? * • **to make a point of doing sth, to make it a point to do sth** ne pas manquer de faire qch

8 [= USE] • **what's the point?** à quoi bon ? • **what's the point of** *or* **in waiting?** à quoi bon attendre ? • **there's no point in waiting** ça ne sert à rien d'attendre • **there's little point in saying...** ça ne sert pas à grand-chose de dire... • **I don't see any point in doing that** je ne vois aucun intérêt à faire cela

9 [= CHARACTERISTIC] caractéristique *f* • **good points** qualités *fpl* • **bad points** défauts *mpl* • **it is not his strong point** ce n'est pas son fort • **he has his points** il a ses bons côtés • **the points to look (out) for when buying a car** les choses *fpl* auxquelles il faut faire attention lorsqu'on achète une voiture

10 [= GEOGRAPHICAL FEATURE] pointe *f*

11 [IN CAR ENGINE] vis *f* platinée

12 *(Brit Elec:* also **power point)** prise *f* (de courant) *(femelle)*

#### 2 - PLURAL NOUN

**points** *(Brit : on railway)* aiguillage *m*, aiguilles *fpl*

#### 3 - TRANSITIVE VERB

1 [= AIM, DIRECT] *[+ telescope, hosepipe]* pointer, diriger *(at* sur) • **to point a gun at sb** braquer un revolver sur qn • **he pointed his stick towards the house** il a indiqué la maison avec sa canne • **point your browser at...** pointez votre navigateur sur... • **to point sb in the direction of** diriger qn vers • **she pointed him in the right direction** * elle lui a montré le chemin • **he pointed the boat towards the harbour** il a mis le cap sur le port • **he pointed the car towards Paris** il a tourné en direction de Paris • **he pointed his finger at me** il a pointé le doigt sur *or* vers moi

2 [= MARK, SHOW] **to point the way** • **the signs point the way to London** les panneaux indiquent la direction de Londres • **it points the way to closer cooperation** cela montre la voie d'une plus grande coopération

3 [CONSTR] *[+ wall]* jointoyer *(with* de)

4 [= PUNCTUATE] ponctuer ; *[+ Hebrew, Arabic etc]* mettre les points-voyelles à ; *[+ psalm]* marquer de points

5 [+ TOES] pointer

#### 4 - INTRANSITIVE VERB

1 [PERSON] montrer *or* indiquer du doigt • **it's rude to point** ce n'est pas poli de montrer du doigt • **to point at** *or* **towards sth/sb** indiquer *or* désigner qch/qn du doigt • **he pointed at the house with his stick** il montra *or* indiqua la maison avec sa canne • **I want to point to one or two facts** je veux attirer votre attention sur un ou deux faits • **all the evidence points to him** *or* **to his guilt** tous les faits l'accusent • **everything points to a brilliant career for him** tout indique qu'il aura une brillante carrière • **it all points to the fact that...** tout laisse à penser que... • **everything points to murder/suicide** tout laisse à penser qu'il s'agit d'un meurtre/d'un suicide • **everything points that way** tout nous amène à cette conclusion

2 [SIGNPOST] indiquer la direction *(towards* de) ; *[gun]* être braqué *(at* sur) ; *[vehicle etc]* être dirigé, être tourné *(towards* vers) • **the needle is pointing north** l'aiguille indique le nord • **the little hand is pointing to four** la petite aiguille indique quatre heures • **the car isn't pointing in the right direction** la voiture n'est pas tournée dans la bonne direction *or* dans le bon sens

3 [DANCER] faire des pointes

4 [DOG] tomber en arrêt

#### 5 - COMPOUNDS

**point-and-click** ADJ *[browser, interface]* pointer-cliquer *inv*
**point-and-shoot camera** N appareil photo *m* sans réglages *or* entièrement automatique
**point-blank** SYN ADJ → **point-blank**
**point-by-point** ADJ méthodique
**point duty** N *(Brit Police etc)* • **to be on point duty** diriger la circulation
**point of reference** N point *m* de référence
**point of sale** N point *m* de vente
**point-of-sale** ADJ • **point-of-sale advertising** publicité *f* sur le lieu de vente, PLV *f* • **point-of-sale material** matériel *m* PLV • **point-of-sale terminal** terminal *m* point de vente
**point of view** N point *m* de vue • **from that/my point of view** de ce/mon point de vue • **from the social point of view** du point de vue social
**points decision** N *(Boxing)* décision *f* aux points
**points failure** N panne *f* d'aiguillage
**points system** N *(gen)* système *m* par points ; *[of driving licence]* permis *m* à points
**points win** N victoire *f* aux points
**point-to-point (race)** N *(Racing)* *steeple-chase champêtre réservé à des cavaliers amateurs*

#### 6 - PHRASAL VERBS

► **point out** VT SEP
1 *(= show)* *[+ person, object, place]* montrer, indiquer
2 *(= mention)* faire remarquer *(that* que) • **to point sth out to sb** faire remarquer qch à qn, attirer l'attention de qn sur qch • **he pointed out to me that I was wrong** il m'a fait remarquer que j'avais tort • **I should point out that...** je dois vous dire *or* signaler que...

► **point up** VT SEP mettre en évidence, souligner

**point-blank** /ˈpɔɪntˈblæŋk/ SYN
ADJ *[shot]* à bout portant ; *(fig)* *[refusal]* net, catégorique ; *[request]* de but en blanc, à brûle-pourpoint • **at** *or* **from point-blank range** à bout portant
ADV *[fire, shoot]* à bout portant ; *(fig)* *[refuse]* tout net, catégoriquement ; *[request, demand]* de but en blanc, à brûle-pourpoint

**pointed** /ˈpɔɪntɪd/ SYN ADJ 1 *[knife, stick, pencil, roof, chin, nose, shoes]* pointu ; *[beard]* en pointe, pointu ; *(Archit)* *[window, arch]* en ogive • **the pointed end** le bout pointu
2 *(fig)* *[remark, question, look]* lourd de sous-entendus

**pointedly** /ˈpɔɪntɪdlɪ/ ADV *[say]* d'un ton plein de sous-entendus ; *[behave, smile, ignore]* ostensiblement • **she looked pointedly at me** elle m'a lancé un regard qui en disait long

**pointer** /ˈpɔɪntəʳ/ SYN N 1 *(= piece of advice)* conseil *m* • **he gave me some pointers on what to do** il m'a donné quelques conseils (pratiques) sur la marche à suivre
2 *(= clue, indication)* indice *m* • **this is a sure pointer that something's amiss** ceci indique clairement que quelque chose ne va pas
♦ **to be a pointer to sth** annoncer qch • **an incident which was a pointer to troubles to come** un incident qui annonçait des problèmes à venir • **there is at present no pointer to the outcome** rien ne permet de prévoir l'issue pour le moment • **the elections should be a pointer to the public mood** les élections devraient permettre de prendre le pouls de l'opinion
3 *(= stick)* baguette *f* ; *(on scale)* *(= indicator)* index *m* ; *(= needle)* aiguille *f* ; *(on screen = arrow)* flèche *f* lumineuse
4 *(= dog)* chien *m* d'arrêt

**pointillism** /ˈpwæntɪlɪzəm/ N pointillisme *m*

**pointillist** /ˈpwæntɪlɪst/ ADJ, N pointilliste *mf*

**pointing** /ˈpɔɪntɪŋ/ N *(Constr)* *(= work)* jointoiement *m* ; *(= cement)* joints *mpl*

**pointless** /ˈpɔɪntlɪs/ SYN ADJ *[attempt, task, suffering]* inutile, vain ; *[murder, violence]* gratuit ; *[explanation, joke, story]* sans rime ni raison, qui ne rime à rien • **it is pointless to complain** il ne sert à rien *or* il est inutile de se plaindre • **it is pointless for him to leave, it is pointless him leaving** ça ne servirait à rien *or* il est inutile qu'il parte • **life seemed pointless to her** la vie lui paraissait dénuée de sens • **a pointless exercise** * une perte de temps

**pointlessly** /ˈpɔɪntlɪslɪ/ ADV *[try, work, suffer]* inutilement, en vain ; *[say, protest]* sans raison ; *[kill]* gratuitement, sans raison ; *[die]* pour rien • **the film is pointlessly violent/obscure** la violence/complexité de ce film n'est pas justifiée

**pointlessness** /ˈpɔɪntlɪsnɪs/ N *[of activity, organization, sb's death]* absurdité *f* ; *[of existence]* futilité *f* • **she stressed the pointlessness of protesting** elle a souligné à quel point il était inutile de protester

**pointsman** /ˈpɔɪntsmən/ N (pl **-men**) *(for trains)* aiguilleur *m*

**pointy** * /ˈpɔɪntɪ/
ADJ *[ears, hat, shoes]* pointu ; *[beard]* en pointe, pointu
COMP **pointy-headed** * ADJ *(US fig pej)* • **a pointy-headed intellectual** un intello * à lunettes • **that pointy-headed professor** ce professeur Tournesol

**poise** /pɔɪz/ SYN
N *(= balance)* équilibre *m* ; *(= carriage)* maintien *m* ; *[of head, body etc]* port *m* ; *(fig)* *(= composure etc)* calme *m*, sang-froid *m* ; *(= self-confidence)* (calme) assurance *f* ; *(= grace)* grâce *f* • **a woman of great poise** une femme pleine de grâce *or* empreinte d'une tranquille assurance • **he is young and lacks poise** il est jeune et manque d'assurance • **to recover** *or* **regain one's poise** *(lit, fig)* retrouver son calme *or* son sang-froid
VT *(= balance)* mettre en équilibre ; *(= hold balanced)* tenir en équilibre, maintenir en équilibre

**poised** /pɔɪzd/ ADJ 1 *(= balanced)* en équilibre ; *(= held, hanging)* suspendu immobile ; *(= hovering)* immobile *or* suspendu (en l'air) • **the swimmers stood** *or* **were poised at the edge of the pool** les nageurs étaient en position sur les plots de départ • **poised on the brink of success/ruin** au bord de la réussite/la ruine • **to be poised between life and death** être entre la vie et la mort • **the world was poised between peace and war** le monde oscillait entre la paix et la guerre
2 *(= ready)* prêt • **the tiger was poised (ready) to spring** le tigre se tenait prêt à bondir • **powerful military forces, poised for invasion** des forces armées puissantes, prêtes pour l'invasion • **he was poised to become champion** il allait devenir champion • **a waitress approached, pencil and pad poised** une serveuse s'est approchée, armée de son bloc et de son crayon
3 *(= self-possessed)* posé • **she appeared poised and calm** elle semblait calme et posée

**poison** /ˈpɔɪzn/ SYN
N *(lit, fig)* poison *m* ; *[of snake]* venin *m* • **to take poison** s'empoisonner • **to die of poison** mourir empoisonné • **she's absolute poison** † c'est une vraie poison † • **what's your poison?** (* *(hum)* :*offering drink)* à quoi tu carbures * ? ; → **hate, rat**
VT *[person]* *[+ person, food, well, arrow]* empoisonner ; *[chemicals]* *[+ air, water, land]* contaminer • **to poison o.s.** s'empoisonner • **a poisoned**

**poisoner** | **police**

foot/finger etc un pied/doigt etc infecté ◆ **the drugs are poisoning his system** les drogues l'intoxiquent ◆ **eggs poisoned with salmonella** des œufs contaminés par la salmonelle ◆ **it is poisoning their friendship** cela empoisonne leur amitié ◆ **an atmosphere poisoned by cruelty** une atmosphère empoisonnée par la cruauté ◆ **a poisoned chalice** (esp Brit) (fig) un cadeau empoisonné ◆ **to poison sb's mind** (= corrupt) corrompre qn ; (= instil doubts) faire douter qn ◆ **he poisoned her mind against her husband** il l'a montée contre son mari

[COMP] **poison fang** N crochet m venimeux (d'un serpent)
**poison gas** N gaz m toxique or asphyxiant
**poison gland** N glande f à venin
**poison ivy** N sumac m vénéneux
**poison oak** N variété vénéneuse de sumac
**poison-pen letter** N lettre f anonyme (de menace or d'insulte)
**poison pill** N (Fin) pilule f empoisonnée (prix prohibitif visant à empêcher une société extérieure de lancer une OPA)

**poisoner** /'pɔɪznəʳ/ N empoisonneur m, -euse f (lit)

**poisoning** /'pɔɪznɪŋ/ N (gen) empoisonnement m ; (accidental) intoxication f ◆ **the cause of his death was poisoning** il est mort empoisonné ◆ **alcohol(ic) poisoning** empoisonnement m par l'alcool, éthylisme m ◆ **arsenic(al) poisoning** empoisonnement m à l'arsenic ◆ **mercury poisoning** intoxication f par le mercure, hydrargyrisme m ; → **blood, food, lead², salmonella, self**

**poisonous** /'pɔɪznəs/ SYN ADJ [snake] venimeux ; [plant] vénéneux ; [gas, fumes, substance, algae] toxique ; (fig) [remark, allegation, comment, dispute] pernicieux

**Poisson distribution** /'pwɑːsən/ N distribution f or loi f de Poisson

**poke¹** /pəʊk/ N ( †† or dial) sac m ; → **pig**

**poke²** /pəʊk/ SYN

[N] [1] (= push) poussée f ; (= jab) (petit) coup m (de canne, avec le doigt etc) ; (\* = punch) coup m de poing ◆ **she gave him a little poke** elle lui a donné un petit coup ◆ **to give the fire a poke** tisonner le feu ◆ **to give sb a poke in the ribs** enfoncer son doigt dans les côtes de qn ◆ **he gave the ground a poke with his stick** il a tapoté le sol de sa canne ◆ **it's better than a poke in the eye (with a sharp stick)\*** c'est mieux que rien ◆ **to have a poke around** ◆ (= rummage) farfouiller\* ◆ **to take a poke at sb\*** (lit = punch) donner un coup de poing à qn ; (fig) s'en prendre à qn ◆ **a poke at sth** (fig) une pique contre qch
[2] \*\* baise f\*\* ◆ **he'd like to give her a good poke** il aimerait bien la baiser \*\*

[VT] [1] (= jab with finger, stick etc) pousser, donner un coup (de canne or avec le doigt) à ; (\* = punch) donner un coup de poing à ; (= thrust) [+ stick, finger etc] enfoncer (into dans ; through à travers) ; [+ rag etc] fourrer (into dans) ◆ **to poke the fire** tisonner le feu ◆ **he poked me with his umbrella** il m'a donné un petit coup avec la pointe de son parapluie ◆ **he poked his finger in her eye** il lui a mis le doigt dans l'œil ◆ **to poke a finger into sth** enfoncer le doigt dans qch ◆ **he poked the ground with his stick** il a tapoté le sol de sa canne ◆ **he poked me in the ribs** il m'a enfoncé son doigt dans les côtes ◆ **he poked me one in the stomach\*** (US) il m'a envoyé son poing dans l'estomac ◆ **he poked his finger up his nose** il s'est fourré le doigt dans le nez ◆ **to poke one's head out of the window** passer la tête hors de or par la fenêtre ◆ **to poke a hole in sth (with one's finger/stick etc)** faire un trou dans qch or percer qch (avec le doigt/sa canne etc) ◆ **to poke holes in an argument** trouver des failles dans une argumentation ; → **fun, nose**
[2] (Brit \*\*\* = have sex with) baiser\*\*, tringler\*\*

[VI] [1] (also **poke out**) [elbows, stomach, stick] sortir, dépasser (from, through de)
[2] (also **poke up**) dépasser
[3] (also **poke through**) dépasser
[4] ◆ **he poked at me with his finger** il m'a touché du bout du doigt ◆ **he poked at the suitcase with his stick** il poussa la valise avec sa canne ◆ **she poked at her food with a fork** elle jouait avec sa nourriture du bout de sa fourchette ◆ **to poke into sth\*** (fig) fourrer son nez dans qch

▶ **poke about\***, **poke around** VI farfouiller\* ; (pej) fouiner ◆ **to poke about in a drawer** farfouiller\* or fourrager dans un tiroir ◆ **I spent the morning poking about in antique shops** j'ai passé la matinée à farfouiller\* dans les magasins d'antiquités ◆ **I found him poking about among your cupboards** je l'ai pris à fouiner dans vos placards

▶ **poke in** VT SEP [+ head] passer (à l'intérieur) ; [+ stick etc] enfoncer ; [+ rag] fourrer ◆ **to poke one's nose in\*** (fig) fourrer son nez dans les affaires des autres, se mêler de ce qui ne vous regarde pas

▶ **poke out**
[VI] [1] ⇒ **poke²** VI 1
[2] (= bulge) [stomach, chest, bottom] être protubérant or proéminent
[VT SEP] [1] (= stick out) sortir ◆ **the tortoise poked its head out** la tortue a sorti la tête
[2] (= remove, dislodge) faire partir, déloger ◆ **he poked the ants out with a stick** il a délogé les fourmis avec un bâton ◆ **to poke sb's eyes out** crever les yeux à qn

**poker¹** /'pəʊkəʳ/
[N] (for fire etc) tisonnier m ; → **stiff**
[COMP] **poker work** N (NonC) (= craft) pyrogravure f ; (= objects) pyrogravures fpl

**poker²** /'pəʊkəʳ/
[N] (Cards) poker m
[COMP] **poker dice** N [1] (= single dice) dé m de poker d'as
[2] (NonC = game) poker m d'as
**poker face** N visage m impassible
**poker-faced** ADJ au visage impassible

**pokey** /'pəʊkɪ/
[N] (US \* = jail) trou\* m, taule\*\* f
[ADJ] ⇒ **poky**

**poky** /'pəʊkɪ/ SYN ADJ (pej) [house, room] exigu (-guë f) et sombre

**pol\*** /pɒl/ N (US) abbrev of **politician**

**Polack\*\*** /'pəʊlæk/ N (pej) Polaque mf (pej), Polonais(e) m(f)

**Poland** /'pəʊlənd/ N Pologne f

**polar** /'pəʊləʳ/ SYN
[ADJ] (Elec, Geog) polaire ◆ **polar explorers** explorateurs mpl polaires ◆ **they are polar opposites** ils sont aux antipodes l'un de l'autre
[COMP] **polar bear** N ours m blanc
**Polar Circle** N cercle m polaire
**polar distance** N distance f polaire
**polar front** N front m polaire
**polar lights** NPL aurore f polaire or boréale

**polarimeter** /ˌpəʊləˈrɪmɪtəʳ/ N polarimètre m

**polarimetric** /ˌpəʊlərɪˈmetrɪk/ ADJ (Phys) polarimétrique

**polariscope** /pəʊˈlærɪskəʊp/ N polariscope m

**polarity** /pəʊˈlærɪtɪ/ N polarité f

**polarization** /ˌpəʊləraɪˈzeɪʃən/ N (lit, fig) polarisation f

**polarize** /'pəʊləraɪz/ VT (lit, fig) polariser

**Polaroid** ® /'pəʊlərɔɪd/
[ADJ] Polaroïd® inv
[N] (also **Polaroid camera**) (appareil m) Polaroïd® m ; (also **Polaroid print**) photo f Polaroïd®, Polaroïd® m ◆ **Polaroids** (= sunglasses) lunettes fpl de soleil (en) Polaroïd®

**polder** /'pəʊldəʳ/ N polder m

**Pole** /pəʊl/ N Polonais(e) m(f)

**pole¹** /pəʊl/ SYN
[N] [1] (= rod) perche f ; (fixed) poteau m, mât m ; (also **flagpole, tent pole**) mât m ; (also **telegraph pole**) poteau m télégraphique ; (also **curtain pole**) tringle f ; (also **barber's pole**) enseigne f de coiffeur ; (in fire station) perche f ; (for vaulting, punting) perche f ◆ **to be up the pole\*** (= mistaken) se gourer\*, se planter\* ; (= mad) dérailler\* (fig) ◆ **to send** or **drive sb up the pole\*** (= mad) rendre qn dingue\* ; → **greasy, ski**
[2] (Ski) (= ski stick) bâton m ; (marking run) piquet m
[VT] [+ punt etc] faire avancer (à l'aide d'une perche)

[COMP] **pole dancer** N danseuse f de pole dancing
**pole dancing** N pole dancing m (danse érotique autour d'une barre de strip-tease)
**pole jump** N (Sport) saut m à la perche
**pole jumper** N sauteur m, -euse f à la perche, perchiste mf
**pole jumping** N (NonC) saut m à la perche
**pole position** N (Motor Racing) pole position f ; (fig) pole position f, meilleure place f ◆ **in pole position** (Motor Racing) en pole position ; (fig) en pole position, à la meilleure place
**pole vault** N ⇒ **pole jump**
**pole-vault** VI sauter à la perche
**pole-vaulter** N ⇒ **pole jumper**
**pole-vaulting** N ⇒ **pole jumping**

**pole²** /pəʊl/ SYN
[N] (Elec, Geog) pôle m ◆ **North/South Pole** pôle m Nord/Sud ◆ **from pole to pole** d'un pôle à l'autre ◆ **negative/positive pole** pôle m négatif/positif ◆ **they are poles apart** ils sont aux antipodes l'un de l'autre ◆ **at opposite poles of sth** aux deux pôles de qch
[COMP] **the Pole Star** N l'étoile f Polaire

**poleaxe, poleax** (US) /'pəʊlæks/
[N] (= weapon) hache f d'armes ; [of butcher etc] merlin m
[VT] [+ cattle etc] abattre, assommer ; (fig) [+ person] terrasser

**polecat** /'pəʊlkæt/ N (pl **polecats** or **polecat**) putois m ◆ **lazy as a polecat** fainéant

**pol. econ.** (abbrev of **political economy**) → **political**

**polemic** /pɒˈlemɪk/
[ADJ] polémique
[N] (= argument) ◆ **a polemic against sth** un réquisitoire contre qch ◆ **a polemic for sth** un plaidoyer pour qch

**polemical** /pɒˈlemɪkəl/ ADJ polémique

**polemicist** /pɒˈlemɪsɪst/ N polémiste mf

**polemics** /pɒˈlemɪks/ N (NonC) arguments mpl

**polenta** /pəʊˈlentə/ N polenta f

**police** /pəˈliːs/ SYN
[N] (NonC) [1] (= organization) ≈ police f, gendarmerie f ◆ **the police** (collective) la police, les gendarmes mpl ◆ **to join the police** entrer dans la police, se faire policier or gendarme ◆ **he is in the police** il est dans or de la police ◆ **one hundred police** cent policiers mpl or gendarmes mpl ◆ **extra police were called in** on a fait venir des renforts de police ◆ **the police are looking for his car** la police recherche sa voiture ◆ **river/railway police** police f fluviale/des chemins de fer ; → **mounted, transport**
[2] (US Mil) corvée f (militaire) de rangement et de nettoyage

[VT] [1] (lit : with policemen) [+ place] maintenir l'ordre dans ◆ **the demonstration was heavily policed** d'importantes forces de police étaient présentes lors de la manifestation
[2] [vigilantes, volunteers] [+ district, road] faire la police dans ; (Mil) [+ frontier, territory] contrôler ; (fig) [+ agreements, controls, cease-fires] veiller à l'application de ; [+ prices etc] contrôler ◆ **the border is policed by UN patrols** la frontière est sous la surveillance des patrouilles de l'ONU
[3] (US = keep clean) nettoyer

[COMP] (gen) de la police ; [leave, vehicle, members] de la police or de la gendarmerie ; [campaign, control, inquiry] policier, de la police or de la gendarmerie ; [sergeant, inspector etc] de police ; [harassment] par la police
**police academy** N école f de police
**police car** N voiture f de police
**police chief** N (Brit) ≈ préfet m (de police) ; (US) ≈ (commissaire m) divisionnaire m
**Police Complaints Board** N ≈ Inspection f générale des services
**police constable** N → **constable**
**police court** N tribunal m de police
**police custody** N → **custody**
**police department** N (US) service m de police
**police dog** N (Police) chien m policier ; (US) (= Alsatian) berger m allemand
**police escort** N escorte f policière
**the police force** N la police, les gendarmes mpl, les forces fpl de l'ordre ◆ **member of the police force** policier m ◆ **to join the police force** entrer dans la police
**police headquarters** NPL quartier m général de la police, siège m central
**police intervention** N intervention f de la police
**police marksman** N tireur m d'élite (de la police)
**police office** N gendarmerie f (bureaux)
**police officer** N policier m, fonctionnaire mf de la police ◆ **to become a police officer** entrer dans la police
**police presence** N présence f policière
**police protection** N protection f de la police
**police record** N ◆ **to have a police record** avoir un casier judiciaire ◆ **he hasn't got a police record** il n'a pas de casier judiciaire, il a un casier judiciaire vierge
**the police service** N la police
**police state** N état m policier
**police station** N poste m or commissariat m de police, gendarmerie f

**police wagon** N *(US)* voiture *f or* fourgon *m* cellulaire

**police work** N le métier de policier

**policeman** /pəˈliːsmən/ SYN N (pl **-men**) *(in town)* agent *m* de police, gardien *m* de la paix ; *(in country)* gendarme *m* • **to become a policeman** entrer dans la police • **I knew he was a policeman** je savais qu'il était dans la police

**policewoman** /pəˈliːsˌwʊmən/ N (pl **-women**) femme *f* policier, femme *f* agent (de police)

**policing** /pəˈliːsɪŋ/ N *(by police)* maintien *m* de l'ordre ; *(by regulator)* contrôle *m*, réglementation *f* • **the policing of public places** la surveillance policière dans les endroits publics • **he wants more policing of pornography** il veut que la pornographie soit mieux contrôlée *or* réglementée

**policy¹** /ˈpɒlɪsɪ/ SYN

N 1 *(= aims, principles etc) (Pol)* politique *f* ; *[of newspaper, company, organization]* politique *f* ; *(= course of action)* conduite *f* • **it's company policy** c'est la politique de l'entreprise *or* de la société • **economic/foreign/social policy** politique *f* étrangère/économique/sociale • **to follow a policy of doing sth** avoir pour règle de faire qch • **it is good/bad policy to...** c'est une bonne/mauvaise politique que de... • **the government's policies** la politique du gouvernement • **official policy** politique *f* officielle • **it has always been our policy to deliver goods free** nous avons toujours eu pour règle de livrer les marchandises franco de port • **it is our policy to use recycled paper** nous avons pour principe d'utiliser du papier recyclé • **my policy has always been to wait and see** j'ai toujours eu pour principe de voir venir

♦ **as a matter of policy** par principe • **as a matter of policy we do not discuss individual cases** par principe, nous ne commentons pas les cas individuels, nous ne commentons pas les cas individuels, c'est une affaire de principe

♦ **the best policy** • **complete frankness is the best policy** la franchise totale est la meilleure conduite à suivre *or* attitude à adopter • **caution was the best policy** la prudence était la meilleure attitude à adopter ; → **honesty**

2 *(NonC: † = prudence)* (bonne) politique *f* • **it would not be policy to refuse** il ne serait pas politique de refuser

COMP *(gen) [discussions etc]* de politique générale

**policy committee** N comité *m* directeur

**policy decision** N décision *f* de principe

**policy document** N document *m* de politique générale

**policy maker** N *(within organization, firm etc)* décideur *m* ; *(for political party etc)* responsable *mf* politique

**policy-making** N prise *f* de décisions ADJ *[process]* de décision ; *[body, role]* décisionnaire

**policy matter** N question *f* de politique générale *or* de principe

**policy paper** N ⇒ **policy document**

**policy statement** N déclaration *f* de principe • **to make a policy statement** faire une déclaration de principe

**policy unit** N *(Brit Pol)* conseillers *mpl* politiques

**policy wonk** * N *(esp US Pol)* conseiller *m*, -ère *f* politique

> ⓘ The French word **police** can mean **policy**, but only in the sense 'insurance policy'.

**policy²** /ˈpɒlɪsɪ/ N *(Insurance)* police *f* (d'assurance) • **to take out a policy** souscrire une (police d')assurance

**policyholder** /ˈpɒlɪsɪˌhəʊldəʳ/ N assuré(e) *m(f)*

**polio** /ˈpəʊlɪəʊ/ N (abbrev of **poliomyelitis**) polio *f*

**poliomyelitis** /ˈpəʊlɪəʊmaɪəˈlaɪtɪs/ N poliomyélite *f*

**Polish** /ˈpəʊlɪʃ/

ADJ *(gen)* polonais ; *[ambassador, embassy]* de Pologne ; *[teacher, dictionary]* de polonais

N *(= language)* polonais *m*

**polish** /ˈpɒlɪʃ/ SYN

N 1 *(= substance) (for shoes)* cirage *m*, crème *f* (pour chaussures) ; *(for floor, furniture)* encaustique *f*, cire *f* ; *(for nails)* vernis *m* (à ongles) • **metal polish** produit *m* d'entretien pour les métaux

2 *(= act)* • **to give sth a polish** faire briller qch • **my shoes need a polish** mes chaussures ont besoin d'être cirées

3 *(= shine)* poli *m* • **high polish** lustre *m* • **to put a polish on sth** faire briller qch • **the candlesticks were losing their polish** les chandeliers perdaient de leur éclat

4 *(fig = refinement) [of person]* raffinement *m* ; *[of style, work, performance]* perfection *f*, élégance *f*

VT (also **polish up**) *[+ stones, glass]* polir ; *[+ shoes]* cirer ; *[+ floor, furniture]* cirer, astiquer ; *[+ car]* astiquer, briquer ; *[+ metal]* fourbir, astiquer ; *[+ leather]* lustrer ; *(fig) [+ person]* parfaire l'éducation de ; *[+ manners]* affiner ; *[+ style, language]* polir, châtier • **to polish (up) one's French** perfectionner *or* travailler son français • **the style needs polishing** le style aurait besoin d'être plus soigné ; see also **polished**

▸ **polish off** * VT SEP *[+ food, drink]* finir ; *[+ work, correspondence]* expédier ; *[+ competitor, enemy]* régler son compte à, en finir avec • **he polished off the meal** il a tout mangé jusqu'à la dernière miette • **he polished off his scotch** il a avalé son whisky d'un trait • **he polished off all the scotch** il a sifflé * tout le whisky • **she polished off the cheese** elle a englouti * tout le fromage

▸ **polish up** VT SEP ⇒ **polish vt**

**polished** /ˈpɒlɪʃt/ SYN ADJ 1 *(= shiny) [surface]* poli, brillant ; *[floor, shoes]* ciré, brillant ; *[leather]* lustré ; *[silver, ornaments]* astiqué ; *[stone, glass]* poli

2 *(fig = refined) [person]* qui a de l'éducation *or* du savoir-vivre ; *[manners]* raffiné ; *[style]* poli, châtié ; *[performer]* accompli ; *[performance]* impeccable

**polisher** /ˈpɒlɪʃəʳ/ N *(= person)* polisseur *m*, -euse *f* ; *(= machine) (gen)* polissoir *m* ; *(for floors)* cireuse *f* ; *(for pebbles etc)* polisseuse *f*

**Politburo** /ˈpɒlɪtbjʊərəʊ/ N Politburo *m*

**polite** /pəˈlaɪt/ SYN ADJ *[person, smile, request, refusal, applause]* poli • **to be polite to sb** être poli avec qn • **when I said it was not his best work I was being polite** en disant que ce n'est pas sa meilleure œuvre j'ai été poli • **be polite about his car!** ne dis pas de mal de sa voiture ! • **in polite society** dans la bonne société • **it is polite to ask permission** il est poli de demander la permission • **to make polite conversation** échanger des politesses

**politely** /pəˈlaɪtlɪ/ ADV poliment • **what he politely called an "inaccuracy"** ce qu'il a appelé poliment une « inexactitude »

**politeness** /pəˈlaɪtnɪs/ N politesse *f* • **to do sth out of politeness** faire qch par politesse

**politic** /ˈpɒlɪtɪk/ SYN ADJ *(frm)* politique *(liter)* • **he thought** *or* **deemed it politic to refuse** il a jugé politique de refuser • **it would be politic to tell him before someone else does** il serait diplomatique de le lui dire avant que quelqu'un d'autre ne le fasse ; → **body**

**political** /pəˈlɪtɪkəl/

ADJ 1 *(Pol)* politique • **political analyst** *or* **commentator** politologue *mf* ; → **party**

2 *(fig = politicized)* • **he was always very political** il a toujours été très politisé • **he's a political animal** il a la politique dans le sang

3 *(= expedient, tactical)* • **it was a political decision** c'était une décision tactique

COMP **political action committee** N *(US)* comité *m* de soutien *(d'un candidat)*

**political asylum** N • **to ask for political asylum** demander le droit d'asile (politique)

**political convention** N *(US)* convention *f* politique

**political correctness** N *(esp pej)* • **our society's obsession with political correctness** l'obsession de notre société pour ce qui est politiquement correct • **in this age of political correctness** * *(pej)* à l'heure de la pensée politiquement correcte, à l'heure du politiquement correct → **Politically Correct**

**political economy** N économie *f* politique

**political football** * N *(pej)* • **the drug issue will continue to be a political football** la question de la drogue continuera à être une sorte de balle que tout le monde se renvoie dans le monde politique • **he/this charter is being used as a political football** il/cette charte est le prétexte à des débats de politique politicienne

**political geography** N géographie *f* politique

**political prisoner** N prisonnier *m* politique

**political science** N sciences *fpl* politiques

**political scientist** N spécialiste *mf* des sciences politiques

**politically** /pəˈlɪtɪkəlɪ/

ADV d'un point de vue politique, politiquement • **politically acceptable/expedient/sensitive** acceptable/opportun/délicat d'un point de vue politique, politiquement acceptable/opportun/délicat • **politically stable** politiquement stable, stable d'un point de vue politique • **politically motivated** ayant une motivation politique • **politically aware** politisé • **politically speaking** politiquement parlant

COMP **politically correct** ADJ politiquement correct

**politically incorrect** ADJ qui n'est pas politiquement correct • **his jokes are politically incorrect but very funny** ses plaisanteries ne sont pas politiquement correctes mais elles sont très drôles

**politically-minded, politically-orientated** ADJ politisé

> **Politically Correct**
>
> Une personne politiquement correcte (**politically correct**, ou **PC**) évite d'employer certains termes, jugés dégradants ou insultants, pour désigner les membres de minorités ou de groupes défavorisés tels que les minorités ethniques, les femmes, les handicapés ou les homosexuels. Ainsi est-on passé successivement de « Negroes » (terme qu'utilisait Martin Luther King) à « coloured people », puis à « Black people » ; de même dira-t-on d'un aveugle qu'il est malvoyant (« he's visually impaired »). Les adeptes de ce mouvement d'origine américaine estiment ainsi remettre en question les présupposés idéologiques de la civilisation occidentale. Aujourd'hui, cependant, l'expression **politically correct** est souvent utilisée de façon péjorative par les opposants à ces idées libérales.

**politician** /ˌpɒlɪˈtɪʃən/ SYN N homme *m* politique, femme *f* politique

**politicization** /pəlɪtɪsaɪˈzeɪʃən/ N politisation *f*

**politicize** /pəˈlɪtɪsaɪz/ VT politiser

**politicking** /ˈpɒlɪtɪkɪŋ/ N *(pej)* politique *f* politicienne

**politico** * /pəˈlɪtɪkəʊ/ N (pl **politicos**) *(pej)* *(= politician)* politicard *m* • **he's a real politico** *(= political person)* il est très politisé

**politico...** /pəˈlɪtɪkəʊ/ PREF politico...

**politics** /ˈpɒlɪtɪks/

N *(Pol)* politique *f* • **to go into politics** se lancer dans la *or* entrer en politique • **to be in politics** faire de la politique • **to study politics** étudier les sciences politiques • **to talk politics** parler politique • **foreign politics** la politique étrangère • **to play politics (with education/the economy)** *(pej)* faire de la politique politicienne *(pej)* (en matière d'éducation/d'économie) • **what they are doing is playing politics with people's lives** ils jouent avec la vie des gens à des fins politiques ; → **office, party, sexual**

NPL *(= political ideas)* opinions *fpl* politiques • **what are your/his politics?** quelles sont vos/ses opinions politiques ? • **the influence of socialist ideas on his politics** l'influence des idées socialistes sur ses opinions politiques

**polity** /ˈpɒlɪtɪ/ N *(= system of government)* régime *m*, administration *f* politique ; *(= government organization)* constitution *f* politique ; *(= the State)* État *m*

**polje** /ˈpəʊlje/ N poljé *m*

**polka** /ˈpɒlkə/

N (pl **polkas**) polka *f*

COMP **polka dot** N pois *m*

**polka-dot** ADJ • **a polka-dot blouse** un chemisier à pois

**poll** /pəʊl/ SYN

N 1 *(= vote in general : gen pl)* vote *m* ; *(= voting at election)* scrutin *m* ; *(= election)* élection(s) *f(pl)* ; *(= list of voters)* liste *f* électorale ; *(= voting place)* bureau *m* de vote ; *(= votes cast)* voix *fpl*, suffrages *mpl* • **the result of the polls** le résultat de l'élection *or* du scrutin • **on the eve of the polls** à la veille de l'élection *or* du scrutin • **to go to the polls** aller aux urnes, aller voter • **a crushing defeat at the polls** une écrasante défaite aux élections • **there was a 64% turnout at the polls** 64% des inscrits ont voté, la participation électorale a été de (l'ordre de) 64% • **the conservatives' highest poll for ten years** le meilleur score des conservateurs en dix ans • **he got 20% of the poll** il a obtenu 20% des suffrages exprimés • **he achieved a poll of 5,000 votes** il a obtenu 5 000 voix ; → **standing**

2 *(= opinion survey)* sondage *m* • **(public) opinion poll** sondage *m* d'opinion • **to take** *or* **conduct a poll** effectuer un sondage *(of* auprès de) • **to take a poll of 3,000 people** effectuer un sondage auprès de 3 000 personnes • **a tele-**

## pollack | pompous

**phone poll** un sondage téléphonique ◆ **a poll of polls** une analyse de sondages ; → Gallup
③ ( †† = head) chef † m
**VT** ① [+ votes] obtenir ; [+ people] sonder l'opinion de, interroger ◆ **they polled the students to find out whether...** ils ont sondé l'opinion des étudiants pour savoir si... ◆ **40% of those polled supported the government** 40% des personnes interrogées étaient favorables au gouvernement
② [+ cattle] décorner ; [+ tree] étêter, écimer
**VI** ◆ **the nationalists polled well** les nationalistes ont obtenu un bon score
**COMP poll taker** N (US) sondeur m
**poll tax** N (gen) capitation f ; (Brit) (formerly) ≈ impôts mpl locaux

**pollack** (pl **pollacks** or **pollack**) /ˈpɒlək/ N lieu m jaune

**pollard** /ˈpɒləd/
N (= animal) animal m sans cornes ; (= tree) têtard m, arbre m étêté or écimé
**VT** [+ animal] décorner ; [+ tree] étêter, écimer

**pollen** /ˈpɒlən/
N pollen m
**COMP pollen count** N taux m de pollen

**pollinate** /ˈpɒlɪneɪt/ VT féconder (avec du pollen)
**pollination** /ˌpɒlɪˈneɪʃən/ N pollinisation f, fécondation f
**pollinator** /ˈpɒlɪneɪtər/ N pollinisateur m, -trice f

**polling** /ˈpəʊlɪŋ/
N élections fpl ◆ **polling is on Thursday** les élections ont lieu jeudi, on vote jeudi ◆ **the polling was extremely low** le taux de participation était extrêmement faible
**COMP polling booth** N isoloir m
**polling day** N jour m des élections
**polling place** N (US) ⇒ **polling station**
**polling station** N (Brit) bureau m de vote

**polliwog** /ˈpɒlɪwɒg/ N (US = tadpole) têtard m
**pollock** /ˈpɒlək/ N ⇒ **pollack**
**pollster** /ˈpəʊlstər/ N sondeur m, enquêteur m, -euse f
**pollutant** /pəˈluːtənt/ N polluant m
**pollute** /pəˈluːt/ SYN VT polluer ; (fig) contaminer ; (= corrupt) corrompre ; (= desecrate) profaner, polluer (liter) ◆ **the river was polluted with chemicals** la rivière était polluée par des produits chimiques
**polluter** /pəˈluːtər/ N polluer m, -euse f ◆ **the polluter pays** les pollueurs sont les payeurs
**pollution** /pəˈluːʃən/ SYN N ① (lit, Chem etc) pollution f ◆ **air/atmospheric/marine pollution** pollution f de l'air, atmosphérique/marine
② (fig = impurity, corruption) souillure f (liter) ◆ **spiritual pollution** souillure f (liter) de l'esprit ; → light¹, noise

**Pollux** /ˈpɒləks/ N ① (Myth) Pollux m
② (Astron) Pollux f
**Pollyanna** /ˌpɒlɪˈænə/ N optimiste m(f) béat(e)
**pollywog** /ˈpɒlɪwɒg/ N ⇒ **polliwog**

**polo** /ˈpəʊləʊ/
N polo m ; → water
**COMP polo-neck** N col m roulé ADJ (also **polo-necked**) à col roulé
**polo shirt** N polo m, chemise f polo
**polo stick** N maillet m (de polo)

**polonaise** /ˌpɒləˈneɪz/ N (Mus, Dancing) polonaise f
**polonium** /pəˈləʊnɪəm/ N polonium m
**polony** /pəˈləʊnɪ/ N (Brit) sorte de saucisson
**poltergeist** /ˈpɔːltəgaɪst/ N esprit m frappeur
**poltroon** † /pɒlˈtruːn/ N poltron m

**poly** * /ˈpɒlɪ/
N (Brit) (abbrev of **polytechnic**) ≈ IUT m
ADJ * (abbrev of **polythene**) en polyéthylène
**COMP poly bag** N (= polythene bag) sac m en plastique

**poly...** /ˈpɒlɪ/ PREF poly...
**polyamide** /ˌpɒlɪˈæmaɪd/ N polyamide m
**polyandrous** /ˌpɒlɪˈændrəs/ ADJ polyandre
**polyandry** /ˈpɒlɪændrɪ/ N polyandrie f
**polyanthus** /ˌpɒlɪˈænθəs/ N primevère f (multiflore)
**polyarchy** /ˈpɒlɪɑːkɪ/ N polyarchie f
**polyarthritis** /ˌpɒlɪɑːˈθraɪtɪs/ N polyarthrite f
**polyatomic** /ˌpɒlɪəˈtɒmɪk/ ADJ polyatomique

**polybasic** /ˌpɒlɪˈbeɪsɪk/ ADJ polybasique
**polychlorinated biphenyl** /ˌpɒlɪˈklɔːrɪneɪtɪdbaɪˈfenəl/ N polychlorobiphényle m
**polychromatic** /ˌpɒlɪkrəʊˈmætɪk/ ADJ polychrome
**polychromatism** /ˌpɒlɪˈkrəʊmətɪzəm/ N polychromie f
**polychrome** /ˈpɒlɪkrəʊm/
ADJ polychrome
N (= statue) statue f polychrome ; (= picture) tableau m polychrome
**polyclinic** /ˈpɒlɪklɪnɪk/ N polyclinique f
**polycotton** /ˈpɒlɪˌkɒtən/ N polyester m et coton m
**polycythaemia, polycythemia** (US) /ˌpɒlɪsaɪˈθiːmɪə/ N polyglobulie f
**polyembryony** /ˌpɒlɪˈembrɪənɪ/ N polyembryonie f

**polyester** /ˌpɒlɪˈestər/
N polyester m
**COMP** de or en polyester
**polyethylene** /ˌpɒlɪˈeθɪliːn/ N polyéthylène m, polythène m
**polygala** /pəˈlɪgələ/ N polygala m
**polygamist** /pəˈlɪgəmɪst/ N polygame mf
**polygamous** /pəˈlɪgəməs/ ADJ polygame
**polygamy** /pəˈlɪgəmɪ/ N polygamie f
**polygenesis** /ˌpɒlɪˈdʒenɪsɪs/ N polygénisme m
**polygenetic** /ˌpɒlɪdʒɪˈnetɪk/ ADJ polygénétique
**polyglot** /ˈpɒlɪglɒt/ ADJ, N polyglotte mf
**polygon** /ˈpɒlɪgən/ N polygone m
**polygonal** /pɒˈlɪgənl/ ADJ polygonal
**polygonum** /pəˈlɪgənəm/ N (= plant) renouée f
**polygraph** /ˈpɒlɪgrɑːf/ N détecteur m de mensonges
**polyhedra** /ˌpɒlɪˈhiːdrə/ NPL of **polyhedron**
**polyhedral** /ˌpɒlɪˈhiːdrəl/ ADJ polyédrique
**polyhedron** /ˌpɒlɪˈhiːdrən/ N (pl **polyhedrons** or **polyhedra**) polyèdre m
**polymath** /ˈpɒlɪmæθ/ N esprit m universel
**polymer** /ˈpɒlɪmər/ N polymère m
**polymeric** /ˌpɒlɪˈmerɪk/ ADJ polymère
**polymerization** /ˌpɒlɪməraɪˈzeɪʃən/ N polymérisation f
**polymerize** /ˈpɒlɪməraɪz/ VT polymériser
**polymorphic** /ˌpɒlɪˈmɔːfɪk/
ADJ polymorphe
**COMP polymorphic function** N fonction f polymorphe
**polymorphism** /ˌpɒlɪˈmɔːfɪzəm/ N polymorphisme m, polymorphie f
**polymorphous** /ˌpɒlɪˈmɔːfəs/ ADJ polymorphe
**Polynesia** /ˌpɒlɪˈniːzɪə/ N Polynésie f
**Polynesian** /ˌpɒlɪˈniːzɪən/
ADJ polynésien
N ① (= person) Polynésien(ne) m(f)
② (= language) polynésien m
**polyneuritis** /ˌpɒlɪnjʊˈraɪtɪs/ N polynévrite f
**polynomial** /ˌpɒlɪˈnəʊmɪəl/ ADJ, N polynôme m
**polyp** /ˈpɒlɪp/ N (= marine animal, tumour) polype m
**polypeptide** /ˌpɒlɪˈpeptaɪd/ N (Bio) polypeptide m
**polypetalous** /ˌpɒlɪˈpetələs/ ADJ polypétale
**polyphase** /ˈpɒlɪfeɪz/ ADJ polyphase
**Polyphemus** /ˌpɒlɪˈfiːməs/ N Polyphème m
**polyphone** /ˈpɒlɪfəʊn/ N (Ling) caractère m polyphone
**polyphonic** /ˌpɒlɪˈfɒnɪk/ ADJ polyphonique
**polyphony** /pəˈlɪfənɪ/ N polyphonie f
**polypi** /ˈpɒlɪpaɪ/ NPL of **polypus**
**polyploid** /ˈpɒlɪplɔɪd/ ADJ polyploïde
**polyploidy** /ˈpɒlɪplɔɪdɪ/ N polyploïdie f
**polypropylene** /ˌpɒlɪˈprɒpɪliːn/ N polypropylène m
**polyptych** /ˈpɒlɪptɪk/ N polyptyque m
**polypus** /ˈpɒlɪpəs/ N (pl **polypi**) (Med) polype m
**polysaccharide** /ˌpɒlɪˈsækəraɪd/ N polysaccharide m
**polysaccharose** /ˌpɒlɪˈsækəˈrəʊz/ N polyoside m, polysaccharide m
**polysemic** /ˌpɒlɪˈsiːmɪk/ ADJ polysémique

**polysemous** /pɒˈlɪsəməs/ ADJ polysémique
**polysemy** /pɒˈlɪsəmɪ/ N polysémie f
**polystyrene** /ˌpɒlɪˈstaɪriːn/
N (esp Brit) polystyrène m ◆ **expanded polystyrene** polystyrène m expansé
**COMP polystyrene cement** N colle f polystyrène
**polystyrene chips** NPL billes fpl (de) polystyrène
**polysyllabic** /ˈpɒlɪsɪˈlæbɪk/ ADJ polysyllabe, polysyllabique
**polysyllable** /ˈpɒlɪˌsɪləbl/ N polysyllabe m, mot m polysyllabique
**polysyndeton** /ˌpɒlɪˈsɪndɪtən/ N (Ling) polysyndète f
**polysynthetic** /ˌpɒlɪsɪnˈθetɪk/ ADJ (Ling) polysynthétique
**polytechnic** /ˌpɒlɪˈteknɪk/ N (in Brit until 1992) ≈ IUT m, ≈ Institut m universitaire de technologie
**polytheism** /ˈpɒlɪθiːɪzəm/ N polythéisme m
**polytheistic** /ˌpɒlɪθiːˈɪstɪk/ ADJ polythéiste
**polythene** /ˈpɒlɪθiːn/ (Brit)
N polyéthylène m, polythène m
**COMP polythene bag** N sachet m en plastique
**polytonal** /ˌpɒlɪˈtəʊnəl/ ADJ polytonal
**polytonalism** /ˌpɒlɪtəʊˈnælɪzəm/, **polytonality** /ˌpɒlɪtəʊˈnælɪtɪ/ N polytonalité f
**polyunsaturate** /ˌpɒlɪʌnˈsætʃʊrɪt/ N (acide m gras) polyinsaturé m
**polyunsaturated** /ˈpɒlɪʌnˈsætʃʊˈreɪtɪd/ ADJ polyinsaturé
**polyurethane** /ˌpɒlɪˈjʊərɪθeɪn/ N polyuréthane m
**polyuria** /ˌpɒlɪˈjʊərɪə/ N polyurie f
**polyuric** /ˌpɒlɪˈjʊərɪk/ ADJ polyurique
**polyvalent** /pəˈlɪvələnt/ ADJ polyvalent
**polyvinyl** /ˈpɒlɪvaɪnl/
N polyvinyle m
**COMP polyvinyl resin** N résine f polyvinylique

**pom** /pɒm/ N, ADJ ⇒ **pommy**
**pomade** /pəˈmɑːd/
N pommade f
**VT** pommader
**pomander** /pəʊˈmændər/ N (china) diffuseur m de parfum
**pomegranate** /ˈpɒməˌgrænɪt/ N (= fruit) grenade f ; (= tree) grenadier m
**pomelo** /ˈpɒmɪləʊ/ N (pl **pomelos**) poméló m
**Pomeranian** /ˌpɒməˈreɪnɪən/ N (= dog) loulou m (de Poméranie)
**pomfret-cake** /ˈpɒmfrɪt/ N rouleau m de réglisse
**pomiculture** /ˈpɒmɪˌkʌltʃər/ N pomiculture f
**pommel** /ˈpʌml/
N pommeau m
**VT** ⇒ **pummel**
**COMP pommel horse** N cheval m d'arçons
**pommy** * /ˈpɒmɪ/ (Austral pej)
N Anglais(e) m(f), rosbif m (pej)
ADJ anglais
**pomologist** /pəˈmɒlədʒɪst/ N pomologue mf
**pomology** /pɒˈmɒlədʒɪ/ N pomologie f
**pomp** /pɒmp/ SYN N pompe f, faste m, apparat m ◆ **pomp and circumstance** grand apparat m , pompes fpl (liter) ◆ **with great pomp** en grande pompe
**Pompadour** /ˈpɒmpəˌdʊər/ N (US = hairstyle) banane f (coiffure)
**Pompeii** /pɒmˈpeɪɪ/ N Pompéi
**Pompey** /ˈpɒmpɪ/ N Pompée m
**pompilid** /ˈpɒmpɪlɪd/ N pompile m
**pompom** /ˈpɒmpɒm/ N ① (= bobble) pompon m
② (Mil) canon-mitrailleuse m (de DCA)
**pompon** /ˈpɒmpɒn/
N (= bobble) pompon m
**COMP pompon dahlia** N dahlia m pompon
**pompon rose** N rose f pompon
**pomposity** /pɒmˈpɒsɪtɪ/ N (pej) manières fpl pompeuses, air m or ton m pompeux, solennité f
**pomposo** /pɒmˈpəʊsəʊ/ ADV (Mus) pomposo
**pompous** /ˈpɒmpəs/ SYN ADJ [person] pontifiant ; [remark, speech, tone] pompeux, pontifiant ; [style] pompeux, ampoulé

**pompously** /ˈpɒmpəsli/ ADV [speak] sur un ton pompeux ; [write] dans un style pompeux ; [behave] pompeusement

**ponce**⁑ /pɒns/ (Brit)
N 1 (= pimp) maquereau m, souteneur m
2 (pej = homosexual) pédé⁑ m
VI faire le maquereau⁑, être souteneur
▸ **ponce about**⁑, **ponce around**⁑ VI (pej) se pavaner

**poncey**⁎ /ˈpɒnsi/ ADJ (Brit pej) [person] affecté ; [restaurant, school] snob ; [clothes] de poseur

**poncho** /ˈpɒntʃəʊ/ N (pl **ponchos**) poncho m

**poncy**⁎ /ˈpɒnsi/ ADJ ⇒ **poncey**

**pond** /pɒnd/ SYN
N étang m ; (stagnant) mare f ; (artificial) bassin m ◆ **the pond**⁎ (= the Atlantic Ocean) l'océan m atlantique ◆ **across the pond** outre-atlantique ; → **big**, **millpond**
COMP **pond life** N (lit) faune f et flore f des étangs ; (fig) ⁎ (= person) zéro m ; (= group) individus mpl
**pond scum** N algues fpl (à la surface d'une mare)
**pond snail** N limnée f

**ponder** /ˈpɒndəʳ/ SYN
VT réfléchir à or sur ◆ **I constantly pondered this question** je réfléchissais constamment à cette question ◆ **I'm always pondering how to improve it** je me demande tout le temps comment l'améliorer
VI méditer (over, on sur), réfléchir (over, on à, sur)

**ponderable** /ˈpɒndərəbl/ ADJ pondérable

**ponderous** /ˈpɒndərəs/ SYN ADJ [movement, object] lourd, pesant ; [style, joke] lourd ; [speech, tone, voice] pesant et solennel

**ponderously** /ˈpɒndərəsli/ ADV [move] pesamment, lourdement ; [write] avec lourdeur ; [say, speak] d'un ton pesant et solennel

**pondweed** /ˈpɒndwiːd/ N épi m d'eau, potamot m

**pone** /pəʊn/ N (US) pain m de maïs

**pong**⁎ /pɒŋ/ (Brit)
N mauvaise odeur f ; (stronger) puanteur f ◆ **what a pong in here!** ça (s)chlingue⁑ ici !
VI (s)chlinguer⁑ ◆ **it pongs!**⁎ pouah !, ça (s)chlingue !⁎

**pongy**⁎ /ˈpɒŋi/ ADJ (Brit) puant, qui schlingue⁑

**pons Varolii** /ˌpɒnzvəˈrəʊliaɪ/ N pont m de Varole, protubérance f annulaire

**pontiff** /ˈpɒntɪf/ N (Rel) (= dignitary) pontife m ; (= pope) souverain m pontife, pontife m romain

**pontifical** /pɒnˈtɪfɪkəl/ ADJ (Rel) pontifical ; (fig) pontifiant ◆ **pontifical high mass** messe f pontificale

**pontificate** /pɒnˈtɪfɪkɪt/ SYN
N (Rel) pontificat m
VI /pɒnˈtɪfɪkeɪt/ (fig) pontifier (about au sujet de, sur)

**pontil** /ˈpɒntɪl/ N pontil m

**Pontius Pilate** /ˈpɒntɪəsˈpaɪlət/ N Ponce Pilate m

**pontoon** /pɒnˈtuːn/
N 1 (gen) ponton m ; (on aircraft) flotteur m
2 (Brit Cards) vingt-et-un m
COMP **pontoon bridge** N pont m flottant

**pony** /ˈpəʊni/
N poney m ; (Brit ⁑ = £25) 25 livres ; (US Scol ⁎ = crib) traduc f, corrigé m (utilisé illicitement)
COMP **pony express** N (US Hist) messageries fpl rapides par relais de cavaliers
**pony trekking** N randonnée f équestre or à cheval

**ponytail** /ˈpəʊnɪteɪl/ N queue f de cheval ◆ **to have** or **wear one's hair in a ponytail** avoir une queue de cheval

**poo**⁎ /puː/ (Brit) (baby talk)
N caca⁎ m (baby talk) ◆ **to do a poo** faire caca⁎ (baby talk)
VI faire caca⁎ (baby talk)

**pooch**⁑ /puːtʃ/ N cabot⁎ m, clebs⁑ m

**poodle** /ˈpuːdl/ N caniche m ; (fig = servile person) chien m

**poof** /pʊf/
N (Brit ⁑ pej) tante⁑ f, tapette⁑ f
EXCL hop !

**poofter**⁑ /ˈpʊftəʳ/ N (Brit pej) ⇒ **poof**

**poofy**⁑ /ˈpʊfi/ ADJ efféminé ◆ **it's poofy** ça fait tapette⁑

**pooh** /puː/
EXCL bah !, peuh !
N ⇒ **poo**
VI ⇒ **poo**
COMP **pooh-pooh** SYN VT ◆ **to pooh-pooh sth** faire fi de qch, dédaigner qch
**pooh sticks** NPL jeu qui consiste à jeter des bâtons dans une rivière depuis un pont, le gagnant étant celui dont le bâton réapparaît le premier de l'autre côté du pont

**pool¹** /puːl/ SYN
N 1 (= puddle) [of water, rain] flaque f (d'eau) ; [of spilt liquid] flaque f ; (larger) mare f ; (fig) [of light from lamp, spot, flood] rond m ; [of sunlight] flaque f ; [of shadow] zone f ◆ **lying in a pool of blood** étendu dans une mare de sang ◆ **in a pool of light** dans une flaque or un rond de lumière
2 (= pond) (natural) étang m ; (artificial) bassin m, pièce f d'eau ; (in river) plan m d'eau ; (= water hole) point m d'eau ; (also **swimming pool**) piscine f ; → **paddle**
COMP **pool attendant** N surveillant(e) m(f) de baignade, maître m nageur

**pool²** /puːl/ SYN
N 1 (Cards etc = stake) poule f, cagnotte f ; (gen = common fund) fonds m commun
2 (fig) (of things owned in common) fonds m commun ; (= reserve, source) [of ideas, experience, ability] réservoir m ; [of advisers, experts] équipe f ◆ **a pool of vehicles** un parc de voitures ◆ **typing pool** pool m de dactylos ◆ **pool of reporters** pool m de presse ◆ **a very good pool of players/talent** etc un très bon réservoir de joueurs/talents etc ◆ **genetic pool** pool m génétique
3 (Econ = consortium) pool m ; (US = monopoly trust) trust m ◆ **the coal and steel pool** le pool charbon acier
4 (= billiards) billard m américain ◆ **to shoot** or **play pool** jouer au billard américain
NPL **the pools**⁎ (Brit) ⇒ **the football pools** ; → **football**
VT [+ money, resources, objects, knowledge, ideas] mettre en commun ; [+ efforts] unir ; [+ workers] rassembler
COMP **pool table** N billard m (table)

**poolroom** /ˈpuːlrʊm/ N (Billiards) (salle f de) billard m

**poop¹** /puːp/ [of ship]
N poupe f
COMP **poop deck** N dunette f

**poop²** /puːp/
N (esp US = excrement) crotte f
COMP **poop scoop** N ramasse-crottes m inv

**poop³**⁎ /puːp/ N (US = information) tuyau⁎ m, bon renseignement m

**pooped**⁑ /puːpt/ ADJ (esp US = exhausted) pompé⁑, crevé⁎, à plat⁎

**pooper-scooper**⁎ /ˈpuːpəˈskuːpəʳ/ N ramasse-crottes m inv

**poor** /pʊəʳ/ SYN
ADJ 1 (= not rich) [person, family, nation] pauvre ◆ **as poor as a church-mouse** pauvre comme Job ◆ **to become poorer** s'appauvrir ◆ **he was a thousand pounds (the) poorer** il avait perdu mille livres ◆ **in poor circumstances** dans le besoin, dans la gêne ◆ **soil that is poor in zinc** (fig = lacking) un sol pauvre en zinc ; see also comp
2 (= inferior) [amount, sales, harvest, output] maigre, médiocre ; [work, worker, soldier, film, result, performance, food, summer] médiocre, piètre before n ; [pay] maigre, faible ; [effort, ventilation] insuffisant ; [light] faible ; [sight] faible, mauvais ; [soil] pauvre, peu productif ; [quality] médiocre ; [housing] insalubre ; [hygiene, sanitation, visibility, conditions, management] mauvais ◆ "**poor**" (Scol etc)(as mark) « faible », « médiocre » ◆ **to be poor at (doing) sth** ne pas être doué pour (faire) qch ◆ **clients who have had poor service** les clients qui ont eu à se plaindre de l'insuffisance du service ◆ **he had a very poor attendance record** il avait souvent été absent ◆ **he has a poor chance of survival** il a peu de chances de survivre ◆ **to be in poor health** ne pas être en bonne santé, être en mauvaise santé ◆ **to have poor hearing** être dur d'oreille ◆ **he has a poor memory** il a une mauvaise mémoire ◆ **people with poor circulation** les gens qui ont une mauvaise circulation ◆ **she had a poor grasp of German** son allemand n'était pas très bon ◆ **he showed a poor grasp of the facts** il a manifesté un manque de compréhension des faits ◆ **to have a poor opinion of o.s.** avoir une mauvaise opinion de soi-même ◆ **a poor substitute (for sth)** un piètre substitut (de qch) ◆ **a poor imitation of sth** une pâle imitation de qch ◆ **a poor relation of champagne** ce vin pétillant n'est qu'une pâle imitation de champagne ◆ **I'm a poor sailor** je n'ai pas le pied marin ◆ **he is a poor traveller** il supporte mal les voyages ◆ **he's a poor loser** il est mauvais perdant ; → **second¹**, **show**
3 (= pitiable) pauvre ◆ **poor little thing!** pauvre petit(e) ! ◆ **she's all alone, poor woman** elle est toute seule, la pauvre ◆ **poor chap, he was killed in an air crash** le pauvre, il est mort dans un accident d'avion ◆ **poor things**⁎, **they look cold** les pauvres, ils ont l'air d'avoir froid ◆ **you poor old thing!**⁎ mon pauvre vieux !, ma pauvre vieille ! ◆ **poor little rich girl** (iro) pauvre petite fille f riche
NPL **the poor** les pauvres mpl
COMP **poor boy** N (US Culin) grand sandwich m mixte
**poor cod** N (= fish) (petit) tacaud m
**poor law** N (Hist) ◆ **the poor laws** les lois fpl sur l'assistance publique
**poor-mouth**⁎ VT (US) ◆ **to poor-mouth sb/sth** parler en termes désobligeants de qn/qch
**poor-spirited** ADJ timoré, pusillanime
**poor White** N (esp pej) petit Blanc m

**poorbox** /ˈpʊəbɒks/ N (Rel) tronc m des pauvres

**poorhouse** /ˈpʊəhaʊs/ N (Hist) hospice m (des pauvres)

**poorly** /ˈpʊəli/ SYN
ADJ (esp Brit : ⁎) souffrant, malade ◆ **the hospital described his condition as poorly** les médecins ont déclaré que son état était préoccupant
ADV [live, dress] pauvrement ; [perform, eat, sell] mal ◆ **poorly lit/paid/designed** etc mal éclairé/payé/conçu etc ◆ **to be poorly off** être pauvre

**poorness** /ˈpʊənɪs/ N 1 (= poverty) pauvreté f
2 (= poor quality) mauvaise qualité f, médiocrité f

**POP** /ˌpiːəʊˈpiː/ N 1 (Comput) (abbrev of **point of presence**) POP m
2 (abbrev of **persistent organic pollutant**) POP m

**pop¹** /pɒp/ SYN
N 1 (= sound) [of cork etc] pan m ; [of press stud etc] bruit m sec ◆ **to go pop** [cork] sauter ; [balloon] éclater ; [bulb, stud] faire un (petit) bruit sec
2 (NonC ⁎ = drink) boisson f gazeuse ◆ **orange pop** orangeade f
3 (= try) ◆ **to have** or **take a pop at (doing) sth**⁎ s'essayer à (faire) qch
4 (= criticize) ◆ **to have** or **take a pop at sb/sth**⁎ s'en prendre à qn/qch
5 (US) ◆ **the drinks go for a dollar a pop**⁎ les boissons sont à un dollar chaque or chacune
VT 1 [+ balloon] crever ; [+ cork] faire sauter ; [+ press stud] fermer ◆ **to pop one's cork** prendre son pied⁎ ◆ **to pop one's clogs** (Brit hum) casser sa pipe⁎
2 (⁎ = put) mettre ◆ **to pop one's head round the door/out of the window** passer brusquement la tête par la porte/par la fenêtre ◆ **to pop one's head in** passer la tête par la porte (or par la fenêtre etc) ◆ **to pop sth into the oven** passer or mettre qch au four ◆ **he popped it into his mouth** il l'a fourré or l'a mis dans sa bouche ◆ **to pop pills** se bourrer de médicaments ◆ **could you pop this letter into the postbox?** tu peux mettre cette lettre à la boîte ? ◆ **to pop the question** (= propose) faire sa demande (en mariage)
3 († ⁑ = pawn) mettre au clou⁎
VI 1 [balloon] éclater ; [cork, stud, buttons] sauter ◆ **my ears popped** mes oreilles se sont débouchées ◆ **his eyes popped** il a écarquillé les yeux, il a ouvert des yeux ronds or de grands yeux ◆ **his eyes were popping out of his head** les yeux lui sortaient de la tête, il avait les yeux exorbités ◆ **her eyes were popping with amazement** elle écarquillait les yeux (sous l'effet de la surprise), elle ouvrait les yeux comme des soucoupes
2 (⁎ = go) ◆ **I popped over** (or **round** or **across** or **out**) **to the grocer's** j'ai fait un saut à l'épicerie ◆ **he popped into a café** il est entré dans un café en vitesse ◆ **a letter popped through his letterbox** une lettre est tombée dans sa boîte aux lettres
COMP **pop quiz** N (US Scol) interrogation f (écrite) surprise

**pop socks** NPL (Brit) mi-bas mpl (fins)
**pop-up** N (Comput) pop-up m, fenêtre f pop-up
**pop-up advertisement** N pop-up m publicitaire
**pop-up book** N livre m animé
**pop-up menu** N (Comput) menu m (qui s'affiche à l'écran sur commande)
**pop-up toaster** N grille-pain m inv (à éjection automatique)

▸ **pop back**\* VI revenir, retourner (en vitesse or pour un instant)

▸ **pop in**\* VI entrer en passant, ne faire que passer ◆ **I popped in to say hullo to them** je suis entré (en passant) leur dire bonjour ◆ **she kept popping in and out** elle n'a pas cessé d'entrer et de sortir

▸ **pop off** VI ① (\* = leave) partir ◆ **they popped off to Spain for a few days** ils sont partis passer quelques jours en Espagne, ils ont filé\* pour quelques jours en Espagne
② (⁑ = die) mourir (subitement), claquer\*
③ (US ⁑ = shout) donner de la gueule⁑

▸ **pop on**\* VT SEP ① (= switch on) allumer, mettre en marche ◆ **to pop the kettle on** mettre de l'eau à chauffer
② [+ clothes, shirt etc] enfiler

▸ **pop out** VI [person] sortir ; [head] émerger ; [cork] sauter

▸ **pop round**\* VI passer, faire un saut ◆ **pop round anytime** passe n'importe quand ; see also pop vi 2

▸ **pop up** VI (from water, above wall etc) surgir ◆ **he popped up unexpectedly in Tangier**\* il a réapparu inopinément à Tanger

**pop²** /pɒp/ abbrev of **popular**
Ⓝ (musique f) pop m ◆ **to be top of the pops** ≈ être en tête du Top 50
ⒸⓄⓂⓅ [music, song, singer, concert, group] pop inv
**pop art** N pop art m
**pop psychology** N psychologie f de bazar
**pop star** N pop star f

**pop³**\* /pɒp/ N (esp US) papa m ◆ **yes pop(s)** (to old man) oui grand-père\*, oui pépé\*

**popcorn** /'pɒpkɔːn/ N pop-corn m inv

**pope¹** /pəʊp/ SYN
Ⓝ pape m ◆ **Pope John Paul II** le pape Jean-Paul II ◆ **pope Joan** (Cards) le nain jaune
ⒸⓄⓂⓅ **pope's nose** N (Culin) croupion m

**pope²** /pəʊp/ N (= fish) grémille f

**popemobile**\* /'pəʊpməbiːl/ N papamobile f

**popery** /'pəʊpərɪ/ N (pej) papisme m (pej)

**popeyed** /ˌpɒp'aɪd/ ADJ aux yeux exorbités

**popgun** /'pɒpɡʌn/ N pistolet m à bouchon

**popinjay** †\* /'pɒpɪndʒeɪ/ N fat m, freluquet m

**popish** /'pəʊpɪʃ/ ADJ (pej) papiste (pej)

**poplar** /'pɒplər/ N peuplier m

**poplin** /'pɒplɪn/
Ⓝ popeline f
ⒸⓄⓂⓅ de or en popeline

**popliteal** /ˌpɒplɪ'tiːəl/ ADJ (Anat) poplité

**popmobility** /ˌpɒpməʊ'bɪlɪtɪ/ N aérobic f (en musique)

**Popocatépetl** /ˌpɒpə'kætəpetəl/ N (Geog) Popocatépetl m

**popover** /'pɒpˌəʊvər/ N (US Culin) ≈ chausson m

**poppa** /'pɒpə/ N (US) papa m

**poppadum** /'pɒpədəm/ N poppadum m

**popper** /'pɒpər/ N ① (Brit \* = press stud) pression f, bouton-pression m
② (Drugs \*) popper m

**poppet**\* /'pɒpɪt/ N (Brit) ◆ **yes, (my) poppet** oui, mon petit chou\* ◆ **she's a (little) poppet** elle est à croquer, c'est un amour

**poppy** /'pɒpɪ/
Ⓝ ① (= flower) pavot m ; (growing wild) coquelicot m
② (Brit : commemorative buttonhole) coquelicot m en papier (vendu le jour de l'Armistice)
ADJ (= colour) ponceau inv
ⒸⓄⓂⓅ **Poppy Day** (Brit) N ≈ l'Armistice m
**poppy seed** N graine f de pavot

• **POPPY DAY**
Poppy Day, littéralement « la journée du coquelicot », désigne familièrement « Remembrance Day », c'est-à-dire la commémoration des armistices des deux Guerres mondiales, fixée en Grande-Bretagne au deuxième dimanche de novembre. Dans les jours qui précèdent, des coquelicots de papier sont vendus dans la rue au profit des associations caritatives d'aide aux anciens combattants et à leurs familles. → LEGION

**poppycock** †\* /'pɒpɪkɒk/ N (NonC) balivernes fpl

**Popsicle** ® /'pɒpsɪkl/ N (US) glace f à l'eau (à deux bâtonnets)

**popsy** †⁑ /'pɒpsɪ/ N (Brit) souris⁑ f, fille f

**populace** /'pɒpjʊlɪs/ SYN N population f, populace f (pej)

**popular** /'pɒpjʊlər/ SYN
ADJ ① (= well-liked) [person, decision, book, sport] populaire ; (= fashionable) [style, model, place] prisé (with de), en vogue ; [name] en vogue ; [habit, practice] populaire, courant ◆ **these cameras are popular among professionals** les professionnels utilisent beaucoup ces appareils photo ◆ **this is a very popular colour** cette couleur se vend beaucoup ◆ **it is popular to be patriotic** le patriotisme est à la mode or en vogue ◆ **it is never popular to raise taxes** les augmentations d'impôts ne sont jamais populaires

◆ **to be popular with** être très apprécié de, avoir beaucoup de succès auprès de ◆ **a part of the capital popular with tourists** un quartier de la capitale très apprécié des touristes ◆ **he remains very popular with the American people** il reste très aimé des Américains, il jouit toujours d'une grande popularité auprès des Américains ◆ **he's popular with his colleagues** ses collègues l'aiment beaucoup, il jouit d'une grande popularité auprès de ses collègues ◆ **he's popular with the girls** il a du succès or il a la cote\* auprès des filles ◆ **I'm not very popular with the boss just now**\* je ne suis pas très bien vu du patron or je n'ai pas la cote\* auprès du patron en ce moment

② (= of, for, by the people) [music, concert, myth, newspaper, art, appeal] populaire ; [lecture, journal] de vulgarisation, grand public ; [government, discontent] populaire, du peuple ◆ **at popular prices** à la portée de toutes les bourses ◆ **by popular demand** or **request** à la demande générale ◆ **contrary to popular belief** or **opinion** contrairement aux idées reçues ◆ **this decision does not reflect popular opinion** cette décision ne reflète pas l'opinion publique ◆ **to win popular support** obtenir le soutien de la population

ⒸⓄⓂⓅ **popular culture** N culture f populaire
**popular front** N (Pol) front m populaire
**popular vote** N ◆ **Jackson won the popular vote** Jackson a remporté l'élection au suffrage universel ◆ **fifty per cent of the popular vote** cinquante pour cent des voix ◆ **he was elected with a huge popular vote to the Congress** il a été élu au Congrès à une énorme majorité

**popularist** /'pɒpjʊlərɪst/ ADJ populaire, qui s'adresse au peuple

**popularity** /ˌpɒpjʊ'lærɪtɪ/ SYN N popularité f (with auprès de ; among parmi) ◆ **to gain (in)** or **grow in popularity** être de plus en plus populaire, acquérir une popularité de plus en plus grande ◆ **to decline in popularity** être de moins en moins populaire, perdre de sa popularité ◆ **it enjoyed a certain popularity** cela a joui d'une certaine popularité or faveur

**popularization** /ˌpɒpjʊləraɪ'zeɪʃən/ N ① (NonC) (= making prevalent) popularisation f ; (= making accessible) vulgarisation f
② (= popularized work) ouvrage m de vulgarisation

**popularize** /'pɒpjʊləraɪz/ SYN VT (= make prevalent) [+ sport, music, fashion, product] populariser, rendre populaire ; (= make accessible) [+ science, ideas] vulgariser

**popularizer** /'pɒpjʊləraɪzər/ N ① [of sport, fashion] promoteur m, -trice f ◆ **Bruce Lee was a popularizer of martial arts** Bruce Lee a popularisé les arts martiaux
② [of science, ideas] vulgarisateur m, -trice f

**popularly** /'pɒpjʊləlɪ/ SYN ADV ◆ **popularly known as...** communément connu or connu de tous sous le nom de... ◆ **it is popularly supposed that...** il est communément or généralement présumé que..., on croit communément que... ◆ **he is popularly believed to be rich** il passe communément or généralement pour être riche ◆ **it is far more common than is popularly imagined** c'est bien plus fréquent qu'on ne l'imagine généralement ◆ **popularly elected** démocratiquement élu

**populate** /'pɒpjʊleɪt/ SYN VT peupler ◆ **densely/sparsely populated** très/peu peuplé, à forte/faible densité de population ◆ **to be populated with** être peuplé de

**population** /ˌpɒpjʊ'leɪʃən/ SYN
Ⓝ population f ◆ **a fall/rise in (the) population** une diminution/un accroissement de la population ◆ **the population of the town is 15,000** la population de la ville est de or la ville a une population de 15 000 habitants ◆ **a population of 15,000** une population de 15 000 habitants ◆ **the civilian population** la population civile ◆ **the working population** la population active
ⒸⓄⓂⓅ [increase] de la population, démographique
**population explosion** N explosion f démographique
**population figures** NPL (chiffres mpl de la) démographie f
**population planning** N planification f démographique
**population pyramid** N pyramide f des âges

**populism** /'pɒpjʊlɪzəm/ N populisme m

**populist** /'pɒpjʊlɪst/ ADJ, N populiste mf

**populous** /'pɒpjʊləs/ SYN ADJ populeux, très peuplé

**porbeagle** /'pɔːˌbiːɡl/ N (= shark) taupe f, lamie f

**porcelain** /'pɔːsəlɪn/
Ⓝ (NonC = substance, objects) porcelaine f ◆ **a piece of porcelain** une porcelaine
ⒸⓄⓂⓅ [dish] de or en porcelaine ; [clay, glaze] à porcelaine
**porcelain ware** N (NonC) vaisselle f en or de porcelaine

**porch** /pɔːtʃ/ N [of house, church] porche m ; [of hotel] marquise f ; (US) (also **sun porch**) véranda f

**porcine** /'pɔːsaɪn/ ADJ (frm) porcin, de porc

**porcupine** /'pɔːkjʊpaɪn/
Ⓝ porc-épic m ; → **prickly**
ⒸⓄⓂⓅ **porcupine fish** N (pl **porcupine fish** or **fishes**) poisson-globe m

**pore¹** /pɔːr/ SYN N (in skin) pore m ◆ **she oozes sexuality from every pore** la sensualité se dégage de toute sa personne

**pore²** /pɔːr/ SYN VI ◆ **to pore over** [+ book] être absorbé dans ; [+ letter, map] étudier de près ; [+ problem] méditer longuement ◆ **he was poring over the book** il était plongé dans or absorbé par le livre

**pork** /pɔːk/ (Culin)
Ⓝ porc m
ⒸⓄⓂⓅ [chop etc] de porc
**pork barrel**\* (US Pol) N électoralisme m (travaux publics ou programme de recherche entrepris à des fins électorales) ADJ [project etc] électoraliste
**pork butcher** N ≈ charcutier m, -ière f
**pork pie** N ① pâté m en croûte
② ⁑ ⇒ **porky** noun
**pork-pie hat** N (chapeau m en) feutre m rond
**pork sausage** N saucisse f (de porc)
**pork scratchings** NPL amuse-gueules de couennes de porc frites

**porker** /'pɔːkər/ N porc m à l'engrais, goret m

**porky** /'pɔːkɪ/
ADJ (\* : pej) gras (grasse f) comme un porc, bouffi
Ⓝ (⁑ = lie : also **porky pie**) bobard\* m ◆ **to tell porkies** raconter des bobards\*

**porn**\* /pɔːn/
Ⓝ (abbrev of **pornography**) porno\* m
ADJ [magazine, video] porno\* ; [actor] de porno\* ◆ **porn shop** sex shop m ; → **hard**, **soft**

**porno**\* /'pɔːnəʊ/ ADJ [magazine, video] porno\* ; [actor] de porno\*

**pornographer** /pɔː'nɒɡrəfər/ N pornographe m

**pornographic** /ˌpɔːnə'ɡræfɪk/ SYN ADJ pornographique

**pornography** /pɔː'nɒɡrəfɪ/ SYN N pornographie f

**porosity** /pɔː'rɒsɪtɪ/ N porosité f

**porous** /'pɔːrəs/ SYN ADJ poreux, perméable

**porousness** /'pɔːrəsnɪs/ N porosité f

**porphyria** /pɔː'fɪrɪə/ N (Med) porphyrie f

**porphyrin** /ˈpɔːfɪrɪn/ N porphyrine f
**porphyroid** /ˈpɔːfɪˌrɔɪd/ ADJ porphyroïde
**porphyry** /ˈpɔːfɪrɪ/ N porphyre m
**porpoise** /ˈpɔːpəs/ N (pl **porpoise** or **porpoises**) marsouin m
**porridge** /ˈpɒrɪdʒ/ N ① porridge m, bouillie f de flocons d'avoine ◆ **porridge oats** flocons mpl d'avoine
② (Brit ‡) taule‡ f ◆ **to do porridge** faire de la taule‡
**porringer** † /ˈpɒrɪndʒəʳ/ N bol m, écuelle f
**port¹** /pɔːt/
Ⓝ (= harbour, town) port m ◆ **port of call** (lit) (port m d')escale f ◆ **I've only one more port of call** (fig) il ne me reste plus qu'une course à faire ◆ **port of dispatch** or (US) **shipment** port m d'expédition ◆ **port of embarkation** port m d'embarquement ◆ **port of entry** port m de débarquement or d'arrivée ◆ **naval/fishing port** port m militaire/de pêche ◆ **to come into port** entrer dans le port ◆ **they put into port at Dieppe** ils ont relâché dans le port de Dieppe ◆ **to make port** arriver au port ◆ **to run into port** entrer au port ◆ **to leave port** appareiller, lever l'ancre ◆ **a port in a storm** (fig) (= person offering help) main secourable ; (= refuge) un havre de paix ◆ **the yen is the safest port in the current economic storm** le yen est la monnaie la plus sûre dans la crise économique actuelle ◆ **any port in a storm** nécessité fait loi (Prov) ; → **seaport, trading**
COMP [facilities, security] portuaire, du port **port authorities** NPL autorités fpl portuaires **port dues** NPL droits mpl de port
**port²** /pɔːt/ N ① ⇒ **porthole**
② (Comput) port m, porte f (d'accès), point m d'accès
**port³** /pɔːt/ N (Naut)
Ⓝ (also **port side**) bâbord m ◆ **to port** à bâbord ◆ **land to port!** terre par bâbord ! ◆ **to put the rudder to port** mettre la barre à bâbord
ADJ [guns, lights] de bâbord
VT ◆ **to port the helm** mettre la barre à bâbord
**port⁴** /pɔːt/ N (= wine) porto m
**portability** /ˌpɔːtəˈbɪlɪtɪ/ N (esp Comput) portabilité f ; (of software) transférabilité f
**portable** /ˈpɔːtəbl/ SYN
ADJ (gen) portatif ; [computer, telephone, television, software] portable ◆ **a portable language** (Comput) un langage de programmation portable ◆ **portable pension** pension f transférable
Ⓝ (= computer) portable m ; (= tape recorder) petit magnétophone m ; (= television) téléviseur m portable
**portage** /ˈpɔːtɪdʒ/ N (= action, route) portage m ; (= cost) frais mpl de portage
**Portakabin** ® /ˈpɔːtəkæbɪn/ N (gen) bâtiment m préfabriqué ; (= extension to office etc) petite annexe f préfabriquée ; (= works office etc) baraque f de chantier
**portal** /ˈpɔːtl/
Ⓝ (also Comput) portail m
COMP **portal vein** N veine f porte
**Portaloo** ® /ˈpɔːtəluː/ N (Brit) toilettes fpl publiques provisoires
**portcullis** /pɔːtˈkʌlɪs/ N herse f (de château fort)
**portend** /pɔːˈtend/ SYN VT (liter) présager, annoncer
**portent** /ˈpɔːtent/ SYN N (liter) ① (= omen) prodige m, présage m ◆ **of evil portent** de mauvais présage
② (= significance) grande importance f ◆ **it's a day of portent** c'est un jour très important
**portentous** /pɔːˈtentəs/ SYN ADJ (liter) (= ominous) de mauvais augure ; (= marvellous) prodigieux ; (= grave) solennel ; (pej: = pompous) pompeux, pontifiant
**portentously** /pɔːˈtentəslɪ/ ADV (liter) [say, announce] (pej: = pompously) pompeusement ; (pej: = ominously) solennellement ◆ **the sky was portentously dark** le ciel noir ne présageait rien de bon
**porter** /ˈpɔːtəʳ/ SYN
Ⓝ ① (for luggage: in station, hotel etc; on climb or expedition) porteur m
② (US = railway attendant) employé(e) m(f) des wagons-lits
③ (Brit = doorkeeper) [of private housing] concierge mf ; [of public building] portier m, gardien(ne) m(f) ; (Univ) appariteur m

④ [of hospital] brancardier m, -ière f
⑤ (= beer) porter m, bière f brune
COMP **porter's lodge** N loge f du portier
**porterage** /ˈpɔːtərɪdʒ/ N (= act) portage m ; (= cost) frais mpl de portage
**porterhouse** /ˈpɔːtəhaʊs/ N (also **porterhouse steak**) chateaubriand m
**portfolio** /pɔːtˈfəʊlɪəʊ/
Ⓝ (pl **portfolios**) ① (Pol = object, post) portefeuille m ◆ **minister without portfolio** ministre m sans portefeuille
② [of shares] portefeuille m
③ [of artist] portfolio m ; [of model] book m
④ (Comm = range) gamme f
COMP **portfolio manager** N portefeuilliste mf
**porthole** /ˈpɔːthəʊl/ N [of plane, ship] hublot m ; (for ship's guns, cargo) sabord m
**portico** /ˈpɔːtɪkəʊ/ N (pl **porticoes** or **porticos**) portique m
**portion** /ˈpɔːʃən/ SYN
Ⓝ (= part, percentage) portion f, partie f ; [of train, ticket etc] partie f ; (= share) portion f, (quote-)part f ; [of estate, inheritance etc] portion f, part f ; (of food = helping) portion f ; († : also **marriage portion**) dot f ; (liter) (= fate) sort m, destin m
VT (also **portion out**) répartir (among, between entre)
**portliness** /ˈpɔːtlɪnɪs/ N embonpoint m, corpulence f
**portly** /ˈpɔːtlɪ/ ADJ corpulent
**portmanteau** /pɔːtˈmæntəʊ/
Ⓝ (pl **portmanteaus** or **portmanteaux** /pɔːtˈmæntəʊz/) grosse valise f (de cuir)
COMP **portmanteau word** N (Ling) mot-valise m
**portrait** /ˈpɔːtrɪt/ SYN
Ⓝ (gen, Art) portrait m ◆ **to paint sb's portrait** peindre le portrait de) qn ◆ **"A Portrait of the Artist as a Young Man"** (Literat) « Dedalus, portrait de l'artiste par lui-même »
COMP **portrait gallery** N galerie f de portraits **portrait lens** N (gen) objectif m à portrait ; (= extension lens) bonnette f
**portrait mode** N (Comput) ◆ **to output sth in portrait mode** imprimer qch à la française or au format portrait
**portrait painter** N portraitiste mf
**portrait photographer** N photographe mf spécialisé(e) dans les portraits, portraitiste mf
**portrait photography** N art m du portrait photographique ◆ **to do portrait photography** faire des portraits photographiques
**portraitist** /ˈpɔːtrɪtɪst/ N portraitiste mf
**portraiture** /ˈpɔːtrɪtʃəʳ/ N (NonC) (= art) art m du portrait ; (= portrait) portrait m ; (NonC, collectively) portraits mpl
**portray** /pɔːˈtreɪ/ SYN VT [painter] peindre, faire le portrait de ; [painting] représenter ◆ **he portrayed him as an embittered man** [painter] il l'a peint sous les traits d'un homme aigri ; [writer, speaker, actor] il en a fait un homme aigri ◆ **the film portrayed him as a saint** le film le présentait comme un saint
**portrayal** /pɔːˈtreɪəl/ SYN N (in play, film, book) évocation f ; (by actor) [of character] interprétation f ◆ **the novel is a hilarious portrayal of Jewish life in the 1920s** ce roman dépeint or évoque d'une façon hilarante le monde juif des années 20
**Portugal** /ˈpɔːtjʊɡəl/
Ⓝ Portugal m ◆ **in Portugal** au Portugal
COMP **Portugal laurel** N (= plant) laurier m du Portugal
**Portuguese** /ˌpɔːtjʊˈɡiːz/
ADJ (gen) portugais ; [ambassador, embassy] du Portugal ; [teacher] de portugais
Ⓝ ① (pl inv) Portugais(e) m(f)
② (= language) portugais m
NPL **the Portuguese** les Portugais mpl
COMP **Portuguese man-of-war** N (pl **Portuguese men-of-war**) (= jellyfish) galère f
**POS** /ˌpiːəʊˈes/ N (abbrev of **point of sale**) PLV m
**pose** /pəʊz/ SYN
Ⓝ (= body position) (gen, pej) pose f, attitude f ; (Art) pose f ; (fig) pose f ◆ **to strike a pose** (lit) poser (pour la galerie) ; (fig) se composer une attitude ◆ **it's probably just a pose** ce n'est sans doute qu'une attitude
VI (Art, Phot) poser (for pour ; as en) ; (pej) (= attitudiniser) poser pour la galerie ◆ **to pose as a doc-**

tor se faire passer pour un docteur ◆ **to pose nude** poser nu
VT ① (= present) [+ problem, question] poser ; [+ difficulties] poser, comporter ; [+ threat, challenge] constituer, représenter ; (frm) [+ state] établir ; [+ argument, claim, question] formuler ; [+ solution] présenter ◆ **the danger posed by nuclear weapons** le danger que constituent or représentent les armes nucléaires
② [+ artist's model] faire prendre une pose à ; [+ person] faire poser
COMP **posing pouch** N cache-sexe m (pour homme)
**Poseidon** /pɒˈsaɪdən/ N Poséidon m
**poser** /ˈpəʊzəʳ/ SYN N ① (pej: = person) poseur m, -euse f (pej)
② (= problem, question) question f difficile ◆ **that's a bit of a poser!** c'est un véritable casse-tête or une sacrée colle ! ‡ ◆ **how he did it remains a poser** nul ne sait comment il y est arrivé
**poseur** /pəʊˈzɜːʳ/ N (pej) poseur m, -euse f (pej)
**posh** ‡ /pɒʃ/
ADJ ① (= distinguished) [house, neighbourhood, hotel, car, clothes] chic ; [occasion] select inv or sélect ◆ **a posh London restaurant** un restaurant londonien très chic ◆ **he was looking very posh** il faisait très chic, il s'était mis sur son trente et un
② (pej) [person, accent] snob f inv ; [house, neighbourhood, school, car] huppé ◆ **posh people** les snob(s) mpl, les gens mpl de la haute ‡ ◆ **my posh aunt** ma tante qui est très snob ◆ **a posh wedding** un mariage chic or en grand tralala ‡
ADV (pej) ◆ **to talk posh** ‡ parler comme les gens de la haute ‡
▸ **posh up** ‡ VT SEP [+ house, room] redonner un coup de jeune à ‡ ◆ **to posh o.s. up** se pomponner, se bichonner ◆ **he was all poshed up** il était sur son trente et un, il était bien pomponné
**posidrive** /ˈpɒzɪˌdraɪv/ ADJ ◆ **posidrive screw/screwdriver** vis f/tournevis m cruciforme
**posit** /ˈpɒzɪt/ VT postuler, poser comme postulat
**position** /pəˈzɪʃən/ LANGUAGE IN USE 6.3, 12.3, 15.4, 19 SYN
Ⓝ ① (physical) [of person, object] position f (also Geog, Math, Mil, Mus, Naut, Phys etc), place f ; [of house, shop, town] emplacement m, situation f ; [of gun] emplacement m ◆ **to change the position of sth** changer qch de place ◆ **to change (one's) position** changer de position ◆ **to take up (one's) position** prendre position or place ◆ **to be in a good position** [house] être bien placé ; see also noun 4 ◆ **the enemy positions** (Mil etc) les positions fpl de l'ennemi ◆ **what position do you play (in)?** (Sport) à quelle place jouez-vous ? ◆ **to jockey** or **jostle** or **manoeuvre for position** (lit, fig) manœuvrer pour se placer avantageusement ◆ **"position closed"** (in post office, bank) « guichet fermé »
◆ **in position** en position
◆ **into position** en place, en position ◆ **troops are moving into position** les troupes se mettent en place or en position ◆ **to push/slide sth into position** mettre qch en place en le poussant/le faisant glisser ◆ **to get o.s. into position** se placer ◆ **to lock into position** verrouiller
◆ **in a... position** (physically) ◆ **in a horizontal position** en position horizontale ◆ **in an uncomfortable position** dans une position incommode ◆ **in a sitting position** en position assise
② (in class, league) position f, place f ; (socially) position f, condition f ◆ **he finished in third position** il est arrivé en troisième position or à la troisième place ◆ **his position in society** sa position dans la société ◆ **a man in his position should not...** un homme dans sa position or de sa condition ne devrait pas... ; see also noun 4 ◆ **the priest she looked upon as a father figure abused his position of trust** le prêtre qu'elle considérait comme son père a abusé de sa confiance
③ (= job) poste m, emploi m ◆ **top management positions** les postes mpl de cadre supérieur ◆ **his position in (the) government** son poste or sa fonction dans le gouvernement ◆ **a high position in the Cabinet** une haute fonction au ministère ◆ **he's in a position of power** il occupe un poste d'influence ◆ **he is using his position of power for personal gain** il utilise son pouvoir à des fins personnelles
④ (= situation, circumstances) situation f, place f ◆ **what would you do in my position?** que fe-

riez-vous à ma place ? ◆ **our position is desperate** notre situation est désespérée ◆ **the economic position** la situation économique ◆ **to be in a good/bad position** être dans une bonne/mauvaise situation ◆ **we are in the happy position of having good jobs** nous avons la chance d'avoir de bonnes situations ◆ **we were in an awkward position** nous étions dans une situation délicate ◆ **put yourself in my position** mettez-vous à ma place ◆ **a man in his position cannot expect mercy** un homme dans sa situation ne peut s'attendre à la clémence ; see also **noun 2** ◆ **what's the position on deliveries/sales?** où en sont les livraisons/ventes ?

◆ **to be in a position to do sth** être en mesure de faire qch ◆ **the UN will be in a position to support relief efforts** les Nations unies seront en mesure de soutenir les opérations de secours ◆ **I was glad I'd been in a position to help** j'étais content d'avoir pu être utile ◆ **he's in a good/bad position to judge** il est bien/mal placé pour juger

◆ **to be in no position to do sth** ne pas être en mesure de faire qch ◆ **he's in no position to decide** il n'est pas en position *or* en mesure de décider ◆ **she's in no position to criticize** elle est mal placée pour critiquer

5 *(= point of view, opinion)* position *f*, opinion *f* ◆ **you must make your position clear** vous devez dire franchement quelle est votre position ◆ **the Church's position on homosexuality** la position de l'Église face à *or* sur l'homosexualité ◆ **to take up a position on sth** prendre position sur qch ◆ **he took up the position that...** il a adopté le point de vue selon lequel... ◆ **he took a moderate position on most issues** il avait une position modérée sur la plupart des sujets ◆ **they were reluctant to state a clear position on the crisis** ils hésitaient à exposer clairement leur position sur la crise

**VT** 1 *(= adjust angle of) [+ light, microscope, camera]* positionner

2 *(= put in place) [+ gun, chair, camera]* mettre en place, placer ; *[+ house, school]* situer, placer ; *[+ guards, policemen]* placer, poster ; *[+ army, ship]* mettre en position ; *(Marketing) [+ product]* positionner ◆ **he positioned each item with great care** il a très soigneusement disposé chaque article ◆ **to position o.s.** se mettre, se placer ◆ **the company is well positioned to sell a million cars this year** la société est bien placée pour vendre un million de voitures cette année ◆ **he positioned his party as the defender of the constitution** il a présenté son parti comme le défenseur de la constitution

3 *(= find position of)* déterminer la position de

**COMP** **position paper** N document *m* d'orientation

**positioning** /pəˈzɪʃənɪŋ/ N positionnement *m*

**positive** /ˈpɒzɪtɪv/ SYN

**ADJ** 1 *(= not negative : gen, Elec, Gram, Math, Phot, Typography)* positif ; *[test, result, reaction]* positif ; *(= affirmative : Ling etc)* affirmatif ; *(= constructive) [suggestion]* positif, concret (-ète *f*) ; *[attitude, criticism]* positif ; *[response]* favorable, positif ◆ **to take positive action** prendre des mesures concrètes ◆ **we need some positive thinking** soyons positifs ◆ **he's very positive about it** il a une attitude très positive à ce sujet ◆ **she is a very positive person** c'est quelqu'un de très positif

2 *(= definite, indisputable) [order, rule, instruction]* catégorique, formel ; *[fact]* indéniable, irréfutable ; *[change, increase, improvement]* réel, tangible ◆ **positive proof, proof positive** preuve *f* formelle ◆ **there is positive evidence that...** il y a des preuves indéniables selon lesquelles... ◆ **to make a positive identification** *or* **ID on a body** formellement identifier un corps ◆ **positive progress has been made** un réel progrès *or* un progrès tangible a été fait ◆ **he has made a positive contribution to the scheme** il a apporté une contribution effective au projet, il a contribué de manière effective au projet ◆ **it'll be a positive pleasure to get rid of him!** ce sera un vrai *or* un véritable plaisir (que) de se débarrasser de lui ! ◆ **your room is a positive disgrace** ta chambre est une véritable porcherie

3 *(= sure, certain) [person]* sûr, certain *(about, on, of* de) ◆ **are you quite positive?** en êtes-vous bien sûr *or* certain ? ◆ **I'm absolutely positive I put it back** je suis absolument sûr de l'avoir remis à sa place ◆ **... he said in a positive tone of voice** ... dit-il d'un ton très assuré ◆ **I am positive that I can mend it** je suis sûr de pouvoir le réparer

**N** *(Elec)* pôle *m* positif ; *(Gram)* affirmatif *m* ; *(Math)* nombre *m* positif, quantité *f* positive ; *(Phot)* épreuve *f* positive, positif *m* ◆ **in the positive** *(Ling)* à l'affirmatif ◆ **he replied in the positive** il a répondu par l'affirmative ◆ **the positives far outweigh the negatives** les points positifs compensent largement les points négatifs

**ADV** *(Drugs, Sport)* ◆ **to test positive** subir un contrôle positif, être positif ◆ **he tested positive for HIV** son test du sida était positif ◆ **to show positive** *[test]* se révéler positif ; *[person]* être positif ◆ **to think positive** être positif ◆ **think positive!** soyez positif !

**COMP** **positive discrimination** N *(Brit)* discrimination *f* positive

**positive feedback** N *(Elec)* réaction *f* positive ; *(= praise)* réactions *fpl* positives ◆ **to give sb/get positive feedback (about sb/sth)** faire part à qn/recevoir des réactions positives (sur qn/qch)

**positive organ** N *(Mus)* positif *m*

**positive vetting** N enquête *f* de sécurité *(of sb* sur qn) ◆ **a policy of positive vetting** une politique d'enquêtes de sécurité

**positively** /ˈpɒzɪtɪvlɪ/ SYN **ADV** 1 *(= constructively, favourably) [act, contribute]* de façon positive, positivement ◆ **to think positively** être positif ◆ **to respond positively** *(in negotiations, to event etc)* réagir favorablement ◆ **to respond positively to treatment/medication** *[patient]* bien réagir à un traitement/un médicament ◆ **to be positively disposed to sb/sth** être bien disposé envers qn/qch

2 *(= actively)* ◆ **I didn't object, in fact I positively approved** je ne m'y suis pas opposé, j'étais même carrément d'accord ◆ **she never refused his advances, but she never positively invited them either** elle n'a jamais repoussé ses avances mais elle ne les a jamais encouragées non plus ◆ **she doesn't mind being photographed, in fact she positively loves it** cela ne la dérange pas qu'on la photographie, en fait, elle adore ça

3 *(= absolutely, literally)* carrément ◆ **she's positively obsessed** c'est carrément une obsession chez elle ◆ **this is positively the worst thing that could happen** c'est vraiment la pire des choses qui pouvaient arriver ◆ **he was positively rude to me** il a été carrément grossier avec moi ◆ **this is positively the last time** cette fois, c'est vraiment la dernière ◆ **I positively forbid it!** je l'interdis formellement ! ◆ **she positively glowed with happiness** elle rayonnait littéralement de bonheur

4 *(= definitely) [identify]* formellement ◆ **cholesterol has been positively associated with heart disease** le cholestérol a été formellement associé aux maladies cardiovasculaires

5 ◆ **he tested positively for drugs/HIV, he was positively tested for drugs/HIV** son test antidopage/du sida était positif

6 *(Elec, Phys)* ◆ **positively charged** chargé positivement, à charge positive

**positivism** /ˈpɒzɪtɪvɪzəm/ N positivisme *m*

**positivist** /ˈpɒzɪtɪvɪst/ **ADJ, N** positiviste *mf*

**positron** /ˈpɒzɪtrɒn/ N positon *m*, positron *m*

**positronium** /ˌpɒzɪˈtrəʊnɪəm/ N positonium *m*, positronium *m*

**posology** /pəˈsɒlədʒɪ/ N posologie *f*

**poss** * /pɒs/ **ADJ** (abbrev of **possible**) possible ◆ **as soon as poss** dès que possible

**posse** /ˈpɒsɪ/ N *(gen, fig hum)* petite troupe *f*, détachement *m*

**possess** /pəˈzes/ SYN **VT** 1 *(= own, have) [+ property, qualities]* posséder, avoir ; *[+ documents, money, proof]* posséder, être en possession de ◆ **all I possess** tout ce que je possède ◆ **she was accused of possessing a firearm/drugs** *(illegally)* elle a été accusée de port d'armes prohibé/de détention illégale de stupéfiants ◆ **it possesses several advantages** cela présente plusieurs avantages ◆ **to possess o.s. of sth** s'emparer de qch ◆ **to be possessed of** *(frm)* posséder ◆ **to possess one's soul in patience** *(liter)* s'armer de patience

2 *[demon, rage]* posséder ; *(fig = obsess)* posséder, obséder ◆ **he was possessed by the devil** il était possédé du démon ◆ **possessed with** *or* **by jealousy** obsédé *or* dévoré par la jalousie, en proie à la jalousie ◆ **I was possessed by an irrational fear** j'étais en proie à une peur irraisonnée ◆ **like one possessed** comme un(e) possédé(e) ◆ **like a man/woman possessed** comme un(e) possédé(e) ◆ **what can have possessed him to say that?** qu'est-ce qui lui a pris de dire ça ? *

**possession** /pəˈzeʃən/ SYN

**N** 1 *(NonC = act, state)* possession *f* ; *(Jur = occupancy)* jouissance *f* ; *(illegal) [of drugs]* détention *f* illégale ◆ **illegal possession of a firearm** port *m* d'arme prohibé ◆ **in possession of** en possession de ◆ **to have possession of** *(gen)* posséder ; *(Jur)* avoir la jouissance de ◆ **to have sth in one's possession** avoir qch en sa possession ◆ **to get possession of sth** obtenir qch ; *(by force)* s'emparer de qch ; *(improperly)* s'approprier qch ◆ **to get possession of the ball** *(Rugby)* s'emparer du ballon ◆ **to come into possession of** entrer en possession de ◆ **to come into sb's possession** tomber en la possession de qn ◆ **he was in full possession of all his faculties** il était en pleine possession de ses facultés, il avait le plein usage de ses facultés ◆ **according to the information in my possession** selon les renseignements dont je dispose ◆ **to take possession of sth** prendre possession de qch ; *(improperly)* s'approprier qch ; *(= confiscate)* confisquer qch ◆ **to take possession** *(Jur)* prendre possession ◆ **to be in possession** *(Jur)* occuper les lieux ◆ **a house with vacant possession** *(Jur etc)* une maison avec jouissance immédiate ◆ **possession is nine points** *or* **tenths of the law** *(Prov)* ≃ (en fait de meubles) la possession vaut titre

2 *(= object)* possession *f*, bien *m* ; *(= territory)* possession *f* ◆ **all his possessions** tous ses biens, tout ce qu'il possède ◆ **he had few possessions** il possédait très peu de choses

**COMP** **possession order** N *(Brit Jur) injonction autorisant le propriétaire d'un logement à en reprendre possession en expulsant les occupants*

**possessive** /pəˈzesɪv/ SYN

**ADJ** 1 *[person, nature, attitude, love]* possessif ◆ **to be possessive about sth** ne pas vouloir partager qch ◆ **to be possessive towards** *or* **with sb** être possessif avec *or* à l'égard de qn ◆ **his mother is terribly possessive** sa mère est très possessive, il a une mère abusive

2 *(Gram)* possessif

**N** *(Gram)* ◆ **the possessive** le possessif ◆ **in the possessive** au possessif

**COMP** **possessive adjective** N adjectif *m* possessif

**possessive pronoun** N pronom *m* possessif

**possessively** /pəˈzesɪvlɪ/ **ADV** d'une façon possessive

**possessiveness** /pəˈzesɪvnɪs/ N *(NonC)* possessivité *f*

**possessor** /pəˈzesə^r/ N possesseur *m* ; *(= owner)* propriétaire *mf* ◆ **to be the possessor of** être possesseur de, posséder ◆ **he was the proud possessor of...** il était l'heureux propriétaire de...

**posset**[1] /ˈpɒsɪt/ N *grog à base de lait*

**posset**[2] /ˈpɒsɪt/ **VI** *[baby]* régurgiter du lait

**possibility** /ˌpɒsəˈbɪlɪtɪ/ LANGUAGE IN USE 19.1, 26.3 SYN **N** 1 *(NonC)* possibilité *f* ◆ **within the bounds of possibility** dans la limite du possible ◆ **not beyond the realms** *or* **bounds of possibility** pas impossible ◆ **if by any possibility...** si par impossible..., si par hasard... ◆ **there is some possibility/not much possibility of success** il y a quelques chances/peu de chances que ça marche ◆ **there is no possibility of my leaving** il n'est pas possible que je parte

2 *(= possible event)* possibilité *f*, éventualité *f* ◆ **to foresee all (the) possibilities** envisager toutes les possibilités *or* éventualités ◆ **there's a possibility that we might be wrong** il se peut *or* il est possible que nous nous trompions ◆ **it's a distinct possibility** c'est bien possible ◆ **we must allow for the possibility that he may refuse** nous devons nous préparer à *or* nous devons envisager l'éventualité de son refus ◆ **he is a possibility for the job** c'est un candidat possible

3 *(= promise, potential)* perspectives *fpl*, potentiel *m* ◆ **the firm saw good possibilities for expansion** la compagnie entrevoyait de bonnes perspectives d'expansion ◆ **the scheme/the job has real possibilities** c'est un projet/un emploi qui ouvre toutes sortes de perspectives ◆ **she agreed that the project had possibilities** elle a admis que le projet avait un certain potentiel

**possible** /ˈpɒsəbl/ LANGUAGE IN USE 12.2, 15.2, 15.3, 16.3, 26.3 SYN

**ADJ** 1 possible ; *[event, reaction, victory, loss]* possible, éventuel ◆ **it's just possible** ce n'est pas impossible ◆ **it's not possible!** ce n'est pas possible !, pas possible ! * ◆ **it is possible that...** il

se peut que… + subj , il est possible que… + subj ◆ **it's just possible that…** il n'est pas impossible que… + subj, il y a une chance que… + subj ◆ **it's possible to do so** il est possible de le faire, c'est faisable ◆ **it is possible for us to measure his progress** il nous est possible de mesurer ses progrès ◆ **to make sth possible** rendre qch possible ◆ **he made it possible for me to go to Spain** il a rendu possible mon voyage en Espagne ◆ **if (at all) possible** si possible ◆ **he visits her whenever possible** il va la voir aussi souvent que possible or chaque fois qu'il le peut ◆ **whenever** or **wherever possible, we try to find…** dans la mesure du possible, nous essayons de trouver… ◆ **at the worst possible time** au pire moment ◆ **he chose the worst possible job for a man with a heart condition** il a choisi le pire des emplois pour un cardiaque ◆ **the best possible result** le meilleur résultat possible ◆ **one possible result** un résultat possible or éventuel ◆ **what possible interest can you have in it?** qu'est-ce qui peut bien vous intéresser là-dedans ? ◆ **what possible motive could she have?** quels pouvaient bien être ses motifs ? ◆ **there is no possible excuse for his behaviour** sa conduite n'a aucune excuse or est tout à fait inexcusable
◆ **as… as possible** ◆ **as far as possible** dans la mesure du possible ◆ **as much as possible** autant que possible ◆ **he did as much as possible** il a fait tout ce qu'il pouvait ◆ **as soon as possible** dès que possible, aussitôt que possible ◆ **as quickly as possible** le plus vite possible
② (= perhaps acceptable) [candidate, successor] possible, acceptable ◆ **a possible solution** une solution possible or à envisager ◆ **it is a possible solution to the problem** ce pourrait être une manière de résoudre le problème
N ① ◆ **the art of the possible** l'art m du possible
② * ◆ **a list of possibles for the job** une liste de personnes susceptibles d'être retenues pour ce poste ◆ **he's a possible for the match on Saturday** c'est un joueur éventuel pour le match de samedi ◆ **the Possibles versus the Probables** (Sport) la sélection B contre la sélection A

**possibly** /ˈpɒsəblɪ/ LANGUAGE IN USE 4 SYN ADV
① (with "can" etc) ◆ **he did all he possibly could (to help them)** il a fait tout son possible (pour les aider) ◆ **I'll come if I possibly can** je ferai mon possible pour venir ◆ **I go as often as I possibly can** j'y vais aussi souvent que possible ◆ **I cannot possibly come** il m'est absolument impossible de venir ◆ **you can't possibly do that!** tu ne vas pas faire ça quand même ! ◆ **it can't possibly be true!** ce n'est pas possible !
② (= perhaps) peut-être ◆ **Belgian beer is possibly the finest in the world** la bière belge est peut-être la meilleure du monde ◆ **possibly they've left already** ils sont peut-être déjà partis, il se peut qu'ils soient déjà partis ◆ **was he lying? (very or quite) possibly** est-ce qu'il mentait ? c'est (tout à fait or très) possible ◆ **possibly not** peut-être pas, peut-être que non

**possum*** /ˈpɒsəm/ N (US) (abbrev of **opossum**) opossum m ◆ **to play possum*** faire le mort

**POST** N (abbrev of **point-of-sale terminal**) → **point**

**post¹** /pəʊst/ SYN
N (of wood, metal) poteau m ; (= stake) pieu m ; (for door etc: upright) montant m ; (also **goal post**) poteau m (de but) ◆ **starting/finishing** or **winning post** (Sport) poteau m de départ/d'arrivée ◆ **to be left at the post** manquer le départ, rester sur la touche ◆ **to be beaten at the post** (Sport, fig) être battu or coiffé sur le poteau ; → **deaf, gatepost, lamppost, pip³**
VT ① (also **post up**) [+ notice, list] afficher
② (= announce) [+ results] annoncer ◆ **to be posted (as) missing** être porté disparu
③ ◆ **to post a wall with advertisements** poser or coller des affiches publicitaires sur un mur

**post²** /pəʊst/ LANGUAGE IN USE 19 SYN
N ① (Mil, gen) poste m ◆ **at one's post** à son poste ; → **forward, last¹**
② (esp Can, US : also **trading post**) comptoir m
③ (= situation, job) poste m, situation f ; (in civil service, government etc) poste m ◆ **a post as a manager** un poste or une situation de directeur ◆ **his post as head of the ruling party** son poste de dirigeant du parti au pouvoir ◆ **to be in post** être en fonctions, occuper un poste ◆ **to hold a post** occuper un poste
VT ① (Mil = position) [+ sentry, guard] poster ◆ **they posted a man by the stairs** ils ont posté un homme près de l'escalier

② (esp Brit = send, assign) (Mil) poster (to à) ; (Admin, Comm) affecter, nommer (to à) ◆ **to post sb abroad/to Paris** envoyer qn à l'étranger/à Paris
③ (US Jur) ◆ **to post bail** déposer une caution ◆ **to post the collateral required** fournir les garanties
COMP **post exchange** N (US Mil) magasin m de l'armée
**post-holder** N détenteur m, -trice f du poste

**post³** /pəʊst/ SYN (esp Brit)
N ① (NonC) poste f ; (= letters) courrier m ◆ **by post** par la poste ◆ **by return (of) post** par retour du courrier ◆ **by first-/second-class post** = tarif accéléré/normal ◆ **winners will be notified by post** les gagnants seront avisés (personnellement) par courrier ◆ **your receipt is in the post** votre reçu est déjà posté ◆ **I'll put it in the post today** je le posterai aujourd'hui ◆ **it went first post this morning** c'est parti ce matin par le premier courrier ◆ **the letter might arrive in the second post** la lettre va peut-être arriver au deuxième courrier ◆ **to catch/miss the post** avoir/manquer la levée ◆ **drop it in the post on your way** mettez-le à la boîte en route ◆ **the post was listed** or **collected at 8 o'clock** la levée a eu lieu à 8 heures ◆ **has the post been** or **come yet?** le courrier est-il arrivé ?, le facteur est-il passé ? ◆ **the post is late** le courrier a du retard ◆ **is there any post for me?** est-ce que j'ai du courrier ?, y a-t-il une lettre pour moi ? ◆ **you'll get these through the post** vous les recevrez par la poste ◆ **Minister/Ministry of Posts and Telecommunications** (Brit) ministre m/ministère m des Postes et (des) Télécommunications ; → **registered**
② (Hist = riders etc) poste f ; → **general**
VT ① (= send) envoyer ; (Brit) (= put in mailbox) poster, mettre à la poste ; (Comput) envoyer (par voie électronique)
② (Accounting: also **post up**) [+ transaction] inscrire ◆ **to post an entry to the ledger** passer une écriture dans le registre ◆ **to post (up) a ledger** tenir un registre à jour ◆ **to keep sb posted** tenir qn au courant
VI (Hist = travel by stages) voyager par la poste, prendre le courrier ; ( †† = hasten) courir la poste ††, faire diligence †
COMP **post and packing** N (= cost) frais mpl de port et d'emballage
**post chaise** N (Hist) chaise f de poste
**post-free** ADJ (en) port payé
**post horn** N (Mus) cornet m de poste or de postillon
**post house** N (Hist) relais m de poste
**Post-it ®, Post-it note ®** N Post-it ® m inv
**post office** N → **post office**
**post-paid** ADJ port payé
▶ **post on** VT SEP [+ letter, parcel] faire suivre
▶ **post up** VT SEP ⇒ **post³** vt 2

**post…** /pəʊst/ PREF post… ◆ **postglacial** postglaciaire ◆ **post-1950 adj** postérieur (-eure f) à (l'année) 1950, d'après 1950 ADV après 1950 ; → **postdate, postimpressionism** etc

**postage** /ˈpəʊstɪdʒ/
N (NonC) tarifs mpl postaux or d'affranchissement ◆ **postage: £2** (in account etc) frais mpl de port : 2 livres ◆ **postage due 20p** surtaxe 20 pence
COMP **postage and packing** N (Comm) frais mpl de port et d'emballage
**postage meter** N (US) machine f à affranchir (les lettres)
**postage paid** ADJ port payé inv
**postage rates** NPL tarifs mpl postaux
**postage stamp** N timbre-poste m ◆ **what she knows about children would fit on the back of a postage stamp** les enfants, elle n'y connaît rien

**postal** /ˈpəʊstəl/
ADJ ① [code, zone] postal ; [application] par la poste ◆ **postal charges, postal rates** tarifs mpl postaux ◆ **postal dispute** conflit m (des employés) des postes ◆ **postal district** district m postal ◆ **the postal services** les services mpl postaux ◆ **two-tier postal service** courrier m à deux vitesses ◆ **postal strike** grève f des employés des postes ◆ **postal worker** employé(e) m(f) des postes, postier m, -ière f
② * (US) (= crazy) ◆ **to go postal** péter les plombs*
COMP **postal card** N (US) carte f postale
**postal order** N (Brit) mandat m (postal) ◆ **a postal order for €50** un mandat de 100 €

**postal vote** N (= paper) bulletin m de vote par correspondance ; (= system) vote m par correspondance

**postbag** /ˈpəʊstbæg/ N (Brit) sac m postal ◆ **we've had a good postbag* on this** nous avons reçu beaucoup de courrier à ce sujet

**postbox** /ˈpəʊstbɒks/ N (esp Brit) boîte f à or aux lettres

**postcard** /ˈpəʊstkɑːd/ N carte f postale

**postcode** /ˈpəʊstkəʊd/
N (Brit) code m postal
COMP **postcode prescribing** N inégalité dans la disponibilité de certains médicaments selon le lieu où l'on habite

**postcoital** /ˌpəʊstˈkɔɪtəl/ ADJ (d')après l'amour

**postdate** /ˌpəʊstˈdeɪt/ VT postdater

**postdoctoral** /ˌpəʊstˈdɒktərəl/ ADJ (Univ) [research, studies] post-doctoral ◆ **postdoctoral fellow** chercheur m qui a son doctorat ◆ **postdoctoral fellowship** poste m de chercheur (qui a son doctorat)

**poster** /ˈpəʊstəʳ/ SYN
N affiche f ; (decorative) poster m
COMP **poster boy*, poster child*, poster girl*** N (US) incarnation f
**poster paint** N gouache f

**poste restante** /ˌpəʊstˈrɛstɑ̃ːnt/ N, ADV (esp Brit) poste f restante

**posterior** /pɒsˈtɪərɪəʳ/
ADJ (frm) postérieur (-eure f) (to à)
N (* hum) derrière m, postérieur* m

**posterity** /pɒsˈtɛrɪtɪ/ SYN N postérité f ◆ **to go down to** or **in posterity as sth/for sth** entrer dans la postérité en tant que qch/pour qch ◆ **for posterity** pour la postérité

**postern** /ˈpɒstən/ N poterne f

**postfeminist** /ˌpəʊstˈfɛmɪnɪst/ ADJ, N postféministe mf

**postglacial** /ˌpəʊstˈɡleɪʃəl/ ADJ postglaciaire

**postgrad*** /ˈpəʊstɡræd/ N, ADJ abbrev of **postgraduate**

**postgraduate** /ˌpəʊstˈɡrædjʊɪt/
ADJ [studies, course, grant, diploma] = de troisième cycle (universitaire)
N (also **postgraduate student**) étudiant(e) m(f) de troisième cycle

**posthaste** /ˌpəʊstˈheɪst/ ADV à toute allure

**posthumous** /ˈpɒstjʊməs/ ADJ posthume

**posthumously** /ˈpɒstjʊməslɪ/ ADV à titre posthume

**posthypnotic suggestion** /ˌpəʊsthɪpˈnɒtɪk/ N suggestion f posthypnotique

**postiche** /pɒsˈtiːʃ/ N, ADJ postiche m

**postie*** /ˈpəʊstɪ/ N (Austral, Brit dial) facteur m, -trice f

**postil(l)ion** /pəsˈtɪlɪən/ N postillon m

**postimpressionism** /ˌpəʊstɪmˈprɛʃənɪzəm/ N postimpressionnisme m

**postimpressionist** /ˌpəʊstɪmˈprɛʃənɪst/ ADJ, N postimpressionniste mf

**postindustrial** /ˌpəʊstɪnˈdʌstrɪəl/ ADJ postindustriel

**posting** /ˈpəʊstɪŋ/
N ① (NonC = sending by post) expédition f or envoi m par la poste
② (Brit) (= assignment) mutation f ; (Mil) affectation f ◆ **I've been given an overseas posting to Japan** j'ai été muté or affecté au Japon
③ (Accounts = entry) passation f
COMP **posting error** N (Accounting) erreur f d'écriture

**postlude** /ˈpəʊstluːd/ N (Mus) postlude m

**postman** /ˈpəʊstmən/
N (pl **-men**) facteur m, préposé m (Admin)
COMP **postman's knock** N (= game) = le mariage chinois

**postmark** /ˈpəʊstmɑːk/
N oblitération f, cachet m de la poste ◆ **date as postmark** le cachet de la poste faisant foi ; (on letter) pour la date, se référer au cachet de la poste ◆ **letter with a French postmark** lettre oblitérée en France ◆ **it is postmarked Paris** ça porte le cachet de Paris
VT tamponner, timbrer

**postmaster** /ˈpəʊstˌmɑːstəʳ/
◼ N receveur m des postes
◼ COMP **Postmaster General** N (pl **Postmasters General**) (Brit) ministre m des Postes et Télécommunications

**postmistress** /ˈpəʊstˌmɪstrɪs/ N receveuse f des postes

**postmodern** /ˌpəʊstˈmɒdən/ ADJ postmoderne

**postmodernism** /ˌpəʊstˈmɒdənɪzəm/ N postmodernisme m

**postmodernist** /ˌpəʊstˈmɒdənɪst/ ADJ, N postmoderniste mf

**post-mortem** /ˌpəʊstˈmɔːtəm/
◼ ADJ ◆ **post-mortem examination** autopsie f
◼ N (Med, also fig) autopsie f ◆ **to hold a post-mortem** faire une autopsie ◆ **to hold** or **carry out a post-mortem on** (lit) faire l'autopsie de, autopsier ; (fig) disséquer, faire l'autopsie de

**postnatal** /ˌpəʊstˈneɪtl/
◼ ADJ postnatal
◼ COMP **postnatal depression** N dépression f post-partum, bébé blues* m
**postnatal ward** N (service m) maternité f

**post office** /ˈpəʊstˌɒfɪs/ N (= place) (bureau m de) poste f ; (= organization) administration f des postes, service m des postes ◆ **he works in the post office** il travaille à la poste ◆ **the main post office** la grande poste ◆ **Post Office Box No. 24** boîte postale n° 24 ◆ **Post Office Department** (US) ministère m des Postes et Télécommunications ◆ **he has £100 in post office savings** or **in the Post Office Savings Bank** ≈ il a 100 livres sur un livret de caisse d'épargne (de la poste), ≈ il a 100 livres à la caisse d'épargne (de la poste) ◆ **post office worker** employé(e) m(f) des postes, postier m, -ière f ; → **general**

**post-op***/ˈpəʊstɒp/ ADJ abbrev of **postoperative**

**postoperative** /ˌpəʊstˈɒprətɪv/ ADJ postopératoire

**postpartum** /ˌpəʊstˈpɑːtəm/ (frm)
◼ ADJ postnatal
◼ COMP **postpartum depression** N dépression f post-partum

**postpone** /pəʊstˈpəʊn/ SYN VT remettre à plus tard, reporter (for de ; until à)

**postponement** /pəʊstˈpəʊnmənt/ SYN N report m

**postposition** /ˈpəʊstpəˈzɪʃən/ N postposition f

**postpositive** /pəʊstˈpɒzɪtɪv/
◼ ADJ postpositif
◼ N postposition f

**postprandial** /ˌpəʊstˈprændɪəl/ ADJ (liter or hum) (d')après le repas

**postproduction** /ˌpəʊstprəˈdʌkʃən/
◼ N travail m postérieur à la production
◼ COMP [cost etc] qui suit la production

**postscript** /ˈpəʊsskrɪpt/ SYN N (to letter: abbr PS) post-scriptum m inv ; (to book) postface f ◆ **to add sth as a postscript** ajouter qch en post-scriptum ◆ **I'd like to add a postscript to what you have said** je voudrais ajouter un mot à ce que vous avez dit

**poststructuralism** /ˌpəʊstˈstrʌktʃərəlɪzəm/ N poststructuralisme m

**poststructuralist** /ˌpəʊstˈstrʌktʃərəlɪst/ ADJ, N poststructuraliste mf

**postsynchronization** /pəʊstˌsɪŋkrənaɪˈzeɪʃən/ N postsynchronisation f

**postsynchronize** /pəʊstˈsɪŋkrəˌnaɪz/ VT postsynchroniser

**post-Tertiary** /ˌpəʊstˈtɜːʃərɪ/ ADJ (Geol) ◆ **post-Tertiary period** ère f posttertiaire

**post-traumatic stress disorder** /ˌpəʊsttrɔːˈmætɪkstresdɪsˈɔːdəʳ/ N névrose f (post)traumatique

**postulant** /ˈpɒstjʊlənt/ N (Rel) postulant(e) m(f)

**postulate** /ˈpɒstjʊlɪt/ SYN
◼ N postulat m
◼ VT /ˈpɒstjʊleɪt/ poser comme principe ; (Philos) postuler

**postural** /ˈpɒstjərəl/ ADJ postural

**posture** /ˈpɒstjəʳ/ SYN
◼ N posture f, position f ; (fig) attitude f, position f ◆ **his posture is very poor** or **bad, he has poor posture** il se tient très mal ◆ **in the posture of** à la manière de
◼ VI (pej) poser, prendre des poses

**posturing** /ˈpɒstjərɪŋ/ N pose f, affectation f

**postviral (fatigue) syndrome** /ˌpəʊstvaɪrəl(fəˈtiːg)ˈsɪndrəʊm/ N séquelles fpl d'une infection virale

**postvocalic** /ˌpəʊstvəʊˈkælɪk/ ADJ (Phon) postvocalique

**postwar** /ˈpəʊstˈwɔːʳ/ ADJ [event] de l'après-guerre ; [government, structure] d'après-guerre ◆ **postwar credits** (Brit Fin) crédits gouvernementaux résultant d'une réduction dans l'abattement fiscal pendant la seconde guerre mondiale ◆ **the postwar period, the postwar years** l'après-guerre m

**postwoman** /ˈpəʊstˌwʊmən/ N (pl **-women**) factrice f, préposée f (Admin)

**posy** /ˈpəʊzɪ/ N petit bouquet m (de fleurs)

**pot**¹ /pɒt/
◼ N ① (for flowers, jam, dry goods etc) pot m ; († : for beer) chope f ; (= piece of pottery) poterie f ; (for cooking) marmite f, pot † m ; (= saucepan) casserole f ; (also **teapot**) théière f ; (also **coffeepot**) cafetière f ; (= potful) [of stew] marmite f ; [of cream] pot m ; (also **chamberpot**) pot m (de chambre), vase m de nuit ◆ **jam pot** pot m à confiture ◆ **pot of jam** pot m de confiture ◆ **pots and pans** casseroles fpl, batterie f de cuisine ◆ **to wash the pots** faire la vaisselle ◆ **... and one for the pot** (making tea) ... et une cuillerée pour la théière ◆ **it's the pot calling the kettle black** (Prov) c'est la paille et la poutre ◆ **he can just keep the pot boiling** (fig) il arrive tout juste à faire bouillir la marmite, il arrive à peine à joindre les deux bouts ◆ **keep the pot boiling!** (in game etc) allez-y !, à votre tour ! ; → **flowerpot**
② (* fig) (= prize) coupe f ; (= large stomach) brioche* f, bedaine* f ; (esp US = kitty) cagnotte f ◆ **to have pots of money*** avoir un argent fou, rouler sur l'or ◆ **to go/be to pot*** aller/être à vau-l'eau
③ (Billiards, Snooker) ◆ **what a pot!** quel coup ! ◆ **if he sinks this pot he's won** s'il met cette boule, il a gagné ◆ **to take a pot at sb*** (fig = criticize) chercher des crosses à qn* ◆ **to take a pot at goal*** (Football) tirer au but
◼ VT ① [+ plant, jam etc] mettre en pot ; see also **potted**
② (Billiards, Snooker) mettre
③ (* = shoot) [+ duck, pheasant] abattre, descendre*
◼ VI ① (= make pottery) faire de la poterie
② (= shoot) ◆ **to pot at sth*** tirer qch, canarder qch
◼ COMP **pot-bound** ADJ ◆ **this plant is pot-bound** cette plante est (trop) à l'étroit dans son pot
**pot cheese** N (US) ≈ fromage m blanc (égoutté or maigre)
**pot luck** N (fig) ◆ **to take pot luck** (gen) s'en remettre au hasard ; (at meal) manger à la fortune du pot
**pot plant** N (Brit) ⇒ **potted plant** ; → **potted**
**pot roast** N (Culin) rôti m braisé, rôti m à la cocotte
**pot-roast** VT faire braiser, faire cuire à la cocotte
**pot scourer, pot scrubber** N tampon m à récurer
**pot still** N alambic m
**potting compost** N terreau m
**potting shed** N abri m de jardin
**pot-trained** [child] propre

**pot**² */pɒt/ N (= cannabis) marijuana f, herbe f ; (= hashish) hasch* m

**potability** /ˌpəʊtəˈbɪlɪtɪ/ N caractère m potable

**potable** /ˈpəʊtəbl/ ADJ potable (lit)

**potamology** /ˌpɒtəˈmɒlədʒɪ/ N potamologie f

**potash** /ˈpɒtæʃ/ N (carbonate de) potasse f

**potassium** /pəˈtæsɪəm/
◼ N potassium m
◼ COMP de potassium

**potation** /pəʊˈteɪʃən/ N (gen pl: frm) libation f

**potato** /pəˈteɪtəʊ/ (pl **potatoes**)
◼ N pomme f de terre ◆ **is there any potato left?** est-ce qu'il reste des pommes de terre ? ◆ **it's small potatoes*** (esp US) c'est de la petite bière* ; → **fry**², **hot**, **mash**, **sweet**
◼ COMP [field, salad, soup] de pommes de terre
**potato beetle** N doryphore m
**potato blight** N maladie f des pommes de terre
**potato bug** N ⇒ **potato beetle**
**potato cake** N croquette f de pommes de terre
**potato chips** NPL (US) ⇒ **potato crisps**
**potato crisps** NPL (Brit) chips fpl
**potato-masher** N presse-purée m inv

**potato omelette** N omelette f aux pommes de terre or Parmentier
**potato-peeler** N économe m, éplucheur m inv
**potato topping** N ◆ **with a potato topping** recouvert de pommes de terre au gratin

**potbellied** /ˌpɒtˈbelɪd/ ADJ (from overeating) ventru, bedonnant* ; (from malnutrition) au ventre ballonné ; [vase, stove] ventru, renflé

**potbelly** /ˌpɒtˈbelɪ/ N (from overeating) gros ventre m, bedaine* f ; (from malnutrition) ventre m ballonné

**potboiler** /ˈpɒtˌbɔɪləʳ/ N (fig pej) œuvre f alimentaire

**poteen** /pɒˈtiːn, pɒˈtʃiːn/ N whisky m (illicite)

**potency** /ˈpəʊtənsɪ/ N (pl **potencies** or **potences** /ˈpəʊtənsɪz/) ① [of remedy, drug, charm, argument] puissance f, force f ; [of drink] forte teneur f en alcool
② [of male] virilité f

**potent** /ˈpəʊtənt/ SYN ADJ ① [remedy, drug, charm] puissant ; [drink] fort ; [argument, reason] convaincant
② [male] viril

**potentate** /ˈpəʊtənteɪt/ N potentat m

**potential** /pəʊˈtenʃəl/ SYN
◼ ADJ potentiel ; [leader, minister] en puissance, potentiel ◆ **a potential problem** un problème potentiel ◆ **a potential rapist** un violeur potentiel or en puissance ◆ **he's a potential Prime Minister** c'est un premier ministrable, c'est un Premier ministre potentiel
◼ N (NonC) ① (Elec, Gram, Math, Phys etc) potentiel m ◆ **military potential** potentiel m militaire ◆ **the destructive potential of conventional weapons** le potentiel de destruction des armes conventionnelles
② (= promise, possibilities) potentiel m, possibilités fpl ◆ **they have recognized the potential of wind power** ils ont reconnu le potentiel de l'énergie éolienne ◆ **he hasn't yet realized his full potential** il n'a pas encore donné toute sa mesure or réalisé tout son potentiel ◆ **our potential for increasing production** nos possibilités d'augmenter la production, notre potentiel d'augmentation de la production ◆ **I was shocked by his potential for violence** j'ai été choqué de voir la violence dont il était capable
◆ **to have potential** avoir du potentiel ◆ **to have great potential** avoir beaucoup de potentiel ◆ **he's got potential as a footballer** il a toutes les qualités requises pour devenir un bon footballeur, il a du potentiel en tant que footballeur ◆ **he's got potential in maths** il a des aptitudes en maths ◆ **to have management potential** avoir les aptitudes requises pour devenir cadre supérieur
◆ **to have no potential for sth** [person] ne pas avoir les aptitudes requises pour qch ◆ **his book had no potential for motion picture adaptation** son livre ne se prêtait pas à l'adaptation cinématographique
◆ **to have the potential to do sth** [person] être tout à fait capable de faire qch ◆ **the situation has the potential to get out of hand** la situation pourrait facilement échapper à tout contrôle
◆ **the potential for** [+ expansion, growth] le potentiel de ; [+ violence, disorder, unrest] les possibilités fpl de ◆ **they believe this increases the potential for miscalculation** ils pensent que cela augmente les possibilités d'erreur ◆ **the potential for conflict is great** un conflit pourrait facilement éclater

**potentiality** /pəʊˌtenʃɪˈælɪtɪ/ N potentialité f
◆ **potentialities** ⇒ **potential** noun 2

**potentially** /pəʊˈtenʃəlɪ/ ADV [dangerous, lethal, carcinogenic, serious] potentiellement ◆ **potentially important/useful/lucrative** qui peut être or s'avérer important/utile/rentable ◆ **the sea level is rising, with potentially disastrous consequences** le niveau de la mer monte, ce qui pourrait avoir des conséquences désastreuses ◆ **it was a potentially violent confrontation** il s'agissait d'une confrontation qui pouvait prendre un tour violent or devenir violente ◆ **it's potentially a rich country** c'est un pays qui pourrait devenir riche ◆ **potentially, these problems are very serious** ces problèmes pourraient devenir très sérieux

**potentiate** /pəˈtenʃɪeɪt/ VT potentialiser

**potentilla** /ˌpəʊtənˈtɪlə/ N potentille f

**potentiometer** /pəˌtenʃɪˈɒmɪtəʳ/ N potentiomètre m

**potful** /ˈpɒtfʊl/ N [of rice, stew] casserole f ; [of jam] pot m

**pothead** †⁕ /ˈpɒthed/ N drogué(e) m(f) à la marijuana (or au hasch ⁕)

**pother**⁕ /ˈpɒðəʳ/ N (NonC) (= fuss) agitation f ; (= noise) vacarme m, tapage m

**potherbs** /ˈpɒtɜːbz/ NPL herbes fpl potagères

**pothole** /ˈpɒthəʊl/ N ① (in road) nid-de-poule m ② (under ground) caverne f ; (larger) grotte f

**potholed** /ˈpɒthəʊld/ ADJ plein de nids-de-poule

**potholer** /ˈpɒtˌhəʊləʳ/ N (Brit) spéléologue mf

**potholing** /ˈpɒtˌhəʊlɪŋ/ N (Brit) spéléologie f, spéléo⁕ f ◆ **to go potholing** faire de la spéléologie

**pothook** /ˈpɒthʊk/ N (lit) crémaillère f ; (in handwriting) boucle f

**pothunter**⁕ /ˈpɒtˌhʌntəʳ/ N chasseur m acharné de trophées

**potion** /ˈpəʊʃən/ SYN N (= medicine) potion f ; (= magic drink) philtre m, breuvage m magique ◆ **love potion** philtre m (d'amour)

**potlatch** /ˈpɒtlætʃ/ N (US) fête f où l'on échange des cadeaux

**potometer** /pəˈtɒmɪtəʳ/ N potomètre m

**potoroo** /ˌpɒtəˈruː/ N potorou m

**potpie** /ˈpɒtpaɪ/ N (US) tourte f à la viande

**potpourri** /pəʊˈpʊrɪ/ N [of flowers] pot m pourri ; (fig, Literat, Mus) pot-pourri m

**Potsdam** /ˈpɒtsdæm/ N Potsdam

**potsherd** /ˈpɒtʃɜːd/ N (Archeol) tesson m (de poterie)

**potshot**⁕ /ˈpɒtʃɒt/ N (with gun, missile) tir m au jugé ; (fig) (= criticism) attaque f, critique f ◆ **to take a potshot at sth** tirer sur qch au jugé

**potted** /ˈpɒtɪd/ ADJ ① (Culin) ◆ **potted meat** rillettes de viande ◆ **potted shrimps** crevettes conservées dans du beurre fondu ◆ **potted plant** plante f verte, plante f d'appartement
② ⁕ (fig) ◆ **a potted version of "Ivanhoe"** un abrégé or une version abrégée d'« Ivanhoé » ◆ **he gave me a potted lesson in car maintenance** il m'a donné un cours rapide sur l'entretien des voitures

**potter**¹ /ˈpɒtə/ SYN VI (esp Brit) mener sa petite vie tranquille, bricoler⁕ ◆ **to potter round the house** suivre son petit train-train⁕ or faire des petits travaux dans la maison ◆ **to potter round the shops** faire les magasins sans se presser

▸ **potter about** VI suivre son petit train-train⁕, bricoler⁕

▸ **potter along** VI aller son petit bonhomme de chemin, poursuivre sa route sans se presser ◆ **we potter along** nous continuons notre train-train⁕

▸ **potter around** VI ⇒ potter about

**potter**² /ˈpɒtə/
N potier m, -ière f
COMP **potter's clay**, **potter's earth** N argile f or terre f à or de potier
**potter's field** N (US = cemetery) cimetière m des pauvres
**potter's wheel** N tour m de potier

**pottery** /ˈpɒtərɪ/ SYN
N ① (NonC) (= craft, occupation) poterie f ; (= objects) poteries fpl ; (glazed) faïencerie f NonC ; (= ceramics) céramiques fpl ◆ **a piece of pottery** une poterie ◆ **Etruscan pottery** poterie(s) f(pl) étrusque(s)
② (= place) poterie f ◆ **the Potteries** (Brit Geog) la région des Poteries (dans le Staffordshire)
COMP [jug, dish] de or en terre ; (ceramic) de or en céramique ; (glazed) de or en faïence

**potto** /ˈpɒtəʊ/ N (pl pottos) (= animal) potto m

**potty**¹⁕ /ˈpɒtɪ/
N pot m (de bébé)
COMP **potty-train** VT apprendre la propreté
**potty-trained** ADJ propre
**potty-training** N apprentissage m de la propreté

**potty**² /ˈpɒtɪ/ ADJ (Brit) ① [person] toqué⁕, dingue⁕ ; [idea] farfelu ◆ **to be potty about sb/sth** être toqué⁕ de qn/qch ◆ **to go potty**⁕ perdre la boule⁕
② (slightly pej) ◆ **a potty little house** une maison de rien du tout

**pouch** /paʊtʃ/ SYN N petit sac m ; (for money) bourse f ; (for ammunition) étui m ; (for cartridges) giberne f ; (for tobacco) blague f ; (US Diplomacy) valise f (diplomatique) ; [of kangaroo etc] poche f (ventrale) ; (under eye) poche f

**pouf(fe)** /puːf/ N ① (= stool) pouf m
② (Brit ⁕⁕) ⇒ poof

**Poujadism** /ˈpuːʒɑːdɪzəm/ N poujadisme m

**Poujadist** /ˈpuːʒɑːdɪst/ N poujadiste mf

**poulard(e)** /ˈpuːlɑːd/ N (Culin) poularde f

**poult** /pʊlt/ (also **poult-de-soie**) N (= fabric) poude-soie m, poult-de-soie m

**poulterer** /ˈpəʊltərəʳ/ N marchand(e) m(f) de volailles, volailler m, -ère f

**poultice** /ˈpəʊltɪs/
N cataplasme m ◆ **a bread/mustard poultice** un cataplasme de pain/moutarde
VT mettre un cataplasme à

**poultry** /ˈpəʊltrɪ/
N (NonC) volaille f NonC, volailles fpl
COMP **poultry dealer** N volailler m
**poultry farm** N élevage m de volaille(s)
**poultry farmer** N volailleur m, -euse f, aviculteur m, -trice f
**poultry farming** N (NonC) élevage m de volaille(s), aviculture f

**pounce** /paʊns/ SYN
N bond m, attaque f subite
VI bondir, sauter ◆ **to pounce on** (also fig) [+ prey etc] bondir sur, sauter sur ; [+ book, small object] se précipiter sur ; (fig) [+ idea, suggestion] sauter sur

**pouncet box** /ˈpaʊnsɪt/ N diffuseur m de parfum

**pound**¹ /paʊnd/
N ① (= weight) livre f (= 453,6 grammes) ◆ **sold by the pound** vendu à la livre ◆ **$3 a pound** 3 dollars la livre ◆ **to demand one's pound of flesh** exiger son dû impitoyablement → IMPERIAL SYSTEM
② (= money) livre f ◆ **pound sterling** livre f sterling ◆ **ten pounds sterling** dix livres fpl sterling ; → penny
COMP **pound cake** N quatre-quarts m inv
**pound coin** N pièce f d'une livre
**pound note** N billet m d'une livre
**pound sign** N ① (for sterling) symbole m de la livre sterling
② (US = hash symbol) dièse f

**pound**² /paʊnd/ SYN
VT [+ drugs, spices, nuts, rice etc] piler ; [+ meat] attendrir ; [+ dough] pétrir vigoureusement ; [+ rocks] concasser ; [+ earth, paving slabs] pilonner ; [guns, bombs, shells] pilonner ◆ **to pound sth to a pulp** réduire or mettre qch en bouillie ◆ **to pound sth to a powder** réduire qch en poudre ◆ **the ship was pounded by huge waves** d'énormes vagues battaient contre le navire ◆ **to pound sth with one's fists** marteler qch à coups de poing ◆ **he was pounding the piano/typewriter** il tapait comme un sourd sur son piano/sa machine à écrire ◆ **to pound the beat** [policeman] faire sa ronde ; (fig = be ordinary policeman) être simple agent
VI ① [heart] battre fort ; (with fear, excitement) battre la chamade ; [sea, waves] battre (on, against contre) ◆ **he pounded at** or **on the door** il martela la porte (à coups de poing), il frappa de grands coups à la porte ◆ **he pounded on the table** il donna de grands coups sur la table, il frappa du poing sur la table ◆ **the drums were pounding** les tambours battaient, on entendait battre le tambour
② (= move heavily) ◆ **to pound in/out** etc (heavily) entrer/sortir etc à pas lourds ; (at a run) entrer/sortir etc en courant bruyamment ◆ **he was pounding up and down his room** il arpentait sa chambre à pas lourds

▸ **pound away** VI ◆ **he was pounding away at the piano/at** or **on the typewriter** il a tapé comme un sourd sur son piano/sa machine à écrire

▸ **pound down** VT SEP [+ drugs, spices, nuts] piler ; [+ rocks] concasser ; [+ earth, paving slabs] pilonner ◆ **to pound sth down to a pulp** réduire or mettre qch en bouillie

▸ **pound out** VT SEP ◆ **to pound out a tune on the piano** marteler un air au piano ◆ **to pound out a letter on the typewriter** taper comme un sourd sur sa machine à écrire pour écrire une lettre

▸ **pound up** VT SEP [+ drugs, spices, nuts] piler ; [+ rocks] concasser ; [+ earth, paving slabs] pilonner

**pound**³ /paʊnd/ SYN N (for dogs, cars) fourrière f

**poundage** /ˈpaʊndɪdʒ/ N ① (= tax/commission) impôt m/commission f de tant par livre (sterling ou de poids)
② (= weight) poids m (en livres)

**-pounder** /ˈpaʊndəʳ/ N (in compounds) ◆ **thirty-pounder** (= gun) pièce f or canon m de trente ◆ **seven-pounder** (= baby/fish) bébé m/poisson m de 3,2 kg

**pounding** /ˈpaʊndɪŋ/
ADJ [heart] (gen) battant à tout rompre ; (with fear, excitement) battant la chamade ; [waves, surf] d'une violence inouïe ◆ **he could hear the sound of pounding hooves/feet/drums/artillery** il entendait le martèlement des sabots/des talons/des tambours/de l'artillerie ◆ **with pounding heart** le cœur battant à tout rompre ◆ **a pounding headache** un violent mal de tête
N ① [of heart, waves, surf] battement m ; [of feet, hooves, drums] martèlement m ; [of guns] pilonnage m, martèlement m
② (esp Brit ⁕) ◆ **to take a pounding** [person] en prendre pour son grade ◆ **the city took a real pounding in the war/in the storm** la guerre/la tempête a fait des ravages dans cette ville ◆ **the forwards often take a pounding in the scrum** les avants prennent souvent des coups dans la mêlée ◆ **Manchester United took a real pounding from Liverpool** Manchester United s'est fait battre à plate couture par Liverpool or a pris une déculottée⁕ contre Liverpool ◆ **the Socialists took a terrible pounding in the last election** les socialistes se sont fait battre à plate couture lors des dernières élections ◆ **the Conservatives have been taking a pounding from the press** les conservateurs se sont fait éreinter par la presse

**pour** /pɔːʳ/ SYN
VT [+ liquid] verser ◆ **she poured him a cup of tea** elle lui a versé or servi une tasse de thé ◆ **pour yourself some tea** servez-vous or versez-vous du thé ◆ **shall I pour the tea?** je sers le thé ? ◆ **he poured me a drink** il m'a versé or servi à boire ◆ **she poured the salt into the salt cellar** elle a versé le sel dans la salière ◆ **she poured the water off the carrots** elle a vidé l'eau des carottes ◆ **to pour metal/wax into a mould** couler du métal/de la cire ◆ **to pour money into a scheme** investir énormément d'argent dans un projet ◆ **to pour scorn on sb/sth** dénigrer qn/qch ◆ **she looked as if she had been poured into her dress**⁕ elle semblait moulée dans sa robe ◆ **to pour it on**⁕ (US fig) y mettre le paquet⁕, foncer⁕ ; → oil
VI ① [water, blood etc] couler à flots (from de) ◆ **water came pouring into the room** l'eau entra à flots dans la pièce ◆ **water was pouring down the walls** l'eau ruisselait le long des murs ◆ **smoke was pouring from the window** des nuages de fumée sortaient par la fenêtre ◆ **sunshine poured into the room** le soleil entrait à flots dans la pièce ◆ **the sweat poured off him** il ruisselait de sueur ◆ **goods are pouring out of the factories** les usines déversent des quantités de marchandises
② ◆ **it is pouring (with rain)**⁕ il pleut à verse ◆ **it poured for four days** il n'a pas arrêté de pleuvoir à torrents pendant quatre jours ; → rain
③ [people, cars, animals] affluer ◆ **to pour in/out** entrer/sortir en grand nombre or en masse ◆ **refugees poured into the country** les réfugiés affluaient dans le pays ◆ **cars poured off the ferry** un flot de voitures sortait du ferry ◆ **complaints came pouring in from all over the country** des plaintes affluaient de tout le pays
④ [jug, teapot] verser ◆ **this teapot doesn't pour very well** cette théière ne verse pas très bien
⑤ [person] servir ◆ **shall I pour?** je vous sers ?
⑥ (US = act as hostess) jouer le rôle de maîtresse de maison

▸ **pour away** VT SEP [+ dregs etc] vider

▸ **pour down** VI ◆ **the rain** or **it was pouring down** il pleuvait à verse or à torrents

▸ **pour forth** VT SEP ⇒ pour out vt sep 2

▸ **pour in**
VI [water, sunshine, rain] entrer (à flots) ; [people] affluer ; [cars, animals] arriver de toutes parts or en masse ◆ **complaints/letters poured in** il y a eu un déluge or une avalanche de réclamations/de lettres
VT SEP [+ liquid] verser ◆ **they poured in capital** ils y ont investi d'énormes capitaux

▸ **pour off** VT SEP *[+ liquid]* vider

▸ **pour out**

VI *[water]* sortir à flots ; *[people, cars, animals]* sortir en masse ◆ **the words came pouring out** ce fut une cascade *or* un flot de paroles

VT SEP 1 *[+ tea, coffee, drinks]* verser, servir *(for sb* à qn) ; *[+ dregs, unwanted liquid]* vider ◆ **the factory pours out hundreds of cars a day** l'usine sort des centaines de voitures chaque jour

2 *(fig) [+ anger, emotion]* donner libre cours à ; *[+ troubles]* épancher ; *[+ complaint]* déverser ◆ **to pour out one's heart to sb** s'épancher avec *or* auprès de qn ◆ **he poured out his story to me** il m'a raconté *or* sorti * toute son histoire

**pouring** /'pɔːrɪŋ/ ADJ 1 (also **of pouring consistency**) *(sauce etc)* liquide

2 ◆ **(in) the pouring rain** (sous) la pluie torrentielle *or* battante

**poussin** /pusɛ̃/ N *(Culin)* poussin *m*

**pout¹** /paʊt/ SYN

N moue *f* ◆ **... she said with a pout** ... dit-elle en faisant la moue

VI faire la moue

VT ◆ **to pout one's lips** faire la moue ◆ **"no" she pouted** « non » dit-elle en faisant la moue

**pout²** /paʊt/ N *(= fish)* tacaud *m*

**poutassou** /ˌpuːtə'suː/ N *(= fish)* poutassou *m*

**poverty** /'pɒvətɪ/ SYN

N 1 *(lit)* pauvreté *f* ◆ **to live in poverty** vivre dans le besoin *or* dans la gêne ◆ **to live in extreme poverty** vivre dans une misère extrême

2 *(fig) [of ideas, information]* déficit *m* ◆ **poverty of resources** insuffisance *f* de ressources

COMP **poverty level, poverty line** N ◆ **below/above poverty level** *or* **the poverty line** au-dessous *or* en dessous du/au-dessus du seuil de pauvreté

**poverty-stricken** SYN ADJ *(lit) [person, family]* dans le dénuement ; *[district]* miséreux, misérable ; *[conditions]* misérable ◆ **I'm poverty-stricken** *(= hard up)* je suis fauché * (comme les blés), je suis sans le sou

**the poverty trap** N *(Brit) cercle vicieux auquel sont confrontés les bénéficiaires d'allocations de chômage ou d'insertion qui ne peuvent travailler, même de manière temporaire, sans perdre leurs droits*

**POW** /ˌpiːəʊ'dʌbljuː/ N *(Mil)* (abbrev of **prisoner of war**) → **prisoner**

**pow** * /paʊ/ EXCL bang *

**powder** /'paʊdəʳ/ SYN

N 1 *(= particles)* poudre *f* ◆ **milk powder** *(Culin)* lait *m* en poudre ◆ **curry/chili powder** *(Culin)* poudre *f* de curry/de piment rouge, curry/piment rouge en poudre ◆ **in the form of a powder, in powder form** en poudre ◆ **to reduce sth to a powder** pulvériser qch, réduire qch en poudre ◆ **to keep one's powder dry** *(fig)* être paré ◆ **to take a powder** * *(US)* prendre la poudre d'escampette *, décamper * ; → **baking, face, talc**

2 *(= fine snow)* poudreuse *f*

VT 1 *[+ chalk, rocks]* réduire en poudre, pulvériser ; *[+ milk, eggs]* réduire en poudre ◆ **powdered milk** lait *m* en poudre

2 *[+ face, body]* poudrer ; *(Culin) [+ cake etc]* saupoudrer *(with* de) ◆ **to powder one's nose** *(lit)* se mettre de la poudre ; *(* euph)* (aller) se refaire une beauté *(euph)* ◆ **trees powdered with snow** arbres *mpl* saupoudrés de neige

COMP **powder blue** N bleu *m* pastel *inv*

**powder-blue** ADJ bleu pastel *inv* ◆ **powder-blue dress** robe *f* bleu pastel

**powder burn** N brûlure *f* (superficielle) causée par la poudre

**powder compact** N poudrier *m*

**powdered sugar** N *(US)* sucre *m* glace

**powder keg** N *(lit)* baril *m* de poudre ; *(fig)* poudrière *f* ◆ **the Prime Minister is sitting on a powder keg** le Premier ministre est sur une poudrière

**powder magazine** N poudrière *f*

**powder puff** N houppette *f* ; *(big, fluffy)* houppe *f*

**powder room** N *(euph)* toilettes *fpl* (pour dames)

**powder snow** N (neige *f*) poudreuse *f*

**powdering** /'paʊdərɪŋ/ N ◆ **a powdering of snow** une mince pellicule de neige ◆ **a powdering of sugar** un saupoudrage de sucre

**powdery** /'paʊdərɪ/ ADJ 1 *(in consistency) [substance, snow]* poudreux ; *[stone]* friable

2 *(= covered with powder) [surface]* couvert de poudre

**power** /'paʊəʳ/ SYN

N 1 *(= ability, capacity)* pouvoir *m*, capacité *f* ; *(= faculty)* faculté *f* ◆ **it is not (with)in my power to help you** il n'est pas en mon pouvoir de vous aider ◆ **he did everything** *or* **all in his power to help us** il a fait tout son possible *or* tout ce qui était en son pouvoir pour nous aider ◆ **it is quite beyond her power to save him** il n'est pas en son pouvoir de le sauver, elle est tout à fait impuissante à le sauver ◆ **the power of hearing/movement** la faculté d'entendre/de se mouvoir ◆ **he lost the power of speech** il a perdu (l'usage de) la parole ◆ **mental powers** facultés *fpl* mentales ◆ **the body's recuperative power** la puissance de récupération de l'organisme, la capacité régénératrice du corps ◆ **his powers of resistance** sa capacité de résistance ◆ **his powers of persuasion** son pouvoir *or* sa force de persuasion ◆ **his powers of imagination/concentration** sa faculté d'imagination/de concentration ◆ **earning power** (niveau *m* de) rémunération *f* ◆ **purchasing** *or* **spending power** pouvoir *m* d'achat ; see also **noun 3** ; → **height**

◆ **a power of** * ◆ **it did me a power of good** ça m'a fait un bien immense, ça m'a rudement * fait du bien ◆ **he made a power of money** il a gagné un argent fou

2 *(= force) [of person, blow, sun, explosion]* puissance *f*, force *f* ; *(Ling: of grammar)* puissance *f* ◆ **the power of love/thought** la force de l'amour/de la pensée ◆ **sea/air power** puissance *f* navale/aérienne ◆ **more power to your elbow!** tous mes vœux de réussite !

3 *(= authority)* pouvoir *m* (*also Pol*), autorité *f* ◆ **the power of the President/the police/the army** l'autorité *f or* le pouvoir du Président/de la police/de l'armée ◆ **student/pupil** *etc* **power** le pouvoir des étudiants/lycéens *etc* ◆ **he has the power to act** il a le pouvoir d'agir ◆ **they have no power in economic matters** ils n'ont aucune autorité en matière économique ◆ **that does not fall within my power(s), that is beyond** *or* **outside my power(s)** ceci n'est pas *or* ne relève pas de ma compétence ◆ **he exceeded his powers** il a outrepassé *or* excédé ses pouvoirs ◆ **at the height of his power** à l'apogée de son pouvoir ◆ **to have the power of life and death over sb** avoir droit de vie et de mort sur qn ◆ **to have power over sb** avoir autorité sur qn ◆ **to have sb in one's power** avoir qn en son pouvoir ◆ **to fall into sb's power** tomber sous l'emprise de qn, tomber sous la coupe de qn ◆ **in power** *(Pol)* au pouvoir ◆ **Labour was in power at the time** le parti travailliste était alors au pouvoir ◆ **to come to power** accéder au pouvoir ; → **absolute, attorney, veto**

4 *(fig)* ◆ **they are the real power in the government** ce sont eux qui détiennent le pouvoir réel dans le gouvernement ◆ **he is a power in the university** il est très influent à l'université ◆ **he is a power in the land** c'est un homme très puissant *or* très influent ◆ **the power behind the throne** l'éminence *f* grise, celui (*or* celle) qui tire les ficelles ◆ **the Church is no longer the power it was** l'Église n'est plus la puissance qu'elle était ◆ **the powers that be** les autorités *fpl* constituées ; → **above, darkness, evil**

5 *(= nation)* puissance *f* ◆ **the nuclear/world powers** les puissances *fpl* nucléaires/mondiales ◆ **one of the great naval powers** une des grandes puissances navales

6 *[of engine, telescope etc]* puissance *f* ; *(Elec, Phys, Tech etc)* puissance *f*, force *f* ; *(= energy)* énergie *f* ; *(= output)* rendement *m* ; *(= electricity)* électricité *f*, courant *m* ◆ **nuclear power** l'énergie *f* nucléaire ◆ **they cut off the power** *(Elec)* ils ont coupé le courant ◆ **our consumption of power has risen** *(Elec)* notre consommation d'électricité a augmenté ◆ **a cheap source of power** une source d'énergie bon marché ◆ **a low-power microscope** un microscope de faible puissance ◆ **magnifying power** grossissement *m* ◆ **engines at half power** moteurs *mpl* à mi-régime ◆ **the ship returned to port under her own power** le navire est rentré au port par ses propres moyens ◆ **microwave on full power for a minute** faites chauffer au micro-ondes à puissance maximale pendant une minute ; → **horsepower, wind¹**

7 *(Math)* puissance *f* ◆ **five to the power of three** cinq puissance trois ◆ **to the nth power** (à la) puissance n

VT faire marcher, faire fonctionner ◆ **powered by nuclear energy** qui marche *or* fonctionne à l'énergie nucléaire ◆ **powered by jet engines** propulsé par des moteurs à réaction

COMP *[saw, loom, lathe]* mécanique ; *[brakes]* assisté ; *[strike, dispute]* des travailleurs des centrales électriques

**power amplifier** N amplificateur *m* de puissance

**power-assisted** ADJ *[steering etc]* assisté

**power base** N *(Pol)* réseau *m* d'influence, support *m* politique

**power broker** N *(Pol)* éminence *f* grise

**power cable** N *(Elec)* câble *m* électrique

**power cut** N *(Brit)* coupure *f* de courant

**power dive** N *(in plane)* descente *f* en piqué

**power dressing** N *tenue élégante, sobre et sévère adoptée par certaines femmes cadres*

**power-driven** ADJ à moteur ; *(Elec)* électrique

**power elite** N élite *f* au pouvoir

**power failure** N panne *f* de courant

**power game** N *(Brit)* lutte *f* pour le pouvoir, jeu *m* de pouvoir

**power hammer** N marteau-pilon *m*

**power industry** N secteur *m* de l'énergie

**power lifting** N *(Sport)* power-lifting *m*

**power line** N *(Elec)* ligne *f* à haute tension

**power lunch** N déjeuner *m* d'affaires

**power pack** N *(Elec)* bloc *m* d'alimentation

**power plant** N *(= building)* centrale *f* (électrique) ; *(in vehicle etc)* groupe *m* moteur

**power play** N *(Ice Hockey)* attaque *f* en force ; *(fig) (= attack)* attaque *f* en force ; *(= struggle)* épreuve *f* de force

**power point** N *(Brit Elec)* prise *f* de courant

**power politics** N politique *f* de coercition

**power sharing** N *(Pol)* le partage du pouvoir

**power station** N *(Elec)* centrale *f* (électrique)

**power steering** N direction *f* assistée

**power structure** N *(Pol) (= way power is held)* répartition *f* des pouvoirs ; *(= those with power)* détenteurs *mpl* du pouvoir

**power struggle** N lutte *f* pour le pouvoir

**power supply** N *(Elec)* alimentation *f* électrique

**power surge** N *(Elec)* surtension *f*, survoltage *m*

**power tool** N outil *m* électrique

**power walking** N marche *f* sportive

**power workers** NPL *(in power plants)* travailleurs *mpl* des centrales électriques

▸ **power down** VT SEP *[+ computer]* éteindre

▸ **power up** VT SEP *[+ computer]* allumer

**powerboat** /'paʊəbəʊt/

N hors-bord *m inv*, (bateau *m*) offshore *m*

COMP **powerboat racing** N (course *f*) offshore *m*

**-powered** /'paʊəd/ ADJ *(in compounds)* ◆ **nuclear-powered** qui marche *or* fonctionne à l'énergie nucléaire ; → **high**

**powerful** /'paʊəfʊl/ SYN ADJ *[engine, machine, computer]* puissant ; *[kick, blow]* fort, violent ; *[person, build, smell]* fort ; *[influence, effect]* profond ; *[description, portrayal, performance]* (très) fort ; *[argument]* convaincant ◆ **I find his argument very powerful** je trouve son argument très convaincant ◆ **he gave a powerful performance as Hamlet** il a donné une interprétation très forte de Hamlet ◆ **a powerful earthquake** un violent tremblement de terre ◆ **a powerful lot of** * un tas de *, beaucoup de

**powerfully** /'paʊəfəlɪ/ SYN ADV *[hit, strike]* avec force ; *[affect]* fortement ; *[influence]* profondément ; *[erotic, evocative]* profondément ◆ **the room smelt powerfully of cats** une forte odeur de chat régnait dans la pièce ◆ **to write powerfully** écrire dans un style puissant *or* incisif ◆ **to argue powerfully (for new legislation)** avancer des arguments percutants (en faveur d'une nouvelle législation) ◆ **powerfully built** solidement charpenté, qui a une forte carrure ◆ **powerfully addictive** à fort effet d'accoutumance

**powerhouse** /'paʊəhaʊs/ N 1 *(lit)* centrale *f* électrique

2 *(fig)* personne *f* (*or* groupe *m*) très dynamique ◆ **a powerhouse of new ideas** une mine d'idées nouvelles

**powerless** /'paʊəlɪs/ SYN ADJ impuissant *(against* contre) ◆ **the government is powerless in the face of recession** le gouvernement est impuissant face à la récession ◆ **he is powerless to help you** il ne peut rien faire pour vous aider, il est impuissant à vous aider

**powerlessly** /'paʊəlɪslɪ/ ADV ◆ **I looked on powerlessly** j'ai assisté au spectacle, impuissant *or* sans pouvoir rien faire

**powerlessness** /'paʊəlɪsnɪs/ N impuissance *f*

**powwow** /'paʊwaʊ/

N assemblée *f (des Indiens d'Amérique)* ; *(* fig)* tête-à-tête *m inv*

VI *(* fig)* s'entretenir, palabrer *(pej)*

**pox** /pɒks/ N († : gen) variole f, petite vérole f ◆ **the pox**⁎ (= syphilis) la vérole⁎ ◆ **a pox on...**! † maudit soit... ! ; → **chickenpox, cowpox**

**poxy**⁎ /ˈpɒksɪ/ ADJ (Brit) merdique⁎

**pozzuolana** /ˌpɒtswəˈlɑːnə/ N (Geol, Constr) pouzzolane f

**pp¹** /piːˈpiː/ (abbrev of **per procurationem**) (= by proxy)
PREP p.p.
VT ◆ **to pp a letter (for sb)** signer une lettre pour qn

**pp²** 1 (abbrev of **parcel post**) → **parcel**
2 (abbrev of **post-paid**) → **post³**

**PPE** /ˌpiːˌpiːˈiː/ N (Univ) (abbrev of **philosophy, politics and economics**) philosophie, sciences politiques et économie fpl

**ppm** (abbrev of **parts per million**) → **part**

**PPS** /ˌpiːˌpiːˈes/ N 1 (Brit) (abbrev of **Parliamentary Private Secretary**) → **parliamentary**
2 (abbrev of **post postscriptum**) PPS m

**PPV** /ˌpiːˌpiːˈviː/ N (abbrev of **pay-per-view**) PPV m

**PQ** (Can Post) abbrev of **Province of Quebec**

**PR¹** /piːˈɑːʳ/ N (abbrev of **public relations**) → **public**

**PR²** abbrev of **Puerto Rico**

**PR³** /piːˈɑːʳ/ N (abbrev of **proportional representation**) RP f

**Pr.** abbrev of **Prince**

**practicability** /ˌpræktɪkəˈbɪlɪtɪ/ SYN N [of scheme, plan] faisabilité f ; [of suggestion, idea] possibilité f d'être mis en pratique

**practicable** /ˈpræktɪkəbl/ SYN ADJ [task, plan] faisable, réalisable ; [idea] qui peut être mis en pratique

**practical** /ˈpræktɪkəl/ SYN
ADJ 1 (= concrete, not theoretical) [suggestion] concret (-ète f) ◆ **a practical way of...** un moyen concret de... ◆ **to be of no practical use** n'avoir aucun intérêt pratique ◆ **for (all) practical purposes** en pratique ◆ **to become practical** [scheme, idea etc] devenir réalisable
2 (= down-to-earth) [person] pratique, pragmatique ◆ **to be practical** avoir le sens pratique or le sens des réalités
3 (= functional, appropriate) [clothes, shoes, gadget] pratique
4 (= near) ◆ **it's a practical certainty** c'est une quasi-certitude
N (= exam) épreuve f pratique ; (= lesson) travaux mpl pratiques
COMP **practical joke** N farce f
**practical joker** N farceur m, -euse f
**practical nurse** N (US) infirmier m, -ière f auxiliaire, aide-soignant(e) m(f)

**practicality** /ˌpræktɪˈkælɪtɪ/
N (NonC) [of person] sens m or esprit m pratique ; [of suggestion] aspect m pratique ◆ **I doubt the practicality of this scheme** je doute de la faisabilité de ce projet, je doute que ce projet soit réalisable (d'un point de vue pratique) ◆ **they are worried about the practicality of building the system** ils craignent que ce système ne soit pas réalisable sur le plan pratique
NPL **practicalities** détails mpl pratiques

**practically** /ˈpræktɪklɪ/ SYN ADV 1 (= almost) pratiquement
2 (= from a practical point of view) pratiquement, d'un point de vue pratique ◆ **practically speaking** (= in practice) pour parler concrètement, en pratique
3 (= in a practical way) [say, ask, suggest] avec pragmatisme ; [help] sur le plan or d'un point de vue pratique ◆ **let's think practically** soyons pratiques, faisons preuve de sens pratique ◆ **he's very practically minded, he thinks very practically** il a vraiment l'esprit or le sens pratique

**practicalness** /ˈpræktɪkəlnɪs/ N ⇒ **practicality** noun

**practice** /ˈpræktɪs/ SYN
N 1 (= way of behaving) pratique f ◆ **such practices as arbitrary arrest and torture** des pratiques telles que les arrestations arbitraires et la torture ◆ **this practice is illegal in other countries** cette pratique est illégale dans d'autres pays ◆ **to make a practice of doing sth, to make it a practice to do sth** avoir l'habitude or se faire une habitude de faire qch ◆ **it is not my practice to do so** il n'est pas dans mes habitudes de faire ainsi ◆ **it's normal or standard or common practice to...** il est d'usage de...

◆ **that's common practice** c'est courant ◆ **as is common practice, as is the practice** comme il est d'usage ◆ **best practice** meilleures pratiques fpl ; → **restrictive, sharp**
2 (= exercises) exercices mpl ; (= training) entraînement m ; (= experience) expérience f ; (= rehearsal) répétition f ◆ **I need more practice** je manque d'entraînement, je ne me suis pas assez exercé ◆ **he does six hours' piano practice a day** il s'exerce au piano six heures par jour, il fait six heures de piano par jour ◆ **she's had lots of practice** elle a de l'expérience ◆ **it takes years of practice** il faut de longues années d'expérience ◆ **with practice** avec de l'entraînement ◆ **practice makes perfect** (Prov) c'est en forgeant qu'on devient forgeron (Prov) ; → **target**

◆ **out of practice** rouillé (fig)

3 (NonC: as opposed to theory) pratique f ◆ **a gap between theory and practice** un fossé entre la théorie et la pratique

◆ **in practice** dans la pratique

◆ **to put sth into practice** mettre qch en pratique ◆ **he then had an opportunity to put his ideas into practice** il eut alors l'occasion de mettre ses idées en pratique

4 (= profession: of law, medicine etc) exercice m ; (= business, clients) clientèle f, cabinet m ◆ **to go into practice** or **to set up in practice as a doctor/lawyer** s'installer or s'établir docteur/avocat ◆ **he is in practice in Valence** il exerce à Valence ◆ **he has a large practice** à une nombreuse clientèle, il a un cabinet important ; → **general**

VTI (US) ⇒ **practise**

COMP [flight, run] d'entraînement
**practice exam** N examen m blanc
**practice teacher** N (US Scol) professeur m stagiaire ; (in primary school) instituteur m, -trice f stagiaire
**practice test** N ⇒ **practice exam**

⚠ Check what kind of practice it is before translating **practice** by **pratique**.

**practise, practice** (US) /ˈpræktɪs/ SYN
VT 1 (= put into practice) [+ restraint, kindness, charity, technique, meditation, one's religion] pratiquer ; [+ method] employer, appliquer ◆ **to practise torture on sb** faire subir or infliger des tortures à qn ◆ **to practise cruelty on sb** faire preuve de cruauté envers or à l'égard de qn ◆ **to practise what one preaches** prêcher par l'exemple or d'exemple ◆ **to practise medicine/law** exercer la médecine or la profession de médecin/la profession d'avocat
2 (= exercise in) [+ sport] s'entraîner à ; [+ violin etc] s'exercer à, travailler ; [+ song, chorus, recitation] travailler ◆ **she was practising her scales** elle faisait ses gammes ◆ **I need to practise my backhand** j'ai besoin de travailler mon revers ◆ **to practise doing sth** s'entraîner or s'exercer à faire qch ◆ **I'm going to practise my German on him** je vais m'exercer à parler allemand avec lui ; see also **practised**

VI 1 (Mus) s'exercer ; (Sport) s'entraîner ; [beginner] faire des exercices ◆ **to practise on the piano** s'exercer au piano, travailler le piano ◆ **he practises for two hours every day** il fait deux heures d'entraînement or d'exercices par jour
2 [doctor, lawyer] exercer ◆ **to practise as a doctor/lawyer** exercer la médecine or la profession de médecin/la profession d'avocat

**practised, practiced** (US) /ˈpræktɪst/ SYN ADJ [teacher, nurse, soldier] expérimenté, chevronné ; [eye, ear] exercé ; [movement] expert ; [performance] accompli ◆ **she's practised at diagnosis** c'est une diagnosticienne expérimentée

**practising, practicing** (US) /ˈpræktɪsɪŋ/ ADJ [doctor] exerçant ; [lawyer] en exercice ; [architect] en activité ; [Catholic, Buddhist] pratiquant ◆ **a practising Christian** un (chrétien) pratiquant ◆ **he's a practising homosexual** c'est un homosexuel actif

**practitioner** /prækˈtɪʃənəʳ/ N (of an art) praticien(ne) m(f) ; (Med: also **medical practitioner**) médecin m ; → **general**

**praesidium** /prɪˈsɪdɪəm/ N présidium m

**praetorian, pretorian** (US) /prɪˈtɔːrɪən/
ADJ prétorien
COMP **praetorian guard** N (Hist, fig) garde f prétorienne

**pragmatic** /prægˈmætɪk/ SYN ADJ (gen, Philos) pragmatique

**pragmatical** /prægˈmætɪkl/ ADJ pragmatique

**pragmatically** /prægˈmætɪklɪ/ ADV avec pragmatisme, d'une manière pragmatique

**pragmatics** /prægˈmætɪks/ N (NonC) pragmatique f

**pragmatism** /ˈprægmətɪzəm/ N pragmatisme m

**pragmatist** /ˈprægmətɪst/ ADJ, N pragmatiste mf

**Prague** /prɑːg/ N Prague

**prairie** /ˈprɛərɪ/
N plaine f (herbeuse) ◆ **the prairie(s)** (US) la Grande Prairie, les Prairies fpl
COMP **prairie chicken** N (US = bird) cupidon m (des prairies), tétras cupidon m
**prairie cocktail** N (US) ⇒ **prairie oyster**
**prairie dog** N chien m de prairie
**prairie oyster** N (US) œuf m cru assaisonné et bu dans de l'alcool (remède contre la gueule de bois)
**Prairie Provinces** NPL (Can) Provinces fpl des Prairies
**prairie schooner** N (US) grand chariot m bâché (des pionniers américains)
**the Prairie State** N (US) l'Illinois m
**prairie wolf** N (US) coyote m

**praise** /preɪz/ SYN
N 1 éloge(s) m(pl), louange(s) f(pl) ◆ **in praise of** à la louange de ◆ **to speak (or write etc) in praise of sb/sth** faire l'éloge de qn/qch ◆ **it is beyond praise** c'est au-dessus de tout éloge ◆ **to be full of praise for sb/sth** ne pas tarir d'éloges sur qn/qch ◆ **to give praise** être élogieux ◆ **I have nothing but praise for what he has done** je ne peux que le louer de ce qu'il a fait ◆ **I have nothing but praise for him** je n'ai qu'à me louer or me féliciter de lui ◆ **all praise to him for speaking out!** il a dit ce qu'il pensait et je lui tire mon chapeau ! ◆ **he was loud or warm in his praise(s) of...** il n'a pas tari d'éloges sur..., il a chanté les louanges de... ; → **sing**
2 (Rel) ◆ **a hymn of praise** un cantique ◆ **praise be to God!** Dieu soit loué ! ◆ **praise be!**⁎ Dieu merci !
VT 1 [+ person, action, sb's courage etc] faire l'éloge de, louer ◆ **to praise sb for sth/for doing sth** louer qn pour qch/d'avoir fait qch ◆ **to praise sb to the skies** porter qn aux nues ◆ **to praise the virtues of sb/sth** vanter les mérites de qn/qch
2 (Rel) louer, glorifier ◆ **praise God!** Dieu soit loué !

**praiseworthiness** /ˈpreɪzˌwɜːðɪnɪs/ N mérite m

**praiseworthy** /ˈpreɪzˌwɜːðɪ/ SYN ADJ [person] digne d'éloges ; [effort, attempt] digne d'éloges, louable

**Prakrit** /ˈprɑːkrɪt/ N prâkrit m

**praline** /ˈprɑːliːn/ N (nutty) praline f ; (= almond) dragée f

**pram** /præm/ N (Brit) voiture f d'enfant, landau m ◆ **pram park** emplacement m réservé aux voitures d'enfants

**prance** /prɑːns/ SYN VI [horse, child] caracoler ; [dancer] cabrioler ◆ **the horse was prancing about** le cheval caracolait ◆ **she was prancing**⁎ **around** or **about with nothing on** elle se baladait⁎ toute nue ◆ **to prance in/out** etc [horse] entrer/sortir etc en caracolant ; [person] (gaily) entrer/sortir etc allégrement ; (arrogantly) entrer/sortir etc en se pavanant

**prang** †⁎ /præŋ/ VT (Brit) (= crash) [+ plane, car] bousiller⁎ ; [+ bomb] pilonner

**prank** /præŋk/ SYN N (= joke) farce f, niche † f ◆ **a childish prank** une gaminerie ◆ **schoolboy prank** farce f d'écolier ◆ **to play a prank on sb** faire une farce or une niche † à qn

**prankster** † /ˈpræŋkstəʳ/ N farceur m, -euse f

**prase** /preɪz/ N (Miner) prase m

**praseodymium** /ˌpreɪzɪəʊˈdɪmɪəm/ N praséodyme m

**prat**⁎ /præt/ N (Brit) con⁎ m, conne⁎ f

**prate** /preɪt/ VI jaser, babiller (pej) ◆ **to prate on about sth** parler à n'en plus finir de qch

**pratfall**⁎ /ˈprætˌfɔːl/ N (US) chute f sur le derrière

**pratincole** /ˈprætɪnˌkəʊl/ N glaréole f

**prattle** /ˈprætl/ SYN
VI [one person] jaser, babiller (pej) ; [several people] papoter, jacasser ; [child] babiller, gazouiller ◆ **to prattle on about sth** parler à n'en plus finir de qch ◆ **he prattles on and on** c'est un vrai moulin à paroles
N [of one person] bavardage m, babillage m (pej) ; [of several people] jacasserie f, papotage m ; [of child] babil m, babillage m

**prau** /praʊ/ N prao m

## prawn | preclude

**prawn** /prɔːn/
- **N** (esp Brit) crevette f rose, bouquet m ; → Dublin
- **COMP** **prawn cocktail** N cocktail m de crevettes
**prawn cracker** N beignet m de crevettes

**praxis** /ˈpræksɪs/ N (pl **praxises** or **praxes** /ˈpræksiːz/) (gen) pratique f ; (Pol) praxis f

**Praxiteles** /prækˈsɪtɪˌliːz/ N Praxitèle m

**pray** /preɪ/ SYN
- **VI** prier ◆ **they prayed to God to help them** ils prièrent Dieu de les secourir ◆ **he prayed to be released from his suffering** il pria le ciel de mettre fin à ses souffrances ◆ **to pray for sb/sb's soul** prier pour qn/l'âme de qn ◆ **he prayed for forgiveness** il pria Dieu de lui pardonner ◆ **to pray for rain** prier pour qu'il pleuve ◆ **to pray for guidance** demander conseil à Dieu ◆ **we're praying for fine weather** nous prions pour qu'il fasse beau ◆ **we're praying that he'll recover** nous espérons de tout coeur qu'il va se rétablir
- **VT** 1 († , liter = request) prier (sb to do sth qn de faire qch)
- 2 (Rel) prier (that pour que + subj) ◆ **they prayed God to help him** ils prièrent Dieu de lui venir en aide ◆ **pray God he'll recover** prions Dieu qu'il guérisse
- **ADV** †† ◆ **pray be seated** veuillez vous asseoir, asseyez-vous je vous prie ◆ **what good is that, pray?** (iro) à quoi cela peut-il bien servir, je vous le demande ?

**prayer** /prɛər/ SYN
- **N** 1 (Rel) prière f ◆ **to be at prayer** or **at one's prayers** être en prière ◆ **family prayers** prières fpl en famille ◆ **he was kneeling in prayer** il priait à genoux ◆ **to say one's prayers** faire sa prière ◆ **they said a prayer for him** ils ont dit une prière pour lui, ils ont prié pour lui ◆ **prayers** (as service) office m ◆ **he will lead us in prayer**, he will lead our prayers il va diriger nos prières ◆ **he didn't have a prayer**\* il n'avait pas la moindre chance ; → common, evening, lord
- 2 (= desire, wish) vœu m, souhait m
- **COMP** **prayer beads** NPL chapelet m
**prayer book** N livre m de prières ◆ **the Prayer Book** le rituel de l'Église anglicane
**prayer mat** N tapis m de prière
**prayer meeting** N réunion f de prière
**prayer rug** N tapis m de prière
**prayer shawl** N (in Judaism) taleth m
**prayer wheel** N moulin m à prières

**praying** /ˈpreɪɪŋ/
- **N** (NonC) prière(s) f(pl)
- **ADJ** en prière
- **COMP** **praying mantis** N mante f religieuse

**pre...** /priː/ PREF pré-... ◆ **preglacial** préglaciaire ◆ **pre-1950** ADJ antérieur (-eure f) à (l'année) 1950, d'avant 1950 ADV avant 1950 ; → predate, pre-record

**preach** /priːtʃ/ SYN
- **VI** (Rel) prêcher (also fig) ; (pej) évangéliser ; (in church) prêcher ◆ **to preach to sb** prêcher qn ◆ **to preach to** or **at sb** (fig pej) prêcher or sermonner qn ◆ **don't preach!** pas de morale, s'il te plaît ! ◆ **you're preaching to the converted** vous prêchez un converti ; → practise
- **VT** [+ religion, the Gospel, crusade, doctrine] prêcher ; (fig) [+ patience] préconiser, prôner ; [+ advantage] prôner ◆ **to preach a sermon** prêcher, faire un sermon ◆ **to preach that...** proclamer que... ◆ **they preached fasting and prayer** ils prêchaient le jeûne et la prière ◆ **he preached that the world would soon end** il annonçait que la fin du monde était proche

**preacher** /ˈpriːtʃər/ SYN N prédicateur m ; (US = clergyman) pasteur m

**preachify**\* /ˈpriːtʃɪfaɪ/ VI (pej) prêcher, faire la morale

**preaching** /ˈpriːtʃɪŋ/ N (NonC) prédication f, sermon m ; (fig pej) prêchi-prêcha\* m inv (pej)

**preachy**\* /ˈpriːtʃɪ/ ADJ (pej) prêcheur, sermonneur

**preamble** /priːˈæmbl/ SYN N préambule m ; (in book) préface f ◆ **without (any) preamble** sans préambule

**preamplifier** /ˌpriːˈæmplɪfaɪər/ N préamplificateur m, préampli\* m

**prearrange** /ˌpriːəˈreɪndʒ/ VT arranger or organiser à l'avance

**prebend** /ˈprebənd/ N prébende f

**prebendary** /ˈprebəndərɪ/ N prébendier m

**preboil** /priːˈbɔɪl/ VT faire bouillir à l'avance

**Precambrian** /priːˈkæmbrɪən/
- **ADJ** précambrien
- **N** ◆ **the Precambrian** le Précambrien

**precancerous** /ˌpriːˈkænsərəs/ ADJ précancéreux

**precarious** /prɪˈkɛərɪəs/ SYN ADJ (= uncertain) [situation, position] précaire ; (= unsteady) [ladder etc] mal assuré, en équilibre instable ◆ **that stepladder looks a bit precarious** cet escabeau n'a pas l'air très stable

**precariously** /prɪˈkɛərɪəslɪ/ ADV [cling, hang, lean] d'une manière précaire or instable ◆ **precariously perched** or **balanced** en équilibre précaire ◆ **to cling precariously to life** s'accrocher désespérément à la vie ◆ **to live precariously** (= in danger of poverty) vivre dans la précarité ; (= live for the moment) vivre au jour le jour

**precariousness** /prɪˈkɛərɪəsnɪs/ N précarité f

**precast** /ˈpriːkɑːst/
- **ADJ** (Theat, Cine) [play, film] dont les rôles sont distribués d'avance
- **COMP** **precast concrete** N béton m précontraint

**precaution** /prɪˈkɔːʃən/ SYN N précaution f (against contre) ◆ **as a precaution** par précaution ◆ **to take precautions** (also euph) prendre ses précautions ◆ **to take the precaution of doing sth** prendre la précaution de faire qch ◆ **fire precautions** mesures fpl de sécurité contre les incendies ◆ **safety** or **security precautions** mesures fpl de sécurité

**precautionary** /prɪˈkɔːʃənərɪ/ ADJ de précaution, préventif ◆ **as a precautionary measure** par mesure de précaution ◆ **to take precautionary measures** prendre des mesures de précaution

**precede** /prɪˈsiːd/ SYN VT (in space, time) précéder ; (in rank) avoir la préséance sur ◆ **the week preceding his death** la semaine qui a précédé sa mort, la semaine avant sa mort

**precedence** /ˈpresɪdəns/ SYN N (in rank) préséance f ; (in importance) priorité f ◆ **to have** or **take precedence over sb** avoir la préséance or le pas sur qn ◆ **this question must take precedence over all others** ce problème doit passer avant tous les autres or doit avoir la priorité sur tous les autres ◆ **to give precedence to sth** donner or accorder la priorité à qch

**precedent** /ˈpresɪdənt/ SYN N précédent m ◆ **without precedent** sans précédent ◆ **to act as** or **form a precedent** constituer un précédent ◆ **to set** or **establish** or **create a precedent** créer un précédent ◆ **to break with precedent** rompre avec la tradition

**preceding** /prɪˈsiːdɪŋ/ SYN ADJ précédent ◆ **the preceding day** le jour précédent, la veille

**precentor** /prɪˈsentər/ N premier chantre m, maître m de chapelle

**precept** /ˈpriːsept/ SYN N précepte m

**preceptor** /prɪˈseptər/ N précepteur m, -trice f

**precession** /prɪˈseʃən/
- **N** précession f
- **COMP** **precession of the equinoxes** N (Astron) précession f des équinoxes

**pre-Christian** /ˌpriːˈkrɪstʃən/ ADJ préchrétien

**precinct** /ˈpriːsɪŋkt/ SYN
- **N** 1 (round cathedral) enceinte f ; (= boundary) pourtour m ◆ **within the precincts of...** (fig) dans les limites de... ◆ **the precincts** (= neighbourhood) les alentours mpl, les environs mpl ; → pedestrian, shopping
- 2 (US Police) circonscription f administrative ; (US Pol) circonscription f électorale, arrondissement m
- **COMP** **precinct captain** N (US) (Pol) responsable mf politique de quartier ; (Police) commissaire m (de police) de quartier
**precinct cop**\* N (US) (Pol) flic\* m de quartier
**precinct police** N (US) police f de quartier
**precinct station** N (US Police) poste m de police de quartier, commissariat m de quartier
**precinct worker** N (US Pol) militant(e) politique à l'échelon du quartier

**preciosity** /ˌpresɪˈɒsɪtɪ/ N préciosité f

**precious** /ˈpreʃəs/ SYN
- **ADJ** 1 [person, moment] précieux ; [object, book, possession] précieux, de valeur ; (\* iro) chéri, cher ◆ **don't waste precious time arguing** ne perds pas un temps précieux à discuter ◆ **this book is very precious to me** ce livre a une très grande valeur pour moi, je tiens énormément à ce livre ◆ **the child is very precious to him** il tient énormément à cet enfant ◆ **your precious son**\* (iro) ton fils chéri , ton cher fils ◆ **your precious car** (iro) ta voiture chérie, ta chère voiture ◆ **your precious career** (iro) ta chère carrière
- 2 [style, language] précieux, affecté
- **ADV** \* ◆ **precious few, precious little** fort or bien peu
- **N** ◆ **(my) precious!** † mon trésor !
- **COMP** **precious metal** N métal m précieux
**precious stone** N pierre f précieuse

**precipice** /ˈpresɪpɪs/ N (gen) à-pic m inv ◆ **to fall over a precipice** tomber dans un précipice

**precipitance** /prɪˈsɪpɪtəns/, **precipitancy** /prɪˈsɪpɪtənsɪ/ N précipitation f

**precipitant** /prɪˈsɪpɪtənt/
- **ADJ** (frm) ⇒ precipitate adj
- **N** (Chem) précipitant m

**precipitate** /prɪˈsɪpɪteɪt/ SYN
- **VT** 1 (frm) (= hasten) [+ event, crisis] hâter, précipiter ; (= hurl) [+ person] précipiter (into dans)
- 2 (Chem) précipiter ; [+ moisture] condenser
- **VI** (Chem) (se) précipiter ; [moisture] se condenser
- **N** (Chem) précipité m
- **ADJ** /prɪˈsɪpɪtɪt/ (frm) irréfléchi, hâtif

**precipitately** /prɪˈsɪpɪtɪtlɪ/ ADV (frm) précipitamment

**precipitation** /prɪˌsɪpɪˈteɪʃən/ N précipitation f (also Chem, Met)

**precipitous** /prɪˈsɪpɪtəs/ SYN ADJ (frm) 1 escarpé, abrupt
- 2 ⇒ precipitate adj

**precipitously** /prɪˈsɪpɪtəslɪ/ ADV (frm) à pic, abruptement

**precipitousness** /prɪˈsɪpɪtəsnɪs/ N 1 (= steepness) escarpement m
- 2 (= hastiness) précipitation f

**précis** /ˈpreɪsiː/
- **N INV** /ˈpreɪsiːz/ résumé m, précis m
- **VT** faire un résumé or précis de

**precise** /prɪˈsaɪs/ SYN ADJ 1 [details, instructions, description] précis ; [measurement, meaning, account, nature, location] précis, exact ◆ **be (more) precise!** soyez (plus) précis ! ◆ **the precise amount of energy they need** la quantité exacte d'énergie dont ils ont besoin ◆ **at that precise moment** à ce moment précis or même
- ◆ **to be precise** pour être exact or précis ◆ **there were eight to be precise** il y en avait huit pour être exact or précis ◆ **I have to be up early, 4am to be precise** il faut que je me lève tôt, à 4 heures du matin pour être exact or précis
- 2 (= meticulous) [movement] précis ; [person, manner] méticuleux, minutieux ; (pej = over-precise) pointilleux, maniaque ◆ **in that precise voice of hers** de son ton si net ◆ **she speaks very precise English** elle parle un anglais très correct

**precisely** /prɪˈsaɪslɪ/ LANGUAGE IN USE 26.3 SYN ADV (explain, describe) de façon précise ; [measure, define] avec précision ; [speak, enunciate] d'une voix très nette ◆ **10 o'clock precisely, precisely 10 o'clock** 10 heures précises or sonnantes ◆ **precisely nine minutes** exactement or très précisément neuf minutes ◆ **hormones, or more precisely, progesterone** des hormones, ou plus précisément or exactement de la progestérone ◆ **precisely what does that mean?** qu'est-ce que cela veut dire exactement or au juste ? ◆ **he said precisely nothing** il n'a absolument rien dit ◆ **precisely!** précisément ! ◆ **I didn't feel the pain, precisely because I was so cold** justement, c'est parce que j'avais si froid que je ne sentais pas la douleur ◆ **that is precisely the problem** c'est bien là le problème

**preciseness** /prɪˈsaɪsnɪs/ N ⇒ precision noun

**precision** /prɪˈsɪʒən/ SYN
- **N** précision f ◆ **with deadly/military/clinical precision** avec une précision implacable/militaire/chirurgicale
- **COMP** [tool] de précision
**precision bombing** N bombardement m de précision
**precision engineering** N mécanique f de précision
**precision instrument** N instrument m de précision
**precision-made** ADJ de haute précision

**preclude** /prɪˈkluːd/ SYN VT [+ doubt] écarter, dissiper ; [+ misunderstanding] prévenir ; [+ possibility] exclure ◆ **to be precluded from doing sth** être empêché de faire qch ◆ **to preclude sth happening** empêcher que qch n'arrive subj ◆ **that precludes his leaving** cela l'empêche de partir

**precocious** /prɪˈkəʊʃəs/ SYN ADJ (gen, pej) précoce ◆ **a precocious brat**\* un petit prodige ◆ **at a precocious age** à un âge précoce

**precociously** /prɪˈkəʊʃəlɪ/ ADV ◆ **precociously mature** d'une maturité précoce ◆ **a precociously talented/brilliant player** un joueur au talent/génie précoce ◆ **"mummy, it's frankly horrifying"**, **he said precociously** « franchement maman, c'est l'horreur » dit-il avec une précocité étonnante

**precociousness** /prɪˈkəʊʃəsnɪs/, **precocity** /prəˈkɒsɪtɪ/ N précocité f

**precognition** /ˌpriːkɒɡˈnɪʃən/ N préconnaissance f

**pre-Columbian** /ˌpriːkəˈlʌmbɪən/ ADJ (Hist) précolombien

**precombustion** /ˈpriːkəmˈbʌstʃən/ N précombustion f

**preconceived** /ˈpriːkənˈsiːvd/ ADJ ◆ **preconceived notion** or **idea** idée f préconçue

**preconception** /ˈpriːkənˈsepʃən/ SYN N idée f préconçue

**preconcerted** /ˈpriːkənˈsɜːtɪd/ ADJ concerté d'avance

**precondition** /ˈpriːkənˈdɪʃən/ SYN
N condition f préalable
VT ◆ **to precondition sb to do sth** conditionner qn pour qu'il fasse qch

**precook** /ˈpriːˈkʊk/ VT faire cuire à l'avance

**precooked** /ˈpriːˈkʊkt/ ADJ précuit

**precool** /ˈpriːˈkuːl/ VT refroidir d'avance

**precursor** /prɪˈkɜːsər/ SYN N (= person, thing) précurseur m ; (= event) annonce f, signe m avant-coureur

**precursory** /prɪˈkɜːsərɪ/ SYN ADJ [remark] préliminaire ; [taste, glimpse] annonciateur (-trice f)

**predaceous, predacious** /prɪˈdeɪʃəs/ ADJ ⇒ **predatory**

**predate** /ˈpriːˈdeɪt/ VT ① (= put earlier date on) [+ cheque, document] antidater
② (= come before in time) [+ event] précéder, avoir lieu avant ; [+ document] être antérieur à, précéder

**predator** /ˈpredətər/ N prédateur m, rapace m

**predatory** /ˈpredətərɪ/ SYN ADJ [animal, bird, insect] de proie, prédateur (-trice f), rapace ; [habits] de prédateur(s) ; [person] rapace ; [armies] pillard ; [look] vorace, avide ◆ **predatory pricing** (Comm) politique f de prix déloyale

**predecease** /ˈpriːdɪˈsiːs/ VT prédécéder

**predecessor** /ˈpriːdɪˈsesər/ SYN N prédécesseur m

**predella** /prɪˈdelə/ N (pl **predelle** prɪˈdelɪ/) (= painting, sculpture) prédelle f

**predestination** /priːˌdestɪˈneɪʃən/ SYN N prédestination f

**predestine** /prɪˈdestɪn/ SYN VT (also Rel) prédestiner (to à ; to do sth à faire qch)

**predetermination** /ˈpriːdɪˌtɜːmɪˈneɪʃən/ N détermination f antérieure ; (Philos, Rel) prédétermination f

**predetermine** /ˈpriːdɪˈtɜːmɪn/ VT déterminer d'avance ; (Philos, Rel) prédéterminer ◆ **soon it will be possible to predetermine the sex of your children** il sera bientôt possible de déterminer d'avance le sexe de vos enfants

**predeterminer** /ˈpriːdɪˈtɜːmɪnər/ N (Gram) prédéterminant m, préarticle m

**predicable** /ˈpredɪkəbl/ ADJ, N (Philos) prédicable m

**predicament** /prɪˈdɪkəmənt/ SYN N situation f difficile or fâcheuse ◆ **I'm in a real predicament!** je suis dans une situation très difficile

**predicant** /ˈpredɪkənt/ (Rel)
ADJ prêcheur
N prédicateur m

**predicate** /ˈpredɪkeɪt/ SYN
VT ① (= affirm : gen, Philos) affirmer (that que)
② (= imply) [+ existence of sth etc] impliquer, supposer
③ (= base) [+ statement, belief, argument] baser, fonder (on, upon sur) ◆ **this is predicated on the fact that...** ceci est fondé or basé sur le fait que...
N /ˈpredɪkɪt/ (Gram) prédicat m ; (Philos) prédicat m, attribut m
ADJ /ˈpredɪkɪt/ (Gram) prédicatif ; (Philos) attributif

**predicative** /prɪˈdɪkətɪv/ ADJ (Gram) prédicatif

**predicatively** /prɪˈdɪkətɪvlɪ/ ADV (Gram) en tant que prédicat

**predict** /prɪˈdɪkt/ SYN VT prédire

**predictability** /prɪˌdɪktəˈbɪlɪtɪ/ N prévisibilité f

**predictable** /prɪˈdɪktəbl/ SYN ADJ [behaviour] prévisible ; [person, book] sans surprise ◆ **his reaction was predictable** sa réaction était prévisible

**predictably** /prɪˈdɪktəblɪ/ ADV [behave, say, react] d'une manière prévisible ◆ **his father was predictably furious, predictably, his father was furious** comme on pouvait s'y attendre or comme on pouvait le prévoir, son père était furieux

**prediction** /prɪˈdɪkʃən/ SYN N (= forecast) prévision f ; [of soothsayer] prédiction f

**predictive** /prɪˈdɪktɪv/ ADJ prophétique

**predictor** /prɪˈdɪktər/ N indice m

**predigested** /ˈpriːdaɪˈdʒestɪd/ ADJ prédigéré

**predilection** /ˈpriːdɪˈlekʃən/ SYN N prédilection f

**predispose** /ˈpriːdɪsˈpəʊz/ SYN VT prédisposer (to or towards sth à qch ; to do(ing) sth à faire qch) ◆ **she is predisposed to be critical** elle a tendance à être critique

**predisposition** /ˈpriːˌdɪspəˈzɪʃən/ SYN N prédisposition f (to à)

**predominance** /prɪˈdɒmɪnəns/ N prédominance f

**predominant** /prɪˈdɒmɪnənt/ SYN ADJ prédominant

**predominantly** /prɪˈdɒmɪnəntlɪ/ ADV principalement, essentiellement ◆ **they are predominantly French** ce sont principalement or essentiellement des Français ◆ **acne is predominantly a teenage problem** l'acné est principalement or essentiellement un problème d'adolescent

**predominate** /prɪˈdɒmɪneɪt/ SYN VI prédominer (over sur), prévaloir

**predominately** /prɪˈdɒmɪneɪtlɪ/ ADV ⇒ **predominantly**

**pre-eclampsia** /ˌpriːɪˈklæmpsɪə/ N (Med) pré-éclampsie f

**preemie**\* /ˈpriːmɪ/ N (US Med) prématuré(e) m(f)

**pre-eminence** /priːˈemɪnəns/ SYN N prééminence f

**pre-eminent** /priːˈemɪnənt/ SYN ADJ prééminent

**pre-eminently** /priːˈemɪnəntlɪ/ SYN ADV avant tout, essentiellement

**pre-empt** /priːˈempt/ SYN VT ① (= anticipate) [+ sb's decision, action] anticiper, devancer
② (= prevent) prévenir ◆ **you can pre-empt pain by taking a painkiller** vous pouvez prévenir la douleur en prenant un calmant ◆ **the government pre-empted a threatened strike** le gouvernement a pris les devants pour empêcher la grève annoncée
③ [+ painting, land] acquérir par (droit de) préemption

**pre-emption** /priːˈempʃən/ N (Fin) (droit m de) préemption f ; (Mil) opérations fpl préventives

**pre-emptive** /priːˈemptɪv/ ADJ [right] de préemption ; [attack, strike] préventif ◆ **pre-emptive bid** (Bridge) (demande f de) barrage m

**preen** /priːn/
VT [+ feathers, tail] lisser ◆ **the bird was preening itself** l'oiseau se lissait les plumes ◆ **she was preening herself in front of the mirror** elle se pomponnait complaisamment devant la glace ◆ **to preen o.s. on sth/on doing sth** (liter) s'enorgueillir de qch/de faire qch
VI [bird] se lisser les plumes ; [person] se pomponner

**pre-establish** /ˈpriːɪsˈtæblɪʃ/ VT préétablir

**pre-exist** /ˈpriːɪɡˈzɪst/
VI préexister
VT préexister à

**pre-existence** /ˈpriːɪɡˈzɪstəns/ N préexistence f

**pre-existent** /ˈpriːɪɡˈzɪstənt/, **pre-existing** /ˈpriːɪɡˈzɪstɪŋ/ ADJ préexistant

**prefab**\* /ˈpriːfæb/ N (abbrev of **prefabricated building**) préfabriqué m

**prefabricate** /ˈpriːˈfæbrɪkeɪt/ VT préfabriquer

**prefabrication** /ˈpriːˌfæbrɪˈkeɪʃən/ N préfabrication f

**preface** /ˈprefɪs/ SYN
N (to book) préface f, avant-propos m inv ; (to speech) introduction f, préambule m
VT [+ book] faire précéder (by de) ◆ **he prefaced this by saying...** en avant-propos il a dit..., il a commencé par dire... ◆ **he prefaced his speech with a quotation** il a commencé son discours par une citation ◆ **he prefaced his speech by saying...** en guise d'introduction à son discours, il a dit... ◆ **he had the irritating habit of prefacing his sentences with...** il avait la manie agaçante de commencer toutes ses phrases par...

**prefaded** /ˌpriːˈfeɪdɪd/ ADJ [jeans etc] délavé

**prefatory** /ˈprefətərɪ/ ADJ [remarks] préliminaire ; [page] liminaire

**prefect** /ˈpriːfekt/ N (French Admin) préfet m ; (Brit Scol) élève des grandes classes chargé(e) de la discipline

**prefecture** /ˈpriːfektjʊər/ N préfecture f

**prefer** /prɪˈfɜːr/ LANGUAGE IN USE 5.2, 7.4 SYN VT
① préférer ◆ **to prefer A to B** préférer A à B, aimer mieux A que B ◆ **I prefer bridge to chess** je préfère le bridge aux échecs ◆ **to prefer doing sth** or **to do sth** aimer mieux or préférer faire qch ◆ **children prefer watching television to reading books** les enfants préfèrent la télévision à la lecture or aiment mieux regarder la télévision que lire ◆ **would you prefer me to drive?** préférerais-tu que je prenne le volant ? ◆ **I'd prefer that you didn't come to New York with me** je préférerais que tu ne viennes pas à New York avec moi, j'aimerais mieux que tu ne viennes pas à New York avec moi ◆ **I would prefer not to (do it)** je préférerais or j'aimerais mieux ne pas le faire ◆ **she preferred not to give her name** elle a préféré ne pas donner son nom ◆ **I much prefer Scotland** je préfère de beaucoup l'Écosse, j'aime beaucoup mieux l'Écosse ◆ **preferred stock** (US Fin) ⇒ **preference shares** ; → **preference**
② (Jur) [+ charge] porter ; [+ action] intenter ; [+ request] formuler ; [+ petition] adresser ; [+ argument, reason] présenter ◆ **to prefer a complaint against sb** déposer une plainte or porter plainte contre qn
③ (esp Rel = promote) élever (to à)

**preferable** /ˈprefərəbl/ LANGUAGE IN USE 1.1 SYN ADJ préférable (to sth à qch) ◆ **it is preferable to use vegetable oil for cooking** il est préférable de cuisiner à l'huile végétale ◆ **any death is preferable to being drowned** il n'y a pas pire mort que la noyade

**preferably** /ˈprefərəblɪ/ SYN ADV de préférence

**preference** /ˈprefərəns/ LANGUAGE IN USE 7.5 SYN
N (= liking) préférence f (for pour) ; (= priority : also Econ) priorité f (over sur), préférence f ◆ **what is your preference?** que préférez-vous ? ◆ **in preference to sth** de préférence à qch, plutôt que qch ◆ **in preference to doing sth** plutôt que de faire qch ◆ **to give A preference (over B)** accorder or donner la préférence à A (plutôt qu'à B) ◆ **I have no strong preference** je n'ai pas vraiment de préférence ◆ **by preference** de préférence ◆ **I live here out of** or **by preference** j'ai choisi de vivre ici
COMP **preference shares** NPL (Brit Fin) actions fpl privilégiées or de priorité
**preference stock** N ⇒ **preference shares**

**preferential** /ˌprefəˈrenʃəl/ SYN ADJ [tariff, terms] préférentiel ; [treatment] de faveur ; [trade, ballot, voting] préférentiel

**preferentially** /ˌprefəˈrenʃəlɪ/ ADV (= by preference) de préférence ◆ **no-one should be treated preferentially** personne ne devrait bénéficier d'un traitement préférentiel or de faveur

**preferment** /prɪˈfɜːmənt/ SYN N (esp Rel) avancement m, élévation f (to à)

**prefiguration** /ˌpriːfɪɡəˈreɪʃən/ N préfiguration f

**prefigure** /ˈpriːˈfɪɡər/ VT (= foreshadow) préfigurer ; (= imagine) se figurer d'avance

**prefix** /ˈpriːfɪks/
N [of word] préfixe m ; [of phone number] indicatif m
VT préfixer

**preflight** /ˈpriːˈflaɪt/ ADJ d'avant le décollage

**preform** /ˈpriːˈfɔːm/ VT préformer

**preformation** /ˌpriːfɔːˈmeɪʃən/ N préformation f

**prefrontal** /ˌpriːˈfrʌntl/ ADJ préfrontal

**preggers**†\* /ˈpreɡəz/ ADJ (Brit) ◆ **to be preggers** (= pregnant) attendre un gosse\*

**preglacial** /ˌpriːˈɡleɪsɪəl/ **ADJ** (Geol) préglaciaire

**pregnable** /ˈprɛɡnəbl/ **ADJ** prenable

**pregnancy** /ˈprɛɡnənsɪ/ SYN
■ **N** [of woman] grossesse f ; [of animal] gestation f ; see also **phantom**, **unwanted**
COMP **pregnancy test N** test m de grossesse

**pregnant** /ˈprɛɡnənt/ SYN **ADJ** [woman] enceinte ; [animal] pleine ; (fig) [pause, silence] lourd de sens ; [idea] fécond ◆ **to fall pregnant** tomber enceinte ◆ **three months pregnant** enceinte de trois mois ◆ **to be pregnant by sb** être enceinte de qn ◆ **while she was pregnant with Marie** alors qu'elle était enceinte de sa fille Marie ◆ **you can't be half pregnant** (hum) il y a des choses que l'on ne peut pas faire à moitié ◆ **pregnant with meaning** lourd de sens

**preheat** /ˌpriːˈhiːt/ **VT** préchauffer ◆ **preheated oven** four m préchauffé ◆ **preheat the oven to...** préchauffer le four à...

**prehensile** /prɪˈhɛnsaɪl/ **ADJ** préhensile

**prehensility** /ˌpriːhɛnˈsɪlɪtɪ/ **N** (capacité f de) préhension f

**prehistorian** /ˌpriːhɪˈstɔːrɪən/ **N** préhistorien(ne) m(f)

**prehistoric** /ˌpriːhɪsˈtɒrɪk/ SYN **ADJ** préhistorique

**prehistory** /ˌpriːˈhɪstərɪ/ **N** préhistoire f

**pre-ignition** /ˌpriːɪɡˈnɪʃən/ **N** autoallumage m

**pre-industrial** /ˌpriːɪnˈdʌstrɪəl/ **ADJ** préindustriel

**prejudge** /ˌpriːˈdʒʌdʒ/ SYN **VT** [+ question] préjuger de ; [+ person] juger d'avance

**prejudice** /ˈprɛdʒʊdɪs/ SYN
■ **N** [1] préjugé m ; (NonC) préjugés mpl ◆ **racial prejudice** préjugés mpl raciaux ◆ **to have a prejudice against/in favour of sb/sth** avoir un préjugé contre/en faveur de qn/qch ◆ **he is quite without prejudice in this matter** il est sans parti pris dans cette affaire
[2] (esp Jur = detriment) préjudice m ◆ **to the prejudice of** au préjudice de ◆ **without prejudice (to)** sans préjudice (de)
■ **VT** [1] [+ person] influencer (against contre ; in favour of en faveur de) ; see also **prejudiced**
[2] (also Jur) [+ claim, chance] porter préjudice à

(!) **prejudice** is only translated by the French word **préjudice** when it means 'detriment'.

**prejudiced** /ˈprɛdʒʊdɪst/ SYN **ADJ** [person] plein de préjugés ; [idea, opinion] préconçu, partial ◆ **he was even more prejudiced than Harold** il avait encore plus de préjugés qu'Harold ◆ **to be prejudiced against sb/sth** avoir des préjugés contre qn/qch ◆ **to be racially prejudiced** avoir des préjugés raciaux

**prejudicial** /ˌprɛdʒʊˈdɪʃəl/ SYN **ADJ** préjudiciable, nuisible (to à) ◆ **to be prejudicial to** nuire à

**prejudicially** /ˌprɛdʒʊˈdɪʃəlɪ/ **ADV** de façon préjudiciable

**prelacy** /ˈprɛləsɪ/ **N** (= office) prélature f ; (= prelates collectively) prélats mpl

**prelapsarian** /ˌpriːlæpˈsɛərɪən/ **ADJ** (Rel) édénique

**prelate** /ˈprɛlɪt/ **N** prélat m

**pre-law** /ˌpriːˈlɔː/ **N** (US Univ: also **pre-law program**) enseignement m préparatoire aux études de droit

**prelim**\* /ˈpriːlɪm/ **N** (abbrev of **preliminary**) (Univ) examen m préliminaire ; (Sport) (épreuve f) éliminatoire f

**preliminary** /prɪˈlɪmɪnərɪ/ SYN
■ **ADJ** [exam, inquiry, report, remark] préliminaire ; [stage] premier, initial ◆ **preliminary estimate** (Constr etc) devis m estimatif ◆ **preliminary hearing** (Brit Jur) audience f préliminaire
■ **N** préliminaire m ◆ **the preliminaries** les préliminaires mpl ◆ **as a preliminary** en guise de préliminaire, au préalable
COMP **Preliminary Scholastic Aptitude Test N** (US Scol, Univ) test déterminant l'aptitude d'un candidat à présenter l'examen d'entrée à l'université

**preliterate** /ˌpriːˈlɪtərɪt/ **ADJ** [society] sans écriture

**prelude** /ˈprɛljuːd/
■ **N** (gen, Mus) prélude m (to de)
■ **VT** préluder à

**premarital** /ˌpriːˈmærɪtl/ **ADJ** avant le mariage ◆ **premarital contract** contrat m de mariage

**premature** /ˈprɛmətʃʊər/ SYN
■ **ADJ** [decision etc] prématuré ; [birth] prématuré, avant terme ; [senility, menopause, labour] précoce ◆ **premature baby** (enfant mf) prématuré(e) m(f), enfant mf né(e) avant terme ◆ **you are a little premature** (fig) vous anticipez un peu
COMP **premature ejaculation N** éjaculation f précoce

**prematurely** /ˈprɛmətʃʊəlɪ/ SYN **ADV** (gen) prématurément ; [be born, give birth] avant terme ◆ **his career was prematurely ended by an arm injury** une blessure au bras a prématurément mis fin à sa carrière ◆ **prematurely bald/menopausal** atteint(e) de calvitie/ménopause précoce ◆ **prematurely old** or **aged** prématurément vieilli ◆ **he's prematurely middle-aged** il a vieilli avant l'âge

**pre-med**\* /ˌpriːˈmɛd/
■ **N** [1] (Brit) abbrev of **premedication**
[2] (US) ⇒ **pre-med program**
■ **ADJ** (US) (abbrev of **premedical**) ◆ **pre-med program** enseignement m préparatoire aux études de médecine ◆ **pre-med student** étudiant(e) m(f) en année préparatoire de médecine

**premedical** /ˌpriːˈmɛdɪkəl/ **ADJ** (US) [course] d'école préparatoire aux études de médecine ; [student] qui suit des cours préparatoires aux études de médecine

**premedication** /ˌpriːmɛdɪˈkeɪʃən/ **N** prémédication f

**premeditate** /priːˈmɛdɪteɪt/ **VT** préméditer

**premeditation** /priːˌmɛdɪˈteɪʃən/ SYN **N** préméditation f

**premenstrual** /priːˈmɛnstrʊəl/
■ **ADJ** prémenstruel
COMP **premenstrual syndrome, premenstrual tension N** syndrome m prémenstruel

**premier** /ˈprɛmɪər/ SYN
■ **ADJ** premier
■ **N** (Pol) (= Prime Minister) Premier ministre m ; (= President) chef m de l'État
COMP **Premier Division N** (Football: in Scot) première division f d'Écosse
**Premier League N** (Football: in England and Wales) première division f d'Angleterre et du pays de Galles

**premiere** /ˈprɛmɪɛər/ **N** (Cine, Theat)
■ **N** première f ◆ **the film has just received its London premiere** la première londonienne du film vient d'avoir lieu
■ **VT** donner la première de ◆ **the film was premiered in Paris** la première du film a eu lieu à Paris
■ **VI** ◆ **the movie premiered in May 1998** la première du film a eu lieu en mai 1998

**premiership** /ˈprɛmɪəʃɪp/ **N** (Pol) [of Prime Minister] fonction f de Premier ministre ; [of President] fonction f de chef d'État ; (Football, Rugby) championnat m de première division ◆ **during his premiership** (of Prime Minister) sous son ministère, pendant qu'il était Premier ministre ; (of President) pendant qu'il était chef de l'État ◆ **he staked his claim for the premiership** il revendiquait le poste de Premier ministre or de chef d'État

**premillennialism** /ˌpriːmɪˈlɛnɪəlɪzəm/ **N** (Rel) millénarisme m

**premise** /ˈprɛmɪs/
■ **N** (gen, Philos = hypothesis) prémisse f ◆ **on the premise that...** en partant du principe que..., si l'on pose en principe que...
**NPL premises** (= property) locaux mpl, lieux mpl ◆ **business premises** locaux mpl commerciaux ◆ **on the premises** sur les lieux, sur place ◆ **off the premises** à l'extérieur, hors des lieux ◆ **to escort sb off the premises** escorter or accompagner qn dehors ◆ **get off the premises** videz or évacuez les lieux
■ **VT** (frm) ◆ **to be premised on...** être fondé or basé sur...

**premiss** /ˈprɛmɪs/ SYN ⇒ **premise** noun 1

**premium** /ˈpriːmɪəm/ SYN
■ **N** [1] (gen, Comm, Fin, Insurance) prime f ; (Jur: paid on lease) reprise f ◆ **to be sold at a premium** (on Stock Exchange) être vendu à prime ◆ **to set** or **put** or **place a (high) premium on** [+ person] faire grand cas de ; [+ situation, event] donner beaucoup d'importance à
◆ **to be at a premium** (= scarce) [time, space] être limité ◆ **if space is at a premium, choose adaptable furniture** si l'espace est limité, choisissez des meubles modulables
[2] (US = gasoline) super(carburant) m
■ **ADJ** [goods, brand] de qualité supérieure
COMP **premium bond N** (Brit) obligation f à prime, bon m à lots
**premium fuel N** (Brit) super(carburant) m
**premium gasoline N** (US) → **premium fuel**
**premium price N** prix m fort
**premium-rate ADJ** (Brit Telec) facturé au tarif fort (pour renseignements, téléphone rose, etc)

**premolar** /ˌpriːˈməʊlər/ **N** prémolaire f

**premonition** /ˌprɛməˈnɪʃən/ SYN **N** prémonition f, pressentiment m ◆ **to have a premonition that...** avoir le pressentiment que..., pressentir que...

**premonitory** /prɪˈmɒnɪtərɪ/ **ADJ** prémonitoire, précurseur

**prenatal** /ˌpriːˈneɪtl/ **ADJ** prénatal

**prenominal** /ˌpriːˈnɒmɪnl/ **ADJ** (Gram) précédant le nom

**prenuptial** /ˌpriːˈnʌpʃəl/
■ **ADJ** prénuptial
COMP **prenuptial agreement N** contrat m de mariage

**preoccupation** /priːˌɒkjʊˈpeɪʃən/ SYN **N** préoccupation f ◆ **keeping warm was his main preoccupation** sa grande préoccupation or son souci majeur était de se protéger du froid ◆ **his preoccupation with money/with winning** son obsession f de l'argent/de gagner

**preoccupy** /priːˈɒkjʊpaɪ/ **VT** [+ person, mind] préoccuper ◆ **to be preoccupied** être préoccupé (by, with de)

**pre-op**\* /ˌpriːˈɒp/ **N** prémédication f, médication f préopératoire

**preordain** /ˌpriːɔːˈdeɪn/ **VT** ordonner or régler d'avance ; (Philos, Rel) préordonner

**preordained** /ˌpriːɔːˈdeɪnd/ **ADJ** prédestiné

**pre-owned** /ˌpriːˈəʊnd/ **ADJ** d'occasion

**prep**\* /prɛp/
■ **N** abbrev of **preparation** [1] (Scol) (= work) devoirs mpl, préparation f ; (= period) étude f (surveillée)
[2] (US Med) préparation f (d'un(e) malade)
■ **VI** (US) [1] ◆ **to prep for sth** se préparer pour qch
[2] (US Scol) entrer en classe préparatoire (pour l'université)
■ **VT** (US) ◆ **to prep o.s.** se préparer
COMP **prep school N** (Brit) ⇒ **preparatory school** ; → **preparatory**

**prepack** /ˌpriːˈpæk/, **prepackage** /ˌpriːˈpækɪdʒ/ **VT** (Comm) préconditionner

**prepaid** /ˌpriːˈpeɪd/
■ **VB** pt, ptp of **prepay**
■ **ADJ** (gen) payé (d'avance) ◆ **a prepaid phone** un téléphone à communications préchargées ◆ **carriage prepaid** (Comm) port payé ◆ **reply prepaid** réponse payée ◆ **prepaid expenses** (Fin etc) compte m de régularisation de l'actif ◆ **prepaid health care** (in US) médecine f prépayée

**preparation** /ˌprɛpəˈreɪʃən/ SYN **N** [1] (= act of preparing) préparation f ; (Culin, Pharm etc = thing prepared) préparation f
◆ **to be in preparation** [book, film etc] être en préparation ◆ **Latin is a good preparation for Greek** le latin prépare bien au grec, le latin est une bonne formation pour le grec
◆ **in preparation for** en vue de, en prévision de
◆ **preparations** (= getting ready) préparatifs mpl ◆ **the country's preparations for war** les préparatifs mpl de guerre du pays ◆ **to make preparations for sth** prendre ses dispositions pour qch, faire les préparatifs de qch ◆ **preparations for the party are under way** les préparatifs de la soirée sont en cours
[2] (NonC: Scol) (= work) devoirs mpl, préparation f ; (= period) étude f

**preparatory** /prɪˈpærətərɪ/ SYN
■ **ADJ** [work] préparatoire ; [measure, step] préliminaire, préalable ◆ **preparatory to sth** préalablement à qch, en vue de qch ◆ **preparatory to doing sth** en vue de faire qch ◆ **he cleared his throat, preparatory to speaking** il s'est éclairci la voix avant de parler
COMP **preparatory school N** (Brit) école f primaire privée ; (US) école f secondaire privée

## Preparatory School

En Grande-Bretagne, une **preparatory school**, ou **prep school**, est une école primaire, généralement non mixte, qui prépare les élèves à entrer dans un établissement secondaire privé. L'uniforme y est obligatoire et la discipline relativement stricte.

Aux États-Unis, le terme désigne une école secondaire privée préparant les élèves aux études supérieures. Dans les deux cas, la clientèle de ces écoles est issue de milieux privilégiés. Le mot « preppy », utilisé comme substantif ou comme adjectif, désigne les élèves des **prep schools** américaines, ou leur style vestimentaire BCBG.

**prepare** /prɪˈpɛər/ SYN
▪ VT [+ plan, speech, lesson, work, medicine, sauce] préparer ; [+ meal, dish] préparer, apprêter ; [+ surprise] préparer, ménager (for sb à qn) ; [+ room, equipment] préparer (for pour) ◆ **to prepare sb for an exam/an operation** préparer qn à un examen/une opération ◆ **to prepare sb for a shock/bad news** préparer qn à un choc/à une mauvaise nouvelle ◆ **prepare yourself for a shock!** prépare-toi à (recevoir) un choc !, tiens-toi bien ! ◆ **to prepare o.s. for** ⇒ **to prepare** VI ◆ **to prepare the way/ground for sth** préparer la voie/le terrain pour qch ; see also **prepared**

▪ VI ◆ **to prepare for** (= make arrangements) [+ journey, sb's arrival, event] faire des préparatifs pour, prendre ses dispositions pour ; (= prepare o.s. for) [+ storm, flood, meeting, discussion] se préparer pour ; [+ war] se préparer à ; [+ examination] préparer ◆ **to prepare to do sth** s'apprêter or se préparer à faire qch

**prepared** /prɪˈpɛəd/ LANGUAGE IN USE 3.1, 11.3 SYN
ADJ [person, army, country] prêt ; [statement, answer] préparé à l'avance ; (Culin) [sauce, soup] tout prêt ◆ **be prepared!** soyez sur le qui-vive ! ◆ **be prepared for bad news** préparez-vous à une mauvaise nouvelle ◆ **I am prepared for anything** (= can cope with anything) j'ai tout prévu, je suis paré ; (= won't be surprised at anything) je m'attends à tout ◆ **to be prepared to do sth** être prêt or disposé à faire qch

**preparedness** /prɪˈpɛərɪdnɪs/ SYN N ① (Mil) capacité f de réaction ◆ **the city's preparedness for war** la capacité de réaction de la ville en cas de guerre ◆ **I want Britain's disaster preparedness to be very much better** je veux que la Grande-Bretagne soit beaucoup mieux préparée en cas de catastrophe

② (= willingness) disposition f ◆ **their preparedness to help countries affected by the famine** leur disposition à aider les pays touchés par la famine

**prepay** /priːˈpeɪ/ (pret, ptp **prepaid**) VT payer d'avance ; see also **prepaid**

**prepayment** /ˌpriːˈpeɪmənt/ N paiement m d'avance

**preponderance** /prɪˈpɒndərəns/ SYN N (in numbers) supériorité f numérique ; (in influence) prépondérance f (over sur)

**preponderant** /prɪˈpɒndərənt/ SYN ADJ (in numbers) numériquement supérieur ; (in influence) prépondérant

**preponderantly** /prɪˈpɒndərəntlɪ/ ADV principalement, essentiellement

**preponderate** /prɪˈpɒndəreɪt/ VI (in numbers) être en supériorité numérique (over par rapport à) ; (in influence) l'emporter (over sur)

**preposition** /ˌprepəˈzɪʃən/ N préposition f

**prepositional** /ˌprepəˈzɪʃənl/ ADJ [phrase] prépositif, prépositionnel ; [use] prépositionnel

**prepositionally** /ˌprepəˈzɪʃənəlɪ/ ADV prépositivement

**prepossess** /ˌpriːpəˈzes/ VT (= preoccupy) préoccuper ; (= bias) prévenir, influencer ; (= impress favourably) impressionner favorablement

**prepossessing** /ˌpriːpəˈzesɪŋ/ SYN ADJ [person, appearance] avenant

**preposterous** /prɪˈpɒstərəs/ SYN ADJ ridicule, grotesque

**preposterously** /prɪˈpɒstərəslɪ/ ADV ridiculement

**preposterousness** /prɪˈpɒstərəsnɪs/ N (NonC) ridicule m, grotesque m

**preppie**\*, **preppy** /ˈprepɪ/ (US)
▪ ADJ bon chic bon genre\*, BCBG\*
▪ N élève mf d'une boîte\* privée → **Preparatory School**

**preprandial** /ˌpriːˈprændɪəl/ ADJ (frm or hum) [drink] avant le repas

**preprepared** /ˌpriːprɪˈpeəd/ ADJ tout prêt

**preproduction** /ˌpriːprəˈdʌkʃən/
▪ N travail m antérieur à la production
▪ COMP **preproduction model** N prototype m ◆ **preproduction trial** N mise f à l'essai du prototype

**preprogrammed** /ˌpriːˈprəʊɡræmd/ ADJ programmé à l'avance

**prepubescent** /ˌpriːpjuːˈbesənt/ ADJ prépubère

**prepuce** /ˈpriːpjuːs/ N prépuce m

**prequel** /ˈpriːkwəl/ N roman ou film ayant pour thème des événements antérieurs à ceux d'un film ou d'un roman déjà sorti, la jeunesse ou l'enfance d'un héros célèbre par exemple

**Pre-Raphaelite** /ˌpriːˈræfəlaɪt/ ADJ, N préraphaélite mf

**pre-record** /ˌpriːrɪˈkɔːd/ VT [+ song, programme] enregistrer à l'avance ◆ **pre-recorded broadcast** émission f en différé ◆ **pre-recorded cassette** cassette f préenregistrée

**prerelease showing** /ˌpriːrɪˈliːsˈʃəʊɪŋ/ N (Cine) avant-première f

**prerequisite** /ˌpriːˈrekwɪzɪt/ SYN
▪ N ① (gen) condition f préalable
② (US Univ) unité de valeur dont l'obtention est obligatoire pour pouvoir s'inscrire dans l'unité de valeur supérieure
▪ ADJ nécessaire

**prerogative** /prɪˈrɒɡətɪv/ SYN N prérogative f ◆ **to exercise the Royal Prerogative** (Brit) faire acte de souverain

**Pres.** (abbrev of **president**) Pdt

**presage** /ˈpresɪdʒ/ (frm)
▪ N (= omen) présage m ; (= foreboding) pressentiment m
▪ VT présager, annoncer

**presbyopia** /ˌprezbɪˈəʊpɪə/ N presbytie f

**presbyopic** /ˌprezbɪˈɒpɪk/ ADJ (Med) presbyte

**Presbyterian** /ˌprezbɪˈtɪərɪən/ ADJ, N presbytérien(ne) m(f)

**Presbyterianism** /ˌprezbɪˈtɪərɪənɪzəm/ N presbytérianisme m

**presbytery** /ˈprezbɪtərɪ/ N (= part of church) chœur m ; (= residence) presbytère m ; (= court) consistoire m

**pre-school** /ˌpriːˈskuːl/ ADJ [years, age] préscolaire ; [child] d'âge préscolaire ◆ **pre-school education** enseignement m préscolaire ◆ **pre-school playgroup** ≈ garderie f

**preschooler** /ˌpriːˈskuːlər/ N (US) enfant mf d'âge préscolaire

**prescience** /ˈpresɪəns/ N prescience f

**prescient** /ˈpresɪənt/ ADJ prescient

**prescientific** /ˌpriːsaɪənˈtɪfɪk/ ADJ préscientifique

**prescribe** /prɪsˈkraɪb/ SYN VT (gen, Admin, Jur, Med) prescrire (sth for sb qch à qn) ◆ **the prescribed dose/form/punishment** la dose/le formulaire/la punition prescrit(e) ◆ **prescribed books** œuvres fpl (inscrites) au programme ◆ **this diet is prescribed in some cases** ce régime se prescrit dans certains cas ◆ **he prescribed complete rest** il a prescrit or ordonné le repos absolu ◆ **what do you prescribe?** (fig) que me conseillez-vous ?, que me recommandez-vous ?

**prescription** /prɪsˈkrɪpʃən/ SYN
▪ N ① (Med) ordonnance f, prescription f médicale ◆ **to make out** or **write out a prescription for sb** faire une ordonnance pour qn ◆ **to make up** or (US) **fill a prescription** exécuter une ordonnance ◆ **on prescription** sur ordonnance ◆ **he gets free prescriptions** les médicaments qu'on lui prescrit sont intégralement pris en charge ◆ **without prescription** sans ordonnance
② (fig = proposal) proposition f ◆ **this is not necessarily a prescription for a happy family life** cela ne garantit pas nécessairement une vie de famille heureuse
▪ COMP [medicine] (= made according to prescription) prescrit ; (= available only on prescription) vendu sur ordonnance seulement

**prescription charge** N (Brit) montant forfaitaire payé sur les médicaments, ≈ ticket m modérateur

**prescription glasses, prescription spectacles** NPL lunettes fpl de vue

## Prescription Charge

En Grande-Bretagne, les patients paient, à la façon du ticket modérateur en France, un montant forfaitaire sur tous les médicaments prescrits par un médecin : c'est la **prescription charge**, dont sont néanmoins exemptées certaines catégories de personnes : enfants, femmes enceintes, personnes âgées ou bénéficiaires de prestations sociales.
→ **NHS**

**prescriptive** /prɪsˈkrɪptɪv/ ADJ (= giving precepts) (gen, Gram) normatif ; (= legalized by custom) [rights etc] consacré par l'usage

**prescriptivism** /prɪsˈkrɪptɪˌvɪzəm/ N (Ling) normativisme m

**pre-select** /ˌpriːsɪˈlekt/ VT présélectionner

**presell** /priːˈsel/ VT vendre à l'avance

**pre-seminal** /ˌpriːˈsemɪnəl/ ADJ (Med) pré-éjaculatoire ◆ **pre-seminal fluid** liquide m pré-éjaculatoire

**presence** /ˈprezns/ SYN
▪ N ① présence f ◆ **I felt comfortable in her presence** je me sentais à l'aise en sa présence ◆ **in the presence of** en présence de ; (Jur) par-devant ◆ **your presence is requested at...** vous êtes prié d'assister à... ◆ **they were admitted to the royal presence** (liter, frm) ils furent admis en présence du roi (or de la reine) ◆ **he certainly made his presence felt** sa présence n'est vraiment pas passée inaperçue ◆ **a ghostly presence** une présence surnaturelle ◆ **this country will maintain a presence in North Africa** ce pays maintiendra une présence en Afrique du Nord ◆ **police presence** présence f policière ◆ **there was a heavy police presence at the match** il y avait une forte présence policière au match

② (= bearing etc) présence f ◆ **to lack presence** manquer de présence ◆ **he has a good stage presence** il a de la présence (sur scène) ◆ **a man of noble presence** (liter) un homme de belle prestance or de belle allure

▪ COMP **presence of mind** N présence f d'esprit ◆ **he showed amazing presence of mind** il a fait preuve d'une remarquable présence d'esprit

**presenile dementia** /ˌpriːˈsiːnaɪl/ N démence f présénile

**present** /ˈpreznt/ SYN
▪ ADJ ① (= in attendance, in existence) présent ◆ **present at** présent à ◆ **to be present at sth** être présent à qch, assister à qch ◆ **my husband was present at the birth** mon mari a assisté à l'accouchement ◆ **present in person** dans ◆ **who was present?** qui était là ? ◆ **is there a doctor present?** y a-t-il un docteur ici or dans l'assistance ? ◆ **those present** ces personnes fpl présentes, l'assistance ◆ **present company excepted** les personnes ici présentes exceptées, à l'exception des personnes ici présentes ◆ **all present and correct!** tous présents à l'appel !

② (= existing now) [state, epoch, year, circumstances, techniques, residence, job] présent after n, actuel ; (= in question) présent before n, en question ; (Gram) présent after n ◆ **her present husband** son mari actuel ◆ **the present writer believes that...** l'auteur croit que... ◆ **the present government** le gouvernement actuel ◆ **in the present day** aujourd'hui ; see also **comp** ◆ **at the present moment** or **time** actuellement, à présent ; (more precisely) en ce moment même ◆ **the present month** le mois courant, ce mois-ci ◆ **in the present case** dans le cas présent

▪ N ① (also Gram) présent m ◆ **the present simple** le présent simple ◆ **the present continuous** le présent continu or progressif ◆ **(there's) no time like the present!** il ne faut jamais remettre au lendemain ce que l'on peut faire le jour même ! ◆ **up to the present** jusqu'à présent

◆ **at present** (= right now) actuellement, en ce moment ; (= for the time being) pour le moment ◆ **at present children under 14 are not admitted** actuellement, les enfants de moins de 14 ans ne sont pas admis ◆ **that's all we know at present** c'est tout ce que nous savons pour le moment or pour l'instant ◆ **as things are at present** dans l'état actuel des choses

♦ **for the present** *(= at the moment)* pour le moment

♦ **in the present** *(gen)* dans le présent ; *(Gram)* au présent ♦ **to live in the present** *(= not be hidebound)* vivre dans le présent ; *(= live from day to day)* vivre au jour le jour

[2] *(= gift)* cadeau *m* ♦ **it's for a present** c'est pour offrir ♦ **she gave me the book as a present** elle m'a offert le livre (en cadeau) ♦ **to make sb a present of sth** *(lit, fig)* faire cadeau *or* don de qch à qn ; → **birthday, Christmas**

[3] *(Jur)* ♦ **by these presents** par les présentes

**VT** /prɪ'zent/ [1] ♦ **to present sb with sth, to present sth to sb** *(= give as gift)* offrir qch à qn, faire cadeau de qch à qn ; *(= hand over)* *[+ prize, medal]* remettre qch à qn ♦ **she presented him with a son** elle lui a donné un fils ♦ **we were presented with a fait accompli** nous nous sommes trouvés devant un fait accompli ♦ **to present arms** *(Mil)* présenter les armes ♦ **present arms!** présentez armes !

[2] *[+ tickets, documents, credentials, one's compliments, apologies]* présenter *(to* à) ; *[+ plan, account, proposal, report, petition, information]* présenter, soumettre *(to* à) ; *[+ complaint]* déposer ; *[+ proof, evidence]* apporter, fournir ; *(Parl)* *[+ bill]* introduire, présenter ; *(Jur etc)* *[+ case]* exposer ♦ **to present o.s. at the desk/for an interview** se présenter au bureau/à un entretien ♦ **to present a cheque (for payment)** encaisser *or* présenter un chèque ♦ **how is the data presented?** comment les données sont-elles présentées ? ♦ **his report presents the matter in another light** son rapport présente la question sous un autre jour, son rapport jette une lumière différente sur la question ♦ **to present o.s.** se présenter ♦ **how you present yourself is very important** la manière dont vous vous présentez est très importante

[3] *(= constitute, offer)* *[+ problem]* présenter, poser ; *[+ difficulties, features]* présenter ; *[+ opportunity]* donner ; *[+ challenge]* constituer ♦ **the bay presents a magnificent sight** la baie présente un spectacle splendide ♦ **the opportunity presented itself** l'occasion s'est présentée ♦ **to present the appearance of sth** avoir *or* donner (toute) l'apparence de qch ♦ **the patrol presented an easy target** la patrouille offrait *or* constituait une cible facile ♦ **the Committee presented an easy target for criticism** le comité était une cible facile pour les critiques

[4] *[+ play, concert]* donner ; *[+ film, play, programme]* donner, passer ; *(= act as presenter of)* présenter ♦ **we are proud to present...** *(Theat)* nous sommes heureux de vous présenter... ♦ **"presenting Glenda Jackson as Lady Macbeth"** « avec Glenda Jackson dans le rôle de Lady Macbeth »

[5] *(frm = introduce)* présenter *(sb to sb* qn à qn) ♦ **may I present Miss Smith?** permettez-moi de vous présenter Mademoiselle Smith ♦ **to be presented (at Court)** *(Brit)* être présenté à la Cour

**VI** *(Med)* ♦ **he presented last month (here at the clinic)** *[patient]* il est venu nous consulter *or* il s'est présenté le mois passé (à la clinique) ♦ **she initially presented with headaches and insomnia** lorsqu'elle s'est présentée pour la première fois elle souffrait de maux de tête et d'insomnie ♦ **the patient presents with lesions to the abdomen** ce patient présente des lésions à l'abdomen ♦ **he presents as a chronic alcoholic** il présente tous les symptômes de l'alcoolisme chronique

**COMP** **present-day** **ADJ** d'aujourd'hui, contemporain

**present perfect** **N** *(Gram)* passé *m* composé

**presentable** /prɪ'zentəbl/ SYN **ADJ** *[person, appearance, room]* présentable ; *[clothes]* présentable, mettable ♦ **go and make yourself (look) presentable** va t'arranger un peu ♦ **I'm not very presentable** je ne suis guère présentable, je ne peux guère me montrer

**presentably** /prɪ'zentəblɪ/ **ADV** de manière présentable

**presentation** /ˌprezən'teɪʃən/ SYN

**N** [1] *(NonC = act or fact of presenting)* *[of plan, account, proposal, report, petition, evidence]* présentation *f*, soumission *f* ; *[of complaint]* déposition *f* ; *[of parliamentary bill]* présentation *f*, introduction *f* ; *[of cheque]* encaissement *m* ; *[of case]* exposition *f* ♦ **on presentation of this ticket** sur présentation de ce billet

[2] *(= packaging, way of presenting)* présentation *f* ♦ **the subject matter is good but the presentation is poor** le fond est bon mais la présentation laisse à désirer ♦ **it's just a problem of presentation** c'est une question de présentation ♦ **his presentation of the play** *(= the way he did it)* sa mise en scène de la pièce ♦ **a theatrical presentation of "Danton's Death"** une représentation théâtrale de « La mort de Danton »

[3] *(= introduction)* présentation *f (to* à)

[4] *(= ceremony)* remise *f* du cadeau (*or* de la médaille *etc*) ♦ **who made the presentation?** qui a remis le cadeau (*or* la médaille *etc*) ? ♦ **to make a presentation of sth to sb** remettre qch à qn

[5] *(Univ, Comm etc = lecture, talk)* exposé *m* oral ♦ **a business presentation** une présentation commerciale

**COMP** **presentation box, presentation case** **N** coffret *m*

**presentation copy** **N** *[of book]* *(for inspection, review)* spécimen *m* (gratuit), exemplaire *m* envoyé à titre gracieux ; *(from author)* exemplaire *m* offert en hommage

**presentational** /ˌprezən'teɪʃənl/ **ADJ** ♦ **for presentational reasons** pour des raisons de présentation

**presenter** /prɪ'zentəʳ/ **N** *(Brit Rad, TV)* présentateur *m*, -trice *f*, speaker(ine) *m(f)*

**presentiment** /prɪ'zentɪmənt/ SYN **N** pressentiment *m*

**presently** /'prezntlɪ/ SYN **ADV** [1] *(Brit)* *(= in a moment)* tout à l'heure ; *(= some time later)* peu de temps après, un peu plus tard

[2] *(= currently)* actuellement, à présent

**presentment** /prɪ'zentmənt/ **N** *[of note, bill of exchange etc]* présentation *f* ; *(Jur)* déclaration *f* émanant du jury

**preservation** /ˌprezə'veɪʃən/ SYN

**N** *(= protection, safeguarding)* sauvegarde *f*, préservation *f* ; *(= continuance, maintenance)* maintien *m* ♦ **in a good state of preservation** bien préservé, en bon état de conservation ♦ **the preservation of the monument is our first priority** notre priorité est de sauvegarder le monument ♦ **the preservation of peace in the Middle East** le maintien de la paix au Proche-Orient

**COMP** **preservation order** **N** *(Brit Admin)* ♦ **to put a preservation order on a building** classer un édifice (monument historique)

**preservation society** **N** *(Archit)* association *f* pour la sauvegarde et la conservation des sites et monuments

**preservationist** /ˌprezə'veɪʃənɪst/ **N** *(esp US)* *[of historic buildings]* défenseur *m* du patrimoine historique ; *(environmental)* défenseur *m* de l'environnement

**preservative** /prɪ'zɜːvətɪv/ **N** *(Culin)* agent *m* de conservation, conservateur *m*

> (!) Caution! **préservatif** means 'condom', not **preservative**.

**preserve** /prɪ'zɜːv/ SYN

**VT** [1] *(= keep, maintain)* *[+ building, traditions, manuscript, eyesight, position]* conserver ; *[+ leather, wood]* entretenir ; *[+ memory]* conserver, garder ; *[+ dignity, sense of humour, reputation]* garder ; *[+ peace]* maintenir ; *[+ silence]* observer, garder ♦ **well-/badly-preserved** en bon/mauvais état de conservation ♦ **she is very well-preserved** *(hum)* elle est bien conservée ♦ **to preserve one's looks** conserver sa beauté ♦ **have you preserved the original?** avez-vous gardé *or* conservé l'original ?

[2] *(from harm etc)* préserver, garantir *(from* de), protéger *(from* contre) ♦ **may God preserve you!** † Dieu vous garde !, que Dieu vous protège ! ♦ **(heaven** *or* **the saints) preserve me from that!** † le ciel m'en préserve !

[3] *(Culin)* *[+ fruit etc]* conserver, mettre en conserve ♦ **preserved** en conserve ♦ **preserved food** *(in bottles, cans)* conserves *fpl* ; *(frozen)* produits *mpl* surgelés

**N** [1] *(Brit Culin)* *(= jam)* confiture *f* ; *(= chutney)* condiment *m* à base de fruits

[2] *(= bottled fruit/vegetables)* fruits *mpl*/légumes *mpl* en conserve

[3] *(Hunting)* réserve *f* ♦ **game preserve** chasse *f* gardée *or* interdite

[4] *(fig = prerogative)* chasse *f* gardée ♦ **that's his preserve** c'est sa chasse gardée, c'est son domaine particulier

**COMP** **preserving pan** **N** bassine *f* à confiture

**preserver** /prɪ'zɜːvəʳ/ **N** *(= person)* sauveur *m* ; → **life**

**preset** /'priː'set/ **VT** (pret, ptp **preset**) programmer

**preshrink** /priː'ʃrɪŋk/ **VT** rendre irrétrécissable

**preshrunk** /'priː'ʃrʌŋk/ **ADJ** irrétrécissable

**preside** /prɪ'zaɪd/ SYN

**VI** présider ♦ **to preside at** *or* **over a meeting** présider une réunion ♦ **the government is presiding over national decline** le gouvernement préside au déclin national

**COMP** **presiding officer** **N** *(Parl)* président(e) *m(f)* du parlement *(en Écosse, au pays de Galles et en Irlande du Nord)* ; *(at polling station)* président(e) *m(f)* du bureau de vote

**presidency** /'prezɪdənsɪ/ **N** présidence *f*

**president** /'prezɪdənt/

**N** *(Pol etc)* président *m* ; *(US Comm)* président-directeur *m* général, PDG *m* ; *(US Univ)* président *m* (d'université) *m*

**COMP** **president-elect** **N** *titre que porte le président des États-Unis nouvellement élu (en novembre) jusqu'à son investiture (en janvier de l'année suivante)*

**President of the Board of Trade** **N** *(Brit Parl)* ≃ ministre *m* du Commerce

**Presidents' Day** **N** *(US) jour férié le troisième lundi de février, en souvenir des présidents Lincoln et Washington*

**presidential** /ˌprezɪ'denʃəl/ **ADJ** [1] *(gen)* *[decision, suite etc]* présidentiel, du président ♦ **presidential elections** élection *f* présidentielle ♦ **his presidential hopes** l'espoir qu'il a de devenir président ♦ **1981 was a presidential year** il y a eu une élection présidentielle en 1981

[2] *(= of one specific President)* *[staff, envoy, representative]* du Président ♦ **presidential adviser** *(US Pol)* conseiller *m* personnel du Président

[3] *(= reminiscent of a president)* *[style, regime, politician]* présidentiel ♦ **the new Prime Minister is more presidential (in style) than his predecessors** le nouveau Premier ministre a un style plus présidentiel que ses prédécesseurs ♦ **a presidential-style campaign** une campagne à l'américaine

**presidentially** /ˌprezɪ'denʃəlɪ/ **ADV** en tant que président

**presidium** /prɪ'sɪdɪəm/ **N** ⇒ **praesidium**

**pre-soak** /'priː'səʊk/ **VT** faire tremper

**press** /pres/ SYN

**N** [1] *(= apparatus)* *(for wine, olives, cheese etc)* pressoir *m* ; *(for gluing, moulding etc)* presse *f* ♦ **cider press** pressoir *m* à cidre ♦ **hydraulic press** presse *f* hydraulique ♦ **racket press** presse-raquette *m inv* ♦ **trouser press** presse *f* à pantalon

[2] *(Printing)* *(= machine* : also **printing press)** presse *f* (typographique) ; *(= place, publishing firm)* imprimerie *f* ♦ **rotary press** presse *f* rotative ♦ **to set the presses rolling** mettre les presses en marche ♦ **to pass sth for press** *(Publishing)* donner le bon à tirer de qch ♦ **to go to press** *[book etc]* être mis sous presse ; *[newspaper]* aller à l'impression ♦ **correct at time of going to press** *(Publishing)* correct au moment de mettre sous presse

[3] *(= reporting, journalists collectively)* presse *f* ♦ **a free press** une presse libre ♦ **to get a good/bad press** avoir bonne/mauvaise presse ♦ **I saw it in the press** je l'ai lu dans la presse *or* dans les journaux ♦ **to advertise in the press** *(Comm)* faire de la publicité dans la presse *or* dans les journaux ; *(privately)* mettre une annonce dans les journaux ♦ **a member of the press** un(e) journaliste ♦ **the national press** la presse nationale ♦ **is (anyone from) the press present?** la presse est-elle représentée ? ♦ **the press reported that...** la presse a relaté que..., on a rapporté dans la presse que...

[4] *(= pressure* : *with hand, instrument)* pression *f* ♦ **he gave his trousers a press** il a donné un coup de fer à son pantalon ; → **permanent**

[5] *(Weight Lifting)* développé *m*

[6] *(Ir, Scot = cupboard)* armoire *f*, placard *m*

[7] *(= pressure of people)* foule *f*, presse *f (liter)* ♦ **he lost his hat in the press to get out** il a perdu son chapeau dans la bousculade à la sortie

**VT** [1] *(= push)* *[+ button, switch, accelerator]* appuyer sur ; *(= squeeze)* *[+ sb's hand etc]* serrer, presser ♦ **he pressed his fingertips together** il a pressé les extrémités de ses doigts les unes contre les autres ♦ **he pressed his nose against the window** il a collé son nez à la fenêtre ♦ **to press the flesh** ⁑ *(US)* serrer une multitude de mains, prendre un bain de foule ♦ **he pressed her to him** il la serra *or* pressa contre lui ♦ **as the crowd moved back he found himself pressed (up) against a wall** au moment où la foule a reculé il s'est trouvé acculé *or* pressé contre un mur

[2] *(= crush)* *[+ grapes, olives, lemons, flowers]* presser

3 (= iron) [+ clothes etc] repasser, donner un coup de fer à
4 (= make by pressing) [+ object, machine part] mouler ; [+ record, disk] presser
5 (= pressure) (in battle, game) presser, attaquer constamment ; [pursuer] talonner, serrer de près ; [creditor] poursuivre, harceler • **to press sb to do sth** insister pour que qn fasse qch • **I am really pressed today** je suis débordé (de travail) aujourd'hui • **to press sb for payment/an answer** presser qn de payer/de répondre • **to be pressed for time** être pressé • **to be pressed for money** être à court d'argent, manquer d'argent • **he didn't need much pressing** il ne s'est guère fait prier • **to press a gift/money on sb** presser qn d'accepter *or* insister pour que qn accepte *subj* un cadeau/de l'argent, offrir avec insistance un cadeau/de l'argent à qn • **to press one's suit** († *or hum*) faire sa demande (en mariage) ; → **hard**
6 (= press-gang : lit, Hist) enrôler de force • **to press sb into doing sth** forcer qn à faire qch • **we were all pressed into service** nous avons tous été mis à contribution • **the church hall was pressed into service as a school** la salle paroissiale a été réquisitionnée pour servir d'école • **buildings that were pressed into service to house the victims** des bâtiments qui ont été réquisitionnés pour accueillir les victimes
7 (= pursue, press home) [+ attack] poursuivre ; [+ advantage] pousser ; [+ claim, demand] renouveler, insister sur • **to press charges (against sb)** (Jur) porter plainte (contre qn) • **I shan't press the point** je n'insisterai pas
8 (Weight Lifting) soulever

**VI** 1 (= exert pressure : with hand etc) appuyer (*on* sur) ; [weight, burden] faire pression, peser (*on* sur) ; [debts, troubles] peser (*on sb* à qn) • **time presses!** le temps presse !, l'heure tourne ! • **to press for sth** faire pression pour obtenir qch, demander instamment qch • **they are pressing to have the road diverted** ils font pression pour (obtenir) que la route soit déviée
2 • **he pressed through the crowd** il s'est frayé un chemin dans la foule • **he pressed in/out** *etc* il est entré/sorti *etc* en jouant des coudes • **they pressed in/out** *etc* ils sont entrés/sortis *etc* en masse • **crowds pressed round him** une foule se pressait autour de lui

**COMP** [campaign, card etc] de presse
**press agency** N agence *f* de presse
**press agent** N agent *m* de publicité
**the Press Association** N *agence de presse britannique*
**press attaché** N attaché(e) *m(f)* de presse
**press baron** N magnat *m* de la presse
**press box** N tribune *f* de la presse
**press briefing** N point *m* de presse
**press button** N bouton(-poussoir) *m*
**press call** N invitation *f* à une conférence de presse
**press card** N carte *f* de presse
**press clipping** N ⇒ **press cutting**
**Press Complaints Commission** N (in Brit) *commission des plaintes contre la presse*
**press conference** N conférence *f* de presse
**press corps** N (esp US) la presse (*travaillant à un endroit donné*)
**press cutting** N coupure *f* de presse *or* de journal • **press cutting agency** argus *m* de la presse
**press gallery** N (esp Parl) tribune *f* de la presse
**press-gang** N (Hist) racoleurs *mpl* VT (fig) • **to press-gang sb into doing sth** faire pression sur qn *or* forcer la main à qn pour qu'il fasse qch
**press hold** N (Climbing) appui *m*
**press kit** N dossier *m* de presse
**press lord** N ⇒ **press baron**
**press office** N service *m* de presse
**press officer** N attaché(e) *m(f)* de presse
**press pack** N presse *f* à scandale ; (*at event*) meute *f* de journalistes
**press photographer** N photographe *mf* de (la) presse, reporter *m* photographe
**press release** N communiqué *m* de presse
**press report** N reportage *m*
**press room** N salle *f* de presse
**press run** N (US) tirage *m* (d'une revue *etc*)
**press secretary** N (US) • **the White House** *etc* **press secretary** le porte-parole de la Maison-Blanche *etc*
**press stud** N (Brit) bouton-pression *m*, pression *f*
**press-up** N (Brit Gym) traction *f* • **to do press-ups** faire des pompes *
**press view** N (Cine) avant-première *f*

▸ **press ahead** VI ⇒ **press on**
▸ **press back** VT SEP [+ crowd, enemy] refouler
▸ **press down**
**VI** appuyer (*on* sur)
**VT SEP** [+ knob, button, switch] appuyer sur
▸ **press in** VT SEP [+ panel etc] enfoncer
▸ **press on** VI (in work, journey etc) continuer • **press on!** (= *don't give up*) persévérez !, n'abandonnez pas ! • **(let's) press on regardless!** * continuons quand même ! • **to press on with sth** continuer résolument (à faire) qch • **they are pressing on with the nuclear agreement** ils continuent à tout faire pour que l'accord nucléaire se réalise
▸ **press out** VT SEP [+ juice, liquid] exprimer

**pressing** /ˈpresɪŋ/ SYN
**ADJ** (= urgent) [business, problem] urgent ; [danger, invitation] pressant
**N** [of clothes] repassage *m* • **to send sth for pressing** faire repasser qch

**pressman** /ˈpresmən/ N (pl **-men**) (Brit) journaliste *m*

**pressmark** /ˈpresmɑːk/ N (Brit) cote *f* (*d'un livre de bibliothèque*)

**pressroom** /ˈpresrʊm/ N (at printing works) salle *f* des presses

**pressure** /ˈpreʃəʳ/ SYN
**N** 1 (gen, Weather, Phys, Tech) pression *f* • **the boilers were running at full pressure** la pression dans les chaudières était à son maximum • **at high pressure** à haute pression • **to exert** *or* **put pressure on sth** exercer une pression sur qch, appuyer sur qch • **a pressure of 2kg to the square cm** une pression de 2 kg par cm² • **atmospheric pressure** pression *f* atmosphérique • **oil pressure** pression *f* d'huile ; (also **tyre pressure**) pression *f* (de gonflage) • **water pressure** pression *f* de l'eau ; → **blood pressure**
2 (fig) pression *f* • **parental pressure** la pression des parents • **to put pressure on sb (to do sth), to bring pressure to bear on sb (to do sth)** faire pression *or* exercer une pression sur qn (pour qu'il fasse qch) • **they're putting the pressure on now** ils commencent à mettre la pression • **we need pressure for change** il faut que les gens fassent pression pour que les choses changent • **to use pressure to obtain a confession** user de contrainte pour obtenir une confession • **the pressure(s) of these events/of life today** la tension créée par ces événements/par la vie d'aujourd'hui • **pressure of work prevented him from going** le travail l'a empêché d'y aller, il n'a pas pu y aller parce qu'il avait trop de travail • **the pressure(s) of meeting deadlines** la contrainte des délais à respecter
♦ **under pressure** • **he was acting under pressure when he said...** il agissait sous la contrainte *or* il n'agissait pas de son plein gré quand il a dit... • **under pressure from his staff** sous la pression de son personnel • **he has been under a lot of pressure recently** il a été sous pression * ces derniers temps • **I work badly under pressure** je travaille mal quand je suis sous pression * • **I can't work well under such pressure** je n'arrive pas à bien travailler quand je suis sous pression * à ce point
♦ **to come under pressure** subir des pressions • **he's clearly come under pressure from hard-liners** il est clair qu'il a subi des pressions de la part des tenants de la ligne dure • **the Prime Minister came under pressure to resign** on a fait pression sur le Premier ministre pour qu'il démissionne
**VT** • **don't pressure me!** * ne me bouscule pas ! • **to pressure sb to do sth** faire pression sur qn pour qu'il fasse qch • **to pressure sb into doing sth** forcer qn à *or* contraindre qn à faire qch • **to feel pressured into sth** *or* **to do sth** se sentir forcé de faire qch • **do you feel pressured by your family to have a baby?** avez-vous le sentiment que votre famille fait pression sur vous pour que vous fassiez un enfant ? • **don't feel pressured!** * ne te sens pas obligé !
**COMP** **pressure cabin** N (in plane) cabine *f* pressurisée *or* sous pression
**pressure-cook** VT cuire à la cocotte-minute ®
**pressure cooker** N autocuiseur *m*, cocotte-minute ® *f*
**pressure-feed** N alimentation *f* par pression
**pressure gauge** N manomètre *m*, jauge *f* de pression
**pressure group** N (Pol etc) groupe *m* de pression
**pressure point** N (Anat) point *m* de compression digitale d'une artère
**pressure suit** N (Space etc) scaphandre *m* pressurisé

**pressurization** /ˌpreʃəraɪˈzeɪʃən/ N pressurisation *f*, mise *f* en pression

**pressurize** /ˈpreʃəraɪz/
**VT** 1 [+ cabin, spacesuit] pressuriser
2 (* fig) ⇒ **pressure vt**
**COMP** **pressurized cabin** N cabine *f* pressurisée *or* sous pression
**pressurized water reactor** N réacteur *m* à eau sous pression

**pressy** *, **pressie** * /ˈprezɪ/ N (Brit) cadeau *m*

**Prestel** ® /ˈpresˌtel/ N ≃ Télétel ® *m*

**prestidigitation** /ˈprestɪˌdɪdʒɪˈteɪʃən/ N (frm) prestidigitation *f*

**prestidigitator** /ˌprestɪˈdɪdʒɪteɪtəʳ/ N prestidigitateur *m*, -trice *f*

**prestige** /presˈtiːʒ/ SYN
**N** prestige *m*
**ADJ** [car, production, politics etc] de prestige • **a high/low prestige job** un poste de/sans prestige

**prestigious** /presˈtɪdʒəs/ ADJ prestigieux

**prestissimo** /preˈstɪsɪˌməʊ/ ADV prestissimo

**presto** /ˈprestəʊ/ ADV (Mus, gen) presto • **hey presto!** le tour est joué ! • **and hey presto! there he was** et abracadabra ! il était là

**prestressed** /priːˈstrest/ ADJ précontraint • **prestressed concrete** (béton *m* armé) précontraint *m*

**presumable** /prɪˈzjuːməbl/ ADJ présumable

**presumably** /prɪˈzjuːməblɪ/ SYN ADV (= probably) sans doute, vraisemblablement • **presumably the front door was locked?** je suppose que la porte d'entrée était fermée à clé ?

**presume** /prɪˈzjuːm/ SYN
**VT** 1 (= suppose) présumer (*also Jur*), supposer (*that* que) ; [+ sb's death] présumer • **to be presumed dead** être présumé mort • **every man is presumed (to be) innocent** tout homme est présumé (être) innocent • **he is presumed to be living in Spain** on présume *or* suppose qu'il vit en Espagne • **it may be presumed that...** on peut présumer que... • **I presume so** je (le) présume, je (le) suppose • **I presume not** je suppose que non • **you are presuming rather a lot** vous faites pas mal de suppositions, vous présumez pas mal de choses
2 (= take liberty) • **to presume to do sth** se permettre de faire qch
**VI** (frm) • **you presume too much!** vous êtes bien présomptueux ! • **I hope I'm not presuming** je ne voudrais pas être impertinent ; (*when asking a favour*) je ne voudrais pas abuser de votre gentillesse • **to presume (up)on** abuser de

**presumption** /prɪˈzʌmpʃən/ SYN N 1 (= supposition) présomption *f*, supposition *f* • **the presumption is that...** on présume que..., on suppose que... • **there is a strong presumption that...** tout porte à croire que...
2 (NonC: frm) présomption *f* • **if you'll excuse my presumption** si vous me le permettez, si vous voulez bien pardonner mon audace

**presumptive** /prɪˈzʌmptɪv/ ADJ [heir] présomptif ; (Jur) [evidence] par présomption

**presumptuous** /prɪˈzʌmptjʊəs/ SYN ADJ [person, letter, question] présomptueux, impertinent

**presumptuously** /prɪˈzʌmptjʊəslɪ/ ADV présomptueusement, avec présomption

**presumptuousness** /prɪˈzʌmptjʊəsnɪs/ N (NonC) ⇒ **presumption 2**

**presuppose** /ˌpriːsəˈpəʊz/ SYN VT présupposer (*that* que)

**presupposition** /ˌpriːsʌpəˈzɪʃən/ SYN N présupposition *f*

**pre-tax** /ˌpriːˈtæks/ ADJ, ADV avant impôts

**pre-teen** /ˌpriːˈtiːn/
**ADJ** préadolescent
**N** • **the pre-teens** les 10 à 12 ans

**pretence, pretense** (US) /prɪˈtens/ SYN N
1 (= pretext) prétexte *m*, excuse *f* ; (= claim) prétention *f* ; (NonC) (= affectation) prétention *f* • **he makes no pretence to learning** il n'a pas la prétention d'être savant • **under** *or* **on the pretence of (doing) sth** sous prétexte *or* sous couleur de (faire) qch ; → **false**
2 (= make-believe) • **to make a pretence of doing sth** faire semblant *or* feindre de faire qch • **he made a pretence of friendship** il a feint l'amitié • **it's all (a) pretence** tout cela est pure comédie *or* une feinte • **I'm tired of their pretence that all is well** je suis las de les voir faire

comme si tout allait bien ◆ **his pretence of sympathy did not impress me** sa feinte sympathie m'a laissé froid

**pretend** /prɪ'tend/ SYN

VT 1 *(= feign)* *[+ ignorance, concern, illness]* feindre, simuler ◆ **to pretend to do sth** faire semblant *or* faire mine de faire qch ◆ **he pretended to be ill** il a fait semblant *or* mine d'être malade ◆ **they pretended to be soldiers** *(as subterfuge)* ils se sont fait passer pour des soldats ◆ **let's pretend we're soldiers** *(as game)* jouons aux soldats ◆ **he pretended he/she was out** il a essayé de faire croire qu'il/qu'elle était sorti(e)

2 *(frm = claim)* prétendre *(that* que) ◆ **I don't pretend to know everything about it** je ne prétends pas tout savoir là-dessus, je n'ai pas la prétention de tout savoir là-dessus

VI 1 *(= feign)* faire semblant ◆ **the children were playing at "let's pretend"** les enfants jouaient à faire semblant ◆ **he's not really ill, he's just pretending** il n'est pas malade, il fait semblant ◆ **I was only pretending!** *(for fun)* c'était pour rire !, je plaisantais ! ◆ **let's stop pretending!** assez joué la comédie ! ◆ **let's not pretend to each other** ne nous jouons pas la comédie, soyons francs l'un avec l'autre

2 *(frm = claim)* ◆ **to pretend to learning/infallibility** avoir la prétention d'être *or* prétendre être érudit/infaillible

ADJ * *[money, house etc]* pour (de) rire * ◆ **it's only pretend!** c'est pour rire ! *

> (!) **prétendre** is the equivalent of **to pretend** only when it means 'to claim'.

**pretended** /prɪ'tendɪd/ SYN ADJ *(frm)* prétendu, soi-disant *inv*

**pretender** /prɪ'tendəʳ/ SYN N prétendant(e) *m(f)* ◆ **a pretender to the throne (of...)** un prétendant au trône (de...) ◆ **the Old Pretender** *(Brit Hist)* le Prétendant *(Jacques François Édouard Stuart)* ◆ **the Young Pretender** le (Jeune) Prétendant *(Charles Édouard Stuart)*

**pretense** /prɪ'tens/ N *(US)* ⇒ **pretence**

**pretension** /prɪ'tenʃən/ SYN N 1 *(= claim : also pej)* prétention *f (to sth* à qch) ◆ **this work has serious literary pretensions** cette œuvre peut à juste titre prétendre à *or* cette œuvre a droit à la reconnaissance littéraire ◆ **he has social pretensions** *(pej)* il a des prétentions sociales

2 *(NonC = pretentiousness)* prétention *f*

**pretentious** /prɪ'tenʃəs/ SYN ADJ prétentieux

**pretentiously** /prɪ'tenʃəslɪ/ ADV prétentieusement

**pretentiousness** /prɪ'tenʃəsnɪs/ N *(NonC)* prétention *f*

**preterite** /'pretərɪt/ N prétérit *m*, passé *m* simple

**pre-term** /ˌpriː'tɜːm/

ADJ *[baby]* prématuré

ADV prématurément, avant terme

**preternatural** /ˌpriːtə'nætʃrəl/ ADJ surnaturel

**preternaturally** /ˌpriːtə'nætʃrəlɪ/ ADV *(frm)* surnaturellement

**pretext** /'priːtekst/ SYN N prétexte *m* ◆ **under** *or* **on the pretext of (doing) sth** sous prétexte de (faire) qch

**pretorian** /prɪ'tɔːrɪən/ ADJ *(US)* ⇒ **praetorian**

**pre-trial** /ˌpriː'traɪəl/ ADJ *(Jur)* avant procès

**prettify** /'prɪtɪfaɪ/ VT *[+ dress]* enjoliver ; *[+ house, garden]* essayer d'embellir

**prettily** /'prɪtɪlɪ/ ADV *[arrange, decorate]* joliment ; *[smile, blush]* de façon charmante

**prettiness** /'prɪtɪnɪs/ N *[of person, place]* charme *m*

**pretty** /'prɪtɪ/ SYN

ADJ 1 *(= attractive) [child, flower, music etc]* joli *before n* ◆ **as pretty as a picture** *[person]* joli comme un cœur, joli à croquer ; *[garden etc]* ravissant ◆ **she's not just a pretty face** * elle n'a pas seulement un joli minois, elle a d'autres atouts que son joli visage ◆ **it wasn't a pretty sight** ce n'était pas beau à voir ◆ **pretty Polly!** *(to parrot)* bonjour Jacquot !

2 *(iro = fine)* joli, beau (belle *f*) ◆ **that's a pretty state of affairs!** c'est du joli ! ◆ **you've made a pretty mess of it!** vous avez fait là de la jolie besogne !

3 *(* = considerable) [sum, price]* joli, coquet ◆ **it will cost a pretty penny** cela coûtera une jolie somme

ADV *(* = fairly)* assez ◆ **it's pretty cold** il fait assez froid, il ne fait pas chaud ◆ **how's it going? – pretty well!** ça va bien ? – pas mal ! ◆ **we've pretty well finished** nous avons presque *or* pratiquement fini ◆ **it's pretty much the same thing** c'est à peu près *or* pratiquement la même chose ◆ **pretty damn quick**‡ illico (presto) * ◆ **you'd have to be pretty damn good**‡ **to get a job like that** il faut être drôlement * *or* sacrément * bon pour trouver un travail comme celui-là ◆ **he's pretty nearly better** il est presque *or* pratiquement guéri ◆ **to have a pretty good** *or* **fair idea of sth** avoir sa petite idée sur qch ; → **sit**

COMP **pretty-pretty** * ADJ un peu trop joli

▸ **pretty up** * VT SEP ⇒ **prettify**

**pretzel** /'pretsl/ N bretzel *m*

**prevail** /prɪ'veɪl/ SYN VI 1 *(= triumph)* l'emporter *(over* sur) ◆ **let us hope that commonsense will prevail** espérons que le bon sens finira par l'emporter *or* s'imposer ◆ **fortunately justice prevailed** heureusement, la justice l'a emporté

2 *(= exist) [situation, chaos]* régner ◆ **a similar situation prevails in America** une situation semblable règne en Amérique ◆ **the situation which now prevails** la situation actuelle ◆ **the hostile atmosphere that prevailed in relations between young blacks and the police** l'hostilité qui présidait aux relations entre les jeunes Noirs et la police ◆ **he found a different attitude prevailed** il s'aperçut que les attitudes étaient différentes ◆ **state control of industry which had prevailed since the 1930s** le contrôle de l'industrie par l'État, en vigueur depuis les années 1930

3 *(= gain victory)* l'emporter ◆ **I hope he will prevail over the rebels** j'espère qu'il l'emportera sur les rebelles ◆ **he appears to have the votes he needs to prevail** il semble avoir les voix nécessaires pour l'emporter

4 *(frm)* ◆ **to prevail (up)on sb to do sth** réussir à persuader qn de faire qch ◆ **they prevailed on him to honour his contract** ils ont réussi à le persuader d'honorer son contrat ◆ **can I prevail on you to delay your departure?** comment puis-je vous persuader de retarder votre départ ?

**prevailing** /prɪ'veɪlɪŋ/ SYN ADJ 1 *[wind]* dominant

2 *(= widespread) [belief, opinion, attitude]* courant, répandu

3 *(= current) [conditions, situation, customs] (today)* actuel ; *(at that time)* à l'époque ; *[style, taste, prices] (today)* actuel, du jour ; *(at that time)* de l'époque, du jour ◆ **prevailing market rate** *(Econ)* cours *m* du marché

4 *(Jur)* ◆ **the prevailing party** la partie gagnante

**prevalence** /'prevələns/ SYN N *(= predominance, currency) [of illness]* fréquence *f* ; *[of belief, opinion, attitude]* prédominance *f*, fréquence *f* ; *[of conditions, situation, customs]* caractère *m* généralisé ; *[of fashion, style]* popularité *f*, vogue *f* ◆ **I'm surprised by the prevalence of that idea** je suis surpris que cette idée soit si répandue

**prevalent** /'prevələnt/ SYN ADJ 1 *(= widespread) [belief, opinion, attitude]* courant, répandu ; *[illness]* répandu ◆ **smoking became increasingly prevalent** il devenait de plus en plus courant de fumer

2 *(= current) [conditions, customs] (today)* actuel ; *(at that time)* à l'époque ; *[style, taste] (today)* actuel, du jour ; *(at that time)* de l'époque, du jour

**prevaricate** /prɪ'værɪkeɪt/ SYN VI tergiverser

**prevarication** /prɪˌværɪ'keɪʃən/ SYN N faux-fuyant(s) *m(pl)*

**prevaricator** /prɪ'værɪkeɪtəʳ/ N personne *f* qui tergiverse

**prevent** /prɪ'vent/ SYN VT empêcher *(sb from doing sth, sb's doing sth* qn de faire qch) ; *[+ event, action]* empêcher ; *[+ illness]* prévenir ; *[+ accident, fire, war]* empêcher, éviter ◆ **nothing could prevent him (from doing it)** rien ne pouvait l'en empêcher ◆ **I couldn't prevent his** *or* **him resigning** je n'ai pas pu l'empêcher de démissionner ◆ **I couldn't prevent myself from doing it** je n'ai pas pu m'empêcher de le faire ◆ **she couldn't prevent his death** elle n'a pu empêcher qu'il ne meure *or* l'empêcher de mourir ◆ **I couldn't prevent the door from closing** je n'ai pas pu empêcher la porte de se fermer *or* éviter que la porte ne se ferme *subj*

**preventable** /prɪ'ventəbl/ ADJ évitable

**preventative** /prɪ'ventətɪv/ ADJ préventif

**prevention** /prɪ'venʃən/ SYN N *(NonC)* prévention *f* ◆ **prevention is better than cure** *(Prov)* mieux vaut prévenir que guérir ◆ **Society for the Prevention of Cruelty to Animals** Société *f* protectrice des animaux ; → **accident, fire**

**preventive** /prɪ'ventɪv/ SYN

ADJ *[medicine, measures]* préventif ◆ **preventive detention** *(Jur)* (forte) peine *f* de prison

N *(= measure)* mesure *f* préventive *(against* contre) ; *(= medicine)* médicament *m* préventif *(against* contre)

**preverbal** /ˌpriː'vɜːbəl/ ADJ préverbal

**preview** /'priːvjuː/ N *[of film, exhibition]* avant-première *f* ; *(= art exhibition)* vernissage *m* ◆ **to give sb a preview of sth** *(fig)* donner à qn un aperçu de qch ◆ **for a preview of today's main events over now to Jack Smith** *(Rad, TV)* et maintenant pour un tour d'horizon des principaux événements de la journée je passe l'antenne à Jack Smith

**previous** /'priːvɪəs/ SYN

ADJ 1 *(gen)* *(= immediately before)* précédent ; *(= sometime before)* antérieur (-eure *f*) ◆ **have you made any previous applications?** avez-vous déjà fait des demandes ? ◆ **the car has had two previous owners** la voiture a déjà eu deux propriétaires, c'est une voiture de troisième main ◆ **the previous letter** la précédente lettre, la lettre précédente ◆ **a previous letter** une lettre précédente *or* antérieure ◆ **the previous week** la semaine précédente ◆ **the previous year** l'année *f* précédente ◆ **the previous day** la veille ◆ **the previous evening** la veille au soir ◆ **in a previous life** dans une vie antérieure ◆ **on previous occasions** précédemment, auparavant ◆ **I have a previous engagement** je suis déjà pris ◆ **to have no previous convictions** *(Jur)* avoir un casier judiciaire vierge ◆ **he has three previous convictions** *(Jur)* il a déjà eu trois condamnations ◆ **"no previous experience necessary"** *(Comm)* « débutants acceptés », « aucune expérience (préalable) exigée » ◆ **previous to** antérieur à

2 *(frm = hasty)* prématuré ◆ **this seems somewhat previous** ceci semble quelque peu prématuré ◆ **you have been rather previous in inviting him** vous avez été bien pressé de l'inviter

ADV 1 *(= previously)* ◆ **three months previous** * trois mois auparavant *or* plus tôt

2 *(frm)* ◆ **previous to** ◆ **previous to (his) leaving he...** avant de partir *or* avant son départ il... ◆ **previous to his leaving we...** avant son départ *or* avant qu'il ne parte nous...

**previously** /'priːvɪəslɪ/ SYN ADV auparavant ◆ **three months previously** trois mois auparavant *or* plus tôt ◆ **previously unknown** jusque-là inconnu ◆ **previously unreleased** *or* **unpublished** jusque-là inédit

**prewar** /'priː'wɔːʳ/

ADJ d'avant-guerre

ADV avant-guerre

**prewarm** /priː'wɔːm/ VT préchauffer

**prewash** /'priːwɒʃ/ N prélavage *m*

**prex** * /preks/, **prexie** *, **prexy** * /'preksɪ/ N *(US Univ)* président *m* (d'université)

**prey** /preɪ/ SYN

N *(lit, fig)* proie *f* ◆ **bird of prey** oiseau *m* de proie, rapace *m* ◆ **to be a prey to** *[+ nightmares, illnesses]* être en proie à ◆ **to fall (a) prey to** devenir la proie de

VI ◆ **to prey on** *[animal etc]* faire sa proie/sa victime de ; *[person]* s'attaquer continuellement à ; *[fear, anxiety]* ronger, miner ◆ **something is preying on her mind** il y a quelque chose qui la tourmente *or* la travaille *

**prezzie**‡ /'prezɪ/ N *(= present)* cadeau *m*

**Priam** /'praɪəm/ N Priam *m*

**priapic** /praɪ'æpɪk/ ADJ 1 *(Myth)* priapique

2 *(= phallic)* phallique

**priapism** /'praɪəpɪzəm/ N *(Med)* priapisme *m*

**Priapus** /praɪ'eɪpəs/ N *(Myth)* Priape *m*

**price** /praɪs/ SYN

N 1 *(= cost)* prix *m (also fig)* ; *(= estimate)* devis *m* ; *(on Stock Exchange)* cours *m* ◆ **he got a good price (for it)** il (en) a obtenu un bon prix ◆ **he gave me a good price (on it)** il m'a fait un prix ◆ **a special price of $100 per night** un tarif spécial de 100 dollars la nuit ◆ **book your tickets in advance at the special price of £4** achetez vos billets à l'avance au tarif préférentiel de 4 livres ◆ **order any three videos for a special price of only £29.99** commandez trois cassettes vidéo au choix pour le prix promotionnel de 29,99 livres ◆ **we pay top prices for gold and silver** nous achetons l'or et l'argent au prix fort ◆ **ask him for a price for putting in a new window** demandez-lui un devis pour poser *or* combien ça coûterait pour poser une nouvelle fenêtre

• **that's my price, take it or leave it** c'est mon dernier prix, c'est à prendre ou à laisser • **he'll do it for a price** il le fera si on y met le prix • **to put a price on sth** fixer le prix de qch ; see also noun 4 • **the price is right** *(fair price)* c'est un prix correct ; *(= right for me)* le prix me convient • **to go up** *or* **rise in price** augmenter • **to drop** *or* **fall in price** baisser • **their products range in price from $12 to $48** le prix de leurs articles va de 12 à 48 dollars • **the price in dollars/sterling, the dollar/sterling price** le prix en dollars/livres sterling • **to make a price** *(Stock Exchange)* fixer un cours • **market price** *(Stock Exchange)* cours *m* du marché

2 *(fig)* • **every man has his price** tout homme peut être acheté • **there's a price on his head, he has got a price on his head** sa tête a été mise à prix • **to put a price on sb's head** mettre à prix la tête de qn • **he paid a high** *or* **big price for his success** il a payé cher *or* chèrement son succès • **it's a high** *or* **big price to pay for it** c'est un bien grand prix à payer • **it's a small price to pay for it** c'est un bien faible prix à payer ; → **cheap, closing, reduced**

3 • **at any price** • **I wouldn't buy it at any price** je ne l'achèterais à aucun prix • **I wouldn't help him at any price!** je ne l'aiderais à aucun prix ! • **they want peace at any price** ils veulent la paix coûte que coûte *or* à tout prix • **will you do it? – not at any price!** vous allez le faire ? – pour rien au monde *or* pas question ! • **you can get it but at a price!** vous pouvez l'avoir mais cela vous coûtera cher ! • **he's famous now but at what a price!** il est célèbre maintenant mais à quel prix !

4 *(= value)* prix *m*, valeur *f* • **to put a price on a jewel/picture** évaluer un bijou/un tableau • **you can't put a price on friendship/honesty** l'honnêteté/l'amitié n'a pas de prix • **I cannot put a price on his friendship** son amitié n'a pas de prix (pour moi), je ne saurais dire combien j'apprécie son amitié • **he sets** *or* **puts a high price on loyalty** il attache beaucoup de valeur *or* un grand prix à la loyauté • **what price* all his promises now?** *(fig)* que valent toutes ses promesses maintenant ? • **beyond price, without price** *(liter)* qui n'a pas de prix, sans prix

5 *(Betting = odds)* cote *f* • **what price are they giving on Black Beauty?** quelle est la cote de Black Beauty ? • **what price he'll change his mind?*** vous pariez combien qu'il va changer d'avis ?

**VT** *(= fix price of)* fixer le prix de ; *(= mark price on)* marquer le prix de ; *(= ask price of)* demander le prix de, s'informer du prix de ; *(fig = estimate value of)* évaluer • **it is priced at £10** ça coûte 10 livres, ça se vend 10 livres • **shares were priced at 50 pence** les actions étaient cotées 50 pence • **tickets priced (at) £20** billets *mpl* vendus 20 livres • **Japanese gas is priced high** *(Stock Exchange)* le gaz japonais est coté très cher

**COMP** *[control, index]* des prix ; *[reduction, rise]* de(s) prix

**price bracket** N ⇒ **price range**

**Price Commission** † N *(Brit)* ≈ Direction *f* générale de la concurrence et de la consommation

**price competitiveness** N compétitivité-prix *f*

**price cut** N réduction *f*, rabais *m*

**price cutting** N réduction(s) *f(pl)* de prix

**price-dividend ratio** N *(Stock Exchange)* rapport *m* cours-dividende

**price-earnings ratio** N *(Stock Exchange)* rapport *m* cours-bénéfices, taux *m or* coefficient *m* de capitalisation (des résultats)

**price escalation** N flambée *f* des prix • **price escalation clause** *(Jur)* clause *f* de révision des prix

**price-fixing** N *(by government)* contrôle *m* des prix ; *(pej : by firms)* entente *f* (illicite) sur les prix

**price freeze** N blocage *m* des prix

**price inflation** N inflation *f* des coûts

**price leadership** N *(Comm)* domination *f* en matière de prix

**price limit** N • **to put a price limit on sth** fixer le prix maximum de qch • **my price limit is $400** je ne vais pas au-dessus de 400 dollars

**price list** N tarif *m*, prix *m* courant

**price maintenance** N *(gen)* vente *f* à prix imposé ; *[of manufacturer]* fixation *f* des prix

**price range** N éventail *m or* gamme *f* de prix • **within my price range** dans mes prix • **in the medium price range** d'un prix modéré, dans les prix moyens

**price-rigging** N *(pej : by firms)* entente *f* (illicite) sur les prix

**price ring** N cartel *m* des prix

**prices and incomes policy** N politique *f* des prix et des revenus

**price-sensitive** ADJ *[information]* risquant d'influencer les prix ; *[market]* pouvant être influencé par les prix

**prices index** N *(Brit)* indice *m* des prix

**price support** N *(US Econ)* (politique *f* de) soutien *m* des prix

**price tag** N *(lit)* étiquette *f* ; *(fig = cost)* prix *m*, coût *m* • **it's got a heavy price tag** le prix est très élevé, ça coûte cher • **what's the price tag on that house?** quel prix demandent-ils pour cette maison ?

**price ticket** N étiquette *f*

**price variation clause** N *(Jur)* clause *f* de révision des prix

**price war** N guerre *f* des prix

▸ **price down** VT SEP *(Comm) (= reduce price of)* réduire le prix de, solder ; *(= mark lower price on)* inscrire un prix réduit sur

▸ **price out** VT SEP • **to price one's goods out of the market** perdre un marché en voulant demander des prix trop élevés • **Japanese products have priced ours out of the market** nos produits ne peuvent plus soutenir la concurrence des prix japonais • **the French have priced us out of that market** les bas prix pratiqués par les Français nous ont chassés de ce marché • **the workers are in danger of pricing themselves out of the market** les ouvriers risquent de devenir trop chers sur le marché de l'emploi

▸ **price up** VT SEP *(Comm) (= raise price of)* augmenter ; *(= mark higher price on)* inscrire un prix plus élevé sur

**-priced** /praɪst/ ADJ *(in compounds)* • **high-priced** coûteux, cher ; → **low¹**

**priceless** /ˈpraɪslɪs/ SYN ADJ 1 *[picture, jewel]* qui n'a pas de prix, inestimable ; *[friendship, contribution, gift]* inestimable, très précieux

2 *(* = amusing)* impayable*

**pricey*** /ˈpraɪsɪ/ ADJ cher, chérot* *m only*

**pricing** /ˈpraɪsɪŋ/ N *(= setting price)* détermination *f or* fixation *f* des prix ; *(for service)* tarification *f* ; *[of stock]* évaluation *f* • **pricing policy** *or* **strategy** politique *f* des prix

**prick** /prɪk/ SYN

**N** 1 *(= act, sensation, mark)* piqûre *f* • **to give sth a prick** piquer qch • **all you'll feel is a little prick** vous allez juste sentir une petite piqûre • **the pricks of conscience** les aiguillons *mpl* de la conscience, le remords ; → **kick**

2 *(** = penis)* bite** *or* bitte** *f*

3 *(** = person)* con** *m*

**VT** 1 *[person, thorn, pin, hypodermic]* piquer ; *[+ balloon, blister]* crever ; *[+ name on list etc]* piquer, pointer • **she pricked her finger with a pin** elle s'est piqué le doigt avec une épingle • **she pricked herself on the thorns** elle s'est piquée avec les épines • **to prick a hole in sth** faire un trou d'épingle (*or* d'aiguille *etc*) dans qch • **his conscience was pricking him** il avait mauvaise conscience, il n'avait pas la conscience tranquille

2 • **to prick (up) one's ears** *[animal]* dresser les oreilles ; *[person] (fig)* dresser *or* tendre l'oreille

**VI** 1 *[thorn etc]* piquer • **his conscience was pricking** il avait mauvaise conscience

2 *(= tingle)* • **my eyes are pricking** les yeux me cuisent

**COMP** **prick-tease**** N *(pej = woman)* allumeuse* *f* VI *[woman]* faire l'allumeuse* VT allumer*

▸ **prick out** VT SEP 1 *(= plant) [+ seedlings]* repiquer

2 *(with pin etc) [+ outline, design]* piquer, tracer en piquant

▸ **prick up**

**VI** *(lit)* • **the dog's ears pricked up** le chien a dressé l'oreille • **his ears pricked up** *(fig)* il a dressé l'oreille

**VT SEP** ⇒ **prick vt 2**

**pricking** /ˈprɪkɪŋ/ N picotement *m*, sensation *f* cuisante • **prickings of conscience** remords *m(pl)*

**prickle** /ˈprɪkl/ SYN

**N** 1 *(= spine) [of plant]* épine *f*, piquant *m* ; *[of hedgehog etc]* piquant *m*

2 *(= pricking sensation : on skin etc)* picotement *m*, sensation *f* cuisante

**VT** piquer

**VI** *[skin, fingers etc]* fourmiller, picoter

**prickly** /ˈprɪklɪ/ SYN

**ADJ** 1 *(= spiky) [plant]* épineux ; *[animal]* armé de piquants • **his beard was prickly** sa barbe piquait • **my arm feels prickly** j'ai des fourmis *or* des fourmillements dans le bras

2 *(fig) (= irritable) [person]* ombrageux, irritable ; *(= delicate) [subject]* épineux, délicat • **he is as prickly as a porcupine** c'est un vrai hérisson

**COMP** **prickly heat** N fièvre *f* miliaire

**prickly pear** N *(= fruit)* figue *f* de Barbarie ; *(= plant)* figuier *m* de Barbarie

**pricy*** /ˈpraɪsɪ/ ADJ cher, chérot* *m only*

**pride** /praɪd/ SYN

**N** 1 *(NonC) (= self-respect)* fierté *f*, amour-propre *m* ; *(= satisfaction)* fierté *f* ; *(pej = arrogance)* orgueil *m* • **his pride was hurt** il était blessé dans son orgueil *or* dans son amour-propre • **he has too much pride to ask for help** il est trop fier pour demander de l'aide • **she has no pride** elle n'a pas d'amour-propre • **the sin of pride** le péché d'orgueil • **false pride** vanité *f* • **pride comes** *or* **goes before a fall** *(Prov)* l'orgueil précède la chute • **her son's success is a great source of pride to her** elle s'enorgueillit *or* elle est très fière du succès de son fils • **her pride in her family** la fierté qu'elle tire de sa famille • **he spoke of them with pride** il parla d'eux avec fierté • **to take** *or* **have (a) pride in** *[+ children, achievements]* être très fier de ; *[+ house, car etc]* prendre (grand) soin de • **she takes (a) pride in her appearance** elle prend soin de sa personne • **to take (a) pride in doing sth** mettre sa fierté à faire qch • **to take** *or* **have pride of place** avoir la place d'honneur

2 *(= object of pride)* fierté *f* • **she is her father's pride and joy** elle est la fierté de son père

3 *[of lions]* troupe *f*

**VT** • **to pride o.s. (up)on (doing) sth** être fier *or* s'enorgueillir de (faire) qch

**prie-dieu** /priːˈdjɜː/ N prie-Dieu *m inv*

**priest** /priːst/ SYN

**N** *(Christian, pagan)* prêtre *m* ; *(= parish priest)* curé *m* ; → **assistant, high**

**COMP** **priest-ridden** ADJ *(pej)* dominé par le clergé, sous la tutelle des curés *(pej)*

**priest's hole** N *(Brit Hist) cachette utilisée par les prêtres catholiques (aux XVIe et XVIIe siècles)*

**priestess** /ˈpriːstɪs/ N prêtresse *f*

**priesthood** /ˈpriːsthʊd/ N *(= function)* prêtrise *f*, sacerdoce *m* ; *(= priests collectively)* clergé *m* • **to enter the priesthood** se faire prêtre, entrer dans les ordres

**priestly** /ˈpriːstlɪ/ SYN ADJ sacerdotal, de prêtre

**prig** /prɪg/ SYN N donneur *m*, -euse *f* de leçons • **what a prig she is!** ce qu'elle est donneuse de leçons ! • **don't be such a prig!** ne fais pas le petit saint (*or* la petite sainte) !

**priggish** /ˈprɪgɪʃ/ SYN ADJ moralisateur (-trice *f*)

**priggishness** /ˈprɪgɪʃnɪs/ N *(NonC)* attitude *f* moralisatrice

**prim** /prɪm/ SYN ADJ 1 *(pej) [person] (= prudish :* also **prim and proper**) collet monté *inv*, guindé ; *[manner, smile, look, expression]* guindé ; *[dress, hat]* très correct, très convenable ; *[house, garden]* trop coquet *or* net *or* impeccable

2 *(= demure)* très convenable, comme il faut

**prima ballerina** /ˈpriːməˌbæləˈriːnə/ N (pl **prima ballerina** *or* **prima ballerinas**) danseuse *f* étoile

**primacy** /ˈpraɪməsɪ/ N *(= supremacy)* primauté *f* ; *(Rel)* primatie *f*

**prima donna** /ˈpriːməˈdɒnə/ SYN N (pl **prima donna** *or* **prima donnas**) *(lit)* prima donna *f inv* • **she's a real prima donna** *(fig)* elle est capricieuse, elle joue les divas

**primaeval** /praɪˈmiːvəl/ ADJ *(Brit)* ⇒ **primeval**

**prima facie** /ˈpraɪməˈfeɪʃɪ/ *(frm)*

**ADV** à première vue, de prime abord

**ADJ** *(Jur)* recevable, bien fondé ; *(gen)* légitime (à première vue) • **to have a prima facie case** *(Jur)* avoir une affaire recevable ; *(gen)* avoir raison à première vue • **prima facie evidence** *(Jur)* commencement *m* de preuve • **there are prima facie reasons why...** on peut a priori raisonnablement expliquer pourquoi...

**primal** /ˈpraɪməl/ ADJ 1 *(= first in time, primeval)* primitif, des premiers âges • **primal scream** *(Psych)* cri *m* primal

2 *(= first in importance, primordial)* principal, primordial

**primarily** /ˈpraɪmərɪlɪ/ SYN ADV *(= chiefly)* essentiellement, surtout

**primary** /ˈpraɪmərɪ/ SYN
**ADJ** 1 (= first : Astron, Chem, Econ, Elec, Geol, Med etc) primaire
2 (= basic) [reason, cause] principal ; [concern, aim] principal, premier before n ◆ **of primary importance** d'une importance primordiale, de la plus haute importance ◆ **the primary meaning of a word** le sens premier d'un mot
**N** (= school) école f primaire ; (= colour) couleur f fondamentale ; (= feather) rémige f ; (Elec) enroulement m primaire ; (US Pol) primaire f
**COMP** **primary cause** N (Philos) cause f première
**primary colour** N couleur f fondamentale or primaire
**primary education** N enseignement m primaire
**primary election** N (US Pol) élection f primaire
**primary feather** N rémige f
**primary health care** N soins mpl de santé primaires
**primary industries** NPL (Econ) le secteur primaire
**primary producer** N (Econ) producteur m du secteur primaire
**primary producing country** N (Econ) pays m de production primaire
**primary product** N (Econ) produit m primaire or de base
**primary school** N (esp Brit) école f primaire
**primary schoolteacher** N (esp Brit) instituteur m, -trice f
**primary stress** N (Phon) accent m principal
**primary teacher** N ⇒ **primary schoolteacher**
**primary tense** N (Gram) temps m primitif
**primary winding** N (Elec) enroulement m primaire

**primate** /ˈpraɪmɪt/ N 1 (Rel) primat m
2 /ˈpraɪmeɪt/ (= animal) primate m

**primatology** /ˌpraɪməˈtɒlədʒɪ/ N primatologie f

**prime** /praɪm/ SYN
**ADJ** 1 (= principal) [reason etc] primordial, principal ; [concern, aim] principal, premier before n ◆ **a prime factor in...** un facteur primordial or fondamental dans... ; see also **comp** ◆ **of prime importance** d'une importance primordiale, de la plus haute importance
2 (= excellent, superior) [advantage] de premier ordre ; [site] exceptionnel ; (= best) [meat] de premier choix ◆ **in prime condition** [animal, athlete] en parfaite condition ◆ **prime cut** (Culin) morceau m de premier choix ◆ **a prime example of what to avoid** un excellent exemple de ce qu'il faut éviter ◆ **of prime quality** de première qualité ◆ **prime ribs** côtes fpl premières
3 (Math) ◆ **7 is prime** 7 est un nombre premier
**N** (= peak) ◆ **when the Renaissance was in its prime** quand la Renaissance était à son apogée, aux plus beaux jours de la Renaissance ◆ **in the prime of life**, **in one's prime** dans or à la fleur de l'âge ◆ **he is past his prime** il est sur le retour ◆ **this grapefruit is past its prime*** (hum) ce pamplemousse n'est plus de la première fraîcheur, ce pamplemousse a vu des jours meilleurs (hum)
2 (Math) (also **prime number**) nombre m premier
3 (Rel) prime f
**VT** 1 [+ gun, pump] amorcer ◆ **to prime the pump** (fig) renflouer une entreprise or une affaire ◆ **to prime sb with drink** faire boire qn (tant et plus) ◆ **he was well primed (with drink)** il avait bu plus que de raison
2 [+ surface for painting] apprêter
3 (fig) [+ person] mettre au fait, mettre au courant ◆ **they primed him about what he should say** ils lui ont bien fait répéter ce qu'il avait à dire ◆ **he was primed to say that** ils lui ont fait la leçon pour qu'il dise cela ◆ **she came well primed for the interview** elle est arrivée à l'entrevue tout à fait préparée
**COMP** **prime bill** N (Econ, Fin) effet m de premier ordre
**prime cost** N (Comm, Econ) prix m de revient, prix m coûtant
**prime factor** N (Math) facteur m premier, diviseur m premier
**prime meridian** N (Geog) premier méridien m
**prime minister** N Premier ministre m
**prime ministerial** ADJ du Premier ministre
**prime ministership, prime ministry** N ministère m, fonctions fpl de Premier ministre
**prime mover** N (Phys, Tech) force f motrice ; (Philos) premier moteur m, cause f première ; (fig = person) instigateur m, -trice f
**prime number** N nombre m premier

**prime rate** N (Econ, Fin) taux m préférentiel or de base
**prime time** N (Rad, TV) prime time m, heure(s) f(pl) de grande écoute **ADJ** [programme, audience etc] aux heures de grande écoute

**primer** /ˈpraɪmər/ N 1 (= textbook) premier livre m, livre m élémentaire
2 (= reading book) abécédaire m
3 (= paint) apprêt m

**primetime** ADJ ◆ **primetime television** programmes mpl de télévision diffusés à une heure de grande écoute or en prime time ◆ **primetime slot** heure(s) f(pl) de grande écoute

**primeval, primaeval** (Brit) /praɪˈmiːvəl/ SYN ADJ primitif ◆ **primeval forest** forêt f primitive

**primigravida** /ˌprɪmɪˈɡrævɪdə/ N primigeste f

**priming** /ˈpraɪmɪŋ/ N 1 [of pump] amorçage m ; [of gun] amorce f
2 (Painting) (= substance) couche f d'apprêt ; (= action) apprêt m

**primipara** /prɪˈmɪpərə/ N primipare f

**primitive** /ˈprɪmɪtɪv/ SYN ADJ, N (all senses) primitif m

**primitivism** /ˈprɪmɪtɪˌvɪzəm/ N primitivisme m

**primly** /ˈprɪmlɪ/ ADV 1 (= demurely) bien sagement ◆ **to be primly dressed** être habillé très comme il faut, être tiré à quatre épingles
2 (pej = priggishly) [say] d'un ton guindé, d'un air bégueule ; [behave] d'une manière guindée

**primness** /ˈprɪmnɪs/ N 1 (= demureness) [of person] façons fpl très correctes or très convenables ; [of appearance, attire] aspect m très comme il faut or très convenable
2 (= prudishness) [of person] façons fpl guindées or compassées, air m collet monté

**primogeniture** /ˌpraɪməʊˈdʒenɪtʃər/ N (Jur etc) primogéniture f

**primordial** /praɪˈmɔːdɪəl/ ADJ primordial

**primp** /prɪmp/
**VI** se pomponner, se bichonner
**VT** pomponner, bichonner

**primrose** /ˈprɪmrəʊz/
**N** primevère f (jaune) ◆ **the primrose path** le chemin or la voie de la facilité
**ADJ** (also **primrose yellow**) jaune pâle inv, jaune primevère inv

**primula** /ˈprɪmjʊlə/ N primevère f (espèce)

**Primus** ® /ˈpraɪməs/ N (esp Brit) (also **Primus stove**) réchaud m de camping (à pétrole), Primus ® m

**prince** /prɪns/ SYN
**N** 1 prince m (also fig) ◆ **Prince Charles** le prince Charles ◆ **the Prince of Wales** le prince de Galles ◆ **prince consort** prince m consort ◆ **prince regent** prince m régent ◆ **Prince Charming** le prince charmant ◆ **the Prince of Darkness** le prince des ténèbres or des démons ◆ **the princes of this world** les princes mpl de la terre, les grands mpl de ce monde
2 (US fig = fine man) chic type* m
**COMP** **Prince Edward Island** N l'île f du Prince-Édouard

**princedom** /ˈprɪnsdəm/ N (= dignity, territory) principauté f

**princeling** /ˈprɪnslɪŋ/ N principicule m

**princely** /ˈprɪnslɪ/ SYN ADJ (lit, fig) princier ◆ **the princely sum of...** la somme rondelette de..., la coquette somme de...

**princess** /prɪnˈses/ N princesse f ◆ **Princess Anne** la princesse Anne ◆ **Princess Royal** Princesse Royale (titre donné parfois à la fille aînée du monarque)

**principal** /ˈprɪnsɪpəl/ SYN
**ADJ** principal ◆ **principal boy** (Brit Theat) jeune héros m (rôle tenu par une actrice dans les spectacles de Noël) ◆ **principal clause** (Gram) (proposition f) principale f ◆ **principal parts of a verb** (Gram) temps mpl primitifs d'un verbe ◆ **principal horn/violin** (Mus) premier cor m/violon m ◆ **principal nursing officer** (Brit) ≈ surveillant(e) m(f) général(e) (dans un hôpital)
**N** 1 (Scol etc : gen) chef m d'établissement ; [of lycée] proviseur m ; [of college] principal(e) m(f)
2 (in orchestra) chef m de pupitre ; (Theat) vedette f
3 (Fin, Jur = person employing agent, lawyer etc) mandant m, commettant m ; (Jur = chief perpetrator of a crime) auteur m d'un crime, principal m responsable ◆ **principal and agent** (Jur, Fin) commettant m et agent m

4 (Fin = capital sum) principal m, capital m ◆ **principal and interest** principal m or capital m et intérêts mpl

**principality** /ˌprɪnsɪˈpælɪtɪ/ N principauté f ◆ **the Principality** (= Wales) le pays de Galles

**principally** /ˈprɪnsɪpəlɪ/ SYN ADV principalement

**principle** /ˈprɪnsɪpl/ SYN N (all senses) principe m ◆ **to go back to first principles** repartir sur de bonnes bases ◆ **in principle** en principe ◆ **on principle, as a matter of principle** par principe ◆ **I make it a principle never to lend money, it's against my principles to lend money** j'ai pour principe de ne jamais prêter d'argent ◆ **that would be totally against my principles** cela irait à l'encontre de tous mes principes ◆ **for the principle of the thing\*** pour le principe ◆ **he is a man of principle(s), he has high principles** c'est un homme qui a des principes ◆ **all these machines work on the same principle** toutes ces machines marchent sur or selon le même principe

**principled** /ˈprɪnsəpld/ ADJ [person] qui a des principes ; [behaviour] réglé par des principes

**-principled** /ˈprɪnsəpld/ ADJ (in compounds) → **high, low¹**

**prink** /prɪŋk/ VI, VT ⇒ **primp**

**print** /prɪnt/ SYN
**N** 1 (= mark) [of hand, foot, tyre etc] empreinte f ; (= finger print) empreinte f (digitale) ◆ **a thumb/paw etc print** l'empreinte f d'un pouce/d'une patte etc ◆ **to take sb's prints** (Police etc) prendre les empreintes de qn ; → **fingerprint, footprint**
2 (NonC: Typography) (= actual letters) caractères mpl ; (= printed material) texte m imprimé ◆ **in small/large print** en petits/gros caractères ◆ **read the small** or **fine print before you sign** lisez toutes les clauses avant de signer ◆ **the print is poor** les caractères ne sont pas nets ◆ **it was there in cold print!** c'était là noir sur blanc ! ◆ **out of print** [book] épuisé ◆ **in print** disponible (en librairie) ◆ **"books in print"** « livres en librairie », « catalogue courant » ◆ **he wants to see himself in print** il veut être publié ◆ **to rush into print** se hâter or s'empresser de publier ◆ **don't let that get into print** n'allez pas imprimer or publier cela
3 (= etching, woodcut etc) estampe f, gravure f ; (= reproduction) tirage m ; (Phot) tirage m, épreuve f ; [of cinema film] copie f ; (= material, design of fabric) imprimé m ; (= printed dress) robe f imprimée ◆ **to make a print from a negative** (Phot) faire un tirage à partir d'un négatif, tirer une épreuve d'un cliché ◆ **a cotton print** une cotonnade imprimée ; → **blueprint**
**ADJ** [dress etc] en (tissu) imprimé
**VT** 1 [+ book, page, document, file] imprimer ; (= publish) imprimer, publier ◆ **printed in England** imprimé en Angleterre ◆ **the book is being printed just now** le livre est sous presse or à l'impression en ce moment ◆ **100 copies were printed** il a été tiré or imprimé à 100 exemplaires ◆ **they didn't dare print it** ils n'ont pas osé l'imprimer or le publier ◆ **to print money** (lit) imprimer des billets ◆ **it's a licence to print money** (fig) c'est une affaire extrêmement rentable or qui rapporte gros* ◆ **the memory of that day is indelibly printed on my memory** le souvenir de ce jour est imprimé à jamais dans sa mémoire ; see also **printed**
2 [+ fabric] imprimer ; [+ photo, professionally] tirer
3 (= write in block letters) écrire en capitales or en caractères d'imprimerie ◆ **print it in block capitals** écrivez-le en lettres majuscules
**VI** 1 [machine] imprimer ; [document] être imprimé ◆ **the book is printing now** le livre est à l'impression or sous presse en ce moment ◆ **"your document is printing"** (Comput) « l'impression de votre document est en cours » ◆ **"printing"** « impression en cours »
2 (on form) ◆ **"please print"** « écrivez en capitales »
**COMP** **print journalism** N journalisme m de presse écrite
**print media** N presse f écrite
**print reporter** N (US) journaliste mf de la presse écrite
**print run** N (Publishing) tirage m
**print shop** N (Typography) imprimerie f ; (= art shop) boutique f d'art (spécialisée dans la vente de reproductions, affiches etc)
**print unions** NPL syndicats mpl des typographes
▶ **print off** VT SEP (Comput, Typography) tirer, imprimer ; (Phot) tirer
▶ **print out** (Comput) VT SEP imprimer

**printable** /ˈprɪntəbl/ ADJ (*lit*) imprimable ; (*= publishable*) publiable ◆ **what he said is just not printable** * (*hum*) ce qu'il a dit est franchement impubliable , il ne serait pas convenable de répéter ce qu'il a dit

**printed** /ˈprɪntɪd/ ADJ imprimé ◆ **printed matter, printed papers** imprimés *mpl* ◆ **the printed word** tout ce qui est imprimé, la chose imprimée ◆ **printed circuit (board)** (*Elec*) circuit *m* imprimé

**printer** /ˈprɪntəʳ/
N 1 imprimeur *m* ; (*= typographer*) typographe *mf*, imprimeur *m* ◆ **the text has gone to the printer** le texte est chez l'imprimeur
2 (*Comput*) imprimante *f*
3 (*Phot*) tireuse *f*
COMP **printer's devil** N apprenti *m* imprimeur
**printer's error** N faute *f* d'impression, coquille *f*
**printer's ink** N encre *f* d'imprimerie
**printer's mark** N marque *f* de l'imprimeur
**printer's reader** N correcteur *m*, -trice *f* (d'épreuves)

**printing** /ˈprɪntɪŋ/
N (*= process*) impression *f* ; [*of photo*] tirage *m* ; (*= industry*) imprimerie *f* ; (*= block writing*) écriture *f* en caractères d'imprimerie
COMP **printing frame** N (*Phot*) châssis-presse *m*
**printing house** N imprimerie *f*
**printing industry** N (secteur *m* de l')imprimerie *f*
**printing ink** N encre *f* d'imprimerie
**printing office** N imprimerie *f*
**printing press** N presse *f* typographique
**printing works** N imprimerie *f* (*atelier*)

**printmaker** /ˈprɪnt,meɪkəʳ/ N graveur *m*

**printmaking** /ˈprɪnt,meɪkɪŋ/ N (*NonC*) gravure *f* (*de planches de reproduction*)

**printout** /ˈprɪntaʊt/ N sortie *f* sur imprimante, sortie *f* papier ◆ **to do a printout of sth** imprimer qch

**prion** /ˈpraɪɒn/ N prion *m*

**prior** /ˈpraɪəʳ/
ADJ précédent, antérieur (-eure *f*) ; [*consent*] préalable ◆ **prior to** antérieur à ◆ **without prior notice** sans préavis, sans avertissement préalable ◆ **to have a prior claim to sth** avoir droit à qch par priorité ◆ **prior restraint** (*US Jur*) interdiction *f* judiciaire
ADV ◆ **prior to** antérieurement à, préalablement à, avant ◆ **prior to (his) leaving he...** avant de partir *or* avant son départ, il... ◆ **prior to his leaving we...** avant son départ *or* avant qu'il ne parte, nous...
N (*Rel*) prieur *m*

**prioress** /ˈpraɪərɪs/ N prieure *f*

**prioritize** /praɪˈɒrɪtaɪz/
VT (*= give priority to*) donner la priorité à
VI (*= establish priorities*) établir la liste des priorités, identifier ses priorités

**priority** /praɪˈɒrɪtɪ/ SYN
N priorité *f* ◆ **to have** *or* **take priority (over)** avoir la priorité (sur) ◆ **housing must be given first** *or* **top priority** on doit donner la priorité absolue au logement ◆ **schools were low on the list of priorities** *or* **the priority list** les écoles venaient loin sur la liste des priorités *or* étaient loin de venir en priorité ◆ **you must get your priorities right** vous devez décider de ce qui compte le plus pour vous ◆ **to give sb (a) high/low priority** donner/ne pas donner la priorité à qn ◆ **it is a high/low priority** c'est/ce n'est pas une priorité
COMP **priority case** N affaire *f* prioritaire
**priority share** N (*Stock Exchange*) action *f* prioritaire

**priory** /ˈpraɪərɪ/ SYN N prieuré *m*

**prise** /praɪz/ VT (*Brit*) ◆ **to prise open a box** ouvrir une boîte en faisant levier, forcer une boîte ◆ **to prise the lid off a box** forcer le couvercle d'une boîte ◆ **I prised him out of his chair** je l'ai enfin fait décoller * de sa chaise ◆ **to prise a secret out of sb** arracher un secret à qn
▸ **prise off** VT SEP enlever en faisant levier
▸ **prise up** VT SEP soulever en faisant levier

**prism** /ˈprɪzəm/ N prisme *m* ◆ **through the prism of time/memory** à travers le prisme du temps/de la mémoire ; → **prune**[1]

**prismatic** /prɪzˈmætɪk/ ADJ [*surface, shape, colour*] prismatique (*also fig*) ◆ **prismatic compass** boussole *f* topographique à prismes

**prison** /ˈprɪzn/ SYN
N (*= place*) prison *f* ; (*= imprisonment*) prison *f*, réclusion *f* ◆ **he is in prison** il est en prison, il fait de la prison ◆ **to put sb in prison** mettre qn en prison, emprisonner qn ◆ **to send sb to prison** condamner qn à la prison ◆ **to send sb to prison for five years** condamner qn à cinq ans de prison ◆ **he was in prison for five years** il a fait cinq ans de prison
COMP [*food, life, conditions*] dans la (*or* les) prison(s) ; [*system*] carcéral, pénitentiaire ; [*organization, colony*] pénitentiaire
**prison authorities** NPL administration *f* pénitentiaire
**prison camp** N camp *m* de prisonniers
**prison farm** N *ferme dépendant d'une maison d'arrêt*
**prison governor** N directeur *m*, -trice *f* de prison
**prison guard** N (*US*) gardien(ne) *m(f)* *or* surveillant(e) *m(f)* (de prison)
**prison officer** N gardien(ne) *m(f)* *or* surveillant(e) *m(f)* (de prison)
**prison population** N population *f* carcérale
**prison riot** N mutinerie *f* (*dans une prison*)
**prison van** N voiture *f* cellulaire
**prison visitor** N visiteur *m*, -euse *f* de prison
**prison yard** N cour *f* *or* préau *m* de prison

**prisoner** /ˈprɪznəʳ/ SYN N (*gen*) prisonnier *m*, -ière *f* ; (*in jail*) détenu(e) *m(f)*, prisonnier *m*, -ière *f* ◆ **prisoner of conscience** détenu(e) *m(f)* *or* prisonnier *m*, -ière *f* politique ◆ **prisoner of war** prisonnier *m*, -ière *f* de guerre ◆ **prisoner at the bar** (*Jur*) accusé(e) *m(f)*, inculpé(e) *m(f)* ◆ **he was taken prisoner (by the enemy)** il a été fait prisonnier (par l'ennemi) ◆ **to hold sb prisoner** détenir qn, garder qn en captivité ◆ **to take no prisoners** (*fig*) ne pas faire de quartier

**prissy** * /ˈprɪsɪ/ ADJ (*= prudish*) bégueule ; (*= effeminate*) efféminé ; (*= fussy*) pointilleux

**pristine** /ˈprɪstaɪn/ ADJ 1 (*= unspoiled*) parfait, virginal ◆ **in pristine condition** en parfait état
2 (*= original*) original, d'origine

**prithee** †† /ˈprɪðiː/ EXCL je vous prie

**privacy** /ˈprɪvəsɪ/ SYN
N intimité *f* ◆ **in privacy** en toute intimité ◆ **in the privacy of your own home** dans l'intimité de votre foyer, tranquillement chez vous ◆ **his desire for privacy** son désir d'être seul, son désir de solitude ; [*of public figure etc*] son désir de préserver sa vie privée ◆ **lack of privacy** promiscuité *f* , impossibilité *f* de s'isoler ◆ **there is no privacy in these flats** impossible de s'isoler *or* on ne peut avoir aucune vie privée dans ces appartements ◆ **everyone needs some privacy** tout le monde a besoin de pouvoir s'isoler de temps en temps ; → **invasion**
COMP **Privacy Act** N (*Jur*) loi *f* sur la protection de la vie privée

**private** /ˈpraɪvɪt/ SYN
ADJ 1 (*= not open to public*) [*conversation, meeting, interview, party, land, property, road*] privé ; [*gardens*] privatif ; [*letter*] personnel ◆ **private agreement** (*Jur*) accord *m* à l'amiable ◆ **they have a private agreement to help each other** ils ont convenu (entre eux) de s'aider mutuellement, ils se sont entendus *or* se sont mis d'accord pour s'aider mutuellement ◆ **"private fishing"** « pêche réservée *or* gardée » ◆ **private performance** (*Theat etc*) représentation *f* à guichets *or* bureaux fermés ◆ **private room** (*in hotel etc*) salon *m* réservé ; see also **adj 2** ◆ **private showing** [*of film*] séance *f* privée ◆ **a private wedding** un mariage célébré dans l'intimité ◆ **this matter is strictly private** cette affaire est strictement confidentielle ◆ **I have private information that...** je sais de source privée que... ◆ **a private place** un coin retiré, un petit coin tranquille ◆ **it's not very private here** ce n'est pas très tranquille ici ◆ **let's go somewhere more private** allons dans un endroit plus tranquille ◆ **he's a very private person** (*gen*) c'est un homme très secret *or* qui ne se confie pas ; (*public figure etc*) il tient à préserver sa vie privée ◆ **"private"** (*on door etc*) « privé », « interdit au public » ; (*on envelope*) « personnel »
◆ **in private** ⇒ **privately 1, 2**
2 (*= personal, domestic*) [*house, lesson, room*] particulier ; (*= personal*) [*car, bank account*] personnel ; [*plane, army*] privé ◆ **a private house** une maison particulière ◆ **a room with private bath(room)** une chambre avec salle de bain particulière ◆ **he has a private income, he has private means** il a une fortune personnelle ◆ **a private citizen** un simple citoyen ◆ **in his private capacity** à titre personnel ◆ **for (his) private use** pour son usage personnel ◆ **in (his) private life** dans sa vie privée, dans le privé ◆ **the private life of Henry VIII** la vie privée d'Henri VIII ◆ **it's a private matter** *or* **affair** c'est une affaire privée ◆ **it is my private opinion that...** pour ma part je pense que... ◆ **for private reasons** pour des raisons personnelles ◆ **in his private thoughts** dans ses pensées secrètes *or* intimes ◆ **private pupil** élève *mf* en leçons particulières ◆ **private tutor** (*for full education*) précepteur *m*, -trice *f* ; (*for one subject*) répétiteur *m*, -trice *f* ◆ **he's got a private teacher** *or* **tutor for maths** il prend des leçons particulières en maths, il a un répétiteur en maths ◆ **private tuition** leçons *fpl* particulières
3 (*= outside public sector*) [*company, institution*] privé ; [*clinic, hospital, nursing home*] privé, non conventionné ◆ **private pension (scheme)** (plan *m* de) retraite *f* complémentaire ◆ **private health insurance** assurance *f* maladie privée ◆ **private patient** (*Brit*) patient(e) *m(f)* consultant en clientèle privée ◆ **his private patients** (*Brit*) sa clientèle privée ◆ **private treatment** ≃ traitement *m* non remboursé ◆ **to be in private practice** ≃ être médecin non conventionné
4 (*Mil*) ◆ **private soldier** simple soldat *m*, soldat *m* de deuxième classe
N (*Mil*) (simple) soldat *m*, soldat *m* de deuxième classe ◆ **Private Martin** le soldat Martin ◆ **Private Martin!** soldat Martin ! ◆ **private first class** (*US*) ≃ caporal *m*
NPL **privates** * (*euph*) parties *fpl* intimes
COMP **private branch exchange** N (*Brit Telec*) commutateur *m* privé
**private detective** N détective *m* privé
**private dick** * N ⇒ **private eye**
**private enterprise** N (*Econ*) entreprise *f* privée
**private eye** * N privé * *m*
**private finance initiative** N (*Brit*) initiative *f* de financement privé
**private hearing** N (*Admin, Jur*) audience *f* à huis clos
**private hotel** N pension *f* de famille
**private investigator** N ⇒ **private detective**
**private joke** N plaisanterie *f* pour initiés
**private member** N (*Parl*) simple député *m*
**private member's bill** N (*Parl*) proposition *f* de loi (*émanant d'un simple député*)
**private parts** * NPL (*euph*) parties *fpl* intimes
**private property** N propriété *f* privée
**private prosecution** N (*Jur*) *poursuites pénales engagées par la partie civile*
**private school** N école *f* privée, ≃ école *f* libre
**private secretary** N secrétaire *m* particulier, secrétaire *f* particulière
**the private sector** N le secteur privé
**private study** N (*Brit Scol*) étude *f*
**private view, private viewing** N (*Art etc*) vernissage *m*

**privateer** /ˌpraɪvəˈtɪəʳ/ N (*= man, ship*) corsaire *m*

**privately** /ˈpraɪvɪtlɪ/ ADV 1 (*= in private*) en privé ◆ **may I speak to you privately?** puis-je vous parler en privé *or* vous dire un mot seul à seul ? ◆ **he told me privately that...** il m'a dit en privé que... ◆ **the committee sat privately** le comité s'est réuni en séance privée *or* à huis clos
2 (*= secretly, internally*) en *or* dans son (*or* mon *etc*) for intérieur, intérieurement ◆ **privately, he was against the scheme** dans son for intérieur *or* intérieurement, il était opposé au projet
3 (*= as private individual*) [*write, apply, object*] à titre personnel *or* privé ◆ **I bought/sold my car privately, not through a garage** j'ai acheté/vendu ma voiture à un particulier, pas à un garage
4 (*= not through the state*) ◆ **privately owned** privé ◆ **privately controlled** sous contrôle privé ◆ **she is having the operation privately** (*private hospital*) elle se fait opérer dans un hôpital privé ; (*private surgeon*) elle se fait opérer par un chirurgien non conventionné ◆ **to be privately educated** faire (*or* avoir fait) ses études dans une école privée (*or* des écoles privées)

**privation** /praɪˈveɪʃən/ N privation *f*

**privative** /ˈprɪvətɪv/ ADJ, N (*also Ling*) privatif *m*

**privatization** /ˌpraɪvətaɪˈzeɪʃən/ N privatisation *f*

**privatize** /ˈpraɪvəˌtaɪz/ VT privatiser

**privet** /ˈprɪvɪt/
N troène *m*
COMP **privet hedge** N haie *f* de troènes

## privilege | procedure

**privilege** /ˈprɪvɪlɪdʒ/ SYN
  **N** privilège m ; (NonC: Parl etc) prérogative f, immunité f ◆ **to have the privilege of doing sth** avoir le privilège or jouir du privilège de faire qch ◆ **I hate privilege** je déteste les privilèges
  **VT** ① ◆ (= favour) privilégier
  ② ◆ **to be privileged to do sth** avoir le privilège de faire qch ◆ **I was privileged to meet him once** j'ai eu le privilège de le rencontrer une fois

**privileged** /ˈprɪvɪlɪdʒd/ SYN ADJ [person, group, situation, position] privilégié ◆ **a privileged few** quelques privilégiés mpl ◆ **the privileged few** les privilégiés mpl ◆ **privileged information** renseignements mpl confidentiels (obtenus dans l'exercice de ses fonctions) ; → underprivileged

**privily** ✝✝ /ˈprɪvɪlɪ/ ADV en secret

**privy** /ˈprɪvɪ/
  **ADJ** ( ✝✝ or Jur) privé, secret (-ète f) ◆ **privy to** au courant de, dans le secret de
  **N** ✝ cabinets mpl, W.-C. mpl
  **COMP** **Privy Council** N (Brit) conseil privé du souverain britannique
  **Privy Councillor** N (Brit) membre du conseil privé du souverain britannique
  **Privy Purse** N cassette f royale
  **Privy Seal** N Petit Sceau m

**prize¹** /praɪz/ SYN
  **N** ① (gen, Scol, fig) prix m ; (in lottery) lot m ◆ **to win first prize** (Scol etc) remporter le premier prix (in de) ; (in lottery) gagner le gros lot ◆ **there's a prize for the best costume** il y a un prix pour le meilleur costume ◆ **no prizes for guessing...** * vous n'aurez aucun mal à deviner..., il n'est pas difficile de deviner... ◆ **the Nobel Prize** le prix Nobel ; → cash
  ② (= captured vessel) prise f de navire (or de cargaison)
  **ADJ** ① ◆ (= prize-winning) primé, qui a remporté un prix ◆ **a prize sheep** un mouton primé ◆ **he grows prize onions** il cultive des oignons pour les concours agricoles
  ② (fig) (= outstanding) ◆ **a prize example of official stupidity** un parfait exemple de la bêtise des milieux officiels ◆ **what a prize fool he'd been*** il s'était conduit comme un parfait imbécile
  **VT** attacher beaucoup de prix à, tenir beaucoup à ◆ **to prize sth very highly** attacher énormément de prix à qch ◆ **his most prized possession was his car** la chose à laquelle il attachait le plus de prix or il tenait le plus était sa voiture ◆ **gold is prized for its beauty/its electrical conductivity** l'or est recherché or (très) apprécié pour sa beauté/sa conductivité ◆ **lead soldiers are (greatly) prized by collectors** les soldats de plomb sont très appréciés des collectionneurs or très prisés par les collectionneurs
  **COMP** **prize day** N (Scol) (jour m de la) distribution f des prix
  **prize draw** N tombola f
  **prize fight** N (Boxing) combat m professionnel
  **prize fighter** N boxeur m professionnel
  **prize fighting** N boxe f professionnelle
  **prize-giving** N (Scol etc) distribution f des prix
  **prize list** N palmarès m, liste f des lauréats or des gagnants
  **prize money** N (NonC) (gen, Sport) prix m (en argent) ; (of captured vessel) part f de prise
  **prize ring** N (Boxing) ring m (pour la boxe professionnelle)

**prize²** /praɪz/ ⇒ prise

**prizewinner** /ˈpraɪzˌwɪnəʳ/ N (Scol, gen) lauréat(e) m(f) ; (in lottery) gagnant(e) m(f)

**prizewinning** /ˈpraɪzˌwɪnɪŋ/ ADJ [essay, novel, entry etc] primé, lauréat ; [ticket] gagnant

**PRO** N (abbrev of public relations officer) → public

**pro¹** /prəʊ/
  **PREP** * pour ◆ **are you pro (or anti) the idea?** êtes-vous pour (ou contre) l'idée ?
  **ADJ** * pour ◆ **he's very pro** il est tout à fait pour
  **N** ① (= advantage) ◆ **the pros and the cons** le pour et le contre
  ② (= supporter) ◆ **the pros and the antis** les pour et les contre

**pro²** * /prəʊ/
  **N** ① (abbrev of professional) (Sport etc) pro mf ◆ **you can see he's a pro** (fig) on voit bien qu'on a affaire à un professionnel, on dirait qu'il fait ça toute sa vie
  ② (= prostitute) professionnelle f

**pro-am** ADJ (Golf) (abbrev of professional-amateur) pro-am ◆ **pro-am tournament** tournoi m pro-am
**pro-celeb** * ADJ ⇒ pro-celebrity
**pro-celebrity** ADJ ◆ **pro-celebrity tournament** tournoi opposant des célébrités à des joueurs professionnels

**pro-** /prəʊ/ PREF ① (= in favour of) pro... ◆ **pro-French/European** profrançais/proeuropéen ◆ **pro-Europe** proeuropéen ◆ **he was pro-Hitler** il était partisan d'Hitler ◆ **they were pro-Moscow** ils étaient prosoviétiques
② (= acting for) ◆ **pro...** pro-, vice- ; → proconsul

**proa** /ˈprəʊə/ N prao m

**pro-abortion** /ˌprəʊəˈbɔːʃən/ ADJ en faveur de l'avortement

**pro-abortionist** /ˌprəʊəˈbɔːʃənɪst/ N partisan(e) m(f) de l'avortement

**proactive** /ˌprəʊˈæktɪv/ ADJ ◆ **to be proactive** faire preuve d'initiative

**probabilism** /ˈprɒbəbɪlɪzəm/ N probabilisme m

**probabilistic** /ˌprɒbəbəˈlɪstɪk/ ADJ probabiliste

**probability** /ˌprɒbəˈbɪlɪtɪ/ SYN N probabilité f
  ◆ **the probability of sth** (of an undesirable event) les risques mpl de qch ; (of a desirable event) les chances fpl de qch ◆ **the probability of sth happening** la probabilité que qch arrive ; (desirable event) les chances fpl que qch arrive ◆ **in all probability** selon toute probabilité ◆ **the probability is that...** il est très probable que... + indic, il y a de grandes chances pour que... + subj ◆ **there is little probability that...** il est peu probable que... + subj

**probable** /ˈprɒbəbl/ SYN
  **ADJ** ① (= likely) [reason, success, event, election] probable ◆ **it is probable that he will succeed** il est probable qu'il réussira ◆ **it is not/hardly probable that...** il est improbable/peu probable que... + subj
  ② (= credible) vraisemblable ◆ **his explanation did not sound very probable** son explication ne m'a pas paru très vraisemblable
  **N** ◆ **he is a probable*** **for the match** il y a de fortes chances qu'il fasse partie des joueurs sélectionnés pour le match ; → possible

**probably** /ˈprɒbəblɪ/ LANGUAGE IN USE 15.2, 16.2, 26.3 SYN ADV probablement ◆ **most probably** très probablement ◆ **probably not** probablement pas

**proband** /ˈprəʊbænd/ N (esp US Med) probant m, proposant(e) m(f)

**probate** /ˈprəʊbɪt/ (Jur)
  **N** homologation f (d'un testament) ◆ **to value sth for probate** évaluer or expertiser qch pour l'homologation d'un testament ◆ **to grant/take out probate of a will** homologuer/faire homologuer un testament
  **VT** (US) [+ will] homologuer
  **COMP** **probate court** N tribunal m des successions

**probation** /prəˈbeɪʃən/ SYN
  **N** ① (Jur) ≈ mise f à l'épreuve ; (for minors) mise f en liberté surveillée ◆ **to be on probation** ≈ être en sursis avec mise à l'épreuve or en liberté surveillée ◆ **to put sb on probation** mettre qn en sursis avec mise à l'épreuve or en liberté surveillée
  ② (= trial period) ◆ **he is on probation** [employee] il a été engagé à l'essai ; (Rel) il est novice ; (US Educ) il a été pris (or repris) à l'essai ◆ **a semester on probation** (US Educ) un semestre à l'essai, un semestre probatoire
  **COMP** **probation officer** N (Jur) contrôleur m judiciaire

**probationary** /prəˈbeɪʃnərɪ/ ADJ (gen) d'essai ; (Jur) de sursis, avec mise à l'épreuve ; (Rel) de probation, de noviciat ◆ **probationary year** année f probatoire ◆ **for a probationary period** pendant une période d'essai ◆ **a probationary period of three months** une période probatoire de trois mois

**probationer** /prəˈbeɪʃnəʳ/ N (in business, factory etc) employé(e) m(f) engagé(e) à l'essai ; (Brit Police) stagiaire mf ; (Rel) novice mf ; (Jur) ≈ condamné(e) m(f) sursitaire avec mise à l'épreuve ; (= minor) ≈ délinquant(e) m(f) en liberté surveillée

**probe** /prəʊb/ SYN
  **N** ① (gen, Med, Dentistry, Space) sonde f ; [of insect] trompe f ◆ **Venus probe** (Space) sonde f spatiale à destination de Vénus

② (fig = investigation) enquête f (into sur), investigation f (into de)
  **VT** ① (lit) (= explore) [+ hole, crack] explorer, examiner ; (Med) sonder ; (Space) explorer ◆ **he probed the ground with his stick** il fouilla la terre de sa canne
  ② (fig = inquire into) [+ sb's subconscious] sonder ; [+ past] explorer ; [+ private life] découvrir ; [+ causes, sb's death] chercher à éclaircir ; [+ mystery] approfondir ; [+ sb's activities] enquêter sur
  ③ (= inquire) ◆ **"why did you say that?" probed Dennis** « pourquoi avez-vous dit cela ? » s'enquit Dennis
  **VI** (gen, Med etc) faire un examen avec une sonde, faire un sondage ; (fig = inquire) faire des recherches ◆ **to probe for sth** (gen, Med) chercher à localiser or à découvrir qch ; (fig : by investigation) rechercher qch ◆ **the police should have probed more deeply** la police aurait dû pousser plus loin ses investigations ◆ **to probe into sth** ⇒ **to probe sth vt 2**

**probing** /ˈprəʊbɪŋ/
  **ADJ** ① [instrument] pour sonder
  ② (fig) [question, study] pénétrant ; [interrogation] serré ; [look] inquisiteur (-trice f)
  **N** (NonC) (gen, Med) sondage m ; (fig = investigations) investigations fpl (into de)

**probity** /ˈprəʊbɪtɪ/ N probité f

**problem** /ˈprɒbləm/ LANGUAGE IN USE 26.1 SYN
  **N** ① (= difficulty) problème m ◆ **the housing problem** le problème m or la crise du logement ◆ **he is a great problem to his mother** il pose de gros problèmes à sa mère ◆ **we've got problems with the car** nous avons des ennuis avec la voiture ◆ **he's got a drink problem** il boit, il est porté sur la boisson ◆ **it's not my problem** ça ne me concerne pas ◆ **that's YOUR problem!** ça c'est ton problème ! ◆ **that's no problem (to him)** ça ne (lui) pose pas de problème ◆ **no problem!*** pas de problème ! * ◆ **problem solved!*** (ça y est), c'est réglé ! ◆ **what's the problem?** qu'est-ce qui ne va pas ?, quel est le problème ? ◆ **hey, what's your problem?** ⁑ t'as un problème ou quoi ? * ◆ **I had no problem in getting the money, it was no problem to get the money** je n'ai eu aucun mal à obtenir l'argent
  ② ( * = objection) ◆ **I have no problem with that** j'y vois pas de problème * ◆ **my problem (with that) is that...** ce qui me chiffonne or me gêne, c'est que... ◆ **do you have a problem (with that)?** il y a quelque chose qui te gêne ?
  ③ (Math etc = exercise) problème m
  **ADJ** ① (= causing problems) [situation] difficile ; [family, group] qui pose des problèmes ; [child] caractériel, difficile ◆ **problem cases** (Soc) des cas mpl sociaux
  ② (Literat etc) [novel, play] à thèse
  **COMP** **problem-free** ADJ sans problème
  **problem page** N (Press) courrier m du cœur
  **problem-solving** N résolution f de problèmes
  ADJ [technique, abilities] de résolution de problèmes

**problematic(al)** /ˌprɒblɪˈmætɪk(l)/ ADJ problématique

**problematics** /ˌprɒblɪˈmætɪks/ N (NonC) problématique f

**pro bono** /prəʊˈbəʊnəʊ/ (US Jur)
  **ADJ** bénévole
  **ADV** bénévolement

**proboscis** /prəʊˈbɒsɪs/
  **N** (pl proboscises or probocides /prəʊˈbɒsɪˌdiːz/) [of animal, insect] trompe f ; (hum) (= nose) appendice m (hum)
  **COMP** **proboscis monkey** N nasique m

**procaine** /ˈprəʊkeɪn/ N procaïne f

**procaryote** /prəʊˈkærɪɒt/ N procaryote m

**procedural** /prəˈsiːdjʊrəl/
  **ADJ** (Admin, Insurance, Jur etc) de procédure
  **N** (also **police procedural**) (= novel) (roman m) policier m ; (= film) film m policier

**procedurally** /prəˈsiːdjʊrəlɪ/ ADV du point de vue procédural or de la procédure

**procedure** /prəˈsiːdʒəʳ/ SYN N procédure f ◆ **what is the procedure?** quelle est la procédure à suivre ?, comment doit-on procéder ? ◆ **the correct** or **normal procedure is to apply to...** pour suivre la procédure normale il faut s'adresser à... ◆ **order of procedure** (Admin, Jur etc) règles fpl de procédure

**proceed** /prəˈsiːd/ SYN

**VI** ⟨1⟩ (frm, lit = move along) avancer ◆ **he was proceeding along the road** il avançait sur la route ◆ **"proceed with caution"** (on foot) « avancer avec prudence » ; (in vehicle) « rouler au pas »
⟨2⟩ (frm = go on) continuer ◆ **please proceed!** veuillez continuer or poursuivre ◆ **to proceed on one's way** poursuivre son chemin or sa route ◆ **they then proceeded to London** ils se sont ensuite rendus à Londres ◆ **let us proceed to the next item** passons à la question suivante ◆ **before we proceed any further** avant d'aller plus loin

◆ **to proceed to do sth** se mettre à faire qch, entreprendre de faire qch ◆ **the police stopped the car and (then) proceeded to search it** les policiers arrêtèrent la voiture et entreprirent ensuite de la fouiller

◆ **to proceed with sth** ◆ **proceed with your work** continuez or poursuivez votre travail ◆ **they proceeded with their plan** ils ont donné suite à leur projet ◆ **they did not proceed with the charges against him** (Jur) ils ont abandonné les poursuites (engagées) contre lui

⟨3⟩ (fig = act, operate) procéder, agir ◆ **you must proceed cautiously** il faut procéder or agir avec prudence ◆ **I am not sure how to proceed** je ne sais pas très bien comment procéder or m'y prendre ◆ **it is all proceeding according to plan** tout se passe comme prévu ◆ **the discussions are proceeding normally** les discussions se poursuivent normalement ◆ **everything is proceeding well** les choses suivent leur cours de manière satisfaisante ◆ **to proceed from the assumption** or **premise that...** [person, idea] partir du principe que...

⟨4⟩ (= originate) ◆ **to proceed from** venir de, provenir de ; (fig) relever de

⟨5⟩ (Jur) ◆ **to proceed against sb** engager des poursuites contre qn

**VT** continuer ◆ **"well" she proceeded** « eh bien » continua-t-elle

**N** → **proceeds**

**proceeding** /prəˈsiːdɪŋ/ SYN

**N** (= course of action) façon f or manière f d'agir or de procéder

**NPL proceedings** ⟨1⟩ (= manoeuvres) opérations fpl ; (= ceremony) cérémonie f ; (= meeting) séance f, réunion f ; (= discussions) débats mpl ◆ **the proceedings begin at 7 o'clock** la réunion or la séance commencera à 19 heures ◆ **the secretary recorded the proceedings** le secrétaire a enregistré les débats ◆ **the proceedings of parliament** la séance du Parlement ◆ **the main business of the proceedings was to elect a new chairman** l'objectif principal de la séance or réunion était d'élire un nouveau président

⟨2⟩ (esp Jur = measures) mesures fpl ◆ **legal proceedings** procès m ◆ **to take proceedings** prendre des mesures (in order to do sth pour faire qch ; against sb contre qn) ◆ **to take (legal) proceedings against sb** (Jur) engager des poursuites contre qn, intenter un procès à qn ◆ **disciplinary proceedings are to be taken against two senior police officers** des mesures disciplinaires vont être prises à l'encontre de deux officiers de police supérieurs ◆ **criminal proceedings against the former Prime Minister** des poursuites judiciaires contre l'ancien Premier ministre ◆ **the company has entered bankruptcy proceedings** la société a entrepris une procédure de faillite ◆ **to start extradition proceedings against sb** entreprendre une procédure d'extradition à l'encontre de qn ; → **commence, divorce, institute**

⟨3⟩ (= records) compte m rendu, rapport m ◆ **it was published in the Society's proceedings** cela a été publié dans les actes de la Société ◆ **Proceedings of the Historical Society** (as title) Actes mpl de la Société d'histoire

**proceeds** /ˈprəʊsiːdz/ SYN **NPL** recettes ◆ **proceeds of insurance** (Jur, Fin) indemnité f versée par la compagnie ◆ **the proceeds of the arms sales** le produit de la vente d'armes

**process**[1] /ˈprəʊses/ SYN

**N** ⟨1⟩ (Chem, Bio, Ling, Soc etc) processus m ; (fig, Admin, Jur) procédure f ◆ **the process of digestion/growing up** etc le processus de la digestion/de la croissance etc ◆ **a natural/chemical process** un processus naturel/chimique ◆ **the thawing/preserving** etc **process** le processus de décongélation/de conservation etc ◆ **the building process** la construction ◆ **the best way to proceed is by a process of elimination** la meilleure solution est de procéder par élimination ◆ **the ageing process** le (processus de) vieillissement ◆ **the legal/administrative process takes a year** la procédure juridique/administrative prend un an ◆ **the processes of the law** le processus de la justice ◆ **it's a slow or long process** (Chem etc) c'est un processus lent ; (fig) ça prend du temps ◆ **he supervised the whole process** il a supervisé l'opération du début à la fin

◆ **in the process** ◆ **to be in the process of modernization/negotiation/construction** être en cours de modernisation/négociation/construction ◆ **to be in the process of moving/changing** être en train de déménager/changer ◆ **in the process of cleaning the picture, they discovered...** au cours du nettoyage du tableau or pendant qu'ils nettoyaient le tableau ils ont découvert... ◆ **she tried to help, and ruined everything in the process** elle a essayé d'aider mais, ce faisant or du coup*, elle a tout gâché ◆ **he saved the girl, but injured himself in the process** il a sauvé la petite fille mais, ce faisant or du coup*, il s'est blessé

⟨2⟩ (= specific method) procédé m, méthode f ◆ **the Bessemer process** le procédé Bessemer ◆ **he has devised a process for controlling weeds** il a mis au point un procédé or une méthode pour venir à bout des mauvaises herbes ◆ **to work sth out by process of elimination** résoudre qch en procédant par élimination ; see also **elimination**

⟨3⟩ (Jur) (= action) procès m ; (= summons) citation f à comparaître ◆ **to bring a process against sb** intenter un procès à qn ◆ **to serve a process on sb** signifier une citation à qn ; → **serve**

⟨4⟩ (= outgrowth) excroissance f, protubérance f

**VT** [+ raw materials, food] traiter, transformer ; [+ seeds, waste] traiter ; [+ film] développer ; [+ information, data] traiter ; [+ computer tape] faire passer en machine ; [+ an application, papers, records] s'occuper de ◆ **the material will be processed into plastic pellets** le matériau sera transformé en pastilles de plastique ◆ **your application will take six weeks to process** l'examen de votre candidature prendra six semaines ◆ **they process 10,000 forms per day** 10 000 formulaires passent chaque jour entre leurs mains ◆ **in order to process your order** (Comm) afin de donner suite à votre commande

**COMP process control** N (in industry) régulation f des processus industriels

**process industry** N industrie f de transformation

**process printing** N quadrichromie f

**process-server** N (Jur) = huissier m de justice

**process**[2] /prəˈses/ **VI** (Brit = go in procession) défiler, avancer en cortège ; (Rel) aller en procession

**processed** /ˈprəʊsest/
**ADJ** [food] traité
**COMP processed cheese** N (for spreading) fromage m fondu ; (in slices) fromage reconstitué en tranches
**processed peas** NPL petits pois mpl en boîte

**processing** /ˈprəʊsesɪŋ/
**N** (NonC) [of food, radioactive waste, application, papers, records] traitement m ; [of raw materials] traitement m, transformation f ; (Phot) [of film etc] développement m ◆ **advances in information processing** les progrès réalisés dans le traitement de l'information ◆ **America sent cotton to England for processing** l'Amérique envoyait du coton en Angleterre pour le faire traiter ; → **data, food, word**
**COMP processing unit** N (Comput) unité f de traitement

**procession** /prəˈseʃən/ SYN N [of people, cars] cortège m, défilé m ; (Rel) procession f ◆ **to walk in (a) procession** défiler, aller en cortège or en procession ; → **funeral**

**processional** /prəˈseʃənl/ (Rel)
**ADJ** processionnel
**N** hymne m processionnel

**processor** /ˈprəʊsesər/ **N** ⟨1⟩ (Comput) processeur m ; → **data, word**
⟨2⟩ ⇒ **food processor** ; → **food**

**pro-choice** /ˌprəʊˈtʃɔɪs/ **ADJ** en faveur de l'avortement

**pro-choicer** * /ˌprəʊˈtʃɔɪsər/ **N** partisan(e) m(f) de l'avortement

**prochronism** /ˈprəʊkrənɪzəm/ **N** prochronisme m

**proclaim** /prəˈkleɪm/ SYN **VT** ⟨1⟩ (= announce) proclamer, déclarer (that que) ; [+ holiday] instituer ; [+ one's independence, innocence] proclamer ; [+ war, one's love] déclarer ; [+ edict] promulguer ◆ **to proclaim sb king** proclamer qn roi ◆ **to proclaim a state of emergency** décréter l'état d'urgence, proclamer l'état d'urgence ◆ **to proclaim peace** annoncer le rétablissement de la paix

⟨2⟩ (= reveal, demonstrate) démontrer, révéler ◆ **his tone proclaimed his confidence** le ton de sa voix démontrait or révélait sa confiance ◆ **their expressions proclaimed their guilt** la culpabilité se lisait sur leurs visages

**proclamation** /ˌprɒkləˈmeɪʃən/ SYN **N** proclamation f

**proclitic** /prəʊˈklɪtɪk/ **ADJ, N** proclitique m

**proclivity** /prəˈklɪvɪtɪ/ **N** (frm) propension f, inclination f (to sth à qch ; to do sth à faire qch)

**proconsul** /ˈprəʊˈkɒnsəl/ **N** proconsul m

**procrastinate** /prəʊˈkræstɪneɪt/ SYN **VI** atermoyer, tergiverser

**procrastination** /prəʊˌkræstɪˈneɪʃən/ **N** (NonC) atermoiements mpl, tergiversations fpl

**procrastinator** /prəʊˌkræstɪˈneɪtər/ **N** personne f qui remet tout au lendemain

**procreate** /ˈprəʊkrɪeɪt/
**VI** se reproduire
**VT** procréer, engendrer

**procreation** /ˌprəʊkrɪˈeɪʃən/ **N** procréation f

**procreative** /ˈprəʊkrɪeɪtɪv/ **ADJ** procréatif

**procreator** /ˈprəʊkrɪeɪtər/ **N** procréateur m, -trice f

**Procrustean** /prəʊˈkrʌstɪən/ **ADJ** de Procuste

**proctologist** /prɒkˈtɒlədʒɪst/ **N** proctologue mf

**proctology** /prɒkˈtɒlədʒɪ/ **N** proctologie f

**proctor** /ˈprɒktər/ **N** ⟨1⟩ (Jur etc) fondé m de pouvoir
⟨2⟩ (Univ) (Oxford, Cambridge) responsable mf de la discipline ; (US) (= invigilator) surveillant(e) m(f) (à un examen)

**procumbent** /prəʊˈkʌmbənt/ **ADJ** rampant

**procurable** /prəˈkjʊərəbl/ **ADJ** que l'on peut se procurer ◆ **it is easily procurable** on peut se le procurer facilement

**procuration** /ˌprɒkjʊˈreɪʃən/ **N** ⟨1⟩ (= act of procuring) obtention f, acquisition f
⟨2⟩ (Jur = authority) procuration f
⟨3⟩ (= crime) proxénétisme m

**procurator** /ˈprɒkjʊreɪtər/
**N** (Jur) fondé m de pouvoir
**COMP Procurator Fiscal** N (Scot Jur) ≈ procureur m (de la République)

**procure** /prəˈkjʊər/ SYN
**VT** ⟨1⟩ (= obtain for o.s.) se procurer, obtenir ; [+ sb's release etc] obtenir ◆ **to procure sth for sb, to procure sb sth** procurer qch à qn, faire obtenir qch à qn ◆ **to procure sb's death** † faire assassiner qn
⟨2⟩ (Jur) [+ prostitute etc] offrir les services de, procurer
**VI** (Jur) faire du proxénétisme

**procurement** /prəˈkjʊəmənt/
**N** (gen) obtention f ; (= buying supplies) approvisionnement m ; (Mil) acquisition f de matériel militaire
**COMP procurement department** N service m des achats or de l'approvisionnement

**procurer** /prəˈkjʊərər/ **N** (Jur) entremetteur m, proxénète m

**procuress** /prəˈkjʊərɪs/ **N** (Jur) entremetteuse f, proxénète f

**procuring** /prəˈkjʊərɪŋ/ **N** ⟨1⟩ [of goods, objects] obtention f
⟨2⟩ (Jur) proxénétisme m

**Prod** * /prɒd/, **Proddie** * /ˈprɒdɪ/ **N** (Brit pej) protestant(e) m(f), parpaillot(e) * m(f)

**prod** /prɒd/ SYN
**N** (= push) poussée f ; (= jab) (petit) coup m (de canne, avec le doigt etc) ◆ **to give sb a prod** pousser qn doucement (du doigt or du pied or avec la pointe d'un bâton etc) ; (fig) pousser qn ◆ **he needs a prod from time to time** (fig) il a besoin d'être poussé or qu'on le secoue * subj un peu de temps en temps

**VT** pousser doucement ◆ **to prod sb** pousser qn doucement (du doigt or du pied or avec la pointe d'un bâton etc) ; (fig) pousser qn ◆ **she prodded the jellyfish with a stick** elle a poussé la méduse avec la pointe d'un bâton ◆ **to prod sb to do sth** or **into doing sth** pousser or inciter qn à faire qch • **he needs prodding** il a besoin d'être poussé *or* qu'on le secoue * *subj*

**VI** • **to prod at sb/sth** ⇒ **to prod sb/sth vt**

**prodigal** /ˈprɒdɪɡəl/ SYN **ADJ** prodigue (*of* de) • **the prodigal (son)** (*Bible*) le fils prodigue ; (*fig*) l'enfant *m* prodigue

**prodigality** /ˌprɒdɪˈɡælɪtɪ/ SYN **N** prodigalité *f*

**prodigally** /ˈprɒdɪɡəlɪ/ **ADV** avec prodigalité

**prodigious** /prəˈdɪdʒəs/ SYN **ADJ** (*frm*) prodigieux, extraordinaire

**prodigiously** /prəˈdɪdʒəslɪ/ **ADV** (*frm*) prodigieusement

**prodigy** /ˈprɒdɪdʒɪ/ SYN **N** prodige *m*, merveille *f* • **child prodigy, infant prodigy** enfant *mf* prodige • **a prodigy of learning** un puits de science

**prodromal** /prəʊˈdrəʊməl/, **prodromic** /prəʊˈdrɒmɪk/ **ADJ** prodromique

**prodrome** /ˈprəʊdrəʊm/ **N** (*Med*) prodrome *m*

**produce** /prəˈdjuːs/ SYN

**VT** [1] (= *make, yield, manufacture*) [+ *milk, oil, coal, ore, crops*] produire ; [+ *cars, radios*] produire, fabriquer ; [*writer, artist, musician etc*] produire ; (*Fin*) [+ *interest, profit*] rapporter ; [+ *offspring*] [*animal*] produire, donner naissance à ; [*woman*] donner naissance à • **his shares produce a yield of 7%** (*Fin*) ses actions rapportent 7% • **that investment produces no return** cet investissement ne rapporte rien • **Scotland produces whisky** l'Écosse produit du whisky *or* est un pays producteur de whisky • **coal produces electricity** le charbon produit *or* donne de l'électricité • **these magazines are produced by the same firm** ces revues sont éditées par la même maison • **he produced a masterpiece** il a produit un chef-d'œuvre • **well-produced** [+ *book*] bien présenté ; [+ *goods*] bien fait ; see also **vt 4** • **he has produced a new single** il a sorti un nouveau single

[2] (= *bring out, show*) [+ *gift, handkerchief, gun*] sortir (*from* de) ; [+ *ticket, documents etc*] présenter ; [+ *witness*] produire ; [+ *proof*] fournir, apporter • **he suddenly produced a large parcel** il a soudain sorti un gros paquet • **I can't produce $100 just like that!** je ne peux pas trouver 100 dollars comme ça ! • **he produced a sudden burst of energy** il a eu un sursaut d'énergie

[3] (= *cause*) [+ *famine, deaths*] causer, provoquer ; [+ *dispute, bitterness*] provoquer, causer ; [+ *results*] produire, donner ; [+ *impression*] faire, donner ; [+ *pleasure, interest*] susciter ; (*Elec*) [+ *current*] engendrer ; [+ *spark*] faire jaillir • **it produced a burning sensation in my finger** cela a provoqué une sensation de brûlure dans mon doigt

[4] (*Theat*) mettre en scène ; (*Cine*) produire ; (*Rad*) [+ *play*] mettre en ondes ; [+ *programme*] réaliser ; (*TV*) [+ *play, film*] mettre en scène ; [+ *programme*] réaliser • **well produced** bien monté

[5] (*Geom*) [+ *line, plane*] (= *extend*) prolonger, continuer

**VI** [1] [*mine, oil well, factory*] produire ; [*land, trees, cows*] produire, rendre

[2] (*Theat*) assurer la mise en scène ; (*Cine*) assurer la production (*d'un film*) ; (*Rad, TV*) assurer la réalisation d'une émission

**N** /ˈprɒdjuːs/ (*NonC* = *food*) produits *mpl* (*d'alimentation*) • **agricultural/garden/foreign produce** produits *mpl* agricoles/maraîchers/étrangers • **"produce of France"** « produit français », « produit de France » • **"produce of more than one country"** « produit de différents pays » • **we eat mostly our own produce** nous mangeons surtout nos propres produits *or* ce que nous produisons nous-mêmes

**producer** /prəˈdjuːsəʳ/ SYN

**N** [1] (= *maker, grower*) producteur *m*, -trice *f*

[2] (*Theat, Cine, Mus*) producteur *m*, -trice *f* ; (*Rad, TV*) réalisateur *m*, -trice *f*, metteur *m* en ondes

**COMP** **producer gas N** gaz *m* fourni par gazogène

**producer goods NPL** (*Econ*) biens *mpl* de production

**-producing** /prəˈdjuːsɪŋ/ **ADJ** (*in compounds*) producteur (-trice *f*) de... • **oil-producing** producteur (-trice *f*) de pétrole • **one of the coal-producing countries** un des pays producteurs de charbon

**product** /ˈprɒdʌkt/ SYN

**N** (*gen, Math*) produit *m* • **food products** produits *mpl* alimentaires, denrées *fpl* (alimentaires) • **it is the product of his imagination** c'est le fruit de son imagination • **she is the product of a broken home** elle est le résultat d'un foyer désuni • **a public-school product** un (pur) produit des public schools ; → **finished, gross, waste**

**COMP** **product acceptance N** mesure *f* du succès d'un produit auprès des consommateurs

**product differentiation N** (*Comm*) différenciation *f* des produits

**product liability N** responsabilité *f* du fabricant

**product life cycle N** (*Comm*) cycle *m* de vie d'un produit

**product line N** ⇒ **product range**

**product manager N** chef *m* de produit

**product placement N** (*Cine, Comm*) placement *m* de produit(s)

**product range N** gamme *f* *or* ligne *f* de produits

**production** /prəˈdʌkʃən/ SYN

**N** [1] (*NonC* = *manufacturing*) production *f* • **to put sth into production** entreprendre la production de qch • **to take sth out of production** retirer qch de la production • **the factory is in full production** l'usine tourne à plein rendement • **car/oil *etc* production has risen recently** la production automobile/pétrolière *etc* a récemment augmenté • **industrial/agricultural production fell by 1.7% last month** la production industrielle/agricole a baissé de 1,7% le mois dernier • **we hope to go into production soon** nous espérons commencer la production bientôt • **the new model goes into production soon** on commencera bientôt la fabrication du nouveau modèle

[2] (*NonC* = *act of showing*) présentation *f* • **on production of this ticket** sur présentation de ce billet

[3] (*NonC* = *activity*) (*Theat*) mise *f* en scène ; (*Cine, Mus, Rad, TV*) production *f* • **film production** la production cinématographique • **TV production** la production *or* création télévisuelle • **he was writing plays for production at the Blackfriars Theatre** il écrivait des pièces pour les monter au « Blackfriars Theatre »

[4] (= *work produced*) (*Theat, Mus*) représentation *f*, mise *f* en scène ; (*Cine, Rad, TV*) production *f* • **a theatrical** *or* **stage production** une pièce de théâtre • **a new production of "Macbeth"** une nouvelle mise en scène de « Macbeth » • **"Macbeth": a new production by...** « Macbeth » : une nouvelle mise en scène de... • **the Theatre Royal's production of "Cats" ran for three years** « Cats » s'est joué pendant trois ans au « Theatre Royal »

**COMP** **production company N** société *f* de production

**production control N** contrôle *m* de la production

**production costs NPL** coûts *mpl* de production

**production department N** (*Publishing*) service *m* fabrication

**production line N** chaîne *f* de fabrication • **he works on the production line** il travaille à la chaîne • **production line work** travail *m* à la chaîne

**production manager N** directeur *m* de (la) production

**production number N** (*Theat, Cine*) numéro *m* de production

**production run N** série *f*

**production values NPL** (*Cine*) • **a film with high production values** un film à gros budget

**productive** /prəˈdʌktɪv/ SYN **ADJ** [*land, imagination*] fertile, fécond ; [*meeting, discussion, work*] fructueux, productif ; (*Econ*) [*employment, labour*] productif ; (*Ling*) productif • **to be productive of sth** produire qch, engendrer qch, être générateur de qch • **I've had a very productive day** j'ai eu une journée très fructueuse, j'ai bien travaillé aujourd'hui • **productive life of an asset** (*Fin*) vie *f* utile d'un bien

**productively** /prəˈdʌktɪvlɪ/ **ADV** de manière fructueuse *or* productive

**productivity** /ˌprɒdʌkˈtɪvɪtɪ/ SYN

**N** (*NonC*) productivité *f*

**COMP** [*fall, increase*] de (la) productivité

**productivity agreement N** (*Brit*) accord *m* de productivité

**productivity bonus N** prime *f* à la productivité

**proem** /ˈprəʊem/ **N** préface *f*

**prof.** /prɒf/

**N** (*Univ*) (abbrev of **professor**) professeur *m* • **Prof. C. Smith** (*on envelope*) Monsieur C. Smith

**ADJ** abbrev of **professional**

**profanation** /ˌprɒfəˈneɪʃən/ **N** profanation *f*

**profanatory** /prəˈfænətərɪ/ **ADJ** profanateur (*f* -trice)

**profane** /prəˈfeɪn/ SYN

**ADJ** [1] (= *secular, lay*) [*music etc*] profane

[2] (*pej* = *blasphemous*) [*language etc*] impie, sacrilège ; → **sacred**

**VT** profaner

**profanity** /prəˈfænɪtɪ/ SYN **N** [1] (= *oath*) juron *m*, blasphème *m* • **he uttered a torrent of profanities** il a proféré un torrent d'injures

[2] (*NonC*) [*of language etc*] caractère *m* profane

**profess** /prəˈfes/ SYN **VT** [1] (= *claim*) prétendre (*that* que) • **to profess ignorance of sth** prétendre ne rien savoir sur qch • **to profess knowledge of sth** prétendre connaître qch • **he professes to know all about it** il prétend tout savoir sur ce sujet • **I don't profess to be an expert** je ne prétends pas être expert en la matière • **why do organisations profess that they care?** pourquoi les sociétés prétendent-elles se sentir concernées ? • **"I don't know," he replied, professing innocence** « Je ne sais pas, » dit-il, feignant l'innocence • **their professed support for traditional family values** leur prétendu attachement aux valeurs familiales traditionnelles

[2] (= *declare*) déclarer (*that* que) ; [+ *faith, religion*] professer ; (*publicly*) professer, faire profession de ; [+ *an opinion, respect, hatred*] professer • **to profess concern at sth** exprimer son inquiétude devant qch, se déclarer inquiet de qch • **he professed himself satisfied** il s'est déclaré satisfait • **he professed to be content with the arrangement** il s'est déclaré satisfait de cet arrangement

[3] (*frm* = *have as one's profession*) • **to profess law/medicine** exercer la profession d'avocat/de médecin

**professed** /prəˈfest/ SYN **ADJ** [*atheist, communist etc*] déclaré ; (*Rel*) [*monk, nun*] profès (-esse *f*) • **a professed indifference to any form of Christianity** une indifférence affichée à toute forme de christianisme

**professedly** /prəˈfesɪdlɪ/ SYN **ADV** de son (*or* leur *etc*) propre aveu, d'après lui (*or* eux *etc*) ; (= *allegedly*) soi-disant, prétendument

**profession** /prəˈfeʃən/ SYN **N** [1] (= *calling*) profession *f* ; (= *body of people*) (membres *mpl* d'une) profession *f* • **by profession** de son (*or* mon *etc*) métier *or* état • **the medical profession** (= *calling*) la profession de médecin, la médecine ; (= *doctors collectively*) le corps médical, les médecins *mpl* • **the professions** les professions *fpl* libérales • **the oldest profession** (*euph*) le plus vieux métier du monde ; → **learned**

[2] (= *declaration*) profession *f*, déclaration *f* • **profession of faith** profession *f* de foi • **to make one's profession** [*monk, nun*] faire sa profession, prononcer ses vœux

**professional** /prəˈfeʃənl/ SYN

**ADJ** [1] [*skill, organization, training, etiquette*] professionnel • **to be a professional person** [*doctor, lawyer etc*] exercer une profession libérale ; [*other white-collar worker*] avoir une situation • **the professional classes** les (membres *mpl* des) professions *fpl* libérales • **to take professional advice** (*medical/legal*) consulter un médecin/un avocat ; (*on practical problem*) consulter un professionnel *or* un homme de métier • **it is not professional practice to do so** faire cela est contraire à l'usage professionnel

[2] (= *by profession*) [*writer, politician*] professionnel, de profession ; [*footballer, tennis player*] professionnel ; [*diplomat, soldier*] de carrière ; (*fig* = *of high standard*) [*play, piece of work*] de haute qualité, excellent • **professional football/tennis** *etc* football *m*/tennis *m* *etc* professionnel • **to turn** *or* **go professional** (*Sport*) passer professionnel • **to have a very professional attitude to one's work** prendre son travail très au sérieux • **it is well up to professional standards** c'est d'un niveau de professionnel

**N** (*all senses*) professionnel *m*, -elle *f* • **a health professional** un professionnel de la santé • **£40,000 is not excessive for a highly-skilled professional** 40 000 livres n'ont rien d'excessif pour un cadre hautement qualifié

**COMP** **professional army N** armée *f* de métier

**professional foul N** (*Football*) faute *f* délibérée

**Professional Golfers' Association N** PGA *f* (*association de golfeurs professionnels*)

**professional school N** (*US*) (*Univ* = *faculty*) faculté *f* de droit *or* de médecine ; (= *business school*) grande école *f* commerciale

**professionalism** /prəˈfeʃnəlɪzəm/ **N** [*of writer, actor etc*] professionnalisme *m* ; (*Sport*) profession-

**professionalization** /prəˌfeʃnəlaɪˈzeɪʃən/ **N** professionnalisation f

**professionalize** /prəˈfeʃnəlaɪz/ **VT** professionnaliser

**professionally** /prəˈfeʃnəlɪ/ **ADV** ① (= vocationally) professionnellement ◆ **he sings/dances etc professionally** il est chanteur/danseur etc professionnel ◆ **to be professionally qualified** avoir une qualification professionnelle ◆ **I know him only professionally** je n'ai que des rapports de travail avec lui ◆ **she is known professionally as Julia Wills** dans la profession or le métier, elle est connue sous le nom de Julia Wills ◆ **speaking professionally, I have to tell you that...** d'un point de vue professionnel, je dois vous dire que... ◆ **it was a difficult time both personally and professionally** ce fut une période difficile sur le plan aussi bien personnel que professionnel ◆ **the boat was professionally built** le bateau a été construit par des professionnels ◆ **the play was professionally produced** la mise en scène (de la pièce) était l'œuvre d'un professionnel
② (= expertly) de manière professionnelle
③ (= according to professional standards) en professionnel(le), de manière professionnelle ◆ **he claims he acted professionally and responsibly throughout** il affirme qu'il s'est toujours comporté de manière professionnelle et responsable

**professor** /prəˈfesəʳ/ SYN **N** ① (Univ) professeur m (titulaire d'une chaire) ◆ **professor of French, French professor** professeur m (titulaire de la chaire) de français ◆ **good morning, Professor Smith** bonjour Monsieur Smith, bonjour Monsieur (le professeur) ◆ **Dear Professor Smith** (in letters) monsieur, Cher Monsieur (less frm) ; (if known to writer) Cher Professeur ◆ **Professor C. Smith** (on envelope) Monsieur C. Smith ; → **assistant**
② (US ✱: iro) maestro m, maître m

**professorial** /ˌprɒfɪˈsɔːrɪəl/ **ADJ** professoral

**professorship** /prəˈfesəʃɪp/ **N** chaire f (of de) ◆ **he has a professorship** il est titulaire d'une chaire

**proffer** /ˈprɒfəʳ/ **VT** [+ object, arm] offrir, tendre ; [+ a remark, suggestion] faire ; [+ one's thanks, apologies] offrir, présenter ◆ **to proffer one's hand to sb** tendre la main à qn

**proficiency** /prəˈfɪʃənsɪ/ SYN
**N** (grande) compétence f (in en) ◆ **Cambridge Certificate of Proficiency** diplôme d'anglais langue étrangère
COMP **proficiency test N** test m de compétence

**proficient** /prəˈfɪʃənt/ SYN **ADJ** (très) compétent (in en)

**profile** /ˈprəʊfaɪl/ SYN
**N** ① [of head, building, hill etc] profil m (also Archit) ; (fig = description) [of person] portrait m ; [of situation etc] profil m, esquisse f ◆ **in profile** de profil ◆ **genetic profile** profil m génétique ◆ **psychological profile** profil psychologique ◆ **he has the right profile for the job** il a le profil qui convient pour ce poste
◆ **high profile** ◆ **to maintain a high profile** (in media etc) garder la vedette ; (= be seen on streets etc) être très en évidence ◆ **troops have been maintaining a high profile in the capital** les troupes sont très en évidence dans la capitale ◆ **the foundation already has a high profile** la fondation est déjà très en vue ◆ **Egypt will be given a much higher profile in the upcoming peace talks** l'Égypte prendra une place bien plus importante dans les négociations de paix prochaines ◆ **football is a high profile business** le foot est un domaine très médiatisé
◆ **low profile** ◆ **to keep** or **take a low profile** essayer de ne pas (trop) se faire remarquer, adopter une attitude discrète ◆ **the party had a low profile in this constituency** le parti n'était pas très représenté dans cette circonscription
◆ **to raise** + **profile** ◆ **to raise one's profile** améliorer son image ◆ **his main task will be to raise the profile of the party** sa principale tâche sera d'améliorer l'image du parti
② (= graph or table) profil m
VT ① (= show in profile) profiler (also Archit)
② (gen) (= describe) [+ person] brosser or dresser le portrait de ; [+ situation] établir le profil de, tracer une esquisse de ; (Police) [+ suspect] établir le profil psychologique de

**profiling** /ˈprəʊfaɪlɪŋ/ **N** analyse f comportementale, profilage m

**profit** /ˈprɒfɪt/ SYN
**N** (Comm) profit m, bénéfice m ; (fig) profit m, avantage m ◆ **profit and loss** profits mpl et pertes fpl ; see also comp ◆ **gross/net profit** bénéfice m brut/net ◆ **to make** or **turn a profit** faire un bénéfice or des bénéfices ◆ **to make a profit of $100** faire un bénéfice de 100 dollars (on sth sur qch) ◆ **to sell sth at a profit** vendre qch à profit ◆ **to show** or **yield a profit** rapporter (un bénéfice) ◆ **there's not much profit in doing that** (lit, fig) on ne gagne pas grand-chose à faire cela ◆ **with profits policy** (Insurance) police f (d'assurance) avec participation aux bénéfices ◆ **with profit** (fig) avec profit, avec fruit ◆ **to turn sth to profit** (fig) mettre à profit qch, tirer parti de qch
VI (fig) tirer un profit or un avantage ◆ **to profit by** or **from sth** tirer avantage or profit de qch, bien profiter de qch ◆ **I can't see how he hopes to profit (by it)** je ne vois pas ce qu'il espère en retirer or y gagner
VT († or liter) profiter à ◆ **it will profit him nothing** cela ne lui profitera en rien
COMP **profit and loss account N** (Accounts) compte m de profits et pertes, compte m de résultat

**profit centre N** (Comm) centre m de profit
**profit-making ADJ** rentable ◆ **a profit-making/non-profit-making organization** une organisation à but lucratif/non lucratif
**profit margin N** marge f bénéficiaire
**profit motive N** recherche f du profit
**profit-seeking ADJ** à but lucratif
**profit sharing N** participation f or intéressement m aux bénéfices
**profit-sharing scheme N** système m de participation or d'intéressement aux bénéfices
**profit squeeze N** compression f des bénéfices
**profit taking N** (Stock Exchange) prise f de bénéfices
**profit warning N** profit warning m, annonce d'une baisse des prévisions par rapport aux résultats escomptés

**profitability** /ˌprɒfɪtəˈbɪlɪtɪ/
**N** (lit, fig) rentabilité f
COMP **profitability study N** étude f de rentabilité

**profitable** /ˈprɒfɪtəbl/ SYN **ADJ** [deal, sale, investment] rentable, lucratif ; [company] bénéficiaire, rentable ; (fig) [scheme, agreement, contract] rentable ; [meeting, discussion, visit] fructueux, payant (fig), profitable, fructueux ◆ **we don't stock them any more as they were not profitable** nous ne les stockons plus parce qu'ils n'étaient pas rentables ◆ **it was a very profitable half-hour** cela a été une demi-heure très fructueuse or profitable ◆ **you would find it profitable to read this** vous trouveriez la lecture de ceci utile or profitable

**profitably** /ˈprɒfɪtəblɪ/ **ADV** ① (lit) [sell] à profit ◆ **the company is now trading profitably** cette société enregistre à présent des bénéfices, cette société est à présent bénéficiaire
② (fig = usefully) utilement, de manière utile ◆ **the same technology could be profitably employed finding alternative sources of energy** on pourrait employer utilement cette même technologie pour trouver d'autres sources d'énergie ◆ **there was little I could profitably do** je ne pouvais pas faire grand-chose d'utile

**profiteer** /ˌprɒfɪˈtɪəʳ/ SYN
**N** profiteur m, mercanti m
VI faire des bénéfices excessifs

**profiteering** /ˌprɒfɪˈtɪərɪŋ/ **N** (pej) réalisation f de bénéfices excessifs

**profiterole** /prəˈfɪtərəʊl/ **N** profiterole f

**profitless** /ˈprɒfɪtlɪs/ **ADJ** (lit) [company, factory] qui n'est pas rentable ; [shares] qui ne rapporte rien ; [year] improductif ; (fig) infructueux

**profitlessly** /ˈprɒfɪtlɪslɪ/ **ADV** (lit) sans dégager de bénéfices ; (fig) d'une manière infructueuse

**profligacy** /ˈprɒflɪɡəsɪ/ **N** (frm) (= debauchery) débauche f, libertinage m ; (= extravagance) extrême prodigalité f

**profligate** /ˈprɒflɪɡɪt/ SYN (frm)
ADJ (= debauched) [person, behaviour] débauché, libertin, dissolu ; [life] de débauche, de libertinage ; (= extravagant) extrêmement prodigue
**N** débauché(e) m(f), libertin(e) m(f)

**pro-form** /ˈprəʊfɔːm/ **N** (Ling) proforme f

**pro forma** /ˈprəʊˈfɔːmə/
ADJ pro forma inv
**N** (also **pro forma invoice**) facture f pro forma ; (also **pro forma letter**) (formule f de) lettre f toute faite
ADV selon les règles

**profound** /prəˈfaʊnd/ SYN **ADJ** (all senses) profond

**profoundly** /prəˈfaʊndlɪ/ SYN **ADV** [different, moving, undemocratic etc] profondément ; [deaf] totalement, complètement

**profundity** /prəˈfʌndɪtɪ/ **N** ① (NonC) profondeur f
② (= profound remark) remarque f profonde

**profuse** /prəˈfjuːs/ SYN **ADJ** [vegetation, bleeding] abondant ; [thanks, praise, apologies] profus, multiple ◆ **profuse in...** prodigue de... ◆ **to be profuse in one's thanks/excuses** se confondre en remerciements/excuses

**profusely** /prəˈfjuːslɪ/ **ADV** [bleed, sweat] abondamment ; [grow] à profusion, en abondance ◆ **to apologize profusely** se confondre or se répandre en excuses ◆ **to thank sb profusely** remercier qn avec effusion

**profusion** /prəˈfjuːʒən/ SYN **N** profusion f, abondance f (of de) ◆ **in profusion** à profusion, à foison

**prog.** ✱ /prɒɡ/ **N** (Brit) (abbrev of **programme**) émission f, programme m

**progenitor** /prəʊˈdʒenɪtəʳ/ **N** (lit) ancêtre m ; (fig) auteur m

**progeny** /ˈprɒdʒɪnɪ/ SYN **N** (= offspring) progéniture f ; (= descendants) lignée f, descendants mpl

**progesterone** /prəʊˈdʒestəˌrəʊn/ **N** progestérone f

**progestogen** /prəʊˈdʒestədʒən/ **N** (Med) progestatif m

**proglottid** /prəʊˈɡlɒtɪd/, **proglottis** /prəʊˈɡlɒtɪs/ **N** (pl **proglottides** /prəʊˈɡlɒtɪˌdiːz/) proglottis m

**prognathic** /prɒɡˈnæθɪk/ **ADJ** ⇒ **prognathous**

**prognathism** /ˈprɒɡnəˌθɪzəm/ **N** prognathisme m

**prognathous** /prɒɡˈneɪθəs/ **ADJ** prognathe

**prognosis** /prɒɡˈnəʊsɪs/ **N** (pl **prognoses** /prɒɡˈnəʊsiːz/) pronostic m

**prognostic** /prɒɡˈnɒstɪk/ **N** (frm) présage m, signe m avant-coureur

**prognosticate** /prɒɡˈnɒstɪkeɪt/
VT pronostiquer
VI faire des pronostics

**prognostication** /prɒɡˌnɒstɪˈkeɪʃən/ **N** pronostic m

**program** /ˈprəʊɡræm/
**N** ① (Comput) programme m
② (US) ⇒ **programme noun 1**
VI (Comput) établir un (or des) programme(s)
VT ① (Comput) programmer ◆ **to program sth to do sth** programmer qch de façon à faire qch
② (US) ⇒ **programme vt a**
COMP (Comput) [specification, costs] du or d'un programme

**programmable, programable** (US) /ˈprəʊɡræməbl/ **ADJ** (Comput) programmable

**programmatic** /ˌprəʊɡrəˈmætɪk/ **ADJ** programmatique

**programme** (Brit), **program** (esp US) /ˈprəʊɡræm/ SYN
**N** ① (most senses) programme m ; (Rad, TV = broadcast) émission f (on sur ; about au sujet de) ; [of course] emploi m du temps ; (= station) (Rad) poste m ; (TV) chaîne f ◆ **what's the programme for today?** (during course etc) quel est l'emploi du temps aujourd'hui ? ; (fig) qu'est-ce qu'on fait aujourd'hui ? ◆ **in the programme for the day** au programme de la journée ◆ **what's on the programme?** qu'est-ce qu'il y a au programme ? ◆ **details of the morning's programmes** (Rad, TV) le programme de la matinée ; → **detoxi(fi)cation, request**
② (Comput) ⇒ **program**
VT ① [+ washing machine, video etc] programmer (to do sth pour faire qch) ; (fig) [+ person] conditionner ◆ **our bodies are programmed to fight disease** notre corps est programmé pour combattre la maladie ◆ **we are genetically programmed for motherhood** nous sommes génétiquement programmées pour être mères ◆ **programmed learning** enseignement m programmé
② (Comput) ⇒ **program**

**programme editor** N (Rad, TV) éditorialiste mf
**programme-maker** N (TV, Rad) réalisateur m, -trice f
**programme music** N (NonC) musique f à programme
**programme notes** NPL (Mus, Theat) commentaires mpl sur le programme
**programme planner** N (Rad, TV) programmateur m, -trice f
**programme planning** N (Rad, TV) programmation f
**programme seller** N (Theat) vendeur m, -euse f de programmes

**programmer, programer** (US) /ˈprəʊɡræməʳ/ N (= person: also **computer programmer**) programmeur m, -euse f ; (= device) programmateur m

**programming** /ˈprəʊɡræmɪŋ/
N [1] (also **computer programming**) programmation f
[2] (TV, Rad) programmation f
COMP [error, language etc] de programmation

**progress** /ˈprəʊɡrɛs/ SYN
N [1] (NonC: lit, fig) progrès m(pl) ◆ **in the name of progress** au nom du progrès ◆ **you can't stop progress** on n'arrête pas le progrès ◆ **progress was slow** les choses n'avançaient pas vite ◆ **she kept me abreast of the progress by phone** elle m'a tenu au courant de la progression par téléphone ◆ **the progress of events** le cours des événements
◆ **to make + progress** ◆ **we made slow progress through the mud** nous avons avancé lentement dans la boue ◆ **we are making good progress in our search for a solution** nos travaux pour trouver une solution progressent de manière satisfaisante ◆ **medical research continues to make progress in the fight against cancer** la recherche médicale continue de progresser or d'avancer dans la lutte contre le cancer ◆ **we have made little/no progress** nous n'avons guère fait de progrès/fait aucun progrès ◆ **they made little progress towards agreement** ils n'ont pas beaucoup progressé or avancé dans leur recherche d'un terrain d'entente ◆ **he is making progress** [student etc] il fait des progrès, il est en progrès ; [patient] son état (de santé) s'améliore
◆ **in + progress** ◆ **the meeting is in progress** la réunion est en cours or a déjà commencé ◆ **while the meeting was in progress** pendant la réunion ◆ **the work in progress** les travaux en cours ◆ "**silence: exam in progress**" « silence : examen » ◆ **to be in full progress** battre son plein
[2] (†† = journey) voyage m ; → **pilgrim**
VI /prəˈɡrɛs/ (lit, fig) aller, avancer (towards vers) ; [student etc] faire des progrès, progresser ; [patient] aller mieux ; [search, investigations, researches, studies etc] progresser, avancer ◆ **he started off sketching and then progressed to painting** il a commencé par des croquis puis il a évolué vers la peinture ◆ **she progressed to a senior position** elle a accédé à un poste à responsabilités ◆ **matters are progressing slowly** les choses progressent lentement ◆ **as the game progressed** à mesure que la partie se déroulait ◆ **while the discussions were progressing** pendant que les discussions se déroulaient ◆ **he checked how his new staff were progressing** il a regardé comment s'en sortaient les nouvelles recrues ◆ **his disease progressed quickly** sa maladie faisait de rapides progrès, sa maladie progressait rapidement ◆ **as the evening progressed...** à mesure que la soirée avançait..., au fil de la soirée... ◆ **life became harder as the war progressed** la vie devenait de plus en plus difficile à mesure que l'on s'enfonçait dans la guerre
VT (= advance) faire progresser
COMP **progress board** N tableau m de planning
**progress chaser** N responsable mf du suivi (d'un projet)
**progress chasing** N suivi m (d'un projet)
**progress payment** N (Fin) acompte m (versé au prorata de l'avancement des travaux)
**progress report** N (gen) compte m rendu (on de) ; (Med) bulletin m de santé ; (Scol) bulletin m scolaire ; (Admin) état m périodique, rapport m sur l'avancement des travaux ◆ **to make a progress report on** (gen) rendre compte de l'évolution de ; (Scol: on pupil) rendre compte des progrès de ; (Med: on patient) rendre compte de l'évolution de l'état de santé de ; (Admin) dresser un état périodique de

**progression** /prəˈɡrɛʃən/ SYN N (gen, Math) progression f ◆ **by arithmetical/geometrical progression** selon une progression arithmétique/géométrique ◆ **it's a logical progression** c'est une suite logique

**progressive** /prəˈɡrɛsɪv/ SYN
ADJ [1] [movement, taxation, disease, improvement] progressif ; [idea, party, person, outlook] progressiste (also Pol) ; [age] de or du progrès ◆ **in progressive stages** par degrés, par étapes
[2] (Gram, Phon) progressif
N [1] (Pol etc) progressiste mf
[2] (Gram) temps m progressif
COMP **progressive education** N éducation f nouvelle

**progressively** /prəˈɡrɛsɪvlɪ/ ADV progressivement ◆ **to get** or **grow** or **become progressively harder/easier** devenir de plus en plus difficile/facile ◆ **the weather was getting progressively worse** le temps allait en empirant ◆ **his health is getting progressively better** sa santé s'améliore de jour en jour

**progressiveness** /prəˈɡrɛsɪvnɪs/ N progressivité f

**progressivism** /prəˈɡrɛsɪvɪzəm/ N progressisme m

**progressivity** /ˌprəʊɡrɛˈsɪvɪtɪ/ N progressivité f

**prohibit** /prəˈhɪbɪt/ SYN
VT [1] (= forbid) interdire, défendre (sb from doing sth à qn de faire qch) ; (Admin, Jur etc) [+ weapons, drugs, swearing] prohiber ◆ **smoking prohibited** défense de fumer ◆ **feeding the animals is prohibited** il est interdit or défendu de donner à manger aux animaux ◆ **pedestrians are prohibited from using this bridge** il est interdit aux piétons d'utiliser ce pont, l'usage de ce pont est interdit aux piétons
[2] (= prevent) empêcher (sb from doing sth qn de faire qch) ◆ **my health prohibits me from swimming** mon état de santé m'interdit de nager, la natation m'est interdite pour des raisons de santé
COMP **prohibited substance** N substance f prohibée

**prohibition** /ˌprəʊɪˈbɪʃən/ SYN
N [1] [of weapons, drugs, swearing etc] interdiction f, prohibition f ◆ **there was a strict prohibition on speaking Welsh** il était strictement interdit de parler gallois
[2] (US Hist) ◆ **Prohibition** la prohibition ◆ **during Prohibition** pendant la prohibition
COMP (US Hist: also **Prohibition**) [laws, party] prohibitionniste

**prohibitionism** /ˌprəʊɪˈbɪʃənɪzəm/ N prohibitionnisme m

**prohibitionist** /ˌprəʊɪˈbɪʃənɪst/ ADJ, N prohibitionniste mf

**prohibitive** /prəˈhɪbɪtɪv/ SYN ADJ [price, tax, laws] prohibitif

**prohibitively** /prəˈhɪbɪtɪvlɪ/ ADV ◆ **prohibitively expensive** à un prix prohibitif ◆ **internal flights are prohibitively expensive** le prix des vols intérieurs est prohibitif

**prohibitory** /prəˈhɪbɪtərɪ/ ADJ prohibitif

**project** /ˈprɒdʒɛkt/ SYN
N [1] (= plan, scheme) projet m (to do sth, for doing sth pour faire qch) ; (= undertaking) opération f, entreprise f ; (Constr) grands travaux mpl ◆ **they are studying the project for the new road** ils étudient le projet de construction de la nouvelle route ◆ **the whole project will cost 20 million** l'opération or le projet coûtera 20 millions en tout
[2] (= study) étude f (on de) ; (Scol) dossier m (on sur) ; (Univ) mémoire m (on sur)
[3] (US: also **housing project**) cité f, lotissement m ◆ **they live in the projects** ils habitent dans une cité
VT /prəˈdʒɛkt/ [1] (gen, Psych, Math) projeter ◆ **to project o.s.** (Psych) se projeter ◆ **he projected his feelings of guilt on his wife** il projetait son sentiment de culpabilité sur sa femme ◆ **she projected an image of innocence** elle projetait or présentait l'image de l'innocence même ◆ **in view of the projected contract** étant donné le projet de contrat ◆ **to project quantities/costs etc from sth** prévoir la quantité/le coût etc à partir de qch
[2] (= propel) [+ object] propulser ◆ **to project one's voice** projeter sa voix
[3] (= cause to jut out) [+ part of building etc] projeter en avant

VI /prəˈdʒɛkt/ [1] (= jut out) faire saillie, saillir ◆ **to project over sth** surplomber qch ◆ **to project into sth** s'avancer (en saillie) dans qch
[2] (= show personality) ◆ **how does he project?** quelle image de lui-même présente-t-il or projette-t-il ?
[3] [actor, singer, speaker] projeter sa (or leur etc) voix ◆ **his voice projects very well** sa voix porte vraiment bien
COMP [budget] de l'opération ; [staff] travaillant sur le projet
**project leader, project manager** N (gen) chef m de projet ; (Constr) maître m d'œuvre

⚠ **project** is not translated by **projet** when it means schoolwork, or a housing project.

**projectile** /prəˈdʒɛktaɪl/ SYN N projectile m

**projecting** /prəˈdʒɛktɪŋ/ ADJ [construction] saillant, en saillie ; [tooth] qui avance

**projection** /prəˈdʒɛkʃən/ SYN
N [1] (gen) projection f ; [of rocket] propulsion f ; (from opinion polls, sample votes etc) prévisions fpl par extrapolation, projections fpl
[2] (= overhang) saillie f, ressaut m
COMP **projection booth, projection room** N (Cine) cabine f de projection

**projectionist** /prəˈdʒɛkʃənɪst/ N projectionniste mf

**projective** /prəˈdʒɛktɪv/ ADJ projectif

**projector** /prəˈdʒɛktəʳ/ N (Cine etc) projecteur m

**prokaryote** /prəʊˈkærɪɒt/ N ⇒ **procaryote**

**prolactin** /prəʊˈlæktɪn/ N prolactine f

**prolamine** /ˈprəʊləˌmiːn/ N prolamine f

**prolapse** /ˈprəʊlæps/ (Med)
N (gen) descente f d'organe, ptose f, prolapsus m ; [of womb] descente f de matrice or de l'utérus
VI descendre ◆ **a prolapsed uterus** un utérus prolabé, un prolapsus (de l'utérus)

**prole** ⁕ /prəʊl/ ADJ, N (esp Brit) (abbrev of **proletarian**) prolo ⁕ m

**prolegomenal** /ˌprəʊlɛˈɡɒmɪnl/ ADJ préliminaire

**prolegomenon** /ˌprəʊlɛˈɡɒmɪnən/ N (pl **prolegomena** /ˌprəʊlɛˈɡɒmɪnə/) prolégomènes mpl

**prolepsis** /prəʊˈlɛpsɪs/ N (pl **prolepses** /prəʊˈlɛpsiːz/) prolepse f

**proleptic** /prəʊˈlɛptɪk/ ADJ (Gram) proleptique

**proletarian** /ˌprəʊləˈtɛərɪən/ SYN
N prolétaire mf
ADJ [class, party] prolétarien ; [life, ways, mentality] de prolétaire

**proletarianize** /ˌprəʊləˈtɛərɪənaɪz/ VT prolétariser

**proletariat** /ˌprəʊləˈtɛərɪət/ SYN N prolétariat m

**pro-life** /ˌprəʊˈlaɪf/ ADJ contre l'avortement ◆ **the pro-life lobby** les adversaires mpl de l'avortement

**pro-lifer** ⁕ /ˌprəʊˈlaɪfəʳ/ N adversaire mf de l'avortement

**proliferate** /prəˈlɪfəreɪt/ VI proliférer

**proliferation** /prəˌlɪfəˈreɪʃən/ N (gen, Mil) prolifération f

**proliferous** /prəˈlɪfərəs/ ADJ prolifère

**prolific** /prəˈlɪfɪk/ SYN ADJ prolifique

**prolifically** /prəˈlɪfɪkəlɪ/ ADV abondamment

**prolix** /ˈprəʊlɪks/ ADJ (frm) prolixe

**prolixity** /prəʊˈlɪksɪtɪ/ N (frm) prolixité f

**PROLOG, Prolog** /ˈprəʊlɒɡ/ N (Comput) Prolog m

**prologue** /ˈprəʊlɒɡ/ SYN N (Literat etc) prologue m (to de) ; (fig) prologue m (to à)

**prolong** /prəˈlɒŋ/ SYN VT prolonger ◆ **I won't prolong the agony** (fig) je vais abréger tes souffrances

**prolongation** /ˌprəʊlɒŋˈɡeɪʃən/ N (in space) prolongement m ; (in time) prolongation f

**prolonged** /prəˈlɒŋd/ ADJ prolongé ; [period] long (longue f) ◆ **prolonged leave of absence** congé m prolongé or de longue durée ◆ **prolonged sick leave** congé m de longue maladie ◆ **after a prolonged absence** après une longue absence or une absence prolongée

**PROM** N (Comput) (abbrev of **Programmable Read Only Memory**) PROM f, mémoire f morte programmable

**prom** ⁕ /prɒm/ N abbrev of **promenade** [1] (Brit : by sea) promenade f, front m de mer

2 (Brit) ► **proms** série de concerts de musique classique

3 (US) bal m d'étudiants (or de lycéens)

### PROM

En Grande-Bretagne, les **proms** (pour « promenade concerts ») sont des concerts de musique classique où une grande partie du public est debout. Les **proms** les plus célèbres sont ceux organisés chaque été au Royal Albert Hall à Londres. Le dernier concert de la saison, appelé « Last Night of the **Proms** », est une grande manifestation mondaine, au cours de laquelle sont interprétés notamment des chants patriotiques.

Aux États-Unis, le **prom** est un grand bal organisé dans un lycée ou une université. Le « senior **prom** » des classes de terminale est une soirée particulièrement importante, à laquelle les élèves se rendent en tenue de soirée accompagnés de leur cavalier ou cavalière.

**promenade** /ˌprɒmɪˈnɑːd/ SYN

N 1 (= walk) promenade f

2 (= place) (by sea) promenade f, front m de mer ; (in park etc) avenue f ; (in theatre, hall etc) promenoir m

3 (US) → prom 3

VI (frm = walk) se promener

VT (frm) [person] promener ; [+ avenue] se promener le long de

COMP **Promenade Concerts** NPL → prom 2
**promenade deck** N [of ship] pont m promenade

**promenader**\* /ˌprɒmɪˈnɑːdəʳ/ N (Brit Mus) auditeur m, -trice f d'un « promenade concert » ; → promenade

**Promethean** /prəˈmiːθɪən/ ADJ prométhéen

**Prometheus** /prəˈmiːθjuːs/ N Prométhée m

**promethium** /prəˈmiːθɪəm/ N prométhéum m

**prominence** /ˈprɒmɪnəns/ SYN N 1 (lit) [of ridge, structure, nose, feature] caractère m proéminent, proéminence f (frm) ; [of cheekbones] aspect m saillant ; [of pattern, markings] aspect m frappant ► **the prominence of his teeth** ses dents en avant

2 (fig) importance f ► **to give prominence to sth** accorder de l'importance à qch ► **to come** or **rise (in)to prominence** [person] venir occuper le devant de la scène ; [phenomenon] prendre de l'importance ► **Gough shot to prominence last year** Gough a été propulsé sur le devant de la scène l'année dernière ► **to achieve national/international prominence** venir occuper le devant de la scène nationale/internationale ► **his sudden rise to prominence** sa célébrité soudaine ► **since the rise to prominence of the environmental movement** depuis que le mouvement écologique a pris de l'importance ► **to bring sb (in)to prominence** placer qn sur le devant de la scène ► **to bring sth (in)to prominence** attirer l'attention sur qch ► **to be in a position of prominence** (= clearly visible) être bien en évidence ; (= important) occuper une place importante ► **a position of prominence** (= important role) un poste important

3 (frm = protuberance) proéminence f, relief m ; (Anat) protubérance f

**prominent** /ˈprɒmɪnənt/ SYN ADJ [ridge, structure, nose] proéminent ; [cheekbones] saillant ; [tooth] qui avance ; (fig = striking) [pattern, markings] frappant ; [feature] marquant ; (fig = outstanding) [person] important, éminent before n ► **he is a prominent member of...** c'est un éminent membre de..., c'est un éminent membre de... ► **she is prominent in London literary circles** elle est très en vue dans les cercles littéraires londoniens ► **he was very prominent in...**, **he played a prominent part in...** il a joué un rôle important dans... ► **to put sth in a prominent position** mettre qch bien en vue or en valeur ► **he occupies a prominent position in...** (fig) il occupe une position importante or en vue dans...

**prominently** /ˈprɒmɪnəntlɪ/ ADV [displayed, placed, set] bien en évidence, bien en vue ► **the murder was prominently reported in the press** ce meurtre a fait l'objet de nombreux articles dans la presse ► **to figure** or **feature prominently (in sth)** occuper une place importante (dans qch) ► **his name figured** or **feature prominently in the case** on a beaucoup entendu parler de lui dans cette affaire, son nom revenait souvent dans cette affaire

**promiscuity** /ˌprɒmɪsˈkjuːɪtɪ/ N 1 (pej : sexual) promiscuité f sexuelle

2 (gen) promiscuité f

**promiscuous** /prəˈmɪskjʊəs/ SYN ADJ 1 (pej : in sexual matters) [person] de mœurs faciles or légères ; [conduct] immoral, très libre ► **he/she is very promiscuous** il/elle change sans arrêt de partenaire, il/elle couche avec n'importe qui

2 (= disorderly, mixed) [collection, heap] confus

**promiscuously** /prəˈmɪskjʊəslɪ/ ADV 1 (pej) [behave] immoralement

2 [heap, collect] confusément

**promiscuousness** /prəˈmɪskjʊəsnɪs/ N ⇒ promiscuity

**promise** /ˈprɒmɪs/ SYN

N 1 (= undertaking) promesse f ► **promise of marriage** promesse f de mariage ► **under (a** or **the) promise of** sous promesse de ► **to make sb a promise** faire une promesse à qn (to do sth de faire qch) ► **is that a promise?** c'est promis ? ► **to keep one's promise** tenir sa promesse ► **to hold sb to his promise** faire tenir sa promesse à qn, obliger qn à tenir sa promesse ► **promises, promises!** (dismissively) oh, on dit ça, on dit ça ! ► **to be on a promise** \* être sur un coup \*

2 (= hope, prospect) promesse(s) f(pl), espérance(s) f(pl) ► **a young man of great promise** un jeune homme très prometteur, un jeune homme qui promet ► **he shows great promise** c'est quelqu'un qui promet, c'est quelqu'un de très prometteur ► **it holds out a promise of peace** cela promet or fait espérer la paix

VT 1 promettre (sth to sb qch à qn ; sb to do sth à qn de faire qch ; that que) ► **I promise you!** je vous le promets ! ► **"I will help you"** she promised « je vous aiderai » promit-elle ► **I can't promise anything** je ne peux rien (vous) promettre ► **to promise sb the earth** or **the moon** promettre monts et merveilles à qn, promettre la lune à qn ► **to promise o.s. (to do) sth** se promettre (de faire) qch

2 (= give outlook of) promettre, annoncer ► **they've promised us rain for tomorrow** on nous a promis or annoncé de la pluie pour demain ► **it promised to be another scorching day** une nouvelle journée très chaude s'annonçait, la journée promettait encore d'être très chaude ► **this promises to be difficult** ça promet d'être or ça s'annonce difficile

3 (= assure) assurer ► **he did say so, I promise you** il l'a vraiment dit, je vous assure

VI 1 (= pledge) promettre ► **I promise!** je vous le promets ! ► **(will you) promise?** (c'est) promis ?, juré ? ► **I can't promise but I'll do my best** je ne (vous) promets rien mais je ferai de mon mieux

2 (in outlook) ► **to promise well** [situation, event] être plein de promesses, être prometteur ; [crop, business] s'annoncer bien ; [first book] promettre, être prometteur ► **this doesn't promise well** ce n'est guère prometteur, ça ne s'annonce pas bien

**promised** /ˈprɒmɪst/ ADJ promis ► **the Promised Land** la Terre Promise

**promising** /ˈprɒmɪsɪŋ/ SYN ADJ 1 (= encouraging) [situation, sign] prometteur ; (Comm) [market] porteur ► **the future is promising** l'avenir s'annonce bien ► **that's promising** c'est prometteur ; (iro) ça promet ! (iro) ► **it doesn't look very promising** ça ne semble guère prometteur, ça ne se présente or s'annonce pas bien

2 (= full of promise) [person] prometteur ► **we have two promising candidates** nous avons deux candidats prometteurs ► **he is a promising pianist** c'est un pianiste d'avenir

**promisingly** /ˈprɒmɪsɪŋlɪ/ ADV d'une façon prometteuse ► **it began quite promisingly** tout s'annonçait bien, c'était bien parti ► **it's going quite promisingly** c'est prometteur, ça marche bien

**promissory note** /ˈprɒmɪsərɪˌnəʊt/ N billet m à ordre

**promo**\* /ˈprəʊməʊ/ N (pl promos) 1 (Comm = promotional material) matériel m promotionnel

2 (US) (abbrev of **promotion**) promotion f

**promontory** /ˈprɒməntrɪ/ N promontoire m

**promote** /prəˈməʊt/ SYN VT 1 [+ person] promouvoir (to à) ► **to be promoted** être promu, monter en grade ► **he was promoted (to) colonel** or **to the rank of colonel** il a été promu (au grade de) colonel ► **they've been promoted to the first division** (Football etc) ils sont montés en première division

2 (= encourage, publicize) [+ plan, product, firm, campaign, cooperation] promouvoir ; [+ trade] promouvoir, encourager ; [+ cause, idea, language] défendre ; [+ bill] présenter ► **the government's efforts to promote economic cooperation** les efforts du gouvernement pour promouvoir la coopération économique ► **you don't have to sacrifice the environment to promote economic growth** il n'est pas nécessaire de sacrifier l'environnement pour encourager or favoriser la croissance économique ► **our society actively promotes alcoholism** notre société encourage l'alcoolisme

**promoter** /prəˈməʊtəʳ/ N [of sport] organisateur m, -trice f ; (Comm) [of product] promoteur m de vente ; [of business, company] fondateur m, -trice f ; (Mus) agent m, impresario m ► **he was a great promoter of American music** (= popularizer) il a beaucoup contribué à faire connaître la musique américaine ► **Germany sees itself as a promoter of peace** l'Allemagne se considère comme le défenseur de la paix

**promotion** /prəˈməʊʃən/ SYN

N 1 (in job etc) promotion f, avancement m ► **to get promotion** être promu, avoir une promotion

2 (Sport: to higher division) accession f, passage m ► **the promotion of Westerhill Wanderers to the first division** l'accession or le passage de l'équipe des Westerhill Wanderers en première division

3 (Comm) promotion f

4 (US Scol) passage m de classe

5 (NonC = encouragement, publicity) [of plan, product, firm, campaign] promotion f ; [of cause, idea] défense f ; (Parl) [of bill] présentation f ► **their priority is the promotion of healthy eating habits/economic cooperation** ils ont pour priorité d'encourager les gens à se nourrir sainement/de promouvoir la coopération économique ► **she devoted her life to the promotion of the Breton language** elle a consacré sa vie à la défense de la langue bretonne

COMP **promotion board** N comité m de promotion
**promotion campaign** N campagne f publicitaire
**promotion prospects** NPL possibilités fpl de promotion or d'avancement
**promotions director, promotions manager** N directeur m, -trice f des promotions

**promotional** /prəˈməʊʃənl/ ADJ (Comm) promotionnel, publicitaire

**prompt** /prɒmpt/ SYN

ADJ 1 (= speedy) [action] rapide ; [delivery, reply, service] rapide ► **prompt payment** paiement m rapide ; (Comm) paiement m dans les délais ► **they were prompt to offer their services** ils ont été prompts à offrir leurs services, ils ont offert leurs services sans tarder

2 (= punctual) ponctuel, à l'heure

ADV ponctuellement ► **at 6 o'clock prompt** à 6 heures pile or tapantes or sonnantes ► **I want it on 6 May prompt** je le veux le 6 mai sans faute or au plus tard

VT 1 [+ person] pousser, inciter (to do sth à faire qch) ; [+ protest, reaction] provoquer, susciter ► **I felt prompted to protest** cela m'a incité à protester, je me suis senti obligé de protester ► **he was prompted by a desire to see justice done** il était animé or poussé par un désir de voir la justice triompher ► **it prompts the thought that...** cela incite à penser que..., cela vous fait penser que... ► **to prompt a great deal of interest** susciter beaucoup d'intérêt ► **a feeling of regret prompted by the sight of...** un sentiment de regret provoqué or suscité par la vue de...

2 (Theat) souffler à

N 1 (Theat) ► **to give sb a prompt** souffler une réplique à qn

2 (Comput) (message m de) guidage m ► **at the prompt** à l'apparition du message de guidage

COMP **prompt box** N (Theat) trou m du souffleur
**prompt side** N (Theat) (Brit) côté m cour ; (US) côté m jardin ► **off prompt side** (Brit) côté jardin ; (US) côté cour

**prompter** /ˈprɒmptəʳ/ SYN N (Theat) souffleur m, -euse f

**prompting** /ˈprɒmptɪŋ/ SYN N incitation f ► **he did it at my prompting** il l'a fait à mon instigation ► **he did it without (any) prompting** il l'a fait de son propre chef

## promptitude | propertied

**promptitude** /'prɒmptɪtjuːd/ N (frm) **1** (= speed) promptitude f, empressement m (in doing sth à faire qch)
**2** (= punctuality) ponctualité f

**promptly** /'prɒmptlɪ/ SYN ADV **1** (= without delay) rapidement ◆ **to pay promptly** payer dans les délais
**2** (= punctually) à l'heure ◆ **he arrived promptly at three** il est arrivé à trois heures précises
**3** (= thereupon) aussitôt, aussi sec* ◆ **she sat down and promptly fell asleep** elle s'est assise et s'est aussitôt endormie

**promptness** /'prɒmptnɪs/ SYN N ⇒ **promptitude**

**promulgate** /'prɒməlgeɪt/ SYN VT (frm) [+ law, decree, constitution] promulguer ; [+ idea, doctrine, creed] répandre, disséminer

**promulgation** /ˌprɒməl'geɪʃən/ N (frm) [of law, decree, constitution] promulgation f ; [of idea, doctrine, creed] diffusion f, dissémination f

**pronation** /prəʊ'neɪʃən/ N (Physiol) pronation f

**prone** /prəʊn/ SYN ADJ **1** (= liable) enclin, sujet (to sth à qch ; to do sth à faire qch) ◆ **to be injury-/accident prone** avoir tendance à se blesser/à avoir des accidents
**2** (= face down) (couché) sur le ventre, étendu face contre terre

**proneness** /'prəʊnnɪs/ N tendance f, prédisposition f (to sth à qch ; to do sth à faire qch)

**prong** /prɒŋ/ SYN N **1** [of fork] dent f ; [of antler] pointe f
**2** [of policy, strategy] front m

**pronged** /prɒŋd/ ADJ à dents

**-pronged** /prɒŋd/ ADJ (in compounds) ◆ **three-pronged** [fork] à trois dents ; (Mil etc) [attack, advance] sur trois fronts, triple

**pronominal** /prəʊ'nɒmɪnl/ ADJ pronominal

**pronominalize** /prəʊ'nɒmɪnəlaɪz/ VT (Ling) pronominaliser

**pronoun** /'prəʊnaʊn/ N pronom m

**pronounce** /prə'naʊns/ SYN
**VT** **1** [+ letter, word] prononcer ◆ **how is it pronounced?** comment ça se prononce ? ◆ **the "k" in "knee" is not pronounced** on ne prononce pas le « k » dans « knee », le « k » dans « knee » est muet
**2** (= declare) déclarer, prononcer (that que) ◆ **to pronounce sentence** (Jur) prononcer la sentence ◆ **he pronounced that the letter was a forgery** il déclara (solennellement) que la lettre était un faux ◆ **they pronounced him unfit to drive** ils l'ont déclaré inapte à conduire ◆ **he was pronounced dead** ils l'ont déclaré mort ◆ **he pronounced himself in favour of the suggestion** il s'est prononcé or il s'est déclaré en faveur de la suggestion ◆ **"I'm not going!" she pronounced (to them)** « je n'y vais pas ! » (leur) déclara-t-elle ◆ **"I now pronounce you man and wife"** « je vous déclare unis par les liens du mariage »
**VI** se prononcer (on sur ; for en faveur de ; against contre) ; (Jur) prononcer (for en faveur de ; against contre), rendre un arrêt

**pronounceable** /prə'naʊnsəbl/ ADJ prononçable

**pronounced** /prə'naʊnst/ SYN ADJ prononcé, marqué

**pronouncement** /prə'naʊnsmənt/ SYN N déclaration f

**pronto*** /'prɒntəʊ/ ADV illico*

**pronunciation** /prəˌnʌnsɪ'eɪʃən/ SYN N prononciation f

**proof** /pruːf/ SYN
**N** **1** (= evidence : gen, Jur, Math etc) preuve f ◆ **by way of proof** en guise de preuve, pour preuve ◆ **as (a) proof of, in proof of** pour preuve de ◆ **I've got proof that he did it** j'ai la preuve or je peux prouver qu'il l'a fait ◆ **it is proof that he is honest** c'est la preuve qu'il est honnête ◆ **he showed** or **gave proof of great courage** il a fait preuve or il a témoigné de beaucoup de courage ◆ **to be living proof of sth** être la preuve vivante de qch ◆ **to be living proof that...** être la preuve vivante que... ◆ **the burden of proof lies with the prosecution** (Jur) la charge de la preuve incombe au ministère public ; → **positive**
**2** (= test) épreuve f ◆ **to put sth/sb to the proof** mettre qch/qn à l'épreuve, éprouver qch/qn ◆ **the proof of the pudding is in the eating** (Prov) c'est à l'usage que l'on peut juger de la qualité d'une chose

**3** [of book, pamphlet, engraving, photograph] épreuve f ◆ **to read** or **correct the proofs** corriger les épreuves ◆ **to pass the proofs** donner le bon à tirer ; → **galley, page¹**
**4** (of alcohol) teneur f en alcool ◆ **this whisky is 70° proof** ≈ ce whisky titre 40° d'alcool ◆ **under/over proof** moins de/plus de la teneur normale or exigée en alcool
**ADJ** ◆ **proof against** [bullets, time, wear, erosion] à l'épreuve de ; [temptation, suggestion] insensible à
**VT** **1** [+ fabric, anorak, tent] imperméabiliser
**2** (Typography etc) corriger les épreuves de
**COMP proof of identity** N (NonC) papiers mpl or pièce(s) f(pl) d'identité
**proof of postage** N justificatif m d'expédition
**proof of purchase** N justificatif m d'achat
**proof sheets** NPL épreuves fpl
**proof spirit** N (Brit) alcool m à 57° ; (US) alcool m à 60°
**proof stage** N ◆ **at proof stage** au stade des épreuves

**...proof** /pruːf/ ADJ (in compounds) à l'épreuve de ; → **bulletproof, foolproof**

**proofread** /'pruːfriːd/ VT corriger les épreuves de

**proofreader** /'pruːfˌriːdə'/ N correcteur m, -trice f d'épreuves or d'imprimerie

**proofreading** /'pruːfˌriːdɪŋ/ N correction f des épreuves

**prop¹** /prɒp/ SYN
**N** **1** support m ; (for wall, in mine, tunnel etc) étai m ; (for clothes-line) perche f ; (for vines, hops etc) échalas m ; (for beans, peas) rame f ; (for seedlings) tuteur m ; (fig) soutien m, appui m (to, for de) ◆ **his presence was a great prop to her morale** elle trouvait beaucoup de réconfort dans sa présence, sa présence lui était d'un grand réconfort (moral) ◆ **do you ever use alcohol as a prop?** vous arrive-t-il de boire (de l'alcool) pour vous donner du courage ?
**2** (Rugby) ◆ **prop (forward)** pilier m
**VT** **1** (also **prop up**) (= lean) [+ ladder, cycle] appuyer (against contre) ; (= support, shore up) [+ tunnel, wall, building] étayer ; [+ clothes-line, lid] caler ; [+ vine, hops] échalasser ; [+ beans, peas] mettre une rame à ; [+ seedlings] mettre un tuteur à ; (fig) [+ régime] maintenir ; [+ business, company] soutenir, renflouer ; [+ organization] soutenir, patronner ; (Fin) [+ the pound] venir au secours de ◆ **to prop o.s. (up) against** se caler contre, s'adosser à
**2** ◆ **he propped the door open with a book** il a maintenu la porte ouverte avec un livre

**prop²** /prɒp/ N (Theat) (abbrev of **property**) accessoire m

**prop³*** /prɒp/
**N** (of aircraft) ⇒ **propeller**
**COMP prop shaft*** N ⇒ **propeller shaft** ; → **propeller**

**prop.** (Comm) abbrev of **proprietor**

**propaganda** /ˌprɒpə'gændə/ SYN
**N** propagande f
**COMP** [leaflet, campaign] de propagande

**propagandist** /ˌprɒpə'gændɪst/ ADJ, N propagandiste mf

**propagandize** /ˌprɒpə'gændaɪz/
**VI** faire de la propagande
**VT** [+ doctrine] faire de la propagande pour ; [+ person] soumettre à la propagande, faire de la propagande à

**propagate** /'prɒpəgeɪt/ SYN (lit, fig)
**VT** propager
**VI** se propager

**propagation** /ˌprɒpə'geɪʃən/ SYN N propagation f

**propagator** /'prɒpəgeɪtə'/ N (for plants) germoir m

**propagule** /'prɒpəgjuːl/, **propagulum** /prəʊ'pægjʊləm/ N propagule f

**propane** /'prəʊpeɪn/ N propane m

**proparoxytone** /'prəʊpə'rɒksɪˌtəʊn/ ADJ, N proparoxyton m

**propel** /prə'pel/ SYN
**VT** **1** [+ vehicle, boat, machine] propulser, faire avancer
**2** (= push) pousser ◆ **to propel sth/sb along** faire avancer qch/qn (en le poussant) ◆ **they propelled him into the room** ils l'ont poussé dans la pièce ; (more violently) ils l'ont propulsé dans la pièce
**COMP propelling pencil** N (Brit) portemine m

**propellant** /prə'pelənt/ N [of rocket] propergol m, combustible m (pour fusée) ; [of aerosol] propulseur m

**propellent** /prə'pelənt/
**ADJ** propulseur, propulsif
**N** ⇒ **propellant**

**propeller** /prə'pelə'/
**N** [of plane, ship] hélice f
**COMP propeller shaft** N [of car] arbre m de transmission ; [of boat, plane] arbre m d'hélice

**propene** /'prəʊpiːn/ N (Chem) propène m

**propensity** /prə'pensɪtɪ/ SYN N propension f, tendance f (naturelle) (to, towards, for à ; to do sth, for doing sth à faire qch)

**proper** /'prɒpə'/ SYN
**ADJ** **1** (= suitable) convenable, adéquat ; (= correct) correct ; (= appropriate) approprié ◆ **you'll have to put the lid on the proper way** il faut que vous mettiez subj le couvercle comme il faut ◆ **you'll have to apply for it in the proper way** il faudra faire votre demande dans les règles ◆ **the proper dress for the occasion** la tenue de rigueur pour l'occasion ◆ **the proper spelling** l'orthographe f correcte ◆ **in the proper sense of the word** au sens propre du mot ◆ **if you had come at the proper time** si vous étiez venu à la bonne heure or à l'heure dite ◆ **the staff were not given proper training** le personnel n'a pas reçu une formation appropriée or adéquate ◆ **I regret not having had a proper education** je regrette de ne pas avoir eu une véritable éducation or suivi de véritables études ◆ **you must go through the proper channels** (Admin etc) vous devez passer par la filière officielle ◆ **the proper reply would have been "no"** la réponse qui aurait convenu c'est « non » ◆ **to make a proper job of sth** bien réussir qch (also iro) ◆ **to do the proper thing by sb** bien agir or agir honorablement envers qn ◆ **do as you think proper** faites ce qui vous semble bon, faites comme bon vous semblera ◆ **if you think it proper to do so** si vous jugez convenable d'agir ainsi ◆ **in a manner proper to his position** ainsi que l'exigeait sa position ◆ **the qualities which are proper to this substance** les qualités propres à or typiques de cette substance ; → **right**
**2** (= authentic) véritable ; (after n) (= strictly speaking) proprement dit, même ◆ **he's not a proper electrician** ce n'est pas un véritable électricien ◆ **I've never had a proper job** je n'ai jamais eu un vrai or véritable travail ◆ **I'm not a proper Londoner** or **a Londoner proper** je ne suis pas à proprement parler londonien ◆ **outside Paris proper** en dehors de Paris même or de Paris proprement dit
**3** (= seemly) [person] comme il faut*, convenable ; [book, behaviour] convenable, correct ◆ **it isn't proper to do that** cela ne se fait pas ◆ **I don't think it would be proper for me to comment** je ne pense pas qu'il serait convenable que je fasse des commentaires ; → **prim**
**4** (* o.f = real, total) ◆ **he's a proper fool** c'est un imbécile fini ◆ **I felt a proper idiot** je me suis senti vraiment idiot ◆ **he's a proper gentleman** c'est un monsieur très comme il faut*, c'est un vrai gentleman ◆ **he made a proper mess of it** il (en) a fait un beau gâchis ◆ **it's a proper mess in there!** c'est la pagaille complète* là-dedans !
**ADV** **1** * [behave, talk] comme il faut
**2** (dial) vraiment, très ◆ **he did it proper quick** il l'a fait vraiment très vite ◆ **it's proper cruel!** qu'est-ce que c'est cruel !* ◆ **he's proper poorly** il n'est vraiment pas bien, il est vraiment malade
**N** (Rel) (also **Proper**) propre m
**COMP proper fraction** N (Math) fraction f inférieure à l'unité
**proper name, proper noun** N (Gram) nom m propre
**proper psalm** N (Rel) psaume m du jour

**properly** /'prɒpəlɪ/ LANGUAGE IN USE 26.3 ADV **1** (= correctly) [eat, behave, dress] correctement ; (= in a seemly way) convenablement, comme il faut ◆ **he didn't do it properly** il ne l'a pas fait comme il le fallait ◆ **properly speaking** à proprement parler ◆ **he very properly refused** il a refusé à juste titre
**2** (* = completely) vraiment, drôlement* ◆ **to be properly ashamed** avoir vraiment or drôlement* honte ◆ **we were properly beaten** nous avons été battus à plate(s) couture(s)

**propertied** /'prɒpətɪd/ ADJ possédant

**property**  /ˈprɒpətɪ/ SYN
  **N** 1 (NonC = possessions) objets mpl, biens mpl ◆ **is this your property?** est-ce que cela vous appartient ?, est-ce à vous ? ◆ **it is the property of...** cela appartient à..., c'est la propriété de... ◆ **personal property must not be left in the cloakroom** il ne faut pas laisser d'effets personnels dans le vestiaire ◆ **personal property** (Jur) biens mpl personnels or mobiliers ◆ **government/company property** propriété f du gouvernement/de l'entreprise ◆ **it is common property** (lit) c'est la propriété de tous, ce sont des biens communs ◆ **it is common property that...** (fig) chacun sait que..., il est de notoriété publique que... ◆ **a man/woman of property** un homme/une femme qui a du bien or des biens ; → **lost, real**
  2 (NonC = estate) propriété f ; (= lands) terres fpl ; (= buildings) biens mpl immobiliers ◆ **he has or owns property in Ireland** il a des terres (or des biens immobiliers) en Irlande, il est propriétaire en Irlande ◆ **get off my property** décampez de ma propriété or de mes terres
  3 (= house etc) propriété f ◆ **a fine property with views over the lake** une belle propriété avec vue sur le lac
  4 (Chem, Phys etc = quality) propriété f ◆ **this plant has healing properties** cette plante a des propriétés or des vertus thérapeutiques
  5 (Theat) accessoire m
  **COMP** **property centre** N (Brit) ≈ agence f immobilière
  **property developer** N promoteur m immobilier
  **property insurance** N assurance f sur le capital immobilier
  **property law** N droit m immobilier
  **property man** N (pl **property men**) (Theat) accessoiriste m
  **property market, property mart** N marché m immobilier
  **property mistress** N (Theat) accessoiriste f
  **property owner** N propriétaire m foncier
  **property settlement** N (US Jur) répartition f des biens en cas de divorce
  **property speculation** N spéculation f immobilière
  **property speculator** N spéculateur m immobilier
  **property tax** N impôt m foncier

**prophecy** /ˈprɒfɪsɪ/ SYN N prophétie f

**prophesy** /ˈprɒfɪsaɪ/ SYN
  **VT** prédire (that que) ; [+ event] prédire, prophétiser
  **VI** prophétiser, faire des prophéties

**prophet** /ˈprɒfɪt/ SYN N prophète m ◆ **the Prophet Samuel** etc le prophète Samuel etc ◆ **The Prophets** (Bible) les (livres des) Prophètes ◆ **The Prophet** (Islam) le Prophète ◆ **a prophet of doom** (fig) un prophète de malheur

**prophetess** /ˈprɒfɪtes/ N prophétesse f

**prophetic(al)** /prəˈfetɪk(l)/ ADJ prophétique

**prophetically** /prəˈfetɪkəlɪ/ ADV [say, write] prophétiquement ◆ **"sooner than you think", he commented prophetically** « plus tôt que tu ne le penses », dit-il prophétiquement

**prophylactic** /ˌprɒfɪˈlæktɪk/
  **ADJ** prophylactique
  **N** prophylactique m ; (= contraceptive) préservatif m

**prophylaxis** /ˌprɒfɪˈlæksɪs/ N prophylaxie f

**propinquity** /prəˈpɪŋkwɪtɪ/ N (frm) (in time, space) proximité f ; (in relationship) parenté f proche, consanguinité f ; [of ideas etc] ressemblance f, affinité f

**propitiate** /prəˈpɪʃɪeɪt/ VT [+ person, the gods] se concilier

**propitiation** /prəˌpɪʃɪˈeɪʃən/ N propitiation f

**propitiatory** /prəˈpɪʃɪətərɪ/ ADJ propitiatoire

**propitious** /prəˈpɪʃəs/ SYN ADJ propice, favorable (to à)

**propitiously** /prəˈpɪʃəslɪ/ ADV d'une manière propice, favorablement

**propjet** /ˈprɒpdʒet/ N (= engine) turbopropulseur m ; (= aircraft) avion m à turbopropulsion

**propolis** /ˈprɒpəlɪs/ N propolis f

**proponent** /prəˈpəʊnənt/ N partisan(e) m(f), adepte mf (of de)

**proportion** /prəˈpɔːʃən/ SYN
  **N** 1 proportion f ◆ **the proportion of men to women** la proportion or le pourcentage d'hommes par rapport aux femmes ◆ **he has no sense of proportion** il n'a pas le sens des proportions
  ◆ **in + proportion** ◆ **add milk in proportion to the weight of flour** ajoutez du lait proportionnellement au poids de la farine ◆ **her weight is not in proportion to her height** son poids n'est pas proportionné à sa taille ◆ **contributions in proportion to one's earnings** contributions au prorata de or en proportion de ses revenus ◆ **in proportion to what she earns, what she gives is enormous** en proportion de ce qu'elle gagne, ce qu'elle donne est énorme ◆ **in due proportion** selon une proportion équitable or une juste proportion ◆ **to be in direct/inverse proportion to sth** être directement/inversement proportionnel à qch ◆ **to see sth in proportion** (fig) relativiser ◆ **let's get things in proportion** ne dramatisons pas ◆ **in proportion as...** à mesure que... ◆ **in proportion with...** proportionnellement à...
  ◆ **out of (all) proportion** hors de (toute) proportion ◆ **out of proportion to** hors de proportion avec, disproportionné à or avec ◆ **he's got it out of proportion** [artist] il n'a pas respecté les proportions, c'est mal proportionné ; (fig) il a exagéré, c'est hors de proportion
  2 (= part) part f, partie f ◆ **in equal proportions** à parts égales ◆ **a certain proportion of the staff** une certaine partie or un certain pourcentage du personnel ◆ **what proportion is rented?** quel est le pourcentage de ce qui est loué ? ◆ **a high proportion of women** une proportion élevée de femmes
  **NPL** **proportions** (= size) proportions fpl, dimensions fpl
  **VT** proportionner (to à) ◆ **well-proportioned** bien proportionné

**proportional** /prəˈpɔːʃənl/
  **ADJ** proportionnel, proportionné (to à)
  **COMP** **proportional representation** N (Pol) représentation f proportionnelle

**proportionality** /prəˌpɔːʃəˈnælɪtɪ/ N (frm) proportionnalité f ◆ **there is a need for proportionality in sentencing** il faut que la peine soit proportionnée à la gravité du crime

**proportionally** /prəˈpɔːʃnəlɪ/ ADV proportionnellement ◆ **men have proportionally larger feet than women** proportionnellement, les hommes ont les pieds plus grands que les femmes

**proportionate**
  **ADJ** /prəˈpɔːʃənɪt/ ⇒ **proportional** adj
  **VT** /prəˈpɔːʃəneɪt/ ⇒ **proportion** vt

**proportionately** /prəˈpɔːʃnɪtlɪ/ ADV ⇒ **proportionally**

**proposal** /prəˈpəʊzl/ SYN
  **N** 1 (= offer) proposition f, offre f ; [of marriage] demande f en mariage, offre f de mariage
  2 (= plan) projet m, plan m (for sth de or pour qch ; to do sth pour faire qch) ; (= suggestion) proposition f, suggestion f (to do sth de faire qch) ◆ **proposals for the amendment of this treaty** (Jur) projet m tendant à la révision du présent traité
  **COMP** **proposal form** N (Insurance) proposition f de contrat d'assurance

**propose** /prəˈpəʊz/ SYN
  **VT** 1 (= suggest) proposer, suggérer (sth to sb qch à qn ; doing sth de faire qch ; that que + subj) ; [+ measures, plan, motion, course, candidate] proposer ; [+ toast] porter ; [+ candidate] proposer ◆ **to propose sb's health** porter un toast à la santé de qn ◆ **to propose marriage to sb** faire sa demande à qn, demander qn en mariage ◆ **he proposed Smith as** or **for chairman** il a proposé Smith pour la présidence
  2 (= have in mind) ◆ **to propose to do sth** or **doing sth** se proposer or avoir l'intention de faire qch, penser or compter faire qch
  **VI** (= offer marriage) faire une demande en mariage (to sb à qn)

**proposed** /prəˈpəʊzd/ ADJ proposé ◆ **your proposed solution** la solution que vous avez proposée ◆ **a proposed nature reserve/housing scheme** un projet de réserve naturelle/de cité

**proposer** /prəˈpəʊzər/ N (Admin, Parl etc) auteur m de la proposition ; (for club membership etc) parrain m, marraine f

**proposita** /prəˈpɒzɪtə/ N (pl **propositae** /prəˈpɒzɪtiː/) (Med) proposante f

**proposition** /ˌprɒpəˈzɪʃən/ SYN
  **N** 1 (gen = statement, offer) proposition f
  2 (= affair, enterprise) ◆ **that's quite another proposition** or **a different proposition** ça c'est une tout autre affaire ◆ **the journey alone is quite a proposition** or **is a big proposition** le voyage à lui seul n'est déjà pas une mince affaire or une partie de plaisir ◆ **it's a tough proposition** c'est ardu, ça présente de grandes difficultés ◆ **he's a tough proposition*** il est coriace, il n'est pas commode ; → **economic, paying**
  3 (pej : immoral) proposition f malhonnête
  **VT** faire des propositions (malhonnêtes) à

**propositus** /prəˈpɒzɪtəs/ N (pl **propositi** /prəˈpɒzɪtaɪ/) (Med) probant m, proposant(e) m(f)

**propound** /prəˈpaʊnd/ SYN VT (= put up) [+ theory, idea] avancer, proposer ; [+ problem, question] poser ; (= explain, develop) [+ programme] exposer

**proprietary** /prəˈpraɪətərɪ/
  **ADJ** 1 (Comm) [article] de marque déposée
  2 [duties etc] de propriétaire
  3 (= possessive, protective) [behaviour, attitude] possessif
  **COMP** **proprietary brand** N (produit m de) marque f déposée
  **proprietary colony** N (US Hist) colonie accordée par la Couronne à une personne en pleine propriété
  **proprietary medicine** N spécialité f pharmaceutique
  **proprietary name** N marque f déposée
  **proprietary rights** NPL droit m de propriété

**proprietor** /prəˈpraɪətər/ SYN N propriétaire m

**proprietorial** /prəˌpraɪəˈtɔːrɪəl/ ADJ [rights, duties] de propriétaire ; [behaviour, attitude] possessif

**proprietorship** /prəˈpraɪətəʃɪp/ N (= right) droit m de propriété ◆ **under his proprietorship** quand il en était (or sera) le propriétaire, lui (étant) propriétaire

**proprietress** /prəˈpraɪətrɪs/, **proprietrix** /prəˈpraɪətrɪks/ N propriétaire f

**propriety** /prəˈpraɪətɪ/ SYN N 1 (= decency) ◆ **proprieties** bienséances fpl, convenances fpl ◆ **to observe the proprieties** respecter or observer les bienséances or les convenances
  2 (NonC = appropriateness, correctness etc) [of phrase, expression] justesse f, correction f ◆ **propriety of behaviour** or **conduct** comportement m bienséant

**proprioceptive** /ˌprəʊprɪəˈseptɪv/ ADJ proprioceptif

**proprioceptor** /ˌprəʊprɪəˈseptər/ N propriocepteur m

**proptosis** /prɒpˈtəʊsɪs/ N (pl **proptoses** /prɒpˈtəʊsiːz/) (Med) proptase f ◆ **ocular proptosis** exophtalmie f

**propulsion** /prəˈpʌlʃən/ SYN N propulsion f

**propulsive** /prəˈpʌlsɪv/ ADJ [energy] propulsif ; [music, rhythm] entraînant

**propylaeum** /ˌprɒprɪˈliːəm/ N (pl **propylaea** /ˌprɒprɪˈliːə/) propylée m

**propylene** /ˈprəʊpɪliːn/ N (Chem) propylène m

**pro rata** /ˌprəʊˈrɑːtə/
  **ADV** au prorata ◆ **salary £20,000 pro rata** salaire au prorata du temps de travail (20 000 livres pour un plein temps)
  **ADJ** proportionnel

**prorate** /prəʊˈreɪt/ VT (US) distribuer au prorata

**prorogation** /ˌprəʊrəˈgeɪʃən/ N prorogation f

**prorogue** /prəˈrəʊg/ VT (esp Parl) proroger

**prosaic** /prəʊˈzeɪɪk/ SYN ADJ prosaïque (liter), commun

**prosaically** /prəʊˈzeɪɪkəlɪ/ ADV prosaïquement (liter), communément ◆ **more prosaically known as...** plus communément connu sous le nom de...

**Pros. Atty** N (abbrev of **prosecuting attorney**) avocat m général

**proscenium** /prəʊˈsiːnɪəm/
  **N** (pl **prosceniums** or **proscenia** /prəʊˈsiːnɪə/) proscenium m, avant-scène f
  **COMP** **proscenium arch** N (Theat) arc m de scène ; (imitating curtains) manteau m d'Arlequin

**prosciutto** /prəʊˈʃuːtəʊ/ N (Culin) jambon m de Parme

**proscribe** /prəʊˈskraɪb/ SYN VT proscrire

**proscription** /prəʊˈskrɪpʃən/ N proscription f

**prose** /prəʊz/
  **N** 1 (NonC: Literat) prose f ◆ **in prose** en prose
  2 (Scol, Univ: also **prose translation**) thème m
  **COMP** [poem, comedy] en prose
  **prose writer** N prosateur m

## prosecute | proteinuria

**prosecute** /ˈprɒsɪkjuːt/ SYN
- **VT** ① (Jur) poursuivre (en justice), engager des poursuites (judiciaires) contre ◆ **he was prosecuted for speeding** il a été poursuivi pour excès de vitesse ; → **trespasser**
② (frm = carry on) [+ enquiry, research, war] poursuivre
- **VI** ① (= take legal action) engager des poursuites judiciaires ◆ **"we always prosecute"** « tout délit donnera lieu à des poursuites »
② [lawyer] ◆ **Mr Paul Lambotte, prosecuting, pointed out that...** Mᵉ Paul Lambotte, représentant la partie plaignante, a fait remarquer que... ; (in higher court) Mᵉ Paul Lambotte, représentant le ministère public or l'accusation, a fait remarquer que... ; see also **prosecuting**

**prosecuting** /ˈprɒsɪkjuːtɪŋ/
- **ADJ** (Jur) ◆ **to appear as prosecuting counsel** représenter le ministère public
- **COMP prosecuting attorney** N avocat m général

**prosecution** /ˌprɒsɪˈkjuːʃən/ N ① (Jur = act of prosecuting) poursuites fpl (judiciaires) ◆ **to bring a prosecution against sb** engager des poursuites (judiciaires) contre qn ◆ **to take out a private prosecution (against sb)** engager des poursuites (contre qn) à titre privé ◆ **there have been seven prosecutions in the last three years** il y a eu sept actions en justice au cours des trois dernières années ; → **crown, director**
② (Jur = side) ◆ **the prosecution** (in civil case) la partie plaignante ; (in criminal case) l'accusation f ◆ **witness for the prosecution** témoin m à charge ◆ **to give evidence for the prosecution** être témoin à charge ◆ **to appear as counsel for the prosecution** (in civil case) représenter la partie plaignante ; (in criminal case) représenter le ministère public or l'accusation ◆ **Giles Harrison, for the prosecution, told the jury that...** (in civil case) Giles Harrison, représentant la partie plaignante, a déclaré au jury que... ; (in criminal case) Giles Harrison, représentant le ministère public or l'accusation, a déclaré au jury que...
③ (frm = furtherance) [of enquiry, research, war] poursuite f ◆ **in the prosecution of my duties** dans l'exercice de mes fonctions

**prosecutor** /ˈprɒsɪkjuːtər/ N plaignant m ; (also **public prosecutor**) procureur m (de la République), ministère m public

**proselyte** /ˈprɒsɪlaɪt/
- **N** prosélyte mf
- **VTI** (US) ⇒ **proselytize**

**proselytism** /ˈprɒsɪlɪtɪzəm/ N prosélytisme m

**proselytize** /ˈprɒsɪlɪtaɪz/
- **VI** faire du prosélytisme
- **VT** [+ person] convertir, faire un(e) prosélyte de

**proselytizer** /ˈprɒsɪlɪtaɪzər/ N personne qui fait du prosélytisme

**Proserpina** /prəʊˈsɜːpɪnə/ N (Myth) Proserpine f

**prosodic** /prəˈsɒdɪk/ ADJ prosodique ◆ **prosodic feature** (Phon) trait m prosodique

**prosody** /ˈprɒsədɪ/ N prosodie f

**prosopopoeia** /ˌprɒsəpəˈpiːə/ N (Rhetoric) prosopopée f

**prospect**
- **N** /ˈprɒspekt/ SYN ① (= view) vue f, perspective f (of, from de) ; (fig) (= outlook) perspective f ; (= future) (perspectives fpl d')avenir m ; (= hope) espoir m ◆ **this prospect cheered him up** cette perspective l'a réjoui ◆ **what are his prospects?** quelles sont ses perspectives d'avenir ? ◆ **he has good prospects** il a de l'avenir ◆ **he has no prospects** il n'a aucun avenir ◆ **the job has no prospects** c'est un emploi sans avenir ◆ **to improve one's career prospects** améliorer ses chances de promotion or d'avancement
◆ **in prospect** ◆ **to have sth in prospect** avoir qch en perspective or en vue ◆ **the events in prospect** les événements mpl en perspective
◆ **prospects for** ◆ **the prospects for the harvest are good/poor** la récolte s'annonce bien/mal ◆ **future prospects for the steel industry** les perspectives d'avenir de la sidérurgie
◆ **prospect of** ◆ **there is little prospect of his coming** il y a peu de chances or d'espoir (pour) qu'il vienne ◆ **he has little prospect of succeeding** il a peu de chances de réussir, il y a peu de chances qu'il réussisse ◆ **there is no prospect of that** rien ne laisse prévoir cela ◆ **there is every prospect of success/of succeeding** tout laisse prévoir le succès/qu'on réussira ◆ **to face the prospect of** faire face à la perspective de ◆ **"good prospects of promotion"** « réelles perspectives d'évolution » ◆ **the job offered the prospect of foreign travel** l'emploi offrait la possibilité de voyager à l'étranger
② (= likely person, thing : for marriage) parti m ◆ **he is a good prospect for the England team** c'est un bon espoir pour l'équipe anglaise ◆ **he seems quite a good prospect** il semble prometteur ◆ **this product is an exciting prospect for the European market** ce produit ouvre des perspectives passionnantes en ce qui concerne le marché européen ◆ **their offer/the deal seemed quite a good prospect** leur proposition/l'affaire semblait prometteuse
- **VI** /prəˈspekt/ prospecter ◆ **to prospect for gold etc** prospecter pour trouver de l'or etc, chercher de l'or etc
- **VT** /prəˈspekt/ [+ land, district] prospecter

**prospecting** /prəˈspektɪŋ/ N (Min etc) prospection f

**prospective** /prəˈspektɪv/ SYN ADJ [son-in-law, home, legislation] futur before n ; [journey] en perspective ; [customer] éventuel, potentiel ◆ **a prospective employee** un candidat à un emploi ◆ **his prospective employers** ceux qui devaient l'employer

**prospector** /prəˈspektər/ N prospecteur m, -trice f ◆ **gold prospector** chercheur m d'or

**prospectus** /prəˈspektəs/ SYN N brochure f, prospectus m

**prosper** /ˈprɒspər/ SYN
- **VI** [person] prospérer ; [company, enterprise] prospérer, réussir
- **VT** (†, liter) favoriser, faire prospérer

**prosperity** /prɒˈsperɪtɪ/ SYN N (NonC) prospérité f

**prosperous** /ˈprɒspərəs/ SYN ADJ [person, city, business] prospère, florissant ; [period, years] prospère ; [undertaking] prospère, qui réussit ; [look, appearance] prospère, de prospérité ; (liter) [wind] favorable

**prosperously** /ˈprɒspərəslɪ/ ADV de manière prospère or florissante

**prostaglandin** /ˌprɒstəˈɡlændɪn/ N prostaglandine f

**prostate** /ˈprɒsteɪt/ N (also **prostate gland**) prostate f ◆ **to have a prostate operation** se faire opérer de la prostate

**prostatitis** /ˌprɒstəˈtaɪtɪs/ N prostatite f

**prosthesis** /prɒsˈθiːsɪs/ N (pl **prostheses** /prɒsˈθiːsiːz/) prosthèse or prothèse f

**prosthetic** /prɒsˈθetɪk/ ADJ prosthétique or prothétique

**prosthetics** /prɒsˈθetɪks/ N (NonC) prothèse f (science)

**prosthodontics** /ˌprɒsθəˈdɒntɪks/ N prothèse f dentaire

**prosthodontist** /ˌprɒsθəˈdɒntɪst/ N prothésiste mf dentaire

**prostitute** /ˈprɒstɪtjuːt/ SYN
- **N** prostituée f ◆ **male prostitute** prostitué m
- **VT** (lit, fig) prostituer ◆ **to prostitute o.s.** se prostituer

**prostitution** /ˌprɒstɪˈtjuːʃən/ SYN N (NonC) (lit) prostitution f ; (fig) perversion f

**prostrate**
- **ADJ** /ˈprɒstreɪt/ (lit) à plat ventre ; (in respect, submission) prosterné ; (in exhaustion) prostré ; (fig : nervously, mentally) prostré, accablé
- **VT** /prɒsˈtreɪt/ ① ◆ **to prostrate o.s.** se prosterner
② (fig) accabler ◆ **the news prostrated him** la nouvelle l'a accablé or abattu ◆ **prostrated with grief/by the heat** accablé de chagrin/par la chaleur

**prostration** /prɒsˈtreɪʃən/ N (= act) prosternation f, prosternement m ; (Rel) prostration f ; (fig = nervous exhaustion) prostration f ◆ **in a state of prostration** prostré

**prostyle** /ˈprəʊstaɪl/ ADJ, N prostyle m

**prosy** /ˈprəʊzɪ/ ADJ ennuyeux, insipide

**prot*** /prɒt/ N (pej) abbrev of **Protestant**

**protactinium** /ˌprəʊtækˈtɪnɪəm/ N protactinium m

**protagonist** /prəʊˈtæɡənɪst/ SYN N protagoniste mf

**Protagoras** /prəʊˈtæɡəræs/ N Protagoras m

**protamine** /ˈprəʊtəˌmiːn/ N protamine f

**protean** /ˈprəʊtɪən/ SYN ADJ changeant, inconstant

**protease** /ˈprəʊtɪeɪs/ N protéase f

**protect** /prəˈtekt/ SYN
- **VT** [+ person, property, country, plants] protéger (from de ; against contre) ; [+ interests, rights] sauvegarder ; (Econ) [+ industry] protéger ◆ **the tigress fought to protect her cubs** la tigresse s'est battue pour défendre ses petits ◆ **don't lie to protect your brother** ne cherche pas à protéger ton frère en mentant
- **COMP protected species** N espèce f protégée

**protection** /prəˈtekʃən/ SYN
- **N** ① [of person, property, country, plants] protection f (from or against sth contre qch) ; [of interests, rights] sauvegarde f ◆ **he wore a helmet for protection against rock falls** il portait un casque pour se protéger des or contre les chutes de pierres ◆ **the grease offers** or **affords some protection against the cold** la graisse offre une certaine protection contre le froid
② (Insurance) garantie f (against sth contre qch), couverture f (against sth en cas de qch)
③ (gen pl = safeguard) mesure f de protection ◆ **benefits and protections for employees** avantages mpl et garanties fpl or mesures fpl de protection pour les employés
④ (in protection racket) protection f ◆ **he pays 200 dollars a week (for** or **as) protection** il achète sa tranquillité 200 dollars par semaine ; see also **police**
⑤ (= barrier contraception) protection f ◆ **they didn't use any protection** ils n'ont pas utilisé de protection
- **COMP protection factor** N [of sun cream] indice m de protection
**protection money** N ◆ **he pays 200 dollars a week protection money** il achète sa tranquillité 200 dollars par semaine ◆ **he pays protection money to Big Joe** il verse de l'argent à Big Joe pour qu'on le laisse subj en paix
**protection order** N (to protect child) ordonnance f de placement provisoire ; (to protect partner, spouse) ordonnance f de protection
**protection racket** N racket m ◆ **he's running a protection racket** il est à la tête d'un racket, il extorque de l'argent par intimidation

**protectionism** /prəˈtekʃənɪzəm/ N ① (Econ) protectionnisme m
② (US) [of wildlife] protection f de l'environnement

**protectionist** /prəˈtekʃənɪst/
- **ADJ** ① (Econ) protectionniste
② (US : of wildlife) [measure etc] pour la défense de l'environnement
- **N** ① (Econ) protectionniste mf
② (US : of wildlife) défenseur m de l'environnement

**protective** /prəˈtektɪv/ SYN
- **ADJ** [layer, attitude, gesture] protecteur (-trice f), de protection ; [clothing, covering] de protection ; (Econ) [tariff, duty, system] protecteur (-trice f) ◆ **protective colouring** or **coloration** (in animals) mimétisme m, homochromie f (SPEC)
- **COMP protective custody** N (Jur) détention f provisoire (comme mesure de protection)

**protectively** /prəˈtektɪvlɪ/ ADV ◆ **he put his arm protectively around Julie's shoulders** il a passé un bras protecteur autour des épaules de Julie ◆ **she stepped protectively in front of him** elle se mit devant lui pour le protéger ◆ **he crossed his forearms protectively over his face** il croisa les avant-bras sur son visage pour se protéger

**protectiveness** /prəˈtektɪvnɪs/ N attitude f protectrice

**protector** /prəˈtektər/ SYN N (= person) protecteur m ; (= object, device) dispositif m de protection ◆ **the (Lord) Protector** (Brit Hist) le Protecteur

**protectorate** /prəˈtektərɪt/ N protectorat m (also Brit Hist)

**protectress** /prəˈtektrɪs/ N protectrice f

**protégé** /ˈprəʊtɪˌʒeɪ, ˈprɒtɪˌʒeɪ/ SYN N protégé m

**protégée** /ˈprəʊtɪˌʒeɪ, ˈprɒtɪˌʒeɪ/ N protégée f

**protein** /ˈprəʊtiːn/
- **N** protéine f
- **COMP** [intake, deficiency] de protéines ; [foods, diet] riche en protéines
**protein content** N teneur f en protéines

**proteinuria** /ˌprəʊtɪˈnjʊərɪə/ N protéinurie f

**pro tem** /ˌprəʊˈtem/, **pro tempore** † /ˌprəʊˈtempərɪ/
**ADV** temporairement ; (in jobs) par intérim ◆ **he's replacing the chairman pro tem** il remplace le président à titre temporaire
**ADJ** temporaire ◆ **on a pro tem basis** temporairement ◆ **the pro tem chairman** le président par intérim, le président intérimaire

**proteolysis** /ˌprəʊtɪˈɒlɪsɪs/ **N** (Bio) protéolyse f

**protest** /ˈprəʊtest/ LANGUAGE IN USE 14, 26.3 SYN
**N** ① (gen) protestation f (against contre ; about à propos de) ; (= demonstration) manifestation f ◆ **to do sth under protest** faire qch en protestant or contre son gré ◆ **to make a protest** protester, élever une protestation (against contre) ◆ **in protest** en signe de protestation (against contre) ◆ **without protest** sans protester ◆ **to stage a protest** organiser une manifestation
② (Fin, Jur: in case of dishonour of a bill) protêt m
**VT** ① (= declare, affirm) protester (that que) ; [+ loyalty] protester de ◆ **"I didn't do it" he protested** « ce n'est pas moi » protesta-t-il ; see also **innocence**
② (US) protester contre
**VI** /prəˈtest/ protester, élever une or des protestation(s) (against contre ; about à propos de ; to sb auprès de qn)
**COMP** (Pol etc) [meeting] de protestation
**protest demonstration, protest march N** manifestation f
**protest vote N** vote m de protestation

**Protestant** /ˈprɒtɪstənt/ **ADJ, N** protestant(e) m(f)
◆ **Protestant ethic** morale f protestante

**Protestantism** /ˈprɒtɪstəntɪzəm/ **N** protestantisme m

**protestation** /ˌprɒtesˈteɪʃən/ SYN **N** protestation f

**protester** /prəˈtestə$^r$/ **N** protestataire mf ; (on march, in demonstration) manifestant(e) m(f)

**Proteus** /ˈprəʊtɪəs/ **N** (Myth) Protée m

**prothalamion** /ˌprəʊθəˈleɪmɪən/ **N** (pl **prothalamia** /ˌprəʊθəˈleɪmɪə/) (Literat) hyménée m

**prothallium** /prəʊˈθælɪəm/, **prothallus** /prəʊˈθæləs/ **N** (pl **prothallia** /prəʊˈθælɪə/ or **prothalli** /prəʊˈθælaɪ/) prothalle m

**prothorax** /prəʊˈθɔːræks/ **N** (pl **prothoraxes** or **prothoraces** /prəʊθɔːˈreɪsiːz/) prothorax m

**prothrombin** /prəʊˈθrɒmbɪn/ **N** prothrombine f

**protist** /ˈprəʊtɪst/ **N** protiste m

**proto...** /ˈprəʊtəʊ/ **PREF** proto...

**protocol** /ˈprəʊtəkɒl/ SYN **N** (also Comput) protocole m

**protohistoric** /ˌprəʊtəʊhɪˈstɒrɪk/ **ADJ** protohistorique

**protohistory** /ˌprəʊtəʊˈhɪstərɪ/ **N** protohistoire f

**proton** /ˈprəʊtɒn/ **N** proton m

**protonema** /ˌprəʊtəˈniːmə/ **N** (pl **protonemata** /ˌprəʊtəˈniːmətə/) protonéma m

**protoplasm** /ˈprəʊtəʊplæzəm/ **N** protoplasme m, protoplasma m

**protostar** /ˈprəʊtəʊstɑː$^r$/ **N** protoétoile f

**prototype** /ˈprəʊtəʊtaɪp/ SYN **N** prototype m ◆ **a prototype aircraft** le prototype d'un avion

**prototypical** /ˌprəʊtəʊˈtɪpɪkəl/ **ADJ** par excellence ◆ **he's a prototypical socialist** c'est l'archétype du socialiste

**protozoan, protozoon** /ˌprəʊtəˈzəʊən/ **N** (pl **protozoa** /ˌprəʊtəˈzəʊə/) (Bio) protozoaire m

**protract** /prəˈtrækt/ SYN **VT** prolonger, faire durer

**protracted** /prəˈtræktɪd/ SYN **ADJ** prolongé, très long (longue f) ◆ **the struggle would be bitter and protracted** la lutte serait longue et féroce

**protractile** /prəˈtræktaɪl/ **ADJ** protractile

**protraction** /prəˈtrækʃən/ **N** prolongation f

**protractor** /prəˈtræktə$^r$/ **N** (Geom) rapporteur m

**protrude** /prəˈtruːd/ SYN
**VI** [stick, gutter, rock, shelf] dépasser, faire saillie ; [teeth] avancer ; [eyes] être globuleux
**VT** faire dépasser

**protruding** /prəˈtruːdɪŋ/ **ADJ** [teeth] qui avance ; [eyes] globuleux ; [chin] saillant ; [shelf, rock] en saillie

**protrusion** /prəˈtruːʒən/ SYN **N** saillie f, avancée f

**protrusive** /prəˈtruːsɪv/ **ADJ** (frm) ⇒ **protruding**

**protuberance** /prəˈtjuːbərəns/ SYN **N** (frm) protubérance f

**protuberant** /prəˈtjuːbərənt/ **ADJ** (frm) protubérant

**proud** /praʊd/ SYN **ADJ** ① [person] fier (of sb/sth de qn/qch ; that que + subj ; to do sth de faire qch) ; (= arrogant) arrogant, orgueilleux ◆ **the proud father/owner** l'heureux père m/propriétaire m ◆ **that's nothing to be proud of!** il n'y a pas de quoi être fier ! ◆ **I'm not very proud of myself** je ne suis pas très fier de moi ◆ **as proud as a peacock** fier comme Artaban ; (pej) fier comme un paon ◆ **it was a proud day for us when...** nous avons été remplis de fierté or très fiers le jour où... ; → **possessor**
② ◆ **my proudest possession** ce dont je suis le plus fier ◆ **to do o.s. proud** * ne se priver de rien ◆ **to do sb proud** * (= entertain etc) se mettre en frais pour qn, recevoir qn comme un roi (or une reine) ; (= honour) faire beaucoup d'honneur à qn
③ (frm = splendid) [building, ship] imposant, majestueux ; [stallion] fier
④ (Brit) ◆ **to stand proud of sth** † faire saillie sur qch

**proudly** /ˈpraʊdlɪ/ **ADV** fièrement

**Proustian** /ˈpruːstɪən/ **ADJ** (Literat) proustien

**provable** /ˈpruːvəbl/ **ADJ** démontrable, prouvable

**prove** /pruːv/ LANGUAGE IN USE 26.1 SYN
**VT** ① (= give proof of) prouver (also Jur) ; (= show) prouver, démontrer ◆ **that proves his innocence** or **him innocent** or **that he is innocent** cela prouve son innocence or qu'il est innocent ◆ **you can't prove anything against me** vous n'avez aucune preuve contre moi ◆ **that proved that she did it** cela prouvait bien or c'était bien la preuve qu'elle l'avait fait ◆ **he proved that she did it** il a prouvé or démontré qu'elle l'avait (bien) fait ◆ **he managed to prove it against her** il a réussi à prouver qu'elle l'avait fait or qu'elle était coupable ◆ **he couldn't prove anything against her** il n'a rien pu prouver contre elle ◆ **the theory remains to be proved** il reste à prouver or démontrer cette théorie, cette théorie n'est pas encore prouvée ◆ **whether he was right remains to be proved** reste à prouver or encore faut-il prouver qu'il avait raison ◆ **he was proved right** il s'est avéré qu'il avait raison, les faits lui ont donné raison ◆ **it all goes to prove that...** tout cela montre bien or prouve que... ◆ **to prove one's point** prouver ce que l'on avance (or a avancé etc) ◆ **to prove a point** (= show one is right) montrer que l'on a raison ; (= show one is capable) montrer qu'on en est capable ◆ **can you prove it?** pouvez-vous le prouver ? ◆ **that proves it!** c'est la preuve ! ◆ **he proved himself innocent** il a prouvé son innocence ◆ **he proved himself useful** il s'est révélé or montré utile ; see also **proven**
② (= test) mettre à l'épreuve ; [+ will] homologuer ◆ **to prove o.s.** faire ses preuves
③ (Culin) [+ dough] laisser lever
④ (Jur, Fin) ◆ **to prove a debt** produire une dette (à la faillite)
**VI** ① [person] se révéler ; [fact, object] s'avérer, se révéler ◆ **he proved (to be) incapable of helping us** il s'est montré or révélé incapable de nous aider ◆ **the information proved (to be) correct** les renseignements se sont avérés or révélés justes ◆ **the mistake proved (to be) costly** l'erreur s'est avérée or révélée coûteuse ◆ **it proved very useful** cela a été or (more frm) s'est révélé très utile ◆ **the exhibition proved (to be) a success** l'exposition a été une réussite ◆ **if it proves otherwise** s'il en est autrement or différemment
② (Culin) [dough] lever
**COMP** **proving ground N** terrain m d'essai, lieu m d'expérimentation

**proven** /ˈpruːvən, ˈprəʊvən/
**VB** ptp of **prove**
**ADJ** [formula, method] qui a fait ses preuves ; [abilities] indubitable ◆ **a proven track record** une expérience confirmée ◆ **verdict of not proven** (Scot Jur) (ordonnance f de) non-lieu m (en l'absence de charges suffisantes) ◆ **the case was not proven** il y a eu ordonnance de non-lieu

**provenance** /ˈprɒvɪnəns/ **N** provenance f

**Provençal** /ˌprɒvɑ̃ˈsɑːl/
**ADJ** provençal
**N** ① Provençal(e) m(f)
② (= language) provençal m

**Provence** /prɒˈvɑ̃ːns/ **N** Provence f ◆ **in Provence** en Provence

**provender** † /ˈprɒvɪndə$^r$/ **N** fourrage m, provende f

**proverb** /ˈprɒvɜːb/ SYN **N** proverbe m ◆ **(the Book of) Proverbs** (Bible) le livre des Proverbes

**proverbial** /prəˈvɜːbɪəl/ SYN **ADJ** proverbial ◆ **it's like the proverbial needle in a haystack** comme on dit, c'est chercher une aiguille dans une botte de foin

**proverbially** /prəˈvɜːbɪəlɪ/ **ADV** [say] proverbialement ◆ **prevention is proverbially better than cure** comme le dit le proverbe, mieux vaut prévenir que guérir ◆ **British food is proverbially bad** * la mauvaise qualité de la nourriture en Grande-Bretagne est proverbiale or bien connue

**provide** /prəˈvaɪd/ SYN
**VT** ① (= supply) fournir (sb with sth, sth for sb qch à qn) ; (= equip) munir, pourvoir (sb with sth qn de qch) ◆ **to provide o.s. with sth** se procurer qch ◆ **I will provide food for everyone** c'est moi qui fournirai la nourriture pour tout le monde ◆ **he provided the school with a new library** il a pourvu l'école d'une nouvelle bibliothèque ◆ **candidates must provide their own pencils** les candidats doivent apporter leurs crayons ◆ **can you provide a substitute?** pouvez-vous trouver un remplaçant ? ◆ **it provides accommodation for five families** on peut loger cinq familles ◆ **the field provides plenty of space for a car park** le champ offre suffisamment d'espace pour le stationnement des voitures ◆ **I am already provided with all I need** je suis déjà bien pourvu, j'ai déjà tout ce qu'il me faut ◆ **the car is provided with a radio** la voiture est équipée d'une radio
② [legislation, treaty etc] stipuler, prévoir (that que) ◆ **unless otherwise provided** sauf dispositions contraires
**VI** (esp financially) ◆ **to provide for** (gen) pourvoir or subvenir aux besoins de ; (family) entretenir ; (in the future) assurer l'avenir de ◆ **I'll see you well provided for** je ferai le nécessaire pour que vous ne manquiez subj de rien ◆ **the Lord will provide** Dieu y pourvoira
② (= make arrangements) ◆ **to provide for sth** prévoir qch ; [treaty, legislation] prévoir or stipuler qch ◆ **they hadn't provided for such a lot of spectators** le nombre de spectateurs n'a pas été au dépourvu ◆ **he had provided for any eventuality** il avait paré à toute éventualité ◆ **to provide against** se prémunir contre, prendre ses précautions contre

**provided** /prəˈvaɪdɪd/ **CONJ** ◆ **provided (that)** à condition que + subj , à condition de + infin ◆ **you can go provided it doesn't rain** tu peux y aller à condition qu'il ne pleuve pas ◆ **you can go provided you pass your exam** tu peux y aller à condition de réussir ton examen ◆ **provided you always keep it closed** à condition de le garder toujours bien fermé ◆ **provided always that...** (Admin, Jur) sous réserve que... + subj

**providence** /ˈprɒvɪdəns/ SYN **N** ① (Rel etc) providence f ◆ **Providence** la Providence
② († = foresight) prévoyance f, prudence f

**provident** /ˈprɒvɪdənt/ SYN **ADJ** [person] prévoyant, prudent ; (Brit) [fund, society] de prévoyance

**providential** /ˌprɒvɪˈdenʃəl/ SYN **ADJ** (frm) providentiel

**providentially** /ˌprɒvɪˈdenʃəlɪ/ **ADV** (frm) providentiellement ◆ **providentially, he had brought a torch with him** par un heureux hasard, il avait apporté une lampe de poche

**providently** /ˈprɒvɪdəntlɪ/ **ADV** avec prévoyance, prudemment

**provider** /prəˈvaɪdə$^r$/ SYN **N** pourvoyeur m, -euse f ; (Comm) fournisseur m, -euse f ◆ **providers of care** (Social Work) dispensateurs mpl de soins ◆ **she is the family's sole provider** elle est seule à subvenir aux besoins de la famille

**providing** /prəˈvaɪdɪŋ/ SYN **CONJ** ⇒ **provided**

**province** /ˈprɒvɪns/ SYN
**N** ① province f
② (fig) domaine m, compétence f (esp Admin) ◆ **that is not my province, it is not within my province** cela n'est pas de mon ressort or ne relève pas de ma compétence ◆ **his particular province is housing** le logement est son domaine or sa spécialité
③ (Rel) archevêché m
**NPL** **the provinces** la province ◆ **in the provinces** en province

## provincial | psychiatrist

**provincial** /prəˈvɪnʃəl/ SYN
- ADJ (gen, also pej) provincial, de province ✦ **provincial branch** (Comm) branche f or agence f régionale
- N provincial(e) m(f)

**provincialism** /prəˈvɪnʃəlɪzəm/ N (pej) provincialisme m

**provirus** /ˈprəʊˌvaɪrəs/ N provirus m

**provision** /prəˈvɪʒən/ SYN
- N 1 (= supply) provision f ✦ **to lay in** or **get in a provision of coal** faire provision de charbon
- 2 (NonC = supplying) [of food] fourniture f, approvisionnement m ; [of equipment] fourniture f ; [of housing, education] offre f ✦ **provision of food to the soldiers** approvisionnement m des soldats en nourriture ✦ **provision of capital** (Fin) apport m or fourniture f de capitaux ✦ **provision of services** prestation f de services ✦ **to make provision for** [+ one's family, dependents etc] pourvoir aux besoins de, assurer l'avenir de ; [+ journey, siege, famine] prendre des dispositions or des précautions pour
- 3 (Admin) (= funding) financement m (of, for de) ; (= funds) fonds mpl
- 4 (Admin, Jur etc = stipulation) disposition f, clause f ✦ **according to the provisions of the treaty** selon les dispositions du traité ✦ **it falls within the provisions of this law** cela tombe sous le coup de cette loi, c'est un cas prévu par cette loi ✦ **provision to the contrary** clause f contraire ✦ **there is no provision for this in the rules, the rules make no provision for this** le règlement ne prévoit pas cela
- NPL **provisions** (= food etc) provisions fpl ✦ **to get provisions in** faire des provisions
- VT approvisionner, ravitailler (with en)
- COMP **provision merchant** N marchand m de comestibles

**provisional** /prəˈvɪʒənl/ SYN
- ADJ [government] provisoire ; [arrangement, agreement, acceptance] à titre conditionnel ; (Admin) [appointment] à titre provisoire ; (Jur) provisionnel
- N (Pol: in Ireland) ✦ **the Provisionals** (les membres mpl de) l'IRA f provisoire
- COMP **provisional driving licence** N (Brit) permis m de conduire provisoire (obligatoire pour l'élève conducteur) → DRIVING LICENCE, DRIVER'S LICENSE
- **the Provisional IRA** N l'IRA f provisoire

**provisionally** /prəˈvɪʒnəlɪ/ ADV provisoirement

**proviso** /prəˈvaɪzəʊ/ SYN N (pl **provisos** or **provisoes**) stipulation f, condition f ; (Jur) clause f restrictive, condition f formelle ✦ **with the proviso that...** à condition que... + subj

**provisory** /prəˈvaɪzərɪ/ ADJ ⇒ provisional adj

**provitamin** /prəʊˈvɪtəmɪn/ N provitamine f

**Provo**\* /ˈprɒvəʊ/ N (Pol: in Ireland) ✦ **the Provos** (les membres mpl de) l'IRA f provisoire

**provocateur** /prəˌvɒkəˈtɜːʳ/ N poil m à gratter

**provocation** /ˌprɒvəˈkeɪʃən/ SYN N provocation f ✦ **he gets angry at the least provocation** il s'emporte à la moindre provocation ✦ **under provocation** (Chem, Bio) en réponse à une provocation

**provocative** /prəˈvɒkətɪv/ SYN ADJ 1 (= aggressive) [gesture, remark] provocant, provocateur (-trice f) ✦ **now you're trying to be provocative** là vous essayez de me (or le etc) provoquer, là vous me (or lui etc) cherchez querelle
- 2 (= thought-provoking) [book, title, talk] qui force à réagir, qui ne laisse pas indifférent
- 3 (= seductive) [woman, movement, smile] provocant

**provocatively** /prəˈvɒkətɪvlɪ/ ADV (= challengingly, suggestively) [say, ask, look, behave] de manière provocante ✦ **provocatively entitled...** portant le titre provocateur de... ✦ **provocatively dressed** habillé de manière provocante

**provoke** /prəˈvəʊk/ SYN VT 1 (= rouse) [+ person] provoquer ; [+ war, dispute, revolt] provoquer, faire naître ; [+ reply] provoquer, susciter ✦ **to provoke sb to do sth** or **into doing sth** inciter qn à faire qch ✦ **it provoked them to action** cela les a incités à agir
- 2 ✦ **to provoke sb (to anger), to provoke sb's anger** provoquer qn

**provoking** /prəˈvəʊkɪŋ/ ADJ (= annoying) contrariant, agaçant ; (= thought-provoking) provocateur (-trice f) ; → thought

**provost** /ˈprɒvəst/
- N (Brit Univ) président m ; (US Univ) ≈ doyen m ; (Scot) maire m ; (Rel) doyen m ; → lord
- COMP **provost court** N (Mil) tribunal m prévôtal
- **provost guard** N prévôté f
- **provost marshal** N prévôt m

**prow** /praʊ/ SYN N proue f

**prowess** /ˈpraʊɪs/ SYN N prouesse f

**prowl** /praʊl/ SYN
- VI (also **prowl about, prowl around**) rôder
- VT [+ streets etc] arpenter
- N ✦ **to be on the prowl** rôder
- COMP **prowl car** N (US Police) voiture f de police

**prowler** /ˈpraʊləʳ/ N rôdeur m, -euse f

**prowling** /ˈpraʊlɪŋ/ ADJ rôdeur ; [taxi] en maraude

**prox.** (abbrev of **proximo**) (du mois) prochain

**proximity** /prɒkˈsɪmɪtɪ/ SYN
- N proximité f ✦ **in proximity to, in the proximity of** à proximité de ✦ **the shops are in close proximity** les magasins sont à deux pas
- COMP **proximity fuse** N fusée f de proximité
- **proximity talks** NPL pourparlers mpl de proximité

**proximo** /ˈprɒksɪməʊ/ ADV (Comm) (du mois) prochain

**proxy** /ˈprɒksɪ/ SYN
- N (= power) procuration f ; (= person) fondé(e) m(f) de pouvoir, mandataire mf ✦ **by proxy** par procuration
- COMP **proxy conflict** N (Mil euph) conflit m par personnes interposées
- **proxy vote** N vote m par procuration

**Prozac** ® /ˈprəʊzæk/ N Prozac ® m

**PRP** /ˌpiːɑːˈpiː/ N (abbrev of **performance-related pay**) → performance

**PRS** /ˌpiːɑːrˈes/ N (abbrev of **Performing Rights Society**) ≈ SACEM f

**prude** /pruːd/ SYN N prude f, bégueule f ✦ **he's a prude** il est pudibond

**prudence** /ˈpruːdəns/ SYN N prudence f, circonspection f

**prudent** /ˈpruːdənt/ SYN ADJ prudent, circonspect ✦ **it would be prudent to leave** il serait prudent de partir

**prudential** /pruː(ː)ˈdenʃəl/ ADJ prudent

**prudently** /ˈpruːdəntlɪ/ ADV prudemment, avec prudence

**prudery** /ˈpruːdərɪ/ N pruderie f, pudibonderie f

**prudish** /ˈpruːdɪʃ/ SYN ADJ pudibond, bégueule\*

**prudishly** /ˈpruːdɪʃlɪ/ ADV avec pruderie

**prudishness** /ˈpruːdɪʃnɪs/ N ⇒ prudery

**prune¹** /pruːn/ N (= fruit) pruneau m ; (‡ pej = person) repoussoir m ✦ **prunes and prisms** (fig) afféterie f, préciosité f

(!) In French, **prune** means 'plum', not **prune**.

**prune²** /pruːn/ SYN VT (to promote growth) [+ tree, bush] tailler ; (= thin out) élaguer, émonder ; (fig: also **prune down**) [+ article, essay] élaguer, faire des coupures dans
- ► **prune away** VT SEP [+ branches] élaguer ; (fig) [+ paragraph, words] élaguer

**prunella** /pruːˈnelə/ N (= fabric) prunelle f

**pruning** /ˈpruːnɪŋ/
- N 1 (lit) [of tree, bush] (to promote growth) taille f ; (to remove unwanted branches, dead wood etc) élagage m, émondage m
- 2 (fig) [of article, essay] élagage m
- COMP **pruning hook** N émondoir m, ébranchoir m
- **pruning knife** N (pl **pruning knives**) serpette f
- **pruning shears** NPL (= secateurs) cisailles fpl, coupe-branches m ; (= hedge shears) taille-haies m, cisailles fpl à haies

**prurience** /ˈprʊərɪəns/ N (frm) lascivité f, luxure f

**prurient** /ˈprʊərɪənt/ ADJ (frm) lascif

**pruriently** /ˈprʊərɪəntlɪ/ ADV lascivement

**prurigo** /prʊəˈraɪgəʊ/ N (Med) prurigo m

**pruritus** /prʊəˈraɪtəs/ N (Med) prurit m

**Prussia** /ˈprʌʃə/ N Prusse f

**Prussian** /ˈprʌʃən/
- ADJ prussien ✦ **Prussian blue** bleu m de Prusse
- N Prussien(ne) m(f)

**prussic acid** /ˌprʌsɪkˈæsɪd/ N acide m prussique

**pry¹** /praɪ/ SYN VI mettre son nez dans les affaires des autres, s'occuper de ce qui ne vous regarde pas ✦ **I don't want to pry but...** je ne veux pas être indiscret (-ète f) mais... ✦ **stop prying!** occupez-vous de ce qui vous regarde ! ✦ **to pry into sb's secrets** chercher à découvrir les secrets de qn

**pry²** /praɪ/ VT (US) ⇒ prise

**prying** /ˈpraɪɪŋ/ SYN ADJ fureteur, indiscret (-ète f) ✦ **to keep sth safe from prying eyes** mettre qch à l'abri des regards indiscrets

**PS** /piːˈes/ N 1 (abbrev of **postscript**) P.-S. or PS m
- 2 (abbrev of **private secretary**) → private

**psalm** /sɑːm/ SYN N psaume m ✦ **(the Book of) Psalms** (Bible) le livre des Psaumes

**psalmist** /ˈsɑːmɪst/ N psalmiste m

**psalmody** /ˈsælmədɪ/ N psalmodie f

**psalter** /ˈsɔːltəʳ/ N psautier m

**PSAT** /ˌpiːeseɪˈtiː/ N (US) (abbrev of **Preliminary Scholastic Aptitude Test**) → preliminary

**PSBR** /ˌpiːesbiːˈɑːʳ/ N (Econ) (abbrev of **public sector borrowing requirement**) → public

**psephologist** /seˈfɒlədʒɪst/ N spécialiste mf des élections

**psephology** /səˈfɒlədʒɪ/ N étude f des élections

**pseud**\* /sjuːd/ (Brit)
- N bêcheur\* m, -euse\* f
- ADJ qui manque de sincérité, artificiel

**pseud(o)arthrosis** /ˌsjuːd(əʊ)ɑːˈθrəʊsɪs/ N (pl **pseud(o)arthroses** /ˌsjuːd(əʊ)ɑːˈθrəʊsiːz/) pseudarthrose f

**pseudo**\* /ˈsjuːdəʊ/ ADJ insincère, faux (fausse f)

**pseudo-** /ˈsjuːdəʊ/ PREF pseudo- ✦ **pseudo-antique** pseudoantique ✦ **pseudo-autobiography** pseudoautobiographie f ✦ **pseudo-apologetically** sous couleur de s'excuser

**pseudonym** /ˈsjuːdənɪm/ SYN N pseudonyme m

**pseudonymous** /sjuːˈdɒnɪməs/ ADJ pseudonyme

**pseudopodium** /ˌsjuːdəʊˈpəʊdɪəm/ N (pl **pseudopodia** /ˌsjuːdəʊˈpəʊdɪə/) (Bio) pseudopode m

**pshaw** /pʃɔː/ EXCL peuh !

**psi¹** /piːˈesaɪ/ N (abbrev of **pounds per square inch**) ≈ kg/cm³

**psi²** /piːˈesaɪ/ N (NonC = psychic phenomena) phénomènes mpl parapsychiques or paranormaux

**psittacosis** /ˌpsɪtəˈkəʊsɪs/ N psittacose f

**psoriasis** /sɒˈraɪəsɪs/ N psoriasis m

**psst** /pst/ EXCL psitt, pst, hep

**PST** /ˌpiːesˈtiː/ (US) (abbrev of **Pacific Standard Time**) → pacific

**PSV** /ˌpiːesˈviː/ N (abbrev of **public service vehicle**) → public

**psych**\* /saɪk/
- VT abbrev of **psychoanalyse** 1 (= guess, anticipate) [+ sb's reactions etc] deviner, prévoir
- 2 (= make uneasy : also **psych out**) intimider, déconcerter (volontairement) ✦ **that doesn't psych me (out)** ça ne me panique\* pas
- 3 (= prepare psychologically : also **psych up**) préparer (mentalement) [+ sb à or pour qch ; to do sth pour faire qch) ✦ **to get o.s. psyched up for sth** se préparer (mentalement) à qch ✦ **he was all psyched up to start, when...** il était gonflé à bloc\*, tout prêt à commencer, quand...
- N (US) 1 (abbrev of **psychology**) psycho\* f
- 2 abbrev of **psychiatry**
- ► **psych out**\*
  - VI (= break down) craquer\*
  - VT SEP 1 (= cause to break down) faire craquer\*
  - 2 → psych 2
  - 3 (US = analyse, work out) piger‡, comprendre (that que) ; [+ situation etc] analyser, comprendre ✦ **to psych sb out** voir clair dans le jeu de qn ✦ **I psyched it all out for myself** je m'y suis retrouvé tout seul
- ► **psych up**\* VT SEP → psych 3

**psyche** /ˈsaɪkɪ/ SYN N psychisme m, psyché f

**psychedelia** /ˌsaɪkəˈdiːlɪə/ N (NonC = objects) objets mpl psychédéliques ; (= atmosphere) univers m psychédélique

**psychedelic** /ˌsaɪkəˈdelɪk/ ADJ psychédélique

**psychiatric** /ˌsaɪkɪˈætrɪk/ ADJ [hospital, treatment, medicine] psychiatrique ; [disease] mental

**psychiatrist** /saɪˈkaɪətrɪst/ SYN N psychiatre mf

**psychiatry** /saɪˈkaɪətrɪ/ N psychiatrie f

**psychic** /ˈsaɪkɪk/ SYN
**ADJ** 1 (= supernatural) [phenomenon, powers etc] parapsychologique ; [person] télépathe ◆ **psychic research** recherches fpl parapsychologiques ◆ **the psychic world** le monde du paranormal ◆ **I'm not psychic!** * je ne suis pas devin !
2 (Psych) psychique
**N** médium m

**psychical** /ˈsaɪkɪkəl/ ADJ ⇒ psychic adj

**psycho** * /ˈsaɪkəʊ/ abbrev of **psychopath, psychopathic, psychotic**

**psycho...** /ˈsaɪkəʊ/ PREF psych(o)...

**psychoactive** /ˌsaɪkəʊˈæktɪv/ ADJ (Med) psychotrope

**psychoanalyse** /ˌsaɪkəʊˈænəlaɪz/ VT psychanalyser

**psychoanalysis** /ˌsaɪkəʊəˈnælɪsɪs/ N psychanalyse f

**psychoanalyst** /ˌsaɪkəʊˈænəlɪst/ N psychanalyste mf

**psychoanalytic(al)** /ˈsaɪkəʊˌænəˈlɪtɪk(əl)/ ADJ psychanalytique

**psychoanalyze** /ˌsaɪkəʊˈænəlaɪz/ VT psychanalyser

**psychobabble** * /ˈsaɪkəʊˌbæbəl/ N (NonC) jargon m de psy *

**psychobiology** /ˌsaɪkəʊbaɪˈɒlədʒɪ/ N psychobiologie f

**psychodrama** /ˈsaɪkəʊdrɑːmə/ N psychodrame m

**psychodramatic** /ˌsaɪkəʊdrəˈmætɪk/ ADJ psychodramatique

**psychodynamic** /ˌsaɪkəʊdaɪˈnæmɪk/
**ADJ** psychodynamique
**N** (NonC) ◆ **psychodynamics** psychodynamisme m

**psychogenesis** /ˌsaɪkəʊˈdʒenɪsɪs/ N psychogenèse f

**psychogenetic** /ˌsaɪkəʊdʒɪˈnetɪk/ ADJ psychogénétique

**psychogenic** /ˌsaɪkəʊˈdʒenɪk/ ADJ psychogène

**psychokinesis** /ˌsaɪkəʊkɪˈniːsɪs/ N psychocinèse f, psychokinésie f

**psychokinetic** /ˌsaɪkəʊkɪˈnetɪk/ ADJ psychocinétique

**psycholinguist** /ˌsaɪkəʊˈlɪŋgwɪst/ N psycholinguiste mf

**psycholinguistic** /ˈsaɪkəʊlɪŋˈgwɪstɪk/
**ADJ** psycholinguistique
**N** (NonC) ◆ **psycholinguistics** psycholinguistique f

**psycholinguistics** /ˌsaɪkəʊlɪŋˈgwɪstɪks/ N (NonC) psycholinguistique f

**psychological** /ˌsaɪkəˈlɒdʒɪkəl/ SYN ADJ [method, study, state, moment, warfare] psychologique ◆ **it's only psychological** * c'est psychologique

**psychologically** /ˌsaɪkəˈlɒdʒɪkəlɪ/ ADV [important, damaging, disturbed etc] psychologiquement ◆ **psychologically, he's very strong** psychologiquement, il est très fort ◆ **to be psychologically prepared for sth** être psychologiquement prêt pour qch ◆ **psychologically speaking** d'un point de vue psychologique

**psychologist** /saɪˈkɒlədʒɪst/ N psychologue mf ; → **child, industrial**

**psychology** /saɪˈkɒlədʒɪ/ SYN N psychologie f ◆ **the psychology of his opponent** la psychologie de son adversaire ; → **child**

**psychometric** /ˌsaɪkəʊˈmetrɪk/ ADJ psychométrique

**psychometrics** /ˌsaɪkəʊˈmetrɪks/ N (NonC) psychométrie f

**psychometry** /saɪˈkɒmɪtrɪ/ N psychométrie f

**psychomotor** /ˌsaɪkəʊˈməʊtəʳ/ ADJ psychomoteur (-trice f)

**psychoneurosis** /ˌsaɪkəʊnjʊəˈrəʊsɪs/ N (pl **psychoneuroses** /ˌsaɪkəʊnjʊəˈrəʊsiːz/) psychonévrose f

**psychoneurotic** /ˌsaɪkəʊnjʊəˈrɒtɪk/ ADJ psychonévrotique

**psychopath** /ˈsaɪkəʊpæθ/ SYN N psychopathe mf

**psychopathic** /ˌsaɪkəʊˈpæθɪk/ ADJ [person] psychopathe ; [condition] psychopathique

**psychopathological** /ˈsaɪkəʊˌpæθəˈlɒdʒɪkəl/ ADJ psychopathologique

**psychopathology** /ˌsaɪkəʊpəˈθɒlədʒɪ/ N psychopathologie f

**psychopathy** /saɪˈkɒpəθɪ/ N psychopathie f

**psychopharmacological** /ˈsaɪkəʊfɑːˌməkəˈlɒdʒɪkəl/ ADJ psychopharmacologique

**psychopharmacology** /ˌsaɪkəʊfɑːməˈkɒlədʒɪ/ N psychopharmacologie f

**psychophysical** /ˌsaɪkəʊˈfɪzɪkəl/ ADJ psychophysique

**psychophysics** /ˌsaɪkəʊˈfɪzɪks/ N (NonC) psychophysique f

**psychophysiological** /ˌsaɪkəʊˌfɪzɪəˈlɒdʒɪkəl/ ADJ psychophysiologique

**psychophysiology** /ˌsaɪkəʊfɪzɪˈɒlədʒɪ/ N psychophysiologie f

**psychoses** /saɪˈkəʊsiːz/ NPL of **psychosis**

**psychosexual** /ˌsaɪkəʊˈseksjʊəl/ ADJ psychosexuel

**psychosis** /saɪˈkəʊsɪs/ N (pl **psychoses**) psychose f

**psychosocial** /ˌsaɪkəʊˈsəʊʃəl/ ADJ psychosocial

**psychosociological** /ˌsaɪkəʊsəʊsɪəˈlɒdʒɪkəl/ ADJ psychosociologique

**psychosociology** /ˌsaɪkəʊsəʊsɪˈɒlədʒɪ/ N psychosociologie f

**psychosomatic** /ˈsaɪkəʊsəʊˈmætɪk/ ADJ psychosomatique

**psychosurgery** /ˌsaɪkəʊˈsɜːdʒərɪ/ N psychochirurgie f

**psychotechnological** /ˈsaɪkəʊˌteknəˈlɒdʒɪkəl/ ADJ psychotechnique

**psychotechnologist** /ˌsaɪkəʊtekˈnɒlədʒɪst/ N psychotechnicien(ne) m(f)

**psychotechnology** /ˌsaɪkəʊtekˈnɒlədʒɪ/ N psychotechnique f

**psychotherapeutic** /ˌsaɪkəʊθerəˈpjuːtɪk/ ADJ psychothérapique

**psychotherapist** /ˌsaɪkəʊˈθerəpɪst/ N psychothérapeute mf

**psychotherapy** /ˌsaɪkəʊˈθerəpɪ/ N psychothérapie f

**psychotic** /saɪˈkɒtɪk/ SYN ADJ, N psychotique mf

**psychotropic** /ˌsaɪkəʊˈtrɒpɪk/ ADJ [drug] psychotrope

**PT** † /ˌpiːˈtiː/ N (Scol) (abbrev of **physical training**) → **physical**

**pt** abbrev of **part(s), pint(s), point(s)**

**PTA** /ˌpiːtiːˈeɪ/ N 1 (Scol) (abbrev of **Parent-Teacher Association**) → **parent**
2 (Brit) (abbrev of **Prevention of Terrorism Act**) loi antiterroriste

**ptarmigan** /ˈtɑːmɪgən/ N (pl **ptarmigans** or **ptarmigan**) lagopède m des Alpes

**Pte** (Mil) (abbrev of **Private**) ◆ **Pte J. Smith** (on envelope) le soldat J. Smith

**pteridology** /ˌterɪˈdɒlədʒɪ/ N étude f des ptéridophytes

**pterodactyl** /ˌterəʊˈdæktɪl/ N ptérodactyle m

**pteropod** /ˈterəpɒd/ N ptéropode m

**pterosaur** /ˈterəsɔːʳ/ N ptérosaurien m, ptérosaure m

**pterygoid** /ˈterɪgɔɪd/ ADJ ptérygoïdien

**PTO** (abbrev of **please turn over**) TSVP

**Ptolemaic** /ˌtɒləˈmeɪɪk/ ADJ ptolémaïque

**Ptolemy** /ˈtɒləmɪ/ N Ptolémée m

**ptomaine** /ˈtəʊmeɪn/ N ptomaïne f ◆ **ptomaine poisoning** intoxication f alimentaire

**ptosis** /ˈtəʊsɪs/ N (pl **ptoses** /ˈtəʊsiːz/) ptose f

**PTSD** /ˌpiːtiːesˈdiː/ N abbrev of **post-traumatic stress disorder**

**ptyalin** /ˈtaɪəlɪn/ N ptyaline f

**pub** /pʌb/ SYN (Brit) abbrev of **public house**
**N** ≈ café m ; (in British or Irish context) pub m
**COMP** **pub-crawl** * N, VI ◆ **to go on a pub-crawl, to go pub-crawling** faire la tournée des bars or des bistrots * or des pubs
**pub food, pub grub** * N cuisine f or nourriture f de bistrot *
**pub lunch** N repas m de bistrot ◆ **to go for a pub lunch** aller manger au bistrot *

**PUB**

Les **pubs** jouent un rôle essentiel dans la vie sociale britannique. Traditionnellement, l'accès au **pub** est interdit aux moins de 18 ans, mais certains établissements ont un espace réservé (ou une terrasse en jardin) pour les familles. En Angleterre et au pays de Galles, les **pubs** sont généralement ouverts de 11 heures à 23 heures (en Écosse et en Irlande, les horaires d'ouverture sont plus flexibles. Certains **pubs** appartiennent à des brasseries et ne vendent que leurs propres marques de bière ; d'autres, les « free houses », appartiennent à des propriétaires privés et offrent, de ce fait, un plus grand choix de bières.

**pub.** (abbrev of **published**) publié

**pubertal** /ˈpjuːbətəl/ ADJ pubère

**puberty** /ˈpjuːbətɪ/ SYN N puberté f

**pubes¹** /ˈpjuːbiːz/ NPL of **pubis**

**pubes²** * /ˈpjuːbz/ NPL (= pubic hair) poils mpl du pubis, toison f

**pubescence** /pjuːˈbesəns/ N pubescence f

**pubescent** /pjuːˈbesənt/ ADJ pubescent

**pubic** /ˈpjuːbɪk/
**ADJ** [region etc] pubien
**COMP** **pubic hair** N poils mpl pubiens or du pubis
**pubic lice** NPL morpions mpl

**pubis** /ˈpjuːbɪs/ N (pl **pubes**) pubis m

**public** /ˈpʌblɪk/ SYN
**ADJ** 1 (gen; Admin, Econ, Fin etc) public (-ique f) ; (= owned by the nation) [enterprise etc] nationalisé, étatisé ◆ **in the public domain** (copyright) dans le domaine public ◆ **to go public** [company] s'introduire en Bourse ; see also comp
2 (= of, for, by everyone) [meeting, park, indignation] public (-ique f) ◆ **"this is a public announcement: would passengers..."** « votre attention s'il vous plaît : les passagers sont priés de... » ◆ **to be in the public eye** être très en vue ◆ **to disappear from the public eye** disparaître des feux de l'actualité ◆ **he's a public figure** c'est quelqu'un qui est très en vue, c'est une personnalité très connue ◆ **it is a matter of public interest** c'est une question d'intérêt public or général ◆ **he has the public interest at heart** il a à cœur l'intérêt or le bien public ◆ **a man in public life** un homme public ◆ **to go into public life** se consacrer aux affaires publiques ◆ **to be active in public life** prendre une part active aux affaires publiques ◆ **he's really a public nuisance** * c'est une calamité publique *, il empoisonne le monde * ◆ **there was a public protest against...** il y a eu de nombreux mouvements de protestation contre... ; see also adj 3 ◆ **the house has two public rooms and three bedrooms** (Scot) la maison a cinq pièces dont trois chambres ◆ **she is a good public speaker** elle parle bien en public ◆ **public speakers know that...** les personnes amenées à parler fréquemment en public savent que... ; → **image**
3 (= open to everyone, not secret) public (-ique f) ◆ **to make sth public** rendre qch public, publier qch, porter qch à la connaissance du public ◆ **the minister has gone public on the plan** le ministre a porté le projet à la connaissance du public ◆ **it was all quite public** cela n'avait rien de secret, c'était tout à fait officiel ◆ **he made a public protest** il a protesté publiquement ◆ **his public support of the strikers** son appui déclaré or ouvert aux grévistes ◆ **let's go over there, it's too public here** allons là-bas, il y a trop de monde ici
**N** public m ◆ **the public's confidence in the government** la confiance des gens dans le gouvernement ◆ **the reading/sporting public** les amateurs mpl de lecture/de sport ◆ **the French/English public** les Français mpl/Anglais mpl ◆ **the American voting public** les électeurs mpl américains ◆ **the great British public** (hum) les sujets mpl de Sa (Gracieuse) Majesté ◆ **the house is open to the public** la maison est ouverte au public ◆ **he couldn't disappoint his public** (= audience) il ne pouvait pas décevoir son public ; → **general**
◆ **in public** en public
**COMP** **public access television** N (US TV) chaînes fpl câblées non commerciales
**public-address system** N (système m de) sonorisation f
**public affairs** NPL affaires fpl publiques

**public analyst** N analyste mf d'État or officiel(le)
**public assistance** † N (NonC) assistance f publique
**public bar** N (Brit) bar m
**public building** N édifice m public
**public company** N société f anonyme par actions
**public convenience** N (Brit Admin) toilettes fpl publiques
**public corporation** N (Brit) entreprise f nationale
**the public debt** N (Econ) la dette publique
**public defender** N (US Jur) avocat m de l'assistance judiciaire
**public enemy** N ennemi m public ◆ **public enemy number one*** (fig) ennemi m public numéro un
**public examination** N (Scol etc) examen m national
**public footpath** N (Brit Admin) passage m public pour piétons, sentier m public
**public gallery** N (in parliament, courtroom) tribune f réservée au public
**public health** N santé f or hygiène f publique
**Public Health Service** N (US) ≈ Direction f des affaires sanitaires et sociales
**public holiday** N jour m férié, fête f légale
**public house** N (Brit) pub m
**public housing** N (US) logements mpl sociaux, ≈ HLM fpl
**public housing project** N (US) cité f HLM
**public lavatory** N toilettes fpl publiques
**public law** N droit m public
**public lending right** N (Brit Admin) droits dédommageant un auteur pour le prêt de ses ouvrages en bibliothèque
**public library** N bibliothèque f municipale
**public limited company** N (Brit) ≈ société f à responsabilité limitée
**public medicine** N (US) ⇒ **public health**
**public money** N (Econ) deniers mpl publics
**public opinion** N opinion f publique
**public opinion poll** N sondage m d'opinion publique
**public ownership** N (Econ) ◆ **under public ownership** nationalisé, étatisé ◆ **to take sth into public ownership** nationaliser qch, étatiser qch
**public property** N (NonC = land etc) biens mpl publics, propriété f publique ◆ **to treat sb as public property** ne pas avoir d'égards pour la vie privée de qn
**Public Prosecutor** N (Jur) ≈ procureur m (de la République), ≈ ministère m public
**Public Prosecutor's Office** N (Jur) parquet m
**the public purse** N (Econ) le trésor public
**Public Record Office** N (Brit) ≈ Archives fpl nationales
**public relations** NPL relations fpl publiques ◆ **public relations officer** responsable mf de relations publiques ◆ **it's just a public relations exercise** il etc a fait ça uniquement dans le but de se faire bien voir
**public school** N (Brit = private school) public school f, collège m secondaire privé ; (US) (= state school) école f secondaire publique
**public schoolboy, public schoolgirl** N (Brit) élève mf d'une public school
**the public sector** N (Econ) le secteur public
**public sector borrowing** N emprunts mpl d'État
**public sector borrowing requirement** N besoins mpl de financement du secteur public
**public servant** N fonctionnaire mf
**public service** N service m public
**public service corporation** N (US) service m public non nationalisé
**public service vehicle** N (Brit Admin) véhicule m de transport en commun
**public speaking** N art m oratoire
**public spending** N (NonC) dépenses fpl publiques
**public spirit** N civisme m, sens m civique
**public-spirited** SYN ADJ ◆ **to be public-spirited** faire preuve de civisme
**public television** N (US) télévision f éducative (non commerciale)
**public transport** N (NonC) transports mpl en commun, transports mpl publics
**public utility** N (= company) entreprise f de service public ; (= service) service m public
**public welfare** N assistance f publique
**public works** NPL travaux mpl publics

● **PUBLIC ACCESS TELEVISION**

Aux États-Unis, **public access television** désigne les chaînes câblées non commerciales produites par des associations locales et autres institutions à but non lucratif. Le principe est de permettre aux communautés locales de s'exprimer et d'éviter que les chaînes câblées ne deviennent des monopoles. Selon la loi de 1984 sur la télévision câblée (Cable Act), une communauté locale peut exiger du propriétaire d'une chaîne câblée qu'il lui réserve une **public access television** et mette à sa disposition le studio, le matériel d'enregistrement et le personnel technique nécessaires.

**publican** /ˈpʌblɪkən/ N ① (Brit = pub manager) patron(ne) m(f) de bistrot
② (Bible = taxman) publicain m
**publication** /ˌpʌblɪˈkeɪʃən/ SYN
N ① (NonC = act of publishing) [of book etc] publication f ; (Jur) [of banns] publication f ; [of decree] promulgation f, publication f ◆ **after the publication of the book** après la publication or la parution du livre ◆ **this is not for publication** ceci doit rester entre nous
② (= published work) publication f
COMP **publication date** N date f de parution or de publication
**publicist** /ˈpʌblɪsɪst/ N (Jur) spécialiste mf de droit public international ; (Press) journaliste mf ; (Advertising) (agent m) publicitaire m, agent m de publicité
**publicity** /pʌbˈlɪsɪtɪ/ SYN
N (NonC) publicité f (for pour) ◆ **can you give us some publicity for the concert?** pouvez-vous nous faire de la publicité pour le concert ? ◆ **adverse publicity** contre-publicité f ◆ **I keep getting publicity about the society's meetings** je reçois tout le temps des circulaires concernant les réunions de la société ◆ **I've seen some of their publicity** j'ai vu des exemples de leur publicité
COMP **publicity agency** N agence f publicitaire or de publicité
**publicity agent** N (agent m) publicitaire m, agent m de publicité
**publicity campaign** N campagne f d'information ; (= advertising) campagne f de publicité
**publicity event** N opération f publicitaire
**publicity-seeking** ADJ [person] qui cherche à se faire de la publicité ; [operation] publicitaire
**publicity stunt*** N coup m de pub*
**publicize** /ˈpʌblɪsaɪz/ SYN VT ① (= make public) rendre public, publier ◆ **I don't publicize the fact, but…** je ne le crie pas sur les toits, mais… ◆ **well-publicized** dont on parle beaucoup (or dont on a beaucoup parlé etc) ; see also **2**
② (= advertise) faire de la publicité pour ◆ **well-publicized** annoncé à grand renfort de publicité
**publicly** /ˈpʌblɪklɪ/
ADV ① (= in public) publiquement, en public ◆ **to be publicly accountable** devoir répondre de ses actes devant l'opinion
② (Econ) ◆ **publicly-owned** d'État, du secteur public ◆ **publicly funded** financé par l'État
COMP **publicly-quoted company** N société f anonyme cotée en Bourse
**publish** /ˈpʌblɪʃ/ SYN
VT ① [+ news] publier, faire connaître ◆ **to publish the banns** (Jur, Rel) publier les bans
② [+ book] publier ; [+ periodical] faire paraître ; [+ author] éditer ◆ **to be published** [book, author] être publié ◆ **"to be published"** « à paraître » ◆ **"just published"** « vient de paraître » ◆ **"published monthly"** « paraît tous les mois »
VI publier
**publishable** /ˈpʌblɪʃəbl/ ADJ publiable
**publisher** /ˈpʌblɪʃər/ N éditeur m, -trice f
**publishing** /ˈpʌblɪʃɪŋ/
N [of book etc] publication f ◆ **he's** or **he works in publishing** il travaille dans l'édition
COMP **publishing house** N maison f d'édition
**puce** /pjuːs/ ADJ puce inv
**puck¹** /pʌk/ N (= elf) lutin m, farfadet m
**puck²** /pʌk/ N (Ice Hockey) palet m
**pucker** /ˈpʌkər/
VI (also **pucker up**) [face, feature, forehead] se plisser ; (Sewing) goder ◆ **she puckered up, waiting for his kiss** elle avança les lèvres, attendant son baiser
VT ① (Sewing) froncer
② (also **pucker up**) [+ lips] avancer ◆ **to pucker (up) one's brow** or **forehead** plisser son front
N (Sewing) faux pli m
**puckish** /ˈpʌkɪʃ/ ADJ (liter) de lutin, malicieux
**pud*** /pʊd/ N (Brit) abbrev of **pudding**
**pudding** /ˈpʊdɪŋ/ SYN
N ① (= cooked dessert) ◆ **steamed pudding** pudding m ◆ **apple pudding** dessert m aux pommes ◆ **rice pudding** riz m au lait ; → **milk, proof**
② (Brit = dessert course in meal) dessert m ◆ **what's for pudding?** qu'y a-t-il comme dessert ?
③ (= cooked meat etc dish) ◆ **steak-and-kidney pudding** pain m de viande et de rognons à la vapeur
④ (= cooked sausage) ◆ **black/white pudding** boudin m noir/blanc
⑤ (* pej = fat person) patapouf* mf
COMP **pudding basin** N (Brit) jatte f (dans laquelle on fait cuire le pudding)
**pudding-face*** N (fig pej) (face f de) lune* f
**pudding-head*** N (fig pej) empoté(e) * m(f), andouille* f
**pudding rice** N (Culin) riz m à grains ronds
**puddingstone** /ˈpʊdɪŋstəʊn/ N (Geol) poudingue m, conglomérat m
**puddle** /ˈpʌdl/
N flaque f
VI former une flaque
**pudenda** /pjuːˈdendə/ NPL parties fpl génitales
**pudgy** /ˈpʌdʒɪ/ ADJ ⇒ **podgy**
**pueblo** /ˈpweblaʊ/
N (pl **pueblos**) (in US) village indien du sud-ouest des États-Unis
COMP **the Pueblo Indians** NPL les (Indiens mpl) Pueblos mpl
**puerile** /ˈpjʊəraɪl/ SYN ADJ puéril (puérile f)
**puerilism** /ˈpjʊərɪlɪzəm/ N puérilisme m
**puerility** /pjʊəˈrɪlɪtɪ/ N puérilité f
**puerperal** /pjuː(ˈ)ɜːpərəl/ ADJ puerpéral ◆ **puerperal fever** fièvre f puerpérale
**Puerto Rican** /ˈpwɜːtəʊˈriːkən/
ADJ portoricain
N Portoricain(e) m(f)
**Puerto Rico** /ˈpwɜːtəʊˈriːkəʊ/ N Porto Rico
**puff** /pʌf/ SYN
N ① [of air] bouffée f, souffle m ; (from mouth) souffle m ; [of wind, smoke] bouffée f ; (sound of engine) teuf-teuf m ◆ **he blew out the candles with one puff** il a éteint les bougies d'un seul souffle ◆ **our hopes vanished in a puff of smoke** nos espoirs se sont évanouis or s'en sont allés en fumée ◆ **to be out of puff*** être à bout de souffle, être essoufflé ◆ **to get one's puff* back** reprendre son souffle, reprendre haleine ◆ **he took a puff at his pipe/cigarette** il a tiré une bouffée de sa pipe/cigarette ◆ **just time for a quick puff!*** juste le temps de griller une clope* or d'en griller une* !
② (also **powder puff**) houppe f ; (small) houppette f ; (in dress) bouillon m ; (= pastry) feuilleté m ◆ **jam puff** feuilleté m à la confiture
③ (Press, Rad, TV * = advertisement) réclame f NonC, boniment m NonC ; (= written article) papier m ◆ **a puff about his new book** un papier sur son nouveau livre
VI (= blow) souffler ; (= pant) haleter ; [wind] souffler ◆ **smoke was puffing from the ship's funnel** des bouffées de fumée sortaient de la cheminée du navire ◆ **he was puffing hard** or **puffing and panting** il soufflait comme un phoque or un bœuf ◆ **to puff (away) at** or **on one's pipe/cigarette** tirer des bouffées de sa pipe/cigarette ◆ **the doctor came puffing in** le docteur entra en haletant ◆ **to puff in/out** etc [train] entrer/sortir etc en envoyant des bouffées de fumée ; see also **puffed**
VT ① ◆ **to puff (out) smoke** [person, chimney, engine, boat] envoyer des bouffées de fumée ◆ **stop puffing smoke into my face** arrête de m'envoyer ta fumée dans la figure ◆ **he puffed his pipe** il tirait des bouffées de sa pipe
② (also **puff out**) [+ sails etc] gonfler ◆ **to puff (out) one's cheeks** gonfler ses joues ◆ **to puff out one's chest** gonfler or bomber sa poitrine ◆ **the bird puffed out** or **up its feathers** l'oiseau a hérissé ses plumes ◆ **his eyes are puffed (up)** il a les yeux gonflés or bouffis

**ANGLAIS-FRANÇAIS**

③ (* = praise : also **puff up**) faire mousser*, faire du battage autour de

**COMP puff adder** N vipère f heurtante
**puffed rice** N riz m soufflé
**puffed sleeves** NPL ⇒ **puff sleeves** ; → **puff**
**puff paste** N (US) ⇒ **puff pastry**
**puff pastry** N pâte f feuilletée
**puff-puff** * N (baby talk = train) teuf-teuf * m (baby talk)
**puff sleeves** NPL manches fpl bouffantes

▸ **puff along** VI [person] se déplacer en haletant ; [steam train, ship] avancer en haletant

▸ **puff away** VI → **puff** vi

▸ **puff out**
  VI [sails etc] se gonfler ; see also **puff** vi
  VT SEP → **puff** vt

▸ **puff up**
  VI [sails etc] se gonfler ; [eye, face] enfler
  VT SEP (= inflate) gonfler ◆ **to be puffed up (with pride)** (fig) être bouffi d'orgueil ; see also **puff** vt

**puffball** /ˈpʌfbɔːl/ N vesse-de-loup f
**puffed** * /pʌft/ ADJ (= breathless : also **puffed out**) à bout de souffle
**puffer** /ˈpʌfəʳ/ N ① (also **puffer fish**) poisson-globe m
  ② (* = train) train m à vapeur
  ③ (Med * = inhaler) inhalateur m
  ④ (* = smoker) fumeur m, -euse f
**puffery** /ˈpʌfəri/ N (pej) battage m (publicitaire)
**puffin** /ˈpʌfɪn/ N macareux m, perroquet m de mer
**puffiness** /ˈpʌfɪnɪs/ N [of eye, face] gonflement m, bouffissure f
**puffy** /ˈpʌfi/ SYN ADJ [eye, face] gonflé, bouffi ; [cloud] cotonneux
**pug** /pʌg/
  N ① (= dog) carlin m
  **COMP pug nose** N nez m retroussé
  **pug-nosed** ADJ au nez retroussé
**pugilism** /ˈpjuːdʒɪlɪzəm/ N boxe f
**pugilist** † /ˈpjuːdʒɪlɪst/ SYN N pugiliste m, boxeur m
**pugilistic** /ˌpjuːdʒɪˈlɪstɪk/ ADJ pugilistique
**pugnacious** /pʌgˈneɪʃəs/ SYN ADJ pugnace, querelleur
**pugnaciously** /pʌgˈneɪʃəsli/ ADV avec pugnacité, d'un ton querelleur
**pugnacity** /pʌgˈnæsɪti/ N pugnacité f
**puissance** /ˈpwiːsɑːns/ N (Showjumping) puissance f
**puke** * /pjuːk/
  VI (also **puke up**) dégueuler *, dégobiller * ◆ **it makes you puke** (fig) c'est à faire vomir, c'est dégueulasse *
  VT (also **puke up**) dégueuler *
  N ① (= vomit) dégueulis * m
  ② (US pej = person) salaud * m
▸ **puke up** * ⇒ **puke** vi, vt
**pukka** * /ˈpʌkə/ ADJ (Brit) ① (= genuine) vrai, véritable ; (= excellent) de premier ordre
  ② (= socially superior) snob inv
**pulchritude** /ˈpʌlkrɪtjuːd/ N (liter or hum) vénusté f (liter)
**pulchritudinous** /ˌpʌlkrɪˈtjuːdɪnəs/ ADJ (liter or hum) bien tourné †, beau (belle f)
**puli** /ˈpjuːli/ N (= dog) berger m hongrois
**Pulitzer prize** /ˈpʊlɪtsəˌpraɪz/ N (US) prix m Pulitzer

● **PULITZER PRIZE**
● Aux États-Unis, les prix Pulitzer sont des récompenses prestigieuses décernées chaque année aux personnes jugées les plus méritantes dans les domaines du journalisme, de la littérature et de la musique. Il existe treize catégories en journalisme (enquête, articles de fond, etc) et six en littérature. Ces prix ont été créés et financés par le journaliste et propriétaire de journaux Joseph Pulitzer (1847-1911).

**pull** /pʊl/ SYN
  N ① (= act, effect) traction f ; [of moon] attraction f ; (= attraction : magnetic, fig) (force f d')attraction f, magnétisme m ◆ **one more pull and we'll have it up** encore un coup et on l'aura ◆ **I felt a pull at my sleeve** j'ai senti quelqu'un qui tirait ma manche ◆ **to give sth a pull, to give a pull on** or **at sth** tirer (sur) qch ◆ **he's got pull**

(fig) il a le bras long ◆ **the pull of the current** la force du courant ◆ **the pull of family ties** (fig) la force des liens familiaux ◆ **the pull of the South/the sea** etc (fig) l'attraction f or l'appel m du Sud/de la mer etc ◆ **to be on the pull*** (fig) draguer * ◆ **to have a pull over sb** (fig = have a hold over) avoir un barre sur qn ◆ **it was a long pull to the shore** (Rowing) il a fallu ramer longtemps pour arriver jusqu'au rivage ◆ **it was a long (hard) pull up the hill** la montée était longue (et raide) pour arriver en haut de la colline ◆ **to have (some) pull with sb** (= influence) avoir de l'influence auprès de qn ; → **leg**
  ② (= swig, puff : at bottle, glass, drink) gorgée f ◆ **he took a pull at the bottle** il a bu une gorgée à même la bouteille ◆ **he took a pull at his beer** il a bu une gorgée de bière ◆ **he took a long pull at his cigarette/pipe** il a tiré longuement sur sa cigarette/pipe
  ③ (= handle) poignée f ; (= cord) cordon m ; → **bell**[1]
  ④ (Typography) épreuve f
  ⑤ (Golf) coup m hooké
  VT ① (= draw) [+ cart, carriage, coach, caravan, curtains] tirer ◆ **she pulled her jacket around her shoulders** elle ramena sa veste autour de ses épaules ◆ **to pull a door open** ouvrir une porte (en la tirant) ◆ **he pulled the box over to the window** il a traîné la caisse jusqu'à la fenêtre ◆ **to pull a door shut** tirer une porte derrière soi ◆ **pull your chair closer to the table** approchez votre chaise de la table ◆ **he pulled her towards him** il l'attira vers lui ◆ **to pull sb clear of** [+ wreckage, rubble] dégager qn de ; [+ water, mud] retirer qn de
  ② (= tug) [+ bell, rope, thread] tirer ; [+ trigger] presser ; [+ oars] manier ◆ **to pull to pieces** or **to bits** (lit) [+ toy, box etc] mettre en pièces or en morceaux, démolir ; [+ daisy] effeuiller ; (* fig) [+ argument, scheme, play, film] démolir * ; *[+ person] éreinter ◆ **to pull sb's hair** tirer les cheveux à qn ◆ **pull the other one (it's got bells on)!***‡ à d'autres !, mon œil ! * ◆ **to pull a horse** (Racing) retenir un cheval ◆ **to pull one's punches** (Boxing, also fig) ménager son adversaire ◆ **he didn't pull any punches** il n'y est pas allé de main morte, il n'a pas pris de gants ◆ **to pull one's weight** (fig) faire sa part du travail, fournir sa part d'effort ; → **leg, string, wire**
  ③ (= draw out) [+ tooth] arracher, extraire ; [+ cork, stopper] ôter, retirer ; [+ gun, knife] sortir ; [+ flowers] cueillir ; [+ weeds] arracher, extirper ; [+ beer] tirer ; (Culin) [+ chicken] vider ◆ **he pulled a gun on me** il a sorti un revolver et l'a braqué sur moi ◆ **he's pulling pints*** **somewhere in London** il est barman quelque part à Londres ◆ **to pull trumps** (Cards) faire tomber les atouts ◆ **to pull rank on sb** (fig) en imposer hiérarchiquement à qn
  ④ (= strain, tear) [+ muscle, tendon, ligament] se déchirer
  ⑤ (Typography) tirer
  ⑥ (Golf etc) [+ ball] hooker ◆ **to pull a shot** hooker
  ⑦ (* = cancel) [+ TV programme] annuler
  ⑧ *(= make, do) faire, commettre ◆ **the gang pulled several bank raids/several burglaries last month** le gang a fait or commis plusieurs hold-up de banques/plusieurs cambriolages le mois dernier ◆ **to pull a trick on sb** jouer un mauvais tour à qn ; → **face, fast**[1]**, long**[1]
  ⑨ (* fig = attract) [+ public] attirer ; [+ votes] ramasser
  ⑩ (Brit ‡ = get off with) lever ‡
  VI ① (= tug) tirer (at, on sur) ◆ **stop pulling!** arrêtez de tirer ! ◆ **he pulled at her sleeve** il lui tira la manche, il la tira par la manche ◆ **the car/the steering pulls to the left** la voiture/la direction porte à gauche ◆ **the brakes pull to the left** quand on freine la voiture porte à gauche or est déportée sur la gauche ◆ **to pull for sb*** (fig) appuyer qn ; see also vi 2
  ② (= move) ◆ **the train pulled into/out of the station** le train est entré en gare/est sorti de la gare ◆ **he soon pulled clear of the traffic** il eut vite fait de laisser le gros de la circulation derrière lui ◆ **to pull sharply to the left** [car, driver] virer brusquement à gauche ; see also vi 1 ◆ **the car isn't pulling very well** la voiture manque de reprises
  ③ (= swig, puff) ◆ **he pulled at his beer** il a bu une gorgée de bière ◆ **to pull at a cigarette/pipe** etc tirer sur une cigarette/pipe etc
  ④ (= row) ramer (for vers)
  ⑤ (‡ Brit) (= get off with) emballer *
  **COMP pull-back** N (Mil) repli m

**puffball | pull**

**pull-down** ADJ [bed] rabattable, escamotable ◆ **pull-down seat** strapontin m
**pull-down menu** N (Comput) menu m déroulant
**pull-in** N (Brit) (= lay-by) parking m ; (= café) café m de bord de route, routier m
**pull-off** N (US) parking m
**pull-on** ADJ ◆ **pull-on boots** bottes sans lacets ni fermeture éclair
**pull-out** N, ADJ → **pull-out**
**pull-ring, pull-tab** N (on can) anneau m, bague f
**pull-up** N (Brit : by roadside) ⇒ **pull-in** traction f (sur barre fixe)

▸ **pull about** VT SEP ① [+ wheeled object etc] tirer derrière soi
  ② (= handle roughly) [+ object] tirailler ; [+ person] malmener

▸ **pull ahead** VI (in race, election etc) prendre la tête ◆ **he began to pull ahead of his pursuers** il a commencé à prendre de l'avance or à distancer ses poursuivants

▸ **pull along** VT SEP [+ wheeled object etc] tirer derrière or après soi ◆ **to pull o.s. along** se traîner

▸ **pull apart**
  VI ◆ **this box pulls apart** cette boîte est démontable or se démonte
  VT SEP ① (= pull to pieces) démonter ; (= break) mettre en pièces or en morceaux ◆ **the police pulled the whole house apart looking for drugs** * la police a mis la maison sens dessus dessous en cherchant de la drogue ◆ **his parents' rows were pulling him apart** les disputes de ses parents le déchiraient ◆ **nationalism was threatening to pull the country apart** le nationalisme menaçait de déchirer le pays
  ② (= separate) [+ dogs, adversaries] séparer ; [+ sheets of paper etc] détacher, séparer
  ③ (fig = criticize) [+ play, performance] éreinter ; [+ argument, suggestion] démolir *

▸ **pull around** VT SEP ⇒ **pull about**

▸ **pull away**
  VI [vehicle, ship] démarrer ; [train] démarrer, s'ébranler ◆ **he pulled away from the kerb** il s'est éloigné du trottoir ◆ **he began to pull away from his pursuers** il a commencé à prendre de l'avance or à distancer ses poursuivants ◆ **she suddenly pulled away from him** elle se dégagea soudain de son étreinte
  VT SEP (= withdraw) retirer brusquement (from sb à qn) ; (= snatch) ôter, arracher (from sb à qn, des mains de qn) ◆ **he pulled the child away from the fire** il a éloigné or écarté l'enfant du feu

▸ **pull back**
  VI (Mil, gen, fig = withdraw) se retirer
  VT SEP ① (= withdraw) [+ object] retirer (from de) ; [+ person] tirer en arrière (from loin de) ; (Mil) retirer, ramener à or vers l'arrière ◆ **to pull back the curtains** ouvrir les rideaux
  ② [+ lever] tirer (sur)

▸ **pull down** VT SEP ① [+ blind] baisser, descendre ◆ **he pulled his opponent down (to the ground)** il a mis à terre son adversaire ◆ **he pulled his hat down over his eyes** il ramena or rabattit son chapeau sur ses yeux ◆ **pull your skirt down over your knees** ramène or tire ta jupe sur tes genoux ◆ **she slipped and pulled everything down off the shelf with her** elle a glissé et entraîné dans sa chute tout ce qui était sur l'étagère
  ② (= demolish) [+ building] démolir, abattre ; [+ tree] abattre ◆ **the whole street has been pulled down** la rue a été complètement démolie ◆ **to pull down the government** renverser le gouvernement
  ③ (= weaken, reduce) affaiblir, abattre ◆ **that bout of flu pulled him down quite a lot** cette grippe l'a considérablement affaibli ◆ **his geography marks pulled him down** ses notes de géographie ont fait baisser sa moyenne

▸ **pull in**
  VI (with vehicle) (= arrive) arriver ; (= enter) entrer ; (= stop) s'arrêter ◆ **when the train pulled in (at the station)** quand le train est entré en gare
  VT SEP ① [+ rope, fishing line] ramener ◆ **to pull sb in** (into room, car) faire entrer qn, tirer qn à l'intérieur ; (into pool etc) faire piquer une tête dans l'eau à qn ◆ **pull your chair in (to the table)** rentre ta chaise (sous la table) ◆ **pull your stomach in!** rentre le ventre ! ◆ **the film is certainly pulling people in** il est certain que ce film attire les foules ; → **belt, horn**
  ② (* = pick up) ◆ **the police pulled him in for questioning** la police l'a appréhendé pour l'interroger

## pullet | pump

3 (= restrain) [+ horse] retenir
4 (* = earn) [person] gagner ; [business, shop etc] rapporter

◼ ► **pull-in** → **pull**

► **pull off**

**VT SEP** 1 (= remove) [+ handle, lid, cloth] enlever, ôter ; [+ gloves, shoes, coat, hat] enlever, ôter
2 (Driving) ► **he pulled the car off the road or onto the verge** il a arrêté la voiture sur le bord de la route
3 (fig) [+ plan, aim] réaliser ; [+ deal] mener à bien, conclure ; [+ attack, hoax] réussir ► **he didn't manage to pull it off** il n'a pas réussi son coup

**VI** 1 (= start) [car, bus etc] démarrer, partir
2 ► **to pull off the road** [vehicle, driver] quitter la route

◼ ► **pull-off** → **pull**

► **pull on**

**VI** ► **the cover pulls on** la housse s'enfile
**VT SEP** [+ gloves, coat, cover] mettre, enfiler ; [+ shoes, hat] mettre

► **pull out**

**VI** 1 (= leave) [train] s'ébranler, démarrer ; [car, bus, ship] démarrer, partir
2 (= withdraw) (lit, fig) se retirer (of de) ► **to pull out of a dive** [pilot] se redresser ► **he pulled out of the deal at the last minute** il a tiré son épingle du jeu or il s'est retiré à la dernière minute
3 (Driving) déboîter, sortir de la file ► **he pulled out to overtake the truck** il a déboîté pour doubler le camion
4 ► **the drawers pull out easily** les tiroirs coulissent bien ► **the table pulls out to seat eight** avec la rallonge huit personnes peuvent s'asseoir à la table ► **the centre pages pull out** les pages du milieu sont détachables or se détachent

**VT SEP** 1 (= extract, remove) [+ nail, hair, page] arracher ; [+ splinter] enlever ; [+ cork, stopper] ôter, retirer ; [+ tooth] arracher, extraire ; [+ weeds] arracher, extirper ; [+ gun, knife, cigarette lighter] sortir ► **he pulled a rabbit out of his hat** il a sorti or tiré un lapin de son chapeau ► **to pull sb out of a room** faire sortir qn d'une pièce ► **they pulled him out of the wreckage alive** ils l'ont tiré or sorti vivant des débris ► **finger, stop**
2 (= withdraw) [+ troops, police etc] retirer (of de) ► **the union has pulled all the workers out on strike** tous les ouvriers ont répondu à la consigne de grève donnée par le syndicat
3 (* fig = produce) [+ reason, argument] sortir * ► **he pulled out one last trick** (fig) il a usé d'un dernier stratagème

► **pull over**

**VI** (in car) ► **he pulled over (to one side) to let the ambulance past** il s'est rangé or garé sur le côté pour laisser passer l'ambulance

**VT SEP** 1 ► **he pulled the box over to the window** il a traîné la caisse jusqu'à la fenêtre ► **she pulled the chair over and stood on it** elle a tiré la chaise à elle pour grimper dessus ► **they pulled him over to the door** ils l'ont entraîné jusqu'à la porte
2 (* = stop) [+ motorist, car] contraindre à s'arrêter
3 ► **they climbed the wall and pulled him over** ils ont grimpé sur le mur et l'ont hissé de l'autre côté
4 (= topple) ► **the vandals pulled the gatepost over** les vandales ont renversé or fait tomber le montant du portail ► **he pulled the bookcase over on top of himself** il a entraîné la bibliothèque dans sa chute

► **pull round**

**VI** [unconscious person] revenir à soi, reprendre conscience ; [sick person] s'en sortir
**VT SEP** 1 [+ chair etc] faire pivoter, tourner ► **he pulled me round to face him** il m'a fait me retourner pour me forcer à lui faire face
2 [+ unconscious person] ramener à la conscience

► **pull through**

**VI** (from illness) s'en tirer, s'en sortir ; (from difficulties) s'en sortir, s'en tirer
**VT SEP** [+ rope etc] (gen) faire passer ; (Climbing) rappeler
**VT FUS** [+ illness] réchapper à ; [+ difficulties, crisis] se sortir de

► **pull together**

**VI** 1 (on rope etc) tirer ensemble or simultanément ; (on oars) ramer simultanément or à l'unisson

2 (fig = cooperate) (s'entendre pour) faire un effort
**VT SEP** 1 (= join) [+ rope ends etc] joindre ► **let me now pull together the threads of my argument** je vais maintenant faire la synthèse de mes arguments ► **data exists but it needs pulling together** les données existent mais il faut les rassembler
2 * ► **to pull o.s. together** se reprendre, se ressaisir ► **pull yourself together!** ressaisis-toi !, reprends-toi !

► **pull up**

**VI** 1 (= stop) [vehicle] s'arrêter, stopper ; [athlete, horse] s'arrêter (net)
2 (= draw level with) ► **he pulled up with the leaders** il a rattrapé or rejoint ceux qui menaient

**VT SEP** 1 (= raise) [+ object] remonter ; (= haul up) hisser ; [+ stockings] remonter, tirer ; [+ chair] approcher ► **when the bucket was full he pulled it up** une fois le seau plein il l'a remonté ► **he leaned down from the wall and pulled the child up** il s'est penché du haut du mur et a hissé l'enfant jusqu'à lui ► **he pulled me up out of the armchair** il m'a tiré or fait sortir du fauteuil ► **your geography mark has pulled you up** votre note de géographie vous a remonté * ; → **sock**¹
2 (= bring close) ► **pull up a chair!** prends une chaise !
3 [+ tree etc] arracher, déraciner ; [+ weed] arracher, extirper ► **to pull up one's roots** se déraciner
4 (= halt) [+ vehicle] arrêter, stopper ; [+ horse] arrêter ► **the chairman pulled the speaker up (short)** le président a coupé la parole à or a interrompu l'orateur ► **he pulled himself up (short)** il s'arrêta net or pile ► **the police pulled him up for speeding** la police l'a arrêté pour excès de vitesse ► **the headmaster pulled him up for using bad language** il a été repris or réprimandé par le directeur pour avoir été grossier

◼ ► **pull-up** → **pull**

**pullet** /ˈpʊlɪt/ N jeune poule f, poulette f

**pulley** /ˈpʊlɪ/ N 1 (= block) poulie f
2 (Scot : for clothes-drying) séchoir m à linge (suspendu)

**Pullman** ® /ˈpʊlmən/ N (pl **Pullmans**) (Brit : also **Pullman carriage**) pullman m, voiture-salon f, wagon-salon m ; (US = sleeper : also **Pullman car**) voiture-lit f, wagon-lit m ; (= train) (also **Pullman train**) train m Pullman

**pullorum disease** /pʊˈlɔːrəm/ N pullorose f

**pull-out** /ˈpʊlaʊt/
◼ N 1 (in magazine etc) supplément m détachable
2 [of troops] retrait m
**ADJ** [magazine section] détachable ; [table leaf, shelf] rétractable ► **pull-out bed** meuble-lit m

**pullover** /ˈpʊləʊvəʳ/ N (esp Brit) pull m, pull-over m

**pullulate** /ˈpʌljʊleɪt/ VI (frm) pulluler

**pully** * /ˈpʊlɪ/ N (Brit) (abbrev of **pullover**) pull m

**pulmonary** /ˈpʌlmənərɪ/ ADJ pulmonaire

**pulp** /pʌlp/ SYN
◼ N 1 (= paste) pulpe f ; (= part of fruit) pulpe f, chair f ; (for paper) pâte f à papier, pulpe f (à papier) ► **to reduce** or **crush to a pulp** [+ wood] réduire en pâte or en pulpe ; [+ fruit] réduire en purée ► **his arm was crushed to a pulp** il a eu le bras complètement écrasé ► **to beat sb to a pulp** passer qn à tabac*, tabasser * qn ; → **pound**²
2 (pej = literature) littérature f de gare ► **pulp fiction/novel** romans mpl/roman m de gare ► **pulp magazine** magazine m à sensation, torchon * m
**VT** [+ wood, linen] réduire en pâte or en pulpe ; [+ fruit] réduire en purée ; [+ book] mettre au pilon, pilonner ; [+ money, documents] détruire (par broyage)
**COMP pulp cavity** N (in tooth) cavité f pulpaire

**pulpit** /ˈpʊlpɪt/ N chaire f (Rel)

**pulpwood** /ˈpʌlpwʊd/ N bois m à pâte

**pulpy** /ˈpʌlpɪ/ ADJ 1 (= soft) [fruit] charnu, pulpeux ; [consistency] pâteux ; (Bio) [tissue] pulpeux
2 (* = trashy) [novel, literature] de gare (pej)

**pulque** /ˈpʊlkɪ/ N (Culin) pulque m

**pulsar** /ˈpʌlsɑːʳ/ N pulsar m

**pulsate** /pʌlˈseɪt/ VI [heart, vein] palpiter ; [blood] battre ; [music] vibrer ► **the pulsating rhythm of the drums** le battement rythmique des tambours

**pulsating** /pʌlˈseɪtɪŋ/
**ADJ** [heart, vein] palpitant ; [music] vibrant ; (fig = exciting) palpitant
**COMP pulsating star** N (Astron) étoile f pulsante

**pulsation** /pʌlˈseɪʃən/ N [of heart] battement m, pulsation f ; (Elec, Phys) pulsation f

**pulse**¹ /pʌls/ SYN
◼ N (Med) pouls m ; (Elec, Phys, Rad) vibration f ; [of radar] impulsion f ; (fig) [of drums etc] battement m rythmique ; [of emotion] frémissement m, palpitation f ► **to take sb's pulse** (also fig) prendre le pouls de qn ► **to have** or **keep one's finger on the pulse** être à l'écoute de ce qui se passe
**VI** [heart] battre fort ; [blood] battre ; [sound] vibrer ► **it sent the blood pulsing through his veins** cela lui fouetta le sang ► **the life pulsing in a great city** la vie qui palpite au cœur d'une grande ville
**COMP pulse rate** N (Med) pouls m

**pulse**² /pʌls/ N (= plant) légume m à gousse ; (Culin) (dried) légume m sec

**pulsebeat** /ˈpʌlsbiːt/ N (Med, Mus) pulsation f

**pulsejet** /ˈpʌlsdʒet/ N (= engine) pulsoréacteur m ; (= aircraft) avion m à pulsoréacteur

**pulsimeter** /pʌlˈsɪmɪtəʳ/ N (Med) sphygmodynamomètre m, sphygmographe m

**pulverization** /ˌpʌlvəraɪˈzeɪʃən/ N pulvérisation f

**pulverize** /ˈpʌlvəraɪz/ VT (lit, fig) pulvériser

**pulverulence** /pʌlˈverʊləns/ N pulvérulence f

**pulverulent** /pʌlˈverʊlənt/ ADJ pulvérulent

**puma** /ˈpjuːmə/ N puma m

**pumice** /ˈpʌmɪs/ N (also **pumice stone**) pierre f ponce

**pummel** /ˈpʌml/ VT (in fight) bourrer or rouer de coups ; (in massage) pétrir

**pummelling** /ˈpʌməlɪŋ/ N (in fight) volée f de coups ; (in massage) pétrissage m ► **to take a pummelling** (lit) se faire rouer de coups ; (Sport = be beaten) se faire battre à plate(s) couture(s) ; (= be criticized/attacked) se faire violemment critiquer/attaquer

**pump**¹ /pʌmp/ SYN
◼ N (all senses) pompe f ; → **parish, petrol, prime**
**VT** 1 ► **to pump water into sth** pomper de l'eau dans qch ► **to pump water out of sth** pomper l'eau de qch ► **they pumped the remaining oil out of the ship** ils ont pompé le pétrole qui restait dans le navire ► **they pumped the tank dry** ils ont vidé or asséché le réservoir (à la pompe) ► **to pump air into sth** gonfler qch ► **the water is pumped up to the house** l'eau est amenée jusqu'à la maison au moyen d'une pompe ► **the heart pumps the blood round the body** le cœur fait circuler le sang dans le corps ► **to pump oil through a pipe** faire passer or faire couler du pétrole dans un pipeline (à l'aide d'une pompe) ► **to pump sb's stomach** (Med) faire un lavage d'estomac à qn ► **to pump iron** * (Sport) faire de l'haltérophilie ► **to pump sb full of drugs** * bourrer qn de calmants * ► **to pump bullets into sb** * cribler qn de balles ; → **lead**² ► **they pumped money into the project** * ils ont injecté de l'argent dans le projet ► **he pumped facts into their heads** il leur bourrait * la tête de faits précis
2 (* = question) ► **to pump sb for sth** essayer de soutirer qch à qn ► **they'll try to pump you (for information)** ils essayeront de vous faire parler or de vous tirer les vers * du nez
3 [+ accelerator, brake] appuyer plusieurs fois sur ; [+ handle etc] lever et abaisser
**VI** [pump, machine, person] pomper ; [heart] battre fort ► **blood pumped from the artery** le sang coulait à flots de l'artère ► **the oil was pumping along the pipeline** le pétrole coulait dans le pipeline ► **the piston was pumping up and down** le piston montait et descendait régulièrement
**COMP pump-action** ADJ [shotgun] à pompe
**pump attendant** N (Brit) pompiste mf
**pump house, pumping station** N station f d'épuisement or de pompage
**pump prices** NPL ► **a rise in pump prices** [of petrol] une hausse (des prix) à la pompe
**pump priming** N (Econ) mesures fpl de relance de l'économie

**pump room** N buvette f (où l'on prend les eaux dans une station thermale)
**pump-water** N eau f de la pompe
▶ **pump away** VI [heart] battre la chamade ◆ **he was pumping away on the lever** il faisait fonctionner or actionnait le levier
▶ **pump in** VT SEP [+ water, oil, gas etc] refouler (à l'aide d'une pompe) ◆ **pump some more air in** donnez plus d'air
▶ **pump out**
[a] [blood, oil] couler à flots (of de)
VT SEP [1] [+ water, oil, gas etc] pomper, aspirer (à l'aide d'une pompe)
[2] (* = produce) pondre en masse* ◆ **this station pumps out pop music 24 hours a day** (TV, Rad) cette station balance* de la musique pop 24 heures par jour
▶ **pump up** VT SEP [+ tyre, airbed] gonfler ; see also pump VT 1

**pump²** /pʌmp/ N (esp Brit = sports shoe) chausson m de gym(nastique) ; (US = court shoe) escarpin m

**pumpernickel** /ˈpʌmpənɪkl/ N pumpernickel m, pain m de seigle noir

**pumpkin** /ˈpʌmpkɪn/ N citrouille f ; (bigger) potiron m ; [of Cinderella] citrouille f ◆ **pumpkin pie** tarte f à la citrouille

**pumpkinseed** /ˈpʌmpkɪnˌsiːd/ N (= fish) perche f soleil, perche dorée

**pun** /pʌn/ SYN
[a] calembour m, jeu m de mots
[b] faire un or des calembour(s), faire un or des jeu(x) de mots ◆ **"foot and mouth is a big problem, in fact it's a pig* of a problem" he punned** « la fièvre aphteuse est un problème très sérieux, c'est même vachement* sérieux » dit-il en voulant faire un jeu de mots

**Punch** /pʌntʃ/ N Polichinelle m ◆ **Punch and Judy show** (théâtre m de) guignol m ; → **pleased**

**punch¹** /pʌntʃ/ SYN
[a] [1] (= blow) coup m de poing ◆ **to give sb a punch (on the nose)** donner un coup de poing (sur le nez) à qn ◆ **he's got a good punch** (Boxing) il a du punch ◆ **to ride with the punches** (esp US) encaisser* ; → **pack, pull, rabbit**
[2] (NonC = punchiness) punch* m ◆ **a phrase with more punch** une expression plus frappante or plus incisive ◆ **we need a presentation with some punch to it** il nous faut une présentation énergique or vigoureuse ◆ **a film with no punch to it** un film qui manque de punch*
[3] (= tool) (for tickets) poinçonneuse f ; (for holes in paper) perforateur m ; (for metalworking) poinçonneuse f, emporte-pièce m inv ; (for stamping design) étampe f ; (for driving in nails) chasse-clou m
[b] [1] (with fist) [+ person] donner un coup de poing à ; [+ ball, door] frapper d'un coup de poing ◆ **to punch sb's nose/face, to punch sb in the nose/face** donner un coup de poing sur le nez/dans la figure de qn ◆ **to punch sb in the stomach/in the kidneys/on the jaw** donner un coup de poing dans le ventre/les reins/la mâchoire à qn ◆ **to punch the air** lever le poing en signe de victoire ◆ **he punched his fist through the glass** il a passé son poing à travers la vitre, il a brisé la vitre d'un coup de poing ◆ **the goalkeeper punched the ball over the bar** d'un coup de poing le gardien de but a envoyé le ballon par-dessus la barre ◆ **he punched his way through** il s'est ouvert un chemin à (force de) coups de poing or en frappant à droite et à gauche
[2] (US) ◆ **to punch cattle** conduire le bétail (à l'aiguillon)
[3] (with tool) [+ paper] poinçonner, perforer ; [+ ticket] (by hand) poinçonner ; (automatically) composter ; [+ computer cards] perforer ; [+ metal] poinçonner, découper à l'emporte-pièce ; [+ design] estamper ; [+ nails] enfoncer profondément (au chasse-clou) ◆ **to punch a hole in sth** faire un trou dans qch ◆ **to punch the time clock, to punch one's card** (o.f) pointer
[4] (with finger) [+ button] taper sur
[c] frapper (dur), cogner ◆ **he punches well** (Boxing) il a du punch ◆ **he punches above one's weight** (fig) jouer dans la cour des grands
[COMP] **punch bag** N (Brit) (Sport) sac m de sable ; (fig) souffre-douleur m inv ◆ **to use sb as a punch bag** faire de qn son souffre-douleur, se servir de qn comme d'un punching-ball
**punch card** N carte f perforée ◆ **punch card system** système m de cartes perforées
**punch-drunk** ADJ (Boxing) groggy, sonné* ; (fig) abruti
**punching bag** N (US) ⇒ **punch bag**
**punching ball** N ⇒ **punchball**
**punch line** N [of joke etc] chute f, conclusion f (comique) ; [of speech etc] mot m de la fin
**punch operator** N (Comput) mécanographe mf
**punch tape** N (Comput) bande f perforée
**punch-up** * N bagarre f ◆ **to have a punch-up** (Brit) se bagarrer*
▶ **punch in**
[a] (o.f) (on time clock) pointer (en arrivant)
VT SEP [1] [+ door, lid etc] ouvrir d'un coup de poing ◆ **to punch sb's face** or **head in***  casser la gueule à qn*
[2] (= key in) [+ code number etc] taper
▶ **punch out**
[a] (o.f) (on time clock) pointer (en partant)
VT SEP [+ hole] faire au poinçon or à la poinçonneuse ; [+ machine parts] découper à l'emporte-pièce ; [+ design] estamper

**punch²** /pʌntʃ/ SYN
[a] (= drink) punch m
[COMP] **punch bowl** N bol m à punch

**punchball** /ˈpʌntʃbɔːl/ N [1] (Brit) punching-ball m
[2] (US) variante simplifiée du baseball, qui se joue sans batte

**punchily** * /ˈpʌntʃɪlɪ/ ADV de manière incisive

**punchy** * /ˈpʌntʃɪ/ ADJ [1] (= forceful) [person] qui a du punch*, dynamique ; [remark, reply] incisif, mordant
[2] ⇒ **punch-drunk** ; → **punch¹**

**punctilio** /pʌŋkˈtɪlɪəʊ/ SYN N (pl **punctilios**) (NonC: frm) (= formality) formalisme m ; (= point of etiquette) point m or détail m d'étiquette

**punctilious** /pʌŋkˈtɪlɪəs/ SYN ADJ scrupuleux

**punctiliously** /pʌŋkˈtɪlɪəslɪ/ ADV scrupuleusement

**punctual** /ˈpʌŋktjʊəl/ SYN ADJ [person, train] à l'heure ; [payment] ponctuel ◆ **he is always punctual** il est très ponctuel, il est toujours à l'heure ◆ **be punctual** soyez or arrivez à l'heure

**punctuality** /ˌpʌŋktjʊˈælɪtɪ/ SYN N [of person] ponctualité f, exactitude f ; [of train] ponctualité f

**punctually** /ˈpʌŋktjʊəlɪ/ ADV ponctuellement

**punctuate** /ˈpʌŋktjʊeɪt/ SYN VT (lit, fig) ponctuer (with de)

**punctuation** /ˌpʌŋktjʊˈeɪʃən/ N ponctuation f ◆ **punctuation mark** signe m de ponctuation

**puncture** /ˈpʌŋktʃər/ SYN
[a] (in tyre) crevaison f ; (in skin, paper, leather) piqûre f ; (Med) ponction f ◆ **I've got a puncture** j'ai (un pneu) crevé ◆ **they had a puncture outside Limoges** ils ont crevé près de Limoges
[b] [+ tyre, balloon] crever ; [+ skin, leather, paper] piquer ; (Med) [+ abscess] percer, ouvrir ◆ **the bullet punctured his skull** la balle lui a transpercé le crâne ◆ **his pride had been punctured** sa fierté en avait pris un coup
[c] [tyre etc] crever
[COMP] **puncture repair kit** N trousse f à outils pour crevaisons
**puncture wound** N perforation f

**pundit** /ˈpʌndɪt/ SYN N expert m, pontife m

**pungency** /ˈpʌndʒənsɪ/ N [of smell, taste] âcreté f ; [of sauce] goût m piquant or relevé ; [of remark, criticism] mordant m, causticité f

**pungent** /ˈpʌndʒənt/ SYN ADJ [fumes, smoke] âcre ; [smell, taste] âcre, piquant ; [sauce] piquant, relevé ; [remark, criticism, satire] mordant, caustique

**pungently** /ˈpʌndʒəntlɪ/ ADV [remark] d'un ton mordant or caustique ; [criticize] de façon mordante or caustique ◆ **pungently flavoured** (au goût) relevé

**Punic** /ˈpjuːnɪk/ ADJ punique ◆ **the Punic Wars** (Hist) les guerres puniques

**puniness** /ˈpjuːnɪnɪs/ N [of person, animal] chétivité f ; [of effort, excuse] faiblesse f

**punish** /ˈpʌnɪʃ/ SYN VT [1] [+ person] punir (for sth de qch ; for doing sth pour avoir fait qch) ; [+ theft, fault] punir ◆ **he was punished by having to clean it all up** pour le punir on lui a fait tout nettoyer, pour sa punition il a dû tout nettoyer
[2] (fig) [+ opponent in fight, boxer, opposing team] malmener ; [+ engine] fatiguer ◆ **the jockey really punished his horse** le jockey a vraiment forcé or fatigué son cheval

**punishable** /ˈpʌnɪʃəbl/ SYN ADJ [offence] punissable ◆ **punishable by death/imprisonment** passible de la peine de mort/d'une peine de prison

**punishing** /ˈpʌnɪʃɪŋ/ SYN
[a] (= act) punition f ◆ **to take a punishing** (fig) [boxer, opponent, opposing team] se faire malmener
[ADJ] [speed, heat, game, work] épuisant, exténuant

**punishment** /ˈpʌnɪʃmənt/
[a] (gen) punition f ; (solemn) châtiment m ; (formal: against employee, student etc) sanctions fpl ◆ **as a punishment (for)** en punition (de) ◆ **he took his punishment bravely** or **like a man** il a subi sa punition sans se plaindre ◆ **to make the punishment fit the crime** adapter le châtiment au crime, proportionner la peine au délit ◆ **to take a lot of punishment** (fig) [boxer, opponent in fight] encaisser* ; [opposing team] se faire malmener ; → **capital, corporal²**
[COMP] **punishment beating** N action f punitive

**punitive** /ˈpjuːnɪtɪv/ SYN
[ADJ] [expedition, measure] punitif ◆ **a punitive bombing raid** un raid aérien de représailles
[COMP] **punitive damages** NPL (Jur) dommages-intérêts mpl dissuasifs (très élevés)
**punitive taxation** N (NonC) fiscalité f dissuasive

**Punjab** /pʌnˈdʒɑːb/ N Pendjab m

**Punjabi** /pʌnˈdʒɑːbɪ/
[ADJ] pendjabi
[a] [1] (= person) Pendjabi mf
[2] (= language) pendjabi m

**punk** /pʌŋk/
[a] [1] (= music) punk m
[2] (= musician, fan) punk mf
[3] (US * = ruffian) voyou* m
[ADJ] [1] [band, music, style] punk inv ◆ **punk rock** punk rock m ◆ **punk rocker** punk mf
[2] (US * = ill) mal foutu*

**punka(h)** /ˈpʌŋkə/ N panca m, panka m

**punnet** /ˈpʌnɪt/ N (Brit) barquette f

**punster** /ˈpʌnstər/ N personne f qui fait des calembours

**punt¹** /pʌnt/
[a] (= boat) barque f à fond plat
[b] [+ boat] faire avancer à la perche ; [+ goods] transporter en bachot
[c] **to go punting** faire un tour de rivière, aller se promener en bachot

**punt²** /pʌnt/ (Football, Rugby)
[a] [+ ball] envoyer d'un coup de volée
[b] coup m de volée

**punt³** /pʌnt/ SYN VI (Brit = bet) parier

**punt⁴** /pʌnt/ N livre f irlandaise

**punter** /ˈpʌntər/ SYN N [1] (Brit) (Racing) turfiste mf, parieur m, -euse f ; (in casino) joueur m, -euse f
[2] (* = customer) client(e) m(f) ; [of prostitute] micheton* m ; (on Stock Exchange) boursicoteur m, -euse * ◆ **the punter(s)** (Brit) = customer, member of public) le public, la clientèle ◆ **your average punter** Monsieur Tout-le-monde

**punty** /ˈpʌntɪ/ N pontil m

**puny** /ˈpjuːnɪ/ SYN ADJ [person, animal] chétif, malingre ; [effort] faible, piteux

**pup** /pʌp/ SYN
[a] [1] (= dog) chiot m, jeune chien(ne) m(f) ; (= seal) bébé m phoque, jeune phoque m ◆ **to sell sb a pup** * rouler* qn ◆ **to be sold a pup** * se faire rouler or avoir*
[2] († * pej) (= frivolous youth) freluquet † m ; (= inexperienced youth) blanc-bec m
[b] mettre bas
[COMP] **pup tent** N tente f à deux places

**pupa** /ˈpjuːpə/ N (pl **pupae** /ˈpjuːpiː/) chrysalide f, pupe f

**pupal** /ˈpjuːpl/ ADJ [stage] de pupe

**pupate** /ˈpjuːpeɪt/ VI devenir chrysalide or pupe

**pupation** /pjuːˈpeɪʃən/ N pupation f, pupaison f

**pupil¹** /ˈpjuːpl/ SYN
[a] (Scol etc) élève mf
[COMP] **pupil nurse** N (Brit) élève mf infirmier(-ière) (qui suit une formation courte)
**pupil power** N pouvoir m des élèves
**pupil teacher** N professeur m stagiaire

**pupil²** /ˈpjuːpl/ N [of eye] pupille f

**pupil(l)ary** /ˈpjuːpɪlərɪ/ ADJ (Anat, Jur) pupillaire

**pupiparous** /pjuːˈpɪpərəs/ ADJ pupipare

**puppet** /ˈpʌpɪt/ SYN
- N 1 (lit) marionnette f ; (= flat cutout) pantin m
- 2 (fig = pawn) pantin m ◆ **he was like a puppet on a string** ce n'était qu'un pantin ; → **glove**
- COMP [theatre, play] de marionnettes ; (fig, esp Pol) [state, leader, cabinet] fantoche
- **puppet show** N (spectacle m de) marionnettes fpl

**puppeteer** /ˌpʌpɪˈtɪər/ N montreur m, -euse f de marionnettes, marionnettiste mf

**puppetry** /ˈpʌpɪtrɪ/ N art m des marionnettes

**puppy** /ˈpʌpɪ/
- N ⇒ pup noun
- COMP **puppy farm** N centre m d'élevage de chiots de race
- **puppy fat** * N rondeurs fpl d'adolescent(e)
- **puppy love** * N premier amour m (d'adolescent)

**purblind** /ˈpɜːblaɪnd/ ADJ (liter) 1 (= blind) aveugle ; (= poorly sighted) qui voit très mal, qui a une vue très faible
- 2 (fig = stupid) aveugle

**purchase** /ˈpɜːtʃɪs/ SYN
- N 1 (Comm etc) achat m ◆ **to make a purchase** faire un achat
- 2 (= grip, hold) prise f ◆ **the wheels can't get enough purchase on this surface** les roues n'ont pas assez de prise sur cette surface ◆ **I can't get enough purchase on this rock** je n'arrive pas à trouver assez de prise sur ce rocher
- VT acheter (sth from sb qch à qn ; sth for sb qch pour or à qn)
- COMP **purchase ledger** N grand livre m des achats
- **purchase money**, **purchase price** N prix m d'achat
- **purchase order** N (Comm) ordre m d'achat
- **purchase tax** N (Brit) taxe f à l'achat

**purchaser** /ˈpɜːtʃɪsər/ N acheteur m, -euse f

**purchasing** /ˈpɜːtʃɪsɪŋ/
- N achat m
- COMP **purchasing department** N service m (des) achats
- **purchasing officer** N responsable mf des achats
- **purchasing power** N pouvoir m d'achat

**purdah** /ˈpɜːdə/ N (Rel) purdah m ◆ **to live in purdah** vivre cloîtré ◆ **the President is in purdah** le Président garde un profil bas

**pure** /pjʊər/ SYN
- ADJ (gen) pur ◆ **as pure as the driven snow** innocent comme l'enfant qui vient de naître ◆ **pure in heart** (Bible) au cœur pur ◆ **pure science** science f pure ◆ **pure line** (Genetics) hérédité f pure ◆ **pure alcohol** alcool m absolu ◆ **a pure wool suit** un complet pure laine ◆ **pure and simple** pur et simple ◆ **it was pure hypocrisy** c'était de la pure hypocrisie or de l'hypocrisie pure
- COMP **pure-hearted** ADJ (au cœur) pur
- **pure-minded** ADJ pur (d'esprit)
- **pure new wool** N laine f vierge
- **pure vowel** N (Phon) voyelle f pure

**purebred** /ˈpjʊəbred/
- ADJ de race
- N animal m de race ; (= horse) pur-sang m inv

**purée** /ˈpjʊəreɪ/
- N purée f ◆ **tomato purée** purée f de tomates
- VT réduire en purée

**purely** /ˈpjʊəlɪ/ SYN ADV (with adj) purement ◆ **purely and simply** purement et simplement

**pureness** /ˈpjʊənɪs/ N (NonC) pureté f

**purgation** /pɜːˈɡeɪʃən/ N (Rel) purgation f, purification f ; (Pol) purge f, épuration f ; (Med) purge f

**purgative** /ˈpɜːɡətɪv/ ADJ, N purgatif m

**purgatory** /ˈpɜːɡətərɪ/ N (lit, fig) purgatoire m ◆ **it was purgatory** (fig) c'était un vrai purgatoire or supplice ◆ **it was purgatory for me** j'étais au supplice

**purge** /pɜːdʒ/ SYN
- N (= act) (gen, Med) purge f ; (Pol) purge f, épuration f ; (= medicament) purge f, purgatif m ◆ **the (political) purges which followed the revolution** les purges politiques qui ont or l'épuration politique qui a suivi la révolution ◆ **a purge of the dissidents** une purge des dissidents
- VT 1 (gen) purger (of de) ; (Med) [+ person, body] purger ; (Pol) [+ state, nation, party] purger (of de) ; [+ traitors, bad elements] éliminer ; [+ sins] purger, expier
- 2 (Jur) [+ person] disculper (of de) ; [+ accusation] se disculper de ◆ **to purge an offence** purger une peine ◆ **to purge one's contempt (of Congress)** (US) purger sa contumace

**purification** /ˌpjʊərɪfɪˈkeɪʃən/ N 1 [of air, waste water, metal etc] épuration f ; [of drinking water] filtrage m
- 2 (Rel etc) [of person] purification f

**purifier** /ˈpjʊərɪfaɪər/ N épurateur m, purificateur m ◆ **air purifier** purificateur m d'air ; → **water**

**purify** /ˈpjʊərɪfaɪ/ SYN VT [+ substance] épurer, purifier ; [+ person] purifier

**Purim** /ˈpʊərɪm/ N (Rel) Pourim m

**purism** /ˈpjʊərɪzəm/ N purisme m

**purist** /ˈpjʊərɪst/ SYN ADJ, N puriste mf

**puristic** /pjʊəˈrɪstɪk/ ADJ puriste

**puritan** /ˈpjʊərɪtən/ SYN ADJ, N puritain(e) m(f)

**puritanical** /ˌpjʊərɪˈtænɪkəl/ SYN ADJ puritain, de puritain

**puritanically** /ˌpjʊərɪˈtænɪkəlɪ/ ADV de façon puritaine

**puritanism** /ˈpjʊərɪtənɪzəm/ N puritanisme m

**purity** /ˈpjʊərɪtɪ/ N pureté f

**purl** /pɜːl/ (Knitting)
- N (also **purl stitch**) (= one stitch) maille f à l'envers ◆ **a row of purl** un rang à l'envers ; → **plain**
- ADJ à l'envers
- VT tricoter à l'envers ; → **knit**

**purlieus** /ˈpɜːljuːz/ NPL (frm) alentours mpl, abords mpl, environs mpl

**purlin(e)** /ˈpɜːlɪn/ N (Constr) panne f

**purloin** /pɜːˈlɔɪn/ VT dérober

**purple** /ˈpɜːpl/
- ADJ (bluish) violet ; (reddish) pourpre ; (lighter) mauve ◆ **to go purple (in the face)** devenir cramoisi or pourpre ◆ **purple passage** or **patch** (Literat) morceau m de bravoure
- N (= colour) (bluish) violet m ; (reddish) pourpre m ◆ **the purple** (Rel) la pourpre
- COMP **Purple Heart** N (US Mil) décoration attribuée aux blessés de guerre
- **purple heart** * N (Drugs) pilule f du bonheur ‡

**purplish** /ˈpɜːplɪʃ/ ADJ violacé, qui tire sur le violet

**purport** /ˈpɜːpət/ (frm)
- N (= meaning) signification f
- VT /pɜːˈpɔːt/ ◆ **to purport to be sth/sb** [person] se présenter comme étant qch/qn ◆ **to purport to be objective** [book, film, statement etc] se vouloir objectif ◆ **he purports to represent the views of the people** il prétend représenter l'opinion du (grand) public ◆ **a man purporting to come from the Ministry** un homme qui se prétend (or prétendait) envoyé par le ministère ◆ **a document purporting to come** or **be from the French embassy** un document censé émaner de l'ambassade de France ◆ **a book purporting to be written for children** un livre censé s'adresser aux enfants

**purportedly** /pəˈpɔːtɪdlɪ/ ADV (frm) soi-disant ◆ **purportedly written by...** censé avoir été écrit par..., qui aurait été écrit par...

**purpose** /ˈpɜːpəs/ LANGUAGE IN USE 18.4
- N (= aim, intention) but m, objet m ◆ **what was the purpose of the meeting?** quel était le but or l'objet de cette réunion ? ◆ **a man with a purpose (in life)** un homme qui a un but or un objectif (dans la vie) ◆ **an interview is a conversation with a purpose** une interview est une conversation qui a un but or un objectif ◆ **my purpose in doing this is...** la raison pour laquelle je fais ceci est... ◆ **to achieve one's purpose** parvenir à ses fins ◆ **with the purpose of...** dans le but or l'intention de... ◆ **his activities seem to lack purpose** il semble agir sans but précis ◆ **to have a sense of purpose** être motivé or déterminé ◆ **he has no sense of purpose** il n'a pas de but dans la vie ◆ **regular attendance at classes can help provide you with a sense of purpose** l'assiduité aux cours peut contribuer à vous motiver or à vous donner une motivation ; → **infirm, strength**
- ◆ **for + purposes** ◆ **it is adequate for the purpose** cela fait l'affaire ◆ **for the purpose of doing sth** dans le but or l'intention de faire qch ◆ **the flat is perfect for my purposes** l'appartement est parfait pour ce que je veux faire ◆ **for my purposes, these terms are merely convenient labels** en ce qui me concerne, ces termes ne sont que des étiquettes bien pratiques ◆ **for the purposes of the meeting** pour (les besoins de) cette réunion ◆ **for the purposes of this Act** (Jur) aux fins de la présente loi ◆ **for this purpose** à cet effet, à cette fin
- ◆ **to + purpose** ◆ **to good purpose** utilement ◆ **the money will be used to good purpose** l'argent sera bien or utilement employé ◆ **to no (good) purpose** en vain, inutilement ◆ **he was wearing himself out to no purpose** il s'épuisait en vain or inutilement ◆ **taxes have remained high to no good purpose** les impôts sont restés élevés mais cela n'a servi à rien ◆ **to no purpose at all** en pure perte ◆ **to the purpose** (= relevant) à propos, pertinent ◆ **more to the purpose is his next point** son argument suivant est plus à propos or plus pertinent ◆ **not to the purpose** hors de propos ◆ **these questions were not to the purpose** ces questions étaient hors de propos
- ◆ **on purpose** exprès, délibérément ◆ **he did it on purpose** il l'a fait exprès or délibérément ◆ **he did it on purpose to annoy me** il l'a fait exprès pour me contrarier
- VT (frm) ◆ **to purpose to do sth** se proposer de faire qch
- COMP **purpose-built** ADJ spécialement construit or conçu

**purposeful** /ˈpɜːpəsfʊl/ ADJ (= determined) [person] résolu, déterminé ; [gesture, look] résolu, décidé, déterminé ; (= intentional) [act] intentionnel

**purposefully** /ˈpɜːpəsfəlɪ/ ADV ◆ **he strode purposefully across the paddock to his car** il traversa l'enclos d'un pas décidé en direction de sa voiture ◆ **she rose purposefully from her chair** elle se leva d'un air décidé

**purposefulness** /ˈpɜːpəsfʊlnɪs/ N détermination f ◆ **there was an atmosphere of purposefulness** il y avait une certaine détermination dans l'air ◆ **there's a purposefulness to her life now** elle a désormais un but dans la vie

**purposeless** /ˈpɜːpəslɪs/ SYN ADJ [character] indécis, irrésolu ; [act] sans but or objet (précis) ◆ **I felt purposeless** je ne savais pas quoi faire

**purposely** /ˈpɜːpəslɪ/ SYN ADV exprès, à dessein (frm), de propos délibéré (frm) ◆ **he made a purposely vague statement** il a fait exprès de faire une déclaration peu précise ◆ **the government's statement was purposely vague** la déclaration du gouvernement a été délibérément vague or a été vague à dessein

**purposive** /ˈpɜːpəsɪv/ ADJ (frm) calculé

**purpura** /ˈpɜːpjʊrə/ N (Med) purpura m

**purpurin** /ˈpɜːpjʊrɪn/ N (Tech) purpurine f

**purr** /pɜːr/
- VI [cat] ronronner, faire ronron ; [person, engine, car] ronronner
- VT roucouler ◆ **"sit down, darling", she purred** « assieds-toi, chéri », roucoula-t-elle
- N [of cat] ronronnement m, ronron m ; [of engine, car] ronronnement m

**purring** /ˈpɜːrɪŋ/ N ⇒ **purr** noun

**purse** /pɜːs/ SYN
- N 1 (Brit) (for coins) porte-monnaie m inv, bourse f ; (= wallet) portefeuille m ◆ **it's beyond my purse** c'est trop cher pour moi, c'est au-dessus de mes moyens ; → **public**
- 2 (US = handbag) sac m à main
- 3 (= prize : esp Sport) prix m, récompense f
- VT ◆ **to purse (up) one's lips** faire la moue, pincer les lèvres
- COMP **purse-proud** ADJ fier de sa fortune
- **purse seine** N (Fishing) filet m cernant
- **purse snatcher** * N (US) voleur m, -euse f à la tire
- **purse strings** NPL (fig) ◆ **to hold/tighten the purse strings** tenir/serrer les cordons de la bourse

**purser** /ˈpɜːsər/ N [of ship] commissaire m (du bord)

**purslane** /ˈpɜːslɪn/ N (= plant) pourpier m

**pursuance** /pəˈsjuːəns/ N (frm) exécution f ◆ **in pursuance of** dans l'exécution de

**pursuant** /pəˈsjuːənt/ ADJ (frm) ◆ **pursuant to** (= following on) suivant ; (= in accordance with) conformément à

**pursue** /pəˈsjuː/ SYN VT 1 (= carry on) [+ studies, career, plan, theme, inquiry] poursuivre ; [+ profession] exercer ; [+ course of action] suivre ; [+ policy] mener ◆ **to pursue one's own interests** faire ce à

quoi on s'intéresse ◆ **to pursue one's interest in art** s'adonner à sa passion pour l'art
☐2☐ (= search for) [+ happiness] rechercher ; [+ success, fame, objective] poursuivre
☐3☐ [+ matter] suivre, approfondir ◆ **to pursue the matter** approfondir la question ◆ **to pursue a case** (Jur) poursuivre une affaire
☐4☐ (= chase after) [+ person, animal] poursuivre, pourchasser ; [+ vehicle] poursuivre ◆ **his eyes pursued me round the room** il me suivait du regard à travers la pièce ◆ **he is pursued by misfortune** (liter) la malchance le poursuit ◆ **he won't stop pursuing her** il n'arrête pas de la poursuivre de ses assiduités

**pursuer** /pəˈsjuːəʳ/ N poursuivant(e) m(f)
**pursuit** /pəˈsjuːt/ SYN
☐N☐ ☐1☐ (= search) [of pleasure, happiness] recherche f, poursuite f ; [of excellence, wealth] poursuite f ; [of truth, peace, power] recherche f ◆ **in pursuit of** à la recherche de
☐2☐ (= chase : also Cycling, Skating) poursuite f ◆ **(to go) in pursuit of sb/sth** (se mettre) à la poursuite de qn/qch ◆ **he escaped with two policemen in hot pursuit** il s'est enfui avec deux agents à ses trousses
☐3☐ (= occupation) activité f ; (= pastime) passe-temps m inv ◆ **scientific pursuits** travaux mpl or recherches fpl scientifiques
☐COMP☐ **pursuit plane** N chasseur m, avion m de chasse

**purulence** /ˈpjʊərʊləns/ N purulence f
**purulent** /ˈpjʊərʊlənt/ ADJ purulent
**purvey** /pəˈveɪ/ VT (Comm etc) fournir (sth to sb qch à qn), approvisionner (sth to sb qn en qch)
**purveyance** /pəˈveɪəns/ N (Comm etc) approvisionnement m, fourniture f de provisions
**purveyor** /pəˈveɪəʳ/ N (Comm etc) fournisseur m, -euse f, approvisionneur m, -euse f (of sth en qch ; to sb de qn)
**purview** /ˈpɜːvjuː/ SYN N (frm) [of act, bill] articles mpl ; [of the law] domaine m, limites fpl ; [of inquiry] champ m, limites fpl ; [of committee] capacité f, compétence f ; [of book, film] limites fpl, portée f
**pus** /pʌs/ N pus m

---

## push /pʊʃ/ SYN

1 - NOUN
2 - TRANSITIVE VERB
3 - INTRANSITIVE VERB
4 - COMPOUNDS
5 - PHRASAL VERBS

---

### 1 - NOUN

☐1☐ [= SHOVE] poussée f ◆ **to give sb/sth a push** pousser qn/qch ◆ **the car needs a push** il faut pousser la voiture ◆ **with one push** en poussant une seule fois ◆ **there was a great push as the crowd emerged** quand la foule est sortie, il y a eu une grande bousculade
☐2☐ [Brit * = DISMISSAL] ◆ **to give sb the push** [employer] virer qn* ; [boyfriend, girlfriend] plaquer qn* ◆ **he got the push** (from employer) il s'est fait virer* ; (from girlfriend) il s'est fait plaquer*
☐3☐ [Mil, Pol = ADVANCE] poussée f, avance f ◆ **they made a push to the coast** ils ont fait une poussée or ils ont avancé jusqu'à la côte
☐4☐ [FIG] (= effort) gros effort m, coup m de collier ; (= campaign) campagne f ◆ **they made a push to get everything finished in time** ils ont fait un gros effort or ils ont donné un coup de collier pour tout terminer à temps ◆ **they were having a push on sales** or **a sales push** ils avaient organisé une campagne de promotion des ventes ◆ **we're having a push for more teachers** nous menons une campagne pour une augmentation du nombre d'enseignants ◆ **when it comes to the push*** au moment critique or crucial ◆ **when push comes to shove*** le moment venu
◆ **at a push*** ◆ **the table seats three at a push** il y a de la place pour trois maximum autour de la table ◆ **at a push, he will concede that he's a bit bored by it all** si on insiste, il admet que tout cela l'ennuie un peu

### 2 - TRANSITIVE VERB

☐1☐ [LIT] [+ car, pram, barrow, door, person] pousser ; [+ knob, button] appuyer sur ; [+ stick, finger etc] enfoncer (into dans ; between entre) ; [+ rag etc] fourrer (into dans) ◆ **don't push me!** ne (me) poussez pas !
◆ **to push** + preposition/adverb ◆ **to push sb IN/OUT/UP** etc faire entrer/sortir/monter etc qn en le poussant ◆ **to push sb AGAINST a wall** pousser qn contre un mur ◆ **bulldozers pushed the snow ASIDE** des bulldozers déblayaient la neige ◆ **he pushed him DOWN the stairs** il l'a poussé et l'a fait tomber dans l'escalier ◆ **to push sb INTO a room** le pousser dans une pièce ◆ **he pushed the book INTO my hand** il m'a fourré le livre dans la main ◆ **they pushed me OFF the pavement** ils m'ont poussé et m'ont forcé à descendre du trottoir ◆ **he pushed the cat OFF the table** il a poussé le chat et l'a forcé à descendre de la table ◆ **she pushed the books OFF the table** elle a poussé les livres et a fait tomber de la table ◆ **they pushed the car OFF the cliff** ils ont poussé la voiture dans le précipice, ils ont poussé la voiture et l'ont fait tomber de la falaise ◆ **they pushed the car OFF the road** ils ont poussé la voiture sur le bas-côté ◆ **to push a door OPEN** ouvrir une porte en la poussant, pousser une porte (pour l'ouvrir) ◆ **they pushed him OUT OF the car** ils l'ont poussé hors de la voiture ◆ **to push sb/sth OUT OF the way** écarter qn/qch en le poussant ◆ **it pushed the matter right OUT OF my mind** cela m'a fait complètement oublier cette affaire ◆ **to push a door SHUT** fermer une porte en la poussant, pousser une porte (pour la fermer) ◆ **he pushed his head THROUGH the window** il a passé la tête par la fenêtre ◆ **to push one's way THROUGH a crowd** se frayer or s'ouvrir un chemin dans la foule ◆ **he pushed the bill THROUGH Parliament** il a réussi à faire voter le projet de loi ◆ **he pushed the thought TO the back of his mind** il a repoussé or écarté cette pensée ◆ **he pushed the box UNDER the table** il a poussé la boîte sous la table
◆ **to be pushing** + age * ◆ **he must be pushing* 60** il ne doit pas avoir loin de 60 ans, il doit friser la soixantaine
☐2☐ [FIG = PRESS, ADVANCE] [+ one's views] mettre en avant ; [+ claim] présenter avec insistance ; [+ plan, method, solution] essayer d'imposer ; [+ product] pousser la vente de ; [+ candidate etc] essayer de placer ; [+ business] développer en priorité
☐3☐ [FIG = GO TOO FAR WITH] ◆ **that's pushing it a bit!*** (indignantly) c'est un peu fort ! ; (not much time etc) c'est un peu juste !
☐4☐ [FIG] (= put pressure on) pousser ; (= harass) importuner, harceler ◆ **don't push him too hard** or **too far** n'insistez pas trop, ne le poussez pas à bout ◆ **they pushed him to the limits of his endurance** on l'a poussé jusqu'à la limite de ses forces ◆ **to push sb to do sth** pousser qn à faire qch, insister pour que qn fasse qch ◆ **to push sb for payment/for an answer** presser qn de payer/de répondre ◆ **to push sb into doing sth** forcer or obliger qn à faire qch ◆ **I was pushed into it** on m'y a poussé or forcé ◆ **he was pushed into teaching** on l'a poussé à devenir professeur or à faire de l'enseignement ◆ **to push o.s. hard** exiger beaucoup de soi-même ◆ **he pushes himself too hard** il se surmène
☐5☐ [US Golf] ◆ **to push the ball** couper or faire dévier la balle

### 3 - INTRANSITIVE VERB

☐1☐ [= PRESS] pousser ; (on bell) appuyer (on sur) ◆ **you push and I'll pull** poussez et moi je vais tirer ◆ **"push"** (on door) « poussez » ; (on bell) « appuyez », « sonnez » ◆ **to push for better conditions/higher wages** etc (fig) faire pression pour obtenir de meilleures conditions/une augmentation de salaire etc
☐2☐ [= MOVE] ◆ **they pushed into/out of the room** ils sont entrés dans la pièce/sortis de la pièce en se frayant un passage ◆ **he pushed past me** il m'a dépassé en me bousculant ◆ **she pushed through the crowd** elle s'est frayé or ouvert un chemin dans la foule
☐3☐ [Mil] ◆ **to push into enemy territory** (= advance) avancer en territoire ennemi

### 4 - COMPOUNDS

**push-bike*** N (Brit) vélo m
**push-button** N , ADJ → push-button
**push-pull circuit** N (Elec) push-pull m inv
**push rod** N (in engine) tige f de culbuteur
**push-start** N , VT ◆ **to give a car a push-start, to push-start a car** faire démarrer une voiture en la poussant, pousser une voiture pour la faire démarrer
**push-up** N (US Gym) traction f, pompe* f ◆ **to do push-ups** faire des tractions or des pompes*

### 5 - PHRASAL VERBS

▸ **push about** VT SEP ⇒ push around
▸ **push ahead** VI (= make progress) avancer à grands pas ◆ **the government intends to push ahead with its reform programme** le gouvernement a l'intention d'avancer dans son programme de réformes
▸ **push along**
☐VI☐ ☐1☐ ( * = leave) filer*, se sauver*
☐2☐ (= move quickly) aller bon train
☐VT SEP☐ [+ person, cart, chair] pousser ; (fig = hasten) [+ work] activer, accélérer
▸ **push around** VT SEP ☐1☐ [+ cart, toy] pousser de-ci de-là, pousser à droite et à gauche
☐2☐ ( * fig = bully) bousculer *
▸ **push aside** VT SEP [+ person, chair] écarter (brusquement) ; (fig) [+ objection, suggestion] écarter, rejeter
▸ **push away** VT SEP [+ person, chair, one's plate, sb's hand] repousser ; [+ gift] repousser, rejeter
▸ **push back** VT SEP [+ cover, blankets, lock of hair] rejeter or repousser (en arrière) ; [+ curtains] repousser ; [+ person, crowd, enemy] repousser, faire reculer ; (fig) [+ desire, impulse] réprimer
▸ **push down**
☐VI☐ appuyer (on sur)
☐VT SEP☐ ☐1☐ [+ switch, lever] abaisser ; [+ knob, button] appuyer sur ; [+ pin, stick] enfoncer ; (= knock over) [+ fence, barrier, person] renverser ◆ **he pushed the tile down off the roof** il a poussé la tuile et l'a fait tomber du toit, il a fait tomber la tuile du toit en la poussant ◆ **he pushed his clothes down into the suitcase** il a fourré ses vêtements dans la valise
☐2☐ (fig = reduce) [+ prices, inflation, value] faire baisser
▸ **push forward**
☐VI☐ avancer
◆ **to push forward with sth** avancer dans qch ◆ **they are eager to push forward with reform** ils tiennent à avancer dans les réformes
☐VT SEP☐ [+ person, box etc] pousser en avant, faire avancer ◆ **to push one's way forward** se frayer or s'ouvrir un chemin ◆ **he pushed himself forward** il s'est frayé or ouvert un chemin ; (fig) il s'est mis en avant, il s'est fait valoir
▸ **push in**
☐VI☐ s'introduire de force ; (fig = interfere) intervenir ◆ **he's always pushing in where he's not wanted** il se mêle toujours de ce qui ne le regarde pas
☐VT SEP☐ ☐1☐ [+ stick, pin, finger] enfoncer ; [+ rag] fourrer dedans ; [+ person] pousser dedans ; [+ knob, button] appuyer sur ◆ **they opened the door and pushed him in** ils ouvrirent la porte et le poussèrent à l'intérieur ◆ **they took him to the pond and pushed him in** ils l'ont amené à l'étang et l'ont poussé dedans
☐2☐ (= break) [+ window, door, sides of box] enfoncer
☐3☐ ◆ **to push one's way in** s'introduire de force
▸ **push off**
☐VI☐ ☐1☐ [ship] pousser au large
☐2☐ ( * = leave) filer*, se sauver* ◆ **I must push off now** il faut que je file* subj or que je me sauve* subj ◆ **push off!** fichez le camp !*, filez !*
☐3☐ ◆ **the top just pushes off** il suffit de pousser le haut pour l'enlever
☐VT SEP☐ → push vt 1
▸ **push on**
☐VI☐ (in journey) pousser (to jusqu'à), continuer son chemin ; (in work) continuer, persévérer ◆ **to push on with sth** continuer (à faire) qch
☐VT SEP☐ ☐1☐ [+ lid, cover] placer (en appuyant)
☐2☐ (fig = incite) pousser, inciter (to do sth à faire qch)
▸ **push out**
☐VI☐ [roots, branches] pousser ; [shoots] pointer, sortir
☐VT SEP☐ ☐1☐ [+ person, object] pousser dehors ; [+ stopper] faire sortir (en poussant) ; (fig) [+ employee, office holder] évincer, se débarrasser de ◆ **to push the boat out** (lit) pousser au large ; (fig) faire la fête
☐2☐ [+ roots, shoots] produire
☐3☐ ( * = produce) [+ information, products etc] débiter
◆ **to push one's way out** se frayer or s'ouvrir un chemin (à travers la foule)
▸ **push over** VT SEP ☐1☐ (= pass) [+ object] pousser (to sb vers qn)
☐2☐ (= cause to fall off : over cliff, bridge etc) pousser, faire tomber

## push-button | put

3 (= *cause to topple*) [+ *chair, vase, person*] renverser, faire tomber

4 ◆ **to push one's way over to sb** se frayer or s'ouvrir un chemin vers qn

▶ **push through**

**VI** se frayer or s'ouvrir un chemin

**VT SEP** 1 [+ *stick, hand etc*] enfoncer, (faire) passer

2 (*fig*) [+ *deal, business*] conclure à la hâte ; [+ *decision*] faire accepter à la hâte ; (*Parl*) [+ *bill*] réussir à faire voter

3 ◆ **push one's way through** se frayer or s'ouvrir un chemin

▶ **push to VT SEP** [+ *door*] fermer (en poussant), pousser pour fermer

▶ **push up VT SEP** 1 [+ *stick, hand, lever, switch*] (re)lever ; [+ *spectacles*] relever ◆ **he's pushing up (the) daisies** (⁂ *hum*) = *dead*) il mange les pissenlits par la racine*

2 (*fig* = *increase*) [+ *numbers, taxes, sales, speed*] augmenter ; [+ *prices, demand, sb's temperature, blood pressure*] faire monter ◆ **that pushes up the total to over 100** cela fait monter le total à plus de 100

---

**push-button** /ˈpʊʃˌbʌtn/

**N** bouton *m*, poussoir *m*

**ADJ** [*machine etc*] à commande automatique ; [*telephone*] à touches ◆ **push-button controls** commande *f* automatique ◆ **push-button warfare** guerre *f* presse-bouton

**pushcart** /ˈpʊʃkɑːt/ **N** charrette *f* à bras

**pushchair** /ˈpʊʃtʃɛəʳ/ **N** (*Brit*) poussette *f*

**pushed** /pʊʃt/ **ADJ** * ◆ **to be pushed for money** être à court d'argent, être fauché* ◆ **I'm pushed for time** je n'ai pas le temps

**pusher** /ˈpʊʃəʳ/ **N** 1 (* : also **drug-pusher**) revendeur *m*, -euse *f* (de drogue), dealer* *m*

2 (*pej*) arriviste *mf* ; → **penpusher**

**pushfulness*** /ˈpʊʃfʊlnɪs/, **pushiness*** /ˈpʊʃɪnɪs/ **N** (*pej*) arrivisme *m*, excès *m* d'ambition ; [*of manner*] arrogance *f*

**pushing** /ˈpʊʃɪŋ/ **SYN N** 1 (*lit*) cohue *f* ◆ **pushing and shoving** bousculade *f*

2 (*fig* = *persuasion*) persuasion *f* ◆ **he agreed to do it, after a lot of pushing** il a accepté (de le faire) après s'être fait beaucoup prier

**Pushkin** /ˈpʊʃkɪn/ **N** Pouchkine *m*

**pushover*** /ˈpʊʃəʊvəʳ/ **N** ◆ **it was a pushover** c'était la facilité même, c'était un jeu d'enfant ◆ **he's a pushover** il se laisse facilement faire ◆ **he's a pushover for blondes** il craque* dès qu'il voit une blonde

**pushpin** /ˈpʊʃpɪn/ **N** épingle *f* (à tête de couleur)

**pushy*** /ˈpʊʃɪ/ **ADJ** (*pej*) [*person*] arriviste, qui se fait valoir, qui se met trop en avant ; [*manner*] arrogant

**pusillanimity** /ˌpjuːsɪləˈnɪmɪtɪ/ **N** pusillanimité *f*

**pusillanimous** /ˌpjuːsɪˈlænɪməs/ **ADJ** pusillanime

**pusillanimously** /ˌpjuːsɪˈlænɪməslɪ/ **ADV** pusillanimement

**puss*** /pʊs/ **N** (= *cat*) minet(te) *m(f)*, minou *m* ◆ **puss, puss!** (*to cat*) minet, minet !, minou, minou ! ◆ **Puss in Boots** le Chat Botté

**pussy** /ˈpʊsɪ/

**N** 1 (* = *cat*) minet(te) *m(f)*, minou *m*, chat(te) *m(f)*

2 (⁂** = *female genitals*) chatte*⁂*f*

**COMP** **pussy willow N** saule *m* (blanc)

**pussycat** /ˈpʊsɪkæt/ **N** (= *cat*) minet(te) *m(f)*, minou *m* ◆ **hi, pussycat!** (*US* = *sweetheart*) bonjour, mon chou* or mon ange ! ◆ **he's a real pussycat** (= *harmless*) il ne ferait pas de mal à une mouche *

**pussyfoot*** /ˈpʊsɪfʊt/ **VI** marcher à pas de loup ; (*fig*) ne pas se mouiller*, ménager la chèvre et le chou

**pussyfooting*** /ˈpʊsɪˌfʊtɪŋ/

**ADJ** (*fig*) [*person*] qui a peur de se mouiller* ; [*attitude*] timoré

**N** (also **pussyfooting about** or **around**) tergiversations *fpl*

**pustular** /ˈpʌstjʊləʳ/ **ADJ** (*Med*) pustuleux

**pustulate** /ˈpʌstjʊleɪt/ (*Med*)

**VI** se couvrir de pustules

**ADJ** /ˈpʌstjʊlɪt/ pustuleux

**pustule** /ˈpʌstjuːl/ **SYN N** pustule *f*

---

**put** /pʊt/
**LANGUAGE IN USE 26.2**

vb: pret, ptp **put**

1 - TRANSITIVE VERB
2 - INTRANSITIVE VERB
3 - NOUN
4 - COMPOUNDS
5 - PHRASAL VERBS

### 1 - TRANSITIVE VERB

▶ For set combinations consisting of **put** + noun, eg **put to use**, **put in danger/out of business/an end to**, look up the noun. For **put** + preposition/adverb combinations, see also phrasal verbs.

1 [= PLACE] mettre ◆ **put it in the drawer** mettez-le dans le tiroir ◆ **to put sth in one's pocket** mettre qch dans sa poche ◆ **he put her into a taxi** il l'a mise dans un taxi ◆ **put yourself in my place** mets-toi à ma place ◆ **I didn't know where to put myself!*** je ne savais plus où me mettre ! ◆ **to put an advertisement in the paper** mettre or passer une annonce dans le journal ◆ **he put the shell to her ear** il a mis le coquillage contre son oreille, il a porté le coquillage à son oreille ◆ **rather than put him in hospital he cared for him at home** il a préféré s'occuper de lui à la maison plutôt que de le mettre à l'hôpital ◆ **put the book in its proper place** remets le livre à sa place ◆ **to put a bullet into sb** tirer sur qn, coller une balle dans la peau de qn * (= *give me your hand*) ◆ **put it there!*** tope là !, affaire conclue !

◆ **to put + on** ◆ **to put a button on a shirt** mettre or coudre un bouton à une chemise ◆ **to put sb on a diet** mettre qn au régime ◆ **he put some more coal on the fire** il a remis or rajouté du charbon sur le feu ◆ **he put me on the train** il m'a accompagné au train ◆ **to put one's signature on sth** apposer sa signature sur qch, signer qch ◆ **to put sb on a committee** nommer qn à un comité ; see also **put on**

◆ **to put + over** ◆ **he put his hand over his mouth** il a mis sa main devant la bouche ◆ **he put his hand over her mouth** il a plaqué sa main sur sa bouche ◆ **he put his rucksack over the fence** il a passé son sac à dos par-dessus la barrière ◆ **someone has been put over him at the office** il a maintenant un chef au bureau ; see also **put over**

◆ **to put one over on** or **across sb*** (= *deceive*) pigeonner* qn, embobiner* qn ◆ **he tried to put one over on** or **across me** il a essayé de me pigeonner* or de m'embobiner* ◆ **you'll never put one over on him** on ne la lui fait pas *

◆ **to put + round** ◆ **to put one's arms round sb** enlacer qn, prendre qn dans ses bras ◆ **he put his head round the door** il a passé la tête par la porte ; see also **put round**

◆ **to put + through** ◆ **he put his head through the window** il a mis son nez à la fenêtre ◆ **to put one's fist through a window** passer le poing à travers une vitre ◆ **to put one pen through a word** rayer or barrer un mot ◆ **she put a bullet through his head** elle lui a tiré une balle dans la tête ; see also **put through**

2 [= SET] [+ *clock, watch*] mettre ◆ **to put a watch to the right time** mettre une montre à l'heure ◆ **I put him to work at once** je l'ai aussitôt mis au travail ◆ **they had to put four men on to this job** ils ont dû employer quatre hommes à ce travail or pour faire ce travail ◆ **she put my brother against me** elle a monté mon frère contre moi

3 [= RANK] placer ◆ **I put Joyce above Lawrence** je place Joyce au-dessus de Lawrence ◆ **I wouldn't put him among the greatest poets** je ne le placerais or classerais pas parmi les plus grands poètes ◆ **we should put happiness before** or **above money** on devrait faire passer le bonheur avant l'argent ◆ **he puts good health among his greatest blessings** il estime que sa santé est l'un de ses meilleurs atouts

4 [= EXPRESS] dire ◆ **how shall I put it?** comment dire ?, comment dirais-je ? ◆ **I don't quite know how to put it** je ne sais pas trop comment le dire ◆ **try putting it another way** essayez de le dire d'une autre façon ◆ **let me put it this way: she's not exactly diplomatic** disons qu'elle n'a pas beaucoup de tact ◆ **how will you put it to him?** comment vas-tu lui présenter la chose ?, comment vas-tu le lui dire ? ◆ **as Shakespeare puts it** comme le dit Shakespeare

◆ **as the president memorably put it** selon la célèbre formule du président ◆ **to put it bluntly** pour parler franc ◆ **as he would put it** pour employer sa formule or son expression ◆ **put it so as not to offend her** présente la chose de façon à ne pas la blesser ◆ **some expressions are impossible to put into French** certaines expressions sont impossibles à traduire en français ◆ **to put into verse** mettre en vers

5 [= SUGGEST] ◆ **I put it to you that...** n'est-il pas vrai que... ? ◆ **it was put to me in no uncertain terms that I should resign** on m'a déclaré en termes très clairs que je devrais donner ma démission

6 [= SUBMIT, EXPOUND] [+ *case, problem*] exposer, présenter ; [+ *opinion, suggestion*] présenter ; [+ *proposal*] soumettre ; [+ *question*] poser ◆ **he put the arguments for and against the project** il a présenté les arguments pour et contre le projet ◆ **he put his views very clearly** il a présenté or exposé très clairement sa position

7 [= CAUSE TO BE] mettre ◆ **to put sb in a good/bad mood** mettre qn de bonne/mauvaise humeur

8 [= INVEST] **to put + into** ◆ **to put money into a company** placer or investir de l'argent dans une société ◆ **he put all his savings into the project** il a placé or mis toutes ses économies dans ce projet ◆ **he has put a lot into his marriage** il a fait beaucoup d'efforts pour que leur couple marche ◆ **I've put a lot of time and trouble into it** j'y ai consacré beaucoup de temps et d'efforts

9 [= ESTIMATE] **to put + at** estimer, évaluer ◆ **they put the loss at $10,000** ils estiment or évaluent à 10 000 dollars la perte subie ◆ **the population was put at 50,000** on a évalué or estimé le nombre d'habitants à 50 000 ◆ **what would you put it at?** à combien l'estimez-vous or l'évaluez-vous ? BUT ◆ **I'd put her** or **her age at 50** je lui donnerais 50 ans

10 [SPORT] ◆ **to put the shot** or **the weight** lancer le poids

11 [STOCK EXCHANGE = OFFER TO SELL] [+ *stock, security*] se déclarer vendeur de

### 2 - INTRANSITIVE VERB

[SHIP] ◆ **to put into port** mouiller, jeter l'ancre ◆ **the ship put into Southampton** le navire a mouillé or jeté l'ancre dans le port de Southampton ◆ **to put to sea** appareiller

### 3 - NOUN

[STOCK EXCHANGE = PREMIUM] prime *f* pour livrer ◆ **put (option)** option *f* de vente, put *m*

### 4 - COMPOUNDS

**put-down** **N** humiliation *f*, remarque *f* humiliante

**put-in** **N** (*Rugby*) introduction *f*

**put-on** **N** (= *pretence*) comédie *f* ; (= *hoax*) mystification *f*, farce *f* **ADJ** (= *feigned*) affecté, feint

**put option** **N** nom

**put-up job*** **N** coup *m* monté

**put-upon*** **ADJ** ◆ **I feel put-upon** je trouve qu'on profite de moi, je me sens exploité ◆ **she is put-upon** on abuse de sa gentillesse ◆ **I won't be put-upon any more!** je ne vais plus me laisser faire ! or me laisser marcher sur les pieds !

**put-you-up** **N** (*Brit*) canapé-lit *m*, divan *m*

### 5 - PHRASAL VERBS

▶ **put about**

**VI** (*Naut*) [*ship*] virer de bord

**VT SEP** 1 (*esp Brit*) [+ *rumour*] faire courir, faire circuler ◆ **he put it about that...** il a fait courir or circuler le bruit que...

2 (*Naut*) ◆ **to put the ship about** virer de bord

3 ◆ **to put o.s. about*** [*ambitious person*] se faire mousser*

▶ **put across VT SEP** (= *communicate*) [+ *ideas, intentions, desires*] faire comprendre, communiquer (*to sb* à qn) ◆ **to put sth across to sb** faire comprendre qch à qn ◆ **the play puts the message across very well** la pièce arrive très bien à faire passer le message ◆ **he knows his stuff but he can't put it across** il connaît son sujet à fond mais il n'arrive pas à le faire comprendre aux autres ◆ **it all depends on how you put yourself across** tout dépend de la façon dont on se présente ◆ **she put the song across beautifully** elle a donné une très belle interprétation de cette chanson

▶ **put around VT SEP** ⇒ **put about VT SEP** 1

▸ **put aside** VT SEP [1] *[+ object]* mettre de côté ; *(= keep, save) [+ food, money]* mettre de côté, garder en réserve ◆ **he put aside the document to read later** il a mis le document de côté pour le lire plus tard ◆ **she put her book aside when I came in** elle a posé son livre quand je suis entré ◆ **I'll put one aside for you** *(Comm)* je vous en mettrai un de côté

[2] *[+ differences, disagreement, feeling]* mettre de côté

▸ **put away** VT SEP [1] ⇒ **put aside 1**

[2] ⇒ **put aside 2**

[3] *(= put in proper place) [+ clothes, toys, books]* ranger ◆ **to put the car away** rentrer la voiture, mettre la voiture au garage ◆ **put that knife away!** *(to person with weapon)* pose *or* jette ce couteau !

[4] *(Sport) [+ ball]* mettre au fond des filets

[5] *(* = confine) (in prison)* enfermer, coffrer* ; *(in mental hospital)* enfermer

[6] *(* = consume) [+ food]* avaler ; *[+ drink]* siffler*

[7] *(US = beat)* battre

[8] ⇒ **put down vt sep 9**

▸ **put back**

VI *(Naut) [ship]* ◆ **to put back to port** rentrer au port ◆ **they put back to Dieppe** ils sont rentrés *or* retournés à Dieppe

VT SEP [1] *(= replace)* remettre (à sa place *or* en place) ◆ **put it back!** remets-le à sa place ! ◆ **put it back on the shelf** remettez-le sur l'étagère

[2] *(= retard) [+ development, progress]* retarder, freiner ; *[+ clock]* retarder ◆ **the disaster put the project back (by) ten years** ce désastre a retardé de dix ans la réalisation du projet ◆ **this will put us back ten years** cela nous fera perdre dix ans ; see also **clock**

[3] *(= postpone)* remettre *(to* à)

▸ **put by** VT SEP ⇒ **put aside 1**

▸ **put down**

VI *[aircraft, pilot]* se poser, atterrir ; *(on carrier)* apponter

VT SEP [1] *[+ parcel, book, child]* poser ; *[+ passenger]* déposer, laisser ◆ **he put down a simple catch** *(Cricket)* il a relâché une balle pourtant facile ◆ **put it down!** pose ça ! ◆ **she put her book down and stood up** elle posa son livre et se leva ◆ **I simply couldn't put that book down** j'ai dévoré ce livre ; → **foot, root**

[2] *[+ aircraft]* poser

[3] *[+ umbrella]* fermer

[4] *(= pay) [+ deposit]* verser *(on* pour) ◆ **he put down £500 on the car** il a versé 500 livres d'arrhes pour la voiture

[5] *[+ wine]* mettre en cave

[6] *(= suppress) [+ revolt, movement]* réprimer, juguler

[7] * *[+ person] (= criticize)* critiquer ; *(= denigrate)* dénigrer ◆ **my boyfriend keeps putting me down** mon copain n'arrête pas de me critiquer ◆ **it's a way of putting down minorities** c'est un moyen de dénigrer les minorités ◆ **you must stop putting yourself down** arrête donc de te déprécier

[8] *(= record)* noter ◆ **to put sth down in writing** *or* **on paper** mettre qch par écrit ◆ **put it down on my account** *(Comm)* mettez-le sur mon compte ◆ **I've put you down as unemployed** j'ai mis que vous étiez chômeur ◆ **put me down for £10** je donnerai 10 livres ◆ **I'll put you down for the next vacancy** je vais inscrire votre nom pour la prochaine place disponible ; → **name**

[9] *(Brit euph = have destroyed) [+ dog, cat]* faire piquer ; *[+ horse]* faire abattre

▸ **put down as** VT SEP *(= consider, assess)* considérer comme ◆ **he'll be put down as one of our best Prime Ministers** il passera à la postérité comme l'un de nos meilleurs premiers ministres ◆ **I had put him down as a complete fool** je l'avais catalogué comme un parfait imbécile, j'étais convaincu qu'il était complètement stupide ◆ **I would put her down as about forty** je lui donnerais la quarantaine

▸ **put down to** VT SEP *(= attribute)* mettre sur le compte ◆ **I put it down to his inexperience** je mets ça sur le compte de son manque d'expérience ◆ **the accident must be put down to negligence** l'accident doit être imputé à la négligence

▸ **put forth** VT SEP *(liter) [+ leaves, roots, shoots]* produire ; *[+ idea, suggestion, theory, proposal]* émettre ; *[+ programme, plan]* proposer ; *[+ effort]* fournir, déployer

▸ **put forward** VT SEP [1] *(= propose) [+ idea, suggestion, theory, proposal]* émettre ; *[+ argument]* avancer, présenter ; *[+ reason]* donner ; *[+ opinion]* exprimer, émettre ; *[+ plan]* proposer ◆ **he put his name forward as a candidate** il s'est porté candidat ◆ **he put himself forward for the job** il s'est porté candidat au poste, il a posé sa candidature au poste ◆ **he put forward (the name of) Harry Green for the job** il a proposé Harry Green pour ce poste

[2] *(= advance) [+ meeting, starting time, clock, schedule, programme]* avancer *(by* de ; *to, until* à)

▸ **put in**

VI *(Naut) [ship]* mouiller *(at* dans le port de)

VT SEP [1] *(into box, drawer, room)* mettre dans ; *[+ seeds]* semer ; *[+ plant]* planter ◆ **he put his head in at the window** il a passé la tête par la fenêtre ◆ **I've put the car in for repairs** j'ai donné la voiture à réparer ◆ **have you put in the camera?** *(= pack)* est-ce que tu as pris l'appareil photo ?

[2] *(= insert) [+ word, paragraph]* ajouter ; *[+ remark]* ajouter, glisser ; *(= include) [+ information]* inclure ◆ **have you put in why you are not going?** est-ce que vous avez expliqué pourquoi vous n'y allez pas ? ◆ **"but it's cold" he put in** « mais il fait froid » fit-il remarquer

[3] *(= submit)* ◆ **to put in a request for sth** faire une demande de qch ◆ **to put in a claim for damages** faire une demande d'indemnité ◆ **to put in a plea** *(Jur)* plaider ◆ **to put sb in for an exam** présenter qn à un examen ◆ **to put sb in for a scholarship** recommander qn pour une bourse ; → **put in for**

[4] *(= install) [+ political party]* élire ; *[+ person]* nommer ; *[+ central heating, double glazing]* faire installer

[5] *(= spend) [+ time]* passer ◆ **I've put in a lot of time on it** j'y ai passé *or* consacré beaucoup de temps ◆ **she puts in an hour a day at the piano** elle fait une heure de piano par jour

[6] *(= work)* travailler ◆ **they put in at least 40 hours a week** ils travaillent plus de 40 heures par semaines ◆ **can you put in a few hours at the weekend?** pourrais-tu travailler quelques heures ce week-end ?

▸ **put in for** VT FUS *[+ job]* poser sa candidature à ; *[+ promotion, transfer, divorce]* faire une demande de, demander ; *[+ rise]* demander

▸ **put off**

VI *[ship]* appareiller *(from* de)

VT SEP [1] *(= postpone) [+ departure, appointment, meeting]* retarder, repousser ; *[+ decision]* remettre à plus tard, différer ; *[+ visitor]* décommander ◆ **to put sth off for ten days/until January** remettre qch de dix jours/jusqu'à janvier ◆ **he is putting off the evil day** *or* **hour when he'll finally give up smoking** *(Brit)* il repousse indéfiniment le moment où il devra s'arrêter de fumer ◆ **I'm sorry to have to put you off** je suis désolé d'avoir à vous décommander ◆ **he put off writing the letter** il a décidé d'écrire cette lettre plus tard

[2] *(= discourage)* dissuader ; *(= repel)* dégoûter ◆ **the failure may put them off trying again** il est possible que cet échec les dissuade d'essayer à nouveau ◆ **his eccentricities put them off** ses petites manies les ont dégoûtés ◆ **the divorce figures don't seem to put people off marriage** les statistiques de divorce ne semblent pas dégoûter les gens du mariage ◆ **the country's reputation may put off tourists** la réputation du pays pourrait dissuader les touristes de s'y rendre ◆ **it certainly put me off going to Greece** cela m'a certainement ôté l'envie d'aller en Grèce

[3] *(= remove desire for)* ◆ **his remarks put me off my food** ses remarques m'ont coupé l'appétit

[4] *(= distract)* ◆ **talking in the audience put him off** les bavardages de l'auditoire le déconcentraient ◆ **it put her off revising for her exams** cela l'a distraite de son travail de révision pour ses examens ; → **scent, stroke**

[5] *(= fob off)* ◆ **he put her off with vague promises** il la faisait patienter avec de vagues promesses ◆ **you're not going to put me off with flattery** tu n'arriveras pas à m'amadouer en me flattant

[6] *[+ passenger]* déposer, débarquer

[7] *(= switch off) [+ light, gas, radio, TV, heater]* éteindre ◆ **he put off the lights one by one** il a éteint les lumières une à une

▸ **put on** VT SEP [1] *[+ clothes, hat, glasses, lotion]* mettre ; *[+ jumper, trousers, gloves, socks]* mettre, enfiler ◆ **to put on one's make-up** se maquiller

[2] *(= increase) [+ speed]* augmenter ◆ **to put on weight** prendre du poids, grossir ◆ **he put on 3 kilos** il a pris 3 kilos, il a grossi de 3 kilos ◆ **they put on another goal in the second half** ils ont marqué un autre but en deuxième mi-temps ◆ **the proposal could put 5p on a litre of petrol** cette proposition augmenterait le prix du litre d'essence de 5 pence

[3] *(= assume) [+ air]* prendre, se donner ; *[+ accent]* prendre ◆ **to put on an act, to put it on** *(= pretend)* faire semblant ◆ **she put on a show of enthusiasm** elle faisait semblant d'être enthousiaste ◆ **he's just putting it on** il fait semblant, c'est tout

[4] *(= deceive) [+ person]* faire marcher* ◆ **you're putting me on!*** tu me fais marcher !*

[5] *(= organize) [+ concert, play, show]* organiser ; *[+ film]* projeter ; *[+ extra train, bus]* mettre en service ◆ **the party put on a convincing display of unity** le parti a donné une image d'unité assez convaincante

[6] *(Telec)* ◆ **put me on to Mr Brown** passez-moi M. Brown ◆ **would you put on Mrs Smith?** pouvez-vous me passer Mme Smith ?

[7] *(= start functioning) [+ light, gas, radio, TV, heater]* allumer ; *[+ tape, CD, music]* mettre ◆ **to put the brakes on** freiner

[8] *(= begin to cook, heat)* ◆ **put the kettle on** mets de l'eau à chauffer ◆ **I'll just put the potatoes on** je vais juste mettre les pommes de terre à cuire

[9] *(= advance) [+ clock]* avancer *(by* de)

[10] *[+ money, bet]* parier sur, miser sur ◆ **he put £10 on Black Beauty** il a parié *or* misé 10 livres sur Black Beauty ◆ **I wouldn't put money on it!** je n'en mettrais pas ma main au feu !

▸ **put onto, put on to** VT SEP ◆ **to put sb onto** *or* **on to sth** parler de qch à qn ◆ **Alice put us onto him** Alice nous a parlé de lui ◆ **a fellow journalist put me onto the story** c'est un collègue journaliste qui m'a mis sur l'affaire* ◆ **they put the police onto him** ils l'ont signalé à la police ◆ **can you put me onto a good dentist?** pourriez-vous m'indiquer un bon dentiste ? ◆ **Paul put us onto you** c'est Paul qui nous a dit de nous adresser à vous ◆ **what put you onto it?** qu'est-ce qui vous en a donné l'idée ?

▸ **put out**

VI *(Naut) [ship]* prendre le large ◆ **to put out to sea** prendre le large, quitter le port ◆ **to put out from Dieppe** quitter le port de Dieppe

VT SEP [1] *(= put outside) [+ rubbish]* sortir, mettre dehors ; *(= expel) [+ person]* expulser *(of* de) ; *[+ country, organization]* exclure *(of* de) ◆ **he put the rug out to dry** il a mis le tapis à sécher dehors ◆ **he put the cat out for the night** il a fait sortir le chat *or* il a mis le chat dehors pour la nuit ◆ **to put sb's eyes out** crever les yeux à qn ◆ **to put sth out of one's head** *or* **mind** ne plus penser à qch

[2] *(Naut) [+ boat]* mettre à l'eau *or* à la mer

[3] *(= stretch out, extend) [+ arm, leg]* allonger, étendre ; *[+ foot]* avancer ; *[+ tongue]* tirer *(at sb* à qn) ; *[+ leaves, shoots, roots]* produire ◆ **to put out one's hand** tendre la main ; *[traffic policeman]* tendre le bras ◆ **to put one's head out of the window** passer la tête par la fenêtre ◆ **the snail put out its horns** l'escargot a sorti ses cornes

[4] *(= lay out in order) [+ cards, clothes]* étaler ; *[+ chessmen]* disposer ; *[+ best china]* sortir

[5] *(= extinguish) [+ light, flames, gas, cigarette]* éteindre ◆ **to put out fires** *(fig)* limiter les dégâts

[6] *(= make unconscious)* endormir

[7] *(= annoy)* contrarier *(about* par) ◆ **she looked very put out** elle avait l'air très contrariée ◆ **he was very put out at finding her there** il était très contrarié de la trouver là

[8] *(= disconcert)* déconcerter, dérouter *(by* par)

[9] *(= inconvenience)* déranger, gêner ◆ **I don't want to put you out** je ne voudrais pas vous déranger ◆ **don't put yourself out** ne vous dérangez pas ; *(iro)* surtout ne vous gênez pas ! ◆ **she really put herself out for us** elle s'est donné beaucoup de mal pour nous, elle s'est mise en quatre pour nous

[10] *(= issue) [+ announcement, statement, report]* publier ; *[+ news]* annoncer ; *[+ appeal, warning]* lancer ; *[+ propaganda]* faire ; *[+ book, leaflet, edition]* sortir, publier ; *[+ album]* sortir ◆ **the government will put out a statement about it** le gouvernement va faire une déclaration *or* va publier un communiqué à ce sujet

[11] *(= broadcast) [+ programme]* passer ; *(= give out) [+ signal]* émettre

[12] *(= spend)* dépenser

[13] ◆ **to put out to tender** *[+ contract, service]* mettre en adjudication

## putative | pyrotechnist

14 (= exert) déployer, user de
15 (= dislocate) [+ shoulder] se déboîter, se démettre ; [+ ankle, knee, back] se démettre
16 (Sport = eliminate) [+ team, contestant] éliminer (of de) ; (Baseball) [+ ball] mettre hors jeu ◆ **a knee injury put him out of the first two games** une blessure au genou l'a empêché de jouer les deux premiers matchs

▸ **put over** VT SEP ⇒ **put across**

▸ **put round** VT SEP [+ rumour] faire courir, faire circuler

▸ **put through** VT SEP 1 (= make, complete) [+ reform, change] instituer, instaurer ; [+ deal] conclure ; [+ plan] mener à bien ; [+ motion, amendment] voter ; → **pace¹**
2 (Telec = connect) [+ call] passer ; [+ caller] brancher, mettre en communication ◆ **I'm putting you through now** vous êtes en ligne, je vous mets en communication ◆ **put me through to Mr Smith** passez-moi M. Smith
3 (US) ◆ **to put sb through college** payer les études de qn
4 (= make suffer) ◆ **to put sb through hell** mener la vie dure à qn ◆ **they really put him through it**∗ ils lui en ont fait voir de dures∗, ils lui ont fait passer un mauvais quart d'heure ; → **put transitive verb 1**

▸ **put together** VT SEP 1 (lit) mettre ensemble ◆ **don't put two hamsters together** ne mettez pas deux hamsters together in one cage ne mettez pas deux hamsters dans la même cage ◆ **he's worth more than the rest of the family put together** à lui tout seul il vaut plus que toute la famille réunie ◆ **it's more important than all the other factors put together** c'est plus important que tous les autres facteurs mis ensemble
2 (= assemble) [+ table, bookcase] assembler, monter ; [+ book, story, account] composer ; [+ facts, what happened] reconstituer ; [+ team] monter, constituer ◆ **she put together an excellent meal** elle a improvisé un délicieux repas
3 (= design, draw up) [+ agreement, plan, package] mettre au point

▸ **put up**
VI 1 (= stay) descendre (at dans) ◆ **to put up for the night at a hotel** passer la nuit dans un hôtel
2 (Pol = offer o.s.) se porter candidat(e) (for à), se présenter comme candidat(e) (for à) ◆ **to put up for a constituency** (Parl) chercher à avoir l'investiture de son parti dans une circonscription électorale
VT SEP 1 (= raise) [+ hand] lever ; [+ flag, sail] hisser ; [+ tent] monter ; [+ collar, car window] remonter ; [+ umbrella] ouvrir ; [+ notice] mettre, afficher (on sur) ; [+ picture] mettre, accrocher (on sur) ; [+ building] construire, ériger ; [+ fence, barrier] ériger, dresser ◆ **to put a ladder up against a wall** poser une échelle contre un mur ; see also **back, foot**
2 (= increase) [+ numbers, taxes, sales] augmenter ; [+ prices] faire monter ; [+ demand] accroître ; [+ sb's temperature, blood pressure] faire monter **that puts up the total to over 1,000** cela fait monter le total à plus de 1 000
3 (= offer) [+ proposal, case] présenter, soumettre ; [+ prayer] faire ; [+ resistance] opposer ◆ **to put sb up as a candidate for** proposer qn comme candidat à ◆ **to put up a struggle** or a **fight** se battre ◆ **he put up a real fight to keep you in your job** il s'est vraiment battu pour que tu conserves subj ton poste ◆ **the matter was put up to the board for a decision** l'affaire a été soumise au conseil d'administration qui prendra une décision ◆ **to put sth up for sale/auction** mettre qch en vente/aux enchères ◆ **to put a child up for adoption** faire adopter un enfant ◆ **he was put up by his local branch** il a été présenté comme candidat par sa section locale ◆ **they put him up for the chairmanship** on l'a présenté or proposé comme candidat à la présidence ◆ **I'll put you up for the club** je vous proposerai comme membre du club
4 (= provide) [+ money, funds] fournir (for pour) ; [+ reward] offrir ◆ **to put up money for a project** financer un projet, fournir les fonds pour un projet ◆ **how much can you put up?** combien pouvez-vous mettre ?
5 (= preserve) [+ fruit] mettre en bocaux
6 (= lodge) loger, héberger

▸ **put up to** VT SEP 1 (= incite) ◆ **to put sb up to doing sth** pousser or inciter qn à faire qch ◆ **someone must have put him up to it** quelqu'un a dû le pousser or l'inciter à le faire

2 (= give information about) ◆ **to put sb up to sth** renseigner qn sur qch ◆ **he put her up to all the ways of avoiding tax** il l'a renseignée sur or lui a montré tous les moyens d'éviter de payer des impôts ◆ **a friend of mine put me up to it** c'est un ami qui m'en a donné l'idée

▸ **put up with** VT FUS tolérer, supporter ◆ **he has a lot to put up with** il a beaucoup de problèmes, il n'a pas la vie facile ◆ **it is difficult to put up with** c'est difficile à supporter, c'est difficilement supportable

**putative** /ˈpjuːtətɪv/ SYN ADJ (frm) putatif
**putrefaction** /ˌpjuːtrɪˈfækʃən/ N putréfaction f
**putrefy** /ˈpjuːtrɪfaɪ/ SYN
  VT putréfier
  VI se putréfier
**putrescence** /pjuːˈtresns/ N putrescence f
**putrescent** /pjuːˈtresnt/ SYN ADJ putrescent, en voie de putréfaction
**putrid** /ˈpjuːtrɪd/ SYN ADJ 1 (= rotting) putride, pourrissant
  2 (∗ = awful) dégoûtant, dégueulasse∗
**putsch** /pʊtʃ/ N putsch m, coup m d'État
**putt** /pʌt/ (Golf)
  N putt m, coup m roulé
  VTI putter
**puttee** /ˈpʌtiː/ N (pl **puttees** /ˈpʌtiːz/) bande f molletière
**putter¹** /ˈpʌtər/ N (Golf) putter m
**putter²** /ˈpʌtər/ VI (US) ⇒ **potter¹**
**putter³** /ˈpʌtər/ VI [engine, car, boat etc] brouter
**putting** /ˈpʌtɪŋ/
  N putting m
  COMP **putting green** N (= part of golf course) green m
**putty** /ˈpʌti/
  N mastic m (ciment) ◆ **she's (like) putty in my hands** j'en fais ce que je veux
  VT mastiquer
  COMP **putty knife** N (pl **putty knives**) couteau m de vitrier
**putz** /pʌts/ N (US) 1 (∗ = person) couillon(ne)∗ m(f)
  2 (∗∗ = penis) bitte∗∗ f
**puzzle** /ˈpʌzl/
  N 1 (= mystery) énigme f, mystère m ◆ **he's a real puzzle to me** c'est une énigme vivante pour moi ◆ **it's a puzzle to me how** or **that he got the job** je trouve curieux qu'il ait pu obtenir ce poste
  2 (= game) casse-tête m inv ; (= word game) rébus m ; (= crossword) mots mpl croisés ; (= jigsaw) puzzle m ; (= riddle) devinette f
  VT rendre or laisser perplexe ◆ **that really puzzled him** ça l'a vraiment rendu or laissé perplexe ◆ **it puzzles me that...** je trouve curieux que... ◆ **to puzzle one's head about sth** se creuser la tête au sujet de qch ; see also **puzzled**
  VI ◆ **to puzzle over** or **about** essayer de comprendre ◆ **I'm still puzzling over where he might have hidden it** j'en suis encore à me demander où il a bien pu le cacher
  COMP **puzzle book** N livre m de jeux

▸ **puzzle out** VT SEP [+ problem] résoudre ; [+ mystery] éclaircir, élucider ; [+ writing] déchiffrer ; [+ answer, solution] trouver, découvrir ; [+ sb's actions, attitude] comprendre ◆ **I'm trying to puzzle out why he did it** j'essaie de comprendre or découvrir pourquoi il l'a fait

**puzzled** /ˈpʌzld/ SYN ADJ perplexe ◆ **they were puzzled to find/see...** ils n'en revenaient pas de trouver/voir... ◆ **to be puzzled that...** ne pas arriver à comprendre pourquoi... ◆ **I am puzzled (to know) why** je n'arrive pas à comprendre pourquoi ◆ **he was puzzled about what to say** il ne savait pas trop quoi dire ; see also **puzzle**
**puzzlement** /ˈpʌzlmənt/ SYN N (NonC) perplexité f
**puzzler** /ˈpʌzlər/ N (gen) énigme f ; (= problem) question f difficile, casse-tête m inv
**puzzling** /ˈpʌzlɪŋ/ SYN ADJ curieux
**PVC** /ˌpiːviːˈsiː/ N (abbrev of **polyvinyl chloride**) PVC m
**PVS** /ˌpiːviːˈes/ N 1 abbrev of **postviral syndrome**
  2 (abbrev of **persistent vegetative state**) → **persistent**
**Pvt.** (Mil) (abbrev of **Private** noun 1)

**PW** /ˌpiːˈdʌbljuː/ N 1 (US Mil) (abbrev of **prisoner of war**) → **prisoner**
  2 (Brit) abbrev of **policewoman**
**p.w.** (abbrev of **per week**) par semaine
**PWA** /ˌpiːdʌbljuːˈeɪ/ N (abbrev of **person with AIDS**) sidéen(ne) m(f)
**PWR** /ˌpiːdʌbljuːˈɑːr/ N (abbrev of **pressurized water reactor**) → **pressurize**
**PX** /piːˈeks/ N (US Mil) (abbrev of **post exchange**) → **post²**
**pyaemia** /paɪˈiːmɪə/ N (Med) pyohémie f, pyémie f
**pycnometer** /pɪkˈnɒmɪtər/ N pycnomètre m
**pyelitis** /ˌpaɪəˈlaɪtɪs/ N pyélite f
**pyelonephritis** /ˌpaɪələʊnɪˈfraɪtɪs/ N pyélonéphrite f
**pygmy** /ˈpɪgmɪ/ SYN
  N Pygmée mf ; (fig) pygmée m
  ADJ pygmée f inv ; [animal] nain
**pyjama** /pɪˈdʒɑːmə/ (Brit)
  NPL **pyjamas** pyjama m ◆ **a pair of pyjamas** un pyjama ◆ **in (one's) pyjamas** en pyjama
  COMP [jacket, trousers] de pyjama
  **pyjama cricket**∗ N (Austral) cricket qui se joue le soir en tenues colorées
**pylon** /ˈpaɪlən/ N pylône m
**pylori** /paɪˈlɔːraɪ/ NPL of **pylorus**
**pyloric** /paɪˈlɔːrɪk/ ADJ pylorique
**pylorus** /paɪˈlɔːrəs/ N (pl **pylori**) pylore m
**pyoderma** /ˌpaɪəʊˈdɜːmə/ N pyodermite f
**pyogenic** /ˌpaɪəʊˈdʒenɪk/ ADJ pyogène
**Pyongyang** /ˈpjɒŋˈjæŋ/ N (Geog) Pyongyang
**pyorrhea** /ˌpaɪəˈrɪə/ N pyorrhée f alvéolaire
**pyracantha** /ˌpaɪrəˈkænθə/ N (= shrub) pyracantha m, pyrachanthe m
**pyramid** /ˈpɪrəmɪd/
  N pyramide f
  VT (US Fin) ◆ **to pyramid winnings** spéculer en réinvestissant les bénéfices réalisés
  COMP **pyramid selling** N vente f pyramidale
**pyramidal** /pɪˈræmɪdl/ ADJ pyramidal
**Pyramus** /ˈpɪrəməs/ N ◆ **Pyramus and Thisbe** Pyrame m et Thisbé f
**pyre** /paɪər/ N bûcher m funéraire
**Pyrenean** /ˌpɪrəˈniːən/
  ADJ pyrénéen, des Pyrénées
  COMP **Pyrenean mountain dog** N chien m des Pyrénées
**Pyrenees** /ˌpɪrəˈniːz/ NPL Pyrénées fpl
**pyrethrum** /paɪˈriːθrəm/ N pyrèthre m
**pyretic** /paɪˈretɪk/ ADJ pyrétique
**Pyrex** ® /ˈpaɪreks/
  N pyrex ® m
  COMP [dish] en pyrex ®
**pyrexia** /paɪˈreksɪə/ N pyrexie f
**pyrexic** /paɪˈreksɪk/ ADJ pyrexique
**pyridine** /ˈpɪrɪdiːn/ N pyridine f
**pyridoxine** /ˌpɪrɪˈdɒksiːn/ N pyridoxine f
**pyrites** /paɪˈraɪtiːz/ N (pl **pyrites**) pyrite f ◆ **iron pyrites** sulfure m de fer, fer m sulfuré
**pyritic** /paɪˈrɪtɪk/ ADJ pyriteux
**pyro...** /ˈpaɪrəʊ/ PREF pyro...
**pyroelectricity** /ˌpaɪrəʊɪlekˈtrɪsɪtɪ/ N pyroélectricité f
**pyrogallol** /ˌpaɪrəʊˈgæləl/ N pyrogallol m
**pyrography** /paɪˈrɒgrəfɪ/ N (Art) pyrogravure f
**pyrolysis** /paɪˈrɒlɪsɪs/ N pyrolyse f
**pyromania** /ˌpaɪrəʊˈmeɪnɪə/ N pyromanie f
**pyromaniac** /ˌpaɪrəʊˈmeɪnɪæk/ N pyromane mf, incendiaire mf
**pyrometer** /paɪˈrɒmɪtər/ N pyromètre m
**pyrometric** /ˌpaɪrəˈmetrɪk/ ADJ pyrométrique
**pyrometry** /paɪˈrɒmɪtrɪ/ N pyrométrie f
**pyrosis** /paɪˈrəʊsɪs/ N (Med) pyrosis m
**pyrotechnic** /ˌpaɪrəʊˈteknɪk/
  ADJ pyrotechnique ◆ **pyrotechnic display** feu(x) m(pl) d'artifice
  N (NonC: Phys) ◆ **pyrotechnics** pyrotechnie f ; (pl: fig hum) feux mpl d'artifice
**pyrotechnist** /ˌpaɪrəʊˈteknɪst/ N artificier m, pyrotechnicien(ne) m(f)

**pyrotechny** /ˌpaɪərəʊˈteknɪ/ N pyrotechnie f

**pyroxene** /paɪˈrɒksiːn/ N pyroxène m

**Pyrrhic** /ˈpɪrɪk/ ADJ ◆ **Pyrrhic victory** victoire f à la Pyrrhus

**Pyrrhonism** /ˈpɪrənɪzəm/ N (Philos) pyrrhonisme m

**Pyrrhonist** /ˈpɪrənɪst/ ADJ, N (Philos) pyrrhonien(ne) m(f)

**Pyrrhus** /ˈpɪrəs/ N Pyrrhus m

**pyrrole** /ˈpɪrəʊl/ N pyrrol m

**Pythagoras** /paɪˈθægərəs/
- N Pythagore m
- COMP **Pythagoras' theorem** N théorème m de Pythagore

**Pythagorean** /paɪˌθæɡəˈriːən/ ADJ (gen) pythagoricien ; [number, letter] pythagorique

**python** /ˈpaɪθən/ N python m

**pyuria** /paɪˈjʊərɪə/ N pyurie f

**pyx** /pɪks/ N (in church) ciboire m ; (for sick communions) pyxide f

**pyxidium** /pɪkˈsɪdɪəm/ N (pl **pyxidia** /pɪkˈsɪdɪə/ or **pyxides** /ˈpɪksɪˌdiːz/) [of plant] pyxide f

**pyxis** /ˈpɪksɪs/ N (pl **pyxia** /ˈpɪksɪə/) ⇒ **pyxidium**

**pzazz** * /pəˈzæz/ N (US) ⇒ **piz(z)azz**

# Q

**Q¹, q** /kju:/
**N** (= letter) Q, q m ◆ **Q for Queen** ≈ Q comme Québec
**COMP Q factor N** (Phys) facteur m de qualité
**Q fever N** fièvre f Q

**Q²** (abbrev of **Queen**) (Chess) D

**q²** (US) (abbrev of **quart**) ≈ l

**Q and A** /'kju:ənd'eɪ/ **N** (abbrev of **questions and answers**) questions-réponses fpl

**qat** /kæt/ **N** ⇒ **khat**

**Qatar** /kæ'tɑ:ʳ/
**N** 1 (= country) Qatar m ◆ **in Qatar** au Qatar
2 (= inhabitant) Qatari(e) m(f)
**ADJ** qatari

**Qatari** /kæ'tɑ:rɪ/
**N** Qatarien(ne) m(f)
**ADJ** qatarien

**QB** /kju:'bi:/ **N** (Brit Jur) (abbrev of **Queen's Bench**) → **queen 2**

**QC** /,kju:'si:/ **N** (Brit Jur) (abbrev of **Queen's Counsel**) → **counsel**

**QE2** /,kju:i:'tu:/ **N** (Brit = ship) (abbrev of **Queen Elizabeth II**) paquebot

**QED** /,kju:i:'di:/ (Math) (abbrev of **quod erat demonstrandum**) CQFD

**QM** /kju:'em/ **N** (Mil) (abbrev of **quartermaster**) commissaire m

**qt N** abbrev of **quart(s)**

**q.t.** /,kju:'ti:/ **N** (abbrev of **quiet**) ◆ **on the q.t.** * en douce *, en cachette

**Q-tip** ® /'kju:tɪp/ **N** Coton-tige ® m

**qty N** abbrev of **quantity**

**qua** /kweɪ/ **ADV** ◆ **the actor qua actor** l'acteur en tant que tel ◆ **religion qua religion** la religion en tant que telle

**quack¹** /kwæk/
**N** coin-coin m inv (cri du canard)
**VI** faire coin-coin
**COMP quack-quack N** (baby talk) coin-coin m inv

**quack²** * /kwæk/ **SYN**
**N** (= imposter, bogus doctor) charlatan m ; (hum) (= doctor) toubib * m
**ADJ** ◆ **quack remedy** remède m de charlatan

**quackery** /'kwækərɪ/ **N** (NonC) charlatanisme m

**quad¹** /kwɒd/
**N** abbrev of **quadruplet, quadrangle**
**NPL quads** * (= muscles) (abbrev of **quadriceps**)
**COMP quad bike N** moto f à quatre roues motrices

**quad²** * /kwɒd/ **N** ⇒ **quod**

**quadr...** PREF ⇒ **quadri...**

**Quadragesima** /ˌkwɒdrə'dʒesɪmə/ **N** Quadragésime f

**quadrangle** /'kwɒdræŋgl/ **N** 1 (Math) quadrilatère m
2 (= courtyard) cour f

**quadrangular** /kwɒ'dræŋgjʊləʳ/ **ADJ** quadrangulaire

**quadrant** /'kwɒdrənt/ **N** [of circle] quadrant m, quart m de cercle

**quadraphonic** /ˌkwɒdrə'fɒnɪk/ **ADJ** quadriphonique, tétraphonique ◆ **in quadraphonic (sound)** en quadriphonie, en tétraphonie

**quadraphonics** /ˌkwɒdrə'fɒnɪks/ **N** (NonC) quadriphonie f, tétraphonie f

**quadraphony** /kwɒd'rɒfənɪ/ **N** ⇒ **quadraphonics**

**quadraplegic** /ˌkwɒdrə'pli:dʒɪk/ **N, ADJ** tétraplégique mf

**quadrasonic** /ˌkwɒdrə'sɒnɪk/ **ADJ** quadriphonique, tétraphonique

**quadrasonics** /ˌkwɒdrə'sɒnɪks/ **N** (NonC) quadriphonie f, tétraphonie f

**quadrat** /'kwɒdrət/ **N** (Typography) cadrat m

**quadrate** /'kwɒdrɪt/ **N** (= square) carré m ; (= cube) cube m

**quadratic** /kwɒ'drætɪk/ (Math)
**ADJ** quadratique
**COMP quadratic equation N** équation f quadratique or du second degré

**quadrature** /'kwɒdrətʃəʳ/ **N** quadrature f

**quadrennial** /ˌkwɒ'drenɪəl/ **ADJ** quadriennal

**quadri...** /'kwɒdrɪ/ PREF quadri..., quadru...

**quadric** /'kwɒdrɪk/ **ADJ** [surface] quadrique ; [equation] du second degré

**quadriceps** /'kwɒdrɪseps/ **N** (pl **quadricepses** or **quadriceps**) quadriceps m

**quadrifid** /'kwɒdrɪfɪd/ **ADJ** [plant] quadrifide

**quadrilateral** /ˌkwɒdrɪ'lætərəl/ (Math)
**ADJ** quadrilatère, quadrilatéral
**N** quadrilatère m

**quadrilingual** /ˌkwɒdrɪ'lɪŋgwəl/ **ADJ** quadrilingue

**quadrille** /kwə'drɪl/ **N** (Dancing) quadrille m

**quadrillion** /kwɒ'drɪljən/ **N** (Brit) quatrillion m ; (US) ancien quatrillion m ($10^{15}$)

**quadrinomial** /ˌkwɒdrɪ'nəʊmɪəl/ **N** (Math) quadrinôme m, expression f algébrique à quatre termes

**quadripartite** /ˌkwɒdrɪ'pɑ:taɪt/ **ADJ** quadriparti (-tie or -tite f)

**quadriplegia** /ˌkwɒdrɪ'pli:dʒɪə/ **N** tétraplégie f, quadriplégie f

**quadriplegic** /ˌkwɒdrɪ'pli:dʒɪk/ **ADJ, N** tétraplégique mf, quadriplégique mf

**quadroon** /kwɒ'dru:n/ **N** quarteron(ne) m(f)

**quadrophonic** /ˌkwɒdrə'fɒnɪk/ **ADJ** ⇒ **quadraphonic**

**quadrumanous** /kwɒ'dru:mənəs/ **ADJ** [animal] quadrumane

**quadruped** /'kwɒdruped/ **ADJ, N** quadrupède m

**quadruple** /'kwɒdrʊpl/
**ADJ, N** quadruple m
**VTI** /kwɒ'dru:pl/ quadrupler

**quadruplet** /kwɒ'dru:plɪt/ **N** quadruplé(e) m(f)

**quadruplicate** /kwɒ'dru:plɪkɪt/
**ADJ** quadruple
**N** ◆ **in quadruplicate** en quatre exemplaires

**quads** /kwɒdz/ **NPL** (= quadriceps) quadriceps mpl ; (= quadruplets) quadruplés mpl

**quaff** /kwɒf/ **VT** ( †† or hum) (= drink) avaler

**quaffable** /'kwɒfəbl/ **ADJ** ◆ **a quaffable wine** un vin qui se laisse boire

**quag** /kwæg/ **N** ⇒ **quagmire**

**quagga** /'kwægə/ **N** (pl **quaggas** or **quagga**) couagga m

**quagmire** /'kwægmaɪəʳ/ **SYN** (lit, fig) bourbier m

**quahaug, quahog** /'kwɑ:hɒg/ **N** (US) clam m

**quail¹** /kweɪl/ **SYN VI** [person] trembler (before devant) ◆ **I quailed at the thought of having to organize everything** je tremblais à l'idée de devoir tout organiser ◆ **his heart quailed** son courage vacilla

**quail²** /kweɪl/ **N** (pl **quail** or **quails**) (= bird) caille f

**quaint** /kweɪnt/ **SYN ADJ** 1 (= picturesque) [place] pittoresque ; [person] original ◆ **a quaint little village** un petit village pittoresque or qui a du cachet
2 (= old-fashioned) [custom, tradition, word, notion] désuet (-ète f) ; (pej) vieillot ◆ **how quaint!** comme c'est curieux !

**quaintly** /'kweɪntlɪ/ **ADV** (= strangely) curieusement ◆ **quaintly old-fashioned** d'un charme désuet ◆ **a pub quaintly called** or **named "The Dew Drop"** un pub qui porte le nom désuet de « La Goutte de Rosée »

**quaintness** /'kweɪntnɪs/ **N** 1 [of place, object] (= picturesqueness) pittoresque m ; (= old-fashionedness) charme m désuet, charme m vieillot
2 (= peculiarity) [of custom, word, idea, question] côté m or aspect m curieux

**quake** /kweɪk/ **SYN**
**VI** [earth, person] trembler ◆ **I was quaking (in my boots*)** je tremblais comme une feuille ◆ **to quake with fear** trembler de peur
**N** (abbrev of **earthquake**) tremblement m de terre, séisme m
**COMP quaking grass N** brize f

**Quaker** /'kweɪkəʳ/
**N** quaker(esse) m(f)
**COMP** [community, school] de quakers ; [person, family] quaker f inv ; [beliefs] des quakers
**Quaker meeting N** réunion f de quakers
**Quaker meeting house N** église f de quakers

**Quakerism** /'kweɪkərɪzəm/ **N** quakerisme m

**qualification** /ˌkwɒlɪfɪ'keɪʃən/ **SYN N** 1 (= ability) compétence f (for en ; to do sth pour faire qch), aptitude f (for à), capacité f (to do sth pour faire qch)
◆ **I doubt his qualification to teach English** je doute qu'il ait les compétences or les capacités requises pour enseigner l'anglais ◆ **we have never questioned his qualification for the job** nous n'avons jamais mis en doute son aptitude à occuper ce poste
2 (= degree, diploma) diplôme m , titre m (in de)
◆ **his only qualification for the job was his experience in similar work** seule son expérience

dans des domaines similaires le qualifiait pour ce travail ◆ **what are your qualifications?** (*= skill, degrees, experience*) quelle est votre formation ? ; (also **paper qualifications**) qu'est-ce que vous avez comme diplômes *or* qualifications professionnelles ? ◆ **he has a lot of experience but no paper qualifications** *or* **formal qualifications** il a beaucoup d'expérience mais il n'a aucun diplôme *or* il n'a aucun titre *or* il n'a pas de qualifications professionnelles ◆ **I have no teaching qualification(s)** je n'ai pas le(s) diplôme(s) requis pour enseigner

[3] (*= limitation*) réserve *f*, restriction *f* ◆ **to accept a plan with qualification(s)** accepter un projet avec des réserves *or* avec des restrictions ◆ **without qualification(s)** sans réserves *or* restrictions

[4] (*= graduation*) ◆ **my first job after qualification (as a vet)** mon premier emploi après que j'ai obtenu mon diplôme (de vétérinaire)

[5] (*gen, Gram: qualifying*) qualification *f*

**qualified** /ˈkwɒlɪfaɪd/ SYN ADJ [1] (*= trained, suitable*) *[person, staff, craftsman, player, pilot]* qualifié ; *[engineer, doctor, nurse, teacher, accountant]* diplômé ◆ **suitably qualified candidates** les candidats ayant les qualifications requises ◆ **qualified for a job** qualifié pour un poste *or* un travail ◆ **he was well qualified for the post of president** il avait les qualités requises pour être président ◆ **qualified to do sth** qualifié pour faire qch, habilité à faire qch (*frm*) ◆ **he is qualified to teach** il a les qualifications requises pour enseigner ◆ **they are not qualified to vote** ils ne sont pas habilités à voter ◆ **he is well qualified to captain the team** il est tout à fait qualifié pour être le capitaine de l'équipe ◆ **I'm not qualified to speak for her** je ne suis pas habilité à parler en son nom ◆ **I don't feel qualified to judge** je ne me sens pas en mesure d'en juger

[2] (*= limited*) *[praise, support, approval]* mitigé ; *[acceptance]* conditionnel ◆ **a qualified success** une demi-réussite ◆ **a qualified yes** un oui mitigé, un oui mais ◆ **a qualified majority** une majorité qualifiée

**qualifier** /ˈkwɒlɪfaɪəʳ/ N (*Gram*) qualificatif *m*, qualificateur *m* ; (*Sport*) (*= team*) équipe *f* qualifiée ; (*= person*) athlète *mf* qualifié(e)

**qualify** /ˈkwɒlɪfaɪ/ LANGUAGE IN USE 26.3 SYN

VT [1] (*= make competent*) ◆ **to qualify sb to do sth/for sth** (*gen*) qualifier qn pour faire qch/pour qch ; *[experience]* donner à qn les compétences *or* qualités requises pour faire/pour qch ; *[degree, diploma]* donner à qn les diplômes *or* titres requis pour faire/pour qch ; *[trade diploma, certificates]* donner à qn les qualifications professionnelles nécessaires pour faire/pour qch ◆ **to qualify sb to do sth** (*Jur*) habiliter qn à faire qch ◆ **that doesn't qualify him to speak on it** cela ne lui donne pas qualité pour en parler

[2] (*= modify*) *[+ approval, support, praise]* mettre des réserves à ; *[+ statement, opinion]* nuancer ◆ **to qualify one's acceptance of sth** accepter qch sous réserve *or* sous condition ◆ **I think you should qualify that remark** je pense que vous devriez nuancer cette remarque

[3] (*= describe*) qualifier (*as* de) ; (*Gram*) qualifier

VI [1] (*= obtain qualifications*) obtenir son diplôme (*or* son brevet *etc*) (*in* en) ◆ **to qualify as a doctor/a nurse/an engineer** obtenir son diplôme de médecin/d'infirmière/d'ingénieur ◆ **he has qualified as a teacher** il a obtenu son diplôme de professeur ◆ **while he was qualifying as an architect** pendant qu'il faisait des études d'architecture ◆ **to qualify for the final** (*Sport*) se qualifier pour la finale

[2] (*= fulfil requirements*) ◆ **to qualify for a job** avoir les compétences requises pour un poste ◆ **does he qualify?** est-ce qu'il remplit les conditions requises ? ◆ **to qualify as a refugee** avoir droit au statut de réfugié ◆ **to qualify as a member** remplir les conditions d'adhésion ◆ **does this country still qualify as a superpower?** peut-on encore considérer ce pays comme une superpuissance ? ◆ **it doesn't qualify as art** cela ne mérite pas le nom d'art

**qualifying** /ˈkwɒlɪfaɪɪŋ/ ADJ [1] *[mark]* de passage, qui permet de passer ; *[examination]* d'entrée ; *[score]* qui permet de se qualifier ◆ **qualifying period** (*gen*) période *f* d'attente ; (*Jur*) période *f* probatoire ◆ **qualifying heat** (*Sport*) éliminatoire *f* ◆ **qualifying round** série *f* éliminatoire ◆ **qualifying shares** (*Stock Exchange*) actions *fpl* de garantie

[2] (*Gram*) qualificatif

**qualitative** /ˈkwɒlɪtətɪv/

ADJ qualitatif

COMP **qualitative analysis** N analyse *f* qualitative

**qualitatively** /ˈkwɒlɪtətɪvlɪ/ ADV qualitativement

**quality** /ˈkwɒlɪtɪ/ SYN

N [1] (*= nature, kind*) qualité *f* ◆ **of the best quality** de première qualité, de premier ordre *or* choix ◆ **of good** *or* **high quality** de bonne qualité, de qualité supérieure ◆ **of poor** *or* **bad** *or* **low quality** de mauvaise qualité, de qualité inférieure ◆ **the quality of life** la qualité de la vie

[2] (*NonC = goodness*) qualité *f* ◆ **guarantee of quality** garantie *f* de qualité ◆ **it's quality rather than quantity that counts** c'est la qualité qui compte plus que la quantité ◆ **this wine has quality** ce vin a de la qualité *or* est de qualité ◆ **he has real quality** il a de la classe

[3] (*= attribute*) qualité *f* ◆ **natural qualities** qualités *fpl* naturelles ◆ **one of his (good) qualities** une de ses qualités ◆ **one of his bad qualities** un de ses défauts ◆ **he has many artistic qualities** il a beaucoup de qualités *or* de dons *mpl* artistiques

[4] *[of voice, sound]* qualité *f*, timbre *m*

[5] († *or hum = high rank*) qualité † *f*

COMP *[car, film, product]* de qualité

**quality control** N contrôle *m* de qualité

**quality controller** N contrôleur *m*, -euse *f* de la qualité

**quality papers** NPL (*Press*) presse *f* de qualité

**quality time** N moments *mpl* de qualité ◆ **I don't work on Fridays, which means I get more quality time with my son** je ne travaille pas le vendredi, ce qui me permet de passer plus de bons moments avec mon fils

**qualm** /kwɑːm/ SYN N [1] (*= scruple*) doute *m*, scrupule *m* ; (*= misgiving*) appréhension *f*, inquiétude *f* ◆ **qualms of conscience** scrupules *mpl* de conscience ◆ **he did it without a qualm** il l'a fait sans le moindre scrupule ◆ **I would feel no qualms about doing that** je n'aurais pas le moindre scrupule à faire cela ◆ **I had some qualms about his future** j'avais quelques inquiétudes sur *or* pour son avenir

[2] (*= nausea*) nausée *f*

**quandary** /ˈkwɒndərɪ/ SYN N dilemme *m* ◆ **to be in a quandary** être pris dans un dilemme ◆ **he was in a quandary about** *or* **as to** *or* **over what to do** il était pris dans un dilemme et ne savait pas quoi faire ◆ **that got him out of a quandary** ça l'a sorti d'un dilemme

**quango** /ˈkwæŋgəʊ/ N (*Brit*) (abbrev of **quasi-autonomous nongovernmental organization**) organisation *f* non gouvernementale quasi autonome

> **QUANGO**
>
> Cet acronyme de « quasi-autonomous nongovernmental organization » désigne des organismes mis en place par le gouvernement britannique dans les années 70 mais qui ne relèvent d'aucun ministère : c'est le cas par exemple de la Commission pour l'égalité des chances (Equal Opportunities Commission) ou de la Commission pour les relations interraciales (Commission for Racial Equality). Certaines de ces organisations disposent d'un pouvoir de décision, d'autres ont un rôle purement consultatif. → **EOC, EEOC**

**quanta** /ˈkwɒntə/ NPL of **quantum**

**quantic** /ˈkwɒntɪk/ N (*Math*) polynôme *m* homogène

**quantifiable** /ˌkwɒntɪˈfaɪəbl/ ADJ quantifiable

**quantification** /ˌkwɒntɪfɪˈkeɪʃən/ N quantification *f*

**quantifier** /ˈkwɒntɪfaɪəʳ/ N (*Ling, Philos, Math*) quantificateur *m*

**quantify** /ˈkwɒntɪfaɪ/ VT quantifier

**quantitative** /ˈkwɒntɪtətɪv/ ADJ (*gen*) quantitatif ; (*Ling, Poetry*) de quantité

**quantitatively** /ˈkwɒntɪtətɪvlɪ/ ADV quantitativement

**quantity** /ˈkwɒntɪtɪ/ SYN

N quantité *f* ◆ **a small quantity of rice** une petite quantité de riz ◆ **what quantity do you want?** quelle quantité (en) voulez-vous ? ◆ **in quantity** en (grande) quantité ◆ **in large quantities** en grandes quantités ◆ **a quantity of, any quantity of, quantities of** une quantité de, (des) quantités de, un grand nombre de ; → **quality, unknown**

COMP (*Comm*) *[production]* sur une grande échelle, en série

**quantity mark** N (*Ling, Poetry*) signe *m* de quantité

**quantity surveying** N (*NonC: Brit*) métrage *m*

**quantity surveyor** N (*Brit*) métreur *m* (vérificateur)

**quantization** /ˌkwɒntaɪˈzeɪʃən/ N (*Math, Phys*) quantification *f*

**quantize** /ˈkwɒntaɪz/ VT (*Math, Phys*) quantifier

**quantum** /ˈkwɒntəm/ (pl **quanta**)

N quantum *m*

COMP **quantum leap** N (*fig*) bond *m* prodigieux ; (*forwards*) bond *m* en avant ◆ **to take** *or* **make a quantum leap** faire un bond (en avant) prodigieux

**quantum mechanics** N (*NonC*) mécanique *f* quantique

**quantum number** N nombre *m* quantique

**quantum theory** N théorie *f* quantique *or* des quanta

**quarantine** /ˈkwɒrəntiːn/

N quarantaine *f* (*pour raisons sanitaires*) ◆ **in quarantine** en quarantaine

VT mettre en quarantaine

COMP *[regulations, period]* de quarantaine

**quark** /kwɑːk/ N [1] (*Phys*) quark *m*

[2] (*Culin*) fromage *m* blanc

**quarrel** /ˈkwɒrəl/ SYN

N (*= dispute*) querelle *f*, dispute *f* ; (*more intellectual*) différend *m* ; (*= breach*) brouille *f* ◆ **I had a quarrel with him yesterday** je me suis disputé *or* querellé avec lui hier ◆ **they've had a quarrel** (*= argued*) ils se sont disputés *or* querellés ; (*= fallen out*) ils se sont brouillés ◆ **the quarrel between the professor and his assistant** la querelle entre le professeur et son assistant ; (*longer: more frm*) la querelle qui oppose (*or* opposait *etc*) le professeur à son assistant ◆ **to start a quarrel** provoquer *or* susciter une querelle *or* dispute ◆ **to pick a quarrel with sb, to try to start a quarrel with sb** chercher querelle à qn ◆ **I have no quarrel with you** je n'ai rien contre vous ◆ **he had no quarrel with what we had done** il n'avait rien à redire à ce que nous avions fait

VI (*= have a dispute*) se quereller, se disputer (*with sb* avec qn ; *about, over* à propos de) ; (*= break off friendship*) se brouiller (*with sb* avec qn) ◆ **I cannot quarrel with that** je n'ai rien à redire à cela ◆ **what he quarrels with is...** ce contre quoi il s'insurge c'est...

**quarrelling, quarreling** (*US*) /ˈkwɒrəlɪŋ/

N (*NonC*) disputes *fpl*, querelles *fpl* ; (*petty*) chamailleries * *fpl*

ADJ qui se disputent

**quarrelsome** /ˈkwɒrəlsəm/ SYN ADJ querelleur

**quarrier** /ˈkwɒrɪəʳ/ N (ouvrier *m*) carrier *m*

**quarry**[1] /ˈkwɒrɪ/

N carrière *f* ; → **marble**

VT [1] *[+ stone]* extraire

[2] *[+ hillside]* exploiter (*en carrière*)

VI exploiter une carrière ◆ **they are quarrying for marble** ils exploitent une carrière de marbre

COMP **quarry tile** N carreau *m*

**quarry-tiled floor** N sol *m* carrelé

▸ **quarry out** VT SEP *[+ block, stone]* extraire

**quarry**[2] /ˈkwɒrɪ/ SYN N *[of animal, bird]* proie *f* ; (*Hunting = game*) gibier *m* ◆ **the detectives lost their quarry** les policiers ont perdu la trace de celui qu'ils pourchassaient

**quarryman** /ˈkwɒrɪmən/ N (pl **-men**) (ouvrier *m*) carrier *m*

**quart** /kwɔːt/ N (*= measure*) ≃ litre *m* (*Brit = 1,136 litre, US = 0,946 litre*) ◆ **it's like trying to put a quart into a pint pot** autant essayer de vider la mer avec une petite cuiller

**quarter** /ˈkwɔːtəʳ/ SYN

N [1] (*= fourth part*) quart *m* ◆ **to divide sth into quarters** diviser qch en quatre (parties égales) *or* en (quatre) quartiers ◆ **a quarter (of a pound) of tea** un quart (de livre) de thé ◆ **a quarter full/empty** au quart plein/vide ◆ **it's a quarter gone already** il y en a déjà un quart de parti ◆ **a quarter as big as** quatre fois moins grand que ◆ **I bought it for a quarter of the price** *or* **for quarter the price** je l'ai acheté au quart du prix *or* pour le quart de son prix

[2] (*in expressions of time*) quart *m* (d'heure) ◆ **a quarter of an hour** un quart d'heure ◆ **a quarter to seven, a quarter of seven** (*US*) sept heu-

**quarterback** | **quell** ENGLISH-FRENCH 770

res moins le quart *or* moins un quart ♦ **a quarter past six, a quarter after six** (US) six heures un quart *or* et quart ♦ **to drive with one's hands at a quarter to three** (*on steering wheel*) conduire avec les mains à neuf heures et quart ♦ **it wasn't the quarter yet** il n'était pas encore le quart ♦ **the clock strikes the quarters** l'horloge sonne les quarts

③ (= *specific fourth parts*) [*of year*] trimestre *m* ; (*US and Can money*) quart *m* de dollar, vingt-cinq cents *mpl* ; (*Brit weight*) = 28 livres ( = 12,7 kg) ; (*US weight*) = 25 livres ( = 11,34 kg) ; (*Heraldry*) quartier *m* ; [*of beef, apple*] quartier *m* ; [*of moon*] quartier *m* ♦ **to pay by the quarter** payer tous les trois mois *or* par trimestre ♦ **a quarter's rent** un terme (de loyer) ; → **forequarters, hindquarters**

④ (= *compass point*) point *m* cardinal ♦ **on the port/starboard quarter** (*Naut*) par la hanche de bâbord/tribord ♦ **from all quarters** de toutes parts, de tous côtés ♦ **you must report that to the proper quarter** (*frm*) vous devez signaler cela à qui de droit ♦ **in responsible quarters** dans les milieux autorisés ♦ **help came from an unexpected quarter** (*person*) une intervention inattendue a sauvé la situation ; (*event*) un évènement inattendu a sauvé la situation

⑤ (= *part of town*) quartier *m* ♦ **the Latin quarter** le quartier latin

⑥ (*NonC: liter* = *mercy*) quartier *m* (*liter*), grâce *f* ♦ **to give/cry quarter** faire/demander quartier ♦ **to give no quarter** ne pas faire de quartier

**NPL** **quarters** (= *lodgings*) résidence *f*, domicile *m* ; (*Mil*) quartiers *mpl* ; (*temporary*) cantonnement *m* ♦ **they are living in very cramped quarters** ils sont logés très à l'étroit ; → **married**

**VT** ① (= *divide into four*) diviser en quatre (parts égales), diviser en (quatre) quartiers ; [+ *traitor's body*] écarteler ; (*Heraldry*) écarteler ; → **hang**

② (= *lodge*) (*Mil*) [+ *troops*] caserner ; (*temporarily*) cantonner ; (*gen*) loger (*on chez*)

③ ♦ **to quarter the ground** [*dogs*] quêter ♦ **to quarter a town in search of sb** [*police*] quadriller une ville à la recherche de qn

**ADJ** quart de ♦ **the quarter part of** le quart de ♦ **a quarter share in sth** (une part d')un quart de qch ; see also **comp**

**COMP** **quarter-bound** **ADJ** (*Typography*) en demi-reliure
**quarter day** **N** (*Fin, Jur*) (jour *m* du) terme *m*
**quarter-deck** **N** [*of ship*] plage *f* arrière ; [*of sailing ship*] gaillard *m* d'arrière
**quarter final** **N** quart *m* de finale
**quarter-finalist** **N** quart de finaliste *mf*
**quarter-hour** **N** (*period of time*) quart *m* d'heure ♦ **on the quarter-hour** (*division of clock face*) tous les quarts d'heure
**quarter light** **N** (*Brit : in car*) déflecteur *m*
**quarter mile** **N** (*Sport*) course *f* d'(un) quart *m* de mille
**quarter note** **N** (*US Mus*) noire *f*
**quarter pound** **N** quart *m* de livre
**quarter-pound** **ADJ** d'un quart de livre
**quarter-pounder** **N** (*Culin*) hamburger contenant un steak haché d'environ 100 grammes
**quarter sessions** **NPL** (*Jur* = *sessions*) ≈ assises *fpl* trimestrielles (de tribunal de grande instance) ; (= *court*) ≈ tribunal *m* de grande instance (*jusqu'en* 1972)
**quarter tone** **N** (*Mus*) quart *m* de ton
**quarter turn** **N** quart *m* de tour
**quarter window** **N** (*US : in car*) déflecteur *m*

**quarterback** /'kwɔːtəbæk/ (US)
**N** (*Football*) stratège *m* (souvent en position d'arrière), quarter-back *m*, quart-arrière *m* (*Can*)

**VT** ① (*Football*) jouer quarter-back *or* quart-arrière (*Can*) dans

② (*fig*) déterminer la stratégie de

**VI** (*Football*) jouer quarter-back *or* quart-arrière (*Can*)

**quartering** /'kwɔːtərɪŋ/ **N** (*NonC*) ① (= *splitting into quarters*) division *f* en quatre ; (*Heraldry*) écartelure *f*

② (*Mil* = *lodging*) cantonnement *m*

**quarterly** /'kwɔːtəlɪ/
**ADJ** trimestriel
**N** (= *periodical*) publication *f* trimestrielle
**ADV** tous les trois mois

**quartermaster** /'kwɔːtəˌmɑːstəʳ/
**N** ① (*Mil*) intendant *m* militaire de troisième classe

② [*of ship*] maître *m* de manœuvre

**COMP** **quartermaster general** **N** (*Mil*) intendant *m* général d'armée de première classe
**quartermaster sergeant** **N** (*Mil*) intendant *m* militaire adjoint

**quartet(te)** /kwɔː'tet/ **N** [*of classical music players*] quatuor *m* ; [*of jazz players*] quartette *m* ; (*hum* = *four people*) quatuor * *m*

**quartile** /'kwɔːtaɪl/ **N** (*Math*) quartile *m*

**quarto** /'kwɔːtəʊ/
**N** in-quarto *m*
**ADJ** [*paper*] in-quarto *inv*

**quartz** /'kwɔːts/
**N** quartz *m*
**COMP** de *or* en quartz
**quartz clock** **N** pendule *f* à quartz
**quartz crystal** **N** cristal *m* de quartz
**quartz glass** **N** verre *m* quartzeux
**quartz(-iodine) lamp** **N** lampe *f* à iode
**quartz watch** **N** montre *f* à quartz

**quartzite** /'kwɔːtsaɪt/ **N** quartzite *m*

**quasar** /'kweɪzɑːʳ/ **N** quasar *m*

**quash** /kwɒʃ/ **SYN** **VT** [+ *decision, verdict, judgement*] casser, annuler ; [+ *rebellion*] réprimer, étouffer ; [+ *proposal, suggestion*] rejeter

**quasi-** /'kweɪzaɪ/ **SYN** **PREF** (+ *n*) quasi- ; (+ *adj*) quasi, presque ♦ **quasi-marriage** quasi-mariage *m* ♦ **quasi-religious** quasi *or* presque religieux ♦ **quasi-stellar object** objet *m* quasi-stellaire

**quassia** /'kwɒʃə/ **N** (= *tree, wood*) quassia *m*, quassier *m*

**quatercentenary** /ˌkwætəsen'tiːnərɪ/ **N** quatre-centième anniversaire *m*

**quaternary** /kwə'tɜːnərɪ/
**ADJ** (*Chem, Geol, Math*) quaternaire
**N** (= *set of four*) ensemble *m* de quatre ; (= *number four*) quatre *m* ♦ **the Quaternary** (*Geol*) le quaternaire

**quaternion** /kwə'tɜːnɪən/ **N** (*Math*) quaternion *m*

**quatrain** /'kwɒtreɪn/ **N** quatrain *m*

**quaver** /'kweɪvəʳ/ **SYN**
**N** ① (*esp Brit Mus* = *note*) croche *f*
② (= *voice tremor*) tremblement *m*, chevrotement *m*

**VI** [*voice*] chevroter, trembloter ; [*person*] chevroter, parler d'une voix chevrotante *or* tremblotante

**VT** (*also* **quaver out**) chevroter

**COMP** **quaver rest** **N** (*esp Brit Mus*) demi-soupir *m*

**quavering** /'kweɪvərɪŋ/
**ADJ** chevrotant, tremblotant
**N** tremblotement *m*

**quaveringly** /'kweɪvərɪŋlɪ/ **ADV** d'une voix chevrotante *or* tremblotante, avec des tremblements dans la voix

**quavery** /'kweɪvərɪ/ **ADJ** ⇒ **quavering** *adj*

**quay** /kiː/ **N** quai *m* ♦ **on the quay** sur le quai ♦ **along the quay** le long du quai

**quayside** /'kiːsaɪd/ **N** quai *m* ; (= *whole area*) quais *mpl* ♦ **the ship drew up along the quayside** le navire est arrivé à quai

**queasiness** /'kwiːzɪnɪs/ **N** (*NonC*) nausée *f*, malaise *m*

**queasy** /'kwiːzɪ/ **ADJ** ① (= *nauseous*) ♦ **he was queasy, he felt queasy** il avait mal au cœur, il avait la nausée ♦ **it makes me (feel) queasy** ça me donne mal au cœur, ça me donne la nausée ♦ **his stomach was queasy** il avait l'estomac barbouillé

② (= *uncomfortable*) mal à l'aise ♦ **I had a queasy feeling about the whole thing** tout ça me mettait mal à l'aise ♦ **to feel queasy (about sth)** se sentir mal à l'aise (à propos de qch)

**Quebec** /kwɪ'bek/
**N** ① (= *city*) Québec
② (= *province*) Québec *m* ♦ **in Quebec** au Québec
**ADJ** québécois ♦ **Quebec French** québécois *m*

**Quebec(k)er** /kwɪ'bekəʳ/ **N** Québécois(e) *m(f)*

**Quebecois** /kebe'kwɑː/ **N** (*pl inv* = *person*) Québécois(e) *m(f)*

**queen** /kwiːn/ **SYN**
**N** ① (*also fig*) reine *f* ♦ **Queen Elizabeth** la reine Élisabeth ♦ **she was queen to George III** elle était reine de Georges III ♦ **Queen Anne's dead!** (*iro*) ce n'est pas une nouvelle !, tu nous apprends rien ! ; see also **comp** ♦ **queen of the ball** reine *f* du bal ; → **beauty, Mary, May**

② (= *ant, bee, wasp*) reine *f*

③ (*Chess*) dame *f*, reine *f*

④ (*Cards*) dame *f* ♦ **the queen of clubs/diamonds/hearts/spades** la dame de trèfle/carreau/cœur/pique

⑤ (* *pej* = *homosexual*) folle ⁑ *f*, tante ⁑ *f*

**VT** ① * ♦ **to queen it** faire la grande dame ♦ **to queen it over sb** prendre des airs d'impératrice avec qn

② (*Chess*) [+ *pawn*] damer

**COMP** **Queen Anne** **ADJ** [*furniture*] de l'époque de la reine Anne (*début 18*ᵉ)
**queen bee** **N** reine *f* des abeilles ♦ **she's the queen bee** * c'est elle qui commande
**queen consort** **N** reine *f* (*épouse du roi*)
**queen dowager** **N** reine *f* douairière
**Queen Mother** **N** reine *f* mère
**queen post** **N** (*Constr*) faux-poinçon *m*, aiguille *f* pendante
**Queen's Bench** **N** (*Brit Jur*) cour *f* supérieure de justice
**Queen's Counsel** **N** (*Jur*) avocat *m* de la Couronne
**Queen's English** **N** ♦ **to speak Queen's English** s'exprimer dans un anglais très soigné
**Queen's evidence** **N** (*Jur*) ♦ **to turn Queen's evidence** témoigner contre ses complices
**the Queen's highway** **N** la voie publique
**queen-size bed** **N** grand lit double
**Queen's Messenger** **N** courrier *m* diplomatique
**Queen's speech** **N** (*Brit*) discours *m* de la reine

- **QUEEN'S SPEECH, KING'S SPEECH**
- Chaque année, au moment de la rentrée parlementaire, le monarque britannique prononce une allocution devant les deux chambres du Parlement : c'est le discours de la reine (**Queen's speech**) ou du roi (**King's speech**), qui est diffusé à la télévision et à la radio. Ce discours est rédigé par le gouvernement, qui y expose son programme pour l'année à venir ainsi que les lois qu'il désire proposer. Conformément à la tradition, le souverain utilise l'expression « mon gouvernement ».

**queencake** /'kwiːnkeɪk/ **N** petit gâteau aux raisins secs

**queenly** /'kwiːnlɪ/ **ADJ** [*woman*] au port de reine ; [*behaviour*] de reine

**Queensberry rules** /'kwiːnzbərɪ/ **NPL** (*Boxing*) règles de base de la boxe moderne ; (*fig*) fair-play *m*

**Queensland** /'kwiːnzlænd/ **N** Queensland *m* ♦ **in Queensland** dans le Queensland

**queer** /kwɪəʳ/ **SYN**
**ADJ** ① (= *strange*) étrange, bizarre ; (= *suspicious*) louche, suspect ♦ **there's something queer going on** il se passe quelque chose de louche ♦ **there's something queer about the way he always has money** c'est louche qu'il ait toujours de l'argent ♦ **a queer fellow** *or* **fish** * un curieux personnage *or* bonhomme ♦ **a queer customer** * un drôle d'individu *or* de type ♦ **queer in the head** * (*pej*) toqué * ♦ **to be in Queer Street** * (*Brit*) être dans une mauvaise passe

② († ⁑ = *homosexual*) (*gen pej*) [*man*] pédé ⁑ (*pej*) ; (*used by some homosexuals*) [*culture, politics, cinema*] gay *inv* ♦ **he's/she's queer** (*pej*) c'est un pédé ⁑ / une gouine ⁑ (*pej*)

③ (*Brit* † = *unwell*) ♦ **to feel queer** se sentir tout chose ♦ **to come over queer** avoir un malaise

④ (*US*) ♦ **to be queer for sth** * être dingue * de qch

**N** († ⁑ *pej* = *homosexual*) (= *male*) pédé ⁑ *m*, pédale ⁑ *f* ; (= *female*) gouine ⁑ *f*

**VT** gâter, abîmer ♦ **to queer sb's pitch** (*Brit*) couper l'herbe sous les pieds à *or* de qn

**COMP** **queer-bashing** ⁑ **N** chasse *f* aux pédés ⁑, agressions *fpl* contre les homosexuels
**queer-looking** **ADJ** ♦ **he was a queer-looking man** il avait une drôle d'allure
**queer-sounding** **ADJ** ♦ **it was a queer-sounding name** c'était un nom bizarre

**queerly** /'kwɪəlɪ/ **ADV** bizarrement

**queerness** /'kwɪənɪs/ **N** ① (= *strangeness*) étrangeté *f*, bizarrerie *f*

② (= *homosexuality*) homosexualité *f*

**quell** /kwel/ **SYN** **VT** [+ *rebellion, rage, anxieties*] réprimer, étouffer ♦ **she quelled him with a glance** elle l'a fait rentrer sous terre d'un regard, elle l'a foudroyé du regard

**quench** /kwentʃ/ SYN VT [+ flames, fire] éteindre ; [+ steel] tremper ; [+ hope, desire] réprimer, étouffer ; [+ enthusiasm] refroidir ◆ **to quench one's thirst** se désaltérer

**quenchless** /ˈkwentʃlɪs/ ADJ (liter) inextinguible

**quern** /kwɜːn/ N moulin m à bras (pour le grain)

**querulous** /ˈkwerʊləs/ SYN ADJ grincheux

**querulously** /ˈkwerʊləslɪ/ ADV d'un ton grincheux

**query** /ˈkwɪərɪ/ SYN

N 1 (= question) question f ; (= doubt) doute m ◆ **readers' queries** questions fpl des lecteurs ◆ **this raises a query about the viability of the scheme** cela met en question la viabilité de ce projet

2 (Gram = question mark) point m d'interrogation

3 (Comput) interrogation f

VT 1 [+ statement, motive, evidence] mettre en doute or en question ◆ **I query that!** je me permets d'en douter ! ◆ **to query whether...** demander si..., chercher à savoir si...

2 (= write "?" against) [+ part of text] marquer d'un point d'interrogation

COMP **query language** N (Comput) langage m d'interrogation

**quest** /kwest/ SYN (liter)

N quête f (liter) (for de) ◆ **in quest of** en quête de ◆ **his quest for peace** sa quête de la paix

VI ◆ **to quest for sth** être en quête de qch

**questing** /ˈkwestɪŋ/ ADJ [hand] chercheur ; [look, voice] interrogateur (-trice f)

**question** /ˈkwestʃən/ LANGUAGE IN USE 8.3, 9.3, 12, 16.1, 16.3, 26 SYN

N 1 (= thing asked) question f ◆ **to ask sb a question, to put a question to sb, to put down a question for sb** (Parl) poser une question à qn ◆ **what a question to ask!** quelle question !, belle question ! (iro) ◆ **(that's a) good question!** (c'est une) bonne question ! ◆ **indirect** or **oblique question** (Gram) interrogation f indirecte ◆ **to put sth to the question** soumettre qch au vote ; → **leading**[1], **pop**[1], **sixty**

2 (NonC = doubt) doute m ◆ **there is no question about it** cela ne fait aucun doute ◆ **there's no question that this is better** une chose est sûre, ceci est mieux ◆ **there's some question as to whether this is true** il n'est pas certain que ce soit vrai ◆ **to accept/obey without question** accepter/obéir sans poser de questions ◆ **her loyalty is beyond question** sa loyauté ne fait pas l'ombre d'un doute ◆ **she is without question one of the greatest writers of her generation** elle est sans conteste l'un des plus grands écrivains de sa génération ; → **bring**

3 (= matter, subject) question f ◆ **that's the question!** là est la question !, c'est là (toute) la question ! ◆ **that's not the question** là n'est pas la question, il ne s'agit pas de cela ◆ **that's another question altogether** ça c'est une tout autre affaire ◆ **there's some/no question of closing the shop** il est/il n'est pas question de fermer or qu'on ferme subj le magasin ◆ **there's no question of that** il n'en est pas question, c'est hors de question ◆ **the question is how many** la question c'est de savoir combien, il s'agit de savoir combien ; (in concluding) reste à savoir combien ◆ **the question is to decide...** il s'agit de décider... ; (in concluding) reste à décider... ◆ **the German question** la question allemande, le problème allemand ◆ **it is a question of sincerity** c'est une question de sincérité ◆ **it's (all) a question of what you want to do eventually** tout dépend de ce que tu veux faire en fin de compte ◆ **it's an open question** la question reste posée or ouverte ◆ **it's an open question whether...** il reste à savoir si..., personne ne sait si... ◆ **success is merely a question of time** le succès n'est qu'une affaire or qu'une question de temps ; → **burning, time**

◆ **in question** en question ◆ **the person in question** la personne en question or dont il s'agit

◆ **out of the question** hors de question ◆ **that is out of the question** il n'en est pas question, c'est hors de question

◆ **to call sth into question** remettre qch en question

VT 1 interroger, questionner (on sur ; about au sujet de, à propos de) ; (Police) interroger ◆ **we questioned him closely to find out whether...** nous l'avons soumis à un interrogatoire pour savoir si... ◆ **I will not be questioned about it** je refuse d'être l'objet de questions à ce sujet

2 [+ motive, account, sb's honesty] mettre en doute or en question ; [+ claim] contester ◆ **to question whether...** douter que... + subj

COMP **question mark** N point m d'interrogation ◆ **there is a question mark over whether he meant to do it** on ne sait pas au juste s'il avait l'intention de le faire ◆ **a big question mark hangs over his future** l'incertitude plane sur son avenir

**question tag** N fin f de phrase interrogative

**question time** N (Brit Parl) questions fpl écrites ou orales (adressées par des parlementaires au gouvernement)

**questionable** /ˈkwestʃənəbl/ SYN ADJ [quality, taste] douteux ; [value] douteux, discutable ; [statement, figures] discutable ; [motive, behaviour, practice, deal] suspect ◆ **it is questionable whether...** il est douteux que... + subj

**questioner** /ˈkwestʃənəʳ/ N personne f qui interroge ◆ **she looked at her questioner** elle regarda la personne qui l'interrogeait

**questioning** /ˈkwestʃənɪŋ/

N interrogation f

ADJ 1 (= curious) [nature] curieux ◆ **to have a questioning mind** être curieux de nature

2 (= querying) [look, expression] interrogateur (-trice f)

**questioningly** /ˈkwestʃənɪŋlɪ/ ADV d'un air interrogateur

**questionmaster** /ˈkwestʃən,mɑːstəʳ/ N meneur m, -euse f de jeu ; (Rad, TV) animateur m, -trice f

**questionnaire** /,kwestʃəˈnɛəʳ/ N questionnaire m

**queue** /kjuː/ SYN

N 1 (Brit) [of people] queue f, file f (d'attente) ; [of cars] file f ◆ **to stand in a queue, to form a queue** faire la queue ◆ **go to the end of the queue!** prenez la queue ! ◆ **he joined the theatre queue** il s'est joint aux personnes qui faisaient la queue au théâtre ◆ **ticket queue** queue f devant les guichets ; → **jump**

2 (Comput) file f d'attente

VI (Brit : also **queue up**) [people, cars] faire la queue (for pour) ◆ **we queued (up) for an hour** nous avons fait une heure de queue ◆ **people are queuing up to...** (Brit fig) les gens se battent pour...

COMP **queue-jump** VI (Brit) passer avant son tour, ne pas attendre son tour

**queue-jumper** N (Brit) resquilleur m, -euse f (qui passe avant son tour)

**queue-jumping** N (Brit) resquille f (pour passer avant son tour)

**quibble** /ˈkwɪbl/ SYN

N chicane f, argutie f ◆ **that's just a quibble** c'est couper les cheveux en quatre *

VI chicaner, ergoter (over sur)

**quibbler** /ˈkwɪbləʳ/ N chicaneur m, -euse f, chicanier m, -ière f, ergoteur m, -euse f

**quibbling** /ˈkwɪblɪŋ/

ADJ [person] ergoteur, chicaneur, chicanier ; [argument] captieux, spécieux ; [objection] spécieux

N (NonC) chicanerie f

**quiche** /kiːʃ/ N quiche f

**quick** /kwɪk/ SYN

ADJ 1 (= rapid) [pulse, train, movement, route, decision, method] rapide ; [recovery, answer] prompt ◆ **be quick!** dépêche-toi ! ◆ **come here and be quick about it!** viens ici, et plus vite que ça ! ◆ **try to be quicker next time** essaie de faire plus vite la prochaine fois ◆ **at a quick pace** d'un pas vif or rapide, d'un bon pas ◆ **quick march!** (Mil) en avant, marche ! ◆ **I had a quick chat with her** or **a few quick words with her** j'ai échangé quelques mots (rapides) avec elle ◆ **going cheap for a quick sale** sacrifié pour vente rapide ◆ **we had a quick meal** nous avons mangé en vitesse or sur le pouce * ◆ **to have a quick one** (* = drink) prendre un pot * en vitesse ; (* = sex) tirer un coup en vitesse * ◆ **it's quicker by train** c'est plus rapide or ça va plus vite par le train ◆ **he's a quick worker** il travaille vite ; (* iro) il ne perd pas de temps (iro), il va vite en besogne (iro) ; → **double, draw**

2 (= lively) [mind] vif ; [child] vif, éveillé ◆ **he's too quick for me** il est trop rapide pour moi, il va trop vite pour moi ◆ **he has a quick eye for mistakes** il repère vite les fautes ◆ **to have a quick ear** avoir l'oreille fine ◆ **to have a quick wit** avoir la repartie facile or de la repartie ; see also **comp** ◆ **he was quick to see that...** il a tout de suite vu or remarqué que... ◆ **she was quick to point out that...** elle n'a pas manqué de faire remarquer que... ◆ **to be quick to take offence** être prompt à s'offenser, s'offenser pour un rien ◆ **to have a quick temper** s'emporter facilement, être soupe au lait * ; see also **comp** ◆ **to be quick to anger** (liter) avoir la tête chaude, être prompt à s'emporter ◆ **he is quick at figures** il calcule vite

N 1 (Anat) vif m ◆ **to bite one's nails to the quick** se ronger les ongles jusqu'au sang ◆ **to cut** or **sting sb to the quick** piquer or blesser qn au vif

2 (††, liter) ◆ **the quick and the dead** les vivants mpl et les morts mpl

ADV (= quickly) ◆ **quick, over here!** vite, par ici ! ◆ **as quick as lightning** or **as a flash** avec la rapidité de l'éclair ; pour autres loc voir **quickly**

COMP **quick-acting** ADJ [drug etc] qui agit rapidement

**quick-assembly furniture** N (NonC) meubles mpl en kit

**quick assets** NPL (Fin) actif m disponible à court terme

**quick-change artist** N (Theat) spécialiste mf des transformations rapides

**quick-drying** ADJ [paint, concrete] qui sèche rapidement

**quick-fire** ADJ ◆ **a series of quick-fire questions** un feu roulant de questions ◆ **to shoot quick-fire questions at sb** mitrailler qn de questions

**quick-firing** ADJ (Mil) à tir rapide

**quick fix** N (pej) solution f de fortune ◆ **there is no quick fix to the country's economic problems** il n'y a pas de solution miracle aux problèmes économiques du pays

**quick-freeze** VT surgeler

**quick money** N (NonC: Fin) capital m investi réalisable sur demande

**quick-setting** ADJ [cement] à prise rapide ; [jelly] qui prend facilement

**quick-tempered** SYN ADJ ◆ **to be quick-tempered** s'emporter facilement, être soupe au lait * inv

**quick time** N (US Mil) marche f normale (120 pas/minute)

**quick-witted** SYN ADJ à l'esprit vif or délié ; (in answering) qui a la repartie facile or de la repartie

**quick-wittedly** ADV avec vivacité

**quick-wittedness** N vivacité f d'esprit

**quicken** /ˈkwɪkən/ SYN

VT 1 (lit) accélérer, presser ◆ **to quicken the tempo** (Mus) presser l'allure or la cadence ; → **pace**[1]

2 (fig) [+ feelings, imagination] exciter, stimuler ; [+ appetite] stimuler, aiguiser

VI 1 [pace, movement] s'accélérer, devenir or se faire plus rapide

2 [hope] se ranimer

3 [foetus] remuer

**quickie** * /ˈkwɪkɪ/

N chose f faite en vitesse or à la hâte ; (= question) question f rapide ; (* = sex) coup m rapide * ; (Cine) court-métrage m vite fait ◆ **have you got time for a quickie?** (= drink) tu as le temps de prendre un verre vite fait ? *

COMP **quickie divorce** N divorce m rapide

**quicklime** /ˈkwɪklaɪm/ N chaux f vive

**quickly** /ˈkwɪklɪ/ SYN ADV 1 (= with great speed) [speak, work] vite ◆ **quickly!** vite !, dépêchez-vous ! ◆ **as quickly as possible** aussi vite que possible, au plus vite ◆ **as quickly as I can** aussi vite que je peux

2 (= in short time) [die, embrace] rapidement ; (= without delay) [arrive, answer, react] sans tarder ◆ **the police were quickly on the scene** la police est arrivée rapidement or sans tarder sur les lieux

**quickness** /ˈkwɪknɪs/ N vitesse f, rapidité f ; [of intelligence, sight, gesture] vivacité f ; [of mind] promptitude f, vivacité f ; [of pulse] rapidité f ; [of hearing] finesse f ◆ **quickness of temper** promptitude f à s'emporter ◆ **quickness of wit** vivacité f d'esprit

**quicksand(s)** /ˈkwɪksænd(z)/ N(PL) sables mpl mouvants ◆ **to get stuck in quicksand(s)** s'enliser

**quickset hedge** /ˈkwɪksetˈhedʒ/ N haie f vive ; (= hawthorn) haie f d'aubépine

**quicksilver** /ˈkwɪksɪlvəʳ/

N vif-argent m, mercure m

ADJ [movements, changes] brusque, subit

**quickstep** /ˈkwɪkstep/ N (Dancing) fox-trot m

**quickthorn** /ˈkwɪkθɔːn/ N aubépine f

## quid | quite

**quid**[1]* /kwɪd/ N (pl inv: Brit = pound) livre f (sterling) ◆ **to be quids in** (= to have money) être en fonds

**quid**[2] /kwɪd/ N [of tobacco] chique f

**quiddity** /ˈkwɪdɪtɪ/ N (Philos) quiddité f

**quid pro quo** /ˈkwɪdprəʊˈkwəʊ/ N (pl **quid pro quos**) contrepartie f ◆ **there must be a quid pro quo** il faut qu'il y ait une contrepartie ◆ **it's a quid pro quo (for)** c'est en contrepartie (de), c'est à titre de réciprocité (pour)

**quiescence** /kwaɪˈesns/ N (frm) [of person] inactivité f ; [of plant] dormance f ; [of volcano] sommeil m

**quiescent** /kwɪˈesnt/ SYN ADJ (frm) [person] (= passive) passif ; (= quiet) tranquille ; [symptoms, disease, problem] latent ; [volcano] endormi ◆ **in a quiescent state** à l'état latent

**quiet** /ˈkwaɪət/ SYN
ADJ 1 (= not loud) [voice] bas (basse f) ; [music] doux (douce f) ; [sound] léger ◆ **she spoke in quiet tones** elle parlait doucement ◆ **... she said with a quiet laugh** ... dit-elle avec un petit rire ; see also adj 5
2 (= not noisy, not busy) [street, room, village, neighbour] tranquille ◆ **isn't it quiet!** quel calme ! ◆ **try to be a little quieter** essayez de ne pas faire autant de bruit ◆ **this town is too quiet for me** cette ville est trop endormie pour moi ◆ **business is quiet** les affaires sont calmes ◆ **the market was quiet** (Stock Exchange) la Bourse était calme
3 (= silent) ◆ **to be quiet** [person] être silencieux ◆ **you're very quiet today** tu ne dis rien or pas grand-chose aujourd'hui ◆ **be quiet!, keep quiet!** taisez-vous !, silence ! ◆ **to keep or stay quiet** garder le silence, ne pas piper mot ◆ **that book should keep him quiet for a while** avec ce livre, il devrait se tenir tranquille un moment ◆ **it was quiet as the grave** il y avait un silence de mort ◆ **to be quiet as a mouse** ne faire aucun bruit
4 (= placid) [person] calme ; [child] calme, doux (douce f) ; [dog, horse] docile ◆ **my daughter is a very quiet girl** ma fille est d'un tempérament très calme ◆ **quiet as a lamb** très calme
5 (= discreet) [dinner] intime ; [funeral, ceremony] dans l'intimité ; [despair] silencieux ; [irony] voilé, discret (-ète f) ; [optimism, diplomacy] discret (-ète f) ◆ **the wedding was very quiet** le mariage a été célébré dans l'intimité ◆ **they had a quiet laugh over it** ils en ont ri sous cape ◆ **... he said with a quiet smile** ... dit-il avec un petit sourire ◆ **with quiet humour** avec une pointe d'humour ◆ **he had a quiet dig at his brother** il a lancé une petite pique à son frère ◆ **to have a quiet word with sb** parler en particulier avec qn ◆ **to keep quiet about sth, to keep sth quiet** ne pas ébruiter qch ◆ **keep it quiet** gardez-le pour vous
6 (= untroubled) [night] paisible ; [life] paisible, tranquille ◆ **we had a quiet time on holiday** on a passé des vacances tranquilles or relax* ◆ **he went to sleep with a quiet mind** il s'endormit l'esprit tranquille ◆ **all quiet** (Mil or hum) rien à signaler, RAS* ◆ **all quiet on the western front** à l'ouest rien de nouveau
7 (= muted) [colours, clothes] sobre, discret (-ète f) ; [decoration, style] sobre
N (NonC) 1 (= silence) silence m, tranquillité f ◆ **in the quiet of the night** dans le silence de la nuit ◆ **let's have complete quiet for a few minutes** faisons silence complet pendant quelques minutes
◆ **on the quiet** * en cachette, en douce* ◆ **to do sth on the quiet** faire qch en cachette or en dessous ◆ **she had a drink on the quiet** elle a pris un verre en douce* or en suisse ◆ **he told me on the quiet** il me l'a dit en confidence
2 (= peace) calme m ◆ **there was a period of quiet after the fighting** il y a eu une accalmie après les combats ; → peace
VT (US) ⇒ **quieten**

▶ **quiet down** VI, VT SEP ⇒ **quieten down**

**quieten** /ˈkwaɪətn/ SYN VT (esp Brit) [+ person, crowd, horse, suspicion] calmer, apaiser ; [+ fear] calmer, dissiper ; [+ pain] calmer ; [+ conscience] tranquilliser, apaiser

▶ **quieten down**
VI (= make less noise) se calmer ; (fig) (after unruly youth) se ranger ◆ **their children have quietened down a lot** leurs enfants se sont beaucoup assagis or calmés
VT SEP [+ person, dog, horse] calmer, apaiser

**quietism** /ˈkwaɪətɪzəm/ N quiétisme m
**quietist** /ˈkwaɪətɪst/ ADJ, N quiétiste mf
**quietly** /ˈkwaɪətlɪ/ SYN ADV 1 (= not loudly) [say, speak, sing] doucement
2 (= silently) sans bruit
3 (= discreetly) discrètement ◆ **quietly dressed** habillé simplement or discrètement ◆ **I'm quietly confident about the future** je suis confiant en or dans l'avenir
4 (= without fuss) [get married, be buried] en toute simplicité ; [read, sit] tranquillement ◆ **she lives quietly in a cottage in Suffolk** elle mène une vie tranquille or paisible dans un cottage du Suffolk ◆ **he was made to resign quietly** on l'a forcé à démissionner sans faire de vagues
5 (Police = voluntarily) [go] de son plein gré ◆ **are you going to come quietly?** allez-vous nous suivre de votre plein gré ?

**quietness** /ˈkwaɪətnɪs/ SYN N (= silence) silence m ; (= stillness, peacefulness) calme m, tranquillité f ; (= gentleness) douceur f

**quietude** /ˈkwaɪətjuːd/ N quiétude f

**quietus** /kwaɪˈiːtəs/ N (pl **quietuses**) (Jur) quittance f ; (fig) (= release) coup m de grâce (lit, fig) ; (= death) mort f

**quiff** /kwɪf/ N (Brit : also **quiff of hair**) (on forehead) mèche f ; (on top of head) épi m ; (on baby's head) coque f

**quill** /kwɪl/ N (= feather) penne f ; (= part of feather) tuyau m de plume , (also **quill-pen**) plume f d'oie ; [of porcupine] piquant m

**quillwort** /ˈkwɪlwɜːt/ N isoète m

**quilt** /kwɪlt/ SYN
N (= bed cover) édredon m (piqué), courtepointe f ; (= duvet) (also **continental quilt**) couette f
VT [+ eiderdown, cover] matelasser, ouater et piquer ; [+ dressing gown] matelasser, ouatiner ; [+ furniture, bedhead] capitonner

**quilted** /ˈkwɪltɪd/ ADJ [jacket, dressing gown] matelassé, ouatiné ; [bedspread] matelassé ; [bedhead] capitonné

**quilting** /ˈkwɪltɪŋ/ N (NonC) (= process) ouatage m, capitonnage m ; (= material) ouate f, matelassé m, ouatine f, capitonnage m

**quim*** /kwɪm/ N (Brit) chatte***f

**quin** /kwɪn/ N (Brit) abbrev of **quintuplet**

**quince** /kwɪns/
N (= fruit) coing m ; (= tree) cognassier m
COMP [jam] de coings

**quincentenary** /ˌkwɪnsenˈtiːnərɪ/ N cinq-centième anniversaire m

**quinidine** /ˈkwɪnɪdiːn/ N (Med) quinidine f
**quinine** /kwɪˈniːn/ N quinine f
**quinoline** /ˈkwɪnəliːn/ N (Chem) quinoléine f
**quinolone** /ˈkwɪnələʊn/ N (Chem) quinolone f
**Quinquagesima** /ˌkwɪŋkwəˈdʒesɪmə/ N Quinquagésime f

**quinquennia** /kwɪŋˈkwenɪə/ NPL of **quinquennium**

**quinquennial** /kwɪŋˈkwenɪəl/ ADJ quinquennal

**quinquennium** /kwɪŋˈkwenɪəm/ N (pl **quinquennia** /kwɪŋˈkwenɪə/) quinquennat m

**quinsy** /ˈkwɪnzɪ/ N (Med ††) amygdalite f purulente

**quint** /kwɪnt/ N (US) abbrev of **quintuplet**

**quintal** /ˈkwɪntl/ N 1 (= 100kg) quintal m
2 (= 100lb) 100 livres fpl ( = 45,36 kg)

**quinte** /kæ̃t/ N (Fencing) quinte f

**quintessence** /kwɪnˈtesns/ N quintessence f

**quintessential** /ˌkwɪntɪˈsenʃəl/ ADJ par excellence ◆ **he is the quintessential English composer** c'est le compositeur anglais par excellence ◆ **a quintessential example of sth** un parfait exemple de qch

**quintessentially** /ˌkwɪntɪˈsenʃəlɪ/ ADV typiquement ◆ **the quintessentially English game of cricket** le cricket, ce sport si typiquement anglais

**quintet(te)** /kwɪnˈtet/ N quintette m

**quintillion** /kwɪnˈtɪljən/ N (pl **quintillions** or **quintillion**) (Brit) quintillion m ; (US, Can) $10^{18}$

**quintuple** /ˈkwɪntjʊpl/
ADJ, N quintuple m
VT /kwɪnˈtjuːpl/ quintupler

**quintuplet** /ˈkwɪntjuːplɪt/ N quintuplé(e) m(f)

**quip** /kwɪp/ SYN
N quolibet m
VI railler, lancer des pointes
VT ◆ **"never on a Sunday" she quipped** « jamais le dimanche » dit-elle avec esprit

**quire** /kwaɪə[r]/ N 1 (Bookbinding = part of book) cahier m (d'un livre) (quatre feuilles) ◆ **book in quires** livre m en feuilles (détachées) or en cahiers
2 [of paper] ≈ main f (de papier)

**quirk** /kwɜːk/ SYN N 1 bizarrerie f, excentricité f ◆ **it's just one of his quirks** c'est encore une de ses excentricités ◆ **by a quirk of fate** par un caprice du destin ◆ **by some quirk of nature/of circumstance** par une bizarrerie de la nature/de(s) circonstance(s)
2 (= flourish) (Art, Mus) arabesque f ; (in signature) paraphe or parafe m ; (in handwriting) fioriture f

**quirky** /ˈkwɜːkɪ/ ADJ [humour, behaviour, style] original, décalé ; [person] excentrique

**quirt** /kwɜːt/ (US)
N cravache f (tressée)
VT cravacher

**quisling** /ˈkwɪzlɪŋ/ SYN N collaborateur m, -trice f (pej), collabo* mf

**quit** /kwɪt/ SYN (pret, ptp **quit** or **quitted**)
VT 1 (= leave) [+ place, premises] quitter, s'en aller de ; [+ person] quitter, laisser ◆ **to quit school** (esp US) quitter l'école ◆ **to quit one's job** (esp US) quitter son emploi
2 (esp US = stop) ◆ **to quit doing sth** arrêter de faire qch ◆ **to quit hold** lâcher prise ◆ **to quit hold of sth** lâcher qch ◆ **to quit work** cesser le travail ◆ **quit fooling!** arrête de faire l'idiot !
3 (Comput) [+ file window] quitter
VI 1 (esp US) (= give up: in game) se rendre ; (= accept defeat) abandonner la partie, renoncer ; (= resign) démissionner ◆ **I quit!** j'arrête !, j'abandonne ! ◆ **he quits too easily** il se laisse décourager or il abandonne la partie trop facilement
2 (= leave) ◆ **to give a tenant notice to quit** donner congé à un locataire
3 (Comput) sortir, quitter
ADJ ◆ **quit of** débarrassé de

**quite** /kwaɪt/ SYN ADV 1 (= to some degree, moderately) plutôt, assez ◆ **they're quite friendly** ils sont assez or plutôt sympathiques ◆ **it was quite dark for 6 o'clock** il faisait plutôt sombre pour 6 heures ◆ **your essay was quite good** votre dissertation n'était pas mal in no or pas mauvaise du tout ◆ **I quite like this painting** j'aime assez ce tableau ◆ **we waited quite a time** or **quite some time** on a attendu un bon bout de temps*

◆ **quite a** + adjective ◆ **we waited quite a long time** on a attendu un bon bout de temps* ◆ **he is quite a good singer** c'est un assez bon chanteur ◆ **they've got quite a big flat** ils ont un appartement assez grand

◆ **quite a few/a lot** ◆ **quite a few people** un bon or assez grand nombre de gens, pas mal de gens* ◆ **quite a lot of paper** une assez grande quantité de papier, pas mal de papier* ◆ **he cried quite a lot** il a pas mal pleuré* ◆ **there's quite a lot left** il en reste une certaine quantité (or un certain nombre), il en reste pas mal*

2 (= entirely) tout à fait ◆ **he was quite right** il avait bien raison or tout à fait raison ◆ **quite new** tout (à fait) neuf ◆ **he was quite alone** il était tout seul ◆ **he's quite mad** il est complètement fou ◆ **it is quite lovely** c'est vraiment magnifique ◆ **quite (so)!** exactement ! ◆ **Pete is quite the artist/gentleman** Pete est un vrai artiste/gentleman ◆ **quite four days ago** il y a bien quatre jours ◆ **I quite agree with you** je suis entièrement or tout à fait de votre avis ◆ **he quite realizes that he must go** il se rend parfaitement compte qu'il doit partir ◆ **I quite understand** je comprends tout à fait or très bien ◆ **I can quite believe it** je le crois volontiers or sans difficulté, je n'ai aucun mal à le croire ◆ **that's quite enough!** ça suffit comme ça ! ◆ **that's quite enough for me** j'en ai vraiment assez ◆ **it was quite something*** c'était vraiment quelque chose* ◆ **that's quite another matter** c'est une tout autre affaire ◆ **it's difficult to know quite how much to spend** il est difficile de savoir exactement ce qu'on doit dépenser ; → **contrary, opposite, reverse**

◆ **quite a...** (expressing admiration) ◆ **he's quite a guy** * c'est quelqu'un de vraiment bien* or c'est un type vraiment bien* ◆ **she's quite a character** c'est un vrai personnage ◆ **that's**

**quite a car!** ça, c'est de la voiture !* ♦ **she was quite a beauty** c'était une véritable beauté
♦ **not quite** pas tout à fait ♦ **nearly, but not quite** presque, mais pas tout à fait ♦ **it wasn't quite what I wanted** ce n'était pas exactement or tout à fait ce que je voulais ♦ **not quite as many as last week** pas tout à fait autant que la semaine dernière ♦ **I don't quite know** je ne sais pas bien or trop ♦ **I don't quite see what he means** je ne vois pas tout à fait or pas trop ce qu'il veut dire

**quits*** /kwɪts/ **ADJ** ♦ **to be quits (with sb)** être quitte (envers qn) ♦ **to call it quits** s'en tenir là

**quittance** /ˈkwɪtəns/ **N** (Fin etc) quittance f

**quitter*** /ˈkwɪtəʳ/ **N** (pej) velléitaire mf ♦ **he's no quitter** il n'est pas du genre à baisser les bras

**quiver¹** /ˈkwɪvəʳ/ SYN
**VI** [person] frémir, frissonner (with de) ; [voice] trembler, trembloter ; [leaves] frémir, frissonner ; [flame] vaciller ; [wings] battre, palpiter ; [lips] trembler, frémir ; [eyelids] battre ; [flesh, heart] frémir, palpiter ; [violin] frémir
**N** [of lips, voice, hand] tremblement m ♦ **a quiver of fear** un frisson de terreur

**quiver²** /ˈkwɪvəʳ/ **N** (for arrows) carquois m

**quivering** /ˈkwɪvərɪŋ/ **ADJ** tremblant ♦ **I was a quivering wreck** je tremblais comme une feuille

**qui vive** /kiːˈviːv/ **N** ♦ **on the qui vive** sur le qui-vive

**Quixote** /ˈkwɪksət/ **N** ♦ **Don Quixote** don Quichotte m

**quixotic** /kwɪkˈsɒtɪk/ **ADJ** [person, mission, quest, venture] chimérique

**quixotically** /kwɪkˈsɒtɪkəlɪ/ **ADV** ♦ **to behave quixotically** jouer les don Quichotte ♦ **he volunteered quixotically to go himself** chevaleresque, il offrit d'y aller lui-même

**quixotism** /ˈkwɪksətɪzəm/, **quixotry** /ˈkwɪksətrɪ/ **N** donquichottisme m

**quiz** /kwɪz/ SYN
**N** (pl **quizzes**) ① (Rad, TV) quiz(z) m, jeu-concours m (radiophonique or télévisé) ; (in magazine etc) série f de questions ; (= puzzle) devinette f
② (US Scol) interrogation f rapide (orale ou écrite)
**VT** ① (gen) interroger, presser de questions (about au sujet de)
② (US Scol) interroger rapidement
**COMP** **quiz kid*** **N** (US) enfant mf prodige
**quiz programme N** jeu m (radiophonique or télévisé), quiz m

**quizmaster** /ˈkwɪzmɑːstəʳ/ **N** meneur m, -euse f de jeu ; (Rad, TV) animateur m, -trice f

**quizzical** /ˈkwɪzɪkəl/ **ADJ** [smile, expression, look] interrogateur (-trice f), interrogatif ♦ **she raised a quizzical eyebrow** elle a levé un sourcil interrogateur

**quizzically** /ˈkwɪzɪkəlɪ/ **ADV** [look at] d'un air interrogateur or interrogatif

**quod**⁑ /kwɒd/ **N** (Brit) taule⁑ f ♦ **to be in quod** être en taule⁑

**quoin** /kwɔɪn/ **N** (= angle) coin m or angle m d'un mur ; (= stone) pierre f d'angle

**quoit** /kɔɪt/ **N** palet m ♦ **quoits** (= game) jeu m du palet ♦ **to play quoits** jouer au palet

**quondam** /ˈkwɒndæm/ **ADJ** (liter) ancien before n, d'autrefois

**Quonset hut** ® /ˈkwɒnsɪthʌt/ **N** (US) baraque f or hutte f préfabriquée (en tôle, cylindrique)

**quorate** /ˈkwɔːreɪt/ **ADJ** (Brit Admin) qui a le quorum, où le quorum est atteint

**Quorn** ® /kwɔːn/ **N** substitut de viande à base de protéines végétales

**quorum** /ˈkwɔːrəm/ **N** quorum m ♦ **to make a quorum** atteindre le quorum ♦ **we have not got a quorum** nous n'avons pas de quorum, le quorum n'est pas atteint

**quota** /ˈkwəʊtə/ SYN
**N** ① (= share) quote-part f, part f
② (= permitted amount) [of imports, immigrants] quota m, contingent m
**COMP** **quota system N** système m de quotas

**quotable** /ˈkwəʊtəbl/ **ADJ** ① (= which one may quote) que l'on peut (or puisse) citer ; (= worth quoting) digne d'être cité, bon à citer
② (Stock Exchange) [securities] cotable

**quotation** /kwəʊˈteɪʃən/ SYN
**N** ① (= passage cited) citation f (from de)
② (Stock Exchange) cours m, cote f ; (Comm = estimate) devis m (estimatif)
**COMP** **quotation marks NPL** guillemets mpl ♦ **in quotation marks** entre guillemets ♦ **to open/close the quotation marks** ouvrir/fermer les guillemets

**quote** /kwəʊt/ SYN
**VT** ① [+ author, poem, fact, text] citer ; [+ words] rapporter, citer ; [+ reference number etc] rappeler ♦ **to quote Shelley** citer Shelley ♦ **to quote sb as an example** citer or donner qn en exemple ♦ **you can quote me on that** vous pouvez rapporter mes paroles ♦ **don't quote me on that** ne me citez pas ♦ **he was quoted as saying that...** il aurait dit que... ♦ **she said the text was, and I quote, "full of mistakes"**, she said the text was, quote, unquote, "full of mistakes" elle m'a dit que le texte était, je cite, « plein de fautes » ♦ **can you quote (me) a recent instance of this?** pouvez-vous (m')en citer un exemple récent ? ♦ **when ordering please quote this number** pour toute commande prière de rappeler ce numéro
② [+ price] indiquer ; (Stock Exchange) coter (at à) ♦ **this was the best price he could quote us** c'est le meilleur prix qu'il a pu nous faire or proposer ♦ **she quoted me £500 for the job** elle m'a fait un devis de 500 livres pour ces travaux ♦ **quoted company** (Stock Exchange) société f cotée en Bourse
**VI** ① (Literat etc) faire des citations ♦ **to quote from the Bible** citer la Bible
② (= give estimate) ♦ **to quote for a job** établir or faire un devis pour un travail
**N** ① (= quotation) citation f (from de)
② (= short statement : to journalist etc) déclaration f, commentaire m
③ (* = estimate) devis m
**NPL** **quotes*** (= quotation marks) guillemets mpl ♦ **in quotes** entre guillemets

**quoth** /kwəʊθ/ **DEFECTIVE VB** († or hum) ♦ **... quoth he** ... fit-il, ... dit-il

**quotidian** /kwəʊˈtɪdɪən/ **ADJ** (frm) quotidien

**quotient** /ˈkwəʊʃənt/ **N** (esp Math) quotient m ; → **intelligence**

**qv** (abbrev of **quod vide**) q.v., voir ce mot

**QWERTY, qwerty** /ˈkwɜːtɪ/ **ADJ** ♦ **QWERTY keyboard** clavier m QWERTY

# R

**R, r** /ɑːʳ/ N ① (= *letter*) R, r *m* ◆ **the three R's\*** la lecture, l'écriture et l'arithmétique ◆ **R for Robert, R for Roger** (US) ≈ R comme Robert
② (US) (abbrev of **Restricted**) interdit aux moins de 17 ans
③ (abbrev of **right**) droite *f*
④ (*Geog*) abbrev of **river**
⑤ (abbrev of **Réaumur**) R
⑥ (*Brit*) (abbrev of **Rex, Regina**) ◆ **George R** le roi Georges ◆ **Elizabeth R** la reine Élisabeth
⑦ (US) (abbrev of **Republican**) républicain

® (abbrev of **registered trademark**) ®

**RA** /ɑːˈreɪ/ N (*Brit*) (abbrev of **Royal Academy**) membre de l'Académie royale

**RAAF** /ˌɑːreɪeɪˈef/ N abbrev of **Royal Australian Air Force**

**Rabat** /rəˈbɑːt/ N Rabat

**rabbet** /ˈræbɪt/ N feuillure *f*, rainure *f*

**rabbi** /ˈræbaɪ/ N rabbin *m* ◆ **Rabbi Schulman** le rabbin Schulman ; → **chief**

**rabbinate** /ˈræbɪnɪt/ N rabbinat *m*

**Rabbinic** /rəˈbɪnɪk/ N (= *medieval Hebrew*) hébreu *m* rabbinique

**rabbinic(al)** /rəˈbɪnɪk(əl)/ ADJ rabbinique

**rabbinism** /ˈræbɪnɪzəm/ N rabbinisme *m*

**rabbit** /ˈræbɪt/
N lapin *m* ◆ **doe rabbit** lapine *f* ◆ **wild rabbit** lapin *m* de garenne ◆ **rabbit food\*** herbe *f* à lapins\* ◆ **like a rabbit caught in the headlights** tétanisé ◆ **to pull a rabbit out of the** *or* **one's hat** (*fig*) sortir un lapin de son chapeau ; → **Welsh**
VI ① (= *shoot rabbits*) ◆ **to go rabbiting** chasser le lapin
② (*Brit* \* : *also* **rabbit on, go rabbiting on**) ne pas cesser de parler ◆ **to rabbit on about sth** ne pas cesser de parler de qch, s'étendre à n'en plus finir sur qch
COMP **rabbit burrow, rabbit hole** N terrier *m* (de lapin)
**rabbit fever** N tularémie *f*
**rabbit food\*** N herbe *f* à lapins\*
**rabbit hutch** N clapier *m*, cabane *f or* cage *f* à lapins
**rabbit punch** N (*Boxing etc*) coup *m* du lapin
**rabbit warren** N (*lit*) garenne *f* ; (*fig*) (= *streets, corridors*) labyrinthe *m*

**rabbitfish** /ˈræbɪtfɪʃ/ N chimère *f*

**rabble** /ˈræbl/ SYN
N (= *disorderly crowd*) cohue *f* (*pej* = *lower classes*) ◆ **the rabble** la populace (*pej*)
COMP **rabble-rouser** N (*pej*) fomentateur *m*, -trice *f* de troubles, agitateur *m*, -trice *f*
**rabble-rousing** (*pej*) N incitation *f* à la révolte *or* à la violence ADJ qui incite à la révolte *or* à la violence, qui cherche à soulever les masses

**Rabelaisian** /ˌræbəˈleɪzɪən/ ADJ (*Literat*) rabelaisien

**rabid** /ˈræbɪd/ SYN ADJ ① (*Med*) [*animal*] qui a la rage, enragé ; [*person*] atteint de la rage
② (*pej* = *fanatical*) [*nationalist, extremism, hysteria*] fanatique ; [*hatred*] farouche, féroce

**rabidly** /ˈræbɪdlɪ/ ADV farouchement, fanatiquement

**rabies** /ˈreɪbiːz/
N rage *f* (*Med*)
COMP [*virus*] rabique, de la rage ; [*injection, precautions, laws*] contre la rage, antirabique

**RAC** /ˌɑːreɪˈsiː/ N (*Brit*) (abbrev of **Royal Automobile Club**) société de dépannage

**raccoon** /rəˈkuːn/
N raton *m* laveur
COMP en (fourrure de) raton (laveur)

**race¹** /reɪs/ SYN
N ① (*Sport, fig*) course *f* ◆ **the 100 metres race** le 100 mètres, la course de 100 mètres ◆ **horse race** course *f* de chevaux ◆ **cycle race** course *f* cycliste ◆ **the races** (*Racing*) les courses *fpl* (de chevaux) ◆ **to ride a race** [*jockey*] monter dans une course ◆ **race against time** *or* **the clock** (*lit, fig*) course *f* contre la montre ◆ **the race for** *or* **to the White House** la course à la Maison-Blanche ◆ **the race to find a cure for cancer** la course pour trouver un traitement contre le cancer ◆ **the race is on to build a prototype** c'est la course pour construire un prototype ; → **arm², long¹, relay**
② (= *swift current*) (*in sea*) raz *m* ; (*in stream*) courant *m* fort ; → **mill**
③ (*liter*) [*of sun, moon*] cours *m*
VT ① [+ *person*] faire la course avec ◆ **I'll race you to school!** le premier à l'école a gagné ! ◆ **he raced the train in his car** il faisait la course avec le train dans sa voiture
② (= *cause to speed*) [+ *car*] lancer (à fond) ◆ **to race the engine** emballer le moteur
③ (*Sport*) [+ *horse, dog*] faire courir ◆ **to race pigeons** faire des courses de pigeon ◆ **Schumacher races Ferraris** Schumacher court sur Ferrari
VI ① (= *compete*) [*racing driver, athlete, jockey etc*] courir, faire la course ◆ **to race against sb** faire la course avec qn ◆ **we'll have to race against time** *or* **the clock** ça va être une course contre la montre ◆ **he races at Cheltenham every week** [*horse owner*] il fait courir un cheval (*or* des chevaux) à Cheltenham toutes les semaines
② (= *rush*) [*person*] aller *or* courir à toute allure *or* à toute vitesse ◆ **to race in/out/across** *etc* entrer/sortir/traverser *etc* à toute allure ◆ **to race after sb** courir après qn, essayer de rattraper qn ◆ **to race for a taxi** courir pour avoir un taxi ◆ **to race for the door** se précipiter vers la porte ◆ **to race to the station** courir à la gare, foncer jusqu'à la gare ◆ **to race to the telephone** se précipiter vers le téléphone ◆ **to race along** filer (à toute allure) ◆ **he raced down the street** il a descendu la rue à toute vitesse ◆ **he raced through his work** il a fait son travail à toute vitesse ◆ **we are racing towards complete economic collapse** nous nous précipitons vers un effondrement total de l'économie
③ [*engine*] s'emballer ; [*pulse*] être très rapide ◆ **memories of the past raced through her mind** les souvenirs du passé se sont mis à défiler dans son esprit ◆ **thoughts raced around in her head** les pensées se bousculaient dans sa tête ◆ **her mind was racing** elle réfléchissait à toute vitesse ◆ **my heart began to race with fear** mon cœur s'est mis à battre la chamade
COMP **race card** N programme *m* (des courses)
**race-fit** ADJ en forme (pour courir)
**race meeting** N (*Brit*) courses *fpl*

**race²** /reɪs/ SYN
N (= *species* : *lit, fig*) race *f* ◆ **the human race** le genre humain
COMP [*hatred, prejudice*] racial
**race hate** N haine *f* raciale
**race-hate** ADJ [*attack, crime*] racial ◆ **race-hate campaign** campagne *f* d'incitation à la haine raciale
**race relations** NPL relations *fpl* interraciales (*Brit*) ◆ **the Race Relations Board** commission *pour les relations interraciales* → **QUANGO**
**race riot** N émeute(s) *f(pl)* raciale(s)

**racecourse** /ˈreɪskɔːs/ N (*esp Brit*) champ *m* de courses, hippodrome *m*

**racegoer** /ˈreɪsɡəʊəʳ/ N (*Brit*) turfiste *mf*

**racehorse** /ˈreɪshɔːs/ N cheval *m* de course

**raceme** /ˈræsiːm/ N racème *m* (*rare*), grappe *f*

**racemic** /rəˈsiːmɪk/ ADJ racémique

**racer** /ˈreɪsəʳ/ N (= *person*) coureur *m*, -euse *f* ; (= *car, yacht*) racer *m* ; (= *horse*) cheval *m* de course ; (= *cycle*) vélo *m* de course

**racetrack** /ˈreɪstræk/ N (US) champ *m* de courses ; (*Brit*) piste *f*

**raceway** /ˈreɪsweɪ/ N (US : *for horses, cars*) piste *f*

**rachis** /ˈreɪkɪs/ N (pl **rachises** *or* **rachides** /ˈrækɪˌdiːz/) (= *feather shaft, spine*) rachis *m*

**rachitic** /ræˈkɪtɪk/ ADJ rachitique

**rachitis** /rəˈkaɪtɪs/ N (*Med*) rachitisme *m*

**Rachmanism** /ˈrækməˌnɪzəm/ N (*Brit*) intimidation *de locataires par des propriétaires sans scrupule*

**racial** /ˈreɪʃəl/ SYN
ADJ [*harmony, identity, purity*] racial ; [*attack, prejudice, stereotype, violence*] racial, raciste ; [*inequality*] entre les races ◆ **to vote along racial lines** voter selon des critères raciaux
COMP **racial discrimination** N discrimination *f* raciale
**racial harassment** N harcèlement *m* raciste
**racial minority** N minorité *f* raciale
**racial segregation** N ségrégation *f* raciale

**racialism** † /ˈreɪʃəlɪzəm/ N (*esp Brit*) racisme *m*

**racialist** † /ˈreɪʃəlɪst/ ADJ, N (*esp Brit*) raciste *mf*

**racially** /ˈreɪʃəlɪ/ ADV [*sensitive, diverse, divided, pure, superior*] d'un point de vue racial ◆ **racially mixed marriages** les mariages mixtes *or* interraciaux ◆ **a racially motivated attack** une agression raciste ◆ **to be racially prejudiced** avoir des préjugés raciaux ◆ **to be racially abused** être victime d'insultes racistes ◆ **the schools are racially segregated** les écoles pratiquent la ségrégation raciale ◆ **the schools were racially integrated** les écoles pratiquaient l'intégration raciale

**racily** /ˈreɪsɪlɪ/ ADV [*write*] (= *in risqué style*) lestement ; (= *in lively style*) avec verve

**raciness** /ˈreɪsɪnɪs/ N [*of story, style*] caractère *m* leste ; [*of joke*] grivoiserie *f*

**racing** /ˈreɪsɪŋ/
- **N** courses fpl ; (also **horse-racing**) courses fpl de chevaux, hippisme m ♦ **motor racing** course f automobile ♦ **I'm not a racing man** je ne suis pas amateur de courses ♦ **the racing world** le monde des courses
- COMP [calendar, stables] de(s) courses
  **racing bicycle** N bicyclette f de course
  **racing bike** N vélo m de course
  **racing car** N voiture f de course
  **racing certainty** N (Brit fig) certitude f absolue
  **racing colours** NPL couleurs fpl d'une écurie (portées par le jockey)
  **racing cyclist** N coureur m, -euse f cycliste
  **racing driver** N coureur m, -euse f automobile, pilote m de courses
  **racing pigeon** N pigeon m voyageur de compétition
  **racing yacht** N racer m, yacht m de course

**racism** /ˈreɪsɪzəm/ N racisme m

**racist** /ˈreɪsɪst/ ADJ, N raciste mf

**rack¹** /ræk/ SYN
- **N** ① (for bottles, documents) casier m ; (for luggage) porte-bagages m inv ; (for dishes) égouttoir m ; (for hanging tools/ties etc) porte-outils/-cravates etc m ; (for vegetables) bac(s) m(pl) à légumes ; (for fodder, rifles, pipes) râtelier m ♦ **off the rack** (US) en confection, en prêt-à-porter ; → **bicycle, hatrack, luggage, toast**
② (Hist) (torture) chevalet m ♦ **to put sb on the rack** (lit) infliger or faire subir le supplice du chevalet à qn ; (fig) mettre qn au supplice ♦ **we had the opposition on the rack** nous tenions l'opposition à la gorge
- **VT** (Hist) (torture) faire subir le supplice du chevalet à ; (fig) [pain] torturer, tourmenter ♦ **racked by remorse** tenaillé par le remords ♦ **racked by doubt** assailli de doutes ♦ **to rack one's brains** se creuser la tête or la cervelle*
- COMP **rack and pinion** N crémaillère f
  **rack (and pinion) railway** N chemin m de fer à crémaillère
  **rack rent** N loyer m exorbitant
▶ **rack up** VT FUS [+ profits, losses, sales, wins] accumuler ♦ **to rack up an impressive score** réaliser un score impressionnant

**rack²** /ræk/ N ♦ **to go to rack and ruin** [building] tomber en ruine ; [business, economy] aller à vau-l'eau ; [person, country] aller à la ruine

**racket¹** /ˈrækɪt/
- **N** (Sport) raquette f
- NPL **rackets** (= game) (jeu m de) paume f
- COMP **racket press** N presse-raquette m inv, presse f

**racket²** /ˈrækɪt/ SYN
- **N** ① (= noise) [of people] tapage m, boucan* m ; [of machine] vacarme m ♦ **to make a racket** [people] faire du tapage or du boucan* ; [machine] faire du vacarme
② (= organized crime) trafic m ; (= dishonest scheme) escroquerie f ♦ **an extortion racket** un racket ♦ **the drugs/stolen car racket** le trafic de drogue/des voitures volées ♦ **he's in on the racket*** (fig) il est dans le coup* ♦ **what's your racket?*** (fig = job etc) qu'est-ce que vous faites dans la vie ? ♦ **teaching isn't really my racket*** l'enseignement n'est pas vraiment mon truc*
- **VI** † (= make a noise) faire du tapage or du boucan* ; (also **racket about, racket around**) (= lead a hectic social life) faire la bombe* or la bringue*

**racketeer** /ˌrækɪˈtɪər/ N racketter m, rackettteur m ♦ **drugs racketeer** trafiquant m de drogue

**racketeering** /ˌrækɪˈtɪərɪŋ/ N (NonC) racket m ♦ **drugs racketeering** trafic m de drogue

**racking** /ˈrækɪŋ/ ADJ [pain, sobs] déchirant ; [cough] convulsif

**raconteur** /ˌrækɒnˈtɜːr/ N conteur m, -euse f

**racoon** /rəˈkuːn/ N ⇒ **raccoon**

**racquet** /ˈrækɪt/ N ⇒ **racket¹**

**racquetball** /ˈrækɪtˌbɔːl/ N (NonC) racket-ball m

**racy** /ˈreɪsɪ/ SYN ADJ ① (= risqué) [story, book, film, language] leste
② (= lively) [style of writing, speaking] plein de verve

**RADA** /ˈrɑːdə/ N (in Brit) (abbrev of **Royal Academy of Dramatic Art**) ≈ Conservatoire m d'art dramatique

**radar** /ˈreɪdɑːr/
- **N** radar m ♦ **by radar** au radar
- COMP [antenna, echo, screen, station] radar inv
  **radar astronomy** N radarastronomie f
  **radar beacon** N radiophare m pour radar
  **radar operator** N radariste mf
  **radar scanner** N (= antenna) antenne f radar inv
  **radar screen** N écran m radar ♦ **to vanish from radar screens** (lit : aircraft) disparaître des écrans radar ; (fig : person) disparaître de la circulation
  **radar sensor** N détecteur m (radar inv)
  **radar trap** N (on road) contrôle m radar inv ♦ **to get caught in a radar trap** se faire piéger par un radar

**raddle** /ˈrædl/
- **N** ocre f rouge
- **VT** [+ sheep] marquer (à l'ocre)

**raddled** /ˈrædld/ ADJ [face] marqué, aux traits accusés, fripé ; [person] au visage marqué, aux traits accusés

**radial** /ˈreɪdɪəl/
- ADJ [streets] (also Med) radial ; [pattern] en étoile
- **N** (also **radial tyre**) pneu m à carcasse radiale
- COMP **radial engine** N moteur m en étoile
  **radial-ply** ADJ [tyre] à carcasse radiale
  **radial road** N radiale f
  **radial tyre** N pneu m à carcasse radiale

**radially** /ˈreɪdɪəlɪ/ ADV [arrange, extend] en étoile

**radian** /ˈreɪdɪən/ N (Math) radian m

**radiance** /ˈreɪdɪəns/ SYN, **radiancy** /ˈreɪdɪənsɪ/ N [of sun, lights etc] éclat m ; [of face, personality, beauty] éclat m, rayonnement m

**radiant** /ˈreɪdɪənt/ SYN
- ADJ [person, smile, beauty, sunshine] radieux ; [optimism] rayonnant ; [complexion, colour] éclatant ♦ **radiant with joy/health** rayonnant de joie/de santé ♦ **to look radiant** être radieux
- **N** (Phys) point m radiant ; (Math) radian m ; (Astron) (point m) radiant m
- COMP **radiant energy** N (Phys) énergie f rayonnante
  **radiant heat** N (Phys) chaleur f radiante or rayonnante
  **radiant heater** N radiateur m à foyer rayonnant
  **radiant heating** N chauffage m par rayonnement

**radiantly** /ˈreɪdɪəntlɪ/ ADV [smile, say] d'un air radieux ; [shine] d'un vif éclat ♦ **to be radiantly happy** être rayonnant de bonheur ♦ **radiantly beautiful** à la beauté radieuse

**radiata pine** /ˌreɪdɪˈɑːtə/ N pin m de Monterey

**radiate** /ˈreɪdɪeɪt/ SYN
- **VI** (= emit rays) irradier, rayonner (liter) ; (= emit heat) rayonner ; (Phys) irradier ; (fig) [lines, roads] rayonner (from de), partir du même centre
- **VT** [+ heat] (Tech) émettre ; (gen) répandre ♦ **to radiate happiness** être rayonnant or rayonner de bonheur ♦ **he radiates enthusiasm** il respire l'enthousiasme

**radiation** /ˌreɪdɪˈeɪʃən/ SYN
- **N** [of light] rayonnement m, rayons mpl ; [of heat] rayonnement m ; (= radioactivity) radiations fpl ♦ **the ozone layer protects us from ultra violet radiation from the sun** la couche d'ozone nous protège du rayonnement ultraviolet or des rayons ultraviolets du soleil
- COMP **radiation exposure** N irradiation f
  **radiation levels** NPL niveaux mpl de radiation
  **radiation sickness** N mal m des rayons
  **radiation treatment** N (Med) radiothérapie f

**radiator** /ˈreɪdɪeɪtər/
- **N** radiateur m
- COMP **radiator cap** N (on car radiator) bouchon m de radiateur
  **radiator grill(e)** N (on car) calandre f

**radical** /ˈrædɪkəl/ SYN ADJ, N (gen, Pol, Ling, Bot, Math) radical m

**radicalism** /ˈrædɪkəlɪzəm/ N radicalisme m

**radicalization** /ˌrædɪkəlaɪˈzeɪʃən/ N radicalisation f

**radicalize** /ˈrædɪkəlaɪz/ VT radicaliser

**radically** /ˈrædɪkəlɪ/ ADV [differ, change, affect, improve, reduce] radicalement, de façon radicale ♦ **radically different** radicalement différent ♦ **there's something radically wrong with this approach** il y a quelque chose qui ne va pas du tout avec cette méthode

**radicchio** /rædˈdiːkɪəʊ/ N (pl **radicchios**) trévise f

**radices** /ˈreɪdɪsiːz/ NPL of **radix**

**radicle** /ˈrædɪkl/ N [of plant] radicule f, radicelle f ; (Chem) radical m

**radii** /ˈreɪdɪaɪ/ NPL of **radius**

**radio** /ˈreɪdɪəʊ/
- **N** ① (also **radio set**) radio f ♦ **on the radio** à la radio ♦ **he has got a radio** il a un poste de radio, il a la radio ♦ **to put the radio on/off** allumer/éteindre la radio or le poste ; → **transistor**
② (NonC: Telec) radio m ♦ **to send a message by radio** envoyer un (message) radio ♦ **they communicated by radio** ils communiquaient par radio
- **VT** [+ person] appeler or joindre par radio ; [+ information] communiquer par radio ♦ **to radio a message** envoyer un (message) radio
- **VI** ♦ **to radio for help** appeler au secours par radio
- COMP [talk, programme] de radio
  **radio alarm (clock)** N radio-réveil m
  **radio amateur** N radioamateur m
  **radio announcer** N speaker(ine) m(f)
  **radio astronomy** N radioastronomie f
  **radio beacon** N radiophare m, radiobalise f
  **radio beam** N faisceau m radio
  **radio broadcast** N émission f de radio or radiophonique
  **radio buoy** N ⇒ **radio sono-buoy**
  **radio cab** N radio-taxi m
  **radio car** N voiture f radio inv
  **radio cassette (recorder)** N (esp Brit) radiocassette m
  **radio compass** N radiocompas m
  **radio contact** N radiocommunication f
  **radio control** N radiocommande f
  **radio-controlled** ADJ radiocommandé
  **radio direction finding** N radiogoniométrie f
  **radio engineer** N ingénieur m radio inv
  **radio frequency** N radiofréquence f
  **radio galaxy** N radiogalaxie f
  **radio ham*** N radioamateur m
  **radio link** N liaison f radio inv
  **radio mast** N mât m d'antenne, pylône m
  **radio operator** N opérateur m (radio inv), radio m
  **radio play** N pièce f radiophonique, audiodrame m
  **radio programme** N émission f de radio or radiophonique
  **radio receiver** N récepteur m de radio
  **radio set** N poste m de (radio), radio f
  **radio silence** N silence m radio inv ♦ **to maintain radio silence** garder le silence radio
  **radio sono-buoy** N bouée f sonore
  **radio source, radio star** N radiosource f
  **radio station** N (= broadcasting organization) station f de radio ; (= installation) poste m émetteur
  **radio taxi** N radio-taxi m
  **radio telescope** N radiotélescope m
  **radio valve** N valve f, tube m à vide
  **radio van** N (Rad, TV) studio m mobile (de radiodiffusion or d'enregistrement)
  **radio wave** N onde f hertzienne

**radioactive** /ˌreɪdɪəʊˈæktɪv/ ADJ radioactif ♦ **radioactive waste** déchets mpl radioactifs

**radioactivity** /ˌreɪdɪəʊækˈtɪvɪtɪ/ N radioactivité f

**radiobiologist** /ˌreɪdɪəʊbaɪˈɒlədʒɪst/ N radiobiologiste mf

**radiobiology** /ˌreɪdɪəʊbaɪˈɒlədʒɪ/ N radiobiologie f

**radiocarbon** /ˌreɪdɪəʊˈkɑːbən/
- **N** radiocarbone m, carbone m
- COMP **radiocarbon dating** N datation f au carbone 14

**radiochemistry** /ˌreɪdɪəʊˈkemɪstrɪ/ N radiochimie f

**radiocommunication** /ˌreɪdɪəʊkəˌmjuːnɪˈkeɪʃən/ N contact(s) m(pl) radio inv

**radioelement** /ˌreɪdɪəʊˈelɪmənt/ N radioélément m

**radiogoniometer** /ˈreɪdɪəʊɡəʊnɪˈɒmɪtər/ N radiogoniomètre m

**radiogoniometry** /ˈreɪdɪəʊɡəʊnɪˈɒmɪtrɪ/ N radiogoniométrie f

**radiogram** /ˈreɪdɪəʊɡræm/ N ① († = message) radiogramme m, radio m
② (Brit = apparatus) combiné m (avec radio et pickup)

**radiograph** /ˈreɪdɪəʊɡrɑːf/ N radio f, radiographie f

**radiographer** /ˌreɪdɪˈɒɡrəfər/ N radiologue mf (technicien)

**radiographic** /ˌreɪdɪəʊˈɡræfɪk/ ADJ radiographique

**radiography** /ˌreɪdɪˈɒɡrəfɪ/ N radiographie f, radio f

**radioisotope** /ˌreɪdɪəʊˈaɪsətəʊp/ N radio-isotope m
**radiological** /ˌreɪdɪəˈlɒdʒɪkəl/ ADJ radiologique
**radiologist** /ˌreɪdɪˈɒlədʒɪst/ N radiologue mf (médecin)
**radiology** /ˌreɪdɪˈɒlədʒɪ/ N radiologie f
**radiolysis** /ˌreɪdɪˈɒlɪsɪs/ N radiolyse f
**radiometer** /ˌreɪdɪˈɒmɪtəʳ/ N radiomètre m
**radiometry** /ˌreɪdɪˈɒmɪtrɪ/ N radiométrie f
**radiopager** /ˌreɪdɪəʊˈpeɪdʒəʳ/ N bip* m, pager m
**radiopaging** /ˌreɪdɪəʊˈpeɪdʒɪŋ/ N (service m de) radiomessagerie f
**radioscopic** /ˌreɪdɪəʊˈskɒpɪk/ ADJ radioscopique
**radioscopy** /ˌreɪdɪˈɒskəpɪ/ N radioscopie f
**radiosensitive** /ˌreɪdɪəʊˈsensɪtɪv/ ADJ radiosensible
**radiosensitivity** /ˈreɪdɪəʊˌsensɪˈtɪvɪtɪ/ N radiosensibilité f
**radiosonde** /ˌreɪdɪəʊˌsɒnd/ N radiosonde f
**radiotelegraph** /ˌreɪdɪəʊˈtelɪɡrɑːf/ N radiotélégramme m, radiogramme m
**radiotelegraphy** /ˌreɪdɪəʊtɪˈleɡrəfɪ/ N radiotélégraphie f
**radiotelephone** /ˌreɪdɪəʊˈtelɪfəʊn/ N radiotéléphone m
**radiotelephony** /ˌreɪdɪəʊtɪˈlefənɪ/ N radiotéléphonie f
**radiotherapist** /ˌreɪdɪəʊˈθerəpɪst/ N radiothérapeute mf
**radiotherapy** /ˌreɪdɪəʊˈθerəpɪ/ N radiothérapie f ◆ **to have radiotherapy (treatment)** subir une radiothérapie
**radish** /ˈrædɪʃ/ N radis m
**radium** /ˈreɪdɪəm/
  N radium m
  COMP **radium therapy, radium treatment** N (Med) radiumthérapie f, curiethérapie f
**radius** /ˈreɪdɪəs/ N (pl **radiuses** or **radii**) (Math, fig) rayon m ; (Anat) radius m ◆ **within a 6km radius of Paris** dans un rayon de 6 km autour de Paris
**radix** /ˈreɪdɪks/ N (pl **radixes** or **radices**) (Math) base f ; (Ling) radical m
**radome** /ˈreɪdəʊm/ N radôme m
**radon** /ˈreɪdɒn/ N (also **radon gas**) radon m
**radula** /ˈrædjʊlə/ N (pl **radulae** /ˈrædjʊliː/) radula f
**RAF** /ˌɑːreɪˈef/ N (Brit) (abbrev of **Royal Air Force**) RAF f
**raffia** /ˈræfɪə/
  N raphia m
  COMP **raffia fish** en raphia
**raffish** /ˈræfɪʃ/ ADJ [charm, appearance, air, behaviour] canaille ; [person] à l'air canaille ; [place] louche ◆ **to cut a raffish figure** avoir l'air canaille
**raffle** /ˈræfl/ SYN
  N tombola f
  VT mettre en tombola
  COMP **raffle ticket** N billet m de tombola
**rafflesia** /ræˈfliːzɪə/ N (= plant) rafflésie f, rafflesia m
**raft** /rɑːft/ N [1] (flat structure) radeau m ; (logs) train m de flottage ; → **life**
  [2] (fig) ◆ **a raft of…** un tas de…
**rafter** /ˈrɑːftəʳ/ N (Archit) chevron m
**rafting** /ˈrɑːftɪŋ/ N rafting m ◆ **to go rafting** faire du rafting
**rag¹** /ræɡ/
  N [1] lambeau m, loque f ; (for wiping etc) chiffon m ◆ **to feel like a wet rag*** (emotionally) se sentir vidé or mou comme une chiffe ; (physically) se sentir ramollo* inv ◆ **rags** (for paper-making) chiffons mpl, peilles fpl ; (= old clothes) guenilles fpl, haillons mpl ◆ **his clothes were in rags** ses vêtements étaient en lambeaux or tombaient en loques ◆ **to be (dressed) in rags** être vêtu de guenilles or de haillons, être déguenillé ◆ **in rags and tatters** tout en loques ◆ **to go from rags to riches** passer de la misère à la richesse ◆ **to lose one's rag**‡ se mettre en rogne*, se foutre en rogne‡ ; → **glad, red**
  [2] (* pej = newspaper) torchon* m, feuille f de chou*
  [3] (‡ = sanitary towel) serviette f hygiénique ◆ **to be on the rag** avoir ses ragnagnas*
  [4] (Mus) ragtime m

COMP **rag-and-bone man** N (pl **rag-and-bone men**) (Brit) chiffonnier m
**rag doll** N poupée f de chiffon
**rag rug** N carpette f faite de chutes de tissu
**the rag trade*** N la confection

**rag²*** /ræɡ/ (Brit)
  N (= joke) farce f, blague* f ◆ **for a rag** par plaisanterie, pour s'amuser, pour blaguer*
  VT † (= tease) taquiner, mettre en boîte* ; (= play trick on) faire une blague* à ; (Scol) [+ teacher] chahuter
COMP **rag week** N (Univ) semaine où les étudiants organisent des attractions au profit d'œuvres de bienfaisance

**raga** /ˈrɑːɡə/ N raga m inv
**ragamuffin** /ˈræɡəˌmʌfɪn/ N (= urchin) galopin* m ; (= ragged fellow) va-nu-pieds mf inv
**ragbag** /ˈræɡbæɡ/ SYN N [1] (lit) sac m à chiffons
  [2] (Brit fig) ◆ **a ragbag of…** un groupe hétéroclite de…
**rage** /reɪdʒ/ SYN
  N rage f, fureur f ; [of sea] furie f ◆ **he was shaking with rage** il tremblait de rage ◆ **to be in a rage** être furieux or en fureur or en rage ◆ **to put sb into a rage** mettre qn en rage or en fureur ◆ **to fly into a rage** entrer en fureur, se mettre en rage, sortir de ses gonds ◆ **he shot her in a fit of rage** il lui a tiré dessus dans un accès de fureur or rage ◆ **golf/trolley rage** comportement m agressif sur un parcours de golf/dans un supermarché ◆ **computer rage** comportement d'une personne excédée par son ordinateur ◆ **to be (all) the rage** faire fureur ; → **air**
  VI [person] être furieux (against contre), rager* ; [battle, fire] faire rage ; [sea] être démonté, être en furie ; [storm] se déchaîner, faire rage ; [wind] être déchaîné ◆ **"you shouldn't have done that" she raged** « tu n'aurais pas dû faire ça », dit-elle, furieuse ◆ **the fire raged through the city** l'incendie s'est propagé dans la ville avec une violence inouïe ◆ **she raged at her fate** elle était furieuse de ce qui lui arrivait ◆ **he raged about the unfairness of this rule** l'injustice de cette règle le révoltait ◆ **the fierce arguments raging over the future of the hospital** les féroces controverses sur l'avenir de l'hôpital

**ragga** /ˈræɡə/ N (Mus) raga(muffin) m
**ragged** /ˈræɡɪd/ SYN
  ADJ [1] (= in tatters) [person] déguenillé, en haillons ; [clothes] en lambeaux, en loques ; [cuff] effiloché
  [2] (= uneven) [edge, rock] déchiqueté ; [hole] aux bords déchiquetés or irréguliers ; [line, beard] irrégulier ; [cloud] effiloché ◆ **on the ragged edge*** (US = anxious) au bord de la crise de nerfs ◆ **to run sb ragged*** éreinter or épuiser qn ◆ **to run o.s. ragged*** s'épuiser
  [3] (= disorganized) [performance] inégal ◆ **the orchestra sounded rather ragged in places** l'orchestre a donné une prestation assez inégale
  COMP **ragged robin** N (= plant) fleur f de coucou
**raggedly** /ˈræɡɪdlɪ/ ADV [1] (= in rags) ◆ **raggedly dressed** déguenillé, en haillons
  [2] (= unevenly) ◆ **they marched raggedly up and down** ils ont défilé en long et en large ◆ **the orchestra played raggedly** la prestation de l'orchestre a été assez inégale
**raggle-taggle** /ˈræɡlˌtæɡl/ ADJ [gipsy] dépenaillé ; [army, group] disparate
**ragi** /ˈræɡɪ/ N (= plant) éleusine f, ragi m
**raging** /ˈreɪdʒɪŋ/ SYN
  ADJ [pain] atroce ; [storm, wind, torrent] déchaîné ; [sea] déchaîné, démonté ; [fire] violent ; [inflation] galopant ; [debate] houleux ; [feminist, nationalist, nationalism] fanatique ◆ **a raging inferno** un immense brasier ◆ **to be in a raging temper, to be raging mad*** être dans une colère noire ◆ **raging temperature** or **fever** fièvre f de cheval ◆ **he had a raging thirst** il mourait de soif ◆ **raging toothache** rage f de dents ◆ **a raging success** un succès prodigieux
  N [of person] rage f, fureur f ; [of elements] déchaînement m ◆ **the raging of the sea** la mer en furie
**raglan** /ˈræɡlən/ ADJ, N raglan m inv
**ragman** /ˈræɡmæn/ N (pl **-men**) chiffonnier m
**ragout** /ræˈɡuː/ N ragoût m
**ragtag** /ˈræɡˌtæɡ/ N ◆ **ragtag and bobtail** racaille f, populace f
**ragtime** /ˈræɡtaɪm/ N ragtime m
**ragtop**‡ /ˈræɡtɒp/ N (US = car) décapotable f
**ragweed** /ˈræɡwiːd/ N ambroisie f

**ragworm** /ˈræɡwɜːm/ N néréis m, néréide f
**ragwort** /ˈræɡwɜːt/ N jacobée f
**rah*** /rɑː/ (US)
  EXCL hourra !, bravo !
  COMP **rah-rah*** ADJ enthousiaste, exubérant
**rai** /raɪ/ N raï m
**raid** /reɪd/ SYN
  N (Mil) raid m, incursion f ; (by police) descente f (de police) ; (with arrests) rafle f ; (by bandits) razzia f ; (Brit: by thieves) hold-up m inv ; (Fin) raid m, tentative f de prise de contrôle ◆ **air raid** raid m (aérien), bombardement m aérien ◆ **bank raid** (Brit) hold-up m inv or braquage* m d'une banque
  VT [1] (Mil) faire une incursion or un raid dans ; (= bomb from plane) bombarder, faire un raid sur ; [police] faire une descente or une rafle dans ; [bandits] razzier ; (Brit) [thieves] faire un hold-up à, braquer*
  [2] (fig) [+ orchard] marauder dans ; (hum) [+ cashbox, piggybank] puiser dans ; (hum) [+ larder, fridge] dévaliser, faire une descente dans* ; (Fin) lancer une tentative de prise de contrôle de
**raider** /ˈreɪdəʳ/ SYN N (= thief) braqueur* m ; (= ship) navire m qui accomplit un raid, raider m ; (= plane) bombardier m ; (Fin) raider m
**raiding** /ˈreɪdɪŋ/
  N (Mil) raids mpl ; [of police] raids mpl, descentes fpl
  COMP **raiding party** N groupe m d'attaque
**rail¹** /reɪl/
  N [1] (= bar) [of bridge, quay] garde-fou m ; [of boat] bastingage m, rambarde f ; [of balcony, terrace] balustrade f ; (= handrail: on wall) main f courante ; (= banister) rampe f ; (for carpet, curtains, spotlights etc) tringle f ◆ **the horse was close to the rails** (Racing) le cheval tenait la corde ◆ **rails** (= fence) grille f, barrière f ; → **altar, towel**
  [2] (for train, tram) rail m ◆ **to travel by rail** voyager en train ◆ **to send by rail** envoyer par (le) train or par chemin de fer ◆ **to go off the rails** (lit) [train etc] dérailler ; (fig) [person] (= err) s'écarter du droit chemin ; (= be confused) être déboussolé ◆ **to keep sb on the rails** maintenir qn sur le droit chemin ; → **live²**
  COMP [ticket] de train, de chemin de fer ; [journey] en train, en chemin de fer ; [dispute] des employés des chemins de fer
  **rail strike** N grève f des employés des chemins de fer
  **rail traffic** N trafic m ferroviaire
  **rail transport** N transport m ferroviaire
  ▸ **rail in** VT SEP clôturer, entourer d'une clôture or d'une barrière
  ▸ **rail off** VT SEP fermer au moyen d'une clôture or d'une barrière
**rail²** /reɪl/ VI (frm) ◆ **to rail at** or **against sb** se répandre en injures contre qn
**railcar** /ˈreɪlkɑːʳ/ N autorail m
**railcard** /ˈreɪlkɑːd/ N carte f de chemin de fer ◆ **family railcard** ≈ carte f couple-famille ◆ **Senior Citizen railcard** carte f vermeil ◆ **student railcard** carte f de train tarif étudiant ◆ **young person's railcard** carte f de train tarif jeune
**railhead** /ˈreɪlhed/ N tête f de ligne
**railing** /ˈreɪlɪŋ/ SYN N [1] (= rail) [of bridge, quay] garde-fou m ; [of balcony, terrace] balustrade f ; (on stairs) rampe f ; (on wall) main f courante
  [2] (= part of fence) barreau m ; (= fence : also **railings**) grille f
**raillery** /ˈreɪlərɪ/ N taquinerie f, badinage m
**railroad** /ˈreɪlrəʊd/
  N (US) = **railway**
  VT [1] (US) expédier par chemin de fer or par rail
  [2] (* = force) ◆ **to railroad a bill** faire voter un projet de loi (après un débat sommaire) ◆ **to railroad sb into doing sth** forcer qn à faire qch sans qu'il ait le temps de réfléchir or de faire ouf*
**railway** /ˈreɪlweɪ/
  N [1] (Brit) (= system) chemin m de fer ; (= track) voie f ferrée ; → **aerial, elevated, scenic, underground**
  [2] (US : for trams etc) rails mpl
  COMP [bridge, ticket] de chemin de fer
  **railway carriage** N voiture f, wagon m
  **railway engine** N locomotive f
  **railway guide** N indicateur m des chemins de fer

**railway journey** N voyage m en train or en chemin de fer
**railway line** N ligne f de chemin de fer ; (= track) voie f ferrée
**railway network** N réseau m ferroviaire
**railway police** N police f des chemins de fer
**railway porter** N porteur m
**railway station** N gare f ; (small) station f de chemin de fer
**railway timetable** N horaire m des chemins de fer
**railway workers** NPL employés mpl des chemins de fer, cheminots mpl
**railway yard** N dépôt m (d'une gare)

**railwayman** /ˈreɪlweɪmən/ N (pl -men) (Brit) cheminot m

**railworkers** /ˈreɪlwɜːkəz/ NPL employés mpl des chemins de fer, cheminots mpl

**raiment** /ˈreɪmənt/ N (liter) vêtements mpl

**rain** /reɪn/
⚀ ① (lit) pluie f ◆ **it looks like rain** le temps est à la pluie ◆ **in the rain** sous la pluie ◆ **heavy/light rain** pluie f battante/fine ◆ **the rain's on*** (Scot) ça pleut * ◆ **(come) rain (hail) or shine** (lit) par tous les temps, qu'il pleuve ou qu'il vente ; (fig) quoi qu'il arrive ◆ **the rains** la saison des pluies ; → **right**
② (fig) [of arrows, blows, bullets] pluie f
⚁ [+ blows] faire pleuvoir
⚂ pleuvoir ◆ **it is raining** il pleut ◆ **it is raining heavily** il pleut à verse ◆ **it's raining cats and dogs***, **it's raining buckets*** il pleut des cordes * ◆ **to rain on sb's parade** mettre des bâtons dans les roues de qn ◆ **it never rains but it pours** (Prov) un malheur n'arrive jamais seul (Prov)
COMP **rain belt** N zone f des pluies
**rain check *** N (US) billet m pour un autre match (or pour un autre spectacle) ◆ **to give sb a rain check** (US fig) inviter qn une autre fois (à la place) ◆ **I'll take a rain check (on that)** (esp US) (fig) ça sera pour une autre fois
**rain cloud** N nuage m chargé de pluie
**rain dance** N danse f de la pluie
**rain gauge** N pluviomètre m
**rain hood** N capuche f en plastique
**rain shadow** N région f sous le vent

▶ **rain down** VI [bullets, stones etc] pleuvoir

▶ **rain off, rain out** (US) VT SEP ◆ **the match was rained off** or **out** le match a été annulé (or abandonné) à cause de la pluie

**rainbow** /ˈreɪnbəʊ/
⚀ arc-en-ciel m ◆ **of all colours of the rainbow** de toutes les couleurs de l'arc-en-ciel ◆ **to look for the pot** or **crock of gold at the end of the rainbow** poursuivre un rêve impossible
NPL **Rainbows** (Brit = Brownies) fillettes scoutes
COMP **rainbow coalition** N (Pol) coalition f hétéroclite
**rainbow trout** N truite f arc-en-ciel
**rainbow wrasse** N girelle f

**raincoat** /ˈreɪnkəʊt/ N imperméable m, imper * m

**raindrop** /ˈreɪndrɒp/ N goutte f de pluie

**rainfall** /ˈreɪnfɔːl/ N (= shower) chute f de pluie ; (= amount) pluviosité f, pluviométrie f

**rainforest** /ˈreɪnfɒrɪst/
⚀ (also **tropical rainforest**) forêt f pluviale
COMP [plant, species, conservation, destruction] de la forêt tropicale (humide)

**rainless** /ˈreɪnlɪs/ ADJ sec (sèche f), sans pluie

**rainmaker** /ˈreɪnmeɪkər/ N faiseur m, -euse f de pluie ; (fig) employé très performant qui crée de nouveaux marchés et génère le plus de revenus pour l'entreprise

**rainmaking** /ˈreɪnmeɪkɪŋ/ ADJ [ceremony etc] destiné à faire venir la pluie

**rainout** /ˈreɪnaʊt/ N (US Sport) match annulé pour cause de pluie

**rainproof** /ˈreɪnpruːf/
ADJ imperméable
⚁ imperméabiliser

**rainstick** /ˈreɪnstɪk/ N bâton m de pluie

**rainstorm** /ˈreɪnstɔːm/ N pluie f torrentielle, trombes fpl d'eau

**rainswept** /ˈreɪnswept/ ADJ [place] balayé par la pluie

**rainwater** /ˈreɪnwɔːtər/ N eau f de pluie ◆ **rainwater collector** récupérateur m d'eaux pluviales

**rainwear** /ˈreɪnwɛər/ N (NonC: Comm) vêtements mpl de pluie

**rainy** /ˈreɪnɪ/ SYN ADJ [place] pluvieux ◆ **the rainy season** la saison des pluies ◆ **a rainy day** une journée pluvieuse or de pluie ◆ **to put something away** or **save something for a rainy day** garder une poire pour la soif

**raise** /reɪz/ LANGUAGE IN USE 26.1 SYN
⚀ ① (= lift, cause to rise) [+ arm, leg, eyes] lever ; [+ object, weight] lever, soulever ; [+ dust] soulever ◆ **to raise a blind** (re)lever un store ◆ **to raise the curtain** (Theat) lever le rideau ◆ **to raise one's eyebrows** (lit) hausser les sourcils ◆ **they raised their eyebrows when they heard...** (in surprise) ils ont eu une expression perplexe or l'étonnement s'est lu sur leur visage quand ils ont entendu... ◆ **that will make him raise his eyebrows** (fig) cela le fera tiquer ◆ **he didn't raise an eyebrow** il n'a pas sourcillé or tiqué ◆ **she raised a few eyebrows with her saucy jokes** elle a provoqué quelques froncements de sourcils avec ses plaisanteries grivoises ◆ **to raise one's hat to sb** donner un coup de chapeau à qn ; (fig) tirer son chapeau à qn * ◆ **to raise one's glass to sb** lever son verre à qn, boire à la santé de qn ◆ **to raise one's hand to sb** lever la main sur qn ◆ **to raise one's fist to sb** menacer qn du poing ◆ **to raise sb from the dead** ressusciter qn (d'entre les morts) ◆ **to raise one's voice** (= speak louder) hausser la voix ; (= get angry) élever la voix, hausser le ton ◆ **don't raise your voice to me!** ne hausse pas le ton quand tu me parles ! ◆ **not a voice was raised in protest** personne n'a élevé la voix pour protester ◆ **to raise sb's spirits** remonter le moral de qn ◆ **to raise sb's hopes** donner à espérer à qn ◆ **he raised the people to revolt** il souleva le peuple ◆ **to raise the roof *** (fig) faire un boucan monstre * ; (in protest) rouspéter ferme * ◆ **to raise the level of the ground** rehausser le niveau du sol ◆ **to raise a sunken ship** renflouer un navire coulé ; → **tone**
② (= increase) [+ salary] augmenter, relever (Admin) ; [+ price] majorer, augmenter ; [+ standard, level] élever ; [+ age limit] reculer ; [+ temperature] faire monter ◆ **to raise the school-leaving age** prolonger la scolarité obligatoire
③ (= build, erect) [+ monument] élever, ériger ; [+ building] édifier, bâtir
④ (= produce) [+ spirit] évoquer ; [+ ghosts] faire apparaître ; [+ problems, difficulties] soulever, provoquer ; [+ doubts] faire naître ◆ **to raise a blister** provoquer une ampoule ◆ **to raise a laugh** provoquer le rire, faire rire ◆ **to raise a cheer** (oneself) crier « hourra » ; (in others) faire jaillir des hourras ◆ **to raise difficulties** soulever or faire des difficultés ◆ **to raise a smile** (oneself) ébaucher un sourire ; (in others) faire sourire, donner à sourire ◆ **to raise suspicion in sb's mind** faire naître des soupçons dans l'esprit de qn ◆ **to raise Cain ***or** hell *** (= make a noise) faire une éclat or du boucan * ; (= make a fuss) faire une scène de tous les diables *
⑤ (= bring to notice) [+ question, issue] soulever ; [+ objection, protest] élever
⑥ (= grow, breed) [+ animals, children, family] élever ; [+ corn, wheat] cultiver, faire pousser
⑦ (= get together) [+ army, taxes] lever ; [+ money] se procurer ◆ **to raise funds for sth** (gen) réunir or rassembler or se procurer les fonds pour qch ; [professional fundraiser] collecter des fonds pour qch ; (Fin, Econ) mobiliser des fonds pour qch ◆ **to raise a loan** [government etc] lancer or émettre un emprunt ; [person] emprunter ◆ **to raise money on sth** emprunter de l'argent sur qch ◆ **I can't raise the $500 I need** je n'arrive pas à me procurer les 500 dollars dont j'ai besoin ; → **mortgage**
⑧ (= end) [+ siege, embargo] lever
⑨ (Cards) faire une mise supérieure à ; (Bridge) faire une annonce supérieure à ◆ **I'll raise you six/$10** je fais une relance or je relance de six/10 dollars ; → **bid**
⑩ (= contact : on radio etc) contacter
⚁ ① (US, also Brit * = pay rise) augmentation f (de salaire)
② (Cards) relance f, mise f supérieure ; (Bridge) annonce f supérieure, enchère f
COMP **raising agent** N (Culin) poudre f à lever

▶ **raise up** VT SEP lever, soulever ◆ **he raised himself up on his elbow** il s'est soulevé sur son coude

**raiser** /ˈreɪzər/ N ① (Agr) éleveur m ◆ **cattle-/sheep-raiser** éleveur m de bétail/de moutons
② (in compounds) → **fire**, **fund**

**raisin** /ˈreɪzən/
⚀ raisin m sec
COMP **raisin bread** N pain m aux raisins secs

**raj** /rɑːdʒ/ N ◆ **the (British) Raj** l'empire m britannique des Indes

**rajah** /ˈrɑːdʒə/ N raja(h) or radja(h) m

**rake**¹ /reɪk/ SYN
⚀ (for gardener, croupier) râteau m ; (for grate) râble m, ringard m
⚁ ① [+ garden, leaves] ratisser ; [+ hay] râteler ◆ **to rake a fire** tisonner un feu ◆ **to rake the stones off the lawn** enlever les cailloux de la pelouse (à l'aide d'un râteau) ◆ **to rake dead leaves into a pile** ratisser les feuilles mortes et en faire un tas ◆ **to rake through one's memory** fouiller dans sa mémoire or dans ses souvenirs
② (= sweep) ◆ **his glance raked the crowd** il a parcouru la foule du regard ◆ **enemy searchlights raked the sea** les projecteurs ennemis balayaient la mer ◆ **the car was raked with bullets** la voiture a été criblée de balles
⚂ (fig = search) ◆ **to rake among** or **through** fouiller dans ◆ **to rake through dustbins** faire les poubelles
COMP **rake-off *** N (pej) pourcentage m ◆ **he gets a rake-off on each sale** il prélève son pourcentage sur chaque vente

▶ **rake in *** VT SEP [+ money] amasser ◆ **he's just raking it in!** il remue le fric à la pelle ! *

▶ **rake out** VT SEP ◆ **to rake out a fire** éteindre un feu en faisant tomber la braise

▶ **rake over** VT SEP [+ flower bed] ratisser ; (fig) [+ memories, past] remuer ◆ **to rake over the coals** or **ashes** (esp Brit) (fig) remuer le passé

▶ **rake up** VT SEP [+ fire] attiser ; [+ leaves] ramasser avec un râteau, ratisser ; (fig) [+ grievance] rappeler ◆ **to rake up the past** remuer le passé ◆ **to rake up sb's past** fouiller dans le passé de qn

**rake**² † /reɪk/ SYN N (= person) roué † m, débauché m, coureur m

**rake**³ /reɪk/
⚀ (= slope) [of mast] quête f ; [of stage] pente f ; [of car seat] inclinaison f
⚁ [mast] être incliné ; [stage] être en pente

**raked** /reɪkt/ ADJ [stage] en pente

**raki** /ˈrækɪ/ N (Culin) raki m

**rakish**¹ /ˈreɪkɪʃ/ SYN ADJ ① († = dissolute) [person, appearance, moustache] canaille ◆ **to look rakish** avoir l'air canaille
② (= jaunty) ◆ **worn at a rakish angle** porté de travers pour se donner un air désinvolte

**rakish**² /ˈreɪkɪʃ/ ADJ [ship] élancé, à la ligne élancée

**rakishly** /ˈreɪkɪʃlɪ/ ADV ① († = dissolutely) [behave] en débauché
② (= jauntily) ◆ **a hat cocked rakishly over one eye** un chapeau porté de travers pour se donner un air désinvolte ◆ **he wore a rakishly-knotted cravat** sa façon de nouer son foulard lui donnait un air désinvolte

**rale** /rɑːl/ N (Med) râle m

**rallentando** /ˌrælənˈtændəʊ/ ADV (Mus) rallentendo

**ralline** /ˈrælaɪn/ ADJ ◆ **ralline birds** rallidés mpl

**rally**¹ /ˈrælɪ/ SYN
⚀ ① [of troops] rassemblement m, ralliement m ; [of people] rassemblement m ; (Pol) rassemblement m, meeting m ; (= car rally) rallye m ; (Tennis) échange m ◆ **youth/peace rally** rassemblement m de la jeunesse/en faveur de la paix ◆ **electoral rally** meeting m de campagne électorale
② (in health) amélioration f, mieux m ; (Stock Exchange) reprise f
⚁ [+ troops] rassembler, rallier ; [+ supporters] rallier ; [+ one's strength] retrouver, reprendre ◆ **hoping to rally opinion within the party** en espérant rallier à sa cause des membres du parti
⚂ [troops, people] se rallier ; [sick person] aller mieux, reprendre des forces or le dessus ◆ **to rally to a movement/to the support of sb** se rallier à un mouvement/à la cause de qn ◆ **to go rallying** (= car rally) faire un or des rallye(s) ◆ **the market rallied** (Stock Exchange) les cours ont repris
COMP **rally car** N voiture f de rallye
**rally driver** N pilote m de rallye
**rally driving** N rallye m
**rallying call**, **rallying cry** N cri m de ralliement
**rallying point** N point m de ralliement

▶ **rally round**
⚁ venir en aide

## rally | rangeland

**VT FUS** ◆ **during her husband's illness everyone rallied round her** pendant la maladie de son mari tout le monde est venu lui apporter son soutien

**rally²** /ˈrælɪ/ **VT** (= tease) taquiner, se moquer (gentiment) de

**rallycross** /ˈrælɪkrɒs/ **N** (NonC) rallye-cross m

**RAM** /ræm/
**N** (Comput) (abbrev of **random access memory**) RAM f inv
**COMP RAM chip N** barrette f mémoire

**ram** /ræm/ SYN
**N** bélier m (also Astron) ; (= paving tool) hie f, dame f ; [of pile driver] mouton m ; (for water) bélier m hydraulique ; → **battering**
**VT** 1 (= push down) enfoncer (avec force) ; (= pack down) tasser (into dans) ◆ **he rammed a newspaper into the pipe** il a enfoncé un journal dans le tuyau ◆ **he rammed the clothes into the case** il a entassé les vêtements dans la valise ◆ **to ram a charge home** (Mil, Min) refouler une charge ◆ **to ram home an argument** enfoncer le clou ◆ **it is up to parents to ram home the dangers to their children** c'est aux parents d'inculquer cette notion de danger à leurs enfants ◆ **to ram sth down sb's throat** rebattre les oreilles à qn de qch ◆ **to ram sth into sb's head** enfoncer qch dans la tête or dans le crâne de qn
2 (= crash into) [+ another ship] heurter (de l'avant or par l'étrave) ; (in battle) éperonner ; [+ another vehicle] emboutir ; [+ post, tree] percuter (contre)
**COMP ram raid N** casse-bélier * m (cambriolage éclair réalisé à l'aide d'une voiture lancée dans une vitrine)
**ram raider N** auteur m d'un casse-bélier *
**ram raiding N** pillage m de magasins avec une voiture-bélier
▶ **ram down VT SEP** [+ earth] tasser ; (Tech) damer ; [+ piles] enfoncer ◆ **his hat rammed down over his ears** le chapeau enfoncé jusqu'aux oreilles
▶ **ram in VT SEP** enfoncer

**Rama** /ˈrɑːmə/ **N** (Rel) Rama m

**Ramadan** /ˌræməˈdɑːn/ **N** ramadan m ◆ **in** or **at Ramadan** pendant le ramadan ◆ **to observe Ramadan** faire le ramadan

**Raman effect** /ˈrɑːmən/ **N** effet m Raman

**ramble** /ˈræmbl/ SYN
**N** randonnée f (pédestre) ◆ **to go for a ramble** faire une randonnée ◆ **to go on a ramble** partir en randonnée
**VI** 1 (= wander about) se promener au hasard ; (also **go rambling**) (= go on hike) partir en randonnée f (pédestre)
2 (pej : in speech: also **ramble on**) parler pour ne rien dire ; [old person] radoter ◆ **he rambled on for half an hour** il a discouru or n'a cessé de discourir pendant une demi-heure

**rambler** /ˈræmblə'/ SYN **N** 1 (Brit = hiker) randonneur m, -euse f, promeneur m, -euse f
2 (also **rambler rose**) rosier m grimpant

**rambling** /ˈræmblɪŋ/ SYN
**ADJ** 1 (= extensive) [building] construit de manière anarchique ; [garden] vaste et chaotique ; [plant] qui pousse en tous sens
2 (pej = confused) [conversation, story, speech, letter] sans queue ni tête ; [person] qui divague
**N** 1 (= incoherent speech) divagations fpl, radotages mpl
2 (= walking in country) randonnée f (pédestre) ◆ **to go rambling** partir en randonnée
**COMP rambling club N** club m de randonnée
**rambling rose N** rosier m grimpant

**Ramboesque*** /ˌræmbəʊˈesk/ **ADJ** digne de Rambo

**rambunctious** /ræmˈbʌŋkʃəs/ **ADJ** (US) ⇒ **rumbustious**

**rambutan** /ræmˈbuːtən/ **N** (= fruit) ramboutan m

**RAMC** /ˌɑːreɪemˈsiː/ **N** (Brit) (abbrev of **Royal Army Medical Corps**) service de santé de l'armée britannique

**ramee, ramie** /ˈræmɪ/ **N** (= shrub) ramie f

**ramekin** /ˈræmɪkɪn/ **N** ramequin m

**Rameses** /ˈræmɪˌsiːz/ **N** Ramsès m

**ramification** /ˌræmɪfɪˈkeɪʃən/ SYN **N** (= complexities, consequences) ramification f

**ramify** /ˈræmɪfaɪ/
**VT** ramifier
**VI** se ramifier

**ramjet** /ˈræmdʒet/ **N** [of plane] statoréacteur m

**rammer** /ˈræmə'/ **N** (Tech) dame f, hie f ; [of cannon] refouloir m

**ramp** /ræmp/ SYN **N** rampe f ; (in road: for speed control) ralentisseur m ; (in garage etc) pont m de graissage ◆ (**approach** or **boarding**) **ramp** (to plane) passerelle f ◆ **hydraulic ramp** (in garage) pont m élévateur ◆ **"ramp"** (sign on road) (= speed bump) « ralentisseur » ; (= uneven road surface) « chaussée déformée »

**rampage** /ræmˈpeɪdʒ/ SYN
**N** ◆ **to be** or **go on the rampage** se déchaîner ; (= looting etc) tout saccager
**VI** /ˌræmˈpeɪdʒ/ (also **rampage about**, **rampage around**) se déchaîner

**rampancy** /ˈræmpənsɪ/ **N** [of plants] exubérance f ; (fig) [of evil etc] déchaînement m

**rampant** /ˈræmpənt/ SYN **ADJ** 1 [vegetation] luxuriant ; [inflation] galopant ; [crime, disease, corruption] endémique ◆ **to be** or **run rampant** (gen) sévir ; [person] avoir la bride sur le cou
2 (Her) ◆ **a lion rampant** un lion rampant

(!) **rampant** only corresponds to the French word **rampant** in the heraldic sense.

**rampart** /ˈræmpɑːt/ SYN **N** (lit, fig) rempart m

**rampike** /ˈræmpaɪk/ **N** (US) arbre m mort (debout)

**rampion** /ˈræmpɪən/ **N** (= plant, root) raiponce f

**ramrod** /ˈræmrɒd/
**N** [of gun] baguette f ; [of cannon] refouloir m
**COMP ramrod straight ADJ** raide or droit comme un piquet

**Ramses** /ˈræmsiːz/ **N** Ramsès m

**ramshackle** /ˈræmˌʃækl/ SYN **ADJ** [building] délabré, branlant ; [table] branlant ; [machine] (tout) déglingué * ; [system] délabré ; [alliance, coalition, collection] fragile, précaire ◆ **a ramshackle old car** une vieille guimbarde

**ramshorn snail** /ˈræmzhɔːn/ **N** planorbe f

**ramsons** /ˈræmzənz/ **N SG** ail m des ours or des bois

**RAN** /ˌɑːreɪˈen/ **N** abbrev of **Royal Australian Navy**

**ran** /ræn/ **VB** pt of **run**

**ranch** /rɑːntʃ/
**N** ranch m
**COMP ranch hand N** ouvrier m agricole
**ranch house**, **ranch-type house N** maison f style ranch → **HOUSE**

**rancher** /ˈrɑːntʃə'/ **N** (US) (= owner) propriétaire mf de ranch ; (= employee) cow-boy m

**ranching** /ˈrɑːntʃɪŋ/ **N** (US) élevage m en ranch

**rancid** /ˈrænsɪd/ SYN **ADJ** rance ◆ **to go rancid** rancir, devenir rance ◆ **to taste rancid** avoir un goût de rance

**rancidity** /rænˈsɪdɪtɪ/, **rancidness** /ˈrænsɪdnɪs/ **N** rance m

**rancor** /ˈræŋkə'/ **N** (US) ⇒ **rancour**

**rancorous** /ˈræŋkərəs/ **ADJ** (frm) [person] rancunier ; [argument] plein de rancœur

**rancour** (Brit), **rancor** (US) /ˈræŋkə'/ **N** rancœur f, rancune f

**rand** /rænd/ **N** (pl inv = monetary unit) rand m

**R & B** /ˌɑːrənˈbiː/ **N** (abbrev of **rhythm and blues**) → **rhythm**

**R & D** /ˌɑːrənˈdiː/ **N** (abbrev of **research and development**) R&D f

**randiness*** /ˈrændɪnɪs/ **N** côté m chaud lapin *

**random** /ˈrændəm/ SYN
**ADJ** [selection, sampling] aléatoire ; [attack, killings] aveugle ◆ **random bullet** balle f perdue ◆ **random sample** échantillon m pris au hasard
◆ **at random** au hasard, à l'aveuglette (pej) ◆ **chosen at random** choisi au hasard ◆ **to walk about at random** se promener à l'aventure ◆ **to hit out at random** lancer des coups à l'aveuglette
**COMP random access N** (Comput) accès m sélectif or aléatoire
**random access memory N** (Comput) mémoire f vive
**random number N** nombre m aléatoire

**randomization** /ˌrændəmaɪˈzeɪʃən/ **N** (Stat) randomisation f, hasardisation f

**randomize** /ˈrændəmaɪz/ **VT** (Stat) randomiser

**randomly** /ˈrændəmlɪ/ **ADV** au hasard, à l'aveuglette (pej)

**R & R** /ˌɑːrəndˈɑː'/ **N** (US Mil) (abbrev of **rest and recreation**) permission f ◆ **for a bit of R & R*** pour se couler douce *, pour se détendre

**randy*** /ˈrændɪ/ **ADJ** (Brit) (= aroused) excité ; (by nature) porté sur la chose ◆ **to make sb randy** exciter qn ◆ **to feel randy** être tout excité ◆ **he's a randy sod*** c'est un chaud lapin * ◆ **he's a randy old devil** c'est un vieux cochon *

**ranee** /ˈrɑːniː/ **N** ⇒ **rani**

**rang** /ræŋ/ **VB** pt of **ring²**

**range** /reɪndʒ/ SYN
**N** 1 (= extent between limits) [of temperature] écarts mpl, variations fpl ; [of prices] fourchette f ; [of salaries] échelle f ; [of musical instrument, voice] étendue f, registre m
2 (= selection) [of colours, feelings, speeds, goods, patterns] gamme f ◆ **available in a wide range of colours and patterns** disponible dans une vaste gamme de coloris et de motifs ◆ **there will be a wide range of subjects** il y aura un grand choix de sujets ◆ **they discussed a range of issues** ils ont parlé de sujets divers ◆ **a car/house at the lower end of the range** (Comm) une voiture/maison bas de gamme ◆ **the range includes chests of drawers, tables and wardrobes** la gamme comporte des commodes, des tables et des armoires
3 (= scope, distance covered) [of telescope, gun, missile] portée f ; [of plane, ship, mooncraft] rayon m d'action, autonomie f ◆ **at a range of...** à une distance de... ◆ **at long range** à longue portée ◆ **to find the range** (Mil) régler son tir ◆ **to be out of range** (lit, fig) être hors de portée ◆ **within (firing) range** à portée de tir ◆ **within my range** (fig) à ma portée ◆ **range of vision** champ m visuel ; → **free**, **long¹**, **shooting**
4 (= domain, sphere) [of activity] champ m, rayon m ; [of influence] sphère f ; [of knowledge] étendue f ◆ **the range of his ideas is limited** le cercle de ses idées est restreint
5 [of mountains] chaîne f ; (= row) rangée f, rang m
6 [of animal, plant] habitat m, région f
7 (also **shooting range**) (Mil) champ m de tir ; (at fair) stand m (de tir) ; → **rifle²**
8 (Surv) direction f, alignement m ◆ **in range with** dans l'alignement or le prolongement de
9 (also **kitchen range**) cuisinière f (à l'ancienne)
10 (US = grazing land) prairie f, (grand) pâturage m
**VT** 1 (= place in a row) [+ objects] ranger ; [+ troops] aligner ◆ **books had been ranged on shelves on the walls** on avait rangé des livres sur des étagères, contre le mur ◆ **to range o.s. on the side of...** (fig) se ranger du côté de... ◆ **the prisoners were ranged along one wall of the cave** les prisonniers étaient alignés contre une paroi de la grotte ◆ **they ranged themselves along the pavement to see the procession** ils se sont postés le long du trottoir pour regarder le défilé ◆ **the boys ranged themselves in rows** les garçons se sont mis en rangs
2 (= classify) ranger, classer (among parmi)
3 (= roam over) parcourir ◆ **he ranged the whole country looking for...** il a parcouru le pays à la recherche de... ◆ **to range the seas** parcourir or sillonner les mers
4 (= direct) [+ gun, telescope] braquer (on sur)
**VI** 1 (= extend) [discussion, quest] s'étendre (from ... to ... à ; over sur) ; [results, opinions] aller (from ... to de ... à), varier (from ... to entre ... et) ◆ **the search ranged over the whole country** les recherches se sont étendues sur tout le pays ◆ **the numbers range from 10 to 20** les numéros vont de 10 à 20 ◆ **the temperature ranges from 18° to 24°** or **between 18° and 24°** la température varie entre 18° et 24° ◆ **researches ranging over a wide field** (fig) recherches qui embrassent un large domaine
2 (= roam) errer, vagabonder ◆ **to range over the area** parcourir la région ◆ **animals ranging across the savannah** des animaux qui parcourent la savane
3 ◆ **to range over** [guns, missiles, shells] avoir une portée de, porter à
**COMP ranging-pole N** jalon m

**rangefinder** /ˈreɪndʒfaɪndə'/ **N** (Mil, Naut, Phot) télémètre m ◆ **rangefinder camera** appareil m à visée télémétrique

**rangeland** /ˈreɪndʒlænd/ **N** (US) prairie f

**ranger** /ˈreɪndʒəʳ/
**N** [1] (also **forest ranger**) garde m forestier ; → park
[2] (US = mounted patrolman) gendarme m à cheval ◆ **rangers** (US) gendarmerie f à cheval
**COMP Ranger (Guide) N** guide f aînée

**Rangoon** /ræŋˈguːn/ **N** Rangoon

**rangy** /ˈreɪndʒɪ/ **ADJ** grand et élancé, sans une once de graisse

**rani** /ˈrɑːniː/ **N** rani f

**rank¹** /ræŋk/ SYN
**N** [1] (= row) rang m ; (Brit : also **taxi rank**) station f de taxis ◆ **the taxi at the head of the rank** le taxi en tête de file ◆ **to break ranks** [soldiers] rompre les rangs ; (fig) [splinter group] faire bande à part ◆ **to serve in the ranks** servir dans les rangs ◆ **other ranks** (Brit Mil) les sous-officiers mpl et hommes mpl de troupe ◆ **the rank and file** (Mil) les hommes de troupe ; (fig) la masse, le peuple ◆ **the rank and file of the party** (Pol) la base du parti ◆ **the rank and file workers** la base, les ouvriers mpl ◆ **to rise from the ranks** sortir du rang ◆ **they were drawn from the ranks of the unemployed** on les avait tirés des rangs des chômeurs ; → close, reduce
[2] (Mil = grade) grade m, rang m ◆ **to reach the rank of general** atteindre le grade de général ; → pull
[3] (= class, position) rang m (social) ◆ **people of all ranks** gens mpl de toutes conditions ◆ **a singer of the first rank** une personne de haut rang ◆ **a singer of the first rank** un chanteur de (tout) premier ordre ◆ **a second-rank painter** un peintre de seconde zone or de deuxième ordre
[4] (Gram) rang m
[5] [of organ] rang m
**VT** [1] (= place) classer ◆ **I rank it as one of the best red wines** je le classe parmi les meilleurs vins rouges ◆ **I rank Beethoven among the great** je compte Beethoven parmi les grands ◆ **to be ranked high/low in class** (US Scol) avoir un bon/mauvais classement
[2] (US Mil) ⇒ outrank
**VI** compter ◆ **he ranks among my friends** il compte parmi mes amis ◆ **to rank above/below sb** être supérieur (-eure f)/inférieur (-eure f) à qn ◆ **to rank high among...** occuper un rang élevé parmi... ◆ **the British team only ranked tenth on the medals table** l'équipe britannique n'était que dixième au tableau des médaillés ◆ **the country ranks as one of the poorest in the world** ce pays compte parmi les plus pauvres du monde ◆ **it ranks with the best films of the decade** il se classe parmi les meilleurs films de la décennie ; see also ranking

**rank²** /ræŋk/ SYN **ADJ** [1] (= absolute) [outsider, amateur] parfait before n ; [prejudice, treachery] pur before n ; [beginner] pur, parfait ; [injustice] criant, flagrant ; [insolence] caractérisé
[2] (pej = pungent) [smell, breath, dustbin, drains] fétide ; [room] nauséabond
[3] (= luxuriant) [vegetation, plants] luxuriant ; [weeds, grass] touffu ◆ **the lawns were rank with weeds** les pelouses étaient envahies par les mauvaises herbes

**ranker** /ˈræŋkəʳ/ **N** (Mil) (= soldier) simple soldat m ; (= officer) officier m sorti du rang

**ranking** /ˈræŋkɪŋ/
**N** classement m ◆ **he currently holds the number two ranking in world golf** il occupe actuellement la deuxième place au classement mondial de golf
**NPL rankings** (Sport) classement m officiel
**ADJ** [1] (in hierarchy) (Mil, Admin) ◆ **high-ranking** de haut rang or grade ◆ **low-ranking** de rang or grade inférieur ◆ **middle-ranking** de rang or grade intermédiaire ◆ **the ranking officer** (Mil) l'officier m responsable or le plus haut en grade
[2] (esp US = prominent) le plus haut placé ◆ **the ranking member of the committee** le membre le plus haut placé du comité ◆ **the ranking American diplomat in Baghdad** le plus haut diplomate américain de Baghdad

**rankle** /ˈræŋkl/ SYN **VI** rester sur le cœur (with à) ◆ **it rankled with him** il l'avait sur le cœur, ça lui était resté sur le cœur

**rankness** /ˈræŋknɪs/ **N** [1] (= smell) odeur f fétide ; (= taste) goût m rance
[2] [of plants etc] exubérance f, luxuriance f

**rankshifted** /ˈræŋkʃɪftɪd/ **ADJ** (Gram) déplacé d'une catégorie à une autre

**ransack** /ˈrænsæk/ SYN **VT** (= pillage) [+ house, shop] saccager, piller ; [+ town, region] mettre à sac ; (= search) [+ room, luggage, drawer] fouiller (à fond), mettre tout sens dessus dessous dans ; [+ files, one's memory] fouiller dans (for pour trouver)

**ransom** /ˈrænsəm/ SYN
**N** (lit, fig) rançon f ◆ **to hold sb to ransom** mettre qn à rançon ; (fig) exercer un chantage sur qn ◆ **they are being held to ransom** (fig) ils ont le couteau sur la gorge ; → king
**VT** racheter

**rant** /rænt/ SYN
**VI** [1] (pej) [orator etc] déclamer (de façon exagérée)
[2] (also **rant on**) divaguer ◆ **to rant and rave** tempêter ◆ **to rant (and rave) at sb** tempêter or fulminer contre qn
**N** * (= polemic) diatribe f ◆ **she went into a long rant about her job** elle s'est lancée dans une longue diatribe sur son travail

**ranting** /ˈræntɪŋ/
**N** tirade(s) f(pl)
**ADJ** [person] qui vocifère ; [style] déclamatoire

**ranunculaceous** /rəˌnʌŋkjuˈleɪʃəs/ **ADJ** ◆ **ranunculaceous plant** renonculacée f

**ranunculus** /rəˈnʌŋkjʊləs/ **N** (pl **ranunculuses** or **ranunculi** /rəˈnʌŋkjʊlaɪ/) renoncule f

**rap** /ræp/
**N** [1] (= noise) petit coup m sec ; (= blow) tape f ◆ **there was a rap at the door** on a frappé bruyamment à la porte ◆ **to give sb a rap on the knuckles** donner un coup sur les doigts à qn ; (fig = rebuke) taper sur les doigts de qn ◆ **I don't care a rap*** je m'en fiche * éperdument
[2] (esp US ) (= criminal charge) inculpation f ; (= prison sentence) condamnation f ◆ **to beat the rap** échapper à une condamnation ◆ **to hang a murder rap on sb** faire endosser un meurtre à qn ◆ **to take the rap*** (= blame) se faire taper sur les doigts ◆ **to get the rap*** **for sth** (US) trinquer * or écoper * pour qch
[3] (Mus) rap m
[4] (US ✱ = chat) causette * f, conversation f
**VT** [+ door] frapper bruyamment à ; [+ table] frapper sur ◆ **to rap sb's knuckles, to rap sb over the knuckles** taper sur les doigts de qn ◆ **to get one's knuckles rapped, to be rapped over the knuckles** (fig) se faire taper sur les doigts
**VI** [1] (= knock) frapper, donner un coup sec ; (fig) (= rebuke) blâmer, réprouver
[2] (esp US ✱ = chat) tailler une bavette*, bavarder
[3] (Mus) rapper
**COMP rap artist N** rappeur m, -euse f
**rap music N** musique f rap
**rap session ✱ N** (US = chat) discussion f à bâtons rompus
**rap sheet N** (US = police record) casier m judiciaire
▶ **rap out VT SEP** [1] (= say curtly) dire brusquement ; [+ oath] lâcher ; [+ order, retort] lancer
[2] (Spiritualism) [+ message] communiquer or annoncer au moyen de coups

**rapacious** /rəˈpeɪʃəs/ SYN **ADJ** rapace

**rapaciously** /rəˈpeɪʃəslɪ/ **ADV** avec rapacité or avidité

**rapacity** /rəˈpæsɪtɪ/ SYN **N** rapacité f, avidité f

**rape¹** /reɪp/ SYN
**N** (also Jur) viol m ; († = abduction) ravissement ✝ m, rapt m
**VT** violer
**COMP rape crisis centre N** centre m d'aide aux victimes de viols

**rape²** /reɪp/
**N** (= plant) colza m
**COMP rape oil N** huile f de colza
**rape seed N** graine f de colza

**rape³** /reɪp/ **N** (= grape pulp) marc m de raisin ; (= wine) râpé m

**Raphael** /ˈræfeɪəl/ **N** Raphaël m

**rapid** /ˈræpɪd/ SYN
**ADJ** rapide
**NPL rapids** (in river) rapides mpl ◆ **they ran the rapids** ils ont franchi les rapides
**COMP rapid deployment force N** (Mil) ⇒ **rapid reaction force**
**rapid eye movement N** mouvements mpl oculaires rapides (pendant le sommeil paradoxal) ; → REM
**rapid eye movement sleep N** sommeil m paradoxal
**rapid fire N** (Mil) tir m rapide ◆ **a hail of rapid fire** une pluie or une grêle de balles ◆ **rapid fire of questions** feu m roulant de questions
**rapid reaction force N** (Mil) force f d'intervention rapide
**rapid transit (system) N** (US) métro m

**rapidity** /rəˈpɪdɪtɪ/ SYN **N** rapidité f

**rapidly** /ˈræpɪdlɪ/ SYN **ADV** rapidement

**rapier** /ˈreɪpɪəʳ/
**N** rapière f
**ADJ** [wit etc] mordant
**COMP rapier thrust N** (lit) coup m de pointe ; (fig) remarque f mordante

**rapine** /ˈræpaɪn/ **N** rapine f

**rapist** /ˈreɪpɪst/ **N** (Jur) violeur m

**rappel** /ræˈpel/ (US)
**VI** descendre en rappel
**N** descente f en rappel

**rapper** /ˈræpəʳ/ **N** (Mus) rappeur m, -euse f

**rapping** /ˈræpɪŋ/ **N** (NonC) [1] (= noise) coups mpl secs et durs
[2] (Mus) rap m

**rapport** /ræˈpɔː/ SYN **N** bonnes relations fpl (with avec ; between entre) ◆ **to establish a rapport with sb** établir une relation avec qn ◆ **I had a real rapport with my uncle** mon oncle et moi étions très complices or avions une relation très complice ◆ **in rapport with** en harmonie avec

⚠ In French, the word **rapport** simply means 'relationship', and does not have the connotations **rapport** has in English.

**rapprochement** /ræˈprɒʃmɑːŋ/ **N** rapprochement m (fig)

**rapscallion** † /ræpˈskælɪən/ **N** vaurien m, mauvais garnement m

**rapt** /ræpt/ SYN **ADJ** [concentration, silence] profond ; [interest] profond, intense ; [person, expression] captivé ◆ **rapt in contemplation/in thought** plongé dans la contemplation/dans ses pensées ◆ **rapt with wonder** émerveillé ◆ **rapt with attention** captivé ◆ **she listened with rapt attention** elle écoutait, captivée

**raptly** /ˈræptlɪ/ **ADV** avec ravissement

**raptor** /ˈræptəʳ/ **N** (= bird of prey) rapace m

**rapture** /ˈræptʃəʳ/ SYN **N** (= delight) ravissement m, enchantement m ◆ **to be in raptures over** or **about** [+ object] être ravi or enchanté de ; [+ person] être en extase devant ◆ **to go into raptures over** or **about sth/sb** s'extasier sur qch/qn

**rapturous** /ˈræptʃərəs/ SYN **ADJ** [applause] frénétique ; [reception] enthousiaste ; [welcome] enthousiaste, délirant ; (liter) [exclamation] de ravissement, d'extase

**rapturously** /ˈræptʃərəslɪ/ **ADV** [greet, listen] avec ravissement ; [applaud] avec frénésie

**rara avis** /ˌreərəˈeɪvɪs/ **N** (pl **rarae aves** /ˌreərɪˈeɪvɪz/) oiseau m rare

**ra-ra skirt** /ˈrɑːrɑːskɜːt/ **N** jupe f à falbalas

**rare** /reəʳ/ SYN
**ADJ** [1] (= uncommon, infrequent) (gen) rare ; [opportunity] unique ◆ **on the rare occasions when he spoke** les rares fois où il a parlé ◆ **with rare exceptions** à de rares exceptions près ◆ **it is rare for her to come** il est rare qu'elle vienne ◆ **to grow rare(r)** [animals, plants] se raréfier ; [visits] s'espacer ◆ **a man who remembers birthdays is a rare bird indeed** un homme qui se souvient des anniversaires est un oiseau rare ◆ **to have a rare old time** ✝ * (Brit) s'amuser comme un fou or une folle *
[2] (Culin) [meat] saignant ◆ **a very rare steak** un bifteck bleu ; → medium
[3] (= rarefied) [atmosphere] raréfié ◆ **to grow rare(r)** se raréfier
**COMP rare earth N** (Chem) terre f rare
**rare gas N** (Chem) gaz m rare

**rarebit** /ˈreəbɪt/ **N** → **Welsh**

**rarefaction** /ˌreərɪˈfækʃən/ **N** raréfaction f

**rarefied** /ˈreərɪfaɪd/ **ADJ** (lit) raréfié ; (fig) (= isolated) à part ; (= insular) très fermé ◆ **the rarefied world of particle physics** le monde à part de la physique des particules ◆ **outside the rarefied world of architecture** en dehors de l'univers très fermé de l'architecture ◆ **the rarefied atmosphere of university** le milieu élitiste de l'université ◆ **to become rarefied** se raréfier

## rarefy | ratiocinate

**rarefy** /ˈrɛərɪfaɪ/
- **VT** raréfier
- **VI** se raréfier

**rarely** /ˈrɛəli/ SYN ADV rarement

**rareness** /ˈrɛənɪs/ N rareté f

**raring** * /ˈrɛərɪŋ/ ADV ◆ **to be raring to go** être très impatient de commencer, ronger son frein ◆ **to be raring to do sth** être très impatient or brûler de faire qch

**rarity** /ˈrɛərɪti/ SYN
- N ① (= scarcity) rareté f ; (= rare thing) chose f rare ◆ **the rarity of such attacks** la rareté de telles attaques ◆ **rain is a rarity here** la pluie est rare ici
- ② COMP **rarity value** N ◆ **to have rarity value** avoir de la valeur de par sa rareté

**rascal** /ˈrɑːskəl/ SYN N ① (= scamp) polisson(ne) m(f), fripon(ne) m(f)
② († = scoundrel) coquin m, vaurien m

**rascally** /ˈrɑːskəli/ ADJ ◆ **a rascally lawyer/merchant** un gredin d'avocat/de marchand ◆ **a rascally trick** un tour pendable

**rash¹** /ræʃ/ SYN N ① (Med: gen) rougeur f, éruption f ; (from food etc) (plaques fpl d')urticaire f ; (in measles etc) éruption f, taches fpl rouges ◆ **to come out** or **break out in a rash** avoir une éruption ; → heat, nettlerash
② (fig) [of strikes, attacks etc] éruption f

**rash²** /ræʃ/ SYN ADJ [person] imprudent ; [action, behaviour, words, decision, promise] imprudent, irréfléchi ◆ **don't be rash!** sois prudent ! ◆ **don't do anything rash!** ne commets pas d'imprudences ! ◆ **in a rash moment** dans un moment d'égarement ◆ **it was rash of him to do that** il s'est montré très imprudent en faisant cela

**rasher** /ˈræʃəʳ/ N (Brit) (mince) tranche f (de bacon)

**rashly** /ˈræʃli/ ADV [behave, act, offer, promise] imprudemment, sans réfléchir

**rashness** /ˈræʃnɪs/ SYN N imprudence f

**rasp** /rɑːsp/
- N (= tool) râpe f ; (= noise) grincement m
- VT ① (with tool) râper
② (= speak : also **rasp out**) dire or crier d'une voix râpeuse
- VI grincer

**raspatory** /ˈrɑːspətəri/ N rugine f

**raspberry** /ˈrɑːzbəri/
- N (= fruit) framboise f ◆ **to blow a raspberry*** faire pfft (pour exprimer son mépris) ◆ **to blow a raspberry at sth*** descendre qch en flammes ◆ **to get a raspberry from*** se faire rabrouer or rembarrer par
- COMP [ice cream, tart] (à la) framboise inv ; [jam] de framboise ◆ **raspberry bush, raspberry cane** N framboisier m

**rasping** /ˈrɑːspɪŋ/
- ADJ [sound] de râpe ; [voice] râpeux ; [breath] haletant
- N (= sound) grincement m

**Rasputin** /ræˈspjuːtɪn/ N Raspoutine m

**raspy** /ˈrɑːspi/ ADJ ⇒ rasping adj

**Rasta** /ˈræstə/ N, ADJ (abbrev of **Rastafarian**) rasta mf inv

**Rastafarian** /ˌræstəˈfɛərɪən/ N, ADJ rastafari mf inv

**Rastafarianism** /ˌræstəˈfɛərɪənɪzəm/ N rastafarianisme m

**raster** /ˈræstəʳ/ N (TV) trame f

**rat** /ræt/
- N (= animal) rat m ; (* pej = person) dégueulasse* m, salaud* m ; (= informer) mouchard(e) m(f) ; (* = blackleg) jaune m ; (* : abandoning friends) lâcheur* m, -euse* f ◆ **he's a dirty rat*** c'est un salaud* or une ordure* ; **you rat!** espèce de dégueulasse !*, espèce de salaud !* ◆ **rats!** †* (Brit expressing irritation) zut alors !* ◆ **the rats are leaving the sinking ship** (fig) les rats quittent le navire ; → **smell**
- VI ① ◆ **to go ratting** faire la chasse aux rats
② ◆ **to rat on sb*** (= inform on) donner qn, balancer qn* ; (= desert) lâcher qn*
- COMP **rat-arsed***‡* ADJ (Brit) bituré*‡ ◆ **to get rat-arsed** se biturer*‡
◆ **rat-catcher** N chasseur m de rats
◆ **rat-catching** N chasse f aux rats ; (= extermination) dératisation f
◆ **rat fink**‡* N (US) salaud‡ m, vache* f
◆ **rat poison** N mort-aux-rats f inv

**rat race** N ambiance f de compétition acharnée ◆ **I decided I had to get out of the rat race** j'ai décidé que je devais quitter cette vie de fou
◆ **rat run** * N (Brit fig) raccourci m
◆ **rat-running** N passage par les zones d'habitation pour éviter les encombrements des routes à grande circulation
◆ **rats' tails** NPL (pej) ◆ **her hair was in rats' tails** des mèches de cheveux pendaient dans son cou
◆ **rat-trap** N piège m à rats, ratière f

**ratable** /ˈreɪtəbl/ ADJ ⇒ rateable

**rat-a-tat** /ˈrætəˌtæt/, **rat-a-tat-tat** /ˌrætəˌtætˈtæt/ N (at door) toc toc m ; (of gunfire) ta ta ta m ; (on drum) rantanplan m

**ratatouille** /ˌrætəˈtwiː/ N ratatouille f

**ratbag** * /ˈrætbæg/ N peau f de vache*

**ratchet** /ˈrætʃɪt/
- N (= mechanism) rochet m
- COMP **ratchet effect** N (Econ) effet m de cliquet ◆ **ratchet wheel** N roue f à rochet
▸ **ratchet up** VI, VT SEP (esp US) augmenter

**rate¹** /reɪt/ SYN
- N ① (= ratio, proportion) taux m ; (= speed) vitesse f, rythme m ◆ **birth/death rate** taux m de natalité/mortalité ◆ **the failure/success rate for this exam is high** il y a un pourcentage élevé d'échecs/de réussites à cet examen ◆ **rate of consumption** taux m de consommation ◆ **rate of flow** [of electricity, water] débit m (moyen) ◆ **rate of climb** [of aircraft] vitesse f ascensionnelle ◆ **at the rate of 100 litres an hour** à raison de 100 litres par heure ◆ **to pay sb at the rate of €10 per hour** payer qn à raison de 10 € de l'heure ◆ (= speed) à une vitesse de… ◆ **at a great rate, at a rate of knots*** à fond de train*, à toute allure ◆ **to go at a terrific rate** aller à un train d'enfer ◆ **the population is growing at an alarming rate** la population augmente à un rythme inquiétant ◆ **if you continue at this rate** si vous continuez à ce train-là or à ce rythme-là ◆ **at his rate of working, he'll never finish** au rythme auquel il travaille, il n'aura jamais terminé ◆ **at the rate you're going, you'll be dead before long** (fig) du train où vous allez, vous ne ferez pas de vieux os ◆ **at this rate, I'll never find a job** si ça continue comme ça, je ne trouverai jamais de travail ◆ **at any rate** en tout cas, de toute façon ◆ **at that rate** à ce compte-là, dans ce cas ; → **first-rate, pulse**
② (Comm, Fin, Econ, Med) taux m ; (Fin) cours m ; (Telec, Post, Transport) tarif m ◆ **rate of exchange** taux m de change, cours m du change ◆ **rate of growth** (Econ), **growth rate** taux m de croissance ◆ **rate of interest/pay/taxation** taux m d'intérêt/de rémunération/d'imposition ◆ **postage/advertising rates** tarifs mpl postaux/de publicité ◆ **insurance rates** primes fpl d'assurance ◆ **there is a reduced rate for children** les enfants bénéficient d'un tarif réduit or d'une réduction ◆ **basic salary rate** traitement m de base ; → **basic**
- NPL **rates** (Brit Fin: formerly = municipal tax) impôts mpl locaux ◆ **rates and taxes** impôts mpl et contributions fpl ◆ **a penny on/off the rates** une augmentation/réduction d'un pour cent des impôts locaux ; → **water**
- VT ① (= estimate worth of, appraise) [+ object] évaluer (at à) ; (fig = consider) considérer (as comme) ◆ **to rate sb/sth highly** faire grand cas de qn/qch ◆ **how does he rate that film?** que pense-t-il de ce film ? ◆ **how do you rate yourself as an administrator?** comment vous évaluez-vous en tant qu'administrateur ? ◆ **I rate him amongst my best pupils** je le considère comme un de mes meilleurs élèves, je le compte parmi mes meilleurs élèves ◆ **I really rate him*** je le trouve vraiment très bon ◆ **I don't really rate him*** je ne le trouve pas très bon ◆ **I don't rate any of his family*** je n'ai pas une très haute opinion des membres de sa famille ◆ **how would you rate your chances of getting a job?** quelles sont vos chances de trouver un emploi, à votre avis ?
② (Local Govt: formerly) établir le montant des impôts locaux sur
③ (= deserve) mériter ◆ **I think he rates a pass (mark)** je pense qu'il mérite la moyenne
- VI ◆ **he hardly rates as a strong leader** on ne le considère pas vraiment comme un chef qui a de la poigne ◆ **reading does not rate highly among children as a hobby** la lecture n'est pas un passe-temps très prisé des enfants
- COMP **rate-cap** VT (Brit : formerly) fixer un plafond aux impôts locaux de

**rate-capping** N (Brit : formerly) plafonnement m des impôts locaux
◆ **rate collector** N (Brit : formerly) receveur m municipal
◆ **rate of return** N (Fin) taux m de rendement
◆ **rate rebate** N (Brit : formerly) dégrèvement m (d'impôts locaux)

**rate²** /reɪt/ VT (liter) ⇒ berate

**rateable** /ˈreɪtəbl/
- ADJ [property] imposable
- COMP **rateable value** N (Brit : formerly) loyer m matriciel (Admin), valeur f locative imposable

**ratel** /ˈreɪtl/ N (= animal) ratel m

**ratepayer** /ˈreɪtpeɪəʳ/ N (Brit : formerly) contribuable mf (payant les impôts locaux)

**rather** /ˈrɑːðəʳ/ LANGUAGE IN USE 7.4 SYN ADV
① (= for preference) plutôt ◆ **I would rather have the blue dress** je préférerais or j'aimerais mieux avoir la robe bleue ◆ **I would much rather…** je préférerais de beaucoup… ◆ **I would rather be happy than rich** j'aimerais mieux être heureux que riche ◆ **I would rather wait here than go** je préférerais attendre ici plutôt que de partir ◆ **I would rather you came yourself** je préférerais que vous veniez subj vous-même ◆ **do you mind if I smoke?** – **I'd rather you didn't** est-ce que je peux fumer ? – j'aimerais mieux pas ◆ **I'd rather not** je préfère pas*, j'aime mieux pas ◆ **I'd rather not go** j'aimerais mieux ne pas y aller ◆ **I'd rather die!** plutôt mourir ! ◆ **rather you than me** je ne t'envie pas, je n'irai pas te disputer la place*
◆ **rather than** ◆ **rather than wait, he went away** plutôt que d'attendre, il est parti ◆ **I use the bike if I can rather than the car** si je peux, je prends le vélo plutôt que la voiture ◆ **the problem was psychological rather than physiological** le problème était moins physiologique que psychologique, le problème était psychologique et non physiologique ◆ **solid rather than hollow** plein et non creux
② (= more accurately) plus exactement, plutôt ◆ **a car, or rather an old banger** une voiture, ou plus exactement or ou plutôt une vieille guimbarde ◆ **he isn't on holiday, but rather out of work** il n'est pas en vacances, mais bien plutôt au chômage
③ (= to a considerable degree) plutôt ; (= to some extent) un peu ; (= somewhat) quelque peu ; (= fairly) assez ; (= slightly) légèrement ◆ **he's a rather clever person, he's rather a clever person** il est plutôt intelligent ◆ **he felt rather better** il se sentait un peu mieux ◆ **he looked rather silly** il a eu l'air plutôt stupide ◆ **it's rather more difficult than you think** c'est un peu plus difficile que vous ne croyez ◆ **Latin is rather too difficult for me** le latin est un peu trop difficile pour moi ◆ **it's rather a pity** c'est plutôt dommage ◆ **his book is rather good** son livre est plutôt bon ◆ **that costs rather a lot** cela coûte assez cher ◆ **I rather think he's wrong** je crois bien or j'ai l'impression qu'il a tort ◆ **rather!** * (esp Brit) et comment ! *

**ratifiable** /ˈrætɪfaɪəbl/ ADJ ratifiable

**ratification** /ˌrætɪfɪˈkeɪʃən/ N ratification f

**ratify** /ˈrætɪfaɪ/ SYN VT ratifier

**ratine** /ræˈtiːn/ N (= cloth) ratine f

**rating¹** /ˈreɪtɪŋ/ SYN
- N ① (= assessment) estimation f, évaluation f ◆ **the government's low rating in the opinion polls** la mauvaise cote or la faiblesse du gouvernement dans les sondages
② (Brit Fin = tax on property) montant m des impôts locaux
③ (= placing) classement m
④ (Brit Naut) (= classification) classe f ; (= sailor) marin m, matelot m ◆ **the ratings** les matelots et gradés mpl
- NPL **ratings** ◆ **the (audience** or **TV) ratings** l'indice m d'écoute, l'audimat ® m ◆ **to get good ratings** [programme] avoir un bon indice d'écoute ◆ **high/low ratings** forts/faibles indices mpl d'écoute ◆ **to boost ratings** faire grimper l'indice d'écoute or l'audimat ®

**rating²** /ˈreɪtɪŋ/ N réprimande f, semonce f

**ratio** /ˈreɪʃɪəʊ/ SYN N proportion f, rapport m ◆ **in the ratio of 100 to 1** dans la proportion de 100 contre 1, dans le rapport de 100 contre 1 à ◆ **inverse** or **indirect ratio** raison f inverse ◆ **in direct ratio to…** en raison directe de…

**ratiocinate** /ˌrætɪˈɒsɪneɪt/ VI (frm) raisonner, ratiociner (pej)

**ratiocination** /ˌrætɪɒsɪˈneɪʃən/ N (frm) raisonnement m, ratiocination f (pej)

**ration** /ˈræʃən/ SYN
N (= allowance : of food, goods etc) ration f ◆ **it's off the ration** * ce n'est plus rationné ◆ **rations** (= food) vivres mpl ◆ **to put sb on short rations** réduire les rations de qn ; → **iron**
VT [+ goods, food, people] rationner ◆ **he was rationed to 1kg of meat** sa ration était de 1 kg de viande ◆ **motorists were rationed to 30 litres of petrol a month** les automobilistes n'avaient droit qu'à 30 litres d'essence par mois
COMP **ration book** N carnet m de rationnement
**ration card** N carte f or ticket m de rationnement

▶ **ration out** VT SEP [+ food etc] rationner

**rational** /ˈræʃənl/ SYN ADJ [person, argument, behaviour] raisonnable, sensé ; [creature, being] doué de raison ; [action, thinking, explanation, decision] (also Math) rationnel, logique ; [activity] rationnel, conforme à la raison ; (Med) (= lucid) lucide ◆ **that wasn't very rational of him** il n'a pas agi de façon très logique or rationnelle

**rationale** /ˌræʃəˈnɑːl/ SYN N (= reasoning) raisons fpl ; (= statement) exposé m raisonné ◆ **what is the rationale behind this decision?** quelles sont les raisons de cette décision ?

**rationalism** /ˈræʃnəlɪzəm/ N rationalisme m
**rationalist** /ˈræʃnəlɪst/ ADJ, N rationaliste mf
**rationalistic** /ˌræʃnəˈlɪstɪk/ ADJ rationaliste
**rationality** /ˌræʃəˈnælɪtɪ/ N rationalité f
**rationalization** /ˌræʃnəlaɪˈzeɪʃən/ N rationalisation f

**rationalize** /ˈræʃnəlaɪz/ SYN
VT 1 [+ event, conduct etc] (tenter de) trouver une explication logique à ; (Psych) justifier or motiver après coup
2 (= organize efficiently) [+ industry, production, problems] rationaliser
3 (Math) rendre rationnel
VI (Psych) chercher une justification après coup

**rationally** /ˈræʃnəlɪ/ ADV [think, behave, discuss, speak] rationnellement, de façon rationnelle ◆ **rationally, it should be possible** logiquement, ça devrait être possible

**rationing** /ˈræʃnɪŋ/ N rationnement m ◆ **food rationing** rationnement m de l'alimentation
**ratite** /ˈrætaɪt/ ADJ ◆ **ratite birds** ratites mpl
**ratline** /ˈrætlaɪn/ N [of sailing vessel] enfléchure f
**ratpack** /ˈrætpæk/ N (gen) jeunes loups mpl ; (= journalists) paparazzi mpl

**rattan** /ræˈtæn/
N rotin m
COMP de or en rotin

**rat-tat-tat** /ˌrætəˈtæt/ N ⇒ **rat-a-tat**

**ratted** * /ˈrætɪd/ ADJ (= drunk) soûl, bourré * ◆ **to get ratted** se bourrer la gueule *

**ratter** /ˈrætər/ N (= dog) ratier m
**rattily** * /ˈrætɪlɪ/ ADV (Brit) en grognant
**rattiness** * /ˈrætɪnɪs/ N (= bad temper) (in general) caractère m grincheux ; (on one occasion) mauvaise humeur f

**rattle** /ˈrætl/ SYN
N 1 (= sound) [of vehicle] bruit m (de ferraille) ; [of chains, typewriter] cliquetis m ; [of door] vibrations fpl ; [of hailstones, machine gun] crépitement m ; [of rattlesnake] sonnettes fpl ; (Med: also **death rattle**) râle m
2 (baby's) (gen) hochet m ; (strung on pram) boulier m (de bébé) ; [of sports fan] crécelle f
VI [box, container, object] faire du bruit ; [articles in box] s'entrechoquer ; [vehicle] faire un bruit de ferraille ; [bullets, hailstones] crépiter ; [machinery] cliqueter ; [window] trembler ◆ **to rattle at the door** cogner à la porte ◆ **there is something rattling** il y a quelque chose qui cogne ◆ **to rattle along/away** etc [vehicle] rouler/partir etc dans un bruit de ferraille
VT 1 [+ box] agiter (avec bruit) ; [+ cans] faire s'entrechoquer ; [+ dice] agiter, secouer ; [+ keys] faire cliqueter ◆ **to rattle sb's cage** * enquiquiner * qn
2 (* = alarm) [+ person] déconcerter, ébranler ◆ **to get rattled** perdre son sang-froid, paniquer * ◆ **don't get rattled!** pas de panique ! *

▶ **rattle around** VI (fig) ◆ **I hate to think of her rattling around on her own in that big house** ça me fait mal au cœur de l'imaginer perdue dans cette grande maison

▶ **rattle away** VI ⇒ **rattle on**
▶ **rattle down** VI [falling stones etc] dégringoler or tomber avec fracas
▶ **rattle off** VT SEP [+ poem, speech, apology] débiter à toute allure
▶ **rattle on** VI parler sans arrêt (about sth de qch), jacasser
▶ **rattle through** VT FUS faire (or écrire or lire etc) à toute vitesse or au grand galop

**rattlebrain** * /ˈrætlbreɪn/ N écervelé(e) m(f), tête f de linotte
**rattler** * /ˈrætlər/ N (esp US = rattlesnake) serpent m à sonnette, crotale m
**rattlesnake** /ˈrætlsneɪk/ N serpent m à sonnette, crotale m
**rattletrap** /ˈrætltræp/ N guimbarde f, tacot * m

**rattling** /ˈrætlɪŋ/
N ⇒ **rattle** noun 1
ADJ 1 (= knocking) bruyant ◆ **I heard a rattling noise** [of chains, bottles] j'ai entendu un cliquetis ; (= knocking sound) j'ai entendu quelque chose qui cognait
2 (= fast) ◆ **at a rattling pace** or **speed** * à toute or vive allure
ADV (esp Brit) ◆ **rattling good** * sacrément * bon ◆ **a rattling good yarn** * un récit rondement mené

**rattrap** /ˈrættræp/ N piège m à rats, ratière f

**ratty** * /ˈrætɪ/ ADJ 1 (Brit = bad-tempered) grincheux ◆ **don't get ratty with me!** ne passe pas tes nerfs sur moi ! *
2 (US = shabby) [person, coat] miteux

**raucous** /ˈrɔːkəs/ SYN ADJ [laughter] gros (grosse f) ; [song] bruyant ; [party, evening] bruyant, un peu trop animé ; [person, crowd] braillard *, tapageur ; [bird cry] rauque

**raucously** /ˈrɔːkəslɪ/ ADV [laugh] bruyamment ◆ **to shout raucously** brailler *
**raucousness** /ˈrɔːkəsnɪs/ N [of sound] son m rauque

**raunch** ‡ /rɔːntʃ/ N (US) [of story, film] ambiance f torride ; [of song] paroles fpl torrides
**raunchiness** ‡ /ˈrɔːntʃɪnɪs/ N sensualité f
**raunchy** * /ˈrɔːntʃɪ/ ADJ [person, clothing] sexy inv ; [story, film] torride ; [song] paillard, grivois

**rauwolfia** /rɔːˈwʊlfɪə/ N 1 (= plant) rauwolfia f
2 (Med) réserpine f

**ravage** /ˈrævɪdʒ/ SYN
VT (= ruin) ravager, dévaster ; (= plunder) ravager, piller ◆ **body ravaged by disease** corps m ravagé par la maladie
NPL **ravages** [of war etc] ravages mpl, dévastation f ◆ **the ravages of time** les ravages mpl du temps, l'outrage m des ans

**rave** /reɪv/ SYN
VI (= be delirious) délirer, divaguer ; (= talk wildly) divaguer, déraisonner ; (= speak furiously) s'emporter, tempêter (at, against contre) ; (= speak enthusiastically) s'extasier (about, over sur), parler avec enthousiasme (about, over de) ; → **rant**
N (Brit = Acid House party) rave f
COMP **rave culture** N (NonC; Mus) culture f rave **rave notice** *, **rave review** * N critique f dithyrambique
**rave-up** ‡ N (Brit = wild party) ◆ **to have a rave-up** faire la foire * or la fête *

▶ **rave up** VT SEP ◆ **to rave it up** faire la foire * or la fête *
N ◆ **rave-up** ‡ → **rave**

**ravel** /ˈrævəl/
VT 1 (= entangle : lit, fig) emmêler, embrouiller, enchevêtrer
2 (= disentangle) ⇒ **ravel out** vt sep
VI (= become tangled) s'embrouiller, s'enchevêtrer ; (= fray) s'effilocher

▶ **ravel out**
VI s'effilocher
VT SEP [+ material] effilocher ; [+ threads] démêler ; [+ knitting] défaire ; (fig) [+ difficulty] débrouiller ; [+ plot] dénouer

**raven** /ˈreɪvn/
N corbeau m
COMP (in colour) noir comme (du) jais or comme l'ébène
**raven-haired** ADJ aux cheveux de jais
**ravening** /ˈrævnɪŋ/ ADJ vorace, rapace
**Ravenna** /rəˈvenə/ N Ravenne f

**ravenous** /ˈrævənəs/ SYN ADJ [animal] vorace ; [appetite] vorace, féroce ; [hunger] de loup ◆ **I'm ravenous** * j'ai une faim de loup
**ravenously** /ˈrævənəslɪ/ ADV [eat] voracement, avec voracité ; [look at] d'un air vorace ◆ **to be ravenously hungry** * avoir une faim de loup

**raver** * /ˈreɪvər/ N (Brit) 1 (gen) noceur * m, -euse * f, fêtard(e) * m(f)
2 (= person attending a rave) raver * m

**ravine** /rəˈviːn/ SYN N ravin m

**raving** /ˈreɪvɪŋ/ SYN
ADJ ◆ **raving lunatic** fou m furieux, folle f furieuse ◆ **she's a raving beauty** elle est d'une beauté éblouissante ; → **mad**
N ◆ **raving(s)** délire m, divagations fpl

**ravioli** /ˌrævɪˈəʊlɪ/ N raviolis mpl

**ravish** /ˈrævɪʃ/ VT 1 (liter = delight) ravir, transporter
2 († or liter) (= rape) violer ; (= abduct) ravir

**ravisher** /ˈrævɪʃər/ N († or liter) ravisseur m

**ravishing** /ˈrævɪʃɪŋ/ ADJ [woman] ravissant ; [man] beau comme un dieu ; [sight, beauty] enchanteur (-teresse f) ; [smile] ravageur ◆ **to be ravishing to look at** être un régal pour les yeux

**ravishingly** /ˈrævɪʃɪŋlɪ/ ADV ◆ **she is ravishingly beautiful** elle est d'une beauté éblouissante ◆ **the scenery is ravishingly beautiful** le paysage est magnifique ◆ **the film is ravishingly photographed** les prises de vue du film sont superbes

**ravishment** /ˈrævɪʃmənt/ N 1 (liter = delight) enchantement m, ravissement m
2 († or liter) (= rape) viol m ; (= abduction) ravissement † m, rapt m

**raw** /rɔː/ SYN
ADJ 1 (= uncooked) [meat, fish, vegetables, egg] cru
2 (= unprocessed) [cotton, rubber, sugar, data, facts] brut ; [cloth] écru ; [alcohol, spirits] pur ; [sewage] non traité ◆ **raw colour** couleur f crue ◆ **raw edge** (Sewing) bord m coupé
3 (= basic) [emotion, ambition, energy, talent] à l'état brut
4 (= sore) [hands, back, skin] abîmé ; [wound, nerves] à vif ; [throat] très irrité ◆ **his wife's words touched a raw nerve** les paroles de sa femme ont touché la corde sensible
5 (= inexperienced) [person] sans expérience, inexpérimenté ; [troops] non aguerri ◆ **a raw recruit** (Mil) un bleu
6 (= cold) [night, day, climate] glacial ; [wind] âpre ; [air] vif
7 (= frank) [account] sans complaisance ; [story] sans fard
8 (= bawdy) [humour] cru, grossier
9 (* = unfair) ◆ **he got a raw deal** on ne lui a vraiment pas fait de cadeaux ◆ **he's had a raw deal from life** il n'a pas été gâté par la vie *
N ◆ **to touch sb on the raw** toucher or piquer qn au vif ◆ **life/nature in the raw** la vie/la nature telle qu'elle est ◆ **in the raw** * (= naked) nu, à poil *
COMP **raw material** N (lit, fig) matière f première
**raw score** N (US Scol) première approximation f de note
**raw silk** N soie f grège

**rawboned** /ˈrɔːbəʊnd/ ADJ [person] maigre, décharné ; [horse] efflanqué

**rawhide** /ˈrɔːhaɪd/ N (= whip) fouet m à lanières ; (= material) cuir m brut or vert

**Rawlbolt** ® /ˈrɔːlbəʊlt/ N cheville d'ancrage en métal

**Rawlplug** ® /ˈrɔːlplʌg/ N cheville en plastique

**rawness** /ˈrɔːnɪs/ N 1 (= lack of experience) inexpérience f
2 (= primitive nature) ◆ **the rawness of the music** le caractère primitif de la musique
3 (on skin) écorchure f
4 [of climate] froid m humide ◆ **the rawness of the wind** l'âpreté f du vent

**ray**¹ /reɪ/ SYN
N [of light, heat, sun] rayon m ; (fig) rayon m, lueur f ◆ **a ray of hope** une lueur d'espoir ; → **cathode, death, X-ray**
COMP **ray flower** N fleur f radiée
**ray gun** N fusil m à rayons laser

**ray**² /reɪ/ N (= fish) raie f ; → **stingray**

**ray**³ /reɪ/ N (Mus) ré m

**Raybans** ® /ˈreɪbænz/ NPL Raybans fpl

**rayless** /ˈreɪlɪs/ ADJ [plant] non radié

**rayon** /ˈreɪɒn/
N (= *fabric*) rayonne *f*, soie *f* artificielle
ADJ en rayonne

**Ray's bream** /reɪz/ N (= *fish*) brème *f* de mer

**raze** /reɪz/ SYN VT raser ◆ **to raze to the ground** [+ *town*] raser ; [+ *building*] raser, abattre à ras de terre

**razor** /ˈreɪzəʳ/
N rasoir *m* ◆ **electric razor** rasoir *m* électrique ◆ **on the razor's edge** (*fig*) sur le fil du rasoir ◆ **"The Razor's Edge"** (*Literat, Cine*) « Le Fil du rasoir » ; → **safety**
COMP **razor blade** N lame *f* de rasoir
**razor burn** N feu *m* du rasoir
**razor clam** N (*US*) couteau *m*
**razor cut** N (*Hairdressing*) coupe *f* au rasoir
**razor-edged** ADJ [*knife etc*] tranchant comme un rasoir ; (*fig*) [*wit*] acéré
**razor-sharp** ADJ [*knife etc*] tranchant comme un rasoir ; (*fig*) [*person, mind*] délié, vif ; [*wit*] acéré
**razor shell** N (*Brit*) couteau *m*
**razor-slashing** N taillades *fpl* à coup de rasoir
**razor wire** N fil *m* de fer barbelé acéré

**razorbill** /ˈreɪzəbɪl/ N petit pingouin *m*

**razz**‡ /ræz/ VT (*US*) mettre en boîte*

**razzle*** /ˈræzl/
N ◆ **to go (out) on the razzle** (sortir) faire la bringue‡ *or* la nouba‡
COMP **razzle-dazzle*** N tape-à-l'œil *m inv*

**razzmatazz*** /ˈræzməˈtæz/ N 1 (= *glitter*) tape-à-l'œil *m inv*
2 (= *double talk*) propos *mpl* trompeurs

**RC** /ɑːˈsiː/ (*Rel*) (abbrev of **Roman Catholic**) → **Roman**

**RCA** /ɑːsiːˈeɪ/ N (*Brit*) (abbrev of **Royal College of Art**) *prestigieuse école de beaux-arts de Londres*

**RCAF** /ˌɑːsiːeɪˈef/ N abbrev of **Royal Canadian Air Force**

**RCMP** /ˌɑːsiːemˈpiː/ N (abbrev of **Royal Canadian Mounted Police**) → **royal**

**RCN** /ˌɑːsiːˈen/ N abbrev of **Royal Canadian Navy**

**Rd** abbrev of **Road**

**RDA** /ˌɑːdiːˈeɪ/ N (abbrev of **recommended daily allowance** *or* **amount**) AQR *mpl*

**RDC** /ˌɑːdiːˈsiː/ N (*Brit Local Govt*) (abbrev of **Rural District Council**) → **rural**

**RE** /ɑːˈriː/ N 1 (*Brit*) (abbrev of **religious education**) → **religious**
2 (*Brit Mil*) (abbrev of **Royal Engineers**) → **royal**

**re**[1] /reɪ/ N (*Mus*) ré *m*

**re**[2] /riː/ PREP 1 (= *referring to*) concernant ◆ **re: household insurance** objet : assurance logement
2 (*Jur*: also **in re**) en l'affaire de

**re...** /riː/ PREF (*before consonant*) re..., ré... ; (*before vowel*) r..., ré... ◆ **to redo** refaire ◆ **to reheat** réchauffer ◆ **to reopen** rouvrir ◆ **to re-elect** réélire

**reach** /riːtʃ/ SYN
N 1 (= *accessibility*) portée *f*, atteinte *f* ◆ **within reach** à portée ◆ **out of reach** hors de portée *or* d'atteinte ◆ **within sb's reach** à (la) portée de qn ◆ **out of sb's reach** hors de (la) portée de qn ◆ **within arm's reach** à portée de la main ◆ **cars are within everyone's reach nowadays** de nos jours les voitures sont à la portée de toutes les bourses *or* de tous ◆ **out of the children's reach** hors de (la) portée des enfants ◆ **I keep it within easy reach** *or* **within my reach** je le garde à portée de main *or* sous la main ◆ **within easy reach of the sea** à proximité de la mer, proche de la mer ◆ **beyond the reach of the law** à l'abri de la justice ◆ **this subject is beyond his reach** ce sujet le dépasse
2 (*esp Boxing*) allonge *f* ◆ **he has a long reach** (*gen*) il peut allonger le bras loin ; (*Boxing*) il a une bonne allonge, il a de l'allonge
3 (= *length*) [*of beach, river*] étendue *f* ; [*of canal*] bief *m* ◆ **further to the north, there are great reaches of forest** plus au nord, il y a de grandes étendues de forêt ◆ **the upper/lower reaches of the river** le cours supérieur/inférieur de la rivière
VT 1 (= *get as far as*) [+ *place, age, goal, limit, perfection*] atteindre ; [+ *agreement, understanding*] aboutir à, arriver à ; [+ *conclusion*] arriver à ; [+ *compromise, decision*] parvenir à ◆ **when we reached him he was dead** quand nous sommes arrivés auprès de lui, il était mort ◆ **to reach the terrace you have to cross the garden** pour accéder à la terrasse, il faut traverser le jardin ◆ **I hope this letter reaches him** j'espère que cette lettre lui parviendra ◆ **the news reached us too late** nous avons appris *or* reçu la nouvelle trop tard ◆ **to reach page 50** arriver *or* en être à la page 50 ◆ **not a sound reached our ears** aucun bruit ne parvenait à nos oreilles ◆ **he is tall enough to reach the top shelf** il est assez grand pour atteindre l'étagère d'en haut ◆ **he reaches her shoulder** il lui arrive à l'épaule ◆ **her dress reaches the floor** sa robe descend jusqu'à terre ◆ **the cancer has reached her liver** le cancer a atteint le foie ◆ **you can reach me at my hotel** vous pouvez me joindre à mon hôtel ◆ **we hope to reach a wider audience** nous espérons toucher un public plus large
2 (= *get and give*) passer ◆ **reach me (over) that book** passez-moi ce livre ◆ **reach (over) the salt for Richard** passez le sel à Richard
3 (*US Jur* = *suborn*) [+ *witness*] corrompre, suborner
VI 1 [*territory etc*] s'étendre ; [*voice, sound*] porter (*to* jusqu'à)
2 (= *stretch out hand* : also **reach across, reach out, reach over**) tendre le bras ◆ **to reach for sth** essayer de prendre qch, tendre le bras pour prendre qch ◆ **he reached into his pocket for his pencil** il mit la main dans sa poche pour prendre son crayon ◆ **to reach for the stars** viser haut ◆ **reach for the sky!**‡ (*US*) haut les mains !
COMP **reach-me-down** N ◆ **it is a reach-me-down from my sister** c'est un vêtement que ma sœur m'a passé

▸ **reach back** VI (*fig*) remonter (*to* à) ◆ **to reach back to Victorian times** remonter à l'époque victorienne

▸ **reach down**
VI [*clothes, curtains etc*] descendre (*to* jusqu'à)
VT SEP (*from hook*) décrocher ; (*from shelf*) descendre ◆ **will you reach me down the book?** voulez-vous me descendre le livre ?, voulez-vous me passer le livre qui est là-haut ?

▸ **reach out** VT SEP tendre ◆ **he reached out his hand for the cup** il a étendu le bras pour prendre la tasse

▸ **reach up** VI 1 lever le bras ◆ **he reached up to get the book from the shelf** il a levé le bras pour atteindre le livre sur le rayon
2 monter ◆ **the flood water reached up to the windows** la crue (des eaux) est montée jusqu'aux fenêtres

**reachable** /ˈriːtʃəbl/ ADJ [*place, object*] accessible ◆ **he is reachable* at...** on peut le joindre à...

**react** /riːˈækt/ SYN VI 1 (*gen*) réagir (*against* contre ; *on* sur ; *to* à)
2 (*Phys, Chem*) réagir (*with* avec)

**reactance** /rɪˈæktəns/ N réactance *f*

**reactant** /rɪˈæktənt/ N réactant *m*

**reaction** /riːˈækʃən/ LANGUAGE IN USE 6.1 SYN
N (*gen*) réaction *f* ◆ **the driver's reactions** les réflexes du conducteur ◆ **to have quick reactions** réagir vite ◆ **what was his reaction to your suggestion?** comment a-t-il réagi *or* quelle a été sa réaction à votre proposition ? ◆ **this decision was a reaction against violence** cette décision a été une manière de riposter à la violence ◆ **the reaction of an acid and** *or* **with a base** (*Chem*) la réaction d'un acide avec une base *or* entre un acide et une base ◆ **forces of reaction** (*Pol*) forces *fpl* de la réaction, forces *fpl* réactionnaires ; → **chain**
COMP **reaction engine** N moteur *m* à réaction
**reaction time** N temps *m* de réaction
**reaction turbine** N turbine *f* à réaction

**reactionary** /riːˈækʃənrɪ/ SYN ADJ, N réactionnaire *mf*

**reactivate** /riːˈæktɪveɪt/ VT réactiver

**reactivation** /riːˌæktɪˈveɪʃən/ N réactivation *f*

**reactive** /riːˈæktɪv/ ADJ (*gen, Chem, Phys*) réactif ; (*Psych*) réactionnel ◆ **to be too reactive** ne pas prendre assez d'initiatives

**reactiveness** /rɪˈæktɪvnɪs/, **reactivity** /ˌriːækˈtɪvɪtɪ/ N réactivité *f*

**reactor** /riːˈæktəʳ/ N (*Chem, Elec, Phys*) réacteur *m* ; → **nuclear**

**read** /riːd/ SYN (pret, ptp **read** /red/)
VT 1 [+ *book, letter etc*] lire ; [+ *music, bad handwriting*] déchiffrer, lire ; [+ *hieroglyphs*] déchiffrer ; [+ *proofs*] corriger ◆ **to read sb sth, to read sth to sb** lire qch à qn ◆ **I read him to sleep** je lui ai fait la lecture jusqu'à ce qu'il s'endorme ◆ **I brought you something to read** je vous ai apporté de la lecture ◆ **to read sb's lips** lire sur les lèvres de qn ◆ **read my lips!** vous m'avez bien compris ? ◆ **to read the Riot Act** (*Jur*) ≈ faire les trois sommations ◆ **he read them the riot act*** (*fig*) il leur a remonté les bretelles* ◆ **to read sb a lesson*** faire la leçon à qn, sermonner qn ◆ **to take sth as read** (= *as self-evident*) considérer qch comme allant de soi ; (= *as agreed*) considérer qch comme convenu ◆ **they took the minutes as read** (*Admin*) ils sont passés à l'ordre du jour (sans revenir sur le procès-verbal de la dernière séance) ◆ **for "meet" read "met"** (*in errata*) au lieu de « meet » prière de lire « met » ◆ **read and approved** (*Jur:on document*) lu et approuvé ; → **well**[2]
2 (= *interpret*) [+ *dream*] interpréter, expliquer ; (= *understand*) comprendre ◆ **to read sb's palm** lire les lignes de la main à qn ◆ **to read the tea leaves** *or* **the teacups** ≈ lire dans le marc de café ◆ **to read the wind** (*US fig*) flairer le vent ◆ **these words can be read in several ways** ces mots peuvent s'interpréter de plusieurs façons ◆ **to read between the lines** (*fig*) lire entre les lignes ◆ **to read something into a text** faire dire à un texte quelque chose qu'il ne dit pas, solliciter un texte ◆ **we mustn't read too much into this** nous ne devons pas y attacher trop d'importance ◆ **to read sb's thoughts** lire (dans) la pensée de qn ◆ **I can read him like a book** je sais *or* devine toujours ce qu'il pense ◆ **I read disappointment in his eyes** j'ai lu la déception dans ses yeux
3 (*esp Brit Univ* = *study*) étudier, faire ◆ **to read medicine/law** faire (des études de) médecine/droit, faire sa médecine/son droit ◆ **he is reading English/geography** *etc* il fait de l'anglais/de la géographie *etc*
4 [+ *thermometer, barometer etc*] lire ◆ **to read a meter** relever un compteur
5 [*instruments*] marquer, indiquer ◆ **the thermometer reads 37°** le thermomètre indique (une température de) 37°
6 (*Telec*) recevoir ◆ **do you read me?** est-ce que vous me recevez ? ; (*fig*) vous me comprenez ? ; → **loud**
7 (*Comput*) lire
VI 1 lire ◆ **he can read and write** il sait lire et écrire ◆ **she reads well** elle lit bien, elle fait bien la lecture ; [*learner, beginner*] elle sait bien lire ◆ **he likes reading** il aime lire , il aime la lecture ◆ **to read aloud** lire à haute voix ◆ **to read to oneself** lire ◆ **do you like being read to?** aimez-vous qu'on vous fasse la lecture ? ◆ **I read about it in the paper** je l'ai lu *or* je l'ai vu dans le journal ◆ **I've read about him** j'ai lu quelque chose à son sujet
2 ◆ **the letter reads thus...** voici ce que dit la lettre..., voici comment la lettre est rédigée... ◆ **the quotation reads as follows...** voici les termes exacts de la citation... ◆ **this book reads well/badly** ce livre se lit bien/mal ◆ **his article reads like an official report** le style de son article fait penser à celui d'un rapport officiel, son article a l'allure d'un rapport officiel
3 (*esp Univ* = *study*) étudier, faire des études ◆ **to read for an examination** préparer un examen ; → **bar**[1]
N * lecture *f* ◆ **she enjoys a good read** elle aime bouquiner*, elle aime bien la lecture ◆ **it's a good read** ça se lit facilement, ça se laisse lire ◆ **to have a quiet/a little read** lire *or* bouquiner* tranquillement/un peu
COMP **read head** N (*Comput*) tête *f* de lecture
**read-only** ADJ (*Comput*) [*file*] à lecture seule
**read-only memory** N mémoire *f* morte
**read-out** (*Comput*) N (*on screen*) affichage *m* ; (*on paper*) sortie *f* papier *or* sur imprimante
**read-write head** N (*Comput*) tête *f* de lecture-écriture
**read-write memory** N (*Comput*) mémoire *f* lecture-écriture
**read-write window** N (*Comput*) fenêtre *f* d'inscription-lecture

▸ **read back** VT SEP [+ *one's notes etc*] relire

▸ **read off** VT SEP 1 [+ *text*] (*without pause*) lire d'un trait ; (*at sight*) lire à livre ouvert
2 [+ *instrument readings*] relever

▸ **read on** VI continuer à lire, poursuivre sa lecture ◆ **"now read on"** « suite du feuilleton »

▸ **read out**
VT SEP 1 [+ *text*] lire à haute voix ; [+ *instrument readings*] relever à haute voix
2 (*Comput*) extraire de la mémoire, sortir
N ◆ **read-out** → **read**

▸ **read over** VT SEP relire

▸ **read through** VT SEP *(rapidly)* parcourir ; *(thoroughly)* lire en entier *or* d'un bout à l'autre

▸ **read up** VT SEP étudier (à fond), potasser* ◆ **I must read up the Revolution** il faut que j'étudie *subj or* que je potasse* *subj* la Révolution

▸ **read up on** VT FUS ⇒ read up

**readability** /ˌriːdəˈbɪlɪtɪ/ N lisibilité *f*

**readable** /ˈriːdəbl/ ADJ 1 *(= interesting) [book, account, style]* agréable à lire ◆ **it's very readable** ça se lit facilement

2 *(= legible) [handwriting]* lisible ; see also **machine**

**readdress** /ˌriːəˈdres/ VT *[+ letter, parcel]* réadresser ; *(= forward)* faire suivre

**reader** /ˈriːdəʳ/ N 1 lecteur *m*, -trice *f* ◆ **publisher's reader** lecteur *m*, -trice *f* dans une maison d'édition ◆ **he's a great reader** il aime beaucoup lire, c'est un grand liseur ; → **lay**[4], **proofreader**

2 *(Brit Univ)* ≈ chargé(e) *m(f)* d'enseignement ; *(US Univ)* directeur *m*, -trice *f* de thèse *or* d'études

3 *(= schoolbook) (to teach reading)* livre *m* de lecture ; *(= anthology)* recueil *m* de textes ◆ **first French reader** recueil *m* de textes français pour première année

4 ◆ **(microfiche) reader** lecteur *m* (de microfiche)

**readership** /ˈriːdəʃɪp/ N 1 *[of newspaper, magazine] (= number)* nombre *m* de lecteurs ; *(= type)* lectorat *m* ◆ **this paper has a big readership/a readership of millions** ce journal a beaucoup de lecteurs/des millions de lecteurs ◆ **a magazine with a predominantly white, middle-class readership** un magazine dont le lectorat est en majorité blanc et de classe moyenne

2 *(Brit Univ)* ≈ poste *m* (*or* fonctions *fpl*) de chargé(e) d'enseignement ; *(US Univ)* fonctions *fpl* (*or* responsabilités *fpl*) de directeur *m*, -trice *f* de thèse *or* d'études

**readily** /ˈredɪlɪ/ SYN ADV 1 *(= willingly) [accept, agree]* volontiers, de bon cœur ; *[admit]* volontiers

2 *(= easily) [understand]* facilement, aisément ◆ **readily accessible** *[place, data]* facilement accessible ◆ **to be readily apparent** se voir (facilement) ◆ **exotic vegetables are readily available these days** on trouve facilement des légumes exotiques de nos jours

**readiness** /ˈredɪnɪs/ SYN N 1 *(= preparedness)* ◆ **to be (kept) in readiness** être (tenu) prêt (*for* à, pour)

2 *(= willingness)* empressement *m*, bonne volonté *f* ◆ **his readiness to help us** son empressement à nous aider, l'empressement qu'il a montré à nous aider

**reading** /ˈriːdɪŋ/ SYN

N 1 *(NonC)* lecture *f* ; *[of proofs]* correction *f* ◆ **she likes reading** elle aime bien lire *or* la lecture ◆ **this book is** *or* **makes very interesting reading** ce livre est très intéressant (à lire) ◆ **I'd prefer some light reading** je préférerais qch de distrayant *or* de facile à lire

2 *(= recital)* (séance *f* de) lecture *f* ; → **play, poetry**

3 *(= interpretation)* interprétation *f*, explication *f* ◆ **my reading of the sentence** mon explication *or* interprétation de cette phrase ◆ **his reading of the part** *(Cine, Theat)* son interprétation du rôle

4 *(= variant)* variante *f*, leçon *f*

5 *(from instrument)* ◆ **to take a reading** lire un instrument, relever les indications d'un instrument ◆ **the reading is...** l'instrument indique...

6 *(Parl) [of bill]* discussion *f*, lecture *f* ◆ **the House gave the bill its first reading** la Chambre a examiné le projet de loi en première lecture ◆ **the third reading of the bill was debated** le projet de loi a été discuté en troisième lecture

7 *(NonC = knowledge)* culture *f*, connaissances *fpl* ◆ **of wide reading** instruit, cultivé

COMP **reading age** N *(Scol)* ◆ **he has a reading age of eight** il a le niveau de lecture d'un enfant de huit ans ◆ **she has a low/advanced reading age** son niveau de lecture est bas/élevé pour son âge ◆ **child of reading age** enfant *mf* en âge de lire
**reading book** N livre *m* de lecture
**reading desk** N pupitre *m* ; *(Rel)* lutrin *m*
**reading glass** N loupe *f*
**reading glasses** NPL lunettes *fpl* pour lire
**reading knowledge** N ◆ **to have a reading knowledge of Spanish** savoir lire l'espagnol
**reading lamp, reading light** N *(gen)* lampe *f* de travail *or* de bureau ; *(in train, plane etc)* liseuse *f*
**reading list** N bibliographie *f*, (liste *f* d')ouvrages *mpl* recommandés
**reading matter** N ◆ **I've got some reading matter** j'ai des choses à lire *or* de quoi lire
**reading room** N salle *f* de lecture *or* de travail
**reading speed** N vitesse *f* de lecture

**readjust** /ˌriːəˈdʒʌst/

VT *[+ position of sth, salary]* rectifier ; *[+ clothes]* rajuster ; *[+ strategy, approach]* modifier ; *[+ one's life]* réorganiser ; *[+ instrument]* régler (de nouveau)

VI se réadapter (*to* à)

**readjustment** /ˌriːəˈdʒʌstmənt/ N réadaptation *f* ; *[of salary]* rajustement *or* réajustement *m* ◆ **a period of readjustment** une période de transition ◆ **the effects of economic readjustment** les effets de la réforme économique

**readvertise** /ˌriːˈædvətaɪz/ VT repasser une annonce pour

**ready** /ˈredɪ/ SYN

ADJ 1 *(= prepared) [person, thing]* prêt ; *[answer, excuse]* tout fait ◆ **to be ready to do sth** être prêt à *or* pour faire qch ◆ **are you ready to order?** *(in restaurant)* puis-je prendre votre commande ? ◆ **dinner is ready** le dîner est prêt ◆ **dinner's ready!** à table ! ◆ **your glasses will be ready (for you) in a fortnight** vos lunettes seront prêtes dans quinze jours ◆ **the doctor's ready for you now** le docteur est prêt à vous recevoir ◆ **everything is ready for his visit** tout est prêt pour sa visite ◆ **ready for a challenge** préparé à un défi ◆ **ready for an emergency** prêt à intervenir en cas d'urgence ◆ **the troops were ready for action** les troupes étaient prêtes à intervenir ◆ **ready for anything** prêt à tout ◆ **the contract will be ready for signing tomorrow** le contrat sera prêt pour la signature demain ◆ **"flight 211 is now ready for boarding"** « vol 211, embarquement immédiat » ◆ **the wine is ready for drinking** ce vin est bon à boire tout de suite ◆ **the crops are ready for harvesting** c'est le moment de faire la récolte ◆ **ready for use** prêt à l'emploi ◆ **I'm ready for him!** je l'attends de pied ferme ! ◆ **"now ready"** *(Publishing)* « vient de paraître » ◆ **ready, steady** *(Brit) or* **set** *(US)*, **go!** *(Sport)* à vos marques ! prêts ? partez ! ◆ **ready and waiting** fin prêt ◆ **ready when you are** quand tu veux ◆ **to be ready with a joke/an excuse** avoir une plaisanterie/excuse toute prête *or* en réserve

♦ **get + ready** ◆ **to get (o.s.) ready (for sth)** se préparer (pour qch) ◆ **get ready for it!** tenez-vous prêt ! ; *(before momentous news etc)* tenez-vous bien ! ◆ **to get sb/sth ready (for sth/to do sth)** préparer qn/qch (pour qch/pour faire qch) ◆ **to get ready to do sth** s'apprêter à faire qch, se préparer à faire qch

♦ **make + ready** ◆ **to make ready (for sth/to do sth)** se préparer (pour qch/à faire qch) ◆ **to make sth ready** préparer qch

2 *(Comm)* ◆ **we have the goods you ordered ready to hand** nous tenons à votre disposition les marchandises que vous avez commandées ◆ **ready money, ready cash** (argent *m*) liquide *m* ◆ **to pay in ready cash** payer en espèces ◆ **how much have you got in ready money** *or* **ready cash?** combien avez-vous en liquide ?

3 *(= willing)* ◆ **ready to do sth** prêt à faire qch ◆ **he is always ready to help** il est toujours prêt à rendre service ◆ **I am quite ready to see him** je suis tout à fait disposé à le voir ◆ **I'm ready, willing and able to do the job** je suis prêt à faire ce travail ◆ **to be only too ready to do sth** n'être que trop disposé à faire qch

4 *(= needing)* ◆ **I'm ready for bed** j'irais bien me coucher ◆ **I'm ready for a break/drink** je ferais bien une pause/prendrais bien un verre

5 *(= about to)* ◆ **he was ready to hit her** il était sur le point de la frapper ◆ **he was ready to cry** il était au bord des larmes

6 *(= prompt) [wit]* vif ; *[reply]* prompt ; *[solution, explanation]* tout fait ; *[market]* tout trouvé ; *[availability]* immédiat ◆ **don't be so ready to criticize** ne soyez pas si prompt à critiquer ◆ **to have a ready smile** sourire facilement ◆ **to have a ready tongue** avoir la langue déliée, avoir la parole facile ◆ **a ready supply of sth** une réserve de qch facilement accessible *or* à portée de main ◆ **to have a ready sale** *[goods]* se vendre facilement, être de vente courante

7 *(Naut)* ◆ **ready about!** pare à virer !

N 1 *(Mil)* ◆ **to come to the ready** apprêter l'arme ◆ **at the ready** *(Mil)* prêt à faire feu ; *(Navy)* paré à faire feu ; *(fig)* fin prêt

2 ◆ **the ready**‡ *or* **readies**‡ *(= money)* le fric‡

COMP **ready-cooked** ADJ *[meal, dish]* cuisiné
**ready-cut** ADJ *[shelves]* prédécoupé
**ready-furnished** ADJ tout meublé
**ready-made** ADJ *[curtains]* tout fait ; *[clothes]* de confection, prêt à porter ; *[solution, answer]* tout prêt ◆ **ready-made ideas** des idées banales *or* toutes faites
**ready meal** N plat *m* cuisiné
**ready-mix** N ◆ **ready-mix for cakes/pancakes** *etc* préparation *f* instantanée pour gâteaux/crêpes *etc* ADJ ◆ **she made a ready-mix cake** elle a fait un gâteau à partir d'une préparation *or* d'un sachet
**ready-mixed** ADJ *[concrete]* prêt à l'emploi
**ready-prepared** ADJ *[meal]* tout préparé
**ready reckoner** N barème *m*
**ready-to-eat, ready-to-serve** ADJ cuisiné
**ready-to-wear** ADJ prêt à porter N prêt-à-porter *m*

**reaffirm** /ˌriːəˈfɜːm/ VT réaffirmer

**reaffirmation** /ˌriːæfəˈmeɪʃən/ N réaffirmation *f*

**reafforest** /ˌriːəˈfɒrɪst/ VT reboiser

**reafforestation** /ˈriːəˌfɒrɪsˈteɪʃən/, **reforestation** *(US)* /ˌriːfɒrɪsˈteɪʃən/ N reboisement *m*

**reagent** /riːˈeɪdʒənt/ N *(Chem)* réactif *m*

**real** /rɪəl/ SYN

ADJ 1 *(gen)* vrai *before n* ; *(as opposed to apparent)* véritable, vrai *before n* ; *(Philos, Math)* réel ◆ **the danger was very real** le danger était très réel ◆ **she wanted to see the real Africa** elle voulait voir l'Afrique, la vraie ◆ **he is the real boss** c'est lui le véritable *or* vrai patron ◆ **my real home is in Paris** c'est à Paris que je me sens chez moi ◆ **to show real interest** se montrer vraiment intéressé ◆ **in real life** dans la réalité ◆ **in the real world** dans la réalité ◆ **in real terms** en termes réels ◆ **we have no real reason to suspect him** nous n'avons pas de véritable raison de le soupçonner ◆ **there was no real evidence that...** il n'y avait pas de véritable preuve que... ◆ **it came as no real surprise to him** ça n'a pas vraiment été une surprise pour lui ◆ **I'm in real trouble** j'ai de gros problèmes ◆ **I had real trouble getting them to leave** j'ai eu un mal fou à les faire partir ◆ **to make real money*** gagner des mille et des cents* ◆ **get real!**‡ sois réaliste !, faut pas rêver !* ◆ **it's the real McCoy*** c'est du vrai de vrai*

♦ **for real*** pour de vrai* ◆ **is this guy for real?!**‡ il est incroyable, ce type* !

2 *(= not fake) [jewels]* vrai *before n*, véritable ; *[flowers]* vrai *before n*, naturel ; *[silk]* naturel ; *[leather, gold]* véritable

♦ **the real thing** ◆ **it is a poor copy of the real thing** c'est une pâle copie de l'original ◆ **you're being recorded now – is this the real thing?** on vous enregistre – pour de bon ? ◆ **when you've tasted the real thing, this whisky...** quand on a goûté du vrai whisky, celui-ci... ◆ **climbing this hill isn't much when you've done the real thing** pour ceux qui ont fait de l'alpinisme, cette colline n'est rien du tout ◆ **this is love, the real thing** c'est l'amour avec un grand A ◆ **he's the real thing** *(= real film star, lion-tamer etc)* c'en est un vrai ; *(* = he's great)* il est super*

ADV *(esp US *)* vraiment ◆ **real soon** très bientôt

N *(Philos)* ◆ **the real** le réel

COMP **real ale** N *(Brit)* bière *f* traditionnelle
**real estate** N *(US Jur)* immobilier *m* ◆ **to work in real estate** *or* **the real estate business** travailler dans l'immobilier
**real-estate agent** N *(US)* agent *m* immobilier
**real-estate developer** N *(US)* promoteur *m* immobilier
**real-estate office** N *(US)* agence *f* immobilière
**real-estate register** N *(US)* cadastre *m*
**Real Presence** N *(Rel)* présence *f* réelle
**real property** N *(US Jur)* biens *mpl* immobiliers
**real tennis** N jeu *m* de paume
**real time** N *(Comput)* temps *m* réel
**real-time computer** N ordinateur *m* exploité en temps réel
**real-time processing** N *(Comput)* traitement *m* immédiat
**real-time system** N *(Comput)* système *m* temps réel

**realgar** /rɪˈælgəʳ/ N réalgar *m*

**realign** /ˌriːəˈlaɪn/ VT réaligner

**realignment** /ˌriːəˈlaɪnmənt/ **N** *[of currencies]* réalignement *m* ◆ **a realignment of the existing political structure** une réorganisation des structures politiques existantes

**realism** /ˈrɪəlɪzəm/ **N** réalisme *m*

**realist** /ˈrɪəlɪst/ **ADJ, N** réaliste *mf*

**realistic** /rɪəˈlɪstɪk/ SYN **ADJ** réaliste ◆ **we had no realistic chance of winning** nous n'avions aucune chance réelle de gagner ◆ **it is not realistic to expect that...** nous ne pouvons pas raisonnablement espérer que...

**realistically** /rɪəˈlɪstɪkəlɪ/ **ADV** *[expect, hope for]* d'une façon réaliste ; *[think, depict]* d'une façon réaliste, avec réalisme ; *[possible]* d'un point de vue réaliste ◆ **they are realistically priced** leur prix est réaliste ◆ **realistically, he had little chance of winning** soyons réalistes, il avait peu de chances de gagner

**reality** /rɪˈælɪtɪ/ LANGUAGE IN USE 26.3 SYN

**N** [1] réalité *f* ◆ **to bring sb back to reality** ramener qn à la réalité ◆ **the harsh reality of war** la dure réalité de la guerre ◆ **in reality** en réalité, en fait

[2] *(= trueness to life)* réalisme *m*

**COMP** *[show, program]* de téléréalité

**reality check N** ◆ **take a reality check!** sois réaliste ! ◆ **we need a reality check** gardons les pieds sur terre

**reality principle N** *(Psych)* principe *m* de réalité

**reality TV N** téléréalité *f*

**realizable** /ˈrɪəlaɪzəbl/ **ADJ** réalisable

**realization** /ˌrɪəlaɪˈzeɪʃən/ SYN **N** [1] *[of assets, hope, plan]* réalisation *f*

[2] *(= awareness)* prise *f* de conscience ◆ **he was hit by the sudden realization that...** il s'est subitement rendu compte que...

**realize** /ˈrɪəlaɪz/ SYN **VT** [1] *(= become aware of)* se rendre compte de ; *(= understand)* comprendre ◆ **does he realize the problems?** se rend-il compte des problèmes ? ◆ **the committee realizes the gravity of the situation** le comité se rend compte de la gravité de la situation ◆ **he had not fully realized that his illness was so serious** il ne s'était pas vraiment rendu compte de la gravité de sa maladie ◆ **I realized it was raining** je me suis rendu compte qu'il pleuvait ◆ **I made her realize that I was right** je lui ai bien fait comprendre que j'avais raison ◆ **this made me realize how lucky I'd been** c'est là que je me suis rendu compte de la chance que j'avais eue ◆ **I realize that...** je me rends compte du fait que... ◆ **yes, I realize that!** oui, je sais bien !, oui, je m'en rends bien compte ! ◆ **I realized how he had done it** j'ai compris comment *or* je me suis rendu compte de la façon dont il l'avait fait ◆ **I realized why...** j'ai compris pourquoi... ◆ **I realize it's too late, but...** je sais bien qu'il est trop tard, mais...

[2] *[+ ambition, hope, plan]* réaliser ◆ **to realize one's (full) potential** réaliser son plein potentiel ◆ **my worst fears were realized** mes pires craintes se sont réalisées

[3] *(Fin)* *[+ assets]* réaliser ; *[+ price]* atteindre ; *[+ interest]* rapporter ◆ **how much did your Rembrandt realize?, how much did you realize on your Rembrandt?** combien votre Rembrandt vous a-t-il rapporté ?

**reallocate** /riːˈæləʊkeɪt/ **VT** *[+ money, tasks]* réallouer, réaffecter ; *[+ time]* réallouer

**reallocation** /ˌriːæləˈkeɪʃən/ **N** *[of resources, land, time]* réaffectation *f*

**really** /ˈrɪəlɪ/ SYN

**ADV** vraiment, réellement ◆ **I really don't know what to think** je ne sais vraiment pas quoi penser ◆ **he really is an idiot** c'est un véritable imbécile, il est vraiment idiot ◆ **it won't really last** ça ne durera guère ◆ **I don't REALLY like...** je ne peux vraiment pas dire que j'aime..., je n'aime guère... ◆ **you really MUST visit Paris** il faut absolument que vous visitiez *subj* Paris

**EXCL** *(in doubt)* vraiment ?, sans blague ! * ; *(in surprise)* c'est vrai ? ; *(in protest:* also **well really!)** vraiment !, ça alors ! ◆ **not really!** pas vraiment ! ; *(in disbelief)* pas possible !

**realm** /relm/ **N** *(liter = kingdom)* royaume *m* ; *(fig)* domaine *m* ◆ **in the realm of politics, in the political realm** dans le monde *or* le domaine de la politique ; → **coin**

**realpolitik** /reɪˈɑːlpɒlɪtiːk/ **N** realpolitik *f*

**realtor** /ˈrɪəltɔːʳ/ **N** *(US)* agent *m* immobilier

**realty** /ˈrɪəltɪ/ **N** *(Jur)* biens *mpl* immobiliers *or* immeubles

**ream**[1] /riːm/ **N** *[of paper]* ≃ rame *f* (de papier) ◆ **he always writes reams** * *(fig)* il écrit toujours des volumes *or* toute une tartine *

**ream**[2] /riːm/ **VT** *(Tech)* fraiser

**reamer** /ˈriːməʳ/ **N** *(Tech)* fraise *f*

**reanimate** /ˌriːˈænɪmeɪt/ **VT** ranimer, raviver

**reanimation** /ˈriːˌænɪˈmeɪʃən/ **N** *(Med)* réanimation *f*

**reap** /riːp/ SYN

**VT** *(Agr)* moissonner, faucher ; *(fig)* *[+ profit]* récolter, tirer ◆ **to reap the fruit of one's labours** recueillir le fruit de son labeur ◆ **to reap the benefits of one's kindness** être récompensé de sa bonté, récolter les fruits de sa bonté ◆ **to reap what one has sown** *(fig)* récolter ce qu'on a semé ◆ **they left him to reap the bitter harvest of his corruption** *(liter)* ils l'ont laissé payer le prix de sa corruption ; → **sow**[2]

**VI** moissonner, faire la moisson

**reaper** /ˈriːpəʳ/ **N** (= *person*) moissonneur *m*, -euse *f* ; *(= machine)* moissonneuse *f* ◆ **reaper and binder** moissonneuse-lieuse *f* ◆ **the (Grim) Reaper** *(liter = death)* la Faucheuse

**reaping** /ˈriːpɪŋ/

**N** moisson *f*

**COMP** **reaping hook N** faucille *f*

**reaping machine N** moissonneuse *f*

**reappear** /ˌriːəˈpɪəʳ/ **VI** réapparaître, reparaître

**reappearance** /ˌriːəˈpɪərəns/ **N** réapparition *f*

**reappoint** /ˌriːəˈpɔɪnt/ **VT** renommer *(to* à)

**reappointment** /ˌriːəˈpɔɪntmənt/ **N** renouvellement *m* de nomination *(to* à)

**reapportion** /ˌriːəˈpɔːʃən/

**VT** réassigner, répartir à nouveau ; *(US Pol)* redécouper, procéder à une révision du découpage électoral de

**VI** *(US Pol)* subir un redécoupage électoral

**reapportionment** /ˌriːəˈpɔːʃənmənt/ **N** *(US Pol)* redécoupage *m* électoral

**reappraisal** /ˌriːəˈpreɪzəl/ **N** *[of situation, problem]* réévaluation *f*, réexamen *m* ; *[of author, film etc]* réévaluation *f*

**reappraise** /ˌriːəˈpreɪz/ **VT** réévaluer

**rear**[1] /rɪəʳ/ SYN

**N** [1] *(= back part)* arrière *m*, derrière *m* ; *(* = buttocks)* derrière * *m* ◆ **in** *or* **at the rear** à l'arrière ◆ **at the rear of...** derrière..., à l'arrière de... ◆ **from the rear, he looks like Chaplin** (vu) de dos, il ressemble à Charlot ◆ **from the rear the car looks like...** par l'arrière *or* vue de derrière la voiture ressemble à...

[2] *(Mil)* arrière-garde *f*, arrières *mpl* ; *[of squad]* dernier rang *m* ; *[of column]* queue *f* ◆ **to attack an army in the rear** attaquer une armée à revers ◆ **to bring up the rear** *(Mil, gen)* fermer la marche

**ADJ** de derrière, arrière *inv*

**COMP** **rear admiral N** vice-amiral *m*

**rear bumper N** pare-chocs *m* arrière *inv*

**rear door N** *[of house]* porte *f* de derrière ; *[of car]* portière *f* arrière *inv*

**rear-end VT** *(US)* *[+ car]* emboutir (l'arrière de)

**rear-engined ADJ** *[car]* avec moteur *m* à l'arrière

**rear gunner N** mitrailleur *m* arrière *inv*

**rear-mounted ADJ** installé à l'arrière

**rear projection N** *(Cine)* projection *f* par transparence

**rear-view mirror N** *[of car]* rétroviseur *m*

**rear wheel N** *[of car]* roue *f* arrière *inv* *or* de derrière

**rear-wheel drive N** traction *f* arrière

**rear window N** *[of car]* vitre *f* arrière *inv* ◆ **"Rear Window"** *(Cine)* « Fenêtre sur cour »

**rear**[2] /rɪəʳ/ SYN

**VT** [1] *[+ animal, family]* élever ; *[+ plant]* faire pousser, cultiver

[2] ◆ **to rear one's head** relever *or* dresser la tête ◆ **the snake reared its head** le serpent s'est dressé ◆ **violence rears its ugly head again** la violence fait sa réapparition (dans toute son horreur), on voit poindre à nouveau l'horrible violence

[3] *(= set up)* *[+ monument]* dresser, ériger

**VI** (also **rear up**) *[animal]* se cabrer ; *[mountain, snake]* se dresser

**rearguard** /ˈrɪəgɑːd/

**N** *(Mil)* arrière-garde *f*

**COMP** **rearguard action N** *(lit, fig)* combat *m* d'arrière-garde ◆ **to fight a rearguard action** *(fig)* mener un combat d'arrière-garde

**rearm** /ˌriːˈɑːm/

**VT** réarmer

**VI** se réarmer

**rearmament** /ˌriːˈɑːməmənt/ **N** réarmement *m*

**rearmost** /ˈrɪəməʊst/ **ADJ** *[carriage]* dernier, de queue ; *[rank]* dernier

**rearrange** /ˌriːəˈreɪndʒ/ **VT** réarranger

**rearrangement** /ˌriːəˈreɪndʒmənt/ **N** réarrangement *m*, nouvel arrangement *m*

**rearrest** /ˌriːəˈrest/ **VT** *[+ escapee]* reprendre ; *[+ second offender]* arrêter une nouvelle fois

**rearward** /ˈrɪəwəd/

**N** arrière *m*

**ADJ** *[part]* arrière *inv* ; *[position]* (situé) à l'arrière, de l'arrière ; *[movement]* en arrière

**ADV** (also **rearwards**) vers l'arrière, par derrière

**reason** /ˈriːzn/ LANGUAGE IN USE 17.1, 26.3 SYN

**N** [1] *(= cause, justification)* *(for behaviour)* raison *f*, motif *m* ; *(for event)* raison *f*, cause *f* ◆ **reason for living** *or* **being** raison *f* d'être ◆ **the reasons are...** les raisons en sont... ◆ **the reason for my lateness/the reason why I am late is that...** la raison de mon retard/pour laquelle je suis en retard, c'est que... ◆ **my reason for leaving, the reason for my leaving** la raison de mon départ *or* pour laquelle je pars (*or* suis parti *etc*) ◆ **I want to know the reason why** je veux savoir (le) pourquoi ◆ **and that's the reason why** et voilà pourquoi, et voilà la raison ◆ **for no apparent reason** sans raison apparente ◆ **I have (good** *or* **every) reason to believe that...** j'ai (tout) lieu *or* j'ai de bonnes raisons de croire que... ◆ **he doesn't trust her - with good reason!** il ne lui fait pas confiance, et il a bien raison !, il ne lui fait pas confiance, et pour cause ! ◆ **there is reason to believe that he is dead** il y a lieu de croire qu'il est mort ◆ **for the simple reason that...** pour la simple *or* bonne raison que... ◆ **for the very reason that...** précisément parce que... ◆ **for that very reason** pour cette raison, pour cela même ◆ **for no reason** sans raison, sans motif ◆ **for some reason (or another)** pour une raison ou pour une autre ◆ **for reasons best known to himself** pour des raisons qu'il est seul à connaître, pour des raisons connues de lui seul ◆ **all the more reason for doing it** *or* **to do it** raison de plus pour le faire ◆ **with reason** avec (juste) raison, à juste titre ◆ **by reason of** en raison de, à cause de ◆ **for personal/health** *etc* **reasons** pour des raisons personnelles/de santé *etc*

[2] *(NonC = mental faculty)* raison *f* ◆ **to lose one's reason** perdre la raison

[3] *(NonC = common sense)* raison *f*, bon sens *m* ◆ **to see reason** entendre raison ◆ **to make sb see reason** raisonner qn, faire entendre raison à qn ◆ **he listened to reason** il s'est rendu à la raison ◆ **he won't listen to reason** on ne peut pas lui faire entendre raison ◆ **that stands to reason** cela va sans dire, cela va de soi ◆ **it stands to reason that...** il va sans dire que... ◆ **I will do anything in** *or* **within reason** je ferai tout ce qu'il est raisonnablement possible de faire ; → **rhyme**

**VI** [1] *(= think logically)* raisonner

[2] *(= argue)* ◆ **to reason with sb** raisonner avec qn ◆ **one can't reason with her** il n'y a pas moyen de lui faire entendre raison

**VT** *(= work out)* calculer *(that* que) ; *(= argue)* soutenir *(that* que) ◆ **I reasoned that changing my diet would lower my cholesterol level** je me suis dit que si je changeais mon alimentation, mon taux de cholestérol diminuerait ◆ **"listen," he reasoned, "I think Adam's up to no good"** « écoute, dit-il, j'ai l'impression qu'Adam trame quelque chose » ; see also **reasoned**

▸ **reason out VT SEP** *[+ problem]* résoudre (en raisonnant)

**reasonable** /ˈriːznəbl/ SYN **ADJ** [1] *[person, behaviour, decision, explanation, request, price, rate, offer]* raisonnable ◆ **to be reasonable about sth** être raisonnable à propos de qch ◆ **within a reasonable time** dans un délai raisonnable ◆ **it is reasonable to suppose that...** on peut raisonnablement supposer que...

[2] *[standard, results, essay]* honnête ; *[distance]* appréciable ◆ **there is a reasonable chance that...** il y a des chances *or* de bonnes chances que... + *subj*

[3] *(Jur)* ◆ **reasonable doubt** doute *m* bien fondé ◆ **to prove guilt beyond (a) reasonable doubt** prouver la culpabilité de l'accusé avec quasi-certitude ◆ **to use reasonable force** *(Jur)* faire un usage modéré de la force ◆ **reasonable**

**grounds for divorce** (esp Jur) des motifs mpl valables de divorcer

**reasonableness** /ˈriːznəblnɪs/ N caractère m or nature f raisonnable

**reasonably** /ˈriːznəblɪ/ ADV 1 (= sensibly) [behave] d'une façon raisonnable ; [say, expect] raisonnablement ◆ **reasonably priced** à un prix raisonnable or acceptable ◆ **one can reasonably think that...** il est raisonnable de penser que...
2 (= fairly) [good, happy, easy, sure, safe] assez, relativement ◆ **to be reasonably successful** réussir assez or relativement bien

**reasoned** /ˈriːznd/ SYN ADJ rationnel

**reasoning** /ˈriːznɪŋ/ SYN
N raisonnement m ◆ **she was not really convinced by this line of reasoning.** elle n'était pas vraiment convaincue par ce raisonnement
ADJ [mind] doué de raison

**reassemble** /ˌriːəˈsembl/
VT [+ people, troops] rassembler ; [+ tool, machine] reconstituer
VI se rassembler ◆ **the committee reassembles on 5 September** le comité se rassemblera le 5 septembre

**reassembly** /ˌriːəˈsemblɪ/ N [of machine] remontage m

**reassert** /ˌriːəˈsɜːt/ VT réaffirmer ◆ **to reassert o.s.** s'imposer à nouveau ◆ **the government's effort to reassert its control in the region** les efforts du gouvernement pour consolider son emprise sur la région ◆ **his sense of humour was beginning to reassert itself** il commençait à retrouver son sens de l'humour

**reassess** /ˌriːəˈses/ VT [+ situation] réexaminer ; (for taxation) [+ person] réviser la cote de ; (Jur) [+ damages] réévaluer

**reassessment** /ˌriːəˈsesmənt/ N [of situation] réexamen m ; (for taxation) [of person] réévaluation f (fiscale) ; (Jur) [damages] réévaluation f

**reassurance** /ˌriːəˈʃʊərəns/ N 1 (emotional) réconfort m
2 (factual) assurance f, garantie f ◆ **to seek reassurance that...** chercher à obtenir l'assurance or la garantie que...

**reassure** /ˌriːəˈʃʊər/ SYN VT rassurer

**reassuring** /ˌriːəˈʃʊərɪŋ/ ADJ rassurant ◆ **it is reassuring to know that...** il est rassurant de savoir que...

**reassuringly** /ˌriːəˈʃʊərɪŋlɪ/ ADV [say] d'un ton rassurant ; [smile, nod, look at] d'une manière rassurante ◆ **reassuringly familiar** familier et rassurant ◆ **reassuringly simple** d'une simplicité rassurante

**Réaumur scale** /ˈreɪəˌmjʊər/ N (Phys) échelle f de Réaumur

**reawaken** /ˌriːəˈweɪkən/
VT [+ person] réveiller de nouveau ; [+ interest] réveiller de nouveau, faire renaître
VI se réveiller de nouveau

**reawakening** /ˌriːəˈweɪkənɪŋ/ N réveil m ; [of ideas] renouveau m ; [of interest] regain m

**Reb*, reb*** /reb/ N (US) soldat m confédéré

**rebarbative** /rɪˈbɑːbətɪv/ ADJ (frm) rébarbatif, rebutant

**rebate** /ˈriːbeɪt/ N (= discount) rabais m, remise f ; (= money back) remboursement m ; (on tax, rates) dégrèvement m ; (on rent) réduction f ; → **rate¹, rent¹, tax**

**rebec** /ˈriːbek/ N (Mus) rebec m

**rebel** /ˈrebl/ SYN
N (also fig) rebelle mf, insurgé m ; (Pol) dissident m ◆ **the rebels want another cut in interest rates** les dissidents réclament une nouvelle réduction des taux d'intérêt ◆ **"Rebel Without a Cause"** (Ciné) « La Fureur de vivre »
ADJ rebelle ; (Pol) dissident ◆ **rebel forces in the region** les troupes rebelles présentes dans la région ◆ **rebel MPs** les députés dissidents
VI /rɪˈbel/ 1 (gen: lit, fig) se rebeller, se révolter (against contre)
2 (fig) ◆ **my feet rebelled** mes pieds n'en pouvaient plus ◆ **at the sight of all that food, his stomach rebelled** à la vue de toute cette nourriture, il a eu un haut-le-cœur

**rebellion** /rɪˈbeljən/ SYN N rébellion f, révolte f ◆ **to rise in rebellion** se rebeller, se révolter

**rebellious** /rɪˈbeljəs/ SYN ADJ (Mil, fig) rebelle

**rebelliously** /rɪˈbeljəslɪ/ ADV [say] avec révolte ; [act] de manière rebelle

**rebelliousness** /rɪˈbeljəsnɪs/ N esprit m de rébellion

**rebirth** /ˌriːˈbɜːθ/ SYN N renaissance f

**rebirthing** /ˌriːˈbɜːθɪŋ/ N rebirth m

**reboot** /ˌriːˈbuːt/
VT (Comput) réinitialiser, relancer
VI redémarrer

**rebore** /ˌriːˈbɔːr/ (Tech)
VT réaléser
N /ˈriːbɔːr/ réalésage m ◆ **this engine needs a rebore** ce moteur a besoin d'être réalésé

**reborn** /ˌriːˈbɔːn/ ADJ ◆ **to be reborn** [person] (= reincarnated) se réincarner (as sth en qch) ; (= redeemed, saved) renaître ; [city] renaître ; [hatred] se réveiller ; [racism, fascism] renaître, resurgir

**rebound** /rɪˈbaʊnd/ SYN
VI 1 [ball] rebondir (against sur) ◆ **she realised her trick had rebounded on her** elle s'est rendu compte que sa ruse s'était retournée contre elle
2 (after setback) reprendre du poil de la bête *
N /ˈriːbaʊnd/ [of ball] rebond m ; [of bullet] ricochet m ; [of sales, economy] reprise f ; (in prices) remontée f (in de) ◆ **to hit a ball on the rebound** frapper une balle après le premier rebond ◆ **to be on the rebound from a setback** etc (fig) (= feeling effects) être sous le coup d'un échec (or d'une déception etc) ; (= recovering) reprendre du poil de la bête* après un échec (or une déception etc) ◆ **she married him on the rebound** * elle s'est encore mariée sous le coup d'une déception (sentimentale) quand elle l'a épousé

**rebrand** /ˌriːˈbrænd/ VT (= change image of) changer l'image de ; (= change name of) rebaptiser

**rebranding** /ˌriːˈbrændɪŋ/ N [of company, product] relookage* m

**rebroadcast** /ˌriːˈbrɔːdkɑːst/
N retransmission f
VT retransmettre

**rebuff** /rɪˈbʌf/ SYN
N rebuffade f ◆ **to meet with a rebuff** essuyer une rebuffade
VT [+ person] repousser, rabrouer ; [+ offering, suggestion] repousser

**rebuild** /ˌriːˈbɪld/ (pret, ptp rebuilt) VT rebâtir, reconstruire ; (Med) [+ sb's face, nose] refaire

**rebuilding** /ˌriːˈbɪldɪŋ/ N (NonC) reconstruction f

**rebuilt** /ˌriːˈbɪlt/ VB pt, ptp of **rebuild**

**rebuke** /rɪˈbjuːk/ SYN
N reproche m, réprimande f
VT réprimander, faire des reproches à ◆ **to rebuke sb for sth** reprocher qch à qn ◆ **to rebuke sb for having done** reprocher à qn d'avoir fait

**rebukingly** /rɪˈbjuːkɪŋlɪ/ ADV sur un ton de reproche

**rebus** /ˈriːbəs/ N (pl rebuses) rébus m

**rebut** /rɪˈbʌt/ VT réfuter

**rebuttable** /rɪˈbʌtəbl/ ADJ réfutable

**rebuttal** /rɪˈbʌtl/ N réfutation f

**rec** /rek/ N (Brit) 1 (abbrev of **recreation ground**) terrain m de jeux
2 (abbrev of **recreation room**) [of hospital, hotel] salle f de détente ; (US) [of house] salle f de jeux

**recalcitrance** /rɪˈkælsɪtrəns/ N caractère m or esprit m récalcitrant

**recalcitrant** /rɪˈkælsɪtrənt/ SYN ADJ récalcitrant

**recalculate** /ˌriːˈkælkjʊleɪt/ VT (gen) recalculer ; [+ risk, probability] réévaluer

**recall** /rɪˈkɔːl/ LANGUAGE IN USE 5.3, 26.3 SYN
VT 1 (= summon back) [+ ambassador] rappeler ; (Sport) [+ player] rappeler, sélectionner de nouveau ; [+ library book] demander le retour de ; (Comm) [+ faulty products] (already sold) rappeler ; (in shop) retirer de la vente ; (Fin) [+ capital] faire rentrer ◆ **to recall sb to life** (lit, fig) rappeler qn à la vie ◆ **to recall Parliament** convoquer le Parlement (en session extraordinaire)
2 (= remember) se rappeler (that que), se souvenir de ◆ **I cannot recall meeting him** or **whether I met him** je ne me rappelle pas l'avoir rencontré ◆ **I recall my mother telling me about it** je me souviens que or me rappelle que ma mère m'a parlé de ça ◆ **can you recall how you felt at the time?** vous rappelez-vous ce que or vous souvenez-vous de ce que vous ressentiez à l'époque ? ◆ **as I recall** si mes souvenirs sont bons, si je me souviens bien ◆ **as far as I can recall** (pour) autant que je m'en souvienne, (pour) autant que je me rappelle subj ◆ **as you may** or **might recall** comme vous vous en souvenez peut-être
N rappel m (also Mil) ◆ **the company ordered the recall of more than 900,000 cars** la société a demandé que 900 000 voitures soient renvoyées en usine ◆ **this book is on recall** (in library) on a demandé le retour de ce livre ◆ **they are demanding the recall of parliament** ils demandent que le Parlement soit convoqué en session extraordinaire ◆ **lost beyond recall** (fig) perdu à tout jamais ◆ **to have total recall of an incident** se souvenir d'un incident dans ses moindres détails
COMP **recall slip** N [of library] fiche f de rappel

**recant** /rɪˈkænt/ SYN
VT [+ statement] rétracter ; [+ religious belief] abjurer ◆ **to recant one's opinion** se déjuger, changer d'avis
VI se rétracter ; (Rel) abjurer

**recantation** /ˌriːkænˈteɪʃən/ N rétractation f, reniement m ; (Rel) abjuration f

**recap¹** /ˈriːkæp/
N abbrev of **recapitulation**
VTI /rɪˈkæp/ (abbrev of **recapitulate**) ◆ **well, to recap,...** eh bien, en résumé...

**recap²** /ˈriːkæp/ (US)
N (= tyre) pneu m rechapé
VT rechaper

**recapitalization** /ˌriːkæpɪtəlaɪˈzeɪʃən/ N plan m de recapitalisation

**recapitalize** /ˌriːˈkæpɪtəlaɪz/ VT recapitaliser

**recapitulate** /ˌriːkəˈpɪtjʊleɪt/ SYN
VT [+ argument] récapituler, faire le résumé de ; [+ facts] reprendre
VI récapituler, faire un résumé

**recapitulation** /ˌriːkəˌpɪtjʊˈleɪʃən/ N récapitulation f

**recapture** /ˌriːˈkæptʃər/
VT [+ animal, prisoner] reprendre, capturer ; (esp Sport) [+ title] reconquérir ; [+ emotion, enthusiasm, form] retrouver ; [film, play, book] [+ atmosphere, period] recréer ; [+ vote] récupérer
N [of town, territory] reprise f ; [of escapee] arrestation f, capture f ; [of escaped animal] capture f

**recast** /ˌriːˈkɑːst/
VT 1 (Metal) refondre
2 [+ play, film] changer la distribution (des rôles) de ; [+ actor] donner un nouveau rôle à
3 (= rewrite) refondre, remanier
N (Metal) refonte f

**recce*** /ˈrekɪ/ N (gen, Brit Mil) abbrev of **reconnaissance**, **reconnoitre**

**recd** (Comm) (abbrev of **received**) reçu

**recede** /rɪˈsiːd/ SYN
VI 1 [tide] descendre ; (fig) [coast, person, threat, danger] s'éloigner ; [memories, fear] s'estomper ; [hopes of rescue] s'amenuiser ; [lights] s'éloigner (peu à peu) ◆ **the footsteps receded** les pas se sont éloignés, le bruit des pas s'est estompé ◆ **to recede into the distance** disparaître dans le lointain ◆ **if untreated the gums recede** si les gencives ne sont pas traitées, les dents se déchaussent
2 [chin, forehead] être fuyant ◆ **his hair(line) is receding** son front se dégarnit
3 [price] baisser
4 (frm) ◆ **to recede from** [+ opinion, promise] revenir sur
COMP **receding chin** N menton m fuyant
**receding forehead** N front m fuyant
**receding hairline** N front m dégarni ◆ **he has a receding hairline** son front se dégarnit

**receipt** /rɪˈsiːt/ SYN
N 1 (NonC: esp Comm) réception f ◆ **to acknowledge receipt of** accuser réception de ◆ **on receipt of** dès réception de ◆ **I am in receipt of...** j'ai reçu... ◆ **to pay on receipt** payer à la réception
2 (= paper) (for payment) reçu m, récépissé m (for de) ; (for parcel, letter) accusé m de réception ; (for object purchased) ticket m de caisse ; (for services) reçu m ; (for taxi) fiche f, reçu m
NPL **receipts** (Comm, Fin = money taken) recette(s) f(pl) ◆ **tax receipts** recettes fpl fiscales, rentrées fpl de l'impôt
VT [+ bill] acquitter
COMP **receipt book** N livre m or carnet m de quittances, quittancier m

**receivable** /rɪˈsiːvəbl/
ADJ recevable
NPL **receivables** (Fin) créances fpl (recouvrables)

## receive | reckoner

**receive** /rɪˈsiːv/ SYN
- **VT** ① (= get) [+ letter, present, punch] recevoir ; [+ money, salary] recevoir, toucher ; [+ refusal, setback] essuyer ; (Jur) [+ stolen goods] receler ; [+ medical care] recevoir ; [+ medical treatment] subir ◆ **to receive two years** or **two years' imprisonment** (Jur) être condamné à deux ans de prison ◆ **we received nothing but abuse** nous n'avons reçu que des insultes ◆ **we received your request yesterday** (Comm) votre demande nous est parvenue hier ◆ **received with thanks** (Comm) pour acquit
- ② (= welcome) recevoir, accueillir ◆ **to receive sb with open arms** recevoir qn à bras ouverts ◆ **his suggestion was well/not well received** sa suggestion a reçu un accueil favorable/défavorable ◆ **to be received into the Church** (Rel) être reçu dans l'Église
- ③ (Rad, TV) [+ transmission] capter, recevoir ◆ **are you receiving me?** me recevez-vous ? ; → **loud**
- **VI** ① (frm) recevoir ◆ **the countess receives on Mondays** Madame la comtesse reçoit le lundi
- ② (Jur) être coupable de recel

**received** /rɪˈsiːvd/
- **ADJ** [opinion] reçu ◆ **the received wisdom** l'opinion f la plus répandue
- **COMP Received Pronunciation** N (Ling) prononciation f standard (de l'anglais) → ENGLISH

**receiver** /rɪˈsiːvəʳ/
- **N** ① receveur m, -euse f ; [of letter] destinataire mf ; [of goods] consignataire m, réceptionnaire mf ; (Jur) [of stolen property] receleur m, -euse f
- ② (Fin, Jur) ≈ administrateur m provisoire ◆ **official receiver** (in bankruptcy) syndic m de faillite, administrateur m judiciaire ◆ **to call in the (official) receiver** placer la société en règlement judiciaire ◆ **the company is now in the hands of the receiver** l'entreprise est maintenant sous administration judiciaire
- ③ [of telephone] récepteur m, combiné m ◆ **to pick up** or **lift the receiver** décrocher ◆ **to put down** or **replace the receiver** raccrocher
- ④ (= radio set) (poste m) récepteur m
- **COMP receiver rest** N commutateur m

**receivership** /rɪˈsiːvəʃɪp/ N (Fin) ◆ **in receivership** en redressement judiciaire ◆ **the company has gone into receivership** la société a été placée en redressement judiciaire

**receiving** /rɪˈsiːvɪŋ/
- **ADJ** récepteur (-trice f), de réception ◆ **he blew his top and I was on the receiving end*** il s'est mis dans une colère noire, et c'est moi qui ai écopé* or qui en ai fait les frais* ◆ **he was on the receiving end* of their abuse/hatred/violence** il a fait les frais* de leurs insultes/leur haine/leur violence
- **N** [of stolen goods] recel m
- **COMP receiving line** N (US) rangée de personnes accueillant les invités à une réception
- **receiving order** N (Brit Jur) ordonnance f de mise en règlement judiciaire
- **receiving set** N (Rad) poste récepteur m

**recension** /rɪˈsenʃən/ N ① (NonC) révision f
- ② (= text) texte m révisé

**recent** /ˈriːsnt/ SYN **ADJ** [event, change, invention, survey, history, winner] récent ; [acquaintance] de fraîche date, nouveau (nouvelle f) ◆ **a recent arrival** (= person) un nouveau venu, une nouvelle venue ◆ **his recent arrival** (= action) son arrivée récente ◆ **in recent years** ces dernières années ◆ **in the recent past** ces derniers temps ◆ **his most recent book** son tout dernier livre

**recently** /ˈriːsntlɪ/ SYN **ADV** (= not long ago) récemment ; (= lately) dernièrement, récemment ◆ **as recently as...** pas plus tard que... ◆ **until (quite) recently** jusqu'à ces derniers temps, il y a peu de temps encore

**recentness** /ˈriːsntnɪs/ N caractère m récent

**receptacle** /rɪˈseptəkl/ SYN N récipient m ; (fig) réceptacle m

**reception** /rɪˈsepʃən/ SYN
- **N** ① (NonC) réception f
- ② (= ceremony) réception f
- ③ (= welcome) réception f, accueil m ◆ **to get a favourable reception** être bien accueilli or reçu ◆ **to give sb a warm/chilly reception** faire un accueil chaleureux/froid à qn
- ④ (Rad, TV) réception f
- ⑤ (Brit : in hotel) réception f ◆ **at reception** à la réception
- **COMP reception area** N (gen) accueil m ; [of hotel] réception f
- **reception centre** N centre m d'accueil
- **reception class** N (Brit Scol) cours m préparatoire
- **reception clerk** N (Brit) réceptionniste mf
- **reception committee** N (lit, fig) comité m d'accueil
- **reception desk** N bureau m de réception
- **reception room** N (in public building) salle f de réception ; (in private house) pièce f commune, salon m

**receptionist** /rɪˈsepʃənɪst/ N réceptionniste mf

**receptive** /rɪˈseptɪv/ SYN **ADJ** [person, mood] réceptif (to sth à qch) ◆ **receptive to new ideas** réceptif or ouvert aux nouvelles idées

**receptiveness** /rɪˈseptɪvnɪs/, **receptivity** /ˌriːsepˈtɪvɪtɪ/ N réceptivité f

**receptor** /rɪˈseptəʳ/ N (Physiol) récepteur m

**recess** /rɪˈses/ SYN
- **N** ① (= holidays) (Jur) vacances fpl (judiciaires) ; (Parl) vacances fpl (parlementaires) ◆ **in recess** (Parl) en vacances
- ② (= short break) (US Jur) suspension f d'audience ; (esp US Scol) récréation f ◆ **the court is in recess** (US Jur) l'audience est suspendue
- ③ (= alcove) renfoncement m ; [of bed] alcôve f ; [of door, window] embrasure f ; [of statue] niche f
- ④ (= secret place) recoin m ; (fig = depths) recoin m, repli m ◆ **in the recesses of his mind** dans les recoins de son esprit
- **VT** (= make an alcove in) pratiquer un renfoncement dans ; (= put in alcove) [+ bed etc] mettre dans un renfoncement
- **VI** (US Jur, Parl) suspendre les séances, être en vacances
- **COMP recess appointment** N (US Pol) nomination f effectuée par le chef de l'exécutif pendant les vacances parlementaires

**recessed** /ˈrɪsesd/ **ADJ** [doorway, cupboard, shelves] en retrait ; [window] en retrait, encastré ; [lighting] encastré

**recession** /rɪˈseʃən/ SYN **N** ① (NonC) recul m, régression f
- ② (Econ) récession f

**recessional** /rɪˈseʃənl/ (Rel)
- **N** hymne m de sortie du clergé
- **ADJ** de sortie

**recessionary** /rɪˈseʃənərɪ/ **ADJ** de récession

**recessive** /rɪˈsesɪv/ **ADJ** rétrograde ; (Genetics) récessif

**recharge** /ˌriːˈtʃɑːdʒ/
- **VT** [+ battery, gun] recharger ◆ **to recharge one's batteries** (fig) recharger ses batteries* or ses accus*
- **VI** [battery] se recharger

**rechargeable** /ˌriːˈtʃɑːdʒəbl/ **ADJ** [battery, torch] rechargeable

**recherché** /rəˈʃeəʃeɪ/ **ADJ** (= special) [whisky, wine, tea] pour connaisseurs ; (= unusual) [topic, knowledge] insolite

**recidivism** /rɪˈsɪdɪvɪzəm/ N récidive f

**recidivist** /rɪˈsɪdɪvɪst/ **ADJ, N** récidiviste mf

**recipe** /ˈresɪpɪ/ SYN
- **N** ① (Culin, Pharm) recette f
- ② (fig) = recipe for happiness secret m du bonheur ◆ **what is your recipe for success?** quelle est votre recette pour réussir ? ◆ **lifting restrictions would be a recipe for disaster/anarchy/chaos** la levée des restrictions, c'est le meilleur moyen de s'attirer de gros ennuis/de tomber dans l'anarchie/de tomber dans le chaos
- **COMP recipe book** N livre m de cuisine or de recettes

**recipient** /rɪˈsɪpɪənt/ N (gen) personne f qui reçoit (or a reçu etc) ; [of letter] destinataire mf ; [of cheque] bénéficiaire mf ; [of award, decoration] récipiendaire m ; (Jur) donataire mf ; (Med) [of donated organ] receveur m, -euse f

**reciprocal** /rɪˈsɪprəkəl/ SYN
- **ADJ** (= mutual) [agreement] réciproque, mutuel ; [action, arrangement, feeling] réciproque ; (Math) réciproque, inverse ; (Gram) réciproque ◆ **reciprocal visits** des échanges mpl de visites
- **N** (Math) réciproque f

**reciprocally** /rɪˈsɪprəkəlɪ/ **ADV** réciproquement, mutuellement ; (Math) inversement

**reciprocate** /rɪˈsɪprəkeɪt/ SYN
- **VT** ① [+ smiles, wishes] rendre ; [+ help] donner or offrir en retour ; [+ kindness] retourner
- ② (Tech) donner un mouvement alternatif à
- **VI** ① ◆ **he insulted me and I reciprocated** il m'a injurié, et je lui ai rendu la pareille ◆ **he called me a fool and I reciprocated** il m'a traité d'imbécile et je lui ai retourné le compliment
- ② (Tech) avoir un mouvement alternatif or de va-et-vient
- **COMP reciprocating device** N dispositif m de va-et-vient
- **reciprocating engine** N moteur m alternatif

**reciprocation** /rɪˌsɪprəˈkeɪʃən/ N ① [of help, kindness] échange m
- ② (Tech) alternance f, va-et-vient m inv

**reciprocity** /ˌresɪˈprɒsɪtɪ/ N réciprocité f

**recital** /rɪˈsaɪtl/ SYN
- **N** ① (= account) récit m ; [of details] énumération f
- ② [of poetry] récitation f, récital m ; [of music] récital m
- **NPL recitals** (Jur: in contract) préambule m

**recitation** /ˌresɪˈteɪʃən/ SYN **N** récitation f ◆ **to give a poetry recitation** dire des vers

**recitative** /ˌresɪtəˈtiːv/ N récitatif m

**recite** /rɪˈsaɪt/ SYN
- **VT** ① [+ poetry] réciter, déclamer
- ② [+ facts] exposer ; [+ details] énumérer
- **VI** réciter, déclamer

**reckless** /ˈreklɪs/ SYN
- **ADJ** [person, behaviour] (= heedless) insouciant ; (= rash) imprudent ; [disregard] irresponsable ◆ **with reckless abandon** avec une désinvolture imprudente ◆ **reckless of the consequences** insouciant des conséquences
- **COMP reckless driver** N conducteur m, -trice f imprudent(e)
- **reckless driving** N conduite f imprudente
- **reckless endangerment** N (US Jur) mise en danger d'autrui par imprudence

**recklessly** /ˈreklɪslɪ/ **ADV** imprudemment

**recklessness** /ˈreklɪsnɪs/ N [of person, behaviour] (= heedlessness) insouciance f ; (= rashness) imprudence f ; [of driving] imprudence f

**reckon** /ˈrekən/ SYN
- **VT** ① (= calculate) [+ time, numbers, points] compter ; [+ cost, surface] calculer
- ② (= judge) considérer, estimer ◆ **I reckon him among my friends** je le compte parmi or au nombre de mes amis ◆ **she is reckoned (to be) a beautiful woman** elle est considérée comme une femme très belle ◆ **I reckon to finish the book by Easter** je compte terminer le livre d'ici Pâques ◆ **the price is reckoned to be too high** on considère or estime le prix trop élevé ◆ **her chances of survival cannot now be reckoned good** à l'heure actuelle on estime qu'elle a de faibles chances de survivre ◆ **the number of victims was reckoned at around 300** on a estimé le nombre de victimes à environ 300 personnes
- ③ (* = think) penser ◆ **what do you reckon one of these houses would cost?** d'après vous or à votre avis, combien coûte une maison comme celle-ci ? ◆ **I reckon we can start** je pense qu'on peut commencer ◆ **I reckon he must be about forty** je lui donnerais la quarantaine ◆ **about thirty, I reckon** une trentaine, à mon avis
- **VI** ① calculer, compter ◆ **reckoning from tomorrow** en comptant à partir de demain, à compter de demain
- ② (fig) ◆ **you can reckon on 30** tu peux compter sur 30 ◆ **I was reckoning on doing that tomorrow** j'avais prévu de faire or je pensais faire cela demain ◆ **I wasn't reckoning on having to do that** je ne m'attendais pas à devoir faire cela ◆ **they reckon to sell most of them abroad** ils comptent en vendre la majorité à l'étranger ◆ **you'll have to reckon with six more** il faudra compter avec six de plus ◆ **she had not reckoned on** or **with an objection from them** elle ne s'attendait pas à une objection de leur part ◆ **he's a person to be reckoned with** c'est une personne avec laquelle il faut compter ◆ **if you insult him you'll have to reckon with the whole family** si vous l'insultez, vous aurez affaire à toute la famille ◆ **he was reckoning without his secretary** il avait compté sans sa secrétaire ◆ **he reckoned without the fact that...** il n'avait pas prévu que..., il n'avait pas tenu compte du fait que...

▶ **reckon in** VT SEP prendre en compte

▶ **reckon up** VT SEP (gen) calculer ; (= add) ajouter, additionner

**reckoner** /ˈrekənəʳ/ N → **ready**

**reckoning** /ˈrekniŋ/ SYN N ① (Math etc) (= evaluation) compte m ; (= calculation) calcul m ◆ **to be out in one's reckoning** s'être trompé dans ses calculs
② (Comm) règlement m de compte(s) (lit) ; [of hotel] note f ; [of restaurant] addition f ◆ **the day of reckoning** (Rel) le jour du Jugement ◆ **the day of reckoning can't be far away** (fig) un de ces jours ça va lui (or nous etc) retomber dessus
③ (= judgement) estimation f ◆ **to the best of my reckoning** (pour) autant que je puisse en juger ◆ **in your reckoning** d'après vous, à votre avis
④ [of vessel's position] estime f ; → **dead**

**reclaim** /rɪˈkleɪm/ SYN
VT [+ land] (gen) reconquérir ; (from forest, bush) défricher ; (with manure etc) amender, bonifier ; [+ by-product] récupérer ; (= demand back) réclamer (sth from sb qch à qn) ; [+ language, term] récupérer ; [+ title] reprendre ; [+ tax] se faire rembourser ◆ **the land has been reclaimed from the sea** la terre a été gagnée sur la mer ◆ **the land has been reclaimed by the sea** les terres ont été reconquises par la mer ◆ **the land has been reclaimed by the desert** les terres sont retournées à l'état de désert ◆ **a campaign to reclaim the night** une campagne pour protester contre l'insécurité de la ville la nuit
N ◆ **past** or **beyond reclaim** perdu à tout jamais ◆ **he is beyond reclaim** il ne se corrigera jamais

**reclaimable** /rɪˈkleɪməbl/ ADJ [land] amendable ; [by-products] récupérable

**reclamation** /ˌrekləˈmeɪʃən/ N ① (= conversion) [of land] (gen) mise f en valeur ; (from sea) assèchement m ; (from marsh) assèchement m, assainissement m ; (from forest, bush) défrichement m ; [of marshland] assèchement m, assainissement m ; [of desert] reconquête f ; [of mine] reconversion f
② (= recovery) récupération f

**reclassification** /ˌriːklæsɪfɪˈkeɪʃən/ N reclassification f

**reclassify** /ˌriːˈklæsɪfaɪ/ VT reclasser, reclassifier

**reclinable** /rɪˈklaɪnəbl/ ADJ inclinable

**recline** /rɪˈklaɪn/ SYN
VT [+ head, arm] reposer, appuyer
VI [person] être allongé, être étendu ◆ **she was reclining in the armchair** elle était allongée or étendue sur le fauteuil ◆ **reclining in his bath** étendu or allongé dans son bain ◆ **the seat reclines** le siège est inclinable, le dossier (du siège) est réglable
COMP **reclining chair** N chaise f longue
**reclining seat** N [of coach, plane, car] siège m inclinable or à dossier réglable

**recluse** /rɪˈkluːs/ SYN N reclus(e) m(f), solitaire mf

**reclusion** /rɪˈkluːʒən/ N réclusion f, solitude f

**reclusive** /rɪˈkluːsɪv/ ADJ reclus

**recognition** /ˌrekəgˈnɪʃən/ SYN N ① (gen, Pol = acknowledgement) reconnaissance f ◆ **in recognition of...** en reconnaissance de...
② (= fame etc) ◆ **he seeks recognition** il veut être reconnu ◆ **this brought him recognition at last** c'est ce qui lui a enfin permis d'être reconnu ◆ **his exploits have gained world-wide recognition** ses exploits ont été reconnus dans le monde entier ◆ **to receive no recognition** passer inaperçu
③ (= identification) reconnaissance f ; [of aircraft type] identification f ◆ **he has changed beyond** or **out of all recognition** il est devenu méconnaissable ◆ **he has changed it beyond** or **out of all recognition** il l'a rendu méconnaissable ◆ **to improve beyond** or **out of (all) recognition** s'améliorer jusqu'à en être méconnaissable
④ (Comput) reconnaissance f ◆ **speech recognition** reconnaissance f de la parole

**recognizable** /ˈrekəgnaɪzəbl/ ADJ reconnaissable ◆ **she was easily recognizable by her walk** elle était facilement reconnaissable à sa démarche ◆ **it was instantly recognizable to him** il l'a reconnu immédiatement ◆ **he was hardly recognizable as the boy who...** c'est à peine si l'on reconnaissait en lui le garçon qui...

**recognizably** /ˈrekəgnaɪzəblɪ/ ADV ◆ **it is recognizably different/better** on voit que c'est différent/meilleur ◆ **he was recognizably a genius** on voyait bien que c'était un génie ◆ **it was recognizably a woman's face** on reconnaissait bien un visage de femme

**recognizance** /rɪˈkɒgnɪzəns/ N (esp US) (Jur) engagement m ; (= sum of money) caution f (personnelle) ◆ **to enter into recognizances (for sb)** se porter caution (pour qn) ◆ **bail in his own re-** cognizance of £1,000 mise f en liberté sous caution personnelle de 1 000 livres

**recognize** /ˈrekəgnaɪz/ LANGUAGE IN USE 15.1, 26.3
SYN VT ① (gen) reconnaître (by à ; as comme étant ; that que) ◆ **their independence was recognized by the Treaty of Berlin** leur indépendance a été reconnue par le traité de Berlin ◆ **I recognize my own shortcomings** je reconnais or j'admets que j'ai des défauts ◆ **the company recognized him as a very able engineer** la société a reconnu en lui un ingénieur très compétent ◆ **it is generally recognized that...** il est communément admis que...
② (US) [chairman of meeting] donner la parole à

**recognized** /ˈrekəgnaɪzd/ ADJ (gen) reconnu ; (Comm) attitré ◆ **a directory of recognized teachers** une liste de professeurs agréés ◆ **anyone who is not a member of a recognized organisation** toute personne non membre d'une organisation agréée or reconnue

**recoil** /rɪˈkɔɪl/ SYN
VI ① [person] reculer, avoir un mouvement de recul (from devant) ◆ **to recoil in disgust** reculer de dégoût ◆ **to recoil from doing sth** reculer devant l'idée de faire qch, se refuser à faire qch
② [gun] reculer ; [spring] se détendre ; (fig) [actions etc] retomber (on sur)
N [of gun] recul m ; [of spring] détente f ; (fig) (from disgusting sight) dégoût m (from pour, de), horreur f (from de) ; (from idea) répugnance f (from pour)

**recollect** /ˌrekəˈlekt/ SYN
VT se rappeler, se souvenir de ◆ **to recollect o.s.** se recueillir
VI se souvenir ◆ **as far as I (can) recollect** autant que je m'en souvienne

**recollection** /ˌrekəˈlekʃən/ SYN N souvenir m ◆ **to the best of my recollection** autant que je m'en souvienne ◆ **his recollection of it is vague** il ne s'en souvient que vaguement ◆ **I have some recollection of it** j'en ai un vague souvenir ◆ **I have no recollection of it** je ne m'en souviens pas, je n'en ai aucun souvenir

**recombinant DNA** /ˌriːˈkɒmbɪnənt/ N ADN m recombinant

**recombination** /ˌriːkɒmbɪˈneɪʃən/ N recombinaison f

**recommence** /ˌriːkəˈmens/ VTI recommencer (doing sth à faire qch)

**recommend** /ˌrekəˈmend/ LANGUAGE IN USE 19.4 SYN
VT ① (= speak of) recommander ◆ **to recommend sth/sb to sb** recommander qch/qn à qn ◆ **to recommend sb for a job** recommander qn pour un emploi ◆ **to come highly recommended** être vivement recommandé
② (= advise) recommander, conseiller ◆ **to recommend doing sth** recommander de faire qch ◆ **to recommend against sth** déconseiller qch, se prononcer contre qch ◆ **what do you recommend for a sore throat?** que recommandez-vous pour guérir un mal de gorge ? ◆ **he was recommended to accept** on lui a recommandé or conseillé d'accepter ◆ **I recommend that you should accept the offer** je vous conseille d'accepter la proposition ◆ **it is to be recommended** c'est à conseiller ◆ **it is not to be recommended** c'est à déconseiller
③ (= make acceptable) ◆ **she has a lot to recommend her** elle a beaucoup de qualités en sa faveur, il y a beaucoup à dire en sa faveur ◆ **she has little to recommend her** elle n'a pas grand-chose pour elle ◆ **the apartment has little to recommend it** l'appartement est sans grand intérêt ◆ **this biography has much to recommend it** cette biographie est vraiment à recommander
④ (frm = commit) [+ child, one's soul] recommander, confier (to à)
COMP **recommended daily allowance, recommended daily amount, recommended daily intake** N apport m quotidien or journalier recommandé
**recommended reading** N (NonC) ouvrages mpl recommandés
**recommended retail price** N prix m conseillé

**recommendable** /ˌrekəˈmendəbl/ ADJ recommandable ◆ **it is not recommendable** c'est à déconseiller

**recommendation** /ˌrekəmenˈdeɪʃən/ SYN N recommandation f ◆ **on the recommendation of...** sur la recommandation de...

**recommendatory** /ˌrekəˈmendətərɪ/ ADJ de recommandation

**recommittal** /ˌriːkəˈmɪtl/ N (US Parl) renvoi m en commission (d'un projet de loi)

**recompense** /ˈrekəmpens/
N ① (= reward) récompense f ◆ **in recompense for** en récompense de
② (Jur: for damage) dédommagement m, compensation f
VT ① (= reward) récompenser (for de)
② (Jur etc = repay) [+ person] dédommager ; [+ damage, loss] compenser, réparer

**recompose** /ˌriːkəmˈpəʊz/ VT ① (= rewrite) recomposer
② (= calm) ◆ **to recompose o.s.** se ressaisir, retrouver son calme or son sang-froid

**reconcilable** /ˈrekənsaɪləbl/ ADJ [ideas, opinions] conciliable, compatible (with avec)

**reconcile** /ˈrekənsaɪl/ SYN VT [+ person] réconcilier (to avec) ; [+ two facts, ideas, demands] concilier ◆ **is it possible to reconcile these two perspectives?** est-il possible de concilier ces deux perspectives ? ◆ **they were reconciled** ils se sont réconciliés ◆ **to reconcile o.s. to sth** se résigner à qch, se faire à qch ◆ **to reconcile sb to sth** faire accepter qch à qn

**reconciliation** /ˌrekənsɪlɪˈeɪʃən/ SYN N [of persons] réconciliation f ; [of opinions, principles] conciliation f

**recondite** /rɪˈkɒndaɪt/ SYN ADJ (frm) abscons (frm)

**reconditely** /rɪˈkɒndaɪtlɪ/ ADV de façon abstruse or obscure

**reconditeness** /rɪˈkɒndaɪtnɪs/ N caractère m abstrus or obscur

**recondition** /ˌriːkənˈdɪʃən/ SYN VT remettre à neuf or en état ◆ **reconditioned engine** moteur m refait à neuf or entièrement révisé ◆ **reconditioned fridge/vacuum cleaner** réfrigérateur m/aspirateur m remis en état

**reconfigure** /ˌriːkənˈfɪɡər/ VT remanier, transformer

**reconnaissance** /rɪˈkɒnɪsəns/ SYN
N (in armed forces) reconnaissance f
COMP **reconnaissance flight** N vol m de reconnaissance
**reconnaissance patrol** N patrouille f de reconnaissance

**reconnect** /ˌriːkəˈnekt/
VT [+ electricity, gas, water] rétablir ; [+ phone] remettre en service ; [+ person, home] rebrancher sur le réseau ◆ **he wants to reconnect the Tories with contemporary realities** il veut remettre les conservateurs en prise avec les réalités actuelles
VI se remettre en prise (with avec)

**reconnection** /ˌriːkəˈnekʃən/
N [of electricity, telephone] remise f en service
COMP **reconnection fee** N (Elec, Telec etc) reprise f d'abonnement

**reconnoitre, reconnoiter** (US) /ˌrekəˈnɔɪtər/ SYN
VT [+ region] reconnaître
VI faire une reconnaissance

**reconnoitring** /ˌrekəˈnɔɪtrɪŋ/ N (Aviat, Mil) reconnaissance f

**reconquer** /ˌriːˈkɒŋkər/ VT reconquérir

**reconquest** /ˌriːˈkɒŋkwest/ N reconquête f

**reconsider** /ˌriːkənˈsɪdər/ SYN
VT [+ decision, opinion] reconsidérer, réexaminer ; [+ judgement] réviser ◆ **won't you reconsider it?** est-ce que vous seriez prêt à reconsidérer la question ? ◆ **to reconsider whether to resign** reconsidérer la possibilité de démissionner
VI (gen) reconsidérer or réexaminer la question ; (= change one's mind) changer d'avis

**reconsideration** /ˌriːkənˌsɪdəˈreɪʃən/ N remise f en cause, nouvel examen m

**reconstitute** /ˌriːˈkɒnstɪtjuːt/ VT (gen) reconstituer ; (Culin) réhydrater

**reconstitution** /ˌriːkɒnstɪˈtjuːʃən/ N reconstitution f

**reconstruct** /ˌriːkənˈstrʌkt/ SYN VT [+ building] reconstruire, rebâtir ; [+ crime] reconstituer ; [+ policy, system] reconstruire

**reconstruction** /ˌriːkənˈstrʌkʃən/ N [of building, policy, system] reconstruction f ; [of crime] reconstitution f ◆ **the Reconstruction** (US Hist) la Reconstruction de l'Union (après 1865)

**reconstructive surgery** /ˌriːkənˈstrʌktɪvˈsɜːdʒərɪ/ N chirurgie f réparatrice

**reconvene** /ˌriːkənˈviːn/

VT reconvoquer

VI *[committee, jury etc]* se réunir *or* s'assembler de nouveau ; *[meeting]* reprendre ◆ **we will reconvene at 10 o'clock** la réunion (*or* l'audience *etc*) reprendra à 10 heures

**reconvict** /ˌriːkənˈvɪkt/ VT condamner de nouveau

**reconviction** /ˌriːkənˈvɪkʃən/ N nouvelle condamnation *f*

**record** /rɪˈkɔːd/ LANGUAGE IN USE 27.3 SYN

VT [1] *(= register)* *[+ facts, story]* enregistrer ; *[+ protest, disapproval]* prendre acte de ; *[+ event etc]* *(in journal, log)* noter, consigner ; *(= describe)* décrire ◆ **to record the proceedings of a meeting** tenir le procès-verbal d'une assemblée ◆ **to record one's vote** *(Parl)* voter ◆ **his speech as recorded in the newspapers...** son discours, tel que le rapportent les journaux... ◆ **history/the author records that...** l'histoire/l'auteur rapporte que... ◆ **it's not recorded anywhere** ce n'est pas attesté ◆ **to record the population** recenser la population

[2] *[instrument, thermometer]* enregistrer, marquer

[3] *[+ speech, music]* enregistrer ◆ **to record sth on tape** enregistrer qch sur bande ◆ **to record sth on video** magnétoscoper qch ◆ **this is a recorded message** *(Telec)* ceci est *or* vous écoutez un message enregistré ; → **tape**

VI enregistrer ◆ **he is recording at 5 o'clock** il enregistre à 5 heures ◆ **his voice does not record well** sa voix ne se prête pas bien à l'enregistrement

N /ˈrekɔːd/ [1] *(= account, report)* rapport *m*, récit *m* ; *(of attendance)* registre *m* ; *(of act, decision)* minute *f* ; *(of evidence, meeting)* procès-verbal *m* ; *(= official report)* rapport *m* officiel ; *(Jur)* enregistrement *m* ; *(= historical report)* document *m* ◆ **the society's records** les actes *mpl* de la société ◆ **(public) records** archives *fpl*, annales *fpl* ◆ **to make** *or* **keep a record** noter, consigner ◆ **this statue is a record of a past civilization** cette statue est un témoin d'une civilisation passée ◆ **it is on record that...** *(fig)* c'est un fait établi *or* il est établi que... ◆ **there is no similar example on record** aucun exemple semblable n'est attesté ◆ **to go/be on record as saying that...** déclarer/avoir déclaré publiquement que... ◆ **to put on record** consigner, mentionner (par écrit) ◆ **the highest temperatures on record** les plus fortes températures enregistrées ◆ **there is no record of his having said it** il n'est noté *or* consigné nulle part qu'il l'ait dit ◆ **there is no record of it in history** l'histoire n'en fait pas mention ◆ **to put** *or* **set the record straight** mettre les choses au clair, dissiper toute confusion possible ◆ **just to put** *or* **set the record straight, let me point out that...** pour qu'il n'y ait aucune confusion possible, disons bien que... ◆ **for the record, they refuse...** *(fig)* il faut noter *or* signaler qu'ils refusent... ◆ **this is strictly off the record*** ceci est à titre (purement) confidentiel *or* officieux, ceci doit rester strictement entre nous ◆ **the interview was off the record*** l'interview n'était pas officielle ◆ **off the record*, he did come!** il est effectivement venu, mais que ceci reste entre nous *or* mais je ne vous ai rien dit ◆ **on the record, he admitted that...** *(Press etc)* dans ses déclarations officielles, il a reconnu que...

[2] *(= case history)* dossier *m* ; *(= card)* fiche *f* ◆ **service record** *(Mil)* états *mpl* de service ◆ **(police) record** *(Jur)* casier *m* judiciaire ◆ **record of previous convictions** dossier *m* du prévenu ◆ **he's got a clean record, he hasn't got a record*** *(Jur, Police)* il a un casier (judiciaire) vierge ◆ **he's got a long record** il a un casier judiciaire chargé ◆ **France's splendid record** les succès *mpl* glorieux de la France ◆ **his past record** sa conduite passée ◆ **his war record** son passé militaire ◆ **his attendance record is bad** *(Scol)* il a été souvent absent ◆ **to have a good record at school** avoir un bon dossier scolaire ◆ **this airline has a good safety record** cette compagnie aérienne a une bonne tradition de sécurité ◆ **he left a splendid record of achievements** il avait à son compte de magnifiques réussites ; → **police, track**

[3] *(Comput)* article *m*

[4] *(= recording)* *[of voice etc]* enregistrement *m*

[5] *(Audio)* disque *m* ◆ **to make** *or* **cut a record** graver un disque

[6] *(Sport, fig)* record *m* ◆ **to beat** *or* **break the record** battre le record ◆ **to hold the record** détenir le record ◆ **long-jump record** record *m* du saut en longueur ; → **world**

[7] *[of seismograph etc]* courbe *f* enregistrée

COMP *[amount, attendance, result]* record *inv*

**record breaker** N *(= person)* *(gen)* nouveau champion *or* nouvelle championne en titre ; *(Sport)* nouveau recordman *m*, nouvelle recordwoman *f* ; *(= achievement)* performance *f* qui établit un nouveau record

**record-breaking** ADJ qui bat tous les records

**record cabinet** N casier *m* à disques, discothèque *f* *(meuble)*

**record card** N fiche *f*

**record company** N maison *f* de disques

**record dealer** N disquaire *mf*

**record deck** N platine *f* disques

**record holder** N détenteur *m*, -trice *f* du record

**record library** N discothèque *f* *(collection)*

**record player** N tourne-disque *m*

**record producer** N producteur *m*, -trice *f* de disques

**record time** N ◆ **to do sth in record time** faire qch en un temps record

**record token** N chèque-cadeau *m* *(à échanger contre un disque)*, chèque-disque *m*

**recorded** /rɪˈkɔːdɪd/

ADJ [1] *[music, message]* enregistré ; *[programme]* préenregistré, transmis en différé

[2] *(= noted)* *[fact, occurrence]* attesté, noté ; *[crime]* signalé ; *[history]* écrit

COMP **recorded delivery** N *(Brit Post)* *(= service)* ≃ recommandé *m* *(avec accusé de réception)* ; *(= letter, parcel)* envoi *m* en recommandé ◆ **to send sth by recorded delivery** ≃ envoyer qch en recommandé

**recorder** /rɪˈkɔːdəʳ/ SYN N [1] *[of official facts]* archiviste *mf* ; *(= registrar)* greffier *m*

[2] *(Brit Jur)* ≃ avocat *m* nommé à la fonction de juge ; *(US Jur)* ≃ juge *m* suppléant

[3] *[of sounds]* *(= apparatus)* appareil *m* enregistreur ; *(= tape recorder)* magnétophone *m* ; *(= cassette recorder)* magnétophone *m* à cassettes ; → **video**

[4] *(= person)* artiste *mf* qui enregistre

[5] *(Mus)* flûte *f* à bec ◆ **descant/treble/tenor/bass recorder** flûte *f* à bec soprano/alto/ténor/basse

**recording** /rɪˈkɔːdɪŋ/ SYN

N *[of sound, facts]* enregistrement *m* ◆ **"this programme is a recording"** *(Rad)* « ce programme a été enregistré »

ADJ *[artist]* qui enregistre ; *[apparatus]* enregistreur

COMP **the Recording Angel** N *(Rel)* *l'ange qui tient le grand livre des bienfaits et des méfaits*

**recording equipment** N matériel *m* d'enregistrement

**recording session** N séance *f* d'enregistrement

**recording studio** N studio *m* d'enregistrement

**recording tape** N bande *f* *or* ruban *m* magnétique

**recording van** N *(Rad, TV)* car *m* de reportage

**recount** /rɪˈkaʊnt/ SYN VT *(= relate)* raconter, narrer ◆ **to recount how an accident happened** retracer les circonstances d'un accident

**re-count** /ˌriːˈkaʊnt/

VT recompter, compter de nouveau

N /ˈriːkaʊnt/ *[of votes]* recomptage *m* *or* nouveau comptage *m* des voix

**recoup** /rɪˈkuːp/

VT [1] *(= make good)* *[+ losses]* récupérer ◆ **to recoup costs** *[person]* rentrer dans ses fonds ; *[earnings]* couvrir les frais ; *[course of action]* permettre de couvrir les frais

[2] *(= reimburse)* dédommager *(for* de) ◆ **to recoup o.s.** se dédommager, se rattraper

[3] *(Jur)* déduire, défalquer

VI récupérer ses pertes

**recoupable** /rɪˈkuːpəbl/ ADJ *(Fin)* recouvrable

**recourse** /rɪˈkɔːs/ SYN

N recours *m* *(to* à) ◆ **to have recourse to...** avoir recours à..., recourir à...

VI ◆ **to recourse to sth** avoir recours à qch

**recover** /rɪˈkʌvəʳ/ SYN

VT *[+ sth lost, one's appetite, reason, balance]* retrouver ; *[+ sth lent]* reprendre *(from sb* à qn), récupérer ; *[+ lost territory]* regagner, reconquérir ; *[+ sth floating]* repêcher ; *[+ space capsule, wreck]* récupérer ; *[+ materials]* récupérer ; *[+ debt]* recouvrer, récupérer ; *[+ goods, property]* rentrer en possession de ◆ **to recover one's breath** reprendre haleine *or* sa respiration ◆ **to recover one's strength** reprendre des forces ◆ **to recover consciousness** revenir à soi, reprendre connaissance ◆ **to recover one's sight/health** retrouver *or* recouvrer la vue/la santé ◆ **to recover land from the sea** conquérir du terrain sur la mer ◆ **to recover lost ground** *(fig)* se rattraper ◆ **to recover o.s.** *or* **one's composure** se ressaisir, se reprendre ◆ **to recover expenses** rentrer dans ses frais, récupérer ses débours ◆ **to recover one's losses** réparer ses pertes ◆ **to recover damages** *(Jur)* obtenir des dommages-intérêts

VI [1] *(after shock, accident)* se remettre *(from* de) ; *(from illness)* guérir, se rétablir *(from* de) ; *(= regain consciousness)* revenir à soi, reprendre connaissance ; *(after error)* se ressaisir ; *[economy, currency]* se rétablir, se redresser ; *[stock market]* reprendre ; *[shares]* remonter ◆ **she has completely recovered** elle est tout à fait rétablie

[2] *(Jur)* obtenir gain de cause ◆ **right to recover** droit *m* de reprise

**re-cover** /ˌriːˈkʌvəʳ/ VT recouvrir

**recoverable** /rɪˈkʌvərəbl/ ADJ *[goods, knowledge]* récupérable ; *[costs, debts]* recouvrable ; *[losses]* réparable

**recovered** /rɪˈkʌvəd/

ADJ *(after illness)* guéri, remis

COMP **recovered memory** N *(Psych)* *(= thing remembered) souvenir d'une expérience traumatisante rappelé par psychothérapie* ; *(NonC)* *(= ability to remember) rappel d'expériences traumatisantes par psychothérapie*

**recovery** /rɪˈkʌvərɪ/ LANGUAGE IN USE 23.4 SYN

N [1] *(from illness)* guérison *f* *(from sth* de qch) ; *(from operation)* rétablissement *m* ◆ **he is making a good recovery** *(gen)* il se remet bien ; *(from illness)* il est en bonne voie de guérison ; *(from operation)* il est en bonne voie de rétablissement ◆ **to make a full recovery** *(from illness)* guérir complètement ; *(from operation)* se remettre complètement ◆ **he made a good recovery from his stroke** il s'est bien remis de son attaque ◆ **best wishes for a speedy recovery** meilleurs vœux de prompt rétablissement ◆ **to be (well) on the road** *or* **way to recovery** être en (bonne) voie de guérison ◆ **to be in recovery** *(from alcohol, drug addiction)* être en cure de désintoxication ◆ **to be past recovery** *[sick person]* être dans un état désespéré ; *[situation]* être sans remède, être irrémédiable ◆ **to make a recovery** *(Sport)* se ressaisir

[2] *[of economy, market]* reprise *f*, redressement *m* ; *[of shares]* remontée *f* ◆ **a recovery in sales/in the housing market** une reprise des ventes/du marché de l'immobilier ◆ **to engineer the recovery of the economy** relancer l'économie ◆ **to be on the road to recovery** être sur la voie de la reprise

[3] *(= retrieval)* *(gen)* récupération *f* ; *[of body]* *(from water)* repêchage *m* ◆ **a reward for the recovery of the Turner painting** une récompense à la personne qui permettra de retrouver *or* récupérer le tableau de Turner

[4] *(= regaining)* *[of memory, sight, health]* recouvrement *m* ; *[of consciousness, breath, strength]* reprise *f* ; *[of territory]* reconquête *f* ◆ **to bring about the recovery of sb's equanimity/reason/appetite** faire retrouver à qn sa sérénité/sa raison/son appétit

[5] *[of expenses]* remboursement *m* ; *[of debt]* recouvrement *m* ; *[of losses]* réparation *f* ; *(Jur)* *[of damages]* obtention *f*

COMP **recovery operation** N opération *f* de récupération *(d'un vaisseau spatial etc)*

**recovery position** N *(Med)* position *f* latérale de sécurité ◆ **to put sb in the recovery position** mettre qn en position latérale de sécurité

**recovery room** N *(Med)* salle *f* de réveil

**recovery ship** N navire *m* de récupération

**recovery team** N équipe *f* de sauvetage

**recovery vehicle** N dépanneuse *f*

**recovery vessel** N ⇒ **recovery ship**

**recreant** /ˈrekrɪənt/ ADJ, N *(liter)* lâche *mf*, traître(sse) *m(f)*

**recreate** /ˌriːkrɪˈeɪt/ VT recréer

**recreation** /ˌrekrɪˈeɪʃən/ SYN

N [1] loisir *m* ◆ **he listed his recreations as fishing and shooting** comme loisirs, il a donné la pêche et la chasse ◆ **for recreation I go fishing** je vais à la pêche pour me détendre

[2] *(Scol)* récréation *f*, récré* *f*

COMP **recreation ground** N terrain *m* de jeux

**recreation room** N *[of school, hospital etc]* salle *f* de récréation ; *(US)* *[of home]* salle *f* de jeux

**recreational** /ˈrekrɪeɪʃənl/
**ADJ** (gen) pour les loisirs ◆ **recreational facilities** équipements mpl de loisirs
**COMP** **recreational drug** N drogue f euphorisante
**recreational sex** N rapports mpl sexuels purement physiques
**recreational therapist** N ludothérapeute mf
**recreational therapy** N ludothérapie f
**recreational vehicle** N (US) camping-car m, autocaravane f

**recreative** /ˈrekrɪˌeɪtɪv/ **ADJ** récréatif, divertissant

**recriminate** /rɪˈkrɪmɪneɪt/ **VI** récriminer (against contre)

**recrimination** /rɪˌkrɪmɪˈneɪʃən/ SYN N récrimination f

**recriminatory** /rɪˈkrɪmɪneɪtərɪ/ **ADJ** [argument] récriminateur (-trice f), plein de récriminations ; [shout] de protestation ◆ **recriminatory remark** récrimination f

**rec room** */ˈrekrʊm/ N (US) (abbrev of **recreation room**) salle f de jeux

**recrudesce** /ˌriːkruːˈdes/ **VI** (liter) être en recrudescence

**recrudescence** /ˌriːkruːˈdesns/ N (liter) recrudescence f

**recrudescent** /ˌriːkruːˈdesnt/ **ADJ** (liter) recrudescent

**recruit** /rɪˈkruːt/ SYN
**N** (Mil, fig) recrue f ◆ **the party gained recruits from the middle classes** le parti faisait des recrues dans la bourgeoisie ; → **raw**
**VT** [+ member, soldier, staff] recruter ◆ **the party was recruited from the middle classes** le parti se recrutait dans la bourgeoisie ◆ **he recruited me to help** il m'a embauché* pour aider

**recruitable** /rɪˈkruːtəbl/ **ADJ** qui peut être recruté

**recruiting** /rɪˈkruːtɪŋ/
**N** recrutement m
**COMP** **recruiting office** N (Mil) bureau m de recrutement
**recruiting officer** N (officier m) recruteur m

**recruitment** /rɪˈkruːtmənt/
**N** recrutement m
**COMP** **recruitment agency** N agence f de recrutement
**recruitment consultant** N conseil m en recrutement

**recrystallization** /riːˌkrɪstəlaɪˈzeɪʃən/ N recristallisation f

**recrystallize** /riːˈkrɪstəlaɪz/ **VTI** recristalliser

**recta** /ˈrektə/ **NPL** of **rectum**

**rectal** /ˈrektl/ **ADJ** rectal

**rectally** /ˈrektəlɪ/ **ADV** [administer] par voie rectale

**rectangle** /ˈrekˌtæŋgl/ N rectangle m

**rectangular** /rekˈtæŋgjʊləʳ/ **ADJ** rectangulaire

**rectifiable** /ˈrektɪfaɪəbl/ **ADJ** rectifiable

**rectification** /ˌrektɪfɪˈkeɪʃən/ N (gen, Chem, Math) rectification f ; (Elec) redressement m

**rectifier** /ˈrektɪfaɪəʳ/ N (Elec) redresseur m

**rectify** /ˈrektɪfaɪ/ SYN **VT** ① [+ error] rectifier, corriger ◆ **to rectify an omission** réparer une négligence or un oubli
② (Chem, Math) rectifier
③ (Elec) redresser

**rectilineal** /ˌrektɪˈlɪnɪəl/, **rectilinear** /ˌrektɪˈlɪnɪəʳ/ **ADJ** rectiligne

**rectitude** /ˈrektɪtjuːd/ SYN N rectitude f

**rectocele** /ˈrektəʊsiːl/ N rectocèle m

**rector** /ˈrektəʳ/ N ① (Rel) pasteur m (anglican)
② (Scot Scol) proviseur m (de lycée) ; (Univ) ≈ recteur m

**rectorship** /ˈrektəʃɪp/ N (Scot Scol) provisorat ; (Univ) ≈ rectorat m

**rectory** /ˈrektərɪ/ N presbytère m (anglican)

**rectricial** /rekˈtrɪʃəl/ **ADJ** recteur

**rectrix** /ˈrektrɪks/ N (pl **rectrices** /ˈrektrɪˌsiːz/) rectrice f

**rectum** /ˈrektəm/ N (pl **rectums** or **recta**) rectum m

**recumbent** /rɪˈkʌmbənt/
**ADJ** (liter) [person] allongé, étendu ◆ **recumbent figure** (Art) (gen) figure f couchée or allongée ; (on tomb) gisant m
**COMP** **recumbent bicycle** N vélo m couché

**recuperate** /rɪˈkuːpəreɪt/ SYN
**VI** (Med) se rétablir, récupérer
**VT** [+ object] récupérer ; [+ losses] réparer

**recuperation** /rɪˌkuːpəˈreɪʃən/ N (Med) rétablissement m ; [of materials etc] récupération f

**recuperative** /rɪˈkuːpərətɪv/ **ADJ** [powers] de récupération ; [holiday, effect] réparateur (-trice f)

**recur** /rɪˈkɜːʳ/ SYN **VI** ① (= happen again) [error, event] se reproduire ; [idea, theme] se retrouver, revenir ; [illness, infection] réapparaître ; [opportunity, problem] se représenter
② (= come to mind again) revenir à la mémoire (to sb de qn)
③ (Math) se reproduire périodiquement

**recurrence** /rɪˈkʌrəns/ N [of problem, event, idea, theme] répétition f ; [of headache, symptom] réapparition f ; [of opportunity, problem] réapparition f, retour m ◆ **a recurrence of the illness** un nouvel accès de la maladie, une rechute ◆ **let there be no recurrence of this** que ceci ne se reproduise plus

**recurrent** /rɪˈkʌrənt/ SYN
**ADJ** ① (= recurring) récurrent ◆ **recurrent nightmares** des cauchemars mpl récurrents ◆ **a recurrent feature** un phénomène récurrent ◆ **recurrent bouts of tonsillitis** des angines fpl à répétition ◆ **recurrent miscarriages** des fausses couches fpl répétées ◆ **recurrent bouts of malaria** des crises fpl de paludisme intermittentes
② (Anat) récurrent
**COMP** **recurrent expenditure** N dépenses fpl courantes

**recurring** /rɪˈkɜːrɪŋ/
**ADJ** ① ⇒ **recurrent** 1
② (Math) ◆ **3.3333 recurring** 3,3 à l'infini ◆ **0.2727 recurring** 0,27 périodique
**COMP** **recurring decimal** N fraction f décimale récurrente or périodique

**recursion** /rɪˈkɜːʃən/ N (Math, Gram) récurrence f

**recursive** /rɪˈkɜːsɪv/ **ADJ** (Gram) récursif

**recursively** /rɪˈkɜːsɪvlɪ/ **ADV** de façon récursive

**recursiveness** /rɪˈkɜːsɪvnɪs/ N récursivité f

**recusant** /ˈrekjʊzənt/ **ADJ** (Rel) réfractaire

**recyclable** /ˌriːˈsaɪkləbl/ **ADJ** recyclable

**recycle** /ˌriːˈsaɪkl/ SYN
**VT** (gen) recycler ; [+ waste, water] retraiter ; [+ revenue] réinvestir
**COMP** **recycled paper** N papier m recyclé

**recycling** /ˌriːˈsaɪklɪŋ/
**N** recyclage m
**COMP** **recycling plant** N (gen) usine f de recyclage ; (for large-scale or toxic waste) usine f de traitement des déchets
**recycling scheme** N programme m de recyclage

**red** /red/ SYN
**ADJ** ① (in colour) rouge ; [hair] roux (rousse f) ◆ **red as a beetroot** (Brit) or **a beet** (US) rouge comme une tomate ◆ **to go as red as a beetroot** (Brit) or **a beet** (US) (gen, from effort, sun, alcohol, embarrassment) devenir rouge comme une tomate or une pivoine ; (from anger) devenir rouge de colère ◆ **he was rather red in the face** (naturally) il était rougeaud, il avait le teint rouge ◆ **her face was red** (gen, from anger, effort, sun, heat, alcohol) elle avait le visage rouge ; (= ashamed, embarrassed) elle était rouge jusqu'aux oreilles ◆ **was I red in the face!**\*, **was my face red!**\*, **did I have a red face!**\* j'étais rouge jusqu'aux oreilles ! ◆ **he went red in the face** son visage est devenu tout rouge ◆ **red with anger** rouge de colère ◆ **to go or turn red with embarrassment** rougir de confusion or d'embarras ◆ **nature red in tooth and claw** la nature impitoyable or sauvage ◆ **to go into red ink**\* (US) [company] être dans le rouge ; [individual] se mettre à découvert ◆ **to bleed red ink**\* [business, company] battre de l'aile ◆ **it's like a red rag to a bull** (Brit) c'est comme le rouge pour les taureaux ◆ **that is like a red rag to him** (Brit) il voit rouge quand on lui en parle (or quand on le lui montre etc) ◆ **to see red** voir rouge ◆ **it's not worth a red cent**\* (US) ça ne vaut pas un rond ◆ **I didn't get a red cent!** (US) je n'ai pas touché un centime or un rond ! ◆ **red sky at night, shepherd's delight, red sky in the morning, shepherd's warning** (Prov) ciel rouge le soir, signe de beau temps, ciel rouge le matin, signe de mauvais temps ; see also **comp** ; → **blood**, **brick**, **man**, **paint**
② (Pol * pej) rouge ◆ **better red than dead** plutôt rouge que mort
**N** ① (= colour, wine) rouge m
② (Pol = person) rouge mf, communiste mf ◆ **he sees reds under the bed** il voit des communistes partout
③ (Billiards) bille f rouge ; (Roulette) rouge m
④ (fig) ◆ **to be in the red**\* être dans le rouge\* ◆ **to get out of the red**\* sortir du rouge\* ◆ **£100 in the red** avoir un découvert or un déficit de 100 livres
⑤ (US Hist = Indians) ◆ **the Reds** les Peaux-Rouges mpl
⑥ ◆ **"The Red and the Black"** (Literat) « Le Rouge et le Noir »
**COMP** **red admiral (butterfly)** N vulcain m
**red alert** N alerte f maximale ◆ **to be on red alert** (Mil) être en état d'alerte maximale
**the Red Army** N l'Armée f rouge
**Red Army Faction** N Fraction f armée rouge
**red-backed shrike** N pie-grièche f écorcheur
**red bandfish** N cépole f
**red biddy**\* N vin rouge mélangé à de l'alcool à brûler
**red-blooded** **ADJ** vigoureux
**red-breasted merganser** N harle m huppé
**red-brick** **ADJ** en briques rouges ; (Brit) (also **red-brick university**) université f de fondation assez récente
**the Red Brigades** NPL (Pol) les Brigades fpl rouges
**red cabbage** N chou m rouge
**red cap** N (Brit Mil *) policier m militaire ; (US = porter at station) porteur m
**red card** N (Football) carton m rouge ◆ **to be shown the red card** (lit, fig) recevoir un carton rouge
**red-card** **VT** donner un carton rouge à
**red carpet** N (fig) ◆ **to roll out the red carpet for sb** dérouler le tapis rouge pour recevoir qn, recevoir qn en grande pompe
**red-carpet treatment** N ◆ **to give sb the red-carpet treatment** recevoir qn en grande pompe
**red chalk** N (Art) sanguine f
**Red China** N Chine f rouge
**red corpuscle** N globule m rouge
**Red Crescent** N Croissant-Rouge m
**Red Cross (Society)** N Croix-Rouge f
**red deer** N cerf m noble or élaphe
**red duster**\*, **red ensign** N pavillon m de la marine marchande (britannique)
**red dwarf** N (Astron) (étoile f) naine f rouge
**red-eye** N (Phot) (effet m) yeux mpl rouges ; (US) mauvais whisky m ; (\* = night flight ; also **red-eye flight**) avion m or vol m de nuit
**red-eyed** **ADJ** aux yeux rouges
**red-faced** **ADJ** (lit) rougeaud, rubicond ; (fig) gêné, rouge de confusion
**Red Flag** N drapeau m rouge ◆ **"The Red Flag"** hymne du parti travailliste
**red flag** N (= danger signal) avertissement m
**red giant** N (Astron) géante f rouge
**red grouse** N grouse f, lagopède m d'Écosse
**the Red Guard** N (in former USSR) la garde rouge
**the Red Guards** NPL (in China) les gardes mpl rouges
**red gurnard** N rouget m grondin
**red-haired** **ADJ** roux (rousse f)
**red-handed** **ADJ** ◆ **to be caught red-handed** être pris en flagrant délit or la main dans le sac
**red hat** N (Rel) chapeau m de cardinal
**red-headed** **ADJ** ⇒ **red-haired**
**red heat** N ◆ **to raise iron to red heat** chauffer le fer au rouge
**red herring** N (lit) hareng m saur ◆ **that's a red herring** c'est pour brouiller les pistes, c'est une diversion
**red-hot** **ADJ** (lit) chauffé au rouge, brûlant ; (fig = enthusiastic) ardent, enthousiaste ; (fig = up to the moment) [news, information] de dernière minute ; (fig = very popular) excellent **N** (US Culin \*) hot-dog m
**red-hot poker** N (= plant) tritoma m, kniphofia m
**Red Indian** N Peau-Rouge mf
**red kite** N (= bird) milan m royal
**red lead** N minium m
**red-legged partridge** N perdrix f rouge
**red-letter day** N jour m mémorable, jour m à marquer d'une pierre blanche
**red light** N (= traffic light) feu m rouge ◆ **to go through the red light** passer au rouge, griller\* or brûler un feu rouge
**red-light district** N quartier m chaud*, quartier m des prostituées
**red man** N (pl **red men**) (US) Indien m (aux USA) ◆ **it's the red man** (Brit : at pedestrian crossing) c'est rouge (pour les piétons)

**red meat** N viande f rouge
**red mist*** N ✦ **he saw the red mist** il a vu rouge*
**red mullet** N rouget m barbet
**red-necked grebe** N grèbe m jougris
**Red Nose Day** N journée de collecte d'argent pour les œuvres charitables, où certains portent un nez rouge en plastique
**red oak** N chêne m rouge d'Amérique
**red ochre** N (Miner) ocre f rouge
**red pepper** N poivron m rouge
**the Red Planet** N la Planète rouge
**red rattle** N (= plant) pédiculaire f des marais
**Red Riding Hood** N (also **Little Red Riding Hood**) le Petit Chaperon rouge
**red salmon** N saumon m rouge
**Red Sea** N mer f Rouge
**red sea bream** N daurade f (or dorade f) rose
**red setter** N setter m irlandais
**red shank** N chevalier m gambette
**red shift** N (Astron) décalage m vers le rouge
**red snapper** N vivaneau m
**Red Square** N (in Moscow) la place Rouge
**red squirrel** N écureuil m
**red tape** N (fig) paperasserie f, bureaucratie f tatillonne
**red wine** N vin m rouge

**redact** /rɪˈdækt/ VT (frm) (= draw up) rédiger ; (= edit) éditer

**redaction** /rɪˈdækʃən/ N (frm) (= version) rédaction f ; (= editing) édition f

**redan** /rɪˈdæn/ N (Archit) redan m

**redbreast** /ˈredbrest/ N rouge-gorge m

**redcoat** /ˈredkəʊt/ N (Hist) soldat m anglais ; (Brit) (in holiday camp) animateur m, -trice f

**redcurrant** /redˈkʌrənt/ N groseille f (rouge)

**redden** /ˈredn/ SYN
 VT rendre rouge, rougir
 VI [person] rougir ; [foliage] roussir, devenir roux

**reddish** /ˈredɪʃ/ ADJ (gen) tirant sur le rouge, rougeâtre (pej) ; [hair] tirant sur le roux, roussâtre (pej) ✦ **reddish-brown** (gen) d'un brun rouge, brun-rougeâtre inv (pej) ; [hair] d'un brun roux, brun-roussâtre inv (pej)

**redecorate** /ˌriːˈdekəreɪt/
 VT [+ room, house] (= repaint) repeindre ; (= redesign) refaire la décoration de
 VI (= repaint) refaire les peintures ; (= redesign) refaire la décoration

**redecoration** /ˌriːdekəˈreɪʃən/ N remise f à neuf des peintures, remplacement m des papiers peints

**redeem** /rɪˈdiːm/ SYN VT (= buy back) racheter ; (from pawn) dégager ; (Fin) [+ debt] amortir, rembourser ; [+ bill] honorer ; [+ mortgage] purger ; [+ insurance policy] encaisser ; (Comm) [+ coupon, token] échanger (for contre) ; (US) [+ banknote] convertir en espèces ; [+ promise] tenir ; [+ obligation] s'acquitter de, satisfaire à ; (Rel) [+ sinner] racheter, rédimer (frm) ; (= compensate for) [+ failing] racheter, compenser ; [+ fault] réparer ✦ **to redeem o.s.** or **one's honour** se racheter ✦ **to redeem sb/sth from sth** sauver qn/qch de qch

**redeemable** /rɪˈdiːməbl/ ADJ [voucher] échangeable (against sth contre qch) ; [bond, bill] remboursable ; [mortgage] remboursable, amortissable ; [debt] amortissable ; [insurance policy] encaissable ; (from pawn) qui peut être dégagé ✦ **the vouchers are redeemable on selected items** les bons sont à valoir sur l'achat de certains articles ✦ **the catalogue costs £5, redeemable against a first order** le catalogue coûte 5 livres, remboursées à la première commande

**Redeemer** /rɪˈdiːmər/ N (Rel) Rédempteur m

**redeeming** /rɪˈdiːmɪŋ/ ADJ ✦ **to have some redeeming features** avoir des qualités qui rachètent or compensent les défauts ✦ **I could not find a single redeeming feature in this book** je n'ai pas trouvé la moindre qualité à ce livre ✦ **a book with no redeeming qualities** un livre qu'aucune qualité ne vient sauver, un livre sans la moindre qualité pour racheter ses défauts ✦ **his one redeeming quality is...** la seule chose qui peut le racheter est...

**redefine** /ˌriːdɪˈfaɪn/ VT (gen) redéfinir ✦ **to redefine the problem** modifier les données du problème

**redemption** /rɪˈdempʃən/ SYN
 N [1] (= salvation) (gen) rédemption f, rachat m ; (Rel) rédemption f ✦ **the plants were crushed beyond redemption** les plantes étaient tellement écrasées qu'elles étaient irrécupérables ✦ **to be beyond** or **past redemption** [person] être définitivement perdu (fig) ; [object] être irréparable ; [environment, plant] être irrécupérable ; [situation] être irrémédiable
 [2] (Fin) [of mortgage] remboursement m, purge f (SPEC) ; [of bond] remboursement m ; [of debt] remboursement m, amortissement m ; (from pawn) dégagement m
 COMP **redemption value** N valeur f de remboursement
 **redemption yield** N (Stock Exchange) rendement m actuariel brut

**redemptive** /rɪˈdemptɪv/ ADJ rédempteur (-trice f)

**redeploy** /ˌriːdɪˈplɔɪ/ VT [+ troops] redéployer ; [+ workers, staff] (gen) redéployer ; (to new location) réaffecter ; (Econ) [+ sector etc] redéployer

**redeployment** /ˌriːdɪˈplɔɪmənt/ N [of troops, weapons, resources, funds] redéploiement m ((in)to sth dans qch) ; [of workers, staff] (gen) redéploiement m (to sth dans qch) ; (to new location) réaffectation f

**redesign** /ˌriːdɪˈzaɪn/ VT reconcevoir

**redevelop** /ˌriːdɪˈveləp/ VT [+ area] rénover, réaménager

**redevelopment** /ˌriːdɪˈveləpmənt/
 N [of area] rénovation f, réaménagement m
 COMP **redevelopment area** N zone f de rénovation or de réaménagement

**redhead** /ˈredhed/ N roux m, rousse f, rouquin(e)* m(f)

**redia** /ˈriːdɪə/ N (pl **rediae** /ˈriːdɪˌiː/) rédie f

**redial** /ˌriːˈdaɪəl/ (Telec)
 VT recomposer
 VI recomposer le numéro
 COMP /ˈriːdaɪəl/
 **redial button** N touche f bis
 **redial facility** N rappel m du dernier numéro composé

**redid** /ˌriːˈdɪd/ VB pt of **redo**

**redirect** /ˌriːdaɪˈrekt/ VT [+ letter, parcel] faire suivre, réadresser ; [+ funds, resources] réallouer ; [+ traffic] dévier ✦ **to redirect one's energies** réorienter or rediriger son énergie (towards vers)

**rediscover** /ˌriːdɪsˈkʌvər/ VT redécouvrir

**redistribute** /ˌriːdɪsˈtrɪbjuːt/ VT redistribuer

**redistribution** /ˌriːdɪstrɪˈbjuːʃən/ N redistribution f

**redistrict** /ˌriːˈdɪstrɪkt/
 VT (US Pol, Admin) soumettre à un redécoupage électoral (or administratif)
 VI (US Pol, Admin) se soumettre à un redécoupage électoral (or administratif)

**redistricting** /ˌriːˈdɪstrɪktɪŋ/ N (US Pol, Admin) redécoupage m électoral (or administratif)

**redline** /ˈredlaɪn/ VT (US Fin) pratiquer une discrimination financière envers

**redneck*** /ˈrednek/ N (esp US) rustre m, péquenaud(e)* m(f)

**redness** /ˈrednɪs/ N rougeur f ; [of hair] rousseur f

**redo** /ˌriːˈduː/ (pret **redid** ptp **redone**) VT refaire

**redolence** /ˈredəʊləns/ N (liter) parfum m, odeur f agréable

**redolent** /ˈredəʊlənt/ ADJ (liter) [1] (= evocative) ✦ **redolent of sth** évocateur (-trice f) de qch ✦ **to be redolent of sth** évoquer qch
 [2] (= smelling) ✦ **to be redolent of sth** sentir qch ✦ **the air was redolent with the smell of freshly-baked bread** l'air embaumait le pain frais

**redone** /ˌriːˈdʌn/ VB ptp of **redo**

**redouble** /ˌriːˈdʌbl/
 VT [1] redoubler ✦ **to redouble one's efforts** redoubler ses efforts or d'efforts
 [2] (Bridge) surcontrer
 VI redoubler
 N (Bridge) surcontre m

**redoubt** /rɪˈdaʊt/ N (Mil) redoute f

**redoubtable** /rɪˈdaʊtəbl/ ADJ redoutable, formidable

**redound** /rɪˈdaʊnd/ VI (frm) contribuer (to à) ✦ **to redound upon** retomber sur ✦ **to redound to sb's credit** être (tout) à l'honneur de qn

**redpoll** /ˈredpɒl/ N (= bird) sizerin m flammé

**redraft** /ˌriːˈdrɑːft/ VT rédiger de nouveau

**redraw** /ˌriːˈdrɔː/ VT [+ map, border] remanier

**redress** /rɪˈdres/ SYN
 VT [+ situation] redresser ; [+ wrong, grievance] réparer ✦ **to redress the balance (between)** rétablir l'équilibre (entre)
 N réparation f (for sth pour qch) ✦ **redress against sb** recours m contre qn ✦ **redress of grievances** réparation f ✦ **to have no redress** n'avoir aucun recours ✦ **to seek redress** exiger or demander réparation

**redskin** /ˈredskɪn/ N Peau-Rouge mf

**redstart** /ˈredstɑːt/ N (= bird) rouge-queue m

**reduce** /rɪˈdjuːs/ SYN
 VT [1] (= lessen) réduire (to à ; by de), diminuer ; (= shorten) raccourcir ; (= weaken) affaiblir ; (= lower) abaisser ; [+ drawing, plan] réduire ; [+ expenses] réduire, restreindre ; [+ price] baisser, diminuer ; [+ swelling] résorber, résoudre ; [+ temperature] faire descendre, abaisser ; [+ sauce] faire réduire ; [+ output] ralentir ; (Mil etc : in rank) rétrograder, réduire à un grade inférieur ✦ **to reduce sb to the ranks** (Mil) casser qn ✦ **to reduce unemployment** réduire le chômage ; (gradually) résorber le chômage ✦ **to reduce speed** (in car) diminuer la vitesse, ralentir ✦ **"reduce speed now"** « ralentir » ✦ **to reduce the age of retirement to 58** ramener l'âge de la retraite à 58 ans ✦ **to reduce a prisoner's sentence** (Jur) réduire la peine d'un prisonnier
 [2] (Chem, Math, fig) réduire (to en, à) ✦ **to reduce sth to a powder/to pieces/to ashes** réduire qch en poudre/en morceaux/en cendres ✦ **to reduce an argument to its simplest form** réduire un raisonnement à sa plus simple expression, simplifier un raisonnement au maximum ✦ **it has been reduced to nothing** cela a été réduit à zéro ✦ **he's reduced to a skeleton** il n'est plus qu'un squelette ambulant ✦ **to reduce sb to silence/obedience/despair** réduire qn au silence/à l'obéissance/au désespoir ✦ **to reduce sb to begging/to slavery** réduire qn à la mendicité/en esclavage ✦ **to be reduced to begging** être réduit or contraint à mendier ✦ **to reduce sb to submission** soumettre qn ✦ **to reduce sb to tears** faire pleurer qn ✦ **to reduce sth to writing** (Admin, Jur) consigner qch par écrit
 VI (esp US = slim) maigrir ✦ **to be reducing** être au régime
 COMP **reducing agent** N (Chem) (agent m) réducteur m

**reduced** /rɪˈdjuːst/
 ADJ (gen) réduit ✦ **to buy at a reduced price** [+ ticket] acheter à prix réduit ; [+ goods] acheter au rabais or en solde ✦ **to be reduced** [item on sale] être soldé or en solde ✦ **"reduced"** (on ticket) « prix réduit » ✦ **on a reduced scale** [reproduce] à échelle réduite ; [act, plan] sur une plus petite échelle ✦ **in reduced circumstances** (frm) dans la gêne
 COMP **reduced instruction set computer** N ordinateur m à jeu d'instructions réduit
 **reduced instruction set computing** N traitement m avec jeu d'instructions réduit

**reducer** /rɪˈdjuːsər/ N (= slimming device) appareil m d'amaigrissement ; (Phot) réducteur m

**reducible** /rɪˈdjuːsəbl/ ADJ réductible

**reductase** /rɪˈdʌkteɪz/ N (Bio) réductase f

**reductio ad absurdum** /rɪˈdʌktɪəʊˌædəbˈsɜːdəm/ N réduction f à l'absurde

**reduction** /rɪˈdʌkʃən/ N [1] réduction f ; (in length) raccourcissement m ; (in width) diminution f ; [of expenses, staff] réduction f, compression f ; [of prices, wages] diminution f, baisse f ; [of temperature] baisse f ; [of voltage] diminution f ; [of prison sentence] réduction f, modération f ; [of swelling] résorption f, résolution f ; (Phot) réduction f ; (in gear system) démultiplication f ✦ **to make a reduction on an article** (in shop) faire une remise sur un article ✦ **reduction of taxes** dégrèvement m d'impôts ✦ **reduction of speed** ralentissement m ✦ **reduction in strength** (Mil etc) réduction f or diminution f des effectifs ✦ **reduction in rank** rétrogradation f
 [2] (Culin) réduction f

**reductionism** /rɪˈdʌkʃəˌnɪzəm/ N [1] (pej) approche f réductrice
 [2] (Philos) réductionnisme m

**reductionist** /rɪˈdʌkʃənɪst/
 ADJ [1] (pej) réducteur
 [2] (Philos) réductionniste
 N [1] (pej) personne f aux vues réductrices
 [2] (Philos) réductionniste mf

**reductive** /rɪˈdʌktɪv/ **ADJ** (pej = simplistic) réducteur (-trice f), simplificateur (-trice f)

**redundance** /rɪˈdʌndəns/ **N** ⇒ **redundancy**

**redundancy** /rɪˈdʌndənsɪ/
- **N** ① (Brit = layoff) licenciement m (économique), mise f au or en chômage (pour raisons économiques) ◆ **it caused a lot of redundancies** cela a causé de nombreux licenciements or la mise au chômage de nombreux employés ◆ **he feared redundancy** il redoutait d'être licencié or mis au chômage ◆ **he went in the last round of redundancies** il a perdu son emploi lors de la dernière série de licenciements, il fait partie de la dernière charrette* ◆ **compulsory redundancy** licenciement m ◆ **voluntary redundancy** départ m volontaire
- ② (= excess) excès m
- ③ (Literat) redondance f
- **COMP** **redundancy agreement N** départ m négocié
- **redundancy money, redundancy payment N** (Brit) indemnité f de licenciement

**redundant** /rɪˈdʌndənt/ **SYN ADJ** ① (Brit = unemployed) licencié or au or en chômage (pour raisons économiques) ◆ **to make sb redundant** licencier qn or mettre qn au chômage (pour raisons économiques)
② (= superfluous) [object, example, detail] superflu ; [building] désaffecté ; [word, term, information] redondant ; (Brit) [person] en surnombre

**reduplicate** /rɪˈdjuːplɪkeɪt/
- **VT** redoubler ; (Ling) rédupliquer
- **ADJ** /rɪˈdjuːplɪkɪt/ redoublé, rédupliqué

**reduplication** /rɪˌdjuːplɪˈkeɪʃən/ **N** redoublement m ; (Ling) réduplication f

**reduplicative** /rɪˈdjuːplɪkətɪv/ **ADJ** (Ling) réduplicatif

**redux** /rɪˈdʌks/ **ADJ** (esp US) nouvelle formule inv

**redwing** /ˈredwɪŋ/ **N** (= bird) mauvis m

**redwood** /ˈredwʊd/ **N** (= tree) séquoia m

**re-echo** /riːˈekəʊ/
- **VI** retentir, résonner (de nouveau or plusieurs fois)
- **VT** répéter, renvoyer en écho

**reed** /riːd/
- **N** (= plant) roseau m ; [of wind instrument] anche f ; (liter = pipe) chalumeau m, pipeau m ◆ **the reeds** (Mus) les instruments mpl à anche ; → **broken**
- **COMP** [basket etc] de or en roseau(x)
- **reed bed N** roselière f
- **reed bunting N** bruant m des roseaux
- **reed instrument N** (Mus) instrument m à anche
- **reed mace N** (= plant) massette f
- **reed pipe N** (= wind instrument) pipeau m
- **reed stop N** (Mus) jeu m d'anches or à anches
- **reed warbler N** (rousserolle f) effarvatte f, rousserolle f des roseaux

**reedling** /ˈriːdlɪŋ/ **N** (= bird) mésange f à moustaches

**re-educate** /ˌriːˈedjʊkeɪt/ **VT** rééduquer

**re-education** /ˌriːedjʊˈkeɪʃən/ **N** rééducation f

**reedy** /ˈriːdɪ/ **ADJ** ① [bank] couvert de roseaux ; [pond] envahi par les roseaux
② (pej = high-pitched) [voice, sound, instrument] aigu (-guë f)

**reef¹** /riːf/ **N** ① récif m, écueil m ; (fig) écueil m ◆ **coral reef** récif m de corail
② (Min) filon m

**reef²** /riːf/
- **N** (Naut) ris m
- **VT** [+ sail] prendre un ris dans
- **COMP** **reef knot N** nœud m plat

**reefer** /ˈriːfər/ **N** ① (= jacket) caban m
② ⁑ (= joint) joint* m
③ (US ⁑ = truck etc) camion m (or wagon m) frigorifique

**reek** /riːk/ **SYN**
- **N** puanteur f, relent m
- **VI** ① (= smell) puer, empester ◆ **to reek of sth** puer or empester qch
② (Scot) [chimney] fumer

**reel** /riːl/ **SYN**
- **N** ① [of thread, tape etc] bobine f ; (Fishing) moulinet m ; [of film] (Cine) bande f ; (Phot) bobine f, rouleau m ; [of cable, hose] dévidoir m ; (Tech) dévidoir m, touret m, bobine f ; → **inertia**
② (= dance) reel m, quadrille m écossais
- **VT** [+ thread] bobiner

- **VI** ① (gen) chanceler ; [drunkenly] tituber ◆ **he lost his balance and reeled back** il a perdu l'équilibre et il a reculé en chancelant or titubant ◆ **he went reeling down the street** il a descendu la rue en chancelant or titubant ◆ **the blow made him reel** le coup l'a fait chanceler, il a chancelé sous le coup ◆ **the punch sent him reeling to the floor** le coup de poing l'a envoyé valser par terre
② (fig) ◆ **my head is reeling** la tête me tourne ◆ **the news made him** or **his mind reel** la nouvelle l'a ébranlé ◆ **I reeled at the very thought** cette pensée m'a donné le vertige ◆ **I'm still reeling from the shock of it** je ne me suis pas encore remis du choc ◆ **to leave sb reeling** ébranler qn ◆ **the news left us reeling with disbelief** la nouvelle nous a ébranlés et nous a laissés incrédules ◆ **the news sent markets reeling** la nouvelle a (profondément) perturbé les marchés
- **COMP** **reel holder N** porte-bobines m inv
- **reel-to-reel ADJ** à bobines

▶ **reel in VT SEP** (Fishing, Naut) ramener, remonter

▶ **reel off VT SEP** [+ verses, list] débiter ; [+ thread] dévider

▶ **reel up VT SEP** enrouler

**re-elect** /ˌriːɪˈlekt/ **VT** réélire

**re-election** /ˌriːɪˈlekʃən/ **N** (Pol) ◆ **to stand** (Brit) or **run for re-election** se représenter (aux élections)

**re-embark** /ˌriːɪmˈbɑːk/ **VTI** rembarquer

**re-embarkation** /ˈriːˌembɑːˈkeɪʃən/ **N** rembarquement m

**re-emerge** /ˌriːɪˈmɜːdʒ/ **VI** [object, swimmer] resurgir ; [facts] ressortir

**re-employ** /ˌriːɪmˈplɔɪ/ **VT** réembaucher

**re-enact** /ˌriːɪˈnækt/ **VT** ① (Jur) remettre en vigueur
② [+ scene, crime] reconstituer, reproduire

**re-enactment** /ˌriːɪˈnæktmənt/ **N** (Jur) [of law] remise f en vigueur ; [of crime] reconstitution f

**re-engage** /ˌriːɪnˈɡeɪdʒ/ **VT** [+ employee] rengager, réembaucher ◆ **to re-engage the clutch** rengréner, rengrener

**re-engagement** /ˌriːɪnˈɡeɪdʒmənt/ **N** ① [of employee] rengagement m, réengagement m, réemploi m
② [of clutch] rengrènement m

**re-engineer** /ˌriːendʒɪˈnɪər/ **VT** [+ machine] redessiner, relooker* ; [+ department, process, system] redéfinir

**re-enlist** /ˌriːɪnˈlɪst/
- **VI** se rengager
- **VT** rengager

**re-enter** /ˌriːˈentər/
- **VI** ① rentrer
② ◆ **to re-enter for an exam** se représenter à or se réinscrire pour un examen
- **VT** rentrer dans ◆ **to re-enter the Earth's atmosphere** (Space) rentrer dans l'atmosphère

**re-entry** /ˌriːˈentrɪ/
- **N** (gen, Space) rentrée f ◆ **her re-entry into politics** son retour à la politique
- **COMP** **re-entry permit N** permis m de rentrée (dans un pays où l'on voyage avec un visa)
- **re-entry point N** (Space) point m de rentrée

**re-erect** /ˌriːɪˈrekt/ **VT** [+ building, bridge] reconstruire ; [+ scaffolding, toy] remonter

**re-establish** /ˌriːɪsˈtæblɪʃ/ **LANGUAGE IN USE 26.3 VT** [+ relations, links, order, stability, monarchy, service] rétablir ; [+ person] réhabiliter ; [+ custom] restaurer ◆ **to re-establish itself** [species] se réimplanter ◆ **to re-establish o.s. (as)** [person] (after failure, setback) retrouver sa place (de) ◆ **the Conservatives are trying to re-establish themselves in Scotland** les conservateurs essaient de retrouver leur place or de regagner du terrain en Écosse

**re-establishment** /ˌriːɪsˈtæblɪʃmənt/ **N** [of relations, links, order, stability, monarchy, service] rétablissement m ; [of species] réintroduction f ; [of refugees] réinstallation f

**re-evaluate** /ˌriːɪˈvæljʊeɪt/ **VT** réévaluer

**re-evaluation** /ˈriːɪˌvæljʊˈeɪʃən/ **N** réévaluation f

**reeve¹** /riːv/ **N** (Hist) premier magistrat m ; (Can) président m du conseil municipal

**reeve²** /riːv/ **VT** (Naut) [+ rope] passer dans un anneau or une poulie, capeler ; [+ shoal] passer au travers de

**re-examination** /ˈriːɪɡˌzæmɪˈneɪʃən/ **N** nouvel examen m ; (Jur: of witness) nouvel interrogatoire m

**re-examine** /ˌriːɪɡˈzæmɪn/ **VT** examiner de nouveau ; (Jur) [+ witness] interroger de nouveau

**re-export** /ˌriːɪkˈspɔːt/
- **VT** réexporter
- **N** /ˌriːˈekspɔːt/ réexportation f

**ref¹** (Comm) (abbrev of with reference to) → **reference**

**ref²** * /ref/ **N** (Sport) (abbrev of referee) arbitre m

**refection** /rɪˈfekʃən/ **N** (frm) (= light meal) collation f, repas m léger ; (= refreshment) rafraîchissements mpl

**refectory** /rɪˈfektərɪ/
- **N** réfectoire m
- **COMP** **refectory table N** table f de réfectoire

**refer** /rɪˈfɜːr/ **SYN**
- **VT** ① (= pass) [+ matter, question, file] soumettre (to à) ◆ **the problem was referred to the UN** le problème a été soumis or renvoyé à l'ONU ◆ **the dispute was referred to arbitration** le litige a été soumis à l'arbitrage ◆ **it was referred to us for (a) decision** on nous a demandé de prendre une décision là-dessus ◆ **I have to refer it to my boss** je dois le soumettre à or en parler à mon patron ◆ **I referred him to the manager** je lui ai dit de s'adresser au gérant, je l'ai renvoyé au directeur ◆ **the doctor referred me to a specialist** le médecin m'a adressé à un spécialiste ◆ **the patient was referred for tests** on a envoyé le patient subir des examens ◆ **to refer sb to the article on…** renvoyer qn à l'article sur…, prier qn de se reporter or se référer à l'article sur… ◆ **"the reader is referred to page 10"** « prière de se reporter or se référer à la page 10 » ◆ **to refer a cheque to drawer** (Banking) refuser d'honorer un chèque
② (Jur) [+ accused] déférer
③ (Univ) [+ student] refuser ◆ **his thesis has been referred** on lui a demandé de revoir or de reprendre sa thèse
④ (liter, frm = attribute) attribuer (to à)
- **VI** ① (= allude) (directly) parler (to de), faire référence (to à) ; (indirectly) faire allusion (to à) ◆ **I am not referring to you** je ne parle pas de vous ◆ **we shall not refer to it again** nous n'en reparlerons pas, nous n'en parlerons plus ◆ **he never refers to that evening** il ne parle jamais de ce soir-là ◆ **what can he be referring to?** de quoi parle-t-il ?, à quoi peut-il bien faire allusion ? ◆ **he referred to her as his assistant** il l'a appelée son assistante ◆ **referring to your letter** (Comm) (comme) suite or en réponse à votre lettre ◆ **refer to drawer** (Banking) voir le tireur
② (= apply) s'appliquer (to à) ◆ **does that remark refer to me?** est-ce que cette remarque s'applique à moi ? ◆ **this refers to you all** cela vous concerne tous
③ (= consult) se reporter, se référer (to sth à qch) ◆ **to refer to one's notes** consulter ses notes, se reporter or se référer à ses notes ◆ **"please refer to section 3"** « prière de se reporter or se référer à la section 3 » ◆ **you must refer to the original** vous devez vous reporter or vous référer à l'original
- **COMP** **referred pain N** (Med) irradiation f douloureuse

▶ **refer back VT SEP** [+ decision] remettre (à plus tard), ajourner ◆ **to refer sth back to sb** consulter qn sur or au sujet de qch

**referable** /rɪˈfɜːrəbl/ **ADJ** attribuable (to à)

**referee** /ˌrefəˈriː/ **SYN**
- **N** ① (Football etc, also fig) arbitre m ; (Tennis) juge-arbitre m
② (Brit : giving a reference) répondant(e) m(f) ◆ **to act as** or **be (a) referee for sb** fournir des références or une attestation à qn ◆ **to give sb as a referee** donner qn en référence ◆ **may I give your name as a referee?** puis-je donner votre nom en référence ?
- **VT** (Sport, fig) arbitrer
- **VI** (Sport, fig) servir d'arbitre, être arbitre

**reference** /ˈrefrəns/ **LANGUAGE IN USE 19.1 SYN**
- **N** ① (NonC) référence f (to à) ; (of question for judgement) renvoi m ◆ **outside the reference of** hors de la compétence de ◆ **keep these details for reference** gardez ces renseignements pour information ; → **future, term**
② (= allusion) (direct) mention f (to de) ; (indirect) allusion f (to à) ◆ **a reference was made to his illness** on a fait allusion à or on a fait mention

**referendum** | **refrain**

de sa maladie ◆ **in** or **with reference to** quant à, en ce qui concerne ; (Comm) (comme) suite à ◆ **without reference to** sans tenir compte de, sans égard pour

3 (= testimonial) ◆ **reference(s)** références fpl ◆ **to give sb a good reference** or **good references** fournir de bonnes références à qn ◆ **a banker's reference** des références bancaires ◆ **I've been asked for a reference for him** on m'a demandé de fournir des renseignements sur lui

4 ⇒ **referee** noun 2

5 (in book, article = note redirecting reader) renvoi m, référence f ; (on map) coordonnées fpl ; (Comm: on letter) référence f ◆ **please quote this reference** prière de rappeler cette référence ; → cross

6 (= connection) rapport m (to avec) ◆ **this has no reference to...** cela n'a aucun rapport avec...

7 (Ling) référence f

VT 1 [+ quotation] référencer ; [+ book] fournir les références de

2 (= refer to) faire référence à

COMP **reference book** N ouvrage m de référence
**reference library** N bibliothèque f d'ouvrages de référence
**reference mark** N renvoi m
**reference number** N (Comm) numéro m de référence
**reference point** N point m de référence
**reference strip** N (Phot) bande f étalon

**referendum** /ˌrefəˈrendəm/ SYN N (pl **referendums** or **referenda** /ˌrefəˈrendə/) référendum m ◆ **to hold a referendum** organiser un référendum ◆ **a referendum will be held** un référendum aura lieu

**referent** /ˈrefərənt/ N référent m

**referential** /ˌrefəˈrenʃəl/ ADJ référentiel

**referral** /rɪˈfɜːrəl/ N 1 (Med, Psych) (= act) orientation f d'un patient (vers des services spécialisés) ; (= person) patient(e) m(f) (orienté(e) vers des services spécialisés) ◆ **ask your doctor for a referral to a dermatologist** demandez à votre médecin de vous envoyer chez un dermatologue ◆ **letter of referral** lettre par laquelle un médecin adresse un patient à un spécialiste

2 (Jur) ◆ **the referral of the case to the Appeal Courts** le renvoi de l'affaire en appel ◆ **the referral of the case to the Director of Public Prosecutions** la soumission de l'affaire au procureur général

3 (NonC: to higher authority) ◆ **he sanctioned the deal without referral** il a approuvé le marché sans en référer à une autorité supérieure

**refill** /ˌriːˈfɪl/

VT [+ glass, bottle] remplir à nouveau ; [+ pen, lighter] recharger

N /ˈriːfɪl/ (gen) recharge f ; (= cartridge) cartouche f ; (for propelling pencil) mine f de rechange ; (for notebook) feuilles fpl de rechange ◆ **would you like a refill** *? (for drink) encore un verre (or une tasse) ?

**refillable** /ˌriːˈfɪləbl/ ADJ [bottle] réutilisable ; [pen, lighter] rechargeable

**refinable** /rɪˈfaɪnəbl/ ADJ [oil] qui peut être raffiné

**refinance** /ˌriːˈfaɪnæns/ VT refinancer

**refine** /rɪˈfaɪn/ SYN

VT 1 [+ ore] affiner ; [+ oil] épurer ; [+ crude oil, sugar] raffiner
2 (= improve) [+ language] châtier ; [+ manners] réformer ; [+ theory, technique, process, taste] affiner ; [+ model, engine] perfectionner ; [+ essay etc] peaufiner *

VI ◆ **to refine upon sth** raffiner sur qch

**refined** /rɪˈfaɪnd/ SYN ADJ 1 (= processed) [food, ore] traité ; [sugar, oil] raffiné ; [flour] bluté ; [metal] affiné ◆ **refined products** (Stock Exchange, Econ) produits mpl raffinés

2 (= genteel) [person, manners, taste] raffiné
3 (= sophisticated) [model, engine] perfectionné

**refinement** /rɪˈfaɪnmənt/ SYN N 1 (NonC = refining) [of crude oil, sugar] raffinage m ; [of ore] affinage m ; [of oil] épuration f

2 (NonC) [of person] raffinement m, délicatesse f ; [of language, style] raffinement m
3 (= improvement: in technique, machine etc) perfectionnement m (in de)

**refiner** /rɪˈfaɪnəʳ/ N [of crude oil, sugar] raffineur m ; [of metals] affineur m ; [of oil] épureur m

**refinery** /rɪˈfaɪnərɪ/ N (for crude oil, sugar) raffinerie f ; (for metals) affinerie f

**refit** /ˌriːˈfɪt/

VT [+ ship etc] (also gen) remettre en état ; [+ factory] équiper de nouveau, renouveler l'équipement de

VI [ship] être remis en état

N /ˈriːfɪt/ [of ship] remise f en état ; [of factory] nouvel équipement m

COMP **refit yard** N chantier m de réarmement

**refitting** /ˌriːˈfɪtɪŋ/, **refitment** /ˌriːˈfɪtmənt/ N ⇒ refit noun

**reflag** /riːˈflæɡ/ VT (Naut) [+ ship] changer le pavillon de

**reflate** /ˌriːˈfleɪt/ VT (Econ) relancer

**reflation** /ˌriːˈfleɪʃən/ N (Econ) relance f

**reflationary** /ˌriːˈfleɪʃnərɪ/ ADJ (Econ) de relance

**reflect** /rɪˈflekt/ SYN

VT 1 (= show) refléter ; [+ credit, discredit] faire rejaillir, faire retomber ◆ **a price that reflects the real costs of production** un prix qui reflète les coûts de production réels ◆ **concern at the economic situation was reflected in the government's budget** le budget du gouvernement traduisait une certaine inquiétude face à la situation économique ◆ **the many difficulties are reflected in his report** son rapport rend compte des multiples difficultés
◆ **to reflect on** ◆ **this kind of behaviour reflects on the school** ce genre d'attitude rejaillit sur l'école ◆ **the affair did not reflect well on the company** ce scandale a terni l'image de la société

2 [+ light, image] refléter ; [mirror] réfléchir ; [+ heat, sound] renvoyer ◆ **the moon is reflected in the lake** la lune se reflète dans le lac ◆ **I saw him reflected in the mirror** j'ai vu son image dans le miroir or réfléchie par le miroir ◆ **he saw himself reflected in the mirror** le miroir a réfléchi or lui a renvoyé son image ◆ **he basked** or **bathed in the reflected glory of his friend's success** il tirait gloire or fierté de la réussite de son ami

3 (= think) ◆ **to reflect that...** se dire que...

VI 1 (= meditate) réfléchir (on à), méditer (on sur)

2 ◆ **to reflect off** être réfléchi par

COMP **reflecting prism** N prisme réflecteur
**reflecting telescope** N télescope m à miroir

▶ **reflect (up)on** VT FUS (= affect) [+ person] avoir des répercussions or des incidences sur la réputation de ; [+ reputation] avoir des répercussions or des incidences sur ◆ **to reflect well/badly (up)on sb** faire honneur à/nuire à la réputation de qn

**reflectance** /rɪˈflektəns/ N (Phys) réflectance f

**reflectingly** /rɪˈflektɪŋlɪ/ ADV ⇒ reflectively

**reflection** /rɪˈflekʃən/ SYN N 1 (NonC = reflecting) [of light, heat, sound] réflexion f

2 (= image: in mirror etc) reflet m, image f ◆ **to see one's reflection in a mirror** voir son reflet dans un miroir ◆ **a pale reflection of former glory** un pâle reflet de la gloire passée

3 (NonC = consideration) réflexion f ◆ **on reflection** (toute) réflexion faite, à la réflexion ◆ **on serious reflection** après mûre réflexion ◆ **he did it without sufficient reflection** il l'a fait sans avoir suffisamment réfléchi

4 (= thoughts, comments) ◆ **reflections** réflexions fpl (on, upon sur)

5 (= adverse criticism) critique f (on de), réflexion f désobligeante (on sur) ; (on sb's honour) atteinte f (on à) ◆ **this is no reflection on...** cela ne porte pas atteinte à...

**reflective** /rɪˈflektɪv/ ADJ 1 (= pensive) [person, expression] (by nature) réfléchi ; (on one occasion) pensif ; [powers] de réflexion ◆ **to be in a reflective mood** être d'humeur pensive ◆ **it was a reflective occasion** ce fut une occasion propice à la méditation

2 (= typical) ◆ **to be reflective of sth** refléter qch

3 [surface, material, clothing] réfléchissant ; [light] réfléchi

4 (Gram) ⇒ reflexive 1

**reflectively** /rɪˈflektɪvlɪ/ ADV [look] d'un air pensif ; [say] d'un ton pensif

**reflectiveness** /rɪˈflektɪvnɪs/ N caractère m réfléchi or pensif

**reflectivity** /ˌriːflekˈtɪvɪtɪ/ N réflectivité f

**reflector** /rɪˈflektəʳ/ N (gen) réflecteur m ; [of car, bicycle] réflecteur m, cataphote ® m

**reflex** /ˈriːfleks/

ADJ (Physiol, Psych, fig) réflexe ; (Math) [angle] rentrant ; (Phys) réfléchi ◆ **reflex (camera)** (Phot) (appareil m) reflex m

N réflexe m ; → **condition**

**reflexion** /rɪˈflekʃən/ N ⇒ reflection

**reflexive** /rɪˈfleksɪv/

ADJ 1 (Gram) réfléchi
2 (= reactive) ◆ **a reflexive movement** un réflexe

N (Gram) verbe m réfléchi

COMP **reflexive pronoun** N pronom m réfléchi
**reflexive verb** N verbe m (pronominal) réfléchi

**reflexively** /rɪˈfleksɪvlɪ/ ADV 1 (Gram) à la forme réfléchie

2 (= instinctively) [move] d'instinct

**reflexologist** /ˌriːfleksˈbɒlədʒɪst/ N réflexologiste mf

**reflexology** /ˌriːflekˈsɒlədʒɪ/ N réflexologie f

**refloat** /ˌriːˈfləʊt/

VT [+ ship, business etc] renflouer, remettre à flot

VI être renfloué, être remis à flot

**reflux** /ˈriːflʌks/ N reflux m

**reforest** /ˌriːˈfɒrɪst/ VT reboiser

**reforestation** /ˌriːfɒrɪsˈteɪʃən/ (US) N ⇒ **reafforestation**

**reform** /rɪˈfɔːm/ SYN

N réforme f ; → **land**

VT [+ law] réformer ; [+ institution, service] réformer, faire des réformes dans ; [+ conduct] corriger ; [+ person] faire prendre de meilleures habitudes à ◆ **to reform spelling** faire une réforme de or réformer l'orthographe

VI [person] s'amender, se réformer †

COMP [measures etc] de réforme
**Reform Judaism** N judaïsme m non orthodoxe
**the Reform Laws** NPL (Brit Hist) les lois fpl de réforme parlementaire
**reform school** N (US) maison f de redressement

**re-form** /ˌriːˈfɔːm/

VT 1 (= form again) reformer, rendre sa première forme à ; (Mil) [+ ranks] reformer ; [+ troops] rallier, remettre en rangs

2 (= give new form to) donner une nouvelle forme à

VI se reformer ; (Mil) se reformer, reprendre sa formation

**reformable** /rɪˈfɔːməbl/ ADJ réformable

**reformat** /ˌriːˈfɔːmæt/ VT (Comput) reformater

**reformation** /ˌrefəˈmeɪʃən/ N (NonC) [of church, spelling, conduct] réforme f ; [of person] assagissement m, retour m à une vie plus sage ◆ **the Reformation** (Hist) la Réforme, la Réformation

**reformative** /rɪˈfɔːmətɪv/ ADJ de réforme, réformateur (-trice f)

**reformatory** /rɪˈfɔːmətərɪ/ N (Brit ††) maison f de correction or de redressement ; (US Jur) centre m d'éducation surveillée

**reformed** /rɪˈfɔːmd/ ADJ 1 [alcoholic] ancien before n ; [criminal] repenti ; [spelling] réformé ◆ **he's a reformed character** il s'est rangé or assagi

2 (Rel) [church] réformé ; [Jew] non orthodoxe

**reformer** /rɪˈfɔːməʳ/ N réformateur m, -trice f

**reformism** /rɪˈfɔːmɪzəm/ N réformisme m

**reformist** /rɪˈfɔːmɪst/ ADJ, N réformiste mf

**reformulate** /ˌriːˈfɔːmjʊleɪt/ VT reformuler

**refract** /rɪˈfrækt/ VT réfracter

**refracting** /rɪˈfræktɪŋ/

ADJ (Phys) réfringent

COMP **refracting angle** N angle m de réfringence
**refracting telescope** N lunette f d'approche

**refraction** /rɪˈfrækʃən/ N réfraction f

**refractive** /rɪˈfræktɪv/

ADJ réfractif, réfringent

COMP **refractive index** N indice m de réfraction

**refractometer** /ˌriːfrækˈtɒmɪtəʳ/ N réfractomètre m

**refractometry** /ˌriːfrækˈtɒmɪtrɪ/ N réfractométrie f

**refractor** /rɪˈfræktəʳ/ N 1 (Phys) milieu m réfringent, dispositif m de réfraction

2 (= telescope) lunette f d'approche

**refractory** /rɪˈfræktərɪ/ ADJ réfractaire

**refrain**[1] /rɪˈfreɪn/ SYN VI se retenir, s'abstenir (from doing sth de faire qch) ◆ **he refrained from**

ENGLISH-FRENCH 792

**comment** il s'est abstenu de tout commentaire • **they refrained from measures leading to...** ils se sont abstenus de toute mesure menant à... • **please refrain from smoking** *(on notice)* prière de ne pas fumer ; *(spoken)* ayez l'obligeance de ne pas fumer

**refrain²** /rɪˈfreɪn/ **N** *(Mus, Poetry, fig)* refrain *m*

**refrangible** /rɪˈfrændʒəbl/ **ADJ** réfrangible

**refreeze** /ˌriːˈfriːz/ **VT** recongeler

**refresh** /rɪˈfreʃ/ SYN **VT** *[drink, bath]* rafraîchir ; *[food]* revigorer, redonner des forces à ; *[sleep, rest etc]* délasser, détendre ; *(Comput) [+ screen]* rafraîchir • **to refresh o.s.** *(with drink)* se rafraîchir ; *(with food)* se restaurer ; *(with sleep)* se reposer, se délasser • **to feel refreshed** se sentir revigoré • **to refresh one's memory** se rafraîchir la mémoire • **to refresh one's memory about sth** se remettre qch en mémoire • **let me refresh your memory!** je vais vous rafraîchir la mémoire ! * • **they must refresh and update their skills** ils doivent actualiser leurs connaissances

**refresher** /rɪˈfreʃəʳ/
**N** 1 *(= drink etc)* boisson *f etc* pour se rafraîchir
2 *(Jur)* honoraires *mpl* supplémentaires
**COMP** **refresher course** **N** stage *m or* cours *m* de remise à niveau

**refreshing** /rɪˈfreʃɪŋ/ SYN **ADJ** *[honesty, idea, approach, drink, fruit, taste, bath]* rafraîchissant ; *[change, sight, news]* agréable ; *[sleep]* réparateur (-trice *f*) • **it's refreshing to see that...** ça fait du bien de voir que..., c'est agréable de voir que...

**refreshingly** /rɪˈfreʃɪŋlɪ/ **ADV** *[different]* agréablement • **refreshingly honest/frank/new** d'une honnêteté/franchise/originalité qui fait plaisir à voir • **refreshingly cool** d'une fraîcheur vivifiante • **a refreshingly dry wine** un vin sec et agréable

**refreshment** /rɪˈfreʃmənt/ SYN
**N** 1 *[of mind, body]* repos *m*, délassement *m*
2 *(= food, drink)* • **(light) refreshments** rafraîchissements *mpl* • **refreshments** *(= place)* ⇒ **refreshment room**
**COMP** **refreshment bar** **N** buvette *f*
**refreshment room** **N** *(at station)* buffet *m*
**refreshment stall** **N** ⇒ **refreshment bar**

**refried beans** /ˌriːfraɪdˈbiːnz/ **NPL** *préparation mexicaine à base de haricots*

**refrigerant** /rɪˈfrɪdʒərənt/ **ADJ, N** réfrigérant *m* ; *(Med)* fébrifuge *m*

**refrigerate** /rɪˈfrɪdʒəreɪt/ SYN **VT** réfrigérer ; *(in cold room etc)* frigorifier

**refrigeration** /rɪˌfrɪdʒəˈreɪʃən/
**N** réfrigération *f*
**COMP** **refrigeration engineer** **N** frigoriste *mf*

**refrigerator** /rɪˈfrɪdʒəreɪtəʳ/
**N** *(= cabinet)* réfrigérateur *m*, frigidaire ® *m*, frigo * *m* ; *(= room)* chambre *f* frigorifique ; *(= apparatus)* condenseur *m*
**COMP** *[truck etc]* frigorifique

**refrigeratory** /rɪˈfrɪdʒərətərɪ/ **ADJ, N** *(Chem)* réfrigérant *m*

**refringence** /rɪˈfrɪndʒəns/ **N** réfringence *f*

**refringent** /rɪˈfrɪndʒənt/ **ADJ** réfringent

**refuel** /ˌriːˈfjʊəl/
**VI** se ravitailler en carburant *or* en combustible
**VT** ravitailler

**refuelling, refueling** *(US)* /ˌriːˈfjʊəlɪŋ/
**N** ravitaillement *m* (en carburant *or* en combustible)
**COMP** **refuelling stop** **N** *(for plane)* escale *f* technique

**refuge** /ˈrefjuːdʒ/ SYN **N** *(lit, fig)* refuge *m*, abri *m* *(from contre)* ; *(for climbers, pedestrians etc)* refuge *m* • **place of refuge** asile *m* • **a refuge for battered women** un foyer pour femmes battues • **to seek refuge** chercher refuge *or* asile • **they sought refuge from the fighting in the city** ils ont cherché un refuge pour échapper aux combats dans la ville • **to seek refuge in silence** chercher refuge dans le silence • **to take refuge in** *(lit, fig)* se réfugier dans • **he took refuge in alcohol and drugs** il se réfugia dans l'alcool et la drogue • **she found refuge in a book** elle a trouvé refuge dans un livre • **God is my refuge** Dieu est mon refuge

**refugee** /ˌrefjʊˈdʒiː/ SYN
**N** réfugié(e) *m(f)*
**COMP** **refugee camp** **N** camp *m* de réfugiés
**refugee capital** **N** *(Fin)* capitaux *mpl* spéculatifs (étrangers)
**refugee status** **N** statut *m* de réfugié

**refulgence** /rɪˈfʌldʒəns/ **N** *(liter)* splendeur *f*, éclat *m*

**refulgent** /rɪˈfʌldʒənt/ **ADJ** *(liter)* resplendissant, éclatant

**refund** /rɪˈfʌnd/ SYN
**VT** 1 rembourser *(to sb* à qn*)* • **to refund sb's expenses** rembourser qn de ses frais *or* dépenses • **to refund postage** rembourser les frais de port
2 *(Fin) [+ excess payments]* ristourner
**N** /ˈriːfʌnd/ remboursement *m* ; *(Fin)* ristourne *f* • **tax refund** bonification *f* de trop-perçu • **to get a refund** se faire rembourser

**refundable** /rɪˈfʌndəbl/ **ADJ** remboursable

**refurbish** /ˌriːˈfɜːbɪʃ/ SYN **VT** *[+ building]* réaménager, remettre à neuf ; *[+ furniture]* remettre à neuf ; *[+ image]* moderniser

**refurbishment** /ˌriːˈfɜːbɪʃmənt/ **N** réaménagement *m*, remise *f* à neuf

**refurnish** /ˌriːˈfɜːnɪʃ/ **VT** remeubler

**refusal** /rɪˈfjuːzəl/ SYN **N** refus *m* *(to do sth* de faire qch*)* • **refusal of justice** *(Jur)* déni *m* de justice • **to get a refusal, to meet with a refusal** se heurter à *or* essuyer un refus • **to give a flat refusal** refuser net • **three refusals** *(Horse-riding)* trois refus • **to have (the) first refusal of sth** être le premier à qui l'on propose qch • **I'll give her first refusal on it** elle sera la première à qui je le proposerai

**refuse¹** /rɪˈfjuːz/ LANGUAGE IN USE 8.3, 9.3, 12 SYN
**VT** *(gen)* refuser *(sb sth* qch à qn ; *to do sth* de faire qch*)*, se refuser *(to do sth* à faire qch*)* ; *[+ offer, invitation]* refuser, décliner ; *[+ request]* rejeter, repousser • **I absolutely refuse to do it** je me refuse catégoriquement à le faire • **to be refused** essuyer un refus • **to be refused sth** se voir refuser qch • **they were refused permission to leave** on leur a refusé *or* ils se sont vu refuser la permission de partir • **she refused him** elle l'a rejeté • **she refused his proposal** elle a rejeté son offre • **to refuse a fence** *[horse]* refuser l'obstacle
**VI** refuser, opposer un refus ; *[horse]* refuser l'obstacle

**refuse²** /ˈrefjuːs/ SYN
**N** détritus *mpl*, ordures *fpl* ; *(= industrial or food waste)* déchets *mpl* • **household refuse** ordures *fpl* ménagères • **garden refuse** détritus *mpl* de jardin
**COMP** **refuse bin** **N** poubelle *f*, boîte *f* à ordures
**refuse chute** **N** *(at dump)* dépotoir *m* ; *(in building)* vide-ordures *m inv*
**refuse collection** **N** ramassage *m or* collecte *f* des ordures
**refuse collector** **N** éboueur *m*
**refuse destructor** **N** incinérateur *m* (d'ordures)
**refuse disposal** **N** traitement *m* des ordures ménagères
**refuse disposal service** **N** service *m* de voirie
**refuse disposal unit** **N** broyeur *m* d'ordures
**refuse dump** **N** *(public)* décharge *f* (publique), dépotoir *m* ; *(in garden)* monceau *m* de détritus
**refuse lorry** **N** camion *m* des éboueurs

**refus(e)nik** /rɪˈfjuːznɪk/ **N** *(Pol)* refuznik *mf*

**refutable** /rɪˈfjuːtəbl/ **ADJ** réfutable

**refutation** /ˌrefjʊˈteɪʃən/ **N** réfutation *f*

**refute** /rɪˈfjuːt/ LANGUAGE IN USE 26.3 SYN **VT** *(= disprove)* réfuter ; *(= deny)* nier • **she was quick to refute the accusation** elle a tout de suite nié cette accusation

**reg.** /redʒ/
**N** *(Brit)* (abbrev of **registration number**) → **registration**
**ADJ** (abbrev of **registered**) • **reg. no.** n°

**-reg** * /redʒ/ **ADJ, N** *(Brit)* (abbrev of **-registration**) • **P-reg (car)** *voiture dont l'immatriculation commence ou finit par un P (la lettre indiquant l'année de mise en circulation)*

**regain** /rɪˈgeɪn/ SYN **VT** *[+ one's composure, balance, self-confidence]* retrouver ; *[+ sb's confidence]* regagner, reconquérir ; *[+ one's health, sight etc]* recouvrer ; *[+ title, initiative]* reprendre ; *[+ independence, territory]* reconquérir ; *(liter = arrive back at) [+ place]* regagner • **to regain one's strength** récupérer (ses forces), recouvrer ses forces • **to regain consciousness** revenir à soi, reprendre connaissance • **to regain lost time** regagner *or* rattraper le temps perdu • **to regain one's footing** reprendre pied • **to regain possession (of)** rentrer en possession (de)

**regal** /ˈriːgəl/ **ADJ** *[suite, staircase, manner, bearing, gesture]* royal ; *[splendour, dignity]* majestueux ; *[disdain]* souverain

**regale** /rɪˈgeɪl/ **VT** régaler *(sb with sth* qn de qch*)*

**regalia** /rɪˈgeɪlɪə/ **N** *[of monarch]* prérogatives *fpl* royales ; *(= insignia)* insignes *mpl* royaux ; *[of Freemasons etc]* insignes *mpl* • **she was in full regalia** *(hum)* elle était dans ses plus beaux atours *or* en grand tralala *

**regally** /ˈriːgəlɪ/ **ADV** *(lit, fig)* royalement

**regard** /rɪˈgɑːd/ LANGUAGE IN USE 21.2 SYN
**VT** 1 *(= consider)* considérer *(as* comme*)* • **he was regarded as an outstanding prime minister** il était considéré comme un premier ministre d'exception • **we regard it as worth doing** à notre avis ça vaut la peine de le faire • **we don't regard it as necessary** nous ne le considérons pas comme nécessaire • **I regard him highly** je le tiens en grande estime • **without regarding his wishes** sans tenir compte de ses souhaits
♦ **to regard + with** • **to regard with favour** voir d'un bon œil • **to regard with loathing** détester, haïr • **millions regarded this prospect with horror** cette perspective faisait horreur à des millions de gens • **displays of emotion are regarded with suspicion** les démonstrations d'émotion sont vues d'un mauvais œil *or* sont mal vues
♦ **as regards...** pour *or* en ce qui concerne..., pour ce qui regarde...
2 *(liter) (= look at)* observer
**N** 1 *(= concern)* considération *f* • **the economy was developed without regard for the interests of farmers** on a développé l'économie sans aucune considération *or* aucun égard pour les intérêts des agriculteurs • **to have regard to sb/sth** tenir compte de qn/qch • **to have** *or* **show little regard for sb/sth** faire peu de cas de qn/qch • **to have** *or* **show no regard for sb/sth** ne faire aucun cas de qn/qch • **out of regard for sb/sth** par égard pour qn/qch • **having regard to sb/sth** si l'on tient compte de qn/qch
♦ **in this** *or* **that regard** à cet égard, sous ce rapport
♦ **with** *or* **in regard to** *(= concerning)* pour *or* en ce qui concerne, quant à
♦ **without regard to sth** *(= irrespective of)* sans distinction de qch
2 *(NonC = esteem)* respect *m*, estime *f* • **I have a very high regard for him** j'ai beaucoup de respect *or* d'estime pour lui • **he had a high regard for Kemp's abilities** il pensait que Kemp était très capable • **to hold sb/sth in high regard** tenir qn/qch en haute estime • **to hold sb/sth in low regard** tenir qn/qch en piètre estime
3 *(liter = look)* regard *m*
**NPL** **regards** *(in messages)* • **give him my regards** transmettez-lui mon bon *or* meilleur souvenir • **Paul sends his kind regards** Paul vous envoie son bon souvenir • **(kindest) regards** *(as letter-ending)* meilleurs souvenirs

> (!) **to regard** is rarely translated by **regarder**, which usually means 'to look at'.

**regardful** /rɪˈgɑːdfʊl/ **ADJ** • **regardful of** *[feelings, duty]* attentif à ; *[interests]* soucieux de, soigneux de

**regarding** /rɪˈgɑːdɪŋ/ SYN **PREP** *(= with regard to)* pour *or* en ce qui concerne, quant à • **information regarding sb/sth** des informations concernant qn/qch *or* relatives à qn/qch

**regardless** /rɪˈgɑːdlɪs/ SYN
**ADJ** • **regardless of** *[sb's feelings, fate]* indifférent à ; *[future, danger]* insouciant de ; *[sb's troubles]* inattentif à • **regardless of the consequences** sans se soucier des conséquences • **regardless of expense** *or* **cost** quel que soit le prix • **regardless of rank** sans distinction de rang • **regardless of what the law says** indépendamment de ce que dit la loi
**ADV** *[carry on]* quand même

**regatta** /rɪˈgætə/ **N** *(one event)* régate *f* ; *(regular event)* régates *fpl* • **to take part in a regatta** régater, prendre part à une régate

**Regency** /ˈriːdʒənsɪ/ **ADJ** *[furniture, style]* style Regency *inv (anglaise)*

**regency** /ˈriːdʒənsɪ/ **N** régence *f*

**regenerate** /rɪˈdʒenəreɪt/ SYN
- **VT** régénérer
- **VI** se régénérer
- **ADJ** /rɪˈdʒenərɪt/ (frm) régénéré

**regeneration** /rɪˌdʒenəˈreɪʃən/ N régénération f

**regenerative** /rɪˈdʒenərətɪv/ ADJ régénérateur (-trice f)

**regent** /ˈriːdʒənt/ N régent(e) m(f) ; (US Univ) membre m du conseil d'université ◆ **prince regent** prince régent

**reggae** /ˈreɡeɪ/ N reggae m

**regicidal** /ˌredʒɪˈsaɪdl/ ADJ régicide

**regicide** /ˈredʒɪsaɪd/ N (= person) régicide mf ; (= act) régicide m

**régime, regime** (US) /reɪˈʒiːm/ N régime m ◆ **regime change** changement de régime

**regimen** /ˈredʒɪmen/ N (Med: frm) régime m

**regiment** /ˈredʒɪmənt/ SYN
- **N** (Mil, fig) régiment m
- **VT** /ˈredʒɪment/ (fig pej) imposer une discipline trop stricte à, enrégimenter

**regimental** /ˌredʒɪˈmentl/
- **ADJ** (duties, insignia, car, tie] régimentaire ; [life, tradition, headquarters, commander] du régiment ; [system] de régiments
- **NPL regimentals** (Mil) uniforme m ◆ **in full regimentals** en grand uniforme, en grande tenue
- **COMP regimental band** N fanfare f du régiment **regimental sergeant major** N ≈ adjudant-chef m

**regimentation** /ˌredʒɪmenˈteɪʃən/ N (pej) discipline f excessive

**regimented** /ˈredʒɪmentɪd/ ADJ (pej) [people, way of life, institution, society] enrégimenté ; [appearance] trop strict

**region** /ˈriːdʒən/ SYN
- **N** région f ◆ **the lower regions** (fig) les enfers mpl ◆ **in the region of 5kg/10 euros** environ or dans les 5 kg/10 €, aux alentours de 5 kg/10 €
- **NPL the regions** (Brit) les provinces fpl ◆ **in the regions** en province

**regional** /ˈriːdʒənl/ SYN
- **ADJ** régional ◆ **on a regional basis** sur le plan régional
- **COMP regional council** N (Scot) ≈ conseil m général
- **regional development** N aménagement m régional

**regionalism** /ˈriːdʒənəlɪzəm/ N régionalisme m

**regionalist** /ˈriːdʒənəlɪst/ ADJ, N régionaliste mf

**regionalization** /ˌriːdʒənəlaɪˈzeɪʃən/ N régionalisation f

**regionally** /ˈriːdʒənəlɪ/ ADV régionalement, sur le plan régional

**register** /ˈredʒɪstər/ SYN
- **N** ① (gen) registre m ; (of members etc) liste f ; (Scol: also **attendance register**) registre m d'absences ◆ **electoral register** liste f électorale ◆ **register of births, marriages and deaths** registre m d'état civil
② (Tech = gauge of speed, numbers etc) compteur m, enregistreur m
③ (of voice, organ etc) registre m
④ (Ling) registre m ◆ **it's the wrong register** ce n'est pas le bon registre
⑤ (Typography) registre m
⑥ (US = air vent) registre m
⑦ (US = cash register) caisse f (enregistreuse)
- **VT** ① (= record formally) [+ fact, figure] enregistrer ; [+ birth, death, marriage] déclarer ; [+ vehicle] (faire) immatriculer ◆ **to register a trademark** déposer une marque de fabrique ◆ **he registered his disapproval by refusing...** il a manifesté sa désapprobation en refusant... ◆ **to register a protest** protester ; see also **registered**
② (= take note of) [+ fact] enregistrer ; * (= realize) se rendre compte de, réaliser * ◆ **I registered the fact that he had gone** je me suis rendu compte or j'ai réalisé * qu'il était parti
③ (= indicate) [machine] [+ speed, quantity] indiquer, marquer ; [+ rainfall] enregistrer ; [+ temperature] marquer ; [face, expression] exprimer, refléter ◆ **he registered** or **his face registered surprise** son visage or il a exprimé l'étonnement, il a paru étonné ◆ **he registered** or **his face registered no emotion** il n'a pas exprimé d'émotion, il n'a pas paru ému
④ (Post) [+ letter] recommander ; [+ railway luggage] (faire) enregistrer ◆ **to register one's luggage through to London** (faire) enregistrer ses bagages jusqu'à Londres ; see also **registered**
⑤ (Tech) [+ parts] faire coïncider ; (Typography) mettre en registre
- **VI** ① (on electoral list etc) se faire inscrire, s'inscrire ; (in hotel) s'inscrire sur or signer le registre ◆ **to register with a doctor** se faire inscrire comme patient chez un médecin ◆ **to register with the police** se déclarer à la police ◆ **to register for military service** se faire recenser, se faire porter sur les tableaux de recensement ◆ **to register for a course/for French literature** s'inscrire à un cours/en littérature française
② (Tech) [two parts of machine] coïncider exactement ; (Typography) être en registre
③ (* = be understood) être compris ◆ **it hasn't registered (with him)** cela ne lui est pas entré dans la tête, il n'a pas saisi ◆ **her death hadn't registered with him** il n'avait pas vraiment réalisé qu'elle était morte
- **COMP register office** N (Brit) ⇒ **registry office** ; → **registry**
**register ton** N [of ship] tonneau m de jauge

**registered** /ˈredʒɪstəd/
- **ADJ** ① (= listed) [voter] inscrit (sur les listes électorales) ; [student] inscrit ; [drug addict] inscrit (pour une cure de désintoxication) ; [nursing home] agréé ◆ **a registered childminder** une nourrice agréée ◆ **registered to vote** inscrit sur les listes électorales ◆ **to be registered (as) blind/disabled** = être titulaire d'une carte de cécité/d'invalidité ◆ **a Greek-registered ship** un navire immatriculé en Grèce, un navire battant pavillon grec ◆ **a British-registered car** une voiture immatriculée en Grande-Bretagne ◆ **J-registered car** (Brit) voiture dont l'immatriculation commence or finit par un J (la lettre indiquant l'année de mise en circulation) ; → **state**
② (Post) [letter, mail] recommandé ; [railway luggage] enregistré
- **COMP registered charity** N ≈ association f caritative reconnue d'utilité publique
**registered company** N société f inscrite au registre du commerce
**Registered General Nurse** N (Brit) ≈ infirmier m, -ière f diplômé(e)
**registered name** N nom m déposé
**registered nurse** N (US) ≈ infirmier m, -ière f diplômé(e) d'État
**registered office** N siège m social
**registered post** N ◆ **by registered post** par envoi recommandé
**registered share** N (Stock Exchange) action f nominative
**registered shareholder** N (Stock Exchange) = actionnaire mf inscrit(e)
**registered stocks** NPL (Stock Exchange) actions fpl or valeurs fpl nominatives, titres mpl nominatifs
**registered trademark** N marque f déposée

**registrar** /ˌredʒɪˈstrɑːr/
- **N** ① (Brit Admin) officier m de l'état civil ◆ **to be married by the registrar** se marier civilement or à la mairie
② (Univ) (Brit) secrétaire mf (général(e)) ; (US) chef m du service des inscriptions
③ (Brit Med) chef m de clinique
④ (Jur) (in court) greffier m ◆ **(companies') registrar** (Fin) conservateur m (du registre des sociétés)
- **COMP registrar's office** N bureau m de l'état civil

**registration** /ˌredʒɪˈstreɪʃən/
- **N** ① (= listing) [of voters] inscription f ; [of dog] déclaration f ; [of trademark] dépôt m ; (Univ) inscription f ◆ **registration for VAT** assujettissement m à la TVA (au-delà d'un certain chiffre d'affaires) ◆ **J-registration car** (Brit) voiture dont l'immatriculation commence ou finit par un J (la lettre indiquant l'année de mise en circulation)
② (Post) [of letter] recommandation f ; [of railway luggage] enregistrement m
③ (Brit Scol: also **registration period**) appel m
- **COMP registration document** N (Brit : for vehicle) ≈ carte f grise
**registration fee** N (Post) taxe f de recommandation ; (for railway luggage) frais mpl d'enregistrement ; (Univ) droits mpl d'inscription
**registration number** N (Brit of vehicle) numéro m minéralogique or d'immatriculation ◆ **car (with) registration number R971 VBW** voiture f immatriculée R971 VBW
**registration plate** N (Austral) plaque f d'immatriculation

**registry** /ˈredʒɪstrɪ/
- **N** (= act) enregistrement m, inscription f ; (= office) (gen) bureau m de l'enregistrement ; (Brit Admin) bureau m de l'état civil ; [of ship] certificat m d'immatriculation ◆ **port of registry** [of ship] port m d'attache
- **COMP registry office** N (Brit) bureau m d'état civil ◆ **to get married in a registry office** se marier civilement or à la mairie

**regius professor** /ˌriːdʒəsprəˈfesər/ N (Brit Univ) professeur m (titulaire d'une chaire de fondation royale)

**reglet** /ˈreɡlɪt/ N (= moulding) réglet m

**regnal** /ˈreɡnl/ ADJ ◆ **regnal year** année f du règne

**regnant** /ˈreɡnənt/ ADJ régnant ◆ **queen regnant** reine f régnante

**regorge** /rɪˈɡɔːdʒ/
- **VT** vomir, régurgiter
- **VI** refluer

**regress** /rɪˈɡres/ SYN
- **VI** ① (Bio, Psych, fig) régresser (to au stade de), rétrograder
② (= move backwards) retourner en arrière, reculer
- **N** /ˈriːɡres/ ⇒ **regression**

**regression** /rɪˈɡreʃən/ N (lit) retour m en arrière, recul m ; (Bio, Psych, fig) régression f

**regressive** /rɪˈɡresɪv/
- **ADJ** régressif
- **COMP regressive tax** N impôt m dégressif, taxe f dégressive

**regret** /rɪˈɡret/ LANGUAGE IN USE 12.3, 14, 18.2, 20.4, 24.4, 25.1 SYN
- **VT** regretter (doing sth, to do sth de faire qch ; that que + subj) ; [+ mistake, words, event] regretter, être désolé or navré de ; [+ one's youth, lost opportunity] regretter ◆ **I regret what I said** je regrette ce que j'ai dit ◆ **I regret to say that...** j'ai le regret de dire que... ◆ **he is very ill, I regret to say** il est très malade, hélas or je regrette de le dire ◆ **we regret to hear that...** nous sommes désolés d'apprendre que... ◆ **we regret that it was not possible to...** (gen) nous sommes désolés de n'avoir pu... ; (Comm) nous sommes au regret de vous informer qu'il n'a pas été possible de... ◆ **it is to be regretted that...** il est regrettable que... + subj ◆ **you won't regret it!** vous ne le regretterez pas ! ◆ **the President regrets he cannot see you today** le Président est au regret or exprime ses regrets de ne pouvoir vous recevoir aujourd'hui ◆ **he is much regretted** on le regrette beaucoup
- **N** regret m (for de) ◆ **much to my regret** à mon grand regret ◆ **I have no regrets** je ne regrette rien, je n'ai aucun regret ◆ **to do sth with regret** faire qch à regret or à contrecœur ◆ **to send (one's) regrets** envoyer ses excuses ◆ **please give her my regrets that I cannot come** dites-lui, s'il vous plaît, combien je regrette de ne pouvoir venir

**regretful** /rɪˈɡretful/ ADJ plein de regret ◆ **to be regretful about sth** regretter qch

**regretfully** /rɪˈɡretfəlɪ/ ADV ① (= with regret) [say, decide, decline] à regret
② (= unfortunately) ◆ **regretfully, nationalism is flourishing again** malheureusement, le nationalisme est en pleine recrudescence

**regrettable** /rɪˈɡretəbl/ LANGUAGE IN USE 14, 26.3 SYN ADJ regrettable, fâcheux ◆ **it is regrettable that...** il est regrettable que... + subj

**regrettably** /rɪˈɡretəblɪ/ ADV [poor, ignorant, true] malheureusement, tristement ◆ **regrettably few people came** il est regrettable que si peu de gens soient venus ◆ **regrettably, he refused** malheureusement, il a refusé

**regroup** /ˌriːˈɡruːp/
- **VT** regrouper
- **VI** se regrouper ; (fig) se ressaisir

**regrouping** /ˌriːˈɡruːpɪŋ/ N regroupement m

**regs** * /reɡz/ NPL (abbrev of **regulations**) règlement m

**Regt.** abbrev of **Regiment**

**regular** /ˈreɡjʊlər/ SYN
- **ADJ** ① (gen) [pulse, reminders, features, flight, order, meals] régulier ◆ **on a regular basis** régulièrement ◆ **as regular as clockwork** [person] réglé comme une horloge ; [occurrence] très régulier ◆ **to be in** or **have regular contact with sb/sth** avoir des contacts réguliers avec qn/qch ◆ **to be in regular employment** avoir un emploi fixe

◆ **to take regular exercise** faire régulièrement de l'exercice ◆ **a regular feature of sth** un aspect courant de qch ◆ **to be a regular feature on the menu** figurer régulièrement au menu ◆ **to be regular in one's habits** être régulier dans ses habitudes ◆ **to keep regular hours** mener une vie réglée, avoir des horaires très réguliers ◆ **at regular intervals** à intervalles réguliers ◆ **to hold regular meetings** se réunir régulièrement ◆ **life took on a regular pattern** la vie a commencé à prendre un cours normal ◆ **to make regular payments** effectuer des versements réguliers ◆ **to have a regular place on the team** avoir régulièrement sa place dans l'équipe ◆ **to run regular advertisements in the press** faire paraître régulièrement des publicités dans la presse ◆ **to make regular trips to** se rendre régulièrement à ◆ **to be in regular use** être régulièrement utilisé

2 (= even) [surface] uni

3 (= habitual) [reader] assidu, fidèle before n ; [listener] fidèle before n ◆ **to be a regular listener to sth** écouter régulièrement qch ◆ **a regular customer/visitor** un(e) habitué(e) ◆ **to be a regular churchgoer** être pratiquant, aller régulièrement à l'église

4 (esp US = customary) [event] habituel ; [partner] régulier ◆ **it's past his regular bedtime** on a dépassé l'heure à laquelle il va habituellement se coucher ◆ **the regular staff** le personnel permanent ◆ **our regular cleaning woman** notre femme de ménage habituelle ◆ **my regular dentist** mon dentiste habituel ◆ **my regular doctor** mon médecin traitant

5 (esp US) (= ordinary) ordinaire ; (Comm) [size] normal ; [price] normal, courant ◆ **I'm just a regular guy\*** (US) je ne suis qu'un type\* comme un autre ◆ **he's a regular guy\*** (US) c'est un chic type\* ◆ **would you like regular, large, or extra-large?** normal, grand ou super\* ? ◆ **regular fries** portion f de frites normale ◆ **he's an acupuncturist, not a regular doctor** ce n'est pas un médecin normal, c'est un acupuncteur ◆ **it is quite regular to apply in person** il est tout à fait courant de faire sa demande en personne

6 (Mil) (= not conscripted) [army, troops] régulier ; [officer] de l'armée régulière ; (Police) [officer] de carrière ◆ **regular soldier** soldat m de métier ◆ **the regular police force** les forces fpl de police régulières (par rapport aux forces auxiliaires et spéciales)

7 (\* = real) véritable ◆ **this is turning into a regular epidemic** ça tourne à l'épidémie

8 (Math, Gram, Rel) régulier

9 \* (in menstruation) ◆ **I'm quite regular** mes règles sont assez régulières (= not constipated) ◆ **to be regular** aller régulièrement à la selle ◆ **to keep sb regular** permettre à qn d'aller régulièrement à la selle ◆ **regular bowel movements** selles fpl régulières

**N** 1 (Mil) soldat m de métier ; (= police officer) policier m (de métier)

2 (= habitual customer etc) habitué(e) m(f), bon(ne) client(e) m(f) ◆ **he's one of the regulars on that programme** (Rad, TV) il participe or prend part régulièrement à ce programme

3 (Rel) régulier m, religieux m

4 (US = gas) essence f (ordinaire)

**COMP** **regular gas(oline)** N (US) essence f (ordinaire), ordinaire m

**regularity** /ˌregjʊˈlærɪtɪ/ N régularité f

**regularize** /ˈregjʊləraɪz/ VT régulariser

**regularly** /ˈregjʊləlɪ/ ADV régulièrement

**regulate** /ˈregjʊleɪt/ SYN VT 1 (= control systematically) [+ amount, flow] régler ; [+ expenditure] régler, calculer ◆ **to regulate one's life by sth** se régler sur qch ◆ **a well-regulated life** une vie bien réglée

2 [+ machine] régler, ajuster

**regulation** /ˌregjʊˈleɪʃən/ SYN

**N** 1 (= rule) règlement m, arrêté m

◆ **regulations** réglementation f ; [of club, school] règlement m ◆ **against (the) regulations** [of club] contraire au règlement ; → **fire, safety**

◆ **rules and regulations** règles fpl ◆ **these activities do not conform with diplomatic rules and regulations** ces activités ne sont pas conformes aux règles de la diplomatie

2 (= controlling) réglementation f ◆ **free markets require tight regulation** l'économie de marché nécessite une réglementation stricte

**ADJ** [style, size, colour] réglementaire ◆ **regulation boots** brodequins mpl d'ordonnance

**COMP** **regulation time** N (Sport) temps m réglementaire

**regulative** /ˈregjʊlətɪv/ ADJ régulateur (-trice f)

**regulator** /ˈregjʊleɪtər/ N (= body) organisme m de contrôle ; (= person) régulateur m, -trice f ; (= instrument, mechanism) régulateur m ◆ **acidity regulator** correcteur m d'acidité

**regulatory** /ˈregjʊleɪtərɪ/ ADJ [body, authority, system, role, changes] de réglementation ; [control, framework] réglementaire ◆ **regulatory reform** réforme f de la réglementation ◆ **regulatory risk** risque m régulatoire

**Regulo** ® /ˈregjʊləʊ/ N ◆ **Regulo (mark) 6** thermostat 6

**regurgitate** /rɪˈɡɜːdʒɪteɪt/

**VT** [animal, bird, person] régurgiter ; [drainpipe etc] dégorger

**VI** refluer

**regurgitation** /rɪˌɡɜːdʒɪˈteɪʃən/ N régurgitation f

**rehab**\* /ˈriːhæb/ N (abbrev of **rehabilitation**) [of disabled, ill person] rééducation f ; [of alcoholic, drug user] (= drying-out) désintoxication f ; (to everyday life) réintégration f

**rehabilitate** /ˌriːəˈbɪlɪteɪt/ SYN VT [+ disabled, ill person] rééduquer ; [+ refugees] réadapter ; [+ demobilized troops] réintégrer (dans la vie civile) ; [+ ex-prisoner] réinsérer ; [+ drug user, alcoholic] réhabiliter ; [+ disgraced person, sb's memory] réhabiliter

**rehabilitation** /ˈriːəˌbɪlɪˈteɪʃən/

**N** [of disabled, ill person] (to everyday life) rééducation f ; (to work) réadaptation f ; [of ex-prisoner] réinsertion f ; [of refugee] réadaptation f ; [of drug user, alcoholic] réhabilitation f ; [of demobilized troops] réintégration f (dans la vie civile) ; [of area, building, disgraced person] réhabilitation f

**COMP** **rehabilitation centre** N (for disabled, ill person) centre m de réadaptation ; (for drug user, alcoholic) centre m de réhabilitation ; (for prisoner) centre m de réinsertion

**rehash**\* /ˈriːhæʃ/

**VT** [+ literary material etc] remanier, réarranger
/ˈriːhæʃ/ resucée\* f

**rehearsal** /rɪˈhɜːsəl/ SYN 1 (Theat) répétition f ; (fig) (= preparation) préparation f (for sth de qch) ◆ **this play is in rehearsal** on répète cette pièce ; → **dress**

2 (NonC) [of facts etc] énumération f, récit m détaillé

**rehearse** /rɪˈhɜːs/ SYN VT (Theat) répéter ; (gen) [+ facts, grievances] énumérer ◆ **to rehearse what one is going to say** préparer ce qu'on va dire ◆ **well rehearsed** [+ play] répété avec soin ; [+ actor] qui a soigneusement répété son texte ; (fig) [+ intervention, protest] soigneusement étudié

**reheat** /ˌriːˈhiːt/ VT réchauffer

**reheel** /ˌriːˈhiːl/ VT [+ shoe] remettre un talon à ; [+ sock] raccommoder (le talon de)

**rehoboam** /ˌriːəˈbəʊəm/ N réhoboam m

**re-home, rehome** /ˌriːˈhəʊm/ VT [+ pet] trouver qn nouveau adopter

**rehouse** /ˌriːˈhaʊz/ VT reloger

**Reichstag** /ˈraɪkstɑːɡ/ N (Hist) Reichstag m

**reification** /ˌreɪɪfɪˈkeɪʃən/ N réification f

**reign** /reɪn/ SYN

**N** (lit, fig) règne m ◆ **in the reign of** sous le règne de ◆ **the Reign of Terror** (Hist) la Terreur ◆ **reign of terror** (fig) régime m de terreur

**VI** (lit, fig) régner (over sur) ◆ **silence reigns** le silence règne ◆ **to reign supreme** [monarch] régner en or être le maître absolu ; [champion] être sans rival ; [justice, peace] régner en souverain(e)

**reigning** /ˈreɪnɪŋ/ ADJ [monarch] régnant ; [champion] en titre ; (fig) [attitude] actuel, dominant

**reiki** /ˈreɪkɪ/ N reiki m

**reimbursable** /ˌriːɪmˈbɜːsəbl/ ADJ remboursable

**reimburse** /ˌriːɪmˈbɜːs/ VT rembourser (sb for sth qch à qn, qn de qch) ◆ **to reimburse sb (for) his expenses** rembourser qn de ses dépenses

**reimbursement** /ˌriːɪmˈbɜːsmənt/ N remboursement m

**reimpose** /ˌriːɪmˈpəʊz/ VT réimposer

**rein** /reɪn/ SYN N (often pl: lit, fig) rêne f ; [of horse in harness] guide f ◆ **reins** [of child] rênes fpl ◆ **to hold the reins (of power)** (lit, fig) tenir les rênes (du pouvoir) ◆ **to keep a rein on sb/sth** (lit, fig) tenir qn/qch en bride ◆ **to give (a) free rein to** (fig) [+ anger, passions, one's imagination] donner libre cours à ◆ **to give sb free rein (to do sth)** donner carte blanche à qn (pour faire qch)

▶ **rein back**
**VT SEP** [+ horse] faire reculer
**VI** reculer

▶ **rein in**
**VI** (fig) ralentir
**VT SEP** [+ horse] serrer la bride à, ramener au pas ; (fig) [+ passions] contenir, maîtriser

▶ **rein up** VI s'arrêter

**reincarnate** /ˌriːɪnˈkɑːneɪt/
**VT** réincarner
**ADJ** /ˌriːɪnˈkɑːnɪt/ (frm) réincarné

**reincarnation** /ˌriːɪnkɑːˈneɪʃən/ SYN N réincarnation f

**reindeer** /ˈreɪndɪər/ N (pl reindeer or reindeers) renne m

**reinfect** /ˌriːɪnˈfekt/ VT réinfecter

**reinfection** /ˌriːɪnˈfekʃən/ N réinfection f

**reinforce** /ˌriːɪnˈfɔːs/ SYN
**VT** renforcer ; [+ one's demands etc] appuyer
**COMP** **reinforced concrete** N béton m armé ◆ **reinforced plastic** N plastique m renforcé

**reinforcement** /ˌriːɪnˈfɔːsmənt/ SYN
**N** 1 (= action) renforcement m ; (= thing) renfort m
2 (Mil = action) renforcement m ◆ **reinforcements** (also fig) renforts mpl
**COMP** [troops, supplies] de renfort

**reinsert** /ˌriːɪnˈsɜːt/ VT réinsérer

**reinstal(l)** /ˌriːɪnˈstɔːl/ VT réinstaller

**reinstate** /ˌriːɪnˈsteɪt/ SYN VT [+ employee] réintégrer, rétablir dans ses fonctions ; [+ text] rétablir (in dans)

**reinstatement** /ˌriːɪnˈsteɪtmənt/ N réintégration f, rétablissement m

**reinstitute** /ˌriːˈɪnstɪtjuːt/ VT rétablir

**reinstitution** /ˌriːɪnstɪˈtjuːʃən/ N rétablissement m

**reinsurance** /ˌriːɪnˈʃʊərəns/
**N** réassurance f ; [of underwriter etc] (against possible losses) contre-assurance f
**COMP** **reinsurance pool** N consortium m de réassurance

**reinsure** /ˌriːɪnˈʃʊər/ VT [+ policy, contract] réassurer, contracter une contre-assurance sur ; [insurance company] réassurer ◆ **to reinsure o.s.** se réassurer, contracter une contre-assurance

**reintegrate** /ˌriːˈɪntɪgreɪt/ VT réintégrer

**reintegration** /ˌriːɪntɪˈgreɪʃən/ N réintégration f

**reinterpret** /ˌriːɪnˈtɜːprɪt/ VT réinterpréter

**reinterpretation** /ˈriːɪnˌtɜːprɪˈteɪʃən/ N réinterprétation f

**reintroduce** /ˌriːɪntrəˈdjuːs/ VT réintroduire

**reintroduction** /ˌriːɪntrəˈdʌkʃən/ N réintroduction f

**reinvade** /ˌriːɪnˈveɪd/ VT réenvahir

**reinvasion** /ˌriːɪnˈveɪʒən/ N nouvelle invasion f

**reinvent** /ˌriːɪnˈvent/ VT 1 ◆ **to reinvent the wheel** réinventer la roue
2 ◆ **to reinvent o.s.** faire peau neuve ◆ **to reinvent o.s. as sth** se métamorphoser en qch

**reinvention** /ˌriːɪnˈvenʃən/ N [of person, thing] réinvention f

**reinvest** /ˌriːɪnˈvest/ VT (Fin) réinvestir

**reinvestigate** /ˌriːɪnˈvestɪgeɪt/ VT rouvrir l'enquête sur

**reinvestigation** /ˈriːɪnˌvestɪˈɡeɪʃən/ N réouverture f de l'enquête, nouvelle enquête f (of sur)

**reinvestment** /ˌriːɪnˈvestmənt/ N (Fin) nouveau placement m, nouvel investissement m

**reinvigorate** /ˌriːɪnˈvɪgəreɪt/ VT revigorer

**reissue** /ˌriːˈɪʃuː/
**VT** [+ book] donner une nouvelle édition de, rééditer ; [+ film] ressortir, redistribuer
**N** (= act) [of book] réédition f ; [of film] redistribution f ◆ **it is a reissue** [book] il a été réédité ; [film] il est ressorti

**reiterate** /riːˈɪtəreɪt/ VT [+ statement, view] réaffirmer ; [+ promise, claim] réitérer ◆ **he reiterated his demand for more proof** il a redemandé de nouvelles preuves

**reiteration** /riːˌɪtəˈreɪʃən/ N réitération f, répétition f

**reiterative** /riːˈɪtərətɪv/ ADJ réitératif

**reject** /rɪˈdʒekt/ LANGUAGE IN USE 12.1 SYN
VT 1 *(gen)* rejeter, repousser ; *[+ damaged goods etc] [customer, shopkeeper]* refuser ; *[maker, producer]* mettre au rebut ; *[+ suitor]* repousser, éconduire ; *[+ candidate, manuscript]* refuser ; *[+ offer, proposal, application]* rejeter ; *[+ plea, advances]* repousser ; *[+ possibility]* rejeter, repousser ; *[+ coins] [machine]* refuser
2 *(Med) [body] [+ medication, transplant]* rejeter
3 *(Comput)* rejeter
N /ˈriːdʒekt/ 1 *(Comm)* pièce *f or* article *m* de rebut ; → **export**
2 *(Comput)* rejet *m*
COMP /ˈriːdʒekt/ *[goods]* de rebut
**reject shop** N boutique *f* d'articles de second choix

**rejection** /rɪˈdʒekʃən/ SYN
N rejet *m (also Med)* • **the rejection of such initiatives** le rejet de telles initiatives • **be prepared for many rejections before you land a job** préparez-vous à essuyer de nombreux refus avant d'obtenir un emploi
COMP **rejection slip** N *(Publishing)* lettre *f* de refus

**rejig** * /riːˈdʒɪɡ/, **rejigger** * *(US)* /riːˈdʒɪɡəʳ/ VT réorganiser, réarranger

**rejoice** /rɪˈdʒɔɪs/ SYN
VT réjouir • **it rejoiced his heart to see...** *(frm, liter)* il s'est félicité du fond du cœur de voir...
VI se réjouir *(at, over, in* de*)* • **they rejoiced to see peace return to their country at last** ils se sont réjouis de voir enfin la paix revenir dans leur pays • **he rejoices in the name of Marmaduke** *(hum, iro)* il a le privilège de s'appeler Marmaduke *(iro)*

**rejoicing** /rɪˈdʒɔɪsɪŋ/ SYN N 1 *(NonC)* réjouissance *f*, jubilation *f*
2 • **rejoicings** réjouissances *fpl*, fête *f*

**rejoin[1]** /ˌriːˈdʒɔɪn/
VT *[+ party, club]* adhérer à nouveau à ; *[+ person, army]* rejoindre • **they rejoined the motorway at junction 15** ils ont rejoint l'autoroute à l'entrée nº 15
VI se rejoindre

**rejoin[2]** /rɪˈdʒɔɪn/ VI *(= reply)* répliquer, répondre

**rejoinder** /rɪˈdʒɔɪndəʳ/ N réplique *f*, repartie *f* ; *(Jur)* réplique *f*, réponse *f* à une réplique

**rejuvenate** /rɪˈdʒuːvɪneɪt/ VTI rajeunir

**rejuvenating** /rɪˈdʒuːvɪneɪtɪŋ/ ADJ rajeunissant

**rejuvenation** /rɪˌdʒuːvɪˈneɪʃən/ N rajeunissement *m*

**rekindle** /ˌriːˈkɪndl/
VT *[+ fire]* rallumer, attiser ; *(fig) [+ hope, enthusiasm, tensions, enmities]* ranimer, raviver
VI se rallumer, se ranimer

**relapse** /rɪˈlæps/ SYN
N *(Med, fig)* rechute *f* • **to have a relapse** avoir *or* faire une rechute, rechuter
VI *(gen)* retomber *(into* dans*)* ; *[ill person]* rechuter

**Relate** /rɪˈleɪt/ N *(Brit)* *centre de consultation conjugale*

**relate** /rɪˈleɪt/ SYN
VT 1 *(= recount) [+ story]* raconter, relater ; *[+ details]* rapporter • **strange to relate...** chose curieuse (à dire)...
2 *(= associate)* établir un rapport entre, rapprocher ; *[+ breeds]* apparenter ; *(to a category)* rattacher, lier • **it is often difficult to relate the cause to the effect** il est souvent difficile d'établir un rapport de cause à effet *or* d'établir un lien entre la cause et l'effet
VI 1 *(= refer)* se rapporter, toucher *(to* à*)*
2 *(Psych)* • **to relate to sb** *(= form relationship)* établir des rapports avec qn ; *(= maintain relationship)* entretenir des rapports avec qn • **how do you relate to your parents?** quels rapports entretenez-vous avec vos parents ? • **he doesn't relate to other people** il n'a pas le sens des contacts • **women relate more to this than men** les femmes sentent mieux cela que les hommes • **I can relate to that** * je comprends ça

**related** /rɪˈleɪtɪd/ SYN
ADJ 1 *(in family) [person]* parent ; *[animal, species, language]* apparenté *(to sth* à qch*)* • **he is related to Jane** il est parent de Jane • **she is related to us** elle est notre parente • **they are related to each other** ils sont parents • **he is related to the Royal family** c'est un parent de la famille royale • **he is related by marriage to our great aunt/the Royal family** c'est un parent *or* il est parent par alliance de notre grand-tante/de la famille royale • **they are closely/distantly related** ce sont de proches parents/des parents éloignés • **two closely related species/languages** deux espèces/langues très proches
2 *(= connected) (Chem)* apparenté ; *(Philos)* connexe ; *(Mus)* relatif • **to be related to sth** être lié à qch • **food allergies and related problems** les allergies alimentaires et les problèmes qui y sont liés • **cookware, cutlery, and related products** les ustensiles de cuisine, les couverts et les produits du même ordre • **geometry and other related subjects** la géométrie et les sujets connexes *or* qui s'y rattachent • **another related issue which this film deals with is...** ce film aborde aussi un problème apparenté, à savoir... • **the two events are not related** ces deux événements n'ont pas de rapport • **two closely related questions** deux questions fort proches l'une de l'autre *or* étroitement liées • **two distantly related questions** deux questions fort éloignées l'une de l'autre
ADJ • **-related** *(in compounds)* qui est lié à • **health-related problems** problèmes *mpl* liés à la santé • **earnings-related pensions** retraites *fpl* ramenées au salaire

**relating** /rɪˈleɪtɪŋ/ ADJ • **relating to** concernant, relatif à

**relation** /rɪˈleɪʃən/ SYN N 1 *(family = person)* parent(e) *m(f)* ; *(= kinship)* parenté *f* • **I've got some relations coming to dinner** j'ai de la famille à dîner • **is he any relation to you?** est-il de vos parents ? • **he is no relation (of mine** *or* **to me)** il n'est pas de ma famille, il n'y a aucun lien de parenté entre nous • **what relation is she to you?** quelle est sa parenté avec vous ?
2 *(= relationship)* rapport *m*, relation *f* • **to bear a relation to** avoir rapport à • **to bear no relation to** n'avoir aucun rapport avec, être sans rapport avec • **in** *or* **with relation to** par rapport à, relativement à • **relations** relations *fpl*, rapports *mpl* ; *(= personal ties)* rapports *mpl* • **to have business relations with** être en rapports *mpl or* relations *fpl* d'affaires avec • **diplomatic/friendly/international relations** relations *fpl* diplomatiques/d'amitié/internationales • **relations are rather strained** les relations *or* les rapports sont assez tendu(e)s • **sexual relations** rapports *mpl* (sexuels) ; → **public**
3 *(= telling) [of story]* récit *m*, relation *f* ; *[of details]* rapport *m*

**relational** /rɪˈleɪʃənl/ ADJ *(gen, Ling)* relationnel

**relationship** /rɪˈleɪʃənʃɪp/ SYN N 1 *(= family ties)* liens *mpl* de parenté • **what is your relationship to him?** quels sont les liens de parenté entre vous ?, quels sont vos liens de parenté avec lui ?
2 *(= connection)* rapport *m* ; *(= relations)* relations *fpl*, rapports *mpl* ; *(= personal ties)* rapports *mpl* • **to see a relationship between two events** voir un rapport *or* un lien entre deux événements • **to have a relationship with sb** *(gen)* avoir des relations *or* être en relations avec qn ; *(sexual)* avoir une liaison avec qn • **to be in a relationship** avoir quelqu'un dans sa vie • **he has a good relationship with his clients** il est en bons rapports avec ses clients • **they have a good relationship** ils s'entendent bien • **friendly/business relationship** relations *fpl* d'amitié/d'affaires • **his relationship with his father was strained** ses rapports avec son père étaient tendus • **the relationship between mother and child** les rapports entre la mère et l'enfant

**relative** /ˈrelətɪv/ SYN
ADJ 1 *(= comparative) [safety, peace, comfort, luxury, weakness]* relatif • **with relative ease** avec une relative facilité • **he is a relative newcomer** c'est plus ou moins un nouveau venu • **her relative lack of experience** sa relative inexpérience • **in relative terms** en termes relatifs • **petrol consumption is relative to speed** la consommation d'essence est fonction de *or* relative à la vitesse • **there is a shortage of labour relative to demand** il y a une pénurie de main d'œuvre par rapport à la demande • **all human values are relative** toutes les valeurs humaines sont relatives • **it's all relative** tout est relatif
2 *(= respective) [importance, merits, strengths]* respectif
3 *(= relevant)* • **relative to sth** relatif à qch, qui se rapporte à qch • **the documents relative to the problem** les documents relatifs au problème *or* qui se rapportent au problème
4 *(Gram, Mus)* relatif
N 1 *(= person)* parent(e) *m(f)* • **one of my relatives** un(e) parent(e) à moi, un membre de ma famille • **all my relatives came** toute ma famille est venue
2 *(Gram)* relatif *m*
COMP **relative aperture** N *(Phot)* ouverture *f* relative
**relative atomic mass** N *(Phys)* masse *f* atomique relative
**relative clause** N *(Gram)* (proposition *f*) relative *f*
**relative conjunction** N *(Gram)* conjonction *f* de subordination
**relative frequency** N *(Math)* fréquence *f* relative
**relative major (key)** N *(Mus)* (ton *m*) majeur *m* relatif
**relative minor (key)** N *(Mus)* (ton *m*) mineur *m* relatif
**relative molecular mass** N *(Phys)* masse *f* moléculaire relative
**relative pronoun** N *(Gram)* pronom *m* relatif

**relatively** /ˈrelətɪvlɪ/ SYN ADV relativement • **relatively speaking** comparativement

**relativism** /ˈrelətɪvɪzəm/ N relativisme *m*

**relativist** /ˈrelətɪvɪst/ ADJ, N relativiste *mf*

**relativistic** /ˌrelətɪˈvɪstɪk/ ADJ relativiste

**relativity** /ˌreləˈtɪvɪtɪ/ N *(gen, Ling, Philos, Phys)* relativité *f* • **theory of relativity** théorie *f* de la relativité

**relativization** /ˌrelətɪvaɪˈzeɪʃən/ N relativisation *f*

**relativize** /ˈrelətɪvaɪz/ VT relativiser

**relaunch** /riːˈlɔːntʃ/
VT *[+ organization, scheme]* relancer
N *[of organization, scheme]* nouveau lancement *m*

**relax** /rɪˈlæks/ SYN
VT *[+ hold, grip]* relâcher, desserrer ; *(Med) [+ bowels]* relâcher ; *[+ muscles]* relâcher, décontracter ; *[+ discipline, attention, effort]* relâcher ; *[+ restrictions]* modérer ; *[+ measures, tariffs]* assouplir ; *[+ person, one's mind]* détendre, délasser ; see also **relaxed**
VI 1 *(= rest)* se détendre, se relaxer • **let's just relax!** ( * *= calm down)* restons calmes !, du calme !
2 *[hold, grip]* se relâcher, se desserrer ; *[muscles]* se relâcher, se décontracter

**relaxant** /rɪˈlæksənt/ N décontractant *m* • **muscle relaxant** décontractant *m* musculaire

**relaxation** /ˌriːlækˈseɪʃən/ SYN N 1 *(NonC) [of muscles, discipline, attention]* relâchement *m* ; *[of mind]* détente *f*, relaxation *f* ; *[of body]* décontraction *f*, relaxation *f* ; *[of restrictions, measures, tariffs]* assouplissement *m* • **measures of relaxation** *(Jur)* mesures *fpl* d'assouplissement
2 *(= recreation)* détente *f*, délassement *m* ; *(= rest)* repos *m* • **you need some relaxation after work** on a besoin d'une détente après le travail • **books are her relaxation** pour se délasser *or* se détendre elle lit

**relaxed** /rɪˈlækst/ ADJ *[person, mood, discussion, attitude, approach, smile]* détendu, décontracté ; *[discipline, muscle]* relâché • **to feel relaxed** se sentir détendu • **I feel fairly relaxed about it** * *(fig)* je ne m'en fais pas pour ça

**relaxin** /rɪˈlæksɪn/ N *(Physiol)* relaxine *f*

**relaxing** /rɪˈlæksɪŋ/ ADJ *[weekend, holiday, place]* reposant ; *[atmosphere]* reposant, relaxant ; *[music, massage]* relaxant ; *[bath]* relaxant, délassant • **to have a relaxing time** passer des moments reposants

**relay** /ˈriːleɪ/ SYN
N 1 *[of horses, men etc]* relais *m* • **to work in relays** travailler par relais, se relayer
2 *(Rad, TV)* émission *f* relayée
3 *(Sport)* ⇒ **relay race**
4 *(Elec, Phys, Tech)* relais *m*
VT *(Elec, Rad, TV etc) [+ programme]* relayer, retransmettre ; *[+ signal]* transmettre, retransmettre ; *[+ message, information]* relayer
COMP **relay race** N course *f* de relais
**relay runner** N *(Sport)* relayeur *m*, -euse *f*
**relay station** N *(Rad, TV)* relais *m*

**re-lay** /ˌriːˈleɪ/ VT (pret, ptp **re-laid**) *[+ carpet]* reposer

**release** /rɪˈliːs/ SYN
N 1 *(NonC) (from captivity, prison, custody, obligation, responsibility)* libération *f* ; *(from service)* dispense *f*, exemption *f* ; *(Comm: from customs, bond)* congé *m* • **on his release from prison he...** dès

sa sortie de prison, il... ◆ **the release of the prisoners by the allied forces** la libération des prisonniers par les forces alliées ◆ **death was a happy release for him** pour lui la mort a été une délivrance

2 (NonC) *[of goods for sale]* mise *f* en vente ; *[of news]* autorisation *f* de publier ; *[of film, record]* sortie *f* ; *[of book]* parution *f*, sortie *f* ◆ **this film is now on general release** ce film n'est plus en exclusivité

3 *(= item just brought out)* ◆ **new release** *(= record, CD)* nouvel album *m* ; *(= film)* nouveau film *m* ; *(= book)* nouveauté *f* ; *(= video)* nouvelle vidéo *f* ◆ **their latest release** leur dernier album *(or film etc)* ; → **press**

4 (NonC) *[of bomb]* largage *m* ; *(Phot etc)* déclenchement *m* ; *[of steam]* échappement *m*

5 (also **release switch/button**) touche *f* de déclenchement

**VT** 1 *(= set free) [+ person] (from prison)* libérer, relâcher *(from* de), élargir *(Jur)* ; *(from hospital)* autoriser à sortir *(from* de) ; *(from chains)* libérer *(from* de) ; *(from rubble, wreckage)* dégager *(from* de) ; *(from obligation, debt)* dégager, libérer *(from* de) ; *(from promise, vow)* relever *(from* de) ; *[+ captive animal]* relâcher ◆ **to release sb on bail** *(Jur)* mettre qn en liberté provisoire sous caution ◆ **death released him from pain** la mort mit fin à ses souffrances ◆ **his employer agreed to release him** son patron lui a permis de cesser son travail ◆ **can you release him for a few hours each week?** pouvez-vous le libérer quelques heures par semaine ?

2 *(= let go) [+ object, sb's hand, pigeon]* lâcher ; *[+ bomb]* larguer, lâcher ; *(Chem) [+ gas]* dégager ; *[+ anger]* donner libre cours à ◆ **to release one's anger on sb** passer sa colère sur qn ◆ **to release one's hold** *or* **grip** lâcher prise ◆ **to release one's hold of** *or* **one's grip on sth** lâcher qch ◆ **humour is wonderful for releasing tension** l'humour est idéal pour libérer les tensions ◆ **massage helps to release the tension in your shoulders and neck** les massages aident à décrisper les épaules et le cou

3 *(= issue) [+ book, record]* sortir, faire paraître ; *[+ film]* (faire) sortir ; *[+ goods]* mettre en vente ; *(= publish, announce) [+ news]* autoriser la publication de ; *[+ details of sth]* publier ◆ **to release a statement** publier un communiqué *(about* au sujet de)

4 *(Jur) [+ property]* céder

5 *[+ spring, clasp, catch]* faire jouer ; *(Phot) [+ shutter]* déclencher ; *[+ handbrake]* desserrer ◆ **to release the clutch** débrayer

**COMP** *[switch, knob, catch etc]* de déclenchement *or* de sortie *etc*

**release agent** N substance *f* antiadhésive
**release date** N *[of film, record]* date *f* de sortie ; *[of book]* date *f* de parution ; *[of prisoner]* date *f* de libération, date *f* de sortie
**release print** N *(Cine)* copie *f* d'exploitation
**release valve** N soupape *f* de sûreté

**relegate** /ˈrelɪgeɪt/ **VT** 1 *(= demote) [+ person]* reléguer ; *(Sport) [+ team]* reléguer *(to* à, en), déclasser ◆ **to be relegated** *(Brit Football)* descendre en seconde *etc* division ◆ **to relegate old furniture to the attic** reléguer de vieux meubles au grenier

2 *(= hand over) [+ matter, question]* renvoyer *(to* à), se décharger de *(to* sur)

**relegation** /ˌrelɪˈgeɪʃən/ **N** relégation *f* *(also Sport)* ; *[of matter, question]* renvoi *m* *(to* à)

**relent** /rɪˈlent/ SYN **VI** s'adoucir, se laisser toucher, se laisser fléchir ; *(= reverse one's decision)* revenir sur une décision ; *(fig) [weather]* s'améliorer

**relentless** /rɪˈlentlɪs/ SYN **ADJ** *[search, pursuit, noise, demands, attacks, criticism]* incessant ; *[pressure, energy, determination, pace, growth]* implacable ; *(iro) [optimism, cheerfulness]* incorrigible ; *[person]* implacable, impitoyable ◆ **to be relentless in doing sth** *or* **in one's efforts to do sth** ne pas relâcher ses efforts pour faire qch ◆ **the relentless march of technology** l'avancée *f* inexorable de la technologie

**relentlessly** /rɪˈlentlɪslɪ/ **ADV** 1 *(= tirelessly) [fight, pursue]* avec acharnement ; *[advance, march]* inexorablement ◆ **the sun beat down relentlessly** le soleil était implacable

2 *(= unremittingly) [cheerful, happy, grim]* incurablement, incorrigiblement

**relentlessness** /rɪˈlentlɪsnɪs/ **N** implacabilité *f*

**relet** /ˌriːˈlet/ **VT** relouer

**relevance** /ˈreləvəns/, **relevancy** /ˈreləvənsɪ/ **N** *[of question, remark, argument]* pertinence *f*, intérêt *m* ; *[of fact, information]* importance *f*, intérêt *m* ◆ **I don't see the relevance of your question/that remark (to the issue)** je ne vois pas l'intérêt de votre question/cette remarque ◆ **to be of particular relevance (to sb)** être particulièrement pertinent (pour qn) ◆ **a curriculum which is of relevance to all pupils** un programme qui intéresse tous les élèves ◆ **to have no relevance to sth** n'avoir aucun rapport avec qch ◆ **outdated concepts which have no relevance to the present day** des concepts démodés qui sont sans rapport avec la réalité d'aujourd'hui

**relevant** /ˈreləvənt/ SYN **ADJ** 1 *(= pertinent) [information, fact, question, remark, argument]* pertinent ; *[law, regulation]* applicable *(to* à) ◆ **that is not relevant** ce n'est pas pertinent ◆ **Molière's plays are still relevant today** les pièces de Molière sont toujours d'actualité ◆ **Ancient History may be fascinating but it's hardly relevant when it comes to finding a job** l'histoire ancienne est peut-être fascinante mais ne sert pas à grand-chose quand il s'agit de trouver du travail ◆ **the relevant year** *(Jur, Fin)* l'année *f* de référence ◆ **to be relevant to sth** *(gen)* être en rapport avec qch ◆ **questions that are relevant to management** des questions qui ont à voir *or* qui sont en rapport avec la gestion ◆ **poetry relevant to people's lives** une poésie dans laquelle les gens se reconnaissent ◆ **it's particularly relevant to people who have recently lost their jobs** c'est particulièrement utile pour les gens qui viennent de perdre leur emploi ◆ **to be relevant to sb/sth** *[law, regulation]* être applicable à qn/qch, concerner qn/qch

2 *(= appropriate) [+ details, information]* voulu, nécessaire ; *[law, regulation]* qui convient ; *[official, authority]* compétent ◆ **make sure you enclose all the relevant certificates** n'oubliez pas de joindre tous les certificats nécessaires

**relevantly** /ˈreləvəntlɪ/ **ADV** pertinemment

**reliability** /rɪˌlaɪəˈbɪlɪtɪ/ **N** *[of person, character]* sérieux *m* ; *[of memory, description]* sûreté *f*, précision *f* ; *[of device, machine]* fiabilité *f*

**reliable** /rɪˈlaɪəbl/ SYN **ADJ** *[person]* digne de confiance, sérieux ; *[account, report]* digne de foi, sérieux ; *[firm]* sérieux ; *[ally, source, information]* sûr ; *[machine, method, service, figures, guide, memory, description]* fiable ; *[evidence]* solide ◆ **he's very reliable** on peut compter sur lui

**reliably** /rɪˈlaɪəblɪ/ **ADV** *[work, measure, date]* de manière fiable ◆ **I am reliably informed that...** j'ai appris de source sûre que...

**reliance** /rɪˈlaɪəns/ **N** *(= trust)* confiance *f* *(on* en) ; *(= dependence)* dépendance *f* *(on* de), besoin *m* *(on* de) ◆ **to place reliance on sb/sth** avoir confiance en qn/qch

**reliant** /rɪˈlaɪənt/ **ADJ** ◆ **to be reliant on sb (for sth)** être dépendant de qn (pour qch), dépendre de qn (pour qch) ◆ **to be reliant on sth** dépendre de qch ; → **self**

**relic** /ˈrelɪk/ SYN **N** relique *f* *(also Rel)* ◆ **relics** *(= human remains)* dépouille *f* (mortelle) ; *[of past]* reliques *fpl*, vestiges *mpl*

**relict** †† /ˈrelɪkt/ **N** veuve *f*

**relief** /rɪˈliːf/ SYN

**N** 1 *(from pain, anxiety)* soulagement *m* ◆ **to bring relief (to sb)** apporter *or* procurer du soulagement (à qn) ◆ **I felt great relief when...** j'ai éprouvé un grand *or* vif soulagement quand... ◆ **he laughed with relief** il rit de soulagement ◆ **to my relief** à mon grand soulagement ◆ **that's a relief!** ouf ! je respire !, j'aime mieux ça ! ◆ **(to me) it was a relief to find it** j'ai été soulagé de le retrouver ◆ **it's a relief to get out of the office once in a while** ça fait du bien de sortir du bureau de temps en temps ; → **comic**

2 *(= assistance)* secours *m*, aide *f* ◆ **to go to the relief of...** aller au secours de... ◆ **to come to the relief of...** venir en aide à... ◆ **to send relief to...** envoyer des secours à...

3 *(US Admin)* aides *fpl* sociales ◆ **to be on** *or* **getting relief** bénéficier d'aides sociales

4 *(Mil) [of town]* libération *f* ; *[of guard]* relève *f*

5 *(= substitute or extra workers)* relève *f*

6 *(= exemption) (Jur)* exonération *f* ; *(fiscal)* dégrèvement *m*

7 *(Art, Geog)* relief *m* ◆ **high/low relief** haut-/bas-relief ◆ **to stand out in (bold** *or* **sharp** *or* **clear) relief against...** se détacher sur... ◆ **to bring** *or* **throw sth into relief** *(lit, fig)* mettre qch en relief, faire ressortir qch

**COMP** *[train, coach]* supplémentaire ; *[typist, clerk]* suppléant

**relief agency** N organisation *f* humanitaire
**relief fund** N caisse *f* de secours
**relief map** N carte *f* en relief
**relief organization** N *[of refugees, earthquakes etc]* organisation *f* humanitaire
**relief road** N *(Brit)* itinéraire *m* de délestage
**relief supplies** NPL secours *mpl*
**relief troops** NPL relève *f*, troupes *fpl* de secours
**relief valve** N soupape *f* de sûreté
**relief work** N travail *m* humanitaire
**relief worker** N représentant *m* d'un organisme humanitaire

**relieve** /rɪˈliːv/ SYN **VT** 1 *[+ person]* soulager ◆ **to feel/look relieved** se sentir/avoir l'air soulagé ◆ **he was relieved to learn that...** il a été soulagé d'apprendre que... ◆ **to be relieved at sth** être soulagé par qch ◆ **to be relieved that...** être soulagé que... + *subj* ◆ **to relieve sb of a burden** soulager qn d'un fardeau ◆ **to relieve sb of a coat/suitcase** débarrasser qn d'un manteau/d'une valise ◆ **to relieve sb of a duty** décharger qn d'une obligation ◆ **to relieve sb of a post, to relieve sb of a command** *(Mil)* relever qn de ses fonctions ◆ **a thief has relieved me of my purse** *(hum)* un voleur m'a soulagé de *or* délesté de mon porte-monnaie

2 *(= mitigate) [+ anxiety, pain, stress, mental suffering]* soulager ; *[+ pressure]* diminuer ; *[+ fear, boredom]* dissiper ; *[+ poverty]* remédier à, pallier ◆ **to relieve sb's mind** tranquilliser (l'esprit de) qn ◆ **to relieve one's feelings** *(sorrow)* s'épancher ; *(anger)* décharger sa colère *or* sa bile ◆ **to relieve the symptoms of sth** soulager les symptômes de qch ◆ **to relieve a situation** remédier à une situation ◆ **the black of her dress was relieved by a white collar** un col blanc égayait sa robe noire ◆ **the new road relieves peak-hour congestion** la nouvelle route facilite la circulation aux heures de pointe ◆ **the new road relieves congestion in the town centre** la nouvelle route décongestionne le centre-ville ◆ **to relieve congestion** *(Med)* décongestionner ◆ **to relieve o.s.** *(euph)* se soulager, faire ses besoins *

3 *(= help)* secourir, venir en aide à

4 *(= take over from)* relayer ◆ **Paul will relieve you at six** Paul vous relayera à six heures ◆ **to relieve the guard** *(Mil)* relever la garde

5 *(Mil) [+ town, fort, garrison]* libérer

**relievo** /rɪˈliːvəʊ/ **N** *(Art)* relief *m*

**religion** /rɪˈlɪdʒən/ **N** *(= belief)* religion *f* ; *(= form of worship)* culte *m* ; *(on form etc)* confession *f* ◆ **the Christian religion** la religion chrétienne ◆ **this new religion already has many adherents** ce nouveau culte a déjà de nombreux adeptes ◆ **wars of religion** guerres *fpl* de religion ◆ **to make a religion of doing sth** se faire une obligation (absolue) de faire qch ◆ **it's against my religion (to do that)** *(lit)* c'est contraire à ma religion (de faire cela) ◆ **it's against my religion to clean windows** * *(hum)* je ne fais jamais les vitres, c'est contraire à ma religion *(hum)* ◆ **to enter religion** entrer en religion ◆ **her name in religion** son nom de religion ◆ **to get religion** * *(hum)* découvrir Dieu

**religiose** /rɪˈlɪdʒɪəʊs/ **ADJ** dévot

**religiosity** /rɪˌlɪdʒɪˈɒsɪtɪ/ **N** *(pej)* religiosité *f*

**religious** /rɪˈlɪdʒəs/ SYN

**ADJ** *[beliefs, practice, order, service, music, book, leader]* religieux ; *[freedom]* religieux, de religion ; *[person]* religieux, croyant ; *[war]* de religion ◆ **a religious maniac** *or* **lunatic** * un fanatique religieux

**N** *(pl inv)* religieux *m*, -ieuse *f*

**COMP** **religious education** N *(Scol)* éducation *f* religieuse
**religious instruction** N *(Scol)* instruction *f* religieuse
**religious leader** N chef *m* religieux

**religiously** /rɪˈlɪdʒəslɪ/ **ADV** 1 *(Rel)* ◆ **a religiously diverse country** un pays qui présente une grande diversité religieuse ◆ **religiously minded people** gens *mpl* religieux ◆ **religiously motivated** motivé par la religion

2 *(= conscientiously)* religieusement

**religiousness** /rɪˈlɪdʒəsnɪs/ **N** piété *f*, dévotion *f*

**reline** /ˌriːˈlaɪn/ **VT** *[+ coat, jacket]* mettre une nouvelle doublure à, redoubler ◆ **to reline the brakes** *[of car]* changer les garnitures de freins

**relinquish** /rɪˈlɪŋkwɪʃ/ **VT** 1 *(= give up) [+ hope, power]* abandonner ; *[+ plan, right]* renoncer à *(to sb* en faveur de qn) ; *[+ habit]* renoncer à ; *[+ post]* quitter, abandonner ; *[+ goods, property etc]* se dessaisir de, abandonner

2 *(= let go) [+ object]* lâcher ◆ **to relinquish one's hold on sth** lâcher qch

**relinquishment** /rɪˈlɪŋkwɪʃmənt/ **N** abandon *m* *(of sth* de qch)

**reliquary** /ˈrelɪkwərɪ/ **N** reliquaire *m*

**relish** /ˈrelɪʃ/ SYN

**N** 1 *(= enjoyment)* goût *m* *(for* pour) ◆ **to do sth with (great) relish, to take relish in doing sth** faire qch avec délectation ◆ **he ate with relish** il mangeait de bon appétit ◆ **he rubbed his hands with relish at the prospect of...** il se frotta les mains de plaisir à la perspective de...

2 *(Culin) (= flavour)* goût *m*, saveur *f* ; *(= pickle: for hamburger etc)* achards *mpl* ; *(= seasoning)* condiment *m*, assaisonnement *m* ; *(= trace: of spices etc)* soupçon *m* ; *(fig = charm)* attrait *m*, charme *m* ◆ **it had lost all relish** *(fig)* cela avait perdu tout attrait

**VT** *[+ food, wine]* savourer ◆ **to relish doing sth** se délecter à faire qch, trouver du plaisir à faire qch ◆ **I don't relish the idea** *or* **prospect** *or* **thought of getting up at five** l'idée de me lever à cinq heures ne me sourit guère *or* ne me dit rien

**relive** /ˌriːˈlɪv/ **VT** revivre

**reload** /ˌriːˈləʊd/ **VT, VI** recharger

**relocate** /ˌriːləʊˈkeɪt/

**VT** *(gen)* installer ailleurs ; *[+ company]* délocaliser ; *[+ worker] (in a new place)* transférer, muter ; *(in a new job)* reconvertir

**VI** *(= move house)* déménager, s'installer ailleurs ; *[company]* se réimplanter ; *[worker] (in a new place)* changer de lieu de travail ; *(in a new job)* se reconvertir ◆ **to relocate to...** déménager à..., s'installer à...

**relocation** /ˌriːləʊˈkeɪʃən/

**N** *(gen)* déménagement *m* ; *[of company]* délocalisation *f* ; *[of worker] (in a new place)* transfert *m*, mutation *f* ; *(in a new job)* reconversion *f* ; *[of household]* déménagement *m*

**COMP** **relocation allowance N** prime *f* de relogement

**relocation expenses NPL** *(paid to employee)* frais *mpl* de déménagement

**reluctance** /rɪˈlʌktəns/ SYN **N** 1 répugnance *f* *(to do sth* à faire qch) ◆ **to do sth with reluctance** faire qch à regret *or* à contrecœur ◆ **to make a show of reluctance** se faire prier, se faire tirer l'oreille

2 *(Elec)* réluctance *f*

**reluctant** /rɪˈlʌktənt/ SYN **ADJ** *[person, animal]* réticent *(to do sth* à faire qch) ; *[acceptance]* peu enthousiaste ; *[praise, consent, permission, response]* peu enthousiaste, donné à contrecœur ◆ **the reluctant soldier** le soldat malgré lui ◆ **to give one's reluctant approval to sth** donner son accord à qch avec réticence *or* à contrecœur ◆ **to take the reluctant decision to do sth** prendre avec réticence *or* à contrecœur la décision de faire qch

**reluctantly** /rɪˈlʌktəntlɪ/ **ADV** à contrecœur

**rely** /rɪˈlaɪ/ SYN **VI** ◆ **to rely (up)on sb/sth** compter sur qn/qch ◆ **she relied on the trains being on time** elle comptait *or* tablait sur le fait que les trains seraient à l'heure ◆ **I rely on him for my income** je dépends de lui pour mes revenus ◆ **you can rely upon it** vous pouvez y compter ◆ **you can rely on me not to say anything about it** vous pouvez compter sur moi pour ne pas en parler, comptez sur ma discrétion ◆ **she is not to be relied upon** on ne peut pas compter sur elle ◆ **he relies increasingly on his assistants** il se repose de plus en plus sur ses assistants ◆ **you mustn't rely on other people for everything** il faut se prendre en charge ◆ **to rely on sth** *(Jur)* invoquer qch

**REM** /rem/ **N** (abbrev of **rapid eye movement**) → **rapid**

**remain** /rɪˈmeɪn/ SYN **VI** 1 *(= be left)* rester ◆ **much remains to be done** il reste beaucoup à faire ◆ **nothing remains to be said** il ne reste plus rien à dire ◆ **nothing remains but to accept** il ne reste plus qu'à accepter ◆ **it remains to be seen whether...** reste à savoir si... ◆ **that remains to be seen** c'est ce que nous verrons, c'est ce qu'il reste à voir ◆ **the fact remains that he is wrong** il n'en est pas moins vrai *or* toujours est-il qu'il a tort ◆ **take 2 from 4, 2 remain** 4 moins 2, il reste 2

2 *(= stay)* rester, demeurer ◆ **to remain faithful** demeurer *or* rester fidèle ◆ **remain seated** restez assis ◆ **to remain out/in** *etc* rester (en) dehors/(en) dedans *etc* ◆ **to remain up** rester levé ◆ **let the matter remain as it is** laissez l'affaire comme cela ◆ **it remains the same** ça ne change pas ◆ **to remain silent** garder le silence ◆ **it remains unsolved** ce n'est toujours pas résolu ◆ **if the weather remains fine** si le temps se maintient (au beau) ◆ **I remain, yours faithfully** *(in letters)* je vous prie d'agréer *or* veuillez agréer l'expression de mes sentiments distingués

▸ **remain behind VI** rester

**remainder** /rɪˈmeɪndəʳ/ SYN

**N** 1 *(= sth left over)* reste *m* ; *(= remaining people)* autres *mfpl* ; *(Math)* reste *m* ; *(Jur)* usufruit *m* avec réversibilité ◆ **for the remainder of the week** pendant le reste *or* le restant de la semaine

2 ◆ **remainders** *(Comm) (= books etc)* invendus *mpl* soldés, soldes *mpl* d'éditeur ; *(= clothes, articles)* fin(s) *f(pl)* de série

**VT** *[+ books etc]* solder

**remaining** /rɪˈmeɪnɪŋ/ SYN **ADJ** *[people, objects]* qui reste (*or* restait), restant ◆ **use up the remaining olives in the sauce** utiliser le reste des olives dans la sauce ◆ **she's one of his few remaining friends** elle fait partie des rares amis qui lui restent

**remains** /rɪˈmeɪnz/ SYN **NPL** *[of meal]* restes *mpl* ; *[of fortune, army]* débris *mpl* ; *[of building]* vestiges *mpl*, ruines *fpl* ◆ **literary remains** œuvres *fpl* posthumes ◆ **his (mortal) remains** ses restes *mpl*, sa dépouille mortelle ◆ **human remains** restes *mpl* humains

**remake** /ˌriːˈmeɪk/

**VT** refaire ; *(Cine) [+ film]* faire un remake de

**N** /ˈriːmeɪk/ *(Cine)* remake *m*

**remand** /rɪˈmɑːnd/

**VT** *(gen, Jur) [+ case, accused person]* déférer, renvoyer *(to* à) ◆ **to remand sb to a higher court** *(Jur)* renvoyer qn à une instance supérieure ◆ **to remand sb in custody** mettre qn en détention provisoire ◆ **to remand sb on bail** mettre qn en liberté sous caution ◆ **case remanded for a week** affaire *f* renvoyée à huitaine ; → **further**

**N** renvoi *m* (à une autre audience) ◆ **to be on remand** *(= in custody)* être en détention provisoire ; *(= on bail)* être en liberté provisoire

**COMP** **remand centre N** *(Brit)* centre *m* de détention provisoire

**remand home** † **N** *(Brit)* ≈ maison *f* d'arrêt

**remand prisoner N** personne *f* en détention provisoire

**remand wing N** quartier *m* de détention provisoire

**remanence** /ˈremənəns/ **N** rémanence *f*

**remark** /rɪˈmɑːk/ SYN

**N** 1 *(= comment)* remarque *f* ◆ **to make** *or* **pass the remark that...** faire remarquer *or* observer que... ◆ **I have a few remarks to make on that subject** j'ai quelques remarques à vous communiquer à ce sujet ◆ **to make** *or* **pass unkind remarks about sb/sth** faire des remarques désagréables sur qn/qch ◆ **remarks were made about your absence** votre absence a fait l'objet de remarques

2 *(NonC)* ◆ **worthy of remark** digne d'attention, remarquable

**VT** 1 *(= say)* (faire) remarquer, (faire) observer ◆ **"it's raining" he remarked** « il pleut » observa-t-il

2 *(= notice)* remarquer, observer

**VI** faire des remarques *or* des observations *(on* sur) ◆ **he remarked on it to me** il m'en a fait l'observation *or* la remarque

**remarkable** /rɪˈmɑːkəbl/ SYN **ADJ** remarquable *(for sth* par qch) ◆ **it is remarkable that...** il est remarquable que... + *subj* ◆ **there's nothing remarkable about that** cela n'a rien de remarquable ◆ **it is remarkable how quickly children grow up** la vitesse à laquelle les enfants grandissent est incroyable, c'est incroyable ce que les enfants grandissent vite

**remarkably** /rɪˈmɑːkəblɪ/ **ADV** extrêmement ◆ **this has been a remarkably difficult year for him** cette année a été extrêmement difficile pour lui ◆ **remarkably, the factory had escaped the bombing** fait étonnant *or* par miracle, l'usine avait échappé aux bombardements

**remarriage** /ˌriːˈmærɪdʒ/ **N** remariage *m*

**remarry** /ˌriːˈmærɪ/

**VI** se remarier

**VT** remarier

**remaster** /ˌriːˈmɑːstəʳ/ **VT** *[+ recording]* remixer ; → **digitally**

**rematch** /ˈriːˌmætʃ/

**N** *(gen)* match *m* retour ; *(Boxing)* deuxième combat *m*

**VT** /ˌriːˈmætʃ/ opposer à nouveau

**remeasure** /ˌriːˈmeʒəʳ/ **VT** remesurer

**remediable** /rɪˈmiːdɪəbl/ **ADJ** remédiable

**remedial** /rɪˈmiːdɪəl/ **ADJ** 1 *(Med) [treatment]* curatif ◆ **remedial exercises** gymnastique *f* corrective

2 *(Educ) [class]* de rattrapage ◆ **remedial education** soutien *m* scolaire ◆ **remedial teaching** cours *mpl* de rattrapage *or* de soutien ◆ **remedial help** soutien *m* ◆ **remedial (course in) English** cours *mpl* de rattrapage *or* de soutien en anglais

3 *(= corrective) [work]* de réparation ◆ **remedial action** *or* **measures** mesures *fpl* de redressement

**remediless** /ˈremədɪlɪs/ **ADJ** sans remède

**remedy** /ˈremədɪ/ SYN

**N** *(Med)* remède *m* *(for* contre *or* pour) ; *(fig)* solution *f*, remède *m* ; *(Jur)* recours *m* ◆ **the remedy lies in the hands of the government** c'est le gouvernement qui détient la solution ◆ **divorce is not a remedy for a marriage problem** le divorce n'est pas une solution aux problèmes conjugaux ◆ **the remedy for despair** le remède contre le désespoir ◆ **to seek remedy** *(legal)* chercher à obtenir réparation ◆ **a natural remedy** un remède naturel ◆ **beyond remedy** sans remède

**VT** *(Med)* remédier à ; *(fig)* remédier à, porter remède à ◆ **the situation cannot be remedied** la situation est sans remède

**remember** /rɪˈmembəʳ/ SYN

**VT** 1 *(= recall) [+ person, date, occasion]* se souvenir de, se rappeler ◆ **to remember that...** se rappeler que... ◆ **I remember doing it** je me rappelle l'avoir fait, je me souviens de l'avoir fait ◆ **I remembered to do it** j'ai pensé à le faire, je n'ai pas oublié de le faire ◆ **I remember when an egg cost one penny** je me souviens de l'époque où un œuf coûtait un penny ◆ **I cannot remember your name** je ne me rappelle plus votre nom, je ne me souviens pas de votre nom ◆ **don't you remember me?** *(face to face)* vous ne me reconnaissez pas ? ; *(phone)* vous ne vous souvenez pas de moi ? ◆ **I remember your face** je me souviens de votre visage, je vous reconnais ◆ **I don't remember a thing about it** je n'en ai pas le moindre souvenir, je ne me souviens de rien ◆ **I can never remember phone numbers** je n'ai aucune mémoire pour les *or* je ne me souviens jamais des numéros de téléphone ◆ **let us remember that...** n'oublions pas que... ◆ **a night/occasion to remember** une soirée/un moment mémorable *or* inoubliable ◆ **here's something to remember him by** voici un souvenir de lui ◆ **he is remembered as a fine violinist** il a laissé le souvenir d'un violoniste talentueux ◆ **she will be remembered by millions (for her honesty/for supporting this cause)** des millions de gens se souviendront d'elle (pour son honnêteté/pour son soutien à cette cause) ◆ **I can't remember the word at the moment** le mot m'échappe pour le moment ◆ **we can't always remember everything** on ne peut pas toujours songer à tout ◆ **remember where you are!** ressaisissez-vous ! ◆ **to remember o.s.** se reprendre ◆ **to remember sb in one's prayers** ne pas oublier qn dans ses prières ◆ **that's worth remembering** c'est bon à savoir

2 *(= commemorate) [+ the fallen, a battle]* commémorer

3 *(= give good wishes to)* rappeler *(to* au bon souvenir de) ◆ **remember me to your mother** rappelez-moi au bon souvenir de votre mère ◆ **he asked to be remembered to you** il vous envoie son meilleur souvenir

4 *(= give money or a present to)* ne pas oublier ◆ **to remember sb in one's will** ne pas oublier qn dans son testament

**VI** se souvenir ◆ **I can't remember** je ne me souviens pas, je ne sais plus ◆ **as far as I remember** autant que je m'en souvienne ◆ **not as far as I remember** pas à ma connaissance, pas que je m'en souvienne ◆ **if I remember right(ly)** si j'ai bonne mémoire, si je m'en *or* me souviens bien ◆ **the last time we had a party, if you remember, it took us days to clear up** la dernière fois que nous avons organisé une soirée, je te rappelle qu'il nous a fallu des jours pour tout ranger ◆ **he was, you remember, a great man** il était, comme vous le savez, un grand homme

**remembered** /rɪˈmembəd/ **ADJ** *(liter) [happiness etc]* inscrit dans la mémoire

**remembrance** /rɪˈmembrəns/ **N** *(= memory, thing remembered)* souvenir *m*, mémoire *f* ; *(= act of remembering, keepsake)* souvenir *m* ◆ **Remem-**

**brance Day** (Brit), **Remembrance Sunday** ≈ (le jour de) l'Armistice m, ≈ le 11 Novembre → POPPY DAY ◆ **in remembrance of** en souvenir de ◆ **to the best of my remembrance** pour autant que je m'en souvienne ◆ **within the remembrance of man** de mémoire d'homme ◆ **to have no remembrance of sth** ne pas se souvenir de qch, n'avoir aucun souvenir de qch

**remex** /ˈriːmeks/ N (pl **remiges** /ˈremɪdʒiːz/) (= feather) rémige f

**remigial** /rɪˈmɪdʒɪəl/ ADJ ◆ **remigial feather** rémige f

**remilitarization** /ˌriːˌmɪlɪtəraɪˈzeɪʃən/ N remilitarisation f

**remind** /rɪˈmaɪnd/ LANGUAGE IN USE 5.1 SYN VT rappeler (sb of sth qch à qn ; sb that à qn que) ◆ **you are reminded that...** nous vous rappelons que... ◆ **to remind sb to do sth** faire penser à qn à faire qch ◆ **must I remind you (again)?** faut-il que je (vous) le redise or le rappelle subj encore une fois ? ◆ **she reminded him of his mother** elle lui rappelait sa mère ◆ **that reminds me!** à propos !, j'y pense !

**reminder** /rɪˈmaɪndəʳ/
N (= note, knot etc) mémento m, pense-bête m ◆ **as a reminder that...** pour (vous or lui etc) rappeler que... ◆ **his presence was a reminder of...** sa présence rappelait... ◆ **a gentle reminder** un rappel discret ◆ **give him a gentle reminder** rappelez-le-lui discrètement ◆ **(letter of) reminder** (Comm) lettre f de rappel
COMP **reminder advertising** N publicité f de rappel or de relance
**reminder call** N (Telec) mémo appel m

**reminisce** /ˌremɪˈnɪs/ VI évoquer or raconter ses souvenirs ◆ **to reminisce about sth** évoquer qch

**reminiscence** /ˌremɪˈnɪsəns/ SYN N réminiscence f

**reminiscent** /ˌremɪˈnɪsənt/ SYN ADJ 1 (= similar) ◆ **to be reminiscent of sth** rappeler qch, faire penser à qch
2 (= nostalgic) [person, mood, smile] nostalgique

**reminiscently** /ˌremɪˈnɪsəntlɪ/ ADV ◆ **he smiled reminiscently** il sourit à ce souvenir ◆ **he talked reminiscently of the war** il évoquait des souvenirs de la guerre

**remiss** /rɪˈmɪs/ SYN ADJ (frm) négligent ◆ **he has been remiss in not finishing his work** il s'est rendu coupable de négligence en ne terminant pas son travail ◆ **that was very remiss of you** vous vous êtes montré très négligent ◆ **it would be remiss of me to do that** ce serait négligent de ma part que de faire cela

**remission** /rɪˈmɪʃən/ SYN N (gen, Med, Rel) rémission f ; (Jur) remise f ◆ **the remission of sins** la rémission des péchés ◆ **he earned three years' remission (for good conduct)** (Brit Jur) on lui a accordé trois ans de remise de peine (pour bonne conduite) ◆ **remission from a debt** (Jur) remise f d'une dette ◆ **there can be no remission of registration fees** il ne peut y avoir de dispense or d'exemption des droits d'inscription ◆ **to be in remission** (Med)[disease, person] être en rémission ◆ **to go into remission** [disease, person] entrer en rémission

**remissness** /rɪˈmɪsnɪs/ N négligence f

**remit¹** /rɪˈmɪt/ LANGUAGE IN USE 20.6 SYN
VT 1 (frm = send) [+ money] envoyer, verser
2 (Jur) [+ case] renvoyer
3 [+ sin] pardonner, remettre ; [+ fee, debt, penalty, punishment] remettre ◆ **to have part of one's sentence remitted** bénéficier d'une remise de peine ◆ **to remit sb's sentence** faire bénéficier qn d'une remise de peine ◆ **the prisoner's sentence was remitted** le détenu a reçu une remise de peine
VI (= become less) diminuer

**remit²** /ˈriːmɪt/ SYN N (Brit) domaine m de compétence, attributions fpl ◆ **their remit covers terrorism and spying** leurs attributions comprennent or leur domaine de compétence comprend le terrorisme et l'espionnage ◆ **to have a remit to do sth** avoir pour mission or tâche de faire qch ◆ **is it within your remit?** est-ce que cela relève de votre compétence ?, est-ce que cela entre dans vos attributions ?

**remittal** /rɪˈmɪtl/ N (Jur) renvoi m (à une instance inférieure)

**remittance** /rɪˈmɪtəns/ SYN
N 1 (of money, gen) versement m ; (Banking, Econ, Fin) remise f de fonds ; (Comm etc = payment) paiement m, règlement m ◆ **enclose your remittance** joignez votre règlement
2 (of documents) remise f
COMP **remittance advice** N (Comm) avis m de versement
**remittance man** N (pl remittance men) (US) résident étranger entretenu (par ses parents etc)

**remittee** /rɪmɪˈtiː/ N destinataire mf (d'un envoi de fonds)

**remittence** /rɪˈmɪtəns/ N (Med) rémission f, rémittence f

**remittent** /rɪˈmɪtənt/ ADJ (Med) rémittent ; (fig) intermittent

**remitter** /rɪˈmɪtəʳ/ N 1 [of money] envoyeur m, -euse f ; [of money] remettant m
2 (Jur) renvoi m (à une instance inférieure)

**remix** /ˈriːmɪks/
N (Mus) remix m
VT /ˌriːˈmɪks/ (Mus) remixer

**remnant** /ˈremnənt/ SYN
N (= anything remaining) reste m, restant m ; (= piece) débris m, bout m ; [of custom, splendour] vestige m ; [of food, fortune] bribe f, débris m ; [of cloth] coupon m ◆ **remnants** (Comm) soldes mpl (de fins de série) ◆ **the remnant of the army** ce qui restait de l'armée
COMP **remnant day** N (Comm) jour m de soldes
**remnant sale** N solde m (de coupons or d'invendus or de fins de série)

**remodel** /ˌriːˈmɒdl/ VT [+ building] remanier ; (fig) [+ society] réorganiser ; [+ constitution] remanier

**remold** /ˌriːˈməʊld/ VT, N (US) ⇒ remould

**remonstrance** /rɪˈmɒnstrəns/ N 1 (NonC) remontrance f
2 (= protest) protestation f ; (= reproof) reproche m

**remonstrant** /rɪˈmɒnstrənt/
ADJ [tone] de remontrance, de protestation
N protestataire mf

**remonstrate** /ˈremənstreɪt/ SYN
VI protester (against contre) ◆ **to remonstrate with sb about sth** faire des remontrances à qn au sujet de qch
faire observer or remarquer (avec l'idée de reproche ou de contradiction) (that que)

**remonstration** /ˌremənˈstreɪʃən/ N protestation f

**remora** /ˈremərə/ N (= fish) rémora m

**remorse** /rɪˈmɔːs/ SYN N (NonC) remords m (at de ; for pour) ◆ **a feeling of remorse** un remords ◆ **without remorse** sans pitié

**remorseful** /rɪˈmɔːsful/ SYN ADJ plein de remords ◆ **he was not remorseful (about or for)** il n'avait aucun remords (pour)

**remorsefully** /rɪˈmɔːsfəlɪ/ ADV avec remords ◆ **... he said remorsefully** ... dit-il, plein de remords

**remorsefulness** /rɪˈmɔːsfʊlnɪs/ N (NonC) remords m

**remorseless** /rɪˈmɔːslɪs/ SYN ADJ 1 (= merciless) [person] sans pitié, impitoyable
2 (= relentless) [pressure] implacable, impitoyable (in sth dans qch) ; [ambition] dévorant

**remorselessly** /rɪˈmɔːslɪslɪ/ ADV 1 (= mercilessly) [tease, pursue] sans pitié, impitoyablement ; (= relentlessly) implacablement, impitoyablement

**remorselessness** /rɪˈmɔːslɪsnɪs/ N absence f or manque m de pitié or de remords

**remortgage** /ˌriːˈmɔːgɪdʒ/ VT prendre une nouvelle hypothèque sur

**remote** /rɪˈməʊt/ SYN
ADJ 1 [place] (= distant) éloigné, lointain ; (= isolated) isolé ; [relative, ancestor, descendant] éloigné, lointain before n ◆ **in remote country districts** dans les régions rurales isolées ◆ **in a remote spot** dans un lieu isolé ◆ **in the remote past/future** dans un passé/avenir lointain ◆ **remote antiquity** la plus haute antiquité ◆ **a village remote from the world** un village à l'écart du monde ◆ **a house remote from a main road** une maison située loin or à l'écart des grands axes
2 (= distanced) éloigné (from sth de qch) ◆ **what he said was rather remote from the subject in hand** ce qu'il a dit n'avait pas beaucoup de rapport avec le sujet ◆ **subjects that seem remote from our daily lives** des questions qui paraissent sans rapport avec notre vie quotidienne
3 (= slight) [hope] mince before n ; [chance, possibility] vague ; [prospect] lointain ; [risk] ténu ◆ **the odds of that happening are remote** il y a très peu de chances que cela se produise ◆ **I haven't the remotest idea** je n'en ai pas la moindre idée
4 (= aloof) [person] distant
5 (= remote-controlled) à distance ◆ **remote handset** télécommande f
N (also **remote control**) télécommande f
COMP **remote access** N (Comput) accès m à distance, téléconsultation f
**remote control** N télécommande f
**remote-controlled** ADJ télécommandé
**remote job entry** N (Comput) télésoumission f de travaux
**remote sensing** N télédétection f

**remotely** /rɪˈməʊtlɪ/ ADV 1 (= vaguely) ◆ **her cooking is not even remotely edible** sa cuisine est tout à fait immangeable ◆ **it isn't remotely possible that...** il est absolument impossible que... + subj ◆ **he failed to say anything remotely interesting** il n'a rien dit d'un tant soit peu intéressant ◆ **I'm not remotely interested in art** l'art ne m'intéresse pas le moins du monde ◆ **it doesn't remotely resemble...** cela ne ressemble en rien à... ◆ **avoid saying anything remotely likely to upset him** évitez de dire quoi que ce soit qui puisse l'agacer ◆ **I've never seen anything remotely like it** jamais de ma vie je n'ai vu une chose pareille ◆ **the only person present even remotely connected with show business** la seule personne présente qui ait un rapport quelconque avec le monde du spectacle
2 (= distantly) ◆ **to be remotely situated** être situé loin de tout, être isolé ◆ **we are remotely related** nous sommes (des) parents éloignés
3 (= aloofly) [say] d'un ton distant ; [behave] d'un air distant
4 (= from a distance) [control, detonate] à distance

**remoteness** /rɪˈməʊtnɪs/ N 1 (in space) éloignement m, isolement m ; (in time) éloignement m
2 (= aloofness) attitude f distante or réservée (from sb envers qn)

**remould** (Brit), **remold** (US) /ˌriːˈməʊld/
VT (Tech) remouler ; [+ tyre] rechaper ; (fig) [+ sb's character] corriger
N /ˈriːməʊld/ (= tyre) pneu m rechapé

**remount** /ˌriːˈmaʊnt/
VT 1 [+ horse] remonter sur ; [+ bicycle] enfourcher de nouveau ; [+ ladder] grimper de nouveau sur
2 [+ picture] rentoiler ; [+ photo] faire un nouveau montage de
VI remonter à cheval (or à bicyclette)

**removable** /rɪˈmuːvəbl/ ADV amovible, détachable ◆ **a sofa/cushion with a removable cover** un canapé/coussin déhoussable

**removal** /rɪˈmuːvəl/ SYN
N 1 (= taking away) enlèvement m ; (esp Brit) [of furniture, household] déménagement m ; [of abuse, evil] suppression f ; [of pain] soulagement m ; (from a job) (= demotion) déplacement m ; (= sacking) renvoi m, révocation f ; (Med) ablation f ◆ **stain removal** détachage m
2 († : from house) déménagement m ◆ **after our removal** après notre déménagement ◆ **our removal to this house** notre emménagement m dans cette maison ◆ **our removal from London** notre déménagement de Londres
COMP **removal expenses** NPL (Brit) frais mpl de déménagement
**removal man** N (pl removal men) déménageur m
**removal van** N (Brit) voiture f or camion m or fourgon m de déménagement

**removalist** /rɪˈmuːvəlɪst/ N (Austral) déménageur m

**remove** /rɪˈmuːv/ SYN
VT [+ object] enlever (from de) ; [+ clothes] enlever, ôter ; [+ furniture, lid] enlever ; [+ stain, graffiti] enlever, faire partir ; [+ paragraph, word, item on list, threat, tax] supprimer ; [+ objection] réfuter ; [+ difficulty, problem] résoudre ; (lit, fig) [+ obstacle] écarter ; [+ doubt] chasser ; [+ suspicion, fear] dissiper ; [+ employee] destituer, révoquer ; [+ official] déplacer ; (Med) [+ lung, kidney] enlever ; [+ tumour] extirper, enlever ; [+ splint, bandage] enlever ◆ **he was removed to the cells** on l'a emmené en cellule ◆ **to remove sb to hospital** hospitaliser qn ◆ **to remove a child from school** retirer un enfant de l'école ◆ **remove the prisoner!** (Jur:in court) faites sortir l'accusé !

**remover** ♦ he removed himself to another room il s'est retiré dans une autre pièce ♦ to remove sb's name rayer qn, radier qn ♦ to remove one's make-up se démaquiller ♦ make-up removing cream lait m démaquillant ♦ to remove unwanted hair from one's legs s'épiler les jambes ♦ to be far removed from sth (fig) être loin de qch ♦ cousin once/twice removed cousin(e) m(f) au deuxième/troisième degré

**VI** † déménager, changer de domicile ♦ to move to London aller habiter à Londres, aller s'installer à Londres

[1] (in relationship) degré m de parenté

[2] (frm : fig) ♦ to be only a few removes from... être tout proche de... ♦ this is but one remove from disaster nous frisons (or ils frisent etc) la catastrophe ♦ it's a far remove from... c'est loin d'être...

**remover** /rɪˈmuːvəʳ/ N [1] (= removal man) déménageur m

[2] (= substance) (for varnish) dissolvant m ; (for stains) détachant m ♦ paint remover décapant m (pour peintures) ; → cuticle, hair, make-up

**remunerate** /rɪˈmjuːnəreɪt/ VT rémunérer

**remuneration** /rɪˌmjuːnəˈreɪʃən/ SYN N rémunération f (for de)

**remunerative** /rɪˈmjuːnərətɪv/ SYN ADJ (frm) [scheme, investment] rémunérateur (-trice f), lucratif ; [job, employment] rémunéré

**Renaissance** /rɪˈneɪsɑ̃ːns/ (Art, Hist)
N ♦ the Renaissance la Renaissance
COMP [art, scholar] de la Renaissance ; [style, palace] Renaissance inv
Renaissance man (pl Renaissance men) homme m aux talents multiples

**renaissance** /rɪˈneɪsɑ̃ːns/ SYN N renaissance f

**renal** /ˈriːnl/
ADJ rénal
COMP renal failure N défaillance f or insuffisance f rénale

**rename** /ˌriːˈneɪm/ VT [+ person, street, town] rebaptiser (fig) ; (Comput) [+ file] renommer

**renascence** /rɪˈnæsns/ N ⇒ renaissance

**renascent** /rɪˈnæsnt/ ADJ renaissant

**rend** /rend/ (pret, ptp rent) VT (liter) [+ cloth] déchirer ; [+ armour] fendre ; (fig) déchirer, fendre ♦ to rend sth from... (lit, fig) arracher qch à or de... ♦ a country rent by civil war un pays déchiré par la guerre civile ♦ to rend sb's heart fendre le cœur à qn

**render** /ˈrendəʳ/ SYN VT [1] (frm = give) [+ service, homage, judgement] rendre ; [+ help] donner ; [+ explanation] donner, fournir ♦ render unto Caesar the things which are Caesar's il faut rendre à César ce qui est à César ♦ to render thanks to sb remercier qn ♦ to render thanks to God rendre grâce à Dieu ♦ to render assistance (to sb) prêter assistance or secours (à qn) ♦ to render an account of sth rendre compte de qch ♦ for services rendered pour services rendus

[2] (Comm) [+ account] remettre, présenter

[3] [+ music] interpréter ; [+ text] rendre, traduire (into en)

[4] (= make) rendre ♦ his accident rendered him helpless son accident l'a rendu complètement infirme ♦ the blow rendered him unconscious or insensible le coup lui a fait perdre connaissance

[5] (Culin) [+ fat] faire fondre

[6] (Constr) enduire (with de)

▶ **render down** VT SEP [+ fat] faire fondre

▶ **render up** VT SEP (liter) [+ fortress] rendre ; [+ prisoner, treasure] livrer

**rendering** /ˈrendərɪŋ/
N [1] [of music, poem] interprétation f ; [of text, phrase] traduction f (into en) ♦ the film is a startling visual rendering of the biblical text le film donne une interprétation visuelle étonnante du texte biblique
[2] (Constr) enduit m
COMP rendering plant N usine f de transformation de déchets animaux

**rendez-vous** /ˈrɒndɪvuː/
N (pl rendez-vous /ˈrɒndɪvuːz/) rendez-vous m ♦ let's make a rendez-vous for next week prenons rendez-vous pour la semaine prochaine

VI (= meet) se retrouver ; (= assemble) se réunir ♦ to rendez-vous with sb rejoindre qn ♦ they rendez-voused with the patrol at dawn (Mil etc) ils ont rejoint la patrouille à l'aube

**rendition** /renˈdɪʃən/ N ⇒ rendering

**reneague** /rɪˈniːg/ VI ⇒ renege

**renegade** /ˈrenɪgeɪd/
N renégat(e) m(f)
ADJ [forces, faction, person] rebelle

**renege** /rɪˈneɪg/ VI manquer à sa parole ; (Cards) faire une renonce ♦ to renege on a promise manquer à sa promesse

**renegotiate** /ˌriːnɪˈgəʊʃɪeɪt/ LANGUAGE IN USE 19.5 VT renégocier

**renegotiation** /ˌriːnɪˌgəʊʃɪˈeɪʃən/ N (Pol) renégociation f

**renegue** /rɪˈneɪg/ VI ⇒ renege

**renew** /rɪˈnjuː/ SYN VT [+ appointment, attack, contract, passport, promise, one's strength] renouveler ; [+ lease] renouveler, reconduire ; [+ supplies] remplacer, renouveler ♦ to renew negotiations/discussions reprendre des négociations/discussions ♦ to renew one's subscription renouveler son abonnement, se réabonner ♦ to renew one's acquaintance with sb renouer connaissance avec qn ; see also renewed

**renewable** /rɪˈnjuːəbl/
ADJ [contract, resources, energy] renouvelable
NPL **renewables** énergies fpl renouvelables

**renewal** /rɪˈnjuːəl/ N [1] (= resumption) [of hostilities] reprise f ; [of society] renouveau m ; [of attack] renouvellement m ; [of interest, strength] regain m

[2] (= improvement) [of city] rénovation f ; [of district, area] rénovation f, réhabilitation f ; → urban

[3] (= revalidating) [of licence, visa, passport, policy] renouvellement m ; [of contract, lease] renouvellement m, reconduction f ♦ renewal of subscription réabonnement m

[4] (Rel) renouveau m

**renewed** /rɪˈnjuːd/ ADJ ♦ renewed interest/hope/enthusiasm un regain d'intérêt/d'espoir/d'enthousiasme ♦ with renewed vigour avec une vitalité accrue ♦ renewed fighting une recrudescence des combats ♦ he has come under renewed pressure to resign on fait de nouveau pression sur lui pour qu'il démissionne ♦ to make renewed efforts to do sth renouveler ses efforts pour faire qch ♦ to feel a renewed sense of well-being se sentir revivre

**reniform** /ˈrenɪfɔːm/ ADJ réniforme

**renin** /ˈriːnɪn/ N (Bio) rénine f

**renitence** /rɪˈnaɪtns/, **renitency** /rɪˈnaɪtnsɪ/ N rénitence f

**renitent** /rɪˈnaɪtənt/ ADJ rénitent

**rennet** /ˈrenɪt/ N (for junket) présure f

**renounce** /rɪˈnaʊns/ SYN
VT [+ liberty, opinions, ideas, title] renoncer à ; [+ religion] abjurer ; [+ right] renoncer à, abandonner ; [+ treaty] dénoncer ; [+ friend] renier ; [+ cause, party] renier, désavouer ; [+ principles] répudier ♦ to renounce the flesh (Rel) renoncer à la or aux plaisirs de la chair
VI (Bridge) défausser

**renouncement** /rɪˈnaʊnsmənt/ N ⇒ renunciation

**renovate** /ˈrenəʊveɪt/ SYN VT [+ clothes, house] remettre à neuf, rénover ; [+ building, painting, statue] restaurer

**renovation** /ˌrenəʊˈveɪʃən/ N [1] (NonC = doing up) [of house, flat] rénovation f, remise f à neuf ; (= restoration) [of historic building, painting, statue] restauration f ♦ to be in need of renovation être en mauvais état
[2] (to building) ♦ renovations travaux mpl

**renown** /rɪˈnaʊn/ N renommée f, renom m ♦ a wine of renown un vin renommé ♦ a scholar of great or high renown un érudit renommé or de renom

**renowned** /rɪˈnaʊnd/ SYN ADJ [artist, scientist] renommé (for sth pour qch), célèbre (for sth pour qch) ; [expert, place] réputé (for sth pour qch), célèbre (for sth pour qch) ♦ internationally renowned writers des écrivains de renommée internationale ♦ garlic is renowned as an antiseptic l'ail est réputé pour ses vertus antiseptiques

**rent¹** /rent/ SYN
N [of house, room] loyer m ; [of farm] fermage m ; [of television etc] (prix m de) location f ♦ for rent (US) à louer ♦ quarter's rent terme m ♦ (one week) late or behind with one's rent en retard (d'une semaine) sur son loyer ♦ to pay a high/low rent for sth payer un gros/petit loyer pour qch

VT [1] (= take for rent) louer ♦ we don't own it, we only rent it nous ne sommes pas propriétaires, mais locataires seulement ♦ rented accommodation/flat etc logement m/appartement m etc en location ♦ "rent-a-bike" « location de vélos »

[2] (also **rent out**) louer, donner en location
COMP **rent-a-car** N (= firm) société f de location de voitures
**rent-a-crowd** * N ⇒ rent-a-mob
**rent allowance** N (Brit) indemnité f or allocation f (de) logement
**rent-a-mob** * N (Brit) (gen) agitateurs mpl professionnels ; (= supporters: at meeting etc) claque f
**rent book** N (for accommodation) carnet m de quittances de loyer
**rent boy** * N jeune prostitué m
**rent collector** N personne f chargée d'encaisser les loyers
**rent control** N encadrement m des loyers
**rent-controlled** ADJ à loyer plafonné
**rent-free** ADJ exempt de loyer, gratuit ADV sans payer de loyer
**rent rebate** N réduction f de loyer
**rent review** N (Brit Admin) réajustement m des loyers
**rent strike** N grève f des loyers ♦ to go on rent strike, to stage a rent strike faire la grève des loyers

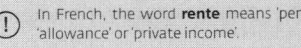
In French, the word **rente** means 'pension', 'allowance' or 'private income'.

**rent²** /rent/ SYN
VB pt, ptp of **rend**
N (= tear) (in cloth) déchirure f, accroc m ; (in rock) fissure f ; (in clouds) déchirure f, trouée f ; (in party etc) rupture f, scission f

**rental** /ˈrentl/
N (esp Brit) [1] (= amount paid) [of house, land] (montant m du) loyer m ; (esp for holiday accommodation) prix m de location ; [of television etc] (prix m de) location f ; [of telephone] location f ; (= income from rents) revenu m en loyers or fermages
[2] (= activity) location f ♦ car/bike rental location f de voitures/vélos
COMP **rental car** N voiture f de location
**rental library** N (US) bibliothèque f de prêt (payante)

**renumber** /ˌriːˈnʌmbəʳ/ VT numéroter de nouveau, renuméroter

**renunciation** /rɪˌnʌnsɪˈeɪʃən/ SYN N (frm) [of violence, religion, citizenship, title, right, claim] renonciation f (of sth à qch) ; [of wife, husband, friend] reniement m (of sb de qn) ; [of cause, party] reniement m (of sth de qch), désaveu m (of sth de qch) ; [of treaty] dénonciation f (of sth de qch) ; [of principles] (also Jur) répudiation f (of sth de qch)

**reoccupy** /ˌriːˈɒkjʊpaɪ/ VT réoccuper

**reoccur** /ˌriːəˈkɜːʳ/ VI (= happen again) se reproduire

**reoccurrence** /ˌriːəˈkʌrəns/ N répétition f

**reopen** /ˌriːˈəʊpən/
VT [+ box, door] rouvrir ; [+ fight, battle, hostilities] reprendre ; [+ debate, discussion] rouvrir ♦ to reopen a case (Jur) rouvrir une affaire
VI [school] reprendre ; [shop, theatre etc] rouvrir ; [wound] se rouvrir

**reopening** /ˌriːˈəʊpnɪŋ/ N réouverture f

**reorder** /ˌriːˈɔːdəʳ/ VT [1] [+ goods, supplies] commander de nouveau
[2] (= reorganize) reclasser, réorganiser

**reorganization** /ˌriːˌɔːgənaɪˈzeɪʃən/ N réorganisation f

**reorganize** /ˌriːˈɔːgənaɪz/
VT réorganiser
VI se réorganiser

**rep¹** * /rep/ N abbrev of **repertory**

**rep²** /rep/ N (= fabric) reps m

**rep³** * /rep/ N abbrev of **representative** [1] (Comm) représentant(e) m(f) (de commerce)
[2] (Admin, Pol = official) porte-parole m inv

**Rep.** (US Pol) [1] abbrev of **Representative**
[2] abbrev of **Republican**

**repack** /ˌriːˈpæk/ VT [+ suitcase] refaire ; [+ goods] réemballer

**repackage** /ˌriːˈpækɪdʒ/ VT [+ product] reconditionner ; [+ parcel] remballer ; (fig) [+ proposal, scheme] reformuler

**repaid** /rɪˈpeɪd/ VB pt, ptp of **repay**

**repaint** /ˌriːˈpeɪnt/ VT repeindre

**repair¹** /rɪˈpɛəʳ/ SYN
- VT [+ tyre, shoes, chair] réparer ; [+ clothes] réparer, raccommoder ; [+ machine, watch] réparer, arranger ; [+ roof, road] réparer, refaire ; [+ ship's hull] radouber ; (fig) [+ error, wrong] réparer, remédier à
- N ① (gen) réparation f ; [of clothes] raccommodage m ; [of shoes] ressemelage m ; [of roof, road] réfection f ; [of ship's hull] radoub m ◆ **to be under repair** être en réparation ◆ **to be beyond repair** être irréparable ◆ **damaged** or **broken beyond repair** irréparable ◆ **closed for repairs** fermé pour cause de travaux
- ② (NonC = condition) ◆ **to be in good/bad repair** être en bon/mauvais état ◆ **to keep sth in (good) repair** entretenir qch
- COMP **repair kit** N trousse f de réparation
- **repair man** N (pl **repair men**) réparateur m
- **repair outfit** N ⇒ **repair kit**
- **repair shop** N atelier m de réparations

**repair²** /rɪˈpɛəʳ/ SYN VI (liter) ◆ **to repair to** (= go) aller à, se rendre à ; (= return) retourner à

**repairable** /rɪˈpɛərəbl/ ADJ réparable

**repairer** /rɪˈpɛərəʳ/ N réparateur m, -trice f ; → **clock**, **shoe**

**repaper** /ˌriːˈpeɪpəʳ/ VT retapisser, refaire les papiers peints de

**reparable** /ˈrepərəbl/ ADJ réparable

**reparation** /ˌrepəˈreɪʃən/ SYN N réparation f ◆ **to make reparations for sth** (fig) réparer qch (une injure etc)

**repartee** /ˌrepɑːˈtiː/ SYN N (NonC) repartie or répartie f

**repast** /rɪˈpɑːst/ N (liter) repas m, banquet m

**repatriate** /ˌriːˈpætrɪeɪt/
- VT rapatrier
- N /ˌriːˈpætrɪət/ rapatrié(e) m(f)

**repatriation** /ˌriːˌpætrɪˈeɪʃən/ N rapatriement m

**repay** /ˌriːˈpeɪ/ SYN (pret, ptp **repaid**) VT ① (= pay back) [+ money] rendre, rembourser ; [+ person] rembourser ; [+ debt, obligation] s'acquitter de ◆ **if you lend me the money, I'll repay you on Saturday** si tu me prêtes l'argent, je te le rendrai or je te rembourserai samedi ◆ **to repay sb's expenses** rembourser or indemniser qn de ses frais ◆ **how can I ever repay you?** (fig) comment pourrais-je jamais vous remercier (?) ◆ **and this is how they repay me!** (fig) c'est comme ça qu'ils me remercient !
② (= give in return) récompenser ◆ **to repay sb's kindness** payer de retour la gentillesse de qn, récompenser qn de sa gentillesse ◆ **he repaid their kindness by stealing their camera** (iro) il les a remerciés de leur gentillesse en leur volant leur appareil photo, en guise de remerciement, il leur a volé leur appareil photo ◆ **to be repaid for one's efforts** être récompensé de ses efforts

**repayable** /rɪˈpeɪəbl/ ADJ remboursable ◆ **the loan is repayable at any time** le créancier peut exiger le remboursement de cette dette à tout moment ◆ **repayable in ten monthly instalments** remboursable en dix mensualités ◆ **repayable over ten years** remboursable sur dix ans

**repayment** /ˌriːˈpeɪmənt/
- N [of money] remboursement m ; [of effort] récompense f ◆ **repayments can be spread over three years** les remboursements peuvent s'échelonner sur trois ans
- COMP **repayment mortgage** N (Brit) emprunt logement sans capital différé
- **repayment schedule** N (Fin) échéancier m de remboursement

**repeal** /rɪˈpiːl/ SYN
- VT [+ law] abroger, annuler ; [+ sentence] annuler ; [+ decree] révoquer
- N abrogation f, annulation f, révocation f

**repeat** /rɪˈpiːt/ LANGUAGE IN USE 27.5 SYN
- VT (= say again) répéter ; [+ demand, promise] réitérer ; (Mus) reprendre ; (= recite) [+ poem etc] réciter (par cœur) ; (= do again) [+ action, attack] répéter, renouveler ; [+ pattern, motif] répéter, reproduire ; (Comm) [+ order] renouveler ◆ **this offer will never be repeated** (Comm) (c'est une) offre unique or exceptionnelle ◆ **you must not repeat what I tell you** il ne faut pas répéter ce que je vous dis ◆ **to repeat o.s.** se répéter ◆ **history has a habit of repeating itself** l'histoire a tendance à se répéter
- VI répéter ◆ **I repeat, it is impossible** je le répète, c'est impossible
- ② (Math) se reproduire périodiquement ◆ **0.054 repeating** 0,054 périodique
- ③ ◆ **radishes repeat on me*** les radis me donnent des renvois*
- N répétition f ; (Mus) reprise f ; (esp Brit Rad, TV) reprise f, rediffusion f
- ADJ [business, customer] ◆ **to get repeat business** réussir à fidéliser la clientèle ◆ **we give reductions to repeat customers** nous accordons des réductions à nos fidèles clients
- COMP **repeat mark(s)** N(PL) (Mus) barre f de reprise, renvoi m
- **repeat offender** N (Jur) récidiviste mf
- **repeat order** N (Brit Comm) commande f renouvelée
- **repeat performance** N (Theat) deuxième représentation f ◆ **he gave a repeat performance** (fig) il a fait exactement la même chose ; (pej) il a fait la même comédie
- **repeat prescription** N (Brit Med) renouvellement d'une ordonnance
- **repeat sign** N (Mus) ⇒ **repeat mark(s)**

**repeated** /rɪˈpiːtɪd/ ADJ [attacks, requests, warnings, criticism, efforts] répété, renouvelé ◆ **after repeated attempts** après plusieurs tentatives ◆ **his plans have suffered repeated delays** ses projets ont subi une accumulation de retards

**repeatedly** /rɪˈpiːtɪdlɪ/ SYN ADV à plusieurs reprises, sans cesse ◆ **he had been repeatedly kicked in the head** il avait reçu plusieurs coups de pied à la tête

**repeater** /rɪˈpiːtəʳ/
- N ① (= gun/watch/alarm clock) fusil m/montre f/réveil m à répétition
- ② (Math) fraction f périodique
- ③ (US Scol) redoublant(e) m(f) ; (US Jur) récidiviste mf
- COMP **repeater loan** N (Econ, Fin) prêt-relais m

**repeating** /rɪˈpiːtɪŋ/ ADJ [gun] à répétition

**repechage** /ˌrepɪˈʃɑːʒ/ N (Sport) repêchage m

**repeg** /ˌriːˈpeg/ VT (Econ, Fin) ne plus faire flotter, redonner une parité fixe à

**repel** /rɪˈpel/ SYN
- VT [+ enemy, sb's advances, magnetic pole] repousser ; (fig = disgust) dégoûter, inspirer de la répulsion à ◆ **to be repelled by...** (fig) être dégoûté par..., éprouver de la répulsion pour...
- VI [magnets, magnetic poles] se repousser

**repellant** /rɪˈpelənt/ N ⇒ **repellent noun**

**repellent** /rɪˈpelənt/ SYN
- ADJ (frm) [person, animal, character, sight, smell] repoussant, répugnant ; [view, opinion] abject ◆ **to be repellent to sb** (lit, fig) dégoûter qn ◆ **I find him repellent** je le trouve répugnant, il me dégoûte ; → **water**
- N → **insect**

**repent** /rɪˈpent/ SYN
- VI se repentir (of de)
- VT se repentir de, regretter

**repentance** /rɪˈpentəns/ SYN N repentir m

**repentant** /rɪˈpentənt/ SYN ADJ [person, expression] repentant ◆ **to be repentant** (= repent) se repentir

**repercussion** /ˌriːpəˈkʌʃən/ SYN N [of sounds] répercussion f ; [of shock] répercussion f, contrecoup m ; (fig) répercussion f ◆ **to have repercussions on sth** se répercuter sur qch, avoir des répercussions sur qch ◆ **the repercussions of this defeat** le contrecoup or les répercussions de cet échec ◆ **there will be no repercussions** il n'y aura pas de répercussions ◆ **the repercussion on prices of the rise in costs** la répercussion sur les prix de la hausse du coût

**repertoire** /ˈrepətwɑːʳ/ N (Theat, fig) répertoire m

**repertory** /ˈrepətərɪ/
- N ① (Theat, fig) **repertoire**
- ② (also **repertory theatre**) théâtre m de répertoire ◆ **to act in repertory**, **to play repertory** faire partie d'une troupe de répertoire ◆ **he did three years in repertory** il a joué pendant trois ans dans un théâtre de répertoire
- COMP **repertory company** N compagnie f or troupe f (de théâtre) de répertoire

**repetition** /ˌrepɪˈtɪʃən/ SYN N ① (= recurrence) répétition f ◆ **I don't want a repetition of this!** que cela ne se reproduise pas ! ◆ **he didn't want a repetition of the scene with his mother** il ne voulait pas que cette scène avec sa mère se reproduise
② (NonC = duplication) répétition f ◆ **to learn by repetition** apprendre en répétant

**repetitious** /ˌrepɪˈtɪʃəs/ ADJ (frm) [text, speech] plein de répétitions or de redites ; [drumming, job] répétitif

**repetitive** /rɪˈpetɪtɪv/ SYN
- ADJ [writing] plein de redites ; [work, movements, rhythms] répétitif
- COMP **repetitive strain injury** N (Med) troubles mpl musculo-squelettiques (dus à une activité répétée), lésion f de surmenage

**repetitively** /rɪˈpetɪtɪvlɪ/ ADV avec répétitivité, de façon répétitive

**repetitiveness** /rɪˈpetɪtɪvnɪs/ N répétitivité f

**rephrase** /ˌriːˈfreɪz/ VT reformuler ◆ **let me rephrase that, I'll rephrase that** je vais m'exprimer autrement

**repine** /rɪˈpaɪn/ SYN VI se plaindre, murmurer

**replace** /rɪˈpleɪs/ SYN VT ① (= put back) remettre à sa place ◆ **to replace the receiver** (Telec) raccrocher
② (= take the place of) remplacer, tenir la place de
③ (= provide substitute for) remplacer (by, with par)

**replaceable** /rɪˈpleɪsəbl/ ADJ remplaçable

**replacement** /rɪˈpleɪsmənt/
- N ① (NonC = putting back) remise f en place, replacement m
- ② (NonC = substituting) remplacement m, substitution f
- ③ (= person) remplaçant(e) m(f) ; (= product) produit m de remplacement
- COMP **replacement cost** N coût m de remplacement
- **replacement engine** N moteur m de rechange ◆ **to fit a replacement engine** faire l'échange standard du moteur
- **replacement part** N pièce f de rechange

**replan** /ˌriːˈplæn/ VT réorganiser

**replant** /ˌriːˈplɑːnt/ VT replanter

**replantation** /ˌriːplænˈteɪʃən/ N [of plant] replantation f

**replay** /ˈriːpleɪ/ (esp Brit) (Sport)
- N ◆ **the replay is on 15 October** le match sera rejoué le 15 octobre ; → **action**, **instant**
- VT /ˌriːˈpleɪ/ [+ match] rejouer ; [+ cassette, video] repasser

**replenish** /rɪˈplenɪʃ/ SYN VT remplir de nouveau (with de) ◆ **to replenish one's supplies of sth** se réapprovisionner en qch

**replenishment** /rɪˈplenɪʃmənt/ N remplissage m ◆ **replenishment of supplies** réapprovisionnement m

**replete** /rɪˈpliːt/ SYN ADJ ① (= full up) [person] rassasié, repu
② (= fully supplied) ◆ **replete with sth** rempli de qch, plein de qch

**repletion** /rɪˈpliːʃən/ N satiété f

**replica** /ˈreplɪkə/ N (gen) copie f exacte ; [of painting] réplique f ; [of document] fac-similé m

**replicate** /ˈreplɪkeɪt/
- VT ① (= reproduce) (gen) reproduire ; (Bio) se produire par mitose ou méiose
- ② (= fold back) replier
- ADJ /ˈreplɪkɪt/ [leaf etc] replié

**replication** /ˌreplɪˈkeɪʃən/ N (gen) reproduction f ; (Bio) reproduction f par mitose

**replumb** /ˌriːˈplʌm/ VT refaire la plomberie de

**reply** /rɪˈplaɪ/ LANGUAGE IN USE 20.2, 21.1, 27 SYN
- N réponse f ; (quick) réplique f ; (Jur) réplique f ◆ **in reply (to)** en réponse (à) ◆ **he made no reply** (liter) il n'a pas répondu ◆ **ther's no reply from Jean's extension** le poste de Jean ne répond pas
- VTI répondre ; (quickly) répliquer
- COMP **reply coupon** N (Post) coupon-réponse m
- **reply-paid** ADJ préaffranchi

**repoint** /ˌriːˈpɔɪnt/ VT [+ building etc] rejointoyer

**repointing** /ˌriːˈpɔɪntɪŋ/ N rejointoiement m

**repo man*** /ˈriːpəʊˌmæn/ N (pl **repo men**) (US) repossession man ; → **repossession**

**repopulate** /ˌriːˈpɒpjʊleɪt/ VT (with people, plants, animals) repeupler

**report** /rɪˈpɔːt/ LANGUAGE IN USE 26.3 SYN
- N ① (= account, statement) rapport m ; [of speech] compte rendu m ; [of debate, meeting] compte

rendu *m*, procès-verbal *m* ; *(Press, Rad, TV)* reportage *m (on sur)* ; *(official)* rapport *m* (d'enquête) ; *(at regular intervals: on weather, sales, etc)* bulletin *m* • **monthly report** bulletin *m* mensuel • **school report** *(Brit)* bulletin *m* scolaire • **to make a report on...** faire un rapport sur... ; *(Press, Rad, TV)* faire un reportage sur... • **annual report** *(Comm)* rapport *m* annuel (de gestion) • **chairman's report** rapport *m* présidentiel • **law reports** *(Jur)* recueil *m* de jurisprudence *or* de droit • **to make a report against...** *(Jur)* dresser un procès-verbal à... ; → **progress, weather**

2 *(= rumour)* rumeur *f* • **there is a report that...** le bruit court que..., on dit que... • **as report has it** selon les bruits qui courent, selon la rumeur publique • **there are reports of rioting** il y aurait (*or* il y aurait eu) des émeutes • **the reports of rioting have been proved** les rumeurs selon lesquelles il y aurait eu des émeutes se sont révélées fondées • **I have heard a report that...** j'ai entendu dire que...

3 ( † *= repute*) *[of person]* réputation *f* ; *[of product]* renom *m*, renommée *f* • **of good report** de bonne réputation, dont on dit du bien • **to know sth only by report** ne savoir qch que par ouï-dire

4 *(= explosion)* détonation *f*, explosion *f* • **with a loud report** avec une forte détonation

VT 1 *(= give account of)* rapporter, rendre compte de ; *(= bring to notice esp of authorities)* signaler ; *(Press, Rad, TV)* rapporter • **to report a speech** faire le compte rendu d'un discours • **to report one's findings** *[scientist etc]* rendre compte de l'état de ses recherches ; *[commission]* présenter ses conclusions • **to report progress** rendre compte (des progrès) • **only one paper reported his death** un seul journal a signalé *or* mentionné sa mort • **the papers reported the crime as solved** les journaux ont présenté le crime comme résolu • **our correspondent reports from Rome that...** notre correspondant à Rome nous apprend que... • **he is reported as having said...** il aurait dit... • **it is reported that a prisoner has escaped, a prisoner is reported to have escaped** un détenu se serait évadé • **to report a bill** *(Parl)* présenter un projet de loi • **to move to report progress** *(Parl)* demander la clôture des débats

2 *(= announce)* déclarer, annoncer • **it is reported from the White House that...** on annonce à la Maison-Blanche que...

3 *(= notify authorities of)* *[+ accident, crime, suspect]* signaler ; *[+ criminal, culprit]* dénoncer *(often pej)* • **all accidents must be reported to the police** tous les accidents doivent être signalés à la police • **to report a theft to the police** signaler un vol à la police • **to report sb for bad behaviour** signaler qn pour mauvaise conduite • **to report sb's bad behaviour** signaler la mauvaise conduite de qn • **her colleague reported her to the boss out of jealousy** sa collègue l'a dénoncée au patron par jalousie

4 *(Mil, Navy)* signaler • **to report sb sick** signaler que qn est malade • **reported missing** porté manquant *or* disparu • **nothing to report** rien à signaler • **to report one's position** signaler *or* donner sa position

VI 1 *(= announce o.s. ready)* se présenter • **report to the director on Monday** présentez-vous chez le directeur lundi • **to report for duty** se présenter au travail, prendre son service

2 *(Mil)* • **to report to one's unit** rallier son unité • **to report sick** se faire porter malade

3 *(= give a report)* rendre compte *(on* de), faire un rapport *(on sur)* ; *(Press, Rad, TV)* faire un reportage *(on sur)* • **the committee is ready to report** le comité est prêt à faire son rapport • **Michael Brown reporting from Rome** *(Rad, TV)* de Rome, (le reportage de) Michael Brown

4 *(Admin: in hierarchy)* • **to report to** travailler sous l'autorité de • **he reports to the sales manager** il est sous les ordres (directs) du directeur des ventes • **who do you report to?** qui est votre supérieur hiérarchique ?

COMP **report card** N *(Scol)* bulletin *m* scolaire
**reported speech** N *(Gram)* style *m or* discours *m* indirect
**report stage** N *(Brit Parl)* *examen d'un projet de loi avant la troisième lecture* • **the bill has reached the report stage** le projet de loi vient de passer en commission

► **report back** VI 1 *(= return)* *(Mil etc)* rentrer au quartier • **you must report back at 6 o'clock** *(gen)* il faut que vous soyez de retour à 6 heures

2 *(= give report)* donner *or* présenter son rapport *(to* à) • **the committee was asked to investigate the complaint and report back to the assembly** le comité a été chargé d'examiner la plainte et de faire un rapport à l'assemblée

> (!) The noun **report** is not translated by the French word **report**, one of whose meanings is 'postponement'.

**reportage** /ˌrepɔːˈtɑːʒ/ N reportage *m*

**reportedly** /rɪˈpɔːtɪdlɪ/ ADV • **he had reportedly seen her** il l'aurait vue • **reportedly, several prisoners had escaped** plusieurs prisonniers se seraient échappés • **he was shot dead, reportedly by one of his own men** il a été abattu, et le meurtrier serait l'un de ses propres hommes

**reporter** /rɪˈpɔːtəʳ/ SYN

N 1 *(Press)* journaliste *mf* ; *(on the spot)* reporter *m* ; *(Rad, TV)* reporter *m* • **special reporter** envoyé(e) *m(f)* spécial(e)

2 *(Parl)* *(= stenographer)* sténographe *mf* ; *(Jur)* greffier *m*

COMP **reporters' gallery** N *(Jur, Parl)* tribune *f* de la presse

**reporting** /rɪˈpɔːtɪŋ/

N *(NonC: Press, Rad, TV)* reportages *mpl*

COMP **reporting restrictions** NPL *(Jur)* restrictions *fpl* imposées aux médias *(lors de la couverture d'un procès)*

**repose** /rɪˈpəʊz/ SYN

N *(= rest)* repos *m* ; *(= sleep)* sommeil *m* ; *(= peace)* repos *m*, tranquillité *f* • **in repose** au repos

VT *(frm)* *[+ confidence, trust]* mettre, placer *(in* en) • **to repose o.s.** *(= rest)* se reposer

VI 1 *(= rest)* se reposer ; *[the dead]* reposer

2 *(= be based)* reposer, être fondé *(on* sur)

**reposition** /ˌriːpəˈzɪʃən/ VT repositionner

**repository** /rɪˈpɒzɪtərɪ/ N *(gen, also Comm)* *(= warehouse)* dépôt *m*, entrepôt *m* ; *(fig)* *[of knowledge, experience, facts etc]* mine *f* ; *(= person)* dépositaire *mf (d'un secret etc)*

**repossess** /ˌriːpəˈzes/ VT reprendre possession de, rentrer en possession de

**repossession** /ˌriːpəˈzeʃən/

N reprise *f* de possession

COMP **repossession man** * N *(US)* récupérateur * *m (huissier chargé de saisir un bien non payé)*
**repossession order** N (avis *m* de) saisie *f*

**repot** /ˌriːˈpɒt/ VT rempoter

**repoussé** /rəˈpuːseɪ/

ADJ repoussé

N 1 *(= design, surface)* repoussé *m*

2 *(= technique)* • **repoussé work** repoussage *m*, repoussé *m*

**repp** /rep/ N ⇒ **rep²**

**reprehend** /ˌreprɪˈhend/ VT *[+ person]* réprimander ; *[+ action, behaviour]* blâmer, condamner

**reprehensible** /ˌreprɪˈhensɪbl/ SYN ADJ répréhensible

**reprehensibly** /ˌreprɪˈhensɪblɪ/ ADV de manière répréhensible

**represent** /ˌreprɪˈzent/ SYN VT 1 *(= stand for, symbolize)* représenter • **a drawing representing prehistoric man** un dessin qui représente l'homme préhistorique • **phonetic symbols represent sounds** les symboles phonétiques représentent des sons • **he represents all that is best in his country's culture** il représente *or* personnifie le meilleur de la culture de son pays • **£200 doesn't represent a good salary these days** 200 livres ne représentent *or* ne constituent plus un bon salaire de nos jours

2 *(= declare to be)* *[+ person, event]* représenter ; *[+ grievance, risk etc]* présenter *(as* comme étant) • **he represented me to be a fool** *or* **as a fool** il m'a représenté *or* dépeint comme un imbécile • **I am not what you represent me to be** je ne suis pas tel que vous me décrivez *or* dépeignez • **he represents himself as a doctor** il se fait passer pour un médecin • **it is exactly as represented in the advertisement** cela est exactement conforme à la description de l'annonce (publicitaire)

3 *(= explain)* exposer, représenter *(liter)* ; *(= point out)* faire remarquer, signaler • **can you represent to him how much we need his help?** pouvez-vous lui faire comprendre à quel point nous avons besoin de son aide ?

4 *(= act or speak for)* représenter *(also Parl)* ; *(Jur)* représenter (en justice), postuler pour • **he represents Warrington in Parliament** il représente Warrington au Parlement, c'est le député de Warrington • **the delegation represented the mining industry** la délégation représentait l'industrie minière • **he represents their firm in London** il représente leur maison à Londres • **to represent one's country** *(esp Sport)* représenter son pays • **many countries were represented at the ceremony** de nombreux pays étaient représentés à la cérémonie • **women artists were well/strongly represented at the exhibition** les femmes artistes étaient bien/fortement représentées à l'exposition • **I represent Mr Thomas** je représente M. Thomas

5 *(Theat)* *[+ character]* jouer (le rôle de) ; *[+ part]* jouer, interpréter

6 *(Jur: in contracts etc)* déclarer

**re-present** /ˌriːprɪˈzent/ VT présenter de nouveau

**representation** /ˌreprɪzenˈteɪʃən/ SYN N

1 *(Theat, gen)* représentation *f* ; *[of role]* interprétation *f* • **proportional representation** *(Parl)* représentation *f* proportionnelle

2 *(= protest)* • **representations** protestation *f* officielle • **the ambassador made representations to the government** l'ambassadeur a adressé une protestation officielle au gouvernement

**representational** /ˌreprɪzenˈteɪʃənl/ ADJ *(frm : Art)* figuratif ; *[model, system]* représentatif

**representative** /ˌreprɪˈzentətɪv/ SYN

ADJ *(also Govt)* représentatif *(of sth* de qch)

N représentant(e) *m(f)* ; *(esp Brit Comm)* représentant *m* (de commerce) ; *(US Pol)* député *m* ; *(= spokesperson)* porte-parole *m inv* ; → **house**

**repress** /rɪˈpres/ SYN VT *[+ revolt, sneeze, feelings, smile]* réprimer ; *(Psych)* refouler

**repressed** /rɪˈprest/ ADJ *[person, impulse]* refoulé ; *[feeling]* refoulé, réprimé

**repression** /rɪˈpreʃən/ SYN N 1 *(political, social)* répression *f*

2 *(Psych)* *(voluntary)* répression *f* ; *(involuntary)* refoulement *m*

**repressive** /rɪˈpresɪv/ SYN ADJ *[regime, law, policy, measures, action]* répressif ; *[forces]* de répression

**repressor** /rɪˈpresəʳ/ N répresseur *m*

**reprice** /riːˈpraɪs/ VT changer le prix de

**reprieve** /rɪˈpriːv/ SYN

N 1 *(Jur)* (lettres *fpl* de) grâce *f*, commutation *f* de la peine capitale ; *(= delay)* sursis *m*

2 *(fig = respite)* répit *m*, sursis *m* • **they won a reprieve for the house** ils ont obtenu un sursis pour la maison

VT *(Jur)* accorder une commutation de la peine capitale à ; *(= delay)* surseoir à l'exécution de ; *(fig)* accorder un répit à • **the building has been reprieved for a while** le bâtiment bénéficie d'un sursis

**reprimand** /ˈreprɪmɑːnd/ SYN

N *(from parents, teachers)* réprimande *f* ; *(from employer)* blâme *m*

VT réprimander, blâmer

**reprint** /ˌriːˈprɪnt/

VT *[+ book]* réimprimer ; *[+ article]* reproduire • **this book is being reprinted** ce livre est en réimpression • **newspapers worldwide had reprinted the story** les journaux du monde entier ont repris la nouvelle

VI *[book]* être en réimpression

N /ˈriːprɪnt/ *[of book]* réimpression *f* • **cheap reprint** réimpression *f* bon marché

**reprisal** /rɪˈpraɪzəl/ SYN N • **reprisals** représailles *fpl* • **to take reprisals** user de représailles • **as a** *or* **in reprisal for...** en représailles à... • **by way of reprisal** par représailles

**reprise** /rɪˈpriːz/ N *(Mus)* reprise *f*

**repro** * /ˈriːprəʊ/

N abbrev of **reprographics, reprography**

COMP (abbrev of **reproduction**) • **repro furniture** copie(s) *f(pl)* de meuble(s) ancien(s)

**reproach** /rɪˈprəʊtʃ/ SYN

N 1 *(= rebuke)* reproche *m* • **to heap reproaches on sb** accabler qn de reproches • **term of reproach** parole *f* de reproche

2 *(NonC = discredit)* honte *f*, opprobre *m* • **to be a reproach to...** *(fig)* être la honte de... • **to bring reproach on...** jeter le discrédit sur..., discréditer... • **above** *or* **beyond reproach** sans reproche(s), irréprochable

VT faire des reproches à • **to reproach sb for sth** reprocher qch à qn • **to reproach sb for having done sth** reprocher à qn d'avoir fait qch

♦ **he has nothing to reproach himself with** il n'a rien à se reprocher

**reproachful** /rɪˈprəʊtʃfʊl/ SYN ADJ [look, tone] réprobateur (-trice f) ; [remark] lourd de reproches ; [eyes] chargé de réprobation ♦ **he was reproachful** il avait une attitude pleine de reproches

**reproachfully** /rɪˈprəʊtʃfəlɪ/ ADV [say] sur un ton réprobateur or de reproche ; [look at, shake one's head] d'un air réprobateur

**reprobate** /ˈreprəʊbeɪt/
ADJ, N (frm or hum) dépravé(e) m(f)
VT réprouver

**reprobation** /ˌreprəʊˈbeɪʃən/ N réprobation f

**reprocess** /ˌriːˈprəʊses/ VT retraiter

**reprocessing** /ˌriːˈprəʊsesɪŋ/ N retraitement m ; → nuclear

**reproduce** /ˌriːprəˈdjuːs/ SYN
VT reproduire
VI se reproduire

**reproducibility** /ˌriːprəʊˌdjuːsɪˈbɪlɪtɪ/ N reproductibilité f

**reproducible** /ˌriːprəˈdjuːsɪbl/ ADJ reproductible

**reproduction** /ˌriːprəˈdʌkʃən/ SYN
N (gen, Art, Bio) reproduction f ♦ **sound reproduction** reproduction f sonore ♦ **this picture is a reproduction** ce tableau est une reproduction
COMP **reproduction furniture** N (NonC) copie(s) f(pl) de meuble(s) ancien(s)

**reproductive** /ˌriːprəˈdʌktɪv/ ADJ reproducteur (-trice f)

**reprographic** /ˌriːprəˈɡræfɪk/ ADJ de reprographie

**reprographics** /ˌriːprəˈɡræfɪks/, **reprography** /rɪˈprɒɡrəfɪ/ N reprographie f

**reproof** /rɪˈpruːf/ SYN N reproche m, réprimande f ♦ **a tone of reproof** un ton de reproche ♦ **in reproof** en signe de désapprobation

**re-proof** /ˌriːˈpruːf/ VT [+ garment] réimperméabiliser

**reproval** /rɪˈpruːvəl/ N reproche m, blâme m

**reprove** /rɪˈpruːv/ SYN VT [+ person] blâmer (for de), réprimander (for sur) ; [+ action] réprouver, condamner

**reproving** /rɪˈpruːvɪŋ/ ADJ [look, shake of one's head, tone] réprobateur (-trice f) ; [letter] de reproche(s)

**reprovingly** /rɪˈpruːvɪŋlɪ/ ADV d'un air or ton de reproche

**reptant** /ˈreptənt/ ADJ (Bio) rampant

**reptile** /ˈreptaɪl/
N (lit, fig) reptile m
COMP **reptile house** N vivarium m

**reptilian** /repˈtɪlɪən/
ADJ (lit, fig, pej) reptilien
N reptile m (also fig)

**republic** /rɪˈpʌblɪk/ N république f ♦ **the Republic** (US) les États-Unis d'Amérique ♦ **well-known figure in the republic of letters** un personnage bien connu dans la république des lettres

**republican** /rɪˈpʌblɪkən/
ADJ, N républicain(e) m(f)
COMP **Republican party** N (Pol) parti m républicain

**republicanism** /rɪˈpʌblɪkənɪzəm/ N (gen) républicanisme m (US) ♦ **Republicanism** politique f du parti républicain

**republication** /ˌriːpʌblɪˈkeɪʃən/ N [of book] réédition f, republication f ; [of law, banns] nouvelle publication f

**republish** /ˌriːˈpʌblɪʃ/ VT [+ book] rééditer ; [+ banns] publier de nouveau

**repudiate** /rɪˈpjuːdɪeɪt/ SYN VT [+ friend, ally] renier, désavouer ; [+ accusation] récuser, repousser ; [government etc] [+ debt, treaty, obligation] refuser de respecter ; [+ remarks] désavouer ; [+ agreement] renier ♦ **to repudiate one's wife** répudier sa femme ♦ **the group's refusal to repudiate violence** le refus du groupe de renoncer à la violence ♦ **he called on the American government to repudiate the vote** il a demandé au gouvernement américain de ne pas reconnaître les résultats du vote

**repudiation** /rɪˌpjuːdɪˈeɪʃən/ N [of violence, doctrine, remarks] condamnation f ; [of charge, evidence] rejet m ♦ **repudiation of a treaty/a debt** refus m de respecter un traité/d'honorer une dette

**repugnance** /rɪˈpʌɡnəns/ N répugnance f, aversion f (to pour) ♦ **he shows repugnance to accepting charity** il répugne à accepter la charité

**repugnant** /rɪˈpʌɡnənt/ SYN ADJ répugnant ♦ **to be repugnant to sb** répugner à qn

**repulse** /rɪˈpʌls/
VT (Mil) repousser, refouler ; (fig) [+ help, offer] repousser, rejeter
N (Mil) échec m ; (fig) refus m, rebuffade f ♦ **to meet with** or **suffer a repulse** essuyer un refus or une rebuffade

**repulsion** /rɪˈpʌlʃən/ N (also Phys) répulsion f

**repulsive** /rɪˈpʌlsɪv/ SYN ADJ [person, behaviour, sight, idea] repoussant ; (Phys) [force] répulsif ♦ **I found it repulsive to think that...** il me répugnait de penser que...

**repulsively** /rɪˈpʌlsɪvlɪ/ ADV ♦ **repulsively ugly/large** etc d'une laideur/grosseur etc repoussante

**repulsiveness** /rɪˈpʌlsɪvnɪs/ N aspect m or caractère m repoussant

**repurchase** /ˌriːˈpɜːtʃɪs/
N rachat m
VT racheter

**reputable** /ˈrepjʊtəbl/ SYN ADJ [person, company] de bonne réputation ; [brand, product] réputé

**reputably** /ˈrepjʊtəblɪ/ ADV ♦ **to be reputably employed (as)** gagner honorablement sa vie (comme) ♦ **reputably established in the business world** honorablement établi dans le monde des affaires

**reputation** /ˌrepjʊˈteɪʃən/ SYN N réputation f ♦ **to have a good/bad reputation** avoir (une) bonne/(une) mauvaise réputation ♦ **a good reputation as a singer** une bonne réputation de chanteur ♦ **to have a reputation for honesty** avoir la réputation d'être honnête, être réputé pour son honnêteté ♦ **to live up to one's reputation** soutenir sa réputation ♦ **she was by reputation a good organizer** elle avait la réputation d'être une bonne organisatrice ♦ **to know sb by reputation** connaître qn de réputation ♦ **your reputation has gone before you** votre réputation vous a précédé

**repute** /rɪˈpjuːt/ SYN N réputation f, renom m ♦ **to know sb by repute** connaître qn de réputation ♦ **to be of good repute** avoir (une) bonne réputation ♦ **a restaurant of repute** un restaurant réputé or en renom ♦ **place of ill repute** endroit m mal famé ♦ **a house of ill repute** (euph = brothel) une maison close ♦ **to hold sb in high repute** avoir une très haute opinion de qn

**reputed** /rɪˈpjuːtɪd/ SYN ADJ ① (= supposed) [love affair, author] soi-disant ♦ **he bought the painting for a reputed $2,000,000** on dit qu'il a acheté le tableau 2 millions de dollars ♦ **the buildings were reputed to be haunted** ces bâtiments étaient réputés hantés ♦ **the story's reputed to be true** l'histoire est réputée authentique ♦ **he is reputed to have worked miracles** à ce qu'on dit, il aurait fait des miracles
② (= esteemed) [person, organization] réputé
③ (Jur) ♦ **reputed father** père m putatif

**reputedly** /rɪˈpjuːtɪdlɪ/ SYN ADV à ce que l'on dit + cond ♦ **events that reputedly took place thousands of years ago** des événements qui, d'après ce qu'on dit, auraient eu lieu il y a des milliers d'années

**request** /rɪˈkwest/ LANGUAGE IN USE 4, 10.1, 20.2, 25.1 SYN
N ① demande f ; (official) requête f ♦ **at sb's request** sur or à la demande de qn ; (official) sur la requête de qn ♦ **by general** or **popular request** à la demande générale ♦ **on** or **by request** sur demande ♦ **to make a request for sth** demander qch ♦ **to make a request to sb for sth** demander qch à qn ♦ **to grant a request** accéder à une demande or à une requête
② (Rad) disque m des auditeurs or demandé par un auditeur ♦ **to play a request for sb** passer un disque à l'intention de qn
VT demander ♦ **to request sth from sb** demander qch à qn ♦ **to request sb to do sth** demander à qn de faire qch, prier qn de faire qch ♦ **"you are requested not to smoke"** « prière de ne pas fumer » ♦ **as requested in your letter of...** comme vous (nous) l'avez demandé dans votre lettre du... ♦ **herewith, as requested, my cheque for £50** ci-joint, comme vous l'avez demandé, un chèque de 50 livres ♦ **it's all I request of you** c'est tout ce que je vous demande
COMP **request programme** N (Rad) programme m composé par les auditeurs
**request stop** N (Brit) [of bus] arrêt m facultatif

**requiem** /ˈrekwɪem/
N requiem m ♦ **Mozart's/Fauré's/Verdi's Requiem** Le requiem de Mozart/de Fauré/de Verdi
COMP **requiem mass** N messe f de requiem
**requiem shark** N (requin m) carcharhinidé m

**requiescat** /ˌrekwɪˈeskæt/ N (Rel) requiescat m

**require** /rɪˈkwaɪəʳ/ LANGUAGE IN USE 10.1, 20.2 SYN VT
① (= need) [person] avoir besoin de ; [thing, action] demander, requérir ♦ **I have all I require** j'ai tout ce qu'il me faut or tout ce dont j'ai besoin ♦ **the journey will require three hours** le voyage prendra or demandera trois heures ♦ **it requires great care** cela demande or requiert beaucoup de soin ♦ **this plant requires frequent watering** cette plante doit être arrosée souvent ♦ **if required** au besoin, si besoin est ♦ **when (it is) required** quand il le faut ♦ **what qualifications are required?** quels sont les diplômes nécessaires or exigés ?
② (= demand) exiger ; (= order) exiger, réclamer ♦ **to require sb to do sth** exiger de qn qu'il fasse qch ♦ **you are required to present yourself here tomorrow** vous êtes prié de vous présenter ici demain ♦ **to require sth of sb** exiger qch de qn ♦ **as required by law** comme la loi l'exige ♦ **we require two references** nous exigeons deux références

**required** /rɪˈkwaɪəd/ SYN
ADJ [conditions, amount] requis ♦ **by the required date** en temps voulu ♦ **to meet the required standards** [machine] être conforme aux normes ; [student] avoir le niveau requis ♦ **in the required time** dans les délais prescrits
COMP **required course** N (US Scol) matière f obligatoire
**required reading** N (Scol, Univ) ouvrage(s) m(pl) au programme ♦ **his latest article is required reading for all those interested in the subject** (fig) tous ceux qui sont intéressés par ce sujet doivent absolument lire son dernier article

**requirement** /rɪˈkwaɪəmənt/ SYN ① (= need) exigence f, besoin m ♦ **to meet sb's requirements** satisfaire aux exigences or aux besoins de qn ♦ **there isn't enough to meet the requirement** il n'y en a pas assez pour satisfaire la demande
② (= condition) condition f requise ♦ **to fit the requirements** remplir les conditions
③ (US Univ) cursus m obligatoire

**requisite** /ˈrekwɪzɪt/ SYN (frm)
N ① (= thing required) chose f nécessaire or requise (for pour) ♦ **all the requisites** tout ce qui est nécessaire
② ♦ **travel/toilet requisites** accessoires mpl de voyage/toilette
ADJ requis

**requisition** /ˌrekwɪˈzɪʃən/ SYN
N demande f ; (gen Mil) réquisition f ♦ **to put in a requisition for...** faire une demande de... ♦ **to obtain sth by requisition** (Mil) réquisitionner qch
VT (gen) faire une demande de ; (Mil) réquisitionner

**requital** /rɪˈkwaɪtl/ N (= repayment) récompense f ; (= revenge) revanche f

**requite** /rɪˈkwaɪt/ VT ① ♦ **requited love** amour m partagé
② (frm = repay) [+ person, action] récompenser, payer (for de)
③ (frm = avenge) [+ action] venger ; [+ person] se venger de

**reran** /ˌriːˈræn/ VB pt of **rerun**

**reread** /ˌriːˈriːd/ (pret, ptp **reread** /ˌriːˈred/) VT relire

**rerecord** /ˌriːrɪˈkɔːd/ VT réenregistrer

**reredos** /ˈrɪədɒs/ N retable m

**reroof** /ˌriːˈruːf/ VT refaire la toiture de

**reroute** /ˌriːˈruːt/ VT [+ train, coach] changer l'itinéraire de, dérouter ♦ **our train was rerouted through Leeds** on a fait faire à notre train un détour par Leeds, notre train a été dérouté sur Leeds

**rerun** /ˈriːrʌn/ (vb: pret **reran** ptp **rerun**)
N [of film, tape] reprise f ; [of TV programme, series] rediffusion f ♦ **the opposition has demanded a rerun of the elections** l'opposition a demandé

que l'on organise de nouvelles élections ◆ **a rerun of the contest is almost certain** on va très certainement devoir recommencer l'épreuve ◆ **the result could have been a rerun of 1931** le résultat aurait pu être la répétition de ce qui s'est passé en 1931

**VT** /ˌriːˈrʌn/ *[+ film, tape]* passer de nouveau ; *[+ race]* courir de nouveau ◆ **to rerun an election** organiser de nouvelles élections ◆ **to rerun a program** *(Comput)* réexécuter un programme

**resale** /ˌriːˈseɪl/

**N** *(gen)* revente *f* ◆ **"not for resale"** *(on package etc)* « échantillon gratuit »

**COMP** **resale price** N prix *m* à la revente
**resale price maintenance** N prix *m* de vente imposé
**resale value** N *[of car]* cote *f or* prix *m* à l'Argus ◆ **what's the resale value?** *(gen)* ça se revend combien ? ; *(car)* elle est cotée combien à l'Argus ?

**resat** /ˌriːˈsæt/ VB pt, ptp of **resit**

**reschedule** /ˈriːˈʃedjuːl, (US) ˈriːˈskedjuːl/ VT *[+ meeting, visit]* changer l'heure (*or* la date) de ; *[+ train service etc]* changer l'horaire de ; *[+ repayments, debt]* rééchelonner ; *[+ plans, course]* changer le programme de ; *[+ TV programme]* reprogrammer

**rescind** /rɪˈsɪnd/ VT *[+ judgement]* rescinder, casser ; *[+ law]* abroger ; *[+ act]* révoquer ; *[+ contract]* résilier, dissoudre ; *[+ decision, agreement]* annuler

**rescission** /rɪˈsɪʒən/ N *[of law]* abrogation *f* ; *[of agreement]* annulation *f* ; *[of contract]* résiliation *f*

**rescript** /ˈriːskrɪpt/ N *(Hist, Rel)* rescrit *m*

**rescriptions** /rɪˈskrɪpʃənz/ NPL *(Stock Exchange)* bons *mpl* du Trésor, emprunts *mpl* des collectivités publiques

**rescue** /ˈreskjuː/ SYN

**N** *(= help)* secours *mpl* ; *(= saving)* sauvetage *m* ; *(= freeing)* délivrance *f* ◆ **rescue was difficult** le sauvetage a été difficile ◆ **rescue came too late** les secours sont arrivés trop tard ◆ **to go to sb's rescue** aller au secours *or* à la rescousse de qn ◆ **to come to sb's rescue** venir en aide à qn *or* à la rescousse de qn ◆ **to the rescue** à la rescousse ; → **air**

**VT** *(= save)* sauver, secourir ; *(= free)* délivrer *(from* de) ◆ **you rescued me from a difficult situation** vous m'avez tiré d'une situation difficile ◆ **the rescued were taken to hospital** les rescapés ont été emmenés à l'hôpital

**COMP** **rescue attempt** N tentative *f or* opération *f* de sauvetage
**rescue operations** NPL opérations *fpl* de sauvetage
**rescue party** N *(gen)* équipe *f* de secours ; *(Ski, Climbing)* colonne *f* de secours
**rescue services** NPL services *mpl* de secours
**rescue worker** N sauveteur *m*, secouriste *mf*

**rescuer** /ˈreskjʊəʳ/ N sauveteur *m*

**reseal** /ˌriːˈsiːl/ VT *[+ envelope, letter]* recacheter ; *[+ jar]* refermer (hermétiquement)

**resealable** /ˌriːˈsiːləbl/ ADJ *[container]* refermable

**research** /rɪˈsɜːtʃ/ SYN

**N** recherche(s) *f(pl)* ◆ **a piece of research** un travail de recherche ◆ **to do research** faire des recherches *or* de la recherche ◆ **to carry out research into the effects of...** faire des recherches sur les effets de...

**VI** faire des recherches *(into, on* sur)

**VT** *[+ article, book etc]* faire des recherches pour *or* en vue de, se documenter sur ◆ **well-researched** bien documenté

**COMP** **research and development** N recherche *f* et développement *m*, recherche-développement *f*
**research assistant, research associate** N *(Univ)* ≈ étudiant(e) *m(f)* en maîtrise *(ayant le statut de chercheur)*
**research establishment** N centre *m* de recherches
**research fellow** N *(Univ)* ≈ chercheur *m*, -euse *f* attaché(e) à l'université ; see also **researcher**
**research fellowship** N *(Univ)* poste *m* de chercheur (-euse *f*) attaché(e) à l'université
**research laboratory** N laboratoire *m* de recherches
**research scientist** N chercheur *m*, -euse *f* ; see also **researcher**
**research student** N *(Univ)* étudiant(e) *m(f)* qui fait de la recherche, étudiant(e) *m(f)* de doctorat *(ayant statut de chercheur)*
**research work** N travail *m* de recherche, recherches *fpl*
**research worker** N chercheur *m*, -euse *f* ; see also **researcher**

**researcher** /rɪˈsɜːtʃəʳ/ N chercheur *m*

**reseat** /ˌriːˈsiːt/ VT 1 *[+ person]* faire changer de place à ◆ **to reseat o.s.** se rasseoir

2 *[+ chair]* rempailler, refaire le siège de ; *[+ trousers]* mettre un fond à

**resect** /rɪˈsekt/ VT *(Med)* réséquer

**resection** /riːˈsekʃən/ N résection *f*

**reseda** /ˈresɪdə/ N *(= plant)* réséda *m*

**reselect** /riːsɪˈlekt/ VT *(Pol) [party]* accorder de nouveau son investiture à ◆ **to be reselected** *[candidate]* recevoir de nouveau l'investiture de son parti

**reselection** /riːsɪˈlekʃən/ N *(Pol)* investiture *f* renouvelée ◆ **to stand for reselection** se porter candidat à l'investiture

**resell** /ˌriːˈsel/ (pret, ptp **resold**) VT revendre

**resemblance** /rɪˈzembləns/ SYN N ressemblance *f* ◆ **to bear a strong/faint resemblance (to)** avoir une grande/vague ressemblance (avec) ◆ **this bears no resemblance to the facts** ceci n'a aucune ressemblance avec les faits ◆ **there's not the slightest resemblance between them** il n'y a pas la moindre ressemblance entre eux, ils ne se ressemblent pas du tout

**resemble** /rɪˈzembl/ LANGUAGE IN USE 5.1 SYN VT *[person]* ressembler à ; *[thing]* ressembler à, être semblable à ◆ **they resemble each other** ils se ressemblent

**resent** /rɪˈzent/ SYN VT *[+ sb's reply, look, attitude]* être contrarié par ; *(stronger)* être indigné de ◆ **I resent that!** je proteste ! ◆ **I resent your tone** votre ton me déplaît fortement ◆ **he resented my promotion** il n'a jamais pu accepter *or* admettre ma promotion ◆ **he resented having lost his job/the fact that I married her** il n'acceptait pas la perte de son emploi/mon mariage avec elle, la perte de son emploi/mon mariage avec elle lui restait en travers de la gorge* ◆ **he really resented this** ça lui est resté en travers de la gorge* ◆ **he may resent my being here** il n'appréciera peut-être pas ma présence

**resentful** /rɪˈzentfʊl/ SYN ADJ *[person, reply, look]* plein de ressentiment ◆ **to be** *or* **feel resentful of** *or* **towards sb (for doing sth)** en vouloir à qn (d'avoir fait qch) ◆ **to be resentful of sb's success** mal accepter le succès de qn

**resentfully** /rɪˈzentfəlɪ/ ADV avec ressentiment

**resentment** /rɪˈzentmənt/ SYN N ressentiment *m*

**reserpine** /ˈresəpɪn/ N *(Med)* réserpine *f*

**reservation** /ˌrezəˈveɪʃən/ LANGUAGE IN USE 26.3 SYN

**N** 1 *(= restriction)* réserve *f* ; *(Jur)* réservation *f* ◆ **mental reservation** restriction *f* mentale ◆ **without reservation** sans réserve, sans arrière-pensée ◆ **with reservations** avec certaines réserves, sous réserve ◆ **to have reservations about...** faire *or* émettre des réserves sur...

2 *(= booking)* réservation *f* ◆ **to make a reservation at the hotel/on the boat** réserver *or* retenir une chambre à l'hôtel/une place sur le bateau ◆ **to have a reservation** avoir une réservation

3 *(= area of land)* réserve *f* ; *(US)* réserve *f* (indienne)

4 *(Brit)* ◆ **(central) reservation** *(on roadway)* bande *f* médiane

5 *(Rel)* ◆ **Reservation (of the Sacrament)** les Saintes Réserves *fpl*

**COMP** **reservation desk** N *(in airport, hotels etc)* comptoir *m* des réservations

**reserve** /rɪˈzɜːv/ SYN

**VT** 1 *(= keep)* réserver, garder ◆ **to reserve one's strength** ménager *or* garder ses forces ; *(Sport)* se réserver ◆ **to reserve o.s. for...** se réserver pour... ◆ **to reserve the best wine for one's friends** réserver *or* garder le meilleur vin pour ses amis ◆ **to reserve judgement** réserver son jugement ◆ **to reserve the right to do sth** se réserver le droit de faire qch ◆ **to reserve a warm welcome for sb** ménager *or* réserver un accueil chaleureux à qn

2 *(= book in advance) [+ room, seat]* réserver, retenir

**N** 1 *(= sth stored)* réserve *f*, stock *m* ◆ **to have great reserves of energy** avoir une grande réserve d'énergie ◆ **cash reserve** réserve *f* en devises ◆ **gold reserves** réserves *fpl* d'or *or* en or ◆ **world reserves of pyrites** réserves *fpl* mondiales de pyrite ◆ **to keep** *or* **hold in reserve** tenir en réserve

2 *(= restriction)* réserve *f*, restriction *f* ◆ **without reserve** sans réserve, sans restriction ◆ **with all reserve** *or* **all proper reserves** sous toutes réserves

3 *(Brit* : also **reserve price)** prix *m* minimum

4 *(= piece of land)* réserve *f* ; → **game¹, nature**

5 *(NonC = attitude)* réserve *f*, retenue *f* ◆ **he treated me with some reserve** il s'est tenu sur la réserve avec moi ◆ **to break through sb's reserve** amener qn à se départir de sa réserve *or* retenue

6 *(Mil)* ◆ **the Reserve** la réserve ◆ **the reserves** la réserve, les réservistes *mpl*

7 *(Sport)* ◆ **the reserves** l'équipe *f* B

**COMP** *[currency, fund]* de réserve
**reserve bank** N *(US)* banque *f* de réserve
**reserve currency** N *(Fin)* monnaie *f* de réserve
**reserved list** N *(Brit Mil)* réserve *f*
**reserved occupation** N *(Brit) profession donnant droit à l'exemption du service militaire*
**reserve-grade** ADJ *(Austral Sport)* de réserve
**reserve list** N *(Mil)* cadre *m* de réserve
**reserve player** N *(esp Brit Sport)* remplaçant(e) *m(f)*
**reserve price** N *(Brit)* prix *m* minimum
**reserve tank** N (also **reserve petrol tank**) réservoir *m* (d'essence) de secours, nourrice *f*
**reserve team** N *(Brit)* équipe *f* B

**reserved** /rɪˈzɜːvd/ SYN ADJ *[person, behaviour, room, table, seat]* réservé ◆ **to be reserved about sth** se montrer réservé sur qch ; → **copyright, right**

**reservedly** /rɪˈzɜːvɪdlɪ/ ADV avec réserve, avec retenue

**reservist** /rɪˈzɜːvɪst/ N *(Mil)* réserviste *m*

**reservoir** /ˈrezəvwɑːʳ/ SYN

**N** *(lit, fig)* réservoir *m*

**COMP** **reservoir rock** N roche-réservoir *f*

**reset** /ˌriːˈset/ (pret, ptp **reset**)

**VT** 1 *[+ precious stone]* remonter

2 *[+ clock, watch]* mettre à l'heure ◆ **to reset the alarm** remettre l'alarme

3 *(Comput)* redémarrer

4 *(Med) [+ limb]* remettre ◆ **to reset a broken bone** réduire une fracture

5 *(Typography)* recomposer

**COMP** **reset button, reset switch** N *(Comput)* bouton *m* de redémarrage

**resettle** /ˌriːˈsetl/

**VT** *[+ refugees]* établir (ailleurs), relocaliser ; *[+ land]* repeupler

**VI** s'établir (ailleurs)

**resettlement** /ˌriːˈsetlmənt/

**N** *[of land]* repeuplement *m* ; *[of people]* déplacement *m*, relocalisation *f*

**COMP** **resettlement programme** N *programme visant à relocaliser une population dans une nouvelle région*

**reshape** /ˌriːˈʃeɪp/ VT *[+ dough, clay]* refaçonner, modeler de nouveau ; *[+ text, policy, society, system]* réorganiser

**reshuffle** /ˌriːˈʃʌfl/

**VT** 1 *[+ cards]* battre de nouveau

2 *(fig) [+ cabinet, board of directors]* remanier

**N** 1 *(Cards)* ◆ **to have a reshuffle** rebattre

2 *(in command etc)* remaniement *m (Pol)* ◆ **Cabinet reshuffle** remaniement *m* ministériel

**reside** /rɪˈzaɪd/ SYN VI *(lit, fig)* résider ◆ **the power resides in** *or* **with the President** le pouvoir est entre les mains du Président

**residence** /ˈrezɪdəns/ SYN

**N** 1 *(frm = house)* résidence *f*, demeure *f* ◆ **the President's official residence** la résidence officielle du Président

2 *(US)* (also **university residence, residence hall)** résidence *f* (universitaire)

3 *(NonC = stay)* séjour *m*, résidence *f* ◆ **to take up residence in the country** élire domicile *or* s'installer à la campagne ◆ **after five years' residence in Britain** après avoir résidé en Grande-Bretagne pendant cinq ans ◆ **place/country of residence** *(Admin)* lieu *m*/pays *m* de résidence

◆ **in residence** *[monarch, governor etc]* en résidence ◆ **the students are now in residence** les étudiants sont maintenant rentrés ◆ **there is always a doctor in residence** il y a toujours un médecin à demeure

**residence hall** N (US Univ) résidence f universitaire
**residence permit** N (Brit) permis m or carte f de séjour

**residency** /ˈrezɪdənsɪ/ N (gen) résidence f officielle ; (US Med) internat m de deuxième et de troisième années ◆ **they've got a residency at Steve's Bar** (Mus = regular engagement) ils jouent régulièrement au Steve's Bar

**resident** /ˈrezɪdənt/ SYN
N ① habitant(e) m(f) ; (in foreign country) résident(e) m(f) ; (in street) riverain(e) m(f) ; (in hostel) pensionnaire mf ◆ **"parking for residents only"** « parking privé » ◆ **"residents only"** « interdit sauf aux riverains »
② (US Med) interne mf de deuxième et de troisième années
ADJ ① [landlord] occupant ; [chaplain, tutor, caretaker] à demeure ; [doctor, dramatist, DJ] attitré ◆ **to be resident abroad/in France** résider à l'étranger/en France ◆ **the resident population** la population fixe ◆ **our resident expert (on sth)** (hum) notre spécialiste (de qch)
② [animal] non migrateur (-trice f)
COMP **resident head** N (US Univ) directeur m, -trice f d'une résidence universitaire
**resident physician** N (Med) interne mf
**residents' association** N association f de riverains
**resident student** N (US Univ) étudiant(e) d'une université d'État dont le domicile permanent est situé dans cet État

**residential** /ˌrezɪˈdenʃəl/
ADJ ① (= not industrial) [area] d'habitation ◆ **residential accommodation** logements mpl
② (= live-in) [post, job, course] avec hébergement, résidentiel ; [staff] logé sur place
COMP **residential care** N ◆ **to be in residential care** être pris en charge en établissement spécialisé

**residua** /rɪˈzɪdjʊə/ NPL of **residuum**

**residual** /rɪˈzɪdjʊəl/
ADJ restant ; (Chem) résiduaire ; [radiation, fault] résiduel ◆ **the residual powers of the British sovereign** les pouvoirs qui restent au souverain britannique
N (Chem) résidu m ; (Math) reste m
NPL **residuals** (= royalties) droits versés aux acteurs et à l'auteur à l'occasion d'une rediffusion d'un programme télévisé ou d'un film
COMP **residual current** N courant m résiduel
**residual current device** N disjoncteur m différentiel
**residual heat** N chaleur f résiduelle
**residual income** N revenu m net
**residual unemployment** N chômage m résiduel

**residuary** /rɪˈzɪdjʊərɪ/ ADJ restant ; (Chem) résiduaire ◆ **residuary estate** (Jur) montant m net d'une succession ◆ **residuary legatee** (Jur) = légataire mf universel(le)

**residue** /ˈrezɪdjuː/ SYN N reste(s) m(pl) ; (Chem) résidu m ; (Math) reste m ; (Jur) reliquat m

**residuum** /rɪˈzɪdjʊəm/ N (pl **residua**) résidu m, reste m

**resign** /rɪˈzaɪn/ SYN
VT ① (= give up) se démettre de ; [+ one's job] démissionner de ; (= hand over) céder (to à) ◆ **he resigned the leadership to his colleague** il a cédé la direction à son collègue ◆ **to resign one's commission** (Mil etc) démissionner (se dit d'un officier)
② (= accept) ◆ **to resign o.s. to (doing) sth** se résigner à (faire) qch
VI démissionner, donner sa démission (from de)

**resignation** /ˌrezɪɡˈneɪʃən/ SYN N ① (from job) démission f ◆ **to tender one's resignation** donner sa démission
② (mental state) résignation f
③ (NonC) [of a right] abandon m (of de), renonciation f (of à)

⚠ **resignation** is only translated by the French word **résignation** when it refers to a state of mind.

**resigned** /rɪˈzaɪnd/ SYN ADJ résigné ◆ **to be resigned to (doing) sth** s'être résigné à (faire) qch ◆ **to become resigned to (doing) sth** se résigner à (faire) qch

**resignedly** /rɪˈzaɪnɪdlɪ/ ADV [say] avec résignation, d'un ton résigné ; [shrug, sigh] avec résignation, d'un air résigné

**resilience** /rɪˈzɪlɪəns/ N [of person, character] résistance f, faculté f de récupération ; [of rubber] élasticité f

**resilient** /rɪˈzɪlɪənt/ SYN ADJ [object, material, currency, market] résistant ◆ **he is very resilient** (physically) il a beaucoup de résistance, il récupère bien ; (mentally) il a du ressort, il ne se laisse pas abattre

**resin** /ˈrezɪn/ N résine f

**resinate** /ˈrezɪneɪt/ VT (= impregnate with resin) résiner

**resiniferous** /ˌrezɪˈnɪfərəs/ ADJ résinifère

**resinous** /ˈrezɪnəs/ ADJ résineux

**resipiscence** /ˌresɪˈpɪsns/ N (liter) résipiscence f

**resist** /rɪˈzɪst/ SYN
VT [+ attack, arrest, person] résister à, s'opposer à ; [+ temptation] résister à ; [+ order] refuser d'obéir or d'obtempérer à ; [+ change] s'opposer à ◆ **I couldn't resist (eating) another cake** je n'ai pas pu résister à l'envie de or je n'ai pas pu m'empêcher de manger encore un gâteau ◆ **he resists any advice** il s'oppose à or il est rebelle à tout conseil
VI résister, offrir de la résistance

**resistance** /rɪˈzɪstəns/ SYN
N (gen, Elec, Med, Mil, Phys) résistance f ◆ **the Resistance** (Hist) la Résistance ◆ **to meet with resistance** se heurter à une résistance ◆ **to offer resistance to sth** résister à qch ◆ **to put up or offer stiff resistance to sth** opposer une vive résistance à qch ◆ **he offered no resistance** il n'opposa aucune résistance (to à) ◆ **his resistance was very low** (Med) il n'offrait presque plus de résistance ◆ **that's the line of least resistance** c'est la solution de facilité ◆ **to take the line of least resistance** choisir la solution de facilité ; → **passive**
COMP **resistance fighter** N résistant(e) m(f)
**resistance movement** N mouvement de résistance m
**resistance thermometer** N thermomètre m à résistance électrique

**resistant** /rɪˈzɪstənt/ SYN ADJ [person] hostile (to sth à qch) ; [virus, plant, material] résistant (to sth à qch) ◆ **resistant to penicillin** pénicillorésistant ; → **water**

**-resistant** /rɪˈzɪstənt/ ADJ (in compounds) ◆ **disease-resistant** [plant] résistant aux maladies ◆ **fire-resistant** [paint, cloth] ignifugé ◆ **heat-resistant** [material] résistant à la chaleur

**resister** /rɪˈzɪstər/ N réfractaire m

**resistivity** /ˌriːzɪsˈtɪvɪtɪ/ N résistivité f

**resistor** /rɪˈzɪstər/ N (Elec) résistance f

**resit** /ˌriːˈsɪt/ (vb: pret, ptp **resat**) (Brit)
VT se représenter à, repasser
VI se présenter à la deuxième session
N /ˈriːsɪt/ deuxième session f (d'un examen) ◆ **to have a resit in law** devoir se représenter en droit ◆ **to fail one's resits/one's resit in chemistry** échouer une deuxième fois à ses examens/à son examen de chimie

**resite** /ˌriːˈsaɪt/ VT [+ factory] réimplanter, transférer

**resize** /ˌriːˈsaɪz/ VT (Comput) [+ window] redimensionner

**reskill** /riːˈskɪl/
VI se recycler
VT recycler

**resold** /ˌriːˈsəʊld/ VB pt, ptp of **resell**

**resole** /ˌriːˈsəʊl/ VT ressemeler

**resolute** /ˈrezəluːt/ SYN ADJ [person] résolu, déterminé ; [opposition] résolu ; [refusal] ferme ; [faith] solide ◆ **to take resolute action** agir avec résolution or détermination ◆ **to be resolute in doing sth** faire qch avec résolution or détermination ◆ **to be resolute in one's opposition to sth** s'opposer résolument à qch ◆ **to remain resolute in the fight against sb/sth** continuer résolument à se battre contre qn/qch

**resolutely** /ˈrezəluːtlɪ/ ADV [resist, oppose, stride, stare] résolument ; [refuse] fermement ◆ **the Government remains resolutely committed to the fight against unemployment** le gouvernement poursuit résolument son combat contre le chômage

**resoluteness** /ˈrezəluːtnɪs/ N résolution f, détermination f

**resolution** /ˌrezəˈluːʃən/ SYN N ① (= decision) résolution f ◆ **to make a resolution to do sth** prendre la résolution de faire qch ◆ **good resolutions** bonnes résolutions fpl ; → **New Year**
② (Admin, Pol) résolution f ◆ **to make a resolution** prendre une résolution ◆ **to adopt/reject a resolution** adopter/rejeter une résolution
③ (NonC = resoluteness) fermeté f, résolution f ◆ **to show resolution** faire preuve de fermeté, faire preuve de décision
④ (NonC = solving) [of problem, puzzle] résolution f
⑤ (NonC: Chem, Med, Mus, Phot) résolution f (into en)

**resolvable** /rɪˈzɒlvəbl/ ADJ résoluble

**resolve** /rɪˈzɒlv/ SYN
VT ① [+ problem, difficulty] résoudre ; [+ doubt] dissiper
② (= break up) résoudre, réduire (into en) ◆ **to resolve sth into its elements** ramener or réduire qch à ses éléments ◆ **water resolves itself into steam** l'eau se résout or se transforme en vapeur ◆ **the meeting resolved itself into a committee** l'assemblée se constitua en commission
③ (Med, Mus) résoudre
VI ① (= decide) résoudre, décider (to do sth de faire qch), se résoudre, se décider (to do sth à faire qch) ◆ **to resolve (up)on sth** se résoudre à qch ◆ **to resolve that...** décider que... ◆ **it has been resolved that...** il a été décidé que...
② (= break up) se résoudre (into en) ◆ **the question resolves into four points** la question se divise en quatre points
N ① (NonC = resoluteness) résolution f, fermeté f ◆ **to do sth with resolve** faire qch avec détermination
② (= decision) résolution f, décision f ◆ **to make a resolve to do sth** prendre la résolution de faire qch, résoudre de faire qch

**resolved** /rɪˈzɒlvd/ ADJ résolu (to do sth à faire qch), décidé (to do sth à faire qch)

**resonance** /ˈrezənəns/ N (gen, Mus, Phon, Phys) résonance f ; [of voice] résonance f, sonorité f

**resonant** /ˈrezənənt/ ADJ ① (= sonorous, echoing) [voice, room] sonore ; [sound] retentissant
② (= evocative) ◆ **to be resonant of sth** rappeler qch ◆ **it is a place resonant with memories for him** c'est un endroit qui éveille en lui une foule de souvenirs ◆ **it was a place resonant with memories of him** c'est un endroit qui évoquait des souvenirs de lui

**resonate** /ˈrezəneɪt/ VI ① [sound] résonner
② ◆ **the room resonated with the sound of laughter** la pièce résonnait de rires
③ (fig) ◆ **that resonates with me** je suis tout à fait d'accord là-dessus

**resonator** /ˈrezəneɪtər/ N résonateur m

**resorcinol** /rɪˈzɔːsɪˌnɒl/ N résorcinol m

**resorption** /rɪˈzɔːpʃən/ N résorption f

**resort** /rɪˈzɔːt/ SYN
N ① (= recourse) recours m ◆ **without resort to violence** sans recourir or avoir recours à la violence ◆ **as a last or final resort, in the last or final resort** en dernier ressort ◆ **it was/you were my last resort** c'était/tu étais mon dernier recours
② (= place) lieu m de séjour or de vacances ◆ **coastal resort** plage f ◆ **seaside/summer resort** station f balnéaire/estivale ◆ **winter sports resort** station f de sports d'hiver ◆ **a resort of thieves** (fig liter) un repaire de voleurs ; → **health, holiday**
VI ◆ **to resort to sth** avoir recours à qch, recourir à qch ◆ **to resort to sb** avoir recours à qn ◆ **to resort to doing sth** en venir à faire qch

**resound** /rɪˈzaʊnd/ SYN
VI retentir, résonner (with de) ◆ **his speech will resound throughout France/history** son discours retentira dans toute la France/à travers l'histoire
VT faire retentir or résonner

**resounding** /rɪˈzaʊndɪŋ/ SYN ADJ ① (= loud) [thud, crack, crash, laugh] sonore ; [voice] sonore, tonitruant ◆ **resounding applause** un tonnerre d'applaudissements
② (= great) [triumph, victory, success] retentissant ; [defeat] écrasant ◆ **a resounding silence** un silence pesant ◆ **a resounding no** un non catégorique

**resoundingly** /rɪˈzaʊndɪŋlɪ/ ADV ① (= loudly) [fall, crash] bruyamment
② (convincingly) [beat, defeat] à plate(s) couture(s) ◆ **to be resoundingly successful** [plan] être couronné de succès ; [person] remporter un succès retentissant

**resource** /rɪˈsɔːs/ SYN
**N** [1] *(= wealth, supplies etc)* ressource *f* ◆ **financial/mineral/natural resources** ressources *fpl* pécuniaires/en minerais/naturelles ◆ **resources of men and materials** ressources *fpl* en hommes et en matériel ◆ **the total resources of a company** *(Fin)* l'ensemble des ressources d'une société ◆ **he has no resources against boredom** il ne sait pas lutter *or* se défendre contre l'ennui ◆ **left to his own resources** livré à ses propres ressources *or* à lui-même
[2] *(Comput)* ressources *fpl*
[3] *(= resort)* ressource *f* ◆ **you are my last resource** vous êtes ma dernière ressource *or* mon dernier espoir
**COMP** **resource centre** **N** *(Scol, Univ etc)* centre *m* de documentation

**resourced** /rɪˈsɔːst/ **ADJ** *(Brit)* ◆ **well resourced** qui dispose de bonnes ressources ◆ **under-resourced** qui ne dispose pas des ressources nécessaires

**resourceful** /rɪˈsɔːsfʊl/ SYN **ADJ** *[person]* plein de ressources, ingénieux

**resourcefully** /rɪˈsɔːsfəlɪ/ **ADV** d'une manière ingénieuse

**resourcefulness** /rɪˈsɔːsfʊlnɪs/ **N** *(NonC)* ingéniosité *f* ◆ **one's own inner resourcefulness** ses ressources *fpl* intérieures

**resourcing** /rɪˈsɔːsɪŋ/ **N** *(NonC = resources)* ressources *fpl*

**respect** /rɪˈspekt/ SYN
**N** [1] *(NonC = esteem)* respect *m* ◆ **to have respect for** *[+ person]* avoir du respect pour, respecter ; *[+ the law, sb's intelligence]* respecter ◆ **I have the greatest respect for him** j'ai infiniment de respect pour lui ◆ **to treat with respect** traiter avec respect ◆ **to be held in respect** être tenu en haute estime ◆ **he can command respect** il impose le respect, il sait se faire respecter ◆ **she has no respect for other people's feelings** elle n'a aucune considération *or* aucun respect pour les sentiments d'autrui ◆ **out of respect for...** par respect *or* égard pour... ◆ **with (due** *or* **the greatest) respect I still think that...** sans vouloir vous contredire *or* sauf votre respect je crois toujours que... ◆ **without respect of persons** *(frm)* sans acception de personne ◆ **without respect to the consequences** sans tenir compte *or* se soucier des conséquences, sans s'arrêter aux conséquences
[2] *(= reference, aspect)*
♦ **in... respect(s)** ◆ **in some respects** à certains égards, sous certains rapports ◆ **in many respects** à bien des égards ◆ **in this respect** à cet égard, sous ce rapport ◆ **in one respect** d'un certain côté ◆ **in other respects** à d'autres égards ◆ **in what respect?** sous quel rapport ?, à quel égard ? ◆ **good in respect of content** bon sous le rapport du contenu *or* quant au contenu
♦ **with respect to...** pour *or* en ce qui concerne..., quant à..., relativement à...
[3] ◆ **respects** *(= regards)* respects *mpl* ; *(man to woman)* hommages *mpl* ◆ **to pay one's respects to sb** présenter ses respects à qn ◆ **give my respects to...** présentez mes respects (*or* mes hommages) à... ◆ **to pay one's last respects to sb** rendre un dernier hommage à qn
**VT** [1] *[+ person, customs, sb's wishes, opinions, grief, the law]* respecter ◆ **to respect o.s.** se respecter
[2] *(frm)* ◆ **as respects...** quant à..., en ce qui concerne...

**respectability** /rɪˌspektəˈbɪlɪtɪ/ **N** respectabilité *f*

**respectable** /rɪˈspektəbl/ SYN **ADJ** *[person, behaviour, motives, size, amount, piece of work]* respectable ; *[clothes]* convenable, comme il faut ◆ **young people from respectable homes** des jeunes gens venant de foyers respectables ◆ **he was outwardly respectable but...** il avait l'apparence de la respectabilité mais... ◆ **in respectable society** entre gens respectables ◆ **a respectable writer** un écrivain qui n'est pas sans talent ◆ **to finish a respectable second/third** finir honorablement deuxième/troisième ◆ **it is respectable to do sth** il est respectable de faire qch

**respectably** /rɪˈspektəblɪ/ **ADV** [1] *(= decently)* *[dress, behave]* convenablement, comme il faut ◆ **a respectably married man** un homme marié et respectable
[2] *(= adequately)* ◆ **he finished respectably in fourth place** il a fini honorablement à la quatrième place

**respecter** /rɪˈspektəʳ/ **N** ◆ **death/the law is no respecter of persons** tout le monde est égal devant la mort/la loi ◆ **death is no respecter of wealth** les riches et les pauvres sont égaux devant la mort ◆ **he is no respecter of persons** il ne s'en laisse imposer par personne

**respectful** /rɪˈspektfʊl/ **ADJ** respectueux *(of sth* de qch ; *to(wards) sb* envers qn, à l'égard de qn)

**respectfully** /rɪˈspektfəlɪ/ **ADV** *[speak, bow, listen]* respectueusement, avec respect ; *[stand, wait, ask, suggest]* respectueusement ; *[treat]* avec respect ◆ **I would respectfully disagree with Mr Brown** avec tout le respect que je lui dois, je suis en désaccord avec M. Brown ◆ **I remain respectfully yours** *or* **yours respectfully** *(in letters)* je vous prie d'agréer l'expression de mes sentiments respectueux ; *(man to woman)* je vous prie d'agréer l'expression de mes très respectueux hommages

**respectfulness** /rɪˈspektfʊlnɪs/ **N** *[of person]* attitude *f* respectueuse ; *[of tone, manner]* caractère *m* respectueux

**respecting** /rɪˈspektɪŋ/ **PREP** concernant, relatif à

**respective** /rɪˈspektɪv/ SYN **ADJ** respectif

**respectively** /rɪˈspektɪvlɪ/ **ADV** respectivement

**respirable** /ˈrespɪrəbl/ **ADJ** respirable

**respiration** /ˌrespɪˈreɪʃən/ **N** *(Bot, Med)* respiration *f*

**respirator** /ˈrespəˌreɪtəʳ/ **N** *(Med)* respirateur *m* ; *(Mil)* masque *m* à gaz

**respiratory** /ˈrespərətərɪ/
**ADJ** respiratoire
**COMP** **respiratory arrest** **N** arrêt *m* respiratoire
**respiratory failure** **N** insuffisance *f* or défaillance *f* respiratoire
**respiratory quotient** **N** *(Bio)* quotient *m* respiratoire
**respiratory system** **N** système *m* respiratoire
**respiratory tract** **N** appareil *m* respiratoire

**respire** /rɪˈspaɪəʳ/ **VTI** respirer

**respite** /ˈrespaɪt/ SYN
**N** répit *m*, relâche *m or f* ; *(Jur)* sursis *m* ◆ **without (a) respite** sans répit, sans relâche
**COMP** **respite care** **N** ◆ **to provide respite care** *héberger temporairement des personnes invalides pour soulager leurs proches*

**resplendence** /rɪˈsplendəns/ **N** splendeur *f*

**resplendent** /rɪˈsplendənt/ **ADJ** resplendissant ◆ **to look resplendent** être resplendissant ◆ **resplendent in a silk dress** resplendissant dans sa robe de soie ◆ **to be resplendent with sth** resplendir de qch, être resplendissant de qch

**resplendently** /rɪˈsplendəntlɪ/ **ADV** splendidement

**respond** /rɪˈspɒnd/ SYN **VI** [1] *(= reply)* répondre *(to* à ; *with* par) ; *(Rel)* chanter les répons ◆ **to respond to a toast** répondre à un toast
[2] *(= show reaction to)* répondre *(to* à) ◆ **brakes that respond well** freins *mpl* qui répondent bien ◆ **car that responds well to controls** voiture *f* qui a de bonnes réactions *or* qui répond bien aux commandes ◆ **the patient responded to treatment** le malade a bien réagi au traitement ◆ **the illness responded to treatment** le traitement a agi sur la maladie

**respondent** /rɪˈspɒndənt/
**N** [1] *(Jur)* défendeur *m*, -deresse *f*
[2] *(in opinion poll etc)* personne *f* interrogée, sondé *m*
**ADJ** qui répond *or* réagit *(to* à)

**response** /rɪˈspɒns/ SYN
**N** [1] *(lit, fig)* réponse *f* ; *(to treatment)* réaction *f* ◆ **in response to** en réponse à ◆ **in response to the radio appeal, the sum of £10,000 was raised** à la suite de *or* en réponse à l'appel radiodiffusé, on a recueilli la somme de 10 000 livres ◆ **his only response was to nod** pour toute réponse, il a hoché la tête ◆ **we had hoped for a bigger response from the public** nous n'avons pas reçu du public la réponse escomptée ◆ **our opponents have made no response to our peace proposals** nos adversaires n'ont pas répondu à nos propositions de paix
[2] *(Rel)* répons *m*
**COMP** **response time** **N** *[of machine, person, police, ambulance etc]* temps *m* de réponse

**responsibility** /rɪˌspɒnsəˈbɪlɪtɪ/ LANGUAGE IN USE 18.3 SYN
**N** responsabilité *f* ◆ **to lay** *or* **put** *or* **place the responsibility for sth on sb** tenir qn pour responsable de qch, faire porter la responsabilité de qch à qn ◆ **the report placed responsibility for the accident on the company** le rapport a déclaré la société responsable de cet accident ◆ **to take responsibility for sth** prendre *or* assumer la responsabilité de qch ◆ **"the company takes no responsibility for objects left here"** ≈ « la compagnie décline toute responsabilité pour les objets en dépôt » ◆ **to take on the responsibility** accepter *or* assumer la responsabilité ◆ **the group which claimed responsibility for the attack** le groupe qui a revendiqué l'attentat ◆ **that's his responsibility** c'est à lui de s'en occuper ◆ **it's not my responsibility to do that** ce n'est pas à moi de faire ça ◆ **on my own responsibility** sous ma responsabilité ◆ **he wants a position with more responsibility** il cherche un poste offrant plus de responsabilités ◆ **he has too many responsibilities** il a trop de responsabilités ◆ **it is a big responsibility for him** c'est une lourde responsabilité pour lui
**COMP** **responsibility allowance, responsibility payment** **N** prime *f* de fonction

**responsible** /rɪˈspɒnsəbl/ SYN **ADJ** [1] *(= trustworthy)* *[person, attitude, organization]* responsable
[2] *(= in charge)* responsable *(to sb* devant qn ; *for sb* de qn) ◆ **responsible for sth** responsable de qch, chargé de qch ◆ **responsible for doing sth** chargé de faire qch ◆ **who is responsible here?** qui est le responsable ici ?
[3] *(= the cause)* ◆ **she is responsible for the success of the project** c'est à elle que l'on doit le succès du projet ◆ **he was responsible for improving standards of service** c'est grâce à lui que le service s'est amélioré ◆ **who is responsible for breaking the window?** qui a cassé la vitre ? ◆ **CFCs are responsible for destroying the ozone layer** les CFC sont responsables de la destruction de la couche d'ozone ◆ **I demand to know who is responsible for this!** j'exige de savoir qui est responsable *or* de connaître le responsable ! ◆ **to hold sb responsible for sth** tenir qn responsable de qch
[4] *(= involving or demanding responsibility)* ◆ **a responsible job** un travail à responsabilité(s)

**responsibly** /rɪˈspɒnsəblɪ/ **ADV** avec sérieux, de façon responsable

**responsive** /rɪˈspɒnsɪv/ SYN **ADJ** [1] *(= receptive)* *[audience, class, pupil]* réceptif ◆ **he wasn't very responsive when I spoke to him about it** quand je lui en ai parlé, il ne s'est pas montré très réceptif *or* il n'a pas beaucoup réagi
[2] *(= ready to react)* *[person]* sensible, réceptif ◆ **to be responsive to sb's needs** être sensible *or* réceptif aux besoins de qn ◆ **to be responsive to criticism** être sensible à la critique ◆ **to be responsive to sb's request** accueillir favorablement la demande de quelqu'un
[3] *(Med)* ◆ **to be responsive to antibiotics/treatment** réagir aux antibiotiques/au traitement
[4] *(= easily controlled)* *[machine, car, steering]* sensible
[5] *(= answering)* ◆ **to give a responsive smile/nod** faire un sourire/hocher la tête en guise de réponse

**responsiveness** /rɪˈspɒnsɪvnɪs/ **N** *(NonC = receptiveness)* capacité *f* de réaction ◆ **the government's responsiveness to social pressures** l'aptitude *f* du gouvernement à réagir aux pressions sociales

**responsory** /rɪˈspɒnsərɪ/ **N** *(Rel)* répons *m*

**respray** /ˌriːˈspreɪ/
**VT** *[+ car]* refaire la peinture de
**N** /ˈriːspreɪ/ ◆ **the car needs a respray** il faut refaire la peinture de la voiture

**rest** /rest/ SYN
**N** [1] *(gen = relaxation etc)* repos *m* ◆ **a day of rest** un jour de repos ◆ **to need rest** avoir besoin de repos ◆ **to need a rest** avoir besoin de se reposer ◆ **to have a rest** se reposer ◆ **she took** *or* **had an hour's rest** elle s'est reposée pendant une heure ◆ **we had a couple of rests during the walk** pendant la promenade nous nous sommes arrêtés deux fois pour nous reposer ◆ **no rest for the wicked** pas de repos pour les braves ◆ **rest and recuperation** *(US Mil = leave)* permission *f* ◆ **take a rest!** reposez-vous ! ◆ **to have a good night's rest** passer une bonne nuit ◆ **to retire to rest** *(liter)* se retirer ◆ **at rest** au repos ◆ **to be at rest** *(= peaceful)* être tranquille *or* calme ; *(= immobile)* être au repos ; *(euph = dead)* reposer en paix ◆ **to lay to rest** *(lit)* porter en terre ◆ **to lay** *or* **put to rest** *(fig)[+ idea, notion]* enterrer ◆ **to set at rest** *[+ fears, doubts]* dissiper ◆ **to put** *or* **set sb's mind** *or* **heart at rest** tranquilliser qn, rassurer qn ◆ **you can set** *or* **put**

**your mind at rest** tu peux être tranquille ◆ **to come to rest** *[ball, car etc]* s'arrêter, s'immobiliser ; *[bird, insect]* se poser ◆ **give it a rest!** * *(= change the subject)* change de disque ! * ; *(= stop working)* laisse tomber ! *

2 *(= support for instrument, back, arm etc)* support *m*, appui *m* ; → **armrest, receiver**

3 *(= remainder)* ◆ **the rest of the money** le reste *or* ce qui reste de l'argent, l'argent qui reste ◆ **the rest of the boys** les garçons qui restent, les autres garçons ◆ **I will take half of the money and you keep the rest** je prends la moitié de l'argent et tu gardes le reste *or* le restant ◆ **I will take this book and you keep the rest** je prends ce livre et tu gardes le reste ◆ **you go off and the rest of us will wait here** pars, nous (autres) nous attendrons ici ◆ **he was as drunk as the rest of them** il était aussi ivre que les autres ◆ **all the rest of the money** tout ce qui reste de l'argent, tout l'argent qui reste ◆ **all the rest of the books** tous les autres livres ◆ **and all the rest (of it)** * et tout ça *, et tout ce qui s'ensuit ◆ **for the rest** quant au reste

4 *(Mus)* pause *f* ; *(Poetry)* césure *f* ◆ **crotchet** *(Brit)or* **quarter-note** *(US)* **rest** *(Mus)* soupir *m*

**VI** 1 *(= repose)* se reposer ; *[the dead]* reposer ◆ **she never rests** elle ne se repose jamais ◆ **you must rest for an hour** il faut vous reposer pendant une heure ◆ **he won't rest till he finds out the truth** *(fig)* il n'aura de cesse qu'il ne découvre *subj* la vérité ◆ **to rest easy** dormir sur ses deux oreilles ◆ **to rest on one's oars** *(lit)* lever les avirons *or* les rames ; *(fig)* prendre un repos bien mérité ◆ **to rest on one's laurels** se reposer *or* s'endormir sur ses lauriers ◆ **to be resting** *(euph)* *[actor]* se trouver sans engagement ◆ **may he rest in peace** qu'il repose en paix ◆ **to let a field rest** *(Agr)* laisser reposer un champ, laisser un champ en jachère ◆ **"the defence/prosecution rests"** *(Jur)* *formule utilisée par les avocats pour conclure leur plaidoyer ou réquisitoire*

2 *(= remain)* rester, demeurer ◆ **rest assured that...** soyez certain *or* assuré que... ◆ **he refused to let the matter rest** il refusait d'en rester là ◆ **they agreed to let the matter rest** ils ont convenu d'en rester là ◆ **the matter must not rest there** l'affaire ne doit pas en rester là ◆ **and there the matter rests for the moment** l'affaire en est là pour le moment ◆ **the authority rests with him** c'est lui qui détient l'autorité ◆ **the decision rests with him, it rests with him to decide** la décision lui appartient, il lui appartient de décider ◆ **it doesn't rest with me** cela ne dépend pas de moi

3 *(= lean, be supported)* *[person]* s'appuyer *(on* sur ; *against* contre) ; *[ladder]* être appuyé *(on* sur ; *against* contre) ; *[roof etc]* reposer *(on* sur) ; *(fig)* *[argument, reputation, case]* reposer *(on* sur) ; *[eyes, gaze]* se poser, s'arrêter *(on* sur) ◆ **her elbows were resting on the table** ses coudes reposaient sur la table ◆ **a heavy responsibility rests on him** *(fig)* il a une lourde responsabilité

**VT** 1 faire *or* laisser reposer, donner du repos à ◆ **to rest o.s.** se reposer ◆ **I am quite rested** je me sens tout à fait reposé ◆ **to rest the horses** laisser reposer les chevaux ◆ **God rest his soul!** que Dieu ait son âme !, paix à son âme !

2 *(Jur)* ◆ **to rest one's case** conclure sa plaidoirie ◆ **I rest my case!** *(hum)* CQFD !

3 *(= lean)* poser, appuyer *(on* sur ; *against* contre) ; *(fig = base)* *[+ suspicions]* fonder *(on* sur) ◆ **to rest one's hand on sb's shoulder** poser la main sur l'épaule de qn ◆ **to rest one's elbows on the table** poser les coudes sur la table ◆ **to rest a ladder against a wall** appuyer une échelle contre un mur

**COMP** **rest area** N aire *f* de repos
**rest camp** N *(Mil)* cantonnement *m*
**rest centre** N centre *m* d'accueil
**rest cure** N cure *f* de repos
**rest day** N jour *m* de repos
**rest home, rest house** N maison *f* de repos
**resting place** N *[of the dead]* dernière demeure *f*
**rest room** N *(US)* toilettes *fpl*
**rest stop** N *(US)* *(= place)* aire *f* de repos ; *(= break in journey)* pause *f* *(pendant un trajet en voiture ou en bus)*

► **rest up** * VI se reposer

**restart** /ˌriːˈstɑːt/

**VT** *[+ work, activity, race]* reprendre, recommencer ; *[+ engine]* relancer, remettre en marche ; *[+ machine]* remettre en marche

**VI** reprendre, recommencer ; *[engine, machine]* se remettre en marche

**N** *(of race, career)* nouveau départ *m*

**restate** /ˌriːˈsteɪt/ **VT** *[+ argument, reasons, commitment, objection]* répéter ; *[+ opposition, view, one's position]* réaffirmer ; *[+ demand]* redemander ; *[+ problem]* énoncer de nouveau ; *[+ theory, case]* exposer de nouveau ◆ **he continued to restate his opposition to violence** il a continué de réaffirmer son opposition à la violence

**restatement** /ˌriːˈsteɪtmənt/ **N** *(gen)* répétition *f* ; *[of plan, theory]* nouvel énoncé *m* ◆ **restatement of the law** *(Jur)* réexposé *m* du droit ◆ **he denied that it was simply a restatement of existing government policy** il a nié qu'il s'agisse simplement d'une réaffirmation de la politique gouvernementale existante ◆ **his remarks amount to a restatement of the party's hardline position** ses remarques ne font que réaffirmer la position dure adoptée par le parti ◆ **his speech ended with a clear restatement of the party's demands** il a terminé son discours en réitérant clairement les exigences du parti

**restaurant** /ˈrestərɔ̃ːŋ/

**N** restaurant *m*

**COMP** *[food, prices]* de restaurant
**restaurant car** N *(Brit)* wagon-restaurant *m*

**restaurateur** /ˌrestərəˈtɜːʳ/ **N** restaurateur *m*, -trice *f*

**restful** /ˈrestfʊl/ SYN **ADJ** *[sleep]* (paisible et) réparateur (-trice *f*) ; *[atmosphere, lighting, colour, holiday]* reposant ; *[place]* paisible, tranquille ◆ **he's a very restful person** c'est quelqu'un avec qui on se sent détendu

**restfully** /ˈrestfəlɪ/ **ADV** *[sleep]* paisiblement, tranquillement

**restharrow** /ˈrestˌhærəʊ/ **N** *(= plant)* bugrane *f*, arrête-bœuf *m*

**restitution** /ˌrestɪˈtjuːʃən/ **N** 1 *(NonC)* restitution *f* ◆ **to make restitution of sth** restituer qch ◆ **restitution of conjugal rights** *(Jur)* ordre *m* de réintégration du domicile conjugal

2 *(= reparation)* réparation *f*

**restive** /ˈrestɪv/ SYN **ADJ** 1 *(= restless)* *[horse]* rétif ; *[person]* agité ◆ **to grow restive** *[horse]* devenir rétif ; *[person]* s'agiter

2 *(= discontented)* *[group, crew]* agité, indocile ◆ **to grow restive** s'agiter, devenir difficile à contrôler

**restiveness** /ˈrestɪvnɪs/ **N** agitation *f* ; *[of horse]* rétivité *f*, nature *f* rétive

**restless** /ˈrestlɪs/ SYN

**ADJ** 1 *(= unsettled, fidgety)* *[person, mind, attitude]* agité ; *[child]* agité, remuant ; *[curiosity]* insatiable ◆ **to grow restless** *[person]* s'agiter ◆ **to be restless (in one's sleep)** avoir un sommeil agité ◆ **to have** *or* **spend a restless night** avoir une nuit agitée

2 *(= discontented)* *[group]* agité, indocile ◆ **to get** *or* **grow** *or* **become restless** s'agiter, devenir difficile à contrôler ◆ **the natives are restless** *(hum)* il y a de l'orage dans l'air, il y a de l'eau dans le gaz

3 *(liter = moving)* *[wind]* impétueux *(liter)* ; *[sea]* agité

**COMP** **restless spirit** N *(lit, fig)* âme *f* errante

**restlessly** /ˈrestlɪslɪ/ **ADV** avec agitation, nerveusement ◆ **to walk restlessly up and down** faire nerveusement les cent pas, tourner comme un lion *or* un ours en cage

**restlessness** /ˈrestlɪsnɪs/ SYN **N** *[of person]* agitation *f* ; *[of manner]* agitation *f*, nervosité *f* ; *[of crowd]* impatience *f*

**restock** /ˌriːˈstɒk/ **VT** *[+ shop]* réapprovisionner ; *[+ freezer, shelves]* remplir ses étagères ; *[+ pond, river]* repeupler, empoissonner

**restoration** /ˌrestəˈreɪʃən/ SYN

**N** 1 *(NonC = return)* rétablissement *m* ; *(Jur)* *[of property]* restitution *f* ◆ **the Restoration** *(Brit)* *(#)* *(Hist)* la Restauration *(de la monarchie en 1660)* ◆ **the restoration of diplomatic relations** le rétablissement des relations diplomatiques ◆ **I owe the restoration of my hearing to this new technique** j'ai retrouvé l'audition grâce à cette nouvelle technique

2 *[of text]* rétablissement *m* ; *[of monument, work of art]* restauration *f*

**COMP** **Restoration comedy** N *(Brit Theat)* théâtre *m* de la Restauration anglaise

**restorative** /rɪˈstɔːrətɪv/ **ADJ, N** fortifiant *m*, reconstituant *m*

**restore** /rɪˈstɔːʳ/ SYN **VT** 1 *(= give or bring back)* *[+ sth lost, borrowed, stolen]* rendre, restituer *(to* à) ; *[+ sb's sight etc]* rendre ; *(Jur)* *[+ rights, law etc]* rétablir ; *[+ confidence]* redonner *(to sb* à qn ; *in* dans) ; *[+ order, calm]* rétablir ◆ **to restore sb's health** rétablir la santé de qn, rendre la santé à qn ◆ **restored to health** rétabli, guéri ◆ **to restore sb to life** ramener qn à la vie ◆ **the brandy restored my strength** *or* **me** le cognac m'a redonné des forces ◆ **he was restored to them safe and sound** il leur a été rendu sain et sauf ◆ **to restore a monarch to the throne** restaurer un monarque ◆ **to restore sb to power** ramener qn au pouvoir

2 *(= repair)* *[+ building, painting, furniture etc]* restaurer ; *[+ leather goods]* rénover ; *[+ text]* restituer, rétablir ◆ **to restore sth to its former condition** remettre qch en état

**restorer** /rɪˈstɔːrəʳ/ **N** *(Art etc)* restaurateur *m*, -trice *f* ; → **hair**

**restrain** /rɪˈstreɪn/ SYN

**VT** 1 *(= prevent: gen)* retenir ◆ **I was going to do it but he restrained me** j'allais le faire mais il m'a retenu *or* m'en a empêché ◆ **to restrain sb from doing sth** empêcher qn de faire qch

2 *[+ dangerous person etc]* *(= overcome)* maîtriser ; *(= control)* contenir

3 *(= control)* *[+ one's anger, feelings etc]* réprimer, refréner ◆ **please restrain yourself!** je vous en prie dominez-vous !

4 *(= restrict)* *[+ trade etc]* restreindre

**COMP** **restraining order** N *(Jur)* injonction *f* de ne pas faire, ordonnance *f* restrictive

**restrained** /rɪˈstreɪnd/ SYN **ADJ** *[person]* maître (maîtresse *f*) de soi ; *[tone, manner, response, reaction, performance, speech]* mesuré ; *[emotion]* contenu ; *[style, décor]* sobre ◆ **he was very restrained when he heard the news** quand il a appris la nouvelle, il est resté très maître de lui

**restraint** /rɪˈstreɪnt/ SYN

**N** 1 *(= restriction)* limitation *f* *(on sth* de qch), contrainte *f* ◆ **without restraint** sans contrainte

2 *(NonC = limiting)* frein *m*, contrôle *m* ◆ **price restraint** contrôle *m* des prix ◆ **fiscal restraint** contrôle *m* de la fiscalité ; → **wage**

3 *(NonC = moderation)* *[of person, behaviour]* modération *f*, mesure *f* ; *[of style, speech]* retenue *f*, mesure *f* ◆ **his restraint was admirable** il se maîtrisait admirablement ◆ **sexual restraint** modération *f* sexuelle ◆ **to exercise** *or* **show restraint** faire preuve de modération *or* de retenue ◆ **to show a lack of restraint** manquer de retenue ◆ **with/without restraint** *[say]* avec/sans retenue ; *[act]* avec/sans retenue *or* modération ; → **self**

4 *(= restraining device)* *(in prison, hospital)* entrave *f* ◆ **to be in restraints** être entravé *or* attaché ◆ **to put sb in restraints** *or* *(frm)* **under restraint** entraver qn, attacher qn

5 *(= safety device : in car etc)* *dispositif de sécurité, par exemple ceinture de sécurité, siège pour bébé* ◆ **head restraint** appuie-tête *m*

**COMP** **restraint of trade** N *(Jur, Fin)* atteinte *f or* entraves *fpl* à la liberté du commerce

**restrict** /rɪˈstrɪkt/ SYN **VT** restreindre, limiter *(to* à) ◆ **visiting is restricted to one hour per day** les visites sont limitées à une heure par jour ◆ **she is restricting herself to one glass of wine a day** elle se limite à un verre de vin par jour ◆ **to restrict sb's authority/freedom** restreindre *or* limiter l'autorité/la liberté de qn ◆ **access restricted to members of staff** accès réservé au personnel, accès interdit aux personnes étrangères à l'établissement

**restricted** /rɪˈstrɪktɪd/

**ADJ** 1 *(= limited)* *[visibility]* réduit ; *[number, choice, group, circulation]* restreint, limité ; *[space, range, viewpoint, horizon]* restreint ; *[access]* *(= partial)* limité ; *(= forbidden to some people)* réservé ◆ **on a restricted diet** au régime

2 *(= hindered)* ◆ **to feel restricted** *[person]* *(physically)* se sentir à l'étroit ; *(by clothes)* se sentir engoncé ; *(mentally)* avoir l'impression d'étouffer

3 *(= classified)* *[document, information]* confidentiel

**COMP** **restricted area** N *(Admin, Mil = prohibited)* zone *f* interdite ; *(Brit : on road)* zone *f* à vitesse limitée ◆ **within a restricted area** *(= delimited)* dans une zone restreinte *or* limitée
**restricted code** N *(Ling)* code *m* restreint
**restricted currency** N *(Fin)* devise *f* à convertibilité limitée

**restriction** /rɪˈstrɪkʃən/ SYN **N** restriction *f*, limitation *f* ◆ **to place restrictions on...** imposer des restrictions à... ◆ **speed restriction** limitation *f* de vitesse ◆ **price restriction** contrôle *m* de prix

**restrictive** /rɪˈstrɪktɪv/
- **ADJ** ① (= limiting) [measures] de restriction ; [law, policy] restrictif ; [environment] étouffant
- ② (= tight) [clothing] qui gêne le mouvement
- **COMP** **restrictive clause** N (Gram) proposition f déterminative
  **restrictive practices** NPL (Brit) (by trade unions) pratiques fpl syndicales restrictives ; (by manufacturers) atteintes fpl à la libre concurrence
  **restrictive relative clause** N proposition f déterminative

**re-string** /ˌriːˈstrɪŋ/ (pret, ptp **re-strung** /ˌriːˈstrʌŋ/)
- **VT** [+ pearls, necklace] renfiler ; (Mus) [+ violin] remplacer les cordes de ; (Sport) [+ racket] recorder ; [+ bow] remplacer la corde de, remettre une corde à

**restructure** /ˌriːˈstrʌktʃəʳ/
- **VT** restructurer
- **VI** se restructurer

**restructuring** /ˌriːˈstrʌktʃərɪŋ/ N restructuration f

**restyle** /ˌriːˈstaɪl/ VT [+ product] donner un nouveau look* à ◆ **to have one's hair restyled** changer de coiffure ◆ **to restyle sb's hair** changer la coiffure de qn

**resubmit** /ˌriːsəbˈmɪt/ VT soumettre une nouvelle fois, resoumettre

**result** /rɪˈzʌlt/ **LANGUAGE IN USE 17, 26.3** SYN
- **N** résultat m ◆ **to demand results** exiger des résultats ◆ **to get results** [person] obtenir de bons résultats ; [action] donner de bons résultats, aboutir ◆ **to get a result** * (Brit) arriver à quelque chose* ◆ **as a result he failed** en conséquence il a échoué, résultat : il a échoué* ◆ **to be the result of sth** être la conséquence de qch, être dû à qch, résulter de qch ◆ **as a result of** (gen) à la suite de ; (= directly because of : esp Admin) par suite de ◆ **he died as a result of his injuries** il est décédé des suites de ses blessures ◆ **without result** sans résultat m
- **VI** résulter (from de) ◆ **it results that...** il s'ensuit que...
- ▶ **result in** VT FUS [+ higher/lower level, increased efficiency, changes, loss] entraîner, conduire à ; [+ damage, injury, death] occasionner ; [+ failure] se solder par

**resultant** /rɪˈzʌltənt/
- **ADJ** ◆ **victims of the war and the resultant famine** les victimes de la guerre et de la famine qui en a résulté or qui s'est ensuivie
- **N** (Math) résultante f

**resume** /rɪˈzjuːm/ SYN
- **VT** (= restart etc) [+ tale, account] reprendre ; [+ activity, discussions] reprendre, recommencer ; [+ relations] renouer ◆ **to resume work** reprendre le travail, se remettre au travail ◆ **to resume one's journey** reprendre la route, continuer son voyage ◆ **I resumed digging the garden** je me suis remis à bêcher le jardin ◆ **"well" he resumed** « eh bien » reprit-il ◆ **to resume one's seat** (frm) se rasseoir ◆ **to resume possession of sth** (frm) reprendre possession de qch
- **VI** [classes, work etc] reprendre, recommencer

 **résumer** means 'to sum up', not **to resume**.

**résumé** /ˈreɪzjuːmeɪ/ N résumé m ; (US) curriculum vitæ m inv

**resumption** /rɪˈzʌmpʃən/ SYN N reprise f ; [of diplomatic relations] rétablissement m

**resurface** /ˌriːˈsɜːfɪs/
- **VT** [+ road] refaire la surface de
- **VI** [diver, submarine] remonter à la or en surface, faire surface ; (fig = reappear) refaire surface ◆ **she resurfaced* after a year of mourning** elle a recommencé à sortir après un an de deuil

**resurgence** /rɪˈsɜːdʒəns/ N (gen) résurgence f ; (Econ) reprise f

**resurgent** /rɪˈsɜːdʒənt/ ADJ [nationalism, fundamentalism] renaissant, qui connaît un nouvel essor ; (Econ) [spending] en nette augmentation

**resurrect** /ˌrezəˈrekt/ SYN VT (Rel) ressusciter ; (fig) [+ fashion, ideas] ressortir du placard ; [+ career, debate] reprendre ; (* hum) [+ dress, chair etc] remettre en service

**resurrection** /ˌrezəˈrekʃən/ SYN N (Rel, fig) résurrection f ◆ "**Resurrection**" (Mus) « La Résurrection »

**resurrectionism** /ˌrezəˈrekʃənɪzəm/ N (Rel) croyance f en la résurrection

**resurrectionist** /ˌrezəˈrekʃənɪst/ N (Rel) personne qui croit en la résurrection

**resurvey** /ˌriːsɜːˈveɪ/ VT [+ house] refaire l'expertise de ; [+ site, land] refaire l'arpentage de ; [+ cost] réexaminer

**resus** *, **Resus** * /ˈriːsʌs/ N (abbrev of **resuscitation room**) → **resuscitation**

**resuscitate** /rɪˈsʌsɪteɪt/ SYN VT (gen) faire revivre ; (Med) réanimer

 **ressusciter** means 'to bring back to life', not **to resuscitate**.

**resuscitation** /rɪˌsʌsɪˈteɪʃən/
- **N** réanimation f
- **COMP** **resuscitation room** N salle f de réanimation

**resuscitative** /rɪˈsʌsɪteɪtɪv/ ADJ [technique, measure] de réanimation

**resuscitator** /rɪˈsʌsɪteɪtəʳ/ N (Med) réanimateur m

**retable** /rɪˈteɪbl/ N (Art) retable m

**retail** /ˈriːteɪl/
- **N** (vente f au) détail m
- **VT** vendre au détail (fig) [+ gossip] colporter, répandre
- **VI** [goods] se vendre (au détail) (at à)
- **ADV** ◆ **to buy/sell retail** acheter/vendre au détail
- **COMP** **retail banking** N (Fin) opérations bancaires portant sur les comptes personnels
  **retail business** N commerce m de détail
  **retail dealer** N détaillant(e) m(f)
  **retail outlet** N ◆ **they are looking for a retail outlet for...** ils cherchent un débouché pour... ◆ **50 retail outlets** 50 points mpl de vente
  **retail park** N (Brit) centre m commercial
  **retail price** N prix m de détail ◆ **retail price index** ≈ indice m des prix de l'INSEE
  **retail shop** (Brit), **retail store** (US) N magasin m de détail, détaillant m
  **retail therapy** N ◆ **she indulged in a bit of retail therapy in London** elle est allée faire un peu de shopping à Londres pour se remonter le moral
  **the retail trade** N (= traders) les détaillants mpl ; (= selling) la vente au détail

**retailer** /ˈriːteɪləʳ/ N détaillant(e) m(f)

**retain** /rɪˈteɪn/ SYN
- **VT** ① (= keep) conserver, garder ; (= hold) retenir, maintenir ; [+ heat] conserver ◆ **retaining wall** mur m de soutènement ◆ **to retain control (of)** garder le contrôle (de) ◆ **retained earnings** (Fin) bénéfices mpl non distribués
- ② (= remember) garder en mémoire
- ③ (= engage) [+ lawyer] retenir, engager ◆ **retaining fee** ⇒ **retainer 2**
- **COMP** **retained earnings** NPL (Fin) bénéfices mpl non distribués

**retainer** /rɪˈteɪnəʳ/ SYN N ① († , liter = servant) serviteur m
- ② (= fee) acompte m, avance f sur honoraires ; (to lawyer) provision f ; (= rent) caution f (versée à titre de loyer réduit par un locataire lors de son absence) ◆ **to be on a retainer** être sous contrat (garantissant une disponibilité future)

**retake** /ˈriːteɪk/ (vb: pret **retook** ptp **retaken**)
- **N** ① (Cine) nouvelle prise f (de vues)
- ② (= exam) deuxième session f (d'un examen) ◆ **to fail one's (chemistry) retakes** échouer une deuxième fois à ses examens (de chimie)
- **VT** /ˌriːˈteɪk/ ① reprendre ; [+ prisoner] reprendre, rattraper
- ② (Cine) faire une nouvelle prise de
- ③ [+ exam] se représenter à, repasser

**retaliate** /rɪˈtælɪeɪt/ SYN VI se venger (against sb/sth de qn/qch), user de représailles (against sb envers qn) ◆ **he retaliated by breaking a window** pour se venger il a brisé une fenêtre ◆ **he retaliated by pointing out that...** il a riposté or rétorqué que..., pour sa part il a fait observer que... ◆ **to retaliate (up)on sb** rendre la pareille à qn, user de représailles envers qn

**retaliation** /rɪˌtælɪˈeɪʃən/ SYN N représailles fpl ◆ **in retaliation** par mesure de représailles ◆ **in retaliation for...** pour venger..., pour se venger de... ◆ **policy of retaliation** politique f de représailles

**retaliatory** /rɪˈtælɪətərɪ/ ADJ (frm) de représailles ◆ **retaliatory measures** (gen, Mil) (mesures fpl de) représailles fpl ; (Econ) mesures fpl de rétorsion ◆ **a retaliatory blockade** un blocus en guise de représailles

**retard** /rɪˈtɑːd/ SYN
- **VT** retarder
- **N** retard m

**retardant** /rɪˈtɑːdənt/ N (Chem) retardateur m

**retarded** /rɪˈtɑːdɪd/
- **ADJ** (also **mentally retarded**) arriéré
- **NPL** **the retarded** (also **the mentally retarded**) les attardés mpl (mentaux)
- **COMP** **retarded acceleration** N (Tech) accélération f négative
  **retarded ignition** N (in vehicle) retard m à l'allumage

**retch** /retʃ/
- **VI** avoir des haut-le-cœur
- **N** haut-le-cœur m inv

**retching** /ˈretʃɪŋ/ N haut-le-cœur m inv

**retd** abbrev of **retired**

**retell** /ˌriːˈtel/ (pret, ptp **retold**) VT raconter encore une fois

**retention** /rɪˈtenʃən/ N (NonC) (= keeping) maintien m ; (Med) rétention f ; (= memory) mémoire f

**retentive** /rɪˈtentɪv/ ADJ ◆ **a retentive memory** or **mind** une mémoire fidèle ; → **anal, anally**

**retentiveness** /rɪˈtentɪvnɪs/ N faculté f de retenir, mémoire f

**rethink** /ˌriːˈθɪŋk/ (pret, ptp **rethought** /ˌriːˈθɔːt/)
- **VT** repenser
- **N** /ˈriːθɪŋk/ ◆ **we'll have to have a rethink** nous allons devoir y réfléchir encore un coup*

**retiarius** /ˌriːtɪˈɛərɪəs/ N (pl **retiarii** /ˌriːtɪˈɛərɪaɪ/) (Antiq) rétiaire m

**reticence** /ˈretɪsəns/ SYN N réticence f

**reticent** /ˈretɪsənt/ SYN ADJ réservé ◆ **reticent about sth** réticent à parler de qch ◆ **officials have been reticent about giving details of exactly what did happen** les responsables se sont montrés réticents or peu enclins à expliquer ce qui s'était passé exactement ◆ **she is very reticent about her past** elle n'aime pas parler de son passé

**reticently** /ˈretɪsəntlɪ/ ADV avec réticence, avec réserve

**reticle** /ˈretɪkl/ N (Opt) réticule m

**reticular** /rɪˈtɪkjʊləʳ/ ADJ réticulaire

**reticulate** /rɪˈtɪkjʊlɪt/, **reticulated** /rɪˈtɪkjʊleɪtɪd/ ADJ réticulé

**reticule** /ˈretɪkjuːl/ N ① ⇒ **reticle**
- ② (= handbag) réticule † m

**reticulum** /rɪˈtɪkjʊləm/ N (pl **reticula** /rɪˈtɪkjʊlə/) réticulum m

**retina** /ˈretɪnə/ N (pl **retinas** or **retinae** /ˈretɪniː/) rétine f

**retinal** /ˈretɪnl/ ADJ rétinien

**retinitis** /ˌretɪˈnaɪtɪs/ N rétinite f

**retinol** /ˈretɪnɒl/ N rétinol m

**retinoscopy** /ˌretɪˈnɒskəpɪ/ N rétinoscopie f, skiascopie f

**retinue** /ˈretɪnjuː/ N escorte f

**retire** /rɪˈtaɪəʳ/ SYN
- **VI** ① (= withdraw) se retirer, partir ; (Mil) reculer, se replier ; [jury] se retirer ; (Sport) abandonner ◆ **to retire from the room** quitter la pièce ◆ **to retire to the lounge** se retirer au salon, passer au salon ◆ **to retire hurt** (Sport) abandonner à la suite d'une blessure ◆ **to retire into o.s.** rentrer en or se replier sur soi-même ◆ **to retire from the world/from public life** se retirer du monde/de la vie publique
- ② († = go to bed) (aller) se coucher
- ③ (= give up one's work) prendre sa retraite ◆ **retire from business** se retirer des affaires
- **VT** [+ worker, employee] mettre à la retraite ; (Fin) [+ bond] retirer de la circulation ◆ **to be compulsorily retired** être mis à la retraite d'office

**retired** /rɪˈtaɪəd/
- **ADJ** ① (= no longer working) à la retraite ◆ **a retired person** un(e) retraité(e)
- ② (= secluded) [life, spot] retiré
- **COMP** **retired list** N (Mil) état m des mises à la retraite
  **retired pay** N pension f de retraite

**retiree** /rɪtaɪˈriː/ N (US) retraité(e) m(f)

**retirement** /rɪˈtaɪəmənt/ SYN
- **N** ① (= stopping work) retraite f ◆ **retirement at 60** (mise f à la) retraite à 60 ans ◆ **to announce one's retirement** annoncer que l'on prend sa retraite ◆ **to come out of retirement** reprendre

ses activités *or* une occupation *or* du service *(après avoir pris sa retraite)* ◆ **how will you spend your retirement?** qu'est-ce que vous ferez quand vous aurez pris votre retraite ? ; → **early**

2 *(= seclusion)* isolement *m*, solitude *f* ◆ **to live in retirement** vivre retiré du monde

3 *(Mil)* retraite *f*, repli *m* ; *(Sport)* abandon *m*

COMP **retirement age** N âge *m* de la retraite

**retirement benefit** N prime *f or* indemnité *f* de départ en retraite

**retirement community** N *(US)* communauté *f* de retraités

**retirement home** N *(personal)* maison *f* pour sa retraite ; *(communal)* maison *f* de retraite

**retirement pay** N retraite *f*

**retirement pension** N (pension *f* de) retraite *f* ; *(Mil)* solde *f* de retraite

**retirement relief** N *(Brit) exonération, dont bénéficient les retraités, sur les plus-values en capital* ; see also **pension**

**retiring** /rɪ'taɪərɪŋ/ SYN

ADJ 1 *(= shy) [person]* réservé

2 *(= outgoing) [chairman, president]* sortant

3 *(= taking retirement)* qui part en retraite

4 ◆ **retiring room** cabinet *m* particulier

COMP **retiring age** N âge *m* de la retraite

**retitle** /ˌriː'taɪtl/ VT donner un nouveau titre à, rebaptiser

**retold** /ˌriː'təʊld/ VB pt, ptp of **retell**

**retook** /ˌriː'tʊk/ VB pt of **retake**

**retool** /ˌriː'tuːl/

VT *[+ factory]* rééquiper ; *[+ machine]* renouveler

VI se rééquiper

**retort** /rɪ'tɔːt/

N 1 *(= answer)* réplique *f*, riposte *f*

2 *(Chem)* cornue *f*

VT répliquer *(that* que) ◆ **"not at all" he retorted** « pas du tout » répliqua-t-il

**retouch** /ˌriː'tʌtʃ/ VT *(Art, Phot)* retoucher

**retrace** /rɪ'treɪs/ VT *[+ developments etc] (= research into)* reconstituer ; *(= give account of)* retracer ◆ **to retrace one's path** *or* **steps** revenir sur ses pas, rebrousser chemin

**retract** /rɪ'trækt/ SYN

VT 1 *(= withdraw) [+ offer, evidence]* retirer ; *[+ statement]* rétracter, revenir sur

2 *(= draw back) [+ undercarriage, aerial]* rentrer ; *[+ claws]* rentrer, rétracter ; *[+ tentacles, snail's horns]* rétracter

VI 1 *(= withdraw statement etc)* se rétracter

2 *(= draw back)* se rétracter ; *[undercarriage, blade, aerial]* rentrer

**retractable** /rɪ'træktəbl/ ADJ *[undercarriage, aerial, roof]* escamotable ; *[blade]* rentrant ; *[claws, tentacles etc]* rétractile ; *[ball-point pen]* à pointe rétractable ◆ **retractable tape measure** mètre *m* ruban (à enrouleur)

**retractile** /rɪ'træktaɪl/ ADJ rétractile

**retractility** /ˌriːtræk'tɪlɪtɪ/ N rétractilité *f*

**retraction** /rɪ'trækʃən/ N *[of statement, offer]* rétractation *f* ; *[of claws etc]* rétraction *f* ; *[of undercarriage]* escamotage *m*

**retractive** /rɪ'træktɪv/ ADJ rétractif

**retractor** /rɪ'træktəʳ/ N *(Med)* rétracteur *m*, écarteur *m*

**retrain** /ˌriː'treɪn/

VT recycler

VI se recycler

**retraining** /ˌriː'treɪnɪŋ/ N recyclage *m*

**retransmit** /ˌriːtrænz'mɪt/ VT réexpédier ; *(Phys, Rad, TV)* retransmettre

**retread** /ˌriː'tred/

VT *[+ tyre]* rechaper

N /'riːtred/ 1 *(= tyre)* pneu *m* rechapé

2 *(fig)* nouvelle mouture *f*

**retreat** /rɪ'triːt/ SYN

N 1 *(also Mil)* retraite *f* ◆ **the army is in retreat** l'armée bat en retraite ◆ **to sound the retreat** battre la retraite ◆ **to make** *or* **beat a hasty retreat** battre en retraite

2 *(Stock Exchange: of currency)* repli *m* ◆ **the pound went into retreat** la livre a cédé du terrain

3 *(= place : also Rel)* retraite *f* ◆ **to go on a retreat** faire une retraite ◆ **a country retreat** un endroit *(or* une maison *etc)* tranquille à la campagne

VI *(Mil)* battre en retraite ; *(= withdraw)* se retirer *(from* de) ; *[flood, glacier]* reculer ; *[chin, forehead]* être fuyant ◆ **to retreat within o.s.** se replier sur soi-même ◆ **retreating** *[army, troops]* en retraite ◆ **to retreat from** *(fig)[+ promise, belief etc]* abandonner, se défaire de

VT *(Chess)* ramener

**retrench** /rɪ'trentʃ/ SYN

VI réduire ses dépenses

VT restreindre, réduire

**retrenchment** /rɪ'trentʃmənt/ SYN N 1 *(= cutting back)* réduction *f* (des dépenses)

2 *(Mil)* retranchement *m*

**retrial** /ˌriː'traɪəl/ N *(Jur)* révision *f* de procès

**retribution** /ˌretrɪ'bjuːʃən/ SYN N châtiment *m*

> (!) The French word **rétribution** means 'payment', not **retribution**.

**retributive** /rɪ'trɪbjʊtɪv/ ADJ *(frm)* punitif

**retrievable** /rɪ'triːvəbl/ ADJ *[object, material]* récupérable ; *[money]* recouvrable ; *[error, loss]* réparable ; *(Comput)* accessible

**retrieval** /rɪ'triːvəl/ N 1 *(Comput)* extraction *f* ◆ **data retrieval** extraction *f* de données ; see also **information**

2 *(= recovery) [of object]* récupération *f* ; *[of money]* recouvrement *m* ; *[of memories]* rappel *m*

**retrieve** /rɪ'triːv/ SYN

VT *(= recover) [+ object]* récupérer *(from* de) ; *[dog]* rapporter ; *(Fin)* recouvrer ; *(Comput)* retrouver ; *[+ information]* rechercher et extraire ; *[+ fortune, honour, position]* rétablir ; *(= set to rights) [+ error]* réparer ; *[+ situation]* redresser, sauver ; *(= rescue)* sauver, tirer *(from* de) ◆ **we shall retrieve nothing from this disaster** *(lit, fig)* nous ne sauverons *or* récupérerons rien de ce désastre

VI *[dog]* rapporter

**retriever** /rɪ'triːvəʳ/ N retriever *m*, chien *m* d'arrêt

**retro** /'retrəʊ/ ADJ *[fashion, music]* rétro *inv*

**retro...** /'retrəʊ/ PREF rétro...

**retroact** /'retrəʊˌækt/ VI rétroagir

**retroactive** /ˌretrəʊ'æktɪv/ ADJ *(frm) [pay rise, legislation]* rétroactif ◆ **retroactive to 1 October** avec effet rétroactif au 1^er^ octobre ◆ **retroactive payment** *(on salary)* rappel *m*

**retroactively** /ˌretrəʊ'æktɪvlɪ/ ADV rétroactivement

**retroengine** /'retrəʊˌendʒɪn/ N rétrofusée *f*

**retrofire** /'retrəʊfaɪəʳ/ N mise *f* en action des rétrofusées

**retrofit** /'retrəʊfɪt/ VT *[+ machine, system]* modifier les équipements de ; *[+ building]* mettre aux normes

**retroflex(ed)** /'retrəʊfleks(t)/ ADJ *(Ling)* apical, rétroflexe

**retroflexion** /ˌretrəʊ'flekʃən/ N *(Med)* rétroflexion *f*

**retrograde** /'retrəʊgreɪd/

ADJ *(also Astron)* rétrograde

VI rétrograder

**retrogress** /ˌretrəʊ'gres/ VI rétrograder

**retrogression** /ˌretrəʊ'greʃən/ N régression *f*

**retrogressive** /ˌretrəʊ'gresɪv/ ADJ rétrograde ; *(Bio)* régressif

**retropack** /'retrəʊpæk/ N système *m* de rétrofusées

**retrorocket** /'retrəʊˌrɒkɪt/ N rétrofusée *f*

**retrospect** /'retrəʊspekt/ SYN N examen *m or* coup *m* d'œil rétrospectif ◆ **in retrospect** rétrospectivement

**retrospection** /ˌretrəʊ'spekʃən/ N examen *m* rétrospectif

**retrospective** /ˌretrəʊ'spektɪv/

ADJ *[survey, emotion]* rétrospectif ; *[pay rise, effect, legislation]* rétroactif ◆ **retrospective exhibition** *(Art)* rétrospective *f*

N *(Art)* rétrospective *f*

**retrospectively** /ˌretrəʊ'spektɪvlɪ/ ADV *(gen)* rétrospectivement ; *(Admin, Jur)* rétroactivement

**retroussé** /rə'truːseɪ/ ADJ *[nose]* retroussé

**retroversion** /ˌretrəʊ'vɜːʃən/ N *(Med)* rétroversion *f*

**Retrovir** ® /'retrəʊvɪəʳ/ N *(Med)* AZT *f*

**retroviral** /ˌretrəʊ'vaɪərəl/ ADJ rétroviral

**retrovirus** /'retrəʊˌvaɪərəs/ N rétrovirus *m*

**retry** /ˌriː'traɪ/ VT *(Jur)* juger de nouveau

**retsina** /ret'siːnə/ N retsina *m*

**retune** /ˌriː'tjuːn/

VI *(Rad) (= adjust tuning)* rajuster le réglage ; *(= change station/frequency)* changer de station/fréquence ◆ **to retune to FM** passer sur FM

VT *[+ musical instrument]* réaccorder ; *[+ engine]* modifier le réglage de ; *(Rad) [+ set]* régler

N /'riːtjuːn/ *[of engine]* révision *f*

**returf** /riː'tɜːf/ VT regazonner

**return** /rɪ'tɜːn/ SYN

VI *[person, vehicle etc] (= come back)* revenir ; *(= go back)* retourner ; *[property]* retourner, revenir *(to* à) ; *[symptoms, doubts, fears]* réapparaître ◆ **to return home** rentrer ◆ **have they returned?** sont-ils revenus *or* rentrés ? ◆ **his good spirits returned** sa bonne humeur est revenue ◆ **to return to one's work** se remettre à *or* reprendre son travail ◆ **to return to school** rentrer (en classe) ◆ **to return to a subject/an idea** revenir à un sujet/une idée ◆ **to return to what we were talking about, he...** pour en revenir à la question, il... ◆ **to return to one's bad habits** reprendre ses mauvaises habitudes

VT 1 *(= give back) (gen)* rendre ; *[+ sth borrowed, stolen, lost]* rendre, restituer ; *(= bring back)* rapporter ; *[+ goods to shop]* rendre, rapporter ; *(= put back)* remettre ; *(= send back)* renvoyer, retourner ; *[+ ball, sound, light]* renvoyer ; *[+ compliment, salute, blow, visit]* rendre ; *[+ sb's love]* répondre à ◆ **to return money to sb** rembourser qn ◆ **he returned the $5 to him** il lui a remboursé les 5 dollars, il l'a remboursé des 5 dollars ◆ **to return a book to the library** rapporter *or* rendre un livre à la bibliothèque ◆ **to return a book to the shelf** remettre un livre sur le rayon ◆ **he returned it to his pocket** il l'a remis dans sa poche ◆ **to return a call** rappeler ◆ **"return to sender"** *(on letter)* « retour à l'envoyeur » ◆ **to return thanks** *(liter)* rendre grâce, remercier ◆ **to return the favour** renvoyer l'ascenseur* *(fig)* rendre la pareille ◆ **to return sb's favour** rendre service à qn (en retour) ◆ **I hope to return your kindness** j'espère pouvoir vous rendre service en retour ◆ **his love was not returned** elle n'a pas répondu à son amour ◆ **to return good for evil** rendre le bien pour le mal ◆ **to return like for like** rendre la pareille ◆ **to return hearts** *(Bridge)* rejouer du cœur, renvoyer cœur ◆ **to return the ball** *(Tennis etc)* renvoyer la balle ◆ **backhand well returned by...** revers bien repris par... ; → **fire**

2 *(= reply)* répondre, répliquer

3 *(= declare) [+ income, details]* déclarer ◆ **to return a verdict** *(Jur)* rendre *or* prononcer un verdict ◆ **to return a verdict of guilty on sb** déclarer qn coupable ◆ **to return a verdict of murder** conclure au meurtre

4 *(Fin) [+ profit, income]* rapporter, donner

5 *(Parl) [+ candidate]* élire ◆ **he was returned by an overwhelming majority** il a été élu à *or* avec une très forte majorité

N 1 *(= coming, going back) [of person, illness, seasons]* retour *m* ◆ **on my return** à mon retour ◆ **my return home** mon retour ◆ **after their return to school** après la rentrée (des classes) ◆ **by return of post** par retour du courrier ◆ **a return to one's old habits** un retour à ses vieilles habitudes ◆ **many happy returns (of the day)!** bon anniversaire ! ; → **point**

2 *(= giving back)* retour *m* ; *(= sending back)* renvoi *m* ; *(= putting back)* remise *f* en place ; *[of sth lost, stolen, borrowed]* restitution *f* ; *[of money]* remboursement *m* ; → **sale**

3 *(Brit : also* **return ticket***)* aller et retour *m*, aller-retour *m* ◆ **two returns to London** deux allers et retours pour Londres, deux allers-retours pour Londres

4 *(= recompense)* récompense *f (for* de) ; *(from land, business, mine)* rendement *m*, rapport *m* ; *(from investments, shares)* rapport *m* ◆ **returns** *(= profits)* bénéfice *m* , profit *m* ; *(= receipts)* rentrées *fpl* , recettes *fpl* ◆ **small profits and quick returns** de bas prix et un gros chiffre d'affaires ◆ **return on capital** *(Fin)* rapport *m* de capital ◆ **return on investments** rentabilité *f* des investissements ◆ **to get a poor return for one's kindness** être mal récompensé *or* mal payé de sa gentillesse

◆ **in return** en retour ◆ **they want something in return** ils veulent quelque chose en retour ◆ **in return for** en récompense de, en échange de

5 *(= act of declaring) [of verdict]* déclaration *f* ; *[of election results]* proclamation *f* ; *(= report)* rapport *m*, relevé *m* ; *(= statistics)* statistique *f* ◆ **official returns** statistiques *fpl* officielles ◆ **the population returns show that...** le recensement

**returnable | reverse** ENGLISH-FRENCH 810

montre que… ◆ **the election returns** les résultats *mpl* de l'élection ◆ **tax return** (feuille *f* de) déclaration *f* de revenus *or* d'impôts

6 *(Parl) [of candidate]* élection *f*

7 *(Sport)* riposte *f* ; *(Tennis)* retour *m* ◆ **return of service** retour *m* de service

8 *(Comput etc)* ◆ **return (key)** (touche *f*) « retour »

COMP **return fare** N *(Brit)* (prix *m*) aller-retour *m*, aller et retour *m*
**return flight** N *(Brit) (= journey back)* vol *m* (de) retour ; *(= two-way journey)* vol *m* aller-retour
**return half** N *[of ticket]* coupon *m* de retour
**returning officer** N *(Pol)* président *m* du bureau de vote
**return item** N *(Fin)* impayé *m*
**return journey** N *(Brit)* (voyage *m* *or* trajet *m* de) retour *m*
**return match** N *(Brit)* revanche *f*, match *m* retour
**return stroke** N *(Tech)* mouvement *m* de retour
**return ticket** N *(Brit)* (billet *m* d')aller (et) retour *m*
**return visit** N → **return visit**

**returnable** /rɪˈtɜːnəbl/ ADJ *[bottle, container]* consigné ◆ **returnable deposit** caution *f*

**returnee** /rɪtɜːˈniː/ N *(Pol) personne qui retourne dans son pays après une longue absence*

**returner** /rɪˈtɜːnəʳ/ N *(= working woman) femme qui reprend le travail après avoir élevé ses enfants*

**return visit** /rɪˈtɜːnˈvɪzɪt/ N 1 *(= repeat visit)* deuxième *or* nouvelle visite *f* ; *(for check-up)* visite *f* de contrôle ◆ **to make** *or* **pay a return visit** *(= go back)* retourner ; *(= come back)* revenir ◆ **in 1979, the Pope made his first return visit to Poland** en 1979, le pape est retourné (*or* revenu) pour la première fois en Pologne ◆ **towards the end of his career he made a nostalgic return visit to Germany** vers la fin de sa carrière, il est retourné (*or* revenu) en Allemagne par nostalgie

2 *(= returning sb's visit : to person who has visited you)* ◆ **it is hoped that a return visit by our German friends can be arranged** on espère que nos amis allemands pourront nous rendre visite à leur tour ◆ **the exchange went well and Moscow was invited to send an economist on a return visit** l'échange s'est bien passé et on a invité Moscou à envoyer à son tour un économiste

**retype** /ˌriːˈtaɪp/ VT retaper (à la machine)

**reunification** /ˌriːjuːnɪfɪˈkeɪʃən/ N réunification *f* ◆ **since German reunification** depuis la réunification allemande

**reunify** /ˌriːˈjuːnɪfaɪ/ VT réunifier

**reunion** /rɪˈjuːnjən/ N réunion *f*

**Réunion** /riːˈjuːnjən/ N ◆ **Réunion (Island)** (l'île *f* de) la Réunion

**reunite** /ˌriːjuːˈnaɪt/
VT réunir ◆ **they were reunited at last** ils se sont enfin retrouvés
VI se réunir

**re-up*** /ˌriːˈʌp/ VI *(US Mil)* rempiler*, se réengager

**re-usable** /ˌriːˈjuːzəbl/ ADJ réutilisable

**re-use** /ˌriːˈjuːz/ VT réutiliser

**rev** /rev/
N (abbrev of **revolution**) tour *m* ◆ **rev counter** compte-tours *m inv* ◆ **4,000 revs per minute** 4 000 tours minute
VT ⇒ **rev up vt sep 1**
VI ⇒ **rev up vi 1**

▸ **rev up***
VI 1 *[engine]* s'emballer ; *[driver]* emballer le moteur
2 *(= prepare)* se préparer *(for* pour)
VT SEP 1 *[+ engine]* emballer
2 *(fig) [+ production]* accélérer ◆ **to be revved up for sth** *(= eager)* être fin prêt pour qch

**Rev.** abbrev of **Reverend**

**revaluate** /ˌriːˈvæljʊeɪt/ VT *(US Fin)* réévaluer

**revaluation** /ˌriːvæljʊˈeɪʃən/ N *(Fin)* réévaluation *f*

**revalue** /ˌriːˈvæljuː/ VT *(Fin)* réévaluer

**revamp*** /ˌriːˈvæmp/ VT *[+ company, department]* réorganiser ; *[+ house, room, object]* retaper*

**revanchism** /rɪˈvæntʃɪzəm/ N revanchisme *m*

**revanchist** /rɪˈvæntʃɪst/ N, ADJ revanchiste *mf*

**revarnish** /riːˈvɑːnɪʃ/ VT revernir

**Revd** abbrev of **Reverend**

**reveal** /rɪˈviːl/ SYN VT *(gen)* révéler ; *(= make visible) [+ hidden object etc]* découvrir, laisser voir ; *(= make known)* révéler *(that* que) ; *[+ truth, facts]* révéler, faire connaître ; *[+ corruption]* révéler, mettre à jour ◆ **I cannot reveal to you what he said** je ne peux pas vous révéler ce qu'il a dit ◆ **to reveal one's identity** se faire connaître, révéler son identité ◆ **he revealed himself as being…** il s'est révélé comme étant… ◆ **his condition revealed itself as (being) psychological in origin** ses problèmes se sont avérés avoir une cause psychologique ◆ **revealed religion** religion *f* révélée

**revealing** /rɪˈviːlɪŋ/ ADJ 1 *(= telling) [insight, glimpse, book, comment]* révélateur (-trice *f*)
2 *[dress, blouse etc] (gen)* suggestif ; *(= see-through)* transparent ; *(= low-cut)* très décolleté

**revealingly** /rɪˈviːlɪŋlɪ/ ADV ◆ **revealingly, most of his clients are women** il est révélateur que la plupart de ses clients soient des femmes ◆ **he revealingly remarked that he'd never read the book in question** il a eu une remarque révélatrice lorsqu'il a dit qu'il n'avait jamais lu le livre en question

**reveille** /rɪˈvælɪ/ N *(Mil)* réveil *m* ; → **sound**¹

**revel** /ˈrevl/ SYN
VI 1 *(= make merry)* s'amuser, se divertir ; *(= carouse)* faire la fête
2 *(= delight)* se délecter *(in sth* de qch) ◆ **to revel in doing sth** se délecter à faire qch, prendre grand plaisir à faire qch
NPL **revels** *(= entertainment)* divertissements *mpl* ; *(= carousing)* festivités *fpl*

**revelation** /ˌrevəˈleɪʃən/ SYN N révélation *f* ◆ **his criminal activities were a complete revelation to me** j'ignorais tout de ses activités criminelles ◆ **(the Book of) Revelation** *(Rel)* l'Apocalypse *f*

**revelatory** /ˌrevəˈleɪtərɪ/ ADJ révélateur (-trice *f*) ; → **self**

**reveller, reveler** (US) /ˈrevləʳ/ SYN N fêtard *m*, joyeux convive *m* ◆ **the revellers** les gens *mpl* de la fête, les fêtards *mpl*

**revelry** /ˈrevlrɪ/ SYN N *(NonC)* festivités *fpl*

**revenge** /rɪˈvendʒ/ SYN
N *(lit)* vengeance *f* ; *(fig, Sport etc)* revanche *f* ◆ **to take revenge on sb for sth** se venger de qch sur qn ◆ **to get one's revenge** se venger ◆ **to do sth out of** *or* **in revenge** faire qch par vengeance ◆ **in revenge he killed him** pour se venger il l'a tué
VT *[+ insult, murder]* venger ◆ **to revenge o.s., to be revenged** *(gen)* se venger *(on sb* de qn ; *on sb for sth* de qch sur qn) ; *(in sport competition etc)* prendre sa revanche *(on sb* sur qn ; *for sth* de qch)

**revengeful** /rɪˈvendʒfʊl/ ADJ *[person]* vindicatif ; *[act]* vengeur (-geresse *f*)

**revengefully** /rɪˈvendʒfəlɪ/ ADV vindicativement

**revenger** /rɪˈvendʒəʳ/ N vengeur *m*, -geresse *f*

**revenue** /ˈrevənjuː/ SYN
N *[of state]* recettes *fpl* ; *[of individual]* revenu *m* ; → **inland**
COMP **revenue account** N *(Comm)* compte *m* de produits
**revenue expenditure** N *(Comm)* dépenses *fpl* de fonctionnement, frais *mpl* d'exploitation
**revenue man** † N (pl **revenue men**) douanier *m*
**revenue officer** N agent *m* *or* employé(e) *m(f)* des douanes
**revenue sharing** N *(US Econ) redistribution d'une partie des impôts fédéraux aux autorités locales*
**revenue stamp** N timbre *m* fiscal
**revenue stream** N source *f* de revenus

**reverb*** /rɪˈvɜːb/ N *(NonC = effect)* écho *m*

**reverberate** /rɪˈvɜːbəreɪt/ SYN
VI *[sound]* retentir, résonner, se répercuter ; *[room]* résonner *(with* de) ; *(fig) [protests etc]* se propager
VT *[+ sound]* renvoyer, répercuter ; *[+ light]* réverbérer, réfléchir ; *[+ heat]* réverbérer

**reverberation** /rɪˌvɜːbəˈreɪʃən/ N *[of sound]* répercussion *f* ; *[of room]* résonance *f* ; *(fig = effect)* retentissements *mpl* ◆ **to send reverberations around the world** *(fig)* avoir des répercussions dans le monde entier

**reverberator** /rɪˈvɜːbəreɪtəʳ/ N réflecteur *m*

**revere** /rɪˈvɪəʳ/ SYN VT révérer, vénérer

**revered** /rɪˈvɪəd/ ADJ vénéré

**reverence** /ˈrevərəns/ SYN
N 1 *(= respect)* vénération *f* ◆ **to have reverence for sb, to hold sb in reverence** révérer qn ◆ **to show** *or* **pay reverence to** rendre hommage à
2 ◆ **your Reverence** ≈ mon (révérend) père
VT révérer

**reverend** /ˈrevərənd/
ADJ 1 *(Rel) (Anglican)* ◆ **the reverend gentleman** le révérend ◆ **the Reverend (Robert) Martin** *(in titles, Anglican)* le révérend (Robert) Martin ; *(Nonconformist)* le pasteur (Robert) Martin ◆ **yes, Reverend*** *(Anglican, Nonconformist)* oui, mon révérend ◆ **the Most Reverend** le Révérendissime ◆ **the Very** *or* **Right Reverend Robert Martin** *(Anglican)* le très révérend Robert Martin ◆ **Reverend Mother** révérende mère *f*
2 († *= venerable)* vénérable
N (*** : *Protestant)* pasteur *m*

**reverent** /ˈrevərənt/ SYN ADJ *(frm)* déférent

**reverential** /ˌrevəˈrenʃəl/ ADJ *(frm) [tone, attitude, respect]* révérencieux

**reverently** /ˈrevərəntlɪ/ ADV *(frm) [say]* révérencieusement, avec déférence ; *[speak, look at]* avec déférence

**reverie** /ˈrevərɪ/ N rêverie *f* ◆ **to be lost** *or* **sunk** *or* **deep in reverie** être perdu dans sa rêverie *or* dans ses pensées

**revers** /rɪˈvɪəʳ/ N (pl **revers** /rɪˈvɪəz/) revers *m (d'un vêtement)*

**reversal** /rɪˈvɜːsəl/ N 1 *(= turning upside down) (also fig) [of policy, roles, trend]* renversement *m* ; *(= switching over of two objects)* interversion *f* ; *[of opinion, view etc]* revirement *m* ; *(Jur) [of judgement]* arrêt *m* d'annulation, réforme *f*
2 *(= failure)* revers *m*

**reverse** /rɪˈvɜːs/ LANGUAGE IN USE 27.6 SYN
ADJ *[process, situation, motion]* inverse ; *[effect]* inverse, contraire ◆ **in the reverse direction** en sens inverse ◆ **in reverse order** dans l'ordre inverse ◆ **reverse side** *[of coin, medal]* revers *m* ; *[of sheet of paper]* verso *m* ; *[of cloth]* envers *m* ; *[of painting]* dos *m*
N 1 *(= opposite)* contraire *m* ◆ **quite the reverse!** au contraire ! ◆ **it is quite the reverse** c'est tout le contraire ◆ **he is the reverse of polite** il est tout sauf poli ◆ **in reverse** *(fig)* dans l'ordre inverse ; see also **noun 4**
2 *(= back) [of coin, medal]* revers *m* ; *[of sheet of paper]* verso *m* ; *[of cloth]* envers *m* ; *[of painting]* dos *m*
3 *(= setback, loss)* revers *m*, échec *m* ; *(= defeat)* revers *m*, défaite *f*
4 *(Driving)* ◆ **in reverse** en marche arrière ◆ **to put a car in reverse** enclencher la marche arrière ◆ **to go into reverse** *(fig)[process, one's fortunes etc]* renverser la vapeur
VT 1 *(= turn the other way round)* renverser, retourner ; *[+ garment]* retourner ; *[+ situation]* renverser, changer complètement ; *[+ photo, result]* inverser ◆ **to reverse the order of things** inverser l'ordre des choses ◆ **to reverse one's policy** faire volte-face *(fig)* ◆ **to reverse a procedure** procéder par ordre inverse ◆ **to reverse a decision** revenir sur une décision ◆ **to reverse a trend** renverser une tendance ◆ **to reverse the charges** *(Brit Telec)* téléphoner en PCV ◆ **to reverse the position(s) of two objects** intervertir *or* inverser deux objets
2 *(= cause to move backwards) [+ moving belt]* renverser la direction *or* la marche de ; *[+ typewriter ribbon]* changer de sens ◆ **to reverse the engine** *(Tech)* faire machine arrière ◆ **to reverse one's car into the garage/down the hill** rentrer dans le garage/descendre la côte en marche arrière ◆ **he reversed the car into a tree** il a heurté un arbre en faisant une marche arrière ◆ **to reverse one's car across the road** faire une marche arrière en travers de la route
3 *(Jur = annul) [+ decision, verdict]* réformer, annuler ; *[+ judgement]* réformer, déjuger ; *[+ sentence]* révoquer, casser
VI *(Brit) (= move backwards) [car]* faire marche arrière ; *[dancer]* renverser ◆ **to reverse into the garage/out of the driveway/down the hill** rentrer dans le garage/sortir de l'allée/descendre la côte en marche arrière ◆ **to reverse into a tree** heurter un arbre en faisant une marche arrière ◆ **to reverse across the road** faire une marche arrière en travers de la route
COMP **reverse-charge call** N *(Brit Telec)* (appel *m* *or* communication *f* en) PCV *m*
**reverse discrimination** N *(US)* discrimination *f* en faveur des minorités
**reverse gear** N marche *f* arrière

**reverse racism** N (US) racisme m à l'envers
**reverse takeover** N (Fin) contre-OPA f
**reverse turn** N (in car) virage m en marche arrière ; (Dancing) renversement m
**reverse video** N (Comput) vidéo f inverse
**reversing light** N (Brit) feu m de marche arrière, feu m de recul

▶ **reverse out** VT FUS (Typography) passer du noir au blanc

**reversibility** /rɪ,vɜːsɪˈbɪlɪtɪ/ N réversibilité f

**reversible** /rɪˈvɜːsəbl/ ADJ [process, effect, operation, coat, jacket] réversible ; [decision] révocable

**reversion** /rɪˈvɜːʃən/ N ① (= return to former state) retour m (to à) ; (Bio) réversion f ◆ **reversion to type** (Bio) réversion f au type primitif
② (Jur) réversion f, droit m de retour
③ (Phot) inversion f

**reversionary** /rɪˈvɜːʃnərɪ/
  ADJ ① (Jur) de réversion, réversible
  ② (Bio) atavique, régressif
  COMP **reversionary bonus** N (Fin) prime f réversible

**revert** /rɪˈvɜːt/ SYN VI ① (= return) revenir (to à) ; (Jur) revenir, retourner (to à) ; [property] faire retour (to à) ◆ **he has reverted to smoking marijuana** il a recommencé à fumer de la marijuana ◆ **to revert to the question** pour en revenir à la question ◆ **to revert to type** (Bio) retourner or revenir au type primitif ◆ **he has reverted to type** (fig) le naturel a repris le dessus
② (= become again) ◆ **fields reverting to woodland** des champs qui retournent à l'état de forêt

**revet** /rɪˈvet/ VT (Constr) revêtir

**revetment** /rɪˈvetmənt/ N (Constr) revêtement m

**review** /rɪˈvjuː/ SYN
  N ① [of situation, events, the past] examen m, bilan m ; [of wages, prices, contracts] révision f ; (= printed etc report) rapport m d'enquête ◆ **under review** [salaries, policy] en cours de révision ◆ **the agreement comes up for review** or **comes under review next year** l'accord doit être révisé l'année prochaine ◆ **I shall keep your case under review** je suivrai votre cas de très près ◆ **he gave a review of recent developments in photography** il a passé en revue les progrès récents de la photographie
  ② (Mil, Naut = inspection) revue f ◆ **to hold a review** passer une revue
  ③ (US Scol etc = revision) révision f
  ④ (= critical article) [of book, film, play etc] critique f, compte rendu m ◆ **review copy** [of book] exemplaire m de service de presse
  ⑤ (= magazine) revue f, périodique m
  VT ① (= consider again) [+ the past] passer en revue ; [+ one's life] passer en revue, faire le point sur ; [+ progress] faire le point sur ; [+ options] envisager ; [+ procedures] réviser ◆ **we shall review the situation next year** nous réexaminerons la situation l'année prochaine ◆ **the Supreme Court will review that decision** la Cour suprême réexaminera cette décision ◆ **to review the situation** réexaminer la situation
  ② [+ troops] passer en revue
  ③ (US Scol etc) revoir, réviser
  ④ [+ book, play, film] faire la critique de, donner or faire un compte rendu de
  COMP **review board** N commission f d'évaluation
  **review body** N office m d'évaluation
  **reviewing stand** N tribune f des officiels
  **review panel** N ⇒ review board

**reviewer** /rɪˈvjuːəʳ/ SYN N critique mf ◆ **book/film etc reviewer** critique mf littéraire/de cinéma etc

**revile** /rɪˈvaɪl/
  VT honnir (liter), vilipender
  VI proférer des injures (at, against contre)

**revise** /rɪˈvaɪz/ SYN
  VT ① (= change) [+ opinion, estimate] réviser, modifier ◆ **to revise sth upward(s)** réviser qch en hausse ◆ **to revise sth downward(s)** réviser qch à la baisse
  ② (= update) [+ text, dictionary etc] réviser ; (= correct) [+ proof] corriger, revoir ◆ **revised edition** édition f revue et corrigée ◆ **Revised Standard Version** [of Bible] traduction anglaise de la bible de 1953 ◆ **Revised Version** (Brit) [of Bible] traduction anglaise de la Bible de 1884
  ③ (Brit Scol) revoir, réviser
  VI (Brit Scol) réviser ◆ **to revise for exams** réviser or faire des révisions pour des examens ◆ **to start revising** commencer à réviser or (à faire) ses révisions
  N (Typography) (épreuve f de) mise f en pages, seconde épreuve f

**reviser** /rɪˈvaɪzəʳ/ N [of text] réviseur m ; [of proof] correcteur m, -trice f

**revision** /rɪˈvɪʒən/ SYN N révision f

**revisionary** /rɪˈvɪʒənərɪ/ ADJ révisionnel

**revisionism** /rɪˈvɪʒənɪzəm/ N révisionnisme m

**revisionist** /rɪˈvɪʒənɪst/ ADJ, N révisionniste mf

**revisit** /ˌriːˈvɪzɪt/ VT ① (= study, discuss again) [+ issue] réexaminer ; [+ author, one's past] revisiter ; [+ book] relire ; [+ film] revoir
② [+ place] revisiter ; [+ person] retourner voir

**revitalization** /riːˌvaɪtəlaɪˈzeɪʃən/ N [of area, industry etc] revitalisation f

**revitalize** /ˌriːˈvaɪtəlaɪz/ VT (gen) redonner de la vitalité à, revitaliser ◆ **to revitalize the economy** revitaliser l'économie

**revival** /rɪˈvaɪvəl/ SYN N ① (= bringing back) [of custom, ceremony] reprise f ; [of interest] renouveau m, regain m ; [of movement] retour m en force ; (in sales) reprise f, relance f ; (Jur) remise f en vigueur
② (Theat) [of play] reprise f ; (Rel) [of faith] renouveau m, réveil m ◆ **revival meeting** réunion f pour le renouveau de la foi

**revivalism** /rɪˈvaɪvəlɪzəm/ N (Rel) revivalisme m

**revivalist** /rɪˈvaɪvəlɪst/ ADJ, N revivaliste mf

**revive** /rɪˈvaɪv/ SYN
  VT ① [+ person] (from fainting) ranimer ; (from near death, esp Med) réanimer ◆ **a glass of brandy will revive you** un verre de cognac vous remontera or vous requinquera
  ② [+ fire, feeling, pain, memory] ranimer, raviver ; [+ conversation] ranimer ; [+ hope, interest] faire renaître, raviver ; [+ trade, business] relancer, réactiver ; [+ fashion] remettre en vogue ; [+ law] remettre en vigueur ; [+ play] reprendre ◆ **to revive sb's spirits** remonter le moral à qn
  VI [person] reprendre connaissance ; [hope, feelings] renaître ; [business, trade] reprendre

**reviver** /rɪˈvaɪvəʳ/ N (= drink) remontant m

**revivify** /ˌriːˈvɪvɪfaɪ/ VT revivifier (liter)

**revocation** /ˌrevəˈkeɪʃən/ N [of order, promise, edict] révocation f ; [of law, bill] abrogation f ; [of licence] retrait m ; [of decision] annulation f

**revocatory** /ˈrevəkətərɪ/ ADJ révocatoire

**revoke** /rɪˈvəʊk/ SYN
  VT [+ law] rapporter, abroger ; [+ order, edict] révoquer ; [+ promise] revenir sur, révoquer ; [+ decision] revenir sur, annuler ; [+ licence] retirer
  VI (Cards) faire une (fausse) renonce
  N (Cards) (fausse) renonce f

**revolt** /rɪˈvəʊlt/ SYN
  N révolte f ◆ **to break out in revolt, to rise in revolt** se révolter, se soulever ◆ **to be in revolt (against)** se révolter or être révolté (contre) ; → **stir**¹
  VI ① (= rebel) se révolter, se soulever (against contre)
  ② (= be disgusted) se révolter (at contre), être dégoûté (at par)
  VT révolter, dégoûter ◆ **to be revolted by sth/sb** être révolté or dégoûté par qch/qn

**revolting** /rɪˈvəʊltɪŋ/ SYN ADJ ① (= repulsive, disgusting) dégoûtant, répugnant
② (* = unpleasant) [weather, colour] épouvantable ; [dress] affreux

**revoltingly** /rɪˈvəʊltɪŋlɪ/ ADV ◆ **revoltingly dirty** d'une saleté révoltante or repoussante ◆ **revoltingly ugly** d'une laideur repoussante

**revolution** /ˌrevəˈluːʃən/ SYN N ① (= turn) [of planet] révolution f ; [of wheel] révolution f, tour m
② (Pol etc = uprising) révolution f, coup m d'État ; (fig) révolution f ◆ **the French Revolution** (Hist) la Révolution française ◆ **a revolution in farming methods** une révolution dans les méthodes d'exploitation agricole ◆ **Industrial/Agricultural Revolution** (Hist) Révolution f industrielle/agricole

**revolutionarily** /ˌrevəˈluːʃənərɪlɪ/ ADV révolutionnairement

**revolutionary** /ˌrevəˈluːʃnərɪ/ SYN ADJ, N (lit, fig) révolutionnaire mf

**revolutionist** /ˌrevəˈluːʃənɪst/ ADJ, N révolution(n)ariste mf

**revolutionize** /ˌrevəˈluːʃənaɪz/ VT révolutionner, transformer radicalement

**revolve** /rɪˈvɒlv/ SYN
  VT (lit) faire tourner ◆ **to revolve a problem in one's mind** tourner et retourner un problème dans son esprit
  VI tourner ◆ **to revolve on an axis/around the sun** tourner sur un axe/autour du soleil ◆ **the discussion revolved around two topics** la discussion tournait autour de deux sujets ◆ **everything revolves around him** tout dépend de lui

**revolver** /rɪˈvɒlvəʳ/ N revolver m

**revolving** /rɪˈvɒlvɪŋ/
  ADJ [chair, bookcase, stand] pivotant ; [stage] tournant ; (Astron) en rotation, qui tourne ; (Tech) rotatif, à rotation ◆ **revolving light** (gen) feu m tournant, feu m à éclats ; (on police car etc) gyrophare m
  COMP **revolving credit** N (US) crédit m documentaire renouvelable
  **revolving door** N tambour m ◆ **the revolving door of senior executives** (fig) la valse* des cadres supérieurs ◆ **the revolving door between government and the private sector** les chassés-croisés mpl de personnel entre le service public et le secteur privé ◆ **the revolving door of the justice system** le cercle vicieux du système judiciaire
  **revolving presidency** N présidence f tournante

**revue** /rɪˈvjuː/ N (Theat) (satirical) revue f ; (spectacular) revue f, spectacle m de music-hall ◆ **revue artist** artiste mf de music-hall

**revulsion** /rɪˈvʌlʃən/ SYN N ① (= disgust) écœurement m, répugnance f (at devant) ◆ **to look away in revulsion** détourner la tête avec dégoût
② (= sudden change) revirement m ; (= reaction) réaction f (against contre)

**reward** /rɪˈwɔːd/ SYN
  N récompense f ◆ **as a reward for your honesty** en récompense de votre honnêteté ◆ **as (a) reward for helping me** pour vous (or le etc) récompenser de m'avoir aidé ◆ **200 euros' reward** 200 € de récompense ◆ **to offer a reward** offrir une récompense ◆ **to reap the rewards** récolter les dividendes ◆ **high financial rewards** des avantages financiers conséquents
  VT récompenser (for de) ; (with money) récompenser, rémunérer (for de) ◆ **"finder will be rewarded"** « récompense à qui rapportera l'objet » ◆ **to reward sb with a smile** remercier qn d'un sourire ◆ **to reward attention/investigation** (fig) mériter de l'attention/des recherches

**rewarding** /rɪˈwɔːdɪŋ/ SYN ADJ (financially) rémunérateur (-trice f) ; (morally) gratifiant ; (mentally) enrichissant ◆ **this is a very rewarding book** c'est un livre très enrichissant ◆ **a rewarding film** un film enrichissant ◆ **bringing up a child is exhausting but rewarding** élever un enfant est une occupation exténuante mais gratifiante

**reweigh** /ˌriːˈweɪ/ VT repeser, peser de nouveau

**rewind** /ˌriːˈwaɪnd/ (pret, ptp **rewound**) VT [+ thread] rebobiner, rembobiner ; [+ film, ribbon, tape] rembobiner ; [+ watch] remonter

**rewinding** /ˌriːˈwaɪndɪŋ/ N [of film, tape, video, thread] rembobinage m ; [of clock, watch] remontage m

**rewire** /ˌriːˈwaɪəʳ/ VT ◆ **to rewire a house** refaire l'installation électrique d'une maison ◆ **the house needs rewiring** l'installation électrique de la maison doit être refaite

**reword** /ˌriːˈwɜːd/ VT [+ paragraph, question] reformuler ; [+ idea] exprimer en d'autres termes

**rework** /ˌriːˈwɜːk/ VT retravailler ◆ **rework the choreography a bit** retravaillez un peu la chorégraphie ◆ **they have thoroughly reworked the show twice** ils ont remanié le spectacle en profondeur à deux reprises ◆ **she later reworked the idea for her first book** elle a repris l'idée en la modifiant dans son premier roman ◆ **see if you can rework your schedule** essayez de revoir votre emploi du temps

**rewound** /ˌriːˈwaʊnd/ VB pt, ptp of **rewind**

**rewrap** /ˌriːˈræp/ VT réemballer

**rewritable** /ˌriːˈraɪtəbl/ ADJ [CD, disk] réinscriptible, réenregistrable

**rewrite** /ˌriːˈraɪt/ (vb: pret **rewrote** ptp **rewritten**)
**VT** (gen) récrire ; (= rework) remanier ; (= copy) recopier
**N** * remaniement m
**COMP rewrite rule, rewriting rule N** (Gram) règle f de réécriture

**rewriter** /ˌriːˈraɪtə<sup>r</sup>/ **N** (US Press) rewriter m, rédacteur-réviseur m

**rewritten** /ˌriːˈrɪtn/ **VB** ptp of **rewrite**

**rewrote** /ˌriːˈrəʊt/ **VB** pt of **rewrite**

**Reye's syndrome** /raɪz/ **N** (Med) syndrome m de Reye

**Reykjavik** /ˈreɪkjəvɪk/ **N** Reykjavik

**RF** /ˌɑːˈref/ (abbrev of **radio frequency**) radiofréquence f

**RFC** /ˌɑːrefˈsiː/ (abbrev of **Rugby Football Club**) club m de rugby

**RGN** /ˌɑːdʒiːˈen/ **N** (abbrev of **Registered General Nurse**) → **registered**

**Rh**
**N** (abbrev of **rhesus**) Rh
**COMP Rh factor N** facteur m Rhésus
**Rh-negative ADJ** rhésus négatif
**Rh-positive ADJ** rhésus positif

**rhabdomancer** /ˈræbdəˌmænsə<sup>r</sup>/ **N** rhabdomancien(ne) m(f)

**rhabdomancy** /ˈræbdəˌmænsɪ/ **N** rhabdomancie f

**rhabdomantist** /ˈræbdəˌmæntɪst/ **N** ⇒ **rhabdomancer**

**rhachis** /ˈreɪkɪs/ **N** (pl **rhachises** or **rhachides** /ˈrækɪˌdiːz/) (Anat, Orn) rachis m

**Rhaetic** /ˈriːtɪk/ **ADJ** rhétien

**rhapsodic** /ræpˈsɒdɪk/ **ADJ** (Mus) [passage, style] r(h)apsodique ; (fig = lyrical) [account, description, verse] dithyrambique

**rhapsodize** /ˈræpsədaɪz/ **VI** s'extasier (over, about sur)

**rhapsody** /ˈræpsədɪ/ **N** (Mus) r(h)apsodie f ; (fig) éloge m dithyrambique ◆ **she went into rhapsodies over** or **about her trip to Florence** elle a parlé de son voyage à Florence en termes dithyrambiques ◆ **"Rhapsody in Blue"** (Mus) « Rhapsodie en bleu »

**rhea** /ˈriːə/ **N** (= bird) nandou m ◆ **Rhea** (Myth) Rhéa

**rheme** /riːm/ **N** rhème m

**Rhenish** /ˈrenɪʃ/ **ADJ** [wine] du Rhin

**rhenium** /ˈriːnɪəm/ **N** rhénium m

**rheological** /ˌriːəˈlɒdʒɪkəl/ **ADJ** rhéologique

**rheology** /rɪˈɒlədʒɪ/ **N** rhéologie f

**rheometer** /rɪˈɒmɪtə<sup>r</sup>/ **N** rhéomètre m

**rheostat** /ˈriːəʊstæt/ **N** rhéostat m

**rhesus** /ˈriːsəs/
**N** rhésus m
**COMP rhesus baby N** enfant mf rhésus
**rhesus factor N** facteur m Rhésus
**rhesus monkey N** (singe m) rhésus m
**rhesus negative ADJ** rhésus négatif
**rhesus positive ADJ** rhésus positif

**Rhetic** /ˈriːtɪk/ **ADJ** rhétien

**rhetic** /ˈriːtɪk/ **ADJ** (Ling) rhétique

**rhetoric** /ˈretərɪk/ SYN **N** rhétorique f ; (pej) discours m ; (= art) art m oratoire ◆ **the general's anti-Western rhetoric** le discours anti-occidental du général

**rhetorical** /rɪˈtɒrɪkəl/ SYN **ADJ** (de) rhétorique ; [style] ampoulé (pej) ◆ **rhetorical question** question f de pure forme or purement rhétorique ◆ **he didn't answer her question, which had been rhetorical in any case** il n'a pas répondu à sa question, qui était de toute façon purement rhétorique

**rhetorically** /rɪˈtɒrɪkəlɪ/ **ADV** [ask] pour la forme ; [speak, declaim] en orateur

**rhetorician** /ˌretəˈrɪʃən/ **N** rhétoricien m, -ienne f, rhéteur m (also pej)

**rheum** /ruːm/ **N** (Med) écoulement m

**rheumatic** /ruːˈmætɪk/
**N** (= person) rhumatisant(e) m(f)
**ADJ** [pain] rhumatismal ; [person] rhumatisant, qui souffre de rhumatismes ; [hands, fingers] plein de rhumatismes
**COMP rheumatic fever N** rhumatisme m articulaire aigu

**rheumaticky** * /ruːˈmætɪkɪ/ **ADJ** [person] rhumatisant ; [hands, fingers] plein de rhumatismes ; [pain] rhumatismal

**rheumatics** * /ruːˈmætɪks/ **NPL** rhumatismes mpl

**rheumatism** /ˈruːmətɪzəm/ **N** rhumatisme m

**rheumatoid** /ˈruːmətɔɪd/ **ADJ** ◆ **rheumatoid arthritis** polyarthrite f chronique évolutive, rhumatisme m chronique polyarticulaire

**rheumatological** /ˌruːmətəˈlɒdʒɪkəl/ **ADJ** rhumatologique

**rheumatologist** /ˌruːməˈtɒlədʒɪst/ **N** rhumatologue mf

**rheumatology** /ˌruːməˈtɒlədʒɪ/ **N** rhumatologie f

**rheumy** /ˈruːmɪ/ **ADJ** (liter) [eyes] chassieux (frm)

**rhinal** /ˈraɪnl/ **ADJ** (Med) nasal

**Rhine** /raɪn/ **N** Rhin m

**Rhineland** /ˈraɪnlænd/ **N** ◆ **the Rhineland** la Rhénanie

**rhinencephalon** /ˈraɪnenˈsefəˌlɒn/ **N** (pl **rhinencephalons** or **rhinencephala** /ˈraɪnenˈsefələ/) rhinencéphale m

**rhinestone** /ˈraɪnstəʊn/ **N** diamant m fantaisie

**rhinitis** /raɪˈnaɪtɪs/ **N** (Med) rhinite f

**rhino** * /ˈraɪnəʊ/ **N** (pl **rhino** or **rhinoes**) abbrev of **rhinoceros**

**rhinoceros** /raɪˈnɒsərəs/ **N** (pl **rhinoceros** or **rhinoceroses**) rhinocéros m

**rhinologist** /raɪˈnɒlədʒɪst/ **N** rhinologiste mf

**rhinology** /raɪˈnɒlədʒɪ/ **N** rhinologie f

**rhinoplastic** /ˌraɪnəʊˈplæstɪk/ **ADJ** rhinoplastique

**rhinoplasty** /ˈraɪnəʊˌplæstɪ/ **N** rhinoplastie f

**rhinoscope** /ˈraɪnəʊˌskəʊp/ **N** rhinoscope m

**rhinoscopy** /raɪˈnɒskəpɪ/ **N** rhinoscopie f

**rhizobium** /raɪˈzəʊbɪəm/ **N** (pl **rhizobia** /raɪˈzəʊbɪə/) rhizobium m

**rhizocarpous** /ˌraɪzəʊˈkɑːpəs/ **ADJ** rhizocarpé

**rhizoid** /ˈraɪzɔɪd/ **N** rhizoïde m

**rhizome** /ˈraɪzəʊm/ **N** rhizome m

**rhizosphere** /ˈraɪzəʊˌsfɪə<sup>r</sup>/ **N** rhizosphère f

**rhizotomy** /raɪˈzɒtəmɪ/ **N** rhizotomie f

**rhodamine** /ˈrəʊdəˌmiːn/ **N** rhodamine f

**Rhode Island** /ˌrəʊdˈaɪlənd/
**N** Rhode Island m ◆ **in Rhode Island** dans le Rhode Island
**COMP Rhode Island Red N** (= chicken) poule f Rhode-Island

**Rhodes** /rəʊdz/ **N** (Geog) Rhodes f ◆ **in Rhodes** à Rhodes

**Rhodesia** /rəʊˈdiːʒə/ **N** Rhodésie f

**Rhodesian** /rəʊˈdiːʒən/
**ADJ** rhodésien
**N** Rhodésien m, -ienne f
**COMP Rhodesian ridgeback N** (= dog) Rhodesian-ridgeback m

**rhodic** /ˈrəʊdɪk/ **ADJ** rhodié

**rhodinal** /ˈrəʊdɪˌnæl/ **N** rhodinol m

**rhodium** /ˈrəʊdɪəm/ **N** rhodium m

**rhododendron** /ˌrəʊdəˈdendrən/ **N** rhododendron m

**rhodolite** /ˈrɒdəlaɪt/ **N** rhodolite f

**rhodopsin** /rəʊˈdɒpsɪn/ **N** rhodopsine f

**rhomb** /rɒm/ **N** ⇒ **rhombus**

**rhombencephalon** /ˈrɒmbenˈsefəˌlɒn/ **N** rhombencéphale m

**rhombi** /ˈrɒmbaɪ/ **NPL** of **rhombus**

**rhombic** /ˈrɒmbɪk/ **ADJ** rhombique

**rhombohedral** /ˌrɒmbəʊˈhiːdrəl/ **ADJ** rhomboédrique

**rhombohedron** /ˌrɒmbəʊˈhiːdrən/ **N** (pl **rhombohedrons** or **rhombohedra** /ˌrɒmbəʊˈhiːdrə/) rhomboèdre m

**rhomboid** /ˈrɒmbɔɪd/
**N** rhomboïde m
**ADJ** rhomboïdal

**rhombus** /ˈrɒmbəs/ **N** (pl **rhombuses** or **rhombi**) losange m, rhombe m

**rhoncus** /ˈrɒŋkəs/ **N** (pl **rhonchi** /ˈrɒŋkaɪ/) rhoncus m

**Rhône** /rəʊn/ **N** Rhône m

**rhotacism** /ˈrəʊtəˌsɪzəm/ **N** rhotacisme m

**rhubarb** /ˈruːbɑːb/
**N** ① (= plant) rhubarbe f
② (Theat) ◆ **"rhubarb, rhubarb, rhubarb"** ≈ brouhaha m (mot employé pour reconstituer un murmure de fond)
③ (US ‡ = quarrel) prise f de bec, éclats mpl de voix
**COMP** [jam] de rhubarbe ; [tart] à la rhubarbe

**rhumb** /rʌm/ (also **rhumbline**) **N** [of ship] rhumb m

**rhyme** /raɪm/ SYN
**N** ① (= identical sound) rime f ◆ **for (the sake of) the rhyme** pour la rime ◆ **without rhyme or reason** sans rime ni raison ◆ **there seems to be neither rhyme nor reason to it** cela ne rime à rien, cela n'a ni rime ni raison
② (= poetry) vers mpl ; (= a poem) poème m ◆ **in rhyme** en vers (rimés) ◆ **to put sth into rhyme** mettre qch en vers ; → **nursery**
**VT** faire rimer (with avec)
**VI** ① rimer (with avec)
② (pej = write verse) faire de mauvais vers, rimailler (pej)
**COMP rhyme scheme N** agencement m des rimes

**rhymed** /raɪmd/ **ADJ** rimé

**rhymer** /ˈraɪmə<sup>r</sup>/, **rhymester** /ˈraɪmstə<sup>r</sup>/ **N** (pej) rimailleur m, -euse f (pej)

**rhyming** /ˈraɪmɪŋ/
**ADJ** qui rime
**COMP rhyming couplet N** strophe composée de deux vers qui riment
**rhyming dictionary N** dictionnaire m des rimes
**rhyming game N** jeu m de rimes
**rhyming slang N** argot des Cockneys

▸ **RHYMING SLANG**

L'« argot rimé » est une forme d'argot utilisée par les Cockneys ; il consiste à remplacer un mot par une expression qui rime avec ce mot : par exemple, on dira « apples and pears » pour « stairs ». Cette forme de langage est parfois difficile à comprendre, surtout lorsque la rime est supprimée ; ainsi, à la place de « butcher's hook » (pour « look »), les Cockneys vont simplement dire « butcher's », par exemple dans « let's take a butcher's » (jetons un coup d'œil). Certaines expressions de ce **rhyming slang** sont passées dans la langue courante et sont comprises par tous les Britanniques ; pour « use your head » (réfléchis un peu), on entendra ainsi « use your loaf », « loaf » étant une réduction de « loaf of bread » (pour « head »).

**rhyolite** /ˈraɪəlaɪt/ **N** rhyolit(h)e f

**rhythm** /ˈrɪðəm/ SYN
**N** rythme m ◆ **rhythm and blues** (Mus) rhythm and blues m
**COMP rhythm and blues N** (Mus) rhythm and blues m, combinaison de blues et de rock
**rhythm guitar N** guitare f rythmique
**rhythm method N** [of contraception] méthode f Ogino or des températures
**rhythm section N** (Mus) section f rythmique

**rhythmic(al)** /ˈrɪðmɪk(əl)/ **ADJ** [movement, beat] rythmique ; [music] rythmé, cadencé

**rhythmically** /ˈrɪðmɪkəlɪ/ **ADV** de façon rythmique, en rythme

**rhythmicity** /rɪðˈmɪsɪtɪ/ **N** rythmicité f

**rhyton** /ˈraɪtɒn/ **N** (pl **rhyta** /ˈraɪtə/) rhyton m

**RI** /ˌɑːˈraɪ/ **N** ① (abbrev of **religious instruction**) → **religious**
② abbrev of **Rhode Island**

**ria** /ˈrɪə/ **N** (Geog) ria f

**rial** /ˈraɪəl/ **N** rial m

**rib** /rɪb/
**N** ① (Anat, Culin) côte f ◆ **true/false rib** vraie/fausse côte f ; → **dig, floating, poke²**, **stick**
② [of leaf, ceiling] nervure f ; [of ship] membre m, membrure f ; [of shell] strie f ; [of umbrella] baleine f ; [of knitting] côte f
**VT** ( * = tease) taquiner, mettre en boîte *
**COMP rib cage N** cage f thoracique
**rib roast N** (Culin) côte f de bœuf
**rib-tickler N** blague * f
**rib-tickling** * **ADJ** tordant *

**RIBA** /ˌɑːraɪbiːˈeɪ/ **N** (abbrev of **Royal Institute of British Architects**) association professionnelle des architectes britanniques

**ribald** /ˈrɪbəld/ SYN ADJ *[comment, joke]* grivois, égrillard ; *[laughter]* égrillard

**ribaldry** /ˈrɪbəldrɪ/ N *(NonC)* grivoiserie *f* ; *(= comments)* grivoiseries *fpl*

**riband** † /ˈrɪbənd/ N ⇒ **ribbon** ; → **blue**

**ribbed** /rɪbd/ ADJ *[cotton, sweater, socks]* à côtes ; *[shell]* strié ; *[ceiling]* à nervures

**ribbing** /ˈrɪbɪŋ/ N 1 *(NonC: Knitting)* côtes *fpl*

2 *(* = teasing)* ◆ **to give sb a ribbing** taquiner qn ◆ **to get a ribbing** se faire taquiner

**ribbon** /ˈrɪbən/

N 1 *[of dress, hair, typewriter, decoration]* ruban *m* ◆ **velvet ribbon** ruban *m* de velours ; → **bunch**

2 ◆ **in ribbons** *(= in tatters)* en lambeaux ◆ **to tear sth to ribbons** *(lit)* mettre qch en lambeaux ; *(fig) [+ play etc]* éreinter qch

COMP **ribbon development** N *(NonC)* croissance *f* urbaine linéaire *(le long des grands axes routiers)*

**ribbonfish** /ˈrɪbənfɪʃ/ N régalec *m*

**riboflavin** /ˌraɪbəʊˈfleɪvɪn/ N riboflavine *f*

**ribonuclease** /ˌraɪbəʊˈnjuːklɪːˌeɪs/ N ribonucléase *f*

**ribonucleic** /ˈraɪbəʊnjuːˈklɪːɪk/ ADJ ◆ **ribonucleic acid** acide *m* ribonucléique

**ribose** /ˈraɪbəʊz/ N ribose *m*

**ribosomal** /ˌraɪbəˈsəʊməl/ ADJ ribosomal

**ribosome** /ˈraɪbəsəʊm/ N ribosome *m*

**ribwort** /ˈrɪbwɜːt/ N plantain *m* lancéolé, herbe *f* à cinq côtes

**rice** /raɪs/

N riz *m*

COMP **rice bowl** N *(= bowl)* bol *m* à riz ; *(= region)* région *f* rizicole

**rice growing** N riziculture *f*

**rice-growing** ADJ rizicole, producteur (-trice *f*) de riz

**rice paper** N papier *m* de riz

**rice pudding** N riz *m* au lait

**rice vinegar** N vinaigre *m* de riz

**rice wine** N saké *m*

**ricebird** /ˈraɪsbɜːd/ N goglu *m*

**ricefield** /ˈraɪsfiːld/ N rizière *f*

**ricer** /ˈraɪsəʳ/ N *(US Culin)* presse-purée *m inv*

**rich** /rɪtʃ/ SYN

ADJ 1 *(gen) [person, country, variety, life, soil, food, sound, colour]* riche ; *[smell]* riche, puissant ; *[tapestries]* riche, somptueux ; *[gift, clothes, banquet]* somptueux ; *[voice]* chaud, aux tonalités riches ; *[profit]* gros (grosse *f*) ; *[wine]* généreux ◆ **rich people** les riches *mpl* ◆ **rich and famous** riche et célèbre ◆ **to grow** *or* **get rich(er)** s'enrichir ◆ **to make sb rich** enrichir qn ◆ **to get rich quick** * *(gen pej)* s'enrichir rapidement ; see also **get** ◆ **to be (all) the richer for sth** gagner beaucoup à faire qch ◆ **rich in minerals/vitamins/detail/history** *etc* riche en minéraux/vitamines/détails/histoire *etc* ◆ **the sauce was too rich for me** j'ai trouvé la sauce écœurante ◆ **for richer, for poorer** *(in marriage service)* ≃ pour le meilleur et pour le pire ; → **Croesus, picking**

2 *(= unreasonable)* ◆ **that's rich!** * c'est un peu fort !, elle est bonne, celle-là !

3 *( † = funny) [humour, tale]* savoureux

N ◆ **riches** richesse(s) *f(pl)*

NPL **the rich** les riches *mpl*

COMP **rich tea biscuit** N ≃ petit-beurre *m*

**-rich** /rɪtʃ/ ADJ *(in compounds)* ◆ **calcium-/protein-rich** riche en calcium/protéines ◆ **oil-rich** *[nation, region]* riche en pétrole

**Richard** /ˈrɪtʃəd/ N Richard *m* ◆ **Richard (the) Lionheart** Richard *m* Cœur de Lion

**richly** /ˈrɪtʃlɪ/ SYN ADV *[decorated, flavoured, scented, coloured]* richement ; *[dressed]* richement, somptueusement ; *[illustrated]* abondamment ; *[deserved]* largement ; *[rewarded]* généreusement ; *[satisfying]* profondément ◆ **to be richly endowed with courage/talent** avoir du courage/talent à revendre ◆ **richly patterned** à riches motifs ◆ **a richly rewarding experience** une expérience extrêmement enrichissante

**richness** /ˈrɪtʃnɪs/ N *[of person, life, culture, soil, voice, food, colour]* richesse *f* ; *[of tapestries]* richesse *f*, somptuosité *f* ; *[of gift, clothes, banquet]* somptuosité *f* ◆ **richness in oil/vitamins** richesse *f* en pétrole/vitamines

**Richter** /ˈrɪxtəʳ/ N ◆ **the Richter scale** l'échelle *f* de Richter

**rick**[1] /rɪk/ N *(Agr)* meule *f* (de foin *etc*)

**rick**[2] /rɪk/ VT, N ⇒ **wrick**

**rickets** /ˈrɪkɪts/ N *(NonC)* rachitisme *m* ◆ **to have rickets** être rachitique

**rickettsia** /rɪˈketsɪə/ N (pl **rickettsias** *or* **rickettsiae** /rɪˈketsɪˌiː/) rickettsie *f*

**rickettsial disease** /rɪˈketsɪəl/ N rickettsiose *f*

**rickety** /ˈrɪkɪtɪ/ ADJ *(Med)* rachitique ; *(fig) [building, fence, stairs]* branlant ; *[furniture]* bancal ; *[vehicle]* bringuebalant

**rickey** /ˈrɪkɪ/ N *(US) cocktail au citron vert*

**rickrack** /ˈrɪkræk/ N *(NonC: US)* ganse *f* en zigzag

**rickshaw** /ˈrɪkʃɔː/ N *(pulled by man)* pousse(-pousse) *m inv* ; *(pulled by bicycle etc)* rickshaw *m*

**ricky-tick** * /ˈrɪkɪtɪk/ ADJ *(US)* démodé, vieillot

**ricochet** /ˈrɪkəʃeɪ/

N ricochet *m*

VI ricocher

**ricotta** /rɪˈkɒtə/ N ricotte *f*

**rictus** /ˈrɪktəs/ N (pl **rictus** *or* **rictuses**) rictus *m*

**rid** /rɪd/ SYN (pret, ptp **rid** *or* **ridded**) VT *(of pests, disease)* débarrasser ; *(of bandits etc)* délivrer (of de) ◆ **to be rid of sb/sth** être débarrassé de qn/qch

♦ **to get rid of, to rid o.s. of** *(frm) [+ spots, cold, cough, fleas, possessions, rubbish]* se débarrasser de ; *[+ habit, illusion, desire, tendency]* perdre, se défaire de ; *[+ fears, doubts]* perdre ; *[+ unwanted goods]* se débarrasser de, se défaire de ; *[+ boyfriend, girlfriend]* laisser tomber *, se débarrasser de ◆ **to get rid of one's debts** liquider *or* régler ses dettes ◆ **the body gets rid of waste** l'organisme élimine les déchets

**riddance** /ˈrɪdəns/ N débarras *m* ◆ **good riddance (to bad rubbish)!** * bon débarras ! *

**ridden** /ˈrɪdn/

VB ptp of **ride**

ADJ ◆ **ridden by** tourmenté *or* hanté par ◆ **ridden by fears** hanté par la peur ◆ **ridden by remorse** tourmenté par le remords

**-ridden** /ˌrɪdn/ ADJ *(in compounds)* ◆ **disease-/guilt-/remorse-ridden** accablé par la maladie/la culpabilité/le remords ◆ **angst-/fear-ridden** tourmenté par l'angoisse/la peur ; → **debt, hag**

**riddle**[1] /ˈrɪdl/

N crible *m*, claie *f*

VT 1 *[+ coal, soil etc]* cribler, passer au crible ; *[+ stove]* agiter la grille de

2 *[+ person, target]* cribler ◆ **riddled with holes/bullets** criblé de trous/balles ◆ **the council is riddled with corruption** la corruption règne au conseil ◆ **the committee is riddled with troublemakers** le comité grouille de provocateurs

**riddle**[2] /ˈrɪdl/ SYN N *(= puzzle)* énigme *f*, devinette *f* ; *(= mystery)* énigme *f*, mystère *m* ◆ **to speak** *or* **talk in riddles** parler par énigmes ◆ **to ask sb a riddle** poser une devinette à qn

**ride** /raɪd/ SYN (vb: pret **rode**, ptp **ridden**)

N 1 *(= outing)* promenade *f*, tour *m* ; *(= distance covered)* trajet *m* ◆ **he gave the child a ride on his back** il a promené l'enfant sur son dos ◆ **to go for a ride in a car** faire un tour en voiture ◆ **he gave me a ride into town in his car** il m'a emmené en ville dans sa voiture ◆ **it's my first ride in a Rolls** c'est la première fois que je me promène *or* que je roule en Rolls ◆ **we went for a ride in a train** nous avons fait un voyage en train ◆ **can I have a ride on your bike?** est-ce que je peux emprunter ton vélo ? ◆ **to have a ride in a helicopter** faire un tour en hélicoptère ◆ **we got a ride in a taxi** nous avons pris un taxi ◆ **it was the taxi ride they liked best** c'est le tour en taxi qu'ils ont préféré ◆ **bike ride** tour *m* *or* promenade *f* à vélo ◆ **car ride** tour *m* en voiture ◆ **coach ride** tour *m* *or* excursion *f* en car ◆ **it's a short taxi ride to the airport** ce n'est pas loin en taxi jusqu'à l'aéroport ◆ **he has a long (car/bus) ride to work** il a un long trajet (en voiture/en autobus) jusqu'à son lieu de travail ◆ **it's only a short ride by bus/coach/train/car/taxi** il n'y en a pas pour longtemps *or* c'est tout près en bus/en car/en train/en voiture/en taxi ◆ **it's a 60p ride from the station** le trajet depuis la gare coûte 60 pence ◆ **three rides on the merry-go-round** trois tours de manège ◆ **to steal a ride** voyager sans billet *or* sans payer ◆ **I just came along for the ride** *(fig)* je suis venu pour voir ◆ **to take sb for a ride** *(in car etc)* emmener qn faire un tour ; *(fig) (= make fool of)* faire marcher qn *, mener qn en bateau * ; *(= swindle)* rouler qn *, posséder qn * ; *(US * euph = kill)* emmener qn faire un tour ; → **joyride, Valkyrie**

2 *(on horseback)* promenade *f* *or* tour *m* à cheval ; *(= long journey)* chevauchée *f* ◆ **after a hard ride across country** après une chevauchée pénible à travers la campagne

3 *(at fairground)* tour *m* ◆ **a ride on the rollercoaster** un tour de montagnes russes

4 *(* fig)* ◆ **motherhood was no easy ride** la maternité n'était pas facile à assumer ◆ **he faces a rough ride from the media** il risque de se faire malmener par les médias ◆ **he was given a rough ride over his remarks about the homeless** on lui a fait payer ses remarques sur les SDF ◆ **the company has not had a smooth** *or* **an easy ride lately** tout n'a pas été rose pour l'entreprise ces derniers temps, l'entreprise a eu sa part d'ennuis ces derniers temps

5 *(= path for horses)* allée *f* cavalière

6 *(Horse-riding = mount)* ◆ **Castilian Queen is a difficult ride** Castilian Queen est difficile à monter

VI 1 *(= ride a horse)* monter à cheval, faire du cheval ◆ **can you ride?** savez-vous monter à cheval ? ◆ **she rides a lot** elle fait beaucoup d'équitation ◆ **he has ridden since childhood** il monte à cheval *or* il fait de l'équitation depuis son enfance ◆ **she learnt to ride on Oscar** elle a appris à monter (à cheval) sur Oscar ◆ **to go riding** faire du cheval, monter à cheval ◆ **to ride astride/sidesaddle** monter à califourchon/en amazone ◆ **he rides well** il est bon cavalier ◆ **the jockey was riding just under 65 kilos** (en tenue) le jockey pesait un peu moins de 65 kilos ; → **hound**

2 *(= go on horseback/by bicycle/by motorcycle)* aller à cheval/à bicyclette/à *or* en moto ◆ **to ride down/away** *etc* descendre/s'éloigner *etc* à cheval (*or* à bicyclette *or* à *or* en moto *etc*) ◆ **he stopped then rode on** il s'est arrêté puis a repris sa route ◆ **they had ridden all day** ils avaient passé toute la journée à cheval *or* en selle ◆ **he rode to London** il est allé à Londres à cheval (*or* à bicyclette *etc*) ◆ **he was riding on a bicycle/a camel** il était à bicyclette/à dos de chameau ◆ **the child was riding on his father's back** le père portait l'enfant sur son dos ◆ **he was riding on his mother's shoulders** sa mère le portait sur ses épaules ◆ **the witch was riding on a broomstick** la sorcière était à cheval *or* à califourchon sur un balai ◆ **they were riding on a bus/in a car/in a train** ils étaient en autobus/en voiture/en train ◆ **they rode in a bus to...** ils sont allés en bus à... ◆ **she rides to work on a bike** elle va au travail à bicyclette ◆ **the seagull rides on the wind** *(fig liter)* la mouette est portée par le vent ◆ **the moon was riding high in the sky** la lune voguait haut dans le ciel ◆ **he's riding high** *(fig)* il a le vent en poupe ◆ **he was riding high in public opinion** il avait la cote (auprès du public) ◆ **he was riding high on his latest success** tout baignait * pour lui après son dernier succès ◆ **we'll just have to let the matter** *or* **to let things ride for a while** nous allons devoir laisser l'affaire suivre son cours *or* laisser courir * pendant un certain temps ◆ **she had to let things ride** elle a dû laisser courir * ; → **anchor, fall, roughshod, punch**[1]**, shank**

3 ◆ **to ride well** *[horse]* être une bonne monture

4 *(Tech etc) (= overlap)* chevaucher ; *(= work out of place)* travailler

VT 1 ◆ **to ride a horse** monter à cheval ◆ **have you ever ridden a horse?** êtes-vous déjà monté à cheval ? ◆ **I have never ridden Flash** je n'ai jamais monté Flash ◆ **he rode Cass at Newmarket** il montait Cass à Newmarket ◆ **he rode Buster into town** il a pris Buster pour aller en ville, il est allé en ville sur Buster ◆ **Jason will be ridden by J. Bean** Jason sera monté par J. Bean ◆ **he rode his horse straight at me** il a dirigé son cheval droit sur moi ◆ **he rode his horse up the stairs** il a fait monter l'escalier à son cheval ◆ **he rode his horse away/back** *etc* il est parti/revenu *etc* à cheval ◆ **to ride two horses at the same time** *(Brit fig)* courir deux lièvres à la fois ◆ **he rides his pony to school** il va à l'école à dos de poney ◆ **have you ever ridden a donkey/camel?** êtes-vous déjà monté à dos d'âne/de chameau ? ◆ **he was riding a donkey** il était à dos d'âne ◆ **he was riding a motorbike** il était à *or* en moto ◆ **he rode his motorbike to the station** il est allé à la gare à *or* en moto ◆ **I have never ridden a bike/a motorbike** je ne suis jamais monté à vélo/à moto ◆ **can I ride your bike?** est-ce que je peux emprunter ton vélo ? ◆ **he was riding a bicycle** il était à bicyclette ◆ **he rode his cycle into town** il est allé en ville à bicyclette ◆ **he always rides a bicycle** il va partout à *or* il se déplace toujours à bicyclette

• **witches ride broomsticks** les sorcières chevauchent des balais • **she was riding a broomstick** elle était à cheval *or* à califourchon sur un balai • **they had ridden 10km** ils avaient fait 10 km à cheval (*or* à bicyclette *or* à *or* en moto *etc*) • **they had ridden all the way** ils avaient fait tout le trajet à cheval (*or* à bicyclette *etc*) • **he rode the country looking for...** il a parcouru le pays à la recherche de... • **to ride sb on a rail** *(US)* expulser qn de la ville *(en l'emmenant à califourchon sur un poteau)* • **the birds rode the wind** *(fig)* les oiseaux se laissaient porter par le vent • **the ship rode the waves** *(liter)* le bateau voguait sur les vagues • **he's riding (on) a wave of personal popularity** il jouit d'une excellente cote de popularité ; see also **ride on** ; → **herd, race**[1]

[2] *(esp US* * *= nag etc)* être toujours sur le dos de *, ne pas ficher la paix à * *(about* au sujet de) • **don't ride him too hard** ne soyez pas trop dur avec lui

▸ **ride about, ride around** VI se déplacer *or* faire un tour (à cheval *or* à bicyclette *or* en voiture *etc*)

▸ **ride behind** VI *(on same horse)* monter en croupe ; *(on motorcycle)* monter derrière *or* en croupe ; *(in car)* être assis à l'arrière ; *(different horse, motorcycle, car)* être derrière

▸ **ride down** VT SEP [1] *(= trample)* renverser, piétiner

[2] *(= catch up with)* rattraper

▸ **ride on** VT FUS dépendre de • **billions of dollars are riding on the outcome of the election** de l'issue des élections dépendent des milliards de dollars • **his reputation's riding on the outcome of the trial** sa réputation dépend de l'issue du procès, c'est sa réputation qui est en jeu dans ce procès

▸ **ride out**

VI sortir (à cheval *or* à bicyclette *etc*)

VT SEP *(fig)* surmonter • **to ride out the storm** *(on ship)* étaler la tempête ; *(fig)* surmonter la crise • **to ride out a difficult time** se tirer d'une *or* surmonter une mauvaise passe • **the company managed to ride out the depression** la société a réussi à survivre à la dépression

▸ **ride up** VI [1] *[horseman, cyclist etc]* arriver

[2] *[skirt, trousers]* remonter • **her underskirt had ridden up (a)round her hips** son jupon lui était remonté sur les hanches

**rider** /ˈraɪdəʳ/ N [1] *(= person) [of horse]* cavalier *m*, -ière *f* ; *[of racehorse]* jockey *m* ; *[of circus horse]* écuyer *m*, -ère *f* ; *[of bicycle]* cycliste *mf* ; *[of motorcycle]* motocycliste *mf* • **a good rider** un bon cavalier, une bonne cavalière ; → **dispatch, outrider**

[2] *(= addition : to document)* annexe *f* ; *(to bill)* clause *f* additionnelle ; *(to insurance policy, jury's verdict)* avenant *m* • **the committee added a rider condemning...** la commission ajouta une clause condamnant...

**riderless** /ˈraɪdəlɪs/ ADJ *[horse]* sans cavalier

**ridesharing** /ˈraɪdʃeərɪŋ/ N *(US)* covoiturage *m*

**ridge** /rɪdʒ/

N [1] *(= top of a line of hills or mountains)* arête *f*, crête *f* ; *(= extended top of a hill)* faîte *m* ; *(= ledge on hillside)* corniche *f* ; *(= chain of hills, mountains)* chaîne *f* ; *(in sea = reef)* récif *m*

[2] *(of roof, on nose)* arête *f* ; *(on sand)* ride *f* ; *(in ploughed land)* billon *m* ; *(on cliff, rock face)* strie *f* • **a ridge of high pressure** une ligne de hautes pressions • **ridge and furrow (formation)** *(Agr)* crêtes *fpl* de labours ; → **alveolar**

VT *[+ roof]* enfaîter ; *[+ earth]* billonner ; *[+ rock face]* strier ; *[+ sand]* rider

COMP **ridge piece, ridge pole** N poutre *f* de faîte *m*, faîtage *m*

**ridge tent** N tente *f* (à toit en arête)

**ridge tile** N (tuile *f*) faîtière *f*, enfaîteau *m*

**ridge way** N chemin *m or* route *f* de crête

**ridicule** /ˈrɪdɪkjuːl/ SYN

N raillerie *f*, ridicule *m* • **to hold sb/sth up to ridicule** tourner qn/qch en ridicule *or* en dérision • **to lay o.s. open to ridicule** s'exposer aux railleries • **she's an object of ridicule** elle est un objet de risée

VT ridiculiser, tourner en ridicule *or* en dérision

**ridiculous** /rɪˈdɪkjʊləs/ SYN ADJ ridicule • **she was made to look ridiculous** elle a été ridiculisée • **to make o.s. (look) ridiculous** se rendre ridicule, se ridiculiser • **to take things to ridiculous extremes** pousser les choses trop loin • **to go to ridiculous lengths** trop en faire • **to go to ridiculous lengths to do sth** se ridiculiser à force de faire qch ; → **sublime**

**ridiculously** /rɪˈdɪkjʊləslɪ/ ADV ridiculement • **ridiculously, he blamed himself for the accident** il se sentait responsable de l'accident, ce qui est ridicule

**ridiculousness** /rɪˈdɪkjʊləsnɪs/ N ridicule *m*

**riding** /ˈraɪdɪŋ/

N (also **horse-riding**) équitation *f* ; *(= horsemanship)* monte *f*

COMP **riding boots** NPL bottes *fpl* de cheval

**riding breeches** NPL culotte *f* de cheval

**riding crop** N ⇒ **riding whip**

**riding habit** N habit *m or* tenue *f* d'amazone

**riding jacket** N veste *f* de cheval *or* d'équitation

**riding master** N professeur *m* d'équitation

**riding school** N manège *m*, école *f* d'équitation

**riding stable(s)** N(PL) centre *m* d'équitation, manège *m*

**riding whip** N cravache *f*

**riding lamp** /ˈraɪdɪŋ,læmp/, **riding light** /ˈraɪdɪŋ,laɪt/ N *[of ship]* feu *m* de mouillage

**riel** /ˈriːəl/ N riel *m*

**Riemannian** /riːˈmænɪən/ ADJ riemannien

**Riemannian geometry** N géométrie *f* riemannienne

**riesling** /ˈriːzlɪŋ/ N riesling *m*

**rifampicin** /rɪˈfæmpɪsɪn/, **rifampin** *(US)* /rɪˈfæmpɪn/ N rifampicine *f*

**rife** /raɪf/ ADJ • **to be rife** *[disease, racism, crime, unemployment]* sévir • **rumours are/speculation is rife (that)** les rumeurs/les spéculations vont bon train (comme quoi) • **corruption is rife** la corruption est monnaie courante

♦ **rife with** • **a city rife with violence** une ville en proie à la violence, une ville où sévit la violence • **the whole company is rife with corruption/jealousy** la corruption/jalousie sévit dans toute l'entreprise • **the media is rife with rumours/speculation** les rumeurs/spéculations vont bon train dans les médias

**riff** /rɪf/ N *(Mus)* riff *m*

**riffle** /ˈrɪfl/ VT (also **riffle through**) *[+ pages, papers]* feuilleter rapidement, parcourir

**riffraff** /ˈrɪf,ræf/ N racaille *f*

**rifle**[1] /ˈraɪfl/ SYN VT *[+ town]* piller ; *[+ tomb]* violer ; *[+ drawer, till]* vider ; *[+ house]* dévaliser, vider • **to rifle sb's pockets** faire les poches à qn • **she rifled through the papers** elle feuilletait rapidement les documents

**rifle**[2] /ˈraɪfl/

N *(= gun)* fusil *m* (rayé) ; *(for hunting)* carabine *f* de chasse • **the Rifles** *(Mil)* ≃ les chasseurs *mpl* à pied, ≃ (le régiment de) l'infanterie *f* légère

COMP **rifle butt** N crosse *f* de fusil

**rifle range** N *(outdoor)* champ *m* de tir ; *(indoor)* stand *m* de tir • **within rifle range** à portée de fusil

**rifle shot** N coup *m* de fusil ; *(= marksman)* tireur *m* • **within rifle shot** à portée de fusil

**rifleman** /ˈraɪflmən/ N (pl **-men**) fusilier *m*

**rift** /rɪft/ SYN

N [1] *(lit)* fissure *f* ; *(deeper)* crevasse *f* ; *(in clouds)* trouée *f*

[2] *(fig = disagreement)* désaccord *m* ; *(Pol) (in party)* division *f* ; *(in cabinet, group)* division *f*, désaccord *m* • **this caused a rift in their friendship** ceci a causé une faille dans leur amitié • **the rift between them was widening** ils s'éloignaient de plus en plus l'un de l'autre

COMP **rift valley** N *(Geol)* graben *m*

**rig** /rɪg/ SYN

N [1] *[of ship]* gréement *m*

[2] (also **oil rig**) *(on land)* derrick *m* ; *(at sea:* also **floating rig**) plateforme *f* (pétrolière) flottante

[3] *(* = outfit :* also **rig out**) tenue *f*, accoutrement *m (pej)*

[4] *(US = tractor-trailer)* semi-remorque *m*

VT [1] *[+ ship]* gréer

[2] *(= fix dishonestly) [+ election, competition, game]* truquer ; *[+ prices]* fixer illégalement • **it was rigged** c'était un coup monté • **to rig the market** *(Stock Exchange)* manipuler le marché, provoquer une hausse (*or* une baisse) factice dans les cours

VI *[ship]* être gréé

▸ **rig out** VT SEP *(= clothe)* habiller *(with* de ; *as* en) • **he rigged himself out as Dracula** il s'est déguisé en Dracula

▸ **rig up** VT *[+ boat]* gréer ; *(with mast)* mâter ; *[+ equipment]* monter, installer ; *(fig) (= make hastily)* faire avec des moyens de fortune *or* avec les moyens du bord ; *(= arrange)* arranger

**rigadoon** /,rɪgəˈduːn/ N *(= dance, music)* rigaudon *m*, rigodon *m*

**rigger** /ˈrɪgəʳ/ N [1] *(for ship)* gréeur *m* ; *(for plane)* monteur-régleur *m*

[2] *(on Stock Exchange)* agioteur *m*, manipulateur *m*

**rigging** /ˈrɪgɪŋ/ N [1] *(of ship) (= ropes etc)* gréement *m* ; *(= action)* gréage *m*

[2] *(US = clothes)* vêtements *mpl*, fringues * *fpl*

[3] *(* = dishonest interference) [of election, competition] truquage *m* ; *[of prices]* fixation *f* illégale ; *(on Stock Exchange)* agiotage *m* manipulation *f*

## right /raɪt/

LANGUAGE IN USE 11, 13, 26.3 SYN

1 - ADJECTIVE
2 - ADVERB
3 - NOUN
4 - PLURAL NOUN
5 - TRANSITIVE VERB
6 - COMPOUNDS

### 1 - ADJECTIVE

[1] [= MORALLY GOOD] bien *inv* • **it isn't right to lie, lying isn't right** ce n'est pas bien de mentir • **it's not right, leaving her like this** ce n'est pas bien de la laisser comme ça • **I have always tried to do what was right** j'ai toujours essayé de bien agir • **to do what is right by sb** agir pour le bien de qn • **you were right to refuse** vous avez bien fait de *or* vous avez eu raison de refuser • **he thought it right to warn me** il a cru *or* jugé bon de m'avertir • **would it be right to tell him?** est-ce que ce serait une bonne chose de le lui dire ? • **to do the right thing by sb** bien agir *or* agir honorablement envers qn

♦ **only right** • **it seemed only right to give him the money** il paraissait normal de lui donner l'argent • **it is only right for her to go** *or* **that she should go** il n'est que juste qu'elle y aille • **it is only right to point out that...** il faut néanmoins signaler que... • **that's only right and proper!** ce n'est que justice !, c'est bien le moins ! • **it's only right and proper that...** il n'est que juste que... + *subj*

[2] [= ACCURATE] juste, exact • **that's right** c'est juste, c'est exact • **that can't be right!** ce n'est pas possible ! • **is that right?** *(checking)* c'est bien ça ? ; *(expressing surprise)* vraiment ? • **the right time** *(by the clock)* l'heure exacte *or* juste ; see also **adjective 3** • **is the clock right?** est-ce que la pendule est à l'heure ? • **my guess was right** j'avais deviné juste

♦ **to be right** *[person]* avoir raison • **you're quite right** vous avez parfaitement raison • **how right you are!** * je suis entièrement d'accord avec vous !, et comment ! *

♦ **to get sth right** • **I got all the answers right** j'ai répondu juste à toutes les questions • **to get one's sums right** ne pas se tromper dans ses calculs • **to get one's facts right** ne pas se tromper • **let's get it right this time!** cette fois-ci, il s'agit de ne pas nous tromper !

♦ **to put** *or* **set right** *[+ error]* corriger, rectifier ; *[+ situation]* redresser ; *[+ clock]* remettre à l'heure ; *[+ sth broken]* réparer, remettre en état • **that can easily be put right** on peut (facilement) arranger ça • **I tried to put things right after their quarrel** j'ai essayé d'arranger les choses après leur dispute • **the plumber came and put things right** le plombier est venu et a fait les réparations nécessaires

♦ **to put** *or* **set sb right** *(= correct)* corriger qn ; *(= disabuse)* détromper qn ; *(= cure)* guérir qn • **the medicine soon put** *or* **set him right** ce médicament l'a vite guéri • **put me right if I'm wrong** corrigez-moi si je me trompe

[3] [= CORRECT] bon *before noun* • **the right answer** la bonne réponse • **it is just the right size** c'est la bonne taille • **on the right road** *(lit)* sur le bon chemin • **is this the right road for Lyons?** est-ce que c'est bien la route de Lyon *or* la bonne route pour Lyon ? • **on the right road, on the right track** *(fig)* sur la bonne voie • **to come at the right time** arriver au bon moment, bien tomber • **to do sth at the right time** faire qch au bon moment • **the right word** le mot juste • **she is on the right side of forty** elle n'a pas encore quarante ans • **to get on the right side of sb** * s'attirer les bonnes grâces de qn • **to**

**know the right people** avoir des relations ◆ **your assumption was right** tu avais vu juste

4 [= BEST] meilleur (-eure *f*) ◆ **what's the right thing to do?** quelle est la meilleure chose à faire ? ◆ **I don't know what's the right thing to do** je ne sais pas ce qu'il faut faire *or* ce qu'il convient de faire ◆ **we will do what is right for the country** nous ferons ce qui est dans l'intérêt du pays ◆ **the right man for the job** l'homme de la situation, l'homme qu'il nous (*or* leur *etc*) faut

5 [= NECESSARY] ◆ **I haven't got the right papers with me** je n'ai pas les documents nécessaires sur moi ◆ **I didn't have the right books for the course** je n'avais pas les livres qu'il fallait pour ce cours

6 [= PROPER] ◆ **to do sth the right way** faire qch comme il faut ◆ **that is the right way of looking at it** c'est bien ainsi qu'il faut aborder la question ◆ **she wasn't wearing the right clothes** (*socially inappropriate*) elle n'avait pas la tenue requise, elle n'était pas habillée comme il fallait ◆ **if you go hiking you must wear the right shoes** lorsque l'on fait de la randonnée, il faut porter des chaussures adaptées

7 [= IN PROPER STATE] *[person]* guéri, rétabli ; *[part of body]* guéri ◆ **David's ankle is still not right** la cheville de David n'est pas encore guérie ◆ **I don't feel quite right today** je ne me sens pas très bien *or* pas dans mon assiette aujourd'hui ◆ **the brakes aren't right** les freins ne fonctionnent pas bien, il y a quelque chose qui cloche dans les freins ◆ **to be in one's right mind** avoir toute sa raison ◆ **he's not right in the head** * il déraille * ◆ **to be as right as rain** * (*Brit:after illness*) se porter comme un charme ; → **all right**

8 [= REAL : ESP BRIT *] ◆ **it's a right mess in there** c'est la pagaille * complète là-dedans ◆ **I felt a right fool** je me suis senti complètement idiot ◆ **she gave them a right telling off** elle les a enguirlandés * quelque chose de bien

9 [AGREEING, CONFIRMING ETC] ◆ **right!, right you are!** * d'accord !, entendu ! ◆ **right on!** ⁑ (*approvingly*) c'est ça ! ◆ **right, who's next?** bon, c'est à qui le tour ? ◆ **(oh) right!** * (*= I see*) ah, d'accord ! ◆ **she was the last to leave, right?** elle est partie la dernière, c'est bien ça ? ◆ **too right!** et comment !

♦ **right enough** ◆ **it was him right enough!** c'était bien lui, aucun doute là-dessus !

10 [= OPPOSITE OF LEFT] droit ◆ **right hand** main *f* droite ◆ **on my right hand you see the bridge** sur ma droite vous voyez le pont ◆ **it's a case of the right hand not knowing what the left hand's doing** il y a un manque total de communication et de coordination ; see also **compounds** ◆ **I'd give my right arm to know the truth** je donnerais n'importe quoi pour connaître la vérité

### 2 - ADVERB

1 [= STRAIGHT, DIRECTLY] droit ◆ **right ahead of you** droit devant vous ◆ **right in front of you** sous vos yeux ◆ **the blow hit me right in the face** j'ai reçu le coup en pleine figure ◆ **right behind you** (*gen*) juste derrière vous ◆ **you'll have the wind right behind you** vous aurez le vent dans le dos ◆ **public opinion would be right behind them** ils auraient l'opinion publique pour eux ◆ **go right on** continuez tout droit ◆ **I'll be right back** je reviens tout de suite

♦ **right away** (*= immediately*) tout de suite, sur-le-champ ; (*= at the first attempt*) du premier coup

♦ **right off** * du premier coup

2 [= EXACTLY] ◆ **right then** sur-le-champ ◆ **I had to decide right then** j'ai dû décider sur-le-champ ◆ **right now** (*= at the moment*) en ce moment ; (*= at once*) tout de suite ◆ **right here** ici même ◆ **right in the middle** au beau milieu, en plein milieu ◆ **right at the start** au tout début ◆ **right from the start** dès le début

3 [= COMPLETELY, ALL THE WAY] tout ◆ **right round the house** tout autour de la maison ◆ **to fall right to the bottom** tomber tout au fond ◆ **right (up) against the wall** tout contre le mur ◆ **right at the top of the mountain** tout en haut de la montagne ◆ **right at the back, right at the bottom** tout au fond ◆ **pierced right through** transpercé *or* percé de part en part ◆ **to turn right round** se retourner, faire volte-face ◆ **push it right in** enfoncez-le complètement ◆ **he's right up there** (*in race*) il est en tête

4 [= CORRECTLY, WELL] bien ◆ **you haven't put the lid on right** tu n'as pas bien mis le couvercle ◆ **if I remember right** si je me souviens bien ◆ **to guess right** deviner juste ◆ **to answer right** répondre correctement, bien répondre ◆ **you did right to refuse** vous avez bien fait *or* eu raison de refuser ◆ **if everything goes right** si tout va bien ◆ **nothing goes right for them** rien ne leur réussit ◆ **if I get you right** * si je vous comprends bien

5 [ †, DIAL = VERY] très ◆ **she's doing right well** elle va très bien

6 [= OPPOSITE OF LEFT] à droite ◆ **to look right** regarder à droite ◆ **the party has now moved right of centre** le parti se situe maintenant à la droite du centre, c'est devenu un parti de centre droit ◆ **eyes right!** (*Mil*) tête droite ! ◆ **right about turn!** (*Mil*) demi-tour *m* (à) droite !

♦ **right and left** (*= on every side*) ◆ **to be cheated right and left** se faire avoir * par tout le monde ◆ **to owe money right and left** devoir de l'argent à tout le monde

♦ **right, left and centre** * (*= everywhere*) partout, de tous côtés

### 3 - NOUN

1 [= MORAL] bien *m* ◆ **he doesn't know right from wrong** il ne sait pas discerner le bien du mal ◆ **to be in the right** avoir raison, être dans le vrai ◆ **to know the rights and wrongs of a question** connaître les tenants et les aboutissants d'une question

2 [= ENTITLEMENT] droit *m* ◆ **by right** de droit ◆ **to have a right to sth** avoir droit à qch ◆ **to have a** *or* **the right to do sth** avoir le droit de faire qch ◆ **he has no right to sit here** il n'a pas le droit de s'asseoir ici ◆ **what right have you to say that?** de quel droit dites-vous cela ? ◆ **by what right?** de quel droit ? ◆ **he has no right to the money** il n'a pas droit à cet argent ◆ **he is within his rights** il est dans son droit ◆ **I know my rights** je connais mes droits ◆ **to stand on** *or* **assert one's rights** faire valoir ses droits ◆ **I won't stand on my right to do so** je ne ferai pas valoir mon droit à le faire ◆ **women's rights** les droits *mpl* de la femme *or* des femmes ◆ **women's rights movement** mouvement *m* pour les droits de la femme ◆ **right of appeal** (*Jur*) droit *m* d'appel ; see also **plural noun**

♦ **by rights** en toute justice

♦ **in one's own right** ◆ **Taiwan wants membership in its own right** Taïwan veut adhérer indépendamment ◆ **she's a poet in her own right** elle est elle-même poète

3 [= OPPOSITE OF LEFT] droite *f* ◆ **to drive on the right** conduire à droite ◆ **to keep to the right** tenir la *or* sa droite, serrer à droite ◆ **on my right** à ma droite ◆ **on** *or* **to the right of the church** à droite de l'église ◆ **by the right, march!** (*Mil*) à droite, droite ! ◆ **to take a right** (*US*) tourner à droite ◆ **the Right** (*Pol*) la droite

4 [BOXING] droite *f*

### 4 - PLURAL NOUN

**rights**

1 [COMM] droits *mpl* ◆ **manufacturing/publication rights** droits *mpl* de fabrication/publication ◆ **TV/film rights** droits *mpl* d'adaptation pour la télévision/le cinéma ◆ **"all rights reserved"** « tous droits réservés » ◆ **to have the (sole) rights of** *or* **to sth** avoir les droits (exclusifs) de qch

2 [= PROPER STATE] ◆ **to put** *or* **set sth to rights** mettre qch en ordre ◆ **to put the world** *or* **things to rights** refaire le monde

3 [SET PHRASE] ◆ **to have sb bang** *or* **dead to rights** * (*= have evidence against sb*) avoir coincé * qn ; (*= understand sb well*) avoir bien cerné qn

### 5 - TRANSITIVE VERB

1 [= RETURN TO NORMAL] *[+ car, ship]* redresser ◆ **the car righted itself** la voiture s'est redressée (toute seule) ◆ **the problem should right itself** le problème devrait s'arranger tout seul *or* se résoudre de lui-même

2 [= MAKE AMENDS FOR] *[+ wrong]* redresser ; *[+ injustice]* réparer

### 6 - COMPOUNDS

**right angle** N angle *m* droit ◆ **to be at right angles (to)** être perpendiculaire à

**right-angled** ADJ à angle droit

**right-angled triangle** N triangle *m* rectangle

**right-click** (*Comput*) VI cliquer à droite VT cliquer à droite sur

**right-hand** ADJ ◆ **right-hand drive car** voiture *f* avec (la) conduite à droite ◆ **his right-hand man** son bras droit (*fig*) ◆ **the right-hand side** le côté droit

**right-handed** ADJ *[person]* droitier ; *[punch, throw]* du droit ; *[screw]* fileté à droite ; *[scissors, tin-opener etc]* pour droitiers

**right-handedness** N fait *m* d'être droitier, dextralité *f* (*SPÉC*)

**right-hander** N (*Motor Racing*) virage *m* à droite ; (*Boxing*) droite *f* ; (*= person*) droitier *m*, -ière *f*

**right-ho** * EXCL ⇒ **righto**

**Right Honourable** ADJ (*Brit*) le Très Honorable

**right-minded** ADJ ⇒ **right-thinking**

**right-of-centre** ADJ (*Pol*) (de) centre droit

**right of way** N (*across property*) droit *m* de passage ; (*= priority for driver*) priorité *f* ◆ **it's his right of way** c'est lui qui a la priorité ◆ **he has (the) right of way** il a la priorité

**right-oh** EXCL ⇒ **righto**

**right-on** * ADJ vertueux

**Right Reverend** ADJ (*Brit Rel*) monseigneur

**rights issue** N (*Stock Exchange*) émission *f* de droits de souscription

**right-thinking** ADJ sensé

**right-to-life** ADJ *[movement, group]* (*gen*) pour le droit à la vie ; (*anti-abortion*) antiavortement *inv*

**right-to-lifer** N (*US*) adversaire *mf* de l'avortement

**right triangle** N (*US*) ⇒ **right-angled triangle**

**right whale** N baleine *f* franche

**right wing** N (*Sport*) ailier *m* droit ; (*Pol*) droite *f* ◆ **the right wing of the party** l'aile droite du parti

**right-wing** ADJ (*Pol*) de droite ◆ **to be right-wing** être de droite

**right-winger** N (*Pol*) homme *m* or femme *f* de droite ; (*Sport*) ailier *m* droit

---

**righteous** /ˈraɪtʃəs/ SYN

ADJ 1 (*frm*) (*= virtuous*) vertueux ; (*= honest*) droit, intègre

2 (*= self-righteous : esp pej*) *[person, manner, tone, article]* moralisateur (-trice *f*) ; *[indignation, anger]* justifié ◆ **stop being so righteous!** cesse de faire la morale ! ; → **self**

NPL **the righteous** (*Bible*) les justes *mpl*

**righteously** /ˈraɪtʃəslɪ/ ADV vertueusement

**righteousness** /ˈraɪtʃəsnɪs/ SYN N droiture *f*, vertu *f*

**rightful** /ˈraɪtfʊl/ ADJ *[owner, heir, inheritance, position, claim]* légitime ◆ **one day all minorities will take their rightful place in society** un jour, toutes les minorités obtiendront la place qui leur revient dans la société ◆ **rightful claimant** ayant droit *m*

**rightfully** /ˈraɪtfəlɪ/ ADV légitimement ◆ **we demand only what is rightfully ours** nous n'exigeons que ce qui nous appartient légitimement

**rightism** /ˈraɪtɪzəm/ N droitisme *m*, opinions *fpl* de droite

**rightist** /ˈraɪtɪst/ (*Pol*)

N homme *m* or femme *f* de droite

ADJ de droite

**rightly** /ˈraɪtlɪ/ LANGUAGE IN USE 13, 26.3 ADV

1 (*= correctly*) bien, avec raison ◆ **he rightly assumed that...** il supposait avec raison que... ◆ **she hoped she'd chosen rightly** elle espérait qu'elle avait bien choisi *or* qu'elle avait fait le bon choix ◆ **I don't rightly know** * je ne sais pas très bien ◆ **it shouldn't rightly do that** cela ne devrait vraiment pas faire ça

2 (*= justifiably*) à juste titre ◆ **rightly or wrongly** à tort ou à raison ◆ **rightly so** à juste titre

**righto** * /ˌraɪtˈəʊ/ EXCL (*Brit*) d'accord, OK

**rightsizing** /ˈraɪtˌsaɪzɪŋ/ N *[of company]* dégraissage *m* des effectifs

**rightward(s)** /ˈraɪtwəd(z)/ ADJ, ADV à droite, vers la droite

**righty ho** * /ˌraɪtɪˈhəʊ/ EXCL (*Brit*) ⇒ **righto**

**rigid** /ˈrɪdʒɪd/ SYN ADJ 1 (*lit*) *[material, structure]* rigide ; *[muscle]* raide ◆ **rigid with fear** paralysé par la peur ◆ **the burglary shook him rigid** * le cambriolage lui a flanqué une peur bleue * ◆ **rigid with rage** *or* **anger** blême de colère ◆ **to be bored rigid** * s'ennuyer à mourir ◆ **this kind of music bores me rigid** * ce genre de musique m'ennuie à mourir

2 *[specifications, interpretation, principles, rule, discipline]* strict ; *[system, hierarchy, adherence, person, approach, attitude]* rigide ; *[control, censorship]* rigoureux

**rigidity** /rɪˈdʒɪdɪtɪ/ N 1 (*lit*) *[of material, structure]* rigidité *f* ; *[of muscle]* raideur *f*

2 *[of control, censorship, principles, rule, discipline]* rigueur *f* ; *[of specifications, interpretation, system, person, attitude]* rigidité *f*

**rigidly** /ˈrɪdʒɪdlɪ/ ADV ⓵ (= stiffly) [stand, move, gesture] avec raideur ◆ **rigidly constructed** construit de manière rigide ◆ **to stand rigidly to attention** être figé dans un garde-à-vous impeccable ◆ **to sit rigidly erect** or **upright** être assis droit comme un i
⓶ (fig) [enforce, control, disciplined, organized etc] rigoureusement ◆ **to stick rigidly to sth** s'en tenir rigoureusement à qch ◆ **rigidly authoritarian/conformist/dogmatic** d'un autoritarisme/conformisme/dogmatisme rigide ◆ **nursing is still a rigidly hierarchical profession** la profession d'infirmière reste très hiérarchisée

**rigmarole** /ˈrɪgmərəʊl/ N comédie f, cinéma m ◆ **to go through the whole** or **same rigmarole again** recommencer le même cinéma *

**rigor** /ˈrɪgəʳ/ N (US) ⇒ rigour

**rigor mortis** /ˌrɪgəˈmɔːtɪs/ N rigidité f cadavérique

**rigorous** /ˈrɪgərəs/ SYN ADJ [examination, test, control, person] rigoureux ◆ **he is rigorous about quality** il est très strict sur la qualité ◆ **to be rigorous in doing sth** faire qch rigoureusement

**rigorously** /ˈrɪgərəslɪ/ ADV [enforce, control, observe, define, test] rigoureusement

**rigour** (Brit), **rigor** (US) /ˈrɪgəʳ/ SYN N rigueur f

**rile** * /raɪl/ VT agacer, mettre en boule *

**Riley** /ˈraɪlɪ/ N (Brit) ◆ **to live the life of Riley** * avoir or mener la belle vie

**rill** /rɪl/ N (liter) ruisselet m

**rim** /rɪm/ SYN
Ⓝ (gen) bord m ; [of wheel] jante f ; [of spectacles] monture f ◆ **a rim of dirt** or **a dirty rim around the bath** une trace sale sur le bord de la baignoire
Ⓥ border ; [+ wheel] janter, cercler

**rimaye** /riˈmeɪ/ N (Climbing) rimaye f

**rime¹** † /raɪm/ → rhyme ◆ **"The Rime of the Ancient Mariner"** (Literat) « Le vieux marin »

**rime²** /raɪm/ N (liter) givre m

**rimless** /ˈrɪmlɪs/ ADJ [spectacles] sans monture

**rimy** /ˈraɪmɪ/ ADJ (liter) givré

**rind** /raɪnd/ SYN N [of orange, lemon] peau f, pelure f ; (= grated zest) zeste m ; (= peel) écorce f ; (= peelings) pelure f ; [of cheese] croûte f ; [of bacon] couenne f ◆ **melon rind** écorce f de melon

**ring¹** /rɪŋ/ SYN
Ⓝ ⓵ (gen) anneau m ; (on finger) anneau m ; (with stone) bague f ; [of bishop] anneau m ; (on bird's foot) bague f ; (for napkin) rond m ; (for swimmer) bouée f de natation ; [of piston] segment m ; [of turbine] couronne f ◆ **diamond ring** bague f de diamant(s) ◆ **wedding ring** alliance f, anneau m de mariage ◆ **electric ring** (for cooking) plaque f électrique ◆ **gas ring** brûleur m (de cuisinière à gaz) ◆ **"The Ring of the Niebelungen"** (Mus) « le Ring » ; → **earring, key, signet**
⓶ (= circle) cercle m, rond m ; [of people] cercle m ; [of smoke] rond m ; (in water) rond m ; (in tree trunk) cercle m ; (= round sun, moon) auréole f, halo m ◆ **the rings of Saturn** les anneaux mpl de Saturne ◆ **to have rings round the eyes** avoir les yeux cernés or battus ◆ **to stand in a ring** se tenir en cercle or en rond, former un cercle ◆ **to run rings round sb** * dominer qn de la tête et des épaules
⓷ (= group) (gen, Pol) coterie f, clique f (pej) ; [of dealers] groupe m, cartel m ; [of gangsters] bande f, gang m ; [of spies] réseau m ◆ **there is a ring operating** (at auction) il y a un système d'enchères privées
⓸ (= enclosure) (at circus) piste f ; (at exhibition) arène f, piste f ; (Racing) enceinte f des bookmakers ; (Boxing) ring m ◆ **the ring** (Boxing) la boxe, le ring
Ⓥ (= surround) entourer ; (with quoit, hoop) jeter un anneau sur ; (= circle) [+ item on list etc] entourer d'un cercle ; [+ bird, tree] baguer ; [+ bull] mettre un anneau au nez de
**COMP ring-a-ring-a-roses** N ronde f enfantine
**ring binder** N classeur m à anneaux
**ring exercise** N (Gym) exercice m aux anneaux
**ring-fence** VT [+ money] allouer ◆ **to ring-fence a local authority** obliger une municipalité à utiliser l'argent destiné à un usage particulier
**ring finger** N annulaire m
**ring ouzel** N merle m à plastron
**ring-pull** N (Brit : on can) anneau m d'ouverture, bague f ◆ **ring-pull can** boîte f avec anneau (d'ouverture)

**ring road** N (Brit) rocade f ; (motorway-type) périphérique m
**ring spanner** N clef f polygonale
**ring-tailed** ADJ à queue zébrée

**ring²** /rɪŋ/ LANGUAGE IN USE 27.2, 27.5 SYN (vb: pret **rang**, ptp **rung**)
Ⓝ ⓵ (= sound) son m ; [of bell] sonnerie f ; (lighter) tintement m ; [of electric bell] retentissement m ; [of coins] tintement m ◆ **there was a ring at the door** on a sonné à la porte ◆ **to hear a ring at the door** entendre sonner à la porte ◆ **give two rings for the maid** sonne deux coups or deux fois pour (appeler) la bonne ◆ **his voice had an angry ring (to it)** il y avait un accent or une note de colère dans sa voix ◆ **that has the ring of truth (to it)** ça sonne juste
⓶ (esp Brit * = phone call) coup m de téléphone or de fil * ◆ **to give sb a ring** donner or passer un coup de téléphone or de fil * à qn
⓷ ◆ **ring of bells** jeu m de cloches
Ⓥi ⓵ [bell] sonner, retentir ; (lightly) tinter ; [alarm clock, telephone] sonner ◆ **the bell rang** la cloche a sonné or tinté, la sonnette a retenti ◆ **the bell rang for dinner** la cloche a sonné le dîner ◆ **to ring for sb** sonner qn ◆ **to ring for sth** sonner pour demander qch ◆ **please ring for attention** prière de sonner ◆ **to ring for the lift** appeler l'ascenseur ◆ **to ring at the door** sonner à la porte ◆ **you rang, sir?** Monsieur a sonné ?
⓶ (= telephone) téléphoner
⓷ (= sound) [words] retentir, résonner ; [voice] vibrer ; [coin] sonner, tinter ; (= resound) résonner, retentir ; [ears] tinter, bourdonner ◆ **the room rang with their shouts** la pièce résonnait de leurs cris ◆ **the town rang with his praises** la ville entière chantait ses louanges ◆ **the news set the town ringing** toute la ville parlait de la nouvelle, dans toute la ville il n'était bruit que de la nouvelle † ◆ **his voice rang with emotion** sa voix vibrait d'émotion ◆ **his words still ring in my ears** ses mots retentissent encore à mes oreilles
◆ **to ring hollow** or **false** sonner faux ◆ **these claims ring hollow** or **false** ces affirmations or protestations sonnent faux
◆ **to ring true** [statement] avoir l'air sincère ◆ **her denial rang true** sa dénégation avait l'air sincère ◆ **the story didn't ring true** l'histoire sonnait faux
Ⓥt ⓵ (= sound: gen) sonner ; [+ coin] faire sonner, faire tinter ◆ **to ring the doorbell** sonner (à la porte) ◆ **to ring the bell** (lit) sonner, donner un coup de sonnette ; (handbell) agiter la sonnette ; (* fig = succeed) décrocher la timbale *, réussir magnifiquement ◆ **they rang the church bells** (gen) ils ont fait sonner les cloches ; [bell ringers] ils ont sonné les cloches ◆ **his name rings a bell** * son nom me dit quelque chose or me rappelle quelque chose ◆ **he/it rings my bell** * (US) il/ça me botte * ◆ **to ring the knell (of)** sonner le glas (de) ◆ **to ring the hours** sonner les heures ◆ **to ring the changes** [bells] carillonner (en variant l'ordre des cloches) ◆ **to do sth to ring the changes** faire qch pour changer ◆ **to ring the changes on an outfit/the menu** etc varier un ensemble/le menu etc
⓶ (Telec) (also **ring up**) téléphoner à, donner or passer un coup de téléphone or de fil * à
**COMP ring main** N (Elec) réseau m en boucle, canalisation f circulaire
**ring-necked pheasant** N faisan m de Colchide
**ring tone** N sonnerie f

▶ **ring around** ⇒ ring round

▶ **ring back** VI, VT SEP (Brit Telec) rappeler

▶ **ring down** VT SEP (Theat) ◆ **to ring down the curtain** (faire) baisser le rideau ◆ **to ring down the curtain on sth** marquer la fin de qch

▶ **ring in**
Ⓥi (Brit = report by telephone) téléphoner un reportage
**VT SEP** ◆ **to ring in the New Year** carillonner le Nouvel An

▶ **ring off** VI (Brit Telec) raccrocher

▶ **ring out** VI [bell] sonner ; [voice] résonner ; [shot] éclater, retentir

▶ **ring round** (Brit)
Ⓥi (Telec) donner des coups de téléphone
**VT FUS** ◆ **I'll ring round my friends** je vais appeler (tous) mes amis

▶ **ring up** VT SEP ⓵ (Brit Telec) donner un coup de téléphone or de fil * à
⓶ (Theat) ◆ **to ring up the curtain** frapper les trois coups, (sonner pour faire) lever le rideau ◆ **to ring up the curtain on a new career** etc marquer le début d'une nouvelle carrière etc
⓷ (on cash register) [+ amount] enregistrer ; (fig) [+ profits, sales] réaliser

**ringbolt** /ˈrɪŋbəʊlt/ N piton m ; (on boat) anneau m (d'amarrage)

**ringdove** /ˈrɪŋdʌv/ N ramier m

**ringed plover** /rɪŋd/ N grand gravelot m

**ringer** /ˈrɪŋəʳ/ N ⓵ (also **bell ringer**) sonneur m, carillonneur m
⓶ (= lookalike) sosie m ◆ **he is a dead ringer** * **for the President** c'est le sosie du président

**ringing** /ˈrɪŋɪŋ/
ADJ [bell] qui sonne or tinte ; [voice, tone] sonore ; [endorsement] vibrant ; [declaration] retentissant ◆ **in ringing tones** avec des accents vibrants
Ⓝ [of bell] sonnerie f, son m ; (lighter) tintement m ; [of electric bell] retentissement m ; [of telephone] sonnerie f ; (in ears) tintement m, bourdonnement m
**COMP ringing tone** N (Brit Telec) tonalité f d'appel

**ringleader** /ˈrɪŋliːdəʳ/ N chef m, meneur m

**ringlet** /ˈrɪŋlɪt/ N frisette f ; (long) anglaise f

**ringmaster** /ˈrɪŋmɑːstəʳ/ N ◆ **the ringmaster** ≃ Monsieur Loyal

**ringside** /ˈrɪŋsaɪd/ N ◆ **at the ringside** au premier rang ◆ **to have a ringside seat** (fig) être aux premières loges

**ringway** /ˈrɪŋweɪ/ N ⇒ ring road ; → ring¹

**ringworm** /ˈrɪŋwɜːm/ N teigne f

**rink** /rɪŋk/ N (for ice-hockey, ice-skating) patinoire f ; (for roller-skating) skating m

**rinky-dink** * /ˈrɪŋkɪdɪŋk/ ADJ (US; old-fashioned; also small-time) ringard * ; (= poor quality) de camelote * ; (= broken down) déglingué *, démoli

**rinse** /rɪns/ SYN
Ⓝ ⓵ (= act) rinçage m ◆ **give the cup a rinse** rincez la tasse, passez la tasse sous le robinet
⓶ (for hair) rinçage m
Ⓥt ⓵ [+ clothes etc] rincer ◆ **to rinse one's hands** se passer les mains à l'eau ◆ **to rinse the soap off one's hands** se rincer les mains
⓶ (= colour with a rinse) ◆ **to rinse one's hair** se faire un or des rinçage(s) ◆ **she rinsed her hair black** elle s'est fait un rinçage noir

▶ **rinse out** VT SEP ⓵ [+ hair tint, colour, dirt] faire partir à l'eau
⓶ [+ cup] rincer ◆ **to rinse out one's mouth** se rincer la bouche

**Rio** /ˈriːəʊ/ N ◆ **Rio (de Janeiro)** Rio (de Janeiro) ◆ **Rio Grande** Rio Grande m

**rioja** /rɪˈɒxə/ N rioja m

**riot** /ˈraɪət/ SYN
Ⓝ ⓵ (= uprising) émeute f ; (Jur) actes mpl séditieux ◆ **the riots against the régime** les émeutes fpl contre le régime
⓶ (fig) ◆ **a riot of colour(s)** une débauche de couleurs ◆ **a riot of reds and blues** une profusion de rouges et de bleus ◆ **a riot of flowers** une profusion de fleurs ◆ **he's a riot** * c'est un (type) rigolo * ◆ **she's a riot** * elle est rigolote * ◆ **the film is a riot** * (= funny) le film est tordant * ◆ **to run riot** [people, imagination] être déchaîné ; [vegetation] pousser dans tous les sens
Ⓥi faire une émeute ; (Jur) se livrer à des actes séditieux
**COMP Riot Act** N (Hist) loi f contre les attroupements séditieux ; see also **read**
**riot control** N (NonC) répression f des émeutes
**riot-control** ADJ antiémeute
**riot gear** N (NonC) tenue f antiémeute
**the riot police** les unités fpl antiémeute
**riot shield** N bouclier m antiémeute
**the Riot Squad** N ⇒ the riot police

**rioter** /ˈraɪətəʳ/ N émeutier m, -ière f ; (vandalizing) casseur m

**rioting** /ˈraɪətɪŋ/
Ⓝ (NonC) émeutes fpl
ADJ [mob, youths etc] en émeute

**riotous** /ˈraɪətəs/ SYN ADJ ⓵ (= uproarious) [party, evening] très animé ; [performance, comedy, welcome] délirant * ◆ **they had a riotous time** * ils se sont amusés comme des fous ◆ **she burst into riotous laughter** elle s'est mise à hurler de rire
⓶ (= disorderly) [behaviour] séditieux ; [crowd] déchaîné ◆ **to engage in riotous living** mener

une vie dissipée *or* de débauche ◆ **riotous assembly** *(Jur)* attroupements *mpl* séditieux

**riotously** /ˈraɪətəslɪ/ ADV 1 *[behave, act] (= noisily)* de façon tapageuse ; *(Jur)* de façon séditieuse
2 ◆ **it was riotously funny*** c'était tordant*

**RIP** /ˌɑːraɪˈpiː/ (abbrev of **rest in peace**) R.I.P.

**rip** /rɪp/
N déchirure *f*
VT déchirer, fendre ◆ **to rip open a letter** ouvrir une lettre en hâte, fendre une enveloppe ◆ **to rip the buttons from a shirt** arracher les boutons d'une chemise
VI 1 *[cloth]* se déchirer, se fendre
2 * ◆ **the fire/explosion ripped through the house** l'incendie a fait rage à travers la maison/l'explosion a soufflé la maison de part en part ◆ **the jet ripped through the sky** le jet a fendu le ciel ◆ **the car rips along** la voiture roule à toute vitesse *or* roule à toute biture* ◆ **let her** *or* **it rip!*** *[boat, car]* appuie !, fonce !* ◆ **to rip into sb** *(= criticize, tell off)* descendre qn en flammes*
◆ **to let rip** * *(= let o.s. go)* se laisser aller* ; *(in anger)* éclater, exploser *(de colère etc)* ◆ **I need to really let rip for once** j'ai besoin de me laisser vraiment aller pour une fois ◆ **he let rip at me** il m'a passé un bon savon* ◆ **turn the guitars up full and let rip** mettez le volume des guitares au maximum et allez-y à fond ◆ **she let rip with a string of four-letter words** elle a lâché un chapelet de jurons
◆ **to let sth rip** * ◆ **he will not let inflation rip** il ne laissera pas l'inflation s'emballer
COMP **rip-off**‡ N → **rip-off**
**rip-roaring*** ADJ *(gen)* d'une gaieté bruyante, exubérant ; *[success]* monstre*
▸ **rip off**
VT SEP 1 *(lit)* arracher *(from* de*)*
2 *(‡ = steal) [+ object, goods]* voler ; *(= defraud etc) [+ customer]* arnaquer*, filouter* ; *[+ employee]* exploiter ◆ **they're ripping you off!** c'est du vol manifeste *or* de l'arnaque* !
N ◆ **rip-off**‡ → **rip-off**
▸ **rip out** VT SEP arracher
▸ **rip up** VT SEP déchirer

**riparian** /raɪˈpeərɪən/ ADJ, N riverain(e) *m(f)*

**ripcord** /ˈrɪpkɔːd/ N poignée *f* d'ouverture

**ripe** /raɪp/ SYN ADJ 1 *(lit) [fruit]* mûr ; *[cheese]* fait
2 *(fig = mature) [age, judgement]* mûr ◆ **to live to a ripe old age** vivre vieux *or* jusqu'à un âge avancé ◆ **to live to the ripe old age of 88** atteindre l'âge respectable de 88 ans ◆ **wait until the time is ripe** attendez le moment opportun ◆ **the market is ripe for the picking** ce marché vous tend les bras* ◆ **the time is ripe to begin afresh** il est temps de tout reprendre à zéro ◆ **the time is ripe for revolution** le temps est venu de faire la révolution ◆ **conditions were ripe for an outbreak of cholera/a military uprising** toutes les conditions étaient réunies pour une épidémie de choléra/une insurrection armée
3 *(* = fetid) [smell]* fétide ◆ **he smelled rather ripe** il ne sentait pas la rose
4 *(* = crude) [language, humour]* égrillard ; → **overripe**

**ripen** /ˈraɪpən/ SYN
VT (faire) mûrir
VI mûrir ; *[cheese]* se faire

**ripeness** /ˈraɪpnɪs/ N maturité *f*

**ripieno** /rɪˈpjenəʊ/ N (pl **ripienos** *or* **ripieni** /rɪˈpjeniː/) ripieno *m*

**rip-off**‡ /ˈrɪpɒf/
N 1 *(= swindle)* escroquerie *f* ◆ **it's a rip-off!** c'est du vol *or* de l'arnaque* !
2 *(= copy)* imitation *f*
COMP **rip-off artist**‡ N escroc *m*

**riposte** /rɪˈpɒst/ SYN
N *(Fencing: also fig)* riposte *f*
VI riposter

**ripper** /ˈrɪpəʳ/ N *(= murderer)* éventreur *m* ◆ **Jack the Ripper** Jack l'éventreur

**ripping** †‡ /ˈrɪpɪŋ/ ADJ *(Brit)* épatant*, sensationnel*

**ripple** /ˈrɪpl/
N 1 *(= movement) [of water]* ride *f*, ondulation *f* ; *[of crops]* ondulation *f*
2 *(= noise) [of waves]* clapotis *m* ; *[of voices]* murmure(s) *m(pl)*, gazouillement *m* ; *[of laughter]* cascade *f*
3 *(= ice-cream)* ◆ **chocolate/raspberry ripple** *glace à la vanille marbrée de glace au chocolat/à la framboise*
VI *[water]* se rider ; *[crops, hair]* onduler ; *[waves]* clapoter
VT *[+ water]* rider ; *[+ crops]* faire onduler
COMP **ripple effect** N effets *mpl or* répercussions *fpl* en chaîne
**ripple mark** N *(Geol)* ripple-mark *f*

**ripsaw** /ˈrɪpsɔː/ N scie *f* à refendre

**riptide** /ˈrɪptaɪd/ N contre-courant *m*, turbulence *f*

**RISC** /ˌɑːraɪesˈsiː/ N *(Comput)* 1 (abbrev of **reduced instruction set computer**) → **reduced**
2 (abbrev of **reduced instruction set computing**) → **reduced**

**rise** /raɪz/ SYN (vb: pret **rose**, ptp **risen**)
N 1 *[of theatre curtain, sun]* lever *m* ; *(Mus)* hausse *f* ; *(= increase) (in temperature)* élévation *f*, hausse *f* ; *(in pressure)* hausse *f* ; *[of tide]* flux *m*, flot *m* ; *[of river]* crue *f* ; *(Brit : in wages)* augmentation *f*, relèvement *m (Admin)* ; *(in prices)* hausse *f*, augmentation *f* ; *(in bank rate)* relèvement *m* ◆ **prices are on the rise** les prix sont en hausse ◆ **to ask for a rise** *(Brit) [employee]* demander une augmentation (de salaire) ◆ **there has been a rise in the number of people looking for work** le nombre des demandeurs d'emploi a augmenté ◆ **his meteoric rise** son ascension *f* fulgurante ◆ **her rise to power** son ascension *f* au pouvoir ◆ **his rise to fame took 20 years** il a mis 20 ans à parvenir à la gloire *or* à devenir célèbre ◆ **the rise of Bristol/the steel industry** l'essor *m* de Bristol/de l'industrie de l'acier ◆ **the rise of the working classes** l'ascension du prolétariat ◆ **the rise and fall of an empire** l'essor et la chute d'un empire, la grandeur et la décadence d'un empire ◆ **to get a rise out of sb***, **to take the rise out of sb*** *(fig)* se payer la tête de qn*
2 *(= small hill)* éminence *f*, hauteur *f* ; *(= slope)* côte *f*, pente *f*
3 *(= origin) [of river]* source *f* ◆ **the river has** *or* **takes its rise (in)** la rivière prend sa source *or* a son origine (dans)
◆ **to give rise to** *[+ problems, pain, symptoms]* causer, provoquer ; *[+ speculation, rumour]* donner lieu à, engendrer ; *[+ fear, suspicions, concern, anxiety]* susciter ; *[+ impression]* donner
VI 1 *(= get up) (from sitting, lying)* se lever, se mettre debout ; *(from bed)* se lever ; *(after falling)* se relever ◆ **he rises early/late** il se lève tôt/tard ◆ **rise and shine!** allez, lève-toi !, debout, là-dedans !* ◆ **he rose to go** il s'est levé pour partir ◆ **to rise to one's feet** se mettre debout, se lever ◆ **to rise on tiptoe** se mettre sur la pointe des pieds ◆ **to rise from (the) table** se lever de table ◆ **he rose from his chair** il s'est levé de sa chaise ◆ **he rose from his sickbed to go and see her** il a quitté son lit pour aller la voir ◆ **to rise from the dead** ressusciter (des morts) ◆ **the horse rose on its hind legs** le cheval s'est dressé (sur ses jambes de derrière) *or* s'est cabré
2 *(= go up, ascend) [smoke, mist]* s'élever, monter ; *[balloon]* s'élever ; *[aircraft, lift]* monter ; *[theatre curtain, sun, moon, wind]* se lever ; *[dough, bread]* lever ; *[hair]* se dresser ; *[ground]* monter (en pente) ; *[voice]* monter, devenir plus aigu ; *[sea]* devenir houleux ; *[water, river, tide, blood pressure, temperature, exchange rate]* monter ; *[barometer]* remonter, être en hausse ; *[hopes, anger]* croître, grandir ; *[prices]* monter, augmenter ; *[cost of living]* augmenter, être en hausse ; *[stocks, shares]* monter, être en hausse ◆ **to rise to the surface** *[swimmer, object, fish]* remonter à la *or* en surface ◆ **the fish are rising well** les poissons mordent bien ◆ **the mountain rises to 3,000 metres** la montagne a une altitude de 3 000 mètres ◆ **the mountains rising before him** les montagnes qui se dressaient *or* s'élevaient devant lui ◆ **he won't rise to any of your taunts** il ne réagira à aucune de vos piques ◆ **his eyebrows rose at the sight of her** quand il l'a vue il a levé les sourcils (d'étonnement) ◆ **the idea/image rose in his mind** l'idée/l'image s'est présentée à son esprit ◆ **great cheers rose from the audience** de nombreux hourras s'élevèrent de la foule ◆ **to rise to the occasion** se montrer à la hauteur de la situation *or* des circonstances ◆ **I can't rise to £50** je ne peux pas aller jusqu'à 50 livres ◆ **to rise in price** augmenter (de prix) ◆ **to rise above a certain temperature/a certain level** dépasser une température donnée/un niveau donné ◆ **her spirits rose** son moral a remonté ◆ **the colour rose to her cheeks** ses joues se sont empourprées, le rouge lui est monté aux joues ; → **bait, challenge, gorge**
3 *(fig : in society, rank)* s'élever ◆ **to rise in the world** réussir, faire son chemin dans le monde ◆ **to rise from nothing** partir de rien ◆ **to rise from the ranks** *(Mil)* sortir du rang ◆ **he rose to be President/a captain** il s'est élevé jusqu'à devenir Président/jusqu'au grade de capitaine ◆ **to rise to fame** connaître la célébrité
4 *(= adjourn) [assembly]* clore la session ; *[meeting]* lever la séance ◆ **the House rose at 2am** *(Parl)* l'Assemblée a levé la séance à 2 heures du matin ◆ **Parliament will rise on Thursday next** les vacances parlementaires commenceront jeudi prochain
5 *(= originate) [river]* prendre sa source *or* sa naissance *(in* dans*)*
6 *(= rebel :* also **rise up***)* se soulever, se révolter *(against* contre*)* ◆ **to rise (up) in revolt** se révolter *(against* contre*)* ◆ **they rose (up) in anger and assassinated the tyrant** emportés par la colère ils se sont soulevés et ont assassiné le tyran ◆ **a feeling of inadequacy rose (up) within him** un sentiment de médiocrité montait en lui

**risen** /ˈrɪzn/
VB ptp of **rise**
ADJ *(Rel)* ◆ **the risen Christ** *or* **Lord** le Christ ressuscité

**riser** /ˈraɪzəʳ/ N 1 *(= person)* ◆ **to be an early riser** être lève-tôt *inv or* matinal ◆ **to be a late riser** être lève-tard *inv*
2 *[of stair]* contremarche *f*

**risibility** /ˌrɪzɪˈbɪlɪtɪ/ N *(frm)* risibilité *f*

**risible** /ˈrɪzɪbl/ ADJ *(frm)* risible

**rising** /ˈraɪzɪŋ/
N 1 *(= rebellion)* soulèvement *m*, insurrection *f*
2 *(NonC) [of sun, star]* lever *m* ; *[of barometer]* hausse *f* ; *[of prices]* augmentation *f*, hausse *f* ; *[of river]* crue *f* ; *[of person from dead]* résurrection *f* ; *(Theat) [of curtain]* lever *m* ; *[of ground]* élévation *f* ◆ **the rising and falling of the waves** le mouvement des vagues ◆ **the rising and falling of the boat on the water** le mouvement du bateau qui danse sur les flots
3 *[of Parliament, court]* ajournement *m*, clôture *f* de séance
ADJ 1 *[sun]* levant ; *[barometer, prices, temperature]* en hausse ; *[tide]* montant ; *[wind]* qui se lève ; *[tone]* qui monte ; *[anger, fury]* croissant ; *[ground]* qui monte en pente ◆ **the rising sap** la sève ascendante *or* brute
2 *(fig)* nouveau (nouvelle *f*) ◆ **a rising young doctor** un jeune médecin d'avenir ◆ **the rising generation** la nouvelle génération, les jeunes *mpl* ; see also **comp**
ADV * ◆ **she's rising six** elle va sur ses six ans ◆ **the rising fives** *(Brit Scol)* les enfants qui auront cinq ans dans l'année
COMP **rising damp** N humidité *f* (par capillarité)
**rising star** N *(lit, fig)* étoile *f* montante

**risk** /rɪsk/ LANGUAGE IN USE 2.3 SYN
N 1 *(= possible danger)* risque *m* ◆ **to take** *or* **run risks** courir des risques ◆ **to take** *or* **run the risk of doing sth** courir le risque de faire qch ◆ **you're running the risk of being arrested** *or* **of arrest** vous risquez de vous faire arrêter ◆ **that's a risk you'll have to take** c'est un risque à courir ◆ **there's too much risk involved** c'est trop risqué ◆ **it's not worth the risk** ça ne vaut pas la peine de courir un tel risque ◆ **there is no risk of his coming** *or* **that he will come** il n'y a pas de risque qu'il vienne, il ne risque pas de venir ◆ **you do it at your own risk** vous le faites à vos risques et périls ◆ **goods sent at sender's risk** *(Comm)* envois *mpl* faits aux risques de l'expéditeur ◆ **at the risk of seeming stupid** au risque de *or* quitte à paraître stupide ◆ **at the risk of his life** au péril de sa vie ; → **occupational, owner**
◆ **at risk** *[person, life]* en danger ◆ **millions of lives are at risk** des millions de vies sont en danger ◆ **children at risk** les enfants *mpl* en danger ◆ **some jobs are at risk** des emplois risquent d'être supprimés *or* sont menacés
◆ **to put sth** *or* **sb at risk** mettre qch *or* qn en danger ◆ **they are putting people's lives at risk** ils mettent des vies en danger
2 *(Insurance)* risque *m* ◆ **fire risk** risque *m* d'incendie ◆ **he is a bad accident risk** il présente des risques élevés d'accident ◆ **he is a bad risk** on court trop de risques avec lui
VT 1 *[+ life, career, future, reputation, savings]* risquer ◆ **you risk falling** vous risquez de tomber ◆ **he risked life and limb to rescue the drown-**

**riskily** /ˈrɪskɪlɪ/ ADV de manière risquée ◆ **riskily, he's decided to resign** il a décidé de démissionner, ce qui est risqué

**riskiness** /ˈrɪskɪnɪs/ N risques mpl, aléas mpl

**risky** /ˈrɪskɪ/ SYN ADJ [enterprise, deed] risqué ; [joke, story] risqué, osé ◆ **it's risky, it's a risky business** c'est risqué

ing child il a risqué sa vie pour sauver l'enfant qui se noyait ; → neck
[2] [+ battle, defeat, quarrel] s'exposer aux risques de ; [+ accident] risquer d'avoir, courir le risque de ; (= venture) [+ criticism, remark] risquer, hasarder ◆ **she won't risk coming today** elle ne se risquera pas à venir aujourd'hui ◆ **I'll risk it** je vais risquer or tenter le coup * ◆ **I can't risk it** je ne peux pas prendre un tel risque
COMP **risk assessment** N évaluation f des risques
**risk capital** N capitaux mpl à risques
**risk factor** N facteur m de risque
**risk management** N gestion f des risques
**risk-taking** N ◆ **he does not like risk-taking** il n'aime pas prendre de risques, il n'a pas le goût du risque

**risotto** /rɪˈzɒtəʊ/ N risotto m

**risqué** /ˈriːskeɪ/ ADJ [story, joke] risqué, osé

**rissole** /ˈrɪsəʊl/ N (Brit) rissole f

**ritardando** /ˌrɪtɑːˈdændəʊ/ ADV (Mus) ritardando

**rite** /raɪt/ SYN
N rite m ◆ **funeral rites** rites mpl funèbres ◆ **the Rite of Spring** (Mus) le Sacre du printemps ; → last¹
COMP **rite of passage** N rite m de passage ◆ **a rite(s)-of-passage novel** un roman d'initiation

**ritenuto** /ˌrɪteˈnuːtəʊ/ ADV (Mus) ritenuto

**ritual** /ˈrɪtjʊəl/ SYN
ADJ rituel
N rituel m ◆ **he went through the ritual(s)** (fig) il a fait les gestes rituels, il s'est conformé aux rites ◆ **he went through the ritual of apologizing** il a fait les excuses rituelles, il s'est excusé comme de coutume

**ritualism** /ˈrɪtjʊəlɪzəm/ N ritualisme m

**ritualist** /ˈrɪtjʊəlɪst/ ADJ, N ritualiste mf

**ritualistic** /ˌrɪtjʊəˈlɪstɪk/ ADJ ritualiste

**ritualize** /ˈrɪtjʊəlaɪz/ VT ritualiser

**ritually** /ˈrɪtjʊəlɪ/ ADV rituellement

**ritzy** * /ˈrɪtsɪ/ ADJ luxueux

**rival** /ˈraɪvəl/ SYN
N rival(e) m(f)
ADJ [firm, enterprise] rival, concurrent ; [attraction] rival ◆ **two rival firms** deux entreprises rivales, deux concurrents
VT (gen) rivaliser avec (in de) ; (Comm) être en concurrence avec ; (= equal) égaler (in en) ◆ **he can't rival her in intelligence** pour ce qui est de l'intelligence, elle le domine de la tête et des épaules ◆ **his achievements rival even yours** ses réussites sont presque égales aux vôtres

**rivalry** /ˈraɪvəlrɪ/ SYN N rivalité f (between entre)

**rive** /raɪv/ (pret **rived**, ptp **riven**) /ˈrɪvən/ (liter)
VT fendre
VI se fendre ◆ **riven by** fendu par ; (fig) déchiré par

**river** /ˈrɪvər/ ; (flowing into sea) fleuve m (also fig) ◆ **down river** en aval ◆ **up river** en amont ◆ **the river Seine** (Brit), **the Seine river** (US) la Seine ◆ **the accident has resulted in several rivers being polluted** à la suite de cet accident, plusieurs cours d'eau ont été pollués ◆ **rivers of blood** (fig) des fleuves mpl de sang ; → sell
COMP [police, port, system] fluvial
**river basin** N bassin m fluvial
**river blindness** N (Med) cécité f des rivières, onchocercose f
**river estuary** N estuaire m
**river fish** N poisson m d'eau douce or de rivière
**river fishing** N (NonC) pêche f fluviale or en eau douce
**river head** N source f (de rivière or de fleuve)
**river horse** * N hippopotame m
**river lamprey** N lamproie f de rivière
**river-mouth** N bouche f d'une rivière (or d'un fleuve), embouchure f
**river traffic** N (NonC) trafic m fluvial, navigation f fluviale

**riverbank** /ˈrɪvəbæŋk/ N rive f, berge f

**riverbed** /ˈrɪvəbed/ N lit m de rivière or de fleuve

**riverboat** /ˈrɪvəbəʊt/ N embarcation f fluviale ◆ **a Mississippi riverboat** un bateau du Mississippi ◆ **by riverboat** en bateau

**riverine** /ˈrɪvəraɪn/ ADJ fluvial ; [person] riverain

**riverside** /ˈrɪvəsaɪd/
N bord m de l'eau (or de la rivière or du fleuve), rive f ◆ **by the riverside** au bord de l'eau (or de la rivière etc) ◆ **along the riverside** le long de la rivière (or du fleuve)
ADJ (situé) au bord de la rivière etc

**rivet** /ˈrɪvɪt/
N rivet m
VT (Tech) riveter, river ◆ **it riveted our attention** ça nous a fascinés ◆ **riveted with fear** rivé or cloué sur place par la peur
COMP **rivet joint** N rivetage m

**riveter** /ˈrɪvɪtər/ N (= person) riveur m ; (= machine) riveuse f

**rivet(t)ing** /ˈrɪvɪtɪŋ/
N rivetage m
ADJ (= fascinating) fascinant

**Riviera** /ˌrɪvɪˈɛərə/ N ◆ **the (French) Riviera** la Côte d'Azur ◆ **the Italian Riviera** la Riviera (italienne)

**rivulet** /ˈrɪvjʊlɪt/ N (petit) ruisseau m

**Riyadh** /rɪˈjɑːd/ N Riyad

**riyal** /rɪˈjɑːl/ N riyal m

**RL** N (abbrev of Rugby League) → rugby

**RM** /ɑːrˈem/ N (Brit Mil) (abbrev of **Royal Marines**) → royal

**RMT** /ˌɑːremˈtiː/ N (Brit) (abbrev of **National Union of Rail, Maritime and Transport Workers**) syndicat

**RN** [1] (Brit Mil) (abbrev of **Royal Navy**) → royal
[2] (US) abbrev of **registered nurse**

**RNA** /ˌɑːrenˈeɪ/ N (Med) (abbrev of **ribonucleic acid**) ARN m

**RNAS** /ˌɑːreneɪˈes/ N (Brit) (abbrev of **Royal Naval Air Services**) aéronavale britannique

**RNIB** /ˌɑːrenaɪˈbiː/ N (abbrev of **Royal National Institute for the Blind**) association caritative pour les aveugles

**RNLI** /ˌɑːreneˈlaɪ/ N (Brit) (abbrev of **Royal National Lifeboat Institution**) ≈ Société f nationale de sauvetage en mer

**RNR** /ˌɑːrenˈɑːr/ N (Brit Mil) (abbrev of **Royal Naval Reserve**) → royal

**RNZAF** abbrev of **Royal New Zealand Air Force**

**RNZN** abbrev of **Royal New Zealand Navy**

**roach¹** /rəʊtʃ/ N (pl **roach** or **roaches**) (= fish) gardon m

**roach²** /rəʊtʃ/
N [1] (esp US) (abbrev of **cockroach**) cafard m, blatte f
[2] (for joint, cigarette) filtre m
COMP **roach clip** N (US : for joint) pince métallique servant à tenir un joint

**road** /rəʊd/ SYN
N [1] (gen) route f ; (minor) chemin m ; (in town) rue f ; (fig) chemin m, voie f ◆ **trunk road** (route f) nationale f , grande route f ◆ **country road** route f de campagne, (route f) départementale f ◆ **"road up"** « attention travaux » ◆ **I prefer to travel by road** je préfère voyager en voiture ◆ **to take (to) the road** prendre la route, se mettre en route ◆ **is this the road to London** or **the London road?** c'est (bien) la route de Londres ? ◆ **London Road** (in towns) rue f de Londres ◆ **you're on the right road** vous êtes sur la bonne route ; (fig) vous êtes sur la bonne voie ◆ **the road to hell is paved with good intentions** (Prov) l'enfer est pavé de bonnes intentions (Prov) ◆ **somewhere along the road he changed his mind** (fig) il a changé d'avis à un moment donné or en cours de route * ◆ **you're in my road** * vous me barrez le passage ◆ **(get) out of the road!** * dégagez ! *, ôtez-vous de là ! ◆ **any road** ‡ (dial) de toute façon ◆ **to have one for the road** * prendre un dernier verre avant de partir, boire le coup de l'étrier ◆ **to take the high/low road** (US fig) se comporter de façon irréprochable/malhonnête ◆ **roads** (Naut) rade f ◆ **in Yarmouth roads** en rade de Yarmouth ; → arterial, end, hit, main, Rome
◆ **across the road** ◆ **she lives across the road (from us)** elle habite en face de chez nous ◆ **just across the road is a bakery** il y a une boulangerie juste en face
◆ **off the road** ◆ **my car is off the road just now** ma voiture est au garage ◆ **the car went off the road** la voiture a quitté la route
◆ **on the road** ◆ **I hope to get my car back on the road soon** j'espère que ma voiture sera bientôt en état (de rouler) ◆ **my car is (back) on the road again** ma voiture est à nouveau en état de marche ◆ **this vehicle shouldn't be on the road** on ne devrait pas laisser circuler un véhicule dans cet état ◆ **he is a danger on the road** (au volant) c'est un danger public ◆ **to be on the road** [salesman, theatre company] être en tournée ◆ **we were on the road at 6 in the morning** nous étions sur la route à 6 heures du matin ◆ **we've been on the road since this morning** nous voyageons depuis ce matin ◆ **we were on the road to Paris** nous étions en route pour Paris ◆ **on the road to ruin/success** sur le chemin de la ruine/du succès ◆ **on-the-road price, price on the road** (Brit:car sales) prix m clés en mains
[2] (US) abbrev of **railroad**
COMP **road accident** N accident m de la route or de la circulation
**road atlas** N recueil m de cartes routières
**road bike** N vélo m de route
**road book** N guide m routier
**road bridge** N pont m routier
**road construction** N construction f routière or de routes
**road fund licence** N (Brit) vignette f (automobile)
**road gang** N (US) équipe f de forçats (employés à construire des routes)
**road haulage** N transports mpl routiers
**road haulier** N entrepreneur m de transports routiers
**road hog** N chauffard * m
**road hump** N ralentisseur m
**road manager** N (Mus) organisateur m, -trice f de tournées
**road map** N (= map) carte f routière ; (= plan for future actions) feuille f de route ◆ **road map to peace** feuille de route pour la paix
**road metal** N empierrement m
**road movie** N road movie m
**road pricing** N (Brit) système de péage
**road race** N course f sur route
**road racer** N (Cycling) routier m, -ière f
**road racing** N compétition f sur route
**road rage** * N agressivité f au volant
**road rider** N (Cycling) ⇒ road racer
**road runner** N (US = bird) coucou m terrestre (du Sud-Ouest)
**road safety** N sécurité f routière
**road sense** N ◆ **he has no road sense** [driver] il n'a aucun sens de la conduite ; [pedestrian] il ne fait jamais attention à la circulation ◆ **to teach a child road sense** apprendre à un enfant à faire attention à la circulation
**road show** N (Theat) spectacle m en tournée ; (Rad, TV) émission f itinérante
**road sign** N panneau m indicateur or de signalisation ◆ **international road signs** signalisation f routière internationale
**road stability** N [of vehicle] tenue f de route
**road surveyor** N agent m des Ponts et Chaussées, agent m voyer
**road sweeper** N (= person) balayeur m, -euse f ; (= vehicle) balayeuse f
**road tax** N (Brit) taxe f sur les véhicules à moteur ◆ **road tax disc** (Brit) vignette f (automobile)
**road test** N essai m sur route
**road-test** VT ◆ **they are road-testing the car tomorrow** ils vont faire les essais sur route demain
**road traffic** N (NonC) circulation f routière
**road traffic accident** N accident m de la route
**road train** N (Austral) camion m (à plusieurs remorques)
**road transport** N transports mpl routiers
**road-trials** NPL (= road test) essais mpl sur route ; (= rally) épreuves fpl sur route
**road-user** N (gen) usager m de la route ◆ **road-user charges** taxation f des usagers de la route

## ROADS

Les Britanniques et les Américains n'utilisent pas les mêmes termes pour désigner les différents types de routes. En Grande-Bretagne, les routes nationales des « A-roads » ou « trunk roads », les routes secondaires des « B-roads ». Dans la première catégorie, certaines sont de quatre voies séparées par un terre-plein central : elles portent alors le nom de « dual carriageways » (le terme américain équivalent est « divided highways »). Les autoroutes (« motorways ») sont gratuites.

Aux États-Unis, le terme générique pour une autoroute est « superhighway », mais l'on distingue les « interstate highways », qui vont d'un État à l'autre - certaines étant gratuites (« freeways »), les autres payantes (« toll roads » ou « turnpikes ») - et les « expressways », qui sont les autoroutes urbaines ou périurbaines.

**roadbed** /ˈrəʊdbed/ N (US) [of railroad] ballast m ; [of road] empierrement m

**roadblock** /ˈrəʊdblɒk/ N barrage m routier

**roadholding** /ˈrəʊdhəʊldɪŋ/ N tenue f de route

**roadhouse** /ˈrəʊdhaʊs/ N (US) relais m routier

**roadie*** /ˈrəʊdɪ/ N roadie* m

**roadkill** /ˈrəʊdkɪl/ N cadavre m d'animal (tué sur la route)

**roadmaking** /ˈrəʊdmeɪkɪŋ/ N (NonC) construction f routière or des routes

**roadman** (pl -men) /ˈrəʊdmən/ N cantonnier m

**roadmender** /ˈrəʊdmendə^r/ N ⇒ roadman

**roadroller** /ˈrəʊdrəʊlə^r/ N rouleau m compresseur

**roadside** /ˈrəʊdsaɪd/
N (gen) bord m de la route ; (= verge) bas-côté m, accotement m ◆ **along** or **by the roadside** au bord de la route
COMP [inn] (situé) au bord de la route
**roadside repairs** NPL (professional) dépannage m ; (done alone) réparations fpl de fortune

**roadstead** /ˈrəʊdsted/ N (for ship) rade f

**roadster** /ˈrəʊdstə^r/ N (= car) roadster m ; (= cycle) bicyclette f routière

**roadway** /ˈrəʊdweɪ/ N chaussée f ; (on bridge) tablier m

**roadwork** /ˈrəʊdwɜːk/
N (NonC: Sport) jogging m sur route
NPL **roadworks** travaux mpl (d'entretien des routes) ◆ **"roadworks ahead"** « attention travaux »

**roadworthiness** /ˈrəʊdˌwɜːðɪnɪs/ N [of vehicle] bon état m

**roadworthy** /ˈrəʊdwɜːðɪ/ ADJ ◆ **a roadworthy car** une voiture conforme aux normes de sécurité

**roam** /rəʊm/ SYN
VT [+ streets, countryside] parcourir, errer dans or par ◆ **to roam the (seven) seas** courir or écumer les mers, bourlinguer sur toutes les mers ◆ **to roam the streets** traîner dans les rues
VI errer ; [thoughts] vagabonder ◆ **the right to roam** (Brit) la liberté de se promener où on veut ◆ **to roam about the house** errer dans la maison ◆ **to roam about the world** parcourir le monde ◆ **to roam about the streets** traîner dans les rues

▶ **roam about, roam around** VI (= wander) errer, vagabonder ; (= travel) bourlinguer*, rouler sa bosse*

**roamer** /ˈrəʊmə^r/ N vagabond m

**roaming** /ˈrəʊmɪŋ/
ADJ [person] errant, vagabond ; [dog] errant ; [thoughts] vagabond
N [1] (gen) vagabondage m
[2] (Telec) roaming m

**roan¹** /rəʊn/ ADJ, N (= horse) rouan m ; → **strawberry**

**roan²** /rəʊn/ N (= leather) basane f

**roar** /rɔː^r/ SYN
VI [person, crowd] hurler, pousser de grands cris ; (with anger) rugir ; [lion, wind, sea] rugir ; [bull] mugir, beugler ; [thunder, guns, waterfall, storm, forest fire] gronder ; [engine, vehicle] vrombir, ronfler ; [fire in hearth] ronfler ◆ **to roar with pain** hurler de douleur ◆ **to roar with laughter** rire à gorge déployée, hurler de rire ◆ **this will make you roar!*** tu vas hurler de rire !, tu vas rigoler ! ◆ **the trucks roared past us** les camions nous ont dépassés dans un ronflement or hurlement de moteur ◆ **the car roared up the street** la voiture remonta la rue dans un ronflement or hurlement de moteur ◆ **he roared away on his motorbike** il est parti en faisant vrombir sa moto
VT [1] (also **roar out**) [+ order, one's disapproval] hurler ; [+ song] chanter à tue-tête
[2] ◆ **to roar the engine*** faire ronfler or faire vrombir le moteur
N [of crowd] clameur f, hurlement m ; [of lion] rugissement m ; [of bull] mugissement m ; [of river, waterfall, traffic] grondement m ; [of engine] vrombissement m ; [of furnace] ronflement m ◆ **roars of laughter** une explosion de rires ◆ **the roars of the crowd** les clameurs fpl de la foule

**roaring** /ˈrɔːrɪŋ/
ADJ [1] [lion, engine] rugissant ; [wind, sea] mugissant ; [traffic] assourdissant ; [crowd] hurlant ; [guns, waterfall, storm] grondant ; [forest fire] ronflant ◆ **a roaring fire** (in hearth) une belle flambée
[2] (Brit • fig) ◆ **a roaring success** un succès fou* ◆ **to be doing a roaring trade (in sth)** faire des affaires en or (en vendant qch)
ADV (Brit) ◆ **roaring drunk** soûl comme une bourrique
N [of crowd] hurlements mpl, clameur f ; [of lion] rugissement m ; [of bull] mugissement m ; [of river, waterfall, traffic] grondement m
COMP **the Roaring Forties** NPL (Geog) les quarantièmes mpl rugissants
**the Roaring Twenties** NPL (= 1920s) les années fpl folles

**roast** /rəʊst/
N [1] rôti m ◆ **roast of veal/pork** etc rôti m de veau/porc etc ◆ **roast of beef** rôti m de bœuf, rosbif m ◆ **a slice off the roast** une tranche de or du rôti
[2] (US = barbecue) barbecue m
ADJ [pork, veal, chicken] rôti ◆ **roast beef** rôti m de bœuf, rosbif m ◆ **roast potatoes** pommes fpl de terre rôties
VT [1] [+ meat] (faire) rôtir ; [+ chestnuts] griller, rôtir ; [+ coffee beans] griller, torréfier ; [+ minerals] calciner, griller ◆ **to roast o.s. by the fire** se rôtir au coin du feu
[2] (US * = criticize) éreinter
VI [meat] rôtir ; see also **roasting**

**roaster** /ˈrəʊstə^r/ N (= device) rôtissoire f ; (= bird) volaille f à rôtir

**roasting** /ˈrəʊstɪŋ/
N (lit) rôtissage m ◆ **to give sb a roasting*** sonner les cloches à qn*
ADJ [1] (* = hot) [day, weather] torride ◆ **it's roasting in here** on crève* (de chaleur) ici, on rôtit* ici ◆ **I'm roasting!** je crève* de chaleur !
[2] (Culin) [chicken etc] à rôtir
COMP **roasting jack, roasting spit** N tournebroche m

**rob** /rɒb/ SYN VT [1] (= steal from) [+ person] voler, dévaliser ; [+ shop] dévaliser ; [+ orchard] piller ◆ **to rob sb of sth** (purse etc) voler qch à qn ; (rights, privileges) dépouiller or priver qn de qch ◆ **to rob an orchard** piller un verger ◆ **to rob the till** voler de l'argent dans la caisse ◆ **to rob Peter to pay Paul** déshabiller Pierre pour habiller Paul ◆ **I've been robbed of my watch** on m'a volé ma montre ◆ **I've been robbed** j'ai été volé ◆ **the bank was robbed** la banque a été dévalisée, il y a eu un vol à la banque ◆ **we were robbed*** (Sport) on nous a volé la victoire ◆ **he has been robbed of the pleasure of seeing her** il a été privé du plaisir de la voir ◆ **the shock robbed him of speech** (briefly) le choc lui a fait perdre la parole ; (long-term) le choc lui a ôté l'usage de la parole
[2] (* = steal) piquer*

**robber** /ˈrɒbə^r/ SYN
N voleur m, -euse f ; (= burglar) cambrioleur m
COMP **robber baron** N (US) requin m de l'industrie or de la finance

**robbery** /ˈrɒbərɪ/ SYN N vol m ◆ **robbery with violence** (Jur) vol m avec voies de fait or coups et blessures ◆ **at that price it's sheer robbery!*** à ce prix-là c'est du vol manifeste or de l'escroquerie ! ; → **armed, daylight, highway**

**robe** /rəʊb/ SYN
N [1] (= loose garment) robe f ; (= ceremonial garment) robe f de cérémonie ◆ **he was wearing his robe of office** il portait la robe de sa charge ◆ **ceremonial robes** vêtements mpl de cérémonie ◆ **christening robe** robe f de baptême ; → **coronation**
[2] (= dressing gown) peignoir m ◆ **a towelling robe** un peignoir en éponge
[3] (US = rug) couverture f
VT revêtir (d'une robe) ; (fig, liter) parer, revêtir (in de)
VI [judge etc] revêtir sa robe

**robin** /ˈrɒbɪn/ N [1] (in Europe: also **robin redbreast**) rouge-gorge m
[2] (in North America) merle m américain ; → **round**

**Robin Hood** N Robin m des bois

**robinia** /rəˈbɪnɪə/ N (= tree) robinier m, acacia m

**robot** /ˈrəʊbɒt/ SYN
N robot m ; (fig) robot m, automate m
COMP [worker, guidance, pilot] automatique, -robot
**robot bomb** N bombe f volante
**robot plane** N avion-robot m

**robotic** /rəʊˈbɒtɪk/ ADJ [manner, movements] d'automate, de robot

**robotics** /rəʊˈbɒtɪks/ N (NonC) robotique f

**robotization** /ˌrəʊbɒtaɪˈzeɪʃən/ N robotisation f

**robotize** /ˈrəʊbɒtaɪz/ VT robotiser

**robust** /rəʊˈbʌst/ SYN ADJ [1] (= strong) [person, appetite, economy] robuste ; [plant] robuste, résistant ; [material] résistant ; [object, structure, design] solide ; [economic growth] soutenu ◆ **to have a robust constitution** avoir une constitution robuste ◆ **to be in robust health** avoir une santé robuste
[2] (= vigorous) [activity, attitude, speech] énergique ; [humour] jovial ◆ **to put up** or **make a robust defence of sb/sth** défendre vigoureusement or énergiquement qn/qch
[3] (= intense) [flavour, wine] corsé, robuste

**robustly** /rəʊˈbʌstlɪ/ ADV [1] (= strongly) ◆ **robustly built** [person] de robuste constitution ; [object] solide
[2] (= vigorously) [oppose, attack, defend] vigoureusement, énergiquement ; [reply] avec vigueur ◆ **to campaign robustly (for/against sth)** mener une campagne vigoureuse or énergique (en faveur de/contre qch)

**robustness** /rəʊˈbʌstnɪs/ N robustesse f, vigueur f

**ROC** /ˌɑːˈsiː/ N (abbrev of **Republic of China**) République f de Chine f

**roc** /rɒk/ N roc(k) m

**rocambole** /ˈrɒkəmˌbəʊl/ N (= plant, fruit) rocambole f

**rock¹** /rɒk/ SYN
VT [1] (= swing to and fro) [+ child] bercer ; [+ cradle] balancer ◆ **to rock a child to sleep** endormir un enfant en le berçant ◆ **a boat rocked by the waves** un bateau bercé par les vagues ; see also vt 2 ◆ **to rock o.s. in a rocking chair** se balancer dans un rocking-chair
[2] (= shake) ébranler, secouer ; [+ ship] [waves] ballotter ; [explosion] ébranler ; (* fig = startle) ébranler, secouer ◆ **town rocked by an earthquake** ville f ébranlée par un tremblement de terre ◆ **country rocked by rioting** etc pays m ébranlé par des émeutes etc ◆ **to rock the boat*** (fig) jouer les trouble-fête, semer le trouble or la perturbation ◆ **don't rock the boat*** ne compromets pas les choses, ne fais pas l'empêcheur de danser en rond* ◆ **that bit of news will rock her!*** cette nouvelle va la bouleverser or lui faire un choc !
VI [1] (= sway gently) [cradle, hammock] (se) balancer ; [person, ship] se balancer ◆ **he was rocking back and forth** il se balançait d'avant en arrière
[2] (= sway violently) [person] chanceler ; [building] être ébranlé or secoué ◆ **the mast was rocking in the wind** le mât oscillait dans le vent ◆ **the ground rocked beneath our feet** le sol a tremblé sous nos pieds ◆ **they rocked with laughter*** ils étaient écroulés or pliés de rire*
N (also **rock music**) rock m ; see also **glam, punk**
ADJ (Mus) [ballet, musical etc] rock inv **rock musician** rocker m
COMP **rock 'n' roll, rock-and-roll** N rock (and roll) or rock 'n' roll m ◆ **to do the rock-and-roll** danser le rock (and roll) ADJ rock inv
**rock star** N (Mus) rock star f

**rock²** /rɒk/ SYN
N [1] (NonC = substance) (any kind) roche f ; (hard) roc m ; (also **rock face**) rocher m, paroi f rocheuse ◆ **caves hewn out of the rock** des cavernes fpl creusées dans la roche or le roc ◆ **hewn out of solid rock** creusé à même le roc, creusé dans le roc ◆ **built on rock** (lit, fig) bâti sur le roc ◆ **they**

were drilling into rock and not clay ils foraient la roche or le roc et non l'argile ◆ **porous/volcanic** etc **rock** roche f poreuse/volcanique etc ◆ **the study of rocks** l'étude f des roches
2 (= large mass, huge boulder) rocher m, roc m (liter) ; (smaller) roche f ◆ **these plants grow on rocks** ces plantes poussent sur les rochers or sur la roche ◆ **a huge rock blocked their way** un énorme rocher leur bouchait le passage ◆ **fallen rocks** éboulis mpl ◆ **the Rock (of Gibraltar)** le rocher de Gibraltar ◆ **as solid as a rock** solide comme un roc ◆ **to be between a rock and a hard place** être pris dans un dilemme
◆ **on the rocks** [drink] avec des glaçons ◆ **to be on the rocks** [marriage] être en difficulté ; [business, economy] être au bord de la faillite ◆ **to go on the rocks** [ship] s'échouer sur les rochers ; [marriage] échouer ; [business, economy] faire faillite
3 (US = stone) caillou m
4 ✱ (= diamond) diam✱ m ◆ **rocks** (= jewels) quincaillerie✱ f
5 (Brit = sweet) ≈ sucre m d'orge ◆ **Blackpool rock** bâton de sucre d'orge marqué au nom de Blackpool
6 ◆ **to get one's rocks off**✱ prendre son pied✱
**COMP** **rock bass** N perche f, achigan m
**rock bottom** N (Geol) fond m rocheux ◆ **this is rock bottom** (fig) c'est la fin de tout, c'est la catastrophe ◆ **her spirits reached rock bottom**✱ elle avait le moral à zéro✱ ◆ **prices were at rock bottom** les prix étaient au plus bas
**rock-bottom** ADJ (Comm) ◆ **"rock-bottom prices"** « prix sacrifiés », « prix défiant toute concurrence »
**rock bun, rock cake** N (Brit) rocher m (Culin)
**rock bunting** N (= bird) bruant m fou
**rock candy** N (US) ≈ sucre m d'orge
**rock carving** N sculpture f sur roc
**rock-climber** N varappeur m, -euse f, rochassier m, -ière f
**rock-climbing** N varappe f, escalade f
**rock crystal** N cristal m de roche
**rock dove** N pigeon m biset
**rock face** N paroi f rocheuse
**rock fall** N chute f de pierres or de rochers
**rock garden** N (jardin m de) rocaille f
**rock-hard** ADJ (lit) dur comme la pierre ◆ **she's rock-hard**✱ (= tough) c'est une coriace
**rock lobster** N langouste f
**rock painting** N (Art) peinture f rupestre or pariétale
**rock partridge** N bartavelle f
**rock pipit** N pipit m spioncelle or maritime
**rock plant** N plante f alpestre or de rocaille
**rock pool** N flaque f or flache f laissée par la marée (en bord de mer)
**rock-ribbed** ADJ (US) inébranlable, à toute épreuve
**rock rose** N hélianthème m
**rock salmon** N (Brit) roussette f
**rock salt** N sel m gemme
**rock-solid** ADJ (lit, fig) solide comme un roc
**rock-steady** ADJ [hand, voice] parfaitement ferme ; [camera, gun, moving car] parfaitement stable

**rockabilly** /ˈrɒkəbɪlɪ/ N (Mus) rockabilly m
**rocker** /ˈrɒkəʳ/
N 1 [of cradle etc] bascule f ; (esp US = rocking chair) rocking-chair m, berceuse f ◆ **to be off one's rocker**✱ être cinglé✱, avoir une case en moins✱ ◆ **to go off one's rocker**✱ perdre la boule✱
2 (= person) rockeur m, -euse f
**COMP** **rocker arm** N [of engine] culbuteur m
**rockery** /ˈrɒkərɪ/ N (jardin m de) rocaille f
**rocket** /ˈrɒkɪt/
N 1 (= weapon) fusée f, roquette f ; (= spacecraft, firework) fusée f ◆ **to fire** or **send up a rocket** lancer une fusée ◆ **distress rocket** fusée f de détresse ◆ **space rocket** fusée f interplanétaire ◆ **he's just had a rocket**✱ **from the boss** (Brit fig) le patron vient de lui passer un savon✱ or de l'enguirlander✱ ◆ **she gave him a rocket**✱ elle lui a passé un savon✱ or l'a engueulé✱
2 (= plant) roquette f
VI [prices] monter en flèche ◆ **he went rocketing past my door** il est passé en trombe devant ma porte ◆ **to rocket to fame** devenir célèbre du jour au lendemain
**COMP** **rocket attack** N attaque f à la roquette
**rocket base** N ⇒ **rocket range**
**rocket engine** N moteur m or propulseur m de fusée
**rocket fuel** N (NonC) propergol m
**rocket gun** N fusil m lance-roquettes inv or lance-fusées inv
**rocket launcher** N lance-roquettes m inv, lance-fusées m inv
**rocket plane** N avion-fusée m
**rocket-propelled** ADJ autopropulsé
**rocket propulsion** N propulsion f par fusée, autopropulsion f
**rocket range** N base f de lancement de missiles ◆ **within rocket range** à portée de missiles
**rocket research** N recherches fpl aérospatiales
**rocket science** N technologie f des fusées ◆ **it's not rocket science** ce n'est vraiment pas sorcier✱
**rocket scientist** N spécialiste mf des fusées ◆ **it doesn't take a rocket scientist to...** pas besoin d'être un génie pour...
**rocket ship** N vaisseau m spatial
**rocket technology** N technologie f des fusées
**rocketry** /ˈrɒkɪtrɪ/ N (= science) technologie f des fusées ; (= rockets collectively) (panoplie f de) fusées fpl
**rockfish** /ˈrɒkfɪʃ/ N (pl **rockfish** or **rockfishes**) rascasse f
**rockiness** /ˈrɒkɪnɪs/ N état m rocailleux
**rocking** /ˈrɒkɪŋ/
N balancement m, ballottement m
**COMP** **rocking chair** N rocking-chair m, berceuse f
**rocking horse** N cheval m à bascule
**rockling** /ˈrɒklɪŋ/ N (pl **rockling** or **rocklings**) loche f de mer
**rocky**[1] /ˈrɒkɪ/ ADJ 1 (✱ = precarious) [marriage] fragile, instable ; [health] précaire, chancelant ◆ **his finances are rocky** sa situation financière est précaire ◆ **to be going through a rocky patch** traverser une période difficile
2 (= unsteady) [table, chair] branlant
**rocky**[2] /ˈrɒkɪ/ SYN
ADJ (lit) [shore, mountain] rocheux ; [road, path] rocailleux ◆ **I knew it would be a rocky road to recovery** je savais que mon rétablissement n'était pas du tout cuit✱ or que mon rétablissement serait long et difficile ◆ **on the rocky road to fame** sur le dur chemin de la gloire
**COMP** **the Rocky Mountains** NPL (also **the Rockies**) les (montagnes fpl) Rocheuses fpl
**rococo** /rəʊˈkəʊkəʊ/
N rococo m
ADJ rococo inv
**rod** /rɒd/ SYN
N 1 (wooden) baguette f ; (metallic) tringle f ; [of machinery] tige f ; (for punishment) baguette f, canne f ; (symbol of authority) verge f ◆ **curtain/stair rod** tringle f à rideaux/d'escalier ◆ **to make a rod for one's own back** donner des verges pour se faire battre or fouetter ◆ **to rule with a rod of iron** [+ country] gouverner d'une main de fer ; [+ person, family] mener à la baguette or à la trique✱ ; → **black, connecting, piston, spare**
2 (also **fishing rod**) canne f (à pêche) ◆ **to fish with rod and line** pêcher à la ligne
3 (= measure) perche f (= 5,03 m)
4 [of eye] bâtonnet m
5 (US ✱ = gun) flingue✱ m
6 (✱ = hotrod) hotrod m, voiture f gonflée
7 (✱✱ = penis) bite✱✱ f
**COMP** **rod bearing** N (Tech) manchon m de bielle
**rode** /rəʊd/ VB pt of **ride**
**rodent** /ˈrəʊdənt/
N rongeur m
ADJ rongeur ◆ **rodent cancer, rodent ulcer** (Med) cancer m de la peau
**rodeo** /ˈrəʊdɪəʊ/ N rodéo m
**rodomontade** /ˌrɒdəmɒnˈteɪd/ N rodomontade f
**roe**[1] /rəʊ/
N (pl **roe** or **roes**) (species: also **roe deer**) chevreuil m
**COMP** **roe buck** N chevreuil m mâle
**roe deer** N (female) chevreuil m femelle, chevrette f
**roe**[2] /rəʊ/ N [of fish] ◆ **hard roe** œufs mpl de poisson ◆ **soft roe** laitance f ◆ **herring roe** œufs mpl or laitance f de hareng
**roebuck** N chevreuil mâle
**roentgen** /ˈrɒntjən/ N Roentgen or Röntgen m
**rogation** /rəʊˈgeɪʃən/ (Rel)
N (gen pl) rogations fpl
**COMP** **Rogation Days** NPL les trois jours qui précèdent l'Ascension

**Rogation Sunday** N dimanche m des Rogations
**rogatory** /ˈrɒgətərɪ/ ADJ (Jur) rogatoire ; → **letter**
**Roger** /ˈrɒdʒəʳ/ N Roger m ◆ **"roger!"** (Telec) « compris ! » ; → **jolly**
**roger**✱✱ /ˈrɒdʒəʳ/ VT tringler✱✱
**rogue** /rəʊg/ SYN
N 1 (= scoundrel) voyou m ; (= scamp) coquin(e) m(f) ◆ **a loveable rogue** une sympathique fripouille ◆ **you little rogue!** petit coquin !
2 (= solitary animal) solitaire m
ADJ [elephant, lion, male] solitaire ; [gene] aberrant ◆ **rogue element** (= maverick) franc-tireur m ◆ **mysterious rogue programmes known as viruses** de mystérieux programmes incontrôlables connus sous le nom de virus ◆ **rogue cop**✱ flic✱ m solitaire
**COMP** **rogues' gallery** N (Police) photographies fpl de l'identité judiciaire or des sommiers✱ ◆ **they look like a rogues' gallery** ils ont des têtes de repris de justice
**rogue state** N état m voyou ◆ **these one-time rogue states seeking respectability** ces États autrefois en marge et qui se cherchent aujourd'hui une respectabilité
**roguery** /ˈrəʊgərɪ/ N (= wickedness) coquinerie f, malhonnêteté f ; (= mischief) espièglerie f
**roguish** /ˈrəʊgɪʃ/ ADJ (= mischievous) [person, smile, charm, humour] malicieux ; (= rascally) [person] coquin
**roguishly** /ˈrəʊgɪʃlɪ/ ADV [smile, say] malicieusement ◆ **he winked at me roguishly** il m'a fait un clin d'œil malicieux
**ROI** /ˌɑːrəʊˈaɪ/ N (abbrev of **Republic of Ireland**) République f d'Irlande
**roil** /rɔɪl/ (esp US)
VI [water] bouillonner
VT (fig) perturber ◆ **to roil the waters** semer le trouble
**roily** /ˈrɔɪlɪ/ ADJ (esp US) [water, sea] troublé, agité ; (fig) [person] exaspéré
**roister** /ˈrɔɪstəʳ/ VI s'amuser bruyamment
**roisterer** /ˈrɔɪstərəʳ/ N fêtard(e)✱ m(f)
**roker** /ˈrəʊkəʳ/ N (= fish) raie f bouclée
**Roland** /ˈrəʊlənd/ N Roland m ◆ **a Roland for an Oliver** un prêté pour un rendu
**role, rôle** /rəʊl/ SYN
N (Theat, fig) rôle m ; → **leading**[1]
**COMP** **role model** N modèle m
**role play** N (NonC) jeu(x) m(pl) de rôle VT traiter sous forme de jeu de rôle ◆ **role-play one of the following situations** traitez l'une des situations suivantes sous forme de jeu de rôle VI faire des jeux de rôle
**role reversal** N inversion f des rôles
**roll** /rəʊl/ SYN
N 1 [of cloth, paper, netting, wire, hair etc] rouleau m ; [of banknotes] liasse f ; [of tobacco] carotte f ; [of butter] coquille f ; [of flesh, fat] bourrelet m ◆ **roll of film** (Phot) (rouleau m de) pellicule f
2 (also **bread roll**) petit pain m ; → **sausage, Swiss**
3 (= movement) [of ship] roulis m ; [of sea] houle f ; [of plane] tonneau m ◆ **to walk with a roll** se balancer en marchant, avoir une démarche chaloupée ◆ **the ship gave a sudden roll** le bateau roula brusquement ◆ **the horse was having a roll on the grass** le cheval se roulait dans l'herbe ◆ **to have a roll in the hay with sb**✱ batifoler✱ dans l'herbe avec qn ; → **rock**[1]
4 (= sound) [of thunder, drums] roulement m ; [of organ] ronflement m
5 (= list, register) liste f, tableau m ; (for court, ship's crew etc) rôle m ◆ **class roll** (Scol) liste f (nominative) des élèves ◆ **we have 60 pupils on our roll(s)** nous avons 60 élèves inscrits ◆ **falling rolls** (Scol) diminutions fpl des effectifs ◆ **to call the roll** faire l'appel ◆ **roll of honour** (Brit) (Mil) noms mpl des combattants morts pour la patrie or tombés au champ d'honneur ; (Scol) tableau m d'honneur ◆ **to strike sb** or **sb's name off the rolls** (Jur) radier qn des listes or du tableau ; → **electoral**
6 ◆ **to be on a roll**✱ (= prospering) avoir le vent en poupe
VI 1 (= turn over) rouler ◆ **to roll over and over** [object] rouler sur soi-même ; [person] se rouler ◆ **the coin rolled under the table** la pièce a roulé sous la table ◆ **stones rolled down the hill** des pierres ont roulé or déboulé jusqu'au pied de la colline ◆ **the car rolled down the hill** (brakes off) la voiture a descendu la pente toute

seule ; (over and over) la voiture a dévalé la pente en faisant une série de tonneaux ◆ **the lorries rolled through the streets** les camions roulaient dans les rues ◆ **his car rolled to a stop** sa voiture s'arrêta doucement ◆ **to roll headlong down a slope** dégringoler une pente ◆ **the children were rolling down the slope** les enfants dévalaient la pente en roulant ◆ **tears were rolling down her cheeks** les larmes coulaient sur ses joues ◆ **the waves were rolling on to the beach** les vagues déferlaient sur la plage ◆ **the newspapers were rolling off the presses** les journaux tombaient des rotatives ◆ **the wheels kept rolling** les roues continuaient à tourner ◆ **heads will roll** il y aura des limogeages*, des têtes vont tomber ◆ **we were rolling along at 100km/h** nous roulions à 100 (km) à l'heure ◆ **the horse rolled in the mud** le cheval s'est roulé dans la boue ◆ **he's rolling in money** *or* **in it*** il roule sur l'or ◆ **they were rolling in the aisles** ils se tordaient de rire, ils se tenaient les côtes ◆ **she is trainer and manager rolled into one** elle est entraîneur et manager tout à la fois ou en même temps ◆ **to roll with the punches** encaisser les coups

② *[ship]* rouler ◆ **he rolled from side to side as he walked** il se balançait en marchant ◆ **his eyes were rolling** ses yeux roulaient, il roulait les yeux

③ *[thunder]* gronder, rouler ; *[drums, words]* rouler ; *[voice]* retentir ; *[organ]* rendre un son grave et prolongé ; *[noises]* se répercuter

④ (= function, operate) *[machine]* marcher, fonctionner ; *[film cameras]* tourner ◆ **cameras roll!** on tourne ! ◆ **to keep the show rolling*** (Theat) s'arranger pour que le spectacle continue *subj* ◆ **you must keep the ball** *or* **things rolling while I'm away*** arrangez-vous pour que tout marche pendant mon absence

**VT** ① *[+ barrel, hoop, ball]* faire rouler ; *[+ umbrella, cigarette]* rouler ; *[+ pastry, dough]* étendre or abaisser au rouleau ; *[+ metal]* laminer ; *[+ lawn]* rouler ; *[+ road]* cylindrer ◆ **to roll one's eyes** rouler des yeux ◆ **to roll one's r's** rouler les r ◆ **to roll sth between one's fingers** rouler qch avec or entre ses doigts ◆ **to roll string into a ball** enrouler de la ficelle en pelote ◆ **the hedgehog rolled itself up into a ball** le hérisson s'est roulé en boule ◆ **he rolled himself in a blanket** il s'est enroulé dans une couverture ◆ **they rolled the car to the side of the road** ils ont poussé la voiture sur le bas-côté ; see also **rolled**

② (US *= rob*) dévaliser

**COMP roll bar N** (on car) arceau m de sécurité ◆ **roll call N** (gen, Mil, Scol) appel m ◆ **a roll call of sporting giants** une belle brochette de sommités du sport ◆ **roll-collar N** (Brit) ⇒ **roll-neck** ◆ **roll film N** rouleau m or bobine f de pellicule photo(graphique) ◆ **roll-neck N** (Brit) *[of sweater]* col m roulé **ADJ** ◆ **roll-neck(ed)** à col roulé ◆ **roll-on N, ADJ** → **roll-on** ◆ **roll-top desk N** bureau m à cylindre ◆ **roll-up*, roll-your-own* N** (Brit) cigarette f roulée

▶ **roll about VI** *[coins, marbles]* rouler çà et là ; *[ship]* rouler ; *[person, dog]* se rouler par terre

▶ **roll along**

**VI** ① *[ball, vehicle]* rouler

② (* = arrive) s'amener*, se pointer*

**VT SEP** *[+ ball]* faire rouler ; *[+ car]* pousser

▶ **roll around VI** ⇒ **roll about**

▶ **roll away**

**VI** *[clouds, mist, vehicle]* s'éloigner ; *[ball]* rouler au loin ◆ **the ball rolled away from me** le ballon a roulé loin de moi

**VT SEP** *[+ trolley, table]* pousser

▶ **roll back**

**VI** *[object]* rouler en arrière ; *[eyes]* chavirer

**VT SEP** ① *[+ object]* rouler en arrière ; *[+ carpet]* rouler ; *[+ sheet]* enlever (en roulant)

② (*fig = bring back*) ramener ◆ **if only we could roll back the years** si seulement nous pouvions ramener le temps passé

③ (US *= reduce*) réduire ◆ **to roll back the State** diminuer le pouvoir de l'État

④ (*= undo*) *[+ reform]* défaire

**N** ◆ **rollback*** → **rollback**

▶ **roll by VI** *[vehicle, procession]* passer ; *[clouds]* traverser le ciel, dériver dans le ciel ; *[time, years]* s'écouler, passer

▶ **roll down**

**VI** *[ball, person]* rouler de haut en bas ; *[tears]* couler

**VT SEP** ① *[+ cart]* descendre (en roulant)

② (= wind down) *[+ car window]* descendre, baisser

③ *[+ socks, sleeves]* baisser ; *[+ stockings]* rouler

▶ **roll in**

**VI** *[waves]* déferler ; * *[letters, contributions, suggestions]* affluer ; * *[person]* s'amener*, se pointer* ◆ **he rolled in*** half an hour late il s'est amené* or pointé* avec une demi-heure de retard ◆ **the money keeps rolling in*** l'argent continue à affluer

**VT SEP** *[+ barrel, trolley]* faire entrer (en roulant)

▶ **roll off VI** ① *[vehicle, procession]* s'ébranler, se mettre en marche

② (= fall off) dégringoler

▶ **roll on**

**VI** *[vehicle etc]* continuer de rouler ; *[time]* s'écouler ◆ **roll on the holidays!*** (Brit) vivement les vacances ! ◆ **roll on Tuesday!*** (Brit) vivement mardi !

**VT SEP** *[+ stockings]* enfiler

**N** ◆ **roll-on** → **roll-on**

**VT SEP** ◆ **roll-on-roll-off** (Brit) → **roll-on**

▶ **roll out**

**VT SEP** ① *[+ barrel, trolley]* rouler or pousser dehors

② *[+ sentence, verse]* débiter

③ *[+ pastry]* étendre or abaisser au rouleau ; *[+ metal]* laminer

④ (*= introduce*) *[+ system, offer]* introduire

**N** ◆ **roll-out** → **roll-out**

▶ **roll over**

**VI** *[person, animal]* (once) se retourner (sur soi-même) ; (several times: also **roll over and over**) se rouler

**VT SEP** *[+ person, animal, object]* retourner

▶ **roll past VI** ⇒ **roll by**

▶ **roll up**

**VI** ① *[animal]* se rouler (into en)

② ( * = arrive) arriver, s'amener** ◆ **roll up and see the show!** (at fairground) approchez, venez voir le spectacle !

**VT SEP** *[+ cloth, paper, map]* rouler ◆ **to roll up one's sleeves** retrousser ses manches

**N** ◆ **roll-up*** → **roll**

**rollaway bed** /ˈrəʊləweɪbed/ **N** (US) lit *m* pliant (sur roulettes)

**rollback** /ˈrəʊlbæk/ **N** (US) (gen) réduction *f* ; (Econ) baisse *f* forcée des prix (sur ordre du gouvernement)

**rolled** /rəʊld/

**ADJ** ① (also **rolled up**) *[carpet, newspaper, blanket, garment]* roulé, enroulé ; *[trousers, sleeves]* retroussé ; *[umbrella]* plié

② (Phon) roulé

**COMP rolled gold N** plaqué *m* or ◆ **rolled-gold ADJ** *[bracelet]* (en) plaqué or ◆ **rolled oats NPL** flocons *mpl* d'avoine ◆ **rolled-steel joist N** poutrelle *f* ◆ **rolled tobacco N** tabac *m* en carotte

**Roller*** /ˈrəʊləʳ/ **N** (Brit) Rolls *f*

**roller** /ˈrəʊləʳ/

**N** ① (gen) rouleau *m* ; (for pastry) rouleau *m* à pâtisserie ; (for roads) rouleau *m* compresseur ; (for lawn) rouleau *m* de jardin ; (for metal) laminoir *m*, cylindre *m* lamineur ; (in papermaking, textiles) calandre *f*

② (for painting and decorating) rouleau *m* (à peinture) ; (for inking) rouleau *m* (encreur)

③ (for winding sth round) rouleau *m* ; *[of blind]* enrouleur *m* ; (for hair) bigoudi *m*, rouleau *m* à mise en plis ◆ **to put one's hair in rollers** se mettre des bigoudis

④ (for moving things) rouleau *m* ; (= wheel) roulette *f*, galet *m* ◆ **table on rollers** table *f* à roulettes

⑤ (part of harness) surfaix *m*

⑥ (= wave) lame *f* de houle

⑦ (= bird) rollier *m* d'Europe

**COMP roller bandage N** bande *f* (roulée) ◆ **roller blade N, VI** ⇒ **rollerblade** ◆ **roller blind N** store *m* ◆ **roller coaster N** montagnes *fpl* russes ◆ **roller skate N** patin *m* à roulettes ◆ **roller-skate VI** faire du patin à roulettes ◆ **roller-skating N** patinage *m* à roulettes ◆ **roller towel N** rouleau *m* essuie-main(s)

**rollerball** /ˈrəʊləˌbɔːl/ **N** stylo *m* à bille

**rollerblade** /ˈrəʊləbleɪd/

**N** (Sport) roller *m*

**VI** faire du roller

**rollerdrome** /ˈrəʊləˌdrəʊm/ **N** (US) piste *f* de patin à roulettes

**rollick*** /ˈrɒlɪk/ **VI** (also **rollick about**) s'amuser bruyamment

**rollicking*** /ˈrɒlɪkɪŋ/ **SYN**

**ADJ** *[person]* d'une gaieté exubérante, joyeux ; *[play, farce]* bouffon ; *[occasion]* (bruyant et) joyeux ◆ **to lead a rollicking life** mener joyeuse vie *or* une vie de patachon ◆ **to have a rollicking time** s'amuser follement *or* comme des fous ◆ **it was a rollicking party** nous nous sommes amusés comme des petits fous à la soirée

**N** (= telling off) savon* *m* ◆ **to give sb a (real) rollicking** passer un (sacré or bon) savon à qn ◆ **to get a (real) rollicking** recevoir un (sacré or bon) savon*

**rolling** /ˈrəʊlɪŋ/

**ADJ** ① (= undulating) *[countryside, landscape]* vallonné ; *[hills, lawns]* ondulés

② (= pitching) *[ship]* qui roule ; *[sea]* houleux ◆ **rolling waves** (vagues *fpl*) déferlantes *fpl*

③ (= swaying) *[gait, walk]* chaloupé

④ (= ongoing) *[contract]* révisable ; *[programme]* constamment remis à jour ◆ **rolling news service** service *m* d'informations permanentes

**ADV** ◆ **to be rolling drunk*** être rond comme une queue de pelle*

**COMP rolling mill N** (= factory) laminerie *f*, usine *f* de laminage ; (= machine) laminoir *m* ◆ **rolling pin N** rouleau *m* à pâtisserie ◆ **rolling plan N** (Fin) plan *m* pluriannuel (révisable chaque année) ◆ **rolling stock N** (Rail) matériel *m* roulant ◆ **rolling stone N** ◆ **a rolling stone gathers no moss** (Prov) pierre qui roule n'amasse pas mousse (Prov) ◆ **he's a rolling stone** il mène une vie nomade ◆ **rolling targets NPL** (US Econ) objectifs *mpl* économiques révisables

**rollmop** /ˈrəʊlmɒp/ **N** (Brit) (also **rollmop herring**) rollmops *m*

**roll-on** /ˈrəʊlɒn/

**N** (= corset) gaine *f*

**ADJ** *[deodorant etc]* à bille

**COMP roll-on-roll-off N** (manutention *f* par) roulage *m* ◆ **roll-on-roll-off ferry N** ferry *m* roulier *or* roll-on roll-off ◆ **roll-on-roll-off ship N** roulier *m*

**roll-out** /ˈrəʊlaʊt/ **N** *[of new technology, system]* lancement *m*

**rollover** /ˈrəʊləʊvəʳ/

**N** ① (NonC: Fin) *[of loan, debt]* refinancement *m*

② (Brit : in lottery) remise *f* en jeu du prix

③ *[of mobile phone time]* report *m* de minutes

**ADJ** ① (Brit : in lottery) ◆ **it's a rollover week** le gros lot de la semaine précédente a été remis en jeu

② ◆ **rollover minutes** (for mobile phone) report *m* de minutes

**Rolodex** ® /ˈrəʊlədeks/ **N** fichier *m* Rolodex ®

**roly-poly** /ˈrəʊlɪˈpəʊlɪ/ **SYN**

**ADJ** *[person, figure]* rondelet ; *[child]* potelé

**N** ① (Brit : also **roly-poly pudding**) (gâteau *m*) roulé *m* à la confiture

② (* = plump child) poupard *m*

**ROM** /rɒm/ **N** (Comput) (abbrev of **Read-Only-Memory**) → **read**

**Roma (gypsy)** /ˈrəʊmə(ˈdʒɪpsɪ)/ **N** Rom *mf inv*

**Romagna** /rɒmˈɑːnjə/ **N** Romagne *f*

**romaine** /rəʊˈmeɪn/ **N** (US : also **romaine lettuce**) (laitue *f*) romaine *f*

**Roman** /ˈrəʊmən/

**N** ① (= person) Romain(e) *m(f)* ◆ **the Epistle to the Romans** (Bible) l'épître *f* aux Romains

② (Typography) romain *m*

**ADJ** (Archit, Geog, Hist , Rel, Typ) romain ; → **holy**

**COMP the Roman alphabet N** l'alphabet *m* romain ◆ **Roman arch N** voûte *f* (en) plein cintre, arc *m* plein cintre ◆ **the Roman calendar N** le calendrier romain ◆ **Roman candle N** chandelle *f* romaine ◆ **Roman Catholic ADJ, N** catholique *mf* (romain) ◆ **the Roman Catholic Church N** l'Église *f* catholique (romaine) ◆ **Roman Catholicism N** catholicisme *m* ◆ **the Roman Empire N** l'Empire *m* romain

## romance | root

**Roman law** N droit m romain
**Roman letters** NPL (Typography) caractères mpl romains
**Roman nose** N nez m aquilin
**Roman numeral** N chiffre m romain
**the Roman Rite** N (Rel) le rite romain

(!) In French, the noun **roman** means 'novel'.

**romance** /rəʊˈmæns/ SYN
N ①(= tale of chivalry) roman m ; (= love story/film) roman m/film m sentimental ; (Mus) romance f ; (= love affair) idylle f ; (= love) amour m ; (NonC = charm, attraction) charme m ◆ **it's quite a romance** c'est un vrai roman ◆ **it's pure romance** (= lies) c'est de la pure invention, c'est du roman ◆ **their romance lasted six months** leur idylle a duré six mois ◆ **he was her first romance** il était son premier amoureux or amour ◆ **they had a beautiful romance** ils ont vécu un beau roman (d'amour) ◆ **the romance of the sea/of foreign lands** la poésie de la mer/des pays étrangers ◆ **"The Romance of the Rose"** (Literat) « Le Roman de la rose »
② (Ling) ◆ **Romance** roman m
ADJ (Ling) ◆ **Romance** roman
VI enjoliver, broder (fig)
VT (= woo) faire la cour à, courtiser

**romancer** /rəʊˈmænsə/ N conteur m, -euse f
◆ **he's a romancer** (fig) il enjolive toujours tout

**Romanesque** /ˌrəʊməˈnesk/ ADJ [architecture] roman

**Romania** /rəʊˈmeɪnɪə/ N Roumanie f

**Romanian** /rəʊˈmeɪnɪən/
ADJ (gen) roumain ; [ambassador, embassy] de Roumanie
N ① Roumain(e) m(f)
② (= language) roumain m

**Romanic** /rəʊˈmænɪk/ ADJ [language] roman

**Romanism** /ˈrəʊmənɪzəm/ N (Rel) romanisme m

**Romanization** /ˌrəʊmənaɪˈzeɪʃən/ N romanisation f

**Romanize** /ˈrəʊmənaɪz/ VT (Hist) romaniser ; (Rel) convertir au catholicisme

**Romans(c)h** /rəʊˈmænʃ/ N romanche m

**romantic** /rəʊˈmæntɪk/ SYN
ADJ ① (= amorous) [relationship, interlude, assignation] amoureux ; [novel, film] sentimental ; [novelist, holiday, dinner] romantique
② (= picturesque, glamorous) [appearance, landscape, castle] romantique ◆ **a romantic figure like Lawrence of Arabia** un personnage romantique comme Lawrence d'Arabie
③ (= unrealistic) [person] romantique, sentimental ; [idea, view, image] romantique
④ (Art, Literat, Mus) ◆ **Romantic** romantique
N romantique mf, sentimental(e) m(f) ; (Art, Literat, Mus) romantique mf
COMP **romantic comedy** N comédie f sentimentale
**romantic fiction** N (NonC) les romans mpl roses
**romantic lead** N (Cine, Theat) jeune premier m, -ière f
**romantic love** N amour m romantique
**the Romantic Movement** N le Mouvement romantique, le romantisme

**romantically** /rəʊˈmæntɪkəlɪ/ ADV ① (= picturesquely, glamorously) ◆ **the castle is romantically sited on a cliff top** le château occupe une situation très romantique au sommet d'une falaise ◆ **romantically named...** au nom romantique de...
② (= amorously) [behave, kiss] amoureusement ◆ **romantically inclined** or **minded** romantique ◆ **to be romantically involved with sb** avoir une liaison avec qn ◆ **she has been romantically linked with the prince** on a parlé d'une idylle entre le prince et elle ◆ **romantically, things are looking up** sur le plan sentimental, les choses s'annoncent bien
③ (= unrealistically) [talk, describe] sentimentalement

**romanticism** /rəʊˈmæntɪsɪzəm/ N romantisme m

**romanticist** /rəʊˈmæntɪsɪst/ N romantique mf

**romanticize** /rəʊˈmæntɪsaɪz/ VTI romancer

**romanticized** /rəʊˈmæntɪsaɪzd/ ADJ [idea, view, depiction] très romantique

**Romany** /ˈrɒmənɪ/
N ① Rom mf inv, tzigane or tsigane mf
② (= language) romani m

ADJ [person, society, culture, language] rom inv, tzigane or tsigane ◆ **a Romany caravan** une roulotte de tziganes or tsiganes

**Rome** /rəʊm/ N Rome ◆ **when in Rome (do as the Romans do)** (Prov) à Rome il faut vivre comme les Romains ◆ **Rome wasn't built in a day** (Prov) Paris or Rome ne s'est pas fait en un jour ◆ **all roads lead to Rome** (Prov) tous les chemins mènent à Rome ◆ **the Church of Rome** l'Église f (catholique) romaine ◆ **to go over to Rome** (Rel) se convertir au catholicisme

**Romeo** /ˈrəʊmɪəʊ/ N Roméo m

**Romish** /ˈrəʊmɪʃ/ ADJ (pej) catholique

**romp** /rɒmp/
N ① (hum = sex) ébats mpl amoureux
② (= energetic play) jeux mpl bruyants, ébats mpl ◆ **the play was just a romp** la pièce n'était (guère) qu'une farce
VI [children, puppies] jouer bruyamment, s'ébattre ◆ **the horse romped home** le cheval est arrivé dans un fauteuil* ◆ **to romp through an exam** bien se débrouiller à un examen

**rompers** /ˈrɒmpəz/ NPL, **romper suit** /ˈrɒmpəsuːt/ N barboteuse f

**Romulus** /ˈrɒmjʊləs/ N ◆ **Romulus and Remus** Romulus m et Remus m

**Roncesvalles** /ˈrɒnsəvælz/ N Roncevaux m

**rondeau** /ˈrɒndəʊ/ (pl **rondeaux** /ˈrɒndəʊz/), **rondel** /ˈrɒndl/ N (Mus, Poetry) rondeau m

**rondo** /ˈrɒndəʊ/ N (Mus) rondeau m

**Roneo** ® /ˈrəʊnɪəʊ/ VT polycopier, ronéoter

**roo*** /ruː/ N (Austral) kangourou m

**rood** /ruːd/
N ① (Rel Archit) crucifix m
② (Brit = measure) quart m d'arpent
COMP **rood screen** N jubé m

**roof** /ruːf/
N [of building, car] toit m (also Climbing) ; [of cave, tunnel] plafond m ; (fig : of sky, branches) voûte f ◆ **the roof of the mouth** (Anat) la voûte du palais ◆ **without a roof over one's head** sans abri or toit ◆ **a room in the roof** une chambre sous les combles or sous les toits ◆ **I couldn't live under her roof** je ne pourrais pas vivre chez elle ◆ **to live under the same roof as sb** vivre sous le même toit que qn ◆ **under one roof** (gen) sous le même toit ; (in shopping arcade, hypermarket etc) réuni(s) au même endroit ◆ **to go through** or **to hit the roof*** [person] exploser, piquer une crise* ; [price, claim] crever le plafond ; → **flat¹, raise, sunshine**
VT [+ house] couvrir (d'un toit) ◆ **red-roofed** à toit rouge
COMP **roof garden** N jardin m sur le toit
**roof light** N plafonnier m
**roof rack** N (esp Brit) galerie f
**roof terrace** N terrasse f sur le toit
▶ **roof in** VT SEP couvrir d'un toit
▶ **roof over** VT SEP recouvrir d'un toit

**roofer** /ˈruːfə/ N couvreur m

**roofing** /ˈruːfɪŋ/
N ① (on house) toiture f, couverture f
② (= act) pose f de la toiture or de la couverture
COMP **roofing felt** N couverture f bitumée or goudronnée

**roofless** /ˈruːflɪs/ ADJ sans toit

**rooftop** /ˈruːftɒp/ N toit m ◆ **to shout** or **proclaim sth from the rooftops** (fig) crier qch sur tous les toits (fig)

**rook¹** /rʊk/ SYN
N (= bird) (corbeau m) freux m
VT (* = swindle) rouler (dans la farine)*, escroquer

**rook²** /rʊk/ N (Chess) tour f

**rookery** /ˈrʊkərɪ/ N colonie f de freux ; [of seals, penguins] colonie f ; (fig pej = overcrowded slum) taudis m surpeuplé

**rookie*** /ˈrʊkɪ/ N (US esp Mil) bleu* m

**room** /rʊm/ SYN
N ① (in house) pièce f ; (large) salle f ; (= bedroom) chambre f ; (= office, study) bureau m ; (in hotel) chambre f ◆ **rooms to let** chambres fpl à louer ◆ **room and board** pension f ◆ **his rooms** son appartement ◆ **come to my rooms for coffee** venez prendre le café chez moi ◆ **they live in rooms** ils habitent un meublé or un garni (pej) ; → **double, lecture, roof**
② (NonC = space) place f ◆ **is there room?** y a-t-il de la place ? ◆ **there is room for two people** il y a de la place pour deux personnes ◆ **there's no room** il n'y a pas de place ◆ **there's not enough** or **no room to swing a cat*** c'est grand comme un mouchoir de poche ◆ **to take up room/too much room** prendre de la place/trop de place ◆ **to make room for sb** faire une place pour qn ◆ **to make room for sth** faire de la place pour qch ◆ **there is still room for hope** il y a encore lieu d'espérer ◆ **there is little room for hope** il ne reste pas beaucoup d'espoir ◆ **there is no room for doubt** il n'y a pas de doute possible ◆ **there is room for improvement in your work** votre travail laisse à désirer
VI (US) partager une chambre (with avec) ◆ **we roomed together for three years** nous avons partagé la même chambre pendant trois ans ◆ **to room with a landlady** louer une chambre meublée
COMP **room clerk** N (US) réceptionniste mf
**room divider** N meuble m de séparation
**rooming house** N (US) immeuble m (avec chambres à louer) ◆ **he lives in a rooming house** il habite un meublé
**rooming-in** N (in maternity wards) possibilité pour les accouchées de garder leur nouveau-né dans leur chambre
**room rates** NPL prix m des chambres
**room service** N service m des chambres (d'hôtel), room-service m ◆ **ring for room service** appelez le garçon d'étage
**room temperature** N température f ambiante ◆ **to bring a wine to room temperature** chambrer un vin ◆ **wine at room temperature** vin m chambré

**-roomed** /rʊmd/ ADJ (in compounds) ◆ **a six-roomed house** une maison de six pièces ◆ **a two-roomed flat** un deux-pièces

**roomer** /ˈrʊmə/ N (US) locataire mf

**roomette** /ruːˈmet/ N (US : on train) compartiment m individuel de wagons-lits

**roomful** /ˈrʊmfʊl/ N pleine salle f

**roominess** /ˈruːmɪnɪs/ N dimensions fpl spacieuses

**roommate** /ˈrʊmmeɪt/ N camarade mf de chambre ; (US : sharing lodgings) personne f avec laquelle on partage un appartement

**roomy** /ˈrʊmɪ/ SYN ADJ [flat, car] spacieux ; [bag] grand ; [garment] ample

**roost** /ruːst/
N perchoir m, juchoir m ; → **rule**
VI (= settle) se percher, se jucher ; (= sleep) jucher ◆ **all her little schemes are coming home to roost** toutes ses petites combines vont lui retomber dessus or se retourner contre elle

**rooster** /ˈruːstə/ N (esp US) coq m

**root** /ruːt/ SYN
N ① (gen), racine f ; (fig) [of trouble etc] origine f, cause f ◆ **to pull up** or **out by the roots** déraciner, extirper ◆ **to take root** (lit, fig) prendre racine ◆ **to pull up one's roots** (fig) se déraciner ◆ **her roots are in France** elle est restée française de cœur d'esprit ◆ **she has no roots** elle n'a pas de racines, c'est une déracinée ◆ **to put down roots in a country** s'enraciner dans un pays ◆ **the root of the matter** la vraie raison ◆ **to get to the root of the problem** trouver la cause or aller au fond du problème ◆ **that is at the root of...** cela est à l'origine de... ◆ **what lies at the root of his attitude?** quelle est la raison fondamentale de son attitude ? ; → **cube, grass, square**
◆ **root and branch** ◆ **to change sth root and branch** modifier qch de fond en comble ◆ **to destroy sth root and branch** détruire qch complètement ◆ **a root-and-branch reform** une réforme radicale
② (Ling) (gen) racine f ; (Gram) [of verb] radical m ; [of non-verb] base f
③ [of tooth] racine f ; [of tongue] base f
④ (Math) racine f
⑤ (Mus) fondamentale f
VT [+ plant] enraciner ◆ **a deeply rooted belief** une croyance profondément enracinée ◆ **his beliefs are deeply rooted in his protestant upbringing** ses convictions viennent de son éducation protestante ◆ **to be** or **stand rooted to the spot** être cloué sur place
VI ① [plants etc] s'enraciner, prendre racine
② [pigs] fouiller (avec le groin)
COMP **root beer** N (US) boisson gazeuse à base d'extraits végétaux
**root canal** N [of tooth] canal m dentaire
**root-canal therapy, root-canal work** N (Dentistry) dévitalisation f, pulpectomie f

**root cause** N cause f première
**root crops** NPL racines fpl comestibles
**root ginger** N gingembre m frais
**rooting compound** N (Agr) terreau m de couche
**rooting reflex** N (Med) réflexe m de fouissement
**root sign** N (Math) radical m
**roots music** N (= world music) world music f ; (= reggae) reggae m (des origines)
**root treatment** N (Med) traitement m canalaire or d'un canal
**root vegetable** N racine f (comestible)
**root word** N (Ling) mot m souche inv
▶ **root about** VI fouiller (among dans ; for sth pour trouver qch)
▶ **root among** VI fouiller dans
▶ **root around** VI ⇒ **root about**
▶ **root for** * VT FUS [+ team] encourager, applaudir
▶ **root out** VT SEP (fig) (= find) dénicher ; (= remove) extirper
▶ **root through** VI ⇒ **root among**
▶ **root up** VT SEP [+ plant] déraciner ; [pigs] déterrer ; (fig) extirper

**rootless** /ˈruːtlɪs/ ADJ (lit, fig) sans racine(s)
**rootlet** /ˈruːtlət/ N radicelle f
**rootstock** /ˈruːtstɒk/ N [of plant] rhizome m
**rope** /rəʊp/ SYN
  **N** 1 (gen) corde f ; (on ship) cordage m ; [of bell] cordon m ◆ **to give sb more rope** (fig) lâcher la bride à qn ◆ **give him enough rope and he'll hang himself** si on le laisse faire il se passera lui-même la corde au cou or il creusera sa propre tombe ◆ **the ropes** (Boxing etc) les cordes fpl ◆ **on the ropes** (Boxing) dans les cordes ; ( * Fig) [person] sur le flanc * ; [business] qui bat de l'aile ◆ **to know the ropes** * (fig) connaître toutes les ficelles * ◆ **to show sb the ropes** * mettre qn au courant ◆ **to learn the ropes** * se mettre au courant ◆ **to be at the end of one's rope** (US) (= annoyed, impatient) être à bout de nerfs ; (= desperate) être sur le point de craquer ◆ **a rope of pearls** un collier de perles ◆ **a rope of onions** un chapelet d'oignons ◆ **a rope of hair** une torsade de cheveux ; → **clothes, skipping, tightrope**
  2 (Climbing) corde f ; (people on rope) cordée f ◆ **a rope of climbers** une cordée d'alpinistes ◆ **to put on the rope** s'encorder ◆ **there were three of them on the rope** ils formaient une cordée de trois
  **VT** 1 [+ box, case] corder ◆ **to rope sb to a tree** lier qn à un arbre ◆ **to rope climbers (together)** encorder des alpinistes ◆ **roped party** (Climbing) cordée f
  2 (US = catch) [+ cattle] prendre au lasso
  **COMP rope burn** N brûlure f (provoquée par une corde)
  **rope ladder** N échelle f de corde
  **rope-length** N (Climbing) longueur f de corde
  **rope maker** N cordier m
  **rope trick** N ◆ **Indian rope trick** tour de prestidigitation réalisé avec une corde
  **roping-off** N (Climbing) rappel m
▶ **rope in** VT SEP [+ area] entourer de cordes, délimiter par une corde ◆ **to rope sb in** (fig) enrôler qn, embringuer qn * ◆ **he got himself roped in** * **to help at the fête** il s'est laissé embringuer * pour aider à la fête ◆ **I don't want to get roped in** * **for anything** je ne veux pas me laisser embringuer *
▶ **rope off** VT SEP (= section off) réserver par une corde ; (= block off) interdire l'accès de
▶ **rope up** (Climbing)
  **VI** s'encorder
  **VT SEP** encorder ◆ **to be roped up** être encordé

**ropedancer** /ˈrəʊpdɑːnsəʳ/, **ropewalker** /ˈrəʊpwɔːkəʳ/ N funambule mf, danseur m, -euse f de corde
**rop(e)y** /ˈrəʊpɪ/ ADJ 1 (Brit * = mediocre) pas terrible *
  2 (Brit = ill) ◆ **to feel a bit rop(e)y** * être or se sentir patraque *
  3 (= rope-like) [muscles, arm, neck] noueux
**Roquefort** ® /ˈrɒkfɔː/ N (Culin) roquefort ® m
**RORO** N (abbrev of **roll-on-roll-off**) → **roll-on**
**rorqual** /ˈrɔːkwəl/ N (= animal) rorqual m, baleinoptère m
**Rorschach test** /ˈrɔːʃɑːk/ N (Psych) test m de Rorschach
**rosace** /ˈrəʊzeɪs/ N (Archit) rosace f
**rosaceous** /rəʊˈzeɪʃəs/ ADJ [plant] rosacé

**rosanilin(e)** /rəʊˈzænɪˌliːn/ N rosaniline f
**rosarian** /rəʊˈzɛərɪən/ N (Agr) rosiériste mf
**rosarium** /rəʊˈzɛərɪəm/ N (pl **rosariums** or **rosaria** /rəʊˈzɛərɪə/) roseraie f
**rosary** /ˈrəʊzərɪ/ N 1 (Rel) chapelet m ; (= fifteen decades) rosaire m ◆ **to say the rosary** dire or réciter son chapelet
  2 (in garden) roseraie f
**rose¹** /rəʊz/ VB pt of **rise**
**rose²** /rəʊz/
  **N** 1 (= flower) rose f ; (also **rosebush, rose tree**) rosier m ◆ **wild rose** églantine f ◆ **life isn't all roses** la vie n'est pas rose tous les jours ◆ **it isn't all roses** tout n'est pas rose ◆ **there is no rose without a thorn** (Prov) il n'y a pas de roses sans épines ◆ **she's an English rose** elle est belle comme une fleur or fraîche comme une rose ◆ **that will put roses back in your cheeks** cela va te rendre tes belles couleurs ◆ **under the rose** (fig liter) en confidence ◆ **the Wars of the Roses** (Brit Hist) la guerre des Deux-Roses ◆ **everything is coming up roses** * tout marche comme sur des roulettes ◆ **to come up smelling of roses** * s'en sortir très bien ; → **bed, Christmas, rock²**
  2 (of hose, watering can) pomme f ; (on hat, shoe) rosette f ; (of pump) crépine f ; (on ceiling) rosace f (de plafond) ; → **compass**
  3 (= colour) rose m
  **ADJ** rose
  **COMP** [leaf, petal] de rose
  **rose campion** N (= plant) coquelourde f des jardins
  **rose chafer** N (= beetle) cétoine f dorée, hanneton m des roses
  **rose-coloured** ADJ rose, couleur de rose inv ◆ **to see everything/life through rose-coloured spectacles** voir tout/la vie en rose
  **rose-cut** ADJ [gem] (en) rose
  **rose diamond** N (diamant m en) rose f
  **rose garden** N roseraie f
  **rose grower** N rosiériste mf
  **rose of Sharon** N (= plant) millepertuis m
  **rose pink** ADJ rose, rosé
  **rose-red** ADJ vermeil
  **rose-tinted** ADJ ⇒ **rose-coloured**
  **rose water** N eau f de rose (lit)
  **rose window** N rosace f, rose f

**rosé** /ˈrəʊzeɪ/ N rosé m (vin)
**roseate** /ˈrəʊzɪɪt/
  **ADJ** (liter) 1 (= pink) rose
  2 (pej = rose-tinted) [picture, vision] idyllique
  **COMP roseate tern** N (= bird) sterne f de Dougall
**rosebay** /ˈrəʊzbeɪ/ N laurier-rose m
**rosebed** /ˈrəʊzbed/ N parterre m or massif m de roses
**rosebowl** /ˈrəʊzbəʊl/ N coupe f à fleurs
**rosebud** /ˈrəʊzbʌd/
  **N** bouton m de rose
  **COMP rosebud mouth** N bouche f en cerise
**rosebush** /ˈrəʊzbʊʃ/ N rosier m
**rosehip** /ˈrəʊzhɪp/
  **N** cynorhodon m, gratte-cul m
  **COMP rosehip syrup** N sirop m d'églantine
**roselike** /ˈrəʊzlaɪk/ ADJ rosacé
**rosemary** /ˈrəʊzmərɪ/ N romarin m
**roseola** /rəʊˈzɪələ/ N roséole f
**Rosetta stone** /rəʊˈzetə/ N (Archeol) pierre f de Rosette
**rosette** /rəʊˈzet/ N (= ribbons etc) rosette f ; (Sport: as prize) cocarde f ; (Archit) rosace f
**rosewood** /ˈrəʊzwʊd/
  **N** bois m de rose
  **COMP** en bois de rose
**Rosh Hashanah** /ˌrɒʃhəˈʃɑːnə/ N Rosh ha-Shana, Roch ha-Shana
**Rosicrucian** /ˌrəʊzɪˈkruːʃən/ ADJ, N rosicrucien(ne) m(f)
**rosin** /ˈrɒzɪn/
  **N** colophane f
  **COMP rosin oil** N rétinol m
**RoSPA** /ˈrɒspə/ N (Brit) (abbrev of **Royal Society for the Prevention of Accidents**) société pour la prévention des accidents
**roster** /ˈrɒstəʳ/ SYN N liste f, tableau m (de service) ; → **duty**
**rostral** /ˈrɒstrəl/ ADJ rostral

**rostrum** /ˈrɒstrəm/ SYN
  **N** (pl **rostrums** or **rostra** /ˈrɒstrə/) (for speaker) tribune f, estrade f ; (for conductor) estrade f ; (Roman Hist) rostres mpl ◆ **on the rostrum** à la tribune
  **COMP rostrum camera** N banc-titre m
**rosy** /ˈrəʊzɪ/ SYN ADJ 1 (= pink) [colour] rosé ; [face, cheeks, complexion, light] rose
  2 (= optimistic) [view] optimiste ◆ **the situation looks rosy (for her)** la situation se présente bien (pour elle) ◆ **things don't look very rosy for her** la situation n'est pas rose pour elle ◆ **his future looks rosy** l'avenir se présente bien pour lui ◆ **the party seemed to have a rosy future ahead of it** l'avenir du parti était prometteur ◆ **to paint a rosy picture of sth** faire or brosser un tableau idyllique de qch
**rot** /rɒt/ SYN
  **N** (NonC) 1 pourriture f ; [of plant, tissue] carie f ◆ **he worked well at the beginning then the rot set in** * au début il travaillait bien mais par la suite il a flanché * or les problèmes ont commencé ◆ **to stop the rot** redresser la situation ; → **dry**
  2 (esp Brit * = nonsense) balivernes fpl ◆ **to talk rot** dire or débiter des balivernes ◆ **that's utter rot, that's a lot of rot** ce ne sont que des balivernes
  **VI** pourrir ; (fig) [person] croupir ◆ **to rot in jail** croupir en prison ◆ **let him rot!** * qu'il aille se faire pendre ! *
  **VT** (faire) pourrir
▶ **rot away** VI pourrir
**rota** /ˈrəʊtə/ N 1 (esp Brit) liste f, tableau m (de service)
  2 (Rel) ◆ **Rota** rote f
**rotaplane** /ˈrəʊtəpleɪn/ N (= aircraft) autogyre m
**Rotarian** /rəʊˈtɛərɪən/ ADJ, N rotarien m
**rotary** /ˈrəʊtərɪ/ SYN
  **ADJ** 1 [tin-opener, dial, control, movement] rotatif
  2 ◆ **Rotary (Club)** Rotary Club m
  **COMP rotary clothes dryer** N séchoir m rotatif
  **rotary cultivator** N motoculteur m
  **rotary engine** N moteur m rotatif
  **rotary kiln** N four m rotatif
  **rotary (lawn)mower** N tondeuse f à lame rotative
  **rotary press** N rotative f
  **rotary printer** N tireuse m rotative
  **rotary printing press** N ⇒ **rotary press**
  **rotary shutter** N (Phot) obturateur m rotatif
  **rotary-wing aircraft** N aéronef m à voilure tournante
**rotate** /rəʊˈteɪt/ SYN
  **VT** (= revolve) faire tourner ; (on pivot) faire pivoter ; (= change round) [+ crops] alterner ; [two people] [+ work, jobs] faire à tour de rôle
  **VI** tourner ; (on pivot) pivoter ; [crops] être alterné
**rotating** /rəʊˈteɪtɪŋ/ ADJ (gen) tournant ; (= pivoting) pivotant
**rotation** /rəʊˈteɪʃən/ SYN N (= turning) rotation f ; (= turn) tour m, tour m ◆ **in** or **by rotation** à tour de rôle ◆ **rotation of crops** assolement m, rotation f (des cultures)
**rotator** /rəʊˈteɪtəʳ/ N (Anat = muscle) rotateur m
**rotatory** /rəʊˈteɪtərɪ/ ADJ rotatoire
**rotavate** /ˈrəʊtəveɪt/ VT ⇒ **rotovate**
**Rotavator** ® /ˈrəʊtəveɪtəʳ/ N (Brit) ⇒ **Rotovator**
**rote** /rəʊt/
  **N** ◆ **by rote** [learn] machinalement, sans essayer de comprendre ; [recite] comme un perroquet
  **COMP rote learning** N apprentissage m par cœur
**rotenone** /ˈrəʊtɪˌnəʊn/ N roténone f
**rotgut*** /ˈrɒtgʌt/ N (pej) tord-boyaux * m inv
**rotifer** /ˈrəʊtɪfəʳ/ N (= animal) rotifère m
**rotisserie** /rəʊˈtɪsərɪ/ N (= grill or oven) rôtissoire f ; (= fitment) tournebroche m ; (= restaurant) rôtisserie f
**rotogravure** /ˌrəʊtəʊɡrəˈvjʊəʳ/ N rotogravure f
**rotor** /ˈrəʊtəʳ/
  **N** [of machine, generator, helicopter] rotor m
  **COMP rotor arm** N rotor m
  **rotor blade** N pale f de rotor
**rotorcraft** /ˈrəʊtəkrɑːft/ N giravion m, hélicoptère m
**rototill** /ˈrəʊtəʊtɪl/ VT (US) labourer avec un motoculteur

**Rototiller** ® /ˈrəʊtəʊtɪləʳ/ N (US) motoculteur *m*

**rotovate** /ˈrəʊtəveɪt/ VT (Brit) labourer avec un motoculteur

**Rotovator** ® /ˈrəʊtəveɪtəʳ/ N (Brit) motoculteur *m*

**rotproof** /ˈrɒtpruːf/ ADJ imputrescible

**rotten** /ˈrɒtn/ SYN

ADJ [1] *(= decayed) [wood, vegetation, vegetable, egg]* pourri ; *[meat]* pourri, avarié ; *[fruit, tooth]* pourri, gâté

[2] *(= corrupt)* véreux, corrompu ◆ **rotten to the core** pourri jusqu'à la moelle ; see also **comp**

[3] *(* = useless)* nul *(at sth* en qch ; *at doing sth* pour faire qch)

[4] *(* = unpleasant)* ◆ **what rotten weather!** quel temps pourri ! * ◆ **what rotten luck!** quelle guigne ! *, quelle poisse ! * ◆ **we had a rotten time** on ne s'est pas marrés * ◆ **what a rotten trick!** quel sale tour ! * ◆ **that's a rotten thing to say/do!** c'est moche * de dire/faire ça ! ◆ **it's a rotten business** c'est une sale affaire ◆ **isn't it rotten about poor Anne?** pauvre Anne ! quel sale coup ! * ◆ **to feel/look rotten** * *(= ill)* se sentir/avoir l'air mal fichu * ◆ **to feel rotten** * **(about doing sth)** *(= guilty)* se sentir minable * (de faire qch)

[5] *(* : expressing annoyance)* fichu *, sale * *before n* ◆ **you can keep your rotten bike** tu peux te le garder, ton sale vélo *

ADV * ◆ **to spoil sb rotten** pourrir qn ◆ **to fancy sb rotten** *(Brit)* être entiché de qn

COMP **rotten apple** N *(fig)* brebis *f* galeuse ◆ **one rotten apple spoils the (whole) barrel** *(Prov)* il ne faut qu'une brebis galeuse pour infecter le troupeau

**rottenness** /ˈrɒtnnɪs/ N (état *m* de) pourriture *f*

**rotter** † * /ˈrɒtəʳ/ N (Brit) sale type * *m*

**rotting** /ˈrɒtɪŋ/ ADJ en pourriture, qui pourrit

**Rottweiler** /ˈrɒt,vaɪləʳ/ N Rottweiler *m*

**rotund** /rəʊˈtʌnd/ SYN ADJ [1] *(= round) [person, body]* replet (-ète *f*), rondelet ; *[object, building]* arrondi ◆ **his rotund stomach** son ventre rebondi

[2] *(= sonorous) [voice, tone]* sonore

**rotunda** /rəʊˈtʌndə/ N rotonde *f*

**rotundity** /rəʊˈtʌndɪtɪ/ N *[of person]* embonpoint *m* ; *(fig) [of style]* grandiloquence *f* ; *[of voice]* sonorité *f*

**rouble, ruble** (US) /ˈruːbl/ N rouble *m*

**roué** /ˈruːeɪ/ N roué *m*, débauché *m*

**rouge** /ruːʒ/

N rouge *m* (à joues)

VT ◆ **to rouge one's cheeks** se farder les joues, se mettre du rouge aux joues

**rough** /rʌf/ SYN

ADJ [1] *(= not smooth) [skin, hands, cloth]* rêche ; *(harder)* rugueux ; *[bark]* rugueux ; *[ground, road, track]* raboteux ◆ **rough edges** aspérités *fpl* ◆ **the proposal still has some rough edges** le projet n'est pas encore tout à fait au point ◆ **he'll be a good salesman once we knock off the rough edges** il fera un bon vendeur lorsque nous l'aurons un peu dégrossi ◆ **to give sb the rough side of one's tongue** * *(Brit)* passer un savon * à qn

[2] *(= harsh) [sound]* rude, âpre ; *[voice]* rude ; *[taste]* âpre ; *[wine]* grossier ◆ **to taste rough** avoir un goût âpre

[3] *(= unrefined) [person, speech, manners]* rude ; *[tone, voice]* brusque

[4] *(* = difficult) [life]* dur ◆ **to have a rough time (of it)** en voir de rudes *or* de dures * ◆ **to give sb a rough time** en faire voir de toutes les couleurs à qn * ◆ **it's rough on him** c'est dur pour lui ◆ **don't be too rough on him** ne sois pas trop dur avec lui ; → **ride**

[5] *(Brit * = ill)* ◆ **to feel rough** ne pas se sentir bien, être mal fichu * ◆ **you sound rough!** tu as l'air mal fichu !

[6] *(= violent) [person, game, treatment]* rude ; *[sex]* brutal ◆ **to be rough with sb** *(physically)* malmener qn ; *(verbally)* être dur avec qn ◆ **a rough customer** * un dur * ◆ **rough handling** rudoiement *m* ◆ **a rough neighbourhood** un quartier difficile ◆ **rough play** *(Sport)* jeu *m* brutal ◆ **rough stuff** * brutalités *fpl* ◆ **no rough stuff!** mollo ! *

[7] *(= stormy) [weather]* gros (grosse *f*) ; *[sea]* agité, mauvais ; *[crossing]* agité ◆ **it was very rough** la mer était très agitée *or* mauvaise

[8] *(= rudimentary) [shelter]* rudimentaire ; *[clothes]* grossier ; *(= approximate) [calculation, translation, estimate, description]* approximatif ; *[plan]* vague, approximatif ◆ **a rough guess** une approximation ◆ **at a rough estimate** *or* **guess** à vue de nez ◆ **can you give me a rough idea (of) how long it will take?** à votre avis, ça prendra combien de temps environ ? ◆ **I've got a rough idea (of) what it looks like** je vois à peu près à quoi ça ressemble ◆ **as a rough guide** à titre indicatif ◆ **he gave a rough outline of the proposals** il a donné les grandes lignes des propositions ◆ **rough draft** brouillon *m* ◆ **rough sketch** croquis *m*, ébauche *f*

[9] *(= uncultivated)* ◆ **rough pasture** prés *mpl* incultes ◆ **a piece of rough ground** un terrain vague

ADV ◆ **to sleep rough** coucher sur la dure ◆ **to live rough** vivre à la dure ◆ **to play rough** *[child, sportsperson]* jouer de manière brutale ; *[gangster]* avoir des méthodes brutales ◆ **we can either keep it friendly, or we can play rough** soit on continue à l'amiable, soit on devient méchants ◆ **to cut up rough** * *(Brit) (angry)* se mettre en rogne * ; *(violent)* devenir violent

N [1] *(= ground)* terrain *m* accidenté *or* rocailleux ; *(Golf)* rough *m* ◆ **to take the rough with the smooth** *(fig)* prendre les choses comme elles viennent

[2] *(= draft)* brouillon *m*, premier jet *m* ◆ **to write sth out in rough** rédiger qch au brouillon ◆ **a diamond in the rough** *(US)* ⇒ **rough diamond**

[3] *(* = person)* voyou *m*

VT ◆ **to rough it** * vivre à la dure

COMP **rough-and-ready** ADJ *[method]* fruste, rudimentaire ; *[work]* grossier, fait à la hâte ; *[installation, equipment]* rudimentaire, de fortune ; *[person]* fruste

**rough-and-tumble** SYN ADJ *[play, game]* désordonné ◆ **the rough-and-tumble atmosphere of...** l'ambiance de foire d'empoigne de... N [1] *(= cut and thrust)* ◆ **he enjoys the rough-and-tumble of Washington** il aime l'ambiance mouvementée de Washington ◆ **the rough-and-tumble of political life** l'univers mouvementé de la politique

[2] *(= rough play)* jeux *mpl* désordonnés

**rough diamond** N *(lit)* diamant *m* brut ◆ **he's a rough diamond** *(Brit)* sous ses dehors frustes, il a un cœur d'or

**rough-dry** VT sécher sans repasser

**rough-hewn** ADJ dégrossi, ébauché

**rough justice** N justice *f* sommaire

**rough-legged buzzard** N buse *f* pattue

**rough paper** N *(NonC: Brit)* papier *m* de brouillon

**rough puff pastry** N pâte *f* feuilletée (simplifiée)

**rough sleeper** N sans-abri *m*

**rough-spoken** ADJ au langage grossier

**rough trade** ✱ N *partenaire homosexuel des bas-fonds*

**rough work** N *(NonC)* brouillon *m*

▸ **rough out** VT SEP *[+ plan, drawing]* ébaucher

▸ **rough up** VT SEP *[+ hair]* ébouriffer ◆ **to rough sb up** * malmener qn ; *(stronger)* tabasser ✱ qn

**roughage** /ˈrʌfɪdʒ/ N *(NonC)* fibres *fpl*

**roughcast** /ˈrʌfkɑːst/

ADJ, N crépi *m*

VT crépir

**roughen** /ˈrʌfn/

VT rendre rude *or* rugueux

VI devenir rude *or* rugueux

**roughhouse** * /ˈrʌfhaʊs/ N bagarre *f*

**roughly** /ˈrʌflɪ/ ADV [1] *(= violently) [pull, push, play]* brutalement ◆ **to treat sb/sth roughly** malmener qn/qch

[2] *(= brusquely) [speak, answer, order]* durement

[3] *(= crudely) [make, sew, chop, slice]* grossièrement

[4] *(= approximately)* à peu près ◆ **roughly comparable/equal** à peu près comparable/égal ◆ **it costs roughly 25 euros** ça coûte environ 25 € ◆ **roughly half of the population** environ la moitié de la population ◆ **he was roughly the same age as me** il avait environ *or* à peu près le même âge que moi ◆ **tell me roughly what it's all about** dites-moi grosso modo *or* en gros de quoi il s'agit ◆ **he roughly outlined the proposals** il a donné les grandes lignes des propositions ◆ **to sketch sth roughly** faire un croquis de qch ◆ **to fall roughly into two categories** se répartir approximativement en deux catégories ◆ **roughly translated, the name means...** traduit approximativement, ce nom veut dire... ◆ **roughly speaking** en gros, grosso modo

**roughneck** * /ˈrʌfnek/ N *(esp US)* voyou *m*, dur *m* à cuire *

**roughness** /ˈrʌfnɪs/ N *(NonC)* [1] *[of skin, hands, cloth]* rudesse *f* ; *[of ground, road, track]* mauvais état *m* ; *[of edges]* rugosité *f*

[2] *(= harshness) [of sound, voice, taste, wine]* rudesse *f*

[3] *(= lack of refinement) [of person, manners, speech]* rudesse *f* ; *[of tone, voice]* brusquerie *f*

[4] *(= violence) [of person, game, treatment]* brutalité *f* ; *[of neighbourhood]* caractère *m* dangereux

[5] *(= storminess) [of sea]* agitation *f* ◆ **the roughness of the weather** le mauvais temps

[6] *(= rudimentary nature) [of shelter]* caractère *m* rudimentaire ; *[of clothes]* grossièreté *f*

[7] *(= approximate nature) [of calculation, translation, estimate, description]* caractère *m* approximatif ; *[of plan]* manque *m* de détails

**roughrider** /ˌrʌfˈraɪdəʳ/ N dresseur *m*, -euse *f or* dompteur *m*, -euse *f* de chevaux

**roughshod** /ˈrʌfʃɒd/ ADV ◆ **to ride roughshod over** *[+ objection, person]* faire peu de cas de

**roulade** /ruːˈlɑːd/ N *(Culin)* roulade *f*

**roulette** /ruːˈlet/

N roulette *f* ; → **Russian**

COMP **roulette table** N table *f* de roulette

**roulette wheel** N roulette *f*

**Roumania** /ruːˈmeɪnɪə/ N ⇒ **Rumania**

**Roumanian** /ruːˈmeɪnɪən/ ADJ, N ⇒ **Rumanian**

**round** /raʊnd/ SYN

▸ When **round** is an element in a phrasal verb, eg **ask round**, **call round**, **rally round**, look up the verb.

ADV [1] *(= around)* autour ◆ **there was a wall right round** il y avait un mur tout autour ◆ **he went round by the bridge** il a fait le détour *or* il est passé par le pont ◆ **you can't get through here, you'll have to go round** vous ne pouvez pas passer par ici, il faut faire le tour ◆ **the long way round** le chemin le plus long ◆ **it's a long way round** ça fait un grand détour *or* un grand crochet ◆ **spring will soon be round again** le printemps reviendra bientôt ; → **gather round**, **look round**

◆ **all + round** ◆ **there was a wall all round** il y avait un mur tout autour ◆ **this ought to make life much easier all round** *(= for everybody)* cela devrait simplifier la vie de tout le monde ◆ **this called for drinks all round** cela méritait une tournée générale ◆ **she ordered drinks all round to celebrate** elle a commandé une tournée générale pour fêter ça ◆ **taking things all round, taken all round** tout compte fait ◆ **all (the) year round** pendant toute l'année

◆ **round and round** en rond ◆ **to go (***or* **drive** *or* **ride) round and round** *(looking for sth)* tourner en rond ◆ **the idea was going round and round in his head** il tournait et retournait l'idée dans sa tête

[2] *(to sb's place)* ◆ **she ran round to her mother's** elle a couru chez sa mère ◆ **come round and see me** venez me voir ◆ **I asked him round for a drink** je l'ai invité à (passer) prendre un verre chez moi ◆ **I'll be round at 8 o'clock** je serai là à 8 heures

[3] *(set structure)*

◆ **round about** *(= approximately)* autour de, environ ◆ **round about 7 o'clock** autour de 7 heures, vers (les) 7 heures ◆ **round about £800** 800 livres environ

PREP [1] *(of place etc)* autour de ◆ **sitting round the table** assis autour de la table ◆ **sitting round the fire** assis au coin du feu *or* auprès du feu ◆ **all round the house** tout autour de la maison ◆ **the villages round Brighton** les villages *mpl* des environs *or* des alentours de Brighton ◆ **she knows everybody round about** elle connaît tout le monde dans le coin ◆ **the house is just round the corner** la maison est au coin de la rue *or* juste après le coin de la rue ; *(fig)* la maison est tout près ◆ **come and see me if you're round this way** viens me voir si tu passes par ici *or* si tu es dans le coin * ◆ **to go round a corner** tourner un coin ; *(driving)* prendre un virage ◆ **to go round an obstacle** contourner un obstacle ◆ **to look round a house** visiter une maison ◆ **to show sb round a town** faire visiter une ville à qn ◆ **they went round the castle** ils ont visité le château ◆ **they went round the cafés looking for...** ils ont fait le tour des cafés à la recherche de... ◆ **she's 75cm round the waist** elle fait 75 cm de tour de taille ◆ **put a blanket round him** enveloppez-le dans une couverture ; → **clock**, **world**

[2] *(esp Brit = approximately)* autour de, environ ◆ **round 7 o'clock** autour de 7 heures, vers (les) 7 heures ◆ **round £800** 800 livres environ

**ADJ** 1 (= *circular*) rond, circulaire ; (= *rounded*) rond, arrondi ◆ **to have round shoulders** avoir le dos rond *or* voûté ◆ **round handwriting** écriture *f* ronde

2 (= *complete*) ◆ **a round dozen** une douzaine tout rond ◆ **round figure, round number** chiffre *m* rond ◆ **in round figures that will cost 20 million** cela coûtera 20 millions en chiffres ronds *or* pour donner un chiffre rond

3 (*fig uses*) ◆ **in rich round tones** d'une voix riche et sonore ◆ **at a round pace** à vive allure ◆ **a (good) round sum** une somme rondelette *or* coquette* ◆ **he told me in round terms why...** il m'a expliqué tout net pourquoi... ; see also **comp**

**N** 1 (= *circle etc*) rond *m*, cercle *m* ; (*Brit*) (= *slice*) [*of bread, meat*] tranche *f* ◆ **a round of toast** un toast, une tranche de pain grillé

2 (*esp Brit* : also **delivery round**) tournée *f* ◆ **to do** *or* **make one's round(s)** [*watchman, policeman*] faire sa ronde *or* sa tournée ; [*postman, milkman*] faire sa tournée ; [*doctor*] faire ses visites ◆ **to do** *or* **make the rounds of...** faire le tour de... ◆ **to go** *or* **do the rounds** [*infection, a cold etc*] faire des ravages ; [*news, joke etc*] courir, circuler ◆ **the story is going the rounds that...** le bruit court que..., on raconte *or* on dit que... ◆ **the story went the rounds of the club** l'histoire a fait le tour du club ◆ **this coat has gone the rounds of the family*** ce manteau a fait le tour de la famille ◆ **the daily round** (*fig*) la routine quotidienne, le train-train quotidien ◆ **your life is just one long round of pleasures** tu ne penses qu'à t'amuser

3 [*of cards, golf, competition, tournament*] partie *f* ; (*Boxing*) round *m*, reprise *f* ; (*Horse-riding*) tour *m* de piste, parcours *m* ; [*of election*] tour *m* ; [*of talks, discussions*] série *f* ◆ **to have a clear round** (*Horse-riding*) faire un tour de piste *or* un parcours sans fautes ◆ **a new round of negotiations** une nouvelle série de négociations ; → **ammunition, applause, shot**

4 [*of drinks*] tournée *f* ◆ **to pay for a round (of drinks)** payer une tournée* ◆ **it's my round** c'est ma tournée*

5 (*Mus*) canon *m* ; (*Dancing*) ronde *f*

6 ◆ **in the round** (*Sculp*) en ronde-bosse ; (*Theat*) en rond ; (*fig* = *taken as a whole*) globalement

**VT** 1 (= *make round*) arrondir

2 (*Comput, Math*) [+ *figure*] arrondir

3 (= *go round*) [+ *corner*] tourner ; [+ *bend*] prendre ; [+ *cape, in boat*] doubler ; [+ *obstacle*] contourner

**COMP** **round arch** **N** (*Archit*) (arc *m* en) plein cintre *m*, arc *m* roman
**round-cheeked** **ADJ** aux joues rondes, joufflu
**round dance** **N** ronde *f*
**round-eyed** **ADJ** (*lit*) aux yeux ronds ; (*with surprise*) avec des yeux ronds
**round-faced** **ADJ** au visage rond
**rounding error** **N** erreur *f* d'arrondi
**round-necked pullover** **N** pull(-over) *m* ras du cou
**round robin** **N** (= *petition*) pétition *f* (*où les signatures sont disposées en rond*) ; (*esp US Sport*) *tournoi où tous les joueurs se rencontrent*
**round-shouldered** **ADJ** voûté
**Round Table** **N** (*Myth*) Table *f* ronde
**round-table** **ADJ** ◆ **round-table discussion** table *f* ronde
**round-table discussion** **N** table *f* ronde
**round-the-clock** **ADJ** 24 heures sur 24 ; see also **clock**
**round trip** **N** aller *m* et retour ◆ **Concorde does three round trips a week** le Concorde effectue trois rotations *fpl* par semaine
**round trip ticket** **N** billet *m* aller-retour

▸ **round down** **VT SEP** [+ *prices etc*] arrondir (au chiffre inférieur)

▸ **round off** **VT SEP** [+ *speech, list, series*] terminer ; [+ *sentence*] parachever ; [+ *debate, meeting*] mettre fin à, clore ; [+ *meal*] terminer, finir (*with* par) ◆ **and now, to round off, I must say...** et maintenant, pour conclure *or* en dernier lieu, je dois dire...

▸ **round on** **VT FUS** ⇒ **round upon**

▸ **round up**

**VT SEP** 1 (= *bring together*) [+ *people*] rassembler, réunir ; [+ *cattle*] rassembler ; [+ *criminals*] ramasser*

2 [+ *prices etc*] arrondir (au chiffre supérieur)

**N** ◆ **roundup** → **roundup**

▸ **round upon** **VT FUS** (*in words*) s'en prendre à ; (*in actions*) sauter sur, attaquer

**roundabout** /ˈraʊndəbaʊt/ SYN

**ADJ** [*route*] détourné, indirect ◆ **we came (by) a roundabout way** nous avons fait un détour ◆ **by roundabout means** par des moyens détournés ◆ **roundabout phrase** circonlocution *f* ◆ **what a roundabout way of doing things!** quelle façon contournée *or* compliquée de faire les choses !

**N** (*Brit* = *merry-go-round*) manège *m* ; (*esp Brit* = *playground apparatus*) tourniquet *m* ; (*at road junction*) rond-point *m* (à sens giratoire) ; (*on traffic sign*) sens *m* giratoire ; → **swing**

**rounded** /ˈraʊndɪd/ **ADJ** 1 (= *curved*) [*shape, edge, hill*] arrondi ; [*face, breasts, hips, handwriting*] rond ; [*shoulders*] voûté ; [*spine*] courbé

2 (= *complete*) [*education*] complet (-ète *f*) et équilibré ; [*film, book*] étoffé ; [*wine, tone*] rond ; [*flavour*] plein ; [*person, character*] équilibré ; [*character in book*] étoffé ◆ **a rounded picture of the situation** une description complète et impartiale de la situation

3 (*Culin*) [*tablespoon*] gros (grosse *f*)

4 (*Phon*) [*vowel*] arrondi

**roundel** /ˈraʊndl/ **N** (= *decoration*) rond *m* ; (= *symbol, logo*) insigne *m* rond ; (*on warplane*) cocarde *f*

**roundelay** †† /ˈraʊndɪleɪ/ **N** (*Mus*) rondeau *m*

**rounder** /ˈraʊndəʳ/ **N** (*US*) fêtard* *m*, noceur* *m*

**rounders** /ˈraʊndəz/ **N** (*Brit*) *sorte de baseball*

**Roundhead** /ˈraʊndhed/ **N** (*Brit Hist*) Tête *f* ronde

**roundhouse** /ˈraʊndhaʊs/ **N** (*US* : *for locomotives*) rotonde *f*

**roundly** /ˈraʊndlɪ/ **ADV** [*condemn, criticize*] sans ambages ; [*reject*] catégoriquement ; [*defeat*] à plate(s) couture(s)

**roundness** /ˈraʊndnɪs/ **N** rondeur *f*

**roundsman** /ˈraʊndzmən/ **N** (pl **-men**) (*Brit*) livreur *m* ◆ **milk roundsman** laitier *m*

**roundup** /ˈraʊndʌp/ **N** [*of cattle, people*] rassemblement *m* ; [*of criminals, suspects*] rafle *f* ; (= *meeting*) tour *m* d'horizon ; (= *news summary*) résumé *m* de l'actualité

**roundworm** /ˈraʊndwɜːm/ **N** ascaride *m*

**rouse** /raʊz/ SYN

**VT** (= *awaken*) réveiller, éveiller ; (= *stimulate*) activer, éveiller ; [+ *feeling*] exciter, stimuler ; [+ *admiration, interest*] susciter ; [+ *indignation*] provoquer, soulever ; [+ *suspicions*] éveiller ◆ **rouse yourself!** secouez-vous !* ◆ **to rouse the masses** soulever les masses ◆ **to rouse sb to action** inciter *or* pousser qn à agir ◆ **to rouse sb (to anger)** mettre qn en colère ◆ **he's a terrible man when he's roused** il est redoutable quand il est en colère

**VI** (= *waken*) se réveiller ; (= *become active*) sortir de sa torpeur

**rousing** /ˈraʊzɪŋ/ SYN **ADJ** [*cheers, applause, chorus, reception*] enthousiaste ; [*speech*] enthousiasmant ; [*music*] entraînant

**roust** /raʊst/, **roust out** **VT** (*US*) (= *evict*) chasser ; (= *call out*) faire venir ◆ **to roust sb out of bed/his home** arracher qn de son lit/de sa maison

**roustabout** /ˈraʊstəbaʊt/ **N** (*US*) débardeur *m* ; (*Austral*) manœuvre *m*

**rout¹** /raʊt/ SYN

**N** 1 (*Mil* = *defeat*) déroute *f*, débâcle *f* ◆ **to put to rout** mettre en déroute

2 (†† = *revels*) raout † *m*, fête *f* mondaine

3 (*Jur* = *mob*) attroupement *m* illégal

**VT** (= *defeat*) mettre en déroute

**rout²** /raʊt/ **VI** (= *search* : also **rout about**) fouiller

▸ **rout out** **VT** (= *find*) dénicher ; (= *force out*) déloger ◆ **to rout sb out of bed** tirer qn de son lit

**route** /ruːt/ SYN

**N** 1 (*gen, also of train, plane, ship etc*) itinéraire *m* ; (*Climbing*) itinéraire *m*, voie *f* ◆ **shipping/air routes** routes *fpl* maritimes/aériennes ◆ **all routes** (= *road sign*) toutes directions ◆ **what route does the 39 bus take?** par où passe le 39 ?, quel est l'itinéraire du 39 ? ◆ **we're on a bus route** nous sommes sur une ligne d'autobus ◆ **the route to the coast goes through...** pour aller à la côte on passe par... ◆ **I know a good route to London** je connais un bon itinéraire pour aller à Londres ◆ **en route (for)** en route (pour) ; → **sea, trade**

2 /*often* raʊt/ (*Mil*) ordres *mpl* de marche, route *f* à suivre

3 (*US*) /*often* raʊt/ (= *delivery round*) tournée *f* ◆ **he has a paper route** il distribue des journaux

4 (*US*) /*often* raʊt/ ◆ **Route 39** (*in highway names*) ≃ la nationale 39

**VT** (= *plan route of*) [+ *train, coach, bus*] fixer le parcours *or* l'itinéraire de ; [+ *phone call*] acheminer ◆ **to route a train through Leeds** faire passer un train par Leeds ◆ **my luggage was routed through Amsterdam** mes bagages ont été expédiés via Amsterdam ◆ **they've routed the train by Leeds** le train passe maintenant par Leeds

**COMP** **route map** **N** (= *road map*) carte *f* routière ; (*for ramblers*) topo* *m* ; (*for trains etc*) carte *f* du réseau
**route march** **N** (*Mil*) marche *f* d'entraînement
**route planner** **N** (= *map*) carte *f* routière ; (= *road atlas*) recueil *m* de cartes routières

(!) The commonest meaning of the French word **route** is 'road'. It only translates the English word **route** in a few contexts.

**router** /ˈruːtəʳ/ **N** (*Comput*) routeur *m*

**routine** /ruːˈtiːn/ SYN

**N** 1 routine *f* ◆ **daily routine** (*gen*) occupations *fpl* journalières, routine *f* quotidienne ; (*pej*) train-train *m inv* de la vie quotidienne ; (*Mil, Navy*) emploi *m* du temps ◆ **business** *or* **office routine** travail *m* courant du bureau ◆ **as a matter of routine** automatiquement, systématiquement

2 (*Theat*) numéro *m* ◆ **dance routine** numéro *m* de danse ◆ **he gave me the old routine* about his wife not understanding him** il m'a ressorti la vieille rengaine du mari incompris, il a mis le disque* du mari incompris

**ADJ** 1 (= *normal*) [*work, matter, check, maintenance, flight*] de routine ; [*procedure, questions*] de routine, d'usage ◆ **it was quite routine** c'était de la simple routine ◆ **on a routine basis** de façon routinière ◆ **routine duties** obligations *fpl* courantes ◆ **to make routine inquiries** mener une enquête de routine

2 (= *predictable*) [*report, problem, banter*] banal

**routinely** /ruːˈtiːnlɪ/ **ADV** couramment ◆ **to be routinely tested** [*person*] passer un examen de routine ; [*blood*] être systématiquement examiné

**roux** /ruː/ **N** (*Culin*) roux *m*

**rove** /rəʊv/

**VI** errer, vagabonder ; [*eyes*] errer

**VT** [+ *countryside*] parcourir, errer dans *or* sur ; [+ *streets*] errer dans, aller au hasard dans

**COMP** **rove beetle** **N** staphylin *m*

**rover** /ˈrəʊvəʳ/ **N** vagabond(e) *m(f)*

**roving** /ˈrəʊvɪŋ/

**ADJ** [*reporter*] volant ; [*ambassador, musician*] itinérant ; [*gang*] errant ◆ **to have a roving commission to do sth** avoir carte blanche *or* toute latitude pour faire qch ◆ **to have a roving eye** être toujours à l'affût d'une aventure (amoureuse)

**N** vagabondage *m*

**row¹** /rəʊ/ SYN

**N** [*of objects, people*] (*beside one another*) rang *m*, rangée *f* ; (*behind one another*) file *f*, ligne *f* ; [*of seeds, plants*] rayon *m*, rang *m* ; [*of houses, trees, figures*] rangée *f* ; [*of cars*] file *f* ; (*Knitting*) rang *m* ◆ **in the front row** au premier rang ◆ **the front/second/back row (of the scrum)** (*Rugby*) la première/deuxième/troisième ligne (de mêlée) ◆ **a hard** *or* **long** *or* **tough row to hoe** une rude besogne ◆ **they were sitting in a row** ils étaient assis en rang ◆ **four failures in a row** quatre échecs d'affilée *or* de suite ◆ **in rows** en rangs

**COMP** **row house** **N** (*US*) *maison qui fait partie d'une rangée de maisons identiques et contiguës* → **HOUSE**

**row²** /rəʊ/

**VT** [+ *boat*] faire avancer à la rame *or* à l'aviron ; [+ *person, object*] transporter en canot (*to* à) ◆ **to row sb across** faire traverser qn en canot ◆ **to row a race** faire une course d'aviron ; → **stroke**

**VI** (*gen*) ramer ; (*Sport*) faire de l'aviron ◆ **he rowed across the Atlantic** il a traversé l'Atlantique à la rame *or* à l'aviron ◆ **to go rowing** (*for pleasure*) canoter, faire du canotage ; (*Sport*) faire de l'aviron ◆ **to row away** s'éloigner à la rame ◆ **to row back** (*lit*) revenir à la rame ; (*fig*) revenir en arrière ◆ **to row back on sth** (*fig*) revenir sur qch

**N** promenade *f* en canot ◆ **to go for a row** canoter, faire un tour en canot ◆ **it will be a hard row upstream** ce sera dur de remonter la rivière à la rame *or* à l'aviron

**row**³ */raʊ/ SYN (esp Brit)

  **N** (= noise) vacarme m, boucan* m ; (= quarrel) dispute f ◆ **to make a row** faire du vacarme or du boucan* ◆ **what a row!** quel vacarme or boucan* ! ◆ **to have a row with sb** se disputer avec qn, s'engueuler* avec qn ◆ **to give sb a row** passer un savon à qn*, sonner les cloches à qn* ◆ **to get (into) a row** se faire passer un savon* or sonner les cloches*

  **VI** se disputer, s'engueuler* (with avec)

**rowan** /ˈraʊən/ **N** (= tree) sorbier m des oiseleurs ; (= berry) sorbe f

**rowboat** /ˈraʊbəʊt/ **N** (US) canot m (à rames)

**rowdily** /ˈraʊdɪlɪ/ **ADV** ◆ **to behave rowdily** [children] chahuter ; [adults] faire du tapage

**rowdiness** /ˈraʊdɪnɪs/ **N** tapage m, chahut m

**rowdy** /ˈraʊdɪ/ SYN

  **ADJ** [person, behaviour] chahuteur ; [party] un peu trop animé ; [demonstration] bruyant ◆ **rowdy scenes in Parliament** scènes fpl de chahut au parlement ◆ **to be rowdy** [person] chahuter

  **N** * bagarreur* m, voyou m ◆ **football rowdies** hooligans mpl (des matchs de football)

**rowdyism** /ˈraʊdɪɪzəm/ **N** tapage m, chahut m

**rowel** /ˈraʊəl/ **N** (= wheel) molette f

**rower** /ˈrəʊəʳ/ **N** rameur m, -euse f ; (in navy) nageur m, -euse f

**rowing** /ˈrəʊɪŋ/

  **N** (for pleasure) canotage m ; (Sport) aviron m ; (in navy) nage f

  **COMP rowing boat N** (Brit) canot m (à rames)
  **rowing club N** club m d'aviron
  **rowing machine N** rameur m

**rowlock** /ˈrɒlək/ **N** (esp Brit) dame f de nage, tolet m

**royal** /ˈrɔɪəl/ SYN

  **ADJ** ① (lit, fig) royal ◆ **the royal household** la maison royale ◆ **royal occasion** événement honoré de la présence d'un membre de la famille royale ◆ **the royal "we"** le pluriel de majesté ◆ **the royal road to freedom/success** la voie royale de la liberté/du succès ◆ **to give sb a (right) royal welcome** réserver à qn un accueil royal ◆ **he's a royal pain in the backside** * c'est le roi des enquiquineurs* ; → **prerogative**, **princess**

  ② [paper] de format grand raisin ◆ **royal octavo** in-huit raisin

  **N** * membre m de la famille royale ◆ **the royals** la famille royale

  **COMP the Royal Academy (of Arts) N** (Brit) l'Académie f royale des Beaux-Arts
  **the Royal Air Force N** (Brit) la Royal Air Force
  **royal assent N** (Brit) sanction f royale (d'un projet de loi) ◆ **to receive** or **be given royal assent** être approuvé par le souverain
  **royal blue N** bleu roi m inv
  **royal-blue ADJ** bleu roi inv
  **the Royal Canadian Mounted Police N** la Gendarmerie royale canadienne
  **Royal Commission N** (Brit) commission f d'enquête parlementaire
  **royal correspondent N** correspondant(e) chargé(e) des affaires royales
  **the Royal Engineers NPL** (Brit Mil) le génie (militaire britannique)
  **royal family N** famille f royale
  **royal flush N** (Cards) flush m royal
  **Royal Highness N** ◆ **Your/His Royal Highness** Votre/Son Altesse Royale
  **royal jelly N** gelée f royale
  **the Royal Mail N** (Brit) le service postal britannique
  **the Royal Marines NPL** (Brit Mil) l'infanterie f de marine ◆ **a Royal Marine** un soldat de l'infanterie de marine
  **the Royal Mint N** (Brit) l'hôtel m des Monnaies
  **the Royal Naval Reserve N** (Brit Mil) le corps de réservistes de la marine
  **the Royal Navy N** (Brit Mil) la marine nationale
  **royal pardon N** grâce f royale
  **the Royal Shakespeare Company N** (Brit) troupe de théâtre spécialisée dans le répertoire shakespearien
  **the Royal Society N** (Brit) ≈ l'Académie f des sciences
  **the Royal Society for the Prevention of Cruelty to Animals N** (Brit) ≈ RSPCA
  **the Royal Ulster Constabulary N** (Brit Police) la police de l'Irlande du Nord
  **royal warrant N** autorisation que reçoit un commerçant de fournir la famille royale

> **ROYAL SHAKESPEARE COMPANY**
> 
> La **Royal Shakespeare Company**, ou **RSC**, est une troupe de théâtre fondée en 1960 à Stratford-on-Avon, lieu de naissance de Shakespeare. Basée à Stratford et au Barbican à Londres, elle présente naturellement des pièces de Shakespeare mais aussi d'autres auteurs classiques ou contemporains. La RSC fait chaque année des tournées de six mois dans toute la Grande-Bretagne et elle a acquis une solide réputation internationale.

**royalism** /ˈrɔɪəlɪzəm/ **N** royalisme m

**royalist** /ˈrɔɪəlɪst/ **ADJ, N** royaliste mf

**royally** /ˈrɔɪəlɪ/ **ADV** ① (= lavishly) [entertain, treat] royalement

  ② (* = completely) ◆ **to get royally drunk** se soûler à mort* ◆ **to be royally pissed off (with sb)** en avoir sa claque* (de qn) ◆ **to have royally screwed up** avoir merdé en beauté*

**royalty** /ˈrɔɪəltɪ/ ① (= position, dignity, rank) royauté f

  ② (= royal person) membre m de la famille royale ; (= royal persons) (membres mpl de) la famille royale ◆ **when speaking to royalty** quand on s'adresse à un membre de la famille royale ◆ **we were treated like royalty** nous avons été accueillis comme des princes

  ③ (also **royalties**) (from book) royalties fpl, droits mpl d'auteur ; (from oil well, patent) royalties fpl

**rozzer*** /ˈrɒzəʳ/ **N** (Brit) flic* m, poulet* m

**RP** /ˌɑːˈpiː/ **N** (Ling) (abbrev of **Received Pronunciation**) → **received** → **ENGLISH**

**RPI** /ˌɑːpiːˈaɪ/ **N** (Brit) (abbrev of **retail price index**) → **retail**

**rpm** /ˌɑːpiːˈem/ **N** ① (abbrev of **revolutions per minute**) tr/min

  ② (Comm) (abbrev of **resale price maintenance**) → **resale**

**RR** (US) abbrev of **railroad**

**RRP** /ˌɑːrɑːˈpiː/ **N** (Comm) (abbrev of **recommended retail price**) → **recommend**

**RSA** /ˌɑːresˈeɪ/ **N** ① (abbrev of **Royal Society of Arts**) organisme britannique habilité à conférer des diplômes

  ② (abbrev of **Royal Scottish Academy**) Académie f royale d'Écosse

  ③ (abbrev of **Republic of South Africa**) (République f d')Afrique f du Sud

**RSC** /ˌɑːresˈsiː/ **N** (Brit) (abbrev of **Royal Shakespeare Company**) → **royal**

**RSI** /ˌɑːresˈaɪ/ **N** (abbrev of **repetitive strain injury**) TMS mpl

**RSJ** /ˌɑːresˈdʒeɪ/ **N** (Constr) (abbrev of **rolled-steel joist**) poutrelle f en I

**RSM** /ˌɑːresˈem/ **N** (Mil) (abbrev of **Regimental Sergeant Major**) → **regimental**

**RSPB** /ˌɑːrespiːˈbiː/ **N** (Brit) (abbrev of **Royal Society for the Protection of Birds**) société britannique de protection des oiseaux

**RSPCA** /ˌɑːrespiːsiːˈeɪ/ **N** (Brit) (abbrev of **Royal Society for the Prevention of Cruelty to Animals**) ≈ SPA f

**RSV** /ˌɑːresˈviː/ **N** (abbrev of **Revised Standard Version**) → **revise**

**RSVP** /ˌɑːresviːˈpiː/ (abbrev of **please reply**) RSVP

**RTA** /ˌɑːtiːˈeɪ/ **N** (abbrev of **road traffic accident**) → **road**

**RTE** /ˌɑːtiːˈiː/ **N** (abbrev of **Radio Telefís Éireann**) radio et télévision nationales irlandaises

**Rt Hon.** (Brit Pol) (abbrev of **Right Honourable**) → **right**

**Rt Rev.** (abbrev of **Right Reverend**) → **reverend**

**RU N** (abbrev of **Rugby Union**) → **rugby**

**RU486 N** (Med) RU486 m

**rub** /rʌb/ SYN

  **N** ① (on thing) frottement m ; (on person) friction f ; (with duster etc) coup m de chiffon or de torchon ◆ **to give sth a rub** [+ furniture, shoes, silver] donner un coup de chiffon or de torchon à qch ; [+ sore place, one's arms] frotter qch ◆ **to give sb a rub** frictionner qn

  ② (obstacle) ◆ **there's the rub!** c'est là la difficulté !, voilà le hic ! ◆ **the rub is that...** l'ennui or le hic*, c'est que... ◆ **we didn't have the rub of the green** (esp Brit) nous n'avons pas été vernis* or pas eu de chance

  ③ (= massage cream) crème f de massage ; (= massage oil) huile f de massage

  **VT** frotter ; (= polish) astiquer, frotter ; (Art) [+ brass, inscription] prendre un frottis de ◆ **rub yourself and you'll soon be dry** frictionne-toi or frotte-toi, tu seras bientôt sec ◆ **to rub one's nose** se frotter le nez ◆ **to rub sb's nose in sth** (fig) ne jamais laisser oublier qch à qn ◆ **to rub one's hands (together)** se frotter les mains ◆ **to rub one's hands with glee** (esp Brit) se frotter les mains ◆ **to rub sth dry** sécher qch en le frottant ◆ **to rub a hole in sth** faire un trou dans qch à force de frotter ◆ **to rub sth through a sieve** passer qch au tamis ◆ **to rub lotion into the skin** faire pénétrer de la lotion dans la peau ◆ **to rub shoulders** (Brit) or **elbows** (US) **with all sorts of people** côtoyer toutes sortes de gens ◆ **to rub sb the wrong way** (US) prendre qn à rebrousse-poil ; → **salt**

  **VI** [thing] frotter (against contre) ; [person, cat] se frotter (against contre)

  **COMP rub-down N** ◆ **to give a horse a rub-down** bouchonner un cheval ◆ **to give sb a rub-down** faire une friction à qn, frictionner qn
  **rub-up N** ◆ **to give sth a rub-up** frotter or astiquer qch

▸ **rub along*** **VI** (Brit) faire or poursuivre son petit bonhomme de chemin ◆ **to rub along (together)** [two people] vivre or s'accorder tant bien que mal ◆ **he can rub along in French, he knows enough French to rub along with** il sait assez de français pour se tirer d'affaire tant bien que mal or pour se débrouiller

▸ **rub away VT SEP** [+ mark] faire disparaître (en frottant), effacer ◆ **she rubbed her tears away** elle a essuyé ses larmes

▸ **rub down**

  **VT SEP** [+ horse] bouchonner ; [+ person] frictionner (with avec) ; [+ wall, paintwork] (= clean) frotter, nettoyer du haut en bas ; (= sandpaper) poncer, polir

  **N** ◆ **rub-down** → **rub**

▸ **rub in VT SEP** [+ oil, liniment] faire pénétrer en frottant ; (fig) [+ idea] insister sur ; [+ lesson] faire entrer (to à) ◆ **don't rub it in!** (fig) pas besoin de me le rappeler ! ◆ **he's always rubbing in how rich he is** il ne vous laisse jamais oublier à quel point il est riche

▸ **rub off**

  **VI** [mark] partir, s'en aller ; [writing] s'effacer, disparaître ◆ **the blue will rub off on to your hands** tu vas avoir les mains toutes bleues ◆ **I hope some of his politeness will rub off on to his brother** * j'espère qu'il passera un peu de sa politesse à son frère, j'espère que sa politesse déteindra un peu sur son frère

  **VT SEP** [+ writing on blackboard] effacer ; [+ dirt] enlever en frottant

▸ **rub on VT SEP** [+ cream, polish etc] passer

▸ **rub out**

  **VI** [mark, writing] s'effacer, s'en aller ◆ **that ink won't rub out** cette encre ne s'effacera pas

  **VT SEP** (= erase) effacer ; (* = kill) descendre*, liquider*

▸ **rub up**

  **VI** ◆ **to rub up against all sorts of people** côtoyer toutes sortes de gens

  **VT SEP** [+ vase, table] frotter, astiquer ◆ **to rub sb up the right way** savoir (comment) s'y prendre avec qn ◆ **to rub sb up the wrong way** (Brit) prendre qn à rebrousse-poil ◆ **to rub up one's French** (* = revise) dérouiller* son français

  **N** ◆ **rub-up** → **rub**

**rubato** /ruːˈbɑːtəʊ/ **N, ADV** rubato m

**rubber**¹ /ˈrʌbəʳ/

  **N** ① (= material : no pl) caoutchouc m ◆ **synthetic rubber** caoutchouc m synthétique ◆ **to burn rubber*** (= start) démarrer sur les chapeaux de roue ; (= pass) passer en trombe ; → **foam**

  ② (Brit = eraser) gomme f

  ③ (esp US * = condom) préservatif m, capote f

  **NPL rubbers** (= shoes) caoutchoucs mpl

  **ADJ** de or en caoutchouc ; see also **comp**

  **COMP rubber band N** élastique m
  **rubber boots NPL** (US) bottes fpl de or en caoutchouc
  **rubber bullet N** balle f de or en caoutchouc
  **rubber cement N** dissolution f de caoutchouc
  **rubber cheque*** (Brit), **rubber check*** (US) **N** chèque m en bois* or sans provision
  **rubber gloves NPL** gants mpl de or en caoutchouc
  **rubber plant N** caoutchouc m (plante verte)
  **rubber plantation N** plantation f d'hévéas

**rubber ring** N (for swimming) bouée f (de natation) ; (for sitting on) rond m (pour malade)
**rubber solution** N dissolution f
**rubber stamp** N tampon m en caoutchouc
**rubber-stamp*** VT (lit) tamponner ; (fig) approuver sans discussion
**rubber tree** N arbre m à gomme, hévéa m
**rubber-tyred** ADJ sur pneus

**rubber²** /ˈrʌbəʳ/ N (Cards) rob m, robre m ◆ **to play a rubber** faire un robre or une partie ◆ **that's game and rubber** (Bridge) c'est la partie

**rubberize** /ˈrʌbəraɪz/ VT caoutchouter
**rubberized** /ˈrʌbəraɪzd/ ADJ caoutchouté
**rubberneck** †* /ˈrʌbənɛk/ (US)
  N (= tourist) touriste mf ; (= onlooker) badaud(e) m(f)
  VI faire le badaud

**rubbery** /ˈrʌbərɪ/ ADJ [object, substance, skin, food] caoutchouteux ; [lips] lippu ; [legs] en coton

**rubbing** /ˈrʌbɪŋ/
  N (= action) frottement m, friction f ; (Art) frottis m, reproduction f par frottage ; → **brass**
  COMP **rubbing alcohol** N (US) alcool m à 90°

**rubbish** /ˈrʌbɪʃ/ SYN
  N 1 (= waste material) détritus mpl ; (Brit = household rubbish) ordures fpl, immondices fpl ; [of factory] déchets mpl ; [of building site] décombres mpl ; (pej = worthless things) camelote* f ◆ **household rubbish** ordures fpl ménagères ◆ **garden rubbish** détritus mpl de jardin ◆ **this shop sells a lot of rubbish** ce magasin ne vend que de la camelote* ◆ **it's just rubbish** ça ne vaut rien ; see also **noun 2**
  2 (fig = nonsense) bêtises fpl ◆ **to talk rubbish** dire des bêtises or des inepties ◆ **(what a lot of) rubbish!*** n'importe quoi !* ◆ **this book is rubbish** ce livre ne vaut strictement rien ◆ **that's just rubbish** ça ne veut rien dire, ça n'a aucun sens ◆ **it is rubbish to say that...** c'est idiot de dire que...
  ADJ (* = useless) nul ◆ **I'm rubbish at golf** je suis nul en golf
  VT (* = denigrate) débiner*
  COMP **rubbish bin** N (Brit) poubelle f, boîte f à ordures
  **rubbish chute** N (at dump) dépotoir m ; (in building) vide-ordures m inv
  **rubbish collection** N ramassage m or collecte f des ordures
  **rubbish dump, rubbish heap** N (public) décharge f publique, dépotoir m ; (in garden) monceau m de détritus

**rubbishy*** /ˈrʌbɪʃɪ/ ADJ (esp Brit) [film, book, magazine] nul, débile* ; [goods] de mauvaise qualité, qui ne vaut rien ◆ **this is rubbishy stuff** ça ne vaut rien

**rubble** /ˈrʌbl/ N [of ruined house, bomb site, demolition site] décombres mpl ; (smaller pieces) gravats mpl ; (in road-building) blocaille f, blocage m ◆ **the building was reduced to a heap of rubble** il ne restait du bâtiment qu'un tas de décombres

**rube** * /ruːb/ N (US) péquenaud* m
**rubefacient** /ˌruːbɪˈfeɪʃənt/ ADJ rubéfiant
**rubefaction** /ˌruːbɪˈfækʃən/ N rubéfaction f
**rubefy** /ˈruːbɪfaɪ/ VT rubéfier
**Rube Goldberg** /ˈruːbˈgəʊldbɜːg/ N (US) ◆ **a Rube Goldberg machine** un engin bricolé avec les moyens du bord
**rubella** /ruːˈbɛlə/ N rubéole f
**rubellite** /ruːˈbɛlaɪt/ N (Miner) rubellite f
**Ruben(s)esque** * /ˌruːbɪn(z)ˈɛsk/ ADJ (= plump) aux formes généreuses
**rubescent** /ruːˈbɛsnt/ ADJ rubescent
**Rubicon** /ˈruːbɪkən/ N Rubicon m ◆ **to cross the Rubicon** passer or franchir le Rubicon
**rubicund** /ˈruːbɪkənd/ ADJ (liter) rubicond
**rubidium** /ruːˈbɪdɪəm/ N rubidium m
**rubiginous** /ruːˈbɪdʒɪnəs/ ADJ rubigineux
**ruble** /ˈruːbl/ N (US) ⇒ **rouble**
**rubric** /ˈruːbrɪk/ N rubrique f
**ruby** /ˈruːbɪ/
  N rubis m ; (= colour) couleur f rubis
  COMP (= colour) [wine] (de couleur) rubis inv ; [lips] vermeil ; (= made of rubies) [necklace, ring] de rubis
  **ruby grapefruit** N pomelo m rose
  **ruby wedding** N noces fpl de rubis

**RUC** /ˌɑːjuːˈsiː/ N (Brit Police) (abbrev of **Royal Ulster Constabulary**) → **royal**

**ruche** /ruːʃ/ N ruche f

**ruched** /ruːʃt/ ADJ ruché

**ruck¹** /rʌk/ N (Racing) peloton m ; (Rugby) mêlée f ouverte or spontanée ; (Brit = fight) bagarre f ◆ **the (common) ruck** (fig) les masses fpl , la foule, le peuple ◆ **to get out of the ruck** se distinguer du commun des mortels

**ruck²** /rʌk/ N (= crease) faux pli m, godet m
► **ruck up** VI [skirt, blouse] remonter en faisant des plis

**ruckle** /ˈrʌkl/ N ⇒ **ruck²**

**rucksack** /ˈrʌksæk/ N (esp Brit) sac m à dos

**ruckus*** /ˈrʌkəs/ N (esp Brit ruckuses) (US) grabuge* m

**ruction*** /ˈrʌkʃən/ N (gen pl = rows) disputes fpl, grabuge* m ; (= riots) troubles mpl, bagarres fpl ◆ **there'll be ructions if you break that glass** si tu casses ce verre tu vas te faire sonner les cloches * or il y a y avoir du grabuge*

**rudbeckia** /rʌdˈbɛkɪə/ N rudbeckia m

**rudd** /rʌd/ N (= fish) rotengle m

**rudder** /ˈrʌdəʳ/ N [of aircraft, boat] gouvernail m
◆ **vertical/horizontal rudder** [of aircraft] gouvernail m de direction/de profondeur

**rudderless** /ˈrʌdəlɪs/ ADJ [boat] sans gouvernail ; [government, country] à la dérive

**ruddiness** /ˈrʌdɪnɪs/ N ◆ **the ruddiness of her complexion** son teint rose ; (pej) son teint rougeaud

**ruddy** /ˈrʌdɪ/ SYN
  ADJ 1 [face] rose ; (pej) rougeaud ; [complexion] rose ; (pej) rougeaud, coloré ; [sky, glow] rougeoyant ◆ **her face had a ruddy glow** elle avait les joues roses
  2 (Brit † * euph = bloody) satané* ◆ **he's a ruddy fool** c'est un imbécile fini ◆ **you're a ruddy nuisance** tu me casses vraiment les pieds * ◆ **what the ruddy hell are you doing?** mais qu'est-ce tu fiches ? *
  ADV (Brit † * euph = bloody) bougrement †* ◆ **how could you be so ruddy stupid?** comment as-tu pu être aussi bougrement †* idiot ?

**rude** /ruːd/
  ADJ 1 (= impolite) [person, behaviour, reply] impoli (to sb avec qn ; about sth à propos de qch) ; [remark] impoli ◆ **he's always rude** c'est un grossier personnage ◆ **it's rude to stare/to speak with your mouth full** c'est mal élevé de dévisager les gens/de parler la bouche pleine
  2 (= obscene) [noise] incongru ; [joke] grossier ; [story] scabreux ; [song] grivois ; [gesture] obscène
  3 (= unexpected) [shock] brutal ◆ **to have or get a rude awakening** (fig) être brutalement rappelé à la réalité
  4 (liter = primitive) [shelter, table, implement] rudimentaire
  5 (= vigorous) [health] de fer ◆ **to be in rude health** avoir une santé de fer
  COMP **rude word** N gros mot m

(!) In French, **rude** means 'rough' or 'tough'.

**rudely** /ˈruːdlɪ/ ADV 1 (= impolitely) [say] impoliment ; [push, interrupt] impoliment, brutalement ◆ **before I was so rudely interrupted** avant qu'on ne m'interrompe aussi impoliment
  2 (= unexpectedly) [awaken] en sursaut, brusquement ; [shatter] brutalement
  3 (liter = primitively) [carved, shaped] grossièrement

**rudeness** /ˈruːdnɪs/ N 1 (= impoliteness) [of person, behaviour, reply] impolitesse f ; [of remark] impolitesse f, grossièreté f
  2 (= obscenity) [of joke] grossièreté f ; [of story] côté m scabreux ; [of song] grivoiserie f ; [of gesture] obscénité f
  3 (= unexpectedness) [of shock] brutalité f

**ruderal** /ˈruːdərəl/
  N plante f rudérale
  ADJ rudéral

**rudiment** /ˈruːdɪmənt/ N (Anat) rudiment m ◆ **rudiments** (fig) rudiments mpl, éléments mpl, notions fpl

**rudimentary** /ˌruːdɪˈmɛntərɪ/ SYN ADJ rudimentaire ◆ **I've only got rudimentary French** je n'ai que quelques rudiments de français, mon français est rudimentaire

**rue¹** /ruː/ VT (liter) se repentir de, regretter amèrement ◆ **to rue the day (when)** maudire le jour (où)

**rue²** /ruː/ N (= plant) rue f

**rueful** /ˈruːfʊl/ SYN ADJ contrit

**ruefully** /ˈruːfəlɪ/ ADV [say, admit] avec regret ; [smile] d'un air contrit

**ruff¹** /rʌf/ N 1 (Dress) collerette f ; (Hist) fraise f ; [of bird, animal] collier m, collerette f
  2 (= sandpiper) combattant m ; (= pigeon) pigeon m capucin

**ruff²** /rʌf/ (Cards)
  N action f de couper (avec un atout)
  VTI couper (avec un atout)

**ruff³** /rʌf/ N (= fish) grémille f

**ruffian** /ˈrʌfɪən/ SYN N voyou m, brute f ◆ **you little ruffian!*** petit polisson *

**ruffianly** /ˈrʌfɪənlɪ/ ADJ [person] brutal ; [behaviour] de voyou, de brute ; [looks, appearance] de brigand, de voyou

**ruffle** /ˈrʌfl/ SYN
  N (on wrist) manchette f (en dentelle etc) ; (on chest) jabot m ; (round neck) fraise f ; (= ripple : on water) ride f, ondulation f
  VT 1 (= disturb) [+ hair, feathers] ébouriffer ; [+ surface, water] agiter, rider ; [+ one's clothes] déranger, froisser ◆ **the bird ruffled (up) its feathers** l'oiseau a hérissé ses plumes
  2 (fig = upset) froisser ; (= annoy) contrarier, irriter ◆ **she wasn't at all ruffled** elle était restée parfaitement calme ◆ **to ruffle sb's feathers** froisser qn

**Rufflette** ® /ˈrʌflɛt/ N (also **Rufflette tape**) galon m fronceur, ruflette ®f

**rufous** /ˈruːfəs/ ADJ roux (f rousse)

**rug** /rʌg/
  N 1 (for floor) petit tapis m ; (bedside) descente f de lit, carpette f ; (fireside) carpette f ◆ **to pull the rug out from under sb's feet, to pull the rug from under sb** (fig) couper l'herbe sous le pied de qn
  2 (esp Brit = blanket) couverture f ; (in tartan) plaid m ; → **travelling**
  3 (* = wig) moumoute* f, postiche m
  COMP **rug rat*** N (esp US = baby) pitchoun(e) m(f), poupon m

**ruga** /ˈruːgə/ N (pl rugae /ˈruːdʒiː/) (Anat) repli m ◆ **ruga of stomach** plissement m gastrique ◆ **rugae of vagina** crêtes fpl du vagin

**rugby** /ˈrʌgbɪ/
  N (also **rugby football**) rugby m
  COMP **rugby league** N (le) rugby à treize
  **rugby player** N rugbyman m, joueur m de rugby
  **rugby tackle** N plaquage m VT plaquer
  **rugby union** N (le) rugby à quinze

**rugged** /ˈrʌgɪd/ SYN ADJ 1 (= rough) [terrain] accidenté ; [coastline, cliffs] déchiqueté ; [mountains] aux contours déchiquetés ; [landscape, beauty] sauvage
  2 (= masculine) [man] rude ; [features] rude, taillé à coups de serpe
  3 (= tough) [person, personality, character, manners] rude ; [individualism, independence, determination] farouche ; [resistance] acharné ◆ **hill farmers are a rugged breed** les éleveurs des montagnes sont de solides gaillards
  4 (= durable) [machine, construction, clothing] solide

**ruggedness** /ˈrʌgɪdnɪs/ N [of landscape] aspect m sauvage ; [of character, manners] rudesse f

**rugger*** /ˈrʌgəʳ/ N (Brit) rugby m

**rugosity** /ruːˈgɒsɪtɪ/ N rugosité f

**Ruhr** /rʊəʳ/ N Ruhr f

**ruin** /ˈruːɪn/ SYN
  N 1 (= destruction, cause of destruction) ruine f ◆ **the palace was going to ruin or falling into ruin** le palais tombait en ruine or menaçait ruine ◆ **he was on the brink of ruin, ruin stared him in the face** il était au bord de la ruine ◆ **the ruin of my hopes** la ruine or la faillite de mes espérances ◆ **drink was his ruin** l'alcool a été sa perte ◆ **it will be the ruin of him** ça sera sa ruine ◆ **you will be the ruin of me** tu seras ma perte or ma ruine ; → **rack²**
  2 (gen pl = remains) ruine(s) f(pl) ◆ **in ruins** (lit, fig) en ruine ◆ **the castle is now a ruin** le château est maintenant une ruine
  VT [+ building, reputation, hopes, health, person] ruiner ; [+ clothes] abîmer ; [+ event, enjoyment] gâter ◆ **he's going to ruin himself** il va se ruiner

**ruination** /ˌruːɪˈneɪʃən/ N ruine f, perte f ◆ **to be the ruination of** être la ruine de

**ruined** /ˈruːɪnd/ ADJ [building, city] en ruine ; [economy] délabré, en ruine ; [person] (morally) perdu ; (financially) ruiné ; [career] ruiné

**ruinous** /ˈruːɪnəs/ SYN ADJ ▮1▮ (= expensive) [cost] exorbitant ; [expense] exorbitant, ruineux
▮2▮ (= disastrous) [effects, consequences] dévastateur (-trice f) ; [war, policy] désastreux ◆ **to be ruinous for sb/sth** entraîner la ruine de qn/qch, ruiner qn/qch
▮3▮ (liter = dilapidated) [building] délabré ◆ **to be in a ruinous state** être délabré

**ruinously** /ˈruːɪnəsli/ ADV ◆ **ruinously expensive** ruineux ◆ **ruinously high interest rates** des taux mpl d'intérêt ruineux or exorbitants

**rule** /ruːl/ SYN
▮N▮ ▮1▮ (= guiding principle) règle f ; (= regulation) règlement m ; (Gram) règle f ◆ **the rules of the game** la règle du jeu ◆ **school rules** règlement m intérieur de l'école (or du lycée etc) ◆ **it's against the rules** c'est contraire à la règle or au règlement ◆ **running is against the rules, it's against the rules to run** il est contraire à la règle or il n'est pas permis de courir ◆ **to play by the rules** (lit, fig) jouer suivant or selon les règles, respecter les règles (fig) ◆ **to bend** or **stretch the rules** faire une entorse au règlement ◆ **rules and regulations** statuts mpl ◆ **standing rule** règlement m ◆ **it's a rule that...** il est de règle que... + subj ◆ **rule of the road** (on roads) règle f générale de la circulation ; (at sea) règles fpl générales du trafic maritime ◆ **to do sth by rule** faire qch selon les règles ◆ **the rule of three** (Math) la règle de trois ◆ **a rough rule of thumb is that it is best to...** en règle générale il vaut mieux... ◆ **by rule of thumb** à vue de nez ◆ **golden rule** règle f d'or ; → **exception**, **work**
▮2▮ (= custom) coutume f, habitude f ◆ **ties are the rule in this hotel** les cravates sont de règle dans cet hôtel ◆ **bad weather is the rule in winter** le mauvais temps est habituel or normal en hiver ◆ **he makes it a rule to get up early** il a pour règle de se lever tôt ◆ **to make tidiness a rule** faire de l'ordre une règle
◆ **as a rule** en règle générale
▮3▮ (NonC = authority) autorité f, empire m ◆ **under British rule** sous l'autorité britannique ◆ **under a tyrant's rule** sous l'empire or la domination d'un tyran ◆ **majority rule, the rule of the majority** (Pol etc) le gouvernement par la majorité ◆ **they will enforce the rule of law** ils feront respecter la loi ; → **home**
▮4▮ (for measuring) règle f (graduée) ◆ **a foot rule** une règle d'un pied ◆ **folding rule** mètre m pliant ; → **slide**
▮5▮ (Rel) règle f
▮VT▮ [+ country] gouverner ; (fig) [+ passions, emotion] maîtriser ; [+ person] dominer, mener ◆ **to rule the roost** faire la loi ◆ **he ruled the company for 30 years** il a dirigé la compagnie or il a été à la tête de la compagnie pendant 30 ans ◆ **to be ruled by jealousy** être mené or dominé par la jalousie ◆ **to rule one's passions** maîtriser ses passions ◆ **he is ruled by his wife** il est dominé par sa femme ◆ **if you would only be ruled by what I say...** si seulement tu voulais consentir à écouter mes conseils... ◆ **I won't be ruled by what he wants** je ne veux pas me plier à ses volontés
▮2▮ [judge, umpire etc] décider, déclarer (that que) ◆ **the judge ruled the defence out of order** (Jur) le juge a déclaré non recevables les paroles de l'avocat pour la défense ◆ **the judge ruled that the child should go to school** le juge a décidé que l'enfant irait à l'école
▮3▮ (= draw lines on) [+ paper] régler, rayer ; [+ line] tirer à la règle ◆ **ruled paper** papier m réglé or rayé
▮VI▮ (= reign) régner (over sur) ◆ **United rule OK** (in graffiti) United vaincra
▮2▮ ◆ **the prices ruling in Paris** les cours pratiqués à Paris
▮3▮ (Jur) statuer (against contre ; in favour of en faveur de ; on sur)
COMP **the rule book** N le règlement ◆ **to do sth by the rule book** (fig) faire qch dans les règles ◆ **to throw the rule book at sb*** remettre qn à sa place, rembarrer qn *

▶ **rule in** VT SEP ◆ **he was ruling nothing in or out** il ne s'est pas avancé
▶ **rule off** VT (Comm) [+ account] clore, arrêter ◆ **to rule off a column of figures** tirer une ligne sous une colonne de chiffres
▶ **rule out** VT SEP [+ word, sentence] barrer, rayer ; (fig) [+ possibility, suggestion, date, person] exclure, écarter ◆ **the age limit rules him out** il est exclu du fait de la limite d'âge ◆ **murder can't be ruled out** il est impossible d'écarter or d'exclure l'hypothèse d'un meurtre ; → **rule in**

**ruler** /ˈruːləʳ/ SYN ▮N▮ ▮1▮ (= sovereign) souverain(e) m(f) ; (= political leader) chef m (d'État) ◆ **the country's rulers** les dirigeants mpl du pays
▮2▮ (for measuring) règle f

**ruling** /ˈruːlɪŋ/ SYN
▮ADJ▮ [class, body] dirigeant ; [elite] dirigeant, au pouvoir ; [party] au pouvoir ; [principle] souverain ; [passion] dominant ; [price] en vigueur
▮N▮ (Admin, Jur) décision f, jugement m ; [of judge] décision f ◆ **to give a ruling** rendre un jugement

**rum¹** /rʌm/
▮N▮ rhum m
COMP **rum-running** N contrebande f d'alcool ◆ **rum toddy** N grog m

**rum²** †* /rʌm/ ADJ (Brit) [person, situation] loufoque* ; [idea] loufoque*, biscornu*

**Rumania** /ruːˈmeɪnɪə/ N Roumanie f

**Rumanian** /ruːˈmeɪnɪən/
▮ADJ▮ roumain
▮N▮ ▮1▮ (= person) Roumain(e) m(f)
▮2▮ (= language) roumain m

**rumba** /ˈrʌmbə/ N rumba f

**rumble** /ˈrʌmbl/
▮N▮ ▮1▮ (= noise) [of thunder, cannon] grondement m ; [of train, lorry] roulement m, grondement m ; [of pipe, stomach] gargouillement m, borborygme m
▮2▮ (* = fight) bagarre f, baston* m or f
▮VI▮ [thunder, cannon] gronder ; [stomach, pipes] gargouiller ◆ **to rumble past** [vehicle] passer avec fracas
▮VT▮ ▮1▮ (Brit * = see through) [+ swindle] flairer, subodorer* ; [+ trick] piger* ; [+ person] voir venir ; (= find out) piger* (what/why etc ce que/pourquoi etc) ◆ **I soon rumbled him** or **his game** or **what he was up to!** j'ai tout de suite pigé sa combine !*
▮2▮ (also **rumble out**) [+ comments, remarks] dire en grondant, grommeler
COMP **rumble seat** N strapontin m ◆ **rumble strip** N (on road) bande f rugueuse
▶ **rumble on** VI (Brit) [argument, controversy] traîner en longueur

**rumbling** /ˈrʌmblɪŋ/ N [of thunder] grondement m ; [of vehicle] roulement m, grondement m ; [of stomach, pipe] gargouillement m ◆ **rumblings of discontent** murmures mpl de mécontentement ◆ **tummy rumblings*** gargouillis mpl, borborygmes mpl

**rumbustious** (Brit) /rʌmˈbʌstjəs/ ADJ (Brit) exubérant

**rumbustiousness** /rʌmˈbʌstjəsnɪs/ N exubérance f

**rumen** /ˈruːmen/ N (pl **rumens** or **rumina** /ˈruːmɪnə/) rumen m, panse f

**ruminant** /ˈruːmɪnənt/ ADJ, N ruminant m

**ruminate** /ˈruːmɪneɪt/ SYN
▮VI▮ ruminer ◆ **to ruminate over** or **about** or **on sth** (fig) ruminer qch, retourner qch dans sa tête
▮VT▮ ruminer

**rumination** /ˌruːmɪˈneɪʃən/ N rumination f

**ruminative** /ˈruːmɪnətɪv/ ADJ [person] pensif ; [mood] méditatif, pensif

**ruminatively** /ˈruːmɪnətɪvli/ ADV d'un air pensif, pensivement

**rummage** /ˈrʌmɪdʒ/
▮N▮ ▮1▮ (= action) ◆ **to have a good rummage round** fouiller partout
▮2▮ (US = jumble) bric-à-brac m
▮VI▮ (also **rummage about**, **rummage around**) farfouiller*, fouiller (among, in dans ; for pour trouver)
COMP **rummage sale** N (US) vente f de charité (de bric-à-brac)

**rummy¹** * /ˈrʌmɪ/
▮ADJ▮ ⇒ **rum²**
▮N▮ (US * = drunk) poivrot* m

**rummy²** /ˈrʌmɪ/ N (Cards) rami m

**rumour** (Brit), **rumor** (US) /ˈruːməʳ/ SYN
▮N▮ rumeur f (that selon laquelle) ◆ **there is a disturbing rumour (to the effect) that...** il court un bruit inquiétant selon lequel... ◆ **all these nasty rumours** toutes ces rumeurs pernicieuses ◆ **rumour has it that...** on dit que..., le bruit court que... ◆ **there is a rumour of war** le bruit court or on dit qu'il va y avoir la guerre
▮VT▮ ◆ **it is rumoured that...** on dit que..., le bruit court que... ◆ **he is rumoured to be in London** il serait à Londres, le bruit court qu'il est à Londres ◆ **he is rumoured to be rich** on le dit riche
COMP **rumour-monger** N colporteur m, -euse f de rumeurs ◆ **rumour mill** N ◆ **the rumour mill** la rumeur publique ◆ **rumour-mongering** N (NonC) commérages mpl, colportage m de rumeurs

**rump** /rʌmp/
▮N▮ ▮1▮ [of animal] croupe f ; [of fowl] croupion m ; (Culin) culotte f (de bœuf), postérieur m ; *[of person] derrière m, postérieur m
▮2▮ (esp Brit pej) [of group, organization] derniers vestiges mpl
▮ADJ▮ (Pol) ◆ **a rump party/opposition** etc un parti/une opposition etc croupion ◆ **rump Yugoslavia** ce qui reste de la Yougoslavie ◆ **the Rump Parliament** (Brit Hist) le Parlement croupion

**rumple** /ˈrʌmpl/ VT [+ clothes, paper] froisser ; [+ hair] ébouriffer

**rumpsteak** /ˈrʌmpsteɪk/ N rumsteck m

**rumpus** * /ˈrʌmpəs/
▮N▮ (pl **rumpuses**) chahut m ; (= noise) tapage m, boucan* m ; (= quarrel) prise f de bec* ◆ **to make** or **kick up a rumpus** faire du chahut or du boucan* ◆ **to have a rumpus with sb** se chamailler* avec qn, avoir une prise de bec* avec qn
COMP **rumpus room** N (esp US) salle f de jeux

**rumpy-pumpy** * /ˈrʌmpɪˌpʌmpɪ/ N (NonC) partie f de jambes en l'air*

**rumrunner** /ˈrʌmrʌnəʳ/ N (Hist) (= person) contrebandier m (d'alcool) ; (= ship) bateau m servant à la contrebande d'alcool

✦✦✦✦✦✦✦✦✦✦✦✦✦✦✦✦✦

### run /rʌn/

vb : pret **ran**, ptp **run**

1 - NOUN
2 - PLURAL NOUN
3 - INTRANSITIVE VERB
4 - TRANSITIVE VERB
5 - COMPOUNDS
6 - PHRASAL VERBS

✦✦✦✦✦✦✦✦✦✦✦✦✦✦✦✦✦

**1 - NOUN**

▮1▮ [= ACT OF RUNNING] action f de courir, course f ◆ **to go for a run** aller courir ◆ **to go for a 2-km run** faire 2 km de course à pied ◆ **at a run** en courant ◆ **to break into a run** se mettre à courir ◆ **to make a run for it** se sauver, filer* ◆ **I'll give them a (good) run for their money!** ils vont voir à qui ils ont affaire ! ◆ **he's had a good run** (on sb's death) il a bien profité de l'existence

▮2▮ [= OUTING] tour m ◆ **to go for a run in the car** faire un tour en voiture ◆ **they went for a run in the country** ils ont fait un tour à la campagne ◆ **we had a pleasant run down** le voyage a été agréable

▮3▮ [= DISTANCE TRAVELLED] trajet m ; (= route) ligne f ◆ **it's a 30-minute run** il y a une demi-heure de trajet ◆ **it's a 30-minute bus run** il y a une demi-heure de bus ◆ **it's a short car run** le trajet n'est pas long en voiture ◆ **the boat no longer does that run** le bateau ne fait plus cette traversée, ce service n'existe plus ◆ **the ferries on the Dover-Calais run** les ferrys sur la ligne Douvres-Calais ◆ **the ships on the China run** les paquebots qui font la Chine

▮4▮ [= SERIES] série f ; (Cards) séquence f ◆ **a run of misfortunes** une série de malheurs, une série noire ◆ **a run of bad luck** une période de malchance ◆ **she's having a run of luck** la chance lui sourit ◆ **a run on the red** (Roulette) une série à la rouge ◆ **the run of the cards** le hasard du jeu

▮5▮ [THEAT, TV = PERIOD OF PERFORMANCE] ◆ **when the London run was over** une fois la saison à Londres or la série de représentations à Londres terminée ◆ **the play has had a long run** la pièce a tenu longtemps l'affiche ◆ **her new series begins a run on BBC1** sa nouvelle série d'émissions va bientôt passer sur BBC1

6 [= GREAT DEMAND] *(Econ)* ruée *f* ◆ **there was a run on the pound** il y a eu une ruée sur la livre ◆ **a run on shares** une ruée sur les actions ◆ **there was a run on the banks** les guichets (des banques) ont été assiégés ◆ **there has been a run on sugar** les gens se sont précipités (dans les magasins) pour acheter du sucre, il y a une ruée sur le sucre

7 [= USE] ◆ **they have the run of the garden** ils ont la jouissance du jardin ◆ **they gave us the run of the garden** ils nous ont donné la jouissance du jardin

8 [OF TIDE] flux *m*

9 [= TREND] *[of market]* tendance *f* ; *[of events]* tournure *f* ◆ **the decisive goal arrived, against the run of play** le but décisif a été marqué contre le cours du jeu ◆ **against the run of the polls, he was re-elected** contrairement à la tendance indiquée par les sondages, il a été réélu

10 [= TYPE] ◆ **he was outside the common run of lawyers** ce n'était pas un avocat ordinaire ◆ **he didn't fit the usual run of petty criminals** il n'avait pas le profil du petit malfaiteur ordinaire ◆ **the usual run of problems** les problèmes *mpl* habituels

11 [= TRACK FOR SLEDGING, SKIING] piste *f* ◆ **ski run** piste *f* de ski

12 [= ANIMAL ENCLOSURE] enclos *m*

13 [IN TIGHTS] échelle *f*

14 [MUS] roulade *f*

15 [PRINTING] tirage *m* ◆ **a run of 5,000 copies** un tirage de 5 000 exemplaires

16 [CRICKET] course *f* ◆ **to make a run** marquer une course

17 [MIL = RAID, MISSION] raid *m* (aérien) ◆ **a bombing run** un bombardement

18 [US POL = BID FOR LEADERSHIP] candidature *f* *(for* à)

19 [SET STRUCTURES]

♦ **in the long run** à long terme ◆ **it will be more economical in the long run** ce sera plus économique à long terme ◆ **things will sort themselves out in the long run** les choses s'arrangeront avec le temps

♦ **in the short run** à court terme ◆ **the most effective policy in the short run** les mesures les plus efficaces à court terme ◆ **no improvement is likely in the short run** il y a peu de chances que la situation s'améliore à court terme *or* dans l'immédiat

♦ **on the run** ◆ **a criminal on the run (from the police)** un criminel recherché par la police ◆ **he is still on the run** il court toujours, il est toujours en cavale* ◆ **he was on the run for several months** il n'a été repris qu'au bout de plusieurs mois ◆ **to have the enemy on the run** mettre l'ennemi en fuite ◆ **to keep the enemy on the run** harceler l'ennemi ◆ **I knew I had him on the run** je savais que j'avais réussi à le mettre en mauvaise posture ◆ **she has so much to do she's always on the run*** elle a tant à faire qu'elle est toujours en train de courir

**2 - PLURAL NOUN**

**runs**‡ ◆ **to have the runs** avoir la courante* *or* la chiasse‡

**3 - INTRANSITIVE VERB**

1 [GEN] courir ; *(= hurry)* courir, se précipiter ◆ **don't run ACROSS the road** ne traverse pas la rue en courant ◆ **he's trying to run BEFORE he can walk** *(Brit)* il essaie de brûler les étapes ◆ **to run BEHIND sb** *(fig)* avoir du retard par rapport à qn ◆ **to run DOWN/OFF** descendre/partir en courant ◆ **to run DOWN a slope** dévaler une pente *or* descendre une pente en courant ◆ **to run FOR the bus** courir pour attraper le bus ◆ **he used to run FOR his school** il représentait son lycée dans les épreuves de course à pied ◆ **it runs IN the family** *[disease]* c'est héréditaire ; *[characteristic]* c'est de famille ◆ **my thoughts ran ON Jenny** je pensais à Jenny ◆ **she came running OUT** elle est sortie en courant ◆ **she ran OVER to her neighbour's** elle a couru *or* s'est précipitée chez son voisin ◆ **three men ran PAST him** trois hommes l'ont dépassé en courant ◆ **laughter ran ROUND the room** le rire gagnait toute la salle ◆ **a rumour ran THROUGH the school** un bruit courait à l'école ◆ **this theme runs THROUGH the whole Romantic movement** c'est un thème récurrent chez les romantiques ◆ **all sorts of thoughts were running THROUGH my head** toutes sortes d'idées me venaient à l'esprit ◆ **that tune is running THROUGH my head** cet air me trotte dans la tête ◆ **the rope ran THROUGH his fingers** la corde lui a filé entre les doigts ◆ **money simply runs THROUGH his fingers** c'est un panier percé, l'argent lui file entre les doigts ◆ **she ran TO meet him** elle a couru *or* s'est précipitée à sa rencontre ◆ **she ran TO help him** elle a couru l'aider, elle a volé à son secours ; see also **phrasal verbs**

2 [= FLEE] fuir, prendre la fuite ◆ **run for it!** sauvez-vous !

3 [DRAWER, CURTAINS] coulisser ◆ **the drawer runs smoothly** le tiroir coulisse facilement

4 [= FLOW, LEAK] *[river, tears, tap, cheese]* couler ; *[sore, abscess]* suppurer ; *[colour]* déteindre ; *[dye, ink]* baver ◆ **to run into the sea** *[river]* se jeter dans la mer ◆ **the river runs between wooded banks** la rivière coule entre des berges boisées ◆ **your bath is running now** votre bain est en train de couler ◆ **to leave a tap running** laisser un robinet ouvert ◆ **tears ran down her cheeks** les larmes coulaient sur ses joues ◆ **his eyes are running** il a les yeux qui coulent *or* pleurent ◆ **his nose was running** il avait le nez qui coulait ◆ **the milk ran all over the floor** le lait s'est répandu sur le sol ◆ **a heavy sea was running** la mer était grosse ◆ **where the tide is running strongly** là où les marées sont fortes

♦ **to run high** *[river]* être haut ; *[sea]* être gros ◆ **feelings were running high** les passions étaient exacerbées ◆ **tension was running high** l'atmosphère était très tendue

♦ **to run with** *(= be saturated)* ◆ **the floor was running with water** le plancher était inondé ◆ **the walls were running with moisture** les murs ruisselaient (d'humidité) ◆ **his face was running with sweat** son visage ruisselait de sueur

5 [WORDS, TEXT] ◆ **how does the last sentence run?** quelle est la dernière phrase ? ◆ **so the story runs** c'est ce que l'on raconte

6 [POL ETC = STAND] être candidat, se présenter ◆ **he isn't running this time** il n'est pas candidat *or* il ne se présente pas cette fois-ci ◆ **he won't run again** il ne se représentera plus ◆ **to run for President** *or* **the Presidency** être candidat à la présidence

7 [= BE] ◆ **I'm running a bit late** j'ai un peu de retard, je suis un peu en retard ◆ **to run wild** *[person]* être déchaîné ; *[animal]* courir en liberté ; *[plants, garden]* retourner à l'état sauvage

♦ **to run at** *[amount]* ◆ **inflation is running at 3%** le taux d'inflation est de 3% ◆ **the deficit is now running at 300 million dollars a year** le déficit est maintenant de 300 millions de dollars par an

8 [= EXTEND, CONTINUE] *[play]* être à l'affiche, se jouer ; *[film]* passer ; *[contract]* valoir, être valide ◆ **the play has been running for a year** la pièce est à l'affiche *or* se joue depuis un an ◆ **this contract has ten months to run** ce contrat expire dans dix mois *or* vaut (encore) pour dix mois ◆ **the two sentences to run concurrently/consecutively** *(Jur)* avec/sans confusion des deux peines ◆ **the programme ran for an extra ten minutes** *(Rad, TV)* l'émission a duré dix minutes de plus que prévu ◆ **the programme is running to time** *(TV, Rad)* l'émission passera à l'heure prévue ◆ **the book has run into five editions** ce livre en est à sa cinquième édition

9 [BUS, TRAIN, COACH, FERRY] assurer le service ◆ **this train runs between London and Manchester** ce train assure le service Londres-Manchester *or* entre Londres et Manchester ◆ **the buses run once an hour** les bus passent toutes les heures ◆ **the buses are running early/late/to** *or* **on time** les bus sont en avance/en retard/à l'heure ◆ **there are no trains running today** il n'y a pas de trains aujourd'hui ◆ **that train doesn't run on Sundays** ce train n'assure pas le service *or* n'est pas en service le dimanche

10 [= FUNCTION] *[machine]* marcher ; *[factory]* fonctionner, marcher ; *[wheel]* tourner ◆ **the car is running smoothly** la voiture marche bien ◆ **you mustn't leave the engine running** il ne faut pas laisser tourner le moteur ◆ **this car runs on diesel** cette voiture marche au gazole ◆ **the radio runs off the mains/off batteries** cette radio marche sur secteur/sur piles ◆ **things are running smoothly** tout se passe bien

11 [= PASS] *[road, river etc]* passer *(through* à travers) ; *[mountain range]* s'étendre ◆ **the road runs past our house** la route passe devant notre maison ◆ **the road runs right into town** la route va jusqu'au centre-ville ◆ **the main road runs north and south** la route principale va du nord au sud ◆ **he has a scar running across his chest** il a une cicatrice en travers de la poitrine ◆ **a wall runs round the garden** un mur entoure le jardin ◆ **the river runs through the valley** la rivière coule dans la vallée ◆ **the roots run under the house** les racines passent sous la maison

12 [= UNRAVEL] *[knitting]* se démailler ; *[tights]* filer

**4 - TRANSITIVE VERB**

1 [GEN] courir ◆ **he ran 2km non-stop** il a couru (pendant) 2 km sans s'arrêter ◆ **he runs 15km every day** il fait 15 km de course à pied tous les jours ◆ **he ran the distance in under half an hour** il a couvert la distance en moins d'une demi-heure ◆ **to run the 100 metres** courir le 100 mètres ◆ **to run a race** participer à une (épreuve de) course ◆ **you ran a good race** vous avez fait une excellente course ◆ **the first race will be run at 2 o'clock** la première épreuve se courra à 2 heures ◆ **but if it really happened he'd run a mile*** mais si ça se produisait, il aurait vite fait de se débiner* ◆ **to run the streets** *[child, dog]* traîner dans les rues ◆ **to run a red** *or* **a stoplight** *(US)* brûler *or* griller un feu rouge ◆ **they beat Wales and ran Scotland very close** ils ont battu le pays de Galles et ont bien failli battre l'Écosse ◆ **you're running things a bit close** ***or* fine *!** ça va être juste !, tu calcules un peu juste !

2 [= CHASE, HUNT] *[+ fox, deer]* chasser ; *(= make run) [+ person]* chasser ; *[+ animal]* poursuivre, pourchasser ; *(Sport) [+ horse]* faire courir ◆ **to run a horse in the Derby** engager *or* faire courir un cheval dans le Derby ◆ **the sheriff ran him out of town** le shérif l'a chassé de la ville ◆ **they ran him out of the house** ils l'ont chassé de la maison ◆ **to run sb into debt** endetter qn

3 [POL] *[+ candidate]* présenter ◆ **the party is running 100 candidates this year** le parti présente 100 candidats (aux élections) cette année

4 [= TRANSPORT] *[+ person]* conduire ; *[+ goods]* transporter ◆ **to run sb into town** conduire qn en ville ◆ **he ran her home** il l'a ramenée chez elle ◆ **I'll run your luggage to the station** j'apporterai vos bagages à la gare

5 [= SMUGGLE] *[+ guns, whisky]* passer en contrebande ◆ **he was running guns to the island** il faisait passer *or* il passait des fusils dans l'île en contrebande

6 [= OPERATE : ESP BRIT] *[+ machine]* faire marcher ; *(Comput) [+ program]* exécuter ◆ **to run a radio off the mains** faire marcher une radio sur secteur ◆ **it would be cheaper to run the heating system on gas** ce serait plus économique si le chauffage fonctionnait en gaz ◆ **I can't afford to run a car** je ne peux pas me permettre d'avoir une voiture ◆ **he runs a Rolls** il a une Rolls ◆ **this car is very cheap to run** cette voiture est très économique

7 [= ORGANIZE, MANAGE] *[+ business, company, organization, school]* diriger, gérer ; *[+ mine]* gérer, administrer ; *[+ shop, hotel, club]* tenir ; *[+ newspaper]* être directeur de ; *[+ competition]* organiser ; *[+ public transport]* gérer ◆ **the company runs extra buses at rush hours** la société met en service des bus supplémentaires aux heures de pointe ◆ **the school is running courses for foreign students** le collège organise des cours pour les étudiants étrangers ◆ **to run a house** tenir une maison ◆ **I want to run my own life** je veux mener ma vie comme je l'entends ◆ **she's the one who really runs everything** en réalité c'est elle qui dirige tout

8 [= PUT, MOVE] ◆ **he ran a line of stitches along the hem** il a fait une série de points le long de l'ourlet ◆ **to run a boat ashore** pousser un bateau sur le rivage ◆ **to run one's finger down a list** suivre une liste du doigt ◆ **to run the car into/out of the garage** rentrer la voiture au/sortir la voiture du garage ◆ **he ran the car into a tree** sa voiture est rentrée dans un arbre, il a percuté un arbre (avec sa voiture) ◆ **to run a pipe into a room** faire passer un tuyau dans une pièce ◆ **to run wires under the floorboards** faire passer des fils électriques sous le plancher ◆ **to run one's eye over a page** jeter un coup d'œil sur une page ◆ **he ran the vacuum cleaner over the carpet** il a passé l'aspirateur sur le tapis ◆ **to run one's hand over sth** passer la main sur qch ◆ **to run one's fingers over the piano keys** promener ses doigts sur le clavier ◆ **to run one's fingers through one's hair** se passer la main dans les cheveux

9 [= PUBLISH] publier ◆ **the paper ran a series of articles on genetic engineering** le journal a publié une série d'articles sur les manipulations génétiques ◆ **the papers ran the story on the front page** les journaux ont publié l'article en première page, cette histoire a fait la une des journaux

# runabout | rundown

10 [= PRESENT] [+ film] présenter, donner ; (Comm) vendre ◆ **the supermarket is running a new line in fresh pasta** le supermarché vend une nouvelle gamme de pâtes fraîches

11 [= CAUSE TO FLOW] faire couler ◆ **to run water into a bath** faire couler de l'eau dans une baignoire ◆ **I'll run you a bath** je vais te faire couler un bain ◆ **he runs his words together** il mange ses mots

### 5 - COMPOUNDS

**run-around**✳ N ◆ **he gave me the run-around** il s'est défilé✳

**run-down** ADJ [person] à plat✳, mal fichu✳ ; [building, area] délabré ; [factory] en perte de vitesse ◆ **I feel a little run-down** je ne me sens pas très bien ; see also **rundown**

**run-in** N (✳ = quarrel) engueulade⚹ f, prise f de bec (over à propos de) ; (= rehearsal) répétition f ; (= approach) approche f

**run-off** N [of contest] (= second round) deuxième tour ; (= last round) dernier tour ; (Sport) finale f (d'une course) ; (Agr) [of pollutants] infiltrations fpl ◆ **there was nothing to stop the run-off of rainwater** rien ne pouvait empêcher le ruissellement pluvial or des eaux de pluie

**run-of-the-mill** SYN ADJ banal, ordinaire

**run-on** ADJ (Typography) [text] composé sans alinéa ◆ **run-on line** enjambement m

**run-resist** ADJ = runproof

**run-through** N (before test) essai m ; (Theat) filage m

**run time** N (Comput) durée f d'exploitation

**run-up** N 1 [= TIME] période f préparatoire (to à) ◆ **the run-up to the launch of Channel 5** la période préparatoire au lancement de Channel 5 ◆ **he handled the run-up to the general election** c'est lui qui s'est occupé des préparatifs des élections législatives ◆ **in the run-up to the elections/to Christmas** à l'approche des élections/de Noël

2 [US = INCREASE] augmentation f (in de)

3 [SPORT] course f d'élan

### 6 - PHRASAL VERBS

▶ **run about** VI (gen) courir çà et là ; (looking for sth, working etc) courir dans tous les sens ◆ **the children were running about all over the house** les enfants couraient partout dans la maison ◆ **she has been running about**✳ **with him for several months** (fig) elle sort avec lui depuis plusieurs mois

▶ **run across**
VI traverser en courant
VT FUS (= meet) [+ person] rencontrer par hasard, tomber sur ; (= find) [+ object, quotation, reference] trouver par hasard, tomber sur

▶ **run after** VT FUS courir après ◆ **he doesn't run after women** (fig) ce n'est pas un coureur ◆ **I'm not going to spend my days running after you!** je ne suis pas ta bonne !

▶ **run against** VT FUS ◆ **the game was running against them** ils étaient en train de perdre la partie ◆ **to run against sb** (Pol) se présenter contre qn

▶ **run along** VI courir ; (= go away) s'en aller ◆ **run along!** sauvez-vous !, filez !✳

▶ **run around** VI ⇒ run about

▶ **run at** VT FUS (= attack) se jeter or se précipiter sur

▶ **run away**
VI partir en courant ; (= flee) [person] se sauver, s'enfuir ; [horse] s'emballer ◆ **to run away from home** faire une fugue ◆ **don't run away, I need your advice** ne te sauve pas, j'ai besoin d'un conseil ◆ **she ran away with another man** (= elope) elle est partie avec un autre homme ◆ **he ran away with the funds** (= steal) il est parti avec la caisse
2 [water] s'écouler ◆ **he let the bath water run away** il a laissé la baignoire se vider
VT SEP [+ water] vider

▶ **run away with** VT FUS 1 (= win easily) [+ race, match] gagner haut la main ; [+ prize] remporter haut la main

2 (= use up) [+ funds, money, resources] épuiser

3 ◆ **you're letting your imagination run away with you** tu te laisses emporter par ton imagination ◆ **don't let your emotions run away with you** ne te laisse pas dominer par tes émotions ◆ **don't run away with the idea that...** n'allez pas vous mettre dans la tête que... ; see also **run away** VI 1

▶ **run back**
VI revenir or retourner en courant

VT SEP 1 [+ person] ramener (en voiture)
2 (= rewind) [+ tape, film] rembobiner

▶ **run by** ⇒ run past

▶ **run down**
VI 1 [person] descendre en courant
2 [watch etc] s'arrêter (faute d'être remonté) ; [battery] se décharger
VT SEP 1 (= knock over) renverser ; (= run over) écraser
2 [+ ship] heurter or aborder par l'avant or par l'étrave ; (in battle) éperonner
3 (esp Brit = limit, reduce) [+ production] diminuer ; [+ factory] diminuer la production de ◆ **they are running down their DIY stores** ils vont réduire le nombre (or la taille) de leurs magasins de bricolage
4 (✳ = disparage) critiquer, dire du mal de
5 (= pursue and capture) [+ criminal] découvrir la cachette de ; [+ stag etc] mettre aux abois
6 [+ list, page] parcourir

▶ **run in**
VI entrer en courant ; (✳ = call) passer ◆ **I'll run in and see you tomorrow**✳ je passerai vous voir demain
VT SEP 1 (Brit) [+ car] roder ◆ **"running in, please pass"** « en rodage »
2 (✳ = arrest) emmener au poste

▶ **run into** VT FUS 1 (= meet) rencontrer par hasard, tomber sur ◆ **to run into difficulties** or **trouble** se heurter à des difficultés ◆ **to run into danger** se trouver dans une situation dangereuse ◆ **to run into debt** s'endetter ◆ **we've run into a problem** il y a un problème

2 (= collide with) rentrer dans ◆ **the car ran into a tree** la voiture est rentrée dans un arbre

3 (= merge) ◆ **the colours are running into each other** les couleurs déteignent les unes sur les autres ◆ **I was so tired, my words began to run into one another** j'étais si fatigué que je commençais à bredouiller

4 (= amount to) s'élever à ◆ **the cost will run into thousands of pounds** le coût va s'élever or se chiffrer à des milliers de livres

▶ **run off**
VI ⇒ run away VI
VT SEP 1 ⇒ run away VT SEP
2 (Typography) tirer ◆ **to run off 600 copies** tirer 600 exemplaires
3 (Sport) ◆ **to run off the heats** [runner] disputer les éliminatoires

▶ **run on**
VI continuer de courir ; (✳ fig : in talking) parler sans arrêt ◆ **but here am I running on, and you're in a hurry** mais je parle, je parle, alors que vous êtes pressé ◆ **it ran on for four hours** ça a duré quatre heures
2 [letters, words] ne pas être séparés, être liés ; [line of writing] suivre sans alinéa ; [verse] enjamber ; [time] passer, s'écouler
VT SEP [+ letters, words, sentences] faire suivre sur la même ligne

▶ **run out**
VI 1 [person] sortir en courant ; [rope, chain] se dérouler ; [liquid] couler ◆ **the pier runs out into the sea** la jetée s'avance dans la mer

2 (= come to an end) [lease, contract] expirer ; [supplies] être épuisé, venir à manquer ; [period of time] être écoulé, tirer à sa fin ◆ **my patience is running out** ma patience est à bout, je suis à bout de patience ◆ **when the money runs out** quand il n'y aura plus d'argent, quand l'argent sera épuisé ◆ **their luck ran out** la chance les a lâchés
VT SEP [+ rope, chain] laisser filer

▶ **run out of** VT FUS [+ supplies, money] venir à manquer de, être à court de ; [+ patience] être à bout de ◆ **we're running out of time** il ne nous reste plus beaucoup de temps ◆ **we've run out of time** (TV, Rad) il est temps de rendre l'antenne, le temps qui nous était imparti est écoulé ◆ **to run out of petrol** (Brit) or **gas** (US) tomber en panne d'essence ◆ **to run out of gas**✳ (US fig) s'essouffler

▶ **run out on**✳ VT FUS [+ person] laisser tomber✳

▶ **run over**
VI 1 (= overflow) [liquid, container] déborder ◆ **the play ran over by ten minutes** (Rad, TV etc) la pièce a duré dix minutes de plus que prévu ◆ **we're running over** (Rad, TV etc) nous avons pris du retard
2 (= go briefly) passer ◆ **I'll run over tomorrow** je passerai demain ◆ **she ran over to her neighbours'** elle a fait un saut chez ses voisins

VT SEP 1 (= recapitulate) [+ story, part in play] revoir, reprendre ◆ **I'll run over your part with you** je vous ferai répéter votre rôle ◆ **let's just run over it again** reprenons cela encore une fois
2 (= reread) [+ notes] parcourir
VT SEP (in car etc) [+ person, animal] écraser

▶ **run past**
VI passer en courant
VT SEP ✳ [+ idea] expliquer ◆ **could you run that past me again?** est-ce que tu pourrais m'expliquer ça encore une fois ?

▶ **run through**
VI passer or traverser en courant
VT FUS 1 (= use up) [+ fortune] gaspiller
2 (= read quickly) [+ notes, text] parcourir, jeter un coup d'œil sur
3 (= rehearse) [+ play] répéter ; [+ verse, movement] reprendre ; (= recapitulate) récapituler, reprendre ◆ **let's run through the chorus again** reprenons le refrain encore une fois ◆ **if I may just run through the principal points once more?** pourrais-je reprendre or récapituler les points principaux ?
VT SEP 1 ◆ **to run sb through (with a sword)** passer qn au fil de l'épée, transpercer qn d'un coup d'épée
2 (Comput) [+ data] passer (en revue)

▶ **run to** VT FUS 1 (= seek help from) faire appel à ; (= take refuge with) se réfugier dans les bras de ◆ **as usual she ran to her parents** comme d'habitude elle a fait appel à papa et maman or elle est allée se réfugier dans les bras de or chez ses parents ◆ **I wouldn't go running to the police** je ne me précipiterais pas au commissariat de police ◆ **go on then, run to mummy!** c'est ça, va te réfugier dans les jupes de ta mère !

2 (= afford) ◆ **I can't run to a new car** je ne peux pas me payer une nouvelle voiture ◆ **the funds won't run to a meal in a restaurant** il n'y a pas assez d'argent pour un repas au restaurant

3 (= develop) ◆ **to run to fat** grossir

4 (= amount to) ◆ **the article runs to several hundred pages** l'article fait plusieurs centaines de pages

▶ **run up**
VI (= climb quickly) monter en courant ; (= approach quickly) s'approcher en courant ◆ **a man ran up and fired several shots** un homme est arrivé en courant et a tiré plusieurs coups de feu
VT SEP 1 ◆ **to run up a hill** monter une colline en courant
2 [+ flag] hisser
3 [+ bills] accumuler ◆ **to run up a debt** s'endetter (of de) ◆ **she's run up a huge bill at the garage** ça va lui coûter cher chez le garagiste
4 (✳ = make quickly) [+ garment] faire or coudre rapidement ◆ **she can run up a dress in no time** elle peut faire or coudre une robe en un rien de temps

▶ **run up against** VT FUS [+ problem, difficulty] se heurter à

---

**runabout** /ˈrʌnəbaʊt/
N (= car) petite voiture f ; (= boat) runabout m
COMP **runabout ticket** N (= railway ticket) billet m circulaire

**runaway** /ˈrʌnəweɪ/ SYN
N (gen) fuyard m, fugitif m, -ive f ; (= teenager, pupil etc) fugueur m, -euse f
ADJ [slave, person] fugitif ; [horse] emballé ; [of car] fou ( folle f) ◆ **runaway wedding** mariage m clandestin ◆ **the runaway couple** le couple clandestin, les amants mpl ◆ **runaway inflation** (Fin) inflation f galopante ◆ **runaway success** (fig) succès m à tout casser✳, succès m monstre✳ ◆ **he had a runaway victory** il a remporté la victoire haut la main

**rundown** /ˈrʌndaʊn/ SYN N 1 (= reduction : gen) réduction f, diminution f ; [of industry, organization] réductions fpl de personnel ◆ **there will be a rundown of staff** il y aura une réduction de personnel ◆ **the rundown of key areas of the economy** la réduction de l'activité dans certains domaines-clés de l'économie

2 (✳ = summary) récapitulatif m ◆ **here's a rundown of the options** voici un récapitulatif des diverses possibilités ◆ **to give sb a rundown on sth**✳ mettre qn au courant or au parfum⚹ de qch ◆ **give me a quick rundown on who is involved** dites-moi brièvement qui sont les participants

**rune** /ruːn/ **N** rune *f* ◆ **to read the runes** *(Brit fig)* interpréter la situation ◆ **they read the runes correctly** ils ont vu juste

**rung**[1] /rʌŋ/ **VB** ptp of **ring**[2]

**rung**[2] /rʌŋ/ **N** *[of ladder]* barreau *m*, échelon *m* ; *[of chair]* bâton *m*, barreau *m* ◆ **to be on the bottom rung of the professional ladder** être tout en bas de l'échelle *or* de la hiérarchie professionnelle

**runic** /'ruːnɪk/ **ADJ** runique

**runnel** /'rʌnl/ **N** *(= brook)* ruisseau *m* ; *(= gutter)* rigole *f*

**runner** /'rʌnəʳ/ SYN

**N** 1 *(= athlete)* coureur *m* ; *(= horse)* partant *m* ; *(= messenger)* messager *m*, courrier *m* ; *(= smuggler)* contrebandier *m* ◆ **to do a runner** * déguerpir *, mettre les bouts ‡ ◆ **Bow Street Runner** *(Brit Hist)* sergent *m* (de ville) ; → **blockade, gunrunner**

2 *(= sliding part) [of car seat, door etc]* glissière *f* ; *[of curtain]* suspendeur *m* ; *[of sledge]* patin *m* ; *[of skate]* lame *f* ; *[of turbine]* couronne *f* mobile ; *[of drawer]* coulisseau *m*

3 *(= hall carpet)* chemin *m* de couloir ; *(= stair carpet)* chemin *m* d'escalier ; (also **table-runner**) chemin *m* de table

4 *(= plant stem)* coulant *m*, stolon *m*

**COMP runner bean N** *(Brit)* haricot *m* grimpant *or* à rames

**runner-up N** (pl **runners-up**) *(coming second)* second(e) *m(f)* ◆ **runners-up will each receive...** *(after first, second, third place)* les autres gagnants recevront chacun...

**running** /'rʌnɪŋ/ SYN

**N** 1 *(= action : in race etc)* course *f* ◆ **to make the running** *(Brit) (Sport)* faire le lièvre ; *(fig) (in work)* mener la course ; *(in relationship)* prendre l'initiative ◆ **to be in the running** avoir des chances de réussir ◆ **to be out of the running** * ne plus être dans la course ◆ **to be in the running for promotion/for the job** être sur les rangs pour obtenir de l'avancement/pour avoir le poste

2 *(NonC = functioning) [of machine]* marche *f*, fonctionnement *m* ; *[of train]* marche *f*

3 *(NonC: gen)* gestion *f* ; *[of competition]* organisation *f*

4 *(NonC = smuggling)* contrebande *f* ; → **gunrunning**

**ADJ** 1 *(= flowing) [tap]* ouvert ◆ **running water, a running stream** un petit cours d'eau, un ruisseau ◆ **running water** *(from tap)* eau *f* courante ◆ **running water in every room** eau *f* courante dans toutes les chambres ◆ **hot and cold running water** eau *f* courante chaude et froide ◆ **to wash sth under hot/cold running water** laver qch sous le robinet d'eau chaude/froide ◆ **to have a running nose** avoir le nez qui coule ◆ **running cold** *(Med)* rhume *m* de cerveau

2 *(= continuous)* ◆ **to become a running joke between...** devenir un inépuisable *or* perpétuel sujet de plaisanterie entre... ◆ **a running argument** une vieille querelle ◆ **running battle** *(lit) combat où l'un des adversaires bat en retraite* ; *(fig)* lutte *f* continuelle ◆ **to keep up a running battle (with sb)** mener un combat de harcèlement (contre qn) ◆ **running sore** *(Med)* plaie *f* suppurante ; *(fig)* véritable plaie *f* ; → **long**[1]

**ADV** de suite ◆ **four days/times running** quatre jours/fois de suite ◆ **(for) three years running** pendant trois ans ◆ **for the third year running** pour la troisième année consécutive

**COMP running account N** *(Fin)* compte *m* courant *(entre banques etc)* ◆ **to have** *or* **keep a running account with sb** être en compte avec qn

**running board N** *[of car, train]* marchepied *m*

**running bowline N** *(= knot)* laguis *m*

**running commentary N** *(Rad, TV)* commentaire *m* suivi *(on sth* de qch) ◆ **she gave us a running commentary on what was happening** *(fig)* elle nous a fait un commentaire détaillé de ce qui se passait

**running costs NPL** *(esp Brit) [of business]* frais *mpl* de fonctionnement *or* d'exploitation, dépenses *fpl* courantes ; *[of machine]* frais *mpl* d'entretien ◆ **the running costs of the car/the central heating are high** la voiture/le chauffage central revient cher

**running fire N** *(Mil)* feu *m* roulant

**running hand N** écriture *f* cursive

**running head N** *(Typography)* ⇒ **running title**

**running jump N** saut *m* avec élan ◆ **(go and) take a running jump!** * va te faire cuire un œuf ! *

**running kick N** coup *m* de pied donné en courant

**running knot N** nœud *m* coulant

**running mate N** *(US Pol)* candidat(e) *m(f)* à la vice-présidence

**running order N** *[of programme]* ordre *m* de passage ◆ **we reversed the running order** nous avons inversé l'ordre de passage

◆ **in running order** en état de marche

**running repairs NPL** réparations *fpl* courantes

**running shoe N** chaussure *f* de course

**running stitch N** *(Sewing)* point *m* de devant

**running tally N** ⇒ **running total**

**running time N** *[of film]* durée *f*

**running title N** *(Typography)* titre *m* courant

**running total N** cumul *m*, total *m* cumulé ◆ **to keep a running total (of sth)** tenir un compte régulier (de qch)

**running track N** *(Sport)* piste *f*

**runny** * /'rʌnɪ/ **ADJ** *[sauce, honey, consistency]* liquide ; *[omelette]* baveux ; *[eyes]* qui pleure ◆ **a runny egg** *(boiled)* un œuf à la coque ; *(fried, poached)* un œuf dont le jaune est crémeux ◆ **to have a runny nose** avoir le nez qui coule

**runproof** /'rʌnpruːf/ **ADJ** *[tights]* indémaillable ; *[mascara]* waterproof

**runt** /rʌnt/ **N** *(= animal)* avorton *m* ; *(pej) (= person)* nabot(e) *m(f)*, avorton *m* ◆ **a little runt of a man** un bonhomme tout riquiqui *

**runtish** /'rʌntɪʃ/ **ADJ** *(pej)* gringalet

**runway** /'rʌnweɪ/ **N** *(for planes)* piste *f* ; *(for wheeled device)* chemin *m* *or* piste *f* de roulement ; *(= fashion show catwalk)* podium *m*

**rupee** /ruː'piː/ **N** roupie *f*

**rupture** /'rʌptʃəʳ/ SYN

**N** *(lit, fig)* rupture *f* ; *(Med* * *= hernia)* hernie *f*

**VT** rompre ◆ **ruptured aneurism** *(Med)* rupture *f* d'anévrisme ◆ **to rupture o.s.** se donner une hernie

**VI** se rompre

**rural** /'rʊərəl/ SYN

**ADJ** *[area, village, school, life, economy, poverty]* rural ; *[setting, landscape]* rural, champêtre *(liter)* ; *[household]* paysan ; *[policeman, services, crime]* en milieu rural ; *[postmaster, housing]* en zone rurale ; *[accent]* campagnard ◆ **rural England** l'Angleterre *f* rurale ◆ **rural dean** *(Brit Rel)* doyen *m* rural ◆ **rural depopulation** exode *m* rural

**COMP rural development N** développement *m* rural

**rural district council N** *(Brit)* conseil *m* municipal rural

**rural planning N** aménagement *m* rural

**ruse** /ruːz/ SYN **N** ruse *f*, stratagème *m*

**rush**[1] /rʌʃ/ SYN

**N** 1 *(= rapid movement)* course *f* précipitée, ruée *f* ; *[of crowd]* ruée *f* ; *(with jostling)* bousculade *f* ; *(Mil = attack)* bond *m*, assaut *m* ◆ **he was caught in the rush for the door** il a été pris dans la ruée vers la porte ◆ **it got lost in the rush** ça s'est perdu dans la bousculade ◆ **to make a rush at** se précipiter sur ◆ **there was a rush for the empty seats** il y a eu une ruée vers les places libres, on s'est rué vers *or* sur les places libres ◆ **gold rush** ruée *f* vers l'or ◆ **there's a rush on matches** *(Comm)* on se rue sur les allumettes ◆ **we have a rush on in the office just now** c'est le coup de feu en ce moment au bureau ◆ **the Christmas rush** *(in shops)* la bousculade dans les magasins avant Noël ◆ **we've had a rush of orders** on nous a submergés de commandes ◆ **a rush of warm air** une bouffée d'air tiède ◆ **there was a rush of water** l'eau a jailli ◆ **he had a rush of blood to the head** il a eu un coup de sang

2 *(= hurry)* hâte *f* ◆ **the rush of city life** le rythme effréné de la vie urbaine ◆ **to be in a rush** être extrêmement pressé ◆ **I had a rush to get here in time** j'ai dû me dépêcher pour arriver à l'heure ◆ **I did it in a rush** je l'ai fait à toute vitesse *or* en quatrième vitesse * ◆ **what's all the rush?** pourquoi est-ce que c'est si pressé ? ◆ **is there any rush for this?** est-ce que c'est pressé ? *or* urgent ? ◆ **it all happened in a rush** tout est arrivé *or* tout s'est passé très vite

3 *(Cine)* rush *m (pl inv)*

4 *(Drugs ‡)* flash * *m*

5 *(US Univ: of fraternity etc)* campagne *f* de recrutement

**VI** *[person]* se précipiter ; *[car]* foncer ◆ **the train went rushing into the tunnel** le train est entré à toute vitesse dans le tunnel ◆ **they rushed to help her** ils se sont précipités pour l'aider ◆ **I rushed to her side** je me suis précipité à ses côtés ◆ **they rushed to her defence** ils se sont précipités pour la défendre ◆ **I'm rushing to finish it** je me presse *or* je me dépêche pour le finir ◆ **to rush through** *[+ book]* lire à la hâte *or* en diagonale ; *[+ meal]* prendre sur le pouce * ; *[+ museum]* visiter au pas de course ; *[+ town]* traverser à toute vitesse ; *[+ work]* expédier ◆ **to rush in/out/back** *etc* entrer/sortir/rentrer *etc* précipitamment *or* à toute vitesse ; see also **rush in, rush out to rush to the attack** se jeter *or* se ruer à l'attaque ◆ **to rush to conclusions** tirer des conclusions hâtives ◆ **the blood rushed to his face** le sang lui est monté au visage ◆ **memories rushed into his mind** des souvenirs lui affluèrent à l'esprit ◆ **he rushed into marriage** il s'est marié hâtivement *or* à la hâte ◆ **the wind rushed through the stable** le vent s'engouffrait dans l'écurie ◆ **a torrent of water rushed down the slope** un véritable torrent a dévalé la pente ; → **headlong**

**VT** 1 *(= cause to move quickly)* entraîner *or* pousser vivement ◆ **to rush sb to hospital** transporter qn d'urgence à l'hôpital ◆ **they rushed more troops to the front** ils ont envoyé *or* expédié d'urgence des troupes fraîches sur le front ◆ **they rushed him out of the room** ils l'ont fait sortir précipitamment *or* en toute hâte de la pièce ◆ **I don't want to rush you** je ne voudrais pas vous bousculer ◆ **don't rush me!** laissez-moi le temps de souffler ! ◆ **to rush sb off his feet** ne pas laisser à qn le temps de souffler ◆ **to rush sb into a decision** forcer *or* obliger qn à prendre une décision à la hâte ◆ **to rush sb into doing sth** forcer *or* obliger qn à faire qch à la hâte ◆ **they rushed the bill through Parliament** ils ont fait voter la loi à la hâte ; see also **rushed**

2 *(= take by storm : Mil) [+ town, position]* prendre d'assaut ; *[+ fence, barrier]* franchir (sur son élan) ◆ **her admirers rushed the stage** ses admirateurs ont envahi la scène ◆ **the mob rushed the line of policemen** la foule s'est élancée contre le cordon de police

3 *(= do hurriedly) [+ job, task]* dépêcher ; *[+ order]* exécuter d'urgence ◆ **"please rush me three tickets"** *(Comm)* « envoyez-moi de toute urgence trois billets »

4 ‡ *(= charge)* faire payer ; *(= swindle)* faire payer un prix exorbitant à, estamper * ◆ **how much were you rushed for it?** combien on te l'a fait payer ? ◆ **you really were rushed for that!** tu t'es vraiment fait estamper * pour ça !

5 *(US Univ: of fraternity etc)* recruter

**COMP rush hour N** heures *fpl* de pointe *or* d'affluence

**rush-hour traffic N** circulation *f* aux heures de pointe

**rush job N** *(gen)* travail *m* urgent ◆ **that was a rush job** *(= urgent)* c'était urgent ; *(pej) (= too rushed)* c'était fait à la va-vite *

**rush order N** *(Comm)* commande *f* pressée *or* urgente

▸ **rush about, rush around VI** courir çà et là

▸ **rush at VT FUS** se jeter sur, se ruer sur ; *[+ enemy]* se ruer sur, fondre sur ◆ **don't rush at the job, take it slowly** ne fais pas ça trop vite, prends ton temps

▸ **rush down VI** *[person]* descendre précipitamment ; *[stream]* dévaler

▸ **rush in VI** *(lit)* entrer précipitamment *or* à toute vitesse ; *(fig)* se précipiter *(to* pour) ; see also **rush**[1] **vi**

▸ **rush out**

**VI** sortir précipitamment *or* à toute vitesse

**VT SEP** *(= produce quickly) [+ goods]* sortir rapidement ◆ **we'll rush it out to you right away** *(= deliver)* nous vous le livrerons directement dans les plus brefs délais

▸ **rush through VT SEP** *[+ order]* exécuter d'urgence ; *[+ goods, supplies]* envoyer *or* faire parvenir de toute urgence ; *[+ bill, legislation]* faire voter à la hâte ◆ **they rushed medical supplies through to him** on lui a fait parvenir des médicaments de toute urgence ; see also **rush**[1] **vi**

▸ **rush up**

**VI** *(= arrive)* accourir

**VT SEP** *[+ help, reinforcements]* faire parvenir *or* (faire) envoyer d'urgence *(to* à)

**rush**[2] /rʌʃ/

**N** *(= plant)* jonc *m* ; *(for chair)* jonc *m*, paille *f*

**COMP rush light N** chandelle *f* à mèche de jonc

**rush mat N** natte *f* de jonc

**rush matting N** *(NonC)* natte *f* de jonc

**rushed** /rʌʃt/ **ADJ** 1 (= hurried) [meal] expédié ; [decision] hâtif, précipité ; [work] fait à la va-vite*
2 (= busy) [person] débordé ◆ **to be rushed off one's feet** être (complètement) débordé ◆ **she was rushed off her feet trying to get everything ready** elle était complètement débordée avec tous les préparatifs

**rusk** /rʌsk/ **N** (esp Brit) biscotte f

**russet** /'rʌsɪt/
**N** 1 (= colour) couleur f feuille-morte inv, brun roux inv
2 (= apple) reinette f grise
**ADJ** brun roux inv

**Russia** /'rʌʃə/ **N** Russie f

**Russian** /'rʌʃən/
**ADJ** (gen) russe ; [ambassador, embassy] de Russie ; [teacher] de russe
**N** 1 Russe mf
2 (= language) russe m
**COMP** **Russian doll N** poupée f russe or gigogne
**Russian dressing N** (Culin) sauce f rouge relevée (pour la salade)
**the Russian Federation N** la Fédération de Russie
**Russian Orthodox ADJ** (Rel) orthodoxe russe
**Russian Orthodox Church N** Église f orthodoxe russe
**Russian roulette N** roulette f russe
**Russian salad N** salade f russe

**Russianize** /'rʌʃənaɪz/ **VT** russifier

**Russkie**\*, **Russky**\* /'rʌskɪ/ (esp US † pej or hum)
**N** Rus(s)kof\* m inv, Popov\* mf inv
**ADJ** russe

**Russo-** /'rʌsəʊ/ **PREF** russo- ◆ **Russo-Japanese** russo-japonais

**Russophile** /'rʌsəʊˌfaɪl/ **ADJ, N** russophile mf

**Russophobe** /'rʌsəʊˌfəʊb/ **N** russophobe mf

**Russophobia** /ˌrʌsəʊ'fəʊbɪə/ **N** russophobie f

**Russophobic** /ˌrʌsəʊ'fəʊbɪk/ **ADJ** russophobe

**rust** /rʌst/ SYN
**N** (on metal, also plant disease) rouille f ; (= colour) couleur f rouille, roux m
**VT** (lit, fig) rouiller
**VI** (lit, fig) se rouiller
**COMP** **the Rust Belt N** (US) la région industrielle des États-Unis ◆ **the Rust Belt states** les États mpl industriels américains
**rust bucket**\* **N** (= car, boat) tas m de rouille\*
**rust-coloured ADJ** (couleur) rouille inv
**rust-resistant ADJ** ⇒ rustproof adj

▶ **rust in VI** [screw] se rouiller dans son trou
▶ **rust up VI** se rouiller

**rusted** /'rʌstɪd/ (esp US) **ADJ** rouillé

**rustic** /'rʌstɪk/ SYN
**N** campagnard(e) m(f), paysan(ne) m(f)
**ADJ** 1 (= rural) [scene, charm, simplicity, appearance] rustique, champêtre (liter) ; [restaurant] rustique ; [novel] pastoral
2 (= roughly-made) [furniture] rustique ; [wall] grossier
3 (pej = crude) frustre (pej), grossier (pej)

**rusticate** /'rʌstɪkeɪt/
**VI** habiter la campagne
**VT** (Brit Univ) exclure (temporairement)

**rustication** /ˌrʌstɪ'keɪʃən/ **N** (Tech) rusticage m

**rusticity** /rʌs'tɪsɪtɪ/ **N** rusticité f

**rustiness** /'rʌstɪnɪs/ **N** rouillure f, rouille f

**rustle** /'rʌsl/ SYN
**N** [of leaves] bruissement m ; [of silk, skirt] bruissement m, froufrou m ; [of paper] froissement m
**VI** [leaves, wind] bruire ; [paper] produire un froissement ou un bruissement ; [clothes, skirt] faire froufrou ◆ **she rustled into the room** elle est entrée en froufroutant dans la pièce ◆ **something rustled in the cupboard** il y a eu un froissement ou un bruissement dans le placard
**VT** 1 [+ leaves] faire bruire ; [+ paper] froisser ; [+ programme] agiter avec un bruissement ; [+ petticoat, skirt] faire froufrouter
2 (esp US = steal) [+ cattle] voler

▶ **rustle up**\* **VT SEP** se débrouiller\* pour trouver (or faire), préparer (à la hâte) ◆ **can you rustle me up a cup of coffee?** tu pourrais me donner un café en vitesse ?

**rustler** /'rʌslə'/ **N** 1 (esp US = cattle thief) voleur m de bétail
2 (US \* = energetic person) type\* m énergique ou expéditif

**rustling** /'rʌslɪŋ/ **N** 1 (= cattle theft) vol m de bétail
2 ⇒ rustle noun

**rustproof** /'rʌstpruːf/
**ADJ** [metal, alloy] inoxydable, qui ne rouille pas ; [paint, treatment] antirouille inv, anticorrosion inv ; [bodywork] traité contre la rouille ou la corrosion
**VT** traiter contre la rouille ou la corrosion

**rustproofing** /'rʌstpruːfɪŋ/ **N** traitement m antirouille ou anticorrosion

**rusty** /'rʌstɪ/ SYN **ADJ** 1 (lit, fig) rouillé ◆ **to go** ou **get rusty** [metal] rouiller ; [person] se rouiller ◆ **my English is pretty rusty** mon anglais est un peu rouillé ◆ **his rusty typing skills** ses notions de dactylographie, qui ne datent pas d'hier ◆ **your skills are a little rusty** vous avez un peu perdu la main ◆ **I'm very rusty on criminal law** il y a longtemps que je n'ai plus pratiqué le droit pénal
2 (in colour) (also **rusty brown**) brun roux inv

**rut**[1] /rʌt/ (= sexual readiness of animals)
**N** rut m
**VI** être en rut
**COMP** **rutting season N** saison f du rut

**rut**[2] /rʌt/ SYN
**N** (in track, path) ornière f ; (fig) routine f, ornière f ◆ **to be (stuck) in** ou **to get into a rut** (fig) [person] s'encroûter ; [mind] devenir routinier ◆ **to get out of the rut** sortir de l'ornière
**VT** sillonner ◆ **rutted** [road, path] défoncé

**rutabaga** /ˌruːtə'beɪgə/ **N** (US) rutabaga m

**ruthenium** /ruː'θiːnɪəm/ **N** ruthénium m

**ruthless** /'ruːθlɪs/ SYN **ADJ** [person] impitoyable, sans pitié (in sth dans qch) ; [treatment, determination, investigation, deed] impitoyable ◆ **to be ruthless in doing sth** faire qch impitoyablement

**ruthlessly** /'ruːθlɪslɪ/ **ADV** [suppress, crush] impitoyablement, sans pitié ◆ **ruthlessly efficient** d'une efficacité redoutable ◆ **she was a ruthlessly ambitious woman** c'était une femme dont l'ambition n'épargnait rien ni personne

**ruthlessness** /'ruːθlɪsnɪs/ **N** caractère m ou nature f impitoyable

**rutile** /'ruːtaɪl/ **N** rutile m

**rutty** /'rʌtɪ/ **ADJ** plein d'ornières

**RV** /ɑːˈviː/ **N** 1 (Bible) (abbrev of Revised Version) → revise
2 (US) (abbrev of recreational vehicle) camping-car m ◆ **RV park** terrain m pour camping-cars

**Rwanda** /rʊ'ændə/ **N** Rwanda m ◆ **in Rwanda** au Rwanda

**Rwandan** /rʊ'ændən/
**ADJ** rwandais
**N** Rwandais(e) m(f)

**Ryder Cup** /'raɪdə'/ **N** (Golf) ◆ **the Ryder Cup** la Ryder Cup

**rye** /raɪ/
**N** 1 (= grain) seigle m
2 (US) ⇒ rye whisky, rye bread
**COMP** **rye bread N** pain m de seigle
**rye whisky N** whisky m (de seigle)

**ryegrass** /'raɪgrɑːs/ **N** ray-grass m inv

# S

**S, s** /es/ N ① (= letter) S, s m ◆ **S for sugar** ≈ S comme Suzanne ◆ **S level** (Brit Scol) matière optionnelle aux examens de fin d'études secondaires
② (abbrev of **south**) S
③ ◆ **S** (Rel) (abbrev of **Saint**) St(e)
④ ◆ **S** (abbrev of **small**) (taille f) S m

**SA** /es'eɪ/ N ① (abbrev of **South Africa, South America, South Australia**) → **south**
② (abbrev of **Salvation Army**) Armée f du Salut

**Saar** /zɑː<sup>r</sup>/ N (= river, region) ◆ **the Saar** la Sarre

**sab** * /sæb/ N (Brit) activiste cherchant à saboter les chasses à courre

**sabbatarian** /ˌsæbəˈtɛərɪən/
**N** (= Christian) partisan m de l'observance stricte du dimanche ; (= Jew) personne f qui observe le sabbat
**ADJ** (= Jewish Rel) de l'observance du sabbat

**Sabbath** /ˈsæbəθ/ N (Jewish) sabbat m ; (Christian) repos m dominical ; († = Sunday) dimanche m ◆ **to keep** or **observe/break the Sabbath** observer/ne pas observer le sabbat or le repos dominical ◆ **(witches') sabbath** sabbat m

**sabbatical** /səˈbætɪkəl/
**N** congé m sabbatique ◆ **to be on sabbatical** être en congé sabbatique ◆ **to take a sabbatical** prendre un congé sabbatique
COMP **sabbatical leave** N congé m sabbatique
**sabbatical term** N trois mois mpl de congé sabbatique
**sabbatical year** N année f sabbatique

**sabbing** * /ˈsæbɪŋ/ N (NonC: Brit) (also **hunt-sabbing**) sabotage m des chasses à courre

**saber** /ˈseɪbə<sup>r</sup>/ N (US) ⇒ **sabre**

**sable** /ˈseɪbl/
**N** ① (= animal) zibeline f, martre f
② (Heraldry) sable m
COMP [fur] de zibeline, de martre ; [brush] en poil de martre
② (liter = black) noir
**sable antelope** N hippotragus m noir

**sabot** /ˈsæbəʊ/ N (all wood) sabot m ; (leather etc upper) socque m

**sabotage** /ˈsæbətɑːʒ/ SYN
**N** (NonC) sabotage m ◆ **an act of sabotage** un sabotage
**VT** (lit, fig) saboter

**saboteur** /ˌsæbəˈtɜː<sup>r</sup>/ N saboteur m, -euse f

**sabra** /ˈsɑːbrə/ N sabra mf

**sabre, saber** (US) /ˈseɪbə<sup>r</sup>/
**N** sabre m
COMP **sabre rattling** N (esp Pol) tentatives fpl d'intimidation
**sabre-toothed tiger** N tigre m à dents de sabre

**sac** /sæk/ N (Anat, Bio) sac m

**saccharase** /ˈsækəˌreɪs/ N saccharase f

**saccharate** /ˈsækəˌreɪt/ N saccharate m

**saccharic** /ˈsækærɪk/ ADJ ◆ **saccharic acid** acide m saccharique

**saccharification** /sæˌkærɪfɪˈkeɪʃən/ N saccharification f

**saccharimeter** /ˌsækəˈrɪmɪtə<sup>r</sup>/ N saccharimètre m

**saccharimetry** /ˌsækəˈrɪmɪtrɪ/ N saccharimétrie f

**saccharin** /ˈsækərɪn/ N (US) ⇒ **saccharine** noun

**saccharine** /ˈsækəriːn/
**ADJ** ① (Culin) [product] à la saccharine ; [pill, flavour] de saccharine
② (= sentimental) [story, ending] mièvre ; [ballad, melody] sirupeux ; [sweetness, smile] mielleux ◆ **saccharine sentimentality** mièvrerie f
**N** saccharine f

**saccharometer** /ˌsækəˈrɒmɪtə<sup>r</sup>/ N glucomètre m, pèse-moût m

**saccharose** /ˈsækərəʊz/ N saccharose m

**saccule** /ˈsækjuːl/ N (pl **saccules** or **sacculi** /ˈsækjʊliː/) saccule m

**sacerdotal** /ˌsæsəˈdəʊtl/ ADJ sacerdotal

**sachet** /ˈsæʃeɪ/ N sachet m ; [of shampoo] dosette f

**sack¹** /sæk/ SYN
**N** ① (= bag) sac m ◆ **coal sack** sac m à charbon ◆ **sack of coal** sac m de charbon ◆ **a sack of potatoes** un sac de pommes de terre ◆ **that dress makes her look like a sack of potatoes** elle ressemble à un sac de pommes de terre dans cette robe ◆ **she flopped down on to the sofa like a sack of potatoes** elle s'est affalée sur le canapé
② (* = dismissal) ◆ **to give sb the sack** renvoyer qn, virer* qn ◆ **to get the sack** être renvoyé, se faire virer* ◆ **he got the sack for stealing** il s'est fait virer* parce qu'il avait volé
③ (esp US * = bed) pieu* m, plumard* m ◆ **to hit the sack** aller se pieuter* ◆ **he's hot in the sack** c'est un bon coup*
**VT** (= dismiss) [+ employee] renvoyer, virer*
COMP **sack dress** N robe f sac
**sack race** N course f en sac
▶ **sack out**\*, **sack up**\* VI (US = go to bed) aller se pieuter*

**sack²** /sæk/ SYN (liter)
**N** (= plundering) sac m, pillage m
**VT** [+ town] mettre à sac, piller

**sack³** /sæk/ N (= wine) vin m blanc sec

**sackbut** /ˈsækbʌt/ N (Mus) saquebute f

**sackcloth** /ˈsækklɒθ/ N grosse toile f, toile f à sac ◆ **sackcloth and ashes** (Rel) le sac et la cendre ◆ **to be in sackcloth and ashes** (fig) être contrit

**sackful** /ˈsækfʊl/ N ◆ **a sackful of** un sac plein de ◆ **letters by the sackful** des lettres par sacs entiers, une avalanche de lettres

**sacking¹** /ˈsækɪŋ/ N ① (NonC = fabric) grosse toile f, toile f à sac
② (= dismissal) renvoi m ◆ **large scale sackings** renvois mpl massifs

**sacking²** /ˈsækɪŋ/ N (= plundering) sac m, pillage m

**sackload** /ˈsæklaʊd/ N ⇒ **sackful**

**sacra** /ˈsækrə/ NPL of **sacrum**

**sacral** /ˈseɪkrəl/ ADJ (Anat) sacré

**sacrament** /ˈsækrəmənt/ N sacrement m ◆ **to receive the sacraments** communier ; → **blessed**

**sacramental** /ˌsækrəˈmentl/
**ADJ** sacramentel
**N** sacramental m

**sacramentalism** /ˌsækrəˈmentəlɪzəm/ N croyance en l'efficacité des sacrements

**Sacramentarian** /ˌsækrəmenˈtɛərɪən/ ADJ, N sacramentaire mf

**Sacré Cœur** /ˌsakreɪˈkɜː<sup>r</sup>/ N Sacré-Cœur m

**sacred** /ˈseɪkrɪd/ SYN
**ADJ** ① (= holy) [place, object, animal, symbol] sacré (to pour)
② (= religious) [art, music, rite] sacré, religieux ◆ **sacred writings** livres mpl sacrés ◆ **sacred and profane love** l'amour m sacré et l'amour m profane
③ (= sacrosanct) [principle, duty, promise] sacré (to pour) ◆ **sacred to the memory of sb** consacré à la mémoire de qn ◆ **is nothing sacred?** les gens ne respectent plus rien ! ◆ **to her nothing was sacred** elle ne respectait rien (ni personne)
COMP **sacred cow** N (lit, fig) vache f sacrée
**the Sacred Heart** N le Sacré-Cœur
**Sacred History** N Histoire f sainte
**sacred mushroom** N champignon m hallucinogène

**sacredness** /ˈseɪkrɪdnɪs/ N caractère m sacré

**sacrifice** /ˈsækrɪfaɪs/ SYN
**N** (all senses) sacrifice m ◆ **the sacrifice of the mass** (Rel) le saint sacrifice (de la messe) ◆ **to make great sacrifices** (fig) faire or consentir de grands sacrifices (for sb pour qn ; to do sth pour faire qch) ; → **self**
**VT** (all senses) sacrifier (to à) ◆ **to sacrifice o.s. for sb** se sacrifier pour qn ◆ "**cost £25: sacrifice for £5**" (in small ads) « prix 25 livres : sacrifié à 5 livres »

**sacrificial** /ˌsækrɪˈfɪʃəl/
**ADJ** [rite] sacrificiel ; [animal] du sacrifice
COMP **sacrificial lamb** N (Bible) agneau m pascal ; (fig) bouc m émissaire
**sacrificial victim** N (lit) victime f du sacrifice ; (fig) victime f expiatoire

**sacrilege** /ˈsækrɪlɪdʒ/ SYN N (lit, fig) sacrilège m ◆ **that would be sacrilege** ce serait un sacrilège

**sacrilegious** /ˌsækrɪˈlɪdʒəs/ ADJ sacrilège ◆ **it would be sacrilegious to do such a thing** ce serait (un) sacrilège de faire une chose pareille

**sacrilegiously** /ˌsækrɪˈlɪdʒəslɪ/ ADV de façon sacrilège

**sacrist(an)** /ˈsækrɪst(ən)/ N sacristain(e) m(f), sacristine f

**sacristy** /ˈsækrɪstɪ/ N sacristie f

**sacroiliac** /ˌseɪkrəʊˈɪlɪæk/
**ADJ** sacro-iliaque
**N** articulation f sacro-iliaque

**sacrosanct** /ˈsækrəʊsæŋkt/ ADJ sacro-saint

**sacrum** /ˈsækrəm/ N (pl **sacra**) sacrum m

**SAD** /sæd/ N (abbrev of **seasonal affective disorder**) → **seasonal**

**sad** /sæd/ LANGUAGE IN USE 24.4 SYN
**ADJ** ① (= unhappy) [person, expression, eyes] triste ; [feeling] de tristesse ◆ **to become sad** devenir

triste ◆ **the more he thought about it, the sadder he became** plus il y pensait, plus ça le rendait triste ◆ **to make sb sad** attrister qn, rendre qn triste ◆ **it makes me sad to think that...** ça me rend triste *or* ça m'attriste de penser que... ◆ **he eventually departed a sadder and (a) wiser man** finalement il partit, mûri par la dure leçon de l'expérience ◆ **I'm sad that I/you won't be able to come** je suis désolé de ne pouvoir venir/que vous ne puissiez pas venir ◆ **I shall be sad to leave** je serai désolé de partir ◆ **he was sad to see her go** il était triste de la voir partir ◆ **(I'm) sad to say he died five years ago** malheureusement, il est mort il y a cinq ans

[2] *(= saddening) [story, news, situation, duty, occasion]* triste ; *[loss]* douloureux ◆ **it's a sad business** c'est une triste affaire ◆ **it's a sad state of affairs** c'est un triste état de choses ◆ **the sad fact** *or* **truth is that...** la triste vérité est que... ◆ **it's sad that they can't agree** c'est désolant qu'ils n'arrivent pas à se mettre d'accord ◆ **it's sad to see such expertise wasted** c'est désolant de voir ce talent gâché ◆ **sad to say, he died soon after** c'est triste à dire *or* malheureusement, il est mort peu après

[3] *(* pej = pathetic) [person]* minable *, pitoyable ◆ **that sad little man** ce pauvre type

COMP **sad bastard** ** N pauvre con ** *m*

**sad case** * N ◆ **he's a real sad case** c'est vraiment un cas navrant

**sad-eyed** ADJ aux yeux tristes

**sad-faced** ADJ au visage triste

**sad sack** * N *(US) (gen)* nullité *f* ; *(= soldier)* mauvais soldat *m*

**sadden** /ˈsædn/ SYN VT attrister, rendre triste ◆ **it saddens me to hear that he has gone** je suis peiné d'apprendre qu'il est parti ◆ **it saddens me that...** cela m'attriste que... + *subj*

**saddening** /ˈsædnɪŋ/ ADJ attristant, triste ◆ **it is saddening to think that...** c'est triste de penser que...

**saddle** /ˈsædl/ SYN

N [1] *[of horse, cycle]* selle *f* ◆ **to be in the saddle** *(= on horse)* être en selle ; *(= in power)* tenir les rênes ◆ **he leaped into the saddle** il sauta en selle ; → **sidesaddle**

[2] *[of hill]* col *m*

[3] *(Culin)* ◆ **saddle of lamb** selle *f* d'agneau ◆ **saddle of hare** râble *m* de lièvre

VT [1] (also **saddle up**) *[+ horse]* seller

[2] *(* fig)* ◆ **to saddle sb with sth** *[person][+ job, debts, responsibility]* refiler * qch à qn ◆ **I've been saddled with organizing the meeting** je me retrouve avec l'organisation de la réunion sur les bras ◆ **the war saddled the country with a huge debt** à cause de la guerre le pays s'est retrouvé lourdement endetté ◆ **we're saddled with it** nous voilà avec ça sur les bras ◆ **to saddle o.s. with sth** s'encombrer de qch

COMP **saddle-backed** ADJ *[horse]* ensellé

**saddle horse** N cheval *m* de selle

**saddle joint** N *(of mutton or lamb)* selle *f*

**saddle roof** N toit *m* à deux versants

**saddle shoes** NPL *(US) chaussures basses bicolores*

**saddle soap** N cire *f* pour selles

**saddle-sore** ADJ meurtri à force d'être en selle

**saddle-stitched** ADJ cousu à longs points

**saddlebag** /ˈsædlbæg/ N *[of horse]* sacoche *f* (de selle) ; *[of cycle]* sacoche *f* (de bicyclette)

**saddlebill** /ˈsædlˌbɪl/ N jabiru *m*

**saddlebow** /ˈsædlbəʊ/ N pommeau *m* de selle

**saddlecloth** /ˈsædlklɒθ/ N tapis *m* de selle

**saddler** /ˈsædləʳ/ N sellier *m*

**saddlery** /ˈsædlərɪ/ N *(= articles, business)* sellerie *f*

**saddletree** /ˈsædlˌtriː/ N arçon *m*

**saddo** ** /ˈsædəʊ/ (pl **saddos** or **saddoes**)

ADJ minable

N *(= person)* pauvre type *m* **, minable *mf*

**Sadducean** /ˌsædjʊˈsiːən/ ADJ, N sad(d)ucéen(ne) *m(f)*

**Sadducee** /ˈsædjʊsiː/ N Sad(d)ucéen(ne) *m(f)*

**sadism** /ˈseɪdɪzəm/ N sadisme *m*

**sadist** /ˈseɪdɪst/ ADJ, N sadique *mf*

**sadistic** /səˈdɪstɪk/ SYN ADJ sadique

**sadistically** /səˈdɪstɪkəlɪ/ ADV sadiquement, avec sadisme

**sadly** /ˈsædlɪ/ ADV [1] *(= sorrowfully) [say, smile, look at, shake one's head]* tristement, avec tristesse

[2] *(= woefully) [familiar, evident, neglected]* tristement ; *[disappointed]* profondément ◆ **to be sadly lacking in sth** manquer cruellement de qch ◆ **to be sadly in need of sth** avoir bien besoin de qch ◆ **to be sadly mistaken** se tromper lourdement ◆ **he will be sadly missed** il sera regretté de tous

[3] *(= unfortunately)* malheureusement ◆ **sadly for sb/sth** malheureusement pour qn/qch ◆ **Jim, who sadly died in January...** Jim, qui, à notre grande tristesse, est mort en janvier...

**sadness** /ˈsædnɪs/ SYN N *(NonC)* tristesse *f*, mélancolie *f*

**sadomasochism** /ˌseɪdəʊˈmæsəkɪzəm/ N sadomasochisme *m*

**sadomasochist** /ˌseɪdəʊˈmæsəkɪst/ N sadomasochiste *mf*

**sadomasochistic** /ˌseɪdəʊmæsəˈkɪstɪk/ ADJ sadomasochiste

**SAE, s.a.e.** /ˌeseɪˈiː/ N *(Brit)* [1] (abbrev of **stamped addressed envelope**) → **stamp**

[2] (abbrev of **self-addressed envelope**) → **self**

**safari** /səˈfɑːrɪ/

N safari *m* ◆ **to be/go on (a) safari** faire/aller faire un safari

COMP **safari hat** N chapeau *m* de brousse

**safari jacket** N saharienne *f*

**safari park** N *(Brit)* parc *m* animalier ; *(in Africa)* réserve *f* animalière

**safari shirt** N saharienne *f*

**safari suit** N ensemble *m* saharien

**safe** /seɪf/ SYN

ADJ [1] *(= not risky) [substance, toy]* sans danger ; *[nuclear reactor]* sûr, sans danger ; *[place, vehicle]* sûr ; *[ladder, structure]* solide ◆ **in a safe place** en lieu sûr ◆ **a safe anchorage** un bon mouillage ◆ **the ice isn't safe** la glace n'est pas solide ◆ **he's a safe pair of hands** c'est quelqu'un de sûr ◆ **to be in safe hands** être en de bonnes mains ◆ **is that dog safe?** ce chien n'est pas méchant ? ◆ **that dog isn't safe with** *or* **around children** ce chien peut présenter un danger pour les enfants ◆ **he's safe in jail * for the moment** pour le moment on est tranquille, il est en prison ◆ **the safest thing (to do) would be to wait here** le plus sûr serait d'attendre ici ; → **house, play**

◆ **to make sth safe** ◆ **to make a bomb safe** désamorcer une bombe ◆ **to make a building safe** assurer la sécurité d'un bâtiment ◆ **to make a place safe for sb/sth** éliminer tous les dangers qu'un endroit pourrait présenter pour qn/qch ◆ **to make it safe, the element is electrically insulated** pour plus de sécurité, l'élément est isolé

◆ **safe to...** ◆ **the water is safe to drink** on peut boire cette eau sans danger, l'eau est potable ◆ **this food is perfectly safe to eat** la consommation de cet aliment ne présente aucun danger ◆ **it is safe to say/assume that...** on peut affirmer/supposer sans trop s'avancer que... ◆ **is it safe to come out?** est-ce qu'on peut sortir sans danger ? ◆ **is it safe to use rat poison with children around?** n'est-ce pas dangereux d'utiliser de la mort-aux-rats là où il y a des enfants ? ◆ **they assured him that it was safe to return** ils lui ont assuré qu'il pouvait revenir en toute sécurité ◆ **it might be safer to wait** il serait peut-être plus prudent d'attendre ◆ **it's not safe to go out after dark** il est dangereux de sortir la nuit

[2] *[choice, job]* sûr ; *[method]* sans risque ; *[limit, level]* raisonnable ◆ **keep your alcohol consumption (to) within safe limits** buvez avec modération ◆ **a safe margin** une marge de sécurité ◆ **to keep a safe distance from sb/sth** *or* **between o.s. and sb/sth** *(gen)* se tenir à bonne distance de qn/qch ; *(while driving)* maintenir la distance de sécurité par rapport à qn/qch ◆ **to follow sb at a safe distance** suivre qn à une distance respectueuse ◆ **(just) to be on the safe side** * par précaution, pour plus de sûreté

[3] *(= successful, problem-free)* ◆ **to wish sb a safe journey** souhaiter bon voyage à qn ◆ **(have a) safe journey!** bon voyage ! ◆ **a safe landing** un atterrissage réussi ◆ **he wrote to acknowledge the safe arrival of the photographs** il a écrit pour dire que les photos étaient bien arrivées ◆ **to ensure the safe delivery of supplies** veiller à ce que les vivres arrivent *subj* à bon port ◆ **let us pray for the safe return of the troops** prions pour que nos troupes reviennent saines et sauves ◆ **to ensure the safe return of the hostages** faire en sorte que les otages soient libérés sains et saufs ◆ **a reward for the safe return of the stolen equipment** une récompense à qui rapportera en bon état l'équipement volé

[4] *(= likely to be right)* ◆ **it is a safe assumption that...** on peut dire sans trop s'avancer que... ◆ **this was a pretty safe guess** on ne s'avançait pas trop en supposant cela

◆ **a safe bet** *(safe choice)* un bon choix ◆ **the house wine is always a safe bet** choisir la cuvée du patron, c'est sans risque ◆ **it is a safe bet that...** il y a toutes les chances pour que... + *subj* ◆ **it's a safe bet he'll win** il gagnera à coup sûr

[5] *(= not in danger) [person]* en sécurité ; *(= no longer in danger)* hors de danger ; *[object]* en sécurité ◆ **I don't feel very safe on this ladder** je ne me sens pas très en sécurité sur cette échelle ◆ **I won't feel safe until he is behind bars** je ne serai pas tranquille tant qu'il ne sera pas derrière les barreaux ◆ **I feel so safe here with you** je me sens tellement en sécurité ici auprès de toi ◆ **he's safe for re-election** il sera réélu à coup sûr ◆ **safe in the knowledge that...** avec la certitude que... ◆ **safe and sound** sain et sauf ◆ **a safe winner** *(Sport)* un gagnant certain *or* assuré ◆ **to be safe with sb** être en sécurité avec qn ◆ **I'll keep it safe for you** je vais vous le garder en lieu sûr ◆ **your reputation is safe** votre réputation ne craint rien ◆ **your secret is safe (with me)** je ne le répéterai pas, (avec moi) votre secret ne risque rien ◆ **no girl is safe with him** *(fig)* c'est un séducteur impénitent ◆ **better safe than sorry** *(Prov)* deux précautions valent mieux qu'une *(Prov)*

◆ **to be safe from sth** être à l'abri de qch ◆ **the town is now safe from attack** la ville est maintenant à l'abri de toute attaque ◆ **I'm safe from him now** il ne peut plus me nuire *or* me faire de mal maintenant ◆ **to be safe from being sued** ne pas risquer de procès ◆ **he's safe from harm** il n'est pas en danger ◆ **to keep sb safe from harm** protéger qn

N *(for money, valuables)* coffre-fort *m* ; → **meat**

COMP **safe area** N *(Pol)* zone *f* de sécurité

**safe-blower** N perceur *m* de coffre-fort *(qui utilise des explosifs)*

**safe-breaker** N perceur *m* de coffre-fort

**safe-conduct** N *(Mil etc)* sauf-conduit *m*

**safe-cracker** N ⇒ **safe-breaker**

**safe deposit** N *(= vault)* chambre *f* forte, salle *f* des coffres ; (also **safe deposit box**) coffre(-fort) *m (à la banque)*

**safe haven** N [1] *(Mil, Pol)* zone *f* de refuge

[2] *(= refuge) (gen)* abri *m* sûr ; *(for terrorists, criminals)* repaire *m* ; *(for people in danger)* refuge *m* ◆ **to provide safe haven for sb, to offer safe haven to sb** offrir un abri sûr *or* un refuge à qn

[3] *(fig = escape)* refuge *m (from* contre*)* ◆ **the idea of the family as a safe haven from the brutal outside world** la famille perçue comme un refuge contre la brutalité du monde extérieur ◆ **the district was once a safe haven from Manhattan's hustle and bustle** le quartier était autrefois à l'abri du tourbillon d'activité de Manhattan

**safe house** N lieu *m* sûr

**safe passage** N ◆ **to guarantee sb/sth (a) safe passage to/from a country** assurer la protection de qn/qch à son entrée dans un pays/à sa sortie d'un pays

**the safe period** * N *(Med)* la période sans danger

**safe seat** N siège *m* sûr *(Brit Pol)* ◆ **it was a safe Conservative seat** c'était un siège acquis au parti conservateur → MARGINAL SEAT

**safe sex** N rapports *mpl* sexuels sans risque ; *(specifically with condom)* rapports *mpl* sexuels protégés

**safeguard** /ˈseɪfgɑːd/ SYN

VT sauvegarder, protéger *(against* contre*)*

N sauvegarde *f*, garantie *f (against* contre*)* ◆ **as a safeguard against** comme sauvegarde contre, pour éviter

COMP **safeguard clause** N *(Jur)* clause *f* de sauvegarde

**safekeeping** /ˌseɪfˈkiːpɪŋ/ N ◆ **in safekeeping** sous bonne garde, en sécurité ◆ **I gave it to him for safekeeping, I put it in his safekeeping** je le lui ai donné à garder ◆ **the key is in his safekeeping** on lui a confié la clé

**safely** /ˈseɪflɪ/ SYN ADV [1] *(= without risk)* sans risque *or* danger, en toute sécurité ◆ **you can walk about quite safely in the town centre** vous pouvez vous promener sans risque *or* sans danger dans le centre-ville ◆ **most food can safely be frozen for months** on peut congeler la plupart des aliments sans risque *or* sans danger pendant plusieurs mois ◆ **drive safely!** sois prudent ! ◆ **he was safely tucked up in bed** il était en sécurité *or* bien au chaud dans son lit

**2** (= without mishap) [return, land] sans encombre ; [arrive] bien, à bon port ◆ **give me a ring to let me know you've got home safely** passe-moi un coup de fil pour que je sache que tu es bien rentré ◆ **the consignment reached us safely** nous avons bien reçu les marchandises
**3** (= securely) [shut, locked, stowed] bien ◆ **to put sth away safely** ranger qch en lieu sûr
**4** (= well and truly) ◆ **now that the election is safely out of the way, the government can...** maintenant que le gouvernement n'a plus à se soucier des élections, il peut... ◆ **he's safely through to the semi-final** il est arrivé sans encombre en demi-finale
**5** (= confidently) ◆ **one can safely say that...** on peut, sans risque de se tromper, affirmer que... ◆ **I think I can safely say that...** je pense pouvoir dire sans trop m'avancer que...

**safeness** /'seɪfnɪs/ N (= freedom from danger) sécurité f ; [of construction, equipment] solidité f
**safety** /'seɪftɪ/ SYN
**N 1** (= not being in danger) sécurité f ◆ **his safety must be our first consideration** sa sécurité doit être notre premier souci ◆ **for his (own) safety** pour sa (propre) sécurité ◆ **for safety's sake** pour plus de sûreté, par mesure de sécurité ◆ **to ensure sb's safety** veiller sur or assurer la sécurité de qn ◆ **he sought safety in flight** il chercha le salut dans la fuite ◆ **they went back to the safety of the house** ils sont retournés se réfugier dans la maison ◆ **they watched from the safety of the embassy** en lieu sûr or loin du danger dans l'ambassade, ils regardaient la scène ◆ **there is safety in numbers** plus on est nombreux, moins il y a de danger ◆ **in a place of safety** en lieu sûr ◆ **in safety** en sécurité ◆ **he reached safety at last** il fut enfin en sûreté or en sécurité ◆ **to play for safety** ne pas prendre de risques ◆ **safety first!** la sécurité d'abord ! ; see also comp, road
**2** (= not presenting any danger) [of drug] innocuité f ; [of machine, power plant] sécurité f **they are concerned about the safety of the equipment** ils s'interrogent sur la sécurité du matériel
**COMP** **safety belt** N ceinture f de sécurité
**safety blade** N lame f de sûreté
**safety bolt** N verrou m de sûreté
**safety catch** N cran m de sûreté
**safety chain** N chaîne f de sûreté
**safety curtain** N (Theat) rideau m de fer
**safety-deposit box** N (US) coffre(-fort) m (à la banque)
**safety device** N ⇒ safety feature
**safety factor** N coefficient m de sécurité
**safety feature** N dispositif m de sécurité
**safety glass** N verre m securit ® or de sécurité
**safety helmet** N casque m de protection
**safety island** N (US : on road) refuge m
**safety lamp** N lampe f de mineur
**safety lock** N serrure f de sûreté
**safety margin** N marge f de sécurité
**safety match** N allumette f de sûreté or suédoise
**safety measure** N mesure f de sécurité ◆ **as a safety measure** pour plus de sûreté, par mesure de sécurité
**safety mechanism** N dispositif m de sécurité
**safety net** N (lit) filet m (de protection) ; (fig) filet m de sécurité
**safety officer** N responsable mf de la sécurité
**safety pin** N épingle f de nourrice
**safety precaution** N mesure f de sécurité
**safety razor** N rasoir m mécanique or de sûreté
**safety regulations** NPL règles fpl de sécurité
**safety screen** N écran m de sécurité
**safety standards** NPL normes fpl de sécurité
**safety valve** N (lit, fig) soupape f de sûreté
**safety zone** N (US : on road) refuge m (pour piétons)

**safflower** /'sæflaʊəʳ/ N (= plant) carthame m ; (= dye) carthamine f
**saffron** /'sæfrən/
**N** safran m
**ADJ** [colour, robe] safran inv ; [flavour] safrané, de safran
**COMP** **saffron-coloured** ADJ safran inv
**saffron powder** N safran m
**saffron rice** N riz m safrané or au safran
**saffron strands, saffron threads** NPL pistils mpl de safran, filaments mpl de safran
**saffron yellow** ADJ jaune inv safran inv

**safranine** /'sæfrənɪn/ N safranine f
**sag** /sæg/
**VI** [roof, chair] s'affaisser ; [beam, floorboard] s'arquer, fléchir ; [cheeks, breasts, hemline] pendre ; [rope] être détendu ; [gate] être affaissé ; [prices] fléchir, baisser
**N** [of prices, sales, credibility] baisse f ; [of roof] affaissement m ◆ **the sag in the market** la contraction du marché

**saga** /'sɑːɡə/ N (Literat) saga f ; (= film, story) aventure f épique ; (= novel) roman-fleuve m ◆ **he told me the whole saga of what had happened** il m'a raconté tout ce qui était arrivé or toutes les péripéties en long et en large ◆ **the hostage saga** la saga de la prise d'otages ◆ **the long-running saga of education reform** le long feuilleton de la réforme du système scolaire
**sagacious** /sə'ɡeɪʃəs/ ADJ (frm) [person, remark] sagace ; [choice] judicieux
**sagaciously** /sə'ɡeɪʃəslɪ/ ADV (frm) avec sagacité
**sagaciousness** /sə'ɡeɪʃəsnɪs/, **sagacity** /sə'ɡæsɪtɪ/ N sagacité f
**sage¹** /seɪdʒ/
**N** (= plant) sauge f ◆ **sage and onion stuffing** farce f à l'oignon et à la sauge
**COMP** **sage green** ADJ vert m cendré inv
**sage²** /seɪdʒ/ SYN (liter)
**ADJ** [person, advice] sage ◆ **sage words of warning** une sage mise en garde
**N** sage m
**sagebrush** /'seɪdʒbrʌʃ/ N (US) armoise f ◆ **the Sagebrush State** le Nevada
**sagely** /'seɪdʒlɪ/ ADV (= wisely) [say] avec sagesse ; (iro) (= importantly) avec componction ◆ **to nod sagely** opiner de la tête avec componction
**sagging** /'sæɡɪŋ/ ADJ **1** (= drooping) [armchair, ceiling, beam] affaissé ; [rope] détendu ; [stomach] qui s'affaisse ; [breasts] qui tombent, flasque ; [cheeks, hemline] pendant ; [skin] distendu
**2** (= flagging) [morale, spirits] défaillant ; [stock market, dollar] mou (molle f) ◆ **to bolster one's sagging popularity** soutenir sa popularité en baisse ◆ **the president's sagging ratings** la cote de popularité en baisse du président
**saggy*** /'sæɡɪ/ ADJ [mattress, sofa] défoncé ; [garment] avachi ; [bottom, breasts] flasque
**Sagittarian** /ˌsædʒɪ'tɛərɪən/
**N** ◆ **to be (a) Sagittarian** être (du) Sagittaire
**ADJ** [person] du Sagittaire ; [character trait] propre au Sagittaire
**Sagittarius** /ˌsædʒɪ'tɛərɪəs/ N (Astron) Sagittaire m ◆ **I'm (a) Sagittarius** (Astrol) je suis (du) Sagittaire
**sagittate** /'sædʒɪteɪt/ ADJ sagitté
**sagittiform** /sə'dʒɪtɪfɔːm/ ADJ sagitté
**sago** /'seɪɡəʊ/
**N** sagou m
**COMP** **sago palm** N sagoutier m
**sago pudding** N sagou m au lait
**Sahara** /sə'hɑːrə/ N ◆ **the Sahara (Desert)** le (désert du) Sahara
**Saharan** /sə'hɑːrən/ ADJ saharien, du Sahara
**sahib** /'sɑːhɪb/ N (in India) sahib m ◆ **yes, sahib** oui, sahib ◆ **Smith Sahib** Monsieur Smith
**said** /sed/
**VB** pt, ptp of **say**
**ADJ** (frm, Jur) ◆ **the said newspaper** ledit journal ◆ **the circulation of the said newspaper** le tirage dudit journal ◆ **the said letter** ladite lettre ◆ **the said Daphne** ladite Daphne
**saiga** /'saɪɡə/ N (= animal) saïga m
**Saigon** /saɪ'ɡɒn/ N Saïgon
**sail** /seɪl/ SYN
**N 1** [of boat] voile f ; → **hoist**, **wind¹**
◆ **to set sail** [boat] prendre la mer ; [person] partir en bateau ◆ **to set sail for** [boat] partir à destination de ◆ **he has set sail for America** il est parti pour l'Amérique (en bateau) ◆ **he set sail from Dover** il est parti de Douvres (en bateau)
◆ **under + sail** à la voile ◆ **under full sail** toutes voiles dehors
**2** (= trip) ◆ **to go for a sail** faire un tour en bateau or en mer ◆ **Spain is two days' sail from here** l'Espagne est à deux jours de mer
**3** [of windmill] aile f
**VI 1** [boat] ◆ **the steamer sails at 6 o'clock** le vapeur prend la mer or part à 6 heures ◆ **the boat sailed up/down the river** le bateau remonta/descendit la rivière ◆ **the ship sailed into Cadiz** le bateau entra dans le port de Cadix ◆ **the ship sailed away into the distance** le navire s'éloigna ◆ **to sail into harbour** entrer au port ◆ **the ship sailed out of Southampton/round the cape** le bateau a quitté le port de Southampton/a doublé le cap ◆ **to sail at 10 knots** filer 10 nœuds
**2** ◆ **he sails** or **goes sailing every weekend** il fait du bateau or de la voile tous les week-ends ◆ **to sail away/back** etc partir/revenir etc en bateau ◆ **we sail at 6 o'clock** nous partons à 6 heures, le bateau part à 6 heures ◆ **we sailed into Southampton** nous sommes entrés dans le port de Southampton ◆ **we sailed for Australia** nous sommes partis pour l'Australie (en bateau) ◆ **to sail round the world** faire le tour du monde en bateau ◆ **to sail into the wind** avancer contre le vent ◆ **to sail close to the wind** (lit) naviguer au plus près ◆ **to sail close** or **near to the wind** (fig) (= take a risk) jouer un jeu dangereux ; (= nearly break law) friser l'illégalité ; (in jokes etc) friser la vulgarité ◆ **to sail under false colours** (fig) agir sous de faux prétextes
**3** [swan etc] glisser ◆ **clouds were sailing across the sky** des nuages glissaient or couraient dans le ciel ◆ **the pole vaulter sailed over the bar** le perchiste a facilement franchi la barre ◆ **she sailed into the room*** elle est entrée dans la pièce d'un pas majestueux ◆ **the plate sailed past my head and hit the door** l'assiette est passée à côté de ma tête et a heurté la porte
**VT 1** (liter) ◆ **to sail the seas** parcourir les mers ◆ **he sailed the Atlantic last year** l'année dernière il a fait la traversée de or il a traversé l'Atlantique (en bateau)
**2** [+ boat] (= manoeuvre) manœuvrer ◆ **she sailed her boat into the harbour** elle a manœuvré (son bateau) pour entrer dans le port ◆ **he sailed his boat round the cape** il a doublé le cap ◆ **he sails his own yacht** (= owns it) il a son propre yacht ; (= captains it) il barre or pilote son yacht lui-même
**COMP** **sail maker** N voilier m (personne)
▶ **sail into** VT FUS (= scold) ◆ **he really sailed into me** il m'a volé dans les plumes*
▶ **sail through***
**VI** réussir haut la main
**VT FUS** ◆ **to sail through one's degree/one's driving test** avoir sa licence/son permis de conduire haut la main

**sailboard** /'seɪlbɔːd/ N planche f à voile
**sailboarder** /'seɪlˌbɔːdəʳ/ N véliplanchiste mf
**sailboarding** /'seɪlbɔːdɪŋ/ N planche f à voile ◆ **to go sailboarding** faire de la planche à voile
**sailboat** /'seɪlbəʊt/ N (US) bateau m à voiles, voilier m
**sailcloth** /'seɪlklɒθ/ N toile f à voile
**sailfish** /'seɪlfɪʃ/ N (= game fish) porte-voile m ; (= basking shark) (requin m) pèlerin m
**sailing** /'seɪlɪŋ/
**N 1** (NonC = activity, hobby) (dinghies etc) navigation f à voile ; (yachts) navigation f de plaisance ◆ **a day's sailing** une journée de voile or en mer ◆ **his hobby is sailing** son passe-temps favori est la voile ; → **plain**
**2** (= departure) départ m
**COMP** **sailing boat** N (Brit) bateau m à voiles, voilier m
**sailing date** N date f de départ (d'un bateau)
**sailing dinghy** N canot m à voiles, dériveur m
**sailing orders** NPL instructions fpl de navigation
**sailing ship** N grand voilier m, navire m à voiles
**sailor** /'seɪləʳ/ SYN
**N** (gen) marin m ; (before the mast) matelot m ◆ **to be a good/bad sailor** avoir/ne pas avoir le pied marin
**COMP** **sailor hat** N chapeau m de marin
**sailor suit** N costume m marin
**sailplane** /'seɪlpleɪn/ N planeur m
**sainfoin** /'sænfɔɪn/ N sainfoin m
**saint** /seɪnt/
**N** saint(e) m(f) ◆ **saint's day** fête f (de saint) ◆ **All Saints' (Day)** la Toussaint ◆ **he's no saint*** ce n'est pas un petit saint
**COMP** **Saint Andrew's cross** N croix f de Saint-André
**Saint Anthony's Cross** N tau m inv, croix f de Saint-Antoine
**Saint Anthony's fire** N (Med) mal m des ardents, ergotisme m
**Saint Bartholomew's Day Massacre** N (Hist) (massacre m de la) Saint-Barthélemy f
**Saint Bernard** N (= dog) saint-bernard m
**Saint Bernard Pass** N (col m du) Saint-Bernard
**Saint Elmo's fire** N (Weather) feu m Saint-Elme

**sainted | salmonella**

**Saint George's channel** N canal m Saint-Georges
**Saint Gotthard pass** N col m du Saint-Gothard, Gothard m
**Saint Helena** N (Geog) Sainte-Hélène f ◆ **on Saint Helena** à Sainte-Hélène
**Saint John** N saint m Jean
**Saint John's wort** N mille-pertuis m or mille-pertuis m inv
**the Saint Lawrence** N le Saint-Laurent ◆ **the Saint Lawrence Seaway** la voie maritime du Saint-Laurent
**saint-like** ADJ ⇒ **saintly**
**Saint Lucia** N (Geog) Sainte-Lucie f ◆ **in Saint Lucia** à Sainte-Lucie
**Saint Lucian** ADJ saint-lucien N Saint-Lucien(ne) m(f)
**Saint Patrick's Day** N la Saint-Patrick
**Saint Peter's Church** N (l'église f) Saint-Pierre
**Saint Peter's fish** N saint-pierre m inv
**Saint Pierre and Miquelon** N (Geog) Saint-Pierre-et-Miquelon
**Saint Vincent and the Grenadines** N (Geog) Saint-Vincent-et-Grenadines
**Saint Vitus' dance** N (Med) danse f de Saint-Guy

**sainted** /ˈseɪntɪd/ ADJ († or hum) ◆ **your sainted father** votre saint homme de père ◆ **my sainted aunt!*** (esp Brit) sacrebleu ! *

**sainthood** /ˈseɪnthʊd/ N sainteté f

**saintliness** /ˈseɪntlɪnɪs/ N sainteté f

**saintly** /ˈseɪntlɪ/ SYN ADJ [man, woman] saint before n ; [quality, behaviour, generosity] digne d'un saint ; [smile] (false) angélique, de sainte nitouche ◆ **to be saintly** [person] être un(e) saint(e)

**saintpaulia** /sənt'pɔːlɪə/ N saintpaulia m

**saithe** /seɪθ/ (Brit) N lieu noir m, colin m

**Saitic** /ˈseɪtɪk/ ADJ saïte

**sake¹** /seɪk/ SYN N ◆ **for the sake of sb** pour qn, par égard pour qn ◆ **for the sake of your career/my health** pour ta carrière/ma santé ◆ **for God's sake** pour l'amour de Dieu ◆ **for my sake** pour moi, par égard pour moi ◆ **for your own sake** pour ton bien ◆ **for their sake(s)** pour eux ◆ **do it for both our sakes** fais-le (par égard) pour nous deux ◆ **to eat for the sake of eating** manger pour (le plaisir de) manger ◆ **for old times' sake** en souvenir du passé ◆ **let's do it for old times' sake** faisons-le, en souvenir du passé ◆ **for argument's sake** à titre d'exemple ◆ **art for art's sake** l'art pour l'art ◆ **for the sake of peace** pour avoir la paix ; → **goodness, heaven, pity, safety**
◆ **for its own sake** ◆ **to acquire knowledge for its own sake** acquérir des connaissances pour le plaisir ◆ **pleasure for its own sake** le plaisir pour le plaisir ◆ **he loves money for its own sake** il aime l'argent pour l'argent
◆ **for the sake of it** pour le plaisir ◆ **I'm not making changes for the sake of it** je ne fais pas des changements pour le plaisir (d'en faire) ◆ **you're being destructive just for the sake of it** tu détruis pour (le plaisir de) détruire

**sake²**, **saké**, **saki¹** /ˈsɑːkɪ/ N saké m

**saker** /ˈseɪkər/ N (= bird) sacre m

**Sakhalin (Island)** /ˌsækəˈliːn(ˌaɪlənd)/ N (l'île f de) Sakhaline f

**saki²** /ˈsɑːkɪ/ N saki m

**sal** /sæl/
N sel m
**COMP sal ammoniac** N sel m ammoniac
**sal volatile** N sel m volatil

**salaam** /səˈlɑːm/
N salutation f (à l'orientale)
VI saluer (à l'orientale)
EXCL salam

**salability** /ˌseɪləˈbɪlɪtɪ/ N (US) ⇒ **saleability**

**salable** /ˈseɪləbəl/ ADJ (US) ⇒ **saleable**

**salacious** /səˈleɪʃəs/ ADJ (frm) salace, lubrique

**salaciousness** /səˈleɪʃəsnɪs/ N salacité f

**salad** /ˈsæləd/
N salade f ◆ **ham salad** jambon m accompagné de salade ◆ **tomato salad** salade f de tomates ; → **fruit, potato**
**COMP salad bar** N buffet m de crudités
**salad bowl** N saladier m
**salad burnet** N pimprenelle f
**salad cream** N (Brit) (sorte f de) mayonnaise f (en bouteille etc)
**salad days** NPL années fpl de jeunesse et d'inexpérience
**salad dish** N ⇒ **salad bowl**
**salad dressing** N (oil and vinegar) vinaigrette f ; (made with egg) mayonnaise f
**salad oil** N huile f de table
**salad servers** NPL couverts mpl à salade
**salad shaker** N panier m à salade
**salad spinner** N essoreuse f à salade

**salamander** /ˈsæləˌmændər/ N (= lizard, legendary beast) salamandre f

**salami** /səˈlɑːmɪ/ N salami m

**salaried** /ˈsælərɪd/ ADJ [employment, post] salarié ◆ **a salaried employee** un(e) salarié(e)

**salary** /ˈsælərɪ/ LANGUAGE IN USE 19.2 SYN
N salaire m ◆ **he couldn't do that on his salary** il ne pourrait pas faire ça avec ce qu'il gagne or avec son salaire
**COMP salary bracket** N fourchette f des salaires
**salary earner** N personne f qui touche un salaire
**salary increase** N augmentation f de salaire
**salary range** N éventail m des salaires
**salary review** N révision f des salaires
**salary scale** N échelle f des salaires

**salaryman** /ˈsælərɪmæn/ N (pl **-men**) employé m de bureau (surtout au Japon)

**salchow** /ˈsælkəʊ/ N (Skating) salchow m

**sale** /seɪl/ SYN
N [1] (= act) vente f ◆ **we made a quick sale** la vente a été vite conclue ◆ **he finds a ready sale for his vegetables** il n'a aucun mal à vendre ses légumes ◆ **on sale or return, on a sale-or-return basis** avec possibilité de retour ◆ **sales are up/down** les ventes ont augmenté/baissé ◆ **she is in sales** elle est or travaille dans la vente ◆ **sale by auction** vente f publique, vente f aux enchères ; → **cash, quick**
◆ **for sale** à vendre ◆ **"not for sale"** « cet article n'est pas à vendre » ◆ **to put sth up for sale** mettre qch en vente ◆ **our house is up for sale** notre maison est à vendre or en vente
◆ **on sale** (Brit) en vente ◆ **on sale at all good chemists** en vente dans toutes les bonnes pharmacies ◆ **to go on sale** être mis en vente
[2] (= event : gen) vente f ; (also **auction sale**) vente f (aux enchères) ; (Comm: also **sales**) soldes mpl ◆ **the sales are on** c'est la saison des soldes ◆ **the sale begins** or **the sales begin next week** les soldes commencent la semaine prochaine ◆ **this shop is having a sale just now** il y a des soldes dans ce magasin en ce moment ◆ **to put sth in the sale** solder qch ◆ **in a sale** en solde ◆ **they are having a sale in aid of the blind** on organise une vente (de charité) en faveur des aveugles ; → **bring, clearance, jumble**
**COMP sale of produce** N vente f de produits
**sale of work** N vente f de charité
**sale price** N prix m soldé
**sales analysis** N analyse f des ventes
**sales assistant** N (Brit) vendeur m, -euse f
**sales campaign** N campagne f de vente
**sales clerk** N (US) ⇒ **sales assistant**
**sales conference** N réunion f de la force de vente
**sales department** N service m des ventes
**sales director** N directeur m, -trice f or chef m des ventes
**sales drive** N campagne f de promotion des ventes
**sales figures** NPL chiffres mpl des ventes
**sales force** N force f de vente
**sales forecast** N prévisions fpl de vente(s)
**sales leaflet** N argumentaire m
**sales literature** N documentation f publicitaire
**sales manager** N directeur m, -trice f commercial(e)
**sales meeting** N réunion f du service commercial
**sales office** N bureau m de vente
**sales pitch** N baratin* m publicitaire, boniment m
**sales planning** N planification f des ventes
**sales promotion** N promotion f des ventes
**sales receipt** N ticket m de caisse
**sales rep***, **sales representative** N représentant(e) m(f) (de commerce), VRP m
**sales report** N bilan m commercial
**sales resistance** N réaction f défavorable (à la publicité), résistance f de l'acheteur
**sales revenue** N chiffre m d'affaires
**sales slip** N (in shops) ticket m (de caisse)
**sales talk*** N baratin* m publicitaire, boniment m
**sales target** N objectif m des ventes
**sales tax** N taxe f à l'achat
**sale value** N valeur f marchande
**sales volume** N volume m des ventes

**saleability** /ˌseɪləˈbɪlɪtɪ/ N ◆ **establish the saleability of the property before you buy it** avant d'acheter la propriété, vérifiez si elle est facile à vendre

**saleable**, **salable** (US) /ˈseɪləbl/ ADJ [object] vendable ; [skill] monnayable ; [artist] dont les œuvres sont vendables ◆ **a highly saleable commodity** un produit qui se vend très bien ◆ **small cars are more saleable than big ones at the moment** les petites voitures se vendent mieux que les grosses en ce moment

**salep** /ˈsæləp/ N salep m

**Salerno** /səˈlɜːrnəʊ/ N Salerne f

**saleroom** /ˈseɪlruːm/ N (Brit) salle f des ventes

**salesgirl** /ˈseɪlzɡɜːl/ N vendeuse f

**salesman** /ˈseɪlzmən/ N (pl **-men**) (in shop) vendeur m ; (= representative) représentant m (de commerce), VRP m ◆ **he's a good salesman** il sait vendre ; see also **door**

**salesmanship** /ˈseɪlzmənʃɪp/ N art m de la vente

**salesperson** /ˈseɪlzpɜːsn/ N vendeur m, -euse f

**salesroom** /ˈseɪlzruːm/ N (US) ⇒ **saleroom**

**saleswoman** /ˈseɪlzwʊmən/ N (pl **-women**) (in shop) vendeuse f ; (= representative) représentante f (de commerce), VRP m

**Salian** /ˈseɪlɪən/ (Hist)
ADJ salien
N Franc m Salien, Franque f Salienne

**salicin** /ˈsælɪsɪn/ N salicine f, salicoside m

**Salic law** /ˈsælɪk/ N (Hist) loi f salique

**salicornia** /ˌsælɪˈkɔːnɪə/ N salicorne f

**salicylate** /səˈlɪsɪleɪt/ N salicylate m

**salicylic acid** /ˌsælɪˈsɪlɪk/ N acide m salicylique

**salient** /ˈseɪlɪənt/ SYN ADJ saillant ◆ **salient feature** aspect m fondamental ◆ **to make salient points about sth** faire des remarques pertinentes à propos de qch

**salientian** /ˌseɪlɪˈenʃən/ N anoure m

**saliently** /ˈseɪlɪəntlɪ/ ADV d'une manière frappante

**salifiable** /ˌsælɪˈfaɪəbl/ ADJ salifiable

**salification** /ˌsælɪfɪˈkeɪʃən/ N salification f

**salify** /ˈsælɪfaɪ/ VT salifier

**salina** /səˈliːnə/ N [1] (= marsh) (marais m) salant m, salin m, saline f ; (= saltworks) saline(s) f(pl), raffinerie f de sel
[2] (= mine) mine f de sel

**saline** /ˈseɪlaɪn/
ADJ salin
N [1] ⇒ **salina 1**
[2] (= solution) solution f saline
**COMP saline drip** N perfusion f de sérum physiologique or isotonique
**saline solution** N solution f saline

**salinity** /səˈlɪnɪtɪ/ N salinité f

**salinometer** /ˌsælɪˈnɒmɪtər/ N (Tech) halomètre m

**saliva** /səˈlaɪvə/ N salive f

**salivary** /ˈsælɪvərɪ/ ADJ salivaire

**salivate** /ˈsælɪveɪt/ VI saliver ◆ **to salivate over sth** (fig) se lécher les babines or saliver en pensant à qch

**salivation** /ˌsælɪˈveɪʃən/ N salivation f

**sallow¹** /ˈsæləʊ/ SYN ADJ [complexion, face, skin] cireux ; [person] au teint cireux

**sallow²** /ˈsæləʊ/ N (= willow) saule m

**sallowness** /ˈsæləʊnɪs/ N teint m jaunâtre

**sally** /ˈsælɪ/ SYN N [1] (Mil) sortie f
[2] (= flash of wit) saillie f, boutade f ◆ **to make a sally** dire une boutade
▶ **sally forth**, **sally out** VI sortir gaiement

**Sally Army*** /ˌsælɪˈɑːmɪ/ N (Brit) (abbrev of **Salvation Army**) → **salvation**

**Salmanazar** /ˌsælməˈnæzər/ N salmanazar m

**salmon** /ˈsæmən/
N (pl **salmons** or **salmon**) saumon m ; → **rock²**, **smoke**
**COMP salmon farm** N élevage m de saumons
**salmon fishing** N pêche f au saumon
**salmon ladder** N échelle f à saumons
**salmon pink** N, ADJ (rose m) saumon m inv
**salmon steak** N darne f de saumon
**salmon trout** N truite f saumonée

**salmonella** /ˌsælməˈnelə/
N (pl **salmonellae** /ˌsælməˈneliː/) salmonelle f
**COMP salmonella poisoning** N salmonellose f

**salmonellosis** /ˌsælmənəˈləʊsɪs/ N salmonellose f

**salol** /ˈsælɒl/ N salol m

**Salome** /səˈləʊmɪ/ N Salomé f

**salon** /ˈsælɒn/ N (all senses) salon m ; → **beauty, hair**

**saloon** /səˈluːn/
**N** ① (= large room) salle f, salon m ; (on ship) salon m
② (Brit : also **saloon bar**) bar m ; (US = bar) bar m, saloon m
③ (Brit = car) berline f
**COMP** **saloon bar** N (Brit) bar m
**saloon car** N (Brit = car) berline f ; (US = railway carriage) voiture-salon f

**salopettes** /ˌsæləˈpets/ NPL salopette f (de ski)

**salpa** /ˈsælpə/ N (pl **salpas** or **salpae** /ˈsælpiː/) salpe f

**salpingectomy** /ˌsælpɪnˈdʒektəmɪ/ N salpingectomie f

**salpingitis** /ˌsælpɪnˈdʒaɪtɪs/ N salpingite f

**salpinx** /ˈsælpɪŋks/ N (pl **salpinges** /sælˈpɪndʒiːz/) (= Fallopian tube) trompe f de Fallope ; (= Eustachian tube) trompe d'Eustache

**salsa** /ˈsɑːlsə/ N ① (Culin) sauce froide à base d'oignons, de tomates et de poivrons
② (Mus) salsa f

**salsify** /ˈsælsɪfɪ/ N salsifis m

**SALT** /sɔːlt/
**ABBR** abbrev of **Strategic Arms Limitation Talks**
**COMP** **SALT negotiations** NPL négociations fpl SALT

**salt** /sɔːlt/ SYN
**N** sel m + **kitchen/table salt** sel m de cuisine/de table + **there's too much salt in the potatoes** les pommes de terre sont trop salées + **I don't like salt in my food** je n'aime pas manger salé + **to rub salt in(to) the wound** (fig) retourner le couteau dans la plaie + **he's not worth his salt** il ne vaut pas grand-chose + **any teacher/politician worth his salt** tout professeur/homme politique qui se respecte + **to take sth with a pinch** or **grain of salt** ne pas prendre qch au pied de la lettre + **the salt of the earth** le sel de la terre + **below the salt** † socialement inférieur (-eure f) + **an old (sea) salt** un vieux loup de mer ; → **bath, smell**
**ADJ** ① (= salty) [taste] salé ; [air] marin + **to shed salt tears** (liter) verser des larmes amères
② (= salted) [fish, meat, porridge] salé
**VT** [+ meat, one's food] saler
**COMP** **salt beef** N bœuf m salé
**salt box** N (US = house) maison f à deux étages et à toit dissymétrique
**salt flat** N salant m
**salt-free** ADJ sans sel
**salt lake** N lac m salé
**salt lick** N (= block of salt) pierre f à lécher ; (= place) salant m
**salt marsh** N marais m salant
**salt mine** N mine f de sel + **back to the salt mines!** * allez, il faut reprendre le collier ! *
**salt pan** N puits m salant
**salt pork** N porc m salé
**salt shaker** N salière f
**salt spoon** N cuiller f or cuillère f à sel
**salt tax** N (Hist) gabelle f
**salt water** N eau f salée
▶ **salt away** VT SEP [+ meat] saler ; (fig) [+ money] mettre à gauche *
▶ **salt down** VT FUS saler, conserver dans le sel

**saltarello** /ˌsæltəˈreləʊ/ N (pl **saltarellos** or **saltarelli** /ˌsæltəˈrelɪ/) saltarelle f

**saltatorial** /ˌsæltəˈtɔːrɪəl/, **saltatory** /ˈsæltətərɪ/ ADJ saltatoire

**saltcellar** /ˈsɔːltˌselər/ N salière f

**salted** /ˈsɔːltɪd/ ADJ salé

**saltigrade** /ˈsæltɪgreɪd/ ADJ saltigrade

**saltine** /sɔːlˈtiːn/ N (US = cracker) petit biscuit m salé

**saltiness** /ˈsɔːltɪnɪs/ N [of water] salinité f ; [of food] goût m salé

**salting** /ˈsɔːltɪŋ/ N ① (= act of putting salt on) salaison f
② (= place : esp Brit) (marais m) salant m

**saltpetre, saltpeter** (US) /ˈsɔːltˌpiːtər/ N salpêtre m

**saltwater** /ˈsɔːltˌwɔːtər/ ADJ [fish] de mer

**saltworks** /ˈsɔːltwɜːks/ N (NonC) saline(s) f(pl)

**saltwort** /ˈsɔːltwɜːt/ N salicorne f

**salty** /ˈsɔːltɪ/ SYN ADJ ① (= containing salt) [food, water, taste] salé ; [soil] salin ; [deposit] de sel
② († = risqué) [language, story] salé

**salubrious** /səˈluːbrɪəs/ SYN ADJ (frm) (= healthy) [place] salubre ; [climate] sain + **it's not a very salubrious district** c'est un quartier un peu malsain

**salubrity** /səˈluːbrɪtɪ/ N salubrité f

**saluki** /səˈluːkɪ/ N sloughi m

**salutary** /ˈsæljʊtərɪ/ SYN ADJ salutaire

**salutation** /ˌsæljʊˈteɪʃən/ N salut m ; (exaggerated) salutation f + **in salutation** pour saluer

**salutatorian** /səˌluːtəˈtɔːrɪən/ N (US Scol) deuxième mf de la promotion (qui prononce un discours de fin d'année)

**salute** /səˈluːt/ SYN
**N** (with hand) salut m ; (with guns) salve f + **military salute** salut m militaire + **to give (sb) a salute** faire un salut (à qn) + **to take the salute** passer les troupes en revue + **to raise one's hand in salute** saluer de la main ; → **fire, gun**
**VT** (Mil etc) saluer (de la main) ; (fig = acclaim) saluer (as comme) + **to salute the flag** saluer le drapeau + **he saluted the historic achievement of the government** il a salué ce succès historique du gouvernement
**VI** (Mil etc) faire un salut

**Salvador(i)an** /ˌsælvəˈdɔːr(ɪ)ən/
**ADJ** salvadorien
**N** Salvadorien(ne) m(f)

**salvage** /ˈsælvɪdʒ/ SYN
**N** ① (NonC) (= saving) [of ship, cargo] sauvetage m ; (for re-use) récupération f
② (= things saved from fire, wreck) objets mpl récupérés ; (= things for re-use) objets mpl récupérables + **to collect old newspapers for salvage** récupérer les vieux journaux
③ (= payment) prime f or indemnité f de sauvetage
**VT** ① (= save) sauver ; [+ pride, reputation] préserver + **to salvage one's marriage** sauver son mariage + **we'll have to salvage what we can from the situation** il nous faudra sauver ce que nous pourrons de la situation + **she was lucky to (be able to) salvage her career** c'est tout juste si elle a pu sauver sa carrière
② [+ ship] sauver, effectuer le sauvetage de ; [+ material, cargo] sauver (from de)
③ [+ objects for re-use] récupérer
**COMP** [operation, work, company, vessel] de sauvetage
**salvage costs** NPL frais mpl de récupération

**salvageable** /ˈsælvɪdʒəbl/ ADJ qui peut être sauvé

**salvation** /sælˈveɪʃən/ SYN
**N** (Rel etc) salut m ; (economic) relèvement m + **work has been his salvation** c'est le travail qui l'a sauvé, il a trouvé son salut dans le travail
**COMP** **Salvation Army** N Armée f du Salut + **Salvation Army band** fanfare f de l'Armée du Salut

**salvationist** /sælˈveɪʃənɪst/ N salutiste mf

**salve**¹ /sælv/
**N** (lit, fig) baume m
**VT** [+ pain] soulager, apaiser + **to salve his conscience he...** pour soulager sa conscience, il...

**salve**² /sælv/ VT (= salvage) sauver

**salver** /ˈsælvər/ N plateau m (de métal)

**salvia** /ˈsælvɪə/ N sauge f à fleurs rouges, salvia f

**salvo**¹ /ˈsælvəʊ/ N (pl **salvos** or **salvoes**) (Mil) salve f ; → **fire**

**salvo**² /ˈsælvəʊ/ N (pl **salvos**) (Jur) réserve f, réservation f

**salvor** /ˈsælvər/ N sauveteur m (en mer)

**Salzburg** /ˈsæltsbɜːg/ N Salzbourg

**SAM** /sæm/ N (Mil) (abbrev of **surface-to-air missile**) SAM m

**Sam** /sæm/
**N** dim of **Samuel** → **uncle**
**COMP** **Sam Browne (belt)** N (Mil) ceinturon m et baudrier m ; (for cyclist) bande f fluorescente

**samara** /səˈmɑːrə/ N (= fruit) samare f

**Samaria** /səˈmeərɪə/ N Samarie f

**Samaritan** /səˈmærɪtən/
**N** Samaritain(e) m(f) + **the Good Samaritan** (Rel) le bon Samaritain + **he was a good Samaritan** il faisait le bon Samaritain + **Good Samaritan Laws** (US) lois mettant un sauveteur à l'abri des poursuites judiciaires qui pourraient être engagées par le blessé + **the Samaritans** (= organization) ≈ SOS-Amitié
**ADJ** samaritain

**samarium** /səˈmeərɪəm/ N samarium m

**samba** /ˈsæmbə/ N samba f

**sambo**\*\* /ˈsæmbəʊ/ N (pej) moricaud(e)\*\* m(f) (pej)

**same** /seɪm/ LANGUAGE IN USE 5.3, 7.5, 26.2 SYN
**ADJ** même (as que) + **to be the same age/shape** avoir le même âge/la même forme + **the carpet was the same colour as the wall** la moquette était de la même couleur que le mur + **we come from the same place** nous venons du même endroit + **he reads the same paper as me** il lit le même journal que moi + **is that the same man (that) I saw yesterday?** est-ce bien l'homme que j'ai vu hier ? + **the same woman that spoke to me** la femme qui m'a parlé + **the same girl as I saw yesterday** la fille que j'ai vue hier + **but in the same breath he said...** mais il a ajouté... + **the same day** le même jour + **the very same day** le jour même + **the same day as last year** le même jour que l'année dernière + **that same day** ce même jour + **same difference!**\* c'est du pareil au même !\*, c'est kif-kif !\* + **it's the same old rubbish on TV tonight** il y a les mêmes bêtises habituelles à la télé ce soir + **I'm still the same person I was before** je n'ai pas changé + **for the same reason** pour la même raison + **it comes to the same thing** cela revient au même + **we sat at the same table as usual** nous avons pris notre table habituelle + **how are you? - same as usual!**\* comment vas-tu ? - comme d'habitude ! + **in the same way** de même + **in the same way as** or **that...** de la même façon que... ; → **one, story**¹, **token, way**

+ **at the same time** + **they both arrived at the same time** ils sont arrivés en même temps + **don't all talk at the same time** ne parlez pas tous en même temps or à la fois + **at the same time we must remember that...** il ne faut cependant pas oublier que... + **at the very same time as...** au moment même or précis où...

**PRON** ① + **the same** (gen) la même chose ; (specific reference) le or la même ; (Jur = aforementioned) le susdit, la susdite + **we must all write the same** il faut que nous écrivions tous la même chose + **he left and I did the same** il est parti et j'ai fait de même or j'en ai fait autant + **I'll do the same for you** je te le revaudrai + **she's much** or **about the same** (in health) son état est inchangé + **I still feel the same about you** mes sentiments à ton égard n'ont pas changé + **it's not the same at all** ce n'est pas du tout la même chose, ce n'est pas du tout pareil + **it's the same everywhere** c'est partout pareil + **and the same to you!** (good wishes) à vous aussi !, vous de même ! ; (as retort) je te souhaite la pareille ! + **you idiot! - same to you!**\* idiot ! – toi-même ! + **same here!**\* moi aussi ! + **it's the same with us** (et) nous aussi

+ **the same + as** + **their house is the same as before** leur maison est la même qu'avant + **the price is the same as last year** c'est le même prix que l'année dernière + **do the same as your brother** fais comme ton frère + **I don't feel the same about it as I did** maintenant je vois la chose différemment + **it's not the same as before** ce n'est plus pareil, ce n'est plus comme avant

+ **all the same, just the same** + **it's all** or **just the same to me** cela m'est égal + **thanks all** or **just the same** merci tout de même or quand même\* + **all** or **just the same, he refused** il a refusé quand même or tout de même, n'empêche qu'il a refusé + **things go on just the same** (= monotonously) rien ne change ; (= in spite of everything) rien n'a changé, la vie continue (quand même) + **I'll leave now if it's all the same to you** je pars maintenant, si ça ne te dérange pas

+ **(the) same again** + **I would do the same again** (si c'était à refaire,) je recommencerais + **he'll never be the same again** (after accident, bereavement) il ne sera plus jamais le même + **things can never be the same again** les choses ne seront plus jamais comme avant + **(the) same again please**\* (in bar) la même chose, s'il vous plaît, remettez-moi (or remettez-nous) ça\*

② (Comm: frm) le or la même + **"to repairing same, £20"** « réparation du même (or de la même), 20 livres »

**COMP** **same-day** ADJ [delivery, service] (garanti) le jour même or dans la journée
**same-sex** ADJ [relationship, marriage] homosexuel

**sameness** /ˈseɪmnɪs/ SYN N identité f, similitude f ; (= monotony) monotonie f, uniformité f

**samey*** /ˈseɪmɪ/ ADJ (Brit) répétitif ◆ **her songs are very samey** ses chansons se ressemblent toutes

**Sami** /ˈsɑːmɪ/ N Sami mf

**samizdat** /ˌsæmɪzˈdæt/ N samizdat m ◆ **samizdat publication** samizdat m

**Samoa** /səˈməʊə/ N les Samoa fpl ◆ **in Samoa** aux Samoa

**Samoan** /səˈməʊən/
ADJ samoan
N Samoan(e) m(f)

**samosa** /səˈməʊsə/ N (pl **samosas** or **samosa**) samosa f

**samovar** /ˌsæməʊˈvɑːʳ/ N samovar m

**Samoyed** /səˈmɔɪed/ N (= dog) samoyède m

**sampan** /ˈsæmpæn/ N sampan(g) m

**samphire** /ˈsæmfaɪəʳ/ N criste-marine f

**sample** /ˈsɑːmpl/ SYN
N (gen) échantillon m ; [of urine] échantillon m ; [of blood, tissue] prélèvement m ◆ **as a sample** à titre d'échantillon ◆ **to take a sample** prélever un échantillon, faire un prélèvement (also Geol) ◆ **to take a blood sample** faire une prise or un prélèvement de sang (from à) ◆ **to choose from samples** choisir sur échantillons ◆ **all the goods are up to sample** (Comm) toutes les marchandises sont d'aussi bonne qualité que les échantillons ◆ **free sample** (Comm) échantillon m gratuit ◆ **a sample of his poetry** un exemple de sa poésie ; → **random**
VT 1 [+ food, wine] goûter ; (fig) [+ lifestyle] goûter à
2 (Mus) sampler
3 [+ opinion] sonder ◆ **the newspaper has sampled public opinion on...** le journal a fait un sondage sur...
COMP ◆ **a sample selection** un échantillon ◆ **a sample sentence** un exemple de phrase
**sample book** N (Comm) catalogue m d'échantillons
**sample case** N (used by salesperson) valise f d'échantillons
**sample letter** N lettre f modèle
**sample section** N ◆ **a sample section of the population** un échantillon représentatif de la population
**sample survey** N enquête f par sondage

**sampler** /ˈsɑːmpləʳ/ N (Sewing) échantillon m de broderie ; (Mus) sampler m, échantillonneur m

**sampling** /ˈsɑːmplɪŋ/ N (gen) échantillonnage m ; (Mus) sampling m ◆ **sampling technique** (Comm etc) technique f d'échantillonnage

**Samson** /ˈsæmsn/ N Samson m

**Samuel** /ˈsæmjʊəl/ N Samuel m

**samurai** /ˈsæmʊˌraɪ/
N (pl inv) samouraï or samurai m
COMP **samurai bond** N (Fin) obligation f libellée en yens émise par des emprunteurs étrangers
**samurai sword** N épée f de samouraï
**samurai tradition** N tradition f samouraï
**samurai warrior** N (guerrier m) samouraï m

**San Andreas** /ˌsænænˈdreɪəs/ N ◆ **the San Andreas Fault** la faille de San Andreas

**sanatorium** /ˌsænəˈtɔːrɪəm/ (pl **sanatoriums** or **sanatoria** /ˌsænəˈtɔːrɪə/) N (Brit) sanatorium m ; (Scol) infirmerie f

**Sancho Panza** /ˌsæntʃəʊˈpænzə/ N Sancho Pança m

**sancta** /ˈsæŋktə/ NPL of **sanctum**

**sanctification** /ˌsæŋktɪfɪˈkeɪʃən/ N sanctification f

**sanctify** /ˈsæŋktɪfaɪ/ SYN VT sanctifier

**sanctimonious** /ˌsæŋktɪˈməʊnɪəs/ SYN ADJ [person, comment, speech] moralisateur (-trice f)

**sanctimoniously** /ˌsæŋktɪˈməʊnɪəslɪ/ ADV d'une manière moralisatrice ; [speak] d'un ton moralisateur or prêcheur

**sanctimoniousness** /ˌsæŋktɪˈməʊnɪəsnɪs/ N [of comment, speech] ton m moralisateur ; [of person] attitude f moralisatrice

**sanction** /ˈsæŋkʃən/ SYN
N 1 (NonC = authorization) sanction f, approbation f ◆ **he gave it his sanction** il a donné son approbation ◆ **with the sanction of sb** avec le consentement de qn
2 (= enforcing measure) sanction f ◆ **to impose economic sanctions against** or **on...** prendre des sanctions économiques contre... ◆ **to lift the sanctions on...** lever les sanctions contre...
VT 1 [+ law] autoriser, approuver ◆ **to sanction the use of force** autoriser le recours à la force ◆ **I will not sanction such a thing** je ne peux pas approuver or sanctionner une chose pareille
2 (= impose sanctions on) prendre des sanctions contre
COMP **sanctions-busting** N violation f de sanctions

⚠ Be cautious about translating **to sanction** by **sanctionner**, which can mean 'to punish'.

**sanctity** /ˈsæŋktɪtɪ/ SYN N [of person, behaviour] sainteté f ; [of oath, place] caractère m sacré ; [of property, marriage] inviolabilité f ◆ **odour of sanctity** odeur f de sainteté

**sanctuary** /ˈsæŋktjʊərɪ/ SYN
N (= holy place) sanctuaire m ; (= refuge) asile m ; (for wildlife) réserve f ◆ **right of sanctuary** droit m d'asile ◆ **to seek sanctuary** chercher asile ◆ **to take sanctuary** trouver asile, se réfugier ; → **bird**
COMP **sanctuary lamp** N lampe f du saint sacrement

**sanctum** /ˈsæŋktəm/ N (pl **sanctums** or **sancta**)
1 (= holy place) sanctuaire m
2 (* = sb's study etc) retraite f, tanière f ◆ **the (inner) sanctum** (hum) le saint des saints (hum)

**sand** /sænd/
N 1 sable m ◆ **a grain of sand** un grain de sable ◆ **sands** [of beach] plage f (de sable) ; [of desert] désert m (de sable) ◆ **this resort has miles and miles of golden sand(s)** cette station balnéaire a des kilomètres de plages de sable doré ◆ **to be built on sand** [plan, agreement] être construit sur du sable ◆ **the sands of time** les grains mpl du sablier ◆ **the sands (of time) are running out** les jours sont comptés
2 (US * = courage) cran* m
VT 1 [+ path] sabler, couvrir de sable ; (against ice) sabler
2 (also **sand down**) poncer
COMP **sand bar** N barre f (de rivière)
**sand blind** ADJ (US) qui a mauvaise vue
**sand castle** N château m de sable
**sand crack** N (= horse disease) seime f
**sand desert** N désert m de sable
**sand dollar** N (US = animal) oursin m plat
**sand dune** N dune f (de sable)
**sand eel** N anguille f de sable, lançon m
**sand flea** N (= beach flea) puce f de mer ; (tropical) chique f
**sand goby** N (= fish) gobie m de sable
**sand hopper** N (= animal) puce f de sable or de mer
**sand lance** N (= fish) anguille f de sable, équille f, lançon m
**sand martin** N hirondelle f de rivage
**sand smelt** N (= fish) éperlan m bâtard, faux éperlan m
**sand trap** N (US Golf) bunker m
**sand viper** N ammodyte f, anguille f des sables
**sand yacht** N char m à voile
**sand-yachting** N ◆ **to go sand-yachting** faire du char à voile

**sandal** /ˈsændl/ N sandale f

**sandal(wood)** /ˈsændl(wʊd)/
N santal m
COMP [box, perfume] de santal

**sandarac(h)** /ˈsændəˌræk/ N (= resin) sandaraque f

**sandbag** /ˈsændbæg/
N sac m de sable or de terre
VT 1 (* = stun) assommer
2 [+ wall, door, dam] renforcer avec des sacs de sable or de terre

**sandbank** /ˈsændbæŋk/ N banc m de sable

**sandblast** /ˈsændblɑːst/
N jet m de sable
VT décaper à la sableuse

**sandblaster** /ˈsændˌblɑːstəʳ/ N sableuse f

**sandblasting** /ˈsændˌblɑːstɪŋ/ N décapage m à la sableuse ◆ **sandblasting machine** sableuse f

**sandbox** /ˈsændbɒks/ N bac m à sable ; (on locomotive) sablière f

**sandboy** /ˈsændbɔɪ/ N ◆ **happy as a sandboy** heureux comme un poisson dans l'eau or comme un roi

**sander** /ˈsændəʳ/ N (= tool) ponceuse f

**sanderling** /ˈsændəlɪŋ/ N (bécasseau m) sanderling m

**sandfly** /ˈsændflaɪ/ N phlébotome m ; (= biting midge) simulie f

**sandglass** /ˈsændɡlɑːs/ N sablier m

**sandgrouse** /ˈsændˌɡraʊs/ N ganga m, gélinotte f des Pyrénées

**Sandhurst** /ˈsændhɜːst/ N (Brit) école militaire

**sanding** /ˈsændɪŋ/ N [of road] sablage m ; (= sandpapering) ponçage m au papier de verre

**S & L** /ˌesəndˈel/ N (US) (abbrev of **savings and loan association**) → **saving**

**sandlot** /ˈsændlɒt/ (US)
N terrain m vague
COMP **sandlot baseball** N baseball m pratiqué dans les terrains vagues

**S & M** /ˌesəndˈem/
N abbrev of **sadomasochism**
ADJ (abbrev of **sadomasochistic**) sadomaso*, SM*

**sandman** /ˈsændmæn/ N (pl **-men**) (fig) marchand m de sable

**sandpaper** /ˈsændˌpeɪpəʳ/
N papier m de verre
VT (also **sandpaper down**) poncer

**sandpapering** /ˈsændˌpeɪpərɪŋ/ N ponçage m

**sandpile** /ˈsændpaɪl/ N (US) tas m de sable

**sandpiper** /ˈsændˌpaɪpəʳ/ N (= bird) bécasseau m, chevalier m

**sandpit** /ˈsændpɪt/ N (esp Brit) sablonnière f, carrière f de sable ; (for children) bac m à sable

**sandshoes** /ˈsændʃuːz/ NPL (rubber-soled) tennis mpl or fpl ; (rope-soled) espadrilles fpl

**sandstone** /ˈsændstəʊn/
N grès m
COMP **sandstone quarry** N carrière f de grès, grésière f

**sandstorm** /ˈsændstɔːm/ N tempête f de sable

**sandwich** /ˈsænwɪdʒ/
N sandwich m ◆ **cheese sandwich** sandwich m au fromage ◆ **open sandwich** canapé m ◆ **he's the meat** or **filling in the sandwich*** (Brit) il est pris entre deux feux
VT (also **sandwich in**) [+ person, appointment] intercaler ◆ **to be sandwiched (between)** être pris en sandwich (entre)* ◆ **three pieces of wood, sandwiched together** trois couches de bois superposées
COMP **sandwich bar** N sandwicherie f
**sandwich board** N panneau m publicitaire (porté par un homme-sandwich)
**sandwich cake** N (Brit) gâteau m fourré
**sandwich course** N formation f en alternance
**sandwich loaf** N pain m de mie
**sandwich man** N (pl **sandwich men**) homme-sandwich m
**Sandwich tern** N sterne f Caugek

**sandworm** /ˈsændwɜːm/ N arénicole f

**sandy** /ˈsændɪ/
ADJ 1 (= covered with, containing sand) [soil, ground] sablonneux ; [beach] de sable ; [water, deposit] sableux
2 (= light-brown) couleur (de) sable inv ; [hair, moustache] blond roux inv
COMP **sandy ray** N (= fish) raie f circulaire

**sane** /seɪn/ SYN ADJ 1 (Psych) [person] sain d'esprit ; [behaviour] sain
2 (= sensible) [system, policy, advice] sensé ; [person] sensé, raisonnable

**sanely** /ˈseɪnlɪ/ ADV sainement, raisonnablement

**Sanforized** ® /ˈsænfəraɪzd/ ADJ irrétrécissable, qui ne rétrécit pas au lavage

**San Francisco** /ˌsænfrænˈsɪskəʊ/ N San Francisco

**sang** /sæŋ/ VB pt of **sing**

**sangfroid** /ˈsɑːŋˈfrwɑː/ N sang-froid m inv

**sangria** /sæŋˈɡriːə/ N sangria f

**sanguinary** /ˈsæŋɡwɪnərɪ/ ADJ (frm) 1 (= bloody) [battle, struggle] sanglant ; [violence] sanguinaire
2 (= bloodthirsty) [person] sanguinaire

**sanguine** /ˈsæŋɡwɪn/ SYN ADJ 1 (frm = optimistic) [person, view, temperament] optimiste (about quant à) ◆ **of (a) sanguine disposition** d'un naturel optimiste, porté à l'optimisme
2 (liter) [complexion] sanguin
3 (Med Hist) [person, temperament] sanguin

**sanguinely** /ˈsæŋgwɪnlɪ/ ADV avec optimisme
**sanguineous** /sæŋˈgwɪnɪəs/ ADJ sanguinolent
**Sanhedrin** /ˈsænɪdrɪn/ N sanhédrin m
**sanicle** /ˈsænɪkəl/ N sanicle f, sanicule f
**sanies** /ˈseɪnɪːz/ N (Med) sanie f
**sanitarium** /ˌsænɪˈtɛərɪəm/ N (pl **sanitariums** or **sanitaria** /ˌsænɪˈtɛərɪə/) (esp US) ⇒ **sanatorium**
**sanitary** /ˈsænɪtərɪ/ SYN
 ADJ 1 (= hygienic) [place] hygiénique
 2 (= to do with hygiene) [conditions, system, services] sanitaire ◆ **sanitary facilities** (installations fpl) sanitaires mpl ◆ **sanitary arrangements** dispositions fpl sanitaires
 COMP **sanitary engineer** N ingénieur m des services sanitaires
 **sanitary engineering** N génie m sanitaire
 **sanitary inspector** N inspecteur m, -trice f de la santé publique
 **sanitary napkin** N (US) ⇒ **sanitary towel**
 **sanitary protection** N (NonC) protections fpl périodiques
 **sanitary towel** N (Brit) serviette f hygiénique
**sanitation** /ˌsænɪˈteɪʃən/
 N (in house) installations fpl sanitaires, sanitaires mpl ; (in town) système m sanitaire ; (= science) hygiène f publique
 COMP **sanitation man** N (pl **sanitation men**) (US) éboueur m (municipal)
**sanitize** /ˈsænɪtaɪz/ VT (lit) assainir, désinfecter ; (fig) assainir, expurger
**sanitized** /ˈsænɪtaɪzd/ ADJ [account, view of events] édulcoré, expurgé
**sanity** /ˈsænɪtɪ/ SYN N [of person] santé f mentale ◆ he was restored to sanity il a retrouvé sa raison ◆ the voice of sanity la voix de la raison ◆ fortunately sanity prevailed heureusement le bon sens l'emporta ◆ these measures may bring some sanity back into the housing market ces mesures contribueront peut-être à modérer la folie qui s'est emparée du marché de l'immobilier
**sanjak** /ˈsændʒæk/ N sandjak m
**sank** /sæŋk/ VB pt of **sink**[1]
**San Marinese** /ˈsænˈmærɪˈniːz/
 ADJ san-marinais
 N San-Marinais(e) m(f)
**San Marino** /ˌsænməˈriːnəʊ/ N Saint-Marin ◆ **in San Marino** à Saint-Marin
**sanpro** /ˈsænprəʊ/ N (abbrev of **sanitary protection**) garnitures fpl périodiques
**San Salvador** /ˌsænˈsælvədɔːʳ/ N San Salvador
**sansevieria** /ˌsænsɪˈvɪərɪə/ N sansevière f
**Sanskrit** /ˈsænskrɪt/ ADJ, N sanscrit m
**Sanskritic** /sænsˈkrɪtɪk/ ADJ (Ling) sanskrit
**Sanskritist** /ˈsænskrɪtɪst/ N sanskritiste mf
**sans serif** /sænˈserɪf/ N (Typography) antique f, linéale f, sans serif f
**Santa*** /ˈsæntə/ N ⇒ **Santa Claus**
**Santa Claus** /ˈsæntəˈklɔːz/ N le père Noël
**Santiago** /ˌsæntɪˈɑːgəʊ/ N (also **Santiago de Chile**) Santiago (du Chili) ; (also **Santiago de Compostela**) Saint-Jacques-de-Compostelle
**santolina** /ˌsæntəˈliːnə/ N santoline f
**santonin** /ˈsæntənɪn/ N santonine f
**Saone** /soːn/ N Saône f
**São Paulo** /saʊˈpaʊləʊ/ N São Paulo
**sap**[1] /sæp/ SYN N [of plant] sève f
**sap**[2] /sæp/ SYN
 N (Mil = trench) sape f
 VT [+ strength, confidence] saper, miner
**sap**[3]* /sæp/ SYN N (= fool) cruche* f, andouille* f
**sapele** /səˈpiːlɪ/ N (= tree, wood) sapelli m
**saphead*** /ˈsæphed/ N (US) cruche* f, andouille* f
**saphena** /səˈfiːnə/ N saphène f
**sapid** /ˈsæpɪd/ ADJ sapide
**sapless** /ˈsæplɪs/ ADJ [plant] sans sève
**sapling** /ˈsæplɪŋ/ N jeune arbre m ; (fig liter) jeune homme m ◆ **saplings** boisage m
**sapodilla** /ˌsæpəˈdɪlə/ N (= tree) sapotillier m ; (= plum) sapotille f
**saponaceous** /ˌsæpəʊˈneɪʃəs/ ADJ saponacé
**saponifiable** /səˈpɒnɪˌfaɪəbl/ ADJ saponifiable

**saponification** /səˌpɒnɪfɪˈkeɪʃən/ N saponification f
**saponify** /səˈpɒnɪfaɪ/ VT saponifier
**saponin** /ˈsæpənɪn/ N saponine f
**saponite** /ˈsæpənaɪt/ N saponite f
**sapper** /ˈsæpəʳ/ N (Brit Mil) soldat m du génie ◆ **the Sappers**\* le génie
**sapphic** /ˈsæfɪk/ ADJ saphique
**sapphire** /ˈsæfaɪəʳ/
 N (= jewel, gramophone needle) saphir m
 COMP [ring] de saphir(s) ; [sky] (also **sapphire blue**) de saphir
**sapphism** /ˈsæfɪzəm/ N saphisme m
**sappy**[1] /ˈsæpɪ/ ADJ [leaves] plein de sève ; [wood] vert
**sappy**[2]* /ˈsæpɪ/ ADJ (= foolish) cruche*
**saprogenic** /ˌsæprəʊˈdʒenɪk/ ADJ saprogène
**sapropel** /ˈsæprəˌpel/ N sapropèle m
**saprophyte** /ˈsæprəʊfaɪt/ N saprophyte m
**saprophytic** /ˌsæprəʊˈfɪtɪk/ ADJ saprophyte
**saprozoic** /ˌsæprəʊˈzəʊɪk/ ADJ ◆ **saprozoic species** saprozoïte m
**sapwood** /ˈsæpwʊd/ N aubier m
**saraband** /ˈsærəbænd/ N sarabande f
**Saracen** /ˈsærəsn/
 ADJ sarrasin
 N Sarrasin(e) m(f)
**Saragossa** /ˌsærəˈgɒsə/ N Saragosse
**Saranwrap** ® /səˈrænræp/ N (US) film m alimentaire (transparent), Scellofrais ® m
**Sarasvati** /ˌsærəsˈvɑːtiː/ N Sarasvati f
**Saratoga** /ˌsærəˈtəʊgə/
 N Saratoga
 COMP **Saratoga trunk** N (US) grosse malle f à couvercle bombé
**sarcasm** /ˈsɑːkæzəm/ SYN N (NonC) sarcasme m, raillerie f
**sarcastic** /sɑːˈkæstɪk/ SYN ADJ sarcastique
**sarcastically** /sɑːˈkæstɪkəlɪ/ ADV [say] d'un ton sarcastique
**sarcocarp** /ˈsɑːkəʊkɑːp/ N sarcocarpe m
**sarcoid** /ˈsɑːkɔɪd/ N sarcoïde f
**sarcoma** /sɑːˈkəʊmə/ N (pl **sarcomas** or **sarcomata** /sɑːˈkəʊmətə/) (Med) sarcome m
**sarcomatosis** /sɑːˌkəʊməˈtəʊsɪs/ N sarcomatose f
**sarcomere** /ˈsɑːkəʊmɪəʳ/ N sarcomère m
**sarcophagus** /sɑːˈkɒfəgəs/ N (pl **sarcophaguses** or **sarcophagi** /sɑːˈkɒfəgaɪ/) sarcophage m
**sarcoplasm** /ˈsɑːkəʊplæzəm/ N sarcoplasme m
**sard** /sɑːd/ N (Miner) sardoine f
**sardine** /sɑːˈdiːn/ N sardine f ◆ **tinned** or (US) **canned sardines** sardines fpl en boîte or en conserve ◆ **packed like sardines** serrés comme des sardines
**Sardinia** /sɑːˈdɪnɪə/ N Sardaigne f ◆ **in Sardinia** en Sardaigne
**Sardinian** /sɑːˈdɪnɪən/
 ADJ sarde
 N 1 (= person) Sarde mf
 2 (= language) sarde m
**sardius** /ˈsɑːdɪəs/ N (type of chalcedony) sardoine f
**sardonic** /sɑːˈdɒnɪk/ SYN ADJ sardonique
**sardonically** /sɑːˈdɒnɪkəlɪ/ ADV [smile] d'un air sardonique, sardoniquement ; [say] d'un ton sardonique, sardoniquement ◆ **to laugh sardonically** avoir un rire sardonique
**sardonyx** /ˈsɑːdənɪks/ N sardonyx f
**Sargasso Sea** /sɑːˈgæsəʊˌsiː/ N mer f des Sargasses
**sarge*** /sɑːdʒ/ N (abbrev of **sergeant**) sergent m
**sari** /ˈsɑːrɪ/ N sari m
**sarin** /ˈsɑːrɪn/ N sarin m
**Sark** /sɑːk/ N (île f de) Sercq
**sarky*** /ˈsɑːkɪ/ ADJ sarcastique
**sarmentose** /sɑːˈmentəʊs/ ADJ sarmenteux
**sarnie*** /ˈsɑːnɪ/ N (Brit) sandwich m
**sarong** /səˈrɒŋ/ N sarong m
**saros** /ˈseɪrɒs/ N saros m
**SARS** /sɑːs/ N (abbrev of **severe acute respiratory syndrome**) SRAS m, syndrome m respiratoire aigu sévère

**sarsaparilla** /ˌsɑːsəpəˈrɪlə/ N (= plant) salsepareille f ; (= drink) boisson f à la salsepareille
**sartorial** /sɑːˈtɔːrɪəl/ ADJ (frm) [elegance, habits, matters] vestimentaire ◆ **sartorial art** art m du tailleur
**sartorius** /sɑːˈtɔːrɪəs/ N (pl **sartorii** /sɑːˈtɔːrɪaɪ/) (Anat) muscle m couturier
**SAS** /ˌesˌeɪˈes/ N (Brit Mil) (abbrev of **Special Air Service**) ≈ GIGN m
**SASE** /ˌesˌeɪˌesˈiː/ N (US) (abbrev of **self-addressed stamped envelope**) → **self**
**sash**[1] /sæʃ/ N (on uniform) écharpe f ; (on dress) large ceinture f à nœud
**sash**[2] /sæʃ/
 N [of window] châssis m à guillotine
 COMP **sash cord** N corde f (d'une fenêtre à guillotine)
 **sash weight** N contrepoids m (de fenêtre à guillotine)
 **sash window** N fenêtre f à guillotine
**sashay*** /sæˈʃeɪ/ VI (= walk stylishly) évoluer d'un pas léger, glisser ◆ **she sashayed in/out** elle entra/sortit d'un pas léger
**sashimi** /ˈsæʃɪmɪ/ N sashimi m
**Sask.** abbrev of **Saskatchewan**
**Saskatchewan** /sæsˈkætʃɪˌwɒn/ N (= province) Saskatchewan m ◆ **in Saskatchewan** dans le Saskatchewan
**Sasquatch** /ˈsæskwætʃ/ N animal hypothétique des forêts du nord-est des États-Unis et du Canada
**sass*** /sæs/ N (US)
 N toupet* m, culot* m
 VT être insolent avec
**sassafras** /ˈsæsəfræs/ N (= tree) sassafras m ; (= root) racine f de sassafras
**Sassanian** /sæˈseɪnɪən/ ADJ sassanide
**Sassanid** /ˈsæsənɪd/ N (pl **Sassanids** or **Sassanidae** /sæˈsænɪdiː/) Sassanide m
**Sassenach** /ˈsæsənæx/ N (Scot : gen pej) nom donné aux Anglais par les Écossais, ≈ Angliche* mf
**sassy*** /ˈsæsɪ/ ADJ (US = cheeky) insolent, impertinent
**SAT** /ˌesˌeɪˈtiː/ N (US) (abbrev of **Scholastic Aptitude test**) examen m d'entrée à l'université

### SAT

Aux États-Unis, les **SAT** (**Scholastic Aptitude Tests**) sont un examen national de fin d'enseignement secondaire, composé surtout de tests de logique permettant d'évaluer le raisonnement verbal et mathématique des élèves. La note maximale est de 1 600 points et la moyenne tourne généralement autour de 900 points. Les résultats obtenus à cet examen (**SAT** scores) sont adressés aux universités dans lesquelles le lycéen a fait une demande d'inscription, et celles-ci font leur sélection sur la base à la fois de ces notes et du dossier scolaire de l'élève. Il est possible de se présenter aux **SAT** autant de fois qu'on le désire.

**sat** /sæt/ VB pt, ptp of **sit**
**Sat.** abbrev of **Saturday**
**Satan** /ˈseɪtn/ SYN N Satan m ; → **limb**
**satanic** /səˈtænɪk/ SYN
 ADJ 1 (Rel, Occultism) [ritual, cult, forces] satanique
 2 (= evil) [reputation] démoniaque
 COMP **satanic abuse** N (NonC) sévices mpl sexuels associés à des rites sataniques
**satanically** /səˈtænɪkəlɪ/ ADV d'une manière satanique
**Satanism** /ˈseɪtənɪzəm/ N satanisme m
**Satanist** /ˈseɪtənɪst/
 N sataniste mf
 ADJ ⇒ **satanic**
**satay** /ˈsæteɪ/
 N ◆ **chicken/pork satay** petite brochette de poulet/porc accompagnée d'une sauce aux cacahuètes
 COMP **satay sauce** N sauce f aux cacahuètes, sauce f satay
**satchel** /ˈsætʃəl/ N cartable m
**Satcom** /ˈsætˌkɒm/ N centre m de communications par satellite
**sate** /seɪt/ VT ⇒ **satiate**
**sated** /ˈseɪtɪd/ ADJ ⇒ **satiated**

**sateen** /sæˈtiːn/
**N** satinette f
**COMP** en satinette

**satellite** /ˈsætəlaɪt/ SYN
**N** [1] (Astron, Space, Telec) satellite m ◆ **artificial satellite** satellite m artificiel, satellite-relais m
[2] (Pol) satellite m
[3] (US = dormitory town) ville f satellite
**VT** (= transmit via satellite) transmettre par satellite
**COMP** [town, country etc] satellite
**satellite broadcasting** N diffusion f par satellite
**satellite dish** N antenne f parabolique
**satellite link(-up)** N liaison f satellite
**satellite nation** N (Pol) nation f satellite
**satellite navigation system** N système m de navigation par satellite
**satellite photograph** N photo f satellite
**satellite telephone** N téléphone m (par) satellite
**satellite television** N télévision f par satellite

**satiable** /ˈseɪʃəbl/ ADJ [appetite] assouvissable

**satiate** /ˈseɪʃɪeɪt/ SYN VT (lit) assouvir, rassasier (with de) ; (fig) blaser (with par)

**satiated** /ˈseɪʃɪeɪtɪd/ ADJ (with food) repu, rassasié ; (with pleasures) comblé, blasé (pej)

**satiation** /ˌseɪʃɪˈeɪʃən/ N (lit, fig) assouvissement m ◆ to **satiation (point)** (jusqu'à) satiété

**satiety** /səˈtaɪətɪ/ N (frm) satiété f

**satin** /ˈsætɪn/
**N** satin m ; → **silk**
**COMP** [dress, slipper] en or de satin ; [paper, finish] satiné
**satin-smooth** ADJ satin
**satin stitch** N plumetis m

**satinette** /ˌsætɪˈnet/
**N** satinette f
**COMP** en satinette

**satinwood** /ˈsætɪnwʊd/ N bois m de citronnier

**satire** /ˈsætaɪər/ SYN N satire f (on contre)

**satiric(al)** /səˈtɪrɪk(əl)/ ADJ satirique

**satirically** /səˈtɪrɪkəlɪ/ ADV d'une manière satirique

**satirist** /ˈsætərɪst/ N (= writer) satiriste mf ; (= cartoonist) caricaturiste mf ; (in cabaret etc) ≈ chansonnier m ◆ **he's TV's greatest satirist** il n'a pas son pareil à la télévision pour la satire

**satirize** /ˈsætəraɪz/ SYN VT faire la satire de

**satisfaction** /ˌsætɪsˈfækʃən/ SYN N [1] (NonC = pleasure) satisfaction f ◆ to feel **satisfaction/great satisfaction** éprouver de la satisfaction/une satisfaction profonde ◆ **his satisfaction at having completed his book** la satisfaction qu'il éprouvait d'avoir terminé son livre ◆ **he expressed his satisfaction at the results of the vote** il a exprimé sa satisfaction devant les résultats de l'élection ◆ **sexual satisfaction** satisfaction f sexuelle ◆ **it gave us great satisfaction to hear that...** nous avons appris avec beaucoup de satisfaction que... ◆ **to my (great) satisfaction he...** à ma grande satisfaction il... ◆ **to everybody's satisfaction** à la satisfaction de tous ◆ **has the repair been done to your satisfaction?** est-ce que vous êtes satisfait de la réparation ? ◆ **his innocence has not been proved to my satisfaction** on n'a pas réussi à me convaincre de son innocence ◆ **she would not give him the satisfaction of seeing how annoyed she was** elle ne voulait pas lui faire le plaisir de lui montrer à quel point elle était contrariée ; → **job**
[2] (NonC) [of demand, need] satisfaction f ; [of wrong] réparation f, dédommagement m ; [of appetite] assouvissement m ; [of debt] règlement m, acquittement m ◆ **to give/obtain satisfaction** donner/obtenir satisfaction ◆ **I demand satisfaction** † je demande réparation
[3] (= satisfying experience) satisfaction f ◆ **one of her greatest satisfactions comes from her work with children** son travail avec les enfants lui apporte l'une de ses plus grandes satisfactions

**satisfactorily** /ˌsætɪsˈfæktərɪlɪ/ ADV de manière satisfaisante

**satisfactory** /ˌsætɪsˈfæktərɪ/ SYN ADJ satisfaisant ◆ **to bring sth to a satisfactory conclusion** mener qch à bon terme, conclure qch de manière satisfaisante ◆ **he's in a satisfactory condition** (Med) son état est satisfaisant ◆ **to make a satisfactory recovery** (Med) se rétablir or se remettre de manière satisfaisante ◆ **we are**

**sorry it was not satisfactory** (in commercial letters) nous regrettons que vous n'en soyez pas satisfait or que cela ne vous ait pas donné (entière) satisfaction

**satisficing behaviour** /ˈsætɪsfaɪsɪŋ/ N (Econ) tendance à favoriser des objectifs autres que les bénéfices, par exemple la part du marché ou le chiffre de ventes

**satisfied** /ˈsætɪsfaɪd/ SYN ADJ [1] (= content) [person] satisfait (with de ; to do sth de faire qch) ◆ **in a satisfied voice** d'un ton satisfait ◆ **some people are never satisfied!** il y en a qui ne sont jamais contents ! ◆ **I'll stay then: (are you) satisfied?** (angrily) alors je reste : tu es content ? ◆ **you've made her cry: (are you) satisfied?** tu l'as fait pleurer : tu es content de toi or satisfait ?
[2] (= convinced) [person] satisfait (with de), convaincu (with par) ◆ **I'm satisfied that her death was accidental** je suis convaincu que sa mort a été accidentelle ◆ **I'm satisfied that I'm right** je suis convaincu d'avoir raison ; see also **satisfy**

**satisfy** /ˈsætɪsfaɪ/ SYN
**VT** [1] [+ person] satisfaire, contenter ◆ **to satisfy the examiners (in History)** (Scol, Univ:frm) être reçu (en histoire or à l'examen d'histoire) ; see also **satisfied**
[2] [+ hunger, need, want, creditor] satisfaire ; [+ condition] satisfaire à, remplir ; [+ objection] répondre à ; [+ debt, obligation] s'acquitter de ; (Comm) [+ demand] satisfaire à
[3] (= convince) convaincre, assurer (sb that qn que ; of de) ◆ **to satisfy o.s. of sth** s'assurer de qch ◆ **I am satisfied that you have done your best** je suis convaincu or persuadé que vous avez fait de votre mieux
**VI** donner satisfaction

**satisfying** /ˈsætɪsfaɪɪŋ/ SYN ADJ [life, relationship, work, career] satisfaisant ; [task, experience] gratifiant ; [food, meal] substantiel

**satisfyingly** /ˈsætɪsfaɪɪŋlɪ/ ADV agréablement

**satrap** /ˈsætrəp/ N satrape m

**satrapy** /ˈsætrəpɪ/ N (Antiq) satrapie f

**SATs** /sæts/ NPL (Brit Scol) (abbrev of **standard assessment tasks**) examens scolaires nationaux

**satsuma** /ˌsætˈsuːmə/ N satsuma f

**saturability** /ˌsætʃərəˈbɪlɪtɪ/ N saturabilité f

**saturable** /ˈsætʃərəbl/ ADJ saturable

**saturate** /ˈsætʃəreɪt/
**VT** saturer (with de) ◆ **to saturate the market** saturer le marché ◆ **my shoes are saturated** mes chaussures sont trempées
**COMP** **saturated fat** N graisse f saturée

**saturation** /ˌsætʃəˈreɪʃən/
**N** saturation f
**COMP** **saturation bombing** N bombardement m intensif
**saturation point** N point m de saturation ◆ **to reach saturation point** arriver à saturation

**Saturday** /ˈsætədɪ/ N samedi m ◆ **on Saturday** samedi ◆ **on Saturdays** le samedi ◆ **next Saturday, Saturday next** samedi prochain or qui vient ◆ **last Saturday** samedi dernier ◆ **the first/last Saturday of the month** le premier/dernier samedi du mois ◆ **every Saturday** tous les samedis, chaque samedi ◆ **every other Saturday, every second Saturday** un samedi sur deux ◆ **it is Saturday today** nous sommes samedi aujourd'hui, on est samedi ◆ **Saturday 18 December** samedi 18 décembre ◆ **on Saturday 23 January** le samedi 23 janvier ◆ **the Saturday after next** samedi en huit ◆ **a week on Saturday, Saturday week** samedi en huit ◆ **a fortnight on Saturday, Saturday fortnight** samedi en quinze ◆ **a week/fortnight past on Saturday** il y a huit/quinze jours samedi dernier ◆ **the following Saturday** le samedi suivant ◆ **the Saturday before last** l'autre samedi ◆ **Saturday morning** samedi matin ◆ **Saturday afternoon** samedi après-midi ◆ **Saturday evening** samedi soir ◆ **Saturday night** samedi soir ; (overnight) la nuit de samedi ◆ **Saturday closing** fermeture f le samedi ◆ **the Saturday edition** (Press) l'édition f de or du samedi ◆ **Saturday night special*** (US = gun) revolver m bon marché ; → **holy**

**Saturn** /ˈsætən/ N (Myth) Saturne m ; (Astron) Saturne f

**Saturnalia** /ˌsætəˈneɪlɪə/ N (pl **Saturnalia** or **Saturnalias**) saturnale(s) f(pl)

**saturniid** /sæˈtɜːnɪɪd/ N saturnie f

**saturnine** /ˈsætənaɪn/ ADJ (liter) [man, face] ténébreux ; [features] sombre

**saturnism** /ˈsætənɪzəm/ N saturnisme m

**satyr** /ˈsætər/ N satyre m

**satyriasis** /ˌsætɪˈraɪəsɪs/ N satyriasis m

**sauce** /sɔːs/ SYN
**N** [1] (Culin) sauce f ◆ **what's sauce for the goose is sauce for the gander** (Prov) ce qui est bon pour l'un l'est pour l'autre ; → **apple, mint²**, **tomato, white**
[2] ( † * = impudence) toupet* m ◆ **none of your sauce!** (to child) petit(e) impertinent(e) ! ; (to adult) assez d'impertinence !
[3] (US ⁑ = drink) l'alcool m ◆ **to hit the sauce, to be on the sauce** picoler *
**COMP** **sauce boat** N saucière f

**saucepan** /ˈsɔːspən/ N casserole f ; → **double**

**saucer** /ˈsɔːsər/ N soucoupe f, sous-tasse f ◆ **saucer-eyed, with eyes like saucers** avec des yeux comme des soucoupes ; → **flying**

**saucily*** /ˈsɔːsɪlɪ/ ADV [behave, speak] avec impertinence, impertinemment ; [dress] avec coquetterie ; [look] d'un air coquin

**sauciness** /ˈsɔːsɪnɪs/ SYN N (= cheekiness) toupet* m, impertinence f ; (= smartness) coquetterie f

**saucy*** /ˈsɔːsɪ/ SYN ADJ [1] (= cheeky) [person] impertinent (with avec) ; [look] coquin
[2] (esp Brit = suggestive) [joke, humour] grivois ; [postcard, photo] osé ; [clothes] suggestif

**Saudi** /ˈsaʊdɪ/
**ADJ** (gen) saoudien ; [ambassador, embassy] d'Arabie Saoudite ; [capital] de l'Arabie Saoudite
**N** Saoudien(ne) m(f)
**COMP** **Saudi Arabia** N Arabie f Saoudite
**Saudi Arabian** ADJ saoudien N Saoudien(ne) m(f)

**sauerkraut** /ˈsaʊəkraʊt/ N (NonC) choucroute f

**Saul** /sɔːl/ N Saül m

**sauna** /ˈsɔːnə/ N (also **sauna bath**) sauna m ◆ **at the sauna** au sauna ◆ **in the sauna** dans le sauna

**saunter** /ˈsɔːntər/ SYN
**VI** flâner ◆ **to saunter in/out/away** etc entrer/sortir/s'éloigner etc d'un pas nonchalant
**N** ◆ **to go for a saunter*** faire une petite promenade or une balade *

**saurian** /ˈsɔːrɪən/ ADJ, N saurien m

**saury** /ˈsɔːrɪ/ N (= fish) orphie f maquereau

**sausage** /ˈsɒsɪdʒ/
**N** saucisse f ; (pre-cooked) saucisson m ◆ **beef/pork sausage** saucisse f de bœuf/de porc ◆ **not a sausage**⁑ (Brit) rien, des clous⁑ ; → **cocktail, garlic, liver comp**
**COMP** **sausage dog*** N teckel m, saucisson m à pattes* (hum)
**sausage machine** N machine f à faire les saucisses
**sausage meat** N chair f à saucisse
**sausage roll** N (esp Brit) ≈ friand m

**sauté** /ˈsəʊteɪ/
**VT** [+ potatoes, meat] faire sauter
**ADJ** ◆ **sauté potatoes** pommes fpl (de terre) sautées

**savage** /ˈsævɪdʒ/ SYN
**ADJ** [1] (= violent, harsh) [person] féroce, brutal ; [animal, attack, criticism, look] féroce ; [blow] brutal ; [temper] sauvage
[2] (= drastic) ◆ **a savage pay cut** une très forte réduction de salaire ◆ **savage cuts in the education budget** des coupes fpl claires dans le budget de l'éducation
[3] ( † = primitive) [tribe] sauvage
**N** sauvage mf
**VT** [animal] attaquer férocement ; [critics etc] éreinter, attaquer violemment

**savagely** /ˈsævɪdʒlɪ/ ADV [1] (= violently, harshly) [beat] sauvagement ; [criticize] violemment, férocement ; [say] brutalement ; [funny] férocement ◆ **savagely beautiful** d'une beauté sauvage ◆ **to attack sb/sth savagely** (lit) attaquer qn/qch sauvagement ; (fig) attaquer qn/qch violemment
[2] (= drastically) ◆ **the film has been savagely cut** or **edited** ce film a été monstrueusement coupé ◆ **to cut staff/a budget savagely** faire des coupes claires dans un budget/parmi le personnel

**savageness** /ˈsævɪdʒnɪs/, **savagery** /ˈsævɪdʒrɪ/ N (= cruelty) sauvagerie f, brutalité f, férocité f ; (= primitiveness) barbarie f

**savanna(h)** /səˈvænə/ **N** savane f

**savant** /ˈsævənt/ **N** érudit(e) m(f), homme m de science, lettré(e) m(f)

**save¹** /seɪv/ SYN

[VT] ① (= rescue) [+ person, animal, jewels, building, marriage] sauver (from de) ◆ **surgeons could not save his leg** les chirurgiens n'ont pas pu sauver sa jambe ◆ **a campaign to save the hospital** une campagne pour le maintien or la survie de l'hôpital ◆ **we must save the planet for future generations** il faut préserver or sauvegarder la planète pour les générations à venir ◆ **to save the situation** sauver la situation ◆ **save the whales/seals** (as slogan) sauvez les baleines/phoques ◆ **I couldn't do it to save my soul** je ne pourrais pas le faire, même si ma vie en dépendait ◆ **to save one's (own) skin** *or* **neck** *or* **hide*** sauver sa peau* ◆ **to save one's (own) bacon** (esp Brit) se tirer du pétrin ◆ **to save sb's bacon** or **neck** tirer qn d'affaire ◆ **to save sb's ass**\*‡ *or* **butt**‡ (US) sortir qn de la merde*‡ ◆ **to be saved by the bell** être sauvé par le gong ◆ **to save the day** sauver la mise ◆ **to save face** sauver la face ◆ **God save the Queen!** vive la reine ! ; → **wreckage**

◆ **to save sb's life** sauver la vie à or de qn ◆ **thanks, you saved my life!** (fig) merci, tu m'as sauvé la vie ! ◆ **I couldn't do it to save my life** je ne pourrais pas le faire, même si ma vie en dépendait ◆ **she can't cook to save her life*** elle est nulle* en cuisine ◆ **he can't sing to save his life*** il chante comme un pied*

◆ **to save... from** (= protect, prevent) ◆ **to save sb from death/drowning** sauver qn de la mort/de la noyade ◆ **to save sb from falling** empêcher qn de tomber ◆ **to save sb from himself** protéger qn de or contre lui-même ◆ **to save a building from demolition** sauver un bâtiment de la démolition, empêcher la démolition d'un bâtiment

② (Rel) [+ sinner] sauver, délivrer ◆ **to save one's soul** sauver son âme

③ (also **save up**) [+ money] mettre de côté ; [+ food] mettre de côté, garder ◆ **he has money saved** il a de l'argent de côté ◆ **I've saved you a piece of cake** je t'ai gardé un morceau de gâteau ◆ **to save o.s. (up) for sth** se réserver pour qch ◆ **he saved the last sweet for himself** il s'est gardé le dernier bonbon ◆ **I was saving the wine for later** je gardais le vin pour plus tard ◆ **to save sth till (the) last** garder qch pour la bonne bouche ◆ **to save the best for last** garder le meilleur pour la fin ◆ **to save (up) old newspapers for charity** garder les vieux journaux pour les bonnes œuvres ◆ **to save stamps/matchboxes** etc (= collect) collectionner les timbres/les boîtes d'allumettes etc ◆ **will you save me a place at your table?** me garderez-vous une place à votre table ?

④ (= not spend, not use) [+ money, labour] économiser ; [+ time] (faire) gagner ; (= avoid) [+ difficulty etc] éviter (sb sth qch à qn) ◆ **you have saved me a lot of trouble** vous m'avez évité bien des ennuis ◆ **to save time let's assume that...** pour aller plus vite or pour gagner du temps admettons que... ◆ **this route will save you 10 miles** cet itinéraire vous fera gagner 16 kilomètres ◆ **going by plane will save you four hours (on the train journey)** vous gagnerez quatre heures en prenant l'avion (au lieu du train) ◆ **that will save my going** or **me from going** cela m'évitera d'y aller ◆ **think of all the money you'll save** pensez à tout l'argent que vous économiserez or à toutes les économies que vous ferez ◆ **"save 10p on this packet"** « 10 pence d'économie sur ce paquet » ◆ **you save £1 if you buy three packets** en achetant trois paquets vous économisez une livre ◆ **to save petrol** faire des économies d'essence, économiser l'essence ◆ **industry must be encouraged to save energy** il faut encourager l'industrie à faire des économies d'énergie ◆ **he's saving his strength** or **himself for tomorrow's race** il se ménage pour la course de demain ◆ **to save o.s. for sb** (euph, hum) se réserver pour qn ; → **penny, stitch**

⑤ (Sport) **to save a goal/penalty** arrêter un but/penalty

⑥ (Comput) sauvegarder

[VI] ① (also **save up**) mettre (de l'argent) de côté, faire des économies ◆ **to save for the holidays/for a new bike** mettre de l'argent de côté pour les vacances/pour (acheter) un nouveau vélo

◆ **to save on sth** économiser sur qch, faire des économies sur qch

② (Sport) faire une parade

**N** ① (Sport) parade f

② (Comput) sauvegarde f

COMP **save as you earn** N (Brit) plan d'épargne par prélèvements mensuels, aux intérêts exonérés d'impôts **Save the Children Fund** N œuvre d'aide à l'enfance

▶ **save up**

[VI] ⇒ save¹ vi 1

[VT SEP] ⇒ save¹ vt 3

**save²** /seɪv/ PREP (liter) ◆ **save (for)** sauf, à l'exception de ◆ **save that...** sauf que..., à ceci près que...

**saveloy** /ˈsævəlɔɪ/ N cervelas m

**saver** /ˈseɪvəʳ/ N épargnant(e) m(f)

**Savile Row** /ˈsævɪlˈrəʊ/

**N** (Brit) rue de Londres où se trouvent les plus grands tailleurs

COMP **a Savile Row suit** N un costume de Savile Row

**savin(e)** /ˈsævɪn/ N (= plant) sabine f

**saving** /ˈseɪvɪŋ/ SYN

**N** ① (= rescue) sauvetage m ; → **face, life**

② (Rel) [of sinner] salut m

③ [of time, money] économie f ; (Banking) épargne f ◆ **we must make savings** il faut économiser or faire des économies ◆ **this means a great saving of time/petrol** etc cela représente une grande économie de temps/d'essence etc ◆ **a saving of $12** une économie de 12 dollars ◆ **a considerable saving in time and money** une économie considérable de temps et d'argent ◆ **the government is trying to encourage saving** le gouvernement cherche à encourager l'épargne

④ (Comput) sauvegarde f

[NPL] **savings** économies fpl ◆ **small savings** la petite épargne ◆ **to live on one's savings** vivre de ses économies ; → **national, post office**

PREP † sauf ◆ **saving your presence** sauf votre respect

COMP **saving clause** N (Jur) clause f de sauvegarde

**saving grace** N ◆ **the film's/John's only saving grace is...** la seule chose qui rachète or sauve le film/John est...

**savings account** N (Brit) compte m d'épargne ; (US) compte m de dépôt

**savings and loan association** N (US) ≈ société f de crédit immobilier

**savings bank** N caisse f d'épargne

**savings ratio** N ratio m épargne/revenus

**savings stamp** N timbre-épargne m

**saviour** /ˈseɪvjəʳ/ SYN, **savior** (US) /ˈseɪvjəʳ/ N sauveur m ◆ **the Saviour** (Rel) le Sauveur ◆ **Our Saviour** Notre Sauveur

**Savi's warbler** /ˈsævɪz/ N locustelle f luscinioïde

**savoir-faire** /ˈsævwɑːˈfɛəʳ/ SYN N savoir-vivre m inv

**savor** /ˈseɪvəʳ/ (US) ⇒ savour

**savoriness** /ˈseɪvərɪnɪs/ N (US) ⇒ savouriness

**savorless** /ˈseɪvəlɪs/ ADJ (US) ⇒ savourless

**savory** /ˈseɪvərɪ/

**N** ① (= herb) sarriette f

② (US) ⇒ savoury noun

[ADJ] (US) ⇒ savoury adj

**savour, savor** (US) /ˈseɪvəʳ/ SYN

**N** (= flavour : lit, fig) saveur f

[VT] [+ food, drink] savourer, déguster ; [+ triumph] savourer ◆ **to savour every moment** savourer chaque instant or chaque moment ◆ **to savour the delights of...** goûter aux plaisirs de... ◆ **he was savouring the excitement of the competition** il était pris par la fièvre de la compétition

[VI] ① (lit, liter) ◆ **to savour of sth** sentir qch

② (fig) ◆ **to savour of fascism/heresy** sentir le fascisme/l'hérésie, avoir des relents de fascisme/d'hérésie ◆ **she hated anything that savoured of the supernatural** elle détestait tout ce qui avait trait au surnaturel

**savouriness, savoriness** (US) /ˈseɪvərɪnɪs/ N saveur f, succulence f

**savourless, savorless** (US) /ˈseɪvəlɪs/ ADJ sans saveur

**savoury, savory** (US) /ˈseɪvərɪ/ SYN

[ADJ] ① (Brit = not sweet) [food, dish] salé (par opposition à sucré) ◆ **a savoury pie** une tourte

② (= appetizing) [smell] appétissant ; [taste] savoureux

③ (= respectable) ◆ **not a very savoury subject** un sujet peu appétissant or peu ragoûtant ◆ **some not very savoury episodes in her past** des épisodes pas très reluisants de son passé ◆ **the main square is none too savoury at night** la place principale est assez mal fréquentée la nuit ◆ **one of the book's less savoury characters** l'un des personnages les moins recommandables du roman

**N** (Culin) mets m salé ; (on toast) canapé m chaud

**Savoy** /səˈvɔɪ/

**N** Savoie f

[ADJ] savoyard ◆ **Savoy cabbage** (Brit) chou m frisé de Milan

**Savoyard** /səˈvɔɪɑːd/

**N** Savoyard(e) m(f)

[ADJ] savoyard

**savvy** /ˈsævɪ/

**N** ◆ **jugeote*** f, bon sens m

[VI] ① (= know) ◆ **no savvy** †*‡ sais pas, moi*

② (* = understand) piger*, comprendre ◆ **I can take care of myself, savvy?** je me débrouille tout seul, tu piges ?*

[ADJ] calé*, futé

**saw¹** /sɔː/ (vb : pret **sawed**, ptp **sawed** or **sawn**)

**N** scie f ; → **circular**

[VT] scier, débiter à la scie ◆ **to saw wood** *‡ (US fig = sleep) roupiller* ; (= snore) ronfler ; see also **sawn**

[VI] ◆ **to saw through a plank/the bars of a cell** scier une planche/les barreaux d'une cellule

COMP **saw edge** N lame f dentée

**saw-edged knife** N (pl **saw-edged knives**) couteau-scie m

**saw set** N tourne-à-gauche m

**saw-wort** N serratule f, sarrette f

▶ **saw away*** [VI] (pej) ◆ **to saw away at the violin** racler du violon

▶ **saw off**

[VT SEP] enlever à la scie

[ADJ] ◆ **sawed-off** → sawed

[ADJ] ◆ **sawn-off** → sawn

▶ **saw up** [VT SEP] débiter à la scie

**saw²** /sɔː/ SYN N (= saying) dicton m

**saw³** /sɔː/ VB pt of **see¹**

**sawbones** †* /ˈsɔːbəʊnz/ N (pej) chirurgien m, charcutier*‡ m (pej)

**sawbuck** /ˈsɔːbʌk/ N (US) (= sawhorse) chevalet m de scieur de bois ; * (= ten-dollar bill) billet m de dix dollars

**sawdust** /ˈsɔːdʌst/ N (NonC) sciure f (de bois)

**sawed** /sɔːd/

VB pt, ptp of **saw¹**

COMP **sawed-off*** ADJ (US pej = short) court sur pattes*, petit

**sawed-off shotgun** N carabine f à canon scié

**sawfish** /ˈsɔːfɪʃ/ N (pl **sawfish** or **sawfishes**) poisson-scie m

**sawfly** /ˈsɔːflaɪ/ N mouche f à scie, tenthrède f, sirex m

**sawhorse** /ˈsɔːhɔːs/ N chevalet m de scieur de bois

**sawmill** /ˈsɔːmɪl/ N scierie f

**sawn** /sɔːn/

VB ptp of **saw¹**

[ADJ] scié ◆ **sawn timber** bois m de sciage

COMP **sawn-off shotgun** N (Brit) carabine f à canon scié

**sawyer** /ˈsɔːjəʳ/ N scieur m

**sax*** /sæks/ N (abbrev of **saxophone**) saxo* m

**saxatile** /ˈsæksətaɪl/ ADJ saxatile, saxicole

**saxhorn** /ˈsækshɔːn/ N saxhorn m

**saxicole** /ˈsæksɪkəʊl/, **saxicolous** /sækˈsɪkələs/ ADJ saxatile, saxicole

**saxifrage** /ˈsæksɪfrɪdʒ/ N saxifrage f

**Saxon** /ˈsæksn/

[ADJ] saxon

**N** ① (= person) Saxon(ne) m(f)

② (= language) saxon m

**Saxony** /ˈsæksənɪ/ N Saxe f

**saxophone** /ˈsæksəfəʊn/ N saxophone m

**saxophonist** /sækˈsɒfənɪst/ N saxophoniste mf, saxo* m

**say** /seɪ/ LANGUAGE IN USE 6.2, 26.1, 26.2 SYN (pret, ptp **said**)

VT [1] *(= speak, utter, pronounce)* dire *(sth to sb* qch à qn ; *about* au sujet de, à propos de) ; *[+ lesson, poem]* réciter ; *[+ prayer]* faire, dire ◆ **to say mass** *(Rel)* dire la messe ◆ **as I said yesterday** comme je l'ai dit hier ◆ **as I said in my letter/on the phone** comme je vous l'ai (*or* le lui ai *etc*) dit dans ma lettre/au téléphone ◆ **the Prime Minister said that...** le Premier ministre a dit *or* a déclaré que... ◆ **well said!** bien dit ! ◆ **something was said about it** on en a parlé, il en a été question ◆ **all of that can be said in two sentences** tout cela tient en deux phrases ◆ **say after me...** répétez après moi... ◆ **so saying, he sat down** sur ces mots *or* sur ce, il s'assit ◆ **to say one's piece** dire ce qu'on a à dire ◆ **it's easier** *or* **sooner said than done!** c'est plus facile à dire qu'à faire !, facile à dire ! ◆ **though I say it myself..., though I says‡ it as shouldn't...** ce n'est pas à moi de dire ça mais... ; → **least, less, nothing, word**

◆ **not to say...** ◆ **interesting, not to say encouraging** intéressant, pour ne pas dire encourageant ◆ **that's not to say that our relationship can't improve** cela ne veut pas dire que nos relations ne peuvent pas s'améliorer

◆ **to say sth again** redire qch ◆ **could you say that again?** pourriez-vous répéter (ce que vous venez de dire) ? ◆ **say again?*** pardon ? ◆ **you can say that again!*** c'est le cas de le dire !

◆ **... to say for oneself** ◆ **she hasn't much to say for herself** elle n'a jamais grand-chose à dire ◆ **he always has a lot to say for himself** il parle toujours beaucoup, il a toujours quelque chose à dire ◆ **what have you (got) to say for yourself?*** qu'est-ce que tu as comme excuse ?

◆ **to say yes/no** dire oui/non ◆ **he says yes to everything** il dit oui à tout ◆ **to say yes/no to an invitation** accepter/refuser une invitation ◆ **your father said no** *(= said it wasn't/didn't etc)* ton père a dit que non ; *(= refused)* ton père a dit non *or* a refusé ◆ **I invited him but he said no** je l'ai invité (à venir) mais il a refusé ◆ **he just can't say no** il ne sait pas dire non ◆ **I wouldn't say no!** je ne dirait pas non !

◆ **when all is said and done** tout compte fait, au bout du compte

[2] *(direct speech)* ◆ **"yes" she said** « oui » dit-elle ◆ **"10 o'clock" he said to himself** « 10 heures » se dit-il

[3] *(= state)* dire ◆ **it says in the rules (that), the rules say (that)** il est dit dans le règlement (que) ◆ **it says on the radio there's going to be snow** la radio annonce de la neige ◆ **it says here that you need a password** c'est écrit ici qu'on a besoin d'un mot de passe ◆ **it is said that...** on dit que... ◆ **he is said to be seriously ill** on dit qu'il est gravement malade

[4] *(= claim)* dire, prétendre ◆ **he got home at 6 so he says** il est rentré à 6 heures à ce qu'il dit *or* prétend ◆ **that's what you say!, so you say!** *(expressing doubt)* c'est ce que vous dites !, c'est vous qui le dites !

[5] *(giving instructions)* dire ◆ **he said to wait here** il a dit d'attendre ici ◆ **he said I was to give you this** il m'a dit de vous donner ceci

[6] *(expressing opinions, estimating)* dire ◆ **what will people say?** qu'est-ce que les gens vont dire ? ◆ **he doesn't care what people say** il se moque du qu'en-dira-t-on ◆ **you might as well say the earth is flat!** autant dire que la terre est plate ! ◆ **I say he should do it** je suis d'avis qu'il le fasse ◆ **I can't say I'm fond of anchovies** je ne peux pas dire que j'aime *subj* les anchois ◆ **to see him you would say he was ill** à le voir on dirait qu'il est malade ◆ **what would you say is the population of Paris?** à votre avis *or* d'après vous, combien y a-t-il d'habitants à Paris ? ◆ **I would say she's intelligent** je dirais qu'elle est intelligente ◆ **I would say she was 50** je dirais qu'elle a 50 ans, je lui donnerais 50 ans ◆ **would you really say so?** (le pensez-vous) vraiment ? ◆ **I'll say this** *or* **I'll say one thing for him, he's clever** je dirai ceci en sa faveur, il est intelligent ◆ **say what you like** *or* **will (about him), he's not a bad guy*** tu peux dire ce que tu veux (de lui), ce n'est pas un mauvais bougre*

◆ **say + much/a lot** ◆ **that doesn't say much for him** ce n'est pas à son honneur ◆ **that doesn't say much for his intelligence** cela en dit long *(iro)* sur son intelligence ◆ **it says much** *or* **a lot for his courage that he stayed** le fait qu'il soit resté en dit long sur son courage ◆ **his clothes say a lot about him** ses vêtements en disent long sur lui *or* sa personnalité ◆ **that's saying a lot*** ce n'est pas peu dire ◆ **he's cleverer than his brother but that isn't saying much** *or* **a lot*** il est plus intelligent que son frère, mais ça ne veut rien dire

◆ **something to be said for...** ◆ **there's something to be said for it** cela a du bon *or* des avantages ◆ **there's something to be said for being obstinate** cela peut avoir du bon *or* des avantages d'être têtu ◆ **he stuck to what he believes in and there's something to be said for that** il est resté fidèle à ses convictions et on ne peut pas lui en vouloir ◆ **there's something to be said for waiting** il y aurait peut-être intérêt à attendre, on ferait peut-être mieux d'attendre

[7] *(= imagine)* imaginer ◆ **say someone left you a fortune, what would you do with it?** imaginons que vous héritiez d'une fortune, qu'en feriez-vous ? ◆ **(let's) say for argument's sake that...** mettons à titre d'exemple que... ; see also vt 6 ◆ **there's no saying what he'll do next** (il est) impossible de dire *or* on ne peut pas savoir ce qu'il va faire ensuite

[8] *(= admit)* dire, reconnaître ◆ **I must say (that) she's very pretty** je dois dire *or* reconnaître qu'elle est très jolie

[9] *(proposals)* ◆ **shall we say £5/Tuesday?** disons *or* mettons 5 livres/mardi ? ◆ **what do you say to a cup of tea?** que diriez-vous d'une tasse de thé ? ◆ **what would you say to a round of golf?** si on faisait une partie de golf ? ◆ **what (do you) say we have some lunch?** que dirais-tu de déjeuner ? ◆ **what do you say?*** qu'en dis-tu ?

[10] *(= register) [dial, gauge]* marquer, indiquer ◆ **my watch says 10 o'clock** ma montre marque *or* indique 10 heures ◆ **the thermometer says 30°** le thermomètre marque *or* indique 30°

[11] *(emphatic)* ◆ **you('ve) said it!*** tu l'as dit !* ◆ **don't say it's broken!*** ne me dis pas que c'est cassé ! ◆ **enough said!*, 'nuff said!‡** (ça) suffit !, assez parlé ! ◆ **say no more** *(= I understand)* ça va, j'ai compris ◆ **let's say no more about it!** n'en parlons plus ! ◆ **it goes without saying that...** il va sans dire que..., il va de soi que... ◆ **is he right? – I should say he is** *or* **I should say so** *(expressing certainty)* est-ce qu'il a raison ? – et comment *or* pour avoir raison il a raison ! ; *(expressing doubt)* est-ce qu'il a raison ? – il me semble *or* je pense que oui ◆ **didn't I say so?** je l'avais bien dit, n'est-ce pas ? ◆ **and so say all of us!*** nous sommes tous d'accord là-dessus ◆ **I should say he is right!** il a bien raison, c'est moi qui vous le dis ! ; → **goodbye, nothing, thank**

VI dire ◆ **so to say** pour ainsi dire ◆ **that is to say** c'est-à-dire ◆ **it is (as) one** *or* **you might say a new method** c'est comme qui dirait* une nouvelle méthode ◆ **(I) say!*** dites donc ! ◆ **you don't say!*** *(iro)* sans blague !* *(iro)*, pas possible ! *(iro)* ◆ **say*, what time is it?** *(US)* dites, quelle heure est-il ? ◆ **if there were, say, 500 people** s'il y avait, mettons *or* disons, 500 personnes ◆ **says you!‡** *(iro)* que tu dis !* ◆ **says who?‡** ah oui ? *(iro)* ◆ **as they say** comme on dit, comme dirait l'autre* ◆ **it seems rather rude, I must say** cela ne me paraît guère poli, je l'avoue ◆ **well, I must say!** *(expressing indignation)* ça alors !* ◆ **I'll say!** † ça, c'est sûr ! ◆ **it's not for me to say** *(= not my responsibility)* ce n'est pas à moi de décider *or* de juger ; *(= not my place)* ce n'est pas à moi de le dire

N ◆ **to have a** *or* **one's say** *(= say one's piece)* dire ce qu'on a à dire ◆ **to have a say/no say in the matter** avoir/ne pas avoir voix au chapitre, avoir/ne pas avoir son mot à dire ◆ **let him have his say!** laissez-le s'exprimer ! ◆ **I will have my say!** je dirai ce que j'ai à dire ! ◆ **to have a say in selecting...** avoir son mot à dire dans la sélection de... ◆ **to have the final say** être celui qui décide *or* qui prend les décisions ◆ **to have a strong say in sth** jouer un rôle déterminant dans qch

COMP **say-so*** N ◆ **on your say-so** parce que vous le dites (*or* l'aviez dit *etc*) ◆ **on his say-so** parce qu'il le dit (*or* l'a dit *etc*), sur ses dires ◆ **it's his say-so** c'est lui qui décide, c'est à lui de dire

**SAYE** /ˌeseɪwaɪˈiː/ *(Brit)* (abbrev of **Save As You Earn**) → **save**

**saying** /ˈseɪɪŋ/ SYN N dicton *m* ◆ **as the saying goes** comme dit le proverbe, comme on dit ◆ **sayings of the week** les mots *mpl or* les citations *fpl* de la semaine

**SBA** /ˌesbiːˈeɪ/ N *(US)* (abbrev of **Small Business Administration**) *office national américain d'aide aux PME*

**SBU** /ˌesbiːˈjuː/ N (abbrev of **strategic business unit**) → **strategic**

**SC** abbrev of **South Carolina**

**s/c** (abbrev of **self-contained**) → **self**

**scab** /skæb/

N [1] *[of wound]* croûte *f*, escarre *f*

[2] (* *pej = strikebreaker)* jaune *m (pej)*, briseur *m* de grève

VI [1] (also **scab over**) se cicatriser, former une croûte

[2] (‡ *pej = strikebreaker)* refuser de faire grève, faire le jaune

**scabbard** /ˈskæbəd/

N *[of dagger]* gaine *f* ; *[of sword]* fourreau *m*

COMP **scabbard fish** N (poisson *m*) sabre *m*

**scabby** /ˈskæbɪ/ ADJ [1] *(= covered with scabs) [knees, hands, skin]* couvert de croûtes

[2] *(= having scabies) [person, animal]* galeux, scabieux *(Med)*

[3] *(Brit ‡ = despicable) [person]* minable* ; *[behaviour]* dégueulasse‡

**scabies** /ˈskeɪbiːz/ N *(NonC: Med)* gale *f*

**scabious¹** /ˈskeɪbɪəs/ ADJ *(= having scabies)* scabieux

**scabious²** /ˈskeɪbɪəs/ N *(= plant)* scabieuse *f*

**scabrous** /ˈskeɪbrəs/ ADJ [1] *[question, topic]* scabreux, risqué

[2] *(= scaly)* rugueux

**scad** /skæd/ N *(= fish)* saurel *m*, carangue *f*, chinchard *m*

**scads*** /skædz/ NPL ◆ **scads of** beaucoup de, plein* de

**scaffold** /ˈskæfəld/ N [1] *(= gallows)* échafaud *m*

[2] *(Constr)* échafaudage *m*

**scaffolding** /ˈskæfəldɪŋ/ N *(NonC) (= structure)* échafaudage *m* ; *(= material)* matériel *m* pour échafaudages

**scag‡** /skæg/ N *(Drugs)* héro‡ *f*

**scalable** /ˈskeɪləbl/ ADJ *[network, technology, computing]* modulable ◆ **scalable font** police à taille variable

**scalar** /ˈskeɪləʳ/ *(Math)*

N grandeur *f* scalaire

ADJ scalaire

**scalawag*** /ˈskæləwæg/ N *(US)* ⇒ **scallywag**

**scald¹** /skɔːld/

VT *[+ jar, teapot, tomatoes]* ébouillanter ; *(= sterilize)* stériliser ◆ **to scald one's hand** s'ébouillanter la main ◆ **to scald o.s.** s'ébouillanter ◆ **to scald the milk** *(Culin)* chauffer le lait sans le faire bouillir ◆ **to run off** *or* **set off like a scalded cat** *(Brit)* filer comme un zèbre, prendre ses jambes à son cou

N brûlure *f (causée par un liquide bouillant)*

**scald²** /skɔːld/ N *(= poet)* scalde *m*

**scaldfish** /ˈskɔːldfɪʃ/ N arnoglosse *m*

**scalding** /ˈskɔːldɪŋ/

ADJ [1] *(= hot) [water, steam, coffee, sun, tears]* brûlant ; *[heat]* torride ◆ **a bath of scalding water** un bain brûlant ◆ **I have a scalding pain when urinating** j'ai une sensation de brûlure quand j'urine

[2] *(= severe) [criticism]* virulent

ADV ◆ **scalding hot** *[water, coffee, sun]* brûlant ; *[weather]* terriblement chaud ◆ **it is scalding hot today** il fait terriblement chaud aujourd'hui, il fait une chaleur torride aujourd'hui

**scale¹** /skeɪl/ SYN

N [1] *[of thermometer, ruler]* graduation *f*, échelle *f* (graduée) ; *[of numbers]* série *f* ; *[of wages]* barème *m*, grille *f* ◆ **scale of charges** liste *f* des tarifs ◆ **social scale** échelle *f* sociale ; → **centigrade, Fahrenheit, sliding**

[2] *[of map, drawing]* échelle *f* ◆ **(drawn** *or* **true) to scale** à l'échelle ◆ **drawn to a scale of...** rapporté à l'échelle de... ◆ **on a scale of 1cm to 5km** à une échelle de 1 cm pour 5 km ◆ **this map is not to scale** les distances ne sont pas respectées sur cette carte

[3] *(= scope)* échelle *f* ; *(= size etc)* importance *f*, ampleur *f* ◆ **on a large/small scale** sur une grande/petite échelle ◆ **on a national scale** à l'échelle nationale, à l'échelon national ◆ **a disaster of** *or* **on this scale** une catastrophe de cette importance *or* de cette ampleur ◆ **the scale and intensity of the fighting** l'ampleur *f* et l'intensité *f* des combats ◆ **grand in scale** *[plans, programme]* à grande échelle, de grande envergure

[4] *(Mus)* gamme *f* ◆ **the scale of C** la gamme de do ◆ **to practise one's scales** faire ses gammes

VT [1] *(= climb) [+ wall, mountain]* escalader

[2] [+ map] dessiner à l'échelle
**COMP** **scale drawing** N dessin m à l'échelle
**scale model** N modèle m réduit ; → **full-scale**
▶ **scale back** VT SEP (US) ⇒ **scale down**
▶ **scale down** VT SEP (gen) réduire ; (Scol) [+ salary] réduire proportionnellement ; [+ marks] réduire proportionnellement ; [+ drawing] réduire l'échelle de ; [+ production] réduire, baisser
▶ **scale up** VT SEP augmenter proportionnellement

**scale²** /skeɪl/
**N** → **scales**
**VTI** peser
**COMP** **scale maker** N fabricant m de balances
**scale pan** N plateau m de balance

**scale³** /skeɪl/
**N** [1] [of fish, reptile, rust] écaille f ; [of skin] squame f ◆ **metal scale** écaille f métallique ◆ **the scales fell from his eyes** les écailles lui sont tombées des yeux
[2] (NonC) (of water pipes, kettle) tartre m, dépôt m calcaire ; (of teeth) tartre m
**VT** [1] [+ fish] écailler
[2] [+ teeth, kettle] détartrer
▶ **scale off** VI s'en aller en écailles, s'écailler

**scalene** /'skeɪliːn/ ADJ (Anat, Math) scalène
**scalenus** /skə'liːnəs/ N (pl **scaleni** /skə'liːnaɪ/) (Anat) (muscle m) scalène m
**scaler** /'skeɪlə'/ N (= tool) écailleur m
**scales** /skeɪlz/ NPL (for weighing) (gen: in kitchen, shop) balance f ; (in bathroom) pèse-personne m inv, balance f ; (for babies) pèse-bébé m inv ; (for luggage, heavy goods) bascule f ; (for letters) pèse-lettre m inv ; (manual, with weight on a rod) balance f romaine ◆ **kitchen** or **household scales** balance f de ménage ◆ **pair of scales** balance f (à plateaux) ◆ **the Scales** (Astrol, Astron) la Balance ◆ **to turn the scales at 80 kilos** peser 80 kilos ◆ **to tip the scales (in sb's favour/against sb)** faire pencher la balance (en faveur/défaveur de qn) ; → **platform**

**scallion** /'skælɪən/ N (gen) oignon m ; (US = shallot) échalote f ; (US = leek) poireau m
**scallop** /'skɒləp/
**N** [1] coquille f Saint-Jacques, pétoncle m
[2] (Sewing) ◆ **scallops** festons mpl
**VT** [1] ◆ **scalloped fish/lobster** coquille f de poisson/de homard
[2] [+ hem etc] festonner ◆ **scalloped edge** (Sewing) bordure f festonnée or à festons (Culin) ◆ **to scallop (the edges of) a pie** canneler le bord d'une tourte
**COMP** **scallop shell** N coquille f

**scallywag*** /'skælɪwæg/ N [1] (= rascal) petit(e) polisson(ne) m(f)
[2] (US Hist pej) Sudiste républicain favorable à l'émancipation des Noirs et considéré comme traître par les autres Sudistes

**scalp** /skælp/
**N** cuir m chevelu ; (= trophy) scalp m
**VT** [1] [+ person] scalper
[2] (US *) [+ tickets] revendre (au marché noir)
**VI** (Stock Exchange *) boursicoter

**scalpel** /'skælpəl/ N (Med) scalpel m ; (for paper etc) cutter m
**scalper*** /'skælpə'/ N [1] (Stock Exchange) spéculateur m sur la journée
[2] (= ticket tout) vendeur m, -euse f de billets à la sauvette

**scaly** /'skeɪlɪ/ SYN
**ADJ** [1] (= covered in scales) [creature, body] écailleux, couvert d'écailles
[2] (= peeling) [skin] qui pèle, qui se desquame (Med), squameux ; [paint] écaillé, qui s'écaille
[3] (= having limescale deposits) [kettle, pipe] entartré
**COMP** **scaly anteater** N pangolin m

**scam*** /skæm/
**N** arnaque* f, escroquerie f
**VI** faire de la gratte * or des bénéfs*

**scamp¹*** /skæmp/ SYN N (= child) polisson(ne) m(f), galopin * m ; (= adult) coquin(e) m(f)
**scamp²** /skæmp/ VT [+ one's work etc] bâcler

**scamper** /'skæmpə'/ SYN
**N** galopade f ; [of mice] trottinement m
**VI** [children] galoper ; [mice] trottiner ◆ **to scamper in/out** etc [children] entrer/sortir etc en gambadant

▶ **scamper about** VI [children] gambader ; [mice] trottiner çà et là
▶ **scamper away, scamper off** VI [children, mice] s'enfuir, détaler*

**scampi** /'skæmpɪ/ NPL langoustines fpl (frites), scampi mpl

**scan** /skæn/ SYN
**VT** [1] (= examine closely) [+ horizon, sb's face] scruter ; [+ crowd] scruter du regard ; [+ newspaper] lire attentivement (for sth pour y trouver qch)
[2] (= glance quickly over) [+ horizon] promener son regard sur ; [+ crowd] parcourir des yeux ; [+ newspaper] parcourir rapidement, feuilleter
[3] (Comput) scruter
[4] (TV, Radar) balayer ; (Med) [machine] balayer ; [person] faire une scanographie de
[5] (Poetry) scander
**VI** se scander ◆ **this line does not scan** ce vers est faux
**N** [1] (Rad, TV) balayage m
[2] (Med) (= scanning) scanographie f, tomodensitométrie f ; (= picture) scanner m, scanographie f ◆ **(ultra-sound) scan** (Med) échographie f ◆ **to have a scan** passer un scanner ; (ultrasound) passer une échographie

**scandal** /'skændl/ SYN
**N** [1] (= disgrace) scandale m ; (Jur) diffamation f ◆ **we can't afford another scandal** nous ne pouvons pas nous permettre d'être impliqués dans un nouveau scandale ◆ **to cause a scandal** causer un scandale ◆ **the Webb scandal** le scandale Webb ◆ **a financial scandal** un scandale financier ◆ **it's a (real) scandal** c'est scandaleux, c'est une honte ◆ **it's a scandal that...** c'est un scandale or une honte que... + subj
[2] (NonC = gossip) cancans mpl, ragots* mpl ◆ **there's a lot of scandal going around about him** il y a beaucoup de ragots* qui circulent sur son compte
**COMP** **scandal sheet*** N (pej) journal m à scandale

**scandalize** /'skændəlaɪz/ SYN VT scandaliser, indigner ◆ **I was scandalized by their behaviour** j'ai été scandalisé par leur comportement
**scandalmonger** /'skændl,mʌŋgə'/ N mauvaise langue f, colporteur f, -euse f de ragots * ; (US Press) torchon * m
**scandalous** /'skændələs/ SYN ADJ scandaleux ◆ **it's scandalous that...** c'est un scandale or une honte que... + subj ◆ **I think it's a scandalous price to charge (for)** je trouve scandaleux qu'on demande ce prix-là (pour)
**scandalously** /'skændələslɪ/ ADV [behave] de façon scandaleuse ; [expensive, rich, poor] scandaleusement

**Scandinavia** /ˌskændɪ'neɪvɪə/ N Scandinavie f
**Scandinavian** /ˌskændɪ'neɪvɪən/
**ADJ** scandinave
**N** Scandinave mf

**scandium** /'skændɪəm/ N scandium m

**scanner** /'skænə'/ N [1] (Med) (also **CAT scanner**) scanner m, tomodensitomètre m ; (also **ultrasound scanner**) échographe m
[2] (Rad, Telec) scanner m
[3] (Radar) antenne f
[4] (Comput) (also **optical scanner**) scanner or scanneur m

**scanning** /'skænɪŋ/
**N** (electronic) balayage m ; (Med) (by ultrasound) échographie f
**COMP** **scanning device** N (Telec) organe m explorateur ; (Med) dispositif m de scanographie
**scanning electron microscope** N microscope m électronique à balayage

**scansion** /'skænʃən/ N scansion f

**scant** /skænt/ SYN ADJ [1] (= insufficient) [reward] (bien) maigre ; [information] (bien or très) insuffisant ◆ **to pay scant attention to sth** ne guère prêter attention à qch ◆ **there is scant evidence of the success they talk about** il n'y a guère de preuves du succès dont ils parlent ◆ **to receive scant praise (from sb) (for sth)** recevoir des éloges parcimonieux (de qn) (pour qch) ◆ **to have scant regard for sth** peu se soucier de qch ◆ **to show scant respect for sth** ne pas manifester beaucoup de respect pour qch
[2] (= bare) ◆ **it measures a scant 2cm** ça fait à peine 2 cm ◆ **a scant two months later** à peine deux mois plus tard

**scantily** /'skæntɪlɪ/ ADV [furnished] chichement ◆ **scantily clad** or **dressed** en tenue légère ◆ **scantily clad in a light cotton blouse** légèrement vêtu d'un fin chemisier de coton ◆ **a scantily cut blouse** un chemisier très échancré
**scantiness** /'skæntɪnɪs/ N (= insufficiency) insuffisance f
**scanty** /'skæntɪ/ SYN ADJ [information] maigre, sommaire ; [evidence] maigre ; [news] sommaire ; [knowledge] limité, sommaire ; [swimsuit] minuscule ; [blouse] échancré ◆ **a scanty income** de maigres revenus

**scapegoat** /'skeɪpgəʊt/ SYN
**N** bouc m émissaire
**VT** ◆ **to scapegoat sb** faire de qn un bouc émissaire
**scapegrace** /'skeɪpgreɪs/ N coquin(e) m(f), vaurien(ne) m(f)
**scapula** /'skæpjʊlə/ N (pl **scapulas** or **scapulae** /'skæpjʊliː/) omoplate f
**scapular** /'skæpjʊlə'/ ADJ, N scapulaire m

**scar¹** /skɑː'/ SYN
**N** (= mark : lit, fig) cicatrice f ; (from knife wound, esp on face) balafre f ◆ **the quarrying left a scar on the hillside** l'exploitation de la carrière a laissé une cicatrice sur or a mutilé le flanc de la colline ◆ **emotional scars** cicatrices fpl psychologiques ◆ **the scars of war** les cicatrices fpl de la guerre
**VT** marquer d'une cicatrice ; (with knife) balafrer ◆ **his face was scarred by smallpox** son visage était grêlé par la petite vérole ◆ **war-scarred town** ville qui porte des cicatrices de la guerre ◆ **walls scarred by bullets** des murs portant des traces de balles ◆ **this is something that's going to scar him forever** (fig) c'est quelque chose qui va le marquer profondément ◆ **she was scarred by the death of her parents** elle avait été profondément marquée par la mort de ses parents
**COMP** **scar tissue** N tissus mpl cicatrisés

**scar²** /skɑː'/ N (= crag) rocher m escarpé
**scarab** /'skærəb/ N (= beetle, gem) scarabée m
**scarce** /skɛəs/ SYN
**ADJ** [food, water, money] peu abondant, rare ; [people, jobs] rare, peu nombreux ; [goods] rare ; [resources] limité ◆ **to become** or **get scarce** commencer à manquer, se faire rare ◆ **to make o.s. scarce *** (= leave) s'éclipser*
**ADV** † ⇒ **scarcely**

**scarcely** /'skɛəslɪ/ SYN ADV à peine ◆ **they could scarcely have imagined that...** ils auraient à peine pu imaginer que..., ils n'auraient guère pu imaginer que... ◆ **the landscape has scarcely altered** le paysage a à peine changé or n'a presque pas changé ◆ **I could scarcely believe it** je pouvais à peine le croire ◆ **I scarcely know what to say** je ne sais trop que dire ◆ **they were scarcely ever apart** ils étaient presque toujours ensemble ◆ **he was scarcely more than a boy** il sortait à peine or tout juste de l'enfance ◆ **it is scarcely surprising that...** il n'est guère surprenant que... ◆ **with scarcely a sound** pratiquement or presque sans faire de bruit ◆ **there was scarcely a ripple on the sea** il n'y avait pratiquement aucune ride sur la mer ◆ **there was scarcely a building left undamaged** il ne restait pratiquement aucun bâtiment intact ◆ **it could scarcely have been a less promising start** ça aurait difficilement pu commencer plus mal ◆ **the press is scarcely an advertisement for self-restraint** on ne peut guère dire que la presse soit un modèle de retenue ◆ **scarcely had the car stopped when the police surrounded it** à peine la voiture s'était-elle arrêtée que les policiers l'encerclèrent

**scarceness** /'skɛəsnɪs/ N ⇒ **scarcity**
**scarcity** /'skɛəsɪtɪ/
**N** [of product, foodstuff] rareté f, pénurie f ; [of money] manque m ◆ **there is a scarcity of good artists today** il n'y a plus guère de bons artistes
**COMP** **scarcity value** N valeur f de rareté

**scare** /skɛə'/ SYN
**N** [1] (* = fright) ◆ **to give sb a scare** faire peur à qn, ficher la frousse à qn * ◆ **what a scare he gave me!** il m'a fait une de ces peurs or frousses !*
[2] (= rumour) bruit m alarmant or alarmiste ◆ **to raise a scare** semer la panique, faire courir des bruits alarmants ◆ **the invasion scare** les bruits mpl alarmistes d'invasion ◆ **bomb/gas/typhoid scare** alerte f à la bombe/au gaz/à la typhoïde ◆ **food scare** alerte f à l'intoxication

**scarecrow** | **scent**

alimentaire ♦ **health scare** alerte f aux risques sanitaires ♦ **because of the war scare** à cause des rumeurs de guerre

**VT** effrayer, faire peur à ♦ **to scare sb stiff**\* *or* **out of their wits**\* faire une peur bleue à qn, ficher la frousse\* *or* la trouille\* à qn ♦ **to scare the life** *or* **wits out of sb**\* faire une peur bleue à qn, ficher la frousse\* *or* la trouille\* à qn ; see also **scared** ; → **hell**, **shit**

**VI** s'effrayer ♦ **to scare easily** avoir peur d'un rien

**COMP** *[headlines]* alarmiste
**scare story N** rumeur f alarmiste
**scare tactics NPL** terrorisme m psychologique

▶ **scare away**, **scare off VT SEP** ♦ **the dog/the price scared him away** le chien/le prix l'a fait fuir

▶ **scare up**\* **VT SEP** *(US)* *[+ food, money]* arriver à trouver

**scarecrow** /ˈskɛəkrəʊ/ **N** *(lit, fig)* épouvantail m

**scared** /skɛəd/ **SYN ADJ** effrayé ♦ **he was terribly scared** il était terrifié *or* épouvanté ♦ **to be running scared**\* avoir la frousse\* ♦ **to be scared (of sb/sth)** avoir peur (de qn/qch) ♦ **to be scared of doing sth** *or* **to do sth** avoir peur de faire qch ♦ **too scared to move** trop effrayé pour bouger ♦ **to be scared that...** avoir peur que... + *subj* ♦ **I'm scared that he'll try to find me** j'ai peur qu'il n'essaie *subj* de me trouver ♦ **to be scared to death**\* être mort de frousse\* *or* trouille\* ♦ **he's scared to death of women**\* il a une peur bleue des femmes ♦ **to be scared out of one's wits**\* avoir une peur bleue ; → **stiff**

**scaredy**\* /ˈskɛədɪ/ **N** *(baby talk)* ♦ **scaredy (cat)** trouillard(e)\* m(f), poule f mouillée\*

**scarehead**\* /ˈskɛəhɛd/ **N** *(US Press)* manchette f à sensation

**scaremonger** /ˈskɛəˌmʌŋɡər/ **N** alarmiste mf, oiseau m de malheur

**scaremongering** /ˈskɛəˌmʌŋɡərɪŋ/ **N** alarmisme m

**scarf¹** /skɑːf/
**N** *(pl* **scarfs** *or* **scarves)** écharpe f ; *(square)* foulard m
**COMP scarf-ring N** coulant m *or* anneau m pour foulard ; → **headscarf**

**scarf²**\* /skɑːf/ **VT** *(US : also* **scarf down)* engloutir, s'enfiler\*

**Scarface** /ˈskɑːfeɪs/ **N** le Balafré

**scarification** /ˌskɛərɪfɪˈkeɪʃən/ **N** *(Agr, Med)* scarification f

**scarify** /ˈskɛərɪfaɪ/ **VT** *(Agr, Med)* scarifier ; *(fig)* éreinter

**scariose** /ˈskɛərɪˌəʊs/, **scarious** /ˈskɛərɪəs/ **ADJ** scarieux

**scarlatina** /ˌskɑːləˈtiːnə/ **N** scarlatine f

**scarlet** /ˈskɑːlɪt/
**ADJ** écarlate ♦ **to go** *or* **blush scarlet (with shame/embarrassment)** devenir écarlate *or* cramoisi (de honte/de gêne)
**N** écarlate f
**COMP scarlet fever N** scarlatine f
**scarlet letter N** *(US Hist)* lettre f écarlate ♦ **"The Scarlet Letter"** *(Literat)* « La Lettre écarlate »
**scarlet pimpernel N** mouron m
**scarlet runner (bean) N** haricot m grimpant
**scarlet woman** † **N** *(pl* **scarlet women)** *(pej)* femme f de mauvaise vie

**scarp** /skɑːp/ **N** escarpement m

**scarper**\* /ˈskɑːpər/ **VI** *(Brit)* ficher le camp\*

**SCART**, **Scart** /skɑːt/ **ADJ**, **N** *(also* **Scart socket)** (prise f) péritel f

**scarves** /skɑːvz/ **NPL** of **scarf**

**scary**\* /ˈskɛərɪ/ **ADJ** *[person, monster]* effrayant ; *[moment, feeling]* effrayant, angoissant ; *[experience]* effrayant, angoissant, qui fiche la frousse\* ; *[movie]* qui donne le frisson *or* la chair de poule ♦ **that's a scary thought** c'est une idée qui fait peur

**scat¹**\* /skæt/ **EXCL** allez ouste !\*

**scat²** /skæt/ **N** *(Jazz)* scat m *(style d'improvisation vocale)*

**scathing** /ˈskeɪðɪŋ/ **SYN ADJ** *[person, remark, criticism]* cinglant *(about au sujet de)* ♦ **to give sb a scathing look** jeter un regard plein de mépris à qn

**scathingly** /ˈskeɪðɪŋlɪ/ **ADV** *[say]* sur un ton cinglant ; *[write]* sur un ton cinglant, en termes cinglants ♦ **to look scathingly at sb** jeter un regard plein de mépris à qn

**scatological** /ˌskætəˈlɒdʒɪkəl/ **ADJ** scatologique

**scatology** /skæˈtɒlədʒɪ/ **N** scatologie f

**scatter** /ˈskætər/ **SYN**
**VT** 1 *(also* **scatter about**, **scatter around)** *[+ crumbs, papers, seeds]* éparpiller ; *[+ sand, salt, sawdust, nails]* répandre ♦ **to scatter sth to the four winds** semer qch aux quatre vents ♦ **to scatter cushions on a divan** jeter des coussins çà et là sur un divan
2 *[+ clouds, crowd]* disperser ; *[+ enemy]* mettre en déroute ; *[+ light]* diffuser ♦ **my relatives are scattered all over the country** ma famille est dispersée aux quatre coins du pays
**VI** *[clouds, crowd]* se disperser ♦ **the robbers scattered at the approach of the police** les voleurs se sont dispersés *or* enfuis dans toutes les directions à l'arrivée de la police
**N** *(Math, Tech)* dispersion f ♦ **a scatter of houses** des maisons dispersées *or* éparses ♦ **a scatter of raindrops** quelques gouttes de pluie éparses
**COMP scatter cushion NPL** petits coussin m
**scatter diagram N** diagramme m de diffusion
**scatter-gun N** fusil m de chasse **ADJ** *(fig)* *[approach]* tous azimuts ♦
**scatter rugs NPL** carpettes fpl

**scatterbrain** /ˈskætəbreɪn/ **SYN N** écervelé(e) m(f), hurluberlu\* m

**scatterbrained** /ˈskætəbreɪnd/ **ADJ** écervelé, hurluberlu\*

**scattered** /ˈskætəd/
**ADJ** 1 *(= dispersed)* *[books]* éparpillé ; *[buildings, trees]* dispersé, éparpillé ; *[population]* dispersé, disséminé ; *[light]* diffus ; *[riots]* sporadique, intermittent ♦ **scattered fighting** combats mpl sporadiques *or* intermittents ♦ **the village is very scattered** les maisons du village sont très dispersées
2 ♦ **scattered with sth** *(= strewn with : gen)* parsemé de qch ; *[+ nails, flowers, corpses]* jonché de qch
**COMP scattered showers NPL** averses fpl intermittentes *or* éparses

**scattering** /ˈskætərɪŋ/ **SYN N** *[of clouds, crowd]* dispersion f ; *[of light]* diffusion f ♦ **there was a scattering of people in the hall** il y avait quelques personnes dispersées *or* çà et là dans la salle

**scattershot** /ˈskætəʃɒt/ **ADJ** ♦ **the money has been spent in (a) scattershot fashion** l'argent a été dépensé à tort et à travers ♦ **he fielded the committee's scattershot questions** il a répondu aux questions du comité, qui partaient dans tous les sens

**scattiness**\* /ˈskætɪnɪs/ **N** *(NonC: Brit)* *[of person]* étourderie f

**scatty**\* /ˈskætɪ/ **ADJ** *(Brit)* 1 *(= scatterbrained)* *[person]* étourdi ♦ **she's so scatty!** quelle tête de linotte !
2 *(= distracted)* ♦ **to drive sb scatty** rendre qn zinzin\* *inv*

**scaup** /skɔːp/ **N** *(= bird)* fuligule m milouinan

**scavenge** /ˈskævɪndʒ/
**VT** *[+ streets]* enlever les ordures de ; *[+ object]* récupérer
**VI** ♦ **to scavenge in the dustbins (for sth)** faire les poubelles (pour trouver qch) ♦ **to scavenge for food** fouiller dans les ordures pour trouver de la nourriture

**scavenger** /ˈskævɪndʒər/
**N** 1 *(= animal)* charognard m
2 *(= street cleaner)* éboueur m
3 *(= person: on rubbish dumps, in bins)* pilleur m de poubelles
**COMP scavenger hunt N** chasse f au trésor, rallye m

**SCE** /ˌɛssiːˈiː/ **N** *(abbrev of* **Scottish Certificate of Education)** examen de fin d'études secondaires en Écosse

**scenario** /sɪˈnɑːrɪəʊ/ **SYN N** 1 *(Cine)* scénario m
2 *(= sequence of events)* scénario m ; *(= plan of action)* plan m d'action, stratégie f *(for pour)* ♦ **best-/worst-case scenario** *(Mil, Pol etc)* meilleure/pire hypothèse f ♦ **in the worst-case scenario** dans le pire des cas *or* la pire des hypothèses

**scenarist** /ˈsiːnərɪst/ **N** scénariste mf

**scene** /siːn/ **SYN**
**N** 1 *(= part of play, film)* scène f ; *(= setting)* scène f, décor m ♦ **a bedroom scene** une scène de lit ♦ **the garden scene in "Richard II"** la scène du jardin dans « Richard II » ♦ **the balcony scene from "Romeo and Juliet"** la scène du balcon de « Roméo et Juliette » ♦ **outdoor** *or* **outside scene** *(Cine, TV)* extérieur m ♦ **scene from a film** scène f *or* séquence f (tirée) d'un film ♦ **the big scene in the film** la grande scène du film ♦ **it was his big scene** c'était sa grande scène ♦ **the scene is set in Paris** la scène se passe à Paris, l'action se déroule à Paris ♦ **the scene was set for their romance** toutes les conditions étaient réunies pour leur idylle ♦ **this set the scene for the discussion** ceci a préparé le terrain pour les discussions ♦ **now let our reporter set the scene for you** notre reporter va maintenant vous mettre au courant de la situation
♦ **behind the scenes** *(Theat, fig)* dans les coulisses ♦ **to work behind the scenes** *(fig)* travailler dans l'ombre *or* dans les coulisses
2 *(= sight)* spectacle m, tableau m ; *(= view)* vue f ; *(fig)* scène f ; *(= happening)* incident m ♦ **the hills make a lovely scene** les collines offrent un très joli spectacle *or* tableau ♦ **the scene spread out before you** la vue *or* le panorama qui s'offre à vous ♦ **picture the scene...** imaginez la scène... ♦ **scenes of violence** scènes fpl de violence ♦ **there were angry scenes at the meeting** des incidents violents ont eu lieu au cours de la réunion ♦ **it was a scene of utter destruction/chaos/horror** c'était une scène de destruction totale/de chaos total/d'horreur totale ♦ **it's a bad scene**\* *(fig)* c'est pas brillant\*, la situation n'est pas brillante
3 *(= place)* lieu(x) m(pl), endroit m ♦ **the scene of the crime/accident** le lieu du crime/de l'accident ♦ **the town had once been the scene of a great battle** la ville avait été jadis le théâtre d'une grande bataille ♦ **scene of operations** *(Mil)* théâtre m des opérations ♦ **he needs a change of scene** il a besoin de changer d'air *or* de décor ♦ **they were soon on the scene** ils furent vite sur les lieux ♦ **to appear** *or* **come on the scene** faire son apparition ♦ **when I came on the scene** quand je suis arrivé
4 *(\* = fuss)* scène f ♦ **he made a scene** il a fait toute une histoire ♦ **to have a scene with sb** avoir une scène avec qn ; see also **noun 6** ♦ **I hate scenes** je déteste les scènes
5 *(= sphere of activity)* scène f, monde m ♦ **the political scene** la scène politique ♦ **the (gay) scene** le milieu gay ♦ **"non-scene"** *(in personal ad)* « hors ghetto » ♦ **the jazz/pop/rave scene** le monde du jazz/de la pop/des raves ♦ **the drug(s) scene in our big cities** le milieu de la drogue dans nos grandes villes ♦ **it's not my scene**\* ce n'est pas mon truc\*
6 *(sexually)* ♦ **to have a scene**\* **with sb** avoir une liaison avec qn ; see also **noun 4**
**COMP scene change N** *(Theat)* changement m de décor(s)
**scene dock N** *(Theat)* dépôt m *or* magasin m des décors
**scene painter N** peintre m de décors
**scene shift N** changement m de décor(s)
**scene shifter N** machiniste mf

**scenery** /ˈsiːnərɪ/ **SYN N** 1 paysage m ♦ **mountain scenery** paysage m de montagnes ♦ **a change of scenery will do you good** un changement d'air *or* de décor\* vous fera du bien
2 *(Theat)* décor(s) m(pl)

**scenic** /ˈsiːnɪk/
**ADJ** pittoresque ♦ **to take the scenic route** *(lit)* prendre l'itinéraire touristique ; *(fig hum)* prendre le chemin des écoliers\*
**COMP scenic car N** *(esp US of train)* voiture f panoramique
**scenic design N** *(Theat)* *(= sets)* décors mpl ; *(= profession)* conception f de décors
**scenic designer N** *(Theat)* décorateur m, -trice f de théâtre
**scenic railway N** *(= miniature railway)* petit train m (d'agrément) ; *(Brit)* *(= roller coaster)* montagnes fpl russes, scenic railway m

**scenographer** /siːˈnɒɡrəfər/ **N** scénographe mf

**scenographic(al)** /ˌsiːnəʊˈɡræfɪk(əl)/ **ADJ** scénographique

**scenography** /siːˈnɒɡrəfɪ/ **N** scénographie f

**scent** /sɛnt/ **SYN**
**N** 1 *(= odour)* parfum m, senteur f (liter)
2 *(esp Brit = perfume)* parfum m ♦ **to use scent** se parfumer

³ (= *animal's track*) fumet m ; (fig) piste f, voie f ◆ **to lose the scent** (*Hunting, fig*) perdre la piste ◆ **to throw** or **put sb off the scent** faire perdre la piste à qn ◆ **to put** or **throw dogs off the scent** dépister les chiens, faire perdre la piste aux chiens ◆ **to be on the (right) scent** être sur la bonne piste or voie ◆ **he got the scent of something suspicious** il a flairé quelque chose de louche

④ (= *sense of smell*) [*of person*] odorat m ; [*of animal*] flair m

**VT** ① (= *put scent on*) [+ *handkerchief, air*] parfumer (*with* de)

② (= *smell*) [+ *game*] flairer ; [+ *danger, trouble*] flairer, pressentir ◆ **to scent blood** (*fig*) deviner une faille chez son adversaire

**COMP** **scent bottle** N (*esp Brit*) flacon m à parfum **scent spray** N (*esp Brit*) vaporisateur m (à parfum) ; (= *aerosol*) atomiseur m (à parfum)

**scented** /'sɛntɪd/ **ADJ** parfumé

**scentless** /'sɛntlɪs/ **ADJ** inodore, sans odeur

**scepter** /'sɛptə'/ N (US) ⇒ **sceptre**

**sceptic, skeptic** (US) /'skɛptɪk/ SYN **ADJ, N** sceptique mf

**sceptical, skeptical** (US) /'skɛptɪkəl/ SYN **ADJ** [*person, attitude*] sceptique (*about, of* sur) ◆ **to cast a sceptical eye on** or **over sth** porter un regard sceptique sur qch ◆ **I'm sceptical about it** cela me laisse sceptique ◆ **to be sceptical about doing sth** douter qu'il soit bon de faire qch ◆ **to be sceptical that** or **about whether...** douter que... + *subj* ◆ **they are sceptical about how genuine his commitment is** ils ont des doutes sur la sincérité de son engagement

**sceptically, skeptically** (US) /'skɛptɪkəlɪ/ **ADV** [*ask*] d'un ton sceptique, avec scepticisme ; [*look at*] d'un air sceptique, avec scepticisme ◆ **he raised his eyebrows sceptically** il haussa les sourcils d'un air sceptique

**scepticism, skepticism** (US) /'skɛptɪsɪzəm/ SYN **N** scepticisme m

**sceptre, scepter** (US) /'sɛptə'/ **N** sceptre m

**SCF** /ɛsɪ'ɛf/ **N** (abbrev of **Save the Children Fund**) œuvre d'aide à l'enfance

**Schadenfreude** /'ʃɑːdənˌfrɔɪdə/ **N** joie f malsaine (*éprouvée face au malheur d'autrui*)

**schedule** /'ʃɛdjuːl, (US) 'skɛdjuːl/ SYN

**N** ① (= *timetable*) [*of work, duties*] programme m, planning m ; [*of trains etc*] horaire m ; [*of events*] calendrier m ◆ **production/building schedule** calendrier m or planning m pour la production/la construction *etc* ◆ **to make out a schedule** établir un programme or un plan or un horaire ◆ **our schedule does not include the Louvre** notre programme ne comprend pas le Louvre ◆ **I've got a very hectic schedule** j'ai un emploi du temps très chargé

② (= *forecasted timings*) ◆ **to be ahead of schedule** (*in work*) avoir de l'avance sur son programme ; (*train*) avoir de l'avance ◆ **the train is behind schedule** le train a du retard ◆ **the preparations are behind schedule** il y a du retard dans les préparatifs ◆ **our work has fallen behind schedule** nous sommes en retard dans notre travail ◆ **the train is on schedule** le train est à l'heure ◆ **the preparations are on schedule** il n'y a pas de retard dans les préparatifs ◆ **the work is on schedule** les travaux avancent conformément aux prévisions or au calendrier ◆ **the ceremony will take place on schedule** la cérémonie aura lieu à l'heure prévue (or à la date prévue *etc*) ◆ **the ceremony went off according to schedule** la cérémonie s'est déroulée comme prévu ◆ **it all went (off) according to schedule** tout s'est passé comme prévu ◆ **to work to a very tight schedule** avoir un programme très serré

③ (= *list*) [*of goods, contents*] liste f, inventaire m ; [*of prices*] barème m, tarif m ◆ **schedule of charges** liste f or barème m des prix

**VT** ① (*gen pass*) [+ *activity*] programmer, prévoir ◆ **his scheduled speech** le discours qu'il doit (or devait *etc*) prononcer ◆ **his scheduled departure** son départ prévu ◆ **at the scheduled time/date** *etc* à l'heure/à la date *etc* prévue or indiquée ◆ **scheduled price** prix m tarifé ◆ **as scheduled** comme prévu ◆ **scheduled service** [*train, bus etc*] service régulier ◆ **scheduled flight** vol m régulier ◆ **this stop is not scheduled** cet arrêt n'est pas prévu ◆ **he is scheduled to leave at midday** son départ est fixé pour midi ◆ **you are scheduled to speak after him** d'après le programme vous parlez après lui ◆ **the talks are scheduled for this weekend** les pourparlers sont prévus or programmés pour ce week-end ◆ **the train is scheduled for 11 o'clock** or **to arrive at 11 o'clock** (selon l'horaire) le train doit arriver à 11 heures, le train arrive normalement à 11 heures ◆ **the government has scheduled elections for 5 January** le gouvernement a prévu des élections pour le 5 janvier, le gouvernement a fixé les élections au 5 janvier ◆ **scheduled territories** zone f sterling

② [+ *object*] inscrire sur une liste ◆ **scheduled building** (*Brit*) bâtiment m classé (*comme monument historique*)

**scheelite** /'ʃiːlaɪt/ **N** scheelite f

**schema** /'skiːmə/ **N** (pl **schemata** /skiː'mɑːtə/) schéma m

**schematic** /skɪ'mætɪk/ **ADJ** schématique

**schematically** /skɪ'mætɪkəlɪ/ **ADV** schématiquement

**schematization** /ˌskiːmətaɪ'zeɪʃən/ **N** schématisation f

**schematize** /'skiːmətaɪz/ **VT** schématiser

**scheme** /skiːm/ SYN

**N** ① (= *plan*) plan m ; (= *project*) projet m ; (= *method*) procédé m (*for doing sth* pour faire qch) ◆ **he's got a scheme for re-using plastic bottles** il a un projet or un procédé pour réutiliser les bouteilles en plastique ◆ **a scheme of work** un plan de travail ◆ **profit-sharing scheme** système m de participation (aux bénéfices) ◆ **pension scheme** régime m de retraite ◆ **a scheme for greater productivity** un plan destiné à augmenter la productivité ◆ **man's place in the scheme of things** le rôle de l'homme dans l'ordre des choses ◆ **where does he stand in the scheme of things?** où se situe-t-il dans tout cela ? ◆ **where does he stand in the great** or **grand scheme of things?** (*iro*) quelle place occupe-t-il dans le grand ordre de l'univers ? ◆ **in my/your** *etc* **scheme of things** dans ma/votre *etc* vision des choses ◆ **it's some crazy scheme of his** c'est une de ses idées invraisemblables ◆ **it's not a bad scheme*** ça n'est pas une mauvaise idée ; → **supplementary**

② (= *plot*) complot m, machination(s) f(*pl*) ; (= *dishonest plan*) procédé m malhonnête, combine* f ◆ **it's a scheme to get him out of the way** c'est un complot pour l'éliminer

③ (= *arrangement*) arrangement m, combinaison f ; → **colour, rhyme**

**VT** [*group*] comploter, conspirer ; [*individual*] intriguer (*to do sth* pour faire qch)

**schemer** /'skiːmə'/ **N** (*pej*) intrigant(e) m(f)

**scheming** /'skiːmɪŋ/ SYN

**ADJ** (*pej*) [*person*] intrigant

**N** machinations fpl, intrigues fpl

**scherzando** /skɛə'tsændəʊ/ **ADV** (*Mus*) scherzando

**scherzo** /'skɛətsəʊ/ **N** (pl **scherzos** or **scherzi** /'skɛətsiː/) scherzo m

**Schick test** /ʃɪk/ **N** réaction f de Schick

**schilling** /'ʃɪlɪŋ/ **N** schilling m

**schipperke** /'ʃɪpəkɪ/ **N** (= *dog*) schipperke m

**schism** /'sɪzəm/ SYN **N** schisme m

**schismatic** /sɪz'mætɪk/ **ADJ, N** schismatique mf

**schist** /ʃɪst/ **N** schiste m cristallin

**schistose** /'ʃɪstəʊz/ **ADJ** schisteux

**schistosome** /'ʃɪstəsəʊm/ **N** schistosome m

**schistosomiasis** /ˌʃɪstəsəʊ'maɪəsɪs/ **N** schistosomiase f, bilharziose f

**schizo*** /'skɪtsəʊ/ **ADJ, N** (abbrev of **schizophrenic**) schizo* mf

**schizogenesis** /ˌskɪtsəʊ'dʒɛnɪsɪs/ **N** schizogenèse f

**schizogony** /skɪt'sɒɡənɪ/ **N** schizogonie f

**schizoid** /'skɪtsɔɪd/ **ADJ, N** schizoïde mf

**schizomycete** /ˌskɪtsəʊmaɪ'siːt/ **N** schizomycète m

**schizophrenia** /ˌskɪtsəʊ'friːnɪə/ **N** schizophrénie f

**schizophrenic** /ˌskɪtsəʊ'frɛnɪk/ **ADJ, N** schizophrène mf

**schizothymia** /ˌskɪtsəʊ'θaɪmɪə/ **N** schizothymie f, schizoïdie f

**schlemiel*, schlemihl*** /ʃlə'miːl/ **N** (US) pauvre bougre* m, minable mf

**schlep(p)*** /ʃlɛp/ (US)
**VI** se traîner, crapahuter*
**VT** trimballer*, (se) coltiner*

**schlieren** /'ʃliːrən/ **N** (*NonC: Phys, Geol*) strie f

**schlock*** /ʃlɒk/
**N** pacotille f
**ADJ** de pacotille

**schlong*** /ʃlɒŋ/ **N** (US) bite** f

**schmaltz*** /ʃmɔːlts/ **N** (*NonC*) sentimentalisme m excessif

**schmaltzy*** /'ʃmɔːltsɪ/ **ADJ** à la guimauve, à l'eau de rose

**schmear*** /ʃmɪə'/ **N** (US) ◆ **the whole schmear** tout le bataclan*

**Schmidt telescope** /ʃmɪt/ **N** chambre f photographique de Schmidt

**schmo** /ʃməʊ/ **N** (pl **schmoes**) (US) ballot* m, andouille* f

**schmooze*** /ʃmuːz/ **VI** (US) (= *gossip*) jaser* ; (= *bootlick*) faire de la lèche**

**schmuck*** /ʃmʌk/ **N** (US) con* m, connard** m, connasse** f

**schmutter** /'ʃmʌtə'/ **N** (= *cloth*) textile m ; (= *clothing*) vêtement m

**schnapps** /ʃnæps/ **N** schnaps m

**schnauzer** /'ʃnaʊtsə'/ **N** (= *dog*) schnauzer m

**schnitzel** /'ʃnɪtsəl/ **N** (*Culin*) escalope f (de veau) ◆ **Wiener schnitzel** escalope f de veau panée

**schnook** /ʃnʊk/ **N** (US) ballot* m, pauvre type* m

**schnorkel** /'ʃnɔːkl/ **N** → **snorkel**

**schnorrer*** /'ʃnɔːrə'/ **N** (US) mendigot m, tapeur* m

**schnozzle*** /'ʃnɒzl/ **N** (US) gros pif* m, tarin* m

**scholar** /'skɒlə'/ SYN
**N** ① lettré(e) m(f), érudit(e) m(f) ◆ **a scholar and a gentleman** un homme cultivé et raffiné ◆ **a Dickens scholar** un(e) spécialiste de Dickens ◆ **I'm not much of a scholar** je ne suis pas bien savant or instruit
② (= *scholarship holder*) boursier m, -ière f ; († = *pupil*) écolier m, -ière f
**COMP** **scholar's tree** N sophora m (*japonica*)

**scholarly** /'skɒləlɪ/ SYN **ADJ** [*person, publication, account*] érudit, savant ; [*approach*] érudit ; [*debate*] d'érudits ◆ **to have a scholarly interest in a subject** s'intéresser à un sujet en tant que spécialiste

**scholarship** /'skɒləʃɪp/ SYN
**N** ① érudition f, savoir m
② (= *award*) bourse f (d'études) ; (US Univ) bourse f (pour étudiant de licence) ◆ **to win a scholarship to Cambridge** obtenir une bourse pour Cambridge (*par concours*)
**COMP** **scholarship holder** N boursier m, -ière f

**scholastic** /skə'læstɪk/ SYN
**ADJ** ① (= *educational*) [*work, level*] scolaire ◆ **scholastic achievement** réussite f scolaire
② (*among scholars*) [*debate, controversy*] parmi les érudits
**N** (*Philos*) scolastique m
**COMP** **scholastic aptitude test** N (US) examen m d'entrée à l'université → **SAT**
**scholastic philosophy** N philosophie f scolastique
**the scholastic profession** N (*gen*) l'enseignement m ; (= *teachers collectively*) les enseignants mpl

**scholasticism** /skə'læstɪsɪzəm/ **N** scolastique f

**scholiast** /'skəʊlɪæst/ **N** scoliaste mf, scholiaste mf

**scholium** /'skəʊlɪəm/ **N** (pl **scholia** /'skəʊlɪə/) sc(h)olie f

**school¹** /skuːl/ SYN
**N** ① (*gen*) école f ; (*in formal contexts*) établissement m scolaire ; (= *primary school*) école f ; (= *secondary school*) (*gen*) lycée m ; (*up to 16 only*) collège m ; [*of dancing*] école f, académie f ; [*of music*] école f, conservatoire m ; (US * = *university*) fac* f ◆ **to go to school** aller à l'école ou au collège ou au lycée *etc* ◆ **to leave school** quitter l'école *etc* ◆ **to send a child to school** [*parent*] envoyer un enfant à l'école ; [*local authority*] scolariser un enfant ◆ **she gave a talk to the school** (= *pupils collectively*) elle a fait un exposé à l'école (or au collège ou au lycée *etc*) ◆ **to go camping/sailing with the school** aller faire du camping/de la voile avec l'école *etc* ◆ **to go skiing with the school** ≈ partir en classe de neige ◆ **television for schools** télévision f scolaire ◆ **programmes**

*or* **broadcasts for schools** émissions *fpl* éducatives ; → **boarding, high, old, summer**
♦ **at** *or* **in school** à l'école (*or* au collège *etc*) ♦ **we were at school together** nous étions à la même école (*or* au même collège *etc*) ♦ **he wasn't at school yesterday** il n'était pas à l'école *or* en classe hier
2 (*= lessons*) classe(s) *f(pl)* ; (*gen secondary*) cours *mpl* ♦ **school reopens in September** la rentrée scolaire *or* la rentrée des classes est en septembre ♦ **there's no school this morning** il n'y a pas classe ce matin, il n'y a pas (de) cours ce matin ♦ **we met every day after school** nous nous retrouvions tous les jours après l'école
3 (*Univ*) faculté *f* ♦ **Schools** (*at Oxford and Cambridge*) (*= building*) salle d'examen ; (*= finals*) ≃ examens *mpl* de licence ♦ **he's at law/medical school** il fait son droit/sa médecine, il est en droit/médecine ♦ **I went to art/business school** je suis allé dans une école d'art/de commerce
4 (*= institute*) institut *m* ; (*= department*) département *m* ♦ **School of Linguistics/African Studies** *etc* Institut *m or* Département *m* de Linguistique/d'Études africaines *etc*
5 (*fig*) école *f* ♦ **the school of life** l'école *f* de la vie ♦ **he graduated from the school of hard knocks** il a été à rude école
6 (*Hist*) (*= scholasticism*) ♦ **the schools** l'École *f*, la scolastique
7 [*of painting, philosophy*] école *f* ♦ **the Dutch school** (*Art*) l'école *f* hollandaise ♦ **the Freudian school** l'école *f* freudienne ♦ **a school of thought** une école de pensée ♦ **an aristocrat/doctor** *etc* **of the old school** un aristocrate/un médecin *etc* de la vieille école ♦ **he's one of the old school** il est de la vieille école
VT [*+ person*] éduquer ; [*+ animal*] dresser ; [*+ feelings, reactions*] contrôler ♦ **his father schooled him in the basics of carpentry** son père lui a appris *or* enseigné les rudiments de la menuiserie ♦ **to school o.s. to do sth** s'astreindre à faire qch
COMP [*equipment, edition, television, doctor*] scolaire
**school-age child** N (pl **school-age children**) enfant *mf* d'âge scolaire
**school attendance** N scolarisation *f*, scolarité *f*
**school board** N (*US*) [*of school*] conseil *m* d'établissement ; (*= local authority*) conseil *m* d'administration des établissements scolaires
**school bus** N car *m* de ramassage scolaire ♦ **school bus service** service *m* de ramassage scolaire
**school certificate** N (*formerly*) ≃ BEPC *m*
**school council** N (*Brit*) comité *m* des délégués de classe
**school counsellor** N (*US*) conseiller *m*, -ère *f* général(e) d'éducation
**school crossing patrol** N → **crossing**
**school dinner** N ⇒ **school lunch**
**school district** N (*US*) secteur *m* scolaire
**school fees** NPL frais *mpl* de scolarité
**school fund** N *fonds collectés grâce à diverses opérations organisées par les élèves d'une école*
**school holidays** NPL vacances *fpl* scolaires
**school hours** NPL ♦ **during school hours** pendant les heures de cours *or* de classe ♦ **out of school hours** en dehors des heures de cours *or* de classe
**school inspector** N (*Brit Scol*) (*secondary*) ≃ inspecteur *m*, -trice *f* d'académie ; (*primary*) ≃ inspecteur *m*, -trice *f* primaire
**school leaver** N (*Brit*) jeune *mf* qui a terminé ses études secondaires
**school-leaving age** N âge *m* de fin de scolarité ♦ **to raise the school-leaving age** prolonger la scolarité (*to* jusqu'à)
**school librarian** N (*books only*) bibliothécaire *mf* scolaire ; (*books and other resources*) documentaliste *mf* scolaire
**school life** N vie *f* scolaire
**school lunch, school meal** N déjeuner *m* à la cantine (scolaire) ♦ **he hates school lunches** *or* **meals** il déteste manger à la cantine
**school medical officer** N (*Brit*) médecin *m* scolaire
**school night** N veille *f* d'une journée d'école
**school of education** N (*US*) école *f* normale (primaire)
**school of motoring** N auto-école *f*
**school outing** N (*Brit*) sortie *f* (éducative) scolaire
**school phobia** N phobie *f* de l'école
**school record** N dossier *m* scolaire
**school report** N bulletin *m* (scolaire)
**school run** N ♦ **to do the school run** emmener les enfants à l'école
**schools inspector** N ⇒ **school inspector**
**schools medical officer** N ⇒ **school medical officer**
**school superintendent** N (*US*) inspecteur *m*, -trice *f* (*responsable du bon fonctionnement des établissements scolaires*)
**school tie** N cravate *f* de l'école ; → **old**
**school time** N ♦ **in school time** pendant les heures de cours *or* de classe
**school transport** N transport *m* scolaire
**school trip** N ⇒ **school outing**
**school uniform** N uniforme *m* scolaire
**school year** N année *f* scolaire

**school²** /skuːl/ N [*of fish*] banc *m*

**schoolbag** /ˈskuːlbæg/ N cartable *m*

**schoolbook** /ˈskuːlbʊk/ N livre *m* scolaire *or* de classe

**schoolboy** /ˈskuːlbɔɪ/
N (*gen*) élève *m* ; (*at primary school*) écolier *m* ; (*at secondary school*) lycéen *m* ; (*up to age 16 only*) collégien *m* ; see also **public**
COMP **schoolboy crush** * N béguin * *m* (*on* pour)
**schoolboy slang** N argot *m* des écoles *or* des lycées

**schoolchild** /ˈskuːltʃaɪld/ N (pl **-children**) (*gen*) élève *mf* ; (*at primary school*) écolier *m*, -ière *f* ; (*at secondary school*) lycéen(ne) *m(f)* ; (*up to age 16 only*) collégien(ne) *m(f)*

**schooldays** /ˈskuːldeɪz/ NPL années *fpl* de scolarité *or* d'école ♦ **during my schooldays** du temps où j'allais en classe

**schooled** /skuːld/ ADJ ♦ **to be schooled in sth** avoir l'expérience de qch ♦ **to be well schooled in sth** être rompu à qch

**schoolfellow** /ˈskuːlfeləʊ/, **schoolfriend** /ˈskuːlfrend/ N camarade *mf* de classe

**schoolgirl** /ˈskuːlgɜːl/
N (*gen*) élève *f* ; (*at primary school*) écolière *f* ; (*at secondary school*) lycéenne *f* ; (*up to age 16 only*) collégienne *f*
COMP **schoolgirl complexion** N teint *m* de jeune fille
**schoolgirl crush** * N béguin * *m* (*on* pour)

**schoolhouse** /ˈskuːlhaʊs/ N (*US*) (*= school building*) école *f* ; (*for head teacher*) maison *f* du directeur

**schooling** /ˈskuːlɪŋ/ SYN N 1 (*Scol*) instruction *f*, études *fpl* ♦ **schooling is free** les études sont gratuites ♦ **compulsory schooling** scolarité *f* obligatoire ♦ **schooling is compulsory up to age 16** la scolarité est obligatoire jusqu'à 16 ans ♦ **he had very little formal schooling** il n'a pas fait une scolarité complète ♦ **he lost a year's schooling** il a perdu une année (d'école)
2 [*of horse*] dressage *m*

**schoolkid** * /ˈskuːlkɪd/ N écolier *m*, -ière *f*

**Schoolman** /ˈskuːlmən/ N (pl **Schoolmen** /ˈskuːlmen/) scolastique *m*

**schoolmarm** /ˈskuːlmɑːm/ N (*pej*) institutrice *f*, maîtresse *f* d'école

**schoolmarmish** /ˈskuːlˌmɑːmɪʃ/ ADJ (*pej*) ♦ **she is very schoolmarmish** elle fait *or* est très maîtresse d'école

**schoolmaster** /ˈskuːlˌmɑːstəʳ/ N (*primary*) instituteur *m* ; (*secondary*) professeur *m*

**schoolmate** /ˈskuːlmeɪt/ N ⇒ **schoolfellow**

**Schoolmen** /ˈskuːlmən/ NPL (*Philos*) scolastiques *mpl*

**schoolmistress** /ˈskuːlˌmɪstrɪs/ N (*primary*) institutrice *f* ; (*secondary*) professeur *m*

**schoolroom** /ˈskuːlrʊm/ N salle *f* de classe ♦ **in the schoolroom** dans la (salle de) classe, en classe

**schoolteacher** /ˈskuːlˌtiːtʃəʳ/ SYN N (*primary*) instituteur *m*, -trice *f* ; (*secondary*) professeur *m*

**schoolteaching** /ˈskuːlˌtiːtʃɪŋ/ N enseignement *m*

**schoolwork** /ˈskuːlwɜːk/ N travail *m* scolaire

**schoolyard** /ˈskuːljɑːd/ N (*esp US*) cour *f* d'école

**schooner** /ˈskuːnəʳ/ N 1 (*= ship*) schooner *m*, goélette *f*
2 (*Brit = sherry glass*) grand verre *m* (à Xérès) ; (*US = beer glass*) demi *m* (de bière)

**schottische** /ʃɒˈtiːʃ/ N (*Mus*) écossaise *f*

**Schottky effect** /ˈʃɒtkɪ/ N effet *m* Schottky

**schtick** /ʃtɪk/ N (*US*) numéro *m* (*de comédien*)

**schuss** /ʃʊs/ N (*Ski*) schuss *m*

**schwa** /ʃwɑː/ N (*Phon*) schwa *m*

**sciatic** /saɪˈætɪk/ ADJ sciatique

**sciatica** /saɪˈætɪkə/ N sciatique *f*

**science** /ˈsaɪəns/ SYN
N 1 science(s) *f(pl)* ♦ **we study science at school** nous étudions les sciences au lycée ♦ **gardening for him is quite a science** pour lui le jardinage est une véritable science ♦ **the Faculty of Science, the Science Faculty** (*Univ*) la faculté des Sciences ♦ **Secretary (of State) for Science, Minister of Science** (*Brit*) ministre *m* de la Recherche scientifique ♦ **Department** *or* **Ministry of Science** ministère *m* de la Recherche scientifique ; → **applied, natural, social**
2 († = *knowledge*) science † *f* ♦ **to blind sb with science** éblouir qn de sa science
COMP [*equipment, subject*] scientifique ; [*exam*] de sciences
**science fiction** N science-fiction *f* ADJ de science-fiction
**science park** N parc *m* scientifique
**science teacher** N professeur *m* de sciences

**scientific** /ˌsaɪənˈtɪfɪk/ SYN
ADJ 1 scientifique ♦ **the scientific community** la communauté scientifique ♦ **she received her scientific training in the US** elle a fait ses études de sciences aux États-Unis
2 (*= methodical*) méthodique ♦ **to be scientific about sth** être méthodique par rapport à qch
COMP **the scientific method** N la méthode scientifique
**scientific officer** N (*Brit Police*) expert *m* (de la police)

**scientifically** /ˌsaɪənˈtɪfɪkəlɪ/ ADV 1 [*prove, explain*] scientifiquement ♦ **to be scientifically based** reposer sur des bases scientifiques ♦ **to be scientifically trained** avoir une formation scientifique ♦ **scientifically speaking** d'un point de vue scientifique
2 (*= methodically*) [*search*] de manière méthodique ; [*plan*] de manière systématique

**scientism** /ˈsaɪəntɪzəm/ N scientisme *m*

**scientist** /ˈsaɪəntɪst/ N (*as career*) scientifique *mf* ; (*= scientific scholar*) savant *m* ♦ **my daughter is a scientist** ma fille est une scientifique ♦ **one of our leading scientists** l'un de nos plus grands savants ; → **Christian, social**

**scientistic** /ˈsaɪəntɪstɪk/ ADJ scientiste

**scientologist** /ˌsaɪənˈtɒlədʒɪst/ ADJ, N scientologue *mf*

**scientology** /ˈsaɪənˈtɒlədʒɪ/ N scientologie *f*

**sci-fi** * /ˈsaɪfaɪ/ abbrev of **science-fiction**
N science-fiction *f*, SF *f*
ADJ de science-fiction, de SF

**scilicet** /ˈsɪlɪset/ ADV à savoir

**scilla** /ˈsɪlə/ N (*= plant*) scille *f*

**Scillies** /ˈsɪlɪz/ NPL ♦ **the Scillies, the Scilly Isles** les Sorlingues *fpl*, les îles *fpl* Scilly

**scimitar** /ˈsɪmɪtəʳ/ N cimeterre *m*

**scintigram** /ˈsɪntɪˌgræm/ N scintigramme *m*

**scintigraphy** /ˌsɪnˈtɪgrəfɪ/ N scintigraphie *f*

**scintilla** /sɪnˈtɪlə/ N ♦ **not a scintilla of evidence** pas l'ombre d'une preuve, pas la moindre preuve ♦ **not a scintilla of (a) doubt** pas l'ombre d'un doute, pas le moindre doute

**scintillate** /ˈsɪntɪleɪt/ SYN VI [*star, jewel*] scintiller ; (*fig*) [*person*] briller, pétiller d'esprit

**scintillating** /ˈsɪntɪleɪtɪŋ/ SYN ADJ [*person, performance, wit*] brillant ; [*conversation*] brillant, spirituel ♦ **in scintillating form** dans une forme éblouissante

**scintillation** /ˌsɪntɪˈleɪʃən/
N [*of star*] scintillation *f* ; [*of jewel*] scintillement *m*
COMP **scintillation counter** N compteur *m* à scintillation

**scion** /ˈsaɪən/ N (*= person*) descendant(e) *m(f)* ; [*of plant*] scion *m*

**Scipio** /ˈsɪpɪəʊ/ N Scipion *m*

**scirrhous** /ˈsɪrəs/ N squirreux

**scirrhus** /ˈsɪrəs/ N (pl **scirrhusses** *or* **scirrhi** /ˈsɪraɪ/) (*Med*) squirr(h)e *m*

**scission** /ˈsɪʃən/ N scission *f*

**scissor** /ˈsɪzəʳ/
NPL **scissors** ciseaux *mpl* ♦ **a pair of scissors** une paire de ciseaux ; → **kitchen, nail**
VT * couper avec des ciseaux
COMP **scissor bill** N bec *m* en ciseaux
**scissor(s) jump** N (*Sport*) saut *m* en ciseaux
**scissor(s) kick** N (*Swimming*) ciseaux *mpl*
**scissors-and-paste job** N (*lit*) montage *m* ; (* *fig*) compilation *f*

**sciurine** /ˈsaɪjʊrɪn/ ADJ ◆ **sciurine rodent** sciuridé *m*

**sclera** /ˈsklɪərə/ N (*Anat*) sclérotique *f*

**sclerenchyma** /sklɪəˈreŋkɪmə/ N sclérenchyme *m*

**scleriasis** /sklɪˈraɪəsɪs/ N sclérodermie *f*

**scleroderma** /ˌsklɪərəʊˈdɜːmə/ N sclérodermie *f*

**scleroma** /sklɪəˈrəʊmə/ N (pl **scleromata** /sklɪəˈrəʊmətə/) tissu *m* scléreux

**scleroprotein** /ˌsklɪərəʊˈprəʊtiːn/ N scléroprotéine *f*

**sclerosis** /sklɪˈrəʊsɪs/ N (pl **scleroses** /sklɪˈrəʊsiːz/) sclérose *f* ; → **multiple**

**sclerotic** /sklɪˈrɒtɪk/ ADJ sclérotique

**sclerous** /ˈsklɪərəs/ ADJ scléreux

**SCM** /ˌessiːˈem/ N (*Brit*) (abbrev of **State-Certified Midwife**) → **state**

**scoff**[1] /skɒf/ SYN VI se moquer ◆ **to scoff at sb/sth** se moquer de qn/qch, mépriser qn/qch ◆ **he was scoffed at by the whole town** il a été l'objet de risée de toute la ville

**scoff**[2] * /skɒf/ VTI (*esp Brit = eat*) bouffer ✻

**scoffer** /ˈskɒfəʳ/ N moqueur *m*, -euse *f*, railleur *m*, -euse *f*

**scoffing** /ˈskɒfɪŋ/
ADJ [*remark, laugh*] moqueur, railleur
N moqueries *fpl*, railleries *fpl*

**scofflaw** /ˈskɒflɔː/ N (*US*) personne *f* qui se moque des lois et des règlements

**scold** /skəʊld/ SYN
VT réprimander (*for doing sth* pour avoir fait qch) ; [*+ child*] gronder (*for doing sth* pour avoir fait qch) ◆ **he got scolded** il s'est fait réprimander ; [*child*] il s'est fait gronder
VI grogner, rouspéter *
N (*= woman*) mégère *f*, chipie *f*

**scolding** /ˈskəʊldɪŋ/ SYN N gronderie *f*, réprimande *f* ◆ **to get a scolding from sb** se faire gronder par qn ◆ **to give sb a scolding** réprimander *or* gronder qn

**scolex** /ˈskəʊleks/ N (pl **scoleces** /skəʊˈliːsiːz/ or **scolices** /ˈskɒlɪˌsiːz/) scolex *m*

**scoliosis** /ˌskɒlɪˈəʊsɪs/ N scoliose *f*

**scollop** /ˈskɒləp/ N, VT ⇒ **scallop**

**scolopendrium** /skɒləˈpendrɪəm/ N scolopendre *m*

**sconce** /skɒns/ N (*on wall*) applique *f* ; (*for carrying candle*) bougeoir *m*

**scone** /skɒn/ N scone *m* (*petit pain au lait*)

**scoop** /skuːp/ SYN
N 1 (*for flour, sugar*) pelle *f* (*à main*) ; (*for water*) écope *f* ; (*for ice cream*) cuiller *f* à glace ; (*for mashed potatoes*) cuiller *f* à purée ; [*of bulldozer*] lame *f* ; [*of dredger*] benne *f* preneuse ; (also **scoopful**) pelletée *f*
2 (*Press*) scoop *m*, exclusivité *f* ; (*Comm*) bénéfice *m* important ◆ **to make a scoop** (*Comm*) faire un gros bénéfice ; (*Press*) publier une exclusivité, faire un scoop ◆ **it was a scoop for the "Globe"** (*Press*) le « Globe » l'a publié en exclusivité, cela a été un scoop pour le « Globe »
VT (*Comm*) [*+ market*] s'emparer de ; [*+ competitor*] devancer ; [*+ profit*] ramasser ; [*+ prize, award*] décrocher * ; (*Press*) [*+ story*] publier en exclusivité ◆ **to scoop the pool** * tout rafler

▸ **scoop out** VT SEP ◆ **to scoop water out of a boat** écoper un bateau ◆ **he scooped the sand out (of the bucket)** il a vidé le sable (du seau) ◆ **he scooped out a hollow in the soft earth** il a creusé un trou dans la terre molle

▸ **scoop up** VT SEP [*+ earth, sweets*] ramasser ; (*with instrument*) ramasser à la pelle ◆ **the eagle scooped up the rabbit** l'aigle a saisi le lapin dans ses serres ◆ **he scooped up the child and ran for his life** il a ramassé l'enfant en vitesse et s'est enfui à toutes jambes

**scooper** /ˈskuːpəʳ/ N évidoir *m*

**scoot** * /skuːt/ VI se sauver *, filer * ◆ **scoot!** fichez le camp ! *, filez ! * ◆ **to scoot in/out** *etc* entrer/sortir *etc* rapidement *or* en coup de vent

▸ **scoot away** *, **scoot off** * VI se sauver *, filer *

**scooter** /ˈskuːtəʳ/ N (also **motor scooter**) scooter *m* ; (*child's*) trottinette *f*

**scope** /skəʊp/ SYN N 1 (*= range*) [*of law, regulation*] étendue *f*, portée *f* ; [*of undertaking*] envergure *f* ; [*of powers, disaster*] étendue *f* ; [*of changes*] ampleur *f* ◆ **reforms of considerable scope** des réformes d'une portée considérable ◆ **a programme of considerable scope** un programme d'une envergure considérable ◆ **to extend the scope of one's activities** élargir le champ de ses activités, étendre son rayon d'action

♦ **in scope** ◆ **limited in scope** d'une portée limitée ◆ **this project is more limited in scope** ce projet est de moins grande envergure *or* est moins ambitieux ◆ **to be broad in scope** [*project*] être de grande envergure ; [*research*] être d'une portée considérable ; [*book*] être ambitieux ◆ **his evaluation of the situation is very broad in scope** son évaluation de la situation porte sur de nombreux aspects ◆ **the service is comprehensive in scope** ce service est très complet

2 (*= possibility, potential*) (*for activity, action etc*) possibilité *f*, occasion *f* ◆ **he wants a job with more scope** (*more varied*) il voudrait un travail plus varié ; (*with more prospects*) il voudrait un travail offrant davantage de perspectives d'évolution ◆ **his job gave him plenty of scope to show his ability** son travail lui a amplement permis de faire la preuve de ses compétences ◆ **it gave him full scope to decide for himself** cela le laissait entièrement libre de *or* cela lui laissait toute latitude pour prendre les décisions lui-même ◆ **the subject is within/beyond the scope of this book** ce sujet entre dans le cadre de/dépasse le cadre de ce livre ◆ **that is within the scope of the new regulations** ceci est prévu par le nouveau règlement

3 (*= competences, capabilities*) compétences *fpl* ◆ **this work is within/beyond his scope** ce travail entre dans ses compétences/dépasse ses compétences

♦ **scope for** ◆ **there's not much scope for originality/creativity** ça ne laisse pas beaucoup de place à l'originalité/la créativité ◆ **there is scope for improvement** ça pourrait être mieux ◆ **there is scope for increasing our share of the market** il nous est possible d'augmenter notre part du marché ◆ **there is little scope for reducing our costs** il ne nous est pas vraiment possible de réduire nos coûts, nous n'avons pas beaucoup de marge de manœuvre pour réduire nos coûts

**scopolamine** /skəˈpɒləmiːn/ N scopolamine *f*

**scorbutic** /skɔːˈbjuːtɪk/ ADJ scorbutique

**scorch** /skɔːtʃ/ SYN
N (also **scorch mark**) brûlure *f* (légère) ◆ **there was a scorch on her dress** sa robe avait été roussie
VT [*+ linen*] roussir, brûler (légèrement) ; [*+ grass*] [*fire etc*] brûler ; [*sun*] dessécher, roussir
VI 1 [*linen*] brûler (légèrement)
2 (*Brit * = drive fast :* also **scorch along**) [*driver*] conduire à un train d'enfer ; [*car*] rouler à toute vitesse ; [*cyclist*] pédaler à fond de train *or* comme un fou * (*or* une folle *)
COMP **scorched earth policy** N tactique *f* de la terre brûlée

**scorcher** * /ˈskɔːtʃəʳ/ N journée *f* de canicule ◆ **today's going to be a scorcher** aujourd'hui ça va être la canicule ◆ **it was a (real) scorcher (of a day)** il faisait une chaleur caniculaire *or* une de ces chaleurs *

**scorching** * /ˈskɔːtʃɪŋ/ SYN
ADJ 1 (*= hot*) [*day*] de canicule ; [*heat*] caniculaire ; [*sand*] brûlant ; [*sun*] de plomb ◆ **scorching weather** canicule *f*
2 (*= fast*) ◆ **at a scorching pace** à une vitesse folle
ADV ◆ **scorching hot** [*food*] brûlant ; [*liquid*] bouillant ◆ **scorching hot weather** canicule *f* ◆ **it was a scorching hot day** il faisait une chaleur caniculaire *or* une de ces chaleurs * ◆ **the sun is scorching hot** il fait un soleil de plomb

**score** /skɔːʳ/ SYN
N 1 (*= amount won etc*) (*Sport*) score *m* ; (*Cards*) marque *f* ; (*US Scol = mark*) note *f* ◆ **to keep (the) score** (*gen*) compter *or* marquer les points ; (*Cards*) tenir la marque ; (*Tennis*) tenir le score ◆ **there's no score yet** (*Football*) aucun but n'a encore été marqué, le score est toujours vierge ◆ **there was no score in the match between Leeds and York** Leeds et York ont fait match nul ◆ **what's the score?** (*Sport*) quel est le score ? ; (* *fig*) où en sont les choses ? ◆ **to know the score** * (*fig*) savoir de quoi il retourne ; → **half**
2 (*= debt*) compte *m*, dette *f* ◆ **to settle a score with sb** (*fig*) régler ses comptes avec qn ◆ **I've got a score** *or* **an old score to settle with him** j'ai un compte à régler avec lui ◆ **this was more than just a settling of old scores** c'était plus qu'un simple règlement de comptes
3 (*= subject, account*) ◆ **on the score of...** pour cause de..., en raison de... ◆ **on more scores than one** à plus d'un titre ◆ **on this** *or* **that score** à cet égard, à ce sujet ◆ **on what score?** à quel titre ? ◆ **on several scores** à plusieurs titres
4 (*= mark, cut*) (*on metal, wood*) rayure *f* ; (*deeper*) entaille *f* ; (*on rock*) strie *f* ; (*on skin, leather*) (*accidental*) éraflure *f* ; (*deliberate*) incision *f*
5 [*of film*] musique *f* ◆ **who wrote the score?** qui est l'auteur de la musique *or* de la bande originale ?
6 (*Mus = sheets of music*) partition *f* ◆ **piano score** partition *f* de piano ◆ **to follow the score** suivre la partition ; → **vocal**
7 (*= twenty*) ◆ **a score** vingt ◆ **a score of people** une vingtaine de personnes ◆ **three score and ten** †† soixante-dix ◆ **scores of times** des dizaines de fois ◆ **there were scores of mistakes** il y avait un grand nombre de *or* des tas * de fautes
VT 1 [*+ goal, point*] marquer ◆ **to score 70% (in an exam)** avoir 70 sur 100 (à un examen) ◆ **he went five games without scoring a point** (*Tennis*) il n'a pas marqué un seul point pendant cinq jeux ◆ **they had 14 goals scored against them** leurs adversaires ont marqué 14 buts ◆ **to score a hit** (*Fencing*) toucher ; (*Shooting*) viser juste ; (*Drugs* ✻) se procurer de la dope * ◆ **to score a hit of crack/speed/smack** ✻ se procurer sa dose de crack/de speed */d'héro * ◆ **to score a great success** *or* **a hit** (*fig*) remporter *or* se tailler un grand succès ◆ **he certainly scored a hit with her** * il lui a vraiment fait bonne impression ◆ **to score points** (*fig*) marquer des points ◆ **to score a point over** *or* **off sb** marquer un point sur qn
2 (*= cut*) [*+ stick*] entailler ; [*+ rock*] strier ; [*+ ground*] entamer ; [*+ wood, metal*] rayer ; [*+ leather, skin*] (*deliberately*) inciser ; (*accidentally*) érafler ; (*Culin*) inciser ◆ **lines had been scored on the wall** des lignes avaient été tracées sur le mur
3 (*Mus*) (*= arrange*) adapter (*for* pour) ; (*= orchestrate*) orchestrer (*for* pour) ; (*= compose*) composer ◆ **the film was scored by Michael Nyman** la musique *or* la bande originale du film a été composée par Michael Nyman ◆ **it is scored for piano and cello** c'est écrit pour piano et violoncelle
VI 1 (*Sport*) (*= win points*) marquer un *or* des point(s) ; (*= score goal*) marquer un but ; (*= keep the score*) marquer les points ◆ **to score well in a test** avoir *or* obtenir un bon résultat à un test ◆ **they failed to score** (*Football*) ils n'ont pas réussi à marquer (un but) ◆ **Barnes scored from a distance of twenty feet** (*Football*) Barnes a marqué à sept mètres ◆ **that is where he scores** (*fig*) c'est là qu'il a le dessus *or* l'avantage ◆ **to score over** *or* **off sb** marquer un point aux dépens de qn
2 (✻ *= succeed*) (*gen*) avoir du succès ; (*= get off with*) lever * ; (*with woman*) lever * une nana ✻ ; (*with man*) lever * un mec ✻ ; (*in buying drugs*) se procurer de la dope *
COMP **score draw** N (*Brit Football*) match *m* nul (*avec un minimum de un but*)

▸ **score out, score through** VT SEP rayer, barrer

▸ **score up** VT SEP [*+ points*] marquer, faire ; [*+ debt*] porter en compte, inscrire

**scoreboard** /ˈskɔːbɔːd/ N (*gen*) tableau *m* d'affichage (*des scores*) ; (*Billiards*) boulier *m*

**scorecard** /ˈskɔːkɑːd/ N [*of game*] carte *f or* fiche *f* de score ; (*Shooting*) carton *m* ; (*Golf*) carte *f* de parcours ; (*Cards*) feuille *f* de marque

**scorekeeper** /ˈskɔːˌkiːpəʳ/ N (*= person*) marqueur *m*, -euse *f*

**scoreless** /ˈskɔːlɪs/ ADJ (*Sport*) ◆ **the game was scoreless, it was a scoreless game** aucun point n'a été marqué pendant le jeu ◆ **a scoreless draw** un match nul zéro à zéro

**scoreline** /ˈskɔːlaɪn/ N (*Sport*) score *m*

**scorer** /ˈskɔːrəʳ/ N 1 (*keeping score*) marqueur *m*
2 (also **goal scorer**) marqueur *m* (de but) ◆ **to be the top scorer** être le meilleur marqueur

**scoresheet** /ˈskɔːʃiːt/ N (*in games*) feuille *f* de match ◆ **they're ahead on the scoresheet** (*Football*) ils mènent à la marque

**scoria** /ˈskɔːrɪə/ N (pl **scoriae** /ˈskɔːrɪiː/) (*Geol, Metal*) scorie *f*

**scoriaceous** /ˌskɔːrɪˈeɪʃəs/ ADJ scoriacé

**scorification** /ˌskɔːrɪfɪˈkeɪʃən/ N scorification f
**scorify** /ˈskɔːrɪfaɪ/ VT scorifier
**scoring** /ˈskɔːrɪŋ/ N (NonC) ① (Sport) buts mpl ; (Cards) points mpl ◆ **all the scoring was in the second half** tous les buts ont été marqués pendant la deuxième mi-temps ◆ **to open the scoring** ouvrir la marque ◆ **"rules for scoring"** « comment marquer les points »
② (= cut) incision f, striage m ; (Culin) incision f
③ (Mus) arrangement m

**scorn** /skɔːn/ SYN
N (NonC) mépris m, dédain m ◆ **to be filled with scorn (for)** n'avoir que du mépris or du dédain (pour) ◆ **to heap** or **pour scorn on sb/sth** traiter qn/qch avec mépris ◆ **my suggestion was greeted with scorn** ma proposition a été accueillie avec mépris or dédain ; → **laugh**
VT [+ person, action] mépriser ; [+ advice] faire fi de ; [+ suggestion, idea] dédaigner ◆ **he was scorned as ineffectual/as an amateur** on le méprisait parce qu'on le considérait comme incompétent/comme un simple amateur ◆ **he scorns telling lies** or **to tell a lie** (liter) il ne s'abaisserait pas à mentir

**scornful** /ˈskɔːnfʊl/ SYN ADJ méprisant, dédaigneux ◆ **to be scornful of sb/sth** mépriser qn/qch ◆ **to be scornful about sth** manifester son mépris or son dédain pour qch

**scornfully** /ˈskɔːnfəlɪ/ SYN ADV avec mépris, avec dédain

**Scorpio** /ˈskɔːpɪəʊ/ N (Astron) Scorpion m ◆ **I'm (a) Scorpio** (Astrol) je suis (du) Scorpion

**scorpion** /ˈskɔːpɪən/
N scorpion m ◆ **the Scorpion** (Astron, Astrol) le Scorpion
COMP **scorpion fish** N rascasse f
**scorpion fly** N panorpe f

**Scorpionic** /ˌskɔːpɪˈɒnɪk/ N ◆ **to be a Scorpionic** être (du) Scorpion

**Scot** /skɒt/ N Écossais(e) m(f) ◆ **the Scots** les Écossais mpl ; see also **Scots**

**Scotch** /skɒtʃ/
N (also **Scotch whisky**) whisky m, scotch m
NPL **the Scotch** * les Écossais mpl
ADJ écossais
COMP **Scotch broth** N potage écossais à base de mouton, de légumes et d'orge
**Scotch egg** N (esp Brit) œuf dur enrobé de chair à saucisse et pané
**Scotch-Irish** ADJ (US) irlando-écossais
**Scotch mist** N bruine f, crachin m
**Scotch pancake** N petite crêpe épaisse
**Scotch pine** N pin m sylvestre
**Scotch snap** N (Mus) mesure caractéristique de certaines danses écossaises
**Scotch tape** ® N (US) scotch ® m, ruban m adhésif
**Scotch terrier** N scotch-terrier m
**Scotch woodcock** N (Culin) toast m aux œufs brouillés et aux anchois

**scotch** /skɒtʃ/ VT [+ rumour] étouffer ; [+ plan, attempt] faire échouer ; [+ revolt, uprising] réprimer ; [+ Cine, Theat] démentir

**scoter** /ˈskəʊtə^r/ N (= bird) macreuse f

**scot-free** /ˈskɒtˈfriː/ ADV ◆ **to get off scot-free** s'en tirer à bon compte

**scotia** /ˈskəʊʃə/ N scotie f

**Scotland** /ˈskɒtlənd/ N Écosse f ◆ **Secretary of State for Scotland** ministre m des Affaires écossaises ; → **yard²**

**scotoma** /skɒˈtəʊmə/ N (pl **scotomas** or **scotomata** /skɒˈtəʊmətə/) scotome m

**scotopia** /skəˈtəʊpɪə/ N scotopie f

**scotopic** /skəˈtɒpɪk/ ADJ scotopique

**Scots** /skɒts/ SYN
N (= dialect) écossais m
ADJ écossais
COMP **the Scots Guards** NPL (Mil) la Garde écossaise
**Scots law** N droit m écossais
**Scots pine** N pin m sylvestre

**Scotsman** /ˈskɒtsmən/ N (pl **-men**) Écossais m

**Scotswoman** /ˈskɒtsˌwʊmən/ N (pl **-women**) Écossaise f

**Scotticism** /ˈskɒtɪsɪzəm/ N expression f écossaise

**Scottie** /ˈskɒtɪ/ N (abbrev of **Scotch terrier**) → **Scotch**

**Scottish** /ˈskɒtɪʃ/
ADJ écossais
COMP **Scottish country dancing** N danses fpl folkloriques écossaises
**Scottish Nationalism** N nationalisme m écossais
**Scottish Nationalist** N nationaliste mf écossais(e) ADJ de or des nationaliste(s) écossais
**the Scottish National Party** N (Brit Pol) le Parti national écossais
**the Scottish Office** N (Brit Pol) le ministère des Affaires écossaises
**Scottish Secretary** N (Brit Pol) ministre m des Affaires écossaises
**Scottish terrier** N scotch-terrier m

**scoundrel** /ˈskaʊndrəl/ N fripouille f, vaurien m ; (stronger) crapule f ; (= child) coquin(e) m(f), (petit) chenapan m ◆ **you little scoundrel!** (espèce de) petit coquin or chenapan !

**scoundrelly** † /ˈskaʊndrəlɪ/ ADJ de gredin, de vaurien

**scour** /skaʊə^r/ SYN
VT ① [+ pan, sink] récurer ; [+ metal] décaper ; [+ table, floor] frotter
② [+ channel] creuser, éroder
③ (= search) fouiller ◆ **I scoured the newspaper for the article** j'ai cherché partout dans le journal pour trouver l'article ◆ **they scoured the neighbourhood in search of the murderer** ils ont fouillé le quartier pour trouver l'assassin ◆ **to scour the area/the woods/the countryside** battre le secteur/les bois/la campagne ◆ **I've scoured the house and I can't see my keys anywhere** j'ai fouillé la maison de fond en comble et je n'arrive pas à trouver mes clés
COMP **scouring pad** N tampon m à récurer or abrasif
**scouring powder** N poudre f à récurer
▶ **scour off** VT SEP enlever en frottant
▶ **scour out** VT SEP récurer

**scourer** /ˈskaʊərə^r/ N (= powder) poudre f à récurer ; (= pad) tampon m à récurer

**scourge** /skɜːdʒ/ SYN
N (fig) fléau m ; (= whip) discipline f, fouet m
VT (fig) châtier, être un fléau pour ; (= whip) fouetter ◆ **to scourge o.s.** se flageller

**scouse** * /skaʊs/ (Brit)
N ① (= person) originaire mf de Liverpool
② (= dialect) dialecte m de Liverpool
ADJ de Liverpool

**Scouser** * /ˈskaʊsə^r/ N (Brit) originaire mf de Liverpool ◆ **Janet's dad is a Scouser** le père de Janet est (originaire) de Liverpool

**scout** /skaʊt/ SYN
N ① (Mil) éclaireur m ◆ **he's a good scout** † * c'est un chic type * ; → **talent**
② (gen Catholic) scout m ; (gen non-Catholic) éclaireur m ; → **cub**
③ * ◆ **to have a scout round** reconnaître le terrain ◆ **have a scout round to see if he's there** allez jeter un coup d'œil pour voir s'il est là
④ (also **talent scout**) (Sport) découvreur m, -euse f or dénicheur m, -euse f de futurs grands joueurs ; (Cine, Theat) découvreur m, -euse f or dénicheur m, -euse f de talents
⑤ (Brit Univ) domestique mf
VI (Mil) aller en reconnaissance
VT explorer ◆ **to scout an area for sth** explorer un endroit pour trouver qch
COMP **scout camp** N camp m scout
**scout car** N (Mil) voiture f de reconnaissance
**scout movement** N mouvement m scout
**scout uniform** N uniforme m de scout
▶ **scout about, scout around** VI (Mil) aller en reconnaissance ◆ **to scout about for sth** (fig) chercher qch, aller or être à la recherche de qch

**Scouter** /ˈskaʊtə^r/ N chef m scout

**scouting** /ˈskaʊtɪŋ/ N (NonC) ① (= youth movement) scoutisme m
② (Mil) reconnaissance f

**scoutmaster** /ˈskaʊtˌmɑːstə^r/ N chef m scout

**scow** /skaʊ/ N chaland m

**scowl** /skaʊl/ SYN
N air m de mauvaise humeur, mine f renfrognée ◆ **... he said with a scowl** ... dit-il en se renfrognant or d'un air renfrogné
VI se renfrogner ◆ **to scowl at sb/sth** jeter un regard mauvais à qn/qch
VT ◆ **"shut up!" he scowled** « tais-toi ! » dit-il en se renfrognant or l'œil mauvais

**scowling** /ˈskaʊlɪŋ/ ADJ [face, look] renfrogné, maussade

**SCR** /ˌesiːˈɑː^r/ N (Brit) (abbrev of **senior common room**) → **senior**

**scrabble** /ˈskræbl/
VI ① (also **scrabble about, scrabble around**) ◆ **to scrabble in the ground for sth** gratter la terre pour trouver qch ◆ **she scrabbled (about** or **around) in the sand for the keys she had dropped** elle cherchait à tâtons dans le sable les clés qu'elle avait laissé tomber ◆ **he scrabbled (about** or **around) for a pen in the drawer** il a tâtonné dans le tiroir à la recherche d'un stylo
② (= scramble) ◆ **to scrabble to do sth** chercher à faire qch au plus vite ◆ **his mind scrabbled for alternatives** il se creusait la tête pour trouver au plus vite d'autres solutions
N (= game) ◆ **Scrabble** ® Scrabble ® m

**scrag** /skræg/
N (Brit Culin: also **scrag end**) collet m (de mouton)
VT * [+ person] tordre le cou à *

**scragginess** /ˈskræɡɪnɪs/ N (= scrawniness) maigreur f

**scraggly** * /ˈskræɡlɪ/ ADJ (US) [beard, hair] en bataille ; [plant] difforme

**scraggy** /ˈskræɡɪ/ ADJ ① (= scrawny) maigre
② (= unkempt, scanty) [hair, beard, fur] peu fourni et hérissé

**scram** * /skræm/ VI ficher le camp * ◆ **scram!** fiche(-moi) le camp ! * ◆ **I'd better scram** je dois filer *

**scramble** /ˈskræmbl/ SYN
VI ① (= clamber) ◆ **to scramble up/down** etc grimper/descendre etc tant bien que mal ◆ **he scrambled along the cliff** il a avancé avec difficulté le long de la falaise ◆ **they scrambled over the rocks/up the cliff** en s'aidant des pieds et des mains ils ont avancé sur les rochers/escaladé la falaise ◆ **he scrambled into/out of the car** il est monté dans/est descendu de la voiture à toute vitesse, il s'est précipité dans/hors de la voiture ◆ **he scrambled down off the wall** il a dégringolé du mur ◆ **he scrambled through the hedge** il s'est frayé tant bien que mal un passage à travers la haie ◆ **to scramble for** [+ coins, seats] se bousculer pour (avoir), se disputer ; [+ jobs etc] faire des pieds et des mains pour (avoir)
② (Brit Sport) ◆ **to go scrambling** faire du trial
③ [planes] décoller sur alerte
VT [+ eggs, signal] brouiller ; (TV) coder, crypter
N ① ruée f ◆ **the scramble for seats** la ruée pour les places ◆ **there was a scramble for seats** (to sit down) on s'est rué sur les places ; (to buy seats) on s'est arraché les places
② (also **motorcycle scramble**) (réunion f de) trial m
COMP **scrambled eggs** NPL œufs mpl brouillés

**scrambler** /ˈskræmblə^r/ N ① (Telec = device) brouilleur m ; (TV) brouilleur m, codeur m
② (Brit = motorcyclist) trialiste mf

**scrambling** /ˈskræmblɪŋ/ N (Brit Sport) trial m

**scrap¹** /skræp/ SYN
N ① (= small piece) [of paper, cloth, bread, string] (petit) bout m ; [of verse, writing] quelques lignes fpl ; [of conversation] bribe f ; [of news] fragment m ◆ **scraps** (= broken pieces) débris mpl ; (= food remnants) restes mpl ◆ **there isn't a scrap of evidence** il n'y a pas la moindre preuve ◆ **it wasn't a scrap of use** cela n'a servi absolument à rien ◆ **there wasn't a scrap of truth in it** il n'y avait pas un brin de vérité là-dedans ◆ **not a scrap** pas du tout
② (NonC = scrap iron) ferraille f ◆ **to collect scrap** récupérer de la ferraille ◆ **I put it out for scrap** je l'ai envoyé à la ferraille ◆ **to sell a car/ship for scrap** vendre une voiture/un bateau comme épave or à la casse ◆ **what is it worth as scrap?** qu'est-ce que cela vaudrait (vendu) comme épave or à la casse ?
VT jeter, bazarder * ; [+ car, ship] envoyer à la ferraille or à la casse ; [+ equipment] mettre au rebut ; [+ project] abandonner, mettre au rancart * ◆ **let's scrap the idea** laissons tomber cette idée
COMP **scrap car** N voiture f mise en épave or à la casse
**scrap dealer** N marchand m de ferraille, ferrailleur m
**scrap iron** N ferraille f
**scrap merchant** N ⇒ **scrap dealer**
**scrap metal** N ⇒ **scrap iron**

**scrap paper** N (for scribbling on) (papier m de) brouillon m ; (= old newspapers etc) vieux papiers mpl

**scrap value** N ◆ **its scrap value is £10** (vendu) à la casse cela vaut 10 livres

**scrap²** * /skræp/
◼ (= fight) bagarre f ◆ **to get into** or **have a scrap** se bagarrer* (with avec)
◼ se bagarrer*

**scrapbook** /'skræpbʊk/ N album m (de coupures de journaux etc)

**scrape** /skreɪp/ SYN
◼ ① (= action) coup m de grattoir ou de racloir ; (= sound) grattement m, raclement m ; (= mark) éraflure f, égratignure f ◆ **to give sth a scrape** gratter ou racler qch ◆ **to give one's knee a scrape** s'érafler ou s'égratigner le genou
② [of butter etc] fine couche f, lichette* f
③ (* = trouble) ◆ **to get (o.s.) into a scrape** s'attirer des ennuis ◆ **he's always getting into scrapes** il lui arrive toujours des histoires* ◆ **to get (o.s.) out of a scrape** se tirer d'affaire ou d'embarras ◆ **to get sb into a scrape** attirer des ennuis à qn, mettre qn dans un mauvais pas ◆ **to get sb out of a scrape** tirer qn d'affaire ou d'embarras
◼ (= graze) érafler, égratigner ; (= just touch) frôler, effleurer ; (= clean : gen) gratter, racler ; [+ vegetables] gratter ◆ **to scrape (the skin off) one's knees** s'érafler les genoux ◆ **to scrape one's plate clean** tout manger, nettoyer ou racler* son assiette ◆ **I scraped his bumper** je lui ai frôlé ou éraflé le pare-chocs ◆ **to scrape a living** vivoter ◆ **to scrape a violin** racler du violon ◆ **to scrape the bottom** [ship] talonner (le fond) ◆ **to scrape (the bottom of) the barrel** (fig) en être réduit aux raclures (fig) ; see also **scrape up**
◼ (= make scraping sound) racler, gratter ; (= rub) frotter (against contre) ◆ **to scrape along the wall** frôler le mur ◆ **the car scraped past the lamppost** la voiture a frôlé le réverbère ◆ **to scrape through the doorway** réussir de justesse à passer par la porte ◆ **to scrape through an exam** réussir un examen de justesse ◆ **he just scraped into university** il a été admis de justesse à l'université ; → **bow²**

► **scrape along** VI ⇒ **scrape by**

► **scrape away**
◼ ◆ **to scrape away** * **at the violin** racler du violon
VT SEP enlever en grattant ou en raclant

► **scrape by** VI (financially) vivoter ◆ **she scraped by on £30 per week** elle vivotait avec 30 livres par semaine

► **scrape off** VT SEP ⇒ **scrape away** vt sep

► **scrape out** VT SEP [+ contents] enlever en grattant ou en raclant ; [+ pan] nettoyer en raclant, récurer

► **scrape through** VI passer de justesse ; (fig = succeed) réussir de justesse

► **scrape together** VT SEP ① ◆ **to scrape two bits of metal together** frotter deux morceaux de métal l'un contre l'autre
② [+ objects] rassembler, ramasser ; [+ money] rassembler à grand-peine ou en raclant les fonds de tiroirs*

► **scrape up** VT SEP [+ earth, pebbles] ramasser, mettre en tas ; [+ money] rassembler à grand-peine ou en raclant les fonds de tiroirs*

**scraper** /'skreɪpə^r/ N racloir m, grattoir m ; (at doorstep) décrottoir m, gratte-pieds m inv

**scraperboard** /'skreɪpəbɔːd/ N carte f à gratter

**scrapheap** /'skræphiːp/ N tas m de ferraille ◆ **to throw** or **toss sth on the scrapheap** (fig) mettre qch au rebut, bazarder qch* ◆ **to throw** or **toss sb on the scrapheap*** mettre qn au rancart* ◆ **only fit for the scrapheap** bon à mettre au rancart* ◆ **to end up on the scrapheap** (fig) être mis au rebut

**scrapie** /'skreɪpɪ/ N (= disease) tremblante f

**scraping** /'skreɪpɪŋ/
ADJ [noise] de grattement, de raclement
◼ ① [of butter] fine couche f, lichette* f ◆ **scrapings** [of food] restes mpl ; [of dirt, paint] raclures fpl
② (= action) grattement m, raclement m ; → **bow²**

**scrappy** /'skræpɪ/ SYN ADJ ① (= disjointed) [conversation, essay, article] décousu ; [education] incomplet (-ète f) ; [football match] confus ◆ **a scrappy goal** un but marqué à la suite d'un cafouillage
② [piece of paper] en piteux état

**scrapyard** /'skræpjɑːd/ N (esp Brit) dépôt m de ferraille ; (for cars) cimetière m de voitures, casse* f

**scratch** /skrætʃ/ SYN
◼ ① (= mark) (on skin) égratignure f, éraflure f ; (on paint) éraflure f ; (on glass, record) rayure f ◆ **they came out of it without a scratch** ils s'en sont sortis indemnes ou sans une égratignure ◆ **it's only a scratch** ce n'est qu'une égratignure
② (= action) grattement m ; (by claw) coup m de griffe ; (by fingernail) coup m d'ongle ◆ **the cat gave her a scratch** le chat l'a griffée ◆ **to have a good scratch** se gratter un bon coup*
③ (= noise) grattement m, grincement m
④ (set phrases)
◆ **from scratch** ◆ **to be on** or **start from scratch** (Sport) être scratch inv ◆ **to start from scratch** (fig) partir de zéro* ◆ **I studied Spanish from scratch** j'ai appris l'espagnol en partant de zéro ◆ **we'll have to start from scratch again** il nous faudra repartir de zéro*
◆ **up to scratch** ◆ **he didn't come up to scratch** il ne s'est pas montré à la hauteur ◆ **his work doesn't come up to scratch** son travail n'est pas à la hauteur ou au niveau ◆ **to bring up to scratch** amener qn (something) au niveau voulu ◆ **to keep sb up to scratch** maintenir qn au niveau voulu
◼ ① (with nail, claw) griffer ; [+ varnish] érafler ; [+ record, glass] rayer ◆ **to scratch a hole in sth** creuser un trou en grattant qch ◆ **he scratched his hand on a nail** il s'est éraflé ou écorché la main sur un clou ◆ **he scratched his name on the wood** il a gravé son nom dans le bois ◆ **it only scratched the surface** (fig) (gen) c'était très superficiel ; [report, lecture] ça n'a fait qu'effleurer la question, c'était très superficiel ◆ **we've only managed to scratch the surface of the problem** nous n'avons fait qu'effleurer ou aborder le problème ◆ **to scratch a few lines** (= write) griffonner quelques mots
② (= to relieve itch) gratter ◆ **to scratch o.s.** se gratter ◆ **to scratch one's head** (lit, fig) se gratter la tête ◆ **you scratch my back and I'll scratch yours** un petit service en vaut un autre
③ (= cancel) [+ meeting] annuler ; (Comput) effacer ; (Sport etc) [+ competitor, horse] scratcher ; [+ match, game] annuler ; (US Pol) [+ candidate] rayer de la liste ◆ **to scratch a ballot** (US Pol) modifier un bulletin de vote (en rayant un nom etc)
◼ ① (with nail, claw) griffer ; (= to relieve itch) se gratter ; [hen] gratter le sol ; [pen] gratter, grincer ◆ **the dog was scratching at the door** le chien grattait à la porte
② (Sport etc) [competitor] se faire scratcher ; [candidate] se désister
COMP [crew, team] de fortune, improvisé ; [vote] par surprise ; [golfer] scratch inv, de handicap zéro

**scratch and sniff** ADJ que l'on gratte pour sentir un parfum

**scratch file** N (Comput) fichier m de travail ou de manœuvre

**scratch 'n' sniff** N ⇒ **scratch and sniff**

**scratch pad** N (gen) bloc-notes m ; (Comput) mémoire f bloc-notes

**scratch paper** N (US) ⇒ **scrap paper** ; → **scrap¹**

**scratch race** N course f scratch

**scratch score** N (Golf) scratch score m, score m ramené à zéro

**scratch sheet*** N (US Racing) journal m des courses (hippiques)

**scratch tape** N (Comput) bande f de travail ou de manœuvre

**scratch test** N (Med) cuti(-réaction) f, test m cutané

► **scratch out** VT SEP ① (from list) rayer, effacer
② [+ hole] creuser en grattant ◆ **to scratch sb's eyes out** arracher les yeux à qn

► **scratch together** VT SEP (fig) [+ money] réussir à amasser (en raclant les fonds de tiroirs*)

► **scratch up** VT SEP [+ bone] déterrer ; (fig) [+ money] ⇒ **scratch together**

**scratchcard** /'skrætʃkɑːd/ N (Brit) carte f à gratter

**scratchy** /'skrætʃɪ/ ADJ [surface, material] rêche, qui accroche ; [pen] qui grince, qui gratte ; [handwriting] en pattes de mouche ; [record] rayé, éraillé

**scrawl** /skrɔːl/
◼ ① (gen) gribouillage m, griffonnage m ◆ **I can't read her scrawl** je ne peux pas déchiffrer son gribouillage ◆ **the word finished in a scrawl** le mot se terminait par un gribouillage ◆ **her letter was just a scrawl** sa lettre était griffonnée
② (= brief letter, note) mot m griffonné à la hâte
◼ gribouiller, griffonner ◆ **to scrawl a note to sb** griffonner un mot à qn ◆ **there were rude words scrawled all over the wall** il y avait des mots grossiers gribouillés sur tout le mur
◼ gribouiller

**scrawny** /'skrɔːnɪ/ ADJ maigre

**scream** /skriːm/ SYN
◼ ① [of pain, fear] cri m aigu ou perçant, hurlement m ; [of laughter] éclat m ◆ **to give a scream** pousser un cri
② * ◆ **it was a scream** c'était à se tordre*, c'était vraiment marrant* ◆ **he's a scream** il est désopilant ou impayable*
◼ (also **scream out**) [person] crier ; (stronger) hurler ; [baby] crier, brailler ; [siren, brakes, wind] hurler ◆ **to scream with laughter** rire aux éclats ou aux larmes ◆ **to scream with pain/with rage** hurler de douleur/de rage ◆ **to scream for help** crier à l'aide ou au secours ◆ **to scream at sb** crier après qn
◼ (also **scream out**) ① [+ abuse etc] hurler (at à) ◆ **"shut up" he screamed** « taisez-vous » hurla-t-il ◆ **to scream o.s. hoarse** s'enrouer à force de crier, s'égosiller
② [headlines, posters] annoncer en toutes lettres

► **scream down** VT SEP ◆ **to scream the place down** crier comme un damné ou sourd

► **scream out**
◼ ⇒ scream vi
VT SEP ⇒ scream vt

**screamer*** /'skriːmə^r/ N (US) ① (= headline) énorme manchette f
② (= joke) histoire f désopilante ◆ **he's a screamer** il est désopilant ou impayable*

**screamingly*** /'skriːmɪŋlɪ/ ADV ◆ **screamingly funny** à mourir de rire, tordant* ◆ **screamingly boring** à mourir d'ennui

**scree** /skriː/ N éboulis m (en montagne)

**screech** /skriːtʃ/
◼ (gen) cri m strident ; (from pain, fright, rage) hurlement m ; [of brakes] grincement m ; [of tyres] crissement m ; [of owl] cri m (rauque et perçant) ; [of siren] hurlement m ◆ **she gave a screech of laughter** elle est partie d'un rire perçant
◼ [person] pousser des cris stridents, hurler ; [brakes] grincer ; [tyres] crisser ; [singer, owl] crier ; [siren] hurler
◼ crier à tue-tête

COMP **screech owl** N chouette f effraie , chat-huant m

**screed** /skriːd/ N ① (= discourse) laïus* m, topo* m (about sur) ; (= letter) longue missive f (about sur) ◆ **to write screeds*** (= a lot) écrire des volumes ou toute une tartine*
② (Constr) (= depth guide strip) guide m ; (= levelling device) règle f à araser le béton ; (NonC = surfacing material) matériau m de ragréage

**screen** /skriːn/ SYN
◼ ① (in room) paravent m ; (for fire) écran m de cheminée ; (fig : of troops, trees) rideau m ; (= pretence) masque m ; → **safety**, **silk**, **smoke**
② (Cine, TV, Comput etc) écran m ◆ **to show sth on a screen** projeter qch ◆ **a 50-cm screen** (TV) un écran de 50 cm ◆ **the screen** (Cine) l'écran m , le cinéma ◆ **the big** or **large screen** (Cine) le grand écran ◆ **the small screen** (TV) le petit écran ◆ **to write for the screen** écrire des scénarios ◆ **stars of the screen** les vedettes fpl de l'écran ◆ **the violence children see on screen** la violence que les enfants voient à l'écran ◆ **they are married off screen as well as on** ils sont mari et femme à la scène ou à l'écran comme à la ville ◆ **information can be accessed on screen** (Comput) on peut afficher les renseignements à l'écran ◆ **to work on screen** (Comput) travailler sur écran ; → **panoramic**, **television**, **wide**
③ (= sieve) crible m, tamis m
◼ ① (= hide) masquer, cacher ; (= protect) faire écran à, protéger ◆ **the trees screened the house** les arbres masquaient ou cachaient la maison ◆ **to screen sth from sight** or **view** dérober ou masquer qch aux regards ◆ **to screen sth from the wind/sun** protéger qch du vent/du soleil ◆ **to screen one's eyes** se protéger les yeux avec la main, faire écran de sa main pour se protéger les yeux ◆ **in order to screen our movements from the enemy** pour cacher ou masquer nos mouvements à l'ennemi
② [+ film] projeter

## screenful | scrubland

3 (= check) [+ candidates] présélectionner ; [+ phone call] filtrer ; [+ luggage, passengers] contrôler ♦ **to screen sb (for a job)** passer au crible la candidature de qn ♦ **to screen women for breast cancer** proposer aux femmes un dépistage du cancer du sein

4 [+ coal] cribler

**COMP** **screen actor** N acteur m de cinéma, vedette f de l'écran
**screen door** N porte f grillagée
**screen dump** N (Comput) impression f d'écran
**screen grid** N (Elec) grille-écran f
**screen memory** N (Psych) souvenir-écran m
**screen name** N (Cine) nom m d'acteur/d'actrice
**screen rights** NPL droits mpl d'adaptation cinématographique
**screen saver** N économiseur m d'écran
**screen test** N bout m d'essai ♦ **to do a screen test** tourner un bout d'essai
**screen wash** N (Brit : of vehicle) liquide m lave-glace
**screen washer** N (Brit : of vehicle) lave-glace m
**screen writer** N scénariste mf

▸ **screen off** VT SEP ♦ **the kitchen was screened off from the rest of the room** la cuisine était séparée du reste de la pièce par un rideau (or un paravent) ♦ **the nurses screened off his bed** les infirmiers ont mis un paravent autour de son lit ♦ **the trees screened off the house from the road** les arbres cachaient la maison de la route, les arbres faisaient écran entre la maison et la route ♦ **a cordon of police screened off the accident from the onlookers** les agents de police ont formé un cordon pour cacher l'accident aux badauds

**screenful** /ˈskriːnfʌl/ N (Comput) écran m

**screening** /ˈskriːnɪŋ/
N 1 [of film] projection f
2 [of person] (= selection) tri m, procédure f de sélection sur dossier ; (Med) [of person] examen m de dépistage (of sb pratiqué sur qn) ♦ **the screening of women for breast cancer** le dépistage du cancer du sein chez les femmes ♦ **the screening of luggage and passengers** le contrôle des bagages et des passagers
3 [of coal] criblage m
**COMP** **screening room** N (Cine) salle f de projection
**screening test** N (Med) test m de dépistage

**screenplay** /ˈskriːnpleɪ/ N scénario m

**screenwriting** /ˈskriːnraɪtɪŋ/ N écriture f de scénarios

**screw** /skruː/ SYN
N 1 vis f ; (= action) tour m de vis ♦ **a screw of tea/sweets/tobacco** etc † (Brit) un cornet de thé/de bonbons/de tabac etc ♦ **he's got a screw loose** * il lui manque une case * ♦ **to put** or **tighten the screw(s) on sb** *, **to turn the screw on sb** * augmenter la pression sur qn ; → **thumbscrew**
2 (= propeller) hélice f ; → **airscrew, twin**
3 (** = sex) ♦ **it was a good screw** on a bien baisé** ♦ **she's a good screw** c'est un bon coup**
4 (* = prison warder) maton(ne)* m(f)
5 (Brit † * = income) salaire m ♦ **he gets a good screw** son boulot paie bien*
VT 1 visser (on sur ; to à), fixer avec une vis ♦ **to screw sth tight** visser qch à bloc
2 (= twist) ♦ **to screw one's face into a smile** grimacer un sourire
3 (= extort) [+ money] extorquer, soutirer (out of à) ; [+ information] arracher (out of à) ; (* = defraud) [+ person] arnaquer*, pigeonner*
4 (** = have sex with) baiser**
5 (* : in exclamations) ♦ **screw you!** va te faire voir* or foutre**! ♦ **screw the cost/the neighbours!** on se fout du prix/des voisins !*

VI se visser
**COMP** **screw bolt** N boulon m à vis
**screw joint** N joint m à vis
**screw propeller** N hélice f
**screw thread** N filet m or filetage m de vis
**screw top** N couvercle m à pas de vis
**screw-top(ped)** ADJ avec couvercle à pas de vis
**screw-up** N (fig = muddle) pagaille* f complète

▸ **screw around** VI 1 (* = waste time) glander*, glandouiller*
2 (** : sexually) coucher à droite à gauche*

▸ **screw down**
VI se visser
VT SEP visser (à fond)

▸ **screw off**
VI se dévisser
VT SEP dévisser

▸ **screw on**
VI se visser
VT SEP visser, fixer avec des vis ; [+ lid] visser ♦ **he's got his head screwed on all right** *or **the right way** il a la tête sur les épaules

▸ **screw round** VT SEP tourner, visser ♦ **to screw one's head round** se dévisser la tête or le cou

▸ **screw together** VT SEP [+ two parts] fixer avec une vis ♦ **to screw sth together** assembler qch avec des vis

▸ **screw up**
VT SEP 1 visser (à fond), resserrer (à fond)
2 [+ paper] chiffonner, froisser ; [+ handkerchief] rouler, tortiller ♦ **to screw up one's eyes** plisser les yeux ♦ **to screw up one's face** faire la grimace ♦ **to screw up (one's) courage** prendre son courage à deux mains * (to do sth pour faire qch)
3 (* = spoil) foutre en l'air**, bousiller*
4 ♦ **to screw sb up** * détraquer or perturber qn ♦ **he is screwed up** * il est paumé*
VI * merder**
N ♦ **screw-up** * → **screw**

**screwball** * /ˈskruːbɔːl/ ADJ, N cinglé(e)* m(f), tordu(e) * m(f)

**screwdriver** /ˈskruːdraɪvər/ N (= tool) tournevis m ; (= drink) vodka-orange f

**screwed** * /skruːd/ ADJ (Brit = drunk) paf* inv, bourré* ; see also **screw up**

**screwy** * /ˈskruːɪ/ ADJ [person] cinglé* ; [idea, situation] tordu *

**scribble** /ˈskrɪbl/ SYN
VI gribouiller ♦ **he was scribbling in a notebook** il gribouillait sur un carnet ♦ **we were scribbling away furiously, trying to finish the exam** nous écrivions frénétiquement pour essayer de terminer l'épreuve ♦ **someone has scribbled all over the wall** quelqu'un a gribouillé sur le mur
VT griffonner, gribouiller ♦ **to scribble a note to sb** griffonner or gribouiller un mot à qn ♦ **there were comments scribbled all over the page** il y avait des commentaires griffonnés or gribouillés sur toute la page
N gribouillage m ♦ **I can't read her scribble** je ne peux pas déchiffrer son gribouillage ♦ **the word ended in a scribble** le mot se terminait par un gribouillage ♦ **her letter was just a scribble** sa lettre était griffonnée

▸ **scribble down** VT SEP [+ notes] griffonner

▸ **scribble out** VT SEP 1 (= erase) rayer, raturer
2 [+ essay, draft] jeter sur le papier, ébaucher

**scribbler** /ˈskrɪblər/ N (lit) gribouilleur m, -euse f ; (fig = bad author) plumitif m

**scribbling** /ˈskrɪblɪŋ/
N gribouillage m, gribouillis m
**COMP** **scribbling pad** N (Brit) bloc-notes m

**scribe** /skraɪb/ SYN N scribe m

**scriber** /ˈskraɪbər/ N (Tech) traçoir m, traceret m

**scrimmage** /ˈskrɪmɪdʒ/ N (gen, Sport) mêlée f

**scrimp** /skrɪmp/ VI lésiner (on sur), être chiche (on de) ♦ **to scrimp and save** économiser sur tout

**scrimshank** * /ˈskrɪmʃæŋk/ (Brit Mil)
N ⇒ **scrimshanker**
VI * tirer au flanc*

**scrimshanker** * /ˈskrɪmʃæŋkər/ N (Brit Mil) tire-au-flanc* mf inv

**scrimshaw** /ˈskrɪmʃɔː/ N sculpture sur coquillages, ivoire, os (pratiquée autrefois par les marins)

**scrip** /skrɪp/ N (Fin) titre m provisoire (d'action)

**scripholder** /ˈskrɪphəʊldər/ N (Fin) détenteur m, -trice f de titres (provisoires)

**script** /skrɪpt/ SYN
N 1 (Cine) scénario m ; (Rad, Theat, TV) texte m
2 (in exam) copie f ; (Jur) document m original
3 (NonC) (= handwriting) script m, écriture f script ; (Typography) scriptes fpl ; → **italic**
VT [+ film] écrire le scénario de

**scripted** /ˈskrɪptɪd/ ADJ [talk, discussion] préparé d'avance ; [speech] écrit à l'avance

**scriptural** /ˈskrɪptʃərəl/ ADJ biblique

**Scripture** /ˈskrɪptʃər/ SYN N (also **Holy Scripture(s)**) Écriture f sainte, Saintes Écritures fpl ♦ **Scripture (lesson)** (Scol) (cours m d')instruction f religieuse

**scripture** /ˈskrɪptʃər/ N texte m sacré

**scriptwriter** /ˈskrɪptˌraɪtər/ N (Cine, TV) scénariste mf

**scrivener** †† /ˈskrɪvnər/ N (= scribe) scribe m ; (= notary) notaire m

**scrod** /skrɒd/ N (US) jeune morue f or cabillaud m (spécialité du Massachusetts)

**scrofula** /ˈskrɒfjʊlə/ N scrofule f

**scrofulous** /ˈskrɒfjʊləs/ ADJ scrofuleux

**scroll** /skrəʊl/ SYN
N 1 [of parchment] rouleau m ; (= ancient book) manuscrit m ; → **dead**
2 (Archit) volute f, spirale f ; (in writing) enjolivement m ; [of violin] volute f
VI (Comput) défiler
VT (Comput) ♦ **to scroll sth up/down** dérouler or faire défiler qch vers le haut/le bas
**COMP** **scroll bar** N (Comput) barre f de défilement
**scroll saw** N scie f à chantourner

**scrolling** /ˈskrəʊlɪŋ/ N (Comput) défilement m

**scrollwork** /ˈskrəʊlwɜːk/ N (Art) rouleau m, volute f

**Scrooge** /skruːdʒ/ SYN N harpagon m

**scrotal** /ˈskrəʊtl/ ADJ scrotal

**scrotum** /ˈskrəʊtəm/ N (pl **scrotums** or **scrota** /ˈskrəʊtə/) scrotum m

**scrounge** * /skraʊndʒ/
VT [+ meal, clothes etc] réussir à se faire offrir (from or off sb par qn) ♦ **to scrounge money from sb** taper qn* ♦ **he scrounged £5 off him** il l'a tapé de 5 livres* ♦ **can I scrounge your pen?** je peux te piquer* ton stylo ?
VI ♦ **to scrounge on sb** vivre aux crochets de qn ♦ **he's always scrounging** c'est un parasite ; (for meals) c'est un pique-assiette
N ♦ **to be on the scrounge for sth** essayer d'emprunter qch ♦ **he's always on the scrounge** c'est un parasite

**scrounger** * /ˈskraʊndʒər/ N parasite m, profiteur m, -euse f ; (for meals) pique-assiette mf inv

**scroungy** * /ˈskraʊndʒɪ/ ADJ (US = scruffy) dépenaillé*, débraillé

**scrub**¹ /skrʌb/ SYN
N nettoyage m à la brosse, bon nettoyage m ♦ **to give sth a good scrub** bien nettoyer qch (à la brosse or avec une brosse) ♦ **give your face a scrub!** lave-toi bien la figure ! ♦ **it needs a scrub** cela a besoin d'être bien nettoyé
VT 1 [+ floor] nettoyer or laver à la brosse ; [+ washing] frotter ; [+ pan] récurer ♦ **to scrub one's hands** se frosser les mains, bien se nettoyer les mains ♦ **she scrubbed the walls clean** elle a nettoyé les murs à fond ♦ **he scrubbed the walls with bleach** il a nettoyé les murs avec de l'eau de Javel ♦ **to scrub o.s. (all over)** se frotter vigoureusement (tout le corps)
2 (* = cancel) [+ match etc] annuler ♦ **let's scrub that** laissons tomber
VI frotter ♦ **she's been on her knees scrubbing all day** elle a passé sa journée à genoux à frotter les planchers ♦ **to scrub at sth** récurer qch ♦ **he was scrubbing away at the oven** il récurait le four ♦ **let's scrub round it** * (fig) laissons tomber*, n'en parlons plus
**COMP** **scrubbing brush** (Brit), **scrub brush** (US) N brosse f à récurer

▸ **scrub away** VT SEP [+ dirt] enlever en frottant ; [+ stain] faire partir (en frottant)

▸ **scrub down** VT SEP [+ room, walls] nettoyer à fond ♦ **to scrub o.s. down** faire une toilette en règle

▸ **scrub off** VT SEP ⇒ **scrub away**

▸ **scrub out** VT SEP [+ name] effacer ; [+ stain] faire partir ; [+ pan] récurer

▸ **scrub up** VI [surgeon etc] se brosser les mains avant d'opérer

**scrub**² /skrʌb/ N (NonC = brushwood) broussailles fpl

**scrubber**¹ /ˈskrʌbər/ N (also **pan-scrubber**) tampon m à récurer

**scrubber**² * /ˈskrʌbər/ N (= woman) pute** f

**scrubby** /ˈskrʌbɪ/ ADJ [land] broussailleux ; [trees, grass] rabougri

**scrubland** /ˈskrʌblænd/ N (gen) brousse f ; (in Australia) scrub m

**scrubwoman** /ˈskrʌbˌwʊmən/ N (pl **-women**) (US) femme f de ménage

**scruff** /skrʌf/ N ① ◆ **by the scruff of the neck** par la peau du cou
② (*= untidy person*) individu m débraillé or peu soigné

**scruffily** /ˈskrʌfɪlɪ/ ADV ◆ **scruffily dressed** débraillé, dépenaillé *

**scruffiness** /ˈskrʌfɪnɪs/ N [*of person*] tenue f débraillée or dépenaillée * ; [*of clothes, building*] miteux m

**scruffy** /ˈskrʌfɪ/ SYN ADJ [*person, appearance, clothes*] débraillé, dépenaillé * ; [*building*] miteux ; [*hair*] en désordre

**scrum** /skrʌm/
N ① (*Rugby*) mêlée f ◆ **to put the ball into the scrum** introduire le ballon dans la or en mêlée
② (* *fig = pushing*) bousculade f, mêlée f ◆ **the scrum of reporters** la bousculade or la mêlée des journalistes ◆ **she pushed through the scrum of photographers** elle s'est frayé un chemin à travers la mêlée des photographes
COMP **scrum half** N demi m de mêlée

**scrummage** /ˈskrʌmɪdʒ/
N ⇒ scrum
VI (*Rugby*) jouer en mêlée ; (*fig*) se bousculer

**scrummy*** /ˈskrʌmɪ/ ADJ [*food*] délicieux, [*person*] craquant *

**scrump*** /skrʌmp/ VT (*Brit*) [+ *apples etc*] chaparder

**scrumptious*** /ˈskrʌmpʃəs/ ADJ délicieux ◆ **it smells scrumptious** ça sent délicieusement bon

**scrumpy** /ˈskrʌmpɪ/ N (*Brit*) cidre m fermier

**scrunch** /skrʌntʃ/
VI ◆ **her feet scrunched on the gravel** ses pas crissaient sur le gravier
VT (also **scrunch up**) (*= crush*) écraser ◆ **to scrunch sth into a ball** faire une boule de qch

**scrunchie** /ˈskrʌntʃɪ/ N (*for hair*) chouchou m

**scruple** /ˈskruːpl/
N scrupule m ◆ **moral/religious scruples** scrupules mpl moraux/religieux ◆ **to have scruples about sth** avoir des scrupules au sujet de qch ◆ **he has no scruples** il est sans scrupules, il est dénué de scrupules ◆ **to have no scruples about sth** n'avoir aucun scrupule au sujet de qch ◆ **to have no scruples about doing sth** n'avoir aucun scrupule à faire qch, ne pas avoir scrupule à faire qch
VI (*frm*) ◆ **I did not scruple to accept his offer** je n'ai pas hésité à accepter or je n'ai pas eu scrupule (*liter*) à accepter son offre

**scrupulous** /ˈskruːpjʊləs/ SYN ADJ ① (= *honest*) [*person, organization, honesty*] scrupuleux ◆ **it is not scrupulous to do that** ce n'est pas honnête de faire cela
② (= *meticulous*) [*person, research, care*] scrupuleux, méticuleux ; [*attention*] scrupuleux ◆ **he was scrupulous about paying his debts** il payait scrupuleusement ses dettes ◆ **he is scrupulous about hygiene** il fait très attention aux questions d'hygiène ◆ **he spoke with the most scrupulous politeness** il s'exprimait avec une extrême politesse

**scrupulously** /ˈskruːpjʊləslɪ/ ADV ① (= *honestly*) [*behave*] d'une manière scrupuleuse ◆ **scrupulously honest/fair** d'une honnêteté/équité scrupuleuse
② (= *meticulously*) [*avoid*] soigneusement ◆ **scrupulously clean** d'une propreté irréprochable ◆ **to be scrupulously careful** faire preuve d'un soin méticuleux

**scrupulousness** /ˈskruːpjʊləsnɪs/ N (NonC) (= *honesty*) scrupules mpl, esprit m scrupuleux ; (= *exactitude*) minutie f

**scrutineer** /ˌskruːtɪˈnɪər/ N (*Brit*) scrutateur m, -trice f

**scrutinize** /ˈskruːtɪnaɪz/ SYN VT [+ *writing, document*] scruter, examiner minutieusement ; [+ *votes*] pointer

**scrutiny** /ˈskruːtɪnɪ/ SYN N ① (= *act of scrutinizing*) [*of document, conduct*] examen m minutieux or rigoureux ; [*of votes*] pointage m ◆ **it should be open to public scrutiny** les gens devraient avoir un droit de regard ◆ **they want to increase parliamentary scrutiny over these activities** ils veulent augmenter le droit de regard du parlement sur ces activités ◆ **to keep sb under close scrutiny** surveiller qn de près ◆ **to come under intense scrutiny** être examiné de très près
② (= *watchful gaze*) regard m insistant or scrutateur (*frm*) ◆ **under his scrutiny, she felt nervous** son regard insistant la mettait mal à l'aise

**SCSI** /ˈskʌzɪ/ N (*Comput*) (abbrev of **small computer systems interface**) SCSI f

**scuba** /ˈskuːbə/
N scaphandre m autonome
COMP **scuba dive** VI faire de la plongée sous-marine
**scuba diver** N plongeur m, -euse f
**scuba diving** N plongée f sous-marine (autonome)

**scud** /skʌd/ VI (also **scud along**) [*clouds, waves*] courir (à toute allure) ; [*boat*] filer (vent arrière) ◆ **the clouds were scudding across the sky** les nuages couraient (à toute allure) dans le ciel

**scuff** /skʌf/
VT [+ *shoes, furniture*] érafler ◆ **scuffed shoes** chaussures fpl éraflées ◆ **to scuff one's feet** traîner les pieds
VI traîner les pieds
COMP **scuff marks** NPL (*on shoes*) éraflures fpl, marques fpl d'usure

**scuffle** /ˈskʌfl/ SYN
N bagarre f, échauffourée f, rixe f
VI ① se bagarrer * (*with* avec)
② (= *shuffle*) traîner les pieds ◆ **he scuffled down the road** il descendit la rue en traînant les pieds

**scull** /skʌl/
N ① (= *one of a pair of oars*) aviron m ; (= *single oar for stern*) godille f
② (= *boat*) outrigger m
VI (*with two oars*) ramer (en couple) ; (*with single oar*) godiller ◆ **to go sculling** faire de l'aviron
VT (*with two oars*) faire avancer à l'aviron ; (*with single oar*) faire avancer à la godille

**sculler** /ˈskʌlər/ N godilleur m, -euse f

**scullery** /ˈskʌlərɪ/
N (*esp Brit*) arrière-cuisine f
COMP **scullery maid** N fille f de cuisine

**sculpt** /skʌlp(t)/
VT sculpter (*out of* dans)
VI sculpter, faire de la sculpture

**sculptor** /ˈskʌlptər/ N sculpteur m

**sculptress** /ˈskʌlptrɪs/ N femme f sculpteur, sculpteur m ◆ **I met a sculptress** j'ai rencontré une femme sculpteur ◆ **she is a sculptress** elle est sculpteur

**sculptural** /ˈskʌlptʃərəl/ ADJ sculptural

**sculpture** /ˈskʌlptʃər/ SYN
N sculpture f ◆ **a (piece of) sculpture** une sculpture
VTI sculpter

**scum** /skʌm/ SYN N ① (*gen*) écume f ; (*foamy*) écume f, mousse f ; (*dirty*) couche f de saleté ; (*on bath*) crasse f ◆ **to remove the scum (from)** (= *foam*) écumer ; (= *dirt*) décrasser, nettoyer
② (*pej = people*) ◆ **they're just scum** c'est de la racaille ◆ **the scum of the earth** le rebut du genre humain
③ (** pej = *person* : also **scumbag**) salaud** m, ordure** f

**scummy** /ˈskʌmɪ/ ADJ (*lit*) écumeux, couvert d'écume, mousseux ; (** pej) de salaud**

**scunner*** /ˈskʌnər/ (*Scot*)
N ◆ **what a scunner!** quelle barbe ! *
VI ◆ **to be scunnered** en avoir marre **

**scupper** /ˈskʌpər/
N (*on ship*) dalot or daleau m
VT (*Brit *) [+ *plan, negotiations*] faire capoter * ; [+ *effort*] saboter ◆ **we're scuppered** nous sommes fichus *

**scurf** /skɜːf/ N (*on scalp*) pellicules fpl (*du cuir chevelu*) ; (*on skin*) peau f morte

**scurfy** /ˈskɜːfɪ/ ADJ [*scalp*] pelliculeux ; [*skin*] dartreux

**scurrility** /skʌˈrɪlɪtɪ/ N ① (= *slander*) caractère m calomnieux
② (= *obscenity*) obscénité f

**scurrilous** /ˈskʌrɪləs/ SYN ADJ ① (= *defamatory*) [*rumour, article*] calomnieux
② (= *obscene*) obscène

**scurrilously** /ˈskʌrɪləslɪ/ ADV ① (= *slanderously*) [*suggest, abuse*] calomnieusement
② (= *obscenely*) ◆ **scurrilously funny jokes** des plaisanteries fpl obscènes

**scurry** /ˈskʌrɪ/ SYN
N débandade f, sauve-qui-peut m inv ◆ **a scurry of footsteps** des pas précipités
VI se précipiter, filer * (à toute allure)
▶ **scurry away, scurry off** VI [*person*] détaler, se sauver (à toutes jambes) ; [*animal*] détaler

**scurvy** /ˈskɜːvɪ/
N scorbut m
ADJ († † or *liter*) bas (basse f), mesquin, vil (vile f)
COMP **scurvy grass** N cochléaria m, cochléaire f, herbe f au scorbut

**scut** /skʌt/ N [*of rabbit, deer*] queue f

**scutch** /skʌtʃ/
N écang m, teilleur m
VT écanguer, teiller

**scutcheon** /ˈskʌtʃən/ N écu m, écusson m

**scutcher** /ˈskʌtʃər/ N ⇒ scutch n

**scutellum** /skjuːˈteləm/ N (pl **scutella** /skjuːˈtelə/) scutellum m

**scutiform** /ˈskjuːtɪfɔːm/ ADJ scutiforme

**scuttle¹** /ˈskʌtl/ SYN N (*for coal*) seau m (à charbon)

**scuttle²** /ˈskʌtl/ VI courir précipitamment ◆ **to scuttle in/out/through** etc entrer/sortir/traverser etc précipitamment
▶ **scuttle away, scuttle off** VI déguerpir, filer *

**scuttle³** /ˈskʌtl/
N ① [*of ship*] écoutille f
② (*US : in ceiling*) trappe f
VT ① [+ *ship*] saborder ◆ **to scuttle one's own ship** se saborder
② (*fig*) [+ *hopes, plans*] faire échouer

**scuttlebutt** /ˈskʌtlbʌt/ N ① (= *water cask*) baril m d'eau douce
② (*US fig = gossip*) ragots mpl, commérages mpl

**scutum** /ˈskjuːtəm/ N (pl **scuta** /ˈskjuːtə/) scutum m

**scuzzy** * /ˈskʌzɪ/ ADJ (= *dirty*) dégueulasse * ; (= *seedy*) louche

**Scylla** /ˈsɪlə/ N Scylla ◆ **to be between Scylla and Charybdis** tomber de Charybde en Scylla

**scythe** /saɪð/
N faux f
VT faucher
▶ **scythe down** VT SEP [+ *opponents, critics*] descendre en flammes *
▶ **scythe through** VT FUS [+ *troops, army*] décimer ; [+ *building*] pulvériser

**SD** abbrev of **South Dakota**

**S. Dak.** abbrev of **South Dakota**

**SDI** /ˌesdiːˈaɪ/ N (US Mil) (abbrev of **Strategic Defense Initiative**) → **strategic**

**SDLP** /ˌesdiːelˈpiː/ N (Ir Pol) (abbrev of **Social Democratic and Labour Party**) → **social**

**SDP** /ˌesdiːˈpiː/ N (Brit Pol) (abbrev of **Social Democratic Party**) → **social**

**SDRs** /ˌesdiːˈɑːz/ NPL (abbrev of **special drawing rights**) DTS mpl

**SE** (abbrev of **south-east**) S.-E.

**sea** /siː/ SYN
N ① (*not land*) mer f ◆ **to swim in the sea** nager or se baigner dans la mer ◆ **on the sea** [*boat*] en mer ; [*town*] au bord de la mer ◆ **by** or **beside the sea** au bord de la mer ◆ **by sea** par mer, en bateau ◆ **to be swept** or **carried out to sea** être emporté par la mer ◆ **to put to sea** prendre la mer ◆ [*person*] devenir or se faire marin ◆ **to put to sea** prendre la mer ◆ **look out to sea** regardez au or vers le large ◆ **over** or (*liter*) **beyond the sea(s)** outre-mer ◆ **from over** or (*liter*) **beyond the sea(s)** d'outre-mer ◆ **(out) at sea** (*lit*) en mer ◆ **I'm all at sea *** (= *unable to understand, follow*) je nage complètement * ; (= *unable to get used to new situation*) je suis complètement désorienté or déboussolé * ◆ **he was all at sea in the discussion** il était complètement perdu dans la discussion ◆ **it left him all at sea** cela l'a complètement désorienté ; → **burial, call, follow, half, high**
② (= *particular area*) mer f ◆ **the Sea of Galilee** la mer de Galilée ; → **dead, red, seven**
③ (*NonC = state of the sea*) (état m de la) mer f ◆ **what's the sea like?** comment est la mer ? ◆ **a rough** or **heavy sea** une mer houleuse ◆ **a calm sea** une mer calme ◆ **to ship a sea** (*Naut*) embarquer un paquet de mer

4 (fig) [of flowers, corn] mer f ; [of blood] mare f, mer f ; [of difficulties, troubles, doubts, confusion] océan m ◆ **a sea of faces** une multitude de visages

COMP **sea air** N air m marin or de la mer
**sea anchor** N ancre f flottante
**sea anemone** N anémone f de mer
**sea bass** N bar m, loup m
**sea bathing** N bains mpl de mer
**sea battle** N bataille f navale
**sea bed** N fond m de la mer
**sea bindweed** N soldanelle f, chou m de mer
**sea bird** N oiseau m de mer, oiseau m marin
**sea biscuit** N biscuit m de mer
**sea boot** N botte f de caoutchouc
**sea bream** N dorade or daurade f
**sea breeze** N brise f de mer or du large
**sea buckthorn** N argousier m
**sea calf** N (= seal) veau m marin, phoque m
**sea captain** N capitaine m (de la marine marchande)
**sea change** N profond changement m
**sea chest** N malle-cabine f
**sea coast** N côte f
**sea cow** N vache f marine
**sea crossing** N traversée f (par mer)
**sea cucumber** N concombre m de mer
**sea defences** NPL ouvrages mpl de défense (contre la mer)
**sea dog** N (= fish) roussette f, chien m de mer ; (= seal) phoque m commun ◆ **(old) sea dog** (= sailor) (vieux) loup m de mer
**sea eagle** N aigle m de mer
**sea eel** N anguille f de mer
**sea elephant** N éléphant m de mer
**sea fight** N combat m naval
**sea fish** N poisson m de mer
**sea fish farming** N aquaculture f marine
**sea floor** N fond m de la mer
**sea front** N bord m de (la) mer, front m de mer
**sea god** N dieu m marin
**sea-green** N vert m glauque inv ADJ glauque
**sea holly** N chardon m bleu des dunes
**sea horse** N hippocampe m
**sea kale** N chou m marin, crambe m
**sea lamprey** N lamproie f de mer
**sea lane** N couloir m or voie f de navigation maritime
**sea lavender** N statice m
**sea legs** NPL ◆ **to find** or **get one's sea legs** s'amariner, s'habituer à la mer ◆ **he's got his sea legs** il a retrouvé le pied marin
**sea level** N niveau m de la mer ◆ **100 metres above/below sea level** 100 mètres au-dessus/au-dessous du niveau de la mer
**sea lift** N (Mil) évacuation f par mer
**sea lion** N otarie f
**sea loch** N (Scot) bras m de mer
**Sea Lord** N (Brit) ≈ amiral m ◆ **First Sea Lord** ≈ amiral m chef d'état-major de la Marine
**sea mat** N bryozoaire m
**sea mile** N mille m marin
**sea otter** N loutre f de mer
**sea perch** N perche f de mer
**sea power** N puissance f navale
**sea route** N route f maritime
**sea rover** N (= ship) bateau m pirate ; (= person) pirate m
**sea salt** N sel m de mer
**Sea Scout** N scout m marin
**sea serpent** N serpent m de mer
**sea shanty** N chanson f de marins
**sea shell** N coquillage m
**sea snail** N (= fish) limace f de mer, liparis m
**sea snake** N pélamide f, pélamyde f
**sea transport** N transports mpl maritimes
**sea trout** N truite f de mer
**sea urchin** N oursin m
**sea view** N (esp Brit) vue f sur la mer
**sea wall** N digue f
**sea water** N eau f de mer

**Seabee** /ˈsiːˌbiː/ N (US Mil) militaire m du Génie maritime

**seaboard** /ˈsiːbɔːd/ N littoral m, côte f

**seaborne** /ˈsiːbɔːn/ ADJ [goods] transporté par mer ; [trade] maritime

**SEAC** /ˈsiːæk/ N (Brit Scol) (abbrev of **School Examination and Assessment Council**) comité national britannique de contrôle des examens au niveau secondaire

**seafarer** /ˈsiːˌfɛərəʳ/ N marin m

**seafaring** /ˈsiːˌfɛərɪŋ/ SYN
N (also **seafaring life**) vie f de marin
COMP **seafaring man** N marin m

**seafood** /ˈsiːfuːd/ N fruits mpl de mer

**seagirt** /ˈsiːɡɜːt/ ADJ (liter) ceint par la mer

**seagoing** /ˈsiːɡəʊɪŋ/ ADJ [ship] long-courrier ; [theme, experience] maritime ◆ **seagoing man** marin m ◆ **seagoing ship** (navire m) long-courrier m , navire m de mer

**seagull** /ˈsiːɡʌl/ N mouette f

**seal¹** /siːl/
N phoque m
VI ◆ **to go sealing** chasser le phoque
COMP **seal cull** N abattage m de phoques

**seal²** /siːl/ SYN
N 1 (= stamping device) sceau m, cachet m ; (on document) sceau m, cachet m ; (on envelope) cachet m ; (on package) plomb m ; (Jur: on door etc) scellé m ◆ **to be under seal** (frm) [document] être sous scellés ◆ **under seal of secrecy** sous le sceau du secret ◆ **under the seal of confession** dans le secret de la confession ◆ **seal of quality** (Comm) label m de qualité ◆ **given under my hand and seal** (Jur) signé et scellé par moi ◆ **to put** or **set one's seal to sth** apposer son sceau à qch ◆ **to set** or **give one's seal of approval to sth** donner son approbation à qch ◆ **this set the seal on their alliance** ceci a scellé leur alliance ; → **privy, self**
2 (= ornamental stamp) ◆ **Christmas seal** timbre m ornemental de Noël
3 (= device for sealing : also Aut) joint m (d'étanchéité) ◆ **the seal is not very good** ce n'est pas très étanche
VT 1 (= put seal on) [+ document] sceller, apposer un sceau sur ; (= stick down) [+ envelope, packet] coller, fermer ; (= close with seal) [+ envelope] cacheter ; [+ package] plomber ; [+ jar] sceller, fermer hermétiquement ; [+ tin] souder ◆ **sealed orders** instructions fpl secrètes ◆ **my lips are sealed** (hum) mes lèvres sont scellées ◆ **to seal a steak** (Culin) saisir un bifteck ; → **hermetically**
2 (= close off) [+ area] boucler ; [+ border] fermer
3 (= decide) [+ fate] régler, décider (de) ; [+ bargain] conclure ◆ **this sealed his fate** cela a décidé (de) or a réglé son sort
COMP **sealed-beam headlight** N bloc m optique
**seal ring** N chevalière f

▶ **seal in** VT SEP enfermer (hermétiquement) ◆ **our special process seals the flavour in** notre procédé spécial garde or conserve toute la saveur

▶ **seal off** VT SEP (= close up) [+ door, room] condamner ; (= forbid entry to) [+ passage, road, room] interdire l'accès de ; (with troops, police etc) [+ area] boucler

▶ **seal up** VT SEP [+ window, door, jar] fermer hermétiquement, sceller ; [+ tin] souder

**sealant** /ˈsiːlənt/ N (= device) joint m ; (= substance) enduit m étanche

**sealer** /ˈsiːləʳ/ N (= person) chasseur m de phoques ; (= ship) navire m équipé pour la chasse au(x) phoque(s)

**sealing¹** /ˈsiːlɪŋ/ N chasse f aux phoques

**sealing²** /ˈsiːlɪŋ/
N [of document] scellage m ; [of letter] cachetage m ; [of package] plombage m
COMP **sealing wax** N cire f à cacheter

**sealskin** /ˈsiːlskɪn/
N peau f de phoque
ADJ en peau de phoque

**Sealyham terrier** /ˈsiːlɪəm/ N terrier m de Sealyham

**seam** /siːm/ SYN
N 1 (in cloth, canvas) couture f ; (in plastic, rubber) couture f, joint m ; (in planks, metal) joint m ; (in welding) soudure f ◆ **to fall** or **come apart at the seams** [garment] se découdre ; [relationship] battre de l'aile ; [system, country] s'écrouler ◆ **to be bursting at the seams*** [suitcase, room] être plein à craquer
2 (Min) filon m, veine f ; (Geol) couche f
3 (on face) (= wrinkle) ride f ; (= scar) balafre f, couture f
VT faire une couture or un joint à

**seaman** /ˈsiːmən/
N (pl **-men**) (gen) marin m ; (US Navy) quartier-maître m de 2ᵉ classe ; → **able, ordinary**
COMP **seaman apprentice** N (US Navy) matelot m breveté
**seaman recruit** N (US Navy) matelot m

**seamanlike** /ˈsiːmənlaɪk/ ADJ de bon marin

**seamanship** /ˈsiːmənʃɪp/ N habileté f dans la manœuvre, qualités fpl de marin

**seamed** /siːmd/ ADJ 1 [stockings, tights] à couture
2 [face] sillonné de rides ◆ **a face seamed with wrinkles** un visage sillonné de rides ◆ **the cave was seamed with crevices** la paroi de la caverne était entaillée de fissures ◆ **grey rock seamed with white** de la roche grise veinée de blanc

**seamen** /ˈsiːmən/ NPL of **seaman**

**seaminess** /ˈsiːmɪnɪs/ N sordidité f

**seamless** /ˈsiːmlɪs/ ADJ 1 [stockings, bra, garment] sans couture
2 (= smooth) [transition] sans heurts, en douceur ; [blend] homogène ◆ **a seamless whole** un ensemble homogène

**seamstress** /ˈsemstrɪs/ N couturière f

**seamy** /ˈsiːmɪ/ ADJ [event, details] sordide ; [district] mal famé, louche ◆ **the seamy side of life** le côté sordide de la vie

**séance** /ˈseɪɑːns/ N [of spiritualists] séance f de spiritisme ; [of committee etc] séance f, réunion f

**seaplane** /ˈsiːpleɪn/
N hydravion m
COMP **seaplane base** N hydrobase f

**seaport** /ˈsiːpɔːt/ N port m de mer

**SEAQ** /ˈsiːæk/ N (Fin) (abbrev of **Stock Exchange Automated Quotations**) SEAQ m

**sear** /sɪəʳ/
ADJ desséché, flétri
VT 1 (= wither) [+ flower, grain, leaves] flétrir ; (= burn) brûler ; (= cauterize) cautériser ; (= brand) marquer au fer rouge
2 (Culin) griller
3 (fig = make callous) [+ person, conscience, feelings] endurcir

▶ **sear through** VT FUS [+ walls, metal] traverser, percer

**search** /sɜːtʃ/ SYN
N 1 (for sth lost) recherche(s) f(pl) ◆ **in search of** à la recherche de ◆ **a search was made for the child** on a entrepris des recherches pour retrouver l'enfant ◆ **the search for the missing man** les recherches entreprises pour retrouver l'homme ◆ **to begin a search for** [+ person] partir à la recherche de ; [+ thing] se mettre à la recherche de ◆ **in my search I found an interesting book** au cours de mes recherches j'ai découvert un livre intéressant ; → **house**
2 [of drawer, box, pocket, district] fouille f ; (Admin) [of luggage etc] visite f ; (Jur) [of building etc] perquisition f ◆ **the search did not reveal anything** la fouille n'a rien donné ◆ **his search of the drawer revealed nothing** il a fouillé le tiroir sans rien trouver or pour ne rien trouver ◆ **the thieves' search of the house** la fouille de la maison par les voleurs ◆ **house search** (Police) perquisition f à domicile, visite f domiciliaire ◆ **right of search** (Jur) droit m de visite ◆ **passengers must submit to a search** les passagers doivent se soumettre à une fouille
3 (Comput) recherche f ◆ **search and replace** recherche f et remplacement m
VT 1 (= hunt through) [+ house, park, woods, district] fouiller ; (Jur) [+ house etc] perquisitionner ◆ **they searched the woods for the child** ils ont fouillé les bois or ils ont passé les bois au peigne fin à la recherche de l'enfant ◆ **we have searched the library for it** nous l'avons cherché partout dans la bibliothèque
2 (= examine) [+ pocket, drawer, suitcase] fouiller (dans) ; (for pour essayer de retrouver) ; [+ luggage] (gen) fouiller ; (Customs, Police etc) visiter ; [+ suspect] fouiller ◆ **they searched him for a weapon** ils l'ont fouillé pour s'assurer qu'il n'avait pas d'arme ◆ **search me!*** je n'en sais rien !, je n'en ai pas la moindre idée !
3 (= scan) [+ documents, records, photograph] examiner (en détail) (for pour trouver) ◆ **he searched her face for some sign of affection** il a cherché sur son visage un signe d'affection ◆ **to search one's conscience** sonder sa conscience ◆ **to search one's memory** chercher dans ses souvenirs
4 (Comput) [+ file] consulter ◆ **to search a file for sth** rechercher qch dans un fichier
VI 1 (gen) chercher ◆ **to search after** or **for sth** chercher or rechercher qch ◆ **to search through sth** fouiller qch, chercher dans qch ◆ **they searched through his belongings** ils ont fouillé ses affaires
2 (Comput) ◆ **to search for** rechercher
COMP **search-and-destroy** ADJ (Mil) [mission, operation] de recherche et destruction
**search and rescue** N sauvetage m

**search engine** N (Comput) moteur m de recherche
**search party** N équipe f de secours
**search warrant** N (Jur) mandat m de perquisition

▸ **search about, search around** VI ◆ to **search about for sth** chercher qch un peu partout, fouiller un peu partout pour trouver qch

▸ **search out** VT SEP chercher partout ; (and find) trouver

**searcher** /ˈsɜːtʃəʳ/ N chercheur m, -euse f (for, after en quête de)

**searching** /ˈsɜːtʃɪŋ/ SYN ADJ [look, glance, eyes] scrutateur (-trice f), inquisiteur (-trice f) ; [mind] pénétrant ; [question] perspicace ; [examination] rigoureux ◆ **it was a searching test of his ability** cela a mis ses compétences à rude épreuve ; → **heart**

**searchingly** /ˈsɜːtʃɪŋlɪ/ ADV [look] d'un air inquisiteur

**searchlight** /ˈsɜːtʃlaɪt/ N projecteur m

**searing** /ˈsɪərɪŋ/ ADJ ① (= intense) [heat] torride ; [sun] brûlant, de plomb ; [light] aveuglant ; [pain] fulgurant
② (= forceful) [indictment, criticism, article] virulent

**seascape** /ˈsiːskeɪp/ N (= view) paysage m marin ; (Art) marine f

**seashore** /ˈsiːʃɔːʳ/ N rivage m, bord m de (la) mer ◆ **by** or **on the seashore** au bord de la mer ◆ **children playing on the seashore** des enfants qui jouent sur la plage

**seasick** /ˈsiːsɪk/ ADJ ◆ **to be seasick** avoir le mal de mer ◆ **to feel seasick** avoir le mal de mer

**seasickness** /ˈsiːsɪknɪs/ SYN N mal m de mer

**seaside** /ˈsiːsaɪd/
N (NonC) bord m de la mer ◆ **at** or **beside** or **by the seaside** au bord de la mer, à la mer ◆ **we're going to the seaside** nous allons à la mer or au bord de la mer
COMP [town] au bord de la mer ; [holiday] à la mer ; [hotel] en bord de mer, au bord de la mer
**seaside resort** N station f balnéaire

**season** /ˈsiːzn/ LANGUAGE IN USE 23.2 SYN
① (spring, summer etc) saison f ◆ **the dry season** la saison sèche ; → **monsoon, rainy**
② (Sport, Comm, Zool, Agr, Hunting etc) saison f ; (= period of activity, availability etc) époque f, saison f ; (also **social season**) saison f des réunions mondaines ◆ **it isn't the season for lily of the valley** ce n'est pas la saison du muguet ◆ **the hay fever season** la saison du rhume des foins ◆ **when does the new season begin?** (Sport) quand commence la nouvelle saison ? ◆ **his first season in the Celtic team** (Sport) sa première saison dans l'équipe du Celtic ◆ **the start of the season** (for tourism, hotels etc) le début de (la) saison ; (Shooting) l'ouverture de la chasse ; (social) le commencement de la saison (mondaine) ◆ **early in the season** (gen) en début de saison ; (very beginning) au début de la saison ◆ **late in the season** dans l'arrière-saison, tard dans la saison ◆ **the busy season** (for shops etc) la période de grande activité ; (for hotels etc) la pleine saison ◆ **the peak/high/low season** (Brit) la pleine/haute/basse saison ◆ **the hunting/fishing** etc **season** la saison de la chasse/de la pêche etc ◆ **the strawberry/sweetcorn season** la saison des fraises/du maïs ◆ **the football season** la saison de football ◆ **the tourist season** la saison touristique ◆ **the holiday season** la période or la saison des vacances ◆ **the Christmas season** la période de Noël or des fêtes ◆ **the season of goodwill** la trêve de Noël ◆ "**Season's greetings**" « Joyeux Noël et bonne année » ◆ **to be out of/in season** [food] ne pas être/être de saison ; (for hunting) être fermé/ouvert ; see also **noun 6** ◆ **are pheasants in season now?** les faisans sont-ils en saison ? ◆ **to go somewhere out of/in season** aller quelque part hors saison or en basse saison/en haute saison ◆ **strawberries out of/in season** fraises hors de/de saison ; → **breeding, festive, silly**
③ (fig) moment m opportun ◆ **a word in season** un mot dit à propos or au moment opportun ◆ **in (season) and out of season** à tout bout de champ ◆ **in due season** en temps utile, au moment opportun
④ (Theat) saison f (théâtrale) ◆ **he did a season at the Old Vic** il a joué à l'Old Vic pendant une saison ◆ **the film is here for a short season** le film sera projeté quelques semaines ◆ **for a season, Peter Knight in "Macbeth"** pour quelques semaines, Peter Knight dans « Macbeth »

◆ **a Dustin Hoffman season, a season of Dustin Hoffman films** (TV) un cycle Dustin Hoffman
⑤ ⇒ **season ticket**
⑥ [animals] (for mating) ◆ **to be out of/in season** [males] ne pas être/être en (période de) rut ; [females] ne pas être/être en chaleur
VT ① [+ wood] faire sécher, dessécher ; [+ cask] abreuver ; see also **seasoned**
② (Culin) (with condiments) assaisonner ; (with spice) épicer, relever ◆ **a highly seasoned dish** un plat relevé ◆ **a speech seasoned with humour** un discours assaisonné or pimenté d'humour

COMP **season ticket** N (for train, theatre etc) carte f d'abonnement ◆ **to take out a season ticket** prendre un abonnement, s'abonner (for à)
**season ticket holder** N abonné(e) m(f)

**seasonable** /ˈsiːznəbl/ SYN ADJ ① [weather] de saison
② (frm = timely) [advice, arrival] opportun

**seasonably** /ˈsiːznəblɪ/ ADV ◆ **seasonably warm** relativement chaud pour la saison, au-dessus des normales saisonnières

**seasonal** /ˈsiːzənl/
ADJ [work, migration] saisonnier ; [changes, fruit, vegetable] de saison ◆ **the holiday business is seasonal** le tourisme est une industrie saisonnière
COMP **seasonal adjustment** N (Econ, Pol) correction f des variations saisonnières ◆ **after seasonal adjustments** en données corrigées des variations saisonnières, après correction des variations saisonnières
**seasonal affective disorder** N dépression f saisonnière
**seasonal variation** N variation f saisonnière
**seasonal worker** N (ouvrier m, -ière f) saisonnier m, -ière f

**seasonally** /ˈsiːzənəlɪ/ ADV [migrate] de manière saisonnière ◆ **seasonally available fruit and vegetables** les fruits mpl et légumes mpl de saison ◆ **seasonally adjusted figures** données fpl corrigées des variations saisonnières ◆ **according to the seasonally adjusted figures** en données corrigées des variations saisonnières, après correction des variations saisonnières

**seasoned** /ˈsiːznd/ SYN ADJ ① (= experienced) [professional, performer] chevronné, expérimenté ; [observer, traveller] expérimenté ; [troops] aguerri ◆ **seasoned campaigner** (fig) vieux routier m ◆ **a seasoned campaigner for civil rights** un vétéran des campagnes pour les droits civils
② [wood, timber] séché ; see also **season**

**seasoning** /ˈsiːznɪŋ/ SYN N assaisonnement m ◆ **add seasoning** assaisonnez ◆ **there wasn't enough seasoning in the soup** la soupe manquait d'assaisonnement ◆ **with a seasoning of humour** avec un grain or une pointe d'humour

**seat** /siːt/ SYN
N ① (= chair etc) (gen) siège m ; (in theatre, cinema) fauteuil m ; (in bus, train) banquette f ; (in car) (individual) siège m ; (for several people) banquette f ; [of cycle] selle f ; → **back, driver, hot**
② (= place or right to sit) place f ◆ **to take a seat** s'asseoir ◆ **to take one's seat** prendre place ; see also **noun 4** ◆ **to keep one's seat** rester assis ◆ **to lose one's seat** perdre sa place ; see also **noun 4** ◆ **have a seat** asseyez-vous, prenez place ◆ **I'd like two seats for...** (Cine, Theat) je voudrais deux places pour... ◆ **keep a seat for me** gardez-moi une place ◆ **there are seats for 70 people** il y a 70 places assises ; → **book**
③ (= part of chair) siège m ; [of trousers] fond m ; (* = buttocks) derrière m, postérieur m ◆ **he was flying by the seat of his pants** (fig) il a dû faire appel à toute la présence d'esprit dont il était capable
④ (Parl) siège m ◆ **to keep/lose one's seat** être/ne pas être réélu ◆ **to take one's seat in the Commons/in the Lords** (Brit) prendre son siège aux Communes/à la Chambre des lords, ≈ être validé comme député à l'Assemblée nationale/comme sénateur ◆ **the socialists won/lost ten seats** les socialistes ont gagné/perdu dix sièges ◆ **they won the seat from the Conservatives** ils ont pris le siège aux conservateurs ◆ **a majority of 50 seats** une majorité de 50 (députés etc) ; → **safe**
⑤ (on company board, committee) siège m
⑥ (= location, centre) [of government] siège m ; [of commerce] centre m ; (Med) [of infection] foyer m ◆ **seat of learning** haut lieu m du savoir ◆ **he has a (country) seat in the north** il a un manoir or un château dans le nord

⑦ (Horse-riding) ◆ **to have a good seat** avoir une bonne assiette, bien se tenir en selle ◆ **to keep one's seat** rester en selle ◆ **to lose one's seat** être désarçonné, vider les étriers

VT ① [+ child] (faire) asseoir ; (at table) [+ guest] placer ◆ **to seat o.s.** s'asseoir ◆ **please be seated** veuillez vous asseoir, asseyez-vous je vous prie ◆ **the waiter seated him at my table** le garçon l'a placé à ma table ; → **deep**
② (= have or find room for) ◆ **we cannot seat them all** nous n'avons pas assez de sièges pour tout le monde ◆ **how many does the hall seat?** combien y a-t-il de places assises or à combien peut-on s'asseoir dans la salle ? ◆ **this car seats six in comfort** on tient confortablement à six dans cette voiture ◆ **this table seats eight** on peut tenir à huit à cette table, c'est une table pour huit personnes or couverts
③ (also **reseat**) [+ chair] refaire le siège de ; [+ trousers] (re)mettre un fond à
VI (frm) ◆ **this skirt won't seat** cette jupe ne va pas se déformer à l'arrière
COMP **seat back** N dossier m (de chaise etc)
**seat belt** N ceinture f de sécurité
**seat cover** N housse f (de siège)

**-seater** /ˈsiːtəʳ/ ADJ, N (in compounds) ◆ **a two-seater** (= car) une deux places ◆ **two-seater car/plane** voiture f/avion m biplace or à deux places ◆ **a 50-seater coach** un car de 50 places

**seating** /ˈsiːtɪŋ/ SYN
N (NonC) ① (= act) répartition f or allocation f des places ◆ **is the seating (of the guests) all right?** est-ce qu'on a bien placé les invités ?
② (= seats) sièges mpl ; (as opposed to standing room) places fpl assises ◆ **seating for 600** 600 places assises
COMP **seating accommodation** N nombre m de places assises
**seating arrangements** NPL ◆ **we must think about the seating arrangements** nous devons réfléchir à la manière dont nous allons placer les gens ◆ **what are the seating arrangements?** comment va-t-on placer les gens ?
**seating capacity** N ⇒ **seating accommodation**
**seating plan** N (at dinner) plan m de table

**seatmates** /ˈsiːtmeɪts/ NPL (US) ◆ **we were seatmates** nous étions assis l'un(e) à côté de l'autre

**SEATO** /ˈsiːtəʊ/ N (abbrev of **South East Asia Treaty Organisation**) OTASE f

**seatwork** /ˈsiːtwɜːk/ N (US Scol) travail m fait en classe

**seaward** /ˈsiːwəd/
ADJ ① (= towards the sea) [side, face, end] qui fait face à la mer, côté mer ; [journey] vers la mer
② (= from the sea) [wind] (venant) du large
ADV (also **seawards**) (= towards sea) vers la mer ; (= out to sea) vers le large

**seaway** /ˈsiːweɪ/ N route f maritime

**seaweed** /ˈsiːwiːd/ N algue(s) f(pl)

**seaworthiness** /ˈsiːwɜːðɪnɪs/ N navigabilité f ; → **certificate**

**seaworthy** /ˈsiːwɜːðɪ/ ADJ en état de naviguer

**sebaceous** /sɪˈbeɪʃəs/ ADJ sébacé

**Sebastian** /sɪˈbæstjən/ N Sébastien m

**seborrhoea** /ˌsebəˈrɪə/ N séborrhée f

**seborrhoeal, seborrheal** (US) /ˌsebəˈrɪəl/ ADJ séborrhéique

**seborrhoeic, seborrheic** (US) /ˌsebəˈriːɪk/ ADJ séborrhéique

**sebum** /ˈsiːbəm/ N sébum m

**SEC** /ˌesiːˈsiː/ N (US) (abbrev of **Securities and Exchange Commission**) ≈ COB f

**sec*** /sek/ N abbrev of **second**

**SECAM** /ˈsiːkæm/ (TV) (abbrev of **séquentiel à mémoire**) SECAM m

**secant** /ˈsiːkənt/
N sécante f
ADJ sécant

**secateurs** /ˌsekəˈtɜːz/ NPL (esp Brit : also **pair of secateurs**) sécateur m

**secede** /sɪˈsiːd/ SYN VI faire sécession, se séparer (from de)

**secession** /sɪˈseʃən/ N sécession f, séparation f

**secessionist** /sɪˈseʃnɪst/ ADJ, N sécessionniste mf

**sech** /ʃek/ N (Math) sécante f hyperbolique

**seclude** /sɪˈkluːd/ VT éloigner or isoler (du monde)

**secluded** /sɪˈkluːdɪd/ SYN ADJ *[place, beach, house]* retiré, à l'écart ; *[valley, garden]* retiré ; *[life]* retiré (du monde) ; *[village]* isolé

**seclusion** /sɪˈkluːʒən/ SYN N solitude *f* ◆ **to live in seclusion** vivre en solitaire, vivre retiré du monde ◆ **he wrote his autobiography in the seclusion of his country house** il est allé se retirer dans sa maison de campagne pour écrire son autobiographie

**second¹** /ˈsekənd/ SYN

ADJ 1 *(one of many)* deuxième ; *(one of two)* second ◆ **a second chance** une seconde *or* autre chance ◆ **you may not get a second chance** l'occasion ne se représentera peut-être pas ◆ **Britain's second city** la deuxième ville de Grande-Bretagne ◆ **the second day I was there** le lendemain de mon arrivée ◆ **every second day** tous les deux jours, un jour sur deux ◆ **every second Thursday** un jeudi sur deux ◆ **on the second floor** *(Brit)* au deuxième (étage) ; *(US)* au premier (étage) ◆ **to hear** *or* **learn sth at second hand** *(= indirectly)* apprendre qch de seconde main ; see also **secondhand** ◆ **to be second in the queue** être le *(or* la) deuxième dans la queue ◆ **he was second in French** *(Scol)* il était deuxième en français ◆ **this is her second marriage** c'est la deuxième fois qu'elle se marie, c'est son second mariage ◆ **in the second place** deuxièmement, en second lieu ◆ **in the first place... in the second place...** d'abord... ensuite... ◆ **to be** *or* **lie in second place** être en deuxième position, occuper la deuxième place ◆ **to finish in second place** terminer deuxième ◆ **that's the second time you've asked me that** c'est la deuxième fois que vous me posez la question ◆ **a second time** une deuxième fois ◆ **for the** *or* **a second time** pour la deuxième fois ◆ **for the second and last time** pour la seconde et dernière fois ◆ **second time around** la deuxième fois ◆ **to be second to none** être sans pareil, être sans égal ◆ **San Francisco is second only to New York as the tourist capital of the States** San Francisco se place tout de suite après New York comme capitale touristique des États-Unis ; → **helping, look, row¹** ; *pour autres loc voir* **sixth**

2 *(= additional)* *[car]* deuxième ◆ **to have a second home** avoir une résidence secondaire

3 *(in comparisons)* second ◆ **there are fears of a second Chernobyl** on craint un second Tchernobyl ◆ **England is like a second home to him** l'Angleterre est une seconde patrie pour lui ◆ **she's like a second mother to me** elle est (comme) une deuxième mère pour moi ◆ **second self** autre soi-même *m* ◆ **my second self** un(e) autre moi-même

4 *(Mus)* ◆ **second violin** second violon *m* ◆ **to play second violin** être second violon ◆ **she's singing second soprano in the concert** elle est seconde soprano pour ce concert

5 *(in titles)* ◆ **Queen Elizabeth the Second** la reine Élisabeth II ◆ **Pope John Paul the Second** le pape Jean-Paul II ; *pour autres loc voir* **sixth**

ADV 1 *(one of many)* deuxième ; *(one of two)* second ◆ **to come second** *(in poll, league table)* arriver deuxième *or* second, arriver en deuxième *or* seconde position ◆ **to come** *or* **finish second** *(in race, competition, election)* arriver *or* terminer deuxième *or* second ◆ **Lowry came second to Everett** Lowry est arrivée en seconde position derrière Everett ◆ **he was placed second** il s'est classé deuxième *or* second ◆ **he arrived second** *(at meeting, party etc)* il a été le deuxième à arriver

2 *(= secondly)* deuxièmement

3 *(+ superl adj)* ◆ **the second tallest building in the world** le deuxième immeuble du monde par sa hauteur ◆ **the second largest shareholder** le deuxième actionnaire par ordre d'importance ◆ **the second most common question** la deuxième parmi les questions les plus souvent posées ; see also **second-best**

N 1 deuxième *mf*, second(e) *m(f)* ◆ **he came a good** *or* **close second** il a été battu de justesse ◆ **he came a poor second** il est arrivé deuxième, loin derrière le vainqueur

2 *(Boxing)* soigneur *m* ; *(in duel)* second *m*, témoin *m* ◆ **seconds out (of the ring)!** *(Boxing)* soigneurs hors du ring !

3 *(Brit Univ)* ≃ licence *f* avec mention (assez) bien ◆ **he got an upper/a lower second** ≃ il a eu sa licence avec mention bien/assez bien ◆ **many students get a lower second** de nombreux étudiants sont reçus avec la mention assez bien

4 (also **second gear**) seconde *f* ◆ **in second** en seconde

5 *(Mus = interval)* seconde *f*

NPL **seconds** 1 *(Comm = imperfect goods)* articles *mpl* de second choix, articles *mpl* comportant un défaut

2 *(* = second helping)* rab*̣ *m*, rabiot* *m* ◆ **anyone for seconds?*** qui en reveut ?, qui veut du rab ?*̣

VT 1 *[+ motion]* appuyer ; *[+ speaker]* appuyer la motion de ◆ **I'll second that** *(at meeting)* j'appuie cette proposition *or* cette demande ; *(gen)* je suis* d'accord *or* pour*

2 /sɪˈkɒnd/ *(Brit Admin, Mil)* affecter provisoirement *(to* à), détacher *(to* à)

COMP **second-best** → **second-best**

**second chamber** N *(Parl)* deuxième chambre *f* ◆ **the second chamber** *(Brit)* la Chambre haute, la Chambre des lords

**second childhood** N ◆ **to be in one's second childhood** être retombé en enfance

**second-class** → **second-class**

**the second coming** N *(Rel)* le second avènement (du Christ)

**second cousin** N petit(e) cousin(e) *m(f) (issu(e) de germains)*

**Second Empire** N *(Hist)* second Empire *m*

**second fiddle** N *(fig)* ◆ **to play second fiddle** jouer les seconds rôles *(to sb* à côté de qn)

**second gear** N seconde *f*

**second generation** ADJ *[immigrant, computer]* de (la) deuxième génération

**second-guess*** VT *(esp US)* *[+ sb's reaction]* essayer d'anticiper ◆ **to second-guess sb** essayer d'anticiper ce que qn va faire

**the second house** N *(Theat)* la deuxième *or* seconde représentation (de la journée)

**second-in-command** N *(Mil)* commandant *m* en second ; *(on ship)* second *m* ; *(gen)* second *m*, adjoint *m* ◆ **to be second in command** être deuxième dans la hiérarchie

**second language** N *(in education system)* première langue *f* (étrangère) ; *(of individual)* deuxième langue *f*

**second lieutenant** N *(Mil etc)* sous-lieutenant *m*

**second mate** N *(Merchant Navy)* commandant *m* en second

**second mortgage** N hypothèque *f* de second rang

**second name** N nom *m* de famille

**second nature** N ◆ **it's second nature (to him)** c'est une seconde nature (chez lui) ◆ **it was second nature for him to help his friends** aider ses amis était chez lui une seconde nature

**second officer** N ⇒ **second mate**

**a second opinion** N *(gen)* un autre avis, l'avis *m* de quelqu'un d'autre ; *(from doctor, lawyer, etc)* un deuxième avis ◆ **I'd like a second opinion** j'aimerais avoir un autre avis *or* l'avis de quelqu'un d'autre

**the second person** N *(Gram)* la deuxième personne ◆ **in the second person** à la deuxième personne ◆ **the second person singular/plural** la deuxième personne du singulier/du pluriel

**second-rate** ADJ *[goods]* de qualité inférieure ; *[work]* médiocre ; *[writer]* de seconde zone

**second-rater*** N médiocre *mf*, médiocrité *f*

**second sight** N ◆ **to have second sight** avoir le don de double vue

**second string** N *(esp US Sport)* *(= player)* remplaçant(e) *m(f)* ; *(= team)* équipe *f* de réserve ◆ **he has a second string to his bow** il a plus d'une corde à son arc

**second teeth** NPL seconde dentition *f*

**second thought** N ◆ **without** *or* **with hardly a second thought** sans hésiter ◆ **not to give sb/sth a second thought** ne plus penser à qn/qch ◆ **he didn't give it a second thought** il l'a fait sans hésiter ◆ **on second thoughts** *(Brit)or* **thought** *(US)* réflexion faite, à la réflexion ◆ **to have second thoughts (about sth)** *(= be doubtful)* avoir des doutes (sur qch) ; *(= change mind)* changer d'avis (à propos de qch) ◆ **to have second thoughts about doing sth** *(= be doubtful)* se demander si l'on doit faire qch ; *(= change mind)* changer d'avis et décider de ne pas faire qch

**second wind** N ◆ **to get one's second wind** trouver un *or* son second souffle

**Second World War** N ◆ **the Second World War** la Deuxième Guerre mondiale

**second²** /ˈsekənd/ SYN

N *(in time)* seconde *f* ◆ **it won't take a second** il y en a pour une seconde ◆ **at that very second** à cet instant précis ◆ **just a second!, half a second!*** un instant !, une seconde ! ◆ **I'm coming in half a second** j'arrive tout de suite *or* dans une seconde ◆ **I'll be with you in (just) a second** je suis à vous dans une seconde ; → **split**

COMP **second hand** N trotteuse *f*

**secondarily** /ˈsekəndərɪlɪ/ ADV *(= in the second place)* en second lieu ; *(= less importantly)* accessoirement

**secondary** /ˈsekəndərɪ/ SYN

ADJ 1 *(= less important)* *[character, role, effect, source]* secondaire ◆ **of secondary importance** (d'une importance) secondaire ◆ **the cost is a secondary consideration** la question du coût est secondaire ◆ **my desire to have children was always secondary to my career** ma carrière a toujours primé sur mon désir d'avoir des enfants

2 *(Educ)* *[education]* secondaire, du second degré ; *[schooling]* secondaire ; *[student, teacher]* du secondaire ◆ **after five years of secondary education** après cinq années d'enseignement secondaire, après cinq années dans le secondaire ◆ **subjects taught at secondary level** les matières *fpl* enseignées dans le secondaire

N 1 *(Univ etc = minor subject)* matière *f* secondaire, sous-dominante *f*

2 (also **secondary school**) *(gen)* établissement *m* d'enseignement secondaire ; *(age 11 to 15)* collège *m* (d'enseignement secondaire) ; *(from age 15 to 18)* lycée *m*

3 *(Med)* (also **secondary tumour**) tumeur *f* secondaire, métastase *f*

COMP **secondary action** N *(Pol)* mouvement *m* de solidarité

**secondary cancer** N *(Med)* métastase *f* du cancer

**secondary cause** N *(Philos)* cause *f* seconde

**secondary era** N *(Geol)* (ère *f*) secondaire *m*

**secondary glazing** N survitrage *m*, double vitrage *m*

**secondary infection** N *(Med)* surinfection *f*

**secondary modern (school)** N *(Brit : formerly)* *établissement secondaire d'enseignement général et technique*

**secondary picketing** N *(Pol)* *mise en place de piquets de grève autour d'établissements traitant avec une entreprise en grève*

**secondary product** N sous-produit *m*

**secondary road** N ≃ route *f* départementale, route *f* secondaire

**secondary school** N noun 2

**secondary sex(ual) characteristics** NPL caractères *mpl* sexuels secondaires

**secondary stress** N *(Phon)* accent *m* secondaire

**secondary tumour** N noun 3

**second-best** /ˈsekəndˈbest/

N ◆ **it is the second-best** *(gen)* c'est ce qu'il y a de mieux après ; *(= poor substitute)* c'est un pis-aller ◆ **as a second-best** faute de mieux, au pis-aller

ADJ *[jacket etc]* de tous les jours ◆ **his second-best novel** de tous ses romans celui qui vient en second du point de vue de la qualité

ADV ◆ **to come off second-best** perdre, se faire battre

**second-class** /ˈsekəndˈklɑːs/ SYN

ADJ *(lit)* de deuxième classe ; *[railway ticket, compartment]* de seconde (classe) ; *[hotel]* de seconde catégorie, de second ordre ; *(pej)* *[food, goods etc]* de qualité inférieure ◆ **second-class citizen** citoyen(ne) *m(f)* de seconde zone *or* de deuxième ordre ◆ **second-class degree** *(Univ)* ⇒ **second¹ noun 3** ◆ **second-class mail** *(Brit)* courrier *m* à tarif réduit ; *(US)* imprimés et périodiques *mpl* ◆ **second-class stamp** *(Brit)* timbre *m* à tarif réduit ◆ **a second-class return to London** *(by train)* un aller et retour en seconde (classe) pour Londres ◆ **second-class seat** *(on train)* seconde *f*

ADV *(on train)* ◆ **to travel second-class** voyager en seconde ◆ **to send sth second-class** envoyer qch en courrier ordinaire

**seconder** /ˈsekəndəʳ/ N *[of motion]* personne *f* qui appuie une motion ; *[of candidate]* deuxième parrain *m*

**secondhand** /ˈsekəndˈhænd/ SYN

ADJ *[clothes, car]* d'occasion, de seconde main ; *(fig)* *[information, account]* de seconde main

ADV *[buy]* d'occasion ◆ **to hear sth secondhand** entendre dire qch, entendre qch de quelqu'un d'autre

COMP **secondhand bookseller** N bouquiniste *mf*

**secondhand bookshop** N bouquiniste *m*, magasin *m* de livres d'occasion

**secondhand dealer** N marchand(e) *m(f)* d'occasion

**secondhand smoke*** N la fumée des cigarettes *(des autres)*

**secondly** /ˈsekəndlɪ/ LANGUAGE IN USE 26.2 SYN ADV deuxièmement ◆ **firstly... secondly...** premièrement... deuxièmement... ; (Admin, Comm, Jur) primo... secundo...

**secondment** /sɪˈkɒndmənt/ N (Brit) affectation f provisoire, détachement m ◆ **on secondment** (at home) en détachement, détaché (to à) ; (abroad) en mission (to à)

**secrecy** /ˈsiːkrəsɪ/ SYN N (NonC) secret m ◆ **in secrecy** en secret, secrètement ◆ **in strict secrecy** en grand secret, dans le plus grand secret ◆ **under pledge of secrecy** (frm) sous le sceau du secret ◆ **a veil of secrecy** un voile de mystère ◆ **there's no secrecy about it** on n'en fait pas (un) mystère ◆ **there was an air of secrecy about her** elle avait un petit air mystérieux ◆ **a country where secrecy reigns** un pays qui a la manie du secret ◆ **I rely on your secrecy** (o.f) je compte sur votre discrétion ; → **swear**

**secret** /ˈsiːkrɪt/ SYN
N secret m ◆ **to keep a secret** garder un secret ◆ **to keep sth a secret** garder or tenir qch secret ◆ **to keep sth a secret from sb** cacher qch à qn ◆ **I told it you as a secret** je vous l'ai dit en confidence ◆ **to let sb into the secret** mettre qn dans le secret ◆ **to let sb into a secret** révéler or confier un secret à qn ◆ **to be in (on) the secret** être au courant ◆ **there's no secret about it** cela n'a rien de secret ◆ **to have no secrets from sb** ne pas avoir de secrets pour qn ◆ **to make no secret of** or **about sth** ne pas cacher qch ◆ **he makes no secret of the fact that...** il ne cache pas que... ◆ **lovers' secret** confidence f d'amoureux ◆ **the fate of the horse remains a secret** nul ne sait ce qu'il est advenu du cheval ◆ **the secret of success** le secret du succès ◆ **the secret of being a good teacher is listening** or **is to listen to one's pupils** le secret, pour être un bon professeur, c'est de savoir écouter ses élèves ; → **open, state**
◆ **in secret** en secret
ADJ 1 (= clandestine) [talks, plan, life, ingredient] secret (-ète f) ◆ **it's all highly secret** tout cela est top secret ◆ **secret funds** caisse f noire ◆ **to be sent on a secret mission** être envoyé en mission secrète ◆ **to keep sth secret** tenir or garder qch secret ◆ **to keep sth secret from sb** cacher qch à qn ; → **top¹**
2 (= concealed) [drawer, passage] secret (-ète f) ; [entrance] secret (-ète f), dérobé
3 (Pol) [ballot, vote, voting, election] à bulletin secret
4 (= private) ◆ **you've got a secret admirer!** vous avez un admirateur ! ◆ **I'm a secret admirer of her novels** j'avoue que j'apprécie ses romans ◆ **to be a secret drinker/drug user** boire/se droguer en cachette
COMP **secret agent** N agent m secret
**secret police** N police f secrète
**the Secret Service** N (Brit) les services mpl secrets ; (US) les services mpl chargés de la protection du président
**secret society** N société f secrète
**secret weapon** N (lit, fig) arme f secrète

**secretaire** /ˌsekrɪˈtɛəʳ/ N secrétaire m

**secretarial** /ˌsekrəˈtɛərɪəl/
ADJ [course, work] de secrétariat ; [job] de secrétaire ; [skills] en secrétariat ◆ **his duties are mostly secretarial** il fait essentiellement un travail de secrétariat, ses tâches sont avant tout administratives
COMP **secretarial agency** N agence f de placement de secrétaires
**secretarial college, secretarial school** N école f de secrétariat

**secretariat** /ˌsekrəˈtɛərɪət/ N secrétariat m

**secretary** /ˈsekrətrɪ/
N 1 (in office, of club etc) secrétaire mf ; (also **company secretary**) secrétaire mf général(e) (d'une société) ; → **foreign, parliamentary, under**
2 (= writing desk) secrétaire m
COMP **secretary bird** N secrétaire m, serpentaire m
**secretary-general** N (pl **secretaries-general**) secrétaire mf général(e)
**Secretary of State** N (Pol) (Brit) ministre m (of, for de) ; (US) secrétaire m d'État, ≈ ministre m des Affaires étrangères
**Secretary of State for Education and Employment** N (Brit) ministre m de l'Éducation et de l'Emploi
**Secretary of State for Scotland** N (Brit Pol) ministre m des Affaires écossaises
**secretary to the board** N secrétaire mf (auprès) du comité de gestion

**secrete** /sɪˈkriːt/ VT 1 (= produce) sécréter
2 (= hide) cacher

**secretin** /sɪˈkriːtɪn/ N sécrétine f

**secretion** /sɪˈkriːʃən/ N 1 (= process, fluid) sécrétion f
2 (NonC = hiding) action f de cacher

**secretive** /sɪˈkriːtɪv/ SYN ADJ [person, behaviour, air] secret (-ète f), cachottier ; [organization] impénétrable ◆ **to be secretive about sth** faire mystère de qch

**secretively** /sɪˈkriːtɪvlɪ/ ADV [smile] d'une manière impénétrable ◆ **she's been behaving very secretively lately** elle est très renfermée ces derniers temps, on dirait qu'elle nous cache quelque chose ces derniers temps

**secretiveness** /sɪˈkriːtɪvnɪs/ N (NonC) réserve f, cachotteries fpl

**secretly** /ˈsiːkrɪtlɪ/ SYN ADV [meet, marry, plan] en secret ; [film] en cachette, secrètement ; [hope, want] secrètement ◆ **she was secretly relieved** en son for intérieur, elle était soulagée ◆ **he was secretly pleased** il était content, mais ne le montrait pas, en son for intérieur, il n'était pas mécontent

**sect** /sekt/ SYN N secte f

**sectarian** /sekˈtɛərɪən/ SYN
ADJ [violence, killings] motivé par le sectarisme ; [motive, divisions, organization] sectaire ◆ **sectarian school** école f confessionnelle
N sectaire mf

**sectarianism** /sekˈtɛərɪənɪzəm/ N sectarisme m

**section** /ˈsekʃən/ SYN
N 1 [of book, document, law, population, text] section f, partie f ; [of country] partie f ; [of road, pipeline] section f, tronçon m ; [of town] quartier m ; [of machine, furniture] élément m ; (Mil) groupe m (de combat) ◆ **the brass/string section** [of orchestra] les cuivres mpl/les cordes fpl ◆ **the financial section** (Press) la or les page(s) financière(s) ◆ **section two of the municipal by-laws** l'article deux des arrêtés municipaux ◆ **this bookcase comes in sections** cette bibliothèque se vend par éléments ◆ **there is a section of public opinion which maintains...** il y a une partie or une section de l'opinion publique qui maintient...
2 [of company, government] service m ; [of store] rayon m → **consular**
3 (= part of railway network) canton m (de voie ferrée) ; (US = extra train) train m supplémentaire, train-bis m ; (in sleeping car) compartiment-lits m
4 (= cut) coupe f, section f ; (for microscope) coupe f, lamelle f ◆ **longitudinal/vertical section** coupe f longitudinale/verticale ; → **cross**
5 (= act of cutting) section f, sectionnement m
VT 1 (= divide) diviser
2 [+ mentally ill person] interner
COMP **section hand** N (US: on railway line) cantonnier m (des chemins de fer), agent m de la voie
**section mark** N paragraphe m (signe typographique)
▶ **section off** VT SEP séparer

**sectional** /ˈsekʃnl/
ADJ 1 (= factional) [interests] d'un groupe, particulier ; [conflict] interne
2 (= made of several parts) [bookcase, furniture] modulaire
3 (Archit) [drawing] en coupe
4 (US) → **sectional sofa**
COMP **sectional sofa** N (US) canapé m d'angle

**sectionalism** /ˈsekʃənəlɪzəm/ N défense f des intérêts d'un groupe

**sector** /ˈsektəʳ/ SYN
N 1 secteur m ; (Mil) secteur m, zone f ; (Comput) secteur m ; (fig) secteur m, domaine m ◆ **private/public sector** secteur m privé/public
2 (Geom) secteur m ; (= instrument) compas m (de proportions)
VT sectoriser

**sectoral** /ˈsektərəl/ ADJ (Econ) sectoriel

**sectorial** /sekˈtɔːrɪəl/ ADJ sectoriel

**secular** /ˈsekjʊləʳ/ SYN ADJ [society, education, school] laïque ; [life, priest, clergy] séculier ; [matter, music, writer] profane

**secularism** /ˈsekjʊlərɪzəm/ N (= policy) laïcité f ; (= doctrine) laïcisme m

**secularist** /ˈsekjʊlərɪst/ N laïciste mf

**secularization** /ˌsekjʊləraɪˈzeɪʃən/ N (NonC) [of society, education, art] sécularisation f, laïcisation f

**secularize** /ˈsekjʊləraɪz/ VT [+ society, schools, education] séculariser

**secund** /sɪˈkʌnd/ ADJ unilatéral

**secure** /sɪˈkjʊəʳ/ SYN
ADJ 1 (= stable) [job, position] sûr ; [career, future] assuré ; [relationship] solide ; [environment] sécurisant
2 (= unworried) [person] tranquille, sans inquiétude ◆ **to feel secure** se sentir en sécurité or sécurisé ◆ **to feel secure about sth** ne pas avoir d'inquiétudes quant à qch ◆ **to make sb feel secure** sécuriser qn ◆ **a child must be (emotionally) secure** un enfant a besoin de sécurité affective, un enfant a besoin d'être sécurisé ◆ **to be financially secure** être à l'abri des soucis financiers ◆ **secure in the knowledge that...** avec la certitude que...
3 (= impregnable) [building, car, computer system] protégé, à l'abri des effractions ; [code] inviolable ◆ **I want to make my home secure against burglars** je veux protéger ma maison des cambrioleurs or contre les cambrioleurs
4 [door, window, base, knot, lock, rope] solide ; [structure, ladder] stable ◆ **to get a secure foothold in a market** prendre solidement pied sur un marché ◆ **to be on secure ground** (fig) être en terrain connu
VT 1 (= get) [+ object] se procurer, obtenir ; [+ staff, performer] engager ; [+ agreement, deal, ceasefire, sb's freedom, support] obtenir ◆ **to secure sth for sb, to secure sb sth** obtenir qch pour qn ◆ **I did everything possible to secure him the job** j'ai fait tout ce que j'ai pu pour lui obtenir ce travail ◆ **a win that secured them a place in the final** une victoire qui leur a valu une place en finale ◆ **to secure victory** remporter la victoire
2 (= fix) [+ rope] fixer, attacher ; [+ door, window] bien fermer ; [+ tile] fixer ; (= tie up) [+ person, animal] attacher ◆ **to secure X to Y** fixer X à Y
3 (= make safe: from danger) protéger (against, from contre) ; [+ debt, loan] garantir ; [+ future] assurer
4 (Mil = capture) prendre (le contrôle de) ◆ **their troops have secured the bridge/the airport** leurs troupes ont pris le contrôle du pont/de l'aéroport or ont pris le pont/l'aéroport
COMP **secure accommodation** N (Brit Jur) ≈ centre m d'éducation surveillée
**secured creditor** N créancier m, -ière f garanti(e)
**secure unit** N (Brit) (for young offenders) ≈ centre m d'éducation surveillée ; (for mental patients) pavillon m d'hôpital psychiatrique réservé aux malades dangereux

**securely** /sɪˈkjʊəlɪ/ ADV 1 (= firmly) [fasten, fix] solidement, bien ; [lock] bien
2 (= safely) ◆ **he remains securely in power** il est solidement installé au pouvoir ◆ **the strike was securely under the union's control** le syndicat avait la grève bien en main ◆ **securely established** solidement établi

**Securicor** ® /sɪˈkjʊərɪkɔːʳ/
N société de surveillance et de convoi de fonds
COMP **Securicor guard** N employé m du service de surveillance, convoyeur m de fonds

**securitization** /sɪˌkjʊərɪtaɪˈzeɪʃən/ N (Fin) titrisation f

**securitize** /sɪˈkjʊərɪtaɪz/ VT [+ loan] titriser

**security** /sɪˈkjʊərɪtɪ/ SYN
N 1 (= safety, confidence) sécurité f ◆ **in security** en sécurité ◆ **job security** sécurité f de l'emploi ◆ **security of tenure** (in one's job) sécurité f totale de l'emploi ; (Jur: of tenant) bail m assuré ◆ **a child needs security** un enfant a besoin de sécurité sur le plan affectif, un enfant a besoin d'être sécurisé
2 (against spying, escape etc) sécurité f ◆ **security was very lax** les mesures de sécurité étaient très relâchées ◆ **maximum** or **top** or **high security wing** [of jail] quartier m de haute surveillance ; see also **maximum**
3 (for loan) caution f, garantie f ◆ **loans without security** crédit m à découvert ◆ **up to £10,000 without security** jusqu'à 10 000 livres sans caution or sans garantie ◆ **to go** or **stand security for sb** se porter garant pour or de qn
NPL **securities** (Stock Exchange) valeurs fpl, titres mpl ◆ **government securities** fonds mpl d'État ◆ **securities fraud** fraudes fpl boursières
COMP **securities analyst** N analyste m financier
**Securities and Investment Board** N (Brit) ≈ commission f des opérations de Bourse
**securities market** N marché m des valeurs
**security agreement** N accord m de sécurité

**security blanket** N *[of child]* doudou* *f* ; *(Psych)* objet *m* transitionnel ; *[of police]* dispositif *m* de sécurité ◆ **he's my security blanket** c'est quelqu'un sur qui je peux compter
**security camera** N caméra *f* de surveillance
**security clearance** N *autorisation officielle accordée par les services de sécurité*
**Security Council** N Conseil *m* de sécurité
**security firm** N société *f* de surveillance
**securities firm, securities house** N maison *f* de courtage
**security forces** NPL forces *fpl* de sécurité
**security guard** N *(gen)* garde *m* chargé de la sécurité ; *(transporting money)* convoyeur *m* de fonds
**security leak** N fuite *f (de documents, de secrets etc)*
**security officer** N *(in armed forces)* officier *m* chargé de la sécurité ; *(in factory, workplace)* inspecteur *m* (chargé) de la sécurité
**security police** N services *mpl* de la sûreté
**security risk** N *personne susceptible de compromettre la sûreté de l'État, la sécurité d'une organisation etc* ◆ **that man is a security risk** cet homme constitue un risque *or* n'est pas sûr
**security vetting** N enquête *f* de sécurité *(of sb* sur qn) ◆ **a policy of security vetting** une politique d'enquêtes de sécurité
**security zone** N zone *f* de sécurité

**sedan** /sɪ'dæn/ N [1] (also **sedan chair**) chaise *f* à porteurs
[2] *(US = car)* conduite *f* intérieure, berline *f*

**sedate** /sɪ'deɪt/ SYN
ADJ [1] *[person]* posé, calme ; *[behaviour]* calme, pondéré ; *[place, event]* tranquille, paisible ◆ **the sedate world of antique dealing** le monde tranquille du commerce des antiquités ◆ **at a sedate pace** *or* **speed** posément, sans se presser ◆ **in a sedate manner** posément
[2] *(= conservative) [dress, furnishings]* conventionnel
VT *(Med)* donner des sédatifs à, mettre sous sédation

**sedately** /sɪ'deɪtlɪ/ ADV [1] *(= slowly) [walk, drive]* posément, sans se presser
[2] *(= conservatively) [dressed, furnished]* de manière conventionnelle

**sedateness** /sɪ'deɪtnɪs/ N *[of person]* calme *m* ; *[of place, dancing]* calme *m*, tranquillité *f* ; *[of pace]* lenteur *f*

**sedation** /sɪ'deɪʃən/ N sédation *f* ◆ **under sedation** sous calmants ◆ **he's under mild/heavy sedation** on lui a administré une faible/forte dose de calmants

**sedative** /'sedətɪv/ SYN ADJ, N calmant *m*, sédatif *m*

**sedentary** /'sedntrɪ/ SYN ADJ sédentaire

**sedge** /sedʒ/
N laîche *f*, carex *m*
COMP **sedge warbler** N phragmite *m* des joncs, rousserolle *f*

**sediment** /'sedɪmənt/ SYN N *(Geol, Med)* sédiment *m* ; *(in boiler, liquids)* dépôt *m* ; *(in wine)* dépôt *m*

**sedimentary** /,sedɪ'mentərɪ/ ADJ sédimentaire

**sedimentation** /,sedɪmen'teɪʃən/
N sédimentation *f*
COMP **sedimentation tank** N bassin *m* de sédimentation

**sedimentology** /,sedɪmen'tɒlədʒɪ/ N sédimentologie *f*

**sedition** /sə'dɪʃən/ SYN N sédition *f*

**seditious** /sə'dɪʃəs/ SYN ADJ séditieux

**seduce** /sɪ'djuːs/ SYN VT *(gen, sexually)* séduire ◆ **to seduce sb (away) from sth** détourner qn de qch ◆ **to seduce sb into doing sth** convaincre qn de faire qch

**seducer** /sɪ'djuːsə^r/ N séducteur *m*, -trice *f*

**seduction** /sɪ'dʌkʃən/ SYN N séduction *f*

**seductive** /sɪ'dʌktɪv/ SYN ADJ *[person, voice, notion, argument, smile]* séduisant ; *[offer]* séduisant, alléchant ; *[message]* attrayant ; *[garment]* sexy* ◆ **the seductive charms of sth** les séductions *fpl* or les charmes *mpl* irrésistibles de qch

**seductively** /sɪ'dʌktɪvlɪ/ ADV [1] *(= alluringly) [smile, look at, dress]* de manière séduisante
[2] *(= temptingly)* ◆ **seductively simple** d'une simplicité exquise ◆ **a seductively domestic atmosphere** une ambiance cosy* ◆ **a seductively illustrated book** un livre avec de ravissantes illustrations

**seductiveness** /sɪ'dʌktɪvnɪs/ N caractère *m* séduisant, séduction *f*

**seductress** /sɪ'dʌktrɪs/ SYN N séductrice *f*

**sedulous** /'sedjʊləs/ ADJ assidu, persévérant, attentif

**sedulously** /'sedjʊləslɪ/ ADV assidûment, avec persévérance

**sedum** /'siːdəm/ N sedum *m*

**see**[1] /siː/ LANGUAGE IN USE 26.3 SYN (pret **saw**, ptp **seen**)
VT [1] *(gen)* voir ◆ **I can see him** je le vois ◆ **I saw him read/reading the letter** je l'ai vu lire/qui lisait la lettre ◆ **he was seen to read the letter** on l'a vu lire la lettre ◆ **she saw him knocked down** elle l'a vu se faire renverser ◆ **there was not a house to be seen** il n'y avait pas une seule maison en vue ◆ **there was no one at all** *or* **not a soul to be seen** il n'y avait pas âme qui vive, il n'y avait pas un chat* ◆ **to see sth with one's own eyes** voir qch de ses propres yeux ◆ **see page 10** voir (à la) page 10 ◆ **I could see it** *or* **that one coming*** *(fig)* je le sentais venir, je m'y attendais ◆ **can you see your way without a torch?** est-ce que vous pouvez trouver votre chemin *or* est-ce que vous y voyez assez sans lampe de poche ?
◆ **to see one's way to doing sth** ◆ **can you see your way to helping us?** est-ce que vous trouveriez le moyen de nous aider ? ◆ **I can't see my way to doing that** je ne vois pas comment je pourrais le faire
[2] *(= understand, conceive)* voir ◆ **I fail to see** *or* **I can't see how you're going to do it** je ne vois pas du tout *or* je ne vois vraiment pas comment vous allez le faire ◆ **the French see it differently** les Français voient la chose différemment ◆ **the way I see it , as I see it** à mon avis , selon moi ◆ **this is how** *or* **the way I see it** voici comment je vois la chose ◆ **do you see what I mean?** vous voyez ce que je veux dire ? ◆ **I see what you're getting at** je vois où vous voulez en venir ◆ **I don't see why** je ne vois pas pourquoi ◆ **I don't see why not** *(granting permission)* je n'y vois aucune objection ; *(not understanding sb's refusal)* je ne vois pas pourquoi ◆ **to see the joke** comprendre *or* saisir la plaisanterie
[3] *(= notice, learn, discover)* voir ◆ **I saw in the paper that he had died** j'ai vu dans le journal qu'il était décédé ◆ **I see they've bought a new car** je vois qu'ils ont acheté une nouvelle voiture ◆ **see who's at the door** allez voir qui est à la porte ◆ **not until I see how many there are** pas avant de savoir *or* de voir combien il y en a ◆ **I'll see what I can do** je verrai *or* je vais voir ce que je peux faire ◆ **let's see what you're capable of** voyons (un peu) ce que vous savez faire
[4] *(= have an opinion)* trouver ◆ **I see nothing wrong in it** je n'y trouve rien à redire ◆ **I don't know what she sees in him** je ne sais pas ce qu'elle lui trouve
[5] *(= meet, speak to)* voir ; *[+ doctor, lawyer]* voir, consulter ◆ **to go and** *or* **to see sb** aller voir qn ◆ **I'm seeing the doctor tomorrow** je vais chez le docteur *or* je vois le docteur demain ◆ **the manager wants to see you** le directeur veut vous voir, le directeur vous demande ◆ **I can't see you today** je ne peux pas vous voir aujourd'hui ◆ **I want to see you about my son** je voudrais vous voir *or* vous parler au sujet de mon fils ◆ **how nice to see you!** *(greeting)* ça me fait plaisir de vous voir ! ◆ **I'll see you in hell first!*** jamais de la vie !, il faudra que vous me passiez sur le corps d'abord !
[6] *(= visit) [+ country, town]* visiter ◆ **to see the sights** *[of town]* visiter la ville ; *[of country]* visiter le pays ◆ **to see the sights of Paris** visiter ce qu'il y a à voir à Paris ◆ **I want to see the world** je veux voyager
[7] *(= have relationship with) (social)* voir, fréquenter ; *(romantic)* sortir avec, fréquenter ◆ **they see a lot of him** ils le voient souvent ◆ **we've seen less of him lately** on l'a moins vu ces derniers temps ◆ **she's seeing John just now** elle sort avec John en ce moment
[8] *(saying goodbye)* ◆ **(it was) nice to see you!** ça m'a fait plaisir de vous voir ! ◆ **see you!*** à bientôt !* ◆ **see you later!*** à tout à l'heure ! ◆ **see you some time!*** à un de ces jours ! ◆ **see you soon!** à bientôt ! ◆ **see you (on) Sunday** à dimanche ◆ **see you next week** à la semaine prochaine
[9] *(= experience, know)* voir ◆ **1963 saw the assassination of John F. Kennedy** (l'année) 1963 a vu l'assassinat de John F. Kennedy ◆ **I've seen some things in my time but...** j'en ai vu (des choses) dans ma vie mais... ◆ **he saw service in Libya** *(Mil)* il a servi en Libye, il a fait la campagne de Libye ◆ **since she's started going round with that crowd she has certainly seen life** depuis qu'elle fait partie de cette bande elle en a vu des choses ◆ **I'm going to Australia because I want to see life** je pars en Australie parce que je veux voir *or* découvrir le monde ◆ **since becoming a social worker she's certainly seen life** depuis qu'elle est assistante sociale elle a pu se rendre compte de ce que c'est que la vie ◆ **he's not easily shocked, he's seen it all** il ne se choque pas facilement, il en a vu d'autres
[10] *(= accompany, escort)* (re)conduire, (r)accompagner ◆ **to see sb to the station** accompagner *or* conduire qn à la gare ◆ **to see sb home/to the door** reconduire *or* raccompagner qn jusque chez lui/jusqu'à la porte ◆ **to see the children to bed** coucher les enfants ◆ **he was so drunk we had to see him to bed** il était tellement ivre que nous avons dû l'aider à se coucher ; see also **see off, see out**
[11] *(= allow to be)* **I couldn't see her left alone** je ne pouvais pas supporter *or* permettre qu'on la laisse *subj* toute seule
[12] *(= ensure)* s'assurer ◆ **see that he has all he needs** veillez à ce qu'il ne manque de rien ◆ **see that you have it ready for Monday** faites en sorte que ce soit prêt pour lundi ◆ **I'll see he gets the letter** je ferai le nécessaire pour que la lettre lui parvienne, je me charge de lui faire parvenir la lettre ◆ **I'll see you (all) right*** je veillerai à ce que vous n'y perdiez *subj* pas, vous n'en serez pas de votre poche* ; see also **see to**
[13] *(= imagine)* voir, (s')imaginer ◆ **I can't see myself doing that** je me vois mal *or* je m'imagine mal faire cela ◆ **I can't see myself being elected** je ne vois pas très bien comment je pourrais être élu
[14] *(Poker etc)* ◆ **(I'll) see you** je demande à vous voir, je vous vois
VI [1] voir ◆ **to see in/out/through** *etc* voir à l'intérieur/à l'extérieur/à travers *etc* ◆ **let me see** *(= show me)* montre-moi, fais voir ; *(at window etc)* laisse-moi regarder ◆ **see for yourself** voyez vous-même ◆ **he couldn't see to read** il n'y voyait pas assez clair pour lire ◆ **I can hardly see without my glasses** je n'y vois pas grand-chose sans mes lunettes ◆ **cats can see in the dark** les chats voient clair la nuit ◆ **you can see for miles** on y voit à des kilomètres ; → **eye**
[2] *(= find out)* voir ◆ **I'll go and see** je vais (aller) voir ◆ **I'll go and see if dinner's ready** je vais (aller) voir si le dîner est prêt
[3] *(= understand)* voir, comprendre ◆ **as far as I can see** à ce que je vois ◆ **I see!** je vois !, ah bon ! ◆ **as you can see** comme vous pouvez (le) constater ◆ **so I see** c'est bien ce que je vois ◆ **now see here!** *(in anger)* non, mais dites donc !* ◆ **... you see** *(in explanations etc)* ... voyez-vous, ... vous voyez ◆ **it's all over now, see?*** c'est fini, compris ?* ◆ **she was bound to win, don't you see?** tu ne comprends pas qu'elle allait forcément gagner ?
[4] *(= think, deliberate)* voir ◆ **let me see, let's see** voyons (un peu) ◆ **let me see** *or* **let's see, what have I got to do?** voyons, qu'est-ce que j'ai à faire ? ◆ **I'll have to see (if)** je vais voir (si) ◆ **we'll soon see** nous le saurons bientôt ◆ **we'll soon see if...** nous saurons bientôt si... ◆ **can I go out? – we'll see** est-ce que je peux sortir ? – on verra
COMP **see-through** ADJ transparent

▸ **see about** VT FUS [1] *(= deal with)* s'occuper de ◆ **he came to see about buying the house** il est venu voir s'il pouvait acheter la maison ◆ **he came to see about the washing machine** il est venu au sujet de la machine à laver
[2] *(= consider)* ◆ **to see about sth** voir si qch est possible ◆ **can I go? – we'll see about it** est-ce que je peux y aller ? – on va voir *or* on verra (ça) ◆ **he said he wouldn't do it – we'll see about that!** il a dit qu'il ne le ferait pas – c'est ce qu'on va voir ! ◆ **we must see about (getting) a new television** il va falloir songer à s'acheter une nouvelle télévision

▸ **see after** VT FUS s'occuper de

▸ **see in** VT SEP *[+ person]* faire entrer ◆ **to see the New Year in** fêter la nouvelle année, faire le réveillon du nouvel an

▸ **see into** VT FUS *(= study, examine)* s'enquérir de, examiner ◆ **we shall have to see into this** il va falloir examiner la question *or* se renseigner là-dessus

▸ **see off** VT SEP [1] *(= accompany)* ◆ **I saw him off at the station/airport** *etc* je l'ai accompagné au train *or* à la gare/à l'avion *or* à l'aéroport *etc* ◆ **we'll come and see you off** on viendra vous dire au revoir

2 (* *fig = defeat)* damer le pion à

▸ **see out** VT SEP 1 *[+ person]* reconduire *or* raccompagner à la porte ◆ **I'll see myself out** ce n'est pas la peine de me raccompagner ◆ **he saw himself out** il est sorti sans qu'on le raccompagne *subj*

2 ◆ **this coat will have to see the winter out** il faut que ce manteau lui (*or* me *etc*) fasse l'hiver ◆ **he was so ill we wondered whether he'd see the week out** il était si malade que nous nous demandions s'il passerait la semaine ◆ **I saw the third act out then left** je suis resté jusqu'à la fin du troisième acte puis je suis parti

▸ **see over** VT FUS *[+ house, factory, gardens]* visiter

▸ **see through**

**VT FUS** *[+ person]* voir clair en, deviner les intentions de ; *[+ behaviour, promises]* ne pas se laisser tromper *or* duper par ◆ **I saw through him at once** j'ai tout de suite vu clair dans son jeu *or* deviné ses intentions ◆ **she saw through his scheming** elle ne s'est pas laissé tromper *or* duper par ses machinations

**VT SEP** *(never fus) [+ project, deal]* mener à bonne fin ◆ **£50 should see you through** 50 livres devraient vous suffire ◆ **don't worry, I'll see you through** ne vous inquiétez pas, vous pouvez compter sur moi ◆ **she saw me through all the hard times** elle m'a aidé dans tous les moments difficiles

**ADJ** ◆ **see-through** → **see¹**

▸ **see to** VT FUS *(= mend)* réparer ; *(= deal with)* s'occuper de ◆ **to see to it that...** veiller à ce que... + *subj* ◆ **I'll see to the car** je m'occuperai de la voiture ◆ **please see to it that...** veillez s'il vous plaît à ce que... + *subj* ◆ **see to it that they are paid on time** veillez à ce qu'ils soient payés à temps ◆ **I'll see to it** j'y veillerai ◆ **the sweets didn't last long, the children saw to that!** les bonbons n'ont pas fait long feu, les enfants se sont chargés de les faire disparaître !

**see²** /siː/ N *[of bishop]* siège *m* épiscopal, évêché *m* ; *[of archbishop]* archevêché *m* ; → **holy**

**seed** /siːd/ SYN

**N** 1 *(Agr, Bot etc)* graine *f* ; *(collective n: for sowing)* graines *fpl*, semence *f* ; *(in apple, grape etc)* pépin *m* ◆ **to run** *or* **go to seed** *[plant]* monter en graine ; *[person] (= grow slovenly)* se négliger, se laisser aller ; *(= lose vigour)* se décatir

2 *(fig = source, origin)* germe *m* ◆ **the seeds of discontent** les germes *mpl* du mécontentement ◆ **to sow seeds of doubt in sb's mind** semer le doute dans l'esprit de qn

3 *(liter) (= sperm)* semence *f*, sperme *m* ; *(= offspring)* progéniture *f*

4 *(Tennis etc :* also **seeded player**) tête *f* de série ◆ **first** *or* **number one seed** tête *f* de série numéro un ◆ **number two seed** tête de série numéro deux ◆ **the top seeds** les premières têtes *fpl* de série

**VT** 1 *[+ lawn]* ensemencer ; *[+ raisin, grape]* épépiner ◆ **to seed clouds** ensemencer les nuages

2 *(Tennis)* ◆ **he was seeded third** il était (classé) troisième tête de série

**VI** monter en graine

**COMP** **seed box** N germoir *m*
**seed corn** N blé *m* de semence ◆ **they are eating their seed corn** ils mangent leur blé en herbe
**seeding machine** N semoir *m*
**seed merchant** N grainetier *m*
**seed money** N *(Econ, Fin)* capital *m* initial, mise *f* de fonds initiale
**seed pearls** NPL semence *f* de perles, très petites perles *fpl*
**seed pod** N tégument *m*
**seed potato** N pomme *f* de terre de semence
**seed tray** N ⇒ **seed box**

**seedbed** /ˈsiːdbed/ N semis *m*, couche *f*

**seedcake** /ˈsiːdkeɪk/ N gâteau *m* au carvi

**seedhead** /ˈsiːdhed/ N péricarpe *m*

**seedily** /ˈsiːdɪlɪ/ ADV *[dress]* minablement, de façon minable

**seediness** /ˈsiːdɪnɪs/ N *(= shabbiness)* aspect *m* minable *or* miteux

**seedless** /ˈsiːdlɪs/ ADJ sans pépins

**seedling** /ˈsiːdlɪŋ/ N semis *m*, (jeune) plant *m*

**seedsman** /ˈsiːdzmən/ N (pl **-men**) ⇒ **seed merchant**

**seedy** /ˈsiːdɪ/ SYN ADJ 1 *(= shabby) [clothes]* râpé, miteux ; *[person, hotel]* minable, miteux

2 (* *= ill)* ◆ **I'm feeling seedy** je suis *or* je me sens mal fichu*, je me sens patraque* ◆ **he looks rather seedy** il a l'air mal fichu*

**seeing** /ˈsiːɪŋ/ LANGUAGE IN USE 26.3 SYN

**N** vue *f*, vision *f* ◆ **seeing is believing** *(Prov)* voir c'est croire

**CONJ** ◆ **seeing that** *or* **as*** vu que , étant donné que

**COMP** **Seeing Eye dog** N *(US)* chien *m* d'aveugle

**seek** /siːk/ SYN (pret, ptp **sought**)

**VT** 1 *(= look for) [+ object, person, solution, death]* chercher ; *[+ fame, honours]* rechercher ; *[+ happiness, peace]* chercher, rechercher ◆ **to seek one's fortune in Canada** chercher *or* tenter fortune au Canada ◆ **to seek work** chercher du travail ◆ **they sought shelter from the storm** ils ont cherché un abri *or* un refuge contre la tempête ◆ **we sought shelter in the embassy/under a big tree** nous nous sommes réfugiés à l'ambassade/sous un grand arbre ◆ **the reason is not far to seek** la raison n'est pas difficile à trouver, on n'a pas à chercher loin pour trouver la raison ◆ **candidates are urgently sought for the post of chef** *(in advertisements)* on recherche de toute urgence un chef de cuisine ◆ **American male, seeks attractive, intelligent female** Américain désire faire connaissance belle femme intelligente

2 *(= ask)* demander *(from sb* à qn) ◆ **to seek advice/help from sb** demander conseil/de l'aide à qn ◆ **to seek (political) asylum** demander l'asile politique ◆ **to seek compensation for sth** demander à être indemnisé de qch ◆ **the prosecutors are seeking the death penalty** l'accusation réclame la peine de mort

3 *(frm = attempt)* chercher *(to do sth* à faire qch) ◆ **they sought to kill him** ils ont cherché à le tuer

**VI** ◆ **to seek for** *or* **after sth/sb** rechercher qch/qn ◆ **much sought after** très recherché, très demandé

▸ **seek out** VT SEP *[+ person]* aller voir, (aller) s'adresser à ; *[+ trouble etc]* (re)chercher

**seeker** /ˈsiːkəʳ/ N 1 *(= person)* chercheur *m*, -euse *f* ◆ **to be a seeker after** *[+ truth, knowledge etc]* être en quête de ; → **asylum, job, self**

2 *(Mil = device)* autodirecteur *m*

**seem** /siːm/ LANGUAGE IN USE 6.2, 15.2, 26.3 SYN VI sembler, avoir l'air ◆ **he seems honest** il semble (être) honnête, il a l'air honnête ◆ **he seemed nice enough** il semblait *or* avait l'air plutôt gentil ◆ **further strikes seem unlikely** il semble peu probable qu'il y ait de nouvelles grèves ◆ **she makes it seem so simple!** avec elle tout paraît si simple ! ◆ **she seems to know you** elle semble vous connaître, elle a l'air de vous connaître ◆ **she seems not to want to leave** elle semble ne pas vouloir partir, elle n'a pas l'air de vouloir partir ◆ **we seem to have met before** il me semble *or* j'ai l'impression que nous nous sommes déjà rencontrés ◆ **I seem to have heard that before** il me semble avoir déjà entendu ça ◆ **I can't seem to do it** je n'arrive pas à le faire ◆ **I seemed to be floating** j'avais l'impression de flotter ◆ **the noise seemed to be coming from the basement** on avait l'impression que le bruit venait du sous-sol ◆ **how did she seem to you?** comment l'as-tu trouvée ? ◆ **how does it seem to you?** qu'en penses-tu ? ◆ **it all seems like a dream** on croit rêver ◆ **I did what seemed best** j'ai fait ce que j'ai jugé bon ◆ **there doesn't seem to be any wine left** on dirait qu'il ne reste plus de vin ◆ **there seems to be a mistake in this translation** il semble y avoir une erreur dans cette traduction ◆ **there seems to be a mistake, I'm the one who booked this room** il semble y avoir erreur, c'est moi qui ai retenu cette chambre

◆ **it seems (that)...** *(= looks as if)* il semble que... ; *(= people say)* il paraît que... ◆ **it seems that the** *or* **as if the government is going to fall** *(= looks as if)* il semble bien que le gouvernement va tomber ◆ **it seems that the government is going to fall** *(= people say)* il paraît que le gouvernement va tomber ◆ **I've checked and it seems she's right** j'ai vérifié et il semble qu'elle a raison *or* elle semble avoir raison ◆ **it seems she's right for everybody says so** il semble bien qu'elle a raison puisque tout le monde est d'accord là-dessus ◆ **I've checked and it doesn't seem she's right** *or* **it seems she's not right** j'ai vérifié et il ne semble pas qu'elle ait raison ◆ **from what people say it doesn't seem she's right** d'après ce qu'on dit il ne semble pas qu'elle ait raison ◆ **does it seem that she is right?** est-ce qu'elle semble avoir raison ? ◆ **it seems to me that we should leave at once** il me semble que nous devrions partir tout de suite ◆ **it does not seem to me that we can accept** il ne me semble pas que nous puissions accepter ◆ **does it seem to you as though it's going to rain?** est-ce qu'il te semble qu'il va pleuvoir ?, est-ce que tu crois qu'il va pleuvoir ? ◆ **they're getting married next week, so it seems** ils se marient la semaine prochaine à ce qu'il paraît *or* semble-t-il ◆ **it seems not** il paraît que non ◆ **it seems so** il paraît que oui ◆ **it seems that he died yesterday** il paraît qu'il est mort hier ◆ **he died yesterday it seems** il est mort hier, paraît-il ◆ **it seems ages since we last met** j'ai l'impression que ça fait des siècles* que nous ne nous sommes pas vus

**seeming** /ˈsiːmɪŋ/ ADJ apparent, soi-disant *inv*

**seemingly** /ˈsiːmɪŋlɪ/ ADV apparemment ◆ **there has seemingly been a rise in inflation** à ce qu'il paraît il y a eu une hausse de l'inflation ◆ **he's left then? – seemingly** il est donc parti ? – (à ce qu')il paraît *or* d'après ce qu'on dit

**seemliness** /ˈsiːmlɪnɪs/ N *[of behaviour]* bienséance *f* ; *[of dress]* décence *f*

**seemly** /ˈsiːmlɪ/ SYN ADJ *[behaviour]* convenable, bienséant ; *[dress]* décent, correct

**seen** /siːn/ VB ptp of **see¹**

**seep** /siːp/ VI suinter, filtrer ◆ **water was seeping through the walls** l'eau suintait des murs *or* filtrait à travers les murs, les murs suintaient

▸ **seep away** VI s'écouler peu à peu *or* goutte à goutte

▸ **seep in** VI s'infiltrer

▸ **seep out** VI 1 *[fluid]* suinter

2 *[information, news]* filtrer

**seepage** /ˈsiːpɪdʒ/ N *[of water, blood]* suintement *m* ; *(from tank)* fuite *f*, déperdition *f*

**seer** /sɪəʳ/ SYN N *(liter)* voyant(e) *m(f)*, prophète *m*, prophétesse *f*

**seersucker** /ˈsɪəˌsʌkəʳ/ N crépon *m* de coton

**seesaw** /ˈsiːsɔː/ SYN

**N** (jeu *m* de) bascule *f*

**ADJ** *(fig)* en yoyo ®

**VI** *(lit)* jouer à la bascule ; *(fig)* osciller

**COMP** **seesaw motion** N mouvement *m* de bascule, va-et-vient *m inv*

**seethe** /siːð/ SYN VI 1 ◆ **to seethe with anger/rage** bouillir de colère/rage ◆ **he was (positively) seething*** il était fumasse* *or* furibard* ◆ **a country seething with discontent** un pays où le mécontentement couve *or* fermente ◆ **resentment seethed in him** il était rongé par le ressentiment ◆ **the crowd seethed round the film star** la foule se pressait autour de la vedette ◆ **the streets were seething with people** les rues grouillaient de monde ◆ **a seething mass of people** une masse grouillante de gens, une foule grouillante

2 *[boiling liquid, sea]* bouillonner

**segment** /ˈsegmənt/ SYN

**N** *(gen)* segment *m* ; *[of orange etc]* quartier *m*, morceau *m*

**VT** /segˈment/ segmenter, couper en segments

**VI** /segˈment/ se segmenter

**segmental** /ˌsegˈmentl/ ADJ *(gen)* segmentaire ; *(Ling)* segmental

**segmentation** /ˌsegmənˈteɪʃən/ N segmentation *f*

**segregate** /ˈsegrɪgeɪt/ SYN VT séparer, isoler *(from* de) ; *(Pol)* séparer ◆ **to segregate the sexes** séparer les sexes ◆ **they decided to segregate the contagious patients** ils ont décidé d'isoler les (malades) contagieux ◆ **the political prisoners were segregated from the others** les prisonniers politiques ont été séparés *or* isolés des autres

**segregated** /ˈsegrɪgeɪtɪd/ ADJ *(Pol) [school, club, bus]* où la ségrégation est appliquée ◆ **a segregated school system** un système d'enseignement où la ségrégation est appliquée

**segregation** /ˌsegrɪˈgeɪʃən/ SYN N *(Pol)* ségrégation *f* ; *[of group, person, object]* séparation *f*, isolement *m (from* de)

**segregationist** /ˌsegrɪˈgeɪʃnɪst/

**N** ségrégationniste *mf*

**ADJ** *[riot, demonstration]* ségrégationniste ; *[policy]* de ségrégation, ségrégationniste

**segue** /ˈsegweɪ/

**VI** ◆ **the band segued from "These Foolish Things" into "Blue Moon"** après « These Foolish Things » l'orchestre a enchaîné « Blue Moon » ◆ **the film attempts to segue (from tragedy) into comedy** le film essaie de passer subtilement (de la tragédie) à la comédie

**N** *(Mus)* enchaînement *m (from* de ; *into* à)

**segugio** /se'guidʒɪəʊ/ N (= dog) segugio m
**seguidilla** /ˌseɡɪ'diːljə/ N séguedille f
**seiche** /seɪʃ/ N (Geog) seiche f
**seif dune** /seɪf/ N (Geog) sif m
**seigniorage** /'seɪnjərɪdʒ/ N seigneuriage m
**seigniorial** /seɪ'njɔːrɪəl/ ADJ seigneurial
**Seine** /seɪn/ N Seine f
**seine** /seɪn/ N (also **seine net**) seine f
**seism** /'saɪzəm/ N séisme m
**seismic** /'saɪzmɪk/
  ADJ (lit) sismique ; (fig) [events, changes, effects, efforts] cataclysmique
  COMP **seismic shift** N (lit) mouvement m sismique ; (fig) séisme m
**seismicity** /saɪz'mɪsɪtɪ/ N sismicité f
**seismogram** /'saɪzməɡræm/ N sismogramme m
**seismograph** /'saɪzməɡrɑːf/ N sismographe m
**seismographic** /ˌsaɪzmə'ɡræfɪk/ ADJ sismographique
**seismography** /saɪz'mɒɡrəfɪ/ N sismographie f
**seismologic(al)** /ˌsaɪzmə'lɒdʒɪk(əl)/ ADJ sismologique
**seismologist** /saɪz'mɒlədʒɪst/ N sismologue mf
**seismology** /saɪz'mɒlədʒɪ/ N sismologie f
**seize** /siːz/ SYN
  VT 1 (= clutch, grab) saisir, attraper ◆ **she seized (hold of) his hand, she seized him by the hand** elle lui a saisi la main ◆ **he seized her by the hair** il l'a empoignée par les cheveux ◆ **to seize sb bodily** attraper qn à bras-le-corps ◆ **to seize the opportunity to do sth** saisir l'occasion or sauter sur l'occasion de faire qch ◆ **to seize the day** vivre dans l'instant ◆ **to be seized with rage** avoir un accès de rage ◆ **to be seized with fear** être saisi de peur ◆ **she was seized with the desire to see him** un désir soudain de le voir s'est emparé d'elle or l'a saisie ◆ **he was seized with a bout of coughing** il a été pris d'un accès de toux, il a eu un accès de toux ; → **bull**[1]
  2 (= get possession of by force) s'emparer de, se saisir de ; (Mil) [+ territory] s'emparer de ; [+ person, gun, ship] capturer, s'emparer de ◆ **to seize power** s'emparer du pouvoir
  3 (Jur) [+ person] arrêter, détenir ; [+ property, contraband] confisquer, saisir
  VI [mechanism] se gripper
  ► **seize on** VT FUS ⇒ seize upon
  ► **seize up** VI [mechanism] se gripper ; [limb joint] s'ankyloser ; (fig) [traffic] se paralyser, s'immobiliser
  ► **seize upon** VT FUS [+ opportunity, chance] saisir ; [+ idea] se saisir de ◆ **his opponents seized upon these revelations** ses opposants se sont saisis de ces révélations
**seizure** /'siːʒər/ SYN N 1 (NonC) [of goods, gun, property] saisie f ; [of city, ship] capture f ; [of power, territory] prise f ; [of criminal] capture f, arrestation f ; (Jur) appréhension f (au corps) ; [of contraband] saisie f, confiscation f
  2 (Med) crise f, attaque f ◆ **to have a seizure** avoir une crise or une attaque
**Sekhmet** /'sekmet/ N (Myth) Sekhmet f
**selachian** /sɪ'leɪkɪən/ ADJ sélacien
**selaginella** /ˌseləʤɪ'nelə/ N sélaginelle f
**seldom** /'seldəm/ SYN ADV rarement, peu souvent ◆ **he seldom worked** il travaillait rarement, il ne travaillait pas souvent ◆ **seldom if ever** rarement pour ne pas dire jamais
**select** /sɪ'lekt/ SYN
  VT [+ team, candidate] sélectionner (from, among parmi) ; [+ gift, book, colour] choisir (from, among parmi) ◆ **to select a sample of** [+ rock] prélever un échantillon de ; [+ colours, materials] choisir un échantillon de ◆ **selected poems** poèmes mpl choisis ◆ **selected works** œuvres fpl choisies ◆ **selected tomatoes** tomates fpl de premier choix
  ADJ [audience] choisi, d'élite ; [club] fermé ; [restaurant] chic inv, sélect ◆ **a select few** quelques privilégiés ◆ **a select group of friends** quelques amis choisis ◆ **they formed a small select group** ils formaient un petit groupe fermé
  COMP **select committee** N (Brit Parl) commission f (d'enquête) parlementaire
**selectee** /sɪlek'tiː/ N (US Mil) appelé m

**selection** /sɪ'lekʃən/ SYN
  N sélection f, choix m ◆ **to make a selection** faire une sélection or un choix ◆ **they've got a good selection of cookery books** ils ont un choix assez large de livres de cuisine ◆ **selections from...** (Literat, Mus) morceaux mpl choisis de... ; → **natural**
  COMP **selection committee** N comité m de sélection
**selective** /sɪ'lektɪv/ SYN ADJ [recruitment, classification, memory] sélectif ◆ **one must be selective** il faut savoir faire un choix ◆ **selective breeding** élevage m à base de sélection ◆ **selective entry** (Brit), **selective admissions** (US) (Scol) sélection f ◆ **selective school** (Brit) école f (or lycée m or collège m) à recrutement sélectif ◆ **selective service** (US Mil) service m militaire obligatoire, conscription f ◆ **selective strike** (by workers) grève f ponctuelle or limitée ◆ **selective weedkiller** désherbant m sélectif
**selectively** /sɪ'lektɪvlɪ/ ADV [terrorists etc] ◆ **to strike selectively** se livrer à des actions ponctuelles
**selectivity** /ˌsilek'tɪvɪtɪ/ N 1 [of procedure, system] sélectivité f ; (Scol) sélection f
  2 (Elec, Rad) sélectivité f
**selectman** /sɪ'lektmən/ N (pl -men) (US) conseiller m municipal (en Nouvelle-Angleterre)
**selector** /sɪ'lektər/ N (= person) sélectionneur m, -euse f ; (Tech) sélecteur m
**selenate** /'selɪˌneɪt/ N séléniate m
**selenic acid** /sɪ'liːnɪk/ N acide m sélénique
**selenious** /sɪ'liːnɪəs/ ADJ sélénieux
**selenite** /'selɪnaɪt/ N sélénite f
**selenium** /sɪ'liːnɪəm/ N sélénium m
**selenographic** /sɪˌliːnəʊ'ɡræfɪk/ ADJ sélénographique
**selenography** /ˌsiːlɪ'nɒɡrəfɪ/ N sélénographie f
**selenologist** /ˌsiːlɪ'nɒlədʒɪst/ N sélénologue mf
**selenology** /ˌsiːlɪ'nɒlədʒɪ/ N sélénologie f
**self** /self/
  N (pl **selves**) 1 (gen, Philos, Psych) ◆ **the self** le moi inv ◆ **the cult of self** le culte du moi ◆ **the conscious self** le moi conscient ◆ **his better self** le meilleur de lui-même ◆ **her real self** son vrai moi ◆ **my former self** le moi or la personne que j'étais auparavant ◆ **she's her old self again** elle est redevenue complètement elle-même ◆ **he'll soon be his usual self again** il retrouvera bientôt sa santé (or sa gaieté etc) ◆ **she had no thought of self** elle ne pensait pas à elle-même or à son intérêt personnel ◆ **to thine own self be true** (Prov) demeure fidèle à toi-même ; → **second**[1], **shadow**
  2 (Comm etc) moi-même etc ◆ **your good self** vous-même ◆ **your good selves** vous-mêmes ◆ **pay self** (on cheque) payez à l'ordre de moi-même
  COMP **self-abasement** N abaissement m de soi, avilissement m
  **self-absorbed** ADJ égocentrique
  **self-absorption** N égocentrisme m
  **self-abuse** N (o.f = masturbation) masturbation f ; (= destructive behaviour) autodestruction f
  **self-accusation** N autoaccusation f
  **self-acting** ADJ automatique
  **self-addressed envelope** N enveloppe f à son nom et adresse
  **self-addressed stamped envelope** N enveloppe f affranchie à son nom et adresse
  **self-adhesive** ADJ autoadhésif
  **self-adjusting** ADJ à réglage automatique
  **self-administered** ADJ ◆ **self-administered medication** (Med) automédication f ◆ **self-administered injection** auto-injection f
  **self-advancement** N avancement m
  **self-advertisement** N ◆ **to indulge in self-advertisement** faire sa propre réclame
  **self-aggrandizement** N autoglorification f
  **self-analysis** N autoanalyse f
  **self-apparent** ADJ évident, qui va de soi
  **self-appointed** ADJ autoproclamé ◆ **he was a self-appointed critic of...** il a pris sur lui de critiquer...
  **self-appraisal** N autoévaluation f
  **self-assembly** ADJ en kit
  **self-assertion** N affirmation f de soi
  **self-assertive** ADJ très sûr de soi
  **self-assessment** N autoévaluation f ◆ **self-assessment system** (Brit Fin) le système de déclaration des revenus (avec autoévaluation des impôts à payer)

**self-assurance** SYN N assurance f, confiance f en soi
**self-assured** ADJ sûr de soi, plein d'assurance
**self-aware** ADJ ◆ **to be self-aware** avoir pris conscience de soi
**self-awareness** N (prise f de) conscience f de soi
**self-belay, self-belaying system** N (Climbing) autoassurage f
**self-belief** N (NonC) confiance f en soi
**self-betterment** N amélioration f de soi-même or de sa condition
**self-catering** N appartement m etc indépendant (avec cuisine) ADJ indépendant (avec cuisine)
**self-censorship** N (NonC) autocensure f
**self-centred** SYN ADJ égocentrique
**self-centredness** N égocentrisme m
**self-certification** N (NonC: Brit Admin) justification par l'employé d'un arrêt de travail de sept jours maximum pour cause de maladie
**self-cleaning** ADJ autonettoyant
**self-closing** ADJ à fermeture automatique
**self-coloured** ADJ uni
**self-composed** ADJ posé, calme
**self-composure** N calme m, sang-froid m
**self-conceit** N vanité f, suffisance f
**self-conceited** ADJ vaniteux, suffisant
**self-confessed** ADJ ◆ **he is a self-confessed thief** il avoue être voleur, il reconnaît être voleur
**self-confidence** SYN N confiance f en soi
**self-confident** SYN ADJ sûr de soi, plein d'assurance
**self-confidently** ADV avec assurance
**self-congratulation** N autosatisfaction f
**self-congratulatory** ADJ satisfait de soi
**self-conscious** SYN ADJ (= shy) [person, manner] emprunté, embarrassé, gauche ; (= aware of oneself or itself) [art, person, political movement] conscient (de son image) ◆ **to be self-conscious about sth** être gêné or embarrassé par qch
**self-consciously** ADV (= shyly) de façon empruntée, timidement ; (= deliberately) volontairement
**self-consciousness** N (= shyness) gêne f, timidité f ; (= awareness) conscience f (de son image)
**self-contained** ADJ [person] indépendant ; (Brit) [flat] indépendant, avec entrée particulière
**self-contempt** N mépris m de soi
**self-contradiction** N contradiction f avec soi-même
**self-contradictory** ADJ [text] contradictoire (en soi) ; [person] qui se contredit
**self-control** SYN N maîtrise f de soi, sang-froid m
**self-controlled** ADJ maître (maîtresse f) de soi
**self-correcting** ADJ autocorrecteur (-trice f)
**self-critical** ADJ qui se critique ; (Pol, Rel) qui fait son autocritique
**self-criticism** N critique f de soi ; (Pol, Rel) autocritique f
**self-deception** N aveuglement m
**self-declared** ADJ ⇒ self-proclaimed
**self-defeating** ADJ [action, plan] qui va à l'encontre du but recherché
**self-defence** N (= skill, art) autodéfense f ◆ **in self-defence** (Jur) pour se défendre, en légitime défense (Jur)
**self-delusion** N aveuglement m
**self-denial** N abnégation f, sacrifice m de soi
**self-denying** ADJ [person] qui fait preuve d'abnégation, qui se sacrifie ; [decision etc] qui impose le sacrifice de ses intérêts
**self-deprecating** ADJ ◆ **to be self-deprecating** [person] se dénigrer soi-même
**self-deprecatory** ADJ [thoughts] qui s'autodénigre
**self-destruct** VI s'autodétruire, se désintégrer ADJ [device, program] autodestructeur (-trice f)
**self-destruction** N autodestruction f
**self-destructive** ADJ [person, behaviour] autodestructeur (-trice f) ◆ **she has a tendency to be self-destructive** elle a tendance à s'autodétruire
**self-determination** N autodétermination f
**self-determined** ADJ autodéterminé
**self-determining** ADJ qui s'autodétermine
**self-discipline** N autodiscipline f
**self-disciplined** ADJ qui fait preuve d'autodiscipline
**self-discovery** N (Psych) découverte f de soi
**self-doubt** N fait m de douter de soi-même
**self-doubting** ADJ qui doute de soi-même
**self-drive** ADJ (Brit) sans chauffeur
**self-educated** ADJ autodidacte
**self-effacement** N modestie f, effacement m
**self-effacing** ADJ effacé, modeste

**self-elected** ADJ (Pol) qui s'est élu lui-même ◆ **he was a self-elected critic of...** il avait pris sur lui de critiquer...
**self-employed** ADJ indépendant, qui travaille à son compte ◆ **the self-employed** NPL les travailleurs mpl indépendants
**self-employment** N ◆ **in self-employment** ⇒ self-employed
**self-esteem** SYN N respect m de soi, amour-propre m ◆ **to have low/high self-esteem** avoir une mauvaise/bonne opinion de soi-même
**self-evaluation** N autoévaluation f
**self-evident** SYN ADJ évident, qui va de soi
**self-evidently** ADV fort or bien évidemment
**self-examination** N examen m de conscience ; (Med) [of breasts, testicles] autopalpation f
**self-explanatory** ADJ qui se passe d'explication, évident
**self-expression** N expression f (libre)
**self-fertilization** N autofécondation f
**self-fertilizing** ADJ autofertile
**self-filling** ADJ à remplissage automatique
**self-financing** N autofinancement m ADJ qui s'autofinance
**self-flattery** N louanges fpl que l'on s'adresse à soi-même
**self-forgetful** ADJ désintéressé
**self-forgetfulness** N désintéressement m
**self-fulfilling prophecy** N prédiction f qui se réalise
**self-fulfilment** N (NonC) accomplissement m de soi
**self-glorification** N autoglorification f
**self-governing** ADJ autonome
**self-government** SYN N autonomie f
**self-gratification** N (gen) satisfaction f personnelle, autosatisfaction f ; (sexual) masturbation f
**self-harm, self-harming** N automutilation f
**self-hate** N haine f de soi
**self-hating** ADJ qui se déteste
**self-hatred** N ⇒ self-hate
**self-help** N (gen) efforts mpl personnels, débrouillardise * f ; (Econ) autoassistance f
**self-help group** N groupe m d'entraide
**self-hypnosis** N autohypnose f
**self-ignite** VI s'enflammer spontanément
**self-ignition** N (gen) combustion f spontanée ; (in vehicle) autoallumage m
**self-image** N image f de soi-même
**self-importance** N suffisance f
**self-important** SYN ADJ suffisant, m'as-tu-vu * inv
**self-imposed** ADJ auto-imposé, que l'on s'impose à soi-même
**self-improvement** N progrès mpl personnels
**self-induced** ADJ [illness, misery, problems] que l'on a provoqué soi-même
**self-indulgence** SYN N (gen) amour m de son propre confort ; (= self-pity) apitoiement m sur soi-même
**self-indulgent** ADJ (gen) qui ne se refuse rien ; (= self-pitying) qui s'apitoie sur son (propre) sort
**self-inflicted** ADJ que l'on s'inflige à soi-même, volontaire
**self-interest** N intérêt m (personnel)
**self-interested** ADJ intéressé, qui recherche son avantage personnel
**self-justification** N autojustification f
**self-justifying** ADJ justificatif
**self-knowledge** N connaissance f de soi
**self-levelling foot** N (pl **self-levelling feet**) (on furniture) pied m de nivellement, pied m autoréglable
**self-loader** N arme f automatique
**self-loading** ADJ [gun] automatique
**self-loathing** N dégoût m de soi-même ADJ qui a horreur de soi-même
**self-locking** ADJ à fermeture automatique
**self-love** N narcissisme m, amour m de soi-même
**self-lubricating** ADJ autolubrifiant
**self-lubrication** N autolubrification f
**self-made** ADJ qui a réussi par ses propres moyens
**self-made man** N self-made man m, fils m de ses œuvres (frm)
**self-maintenance** N entretien m automatique
**self-mastery** N maîtrise f de soi
**self-mockery** N autodérision f
**self-mocking** ADJ [person] qui se moque de soi-même ; [humour] empreint d'autodérision
**self-mockingly** ADV par autodérision
**self-motivated** ADJ très motivé (de par soi-même)
**self-murder** N suicide m
**self-mutilation** N (NonC) automutilation f
**self-neglect** N négligence f de soi

**self-obsessed** ADJ égocentrique
**self-obsession** N égocentrisme m
**self-opinionated** ADJ entêté, opiniâtre
**self-ordained** ADJ ◆ **he was a self-ordained critic of...** il avait pris sur lui de critiquer...
**self-parody** N autoparodie f
**self-parodying** ADJ qui s'autoparodie
**self-perpetuating** ADJ ◆ **it's self-perpetuating** ça se perpétue
**self-pity** N apitoiement m sur soi-même
**self-pitying** ADJ qui s'apitoie sur son (propre) sort
**self-poisoning** N empoisonnement m ◆ **paracetamol self-poisoning** suicide m par surdose de paracétamol
**self-pollination** N pollinisation f directe, autopollinisation f
**self-portrait** N autoportrait m
**self-possessed** SYN ADJ qui garde son sang-froid, maître (maîtresse f) de soi
**self-possession** N sang-froid m, maîtrise f de soi
**self-praise** N éloge m de soi-même, autolouange f
**self-preoccupied** ADJ égocentrique
**self-preservation** N instinct m de conservation
**self-pride** N orgueil m personnel, fierté f
**self-proclaimed** ADJ autoproclamé ◆ **he was a self-proclaimed critic of...** il avait pris sur lui de critiquer...
**self-promotion** N autopromotion f
**self-propagating** ADJ qui se propage spontanément
**self-propelled** ADJ autopropulsé
**self-propulsion** N autopropulsion f
**self-protection** N ◆ **from self-protection** pour sa propre protection
**self-publicist** N spécialiste mf de la publicité personnelle
**self-punishment** N autopunition f
**self-raising flour** N (Brit) farine f pour gâteaux (avec levure incorporée)
**self-realization** N épanouissement m personnel
**self-referential** ADJ autoréférentiel (-le f)
**self-regard** N ⇒ self-esteem
**self-regulating** ADJ autorégulateur (-trice f)
**self-regulation** N autorégulation f
**self-regulatory** ADJ ⇒ self-regulating
**self-reliance** N autonomie f
**self-reliant** SYN ADJ autonome ◆ **to be self-reliant** être autonome, ne pas avoir besoin des autres
**self-renewal** N renouvellement m automatique
**self-renewing** ADJ qui se renouvelle automatiquement
**self-replicating** ADJ [computer, machine etc] autoreproducteur (-trice f)
**self-reproach** N repentir m, remords m
**self-reproachful** ADJ plein de reproches à l'égard de soi-même
**self-respect** SYN N respect m de soi
**self-respecting** ADJ qui se respecte ◆ **no self-respecting teacher would agree that...** aucun professeur qui se respecte subj ne conviendrait que...
**self-restraint** N retenue f
**self-revelation** N révélation f de soi-même
**self-revelatory** ADJ d'inspiration autobiographique
**self-ridicule** N autodérision f
**self-righteous** SYN ADJ pharisaïque, satisfait de soi
**self-righteousness** N pharisaïsme m, autosatisfaction f
**self-righting** ADJ inchavirable
**self-rising flour** N (US) ⇒ self-raising flour
**self-rule** N (Pol) autonomie f
**self-ruling** ADJ (Pol) autonome
**self-sacrifice** SYN N abnégation f, dévouement m
**self-sacrificing** ADJ qui sacrifie, qui a l'esprit de sacrifice
**self-satisfaction** SYN N contentement m de soi, fatuité f
**self-satisfied** SYN ADJ [person] content de soi, suffisant ; [smile] suffisant, de satisfaction
**self-sealing** ADJ [envelope] autocollant, autoadhésif ; [container] à obturation automatique
**self-seeker** N égoïste mf
**self-seeking** SYN ADJ égoïste
**self-service** N, ADJ libre-service m inv ◆ **self-service shop/restaurant** (magasin m/restaurant m) libre-service m inv or self-service m inv ◆ **self-service garage** station f (d'essence) libre-service
**self-serving** ADJ égoïste, intéressé

**self-sown** ADJ qui se sème seul, qui pousse spontanément
**self-standing** ADJ (lit) autoportant ; (fig) [of company, organization] autonome
**self-starter** N (in vehicle) démarreur m (automatique or électrique) ; (fig) (= hard-working person) personne f motivée (et pleine d'initiative)
**self-steering** ADJ à pilotage automatique
**self-study** N apprentissage m autonome
**self-styled** ADJ soi-disant inv, prétendu
**self-sufficiency** N (economic) autarcie f ; (= self-confidence) autosuffisance f
**self-sufficient** ADJ (economically) autarcique ; (= self-confident) autosuffisant
**self-supporting** ADJ [person] qui subvient à ses (propres) besoins ; [firm] financièrement indépendant
**self-sustaining growth** N (Econ) croissance f autonome
**self-tapping** ADJ [screw] autotaraudeur
**self-tapping screw** N (Tech) vis f autotaraudeuse
**self-taught** ADJ autodidacte ◆ "**French self-taught**" « apprenez le français par vous-même »
**self-timer** N (Phot) retardateur m
**self-torture** N torture f délibérée de soi-même
**self-treatment** N (Med) automédication f
**self-tuition** N autodidaxie f, autodidactisme m
**self-will** N volonté f inébranlable
**self-willed** ADJ entêté, volontaire
**self-winding** ADJ (à remontage) automatique
**self-worship** N adulation f de soi-même
**self-worth** N ◆ **feeling of self-worth** confiance f en soi

**selfheal** /ˈselfhiːl/ N (= plant) brunelle f
**selfhood** /ˈselfhʊd/ N (Psych) individualité f
**selfish** /ˈselfɪʃ/ SYN ADJ [person, behaviour] égoïste ; [motive] intéressé
**selfishly** /ˈselfɪʃli/ ADV égoïstement, en égoïste
**selfishness** /ˈselfɪʃnɪs/ N égoïsme m
**selfless** /ˈselflɪs/ SYN ADJ désintéressé, altruiste
**selflessly** /ˈselflɪsli/ ADV sans penser à soi, d'une façon désintéressée, par altruisme
**selflessness** /ˈselflɪsnɪs/ N désintéressement m, altruisme m
**selfsame** /ˈselfseɪm/ ADJ même ◆ **this is the selfsame book** c'est bien le même livre ◆ **I reached Paris the selfsame day** je suis arrivé à Paris le même jour or le jour même

**Seljuk** /selˈdʒuːk/ (Hist)
N Saljūqide mf, Seldjoukide mf
ADJ saljūqide, seldjoukide

**sell** /sel/ SYN (pret, ptp **sold**)
① [+ goods, item] vendre ; [+ stock] écouler ◆ "**to be sold**" « à vendre » ◆ **to sell sth for $25** vendre qch 25 dollars ◆ **he sold it (to) me for £10** il me l'a vendu 10 livres ◆ **he sold the books at $10 each** il a vendu les livres 10 dollars pièce or chaque ◆ **he was selling them at** or **for £10 a dozen** il les vendait 10 livres la douzaine ◆ **do you sell stamps?** est-ce que vous vendez des timbres ? ◆ **are stamps sold here?** est-ce qu'on vend des timbres ici ? ◆ **I was sold this in Grenoble** on m'a vendu cela à Grenoble ◆ **it's our reputation that sells our products** c'est notre réputation qui fait vendre nos produits ◆ **to sell o.s.** (sexually) se vendre ◆ **to sell one's body** vendre son corps ◆ **to sell sb into slavery** vendre qn comme esclave ◆ **to sell one's life dearly** vendre chèrement sa vie ◆ **to sell the pass** (fig) abandonner or trahir la cause ◆ **to sell a secret** vendre or trahir un secret ◆ **to sell sb short** (= cheat) avoir qn*, posséder qn* ; (= belittle) ne pas faire or rendre justice à qn ◆ **to sell o.s. short** ne pas savoir se vendre ◆ **he sold his soul for political power** il a vendu son âme contre le pouvoir (politique) ◆ **I'd sell my soul for a coat/body like that!*** je donnerais n'importe quoi or je vendrais mon âme pour avoir un manteau/un corps comme ça ! ◆ **he'd sell his own mother** il vendrait père et mère ; → bill¹, pup

② ( * = put across) ◆ **to sell sb an idea** vendre une idée à qn ◆ **if we can sell coexistence to the two countries** si nous arrivons à faire accepter le principe de la coexistence aux deux pays ◆ **he doesn't sell himself very well** il n'arrive pas à se faire valoir or à se mettre en valeur ◆ **if you can sell yourself to the voters** si vous arrivez à convaincre les électeurs ◆ **to be sold on*** **an idea** etc être emballé* or enthousiasmé par une idée etc ◆ **to be sold on sb*** être complètement emballé* par qn

**seller** | **senator**     ENGLISH-FRENCH    860

③ (* = betray) vendre * ◆ **I've been sold!** on m'a vendu ! * ◆ **to sell sb down the river** trahir qn
**VI** se vendre ◆ **these books sell at** or **for $10 each** ces livres se vendent 10 dollars pièce or chaque ◆ **they sell at £10 a dozen** ils se vendent 10 livres la douzaine ◆ **your car should sell for £8,000** votre voiture devrait se vendre 8 000 livres ◆ **it sells well** cela se vend bien ◆ **these books aren't selling** ces livres se vendent mal ◆ **to sell short** (on Stock Exchange) vendre à découvert ◆ **the idea didn't sell** l'idée n'a pas été acceptée ; → **cake**
**N** ① * (= disappointment) déception f ; (= fraud) attrape-nigaud m ◆ **what a sell!** ce que je me suis (or tu t'es etc) fait avoir ! *
② (Comm) → **hard, soft**
**COMP** **sell-by date N** date f limite de vente ◆ **to be past one's sell-by date** * avoir fait son temps
**sell-off N** ⇒ **selloff**
**sell-through ADJ** [video] réservé à la vente
▶ **sell back VT SEP** revendre (à la même personne etc)
▶ **sell off VT SEP** [+ stock] liquider ; [+ goods] solder ; [+ shares] vendre, liquider ; [+ company] brader
▶ **sell on VT SEP** revendre
▶ **sell out**
**VI** ① (US = **sell up**) (business) vendre son fonds or son affaire ; (stock) liquider son stock
② (= be used up) [product, tickets] se vendre tous
③ [shopkeeper etc] ◆ **to sell out of sth** (temporarily) être à court de qch ; (= use up supply of) épuiser son stock de qch
④ (fig) renier ses principes ◆ **to sell out to the enemy** passer à l'ennemi ◆ **to sell out on sb** trahir qn
**VT SEP** ① (on Stock Exchange) vendre
② (= sell remaining stock of) vendre tout son stock de ◆ **this item is sold out** cet article est épuisé ◆ **we are sold out of everything** nous avons tout vendu ◆ **we are sold out of milk** nous n'avons plus de lait, nous sommes à court de lait ◆ **the house was sold out** (Theat) toutes les places étaient louées ◆ **tickets for the ballet were sold out** il n'y avait plus de billets pour le ballet, tous les billets pour le ballet avaient été vendus ◆ **the concert is sold out** il n'y a plus de billets pour le concert, le concert se jouera à guichets fermés
▶ **sell up** (esp Brit)
**VI** ① (gen) se défaire de or vendre toutes ses possessions ; (= sell one's house) vendre sa maison
② (= sell business) ⇒ **sell out vi 1**
**VT SEP** ① (Jur) [+ goods] opérer la vente forcée de, saisir ; [+ debtor] vendre les biens de
② (Comm) [+ business] vendre, liquider

**seller** /ˈsɛləʳ/ **SYN N** ① (in compounds) vendeur m, -euse f, marchand(e) m(f) ◆ **newspaper-seller** vendeur m, -euse f de journaux ◆ **onion-seller** marchand(e) m(f) d'oignons ; → **bookseller**
② (as opposed to buyer) vendeur m ◆ **seller's market** marché m favorable au vendeur
③ ◆ **this book is a (good) seller** * ce livre se vend bien or comme des petits pains * ; → **bestseller**

**selling** /ˈsɛlɪŋ/ **SYN**
**N** vente(s) f(pl)
**COMP** **selling point N** (Comm) avantage m pour le client ; (fig) atout m
**selling price N** prix m de vente
**selling rate N** (Fin) cours m vendeur

**selloff** /ˈsɛlɒf/ **N** vente f

**Sellotape** ® /ˈsɛləʊteɪp/ (Brit)
**N** scotch ® m, ruban m adhésif
**VT** ◆ **sellotape** scotcher, coller avec du ruban adhésif ◆ **to sellotape two pieces of card together** scotcher deux morceaux de carton

**sellout** /ˈsɛlaʊt/ **N** ① (Cine, Theat etc) ◆ **the play was a sellout** tous les billets (pour la pièce) ont été vendus, on a joué à guichets fermés or à bureaux fermés
② (= betrayal) trahison f, capitulation f ◆ **a sellout of minority opinion** une trahison de l'opinion de la minorité ◆ **a sellout to the left** (Pol) une capitulation devant la gauche

**seltzer** /ˈsɛltsəʳ/ **N** (US : also **seltzer water**) eau f de Seltz

**selva** /ˈsɛlvə/ **N** (forest) selve f, selva f

**selvage, selvedge** /ˈsɛlvɪdʒ/ **N** lisière f (d'un tissu)

**selves** /sɛlvz/ **NPL** of **self**

**semantic** /sɪˈmæntɪk/ **ADJ** sémantique ◆ **semantic field** champ m sémantique

**semantically** /sɪˈmæntɪkəlɪ/ **ADV** sémantiquement, d'un point de vue sémantique

**semanticist** /sɪˈmæntɪsɪst/ **N** sémanticien(ne) m(f)

**semantics** /sɪˈmæntɪks/ **N** (NonC) sémantique f

**semaphore** /ˈsɛməfɔːʳ/
**N** ① signaux mpl à bras ◆ **in semaphore** par signaux à bras
② (for trains) sémaphore m
**VT** transmettre par signaux à bras

**semaphoric(al)** /ˌsɛməˈfɒrɪk(əl)/ **ADJ** sémaphorique

**semasiology** /sɪˌmeɪsɪˈɒlədʒɪ/ **N** sémasiologie f

**semblance** /ˈsɛmbləns/ **N** semblant m, apparence f ◆ **without a semblance of respect** sans le moindre semblant de respect ◆ **to put on a semblance of sorrow** faire semblant d'avoir de la peine

**seme** /siːm/ **N** (Ling) sème m

**sememe** /ˈsiːmiːm/ **N** (Ling) sémème m

**semen** /ˈsiːmən/ **N** sperme m, semence f

**semester** /sɪˈmɛstəʳ/ **N** (esp US) semestre m

**semi** /ˈsɛmɪ/
**PREF** ① comp
② (= not completely : + adj) plus ou moins ◆ **it's semi tidy** c'est plus ou moins bien rangé
**N** ① (Brit) abbrev of **semi-detached**
② * abbrev of **semifinal**
③ (US) abbrev of **semitrailer**
**COMP** **semi-annual ADJ** (US) semestriel (-le f)
**semi-detached** (Brit) **N** (also **semi-detached house**) maison f jumelle **ADJ** ◆ **semi-detached houses** maisons fpl mitoyennes
**semi-independent ADJ** semi-indépendant
**semi-industrial ADJ** semi-industriel
**semi-invalid N** ◆ **he's a semi-invalid** il est pratiquement infirme
**semi-monthly ADJ, N** (US Press) bimensuel m
**semi-skimmed ADJ** demi-écrémé

**semiagricultural** /ˈsɛmɪˌægrɪˈkʌltʃərəl/ **ADJ** semi-agricole

**semiarid** /ˌsɛmɪˈærɪd/ **ADJ** semi-aride

**semiautobiographical** /ˈsɛmɪˌɔːtəbaɪəˈgræfɪkl/ **ADJ** semi-autobiographique

**semiautomated** /ˌsɛmɪˈɔːtəmeɪtɪd/ **ADJ** semi-automatisé

**semiautomatic** /ˌsɛmɪɔːtəˈmætɪk/ **ADJ** semi-automatique

**semiautonomous** /ˌsɛmɪɔːˈtɒnəməs/ **ADJ** semi-autonome

**semibasement** /ˌsɛmɪˈbeɪsmənt/ **N** ≈ rez-de-jardin m

**semibreve** /ˈsɛmɪbriːv/ (esp Brit Mus)
**N** ronde f
**COMP** **semibreve rest N** pause f

**semicircle** /ˈsɛmɪsɜːkl/ **N** demi-cercle m

**semicircular** /ˌsɛmɪˈsɜːkjʊləʳ/
**ADJ** demi-circulaire, semi-circulaire, en demi-cercle
**COMP** **semicircular canal N** (Anat) canal m semi-circulaire

**semicivilized** /ˌsɛmɪˈsɪvɪlaɪzd/ **ADJ** semi-sauvage

**semicolon** /ˌsɛmɪˈkəʊlən/ **N** point-virgule m

**semicommercial** /ˌsɛmɪkəˈmɜːʃəl/ **ADJ** semi-commercial

**semiconductor** /ˌsɛmɪkənˈdʌktəʳ/ **N** semi-conducteur m

**semiconscious** /ˌsɛmɪˈkɒnʃəs/ **ADJ** à demi conscient

**semiconsciousness** /ˌsɛmɪˈkɒnʃəsnɪs/ **N** semi-conscience f

**semiconsonant** /ˌsɛmɪˈkɒnsənənt/ **N** semi-consonne f, semi-voyelle f

**semidarkness** /ˌsɛmɪˈdɑːknɪs/ **N** pénombre f, demi-jour m

**semidesert** /ˌsɛmɪˈdɛzət/ **ADJ** semi-désertique

**semifinal** /ˌsɛmɪˈfaɪnl/ **N** demi-finale f ◆ **to go out in the semifinals** être éliminé en demi-finale

**semifinalist** /ˌsɛmɪˈfaɪnəlɪst/ **N** demi-finaliste mf ; (= team) équipe f demi-finaliste

**semifluid** /ˌsɛmɪˈfluːɪd/ **ADJ, N** (Phys) semi-fluide m

**semiliquid** /ˌsɛmɪˈlɪkwɪd/ **ADJ** semi-liquide

**semiliterate** /ˌsɛmɪˈlɪtərɪt/ **ADJ** quasiment illettré

**semilunar valve** /ˌsɛmɪˈluːnəʳ/ **N** (Anat) valvule f semi-lunaire or sigmoïde

**seminal** /ˈsɛmɪnl/ **ADJ** (Physiol) séminal ; (fig) majeur

**seminar** /ˈsɛmɪnɑːʳ/ **N** séminaire m, colloque m ; (Univ) séminaire m, séance f de travaux pratiques or de TP

**seminarian** /ˌsɛmɪˈnɛərɪən/, **seminarist** /ˈsɛmɪnərɪst/ **N** séminariste m

**seminary** /ˈsɛmɪnərɪ/ **N** (= priests' college) séminaire m ; (= school) petit séminaire m

**seminiferous** /ˌsɛmɪˈnɪfərəs/ **ADJ** séminifère

**seminomadic** /ˌsɛmɪnəʊˈmædɪk/ **ADJ** semi-nomade

**semiofficial** /ˌsɛmɪəˈfɪʃəl/ **ADJ** semi-officiel, officieux

**semiological** /ˌsɛmɪəˈlɒdʒɪkəl/ **ADJ** (Ling) sémiologique

**semiologist** /ˌsɛmɪˈɒlədʒɪst/ **N** sémiologue mf

**semiology** /ˌsɛmɪˈɒlədʒɪ/ **N** sémiologie f

**semiotic** /ˌsɛmɪˈɒtɪk/ **ADJ** sémiotique

**semiotician** /ˌsɛmɪəˈtɪʃən/ **N** (Ling) sémioticien(ne) m(f)

**semiotics** /ˌsɛmɪˈɒtɪks/ **N** (NonC) sémiotique f

**semipermanent** /ˌsɛmɪˈpɜːmənənt/ **ADJ** semi-permanent

**semipermeable** /ˌsɛmɪˈpɜːmɪəbl/ **ADJ** (Phys) semi-perméable

**semipolar bond** /ˌsɛmɪˈpəʊlə/ **N** liaison f semi-polaire

**semipolitical** /ˌsɛmɪpəˈlɪtɪkəl/ **ADJ** semi-politique

**semiprecious** /ˌsɛmɪˈprɛʃəs/ **ADJ** semi-précieux ◆ **semiprecious stone** pierre f semi-précieuse

**semiprivate room** /ˌsɛmɪˈpraɪvɪtrʊm/ **N** (US Med) chambre f d'hôpital à plusieurs lits

**semiprofessional** /ˌsɛmɪprəˈfɛʃənl/ **ADJ** semi-professionnel

**semiquaver** /ˈsɛmɪkweɪvəʳ/ **N** (esp Brit Mus) double croche f

**semiretired** /ˌsɛmɪrɪˈtaɪəd/ **ADJ** en semi-retraite

**semirigid** /ˌsɛmɪˈrɪdʒɪd/ **ADJ** semi-rigide

**semiskilled** /ˌsɛmɪˈskɪld/ **ADJ** [work] d'ouvrier spécialisé ◆ **semiskilled worker** ouvrier m, -ière f spécialisé(e), OS mf

**semisolid** /ˌsɛmɪˈsɒlɪd/ **ADJ** semi-solide

**semisubmersible** /ˈsɛmɪˈsʌbmɜːsəbl/
**ADJ** semi-submersible
**N** (also **semisubmersible rig**) plateforme f semi-submersible

**Semite** /ˈsiːmaɪt/ **N** Sémite or sémite mf

**Semitic** /sɪˈmɪtɪk/ **ADJ** [language] sémitique ; [people] sémite

**Semitist** /ˈsɛmɪtɪst/ **N** sémitisant(e) m(f)

**Semito-Hamitic** /ˈsɛmɪtəʊhæˈmɪtɪk/ **ADJ, N** (Ling) chamito-sémitique m

**semitone** /ˈsɛmɪtəʊn/ **N** demi-ton m

**semitrailer** /ˌsɛmɪˈtreɪləʳ/ **N** (= truck) semi-remorque m

**semitropical** /ˌsɛmɪˈtrɒpɪkəl/ **ADJ** semi-tropical

**semivowel** /ˈsɛmɪvaʊəl/ **N** semi-voyelle f, semi-consonne f

**semiweekly** /ˌsɛmɪˈwiːklɪ/ **ADJ, N** (US Press) bihebdomadaire m

**semolina** /ˌsɛməˈliːnə/ **N** semoule f ; (also **semolina pudding**) semoule f au lait

**sempervivum** /ˌsɛmpəˈvaɪvəm/ **N** sempervivum m inv, joubarbe f

**sempiternal** /ˌsɛmpɪˈtɜːnl/ **ADJ** (liter) éternel, perpétuel

**semplice** /ˈsɛmplɪtʃɪ/ **ADV** (Mus) semplice

**sempre** /ˈsɛmprɪ/ **ADV** (Mus) sempre

**sempstress** /ˈsɛmpstrɪs/ **N** ⇒ **seamstress**

**Semtex** ® /ˈsɛmtɛks/ **N** Semtex ® m

**SEN** /ˌɛsiːˈɛn/ **N** (Brit) (abbrev of **State-Enrolled Nurse**) → **state**

**sen** /sɛn/ **N** sen m

**Sen.** (US) abbrev of **Senator**

**sen.** abbrev of **senior**

**senate** /ˈsɛnɪt/ **N** ① (Pol) sénat m ◆ **the Senate** (in US, Can, Austral) le Sénat
② (Univ) conseil m d'université

**senator** /ˈsɛnɪtəʳ/ **N** sénateur m

**senatorial** /ˌsenəˈtɔːrɪəl/ ADJ sénatorial
**send** /send/ SYN (pret, ptp sent)
 VT ① (= dispatch) [+ object, letter, e-mail] envoyer (to sb à qn) ◆ **I filled in the form but I didn't send it** j'ai rempli le formulaire mais je ne l'ai pas envoyé ◆ **to press 'send'** (for e-mail) appuyer sur 'envoi' ◆ **to send help** envoyer des secours ◆ **I'll send a car (for you)** je t'enverrai une voiture (vous chercher) ◆ **to send washing to the laundry** donner or envoyer du linge au blanchissage ◆ **God sent a plague to punish the Egyptians** Dieu envoya un fléau aux Égyptiens pour les punir ◆ **this decision sends the wrong signal** or **message** cette décision risque d'être mal interprétée ◆ **these things are sent to try us!** (hum) c'est le ciel qui nous envoie ces épreuves ! ; → **regard, wish, word**
 ② (= cause to go) [+ person] envoyer ◆ **to send sb for sth** envoyer qn chercher qch ◆ **to send sb to do sth** envoyer qn faire qch ◆ **I sent him (along) to see her** je l'ai envoyé la voir ◆ **send him (along) to see me** dis-lui de venir me voir, envoie-le-moi ◆ **to send sb to bed** envoyer qn se coucher ◆ **to send sb home** renvoyer qn chez lui ; (to a different country) rapatrier qn ◆ **to send workers home** (= lay off) mettre des employés en chômage technique ◆ **to send a child to school** [parent] envoyer un enfant à l'école ; [local authority] scolariser un enfant ◆ **they sent him to school in London** ils l'ont mis en pension à Londres ◆ **I won't send you to school today** je ne t'envoie pas à l'école aujourd'hui ◆ **children are sent to school at the age of five** les enfants doivent aller à l'école à partir de cinq ans ◆ **some children are sent to school without breakfast** il y a des enfants qui vont à l'école sans avoir pris de petit déjeuner ◆ **the rain sent us indoors** la pluie nous a fait rentrer ◆ **they sent the dogs after the escaped prisoner** ils ont envoyé les chiens à la poursuite or à la recherche du prisonnier évadé ◆ **to send sb to sleep** (lit, fig) endormir qn ◆ **to send sb into fits of laughter** faire éclater qn de rire ◆ **to send sb packing about his business** ∗ envoyer promener qn∗, envoyer paître qn∗ ◆ **to send prices/shares** etc **soaring** faire monter les prix/les actions etc en flèche ; → **Coventry, prison**
 ③ (= propel, cause to move) [+ ball] envoyer, lancer ; [+ stone, arrow] lancer ◆ **to send an astronaut/a rocket into space** lancer or envoyer un astronaute/une fusée dans l'espace ◆ **he sent the ball over the trees** il a envoyé or lancé le ballon par-dessus les arbres ◆ **he screwed up the paper and sent it straight into the basket** il a froissé le papier et l'a envoyé or l'a lancé tout droit dans la corbeille ◆ **the explosion sent a cloud of smoke into the air** l'explosion a projeté un nuage de fumée (en l'air) ◆ **the news sent a thrill through her** la nouvelle l'a électrisée ◆ **the sight of the dog sent her running to her mother** en voyant le chien elle s'est précipitée vers sa mère ◆ **the blow sent him sprawling** le coup l'a envoyé par terre ◆ **he sent the plate flying** il a envoyé voler∗ l'assiette ◆ **to send sb flying** envoyer qn rouler à terre
 ④ (= cause to become) rendre ◆ **the noise is sending me mad** le bruit me rend fou
 ⑤ († ∗ = make ecstatic) emballer∗ ◆ **this music sends me** cette musique m'emballe∗ ◆ **he sends me** je le trouve extraordinaire
 VI (frm, liter) ◆ **they sent to ask if…** ils envoyèrent demander si…
 COMP **sending-off** N (Football etc) expulsion f
 **send-off** SYN N ◆ **they were given a warm send-off** on leur a fait des adieux chaleureux ◆ **they gave him a big send-off** ils sont venus nombreux lui souhaiter bon voyage
 **send-up** ∗ N (Brit) parodie f
▸ **send away**
 VI ◆ **to send away for sth** (= order by post) commander qch par correspondance ; (= order and receive) se faire envoyer qch
 VT SEP ① envoyer ; (= expel : from country, town) expulser ◆ **to send one's children away to school** mettre ses enfants en pension ◆ **to send a radio/car away to be fixed** donner une radio/une voiture à réparer
 ② (= dismiss) [+ person] congédier
 ③ [+ parcel, letter, goods] envoyer ; (= post) envoyer (par la poste)
▸ **send back** VT SEP [+ person, thing] renvoyer
▸ **send down** VT SEP ① (lit) [+ person] faire descendre, envoyer en bas
 ② [+ prices, sb's temperature, blood pressure] faire baisser
 ③ (Brit Univ) renvoyer (de l'université)
 ④ (∗ = jail) coffrer∗, envoyer en prison
▸ **send for** VT FUS ① [+ doctor, police etc] faire venir, appeler ; (= send sb to get) faire appeler, envoyer chercher ◆ **to send for help** envoyer chercher de l'aide, se faire envoyer des secours
 ② (= order by post) commander par correspondance ; (= order and receive) se faire envoyer
▸ **send forth** VT SEP (liter) [+ light] diffuser ; [+ leaf] produire ; [+ smell] répandre, exhaler ; [+ army] envoyer
▸ **send in** VT SEP ① [+ person] faire entrer ; [+ troops] envoyer
 ② [+ resignation] envoyer, donner ; [+ report, entry form] envoyer, soumettre ◆ **to send in an application** faire une demande ; (for job) poser sa candidature ◆ **to send in a request** envoyer or faire une demande ◆ **send in your name and address if you wish to receive…** envoyez vos nom et adresse si vous désirez recevoir…
▸ **send off**
 VI ⇒ send away vi
 VT SEP ① [+ person] envoyer ◆ **I sent him off to think it over/get cleaned up** etc je l'ai envoyé méditer là-dessus/se débarbouiller etc ◆ **she sent the child off to the grocer's** elle a envoyé l'enfant chez l'épicier
 ② (= say goodbye to) dire au revoir à ◆ **there was a large crowd to send him off** une foule de gens était venue lui dire au revoir
 ③ [+ letter, parcel, goods] envoyer, expédier ; (= post) mettre à la poste
 ④ (Football etc) [+ player] expulser
 N ◆ **send-off comp**
▸ **send on** VT SEP (Brit) [+ letter] faire suivre ; [+ luggage] (in advance) expédier à l'avance ; (afterwards) faire suivre ; [+ object left behind] renvoyer
▸ **send out**
 VI ◆ **to send out for sth** (= order by phone) [+ pizza etc] commander qch par téléphone ; (= send sb to fetch) envoyer chercher qch
 VT SEP ① [+ person] faire sortir ◆ **she sent the children out to play** elle a envoyé les enfants jouer dehors ◆ **I sent her out for a breath of air** je l'ai envoyée prendre l'air ◆ **they were sent out for talking too loudly** on les a mis à la porte parce qu'ils parlaient trop fort
 ② (= post) [+ correspondence, leaflets] envoyer (par la poste)
 ③ [+ scouts, messengers, emissary] envoyer
 ④ (= emit) [+ smell] répandre, exhaler ; [+ heat] diffuser, répandre ; [+ light] diffuser, émettre ; [+ smoke] répandre ; [+ signal] (gen) émettre ; (Rad) diffuser
 ⑤ (= put out) [+ shoots, roots] produire, donner
▸ **send round** VT SEP ① (= circulate) [+ document, bottle etc] faire circuler
 ② faire parvenir ◆ **I'll send it round to you as soon as it's ready** je vous le ferai parvenir or porter dès que cela sera prêt
 ③ [+ person] envoyer ◆ **I sent him round to the grocer's** je l'ai envoyé chez l'épicier
▸ **send up**
 VT SEP ① [+ person, luggage] faire monter ; [+ aeroplane] envoyer ; [+ spacecraft, flare] lancer ; [+ smoke] envoyer ; [+ prices] faire monter en flèche
 ② (Brit ∗ = make fun of) [+ person] mettre en boîte∗ ; (= imitate) [+ person, book] parodier
 ③ [+ entry form] envoyer
 ④ (= blow up) faire sauter∗, faire exploser
 ⑤ (∗ = jail) coffrer∗, envoyer en prison
 N ◆ **send-up** ∗ (Brit) comp

**sender** /ˈsendəʳ/ N expéditeur m, -trice f, envoyeur m, -euse f ; → **return**
**Seneca** /ˈsenɪkə/ N Sénèque m
**Senegal** /ˌsenɪˈɡɔːl/ N Sénégal m ◆ **in Senegal** au Sénégal
**Senegalese** /ˌsenɪɡəˈliːz/
 ADJ sénégalais
 N (pl inv) Sénégalais(e) m(f)
**Senegambia** /ˌsenɪˈɡæmbɪə/ N (Geog) Sénégambie f
**senescence** /sɪˈnesns/ N sénescence f
**senescent** /sɪˈnesnt/ ADJ sénescent
**senile** /ˈsiːnaɪl/ SYN
 ADJ sénile ◆ **he's going senile** il devient sénile, il est atteint de sénilité ; (pej) il devient gâteux ◆ **senile decay** dégénérescence f sénile
 COMP **senile dementia** N démence f sénile

**senility** /sɪˈnɪlɪtɪ/ N sénilité f
**senior** /ˈsiːnɪəʳ/ SYN
 ADJ ① (= older) aîné, plus âgé ◆ **he is three years senior to me, he is senior to me by three years** il est mon aîné de trois ans, il est plus âgé que moi de trois ans ◆ **(Mr) Smith Senior** (M.) Smith père ◆ **Mrs Smith Senior** Mme Smith mère
 ② (= of higher rank) [employee] de grade supérieur ; [officer] supérieur (-eure f) ; [position, rank] supérieur (-eure f), plus élevé ◆ **at senior level** (Sport) en senior ◆ **he is senior to me in the firm** (in rank) il est au-dessus de moi dans l'entreprise, son poste dans l'entreprise est plus élevé que le mien ; (in service) il a plus d'ancienneté que moi dans la maison ◆ **senior officer** (Mil) officier m supérieur ◆ **a senior official** (Admin) un haut fonctionnaire ; (in private firm) un cadre supérieur or haut placé ◆ **senior CID officer** (Brit) officier m de police judiciaire haut placé ◆ **senior police officer** officier m de police haut placé
 ③ (hum) ◆ **a senior moment** un trou de mémoire
 N ① (in age) aîné(e) m(f) ◆ **he is my senior by three years, he is three years my senior** (in age) il est mon aîné de trois ans, il est plus âgé que moi de trois ans ; (in service) il a trois ans d'ancienneté de plus que moi
 ② (US Univ) étudiant(e) m(f) de licence ; (US Scol) élève mf de terminale ◆ **the seniors** (Brit Scol) les grands mpl, les grandes fpl
 COMP **senior aircraftman** N (pl senior aircraftmen) (Brit Air Force) ≈ soldat m
 **senior aircraftwoman** N (pl senior aircraftwomen) (Brit Air Force) ≈ soldat m
 **senior airman** N (pl senior airmen) (US Air Force) caporal-chef m
 **senior chief petty officer** N (US Navy) premier maître m
 **senior citizen** N personne f du troisième âge, senior m ◆ **senior citizens' club** club m du troisième âge
 **senior clerk** N premier commis m, commis m principal
 **senior common room** N (Brit Univ) salle f des professeurs
 **senior editor** N rédacteur m, -trice f en chef
 **senior executive** N cadre m supérieur
 **senior high school** N (US) ≈ lycée m
 **senior master** N (Brit Scol) professeur m principal
 **senior master sergeant** N (US Air Force) adjudant m
 **senior partner** N associé m principal
 **senior prom** N (US) bal m des classes de terminale
 **senior school** N (= oldest classes) grandes classes fpl ; (= secondary school) collège m d'enseignement secondaire
 **Senior Service** N (Brit) marine f (de guerre)
 **senior year** N (US Scol) (classe f) terminale f, dernière année f d'études (scolaires)
**seniority** /ˌsiːnɪˈɒrɪtɪ/ SYN N (in age) priorité f d'âge ; (in rank) rang m, niveau m de responsabilité ; (in years of service) ancienneté f ◆ **promotion by seniority** avancement m à l'ancienneté
**senna** /ˈsenə/
 N séné m
 COMP **senna pod** N gousse f de séné
**sensation** /senˈseɪʃən/ SYN N ① (= feeling) sensation f ◆ **to lose all sensation in one's arm** perdre toute sensation dans le bras ◆ **to have a dizzy sensation** avoir une sensation de vertige
 ② (= impression) sensation f ◆ **to have the sensation of doing sth** avoir la sensation de faire qch ◆ **I felt a sensation of being watched** j'avais l'impression or le sentiment que l'on m'observait
 ③ (= excitement, success) sensation f ; (Press) sensation f ◆ **to create** or **cause a sensation** faire sensation ◆ **it was a sensation in Paris** cela a fait sensation à Paris ◆ **it's a sensation!** c'est sensationnel ! ◆ **the film that turned her into an overnight sensation** le film qui a fait d'elle une star du jour au lendemain
**sensational** /senˈseɪʃənl/ SYN ADJ ① [event] qui fait sensation, sensationnel ; [fashion] qui fait sensation ◆ **sensational murder** meurtre m qui fait sensation
 ② [film, novel, newspaper] à sensation ◆ **he gave a sensational account of the accident** il a fait un récit dramatique de l'accident
 ③ (∗ = marvellous) sensationnel∗, formidable∗

**sensationalism** /sen'seɪʃnəlɪzəm/ N (NonC)
[1] (Press etc) recherche f or exploitation f du sensationnel
[2] (Philos) sensualisme m

**sensationalist** /sen'seɪʃnəlɪst/
N colporteur m, -euse f de nouvelles à sensation ; (= writer) auteur m à sensation
ADJ à sensation • **they described it in sensationalist terms** ils l'ont décrit en recherchant le sensationnel

**sensationalize** /sen'seɪʃnəlaɪz/ VT dramatiser

**sensationally** /sen'seɪʃnəlɪ/ ADV • **it was sensationally successful/popular** etc cela a connu un succès/une popularité etc inouï(e)or fantastique • **he was sensationally dropped from the team** à la surprise générale, il a été écarté de l'équipe

**sense** /sens/ SYN
N [1] (= faculty) sens m • **sense of hearing** ouïe f • **sense of smell** odorat m • **sense of sight** vue f • **sense of taste** goût m • **sense of touch** toucher m ; see also **noun 4** ; → **sixth**
[2] (= awareness) sens m, sentiment m • **sense of colour** sens m de la couleur • **sense of direction** sens m de l'orientation • **sense of duty** sentiment m du devoir • **sense of humour** sens m de l'humour • **he has no sense of humour** il n'a pas le sens de l'humour • **to lose all sense of time** perdre toute notion de l'heure • **to have no sense of shame** ne pas savoir ce que c'est que la honte ; → **business, road, strong, occasion**
[3] (= sensation, impression) (physical) sensation f ; (mental) sentiment m • **a sense of achievement** le sentiment d'avoir accompli quelque chose • **a sense of warmth** une sensation de chaleur • **a sense of guilt** un sentiment de culpabilité • **we tried to get a sense of what was going on** on a essayé de comprendre ce qui se passait • **to get** or **have a sense that...** avoir le sentiment que... • **there's no sense that they might have done it for the money** on n'a pas l'impression qu'ils ont fait ça pour l'argent
[4] (= sanity) • **to take leave of one's senses** perdre la tête or la raison • **to come to one's senses** (= become reasonable) revenir à la raison • **to bring sb to his senses** ramener qn à la raison
[5] (= wisdom, sound judgement) (also **commonsense**) bon sens m • **haven't you enough sense** or **the (good) sense to refuse?** n'avez-vous pas assez de bon sens pour refuser ? • **there is some sense in what he says** il y a du bon sens dans ce qu'il dit • **to have more sense than to do sth** avoir trop de bon sens pour faire qch, être trop sensé pour faire qch • **you should have had more sense than to tell them that** vous auriez dû avoir assez de bon sens pour ne pas le leur dire • **they should have more sense!** ils devraient avoir un peu plus de jugeote ! *
[6] (= reasonable quality) sens m • **there's no sense in (doing) that** cela n'a pas de sens, cela ne rime à rien • **what's the sense of** or **in (doing) that?** à quoi bon (faire) cela ? • **to see sense** entendre raison • **he won't see sense** il ne veut pas entendre raison • **try to make him see sense** essaie de lui faire entendre raison ; → **sound²**, **talk**
[7] (= meaning) [of word, phrase, writing, text etc] sens m (also Ling), signification f • **in the literal/figurative sense** au sens propre/figuré • **in every sense of the word** dans tous les sens du terme • **alcoholism is not a disease in the usual sense of the word** l'alcoolisme n'est pas une maladie au sens habituel du terme
♦ **in a + sense** • **in a sense** dans un (certain) sens, dans une certaine mesure • **in a very real sense** de fait
♦ **in no sense** en aucune manière • **this is in no sense a criminal offence** ceci ne constitue en aucune manière un délit
♦ **to make sense** [words, speech etc] avoir du sens • **it doesn't make sense** cela n'a pas de sens • **what she did makes sense** ce qu'elle a fait est logique or se tient • **what she did just doesn't make sense** ce qu'elle a fait n'est pas logique • **why did he do it? – I don't know, it doesn't make sense** pourquoi est-ce qu'il a fait ça ? – je n'en sais rien, c'est à n'y rien comprendre • **do you think it makes sense to start now?** pensez-vous que c'est une bonne idée de commencer maintenant ? • **yes, that makes sense** oui, ça paraît raisonnable
♦ **to make sense of sth** arriver à comprendre qch, saisir la signification de qch
[8] (= opinion) • **the general sense of the meeting** l'opinion générale or le sentiment de ceux présents • **the sense of the Senate** (US Pol) la recommandation du Sénat
VT [1] (= become aware of, feel) [+ sb's uneasiness, grief, happiness etc] sentir (intuitivement) ; [+ trouble] pressentir • **to sense danger** pressentir le danger • **they sense victory** ils ont le sentiment qu'ils vont gagner • **to sense somebody's presence** sentir une présence, se rendre compte d'une présence • **I could sense his eyes on me** je sentais qu'il me regardait • **I sensed his interest in what I was saying** j'ai senti que ce que je disais l'intéressait • **to sense that one is unwelcome** sentir or deviner qu'on n'est pas le bienvenu • **she can sense when her children are unhappy** elle le sent or devine quand ses enfants sont malheureux
[2] [machine, sensor device] [+ movement, heat, change] détecter • **the camera senses when a film has reached the end** la caméra le détecte quand un film est arrivé au bout
COMP **sense organ** N organe m des sens or sensoriel

**senseless** /'senslɪs/ SYN ADJ [1] (= stupid) [person] insensé ; [action, idea] stupide, qui ne tient pas debout ; (stronger) absurde, insensé • **a senseless waste of energy resources** un gâchis insensé des ressources d'énergie • **it was a senseless waste of human life** il (or elle etc) est mort(e) pour rien • **what a senseless thing to do! (or to say! etc)** c'est d'une stupidité sans nom !, ça n'a pas le sens commun !
[2] (= unconscious) sans connaissance • **to fall senseless (to the floor)** tomber sans connaissance ; → **knock**

**senselessly** /'senslɪslɪ/ ADV stupidement, d'une façon insensée

**senselessness** /'senslɪsnɪs/ N [of person] manque m de bon sens ; [of action, idea] absurdité f • **the absolute senselessness of war** l'absurdité f totale de la guerre

**sensibility** /,sensɪ'bɪlɪtɪ/ SYN N [1] (NonC) sensibilité f
[2] • **sensibilities** susceptibilité f

**sensible** /'sensəbl/ SYN ADJ [1] (= wise, of sound judgement) [person] sensé, raisonnable • **she's a sensible person** or **type** elle est très raisonnable or sensée • **try to be sensible about it** sois raisonnable • **that was sensible of you** tu as très bien fait, c'était la chose à faire
[2] (= reasonable, practicable) [act, decision, choice] sage, raisonnable ; [clothes] pratique • **the most sensible thing (to do) would be to see her** le plus sage or raisonnable serait de la voir
[3] (frm = perceptible) [change, difference, rise in temperature] sensible
[4] (frm = aware) • **I am sensible** † **of the honour you do me** je suis sensible à or conscient de l'honneur que vous me faites

> (!) When **sensible** means 'wise' or 'reasonable', it does not correspond to the French word **sensible**.

**sensibleness** /'sensəblnɪs/ N bon sens m, jugement m

**sensibly** /'sensəblɪ/ ADV [1] (= reasonably) [act, decide] raisonnablement, sagement • **to be sensibly dressed** porter des vêtements pratiques
[2] (= perceptibly) sensiblement

**sensitive** /'sensɪtɪv/ SYN
ADJ [1] [person] (= emotionally aware, responsive) sensible ; (= easily hurt) sensible (to à) ; (= easily offended) facilement blessé (to par), susceptible ; (= easily influenced) impressionnable, influençable • **she is sensitive about her nose** elle fait une fixation sur son nez • **she's a sensitive soul** c'est quelqu'un de très sensible or émotif
[2] (= delicate) [eyes, matter, skin, subject, topic] délicat, sensible ; [situation] névralgique, délicat ; (Phot) [film] sensible (to à) ; [paper] sensibilisé • **public opinion is very sensitive to hints of corruption** l'opinion publique réagit vivement à tout soupçon de corruption • **this is politically very sensitive** sur le plan politique ceci est très délicat • **that is a very sensitive area** (= place) c'est un point chaud ; (fig = subject matter) c'est un domaine très délicat or sensible
[3] (= sore) [tooth, skin, sore place] sensible
[4] (affecting national security) [document etc] sensible
[5] (Stock Exchange, Comm) [market] nerveux
ADJ (in compounds) • **heat-/light-sensitive** sensible à la chaleur/la lumière

**sensitively** /'sensɪtɪvlɪ/ ADV avec sensibilité, d'une manière sensible

**sensitiveness** /'sensɪtɪvnɪs/ N (= responsiveness) (physical, emotional) sensibilité f ; (to criticism) susceptibilité f

**sensitivity** /,sensɪ'tɪvɪtɪ/ SYN N [1] [of person, instrument, gauge, machine] sensibilité f • **their sensitivity to this problem** leur sensibilisation à ce problème • **sensitivity to pain** sensibilité à la douleur • **if you experience any sensitivity, discontinue use** (= soreness) en cas de réaction (allergique), cesser l'utilisation
[2] (= delicacy) [of subject] caractère m délicat ; [of information] caractère m sensible • **an issue of great sensitivity** un sujet très délicat

**sensitization** /,sensɪtaɪ'zeɪʃən/ N (Bio, Bot) sensibilisation f

**sensitize** /'sensɪtaɪz/ VT (gen, Phot) sensibiliser

**sensitometer** /,sensɪ'tɒmɪtəʳ/ N (Phot) sensitographe m, sensitomètre m

**sensitometry** /,sensɪ'tɒmɪtrɪ/ N sensitométrie f

**sensor** /'sensəʳ/ N détecteur m • **heat sensor** palpeur m

**sensorimotor** /,sensərɪ'məʊtəʳ/ ADJ (Anat, Psych) sensorimoteur (-trice f)

**sensory** /'sensərɪ/ ADJ des sens ; [organ, nerve] sensoriel • **sensory deprivation** privation f sensorielle

**sensual** /'sensjʊəl/ SYN ADJ sensuel

**sensualism** /'sensjʊəlɪzəm/ N sensualité f ; (Philos) sensualisme m

**sensualist** /'sensjʊəlɪst/ N personne f sensuelle, voluptueux m, -euse f ; (Philos) sensualiste mf

**sensuality** /,sensjʊ'ælɪtɪ/ SYN N sensualité f

**sensually** /'sensjʊəlɪ/ ADV sensuellement

**sensuous** /'sensjʊəs/ SYN ADJ [person, temperament, poetry, music] voluptueux, sensuel

**sensuously** /'sensjʊəslɪ/ ADV avec volupté, voluptueusement

**sensuousness** /'sensjʊəsnɪs/ N [of poetry, music] qualité f voluptueuse or sensuelle ; [of person, temperament] sensualité f

**sent** /sent/ VB pt, ptp of **send**

**sentence** /'sentəns/ SYN
N [1] (Gram) phrase f
[2] (Jur) (= judgement) condamnation f, sentence f ; (= punishment) peine f • **to pass sentence on sb** (lit, fig) prononcer une condamnation or une sentence contre qn • **sentence of death** arrêt m de mort, condamnation f à mort • **under sentence of death** condamné à mort • **he got a five-year sentence** il a été condamné à cinq ans de prison • **a long sentence** une longue peine • **a jail sentence** une peine f de prison • **a heavy/light sentence** une peine sévère/légère ; → **commute, life, serve**
VT prononcer une condamnation or une sentence contre • **to sentence sb to death/to five years** condamner qn à mort/à cinq ans de prison
COMP **sentence connector** N (Gram) connecteur m
**sentence structure** N structure f de la phrase
**sentence substitute** N (Gram) prophrase f

**sententious** /sen'tenʃəs/ SYN ADJ sentencieux, pompeux

**sententiously** /sen'tenʃəslɪ/ ADV sentencieusement

**sententiousness** /sen'tenʃəsnɪs/ N [of speech] ton m sentencieux ; [of person] caractère m sentencieux

**sentient** /'senʃənt/ ADJ sensible, doué de sensation

**sentiment** /'sentɪmənt/ SYN N [1] (NonC = feeling) sentiment m • **public sentiment** le sentiment général • **there is growing nationalist sentiment in the country** on observe dans le pays une montée du sentiment nationaliste • **his actions were motivated by religious sentiment** ses actes ont été motivés par un sentiment religieux • **anti-government sentiment was strong** il y avait un fort sentiment antigouvernemental
[2] (= opinion, thought) sentiment m • **what are your sentiments on this?** quels sont vos sentiments à ce sujet ? • **what a marvellous sentiment!** quelle idée charmante ! • **my sentiments exactly!** c'est exactement ce que je pense !

**sentimental** /ˌsentɪˈmentl/ SYN ADJ [person, novel] sentimental (also pej) ◆ **it's of sentimental value only** sa valeur est purement sentimentale ◆ **sentimental comedy** (Literat) comédie f larmoyante

**sentimentalism** /ˌsentɪˈmentəlɪzəm/ N sentimentalisme m, sensiblerie f (pej)

**sentimentalist** /ˌsentɪˈmentəlɪst/ N sentimental(e) m(f)

**sentimentality** /ˌsentɪmenˈtælɪtɪ/ SYN N sentimentalité f, sensiblerie f (pej)

**sentimentalization** /ˌsentɪˌmentəlaɪˈzeɪʃən/ N ◆ **the sentimentalization of sth** une vision sentimentale de qch

**sentimentalize** /ˌsentɪˈmentəlaɪz/
VT rendre sentimental
VI faire du sentiment*

**sentimentally** /ˌsentɪˈmentəlɪ/ ADV sentimentalement, d'une manière (or d'une voix etc) sentimentale

**sentinel** /ˈsentɪnl/ N sentinelle f, factionnaire m

**sentry** /ˈsentrɪ/
N (Mil) sentinelle f, factionnaire m ; (fig) sentinelle f
COMP **sentry box** N guérite f
**sentry duty** N ◆ **to be on sentry duty** être en or de faction

**senza** /ˈsentsɑ/ PREP (Mus) senza

**Seoul** /səʊl/ N Séoul

**Sep.** abbrev of **September**

**sepal** /ˈsepəl/ N sépale m

**sepaline** /ˈsiːpəˌlaɪn/, **sepaloid** /ˈsiːpəˌlɔɪd/ ADJ sépaloïde

**separable** /ˈsepərəbl/ SYN ADJ séparable

**separate** /ˈseprət/ SYN
ADJ [section, piece] séparé, distinct ; [treaty, peace] séparé ; [career, existence] indépendant ; [organization, unit] distinct, indépendant ; [entrance] particulier ; [occasion, day] différent ; [question, issue] différent, autre ◆ **the children have separate rooms** les enfants ont chacun leur (propre) chambre ◆ **Paul and his wife sleep in separate beds/rooms** Paul et sa femme font lit/chambre à part ◆ **they live completely separate lives** ils mènent des vies complètement séparées ◆ **we want separate bills** (in restaurant etc) nous voudrions des additions séparées, nous voudrions chacun notre addition ◆ **the two houses though semi-detached are quite separate** les deux maisons bien que jumelées sont tout à fait indépendantes (l'une de l'autre) ◆ **I wrote it on a separate sheet** je l'ai écrit sur une feuille séparée or sur une feuille à part ◆ **take a separate sheet for each answer** prenez une nouvelle feuille pour chaque réponse ◆ **there will be separate discussions on this question** cette question sera discutée à part or séparément ◆ **there is a separate department for footwear** il y a un rayon séparé or spécial pour les chaussures ◆ **"with separate toilet"** « avec WC séparé » ◆ **keep the novels separate from the textbooks** ne mélangez pas les romans et les livres de classe
NPL **separates** (= clothes) vêtements mpl à coordonner
VT /ˈsepəreɪt/ séparer (from de) ; (= sort out) séparer, trier ; (= divide up) diviser ; [+ strands] dédoubler ; [+ milk] écrémer ◆ **to separate truth from error** distinguer le vrai du faux ◆ **only three points now separate the two teams** trois points seulement séparent maintenant les deux équipes ; → **separated**, **sheep**, **wheat**
VI /ˈsepəreɪt/ ① [liquids] se séparer (from de) ; [metals etc] se séparer, se détacher (from de)
② [people] se séparer, se quitter ; [fighters] rompre ; [married couple] se séparer ; [non-married couple] rompre
COMP **separate opinion** N (US Jur) avis m divergeant de la minorité des juges
**separate school** N (Can) école f or collège m privé(e)

▶ **separate out** VT SEP séparer, trier

**separated** /ˈsepəreɪtɪd/ ADJ [couple, person] séparé

**separately** /ˈseprətlɪ/ SYN ADV séparément

**separateness** /ˈseprətnɪs/ N séparation f (from de) ◆ **feeling of separateness** sentiment m de séparation or d'être à part

**separation** /ˌsepəˈreɪʃən/ SYN
N séparation f ; [of ore] triage m ; (Pol, Rel) scission f, séparation f ; (after marriage) séparation f (from d'avec) ◆ **judicial separation** séparation f de corps
COMP **separation allowance** N (Mil) allocation f militaire ; (= alimony) pension f alimentaire

**separatism** /ˈsepərətɪzəm/ N séparatisme m

**separatist** /ˈsepərətɪst/ ADJ, N séparatiste mf

**separator** /ˈsepəreɪtər/ N (all senses) séparateur m

**Sephardi** /seˈfɑːdɪ/ N (pl **Sephardim** /seˈfɑːdɪm/) séfarade mf

**Sephardic** /seˈfɑːdɪk/ ADJ séfarade

**sepia** /ˈsiːpjə/
N ① (= colour) sépia f
② (= fish) seiche f
COMP **sepia drawing** N sépia f

**sepiolite** /ˈsiːpjəˌlaɪt/ N sépiolite f

**sepoy** /ˈsiːpɔɪ/ N cipaye m

**seppuku** /seˈpuːkuː/ N seppuku m

**sepsis** /ˈsepsɪs/ N (Med) septicité f, état m septique

**Sept.** abbrev of **September**

**septa** /ˈseptə/ NPL of **septum**

**septal** /ˈseptl/ ADJ septal

**September** /sepˈtembər/
N septembre m, mois m de septembre ◆ **the first of September** le premier septembre ◆ **the tenth of September** le dix septembre ◆ **on the tenth of September** le dix septembre ◆ **in September** en septembre ◆ **in the month of September** au mois de septembre ◆ **each** or **every September** tous les ans or chaque année en septembre ◆ **at the beginning of September** au début (du mois) de septembre, début septembre ◆ **in the middle of September, in mid September** au milieu (du mois) de septembre, à la mi-septembre ◆ **at the end of September** à la fin (du mois) de septembre, fin septembre ◆ **during September** pendant le mois de septembre ◆ **there are 30 days in September** il y a 30 jours au mois de septembre, septembre a 30 jours ◆ **September was cold** septembre a été froid, il a fait froid en septembre ◆ **early in September, in early September** au début de septembre ◆ **late in September, in late September** vers la fin de septembre ◆ **last/next September** septembre dernier/prochain
COMP **September holidays** NPL congés mpl (du mois) de septembre
**September Massacre** N (Hist) massacres mpl de septembre
**September rains** NPL pluies fpl (du mois) de septembre
**September weather** N ◆ **it's September weather** il fait un temps de septembre

**Septembrist** /sepˈtembrɪst/ N septembriseur m

**septenary** /ˈseptɪnərɪ/
ADJ septennal
N septénaire m

**septennial** /sepˈtenɪəl/ ADJ septennal

**septet** /sepˈtet/ N septuor m

**septic** /ˈseptɪk/ SYN
ADJ septique ; [wound] infecté ◆ **to go** or **become septic** s'infecter
COMP **septic poisoning** N septicémie f
**septic tank** N fosse f septique

**septicaemia, septicemia** (US) /ˌseptɪˈsiːmɪə/ N septicémie f

**septicaemic, septicemic** (US) /ˌseptɪˈsiːmɪk/ ADJ septicémique

**septicity** /sepˈtɪsɪtɪ/ N septicité f

**septime** /ˈseptiːm/ N septime f

**septuagenarian** /ˌseptjʊədʒɪˈnɛərɪən/ ADJ, N septuagénaire mf

**Septuagesima** /ˌseptjʊəˈdʒesɪmə/ N Septuagésime f

**Septuagint** /ˈseptjʊədʒɪnt/ N version f des Septante

**septum** /ˈseptəm/ N (pl **septa**) (Anat, Bot) cloison f, septum m

**septuplet** /sepˈtʌplɪt/ N septuplé(e) m(f)

**sepulcher** /ˈsepəlkər/ N (US) ⇒ **sepulchre**

**sepulchral** /sɪˈpʌlkrəl/ ADJ sépulcral ; (fig = gloomy) funèbre, sépulcral

**sepulchre, sepulcher** (US) /ˈsepəlkər/ SYN N sépulcre m, tombeau m ; (Rel) sépulcre m ; → **holy, white**

**sequel** /ˈsiːkwəl/ SYN N ① (= consequence) suite f, conséquence f ; (to illness etc) séquelles fpl ◆ **there was a tragic sequel** cela a eu des suites or des conséquences tragiques
② [of book, film etc] suite f

**sequela** /sɪˈkwiːlə/ N (pl **sequelae** /sɪˈkwiːliː/) (Med) séquelle f

**sequence** /ˈsiːkwəns/ SYN
N ① (= order) ordre m, suite f ◆ **in sequence** par ordre ◆ **out of sequence** dans le désordre, les uns à la suite des autres ◆ **in historical sequence** par ordre chronologique ◆ **logical sequence** ordre m or enchaînement m logique
② (= series) suite f, succession f ; (Cards) séquence f ◆ **a sequence of events** un enchaînement d'événements ◆ **the sequence of events was always the same** les choses se déroulaient toujours de la même façon
③ ◆ **(film) sequence** séquence f ◆ **(dance) sequence** numéro m (de danse)
④ (Mus) séquence f
⑤ (Comput) séquence f
⑥ (Ling) (gen) suite f ◆ **sequence of tenses** (Gram) concordance f des temps
VT [+ genes, DNA] séquencer

**sequencer** /ˈsiːkwənsər/ N (Mus) séquenceur m

**sequencing** /ˈsiːkwənsɪŋ/ N (Bio) séquençage m

**sequential** /sɪˈkwenʃəl/ ADJ ① (= in regular sequence) séquentiel
② (= following) qui suit ◆ **sequential upon** or **from...** qui résulte de...
③ (Comput) séquentiel ◆ **sequential access/processing** accès m/traitement m séquentiel

**sequester** /sɪˈkwestər/ VT ① (= isolate) isoler ; (= shut up) enfermer, séquestrer
② (Jur) [+ property] séquestrer

**sequestered** /sɪˈkwestəd/ ADJ ① [life] isolé, retiré ; [spot] retiré, peu fréquenté
② (Jur) [property] mis or placé sous séquestre

**sequestrant** /sɪˈkwestrənt/ N (Chem) séquestrant m

**sequestrate** /sɪˈkwestreɪt/ VT (Jur) ① ⇒ **sequester 2**
② (= confiscate) confisquer, saisir

**sequestration** /ˌsiːkwesˈtreɪʃən/ N (Jur) ① [of property] séquestration f, mise f sous séquestre
② (= confiscation) confiscation f, saisie f conservatoire

**sequestrum** /sɪˈkwestrəm/ N (pl **sequestra** /sɪˈkwestrə/) (Med) séquestre m

**sequin** /ˈsiːkwɪn/ N paillette f

**sequinned, sequined** (US) /ˈsiːkwɪnd/ ADJ pailleté, cousu de paillettes

**sequoia** /sɪˈkwɔɪə/ N séquoia m

**sera** /ˈsɪərə/ NPL of **serum**

**sérac** /ˈseræk/ N (Geog) sérac m

**seraglio** /seˈrɑːlɪəʊ/ N sérail m

**serape** /səˈrɑːpɪ/ N (US) poncho m, couverture f mexicaine

**seraph** /ˈserəf/ N (pl **seraphs** or **seraphim**) (Rel, liter etc) séraphin m

**seraphic** /səˈræfɪk/ SYN ADJ (lit, fig) séraphique

**seraphim** /ˈserəfɪm/ NPL of **seraph**

**Serb** /sɜːb/
ADJ serbe
N ① Serbe mf
② (= language) serbe m

**Serbia** /ˈsɜːbɪə/ N Serbie f

**Serbian** /ˈsɜːbɪən/ ADJ, N ⇒ **Serb**

**Serbo-Croat** /ˈsɜːbəʊˈkrəʊæt/, **Serbo-Croatian** /ˈsɜːbəʊkrəʊˈeɪʃən/
ADJ serbo-croate
N ① Serbo-Croate mf
② (= language) serbo-croate m

**SERC** /ˌesiˈɑːˈsiː/ N (Brit) (abbrev of **Science and Engineering Research Council**) ≈ CNRS m

**serdab** /ˈsɜːdæb/ N serdab m

**sere** /sɪər/ ADJ ⇒ **sear** adj

**serenade** /ˌserəˈneɪd/
N sérénade f
VT donner une sérénade à

**serendipitous** /ˌserən'dɪpɪtəs/ **ADJ** *[discovery etc]* heureux ♦ **his timing was serendipitous** il ne pouvait pas mieux tomber

**serendipity** /ˌserən'dɪpɪtɪ/ **N** *(NonC: hum)* hasard *m* heureux

**serene** /sə'riːn/ SYN **ADJ** *[person, smile, place, atmosphere]* serein, paisible ; *[face]* serein ; *[sky]* serein, clair ; *[sea, river]* calme ♦ **to become** *or* **grow serene** *[person]* devenir serein, se rasséréner ; *[sky]* redevenir serein ; *[sea, river]* redevenir calme ♦ **His Serene Highness** Son Altesse *f* Sérénissime

**serenely** /sə'riːnlɪ/ **ADV** *[smile]* avec sérénité, sereinement ; *[say]* d'un ton serein ♦ **serenely indifferent to the noise** suprêmement indifférent au bruit

**serenity** /sɪ'renɪtɪ/ SYN **N** *[of person, place, smile, lifestyle]* sérénité *f*

**serf** /sɜːf/ **N** serf *m*, serve *f*

**serfdom** /'sɜːfdəm/ **N** servage *m*

**serge** /sɜːdʒ/
**N** serge *f*
**COMP** de serge
**serge suit N** complet *m* en serge ♦ **blue serge suit** complet *m* en serge bleue

**sergeant** /'sɑːdʒənt/
**N** [1] *(Brit Mil, Air Force)* sergent *m* ♦ **yes, sergeant** oui, chef ; see also **colour, drill**[2], **flight**[2]
[2] *(US Air Force)* caporal-chef *m*
[3] *(Police)* brigadier *m* ; → **detective**
**COMP sergeant at arms N** huissier *m* d'armes
**sergeant first class N** *(US Mil)* sergent-chef *m*
**sergeant-major N** *(Mil) (Brit)* sergent-major *m* ; *(US)* adjudant-chef *m* ; → **company, regimental**

**serial** /'sɪərɪəl/
**N** [1] *(Rad, TV)* feuilleton *m* ; *(in magazine etc :* also **serial story***)* roman-feuilleton *m*, feuilleton *m* ♦ **television/radio serial** feuilleton *m* à la télévision/à la radio, feuilleton *m* télévisé/radiophonique ♦ **13-part serial** feuilleton *m* en 13 épisodes
[2] *(= publication, journal)* publication *f* périodique, périodique *m*
**ADJ** [1] *(Comput) [disk, transmission, processing, programming etc]* série *inv* ; *[access]* séquentiel
[2] *[music]* sériel
**COMP serial killer N** tueur *m* en série
**serial killing(s) N(PL)** meurtres *mpl* en série
**serial monogamy N** *série de liaisons monogamiques*
**serial murder N** meurtres *mpl* en série
**serial number N** *[of goods, car engine]* numéro *m* de série ; *[of soldier]* (numéro *m*) matricule *m* ; *[of cheque, banknote]* numéro *m*
**serial port N** *(Comput)* port *m* série
**serial rapist N** violeur *m* en série
**serial rights NPL** droits *mpl* de reproduction en feuilleton
**serial writer N** feuilletoniste *mf*

**serialism** /'sɪərɪəˌlɪzəm/ **N** *(Mus)* sérialisme *m*

**serialization** /ˌsɪərɪəlaɪ'zeɪʃən/ **N** *(Press)* publication *f* en feuilleton ; *(Rad, TV)* adaptation *f* en feuilleton

**serialize** /'sɪərɪəlaɪz/ **VT** *(Press)* publier en feuilleton ; *(Rad, TV)* adapter en feuilleton ♦ **it was serialized in six parts** cela a été publié *or* adapté en six épisodes ♦ **it has been serialized in the papers** cela a paru *or* été publié en feuilleton dans les journaux

**serially** /'sɪərɪəlɪ/ **ADV** [1] *[number]* en série
[2] ♦ **to appear/be published serially** *[story]* paraître/être publié en feuilleton ; *[magazine, journal]* paraître/être publié en livraisons périodiques

**seriatim** /ˌsɪərɪ'eɪtɪm/ **ADV** *(frm)* successivement, point par point

**sericeous** /sɪ'rɪʃəs/ **ADJ** *(Bot)* soyeux

**sericin** /'serɪsɪn/ **N** séricine *f*

**sericultural** /ˌserɪ'kʌltʃərəl/ **ADJ** séricicole

**sericulture** /ˌserɪ'kʌltʃə^r/ **N** sériciculture *f*

**sericulturist** /ˌserɪ'kʌltʃərɪst/ **N** sériciculteur *m*, -trice *f*

**series** /'sɪərɪz/ SYN
**N** *(pl inv)* [1] *(gen)* série *f* ; *(Math)* série *f*, suite *f* ♦ **a series of volumes on this subject** une série de volumes sur ce sujet ♦ **there has been a series of incidents** il y a eu une série *or* une suite d'incidents ♦ **it will be one of a series of measures intended to...** cette mesure entrera dans le cadre d'une série de mesures destinées à...
♦ **in series** *(Elec)* en série
[2] *(Rad, TV)* série *f* (d'émissions) ; *(= set of books)* collection *f* ; *(= set of stamps)* série *f* ♦ **this is the last in the present series** *(Rad, TV)* voilà la dernière émission de notre série ♦ **a new paperback series** *(Publishing)* une nouvelle collection de poche ♦ **series director** *(in publishing)* directeur (-trice *f*) *(d'une collection)* ♦ **series editor** rédacteur (-trice *f*) en chef *(d'une série d'émissions)* ; → **world**
**COMP series connection N** *(Elec)* montage *m* en série
**series-wound ADJ** *(Elec)* en série

**serif** /'serɪf/ **N** *(Typography)* empattement *m*

**serigraph** /'serɪgrɑːf/ **N** *(= print)* sérigraphie *f*

**serigraphy** /sə'rɪgrəfɪ/ **N** *(= technique)* sérigraphie *f*

**serin** /'serɪn/ **N** *(= bird)* serin *m*

**serine** /'seriːn/ **N** sérine *f*

**serio-comic** /ˌsɪərɪəʊ'kɒmɪk/ **ADJ** mi-sérieux mi-comique

**serious** /'sɪərɪəs/ SYN
**ADJ** [1] *(= in earnest, not frivolous) [person, offer, suggestion, interest]* sérieux, sincère ; *[publication, conversation, discussion, occasion]* sérieux, important ; *[report, information, account]* sérieux, sûr ; *[literature, music]* respectable ; *[attitude, voice, smile, look]* plein de sérieux, grave ; *[tone]* sérieux, grave ; *(= unsmiling) [person]* sérieux, grave ; *[look]* grave, sévère ; *(= thoughtful)* sérieux ; *[pupil]* sérieux, appliqué ♦ **are you serious?** (parlez-vous) sérieusement ? ♦ **I'm quite serious** je suis sérieux, je parle sérieusement ♦ **to give serious thought to sth** *(= ponder)* bien réfléchir à qch ; *(= intend)* songer sérieusement à qch ♦ **to be serious about one's work** être sérieux dans son travail ♦ **the serious student of jazz will maintain that...** quelqu'un qui s'intéresse sérieusement au jazz affirmera que... ♦ **marriage is a serious business** le mariage est une affaire sérieuse ♦ **she earns serious money*** elle gagne un bon paquet* ♦ **serious wine*** vin *m* décent
[2] *(= causing concern) [illness, injury, mistake, situation]* grave, sérieux ; *[damage]* important, considérable ; *[threat]* sérieux ; *[loss]* grave, lourd ♦ **I have serious doubts about...** je doute sérieusement de..., j'ai de graves doutes sur... ♦ **the patient's condition is serious** le patient est dans un état grave
**COMP Serious Fraud Office N** *(Brit) service de la répression des fraudes majeures*

**seriously** /'sɪərɪəslɪ/ SYN **ADV** [1] *(= in earnest)* sérieusement, avec sérieux ; *(= not jokingly)* sérieusement, sans plaisanter ♦ **he said it all quite seriously** il l'a dit tout à fait sérieusement ♦ **yes, but seriously...** oui, mais sérieusement... ♦ **seriously now...** sérieusement..., toute plaisanterie (mise) à part... ♦ **to take sth/sb seriously** prendre qch/qn au sérieux ♦ **to think seriously about sth** *(= ponder)* bien réfléchir à qch ; *(= intend)* songer sérieusement à qch
[2] *(= dangerously)* gravement, sérieusement ; *[ill]* gravement ; *[wounded]* grièvement ; *[worried]* sérieusement
[3] *(= very)* ♦ **to be seriously rich*** avoir beaucoup de fric*

**seriousness** /'sɪərɪəsnɪs/ SYN **N** [1] *[of offer, suggestion, interest]* sérieux *m*, sincérité *f* ; *[of occasion]* sérieux *m*, importance *f* ♦ **this shows the seriousness of their intentions** cela montre le sérieux de leurs intentions ♦ **he spoke with great seriousness** il a parlé avec beaucoup de sérieux ♦ **this issue is viewed with great seriousness by the government** le gouvernement prend cette question très au sérieux
♦ **in all seriousness** sérieusement, en toute sincérité
[2] *[of situation, illness, mistake, threat, loss, injury]* gravité *f* ; *[of damage]* importance *f*, ampleur *f*

**serjeant** /'sɑːdʒənt/ **N** ⇒ **sergeant**

**sermon** /'sɜːmən/ SYN **N** *(Rel)* sermon *m* ; *(fig pej)* sermon *m*, laïus* *m* ♦ **the Sermon on the Mount** le Sermon sur la Montagne ♦ **to give sb a sermon** *(fig pej)* faire un sermon à qn

**sermonize** /'sɜːmənaɪz/ *(fig pej)*
**VT** sermonner
**VI** prêcher, faire des sermons

**sermonizing** /'sɜːmənaɪzɪŋ/ *(fig pej)* **N** propos *mpl* moralisateurs

**seroconversion** /ˌsɪərəʊkən'vɜːʃən/ **N** séroconversion *f*

**serologic(al)** /ˌsɪərə'lɒdʒɪk(əl)/ **ADJ** sérologique

**serologist** /sɪ'rɒlədʒɪst/ **N** *(Med)* sérologiste *mf*

**serology** /sɪ'rɒlədʒɪ/ **N** *(Med)* sérologie *f*

**seropositive** /ˌsɪərəʊ'pɒzɪtɪv/ **ADJ** séropositif

**serotherapy** /ˌsɪərəʊ'θerəpɪ/ **N** *(Med)* sérothérapie *f*

**serotonin** /ˌserə'təʊnɪn/ **N** *(Bio)* sérotonine *f*

**serous** /'sɪərəs/ **ADJ** séreux ♦ **serous fluid** *(Anat)* liquide *m* séreux, sérosité *f* ♦ **serous membrane** (membrane *f*) séreuse *f*

**serpent** /'sɜːpənt/ **N** *(lit, fig)* serpent *m* ; → **sea**

**serpentine** /'sɜːpəntaɪn/
**ADJ** *(liter) [river, road]* sinueux, tortueux, qui serpente ; *(= treacherous)* perfide ; *(= of snake)* de serpent
**N** *(= mineral)* serpentine *f*, ophite *m*

**serpiginous** /sɜː'pɪdʒɪnəs/ **ADJ** serpigineux

**serpigo** /sɜː'paɪgəʊ/ **N** *(Med)* affection *f* serpigineuse

**SERPS** /sɜːps/ **N** *(Brit)* (abbrev of **state earnings-related pension scheme**) *assurance-vieillesse de la Sécurité sociale*

**serpulid** /'sɜːpjʊlɪd/ **N** serpule *f*

**serrate** /se'reɪt/ **VT** denteler, découper en dents de scie

**serrated** /se'reɪtɪd/ **ADJ** *[edge, blade]* en dents de scie ♦ **serrated knife** couteau-scie *m*

**serration** /se'reɪʃən/ **N** dentelure *f*

**serried** /'serɪd/ **ADJ** serré ♦ **in serried ranks** en rangs serrés

**serriform** /'serɪfɔːm/ **ADJ** *(Bio)* en dents de scie

**serrulate** /'serʊleɪt/ **ADJ** *[leaf]* dentelé

**serum** /'sɪərəm/
**N** (pl **serums** *or* **sera**) sérum *m* ♦ **tetanus serum** sérum *m* antitétanique
**COMP serum albumin N** *(Bio)* sérumalbumine *f*

**serval** /'sɜːvl/ **N** *(= animal)* serval *m*

**servant** /'sɜːvənt/ SYN
**N** *(in household)* domestique *mf* ; *(= maid)* bonne *f* ; *(fig)* serviteur *m*, servante *f* ♦ **to keep a servant** avoir un(e) domestique ♦ **a large staff of servants** une nombreuse domesticité ♦ **the servants' hall** l'office *m or f* ♦ **I'm not your servant** je ne suis pas votre domestique ♦ **the government is the servant of the people** le gouvernement est le serviteur *or* est au service du peuple ♦ **your obedient servant** † *(in letters)* ≈ veuillez agréer, Monsieur (*or* Madame *etc*), l'assurance de ma considération distinguée ; → **civil, humble, manservant, public**
**COMP servant girl N** servante *f*, bonne *f*

**serve** /sɜːv/ SYN
**VT** [1] *(= work for) [+ master, employer, family]* servir, être au service de ; *[+ God, one's country]* servir ♦ **he served his country well** il a bien servi son pays, il a bien mérité de la patrie *(frm)* ♦ **he has served the firm well** il a bien servi l'entreprise, il a rendu de grands services à l'entreprise ♦ **he has served our cause well** il a bien servi notre cause ♦ **to serve two masters** servir deux maîtres à la fois ♦ **if my memory serves me (right)** si j'ai bonne mémoire, si je me souviens bien ♦ **his knowledge of history served him well** ses connaissances en histoire lui ont bien servi
[2] *(Rel)* ♦ **to serve mass** servir la messe
[3] *(= be used as) [object etc]* servir à ; *(= be useful to)* rendre service à, être utile à ♦ **it serves her as a table** ça lui sert de table ♦ **it will serve my (***or* **your** *etc***) purpose** *or* **needs** cela fera l'affaire ♦ **it serves its purpose** *or* **turn** cela fait l'affaire, cela suffit bien ♦ **it serves a variety of purposes** cela sert à divers usages ♦ **it serves no useful purpose** cela ne sert à rien (de spécial)
♦ **to serve sb right** ♦ **(it) serves him right** c'est bien fait pour lui, il ne l'a pas volé ♦ **(it) serves you right for being so stupid** cela t'apprendra à être si stupide ♦ **it would have served them right if they hadn't got any** ça aurait été bien fait pour eux s'ils n'en avaient pas reçu
[4] *(in shop, restaurant)* servir ♦ **to serve sb (with) sth** servir qch à qn ♦ **are you being served?** est-ce qu'on s'occupe de vous ? ♦ **dinner is served** le dîner est servi ; *(as formal announcement)* Madame est servie (*or* Monsieur est servi) ♦ **this fish should be served with mustard sauce** ce poisson se sert *or* se mange avec une sauce à la moutarde ♦ **"serves five"** *(in recipe etc)* « pour cinq personnes » ; see also **first, serving**
[5] *(with transport, church services)* desservir ; *(with gas, electricity)* alimenter **the bus serves six villages** le car dessert six villages ♦ **the power sta-**

**tion serves a large district** la centrale alimente une zone étendue

6 (= *work out*) ◆ **to serve one's apprenticeship** *or* **time (as)** faire son apprentissage (de) ◆ **to serve one's time** (*Mil*) faire son temps de service ; (*Prison*) faire son temps de prison ◆ **to serve time** faire de la prison ◆ **to serve (out) a prison sentence** purger une peine (de prison) ◆ **he has served over 25 years altogether** en tout il a fait plus de 25 ans de prison

7 (*Jur*) ◆ **to serve legal process** signifier *or* notifier un acte judiciaire ◆ **to serve notice on sb (to the effect) that...** notifier *or* signifier à qn que... ◆ **to serve a summons on sb, to serve sb with a summons** remettre une assignation à qn ◆ **to serve a warrant on sb, to serve sb with a warrant** délivrer à qn un mandat ◆ **to serve a writ on sb, to serve sb with a writ** assigner qn

8 (*Tennis etc*) servir

9 [*bull, stallion etc*] servir

**VI** 1 [*servant, waiter*] servir ◆ **to serve at table** servir à table ◆ **is there anyone serving at this table?** est-ce que quelqu'un fait le service *or* s'occupe du service à cette table ?

2 (= *work, do duty*) ◆ **to serve on a committee/jury** être membre d'un comité/d'un jury ◆ **he has served for two years as chairman of this society** cela fait deux ans qu'il exerce la fonction de président de cette société ; see also **serving**

3 (*Mil*) servir ◆ **to serve in the army** servir dans l'armée ◆ **he served in Germany** il a servi en Allemagne ◆ **he served as a Sapper in the Engineers** il a servi comme simple soldat dans le génie ◆ **to serve under sb** servir sous (les ordres de) qn ◆ **he served with my brother** mon frère et lui ont été soldats ensemble

4 (= *be useful*) servir (*for, as* de), être utile ◆ **it's not exactly what I want, but it'll serve** ce n'est pas exactement ce que je veux, mais ça fera l'affaire ◆ **it serves to show/explain...** cela sert à montrer/expliquer...

5 (*Rel*) servir

6 (*Tennis*) servir, être au service

**N** (*Tennis etc*) service *m* ◆ **he has a strong serve** il a un service puissant ◆ **it's your serve** c'est à vous de servir

▸ **serve out** VT SEP 1 [+ *meal, soup*] servir ; [+ *rations, provisions*] distribuer

2 [+ *term of office, contract*] finir ; [+ *prison sentence*] purger ; see also **serve vt 8**

▸ **serve up** VT SEP servir, mettre sur la table

**server** /'sɜːvəʳ/ **N** 1 (*Comput*) serveur *m*

2 (= *person*) (*Rel*) servant *m* ; (*Tennis etc*) serveur *m*, -euse *f*

3 (= *tray*) plateau *m* ; (= *utensil*) couvert *m* à servir ; → **salad**

**servery** /'sɜːvərɪ/ **N** (*Brit*) office *m*

**service** /'sɜːvɪs/ SYN

**N** 1 (*NonC* = *act of serving person, country etc*) service *m* ◆ **the service is very poor** (*in shop, hotel etc*) le service est très mauvais ◆ **15% service included** (*Brit:on bill*) service 15% compris ◆ **service at sea** (*Mil*) service *m* dans la marine ◆ **to see service (as)** (*Mil*) avoir du service *or* servir (comme) ◆ **this coat has given good service** ce manteau a fait de l'usage ◆ **ten years' service** dix ans de service ◆ **on Her Majesty's service** au service de Sa Majesté ◆ **at your service** à votre service *or* disposition ◆ **to be in sb's service** être au service de qn ; → **active, military**

◆ **in(to)/out of service** ◆ **to be in service** [*domestic servant*] être domestique *or* en service ◆ **how long has this machine been in service?** depuis quand cette machine fonctionne-t-elle ? ◆ **to bring/come into service** mettre/entrer en service ◆ **this machine is out of service** cette machine est hors service

◆ **of service** ◆ **to be of service to sb** être utile à qn, rendre service à qn ◆ **can I be of service?** est-ce que je peux vous aider ? ; (*in shop*) qu'y a-t-il pour votre service ? ◆ **anything to be of service!** à votre service !

2 (= *department, system*) service *m* ◆ **medical/public/social** *etc* **services** services *mpl* médicaux/publics/sociaux *etc* ◆ **customs service** service *m* des douanes ; → **civil, health, postal**

3 (= *transport system*) ◆ **the train service to London is excellent** il y a d'excellentes liaisons ferroviaires avec Londres, Londres est très bien desservi par le train ◆ **the number 4 bus service** la ligne (de bus numéro) 4

4 (= *help given*) service *m* ◆ **to do sb a service** rendre service à qn ◆ **for services rendered (to)** pour services rendus (à) ◆ **they dispensed with his services** ils se sont passés *or* privés de ses services ◆ **do you need the services of a lawyer?** avez-vous besoin (des services) d'un avocat ?

5 (*Rel*) (*gen*) service *m* ; (*Catholic*) service *m*, office *m* ; (*Protestant*) service *m*, culte *m* ; → **evening, funeral**

6 (= *maintenance work*) [*of car etc*] révision *f* ; [*of household machine*] service *m* après-vente ◆ **30,000-km service** (*for car*) révision des 30 000 km ◆ **to put one's car in for service** donner sa voiture à réviser ; → **after**

7 (= *set of crockery*) service *m* ◆ **coffee service** service *m* à café ; → **dinner, tea**

8 (*Tennis etc*) service *m* ◆ **whose service is it?** c'est à qui de servir ?

9 ◆ **service of documents** (*Jur*) signification *f* *or* notification *f* d'actes ◆ **service of process** (*Jur*) signification *f* d'un acte judiciaire *or* d'une citation

**NPL services** 1 (*on motorway*) ⇒ **service station**

2 ◆ **the (armed) services** les forces *fpl* armées ◆ **when I was in the services** quand j'étais dans l'armée (*or* la marine *or* l'aviation *etc*) ◆ **the services were represented** il y avait des représentants des forces armées

**VT** [+ *car, washing machine*] réviser ; (*Fin*) [+ *debt*] servir les intérêts de ; [+ *organization, group*] offrir ses services à ◆ **I took my car in to be serviced** j'ai donné ma voiture à réviser

**COMP service academy** **N** (*US Mil*) école *f* militaire

**service agreement** **N** (*Brit*) contrat *m* de service après-vente

**service area** **N** [*of motorway*] aire *f* de services

**service break** **N** (*Tennis*) break *m*

**service bus** **N** autobus *m* régulier

**service centre** **N** service *m* après-vente

**service charge** **N** service *m*

**service department** **N** (= *office etc*) service *m* des réparations *or* d'entretien ; (= *repair shop*) atelier *m* de réparations

**service dress** **N** (*Brit Mil*) tenue *f* de gala

**service elevator** **N** (*US*) ⇒ **service lift**

**service families** **NPL** (*Mil*) familles *fpl* de militaires

**service flat** **N** (*Brit*) appartement *m* avec service (*assuré par le personnel de l'immeuble*)

**service game** **N** (*Tennis*) jeu *m* de service

**service hatch** **N** passe-plat *m*

**service industries** **NPL** services *mpl*, industries *fpl* de service

**service lift** **N** (*Brit*) (*for goods*) monte-charge *m inv* ; (*for personnel*) ascenseur *m* de service

**service line** **N** (*Tennis*) ligne *f* de service

**service module** **N** (*Space*) module *m* de service

**service provider** **N** prestataire *m* de services

**service rifle** **N** (*Mil*) fusil *m* de guerre

**service road** **N** (*Brit*) (= *access road*) voie *f* *or* chemin *m* d'accès ; (*for works traffic*) voie *f* de service

**service sector** **N** (*Econ*) secteur *m* tertiaire

**service station** **N** station-service *f*

**service tree** **N** sorbier *m*

**service tunnel** **N** tunnel *m* de service

**serviceable** /'sɜːvɪsəbl/ SYN **ADJ** 1 (= *practical*) fonctionnel ◆ **the furniture was plain but serviceable** les meubles étaient simples mais fonctionnels

2 (= *usable, operative*) utilisable ◆ **an old but still serviceable washing machine** une vieille machine à laver encore utilisable *or* qui marche encore

**serviceberry** /'sɜːvɪs,berɪ/ **N** 1 (= *bush*) amélanchier *m*

2 (= *berry*) baie *f* d'amélanchier

**serviceman** /'sɜːvɪsmən/ **N** (pl **-men**) (*Mil*) militaire *m*

**servicewoman** /'sɜːvɪs,wʊmən/ **N** (pl **-women**) (*Mil*) femme *f* soldat

**servicing** /'sɜːvɪsɪŋ/ **N** [*of car*] révision *f* ; [*of washing machine etc*] entretien *m*

**serviette** /,sɜːvɪ'et/ (*esp Brit*)

**N** serviette *f* (de table)

**COMP serviette ring** **N** rond *m* de serviette

**servile** /'sɜːvaɪl/ **ADJ** [*person, behaviour*] servile, obséquieux ; [*flattery etc*] servile

**servility** /sɜː'vɪlɪtɪ/ **N** servilité *f*

**serving** /'sɜːvɪŋ/

**N** 1 (= *action*) service *m*

2 (= *portion*) portion *f*, part *f*

**ADJ** (*in office*) ◆ **the serving chairman** *etc* le président *etc* en exercice

**COMP serving dish** **N** plat *m*

**serving hatch** **N** passe-plat *m*

**serving spoon** **N** grande cuillère *or* cuiller *f* (*pour servir*)

**servitude** /'sɜːvɪtjuːd/ **N** servitude *f*, asservissement *m* ; (= *slavery*) esclavage *m* ; → **penal**

**servo** /'sɜːvəʊ/ **N** (abbrev of **servo-mechanism, servo-motor**) → **servo-**

**servo-** /'sɜːvəʊ/ **PREF** servo... ◆ **servo-assisted** assisté ◆ **servo-control** servocommande *f* ◆ **servo-mechanism** servomécanisme *m* ◆ **servo-motor** servomoteur *m*

**sesame** /'sesəmɪ/

**N** sésame *m* ◆ **open Sesame!** Sésame, ouvre-toi !

**COMP sesame oil** **N** huile *f* de sésame

**sesame seeds** **NPL** graines *fpl* de sésame

**sesh** * /seʃ/ **N** (= *session*) séance *f*

**sesquipedalian** /,seskwɪpɪ'deɪlɪən/ **ADJ** polysyllabe

**session** /'seʃən/ SYN

**N** 1 (= *single sitting*) séance *f* ; (= *period when sittings take place*) session *f* ; (= *lesson*) cours *m* ◆ **a yoga session, a session of yoga** un cours *or* une séance de yoga ◆ **two afternoon sessions a week** deux séances (*or* cours) par semaine l'après-midi ◆ **the morning/afternoon session** (*Brit Scol*) les cours *mpl* du matin/de l'après-midi ◆ **a photo session** une séance de photos ◆ **I had a session with him yesterday** (*working*) nous avons travaillé ensemble hier ; (*in discussion*) nous avons eu une (longue) discussion hier ◆ **we're in for a long session** nous n'aurons pas fini de sitôt ◆ **to go into secret session** siéger en séance secrète *or* à huis clos ; → **jam²**, **quarter, recording**

◆ **in session** (*Parl, Jur*) en session ◆ **this court is now in session** le tribunal est en session *or* en séance, l'audience est ouverte

◆ **out of session** (*Parl*) hors session

2 (*Scol, Univ*) (= *year*) année *f* (universitaire *or* scolaire) ; (*US*) (= *term*) trimestre *m* (universitaire)

**COMP session musician** **N** (*Mus*) musicien(ne) *m(f)* de studio

**set** /set/ SYN (vb: pret, ptp **set**)

**N** 1 [*of objects*] jeu *m*, série *f*, assortiment *m* ; (= *kit*) trousse *f* ; [*of sails, oars, keys, golf clubs, knives, spanners*] jeu *m* ; [*of ties, pens*] jeu *m*, assortiment *m* ; [*of chairs, saucepans, weights, numbers, stamps*] série *f* ; [*of books, ornaments, toy cars*] collection *f* ; [*of bracelets, magazines*] collection *f*, série *f* ; [*of dishes, plates, mugs*] service *m* ; [*of tyres*] train *m* ; [*of jewels*] parure *f* ; [*of theories*] corps *m*, ensemble *m* ◆ **I need two more to make up the set** il m'en manque deux pour avoir le jeu complet *or* toute la série ◆ **in sets of three** par séries *or* jeux de trois ◆ **in sets** en jeux complets, en séries complètes ◆ **it makes a set with those over there** cela forme un ensemble avec les autres là-bas ◆ **a set of rooms** un appartement ◆ **a set of kitchen utensils** une batterie de cuisine ◆ **set of teeth** (*natural*) dentition *f*, denture *f* ; (*false*) dentier *m* ◆ **top/bottom set** [*of false teeth*] appareil *m* pour la mâchoire supérieure/inférieure ◆ **a set of dining-room furniture** une salle à manger (*meubles*) ◆ **he had a whole set of telephones on his desk** il avait toute une collection *or* batterie (*hum*) de téléphones sur son bureau ◆ **sewing set** trousse *f* de couture ◆ **painting set** boîte *f* de peinture ◆ **chess/draughts set** jeu *m* d'échecs/de dames ; → **tea**

2 (*Tennis*) set *m* ◆ **set to Henman** set Henman

3 (*Math, Philos*) ensemble *m*

4 (*Elec*) appareil *m* ; (*Rad, TV*) poste *m* ; → **headset, transistor, wireless**

5 (= *group of people*) groupe *m*, bande *f* (*also pej*) ; (*larger*) monde *m*, milieu *m* ◆ **the golfing set** le monde du golf ◆ **the literary set** le monde des lettres, les milieux *mpl* littéraires ◆ **I'm not in their set, we're not in the same set** nous ne sommes pas du même monde *or* milieu ◆ **a set of thieves/gangsters** *etc* une bande de voleurs/gangsters *etc* ◆ **they're just a set of fools!** ce n'est qu'une bande d'imbéciles ! ; → **jet¹**

6 (*Brit Scol*) groupe *m* de niveau

7 (= *stage*) (*Cine*) plateau *m* ; (*Theat*) scène *f* ; (= *scenery*) décor *m* ◆ **on (the) set** (*Cine*) sur le plateau ; (*Theat*) en scène

8 (*Mus* = *part of concert*) set *m*, partie *f*

9 (*Hairdressing*) mise *f* en plis ◆ **to have a set** se faire faire une mise en plis ; → **shampoo**

10 (*NonC* = *position, posture, direction etc*) [*of body*] position *f*, attitude *f* ; [*of head*] port *m* ; [*of shoulders*] position *f* ; [*of tide, wind*] direction *f* ; [*of opinion, sb's mind etc*] tendance *f*

**set | set** ENGLISH-FRENCH 866

11 *(liter)* ◆ **at set of sun** au coucher du soleil
12 *(Hunting)* arrêt *m* ; → **dead**
13 *(= plant)* plante *f* à repiquer ◆ **onion sets** oignons *mpl* à repiquer

**ADJ** 1 *(= unchanging) [rule, price, time]* fixe ; *[smile]* figé ; *[purpose, dogma]* fixe, (bien) déterminé ; *[opinion, idea]* (bien) arrêté ; *[lunch]* à prix fixe ◆ **set in one's ways** conservateur (-trice *f*), routinier, qui tient à ses habitudes ◆ **set in one's opinions** immuable dans ses convictions ◆ **the set meal, the set menu** *(in restaurant)* le menu ◆ **set expression, set phrase** expression *f* consacrée *or* toute faite, locution *f* figée *(frm)* ; → **stone**
2 *[fruit]* ◆ **the fruit is set** les fruits ont (bien) noué ; → **fair**[1]
3 *(= prearranged) [time, date]* fixé, décidé d'avance ; *(Scol etc) [book, subject]* au programme ; *[speech, talk]* préparé d'avance ; *[prayer]* liturgique
4 *(= determined)* ◆ **to be set (up)on sth** vouloir qch à tout prix ◆ **since you are so set on it** puisque vous y tenez tant ◆ **to be set on doing sth** être résolu à faire qch, vouloir à tout prix faire qch ◆ **to be (dead) set against sth** s'opposer (absolument *or* formellement) à qch
5 *(= ready)* prêt ◆ **they're all set!** ils sont fin prêts ! ◆ **to be all set to do sth** être prêt à *or* pour faire qch ◆ **on your marks, get set, go!** *(Sport)* à vos marques, prêts, partez ! ; → **scene**

**VT** 1 *(= place, put) [+ object]* mettre, poser, placer ; *[+ signature]* apposer ; *[+ sentry, guard]* poster ◆ **set it on the table/beside the window/over there** mettez-le *or* posez-le sur la table/près de la fenêtre/là-bas ◆ **the house is set on a hill** la maison est située sur une colline ◆ **his stories, set in the Paris of 1890,...** ses histoires, qui se passent *or* qui se déroulent dans le Paris de 1890,... ◆ **he set the scheme before the committee** il a présenté le projet au comité ◆ **I set him above Wordsworth** je le place *or* mets au-dessus de Wordsworth, je le considère supérieur à Wordsworth ◆ **what value do you set on this?** *(lit)* à quelle valeur *or* à quel prix estimez-vous cela ? ; *(fig)* quelle valeur accordez-vous à cela ? ◆ **we must set the advantages against the disadvantages** il faut peser le pour et le contre, il faut mettre en balance les avantages et les inconvénients ; *pour autres loc voir* **fire, foot, heart, store**
2 *(= arrange, adjust) [+ clock, mechanism]* régler ; *[+ alarm]* mettre ; *(on display) [+ specimen, butterfly etc]* monter ; *[+ hen]* faire couver ; *[+ plant]* repiquer ; *(Typography) [+ type, page]* composer ; *(Med) [+ arm, leg] (in plaster)* plâtrer ; *(with splint)* mettre une attelle à ; *[+ fracture]* réduire ◆ **he sets his watch by the radio** il règle sa montre sur la radio ◆ **set your watch to the right time/to 2pm** mettez votre montre à l'heure/à 14 heures ◆ **have you set the alarm clock?** est-ce que tu as mis le réveil ? ◆ **I've set the alarm for six** *or* **to wake me at six** j'ai mis le réveil à *or* pour six heures ◆ **he set the controls to automatic** il a mis les commandes sur automatique ◆ **to set sb's hair** faire une mise en plis à qn ◆ **to have one's hair set** se faire faire une mise en plis ; *pour autres loc voir* **sail, table**
3 *(= fix, establish) [+ date, deadline, limit]* fixer ◆ **let's set a time for the meeting** fixons l'heure de la réunion ◆ **I've set myself a time limit** je me suis fixé une limite (de temps) *or* un délai ◆ **he set a new record for the 100 metres** il a établi un nouveau record pour le 100 mètres ◆ **they set the pass mark at ten** on a fixé la moyenne à dix ; *pour autres loc voir* **agenda, course, fashion, pace**[1]
4 *(= give, assign) [+ task, subject]* donner ; *[+ exam, test]* composer *or* choisir les questions de ; *[+ texts, books]* mettre au programme ◆ **I set them a difficult translation** je leur ai donné une traduction difficile (à faire) ◆ **to set sb a problem** poser un problème à qn ◆ **Molière is not set this year** Molière n'est pas au programme cette année ◆ **I set him the task of clearing up** je l'ai chargé de ranger *or* du rangement ; → **example**
5 *(Brit Scol)* ◆ **to set pupils for** *or* **in maths** répartir les élèves en groupes de niveau en maths
6 *(= cause to be, do, begin etc)* ◆ **to set a dog on sb** lâcher *or* lancer un chien contre qn ; see also **set upon** ◆ **they set the police on to him** ils l'ont signalé à la police ◆ **she set my brother against me** elle a monté mon frère contre moi ◆ **to set sth going** mettre qch en marche ◆ **the news set me thinking** la nouvelle m'a fait réfléchir *or* m'a donné à réfléchir ◆ **that set him wondering whether...** cela l'a porté *or* poussé à se demander si... ◆ **this set everyone laughing** cela a fait rire tout le monde, à cela tout le monde s'est mis à rire ◆ **to set sb to do sth** faire faire qch à qn, donner à qn la tâche de faire qch ◆ **I set him to work at once** je l'ai mis au travail aussitôt ◆ **they set him to work mending the fence** ils lui ont fait réparer la barrière ◆ **to set o.s. to do sth** entreprendre de faire qch
7 *[+ gem]* sertir *(in* dans), monter *(in* sur) ◆ **to set sth with jewels** orner *or* incruster qch de pierres précieuses
8 *[+ jelly, jam]* faire prendre ; *[+ concrete]* faire prendre, faire durcir ; *[+ dye, colour]* fixer

**VI** 1 *[sun, moon]* se coucher ◆ **the setting sun** le soleil couchant
2 *[broken bone, limb]* se ressouder ; *[jelly, jam]* prendre ; *[glue]* durcir ; *[concrete]* prendre, durcir ; *[fruit]* nouer ; *[character]* se former, s'affermir ◆ **quick-setting cement** ciment *m* prompt *or* à prise rapide ◆ **his face set in a hostile expression** son visage s'est figé dans une expression hostile
3 *(= begin)* se mettre, commencer *(to doing sth* à faire qch) ◆ **to set to work** se mettre au travail, s'y mettre* ◆ **to set to work mending** *or* **to mend the lawnmower** entreprendre de *or* se mettre à réparer la tondeuse à gazon

**COMP** **set-aside** N *(EU)* jachère *f* obligatoire
**set designer** N *(Theat)* décorateur *m*, -trice *f* de théâtre
**set-in sleeve** N manche *f* rapportée
**set piece** N *(= fireworks)* pièce *f* (de feu) d'artifice ; *(Art, Literat, Mus)* morceau *m* traditionnel ; *(in music competition etc)* morceau *m* de concours ; *(Sport)* combinaison *f* calculée ◆ **a set-piece speech** un discours savamment préparé ◆ **a set-piece debate** un débat-spectacle
**set point** N *(Tennis)* balle *f* de set
**set scrum** N *(Rugby)* mêlée *f* fermée *or* ordonnée
**set square** N équerre *f* (à dessin)
**set theory** N *(Math)* théorie *f* des ensembles
**set-to** * N *(= fight)* bagarre *f* ; *(= quarrel)* prise *f* de bec* ◆ **to have a set-to with sb** se bagarrer avec qn*, avoir une prise de bec avec qn*
**set-top box** N *(TV)* décodeur *m*

▸ **set about**
**VT FUS** 1 *(= begin) [+ task, essay]* se mettre à ◆ **to set about doing sth** se mettre à faire qch, entreprendre de faire qch ◆ **I don't know how to set about it** je ne sais pas comment m'y prendre
2 *(= attack)* attaquer ◆ **they set about each other** *(blows)* ils en sont venus aux coups *or* aux mains ; *(words)* ils ont commencé à s'injurier
**VT SEP** *[+ rumour etc]* faire courir ◆ **he set it about that...** il a fait courir le bruit que...

▸ **set apart** VT SEP *[+ object etc]* mettre de côté *or* à part ◆ **his eyes are set wide apart** il a les yeux très écartés ◆ **that sets him apart from the others** *(fig)* cela le distingue des autres

▸ **set aside** VT SEP 1 *(= keep, save)* mettre de côté, garder en réserve
2 ◆ **she set her book aside when I came in** elle a posé son livre quand je suis entré
3 *(= reject, annul) [+ request, objection, proposal, petition]* rejeter ; *[+ decree, will]* annuler ; *(Jur) [+ judgement, verdict]* casser

▸ **set back** VT SEP 1 *(= replace)* remettre ◆ **set it back on the shelf** remets-le sur l'étagère
2 ◆ **the house was set back from the road** la maison était (construite) en retrait de la route
3 *(= retard) [+ development, progress]* retarder ; *[+ clock]* retarder *(by* de) ◆ **the disaster set back the project by ten years** le désastre a retardé de dix ans la réalisation du projet
4 *(* = cost)* coûter ◆ **that car must have set him back a packet** **or* **a good deal** cette voiture a dû lui coûter les yeux de la tête ◆ **how much did all that set you back?** combien tu as casqué* pour tout ça ?

▸ **set by** VT SEP ⇒ **set aside 1**

▸ **set down** VT SEP 1 *(= put down) [+ object]* poser, déposer ; *[+ passenger]* laisser, déposer
2 *[+ plane]* poser
3 *(= record)* noter, inscrire ; *[+ rules, guidelines]* établir, définir ◆ **the 1990 convention set down rules for the treatment of asylum seekers** la convention de 1990 a établi *or* défini des règles relatives au traitement des demandeurs d'asile ◆ **to set sth down in writing** *or* **on paper** coucher *or* mettre qch par écrit ◆ **set it down on** *or* **to my account** *(Comm)* mettez-le *or* portez-le sur mon compte
4 *(= attribute)* attribuer *(sth to sth* qch à qch) ◆ **the accident must be set down to negligence** l'accident doit être imputé à la négligence ◆ **we set it all down to the fact that he was tired** nous avons expliqué tout cela par sa fatigue, nous avons attribué tout cela à sa fatigue
5 *(= assess, estimate)* ◆ **I had already set him down as a liar** je le tenais déjà pour menteur

▸ **set forth**
**VI** ⇒ **set off vi**
**VT SEP** *[+ idea, plan, opinion]* faire connaître, exposer ; *[+ conditions, rules]* inclure

▸ **set in**
**VI** *(= begin) [complications, difficulties]* survenir, surgir ; *[disease]* se déclarer ◆ **a reaction set in after the war** une réaction s'est amorcée après la guerre ◆ **the rain will soon set in** il va bientôt commencer à pleuvoir ◆ **the rain has set in for the night** il va pleuvoir toute la nuit ◆ **the rain has really set in now!** la pluie a l'air bien installée !
**VT SEP** *(Sewing) [+ sleeve]* rapporter
**ADJ** ◆ **set-in** → **set**

▸ **set off**
**VI** *(= leave)* se mettre en route, partir ◆ **to set off on a journey/an expedition** partir en voyage/en expédition ◆ **he set off on a long explanation** *(fig)* il s'est lancé dans une longue explication
**VT SEP** 1 *[+ bomb]* faire exploser ; *[+ firework]* faire partir ; *[+ mechanism, alarm, rise in inflation]* déclencher ◆ **to set sb off (laughing/crying** *etc***)** faire rire/pleurer *etc* qn ◆ **her remark set him off and she couldn't get a word in edgeways** après sa remarque il s'est lancé et elle n'a pas pu placer un mot
2 *(= enhance) [+ hair, eyes, picture, furnishings]* mettre en valeur, faire valoir ; *[+ complexion, colour]* rehausser, mettre en valeur
3 *(= balance etc)* ◆ **to set off profits against losses** balancer les pertes et les profits, opposer les pertes aux profits ◆ **we must set off the expenses against the profits** il faut déduire les dépenses des bénéfices ◆ **the profit on hats will set off the loss on ties** le bénéfice sur les chapeaux compensera le déficit sur les cravates

▸ **set on** VT FUS ⇒ **set upon**

▸ **set out**
**VI** 1 *(= leave, depart)* se mettre en route *(for* pour), partir *(for* pour ; *from* de ; *in search of* à la recherche de)
2 *(= intend, propose)* ◆ **he set out to explain why it had happened** il a cherché à *or* s'est proposé d'expliquer pourquoi cela s'était produit ◆ **I didn't set out to prove you were wrong** il n'était pas dans mon intention de prouver *or* mon but n'était pas de prouver que vous aviez tort ◆ **I set out to convince him he should change his mind** j'ai entrepris de le persuader de changer d'avis ◆ **the book sets out to show that...** ce livre a pour objet *or* but de montrer que...
**VT SEP** *[+ books, goods]* exposer ; *[+ chessmen etc on board]* disposer ; *(fig) [+ reasons, ideas]* présenter, exposer ◆ **the conditions are set out in paragraph three** les modalités sont indiquées *or* prévues au paragraphe trois ◆ **it's very clearly set out here** c'est expliqué *or* exposé ici de façon très claire ◆ **the information is well set out on the page** l'information est bien présentée sur la page

▸ **set to**
**VI** *(= start)* commencer, se mettre *(to do sth* à faire qch) ; *(= start work)* s'y mettre* ◆ **they set to with their fists** ils en sont venus aux coups (de poing)
**N** ◆ **set-to** * → **set**

▸ **set up**
**VI** *(Comm etc)* ◆ **to set up in business as a grocer** s'établir épicier ◆ **he set up in business in London** il a monté une affaire *or* une entreprise à Londres
**VT SEP** 1 *(= place in position) [+ chairs, table, stall]* placer, installer ; *[+ tent]* dresser ; *[+ monument, statue]* ériger, dresser ◆ **to set up type** *(Typography)* assembler les caractères, composer ◆ **to set up camp** établir un camp
2 *(= start, establish) [+ school, institution]* fonder ; *[+ business, company, fund]* créer, lancer ; *[+ tribunal, government, committee]* constituer ; *[+ fashion]* lancer ; *[+ record]* établir ; *[+ theory]* avancer ◆ **to set up an inquiry** ouvrir une enquête ◆ **to set up house** *or* **home** s'installer ◆ **they've set up home in Toulon/Spain** ils se sont installés à Toulon/en Espagne ◆ **they set up house** *or* **home together** ils se sont mis en ménage ◆ **to set up shop** *(Comm)* ouvrir un commerce *or* un

magasin, s'établir ; *(fig)* s'établir, s'installer ◆ **he set up shop as a grocer** il s'est établi épicier, il a ouvert une épicerie ◆ **he set up shop as a doctor** * *(fig)* il s'est installé comme médecin ◆ **to set sb up in business** établir *or* lancer qn dans les affaires ◆ **he's all set up now** il est bien établi *or* lancé maintenant ◆ **I've set it all up for you** je vous ai tout installé *or* préparé

3 *(= pose)* ◆ **I've never set myself up as a scholar** je n'ai jamais prétendu être savant

4 *(after illness)* rétablir, remettre sur pied

5 *(= equip)* munir, approvisionner *(with* de)

6 *(* = falsely incriminate)* monter un coup contre ◆ **I've been set up** je suis victime d'un coup monté

7 *(* = lure into a trap)* piéger

**N** ◆ **setting-up** → **setting**

▸ **set upon** VT FUS *(= attack) (physically)* attaquer, se jeter sur ; *(verbally)* attaquer

**seta** /'si:tə/ N (pl **setae** /'si:ti:/) *(= microscopic hair)* seta *m*

**setaceous** /sɪ'teɪʃəs/ ADJ sétacé

**setback** /'setbæk/ SYN N *(= hitch)* contretemps *m* ; *(more serious)* revers *m*, échec *m* ; *(in health)* rechute *f* ◆ **there has been a new setback to the peace process** le processus de paix est à nouveau menacé ◆ **there has been another setback to hopes of an early release of the prisoners** l'espoir d'une libération prochaine des prisonniers a de nouveau été déçu ◆ **to suffer a setback** essuyer un revers

**Seth** /seθ/ N *(Rel)* Seth *m*

**setiferous** /sɪ'tɪfərəs/ ADJ sétifère, sétigère

**setose** /'si:təʊs/ ADJ sétifère, sétigère

**setscrew** /'setskru:/ N *(Tech)* vis *f* sans tête

**sett** /set/ N 1 *(in roadway etc)* pavé *m*

2 *[of badger]* terrier *m*

**settee** /se'ti:/

**N** canapé *m*

**COMP** **settee bed** N canapé-lit *m*

**setter** /'setə^r/ N 1 *(= dog)* setter *m*, chien *m* d'arrêt

2 *(= person) [of gems]* sertisseur *m* ; → **typesetter**

**setting** /'setɪŋ/ SYN

**N** 1 *(= surroundings, background)* cadre *m*

2 *[of jewel]* monture *f*

3 *(Mus) [of poem etc]* mise *f* en musique ◆ **setting for piano** arrangement *m* pour piano

4 *(NonC) [of sun, moon]* coucher *m* ; *(= act of placing)* mise *f* ; *[of machine etc]* réglage *m* ; *(Typography)* composition *f* ; *(Med) [of fracture]* réduction *f* ; *[of limb, bone]* pose *f* d'un plâtre *or* d'une attelle *(of* à)

5 *(= hardening) [of jam]* épaississement *m* ; *[of cement]* solidification *f*, durcissement *m*

6 *(Brit Scol)* répartition *f* par groupes de niveaux

**COMP** **setting lotion** N lotion *f or* fixateur *m* pour mise en plis

**setting ring** N *(Phot)* bague *f* de réglage

**setting-up** N *[of institution, company etc]* création *f*, lancement *m* ; *(Typography)* composition *f*

**setting-up exercises** NPL exercices *mpl* d'assouplissement

**settle**[1] /'setl/ N banc *m* à haut dossier

**settle**[2] /'setl/ SYN

**VT** 1 *(= install, make comfortable) [+ child, patient]* installer ◆ **to settle a child for the night** installer un enfant pour la nuit ◆ **she settled her head back against the head-rest** elle a reposé sa tête sur l'appui-tête ◆ **he settled himself in an armchair** il s'est installé (confortablement) dans un fauteuil ◆ **he settled himself in the saddle** il s'est installé sur la selle ◆ **he is a difficult horse to settle** c'est un cheval nerveux ◆ **he settled his gaze** *or* **his eyes on my face** son regard se posa *or* s'arrêta sur mon visage ; see also **settled**

2 *(= sort out, resolve) [+ question, matter, argument, legal dispute, case]* régler ; *[+ problem]* résoudre ; *[+ one's affairs]* régler, mettre en ordre ; *(= fix, agree on) [+ conditions, terms, details, date]* fixer ◆ **to settle one's difficulties** résoudre ses problèmes ◆ **they have settled their differences** ils ont réglé leurs différends ◆ **several points remain to be settled** il reste encore plusieurs points à régler ◆ **the result was settled in the first half** *(Football etc)* la première mi-temps a décidé du résultat ◆ **that settles it** *(= no more problem)* comme ça le problème est réglé ; *(= that's made my mind up)* ça me décide ◆ **settle it among yourselves** réglez *or* arrangez ça entre vous ◆ **that's settled then?** alors c'est entendu ? ◆ **nothing is settled** on n'a encore rien décidé ◆ **I'll settle him!** * je vais lui régler son compte ! * ; see also **settled** ; → **score**

3 *(= pay) [+ debt]* rembourser, s'acquitter de ; *[+ bill, account]* régler ; see also **account**

4 *(= calm, stabilize) [+ nerves]* calmer ; *[+ doubts]* apaiser, dissiper ◆ **he sprinkled water on the floor to settle the dust** il a aspergé le sol d'eau pour empêcher la poussière de voler ◆ **this will settle your stomach** ceci calmera *or* soulagera tes douleurs d'estomac

5 *(Jur = bequeath)* ◆ **to settle sth on sb** faire don de qch à qn ; *(in will)* léguer qch à qn

6 *[+ land] (= colonize)* coloniser ; *(= inhabit)* peupler ; see also **settled**

**VI** 1 *(= land, alight) [bird, insect]* se poser *(on* sur)

2 *(= sink) [sediment, coffee grounds, tea leaves]* se déposer ; *[wall]* se tasser ; *[building]* s'affaisser ◆ **contents of the packet may settle during transit** *(Comm)* le contenu du paquet peut se tasser pendant le transport

3 *(= become permanent) [snow]* tenir ; *[dust etc]* retomber ; see also **vi 5** ◆ **to settle on sth** *[dust, snow]* couvrir qch ◆ **the weather has settled** le temps s'est mis au beau fixe ◆ **the cold has settled on his chest** son rhume s'est transformé en bronchite ◆ **her eyes** *or* **gaze settled on him** son regard s'arrêta *or* se posa sur lui ; see also **settled**

4 *(= get comfortable)* ◆ **to settle into an armchair** s'installer (confortablement) dans un fauteuil ◆ **to settle into one's new job** s'habituer *or* se faire à son nouvel emploi ◆ **to settle into a routine** adopter une routine ◆ **to settle to sth** se mettre (sérieusement) à qch, s'appliquer à qch ◆ **I can't settle to anything** je suis incapable de me concentrer ◆ **let your meal settle before you go swimming** attends d'avoir digéré avant de te baigner

5 *(= calm down) [emotions]* s'apaiser ; *[conditions]* redevenir normal ; *[situation]* redevenir normal, s'arranger ◆ **when the dust has settled** *(fig)* quand les choses se seront tassées *

6 *(= go to live)* s'installer, se fixer ; *(as colonist)* s'établir ◆ **he settled in London/in France** il s'est installé *or* fixé à Londres/en France ◆ **the Dutch settled in South Africa** les Hollandais se sont établis en Afrique du Sud

7 *(= sort out, accept)* ◆ **to settle with sb for the cost of the meal** régler qn pour le prix du repas, régler le prix du repas à qn ◆ **to settle out of court** *(Jur)* arriver à un règlement à l'amiable ◆ **he settled for $200** il s'est contenté de 200 dollars, il a accepté 200 dollars ◆ **they settled on $200** ils se sont mis d'accord sur 200 dollars ◆ **will you settle for a draw?** accepteriez-vous un match nul ?

8 *(= choose, decide on)* ◆ **to settle on sth** fixer son choix sur qch, opter *or* se décider pour qch

▸ **settle down**

**VI** *[person] (in armchair, sofa)* s'installer *(in* dans) ; *(= take up one's residence)* s'installer, se fixer ; *(= become calmer)* se calmer ; *(after wild youth)* se ranger, s'assagir ; *[excitement, emotions]* s'apaiser ; *[situation, conditions]* s'arranger ◆ **he settled down to read the document** il s'est installé pour lire tranquillement le document ◆ **to settle down to work** se mettre (sérieusement) au travail ◆ **he has settled down in his new job** il s'est adapté *or* s'est fait à son nouvel emploi ◆ **to settle down at school** s'habituer *or* s'adapter à l'école ◆ **it's time he got married and settled down** il est temps qu'il se marie *subj* et qu'il ait une vie stable ◆ **he can't settle down anywhere** il n'arrive à se fixer nulle part ◆ **he took some time to settle down in Australia/to civilian life** il a mis du temps à s'habituer *or* à s'adapter à la vie en Australie/à la vie civile ◆ **when things have settled down again** quand les choses se seront calmées *or* se seront tassées *

**VT SEP** installer ◆ **to settle o.s. down in an armchair** s'installer confortablement dans un fauteuil ◆ **he settled the child down on the sofa** il a installé l'enfant sur le canapé

▸ **settle in** VI *(= get things straight)* s'installer ; *(= get used to things)* s'adapter ◆ **the house is finished and they're quite settled in** la maison est terminée et ils sont tout à fait installés ◆ **we took some time to settle in** nous avons mis du temps à nous adapter

▸ **settle up**

**VI** régler (la note) ◆ **to settle up with sb** *(financially)* régler qn ; *(fig)* régler son compte à qn * ◆ **let's settle up** faisons nos comptes ◆ **we'll settle up for the petrol later** nous ferons nos comptes pour l'essence plus tard

**VT SEP** *[+ bill]* régler

**settled** /'setld/

**VB** (pret, (ptp of **settle**[2])

**ADJ** 1 *[weather]* stable ◆ **the weather is settled** le temps est stable

2 *[land, area] (= colonized)* colonisé ; *(= inhabited)* habité, peuplé

3 *(= unchanging) [social order, life, team]* établi ◆ **a man of settled habits** un homme aux habitudes régulières

4 *(= at ease: in new job, home)* ◆ **I feel settled** je me sens bien ◆ **to get settled** s'installer

5 *[question, matter]* réglé

**settlement** /'setlmənt/ SYN N 1 *(NonC) [of question, argument, bill, debt]* règlement *m* ; *[of conditions, terms, details, date]* décision *f (of* concernant) ; *[of problem]* solution *f* ◆ **in settlement of an account** pour *or* en règlement d'un compte

2 *(= agreement)* accord *m* ◆ **to reach a settlement** arriver à *or* conclure un accord ; → **negotiate, wage**

3 *(Jur)* donation *f (on sb* en faveur de qn) ; *(= act of settling)* constitution *f* ; *(= income)* rente *f* ; *(= dowry)* dot *f* ; → **marriage**

4 *(= colonization)* colonisation *f* ; *(= colony)* colonie *f* ; *(= village)* village *m*, hameau *m* ; *(= homestead)* ferme *f or* habitation *f* (isolée) ◆ **the first settlement on the island** le premier établissement humain dans l'île ; → **penal**

5 *(for social work:* also **settlement house)** centre *m* d'œuvres sociales

6 *(Constr: of building)* tassement *m*

**settler** /'setlə^r/ SYN N colon *m*, colonisateur *m*, -trice *f*

**settlor** /'setlə^r/ N *(Fin, Jur)* constituant *m*

**setup** /'setʌp/ SYN

**N** 1 *(= way sth is organised)* ◆ **what's the setup?** comment est-ce que c'est organisé *or* que ça marche ? ◆ **it's an odd setup** c'est une drôle de situation ◆ **I don't like that setup at all** je n'aime pas l'allure de tout ça * ◆ **when did he join the setup?** quand est-ce qu'il est entré là-dedans ?

2 * *(= trick)* coup *m* monté, machination *f* ; *(= trap)* piège *m*

**COMP** **setup file** N *(Comput)* fichier *m* de configuration

**seven** /'sevn/

**ADJ** sept *inv*

**N** sept *m inv* ; *pour loc voir* **six**

**PRON** sept ◆ **there are seven** il y en a sept

**COMP** **the seven deadly sins** NPL *(liter)* les sept péchés *mpl* capitaux

**seven-league boots** NPL bottes *fpl* de sept lieues

**the seven seas** NPL *(liter)* toutes les mers *fpl* (du globe) ◆ **to sail the seven seas** parcourir les mers

**the Seven Sisters** NPL *(Astron, Myth)* les Pléiades *fpl* ; *(US Univ) groupe de sept universités pour jeunes filles dans le nord-est des États-Unis*

**the seven wonders of the world** NPL les sept merveilles *fpl* du monde

**the seven-year itch** * N *sentiment d'insatisfaction après sept ans de mariage*

**sevenfold** /'sevnˌfəʊld/

**ADJ** septuple

**ADV** au septuple

**seventeen** /ˌsevn'ti:n/

**ADJ** dix-sept *inv*

**N** dix-sept *m inv* ; *pour loc voir* **six**

**PRON** dix-sept ◆ **there are seventeen** il y en a dix-sept

**seventeenth** /ˌsevn'ti:nθ/

**ADJ** dix-septième

**N** dix-septième *mf* ; *(= fraction)* dix-septième *m* ; *pour loc voir* **sixth**

**seventh** /'sevnθ/

**ADJ** septième

**N** 1 septième *mf* ; *(= fraction)* septième *m* ; *pour loc voir* **sixth**

2 *(Mus)* septième *f*

**COMP** **Seventh Day Adventist** N adventiste *mf* du septième jour ; → **heaven**

## seventieth | shabbiness

**seventieth** /ˈsevntɪɪθ/
- **ADJ** soixante-dixième, septantième (Belg, Helv)
- **N** soixante-dixième mf ; (= fraction) soixante-dixième m ; pour loc voir **sixth**

**seventy** /ˈsevntɪ/
- **ADJ** soixante-dix inv, septante inv (Belg, Helv)
- **N** soixante-dix m inv ♦ **he's in his seventies** il est septuagénaire, il a plus de soixante-dix ans ; pour autres loc voir **sixty**
- **PRON** soixante-dix ♦ **there are seventy** il y en a soixante-dix

**sever** /ˈsevəʳ/
- **VT** [+ rope] couper, trancher ; (fig) [+ relations] rompre, cesser ; [+ communications] interrompre ♦ **to sever all connections with sb** cesser toutes relations avec qn ; (Comm) se dissocier de qn
- **VI** [rope] se rompre

**severability** /ˌsevərəˈbɪlɪtɪ/ **N** (Jur) autonomie f des dispositions d'un contrat

**several** /ˈsevrəl/ SYN
- **ADJ** [1] (in number) plusieurs ♦ **several times** plusieurs fois ♦ **several hundred people** plusieurs centaines de personnes
- [2] (frm = separate) ♦ **they went their several ways** (lit) ils sont partis chacun de leur côté ; (fig) la vie les a séparés ♦ **their several occupations** leur diverses or différentes occupations fpl ; → **joint**
- **PRON** plusieurs mfpl ♦ **several of them** plusieurs d'entre eux (or elles) ♦ **several of us saw the accident** plusieurs d'entre nous ont vu l'accident, nous sommes plusieurs à avoir vu l'accident ♦ **several of us passed the exam** nous sommes plusieurs à avoir été reçus à l'examen

**severally** /ˈsevrəlɪ/ **ADV** séparément, individuellement

**severance** /ˈsevərəns/
- **N** séparation f (from de) ; [of relations] rupture f ; [of communications] interruption f
- **COMP severance motion N** (US Jur) demande f de procès séparés (par des coaccusés)
- **severance package, severance pay N** indemnité f de licenciement

**severe** /sɪˈvɪəʳ/ SYN ADJ
- **COMP** [1] (= serious, intense) [problem, consequences, damage, shortage, injury, illness, disability] grave ; [blow, defeat] sévère ; [loss] sévère, lourd ; [hardship, setback] sérieux ; [competition] serré, acharné ; [pain] vif before n ; [migraine, pressure] fort ; [storm] violent ; [frost] fort ; [climate, winter] rigoureux ; [cold] intense ♦ **a severe cold** un gros rhume
- [2] (= strict) [person, expression, penalty, measure] sévère ♦ **it was a severe test of her patience** cela a mis sa patience à rude épreuve
- [3] (= austere) [clothes] sévère ♦ **her style of dress was somewhat severe** elle s'habillait de façon un peu austère
- **COMP severe acute respiratory sydrome N** syndrome m respiratoire aigu sévère

**severely** /sɪˈvɪəlɪ/ SYN ADV [1] [damage, disrupt, injure, affect] gravement ; [strain, limit, hamper] sérieusement ♦ **severely ill/depressed/disabled** gravement malade/déprimé/handicapé ♦ **he's severely subnormal** c'est un débile profond
- [2] [punish, reprimand, criticize, look] sévèrement
- [3] [dress] sévèrement

**severity** /sɪˈverɪtɪ/ SYN **N** (NonC) [of problem, crisis, recession, illness, injury] gravité f ; [of punishment, criticism, building, clothes, tone] sévérité f ; [of pain, storm] violence f ; [of winter] rigueur f

**Seville** /səˈvɪl/
- **N** Séville
- **COMP Seville orange N** (Brit) orange f amère, bigarade f
- **Seville orange tree N** (Brit) bigaradier m

**sew** /səʊ/ (pret sewed, ptp sewn, sewed)
- **VT** coudre ♦ **to sew a button on sth** coudre un bouton à qch ; (if button missing) recoudre un bouton à qch ♦ **to sew two pieces of material together** coudre deux morceaux de tissu ensemble
- **VI** coudre, faire de la couture
- ▶ **sew on VT SEP** (gen) coudre ; (also **sew back on**) recoudre
- ▶ **sew up VT SEP** [+ tear] recoudre ; [+ seam] faire ; [+ sack] fermer par une couture ; [+ wound] (re-)coudre, suturer ♦ **to sew sth up in a sack** coudre qch dans un sac ♦ **we've got the contract all sewn up*** le contrat est dans le sac* or dans la poche* ♦ **the French market is pretty well sewn up*** le marché français est pratiquement verrouillé ♦ **they've got the match all sewn up*** ils ont le match dans leur poche* ♦ **it's all sewn up now*** l'affaire est dans le sac*

**sewage** /ˈsjuːɪdʒ/
- **N** (NonC) eaux fpl d'égout or usées
- **COMP sewage disposal N** évacuation f des eaux usées
- **sewage farm N** champ m d'épandage
- **sewage pipe N** égout m
- **sewage works N** ⇒ **sewage farm**

**sewer** /ˈsjʊəʳ/
- **N** égout m ; → **main**
- **COMP sewer gas N** gaz m méphitique (d'égouts)
- **sewer rat N** rat m d'égout

**sewerage** /ˈsjʊərɪdʒ/ **N** [1] (= disposal) évacuation f des vidanges ; (= system) (système m d')égouts mpl ; (= cost of service) frais mpl de vidange
- [2] ⇒ **sewage**

**sewing** /ˈsəʊɪŋ/
- **N** (NonC) (= activity, skill) couture f ; (= piece of work) ouvrage m ♦ **I like sewing** j'aime coudre or la couture ♦ **she put her sewing down** elle a posé son ouvrage
- **COMP sewing basket N** boîte f à couture
- **sewing bee N** (US) ♦ **they have a sewing bee on Thursdays** elles se réunissent pour coudre le jeudi
- **sewing cotton N** fil m de coton, fil m à coudre
- **sewing machine N** machine f à coudre
- **sewing silk N** fil m de soie

**sewn** /səʊn/ VB ptp of **sew**

**sex** /seks/ SYN
- **N** [1] sexe m ♦ **the gentle** or **weaker sex** († or hum) le sexe faible
- [2] (NonC = sexual act) rapports mpl sexuels, relations fpl sexuelles ♦ **to have sex (with sb)** faire l'amour (avec qn), avoir des rapports (sexuels) avec qn ♦ **all he ever thinks about is sex*, he's got sex on the brain*** il ne pense qu'au sexe or qu'à ça* ♦ **sex outside marriage** relations fpl (sexuelles) hors mariage
- **VT** [+ chick etc] déterminer le sexe de
- **COMP** [education, instinct] sexuel(le)
- **sex act N** acte m sexuel
- **sex aid N** gadget m érotique
- **sex-and-shopping ADJ** (Brit) ♦ **sex-and-shopping novel** roman de gare, érotique et superficiel
- **sex appeal N** sex-appeal m
- **sex change (operation) N** (opération f de) changement m de sexe ♦ **to have** or **undergo a sex change (operation)** se faire opérer pour changer de sexe
- **sex chromosome N** (Bio) chromosome m sexuel, hétérochromosome m
- **sex clinic N** clinique f de sexologie
- **sex-crazy* ADJ** ♦ **he is sex-crazy** c'est un obsédé (sexuel)
- **sex discrimination N** discrimination f sexuelle
- **sex drive N** pulsion f sexuelle
- **sex fiend N** satyre* m
- **sex goddess N** bombe f sexuelle
- **sex hormone N** hormone f sexuelle
- **sex hygiene N** (US) hygiène f sexuelle
- **the sex industry N** l'industrie f du sexe
- **sex kitten* N** minette f très sexy
- **sex life N** vie f sexuelle
- **sex-linked ADJ** (Bio) lié au sexe
- **sex-mad* ADJ** ⇒ **sex-crazy**
- **sex maniac N** obsédé(e) sexuel(le) m(f)
- **sex manual N** ouvrage m sur le sexe
- **sex object N** objet m sexuel
- **sex offender N** délinquant(e) sexuel(le) m(f)
- **sex organ N** organe m sexuel
- **sex partner N** partenaire mf sexuel(le)
- **sex pot* N** fille f or femme f très sexy*
- **sex scene N** (Cine, Theat) scène f érotique
- **sex selection N** [of baby] choix m du sexe
- **sex shop N** sex-shop m, boutique f porno inv
- **sex show N** spectacle m érotique
- **sex-starved* ADJ** (sexuellement) frustré*
- **sex symbol N** sex-symbol m
- **sex therapist N** sexologue mf
- **sex therapy N** sexologie f
- **sex tourism N** tourisme m sexuel
- **sex toy N** gadget m
- **sex urge N** ⇒ **sex drive**
- **sex worker N** travailleur -euse m(f) sexuel (le)
- ▶ **sex up* VT SEP** donner du piquant à

**sexagenarian** /ˌseksədʒɪˈnɛərɪən/ ADJ, N sexagénaire mf

**Sexagesima** /ˌseksəˈdʒesɪmə/ **N** Sexagésime f

**sexed** /sekst/ ADJ [1] [organism] sexué
- [2] ♦ **to be highly sexed** avoir une forte libido

**sexily** /ˈseksɪlɪ/ ADV de façon sexy*

**sexiness** /ˈseksɪnɪs/ **N** (NonC) [of person, voice, eyes] sex-appeal m ; (* fig) [of subject, issue] côté m excitant

**sexism** /ˈseksɪzəm/ **N** sexisme m

**sexist** /ˈseksɪst/ ADJ sexiste

**sexless** /ˈsekslɪs/ ADJ [person] (also Bio) asexué ♦ **a sexless marriage** une vie conjugale sans rapports sexuels

**sexologist** /sekˈsɒlədʒɪst/ **N** sexologue mf

**sexology** /sekˈsɒlədʒɪ/ **N** sexologie f

**sexploitation*** /ˌseksplɔːˈteɪʃən/ **N** utilisation de l'image de la femme-objet dans la publicité etc

**sext** /sekst/ **N** sexte f

**sextant** /ˈsekstənt/ **N** sextant m

**sextet** /seksˈtet/ **N** (= players, composition) sextuor m

**sexton** /ˈsekstən/ **N** sacristain m, bedeau m

**sextuplet** /seksˈtjuːplɪt/ **N** sextuplé(e) m(f)

**sexual** /ˈseksjʊəl/ SYN
- **ADJ** sexuel
- **COMP sexual abuse N** sévices mpl sexuels, abus m sexuel
- **sexual equality N** égalité f des sexes
- **sexual harassment N** harcèlement m sexuel
- **sexual health N** précautions fpl en matière sexuelle
- **sexual intercourse N** rapports mpl sexuels
- **sexual orientation N** orientation f sexuelle
- **sexual politics N** conventions définissant la place des individus dans la société en fonction de leur sexe ou de leurs préférences sexuelles
- **sexual preference N** ⇒ **sexual orientation**
- **sexual services NPL** commerce m sexuel tarifé
- **sexual stereotyping N** catégorisation f en stéréotypes sexuels

**sexuality** /ˌseksjʊˈælɪtɪ/ SYN **N** sexualité f

**sexualize** /ˈseksjʊəlaɪz/ **VT** sexualiser

**sexually** /ˈseksjʊəlɪ/
- **ADV** [1] [attractive, exciting, explicit, available, inadequate] sexuellement ; [threatening] du point de vue sexuel ♦ **to be sexually abused** subir des sévices sexuels ♦ **to be sexually active** avoir une activité sexuelle ♦ **sexually aroused** excité sexuellement ♦ **to be sexually attracted to sb** avoir une attirance sexuelle pour qn ♦ **sexually harassed** soumis à un harcèlement sexuel
- [2] (= by sex) [segregated] par le sexe
- **COMP sexually transmitted disease N** maladie f sexuellement transmissible
- **sexually transmitted infection N** infection f sexuellement transmissible

**sexy** /ˈseksɪ/ SYN ADJ [1] (= sexually exciting) [person, clothes] sexy* inv ; [voice] séduisant ; [image] de séducteur (-trice f) ♦ **to look sexy** avoir l'air sexy* or séduisant
- [2] (= interested in sex) ♦ **to be** or **feel sexy** avoir des envies ♦ **to make sb feel sexy** donner des envies à qn, exciter qn
- [3] (* = exciting) [subject, issue] excitant

**Seychelles** /seɪˈʃel(z)/ NPL ♦ **the Seychelles** les Seychelles fpl

**Seychellois** /ˌseɪʃelˈwɑː/
- **ADJ** seychellois
- **N** Seychellois(e) m(f)

**sez*** /sez/ ⇒ **says** ; → **say** ♦ **sez you!** (iro) que tu dis ! * ♦ **sez who?*** ah oui ? (iro)

**SF** /esˈef/ **N** (abbrev of **science fiction**) SF f

**SFA** /ˌesefˈeɪ/ (abbrev of **Scottish Football Association**) fédération f écossaise de football

**SFO** /ˌesefˈəʊ/ **N** (Brit) (abbrev of **Serious Fraud Office**) → **serious**

**sforzando** /sfɔːˈtsɑːndəʊ/ ADV (Mus) sforzando

**sfx** /ˌesefˈeks/ NPL (Cine) (abbrev of **special effects**) → **special**

**sgd** (abbrev of **signed**) → **sign vt 1**

**SGML** /ˌesdʒiːemˈel/ **N** (Comput) (abbrev of **Standard Generalized Mark-up Language**) SGML m

**Sgt N** (abbrev of **Sergeant**) ♦ **Sgt J. Smith** (on envelopes) le Sergent J. Smith

**sh** /ʃ/ EXCL chut

**shabbily** /ˈʃæbɪlɪ/ ADV [1] (= tattily) [dressed] pauvrement
- [2] (= unfairly) [behave] mesquinement ; [treat] avec mesquinerie

**shabbiness** /ˈʃæbɪnɪs/ **N** [of dress] aspect m élimé or râpé ; [of person] mise f pauvre ; [of behaviour, treatment] mesquinerie f, petitesse f

**shabby** /ˈʃæbɪ/ SYN
- **ADJ** 1 (= tatty) [person, clothes, district, house, furnishings] miteux
- 2 (= unfair) [treatment, behaviour, compromise] mesquin ◆ **a shabby trick** un vilain tour, une mesquinerie
- **COMP shabby-genteel** ADJ pauvre mais digne **shabby-looking** ADJ de pauvre apparence

**Shabuoth** /ʃəˈvuːəs/ N (Rel) Shavouoth

**shack** /ʃæk/ N cabane f, hutte f
▶ **shack up**⁎ VI (= live) se mettre en ménage (with sb avec qn) ◆ **to shack up together** vivre ensemble ◆ he's shacked up with that bird from Preston il est à la colle avec la nana⁎ de Preston

**shackle** /ˈʃækl/
- **NPL shackles** chaînes fpl, fers mpl ; (fig) chaînes fpl, entraves fpl
- **VT** mettre aux fers, enchaîner ; (fig) entraver

**shad** /ʃæd/ N (pl shad or shads) alose f

**shadberry** /ˈʃædbərɪ/ N baie f d'amélanchier

**shadbush** /ˈʃædbʊʃ/ N amélanchier m

**shaddock** /ˈʃædək/ N (= fruit) poméló m

**shade** /ʃeɪd/ SYN
- **N** 1 (NonC) ombre f ◆ **in the shade of a tree** à l'ombre or sous l'ombrage d'un arbre ◆ **40° in the shade** 40° à l'ombre ◆ **to put sb/sth in the shade** (fig) éclipser qn/qch
- 2 [of colour] nuance f, ton m ; [of opinion] nuance f ◆ **several shades darker than that** plus sombre de plusieurs tons (que cela) ◆ **several shades of red** plusieurs nuances or tons de rouge ◆ **a new shade of lipstick** un nouveau ton or une nouvelle couleur de rouge à lèvres ◆ **a shade of meaning** une nuance
- 3 (= hint, small amount) ◆ **a shade of vulgarity** un soupçon de vulgarité ◆ **there's not a shade of difference between them** il n'y a pas la moindre différence entre eux ◆ **a shade bigger** un tout petit peu or légèrement plus grand ◆ **shades of Sartre!** voilà qui fait penser à Sartre !, ça rappelle Sartre !
- 4 (= lampshade) abat-jour m inv ; (= eyeshade) visière f ; (= blind) store m
- 5 (liter = ghost) ombre f, fantôme m
- **NPL shades** ⁎ (= sunglasses) lunettes fpl de soleil
- **VT** 1 [trees, parasol] donner de l'ombre à ; [person] [+ one's work etc] abriter du soleil or de la lumière ◆ **shaded place** endroit m ombragé or à l'ombre ◆ **he shaded his eyes with his hands** il s'abrita les yeux de la main ◆ **to shade a light** voiler une lampe
- 2 (also **shade in**) [+ painting etc] ombrer, nuancer ; (by hatching) [+ outline, drawing etc] hachurer ; (= colour in) colorer (in en)
- 3 [+ price] baisser or diminuer progressivement ◆ **prices shaded for quantities** tarif m dégressif pour commandes en gros ◆ **shaded charges tariff** tarif m dégressif
- 4 (= narrowly win) gagner de justesse
- **VI** (also **shade off**) 1 se dégrader (into jusqu'à), se fondre (into en) ◆ **the red shades (off) into pink** le rouge se fond en rose
- 2 [prices] baisser
▶ **shade off**
- **VI** ⇒ shade vi
- **VT SEP** [+ colours etc] estomper

**shadiness** /ˈʃeɪdɪnɪs/ N (NonC) 1 (= shade) ombre f
- 2 (fig) caractère m suspect or louche

**shading** /ˈʃeɪdɪŋ/ N 1 (NonC) (in painting etc) ombres fpl, noirs mpl ; (= hatching) hachure(s) f(pl) ; (fig) nuance f
- 2 (for plants) ◆ **to provide shading** faire de l'ombre

**shadow** /ˈʃædəʊ/ SYN
- **N** 1 (= shade) ombre f ◆ **in the shadow of the tree** à l'ombre de l'arbre ◆ **in the shadow of the porch** dans l'ombre du porche ◆ **he was standing in (the) shadow** il se tenait dans l'ombre ◆ **I could see his shadow on the wall** je voyais son ombre (projetée) sur le mur ◆ **he's afraid or frightened or scared of his own shadow** il a peur de son ombre ◆ **to live in sb's shadow** vivre dans l'ombre de qn ◆ **he's only a shadow of his former self** il n'est plus que l'ombre de lui-même ◆ **to have (dark) shadows under one's eyes** avoir les yeux cernés, avoir des cernes mpl sous les yeux ; → **cast**
- 2 (= darkness) ◆ **the shadows** l'obscurité f, les ténèbres fpl
- 3 (= hint) ◆ **without a shadow of doubt** sans l'ombre d'un doute ◆ **not a shadow of truth** pas le moindre atome de vérité
- 4 (= detective etc) personne f (or détective m etc) qui file quelqu'un ◆ **to put a shadow on sb** faire filer qn, faire prendre qn en filature
- 5 (= inseparable companion) ombre f
- **VT** (= follow) filer, prendre en filature
- **COMP shadow-box** VI boxer dans le vide
- **shadow-boxing** N (Sport) boxe f dans le vide ; (fig) attaque f de pure forme, attaque f purement rituelle
- **shadow cabinet** N (Brit Parl) cabinet m fantôme
- **shadow Foreign Secretary** N (Brit Parl) ◆ **he is (the) shadow Foreign Secretary** il est le porte-parole de l'opposition pour les Affaires étrangères
- **shadow minister** N (Brit Pol) ministre m fantôme
- **shadow play** N spectacle m d'ombres chinoises

> **SHADOW CABINET**
>
> Dans le système parlementaire britannique, le « cabinet fantôme » (**Shadow Cabinet**) se compose des députés du principal parti d'opposition qui deviendraient ministres si leur parti était élu. Chaque ministre en fonction a donc un homologue dans l'opposition : au ministre de l'Intérieur (Home Secretary) ou des Finances (Chancellor) correspond donc un « **Shadow** Home Secretary » et un « **Shadow** Chancellor ». Leur rôle est d'interroger le gouvernement sur sa politique dans leurs domaines de spécialité et d'être le porte-parole des opinions de leur parti.

**shadowgraph** /ˈʃædəʊɡrɑːf/ N (= silhouette) ombre f chinoise

**shadowy** /ˈʃædəʊɪ/ SYN ADJ 1 (= shady) [place] ombragé ; [woods] sombre, ombreux
- 2 (= indistinct) [figure, shape, outline, form] confus, vague, indistinct ; [idea, plan] vague, indistinct
- 3 (= mysterious) [figure, group] indéfini ◆ **the shadowy world of espionage** le monde mystérieux de l'espionnage

**shady** /ˈʃeɪdɪ/ SYN ADJ 1 (= shadowy) [place] ombragé ◆ **under a shady tree** à l'ombre d'un arbre
- 2 (= dishonest) [person, behaviour] louche ; [lawyer, deal] véreux ◆ **to have a shady past** avoir un passé louche

**shaft** /ʃɑːft/ SYN
- **N** 1 (= stem, handle) [of arrow, spear] hampe f ; [of tool, golf club] manche m ; [of feather] tuyau m ; [of column] fût m ; [of bone] diaphyse f ; (on cart, carriage, plough etc) brancard m ; [of vehicle, machine] arbre m ; → **camshaft**
- 2 (liter = arrow) flèche f ◆ **Cupid's shafts** les flèches fpl de Cupidon ◆ **shaft of light** rayon m or trait m de lumière
- 3 [of mine] puits m ; [of lift, elevator] cage f ; (for ventilation) puits m, cheminée f
- **VT** (⁎ = have sex with) baiser⁎ ◆ **we'll be shafted if that happens** (fig = defeat, ruin) si ça arrive, on sera baisés⁎ or niqués⁎

**shag¹** /ʃæɡ/ N (= tobacco) tabac m très fort

**shag²** /ʃæɡ/ N (= bird) cormoran m huppé

**shag³** /ʃæɡ/
- **N** (Brit) ◆ **to have a shag**⁎ baiser⁎
- **VT** (Brit ⁎ = have sex with) baiser⁎
- **VI** 1 (Brit ⁎ = have sex) baiser⁎
- 2 (US) ◆ **to shag off**⁎ se tirer⁎, foutre le camp⁎

**shag⁴** /ʃæɡ/ VT (US = retrieve) [+ ball] récupérer

**shag⁵** /ʃæɡ/
- **N** (= napped fabric) laine f à longues mèches
- **COMP shag (pile) carpet** N moquette f à longues mèches
- **shag (pile) rug** N tapis m à longues mèches

**shagged** ⁎⁎ /ʃæɡd/ ADJ ◆ **to be shagged (out)** être claqué⁎ or crevé⁎

**shaggy** /ˈʃæɡɪ/ SYN
- **ADJ** [hair, beard] hirsute ; [eyebrows, mane] broussailleux ; [animal, fur] à longs poils hirsutes ; [carpet, rug] à longs poils
- **COMP shaggy dog story** N histoire f sans queue ni tête

**shagreen** /ʃæˈɡriːn/
- **N** chagrin m (cuir)
- **COMP shagreen ray** N (= fish) raie f chardon

**Shah** /ʃɑː/ N schah or chah m

**shake** /ʃeɪk/ SYN (vb: pret shook, ptp shaken)
- **N** 1 (= movement) ◆ **to give sth a shake** secouer qch ◆ **with a shake of his head** en refusant d'un hochement de tête, en hochant la tête en signe de refus ◆ **with a shake in his voice** la voix tremblante, d'une voix tremblante ◆ **to be all of a shake**⁎ être tout tremblant ◆ **to have the shakes**⁎ (from nerves) avoir la tremblote⁎ ; (from drink) trembler, être agité de tremblements ◆ **in a brace** or **couple of shakes**⁎, **in two shakes (of a lamb's tail)**⁎ en un clin d'œil, en moins de deux⁎ ◆ **he/it is no great shakes**⁎ il/cela ne casse rien⁎ ◆ **he's no great shakes**⁎ **at swimming** or **as a swimmer** il n'est pas fameux or il ne casse rien⁎ comme nageur
- 2 (= drink) milk-shake m ; → **handshake, milk**
- **VT** 1 [+ duster, rug, person] secouer ; [+ dice, bottle, medicine, cocktail] agiter ; [+ house, windows etc] faire trembler ; (= brandish) [+ stick etc] brandir ◆ **"shake the bottle"** « agiter avant emploi » ◆ **to shake one's head** (in refusal) dire or faire non de la tête, hocher la tête en signe de refus ◆ **(at bad news) he shook his finger at me** (playfully, warningly) il m'a fait signe du doigt ; (threateningly) il m'a menacé du doigt ◆ **to shake one's fist/stick at sb** menacer qn du poing/de sa canne ◆ **to shake hands with sb, to shake sb's hand** serrer la main à qn ◆ **they shook hands** ils se sont serré la main ◆ **they shook hands on it** ils se sont serré la main en signe d'accord ◆ **shake a leg!**⁎ (fig) remue-toi !, bouge-toi !⁎ ◆ **to shake o.s.** (or **itself**) [person, animal] se secouer ; (to remove sand, water etc) s'ébrouer ◆ **a man with more medals than you can shake a stick at**⁎ un homme qui avait des tonnes ⁎ de médailles
- 2 ◆ **to shake apples from a tree** secouer un arbre pour en faire tomber les pommes ◆ **he shook the sand out of his shoes** il a secoué ses chaussures pour en vider le sable ◆ **he shook two aspirins into his hand** il a fait tomber deux comprimés d'aspirine dans sa main ◆ **he shook pepper on to his steak** il a saupoudré son bifteck de poivre ◆ **he shook himself free** il s'est libéré d'une secousse ◆ **he shook (off) the dust of that country from his feet** (liter) il a décidé de ne plus remettre les pieds dans le pays
- 3 [+ confidence, belief, resolve] ébranler ; [+ opinion] affecter ◆ **even torture could not shake him** même la torture ne l'a pas fait céder
- 4 (fig) (= amaze) stupéfier ; (= disturb) secouer, bouleverser ◆ **this will shake you!** tu vas en être soufflé !⁎, ça va t'en boucher un coin !⁎ ◆ **four days which shook the world** quatre jours qui ébranlèrent le monde ◆ **he needs to be shaken out of his smugness** il faudrait qu'il lui arrive subj quelque chose qui lui fasse perdre de sa suffisance ; see also **shaken**
- 5 (US ⁎) ⇒ shake off 2
- **VI** 1 [person, hand, table] trembler ; [building, windows, walls] trembler, être ébranlé ; [leaves, grasses] trembler, être agité ; [voice] trembler, trembloter ◆ **he was shaking with laughter, his sides were shaking** il se tordait (de rire) ◆ **to shake with cold** trembler de froid, grelotter ◆ **to shake with fear** trembler de peur ◆ **the walls shook at the sound** le bruit a fait trembler les murs ; → **boot¹, shoe**
- 2 (= shake hands) ◆ **they shook on the deal** ils ont scellé leur accord d'une poignée de main ◆ **(let's) shake on it!** tope là !, topez là !
- **COMP shake-out** N (US Econ) tassement m
- **shake-up** N grande réorganisation f, grand remaniement m
▶ **shake down**
- **VI** 1 (⁎ = settle for sleep) se coucher, se pieuter⁎ ◆ **I can shake down anywhere** je peux pioncer⁎ or me pieuter⁎ n'importe où
- 2 (= learn to work etc together) ◆ **they'll be a good team once they've shaken down** ils formeront une bonne équipe quand ils se seront habitués or faits les uns aux autres
- 3 (= settle) [contents of packet etc] se tasser
- 4 (⁎ = develop) évoluer
- 5 (= succeed) réussir
- **VT SEP** 1 ◆ **to shake down apples from a tree** faire tomber des pommes en secouant l'arbre, secouer l'arbre pour en faire tomber les pommes ◆ **to shake down the contents of a packet** secouer un paquet pour en tasser le contenu
- 2 (US) ◆ **to shake sb down for $50**⁎ soutirer or faire cracher⁎ 50 dollars à qn
- 3 (US ⁎ = frisk, search) [+ person] fouiller

▸ **shake off** VT SEP [1] ◆ **to shake off dust/sand/water from sth** secouer la poussière/le sable/l'eau de qch

[2] *(fig = get rid of) [+ cold, cough]* se débarrasser de ; *[+ yoke etc]* se libérer de, s'affranchir de ; *[+ habit]* se défaire de, perdre ; *[+ pursuer]* se débarrasser de, semer*

▸ **shake out**

VT SEP [1] *[+ flag, sail]* déployer ; *[+ blanket]* bien secouer ; *[+ bag]* vider en secouant ◆ **she picked up the bag and shook out its contents** elle a pris le sac et l'a vidé en le secouant ◆ **she shook 50p out of her bag** elle a secoué son sac et en a fait tomber 50 pence

[2] *[+ workforce]* dégraisser

VI *( * = turn out)* évoluer

N ◆ **shake-out** → **shake**

▸ **shake up**

VT SEP [1] *[+ pillow, cushion]* secouer, taper ; *[+ bottle, medicine]* agiter

[2] *(fig = disturb)* bouleverser, secouer ◆ **he was considerably shaken up by the news** il a été très secoué *or* il a été bouleversé par la nouvelle, la nouvelle lui a fait un coup* ; see also **shook**

[3] *(fig = rouse, stir) [+ person]* secouer, secouer les puces à* ; *[+ firm, organization]* réorganiser de fond en comble

N ◆ **shake-up** → **shake**

**shakedown** /ˈʃeɪkdaʊn/ N *(= bed)* lit *m* de fortune ; *(US* ‡*) (= search)* fouille *f* ; *(= extortion)* extorsion *f*, chantage *m*

**shaken** /ˈʃeɪkn/ ADJ *(by being in accident)* secoué ; *(by seeing accident)* bouleversé ; *(by news)* ébranlé ◆ **shaken but not stirred** *[martini] préparé en secouant plutôt qu'en mélangeant* ; *(hum) [person]* secoué mais pas franchement ému

**Shaker** /ˈʃeɪkəʳ/ N, ADJ *(Rel)* Shaker *mf*

**shaker** /ˈʃeɪkəʳ/ N *(for cocktails)* shaker *m* ; *(for dice)* cornet *m* ; *(for salad)* panier *m* à salade ; → **flour**

**Shakespearean, Shakespearian** /ʃeɪksˈpɪərɪən/ ADJ shakespearien

**shakily** /ˈʃeɪkɪlɪ/ ADV *[stand up]* en chancelant ; *[walk]* d'un pas mal assuré ; *[speak]* d'une voix mal assurée ; *[write]* d'une main tremblante

**shakiness** /ˈʃeɪkɪnɪs/ N *(NonC) [of hand]* tremblement *m* ; *[of table, chair etc]* manque *m* de stabilité *or* solidité ; *[of building]* manque *m* de solidité ; *[of voice]* chevrotement *m* ; *(fig) [of position]* instabilité *f* ; *[of health]* faiblesse *f* ; *[of knowledge]* insuffisance *f*, faiblesse *f*

**shako** /ˈʃækəʊ/ N (pl **shakos** *or* **shakoes**) s(c)hako *m*

**shaky** /ˈʃeɪkɪ/ SYN ADJ [1] *(= weak) [person] (from illness)* chancelant ; *(from nerves)* mal à l'aise

[2] *(= trembling) [person, legs] (from fear, illness)* flageolant, tremblant ; *(from age)* tremblant ; *[voice] (from fear, illness)* tremblant ; *(from age)* chevrotant ; *(from nerves)* mal assuré ; *[hand]* tremblant ; *[handwriting]* tremblé ◆ **her legs were shaky** elle flageolait sur ses jambes

[3] *(= wobbly) [table, building]* branlant, peu solide

[4] *(= uncertain) [start]* incertain ; *[business, firm, deal]* à l'avenir incertain ; *[argument]* boiteux ; *[knowledge]* hésitant ; *[health]* chancelant ; *[prospects]* précaire ◆ **shaky finances** une situation financière incertaine ◆ **my Spanish is very shaky** mon espagnol est très hésitant ◆ **to get off to a shaky start** partir sur un mauvais pied

**shale** /ʃeɪl/

N argile *f* schisteuse, schiste *m* argileux

COMP **shale oil** N huile *f* de schiste

**shall** /ʃæl/ MODAL AUX VB (neg **shall not** *often abbr to* **shan't**) ; see also **should** [1] *(in 1st person future tense)* ◆ **I shall** *or* **I'll arrive on Monday** j'arriverai lundi ◆ **we shall not** *or* **we shan't be there before 6 o'clock** nous n'y serons pas avant 6 heures ◆ **I'll come in a minute** je vais venir *or* je viens dans un instant

[2] *(in 1st person questions)* ◆ **shall I open the door?** dois-je ouvrir la porte ?, voulez-vous que j'ouvre *subj* la porte ?, j'ouvre la porte ?* ◆ **I'll buy three, shall I?** je vais en acheter trois, n'est-ce pas *or* d'accord* ? ◆ **let's go in, shall we?** entrons, voulez-vous ? ◆ **shall we ask him to come with us?** si on lui demandait de venir avec nous ?

[3] *(indicating command, guarantee etc)* ◆ **it shall be done this way and no other** cela sera fait *or* doit être fait de cette façon et d'aucune autre ◆ **thou shalt not kill** *(Bible)* tu ne tueras point ◆ **you shall obey me** vous m'obéirez, vous devez m'obéir ◆ **you shan't have that job!** tu n'auras pas ce poste !

**shallot** /ʃəˈlɒt/ N échalote *f*

**shallow** /ˈʃæləʊ/ SYN

ADJ [1] *(= not deep) [water, lake, grave, depression, container]* peu profond ; *[soil]* mince ; *[breathing]* superficiel ◆ **the shallow end of the pool** le petit bain *or* bassin de la piscine

[2] *(pej = superficial) [person, mind, character, argument, novel, film]* superficiel ; *[conversation]* futile

NPL **shallows** bas-fond *m*, haut-fond *m*

COMP **shallow-minded** ADJ ◆ **to be shallow-minded** manquer de profondeur d'esprit

**shallowly** /ˈʃæləʊlɪ/ ADV *[breathe]* superficiellement

**shallowness** /ˈʃæləʊnɪs/ N [1] *(lit)* manque *m* de profondeur

[2] *(pej) [of person]* esprit *m* superficiel ; *[of character]* manque *m* de profondeur ; *[of conversation]* futilité *f* ; *[of knowledge]* caractère *m* superficiel

**shalt** †† /ʃælt/ VB 2nd person sg of **shall**

**sham** /ʃæm/ SYN

N *(= pretence)* comédie *f*, imposture *f* ; *(= person)* imposteur *m* ; *(= jewellery, furniture)* imitation *f* ◆ **this diamond is a sham** ce diamant est faux *or* du toc* ◆ **the election was a sham** l'élection n'était qu'une comédie ◆ **his promises were a sham** ses promesses n'étaient que du vent ◆ **the whole organization was a sham** l'organisation tout entière n'était qu'une imposture

ADJ *[jewellery, doctor, priest, title]* faux (fausse *f*) ; *[deal]* fictif ; *[piety]* feint ; *[illness]* feint, simulé ; *[fight]* simulé ◆ **a sham marriage** un simulacre de mariage ◆ **a sham-Tudor house** une maison pseudo-Tudor ◆ **sham olde-worlde decor** décor *m* en faux ancien ◆ **sham Louis XVI** de l'imitation *or* du faux Louis XVI

VT feindre, simuler ◆ **to sham ill** *or* **illness** feindre *or* simuler une maladie, faire semblant d'être malade ◆ **she shammed dead** elle a fait la morte, elle a fait semblant d'être morte

VI faire semblant, jouer la comédie ◆ **he's only shamming** il fait seulement semblant

**shaman** /ˈʃæmən/ N chaman *m*

**shamanism** /ˈʃæməˌnɪzəm/ N chamanisme *m*

**shamanist** /ˈʃæmənɪst/ N *(Rel)* adepte *mf* du chamanisme

**shamateur** * /ˈʃæmətəʳ/ N *(Sport)* sportif *m*, -ive *f* prétendu(e) amateur *(qui se fait rémunérer)*

**shamble** /ˈʃæmbl/ VI marcher en traînant les pieds ◆ **to shamble in/out/away** *etc* entrer/sortir/s'éloigner *etc* en traînant les pieds

**shambles** /ˈʃæmblz/ N *(NonC) (gen = muddle)* confusion *f*, désordre *m* ; *(stronger: after battle, disaster)* scène *f or* spectacle *m* de dévastation ◆ **what a shambles!** quelle (belle) pagaille !* ◆ **his room was (in) a shambles** sa chambre était sens dessus dessous *or* tout en l'air ◆ **the match degenerated into a shambles** le match s'est terminé dans la pagaille* ◆ **your essay is a shambles*** votre dissertation est un fouillis sans nom* ◆ **it's a bloody shambles**‡ c'est complètement bordélique‡

**shambolic** * /ʃæmˈbɒlɪk/ ADJ *(Brit)* bordélique‡

**shambolically** * /ʃæmˈbɒlɪkəlɪ/ ADV de façon bordélique‡

**shame** /ʃeɪm/ SYN

N [1] *(NonC) (= feeling)* honte *f*, confusion *f* ; *(= humiliation)* honte *f* ◆ **to my eternal** *or* **lasting shame** à ma très grande honte ◆ **he hung his head in shame** il a baissé la tête de honte *or* de confusion ◆ **to bring shame (up)on sb** être *or* faire la honte de qn, déshonorer qn ◆ **to put sb/sth to shame** faire honte à qn/qch ◆ **shame on you!** quelle honte !, c'est honteux de votre part ! ◆ **the shame of it!** quelle honte !, c'est honteux ! ◆ **the shame of that defeat** la honte de cette défaite, cette défaite déshonorante ◆ **she has no sense of shame** elle ne sait pas ce que c'est que la honte, elle n'a aucune pudeur ◆ **he has lost all sense of shame** il a perdu toute honte, il a toute honte bue *(liter)* ; → **cry, crying**

[2] *(NonC = pity)* dommage *m* ◆ **it's a shame** c'est dommage *(that* que + *subj* ; *to do sth* de faire qch) ◆ **it's a dreadful shame!** c'est tellement dommage ! ◆ **it would be a shame if he were to refuse** *or* **if he refused** il serait dommage qu'il refuse *subj* ◆ **(what a) shame!** (quel) dommage ! ◆ **(what a) shame he isn't here!** (quel) dommage qu'il ne soit pas ici ! ◆ **nice legs, shame about the face!** jolies jambes, on ne peut pas en dire autant de son visage !

VT *(= bring disgrace on)* couvrir de honte, faire la honte de ; *(= make ashamed)* faire honte à ◆ **to shame sb into doing sth** obliger qn à faire qch en lui faisant honte, piquer l'amour-propre de qn pour qu'il fasse qch ◆ **to be shamed into doing sth** faire qch par amour-propre *or* pour conserver son amour-propre

**shamefaced** /ˈʃeɪmfeɪst/ ADJ *(= ashamed)* honteux, penaud ; *(= confused)* confus, timide ◆ **he was rather shamefaced about it** il en était tout honteux *or* penaud

**shamefacedly** /ˈʃeɪmfeɪsɪdlɪ/ ADV d'un air penaud *or* honteux

**shamefacedness** /ˈʃeɪmfeɪstnɪs/ N *(NonC)* air *m* penaud *or* honteux

**shameful** /ˈʃeɪmfʊl/ SYN ADJ *[behaviour, attitude, event, experience, secret]* honteux ; *[record]* déplorable ◆ **there is nothing shameful about it** il n'y a pas de honte à cela ◆ **it is shameful that...** c'est une honte que... + *subj* ◆ **it's shameful to do that** c'est une honte de faire cela

**shamefully** /ˈʃeɪmfəlɪ/ ADV *[act, behave, treat]* de façon honteuse ; *[bad, late]* scandaleusement ◆ **shamefully lazy/ignorant** si paresseux/ignorant que c'en est une honte ◆ **the government have shamefully neglected this sector** le gouvernement a négligé ce secteur d'une façon scandaleuse

**shameless** /ˈʃeɪmlɪs/ SYN ADJ [1] *(= brazen) [person, liar, behaviour, attempt]* éhonté ; *[lie]* éhonté, sans vergogne ◆ **shameless hussy** († *or hum*) petite effrontée *f* ◆ **to be quite shameless about (doing) sth** ne pas avoir du tout honte de (faire) qch

[2] *(= immodest) [person]* sans pudeur, impudique ; *[act]* impudique

**shamelessly** /ˈʃeɪmlɪslɪ/ ADV [1] *(= brazenly) [declare, lie, cheat, flirt]* sans vergogne, sans la moindre gêne ; *[steal]* sans vergogne ◆ **shamelessly sentimental/theatrical** d'une sentimentalité/théâtralité éhontée

[2] *(= immodestly) [act, behave]* sans pudeur, de façon impudique

**shamelessness** /ˈʃeɪmlɪsnɪs/ N *(NonC) [of person, behaviour] (= brazenness)* effronterie *f*, impudence *f* ; *(= immodesty)* impudeur *f*

**shaming** /ˈʃeɪmɪŋ/ ADJ mortifiant, humiliant ◆ **it's too shaming!** quelle humiliation !

**shammy** * /ˈʃæmɪ/ N (also **shammy leather**) peau *f* de chamois

**shampoo** /ʃæmˈpuː/

N *(= product, process)* shampooing *or* shampoing *m* ◆ **shampoo and set** shampooing *m* (et) mise *f* en plis ◆ **to give o.s. a shampoo** se faire un shampooing, se laver la tête ; → **dry**

VT *[+ person]* faire un shampooing à ; *[+ hair, carpet]* shampouiner ◆ **to have one's hair shampooed and set** se faire faire un shampooing (et) mise en plis

**shamrock** /ˈʃæmrɒk/ N trèfle *m (emblème national de l'Irlande)*

**shamus**‡ /ˈʃeɪməs/ N *(US) (= policeman)* flic* *m* ; *(= detective)* détective *m* privé

**shandy** /ˈʃændɪ/ N *(Brit)* panaché *m*

**Shanghai** /ʃæŋˈhaɪ/ N Shanghai

**shanghai** /ʃæŋˈhaɪ/ VT †† embarquer de force comme membre d'équipage *(d'un bateau)* ◆ **to shanghai sb into doing sth*** contraindre qn à faire qch

**Shangri-la** /ˈʃæŋrɪˈlɑː/ N paradis *m* terrestre

**shank** /ʃæŋk/

N *(Anat)* jambe *f* ; *[of horse]* canon *m* ; *(Culin)* jarret *m* ; *(= handle)* manche *m*

COMP **Shanks's pony** N ◆ **to go** *or* **ride on Shanks's pony** aller à pinces‡

**shanny** /ˈʃænɪ/ N *(= fish)* blennie *f* pholis, mordocet *m*

**shan't** /ʃɑːnt/ ⇒ **shall not** ; → **shall**

**shantung** /ʃænˈtʌŋ/ N shant(o)ung *m*

**shanty¹** /ˈʃæntɪ/ N *(= hut)* baraque *f*, cabane *f*

**shanty²** /ˈʃæntɪ/ N *(Brit)* (also **sea shanty**) chanson *f* de marins

**shantytown** /ˈʃæntɪˌtaʊn/ N bidonville *m*

**SHAPE** /ʃeɪp/ N (abbrev of **Supreme Headquarters Allied Powers Europe**) SHAPE *m (quartier général des forces alliées de l'OTAN en Europe)*

**shape** /ʃeɪp/ SYN

N [1] *(= form, outline)* forme *f* ◆ **what shape is the room?, what is the shape of the room?** quelle est la forme de la pièce ?, de quelle forme est la

871 ANGLAIS-FRANÇAIS -shaped | sharpen

pièce ? ◆ **vases of all shapes** des vases de toutes formes ◆ **of all shapes and sizes** de toutes les formes et de toutes les tailles ◆ **children of all shapes and sizes** des enfants d'allures diverses ◆ **they come in all shapes and sizes** *(lit)* il y en a de toutes sortes et de toutes les tailles ; *(fig)* il y en a une variété infinie ◆ **a monster in human shape** un monstre à figure humaine ◆ **his nose is a funny shape** son nez a une drôle de forme ◆ **this jumper has lost its shape** ce pull s'est déformé ◆ **this tradition has existed for centuries in some shape or form** cette tradition existe depuis des siècles sous une forme ou sous une autre ◆ **I can't stand racism in any shape or form** je ne peux pas tolérer le racisme sous quelque forme que ce soit ◆ **that's the shape of things to come** cela donne une idée de ce qui nous attend ◆ **who knows what shape the future will take?** qui sait comment se présentera l'avenir ? ◆ **to take the shape of sth** *(lit, fig)* prendre la forme de qch

♦ **in shape** *(describing something)* ◆ **it's like a mushroom in shape** cela a la forme d'un champignon, cela ressemble à un champignon ◆ **it's triangular in shape** c'est en forme de triangle, c'est triangulaire

♦ **in the shape of** ◆ **in the shape of a cross** en forme de croix ◆ **a prince in the shape of a swan** un prince sous la forme d'un cygne ◆ **the news reached him in the shape of a telegram from his brother** c'est par un télégramme de son frère qu'il a appris la nouvelle ◆ **perks in the shape of luncheon vouchers** des avantages sous la forme de chèques-restaurant

♦ **into shape** ◆ **he carved the wood into shape** il a façonné le bois ◆ **he beat the silver into shape** il a façonné l'argent ◆ **to pull/squeeze/twist sth back into shape** redonner sa forme initiale à qch en le tirant/en le serrant/en le tordant ◆ **to knock** *or* **lick*** **into shape** *(fig)* *[+ assistant, new arrival]* former, dresser* ; *[+ soldier]* entraîner, dresser* ◆ **to knock** *or* **lick*** **sth into shape** arranger qch, rendre qch présentable ◆ **he managed to knock** *or* **lick*** **the team into shape** il a réussi à mettre l'équipe au point

♦ **out of shape** *(= misshapen)* déformé ◆ **to pull/squeeze/twist sth out of shape** déformer qch en le tirant/en le serrant/en le tordant

♦ **to take shape** *[thing being made, project, idea]* prendre forme *or* tournure

2 *(= human figure)* forme *f*, figure *f* ; *(= silhouette)* forme *f*, silhouette *f* ; *(= thing dimly seen)* forme *f* vague *or* imprécise ; *(= ghost etc)* fantôme *m*, apparition *f* ◆ **a shape loomed up out of the darkness** une forme imprécise surgit de l'obscurité

3 *(describing health, fitness)* ◆ **what kind of shape is he in?** est-ce qu'il est en forme ? ◆ **what kind of shape is the company in?** quel est l'état de santé de l'entreprise ? ◆ **to be in (good) shape** *[person]* être en (bonne) forme ; *[business]* être en bonne santé ◆ **to keep o.s. in good shape** rester *or* se maintenir en forme ◆ **I'm trying to get back in shape** j'essaie de me remettre en forme, j'essaie de retrouver la forme ◆ **to get (o.s.) into shape** (re)trouver la forme ◆ **in poor shape** *[person, business]* mal en point ◆ **she's in really bad shape** elle ne va vraiment pas bien ◆ **I'm out of shape** je ne suis pas en forme

4 *(for jellies etc)* moule *m* ; *(in hat-making)* forme *f*

5 *(Culin)* ◆ **rice shape** gâteau *m* de riz ◆ **meat shape** pain *m* de viande

**VT** *[+ clay]* façonner, modeler ; *[+ stone, wood]* façonner, tailler ; *(fig)* *[+ statement, explanation]* formuler ◆ **he shaped the clay into a tree, he shaped a tree out of the clay** il a façonné un arbre dans l'argile ◆ **oddly shaped** d'une forme bizarre ◆ **a nicely shaped stone** une pierre d'une jolie forme ◆ **shaped canvas** *(Phot)* détourage *m* ◆ **shaped like a fish** en forme de poisson ◆ **to shape sb's ideas/character** modeler *or* former les idées/le caractère de qn ◆ **to shape sb's life** déterminer le destin de qn ◆ **to shape the course of events** influencer la marche des événements

**VI** *(fig)* prendre forme *or* tournure ; → **shape up**

▸ **shape up** **VI** 1 *(= get on)* progresser ; *(= progress)* *[project]* prendre forme *or* tournure ◆ **our plans are shaping up well** nos projets prennent tournure *or* sont en bonne voie ◆ **things are shaping up well** tout marche bien, on avance ◆ **how is he shaping up?** comment s'en sort-il ?* ◆ **he is shaping up nicely as a goalkeeper** il est en train de devenir un bon gardien de but ◆ **shape up!*** secoue-toi un peu !* ◆ **shape up or ship out!*** rentre dans le rang ou fiche le camp !*

2 *(esp US = slim etc)* retrouver la forme

**-shaped** /ʃeɪpt/ **ADJ** *(in compounds)* en forme de ◆ **heart-shaped** en forme de cœur ; → **egg**

**shapeless** /ˈʃeɪplɪs/ SYN **ADJ** *[dress, hat, cardigan]* informe, sans forme ; *[mass, lump, bundle]* informe ; *[person]* aux formes lourdes ; *[book, plan, monologue]* sans aucune structure ◆ **to become shapeless** *[clothes]* se déformer, s'avachir

**shapelessness** /ˈʃeɪplɪsnɪs/ **N** absence *f* de forme

**shapeliness** /ˈʃeɪplɪnɪs/ **N** belles proportions *fpl*, beauté *f* (de forme), galbe *m*

**shapely** /ˈʃeɪplɪ/ **ADJ** *[woman]* bien proportionné ; *[legs]* bien galbé ; *[body]* harmonieux ◆ **her shapely figure** sa silhouette harmonieuse *or* bien proportionnée

**shard** /ʃɑːd/ **N** tesson *m* (de poterie)

**share** /ʃɛəʳ/ LANGUAGE IN USE 11.1, 12.1, 26.3 SYN

**N** 1 part *f* ◆ **here's your share** voici votre part, voici ce qui vous est dû ◆ **my share is $5** ma (quote-)part s'élève à 5 dollars ◆ **his share of the inheritance** sa part *or* sa portion de l'héritage ◆ **his share of** *or* **in the profits** sa part des bénéfices ◆ **he will get a share of** *or* **in the profits** il aura part aux bénéfices ◆ **he has a share in the business** il est l'un des associés dans cette affaire ◆ **he has a half-share in the firm** il possède la moitié de l'entreprise ◆ **to have a share in doing sth** contribuer à faire qch ◆ **he had some share in it** il y était pour quelque chose ◆ **I had no share in that** je n'y étais pour rien ◆ **to take a share in sth** participer à qch ◆ **to pay one's share** payer sa (quote-)part ◆ **to bear one's share of the cost** participer aux frais ◆ **he wants more than his share** il veut plus qu'il ne lui est dû, il tire la couverture à lui ◆ **he isn't doing his share** il ne fournit pas sa part d'efforts ◆ **he's had more than his (fair) share of misfortune** il a eu plus que sa part de malheurs ◆ **to take one's share of the blame** accepter sa part de responsabilité ◆ **he does his full share of work** il fournit toute sa (quote-)part de travail ; → **fair**[1], **lion**

2 *(Stock Exchange)* action *f* ◆ **he has 500 shares in an oil company** il a 500 actions d'une compagnie de pétrole ; → **ordinary, preference, qualifying**

3 *(Agr = ploughshare)* soc *m* *(de charrue)*

**VT** 1 *(gen)* partager ; *[+ room, prize]* partager *(with sb* avec qn*)* ; *[+ expenses, work]* partager *(with sb* avec qn*)* ; *[+ profits]* avoir part à ; *[+ sorrow, joy]* partager, prendre part à ; *[+ responsibility, blame, credit]* partager ◆ **they shared the money (between them)** ils se sont partagé l'argent ◆ **you can share Anne's book** *(in school etc)* tu peux suivre avec Anne ◆ **they share certain characteristics** ils ont certaines caractéristiques en commun ◆ **I do not share that view** je ne partage pas cette opinion ◆ **I share your hope that...** j'espère avec *or* comme vous que...

2 (also **share out**) partager, répartir *(among, between* entre*)*

**VI** partager ◆ **share and share alike** à chacun sa part

♦ **to share in** *[+ sorrow, joy]* partager, prendre part à ; *[+ responsibility]* partager ; *[+ profits]* avoir part à ; *[+ expenses, work]* participer à, partager

**COMP** **share capital** **N** capital *m* actions

**share certificate** **N** titre *m* *or* certificat *m* d'actions

**shared facility** **N** *(Comput)* installation *f* commune

**shared line** **N** *(= phone line)* ligne *f* partagée

**shared ownership** **N** *(Brit)* copropriété *f*

**share index** **N** indice *m* de la Bourse

**share issue** **N** émission *f* d'actions

**share option** **N** *possibilité de prise de participation des employés dans leur entreprise*

**share-out** **N** partage *m*, distribution *f*

**share premium** **N** prime *f* d'émission

**share price** **N** cours *m* d'une action

**share shop** **N** *(Brit)* *guichet où sont vendues les actions émises lors de la privatisation des entreprises publiques*

▸ **share out**

**VT SEP** ⇒ **share vt 2**

**N** ◆ **share-out** → **share**

**sharecropper** /ˈʃɛəˌkrɒpəʳ/ **N** *(esp US Agr)* métayer *m*, -ère *f*

**sharecropping** /ˈʃɛəˌkrɒpɪŋ/ **N** *(esp US)* métayage *m*

**shareholder** /ˈʃɛəˌhəʊldəʳ/ **N** *(Fin etc)* actionnaire *mf*

**shareholding** /ˈʃɛəˌhəʊldɪŋ/ **N** *(Fin)* actionnariat *m*

**shareware** /ˈʃɛəwɛəʳ/ **N** *(NonC: Comput)* shareware *m*

**Sharia, sharia** /ʃəˈriːə/ **N** *(Rel)* charia *f* ◆ **Sharia law** loi de la charia

**shark** /ʃɑːk/ **N** *(= fish : gen)* requin *m* ; *(generic name)* squale *m* ; *(fig pej = sharp businessman)* requin *m* ; *(= swindler)* escroc *m*, aigrefin *m*

**sharkskin** /ˈʃɑːkskɪn/ **N** *(= fabric)* peau *f* d'ange

**sharksucker** /ˈʃɑːkˌsʌkəʳ/ **N** *(= fish)* rémora *m*

**sharon** /ˈʃærən/ **N** (also **sharon fruit**) charon *or* sharon *m*

**sharp** /ʃɑːp/ SYN

**ADJ** 1 *(= good for cutting)* *[knife, razor, blade]* (bien) aiguisé *or* affûté ; *[piece of glass, tin, edge]* coupant ◆ **the sharp edge** *[of knife]* le (côté) tranchant

2 *(= pointed)* *[pencil]* bien taillé ; *[needle, pin]* très pointu ; *[teeth, fingernails, beak, nose, chin]* pointu ; *[fang]* acéré ; *[point]* acéré, aigu (-guë *f*) ; *[corner]* aigu (-guë *f*) ; *[features]* anguleux ◆ **to be at the sharp end of sth** *(fig)* être en première ligne de *or* pour qch

3 *(= well-defined)* *[contrast]* vif, net ; *[image, TV picture]* net ; *[distinction, difference]* net, marqué ; *[outline]* net, distinct ; *[division]* fort ◆ **to be in sharp contrast to sth** contraster vivement *or* nettement avec qch ◆ **to bring into sharp focus** *(Phot)* bien mettre au point ; *[+ problem, issue]* faire ressortir nettement ; see also **relief**

4 *(= acute)* *[person]* dégourdi, malin (-igne *f*) ; *[intelligence]* vif, pénétrant ; *[wit]* vif ; *[mind]* pénétrant ; *[awareness]* aigu (-guë *f*) ; *[eyesight]* perçant ; *[hearing]* fin ◆ **to have sharp ears** avoir l'oreille *or* l'ouïe fine ◆ **to have sharp eyes** ne pas avoir les yeux dans sa poche ◆ **he has a sharp eye for a bargain** il sait repérer *or* flairer une bonne affaire ◆ **to keep a sharp look-out for sb/sth** guetter qn/qch avec vigilance *or* d'un œil attentif ◆ **he's (as) sharp as a needle** *or* **razor** *(= clever)* il a l'esprit très vif ; *(= missing nothing)* rien ne lui échappe ◆ **his mind is (as) sharp as a razor** il a l'esprit très vif

5 *(= abrupt)* *[rise, fall, decline, reduction, cut]* fort ; *[increase, drop]* brusque, soudain ; *[bend, corner]* serré ; *[angle]* aigu ; *[change]* brutal ◆ **the motorcycle made a sharp right turn** la moto a pris un virage serré à droite ◆ **he gave the handle a sharp turn** il a tourné la poignée brusquement

6 *(= intense)* *[pain]* cuisant, vif ; *[sensation]* vif ; *[wind, cold]* vif, pénétrant ; *[frost]* fort ; *[blow]* sec (sèche *f*) ; *[cry]* perçant, aigu (-guë *f*)

7 *(= severe)* *[criticism, attack]* mordant, incisif ; *[retort, words]* mordant, cinglant ; *[rebuke]* vif ; *[order, tone, voice]* cassant ◆ **to be a sharp reminder of sth** rappeler qch de façon brutale ◆ **to have a sharp tongue** *(fig)* avoir la langue acérée, être caustique

8 *(pej = unscrupulous)* *[business practices]* déloyal ; see also **comp**

9 *(* = stylish)* *[person]* classe* *inv* ; *[suit]* chic *inv* ◆ **to be a sharp dresser** s'habiller très classe* *inv*

10 *(= acrid)* *[smell, perfume]* piquant, âcre *(pej)* ; *[taste, sauce]* piquant, âpre *(pej)* ; *[cheese]* au goût prononcé

11 *(= brisk)* *[pace]* vif ◆ **look** *or* **be sharp (about it)!*** *(esp Brit)* grouille-toi !*

12 *(Mus)* *[note]* trop haut ◆ **C sharp** do dièse ◆ **you were a little sharp** vous avez chanté *(or* joué*)* un peu trop haut

**ADV** 1 *(= abruptly)* *[stop]* brusquement, net ◆ **to turn sharp left/right** prendre un virage serré à gauche/à droite

2 *(Mus)* *[sing, play]* trop haut

3 *(= precisely)* ◆ **at 8 (o'clock) sharp** à 8 heures précises *or* pile

**N** 1 *(Mus)* dièse *m*

2 *(Med = hypodermic)* aiguille *f*

**COMP** **sharp-eared** **ADJ** *(fig)* qui a l'oreille *or* l'ouïe fine

**sharp-eyed** **ADJ** qui a un œil de lynx, à qui rien n'échappe

**sharp-faced, sharp-featured** **ADJ** aux traits anguleux

**sharp practice** **N** pratique *f* déloyale

**sharp-sighted** **ADJ** ⇒ **sharp-eyed**

**sharp-tempered** **ADJ** coléreux, soupe au lait* *inv*

**sharp-tongued** **ADJ** caustique

**sharp-witted** **ADJ** à l'esprit vif *or* prompt

**sharpen** /ˈʃɑːpən/ SYN

**VT** (also **sharpen up**) 1 *[+ blade, knife, razor, tool]* affûter, aiguiser ; *[+ scissors]* aiguiser ; *[+ pencil]* tailler ◆ **the cat was sharpening its claws on**

## sharpener

**the chair leg** le chat aiguisait ses griffes or se faisait les griffes sur le pied de la chaise

2 (fig) [+ outline, picture, focus] rendre plus net ; [+ difference, contrast] rendre plus marqué ; [+ appetite] aiguiser ; [+ desire] exciter ; [+ pain] aggraver, aviver ; [+ feeling] aviver ; [+ intelligence] affiner, rendre plus fin ◆ **to sharpen one's wits** se dégourdir

3 (esp Brit : Mus) diéser

VI [voice] devenir plus perçant ; [desire, pain] devenir plus vif, s'aviver

**sharpener** /ˈʃɑːpnər/ N (= knife sharpener) (on wall, on wheel etc) aiguisoir m à couteaux, affiloir m ; (long, gen with handle) fusil m à repasser les couteaux ; (= pencil sharpener) taille-crayons m inv

**sharpening** /ˈʃɑːpnɪŋ/ N aiguisage m, affilage m, affûtage m

**sharper** /ˈʃɑːpər/ N escroc m, filou m, aigrefin m ; (= card sharper) tricheur m, -euse f (professionnel(le))

**sharpie**\* /ˈʃɑːpɪ/ N (US) (= alert person) petit(e) futé(e) m(f) ; (= crook) filou m, escroc m

**sharpish** /ˈʃɑːpɪʃ/
ADJ 1 (= good for cutting) [knife, razor, blade] assez aiguisé or affûté ; [edge] assez coupant
2 (= pointed) [pencil] assez bien taillé ; [teeth, fingernails, beak, nose, chin] assez pointu ; [point] assez aigu (-guë f) ; [features] assez anguleux ; → **sharp**
ADV (Brit \* = quickly) en vitesse \*

**sharply** /ˈʃɑːplɪ/ ADV 1 (= abruptly) [fall, drop, increase, decline, change] brusquement ; [stop] brusquement, net ; [reduce] nettement ◆ **prices have risen sharply** les prix ont monté en flèche ◆ **to turn sharply to the left** tourner tout de suite à gauche ; **to corner sharply** (in country) prendre un virage à la corde ; (in town) prendre un tournant serré
2 (= clearly) [show up, stand out, differ, divide] nettement ◆ **sharply defined** [image] qui se détache nettement ◆ **sharply in focus** (Phot, fig) parfaitement net ◆ **a sharply focused strategy** une stratégie bien ciblée ◆ **to bring sharply into focus** (Phot) bien mettre au point ; [+ issue, differences] faire ressortir nettement ◆ **to contrast sharply with sth** contraster vivement avec qch
3 (= severely) [criticise, react] vivement ; [say, ask, comment, reply] avec brusquerie ; [look at] sévèrement ◆ **a sharply worded attack** une attaque mordante or incisive ◆ **to speak sharply to sb about sth** parler à qn de qch en termes sévères
4 (= acutely, alertly) [say, ask] vivement, avec intérêt ◆ **he looked at me sharply** il m'a regardé soudain avec intérêt
5 (= distinctly) [click, tap] sèchement
6 ◆ **sharply pointed** [knife, scissors] effilé, (très) pointu ; [nose] pointu
7 (= quickly) rapidement

**sharpness** /ˈʃɑːpnɪs/ N 1 [of razor, knife] tranchant m ; [of pencil, needle, nail] pointe f aiguë
2 [of turn, bend] angle m brusque ; [of outline etc] netteté f ; [of pain] violence f, acuité f ; [of criticism, reproach, rebuke] sévérité f, tranchant m ; [of tone, voice] brusquerie f, aigreur f ; [of taste, smell] piquant m, âcreté f (pej) ; [of wind, cold] âpreté f ◆ **there's a sharpness in the air** il fait frais

**sharpshooter** /ˈʃɑːpʃuːtər/ N (esp US) tireur m d'élite

**shat**\*\* /ʃæt/ VB pt, ptp of **shit**

**shatter** /ˈʃætər/ SYN
VT [+ window, door] fracasser (against contre) ; [+ health] ruiner ; [+ self-confidence, career] briser ; [+ faith, life] détruire ; [+ hopes, chances] ruiner, détruire ◆ **the sound shattered the glass** le son a brisé le verre ◆ **to shatter sb's nerves** démolir les nerfs de qn ◆ **she was shattered by his death** sa mort l'a anéantie ; see also **shattered**
VI [glass, windscreen, cup] voler en éclats ; [box etc] se fracasser

**shattered** /ˈʃætəd/ ADJ 1 (= grief-stricken) anéanti, consterné ; (= aghast, overwhelmed) bouleversé
2 (= ruined) [country, economy] détruit ; [dream, life, confidence] brisé ◆ **the shattered remains of the building** les débris mpl du bâtiment
3 ( \* = exhausted) crevé \*, éreinté

**shattering** /ˈʃætərɪŋ/ ADJ 1 (= devastating) [experience, news] bouleversant ; [blow, effect] dévastateur (-trice f) ; [defeat] écrasant
2 (Brit \* = exhausting) [day, journey] crevant \*

**shatterproof glass** /ˈʃætəpruːfˈɡlɑːs/ N verre m securit ® inv

**shave** /ʃeɪv/ SYN (vb: pret **shaved**, ptp **shaved**, **shaven**)
N ◆ **to give sb a shave** raser qn ◆ **to have** or **give o.s. a shave** se raser, se faire la barbe ◆ **to have a close** or **narrow shave** (fig) l'échapper belle, y échapper de justesse ◆ **that was a close** or **narrow shave!** il était moins une !\*, on l'a échappé belle ! ; → **aftershave**
VT [+ person, face, legs etc] raser ; [+ wood] raboter, planer ; (fig = brush against) raser, frôler ◆ **to shave the price of sth** faire un rabais sur le prix de qch
VI se raser ◆ **to shave under one's arms** se raser les aisselles

▸ **shave off** VT SEP 1 ◆ **to shave off one's beard** se raser la barbe
2 ◆ **the joiner shaved some of the wood off** le menuisier a enlevé un peu du bois au rabot ◆ **to shave off a few pounds** faire un rabais de quelques livres

**shaven** /ˈʃeɪvn/
VB †† (ptp of **shave**)
ADJ rasé ; → **clean**

**shaver** /ˈʃeɪvər/
N 1 rasoir m électrique
2 ◆ **(young) shaver** †\* gosse\* m, gamin m
COMP **shaver outlet** N (US) ⇒ **shaver point**
**shaver point** N prise f pour rasoir électrique

**Shavian** /ˈʃeɪvɪən/ ADJ à la or de George Bernard Shaw

**shaving** /ˈʃeɪvɪŋ/
N 1 (= piece of wood, metal etc) copeau m
2 (NonC: with razor etc) rasage m ◆ **shaving is a nuisance** c'est embêtant \* de se raser
COMP **shaving brush** N blaireau m
**shaving cream** N crème f à raser
**shaving foam** N mousse f à raser
**shaving gel** N gel m à raser
**shaving soap** N savon m à barbe
**shaving stick** N bâton m de savon à barbe

**Shavuot** /ʃəˈvuːəs/ N (Rel) Shavuouth

**shawl** /ʃɔːl/ N châle m

**shawm** /ʃɔːm/ N (Mus) chalemie f

**she** /ʃiː/
PERS PRON 1 elle ◆ **she has arrived** elle est arrivée ◆ **she is a doctor** elle est médecin, c'est un médecin ◆ **she is a small woman** elle est petite ◆ **it is she** c'est elle ◆ **if I were she** (frm) si j'étais elle, si j'étais à sa place ◆ **SHE didn't do it** ce n'est pas elle qui l'a fait ◆ **younger than she** plus jeune qu'elle ◆ **she's a fine boat/car** c'est un beau bateau/une belle voiture ◆ **here she is** la voici
2 (+ rel pron) celle ◆ **she who** or **that can...** celle qui peut...
N \* femelle f ◆ **it's a she** [animal] c'est une femelle ; [baby] c'est une fille
COMP (gen: with names of animals) femelle after n
**she-bear** N ourse f
**she-cat** N (fig) mégère f, furie f
**she-devil** N démon m, furie f
**she-goat** N chèvre f ; → **wolf**

**s/he** (abbrev of **he** or **she**) il ou elle

**shea** /ʃɪə/ N karité m

**sheaf** /ʃiːf/ N (pl **sheaves**) [of corn] gerbe f ; [of papers] liasse f ; [of arrows] faisceau m

**shear** /ʃɪər/ (vb: pret **sheared**, ptp **sheared** or **shorn**)
NPL **shears** (for gardening) cisaille(s) f(pl) ; (= large scissors) grands ciseaux mpl ◆ **a pair of shears** une paire de cisailles ; → **pruning**
VT [+ sheep] tondre ◆ **shorn of** (fig) dépouillé de
COMP **shear pin** N (Tech) boulon m or goujon m de cisaillement

▸ **shear off**
VI [branch etc] partir, se détacher
VT SEP [+ wool] tondre ; [+ projecting part, nail] faire partir, arracher ; [+ branch] couper, élaguer ◆ **the ship had its bow shorn off in the collision** dans la collision l'avant du navire a été emporté

▸ **shear through** VT FUS [+ paper, cloth] trancher ; [+ wood, metal] fendre ; (fig) [+ the waves, the crowd] fendre

**shearer** /ˈʃɪərər/ N (= person) tondeur m, -euse f ; (= machine) tondeuse f

**shearing** /ˈʃɪərɪŋ/ N (= process) tonte f ◆ **shearings** (= wool etc) tonte

**sheath** /ʃiːθ/
N (pl **sheaths** /ʃiːðz/) 1 [of dagger] gaine f ; [of sword] fourreau m ; [of scissors etc] étui m ; [of electric cable, flex] gaine f ; (Bio) gaine f, enveloppe f ; [of plant] enveloppe f ; (Brit = contraceptive) préservatif m
2 (also **sheath dress**) fourreau m (robe)
COMP **sheath knife** N (pl **sheath knives**) couteau m à gaine

**sheathe** /ʃiːð/ VT 1 [+ sword, dagger] rengainer ; [+ cable] gainer ; [cat etc] [+ claws] rentrer
2 (= cover) recouvrir, revêtir (with de)

**sheave** /ʃiːv/ VT [+ corn] mettre en gerbes, gerber

**sheaves** /ʃiːvz/ NPL of **sheaf**

**Sheba** /ˈʃiːbə/ N Saba ◆ **the Queen of Sheba** la reine de Saba

**shebang** \* /ʃəˈbæŋ/ N ◆ **the whole shebang** toute l'affaire, tout le tremblement \*

**shebeen** /ʃɪˈbiːn/ N (Ir) débit m de boissons clandestin

**shed**¹ /ʃed/ N 1 (gen) abri m ; (smallish) abri m, cabane f ; (larger) remise f, resserre f ; (large opensided: for trains, Agr etc) hangar m ; (= lean-to) appentis m ◆ **bicycle shed** abri m à vélos, remise f pour les vélos ◆ **garden shed** abri m de jardin, cabane f ; → **cowshed**, **toolshed**
2 (= part of factory) atelier m

**shed**² /ʃed/ SYN (pret, ptp **shed**) VT 1 (= lose, get rid of) [+ petals, leaves, fur, horns] perdre ; [+ shell] dépouiller ; [truck] [+ load] déverser, perdre ; (Space) [+ rocket, section of craft] larguer, éjecter ; [+ tears] verser, répandre ; [+ coat etc] enlever, se dépouiller de (frm) ; [+ unwanted thing] se débarrasser de, se défaire de ; [+ assistant, employee] se défaire de, se séparer de ◆ **to shed hairs** [dog, cat] perdre ses poils ◆ **the snake sheds its skin** le serpent mue ◆ **to shed blood** (one's own) verser son sang ; (other people's) faire couler le sang, verser or répandre le sang ◆ **I'm trying to shed 5 kilos** j'essaie de perdre 5 kilos ◆ **this fabric sheds water** ce tissu ne laisse pas pénétrer l'eau
2 (= send out) [+ light] répandre, diffuser ; [+ warmth, happiness] répandre ◆ **to shed light on** (lit) éclairer ; [+ sb's motives etc] jeter de la lumière sur ; [+ problem] éclaircir ; [+ little-known subject] éclairer

**she'd** /ʃiːd/ ⇒ **she had**, **she would** ; → **have**, **would**

**sheen** /ʃiːn/ N (on silk) lustre m, luisant m ; (on hair) brillant m, éclat m ◆ **to take the sheen off sth** (lit) délustrer qch ; (fig) diminuer l'éclat de qch

**sheep** /ʃiːp/
N (pl inv) mouton m (animal) ; (= ewe) brebis f ◆ **they followed him like sheep** ils l'ont suivi comme des moutons, ils l'ont suivi comme les moutons de Panurge ◆ **to make sheep's eyes at sb** faire les yeux doux à qn ◆ **there are so many computers on the market it's hard to sort out** or **to separate the sheep from the goats** il y a tellement d'ordinateurs sur le marché que c'est difficile de faire le tri ; → **black**, **lost**
COMP **sheep-dip** N bain m parasiticide (pour moutons)
**sheep farm** N ferme f d'élevage de moutons
**sheep farmer** N éleveur m de moutons
**sheep farming** N élevage m de moutons
**sheep ked** N mélophage m
**sheep tick** N mélophage m
**sheep track** N piste f à moutons
**sheep-worrying** N harcèlement m des moutons (par des chiens)

**sheepdog** /ˈʃiːpdɒɡ/ N chien m de berger ; → **trial**

**sheepfold** /ˈʃiːpfəʊld/ N parc m à moutons, bergerie f

**sheepherder** /ˈʃiːphɜːdər/ N (US) berger m, gardien m de moutons

**sheepish** /ˈʃiːpɪʃ/ SYN ADJ penaud (about sth de qch)

**sheepishly** /ˈʃiːpɪʃlɪ/ ADV d'un air penaud

**sheepishness** /ˈʃiːpɪʃnɪs/ N timidité f, air m penaud

**sheepshank** /ˈʃiːpʃæŋk/ N (= knot) jambe f de chien

**sheepshearer** /ˈʃiːpʃɪərər/ N (= person) tondeur m, -euse f (de moutons) ; (= machine) tondeuse f (à moutons)

**sheepshearing** /ˈʃiːpʃɪərɪŋ/ N (NonC) tonte f (des moutons)

**sheepskin** /ˈʃiːpskɪn/
**N** ① peau f de mouton
② (US Univ * fig) peau f d'âne, diplôme m
**COMP** [waistcoat etc] en peau de mouton
**sheepskin jacket** N canadienne f

**sheer¹** /ʃɪəʳ/ SYN
**ADJ** ① (= utter) [beauty, terror, boredom, stupidity, joy, delight] (à l'état) pur ; [waste, carelessness, survival] pur et simple ; [variety] même after n ; [impossibility, necessity] absolu ◆ **by sheer accident** tout à fait par hasard ◆ **by sheer coincidence** par pure coïncidence ◆ **in sheer desperation** en désespoir de cause ◆ **by sheer force of will** par la seule force de la volonté ◆ **to succeed through sheer hard work** réussir grâce à or par son seul travail ◆ **by sheer luck** tout à fait par hasard ◆ **it was sheer luck I was there** c'était tout à fait par hasard que j'étais là ◆ **it's sheer madness** c'est de la folie pure ◆ **a sigh of sheer pleasure** un soupir de pur plaisir ◆ **the sheer pleasure of reading a good story** le simple plaisir de lire une bonne histoire ◆ **the sheer scale of the disaster/size of the job** l'importance même du désastre/du travail ◆ **the sheer strength of the animal** la force même de l'animal ◆ **delays are occurring because of the sheer volume of traffic** il y a des ralentissements dus uniquement à la densité de la circulation
② (= fine) [tights, stockings, fabric etc] très fin
③ (= smooth) [make-up] satiné
④ (= vertical) [cliff, rock] à pic, abrupt ◆ **a sheer drop** un à-pic, un abrupt
**ADV** à pic, abruptement

**sheer²** /ʃɪəʳ/ (nautical term)
**N** (= swerve) embardée f
**VI** (= swerve) faire une embardée

▶ **sheer off** VI [ship] faire une embardée ; (gen) changer de direction

**sheet** /ʃiːt/ SYN
**N** ① (on bed) drap m ; (= shroud) linceul m ; (= dust sheet) housse f ; (= tarpaulin) bâche f ; → **white**
② (= piece) [of plastic, rubber] morceau m ; [of paper, notepaper] feuille f ; [of iron, steel] tôle f ; [of glass, metal etc] feuille f, plaque f ◆ **a sheet of stamps** une planche de timbres ◆ **an odd or loose sheet** une feuille volante ◆ **order sheet** (Comm) bulletin m de commande ; → **balance**
③ (= expanse) [of water, snow etc] étendue f ◆ **a sheet of ice** (large) une plaque de glace ; (thin film) une couche de glace ; (on road) une plaque de verglas ◆ **a sheet of flame** un rideau de flammes ◆ **sheets of rain** fpl des trombes fpl de pluie ◆ **the rain came down in sheets** il pleuvait à seaux
④ (= periodical) périodique m ; (= newspaper) journal m
⑤ (= sail rope) écoute f ◆ **he's three sheets to or in the wind** † * (fig) il est gris † ; → **main**
**COMP** **sheet anchor** N ancre f de veille ; (fig) ancre f de salut
**sheet ice** N verglas m
**sheet lightning** N (NonC) éclair m en nappe(s)
**sheet metal** N (NonC: gen) tôle f ◆ **sheet metal (work)shop** tôlerie f
**sheet music** N (NonC) partitions fpl

▶ **sheet down*** VI (Brit) [rain] tomber à seaux ; [snow] tomber à gros flocons ◆ **it's sheeting down** (rain) il pleut à seaux ; (snow) il neige à gros flocons

**sheeting** /ˈʃiːtɪŋ/ N (NonC) [paper, plastic] feuilles fpl ; (= sheet metal) tôle f

**Sheherazade** /ʃəˌherəˈzɑːdə/ N Schéhérazade f

**sheik(h)** /ʃeɪk/ N ① cheik m ; → **oil**
② (US fig) séducteur m, Roméo m

**sheik(h)dom** /ˈʃeɪkdəm/ N tribu ou territoire sous l'autorité d'un cheik

**sheila*** /ˈʃiːlə/ N (Austral) nana * f

**shekel** /ˈʃekl/ N (modern) shekel m ; (Hist: Bible etc) sicle m ; (US * fig = coin) pièce f de monnaie ◆ **shekels*** (fig) fric * m, sous * mpl ◆ **to be in the shekels*** (fig US) avoir du fric *

**sheldrake** /ˈʃeldreɪk/, **shelduck** /ˈʃeldʌk/ N tadorne m de Bellon

**shelf** /ʃelf/ (pl **shelves**)
**N** ① étagère f ; (in shop) rayon m ; (in oven) plaque f ◆ **a shelf of books** un rayon de livres ◆ **a set of shelves** une étagère, un rayonnage ◆ **there are more luxury goods on the shelves nowadays** (Comm) il y a plus d'articles de luxe sur les rayons or dans les magasins aujourd'hui ◆ **to buy sth off the shelf** acheter qch tout fait ; see also **off** ◆ **to leave sth on the shelf** (= postpone) laisser qch de côté or au placard * ◆ **she doesn't want to be (left) on the shelf** elle voudrais se caser * ; → **bookshelf**
② (= edge) (in rock) rebord m, saillie f ; (underwater) écueil m ; → **continental**
**COMP** **shelf life** N (Comm) durée f de conservation en stock ◆ **most pop stars have a short shelf life** (hum) la plupart des stars de la pop ne durent pas longtemps ◆ **her relationships have limited shelf life** ses relations sont éphémères
**shelf mark** N (in library) cote f

**shell** /ʃel/ SYN
**N** ① [of egg, nut, oyster, snail] coquille f ; [of tortoise, lobster, crab] carapace f ; (on beach, in collection) coquillage m ; [of peas] cosse f ◆ **to come out of/go back into one's shell** (lit, fig) sortir de/rentrer dans sa coquille ◆ **"clam on the shell"** (US) ≈ « dégustation de clams » ; → **cockle**
② [of building] carcasse f ; [of ship] coque f ◆ **pastry shell** (Culin) fond m de tarte
③ (Mil) obus m ; (US = cartridge) cartouche f
④ (= racing boat) outrigger m
**VT** ① [+ peas] écosser ; [+ nut] décortiquer, écaler ; [+ oyster] écailler, retirer de sa coquille ; [+ crab, prawn, shrimp, lobster] décortiquer ; see also **shelled**
② (Mil) bombarder (d'obus)
**COMP** [necklace, ornament etc] de ou en coquillages
**shell company** N (Fin) société-écran f
**shell game** N (US = trick) bonneteau m (pratiqué avec des coques de noix) ; (fig) (= fraud) escroquerie f
**shell-like*** N (Brit = ear) oreille f ◆ **can I have a word in your shell-like?** je peux te dire deux mots ?
**shell shock** N (Med) psychose f traumatique (du soldat), commotion f (due aux combats)
**shell-shocked** ADJ (lit) commotionné ; (fig) abasourdi
**shell suit** N survêtement m

▶ **shell out*** VI casquer *, payer ◆ **to shell out for sth** payer qch, casquer * pour qch
**VT SEP** cracher *, aligner *

**she'll** /ʃiːl/ ⇒ **she will** ; → **will**

**shellac** /ʃəˈlæk/
**N** (NonC) (gomme f) laque f
**VT** ① (lit) laquer
② (US * = beat) battre à plates coutures

**shellacking*** /ʃəˈlækɪŋ/ N (US) ① (Sport = defeat) raclée f, déculottée f
② (= telling-off) ◆ **to get** or **take a shellacking (from)** se faire enguirlander (par)

**shelled** /ʃeld/ ADJ [nut, prawn] décortiqué ; [pea] écossé

**shellfire** /ˈʃelfaɪəʳ/ N (Mil) tirs mpl d'obus, pilonnage m à l'artillerie

**shellfish** /ˈʃelfɪʃ/
**N** (pl **shellfish** or **shellfishes**) (= lobster, crab) crustacé m ; (= mollusc) coquillage m
**NPL** (Culin) fruits mpl de mer

**shelling** /ˈʃelɪŋ/ N (Mil) bombardement m (par obus), pilonnage m d'artillerie

**shellproof** /ˈʃelpruːf/ ADJ (Mil) blindé

**Shelter** /ˈʃeltəʳ/ N (Brit) organisation bénévole qui cherche à loger les sans-logis

**shelter** /ˈʃeltəʳ/ SYN
**N** ① (NonC) abri m, couvert m ◆ **under the shelter of...** à l'abri sous... ◆ **to take shelter, to get under shelter** se mettre à l'abri ◆ **to take shelter from/under** s'abriter de/sous ◆ **to seek/offer shelter** chercher/offrir un abri (from contre) ◆ **she gave him shelter for the night** elle lui a donné (un) asile pour la nuit ◆ **we must find shelter for the night** nous devons trouver un abri pour cette nuit (Brit) ◆ **Shelter** organisation bénévole d'aide aux SDF
② (= hut etc) (on mountain) abri m, refuge m ; (for sentry) guérite f ; (= bus shelter) Abribus ® m ; (= air-raid shelter) abri m
③ (for homeless) asile m, refuge m
**VT** ① (= protect) (from wind, rain, sun, shells etc) abriter (from de), protéger (from de, contre) ; (from blame etc) protéger (from de) ; (= criminal etc) protéger ; (= hide) cacher ◆ **sheltered from the wind** à l'abri du vent ; see also **sheltered**
② (= give lodging to) recueillir, donner asile or le couvert à ; [+ fugitive etc] donner asile à, recueillir
**VI** s'abriter (from de ; under sous), se mettre à l'abri or à couvert

**sheltered** /ˈʃeltəd/ SYN
**ADJ** ① (= protected from weather) [place, garden, harbour, waters] abrité
② (= protected) [life, upbringing, environment etc] protégé
③ (Brit = supervised) [work, employment] en milieu protégé
④ (Econ) [industry] protégé (contre la concurrence étrangère)
**COMP** **sheltered accommodation, sheltered housing** N (NonC) (Brit) (for elderly) logement-foyer m ; (for disabled) foyer m d'hébergement pour handicapés
**sheltered workshop** N (Brit) atelier m protégé

**sheltie** /ˈʃeltɪ/ N ① (= pony) shetland m
② berger m écossais

**shelve** /ʃelv/ SYN
**VT** ① (= postpone) [+ plan, project, problem] mettre en sommeil or en suspens
② (lit) (= put on shelf) [+ book] mettre (or remettre) en place ; (= fit with shelves) [+ cupboard, wall] garnir de rayons or d'étagères
**VI** (= slope : also **shelve down**) descendre en pente douce

**shelves** /ʃelvz/ NPL of **shelf**

**shelving** /ˈʃelvɪŋ/ N (NonC) rayonnage(s) m(pl), étagères fpl ; [of project etc] mise f en sommeil or en suspens

**shemozzle*** /ʃəˈmɒzl/ N (Brit) bagarre * f, chamaillerie * f ◆ **there was quite a shemozzle!** ça a bardé ! *

**shenanigan(s)** * /ʃəˈnænɪɡən(z)/ N (NonC) (= trickery) manigances fpl, entourloupettes * fpl ; (= rowdy fun) chahut m

**Sheol** /ˈʃiːəʊl/ N schéol m

**shepherd** /ˈʃepəd/ SYN
**N** ① berger m ; (Rel) pasteur m ◆ **the Good Shepherd** (Rel) le bon Pasteur or Berger
② (also **shepherd dog**) chien m de berger
**VT** [+ sheep] garder, soigner ◆ **the dog shepherded the flock into the field** le chien a fait entrer le troupeau dans le champ ◆ **to shepherd sb in** faire entrer qn ◆ **to shepherd sb out** conduire qn jusqu'à la porte ◆ **he shepherded us round Paris** il nous a escortés or nous a servi de guide dans Paris
**COMP** **shepherd boy** N jeune pâtre m (liter), jeune berger m
**shepherd's check** N ⇒ **shepherd's plaid**
**shepherd's crook** N houlette f
**shepherd's pie** N (esp Brit) ≈ hachis m Parmentier
**shepherd's plaid** N plaid m noir et blanc
**shepherd's purse** N (= plant) bourse-à-pasteur f

**shepherdess** /ˈʃepədɪs/ N bergère f

**sherbet** /ˈʃɜːbət/ N ① (Brit) (= fruit juice) jus m de fruit glacé ; (fizzy) boisson f gazeuse ; (= powder) poudre f acidulée or de sorbet
② (US = water ice) sorbet m

**sheria** /ʃəˈriːə/ N ⇒ **sharia**

**sheriff** /ˈʃerɪf/
**N** ① (Brit Jur) shérif m
② (US) shérif m, ≈ capitaine m de gendarmerie
**COMP** **Sheriff Court** N (Scot) ≈ tribunal m de grande instance ; (US) ≈ tribunal m de police

**Sherpa** /ˈʃɜːpə/ N (pl **Sherpas** or **Sherpa**) sherpa m

**sherry** /ˈʃerɪ/
**N** xérès m, sherry m
**COMP** **sherry vinegar** N (Culin) vinaigre m de sherry

**she's** /ʃiːz/ ⇒ **she is, she has** ; → **be, have**

**Shetland** /ˈʃetlənd/
**N** **the Shetlands** les îles fpl Shetland
**ADJ** (gen) [people, customs, village] des îles Shetland ; [sweater] en shetland
**COMP** **the Shetland Islands, the Shetland Isles** NPL ⇒ **the Shetlands**
**Shetland pony** N poney m des Shetland
**Shetland pullover** N pull-over m en shetland
**Shetland sheepdog** N berger m écossais
**Shetland wool** N shetland m

**Shetlander** /ˈʃetləndəʳ/ N Shetlandais(e) m(f)

**shew** †† /ʃəʊ/ VTI ⇒ **show**

**SHF** /ˌesˌeɪtʃˈef/ N (abbrev of **superhigh frequency**) SHF

**shhh** /ʃː/ EXCL chut !

**Shiah** /ˈʃiːə/
**N** ① (= doctrine) chiisme m
② (= follower : also **Shiah Muslim**) chiite mf
**ADJ** chiite

**shiatsu** /ʃiːætsu/ N shiatsu m

**shibboleth** /ˈʃɪbəleθ/ N (Bible) schibboleth m; (fig) (= doctrine) doctrine f or principe m arbitraire; (= password) mot m de passe; (= characteristic) caractéristique f, signe m distinctif

**shield** /ʃiːld/ SYN
◼ (gen) bouclier m; (not round) écu m; (Heraldry) écu m, blason m; (on gun) bouclier m; (on or around machine) écran m de protection, tôle f protectrice; (against radiation) écran m; (fig) (= safeguard) sauvegarde f, bouclier m (liter) (against contre); (person) protecteur m, -trice f ◆ **thermal shield** (Space) bouclier m thermique; → dress, windshield
◼ VT protéger (from de, contre); [+ fugitive, criminal] protéger, couvrir; [+ machine operator] protéger; [+ gun, machine] fixer un écran de protection à ◆ **to shield one's eyes from the sun** se protéger les yeux du soleil ◆ **to shield sb with one's body** faire à qn un bouclier or un rempart de son corps
COMP **shield volcano** N (Geog) volcan m de type hawaïen, volcan-bouclier m

**shift** /ʃɪft/ SYN
◼ N [1] (= change) changement m (in de), modification f (in de) ◆ **there has been a shift in policy/attitude** la politique/l'attitude a changé ◆ **a sudden shift in policy/attitude** un retournement or un bouleversement de la politique/de l'attitude ◆ **shift of emphasis** changement m d'éclairage ◆ **a sudden shift in the wind** une saute de vent; → scene, vowel
[2] (= period of work) poste m, période f de travail; (= people) poste m, équipe f (de relais) ◆ **he works shifts, he's on shifts** il travaille par équipes, il fait un travail posté ◆ **they used to work a ten-hour shift in that factory** ils avaient des postes de dix heures dans cette usine ◆ **I work an eight-hour shift** je fais les trois-huit, je fais un poste de huit heures ◆ **this factory operates on three shifts per 24-hour period** dans cette usine ils font les trois-huit, dans cette usine trois équipes se relaient sur 24 heures ◆ **to be on day/night shift** être (au poste) de jour/de nuit ◆ **which shift do you prefer?** quel poste préférez-vous ? ◆ **the next shift was late coming on** l'équipe suivante était en retard pour prendre la relève ◆ **they worked in shifts to release the injured man** ils se sont relayés pour dégager le blessé; → day, night
[3] (frm) ◆ **to make shift with sth/sb** se contenter de or s'accommoder de qch/qn ◆ **to make shift without sth/sb** se passer de qch/qn ◆ **to make shift to do sth** s'arranger pour faire qch ◆ **as a last desperate shift he...** en désespoir de cause il...
[4] (= gearshift) changement m de vitesse
[5] (= straight dress) robe f droite; († = woman's slip) chemise f
[6] (Comput) décalage m
[7] (Ling) mutation f
◼ VT [1] (= move) [+ object, furniture] déplacer, changer de place; [+ one's head, arm etc] bouger, remuer; (Theat) [+ scenery] changer; [+ screw] débloquer, faire bouger; [+ lid, top, cap] faire bouger; [+ stain] enlever, faire disparaître; [+ employee] (to another town) muter (to à); (to another job, department) affecter (to à); [+ blame, responsibility] rejeter (on, on to sur) ◆ **he shifted his chair nearer the fire** il a approché sa chaise du feu ◆ **to shift sth in/out/away etc** rentrer/sortir/écarter etc qch ◆ **we couldn't shift him (from his opinion)** nous n'avons pas réussi à le faire changer d'avis or à l'ébranler ◆ **I can't shift this cold \*** je n'arrive pas à me débarrasser de ce rhume
[2] (= change, exchange) changer de ◆ **to shift position** (lit, fig) changer de position ◆ **to shift gears** changer de vitesse, passer les vitesses; → ground¹
◼ VI [1] (= go) aller; (= move house) déménager; (= change position, stir) [person, animal, planet etc] changer de place or de position, bouger; [limb] remuer, bouger; [wind] tourner; [ballast, cargo, load] se déplacer; [opinions, ideas] changer, se modifier; [stain] s'en aller, disparaître ◆ **shift (over) a minute to let me past \*** pousse-toi or bouge-toi \* une minute pour me laisser passer ◆ **shift off the rug \*** dégage \* du tapis ◆ **can you shift down** or **up** or **along a little?** (on seat etc) pourriez-vous vous pousser un peu ? ◆ **to shift into second (gear)** passer la deuxième ◆ **he won't shift** il ne bougera pas ◆ **the government has not shifted from its original position** le gouvernement est resté sur sa première position ◆ **that car certainly shifts \*** (= goes fast) elle fonce, cette voiture ! ◆ **come on,**

**shift!** \* (= hurry) allez, remue-toi \* or grouille-toi \* !
[2] ◆ **to shift for o.s.** se débrouiller \* tout seul
COMP **shift key** N [of keyboard] touche f de majuscule
**shift lock** N [of keyboard] touche f de verrouillage des majuscules
**shift register** N (Comput) registre m à décalage
**shift work** N (Brit) travail m en or par équipes; (in factory) travail m posté ◆ **to do shift work, to be on shift work** travailler en équipes; (in factory) faire du travail posté
**shift worker** N travailleur m, -euse f posté(e)
▶ **shift about, shift around**
◼ VI [1] (= change job) changer souvent d'emploi; (within same firm) être muté plusieurs fois
[2] (= fidget) bouger, remuer
◼ VT SEP [+ furniture etc] déplacer, changer de place
▶ **shift back**
◼ VI (= withdraw) (se) reculer
◼ VT SEP [+ chair etc] reculer
▶ **shift over** VI s'écarter, se pousser ◆ **shift over! \*** pousse-toi !

**shifter** /ˈʃɪftər/ N (US = gear lever) (levier m de) changement m de vitesse

**shiftily** /ˈʃɪftɪlɪ/ ADV [say] d'un ton faux; [tell] sournoisement; [look] d'un air sournois

**shiftiness** /ˈʃɪftɪnɪs/ N [of person, behaviour] sournoiserie f; [of look, eyes] aspect m fuyant; [of answer] caractère m évasif

**shifting** /ˈʃɪftɪŋ/
◼ ADJ [winds, currents] variable; [attitudes, pattern, colours] changeant; [alliances, population, balance of power] instable
COMP **shifting cultivation** N culture f itinérante
**shifting sands** NPL (lit) sables mpl mouvants; (fig) terrain m mouvant

**shiftless** /ˈʃɪftlɪs/ ADJ (frm) apathique, indolent

**shiftlessness** /ˈʃɪftlɪsnɪs/ N manque m de ressources

**shiftstick** /ˈʃɪftstɪk/ N (US = gear lever) (levier m de) changement m de vitesse

**shifty** \* /ˈʃɪftɪ/ SYN
◼ ADJ [person, behaviour] sournois; [look, eyes] fuyant; [answer] évasif
COMP **shifty-eyed** \* ADJ aux yeux fuyants
**shifty-looking** \* ADJ à l'aspect fuyant

**shigella** /ʃɪˈɡelə/ N (Med) shigella f

**shih-tzu** /ˈʃiːtsuː/ N (= dog) shih tzu m

**shiitake mushroom** /ʃiːˌtækɪˈmʌʃrʊm/ N champignon m shiitaké

**Shiite, Shi'ite** /ˈʃiːaɪt/ (also Shiite Muslim) N, ADJ chiite mf

**shiksa, shikse(h)** /ˈʃɪksə/ N (esp US : gen pej) jeune fille f goy

**shill** /ʃɪl/ N (US : at fairground etc) compère m

**shillelagh** /ʃəˈleɪlə/ N gourdin m irlandais

**shilling** /ˈʃɪlɪŋ/ N (Brit) shilling m

**shilly-shally** /ˈʃɪlɪˌʃælɪ/
◼ VI (= deliberately) tergiverser, atermoyer ◆ **stop shilly-shallying!** décide-toi enfin !
◼ N ⇒ shilly-shallying

**shilly-shallying** /ˈʃɪlɪˌʃælɪŋ/ N (NonC) hésitations fpl, valse-hésitation f; (deliberate) tergiversations fpl, atermoiements mpl

**shim** /ʃɪm/ N (Tech) rondelle f (de calage)

**shimmer** /ˈʃɪmər/ SYN
◼ VI [satin, jewels] chatoyer; [water, lake, heat haze, road surface] miroiter ◆ **the moonlight shimmered on the lake** le clair de lune faisait miroiter le lac
◼ N [of satin, jewels] chatoiement m; [of water, lake] miroitement m

**shimmering** /ˈʃɪmərɪŋ/, **shimmery** /ˈʃɪmərɪ/ ADJ [material, jewel] chatoyant; [water, lake] miroitant ◆ **the shimmering moonlight on the lake** le clair de lune qui faisait miroiter le lac

**shimmy** /ˈʃɪmɪ/
◼ N [1] (US : in car) shimmy m
[2] (= dance) shimmy m
◼ VI (US) [car] avoir du shimmy

**shin** /ʃɪn/
◼ N [1] tibia m
[2] (Brit Culin) ◆ **shin of beef** jarret m de bœuf
◼ VI ◆ **to shin up a tree** grimper à un arbre ◆ **to shin down a tree** descendre d'un arbre ◆ **to shin over a wall** escalader un mur
COMP **shin guard, shin pad** N protège-tibia m

**shinbone** /ˈʃɪnbəʊn/ N tibia m

**shindig** \* /ˈʃɪndɪɡ/ N (= dance, party etc) fiesta f, soirée f joyeuse

**shindy** \* /ˈʃɪndɪ/ N [1] (= brawl) bagarre f; (= row, commotion) tapage m, boucan \* m ◆ **to kick up** or **make a shindy** faire du boucan \*
[2] ⇒ shindig

**shine** /ʃaɪn/ SYN (vb: pret, ptp shone)
◼ N [of sun] éclat m; [of metal] éclat m, brillant m; [of shoes] brillant m ◆ **to give sth a shine** faire briller qch, faire reluire qch ◆ **to take the shine off** [+ brass, shoes] rendre mat or terne (pej); (fig) [+ success, news] diminuer l'attrait de, faire tomber à plat; [+ sb else's achievement] éclipser ◆ **the shine on his trousers** son pantalon lustré ◆ **to take a shine to sb** \* se toquer de qn \*; → moonshine, rain
◼ VI [sun, stars, lamp] briller; [metal, shoes] briller, reluire; (fig = excel) briller ◆ **the sun is shining** il fait (du) soleil, il y a du soleil, le soleil brille ◆ **the moon is shining** il y a clair de lune ◆ **to shine on sth** éclairer or illuminer qch ◆ **the light was shining in my eyes** j'avais la lumière dans les yeux ◆ **her face shone with happiness** son visage rayonnait de bonheur ◆ **her eyes shone with pleasure/envy** ses yeux brillaient de plaisir/luisaient d'envie ◆ **to shine at football/Spanish** (fig) briller or faire des étincelles \* au football/en espagnol
◼ VT [1] ◆ **shine your torch** or **the light over here** éclairez par ici ◆ **he shone his torch on the car** il a braqué sa lampe de poche sur la voiture, il a éclairé la voiture
[2] (pret, ptp shone or shined) [+ furniture, brass, shoes] astiquer, faire briller
▶ **shine down** VI [sun, moon, stars] briller
▶ **shine through** VI [light etc] passer, filtrer; (fig) [courage etc] transparaître
▶ **shine up** VI (US) ◆ **to shine up to sb** \* (to girl) faire du plat \* à qn; (to boss) faire de la lèche \* à qn

**shiner** /ˈʃaɪnər/ N (\* = black eye) œil m au beurre noir \*

**shingle** /ˈʃɪŋɡl/
◼ N (NonC: on beach etc) galets mpl; (on roof) bardeau m; (coated in tar) shingle m; (US \* = signboard) petite enseigne f (de docteur, de notaire etc); († = hairstyle) coupe f à la garçonne
◼ VT † [+ hair] couper à la garçonne
COMP **shingle beach** N plage f de galets

**shingles** /ˈʃɪŋɡlz/ N (NonC) zona m ◆ **to have shingles** avoir un zona

**shingly** /ˈʃɪŋɡlɪ/ ADJ [beach] (couvert) de galets

**shininess** /ˈʃaɪnɪnɪs/ N éclat m, brillant m

**shining** /ˈʃaɪnɪŋ/ SYN ADJ [1] (= gleaming) [eyes, hair] brillant; [face] rayonnant; [furniture, floor, metal] luisant
[2] (= outstanding) [success, moment] remarquable ◆ **she was a shining example to everyone** c'était un modèle pour tout le monde ◆ **shining light (in sth)** (fig) (person) lumière f (en qch); (thing) phare f (de qch); → improve

**shinleaf** /ˈʃɪnˌliːf/ N pirole f

**shinny** /ˈʃɪnɪ/ VI ⇒ shin vi

**Shinto** /ˈʃɪntəʊ/ N shinto m

**Shintoism** /ˈʃɪntəʊɪzəm/ N shintoïsme m

**Shintoist** /ˈʃɪntəʊɪst/ ADJ, N shintoïste mf

**shinty** /ˈʃɪntɪ/ N sorte de hockey sur gazon

**shiny** /ˈʃaɪnɪ/ SYN ADJ [surface, hair, shoes, coin] brillant; [car] rutilant; [furniture, metal, fabric] luisant; [nose] qui brille (or brillait) ◆ **the company's shiny new offices** les nouveaux bureaux rutilants de la société

**ship** /ʃɪp/
◼ N (gen) bateau m; (large) navire m; (= vessel) vaisseau m, bâtiment m ◆ **His (or Her) Majesty's Ship Maria/Falcon** la Maria/le Falcon ◆ **the good ship Caradoc** (†, liter) la nef † Caradoc, le Caradoc ◆ **when my ship comes in** (fig) quand j'aurai fait fortune ◆ **he runs** or **keeps a tight ship** (fig) il ne plaisante pas sur l'organisation (or la discipline) ◆ **it was a case of "ships that pass in the night"** ce fut une rencontre sans lendemain ◆ **the ship of the desert** le vaisseau du désert, le chameau; → board, jump, warship
◼ VT [1] (= transport) transporter; (= send by ship) expédier (par bateau); (= send by any means) expédier ◆ **the goods were shipped on SS Wallisdown** la marchandise a été expédiée à bord du Wallisdown

**875** ANGLAIS-FRANÇAIS

**2** (= put or take on board) [+ cargo] embarquer, charger ; [+ water] embarquer ◆ **to ship the oars** rentrer les avirons
**COMP** **ship canal** N canal m maritime or de navigation
**ship chandler** N ⇒ ship's chandler
**ship of the line** N (Hist) bâtiment m de ligne
**ship's biscuit** N (NonC) biscuit m (de mer)
**ship's boat** N chaloupe f
**ship's boy** N mousse m
**ship's chandler** N fournisseur m d'équipement pour bateaux, shipchandler m
**ship's company** N équipage m, hommes mpl du bord
**ship's manifest** N manifeste m
**ship's papers** N papiers mpl de bord or d'un navire
**ship-to-shore radio** N liaison f radio avec la côte

▸ **ship off, ship out**
**VI** s'embarquer (to pour)
**VT SEP** **1** (= send by ship) [+ goods, troops etc] envoyer (par bateau or par mer)
**2** (* = send) [+ goods, person] expédier*

**shipboard** /ˈʃɪpbɔːd/
**ADJ** [task] à bord ; [personnel] de bord ◆ **a shipboard romance** une histoire d'amour le temps d'une croisière
**N** ◆ **on shipboard** à bord

**shipbuilder** /ˈʃɪpˌbɪldəʳ/ N constructeur m naval

**shipbuilding** /ˈʃɪpˌbɪldɪŋ/ N construction f navale

**shipload** /ˈʃɪpləʊd/ N (lit) charge f ; (fig) grande quantité f, masse f ◆ **tourists were arriving by the shipload** les touristes arrivaient par bateaux entiers

**shipmate** /ˈʃɪpmeɪt/ N camarade m de bord

**shipment** /ˈʃɪpmənt/ N (= load) cargaison f ; (= act of shipping) expédition f (par bateau) ◆ **ready for shipment** (Comm) prêt à l'expédition

**shipowner** /ˈʃɪpˌəʊnəʳ/ N armateur m

**shipper** /ˈʃɪpəʳ/ N (organizing transport) chargeur m ; (transporter) expéditeur m, affréteur m

**shipping** /ˈʃɪpɪŋ/
**N** (NonC) **1** (= ships collectively) navires mpl ; (= traffic) navigation f ◆ **attention all shipping!** (Rad) avis à la navigation ! ◆ **it was a danger to shipping** cela constituait un danger pour la navigation ◆ **the canal is closed to British shipping** le canal est fermé aux navires britanniques
**2** (= sending) expédition f ; (= act of loading) chargement m, embarquement m
**3** (= charges for transporting cargo) frais mpl de transport
**COMP** **shipping agent** N agent m maritime
**shipping clerk** N expéditionnaire mf
**shipping company** N compagnie f de navigation
**shipping department** N (Comm) service m des expéditions
**shipping documents** NPL (Comm) documents mpl d'expédition
**shipping forecast** N météo f marine
**shipping lane** N voie f de navigation
**shipping line** N = shipping company
**shipping losses** NPL ◆ **shipping losses during 1944** les pertes en navires au cours de l'année 1944

**shipshape** /ˈʃɪpʃeɪp/ ADJ bien rangé, en ordre ◆ **all shipshape and Bristol fashion** arrangé d'une façon impeccable

**shipworm** /ˈʃɪpˌwɜːm/ N taret m

**shipwreck** /ˈʃɪprek/
**N** (= event) naufrage m ; (= wrecked ship) épave f
**VT** (lit) faire sombrer ; (fig) ruiner, anéantir ◆ **to be shipwrecked** faire naufrage ◆ **shipwrecked on a desert island** [vessel] échoué sur une île déserte ; [person] naufragé sur une île déserte ◆ **a shipwrecked person** un(e) naufragé(e) ◆ **a shipwrecked sailor/vessel** un marin/vaisseau naufragé

**shipwright** /ˈʃɪpraɪt/ N (= builder) constructeur m naval ; (= carpenter) charpentier m (de chantier naval)

**shipyard** /ˈʃɪpjɑːd/ N chantier m naval

**shire** /ˈʃaɪəʳ/
**N** (Brit) comté m
**COMP** **shire horse** N shire, cheval m de gros trait

**shirk** /ʃɜːk/ SYN
**VT** [+ task, work] éviter de faire, s'arranger pour ne pas faire ; [+ obligation, duty] esquiver, se dérober à ; [+ difficulty, problem, issue] éluder, esquiver ◆ **to shirk doing sth** éviter de faire qch, s'arranger pour ne pas faire qch
**VI** tirer au flanc*

**shirker** /ˈʃɜːkəʳ/ SYN N tire-au-flanc* mf inv

**shirr** /ʃɜːʳ/ VT **1** (Sewing) froncer
**2** (US Culin) ◆ **shirred eggs** œufs mpl en cocotte or au four

**shirring** /ˈʃɜːrɪŋ/
**N** fronces fpl
**COMP** **shirring elastic** N (fil m) élastique m à froncer, ≈ Lastex ® m

**shirt** /ʃɜːt/
**N** (man's) chemise f ; (woman's) chemisier m ; (footballer's etc) maillot m ◆ **keep your shirt on!**‡ (fig) ne vous mettez pas en rogne* or en pétard‡ ! ◆ **to put one's shirt on sth** (Betting etc) jouer (toute) sa fortune or tout ce qu'on a sur qch ◆ **to lose one's shirt** (Betting etc) perdre (toute) sa fortune or tout ce qu'on a, y laisser sa chemise ; → **boil¹, nightshirt, stuff**
**COMP** **shirt front** N plastron m
**shirt-lifter**‡ N (pej) pédé‡ m
**shirt sleeves** NPL ◆ **in (one's) shirt sleeves** en bras or manches de chemise
**shirt-tail** N pan m de chemise ◆ **in (one's) shirt-tails** en chemise
**shirt-tail cousin*** N (US) cousin(e) m(f) éloigné(e), cousin(e) m(f) à la mode de Bretagne

**shirtdress** /ˈʃɜːtdres/ N robe f chemisier

**shirting** /ˈʃɜːtɪŋ/ N (NonC) shirting m

**shirtwaist** /ˈʃɜːtweɪst/
**N** (US) (= blouse) chemisier m ; (= dress) robe f chemisier
**COMP** **shirtwaist(ed) dress** N ⇒ shirtwaister

**shirtwaister** /ˈʃɜːtˌweɪstəʳ/ N robe f chemisier

**shirty*** /ˈʃɜːtɪ/ ADJ (Brit) [person, reply] vache ◆ **to get shirty (with sb) (about sth)** se mettre en rogne* (contre qn) (à propos de qch)

**shish kebab** /ˈʃiːʃkəˈbæb/ N chiche-kebab m

**shit**‡ /ʃɪt/ N (vb: pret, ptp **shat**)
**N** **1** (lit, fig) (= excrement, rubbish) merde‡ f ; (= nonsense) conneries‡ fpl ◆ **shit!** merde !‡ ◆ **no shit?** sans blague ?* ◆ **to be in the shit** être dans la merde‡ ◆ **in deep shit** dans la merde‡ jusqu'au cou ◆ **don't give me that shit!** arrête de déconner !‡ ◆ **to have** or **take a shit** chier‡ ◆ **un coup** ◆ **to go for a shit** aller chier‡ ◆ **to have the shits** avoir la chiasse‡ ◆ **I don't give a shit!** j'en ai rien à branler !‡, je m'en contrefous !‡ (about de) ◆ **to scare the shit out of sb** flanquer une de ces trouilles* à qn ◆ **to beat** or **kick** or **knock the shit out of sb** passer qn à tabac*, dérouiller qn‡ ◆ **then the shit really hit the fan** alors ça a bardé* or chié‡
**2** (= person) salaud‡ m
**3** (Drugs = resin) chier‡ m ◆ **it's time to shit or get off the pot** (US) il est temps de s'y mettre ou bien de passer la main
**VT** **1** (lit, fig) ◆ **to shit o.s.** chier‡ dans son froc ◆ **to shit a brick** or **bricks** chier‡ or faire dans son froc
**2** (US = talk nonsense to) raconter des conneries‡ à ◆ **you're shitting me** tu déconnes‡
**ADJ** merdique‡, nul à chier‡
**COMP** **shit-hole**‡ N endroit m de merde‡
**shit-hot**‡ ADJ vachement bon‡
**shit-scared**‡ ADJ ◆ **to be shit-scared** avoir une trouille bleue*
**shit-stirrer**‡ N fouteur m, -euse f de merde‡

**shite**‡ /ʃaɪt/ N (Brit) merde‡ f

**shitface**‡ /ˈʃɪtfeɪs/ N ⇒ **shithead**

**shitfaced**‡ /ˈʃɪtfeɪst/ ADJ pété‡, cassé‡

**shithead**‡ /ˈʃɪthed/ N connard‡ m, connasse‡ f

**shithouse**‡ /ˈʃɪthaʊs/ N (= lavatory) chiottes‡ fpl ◆ **this shithouse of a country** ce pays de merde‡ ; → **built**

**shitless**‡ /ˈʃɪtlɪs/ ADJ ◆ **to scare sb shitless** flanquer une de ces trouilles* à qn ◆ **to be scared shitless** avoir une peur bleue* ◆ **to bore sb shitless** casser les couilles à qn‡ ◆ **to be bored shitless** se faire chier‡

**shitlist**‡ /ˈʃɪtlɪst/ N liste f noire

**shitload**‡ /ˈʃɪtləʊd/ N ◆ **a shitload** or **shitloads of sth** (= lots) des tonnes de qch‡ ◆ **a shitload of trouble** un merdier pas possible‡

shipboard | shocked

**shitty**‡ /ˈʃɪti/ ADJ [person, mood, food] dégueulasse‡ ; [place, job] merdique‡ ◆ **what a shitty thing to do/say!** c'est dégueulasse‡ de faire/dire ça !

**shitwork**‡ /ˈʃɪtwɜːk/ N (NonC: US) boulot m merdique‡

**shiv*** /ʃɪv/ N (= knife) surin‡ m, couteau m

**shiver¹** /ˈʃɪvəʳ/
**VI** (with cold, fear) frissonner, trembler (with de) ; (with pleasure) frissonner, tressaillir (with de) ; → **boot¹, shoe**
**N** (from cold) frisson m ; (from fear, pleasure) frisson m, tressaillement m ◆ **it sent shivers down his spine** cela lui a donné froid dans le dos ◆ **he gave a shiver** il a frissonné, il a eu un frisson ◆ **to give sb the shivers** donner le frisson à qn

**shiver²** /ˈʃɪvəʳ/ SYN
**N** (= fragment) éclat m, fragment m
**VI** (= shatter) voler en éclats, se fracasser
**VT** fracasser ◆ **shiver my timbers!** mille sabords !

**shivery** /ˈʃɪvərɪ/ SYN ADJ (from cold) frissonnant, grelottant ; (from emotion, fever) frissonnant, tremblant

**Shoah** /ˈʃəʊə/ N (Hist) Shoah f

**shoal¹** /ʃəʊl/ N [of fish] banc m (de poissons) ◆ **shoals of applications** une avalanche de demandes

**shoal²** /ʃəʊl/ N (= shallows) haut-fond m, basfond m ; (= sandbank) banc m de sable, écueil m

**shock¹** /ʃɒk/ SYN
**N** **1** (= impact) [of collision etc] choc m, heurt m ; [of earthquake, explosion] secousse f
**2** (Elec) décharge f (électrique) ◆ **to get a shock** recevoir une décharge (électrique), prendre le jus* ◆ **she got a shock from the refrigerator, the refrigerator gave her a shock** elle a reçu une décharge en touchant le réfrigérateur
**3** (to sensibilities etc) choc m, coup m ; (= feeling, emotion) horreur f ◆ **he got such a shock when he heard that...** cela lui a donné un tel choc or coup d'apprendre que... ◆ **he hasn't yet got over the shock of her death** il ne s'est pas encore remis du choc que lui a causé sa mort ◆ **the shock killed him** le choc l'a tué ◆ **the shock of the election results** les résultats mpl stupéfiants des élections ◆ **their refusal came as a shock to me** leur refus m'a stupéfié or ébahi ◆ **it comes as a shock to hear that...** il est stupéfiant d'apprendre que... ◆ **you gave me a shock!** vous m'avez fait peur ! ◆ **I got such a shock!** je n'en étais tout retourné !* ◆ **shock horror!*** (hum) quelle horreur ! ◆ **pale with shock** pâle de saisissement ◆ **my feeling is one of shock at the idea that...** j'éprouve un sentiment d'horreur à l'idée que..., je suis bouleversé à l'idée que...
**4** (Med) commotion f, choc m ◆ **anaphylactic shock** choc m anaphylactique ◆ **to be suffering from shock** être en état de choc, être commotionné ◆ **in a state of shock** en état de choc, commotionné ; → **shell**
**NPL** **shocks** * (US = shock absorbers) amortisseurs mpl
**ADJ** [defeat, victory, news, resignation, decision] surprise
**VT** **1** (= take aback) secouer, retourner* ; (stronger) bouleverser ; (= disgust) dégoûter ; (= scandalize) choquer, scandaliser ◆ **to shock sb out of his complacency** déstabiliser qn ◆ **he's easily shocked** il se choque facilement or pour un rien
**2** (Culin) plonger dans de l'eau glacée
**COMP** [tactics] de choc
**shock absorber** N amortisseur m
**shock-horror** * ADJ [story, film] d'épouvante ; [headline] sensationnel, à sensation
**shock jock** N (esp US) présentateur m de radio qui cherche à provoquer de vives controverses en exprimant des opinions extrémistes
**shock resistant** ADJ résistant aux chocs
**shock therapy, shock treatment** N (Med) (traitement m par) électrochoc m
**shock troops** NPL troupes fpl de choc
**shock wave** N (Phys) onde f de choc ◆ **the news sent shock waves through Congress** la nouvelle a provoqué de vifs remous au sein du Congrès

**shock²** /ʃɒk/ N ◆ **a shock of hair** une tignasse*

**shockable** /ˈʃɒkəbl/ ADJ ◆ **she's not easily shockable** elle ne se choque pas facilement

**shocked** /ʃɒkt/ ADJ **1** (= unpleasantly surprised) [person, voice, expression, face] abasourdi (at sth par qch) ; [reaction] choqué ◆ **a shocked silence** un

silence consterné ◆ **to listen in shocked silence** écouter muet de stupéfaction ◆ **shocked to see/hear/learn sth** abasourdi de voir/d'entendre/d'apprendre qch
[2] (= *scandalized*) choqué
[3] (*Med*) commotionné

**shocker*** /ˈʃɒkəʳ/ N [1] ◆ **he's a shocker** il est impossible *or* imbuvable* ◆ **last week was a shocker** (= *stressful*) j'ai eu une semaine affreuse
[2] (= *cheap book*) livre *m* à sensation

**shockheaded** /ʃɒkˈhedɪd/ ADJ hirsute

**shocking** /ˈʃɒkɪŋ/ SYN
ADJ [1] (= *scandalous*) [*act, behaviour, book*] choquant, scandaleux ; [*sight*] choquant, atroce ; [*decision, waste of money*] scandaleux ; [*price*] scandaleux, exorbitant ; [*murder, cruelty*] odieux, atroce ; [*crime*] odieux, atroce, affreux ; [*news*] atroce, bouleversant ◆ **the film wasn't really shocking** le film n'avait rien de vraiment choquant ◆ **it may be shocking to the older generation** cela pourrait choquer les générations plus âgées ◆ **it is shocking to think that...** il est scandaleux de penser que... + *subj* ◆ **it is shocking that...** il est scandaleux que... + *subj* ◆ **the shocking truth** la terrible vérité
[2] (*Brit* * = *dreadful*) [*weather, results, cold, cough*] affreux, épouvantable ; [*quality, handwriting*] épouvantable ◆ **in a shocking state** dans un état épouvantable
COMP **shocking pink** ADJ, N rose *m* shocking *inv*

**shockingly** /ˈʃɒkɪŋlɪ/ ADV [1] (= *disturbingly*) [*effective, frank*] terriblement ◆ **shockingly, children are more likely to be killed in an accident in the home** chose terrible, un enfant a plus de chances d'être tué dans un accident domestique
[2] (* = *badly*) [*play, act*] de façon lamentable ; [*behave*] affreusement mal ; (= *scandalously*) scandaleusement, de façon choquante
[3] (*Brit* * = *extremely*) [*bad, unfair, expensive, difficult*] terriblement, affreusement

**shockproof** /ˈʃɒkpruːf/ ADJ (*lit*) antichoc *inv* ; (* *fig*) [*person*] difficile à choquer

**shod** /ʃɒd/ VB pt, ptp of **shoe**

**shoddily** /ˈʃɒdɪlɪ/ (*pej*) ADV [*made, built*] mal ; [*behave, treat*] très mal

**shoddiness** /ˈʃɒdɪnɪs/ N [*of work, goods*] mauvaise qualité *f* ; [*of behaviour*] bassesse *f*, mesquinerie *f*

**shoddy** /ˈʃɒdɪ/ SYN
ADJ (*pej*) [*workmanship, goods*] de mauvaise qualité ; [*service*] de mauvaise qualité, mauvais ; [*treatment*] indigne ; [*behaviour, attempt*] mesquin ; [*building*] miteux
N (= *cloth*) lirette *f*

**shoe** /ʃuː/ (vb: pret, ptp **shod**)
N chaussure *f* ; (= *horseshoe*) fer *m* (à cheval) ; (= *brake shoe*) sabot *m* (de frein) ◆ **to have one's shoes on/off** être chaussé/déchaussé ◆ **to put on one's shoes** mettre ses chaussures, se chausser ◆ **to take off one's shoes** enlever ses chaussures, se déchausser ◆ **to quake** *or* **shake** *or* **tremble** *or* **shiver in one's shoes** (*fig*) avoir une peur bleue ◆ **I wouldn't like to be in his shoes** (*fig*) je n'aimerais pas être à sa place ◆ **to step into** *or* **fill sb's shoes** (*fig*) succéder à qn ◆ **he's waiting for dead men's shoes** il attend que quelqu'un meure pour prendre sa place ◆ **you'll know where the shoe pinches when...** (*fig*) vous vous trouverez serré *or* à court quand... ◆ **that's another pair of shoes** (*fig*) c'est une autre paire de manches ◆ **that's where the shoe pinches** c'est là que le bât blesse ◆ **to drop the other shoe** (*US fig*) finir ce que l'on a commencé ◆ **if the shoe fits, wear it** (*US*) qui se sent morveux (qu'il) se mouche, il n'y a que la vérité qui blesse ; → **court**
VT [*+ horse*] ferrer ◆ **to be well/badly shod** [*person*] être bien/mal chaussé ◆ **the cobbler's children are always the worst shod** (*Prov*) ce sont les cordonniers qui sont les plus mal chaussés (*Prov*)
COMP **shoe cream** N crème *f* pour chaussures
**shoe leather** N cuir *m* pour chaussures ◆ **I wore out a lot of shoe leather, it cost me a lot in shoe leather** ça m'est revenu cher en chaussures, j'ai dû faire des kilomètres à pied
**shoe polish** N cirage *m*
**shoe repairer** N cordonnier *m* ◆ **shoe repairer's (shop)** cordonnerie *f*
**shoe repairing** N (*NonC*) cordonnerie *f*
**shoe repairs** NPL cordonnerie *f*
**shoe size** N pointure *f* ◆ **what shoe size are you?** quelle est votre pointure ?, quelle pointure faites-vous ?

**shoeblack** † /ˈʃuːblæk/ N cireur *m*, -euse *f* de chaussures

**shoebox** /ˈʃuːbɒks/ N boîte *f or* carton *m* à chaussures

**shoebrush** /ˈʃuːbrʌʃ/ N brosse *f* à chaussures

**shoehorn** /ˈʃuːhɔːn/
N chausse-pied *m*
VT ◆ **the cars are shoehorned into tiny spaces** les voitures sont casées dans des emplacements minuscules ◆ **I was shoehorning myself into a skin-tight ball gown** j'enfilais non sans mal une robe de bal moulante

**shoelace** /ˈʃuːleɪs/ N lacet *m* (de chaussure) ◆ **you are not fit** *or* **worthy to tie his shoelaces** vous n'êtes pas digne de délier le cordon de ses souliers

**shoemaker** /ˈʃuːˌmeɪkəʳ/ SYN
N (= *cobbler*) cordonnier *m* ; (= *manufacturer*) fabricant *m* de chaussures ; (= *shoeshop owner*) chausseur *m*
COMP **shoemaker's shop** N cordonnerie *f*

**shoeshine boy** /ˌʃuːʃaɪnˈbɔɪ/ N cireur *m* de chaussures

**shoeshop** /ˈʃuːʃɒp/ N magasin *m* de chaussures

**shoestring** /ˈʃuːstrɪŋ/
N (*US : lit*) ⇒ **shoelace** ◆ **to do sth on a shoestring** faire qch à peu de frais *or* avec peu d'argent ◆ **they're living on a shoestring** ils sont gênés, ils doivent se serrer la ceinture*
COMP **shoestring budget** N budget *m* minime *or* infime

**shoetree** /ˈʃuːtriː/ N embauchoir *m*

**shofar** /ˈʃəʊfɑːʳ/ (pl **shofars** *or* **shofroth**) N schofar *m*

**shogun** /ˈʃəʊguːn/ N (*Hist*) shogun *m*

**shone** /ʃɒn/ VB pt, ptp of **shine**

**shoo** /ʃuː/
EXCL (*to animals*) pschtt ! ; (*to person*) ouste !*
VT (also **shoo away, shoo off**) chasser
COMP **shoo-in*** N (*US*) ◆ **it's a shoo-in** c'est du tout cuit*, c'est du gâteau* ◆ **the president looks a shoo-in for a second term** le président sera réélu à coup sûr

**shook** /ʃʊk/
VB pt of **shake**
COMP **shook-up*** ADJ ◆ **to be shook-up about sth** être secoué par qch ◆ **a shook-up generation** une génération de paumés*

**shoot** /ʃuːt/ SYN (vb: pret, ptp **shot**)
N [1] (*on branch etc*) pousse *f*, rejeton *m* (*Bio*) ; (= *seedling*) pousse *f*
[2] (= *chute*) glissière *f*, déversoir *m*
[3] (= *shooting party*) partie *f* de chasse ; (= *land*) (terrain *m* de) chasse *f* ◆ **the whole (bang) shoot**‡ (= *all of them*) tout le tremblement*
[4] (= *photo assignment*) séance *f* (de photos) ; (= *filming session*) séance *f* (de tournage)
[5] (*expletive*) ◆ **shoot!*** zut !*, mercredi !*
VT [1] [*+ animal*] (= *hunt*) chasser ; (= *kill*) abattre, tirer ; [*+ injured horse etc*] abattre ; [*+ person*] (= *hit*) atteindre d'un coup de feu ; (= *wound*) blesser par balle(s) ; (= *kill*) tuer par balle(s), abattre ; (= *execute*) fusiller ◆ **shoot him!** tire !, descends-le !* ◆ **to be shot in the head** être atteint d'une balle dans la tête ◆ **he had been shot through the heart** il avait reçu une balle en plein cœur ◆ **to shoot sb dead** abattre qn ◆ **he was shot as a spy** il a été fusillé pour espionnage ◆ **people have been shot for less!*** (*hum*) on en a tué pour moins que ça ! ◆ **you'll get shot for that!*** (*hum*) tu vas te faire incendier pour ça !* ◆ **to shoot from the hip** (*lit*) tirer l'arme à la hanche ; (*fig*) (*challenging sb*) attaquer impulsivement ; (*answering sb*) riposter impulsivement ◆ **to shoot the lights** (*in car*) griller *or* brûler le feu rouge ◆ **to shoot o.s. in the foot*** (*fig*) se tirer une balle dans le pied (*fig*) ◆ **it's a case of shoot the messenger** c'est se tromper de cible ◆ **it's like shooting fish in a barrel*** c'est un combat gagné d'avance
[2] (= *fire*) [*+ gun*] tirer un coup de (*at* sur) ; [*+ arrow*] décocher, tirer (*at* sur) ; [*+ bullet*] tirer (*at* sur) ; [*+ rocket, missile*] lancer (*at* sur) ◆ **the volcano shot lava high into the air** le volcan projetait de la lave dans les airs ◆ **to shoot a goal, to shoot the ball into the net** marquer un but ◆ **he shot the bolt** (*fastened*) il a mis *or* poussé le verrou ; (*opened*) il a tiré le verrou ◆ **he has shot his bolt** (*fig*) il a joué sa dernière carte, il a brûlé ses dernières cartouches ◆ **to shoot the breeze*** (*US*) bavarder ◆ **to shoot the bull**‡ (*US*) raconter des conneries‡ ◆ **to shoot a line**‡ faire de l'épate*, en mettre plein la vue* ◆ **to shoot a line about sth**‡ (*Brit*) raconter des histoires *or* des bobards* à propos de qch ◆ **to shoot the works* on sth** (*US* = *spend all*) claquer* tout son argent pour acheter qch ◆ **to shoot dice** jeter les dés ◆ **to shoot (for) the moon** viser (très) haut ; → **pool²**
[3] (= *direct*) [*+ look, glance*] décocher, lancer (*at* à) ; [*sun*] [*+ ray of light*] darder ◆ **he shot her a smile** il lui a lancé *or* décoché un sourire ◆ **to shoot questions at sb** bombarder *or* mitrailler qn de questions
[4] (*Cine etc*) [*+ film, scene*] tourner ; [*+ subject of snapshot etc*] prendre (en photo)
[5] [*+ rapids*] franchir, descendre ; [*+ bridge*] passer rapidement sous
[6] * (= *send*) envoyer, expédier ; (= *give*) donner ; (= *throw*) jeter, flanquer*
[7] (*Drugs*) ◆ **to shoot heroin*** se shooter* à l'héroïne
VI [1] (*with gun, bow*) tirer (*at* sur) ; (*Sport: at target*) tirer (à la cible) ◆ **to go shooting** (*Brit* = *hunt*) chasser, aller à la chasse ◆ **to shoot to disable/kill** tirer pour blesser/tuer ◆ **to shoot on sight** tirer à vue ◆ **he can't shoot straight** il tire mal *or* comme un pied* ◆ **they're both shooting for** *or* **at the same target** (*fig*) ils travaillent de concert
[2] (= *move quickly*) ◆ **to shoot in/out/past** *etc* [*person, car, ball etc*] entrer/sortir/passer *etc* en flèche ◆ **to shoot along** filer ◆ **he shot to the door** il s'est précipité vers la porte ◆ **to shoot to fame/stardom** devenir très vite célèbre/une star ◆ **the car shot out of a side street** la voiture a débouché à toute vitesse d'une rue transversale ◆ **he shot across the road** il a traversé la rue comme une flèche ◆ **the bullet shot past his ears** la balle lui a sifflé aux oreilles ◆ **the cat shot up the tree** le chat a grimpé à l'arbre à toute vitesse ◆ **the pain went shooting up his arm** la douleur au bras le lancinait, son bras l'élançait ◆ **he has shot ahead in the last few weeks** (*in class etc*) il a fait des progrès énormes depuis quelques semaines
[3] (*Football etc*) shooter, tirer ◆ **to shoot at goal** shooter, faire un shoot ◆ **shoot!**‡ (*in conversation*) vas-y !, dis ce que tu as à dire !
[4] [*plant*] bourgeonner, pousser
COMP **shoot-'em-up*** N (*Cine*) film *m* de violence ; (= *video game*) jeu *m* vidéo violent
**shoot-out** N (= *fight*) fusillade *f* ; (*Football*) épreuve *f* des tirs au but
**shoot-the-chute** N (*US*) toboggan *m* (*appareil de manutention*)
**shoot-to-disable** ADJ [*policy*] qui consiste à tirer dans le but de neutraliser l'adversaire
**shoot-to-kill** ADJ [*policy*] qui consiste à tirer avec l'intention de tuer

► **shoot away**
VI [1] (*Mil etc* = *fire*) continuer à tirer, tirer sans arrêt
[2] (= *move*) partir comme une flèche, s'enfuir à toutes jambes
VT SEP ⇒ **shoot off vt sep 2**

► **shoot back** VI [1] (*Mil etc*) retourner le (*or* son *etc*) feu (*at* à)
[2] (= *move*) retourner *or* rentrer *or* revenir en flèche

► **shoot down** VT SEP [1] [*+ plane*] abattre, descendre ◆ **he was shot down in flames** [*pilot*] son avion s'est abattu en flammes ◆ **to shoot down in flames*** [*+ project*] démolir ; [*+ person*] descendre en flammes*
[2] (= *kill*) [*+ person*] abattre, descendre*

► **shoot off**
VI ⇒ **shoot away vi 2**
VT SEP [1] [*+ gun*] décharger, faire partir ◆ **he's always shooting his mouth off**‡ (*fig*) il faut toujours qu'il ouvre *subj* le bec* *or* sa grande gueule‡ ◆ **to shoot one's mouth off about sth**‡ raconter des histoires *or* des bobards* au sujet de qch
[2] ◆ **he had a leg shot off** il a eu une jambe emportée par un éclat d'obus

► **shoot out**
VI [*person, car etc*] sortir comme une flèche ; [*flame, water*] jaillir
VT SEP [1] ◆ **to shoot out one's tongue** [*person*] tirer la langue ; [*snake*] darder sa langue ◆ **he shot out his arm and grabbed my stick** il a avancé

brusquement le bras et a attrapé ma canne ◆ **he was shot out of the car** il a été éjecté de la voiture

[2] ◆ **to shoot it out** avoir un règlement de compte (à coups de revolvers *or* de fusils), s'expliquer à coups de revolvers *or* de fusils

N ◆ **shoot-out** * → **shoot**

▸ **shoot up**

VI [1] *[flame, water]* jaillir ; *[rocket, price etc]* monter en flèche

[2] *(= grow quickly) [tree, plant]* pousser vite ; *[child]* bien pousser *

[3] *(Drugs *)* se shooter *

VT SEP *( * : with gun)* flinguer⁑, tirer sur

ADJ ◆ **shot up**⁑ → **shot adj 4**

**shooter** /ˈʃuːtəʳ/ N [1] *(⁑ = gun)* flingue * *m*

[2] (also **target shooter**) *personne qui pratique le tir* ; → **peashooter, sharpshooter, six, troubleshooter**

**shooting** /ˈʃuːtɪŋ/

N [1] *(NonC = shots)* coups *mpl* de feu ; *(continuous)* fusillade *f* ◆ **I heard some shooting over there** j'ai entendu des coups de feu par là-bas ◆ **the shooting caused ten deaths** la fusillade a fait dix morts

[2] *(= act) (murder)* meurtre *m or* assassinat *m* (avec une arme à feu) ; *(execution)* fusillade *f*, exécution *f* ◆ **the shooting of a policeman in the main street** le meurtre d'un agent de police abattu dans la grand-rue

[3] *(esp Brit = hunting)* chasse *f* ◆ **rabbit shooting** la chasse au lapin ◆ **there's good shooting there** il y a une bonne chasse là-bas

[4] *(Cine) [of film, scene]* tournage *m*

ADJ *[pain]* lancinant

COMP **shooting brake** † N *(Brit = car)* break *m*

**shooting-down** N ◆ **the shooting-down of the diplomat** l'attentat *m* à l'arme à feu contre le diplomate ◆ **the shooting-down of the plane (by the enemy)** la perte *or* la destruction de l'avion (abattu par l'ennemi)

**shooting gallery** N tir *m*, stand *m* (de tir)

**shooting incident** N ◆ **there were a few shooting incidents last night** la nuit dernière il y a eu quelques échanges de coups de feu

**shooting iron** †⁑ N *(US)* flingue * *m*

**shooting match** * N *(Brit fig)* ◆ **the whole shooting match** tout le bataclan *, tout le tremblement *

**shooting party** N partie *f* de chasse

**shooting range** N tir *m*, stand *m* (de tir) ◆ **within shooting range** à portée (de tir)

**shooting script** N *(Cine)* découpage *m*

**shooting spree** N ◆ **to go on a shooting spree** être pris d'un accès *or* d'une crise de folie meurtrière

**shooting star** N étoile *f* filante

**shooting stick** N canne-siège *f*

**shooting war** N lutte *f* armée

**shop** /ʃɒp/

N [1] *(esp Brit Comm)* magasin *m* ; *(small)* boutique *f* ◆ **wine shop** marchand *m* de vins ◆ **at the butcher's shop** à la boucherie, chez le boucher ◆ **"The Toy Shop"** « la Maison du Jouet » ◆ **mobile** *or* **travelling shop** épicerie *f etc* roulante ◆ **he's just gone (round) to the shops** il est juste sorti faire des courses ◆ **to set up shop** *(lit, fig)* s'établir, s'installer ◆ **to shut up shop** *(lit, fig)* fermer boutique ◆ **you've come to the wrong shop** * *(fig)* tu te trompes d'adresse * *(fig)* ◆ **to talk shop** *(fig)* parler boutique *or* affaires ◆ **all over the shop** * *(= everywhere)* partout ; *(= in confusion)* en désordre, bordélique * ; → **back, corner, grocer**

[2] *(Brit = shopping)* ◆ **to do one's weekly shop** faire ses courses de la semaine

[3] *(= workshop)* atelier *m*

[4] *(= part of factory)* atelier *m* ◆ **assembly shop** atelier *m* de montage ; → **closed, machine**

VI ◆ **to shop at Harrods** faire ses courses *or* ses achats chez Harrods ◆ **"shop at Brown's"** *(sign)* « achetez chez Brown » ◆ **to go shopping** *(specific errands)* faire les courses ; *(leisurely browsing)* faire les magasins, faire du shopping * ◆ **I was shopping for a winter coat** je cherchais un manteau d'hiver ◆ **she's shopping for a husband/a new sales director** elle cherche un mari/un nouveau directeur des ventes

VT *(esp Brit ⁑ = betray)* vendre, donner *

COMP *(= bought in shop) [cakes etc]* acheté dans le commerce

**shop assistant** N *(Brit)* vendeur *m*, -euse *f*, employé(e) *m(f)* (de magasin)

**the shop floor** N *(Brit = place)* l'atelier *m* ; *(= workers)* les ouvriers *mpl* ◆ **he works on the shop floor** c'est un ouvrier

**shop front** N *(Brit)* devanture *f*

**shop steward** N *(Brit)* délégué(e) *m(f)* syndical(e)

**shop talk** * N *(= jargon)* jargon *m* (de métier) ◆ **I'm getting tired of shop talk** je commence à en avoir assez de parler affaires *or* boulot *

**shop window** N vitrine *f*

▸ **shop around** VI *(= go around shops)* faire les magasins ; *(= compare prices)* comparer les prix ◆ **to shop around for sth** faire les magasins *or* comparer les prix avant d'acheter qch ◆ **it's worth shopping around before you decide on a university** ça vaut la peine de comparer *or* se renseigner avant de choisir une université

**shopaholic** * /ˌʃɒpəˈhɒlɪk/ N accro *mf* du shopping *

**shopbot** /ˈʃɒpbɒt/ N site *m* comparatif

**shopfitter** /ˈʃɒpˌfɪtəʳ/ N *(esp Brit)* décorateur *m* de magasin

**shopgirl** /ˈʃɒpgɜːl/ N *(Brit)* vendeuse *f*

**shophar** /ˈʃəʊfɑːʳ/ N (pl **shophars** *or* **shophroth**) /ˈʃəʊˌfrɒt/ ⇒ **shofar**

**shopkeeper** /ˈʃɒpˌkiːpəʳ/ N commerçant(e) *m(f)*, marchand(e) *m(f)* ◆ **small shopkeeper** petit commerçant *m*

**shoplift** /ˈʃɒplɪft/ VTI voler à l'étalage

**shoplifter** /ˈʃɒpˌlɪftəʳ/ N voleur *m*, -euse *f* à l'étalage

**shoplifting** /ˈʃɒpˌlɪftɪŋ/ N *(NonC)* vol *m* à l'étalage

**shopper** /ˈʃɒpəʳ/ N [1] *(= person)* personne *f* qui fait ses courses ; *(= customer)* client(e) *m(f)*

[2] *(= bag)* sac *m* (à provisions), cabas *m* ; *(on wheels)* caddie ® *m*

**shopping** /ˈʃɒpɪŋ/

N *(NonC)* [1] courses *fpl* ◆ **to do the/some shopping** faire les/des courses ◆ **shopping is very tiring** faire les courses est très fatigant ◆ **"open Thursdays for late evening shopping"** « ouvert le jeudi en nocturne », « nocturne le jeudi » ; → **mall, window, shop**

[2] *(= goods)* achats *mpl*

COMP *[street, district]* commerçant

**shopping bag** N sac *m* (à provisions), cabas *m*

**shopping basket** N panier *m* (à provisions)

**shopping cart** N *(US)* ⇒ **shopping trolley**

**shopping centre** N centre *m* commercial

**shopping channel** N chaîne *f* de téléachat

**shopping complex** N ⇒ **shopping centre**

**shopping list** N liste *f* de(s) courses ◆ **a shopping list of requests/demands** une liste de requêtes/revendications

**shopping mall** N centre *m* commercial

**shopping plaza** N galerie *f* marchande

**shopping precinct** N *(Brit)* zone *f* commerciale (piétonnière)

**shopping spree** N ◆ **to go on a shopping spree** aller faire du shopping

**shopping trip** N ◆ **to go on a shopping trip** partir faire les magasins *or* les boutiques

**shopping trolley** N *(Brit)* caddie ® *m*

**shopsoiled** /ˈʃɒpsɔɪld/ ADJ *(Brit)* qui a fait l'étalage *or* la vitrine, défraîchi

**shopwalker** † /ˈʃɒpˌwɔːkəʳ/ N *(Brit)* chef *m* de rayon

**shopworn** /ˈʃɒpwɔːn/ ADJ *(US)* ⇒ **shopsoiled**

**shoran** /ˈʃɔːræn/ N shoran *m*

**shore**[1] /ʃɔːʳ/ SYN

N *[of sea]* rivage *m*, bord *m* ; *[of lake]* rive *f*, bord *m* ; *(= coast)* côte *f*, littoral *m* ; *(= beach)* plage *f* ◆ **these shores** *(fig liter)* ces rives ◆ **on shore** *[ship crew]* à terre ◆ **to go on shore** *[ship crew]* débarquer

COMP **shore bird** N échassier *m*

**shore lark** N alouette *f* hausse-col

**shore leave** N *[of ship crew]* permission *f* à terre

**shore patrol** N *(US Navy)* détachement *m* de police militaire (de la Marine)

**shore**[2] /ʃɔːʳ/

N *(for wall, tunnel)* étai *m*, étançon *m* ; *(for tree)* étai *m* ; *(for ship)* accore *m*, étançon *m*

VT étayer, étançonner, accorer

▸ **shore up** VT SEP [1] ⇒ **shore**[2] **vt**

[2] *(fig)* consolider

**shoreline** /ˈʃɔːlaɪn/ N littoral *m*

**shoreward(s)** /ˈʃɔːwəd(z)/ ADJ, ADV *(from sea)* vers le rivage *or* la côte ; *(from river, lake)* vers la rive

**shorn** /ʃɔːn/ VB ptp of **shear**

## short /ʃɔːt/

LANGUAGE IN USE 26.2 SYN

1 - ADJECTIVE
2 - ADVERB
3 - NOUN
4 - PLURAL NOUN
5 - TRANSITIVE VERB
6 - INTRANSITIVE VERB
7 - COMPOUNDS

### 1 - ADJECTIVE

[1] [SIZE, DISTANCE] court ; *[person] (= not tall)* petit, de petite taille ; *[step, walk]* petit ; *[visit, message, conversation]* court, bref ; *[programme]* court ◆ **the shortest route** le chemin le plus court ◆ **the shortest distance between two points** le plus court chemin d'un point à un autre ◆ **a short distance away, a short way off** à peu de distance, à une faible distance ◆ **he's got rather short legs** *[person]* il a les jambes plutôt courtes ; *[dog etc]* il est plutôt court sur pattes ◆ **these trousers are short in the leg** ce pantalon est court de jambes ◆ **short ski** *(Ski)* ski *m* court ; see also **compounds** ◆ **make the skirt shorter** raccourcis la jupe ◆ **the short answer is that he...** *(fig)* tout simplement il... ◆ **I'd like a short word** *or* **a few short words with you** j'aimerais vous dire un mot ◆ **short and to the point** bref et précis ◆ **that was short and sweet** *(hum)* ça n'a pas traîné *(hum)*, ça a été du vite fait * ◆ **to have sb by the short hairs**⁑*or* **short and curlies**⁑ tenir qn à la gorge *or* par les couilles*⁑ ◆ **he got the short end of the stick** c'est lui qui en a pâti ◆ **to win by a short head** *(Racing)* gagner d'une courte tête ; *(fig)* gagner de justesse ◆ **to make short work of sth** ne pas mettre beaucoup de temps à faire qch ◆ **to make short work of sb** * envoyer promener qn * ; → **shrift, story, term**

[2] [PERIOD, TIME] ◆ **a short time** *or* **while ago** il y a peu de temps ◆ **in a short time** *or* **while** dans peu de temps, bientôt ◆ **time is getting short** il ne reste plus beaucoup de temps ◆ **the days are getting shorter** les jours raccourcissent ◆ **one short year of happiness** une petite *or* brève année de bonheur ◆ **to take a short holiday** prendre quelques jours de vacances ◆ **shorter hours and better pay** une réduction du temps de travail et une augmentation de salaire ◆ **they want a shorter working week** ils veulent réduire la durée du travail hebdomadaire ◆ **to be on short time, to work short time** être au chômage partiel ; see also **compounds** ◆ **to put sb on short time** mettre qn au chômage partiel ; → **notice**

◆ **in short** en bref

[3] [VOWEL, SYLLABLE] bref

[4] [= ABBREVIATED] ◆ **"TV" is short for "television"** « TV » est l'abréviation de « télévision » ◆ **Fred is short for Frederick** Fred est le diminutif de Frederick ◆ **he's called Fred for short** son diminutif est Fred

[5] [= LACKING] ◆ **I'm a bit short this month** * je suis un peu fauché * *or* à court ce mois-ci ◆ **petrol is short** *or* **in short supply at the moment** on manque d'essence en ce moment ◆ **to give sb short change** ne pas rendre la monnaie juste à qn, ne pas rendre assez à qn ; *(deliberately)* tricher en rendant la monnaie à qn ◆ **to give short weight** *or* **measure** ne pas donner le poids juste ; *(deliberately)* tricher sur le poids ; → **commons**

◆ **to be short of sth** *(= lack)* manquer de qch ◆ **we are £2,000 short of our target** il nous manque encore 2 000 livres pour atteindre notre objectif ◆ **he's one sandwich short of a picnic** *or* **several cards short of a full deck** * il lui manque une case *, il a une case vide * ◆ **we're not short of volunteers** nous ne manquons pas de volontaires ◆ **to be short of sugar** être à court de sucre, manquer de sucre ; → **breath**

◆ **to be short on sth** manquer de qch ◆ **the report is short on details** le rapport manque de détails ◆ **he's long on muscle but a bit short on brains** * *(hum)* il a beaucoup de muscle mais pas tellement de cervelle

[6] [= CURT] *[reply, manner]* brusque, sec (sèche *f*) ◆ **he was rather short with me** il a été assez sec *or* brusque avec moi

[7] [FIN] *[bill]* à courte échéance ; *[loan]* à court terme ◆ **short sale** vente *f* à découvert

## shortage | shot

### 2 - ADVERB

**1** ◆ **to take sb up short** couper la parole à qn ◆ **to be taken** or **caught short** * être pris d'un besoin pressant ; → **bring up, cut**

◆ **to fall + short** ◆ **the ball fell short** le ballon n'est pas tombé assez loin ◆ **his work fell short of what we had expected** son travail n'a pas répondu à notre attente ◆ **the copy fell far short of the original** la copie était loin de valoir l'original ◆ **to fall short of perfection** ne pas atteindre la perfection

◆ **to stop short** ◆ **the car stopped short of the house** la voiture s'est arrêtée avant (d'arriver au niveau de) la maison ◆ **I'd stop short of murder** je n'irais pas jusqu'au meurtre

**2** [= LACKING] ◆ **we're three short** il nous en manque trois ◆ **I'm £2 short** il me manque 2 livres ; → **sell**

◆ **to go short** ◆ **we never went short** nous n'avons jamais manqué du nécessaire ◆ **to go short of sth** (= lack sth) manquer de qch ; (= deprive o.s. of sth) se priver de qch

◆ **to run short** ◆ **supplies are running short** les provisions s'épuisent or commencent à manquer ◆ **to run short of sth** se trouver à court de qch, venir à manquer de qch

◆ **short of** (= less than) moins de, en dessous de ; (= except) sauf ; (= before) avant ◆ **£10 short of what they needed** 10 livres de moins que ce dont ils avaient besoin ◆ **it's well short of the truth** c'est bien en deçà de la vérité ◆ **a week short of their arrival/his birthday** etc une semaine avant leur arrivée/son anniversaire etc ◆ **not far short of £100** pas loin de 100 livres, presque 100 livres ◆ **he fell down 10 metres short of the winning post** il est tombé à 10 mètres du poteau d'arrivée ◆ **I don't see what you can do short of asking him yourself** je ne vois pas ce que vous pouvez faire à moins de or si ce n'est lui demander vous-même ◆ **he did everything short of asking her to marry him** il a tout fait sauf or hormis lui demander de l'épouser

◆ **nothing short of** ◆ **it's nothing short of robbery** c'est du vol ni plus ni moins ◆ **nothing short of a revolution will satisfy them** seule une révolution saura les satisfaire, il ne leur faudra rien moins qu'une révolution pour les satisfaire

◆ **little short of** ◆ **it's little short of suicide** c'est presque un suicide, peu s'en faut que ce ne soit un suicide ◆ **it's little short of folly** cela frise la folie

### 3 - NOUN

**1** [= SHORT FILM] court métrage m ; → **long¹**
**2** [= SHORT-CIRCUIT] court-circuit m
**3** [BRIT = DRINK] alcool m fort

### 4 - PLURAL NOUN

**shorts** (= garment) (gen) short m ; [of footballer etc] culotte f ; (US = men's underwear) caleçon m ◆ **a pair of shorts** un short (or une culotte etc)

### 5 - TRANSITIVE VERB

[ELEC] court-circuiter

### 6 - INTRANSITIVE VERB

[ELEC] se mettre en court-circuit

### 7 - COMPOUNDS

**short-acting** ADJ [drug] à effet rapide
**short-arse**⁎⁑ N (Brit) demi-portion * f (pej) ◆ **to be a short-arse** être bas du cul⁑
**short back-and-sides** N coupe très courte derrière et sur les côtés
**short-change** VT ◆ **to short-change sb** (lit : in shop etc) ne pas rendre assez à qn ; (fig) rouler * qn
**short-circuit** N (Elec) court-circuit m VT (Elec, fig = bypass) court-circuiter ; (fig) (= cause to fail) faire capoter VI se mettre en court-circuit
**short corner** N (Hockey) corner m
**short covering** N (Stock Exchange) rachat m pour couvrir un découvert
**short cut** N (lit, fig) raccourci m ◆ **I took a short cut through the fields** j'ai pris un raccourci or j'ai coupé à travers champs ◆ **you'll have to do it all with no short cuts** il faudra que tu fasses tout sans rien omettre
**short-dated** ADJ (Fin) à courte échéance
**short division** N (Math) division f simple
**short-eared owl** N hibou m brachyote
**short-haired** ADJ [person] aux cheveux courts ; [animal] à poil ras

**short-handed** ADJ à court de personnel or de main-d'œuvre
**short-haul** N [of truck] camionnage m à or sur courte distance ; [of plane] vol m à or sur courte distance ADJ à courte distance
**short-life** ADJ (Brit Comm) [food] à durée de conservation limitée ; [garment] qui n'est pas fait pour durer
**short-list** (Brit) N liste f de(s) candidats sélectionnés VT mettre sur la liste de(s) candidats sélectionnés, présélectionner ◆ **he was short-listed for the post of...** il était parmi les candidats sélectionnés pour le poste de...
**short-lived** ADJ [animal] à la vie éphémère ; [happiness] de courte durée
**short message service** N système m or service m de minimessages
**short-order** ADJ (US) ◆ **short-order cook** cuisinier m, -ière f préparant des plats rapides ◆ **short-order service** service m de plats rapides
**short pastry** N ⇒ **shortcrust pastry**
**short-range** ADJ [shot, gun] de or à courte portée ; [aircraft] à court rayon d'action ; (fig) [plan, weather forecast] à court terme
**short seller** N (Stock Exchange) vendeur m à découvert
**short sharp shock** N (Brit = punishment) sanction f sévère (mais de courte durée) ; (fig) électrochoc m
**short sharp shock treatment** N (Brit) traitement m brutal (visant à dissuader les jeunes délinquants de récidiver)
**short sight** N myopie f
**short-sighted** SYN ADJ (lit) myope ; (fig) [person] myope, qui manque de perspicacité ; [policy, measure] qui manque de vision
**short-sightedly** ADV [peer] d'un œil myope ; [act] sans prévoyance
**short-sightedness** N (lit) myopie f ; (fig) [of person] myopie f intellectuelle, manque m de perspicacité ; [of policy, measure] manque m de vision
**short ski method** N ski m évolutif
**short-sleeved** ADJ à manches courtes
**short-staffed** SYN ADJ ◆ **to be short-staffed** manquer de personnel, souffrir d'une pénurie de personnel
**short-stay** ADJ [parking, visa] de courte durée ; [hospital ward] pour séjours de courte durée
**short-stay car park** N parc m de stationnement de courte durée
**short story** N nouvelle f
**short story writer** N nouvelliste mf
**short-tempered** SYN ADJ ◆ **to be short-tempered** (in general) être coléreux, s'emporter facilement ; (= in a bad temper) être de mauvaise humeur
**short-term** ADJ [parking etc] de courte durée ; [loan, planning, solution] à court terme
**short-term car park** N ⇒ **short-stay car park**
**short-termism** N (pej) vision f à court terme
**short-term memory** N mémoire f à court terme
**short-time working** N chômage m partiel
**short ton** N tonne f américaine
**short trousers** NPL culottes fpl courtes (de petit garçon) ◆ **when he was still in short trousers** quand il était encore en culottes courtes
**short-winded** ADJ qui manque de souffle, au souffle court

---

**shortage** /'ʃɔːtɪdʒ/ SYN N [of corn, coal, energy, cash] manque m, pénurie f ; [of resources] manque m, insuffisance f ◆ **in times of shortage** en période de pénurie ◆ **there was no shortage of water** on ne manquait pas d'eau ◆ **owing to the shortage of staff** à cause du manque de personnel ◆ **the food shortage** la pénurie de vivres, la disette ◆ **the housing shortage** la crise du logement

**shortbread** /'ʃɔːtbred/ N sablé m

**shortcake** /'ʃɔːtkeɪk/ N (US) ◆ **strawberry** etc **shortcake** tarte f sablée aux fraises etc

**shortcoming** /'ʃɔːtˌkʌmɪŋ/ SYN N défaut m

**shortcrust pastry** /ˌʃɔːtkrʌstˈpeɪstrɪ/ N (Culin) pâte f brisée

**shorten** /'ʃɔːtn/ SYN
VT [+ skirt, rope] raccourcir ; [+ visit, holiday, journey] écourter ; [+ life] abréger ; [+ book, programme, letter] raccourcir, abréger ; [+ syllabus] alléger ; [+ distance, time] réduire
VI [days etc] raccourcir ◆ **the odds are shortening** (lit) la cote baisse ; (fig) les chances augmentent

**shortening** /'ʃɔːtnɪŋ/ N (NonC) **1** (= action) [of skirt, rope, days] raccourcissement m ; [of book, programme, letter] raccourcissement m, abrégement m ; [of life, visit, holiday, journey] abrégement m ; [of syllabus] allégement m ; [of distance, time] réduction f
**2** (esp US Culin) matière f grasse

**shortfall** /'ʃɔːtfɔːl/ N (in payments, profits, savings) montant m insuffisant (in de) ; (in numbers) nombre m insuffisant (in de) ◆ **shortfall in earnings** manque m à gagner ◆ **there is a shortfall of £5,000** il manque 5 000 livres ◆ **the shortfall of £5,000** les 5 000 livres qui manquent ◆ **there is a shortfall of 200 in the registrations for this course** il manque 200 inscriptions à ce cours

**shorthair** /'ʃɔːtheəʳ/
N (= cat) chat m à poil court
ADJ à poil court

**shorthand** /'ʃɔːthænd/
N **1** (lit) sténographie f ◆ **to take sth down in shorthand** prendre qch en sténo, sténographier qch
**2** (fig) (= abbreviation) abréviation f ; (= code of behaviour, coded message) code m ◆ **"motivation essential": that's shorthand for "you'll be working 24 hours a day"** (hum) « motivation indispensable » : c'est une façon de dire que tu vas travailler 24 heures sur 24
ADJ (fig = abbreviated) [term, version, formula] abrégé
COMP **shorthand notebook** N carnet m de sténo
**shorthand notes** NPL notes fpl en or de sténo
**shorthand typing** N sténodactylo f
**shorthand typist** N sténodactylo mf
**shorthand writer** N sténo(graphe) mf

**shorthorn** /'ʃɔːthɔːn/ N (= cow) race f shorthorn (race bovine)

**shortie** /'ʃɔːtɪ/ N ⇒ **shorty**

**shortish** /'ʃɔːtɪʃ/ ADJ [person] assez petit ; [hair, skirt] plutôt court ; [period] assez bref

**shortly** /'ʃɔːtlɪ/ ADV **1** (= soon) [go, visit] bientôt ; (= in a few days) prochainement ◆ **details will be released shortly** des précisions seront communiquées prochainement ◆ **more of that shortly** nous reviendrons sur ce sujet d'ici peu ◆ **shortly before/after sth** peu avant/après qch ◆ **shortly after seven** peu après sept heures ◆ **shortly before half past two** peu avant deux heures et demie ◆ **shortly afterwards** peu (de temps) après
**2** (= curtly) [say, speak] sèchement, brusquement
**3** (= concisely) [explain] brièvement

**shortness** /'ʃɔːtnɪs/ N **1** [of stick, skirt, hair, grass, arms] peu m or manque m de longueur ; [of person] petite taille f, petitesse f ; [of visit, message, conversation, programme] brièveté f, courte durée f ; [of vowel, syllable] brévité f ◆ **because of its shortness** parce que c'est (or c'était) si court
**2** (= curtness) brusquerie f, sécheresse f

**shortsheet** /'ʃɔːtʃiːt/ VT (US) [+ bed] mettre en portefeuille

**shortstop** /'ʃɔːtstɒp/ N (Baseball) bloqueur m

**shortwave** /'ʃɔːtweɪv/ (Rad)
N ondes fpl courtes
ADJ [radio] à ondes courtes ; [transmission] sur ondes courtes

**shorty** * /'ʃɔːtɪ/ N courtaud(e) m(f), nabot(e) m(f) (pej) ◆ **hey shorty!** hé toi le or la p'tit(e) !

**Shostakovich** /ˌʃɒstəˈkəʊvɪtʃ/ N Chostakovitch m

**shot** /ʃɒt/ SYN
N **1** (from gun) coup m (de feu) ; (= bullet) balle f ; (NonC; also **lead shot**) plomb m ◆ **not a single shot was fired** pas un seul coup de feu n'a été tiré ◆ **to take** or **have** or **fire a shot at sb/sth** tirer sur qn/qch ◆ **good shot!** (c'était) bien visé ! ; see also noun 3 ◆ **a shot across the bows** (lit, fig) un coup de semonce ◆ **at the first shot** du premier coup ◆ **the first shot killed him** la première balle l'a tué ◆ **I've got four shots left** il me reste quatre coups or balles ◆ **a round of five shots** une salve de cinq coups ◆ **he is a good/bad shot** il est bon/mauvais tireur ◆ **to make a shot in the dark** tenter le coup, deviner à tout hasard ◆ **that was just a shot in the dark** c'était dit à tout hasard ◆ **he was off like a shot** il est parti comme une flèche ◆ **he agreed like a shot** il y a consenti sans hésiter or avec empressement ◆ **would you go? – like a shot!** est-ce que tu irais ? – sans hésiter or et comment ! * ◆ **he's only got one shot (left) in his locker** c'est sa dernière chance or cartouche * ; → **crack, long¹, Parthian, parting**
**2** (Space) lancement m ; → **moon, space**

[3] (Sport) (Football, Hockey) tir m ; (Golf, Tennis etc) coup m ; (= throw) lancer m ◆ **good shot!** bien joué ! ◆ **a shot at goal** un shoot, un tir au but ◆ **to put the shot** (Sport) lancer le poids ◆ **the biggest by a long shot** de loin le plus grand ◆ **to call the shots*** (fig) mener la barque

[4] (= attempt) essai m ; (= guess) hypothèse f ; (= turn to play) tour m ◆ **to have a shot at (doing) sth** essayer de faire qch ◆ **to give something one's best shot*** mettre le paquet*, faire de son mieux ◆ **have a shot at it!** (= try it) tentez le coup ! ; (= guess) devinez !, dites voir !*

[5] (Phot) photo(graphie) f ; (Cine) prise f de vue(s), plan m

[6] (= injection) piqûre f (against contre) ◆ **a shot in the arm** (fig) un coup de fouet, un stimulant

[7] [of whisky etc] coup m ◆ **put a shot of gin in it** ajoute donc un peu or une goutte de gin

**ADJ** [1] (= iridescent) [silk] changeant

[2] (= suffused) ◆ **black hair shot (through) with silver** des cheveux noirs striés d'argent ◆ **his work is shot through with humour** son œuvre est imprégnée d'humour

[3] (* = rid) ◆ **shot of sb/sth** débarrassé de qn/qch ◆ **to get shot of sb/sth** se débarrasser de qn/qch

[4] (* = destroyed : also **shot to pieces**) [object, machine] bousillé* ◆ **my nerves are totally shot** j'ai les nerfs en capilotade ◆ **her confidence was shot to pieces** sa confiance était totalement anéantie ◆ **to get/be shot of...** se débarrasser/être débarrassé de... ◆ **to be (all) shot up**‡ (= exhausted) être exténué or sur les rotules‡

**COMP** **shot angle** N (Cine, Phot) angle m de prise de vue(s)
**shot-blasting** N grenaillage m
**shot put** N (Sport) lancer m du poids
**shot putter** N lanceur m, -euse f de poids

**shotgun** /ˈʃɒtɡʌn/
**N** fusil m de chasse ◆ **to ride shotgun** (US) voyager comme passager, accompagner
**COMP** **shotgun marriage, shotgun wedding** N (fig) régularisation f (précipitée), mariage m forcé

**shotten** /ˈʃɒtn/ ADJ [fish] guai(s)

**should** /ʃʊd/ LANGUAGE IN USE 1.1, 2, 15.2 MODAL AUX VB (cond of **shall**) (neg **should not**, abbr **shouldn't**)

[1] (indicating obligation, advisability, desirability) ◆ **I should go and see her** je devrais aller la voir, il faudrait que j'aille la voir ◆ **should I go too? – yes you should** devrais-je y aller aussi ? – oui vous devriez or ça vaudrait mieux ◆ **he thought he should tell you** il a pensé qu'il ferait bien de vous le dire or qu'il devrait vous le dire ◆ **you should know that we have spoken to him** (frm) il faut que vous sachiez que nous lui avons parlé ◆ **you should have been a teacher** vous auriez dû être professeur ◆ **shouldn't you go and see her?** est-ce que vous ne devriez pas aller la voir ?, est-ce que vous ne feriez pas bien d'aller la voir ? ◆ **everything is as it should be** tout est comme il se doit, tout est en ordre ◆ **... which is as it should be** ... comme il se doit ◆ **how should I know?** comment voulez-vous que je (le) sache ?

[2] (indicating probability) ◆ **he should win the race** il devrait gagner la course, il va probablement gagner la course ◆ **he should have got there by now I expect** je pense qu'il est arrivé, il a dû arriver à l'heure qu'il est ◆ **that should be Marie at the door now** ça doit être Marie (qui frappe or qui sonne) ◆ **this should do the trick*** ça devrait faire l'affaire ◆ **why should he suspect me?** pourquoi me soupçonnerait-il ?

[3] (often used to form conditional in 1st pers) ◆ **I should or I'd go if he invited me** s'il m'invitait, j'irais ◆ **we should have come if we had known** si nous avions su, nous serions venus ◆ **will you come? – I should like to** est-ce que vous viendrez ? – j'aimerais bien ◆ **I shouldn't be surprised if he comes or came or were to come** ça ne m'étonnerait pas qu'il vienne ◆ **I should think there were about 40** (je pense qu')il devait y en avoir environ 40 ◆ **was it a good film? – I should think it was!** est-ce que c'était un bon film ? – je pense bien or et comment !* ◆ **he's coming to apologize – I should think so too!** il vient présenter ses excuses – j'espère bien ! ◆ **I should hope not!** il ne manquerait plus que ça !* ◆ **I should say so!** et comment !*

[4] (subj uses: frm) ◆ **it is necessary that he should be told** il faut qu'on le lui dise ◆ **lest he should change his mind** de crainte qu'il ne change subj d'avis ◆ **it is surprising that he should be so young** c'est étonnant qu'il soit si jeune ◆ **who should come in but Paul!** et devinez qui est entré ? Paul !

**shoulder** /ˈʃəʊldəʳ/ SYN

**N** [1] [of person, animal, garment] épaule f ◆ **to have broad shoulders** (lit) être large d'épaules or de carrure ; (fig) avoir les reins solides (fig) ◆ **the shoulders are too wide, it's too wide across the shoulders** c'est trop large d'épaules or de carrure ◆ **put my jacket round your shoulders** mets ma veste sur tes épaules or sur ton dos ◆ **to cry or weep on sb's shoulder** (lit, fig) pleurer sur l'épaule de qn ◆ **she had her bag on or over one shoulder** elle portait son sac à l'épaule ◆ **they stood shoulder to shoulder** (lit) ils étaient coude à coude or côte à côte ; (fig) ils se serraient les coudes ◆ **all the responsibilities had fallen on his shoulders** toutes les responsabilités étaient retombées sur lui or sur ses épaules ◆ **to put or set one's shoulder to the wheel** s'atteler à la tâche ; → **cold, head, look, rub, straighten**

[2] [of road] accotement m, bas-côté m ; [of hill] contrefort m, épaulement m ; (Climbing) épaule f ; → **hard**

**VT** [1] [+ load, case] charger sur son épaule ; [+ child etc] hisser sur ses épaules ; (fig) [+ responsibility] endosser ; [+ task] se charger de ◆ **to shoulder arms** (Mil) porter l'arme ◆ **shoulder arms!** portez arme !

[2] ◆ **to shoulder sb aside or out of the way** écarter qn d'un coup d'épaule ◆ **to shoulder one's way through the crowd** se frayer un chemin à travers or dans la foule à coups d'épaules

**COMP** **shoulder bag** N sac m à bandoulière
**shoulder blade** N omoplate f ◆ **it hit him between the shoulder blades** cela l'a atteint entre les épaules
**shoulder charge** N (Football, Rugby) charge f (d'un coup d'épaule)
**shoulder-high** ADJ [grass, hedge, wall] à hauteur d'épaule ◆ **to carry sb shoulder-high** porter qn en triomphe
**shoulder holster** N étui m de revolver (porté à l'épaule)
**shoulder joint** N (Anat) articulation f de l'épaule
**shoulder-length hair** N (NonC) cheveux mpl mi-longs or jusqu'aux épaules
**shoulder pad** N épaulette f (rembourrage d'épaules de vêtement)
**shoulder strap** N [of garment] bretelle f ; [of bag] bandoulière f ; (Mil) patte f d'épaule

**shouldn't** /ˈʃʊdnt/ ⇒ **should not** ; → **should**

**should've** /ˈʃʊdv/ ⇒ **should have** ; → **should**

**shout** /ʃaʊt/ SYN

**N** cri m ◆ **a shout of joy** un cri de joie ◆ **there were shouts of applause/protest/laughter** des acclamations/des protestations bruyantes/des éclats de rire ont retenti ◆ **he gave a shout of laughter** il a éclaté de rire ◆ **to give sb a shout** appeler qn ◆ **give me a shout next time you're in Blackpool** fais-moi signe la prochaine fois que tu passeras à Blackpool ◆ **shouts of "long live the queen" could be heard** on entendait crier « vive la reine » ◆ **it's my shout**‡ (Brit = round of drinks) c'est ma tournée*

**VT** [+ order, slogan] crier ◆ **"no" he shouted** « non » cria-t-il ◆ **to shout o.s. hoarse** s'enrouer à force de crier ; → **head**

**VI** [1] crier, pousser des cris ◆ **stop shouting, I'm not deaf!** ne crie pas comme ça, je ne suis pas sourd ! ◆ **to shout for joy** crier de joie, pousser des cris de joie ◆ **to shout with laughter** éclater de rire ◆ **to shout for help** crier or appeler au secours ◆ **she shouted for Jane to come** elle a appelé Jane en criant or à grands cris ◆ **she shouted for someone to come and help her** elle a appelé pour qu'on vienne l'aider ◆ **he shouted to or at me to throw him the rope** il m'a crié de lui lancer la corde ◆ **it's nothing to shout about*** (fig) ça n'a rien d'extraordinaire, il n'y a pas de quoi en faire un plat*

[2] (= scold etc) ◆ **to shout at sb** engueuler‡ qn, crier après* qn

▸ **shout after** VT FUS [+ person] crier à

▸ **shout down** VT SEP [1] (= boo, express disagreement) [+ speaker] huer ◆ **they shouted down the proposal** ils ont rejeté la proposition avec de hauts cris

[2] (= shout loudly) ◆ **to shout the place or house down** crier comme un damné or un sourd ◆ **I thought she was going to shout the place down** elle criait tellement que j'ai crû que tout allait s'écrouler

▸ **shout out**
**VI** (gen) pousser un cri ◆ **to shout out to sb** interpeller qn
**VT SEP** [+ order] crier ; [+ slogan] crier, lancer

**shouting** /ˈʃaʊtɪŋ/
**N** (NonC) cris mpl, clameur f ; (= noise of quarrelling) éclats mpl de voix ◆ **it's all over bar the shouting** (fig) l'important est fait (il ne reste plus que les détails)
**COMP** **shouting match*** N engueulade‡ f

**shove** /ʃʌv/ SYN

**N** poussée f ◆ **to give sb/sth a shove** pousser qn/qch ◆ **give it a good shove** poussez-le un bon coup

**VT** [1] (= push) pousser ; (with effort) pousser avec peine or effort ; (= thrust) [+ stick, finger etc] enfoncer (into dans ; between entre) ; [+ rag] fourrer (into dans) ; (= jostle) bousculer ◆ **to shove sth in/out/down** etc faire entrer/sortir/descendre etc qch en le poussant ◆ **to shove sth/sb aside** pousser qch/qn de côté, écarter qch/qn (d'un geste) ◆ **to shove sth into a drawer/one's pocket** fourrer qch dans un tiroir/sa poche ◆ **stop shoving me!** arrêtez de me pousser or bousculer ! ◆ **to shove sb into a room** pousser qn dans une pièce ◆ **to shove sb against a wall** pousser or presser qn contre un mur ◆ **to shove sb off the pavement** pousser qn du trottoir ; (by jostling) obliger qn à descendre du trottoir (en le bousculant) ◆ **to shove sb/sth out of the way** écarter qn/qch en le poussant, pousser qn/qch pour l'écarter ◆ **he shoved the box under the table** (= moved) il a poussé or fourré la boîte sous la table ; (= hid) il a vite caché la boîte sous la table ◆ **they shoved the car off the road** ils ont poussé la voiture sur le bas-côté ◆ **she shoved the books off the table** elle a poussé or balayé les livres de dessus la table ◆ **he shoved his finger into my eye** il m'a mis le doigt dans l'œil ◆ **he shoved his head through the window** il a mis or passé la tête par la fenêtre ◆ **he shoved the book into my hand** il m'a fourré le livre dans la main ◆ **to shove a door open** ouvrir une porte en la poussant or d'une poussée, pousser une porte (pour l'ouvrir) ◆ **to shove one's way through the crowd** se frayer un chemin dans or à travers la foule, s'ouvrir un passage dans la foule en poussant

[2] (* = put) fourrer*, mettre

**VI** pousser ◆ **stop shoving!** arrêtez de pousser !, ne bousculez pas ! ◆ **he shoved (his way) past me** il m'a dépassé en me bousculant ◆ **two men shoved (their way) past** deux hommes sont passés en jouant des coudes or en bousculant les gens ◆ **he shoved (his way) through the crowd** il s'est frayé un chemin dans or à travers la foule

**COMP** **shove-ha'penny** N (Brit) jeu m de palet de table

▸ **shove about, shove around** VT SEP (lit) [+ object] pousser çà et là or dans tous les sens ; [+ person] bousculer ; (* fig = treat high-handedly) en prendre à son aise avec

▸ **shove away** VT SEP [+ person, object] repousser

▸ **shove back** VT SEP (= push back) [+ person, chair] repousser ; (= replace) remettre (à sa place) ; (into pocket etc) fourrer de nouveau, remettre

▸ **shove down*** VT SEP [+ object] poser ◆ **he shoved down a few notes before he forgot** il a griffonné or gribouillé quelques notes pour ne pas oublier

▸ **shove off**
**VI** [ship] pousser au large ; (* = leave) ficher le camp*, filer*
**VT SEP** [+ boat] pousser au large, déborder

▸ **shove on*** VT SEP [1] [+ one's coat etc] enfiler ; [+ hat] enfoncer
[2] ◆ **shove on another record** mets donc un autre disque

▸ **shove out** VT SEP [+ boat] pousser au large, déborder ; [+ person] mettre à la porte

▸ **shove over**
**VI** (* = move over) se pousser
**VT SEP** [1] (= knock over) [+ chair etc] renverser ; [+ person] faire tomber (par terre)
[2] (over cliff etc) pousser
[3] ◆ **shove it over to me*** passe-le-moi

▸ **shove up*** VI ⇒ **shove over vi**

**shovel** /ˈʃʌvl/ SYN

**N** pelle f ; (mechanical) pelleteuse f, pelle f mécanique

**VT** [+ coal, grain] pelleter ; (also **shovel out**) [+ snow, mud] enlever à la pelle ◆ **to shovel earth**

**into a pile** pelleter la terre pour en faire un tas ◆ **he shovelled the food into his mouth*** il fourrait* *or* enfournait* la nourriture dans sa bouche

▸ **shovel up** VT SEP *[+ sth spilt etc]* ramasser avec une pelle *or* à la pelle ; *[+ snow]* enlever à la pelle

**shoveler** /'ʃʌvələʳ/ **N** (canard *m*) souchet *m*

**shovelful** /'ʃʌvlfʊl/ **N** pelletée *f*

**show** (vb: pret **showed**, ptp **shown** *or* **showed**) /ʃəʊ/ SYN

**N** [1] *[of hatred etc]* manifestation *f*, démonstration *f* ; *[of affection etc]* démonstration *f*, témoignage *m* ; *(= semblance)* apparence *f*, semblant *m* ; *(= ostentation)* parade *f* ◆ **an impressive show of strength** un impressionnant étalage de force, une impressionnante démonstration de force ◆ **the dahlias make** *or* **are a splendid show** les dahlias sont splendides (à voir) *or* offrent un spectacle splendide ◆ **they make a great show of their wealth** ils font parade *or* étalage de leur richesse ◆ **with a show of emotion** en affectant l'émotion, en affectant d'être ému ◆ **they made a show of resistance** ils ont fait semblant de résister, ils ont offert un simulacre de résistance ◆ **to make a show of doing sth** faire semblant *or* mine de faire qch

♦ **(just) for show** pour l'effet

[2] *(= exhibition)* exposition *f* ; *(= trade fair)* foire *f* ; *(for dogs, cats)* concours *m* ; *(agricultural)* salon *m* ◆ **flower show** floralies *fpl* ; *(smaller)* exposition *f* de fleurs ◆ **dress show** défilé *m* de couture ◆ **he's holding his first London show** *[artist, sculptor]* il expose à Londres pour la première fois ◆ **the Boat Show** le Salon de la Navigation ; → **dogshow, fashion, motor**

♦ **on show** exposé ◆ **there were some fine pieces on show** quelques beaux objets étaient exposés ◆ **to put sth on show** exposer qch

[3] *(Theat etc)* spectacle *m* ; *(= variety show)* show *m* ◆ **there are several good shows on in London** on donne plusieurs bons spectacles à Londres en ce moment ◆ **I often go to a show** je vais souvent au spectacle ◆ **the last show starts at 9** *(Theat)* la dernière représentation commence à 21 heures ; *(Cine)* la dernière séance commence à 21 heures ◆ **on with the show!** *(= start)* que la représentation commence *subj* ! ; *(= continue)* que la représentation continue *subj* ! ◆ **the show must go on** *(Theat, fig)* il faut continuer malgré tout ◆ **let's get this show on the road*** *(fig)* il faut faire démarrer* tout ça, passons à l'action ◆ **this is Paul's show*** *(= Paul is in charge)* c'est Paul qui commande ici ◆ **to run the show*** tenir les rênes ◆ **he runs the whole show*** *(fig)* c'est lui qui commande *or* a tout en main ◆ **to give the show away*** vendre la mèche* ◆ **to put up a good show** *(fig)* faire bonne figure, bien se défendre* ◆ **to make a poor show** faire triste *or* piètre figure ◆ **it's a poor show*** c'est lamentable, il n'y a pas de quoi être fier ◆ **it's a poor show* that...** il est malheureux que... + *subj* ◆ **good show!*** *(esp Brit)* bravo ! ; → **steal**

**VT** [1] *(= display, make visible)* montrer, faire voir ; *[+ ticket, passport]* montrer, présenter ; *(= exhibit) [+ goods for sale, picture, dog]* exposer ◆ **show it me!** faites voir !, montrez-le-moi ! ◆ **we're going to show (you) some slides** nous allons (vous) passer *or* projeter quelques diapositives ◆ **they show a film during the flight** on passe un film *or* il y a une projection de cinéma pendant le vol ◆ **what is showing at that cinema/at the Odeon?** qu'est-ce qu'on donne *or* qu'est-ce qui passe dans ce cinéma/à l'Odéon ? ◆ **the film was first shown in 1974** ce film est sorti en 1974 ◆ **it has been shown on television** c'est passé à la télévision ◆ **what can I show you?** *(in shop)* que puis-je vous montrer ?, que désirez-vous voir ? ◆ **as shown by the graph** comme le montre *or* l'indique le graphique ◆ **as shown in the illustration on page 4** voir l'illustration page 4 ◆ **there's nothing to show for it** *(fig)* on ne le dirait pas, ça ne se voit *or* ne se remarque pas ◆ **he has nothing to show for it** il n'en a rien tiré, ça ne lui a rien donné *or* apporté ◆ **he has nothing to show for all the effort he has put into it** les efforts qu'il y a consacrés n'ont rien donné ◆ **I ought to show myself** *or* **my face at Paul's party** il faudrait que je fasse acte de présence à la soirée de Paul ◆ **he daren't show himself** *or* **his face there again** il n'ose plus s'y montrer *or* montrer son nez là-bas* ◆ **to show one's hand** *or* **cards** *(fig)* dévoiler ses intentions, abattre son jeu *or* ses cartes ◆ **to show a clean pair of heels** se sauver à toutes jambes ◆ **show a leg!*** *(Brit)* lève-toi !, debout ! ◆ **to show one's teeth** *(lit, fig)* montrer les dents ◆ **to show sb the door** montrer la porte à qn, mettre qn à la porte ◆ **to show the flag** *(fig)* être là pour le principe, faire acte de présence

[2] *(= indicate) [dial, clock etc]* indiquer, marquer ; *(gen)* montrer, indiquer ◆ **what time does your watch show?** quelle heure est-il à votre montre ? ◆ **to show a loss/profit** indiquer une perte/un bénéfice ◆ **the figures show a rise over last year's sales** les chiffres montrent *or* indiquent que les ventes ont augmenté par rapport à l'année dernière ◆ **the roads are shown in red** les routes sont marquées en rouge

[3] *(= demonstrate)* montrer, faire voir ; *(= reveal)* montrer, laisser voir ; *(= explain)* montrer, expliquer ; *(= prove)* montrer, prouver ; *[+ one's intelligence, kindness, courage, tact]* montrer, faire preuve de ; *[+ one's interest, enthusiasm, surprise, agreement]* montrer, manifester ; *[+ one's approval]* montrer, indiquer ; *[+ one's gratitude, respect]* témoigner ◆ **to show loyalty** se montrer loyal *(to sb* envers qn) ◆ **if they were afraid, they didn't show it** s'ils avaient peur, ils ne l'ont pas montré ◆ **that dress shows her bra** cette robe laisse voir son soutien-gorge ◆ **this skirt shows the dirt** cette jupe est salissante ◆ **it's showing signs of wear** cela porte des signes d'usure ◆ **he was showing signs of tiredness** il montrait des signes de fatigue ◆ **it showed signs of having been used** il était visible qu'on s'en était servi, manifestement on s'en était servi ◆ **to show fight** se montrer combatif ◆ **her choice of clothes shows good taste** sa façon de s'habiller témoigne de son bon goût ◆ **he showed that he was angry** il a manifesté *or* laissé voir sa colère ◆ **he's beginning to show his age** il commence à faire son âge ◆ **this shows great intelligence** cela révèle *or* dénote beaucoup d'intelligence ◆ **he showed himself (to be) a coward** il s'est montré *or* révélé lâche ◆ **to show sth to be true** démontrer la vérité de qch, montrer que qch est vrai ◆ **it all goes to show that...** tout cela montre *or* prouve bien que... ◆ **it only** *or* **just goes to show!*** tu m'en diras tant !*, c'est bien ça la vie ! ◆ **I showed him that it was impossible** je lui ai prouvé *or* démontré que c'était impossible ◆ **he showed me how it works** il m'a montré *or* il m'a fait voir comment cela fonctionne ◆ **I'll show him!*** *(fig)* je lui apprendrai ! ◆ **to show sb the way** montrer *or* indiquer le chemin à qn ◆ **I'll show you the way** suivez-moi (je vais vous montrer le chemin) ; → **willing**

[4] *(= guide, conduct)* ◆ **to show sb into the room** faire entrer qn dans la pièce ◆ **to show sb to his seat** placer qn ◆ **to show sb to the door** reconduire qn jusqu'à la porte ◆ **to show sb over** *or* **round a house** faire visiter une maison à qn

**VI** [1] *[emotion]* être visible ; *[stain, scar]* se voir ; *[underskirt etc]* dépasser ◆ **it doesn't show** cela ne se voit pas, on ne dirait pas ◆ **don't worry, it won't show** ne t'inquiète pas, ça ne se verra pas ◆ **his fear showed on his face** la peur se lisait sur son visage

[2] *(esp US = arrive)* ⇒ **show up vi 2**

**COMP** **show bill** **N** *(Theat)* affiche *f* de spectacle

**show biz*** **N** le monde du spectacle, le showbiz*

**show business** **N** le monde du spectacle, le show business

**show flat** **N** *(Brit)* appartement *m* témoin

**show girl** **N** girl *f*

**show home, show house** **N** *(Brit)* maison *f* témoin

**show jumping** **N** *(NonC)* concours *m* hippique, jumping *m*

**show-me attitude*** **N** *(US)* scepticisme *m*

**the Show-Me State** **N** *(US)* le Missouri

**show-off** **N** frimeur *m*, -euse *f*, m'as-tu-vu(e)* *m(f) pl inv*

**show of hands** **N** vote *m* à main levée ◆ **to vote by show of hands** voter à main levée

**show-stopper** **N** ◆ **it was a show-stopper*** c'était le clou* du spectacle

**show-stopping*** **ADJ** sensationnel*

**show trial** **N** *(Jur) procès pour l'exemple*

**show window** **N** *(lit, fig)* vitrine *f*

▸ **show about, show around** VT SEP faire visiter les lieux *mpl* (*or* la ville *or* la maison *etc*) à

▸ **show in** VT SEP *[+ visitor etc]* faire entrer

▸ **show off**

**VI** *(gen)* frimer*, poser (pour la galerie) ; *[child]* chercher à se rendre intéressant, faire l'intéressant ◆ **she's always showing off** c'est une frimeuse* *or* une poseuse ◆ **stop showing off** *(gen)* arrête de frimer* ; *(showing off knowledge)* arrête d'étaler ta science*

**VT SEP** [1] *[+ sb's beauty, complexion etc]* faire valoir, mettre en valeur

[2] *(pej) [+ one's wealth, knowledge etc]* faire étalage de, étaler ◆ **he wanted to show off his new car** il voulait faire admirer sa nouvelle voiture

**N** ◆ **show-off** → **show**

**N** ◆ **showing-off** → **showing**

▸ **show out** VT SEP *[+ visitor etc]* accompagner *or* reconduire (jusqu'à la porte)

▸ **show round** VT SEP ⇒ **show about, show around**

▸ **show through** VI *(= be visible)* se voir au travers

▸ **show up**

**VI** [1] *(= stand out) [feature]* ressortir ; *[mistake]* être visible *or* manifeste ; *[stain]* se voir (nettement) ◆ **the tower showed up clearly against the sky** la tour se détachait nettement sur le ciel

[2] *(* = arrive, appear)* se pointer*, s'amener*

**VT SEP** [1] *[+ visitor etc]* faire monter

[2] *[+ fraud, impostor]* démasquer, dénoncer ; *[+ flaw, defect]* faire ressortir

[3] *(= embarrass)* faire honte à (en public)

**showboat** /'ʃəʊbəʊt/ *(US)*

**N** *(lit)* bateau-théâtre *m* ; (*✱ fig = person)* m'as-tu-vu(e)* *m(f) pl inv*

**VI** crâner*, en mettre plein la vue

**showcase** /'ʃəʊkeɪs/

**N** *(lit, fig)* vitrine *f*

**VT** présenter

**COMP** **showcase project** **N** opération *f* de prestige

**showdown** /'ʃəʊdaʊn/ SYN **N** épreuve *f* de force

**shower** /'ʃaʊəʳ/ SYN

**N** [1] *[of rain]* averse *f* ; *(fig) [of blows]* volée *f*, grêle *f* ; *[of sparks, stones, arrows]* pluie *f* ; *[of blessings]* déluge *m* ; *[of insults]* torrent *m*, flot *m*

[2] douche *f* ◆ **to have** *or* **take a shower** prendre une douche ◆ **to send sb to the showers*** *(US) (Sport)* expulser qn ; *(fig)* mettre qn sur la touche *(fig)*

[3] *(Brit ✱ pej = people)* bande *f* de crétins*

[4] *(before wedding etc)* ◆ **to give a shower for sb** organiser une soirée pour donner ses cadeaux à qn

**VT** *(fig)* ◆ **to shower sb with gifts/praise, to shower gifts/praise on sb** combler qn de cadeaux/de louanges ◆ **to shower blows on sb** faire pleuvoir des coups sur qn ◆ **to shower abuse** *or* **insults on sb** accabler *or* couvrir qn d'injures ◆ **invitations were/advice was showered (up)on him** les invitations/les conseils pleuvaient (sur lui)

**VI** [1] *(= wash)* se doucher, prendre une douche

[2] *(= fall)* ◆ **small stones/hailstones showered (down) on to the car** des petites pierres/grêlons pleuvaient sur la voiture ◆ **advice showered upon him** les conseils pleuvaient sur lui

**COMP** **shower attachment** **N** douchette *f* à main, douchette *f* de lavabo

**shower cap** **N** bonnet *m* de douche

**shower cubicle** **N** cabine *f* de douche

**shower curtain** **N** rideau *m* de douche

**shower gel** **N** gel *m* douche

**shower room** **N** *[of house, flat]* salle *f* d'eau ; *[of gym]* douches *fpl*

**shower screen** **N** pare-douche *m*

**shower stall** **N** ⇒ **shower cubicle**

**shower tray** **N** receveur *m* de douche

**shower unit** **N** bloc-douche *m*

**showerproof** /'ʃaʊəpruːf/ **ADJ** imperméable

**showery** /'ʃaʊərɪ/ **ADJ** *[weather, day]* pluvieux ◆ **showery rain** averses *fpl* ◆ **it will be showery** il y aura des averses

**showground** /'ʃəʊgraʊnd/ **N** champ *m* de foire

**showily** /'ʃəʊɪlɪ/ **ADV** de façon voyante *or* tape-à-l'œil*

**showing** /'ʃəʊɪŋ/ SYN

**N** [1] *[of pictures etc]* exposition *f* ; *[of film]* projection *f* ◆ **the first showing is at 8pm** *(Cine)* la première séance est à 20 heures ◆ **another showing of this film** *(Cine, TV)* une nouvelle projection de ce film

[2] *(= performance)* performance *f*, prestation* *f* ◆ **on this showing he doesn't stand much chance** si c'est tout ce dont il est capable *or* à en juger d'après cette prestation, il n'a pas de grandes chances ◆ **he made a good showing** il s'en est bien tiré ◆ **he made a poor showing** il ne s'est vraiment pas distingué

[3] ◆ **on his own showing** de son propre aveu

**COMP** **showing-off** **N** *(NonC)* frime *f*, pose *f*

**showjumper** /ˈʃəʊˌdʒʌmpəʳ/ N (= rider) cavalier m, -ière f de concours hippique ; (= horse) cheval m (de saut) d'obstacles

**showman** /ˈʃəʊmən/ SYN N (pl **-men**) (in fair, circus etc) forain m ◆ **he's a real showman** (fig) il a vraiment le sens de la mise en scène (fig)

**showmanship** /ˈʃəʊmənʃɪp/ N art m or sens m de la mise en scène

**shown** /ʃəʊn/ VB ptp of **show**

**showpiece** /ˈʃəʊpiːs/ N ① [of exhibition etc] trésor m, joyau m
② (fig) ◆ **Arran's showpiece is Brodick Castle** le joyau d'Arran est Brodick Castle ◆ **the new school is a showpiece** la nouvelle école est un modèle du genre ◆ **the capital's showpiece art gallery** la plus prestigieuse galerie d'art de la capitale

**showplace** /ˈʃəʊpleɪs/
① (= tourist attraction) lieu m de grand intérêt touristique
② (fig) ⇒ **showpiece** 2
COMP **showplace home** N (US) maison f de rêve

**showroom** /ˈʃəʊrʊm/ N salle f d'exposition, showroom m ◆ **in showroom condition** à l'état m neuf

**showtime** /ˈʃəʊtaɪm/ N ◆ **it's showtime!** le spectacle commence ! ◆ **ten minutes till showtime!** le spectacle commence dans dix minutes !

**showy*** /ˈʃəʊɪ/ ADJ (pej) [clothes, jewellery, décor] voyant, tape-à-l'œil inv ; [colour] voyant, criard ; [person, manner] plein d'ostentation

**shrank** /ʃræŋk/ VB pt of **shrink**

**shrapnel** /ˈʃræpnl/ N (Mil) ① obus m à balles, shrapnel m
② (NonC) éclats mpl d'obus

**shred** /ʃred/ SYN
N [of cloth, paper, skin, plastic sheeting] lambeau m ; (fig) [of truth] parcelle f, grain m ; [of common sense] grain m, once f ◆ **not a shred of evidence** pas la moindre or plus petite preuve ◆ **her dress hung in shreds** sa robe était en lambeaux ◆ **to tear** or **rip into shreds** mettre en lambeaux ◆ **without a shred of clothing on** nu comme un ver, complètement nu
VT ① [+ paper] (gen) mettre en lambeaux, déchiqueter ; (in shredder) détruire (par lacération), déchiqueter
② [+ carrots] râper ; [+ cabbage, lettuce] couper en lanières

**shredder** /ˈʃredəʳ/ N ① [of food processor] (disque m) râpeur m
② (also **paper** or **document shredder**) destructeur m (de documents), déchiqueteuse f ◆ **to put sth through the shredder** détruire qch, passer qch à la déchiqueteuse

**shrew** /ʃruː/ N ① (= animal) musaraigne f
② (pej) (= woman) mégère f ; → **taming**

**shrewd** /ʃruːd/ SYN ADJ [person] (= clear-sighted) perspicace ; (= cunning) astucieux ; [plan] astucieux ; [businessman, politician] habile ; [assessment, reasoning, investment, move] judicieux ◆ **a shrewd judge of character** un fin psychologue ◆ **I can make a shrewd guess at what he wanted** je crois que je devine ce qu'il voulait ◆ **to have a shrewd suspicion that...** être assez perspicace pour soupçonner que...

**shrewdly** /ˈʃruːdlɪ/ SYN ADV [look at] d'un air perspicace ; [say, ask, assess, suspect] avec perspicacité ; [realize, recognize, perceive, comment] judicieusement ; [reason] habilement ; [guess] astucieusement

**shrewdness** /ˈʃruːdnɪs/ SYN N [of person] perspicacité f, habileté f, sagacité f ; [of assessment] perspicacité f ; [of plan] astuce f

**shrewish** /ˈʃruːɪʃ/ ADJ (pej) [woman] acariâtre ; [behaviour] de mégère ◆ **a shrewish woman** une mégère

**shriek** /ʃriːk/ SYN
N hurlement m, cri m perçant or aigu ◆ **to let out** or **give a shriek** pousser un hurlement or un cri ◆ **shrieks of laughter** de grands éclats mpl de rire ◆ **with shrieks of laughter** en riant à gorge déployée
VI hurler, crier (with de) ◆ **to shriek with laughter** rire à gorge déployée, se tordre de rire ◆ **the colour simply shrieks at you** (fig) cette couleur hurle or est vraiment criarde
VT hurler, crier ◆ **to shriek abuse at sb** hurler des injures à qn ◆ **"no" he shrieked** « non » hurla-t-il

**shrift** /ʃrɪft/ N ◆ **to give sb short shrift** expédier qn sans ménagement, envoyer promener qn * ◆ **I got short shrift from him** il m'a traité sans ménagement, il m'a envoyé promener*

**shrike** /ʃraɪk/ N pie-grièche f

**shrill** /ʃrɪl/ SYN
ADJ ① (= piercing) [voice, cry] strident, perçant ; [laughter, music] strident ; [whistle] strident, aigu (-guë f)
② (= vehement) [demand] outrancier ; [protest] violent
VI [whistle, telephone] retentir
VT ◆ **"stop!" she shrilled** « arrête ! » cria-t-elle d'une voix perçante or stridente

**shrillness** /ˈʃrɪlnɪs/ N (NonC) ton m aigu or perçant

**shrilly** /ˈʃrɪlɪ/ ADV (pej) ① (= piercingly) [say, sing] d'une voix stridente or perçante ◆ **her voice sounded shrilly from the corridor** on entendait sa voix perçante dans le couloir ◆ **to whistle shrilly** émettre un sifflement strident or aigu
② (vehemently) [demand] de façon outrancière ; [protest, condemn] violemment

**shrimp** /ʃrɪmp/
N crevette f ◆ **he's just a little shrimp** (fig) il n'est pas plus haut que trois pommes
VI ◆ **to go shrimping** aller pêcher la crevette
COMP **shrimp cocktail** N (Culin) cocktail m de crevettes
**shrimp net** N crevettier m
**shrimp sauce** N sauce f crevette

**shrine** /ʃraɪn/ N (= place of worship) lieu m saint, lieu m de pèlerinage ; (= reliquary) châsse f ; (= tomb) tombeau m ; (fig) haut lieu m

**shrink** /ʃrɪŋk/ SYN (pret **shrank**, ptp **shrunk**)
VI ① (= get smaller) [clothes] rétrécir ; [area] se réduire ; [boundaries] se resserrer ; [piece of meat] réduire ; [body, person] se ratatiner, rapetisser ; [wood] se contracter ; [quantity, amount] diminuer ◆ **"will not shrink"** (on label) « irrétrécissable »
② (also **shrink away, shrink back**) reculer, se dérober (from sth devant qch ; from doing sth devant l'idée de faire qch) ◆ **she shrank (away** or **back) from him** elle a eu un mouvement de recul ◆ **he did not shrink from saying that...** il n'a pas craint de dire que...
VT [+ wool] (faire) rétrécir ; [+ metal] contracter
N (* = psychiatrist) psychiatre mf, psy* mf
COMP **shrink-wrap** VT emballer sous film plastique
**shrink-wrapped** ADJ emballé sous film plastique
**shrink-wrapping** N emballage m sous film plastique

**shrinkage** /ˈʃrɪŋkɪdʒ/ N (NonC) [of clothes] rétrécissement m ; [of wood, market] contraction f ; [of industry] recul m ; [of quantity] diminution f ; [of metal] retrait m ◆ **to allow for shrinkage** (in material) prévoir un rétrécissement

**shrinking** /ˈʃrɪŋkɪŋ/
ADJ craintif
COMP **shrinking violet** N sensitive f, personne f sensible et timide

**shrive** †† /ʃraɪv/ (pret **shrived** or **shrove**, ptp **shrived** or **shriven**) VT confesser et absoudre

**shrivel** /ˈʃrɪvl/ SYN (also **shrivel up**)
VI [apple, body] se ratatiner ; [skin] se rider, se flétrir ; [leaf] se flétrir, se racornir ; [steak] se racornir, se ratatiner ◆ **her answer made him shrivel (up)** sa réponse lui a donné envie de rentrer sous terre
VT dessécher, flétrir

**shriven** /ˈʃrɪvn/ VB ptp of **shrive**

**shroud** /ʃraʊd/ SYN
N ① linceul m, suaire m (liter) ; (fig) [of mist] voile m, linceul m (liter) ; [of snow] linceul m (liter) ; [of mystery] voile m
② [of mast] hauban m ; [of parachute] suspentes fpl
③ (Space: of rocket) coiffe f
VT [+ corpse] envelopper dans un linceul, ensevelir ◆ **shrouded in mist/snow** enseveli sous la brume/la neige, sous un linceul de brume/de neige (liter) ◆ **shrouded in mystery/secrecy** enveloppé de mystère/d'une atmosphère de secret

**shrove** /ʃrəʊv/
VB pt of **shrive**
COMP **Shrove Tuesday** N (le) Mardi gras

**Shrovetide** /ˈʃrəʊvtaɪd/ N les jours mpl gras (les trois jours précédant le Carême)

**shrub** /ʃrʌb/ N arbrisseau m ; (small) arbuste m ; → **flowering**

**shrubbery** /ˈʃrʌbərɪ/ N (massif m d')arbustes mpl

**shrubby** /ˈʃrʌbɪ/ ADJ arbustif ◆ **a shrubby tree** un arbuste

**shrug** /ʃrʌɡ/
N haussement m d'épaules ◆ **to give a shrug of contempt** hausser les épaules (en signe de mépris) ◆ **... he said with a shrug** ... dit-il en haussant les épaules or avec un haussement d'épaules
VTI ◆ **to shrug (one's shoulders)** hausser les épaules
▶ **shrug off** VT SEP [+ suggestion, warning] dédaigner, faire fi de ; [+ remark] ignorer, ne pas relever ; [+ infection, a cold] se débarrasser de

**shrunk** /ʃrʌŋk/ VB ptp of **shrink**

**shrunken** /ˈʃrʌŋkən/ ADJ [person, body] ratatiné, rabougri ◆ **shrunken head** tête f réduite

**shtick** /ʃtɪk/ N ⇒ **schtick**

**shtoom** *, **stumm** * /ʃtʊm/ ADJ ◆ **to keep shtoom** la boucler*

**shuck** /ʃʌk/ (US)
N (= pod) cosse f ; [of nut] écale f ; [of chestnut] bogue f ; [of corn] spathe f
EXCL ◆ **shucks!** * mince alors ! *, zut alors ! *
VT [+ bean] écosser ; [+ nut] écaler ; [+ chestnut] éplucher ; [+ corn] égrener ◆ **to shuck one's clothes** se désaper*
▶ **shuck off** VT SEP (US) [+ garment] enlever ◆ **to shuck off one's clothes** se désaper* ◆ **to shuck off one's jacket** tomber la veste*

**shudder** /ˈʃʌdəʳ/ SYN
N (from cold) frisson m ; (from horror) frisson m, frémissement m ; [of vehicle, ship, engine] vibration f, trépidation f ◆ **to give a shudder** [person] frissonner, frémir ; [vehicle, ship] avoir une forte secousse, être ébranlé ◆ **it gives me the shudders**  * ça me donne des frissons ◆ **he realized with a shudder that...** il a frissonné or frémi, comprenant que...
VI (from cold) frissonner ; (from horror) frémir, frissonner ; [engine, motor] vibrer, trépider ; [vehicle, ship] (on striking sth) avoir une forte secousse, être ébranlé ; (for mechanical reasons) vibrer, trépider ◆ **the old bus shuddered to a halt** le vieux bus s'arrêta dans un soubresaut ◆ **I shudder to think what might have happened** je frémis rien qu'à la pensée de ce qui aurait pu se produire ◆ **what will he do next? – I shudder to think!** qu'est-ce qu'il va encore faire ? – j'en frémis d'avance !

**shuffle** /ˈʃʌfl/ SYN
N ① ◆ **the shuffle of footsteps** le bruit d'une démarche traînante
② (Cards) battage m ; (fig) réorganisation f ◆ **give the cards a good shuffle** bats bien les cartes ◆ **a cabinet (re)shuffle** (Parl) un remaniement ministériel ◆ **to get lost in the shuffle** (US) [person] passer inaperçu ; [fact, issue etc] être mis aux oubliettes or au placard
VT ① ◆ **to shuffle one's feet** (while sitting or standing) bouger les pieds ; (when nervous) agiter nerveusement les pieds
② [+ cards] battre ; [+ dominoes] mêler, brouiller ; [+ papers] remuer, déranger
VI ① traîner les pieds ◆ **to shuffle in/out/along** etc entrer/sortir/avancer etc d'un pas traînant or en traînant les pieds
② (Cards) battre (les cartes)
▶ **shuffle off**
VI s'en aller or s'éloigner d'un pas traînant or en traînant les pieds
VT SEP [+ garment] enlever maladroitement ; (fig) [+ responsibility] rejeter (on to sb sur qn), se dérober à ◆ **when I shuffle off this mortal coil** (Brit) quand je rendrai l'âme, quand je quitterai mon enveloppe charnelle
▶ **shuffle out of** VT FUS (fig) [+ duty, responsibility] se dérober à

**shuffleboard** /ˈʃʌflbɔːd/ N jeu m de palets

**shufti** *, **shufty** /ˈʃʌftɪ, ˈʃʊftɪ/ N (Brit) ◆ **to have** or **take a shufti (at sth)** jeter un œil* or coup d'œil (à qch)

**shun** /ʃʌn/ SYN VT [+ place, temptation] fuir ; [+ person, publicity] fuir, éviter ; [+ work, obligation] éviter, esquiver ◆ **I shunned his company** j'ai fui sa présence ◆ **to shun doing sth** éviter de faire qch

## shunt | sick

**shunt** /ʃʌnt/
- **VT** ① [+ train] (= direct) aiguiller ; (= divert) dériver, détourner ; (= move about) manœuvrer ; (= position) garer
  ② (* fig) [+ conversation, discussion] aiguiller, détourner (on to sur) ; [+ person] expédier* (to à) ◆ **they shunted the visitors to and fro between the factory and the offices** ils ont fait faire la navette aux visiteurs entre l'usine et les bureaux ◆ **shunt that book over to me!**‡ passe-moi or file-moi ce bouquin !*
  ③ (Elec) shunter, dériver
- **VI** (fig) ◆ **to shunt (to and fro)*** [person, object, document] faire la navette (between entre)
- **N** (of train) aiguillage m ; (* fig) collision f
- **COMP shunt-wound ADJ** (Elec) en dérivation, dérivé

**shunter** /ˈʃʌntər/ **N** (Brit) (= person) aiguilleur m (de train) ; (= engine) locomotive f de manœuvre

**shunting** /ˈʃʌntɪŋ/
- **N** [of train] manœuvres fpl d'aiguillage
- **COMP shunting operation N** (Brit) opération f de triage
  **shunting yard N** voies fpl de garage et de triage

**shush** /ʃʊʃ/
- **EXCL** chut !
- **VT** * faire chut à ; (= silence : also **shush up**) faire taire

**shut** /ʃʌt/ **SYN** (pret, ptp **shut**)
- **VT** [+ eyes, door, factory, shop] fermer ; [+ drawer] (re)fermer, repousser ◆ **the shop is shut now** le magasin est fermé maintenant ◆ **the shop is shut on Sundays** le magasin ferme or est fermé le dimanche ◆ **we're shutting the office for two weeks in July** nous fermons le bureau pour deux semaines au mois de juillet ◆ **to shut one's finger in a drawer** se pincer or se prendre le doigt dans un tiroir ◆ **to shut sb in a room** enfermer qn dans une pièce ◆ **shut your mouth!**‡ ferme-la !‡, boucle-la !‡ ◆ **shut your face!**‡ ta gueule !‡, la ferme !‡ ; → **door, ear¹, eye, open, stable²**
- **VI** [door, box, lid, drawer] se fermer, fermer ; [museum, theatre, shop] fermer ◆ **the door shut** la porte s'est (re)fermée ◆ **the door shuts badly** la porte ferme mal ◆ **the shop shuts on Sundays/at 6 o'clock** le magasin ferme le dimanche/à 18 heures
- **COMP shut-eye**‡ **N** ◆ **to get a bit of shut-eye** or **some shut-eye** piquer un roupillon‡, dormir un peu
  **shut-in ADJ** (esp US) enfermé, confiné
  **shut-out N** (at factory) lock-out m inv ; (US Sport) victoire f (remportée du fait que l'équipe adverse n'a marqué aucun point)
  **shut-out bid N** (Bridge) (annonce f de) barrage m

▶ **shut away VT SEP** [+ person, animal] enfermer ; [+ valuables] mettre sous clé ◆ **he shuts himself away** il s'enferme chez lui, il vit en reclus

▶ **shut down**
- **VI** [business, shop, theatre] fermer (définitivement), fermer ses portes
- **VT SEP** [+ lid] fermer, rabattre ; [+ business, shop, theatre] fermer (définitivement) ; [+ machine] arrêter

▶ **shut in**
- **VT SEP** [+ person, animal] enfermer ; (= surround) entourer (with de) ◆ **to feel shut in** se sentir enfermé or emprisonné (fig)
- **ADJ** ◆ **shut-in** → **shut**

▶ **shut off VT SEP** ① (= stop, cut) [+ electricity, gas] couper, fermer ; [+ engine] couper ; [+ supplies] arrêter, couper
  ② (= isolate) [+ person] isoler, séparer (from de) ◆ **we're very shut off here** nous sommes coupés de tout ici or très isolés ici

▶ **shut out**
- **VT SEP** ① ◆ **he found that they had shut him out, he found himself shut out** il a trouvé qu'il était à la porte or qu'il ne pouvait pas entrer ◆ **don't shut me out, I haven't got a key** ne ferme pas la porte, je n'ai pas de clé ◆ **I shut the cat out at night** je laisse or mets le chat dehors pour la nuit ◆ **close the door and shut out the noise** ferme la porte pour qu'on n'entende pas le bruit ◆ **he shut them out of his will** il les a exclus de son testament ◆ **you can't shut him out of your life** tu ne peux pas l'exclure or le bannir de ta vie
  ② (= block) [+ view] boucher ; [+ memory] chasser de son esprit
  ③ (US Sport) [+ opponent] bloquer
- **N** ◆ **shut-out** shut

▶ **shut to**
- **VI** [door] se (re)fermer
- **VT SEP** (re)fermer

▶ **shut up**
- **VI** (* = be quiet) se taire ◆ **shut up!** tais-toi !, la ferme !‡ ◆ **better just shut up and get on with it** mieux vaut se taire or la boucler* et continuer
- **VT SEP** ① [+ factory, business, theatre, house] fermer ; → **shop**
  ② [+ person, animal] enfermer ; [+ valuables] mettre sous clé ◆ **to shut sb up in prison** emprisonner qn, mettre qn en prison
  ③ (* = silence) faire taire, clouer le bec à *

**shutdown** /ˈʃʌtdaʊn/ **N** fermeture f

**shutoff** /ˈʃʌtɒf/ **N** (also **shutoff device**) interrupteur m automatique, dispositif m d'arrêt automatique

**shutter** /ˈʃʌtər/
- **N** volet m ; (Phot) obturateur m ◆ **to put up the shutters** mettre les volets ; (= close shop) fermer (le magasin) ; (fig : permanently) fermer boutique, fermer définitivement
- **COMP shutter priority N** (Phot) priorité f à la vitesse
  **shutter release N** (Phot) déclencheur m d'obturateur
  **shutter speed N** vitesse f d'obturation

**shuttered** /ˈʃʌtəd/ **ADJ** [house, window] (= fitted with shutters) muni de volets ; (= with shutters closed) aux volets clos ◆ **the windows were shuttered** les fenêtres étaient munies de volets or avaient leurs volets fermés

**shuttle** /ˈʃʌtl/ **SYN**
- **N** ① [of loom, sewing machine] navette f
  ② (= plane, train etc) navette f ◆ **air shuttle** navette f aérienne ◆ **space shuttle** navette f spatiale
  ③ (* : in badminton = shuttlecock) volant m
- **VI** [person, vehicle, boat, documents] faire la navette (between entre)
- **VT** ◆ **to shuttle sb to and fro** envoyer qn à droite et à gauche ◆ **he was shuttled (back and forth) between the factory and the office** on l'a renvoyé de l'usine au bureau et vice versa, il a dû faire la navette entre l'usine et le bureau ◆ **the papers were shuttled (backwards and forwards) from one department to another** les documents ont été renvoyés d'un service à l'autre
- **COMP shuttle bus N** navette f
  **shuttle diplomacy N** navettes fpl diplomatiques
  **shuttle movement N** (Tech) mouvement m alternatif
  **shuttle service N** (at airport, station) (service m de) navettes fpl

**shuttlecock** /ˈʃʌtlkɒk/ **N** (in badminton) volant m

**shy¹** /ʃaɪ/ **SYN**
- **ADJ** ① (= nervous) [person, smile, look] timide ◆ **he's a shy person, he's shy of people** c'est un timide ◆ **to be shy with people** être timide avec les gens ◆ **don't be shy** ne sois pas timide, ne fais pas le (or la) timide ◆ **to make sb (feel) shy** intimider qn ◆ **she went all shy*** when asked to give her opinion elle a été tout intimidée quand on lui a demandé de donner son avis
  ② (= wary) ◆ **to be shy of sb/sth** avoir peur de qn/qch ◆ **he was so shy about his private life** il craignait tellement de parler de sa vie privée ◆ **to be shy of doing sth** avoir peur de faire qch ; → **bite, camera, fight, workshy**
  ③ [animal, bird] craintif ; → **gun**
  ④ (esp US = short) ◆ **he is two days shy of his 95th birthday** il va avoir 95 ans dans deux jours ◆ **I'm $5 shy** il me manque 5 dollars ◆ **they are $65,000 shy of the $1 million that's needed** il leur manque 65 000 dollars pour avoir le million nécessaire
- **VI** [horse] broncher (at devant)

▶ **shy away VI** (fig) ◆ **to shy away from doing sth** répugner à faire qch, s'effaroucher à l'idée de faire qch

**shy²** /ʃaɪ/ (Brit)
- **VT** (= throw) lancer, jeter
- **N** (lit) ◆ **to take** or **have a shy at sth** lancer un projectile (or une pierre etc) vers qch ◆ "**20p a shy**" « 20 pence le coup » ◆ **to have a shy at doing sth** (fig = try) tenter de faire qch ; → **coconut**

**shyly** /ˈʃaɪlɪ/ **ADV** timidement

**shyness** /ˈʃaɪnɪs/ **SYN N** (NonC) [of person] timidité f ; [of animal, bird] caractère m craintif

**shyster*** /ˈʃaɪstər/ **N** (US) (gen) escroc m ; (= lawyer) avocat m véreux or marron

**SI** /ˌesˈaɪ/ **N** (abbrev of **Système international (d'unités)**) SI m

**si** /siː/ **N** (Mus) si m

**sial** /ˈsaɪəl/ **N** (Geol) sial m

**sialagogic, sialogogic** /ˌsaɪələˈgɒdʒɪk/ **ADJ** sialagogue

**sialagogue, sialogogue** /ˈsaɪələgɒg/ **N** sialagogue m

**Siam** /saɪˈæm/ **N** Siam m ◆ **in Siam** au Siam

**Siamese** /ˌsaɪəˈmiːz/
- **ADJ** (gen) siamois
- **N** ① (pl inv) Siamois(e) m(f)
  ② (= language) siamois m
- **COMP Siamese cat N** chat m siamois
  **Siamese twins NPL** (frères mpl) siamois mpl, (sœurs fpl) siamoises fpl

**SIB** /ˌesaɪˈbiː/ **N** (Brit) (abbrev of **Securities and Investments Board**) = COB f

**Siberia** /saɪˈbɪərɪə/ **N** Sibérie f

**Siberian** /saɪˈbɪərɪən/
- **ADJ** sibérien, de Sibérie
- **N** Sibérien(ne) m(f)
- **COMP Siberian husky N** (= dog) husky m (sibérien)

**sibilant** /ˈsɪbɪlənt/
- **ADJ** (frm, also Phon) sifflant
- **N** (Phon) sifflante f

**sibling** /ˈsɪblɪŋ/
- **N** ◆ **siblings** enfants mfpl de mêmes parents, fratrie f ◆ **one of his siblings** l'un de ses frères et sœurs ◆ **Paul and Julie are siblings** Paul et Julie sont frère et sœur ◆ **she's my sibling** c'est ma sœur
- **COMP sibling rivalry N** rivalité f fraternelle

**sibship** /ˈsɪbʃɪp/ **N** fratrie f

**sibyl** /ˈsɪbɪl/ **N** sibylle f

**sibylline** /ˈsɪbɪlaɪn/ **ADJ** sibyllin

**sic** /sɪk/ **ADV** sic

**siccative** /ˈsɪkətɪv/ **N** siccatif m

**Sicilian** /sɪˈsɪlɪən/
- **ADJ** (gen) sicilien
- **N** ① Sicilien(ne) m(f)
  ② (= dialect) sicilien m

**siciliano** /ˌsiːtʃɪˈljɑːnəʊ/ **N** (Mus) sicilienne f

**Sicily** /ˈsɪsɪlɪ/ **N** Sicile f ◆ **in Sicily** en Sicile

**sick** /sɪk/ **SYN**
- **ADJ** ① (= ill) [person] malade ◆ **he's a sick man** est (très) malade ◆ **to fall** or **take † sick** tomber malade ◆ **to be off sick** (= off work) être en congé maladie ; (= off school) être absent pour maladie ◆ **she's off sick with 'flu** elle n'est pas là or elle est absente, elle a la grippe ◆ **to go sick** se faire porter malade ◆ **to call in** or **phone in sick** téléphoner pour dire que l'on est malade ◆ **to be sick of a fever** † avoir la fièvre ; → **homesick**
  ② ◆ **to be sick** (= vomit) vomir ◆ **to be as sick as a dog*** être malade comme un chien ; ◆ **to make sb sick** faire vomir qn ◆ **to make o.s. sick** se faire vomir (= nauseous) ◆ **to feel sick** avoir mal au cœur, avoir envie de vomir ◆ **I get sick in planes** j'ai mal au cœur or je suis malade en avion, j'ai le mal de l'air ◆ **a sick feeling** (lit) un haut-le-cœur ; (fig) une (sensation d')angoisse ◆ **worried sick***, **sick with worry** fou or malade d'inquiétude ; → **airsick, car, seasick, travel**
  ③ (= disgusted) ◆ **to make sb sick** rendre qn malade, écœurer qn ◆ **you make me sick!** tu m'écœures !, tu me dégoûtes ! ◆ **it's enough to make you sick** il y a de quoi vous écœurer or dégoûter ◆ **it makes me sick to my stomach** ça m'écœure, ça me fait gerber‡ ◆ **he felt sick about the whole business** toute l'affaire le rendait malade ◆ **it makes me sick to think that...** ça me rend malade de penser que... ◆ **he was really sick at failing the exam*** ça l'a vraiment rendu malade d'avoir échoué à l'examen ◆ **to be as sick as a parrot** en être malade * ◆ **to be sick at heart** (liter = unhappy) avoir la mort dans l'âme
  ④ (= fed up) ◆ **to be sick of sb/sth/doing sth** en avoir assez or marre* de qn/qch/faire qch ◆ **to be sick of the sight of sb** en avoir assez or marre* de voir qn ◆ **to be/get sick and tired** *or **sick to death *** or **sick to the (back) teeth * of...** en avoir/finir par en avoir par-dessus la tête * or ras le bol * de...

5 *(pej = offensive) [person, mind, joke, humour, suggestion]* malsain ◆ **sick comedian** comique *m* porté sur l'humour malsain

6 *(US = inferior)* ◆ **they made our team look sick** à côté d'eux, notre équipe avait l'air nulle *or* minable

N *(Brit * = vomit)* vomi * *m*, vomissure *f*

NPL **the sick** les malades *mfpl*

COMP **sick bag** N sac *m* vomitoire
**sick bay** N infirmerie *f*
**sick building syndrome** N syndrome *m* du bâtiment malsain
**sick headache** N migraine *f*
**sick leave** N ◆ **on sick leave** en congé *m* (de) maladie
**sick list** N ◆ **to be on the sick list** *(Admin)* être porté malade ; *( * = ill)* être malade
**sick-making** ✱ ADJ dégoûtant, gerbant ✱
**sick note** * N *(for work)* certificat *m* médical ; *(for school)* billet *m* d'excuse
**sick-out** N *(US = workers' protest) mouvement de protestation où tous les travailleurs se font porter malade*
**sick pay** N indemnité *f* de maladie *(versée par l'employeur)*

▸ **sick up** * VT SEP *(Brit)* dégueuler ✱, vomir

**sickbed** /ˈsɪkbed/ N lit *m* de malade

**sicken** /ˈsɪkn/ SYN

VT rendre malade, donner mal au cœur à ; *(fig)* dégoûter, écœurer

VI tomber malade ◆ **to sicken for sth** *[person]* couver qch ◆ **to sicken of...** *(fig)* se lasser de..., en avoir assez de...

**sickening** /ˈsɪknɪŋ/ SYN ADJ 1 *(= disgusting) [sight, smell]* écœurant, qui soulève le cœur ; *[cruelty]* révoltant ; *[waste]* révoltant, dégoûtant ; *[crime]* ignoble, révoltant ◆ **a sickening feeling of failure** un écœurant sentiment d'échec ◆ **a sickening feeling of panic** une affreuse sensation de panique ◆ **a sickening feeling of foreboding** un horrible sentiment d'appréhension

2 *( * = annoying) [person, behaviour, situation]* agaçant, énervant

3 *(= unpleasant) [blow]* mauvais ; *[crunch]* sinistre ◆ **with a sickening thud** avec un bruit sourd et sinistre

**sickeningly** /ˈsɪknɪŋlɪ/ ADV *[familiar]* tristement ◆ **sickeningly violent/polite** d'une violence/d'une politesse écœurante ◆ **it is sickeningly sweet** c'est si sucré que c'est écœurant ◆ **he made it all look sickeningly easy** avec lui, tout paraissait d'une facilité écœurante ◆ **he seems sickeningly happy** il semble si heureux que c'en est écœurant ◆ **he stood at the top of a sickeningly steep gully** il se tenait au sommet d'une ravine vertigineuse ◆ **the ship was rolling sickeningly** le roulis du bateau soulevait le cœur

**sickie** * /ˈsɪkɪ/ N *(Brit , Austral)* ◆ **he threw a sickie** il n'est pas venu au travail sous prétexte qu'il était malade

**sickle** /ˈsɪkl/

N faucille *f*

COMP **sickle-cell anaemia** N *(Med)* anémie *f* à hématies falciformes

**sickliness** /ˈsɪklɪnɪs/ N *[of person]* état *m* maladif ; *[of cake]* goût *m* écœurant

**sickly** /ˈsɪklɪ/ SYN

ADJ 1 *(= unhealthy) [person, face, complexion, pallor]* maladif ; *[business, company]* mal en point ; *[climate]* malsain ; *[plant]* étiolé ◆ **she gave a sickly smile** elle eut un pâle sourire

2 *(Brit = nauseating) [smell, colour, cake]* écœurant ; *[smile]* mielleux

ADV ◆ **sickly green** d'un vert nauséeux ◆ **sickly yellow** cireux ◆ **sickly sweet** *[smell, taste]* douceâtre ; *[book]* mièvre ; *[person, expression]* mielleux

**sickness** /ˈsɪknɪs/ SYN

N *(NonC) (= illness)* maladie *f* ◆ **there's a lot of sickness in the village** il y a beaucoup de malades dans le village ◆ **there's sickness on board** il y a des malades à bord ◆ **bouts of sickness** *(= vomiting)* vomissements *mpl* ◆ **mountain sickness** mal *m* des montagnes ◆ **in sickness and in health** *(in marriage service)* ≈ pour le meilleur et pour le pire ; → **travel**

COMP **sickness benefit** N *(Brit)* (prestations *fpl* de l') assurance-maladie *f*
**sickness insurance** N assurance-maladie *f*

**sicko** ✱ /ˈsɪkəʊ/ *(esp US pej)*

N taré(e) * *m(f)*

ADJ *[person]* taré * ; *[group]* de tarés *

**sickroom** /ˈsɪkrʊm/ N *(in school etc)* infirmerie *f* ; *(at home)* chambre *f* de malade

**side** /saɪd/ SYN

N 1 *[of person]* côté *m* ◆ **wounded in the side** blessé au côté ◆ **to sleep on one's side** dormir sur le côté ◆ **to hold one's sides with laughter** se tenir les côtes ; → **split**

◆ **at/by one's side** ◆ **he had the telephone by his side** il avait le téléphone à côté de lui *or* à portée de la main ◆ **his assistant was at** *or* **by his side** son assistant était à ses côtés ◆ **she remained by his side through thick and thin** elle est restée à ses côtés *or* elle l'a soutenu à travers toutes leurs épreuves

◆ **side by side** *(lit)* côte à côte ; *(fig : in agreement)* en parfait accord *(with* avec)

2 *[of animal]* flanc *m* ◆ **a side of bacon** une flèche de lard ◆ **a side of beef/mutton** un quartier de bœuf/mouton

3 *(as opposed to top, bottom) [of box, house, car, triangle]* côté *m* ; *[of ship]* flanc *m*, côté *m* ; *[of mountain] (gen)* versant *m* ; *(= flank)* flanc *m* ; *(inside) [of cave, ditch, box]* paroi *f* ◆ **the north side** *[of mountain]* le versant nord ◆ **vines growing on the side of the hill** des vignes qui poussent sur le flanc de la colline ◆ **by the side of the church** à côté de *or* tout près de l'église ◆ **set the box on its side** pose la caisse sur le côté ◆ **go round the side of the house** contournez la maison ◆ **you'll find him round the side of the house** tournez le coin de la maison et vous le verrez ◆ **she's (built) like the side of a house** ✱ c'est un monument *, elle est colossale ; → **near, off**

4 *[of cube, record, coin]* côté *m*, face *f* ; *[of garment, cloth, slice of bread, sheet of paper, shape]* côté *m* ; *(fig) [of matter, problem etc]* aspect *m* ; *[of sb's character]* facette *f* ◆ **the right side** *[of garment, cloth]* l'endroit *m* ◆ **the wrong side** *[of garment, cloth]* l'envers *m* ◆ **right/wrong side out** *[of cloth]* à l'endroit/l'envers ◆ **right/wrong side up** dans le bon/mauvais sens ◆ **"this side up"** *(on box etc)* « haut » ◆ **write on both sides of the paper** écrivez des deux côtés de la feuille, écrivez recto verso ◆ **I've written six sides** j'ai écrit six pages ◆ **the other side of the coin** *or* **picture** *(fig)* le revers de la médaille ◆ **they are two sides of the same coin** *(fig) [issues]* ce sont deux facettes d'un même problème ; *[people]* ils représentent deux facettes d'une même tendance ◆ **there are two sides to every quarrel** dans toute querelle il y a deux points de vue ◆ **look at it from his side (of it)** considère cela de son point de vue ◆ **now listen to my side of the story** maintenant écoute ma version des faits ◆ **he's got a nasty side * to him** *or* **to his nature** il a un côté méchant ; → **bright, flip, right**

5 *(= edge) [of road, lake, river]* bord *m* ; *[of wood, forest]* lisière *f* ; *[of field, estate]* bord *m*, côté *m* ◆ **by the side of the road/lake** *etc* au bord de la route/du lac *etc*

6 *(= part away from centre)* côté *m* ◆ **on the other side of the street/room** de l'autre côté de la rue/la pièce ◆ **he crossed to the other side of the room** il a traversé la pièce ◆ **he was on the wrong side of the road** il était du mauvais côté de la route ◆ **the east side of the town** la partie est *or* les quartiers est de la ville ◆ **he got out of the train on the wrong side** il est descendu du train à contre-voie ◆ **he is paralysed down one side of his face** il a un côté du visage paralysé ◆ **it's on this side of London** c'est dans cette partie de Londres ; *(between here and London)* c'est avant Londres, c'est entre ici et Londres ◆ **the science side of the college** la section sciences du collège ◆ **members on the other side of the House** *(Brit Parl) (= the government)* les députés *mpl* de la majorité ; *(= the opposition)* les députés *mpl* de l'opposition ◆ **he got out of bed on the wrong side, he got out of the wrong side of the bed** il s'est levé du pied gauche ◆ **he's on the wrong side of 50** il a passé la cinquantaine ◆ **he's on the right side of 50** il n'a pas encore 50 ans ◆ **this side of Christmas** avant Noël ◆ **he makes a bit (of money) on the side by doing...** * il se fait un peu d'argent en plus *or* il arrondit ses fins de mois en faisant... ◆ **a cousin on his mother's side** un cousin du côté de sa mère ◆ **my grandfather on my mother's side** mon grand-père maternel ◆ **on the other side** *(TV)* sur l'autre chaîne ◆ **it's on the heavy/big side** c'est plutôt lourd/grand ◆ **it's on the hot/chilly side** *[weather]* il fait plutôt chaud/froid ; → **safe, sunny** ◆ **from all sides, from every side** de tous côtés, de toutes parts

◆ **from side to side** ◆ **the boat rocked from side to side** le bateau se balançait ◆ **to sway** *or* **swing from side to side** balancer ◆ **he moved his jaw from side to side** il bougeait sa mâchoire d'un côté et de l'autre

◆ **on/to one side** ◆ **he moved to one side** il s'est écarté ◆ **to take sb on** *or* **to one side** prendre qn à part ◆ **to put sth to** *or* **on one side** mettre qch de côté ◆ **leaving that question to one side for the moment...** laissant la question de côté pour le moment...

7 *(= group, team, party) (gen)* camp *m* ; *(Sport)* équipe *f* ; *(Pol etc)* parti *m* ◆ **he's on our side** il est dans notre camp *or* avec nous ◆ **God was on their side** Dieu était avec eux ◆ **to be on the side of the angels** avoir raison d'un point de vue moral ◆ **we have time on our side** nous avons le temps pour nous, le temps joue en notre faveur ◆ **whose side are you on?** dans quel camp êtes-vous ?, qui soutenez-vous ? ◆ **to get on the wrong side of sb** se faire mal voir de qn ◆ **there are faults on both sides** les deux camps ont des torts *or* sont fautifs ◆ **with a few concessions on the government side** avec quelques concessions de la part du gouvernement ◆ **to take sides (with sb)** prendre parti (pour qn) ◆ **to pick** *or* **choose sides** *(= decide one's viewpoint)* choisir son camp ; *(for game etc)* faire *or* tirer les équipes ◆ **they've picked** *or* **chosen the England side** *(Sport)* on a sélectionné l'équipe d'Angleterre ; → **change**

8 *(Brit * = conceit)* ◆ **he's got no side, there's no side to him** c'est un homme très simple, ce n'est pas un crâneur * ◆ **to put on side** prendre des airs supérieurs, crâner *

COMP *[chapel, panel, elevation, seat]* latéral
**side arms** NPL armes *fpl* de poing
**side deal** N ◆ **to do a side deal with sb** conclure une autre affaire avec qn *(en marge d'une première affaire)*
**side dish** N plat *m* d'accompagnement
**side door** N entrée *f* latérale, petite porte *f*
**side drum** N tambour *m* plat, caisse *f* claire
**side effect** N effet *m* secondaire
**side entrance** N entrée *f* latérale
**side face** ADJ, ADV *(Phot)* de profil
**side-foot** VT *[ball]* frapper de l'extérieur du pied
**side glance** N regard *m* oblique *or* de côté
**side-impact bars** NPL ⇒ **side-impact protection**
**side-impact protection** N *(NonC: on car)* protections *fpl* latérales, renforts *mpl* latéraux
**side issue** N question *f* secondaire, à-côté *m*
**side judge** N *(US Jur)* juge *m* adjoint
**side-on** ADJ *[collision, crash]* latéral ; *[view]* latéral, de côté
**side order** N *(Culin)* garniture *f*
**side plate** N petite assiette *f (que l'on place à la gauche de chaque convive)*
**side road** N *(Brit)* petite route *f*, route *f* transversale ; *(in town)* petite rue *f*, rue *f* transversale
**side salad** N salade *f (pour accompagner un plat)*
**side show** N *(at fair)* attraction *f* ; *(fig = minor point)* détail *m*
**side-slipping** N *(Ski)* dérapage *m*
**side-splitting** * ADJ tordant *, gondolant *
**side street** N petite rue *f*, rue *f* transversale
**side stroke** N *(Swimming)* nage *f* indienne
**side trim** N *(on car)* moulure *f* latérale
**side-valve engine** N *(Tech)* moteur *m* à soupape verticale
**side view** N vue *f* latérale
**side-wheeler** N *(US)* bateau *m* à aubes
**side whiskers** NPL favoris *mpl*

▸ **side against** VT FUS ◆ **to side against sb** prendre parti contre qn

▸ **side with** VT FUS ◆ **to side with sb** se ranger du côté de qn, prendre parti pour qn

**sideband** /ˈsaɪdbænd/ N *(Rad)* bande *f* latérale ◆ **upper/lower sideband** bande *f* latérale inférieure/supérieure

**sidebar** /ˈsaɪdbɑːʳ/ N 1 *(Press)* encadré *m*

2 *(US Jur)* entretien *m* en aparté

3 *(fig = sidelight)* aspect *m*

4 *(at festival etc)* événement *m* annexe

**sideboard** /ˈsaɪdbɔːd/ N buffet *m*

**sideboards** *(Brit)* /ˈsaɪdbɔːdz/, **sideburns** /ˈsaɪdbɜːnz/ NPL pattes *fpl*, favoris *mpl*

**sidecar** /ˈsaɪdkɑːʳ/ N side-car *m*

**-sided** /ˈsaɪdɪd/ ADJ *(in compounds)* ◆ **three-sided** à trois côtés, trilatéral ◆ **many-sided** multilatéral ; → **one**

**sidekick** * /ˈsaɪdkɪk/ N *(= assistant)* acolyte *m* ; *(= friend)* copain * *m*, copine * *f*

**sidelight** /ˈsaɪdlaɪt/ N *(Brit : on car)* feu *m* de position, veilleuse *f* ◆ **it gives us a sidelight on...** cela projette un éclairage particulier sur..., cela révèle un côté *or* aspect inattendu de...

**sideline** /ˈsaɪdlaɪn/
N 1 *(Sport)* (ligne *f* de) touche *f* ◆ **on the sidelines** *(Sport)* sur la touche ; *(fig)* dans les coulisses ◆ **he stayed** *or* **stood on the sidelines** *(fig)* il n'a pas pris position, il n'est pas intervenu ◆ **to be relegated to the sidelines** être mis sur la touche
2 activité *f* (*or* travail *m etc*) secondaire ◆ **he sells wood as a sideline** il a aussi un petit commerce de bois ◆ **it's just a sideline** *(Comm)* ce n'est pas notre spécialité
VT *(Sport, fig)* mettre sur la touche

**sidelong** /ˈsaɪdlɒŋ/ SYN
ADJ oblique, de côté
ADV de côté, en oblique

**sidereal** /saɪˈdɪərɪəl/ ADJ sidéral

**siderite** /ˈsaɪdəraɪt/ N *(Miner)* sidérose *f*, sidérite *f* ; *(Astron)* sidérite *f*

**siderolite** /ˈsaɪdərəlaɪt/ N sidérolit(h)e *f*

**siderophilin** /ˌsɪdəˈrɒfəlɪn/ N transferrine *f*

**siderosis** /ˌsaɪdəˈrəʊsɪs/ N sidérose *f*

**siderostat** /ˈsaɪdərəʊstæt/ N sidérostat *m*

**sidesaddle** /ˈsaɪdsædl/ ADV ◆ **to ride sidesaddle** monter en amazone

**sideslip** /ˈsaɪdslɪp/ *(Flying)*
N glissade *f or* glissement *m* sur l'aile
VI glisser sur l'aile

**sidesman** /ˈsaɪdzmæn/ N (pl **-men**) *(Brit Rel)* ≈ bedeau *m*

**sidestep** /ˈsaɪdstep/ SYN
VT *[+ blow]* éviter, esquiver ; *[+ question]* éluder ; *[+ rules etc]* ne pas tenir compte de
VI *(lit)* faire un pas de côté ; *(Ski)* monter en escalier ; *(fig)* rester évasif ; *(Boxing)* esquiver

**sidestepping** /ˈsaɪdstepɪŋ/ N *(Ski)* montée *f* en escalier ; *(Boxing)* esquives *fpl*

**sideswipe** /ˈsaɪdswaɪp/ N *(= blow)* coup *m* oblique ; *(fig)* allusion *f* désobligeante

**sidetable** /ˈsaɪdteɪbl/ N desserte *f*

**sidetrack** /ˈsaɪdtræk/ SYN VT *[+ train]* dériver, dérouter ; *(fig) [+ person]* faire s'écarter de son sujet ◆ **to get sidetracked** *(fig)* s'écarter de son sujet

**sidewalk** /ˈsaɪdwɔːk/
N *(US)* trottoir *m*
COMP **sidewalk artist** N *(US)* artiste *mf* de rue
**sidewalk café** N *(US)* café *m* avec terrasse *(sur le trottoir)*

**sideways** /ˈsaɪdweɪz/ SYN
ADV 1 *(= to one side, side-on) [glance, look]* de biais, de côté ; *[move]* latéralement ; *[walk]* en crabe ; *[stand]* de profil ; *[sit]* de côté ; *[fall]* sur le côté ◆ **to slide sideways** déraper ◆ **to turn sideways** se tourner ◆ **it goes in sideways** ça rentre de côté ◆ **sideways on** de côté ◆ **a car parked sideways on to the kerb** une voiture garée le long du trottoir ; see also **knock**
2 *(in career)* ◆ **to move sideways** changer de poste au même niveau hiérarchique
ADJ 1 *(= to one side) [glance, look, movement]* de biais, de côté
2 *(in career)* ◆ **sideways move** *or* **step** changement *m* de poste au même niveau hiérarchique ◆ **the Justice Minister's recent sideways move to Defence** la récente mutation du ministre de la Justice au ministère de la Défense

**sidewinder** /ˈsaɪdˌwaɪndəʳ/ N *(= snake)* crotale *m*, serpent *m* à sonnette

**siding** /ˈsaɪdɪŋ/ N 1 *(for train)* voie *f* de garage *or* d'évitement ; → **goods**
2 *(US = wall covering)* revêtement *m* extérieur

**sidle** /ˈsaɪdl/ VI ◆ **to sidle along** marcher de côté, avancer de biais ◆ **to sidle in/out** *etc* entrer/sortir *etc* furtivement ◆ **he sidled into the room** il s'est faufilé dans la pièce ◆ **he sidled up to me** il s'est glissé jusqu'à moi

**Sidon** /ˈsaɪdən/ N Sidon

**SIDS** /ˌesaɪdiːˈes/ N *(Med)* (abbrev of **sudden infant death syndrome**) MSN *f*

**siege** /siːdʒ/
N *(Mil, fig)* siège *m* ◆ **in a state of siege** en état de siège ◆ **to lay siege to a town** assiéger une ville ◆ **to be under siege** *[town]* être assiégé ; *(fig : by questioning etc)* être sur la sellette, être en butte à de nombreuses critiques ◆ **to raise** *or* **lift the siege** lever le siège *(lit)*
COMP **siege economy** N économie *f* de siège
**siege mentality** N ◆ **to have a siege mentality** être toujours sur la défensive
**siege warfare** N guerre *f* de siège

**siemens** /ˈsiːmənz/ N *(Phys)* siemens *m*

**Siena, Sienna** /sɪˈenə/ N Sienne

**Sienese** /sɪəˈniːz/ ADJ siennois

**sienna** /sɪˈenə/ N *(= earth)* terre *f* de Sienne *or* d'ombre ; *(= colour)* ocre *m* brun ; → **burnt**

**sierra** /sɪˈerə/ N sierra *f*

**Sierra Leone** /sɪˈerəlɪˈəʊn/ N Sierra Leone *f*

**Sierra Leonean** /sɪˈerəlɪˈəʊnɪən/
ADJ sierra-léonais
N Sierra-Léonais(e) *m(f)*

**siesta** /sɪˈestə/ SYN N sieste *f* ◆ **to have** *or* **take a siesta** faire une *or* la sieste

**sieve** /sɪv/ SYN
N *(for coal, stones)* crible *m* ; *(for sugar, flour, sand, soil)* tamis *m* ; *(for wheat)* van *m* ; *(for liquids)* passoire *f* ◆ **to rub** *or* **put through a sieve** *(Culin)* passer au tamis ◆ **he's got a head** *or* **memory** *or* **brain like a sieve** * il a la tête comme une passoire *
VT *[+ fruit, vegetables]* passer ; *[+ sugar, flour, sand, soil]* tamiser ; *[+ coal, stones]* passer au crible, cribler

**sievert** /ˈsiːvət/ N sievert *m*

**sift** /sɪft/ SYN
VT 1 *[+ flour, sugar, sand]* tamiser, passer au tamis ; *[+ coal, stones]* cribler, passer au crible ; *[+ wheat]* vanner ; *(fig) [+ evidence]* passer au crible ◆ **to sift flour on to sth** saupoudrer qch de farine (au moyen d'un tamis)
2 (also **sift out**) *(lit)* séparer (à l'aide d'un crible) ; *(fig) [+ facts, truth]* dégager *(from* de)
VI *(fig)* ◆ **to sift through sth** passer qch en revue, examiner qch

**sifter** /ˈsɪftəʳ/ N *(for flour, sugar, sand)* tamis *m* ; *(for soil)* cribleuse *f*, crible *m*

**sigh** /saɪ/ SYN
N soupir *m* ◆ **to heave** *or* **give a sigh** soupirer, pousser un soupir
VT ◆ **"if only he had come" she sighed** « si seulement il était venu » dit-elle dans un soupir *or* soupira-t-elle
VI soupirer, pousser un soupir ; *[wind]* gémir ◆ **he sighed with relief** il a poussé un soupir de soulagement ◆ **to sigh for sth** soupirer après *or* pour qch ; *(for sth lost)* regretter qch ◆ **to sigh over sth** se lamenter sur qch, regretter qch

**sighing** /ˈsaɪɪŋ/ N *[of person]* soupirs *mpl* ; *[of wind]* gémissements *mpl*

**sight** /saɪt/ SYN
N 1 *(= faculty, range of vision)* vue *f* ◆ **to have good/poor sight** avoir une bonne/mauvaise vue ◆ **to lose one's sight** perdre la vue ◆ **to get back** *or* **regain one's sight** recouvrer la vue ◆ **to catch sight of sb/sth** apercevoir qn/qch ◆ **to lose sight of sb/sth** perdre qn/qch de vue ◆ **to keep sight of sth** surveiller qch
♦ *preposition + sight* ◆ **to shoot on** *or* **at sight** tirer à vue ◆ **he translated it at sight** il l'a traduit à livre ouvert ◆ **he played the music at sight** il a déchiffré le morceau de musique ◆ **at the sight of...** à la vue de..., au spectacle de... ◆ **to know sb by sight** connaître qn de vue ◆ **the train was still in sight** on voyait encore le train, le train était encore visible ◆ **the end is (with)in sight** la fin est en vue, on entrevoit la fin ◆ **we are within sight of a solution** nous entrevoyons une solution ◆ **we live within sight of the sea** de chez nous on voit *or* aperçoit la mer ◆ **to come into sight** apparaître ◆ **keep the luggage in sight** surveillez les bagages
2 *(= glimpse, act of seeing)* ◆ **it was my first sight of Paris** c'était la première fois que je voyais Paris ◆ **I got my first sight of that document yesterday** j'ai vu ce document hier pour la première fois ◆ **their first sight of land came after 30 days at sea** la terre leur est apparue pour la première fois au bout de 30 jours en mer ◆ **the sight of the cathedral** la vue de la cathédrale ◆ **I can't bear** *or* **stand the sight of blood** je ne peux pas supporter la vue du sang ◆ **I can't bear** *or* **stand the sight of him, I hate the sight of him** je ne peux pas le voir (en peinture *) *or* le sentir * ◆ **to buy/accept sth sight unseen** *(Comm)* acheter/accepter qch sans l'avoir examiné ◆ **to find favour in sb's sight** *(liter)* trouver grâce aux yeux de qn ◆ **all men are equal in the sight of God** tous les hommes sont égaux devant Dieu ◆ **in the sight of the law** aux yeux de la loi, devant la loi ; → **heave, second**[1], **short**
♦ **at first sight** à première vue, au premier abord ◆ **love at first sight** le coup de foudre
♦ **out of + sight** ◆ **out of sight** hors de vue ◆ **don't let the luggage out of your sight** ne perdez pas les bagages de vue ◆ **to keep out of sight** vi se cacher, ne pas se montrer vt cacher, ne pas montrer ◆ **it is out of sight** on ne le voit pas, ce n'est pas visible ◆ **he never lets it out of his sight** il le garde toujours sous les yeux *(liter)* ◆ **out of my sight!** hors de ma vue ! ◆ **keep out of his sight!** qu'il ne te voie pas ! ◆ **out of sight out of mind** *(Prov)* loin des yeux loin du cœur *(Prov)*
3 *(= spectacle)* spectacle *m (also pej)* ◆ **the tulips are a wonderful sight** les tulipes sont magnifiques ◆ **it is a sight to see** *or* **a sight to be seen** cela vaut la peine d'être vu, il faut le voir ◆ **the Grand Canyon is one of the sights of the world** le Grand Canyon est l'un des plus beaux paysages *or* offre l'un des plus beaux spectacles au monde ◆ **it's one of the sights of Paris** c'est l'une des attractions touristiques de Paris, c'est l'une des choses à voir à Paris ◆ **it's a sad sight** c'est triste (à voir), ça fait pitié ◆ **it's not a pretty sight** ça n'est pas beau à voir ◆ **it was a sight for sore eyes** *(welcome)* cela réchauffait le cœur ; (* *pej*) c'était à pleurer ◆ **his face was a sight!** *(amazed etc)* il faisait une de ces têtes ! * ; *(after injury etc)* il avait une tête à faire peur ! * ◆ **I must look a sight!** je dois avoir une de ces allures ! * ◆ **doesn't she look a sight in that hat!** elle a l'air d'un épouvantail avec ce chapeau ! ; → **see**[1]
4 *(on gun)* mire *f* ◆ **to take sight** viser ◆ **to have sth in one's sights** avoir qch dans sa ligne de mire ◆ **to have sb in one's sights** *(fig)* avoir qn dans le collimateur *or* dans sa ligne de mire ◆ **to set one's sights too high** *(fig)* viser trop haut *(fig)* ◆ **to set one's sights on sth** avoir des vues sur qch
5 *(phrases)* ◆ **not by a long sight** loin de là, loin s'en faut ◆ **it's a (far** *or* **long) sight better than the other** * c'est infiniment mieux que l'autre ◆ **he's a sight too clever** * il est par *or* bien trop malin
VT 1 *(= see) [+ land, person]* apercevoir
2 ◆ **to sight a gun** *(= aim)* prendre sa mire, viser ; *(= adjust)* régler le viseur d'un canon
COMP **sight draft** N *(Comm, Fin)* effet *m* à vue
**sight gag** N gag *m* visuel
**sight-read** VT *(Mus)* déchiffrer
**sight-reader** N *(Mus)* déchiffreur *m*, -euse *f*
**sight-reading** N déchiffrage *m*

**sighted** /ˈsaɪtɪd/
ADJ qui voit ◆ **partially sighted** malvoyant
NPL **the sighted** les voyants *mpl (lit)*, ceux *mpl* qui voient

**-sighted** /ˈsaɪtɪd/ ADJ *(in compounds)* ◆ **weak-sighted** à la vue faible ; → **clear, short**

**sighting** /ˈsaɪtɪŋ/ N ◆ **numerous sightings of the monster have been reported** le monstre aurait été aperçu à plusieurs reprises ◆ **there have been a number of shark sightings at Blackpool** plusieurs personnes ont vu des requins au large de Blackpool

**sightless** /ˈsaɪtlɪs/ ADJ *[person, eyes]* aveugle

**sightline** /ˈsaɪtlaɪn/ N champ *m* de vision

**sightly** /ˈsaɪtlɪ/ ADJ ◆ **it's not very sightly** ce n'est pas beau à voir

**sightseeing** /ˈsaɪtsiːɪŋ/ N tourisme *m* ◆ **to go sightseeing, to do some sightseeing** *(gen)* faire du tourisme ; *(in town)* visiter la ville

**sightseer** /ˈsaɪtsiːəʳ/ N touriste *mf*

**sigmoid** /ˈsɪgmɔɪd/
ADJ sigmoïde
COMP **sigmoid flexure** N (côlon *m*) sigmoïde *m*

**sign** /saɪn/ SYN
N 1 *(with hand etc)* signe *m*, geste *m* ◆ **he made a sign of recognition** il m'a (*or* lui a *etc*) fait signe qu'il me (*or* le *etc*) reconnaissait ◆ **they communicated by signs** ils communiquaient par signes ◆ **to make a sign to sb** faire signe à qn *(to do sth* de faire qch) ◆ **to make the sign of the Cross** faire le signe de la croix *(over sb/sth* sur qn/qch ) *(= cross o.s.)* se signer ◆ **he made a rude sign** il a fait un geste grossier
2 *(= symbol)* signe *m* ◆ **the signs of the zodiac** les signes *mpl* du zodiaque ◆ **born under the sign of Leo** né sous le signe du Lion ◆ **air/earth/fire/water sign** signe *m* d'air/de terre/de feu/d'eau ; → **minus**
3 *(= indication)* signe *m*, indication *f* ; *(Med)* signe *m* ; *(= trace)* signe *m*, trace *f* ◆ **as a sign of...** en signe de... ◆ **it's a good/bad sign** c'est bon/mauvais signe ◆ **all the signs are that...** tout laisse à penser *or* indique que... ◆ **those clouds are a sign of rain** ces nuages annoncent la pluie *or* sont signe de pluie ◆ **violence is a sign**

**of fear** la violence est signe de peur ◆ **it's a sign of the times** c'est un signe des temps ◆ **it's a sure sign** c'est un signe infaillible ◆ **at the slightest sign of disagreement** au moindre signe de désaccord

◆ **any/no sign of** ◆ **has there been any sign of him?** est-ce que quelqu'un l'a vu ? ◆ **any sign of the dog?** on a retrouvé le chien ? ◆ **there's no sign of him anywhere** on ne le trouve nulle part, il n'y a aucune trace de lui ◆ **there's no sign of it anywhere** c'est introuvable, je (or il etc) n'arrive pas à le (re)trouver ◆ **there is no sign of his agreeing** rien ne laisse à penser or rien n'indique qu'il va accepter ◆ **he gave no sign of wishing to come with us** il ne donnait aucun signe de or il n'avait pas du tout l'air de vouloir venir avec nous ◆ **he gave no sign of having heard us** rien n'indiquait qu'il nous avait entendus ◆ **there was no sign of life** il n'y avait aucun signe de vie ◆ **he gave no sign of life** (lit, fig) il n'a pas donné signe de vie ; → **show**

④ (= notice) panneau m ; (on inn, shop) enseigne f ; (= traffic warnings etc) panneau m (de signalisation) ; (= directions on motorways etc) panneau m (indicateur) ; (= writing on signpost) direction f, indication f ◆ **I can't read the sign** (on road) je n'arrive pas à lire le panneau

**VT** ① [+ letter, document, register, visitors' book] signer ◆ **to sign one's name** signer (son nom) ◆ **he signs himself John Smith** il signe « John Smith » ◆ **signed John Smith** (in letters) signé John Smith ◆ **signed and sealed** [agreement] conclu en bonne et due forme ; [new law] voté en bonne et due forme ◆ **it was signed, sealed and delivered by twelve noon** (fig) à midi, l'affaire était parfaitement réglée ; → **pledge**

② (Sport) [+ player] engager

③ [+ spoken language] traduire en langue des signes

**VI** ① signer ◆ **you have to sign for the key** vous devez signer pour obtenir la clé ◆ **he signed for the parcel** il a signé le reçu pour le colis ◆ **Smith has signed for Celtic** (Football) Smith a signé (un contrat) avec le Celtic ; → **dotted**

② ◆ **to sign to sb to do sth** faire signe à qn de faire qch

③ (= use sign language) s'exprimer dans le langage des signes, signer

**COMP signed minor** N cofacteur m
**sign language** N langage m des signes ◆ **to talk in sign language** parler or communiquer par signes
**sign writer** N peintre mf d'enseignes

▶ **sign away** VT SEP ◆ **to sign sth away** signer sa renonciation à qch, signer l'abandon de son droit sur qch ◆ **to sign one's life away** (fig) hypothéquer son avenir

▶ **sign in**

**VI** (in factory) pointer (en arrivant) ; (in hotel, club etc) signer le registre (en arrivant)

**VT SEP** (at club) ◆ **to sign sb in** faire entrer qn en tant qu'invité (en signant le registre)

▶ **sign off**

**VI** ① (Rad, TV) terminer l'émission ◆ **this is Jacques Dupont signing off** ici Jacques Dupont qui vous dit au revoir

② (on leaving work) pointer en partant ; (Brit : DSS) informer la sécurité sociale que l'on a retrouvé du travail

③ (at end of letter) terminer sa lettre

**VT FUS** (fig) (= conclude) [+ deal, career etc] conclure

▶ **sign on**

**VI** ① (= enrol) (for course etc) s'inscrire ; (for job) se faire embaucher (as comme, en tant que) ; (Mil) s'engager (as comme, en tant que) ; (Brit : at employment office) pointer au chômage, pointer à la sécurité sociale ◆ **I've signed on for German conversation** je me suis inscrit au cours de conversation allemande

② (on arrival at work) pointer en arrivant

**VT SEP** [+ employee] embaucher ; (Mil) engager

▶ **sign out**

**VT SEP** [+ library book, sports equipment etc] signer pour emprunter

**VI** (in hotel, club etc) signer le registre (en partant) ; (in office) pointer (en partant)

▶ **sign over** VT SEP céder par écrit (to à)

▶ **sign up**

**VI** ⇒ **sign on** vi 1

**VT SEP** ⇒ **sign on** vt sep

**signage** /ˈsaɪnɪdʒ/ N signalisation f

**signal** /ˈsɪɡnl/ SYN

**N** ① (gen, Ling, Naut, Psych, Rail) signal m ◆ **at a prearranged signal** à un signal convenu ◆ **the signal for departure** le signal du départ ◆ **flag signals** (on ship) signaux mpl par pavillons ◆ **(traffic) signals** feux mpl de circulation ◆ **the signal is at red** (for train) le signal est au rouge ◆ **I didn't see his signal** (driver) je n'ai pas vu son clignotant ; → **distress, hand**

② (= electronic impulse, message : Rad, Telec, TV) signal m ◆ **I'm getting the engaged signal** ça sonne occupé or pas libre ◆ **send a signal to HQ to the effect that...** envoyez un signal or message au QG pour dire que... ◆ **the signal is very weak** (Rad, Telec, TV) le signal est très faible ◆ **station signal** (Rad, TV) indicatif m de l'émetteur ◆ **the Signals** (Mil) les Transmissions fpl

**ADJ** [success, triumph] éclatant, insigne (liter) ; [failure] notoire, insigne (liter) ; [contribution] remarquable, insigne (liter) ; [importance] capital

**VT** [+ message] communiquer par signaux ◆ **to signal sb on/through** etc faire signe à qn d'avancer/de passer etc ◆ **to signal a turn** (while driving) indiquer or signaler un changement de direction ◆ **to signal that...** signaler que...

**VI** (gen) faire des signaux ; (while driving) mettre son clignotant ◆ **to signal to sb** faire signe à qn (to do sth de faire qch)

**COMP signal book** N (for ships) code m international de signaux, livre m des signaux
**signal box** N (on railway) cabine f d'aiguillage, poste m d'aiguillage or de signalisation
**signal flag** N [of ship] pavillon m de signalisation
**signal-to-noise ratio** N (Elec) rapport m signal/bruit, marge f de protection
**signal tower** N (US) poste m d'aiguillage

**signalize** /ˈsɪɡnəlaɪz/ VT (= mark, make notable) marquer ; (= point out) distinguer, signaler

**signally** /ˈsɪɡnəlɪ/ ADV manifestement ◆ **a task they have signally failed to accomplish** une tâche qu'ils n'ont manifestement pas su accomplir ◆ **the present law has signally failed** la loi actuelle a manifestement échoué

**signalman** /ˈsɪɡnəlmæn/ N (pl -men) (for trains) aiguilleur m ; (for ships) signaleur m, sémaphoriste m

**signatory** /ˈsɪɡnətərɪ/
**ADJ** signataire
**N** signataire mf (to de)

**signature** /ˈsɪɡnətʃər/
**N** ① signature f ◆ **to set** or **put one's signature to sth** apposer sa signature à qch
② (Mus = key signature) armature f
**COMP signature tune** N (esp Brit) indicatif m (musical)

**signboard** /ˈsaɪnbɔːd/ N (for advertisements) panneau m publicitaire

**signer** /ˈsaɪnər/ N signataire mf

**signet** /ˈsɪɡnɪt/
**N** sceau m, cachet m
**COMP signet ring** N chevalière f ; → **writer**

**significance** /sɪɡˈnɪfɪkəns/ SYN N (= meaning) signification f ; (= importance) [of event, speech] importance f, portée f ◆ **a look of deep significance** un regard lourd de sens ◆ **what he thinks is of no significance** peu importe ce qu'il pense ◆ **it was of great significance** c'était très significatif ◆ **this is of particular significance** ceci est particulièrement important or significatif

**significant** /sɪɡˈnɪfɪkənt/ LANGUAGE IN USE 26.1 SYN
**ADJ** ① (= appreciable) [number, amount, difference, factor, role, implications] significatif ; [event] significatif, d'une grande portée ◆ **a significant number of people** un nombre significatif de personnes, un grand nombre de gens
② (= meaningful : gen) significatif ; [look, sigh, tone] lourd de sens ◆ **it is significant that...** il est significatif que... ◆ + subj ◆ **statistically/politically/historically significant** statistiquement/politiquement/historiquement significatif
**COMP significant figure** N (Math) chiffre m significatif
**significant other** N partenaire mf

**significantly** /sɪɡˈnɪfɪkəntlɪ/ ADV ① (= appreciably) [higher, lower, different, better, reduced] considérablement ; [contribute] fortement ◆ **to change/improve/increase significantly** changer/s'améliorer/augmenter considérablement
② (= notably) ◆ **he was significantly absent** son absence a été remarquée ◆ **significantly, most applicants are men** il est significatif que la plupart des candidats soient des hommes ◆ **significantly, he refused** il est significatif qu'il ait refusé
③ (= meaningfully) ◆ **to look at sb significantly** jeter à qn un regard lourd de sens ◆ **to smile significantly** avoir un sourire lourd de sens

**signification** /ˌsɪɡnɪfɪˈkeɪʃən/ N signification f, sens m

**signified** /ˈsɪɡnɪfaɪd/ N (Ling) signifié m

**signifier** /ˈsɪɡnɪfaɪər/ N (Ling) signifiant m

**signify** /ˈsɪɡnɪfaɪ/ SYN
**VT** ① (= mean) signifier, vouloir dire (that que) ; (= indicate) indiquer, dénoter ◆ **it signifies intelligence** cela indique or dénote de l'intelligence
② (= make known) signifier, indiquer (that que) ; [+ one's approval] signifier ; [+ one's opinion] faire connaître
**VI** avoir de l'importance ◆ **it does not signify** cela n'a aucune importance, cela importe peu

**signing** /ˈsaɪnɪŋ/ N ① [of letter, contract, treaty etc] signature f
② (Sport) ◆ **Clarke, their recent signing from Liverpool** Clarke, leur récent transfert de Liverpool
③ (= sign language) langage m des signes

**signpost** /ˈsaɪnpəʊst/
**N** poteau m indicateur
**VT** [+ direction, place] indiquer ◆ **Lewes is signposted at the crossroads** Lewes est indiqué au carrefour ◆ **the road is badly signposted** (= not indicated) la route est mal indiquée ; (= no signposts on it) la route est mal signalisée

**signposting** /ˈsaɪnpəʊstɪŋ/ N signalisation f (verticale)

**sika** /ˈsiːkə/ N (= animal) sika m

**Sikh** /siːk/
**N** Sikh mf
**ADJ** sikh

**Sikhism** /ˈsiːkɪzəm/ N sikhisme m

**silage** /ˈsaɪlɪdʒ/ N (= fodder) fourrage m ensilé or vert ; (= method) ensilage m

**sild** /sɪld/ N (Culin) jeune hareng norvégien

**silence** /ˈsaɪləns/ SYN
**N** silence m ◆ **he called for silence** il a demandé or réclamé le silence ◆ **when he finished speaking, there was silence** quand il a eu fini de parler, le silence s'est installé ◆ **the silence was broken by a cry** un cri a rompu or déchiré le silence ◆ **they listened in silence** ils ont écouté en silence ◆ **a two minutes' silence** deux minutes de silence ◆ **the right to silence** (Jur) le droit au silence ◆ **your silence on this matter...** le mutisme dont vous faites preuve à ce sujet... ◆ **there is silence in official circles** dans les milieux autorisés on garde le silence ◆ **to pass sth over in silence** passer qch sous silence ◆ **silence gives** or **means consent** (Prov) qui ne dit mot consent (Prov) ◆ **silence is golden** (Prov) le silence est d'or (Prov) ; → **dead, radio, reduce**
**VT** ① [+ person, critic, guns] (gen) faire taire ; (by force etc) réduire au silence ; [+ball noise] étouffer ; [+ conscience] faire taire ◆ **to silence criticism** faire taire les critiques ◆ **to silence the opposition** faire taire l'opposition, réduire l'opposition au silence
② (= kill) ◆ **to silence sb** faire taire qn définitivement

**silencer** /ˈsaɪlənsər/ N (on gun, Brit : on car) silencieux m

**silent** /ˈsaɪlənt/ SYN
**ADJ** ① (= making no noise) [person, machine, place, prayer, demonstration, tribute] silencieux ◆ **to be** or **keep silent** garder le silence, rester silencieux ◆ **to fall** or **become silent** se taire ◆ **be silent!** taisez-vous !, silence ! ◆ **silent tears rolled down his cheeks** des larmes coulaient en silence sur ses joues ◆ **to look at sb in silent contempt** dévisager qn en silence et avec mépris ◆ **she looked at me in silent admiration** elle me regarda, muette d'admiration ◆ **to watch in silent despair** observer avec un désespoir muet ◆ **to sit in silent contemplation of sth** rester assis à contempler qch en silence ◆ **his mouth was open in a silent scream** il avait la bouche ouverte pour crier mais aucun son n'en sortait ◆ **to make a silent protest** protester en silence ◆ **it was (as) silent as the grave** or **the tomb** il régnait un silence de mort ; see also adj 2

2 (= saying nothing) ◆ **to be silent (on** *or* **about sth)** *[person, organization]* garder le silence (sur qch), rester muet (sur qch) ◆ **the law is silent on this point** la loi ne dit rien à ce sujet ◆ **to keep** *or* **remain** *or* **stay silent (on** *or* **about sth)** garder le silence (sur qch) ◆ **he was (as) silent as the grave** *or* **tomb** il était muet comme une tombe ; see also adj 1 ◆ **you have the right to remain silent** *(Police)* vous avez le droit de garder le silence ◆ **to give sb the silent treatment** ne plus parler à qn

3 (= taciturn) *[person]* taciturne ◆ **he's the strong, silent type** il est du genre géant taciturne

4 *(Cine)* *[film, movie]* muet ◆ **the silent era** l'époque *f* du (cinéma) muet

5 *(Ling = not pronounced)* *[letter]* muet ◆ **silent "h"** « h » muet

N *(Cine)* ◆ **the silents** *(gen pl)* les films *mpl* muets, le (cinéma) muet

COMP **silent killer** N *maladie mortelle aux symptômes indécelables*
**the silent majority** N la majorité silencieuse
**silent partner** N *(US Comm)* (associé *m*) commanditaire *m*
**silent revolution** N révolution *f* silencieuse
**the silent screen** *(Cine)* N le (cinéma) muet
**silent witness** N témoin *m* muet

**silently** /ˈsaɪləntlɪ/ SYN ADV (= without speaking) en silence ; (= without making any noise) silencieusement

**Silesia** /saɪˈliːʃɪə/ N Silésie *f*

**Silesian** /saɪˈliːʃɪən/
ADJ silésien
N Silésien(ne) *m(f)*

**silex** /ˈsaɪleks/ N silex *m*

**silhouette** /ˌsɪluːˈet/ SYN
N *(gen, Art)* silhouette *f* ◆ **to see sth in silhouette** voir la silhouette de qch, voir qch en silhouette
VT ◆ **to be silhouetted against** se découper contre, se profiler sur ◆ **silhouetted against** se découpant contre, se profilant sur

**silica** /ˈsɪlɪkə/
N silice *f*
COMP **silica gel** N gel *m* de silice

**silicate** /ˈsɪlɪkɪt/ N silicate *m*

**siliceous** /sɪˈlɪʃəs/ ADJ siliceux

**silicic acid** /sɪˈlɪsɪk/ N acide *m* silicique

**silicide** /ˈsɪlɪˌsaɪd/ N siliciure *m*

**silicon** /ˈsɪlɪkən/
N silicium *m*
COMP **Silicon Alley** N Silicon Alley *f* *(quartier contenant de nombreuses entreprises d'informatique)*
**silicon carbide** N carbure *m* de silicium
**silicon chip** N puce *f* électronique
**silicon-controlled rectifier** N redresseur *m* au silicium commandé, thyristor *m* (au silicium)
**silicon dioxide** N dioxyde *m* de silicium, silice *f*
**Silicon Valley** N Silicon Valley *f*

**silicone** /ˈsɪlɪkəʊn/ N silicone *f*

**silicosis** /ˌsɪlɪˈkəʊsɪs/ N silicose *f*

**siliqua** /sɪˈliːkwə/, **silique** /sɪˈliːk/ N (pl **siliquae** /sɪˈliːkwiː/ or **siliques**) silique *f*

**silk** /sɪlk/
N 1 (= material) soie *f* ; (= thread) (fil *m* de) soie *f* ◆ **they were all in their silks and satins** elles étaient toutes en grande toilette ◆ **the shelves were full of silks and satins** les rayonnages regorgeaient de soieries et de satins ; → **artificial, raw, sewing**
2 *(Brit Jur = barrister)* avocat *m* de la couronne ◆ **to take silk** être nommé avocat de la couronne
ADJ de *or* en soie ◆ **you can't make a silk purse out of a sow's ear** *(Prov)* on ne peut pas arriver à un excellent résultat sans de bonnes bases
COMP **silk factory** N fabrique *f* de soie
**silk finish** N ◆ **with a silk finish** *[cloth, paintwork]* satiné
**silk hat** N (= top hat) haut-de-forme *m*
**silk industry** N soierie *f*
**silk manufacturer** N fabricant *m* en soierie ; *(in Lyons)* soyeux *m*
**silk-screen printing** N *(NonC)* sérigraphie *f*
**silk stocking** N bas *m* de soie
**silk thread** N fil *m* de soie

**silken** /ˈsɪlkən/
ADJ 1 (= made of silk) *[ribbon, fabric]* de soie, en soie
2 (= like silk) *[hair, eyelashes, skin]* soyeux ; *[voice]* suave ◆ **a silken sheen** un lustre soyeux
COMP **the Silken Ladder** N *(Mus)* l'Échelle *f* de soie

**silkiness** /ˈsɪlkɪnɪs/ N soyeux *m*

**silkworm** /ˈsɪlkwɜːm/ N ver *m* à soie ◆ **silkworm breeding** sériciculture *f* *(SPEC)*, élevage *m* des vers à soie

**silky** /ˈsɪlkɪ/ SYN ADJ *[hair, skin, fabric]* soyeux ; *[voice]* suave ◆ **a silky sheen** un lustre soyeux ◆ **silky smooth** *or* **soft** d'une douceur soyeuse

**sill** /sɪl/ N *[of window]* rebord *m*, appui *m* ; *[of door]* seuil *m* ; *[of car]* bas *m* de marche

**silliness** /ˈsɪlɪnɪs/ N sottise *f*

**silly** /ˈsɪlɪ/ SYN
ADJ 1 (= foolish) *[person, behaviour, mistake]* bête ; *[remark, idea, game]* idiot ◆ **I hope he won't do anything silly** j'espère qu'il ne va pas faire de bêtises ◆ **don't be silly!** ne fais pas l'idiot(e) ! ◆ **to drink o.s. silly** * boire à en devenir idiot ◆ **you silly fool!** espèce d'idiot(e) ! ◆ **the silly idiot!** quel(le) imbécile ! ◆ **you're a silly little boy** tu es un gros bêta * ◆ **shut up, you silly old fool!** tais-toi, vieux fou ! ◆ **(if you) ask a silly question, (you) get a silly answer** à question idiote, réponse idiote ◆ **I'm sorry, it was a silly thing to say** excusez-moi, j'ai dit une bêtise ◆ **that was a silly thing to do** c'était bête de faire ça ◆ **it's the silliest thing I ever heard** c'est la plus grosse bêtise que j'aie jamais entendue ◆ **I used to worry about the silliest little things** je m'inquiétais des moindres vétilles ◆ **he was silly to resign** il a été bête de démissionner
2 (= ridiculous) *[name, hat, price]* ridicule ◆ **I feel silly in this hat** je me sens ridicule avec ce chapeau ◆ **to make sb look silly** rendre qn ridicule
N * idiot(e) *m(f)* ◆ **you big silly!** espèce d'imbécile !
COMP **silly billy** * N gros bêta *, grosse bêtasse *
**silly money** N sommes *fpl* ridiculement élevées
**the silly season** N *(Brit Press)* la période creuse *(pour la presse)* la saison des marronniers

**silo** /ˈsaɪləʊ/ N *(gen, Mil)* silo *m*

**silt** /sɪlt/ N *(gen)* limon *m* ; (= mud) vase *f*

▸ **silt up**
VI *(with mud)* s'envaser ; *(with sand)* s'ensabler
VT SEP engorger

**silting** /ˈsɪltɪŋ/ N envasement *m*, ensablement *m*

**silty** /ˈsɪltɪ/ ADJ limoneux ; (= muddy) vaseux

**Silurian** /saɪˈlʊərɪən/ ADJ, N *(Geol)* silurien *m*

**Silvanus** /sɪlˈveɪnəs/ N *(Myth)* sylvain *m*

**silver** /ˈsɪlvəʳ/ SYN
N *(NonC)* 1 (= metal) argent *m* ; (= silverware, cutlery etc) argenterie *f*
2 (= money) argent *m* (monnayé), monnaie *f* *(en pièces d'argent or de nickel)* ◆ **have you got any silver? – sorry, only notes** est-ce que vous avez de la monnaie ? – désolé, je n'ai que des billets ◆ **£2 in silver** 2 livres en pièces d'argent
ADJ 1 (= made of silver) en argent ◆ **to be born with a silver spoon in one's mouth** naître avec une cuiller d'argent dans la bouche
2 *(in colour)* argenté ; *[car]* gris métallisé *inv* ; → **cloud**
VT *[+ mirror, fork]* argenter
COMP **silver age** N âge *m* d'argent
**silver birch** N bouleau *m* argenté
**silver bream** N (= fish) brème *f* bordelière
**silver bromide** N bromure *m* d'argent
**silver chloride** N chlorure *m* d'argent
**silver collection** N *(at meeting etc)* quête *f* ◆ **"there will be a silver collection"** « vous êtes priés de contribuer généreusement à la quête »
**silver disc** N *(Brit Mus)* disque *m* d'argent
**silver fir** N sapin *m* argenté
**silver foil** N ⇒ **silver paper**
**silver fox** N renard *m* argenté
**silver gilt** N plaqué *m* argent
**silver-grey** ADJ gris argenté *inv*
**silver-haired** ADJ aux cheveux argentés
**silver iodide** N iodure *m* d'argent
**silver jubilee** N (fête *f* du) vingt-cinquième anniversaire *m* *(d'un événement)*
**silver lining** N *(fig)* ◆ **to have a silver lining** avoir de bons côtés ◆ **to look for the silver lining in sth** chercher le bon côté de qch ; → **cloud**
**silver medal** N médaille *f* d'argent
**silver medallist** N médaillé(e) *m(f)* d'argent
**silver nitrate** N nitrate *m* d'argent
**silver paper** N papier *m* d'argent
**silver plate** N *(NonC)* (= solid silver articles) argenterie *f* ; (= electroplate) plaqué *m* argent
**silver-plated** ADJ argenté, plaqué argent *inv*
**silver plating** N argenture *f*
**the silver screen** N *(Cine)* le grand écran
**the Silver State** N *(US)* le Nevada
**silver surfers** * NPL *(esp US)* internautes *mfpl* aux tempes grisonnantes
**silver tongue** N ◆ **to have a silver tongue** être beau parleur ◆ **his silver tongue** ses belles paroles
**silver-tongued** ADJ à la langue déliée, éloquent
**silver wedding** N noces *fpl* d'argent

**silverback** /ˈsɪlvəbæk/ N (= gorilla) dos *m* argenté

**silverfish** /ˈsɪlvəfɪʃ/ N (pl **silverfish**) poisson *m* d'argent, lépisme *m*

**silverside** /ˈsɪlvəsaɪd/ N *(Brit Culin)* ≈ gîte *m* à la noix

**silversmith** /ˈsɪlvəsmɪθ/ N orfèvre *mf*

**silverware** /ˈsɪlvəweəʳ/ N argenterie *f* ; (* = trophies) trophées *mpl*

**silverweed** /ˈsɪlvəwiːd/ N potentille *f* ansérine

**silvery** /ˈsɪlvərɪ/ ADJ *[colour, light, hair]* argenté ; *[sound, voice, laugh]* argentin ◆ **silvery grey/white** gris/blanc argenté *inv*

**silviculture** /ˈsɪlvɪˌkʌltʃəʳ/ N sylviculture *f*

**sima** /ˈsaɪmə/ N *(Geol)* sima *m*

**SIM card** /ˈsɪmkɑːd/ N *(Telec)* (abbrev of **Subscriber Identity Module card**) carte *f* SIM

**simian** /ˈsɪmɪən/ ADJ, N simien(ne) *m(f)*

**similar** /ˈsɪmɪləʳ/ SYN
ADJ semblable *(to sb/sth* à qn/qch) ; (= roughly similar) similaire *(to sb/sth* à qn/qch) ◆ **we have a similar house** notre maison est presque la même *or* presque pareille ◆ **your case is similar** votre cas est semblable *or* similaire ◆ **the two houses are so similar that...** les deux maisons sont si semblables que *or* se ressemblent à tel point que... ◆ **on a similar occasion** dans des circonstances analogues ◆ **in a similar situation** dans une situation analogue *or* de ce genre ◆ **in a similar way** de façon analogue ◆ **everyone is of a similar age** tout le monde a à peu près le même âge ◆ **they all taste somewhat similar** ils ont tous à peu près le même goût ◆ **paint removers and similar products** les décapants et les produits similaires ◆ **he asked for 38 similar offences to be considered** il a demandé à ce que 38 délits similaires soient pris en considération ◆ **vehicles similar to the bicycle** véhicules *mpl* voisins de *or* apparentés à la bicyclette ◆ **the feeling is similar to being drunk** la sensation est semblable à celle de l'ivresse
♦ **similar in...** ◆ **they are similar in appearance** ils se ressemblent ◆ **the two cars are similar in design** les deux voitures sont de conception similaire ◆ **the two houses are similar in size** les deux maisons sont de dimensions similaires *or* comparables ◆ **he is similar in character to his father** il a un peu le même caractère que son père ◆ **it is similar in colour** c'est à peu près de la même couleur ◆ **it is similar in colour to a ruby** c'est d'une couleur semblable à celle du rubis
COMP **similar triangles** NPL *(Geom)* triangles *mpl* semblables

**similarity** /ˌsɪmɪˈlærɪtɪ/ LANGUAGE IN USE 5.3 SYN N ressemblance *f* *(to* avec ; *between* entre), similitude *f* *(between* entre), similarité *f* *(between* entre)

**similarly** /ˈsɪmɪləlɪ/ SYN ADV *[treat, behave etc]* de la même façon, de façon similaire ; *[pleasant, unpleasant, angry etc]* tout aussi ◆ **they were similarly dressed** ils étaient habillés de façon similaire, leurs vêtements se ressemblaient ◆ **similarly, we don't agree with...** de même, nous ne sommes pas d'accord avec...

**simile** /ˈsɪmɪlɪ/ N *(Literat)* comparaison *f* ◆ **style rich in simile** style *m* riche en comparaisons

**similitude** /sɪˈmɪlɪtjuːd/ N similitude *f*, ressemblance *f* ; *(Literat etc)* comparaison *f*

**SIMM (chip)** /ˈsɪm(tʃɪp)/ (abbrev of **single in-line memory module**) N barrette *f* SIMM

**simmer** /ˈsɪməʳ/ SYN
N (= slight boil) faible ébullition *f* ◆ **the stew was just on the simmer** le ragoût cuisait à feu doux *or* mijotait
VI *[water]* frémir ; *[vegetables]* cuire à feu doux ; *[soup, stew]* mijoter, cuire à feu doux ; *(fig) (with excitement)* être en ébullition ; *(with anticipation)* être tout excité d'avance ; *(with discontent)* bouillir de mécontentement ; *[revolt]* couver ; *[anger]* couver, monter ◆ **he was simmering (with rage)** il bouillait (de rage)

**VT** [+ water, dye] faire cuire à petits bouillons ; [+ soup, stew] faire mijoter ou cuire à feu doux ; [+ vegetables] faire cuire à feu doux

▸ **simmer down*** **VI** (fig) s'apaiser, se calmer ◆ **simmer down!** calme-toi !, un peu de calme !

**simnel cake** /ˈsɪmnlkeɪk/ **N** (Brit) gâteau m aux raisins recouvert de pâte d'amandes (généralement servi à Pâques)

**Simon** /ˈsaɪmən/ **N** Simon m ◆ **Simon says...** (= game) Jacques a dit...

**simoniacal** /ˌsaɪməˈnaɪəkəl/ **ADJ** simoniaque

**simonize** /ˈsaɪmənaɪz/ **VT** lustrer, polir

**simony** /ˈsaɪmənɪ/ **N** simonie f

**simper** /ˈsɪmpəʳ/
**N** sourire m affecté ◆ **simpers** minauderie(s) f(pl)
**VI** minauder ◆ **"yes" she simpered** « oui » dit-elle en minaudant

**simpering** /ˈsɪmpərɪŋ/
**N** minauderies fpl, mignardises fpl
**ADJ** [person] minaudier ; [smile] affecté ◆ **to give sb a simpering smile** sourire à qn en minaudant

**simperingly** /ˈsɪmpərɪŋlɪ/ **ADV** d'une manière affectée, avec affectation

**simple** /ˈsɪmpl/ SYN
**ADJ** 1 (= uncomplicated) [question, task, machine, food, person, substance, life form] simple after n ◆ **it's as simple as ABC** c'est simple comme bonjour * ◆ **a dangerously simple way of...** une façon dangereusement simpliste de... ◆ **a simple black dress** une robe noire toute simple ◆ **in simple English, in simple language** en termes simples, en langage clair ◆ **the simple life** la vie simple ◆ **she likes the simple life** elle aime vivre simplement or avec simplicité ◆ **the simple things in** or **of life** les choses simples de la vie ◆ **they're simple people** ce sont des gens simples ◆ **I'm a simple soul** je suis tout simple ◆ **in simple terms** en termes simples ◆ **to make simple(r)** simplifier ◆ **it's a simple matter to have the clock repaired** c'est très simple de faire réparer la pendule ; see also adj 2 ◆ **nothing could be simpler!** c'est tout ce qu'il y a de plus simple ! ◆ **it is simple to fix** c'est facile à réparer ◆ **the camcorder is simple to use** ce caméscope est simple à utiliser ◆ **the simple truth** la vérité pure ; → **pure**
2 (= mere) simple before n ◆ **the simple fact that...** le simple fait que... ◆ **the simple fact is I haven't the time** je n'ai tout simplement pas le temps ◆ **the simple fact is he's a liar** c'est tout simplement un menteur ◆ **he's a simple labourer** c'est un simple manœuvre ◆ **it's a simple matter of money/practice** c'est une simple question d'argent/de pratique ◆ **it's a simple matter of buying another key** il s'agit tout simplement d'acheter une autre clé ; see also adj 1 ◆ **a simple phone call could win you a week's holiday in Florida** un simple appel et vous pourriez gagner une semaine de vacances en Floride ◆ **for the simple reason that...** pour la simple raison que...
3 (*: mentally) [person] simplet
**COMP** **simple division N** (Math) division f simple ◆ **simple equation N** (Math) équation f du premier degré ◆ **simple fraction N** (Math) fraction f simple ◆ **simple fracture N** (Med) fracture f simple ◆ **simple harmonic motion N** (Phys) oscillation sinusoïdale simple ◆ **simple-hearted ADJ** candide, franc (franche f), ouvert ◆ **simple interest N** (Fin) intérêts mpl simples ◆ **simple machine N** (Phys) machine f simple ◆ **simple majority N** majorité f simple ◆ **simple-minded** SYN **ADJ** simplet, simple d'esprit ◆ **simple-mindedly ADV** naïvement ◆ **simple-mindedness N** simplicité f d'esprit, naïveté f ◆ **simple sentence N** phrase f simple ◆ **Simple Simon N** nigaud m, naïf m ◆ **simple tense N** temps m simple ◆ **simple time N** (Mus) mesure f simple

**simpleton** /ˈsɪmpltən/ SYN **N** nigaud(e) m(f), niais(e) m(f)

**simplicity** /sɪmˈplɪsɪtɪ/ SYN **N** simplicité f ◆ **it's simplicity itself** c'est la simplicité même, c'est tout ce qu'il y a de plus simple

**simplifiable** /ˈsɪmplɪfaɪəbl/ **ADJ** simplifiable

**simplification** /ˌsɪmplɪfɪˈkeɪʃən/ **N** simplification f

**simplify** /ˈsɪmplɪfaɪ/ SYN **VT** simplifier

**simplistic** /sɪmˈplɪstɪk/ **ADJ** (pej) simpliste ◆ **it is simplistic to say that...** il est simpliste de dire que...

**simplistically** /sɪmˈplɪstɪkəlɪ/ **ADV** de façon simpliste

**Simplon Pass** /ˈsɪmplɒnˌpɑːs/ **N** col m du Simplon

**simply** /ˈsɪmplɪ/ SYN **ADV** 1 (= merely) simplement ◆ **I simply said that...** j'ai simplement dit que... ◆ **she could simply refuse** elle pourrait refuser purement et simplement ◆ **he was known simply as Jay** on l'appelait simplement Jay ◆ **it simply isn't possible, it's simply impossible** c'est absolument or tout simplement impossible ◆ **that's simply the way it is** c'est comme ça ◆ **it's simply a question of money** c'est simplement une question d'argent ◆ **they sacked her simply because she's pregnant** ils l'ont renvoyée simplement parce qu'elle était enceinte
2 (= absolutely) ◆ **you simply must come!** il faut absolument que vous veniez subj ! ◆ **I simply can't believe it** je n'arrive vraiment pas à y croire ◆ **that is simply not true** c'est tout simplement faux ◆ **that is simply not good enough!** c'est lamentable ! ◆ **he is quite simply the best** il est tout simplement le meilleur, il est le meilleur, cela ne fait aucun doute ◆ **it was quite simply the worst moment of my life** ce fut sans aucun doute le pire moment de ma vie
3 (= straightforwardly) [speak] simplement ◆ **very simply, he was short of money** il était tout simplement à court d'argent ◆ **to put it simply, we've got a problem** en deux mots, nous avons un problème
4 (= modestly) [live, dress, furnish] simplement, avec simplicité

**simulacrum** /ˌsɪmjʊˈleɪkrəm/ **N** (pl **simulacra** /sɪmjʊˈleɪkrə/) simulacre m

**simulate** /ˈsɪmjʊleɪt/
**VT** simuler ; [+ emotion, illness] simuler, feindre
**COMP** **simulated leather N** imitation f cuir

**simulation** /ˌsɪmjʊˈleɪʃən/ **N** simulation f

**simulator** /ˈsɪmjʊleɪtəʳ/ **N** simulateur m ; (also **flight simulator**) simulateur m de vol

**simulcast** /ˈsɪməlkɑːst/
**VT** diffuser simultanément à la radio et à la télévision
**N** émission f radiotélévisée

**simultaneity** /ˌsɪməltəˈniːɪtɪ/ **N** simultanéité f

**simultaneous** /ˌsɪməlˈteɪnɪəs/ SYN
**ADJ** simultané
**COMP** **simultaneous broadcast N** émission f simultanée ◆ **simultaneous equations NPL** (Math) système m d'équations ◆ **simultaneous translation N** traduction f simultanée

**simultaneously** /ˌsɪməlˈteɪnɪəslɪ/ SYN **ADV** simultanément ◆ **simultaneously with sb/sth** en même temps que qn/qch

**sin** /sɪn/ SYN
**N** péché m ◆ **sins of omission/commission** péchés mpl par omission/par action ◆ **a sin against (the law of) God** un manquement à la loi de Dieu ◆ **it's a sin to do that** (Rel) c'est un péché de faire cela ; (hum) c'est une honte or un crime de faire cela ◆ **to live in sin** † (unmarried) vivre dans le péché (with sb avec qn) ; → **seven, ugly**
**VI** pécher (against contre) ◆ **he was more sinned against than sinning** il était plus victime que coupable
**COMP** **sin bin N** (US Ice Hockey etc) prison f ; (Brit = institution) établissement pour enfants en difficulté ◆ **sin tax* N** (US) taxe f sur le tabac et l'alcool

**Sinai** /ˈsaɪneɪaɪ/ **N** ◆ **(the) Sinai** le Sinaï ◆ **the Sinai Desert** le désert du Sinaï ◆ **Mount Sinai** le mont Sinaï

**sinanthropus** /sɪnˈænθrəpəs/ **N** sinanthrope m

**Sinbad** /ˈsɪnbæd/ **N** ◆ **Sinbad the Sailor** Sinbad le Marin

**since** /sɪns/ LANGUAGE IN USE 17.1
**CONJ** 1 (in time) depuis que ◆ **since he'd moved there his health had improved** depuis qu'il s'y était installé sa santé s'était améliorée

When **since** is followed by the present perfect in English, use the present in French

◆ **since I have been here** depuis que je suis ici ◆ **since she's been working for us** depuis qu'elle travaille pour nous

When **since** is followed by the past in English, use the passé composé in French

◆ **ever since I met him** depuis que or depuis le jour où je l'ai rencontré ◆ **it's a week since I saw him** cela fait une semaine que je ne l'ai (pas) vu, je ne l'ai pas vu depuis une semaine ◆ **it is a long time since I last saw you** il y a longtemps que je ne vous ai vu ◆ **it's ages since I saw you** cela fait des siècles qu'on ne s'est pas vus *
2 (= because) puisque ◆ **why don't you buy it, since you are so rich!** achète-le donc, puisque tu es si riche !
**ADV** depuis ◆ **he has not been here since** il n'est pas venu depuis ◆ **he has been my friend ever since** il est resté mon ami depuis (ce moment-là) ◆ **not long since** il y a peu de temps ◆ **it's many years since** il y a bien des années de cela, cela fait bien des années
**PREP** depuis ◆ **since arriving** or **his arrival** depuis son arrivée, depuis qu'il est arrivé ◆ **I have been waiting since 10 o'clock** j'attends depuis 10 heures ◆ **I'd been waiting since 10 o'clock** j'attendais depuis 10 heures ◆ **since then** depuis (lors) ◆ **since when has he had a car?** depuis quand a-t-il une voiture ? ◆ **since when?*** (iro) depuis quand ? * ◆ **he left in June, since when we have not heard from him** il est parti en juin et nous sommes sans nouvelles depuis or et depuis lors nous sommes sans nouvelles ◆ **ever since 1900 France has attempted to...** depuis 1900 la France tente de... ◆ **ever since then** or **that time she's never gone out alone** depuis ce temps-là elle ne sort plus jamais seule ◆ **how long is it since the accident?** il s'est passé combien de temps depuis l'accident ?, l'accident remonte à quand ?

**sincere** /sɪnˈsɪəʳ/ LANGUAGE IN USE 22, 23.6 SYN **ADJ** sincère (about sth à propos de qch) ◆ **my sincere good wishes** mes vœux les plus sincères ◆ **it is my sincere belief that...** je crois sincèrement que... ◆ **to be sincere in one's desire to do sth** or **in wanting to do sth** désirer or vouloir sincèrement faire qch

**sincerely** /sɪnˈsɪəlɪ/ SYN **ADV** 1 (= genuinely) [hope, believe, regret, say] sincèrement ◆ **his sincerely held religious beliefs** les croyances religieuses auxquelles il était sincèrement attaché
2 (in letters) ◆ **Yours sincerely** (Brit), **Sincerely yours** (US) Veuillez agréer, Monsieur (or Madame etc), l'expression de mes salutations distinguées

**sincerity** /sɪnˈserɪtɪ/ SYN **N** [of person, emotion] sincérité f ◆ **in all sincerity** en toute sincérité

**sincipital** /sɪnˈsɪpɪtl/ **ADJ** sincipital

**sinciput** /ˈsɪnsɪpʌt/ **N** (pl **sinciputs** or **sincipita** /sɪnˈsɪpɪtə/) sinciput m

**sine** /saɪn/
**N** (Math) sinus m
**COMP** **sine curve N** (Math) sinusoïde f ◆ **sine wave N** (Phys) onde f sinusoïdale

**sinecure** /ˈsaɪnɪkjʊəʳ/ SYN **N** sinécure f

**sine qua non** /ˌsaɪnɪkweɪˈnɒn/ **N** condition f sine qua non

**sinew** /ˈsɪnjuː/ **N** (Anat) tendon m ◆ **sinews** (= muscles) muscles mpl ; (= strength) force(s) f(pl) ; (= energy) vigueur f, nerf m ◆ **money is the sinews of war** l'argent est le nerf de la guerre ◆ **a man of great moral sinew** un homme d'une grande force morale

**sinewy** /ˈsɪnjuɪ/ **ADJ** (= muscular) [person] musclé ; [body, arms] nerveux ; [muscles] bien dessiné ; (Culin) [meat] tendineux ; (= vigorous) [music, performance] vigoureux ; [writing, style] nerveux

**sinfonietta** /ˌsɪnfənˈjetə/ **N** (= short symphony) sinfonietta f ; (= small symphony orchestra) sinfonietta m

**sinful** /ˈsɪnfʊl/ SYN **ADJ** [behaviour] honteux, immoral ; [city, world] plein de péchés, de perdition ; [act, waste, system] honteux ; [thought, pleasure, desire] coupable ◆ **a sinful act** un péché ◆ **he was taught that sex was sinful** on lui a appris que les rapports sexuels étaient un péché ◆ **her sinful past** son passé dissolu or de pécheresse (hum) ◆ **a fridge filled with sinful goodies** un réfrigérateur rempli de tentations ◆ **it was sinful to...** on considérait cela comme un péché de...

**sinfully** /ˈsɪnfʊlɪ/ **ADV** [behave, think] d'une façon coupable ; [waste] scandaleusement

**sinfulness** /ˈsɪnfʊlnɪs/ N (NonC) [of person] péchés mpl ; [of deed] caractère m honteux

**sing** /sɪŋ/ SYN (pret **sang**, ptp **sung**)
  VT [person, bird] chanter ; (fig) [+ sb's beauty etc] chanter, célébrer ◆ **she sang the child to sleep** elle a chanté jusqu'à ce que l'enfant s'endorme ◆ **she was singing the child to sleep** elle chantait pour que l'enfant s'endorme ◆ **to sing mass** chanter la messe ◆ **sung mass** messe f chantée, grand-messe f ◆ **to sing another tune** (fig) déchanter, changer de ton ◆ **to sing sb's/sth's praises** chanter les louanges de qn/qch ◆ **to sing one's own praises** vanter ses propres mérites
  VI [1] [person, bird, violin] chanter ; [ears] bourdonner, tinter ; [wind, kettle] siffler ◆ **to sing like a lark** chanter comme un rossignol ◆ **to sing soprano** chanter soprano ◆ **to sing small*** se faire tout petit, filer doux* ◆ **they are singing from the same hymn sheet** or **song sheet** (Brit fig) ils ont le même discours
  [2] (US ‡) moucharder*, se mettre à table‡
  COMP **sing-along** N ◆ **to have a sing-along** chanter tous en chœur
▸ **sing along** VI ◆ **he invited the audience to sing along** il a invité la salle à chanter en chœur avec lui ◆ **I like records that get people singing along** j'aime les disques qui incitent les gens à chanter en chœur ◆ **to sing along with** or **to a record/a song/the radio** accompagner un disque/une chanson/la radio de la voix ◆ **the audience was singing along to his latest hit** la salle chantait son dernier tube en chœur avec lui
▸ **sing out** VI chanter fort ; (* fig) crier ◆ **if you want anything just sing out*** si vous voulez quoi que ce soit vous n'avez qu'à appeler (bien fort) ◆ **to sing out for sth*** réclamer qch à grands cris
▸ **sing up** VI chanter plus fort ◆ **sing up!** plus fort !

**sing.** (abbrev of **singular**) sing.

**singable** /ˈsɪŋəbl/ ADJ chantable

**Singapore** /ˌsɪŋəˈpɔːr/ N Singapour ◆ **in Singapore** à Singapour

**Singaporean** /ˌsɪŋəˈpɔːrɪən/
  ADJ (gen) singapourien ; [ambassador, embassy] de Singapour
  N Singapourien(ne) m(f)

**singe** /sɪndʒ/ SYN
  VT brûler légèrement ; [+ cloth, clothes] roussir ; [+ poultry] flamber ◆ **to singe one's wings** (fig) se brûler les ailes or les doigts
  N (also **singe mark**) légère brûlure f ; (= scorch mark on cloth) tache f de roussi, roussissure f

**singer** /ˈsɪŋər/ SYN
  N chanteur m, -euse f ; → **opera**
  COMP **singer-songwriter** N auteur-compositeur m (de chansons)

**Singhalese** /ˌsɪŋɡəˈliːz/
  ADJ cing(h)alais
  N [1] (pl **Singhaleses** or **Singhalese**) Cing(h)alais(e) m(f)
  [2] (= language) cing(h)alais m

**singing** /ˈsɪŋɪŋ/
  N (NonC) [of person, bird, violin] chant m ; [of kettle, wind] sifflement m ; (in ears) bourdonnement m, tintement m
  COMP **singing lesson** N ◆ **to have singing lessons** prendre des cours de chant, apprendre le chant
  **singing teacher** N professeur m de chant
  **singing telegram** N service qui consiste à envoyer des filles chanter des compliments à des gens dont c'est l'anniversaire
  **singing voice** N ◆ **to have a good singing voice** avoir de la voix, avoir une belle voix

**single** /ˈsɪŋɡl/ SYN
  ADJ [1] (= just one) [rose, shot, survivor] seul ◆ **in a single day** en un seul jour ◆ **a single diamond** (on ring) un diamant monté seul ; (= ring itself) un solitaire ◆ **every single day** tous les jours sans exception ◆ **every single house was damaged** il n'y a pas une maison qui n'ait été endommagée ◆ **every single one (of them)** tous (or toutes) sans exception ◆ **to drink sth in a single gulp** boire qch d'un seul coup or en une seule gorgée ◆ **I did not, for a single moment, doubt her sincerity** je n'ai pas douté un seul instant de sa sincérité ◆ **there isn't a single moment to lose** il n'y a pas une minute à perdre ◆ **not a single person had come** absolument personne n'était venu, pas une seule personne n'était venue ◆ **she didn't mention it to a single one of her friends** elle ne l'a mentionné à aucun des ses amis ◆ **if there is a single** or **one single objection to this proposal** s'il y a une seule or la moindre objection à cette proposition ◆ **I didn't see a single soul** je n'ai vu absolument personne, je n'ai pas vu âme qui vive ◆ **I couldn't think of a single thing to say** je ne savais absolument pas quoi dire
  [2] (= not several) ◆ **a** or **one single department should deal with all of these matters** un service unique or un même service devrait traiter toutes ces affaires
  [3] (intensifying = individual) ◆ **the biggest single issue in the election campaign** le sujet principal de la campagne électorale ◆ **the single biggest producer of coal** le plus grand producteur de charbon ◆ **the single greatest problem** le plus grand problème ◆ **the single most important invention since the wheel** la plus grande invention depuis la roue
  [4] (= not double or multiple) [knot, flower, thickness, wardrobe] simple ; [garage] pour une voiture ◆ **a single sheet** un drap pour un lit d'une personne ◆ **a single whisky/gin** un whisky/gin simple ◆ **to be in single figures** [number, score] être inférieur (-eure f) à dix ; [rate] être inférieur (-eure f) à 10% ◆ **in single file** en file indienne ; see also **spacing**
  [5] (= unmarried) [person] célibataire ; [life] de célibataire ◆ **she's a single woman** elle est célibataire, c'est une célibataire ◆ **single people** célibataires mpl ◆ **the single homeless** les gens mpl seuls et sans abri ◆ **"marital status?" – "single"** « situation familiale ? » – « célibataire »
  [6] (Brit Transport) ◆ **single ticket** aller m simple ◆ **how much is the single fare to London?** combien coûte l'aller simple pour Londres ?
  N [1] (Cricket = one run) ◆ **a single** une seule course, un seul point ◆ **three singles** trois fois une course or un point
  [2] (Brit = railway ticket) aller m (simple)
  [3] (in cinema, theatre) ◆ **there are only singles left** il ne reste que des places séparées or isolées
  [4] (= record) ◆ **a single** un 45 tours ◆ **his latest single** son dernier 45 tours
  [5] (Brit = pound coin or note) billet m or pièce f d'une livre ; (US = dollar note) billet m d'un dollar
  [6] (also **single room**) chambre f simple or d'une personne
  [7] (drink = one measure) ◆ **make mine a single** donnez-moi un simple ◆ **double or single?** double ou simple ?
  NPL **singles** [1] (Tennis etc) simple m ◆ **ladies' singles** simple m dames
  [2] (* = unmarried people) célibataires mpl ◆ **singles bar/club** bar m/club m de rencontres pour célibataires
  COMP **single-acting** ADJ [engine, pump] à simple effet
  **single-barrelled** ADJ à un canon
  **single bed** N lit m d'une personne
  **single-breasted** ADJ [jacket, coat] droit
  **single-celled** ADJ unicellulaire
  **single combat** N ◆ **in single combat** en combat singulier
  **single cream** N (Brit) crème f fraîche liquide
  **single-crop farming** N monoculture f
  **single currency** N monnaie f unique
  **single-decker** (Brit) ADJ sans impériale autobus m (or tramway m etc) sans impériale
  **single-density** ADJ → **density**
  **single-engined** ADJ monomoteur (-trice f)
  **single-entry book-keeping** N comptabilité f en partie simple
  **single European currency** N monnaie f unique européenne
  **the Single European Market** N le marché unique européen
  **single-handed** ADV tout seul, sans aucune aide ADJ [achievement] fait sans aucune aide ; [sailing, voyage, race] en solitaire ◆ **to be single-handed** [person] n'avoir aucune aide, être tout seul
  **single-handedly** ADV tout(e) seul(e), à lui etc tout seul
  **single honours** N (Brit Univ: also **single honours degree**) ≈ licence f préparée dans une seule matière
  **single lens reflex** N (also **single lens reflex camera**) reflex m (à un objectif)
  **single-line display** N (Comput) affichage m uniligne
  **single malt** N (also **single malt whisky**) (whisky m) single malt m
  **single market** N (Pol) marché m unique
  **single-masted** ADJ à un mât
  **single-minded** SYN ADJ [person] résolu, ferme ; [attempt] énergique, résolu ; [determination] tenace ◆ **to be single-minded about sth** concentrer tous ses efforts sur qch ◆ **to be single-minded in one's efforts to do sth** tout faire en vue de faire qch
  **single-mindedly** ADV résolument
  **single-mindedness** N détermination f, ténacité f
  **single mother** N mère f célibataire
  **single parent** N père m or mère f célibataire
  **single-parent family** N famille f monoparentale
  **single-party** ADJ (Pol) [state, government] à parti unique
  **single person supplement** N ⇒ **single supplement**
  **single room** N chambre f simple or individuelle
  **single room supplement** N ⇒ **single supplement**
  **single-seater** N (also **single-seater aeroplane**) (avion m) monoplace m
  **single-sex** ADJ (Brit) [school, education, class] non mixte
  **single-sheet feed** N (Comput) alimentation f feuille à feuille
  **single-sided disk** N (Comput) disque m simple face
  **single status** N (in industrial relations) égalité f, parité f
  **single-storey** ADJ de plain-pied
  **single supplement** N supplément m chambre individuelle
  **single track** N (= railway line) voie f unique
  **single-track** ADJ [railway line] à voie unique ◆ **to have a single-track mind** (= one thing at a time) ne pouvoir se concentrer que sur une seule chose à la fois ; (= obsessive idea) n'avoir qu'une idée en tête
  **Single Transferable Vote** N ≈ scrutin m de liste à représentation proportionnelle
  **single-use** ADJ [camera, syringe] à usage unique
▸ **single out** VT SEP (= distinguish) distinguer ; (= pick out) choisir ◆ **I don't want to single anyone out** je ne veux pas faire de distinctions ◆ **he's singled out for all the nasty jobs** on le choisit pour toutes les corvées ◆ **to single o.s. out** se singulariser

**singleness** /ˈsɪŋɡlnɪs/ N ◆ **singleness of purpose** persévérance f, ténacité f

**singlet** /ˈsɪŋɡlɪt/ N (Brit) maillot m or tricot m de corps, débardeur m

**singleton** /ˈsɪŋɡltən/ N (Cards) singleton m

**singly** /ˈsɪŋɡlɪ/ SYN ADV séparément

**singsong** /ˈsɪŋsɒŋ/
  N (Brit) ◆ **to have a singsong** chanter en chœur
  ADJ ◆ **singsong voice** voix f qui psalmodie ◆ **to repeat sth in a singsong voice** répéter qch d'une voix chantante

**singular** /ˈsɪŋɡjʊlər/ SYN
  ADJ [1] (Gram) [noun, verb, form, ending] au singulier
  [2] (= exceptional, unusual) [lack of success] singulier ◆ **a woman of singular beauty** une femme d'une singulière beauté ◆ **his singular manner of dress** sa manière singulière de s'habiller
  N (Gram) singulier m ◆ **in the singular** au singulier ◆ **in the masculine singular** au masculin singulier

**singularity** /ˌsɪŋɡjʊˈlærɪtɪ/ N singularité f

**singularize** /ˈsɪŋɡjʊləraɪz/ VT singulariser

**singularly** /ˈsɪŋɡjʊləlɪ/ ADV singulièrement

**sinh** /ʃaɪn/ N (Math) sinus m hyperbolique

**Sinhalese** /ˌsɪnəˈliːz/ ADJ, N ⇒ **Singhalese**

**sinister** /ˈsɪnɪstər/ SYN ADJ [1] (= ominous) sinistre
  [2] (Heraldry) sénestre, senestre

**sinisterly** /ˈsɪnɪstəlɪ/ ADV sinistrement

**sink¹** /sɪŋk/ SYN (pret **sank**, ptp **sunk**)
  VI [1] (= go under) [ship] couler, sombrer ; [person, object] couler ◆ **to sink to the bottom** couler or aller au fond ◆ **to sink like a stone** couler à pic ◆ **they left him to sink or swim** ils l'ont laissé s'en sortir* or s'en tirer* tout seul ◆ **it was sink or swim** il fallait bien s'en sortir* or s'en tirer* tout seul
  [2] [ground] s'affaisser ; [foundation, building] s'affaisser, se tasser ; [level, river, fire] baisser ◆ **the land sinks towards the sea** le terrain descend en pente vers la mer ◆ **the sun was sinking** le soleil se couchait ◆ **the sun sank below the horizon** le soleil a plongé au-dessous de l'horizon ◆ **to sink out of sight** disparaître ◆ **to sink to one's knees** tomber à genoux ◆ **to sink to the**

**ground** s'affaisser, s'écrouler ◆ **he sank into a chair** il s'est laissé tomber dans un fauteuil ◆ **he sank into the mud up to his knees** il s'est enfoncé dans la boue jusqu'aux genoux ◆ **she let her head sink into the pillow** elle a laissé retomber sa tête sur l'oreiller ◆ **the water slowly sank into the ground** l'eau a pénétré *or* s'est infiltrée lentement dans le sol ◆ **he is sinking fast** (*= dying*) il décline *or* il baisse rapidement

3 (*fig*) ◆ **to sink into a deep sleep** tomber *or* sombrer dans un profond sommeil ◆ **to sink into despondency** tomber dans le découragement, se laisser aller au découragement ◆ **to sink into insignificance/poverty/despair** sombrer dans l'insignifiance/la misère/le désespoir ◆ **he has sunk in my estimation** il a baissé dans mon estime ◆ **his voice sank** sa voix s'est faite plus basse ◆ **his voice sank to a whisper** il s'est mis à chuchoter, sa voix n'était plus qu'un murmure ◆ **his heart** *or* **his spirits sank** le découragement *or* l'accablement s'est emparé de lui, il en a eu un coup de cafard* ◆ **his heart sank at the thought** son cœur s'est serré à cette pensée ◆ **it's enough to make your heart sink** c'est à vous démoraliser *or* à vous donner le cafard*

4 *[prices, value, temperature, sales, numbers]* chuter ◆ **the shares have sunk to three dollars** les actions ont chuté jusqu'à trois dollars ◆ **the pound has sunk to a new low** la livre est tombée plus bas que jamais *or* a atteint sa cote la plus basse

**VT** 1 *[+ ship]* couler, faire sombrer ; *[+ object]* immerger ; (*fig*) *[+ theory]* démolir ; *[+ business, project]* ruiner, couler ; *[+ play, book]* couler, démolir ; * *[+ person]* couler, ruiner la réputation de ◆ **they sank their differences** ils ont enterré *or* oublié leurs querelles ◆ **to be sunk in thought/depression/despair** être plongé dans ses pensées/la dépression/le désespoir ◆ **I'm sunk*** je suis fichu* *or* perdu

2 *[+ mine, well]* creuser, forer ; *[+ foundations]* creuser ; *[+ pipe]* noyer ◆ **to sink a post 2 metres in the ground** enfoncer un pieu 2 mètres dans le sol ◆ **the dog sank his fangs into my leg** le chien a enfoncé *or* planté ses crocs dans ma jambe ◆ **he sank his teeth into the sandwich** il a mordu (à belles dents) dans le sandwich ◆ **he can sink a glass of beer in five seconds*** (*Brit*) il peut avaler *or* descendre* une bière en cinq secondes ◆ **to sink the ball** (*Golf*) faire entrer la balle dans le trou ◆ **to sink a lot of money in a project** (*= invest*) investir *or* placer beaucoup d'argent dans une entreprise ; (*= lose*) perdre *or* engloutir beaucoup d'argent dans une entreprise

▸ **sink back** VI *[person]* (se laisser) retomber ◆ **it sank back into the water** c'est retombé dans l'eau ◆ **he managed to sit up but soon sank back exhausted** il a réussi à s'asseoir mais s'est bientôt laissé retomber épuisé ◆ **he sank back into his chair** il s'est enfoncé dans son fauteuil

▸ **sink down** VI *[building]* s'enfoncer, s'affaisser ; *[post]* s'enfoncer ◆ **to sink down into a chair** s'enfoncer dans un fauteuil ◆ **to sink down on one's knees** tomber à genoux ◆ **he sank down (out of sight) behind the bush** il a disparu derrière le buisson

▸ **sink in** VI 1 *[person, post etc]* s'enfoncer ; *[water, ointment etc]* pénétrer

2 *[explanation]* rentrer* ; *[remark]* faire son effet ◆ **when the facts sank in, he...** quand il a eu pleinement compris les faits, il... ◆ **as it hadn't really sunk in yet he...** comme il ne réalisait pas encore, il... ◆ **my explanation took a long time to sink in** mon explication a eu du mal à rentrer*, il a (*or* ils ont *etc*) mis longtemps à comprendre mon explication

**sink²** /sɪŋk/

**N** 1 (*in kitchen*) évier *m* ; (*US : in bathroom*) lavabo *m* ◆ **double sink** évier *m* à deux bacs ◆ **a sink of iniquity** un lieu de perdition *or* de débauche ; → **kitchen**

2 (*= forest*) puits *m* de carbone

**ADJ** *[school, estate]* défavorisé

**COMP** **sink unit** N bloc-évier *m*

**sinker** /ˈsɪŋkəʳ/ N 1 (*= lead*) plomb *m* ; → **hook**

2 (*US* * *= doughnut*) beignet *m*

**sinking** /ˈsɪŋkɪŋ/

**ADJ** 1 (*= foundering*) ◆ **a sinking ship** (*lit*) un bateau qui sombre ; (*fig*) *[organization, cause]* un navire en perdition (*fig*) ; see also **rat**

2 ◆ **to have a sinking feeling that...** (*= dread*) avoir le sentiment angoissant que... ◆ **that sinking feeling** ce sentiment d'angoisse ◆ **with a sinking heart** la mort dans l'âme

3 (*Fin*) ◆ **a sinking pound/dollar** une livre/un dollar en (forte) baisse

**N** ◆ **the sinking of a ship** (*accidental*) le naufrage d'un navire ; (*in battle*) la destruction d'un navire

**COMP** **sinking fund** N (*Fin*) fonds *mpl* d'amortissement

**sinless** /ˈsɪnlɪs/ ADJ sans péché, pur, innocent

**sinner** /ˈsɪnəʳ/ SYN N pécheur *m*, -eresse *f*

**Sinn Féin** /ʃɪnˈfeɪn/ N Sinn Fein *m*

**Sino-** /ˈsaɪnəʊ/ PREF sino- ◆ **Sino-Soviet** sino-soviétique

**Sinologist** /ˌsaɪˈnɒlədʒɪst/ N sinologue *mf*

**Sinology** /ˌsaɪˈnɒlədʒɪ/ N sinologie *f*

**Sinophile** /ˈsaɪnəʊˌfaɪl/ ADJ, N sinophile *mf*

**Sinophobia** /ˌsaɪnəʊˈfəʊbɪə/ N sinophobie *f*

**Sino-Soviet** ADJ sino-soviétique

**sinuosity** /ˌsɪnjʊˈɒsɪtɪ/ N sinuosité *f*

**sinuous** /ˈsɪnjʊəs/ ADJ *[shape, curve, road, roots]* sinueux ; *[snake, dance, music, style]* ondulant ; *[movement]* onduleux ◆ **with sinuous grace** avec une grâce ondoyante

**sinus** /ˈsaɪnəs/ N (pl **sinuses**) sinus *m inv* ◆ **to have sinus trouble** avoir de la sinusite

**sinusitis** /ˌsaɪnəˈsaɪtɪs/ N (*NonC*) sinusite *f* ◆ **to have sinusitis** avoir de la sinusite

**sinusoid** /ˈsaɪnəsɔɪd/ N (*Physiol*) sinusoïde *m* ; (*Math*) sinusoïde *f*

**Sioux** /suː/

**ADJ** sioux *inv* ◆ **the Sioux State** (*US*) le Dakota du Nord

**N** 1 (*pl inv*) Sioux *mf*

2 (*= language*) sioux *m*

**sip** /sɪp/ SYN

**N** petite gorgée *f* ◆ **do you want a sip of rum?** voulez-vous une goutte de rhum ? ◆ **he took a sip** il a bu une petite gorgée

**VT** (*= drink a little at a time*) boire à petites gorgées *or* à petits coups ; (*= take a sip*) boire une petite gorgée de ; (*with enjoyment*) siroter*

**VI** ◆ **he sipped at his whisky** (*= drank a little at a time*) il a bu son whisky à petites gorgées ; (*= took a sip*) il a bu une petite gorgée de son whisky

**siphon** /ˈsaɪfən/

**N** siphon *m* ; → **soda**

**VT** siphonner

▸ **siphon off** VT SEP (*lit*) siphonner ; (*fig*) *[+ people]* mettre à part ; *[+ profits, funds]* canaliser ; (*illegally*) détourner

**siphonal** /ˈsaɪfənəl/, **siphonic** /saɪˈfɒnɪk/ ADJ siphoïde

**siphonophore** /ˈsaɪfənəfɔːʳ/ N siphonophore *m*

**sir** /sɜːʳ/ N monsieur *m* ◆ **yes sir** oui, Monsieur ; (*to officer in Army, Navy, Air Force*) oui, mon commandant (*or* mon lieutenant *etc*) ; (*to surgeon*) oui docteur ◆ **yes/no sir!*** (*emphatic*) ça oui/non ! ◆ **Dear Sir** (*in letter*) (Cher) Monsieur ◆ **Sir** (*to newspaper editor*) Monsieur (le Directeur) ◆ **my dear/good sir** (*iro*) mon cher/bon Monsieur ◆ **Sir John Smith** sir John Smith

**sire** /ˈsaɪəʳ/

**N** (*= animal*) père *m* ; (†† *= father*) père *m* ; (†† *= ancestor*) aïeul *m* ◆ **yes sire** (*to king*) oui sire

**VT** engendrer

**siree*** /sɪˈriː/ N (*US : emphatic*) ◆ **yes/no siree!** ça oui/non !

**siren** /ˈsaɪərən/ SYN

**N** 1 (*= device*) sirène *f*

2 (*Myth*) ◆ **the Sirens** les sirènes *fpl*

**ADJ** (*liter*) *[charms]* séducteur (-trice *f*) ; *[song]* de sirène, enchanteur (-teresse *f*)

**sirenian** /saɪˈriːnɪən/ ADJ sirénien

**sirloin** /ˈsɜːlɔɪn/

**N** aloyau *m*

**COMP** **sirloin steak** N bifteck *m* dans l'aloyau *or* d'aloyau

**sirocco** /sɪˈrɒkəʊ/ N sirocco *m*

**sis**‡ /sɪs/ N (abbrev of **sister**) sœurette *f*, frangine‡ *f*

**sisal** /ˈsaɪsəl/

**N** sisal *m*

**COMP** en *or* de sisal

**siskin** /ˈsɪskɪn/ N tarin *m* (des aulnes)

**sissy*** /ˈsɪsɪ/ (*pej*)

**N** (*= coward*) poule *f* mouillée ◆ **he's a bit of a sissy** (*= effeminate*) il est un peu efféminé

**ADJ** *[boy]* efféminé ; *[voice, clothes, sport]* de fille ◆ **a sissy man** une chochotte* ◆ **Mummy's little sissy boy** le petit chéri à sa maman ◆ **poetry is sissy stuff** la poésie est un truc de filles ◆ **it's sissy doing** *or* **to do that** c'est un truc* de fille

**sister** /ˈsɪstəʳ/

**N** 1 sœur *f* ◆ **her younger sister** sa (sœur) cadette, sa petite sœur ; → **half, stepsister**

2 (*Rel*) religieuse *f*, (bonne) sœur *f* ◆ **yes sister** oui, ma sœur ◆ **Sister Mary Margaret** sœur Marie Marguerite ◆ **the Sisters of Charity** les sœurs de la Charité

3 (*Brit Med:* also **nursing sister**) infirmière *f* chef ◆ **yes sister** oui Madame (*or* Mademoiselle)

4 (*US*) ◆ **listen sister!**‡ écoute ma vieille !*

**ADJ** *[company, party]* frère (sœur *f*) ; *[publication, hotel, radio station]* jumeau (-elle *f*) ◆ **sister organization** organisation *f* sœur ◆ **sister country** pays *m* frère ◆ **sister ship** sistership *m*

**COMP** **sister-in-law** N (pl **sisters-in-law**) belle-sœur *f*

**sister school** N (*US Univ*) *université pour femmes jumelée avec une université pour hommes*

**sisterhood** /ˈsɪstəhʊd/ N (*= solidarity*) solidarité *f* féminine ; (*Rel*) communauté *f* (religieuse) ◆ **the sisterhood** (*= group of women*) la communauté (des femmes)

**sisterly** /ˈsɪstəlɪ/ ADJ fraternel, de sœur

**Sistine** /ˈsɪstiːn/ ADJ ◆ **the Sistine Chapel** la chapelle Sixtine

**sistrum** /ˈsɪstrəm/ N (pl **sistra** /ˈsɪstrə/) (*Mus*) sistre *m*

**Sisyphean** /ˌsɪsɪˈfiːən/ ADJ ◆ **it's a Sisyphean task** c'est le tonneau des Danaïdes (*fig*)

**Sisyphus** /ˈsɪsɪfəs/ N Sisyphe *m*

**sit** /sɪt/ SYN (pret, ptp **sat**)

**VI** 1 (also **sit down**) s'asseoir ◆ **to be sitting** être assis ◆ **sit!** (*to dog*) assis ! ◆ **sit by me** assieds-toi près de moi ◆ **he was sitting at his desk/at table** il était (assis) à son bureau/à table ◆ **they spent the evening sitting at home** ils ont passé la soirée (tranquillement) à la maison ◆ **he just sits at home all day** il reste chez lui toute la journée à ne rien faire ◆ **he was sitting over his books all evening** il a passé toute la soirée dans ses livres ◆ **to sit through a lecture/play** assister à une conférence/à une pièce jusqu'au bout ◆ **don't just sit there, do something!** ne reste pas là à ne rien faire ! ◆ **to sit still** rester *or* se tenir tranquille, ne pas bouger ◆ **to sit straight** *or* **upright** se tenir droit ◆ **to sit for one's portrait** poser pour son portrait ◆ **she sat for Picasso** elle a posé pour Picasso ◆ **to sit on a committee/jury** être membre *or* faire partie d'un comité/jury ◆ **to sit for an exam** passer un examen, se présenter à un examen ◆ **he sat for Sandhurst** il s'est présenté au concours d'entrée de Sandhurst ◆ **he sits for Brighton** (*Brit Parl*) il est (le) député de Brighton ◆ **to be sitting pretty*** avoir le bon filon*, tenir le bon bout* ◆ **to sit at sb's feet** (*hum or liter*) suivre l'enseignement de qn ; → **tight**

2 *[bird, insect]* se poser, se percher ◆ **to be sitting** être perché (*on eggs*) couver ◆ **the hen is sitting on three eggs** la poule couve trois œufs

3 *[committee, assembly etc]* être en séance, siéger ◆ **the committee is sitting now** le comité est en séance ◆ **the House sits from November to June** la Chambre siège de novembre à juin ◆ **the House sat for 16 hours** la Chambre a été en séance pendant 16 heures

4 *[dress, coat etc]* tomber (*on sb* sur qn) ◆ **the jacket sits badly across the shoulders** la veste tombe mal aux épaules ◆ **this policy would sit well with their allies** cette politique serait bien vue de leurs alliés ◆ **it sat heavy on his conscience** (*liter*) cela lui pesait sur la conscience ◆ **how sits the wind?** (*liter*) d'où vient *or* souffle le vent ?

**VT** 1 (also **sit down**) asseoir, installer ; (*invite to sit*) faire asseoir ◆ **he sat the child (down) on his knee** il a assis *or* installé l'enfant sur ses genoux ◆ **they sat him (down) in a chair** (*= placed him in it*) ils l'ont assis *or* installé dans un fauteuil ; (*= invited him to sit*) ils l'ont fait asseoir dans un fauteuil

2 ◆ **to sit a horse well/badly** monter bien/mal, avoir une bonne/mauvaise assiette

3 (*esp Brit*) *[+ exam]* passer, se présenter à

COMP **sit-down** * N • **he had a ten-minute sit-down** il s'est assis dix minutes (pour se reposer) ADJ • **we had a sit-down lunch** nous avons déjeuné à table • **sit-down strike** grève *f* sur le tas
**sit-in** N → **sit-in**
**sit-up** N *(Gym)* redressement *m* assis

► **sit about, sit around** VI rester assis (à ne rien faire), traîner

► **sit back** VI • **to sit back in an armchair** se carrer *or* se caler dans un fauteuil • **to sit back on one's heels** s'asseoir sur les talons • **just sit back and listen to this** installe-toi bien et écoute un peu (ceci) • **he sat back and did nothing about it** *(fig)* il s'est abstenu de faire quoi que ce soit, il n'a pas levé le petit doigt • **sit back and enjoy yourself** détends-toi et profite du moment • **I can't just sit back and do nothing!** je ne peux quand même pas rester là à ne rien faire *or* à me croiser les bras ! • **the Government sat back and did nothing to help them** le gouvernement n'a pas fait le moindre geste pour les aider

► **sit by** VI rester sans rien faire • **to sit (idly) by (while...)** rester sans rien faire (pendant que...)

► **sit down**

VI s'asseoir • **to be sitting down** être assis • **he sat down to a huge dinner** il s'est attablé devant un repas gigantesque • **to take sth sitting down** * *(fig)* rester les bras croisés devant qch

VT SEP ⇒ **sit vt 1**

N, ADJ • **sit-down** * → **sit**

► **sit in**

VI 1 • **she sat in all day waiting for him to come** elle est restée à la maison toute la journée à l'attendre, elle a passé la journée chez elle à l'attendre • **to sit in on a discussion** assister à une discussion (sans y prendre part) • **to sit in for sb** *(fig = replace)* remplacer qn

2 *(as protest)* • **the demonstrators sat in in the director's office** les manifestants ont occupé le bureau du directeur

N • **sit-in** → **sit-in**

► **sit on** * VT FUS 1 *(= keep to oneself)* *[+ news, facts, report]* garder secret, garder le silence sur ; *(= not pass on)* *[+ file, document]* garder (pour soi), accaparer • **the committee sat on the proposals for weeks, then decided to...** le comité a laissé de côté les propositions pendant des semaines, puis a décidé de...

2 *(= silence)* *[+ person]* faire taire, fermer *or* clouer le bec à * • **he won't be sat on** il ne se laisse pas marcher sur les pieds

3 *(= reject)* *[+ idea, proposal]* rejeter, repousser

► **sit out**

VI *(= sit outside)* (aller) s'asseoir dehors, se mettre *or* s'installer dehors

VT SEP 1 • **to sit a lecture/play out** rester jusqu'à la fin d'une conférence/d'une pièce, assister à une conférence/à une pièce jusqu'au bout

2 • **she sat out the waltz** elle n'a pas dansé la valse

► **sit up**

VI 1 *(= sit upright)* se redresser, s'asseoir bien droit • **to be sitting up** être assis bien droit, se tenir droit • **he was sitting up in bed** il était assis dans son lit • **you can sit up now** vous pouvez vous asseoir maintenant • **to make sb sit up** *(fig)* secouer *or* étonner qn • **to sit up (and take notice)** *(fig:gen)* se secouer, se réveiller • **he began to sit up and take notice** *(after illness)* il a commencé à reprendre intérêt à la vie *or* à refaire surface

2 *(= stay up)* rester debout, ne pas se coucher • **to sit up late** se coucher tard, veiller tard • **to sit up all night** ne pas se coucher de la nuit • **don't sit up for me** couchez-vous sans m'attendre • **the nurse sat up with him** l'infirmière est restée à son chevet *or* l'a veillé

VT SEP *[+ doll, child]* asseoir, redresser

N • **sit-up** → **sit**

► **sit upon** * VT FUS ⇒ **sit on**

**sitar** /sɪ'tɑːʳ/ N sitar *m*

**sitarist** /sɪ'tɑːrɪst/ N sitariste *mf*

**sitcom** * /'sɪtkɒm/ N *(Rad)* (abbrev of **situation comedy**) sitcom *f*, comédie *f* de situation

**site** /saɪt/ SYN

N *[of town, building]* emplacement *m* ; *(Archeol, Comput)* site *m* ; *(Constr)* chantier *m* (de construction *or* de démolition *etc*) ; *(Camping)* (terrain *m* de) camping *m* • **the site of the battle** le champ de bataille ; → **building, launching**

• **off site** au dehors, à l'extérieur • **the work is carried out off site** le travail est effectué au dehors *or* à l'extérieur

• **on site** sur place • **they live on site** ils habitent sur place

VT *[+ town, building, gun]* placer • **they want to site the steelworks in that valley** on veut placer *or* construire l'aciérie dans cette vallée • **the factory is very badly sited** l'usine est très mal située *or* placée

COMP **site measuring** N *(Civil Engineering)* métré *m*
**Site of Special Scientific Interest** N *(Brit)* site *m* d'intérêt scientifique, ≃ réserve *f* naturelle

**sit-in** /'sɪtɪn/ N *[of demonstrators]* sit-in *m*, manifestation *f* avec occupation de locaux ; *[of workers]* grève *f* sur le tas • **the workers held a sit-in** les ouvriers ont organisé une grève sur le tas • **the students held a sit-in in the university offices** les étudiants ont occupé les bureaux de l'université • **the sit-in at the offices** l'occupation *f* des bureaux

**siting** /'saɪtɪŋ/ N implantation *f* • **the siting of the new town there was a mistake** l'implantation de la ville nouvelle à cet endroit était une erreur • **the siting of the new factories has given rise to many objections** l'implantation des nouvelles usines a soulevé de nombreuses objections

**sitka spruce** /'sɪtkə/ N sapin *m* de Sitka

**sitosterol** /saɪ'tɒstə,rɒl/ N sitostérol *m*

**sitter** /'sɪtəʳ/ N *(Art)* modèle *m* ; *(= baby-sitter)* baby-sitter *mf* ; *(= hen)* couveuse *f* • **he missed a sitter** ‡ *(Sport)* il a raté un coup enfantin • **it's a sitter!** ‡ tu ne peux pas (*or* il ne peut pas *etc*) le rater !

**sitting** /'sɪtɪŋ/ SYN

N *[of committee, assembly etc]* séance *f* ; *(for portrait)* séance *f* de pose ; *(in canteen etc)* service *m* • **they served 200 people in one sitting/in two sittings** ils ont servi 200 personnes à la fois/en deux services • **second sitting for lunch** deuxième service pour le déjeuner • **at one** *or* **a single sitting** *(= in one go)* d'une seule traite

ADJ *[committee]* en séance ; *[official]* en exercice ; *[game bird]* posé, au repos

COMP **sitting and standing room** N places *fpl* debout et assises
**sitting duck** * N *(fig)* cible *f* facile
**sitting judge** N *(Jur)* juge *m* en exercice
**sitting member** N *(Brit Parl)* député *m* en exercice
**sitting room** N salon *m*
**sitting target** N *(lit, fig)* cible *f* facile
**sitting tenant** N *(Brit)* locataire *mf* en possession des lieux *or* en place

**situate** /'sɪtjʊeɪt/ VT *(= locate)* *[+ building, town]* placer ; *(= put into perspective)* *[+ problem, event]* situer • **the house is situated in the country** la maison se trouve *or* est située à la campagne • **the shop is well situated** le magasin est bien situé *or* bien placé • **we are rather badly situated as there is no bus service** nous sommes assez mal situés car il n'y a pas d'autobus • **he is rather badly situated at the moment** *(fig)* il est dans une situation assez défavorable *or* en assez mauvaise posture en ce moment ; *(financially)* il est assez gêné *or* il a des ennuis d'argent en ce moment • **I am well situated to appreciate the risks** je suis bien placé pour apprécier les risques • **how are you situated for money?** ça va du point de vue argent ?, où en es-tu question argent ?

**situation** /,sɪtjʊ'eɪʃən/ SYN

N 1 *(= location)* *[of town, building etc]* situation *f*, emplacement *m* • **the house has a fine situation** la maison est bien située

2 *(= circumstances)* situation *f* *(also Literat)* • **he was in a very difficult situation** il se trouvait dans une situation très difficile • **they managed to save the situation** ils ont réussi à sauver *or* redresser la situation • **the international situation** la situation internationale, la conjoncture internationale • **they're in a waiting/discussion** *etc* **situation** ils sont en situation d'attente/de dialogue *etc* • **in an exam situation, you must...** à un examen, il faut...

3 *(= job)* situation *f* • **"situations vacant/wanted"** « offres/demandes d'emploi »

COMP **situation comedy** N comédie *f* de situation

**situational** /,sɪtjʊ'eɪʃənl/ ADJ situationnel

**Situationism** /sɪtjʊ'eɪʃə,nɪzəm/ N *(Philos)* situationnisme *m*

**Situationist** /sɪtjʊ'eɪʃə,nɪst/ ADJ, N *(Philos)* situationniste *mf*

**sitz bath** /sɪts/ N bain *m* de siège

**six** /sɪks/

ADJ six *inv* • **he is six (years old)** il a six ans ; see also **comp** • **he'll be six on Saturday** il aura six ans samedi • **he lives in number six** il habite au (numéro) six • **six times six** six fois six

N 1 six *m inv* • **it is six o'clock** il est six heures • **come at six** venez à six heures • **it struck six** six heures ont sonné • **they are sold in sixes** c'est vendu par (lots *or* paquets de) six • **the children arrived in sixes** les enfants sont arrivés par groupes de six • **he lives at six Churchill Street** il habite (au) six Churchill Street • **the six of diamonds** *(Cards)* le six de carreaux • **two sixes are twelve** deux fois six douze

2 *(fig phrases)* • **six of the best** * *(Brit)* six grands coups • **to be (all) at sixes and sevens** *[books, house etc]* être en désordre *or* en pagaille *, être sens dessus dessous ; *[person]* être tout retourné * • **to be six foot under** * *(hum)* manger les pissenlits par la racine * • **it's six of one and half a dozen of the other** *, **it's six and half a dozen** * c'est blanc bonnet et bonnet blanc, c'est du pareil au même *

3 *(Cricket)* • **to hit a six** marquer six courses *fpl* or points *mpl (d'un seul coup)* • **he hit three sixes** il a marqué trois fois six courses *or* points ; → **knock**

PRON six • **there were about six** il y en avait six environ *or* à peu près • **six of the girls came** six des filles sont venues • **there are six of us** nous sommes *or* on est * six • **all six (of us) left** nous sommes partis tous les six • **all six (of them) left** tous les six sont partis, ils sont partis tous les six

COMP **the Six Counties** NPL *(Brit)* les six comtés *mpl* de l'Irlande du Nord
**six-cylinder** ADJ *[car, engine]* à six cylindres N (voiture *f* à) six cylindres *f*
**six-eight time** N *(Mus)* mesure *f* à six-huit
**six-footer** * N personne *f* qui mesure plus d'un mètre quatre-vingts
**six-gilled shark** N griset *m*
**six-gun** * N ⇒ **six-shooter**
**Six Nations** N *(Rugby)* • **the Six Nations** le Tournoi des six nations
**six-pack** N pack *m* de six • **to have a six-pack stomach** * avoir des tablettes de chocolat *
**six-seater** ADJ à six places N *(= car etc)* (voiture *f etc* à) six places *f* ; *(= plane etc)* (avion *m etc* à) six places *m*
**six-shooter** * N six-coups *m inv*
**six-sided** ADJ hexagonal
**six-speed gearbox** N boîte *f* (à) six vitesses
**six-storey** N à six étages
**six-yard box** N *(Football)* surface *f* de but
**six-year-old** ADJ *[child, horse]* de six ans ; *[house, car]* vieux (vieille *f*) de six ans N *(= child)* enfant *mf* (âgé(e)) de six ans ; *(= horse)* cheval *m* de six ans

**sixer** /'sɪksəʳ/ N *chef ou cheftaine d'un groupe de six jeunes scouts*

**sixfold** /'sɪksfəʊld/

ADJ sextuple

ADV au sextuple

**sixish** /'sɪksɪʃ/ ADJ • **he is sixish** il a dans les six ans, il a six ans environ • **he came at sixish** il est venu vers (les) six heures

**sixpence** /'sɪkspəns/ N *(Brit)* *(= coin)* (ancienne) pièce *f* de six pence ; *(= value)* six pence *mpl*

**sixpenny** /'sɪkspənɪ/ ADJ à six pence

**sixteen** /'sɪks'tiːn/

ADJ seize *inv* • **she was sweet sixteen** c'était une fraîche jeune fille (de seize ans)

N seize *m inv* ; *pour loc voir* **six**

PRON seize • **there are sixteen** il y en a seize

**sixteenmo** /sɪks'tiːnməʊ/ N (pl **sixteenmos**) in-seize *m*

**sixteenth** /'sɪks'tiːnθ/

ADJ seizième

N seizième *mf* ; *(= fraction)* seizième *m*

COMP **sixteenth note** N *(US Mus)* double croche *f* ; *pour loc voir* **sixth**

**sixth** /sɪksθ/

ADJ sixième • **to be sixth in an exam/in German** être sixième à un concours/en allemand • **she was the sixth to arrive** elle est arrivée la sixième • **Charles the Sixth** Charles six • **the sixth of November, November the sixth** le six novembre

**N** sixième *mf* ; (= *fraction*) sixième *m* ; (*Mus*) sixte *f* ◆ **he wrote the letter on the sixth** il a écrit la lettre le six, sa lettre est du six ◆ **your letter of the sixth** votre lettre du six (courant) ◆ **the sixth** (*Brit Scol*) ⇒ **sixth form**

**ADV** 1 (*in race, exam, competition*) en sixième position *or* place ◆ **he came** *or* **was placed sixth** il s'est classé sixième

2 ⇒ **sixthly**

**COMP sixth form N** (*Brit Scol*) ≃ classes *fpl* de première et terminale ◆ **to be in the sixth form** ≃ être en première *or* en terminale
**sixth-form college N** *lycée n'ayant que des classes de première et de terminale*
**sixth-former, sixth-form pupil N** ≃ élève *mf* de première *or* de terminale
**the sixth grade N** (*US Scol*) ≃ le CM2
**sixth sense N** sixième sens *m*

**sixthly** /ˈsɪksθlɪ/ **ADV** sixièmement, en sixième lieu

**sixtieth** /ˈsɪkstɪɪθ/
**ADJ** soixantième
**N** soixantième *mf* ; (= *fraction*) soixantième *m* ; *pour loc voir* **sixth**

**sixty** /ˈsɪkstɪ/
**ADJ** soixante *inv* ◆ **he is about sixty** il a une soixantaine d'années, il a dans les soixante ans ◆ **about sixty books** une soixantaine de livres

**N** soixante *m inv* ◆ **about sixty** une soixantaine, environ soixante ◆ **to be in one's sixties** avoir entre soixante et soixante-dix ans, être sexagénaire ◆ **he is in his early sixties** il a un peu plus de soixante ans ◆ **he is in his late sixties** il approche de soixante-dix ans ◆ **she's getting on** *or* **going on for sixty** elle approche de la soixantaine, elle va sur ses soixante ans ◆ **in the sixties** (= *1960s*) dans les années soixante ◆ **in the early/late sixties** au début/vers la fin des années soixante ◆ **the temperature was in the sixties** ≃ il faisait entre quinze et vingt degrés ◆ **the numbers were in the sixties** le nombre s'élevait à plus de soixante ◆ **to do sixty** * (*in car*) faire du soixante milles (à l'heure), ≃ faire du cent (à l'heure) ; *pour autres loc voir* **six**

**PRON** soixante ◆ **there are sixty** il y en a soixante

**COMP sixty-first ADJ** soixante et unième **N** soixante et unième *mf* ; (= *fraction*) soixante et unième *m* **PRON** soixante et unième
**sixty-four (thousand) dollar question** * **N** ◆ **that's the sixty-four (thousand) dollar question** c'est la question à mille francs
**sixty-fourth note N** (*US Mus*) quadruple croche *f*
**sixty-odd** * **PRON** ◆ **there were sixty-odd** il y en avait soixante et quelques *, il y en avait une soixantaine ◆ **sixty-odd books** un peu plus de soixante livres, soixante et quelques livres
**sixty-one ADJ** soixante et un(e) **PRON** soixante et un
**sixty-second ADJ** soixante-deuxième **N** soixante-deuxième *mf* ; (= *fraction*) soixante-deuxième *m*
**sixty-two ADJ** soixante-deux *inv* **N** soixante-deux *m inv* **PRON** soixante-deux ◆ **there are sixty-two** il y en a soixante-deux

**sizable** /ˈsaɪzəbl/ **ADJ** ⇒ **sizeable**

**sizably** /ˈsaɪzəblɪ/ **ADV** ⇒ **sizeably**

**size¹** /saɪz/
**N** (*for plaster, paper*) colle *f* ; (*for cloth*) apprêt *m*
**VT** encoller, apprêter

**size²** /saɪz/ SYN
**N** 1 [*of person, animal, sb's head, hands*] taille *f* ; [*of room, building*] grandeur *f*, dimensions *fpl* ; [*of car, chair*] dimensions *fpl* ; [*of egg, fruit, jewel*] grosseur *f* ; [*of parcel*] grosseur *f*, dimensions *fpl* ; [*of book, photograph, sheet of paper, envelope*] taille *f*, dimensions *fpl* ; (= *format*) format *m* ; [*of sum*] montant *m* ; [*of estate, park, country*] étendue *f*, superficie *f* ; [*of problem, difficulty, obstacle*] ampleur *f*, étendue *f* ; [*of operation, campaign*] ampleur *f*, envergure *f* ◆ **the small/large size** [*of packet, tube etc*] le petit/grand modèle ◆ **the size of the town** l'importance *f* de la ville ◆ **a building of vast size** un bâtiment de belles dimensions ◆ **the size of the farm** (*building*) les dimensions *fpl* de la ferme ; (*land*) l'étendue *f* de la ferme ◆ **the size of the fish you caught** la taille du poisson que tu as attrapé ◆ **the size of the sum involved was so large that...** la somme en question était d'une telle importance que... ◆ **sort them according to size** triez-les selon la grosseur (*or* le format *etc*) ◆ **to alter/cut/make sth to size** transformer/couper/faire qch sur mesure ◆ **it's the size of a brick** c'est de la taille d'une brique ◆ **it's the size of a walnut** c'est de la grosseur d'une noix ◆ **it's the size of a house/elephant** c'est grand comme une maison/un éléphant ◆ **he's about your size** il est à peu près de la même taille que vous ◆ **that's about the size of it!** c'est à peu près ça ! ◆ **he cut the wood to size** il a coupé le bois à la dimension voulue ◆ **they are all of a size** * ils sont tous de la même grosseur (*or* de la même taille *etc*) ; → **cut down, shape**

2 [*of coat, skirt, dress, trousers etc*] taille *f* ; [*of shoes, gloves*] pointure *f* ; [*of shirt*] encolure *f* ◆ **what size are you?, what size do you take?** (*in dress etc*) quelle taille faites-vous ? ; (*in shoes, gloves*) quelle pointure faites-vous ? ; (*in shirts*) vous faites combien d'encolure *or* de tour de cou ? ; (*in hats*) quel est votre tour de tête ? ◆ **what size of collar** *or* **shirt?** quelle encolure ? ◆ **I take size 12** je prends du 12 *or* la taille 12 ◆ **what size (of) shoes do you take?** quelle pointure faites-vous ?, vous chaussez du combien ? ◆ **I take size 5 (shoes)** ≃ je chausse *or* je fais du 38 ◆ **what size of waist are you?** quel est votre tour de taille ? ◆ **we are out of size 5** ≃ nous n'avons plus de 38 ◆ **we haven't got your size** nous n'avons pas votre taille (*or* pointure *etc*) ; → **try** ◆ **"one size"** « taille unique » ◆ **I need a size smaller** il me faut la taille (*or* la pointure *etc*) en-dessous ◆ **it's two sizes too big for me** c'est deux tailles (*or* pointures *etc*) au-dessus de ce qu'il me faut ◆ **hip size** tour *m* de hanches

**VT** classer *or* trier selon la grosseur (*or* la dimension *or* la taille *etc*)

▸ **size up VT SEP** [+ *person*] juger, jauger ; [+ *situation*] mesurer ◆ **to size up the problem** mesurer l'étendue du problème ◆ **I can't quite size him up** (= *don't know what he is worth*) je n'arrive pas vraiment à le juger *or* à décider ce qu'il vaut ; (= *don't know what he wants*) je ne vois pas vraiment où il veut en venir

**-size** /saɪz/ **ADJ** (*in compounds*) ⇒ **-sized**

**sizeable** /ˈsaɪzəbl/ **ADJ** [*amount, number, problem, operation, proportion*] assez important, assez considérable ; [*object, building, estate*] assez grand ; [*majority*] assez large, assez confortable

**sizeably** /ˈsaɪzəblɪ/ **ADV** considérablement, de beaucoup

**-sized** /saɪzd/ **ADJ** (*in compounds*) → **size²** ◆ **medium-sized** de taille (*or* grandeur *or* grosseur *etc*) moyenne ; → **life**

**sizeist** /ˈsaɪzɪst/
**ADJ** antigros *inv*
**N** raciste *mf* antigros

**sizzle** /ˈsɪzl/ SYN
**VI** grésiller
**N** grésillement *m*

**sizzler** * /ˈsɪzləʳ/ **N** journée *f* torride *or* caniculaire

**sizzling** /ˈsɪzlɪŋ/
**ADJ** [*fat, bacon*] grésillant ◆ **a sizzling noise** un grésillement
**ADV** ◆ **sizzling hot** brûlant ◆ **it was a sizzling hot day** * il faisait une chaleur torride *or* caniculaire ce jour-là

**SJ** /esˈdʒeɪ/ (abbrev of **Society of Jesus**) SJ

**SJA** /ˌesdʒeɪˈeɪ/ **N** (*Brit*) (abbrev of **Saint John Ambulance**) *association bénévole de secouristes*

**SK** abbrev of **Saskatchewan**

**ska** /skɑː/ **N** (*Mus*) ska *m*

**skald** /skɔːld/ **N** scalde *m*

**skate¹** /skeɪt/ **N** (pl **skate** *or* **skates**) (= *fish*) raie *f*

**skate²** /skeɪt/
**N** patin *m* ◆ **put** *or* **get your skates on!** * (*fig*) grouille-toi ! *, magne-toi ! ‡ ; → **ice, roller**
**VI** patiner ◆ **to go skating** (*ice*) faire du patin *or* du patinage ; (*roller*) faire du patin à roulettes *or* du skating ◆ **he skated across the pond** il a traversé l'étang (en patinant *or* à patins) ◆ **it went skating across the room** cela a glissé à travers la pièce ; → **ice, roller**

▸ **skate around, skate over, skate round VT FUS** [+ *problem, difficulty, objection*] esquiver autant que possible

**skateboard** /ˈskeɪtbɔːd/
**N** skateboard *m*, planche *f* à roulettes
**VI** faire de la planche à roulettes

**skateboarder** /ˈskeɪtbɔːdəʳ/ **N** skateur *m*, -euse *f*

**skateboarding** /ˈskeɪtbɔːdɪŋ/ **N** skateboard *m*, planche *f* à roulettes

**skater** /ˈskeɪtəʳ/ **N** (*ice*) patineur *m*, -euse *f* ; (*roller*) personne *f* qui fait du skating *or* du patinage à roulettes

**skating** /ˈskeɪtɪŋ/
**N** (*ice*) patinage *m* ; (*roller*) skating *m*, patinage *m* à roulettes
**COMP** [*champion, championship, display*] (*ice*) de patinage ; (*roller*) de skating, de patinage à roulettes
**skating rink N** (*ice*) patinoire *f* ; (*roller*) skating *m*
**skating turn N** (*Ski*) pas *m* du patineur

**skean dhu** /ˈskiːənˈduː/ **N** (*Scot*) poignard *m* (*porté dans la chaussette*)

**skedaddle** * /skɪˈdædl/ **VI** (= *run away*) décamper *, déguerpir * ; (= *flee in panic*) fuir en catastrophe

**skeet shooting** /ˈskiːtˌʃuːtɪŋ/ **N** skeet *m*, tir *m* au pigeon d'argile, ball-trap *m*

**skein** /skeɪn/ **N** [*of wool etc*] écheveau *m*

**skeletal** /ˈskelɪtl/ **ADJ** 1 (*Anat*) [*structure, development*] du squelette ; [*remains*] de squelette ◆ **skeletal structure** *or* **system** squelette *m*
2 (= *emaciated*) [*person, body*] squelettique ; [*face*] émacié
3 (= *schematic*) [*timetable*] schématique

**skeleton** /ˈskelɪtn/
**N** (*Anat*) squelette *m* ; [*of building, ship, model etc*] squelette *m*, charpente *f* ; [*of plan, scheme, suggestion, novel etc*] schéma *m*, grandes lignes *fpl* ◆ **he was a mere** *or* **a walking** *or* **a living skeleton** c'était un véritable cadavre ambulant ◆ **he was reduced to a skeleton** il n'était plus qu'un squelette, il était devenu (d'une maigreur) squelettique ◆ **the staff was reduced to a skeleton** le personnel était réduit au strict minimum ◆ **a skeleton in the cupboard** (*Brit*) *or* **closet** (*US*) un cadavre dans le placard * ◆ **the family skeleton** le secret de famille ; → **feast**
**COMP** [*army, crew, staff*] squelettique, réduit au strict minimum
**skeleton key N** passe *m*, passe-partout *m inv*
**skeleton law N** (*in industrial relations*) loi-cadre *f*
**skeleton map N** carte *f* schématique
**skeleton outline N** [*of drawing, map, plan*] schéma *m* simplifié ; [*of proposals, report*] résumé *m*, grandes lignes *fpl*

**skep** /skep/ **N** 1 (= *beehive*) ruche *f*
2 (= *basket*) panier *m*

**skeptic** /ˈskeptɪk/ **ADJ, N** (*US*) ⇒ **sceptic**

**skeptical** /ˈskeptɪkəl/ **ADJ** (*US*) ⇒ **sceptical**

**skeptically** /ˈskeptɪkəlɪ/ **ADJ** (*US*) ⇒ **sceptically**

**skepticism** /ˈskeptɪsɪzəm/ **N** (*US*) ⇒ **scepticism**

**sket** ‡ /sket/ **N** (*Brit*) salope ‡ *f*

**sketch** /sketʃ/ SYN
**N** 1 (= *drawing*) (*rough*) croquis *m* ; (*preliminary*) esquisse *f* ; [*of ideas, proposals etc*] aperçu *m*, ébauche *f* ◆ **a rough sketch** (= *drawing*) une ébauche ◆ **he gave me a (rough) sketch of what he planned to do** (*fig*) il m'a donné un aperçu de *or* il m'a dit en gros ce qu'il comptait faire
2 (*Theat*) sketch *m*, saynète *f*
**VI** (*roughly*) faire des croquis ; (= *make preliminary drawing*) faire des esquisses ◆ **to go sketching** aller *or* partir faire des croquis
**VT** [+ *view, castle, figure*] (*roughly*) faire un croquis de, croquer ; (= *make preliminary drawing*) faire une esquisse de, esquisser ; [+ *map*] faire à main levée ; (*fig*) [+ *ideas, proposals, novel, plan*] ébaucher, esquisser
**COMP sketch(ing) book N** carnet *m* à croquis *or* à dessins
**sketching pad N** bloc *m* à dessins
**sketch map N** carte *f* faite à main levée
**sketch pad N** ⇒ **sketching pad**

▸ **sketch in VT SEP** [+ *detail in drawing*] ajouter, dessiner ; (*fig*) [+ *details*] ajouter ; [+ *facts*] indiquer

▸ **sketch out VT SEP** [+ *plans, proposals, ideas*] ébaucher, esquisser ◆ **to sketch out a picture of sth** (*lit, fig*) ébaucher qch, dessiner les grandes lignes de qch

**sketchily** /ˈsketʃɪlɪ/ **ADV** sommairement ◆ **the ideas are sketchily developed** les idées sont (sommairement) esquissées

**sketchiness** /ˈsketʃɪnɪs/ **N** [*of description*] manque *m* de précision ; [*of knowledge*] superficialité *f*

**sketchy** /ˈsketʃɪ/ SYN **ADJ** [*details*] incomplet (-ète *f*), lacunaire ; [*account, report*] peu détaillé, sommaire ; [*piece of work*] peu détaillé ; [*knowledge*] rudimentaire, sommaire

**skew** /skjuː/
**N** ◆ **to be on the skew** être de travers *or* en biais
**ADJ** de travers
**ADV** [*hang*] de travers

**skewbald** | **skinner**

**VI** 1 (also **skew round**) obliquer ◆ **negotiations skewed off course** (fig) les négociations ont dévié de leur but initial
2 (= squint) loucher
**COMP** **skew-eyed*** ADJ qui louche, qui a un œil qui dit merde à l'autre☆
**skew-whiff*** ADJ (Brit) ◆ **(on the) skew-whiff** de travers, de guingois *, de traviole *

**skewbald** /ˈskjuːbɔːld/
**ADJ** pie inv
**N** cheval m pie inv

**skewed** /skjuːd/ ADJ 1 (= slanting) de travers
2 (= distorted) [conception, view, graph] déformé ; [statistics] faussé

**skewer** /ˈskjʊəʳ/
**N** (for roast etc) broche f ; (for kebabs) brochette f
**VT** [+ chicken] embrocher ; [+ pieces of meat] mettre en brochette ; (fig) transpercer, embrocher *

**ski** /skiː/
**N** (pl **skis** or **ski**) ski m, planche f ; [of seaplane] patin m ; → **water**
**VI** faire du ski, skier ◆ **to go skiing** (as holiday) partir aux sports d'hiver ; (go out skiing) (aller) faire du ski ◆ **I like skiing** j'aime faire du ski or skier ◆ **to ski down a slope** descendre une pente à or en skis
**COMP** [school, clothes] de ski
**ski binding** N fixation f
**ski boot** N chaussure f de ski
**ski bunny*** N (US = girl) minette f de station de ski
**ski instructor** N moniteur m, -trice f de ski
**ski jump** N (= action) saut m à skis ; (= place) tremplin m (de ski)
**ski-jumping** N saut m à skis
**ski lift** N télésiège m, remonte-pente m inv
**ski-mountaineering** N ski m de haute montagne
**ski pants** NPL fuseau m (de ski)
**ski-pass** N forfait m skieur(s)
**ski pole** N ⇒ **ski stick**
**ski-rack** N [of car] porte-skis m
**ski resort** N station f de ski or de sports d'hiver
**ski run** N piste f de ski
**ski slope** N pente f or piste f de ski
**ski stick** N bâton m de ski
**ski-suit** N combinaison f (de ski)
**ski-touring** N ski m de randonnée, randonnée f à ski
**ski tow** N téléski m, remonte-pente m inv
**ski trousers** NPL fuseau m (de ski)
**ski wax** N fart m
**ski-wear** N vêtements mpl de ski

**skiable** /ˈskiːəbl/ ADJ skiable

**skiascopy** /skaɪˈæskəpɪ/ N skiascopie f

**skibob** /ˈskiːbɒb/ N ski-bob m, véloski m

**skid** /skɪd/
**N** 1 [of car etc] dérapage m ◆ **to get** or **go into a skid** déraper, faire un dérapage ◆ **to get out of a skid, to correct a skid** redresser or contrôler un dérapage
2 (on wheel) cale f
3 (under heavy object, rollers, logs etc) traîneau m ◆ **to put the skids**☆ **on** or **under** (= cause to fail) [+ person] faire un croc-en-jambe à (fig) ; [+ plan etc] faire tomber à l'eau * ◆ **her marriage/career is on the skids*** son mariage/sa carrière bat de l'aile ◆ **to hit the skids*** (US) devenir clochard(e)
**VI** (in car etc) déraper ; [person] déraper, glisser ◆ **the car skidded to a halt** or **stop** la voiture a dérapé et s'est immobilisée ◆ **I skidded into a tree** j'ai dérapé et percuté un arbre ◆ **he went skidding into the bookcase** il a glissé or dérapé et est allé se cogner contre la bibliothèque ◆ **the toy skidded across the room** le jouet a glissé jusqu'à l'autre bout de la pièce ◆ **prices skidded*** (US) les prix ont dérapé
**COMP** **skid row** N (esp US) quartier m de clochards, cour f des miracles ◆ **he's heading for skid row** (fig) il finira clochard *

**skidlid*** /ˈskɪdlɪd/ N casque m (de moto)

**skidmark** /ˈskɪdmɑːk/ N trace f de pneu, trace f de dérapage

**skidoo** /skɪˈduː/ N skidoo m, motoneige f, scooter m des neiges

**skidpad** /ˈskɪdpæd/, **skidpan** /ˈskɪdpæn/ N piste f d'entraînement au dérapage (pour apprendre à contrôler un véhicule)

**skidproof** /ˈskɪdpruːf/ ADJ antidérapant

**skier** /ˈskiːəʳ/ N skieur m, -euse f

**skiff** /skɪf/ N skiff m, yole f

**skiffle** /ˈskɪfl/ N (Mus) skiffle m

**skiing** /ˈskiːɪŋ/
**N** (NonC) ski m ; → **water**
**COMP** [clothes, school] de ski
**skiing holiday** N vacances fpl aux sports d'hiver, vacances fpl de neige ◆ **to go on a skiing holiday** partir aux sports d'hiver
**skiing instructor** N moniteur m, -trice f de ski
**skiing pants** NPL fuseau m (de ski)
**skiing resort** N station f de ski or de sports d'hiver
**skiing trousers** NPL ⇒ **skiing pants**

**skijumper** /ˈskiːdʒʌmpəʳ/ N sauteur m, -euse f à ski(s)

**skilful, skillful** (US) /ˈskɪlfʊl/ SYN ADJ [person, player] habile (at doing sth à faire qch), adroit ; [use, choice, management] intelligent ◆ **skilful at hunting** habile à la chasse ◆ **to be skilful in doing sth** faire preuve d'habileté or d'adresse pour faire qch ◆ **to be skilful with sth** savoir se servir de qch

**skilfully, skillfully** (US) /ˈskɪlfəlɪ/ ADV [organize, carry out, use] habilement, intelligemment ; [avoid] adroitement ; [write] avec habileté

**skilfulness, skillfulness** (US) /ˈskɪlfʊlnɪs/ N (NonC) habileté f, adresse f

**skill** /skɪl/ SYN N 1 (NonC = competence, ability) habileté f, adresse f ; (gen manual) dextérité f ; (= talent) savoir-faire m, talent m ◆ **the skill of the dancers** l'adresse f or le talent des danseurs ◆ **the skill of the juggler** l'adresse f or la dextérité du jongleur ◆ **his skill at billiards** son habileté or son adresse au billard ◆ **his skill in negotiation** son talent de négociateur ◆ **her skill in persuading them** l'habileté dont elle a fait preuve pour les persuader ◆ **lack of skill** maladresse f
2 (in craft etc) technique f ◆ **skills** (gen) capacités fpl, compétences fpl ; (Scol: innate) aptitudes fpl ; (Scol: learnt) savoir m ◆ **it's a skill that has to be acquired** c'est une technique qui s'apprend ◆ **we could make good use of his skills** ses capacités or ses compétences nous seraient bien utiles ◆ **what skills do you have?** quelles sont vos compétences ? ◆ **learning a language is a question of learning new skills** apprendre une langue consiste à acquérir de nouvelles compétences

**Skillcentre** /ˈskɪlsentəʳ/ N (Brit) centre de formation professionnelle pour demandeurs d'emploi

**skilled** /skɪld/ SYN
**ADJ** 1 (= skilful) [person, driver] habile, adroit ◆ **to be skilled in the use of sth** savoir bien se servir de qch, faire un usage habile de qch ◆ **to be skilled in diplomacy** être un habile diplomate ◆ **skilled in the art of negotiating** maître dans l'art de la négociation ◆ **skilled in** or **at doing sth** habile à faire qch ◆ **to be skilled in reading and writing** savoir bien lire et écrire
2 [job, worker] qualifié ◆ **a low-skilled clerical job** un emploi or un travail peu qualifié dans un bureau ◆ **skilled nursing care** (US) soins dispensés par un personnel médical qualifié ◆ **skilled nursing facility** (US) centre de soins dispensés par un personnel médical qualifié ; see also **semiskilled**
**COMP** **skilled labour** N main-d'œuvre f qualifiée

**skillet** /ˈskɪlɪt/ N poêlon m

**skillful** /ˈskɪlfʊl/ ADJ (US) ⇒ **skilful**

**skillfully** /ˈskɪlfəlɪ/ ADV (US) ⇒ **skilfully**

**skillfulness** /ˈskɪlfʊlnɪs/ N (US) ⇒ **skilfulness**

**skim** /skɪm/ SYN
**VT** 1 [+ milk] écrémer ; [+ soup] écumer ◆ **to skim the cream/scum/grease from sth** écrémer/écumer/dégraisser qch
2 ◆ **to skim the ground/water** [bird etc] raser or effleurer or frôler le sol/la surface de l'eau ◆ **to skim a stone across the pond** faire ricocher une pierre sur l'étang
3 (US = fig) [+ one's income] ne pas déclarer en totalité au fisc
**VI** 1 ◆ **to skim across the water/along the ground** raser l'eau/le sol ◆ **the stone skimmed across the pond** la pierre a ricoché d'un bout à l'autre de l'étang ◆ **to skim through a book** parcourir or feuilleter un livre ◆ **he skimmed over the difficult passages** il s'est contenté de parcourir rapidement les passages difficiles
2 (US * = cheat on taxes) frauder (le fisc)
**COMP** **skim(med) milk** N lait m écrémé

▶ **skim off** VT SEP 1 [+ cream, grease, money] enlever ◆ **rich Italian clubs skim off all Europe's stars** les clubs italiens volent toutes les stars européennes ◆ **private schools skim off the cream from state schools** les écoles privées dépouillent les écoles publiques de leurs meilleurs éléments

**skimmer** /ˈskɪməʳ/ N 1 (= bird) rhyncops m, bec-en-ciseaux m
2 (= kitchen utensil) écumoire f
3 (for swimming pool) skimmer m

**skimming** /ˈskɪmɪŋ/ N (US * = tax fraud) ≈ fraude f fiscale

**skimp** /skɪmp/ SYN VI lésiner, économiser ◆ **to skimp on** [+ butter, cloth, paint etc] lésiner sur ; [+ money] économiser ; [+ praise, thanks] être avare de ; [+ piece of work] faire à la va-vite, bâcler *

**skimpily** /ˈskɪmpɪlɪ/ ADV [serve, provide] avec parcimonie ; [live] chichement

**skimpiness** /ˈskɪmpɪnɪs/ N [of meal, helping, allowance] insuffisance f

**skimpy** /ˈskɪmpɪ/ ADJ [bikini, underwear] minuscule ; [meal] frugal, maigre before n ; [pay] maigre before n ◆ **she was wearing a skimpy dress** elle portait une robe qui dévoilait presque tout

**skin** /skɪn/ SYN
**N** 1 [of person, animal] peau f ◆ **she has (a) good/bad skin** elle a une jolie/vilaine peau ◆ **to wear wool next to the skin** porter de la laine sur la peau or à même la peau ◆ **wet** or **soaked to the skin** trempé jusqu'aux os ◆ **the snake casts** or **sheds its skin** le serpent mue ◆ **rabbit skin** peau f de lapin
2 (phrases) ◆ **to be (all** or **only) skin and bone** n'avoir que la peau sur les os ◆ **with a whole skin** indemne, sain et sauf, sans une écorchure ◆ **to escape by the skin of one's teeth** l'échapper belle ◆ **we caught the last train by the skin of our teeth** nous avons attrapé le dernier train de justesse ◆ **to have a thick skin** avoir une peau d'éléphant, être insensible ◆ **to have a thin skin** être susceptible, avoir l'épiderme sensible ◆ **to get under sb's skin*** (= annoy) porter or taper * sur les nerfs à qn ; (= understand) se mettre à la place de qn ◆ **I've got you under my skin*** je suis amoureux fou de toi ◆ **it's no skin off my nose!**☆ (= does not hurt me) pour ce que ça me coûte ! ; (= does not concern me) ce n'est pas mon problème ! ; → **pigskin, save¹**
3 [of fruit, vegetable, milk pudding, sausage, drum] peau f ; (peeled) pelure f ; [of boat, aircraft] revêtement m ; (for duplicating) stencil m ; (for wine) outre f ◆ **to cook potatoes in their skins*** faire cuire des pommes de terre en robe des champs or en robe de chambre ◆ **a banana skin** une peau de banane
4 (Ski) ◆ **skins** peaux fpl (de phoque)
5 (☆ = cigarette paper) papier m à cigarette
**VT** 1 [+ animal] dépouiller ; [+ fruit, vegetable] éplucher ◆ **I'll skin him alive!*** je vais l'écorcher tout vif ! ◆ **to skin one's knee** s'érafler or s'écorcher le genou ◆ **there are more ways than one** or **there is more than one way to skin a cat*** il y a plusieurs façons de plumer un canard ; → **eye**
2 (☆ = steal from) estamper *, plumer *
**COMP** [colour, texture] de (la) peau
**skin cancer** N cancer m de la peau
**skin care** N soins mpl pour la peau
**skin-deep** ADJ superficiel ◆ **it's only skin-deep** ça ne va pas (chercher) bien loin ; see also **beauty**
**skin disease** N maladie f de (la) peau
**skin diver** N plongeur m, -euse f sous-marin(e)
**skin diving** N plongée f sous-marine
**skin flick**☆ N (Cine) (film m) porno * m inv
**skin game*** N (US) escroquerie f
**skin graft** N greffe f de (la) peau
**skin grafting** N greffe f de la peau
**skin mag(azine)*** N (US) revue f porno *
**skin patch** N (Med) patch m, timbre m transdermique
**skin test** N (Med) cuti(-réaction) f

▶ **skin up**☆ VI rouler un joint *

**skinflint** /ˈskɪnflɪnt/ N grippe-sou m, radin(e) * m(f)

**skinful**☆ /ˈskɪnfʊl/ N ◆ **to have (had) a skinful** être bourré☆ ◆ **he's got a skinful of whisky** il s'est soûlé * or il a pris une biture☆ au whisky

**skinhead** /ˈskɪnhed/ N (Brit = thug) skinhead m

**skinless** /ˈskɪnlɪs/ ADJ [meat, sausage, fish] sans (la) peau

**-skinned** /skɪnd/ ADJ (in compounds) ◆ **fair-skinned** à (la) peau claire ; → **thick, thin**

**skinner** /ˈskɪnəʳ/ N peaussier m

# skinny | slackening

**skinny** /ˈskɪnɪ/ SYN
- **ADJ** 1 (= thin) [person, legs, arms] maigre ◆ **the skinny look** (Fashion) la mode ultra-mince
2 (= close-fitting) [sweater] moulant
- **COMP skinny-dip*** **N** baignade f à poil * **VI** se baigner à poil *
**skinny-dipping*** **N** (NonC) baignade f à poil * ◆ **to go skinny-dipping** se baigner à poil *
**skinny-rib (sweater** or **jumper)*** **N** pull-chaussette m

**skint*** /skɪnt/ **ADJ** (Brit) fauché *

**skintight** /skɪnˈtaɪt/ **ADJ** collant, ajusté

**skip¹** /skɪp/ SYN
- **N** petit bond m, petit saut m ◆ **to give a skip** faire un petit bond or saut
- **VI** 1 gambader, sautiller ; (with rope) sauter à la corde ◆ **to skip with joy** sauter or bondir de joie ◆ **the child skipped in/out** etc l'enfant est entré/sorti etc en gambadant or en sautillant ◆ **she skipped lightly over the stones** elle sautait légèrement par-dessus les pierres ◆ **he skipped out of the way of the cycle** il a fait un bond pour éviter le vélo ◆ **he skipped over that point** il est passé sur ce point, il a sauté par-dessus or a glissé sur ce point ◆ **to skip from one subject to another** sauter d'un sujet à un autre ◆ **the author** or **book skips about a lot** l'auteur papillonne beaucoup dans ce livre
2 (fig) ◆ **I skipped up to London yesterday** j'ai fait un saut à Londres hier ◆ **I skipped round to see her** j'ai fait un saut chez elle
- **VT** (= omit) [+ chapter, page, paragraph] sauter, passer ; [+ class, meal] sauter ◆ **I'll skip lunch** je vais sauter le déjeuner, je vais me passer de déjeuner ◆ **skip it!*** laisse tomber ! * ◆ **skip the details!** laisse tomber les détails ! *, épargnez-nous les détails ! ◆ **to skip school** sécher les cours
- **COMP skip distance N** (Elec) distance f de saut des ondes réfléchies, distance f du fond d'ondes
**skip rope N** (US) corde f à sauter
**skip zone N** (Rad) zone f de silence

**skip²** /skɪp/ **N** (Brit = container) benne f

**skipjack** /ˈskɪpdʒæk/ **N** (= fish) bonite f

**skiplane** /ˈskiːˌpleɪn/ **N** avion m sur skis

**skipper¹** /ˈskɪpəʳ/
- **N** [of boat] capitaine m, patron m ; (Sport *) capitaine m, chef m d'équipe ; (in race) skipper m
- **VT** * [+ boat] commander ; [+ team] être le chef de, mener

**skipper²** /ˈskɪpəʳ/ **N** (= fish) balaou m

**skipping** /ˈskɪpɪŋ/
- **N** saut m à la corde
- **COMP skipping rope N** (Brit) corde f à sauter

**skirl** /skɜːl/ **N** son m aigu (de la cornemuse)

**skirmish** /ˈskɜːmɪʃ/ SYN
- **N** (gen) échauffourée f ; (Mil) escarmouche f ; (fig) escarmouche f, accrochage * m
- **VI** (Mil) s'engager dans une escarmouche ◆ **to skirmish with sb** (fig) avoir un accrochage * avec qn

**skirt** /skɜːt/ SYN
- **N** 1 (= garment) jupe f ; [of frock coat] basque f
2 (= girl) ◆ **a bit of skirt*** une nana *
3 (on machine, vehicle) jupe f
4 (= steak) flanchet m
- **VT** (also **skirt round**) (= go round) contourner, longer ; (= miss, avoid) [+ town, obstacle] contourner, éviter ; [+ problem, difficulty] esquiver, éluder ◆ **the road skirts (round) the forest** la route longe or contourne la forêt ◆ **we skirted (round) Paris to the north** nous sommes passés au nord de Paris, nous avons contourné Paris par le nord ◆ **to skirt (round) the issue (of whether)** esquiver or éluder la question (de savoir si)
- **VI** ◆ **to skirt round** → vt
- **COMP skirt length N** hauteur f de jupe

**skirting** /ˈskɜːtɪŋ/ **N** (Brit : also **skirting board**) plinthe f

**skit** /skɪt/ SYN parodie f (on de) ; (Theat) sketch m satirique

**skitter** /ˈskɪtəʳ/ **VI** ◆ **to skitter across the water/along the ground** [bird] voler en frôlant l'eau/le sol ; [stone] ricocher sur l'eau/le sol

**skittish** /ˈskɪtɪʃ/ **ADJ** (= frivolous) capricieux ; (= nervous) nerveux ; (= coquettish) coquet ; (= excitable) [horse] ombrageux

**skittishly** /ˈskɪtɪʃlɪ/ **ADV** (= coquettishly) en faisant la coquette

**skittishness** /ˈskɪtɪʃnɪs/ **N** (= playfulness) espièglerie f ; (= coquettishness) coquetterie f ; [of horse] caractère m ombrageux

**skittle** /ˈskɪtl/
- **N** quille f ◆ **skittles** (esp Brit) (jeu m de) quilles fpl ; → **beer**
- **COMP skittle alley N** (piste f de) jeu m de quilles, bowling m

**skive*** /skaɪv/ (Brit)
- **VI** (also **skive off**) tirer au flanc *
- **N** ◆ **to be on the skive** tirer au flanc *

**skiver*** /ˈskaɪvəʳ/ **N** (Brit) tire-au-flanc * m inv

**skivvy*** /ˈskɪvɪ/
- **N** 1 (Brit pej = servant) boniche f (pej), bonne f à tout faire
2 (US) ◆ **skivvies*** (= underwear) sous-vêtements mpl (d'homme)
- **VI** (Brit) faire la boniche

**Skopje** /ˈskɔːpjɛ/ **N** Skopje

**skua** /ˈskjuːə/ **N** stercoraire m, labbe m

**skulduggery*** /skʌlˈdʌgərɪ/ **N** (NonC) maquignonnage m, trafic m ◆ **a piece of skulduggery** un maquignonnage

**skulk** /skʌlk/ SYN **VI** (also **skulk about**) rôder en se cachant, rôder furtivement ◆ **to skulk in/away** etc entrer/s'éloigner etc furtivement

**skull** /skʌl/ **N** crâne m ◆ **skull and crossbones** (= emblem) tête f de mort ; (= flag) pavillon m à tête de mort ◆ **I can't get it into his (thick) skull* that...** pas moyen de lui faire comprendre que..., je n'arrive pas à lui faire entrer dans le crâne * que...

**skullcap** /ˈskʌlkæp/ **N** 1 (= cap) calotte f
2 (= plant) scutellaire f

**skunk** /skʌŋk/ **N** (pl **skunk** or **skunks**) 1 (= animal) mouffette f ; (= fur) sconse m ; (* pej = person) mufle * m, canaille f, salaud * m
2 (* Drugs) ◆ **skunk (weed)** skunk m

**sky** /skaɪ/ SYN
- **N** ciel m ◆ **the skies** le(s) ciel(s) ; (fig) les cieux mpl ◆ **there was a clear blue sky** le ciel était clair et bleu ◆ **in the sky** dans le ciel ◆ **under the open sky** à la belle étoile ◆ **under a blue sky, under blue skies** sous un ciel bleu ◆ **the skies over** or **of England** les ciels mpl d'Angleterre ◆ **the skies of Van Gogh** les ciels mpl de Van Gogh ◆ **under warmer skies** sous des cieux plus cléments ◆ **to praise sb to the skies** porter qn aux nues ◆ **it came out of a clear (blue) sky** (fig) c'est arrivé de façon tout à fait inattendue, on ne s'y attendait pas vraiment ◆ **the sky's the limit*** tout est possible
- **VT** [+ ball] envoyer très haut or en chandelle
- **COMP sky ad N** publicité f or annonce f aérienne
**sky blue N** bleu m ciel
**sky-blue ADJ** bleu ciel inv
**sky-high ADJ** très haut (dans le ciel) ; (fig) extrêmement haut ◆ **he hit the ball sky-high** il a envoyé le ballon très haut (dans le ciel) ◆ **the bridge was blown sky-high** le pont a sauté, le pont a volé en morceaux ◆ **to blow a theory sky-high** démolir une théorie ◆ **prices are sky-high** les prix sont exorbitants ◆ **the crisis sent sugar prices sky-high** la crise a fait monter en flèche le prix du sucre
**sky marshal N** agent de police ou de sécurité embarqué sur un vol pour en assurer sa protection
**sky pilot** †* **N** (= priest) curé m
**sky-surfing N** sky-surfing m
**sky train N** avion qui remorque un ou plusieurs planeurs

**skycap** /ˈskaɪkæp/ **N** (US) porteur (dans un aéroport)

**skydive** /ˈskaɪdaɪv/
- **N** saut m (en parachute) en chute libre
- **VI** faire du parachutisme en chute libre

**skydiver** /ˈskaɪdaɪvəʳ/ **N** parachutiste mf (faisant de la chute libre)

**skydiving** /ˈskaɪdaɪvɪŋ/ **N** parachutisme m (en chute libre)

**Skye** /skaɪ/
- **N** (île f de) Skye f
- **COMP Skye terrier N** Skye-terrier m, terrier m Skye

**skyjack*** /ˈskaɪdʒæk/ **VT** [+ plane] détourner, pirater

**skyjacker*** /ˈskaɪdʒækəʳ/ **N** pirate m de l'air

**skyjacking*** /ˈskaɪdʒækɪŋ/ **N** détournement m d'avion, piraterie f aérienne

**Skylab** /ˈskaɪlæb/ **N** (Space) laboratoire m spatial, Skylab m

**skylark** /ˈskaɪlɑːk/
- **N** (= bird) alouette f (des champs)
- **VI** * chahuter, faire le fou

**skylarking*** /ˈskaɪlɑːkɪŋ/ **N** rigolade * f, chahut m

**skylight** /ˈskaɪlaɪt/ **N** lucarne f, tabatière f

**skyline** /ˈskaɪlaɪn/ **N** ligne f d'horizon ; [of city] ligne f des toits ; [of buildings] profil m, silhouette f

**skyrocket** /ˈskaɪrɒkɪt/
- **N** fusée f
- **VI** [prices] monter en flèche

**skyscape** /ˈskaɪskeɪp/ **N** (Art) ciel m

**skyscraper** /ˈskaɪskreɪpəʳ/ **N** gratte-ciel m inv

**skyward** /ˈskaɪwəd/ **ADJ, ADV** vers le ciel

**skywards** /ˈskaɪwədz/ **ADV** [soar, point] vers le ciel ; [gaze] en l'air

**skyway** /ˈskaɪweɪ/ **N** (US = air corridor) route f or voie f aérienne ; (= road) route f surélevée

**skywriting** /ˈskaɪraɪtɪŋ/ **N** publicité f aérienne (tracée dans le ciel par un avion)

**slab** /slæb/ SYN
- **N** 1 (large piece) [of stone, wood, slate] bloc m ; (flat) plaque f ; [of meat] pièce f ; (smaller) carré m, pavé m ; [of cake] pavé m ; (smaller) grosse tranche f ; [of chocolate] plaque f ; (smaller) tablette f
2 (= paving slab) dalle f ; (= table, surface) (in butcher's etc) étal m ; (in mortuary) table f de dissection or d'autopsie
- **COMP slab cake N** grand cake m rectangulaire

**slack** /slæk/ SYN
- **ADJ** 1 (= loose) [skin, sail] flasque, mou (molle f) ; [rope] lâche, mal tendu ; [joint, knot] desserré ; [hold, grip] faible ; [muscle] relâché ◆ **to be slack** [screw] avoir du jeu ; [rope] avoir du mou ◆ **keep it slack!** [rope] laissez du mou ! ◆ **to have a slack mouth/jaw** avoir la lèvre inférieure/la mâchoire pendante
2 (= not busy) [time, season, month] creux ; [demand] faible ; [market, trade] faible, stagnant ◆ **during slack periods** (weeks, months etc) pendant les jours or mois creux, pendant les périodes creuses ; (in the day) aux heures creuses ◆ **business is slack this week** les affaires marchent au ralenti or ne vont pas fort * cette semaine
3 (= lax) [discipline, security] relâché ; [student] inappliqué, peu sérieux ; [worker] peu sérieux, peu consciencieux ◆ **to be slack in** or **about one's work** se relâcher dans son travail
- **N** 1 (in rope: Climbing) mou m ; (in cable) ballant m ; (in joint) jeu m ◆ **to take up the slack in a rope** raidir un cordage ◆ **to take up the slack in the economy** relancer les secteurs affaiblis de l'économie ◆ **to cut sb some slack** (fig) faciliter les choses à qn
2 (= coal) poussier m
- **NPL slacks** (= trousers) pantalon m ◆ **a pair of slacks** un pantalon
- **VI** * ne pas travailler comme il le faudrait
- **COMP slack water N** étale mf

▶ **slack off**
- **VI** 1 (* = stop working/trying etc) se relâcher (dans son travail/dans ses efforts etc)
2 [business, trade, demand] ralentir
- **VT SEP** [+ rope, cable] détendre, donner du mou à

▶ **slack up VI** ralentir (ses efforts or son travail)

**slacken** /ˈslækən/
- **VT** (also **slacken off**) [+ rope] relâcher, donner du mou à ; [+ cable] donner du ballant à ; [+ reins] relâcher ; [+ screw] desserrer ; [+ pressure etc] diminuer, réduire ◆ **to slacken one's pace** ralentir l'allure ◆ **to slacken speed** (in car) diminuer de vitesse, ralentir
- **VI** (also **slacken off**) [rope] se relâcher, prendre du mou ; [cable] prendre du ballant ; [screw] se desserrer ; [gale] diminuer de force ; [speed] diminuer ; [activity, business, trade] ralentir, diminuer ; [effort, enthusiasm, pressure] diminuer, se relâcher

▶ **slacken off** (esp Brit)
- **VI** 1 ⇒ **slacken** vi
2 [person] se relâcher, se laisser aller
- **VT SEP** ⇒ **slacken** vt

▶ **slacken up VI** ⇒ **slacken off** vi 2

**slackening** /ˈslækənɪŋ/ **N** (NonC) [of effort, grip, rope, muscles] relâchement m ; [of output, pace] ralentissement m ◆ **a slackening of demand** une diminution or baisse de la demande ◆ **a slack-**

**slacker | slave**

ening in sb's determination un fléchissement de la détermination de qn

**slacker*** /ˈslækəʳ/ N flemmard(e)* m(f), fainéant(e) m(f)

**slackly** /ˈslæklɪ/ ADV ①(= loosely) [hang] lâchement, mollement
②(= laxly) [work, play] négligemment ; [supervise] sans fermeté

**slackness** /ˈslæknɪs/ N [of rope etc] manque m de tension ; * [of person] négligence f, laisser-aller m inv ◆ **the slackness of trade** le ralentissement or la stagnation des affaires

**slag** /slæg/
N ①(Metal) scories fpl, crasses fpl
②(Min) stériles mpl
③(Brit ⁑ = slut) salope⁑ f
VT (Brit) → **slag off**
COMP **slag heap** N (Metal) crassier m ; (Min) terril m

▸ **slag off** VT SEP (esp Brit) ◆ **to slag sb off** (= scold, insult) engueuler⁑ qn ; (= speak badly of) débiner* qn

**slain** /sleɪn/
VB ptp of **slay**
NPL **the slain** (Mil) les morts mpl, les soldats mpl tombés au champ d'honneur

**slake** /sleɪk/
VT [+ lime] éteindre ; [+ one's thirst] étancher ; (fig) [+ desire for revenge etc] assouvir, satisfaire
COMP **slaked lime** N (Constr) chaux f éteinte

**slalom** /ˈslɑːləm/
N slalom m
VI slalomer
COMP **slalom descent** N descente f en slalom
**slalom racer, slalom specialist** N slalomeur m, -euse f

**slam** /slæm/ SYN
N ①[of door] claquement m ◆ **to shut the door with a slam** claquer la porte
②(Bridge) chelem m ◆ **to make a grand/little slam** faire un grand/petit chelem
VT [+ door] (faire) fermer violemment ; [+ lid] (faire) claquer, rabattre violemment ◆ **to slam the door shut** claquer la porte ◆ **she slammed the books on the table** elle a jeté brutalement or a flanqué* les livres sur la table ◆ **he slammed the ball into the grandstand** d'un coup violent il a envoyé le ballon dans la tribune ◆ **our team slammed yours*** (fig) notre équipe a écrasé la vôtre
②(⁑ = criticize) éreinter*, descendre en flammes*
VI ①[door, lid] claquer ◆ **the door slammed shut** la porte s'est refermée en claquant
②◆ **to slam into** (or **against**) **sth** s'écraser contre qch
COMP **slam dancing** N (NonC) slam m (danse punk qui consiste à se jeter contre les autres spectateurs)
**slam-dunk** (US Basketball) N slam-dunk m, smash m VT, VI smasher

▸ **slam down** VT SEP (gen) poser or jeter brutalement, flanquer* ; [+ lid] rabattre brutalement ◆ **to slam the phone down** raccrocher brutalement ◆ **he slammed the phone down on me** il m'a raccroché au nez

▸ **slam on** VT SEP ◆ **to slam on the brakes** freiner à mort ◆ **to slam the brakes on sth*** (fig = put a stop to) mettre le holà à qch

▸ **slam to**
VI se refermer en claquant
VT SEP refermer en claquant

**slammer** /ˈslæməʳ/ N (= prison) ◆ **the slammer**⁑ la taule⁑, la prison

**slander** /ˈslɑːndəʳ/ SYN
N calomnie f ; (Jur) diffamation f ◆ **it's a slander to suggest that...** c'est de la calomnie que de suggérer que...
VT calomnier, dire du mal de ; (Jur) diffamer

**slanderer** /ˈslɑːndərəʳ/ N calomniateur m, -trice f ; (Jur) diffamateur m, -trice f

**slanderous** /ˈslɑːndərəs/ SYN ADJ calomnieux ; (Jur) diffamatoire

**slanderously** /ˈslɑːndərəslɪ/ ADV calomnieusement ; (Jur) de façon diffamatoire

**slang** /slæŋ/ SYN
N (NonC) argot m ◆ **in slang** en argot ◆ **in army/school slang** en argot militaire/d'écolier, dans l'argot des armées/des écoles ◆ **that word is slang** c'est un mot d'argot or argotique, c'est un argotisme ◆ **to talk slang** parler argot ◆ **he uses a lot of slang** il emploie beaucoup d'argot, il s'exprime dans une langue très verte ; → **rhyming**
ADJ [phrase, word] d'argot, argotique ◆ **a slang expression** un argotisme
VT * traiter de tous les noms
COMP **slanging match*** N (Brit) prise f de bec *

**slangily*** /ˈslæŋɪlɪ/ ADV ◆ **to talk slangily** parler argot, employer beaucoup d'argot

**slangy*** /ˈslæŋɪ/ ADJ [style, language, expression] argotique ; [person] qui emploie beaucoup d'argot

**slant** /slɑːnt/ SYN
N ①inclinaison f, aspect m penché ; (fig = point of view) point m de vue (on sur), angle m, perspective f ; (= bias) parti m pris ◆ **what's his slant on it?** quel est son point de vue sur la question ? ◆ **to give a slant to sth** présenter qch avec parti pris ◆ **to give/get a new slant on sth** présenter/voir qch sous un angle or jour nouveau
②(Typography) (also **slant mark**) (barre f) oblique f
VI [line, handwriting] pencher, être incliné ; [light, sunbeam] passer obliquement
VT [+ line, handwriting] faire pencher, incliner ; (fig) [+ account, news] présenter avec parti pris ◆ **slanted eyes** yeux mpl bridés ◆ **a slanted report** un rapport orienté or tendancieux
COMP **slant-eyed** ADJ aux yeux bridés

**slanting** /ˈslɑːntɪŋ/ SYN ADJ [line, rays, light, rain] oblique ; [roof, surface] en pente, incliné ; [handwriting] penché, couché ; [eyes] bridé

**slantwise** /ˈslɑːntwaɪz/ ADV, ADJ obliquement, de biais

**slanty*** /ˈslɑːntɪ/ ADJ ◆ **slanty-eyed** aux yeux bridés ◆ **slanty eyes** yeux mpl bridés

**slap** /slæp/ SYN
N claque f ; (on face) gifle f ; (on back) grande tape f ; (stronger) grande claque f ◆ **a slap on the bottom** une fessée ◆ **a slap in the face** (lit, fig) une gifle ◆ **a slap on the back** une grande tape or claque dans le dos ◆ **to give sb a slap** donner une gifle à qn ◆ **to give sb a slap on the wrist** (fig) réprimander qn ◆ **to get a slap on the wrist** se faire taper sur les doigts
ADV en plein, tout droit ◆ **he ran slap into the wall** il est rentré en plein dans or tout droit dans le mur ◆ **slap in the middle** en plein or au beau milieu
VT ①(= hit) [+ person] donner une tape à ; (stronger) donner une claque à ◆ **to slap sb on the back** donner une tape or une claque dans le dos à qn ◆ **to slap a child's bottom** donner une fessée à un enfant ◆ **to slap sb's face** or **sb in the face** gifler qn ◆ **to slap one's knees** or **thighs** (in amusement etc) se taper les cuisses
②(= put) flanquer* ◆ **he slapped the book on the table** il a flanqué* le livre sur la table ◆ **he slapped £50 on to the price*** il a gonflé son prix de 50 livres
COMP **slap and tickle**⁑ N (Brit) ◆ **they were having a bit of the old slap and tickle** ils étaient en train de se peloter*
**slap-bang*** ADV (Brit) ◆ **slap-bang into the wall** en plein or tout droit dans le mur ◆ **he ran slap-bang(-wallop) into his mother** il a heurté sa mère de plein fouet ; (= met) il s'est retrouvé nez à nez avec sa mère
**slap-happy*** ADJ (= carelessly cheerful) insouciant, décontracté, relaxe* ; (US = punch-drunk) groggy, abruti par les coups
**slap-up meal*** N (Brit) repas m fameux or extra *

▸ **slap around** VT SEP donner des claques à ◆ **he slaps his wife around** il bat sa femme

▸ **slap down** VT SEP [+ object] poser brusquement or violemment ◆ **to slap sb down*** (fig) rembarrer * qn, envoyer qn sur les roses *

▸ **slap on** VT SEP [+ paint etc] appliquer à la va-vite or n'importe comment ; * [+ tax] flanquer*, coller * ◆ **to slap on make-up** se maquiller à la va-vite ◆ **she slapped some foundation on her face*** elle s'est collé vite fait du fond de teint sur la figure* ◆ **he slapped a coat of paint on the wall** il a flanqué* une couche de peinture sur le mur

**slapdash*** /ˈslæpdæʃ/ SYN
ADJ [person] négligent ; [work] bâclé *
ADV à la va-vite, n'importe comment

**slaphead**⁑ /ˈslæphed/ N (pej or hum = bald person) ◆ **he's a slaphead** c'est un crâne d'œuf*, il est chauve comme un œuf*

**slapper**⁑ /ˈslæpəʳ/ N garce⁑ f

**slapstick** /ˈslæpstɪk/ N (also **slapstick comedy**) grosse farce f, comédie f bouffonne

ENGLISH-FRENCH 894

**slash** /slæʃ/ SYN
N ①(= cut: gen) entaille f, taillade f ; (on face) entaille f, balafre f ; (Sewing: in sleeve) crevé m
②(Typography: also **slash mark**) (barre f) oblique f
③◆ **to go for a slash**⁑ (= urinate) aller pisser un coup⁑
VT ①(with knife, sickle etc) entailler ; (several cuts) taillader ; [+ rope] couper net, trancher ; [+ face] balafrer ; (with whip, stick) cingler ; (Sewing) [+ sleeve] faire des crevés dans ◆ **slashed sleeves** manches fpl à crevés ◆ **to slash sb** taillader qn ◆ **his attacker slashed his face/his jacket** son assaillant lui a balafré le visage/a tailladé sa veste ◆ **to slash one's wrists** s'ouvrir les veines
②(fig) [+ prices] casser*, écraser* ; [+ costs, expenses] réduire radicalement ; [+ speech, text] couper or raccourcir radicalement ◆ **"prices slashed"** « prix cassés », « prix sacrifiés »
③(* = condemn) [+ book, play] éreinter*, démolir *
VI ◆ **he slashed at me with his stick** il m'a flanqué* un or des coup(s) de bâton ◆ **he slashed at the grass with his stick** il cinglait l'herbe de sa canne
COMP **slash-and-burn** ADJ (Agr) ◆ **slash-and-burn agriculture** or **farming** culture f sur brûlis

**slasher film*** /ˈslæʃəfɪlm/, **slasher movie*** /ˈslæʃəmuːvɪ/ N film m d'horreur (particulièrement violent)

**slashing** /ˈslæʃɪŋ/ SYN ADJ (fig) [criticism, attack] cinglant, mordant

**slat** /slæt/ N lame f ; (wooden) latte f ; [of blind] lamelle f

**slate** /sleɪt/ SYN
N (= substance, object : Constr, Scol etc) ardoise f ; (fig : Pol) liste f provisoire de candidats ◆ **they've got a full slate there** (Pol) ils ont des candidats dans toutes les circonscriptions ◆ **put it on the slate** (Brit Comm) mettez-le sur mon compte, ajoutez ça à mon ardoise* ◆ **to start with a clean slate** repartir sur une bonne base ; → **wipe**
VT ①[+ roof] ardoiser
②(US Pol) [+ candidate] proposer
③(Brit *) (= criticize) éreinter, démolir * ; (= scold) attraper, engueuler⁑
④(US) ◆ **to be slated*** for sth (= destined) être désigné pour qch
COMP [deposits] d'ardoise, ardoisier ; [industry] ardoisier, de l'ardoise ; [roof] en ardoise, d'ardoise
**slate-blue** ADJ, N bleu ardoise m inv
**slate-coloured** ADJ ardoise inv
**slate-grey** ADJ, N gris ardoise m inv
**slate quarry** N ardoisière f, carrière f d'ardoise

**slater** /ˈsleɪtəʳ/ N (in quarry) ardoisier m ; [of roof] couvreur m

**slather** /ˈslæðəʳ/ VT ◆ **to slather sth on** appliquer une couche épaisse de qch ◆ **to slather sth with sth** enduire qch de qch

**slatted** /ˈslætɪd/ ADJ à lames ; (wooden) à lattes ; [blind] à lamelles

**slattern** /ˈslætən/ N souillon f

**slatternly** /ˈslætənlɪ/ ADJ [woman, appearance] négligé ; [behaviour, habits] de souillon

**slaty** /ˈsleɪtɪ/ ADJ (in texture) ardoisier, semblable à l'ardoise ; (in colour) (couleur) ardoise inv

**slaughter** /ˈslɔːtəʳ/ SYN
N [of animals] abattage m ; [of people] massacre m ◆ **the slaughter on the roads** les hécatombes fpl sur la route ◆ **there was great slaughter** cela a été un carnage or un massacre
VT [+ animal] abattre ; [+ person] tuer sauvagement ; [+ people] massacrer ◆ **our team really slaughtered them*** (= beat) notre équipe les a écrasés or massacrés *

**slaughterer** /ˈslɔːtərəʳ/ N [of animals] tueur m, assommeur m ; [of person] meurtrier m ; [of people] massacreur m

**slaughterhouse** /ˈslɔːtəhaʊs/ SYN N abattoir m

**slaughterman** /ˈslɔːtəmən/ N (pl **slaughtermen** /ˈslɔːtəmen/) tueur m (dans un abattoir)

**Slav** /slɑːv/ ADJ, N slave mf

**slave** /sleɪv/ SYN
N (lit, fig) esclave mf ◆ **to be a slave to** (fig) être (l')esclave de ; → **white**
VI (also **slave away**) travailler comme un nègre, trimer ◆ **to slave (away) at sth/at doing sth** s'escrimer sur qch/à faire qch
COMP **slave cylinder** N (Tech) cylindre m secondaire

**slave driver** N (lit) surveillant m d'esclaves ; (fig) négrier m, -ière f
**slave labour** N (NonC) (= exploitation) exploitation f des esclaves ; (= work) travail m fait par les esclaves ; (*fig) travail m de forçat or de galérien ◆ **slave labour camp** camp m de travaux forcés
**slave ship** N (vaisseau m) négrier m
**slave trade** N commerce m des esclaves, traite f des Noirs
**slave trader** N marchand m d'esclaves, négrier m
**slave traffic** N trafic m d'esclaves

**slaver¹** /ˈsleɪvəʳ/ N (= person) marchand m d'esclaves, négrier m ; (= ship) (vaisseau m) négrier m

**slaver²** /ˈslævəʳ/ (= dribble)
- **N** bave f
- **VI** baver ◆ **to slaver over sth** (fig) baver* devant qch

**slavery** /ˈsleɪvərɪ/ SYN N (lit, fig) esclavage m ◆ **housework is nothing but slavery** le ménage est un véritable esclavage or une perpétuelle corvée ; → **sell**

**slavey*** /ˈsleɪvɪ/ N boniche* f

**Slavic** /ˈslɑːvɪk/ ADJ, N slave m

**slavish** /ˈsleɪvɪʃ/ SYN ADJ [imitation] servile ; [devotion] béat ; [remake] sans aucune originalité ◆ **to be a slavish follower of sb/sth** suivre qn/qch aveuglément

**slavishly** /ˈsleɪvɪʃlɪ/ ADV [follow] servilement, aveuglément ; [copy] bêtement ◆ **their slavishly pro-American attitude** leur attitude aveuglément pro-américaine ◆ **the film is slavishly faithful to the novel** le film est trop proche du roman

**Slavonia** /sləˈvəʊnɪə/ N Slavonie f

**Slavonian** /sləˈvəʊnɪən/
- **ADJ** slavon
- **N** ① (= person) Slavon m
- ② (= language) slavon m
- **COMP** **Slavonian grebe** N grèbe m esclavon

**Slavonic** /sləˈvɒnɪk/ ADJ, N slave m

**slavophile** /ˈslævəʊˌfaɪl/ N, ADJ slavophile mf

**slaw** /slɔː/ N (esp US) salade f de chou cru

**slay** /sleɪ/ SYN (pret **slew**, ptp **slain**) VT tuer ◆ **he slays me!*** (fig) il me fait mourir or crever* de rire ! ; see also **slain**

**slayer** /ˈsleɪəʳ/ N (liter) tueur m, -euse f

**SLD** /ˌesel'diː/ N (Brit Pol) (abbrev of **Social and Liberal Democrats**) → **social**

**sleaze*** /sliːz/ N ① (Pol = corruption) corruption f
② (= filth) sordidité f ◆ **that film is pure sleaze** ce film est complètement sordide

**sleazebag*** /ˈsliːzbæɡ/, **sleazeball*** /ˈsliːzbɔːl/ N ordure‡ f

**sleaziness*** /ˈsliːzɪnɪs/ N aspect m sordide ; [of person] air m louche

**sleazy*** /ˈsliːzɪ/ ADJ [place, atmosphere, behaviour] sordide ; [person] louche ; [magazine] cochon

**sled** /sled/ N (US) ⇒ **sledge noun**

**sledding** /ˈsledɪŋ/ N (US) ◆ **hard** or **tough sledding*** période f (or tâche f) difficile

**sledge** /sledʒ/
- **N** traîneau m ; (child's) luge f
- **VI** ◆ **to go sledging** faire de la luge, se promener en traîneau ◆ **to sledge down/across** etc descendre/traverser etc en luge et en traîneau

**sledgehammer** /ˈsledʒˌhæməʳ/ N marteau m de forgeron ◆ **to strike sb/sth a sledgehammer blow** (fig) assener un coup violent or magistral à qn/qch

**sledger** /ˈsledʒəʳ/ N lugeur m, -euse f

**sleek** /sliːk/ SYN ADJ [hair, fur] lustré, lisse et brillant ; [cat] au poil lustré ; [person] soigné ; [car, boat, aircraft, furniture] aux lignes pures

▶ **sleek down** VT SEP ◆ **to sleek one's hair down** se lisser les cheveux

**sleekly** /ˈsliːklɪ/ ADV [smile, reply] doucereusement, avec onction

**sleekness** /ˈsliːknɪs/ N [of person] allure f soignée ; [of car, plane] lignes fpl profilées ; [of structure, building] finesse f or pureté f (de lignes)

**sleep** /sliːp/ SYN (vb: pret, ptp **slept**)
- **N** ① sommeil m ◆ **to be in a deep** or **sound sleep** dormir profondément ◆ **to be in a very heavy sleep** dormir d'un sommeil de plomb ◆ **to talk in one's sleep** parler en dormant or dans son sommeil ◆ **to walk in one's sleep** marcher en dormant ◆ **to sleep the sleep of the just** dormir du sommeil du juste ◆ **overcome by sleep** ayant succombé au sommeil ◆ **to have a sleep, to get some sleep** dormir ; (for a short while) faire un somme ◆ **to get** or **go to sleep** s'endormir ◆ **my leg has gone to sleep** j'ai la jambe engourdie ◆ **I didn't get a wink of sleep** or **any sleep all night** je n'ai pas fermé l'œil de la nuit ◆ **she sang the child to sleep** elle a chanté jusqu'à ce que l'enfant s'endorme ◆ **to put** or **send sb to sleep** endormir qn ◆ **to put a cat to sleep** (euph = put down) faire piquer un chat ◆ **I need eight hours' sleep a night** il me faut (mes) huit heures de sommeil chaque nuit ◆ **a three-hour sleep** trois heures de sommeil ◆ **I haven't had enough sleep lately** je manque de sommeil ces temps-ci ◆ **I had a good sleep last night** j'ai bien dormi la nuit dernière ◆ **to have a good night's sleep** passer une bonne nuit ◆ **a sleep will do you good** cela vous fera du bien de dormir ◆ **let him have his sleep out** laisse-le dormir tant qu'il voudra ; → **beauty, lose**

② (* = matter in eyes) chassie f

- **VI** ① dormir ◆ **to sleep tight** or **like a log** or **like a top** dormir à poings fermés or comme une souche or comme un loir ◆ **sleep tight!** dors bien ! ◆ **to sleep heavily** dormir d'un sommeil de plomb ◆ **he was sleeping deeply** or **soundly** il dormait profondément, il était profondément endormi ◆ **to sleep soundly** (= without fear) dormir sur ses deux oreilles ◆ **to sleep lightly** (regularly) avoir le sommeil léger ; (on one occasion) dormir d'un sommeil léger ◆ **I didn't sleep a wink all night** je n'ai pas fermé l'œil de la nuit ◆ **to sleep the clock round** faire le tour du cadran ◆ **he was sleeping on his feet** (fig) il dormait debout

② (= spend night) coucher ◆ **he slept in the car** il a passé la nuit or dormi dans la voiture ◆ **he slept at his aunt's** il a couché chez sa tante ◆ **he sleeps on a hard mattress** il couche or dort sur un matelas dur

③ (= have sex) ◆ **to sleep with sb** coucher* avec qn

- **VT** ◆ **the house sleeps eight (people)** on peut loger or coucher huit personnes dans cette maison ◆ **this room will sleep four (people)** on peut coucher quatre personnes or coucher à quatre dans cette chambre ◆ **the hotel sleeps 500** l'hôtel peut loger or contenir 500 personnes ◆ **can you sleep us all?** pouvez-vous nous coucher tous ?

- **COMP** **sleep deprivation** N privation f de sommeil
**sleep-learning** N hypnopédie f

▶ **sleep around*** VI coucher* avec n'importe qui, coucher* à droite et à gauche

▶ **sleep away** VT SEP ◆ **to sleep the morning away** passer la matinée à dormir, ne pas se réveiller de la matinée

▶ **sleep in** VI ① (= lie late) faire la grasse matinée, dormir tard ; (= oversleep) ne pas se réveiller à temps, dormir trop tard
② [nurse, servant etc] être logé sur place

▶ **sleep off** VT SEP ◆ **to sleep sth off** dormir pour faire passer qch, se remettre de qch en dormant ◆ **go to bed and sleep it off** va te coucher et cela te passera en dormant ◆ **to sleep off a hangover, to sleep it off*** dormir pour faire passer sa gueule de bois‡, cuver son vin*

▶ **sleep on**
- **VI** ◆ **he slept on till ten** il a dormi jusqu'à dix heures, il ne s'est pas réveillé avant dix heures ◆ **let him sleep on for another hour** laisse-le dormir encore une heure
- **VT FUS** ◆ **to sleep on a problem/a letter/a decision** attendre le lendemain pour résoudre un problème/répondre à une lettre/prendre une décision ◆ **let's sleep on it** nous verrons demain, la nuit porte conseil ◆ **I'll have to sleep on it** il faut que j'attende demain pour décider

▶ **sleep out** VI ① (in open air) coucher à la belle étoile ; (in tent) coucher sous la tente
② [nurse, servant etc] ne pas être logé (sur place)

▶ **sleep over** VI passer la nuit, coucher

▶ **sleep through**
- **VI** ◆ **I slept through till the afternoon** j'ai dormi comme une souche or sans me réveiller jusqu'à l'après-midi
- **VT FUS** ◆ **he slept through the storm** l'orage ne l'a pas réveillé ◆ **he slept through the alarm clock** il n'a pas entendu son réveil (sonner)

▶ **sleep together** VI (= have sex) coucher ensemble

**sleeper** /ˈsliːpəʳ/ N ① (= person) dormeur m, -euse f ; (fig = spy) espion(ne) m(f) en sommeil ◆ **to be a light/heavy sleeper** avoir le sommeil léger/lourd ◆ **that child is a good sleeper** cet enfant dort très bien or fait sa nuit sans se réveiller
② (Brit : on railway track) traverse f ; (= berth) couchette f ; (= rail car) voiture-lit f ; (= train) train-couchettes m ◆ **I took a sleeper to Marseilles** j'ai pris un train-couchettes pour aller à Marseille, je suis allé à Marseille en train-couchettes
③ (esp Brit = earring) clou m (boucle d'oreille)
④ (fig = sudden success) révélation f

**sleepily** /ˈsliːpɪlɪ/ ADV [smile, blink etc] d'un air endormi ; [say, ask] d'un ton endormi

**sleepiness** /ˈsliːpɪnɪs/ SYN N [of person] envie f de dormir, torpeur f ; [of town] somnolence f, torpeur f

**sleeping** /ˈsliːpɪŋ/
- **ADJ** [person, dog] endormi ◆ **let sleeping dogs lie** (Prov) il ne faut pas réveiller le chat qui dort (Prov) ◆ **to let sleeping dogs lie** ne pas réveiller le chat qui dort ◆ **(the) Sleeping Beauty** la Belle au bois dormant
- **COMP** **sleeping accommodation** N (in house) place f pour dormir, lits mpl ; (on train) couchettes fpl
**sleeping area** N (in house) chambres fpl à coucher ; (in studio flat) coin m à dormir
**sleeping bag** N sac m de couchage
**sleeping berth** N couchette f
**sleeping car** N (on train) wagon-lit m, voiture-lit f
**sleeping draught** N soporifique m
**sleeping partner** N (Brit Comm) (associé m) commanditaire m
**sleeping pill** N somnifère m
**sleeping policeman** N (pl **sleeping policemen**) (Brit : in road) ralentisseur m, gendarme m couché
**sleeping porch** N (US) chambre-véranda f
**sleeping position** N position f pour dormir
**sleeping problems** NPL troubles mpl du sommeil ◆ **I have terrible sleeping problems** je dors très mal
**sleeping quarters** NPL chambres fpl (à coucher) ; (in barracks) chambrées fpl ; (= dormitory) dortoir m
**sleeping sickness** N maladie f du sommeil
**sleeping suit** N grenouillère f
**sleeping tablet** N ⇒ **sleeping pill**

**sleepless** /ˈsliːplɪs/ SYN ADJ [person] qui ne dort pas, insomniaque ◆ **a sleepless baby can be very tiring** ça peut être très fatigant d'avoir un bébé qui ne dort pas ◆ **(to have) a sleepless night** (passer) une nuit blanche ◆ **he arrived exhausted after a sleepless journey** il est arrivé épuisé, n'ayant pas dormi de tout le trajet ◆ **he spent many sleepless hours worrying** il a passé de longues heures sans sommeil à se faire du souci

**sleeplessly** /ˈsliːplɪslɪ/ ADV sans pouvoir dormir

**sleeplessness** /ˈsliːplɪsnɪs/ SYN N insomnie f

**sleepover** /ˈsliːpəʊvəʳ/ N [of child] nuit f chez un ami

**sleepwalk** /ˈsliːpwɔːk/ VI être somnambule

**sleepwalker** /ˈsliːpwɔːkəʳ/ SYN N somnambule mf

**sleepwalking** /ˈsliːpwɔːkɪŋ/ SYN N (NonC) somnambulisme m

**sleepwear** /ˈsliːpwɛəʳ/ N (NonC: Comm etc) vêtements mpl or lingerie f de nuit

**sleepy** /ˈsliːpɪ/ SYN ADJ ① (= drowsy) [person] qui a sommeil ; [voice, look] endormi ◆ **to be** or **feel sleepy** avoir sommeil
② (= quiet) [village, town] somnolent

**sleepyhead*** /ˈsliːpɪhed/ N endormi(e) m(f)

**sleepyheaded*** /ˈsliːpɪˌhedɪd/ ADJ (à moitié) endormi

**sleet** /sliːt/
- **N** neige f fondue
- **VI** ◆ **it is sleeting** il tombe de la neige fondue

**sleeve** /sliːv/
- **N** [of garment] manche f ; [of record] pochette f ; [of cylinder etc] chemise f ◆ **he's always got something up his sleeve** il a plus d'un tour dans son sac ◆ **he's bound to have something up his sleeve** il a certainement quelque chose en réserve, il garde certainement un atout caché ◆ **I don't know what he's got up his sleeve** je ne sais pas ce qu'il nous réserve (comme surprise) ◆ **I've got an idea up my sleeve** j'ai une petite idée en réserve or dans la tête ◆ **to have** or

**-sleeved | slimming**

wear one's heart on one's sleeve laisser voir ses sentiments, être transparent ; → **laugh, shirt**
**COMP** **sleeve board** N jeannette f
**sleeve note** N (Brit : on record sleeve) texte m (sur pochette de disque)

**-sleeved** /sliːvd/ **ADJ** (in compounds) ◆ **long-sleeved** à manches longues

**sleeveless** /ˈsliːvlɪs/ **ADJ** sans manches ◆ **sleeveless T-shirt** tee-shirt m sans manches

**sleigh** /sleɪ/
 **N** traîneau m
 **VI** aller en traîneau
**COMP** **sleigh bell** N grelot m or clochette f (de traîneau)
**sleigh ride** N ◆ **to go for a sleigh ride** faire une promenade en traîneau

**sleight** /slaɪt/ N ◆ **sleight of hand** (= skill) habileté f, dextérité f ; (= trick) tour m de passe-passe ◆ **by (a) sleight of hand** par un tour de passe-passe

**slender** /ˈslendər/ SYN
 **ADJ** [1] (lit) [person, figure] svelte, mince ; [legs, arms, fingers, waist] fin ; [neck] fin, gracieux ; [column] élancé
 [2] (fig) [hope, chance, margin] faible ; [income, means, resources] maigre
**COMP** **slender-tailed meerkat** N suricate m

**slenderize** /ˈslendəraɪz/ **VT** (US) amincir

**slenderly** /ˈslendəlɪ/ **ADV** ◆ **slenderly built** svelte, mince

**slenderness** /ˈslendənɪs/ N [1] (lit) [of figure, person] sveltesse f, minceur f ; [of legs, arms, fingers, waist, neck] finesse f
 [2] (fig) [of income, means, resources] maigreur f ◆ **the slenderness of the Conservative majority** la faible majorité des conservateurs ◆ **the slenderness of his chances of winning** le peu de chances qu'il a de gagner

**slept** /slept/ **VB** pt, ptp of **sleep**

**sleuth** /sluːθ/ SYN
 **N** (= dog : also **sleuth hound**) limier m ; (* = detective) limier m, détective m
 **VI** (* : also **sleuth around**) fureter, fouiner *

**slew¹** /sluː/ **VB** pt of **slay**

**slew²** /sluː/ (also **slew round**)
 **VI** virer, pivoter ; [ship] virer ; [car] déraper par l'arrière ; (right round) faire un tête-à-queue ◆ **the car slewed (round) to a stop** la voiture s'est arrêtée après un tête-à-queue
 **VT** pivoter, faire virer ◆ **he slewed the car (round)** il a fait déraper la voiture par l'arrière ; (= right round) il a fait un tête-à-queue

**slew³** /sluː/ N (esp US) ◆ **a slew of...** un tas * de..., un grand nombre de...

**slewed** †* /sluːd/ **ADJ** (Brit = drunk) paf* inv, soûl *

**slice** /slaɪs/ SYN
 **N** [1] [of cake, bread, meat] tranche f ; [of lemon, cucumber, sausage] rondelle f, tranche f ◆ **slice of bread and butter** tranche f de pain beurré, tartine f beurrée
 [2] (= part) partie f ; (= share) part f ◆ **it took quite a slice of our profits** cela nous a pris une bonne partie de nos bénéfices ◆ **a large slice of the credit** une grande part du mérite ◆ **slice of life** tranche f de vie ◆ **slice of luck** coup m de chance
 [3] (= kitchen utensil) spatule f, truelle f
 [4] (Sport) balle f coupée, slice m
 **VT** [1] [+ bread, cake, meat] couper (en tranches) ; [+ lemon, sausage, cucumber] couper (en rondelles) ; [+ rope etc] couper net, trancher ◆ **to slice sth thin** couper qch en tranches or rondelles fines ◆ **sliced bread** le pain en tranches ◆ **a sliced loaf** un pain en tranches ◆ **it's the best thing since sliced bread** * on n'a pas vu mieux depuis l'invention du fil à couper le beurre
 [2] (Sport) [+ ball] couper, slicer
 **VI** ◆ **this knife won't slice** ce couteau coupe très mal ◆ **this bread won't slice** ce pain se coupe très mal or est très difficile à couper

▶ **slice off** **VT SEP** [+ piece of rope, finger etc] couper net, couper ◆ **to slice off a piece of sausage** couper une rondelle de saucisson ◆ **to slice off a steak** couper or tailler un bifteck

▶ **slice through** **VT FUS** [+ rope] couper net, trancher ; (fig) [+ restrictions etc] (réussir à) passer au travers de, court-circuiter * ◆ **to slice through the air/the waves** fendre l'air/les flots

▶ **slice up** **VT SEP** couper or débiter en tranches or en rondelles

**slicer** /ˈslaɪsər/ N (= knife) couteau m électrique ; (= machine) trancheuse f

**slick** /slɪk/ SYN
 **ADJ** [1] (= efficient, skilful) ◆ **the robbery was an extremely slick operation** le braquage a été rondement mené
 [2] (pej = superficial, glib) [person] qui a du bagout * ; [explanation] trop prompt ; [excuse] facile ; [style] superficiel ; [manner] doucereux, mielleux ◆ **he always has a slick answer** il a toujours réponse à tout
 [3] (= shiny, slippery) [hair] lissé ; [road, surface] glissant ◆ **slick tyres** pneus mpl lisses
 **N** (also **oil slick**) nappe f de pétrole ; (on beach) marée f noire
 **VT** ◆ **to slick (down) one's hair** (with comb etc) se lisser les cheveux ; (with hair cream) mettre de la brillantine ◆ **slicked-back hair** cheveux mpl lissés en arrière

**slicker** /ˈslɪkər/ N (US) combinard(e) * m(f) ; → **city**

**slickly** /ˈslɪklɪ/ **ADV** élégamment, habilement

**slickness** /ˈslɪknɪs/ N [1] (= efficiency, skill) habileté f
 [2] (pej = superficiality, glibness) caractère m superficiel
 [3] (= shininess, slipperiness) [of hair] brillant m ; [of road] surface f glissante

**slid** /slɪd/ ptp of **slide**

**slide** /slaɪd/ SYN (vb: pret, ptp **slid**)
 **N** [1] (= action) glissade f ; (also **landslide**) glissement m (de terrain) ; (fig : in prices, temperature etc) baisse f, chute f (in de)
 [2] (in playground, pool etc) toboggan m ; (= polished ice etc) glissoire f ; (for logs etc) glissoir m
 [3] (Phot) diapositive f, diapo * f ; [of microscope] porte-objet m ◆ **illustrated with slides** accompagné de diapositives ◆ **a film for slides** une pellicule à diapositives ; → **colour, lantern**
 [4] (Tech = runner) coulisse f ; (on trombone etc) coulisse f ; (Mus: between notes) coulé m ; (= hair slide) barrette f
 **VI** [1] [person, object] glisser ; (on ice etc) [person] faire des glissades, glisser ◆ **to slide down the bannisters** descendre en glissant sur la rampe ◆ **to slide down a slope** descendre une pente en glissant, glisser le long d'une pente ◆ **the drawer slides in and out easily** le tiroir glisse bien, le tiroir s'ouvre et se ferme facilement ◆ **the top ought to slide gently into place** on devrait pouvoir mettre le haut en place en le faisant glisser doucement ◆ **the book slid off my knee** le livre a glissé de mes genoux ◆ **to let things slide** laisser les choses aller à la dérive ◆ **he let his studies slide** il a négligé ses études
 [2] (= move silently) se glisser ◆ **he slid into the room** il s'est glissé dans la pièce ◆ **to slide into bad habits** prendre insensiblement de mauvaises habitudes
 **VT** faire glisser, glisser ◆ **he slid the chair across the room** il a fait glisser la chaise à travers la pièce ◆ **he slid the packing case into a corner** il a glissé la caisse dans un coin ◆ **he slid the photo into his pocket** il a glissé la photo dans sa poche ◆ **to slide the top (back) onto a box** remettre le couvercle sur une boîte en le faisant glisser ◆ **slide the drawer into place** remets le tiroir en place ◆ **he slid the gun out of the holster** il a sorti le revolver de l'étui

**COMP** **slide box** N (Phot) classeur m pour diapositives, boîte f à diapositives
**slide changer** N (Phot) passe-vue m
**slide fastener** N (Dress etc) fermeture f éclair ®, fermeture f à glissière
**slide guitar** N slide guitar f
**slide magazine** N (Phot) panier m
**slide projector** N (Phot) projecteur m de diapositives
**slide rule** N règle f à calcul
**slide show** N projection f de diapositives

▶ **slide down** **VI** [person, animal, vehicle] descendre en glissant ; [object] glisser

▶ **slide off** **VI** [1] [top, lid etc] s'enlever facilement or en glissant
 [2] (fig = leave quietly) [guest] s'en aller discrètement, s'éclipser * ; [thief] s'éloigner furtivement

**sliding** /ˈslaɪdɪŋ/
 **ADJ** [movement] glissant ; [part] qui glisse, mobile ; [panel, door, seat] coulissant ◆ **sliding roof** toit m ouvrant ◆ **sliding scale** (for payments, taxes etc) échelle f mobile ◆ **sliding time** (US) horaire m flexible
 **N** glissement m

**slight** /slaɪt/ SYN
 **ADJ** [1] (= minor) (gen) petit, léger before n ; [error] petit ◆ **to be at a slight angle** être légèrement incliné ◆ **it doesn't make the slightest bit of difference** (= is unimportant) cela n'a aucune importance ; (= is useless) ça ne sert à rien ◆ **without the slightest hint of embarrassment/disappointment** sans manifester la moindre gêne/la moindre déception ◆ **I haven't the slightest idea** je n'en ai pas la moindre idée ◆ **I haven't the slightest idea (of) where he's gone/what to do** je n'ai pas la moindre idée de l'endroit où il est allé/de ce qu'il faut faire ◆ **nobody showed the slightest interest** personne n'a manifesté le moindre intérêt ◆ **not in the slightest** pas le moins du monde ◆ **he takes offence at the slightest thing** il se vexe pour un rien ◆ **just the slightest bit short** un tout petit peu trop court
 [2] (= slim) [person, figure] mince, menu ◆ **to be of slight build** être menu, avoir les attaches fines
 [3] (= inconsiderable) insignifiant ◆ **a book of very slight scholarship** un livre vraiment peu érudit ◆ **it is no slight accomplishment** c'est un exploit, et non des moindres
 **VT** (= ignore) ignorer, manquer d'égards envers ; (= offend) blesser, offenser ◆ **he felt (himself) slighted** il s'est senti blessé or offensé
 **N** (= insult) affront m ◆ **this is a slight on all of us** c'est un affront qui nous touche tous

**slighting** /ˈslaɪtɪŋ/ **ADJ** offensant

**slightingly** /ˈslaɪtɪŋlɪ/ **ADV** d'une manière blessante

**slightly** /ˈslaɪtlɪ/ SYN **ADV** [1] [different, deaf, injured, damaged] légèrement ; [expensive, more, less, better etc] un peu ; [change, rise, fall, improve etc] légèrement ◆ **slightly unfair** un peu injuste, pas très juste ◆ **slightly uneasy** pas très à l'aise ◆ **I know her slightly** je la connais un peu ◆ **ever so slightly** * un tout petit peu
 [2] ◆ **slightly built** [person] menu, aux attaches fines

**slightness** /ˈslaɪtnɪs/ N (= slimness) minceur f ; (= frailty) fragilité f ; [of difference, increase etc] caractère m insignifiant or négligeable

**slim** /slɪm/ SYN
 **ADJ** [1] [person] (= thin) mince, svelte
 [2] (fig) [majority] faible ; [chance, hope] faible, mince ◆ **(the) chances are slim of England winning** or **that England will win** il y a peu de chances que l'Angleterre gagne subj ◆ **his chances of winning are slim, he has only a slim chance of winning** il a peu de chances de gagner, ses chances de gagner sont minces
 **VI** maigrir ; (= diet) suivre un régime amaigrissant ◆ **she's slimming** elle suit un régime (amaigrissant)
 **VT** (also **slim down**) [diet etc] faire maigrir ; [dress etc] amincir
 **N** (East African name for AIDS) ◆ **Slim** * sida m

▶ **slim down**
 **VI** [1] [person] maigrir, perdre du poids
 [2] [business, company] réduire ses effectifs, dégraisser *
 **VT SEP** [1] ⇒ **slim vt**
 [2] (fig) ◆ **slimmed down** [business, company] allégé, dégraissé *

**slime** /slaɪm/ N (= mud) vase f ; (on riverbeds) limon m ; (= sticky substance) dépôt m visqueux or gluant ; (from snail) bave f

**slimebag** * /ˈslaɪmbæg/, **slimeball** * /ˈslaɪmbɔːl/ N (pej) ordure f

**sliminess** /ˈslaɪmɪnɪs/ N [1] (lit) [of substance, creature, surface] viscosité f
 [2] (fig) [of person] obséquiosité f

**slimline** /ˈslɪmlaɪn/ **ADJ** [drink] light, hypocalorique ; [body, person] mince, svelte ; [dishwasher, freezer etc] mini inv

**slimmer** /ˈslɪmər/ N personne f au régime ◆ **if you are a slimmer** si vous suivez un régime

**slimming** /ˈslɪmɪŋ/
 **N** fait m de suivre un régime amaigrissant, amaigrissement m ◆ **slimming can be very tiring** un régime amaigrissant peut être très fatigant, ça peut être très fatigant d'être au régime
 **ADJ** [garment] qui amincit ; [food] amincissant ; [pills, tablets] pour maigrir
**COMP** **slimming aid** N (= food) (produit m) amincissant m

**slimming club** N centre *m* d'amaigrissement
**slimming diet** N régime *m* amaigrissant

**slimness** /'slɪmnɪs/ N [1] *(lit = thinness)* minceur *f*
[2] *(fig)* ◆ **the slimness of their majority** leur faible majorité ◆ **the slimness of his chances** le peu de chances *or* les faibles chances qu'il a

**slimy** /'slaɪmɪ/ SYN ADJ [1] *(lit) [substance, creature, surface]* visqueux
[2] *(Brit fig) [person]* mielleux, obséquieux ◆ **he's a slimy toad** c'est un lécheur *or* un lèche-bottes*

**sling** /slɪŋ/ SYN (vb: pret, ptp **slung**)
N [1] *(= weapon)* fronde *f* ; *(child's)* lance-pierre(s) *m inv* ◆ **they were quite unable to cope with the slings and arrows of outrageous fortune** ils n'étaient pas à même de faire face à l'adversité
[2] *(= hoist)* cordages *mpl*, courroies *fpl* ; *(for oil drums etc)* courroie *f* ; *(on ship) (for loads, casks, boats)* élingue *f* ; *(for mast)* cravate *f* ; *(for rifle)* bretelle *f* ; *(Med)* écharpe *f* ◆ **to have one's arm in a sling** avoir le bras en écharpe
[3] *(Climbing)* anneau *m* (de corde) ; (also **gear sling**) baudrier *m*
VT [1] *(= throw) [+ objects, stones]* lancer, jeter *(at or to sb* à qn ; *at sth* sur qch) ; *[+ insults, accusations]* lancer *(at sb* à qn) ◆ **sling your hook!*** *(Brit)* fiche le camp !*
[2] *(= hang) [+ hammock etc]* suspendre ; *[+ load etc]* hisser ; *(Naut)* élinguer ◆ **to sling across one's shoulder** *[+ rifle]* mettre en bandoulière *or* à la bretelle ; *[+ satchel]* mettre en bandoulière ; *[+ load, coat]* jeter par derrière l'épaule ◆ **with his rifle slung across his shoulder** avec son fusil en bandoulière *or* à la bretelle

▸ **sling away*** VT SEP *(= get rid of)* bazarder*
▸ **sling out*** VT SEP *(= put out) [+ person]* flanquer* à la porte *or* dehors ; *[+ object]* bazarder*
▸ **sling over*** VT SEP *(= pass)* balancer*, envoyer
▸ **sling up** VT SEP suspendre

**slingbacks** /'slɪŋbæks/ NPL escarpins *mpl* à bride (arrière)

**slingshot** /'slɪŋʃɒt/ N *(US)* lance-pierre(s) *m inv*

**slink** /slɪŋk/ SYN (pret, ptp **slunk**) VI ◆ **to slink away/out** s'en aller/sortir furtivement *or* sournoisement

**slinkily*** /'slɪŋkɪlɪ/ ADV d'une démarche ondoyante *or* ondulante

**slinking** /'slɪŋkɪŋ/ ADJ furtif

**slinky*** /'slɪŋkɪ/ ADJ *[dress, skirt]* moulant, sinueux ; *[figure]* ondoyant ; *[walk]* ondoyant, ondulant

**slip** /slɪp/ SYN
N [1] *(= mistake)* bévue *f*, erreur *f* ; *(= oversight)* étourderie *f*, oubli *m* ; *(moral)* écart *m*, faute *f* légère ◆ **slip of the tongue, slip of the pen** lapsus *m* ◆ **it was a slip of the tongue** c'était un lapsus, la langue lui a (*or* m'a *etc*) fourché ◆ **he made several slips** il a fait *or* commis plusieurs lapsus ◆ **there's many a slip 'twixt cup and lip** *(Prov)* il y a loin de la coupe aux lèvres *(Prov)*
[2] *(= paper: in filing system)* fiche *f* ◆ **a slip of paper** *(= small sheet)* un bout *or* un morceau de papier ; *(= strip)* une bande de papier ◆ **credit card slip** facture *f* de carte de crédit
[3] *(set phrase)*
◆ **to give sb the slip** fausser compagnie à qn
[4] *(= underskirt)* combinaison *f* ; → **gym**
[5] ◆ **the slips** *(for ship)* la cale ; *(Theat)* les coulisses *fpl* ; *(Cricket) partie du terrain se trouvant diagonalement derrière le batteur* ◆ **in the slips** *[ship]* sur cale ; *(Theat)* dans les coulisses
[6] *(= plant-cutting)* bouture *f*
[7] ◆ **a (mere) slip of a boy/girl** un gamin/une gamine
[8] *(NonC: Pottery)* engobe *m*
[9] *(of aircraft:* also **sideslip**) glissade *f or* glissement *m* sur l'aile
[10] (also **landslip**) éboulement *m*
VI [1] *(= slide) [person, foot, hand, object]* glisser ◆ **he slipped on the ice** il a glissé *or* dérapé sur la glace ◆ **my foot/hand slipped** mon pied/ma main a glissé ◆ **the clutch slipped** *(Driving)* l'embrayage a patiné ◆ **the knot has slipped** le nœud a glissé *or* coulissé ◆ **the fish slipped off the hook** le poisson s'est détaché de l'hameçon ◆ **the drawer slips in and out easily** le tiroir glisse bien, le tiroir s'ouvre et se ferme facilement ◆ **the top ought to slip gently into place** on devrait pouvoir mettre le haut en place en le faisant glisser doucement ◆ **the saw slipped and cut my hand** la scie a glissé *or* dérapé et m'a entaillé la main ◆ **the book slipped out of his hand/off the table** le livre lui a glissé des doigts/a glissé de la table ◆ **the beads slipped through my fingers** les perles m'ont glissé entre les doigts ◆ **money slips through her fingers** l'argent lui file entre les doigts ◆ **to let sth slip through one's fingers** laisser qch filer entre ses doigts ◆ **the thief slipped through their fingers** le voleur leur a filé entre les doigts ◆ **several errors had slipped into the report** plusieurs erreurs s'étaient glissées dans le rapport ◆ **to let an opportunity slip, to let slip an opportunity** laisser passer *or* laisser échapper une occasion ◆ **he let slip an oath** il a laissé échapper un juron ◆ **he let (it) slip that…** il a laissé échapper que… ◆ **he's slipping*** *(= getting old, less efficient)* il baisse, il n'est plus ce qu'il était ; *(= making more mistakes)* il ne fait plus assez attention, il ne se concentre plus assez ; → **net**[1]
[2] *(= move quickly) [person]* se glisser, passer ; *[vehicle]* se faufiler, passer ◆ **he slipped into/out of the room** il s'est glissé *or* coulé dans/hors de la pièce ◆ **he slipped through the corridors** il s'est faufilé dans les couloirs ◆ **I'll just slip through the garden** je vais passer par le jardin ◆ **the motorbike slipped through the traffic** la motocyclette s'est faufilée à travers la circulation ◆ **he slipped over** *or* **across the border** il se faufila de l'autre côté de la frontière ◆ **to slip into bed** se glisser *or* se couler dans son lit ◆ **to slip into a dress** *etc* se glisser dans *or* enfiler (rapidement) une robe *etc* ◆ **to slip out of a dress** *etc* enlever (rapidement) une robe *etc* ◆ **he slipped easily into his new role** il s'est adapté *or* il s'est fait facilement à son nouveau rôle ◆ **to slip into bad habits** prendre insensiblement de mauvaises habitudes
VT [1] *(= slide)* glisser ◆ **to slip a coin to sb/into sb's hand** glisser une pièce à qn/dans la main de qn ◆ **he slipped the book back on the shelf** il a glissé *or* remis le livre à sa place sur l'étagère ◆ **he slipped the ring on her finger** il lui a glissé *or* passé la bague au doigt ◆ **he slipped the photo into his pocket** il a glissé la photo dans sa poche ◆ **to slip the top (back) onto a box** remettre le couvercle sur une boîte en le faisant glisser ◆ **slip the drawer (back) into place** remets le tiroir en place ◆ **he slipped the gun out of its holster** il a retiré *or* sorti le revolver de son étui ◆ **to slip the clutch** *(Driving)* faire patiner l'embrayage ◆ **a question on Proust was slipped into the exam** l'épreuve a comporté une question inattendue sur Proust ◆ **to slip a stitch** *(Knitting)* glisser une maille
[2] *(= escape from)* échapper à ; *(Naut) [+ anchor, cable, moorings]* filer ◆ **the dog slipped its collar** le chien s'est dégagé de son collier ◆ **he slipped the dog's leash** il a lâché le chien ◆ **that slipped his attention** *or* **his notice** cela lui a échappé ◆ **it slipped his notice that…** il ne s'est pas aperçu que…, il n'a pas remarqué que…, il lui a échappé que… ◆ **it slipped my memory** *or* **my mind** j'avais complètement oublié cela, cela m'était complètement sorti de la tête
COMP **slip-on** ADJ facile à mettre *or* à enfiler*
**slip-ons, slip-on shoes** NPL chaussures *fpl* sans lacets
**slipped disc** N *(Med)* hernie *f* discale
**slip road** N *(Brit) (to motorway)* bretelle *f* d'accès ; *(= bypass road)* voie *f* de déviation
**slip stitch** N *(Knitting)* maille *f* glissée
**slip-up*** N bévue *f*, cafouillage* *m* ◆ **there has been a slip-up somewhere** quelqu'un a dû faire une gaffe*, quelque chose a cafouillé* ◆ **a slip-up in communication(s)** un cafouillage* dans les communications

▸ **slip along** VI faire un saut, passer ◆ **he has just slipped along to the shops** il a fait un saut jusqu'aux magasins ◆ **slip along to Mary's and ask her…** fais un saut *or* passe chez Marie et demande-lui…
▸ **slip away** VI *[car, boat]* s'éloigner doucement ; *[guest]* partir discrètement, s'esquiver ; *[thief]* filer*, s'esquiver ◆ **I slipped away for a few minutes** je me suis esquivé *or* éclipsé* pour quelques minutes ◆ **her life was slipping away (from her)** la vie la quittait
▸ **slip back**
VI *[guest]* revenir *or* retourner discrètement ; *[thief, spy]* revenir *or* retourner furtivement ◆ **I'll just slip back and get it** je retourne le chercher ◆ **they slipped back into bad habits** ils ont peu à peu repris leurs mauvaises habitudes
VT SEP → **slip vt 1**
▸ **slip by** VI ⇒ **slip past**
▸ **slip down** VI [1] *[object, car]* glisser ; *[person]* glisser et tomber ◆ **I'll just slip down and get it** je descends le chercher
[2] *[food, drink]* descendre* tout seul
▸ **slip in**
VI *[car, boat]* entrer doucement ; *[person]* entrer discrètement *or* sans se faire remarquer ; *[thief]* entrer furtivement *or* subrepticement ; *[cat etc]* entrer inaperçu ◆ **several errors have slipped in** plusieurs erreurs s'y sont glissées ◆ **I'll just slip in and tell him** je vais juste entrer le lui dire ◆ **I've only slipped in for a minute** je ne fais que passer, je ne fais qu'entrer et sortir
VT SEP *[+ object]* glisser, placer ; *[+ part, drawer]* glisser à sa place ; *[+ remark, comment]* glisser, placer ◆ **to slip in the clutch** *(Driving)* embrayer
▸ **slip off**
VI [1] ⇒ **slip away**
[2] *[coat, lid, cover]* glisser
VT SEP *[+ cover, ring, bracelet, glove, shoe]* enlever ; *[+ garment]* enlever, ôter
▸ **slip on**
VT SEP *[+ garment]* passer, enfiler* ; *[+ ring, bracelet, glove]* mettre, enfiler ; *[+ shoe]* mettre ; *[+ lid, cover]* (re)mettre, placer
ADJ ◆ **slip-on** → **slip**
▸ **slip out**
VI *[guest]* sortir discrètement, s'esquiver ; *[thief]* sortir furtivement, filer* ◆ **I must just slip out for some cigarettes** il faut que je sorte un instant chercher des cigarettes ◆ **she slipped out to the shops** elle a fait un saut jusqu'aux magasins ◆ **the secret slipped out** le secret a été révélé par mégarde ◆ **the words slipped out before he realized it** les mots lui ont échappé avant même qu'il ne s'en rende compte
VT SEP sortir doucement (*or* discrètement *etc*)
▸ **slip over**
VI [1] ⇒ **slip along**
[2] *(= fall)* glisser et tomber
VT SEP ◆ **to slip one over on sb*** rouler qn*
▸ **slip past** VI *[person, vehicle]* passer, se faufiler ◆ **the years slipped past** les années passèrent
▸ **slip round** VI ⇒ **slip along**
▸ **slip through** VI *[person, error]* passer, s'introduire
▸ **slip up***
VI *(= make mistake)* se ficher dedans*
N ◆ **slip-up** → **slip**

**slipcase** /'slɪpkeɪs/ N *[of book]* coffret *m*

**slipcover** /'slɪpkʌvəʳ/ N *(esp US) (on book)* jaquette *f* ; *(on furniture)* housse *f*

**slipknot** /'slɪpnɒt/ N nœud *m* coulant

**slipover*** /'slɪpəʊvəʳ/ N pull-over *m* sans manches

**slippage** /'slɪpɪdʒ/ N *[of output]* dérapage *m* (in de) ; *(in schedule)* retard *m*

**slipper** /'slɪpəʳ/
N pantoufle *f* ; *(warmer)* chausson *m* ; *(= mule)* mule *f* ; → **glass**
COMP **slipper bath** N baignoire *f* sabot

**slippery** /'slɪpərɪ/ SYN
ADJ [1] *(lit) [surface, road, soap, mud, shoes]* glissant ◆ **it's slippery underfoot** le sol est glissant ◆ **his fingers were slippery with blood/sweat** le sang/la sueur rendait ses doigts glissants ◆ **the roads were slippery with ice** les routes étaient verglacées ◆ **to be on the slippery slope** *(fig)* être sur la pente savonneuse
[2] *(pej) [person] (= evasive)* fuyant, insaisissable ; *(= unreliable)* sur qui on ne peut pas compter ◆ **he's a slippery customer** il est retors
COMP **slippery elm** N *(= tree)* aulne *m* glutineux ; *(= bark)* bois *m* d'aulne

**slippy*** /'slɪpɪ/ ADJ glissant ◆ **look slippy (about it)!*** *(Brit)* grouille-toi !*

**slipshod** /'slɪpʃɒd/ SYN ADJ *[person] (in dress etc)* débraillé, négligé ; *(in work)* négligent ; *[work, style]* négligé, peu soigné

**slipslop*** /'slɪpslɒp/ N *(= liquor)* lavasse* *f*, bibine* *f* ; *(= talk, writing)* bêtises *fpl*

**slipstream** /'slɪpstriːm/ N *[of plane]* sillage *m*

**slipware** /'slɪpwɛəʳ/ N *(pottery)* faïence *f* engobée

**slipway** /'slɪpweɪ/ N *(for building, repairing ship)* cale *f* (de construction) ; *(for launching ship)* cale *f* de lancement

**slit** /slɪt/ SYN (vb: pret, ptp **slit**)
N [1] *(= opening)* fente *f* ; *(= cut)* incision *f* ; *(= tear)* déchirure *f* ◆ **to make a slit in sth** *(= cut)*

## slither | Slovak

fendre or entailler qch ; (= tear) déchirer qch ◆ **the skirt has a slit up the side** la jupe a une fente or est fendue sur le côté

[2] (*⁂*= vagina) fente*⁂*f

**ADJ** ◆ **to have slit eyes** (= slanting) avoir les yeux bridés ◆ **he looked at me through slit eyes** (concentrating) il m'a regardé en plissant les yeux

**VT** (= make an opening in) fendre ; (= cut) inciser, faire une fente dans ; (= tear) déchirer ◆ **to slit sb's throat** trancher la gorge à qn, égorger qn ◆ **to slit one's wrists** s'ouvrir les veines ◆ **to slit a letter open** ouvrir une lettre ◆ **to slit a sack open** éventrer or fendre un sac ◆ **a slit skirt** une jupe fendue

**COMP** **slit-eyed** **ADJ** (= with eyes nearly closed) aux yeux plissés ; (= with slanting eyes) aux yeux bridés
**slit trench N** (Mil) tranchée f (étroite)

**slither** /ˈslɪðəʳ/ **SYN** **VI** [person, animal] glisser ; [snake] onduler ◆ **he slithered about on the ice** il dérapait sur la glace, il essayait de se tenir en équilibre sur la glace ◆ **the car slithered (about) all over the place** la voiture dérapait dans tous les sens ◆ **he slithered down the slope/down the rope** il a dégringolé* la pente/le long de la corde ◆ **the snake slithered across the path** le serpent a traversé le sentier en ondulant

**slithery** /ˈslɪðərɪ/ **ADJ** glissant

**sliver** /ˈslɪvəʳ/ **N** [of glass, wood] éclat m ; [of cheese, ham etc] lamelle f

**slivovitz** /ˈslɪvəʊvɪts/ **N** (NonC) slivowitz m

**Sloane Ranger*** /ˌsləʊnˈreɪndʒəʳ/ **N** (Brit) ≈ personne f BCBG

**slob*** /slɒb/ **N** rustaud(e) m(f), plouc*⁂*mf

▶ **slob out*** **VI** glander*

**slobber** /ˈslɒbəʳ/

**VI** [person, dog etc] baver ◆ **to slobber over sth** (lit) baver sur qch ; (fig pej) s'attendrir or s'extasier exagérément sur qch ◆ **to slobber over sb** [dog] couvrir qn de grands coups de langue ; (pej = kiss) [person] faire des mamours à qn, donner une fricassée de museau à qn*⁂

**N** (NonC) bave f, salive f ; (fig pej) sensiblerie f, attendrissement m exagéré

**slobbery** /ˈslɒbərɪ/ **ADJ** (pej) baveux

**sloe** /sləʊ/

**N** prunelle f ; (= bush) prunellier m
**COMP** **sloe-eyed** **ADJ** aux yeux de biche
**sloe gin N** gin m à la prunelle

**slog** /slɒg/ **SYN**

**N** (= work) long travail m pénible, travail m de Romain ; (= effort) gros effort m ◆ **the programme was one long slog** le programme exigeait un grand effort or représentait un travail de Romain ◆ **it was a (hard) slog to pass the exam** il a fallu fournir un gros effort pour réussir à l'examen ◆ **after a long slog he reached the top of the hill** il a atteint le sommet de la colline après une ascension pénible ◆ **he found it nothing but a slog** c'était une vraie corvée pour lui

**VT** [+ ball] donner un grand coup à ; [+ opponent] donner un grand coup à, donner un gnon*⁂ à ◆ **we left them to slog it out** nous les avons laissé s'expliquer à coups de poing

**VI** [1] (= work etc) travailler très dur ◆ **he slogged (his way) through the book** il a peiné pour lire ce livre

[2] (= walk etc) marcher d'un pas lourd, avancer avec obstination ◆ **he slogged up the hill** il a gravi la colline avec effort

▶ **slog along** **VI** marcher d'un pas lourd, avancer avec difficulté ◆ **we slogged along for 10km** nous nous sommes traînés sur 10 km

▶ **slog away** **VI** travailler dur or comme un nègre * ◆ **to slog away at sth** trimer* sur qch

▶ **slog on** **VI** ⇒ slog along

**slogan** /ˈsləʊgən/ **SYN** **N** slogan m

**sloganeering** /ˌsləʊgəˈnɪərɪŋ/ **N** (NonC: pej) ◆ **politics should be about ideas, rather than sloganeering** en politique, il faut des idées, pas des slogans

**slogger*** /ˈslɒgəʳ/ **N** (= hard worker) bourreau m de travail ; (Boxing) cogneur m

**slo-mo*** /ˌsləʊˈməʊ/ **N** (abbrev of **slow-motion**) ralenti m ◆ **in slo-mo** au ralenti

**sloop*** /sluːp/ **N** sloop m

**slop** /slɒp/

**VT** [+ liquid] (= spill) renverser, répandre ; (= tip carelessly) répandre (on to sur ; into dans) ◆ **you've slopped paint all over the floor** tu as éclaboussé tout le plancher de peinture

**VI** (also **slop over**) [water, tea etc] déborder, se renverser (into dans ; on to sur) ; [bowl, bucket] déborder

**NPL** **slops** (= dirty water) eaux fpl sales ; (in teacup etc) fond m de tasse ; (= liquid food) (for invalids etc) bouillon m, aliment m liquide ; (for pigs) pâtée f, soupe f

**COMP** **slop basin N** vide-tasses m inv
**slop bucket, slop pail N** (in kitchen etc) poubelle f ; (in bedroom) seau m de toilette ; (on farm) seau m à pâtée
**slopping out N** (NonC: Brit Prison) corvée f de tinettes

▶ **slop about, slop around**

**VI** [1] ◆ **the water was slopping about in the bucket** l'eau clapotait dans le seau ◆ **they were slopping about in the mud** ils pataugeaient dans la boue

[2] (fig) ◆ **she slops about in a dressing gown all day*** elle traîne or traînasse* toute la journée en robe de chambre

**VT SEP** renverser or mettre un peu partout

▶ **slop out** **VI** (Brit Prison) faire la corvée de tinettes, vider les seaux hygiéniques

▶ **slop over**

**VI** ⇒ slop vi
**VT SEP** renverser

**slope** /sləʊp/ **SYN**

**N** [1] [of roof, floor, ground, surface] inclinaison f, pente f ; [of handwriting etc] inclinaison f ◆ **roof with a slight/steep slope** toit m (qui descend) en pente douce/raide ◆ **road with a slope of 1 in 8** route f avec une pente de 12,5% ◆ **rifle at the slope** (Mil) fusil m sur l'épaule

[2] (= rising ground, gentle hill) côte f, pente f ; (= mountainside) versant m, flanc m ◆ **slope up** montée f ◆ **slope down** descente f ◆ **the car got stuck on a slope** la voiture est restée en panne dans une côte ◆ **halfway up** or **down the slope** à mi-côte, à mi-pente ◆ **on the slopes of Mount Etna** sur les flancs de l'Etna ◆ **the southern slopes of the Himalayas** le versant sud de l'Himalaya ◆ **on the (ski) slopes** sur les pistes (de ski)

**VI** [ground, roof] être en pente, être incliné ; [handwriting] pencher ◆ **the garden slopes towards the river** le jardin descend en pente vers la rivière

**VT** incliner, pencher ◆ **to slope arms** (Mil) mettre l'arme sur l'épaule ◆ **"slope arms!"** « portez arme ! »

**COMP** **sloped roman N** (Typography) romain m incliné

▶ **slope away, slope down** **VI** [ground] descendre en pente (to jusqu'à ; towards vers)

▶ **slope off*** **VI** se tirer*⁂, se barrer*⁂

▶ **slope up** **VI** [road, ground] monter

**sloping** /ˈsləʊpɪŋ/ **SYN** **ADJ** [ground, roof] en pente, incliné ; [handwriting] penché ; [shoulders] tombant

**sloppily** /ˈslɒpɪlɪ/ **ADV** (= carelessly) [dress, work] sans soin, n'importe comment ; [eat, drink] salement ; [speak] mal ◆ **sloppily acted/written** joué/écrit n'importe comment

**sloppiness** /ˈslɒpɪnɪs/ **N** [1] (= carelessness) (gen) négligence f, manque m de soin ; (in thinking, logic) manque m de rigueur ◆ **the sloppiness of his work** son travail peu soigné ◆ **the sloppiness of their English** leur anglais très relâché

[2] (= sentimentality) sensiblerie f

[3] (= sloppy consistency) [of cement, paste, food etc] consistance f trop liquide

**sloppy** /ˈslɒpɪ/ **SYN**

**ADJ** [1] (= careless) [work, handwriting, spelling] négligé, peu soigné ; [language] relâché ; [thinking, logic] qui manque de rigueur ; [appearance] négligé, débraillé ◆ **his sloppy attitude** son je-m'en-foutisme* ◆ **their sloppy English** leur anglais m très relâché ◆ **to get sloppy** [person] se relâcher ◆ **to be a sloppy worker** travailler n'importe comment ◆ **to be a sloppy eater** manger salement

[2] (= sentimental) [film, book, story] à l'eau de rose ◆ **a big sloppy kiss** un gros baiser mouillé

[3] (gen pej) [cement, paste, food] trop liquide

[4] [garment] lâche, ample

**COMP** **sloppy Joe N** (= sweater) grand pull m ; (US = sandwich) hamburger m

**slop** /slɒʃ/

**VT** [1] (Brit *⁂ = hit) flanquer* un coup or un gnon*⁂ à

[2] (= spill) renverser, répandre ; (= apply lavishly) répandre (on to, over sur ; into dans) ◆ **to slosh paint on a wall** barbouiller un mur de peinture, flanquer* de la peinture sur un mur ◆ **he sloshed water over the floor** (deliberately) il a répandu de l'eau par terre ; (accidentally) il a renversé or fichu* de l'eau par terre

**VI** ◆ **water was sloshing everywhere** l'eau se répandait partout ◆ **to slosh through mud/water** patauger dans la boue/l'eau

▶ **slosh about*, slosh around***

**VI** ⇒ slop about vi 1
**VT SEP** ⇒ slop about vt sep

**sloshed*** /slɒʃt/ **ADJ** (esp Brit = drunk) beurré*⁂, rond*⁂ ◆ **to get sloshed** prendre une biture*⁂

**slot** /slɒt/ **SYN**

**N** [1] (= slit) fente f ; (= groove) rainure f ; (in door, for mail) ouverture f pour les lettres ◆ **to put a coin in the slot** mettre or introduire une pièce dans la fente

[2] (fig = space in schedule etc) (gen, also Rad, TV) créneau m, tranche f horaire ; (Scol etc : in timetable) heure f, plage f horaire ◆ **they are looking for something to fill the early-evening comedy slot** (Rad, TV etc) on cherche quelque chose pour la tranche comédie du début de soirée ◆ **who will fit this slot?** (= job etc) qui fera l'affaire pour ce créneau ?

**VT** ◆ **to slot a part into another part** emboîter or encastrer une pièce dans une autre pièce ◆ **to slot sth into a programme/timetable** insérer or faire rentrer qch dans une grille de programmes/d'horaires

**VI** ◆ **this part slots into that part** cette pièce-ci s'emboîte or s'encastre dans celle-là ◆ **the song will slot into the programme here** on peut insérer or faire figurer la chanson à ce moment-là du programme

**COMP** **slot car N** (US) petite voiture f (de circuit électrique)
**slot machine N** (for tickets, cigarettes etc) distributeur m (automatique) ; (in fair etc) appareil m or machine f à sous
**slot meter N** compteur m (de gaz etc) (à pièces)
**slotted spoon N** écumoire f

▶ **slot in**

**VI** [piece, part] s'emboîter, s'encastrer ; (fig) [item on programme etc] s'insérer, figurer

**VT SEP** [+ piece, part] emboîter, encastrer ; (fig) [+ item on programme] insérer, faire figurer

▶ **slot together**

**VI** [pieces, parts] s'emboîter or s'encastrer les un(e)s dans les autres

**VT SEP** [+ pieces, parts] emboîter or encastrer les un(e)s dans les autres

**sloth** /sləʊθ/ **SYN** **N** (NonC = laziness) paresse f
[2] (= animal) paresseux m

**slothful** /ˈsləʊθfʊl/ **SYN** **ADJ** (liter) paresseux

**slothfully** /ˈsləʊθfəlɪ/ **ADV** paresseusement

**slouch** /slaʊtʃ/ **SYN**

**N** [1] ◆ **to walk with a slouch** mal se tenir en marchant

[2] ◆ **he's no slouch*** il n'est pas empoté*

**VI** ◆ **he was slouching in a chair** il était affalé dans un fauteuil ◆ **she always slouches** elle ne se tient jamais droite, elle est toujours avachie ◆ **stop slouching!** redresse-toi !, tiens-toi droit ! ◆ **he slouched in/out** etc il entra/sortit etc en traînant les pieds, le dos voûté

**COMP** **slouch hat N** chapeau m (mou) à larges bords

▶ **slouch about, slouch around** **VI** traîner à ne rien faire

**slough¹** /slaʊ/ **N** (= swamp) bourbier m, marécage m ◆ **the Slough of Despond** (fig) l'abîme m du désespoir

**slough²** /slʌf/

**N** [of snake] dépouille f, mue f

**VT** (also **slough off**) ◆ **the snake sloughed (off) its skin** le serpent a mué

▶ **slough off** **VT SEP** [1] ⇒ slough² vt
[2] (fig) [+ habit etc] perdre, se débarrasser de

**Slovak** /ˈsləʊvæk/

**ADJ** slovaque
**N** [1] Slovaque mf
[2] (= language) slovaque m

**COMP** **the Slovak Republic N** la République slovaque

**Slovakia** /sləʊˈvækɪə/ N Slovaquie f
**Slovakian** /sləʊˈvækɪən/ ADJ, N ⇒ **Slovak**
**sloven** /ˈslʌvn/ N souillon f
**Slovene** /ˈsləʊviːn/
 ADJ slovène
 N 1 Slovène mf
 2 (= language) slovène m
**Slovenia** /sləʊˈviːnɪə/ N Slovénie f
**Slovenian** /sləʊˈviːnɪən/ ADJ, N ⇒ **Slovene**
**slovenliness** /ˈslʌvnlɪnɪs/ N (= untidiness) aspect m négligé or débraillé ; (= carelessness) je-m'en-foutisme * m
**slovenly** /ˈslʌvnlɪ/ SYN ADJ [person, appearance, work] négligé ◆ **his slovenly attitude** son je-m'en-foutisme *
**slow** /sləʊ/ SYN
 ADJ 1 (gen) lent ◆ **the slow movement of the symphony** le mouvement lent de la symphonie ◆ **after a slow start** après un départ laborieux ◆ **the pace of life there is slow** là-bas on vit au ralenti ◆ **it's slow but sure** on (or ça) avance lentement mais sûrement ◆ **a slow train** (Brit = stopping-train) un (train) omnibus ◆ **at a slow speed** à petite vitesse ◆ **it's slow going** (lit, fig) cela n'avance pas vite ◆ **it's slow work** c'est un travail qui avance lentement ◆ **he's a slow learner** il n'apprend pas vite ◆ **to be slow of speech** (frm) parler lentement ◆ **to be slow to do sth** or **in doing sth** mettre du temps à faire qch ◆ **she was not slow to notice** or **in noticing**... il ne lui a pas fallu longtemps pour remarquer... ; → **mark², progress, uptake**
 2 [pitch, track, surface] lourd
 3 (euph = stupid) lent, qui a l'esprit lent ◆ **he's a bit slow** il a l'esprit un peu lent
 4 (= boring) [party, evening, play, film etc] ennuyeux
 5 (pej = slack, sluggish) [market, trading, demand] stagnant ; [growth] lent ◆ **business is slow** les affaires stagnent
 6 [watch, clock] ◆ **my watch is slow** ma montre retarde ◆ **my watch is ten minutes slow** ma montre retarde de dix minutes
 7 (Culin) ◆ **in a slow oven** à feu doux ◆ **over a slow heat** à feu doux
 8 (Phot) [film] lent
 ADV (= slowly) lentement ◆ **to go slower** ralentir ◆ **to go slow** [striking workers] faire la grève perlée ; → **astern, dead**
 VT (also **slow down, slow up**) [+ person] (in walk) faire ralentir ; (in activity) ralentir, retarder ; [+ vehicle, machine] ralentir (la marche de) ; [+ traffic] ralentir ; [+ horse] ralentir l'allure or le pas de ; [+ progress, production, negotiations] ralentir, retarder ; [+ reaction] rendre moins rapide ◆ **his injury slowed him down** or **up** sa blessure l'a ralenti ◆ **all these interruptions have slowed us down** or **up** toutes ces interruptions nous ont retardés
 VI (also **slow down, slow off, slow up**) [driver, worker, walker, vehicle, machine, production, progress] ralentir ; [reactions] devenir plus lent or moins rapide ◆ "slow" (road sign) « ralentir » ◆ **a "slow" signal** un panneau « attention, ralentir » ◆ **you must slow down or you will make yourself ill** (fig) il faut que vous travailliez moins, sinon vous allez tomber malade ◆ **since his retirement his life has slowed down** depuis qu'il a pris sa retraite il vit au ralenti
 COMP **slow-acting** ADJ à action lente ◆ **it is slow-acting** cela agit lentement
 **slow burn** * N (US) ◆ **he did a slow burn** il a fini par péter les plombs *
 **slow-burning** ADJ à combustion lente ◆ **it is slow-burning** cela brûle lentement
 **slow cooker** N (Culin) cocotte f électrique
 **slow handclap** N (Brit : by audience) applaudissements mpl rythmés (pour exprimer le mécontentement)
 **slow lane** * N (in countries where they drive on right) voie f de droite ; (in other countries) voie f de gauche ; → **life**
 **slow match** N mèche f à combustion lente
 **slow motion** N (Cine etc) ◆ **in slow motion** au ralenti ADJ ◆ **slow-motion film/shot** etc (film m/prise f de vues etc) au ralenti m
 **slow-moving** ADJ [person, animal] lent, aux mouvements lents ; [vehicle] lent ; [play] lent, dont l'action est lente
 **slow puncture** N (Brit) pneu qui se dégonfle lentement
 **slow-speaking, slow-spoken** ADJ qui parle lentement
 **slow virus** N virus m lent

**slow-witted** ADJ lourdaud, qui a l'esprit lent or lourd
**slow worm** N orvet m
▸ **slow down**
 VT SEP ⇒ **slow** vt
 VI ⇒ **slow** vi
▸ **slow off** VI ⇒ **slow** vi
▸ **slow up**
 VT SEP ⇒ **slow** vt
 VI ⇒ **slow** vi
**slowcoach** /ˈsləʊkəʊtʃ/ N (Brit = dawdler) lambin(e) m(f)
**slowdown** /ˈsləʊdaʊn/ N ralentissement m ; (US = strike) grève f perlée
**slowly** /ˈsləʊlɪ/ SYN ADV (gen) lentement ; [realize, start, increase] peu à peu ◆ **slowly but surely** lentement mais sûrement
**slowness** /ˈsləʊnɪs/ N [of person, vehicle, movement etc] lenteur f ; [of pitch, track] lourdeur f ; [of party, evening] manque m d'entrain or d'intérêt ; [of novel, plot, play] lenteur f, manque m de mouvement or d'action ; (= lack of energy etc) allure f posée ◆ **slowness (of mind)** lenteur f or lourdeur f d'esprit ◆ **his slowness to act** or **in acting** la lenteur avec laquelle or le retard avec lequel il a agi
**slowpoke** * /ˈsləʊpəʊk/ N (US) ⇒ **slowcoach**
**SLR** /ˌesɛlˈɑːʳ/ N (Phot) (abbrev of **single lens reflex (camera)**) → **single**
**slub** /slʌb/ VT [+ fibre] filer en gros
**sludge** /slʌdʒ/ N (NonC) (= mud) boue f, vase f ; (= sediment) boue f, dépôt m ; (= sewage) vidanges fpl ; (= melting snow) neige f fondue
**slug** /slʌg/
 N (= animal) limace f ; (= bullet) balle f ; (= blow) coup m ; (Min, Typography) lingot m ; (esp US = metal token) jeton m ; (US * = false coin) fausse pièce f ◆ **a slug of whisky** * (US) un peu or un coup * de whisky sec
 VT ( * = hit) frapper (comme une brute)
▸ **slug out** VT SEP ◆ **to slug it out** se taper dessus * (pour régler une question)
**slugfest** * /ˈslʌɡfɛst/ N bagarre f, rixe f
**sluggard** /ˈslʌɡəd/ N paresseux m, -euse f, fainéant(e) m(f)
**slugger** /ˈslʌɡəʳ/ N (Baseball) joueur m qui frappe fort
**sluggish** /ˈslʌɡɪʃ/ SYN ADJ [person, temperament] mou (molle f), léthargique ; (= slow-moving) lent ; (= lazy) paresseux ; [growth, reaction, movement, circulation, digestion] lent ; [liver] paresseux ; [market, business] stagnant ◆ **the engine is sluggish** le moteur manque de reprise or de nervosité ◆ **sales are sluggish** les ventes ne vont pas fort
**sluggishly** /ˈslʌɡɪʃlɪ/ ADV [move] lentement ; [react, respond, flow] mollement ; (Econ, Fin) [trade, perform] faiblement
**sluggishness** /ˈslʌɡɪʃnɪs/ SYN N [of person] mollesse f, lenteur f ; [of engine] manque m de nervosité
**sluice** /sluːs/
 N 1 (whole structure) écluse f ; (= gate : also **sluice gate, sluice valve**) vanne f or porte f d'écluse ; (= channel : also **sluiceway**) canal m (à vannes) ; (= water) éclusée f
 2 ◆ **to give sth/o.s. a sluice (down)** laver qch/se laver à grande eau
 VT (also **sluice down**) laver à grande eau
 COMP **sluice gate, sluice valve** N vanne f or porte f d'écluse
**sluiceway** /ˈsluːsweɪ/ N canal m (à vannes)
**slum** /slʌm/
 N (= house) taudis m ◆ **the slums** les quartiers mpl pauvres ; (in suburb) la zone ; (= shanty towns) les bidonvilles mpl
 VI ( * = live cheaply : also **slum it**) (esp Brit) vivre à la dure, manger de la vache enragée * ◆ **we don't see you often round here – I'm slumming (it) today!** (iro) on ne te voit pas souvent ici – aujourd'hui je m'encanaille !
 VT ◆ **to slum it** * vi
 COMP **slum area** N quartier m pauvre
 **slum clearance** N aménagement m des quartiers insalubres
 **slum clearance area** N zone f de quartiers insalubres en voie d'aménagement
 **slum clearance campaign** N campagne f pour la démolition des taudis
 **slum-dweller** N habitant(e) m(f) de taudis
 **slum dwelling** N taudis m

**slumber** /ˈslʌmbəʳ/ SYN
 N (liter : also **slumbers**) sommeil m (paisible)
 VI dormir paisiblement
 COMP **slumber party** N (US) soirée entre adolescentes qui restent dormir chez l'une d'entre elles
 **slumber wear** N (NonC: Comm) vêtements mpl de nuit
**slumb(e)rous** /ˈslʌmb(ə)rəs/ ADJ (liter) (= drowsy) somnolent ; (= soporific) assoupissant (liter)
**slumgullion** /ˈslʌmɡʌljən/ N (US) ragoût m
**slumlord** * /ˈslʌmlɔːd/ N (US pej) marchand * m de sommeil
**slummy** * /ˈslʌmɪ/ ADJ sordide
**slump** /slʌmp/ SYN
 N (in numbers, popularity, morale etc) forte baisse f, baisse f soudaine (in de) ; (Econ) dépression f ; (on Stock Exchange) effondrement m (des cours) ; (in sales etc) baisse f soudaine (in de) ; (in prices) effondrement m (in de) ◆ **the 1929 slump** la crise (économique) de 1929
 VI 1 [popularity, morale, production, trade] baisser brutalement ; [prices, rates] s'effondrer ◆ **business has slumped** les affaires sont en baisse, c'est le marasme (économique)
 2 (also **slump down**) s'effondrer, s'écrouler (into dans ; onto sur) ◆ **he lay slumped on the floor** il gisait effondré or écroulé par terre ◆ **he was slumped over the wheel** il était affaissé sur le volant
 3 (= stoop) avoir le dos rond or voûté
▸ **slump back** VI [person] retomber en arrière
▸ **slump down** VI ⇒ **slump** vi 2
▸ **slump forward** VI [person] tomber en avant
**slung** /slʌŋ/ VB pt, ptp of **sling**
**slunk** /slʌŋk/ VB pt, ptp of **slink**
**slur** /slɜːʳ/ SYN
 N 1 (= insult) insulte f ; (= calumny) atteinte f (on à) ◆ **to be a slur on sb's reputation** porter atteinte à or être une tache sur la réputation de qn ◆ **that is a slur on him** cela porte atteinte à son intégrité ◆ **to cast a slur on sb** porter atteinte à la réputation de qn ◆ **it's no slur on him to say...** ce n'est pas le calomnier que de dire...
 2 (Mus) liaison f
 VT (= join) [+ several sounds, words] lier à tort ; (Mus) lier ; (= enunciate indistinctly) [+ word etc] mal articuler, ne pas articuler ◆ **his speech was slurred, he slurred his words** il n'arrivait pas à articuler, il n'articulait pas
 VI [sounds etc] être or devenir indistinct
▸ **slur over** VT FUS [+ incident, mistake, differences, discrepancies] passer sous silence, glisser sur
**slurp** /slɜːp/
 VTI boire à grand bruit
 N slurp m
**slurry** /ˈslʌrɪ/ N boue f, pâte f
**slush** /slʌʃ/
 N (NonC) (= snow) neige f fondue ; (= mud) gadoue f ; (fig = sentiment) sensiblerie f
 COMP **slush fund** N fonds mpl secrets, caisse f noire
 **the slush pile** * N (Publishing) les manuscrits mpl refusés
**slushy** /ˈslʌʃɪ/ ADJ 1 [snow] fondu ; [road, street] couvert de neige fondue
 2 ( * = sentimental) [film, book, story] à l'eau de rose ; [song] sentimental
**slut** /slʌt/ SYN N (pej) (dirty) souillon f ; (immoral) salope * f, pute * f
**sluttish** /ˈslʌtɪʃ/ ADJ [appearance] sale, de souillon ; [morals, behaviour] de salope * ◆ **a sluttish woman** une souillon
**sly** /slaɪ/ SYN
 ADJ 1 (= crafty, roguish) [person, animal] rusé ; [plan] astucieux ; [smile, look] entendu, narquois ; [remark, reference, suggestion] narquois ◆ **he's a sly dog** or **a sly (old) fox** * c'est une fine mouche ◆ **(as) sly as a fox** rusé comme un renard
 2 (pej = underhand, cunning) [person, trick] sournois (pej)
 3 ( * = secretive) ◆ **she gave me a sly kick under the table** elle m'a donné un coup de pied en douce * sous la table ◆ **they were having a sly cigarette in the toilets** ils fumaient en douce * dans les toilettes
 N ◆ **on the sly** en cachette, en douce *
**slyboots** * /ˈslaɪbuːts/ N malin m, -igne f

**slyly** /ˈslaɪlɪ/ ADV 1 *(= craftily, roguishly) [say, smile, look, suggest]* d'un air entendu, d'un air narquois

2 *(pej = cunningly)* sournoisement *(pej)*

**slyness** /ˈslaɪnɪs/ N 1 *(= craftiness, roguishness) [of person, look]* ruse *f* ◆ **the slyness of her smile/comment** son sourire/commentaire narquois

2 *(pej = underhandedness, cunning)* sournoiserie *f (pej)*

**SM** /esˈem/ N 1 *(Brit Mil)* abbrev of **sergeant-major**

2 (abbrev of **sadomasochism**) SM.

**smack¹** /smæk/

VI *(lit, fig)* ◆ **to smack of sth** sentir qch

N 1 *(= small taste)* léger *or* petit goût *m* ; *(fig)* soupçon *m*

2 *(* = heroin)* héroïne *f*, blanche* *f*

**smack²** /smæk/ SYN

N *(= slap)* tape *f* ; *(stronger)* claque *f* ; *(on face)* gifle *f* ; *(= sound)* bruit *m* sec, claquement *m* ; *(* fig = kiss)* gros baiser *m* (qui claque) ◆ **he gave the ball a good smack** il a donné un grand coup dans le ballon ◆ **it was a smack in the eye for them*** *(esp Brit) (= snub)* c'était une gifle pour eux ; *(= setback)* c'était un revers pour eux

VT *[+ person]* donner une tape à ; *(stronger)* donner une claque à ; *(on face)* gifler ◆ **to smack sb's face** gifler qn, donner une paire de gifles à qn ◆ **I'll smack your bottom!** je vais te donner la fessée !, tu vas avoir la fessée ! ◆ **he smacked the table (with his hand)** il a frappé sur la table (de la main) ◆ **to smack a kiss on sb's face** plaquer un baiser sur le visage de qn ◆ **to smack one's lips** se lécher les babines

ADV * en plein ◆ **smack in the middle** en plein milieu ◆ **he kissed her smack on the lips** il l'a embrassée en plein sur la bouche ◆ **he ran smack into the tree** il est rentré en plein *or* tout droit dans l'arbre

**smack³** /smæk/ N (also **fishing smack**) smack *m*, sémaque *m*

**smacker*** /ˈsmækəʳ/ N *(= kiss)* gros baiser *m*, grosse bise* *f* ; *(= blow)* grand coup *m* (retentissant) ; *(Brit = pound)* livre *f* ; *(US = dollar)* dollar *m*

**smackhead*** /ˈsmækhed/ N héroïnomane *mf*, camé(e) *m(f)**

**smacking** /ˈsmækɪŋ/

N fessée *f* ◆ **to give sb a smacking** donner une *or* la fessée à qn

ADJ ◆ **a smacking kiss** un baiser sonore, un gros baiser

**small** /smɔːl/ SYN

ADJ 1 *(gen)* petit ; *[family, audience, population]* peu nombreux ; *[waist]* mince ; *[meal]* léger ◆ **the smallest possible number of books** le moins de livres possible ◆ **a small proportion of the business is international** une faible proportion des transactions commerciales sont internationales ◆ **"I'm sorry" he said in a small voice** « je suis désolé » dit-il d'une petite voix ◆ **he is a small eater** il mange très peu, il a un petit appétit ◆ **in small letters** en minuscules *fpl* ◆ **with a small "e"** avec un « e » minuscule ◆ **small shopkeeper/farmer/businessman** petit commerçant *m*/agriculteur *m*/entrepreneur *m* ◆ **to feel small** *(fig)* être dans ses petits souliers, se sentir honteux ◆ **to make sb feel small** humilier qn ◆ **to make sb look small** rabaisser qn devant tout le monde ◆ **it's a small world!** le monde est petit ! ◆ **to get** *or* **grow smaller** *[income, difficulties, population, amount, supply]* diminuer ; *[object]* rapetisser ◆ **mobile phones are getting smaller** les téléphones portables sont de plus en plus petits *or* compacts ◆ **to make sth smaller** *[+ income, amount, supply]* diminuer qch ; *[+ organization]* réduire qch ; *[+ garment]* reprendre qch ; see also **comp** ; → **hour, print, way**

2 *(= young) [child]* petit, jeune ◆ **I was very small at the time** j'étais tout petit *or* jeune à l'époque

3 *(frm = slight, scant)* ◆ **a matter of small importance** une affaire de peu d'importance ◆ **it's small comfort to them to know that...** cela ne les consolera guère de savoir que... ◆ **to have small cause** *or* **reason to do sth** n'avoir guère de raison de faire qch ◆ **a matter of no small consequence** une affaire d'une grande importance ◆ **they paid small attention to his suggestion** ils ont prêté peu d'attention à sa suggestion ◆ **this is of small concern to them** cela ne les préoccupe guère ; → **wonder**

ADV ◆ **to cut sth up small** *[+ paper]* couper qch en petits morceaux ; *[+ meat]* hacher qch menu

N 1 ◆ **the small of the back** le creux des reins

2 *(Brit : npl)* ◆ **smalls** †* *(= underwear)* dessous *mpl*, sous-vêtements *mpl*

COMP **small ads** NPL *(Brit Press)* petites annonces *fpl*

**small-arms** NPL *(Mil)* armes *fpl* portatives, armes *fpl* légères

**small barbel** N *(= fish)* barbillon *m*, colinot *or* colineau *m*

**small beer** N *(Brit fig)* ◆ **it's small beer** c'est de la petite bière* ◆ **he's small beer** il ne compte pas beaucoup

**small-bore** ADJ de petit calibre

**small business** N petite entreprise *f*

**small change** N *(NonC)* petite *or* menue monnaie *f*

**small circle** N *(Math)* petit cercle *m*

**small claims court** N *(Jur)* tribunal *m* d'instance *(s'occupant d'affaires mineures)*

**small end** N *(in car)* pied *m* de bielle

**the smallest room** N *(o.f) (hum)* le petit coin*

**small fry** N menu fretin *m* ; *(= children)* les gosses* *mfpl* ◆ **they're just small fry** c'est du menu fretin

**small intestine** N *(Anat)* intestin *m* grêle

**small-leaved lime** N *(= tree)* tilleul *m* à petites feuilles

**small-minded** SYN ADJ mesquin

**small-mindedly** ADV mesquinement

**small-mindedness** N petitesse *f* d'esprit, mesquinerie *f*

**small-mouth bass** N *(= fish)* achigan *m* à petite bouche

**small potatoes** NPL *(esp US)* ⇒ **small beer**

**small-scale** ADJ peu important ; *[undertaking]* de peu d'importance, de peu d'envergure ; *[map]* à petite échelle

**the small screen** N *(TV)* le petit écran

**small-size(d)** ADJ petit

**small talk** N *(NonC)* papotage *m*, menus propos *mpl* ◆ **he's got plenty of small talk** il a la conversation facile

**small-time** ADJ peu important, de troisième ordre ◆ **a small-time crook** un escroc à la petite semaine

**small-timer*** N moins *m* que rien, individu *m* insignifiant

**small town** N *(US)* petite ville *f*

**small-town** ADJ *(esp US pej)* provincial → **print**

**Small Town**

Aux États-Unis, une ville de moins de 10 000 habitants est une « petite ville » (**small town**). Le terme « village », peu utilisé, évoque plutôt l'ancien continent ou les pays du tiers-monde. Les populations des petites villes sont généralement appréciées pour les valeurs qu'elles incarnent : gentillesse, honnêteté, politesse, rapports de bon voisinage et patriotisme. Cependant, on peut aussi parler des « **small-town** attitudes » dans un sens péjoratif pour désigner une tendance aux préjugés et une certaine étroitesse d'esprit.

**smallholder** /ˈsmɔːlhəʊldəʳ/ N *(Brit)* ≃ petit agriculteur *m*

**smallholding** /ˈsmɔːlhəʊldɪŋ/ N *(Brit)* ≃ petite ferme *f*

**smallish** /ˈsmɔːlɪʃ/ ADJ *(in size)* plutôt *or* assez petit ; *(in importance)* peu important ◆ **a smallish number of...** un nombre restreint de...

**smallness** /ˈsmɔːlnɪs/ N *[of object]* petitesse *f* ; *[of sum of money]* petitesse *f*, modicité *f*

**smallpox** /ˈsmɔːlpɒks/ N variole *f*, petite vérole *f*

**smalt** /smɔːlt/ N *(= glass)* smalt *m* ; *(= pigment)* (bleu *m* de) smalt *m*

**smaltite** /ˈsmɔːltaɪt/ N smaltite *f*

**smarm*** /smɑːm/ VI *(Brit)* flatter, flagorner ◆ **to smarm over sb** lécher les bottes* à qn, passer de la pommade* à qn

**smarminess*** /ˈsmɑːmɪnɪs/ N *[of person]* côté *m* lèche-bottes*, obséquiosité *f*

**smarmy*** /ˈsmɑːmɪ/ ADJ *(Brit) [person]* lèche-bottes* *inv*, obséquieux* ; *[manner]* de lèche-bottes*

**smart** /smɑːt/ SYN

ADJ 1 *(= not shabby) [hotel, restaurant, club, neighbourhood, party, dinner]* chic *inv* ; *[person, clothes, appearance]* élégant ; *[house, car]* beau (belle *f*) ; *[garden, lawn]* soigné ◆ **you're looking very smart** tu es très élégant

2 *(= fashionable)* à la mode, dernier cri *inv* ◆ **the smart set** le beau monde ◆ **the Paris/London smart set** le tout Paris/le tout Londres

3 *(esp US * = clever) [person]* intelligent ; *[idea]* astucieux, malin (-igne *f*) ; *[deed, act]* intelligent, astucieux ◆ **that wasn't very smart (of you)** ce n'était pas très malin (de ta part) ◆ **he's too smart for me** il est trop malin pour moi ◆ **(that was) smart work!** *(= clever)* beau travail ! ; *(= swift)* ça n'a pas traîné !*

4 *(* pej = cheeky)* culotté* ◆ **don't get smart with me!** ne la ramène pas !* ◆ **she's got a smart answer to everything** elle a toujours réponse à tout

5 *(= brisk) [pace]* vif ◆ **give the nail a smart tap** tapez un bon coup sur le clou ◆ **look smart (about it)!*** grouille-toi !*, remue-toi !

VI 1 *[cut, graze]* brûler ; *[iodine etc]* piquer ◆ **my eyes were smarting** j'avais les yeux qui me piquaient ◆ **the smoke made his throat smart** la fumée lui irritait la gorge

2 *(fig)* être piqué au vif ◆ **he was smarting under the insult** l'insulte l'avait piqué au vif ◆ **you'll smart for this!** il vous en cuira !, vous me le payerez !

NPL *(US)* ◆ **smarts*** *(= brains)* jugeote* *f*

COMP **smart alec(k)*** *(US)*, **smart ass*** *(US)* N *(pej)* (Monsieur *or* Madame *or* Mademoiselle) je-sais-tout* *mf inv*

**smart-alecky*** ADJ bêcheur*

**smart bomb** N bombe *f* intelligente, bombe *f* guidée

**smart card** N carte *f* à mémoire *or* à puce

**smart drug** N smart drug *f*, médicament *m* psychoénergétique

**smart money** N réserve *f* d'argent *(destinée à faire des investissements au moment opportun)* ◆ **the smart money is on him winning** dans les milieux bien informés, on le donne gagnant

**smart phone** N smartphone *m*, téléphone *m* intelligent

**smartarse*** /ˈsmɑːtɑːs/, **smartass*** *(US)* /ˈsmɑːtæs/ N bêcheur* *m*, -euse* *f*

**smarten** /ˈsmɑːtn/ VT ⇒ **smarten up vt sep**

▸ **smarten up**

VI 1 *(= make o.s. tidy etc) [person]* devenir plus élégant *or* soigné ; *[town]* devenir plus élégant *or* pimpant ◆ **you'd better smarten up for dinner** il faut que tu t'arranges *subj* (un peu) *or* que tu te fasses beau (belle *f*)pour le dîner

2 *(= speed up) [production, pace]* s'accélérer

VT SEP 1 *(= tidy up) [+ person]* rendre plus élégant *or* plus soigné ; *[+ child]* pomponner, bichonner ; *[+ house, room, town]* (bien) arranger, rendre élégant *or* pimpant ◆ **to smarten o.s. up** se faire beau (belle *f*) *or* élégant

2 *(= speed up)* accélérer

**smartly** /ˈsmɑːtlɪ/ ADV 1 *(= elegantly) [dress]* élégamment, avec beaucoup d'élégance ◆ **smartly dressed** *or* **turned out** élégamment vêtu ◆ **she wore a smartly tailored suit** elle portait un tailleur bien coupé

2 *(= briskly) [move] (gen)* rapidement ; *(person)* vivement ; *[reply]* du tac au tac ◆ **to tap sth smartly** taper sur qch un bon coup

**smartness** /ˈsmɑːtnɪs/ N *(NonC) [of person, clothes]* chic *m*, élégance *f* ; *(= cleverness)* intelligence *f* ; *(= skilfulness)* habileté *f* ; *(= quickness)* rapidité *f*

**smarty*** /ˈsmɑːtɪ/ N (also **smarty-pants***) bêcheur* *m*, -euse* *f*, (Monsieur *or* Madame *or* Mademoiselle) je-sais-tout* *mf inv*

**smash** /smæʃ/ SYN

N 1 *(= sound)* fracas *m* ; *(= blow)* coup *m* violent ; *(Tennis etc)* smash *m* ◆ **the smash as the car hit the lamppost** le choc quand la voiture a percuté le réverbère ◆ **the cup fell with a smash** la tasse s'est fracassée (en tombant) par terre ◆ **he fell and hit his head a nasty smash on the kerb** en tombant il s'est violemment cogné la tête contre le trottoir

2 (also **smash-up***) *(= accident)* accident *m* ; *(= collision)* collision *f*, tamponnement *m* ; *(very violent)* télescopage *m* ◆ **car/rail smash** accident *m* de voiture/de chemin de fer

3 *(Econ, Fin = collapse)* effondrement *m* (financier), débâcle *f* (financière) ; *(on Stock Exchange)* krach *m* ; *(= bankruptcy)* faillite *f* ; *(= ruin)* ruine *f*, débâcle *f* complète

4 ⇒ **smash hit**

5 ◆ **whisky/brandy smash** whisky *m*/cognac *m* glacé à la menthe

ADV * ◆ **to run smash into a wall** heurter un mur de front *or* de plein fouet, rentrer en plein dans un mur ◆ **the cup fell smash to the ground** la tasse s'est fracassée par terre ◆ **to go smash** *(Fin)* faire faillite

VT 1 *(= break)* casser, briser ; *(= shatter)* fracasser ◆ **I've smashed my watch** j'ai cassé ma montre ◆ **the waves smashed the boat on the rocks** les vagues ont fracassé le bateau contre les rochers ♦ **to smash sth to pieces** *or* **to bits** briser qch en mille morceaux, mettre qch en miettes ♦ **when they smashed the atom*** quand on a désintégré *or* fissionné l'atome ♦ **to smash a door open** enfoncer une porte ♦ **he smashed the glass with the hammer, he smashed the hammer through the glass** il a fracassé la vitre avec le marteau ♦ **he smashed his fist into Paul's face** il a envoyé *or* balancé* son poing dans la figure de Paul ♦ **to smash the ball** *(Tennis)* faire un smash, smasher ♦ **he smashed the ball into the net** il a envoyé son smash dans le filet

2 *[+ spy ring etc]* briser, détruire ; *[+ hopes]* ruiner ; *[+ enemy]* écraser ; *[+ opponent]* battre à plate(s) couture(s), pulvériser* ♦ **he smashed* the record in the high jump** *(Sport etc)* il a pulvérisé* le record du saut en hauteur

VI 1 se briser (en mille morceaux), se fracasser ♦ **the cup smashed against the wall** la tasse s'est fracassée contre le mur ♦ **the car smashed into the tree** la voiture s'est écrasée contre l'arbre ♦ **his fist smashed into my face** il a envoyé *or* balancé* son poing sur ma figure, il m'a asséné son poing sur la figure

2 *(= go bankrupt)* faire faillite

COMP **smash-and-grab** N (also **smash-and-grab raid**) cambriolage *m* (commis en brisant une devanture) ♦ **there was a smash-and-grab (raid) at the jeweller's** des bandits ont brisé la vitrine du bijoutier et raflé les bijoux

**smash hit*** N ♦ **it was a smash hit** cela a fait un malheur*, cela a eu un succès foudroyant ♦ **it was the smash hit of the year** c'était le succès de l'année

**smash-up*** N noun 2

▸ **smash down** VT SEP *[+ door, fence]* fracasser

▸ **smash in** VT SEP *[+ door]* enfoncer ♦ **to smash sb's face** *or* **head in*** casser la gueule à qn*

▸ **smash up**

VT SEP *[+ room, house, shop]* tout casser dans, tout démolir dans ; *[+ car]* accidenter, bousiller* ♦ **he was smashed up* in a car accident** il a été grièvement blessé *or* sérieusement amoché* dans un accident de voiture

N ♦ **smash-up*** → **smash noun 2**

**smashed** /smæʃt/ ADJ 1 *(* = drunk)* pété*, bourré* ♦ **to get smashed** se soûler*

2 *(*: on drugs)* défoncé* ♦ **to get smashed** se défoncer*

3 *(= broken)* *[vehicle]* bousillé* ; *[skull, limb, bone]* fracassé

**smasher** †* /'smæʃəʳ/ N *(Brit)* ♦ **he's a smasher** *(in appearance)* il est vachement* beau ♦ **she's a smasher** elle est vachement* jolie *or* bien roulée* ♦ **to be a smasher** *(in character etc)* être épatant* *or* vachement chouette* ♦ **it's a smasher** c'est épatant*

**smashing*** /'smæʃɪŋ/ ADJ *(Brit)* super* ♦ **we had a smashing time** on s'est amusé comme des fous*

**smattering** /'smætərɪŋ/ SYN N connaissances *fpl* vagues *or* superficielles ♦ **a smattering of** un petit nombre de ♦ **he has a smattering of German** il sait un peu l'allemand, il sait quelques mots d'allemand ♦ **I've got a smattering of maths** j'ai quelques connaissances vagues *or* quelques notions en maths

**SME** /ˌesem'iː/ N (abbrev of **small and medium(-sized) enterprise**) PME *f inv*

**smear** /smɪəʳ/ SYN

N 1 *(= mark)* trace *f* ; *(longer)* traînée *f* ; *(= stain)* (légère) tache *f*, salissure *f* ♦ **a long smear of ink** une traînée d'encre ♦ **there is a smear on this page** il y a une légère tache *or* une salissure sur cette page, cette page est tachée *or* salie

2 *(= defamation)* diffamation *f* *(on, against* de) ♦ **this smear on his honour/reputation** cette atteinte à son honneur/sa réputation

3 *(Med)* frottis *m*, prélèvement *m* ; → **cervical**

VT 1 *(= wipe)* ♦ **to smear cream on one's hands, to smear one's hands with cream** s'enduire les mains de crème ♦ **he smeared his face with mud, he smeared mud on his face** il s'est barbouillé le visage de boue ♦ **his hands were smeared with ink** il avait les mains barbouillées *or* tachées d'encre, il avait des traînées d'encre sur les mains ♦ **you've smeared it all over the place** tu en a mis partout ♦ **he smeared butter on the slice of bread** il a étalé du beurre sur la tranche de pain

2 *[+ page of print]* maculer ; *[+ wet paint]* faire une trace *or* une marque sur ; *[+ lettering]* étaler (accidentellement)

3 *(fig)* *[+ reputation, integrity]* salir, entacher ♦ **to smear sb** *[story, report]* salir *or* entacher la réputation de qn ; *[person]* calomnier qn

4 *(US * = defeat)* battre à plates coutures

VI *[ink, paint]* se salir

COMP **smear campaign** N campagne *f* de diffamation

**smear tactics** NPL procédés *mpl* diffamatoires

**smear test** N *(Med)* noun 3

**smear word** N ♦ **it is a smear word** c'est de la diffamation

**smeary** /'smɪərɪ/ ADJ *[face]* barbouillé ; *[window]* couvert de taches *or* de traînées ; *[ink, paint]* sali

**smectic** /'smektɪk/ ADJ *(Chem)* smectique

**smegma** /'smegmə/ N *(Physiol)* smegma *m*

**smell** /smel/ SYN (vb: pret, ptp **smelled** *or* **smelt**)

N *(= sense of smell)* odorat *m* ; *[of animal]* odorat *m*, flair *m* ; *(= odour)* odeur *f* ; *(= bad smell)* mauvaise odeur *f* ♦ **he has a keen sense of smell** il a l'odorat très développé, il a le nez très fin ♦ **he has no sense of smell** il n'a pas d'odorat ♦ **the mixture has no smell** le mélange est inodore *or* n'a pas d'odeur ♦ **a gas with no smell** un gaz inodore *or* sans odeur ♦ **it has a nice/nasty smell** cela sent bon/mauvais ♦ **what a smell in here!** ce que ça sent mauvais ici ! ♦ **there was a smell of burning in the room** il y avait une odeur de brûlé dans la pièce, la pièce sentait le brûlé ♦ **to have a smell at sth** *[person]* sentir qch ; *(more carefully)* renifler qch ; *[dog etc]* flairer *or* renifler qch

VT sentir ; *(= sniff at)* sentir, renifler ♦ **he could smell** *or* **he smelt something burning** il sentait que quelque chose brûlait ♦ **he smelt the meat to see if it was bad** il a senti *or* reniflé la viande pour voir si elle était encore bonne ♦ **the dog could smell** *or* **the dog smelt the bone** le chien a flairé *or* éventé l'os ♦ **the dog smelt the bone suspiciously** le chien a flairé *or* reniflé l'os d'un air soupçonneux ♦ **I smell a rat!** il y a anguille sous roche !, il y quelque chose de louche là-dedans *or* là-dessous ! ♦ **he smelled danger** il a flairé *or* deviné le danger ♦ **I (can) smell danger!** je pressens un danger !

VI 1 ♦ **since the accident he cannot smell** depuis l'accident il n'a plus d'odorat ♦ **to smell at sth** *[person]* sentir *or* renifler qch ; *[dog etc]* renifler *or* flairer qch

2 ♦ **that mixture doesn't smell (at all)** ce mélange ne sent rien *or* n'a pas (du tout) d'odeur ♦ **this gas doesn't smell** ce gaz est inodore ♦ **these socks smell!** ces chaussettes sentent mauvais ! ♦ **this room smells!** cette pièce sent mauvais *or* pue ! ♦ **his breath smells** il a mauvaise haleine ♦ **that smells like chocolate** ça sent le chocolat, on dirait du chocolat ♦ **to smell of onions/burning** *etc* sentir l'oignon/le brûlé *etc* ♦ **to smell good** *or* **sweet** sentir bon ♦ **to smell bad** sentir mauvais ♦ **to smell foul** empester ♦ **it smells delicious!** quelle odeur délicieuse ! ♦ **it smells dreadful!** ça pue ! ♦ **the deal smells a bit*** cette affaire semble plutôt louche *or* ne semble pas très catholique* ♦ **that idea smells!*** *(fig)* cette idée ne vaut rien !, c'est une idée catastrophique !* ♦ **I think he smells!*** *(fig)* je trouve que c'est un sale type !*

COMP **smelling salts** NPL sels *mpl*

▸ **smell out** VT SEP 1 *(= discover)* *[dog etc]* découvrir en flairant *or* en reniflant ; *[person]* *[+ criminal, traitor]* découvrir, dépister ; *[+ treachery, plot]* découvrir

2 ♦ **it's smelling the room out** ça empeste la pièce

**smelliness** /'smelɪnɪs/ N *(NonC)* mauvaise odeur *f*

**smelly** /'smelɪ/ ADJ *[person, feet, armpits]* qui sent mauvais ; *[breath]* mauvais ; *[cheese]* qui sent fort ♦ **it's rather smelly in here** ça sent mauvais ici

**smelt¹** /smelt/ VB pt, ptp of **smell**

**smelt²** /smelt/ N (pl **smelt** *or* **smelts**) *(= fish)* éperlan *m*

**smelt³** /smelt/ VT *[+ ore]* fondre ; *[+ metal]* extraire par fusion

**smelter** /'smeltəʳ/ N haut fourneau *m*

**smelting** /'smeltɪŋ/

N *(= process)* extraction *f* par fusion

COMP **smelting furnace** N haut-fourneau *m*

**smelting works** N *(pl inv)* fonderie *f*

**smew** /smjuː/ N *(= bird)* harle *m* piette

**smidgen***, **smidgin*** /'smɪdʒən/ N ♦ **a smidgen of** *(gen)* un tout petit peu de ; *[+ truth]* un grain de, un brin de

**smile** /smaɪl/

N sourire *m* ♦ **with a smile on his lips** le sourire aux lèvres ♦ **... he said with a smile** ... dit-il en souriant ♦ **... he said with a nasty smile** ... dit-il en souriant méchamment *or* avec un mauvais sourire ♦ **he had a happy smile on his face** il avait un sourire heureux, il souriait d'un air heureux ♦ **to give sb a smile** faire *or* adresser un sourire à qn, sourire à qn ♦ **she gave a little smile** elle a eu un petit sourire ♦ **to be all smiles** être tout souriant *or* tout sourire ♦ **take that smile off your face!** arrête donc de sourire comme ça ! ♦ **I'll wipe** *or* **knock the smile off his face!** il verra s'il a encore envie de sourire !, je vais lui faire passer l'envie de sourire ! ; → **raise, wear, wreathe**

VI sourire *(at or to sb* à qn) ♦ **to smile to oneself** sourire intérieurement ♦ **to smile sadly** avoir un sourire triste, sourire tristement *or* d'un air triste ♦ **to keep smiling** garder le sourire ♦ **he smiled at my efforts** il a souri de mes efforts ♦ **fortune smiled (up)on him** la fortune lui sourit

VT ♦ **to smile a bitter smile** avoir un sourire amer, sourire amèrement *or* avec amertume ♦ **to smile one's thanks** remercier d'un sourire

**smiley** /'smaɪlɪ/

ADJ *(* = smiling, friendly)* *[person, face]* souriant ; *[eyes]* rieur

N *(Comput)* emoticon *m*, smiley *m* ; *(as badge)* badge *m* de tête souriante

**smiling** /'smaɪlɪŋ/ ADJ *[person, face, eyes, mouth]* souriant

**smilingly** /'smaɪlɪŋlɪ/ ADV en souriant, avec un sourire

**smirch** /smɜːtʃ/

VT *(lit)* salir, souiller ; *(fig liter)* ternir, entacher

N *(lit, fig)* tache *f*

**smirk** /smɜːk/ SYN

N *(= self-satisfied smile)* petit sourire *m* satisfait *or* suffisant ; *(knowing)* petit sourire *m* narquois ; *(affected)* petit sourire *m* affecté

VI sourire d'un air satisfait (*or* suffisant *or* narquois *or* affecté)

**smite** /smaɪt/ (pret **smote**, ptp **smitten**)

VT *(†† or liter)* *(= strike)* frapper (d'un grand coup) ; *(= punish)* châtier *(liter)* ; *(fig)* *[pain]* déchirer ; *[one's conscience]* tourmenter ; *[light]* frapper ; → **smitten**

N coup *m* violent

**smith** /smɪθ/ N *(shoes horses)* maréchal-ferrant *m* ; *(forges iron)* forgeron *m* ; → **goldsmith, silversmith**

**smithereens** /ˌsmɪðə'riːnz/ NPL ♦ **to smash sth to smithereens** briser qch en mille morceaux, faire voler qch en éclats ♦ **it lay in smithereens** cela s'était brisé en mille morceaux, cela avait volé en éclats

**Smithsonian Institution** /smɪθ'səʊnɪənˌɪnstɪ'tjuːʃən/ N *(US)* ♦ **the Smithsonian Institution** la Smithsonian Institution

**SMITHSONIAN INSTITUTION**

La **Smithsonian Institution**, située dans la ville de Washington, est le plus grand musée du monde. Créé par le Congrès en 1846 grâce au don d'un scientifique anglais, James Smithson, ce complexe aujourd'hui financé par le Congrès réunit quatorze musées consacrés notamment à l'aviation et à l'espace, à l'histoire de l'Amérique, aux Indiens d'Amérique, aux beaux-arts. Riche de 100 millions de pièces, il est surnommé le grenier de la nation (the nation's attic). Il comporte également un zoo et un institut de recherche scientifique.

**smithsonite** /'smɪθsəˌnaɪt/ N smithsonite *f*

**smithy** /'smɪðɪ/ N forge *f*

**smitten** /'smɪtn/ SYN

VB ptp of **smite**

ADJ *(= in love)* amoureux ♦ **he was really smitten with her** il en était vraiment amoureux, il était fou d'elle ♦ **to be smitten with** *or* **by** *[+ remorse, desire, urge]* être pris de ; *[+ terror, deafness]* être frappé de ; * *[+ sb's beauty]* être enchanté par ; * *[+ idea]* s'enthousiasmer pour

**smock** /smɒk/

N *(= dress, peasant's garment etc)* blouse *f* ; *(= protective overall)* blouse *f*, sarrau *m* ; *(= maternity top)* blouse *f* de grossesse ; *(= maternity dress)* robe *f* de grossesse

VT faire des smocks à

**smocking** /ˈsmɒkɪŋ/ N (NonC) smocks mpl

**smog** /smɒg/ N smog m ◆ **smog mask** masque m antibrouillard

**smoggy** /ˈsmɒgɪ/ ADJ [city, air] pollué par le smog ; [sky] obscurci par le smog

**smoke** /sməʊk/
  N ① (NonC) fumée f ◆ **to go up in smoke** [house etc] brûler ; [plans, hopes etc] partir en fumée, tomber à l'eau ◆ **the smoke is beginning to clear** (fig) on commence à y voir plus clair ◆ **it's all smoke and mirrors** (US) on n'y voit que du feu ◆ **there's no smoke without fire** (Prov) il n'y a pas de fumée sans feu (Prov) ◆ **the (Big) Smoke**⁎ (Brit) Londres ; → **cloud, holy, puff**
  ② ◆ **to have a smoke** fumer ◆ **have a smoke!** prends une cigarette ! ◆ **I've no smokes**⁎ je n'ai plus de sèches⁎
  VI ① [chimney, lamp etc] fumer
  ② [person] fumer ◆ **he smokes like a chimney**⁎ il fume comme un sapeur
  VT ① [+ cigarette etc] fumer ◆ **he smokes cigarettes/a pipe** il fume la cigarette/la pipe
  ② [+ meat, fish, glass] fumer ◆ **smoked salmon/trout etc** saumon m/truite f etc fumé(e) ◆ **smoked glass** verre m fumé ◆ **smoked-glass** [window, windscreen etc] en verre fumé ◆ **smoked rubber** caoutchouc m fumé ; → **haddock**
  COMP **smoke alarm** N détecteur m de fumée ◆ **smoke bomb** N bombe f fumigène ◆ **smoke detector** N détecteur m de fumée ◆ **smoke-dried** ADJ fumé ◆ **smoke-dry** VT fumer ◆ **smoke-filled** ADJ (during fire) rempli de fumée ; (from smoking etc) enfumé ◆ **smoke-filled room** (fig) salle f de réunion très animée, PC m de crise ◆ **smoke-free** ADJ [area, environment, workplace] non-fumeur ◆ **smoke pollution** N (from factory) pollution f par les fumées ; (tobacco) pollution f par la fumée de tabac ◆ **smoke ring** N rond m de fumée ◆ **to blow smoke rings** faire des ronds de fumée ◆ **smoke screen** N (Mil) rideau m or écran m de fumée ; (fig) paravent m (fig) ◆ **smoke shop** N (US) tabac m ◆ **smoke signal** N signal m de fumée ◆ **smoke signals** (fig) (vagues) indications fpl
  ▸ **smoke out** VT SEP [+ insects, snake etc] enfumer ; (fig) [+ traitor, culprit etc] dénicher, débusquer ◆ **it was smoking the room out** c'était en train d'enfumer la pièce

**smokehouse** /ˈsməʊkhaʊs/ N [of food] fumoir m

**smokeless** /ˈsməʊklɪs/ ADJ ◆ **smokeless fuel** combustible m non fumigène ◆ **smokeless zone** zone où l'on n'a le droit d'utiliser que des combustibles non fumigènes ◆ **the smokeless cigarette** la cigarette sans fumée

**smoker** /ˈsməʊkəʳ/ N ① (= person) fumeur m, -euse f ◆ **he has a smoker's cough** il a une toux de fumeur
② (= railway car) wagon m fumeurs

**smokestack** /ˈsməʊkstæk/
  N cheminée f (extérieure)
  ADJ ◆ **smokestack America** l'Amérique f industrielle ◆ **smokestack industries** industries fpl traditionnelles

**smokey** /ˈsməʊkɪ/ ADJ, N ⇒ smoky

**smoking** /ˈsməʊkɪŋ/
  N tabagisme m ◆ **I hate smoking** (other people) je déteste qu'on fume, je déteste le tabagisme ; (myself) je déteste fumer ◆ **"no smoking"** « défense de fumer » ◆ **campaign against smoking** campagne f contre le tabac or le tabagisme ◆ **"smoking can seriously damage your health"** « la tabac nuit gravement à la santé » ◆ **to give up smoking** arrêter de fumer
  ADJ ◆ **a smoking fireplace** une cheminée qui fume ; see also **smoky**
  COMP **smoking car** N (US) wagon m fumeurs ◆ **smoking compartment** N (on train) wagon m fumeurs ◆ **smoking gun**⁎ N (esp US fig = proof) preuve f tangible ◆ **we don't have a smoking gun** nous n'avons pas de preuve tangible ◆ **smoking-jacket** N veste f d'intérieur ◆ **smoking-related** ADJ [diseases] lié à la tabagie ◆ **smoking room** N fumoir m

**smoky** /ˈsməʊkɪ/ SYN
  ADJ [atmosphere, room] enfumé ; [fire] qui fume ; [flame] fumeux ; [surface] (= smoke-covered) sali or noirci par la fumée ; [glass] (= smoked) fumé ; [taste] fumé ◆ **smoky grey** gris cendré inv ◆ **smoky blue** bleu ardoise inv
  N (US)⁎ motard m (de la police routière)

**smolder** /ˈsməʊldəʳ/ VI (US) ⇒ smoulder

**smoldering** /ˈsməʊldərɪŋ/ ADJ (US) ⇒ smouldering

**smolt** /sməʊlt/ N (= fish) smolt m

**smooch**⁎ /smuːtʃ/
  VI (= kiss) se bécoter⁎ ; (= pet) se peloter⁎ ; (= dance) se frotter l'un contre l'autre
  N ◆ **to have a smooch** vi

**smoochy**⁎ /ˈsmuːtʃɪ/ ADJ [record, song] langoureux

**smooth** /smuːð/ SYN
  ADJ ① (= not rough) (gen) [sea, surface, texture, road, stone, tyre, hair] lisse ; [lake] d'huile ; [fabric] lisse, soyeux ; [skin] lisse, doux (douce f) ; (= unwrinkled) [cheek, brow] lisse, sans rides ; (= hairless) [face, chin] glabre, lisse ◆ **the flagstones had been worn smooth by centuries of use** les dalles étaient patinées par les années ◆ **as smooth as silk** or **satin** [skin, fabric, hair] doux comme de la soie ◆ **the sea was as smooth as glass** la mer était d'huile
  ② (= not lumpy) [paste, sauce, mixture, consistency] onctueux, homogène
  ③ (= not harsh) [flavour, wine, whisky etc] moelleux ; [voice, sound] doux (douce f)
  ④ (= even, not jerky) [flow, stride, breathing] régulier ; [takeoff, landing, transition] en douceur ; [sea crossing] calme, par mer calme ; [flight] sans heurts ; [engine] qui tourne parfaitement ◆ **smooth running** [of machinery] bon fonctionnement m ; [of organization, business, economy] bonne marche f ◆ **the takeoff/landing was smooth** le décollage/l'atterrissage s'est fait en douceur ◆ **the bill had a smooth passage through Parliament** le Parlement n'a pas fait obstacle au projet de loi
  ⑤ (slightly pej = suave) [person, manners] doucereux (pej), suave (pej) ; [talk] mielleux (pej) ◆ **he's a smooth talker** c'est un beau parleur ◆ **he's a smooth operator**⁎ il sait s'y prendre ; see also **satin, silky**
  VT ① [+ sheets, cloth, piece of paper, skirt] lisser, défroisser ; [+ pillow, hair, feathers] lisser ; [+ wood] rendre lisse, planer ; [+ marble] rendre lisse, polir ◆ **to smooth cream into one's skin** faire pénétrer la crème dans la peau (en massant doucement) ◆ **that smoothed her ruffled** or **rumpled feathers** cela lui a rendu le sourire
  ② (fig) ◆ **to smooth sb's way** or **path to the top** faciliter le chemin de qn vers le sommet ◆ **to smooth the way** or **path of an application/request** faciliter l'acceptation d'une candidature/demande
  COMP **smooth-faced** ADJ au visage glabre or lisse ; (fig : slightly pej) trop poli, doucereux ◆ **smooth hound** N (= fish) émissole f ◆ **smooth muscle** N (Anat) muscle m lisse ◆ **smooth-running** ADJ [engine, machinery] qui fonctionne sans à-coups ; [car] qui ne secoue pas, qui ne donne pas d'à-coups ; [business, organization, scheme] qui marche bien or sans heurts ◆ **smooth-shaven** ADJ rasé de près ◆ **smooth snake** N coronelle f ◆ **smooth-spoken, smooth-talking, smooth-tongued** ADJ enjôleur, doucereux ◆ **smooth-talk** VT enjôler ◆ **she smooth-talked me into accepting** elle m'a tellement abreuvé de belles paroles que j'ai fini par accepter ◆ **smooth-talker** N beau parleur m ◆ **smooth-talking, smooth-tongued** ADJ enjôleur, doucereux
  ▸ **smooth back** VT SEP [+ one's hair] ramener doucement en arrière ; [+ sheet] rabattre en lissant or en défroissant
  ▸ **smooth down** VT SEP [+ hair, feathers] lisser ; [+ sheet, cover] lisser, défroisser ; (fig) [+ person] calmer, apaiser
  ▸ **smooth out** VT SEP [+ material, dress] défroisser ; [+ wrinkles, creases] faire disparaître ; (fig) [+ anxieties] chasser, faire disparaître ; [+ difficulties] aplanir, faire disparaître
  ▸ **smooth over** VT SEP [+ soil] aplanir, égaliser ; [+ sand] égaliser, rendre lisse ; [+ wood] rendre lisse, planer ◆ **to smooth things over** (fig) arranger les choses

**smoothbore** /ˈsmuːðbɔː/ ADJ [shotgun] à canon lisse

**smoothie** /ˈsmuːðɪ/ N ① (⁎ pej) (= smooth talker) beau parleur m
② (= drink) lait m frappé aux fruits (au yaourt ou à la glace)

**smoothly** /ˈsmuːðlɪ/ ADV ① (= evenly, not jerkily) [move] en douceur, sans à-coups ◆ **to run smoothly** [engine] (bien) tourner
② (= efficiently, suavely) [act] habilement ; (pej) [speak] d'un ton doucereux (pej) ◆ **to run** or **go smoothly** [event, operation] bien se passer ◆ **the move to the new house went off** or **passed off smoothly** le déménagement s'est bien passé

**smoothness** /ˈsmuːðnɪs/ SYN N (NonC) ① [of surface, texture, road, stone, tyre, hair, sea, skin] aspect m lisse ; [of fabric] aspect m lisse or soyeux ; [of paste, sauce, mixture] onctuosité f ; [of flavour, wine, whisky etc] rondeur f, moelleux m ; [of voice, sound] douceur f
② (= evenness) [of flow, stride, breathing] régularité f ; [of sea crossing] calme m ◆ **the smoothness of the landing** l'atterrissage m en douceur ◆ **listen to the smoothness of the engine!** écoutez comme le moteur tourne bien !
③ (pej = suaveness) [of person, manners] caractère m doucereux or mielleux

**smoothy**⁎ /ˈsmuːðɪ/ N ⇒ smoothie

**smorgasbord** /ˈsmɔːɡəsˌbɔːd/ N (Culin) smorgasbord m, buffet m scandinave

**smote** /sməʊt/ VB pt of smite

**smother** /ˈsmʌðəʳ/ SYN
  VT ① (= stifle) [+ person, flames] étouffer ; [+ noise] étouffer, amortir ; (fig) [+ scandal, feelings] étouffer ; [+ criticism, doubt, yawn] étouffer, réprimer ; [+ one's anger] contenir, réprimer
  ② (= cover) (re)couvrir (with de) ◆ **she smothered the child with kisses** elle a couvert or dévoré l'enfant de baisers ◆ **books smothered in dust** des livres enfouis sous la poussière or tout (re)couverts de poussière ◆ **a child smothered in dirt** un enfant tout sale or tout couvert de crasse ◆ **a face smothered in make-up** une figure toute emplâtrée de maquillage ◆ **he was smothered in blankets** il était tout emmailloté de couvertures, il était tout emmitouflé dans ses couvertures
  VI [person] être étouffé, mourir étouffé
  COMP **smother-love**⁎ N (iro) amour m maternel possessif or dévorant

**smoulder, smolder** (US) /ˈsməʊldəʳ/ VI [fire, emotion] couver ; [woman] être très sexy⁎ ◆ **to smoulder with rage** être blême de rage

**smouldering, smoldering** (US) /ˈsməʊldərɪŋ/ ADJ ① (lit) [fire] qui couve ; [ashes, rubble] qui fume
② (fig) [expression, look] provocant, aguichant ; [emotion] qui couve ◆ **his smouldering hatred** la haine qui couve en lui

**SMP** /ˌesemˈpiː/ N (Brit) (abbrev of **Statutory Maternity Pay**) ⇒ **statutory**

**SMS** /ˌesemˈes/ N (Telec) (abbrev of **Short Message Service**) SMS m

**smudge** /smʌdʒ/
  N (on paper, cloth) (légère) tache f, traînée f ; (in text, print etc) bavure f, tache f
  VT [+ face] salir ; [+ print] maculer ; [+ paint] faire une trace or une marque sur ; [+ lettering, writing] étaler accidentellement
  VI s'étaler

**smudgy** /ˈsmʌdʒɪ/ ADJ [photo] indistinct ; [page] sali, taché ; [writing] à moitié effacé ◆ **smudgy newsprint** papier m journal salissant

**smug** /smʌɡ/ SYN ADJ [person, voice, attitude, smile] suffisant ; [optimism, satisfaction] béat ; [remark, speech] plein de suffisance

**smuggle** /ˈsmʌɡl/
  VT [+ tobacco, drugs] faire la contrebande de, passer en contrebande or en fraude ◆ **to smuggle in/out etc** [+ contraband] faire entrer/sortir etc ; [+ goods] faire entrer/sortir etc en contrebande ; (fig) [+ letters etc] faire entrer/sortir etc clandestinement or en fraude ; [+ person, animal] faire entrer/sortir etc clandestinement ◆ **to smuggle sth past** or **through the customs** passer qch en contrebande, passer qch sans le déclarer à la douane ◆ **smuggled goods** contrebande f ◆ **smuggled whisky** whisky m de contrebande
  VI faire de la contrebande

**smuggler** /ˈsmʌɡləʳ/ SYN N contrebandier m, -ière f

**smuggling** /ˈsmʌɡlɪŋ/
  N (NonC) [of goods] contrebande f
  COMP **smuggling ring** N réseau m de contrebandiers

**smugly** /ˈsmʌɡlɪ/ ADV [say] d'un ton suffisant ; [behave, smile] d'un air suffisant

**smugness** /ˈsmʌɡnɪs/ N [of person] suffisance f ; [of voice, reply] ton m suffisant

**smut** /smʌt/ N (= dirt) petite saleté f ; (= soot) flocon m de suie ; (in eye) escarbille f ; (= dirty mark) tache f de suie ; (= disease of plants) charbon m du blé ; (NonC = obscenity) obscénité(s) f(pl), cochonneries* fpl ◆ **programme full of smut** (TV) émission f cochonne*

**smuttiness** /'smʌtɪnɪs/ N (NonC: fig) obscénité f, grossièreté f

**smutty** /'smʌtɪ/ ADJ ① (* = rude) [joke, film, book] cochon* ; [person] grossier
② (= smudged with dirt) [face, object] sali

**snack** /snæk/ SYN
N ① (gen) casse-croûte m inv ◆ **to have a snack** casser la croûte, manger (un petit) quelque chose
② (= party snack) amuse-gueule m inv
VI ◆ **to have a snack** noun 1
COMP **snack bar** N snack-bar m, snack m

**snaffle** /'snæfl/
N (also **snaffle bit**) mors m brisé
VT (Brit * = steal) chiper*, faucher*

**snafu*** /snæ'fu:/ (US)
ADJ en pagaille*
VT mettre la pagaille* dans

**snag** /snæg/ SYN
N (= drawback) inconvénient m ; (= hidden obstacle) obstacle m caché ; (= stump of tree, tooth etc) chicot m ; (= tear) (in cloth) accroc m ; (in stocking) fil m tiré ◆ **there's a snag in it somewhere** il y a sûrement un os* ◆ **to run into** or **hit a snag** tomber sur un os* ◆ **that's the snag!** voilà le hic ! ◆ **the snag is that you must...** l'embêtant * c'est que vous devez...
VT [+ cloth] faire un accroc à ; [+ stockings, tights] accrocher (on sth contre qch), tirer un fil à
VI [rope etc] s'accrocher (à quelque chose) ; [stockings, tights etc] s'accrocher

**snaggletooth** /'snæglturθ/ N (pl **snaggleteeth** /'snæglti:θ/) dent f non alignée

**snail** /sneɪl/
N escargot m ◆ **at a snail's pace** [walk] comme un escargot, à un pas de tortue ; (fig) [progress, continue] à un pas de tortue ; → **pace**¹
COMP **snail mail*** N (NonC: hum) ◆ **to send sth by snail mail** envoyer qch par la poste
**snail shell** N coquille f d'escargot

**snailfish** /'sneɪlfɪʃ/ N (= fish) limace f de mer, liparis m

**snake** /sneɪk/
N serpent m ; (fig pej = person) traître(sse) m(f), faux frère m ◆ **snake in the grass** (fig) (= person) ami(e) m(f) perfide, traître(sse) m(f) ; (= danger) serpent m caché sous les fleurs ◆ **the Snake** (Pol Econ) le serpent (monétaire) ; → **grass, water**
VI [road, river] serpenter (through à travers) ◆ **the road snaked down the mountain** la route descendait en lacets au flanc de la montagne ◆ **the whip snaked through the air** la lanière du fouet a fendu l'air en ondulant
COMP **snake charmer** N charmeur m de serpent
**snake eyes*** NPL (US : at dice) double un m, deux m (aux dés)
**snake fence** N (US) barrière f en zigzag, barrière f pliante
**snake oil** N (US) (= quack remedy) remède m de charlatan ; (= nonsense) inepties fpl, foutaises* fpl
**snake pit** N fosse f aux serpents
**snakes and ladders** N sorte de jeu de l'oie
**snake's head** N (= plant) fritillaire f

▶ **snake along** VI [road, river] serpenter ; [rope, lasso etc] fendre l'air en ondulant

**snakebite** /'sneɪkbaɪt/ N morsure f de serpent

**snakeroot** /'sneɪk,ru:t/ N (= bistort) bistorte f

**snakeskin** /'sneɪkskɪn/
N peau f de serpent
COMP [handbag etc] en (peau de) serpent

**snaky*** /'sneɪkɪ/ ADJ ① (= winding) [road, river] sinueux
② (= treacherous) [person, behaviour, remark] sournois

**snap** /snæp/ SYN
N ① (= noise) [of fingers, whip, elastic] claquement m ; [of sth breaking] bruit m sec, craquement m ; [of sth shutting] bruit m sec, claquement m ; (= action) [of whip] claquement m ; [of breaking twig of sth] rupture f ou cassure f soudaine ◆ **he closed the lid with a snap** il a refermé le couvercle avec un bruit sec ou d'un coup sec ◆ **with a snap of his fingers he...** faisant claquer ses doigts il... ◆ **the dog made a snap at my leg** le chien a essayé de me mordre la jambe ◆ **put some snap into it!** allons, un peu de nerf or d'énergie ! ◆ **he has plenty of snap** il a du nerf*, il est très dynamique ; → **brandy, ginger**
② (Weather) ◆ **a cold snap** une brève vague de froid, un coup de froid
③ (also **snapshot**) photo f (d'amateur) ; (not posed) instantané m ◆ **here are our holiday snaps** voici nos photos de vacances ◆ **it's only a snap** ce n'est qu'une photo d'amateur
④ (US : also **snap fastener**) pression f, bouton-pression m
⑤ (Brit Cards) ≈ bataille f
⑥ (US) ◆ **it's a snap*** (= easy) c'est du gâteau*, c'est facile comme tout, c'est un jeu d'enfant
ADJ ① (= sudden) [vote, strike] subit, décidé à l'improviste ; [judgement, answer, remark] fait sans réflexion, irréfléchi ◆ **to make a snap decision** (se) décider tout d'un coup ou subitement
② (US * = easy) facile comme tout, facile comme pas deux*
ADV ◆ **to go snap** se casser net ou avec un bruit sec
EXCL (gen) tiens ! on est ou fait pareil ! ; (Cards) ≈ bataille !
VI ① (= break) se casser net ou avec un bruit sec
② [whip, elastic, rubber band] claquer ◆ **to snap shut/open** se fermer/s'ouvrir avec un bruit sec ou avec un claquement ◆ **the rubber band snapped back into place** l'élastique est revenu à sa place avec un claquement
③ ◆ **to snap at sb** [dog] essayer de mordre qn ; [person] parler à qn d'un ton brusque, rembarrer* qn ◆ **the dog snapped at the bone** le chien a essayé de happer l'os
VT ① (= break) casser net ou avec un bruit sec
② [+ whip, rubber band etc] faire claquer ◆ **to snap one's fingers** faire claquer ses doigts ◆ **to snap one's fingers at** [+ person] faire la nique à ; (fig) [+ suggestion, danger] se moquer de ◆ **to snap sth open/shut** ouvrir/fermer qch d'un coup sec ou avec un bruit sec
③ (Phot) prendre en photo
④ ◆ **"shut up!" he snapped** « silence ! » fit-il d'un ton brusque
COMP **snap fastener** N (US) (on clothes) pression f, bouton-pression m ; (on handbag, bracelet etc) fermoir m
**snap-in, snap-on** ADJ [hood, lining] amovible (à pressions)
**snap peas** NPL pois mpl mange-tout
**snap ring** N (Mountaineering) mousqueton m

▶ **snap back** VI ① [elastic, rope etc] revenir en place brusquement ou avec un claquement
② (fig : after illness, accident) se remettre très vite
③ (in answering) répondre d'un ton brusque

▶ **snap off**
VI se casser ou se briser net
VT SEP casser net ◆ **to snap sb's head off** (fig) rabrouer qn, rembarrer* qn

▶ **snap out**
VI * ◆ **to snap out of** [+ gloom, lethargy, self-pity] se sortir de, sortir de ; [+ bad temper] contrôler, dominer ◆ **snap out of it!** [+ gloom etc] secoue-toi !*, réagis ! ; [+ bad temper] contrôle-toi ou domine-toi un peu !
VT SEP [+ question/order] poser/lancer d'un ton brusque ou cassant

▶ **snap up** VT SEP [dog etc] happer, attraper ◆ **to snap up a bargain** sauter sur ou se jeter sur une occasion ◆ **they are snapped up as soon as they come on the market** on se les arrache ou on saute dessus dès qu'ils sont mis en vente

**snapdragon** /'snæpdrægən/ N gueule-de-loup f

**snapper** /'snæpəʳ/ N (pl **snapper** or **snappers**) (= fish) lutjanidé m ; (red snapper) vivaneau m

**snappish** /'snæpɪʃ/ ADJ (= irritable) [person, reply, tone] cassant ; [dog] hargneux

**snappishness** /'snæpɪʃnɪs/ N [of person] caractère m cassant, (temporary) brusquerie f ; [of voice, reply] ton m brusque ou cassant

**snappy** /'snæpɪ/ ADJ ① (= punchy) [title, phrase, slogan] qui a du punch * ; [dialogue] nerveux ; [reply] bien envoyé
② (= snazzy) [clothes] chic inv ◆ **he's a snappy dresser** il est toujours bien sapé*
③ * ◆ **make it snappy!, look snappy (about it)!** grouille-toi !*, remue-toi !
④ ⇒ **snappish**

**snapshot** /'snæpʃɒt/ N → **snap** noun 3

**snare** /snɛəʳ/ SYN
N piège m ; (fig) piège m, traquenard m ◆ **these promises are a snare and a delusion** ces promesses ne servent qu'à allécher or appâter
VT (lit, fig) attraper, prendre au piège
COMP **snare drum** N tambour m à timbre

**snarky*** /'snɑ:kɪ/ ADJ râleur*

**snarl¹** /snɑ:l/ SYN
N [of dog] grondement m féroce ◆ **to give a snarl of fury** [dog] gronder férocement ; [person] pousser un rugissement de fureur ◆ **... he said with a snarl** ... dit-il d'une voix rageuse or avec hargne
VI [dog] gronder en montrant les dents or férocement ; [person] lancer un grondement peu ◆ **when I went in the dog snarled at me** quand je suis entré le chien a grondé en montrant les dents
VT [+ order] lancer d'un ton hargneux or d'une voix rageuse ◆ **to snarl a reply** répondre d'un ton hargneux or d'une voix rageuse ◆ **"no" he snarled** « non » dit-il avec hargne or d'une voix rageuse

**snarl²** /snɑ:l/ SYN
N (in wool, rope, hair etc) nœud m, enchevêtrement m ◆ **a traffic snarl** un embouteillage ; see also **snarl-up**
VI (also **snarl up, get snarled up**) [wool, rope, hair] s'emmêler, s'enchevêtrer ; [traffic] se bloquer ; * [plans, programme] cafouiller *
VT (also **snarl up**) [+ wool, rope, hair] emmêler, enchevêtrer
COMP **snarl-up** N ◆ **a traffic snarl-up, a snarl-up (in the traffic)** un embouteillage ◆ **there's been a snarl-up** (fig:in plans etc) il y a eu du cafouillage* or quelques anicroches

▶ **snarl up**
VI ⇒ **snarl²** vi
VT SEP ① ⇒ **snarl²** vt
② [+ traffic] bloquer ; * [+ plans, programme] mettre la pagaille* dans
N ◆ **snarl-up** ⇒ **snarl²**

**snatch** /snætʃ/ SYN
N ① (= action) geste m vif (pour saisir quelque chose) ; [of child] enlèvement m ◆ **there was a wages snatch yesterday** un fourgon convoyant des paies a été attaqué hier
② (= small piece) fragment m ◆ **a snatch of music/poetry** quelques mesures fpl/vers mpl ◆ **a snatch of conversation** des bribes fpl de conversation ◆ **a few snatches of Mozart** quelques mesures de Mozart ◆ **to sleep in snatches** dormir par intermittence
③ (Weight Lifting) arraché m
④ (**=** = vagina) chatte**f
VT (= grab) [+ object] saisir, s'emparer (brusquement) de ; [+ a few minutes' peace, a holiday] réussir à avoir ; [+ opportunity] saisir, sauter sur ; [+ kiss] voler, dérober (from sb à qn) ; [+ sandwich, drink] avaler à la hâte ; [+ steal] voler, chiper* (from sb à qn), saisir ; (= kidnap) enlever ◆ **she snatched the book from him** elle lui a arraché le livre ◆ **he snatched the child from the railway line just in time** il a attrapé or empoigné l'enfant et l'a éloigné de la voie juste à temps ◆ **Cantona snatched victory from the jaws of defeat with two last-minute goals** Cantona a arraché la victoire en marquant deux buts à la dernière minute ◆ **to snatch some sleep/rest** (réussir à) dormir/se reposer un peu ◆ **to snatch a meal** déjeuner (or dîner) à la hâte
VI ◆ **to snatch at** [+ object, end of rope etc] essayer de saisir, faire un geste vif pour saisir ; [+ opportunity, chance] saisir, sauter sur
COMP **snatch block** N (Naut) galoche f
**snatch squad** N (Brit) forces de l'ordre chargées d'appréhender les meneurs de manifestations

▶ **snatch away, snatch off** VT SEP enlever d'un geste vif ou brusque

▶ **snatch up** VT SEP [+ object, child] saisir

**-snatcher** /'snætʃəʳ/ N (in compounds) → **cradle**

**snazzily*** /'snæzɪlɪ/ ADV ◆ **snazzily dressed** drôlement bien fringué* or sapé*

**snazzy*** /'snæzɪ/ ADJ qui en jette*, chouette* ◆ **she's a snazzy dresser** elle est toujours bien sapée*

**sneak** /sni:k/ SYN (vb: pret, ptp **sneaked** or US * **snuck**)
N (* = underhand person) faux jeton* m ; (Brit Scol = telltale) mouchard(e)* m(f), rapporteur* m, -euse* f

**sneaker** | **snout**

**sneaker** /ˈsniːkəʳ/ **N** (esp US) tennis m, basket f

**ADJ** [attack, visit] furtif, subreptice ◆ **sneak preview** (Cine) avant-première f ; (gen) avant-goût m ◆ **sneak thief** chapardeur* m, -euse f

**VT** 1 ◆ **to sneak in/out** etc entrer/sortir etc furtivement ◆ **he sneaked into the house** il s'est faufilé or s'est glissé dans la maison ◆ **he sneaked up behind** or **on me** il s'est approché de moi sans faire de bruit ◆ **success can sneak up on you** le succès peut arriver sans crier gare
2 (Brit Scol *) moucharder*, cafarder* (on sb qn)
**VT** 1 ◆ **I sneaked the letter onto his desk** j'ai glissé la lettre discrètement or en douce* sur son bureau ◆ **he sneaked the envelope from the table** il a enlevé furtivement or subrepticement l'enveloppe de la table ◆ **to sneak a look at sth** lancer un coup d'œil furtif à qch, regarder qch à la dérobée ◆ **he was sneaking* a cigarette** il était en train de fumer en cachette
2 (* = pilfer) faucher*, piquer*
**COMP** **sneak thief N** chapardeur* m, -euse f

▸ **sneak away, sneak off VI** s'esquiver, s'éclipser

**sneaker** /ˈsniːkəʳ/ **N** (esp US) tennis m, basket f
**sneakily** /ˈsniːkɪlɪ/ **ADV** sournoisement
**sneakiness*** /ˈsniːkɪnɪs/ **N** sournoiserie f
**sneaking** /ˈsniːkɪŋ/ SYN **ADJ** (= grudging) [dislike, preference etc] inavoué ◆ **I had a sneaking feeling that...** je ne pouvais m'empêcher de penser que... ◆ **to have a sneaking suspicion that...** soupçonner que... ◆ **I have a sneaking admiration/respect for him** je ne peux pas m'empêcher de l'admirer/de le respecter
**sneaky*** /ˈsniːkɪ/ **ADJ** [person, character, action] sournois

**sneer** /snɪəʳ/ SYN
**VI** ricaner, sourire d'un air méprisant or sarcastique ◆ **to sneer at sb** se moquer de qn d'un air méprisant ◆ **to sneer at sth** tourner qch en ridicule
**N** (= act) ricanement m ; (= remark) sarcasme m, raillerie f ◆ **... he said with a sneer** ... dit-il d'un air méprisant
**sneerer** /ˈsnɪərəʳ/ **N** ricaneur m, -euse f
**sneering** /ˈsnɪərɪŋ/
**ADJ** [person, contempt, remark] sarcastique ; [tone] railleur
**N** (NonC) raillerie(s) f(pl)
**sneeringly** /ˈsnɪərɪŋlɪ/ **ADV** sarcastiquement

**sneeze** /sniːz/
**N** éternuement m
**VI** éternuer ◆ **it is not to be sneezed at** (fig) ce n'est pas à dédaigner, il ne faut pas cracher dessus* ◆ **when America sneezes, Britain catches cold** (Brit) quand l'Amérique éternue, la Grande-Bretagne s'enrhume
**COMP** **sneezing powder N** poudre f à éternuer
**sneezewort** /ˈsniːzwɜːt/ **N** achillée f sternutatoire, herbe f à éternuer

**snick** /snɪk/
**N** petite entaille f, encoche f
**VT** [+ stick etc] faire une petite entaille or une encoche dans ; (Sport) [+ ball] juste toucher

**snicker** /ˈsnɪkəʳ/
**N** 1 [of horse] petit hennissement m
2 ⇒ **snigger** noun
**VI** 1 [horse] hennir doucement
2 ⇒ **snigger** vi

**snide** /snaɪd/ **ADJ** narquois

**sniff** /snɪf/ SYN
**N** 1 (from cold, crying etc) reniflement m ◆ **to give a sniff** renifler (une fois) ; (disdainfully) faire la grimace or la moue ◆ **... he said with a sniff** ... dit-il en reniflant ; (disdainfully) ... dit-il en faisant la grimace or la moue ◆ **I got a sniff of gas** j'ai senti l'odeur du gaz ◆ **to have** or **take a sniff at** [person] renifler qch ; (suspiciously) flairer qch ; [dog] renifler or flairer qch ◆ **one sniff of that is enough to kill you** il suffit de respirer cela une fois pour en mourir ◆ **I didn't get a sniff* of the whisky** (fig) je n'ai pas eu droit à une goutte de whisky
2 (* = hint) ◆ **to get a sniff of sth** flairer qch ◆ **at the first sniff of danger** au moindre danger
**VI** (from cold, crying) renifler ; (disdainfully) faire la grimace or la moue ; [dog] renifler ◆ **to sniff at sth** [dog] renifler or flairer qch ; [person] renifler qch ◆ **it's not to be sniffed at** ce n'est pas à dédaigner, il ne faut pas cracher dessus*
**VT** [dog etc] renifler, flairer ; [person] [+ food, bottle] renifler, sentir l'odeur de ; (suspiciously)

flairer ; [+ air, perfume, aroma] humer ; [+ drug] aspirer ; [+ smelling salts] respirer ; [Pharm) [+ inhalant etc] aspirer ◆ **to sniff glue** respirer de la colle, sniffer*

▸ **sniff out VT** (= discover) flairer

**sniffer dog** /ˈsnɪfədɒɡ/ **N** chien m renifleur
**sniffily** /ˈsnɪfɪlɪ/ **ADV** dédaigneusement
**sniffiness*** /ˈsnɪfɪnɪs/ **N** morgue f

**sniffle** /ˈsnɪfl/
**N** (= sniff) reniflement m ; (= slight cold) petit rhume m de cerveau ◆ **... he said with a sniffle** ... dit-il en reniflant ◆ **to have a sniffle** or **the sniffles*** avoir un petit rhume, être légèrement enrhumé
**VI** [person, dog] renifler ; (from catarrh etc) avoir le nez bouché, renifler

**sniffy*** /ˈsnɪfɪ/ **ADJ** (= disdainful) dédaigneux, méprisant ◆ **to be sniffy about sth** se montrer désagréable à propos de qch

**snifter** /ˈsnɪftəʳ/ **N** 1 (Brit * = drink) petit verre m (d')alcool m ◆ **to have a snifter** prendre un petit verre, boire la goutte*
2 (US = glass) verre m ballon

**snigger** /ˈsnɪɡəʳ/ SYN
**N** rire m en dessous ; (cynical) ricanement m
**VI** pouffer de rire ; (cynically) ricaner ◆ **to snigger at** [+ remark, question] pouffer de rire or ricaner en entendant ; [+ sb's appearance etc] se moquer de ◆ **stop sniggering!** arrête de rire or de ricaner comme ça !

**sniggering** /ˈsnɪɡərɪŋ/
**N** ricanements mpl
**ADJ** qui n'arrête pas de pouffer de rire or de ricaner

**snip** /snɪp/ SYN
**N** 1 (= cut) petit coup m (de ciseaux etc), petite entaille f ; (= small piece) petit bout m (d'étoffe etc), échantillon m ◆ **to have the snip*** se faire faire une vasectomie
2 (Brit * = bargain) bonne affaire f, (bonne) occasion f ; (Racing) gagnant m sûr
**VT** couper (à petits coups de ciseaux etc)
**VI** ◆ **to snip at sth** donner des petits coups dans qch

▸ **snip off VT SEP** couper or enlever or détacher (à coups de ciseaux etc)

**snipe** /snaɪp/
**N** (pl snipe or snipes) (= bird) bécassine f
**VI** (= shoot) tirer (en restant caché), canarder* ◆ **to snipe at sb/sth** canarder* qn/qch ; (fig) (verbally) critiquer qn/qch par en dessous or sournoisement

**sniper** /ˈsnaɪpəʳ/ **N** tireur m isolé, sniper m
**snippet** /ˈsnɪpɪt/ **N** [of cloth, paper] petit bout m ; [of conversation, news, information] fragment m, bribes fpl

**snippy*** /ˈsnɪpɪ/ **ADJ** (US) [person, tone] hargneux ◆ **to be in a snippy mood** être de mauvais poil*

**snitch*** /snɪtʃ/
**VI** moucharder* (on sb qn)
**VT** chiper*, piquer*
**N** 1 (= nose) pif* m
2 (= telltale) mouchard(e)* m(f), rapporteur m, -euse f
3 (* US = tad) ◆ **a snitch** un tout petit peu

**snivel** /ˈsnɪvl/ SYN **VI** (= whine) pleurnicher, larmoyer ; (= sniff) renifler ; (= have a runny nose) avoir le nez qui coule, avoir la morve au nez (pej)

**sniveler** /ˈsnɪvlə/ **N** (US) ⇒ **sniveller**
**sniveling** /ˈsnɪvlɪŋ/ **ADJ** (US) ⇒ **snivelling**
**sniveller** /ˈsnɪvləʳ/ **N** pleurnicheur m, -euse f

**snivelling** /ˈsnɪvlɪŋ/
**ADJ** pleurnicheur, larmoyant
**N** pleurnicherie(s) f(pl), reniflement(s) m(pl)

**snob** /snɒb/ **N** snob mf ◆ **he's a terrible snob** il est terriblement snob ◆ **she's a musical/wine snob** c'est une snob en matière de musique/vin

**snobbery** /ˈsnɒbərɪ/ SYN **N** snobisme m

**snobbish** /ˈsnɒbɪʃ/ SYN **ADJ** snob inv ◆ **to be snobbish about sb/sth** faire preuve de snobisme à l'égard de qn/en matière de qch

**snobbishness** /ˈsnɒbɪʃnɪs/ **N** snobisme m
**snobby*** /ˈsnɒbɪ/ **ADJ** snob inv

**SNOBOL** /ˈsnəʊbɒl/ **N** (Comput) SNOBOL m

**snog*** /snɒɡ/ (Brit)
**VI** se bécoter*
**N** ◆ **to have a snog** se bécoter*

**snood** /snuːd/ **N** résille f

**snook¹** /snuːk/ **N** (pl snook or snooks) (= fish) brochet m de mer

**snook²** /snuːk/ **N** → **cock** vt 2

**snooker** /ˈsnuːkəʳ/
**N** (= game) snooker m, ≈ jeu m de billard ; (= shot) snooker m
**VT** (lit) faire un snooker à ; (US = hoodwink) tromper, avoir ◆ **to be snookered*** (Brit = be in difficulty) être coincé*, être dans le pétrin*

**snoop** /snuːp/ SYN
**N** 1 ◆ **to have a snoop around** jeter un coup d'œil discret ◆ **I had a snoop around the kitchen** j'ai fureté discrètement or sans être vu dans la cuisine
2 ⇒ **snooper**
**VI** se mêler des affaires des autres ◆ **to snoop (around)** fureter en essayant de passer inaperçu ◆ **he's been snooping (around) here again** il est revenu fourrer son nez* par ici ◆ **to snoop on sb** surveiller qn, espionner qn ◆ **he was snooping into her private life** il fourrait son nez* dans or il se mêlait de sa vie privée

**snooper** /ˈsnuːpəʳ/ SYN **N** (pej) fouineur* m, -euse f ◆ **all the snoopers from the Ministry** tous les espions du ministère, tous les enquêteurs du ministère qui fourrent leur nez* partout

**snoot*** /snuːt/ **N** pif* m, nez m
**snootily*** /ˈsnuːtɪlɪ/ **ADV** avec supériorité or condescendance
**snootiness*** /ˈsnuːtɪnɪs/ **N** snobisme m
**snooty*** /ˈsnuːtɪ/ **ADJ** snob inv

**snooze*** /snuːz/
**N** petit somme m, roupillon* m ◆ **afternoon snooze** sieste f ◆ **to have a snooze** ⇒ **to snooze** vi
**VI** piquer un roupillon*
**COMP** **snooze button N** bouton m d'arrêt momentané (d'un radio-réveil)

**snore** /snɔːʳ/
**N** ronflement m (d'un dormeur)
**VI** ronfler
**snorer** /ˈsnɔːrəʳ/ **N** ronfleur m, -euse f
**snoring** /ˈsnɔːrɪŋ/ **N** (NonC) ronflement(s) m(pl)

**snorkel** /ˈsnɔːkl/
**N** [of submarine] schnorkel or schnorchel m ; [of swimmer] tuba m
**VI** nager avec un masque et un tuba
**snorkelling** /ˈsnɔːkəlɪŋ/ **N** plongée f (avec un masque et un tuba)

**snort** /snɔːt/
**N** 1 [of person] grognement m ; [of horse etc] ébrouement m
2 * ⇒ **snorter** 2
3 (Drugs *) sniff* m, prise f
**VI** 1 [horse etc] s'ébrouer ; [person] (angrily, contemptuously) grogner, ronchonner ; (laughing) s'étrangler de rire
2 (Drugs *) sniffer* de la drogue
**VT** 1 (= say) (angrily etc) grogner, dire en grognant ; (laughing) dire en s'étranglant de rire
2 (Drugs *) sniffer*

**snorter*** /ˈsnɔːtəʳ/ **N** 1 ◆ **a (real) snorter of a question/problem** une question/un problème vache* ◆ **a snorter of a game** un match formidable*
2 (= drink) petit verre m (d')alcool m ◆ **to have a snorter** prendre un petit verre, boire la goutte*

**snot*** /snɒt/
**N** 1 (NonC: in nose) morve f
2 (* = snooty person) morveux* m, -euse* f
**COMP** **snot rag* N** tire-jus* m

**snotty*** /ˈsnɒtɪ/
**ADJ** 1 (= covered in snot) [nose] qui coule ; [face, child] morveux ; [handkerchief] plein de morve
2 (= snooty) snob inv
**N** (= midshipman) midship m, ≈ aspirant m
**COMP** **snotty-faced* ADJ** morveux, qui a le nez qui coule
**snotty-nosed*** **ADJ** (lit, fig) snob inv

**snout** /snaʊt/ **N** 1 (gen) museau m ; [of pig] museau m, groin m ; (* pej) [of person] pif* m
2 (NonC: Police *) tabac m, perlot* m

**snow** /snəʊ/
- **N** ① neige f ◆ **hard/soft snow** neige f dure/molle ◆ **the eternal snows** les neiges fpl éternelles ; → **fall, white**
② (fig : on TV screen) neige f
③ (Culin) ◆ **apple etc snow** purée f de pommes etc (aux blancs d'œufs battus en neige)
④ (Drugs ✱ = cocaine) neige f ✱
- **VI** neiger ◆ **it is snowing** il neige, il tombe de la neige
- **VT** (US ✱ = charm glibly) avoir qn au charme ✱ ◆ **she snowed ✱ him into believing that he would win** elle a réussi à lui faire croire qu'il allait gagner
- **COMP** **snow bank** N talus m de neige, congère f
- **snow-blind** ADJ ◆ **to be snow-blind** souffrir de or être atteint de cécité des neiges
- **snow blindness** N cécité f des neiges
- **snow blower** N chasse-neige m inv à soufflerie, souffleuse f (Can)
- **snow-boot** N (Ski) après-ski m
- **snow buggy** N skidoo m, autoneige f
- **snow bunny** ✱ N (US = girl) minette f de station de ski
- **snow bunting** N bruant m des neiges
- **snow cannon** N canon m à neige
- **snow cap** N couronne f or couverture f de neige
- **snow-capped** ADJ couronné de neige
- **snow-clad, snow-covered** ADJ (liter) enneigé, enfoui sous la neige
- **snow fence** N paravalanche m
- **snow goose** N (pl **snow geese**) oie f des neiges
- **snow job** ✱ N (US) ◆ **it's a snow job** c'est du baratin ✱ ◆ **to give sb a snow job** baratiner ✱ qn
- **snow leopard** N léopard m des neiges, once f
- **snow line** N limite f des neiges éternelles
- **snow pea** N (US, Austral) mange-tout m inv
- **the Snow Queen** N (Myth) la Reine des neiges
- **snow report** N bulletin m d'enneigement
- **snow scooter** N motoneige f, scooter m des neiges, motoski m
- **snow tyre** N pneu-neige m, pneu m clouté
- **snow-white** ADJ blanc (blanche f) comme neige, d'une blancheur de neige
- **Snow White (and the Seven Dwarfs)** N Blanche-Neige f (et les sept nains)
▶ **snow in** VT (pass only) ◆ **to be snowed in** être bloqué par la neige
▶ **snow under** VT (fig : pass only) ◆ **he was snowed under with work** il était complètement submergé or débordé de travail, il avait tellement de travail qu'il ne savait pas où donner de la tête ◆ **to be snowed under with letters/offers** être submergé de lettres/d'offres, recevoir une avalanche de lettres/d'offres
▶ **snow up** VT (Brit) ◆ **to be snowed up** [road, village, farm, person] être bloqué par la neige

**snowball** /'snəʊbɔːl/
- **N** boule f de neige ◆ **it hasn't got a snowball's chance in hell** ✱ ça n'a pas l'ombre d'une chance ◆ **snowball(ing) effect** effet m boule de neige ◆ **snowball fight** bataille f de boules de neige
- **VI** (lit) se lancer des boules de neige ; [project] faire boule de neige ◆ **her business snowballed** son entreprise s'est développée très rapidement ◆ **it has a snowballing effect** ça fait boule de neige
- **COMP** **snowball fight** N bataille f de boules de neige
- **snowball tree** N obier m, boule-de-neige f

**snowbelt** /'snəʊbelt/ N (US) régions fpl neigeuses

**snowberry** /'snəʊbərɪ/ N (= shrub) symphorine f

**snowboard** /'snəʊbɔːd/
- **N** surf m des neiges
- **VI** faire du surf sur neige

**snowboarding** /'snəʊbɔːdɪŋ/ N surf m des neiges

**snowbound** /'snəʊbaʊnd/ ADJ [road, country] complètement enneigé ; [village, house, person] bloqué par la neige

**snowcat** /'snəʊkæt/ N (= vehicle) autoneige f

**Snowdon** /'snəʊdən/ N (Brit) le (mont) Snowdon

**Snowdonia** /snəʊˈdəʊnɪə/ N le massif or le parc national du Snowdon

**snowdrift** /'snəʊdrɪft/ N congère f, amoncellement m de neige

**snowdrop** /'snəʊdrɒp/ N (= plant) perce-neige m inv

**snowfall** /'snəʊfɔːl/ N chute f de neige

**snowfield** /'snəʊfiːld/ N champ m de neige

**snowflake** /'snəʊfleɪk/ N flocon m de neige

**snowman** /'snəʊmæn/ N (pl **-men**) bonhomme m de neige ; → **abominable**

**snowmobile** /'snəʊməˌbiːl/ N (US) autoneige f, motoneige f

**snowplough, snowplow** (US) /'snəʊplaʊ/ N (also Ski) chasse-neige m inv ◆ **snowplough (turn)** (Ski) stem m

**snowshoe** /'snəʊʃuː/ N raquette f

**snowslide** /'snəʊslaɪd/ N (US) avalanche f

**snowstorm** /'snəʊstɔːm/ N tempête f de neige

**snowsuit** /'snəʊsuːt/ N combinaison f de ski

**snowy** /'snəʊɪ/
- **ADJ** ① [weather, climate, winter] neigeux ; [valley, region, landscape, mountain, street] enneigé ; [roof] couvert de neige ◆ **a snowy day/morning** une journée/matinée de neige ◆ **it was very snowy yesterday** il a beaucoup neigé hier
② (in colour) (also **snowy white**) [linen, shirt] blanc (blanche f) comme neige ; [hair, beard] de neige
- **COMP** **snowy mespil** N (= plant) amélanchier m (laevis)
- **snowy owl** N harfang m

**SNP** /esenˈpiː/ N (Brit Pol) (abbrev of **Scottish National Party**) → **Scottish**

**Snr** (esp US) abbrev of **senior**

**snub¹** /snʌb/ SYN
- **N** rebuffade f
- **VT** [+ person] snober ; [+ offer] repousser, rejeter ◆ **to be snubbed** essuyer une rebuffade

**snub²** /snʌb/ ADJ [nose] retroussé, camus (pej) ◆ **snub-nosed** au nez retroussé or camus (pej)

**snuck** ✱ /snʌk/ (US) VB pt, ptp of **sneak**

**snuff¹** /snʌf/
- **N** tabac m à priser ◆ **pinch of snuff** prise f ◆ **to take snuff** priser ◆ **he/his work isn't up to snuff** †✱ (Brit) il/son travail n'est pas à la hauteur ◆ **his lectures didn't come up to snuff** †✱ (Brit) ses cours ne valaient pas grand-chose
- **VTI** ⇒ **sniff** vi, vt

**snuff²** /snʌf/
- **VT** [+ candle] moucher ◆ **to snuff it** ✱ (Brit euph = die) claquer ✱, casser sa pipe ✱
- **COMP** **snuff film, snuff movie** N film m porno sadique (dont la scène principale est un meurtre filmé en direct)
▶ **snuff out**
- **VI** (✱ = die) mourir, casser sa pipe ✱
- **VT SEP** ① [+ candle] moucher
② [+ interest, hopes, enthusiasm, sb's life] mettre fin à
③ (✱ = kill) zigouiller ✱

**snuffbox** /'snʌfbɒks/ N tabatière f

**snuffer** /'snʌfəʳ/ N (also **candle-snuffer**) éteignoir m ◆ **snuffers** mouchettes fpl

**snuffle** /'snʌfl/
- **N** ① ⇒ **sniffle** noun
② ◆ **to speak in a snuffle** parler du nez or d'une voix nasillarde, nasiller
- **VI** ① ⇒ **sniffle** vi
② parler (or chanter) d'une voix nasillarde, nasiller
- **VT** dire or prononcer d'une voix nasillarde

**snug** /snʌg/ SYN
- **ADJ** ① (= cosy) [house, bed, garment] douillet ◆ **it's nice and snug here** on est bien ici ◆ **he was snug in bed** il était bien au chaud dans son lit ◆ **to be as snug as a bug in a rug** ✱ être bien au chaud, être douillettement installé
② (= close-fitting) bien ajusté ◆ **it's a snug fit** [garment] ça va, mais juste ; [object] cela rentre juste bien
- **N** (Brit : in pub) petite arrière-salle f

**snuggery** /'snʌgərɪ/ N (Brit) ⇒ **snug** noun

**snuggle** /'snʌgl/ SYN
- **VI** se blottir, se pelotonner (into sth dans qch ; beside sb contre qn)
- **VT** [+ child etc] serrer or attirer contre soi
▶ **snuggle down** VI se blottir, se pelotonner (beside sb contre qn), se rouler en boule ◆ **snuggle down and go to sleep** installe-toi bien confortablement et dors
▶ **snuggle together** VI se serrer or se blottir l'un contre l'autre
▶ **snuggle up** VI se serrer, se blottir (to sb contre qn)

**snugly** /'snʌglɪ/ ADV ① (= cosily) douillettement ◆ **snugly tucked in** bien au chaud sous ses couvertures
② (= tightly) bien juste ◆ **these trousers fit snugly** ce pantalon va juste bien ◆ **the washing machine fitted snugly into the space** la machine à laver s'encastrait parfaitement

◆ ◆ ◆ ◆ ◆ ◆ ◆ ◆ ◆ ◆ ◆ ◆ ◆ ◆

## **so** /səʊ/

LANGUAGE IN USE 17.2, 26.3

1 - ADVERB
2 - CONJUNCTION
3 - COMPOUNDS

◆ ◆ ◆ ◆ ◆ ◆ ◆ ◆ ◆ ◆ ◆ ◆ ◆ ◆

### 1 - ADVERB

① [DEGREE = TO SUCH AN EXTENT] si, tellement, aussi ◆ **so easy/quickly** tellement facile/rapidement ◆ **is it really so tiring?** est-ce vraiment si or tellement fatigant ?, est-ce vraiment aussi fatigant (que cela) ? ◆ **do you really need so long?** vous faut-il vraiment autant de temps or aussi longtemps (que cela) ? ◆ **so early** si tôt, tellement tôt, d'aussi bonne heure
◆ **so... (that)** si or tellement... que ◆ **he was so clumsy (that) he broke the cup** il était si or tellement maladroit qu'il a cassé la tasse ◆ **the body was so decomposed that it was unidentifiable** le cadavre était tellement décomposé qu'il était impossible de l'identifier
◆ **so... as to do sth** assez... pour faire qch ◆ **he was so stupid as to tell her what he'd done** il a eu la stupidité de or il a été assez stupide pour lui raconter ce qu'il avait fait ◆ **would you be so kind as to open the door?** (frm) auriez-vous l'amabilité or la gentillesse or l'obligeance d'ouvrir la porte ?
◆ **not so... as** pas aussi... que ◆ **he is not so clever as his brother** il n'est pas aussi or si intelligent que son frère ◆ **it's not so big as all that!** ce n'est pas si grand que ça ◆ **it's not so big as I thought it would be** ce n'est pas aussi grand que je le pensais or que je l'imaginais ◆ **it's not nearly so difficult as you think** c'est loin d'être aussi difficile que vous le croyez ◆ **it's not so early as you think** il n'est pas aussi tôt que vous le croyez ◆ **he's not so good a teacher as his father** il n'est pas aussi bon professeur que son père, il ne vaut pas son père comme professeur ◆ **he's not so stupid as he looks** il n'est pas aussi or si stupide qu'il en a l'air ◆ **he was not so stupid as to say that to her** il n'a pas été bête au point de lui dire cela, il a eu l'intelligence de ne pas lui dire cela

② [= VERY, TO A GREAT EXTENT] si, tellement ◆ **I'm so tired!** je suis si or tellement fatigué ! ◆ **I'm so very tired!** je suis vraiment si or tellement fatigué ! ◆ **there's so much to do** il y a tellement or tant (de choses) à faire ◆ **thanks so much**✱, **thanks ever so**✱ merci beaucoup or mille fois ◆ **it's not so very difficult!** cela n'est pas si difficile que ça ! ◆ **Elizabeth, who so loved France...** Elizabeth, qui aimait tant la France...

③ [UNSPECIFIED AMOUNT] ◆ **how tall is he?** – **oh, about so tall** (accompanied by gesture) quelle taille fait-il ? – oh, à peu près (grand) comme ça ◆ **so much per head** tant par tête ◆ **their skulls were crushed like so many eggshells** leurs crânes furent écrasés comme autant de coquilles d'œufs ◆ **his speech was so much nonsense** son discours était complètement stupide ◆ **how long will it take?** – **a week or so** combien de temps cela va-t-il prendre ? – une semaine environ or à peu près ◆ **twenty or so** à peu près vingt, une vingtaine

④ [MANNER = THUS, IN THIS WAY] ainsi, comme ceci or cela, de cette façon ◆ **you should stand (just or like) so** vous devriez vous tenir comme ceci, voici comment vous devriez vous tenir ◆ **as A is to B so C is to D** C est à D ce que A est à B ◆ **as he failed once so he will fail again** il échouera comme il a déjà échoué ◆ **you don't believe me but it is so** vous ne me croyez pas mais il en est bien ainsi ◆ **so it was that...** ainsi ainsi que...
◆ **so be it** (frm) soit ◆ **it so happened that...** il s'est trouvé que...
◆ **so (that)** (intention) pour + infin, afin de + infin, pour + subj, afin que + subj ; (result) si bien que + indic, de (telle) sorte que + indic ◆ **I'm going early so (that) I'll get a ticket** j'y vais tôt pour obtenir or afin d'obtenir un billet ◆ **I brought it so (that) you could read it** je l'ai apporté pour que or afin que vous puissiez le lire ◆ **he arranged the timetable so (that) the af-**

ternoons were free il a organisé l'emploi du temps de façon à laisser les après-midi libres or de (telle) sorte que les après-midi soient libres ✦ **he refused to move, so (that) the police had to carry him away** il a refusé de bouger, si bien que or de sorte que les agents ont dû l'emporter de force

✦ **so as to...** afin de faire, pour faire ✦ **he stood up so as to see better** il s'est levé pour mieux voir

✦ **so as not to...** ✦ **she put it down gently so as not to break it** elle l'a posé doucement pour ne pas le casser ✦ **he hurried so as not to be late** il s'est dépêché pour ne pas être or afin de ne pas être en retard

⑤ [USED AS SUBSTITUTE FOR PHRASE, WORD ETC] ✦ **so saying...** ce disant... sur ces mots... ✦ **so I believe** c'est ce que je crois, c'est ce qu'il me semble ✦ **is that so?** pas possible !, tiens ! ✦ **that is so** c'est bien ça, c'est exact ✦ **if that is so...** s'il en est ainsi... ✦ **just so!, quite so!** exactement !, tout à fait ! ✦ **I told you so yesterday** je vous l'ai dit hier ✦ **so it seems!** à ce qu'il paraît ! ✦ **he certainly said so** c'est ce qu'il a dit, il a bien dit ça ✦ **please do so** faites-le, faites ainsi ✦ **I think so** je (le) crois, je (le) pense ✦ **I hope so** (answering sb) j'espère que oui ; (agreeing with sb) j'espère, j'espère bien ✦ **how so?** comment (ça se fait) ? ✦ **why so?** pourquoi (donc) ? ✦ **he said they would be there and so they were** il a dit qu'ils seraient là, et en effet ils y étaient ✦ **so do I!, so have I!, so am I!** etc moi aussi ! ✦ **he's going to bed and so am I** il va se coucher et moi aussi or et je vais en faire autant ✦ **if you do that so will I** si tu fais ça, j'en ferai autant ✦ **I'm tired – so am I!** je suis fatigué – moi aussi ! ✦ **he said he was French – so he did!** il a dit qu'il était français – c'est vrai or en effet ! ✦ **it's raining – so it is!** il pleut – en effet or c'est vrai ! ✦ **I want to see that film – so you shall!** je veux voir ce film – eh bien, tu le verras ! ✦ **I didn't say that! – you did so!**⁂ je n'ai pas dit ça ! – mais si, tu l'as dit ! ⁂ ✦ **to so speak, so to say** pour ainsi dire ✦ **and so forth, and so on (and so forth)** et ainsi de suite ✦ **so long!**⁂ tchao !⁂, salut !⁂ ✦ **I'm not going, so there!** je n'y vais pas, voilà !

### 2 - CONJUNCTION

① [= THEREFORE] donc, par conséquent ✦ **he was late, so he missed the train** il est arrivé en retard, donc or par conséquent il a manqué le train ✦ **the roads are busy so be careful** il y a beaucoup de circulation, alors fais bien attention

② [EXCLAMATORY] ✦ **so there he is!** le voilà donc ! ✦ **so you're selling it?** alors vous le vendez ? ✦ **so he's come at last!** il est donc enfin arrivé ! ✦ **and so you see...** alors comme vous voyez... ✦ **I'm going home – so?**⁂ je rentre – et alors ? ✦ **so (what)?**⁂ et alors ?, et après ?

### 3 - COMPOUNDS

**so-and-so**⁂ N (pl **so-and-sos**) ✦ **Mr/Mrs So-and-so** Monsieur/Madame Untel ✦ **then if so-and-so says...** alors si quelqu'un or Machin Chouette⁂ dit... ✦ **he's an old so-and-so** c'est un vieux schnock⁂ ✦ **if you ask him to do so-and-so** si vous lui demandez de faire quoi que ce soit

**so-called** SYN ADJ soi-disant inv, prétendu

**so-so**⁂ ADJ comme ci comme ça, couci-couça ✦ **his work is only so-so** son travail n'est pas fameux⁂

---

**s/o** (Banking) (abbrev of **standing order**) → **standing**

**soak** /səʊk/ SYN

N ① ✦ **to give sth a (good) soak** (bien) faire tremper qch ; (bien) laisser tremper qch ✦ **the sheets are in soak** les draps sont en train de tremper

② (⁂ = drunkard) soûlard⁂ m, poivrot⁂ m

VT ① faire or laisser tremper (in dans) ✦ **to be/get soaked to the skin** être trempé/se faire tremper jusqu'aux os or comme une soupe⁂ ✦ **to soak o.s. in the bath** faire trempette dans la baignoire ✦ **bread soaked in milk** pain m imbibé de lait or qui a trempé dans du lait ✦ **he soaked himself in the atmosphere of Paris** il s'est plongé dans l'atmosphère de Paris

② (⁂ = take money from) (by overcharging) estamper⁂ ; (by taxation) faire payer de lourds impôts à ✦ **the government's policy is to soak the rich** la politique du gouvernement est de faire casquer⁂ les riches

VI ① tremper (in dans) ✦ **to put sth in to soak** faire tremper qch, mettre qch à tremper

② (⁂ = drink) boire comme une éponge, avoir la dalle en pente⁂

COMP **soak test** N (Comput) rodage m

▸ **soak in** VI [liquid] pénétrer, être absorbé

▸ **soak out**
VI [stain etc] partir (au trempage)
VT SEP [+ stains] faire partir en trempant

▸ **soak through**
VI [liquid] traverser, filtrer au travers
VT SEP ✦ **to be soaked through** [person] être trempé (jusqu'aux os) ; [object, garment] être trempé

▸ **soak up** VT SEP (lit, fig) absorber

**soakaway** /ˈsəʊkəweɪ/ N (Constr) fosse f d'assainissement, puits m absorbant

**soaking** /ˈsəʊkɪŋ/ SYN
N trempage m ✦ **to get a soaking** se faire tremper (jusqu'aux os) ✦ **to give sth a soaking** faire or laisser tremper qch
ADJ (also **soaking wet**) [person] trempé (jusqu'aux os) ; [object, garment] trempé

**soap** /səʊp/
N ① savon m ; (⁂ fig : also **soft soap**) flatterie(s) f(pl), flagornerie f (pej) ✦ **no soap!**⁂ (fig US) rien à faire !, des clous !⁂ ; → **shaving, toilet**
② ⇒ **soap opera**
VT savonner
COMP **soap bubble** N bulle f de savon
**soap opera** N (fig : Rad, TV) soap-opéra m, soap m, feuilleton m mélo⁂ or à l'eau de rose
**soap powder** N lessive f (en poudre), poudre f à laver

▸ **soap down** VT SEP savonner

**soapberry** /ˈsəʊpˌberɪ/ N (also **soapberry tree**) savonnier m

**soapbox** /ˈsəʊpbɒks/
N ① (lit) caisse f à savon ; (fig : for speaker) tribune f improvisée
② (= go-cart) auto f sans moteur (pour enfants), caisse f à savon⁂
COMP **soapbox derby** N course f en descente d'autos sans moteur (pour enfants)
**soapbox orator** N orateur m de carrefour, harangueur m, -euse f de foules
**soapbox oratory** N harangue(s) f(pl) de démagogue

**soapdish** /ˈsəʊpdɪʃ/ N porte-savon m

**soapflakes** /ˈsəʊpfleɪks/ NPL savon m en paillettes, paillettes fpl de savon

**soapless** /ˈsəʊplɪs/ ADJ [detergent] sans savon

**soapstone** /ˈsəʊpstəʊn/ N stéatite f

**soapsuds** /ˈsəʊpsʌdz/ NPL (= lather) mousse f de savon ; (= soapy water) eau f savonneuse

**soapwort** /ˈsəʊpwɜːt/ N saponaire f officinale, savonnière f

**soapy** /ˈsəʊpɪ/ ADJ ① (lit) [water, taste, smell] savonneux ; [floor, object] recouvert de savon ; [cloth, hands, face] plein de savon
② (Brit ⁂ = sentimental) mièvre

**soar** /sɔːʳ/ SYN VI (also **soar up**) [bird, aircraft] monter (en flèche) ; [ball etc] voler (over par-dessus) ; (fig) [tower, cathedral] s'élancer (vers le ciel) ; [voice, music] s'élever (above au-dessus de) ; [prices, costs, profits] monter en flèche ; [ambitions, hopes] grandir démesurément ; [spirits, morale] remonter en flèche ; see also **send**

▸ **soar up** VI ⇒ **soar**

**soaraway**⁂ /ˈsɔːrəweɪ/ ADJ [success, career etc] fulgurant

**soaring** /ˈsɔːrɪŋ/
N [of bird] essor m ; [of plane] envol m
ADJ ① (= increasing) [prices, costs, profits, unemployment] qui monte en flèche ; [inflation] galopant ✦ **Britain's soaring crime rate** la forte hausse de la criminalité en Grande-Bretagne
② (= tall) [spire, skyscraper] qui s'élance vers le ciel

**sob** /sɒb/ SYN
N sanglot m ✦ **... he said with a sob** ... dit-il en sanglotant
VI sangloter
VT ✦ **"no" she sobbed** « non » dit-elle en sanglotant ✦ **to sob o.s. to sleep** s'endormir à force de sangloter or en sanglotant
COMP **sob sister**⁂ N (US) journaliste f qui se spécialise dans les histoires larmoyantes
**sob story**⁂ N histoire f mélodramatique or larmoyante ✦ **the main item was a sob story about a puppy** (Press etc) l'article principal était

une histoire à vous fendre le cœur concernant un chiot ✦ **he told us a sob story about his sister's illness** il a cherché à nous apitoyer or à nous avoir au sentiment⁂ en nous parlant de la maladie de sa sœur
**sob stuff**⁂ N ✦ **there's too much sob stuff in that film** il y a trop de sensiblerie or de mélo⁂ dans ce film ✦ **he gave us a lot of sob stuff** il nous a fait tout un baratin⁂ larmoyant

▸ **sob out** VT SEP [+ story] raconter en sanglotant ✦ **to sob one's heart out** pleurer à chaudes larmes or à gros sanglots

**s.o.b.**⁂ /ˌesəʊˈbiː/ N (US) (abbrev of **son of a bitch**) salaud⁂ m

**sobbing** /ˈsɒbɪŋ/
N sanglots mpl
ADJ sanglotant

**sober** /ˈsəʊbəʳ/ SYN
ADJ ① (= not drunk) pas ivre or soûl ; (= sobered-up) dessoûlé ✦ **I'm perfectly sober** je ne suis pas du tout soûl ✦ **he's stone cold sober, he's (as) sober as a judge**⁂ il n'est pas du tout soûl ✦ **are you sober yet?** tu as dessoûlé ?
② (= abstinent) sobre ✦ **she has been sober now for three years** cela fait maintenant trois ans qu'elle ne boit plus or qu'elle est sobre
③ (= serious) [person, attitude] pondéré ; [expression] grave ; [assessment, statement, judgement] mesuré ; [fact, reality] sans fard ✦ **upon sober reflection** après mûre réflexion
④ (= plain) [suit, tie, colour, style] sobre
VT ① (fig : also **sober up**) (= calm) calmer ; (= deflate) dégriser
② (also **sober up**) (= stop being drunk) dessoûler⁂, désenivrer
COMP **sober-headed** ADJ [person] sérieux, posé ; [decision] réfléchi, posé
**sober-minded** ADJ sérieux, sensé
**sober-sided** ADJ sérieux, grave, qui ne rit pas souvent

▸ **sober up**
VI dessoûler⁂, désenivrer
VT SEP ⇒ **sober** vt

**sobering** /ˈsəʊbərɪŋ/ ADJ (fig) [experience] qui fait réfléchir ✦ **a sobering reminder of sth** un brusque rappel à la réalité de qch ✦ **it is a sobering thought** cela fait réfléchir ✦ **it had a sobering effect on him** cela l'a fait réfléchir

**soberly** /ˈsəʊbəlɪ/ ADV ① (= seriously) [speak, behave] avec pondération
② (= plainly) [dress] sobrement, avec sobriété

**soberness** /ˈsəʊbənɪs/ N ① (= seriousness) pondération f, sérieux m
② (= plainness) [of style, design] sobriété f

**sobersides**⁂ /ˈsəʊbəsaɪdz/ N bonnet m de nuit (fig)

**sobriety** /səʊˈbraɪətɪ/ N ① ⇒ **soberness**
② (= abstinence) ✦ **the struggle for sobriety** la lutte constante pour rester sobre ✦ **she maintained her sobriety for seven years** elle a réussi à rester sobre pendant sept ans ✦ **his sobriety was in question** (frm or hum) on le soupçonnait d'avoir bu

**sobriquet** /ˈsəʊbrɪkeɪ/ N sobriquet m

**soc.** /sɒk/ N abbrev of **society**

**soccer** /ˈsɒkəʳ/
N football m, foot⁂ m
COMP [match, pitch, team] de football, de foot⁂
**soccer player** N footballeur m
**soccer season** N saison f de football or de foot⁂

**sociability** /ˌsəʊʃəˈbɪlɪtɪ/ SYN N sociabilité f

**sociable** /ˈsəʊʃəbl/ SYN ADJ [person, mood] sociable ✦ **I'll have a drink just to be sociable** je vais prendre un verre juste pour vous (or lui etc) faire plaisir ✦ **I'm not feeling very sociable this evening** je n'ai pas envie de voir des gens ce soir

**sociably** /ˈsəʊʃəblɪ/ ADV [behave] de façon sociable, aimablement ; [invite, say] amicalement

**social** /ˈsəʊʃəl/ SYN
ADJ ① [class, status, problem, customs] social ✦ **she's a social acquaintance** c'est une relation (personnelle) ✦ **social event** or **activity** activité f socioculturelle ✦ **we work together but we don't have a social relationship** nous travaillons ensemble mais nous ne nous voyons pas en dehors du travail ✦ **he has little social contact with his business colleagues** il a peu de contacts avec ses collègues en dehors du travail ✦ **this isn't a social visit** or **call** il ne s'agit pas d'une visite de courtoisie ✦ **she didn't regard him as her social equal** pour elle, il n'ap-

partenait pas au même milieu social ◆ **social mobility** mobilité *f* sociale ◆ **upward social mobility** ascension *f* sociale ◆ **social research** recherches *fpl* en sciences sociales ◆ **social scale** échelle *f* sociale ; see also **comp**

**2** [*insect, animal*] social ◆ **man is a social animal** l'homme est un animal social *or* sociable ; see also **comp**

**N** (= *party*) (petite) fête *f*

**COMP social administration** N gestion *f* sociale
**Social and Liberal Democrats** N (*Brit Pol*) parti *m* social et libéral-démocrate
**social anthropologist** N spécialiste *mf* de l'anthropologie sociale
**social anthropology** N anthropologie *f* sociale
**social benefits** NPL prestations *fpl* sociales
**Social Charter** N (*Brit Pol*) charte *f* sociale
**social circle** N sphère *f* de la société
**social climber** N (*still climbing*) arriviste *mf* ; (*arrived*) parvenu(e) *m(f)*
**social climbing** N arrivisme *m*
**social-climbing** ADJ [*wife*] arriviste
**social club** N club *m* (*de rencontres*)
**social column** N (*Press*) carnet *m* mondain, mondanités *fpl*
**social conscience** N conscience *f* sociale
**social contract** N contrat *m* social
**Social Democracy** N social-démocratie *f*
**Social Democrat** N social-démocrate *mf*
**Social Democratic** ADJ social-démocrate
**Social Democratic and Labour Party** N (*Ir Pol*) parti *m* social-démocrate et travailliste
**Social Democratic Party** N (*Brit Pol: formerly*) parti *m* social-démocrate
**social disease** N (*gen*) maladie *f* due à des facteurs socioéconomiques ; (*venereal*) maladie *f* honteuse
**social drinker** N ◆ **to be a social drinker** boire seulement en compagnie
**social drinking** N fait *m* de boire seulement en compagnie
**social engineering** N manipulation *f* des structures sociales
**social evening** N soirée *f* (*entre amis*)
**social exclusion** N exclusion *f* sociale
**social fund** N (*Brit*) ≈ fonds *m* de solidarité
**social gathering** N réunion *f* entre amis
**social history** N histoire *f* sociale
**social housing** N (*NonC: Brit*) logements *mpl* sociaux
**social inclusion** N inclusion *f* sociale
**social insurance** N (*US*) sécurité *f* sociale
**social life** N ◆ **to have an active social life** (= *go out frequently*) sortir beaucoup ; (= *see people frequently*) voir du monde ; (*in high society*) avoir une vie mondaine active
**social misfit** N inadapté(e) *m(f)* social(e)
**social order** N ordre *m* social
**social realism** N **1** réalisme *m* social

**2** ⇒ **socialist realism** ; → **socialist**
**the social register** N (*US*) ≈ le bottin ® mondain
**social science** N sciences *fpl* humaines ◆ **Faculty of Social Science** (*Univ*) faculté *f* des sciences humaines
**social scientist** N spécialiste *mf* des sciences humaines
**social secretary** N [*of organization*] responsable *mf* des programmes de loisirs ; [*of person*] secrétaire *mf* particulier(-ière)
**social security** N (*gen*) aide *f* sociale ; (*also* **social security benefits**) prestations *fpl* sociales ◆ **to be on social security** recevoir l'aide sociale ◆ **Department of Social Security** (*Brit*) ≈ Sécurité *f* sociale
**Social Security Administration** N (*US*) service *des pensions*
**social security card** N (*US*) ≈ carte *f* d'assuré social
**social security number** N (*US*) numéro *m* de Sécurité sociale
**social service** N ⇒ **social work**
**social services** NPL services *mpl* sociaux ◆ **Secretary of State for/Department of Social Services** ministre *m*/ministère *m* des Affaires sociales
**social skills** NPL savoir-vivre *m* inv ◆ **he's got no social skills** il ne sait pas se comporter en société ◆ **poor social skills** manque *m* de savoir-vivre ◆ **to develop one's social skills** améliorer son comportement en société
**social spending** N dépenses *fpl* d'aide sociale
**social studies** NPL sciences *fpl* sociales
**social welfare** N sécurité *f* sociale
**social work** N assistance *f* sociale
**social worker** N assistant(e) *m(f)* social(e), travailleur *m*, -euse *f* social(e)

**SOCIAL SECURITY NUMBER**

Aux États-Unis, le numéro de Sécurité sociale, formé de neuf chiffres, est indispensable pour bénéficier des prestations sociales, mais il est également utilisé de plus en plus comme numéro d'identité à l'échelle nationale : il figure sur les carnets de chèques ; certains États l'utilisent comme numéro de permis de conduire et certaines universités comme numéro d'inscription des étudiants. Depuis 1987, tous les enfants se voient attribuer un **social security number**.

**socialism** /ˈsəʊʃəlɪzəm/ N socialisme *m*
**socialist** /ˈsəʊʃəlɪst/
**ADJ** socialiste ◆ **the Socialist Republic of...** la République socialiste de...
**N** socialiste *mf*
**COMP Socialist International** N Internationale *f* socialiste
**socialist realism** N réalisme *m* socialiste
**Socialist Workers' Party** N (*in Brit*) parti d'extrême gauche
**socialistic** /ˌsəʊʃəˈlɪstɪk/ ADJ socialisant
**socialite** /ˈsəʊʃəlaɪt/ N mondain(e) *m(f)* ◆ **a Paris socialite** un membre du Tout-Paris
**sociality** /ˌsəʊʃɪˈælɪtɪ/ N socialité *f*, sociabilité *f*
**socialization** /ˌsəʊʃəlaɪˈzeɪʃən/ N socialisation *f* (*Pol*)
**socialize** /ˈsəʊʃəlaɪz/ SYN
**VT** (*Pol, Psych*) socialiser
**VI** (= *be with people*) fréquenter des gens ; (= *make friends*) se faire des amis ; (= *chat*) s'entretenir, bavarder (*with sb* avec qn)
**socializing** /ˈsəʊʃəlaɪzɪŋ/ N ◆ **he doesn't like socializing** il n'aime pas fréquenter les gens ◆ **there isn't much socializing on campus** on ne se fréquente pas beaucoup sur le campus
**socially** /ˈsəʊʃəlɪ/
**ADV** **1** (= *not professionally etc*) [*meet, interact*] en société ◆ **I don't really mix with him socially** je ne le fréquente guère (en dehors du travail) ◆ **to know sb socially** fréquenter qn en dehors du travail
**2** [*disadvantaged, acceptable, conservative*] socialement ◆ **socially prominent** en vue dans la société ◆ **socially superior/inferior** d'un rang social supérieur/inférieur ◆ **to be socially aware** *or* **conscious** avoir conscience des problèmes sociaux ◆ **socially adept** qui sait se comporter en société ◆ **to be socially inadequate** être un(e) inadapté(e) social(e) ◆ **to be socially conditioned to do sth** être conditionné par son milieu social à faire qch
**COMP socially excluded** ADJ exclu de la société N ◆ **the socially excluded** les exclus de la société
**societal** /səˈsaɪətl/
**ADJ** sociétal
**COMP societal marketing** N marketing *m* social
**society** /səˈsaɪətɪ/ SYN
**N** **1** (= *social community*) société *f* ◆ **to live in society** vivre en société ◆ **for the good of society** dans l'intérêt de la société *or* de la communauté ◆ **it is a danger to society** cela constitue un danger social, cela met la société en danger ◆ **modern industrial societies** les sociétés *fpl* industrielles modernes
**2** (*NonC = high society*) (haute) société *f*, grand monde *m* ◆ **polite society** la bonne société ◆ **the years she spent in society** ses années de vie mondaine
**3** (*NonC = company, companionship*) société *f*, compagnie *f* ◆ **in the society of...** dans la société de..., en compagnie de... ◆ **I enjoy his society** je me plais en sa compagnie, j'apprécie sa compagnie
**4** (= *organized group*) société *f*, association *f* ; (= *charitable society*) œuvre *f* de charité, association *f* de bienfaisance ; (*Scol, Univ etc*) club *m*, association *f* ◆ **dramatic society** club *m* théâtral, association *f* théâtrale ◆ **learned society** société *f* savante ◆ **the Society of Friends** (*Rel*) la Société des Amis, les Quakers *mpl* ◆ **the Society of Jesus** (*Rel*) la Société de Jésus ; → **royal**
**COMP** [*correspondent, news, photographer, wedding*] mondain, de la haute société
**society column** N (*Press*) chronique *f* mondaine, carnet *m* mondain
**Society Islands** NPL (*Geog*) îles *fpl* de la Société
**socio...** /ˈsəʊsɪəʊ/ PREF socio... ◆ **sociocultural** socioculturel ◆ **socioeconomic** socioéconomique ◆ **sociopolitical** sociopolitique ; see also **sociological**

**sociobiologist** /ˌsəʊsɪəʊbaɪˈɒlədʒɪst/ N sociobiologiste *mf*
**sociobiology** /ˌsəʊsɪəʊbaɪˈɒlədʒɪ/ N sociobiologie *f*
**sociocultural** /ˌsəʊsɪəʊˈkʌltʃərəl/ ADJ socioculturel
**socioeconomic** /ˌsəʊsɪəʊiːkəˈnɒmɪk/ ADJ socioéconomique ◆ **socioeconomic group** catégorie *f* socioprofessionnelle
**sociolect** /ˈsəʊsɪəʊˌlekt/ N (*Ling*) sociolecte *m*
**sociolinguist** /ˌsəʊsɪəʊˈlɪŋgwɪst/ N sociolinguiste *mf*
**sociolinguistic** /ˌsəʊsɪəʊlɪŋˈgwɪstɪk/ ADJ sociolinguistique
**sociolinguistics** /ˌsəʊsɪəʊlɪŋˈgwɪstɪks/ N (*NonC*) sociolinguistique *f*
**sociological** /ˌsəʊsɪəˈlɒdʒɪkəl/ ADJ sociologique
**sociologically** /ˌsəʊsɪəˈlɒdʒɪkəlɪ/ ADV [*important, significant*] sociologiquement
**sociologist** /ˌsəʊsɪˈɒlədʒɪst/ N sociologue *mf*
**sociology** /ˌsəʊsɪˈɒlədʒɪ/ N sociologie *f*
**sociometric** /ˌsəʊsɪəʊˈmetrɪk/ ADJ sociométrique
**sociometrist** /ˌsəʊsɪˈɒmɪtrɪst/ N sociométriste *mf*
**sociometry** /ˌsəʊsɪˈɒmɪtrɪ/ N sociométrie *f*
**sociopath** /ˈsəʊsɪəʊpæθ/ N inadapté(e) *m(f)* social(e)
**sociopathic** /ˌsəʊsɪəʊˈpæθɪk/ ADJ socialement inadapté, sociopathe
**sociopolitical** /ˌsəʊsɪəʊpəˈlɪtɪkəl/ ADJ sociopolitique
**sock¹** /sɒk/ N **1** (= *short stocking*) chaussette *f* ; (*shorter*) socquette *f* ; (= *inner sole*) semelle *f* (intérieure) ; [*of footballer etc*] bas *m* ◆ **to pull one's socks up*** (*fig Brit*) se secouer*, faire un effort ◆ **put a sock in it!**⁂ la ferme !⁂, ta gueule !⁂ ◆ **this will knock** *or* **blow your socks off!*** ça va t'en mettre plein la vue !* ◆ **it knocks the socks off most science fiction films** ça dame le pion à la plupart des films de science-fiction ◆ **to work one's socks off** s'éreinter (au travail) ◆ **to dance/act one's socks off** se défoncer* en dansant/jouant, danser/jouer en se donnant à fond
**2** (= *windsock*) manche *f* à air
**sock²*** /sɒk/
**N** (= *slap*) beigne* *f* ; (= *punch*) gnon* *m* ◆ **to give sb a sock on the jaw** flanquer un coup *or* son poing sur la gueule⁂ à qn
**VT** (= *strike*) flanquer une beigne* *or* un gnon* à ◆ **sock him one!** cogne dessus !*, fous-lui une beigne !⁂ ◆ **sock it to me!** vas-y envoie !* ◆ **sock it to them!** montre-leur un peu !
**sockdolager** /sɒkˈdɒlədʒəʳ/ N (*US*) **1** (= *decisive event*) coup *m* décisif

**2** (= *great person/thing*) personne *f*/chose *f* fantastique
**socket** /ˈsɒkɪt/
**N** (*gen*) cavité *f*, trou *m* (*où qch s'emboîte*) ; [*of hipbone*] cavité *f* articulaire ; [*of eye*] orbite *f* ; [*of tooth*] alvéole *f* ; (*Elec: for light bulb*) douille *f* ; (*Elec: also* **wall socket**) prise *f* de courant, prise *f* femelle ; (*Carpentry*) mortaise *f* ; (*in candlestick etc*) trou *m* ◆ **to pull sb's arm out of its socket** désarticuler *or* démettre l'épaule à qn
**COMP socket joint** N (*joining pipes*) joint *m* à rotule ; (*Anat*) énarthrose *f*
**socket set** N jeu *d'outils à manche interchangeable*
**socket wrench** N clé *f* à pipe *or* à douille
**sockeye** /ˈsɒkaɪ/ N (= *fish*) saumon *m* du Pacifique
**socko*** /ˈsɒkəʊ/ (*US*) ADJ fantastique, du tonnerre
**Socrates** /ˈsɒkrətiːz/ N Socrate *m*
**Socratic** /sɒˈkrætɪk/ ADJ socratique ◆ **Socratic irony** ironie *f* socratique ◆ **the Socratic method** la maïeutique
**sod¹** /sɒd/ N (*NonC: = turf*) gazon *m* ; (= *piece of turf*) motte *f* (*de gazon*) ◆ **the sod lies over him** (*liter*) il est mort et enterré
**sod²**⁂ /sɒd/ (*Brit*)
**N** con⁂ *m*, couillon⁂ *m* ; (*pej*) salaud⁂ *m*, salopard⁂ *m* ◆ **the poor sods who tried** les pauvres couillons⁂ *or* bougres* qui ont essayé ◆ **poor little sod!** pauvre petit bonhomme ! ◆ **he's a real sod** c'est un salaud⁂ *or* un salopard⁂ ◆ **sod all**⁂ que dalle⁂
**VT** ◆ **sod it!** merde (alors) !⁂ ◆ **sod him!** il m'emmerde !⁂, qu'il aille se faire foutre !⁂

**soda | softness**

**COMP** **Sod's Law**✶ N (Brit) loi f de l'emmerdement✶ maximum ◆ **that's Sod's Law** un emmerdement✶ n'arrive jamais seul

▶ **sod off**✶✶ VI foutre le camp✶ ◆ **sod off!** fous le camp !✶, va te faire foutre !✶✶

**soda** /ˈsəʊdə/

N ① (Chem) soude f ; (also **washing soda**, **soda crystals**) cristaux mpl de soude ; → **baking**, **caustic**

② (also **soda water**) eau f de Seltz ◆ **whisky and soda** whisky m soda or à l'eau de Seltz ; → **club**, **ice**

③ (US : also **soda pop**) boisson f gazeuse (sucrée)

**COMP** **soda ash** N (Chem) soude f du commerce
**soda biscuit** N (US) petit gâteau m à la levure chimique
**soda bread** N pain m à la levure chimique
**soda cracker** N (US) gâteau m sec à la levure chimique
**soda crystals** NPL cristaux mpl de soude
**soda fountain** N (US) (= siphon) siphon m d'eau de Seltz ; (= place) buvette f
**soda jerk(er)** N (US) serveur m, -euse f (dans une buvette)
**soda pop** N (US) soda m
**soda siphon** N siphon m (d'eau de Seltz)
**soda water** N eau f de Seltz

**sodality** /səʊˈdælɪtɪ/ N camaraderie f ; (= association, also Rel) confrérie f

**sodamide** /ˈsəʊdəmaɪd/ N amide m de sodium

**sodden** /ˈsɒdn/ SYN ADJ [ground] détrempé ; [clothes, paper] trempé (with de) ◆ **sodden with drink**, **drink-sodden** abruti par l'alcool

**sodding**✶ /ˈsɒdɪŋ/ (Brit)

ADJ ◆ **her sodding dog** son foutu chien✶, son putain de chien✶ ◆ **shut the sodding door!** ferme cette putain de porte !✶ ◆ **it's a sodding disgrace!** c'est une honte, nom de Dieu !✶ ◆ **sodding hell!** bordel de merde !✶

ADV ◆ **it's sodding difficult** c'est foutrement✶ difficile ◆ **he's sodding crazy!** il déconne✶ complètement !

**sodium** /ˈsəʊdɪəm/

N sodium m

**COMP** **sodium benzoate** N benzoate m de sodium
**sodium bicarbonate** N bicarbonate m de soude
**sodium carbonate** N carbonate m de sodium
**sodium chloride** N chlorure m de sodium
**sodium citrates** NPL citrates mpl de sodium
**sodium cyanide** N cyanure m de sodium
**sodium-free** ADJ désodé
**sodium glutamate** N glutamate m (de sodium)
**sodium hydroxide** N soude f caustique
**sodium light** N lampe f (à vapeur) de sodium
**sodium metabisulphite** N métadisulfite m de sodium
**sodium nitrate** N nitrate m de soude
**sodium nitrite** N nitrite m de sodium
**sodium sulphate** N sulfate m de soude
**sodium thiosulphate** N (Chem) hyposulfite m de sodium ; (Pharm, Phot) thiosulfate m de sodium
**sodium-vapor lamp** N (US) ⇒ **sodium light**

**Sodom** /ˈsɒdəm/ N Sodome

**sodomite** /ˈsɒdəmaɪt/ N sodomite m

**sodomize** /ˈsɒdəmaɪz/ VT sodomiser

**sodomy** /ˈsɒdəmɪ/ N sodomie f

**sofa** /ˈsəʊfə/

N sofa m, canapé m

**COMP** **sofa bed** N canapé-lit m

**soffit** /ˈsɒfɪt/ N (Constr) soffite m, sous-face f

**Sofia** /ˈsəʊfɪə/ N Sofia

**soft** /sɒft/ SYN

ADJ ① (= not hard) [ground, snow, butter, penis] mou (molle f) ; [fabric, skin, hand, breasts, body] doux (douce f) ; [food, bread, fruit, pencil, wood] tendre ; [bed, carpet, texture] moelleux ; [fur, hair, beard] soyeux ; [brush, toothbrush] doux (douce f), souple ; [leather] souple ◆ **as soft as silk** or **velvet** doux comme (de) la soie ◆ **to get** or **become soft(er)** [ground, pitch] devenir mou ; [butter] se ramollir ; [leather] s'assouplir ; [skin] s'adoucir ◆ **to make soft(er)** [+ leather] assouplir ; [+ skin] adoucir ◆ **to go soft** [onions, biscuits] ramollir ; see also **comp** ; → **roe**², **soap**, **solder**

② (= gentle, not intense) [breeze, wind, kiss, light, colour] doux (douce f) ; [rain, touch, tap] léger ; [accent] mélodieux ; [lighting] doux (douce f), tamisé

③ (= quiet) [sound, voice, laugh, music] doux (douce f) ◆ **the music is too soft** la musique n'est pas assez forte, on n'entend pas assez la musique

④ (in shape) [outline, lines] doux (douce f) ; [pleat, fold] souple

⑤ (pej : = unfit) [person, body, muscles] mou (molle f) ◆ **this sort of life makes you soft** ce genre de vie vous ramollit ◆ **to get** or **go soft** [body] s'avachir ; [muscles] se ramollir

⑥ (= kind) [person] doux (douce f) ◆ **she had another, softer side to her** il y avait une autre facette, plus douce, de sa personnalité ◆ **to have a soft heart** avoir le cœur tendre

⑦ (pej) (= lenient) [person] indulgent ; [sentence] léger ◆ **to get soft** [person] devenir trop indulgent or trop bon ◆ **to be (too) soft on sb** être trop indulgent envers qn ◆ **to be (too) soft on sth** [+ crime, drugs] être trop laxiste en matière de qch ◆ **to go soft (on sth)** devenir plus laxiste (en matière de qch) ◆ **to have a soft spot for sb/sth** avoir un faible pour qn/qch ◆ **to be a soft touch**✶ être une (bonne) poire✶

⑧ (= moderate) [approach] modéré ◆ **to take a soft line (on sth)** adopter une ligne modérée (en matière de qch) ◆ **the soft left** (Pol) la gauche modérée

⑨ (✶ = easy) [life, job] pépère✶, peinard✶ ◆ **to take the soft option** choisir la solution de facilité

⑩ (✶ = stupid) débile✶ ◆ **to be soft in the head** (= stupid) avoir le cerveau ramolli✶ ; (= mad) avoir perdu la tête ; (= senile) être gâteux

⑪ ◆ **to be soft on sb** †✶ (= attracted to) avoir le béguin †✶ pour qn

⑫ [water] non calcaire, doux

⑬ (Ling) [consonant] doux (douce f)

⑭ (Econ, Fin, Stock Exchange) [prices, stocks, market] mou (molle f), qui tend à la baisse ; [economy] amorphe ; [currency] faible ◆ **sales are soft** les ventes ne marchent pas très fort ◆ **soft loan** prêt m à taux bonifié

ADV ① (liter = quietly) doucement

② (= stupidly) ◆ **don't talk soft!**✶ tu dis n'importe quoi !

EXCL †† (= wait) un instant ! ; (= be quiet) silence !

**COMP** **soft-boiled egg** N œuf m à la coque
**soft-bound book** N livre m broché ; (= paperback) livre m de poche
**soft brown sugar** N sucre m roux
**soft centre** N (Brit) chocolat m fourré
**soft-centred** ADJ (Brit) ① [chocolate, boiled sweet] fourré
② [person] tendre sous des dehors austères ; [comedy] à l'eau de rose
**soft cheese** N fromage m à pâte molle
**soft coal** N houille f grasse
**soft-coated wheaten terrier** N (= dog) terrier m irlandais à poil doux (couleur des blés)
**soft commodities** NPL biens mpl non durables
**soft contact lens** N lentille f (de contact) souple
**soft copy** N (Comput) visualisation f sur écran
**soft-core** adj [pornography] soft✶ inv
**soft-cover** ADJ → **softback**
**soft currency** N (Fin) devise f faible
**soft drinks** NPL boissons fpl non alcoolisées
**soft drugs** NPL drogues fpl douces
**soft focus** N flou m artistique
**soft-focus** ADJ [image, picture] (artistiquement) flou ◆ **soft-focus filter** filtre m pour flou artistique ◆ **soft-focus lens** objectif m pour flou artistique
**soft-footed** ADJ à la démarche légère, qui marche à pas feutrés or sans faire de bruit
**soft fruit** N (Brit) baies fpl comestibles, ≈ fruits mpl rouges
**soft furnishings** NPL (Brit) tissus mpl d'ameublement (rideaux, tentures, housses etc)
**soft goods** NPL (Brit) textiles mpl, tissus mpl
**soft hat** N chapeau m mou
**soft-headed**✶ ADJ faible d'esprit, cinglé✶
**soft-hearted** SYN ADJ au cœur tendre, compatissant
**soft ice-cream** N glace f à l'italienne
**soft iron** N fer m doux
**soft landing** N (lit, fig) atterrissage m en douceur
**soft margarine** N pâte f à tartiner
**soft palate** N (Anat) voile m du palais
**soft pedal** N (Mus) pédale f douce
**soft-pedal** VI (Mus, also fig) mettre la pédale douce VT (esp US = play down) ◆ **they seem to be soft-pedalling the issue** ils semblent vouloir minimiser l'importance de la question ◆ **I would advise you to soft-pedal your over-assertive tactics** je vous conseille de mettre un bémol à vos tactiques, qui sont trop péremptoires ◆ **the government is now soft-pedalling on its previous promise** le gouvernement est en train de revenir sur sa promesse

**soft pencil** N crayon m à mine grasse
**soft porn** N soft porn m
**soft sell** N (Comm) technique f (de vente) non agressive ◆ **he's a master of the soft sell** (fig) il est maître dans l'art de persuader les clients en douceur
**soft-shelled** ADJ [egg, mollusc] à coquille molle ; [crustacean, turtle] à carapace molle
**soft shoulder** N [road] accotement m non stabilisé
**soft skills** NPL compétences fpl relationnelles
**soft soap** N (lit) savon m vert ; (✶ fig pej = flattery) flatterie f
**soft-soap** VT (fig pej) caresser dans le sens du poil✶, passer de la pommade à
**soft-spoken** ADJ à la voix douce
**soft steel** N acier m doux
**soft target** N cible f facile
**soft toilet paper** N papier m hygiénique doux
**soft top** N (= car) décapotable f
**soft toy** N (jouet m en) peluche f
**soft verge** N (on road) accotement m non stabilisé
**soft X-rays** NPL rayons mpl X diffus

**softback** /ˈsɒftbæk/ N livre m broché ; (= paperback) livre m de poche

**softball** /ˈsɒftbɔːl/ N (US) sorte de base-ball, softball m

**soften** /ˈsɒfn/ SYN

VT [+ butter, clay, ground, pitch] (r)amollir ; [+ collar, leather] assouplir ; [+ skin, colour, outline] adoucir ; [+ sound] adoucir, atténuer ; [+ lights, lighting] adoucir, tamiser ; [+ pain, anxiety] atténuer ; [+ sb's anger, reaction, effect, impression] adoucir, atténuer ; [+ resistance] amoindrir, réduire ◆ **to soften the blow** (fig) adoucir or amortir le choc

VI [butter, clay, ground, pitch] devenir mou (molle f), se ramollir ; [collar, leather] s'assouplir ; [skin] s'adoucir ; [colour] s'adoucir, s'atténuer ; [sb's anger] s'atténuer ◆ **his heart softened at the sight of her** il s'attendrit en la voyant ◆ **his eyes softened as he looked at her** son regard s'est adouci à sa vue

▶ **soften up**

VI [butter, clay, ground, pitch] devenir mou, se ramollir ; [collar, leather] s'assouplir ; [skin] s'adoucir ; (= grow less stern) s'adoucir ◆ **we must not soften up towards** or **on these offenders** nous ne devons pas faire preuve d'indulgence envers ces délinquants

VT SEP ① [+ butter, clay, pitch, ground] (r)amollir ; [+ collar, leather] assouplir ; [+ skin] adoucir

② [+ person] attendrir ; (✶ : by cajoling) [+ customer etc] bonimenter✶, baratiner✶ ; (✶ : by bullying) intimider, malmener ; [+ resistance, opposition] réduire ; (Mil : by bombing etc) affaiblir par bombardement intensif

**softener** /ˈsɒfnəʳ/ N (also **water softener**) adoucisseur m ; (also **fabric softener**) produit m assouplissant

**softening** /ˈsɒfnɪŋ/ N ① [of leather] assouplissement m ; [of skin] adoucissement m

② (Med) ◆ **softening of the brain** ramollissement m cérébral

③ (= moderating) [of attitude, position, policy] assouplissement m

④ (Ling) [of consonant] adoucissement m

**softie**✶ /ˈsɒftɪ/ N (too tender-hearted) tendre mf ; (no stamina etc) mauviette f, mollasson(ne) m(f) ; (= coward) poule f mouillée, dégonflé(e)✶ m(f) ◆ **you silly softie, stop crying!** ne pleure plus, grand(e) nigaud(e) !

**softly** /ˈsɒftlɪ/

ADV ① (= quietly) [say, call, sing, whistle] doucement ; [swear] à voix basse ; [walk] à pas feutrés ◆ **a softly spoken man** un homme à la voix douce ◆ **softly, softly, catchee monkey**✶ vas-y mollo✶

② (= gently) [touch, tap] légèrement ; [kiss] tendrement

③ (= not brightly) [shine, glow, gleam] faiblement ◆ **softly lit** à la lumière tamisée

**COMP** **softly-softly** ADJ précautionneux ◆ **he adopted a softly-softly approach** il a pris beaucoup de précautions

**softness** /ˈsɒftnɪs/ N ① [of ground, snow, butter] mollesse f ; [of fabric, skin, hand, breasts, body] douceur f ; [of bread, wood, fruit] tendreté f ; [of bed, carpet] moelleux m ; [of fur, hair, beard] soyeux m ; [of brush, toothbrush, leather] souplesse f ◆ **the softness of its consistency** sa consistance moelleuse

**2** (= gentleness) [of breeze, wind, kiss] douceur f ; [of rain, touch, tap] légèreté f

**3** (= lack of brightness) [of light, lighting, colour] douceur f

**4** (= quietness) [of sound, accent, laugh, music] douceur f

**5** (in shape) [of outline, lines] douceur f ; [of pleat, fold] souplesse f

**6** (pej = unfitness) [of person, body, muscles] mollesse f

**7** (= leniency) [of person] indulgence f ; [of sentence] légèreté f

**8** (= moderation) [of approach, line] modération f

**9** (* = easiness) [of life, job] tranquillité f

**10** (* = stupidity) débilité f ◆ **softness in the head** (= stupidity, madness) débilité f ; (= senility) gâtisme m

**11** [of water] douceur f

**software** /ˈsɒftˌwɛəʳ/ (Comput)

**N** (NonC) software * m, logiciel m

**COMP software engineer** N ingénieur-conseil m en informatique, ingénieur m (en) logiciel
**software engineering** N génie m logiciel
**software house** N société f de services et de conseils en informatique, SSCI f
**software library** N logithèque f
**software package** N progiciel m

**softwood** /ˈsɒftwʊd/ N bois m tendre

**softy** * /ˈsɒftɪ/ N ⇒ **softie**

**soggy** /ˈsɒgɪ/ ADJ [clothes] trempé ; [ground] détrempé ; [vegetables, pasta] trop cuit, ramolli ; [bread] pâteux, ramolli

**soh** /səʊ/ N (Mus) sol m

**soil¹** /sɔɪl/ SYN N sol m, terre f ◆ **rich/chalky soil** sol m or terre f riche/calcaire ◆ **cover it over with soil** recouvre-le de terre ◆ **a man of the soil** (liter) un terrien, un homme de la terre ◆ **my native soil** ma terre natale, mon pays natal ◆ **on French soil** sur le sol français, en territoire français

**soil²** /sɔɪl/ SYN

**VT** (lit) salir, (fig) [+ reputation, honour] souiller (frm) ◆ **this dress is easily soiled** cette robe se salit vite or est salissante ◆ **soiled linen** linge m sale ◆ **soiled copy/item** (Comm) exemplaire m/article m défraîchi ◆ **she wouldn't dream of soiling her hands with work** elle ne s'abaisserait jamais à travailler ; ⇒ **shopsoiled**

**VI** [material, garment] se salir, être salissant

**N** (= excrement) excréments mpl, ordures fpl ; (= sewage) vidange f

**COMP soil-based** ADJ ◆ **soil-based compost** terreau m
**soil pipe** N tuyau m d'écoulement ; (vertical) tuyau m de descente

**soirée** /ˈswɑːreɪ/ N soirée f

**sojourn** /ˈsɒdʒɜːn/ (liter)

**N** séjour m

**VI** séjourner, faire un séjour

**solace** /ˈsɒlɪs/ SYN (liter)

**N** consolation f, réconfort m ◆ **to be a solace to sb** être un réconfort pour qn

**VT** [+ person] consoler ; [+ pain] soulager, adoucir ◆ **to solace o.s.** se consoler

**solanaceous** /ˌsɒləˈneɪʃəs/ ADJ ◆ **solanaceous plant** solanacée f

**solanum** /səʊˈleɪnəm/ N solanacée f

**solar** /ˈsəʊləʳ/

**ADJ** solaire

**COMP solar battery** N batterie f solaire, photopile f
**solar calendar** N calendrier m solaire
**solar cell** N pile f solaire, photopile f
**solar collector** N capteur m solaire
**solar constant** (Astron) N constante f solaire
**solar eclipse** N éclipse f de soleil
**solar flare** N facule f solaire
**solar furnace** N four m solaire
**solar heating** N chauffage m (à l'énergie) solaire
**solar panel** N panneau m solaire
**solar plexus** N (Anat) plexus m solaire
**solar power** N énergie f solaire
**solar-powered** ADJ (à l'énergie) solaire
**solar system** N système m solaire
**solar wind** N vent m solaire
**solar year** N année f solaire

**solarium** /səʊˈlɛərɪəm/ N (pl **solariums** or **solaria** /səʊˈlɛərɪə/) solarium m

**solarization** /ˌsəʊləraɪˈzeɪʃən/ N (Phot) solarisation f

**sold** /səʊld/ VB pt, ptp of **sell**

**solder** /ˈsəʊldəʳ/

**N** soudure f ◆ **hard solder** brasure f ◆ **soft solder** claire soudure f

**VT** souder

**COMP soldering iron** N fer m à souder

**solderer** /ˈsəʊldərəʳ/ N soudeur m, -euse f

**soldier** /ˈsəʊldʒəʳ/ SYN

**N** **1** soldat m (also fig), militaire m ◆ **woman soldier** femme f soldat ◆ **soldiers and civilians** (les) militaires mpl et (les) civils mpl ◆ **Montgomery was a great soldier** Montgomery était un grand homme de guerre or un grand soldat ◆ **he wants to be a soldier** il veut être soldat or entrer dans l'armée ◆ **to play (at) soldiers** (pej) jouer à la guerre ; [children] jouer aux (petits) soldats ◆ **soldier of fortune** soldat m de fortune, mercenaire m ◆ **old soldier** vétéran m ; → **foot, private**

**2** (Brit * = finger of bread or toast) mouillette f

**VI** servir dans l'armée, être soldat ◆ **he soldiered for ten years in the East** il a servi (dans l'armée) pendant dix ans en Orient ◆ **after six years' soldiering** après six ans de service dans l'armée ◆ **to be tired of soldiering** en avoir assez d'être soldat or d'être dans l'armée

**COMP soldier ant** N (fourmi f) soldat m

▶ **soldier on** VI (Brit fig) persévérer (malgré tout)

**soldierly** /ˈsəʊldʒəlɪ/ ADJ [values, bravery, discipline] de soldat ; [person] à l'allure militaire

**soldiery** /ˈsəʊldʒərɪ/ N (collective) soldats mpl, militaires mpl

**sole¹** /səʊl/ N (pl **sole** or **soles**) (= fish) sole f ; → **Dover, lemon**

**sole²** /səʊl/

**N** [of shoe, sock, stocking] semelle f ; [of foot] plante f ; → **inner**

**VT** ressemeler ◆ **to have one's shoes soled** faire ressemeler ses chaussures ◆ **crepe-/rubber-/leather-soled** avec semelles de crêpe/caoutchouc/cuir

**sole³** /səʊl/ SYN

**ADJ** **1** (= only, single) unique, seul ◆ **for the sole purpose of...** dans l'unique or le seul but de... ◆ **the sole reason** la seule or l'unique raison ◆ **their sole surviving daughter** la seule de leurs filles qui soit encore en vie

**2** (= exclusive) [right, possession] exclusif ; [responsibility] entier ; [heir] universel ; [owner] unique ◆ **for the sole use of...** à l'usage exclusif de... ◆ **to have sole ownership of sth** être l'unique propriétaire de qch ◆ **sole supplier** (Comm) fournisseur m exclusif

**COMP sole agent** N (Comm) concessionnaire mf exclusif(-ive), dépositaire mf exclusif(-ive) ◆ **sole agent for Australia/for Collins dictionaries** distributeur m exclusif en Australie/des dictionnaires Collins
**sole beneficiary** N (Jur) légataire m universel
**sole legatee** N (Jur) légataire m universel(le)
**sole stockholder** N unique actionnaire mf
**sole trader** N (Comm) gérant m or propriétaire m unique

**solecism** /ˈsɒləsɪzəm/ SYN N (Ling) solécisme m ; (= social offence) manque m de savoir-vivre, faute f de goût

**solei** /ˈsəʊliaɪ/ NPL of **soleus**

**solely** /ˈsəʊllɪ/ SYN ADV uniquement ◆ **to be solely responsible for sth** être le(la) seul(e) responsable de qch ◆ **I am solely to blame** je suis seul coupable, c'est entièrement de ma faute

**solemn** /ˈsɒləm/ SYN ADJ [mood, occasion, promise, music, warning] solennel ; [silence] plein de solennité or de gravité ; [face, expression] grave ; [person] grave, solennel ◆ **it is my solemn duty to inform you that...** il est de mon devoir de vous informer que... (frm)

**solemnity** /səˈlemnɪtɪ/ SYN **1** (NonC = solemnness) [of person, tone, occasion, music] solennité f

**2** (= occasion) solennité f ◆ **the solemnities** les solennités fpl

**solemnization** /ˌsɒləmnaɪˈzeɪʃən/ N [of marriage] célébration f

**solemnize** /ˈsɒləmnaɪz/ SYN VT [+ marriage] célébrer ; [+ occasion, event] solenniser

**solemnly** /ˈsɒləmlɪ/ ADV [swear, promise, utter] solennellement ; [say] gravement, d'un ton solennel ; [smile, nod, look at] gravement

**solenette** /ˈsəʊlənet/ N (= fish) solenette f

**solenoid** /ˈsəʊlənɔɪd/ N (Elec) solénoïde m

**soleus** /ˈsɒlɪəs/ N (pl **solei**) muscle m soléaire

**sol-fa** /ˈsɒlfɑː/ N (also **tonic sol-fa**) solfège m

**solfatara** /ˌsɒlfəˈtɑːrə/ N (Geol) solfatare f

**solfeggio** /sɒlˈfedʒɪəʊ/ N (pl **solfeggios** or **solfeggi** /sɒlˈfedʒɪ/) (Mus) (for voice) vocalises fpl ; (= solmization) solfège m

**soli** /ˈsəʊlɪ/ NPL of **solo**

**solicit** /səˈlɪsɪt/ SYN

**VT** solliciter (sb for sth, sth from sb qch de qn) ; [+ vote] solliciter, briguer ; [+ alms] quémander

**VI** [prostitute] racoler

**solicitation** /səˌlɪsɪˈteɪʃən/ N sollicitation f

**soliciting** /səˈlɪsɪtɪŋ/ N racolage m

**solicitor** /səˈlɪsɪtəʳ/

**N** **1** (Jur) (Brit) (for sales, wills) ≈ notaire m ; (in divorce, police, court cases) ≈ avocat m → **LAWYER** ; (US) ≈ juriste m conseil or avocat m conseil attaché à une municipalité etc

**2** (US) (for contribution) solliciteur m, -euse f ; (for trade) courtier m, placier m

**COMP Solicitor General** N (pl **Solicitors General**) (Brit) adjoint m du procureur général ; (US) adjoint m du ministre de la Justice

**solicitous** /səˈlɪsɪtəs/ SYN ADJ (frm) plein de sollicitude (of sb envers qn) ◆ **to be solicitous of sb's interests/wishes** se soucier des intérêts/désirs de qn

**solicitously** /səˈlɪsɪtəslɪ/ ADV (frm) avec sollicitude

**solicitude** /səˈlɪsɪtjuːd/ SYN N (frm) sollicitude f ◆ **to be all solicitude** être plein de sollicitude

**solid** /ˈsɒlɪd/ SYN

**ADJ** **1** (= not liquid or gas) solide ◆ **solid food** aliments mpl solides ◆ **to freeze solid** (gen) geler ; [water, lake, pond, pipes] geler ; [oil] se congeler ◆ **frozen solid** complètement gelé ◆ **to go or become solid** se solidifier ; see also **adv**

**2** (= not hollow or plated) [tyre, ball, block] plein ; [layer, mass] compact ; [rock, oak, mahogany, gold, silver] massif ◆ **the chain is made of solid gold** la chaîne est en or massif ◆ **the door is made of solid steel** la porte est tout en acier ◆ **cut in or out of (the) solid rock** taillé à même le roc or dans la masse ◆ **the garden was a solid mass of colour** le jardin resplendissait d'une profusion de couleurs ◆ **the square was solid with cars** * la place était complètement embouteillée ◆ **the room was solid with people** * la pièce était noire de monde ; see also **adv**

**3** (= continuous) [row, line] continu, ininterrompu ; [rain] ininterrompu ◆ **he was six foot six of solid muscle** c'était un homme de deux mètres tout en muscles ◆ **I waited a solid hour** j'ai attendu une heure entière ◆ **he slept 18 solid hours** il a dormi 18 heures d'affilée ◆ **they worked for two solid days** ils ont travaillé deux jours sans s'arrêter or sans relâche ◆ **it will take a solid day's work** cela exigera une journée entière de travail ◆ **a rug like this would take three solid weeks to make** un tapis comme celui-ci demande bien trois semaines de travail

**4** (= substantial, reliable) [building, bridge, structure, grip, basis, relationship, majority, evidence, reasons] solide ; [meal] consistant ; [scholarship, piece of work, character, advice] sérieux ; [support] indéfectible, ferme ; [gains] substantiel ; [information] sûr ◆ **a solid grounding in mathematics** des connaissances or des bases solides en mathématiques ◆ **a man of solid build** un homme solidement or bien bâti ◆ **a solid citizen** un bon citoyen ◆ **solid middle-class values** les bonnes valeurs fpl bourgeoises ◆ **the Solid South** (US Pol, Hist) États du Sud des États-Unis qui, depuis la guerre de Sécession, votaient traditionnellement pour le parti démocrate ◆ **(as) solid as a rock** (lit) [structure, substance] dur comme la pierre ; (fig) [person] solide comme un roc ; [relationship] indestructible ; see also **rock²** ; → **ground¹**

**5** (US * = excellent) super *

**ADV** **jammed solid** complètement bloqué or coincé ◆ **rusted solid** bloqué par la rouille, complètement rouillé ◆ **he was stuck solid in the mud** il était complètement enlisé dans la boue ◆ **packed solid (with people)** noir de monde ◆ **to be booked solid (for three weeks)** [hotel, venue, performer] être complet (pendant trois semaines) ◆ **he slept for 18 hours solid** il a dormi 18 heures d'affilée ◆ **they worked for two days solid** ils ont travaillé deux jours de suite sans s'arrêter or sans relâche

## solidarity | some

**N** (gen, Chem, Math, Phys) solide m ◆ **solids** (= food) aliments mpl solides
**COMP** **solid angle** N (Math) angle m solide
**solid compound** N (Ling) mot m composé
**solid figure** N (Math) solide m
**solid fuel** N (= coal etc) combustible m solide ; (for rockets etc) (also **solid propellant**) propergol m solide
**solid-fuel heating** N chauffage m central au charbon or à combustibles solides
**solid geometry** N (Math) géométrie f dans l'espace
**solid propellant** N ⇒ **solid fuel**
**solid-state** N [physics] des solides ; [electronic device] à circuits intégrés
**solid word** N (Ling) mot m simple

**solidarity** /ˌsɒlɪˈdærɪti/ SYN N (NonC) solidarité f
◆ **solidarity strike** grève f de solidarité

**solidi** /ˈsɒlɪˌdaɪ/ NPL of **solidus**

**solidification** /səˌlɪdɪfɪˈkeɪʃən/ N [of liquid, gas] solidification f ; [of oil] congélation f

**solidify** /səˈlɪdɪfaɪ/ SYN
**VT** [+ liquid, gas] solidifier ; [+ oil] congeler
**VI** se solidifier, se congeler

**solidity** /səˈlɪdɪti/ N solidité f

**solidly** /ˈsɒlɪdli/ ADV **1** (= firmly) [made, constructed] solidement ◆ **solidly built** [structure] solidement construit ; [person] solidement or bien bâti ◆ **Russia was solidly under communist rule** le communisme exerçait fermement son emprise sur la Russie ◆ **the idea was solidly based on the best psychological theory** cette idée était solidement fondée sur la meilleure théorie psychologique
**2** (= continuously) sans arrêt
**3** [vote] massivement, en masse ◆ **to be solidly behind sb/sth** soutenir qn/qch sans réserve ◆ **a solidly middle-class area** un quartier tout ce qu'il y a de bourgeois ◆ **the district of Morningside is solidly Conservative** le quartier de Morningside est un bastion conservateur

**solidus** /ˈsɒlɪdəs/ N (pl **solidi**) (Typography) barre f oblique

**solifluction, solifluxion** /ˌsɒlɪˈflʌkʃən/ N (Geol) solifluxion f

**soliloquize** /səˈlɪləkwaɪz/ VI soliloquer, monologuer ◆ **"perhaps" he soliloquized** « peut-être » dit-il, se parlant à lui-même

**soliloquy** /səˈlɪləkwɪ/ N soliloque m, monologue m

**solipsism** /ˈsɒlɪpsɪzəm/ N solipsisme m

**solitaire** /ˌsɒlɪˈtɛəʳ/ N **1** (= stone, board game) solitaire m
**2** (US Cards) réussite f, patience f

**solitariness** /ˈsɒlɪtərɪnɪs/ N [of life, task] solitude f

**solitary** /ˈsɒlɪtəri/ SYN
**ADJ** **1** (= lone, lonely) [person, life, activity, childhood] solitaire ; [place] solitaire, retiré ◆ **a solitary hour** une heure de solitude ◆ **a solitary journey** un voyage en solitaire ◆ **she ate a solitary dinner** elle a pris son dîner seule or en solitaire ◆ **in solitary splendour** dans un splendide isolement
**2** (= sole) seul, unique ◆ **one solitary tourist** un seul or unique touriste ◆ **with the solitary exception of...** à la seule or l'unique exception de... ◆ **not a solitary one\*** pas un seul
**N** \* ⇒ **solitary confinement**
**COMP** **solitary confinement** N ◆ **(in) solitary confinement** (Jur) (en) isolement m cellulaire

**solitude** /ˈsɒlɪtjuːd/ SYN N solitude f ◆ **in solitude** dans la solitude

**solleret** /ˈsɒləret/ N (Hist Mil) soleret m

**solmization** /ˌsɒlmɪˈzeɪʃən/ N (Mus) solmisation f

**solo** /ˈsəʊləʊ/ (pl **solos** or **soli**)
**N** **1** (Mus) solo m ◆ **piano solo** solo m de piano
**2** (Cards: also **solo whist**) whist-solo m
**ADV** [play, sing] en solo ; [fly] en solo, en solitaire ◆ **to go solo** voler de ses propres ailes ◆ **he left the band to go solo** il a quitté le groupe pour entamer une carrière (en) solo
**ADJ** [instrument, album, artist] solo inv ; [performance] en solo ; [voice] seul ; [flight, crossing, journey] en solitaire ◆ **a solo piece** or **passage** un solo ◆ **his solo career** sa carrière (en) solo

**soloist** /ˈsəʊləʊɪst/ N soliste mf

**Solomon** /ˈsɒləmən/
**N** Salomon m ◆ **the judgement of Solomon** le jugement de Salomon ; → **song**
**COMP** **the Solomon Islands** NPL les îles fpl Salomon
**Solomon's seal** N (= plant) sceau-de-salomon m

**solon** /ˈsəʊlən/ N (US) législateur m

**solstice** /ˈsɒlstɪs/ N solstice m ◆ **summer/winter solstice** solstice m d'été/d'hiver

**solubility** /ˌsɒljʊˈbɪlɪtɪ/ N solubilité f

**soluble** /ˈsɒljʊbl/ ADJ [substance] soluble ; [problem] résoluble, soluble ; → **water**

**solus** /ˈsəʊləs/ (Advertising)
**ADJ** [advertisement, site, position] isolé
**N** annonce f isolée

**solution** /səˈluːʃən/ LANGUAGE IN USE 1.2 SYN N **1** (to problem etc) solution f (to de)
**2** (Chem) (= act) solution f, dissolution f ; (= liquid) solution f ; (Pharm) solution f, soluté m ◆ **in solution** en solution ; → **rubber**[1]

**Solutrean** /səˈluːtrɪən/ ADJ, N solutréen m

**solvable** /ˈsɒlvəbl/ ADJ soluble, résoluble

**solvation** /sɒlˈveɪʃən/ N (Chem) solvatation f

**Solvay process** /ˈsɒlveɪ/ N (Chem) procédé m de Solvay

**solve** /sɒlv/ SYN VT [+ equation, difficulty, problem] résoudre ; [+ crossword puzzle] réussir ; [+ murder] élucider, trouver l'auteur de ; [+ mystery] élucider ◆ **to solve a riddle** trouver la solution d'une énigme or d'une devinette, trouver la clé d'une énigme ◆ **that question remains to be solved** cette question est encore en suspens

**solvency** /ˈsɒlvənsɪ/ N solvabilité f

**solvent** /ˈsɒlvənt/
**ADJ** **1** (Fin) [company, client] solvable
**2** \* [person] qui a une bonne situation
**3** (Chem) dissolvant
**N** (Chem) solvant m, dissolvant m
**COMP** **solvent abuse** N usage m de solvants

**Solzhenitsyn** /ˌsɒlʒəˈnɪtsɪn/ N Soljenitsyne m

**Som.** abbrev of **Somerset**

**soma** /ˈsəʊmə/ N (pl **somas** or **somata**) (Physiol) soma m

**Somali** /səʊˈmɑːlɪ/
**ADJ** somalien, somali ; [ambassador, embassy] de Somalie
**N** **1** Somali(e) m(f), Somalien(ne) m(f)
**2** (= language) somali m
**3** (= cat) somali m

**Somalia** /səʊˈmɑːlɪə/ N Somalie f

**Somalian** /səʊˈmɑːlɪən/
**ADJ** somalien, somali
**N** Somalien(ne) m(f), Somali(e) m(f)

**Somaliland** /səʊˈmɑːlɪlænd/ N Somaliland m ◆ **in Somaliland** au Somaliland

**somata** /ˈsəʊmətə/ NPL of **soma**

**somatic** /səʊˈmætɪk/ ADJ somatique

**somatogenic** /səˌmætəʊˈdʒenɪk/ ADJ (Med) somatogène

**somatostatin** /ˌsəʊmətəˈstætɪn/ N somatostatine f

**somatotrophic** /ˌsəʊmətəʊˈtrəʊfɪk/ ADJ somatotrope

**somatotrophin** /ˌsəʊmətəʊˈtrəʊfɪn/ N somatotrophine f, somatotropine f

**somatotropic** /ˌsəʊmətəʊˈtrəʊpɪk/ ADJ somatotrope

**somatotropine** /ˌsəʊmətəʊˈtrəʊpɪn/ N somatotrophine f, somatotropine f

**sombre, somber** (US) /ˈsɒmbəʳ/ SYN ADJ [colour, clothes, mood, outlook, prediction, prospect] sombre ; [person, thoughts, expression, voice] sombre, morne ; [message, speech, news] pessimiste ; [day, weather] morne, maussade ; [atmosphere] lugubre ◆ **on a sombre note** sur un ton pessimiste ◆ **to be in sombre mood** être d'humeur sombre ◆ **her face grew sombre** son visage s'assombrit

**sombrely, somberly** (US) /ˈsɒmbəlɪ/ ADV [say] d'un son sombre ; [look, nod] d'un air sombre ◆ **sombrely dressed** habillé de sombre

**sombreness, somberness** (US) /ˈsɒmbənɪs/ N caractère m or aspect m sombre ; (= colour) couleur f sombre ; (= darkness) obscurité f

**sombrero** /sɒmˈbrɛərəʊ/ N sombrero m

---

## some /sʌm/

1 – ADJECTIVE
2 – PRONOUN
3 – ADVERB

### 1 – ADJECTIVE

**1** [= A CERTAIN AMOUNT OF, A LITTLE] du, de la, de l' ◆ **some tea/ice cream/water** du thé/de la glace/de l'eau ◆ **have you got some money?** est-ce que tu as de l'argent ? ◆ **will you have some more meat?** voulez-vous encore de la viande or encore un peu de viande ?

**2** [= A CERTAIN NUMBER OF] des ◆ **some cakes** des gâteaux ◆ **there are some children outside** il y a des enfants dehors ◆ **I haven't seen him for some years** cela fait des années que je ne l'ai pas vu

*Before an adjective* **de** *is often used without the article:*

◆ **some wonderful memories** de merveilleux souvenirs ◆ **I found some small mistakes** j'ai trouvé de petites erreurs

**3** [INDEFINITE] un, une ◆ **some woman was asking for her** il y avait une dame qui la demandait ◆ **give it to some child** donnez-le à un enfant ◆ **there must be some solution** il doit bien y avoir une solution ◆ **some other day** un autre jour ◆ **at some restaurant in London** dans un restaurant de Londres ◆ **some time last week** (un jour) la semaine dernière ◆ **in some way or (an)other** d'une façon ou d'une autre ◆ **some other time maybe!** une autre fois peut-être ! ◆ **some day** un de ces jours, un jour (ou l'autre) ◆ **some more talented person** quelqu'un de plus doué ◆ **I read it in some book (or other)** je l'ai lu quelque part dans un livre

**4** [= A CERTAIN] ◆ **if you are worried about some aspect of your health...** si un aspect quelconque de votre santé vous préoccupe...

**5** [AS OPPOSED TO OTHERS] ◆ **some children like school** certains enfants aiment l'école ◆ **some coffee is bitter** certains cafés sont amers ◆ **in some ways, he's right** dans un sens, il a raison ◆ **some people like spinach, others don't** certains aiment les épinards, d'autres pas, il y a des gens qui aiment les épinards et d'autres non ◆ **some people just don't care** il y a des gens qui ne s'en font pas ◆ **some people say that...** il y a des gens qui disent que..., on dit que... ◆ **some people!** (in exasperation) il y en a qui exagèrent !, il y a des gens, je vous jure !

**6** [= A CONSIDERABLE AMOUNT OF] ◆ **it took some courage to do that!** il a fallu du courage pour faire ça ! ◆ **he spoke at some length** il a parlé assez longuement ◆ **it's a matter of some importance** c'est une question assez importante ◆ **some distance away, a shepherd was shouting to his dog** au loin, un berger criait après son chien

**7** [= A LIMITED] ◆ **this will give you some idea of...** cela vous donnera une petite idée de... ◆ **that's some consolation!** c'est quand même une consolation ! ◆ **surely there's some hope she will recover?** il doit quand même y avoir une chance qu'elle guérisse ? ◆ **the book was some help, but not much** le livre m'a aidé un peu mais pas beaucoup

**8** [\* : IN EXCLAMATIONS, ADMIRING] ◆ **that's some fish!** ça c'est ce qu'on appelle un poisson ! ◆ **she's some girl!** c'est une fille formidable ! \* ◆ **that was some party!** ça a été une super fête ! \* ◆ **you're some help!** (iro) tu parles d'une aide ! \* ◆ **I'm trying to help! – some help!** j'essaie de t'aider ! – tu parles ! \* ◆ **he says he's my friend – some friend!** il doit être mon ami – drôle d'ami ! \*

### 2 – PRONOUN

**1** [= AS OPPOSED TO OTHERS] certains mpl, certaines fpl ◆ **some cheered, others shouted questions** certains applaudissaient, d'autres posaient des questions en criant à tue-tête ◆ **some of my friends** certains de mes amis

*Note the use of* **d'entre** *with personal pronouns:*

◆ **some of them were late** certains d'entre eux étaient en retard ◆ **some of us knew him** certains d'entre nous le connaissaient

**2** [AS OPPOSED TO ALL OF THEM] quelques-uns mpl, quelques-unes fpl ◆ **I don't want them all, but**

**I'd like some** je ne les veux pas tous mais j'en voudrais quelques-uns

Even if not expressed, **of them** must be translated in French by **en**:

• **I've still got some (of them)** j'en ai encore quelques-uns • **some (of them) have been sold** on en a vendu quelques-uns *or* un certain nombre

3 [= A CERTAIN AMOUNT OR NUMBER : WHEN OBJECT] en • **I've got some** j'en ai • **have some!** prenez-en ! • **have some more** reprenez-en • **give me some!** donnez-m'en ! • **if you find some tell me** si vous en trouvez dites-le-moi • **do you need stamps? – it's okay, I've got some** est-ce que tu as besoin de timbres ? – non, ça va, j'en ai

4 [= A PART] une partie • **some (of it) has been eaten** on en a mangé une partie • **put some of the sauce into a bowl** versez une partie de la sauce dans un bol • **have some of this cake** prenez un peu de gâteau • **some of this essay is interesting** cette dissertation est intéressante par endroits, il y a des choses intéressantes dans cette dissertation • **I agree with some of what you said** je suis d'accord avec certaines des choses que vous avez dites • **some of what you say is true** il y a du vrai dans ce que vous dites

♦ **... and then some** * • **it would cost twice that much and then some** ça coûterait deux fois plus et même davantage • **they accomplished all their objectives, and then some** ils ont atteint tous leurs objectifs et les ont même dépassés

**3 - ADVERB**

1 [= ABOUT] environ • **there were some twenty houses** il y avait environ vingt maisons, il y avait une vingtaine de maisons

2 [ESP US * = A BIT] • **you'll feel better when you've slept some** tu te sentiras mieux une fois que tu auras dormi un peu • **I'll kill time by looking round some** en attendant, je vais faire un petit tour

3 [* : EMPHATIC] • **that's going some!** c'est quelque chose ! • **Edinburgh-London in five hours, that's going some!** Édimbourg-Londres en cinq heures, c'est quelque chose !

**...some** /səm/ **N** *(in compounds)* groupe *m* de... • **threesome** groupe de trois personnes • **we went in a threesome** nous y sommes allés à trois ; → **foursome**

**somebody** /ˈsʌmbədɪ/ SYN **PRON** 1 *(= some unspecified person)* quelqu'un • **there is somebody at the door** il y a quelqu'un à la porte • **there is somebody knocking at the door** on frappe à la porte • **he was talking to somebody tall and dark** il parlait à quelqu'un de grand aux cheveux sombres • **we need somebody really strong to do that** il nous faut quelqu'un de vraiment fort *or* quelqu'un qui soit vraiment fort pour faire cela • **ask somebody French** demande à un Français (quelconque) • **they've got somebody French staying with them** ils ont un Français *or* quelqu'un de français chez eux en ce moment • **somebody from the audience** quelqu'un dans l'auditoire *or* l'assemblée • **somebody or other** quelqu'un, je ne sais qui • **somebody up there loves me*/hates me*** *(hum)* c'est/ce n'est pas mon jour de veine* • **Mr Somebody-or-other** Monsieur Chose *or* Machin* • **you must have seen somebody!** tu as bien dû voir quelqu'un ! ; → **else**

2 *(= important person)* personnage *m* important • **she thinks she's somebody** elle se prend pour quelqu'un, elle se croit quelqu'un • **they think they are somebody** *or* **somebodies** ils se prennent pour *or* ils se croient des personnages importants

**somehow** /ˈsʌmhaʊ/ SYN **ADV** • **somehow or other** *(= in some way)* d'une manière ou d'une autre ; *(= for some reason)* pour une raison ou pour une autre • **it must be done somehow** il faut que ce soit fait d'une manière ou d'une autre • **I managed it somehow** j'y suis arrivé je ne sais comment • **we'll manage somehow** on se débrouillera* • **somehow we must find $500** d'une manière ou d'une autre nous devons nous procurer 500 dollars, nous devons nous débrouiller* pour trouver 500 dollars • **Taiwan is somehow different from the rest of China** Taïwan est différente, d'une certaine manière, du reste de la Chine • **I somehow doubt it** je ne sais pas pourquoi, mais j'en doute • **it seems odd somehow** je ne sais pas pourquoi mais ça semble bizarre • **somehow he's never succeeded** pour une raison ou pour une autre *or* je ne sais pas pourquoi, il n'a jamais réussi

**someone** /ˈsʌmwʌn/ **PRON** ⇒ **somebody**

**someplace** /ˈsʌmpleɪs/ **ADV** *(US)* ⇒ **somewhere**

**somersault** /ˈsʌməsɔːlt/

**N** 1 *(on ground, also accidental)* culbute *f* ; *(by child)* galipette *f* ; *(in air)* saut *m* périlleux ; *(by car)* tonneau *m* • **to turn a somersault** faire la culbute *or* un saut périlleux *or* un tonneau

2 *(fig = change of policy)* volte-face *f inv* • **to do a somersault** faire volte-face

**VI** *[person]* faire la culbute, faire un *or* des saut(s) périlleux ; *[car]* faire un *or* plusieurs tonneau(x)

**something** /ˈsʌmθɪŋ/

**PRON** quelque chose *m* • **something moved over there** il y a quelque chose qui a bougé là-bas • **something must have happened to him** il a dû lui arriver quelque chose • **something unusual** quelque chose d'inhabituel • **there must be something wrong** il doit y avoir quelque chose qui ne va pas • **did you say something?** pardon ?, comment ?, vous dites ? • **I want something to read** je veux quelque chose à lire • **I need something to eat** j'ai besoin de manger quelque chose • **would you like something to drink?** voulez-vous boire quelque chose ? • **give him something to drink** donnez-lui (quelque chose) à boire • **he has something to live for at last** il a enfin une raison de vivre • **you can't get something for nothing** on n'a rien pour rien • **I'll have to tell him something or other** il faudra que je lui dise quelque chose *or* que je trouve *subj* quelque chose à lui dire • **he whispered something or other in her ear** il lui a chuchoté quelque chose *or* on ne sait quoi à l'oreille • **something of the kind** quelque chose dans ce genre-là • **there's something about her** *or* **she's got something about her I don't like** il y a chez elle *or* en elle quelque chose que je n'aime pas • **there's something in what you say** il y a du vrai dans ce que vous dites • **something tells me that...** j'ai l'impression que... • **here's something for your trouble** voici pour votre peine • **give him something for himself** donnez-lui la pièce* *or* un petit quelque chose • **you've got something there!*** là tu n'as pas tort !, c'est vrai ce que tu dis là ! • **do you want to make something (out) of it?** *(challengingly)* tu cherches la bagarre ?* • **that's (really) something!***, **that really is something!*** c'est pas rien !*, ça se pose là !* • **she has a certain something*** elle a un petit quelque chose, elle a un certain je ne sais quoi • **that certain something* which makes all the difference** ce petit je ne sais quoi qui fait toute la différence • **the 4-something* train** le train de 4 heures et quelques • **it's sixty-something** c'est soixante et quelques • **he's called Paul something** il s'appelle Paul Chose *or* Paul quelque chose • **that has something to do with accountancy** ça a quelque chose à voir avec la comptabilité • **he's got something to do with it** *(= is involved)* il a quelque chose à voir là-dedans *(or* avec ça) ; *(= is responsible)* il y est pour quelque chose • **he is something to do with Brown and Co** il a quelque chose à voir avec Brown et Cie • **he is something (or other) in aviation** il est quelque chose dans l'aéronautique • **I hope to see something of you** j'espère vous voir un peu • **it is really something to find good coffee nowadays** ça n'est pas rien* de trouver du bon café aujourd'hui • **he scored 300 points, and that's something!** il a marqué 300 points et ça c'est quelque chose* *or* et ça n'est pas rien !* • **that's always something** c'est toujours quelque chose, c'est toujours ça, c'est mieux que rien • **he thinks he's something*** il se croit quelque chose, il se prend pour quelqu'un ; → **else**

♦ **or something** ou quelque chose dans ce genre-là, ou quelque chose comme ça • **he's got flu or something** il a la grippe ou quelque chose comme ça *or* dans ce genre-là • **do you think you're my boss or something?** tu te prends pour mon patron ou quoi ?* • **he fell off a wall or something** il est tombé d'un mur ou quelque chose dans ce genre-là*, je crois qu'il est tombé d'un mur

♦ **something of** • **he is something of a miser** il est quelque peu *or* plutôt avare • **he is something of a pianist** il est assez bon pianiste, il joue assez bien du piano • **it was something of a failure** c'était plutôt un échec

**ADV** 1 • **he left something over £5,000** il a laissé plus de 5 000 livres, il a laissé dans les 5 000 livres et plus • **something under £10** un peu moins de 10 livres • **he won something like 2,000 euros** il a gagné quelque chose comme 2 000 €, il a gagné dans les 2 000 € • **it's something like 10 o'clock** il est 10 heures environ, il est quelque chose comme 10 heures • **it weighs something around 5 kilos** ça pèse 5 kilos environ, ça pèse dans les 5 kilos, ça fait quelque chose comme 5 kilos • **there were something like 80 people there** 80 personnes environ étaient présentes, il y avait quelque chose comme 80 personnes • **he talks something like his father** il parle un peu comme son père • **now that's something like a claret!** voilà ce que j'appelle un bordeaux !, ça au moins c'est du bordeaux ! • **now that's something like it!*** ça au moins c'est bien *or* c'est vraiment pas mal !*

2 (* : *emphatic*) • **it was something dreadful!** c'était vraiment épouvantable ! • **the weather was something shocking!** comme mauvais temps ça se posait là !* • **the dog was howling something awful** le chien hurlait que c'en était abominable*, le chien hurlait fallait voir comme*

**-something** /ˈsʌmθɪŋ/

**ADJ** *(in compounds)* • **he's thirty-something** il a une trentaine d'années • **thirty-something couples** les couples *mpl* d'une trentaine d'années

**N** *(in compounds)* • **most American twenty-somethings do not vote** la plupart des Américains d'une vingtaine d'années ne votent pas

**sometime** /ˈsʌmtaɪm/

**ADV** 1 *(in past)* • **sometime last month** le mois dernier, au cours du mois dernier • **it was sometime last May** c'était en mai, je ne sais plus exactement quand • **it was sometime last winter** c'était l'hiver dernier, je ne sais plus exactement quand • **it was sometime before 1950** c'était avant 1950, je ne sais plus exactement quand

2 *(in future)* un de ces jours, un jour ou l'autre • **sometime soon** bientôt, avant peu • **sometime before January** d'ici janvier • **sometime next year** (dans le courant de) l'année prochaine • **sometime after my birthday** après mon anniversaire • **sometime or (an)other it will have to be done** il faudra bien le faire à un moment donné

**ADJ** 1 *(= former)* ancien *before n* • **it's a sometime thing*** *(US)* cela appartient au passé

2 *(US = occasional)* intermittent

**sometimes** /ˈsʌmtaɪmz/ SYN **ADV** quelquefois, parfois • **Burma, sometimes known as Myanmar** la Birmanie, parfois appelée Myanmar • **it is sometimes difficult to...** il est parfois difficile de..., il peut être difficile de... • **he sometimes forgets his glasses** il lui arrive d'oublier ses lunettes • **you can be a real pain sometimes!*** qu'est-ce que tu peux être embêtant des fois !* • **sometimes he agrees, sometimes not** tantôt il est d'accord et tantôt non

**somewhat** /ˈsʌmwɒt/ **ADV** *(frm)* quelque peu ; *(with comparatives)* un peu • **somewhat surprising** quelque peu *or* relativement surprenant • **somewhat easier** un peu plus facile • **it amused him somewhat** cela l'a quelque peu amusé • **he greeted me somewhat brusquely** il m'a salué avec une certaine brusquerie • **it was somewhat of a failure** c'était plutôt un échec, c'était plus ou moins un échec • **more than somewhat** vraiment • **I was more than somewhat annoyed** *(hum)* j'étais plus qu'irrité

**somewhere** /ˈsʌmwɛəʳ/ **ADV** quelque part • **somewhere or other** quelque part, je ne sais où • **somewhere in France** quelque part en France • **somewhere near Paris** (quelque part) près de *or* dans les environs de Paris • **somewhere about** *or* **around here** quelque part par ici, pas loin d'ici • **somewhere around 10 million people** environ *or* à peu près 10 millions de personnes • **somewhere else** ailleurs • **let's go somewhere nice/cheap** allons dans un endroit agréable/bon marché • **he's in the garden or somewhere** il est dans le jardin je crois • **have you got somewhere to stay?** avez-vous un endroit où loger ? • **now we're getting somewhere!** enfin nous faisons des progrès !

**Somme** /sɒm/ **N** *(= river)* Somme *f* • **the Battle of the Somme** la bataille de la Somme

**somnambulism** /sɒmˈnæmbjʊlɪzəm/ **N** somnambulisme *m*

**somnambulist** /sɒmˈnæmbjʊlɪst/ **N** somnambule *mf*

**somnambulistic** /sɒm,næmbjʊ'lɪstɪk/ ADJ somnambulique

**somniferous** /sɒm'nɪfərəs/ ADJ somnifère, soporifique

**somnolence** /'sɒmnələns/ N somnolence *f*

**somnolent** /'sɒmnələnt/ SYN ADJ somnolent

**son** /sʌn/

N fils *m* ◆ **I've got three sons** j'ai trois fils *or* trois garçons ◆ **Son of God/Man** *(Rel)* Fils de Dieu/de l'Homme ◆ **his son and heir** son héritier ◆ **the sons of men** *(liter)* les hommes *mpl* ◆ **he is his father's son** *(in looks)* c'est tout le portrait de son père ; *(in character)* c'est bien le fils de son père ◆ **every mother's son of them** tous tant qu'ils sont *(or étaient etc)* ◆ **come here son!** * viens ici mon garçon ! ; → **father**

COMP **son-in-law** N (pl **sons-in-law**) gendre *m*, beau-fils *m*
**son-of-a-bitch** *‡ N (pl **sons-of-bitches**) salaud ‡ *m*, fils *m* de pute ‡
**son-of-a-gun** ‡ N (pl **sons-of-guns**) (espèce *f* de) vieille fripouille *f or* vieux coquin *m*

**sonar** /'səʊnɑːr/ N sonar *m*

**sonata** /sə'nɑːtə/

N sonate *f*

COMP **sonata form** N forme *f* sonate

**sonatina** /,sɒnə'tiːnə/ N sonatine *f*

**sonde** /sɒnd/ N sonde *f*

**sone** /səʊn/ N sone *f*

**song** /sɒŋ/ SYN

N *(gen)* chanson *f* ; *(more formal)* chant *m* ; *[of birds]* chant *m*, ramage *m* ◆ **festival of French song** festival *m* de chant français *or* de la chanson française ◆ **to break** *or* **burst into song** se mettre à chanter (une chanson *or* un air), entonner une chanson *or* un air ◆ **give us a song** chante-nous quelque chose ◆ **"the Song of Roland"** *(Literat)* « la Chanson de Roland » ◆ **it was going for a song** c'était à vendre pour presque rien *or* pour une bouchée de pain ◆ **what a song and dance * there was!** ça a fait une de ces histoires ! * ◆ **there's no need to make a song and dance * about it** il n'y a pas de quoi en faire toute une histoire * *or* tout un plat * ◆ **to give sb the same old song and dance** * *(US = excuse)* débiter les excuses habituelles à qn ◆ **to be on song** *(Brit)* être en pleine forme ; → **marching, singsong**

COMP **song cycle** N cycle *m* de chansons
**song hit** N chanson *f* à succès, tube * *m*
**the Song of Solomon, the Song of Songs** N le cantique des cantiques
**song sheet** N feuillet *m* de chanson ◆ **to be singing from the same song sheet** *(fig)* parler d'une même voix
**song thrush** N grive *f* musicienne
**song without words** N romance *f* sans paroles
**song writer** N *(words)* parolier *m*, -ière *f*, auteur *m* de chansons ; *(music)* compositeur *m*, -trice *f* de chansons ; *(both)* auteur-compositeur *m*

**songbird** /'sɒŋbɜːd/ N oiseau *m* chanteur

**songbook** /'sɒŋbʊk/ N recueil *m* de chansons

**songfest** /'sɒŋfest/ N *(US)* festival *m* de chansons

**songsmith** /'sɒŋsmɪθ/ N parolier *m*, -ière *f*

**songster** /'sɒŋstər/ N *(= singer)* chanteur *m* ; *(= bird)* oiseau *m* chanteur

**songstress** /'sɒŋstrɪs/ N chanteuse *f*

**sonic** /'sɒnɪk/

ADJ *[speed]* sonique ; *[wave]* sonore

N *(NonC)* ◆ **sonics** l'acoustique *f (dans le domaine transsonique)*

COMP **sonic barrier** N mur *m* du son
**sonic boom** N bang *m inv* (supersonique)
**sonic depth-finder** N sonde *f* à ultra-sons
**sonic mine** N mine *f* acoustique

**sonnet** /'sɒnɪt/ N sonnet *m*

**sonny** * /'sʌnɪ/ N mon (petit) gars *, fiston * *m* ◆ **sonny boy, sonny Jim** mon gars *, fiston *

**sonobuoy** /'səʊnəbɔɪ/ N bouée *f* acoustique

**sonority** /sə'nɒrɪtɪ/ N sonorité *f*

**sonorous** /'sɒnərəs/ ADJ *[voice]* sonore ; *[sound]* éclatant, retentissant ; *[language, rhetoric]* grandiloquent

**sonorously** /'sɒnərəslɪ/ ADV *[say]* d'une voix sonore

**sonorousness** /'sɒnərəsnɪs/ N sonorité *f*

**soon** /suːn/ SYN ADV 1 *(= before long)* bientôt ; *(= quickly)* vite ◆ **we shall soon be in Paris** nous serons bientôt à Paris, nous serons à Paris dans peu de temps *or* sous peu ◆ **you would soon get lost** vous seriez vite perdu ◆ **he soon changed his mind** il a vite changé d'avis, il n'a pas mis longtemps *or* il n'a pas tardé à changer d'avis ◆ **I'll soon finish this!** ça sera vite terminé ! ◆ **(I'll) see you soon!** à bientôt ! ◆ **very soon** très vite, très bientôt * ◆ **quite soon** dans assez peu de temps, assez vite ◆ **soon afterwards** peu après ◆ **quite soon afterwards** assez peu de temps après ◆ **all too soon it was over** ce ne fut que trop vite fini ◆ **all too soon it was time to go** malheureusement il a bientôt fallu partir ◆ **the holidays can't come soon enough!** vivement les vacances ! ◆ **they'll find out soon enough!** ils le sauront bien assez tôt !

2 *(= early)* tôt ◆ **why have you come so soon?** pourquoi êtes-vous venu si tôt ? ◆ **I expected you much sooner than this** je vous attendais bien plus tôt (que cela) *or* bien avant ◆ **I couldn't get here any sooner** je n'ai pas pu arriver plus tôt ◆ **how soon can you get here?** dans combien de temps au plus tôt peux-tu être ici ?, quel jour *(or* à quelle heure *etc)* peux-tu venir au plus tôt ? ◆ **how soon will it be ready?** dans combien de temps *or* quand est-ce que ce sera prêt ? ◆ **Friday is too soon** vendredi c'est trop tôt ◆ **we were none too soon** il était temps que nous arrivions *subj* , nous sommes arrivés juste à temps ◆ **and none too soon at that!** et ce n'est pas trop tôt ! ◆ **must you leave so soon?** faut-il que vous partiez *subj* déjà *or* si tôt ?, quel dommage que vous deviez *subj* partir déjà *or* si tôt ! ◆ **so soon?** déjà ? ◆ **on Friday at the soonest** vendredi au plus tôt, pas avant vendredi ◆ **in five years or at his death, whichever is the sooner** dans cinq ans ou à sa mort, s'il meurt avant cinq ans *or* si celle-ci survient avant ◆ **he could (just) as soon fly to the moon as pass that exam** il a autant de chances de réussir cet examen que d'aller sur la lune

3 *(set structures)*

♦ **as soon as** ◆ **as soon as possible** dès que possible, aussitôt que possible ◆ **I'll do it as soon as I can** je le ferai dès que je pourrai *or* aussitôt que possible ◆ **let me know as soon as you've finished** prévenez-moi dès que *or* aussitôt que vous aurez fini ◆ **as soon as he spoke to her he knew...** aussitôt qu'il lui a parlé il a su... ◆ **as soon as 7 o'clock** dès 7 heures

♦ **no sooner...** ◆ **no sooner had he finished than his brother arrived** à peine avait-il fini que son frère est arrivé ◆ **no sooner said than done!** aussitôt dit aussitôt fait !

♦ **the sooner...** ◆ **the sooner we get started the sooner we'll be done** plus tôt nous commencerons plus tôt nous aurons fini, plus tôt commencé plus tôt fini ◆ **the sooner the better!** le plus tôt sera le mieux ! ; *(iro)* il serait grand temps !, ça ne serait pas trop tôt !

♦ **sooner or later** tôt ou tard

4 *(expressing preference)* ◆ **I'd sooner you didn't tell him** je préférerais que vous ne le lui disiez *subj* pas ◆ **I'd as soon you...** j'aimerais autant que vous... + *subj* ◆ **I would sooner stay here than go** je préférerais rester ici (plutôt) que d'y aller ◆ **I would just as soon stay here with you** j'aimerais tout autant rester ici avec vous, cela me ferait tout autant plaisir de rester ici avec vous ◆ **he would as soon die as betray his friends** il préférerait mourir plutôt que de trahir ses amis ◆ **will you go? – I'd sooner not** *or* **I'd as soon not!** est-ce que tu iras ? – je n'y tiens pas *or* je préférerais pas ! * ◆ **I'd sooner die!** plutôt mourir ! ◆ **what would you sooner do?** qu'est-ce que vous aimeriez mieux (faire) *or* vous préféreriez (faire) ? ◆ **sooner than have to speak to her, he left** plutôt que d'avoir à lui parler il est parti ◆ **she'd marry him as soon as not** elle l'épouserait volontiers, elle aimerait bien l'épouser ◆ **sooner you than me!** * je n'aimerais pas être à ta place, je te souhaite bien du plaisir ! * *(iro)*

**sooner** /'suːnər/

ADV compar of **soon**

N *(US)* pionnier *m* de la première heure *(dans l'Ouest des États-Unis)*

COMP **the Sooner State** N *(US)* l'Oklahoma *m*

**soonish** /'suːnɪʃ/ ADV bientôt (mais pas tout de suite)

**soot** /sʊt/ N *(NonC)* suie *f*

▸ **soot up**

VI s'encrasser

VT SEP encrasser

**sooth** †† /suːθ/ N ◆ **in sooth** en vérité

**soothe** /suːð/ SYN VT *[+ person]* calmer, apaiser ; *[+ nerves, mind, pain]* calmer ; *[+ anger, anxieties]* apaiser ; *[+ sb's vanity]* flatter ◆ **to soothe sb's fears** apaiser les craintes de qn, tranquilliser qn

**soothing** /'suːðɪŋ/ SYN ADJ *[bath, massage]* relaxant ; *[voice, words, music, manner]* apaisant ; *[drink]* calmant ; *[lotion, ointment]* adoucissant ; *[presence]* rassurant, réconfortant ◆ **the soothing effect of lavender oil/a glass of sherry** l'effet apaisant de l'huile de lavande/d'un verre de sherry

**soothingly** /'suːðɪŋlɪ/ ADV *[say, whisper]* d'un ton apaisant ◆ **soothingly familiar** familier et réconfortant ◆ **soothingly cool** frais et apaisant

**soothsayer** /'suːθseɪər/ SYN N devin *m*, devineresse *f*

**soothsaying** /'suːθseɪɪŋ/ N divination *f*

**sooty** /'sʊtɪ/ ADJ *[object, surface]* couvert *or* noir de suie ; *[fumes, exhaust]* chargé de suie ; *[chimney, flue]* plein de suie ; *[flame]* fuligineux ; *[powder]* qui a l'aspect de la suie ◆ **sooty particles** particules *fpl* de suie ◆ **a sooty black colour** un noir charbonneux *or* fuligineux

**SOP** /,esəʊpiː/ N (abbrev of **standard operating procedure**) → **standard**

**sop** /sɒp/ N 1 *(Culin)* morceau *m* de pain *(trempé dans du lait, du jus de viande etc)*, mouillette *f* ◆ **he can eat only sops** il ne peut rien manger de trop solide, il doit se nourrir d'aliments semi-liquides ◆ **it's just a sop to Cerberus** c'est simplement pour le *(or* les *etc)* ramener à de meilleures dispositions ◆ **he gave the guard £10 as a sop** il a donné 10 livres au gardien pour s'acheter ses bons services *or* pour lui graisser la patte * ◆ **it's a sop to my conscience** c'est pour faire taire ma conscience ◆ **as a sop to his pride, I agreed** j'ai accepté pour flatter son amour-propre ◆ **he only said that as a sop to the unions** il a dit cela uniquement pour amadouer les syndicats

2 *( * = sissy) (man)* poule *f* mouillée, lavette * *f* ; *(woman)* femme *f* très fleur bleue

▸ **sop up** VT SEP *[+ spilt liquid] [sponge, rag]* absorber ; *[person]* éponger *(with* avec) ◆ **he sopped up the gravy with some bread** il a saucé son assiette avec un morceau de pain

**Sophia** /səʊ'faɪə/ N Sophie *f*

**sophism** /'sɒfɪzəm/ N ⇒ **sophistry**

**sophist** /'sɒfɪst/ N sophiste *mf* ◆ **Sophists** *(Hist Philos)* sophistes *mpl*

**sophistical** /sə'fɪstɪkəl/ ADJ sophistique, captieux

**sophisticate** /sə'fɪstɪkeɪt/ N raffiné(e) *m(f)*, élégant(e) *m(f)*

**sophisticated** /sə'fɪstɪkeɪtɪd/ SYN ADJ 1 *(= complex, advanced) [equipment, system, technique]* sophistiqué, (très) élaboré

2 *(= refined) [person, tastes, lifestyle]* raffiné

3 *(= intelligent, subtle) [person]* averti ; *[approach, analysis, understanding]* subtil ; *[play, film, book]* subtil, complexe

**sophistication** /sə,fɪstɪ'keɪʃən/ SYN N 1 *(= complexity) [of equipment, system, technique]* sophistication *f*

2 *(= refinement) [of person, tastes, lifestyle]* raffinement *m*

3 *(= intelligence, subtlety)* raffinement *m* ; *[of approach, analysis, understanding]* subtilité *f* ; *[of film, novel]* subtilité *f*, complexité *f* ◆ **the job demands a high level of political sophistication** cet emploi exige une grande subtilité politique *or* un grand sens politique

**sophistry** /'sɒfɪstrɪ/ SYN N *(NonC)* sophistique *f* ◆ **(piece of) sophistry** sophisme *m* ◆ **Sophistry** *(Hist Philos)* sophistique *f*

**Sophocles** /'sɒfəkliːz/ N Sophocle *m*

**sophomore** /'sɒfəmɔːr/ N *(US)* étudiant(e) *m(f)* de seconde année

**sophomoric** /,sɒfə'mɔːrɪk/ ADJ *(US pej)* aussi prétentieux qu'ignorant

**soporific** /,sɒpə'rɪfɪk/ SYN

ADJ 1 *(= sedative)* soporifique ◆ **too much wine can be soporific** trop de vin peut avoir un effet soporifique

2 *( * = boring)* soporifique *

N somnifère *m*

**sopping** * /'sɒpɪŋ/ ADJ (also **sopping wet**) *[person]* trempé (jusqu'aux os) ; *[clothes]* à tordre

**soppy** * /'sɒpɪ/ ADJ *(Brit)* 1 *(= sentimental) [person]* fleur bleue *inv*, sentimental ; *[film, book, story]* à l'eau de rose, sentimental ◆ **people who are soppy about cats** les gens qui sont gagas * avec les chats

913 ANGLAIS-FRANÇAIS **sopranino | sort**

[2] *(= silly) [person]* bébête* ; *[action]* bête ◆ **don't be so soppy!** ne sois pas si bête !

[3] *( † = feeble, weedy)* mollasson* ◆ **he's a soppy git** c'est une mauviette *or* un mollasson*

**sopranino** /ˌsɒprəˈniːnəʊ/ **N** (pl **sopraninos**) *(Mus)* sopranino *m*

**soprano** /səˈprɑːnəʊ/

**N** (pl **sopranos** *or* **soprani** /səˈprɑːniː/) *(= singer)* soprano *mf*, soprane *mf* ; *(= voice, part)* soprano *m* ◆ **to sing soprano** avoir une voix de soprano ; → **boy**

**ADJ** *[part, voice, repertoire]* de soprano ; *[aria]* pour soprano ; *[instrument]* soprano *inv* ◆ **the soprano saxophone** le saxophone soprano ◆ **the soprano clef** la clef d'ut dernière ligne

**sorb** /sɔːb/ **N** *(= tree)* sorbier *m* ; *(= fruit)* sorbe *f*

**sorbefacient** /ˌsɔːbɪˈfeɪʃənt/ *(Med)*

**ADJ** qui facilite l'absorption

**N** médicament *m* qui facilite l'absorption

**sorbet** /ˈsɔːbeɪ, ˈsɔːbɪt/ **N** [1] *(= water ice)* sorbet *m* ◆ **lemon sorbet** sorbet *m* au citron

[2] *(US)* ⇒ **sherbet 1**

**sorbic** /ˈsɔːbɪk/ **ADJ** ◆ **sorbic acid** acide *m* sorbique

**sorbitol** /ˈsɔːbɪtɒl/ **N** sorbitol *m*

**sorcerer** /ˈsɔːsərəʳ/ SYN **N** sorcier *m* ◆ **the Sorcerer's Apprentice** *(Mus etc)* l'Apprenti sorcier *m*

**sorceress** /ˈsɔːsəres/ **N** sorcière *f*

**sorcery** /ˈsɔːsərɪ/ SYN **N** sorcellerie *f*

**sordid** /ˈsɔːdɪd/ SYN **ADJ** *[conditions, surroundings, affair, episode, detail]* sordide ; *[motive, action]* sordide, honteux ; *[behaviour]* abject, honteux

**sordidly** /ˈsɔːdɪdlɪ/ **ADV** sordidement

**sordidness** /ˈsɔːdɪdnɪs/ **N** *[of conditions, surroundings]* aspect *m* sordide ; *(fig) [of behaviour, motive, method]* bassesse *f* ; *[of agreement, deal]* caractère *m* honteux ; *[of crime, greed, gains]* caractère *m* sordide ; *[of film, book]* saleté *f*

**sordino** /sɔːˈdiːnəʊ/ **N** (pl **sordini** /sɔːˈdiːniː/) *(Mus)* *(= mute)* sourdine *f* ; *(= damper)* étouffoir *m* ◆ **con/senza sordino** en/sans sourdine

**sore** /sɔːʳ/ SYN

**ADJ** [1] *(= inflamed)* irrité

[2] *(= painful)* douloureux ◆ **to have a sore throat** avoir mal à la gorge ◆ **I'm sore all over** j'ai mal partout ◆ **to have a sore head** *(= headache)* avoir mal à la tête ◆ **to stick out** *or* **stand out like a sore thumb*** *(= be obvious)* crever les yeux ; *(= stand out visually)* faire tache, détonner ◆ **a sore spot** *(lit)* une zone sensible ; *(fig)* un sujet délicat ◆ **it's a sore point (with him)** c'est un sujet qu'il vaut mieux éviter (avec lui) ; → **bear²**, **sight**

[3] *(esp US * = offended, resentful)* vexé ◆ **I really feel sore about it** ça m'a vraiment vexé ◆ **to get sore** se vexer ◆ **don't get sore!** ne te vexe pas ! ◆ **to be** *or* **feel sore at** *or* **with sb** en vouloir à qn ◆ **to get sore at** *or* **with sb** s'emporter contre qn

[4] *( †† or liter)* ◆ **to be in sore need of sth** avoir grandement besoin de qch ◆ **to be sore at heart** être affligé *or* désolé

**ADV** ◆ **to be sore afraid** †† avoir grand-peur

**N** *(Med)* plaie *f* ◆ **to open up old sores** rouvrir *or* raviver d'anciennes blessures *(fig)* ; → **running**

**sorehead*** /ˈsɔːhed/ **N** *(US)* râleur* *m*, -euse* *f*, rouspéteur* *m*, -euse* *f*

**sorely** /ˈsɔːlɪ/ **ADV** *(frm)* *[wounded]* gravement, grièvement ; *[disappointed]* cruellement ◆ **sorely tempted** fortement tenté ◆ **modern equipment is sorely lacking** on manque cruellement de matériel moderne, le matériel moderne fait cruellement défaut ◆ **the house is sorely in need of a coat of paint** la maison a grand besoin d'un coup de pinceau ◆ **reform is sorely needed** on a grand besoin de réformes ◆ **to be sorely tested** *or* **tried** *[person, patience]* être mis à rude épreuve ◆ **she will be sorely missed** elle nous (*or* leur *etc*) manquera énormément

**soreness** /ˈsɔːnɪs/ **N** [1] *(= pain)* douleur *f* ◆ **muscle soreness** douleurs *fpl* musculaires

[2] * *(= annoyance)* contrariété *f*, irritation *f* ; *(= bitterness)* amertume *f* ; *(= anger)* colère *f*, rogne* *f*

**sorghum** /ˈsɔːgəm/ **N** sorgho *m*

**sorites** /sɒˈraɪtiːz/ **N** sorite *m*

**soroptimist** /sɒˈrɒptɪmɪst/ **N** *membre d'une association internationale pour les femmes dans les professions libérales*

**sorority** /səˈrɒrɪtɪ/ **N** *(US Univ)* association *f* d'étudiantes

**SORORITY, FRATERNITY**

Beaucoup d'universités américaines possèdent des associations d'étudiants très sélectives, appelées **sororities** pour les femmes et **fraternities** pour les hommes, qui organisent des soirées, récoltent des fonds pour des œuvres de bienfaisance et cherchent à se distinguer des autres fraternités du même type. Le nom de ces associations est souvent formé à partir de deux ou trois lettres de l'alphabet grec : par exemple, « Kappa Kappa Gamma **sorority** » ou « Sigma Chi **fraternity** ».

**sorption** /ˈsɔːpʃən/ **N** *(Chem, Phys)* sorption *f*

**sorrel** /ˈsɒrəl/

**N** [1] *(= plant)* oseille *f*

[2] *(= horse)* alezan *m* clair ; *(= colour)* roux *m*, brun rouge *m*

**ADJ** *[horse]* alezan *inv*

**sorrow** /ˈsɒrəʊ/ LANGUAGE IN USE 24.4 SYN

**N** peine *f*, chagrin *m* ; *(stronger)* douleur *f* ◆ **his sorrow at the loss of his son** le chagrin qu'il a éprouvé à la mort de son fils ◆ **to my (great) sorrow** à mon grand chagrin, à ma grande douleur ◆ **this was a great sorrow to me** j'en ai eu beaucoup de peine *or* de chagrin ◆ **he was a great sorrow to her** il lui a causé beaucoup de peine *or* de chagrin ◆ **more in sorrow than in anger** avec plus de peine que de colère ◆ **the Man of Sorrows** *(Rel)* l'Homme *m* de douleur ; → **drown**

**VI** ◆ **to sorrow over** *[+ sb's death, loss]* pleurer ; *[+ news]* déplorer, se lamenter de ◆ **she sat sorrowing by the fire** elle était assise au coin du feu toute à son chagrin

**sorrowful** /ˈsɒrəʊfʊl/ SYN **ADJ** triste

**sorrowfully** /ˈsɒrəʊflɪ/ **ADV** *[look, shake head]* tristement, d'un air triste ; *[say]* d'un ton triste

**sorrowing** /ˈsɒrəʊɪŋ/ **ADJ** affligé

**sorry** /ˈsɒrɪ/ LANGUAGE IN USE 12.1, 18.1, 18.2 SYN **ADJ**

[1] *(= regretful)* désolé ◆ **I was sorry to hear of your accident** j'ai été désolé *or* navré d'apprendre que vous aviez eu un accident ◆ **I am sorry I cannot come** je regrette *or* je suis désolé de ne (pas) pouvoir venir ◆ **I am sorry she cannot come** je regrette *or* je suis désolé qu'elle ne puisse (pas) venir ◆ **I am sorry to have to tell you that...** je regrette d'avoir à vous dire que... ◆ **we are sorry to inform you...** *(frm)* nous avons le regret de vous informer... ◆ **he didn't pass, I'm sorry to say** il a échoué hélas *or* malheureusement ◆ **(I'm) sorry I am late, I'm sorry to be late** excusez-moi *or* je suis désolé d'être en retard ◆ **say you're sorry!** dis *or* demande pardon ! ◆ **sorry!, sorry about that!*** pardon !, excusez-moi !, je suis désolé ! ◆ **I'm very** *or* **terribly sorry** je suis vraiment désolé *or* navré ◆ **awfully sorry!, so sorry!** oh pardon !, excusez-moi !, je suis vraiment désolé ! ◆ **will you go? – I'm sorry I can't** est-ce que tu vas y aller ? – impossible hélas *or* (je suis) désolé mais je ne peux pas ◆ **can you do it? – no, sorry** est-ce que tu peux le faire ? – non, désolé *or* désolé, je ne peux pas *or* malheureusement pas ◆ **sorry?** *(requesting repetition)* pardon ? ◆ **I am sorry to disturb you** je suis désolé de vous déranger, excusez-moi de vous déranger ◆ **I am** *or* **feel sorry about all the noise yesterday** je regrette beaucoup qu'il y ait eu tellement de bruit hier ◆ **sorry about that vase!** excusez-moi pour ce vase ! ◆ **you'll be sorry for this!** vous le regretterez !, vous vous en repentirez !

[2] *(= pitying)* ◆ **to be** *or* **feel sorry for sb** plaindre qn ◆ **I feel so sorry for her since her husband died** elle me fait pitié depuis la mort de son mari ◆ **I'm sorry for you but you should have known better** je suis désolé pour vous *or* je vous plains mais vous auriez dû être plus raisonnable ◆ **if he can't do better than that then I'm sorry for him** *(iro)* s'il ne peut pas faire mieux, je regrette pour lui *or* je le plains ◆ **there's no need to feel** *or* **be sorry for him** il est inutile de le plaindre, il n'est pas à plaindre ◆ **to be** *or* **feel sorry for o.s.** se plaindre (de son sort), s'apitoyer sur soi-même *or* sur son propre sort ◆ **he looked very sorry for himself** il faisait piteuse mine

[3] *(= woeful) [condition]* triste ; *[excuse]* piètre ◆ **to be in a sorry plight** être dans une triste situation, être en fâcheuse posture ◆ **to be in a sorry state** être dans un triste état, être en piteux état ◆ **he was a sorry figure** il faisait triste *or* piteuse figure ◆ **a sorry sight** un triste spectacle, un spectacle désolant *or* affligeant ◆ **it was a sorry tale of mismanagement and inefficiency** c'était une lamentable *or* déplorable histoire de mauvaise gestion et d'inefficacité

**sort** /sɔːt/ SYN

**N** [1] *(= class, variety, kind, type) (gen)* sorte *f*, genre *m* ; *[of animal, plant]* sorte *f*, espèce *f* ; *(= make) [of car, machine, coffee etc]* marque *f* ◆ **this sort of book** cette sorte *or* ce genre de livre ◆ **books of all sorts** des livres de toutes sortes *or* de tous genres ◆ **... and all sorts of things** ... et toutes sortes de choses encore, ... et j'en passe, ... et que sais-je ◆ **this sort of thing(s)** ce genre de chose(s) ◆ **what sort of flour do you want? – the sort you gave me last time** quelle sorte de farine voulez-vous ? – la même que celle que vous m'avez donnée la dernière fois ◆ **what sort of car is it?** quelle marque de voiture est-ce ? ◆ **what sort of man is he?** quel genre *or* type d'homme est-ce ? ◆ **what sort of dog is he?** qu'est-ce que c'est comme (race de) chien ? ◆ **he is not the sort of man to refuse** ce n'est pas le genre d'homme à refuser, il n'est pas homme à refuser ◆ **he's not that sort of person** ce n'est pas son genre ◆ **I'm not that sort of girl!** ce n'est pas mon genre !, mais pour qui me prenez-vous ? ◆ **that's the sort of person I am** c'est comme ça que je suis (fait) ◆ **what sort of people does he think we are?** (mais enfin) pour qui nous prend-il ? ◆ **what sort of a fool does he take me for?** (non mais*) il me prend pour un imbécile ! ◆ **what sort of behaviour is this?** qu'est-ce que c'est que cette façon de se conduire ? ◆ **what sort of an answer do you call that?** vous appelez ça une réponse ? ◆ **classical music is the sort she likes most** c'est la musique classique qu'elle préfère ◆ **and all that sort of thing** et autres choses du même genre, et tout ça* ◆ **you know the sort of thing I mean** vous voyez (à peu près) ce que je veux dire ◆ **I don't like that sort of talk/behaviour** je n'aime pas ce genre de conversation/de conduite ◆ **he's the sort that will cheat** il est du genre à tricher ◆ **I know his sort!** je connais les gens de son genre *or* espèce ! ◆ **your sort* never did any good** les gens de votre genre *or* espèce ne font rien de bien ◆ **they're not our sort*** ce ne sont pas des gens comme nous ◆ **it's my sort* of film** c'est le genre de film que j'aime *or* qui me plaît

[2] *(in phrases)* ◆ **something of the sort** quelque chose de ce genre(-là) *or* d'approchant ◆ **this is wrong – nothing of the sort!** c'est faux – pas le moins du monde ! ◆ **I shall do nothing of the sort!** je n'en ferai rien !, certainement pas ! ◆ **I will have nothing of the sort!** je ne tolérerai pas cela ! ◆ **it was beef of a sort** *(pej)* c'était quelque chose qui pouvait passer pour du bœuf ◆ **he is a painter of sorts** c'est un peintre si l'on peut dire ◆ **after a sort, in some sort** dans une certaine mesure, en quelque sorte ◆ **to be out of sorts** ne pas être dans son assiette ◆ **it takes all sorts (to make a world)** *(Prov)* il faut de tout pour faire un monde *(Prov)* ◆ **a good sort*** un brave garçon, un brave type*, une brave fille ◆ **he's the right sort*** c'est un type bien*

[3] ◆ **a sort of** une sorte *or* espèce de, un genre de ◆ **there was a sort of box in the middle of the room** il y avait une sorte *or* une espèce de boîte au milieu de la pièce, il y avait quelque chose qui ressemblait à une boîte au milieu de la pièce ◆ **there was a sort of tinkling sound** il y avait une sorte *or* une espèce de bruit de grelot, on entendait quelque chose qui ressemblait à un bruit de grelot ◆ **in a sort of way* I'm sorry** d'une certaine façon je le regrette ◆ **I had a sort of fear that...** j'avais un peu peur que... + ne + *subj*

◆ **sort of*** ◆ **I sort of thought that he would come** j'avais un peu l'idée qu'il viendrait ◆ **he was sort of worried-looking** il avait un peu l'air inquiet, il avait l'air comme qui dirait inquiet ◆ **it's sort of blue** c'est plutôt bleu ◆ **aren't you pleased? – sort of!** tu n'es pas content ? – ben si !*

**VT** [1] (also **sort out**) *(= classify)* *[+ documents, stamps]* classer ; *(= select those to keep)* *[+ documents, clothes, apples]* trier, faire le tri de ; *(= separate)* séparer *(from* de*)* ◆ **he spent the morning sorting (out) his stamp collection** il a passé la matinée à classer *or* trier les timbres de sa collection ◆ **to sort things (out) into sizes** *or* **according to size** trier des objets selon leur taille ◆ **to sort out one's cards** *or* **one's hand** *(Cards)* arranger ses cartes, mettre de l'ordre dans ses cartes ◆ **to sort (out) the clothes into clean and dirty** séparer les vêtements sales des propres, mettre les vêtements sales à part ◆ **can you sort out the green ones and keep them**

**aside?** pourriez-vous les trier et mettre les verts à part ?

2 *(Post) [+ letters etc] (Comput) [+ data, file]* trier

3 ◆ **to get sth sorted** * *[+ problem, situation]* régler qch

4 *(Scot * = mend)* arranger ◆ **I've sorted your bike** j'ai arrangé ton vélo

COMP **sort code** N *(Banking)* code *m* guichet
**sort-out** * N ◆ **to have a sort-out** faire du rangement ◆ **I've had a sort-out of all these old newspapers** j'ai trié tous ces vieux journaux

▸ **sort out**

VT SEP 1 ⇒ **sort vt 1**

2 *(= tidy) [+ papers, toys, clothes]* ranger, mettre de l'ordre dans ; *[+ ideas]* mettre de l'ordre dans ; *(= solve) [+ problem]* régler, résoudre ; *[+ difficulties]* venir à bout de ; *(= fix, arrange)* arranger ◆ **I just can't sort the twins out** * **(one from the other)** je ne peux pas distinguer les jumeaux (l'un de l'autre) ◆ **can you sort this out for me?** est-ce que vous pourriez débrouiller ça pour moi ? ◆ **we've got it all sorted out now** nous avons réglé *or* résolu la question ◆ **we'll soon sort it out** nous aurons vite fait d'arranger ça *or* de régler ça ◆ **things will sort themselves out** les choses vont s'arranger d'elles-mêmes ◆ **he was so excited I couldn't sort out what had happened** il était tellement excité que je n'ai pas pu débrouiller *or* comprendre ce qui s'était passé ◆ **did you sort out with him when you had to be there?** est-ce que tu as décidé *or* fixé avec lui l'heure à laquelle tu dois y être ? ◆ **to sort o.s. out** se reprendre, résoudre ses problèmes ◆ **to sort sb out** * *(Brit) (by punishing, threatening)* régler son compte à qn * ; *(= get out of difficulty)* tirer qn d'affaire ; *(after depression, illness)* aider qn à reprendre pied *(fig)*

3 *(= explain)* ◆ **to sort sth out for sb** expliquer qch à qn

N ◆ **sort-out** * → **sort**

**sorted** /ˈsɔːtɪd/ ADJ 1 * *(= arranged)* arrangé ◆ **in a few months everything should be sorted** dans quelques mois tout devrait être arrangé

2 *(Drugs sl)* ◆ **are you sorted?** tu as ce qu'il te faut ?

**sorter** /ˈsɔːtəʳ/ N 1 *(= person)* trieur *m*, -euse *f*

2 *(= machine) (for letters)* trieur *m* ; *(for punched cards)* trieuse *f* ; *(for grain)* trieur *m* ; *(for wool, coke)* trieur *m*, trieuse *f*

**sortie** /ˈsɔːtɪ/ N *[of plane, soldiers]* sortie *f* ◆ **they made** *or* **flew 400 sorties** ils ont fait 400 sorties

**sorting** /ˈsɔːtɪŋ/

N *(Comput, Post)* tri *m*

COMP **sorting code** N *(Banking)* code *m* guichet, numéro *m* d'agence
**sorting office** N *(Post)* bureau *m or* centre *m* de tri

**SOS** /ˌesəʊˈes/ N *(= signal)* SOS *m* ; *(fig)* SOS *m*, appel *m* au secours *(for sth* pour demander qch)

**sostenuto** /ˌsɒstəˈnuːtəʊ/ ADV *(Mus)* sostenuto

**sot** /sɒt/ N ivrogne *m* invétéré

**soteriology** /sɒˌtɪərɪˈɒlədʒɪ/ N *(Rel)* sotériologie *f*

**sottish** /ˈsɒtɪʃ/ ADJ abruti par l'alcool

**sotto voce** /ˈsɒtəʊˈvəʊtʃɪ/ ADV tout bas, à mi-voix ; *(Mus)* sotto voce

**sou'** /saʊ/ ADJ *(in compounds) (Naut)* ⇒ **south**

**soubrette** /suːˈbret/ N *(Theat)* soubrette *f*

**soubriquet** /ˈsuːbrɪkeɪ/ N → **sobriquet**

**souchong** /ˈsuːˈʃɒŋ/ N souchong *m*

**Soudan** /suˈdɑːn/ N ⇒ **Sudan**

**Soudanese** /ˌsuːdəˈniːz/ ADJ, N ⇒ **Sudanese**

**soufflé** /ˈsuːfleɪ/

N soufflé *m* ◆ **cheese/fish soufflé** soufflé *m* au fromage/au poisson

COMP **soufflé dish** N moule *m* à soufflé
**soufflé omelette** N omelette *f* soufflée

**sough** /saʊ/ *(liter)*

N murmure *m* (du vent)

VI *[wind]* murmurer

**sought** /sɔːt/ VB pt, ptp of **seek**

**souk** /suːk/ N souk *m*

**soul** /səʊl/ SYN

N 1 âme *f* ◆ **with all one's soul** de toute son âme, de tout son cœur ◆ **All Souls' Day** le jour des Morts ◆ **upon my soul!** † * grand Dieu ! ◆ **he cannot call his soul his own** il ne s'appartient pas, il est complètement dominé ◆ **he was the soul of the movement** *(fig)* c'était lui l'âme *or* l'animateur du mouvement ◆ **he is the soul of discretion** c'est la discrétion même *or* personnifiée ◆ **he has no soul** il est trop terre à terre, il a trop les pieds sur terre ◆ **it lacks soul** cela manque de sentiment ; → **bare, body, heart, sell**

2 *(= person)* âme *f*, personne *f* ◆ **a village of 300 souls** un village de 300 âmes ◆ **the ship sank with 200 souls** le bateau a sombré avec 200 personnes à bord ◆ **the ship sank with all souls** le bateau a péri corps et biens ◆ **I didn't see a (single** *or* **living) soul** je n'ai pas vu âme qui vive ◆ **don't tell a soul** surtout n'en soufflez mot à personne ◆ **(you) poor soul!** mon (*or* ma) pauvre ! ◆ **(the) poor soul!** le (*or* la) pauvre ! ◆ **he's a good soul** il est bien brave * ◆ **she's a kind** *or* **kindly soul** elle est la gentillesse même ◆ **lend me your pen, there's a good soul** * sois gentil *or* sois un ange, prête-moi ton stylo ; → **simple**

3 *(US : esp of black Americans)* soul *m (façon de ressentir des Noirs)*

4 *(US)* abbrev of **soul brother, soul food, soul music**

ADJ *(US * : of black Americans)* ◆ **soul brother/sister** frère *m*/sœur *f* de race *(terme employé par les Noirs entre eux)* ◆ **Soul City** Harlem ◆ **soul food** nourriture *f* soul *(nourriture traditionnelle des Noirs du sud des États-Unis)* ◆ **soul band** groupe *m* de (musique) soul ◆ **soul music** musique *f* soul

COMP **soul-baring** N déballage * *m* ADJ *[conversation, article etc]* à cœur ouvert
**soul-destroying** ADJ *(= boring)* abrutissant ; *(= depressing)* démoralisant
**soul mate** * N âme *f* sœur
**soul-searching** N introspection *f* ◆ **after a lot of soul-searching** après un long examen de conscience
**soul-stirring** ADJ très émouvant

**soulful** /ˈsəʊlfʊl/ ADJ *[eyes, look]* expressif ; *[expression]* attendrissant ; *[person, music]* sentimental

**soulfully** /ˈsəʊlfəlɪ/ ADV *[sing, write]* de façon sentimentale *or* attendrissante ; *[look]* d'un air expressif *or* éloquent

**soulless** /ˈsəʊllɪs/ ADJ *[place, building, music]* sans âme ; *[work]* abrutissant ; *[system]* inhumain ; *[eyes, look]* insensible, inexpressif ; *[existence]* vide

**sound¹** /saʊnd/ SYN

N *(gen)* son *m* ; *[of sea, storm, breaking glass, car brakes]* bruit *m* ; *[of voice, bell, violins]* son *m* ◆ **the speed of sound** la vitesse du son ◆ **to the sound(s) of the national anthem** au(x) son(s) de l'hymne national ◆ **there was not a sound to be heard** on n'entendait pas le moindre bruit ◆ **without (making) a sound** sans bruit, sans faire le moindre bruit ◆ **we heard the sound of voices** nous avons entendu un bruit de voix ◆ **he lives within the sound of the cathedral bells** depuis chez lui, on entend les cloches de la cathédrale ◆ **the Glenn Miller sound** la musique de Glenn Miller ◆ **I don't like the sound of it** *(= it doesn't attract me)* ça ne me dit rien, ça ne me plaît pas ; *(= it's worrying)* ça m'inquiète ◆ **I don't like the sound of his plans** ses projets ne me disent rien qui vaille ◆ **the news has a depressing sound** les nouvelles semblent déprimantes

VI 1 *[bell, trumpet, voice]* sonner, retentir ; *[car horn, siren, signal, order]* retentir ◆ **footsteps/a gun sounded a long way off** on a entendu un bruit de pas/un coup de canon dans le lointain ◆ **a note of warning sounds through his writing** un avertissement retentit dans ses écrits ◆ **it sounds better if you read it slowly** c'est mieux *or* ça sonne mieux si vous le lisez lentement

2 *(= suggest by sound)* ◆ **that instrument sounds like a flute** le son de cet instrument ressemble à celui de la flûte, on dirait le son de la flûte ◆ **it sounds empty** (au son) on dirait que c'est vide ◆ **a language which sounded (to me) like Dutch** une langue qui aurait pu être *or* qui (me) semblait être du hollandais ◆ **he sounds (like an) Australian** à l'entendre parler on dirait un Australien ◆ **the train sounded a long way off, it sounded as if** *or* **as though the train were a long way off** le train semblait être encore bien loin ◆ **it sounded as if someone were coming in** on aurait dit que quelqu'un entrait ◆ **that sounds like Paul arriving** ça doit être Paul qui arrive ◆ **she sounds tired** elle semble fatiguée ◆ **you sound like your mother when you say things like that** quand tu parles comme ça, tu me rappelles ta mère *or* on croirait entendre ta mère ◆ **you sound terrible** *(to sick person)* (à t'entendre) tu sembles en triste état

3 *(= seem, appear)* sembler (être) ◆ **that sounds like an excuse** cela a l'air d'une excuse, cela ressemble à une excuse ◆ **how does it sound to you?** qu'en penses-tu ? ◆ **it sounds like a good idea** ça a l'air d'(être) une bonne idée, ça semble être une bonne idée ◆ **it doesn't sound too good** cela n'annonce rien de bon, ce n'est pas très prometteur ◆ **it sounds as if she isn't coming** j'ai l'impression qu'elle ne viendra pas ◆ **you don't sound like the kind of person we need** (à en juger par ce que vous dites) vous ne semblez pas être le genre de personne qu'il nous faut

VT 1 *[+ bell, alarm]* sonner ; *[+ trumpet, bugle]* sonner de ; *(Mil) [+ reveille, retreat]* sonner ◆ **to sound the last post** *(Mil)* envoyer la sonnerie aux morts ◆ **to sound the** *or* **one's horn** *[of car]* klaxonner ◆ **to sound a (note of) warning** *(fig)* lancer un avertissement ◆ **to sound sb's praises** faire l'éloge de qn, chanter les louanges de qn

2 *(Ling)* ◆ **to sound one's "t"s** faire sonner ses « t » ◆ **the "n" in "hymn" is not sounded** le « n » de « hymn » ne se prononce pas

3 *(= examine) [+ rails, train wheels]* vérifier au marteau ◆ **to sound sb's chest** *(Med)* ausculter qn

COMP *[film, recording]* sonore
**sound archives** NPL phonothèque *f*
**sound barrier** N mur *m* du son ◆ **to break the sound barrier** franchir le mur du son
**sound bite** N petite phrase *f (prononcée par un homme politique pour être citée dans les médias)* ◆ **to talk in sound bites** parler à coups de petites phrases
**sound board** N ⇒ **sounding board** ; → **sounding¹**
**sound box** N *(Mus)* caisse *f* de résonance
**sound card** N *(Comput)* carte *f* son
**sound change** N *(Phon)* changement *m* phonétique
**sound check** N *(Mus)* sound check *m*
**sound effects** NPL *(Rad etc)* bruitage *m*
**sound effects man** N (pl **sound effects men**) *(Cine, TV, Rad)* bruiteur *m*
**sound engineer** N *(Cine, Rad etc)* ingénieur *m* du son
**sound file** N *(Comput)* fichier *m* son
**sound hole** N *(Mus)* ouïe *f*
**sound law** N *(Phon)* loi *f* phonétique
**sound library** N bibliothèque *f* sonore, phonothèque *f*
**sound mixer** N ⇒ **sound engineer**
**sound pollution** N nuisance *f* due au bruit
**sound-producing** ADJ *(Phon)* phonatoire
**sound recordist** N preneur (-euse *m(f)*) de son
**sound shift** N *(Phon)* mutation *f* phonétique
**sound stage** N *(Recording)* salle *f* de tournage
**sound system** N *(Ling)* système *m* de sons ; *(= hi-fi)* chaîne *f* hi-fi ; *(for disco, concert)* sonorisation *f*, sono * *f*
**sound truck** N *(US)* camionnette *f* équipée d'un haut-parleur
**sound wave** N *(Phys)* onde *f* sonore

▸ **sound off** VI 1 ‡ *(= proclaim one's opinions)* faire de grands laïus * *(about* sur) ; *(= boast)* se vanter *(about* de), la ramener ‡ *(about* à propos de) ; *(= grumble)* rouspéter *, râler * *(about* à propos de) ◆ **to sound off at sb** engueuler ‡ qn

2 *(US Mil = number off)* se numéroter

**sound²** /saʊnd/ SYN

ADJ 1 *(= healthy, robust) [person]* en bonne santé, bien portant ; *[heart]* solide ; *[constitution, teeth, lungs, fruit, tree]* sain ; *[timber]* sain, solide ; *[structure, floor, bridge]* solide, en bon état ; *(fig) [firm, business, financial position]* sain, solide ; *[bank, organization]* solide ; *[investment]* sûr ◆ **the bullet struck his sound leg** la balle a atteint sa jambe valide ◆ **of sound mind** sain d'esprit ◆ **sound in body and mind** sain de corps et d'esprit ◆ **to be sound in wind and limb** avoir bon pied bon œil ◆ **to be as sound as a bell** être en parfait état ; → **safe**

2 *(= competent, judicious, sensible) [judgement]* sain ; *[doctrine]* orthodoxe, solide ; *[argument, reasoning]* solide, valable ; *[decision, advice, opinion]* sensé ; *[case, training]* solide ; *[rule, policy, behaviour, tactics]* sensé, valable ; *[claim, title]* valable, sérieux ; *[statesman, player etc]* compétent ◆ **he is a sound worker** il sait travailler, il est compétent dans son travail ◆ **he is a sound socialist** c'est un bon socialiste, c'est un socialiste bon teint ◆ **he is sound enough on theory...** il connaît très bien la théorie... ◆ **he's a sound guy** * *(= sensible)* il est très sérieux *or* sensé ; *(= we can trust him)* c'est un type fiable * ◆ **sound sense** bon sens *m*, sens *m* pratique ◆ **that was a sound move** c'était une action judicieuse *or* sensée

**sound**

③ (= thorough) [defeat] complet (-ète f), total ; [sleep] profond ◆ **a sound thrashing** une bonne or belle correction ◆ **he is a sound sleeper** il a un bon sommeil, il dort bien

**ADV** ◆ **to be sound asleep** être profondément endormi, dormir à poings fermés ◆ **to sleep sound** bien dormir

**sound³** /saʊnd/
**N** (Med = probe) sonde f
**VT** (gen, Med, Naut etc) sonder ; (fig) (also **sound out**) [+ person] sonder (on, about sur) ◆ **to sound sb's opinions/feelings on sth** sonder qn sur ses opinions/ses sentiments à propos de qch
**VI** sonder
**COMP sound line** N ligne f de sonde

**sound⁴** /saʊnd/ N (Geog) détroit m, bras m de mer

**soundalike*** /'saʊndəlaɪk/ N ◆ **he's an Elvis soundalike** il a la voix d'Elvis

**sounding¹** /'saʊndɪŋ/
**N** ① [of trumpet, bell etc] son m ◆ **the sounding of the retreat/the alarm** le signal de la retraite/de l'alerte
② (Med) auscultation f
**COMP sounding board** N (Mus) table f d'harmonie ; (behind rostrum etc) abat-voix m inv ◆ **he used the committee as a sounding board for his new idea** il a d'abord essayé sa nouvelle idée sur les membres du comité

**sounding²** /'saʊndɪŋ/
**N** (= act of measuring) sondage m ◆ **soundings** (= measurement, data) sondages mpl ◆ **to take soundings** (lit, fig) faire des sondages
**COMP sounding line** N ligne f de sonde

**-sounding** /'saʊndɪŋ/ ADJ (in compounds) qui sonne ◆ **foreign-sounding name** nom m à consonance étrangère ◆ **strange-/respectable-sounding** qui sonne étrange/respectable or bien

**soundless** /'saʊndlɪs/ ADJ silencieux

**soundlessly** /'saʊndlɪslɪ/ ADV [move] sans bruit, en silence ; [laugh, cry] en silence ; [say] sans émettre un son

**soundly** /'saʊndlɪ/ ADV ① (= thoroughly) [defeat] à plate(s) couture(s) ; [condemn] sévèrement ◆ **to whip sb soundly** donner de bons coups de fouet à qn ◆ **he was soundly beaten** or **thrashed** (= defeated) il a été battu à plate(s) couture(s) ; (= punished) il a reçu une bonne or belle correction
② (= deeply) [asleep] profondément ◆ **to sleep soundly** (lit) dormir profondément or à poings fermés ; (fig) dormir sur ses deux oreilles
③ (= firmly) ◆ **soundly based** [business, financial position] sain, solide ; [decision] qui repose sur des bases solides
④ (= strongly) [constructed] solidement
⑤ (= safely) [invest] bien, judicieusement
⑥ (= competently) [organize, manage] bien, de façon saine or sûre ; [play] correctement, bien, comme il faut
⑦ (= sensibly, logically) [advise, reason, argue] judicieusement

**soundness** /'saʊndnɪs/ N (NonC) ① (= health) [of body, horse] santé f ; [of mind] équilibre m
② (= stability) [of company, economy] bonne santé f
③ (= strength) [of structure] solidité f
④ (= sensibleness, logicality) [of judgement] justesse f ; [of advice, proposal, philosophy, policy] bon sens m
⑤ (= deepness) [of sleep] profondeur f

**soundpost** /'saʊndpəʊst/ N (Mus) âme f

**soundproof** /'saʊndpruːf/
**VT** insonoriser
**ADJ** insonorisé

**soundproofing** /'saʊndpruːfɪŋ/ N insonorisation f

**soundtrack** /'saʊndtræk/ N (Cine) bande f sonore

**soup** /suːp/
**N** ① soupe f ; (thinner or sieved) potage m ; (very smooth) velouté m ◆ **clear soup** potage m clair ◆ **mushroom/tomato soup** velouté m de champignons/de tomate ◆ **onion soup** soupe f à l'oignon ◆ **vegetable soup** soupe f or potage m aux légumes ◆ **to be in the soup*** être dans le pétrin * or dans de mauvais draps ; → **pea**
② (US ⁑ = nitroglycerine) nitroglycérine f
**COMP soup cube** N potage m en cube ; (= stock cube) bouillon m Kub ® or en cube
**soup kitchen** N soupe f populaire
**soup plate** N assiette f creuse or à soupe
**soup spoon** N cuiller f à soupe
**soup tureen** N soupière f

**soup up*** VT SEP [+ engine] gonfler* ◆ **he was driving a souped-up Mini ®** il conduisait une Mini ® au moteur gonflé * or poussé

**soupçon** /'suːpsɔ̃ːn/ N [of garlic, malice] soupçon m, pointe f

**soupy** /'suːpɪ/ ADJ [liquid] (= thick) épais (-aisse f) ; (= unclear) trouble ; [fog, atmosphere] épais (-aisse f), dense ; (* fig = sentimental) [film, story, voice] sirupeux

**sour** /'saʊə'/ SYN
**ADJ** ① (in taste, smell) [fruit, wine, beer, cream, smell, taste] aigre ; [milk] tourné, aigre ◆ **to go** or **turn sour** [milk] tourner ; [cream] devenir aigre ◆ **this milk tastes sour** ce lait a tourné
② (Agr) [soil] trop acide
③ (= embittered) [person, voice] aigre ; [face, expression, mood] revêche ; [comment] acerbe ◆ **to give sb a sour look** lancer un regard mauvais à qn ◆ **to turn** or **go sour** [situation, relationship] mal tourner, tourner à l'aigre
**VT** (lit, fig) aigrir ; [+ milk] faire tourner
**VI** ① (lit) s'aigrir ; [milk] tourner
② (fig) [person, character] s'aigrir ; [relations] se dégrader ; [situation] mal tourner, se dégrader ; [comment] ◆ **to sour on sb/sth** se brouiller avec qn/qch
**N** ◆ **whisky etc sour** cocktail m de whisky etc au citron
**COMP sour cherry** N (= tree) griottier m ; (= fruit) griotte f
**sour(ed) cream** N (for cooking) crème f fermentée
**sour-faced** ADJ à la mine revêche or rébarbative
**sour grapes** NPL (fig) dépit m ◆ **it was clearly sour grapes on his part** c'était évidemment du dépit de sa part ◆ **it sounds like sour grapes** ça ressemble à du dépit
**sour milk** N (for cooking) lait m fermenté

**source** /sɔːs/ SYN
**N** [of river] source f ; (fig) source f, origine f ◆ **sources** (Literat etc) sources fpl ◆ **a source of heat** une source de chaleur ◆ **a source of infection** (Med) un foyer d'infection ◆ **we have other sources of supply** nous avons d'autres sources d'approvisionnement, nous pouvons nous approvisionner ailleurs ◆ **what is the source of this information?** quelle est l'origine or la provenance de cette nouvelle ? ◆ **I have it from a reliable source that...** je tiens de bonne source or de source sûre que... ◆ **at source** à la source
**VT** (Comm = find supplier for) rechercher des fournisseurs de ◆ **to be sourced from** provenir de
**COMP source language** N (Ling) langue f de départ, langue f source ; (Comput) langage m source
**source materials** NPL (Literat etc) sources fpl
**source program** N (Comput) programme m source

**sourcing** /'sɔːsɪŋ/ N (Comm) approvisionnement m

**sourdine** /sʊəˈdiːn/ N sourdine f

**sourdough** /'saʊədəʊ/ N (US) levain m

**sourish** /'saʊərɪʃ/ ADJ (lit, fig) aigrelet

**sourly** /'saʊəlɪ/ ADV ① (= disagreeably) [say, complain, think] avec aigreur, aigrement ; [look] d'un air revêche
② ◆ **to smell sourly of sth** avoir une odeur aigre de qch

**sourness** /'saʊənɪs/ N (NonC) [of fruit, flavour, milk, cream, wine, beer, person, comment] aigreur f ◆ **the sourness of her expression/mood/tone** son expression f/humeur f/ton m revêche

**sourpuss*** /'saʊəpʊs/ N grincheux m, -euse f

**sousaphone** /'suːzəfəʊn/ N sousaphone m

**souse** /saʊs/ SYN
**VT** ① (= immerse) tremper (in dans) ; (= soak) faire or laisser tremper (in dans) ◆ **to souse sth with water** inonder qch d'eau ◆ **soused**⁑ (fig = drunk) rond *, noir⁑
② (Culin) mariner ◆ **soused herrings** harengs mpl marinés ; (rolled up) rollmops mpl
**N** ① (Culin) marinade f (à base de vinaigre)
② (⁑ = drunkard) poivrot * m, ivrogne mf

**soused** /saʊst/ ADJ ① (Culin) ◆ **soused herrings** harengs mpl marinés ; (rolled up) rollmops mpl
② (⁑ fig : = drunk) rond *, noir⁑

**soutane** /suːˈtæn/ N (Rel) soutane f

**souterrain** /'suːtəreɪn/ N (Archeol) souterrain m

**south** /saʊθ/
**N** sud m ◆ **to the south of** au sud de ◆ **in the south of Scotland** dans le sud de l'Écosse ◆ **the house faces the south** la maison est exposée au sud ◆ **to veer to the south, to go into the south** [wind] tourner au sud ◆ **the wind is in the south** le vent est au sud ◆ **the wind is (coming or blowing) from the south** le vent vient or souffle du sud ◆ **to live in the south** habiter dans le Sud ; (in France) habiter dans le Midi ◆ **the South of France** le Sud de la France, le Midi ◆ **the South** (US Hist) le Sud, les États mpl du Sud ; → **deep**
**ADJ** sud inv, du or au sud ◆ **south wind** vent m du sud ◆ **south coast** côte f sud or méridionale ◆ **on the south side** du côté sud ◆ **the room has a south aspect** la pièce est exposée au sud ◆ **south transept/door** (Archit) transept m/portail m sud or méridional ◆ **in south Devon** dans le sud du Devon ◆ **in the South Atlantic** dans l'Atlantique Sud ; see also **comp**
**ADV** [go] vers le sud, en direction du sud ; [be, lie] au sud, dans le sud ◆ **south of the island** [go, sail] au sud de l'île ; [be, lie] dans le sud de l'île ◆ **the town lies south of the border** la ville est située au sud de la frontière ◆ **further south** plus au sud ◆ **we drove south for 100km** nous avons roulé pendant 100 km en direction du sud or du midi ◆ **go south till you get to Crewe** allez en direction du sud jusqu'à Crewe ◆ **to sail due south** aller droit vers le sud ; [ship] avoir le cap au sud ◆ **south by south-west** sud quart sud-ouest
**COMP South Africa** N Afrique f du Sud
**South African** ADJ sud-africain, d'Afrique du Sud N Sud-Africain(e) m(f)
**South America** N Amérique f du Sud
**South American** ADJ sud-américain, d'Amérique du Sud N Sud-Américain(e) m(f)
**South Australia** N Australie-Méridionale f
**South Carolina** N Caroline f du Sud ◆ **in South Carolina** en Caroline du Sud
**South China Sea** N mer f de Chine méridionale
**South Dakota** N Dakota m du Sud ◆ **in South Dakota** dans le Dakota du Sud
**south-east** N sud-est m ADJ (du or au) sud-est inv ADV vers le sud-est
**South-East Asia** N le Sud-Est asiatique, l'Asie f du sud-est
**south-easter** N vent m du sud-est
**south-easterly** ADJ [wind, direction] sud-est ; [situation] au sud-est ADV vers le sud-est
**south-eastern** ADJ (du or au) sud-est
**south-eastward(s)** ADV vers le sud-est
**south-facing** ADJ exposé au sud or au midi
**South Georgia** N Géorgie f du Sud
**South Moluccan** N Moluquois(e) m(f) du Sud
**the South Pacific** N le Pacifique Sud
**South Pole** N pôle m Sud
**the South Sea Islands** NPL l'Océanie f
**the South Seas** NPL les mers fpl du Sud
**south-south-east** N sud-sud-est m ADJ (du or au) sud-sud-est inv ADV vers le sud-sud-est
**south-south-west** N sud-sud-ouest m ADJ (du or au) sud-sud-ouest inv ADV vers le sud-sud-ouest
**south-west** N sud-ouest m ADJ (du or au) sud-ouest inv ADV vers le sud-ouest
**South West Africa** N l'Afrique f du sud-ouest
**south-wester** N vent m du sud-ouest, suroît m
**south-westerly** ADJ [wind, direction] du sud-ouest ; [situation] au sud-ouest ADV vers le sud-ouest
**south-western** ADJ (du or au) sud-ouest inv
**south-westward(s)** ADV vers le sud-ouest ; → **Korea, Vietnam**

**southbound** /'saʊθbaʊnd/ ADJ [traffic, vehicles] (se déplaçant) en direction du sud ; [carriageway] sud inv ◆ **to be southbound on the M1** être sur la M1 en direction du sud

**southerly** /'sʌðəlɪ/
**ADJ** [wind] du sud ; [situation] au sud ◆ **in a southerly direction** en direction du sud or du midi, vers le sud or le midi ◆ **southerly latitudes** latitudes fpl australes ◆ **southerly aspect** exposition f au sud or au midi
**ADV** vers le sud

**southern** /'sʌðən/
**ADJ** sud inv, du sud ◆ **the southern coast** la côte sud or méridionale ◆ **house with a southern outlook** maison f exposée au sud or au midi ◆ **southern wall** mur m exposé au sud or au midi ◆ **southern hemisphere** hémisphère m sud inv or austral ◆ **Southern Africa** Afrique f australe ◆ **southern France** le Sud de la France, le Midi ◆ **in southern Spain** dans le Sud de l'Espagne, en Espagne méridionale
**COMP the Southern Cross** N la Croix-du-Sud
**southern lights** NPL (Geog) aurore f australe

**southerner** /'sʌðənə'/ N ① homme m or femme f du Sud, habitant(e) m(f) ; (in France) Mé-

**southernmost** /ˈsʌðənməʊst/ ADJ le plus au sud, à l'extrême sud

**southing** /ˈsaʊðɪŋ/ N [of ship] mouvement m vers le sud

**southpaw** /ˈsaʊθpɔː/ N (Sport) gaucher m

**southward** /ˈsaʊθwəd/
- ADJ au sud
- ADV (also **southwards**) vers le sud

**souvenir** /ˌsuːvəˈnɪər/ SYN N souvenir m (objet)

**souvlakia** /suːˈvlækɪə/ N souvlaki m

**sou'wester** /saʊˈwestər/ N (= hat) suroît m ; (= wind) ⇒ **south-wester**

**sovereign** /ˈsɒvrɪn/ SYN
- N souverain(e) m(f) ; (Brit = coin) souverain m (ancienne pièce d'or qui valait 20 shillings)
- ADJ [state, independence, body, law, powers] souverain after n ; [contempt, indifference] souverain before n ◆ **a sovereign remedy for or against sth** † un remède souverain contre qch

**sovereignty** /ˈsɒvrəntɪ/ SYN N souveraineté f

**soviet** /ˈsəʊvɪət/
- N soviet m ◆ **the Supreme Soviet** le Soviet suprême ◆ **the Soviets** (= people) les Soviétiques mpl
- ADJ soviétique
- COMP **Soviet Russia** N la Russie soviétique ◆ **the Soviet Union** N l'Union f soviétique

**sovietization** † /ˌsəʊvɪətaɪˈzeɪʃən/ N soviétisation f

**sovietize** /ˈsəʊvɪətaɪz/ VT soviétiser

**Sovietologist** /ˌsəʊvɪəˈtɒlədʒɪst/ N soviétologue mf

**sovkhoz** /ˈsɒfˈkɒz/ N (Pol) sovkhoze m

**sow¹** /saʊ/
- N (= pig) truie f
- COMP **sow thistle** N laiteron m

**sow²** /saʊ/ SYN (pret **sowed**, ptp **sown** or **sowed**)
- VT [+ seed, grass] semer ; [+ field] ensemencer (with en) ; (fig) [+ mines, pebbles, doubt, discord] semer ◆ **sow the wind and reap the whirlwind** (Prov) qui sème le vent récolte la tempête (Prov) ; → **seed, wild**
- VI semer

**sowbelly** /ˈsaʊbelɪ/ N (US) petit salé m

**sower** /ˈsəʊər/ N (= person) semeur m, -euse f ; (= machine) semoir m

**sowing** /ˈsəʊɪŋ/
- N 1 (= work) semailles fpl ; (= period, seeds) semailles fpl ; (= young plants) semis mpl
- 2 (NonC = act) [of field] ensemencement m ◆ **the sowing of seeds** les semailles
- COMP **sowing machine** N semoir m

**sown** /səʊn/ VB ptp of **sow²**

**soy** /sɔɪ/ N 1 (also **soy sauce**) sauce f de soja
2 (US) ⇒ **soya**

**soya** /ˈsɔɪə/
- N (esp Brit : also **soya bean**) (= plant) soja or soya m ; (= bean) graine f de soja
- COMP **soya flour** N farine f de soja ◆ **soya sauce** N sauce f soja

**soybean** /ˈsɔɪbiːn/ N (US) ⇒ **soya bean**

**sozzled** †* /ˈsɒzld/ ADJ (Brit) paf* inv, noir*

**SP** /esˈpiː/ N (Brit) abbrev of **starting price** 1 (Racing) cote f de départ
2 (* = information) ◆ **what's the SP on him?** qu'est-ce qui se dit sur lui ? ◆ **to give sb the SP on sb/sth** donner des infos* à qn sur qn/qch

**spa** /spɑː/
- N 1 (= town) station f thermale, ville f d'eau ; (= spring) source f minérale
- 2 (US : also **health spa**) établissement m de cure de rajeunissement
- COMP **spa town** N station f thermale, ville f d'eaux

**space** /speɪs/ SYN
- N 1 (NonC: gen, Astron, Phys) espace m ◆ **the rocket vanished into space** la fusée a disparu dans l'espace ◆ **he was staring into space** il regardait dans l'espace or dans le vide ; → **outer**
- 2 (NonC = room) espace m, place f ◆ **to clear (a or some) space** or **make space for sb/sth** faire de la place pour qn/qch ◆ **to take up a lot of space** [car, books, piece of furniture] prendre une grande place or beaucoup de place, être encombrant ; [building] occuper un grand espace ◆ **the space occupied by a car/a building** l'encombrement m d'une voiture/d'un bâtiment ◆ **there isn't enough space for it** il n'y a pas assez de place pour ça ◆ **I haven't enough space to turn the car** je n'ai pas assez de place pour or je n'ai pas la place de tourner la voiture ◆ **to buy space in a newspaper (for an advertisement)** acheter de l'espace (publicitaire) dans un journal
- 3 (fig = freedom) ◆ **she needed a bit of space** elle avait besoin qu'on la laisse un peu tranquille ◆ **we give each other space** nous nous accordons une certaine liberté
- 4 (= gap, empty area) espace m, place f NonC ; (Mus) interligne m ; (Typography: between two words etc) espace m, blanc m ; (Typography) (= blank type) espace f ◆ **in the spaces between the trees** (dans les espaces) entre les arbres ◆ **a space of 10 metres between the buildings** un espace or une distance de 10 mètres entre les bâtiments ◆ **leave a space for the name** laisse de la place or un espace pour le nom ◆ **in the space provided** dans la partie (or la case) réservée à cet effet ◆ **in an enclosed space** dans un espace clos or fermé ◆ **I'm looking for a space to park the car in** or **a parking space** je cherche une place (pour me garer) ; → **blank, open**
- 5 (= interval, period) espace m (de temps), intervalle m ◆ **after a space of ten minutes** après un intervalle de dix minutes ◆ **for the space of a month** pendant une durée or une période d'un mois ◆ **a space of five years** une période de cinq ans ◆ **in the space of three generations/one hour** en l'espace de trois générations/d'une heure ◆ **a short space of time** un court laps de temps or espace de temps ◆ **for a space** pendant un certain temps
- VT 1 (also **space out**) [+ chairs, words, visits, letters] espacer ; [+ payments] échelonner (over sur) ◆ **space the posts (out) evenly** espacez les poteaux régulièrement, plantez les poteaux à intervalles réguliers ◆ **you'll have to space them further out** or **further apart, you'll have to space them out more** il faudra laisser plus d'espace entre eux or les espacer davantage ◆ **to be single-/double-spaced** [text] avoir des interlignes mpl simples/doubles ◆ **space out to fill a line** espacer or répartir les caractères sur toute une ligne ◆ **the houses were well spaced (out)** les maisons étaient bien or largement espacées
- 2 ◆ **to be spaced (out)**‡ être défoncé‡
- COMP [journey, programme, research, rocket] spatial ◆ **the Space Age** N l'ère f spatiale ◆ **space-age** ADJ de l'ère spatiale, futuriste ◆ **space bar** N [of typewriter, keyboard] barre f d'espacement ◆ **space cadet**‡ N (esp US) allumé(e)‡ m(f) ◆ **space capsule** N capsule f spatiale ◆ **space fiction** N science-fiction f (sur le thème des voyages dans l'espace) ◆ **space-filler** N (Press) article m bouche-trou inv ◆ **space flight** N (= journey) voyage m spatial or dans l'espace ; (NonC) voyages mpl or vols mpl spatiaux ◆ **space heater** N radiateur m ◆ **space helmet** N casque m d'astronaute or de cosmonaute ◆ **Space Invaders** ® N Space Invaders mpl (jeu vidéo mettant en scène des envahisseurs extraterrestres) ◆ **Space Invaders machine** Space Invaders m ◆ **space lab** N laboratoire m spatial ◆ **space opera*** N space opera m (film ou série de science-fiction sur le thème des voyages dans l'espace) ◆ **space plane** N ⇒ **space shuttle** ◆ **space platform** N ⇒ **space station** ◆ **space probe** N sonde f spatiale ◆ **the space race** N la course à l'espace ◆ **space-saving** ADJ qui économise or gagne de la place ◆ **space science** N spatiologie f ◆ **space scientist** N spécialiste mf en spatiologie, spatiologue mf ◆ **space shot** N (= launching) lancement m d'un engin spatial ; (= flight) vol m spatial ◆ **space shuttle** N navette f spatiale ◆ **space sickness** N mal m de l'espace ◆ **space station** N station f orbitale or spatiale ◆ **space-time** N espace-temps m ◆ **space-time continuum** N continuum m espace-temps ◆ **space travel** N voyages mpl spatiaux or interplanétaires or dans l'espace ◆ **space writer** N (Press) journaliste mf payé(e) à la ligne

**spacecraft** /ˈspeɪskrɑːft/ N engin m or vaisseau m spatial

**spaceman** /ˈspeɪsmæn/ SYN N (pl **-men**) (gen) spationaute m ; (American) astronaute m ; (Russian) cosmonaute m

**spaceport** /ˈspeɪspɔːt/ N base f de lancement (d'engins spatiaux)

**spaceship** /ˈspeɪsʃɪp/ N ⇒ **spacecraft**

**spacesuit** /ˈspeɪssuːt/ N combinaison f spatiale

**spacewalk** /ˈspeɪswɔːk/
- N marche f dans l'espace
- VI marcher dans l'espace

**spacewalker** /ˈspeɪswɔːkər/ N marcheur m, -euse f de l'espace

**spacewoman** /ˈspeɪswʊmən/ N (pl **-women**) (gen) spationaute f ; (American) astronaute f ; (Russian) cosmonaute f

**spacey*** /ˈspeɪsɪ/ ADJ [music] planant* ; [person] qui plane*

**spacing** /ˈspeɪsɪŋ/ N (esp Typ) espacement m ; (between two objects) espacement m, écartement m ; (also **spacing out**) : of payments, sentries) échelonnement m ◆ **to type sth in single/double spacing** taper qch avec un interligne simple/double

**spacious** /ˈspeɪʃəs/ SYN ADJ [room, house, car] spacieux ; [garden] grand ; [garment] ample ◆ **spacious accommodation** logement m spacieux

**spaciousness** /ˈspeɪʃəsnɪs/ N grandes dimensions fpl, grandeur f

**spacy*** /ˈspeɪsɪ/ ADJ ⇒ **spacey**

**spade** /speɪd/ N 1 bêche f, pelle f ; (child's) pelle f ◆ **to call a spade a spade** appeler un chat un chat, ne pas avoir peur des mots
2 (Cards) pique m ◆ **the six of spades** le six de pique ; **in spades*** (fig) par excellence ; pour autres loc voir **club**
3 (**‡** pej) nègre m, négresse f

**spadeful** /ˈspeɪdfʊl/ N pelletée f ◆ **by the spadeful** (fig) en grandes quantités

**spadework** /ˈspeɪdwɜːk/ SYN N (NonC: fig) travail m préliminaire

**spadix** /ˈspeɪdɪks/ N (pl **spadices** /speɪˈdaɪsiːz/) spadice m

**spag bol**‡ /ˌspæɡˈbɒl/ N (Brit) spaghettis mpl bolognaise

**spaghetti** /spəˈɡetɪ/
- N spaghettis mpl
- COMP **spaghetti bolognese** N spaghettis mpl bolognaise ◆ **spaghetti junction** N échangeur m à niveaux multiples ◆ **spaghetti western*** N western-spaghetti* m, western m italien

**Spain** /speɪn/ N Espagne f

**spake** †† /speɪk/ VB pt of **speak**

**spall** /spɔːl/
- N épaufrure f
- VT épaufrer

**spallation** /spəˈleɪʃən/ N spallation f

**Spam** ® /spæm/ N ≈ mortadelle f

**spam** /spæm/ (Internet)
- N spam m
- VT spammer

**spammer** /ˈspæmər/ N (Internet) spammeu(r) m

**span¹** /spæn/ SYN
- N 1 [of hands, arms] envergure f ; [of girder] portée f ; [of bridge] travée f ; [of arch] portée f, ouverture f ; [of roof] portée f, travée f ; [of plane, bird] (also **wingspan**) envergure f ◆ **a bridge with three spans** un pont à trois travées ◆ **single-span bridge** pont à travée unique ◆ **the bridge has a span of 120 metres** le pont a une travée or une portée de 120 mètres
- 2 (in time) espace m (de temps), durée f ◆ **the average span of life** la durée moyenne de vie ◆ **man's span is short** (liter) la vie humaine est brève ◆ **for a brief** or **short span (of time)** pendant un bref moment, pendant un court espace de temps ; → **life**
- 3 († = measure) empan m
- 4 (= yoke) [of oxen etc] paire f
- VT 1 [bridge, rope, plank etc] [+ stream, ditch] enjamber ; [+ bridge-builder] jeter or construire un pont sur ◆ **Christianity spans almost 2,000 years** le christianisme embrasse presque 2 000 ans ◆ **his life spans almost the whole of the 18th century** sa vie s'étend sur or couvre presque tout le 18ᵉ siècle ◆ **his compositions span all types of music** ses compositions couvrent or embrassent tous les types de musique
- 2 (= measure) mesurer à l'empan
- COMP **span roof** N (Constr) toit m à double pente

**span[2]** †† /spæn/ **VB** pt of spin

**spandex** /ˈspændeks/ **N** Lycra ® *m*

**spandrel** /ˈspændrəl/ **N** *(Archit) (next to wall)* tympan *m* ; *(between arches)* pendentif *m*

**spangle** /ˈspæŋgl/

**N** paillette *f* ◆ **dress with spangles on it** robe *f* pailletée *or* à paillettes

**VT** orner de paillettes ◆ **spangled with** *(fig)* pailleté de ; → **star**

**spangly*** /ˈspæŋglɪ/ **ADJ** à paillettes, pailleté

**Spaniard** /ˈspænjəd/ **N** Espagnol(e) *m(f)*

**spaniel** /ˈspænjəl/ **N** épagneul *m*

**Spanish** /ˈspænɪʃ/

**ADJ** *(gen)* espagnol ; *[ambassador, embassy, monarch]* d'Espagne ; *[teacher]* d'espagnol ◆ **the Spanish way of life** la vie espagnole, la façon de vivre des Espagnols ◆ **the Spanish people** les Espagnols *mpl*

**N** *(= language)* espagnol *m*

**NPL** **the Spanish** les Espagnols *mpl*

**COMP** **Spanish America** **N** Amérique *f* hispanophone

**Spanish-American** **ADJ** hispano-américain

**the Spanish Armada** **N** *(Hist)* l'Invincible Armada *f*

**Spanish chestnut** **N** châtaigne *f*, marron *m*

**the Spanish Civil War** **N** la guerre civile espagnole, la guerre d'Espagne

**Spanish fir** **N** sapin *m* d'Espagne

**Spanish fly** **N** *(NonC)* (poudre *f* de) cantharide *f*

**Spanish guitar** **N** guitare *f* classique

**the Spanish Main** **N** la mer des Antilles *or* des Caraïbes

**Spanish Morocco** **N** *(Hist)* Maroc *m* espagnol

**Spanish moss** **N** *(US)* mousse *f* espagnole

**Spanish omelette** **N** omelette *f* aux pommes de terre et aux légumes

**Spanish onion** **N** oignon *m* d'Espagne

**Spanish rice** **N** riz *m* à l'espagnole

**Spanish Sahara** **N** *(Hist)* Sahara *m* espagnol

**spank** /spæŋk/ SYN

**N** ◆ **to give sb a spank** donner un coup *or* une claque à qn sur les fesses

**VT** *(gen, for sexual pleasure)* donner une fessée à

**VI** ◆ **to be** *or* **go spanking along** *[horse, vehicle, ship]* aller *or* filer à bonne allure

**spanker** /ˈspæŋkəʳ/ **N** *(= sail)* brigantine *f*

**spanking** /ˈspæŋkɪŋ/

**N** fessée *f* ◆ **to give sb a spanking** donner une fessée à qn

**ADJ** * [1] *(= excellent)* super* ◆ **in spanking condition** en excellent état

[2] *(= fast)* *[pace]* fulgurant ◆ **to move at a spanking pace** *[film, events]* se dérouler à un rythme échevelé ◆ **to speed along at a spanking pace** *[car]* passer à toute berzingue*

[3] *(= fresh)* *[breeze]* fort, bon

**ADV** †* ◆ **spanking new** flambant neuf ◆ **spanking white/clean** d'une blancheur/d'une propreté éclatante

**spanner** /ˈspænəʳ/

**N** *(Brit)* clé *f* (à écrous) ◆ **to put a spanner in the works** mettre des bâtons dans les roues

**COMP** **spanner wrench** **N** clé *f* à ergots

**spar[1]** /spɑːʳ/ **N** *(Geol)* spath *m*

**spar[2]** /spɑːʳ/ **N** *(on ship)* espar *m*

**spar[3]** /spɑːʳ/ SYN

**VI** *(Boxing)* s'entraîner (à la boxe) *(with sb* avec qn) ; *(rough and tumble)* se bagarrer* amicalement *(with sb* avec qn) ; *[two people]* échanger des coups de poing pour rire ; *(fig) (= argue)* se disputer *(with sb* avec qn) ; *[two people]* se défier en paroles

**COMP** **sparring match** **N** *(Boxing)* combat *m* d'entraînement ; *(fig)* échange *m* verbal

**sparring partner** **N** *(Boxing)* sparring-partner *m*, partenaire *mf* d'entraînement ; *(fig)* adversaire *mf*

**spare** /spɛəʳ/ SYN

**ADJ** [1] *(= reserve)* de réserve ; *(= replacement)* de rechange ; *(= surplus)* de *or* en trop ◆ **take a spare pen in case that one runs out** prends un stylo de rechange *or* de réserve au cas où celui-ci n'aurait plus d'encre ◆ **I've a spare pen if you want it** j'ai un autre stylo *or* un stylo en trop, si tu veux ◆ **have you any spare cups?** *(in case you need more)* est-ce que tu as des tasses de réserve ? ; *(which you're not using)* est-ce que tu as des tasses de *or* en trop ? ◆ **take some spare clothes** prends des vêtements de rechange ◆ **there were no spare chairs** *or* **no chairs spare** il n'y avait pas de chaise libre ◆ **a spare bed** *(gen)* un lit de libre ; *(for houseguests)* un lit d'amis ◆ **spare cash** *(small amount)* argent *m* de reste ; *(larger)* argent *m* disponible ◆ **I'll lend you my spare key** je vais te prêter mon double (de clé) ◆ **I've got a spare ticket for the play** j'ai une place en plus pour la pièce de théâtre ◆ **there are two going spare*** il en reste deux ◆ **thousands of tickets are going spare*** il reste des milliers de billets ◆ **I felt like a spare prick**‡ **at a wedding** *(hum)* je me demandais ce que je foutais là‡

[2] *(= lean)* *[person, body]* sec (sèche *f*)

[3] *(= austere)* *[prose, style, design, room]* dépouillé ; *[music]* sobre ; *[diet, meal]* frugal

[4] *(Brit* ‡ *= crazy)* ◆ **to go spare** devenir dingue* ◆ **to drive sb spare** rendre qn dingue*

**N** *(= part)* pièce *f* de rechange, pièce *f* détachée ; *(= tyre)* pneu *m* de rechange ; *(= wheel)* roue *f* de secours

**VT** [1] *(= do without)* se passer de ◆ **we can't spare him just now** nous ne pouvons pas nous passer de lui en ce moment ◆ **can you spare it?** vous n'en avez pas besoin ? ◆ **can you spare £10?** est-ce que tu aurais 10 livres ? ◆ **can you spare me £5?** est-ce que tu peux me passer 5 livres ? ◆ **I can only spare a few minutes, I can't spare the time (to do it)** je n'ai pas le temps (de le faire), je n'ai pas une minute (à y consacrer) ◆ **I can only spare an hour for my piano practice** je peux seulement consacrer une heure à *or* je ne dispose que d'une heure pour mes exercices de piano ◆ **I can spare you five minutes** je peux vous accorder *or* consacrer cinq minutes ◆ **to spare a thought for** penser à, avoir une pensée pour

♦ **to spare** ◆ **he had time to spare so he went to the pictures** il n'était pas pressé *or* il avait du temps devant lui, alors il est allé au cinéma ◆ **did you have a rush to get here? – no, I had time (and) to spare** est-ce que tu as dû te dépêcher pour arriver ? – non, j'ai eu plus de temps qu'il ne m'en fallait ◆ **I've only a few minutes to spare** je ne dispose que de quelques minutes, je n'ai que quelques minutes de libres *or* devant moi ◆ **there are three to spare** il en reste trois ◆ **I've got none** *or* **nothing to spare** j'ai juste ce qu'il me faut, je n'en ai pas trop ◆ **I've enough and to spare** j'en ai plus qu'il ne m'en faut ◆ **she had a metre to spare** elle en avait un mètre de trop *or* de plus que nécessaire ◆ **with two minutes to spare** avec deux minutes d'avance ◆ **we did it with $5 to spare** nous l'avons fait et il nous reste encore 5 dollars

[2] *(= show mercy to)* *[+ person, sb's life, tree]* épargner ◆ **he spared no one** *(lit, fig)* il n'a épargné personne, il n'a fait grâce à personne ◆ **the plague spared no one** la peste n'a épargné personne ◆ **if I'm spared** † si Dieu me prête vie ◆ **to spare sb's feelings** ménager (les sentiments de) qn ◆ **spare my blushes!** épargnez ma modestie !, ne me faites pas rougir !

[3] *[+ suffering, grief]* éviter, épargner *(to sb* à qn) ◆ **to spare sb embarrassment** épargner *or* éviter de l'embarras à qn ◆ **I wanted to spare him trouble** je voulais lui éviter de se déranger ◆ **you could have spared yourself the trouble** vous auriez pu vous épargner tout ce mal ◆ **I'll spare you the details** je vous fais grâce des détails

[4] *(= refrain from using)* *[+ one's strength, efforts]* ménager ◆ **we have spared no expense to make her stay a pleasant one** nous n'avons pas reculé devant la dépense pour que son séjour soit agréable ◆ **he spared no expense to modernize the house** il a dépensé sans compter pour moderniser la maison ◆ **no expense spared** peu importe le prix ◆ **he didn't spare himself, he spared no pains** il s'est donné beaucoup de mal, il n'a pas épargné sa peine ◆ **he could have spared his pains, he could have spared himself the trouble** il s'est donné du mal pour rien ◆ **spare your pains, it's too late now** pas la peine de te donner du mal, c'est trop tard maintenant ◆ **spare the rod and spoil the child** *(Prov)* qui aime bien châtie bien *(Prov)*

**COMP** **spare bedroom** **N** ⇒ **spare room**

**spare part** **N** pièce *f* de rechange, pièce *f* détachée

**spare-part surgery*** **N** chirurgie *f* de transplantation

**spare room** **N** chambre *f* d'amis

**spare time** **N** temps *m* libre ◆ **to do sth in one's spare time** faire qch pendant son temps libre *or* ses moments de libre

**spare-time** **ADJ** (fait) à temps perdu *or* pendant les moments de loisir ◆ **spare-time activities** (activités *fpl* de) loisirs *mpl*

**spare tyre** **N** *[of car]* roue *f* de secours ; *(* fig = fat)* bourrelet *m* (de graisse) *(à la taille)* ◆ **to get a spare tyre*** prendre de l'embonpoint ◆ **to get rid of one's spare tyre*** se débarrasser de son bourrelet (de graisse)

**spare wheel** **N** *[of car]* roue *f* de secours

**sparerib** /ˈspɛərɪb/ **N** *(Culin)* travers *m* (de porc)

**sparing** /ˈspɛərɪŋ/ SYN **ADJ** *[person]* économe ; *[use]* modéré ; *[amount]* limité, modéré ◆ **she was sparing with heat and light** elle faisait des économies de chauffage et d'électricité ◆ **I've not been sparing with the garlic** je n'ai pas lésiné sur l'ail ◆ **he was sparing with** *or (frm)* **of the wine** il a lésiné sur le vin ◆ **sparing of words** *(frm)* avare *or* chiche de paroles ◆ **you must be more sparing of your strength** vous devez ménager vos forces ◆ **sparing in one's praise (for sb)** avare de ses louanges (à l'égard de qn) ◆ **to be sparing in one's use of sth** utiliser qch avec modération

**sparingly** /ˈspɛərɪŋlɪ/ **ADV** *[use, apply]* avec modération ; *[eat]* frugalement ; *[drink]* peu ; *[spend, praise]* avec parcimonie

**spark** /spɑːk/ SYN

**N** *(Elec)* étincelle *f* ; *(fig)* *[of intelligence, wit, life]* étincelle *f* ; *[of commonsense, interest]* lueur *f* ◆ **to make the sparks fly** *(fig) (= start a row)* mettre le feu aux poudres *(fig)* ; *(= fight)* se bagarrer un bon coup* ◆ **they'll strike sparks off each other** ils se stimuleront (l'un l'autre) ; → **bright**

**NPL** **sparks** *(Brit = electrician)* électricien *m* ; *(= radio operator)* radio *m* (de bord)

**VI** jeter des étincelles

**VT** (also **spark off**) *[+ rebellion, complaints, quarrel]* provoquer, déclencher ; *[+ interest, enthusiasm]* susciter, éveiller *(in sb* chez qn) ◆ **to spark a fire** provoquer un incendie

**COMP** **spark erosion** **N** *(Tech)* étincelage *m*

**spark gap** **N** *(Elec)* écartement *m* des électrodes

**spark(ing) plug** **N** bougie *f*

**sparkle** /ˈspɑːkl/ SYN

**N** *(NonC)* *[of stars, dew, tinsel]* scintillement *m*, étincellement *m* ; *[of diamond]* éclat *m*, feux *mpl* ; *(in eye)* étincelle *f*, éclair *m* ; *(fig)* vie *f*, éclat *m*

**VI** *[glass, drops of water, snow]* étinceler, briller ; *[surface of water, lake]* scintiller, miroiter ; *[diamond]* étinceler, jeter des feux, scintiller ; *[fabric]* chatoyer ; *[wine]* pétiller ; *[eyes]* étinceler, pétiller *(with* de) ; *[person]* briller ; *[conversation, play, book]* étinceler, pétiller *(with* de), être brillant *or* étincelant

**sparkler** /ˈspɑːkləʳ/ **N** [1] *(= firework)* cierge *m* magique

[2] *(* = sparkling wine)* vin *m* pétillant

[3] *(‡ = diamond)* diam‡ *m*

**sparkling** /ˈspɑːklɪŋ/

**ADJ** [1] *(= bright)* *[glass, diamond, snow, sand, sea, eyes]* étincelant *(with sth* de qch) ; *[day, sky]* radieux ; *[surface of water, lake]* scintillant, miroitant

[2] *(= scintillating)* *[person, conversation, script, performance, results]* brillant ◆ **he was in sparkling form** il était dans une forme éblouissante

[3] *(= fizzy)* *[wine]* mousseux ; *[water]* *(naturally)* gazeux naturel ; *(artificially)* gazéifié ◆ **sparkling cider** cidre *m*

**ADV** ◆ **sparkling clean** d'une propreté éclatante

**sparkly*** /ˈspɑːklɪ/ **ADJ** brillant

**sparky*** /ˈspɑːkɪ/ **ADJ** plein d'entrain

**sparrow** /ˈspærəʊ/ **N** moineau *m* ; → **hedgesparrow**

**sparrowgrass** /ˈspærəʊgrɑːs/ **N** *(dial)* asperge(s) *f(pl)*

**sparrowhawk** /ˈspærəʊhɔːk/ **N** épervier *m*

**sparse** /spɑːs/ **ADJ** *[population, hair, vegetation]* clairsemé ; *[traffic]* léger ; *[furniture]* rare ; *[dialogue]* entrecoupé de longs silences

**sparsely** /ˈspɑːslɪ/ **ADV** *[wooded, furnished]* peu ◆ **sparsely populated** peu peuplé

**Sparta** /ˈspɑːtə/ **N** Sparte

**Spartacist** /ˈspɑːtəsɪst/ **N** spartakiste *mf*

**Spartacus** /ˈspɑːtəkəs/ **N** Spartacus *m*

**Spartan** /ˈspɑːtən/ SYN

**N** Spartiate *mf*

**ADJ** [1] *(= from Sparta)* spartiate

[2] *(= austere :* also **spartan)** *[lifestyle, accommodation, conditions, diet]* spartiate

**sparteine** /ˈspɑːtɪˌiːn/ **N** spartéine *f*

**spasm** /ˈspæzəm/ SYN N (Med) spasme m ; (fig) accès m (of de) ◆ **a spasm of coughing** un accès or une quinte de toux ◆ **to work in spasms** travailler par à-coups or par accès

**spasmodic** /spæzˈmɒdɪk/ SYN ADJ ⓵ (= intermittent) [work, movements, attempts, service] intermittent, irrégulier ◆ **the team had only spasmodic success** l'équipe n'a connu que des succès intermittents ◆ **to mount spasmodic raids** lancer des raids répétés
⓶ (Med) spasmodique

**spasmodically** /spæzˈmɒdɪkəli/ ADV ⓵ (= intermittently) [continue, campaign] de façon intermittente ; [work, try] par à-coups, de façon intermittente or irrégulière
⓶ (Med) ◆ **to jerk spasmodically** [person, body, chest] être agité de spasmes irréguliers

**spastic** /ˈspæstɪk/
ADJ ⓵ († = handicapped) [person] handicapé moteur (handicapée motrice f)
⓶ (Med) [movement, paralysis] spasmodique
⓷ (pej = clumsy) [movement] convulsif
N (Med †) handicapé(e) m(f) moteur f inv
COMP **spastic colon** N colopathie f spasmodique

**spasticity** /spæsˈtɪsɪti/ N (Med) paralysie f spasmodique

**spat¹** /spæt/ VB pt, ptp of **spit¹**

**spat²** /spæt/ N (= gaiter) demi-guêtre f

**spat³** /spæt/ N (= oyster) naissain m

**spat⁴** */spæt/ (US = quarrel)
N prise f de bec *
VI avoir une prise de bec *

**spatchcock** /ˈspætʃkɒk/ VT (pej) entrelarder

**spate** /speɪt/ SYN N (Brit) ⓵ [of river] crue f
⓶ [of letters, orders] avalanche f ; [of words, abuse] torrent m ◆ **a spate of bombings** une vague d'attentats ◆ **in spate** en crue ◆ **to be in full spate** (= talking at length) être parti (dans son sujet) ◆ **to have a spate of work** être débordé or submergé de travail ◆ **a fresh spate of sabotage/attacks** une recrudescence d'actes de sabotage/d'attaques

**spathic** /ˈspæθɪk/, **spathose** /ˈspæθəʊs/ ADJ spathique

**spatial** /ˈspeɪʃəl/ (frm)
ADJ ⓵ (= physical) [relationship, variation] spatial ; [constraints] d'espace ◆ **spatial distribution of employment** répartition f or distribution f géographique de l'emploi
⓶ (Psych) ◆ **spatial awareness/ability/skills** perception f spatiale
COMP **spatial frequency** N (Elec) fréquence f spatiale

**spatialization** /ˌspeɪʃəlaɪˈzeɪʃən/ N spatialisation f

**spatiotemporal** /ˌspeɪʃɪəʊˈtempərəl/ ADJ spatiotemporel

**spatter** /ˈspætər/
VT (accidentally) éclabousser (with de) ; (deliberately) asperger (with de) ◆ **to spatter mud on** or **over a dress** éclabousser de boue une robe
VI (= splash) gicler (on sur) ; (= sound) crépiter (on sur)
N (= mark) éclaboussure(s) f(pl) ; (= sound) crépitement m

**-spattered** /ˈspætəd/ ADJ (in compounds) ◆ **the butcher's blood-spattered apron** le tablier éclaboussé de sang du boucher ◆ **mud-spattered car** voiture f éclaboussée de boue

**spatula** /ˈspætjʊlə/ N (Culin) spatule f ; (Med) abaisse-langue m inv

**spatulate** /ˈspætjʊlɪt/ ADJ (Anat, Bot) spatulé

**spavin** /ˈspævɪn/ N éparvin m

**spawn** /spɔːn/
N [of fish, frog] frai m, œufs mpl ; [of mushroom] mycélium m ; (pej = person) progéniture f (iro)
VT pondre ; (fig pej) engendrer, faire naître
VI frayer ; (fig pej) se reproduire, se multiplier

**spawning** /ˈspɔːnɪŋ/
N (NonC) frai m
COMP **spawning ground** N frayère f
**spawning place** N frayère f

**spay** /speɪ/ VT [+ animal] enlever les ovaires de

**SPCA** /ˌespiːsiːˈeɪ/ N (US) (abbrev of **Society for the Prevention of Cruelty to Animals**) ≈ SPA f

**SPCC** /ˌespiːsiːˈsiː/ N (US) (abbrev of **Society for the Prevention of Cruelty to Children**) association pour la protection de l'enfance

**speak** /spiːk/ SYN (pret **spoke**, ptp **spoken**)
VI ⓵ (= talk) parler (to à ; of, about de) ; (= converse) parler, s'entretenir (with avec) ; (= be on speaking terms) parler, adresser la parole (to à) ; (fig) [gun, trumpet etc] retentir, se faire entendre ◆ **to speak in a whisper** chuchoter ◆ **speak normally, don't shout!** parle normalement, ne crie pas ! ◆ **to speak to o.s.** parler tout seul ◆ **I'll speak to him about it** je vais lui en parler, je vais lui en toucher un mot or deux mots ◆ **I don't know him to speak to** je ne le connais pas assez bien pour lui parler or pour lui adresser la parole ◆ **I'll never speak to him again** je ne lui adresserai plus jamais la parole ◆ **did you speak?*** pardon ?, tu m'as parlé ? ◆ **you have only to speak** tu n'as qu'un mot à dire ◆ **speaking personally...** pour ma part..., personnellement... ◆ **speaking as a member of the society I...** en tant que membre de la société je...
◆ **so to speak** pour ainsi dire
◆ **adverb + speaking** ◆ **biologically/philosophically speaking** biologiquement/philosophiquement parlant
⓶ (Telec) ◆ **who's (that) speaking?** qui est à l'appareil ? ; (passing on call) c'est de la part de qui ? ◆ **(this is) Paul speaking** ici Paul, (c'est) Paul à l'appareil ◆ **speaking!** lui-même (or elle-même) !, c'est moi-même ! ; → **action, badly, roughly**
⓷ (= make a speech) parler (on or about sth de qch) ; (= begin to speak) prendre la parole ◆ **to speak in public** parler en public ◆ **he rose to speak** il s'est levé pour prendre la parole or pour parler ◆ **Mr Latimer will speak next** ensuite c'est M. Latimer qui prendra la parole ◆ **the chairman asked him to speak** le président lui a donné la parole ◆ **Mr King will now speak on "The Incas"** M. King va maintenant (nous) parler des Incas ◆ **to speak in a debate** [proposer, seconder] faire un discours or prendre la parole au cours d'un débat ; (from floor of house) participer à un débat, intervenir dans un débat
⓸ (phrases) ◆ **to speak for sb** (= be spokesman for) parler pour qn or au nom de qn ; (= give evidence for) parler or témoigner en faveur de qn ◆ **speaking for myself...** personnellement..., pour ma part..., en ce qui me concerne... ◆ **speak for yourself!*** parle pour toi ! * ◆ **let him speak for himself** laisse-le s'exprimer, laisse-le dire lui-même ce qu'il a à dire ◆ **it speaks for itself** c'est évident, c'est tout ce qu'il y a de plus clair ◆ **the facts speak for themselves** les faits parlent d'eux-mêmes or se passent de commentaires ◆ **I can speak for** or **to his honesty** je peux témoigner de or répondre de son honnêteté ◆ **it speaks to the chaos that was inside me** cela dit or montre bien la confusion qui régnait en moi ◆ **that speaks well for his generosity** ceci montre bien or prouve bien qu'il est généreux ◆ **to speak of sth as sth** appeler qch qch ◆ **he always speaks well of her** il dit toujours du bien d'elle ◆ **he is very well spoken of** on dit beaucoup de bien de lui ◆ **everything spoke of wealth** tout indiquait la richesse ◆ **everything spoke of fear/hatred** tout révélait or trahissait la peur/la haine ◆ **to speak to a motion** (Parl etc) soutenir une motion
◆ **speaking of...** ◆ **speaking of holidays...** à propos de vacances..., puisqu'on parle de vacances... ◆ **speaking of which...** à propos...
◆ **... to speak of** ◆ **he has no friends/money to speak of** il n'a pour ainsi dire pas d'amis/d'argent ◆ **nobody to speak of** pour ainsi dire personne ◆ **it's nothing to speak of** ce n'est pas grand-chose, cela ne vaut pas la peine qu'on en parle subj, c'est trois fois rien*
◆ **spoken for** ◆ **that is already spoken for** c'est déjà réservé or retenu ◆ **she is already spoken for** elle est déjà prise
VT ⓵ [+ language] parler ◆ **"English spoken"** « ici on parle anglais » ◆ **French is spoken all over the world** le français se parle dans le monde entier
⓶ (liter) [+ a poem, one's lines, the truth] dire ◆ **I didn't speak a word** je n'ai rien dit ◆ **to speak one's mind** dire ce que l'on pense
N (in compounds) langage m de..., jargon m de... ◆ **computerspeak** langage m or jargon m de l'informatique, langage m or jargon m des informaticiens
▶ **speak out** VI ⇒ **speak up 2**
▶ **speak up** VI ⓵ (= talk loudly) parler fort or haut ◆ **speak up!** (parle) plus fort or plus haut ! ; (= don't mumble) parle plus clairement !
⓶ (fig) parler franchement, ne pas mâcher ses mots ◆ **he's not afraid to speak up** il n'a pas peur de dire ce qu'il pense or de parler franchement, il ne mâche pas ses mots ◆ **I think you ought to speak up** je crois que vous devriez dire franchement ce que vous pensez ◆ **to speak up for sb** parler en faveur de qn, défendre qn ◆ **to speak up against sth** s'élever contre qch

**speakeasy** * /ˈspiːkiːzɪ/ N (US Hist) bar m clandestin (pendant la prohibition)

**speaker** /ˈspiːkər/ SYN N ⓵ (gen) celui m (or celle f) qui parle ; (in dialogue, discussion) interlocuteur m, -trice f ; (in public) orateur m, -trice f ; (= lecturer) conférencier m, -ière f ◆ **he's a good/poor speaker** il parle bien/mal, c'est un bon/mauvais orateur or conférencier ◆ **the previous speaker** la personne qui a parlé la dernière, l'orateur or le conférencier précédent
⓶ ◆ **Speaker (of the House)** (Brit) président(e) m(f) de la Chambre des communes ; (US) président(e) m(f) de la Chambre des représentants
⓷ ◆ **French speaker** personne f qui parle français ; (as native or official language) francophone mf ◆ **he is not a Welsh speaker** il ne parle pas gallois ; → **native**
⓸ (also **loudspeaker**) (for PA system, musical instruments) haut-parleur m, enceinte f ; [of hi-fi] baffle m, enceinte f

▸ **SPEAKER (OF THE HOUSE)**

En Grande-Bretagne, le **Speaker** est le président de la Chambre des communes, qui veille au respect du règlement et au bon déroulement des séances. Élu au début de chaque législature, il n'appartient pas nécessairement au parti au pouvoir, mais il perd son droit de vote et se doit de rester impartial. Au début de chacune de leurs interventions, les députés s'adressent au président de l'assemblée par ces mots : « Mister/Madam **Speaker** ».
Aux États-Unis le président de la Chambre des représentants est le **Speaker of the House** : il est le leader du parti majoritaire et joue le rôle de porte-parole de son parti. Politiquement, il vient en seconde position, après le vice-président des États-Unis, pour remplacer le président en cas de vacance du pouvoir.

**speaking** /ˈspiːkɪŋ/ SYN
ADJ (= talking) [doll, machine] parlant
N (= skill) art m de parler ; → **public**
COMP **the speaking clock** N (Brit) l'horloge f parlante
**speaking part, speaking role** N (Cine, Theat) rôle m (autre que de figuration)
**speaking terms** NPL ◆ **they're on speaking terms again** ils se parlent à nouveau, ils s'adressent à nouveau la parole ◆ **they're not on speaking terms** ils ne s'adressent plus la parole, ils ne se parlent plus ◆ **she's on speaking terms with him again** elle lui parle à nouveau, elle lui adresse à nouveau la parole
**speaking tube** N tuyau m acoustique
**speaking voice** N ◆ **his speaking voice** le timbre de sa voix quand il parle ◆ **he has a pleasant speaking voice** il a une voix agréable (à entendre)

**-speaking** /ˈspiːkɪŋ/ ADJ (in compounds) ◆ **English-speaking** [country] anglophone, de langue anglaise ; [person] anglophone, parlant anglais ◆ **slow-speaking** au débit lent, à la parole lente

**spear** /spɪər/
N ⓵ [of warrior, hunter] lance f
⓶ [of broccoli, asparagus] pointe f
VT transpercer d'un coup de lance ◆ **he speared a potato with his fork** il a piqué une pomme de terre avec sa fourchette
COMP **spear grass** N (Brit) chiendent m
**spear gun** N fusil m sous-marin or à harpon

**spearcarrier** /ˈspɪəkærɪər/ N (Theat) (lit) soldat m ◆ **he started as a spearcarrier** (fig) il a débuté en jouant les hallebardiers, il a commencé par être figurant

**spearfish** /ˈspɪəfɪʃ/ VI (US) (also **go spearfishing**) pratiquer la pêche sous-marine

**spearhead** /ˈspɪəhed/ SYN
N (Mil, fig) fer m de lance
VT [+ attack, offensive] être le fer de lance de ; [+ campaign] mener

**spearman** /ˈspɪəmən/ N (pl **spearmen** /ˈspɪəmən/) (Antiq) hastaire m

**spearmint** /ˈspɪəmɪnt/

N (= *plant*) menthe *f* verte ; (= *chewing gum*) chewing-gum *m* (à la menthe)

COMP [*sweet*] à la menthe ; [*flavour*] de menthe

**spearwort** /ˈspɪəwɜːt/ N ◆ **lesser/greater spearwort** petite/grande douve *f*

**spec*** /spek/

N (abbrev of **speculation**) ◆ **to buy sth on spec** risquer *or* tenter le coup* en achetant qch ◆ **I went along on spec** j'y suis allé à tout hasard

NPL **specs** (abbrev of **specifications**) spécifications *fpl*, caractéristiques *fpl* (techniques)

**special** /ˈspeʃəl/ SYN

ADJ 1 (= *particular, exceptional*) [*occasion, assignment, permission, arrangements, adviser, price, study, skill*] spécial ; [*purpose, use, equipment*] spécial, particulier ; [*day*] grand, exceptionnel ; [*event, situation, goods*] exceptionnel ; [*circumstances*] exceptionnel, extraordinaire ; [*powers, meeting*] extraordinaire ; [*case*] particulier, à part ; [*status, interest*] particulier ; [*effort, pleasure, attention*] (tout) particulier ; [*treatment*] de faveur ◆ **what is so special about it?** qu'est-ce que cela a de si exceptionnel *or* extraordinaire ? ◆ **is there anything special you would like?** as-tu envie de quelque chose de particulier *or* de spécial ? ◆ **to take special care** faire (tout) particulièrement attention ◆ **take special care of it** fais-y (tout) particulièrement attention, prends-en un soin tout particulier ◆ **by special command of...** sur ordre spécial *or* exprès de... ◆ **are you thinking of any special date?** est-ce que tu penses à une date particulière *or* en particulier ? ◆ **this is rather a special day for me** c'est une journée particulièrement importante pour moi ◆ **can I ask a special favour?** peux-tu me rendre un grand service ? ◆ **it's a special feature of the village** c'est une caractéristique *or* une particularité du village ◆ **in this one special instance** dans ce cas bien particulier ◆ **my special chair** mon fauteuil préféré, le fauteuil que je me réserve ◆ **what are you doing this weekend? – nothing special** que fais-tu ce week-end ? – rien de spécial *or* de particulier ◆ **there is nothing special about being a journalist** le fait d'être journaliste n'a rien d'extraordinaire ◆ **I've no special person in mind** je ne pense à personne en particulier ◆ **to have a special place in sb's heart** occuper une place à part dans le cœur de qn ◆ **he has a special place in our affections** nous sommes tout particulièrement attachés à lui ◆ **Britain had its own special problems** la Grande-Bretagne avait ses propres problèmes ◆ **I had no special reason for suspecting him** je n'avais aucune raison particulière de le soupçonner ◆ **why do you say that? – oh, no special reason** pourquoi as-tu dit ça ? – oh, j'ai dit ça sans raison particulière ◆ **with special responsibility for sth** (*Pol*) chargé du dossier de qch ◆ **I've cooked something special for dinner** j'ai préparé quelque chose de spécial pour le dîner ◆ **she is something special** elle n'est pas comme tout le monde ◆ **special to that country** particulier *or* propre à ce pays ◆ **as a special treat my grandfather would take me to the zoo** quand il voulait me gâter, mon grand-père m'emmenait au zoo ◆ **we had roast beef as a special treat** nous nous sommes offert un extra et avons mangé du rosbif ◆ **he has his own special way with the children** il a une façon toute particulière *or* bien à lui de s'y prendre avec les enfants

2 (= *dear*) [*person*] ◆ **is there anyone special in your life?** y a-t-il quelqu'un dans votre vie ? ◆ **"professional woman seeks someone special to share her life with"** « femme exerçant profession libérale cherche âme sœur » ◆ **tender moments with a special person** moments de tendresse avec une personne qu'on aime ◆ **her special friend** son meilleur ami, un ami intime ◆ **you're extra special!*** tu es vraiment tout pour moi ! ◆ **she's very special to us** elle nous est très chère

N (= *train*) train *m* supplémentaire ; (= *newspaper*) édition *f* spéciale ; (= *policeman*) auxiliaire *m* de police ; (*Rad, TV* * = *programme*) émission *f* spéciale ◆ **the chef's special** la spécialité du chef *or* de la maison ◆ **today's special** (*on menu*) le plat du jour ◆ **this week's special** (*on item in shop*) l'affaire *f* de la semaine ; → **football**

COMP **special agent** N (= *spy*) agent *m* secret

**Special Air Service** N (*Brit Mil*) ≈ Groupement *m* d'intervention de la gendarmerie nationale

**Special Branch** N (*Brit Police*) les renseignements *mpl* généraux

**special clearing** N (*Fin*) compensation *f* rapide

**special constable** N (*Brit*) auxiliaire *m* de police

**special correspondent** N (*Press, Rad, TV*) envoyé(e) *m(f)* spécial(e)

**special delivery** N (*Post*) ◆ **by special delivery** en exprès

**special-delivery letter** N (*Post*) lettre *f* exprès

**special development area** N zone *f* d'aménagement concerté

**special drawing rights** NPL (*Fin*) droits *mpl* de tirage spéciaux

**special edition** N [*of book*] édition *f* spéciale ; [*of programme*] diffusion *f* spéciale ; [*of car*] modèle *m* spécial

**special education** N (*Brit*) ⇒ **special schooling**

**special effects** NPL effets *mpl* spéciaux

**special feature** N (*Press*) article *m* spécial

**special handling** N (*US Post*) acheminement *m* rapide

**special interest group** N (*Pol etc*) groupe *m* de pression

**special jury** N (*Jur*) jury *m* spécial

**special licence** N (*Jur*) (*gen*) dispense *f* spéciale ; (*for marriage*) dispense *f* de bans

**special messenger** N ◆ **by special messenger** par messager spécial

**special needs** NPL (*Educ, Admin*) problèmes *mpl* de scolarité ◆ **children with special needs, special needs children** enfants *mpl* ayant des problèmes de scolarité ◆ **special needs teacher** enseignant(e) *m(f)* spécialisé(e) pour enfants ayant des problèmes de scolarité

**special offer** N promotion *f*, offre *f* spéciale ◆ **on special offer** en promotion

**Special Patrol Group** N (*Brit Police*) ≈ brigade *f* antiémeute

**special pleading** N (*Jur*) *plaidoyer fondé sur les particularités du cas* ; (*pej*) plaidoyer *m* pro domo

**special relationship** N (*Pol*) lien *m* privilégié (*with* avec)

**special school** N (*Brit*) établissement *m* scolaire spécialisé

**special schooling** N (*Brit*) enseignement *m* spécialisé (*pour handicapés mentaux*)

**special school teacher** N (*Brit*) instituteur *m*, -trice *f* spécialisé(e)

**special slalom** N (*Ski*) slalom *m* spécial

**special student** N (*US Univ*) auditeur *m*, -trice *f* libre (*ne préparant pas de diplôme*)

**special subject** N (*Scol, Univ*) option *f* ; (*advanced*) sujet *m* spécialisé

**specialism** /ˈspeʃəlɪzəm/ N 1 (= *subject, skill*) spécialité *f*

2 (= *specialization*) spécialisation *f*

**specialist** /ˈspeʃəlɪst/ SYN

N (*gen, Med*) spécialiste *mf* (*in* de) ◆ **an eye/heart specialist** (*Med*) un(e) ophtalmologue/cardiologue ◆ **you need a specialist to tell you that** seul un spécialiste *or* un expert peut vous dire cela

COMP [*knowledge, dictionary*] spécialisé, spécial

**specialist teacher** N (*primary*) instituteur *m*, -trice *f* (spécialisé(e) dans une matière) ; (*secondary*) professeur *m* (spécialisé(e) dans une matière)

**specialist work** N ◆ **it's specialist work** cela requiert un spécialiste *or* un professionnel, un amateur ne peut pas le faire

**speciality** /ˌspeʃɪˈælɪtɪ/ SYN N spécialité *f* ◆ **to make a speciality of sth** se spécialiser dans qch ◆ **his speciality is Medieval English** c'est un spécialiste de l'anglais médiéval ◆ **it is a speciality of the village** c'est une spécialité du village ◆ **armchairs are this firm's speciality** cette firme se spécialise dans les fauteuils ◆ **the chef's speciality** la spécialité du chef *or* de la maison

**specialization** /ˌspeʃəlaɪˈzeɪʃən/ N spécialisation *f* (*in* dans)

**specialize** /ˈspeʃəlaɪz/ VI [*student, firm, chef*] se spécialiser (*in* dans) ◆ **he specializes in making a fool of himself** (*hum*) il se fait un point d'honneur de passer pour un imbécile

**specialized** /ˈspeʃəlaɪzd/

ADJ [*knowledge, equipment*] spécial ; [*vocabulary, department, training*] spécialisé ; [*tools*] à usage spécial

COMP **specialized subject** N (*Scol, Univ*) option *f* ; (*advanced*) sujet *m* spécialisé

**specially** /ˈspeʃəlɪ/ ADV 1 (= *expressly*) [*designed, made, built, adapted*] spécialement ; [*commissioned, prepared, selected, formulated*] (tout) spécialement ◆ **to be specially trained** avoir reçu une formation spéciale ◆ **specially written for children** écrit spécialement pour les enfants ◆ **I asked for it specially** je l'ai demandé exprès *or* tout spécialement

2 (* = *exceptionally*) [*good, difficult*] particulièrement ; [*important*] spécialement, particulièrement

3 (= *in particular*) [*think*] surtout, tout particulièrement ◆ **he is specially interested in Proust** il s'intéresse tout spécialement *or* tout particulièrement à Proust ◆ **we would specially like to see the orchard** nous aimerions particulièrement *or* surtout voir le verger

**specialty** /ˈspeʃəltɪ/ N (*US*) ⇒ **speciality**

**speciation** /ˌspiːʃɪˈeɪʃən/ N (*Bio*) spéciation *f*

**specie** /ˈspiːʃiː/

N (*Fin*) espèces *fpl* (monnayées)

COMP **specie point** N (*Fin*) gold point *m*

**species** /ˈspiːʃiːz/ SYN N (*pl inv: all senses*) espèce *f*

**specifiable** /ˈspesɪˌfaɪəbl/ ADJ qui peut être spécifié

**specific** /spəˈsɪfɪk/ SYN

ADJ [*person, description, instructions, meaning, reason, plan*] précis ; [*issue, charge, case*] précis, particulier ; [*area, conditions, group, need*] spécifique, particulier ◆ **he refused to be more specific** il a refusé d'être plus précis ◆ **he was very specific on that point** il s'est montré très explicite sur ce point ◆ **nothing very specific** rien de bien précis ◆ **specific to sb/sth** propre à qn/qch

N 1 (*Med*) (remède *m*) spécifique *m* (*for* de, contre) ; (*fig*) remède *m* spécifique

2 (*pl*) ◆ **let's get down to specifics** (= *details etc*) entrons dans les détails, prenons des exemples précis

COMP **specific gravity** N (*Phys*) densité *f*

**specific heat** N (*Phys*) chaleur *f* massique *or* spécifique

**specific name** N (*Bio*) nom *m* d'espèce

**-specific** /spəˈsɪfɪk/ ADJ (*in compounds*) ◆ **most predators are species-specific** la plupart des prédateurs sont spécifiques à certaines espèces ◆ **most societies impose gender-specific clothing** la plupart des sociétés imposent des habitudes vestimentaires propres à chaque sexe

**specifically** /spəˈsɪfɪkəlɪ/ ADV 1 (= *especially*) [*design*] tout spécialement, expressément ; [*aim at, relate to*] tout spécialement ; [*intend, plan*] expressément, particulièrement

2 (= *in particular*) en particulier ◆ **more specifically** plus particulièrement

3 (= *explicitly*) [*mention, refer to, authorize, warn, recommend*] expressément ◆ **to state sth specifically** préciser qch ◆ **I told you quite specifically** je vous l'avais bien précisé *or* spécifié ◆ **he specifically asked us not to mention the fact** il nous a bien spécifié de ne pas mentionner ce fait, il nous a expressément demandé de ne pas mentionner ce fait

4 (= *uniquely*) ◆ **specifically medical/socialist/political** spécifiquement médical/socialiste/politique

**specification** /ˌspesɪfɪˈkeɪʃən/ SYN N 1 (*NonC* = *act of specifying*) spécification *f*, précision *f*

2 (= *item in contract etc*) stipulation *f*, prescription *f* ◆ **this specification was not complied with** cette stipulation *or* cette prescription n'a pas été respectée ◆ **specifications** (*for building, machine etc*) spécifications *fpl*, caractéristiques *fpl* (techniques) ; (*in contract etc*) cahier *m* des charges ; → **outline**

**specificity** /ˌspesɪˈfɪsɪtɪ/ N spécificité *f*

**specify** /ˈspesɪfaɪ/ SYN VT spécifier, préciser ◆ **unless otherwise specified** sauf indication contraire ◆ **at a specified time** à un moment précis, à une heure précise

**specimen** /ˈspesɪmɪn/ SYN

N [*of rock, species, style*] spécimen *m* ; [*of blood, tissue*] prélèvement *m* ; [*of urine*] échantillon *m* ; (*fig* = *example*) spécimen *m*, exemple *m* (*of* de) ◆ **that trout is a fine specimen** cette truite est un magnifique spécimen *or* est magnifique ◆ **an odd specimen*** un drôle d'individu ◆ **you're a pretty poor specimen*** tu es un (*or* une) pas grand-chose*

COMP **specimen copy** N spécimen *m*

**specimen page** N page *f* spécimen

**specimen signature** N spécimen *m* de signature

**speciosity** /ˌspiːʃɪˈɒsɪtɪ/ N caractère *m* spécieux

**specious** /ˈspiːʃəs/ SYN ADJ (*frm*) spécieux

**speciousness** /ˈspiːʃəsnɪs/ N (*NonC: frm*) caractère *m* spécieux

## speck | speed

**speck** /spek/ SYN
- N [of dust, soot] grain m ; [of blood, dirt, mud, ink] toute petite tache f ; (on fruit, leaves, skin) tache f, tavelure f ◆ **it has got black specks all over it** c'est entièrement couvert de toutes petites taches noires ◆ **I've got a speck in my eye** j'ai une poussière dans l'œil ◆ **just a speck on the horizon/in the sky** rien qu'un point noir à l'horizon/dans le ciel ◆ **cream? – just a speck*, thanks** de la crème ? – juste un petit peu, merci
- VT tacheter, moucheter ; [+ fruit] tacheter, taveler

**speckle** /'spekl/
- N tacheture f, moucheture f
- VT tacheter, moucheter

**speckled** /'spekld/ SYN ADJ [egg] tacheté, moucheté (with sth de qch) ◆ **speckled with (patches of) brown and white** tacheté or moucheté de brun et de blanc ◆ **the sky was speckled with stars** le ciel était constellé d'étoiles ◆ **the beach was speckled with people** il y avait des gens éparpillés sur la plage

**specs*** /speks/ NPL 1 abbrev of **spectacles**
2 → **spec**

**spectacle** /'spektəkl/ SYN
- N (= sight) spectacle m ; (= show) revue f à grand spectacle ◆ **the coronation was a great spectacle** le couronnement a été un spectacle somptueux ◆ **to make a spectacle of o.s.** (pej) se donner en spectacle
- COMP **spectacle case** N (Brit) étui m à lunettes

**spectacled** /'spektəkld/ ADJ (gen, in animal names) à lunettes

**spectacles** /'spektəkəlz/ NPL (Brit) ◆ **(pair of) spectacles** lunettes fpl

**spectacular** /spek'tækjʊləʳ/ SYN
- ADJ (gen) spectaculaire ; [sight] impressionnant ; [failure, collapse] retentissant
- N (Cine/Theat) superproduction f, film m/revue f à grand spectacle

**spectacularly** /spek'tækjʊləlɪ/ ADV [good, bad, beautiful, handsome] extraordinairement ; [crash, increase, grow, fail] de manière spectaculaire ◆ **to prove spectacularly successful** connaître un succès spectaculaire ◆ **her spectacularly successful career** sa spectaculaire réussite professionnelle ◆ **everything went spectacularly wrong** tout s'est extraordinairement mal passé ◆ **in spectacularly bad taste** d'un extraordinaire mauvais goût ◆ **they beat us spectacularly easily** ils nous ont battus avec une facilité spectaculaire

**spectate** /spek'teɪt/ VI être présent en tant que spectateur (or spectatrice)

**spectator** /spek'teɪtəʳ/ SYN
- N spectateur m, -trice f ◆ **the spectators** les spectateurs mpl
- COMP **spectator sport** N ◆ **I don't like spectator sports** je n'aime pas le sport en tant que spectacle ◆ **rugby, the most exciting of spectator sports** le rugby, le sport le plus passionnant à regarder ◆ **this tends to be rather a spectator sport** c'est un sport qui attire plus de spectateurs que de joueurs

**specter** /'spektəʳ/ N (US) ⇒ **spectre**

**spectra** /'spektrə/ NPL of **spectrum**

**spectral** /'spektrəl/ ADJ 1 (liter = ghostly) spectral (liter)
2 (Phys) spectral

**spectre, specter** (US) /'spektəʳ/ N spectre m, fantôme m

**spectrogram** /'spektrəʊgræm/ N spectrogramme m

**spectrograph** /'spektrəʊgrɑːf/ N spectrographe m

**spectrographic** /ˌspektrəʊ'græfɪk/ ADJ (Phys) spectrographique

**spectrography** /spek'trɒgrəfɪ/ N (Phys) spectrographie f

**spectroheliograph** /ˌspektrəʊ'hiːlɪəˌgrɑːf/ N spectrohéliographe m

**spectrometer** /spek'trɒmɪtəʳ/ N (Phys) spectromètre m

**spectrometry** /spek'trɒmɪtrɪ/ N (Phys) spectrométrie f

**spectrophotometer** /ˌspektrəʊfəʊ'tɒmɪtəʳ/ N (Phys) spectrophotomètre m

**spectrophotometric** /ˈspektrəʊˌfəʊtə'metrɪk/ ADJ (Phys) spectrophotométrique

**spectrophotometry** /ˌspektrəʊfəʊ'tɒmɪtrɪ/ N (Phys) spectrophotométrie f

**spectroscope** /'spektrəʊskəʊp/ N spectroscope m

**spectroscopic** /ˌspektrəs'kɒpɪk/ ADJ spectroscopique

**spectroscopy** /spek'trɒskəpɪ/ N spectroscopie f

**spectrum** /'spektrəm/
- N (pl **spectra**) 1 (Phys) spectre m
2 [of views, services] éventail m ◆ **the political spectrum** l'échiquier m politique ◆ **people from across the political spectrum** l'ensemble de l'échiquier politique ◆ **at the other end/both ends of the political spectrum** à l'autre extrémité/aux deux extrémités de l'échiquier politique ◆ **a broad spectrum of opinion exists on this issue** les opinions sont très diverses sur le sujet ◆ **a wide spectrum of people** un large échantillon or éventail de gens
- COMP [analysis, colours] spectral

**specula** /'spekjʊlə/ NPL of **speculum**

**speculate** /'spekjʊleɪt/ SYN VI 1 (= make guesses) avancer des hypothèses, conjecturer (about, on sur) ◆ **I'm not going to speculate** je ne veux pas avancer des hypothèses or conjecturer ◆ **doctors speculated that he died of natural causes** les médecins ont avancé l'hypothèse qu'il était mort de causes naturelles
2 (Fin) spéculer
3 (Philos) spéculer (about, on sur)

**speculation** /ˌspekjʊ'leɪʃən/ SYN N 1 (= guessing) conjecture(s) f(pl) (about sur) ; (scientific) hypothèse f ◆ **it is the subject of much speculation** cela donne lieu à bien des conjectures ◆ **that is pure speculation** ce ne sont que des conjectures ◆ **the news prompted widespread speculation that the hostages may be freed** la nouvelle a laissé penser à beaucoup de gens que les otages allaient être libérés
2 (Fin) spéculation f (in, on sur)
3 (Philos) spéculation f

**speculative** /'spekjʊlətɪv/ SYN ADJ 1 (Fin) spéculatif ; [builder, developer] qui spécule ◆ **speculative investors** spéculateurs mpl
2 [story] basé sur des suppositions
3 (= inquiring) [look] inquisiteur (-trice f)

**speculatively** /'spekjʊlətɪvlɪ/ ADV 1 (= inquiringly) [look at] d'un air inquisiteur
2 (Fin) dans un but spéculatif

**speculator** /'spekjʊleɪtəʳ/ N spéculateur m, -trice f

**speculum** /'spekjʊləm/ N (pl **speculums** or **specula**) [of telescope] miroir m ; (Med) spéculum m

**sped** /sped/ VB pt, ptp of **speed**

**speech** /spiːtʃ/ SYN
- N 1 (NonC) (= faculty) parole f ; (= enunciation) articulation f, élocution f ; (= manner of speaking) façon f de parler, langage m ; (as opposed to writing) parole f ; (= language) [of district, group] parler m, langage m ◆ **to lose the power of speech** perdre (l'usage de) la parole ◆ **his speech was very indistinct** il parlait or articulait très indistinctement ◆ **he expresses himself better in speech than in writing** il s'exprime mieux oralement que par écrit ◆ **his speech betrays his origins** son langage or sa façon de s'exprimer trahit ses origines ◆ **speech is silver but silence is golden** (Prov) la parole est d'argent mais le silence est d'or (Prov) ◆ **free speech, freedom of speech** liberté f de parole or d'expression ; → **figure, part**
2 (= formal address) discours m (on sur) ◆ **to make a speech** faire un discours ◆ **speech, speech!** un discours ! ; → **king, maiden, queen**
3 (Ling) (= utterances) parole f ; (= spoken language) langage m parlé ◆ **direct/indirect speech** (Gram) discours m direct/indirect
- COMP **speech act** N (Ling) acte m de parole
**speech bubble** N (in comic, cartoon) bulle f
**speech clinic** N centre m d'orthophonie
**speech community** N (Ling) communauté f linguistique
**speech day** N (Brit Scol) (jour m de la) distribution f des prix
**speech defect** N défaut m de langage
**speech difficulty** N défaut m d'élocution
**speech disorder** N ⇒ **speech defect**
**speech from the throne** N (Britain and Commonwealth) discours m du Trône (discours du souverain pour l'ouverture de la saison parlementaire)
**speech impediment** N ⇒ **speech difficulty**
**speech maker** N orateur m, -trice f
**speech making** N (NonC: slightly pej) discours mpl, beaux discours mpl (pej)
**speech organ** N (Anat) organe m de la parole
**speech recognition** N (Comput) reconnaissance f de la parole
**speech sound** N (Ling) phonème m
**speech synthesis** N (Comput) synthèse f vocale
**speech synthesizer** N (Comput) synthétiseur m de parole
**speech therapist** N orthophoniste mf, phoniatre mf
**speech therapy** N orthophonie f, phoniatrie f
**speech training** N leçons fpl d'élocution
**speech writer** N ◆ **her speech writer** la personne qui écrit ses discours

**speechify** /'spiːtʃɪfaɪ/ VI (pej) faire des laïus, laïusser

**speechifying** /'spiːtʃɪfaɪɪŋ/ N (pej) laïus* mpl, beaux discours mpl

**speechless** /'spiːtʃlɪs/ SYN ADJ [person] muet ◆ **I'm speechless!*** je suis sans voix ◆ **I was so happy I was speechless** j'étais si heureux que j'en suis resté muet or sans voix ◆ **to leave sb speechless** laisser qn sans voix ◆ **she was left speechless** elle en est restée sans voix ◆ **she stared at him in speechless disbelief/horror** elle le fixa, muette d'incrédulité/d'horreur ◆ **speechless with astonishment/fear/rage/shock** muet d'étonnement/de peur/de rage/de stupeur

**speed** /spiːd/ SYN (vb: pret, ptp **sped** or **speeded**)
- N 1 (= rate of movement) vitesse f ; (= rapidity) rapidité f ; (= promptness) promptitude f ◆ **the speed of light/sound** la vitesse de la lumière/du son ◆ **his reading speed is low** il lit lentement ◆ **shorthand/typing speeds** nombre m de mots-minute en sténo/en dactylo ◆ **a secretary with good speeds** une secrétaire qui a une bonne vitesse (de frappe et de sténo) ◆ **what speed were you going at** or **doing?** quelle vitesse faisiez-vous ?, à quelle vitesse rouliez-vous ? ◆ **at a speed of 80km/h** à une vitesse de 80 km/h ◆ **at a great speed** à toute vitesse ◆ **at top speed** [go, run, move, drive] à toute vitesse or allure ; [do sth] très vite, en quatrième vitesse* ◆ **with all possible speed** le plus vite possible ◆ **with such speed** si vite ◆ **to pick up** or **gather speed** prendre de la vitesse ◆ **to be up to speed** (= functioning properly) être opérationnel ◆ **to bring up to speed** [+ student] mettre au niveau ; → **airspeed, cruise, full, high**
2 (= gear) vitesse f ◆ **four forward speeds** quatre vitesses avant ◆ **a three-speed gear** une boîte à trois vitesses
3 (NonC: Phot) [of film] rapidité f ; (= width of aperture) degré m d'obturation ; (= length of exposure) durée f d'exposition
4 (* = drug) speed* m, amphétamines fpl
5 ◆ **good speed!** †† Dieu vous garde ! †
- VT (pret, ptp **sped** or **speeded**) (liter) [+ arrow etc] lancer, décocher ◆ **to speed sb on his way** souhaiter bon voyage à qn ◆ **God speed you!** †† Dieu vous garde ! †
- VI 1 (pret, ptp **sped**) (= move fast) [person, vehicle, horse, boat, plane] ◆ **to speed along** aller à toute vitesse or à toute allure, filer comme un éclair ◆ **the arrow sped from his bow** (liter) la flèche jaillit de son arc
2 (pret, ptp **speeded**) (in car etc = go too fast) conduire trop vite, excéder la limitation de vitesse ◆ **you're speeding!** tu vas trop vite !, tu fais un or des excès de vitesse !
- COMP **speed bump** N ralentisseur m
**speed camera** N (Brit Police) radar m
**speed check** N contrôle m de vitesse
**speed chess** N blitz m
**speed cop*** N (Brit) motard* m (policier)
**speed dating** N dating m (soirée de rencontres pour célibataires durant laquelle les participants n'ont que quelques minutes pour faire connaissance)
**speed-dial** N (esp US) numérotation f abrégée
**speed limit** N ◆ **there's no speed limit** il n'y a pas de limitation de vitesse ◆ **the speed limit is 80km/h** la vitesse est limitée à 80 km/h ◆ **to keep within the speed limit** respecter la limitation de vitesse ◆ **to go over the speed limit** dépasser la limitation de vitesse
**speed merchant*** N mordu(e)* m(f) de vitesse
**speed reading** N lecture f rapide
**speed restriction** N limitation f de vitesse
**speed skating** N (Sport) patinage m de vitesse
**speed trap** N (on road) contrôle m radar ◆ **to go through a speed trap** passer devant un contrôle radar ◆ **to get caught by a speed trap** être pris au radar*

**speed-up** N accélération f ◆ **the president has ordered a speed-up of aid for the unemployed** le président a demandé qu'on accélère l'aide aux chômeurs
**speed zone** N (US) zone f à vitesse limitée
▶ **speed along**
　VI (pret, ptp **sped along**) [person, vehicle] aller à toute allure or à toute vitesse, filer comme l'éclair
　VT SEP (pret, ptp **speeded along**) [+ work, production] activer
▶ **speed up** (pret, ptp **speeded up**)
　VI (gen) aller plus vite ; [car] accélérer ; [engine, machine] tourner plus vite ◆ **do speed up!** plus vite !
　VT SEP [+ machine] faire tourner plus vite ; [+ service, work, delivery, production] accélérer ; [+ person] faire aller plus vite, presser ; [+ film] accélérer ◆ **to speed things up** activer les choses
　N ◆ **speed-up** → speed
**speedball** /ˈspiːdbɔːl/ N ① (= game) speedball m ② (※ = drug) mélange m de cocaïne, d'héroïne et d'amphétamines, pot m belge (arg)
**speedboat** /ˈspiːdbəʊt/ N vedette f ; (with outboard motor) hors-bord m inv
**speeder** /ˈspiːdəʳ/ N (= fast driver) fou m, folle f de la vitesse ; (convicted) automobiliste mf coupable d'excès de vitesse
**speedily** /ˈspiːdɪlɪ/ ADV [react, move, deal with, finish, work] rapidement ; [reply, return] rapidement, promptement ◆ **as speedily as possible** aussi rapidement or vite que possible
**speediness** /ˈspiːdɪnɪs/ N [of service, decision, reply, recovery] rapidité f, promptitude f
**speeding** /ˈspiːdɪŋ/
　N (in car etc) excès m de vitesse
　COMP **speeding conviction** N condamnation f pour excès de vitesse
**speeding fine** N amende f pour excès de vitesse
**speeding ticket** N PV m pour excès de vitesse
**speedo*** /ˈspiːdəʊ/ N (Brit) compteur m (de vitesse)
**speedometer** /spɪˈdɒmɪtəʳ/ N compteur m (de vitesse), indicateur m de vitesse
**speedster*** /ˈspiːdstəʳ/ N fou m, folle f de la route (pej), mordu(e) * m(f) de la vitesse
**speedwalk** /ˈspiːdwɔːk/ N (US) tapis m roulant
**speedway** /ˈspiːdweɪ/
　N (Sport = racetrack) piste f de vitesse pour motos ; (US = road) voie f express ; (NonC) (Sport) (also **speedway racing**) course(s) f(pl) de motos
　COMP **speedway racing** N (NonC: Sport) course(s) f(pl) de motos
**speedwell** /ˈspiːdwel/ N (= plant) véronique f
**speedy** /ˈspiːdɪ/ LANGUAGE IN USE 23.4 SYN ADJ [action, movement, process, solution, decision, service, car] rapide ; [response, reply] rapide, prompt ◆ **to bring sth to a speedy conclusion** mener rapidement qch à terme ◆ **there is little prospect of a speedy end to the recession** il est peu probable que la récession touche à sa fin ◆ **we wish her a speedy recovery** nous lui souhaitons un prompt rétablissement
**speiss** /spaɪs/ N speiss m
**speleological** /ˌspiːlɪəˈlɒdʒɪkəl/ ADJ spéléologique
**speleologist** /ˌspiːlɪˈɒlədʒɪst/ N spéléologue mf
**speleology** /ˌspiːlɪˈɒlədʒɪ/ N spéléologie f
**spell¹** /spel/ SYN N ① (= magic power) charme m (also fig), sortilège m ; (= magic words) formule f magique, incantation f ◆ **an evil spell** un maléfice ◆ **to put** or **cast a spell on** or **over sb, to put sb under a spell** jeter un sort à qn, ensorceler qn ; (fig) ensorceler qn, envoûter qn ◆ **under a spell** ensorcelé, envoûté ◆ **under the spell of sb/sth, under sb's/sth's spell** (fig) ensorcelé or envoûté par qn/qch ◆ **to break the spell** (lit, fig) rompre le charme ◆ **the spell of the East** le charme or les sortilèges mpl de l'Orient
**spell²** /spel/ N SYN ① (= period of work, turn) tour m ◆ **we each took a spell at the wheel** nous nous sommes relayés au volant, nous avons conduit chacun à notre tour ◆ **spell of duty** tour m de service
② (= brief period) (courte) période f ◆ **cold/sunny spells** périodes fpl de froid/ensoleillées ◆ **for/after a spell** pendant/après un certain temps ◆ **for a short spell** pendant un petit moment ◆ **he has done a spell in prison** il a été en prison pendant un certain temps, il a fait de la prison ◆ **he's going through a bad spell** il traverse une mauvaise période, il est dans une mauvaise passe ◆ **to have a dizzy** or **giddy spell** avoir un vertige
③ (Scot, Austral = short rest) petite sieste f
**spell³** /spel/ SYN (pret, ptp **spelt** or **spelled**)
　VT ① (in writing) écrire, orthographier ; (aloud) épeler ◆ **how do you spell it?** comment est-ce que cela s'écrit ? ◆ **can you spell it for me?** pouvez-vous me l'épeler ? ◆ **he spelt "address" with one "d"** il a écrit « address » avec un seul « d »
② [letters] former, donner ◆ **d-o-g spells "dog"** d-o-g donnent or font (le mot) « dog »
③ (fig = mean) signifier ; (= entail) mener à ◆ **that would spell ruin for him** cela signifierait or serait la ruine pour lui ◆ **effort spells success** l'effort mène au succès
　VI épeler ◆ **to learn to spell** apprendre à épeler, apprendre l'orthographe ◆ **he can't spell, he spells badly** il fait des fautes d'orthographe, il ne sait pas l'orthographe, il a une mauvaise orthographe
　COMP **spell-check** (Comput) N correcteur m or vérificateur m orthographique VT effectuer la vérification orthographique de
**spell-checker** N (Comput) correcteur m or vérificateur m orthographique
▶ **spell out** VT SEP ① (= read letter by letter) épeler ; (= decipher) déchiffrer
② [+ consequences, alternatives] expliquer bien clairement (for sb à qn) ◆ **let me spell it out for you** laissez-moi vous expliquer cela bien clairement ◆ **do I have to spell it out for you?** faut-il que je mette les points sur les i ?
**spellbinder** /ˈspelbaɪndəʳ/ N (= speaker) orateur m, -trice f fascinant(e) ◆ **that film was a spellbinder** ce film vous tenait en haleine
**spellbinding** /ˈspelbaɪndɪŋ/ ADJ envoûtant
**spellbound** /ˈspelbaʊnd/ SYN ADJ (lit, fig) envoûté ◆ **to hold sb spellbound** (with a story) tenir qn sous le charme ; (with one's mirth) subjuguer qn
**speller** /ˈspeləʳ/ N ① ◆ **to be a good/bad speller** [person] savoir/ne pas savoir l'orthographe
② (= book) livre m d'orthographe
**spelling** /ˈspelɪŋ/ SYN
　N orthographe f ◆ **reformed spelling** nouvelle orthographe f
　COMP [test, practice] d'orthographe
**spelling bee** N concours m d'orthographe
**spelling book** N livre m d'orthographe
**spelling checker** N (Comput) correcteur m orthographique
**spelling error, spelling mistake** N faute f d'orthographe
**spelling pronunciation** N prononciation f orthographique
**spelt¹** /spelt/ VB (esp Brit) pt, ptp of **spell³**
**spelt²** /spelt/ N (= cereal) épeautre m
**spelter** /ˈspeltəʳ/ N (Metal) zinc m commercial or de première fusion
**spelunker** /spɪˈlʌŋkəʳ/ N (US) spéléologue mf
**spelunking** /spɪˈlʌŋkɪŋ/ N (US) spéléologie f
**spend** /spend/ SYN (pret, ptp **spent**)
　VT ① [+ money] dépenser ◆ **he spends a lot (of money) on food/bus fares/clothes** il dépense beaucoup en nourriture/tickets d'autobus/vêtements ◆ **he spends a lot (of money) on his house/car/girlfriend** il dépense beaucoup or il fait de grosses dépenses pour sa maison/sa voiture/sa petite amie ◆ **he spent a fortune on having the roof repaired** il a dépensé une somme folle or une fortune pour faire réparer le toit ◆ **without spending a penny** sans dépenser un sou, sans bourse délier ◆ **to spend a penny*** (Brit = go to the toilet) aller au petit coin * ; see also **money**
② (= pass) [+ time, holiday, evening, one's life] passer ◆ **to spend time on sth** passer du temps sur qch, consacrer du temps à qch ◆ **to spend time (in) doing sth** passer or consacrer du temps à faire qch ◆ **he spends his time reading** il passe son temps à lire ◆ **I spent two hours on that letter** j'ai passé deux heures sur cette lettre, cette lettre m'a pris deux heures ◆ **they've spent a lot of effort on improving the service** ils ont fait beaucoup d'efforts pour améliorer le service
③ (= consume, exhaust) [+ ammunition, provisions] épuiser ◆ **to be spent** [hatred, enthusiasm] être tombé ◆ **her fury was now spent** sa fureur était maintenant apaisée ◆ **the storm had spent its fury** (liter) la tempête s'était calmée ; see also **spent**

**speedball | sphere**

　VI dépenser
　N dépenses fpl ◆ **the total spend is $5,000** au total, les dépenses s'élèvent à 5 000 dollars ◆ **our total spend on advertising, our total advertising spend** le total de nos dépenses publicitaires
**spender** /ˈspendəʳ/ N ◆ **to be a big spender** dépenser beaucoup ◆ **the store attracts big spenders** le magasin attire des gens prêts à dépenser beaucoup d'argent ◆ **the country is the world's biggest spender on defence** c'est le pays qui dépense le plus au monde pour la défense
**spending** /ˈspendɪŋ/
　N (NonC) dépenses fpl ◆ **government spending** dépenses fpl publiques
　COMP **spending money** N (NonC) argent m de poche
**spending power** N pouvoir m d'achat
**spending spree** N ◆ **to go on a spending spree** faire des folies
**spendthrift** /ˈspendθrɪft/ SYN
　N dépensier m, -ière f, panier m percé * ◆ **he's a spendthrift** il est très dépensier
　ADJ dépensier
**spent** /spent/ SYN
　VB pt, ptp of **spend**
　ADJ ① [burnt out] [cartridge, match] utilisé ; [fuel, fuel rod, uranium] épuisé ◆ **to be a spent force** (fig) ne plus avoir d'influence, ne plus avoir l'influence que l'on avait
② (liter = exhausted) [person] recru (liter) ◆ **they collapsed, their energy spent** ils se sont effondrés, à bout de forces
　COMP **spent fuel** N (also **spent nuclear fuel**) combustibles mpl irradiés
**speos** /ˈspiːɒs/ N spéos m
**sperm** /spɜːm/
　N (pl inv, single) spermatozoïde m ; (= semen) sperme m
　COMP **sperm bank** N banque f de sperme
**sperm count** N nombre m de spermatozoïdes
**sperm oil** N huile f de baleine
**sperm whale** N cachalot m
**spermaceti** /ˌspɜːməˈsetɪ/ N spermaceti m, blanc m de baleine
**spermatic cord** /spɜːˈmætɪk kɔːd/ ADJ (Anat) cordon m spermatique
**spermatid** /ˈspɜːmətɪd/ N spermatide f
**spermatium** /spɜːˈmeɪtɪəm/ N (pl **spermatia** /spɜːˈmeɪtɪə/) spermatie f
**spermatocyte** /ˈspɜːmətəʊsaɪt/ N (Bio) spermatocyte m
**spermatogenesis** /ˌspɜːmətəʊˈdʒenɪsɪs/ N (Bio) spermatogenèse f
**spermatogenetic** /ˌspɜːmətəʊdʒɪˈnetɪk/ ADJ (Bio) spermatogénétique
**spermatogonium** /ˌspɜːmətəˈɡəʊnɪəm/ N (pl **spermatogonia** /ˌspɜːmətəˈɡəʊnɪə/) (Bio) spermatogonie f
**spermatophyte** /ˈspɜːmətəʊfaɪt/ N sperma(to)phyte m
**spermatophytic** /ˌspɜːmətəʊˈfɪtɪk/ ADJ ◆ **spermatophytic plant** sperma(to)phyte m
**spermatozoon** /ˌspɜːmətəʊˈzəʊɒn/ N (pl **spermatozoa** /ˌspɜːmətəʊˈzəʊə/) spermatozoïde m
**spermicidal** /ˌspɜːmɪˈsaɪdl/ ADJ spermicide
**spermicide** /ˈspɜːmɪsaɪd/ N spermicide m
**spermophile** /ˈspɜːməʊfaɪl/ N spermophile m
**spew** /spjuː/ VT ① (※ : also **spew up**) dégueuler ※, vomir ◆ **it makes me spew** ça (me) donne envie de dégueuler ※ or vomir, c'est dégueulasse ※
② (also **spew forth, spew out**) [+ fire, lava, curses] vomir
**SPF** /ˌespiːˈef/ N (abbrev of **sun protection factor**) → sun
**SPG** /ˌespiːˈdʒiː/ N (Brit Police) (abbrev of **Special Patrol Group**) → special
**sphagnum** /ˈsfæɡnəm/ N (also **sphagnum moss**) sphaigne f
**sphalerite** /ˈsfælərʌɪt/ N (Miner) blende f
**sphene** /sfiːn/ N (Miner) sphène m
**sphenoid** /ˈsfiːnɔɪd/
　ADJ (Anat) sphénoïdal
　COMP **sphenoid bone** N (os m) sphénoïde m
**sphere** /sfɪəʳ/ SYN N (gen, Astron, Math etc) sphère f ; (fig) sphère f, domaine m ◆ **the music of the**

**spherical | spinal** ENGLISH-FRENCH 922

**spheres** la musique des sphères célestes ♦ **sphere of interest/influence** sphère f d'intérêt/d'influence ♦ **the sphere of poetry** le domaine de la poésie ♦ **in the social sphere** dans le domaine social ♦ **distinguished in many spheres** renommé dans de nombreux domaines ♦ **that is outside my sphere** cela n'entre pas dans mes compétences ♦ **within a limited sphere** dans un cadre or domaine restreint

**spherical** /ˈsferɪkəl/ SYN
**ADJ** sphérique
**COMP** **spherical aberration** (Phys) N aberration f de sphéricité

**sphericity** /sfɪˈrɪsɪtɪ/ N sphéricité f

**spheroid** /ˈsfɪərɔɪd/
**N** sphéroïde m
**ADJ** sphéroïdal

**spherometer** /sfɪəˈrɒmɪtəʳ/ N (Phys) sphéromètre m

**spherule** /ˈsferuːl/ N sphérule f

**spherulite** /ˈsferʊlaɪt/ N (Miner) sphérolite m

**sphincter** /ˈsfɪŋktəʳ/ N sphincter m

**sphincteral** /ˈsfɪŋktərəl/ ADJ sphinctérien

**sphinx** /sfɪŋks/
**N** (pl **sphinxes**) sphinx m ♦ **the Sphinx** le Sphinx
**COMP** **sphinx moth** N (US) sphinx m

**sphygmogram** /ˈsfɪɡməʊɡræm/ N (Med) sphygmogramme m

**sphygmograph** /ˈsfɪɡməʊɡrɑːf/ N (Med) sphygmographe m

**sphygmographic** /ˌsfɪɡməʊˈɡræfɪk/ ADJ (Med) sphygmographique

**sphygmography** /sfɪɡˈmɒɡrəfɪ/ N (Med) sphygmographie f

**sphygmomanometer** /ˌsfɪɡməʊməˈnɒmɪtəʳ/ N (Med) sphygmomanomètre m, tensiomètre m

**spic**\*\* /spɪk/ N (US pej) ⇒ **spick**

**spicate** /ˈspaɪkeɪt/ ADJ (Bot) en épi

**spiccato** /spɪˈkɑːtəʊ/ ADV (Mus) spiccato

**spice** /spaɪs/ SYN
**N** ① (Culin) épice f ♦ **mixed spice(s)** épices fpl mélangées ♦ **there's too much spice in it** c'est trop épicé
② (fig) piquant m, sel m ♦ **the papers like a story with a bit of spice to it** les journaux aiment les nouvelles qui ont du piquant or qui ne manquent pas de sel ♦ **a spice of irony/humour** une pointe d'ironie/d'humour ♦ **the spice of adventure** le piment de l'aventure
**VT** (Culin) épicer, relever (with de) ; (fig) pimenter (with de)
**COMP** **Spice Islands** NPL (Geog) ♦ **the Spice Islands** les Moluques fpl
**spice rack** N casier m or étagère f à épices
**the Spice Route** N la Route des épices
▶ **spice up** VT (fig) pimenter

**spiciness** /ˈspaɪsɪnɪs/ N (NonC) [of food] goût m épicé or relevé ; [of story] piment m

**spick**\*\* /spɪk/ N (US pej) Latino mf

**spick-and-span** /ˌspɪkənˈspæn/ ADJ [room, object] impeccable, reluisant de propreté, nickel\* ; [person] impeccable

**spicule** /ˈspɪkjuːl/ N (Astron) spicule m

**spiculum** /ˈspɪkjʊləm/ N (pl **spicula** /ˈspɪkjʊlə/) (Bio) spicule m

**spicy** /ˈspaɪsɪ/ ADJ ① [food, flavour, smell] épicé
② (= racy) [story] croustillant, épicé ; [detail] piquant, croustillant ; [language] salé

**spider** /ˈspaɪdəʳ/
**N** ① (= animal) araignée f
② (for luggage) pieuvre f (à bagages)
③ (US = fry-pan) poêle f (à trépied)
④ (= web crawler) robot m d'indexation
**COMP** **spider crab** N araignée f de mer
**spider-hunting wasp** N pompile m
**spider monkey** N atèle m, singe-araignée m
**spider plant** N chlorophytum m
**spider's web** N toile f d'araignée

**spiderman** /ˈspaɪdəmən/ N (pl **-men**) (Constr) ouvrier travaillant en hauteur, sur un échafaudage, un toit etc

**spiderweb** /ˈspaɪdəweb/ N (US) ⇒ **spider's web** ; → **spider**

**spidery** /ˈspaɪdərɪ/ ADJ [writing] en pattes de mouche ; [shape] en forme d'araignée

**spiegeleisen** /ˈspiːɡəlˌaɪzn/ N spiegel m

**spiel**\* /spiːl/ N laïus m inv, baratin m ; (Advertising etc) boniment(s)\* m(pl), baratin m
▶ **spiel off**\* VT SEP (US) débiter, réciter à toute allure

**spiffing** †\* /ˈspɪfɪŋ/ ADJ (Brit) épatant\*

**spigot** /ˈspɪɡət/ N ① (= plug for barrel) fausset m
② (Brit = part of tap) clé f (d'un robinet) ; (US = faucet) robinet m

**spik**\*\* /spɪk/ N (US pej) ⇒ **spick**

**spike** /spaɪk/ SYN
**N** ① (= sharp point) (wooden, metal) pointe f ; (on railing) pointe f de fer, (fer m de) lance f ; (on shoe) pointe f ; (for letters, bills) pique-notes m inv ; (= nail) gros clou m à large tête ; (= tool) pointe f ; [of antler] dague f ; [of plant] épi m ; (on graph) pointe f, haut m
② (= sports shoes) ♦ **spikes**\* chaussures fpl à pointes
③ (Climbing) ♦ **rocky spike** becquet m
④ (Volleyball) smash m
**VT** ① (= pierce) transpercer ; (= put spikes on) garnir de pointes or de clous ; (fig = frustrate) [+ plan, hope] contrarier ♦ **spiked shoes** (Sport) chaussures fpl à pointes ♦ **to spike sb's guns** (fig) mettre des bâtons dans les roues à qn
② [+ drink] corser (with de) ♦ **spiked coffee** café m arrosé d'alcool
③ (Press = suppress) [+ article, story, quote] supprimer
④ ♦ **spiked hair** cheveux mpl hérissés
**VI** (Volleyball) smasher
**COMP** **spike heels** NPL (US) talons mpl aiguilles
**spike lavender** N (lavande f) aspic m

**spikelet** /ˈspaɪklɪt/ N [of plant] épillet m

**spikenard** /ˈspaɪknɑːd/ N (NonC) nard m (indien)

**spiky** /ˈspaɪkɪ/ ADJ ① (= pointed) [shape, flower, leaf] pointu ; [hair] hérissé
② (= covered with spikes) [cactus, leaf] couvert d'épines
③ (Brit \* = irritable) [person] irascible, irritable

**spill**¹ /spɪl/ SYN (vb: pret, ptp **spilt** or **spilled**)
**N** ① (= act of spilling) fait m de renverser, renversement m ; → **oil**
② (from horse, cycle) chute f ; (in car) accident m ♦ **to have a spill** [rider] faire une chute ; [driver] avoir un accident
**VT** [+ water, sand, salt] renverser, répandre ; [+ rider, passenger] jeter à terre ♦ **she spilt the salt** elle a renversé le sel ♦ **she spilt wine all over the table** elle a renversé or répandu du vin sur toute la table ♦ **you're spilling water from that jug** tu renverses de l'eau de la cruche ♦ **to spill blood** verser or faire couler le sang ♦ **to spill the beans**\* (gen) vendre la mèche (about à propos de) ; (under interrogation) se mettre à table\*, parler ♦ **to spill one's guts**\* (= talk) (gen) raconter sa vie ; (under interrogation) se mettre à table\*, parler ♦ **to spill (wind from) a sail** (Naut) étouffer une voile
**VI** [liquid, salt] se répandre ♦ **the light was spilling under the door** un filet de lumière passait sous la porte
▶ **spill out**
**VI** se répandre ; (fig) [people] sortir en masse ♦ **the crowd spilled out into the streets** la foule s'est déversée dans la rue
**VT SEP** [+ contents, sand, liquid] répandre ; (fig) [+ story, truth, details] révéler, raconter (précipitamment)
▶ **spill over** VI [liquids] déborder, se répandre ; [population] se déverser (into dans) ♦ **these problems spilled over into his private life** ces problèmes ont envahi sa vie privée

**spill**² /spɪl/ N (for lighting with) longue allumette f (de papier etc)

**spillage** /ˈspɪlɪdʒ/ N [of oil, toxic waste, chemicals] déversement m accidentel ♦ **he swerved to avoid an oil spillage** il a donné un coup de volant pour éviter une flaque d'huile

**spillikins** /ˈspɪlɪkɪnz/ N (Brit) (jeu m de) jonchets mpl, mikado m

**spillover** /ˈspɪləʊvəʳ/ N ① ♦ **spillover (effect)** (Econ) retombées fpl, effet m d'entraînement ♦ **the army is trying to avoid a possible spillover** (= spread of conflict) l'armée essaie d'éviter le débordement du conflit ♦ **they want to prevent a spillover of refugees into neighbouring territories** ils veulent éviter que certains réfugiés ne gagnent les régions voisines
② (= quantity spilt) quantité f renversée

**spillway** /ˈspɪlweɪ/ N (US) déversoir m

**spilt** /spɪlt/ VB (esp Brit) pt, ptp of **spill**¹

**spin** /spɪn/ SYN (vb: pret **spun** or **span**, ptp **spun**)
**N** ① (= turning motion) tournoiement m ; [of aircraft] (chute f en) vrille f ♦ **to give a wheel a spin** faire tourner une roue ♦ **long/short spin** (on washing machine) essorage m complet/léger ♦ **to put (a) spin on a ball** donner de l'effet à une balle ♦ **to go into a spin** [plane] tomber en vrille ♦ **to get out of a spin** [plane] se sortir d'une (chute en) vrille ♦ **to get into a spin** (fig) [person] s'affoler, paniquer\* ♦ **everything was in such a spin** c'était la pagaille\* complète ♦ **to give sth a spin**\* (fig = try out) essayer qch ; → **flat**¹
② (\* = ride) petit tour m, balade\* f ♦ **to go for a spin** faire un petit tour or une balade\* (en voiture or à bicyclette etc)
③ ♦ **to put a new/different spin on sth**\* présenter qch sous un nouvel angle/un angle différent ♦ **they tried to put a positive spin on the results** ils ont essayé de présenter les résultats sous un angle positif
④ (political) manipulation f
**VT** ① [+ wool, yarn, fibres, glass] filer (into en, pour en faire) ; [+ thread etc] fabriquer, produire ; [spider, silkworm] filer, tisser ♦ **to spin a yarn** or **story** inventer or raconter une histoire ♦ **spun glass** verre m filé ♦ **hair like spun gold** des cheveux ressemblant à de l'or filé ♦ **spun silk** schappe m or f ♦ **spun yarn** (= rope) bitord m ; → **fine**²
② [+ wheel, nut, revolving stand etc] faire tourner ; [+ top] lancer ; (Sport) [+ ball] donner de l'effet à ♦ **to spin a coin** jouer à pile ou face ♦ **he's just spinning his wheels**\* (US) il loupe\* tout ce qu'il tente
③ (Brit) ⇒ **spin-dry**
**VI** ① [spinner etc] filer ; [spider] filer or tisser sa toile
② (also **spin round**) [suspended object, top, dancer] tourner, tournoyer ; [planet, spacecraft] tourner (sur soi-même) ; [machinery wheel] tourner ; [car wheel] patiner ; [aircraft] vriller, tomber en vrillant ; (Sport) [ball] tournoyer ♦ **to spin round and round** continuer à tourner (or tournoyer etc) ♦ **to send sth/sb spinning** envoyer rouler qch/qn ♦ **the disc went spinning away over the trees** le disque s'envola en tournoyant par-dessus les arbres ♦ **he spun round as he heard me come in** il s'est retourné vivement en m'entendant entrer ♦ **my head is spinning (round)** j'ai la tête qui tourne ♦ **the room was spinning (round)** la chambre tournait (autour de moi or lui etc)
③ (= move quickly) ♦ **to spin** or **go spinning along** [vehicle] rouler à toute vitesse, filer (à toute allure)
④ (Fishing) ♦ **to spin for trout** etc pêcher la truite etc à la cuiller
**COMP** **spin doctor**\* N (Pol) spécialiste en communication chargé de l'image d'un parti politique
**spin-dry** VT essorer (à la machine)
**spin-dryer** N (Brit) essoreuse f
**spin-drying** N (NonC) essorage m à la machine
**spin-off** N → **spin-off**
▶ **spin off**
**VI** ♦ **to spin off from** (= arise as result of) résulter de
**N** ♦ **spin-off** → **spin-off**
▶ **spin out** VT SEP [+ story, explanation] faire durer, délayer ; [+ visit, money, food] faire durer
▶ **spin round**
**VI** → **spin** vi 2
**VT SEP** [+ wheel, nut, revolving stand] faire tourner ; [+ person] faire pivoter ; [+ dancing partner] faire tourner or tournoyer

**spina bifida** /ˌspaɪnəˈbɪfɪdə/ N spina-bifida m

**spinach** /ˈspɪnɪdʒ/ N (= plant) épinard m ; (Culin) épinards mpl

**spinal** /ˈspaɪnl/
**ADJ** (Anat) (injury) à la colonne vertébrale ; [surgery, disorder, deformity, tumour, problem] de la colonne vertébrale ; [nerve, muscle] spinal ; [ligament, disc] vertébral ♦ **a very painful spinal condition** une affection de la colonne vertébrale très douloureuse
**COMP** **spinal anaesthesia** N rachianesthésie f
**spinal anaesthetic** N ♦ **to give sb a spinal anaesthetic** faire une rachianesthésie à qn
**spinal column** N colonne f vertébrale
**spinal cord** N moelle f épinière
**spinal fluid** N liquide m rachidien
**spinal meningitis** N méningite f cérébrospinale

**spindle** /ˈspɪndl/
N 1 *(Spinning)* fuseau *m* ; *(on machine)* broche *f*
2 *(Tech)* *[of pump]* axe *m* ; *[of lathe]* arbre *m* ; *[of valve]* tige *f*
COMP **spindle-legged***, **spindle-shanked*** ADJ qui a de longues échasses* *(fig)*
**spindle-shanks*** N ⇒ **spindlelegs**
**spindle tree** N fusain *m*

**spindlelegs*** /ˈspɪndllegz/ N *(= person)* grand échalas* *m*

**spindly** /ˈspɪndlɪ/ ADJ grêle

**spindrift** /ˈspɪndrɪft/ N *(= spray from sea)* embrun(s) *m(pl)*, poudrin *m*

**spine** /spaɪn/ SYN
N 1 *(= backbone)* colonne *f* vertébrale, épine *f* dorsale ; *[of fish]* épine *f* ; *(= spike)* *[of hedgehog]* piquant *m*, épine *f* ; *[of plant]* épine *f*, piquant *m* ; *[of book]* dos *m* ; *[of hill etc]* crête *f*
2 *(US = courage)* courage *m* • **he has no spine** c'est un lâche
COMP **spine-chiller** N roman *m* *or* film *m* *etc* à vous glacer le sang
**spine-chilling** SYN ADJ à vous glacer le sang
**spine-tingling** ADJ *(= frightening)* à vous glacer le sang ; *(= moving)* prenant

**spinel** /spɪˈnel/ N *(Miner)* spinelle *m*

**spineless** /ˈspaɪnlɪs/ SYN ADJ 1 *(= cowardly)* *[person]* sans caractère, mou (molle *f*) ; *[attitude]* mou (molle *f*) • **he's spineless** il manque de caractère
2 *[organism]* invertébré

**spinelessly** /ˈspaɪnlɪslɪ/ ADV *(fig)* lâchement, mollement

**spinet** /spɪˈnet/ N *(Mus)* épinette *f*

**spinnaker** /ˈspɪnəkəʳ/ N spinnaker *m*, spi *m*

**spinner** /ˈspɪnəʳ/ N *(= person)* fileur *m*, -euse *f* ; *(Fishing)* cuiller *f* ; *(= spin-dryer)* essoreuse *f* ; *(= revolving display stand)* tourniquet *m* • **he sent down a spinner*** *(Baseball, Cricket)* il a donné de l'effet à la balle ; → **money**

**spinneret** /ˌspɪnəˈret/ N *(in spinning, of spider)* filière *f*

**spinney** /ˈspɪnɪ/ N *(Brit)* bosquet *m*, petit bois *m*

**spinning** /ˈspɪnɪŋ/
N *(by hand)* filage *m* ; *(by machine)* filature *f* ; *(Fishing)* pêche *f* à la cuiller
COMP **spinning jenny** N jenny *f*
**spinning machine** N machine *f* *or* métier *m* à filer
**spinning mill** N filature *f*
**spinning top** N toupie *f*
**spinning wheel** N rouet *m*

**spin-off** /ˈspɪnɒf/ N *(gen)* profit *m* *or* avantage *m* inattendu ; *[of industrial process, technology]* application *f* secondaire • **spin-off effect** *(Fin)* retombées *fpl*, effet *m* d'entraînement • **this tool is a direct spin-off from nuclear technology** cet outil est directement dérivé de la technologie nucléaire • **this TV series is a spin-off from the famous film** ce feuilleton télévisé est tiré du célèbre film

**Spinoza** /spɪˈnəʊzə/ N Spinoza *m*

**Spinozism** /spɪˈnəʊzɪzəm/ N spinozisme *m*, spinosisme *m*

**spinster** /ˈspɪnstəʳ/ N célibataire *f* ; *(pej)* vieille fille *f* • **she is a spinster** elle est célibataire, elle n'est pas mariée

**spinsterhood** † /ˈspɪnstəhʊd/ N célibat *m* *(pour une femme)* • **a last attempt to avoid spinsterhood** une dernière tentative pour éviter de rester vieille fille *(pej)* *or* pour éviter le célibat • **a life of spinsterhood** une vie de vieille fille *(pej)*

**spiny** /ˈspaɪnɪ/
ADJ épineux
COMP **spiny anteater** N échidné *m*
**spiny lobster** N langouste *f*

**spiracle** /ˈspɪrəkl/ N *(= air hole)* orifice *m* d'aération ; *[of whale etc]* évent *m* ; *[of insect etc]* stigmate *m* ; *(Geol)* cassure *f*

**spiraea, spirea** *(US)* /spaɪˈrɪə/ N spirée *f*

**spiral** /ˈspaɪərəl/ SYN
ADJ *[pattern, movement, dive]* en spirale ; *[spring]* en spirale, à boudin ; *[curve, shell]* en spirale, spiroïdal ; *[nebula]* spiral
N spirale *f* • **in a spiral** en spirale • **the wage-price spiral** la montée inexorable des salaires et des prix • **the inflationary spiral** la spirale inflationniste
VI *[staircase, smoke]* monter en spirale ; *[ball, missile etc]* tourner en spirale ; *[plane]* vriller ; *(fig)* *[prices]* monter en flèche ; *[prices and wages]* former une spirale
COMP **spiral galaxy** N galaxie *f* spirale
**spiral notebook** N carnet *m* à spirale
**spiral staircase, spiral stairway** N escalier *m* en colimaçon
▸ **spiral down** VI *[plane]* descendre en vrille
▸ **spiral up** VI *[plane]* monter en vrille ; *[staircase, smoke, missile]* monter en spirale ; *[prices]* monter en flèche

**spirally** /ˈspaɪərəlɪ/ ADV en spirale, en hélice

**spirant** /ˈspaɪrənt/ N *(Phon)* spirante *f*

**spire** /ˈspaɪəʳ/ N *(Archit)* flèche *f*, aiguille *f* ; *[of tree, mountain]* cime *f* ; *[of grass, plant]* brin *m*, pousse *f*

**spirillum** /spaɪˈrɪləm/ N (pl **spirilla** /spaɪˈrɪlə/) *(Bio)* spirille *m*

**spirit** /ˈspɪrɪt/ SYN
N 1 *(= soul)* esprit *m* • **the life of the spirit** la vie de l'esprit, la vie spirituelle • **he was there in spirit** il était présent en esprit *or* de cœur • **the spirit is willing but the flesh is weak** l'esprit est prompt mais la chair est faible • **God is pure spirit** Dieu est un pur esprit ; → **holy, move**
2 *(= supernatural being)* esprit *m* • **evil spirit** esprit *m* malin *or* du mal
3 *(= person)* esprit *m* • **one of the greatest spirits of his day** un des plus grands esprits de son temps • **the courageous spirit who...** l'esprit courageux *or* l'âme courageuse qui... • **a few restless spirits** quelques mécontents • **the leading spirit in the party** l'âme *m* du parti ; → **kindred, moving**
4 *(= attitude, approach)* esprit *m* • **the spirit, not the letter of the law** l'esprit *m* et non la lettre de la loi • **the spirit of the age** *or* **the times** l'esprit *m* des temps *or* de l'époque • **he's got the right spirit** il a l'attitude qu'il faut • **he has great fighting spirit** il ne se laisse jamais abattre • **that's the spirit!** c'est ça !, voilà comment il faut réagir ! ; → **community, public, team**
♦ **in(to) + spirit** • **in a spirit of forgiveness** dans un esprit de pardon • **the film is certainly in the spirit of the book** le film est certainement conforme à l'esprit du livre • **you must take it in the spirit in which it was meant** prenez-le dans l'esprit où c'était dit *or* voulu • **to take sth in the right/wrong spirit** prendre qch en bonne/mauvaise part *or* du bon/mauvais côté • **in a spirit of revenge** par esprit de vengeance • **in a spirit of mischief** *etc* par espièglerie *etc* • **you must enter into the spirit of the thing** il faut y participer de bon cœur
5 *(= courage)* courage *m*, cran* *m* ; *(= energy)* énergie *f* ; *(= passion)* fougue *f* ; *(= vitality)* entrain *m* • **man of spirit** homme *m* énergique *or* de caractère • **he replied with spirit** il a répondu avec fougue • **he sang/played with spirit** il a chanté/joué avec fougue
6 *(Chem)* alcool *m* • **preserved in spirit(s)** conservé dans de l'alcool • **spirit(s) of ammonia** sel *m* ammoniaque • **spirit(s) of salt** esprit-de-sel *m* • **spirit(s) of turpentine** (essence *f* de) térébenthine *f* • **spirits** *(= drink)* spiritueux *mpl*, alcool *m* • **raw spirits** alcool *m* pur ; → **methylated spirit(s), surgical**
NPL **spirits** *(= frame of mind)* humeur *f*, état *m* d'esprit ; *(= morale)* moral *m* • **in good spirits** de bonne humeur • **in high spirits** enjoué • **in poor** *or* **low spirits, out of spirits** déprimé, qui n'a pas le moral • **depression can alternate with high spirits** des périodes de dépression peuvent alterner avec des moments d'exaltation • **to keep one's spirits up** ne pas se laisser abattre, garder le moral • **my spirits rose** j'ai repris courage • **to raise sb's spirits** remonter le moral à qn
VT • **he was spirited out of the castle** on l'a fait sortir du château comme par enchantement *or* magie • **the documents were mysteriously spirited off his desk** les documents ont été mystérieusement escamotés *or* subtilisés de son bureau
COMP *[lamp, stove, varnish]* à alcool ; *(Spiritualism)* *[help, world]* des esprits
**spirit gum** N colle *f* gomme
**spirit level** N niveau *m* à bulle
▸ **spirit away, spirit off** VT SEP *[+ person]* faire disparaître comme par enchantement ; *[+ object, document etc]* escamoter, subtiliser

**spirited** /ˈspɪrɪtɪd/ SYN ADJ *[person]* plein d'entrain ; *[horse]* fougueux ; *[reply, speech]* plein de verve, fougueux ; *[defence]* plein de verve ; *[attempt, attack]* courageux ; *[conversation]* animé ; *[music]* plein d'allant • **to put up** *or* **make a spirited defence of sth** défendre qch avec vigueur • **he gave a spirited performance** *(Mus, Theat, Cine, Sport)* il a joué avec brio ; → **free, high, low¹, mean³, public**

**spiritless** /ˈspɪrɪtlɪs/ ADJ *[person]* sans entrain, sans énergie, sans vie ; *[acceptance, agreement]* veule, lâche

**spiritual** /ˈspɪrɪtjʊəl/ SYN
ADJ *(gen)* spirituel ; *[person]* d'une grande spiritualité • **his spiritual home** sa patrie spirituelle *or* d'adoption *(fig)* • **the lords spiritual** *(Brit)* les lords *mpl* spirituels *(évêques siégeant à la Chambre des pairs)*
N chant *m* religieux ; (also **Negro spiritual**) (negro-)spiritual *m*
COMP **spiritual adviser** N *(Rel)* conseiller *m*, -ère *f* spirituel(le), directeur *m*, -trice *f* de conscience

**spiritualism** /ˈspɪrɪtjʊəlɪzəm/ N *(Rel)* spiritisme *m* ; *(Philos)* spiritualisme *m*

**spiritualist** /ˈspɪrɪtjʊəlɪst/ ADJ, N *(Rel)* spirite *mf* ; *(Philos)* spiritualiste *mf*

**spirituality** /ˌspɪrɪtjʊˈælɪtɪ/ N 1 *(NonC)* spiritualité *f*, qualité *f* spirituelle
2 *(Rel)* • **spiritualities** biens *mpl* et bénéfices *mpl* ecclésiastiques

**spiritualization** /ˌspɪrɪtjʊəlaɪˈzeɪʃən/ N spiritualisation *f*

**spiritualize** /ˈspɪrɪtjʊəˌlaɪz/ VT spiritualiser

**spiritually** /ˈspɪrɪtjʊəlɪ/ ADV spirituellement

**spirituous** /ˈspɪrɪtjʊəs/ ADJ spiritueux, alcoolique • **spirituous liquor** spiritueux *mpl*

**spirochaete, spirochete** *(US)* /ˈspaɪrəʊˌkiːt/ N *(Bio)* spirochète *m*

**spirochaetosis, spirochetosis** *(US)* /ˌspaɪrəʊkɪˈtəʊsɪs/ N spirochétose *f*

**spirochete** /ˈspaɪrəʊˌkiːt/ N *(US)* ⇒ **spirochaete**

**spirochetosis** /ˌspaɪrəʊkɪˈtəʊsɪs/ N *(US)* ⇒ **spirochaetosis**

**spirograph** /ˈspaɪrəgrɑːf/ N *(Med)* spiromètre *m*

**spirogyra** /ˌspaɪrəˈdʒaɪrə/ N spirogyre *f*

**spiroid** /ˈspaɪrɔɪd/ ADJ spiroïdal

**spirometer** /spaɪˈrɒmɪtəʳ/ N spiromètre *m*

**spirt** /spɜːt/ ⇒ **spurt**

**spit¹** /spɪt/ SYN (vb: pret, ptp **spat**)
N *(= spittle)* crachat *m* ; *(= saliva)* *[of person]* salive *f* ; *[of animal]* bave *f* ; *(Bot)* écume *f* printanière, crachat *m* de coucou ; *(= action)* crachement *m* • **spit and polish** *(esp Mil)* briquage *m*, astiquage *m* • **there was just a spit of rain** il tombait quelques gouttes de pluie • **a spit and sawdust pub*** *(Brit)* un pub miteux • **he's the dead** *or* **very spit*** **of his uncle** c'est le portrait craché* de son oncle, son oncle et lui se ressemblent comme deux gouttes d'eau
VT *[+ blood, curses, flames etc]* cracher • **to spit (out) the dummy*** *(Austral fig)* bouder comme un gamin*
VI *[person, cat etc]* cracher *(at sb* sur qn) ; *[fire, fat]* crépiter • **she spat in his face** elle lui a craché à la figure • **it was spitting (with rain)** *(Brit)* il tombait quelques gouttes de pluie • **to spit in the wind*** *(fig)* pisser dans un violon‡ • **to spit in sb's eye** *(fig)* faire face à qn
▸ **spit out** VT SEP *[+ pip, pill]* (re)cracher ; *[+ tooth, curses, information]* cracher • **spit it out!*** *(= say it)* allons, accouche‡ *or* vide ton sac !*
▸ **spit up** VT SEP *[+ blood etc]* cracher

**spit²** /spɪt/
N *(Culin)* broche *f* ; *(Geog)* pointe *f* *or* langue *f* (de terre)
VT embrocher

**spit³** /spɪt/ N *(in gardening)* • **to dig sth two spits deep** creuser qch à une profondeur de deux fers de bêche

**spite** /spaɪt/ SYN
N 1 *(NonC)* *(= ill feeling)* rancune *f*, dépit *m* • **out of pure spite** par pure rancune *or* malveillance • **to have a spite against sb*** avoir une dent contre qn, en vouloir à qn
2 *(set structure)*
♦ **in spite of** malgré, en dépit de • **in spite of it** malgré cela, en dépit de cela • **in spite of the fact that he has seen me** bien qu'il m'ait vu, malgré qu'il m'ait vu • **in spite of everyone** envers et contre tous
VT vexer, contrarier

**spiteful** /ˈspaɪtfʊl/ SYN ADJ *[person]* méchant, malveillant ; *[behaviour, story]* malveillant ;

*[tongue]* venimeux ◆ **a spiteful remark** *or* **comment** une méchanceté, une remarque malveillante

**spitefully** /'spaɪtfəlɪ/ **ADV** méchamment

**spitefulness** /'spaɪtfʊlnɪs/ **N** méchanceté *f*, malveillance *f*

**spitfire** /'spɪtfaɪəʳ/ **N** ◆ **to be a spitfire** *[person]* s'emporter pour un rien, être soupe au lait

**spitroast** /'spɪtrəʊst/ **VT** faire rôtir à la broche

**spitroasted** /'spɪtrəʊstɪd/ **ADJ** (rôti) à la broche

**spitting** /'spɪtɪŋ/ **N** ◆ **"spitting prohibited"** « défense de cracher » ◆ **within spitting distance** * *(fig)* à deux pas *(of* de) ; → **image**

**spittle** /'spɪtl/ **N** *(ejected)* crachat *m* ; *(dribbled) [of person]* salive *f* ; *[of animal]* bave *f*

**spittoon** /spɪ'tu:n/ **N** crachoir *m*

**spitz** /spɪts/ **N** loulou *m (chien)* ◆ **Finnish/German spitz** spitz *m* finlandais/allemand

**spiv** * /spɪv/ **N** *(Brit)* chevalier *m* d'industrie

**splanchnic** /'splæŋknɪk/ **ADJ** *(Anat)* splanchnique

**splash** /splæʃ/ SYN

**N** 1 *(= act)* éclaboussement *m* ; *(= sound)* floc *m*, plouf *m* ; *(= series of sounds)* clapotement *m* ; *(= mark)* éclaboussure *f*, tache *f* ; *[of colour]* tache *f* ◆ **he dived in with a splash** il a plongé dans un grand éclaboussement ◆ **it made a great splash as it hit the water** c'est tombé dans l'eau avec un gros plouf *or* en faisant une grande gerbe ◆ **to make a splash** * *(fig)* faire sensation, faire du bruit

2 *(in drinks etc)* ◆ **a splash of** *(= small amount) (gen)* un petit peu de ; *[+ soda water]* une giclée de

**ADV** ◆ **it went splash into the stream** c'est tombé dans l'eau (en faisant floc *or* plouf)

**VT** 1 *(gen)* éclabousser *(sth over sb/sth* qch sur qn/qch ; *sb/sth with sth* qn/qch de qch) ◆ **to splash milk on the floor** renverser du lait par terre ◆ **he splashed paint on the floor** il a fait des éclaboussures de peinture par terre ◆ **don't splash me!** *(in swimming etc)* ne m'éclabousse pas ! ◆ **to splash one's way through a stream** traverser un ruisseau en éclaboussant *or* en pataugeant ◆ **splashed with red/colour** avec des taches rouges/de couleur

2 *(= apply hastily)* ◆ **to splash o.s. with water, to splash water on o.s.** s'asperger d'eau ◆ **he splashed paint on the wall** il a barbouillé le mur de peinture

3 *(fig) [+ headlines]* mettre en manchette ◆ **the news was splashed across the front page** *(Press)* la nouvelle était en manchette, la nouvelle a fait cinq colonnes à la une

**VI** 1 *[liquid, mud etc]* faire des éclaboussures ◆ **the milk splashed on** *or* **over the tablecloth** le lait a éclaboussé la nappe ◆ **tears splashed on to her book** les larmes s'écrasaient sur son livre

2 *[person, animal]* barboter, patauger ◆ **to splash across a stream** traverser un ruisseau en éclaboussant *or* en pataugeant ◆ **the dog splashed through the mud** le chien pataugeait dans la boue ◆ **to splash into the water** *[person]* plonger dans l'eau dans un grand éclaboussement *or* en faisant une grande gerbe ; *[stone etc]* tomber dans l'eau avec un gros floc *or* plouf

**COMP** **splash guard** **N** *[of car etc]* garde-boue *m inv*

▸ **splash about**

**VI** *[person, animal]* barboter, patauger *(in* dans)

**VT SEP** *[+ ink, mud]* faire des éclaboussures de ; *(fig) [+ money]* faire étalage de

▸ **splash down** **VI** *[spacecraft]* amerrir

▸ **splash out** * *(Brit)*

**VI** *(= spend money)* faire une folie

**VT SEP** *[+ money]* claquer ‡, dépenser

▸ **splash up**

**VI** gicler *(on sb* sur qn)

**VT SEP** faire gicler

**splashback** /'splæʃbæk/ **N** revêtement *m (au dessus d'un évier etc)*

**splashboard** /'splæʃbɔ:d/ **N** *[of car etc]* garde-boue *m inv*

**splashdown** /'splæʃdaʊn/ **N** *(Space)* amerrissage *m*

**splashy** * /'splæʃɪ/ **ADJ** *(US)* tape-à-l'œil *inv*

**splat** /splæt/

**N** ◆ **with a splat** avec un flac *or* floc

**EXCL** flac !, floc !

**splatter** /'splætəʳ/ ⇒ **spatter**

**splatterpunk** /'splætəpʌŋk/ **N** *style littéraire punk (romans d'épouvante)*

**splay** /spleɪ/

**VT** *[+ window frame]* ébraser ; *[+ end of pipe etc]* évaser ; *[+ feet, legs]* tourner en dehors

**VI** (also **splay out**) *[window frame]* s'ébraser ; *[end of pipe etc]* se tourner en dehors

**splayfeet** /'spleɪfi:t/ **NPL** pieds *mpl* tournés en dehors

**splayfooted** /,spleɪ'fʊtɪd/ **ADJ** *[person]* aux pieds plats ; *[horse]* panard

**spleen** /spli:n/ SYN **N** *(Anat)* rate *f* ; *(fig = bad temper)* mauvaise humeur *f*, humeur *f* noire ; *(†† = melancholy)* spleen *m* ◆ **to vent one's spleen on...** décharger sa bile sur...

**splendid** /'splendɪd/ SYN **ADJ** *[view, collection, building, painting, performance]* magnifique, splendide ; *[idea]* magnifique ; *[book] (in content)* merveilleux ; *(in appearance)* splendide ; *[meal]* merveilleux ; *[example]* superbe ; *[person] (= excellent)* excellent ; *(= imposing)* magnifique ; *[player, teacher]* excellent ◆ **splendid!** formidable ! ◆ **to do a splendid job** faire un travail formidable ◆ **splendid isolation** splendide isolement *m*

**splendidly** /'splendɪdlɪ/ **ADV** *[play, sing]* magnifiquement, à merveille ; *[dressed, carved, restored, appointed]* magnifiquement, superbement ; *[get along, come along]* à merveille, merveilleusement ◆ **splendidly named** merveilleusement nommé ◆ **splendidly arrogant/vulgar/ugly** d'une arrogance/vulgarité/laideur réjouissante ◆ **you did splendidly** tu as été magnifique ◆ **everything is going splendidly** tout se passe à merveille

**splendiferous** † * /splen'dɪfərəs/ **ADJ** *(Brit hum)* mirobolant *, mirifique † *(also hum)*

**splendour, splendor** *(US)* /'splendəʳ/ SYN **N** splendeur *f*, magnificence *f*, éclat *m*

**splenectomy** /splɪ'nektəmɪ/ **N** splénectomie *f*

**splenetic** /splɪ'netɪk/ **ADJ** 1 *(frm = bad-tempered)* hargneux, atrabilaire †

2 *(†† = melancholy)* porté au spleen

**splenic** /'splenɪk/ **ADJ** splénique

**splenius** /'spli:nɪəs/ **N** (pl **splenii** /'spli:nɪaɪ/) *(Anat)* splénius *m*

**splenomegaly** /,spli:nəʊ'megəlɪ/ **N** *(Med)* splénomégalie *f*

**splice** /splaɪs/ SYN

**VT** *[+ rope, cable]* épisser ; *[+ film, tape]* coller ; *[+ timbers]* enter, abouter ◆ **to splice the main-brace** *(on ship)* distribuer une ration de rhum ; *(* fig = have a drink)* boire un coup * ◆ **to get spliced** ‡ *(= married)* convoler

**N** *(in rope)* épissure *f* ; *(in film)* collure *f* ; *(in wood)* enture *f*

**splicer** /'splaɪsəʳ/ **N** *(for film)* colleuse *f (à bandes adhésives)*

**spliff** ‡ /splɪf/ **N** *(Drugs)* pétard ‡ *m*, joint * *m*

**splint** /splɪnt/ **N** *(Med)* éclisse *f*, attelle *f* ◆ **to put sb's arm in splints** éclisser le bras de qn ◆ **she had her leg in splints** elle avait la jambe éclissée

**splinter** /'splɪntəʳ/ SYN

**N** *[of glass, shell, wood]* éclat *m* ; *[of bone]* esquille *f* ; *(in one's finger etc)* écharde *f*

**VT** 1 *[+ wood]* fendre en éclats ; *[+ glass, bone]* briser en éclats

2 *[+ political party]* scinder, fragmenter

**VI** 1 *[wood]* se fendre en éclats ; *[glass, bone]* se briser en éclats

2 *[political party]* se scinder, se fragmenter

**COMP** **splinter group** **N** groupe *m* dissident *or* scissionniste, faction *f* dissidente

**splinterproof glass** /'splɪntəpru:f'glɑ:s/ **N** verre *m* sécurit ® *inv*

**split** /splɪt/ SYN (vb: pret, ptp **split**)

**N** 1 *(in garment, fabric, canvas) (at seam)* fente *f* ; *(= tear)* déchirure *f* ; *(in wood, rock)* crevasse *f*, fente *f* ; *(in earth's surface)* fissure *f* ; *(in skin)* fissure *f*, déchirure *f* ; *(from cold)* gerçure *f*, crevasse *f* ; *(fig = quarrel)* rupture *f* ; *(Pol)* scission *f*, schisme *m* ◆ **there was a three-way split in the committee** le comité s'est trouvé divisé en trois clans

2 *(= share)* ◆ **I want my split** * je veux ma part (du gâteau *) ◆ **they did a four-way split of the profits** ils ont partagé les bénéfices en quatre

3 *(= small bottle)* ◆ **soda/lemonade split** petite bouteille *f* d'eau gazeuse/de limonade ◆ **jam/cream split** *(= cake)* gâteau *m* fourré à la confiture/à la crème ◆ **banana split** banana split *m inv*

**NPL** **splits** ◆ **to do the splits** faire le grand écart

**VT** 1 *(= cleave) [+ wood, pole]* fendre ; *[+ slate, diamond]* cliver ; *[+ stones]* fendre, casser ; *[+ fabric, garment]* déchirer ; *[+ seam]* fendre ; *[lightning, frost, explosion, blow]* fendre ; *(fig) [+ party]* diviser, créer une scission *or* un schisme dans ◆ **to split the atom** fissionner l'atome ◆ **to split sth open** ouvrir qch en le coupant en deux *or* en fendant ◆ **he split his head open as he fell** il s'est fendu le crâne en tombant ◆ **the sea had split the ship in two** la mer avait brisé le bateau en deux ◆ **he split it in two** il l'a fendu (en deux) ◆ **he split it into three** il l'a coupé en trois ◆ **split the loaf lengthwise** fendez le pain dans le sens de la longueur ◆ **to split hairs** couper les cheveux en quatre, chercher la petite bête chinoiser ◆ **to split an infinitive** *(Gram) intercaler un adverbe entre « to » et le verbe* ◆ **to split one's sides (laughing** *or* **with laughter)** se tordre de rire ◆ **this decision split the radical movement** cette décision a divisé le mouvement radical, cette décision a provoqué une scission *or* un schisme dans le mouvement radical ◆ **it split the party down the middle** cela a littéralement divisé le parti en deux ◆ **the voters were split down the middle** l'électorat était divisé *or* coupé en deux

2 *(= divide, share) [+ work, profits, booty, bill]* (se) partager, (se) répartir ◆ **let's split a bottle of wine** si on prenait une bouteille de vin à deux (or trois *etc*) ? ◆ **they split the money three ways** ils ont divisé l'argent en trois ◆ **to split the difference** *(lit)* partager la différence ; *(fig)* couper la poire en deux ◆ **they split the work/the inheritance** ils se sont partagé le travail/l'héritage

**VI** 1 *[wood, pole, seam]* se fendre ; *[stones]* se fendre, se casser ; *[fabric, garment]* se déchirer ; *(fig) [party, Church, government]* se diviser, se désunir ◆ **to split open** se fendre ◆ **my head is splitting** j'ai atrocement mal à la tête ◆ **the party split over nationalization** le parti s'est divisé sur la question des nationalisations, il y a eu une scission *or* un schisme dans le parti à propos de la question des nationalisations

2 *(= divide)* (also **split up**) *[cells]* se diviser ; *[people, party etc]* se diviser, se séparer ◆ **the crowd split into smaller groups** la foule s'est divisée *or* séparée en petits groupes ◆ **Latin split into the Romance languages** le latin s'est divisé *or* ramifié en langues romanes

3 *(Brit * = tell tales, inform)* vendre la mèche * ◆ **to split on sb** cafarder qn *

4 *(‡ = depart)* filer *, mettre les bouts ‡

**COMP** **split cane** **N** osier *m* **ADJ** en osier

**split decision** **N** *(Boxing)* décision *f* prise à la majorité

**split ends** **NPL** *(in hair)* fourches *fpl*

**split infinitive** **N** *(Gram) infinitif où un adverbe est intercalé entre « to » et le verbe*

**split-level cooker** **N** cuisinière *f* à éléments de cuisson séparés

**split-level house** **N** maison *f* à deux niveaux

**split-new** **ADJ** tout neuf (neuve *f*)

**split-off** **N** séparation *f*, scission *f (from* de)

**split peas** **NPL** pois *mpl* cassés

**split-pea soup** **N** soupe *f* de pois cassés

**split personality** **N** double personnalité *f*

**split pin** **N** *(Brit)* goupille *f* fendue

**split ring** **N** bague *f* fendue

**split screen** **N** *(Cine, TV, Comput)* écran *m* divisé

**split-screen facility** **N** *(Comput)* écran *m* divisible en fenêtres, fonction *f* écran divisé

**split second** **N** fraction *f* de seconde ◆ **in a split second** en un rien de temps

**split-second timing** **N** *[of military operation etc]* précision *f* à la seconde près ; *[of actor, comedian]* sens *m* du moment

**split shift** **N** *horaire de travail en deux tranches séparées par une longue pause*

**split-site** **ADJ** *[school etc]* sur différents sites

**split ticket** **N** *(US Pol)* ◆ **to vote a split ticket** voter pour une liste avec panachage

**split-up** **N** *[of engaged couple, friends]* rupture *f* ; *[of married couple]* séparation *f* ; *[of political party]* scission *f*

▸ **split off**

**VI** *[piece of wood, branch etc]* se détacher (en se fendant) *(from* de) ; *(fig) [group, department, company etc]* se séparer *(from* de) ◆ **a small group of children split off and wandered away** un petit groupe d'enfants s'est séparé des autres et est parti de son côté

**split** (cont.)

**VT SEP** [+ branch, splinter, piece] enlever (en fendant or en cassant) (from de) ; (fig) [+ company, group, department] séparer (from de)
**N** ◆ **split-off** → split

▸ **split up**
**VI** 1 [ship] se briser ; [boulder, block of wood] se fendre
2 [meeting, crowd] se disperser ; [party, movement] se diviser, se scinder ; [friends] rompre, se brouiller ; [married couple] se séparer ; [engaged couple] rompre
**VT SEP** 1 [+ wood, stones] fendre (into en) ; [+ chemical compound] diviser (into en) ◆ **to split up a book into six chapters** diviser un livre en six chapitres
2 [+ money, work] partager, répartir (among entre), diviser (into en) ◆ **we must split the work up amongst us** nous devons nous partager or nous répartir le travail
3 [+ party, group, organization] diviser, scinder (into en) ; [+ meeting] mettre fin à ; [+ crowd] disperser ; [+ friends] séparer ◆ **you'll have to split up those two boys if you want them to do any work** il faut que vous sépariez ces deux garçons si vous voulez qu'ils travaillent
**N** ◆ **split-up** → split

**splitting** /ˈsplɪtɪŋ/
**N** [of nation, organization] division f ; [of roles] partage m ◆ **the splitting of an infinitive** (Gram) l'insertion d'un adverbe entre « to » et le verbe ◆ **the splitting of the atom** la fission de l'atome ; → hair
**ADJ** ◆ **to have a splitting headache** avoir un mal de tête atroce ; → ear¹, side

**splodge** /splɒdʒ/, **splotch** /splɒtʃ/
**N** [of ink, paint, colour, dirt, mud] éclaboussure f, tache f ◆ **strawberries with a great splodge of cream** des fraises avec un monceau de crème
**VT** [+ windows, dress etc] éclabousser, barbouiller (with de) ; [+ mud, ink etc] faire des taches or des éclaboussures de (on sur)
**VI** [mud etc] gicler (on sur)

**splurge*** /splɜːdʒ/
**N** (= ostentation) tralala* m ; (= spending spree) folles dépenses fpl, folie f ◆ **the wedding reception was** or **made a great splurge** la réception de mariage était à grand tralala * ◆ **she went on a** or **had a splurge and bought a Rolls** elle a fait une vraie folie et s'est payé une Rolls
**VI** (also **splurge out**) faire une or des folie(s) (on en achetant)
**VT** dépenser (en un seul coup) (on sth pour qch, englouti (on sth dans qch)

**splutter** /ˈsplʌtər/
**N** [of person] (= spitting) crachotement m ; (= stuttering) bredouillement m, bafouillage* m ; [of engine] bafouillage* m ; [of fire, frying pan, fat, candle] crépitement m
**VI** [person] (= spit) crachoter, postillonner ; (= stutter) bredouiller, bafouiller* ; [pen] cracher ; [engine] bafouiller*, tousser ; [fire, frying pan, fat, candle] crépiter ◆ **he spluttered indignantly** il a bredouillé or bafouillé* d'indignation
**VT** (also **splutter out**) [+ words, excuse] bredouiller, bafouiller*

**spoil** /spɔɪl/ **SYN** (vb: pret, ptp **spoiled** or **spoilt**)
**N** 1 (gen pl) ◆ **spoil(s)** (= booty) butin m ; (fig : after business deal etc) bénéfices mpl , profits mpl ; (US Pol) poste m or avantage m reçu en récompense de services politiques rendus ◆ **the spoils of war** le butin or les dépouilles fpl de la guerre ◆ **he wants his share of the spoils** (fig) il veut sa part du gâteau
2 (NonC: from excavations etc) déblais mpl
**VT** 1 (= damage) abîmer ◆ **to spoil one's eyes** s'abîmer la vue ◆ **fruit spoiled by insects** des fruits abîmés par les insectes ◆ **the drought has really spoilt the garden** la sécheresse a vraiment fait des dégâts dans le jardin ◆ **to spoil a ballot paper** rendre un bulletin de vote nul
2 (= detract from) [+ view, style, effect] gâter ; [+ holiday, occasion, pleasure] gâter, gâcher ◆ **these weeds quite spoil the garden** ces mauvaises herbes abîment or défigurent le jardin ◆ **his peace of mind was spoilt by money worries** sa tranquillité était empoisonnée par les soucis d'argent ◆ **to spoil sb's appetite** s'enlever or se couper l'appétit ◆ **if you eat that now you'll spoil your lunch** si tu manges ça maintenant tu n'auras plus d'appétit pour le déjeuner ◆ **don't spoil your life by doing that** ne gâche pas ta vie en faisant cela ◆ **if you tell me the ending you'll spoil the film for me** si vous me racontez la fin vous me gâcherez tout l'intérêt du film ◆ **she spoilt the meal by overcooking the meat** elle a gâté le repas en faisant trop cuire la viande ◆ **she spoilt the meal by telling him the bad news** elle a gâché le repas en lui racontant la triste nouvelle ◆ **the weather spoiled our holiday** le temps nous a gâté or gâché nos vacances ◆ **to spoil the ship for a ha'p'orth of tar** (Prov) tout gâcher en faisant des économies de bout de chandelle ; → **fun**
3 (= pamper) [+ child, one's spouse, dog etc] gâter ◆ **to spoil o.s.** se gâter soi-même, se faire plaisir ◆ **to spoil sb rotten*** pourrir qn ; → **spare**
**VI** 1 [food] s'abîmer ; (in ship's hold, warehouse, shop) s'avarier
2 ◆ **to be spoiling for a fight** brûler de se battre, chercher la bagarre *
**COMP spoils system** N (US Pol) système m des dépouilles (consistant à distribuer des postes administratifs à des partisans après une victoire électorale)

**spoilage** /ˈspɔɪlɪdʒ/ N (NonC) (= process) détérioration f ; (= thing, amount spoilt) déchet(s) m(pl)

**spoiled** /spɔɪld/ ADJ ⇒ **spoilt**

**spoiler** /ˈspɔɪlər/ N 1 (on car) becquet m ; (on plane) aérofrein m
2 (= person) empêcheur m de danser en rond ◆ **a rival publisher brought out a spoiler** (Press) un éditeur concurrent leur a coupé l'herbe sous le pied

**spoilsport** /ˈspɔɪlspɔːt/ **SYN** N trouble-fête mf inv, rabat-joie m inv ◆ **don't be such a spoilsport!** ne joue pas les trouble-fête or les rabat-joie !

**spoilt** /spɔɪlt/
**VB** pt, ptp of **spoil**
**ADJ** 1 (= indulged) [child] gâté ◆ **to be spoilt for choice** avoir l'embarras du choix
2 (= invalid) [ballot paper] nul
3 (= rotten) [food] abîmé

**spoke¹** /spəʊk/ N [of wheel] rayon m ; [of ladder] barreau m, échelon m ◆ **to put a spoke in sb's wheel** (Brit) mettre des bâtons dans les roues à qn

**spoke²** /spəʊk/ VB pt of **speak**

**spoken** /ˈspəʊkən/ **SYN**
**VB** ptp of **speak**
**ADJ** [dialogue, recitative] parlé ◆ **a robot capable of understanding spoken commands** un robot capable de comprendre la commande vocale ◆ **the spoken language** la langue parlée ◆ **the spoken word** l'oral m , la langue parlée ◆ **spoken English** l'anglais m parlé ; → **well²**

**spokeshave** /ˈspəʊkʃeɪv/ N vastringue f

**spokesman** /ˈspəʊksmən/ N (pl **-men**) porte-parole m inv (, for de)

**spokesperson** /ˈspəʊkspɜːsən/ N porte-parole m inv

**spokeswoman** /ˈspəʊkswʊmən/ N (pl **-women**) porte-parole m inv (femme)

**Spoleto** /spəʊˈletəʊ/ N Spolète

**spoliation** /ˌspəʊlɪˈeɪʃən/ N (esp Naut) pillage m, spoliation f

**spondaic** /spɒnˈdeɪɪk/ ADJ spondaïque

**spondee** /ˈspɒndiː/ N spondée m

**spondulicks\***, **spondulix\*** /spɒnˈduːlɪks/ NPL († or hum) pépètes † * fpl

**spondylitis** /ˌspɒndɪˈlaɪtɪs/ N (Med) spondylite f

**sponge** /spʌndʒ/
**N** 1 (= animal, object, substance) éponge f ◆ **to give sth a sponge** donner un coup d'éponge à or sur qch ◆ **to throw in** or **up the sponge*** (fig) s'avouer vaincu, abandonner la partie
2 (Culin: also **sponge cake**) gâteau m or biscuit m de Savoie
**VT** 1 [+ face, person, carpet] éponger, essuyer or nettoyer à l'éponge ; [+ wound] éponger ; [+ liquid] éponger, étancher
2 (* = cadge) [+ meal] se faire payer* (from or off sb par qn) ◆ **to sponge money from sb** taper* qn ◆ **he sponged £10 off his father** il a tapé* son père de 10 livres
**VI** (* = cadge) ◆ **to sponge on sb** vivre aux crochets de qn ◆ **he's always sponging** c'est un parasite ; (for meals) c'est un pique-assiette
**COMP sponge bag** N (Brit) trousse f de toilette
**sponge bath** N toilette f à l'éponge
**sponge cake** N gâteau m or biscuit m de Savoie
**sponge-down** N [of person] toilette f à l'éponge ; [of walls] coup m d'éponge
**sponge finger** N boudoir m
**sponge mop** N balai m éponge
**sponge pudding** N ≈ pudding m (sorte de gâteau de Savoie)
**sponge rubber** N caoutchouc m mousse ®

▸ **sponge down**
**VT SEP** [+ person] laver à l'éponge ; [+ horse] éponger ; [+ walls etc] nettoyer or laver or essuyer à l'éponge ◆ **to sponge o.s. down** se laver à l'éponge, s'éponger
**N** ◆ **sponge-down** → **sponge**

▸ **sponge out** VT SEP [+ wound] éponger ; [+ stain, writing] effacer à l'éponge

▸ **sponge up** VT SEP [+ liquid] éponger, étancher

**sponger\*** /ˈspʌndʒər/ N (pej) parasite m ; (for meals) pique-assiette mf inv

**sponginess** /ˈspʌndʒɪnɪs/ N spongiosité f

**spongy** /ˈspʌndʒɪ/ **SYN** ADJ spongieux

**sponsor** /ˈspɒnsər/ **SYN**
**N** 1 [of appeal, proposal, announcement etc] personne f qui accorde son patronage, membre m d'un comité de patronage ; (for club membership) parrain m, marraine f ; [of concert, event] sponsor m ; (individual: for fund-raising event) donateur m, -trice f (à l'occasion d'une « sponsored walk » etc) ; (US) [of club] animateur m, -trice f ◆ **the bank is one of the exhibition's sponsors** la banque est un des partenaires de l'exposition
2 (Fin: for loan etc) caution f ; (for commercial enterprise) parrain m ◆ **to be sb's sponsor, to stand sponsor to sb, to act as sponsor for sb** se porter caution pour qn
3 (Rel) = godparent) parrain m, marraine f
**VT** 1 [+ sporting event, concert, radio programme, exhibition] sponsoriser ; [+ commercial enterprise, club member] parrainer ; [+ fund-raising walker, swimmer] s'engager à rémunérer (en fonction de sa performance) ; [+ proposal] promouvoir ◆ **sponsored walk** (in fund-raising) marche entreprise pour récolter des dons en faveur d'une œuvre de bienfaisance
2 (Fin) [+ borrower] se porter caution pour
3 (Rel) être le parrain (or la marraine) de
4 [+ terrorism] soutenir ; [+ negotiations] organiser ◆ **peace talks sponsored by the UN** des pourparlers de paix organisés sous l'égide de l'ONU

▫ **SPONSORED**

▫ Les « **sponsored** events » sont un moyen souvent employé pour récolter des dons en faveur d'une œuvre de bienfaisance. Ils consistent à prendre part à un événement sportif (course à pied, course cycliste, saut en parachute) après avoir demandé à sa famille, ses amis ou ses collègues de s'engager à faire un don si on finit la course. Pour une « **sponsored walk** », on promet généralement de donner une certaine somme par kilomètre parcouru.

**-sponsored** /ˈspɒnsəd/ ADJ (in compounds) ◆ **government-sponsored entreprises** (= financed) des entreprises financées par le gouvernement ◆ **government-sponsored programmes** (= financed) des programmes financés par le gouvernement ◆ **state-sponsored** financé par l'État ◆ **United Nations-sponsored** (= organized) organisé par l'ONU

**sponsorship** /ˈspɒnsəʃɪp/ N [of sporting event, concert, radio programme, exhibition] sponsoring m ; (Rad, TV) commande f publicitaire ; [of appeal, announcement] patronage m ; (Comm) mécénat m d'entreprise ; [of loan] cautionnement m ; [of child, member] parrainage m ◆ **they must end their sponsorship of terrorism** ils doivent arrêter de soutenir le terrorisme

**spontaneity** /ˌspɒntəˈneɪɪtɪ/ N spontanéité f

**spontaneous** /spɒnˈteɪnɪəs/ **SYN**
**ADJ** spontané
**COMP spontaneous abortion** N avortement m spontané
**spontaneous combustion** N combustion f spontanée
**spontaneous generation** N génération f spontanée
**spontaneous miscarriage** N avortement m spontané
**spontaneous remission** N rémission f spontanée

**spontaneously** /spɒnˈteɪnɪəslɪ/ **SYN** ADV [behave, abort, combust] spontanément ; [arise] spontanément, soudainement ◆ **to miscarry spontaneously** avoir un avortement spontané ◆ **to be spontaneously warm/friendly** se montrer spontanément chaleureux/amical

**spoof** * /spu:f/
N (= *hoax*) blague * *f*, canular *m* ; (= *parody*) parodie *f*, satire *f* (*on* de)
ADJ ◆ **a spoof horror film/documentary** une parodie de film d'épouvante/de documentaire ◆ **a spoof announcement** une déclaration bidon *
VT [+ *reader, listener etc*] faire marcher ; (= *parody*) [+ *book etc*] parodier

**spook** /spu:k/
N 1 (* *hum* = *ghost*) apparition *f*, revenant *m*
2 (*US* ‡ = *secret agent*) barbouze * *f*
VT (*US*) 1 (= *haunt*) [+ *person, house*] hanter
2 (= *frighten*) effrayer, faire peur à

**spooky** * /'spu:kɪ/ ADJ [*person, place, atmosphere, music*] sinistre ; [*film*] qui fait froid dans le dos, qui donne la chair de poule ; [*feeling*] à vous faire froid dans le dos, à vous donner la chair de poule ◆ **to bear a spooky resemblance to sb/sth** ressembler d'une manière étrange à qn/qch

**spool** /spu:l/ N [*of camera, film, tape, thread, typewriter ribbon*] bobine *f* ; [*of fishing reel*] tambour *m* ; [*of sewing machine, weaving machine*] canette *f* ; [*of wire*] rouleau *m*

**spoon** /spu:n/
N cuillère *or* cuiller *f* ; (= *spoonful*) cuillerée *f*, cuiller *f* ; (*Golf*) spoon *m*, bois *m* trois ; → **dessertspoon, silver**
VT ◆ **to spoon sth into a plate/out of a bowl** *etc* verser qch dans une assiette/enlever qch d'un bol *etc* avec une cuiller
VI († * *fig*) flirter
COMP **spoon-feed** VT (*lit*) ◆ **to spoon-feed sb** nourrir qn à la cuiller ◆ **he needs to be spoon-fed all the time** (*fig*) il faut toujours qu'on lui mâche *subj* le travail

▸ **spoon off** VT SEP [+ *fat, cream etc*] enlever avec une cuiller
▸ **spoon out** VT SEP (= *take out*) verser avec une cuiller ; (= *serve out*) servir avec une cuiller
▸ **spoon up** VT SEP [+ *food, soup*] manger avec une cuiller ; [+ *spillage*] ramasser avec une cuiller

**spoonbill** /'spu:nbɪl/ N spatule *f*
**spoonerism** /'spu:nərɪzəm/ N contrepèterie *f*
**spoonful** /'spu:nfʊl/ N cuillerée *f*, cuiller *f*
**spoor** /spʊəʳ/ N (*NonC*) [*of animal*] foulées *fpl*, trace *f*, piste *f*
**sporadic** /spə'rædɪk/ SYN ADJ sporadique ◆ **sporadic fighting** combats *mpl* sporadiques, échauffourées *fpl*
**sporadically** /spə'rædɪkəlɪ/ ADV sporadiquement
**sporangium** /spə'rændʒɪəm/ N (pl **sporangia** /spə'rændʒɪə/) sporange *m*

**spore** /spɔ:ʳ/
N spore *f*
COMP **spore case** N sporange *m*

**sporogonium** /ˌspɔ:rəʊ'gəʊnɪəm/ N (pl **sporogonia** /ˌspɔ:rəʊ'gəʊnɪə/) sporogone *m*
**sporophyll** /'spɔ:rəʊfɪl/ N sporophylle *f*
**sporophyte** /'spɔ:rəʊfaɪt/ N sporophyte *m*
**sporozoan** /ˌspɔ:rə'zəʊən/ N sporozoaire *m*
**sporran** /'spɒrən/ N (*Scot*) escarcelle *f* en peau (*portée avec le kilt*)

**sport** /spɔ:t/ SYN
N 1 sport *m* ◆ **he is good at sport** il est doué pour le sport, il est très sportif ◆ **he is good at several sports** il est doué pour plusieurs sports ◆ **outdoor/indoor sports** sports *mpl* de plein air/d'intérieur ◆ **sports** (*meeting*) réunion *f* sportive ◆ **school sports** réunion *f* *or* compétition *f* sportive scolaire ; → **field**
2 † (*NonC* = *fun, amusement*) divertissement *m*, amusement *m* ; (*liter* = *plaything*) jouet *m* ◆ **it was great sport** c'était très divertissant *or* amusant ◆ **in sport** pour rire, pour s'amuser ◆ **we had (some) good sport** (*gen*) nous nous sommes bien divertis *or* amusés ; (*Hunting/Fishing*) nous avons fait bonne chasse/bonne pêche ◆ **to make sport of sb** (*liter*) se moquer de qn, tourner qn en ridicule ; → **spoilsport**
3 (* = *person*) ◆ **(good) sport** chic * *or* brave type * *m*, chic * *or* brave fille *f* ◆ **be a sport!** sois chic ! * ◆ **come on, sport!** (*Austral*) allez, mon vieux * *or* mon pote ‡ !
4 (*Bio* = *mutation*) variété *f* anormale
VI (*liter*) folâtrer, batifoler
VT [+ *tie, hat, beard, buttonhole*] arborer, exhiber ; [+ *black eye*] exhiber
COMP **sport coat, sport jacket** N (*US*) ⇒ **sports jacket** ; → **sports**

**sportiness** /'spɔ:tɪnɪs/ N (*lit, fig*) caractère *m* sportif

**sporting** /'spɔ:tɪŋ/ SYN
ADJ 1 (*Sport*) [*event, activity, organization, career, prowess*] sportif ◆ **a sporting injury** une blessure *or* un traumatisme du sport ◆ **the sporting world** le monde du sport ◆ **sporting goods** articles *mpl* de sport
2 (= *fair*) [*gesture*] généreux ; [*person*] chic * *inv* ◆ **that's very sporting of you** c'est très chic * de votre part ◆ **to have a sporting chance (of winning)** avoir de bonnes chances (de gagner) ◆ **to give sb a sporting chance (of winning)** donner à qn une chance (de gagner)
COMP **sporting gun** N fusil *m* de chasse
**sporting house** † N (*US euph*) maison *f* de passe

**sportingly** /'spɔ:tɪŋlɪ/ ADV très sportivement
**sportive** /'spɔ:tɪv/ ADJ folâtre, badin

**sports** /spɔ:ts/
ADJ [*programme, reporting, newspaper etc*] de sport, sportif ; [*commentator, reporter, news, editor, club*] sportif ; [*clothes*] sport *inv*
COMP **sports bra** N soutien-gorge *m* de sport
**sports car** N voiture *f* de sport
**sports coat** N ⇒ **sports jacket**
**sports day** N (*Brit Scol*) réunion *f* *or* compétition *f* sportive scolaire
**sports desk** N (*Press*) rédaction *f* sportive
**sports enthusiast** N ⇒ **sports fan**
**sports equipment** N (*NonC*) équipement *m* sportif, matériel *m* de sport
**sports fan** * N fanatique *mf* de sport
**sports ground** N terrain *m* de sport, stade *m*
**sports hall** N salle *f* omnisports
**sports injuries clinic** N clinique *f* du sport
**sports injury** N blessure *f* sportive, traumatisme *m* du sport
**sports jacket** N veste *f* sport *inv*
**sports medicine** N médecine *f* sportive
**sports page** N (*Press*) page *f* sportive *or* des sports
**sports shop** N magasin *m* de sports

**sportscast** /'spɔ:tskɑ:st/ N (*US Rad, TV*) émission *f* sportive
**sportscaster** /'spɔ:tskɑ:stəʳ/ N (*US Rad, TV*) reporter *m* sportif
**sportsman** /'spɔ:tsmən/ N (pl **-men**) sportif *m* ◆ **he's a real sportsman** (*fig*) il est beau joueur, il est très sport *inv*
**sportsmanlike** /'spɔ:tsmənlaɪk/ ADJ (*lit, fig*) sportif, chic * *inv*
**sportsmanship** /'spɔ:tsmənʃɪp/ N (*lit, fig*) sportivité *f*, esprit *m* sportif
**sportsperson** /'spɔ:tspɜ:sən/ N sportif *m*, -ive *f*
**sportswear** /'spɔ:tswɛəʳ/ N (*NonC*) vêtements *mpl* de sport
**sportswoman** /'spɔ:tswʊmən/ N (pl **-women**) sportive *f*
**sportswriter** /'spɔ:tsraɪtəʳ/ N rédacteur *m* sportif

**sporty** * /'spɔ:tɪ/ ADJ 1 (= *fast*) [*car*] de sport
2 (*Sport*) [*person*] sportif
3 (*Fashion*) [*clothes*] sport *inv*

**sporulate** /'spɒrjʊˌleɪt/ VI sporuler
**sporulation** /ˌspɒrjʊ'leɪʃən/ N sporulation *f*
**sporule** /'spɒru:l/ N (= *small spore*) sporule *f*

**spot** /spɒt/ SYN
N 1 [*of blood, ink, paint*] (= *mark, dot etc*) tache *f* ; (= *splash*) éclaboussure *f* ; (*on fruit*) tache *f*, tavelure *f* ; (= *polka dot*) pois *m* ; (*on dice, domino*) point *m* ; [*of leopard*] tache *f*, moucheture *f* ; (*on reputation*) tache *f*, souillure *f* (*on* sur) ◆ **a spot of dirt** une tache, une salissure ◆ **a spot of red** une tache *or* un point rouge ◆ **a dress with red spots** une robe à pois rouges ◆ **spots of rain** (*Brit*) quelques gouttes *fpl* de pluie ◆ **to have spots before one's eyes** *or* **the eyes** voir des mouches volantes devant les yeux ◆ **the ten spot of spades** (*Cards*) le dix de pique ◆ **a five/ten spot** ‡ (*US* = *money*) un billet de cinq/dix dollars ◆ **without a spot or stain** (*fig liter*) sans la moindre tache *or* souillure ; → **beauty, knock, sunspot**
2 (= *pimple*) bouton *m* ; (*freckle-type*) tache *f* (de son) ◆ **he came out in spots** il a eu une éruption de boutons ◆ **these spots are measles** ce sont des taches de rougeole
3 (*esp Brit* = *small amount*) ◆ **a spot of** un peu de ; [+ *whisky, coffee etc*] une goutte de ; [+ *irony, jealousy*] une pointe de ; [+ *truth, commonsense*] un grain de ◆ **he did a spot of work** il a travaillé un peu ◆ **brandy? – just a spot** du cognac ? – juste une goutte *or* un soupçon ◆ **there's been a spot of trouble** il y a eu un petit incident *or* un petit problème ◆ **how about a spot of lunch?** * et si on déjeunait ?, et si on mangeait un morceau ? ◆ **we had a spot of lunch** nous avons mangé un morceau ; → **bother**
4 (= *place*) endroit *m* ◆ **show me the spot on the map** montrez-moi l'endroit sur la carte ◆ **a good spot for a picnic** un bon endroit *or* coin pour un pique-nique ◆ **it's a lovely spot!** c'est un endroit *or* un coin ravissant ! ◆ **there's a tender spot on my arm** j'ai un point sensible au bras ◆ **the spot in the story where...** l'endroit *or* le moment dans l'histoire où... ◆ **to be in a (bad** *or* **tight) spot** * être dans le pétrin *, être dans de beaux draps ; → **high, hit, soft**
♦ **on the spot** ◆ **the police were on the spot in two minutes** la police est arrivée sur les lieux en deux minutes ◆ **it's easy if you're on the spot** c'est facile si vous êtes sur place *or* si vous êtes là ◆ **leave it to the man on the spot to decide** laissez décider la personne qui est sur place ◆ **our man on the spot** (*Press*) notre envoyé spécial ◆ **an on-the-spot broadcast/report** une émission/un reportage sur place ◆ **an on-the-spot enquiry** une enquête sur le terrain ◆ **an on-the-spot fine** une amende payable sur-le-champ *or* avec paiement immédiat ◆ **he was fined on the spot** on lui a infligé une amende sur-le-champ ◆ **he decided on the spot** il s'est décidé sur-le-champ *or* tout de suite ◆ **he was killed on the spot** il a été tué sur le coup ◆ **to put sb on the spot** mettre qn en difficulté *or* dans l'embarras
5 (*in show*) numéro *m* ◆ **a solo spot in cabaret** un numéro individuel dans une revue ◆ **he got a spot in the Late Show** il a fait un numéro dans le Late Show
6 (= *advertisement*) spot *m* *or* message *m* publicitaire ◆ **Glo-Kleen had a spot (ad *) before the news** il y a eu un spot publicitaire de Glo-Kleen avant les informations
7 (also **spot announcement**) ◆ **there was a spot (announcement) about the referendum** il y a eu une brève annonce au sujet du référendum
8 (* : also **nightspot**) boîte *f* de nuit
9 ⇒ **spotlight noun**
10 (*Billiards, Snooker*) mouche *f*
11 (*Ftbl*) (= *penalty spot*) point de *m* penalty
VT 1 (= *speckle, stain*) tacher (*with* de) ◆ **a tie spotted with fruit stains** une cravate portant des taches de fruit ; see also **spotted**
2 (= *recognize, notice*) [+ *person, object, vehicle*] apercevoir, repérer * ; [+ *mistake*] trouver, repérer ; [+ *bargain, winner, sb's ability*] déceler, découvrir ◆ **can you spot any bad apples in this tray?** est-ce que tu vois *or* tu trouves des pommes gâtées sur cette claie ?
VI 1 [*material, garment etc*] se tacher, se salir
2 ◆ **it is spotting (with rain)** il commence à pleuvoir, il tombe quelques gouttes de pluie
3 (*Mil etc* = *act as spotter*) observer
COMP [*transaction, goods, price*] payé comptant ; [*count, test*] intermittent, fait à l'improviste
**spot ad** *, **spot advertisement, spot announcement** N spot *m* *or* message *m* publicitaire
**spot cash** N (*NonC*) argent *m* comptant *or* liquide
**spot check** N contrôle *m* inopiné *or* impromptu
**spot-check** VT contrôler *or* vérifier de façon impromptue
**spot fine** N amende *f* à régler immédiatement
**spot kick** N (*Ftbl*) (= *penalty kick*) penalty *m*
**spot market** N marché *m* au comptant
**spot meter** N (*Phot*) posemètre *m* partiel
**spot-on** * ADJ (*Brit*) (= *right*) ◆ **what he said was spot-on** ce qu'il a dit était en plein dans le mille * ◆ **he guessed spot-on** il a mis en plein dans le mille * ◆ **your new jacket is spot-on** (= *very good*) ta nouvelle veste est super *
**spot rate** N (*Fin*) cours *m* du disponible
**spot remover** N détachant *m*
**spot survey** N sondage *m*
**spot-weld** VT souder par points

**spotless** /'spɒtlɪs/ SYN
ADJ 1 (= *clean*) [*room, street, beach, clothes*] impeccable ◆ **she keeps the house spotless** elle entretient impeccablement la maison
2 (= *flawless*) [*reputation, image*] sans tache
ADV * ⇒ **spotlessly**

**spotlessly** /'spɒtlɪslɪ/ ADV ◆ **spotlessly clean** impeccable, reluisant de propreté

**spotlessness** /'spɒtlɪsnɪs/ N propreté *f* (impeccable *or* immaculée)

**spotlight** /ˈspɒtlaɪt/

N (Theat = beam) rayon m or feu m de projecteur ; (Theat = lamp) projecteur m, spot m ; (in home) spot m ; (= headlamp) phare m auxiliaire ◆ **the spotlight was on him** (fig) il était en vedette ; (in the public eye) les feux de l'actualité étaient braqués sur lui ◆ **to turn the spotlight on sb/sth** (Theat, fig) ⇒ **to spotlight sb/sth vt**

◆ **in the spotlight** (Theat) sous le feu du or des projecteur(s) ; (fig) en vedette, sous le feu des projecteurs

VT (Theat) diriger les projecteurs sur ; (fig) [+ sb's success, achievements] mettre en vedette ; [+ changes, differences, a fact] mettre en lumière

**spotlit** /ˈspɒtlɪt/ ADJ illuminé

**spotted** /ˈspɒtɪd/ SYN

ADJ 1 (= patterned) [handkerchief, tie, dress, crockery] à pois ; [animal] tacheté ◆ **blue eggs spotted with brown** œufs mpl bleus tachetés de marron ◆ **a yellow tie spotted with grey** une cravate jaune à pois gris

2 (= blemished) ◆ **spotted with paint** taché de peinture ◆ **spotted with stains** couvert de taches ◆ **spotted with nasty green mould** couvert d'horribles taches de moisissure verte

COMP **spotted dick** N (Brit Culin) pudding aux raisins de Corinthe

**spotted fever** N fièvre f éruptive

**spotted flycatcher** N gobe-mouches m gris

**spotted ray** (= fish) raie f douce

**spotter** /ˈspɒtəʳ/

N 1 (Brit) ◆ **train/plane spotter** (as hobby) passionné(e) m(f) de trains/d'avions

2 (Mil etc) (for enemy aircraft) guetteur m ; (during firing) observateur m

3 (US Comm *) surveillant(e) m(f) du personnel

COMP **spotter plane** N avion m d'observation

**spotting** /ˈspɒtɪŋ/ N 1 repérage m (Brit) ◆ **train/plane spotting** passe-temps consistant à identifier le plus grand nombre possible de trains/d'avions

2 (Med) traces fpl (de sang)

**spotty** /ˈspɒtɪ/ ADJ 1 [person, face, skin] boutonneux

2 (esp US = patchy) [support] irrégulier, inégal ; [bus service] irrégulier ; [knowledge] inégal

3 (* = patterned) [handkerchief, shirt, crockery] à pois

4 (= dirty) [garment] taché

**spousal** /spaʊzl/ ADJ (esp US) [duties, violence] conjugal ; [consent] du conjoint

**spouse** /spaʊz/ SYN N (frm or hum) époux m, épouse f ; (Jur) conjoint(e) m(f)

**spout** /spaʊt/ SYN

N [of teapot, jug, can] bec m ; (for tap) brise-jet m inv ; [of gutter, pump etc] dégorgeoir m ; [of pipe] orifice m ; [of fountain] jet m, ajutage m ; (= stream of liquid) jet m, colonne f ◆ **to be up the spout**‡ (Brit) [plans, timetable etc] être fichu * or foutu‡ ; [person] (= in trouble) être dans un mauvais cas, être dans de beaux draps ; (= pregnant) être en cloque‡ ◆ **that's another £50 (gone) up the spout**‡ voilà encore 50 livres de foutues en l'air‡ ; → **waterspout**

VI 1 [liquid] jaillir, sortir en jet (from, out of de) ; [whale] lancer un jet d'eau, souffler

2 (* fig pej = harangue) pérorer, laïusser * (about sur)

VT (also **spout out**) 1 [+ liquid] faire jaillir, laisser échapper un jet de ; [+ smoke, lava] lancer or émettre un jet de, vomir

2 (* = recite) débiter, déclamer ◆ **he can spout columns of statistics** il peut débiter or dévider des colonnes entières de statistiques

**sprain** /spreɪn/

N entorse f ; (less serious) foulure f

VT [+ muscle, ligament] fouler, étirer ◆ **to sprain one's ankle** se faire or se donner une entorse à la cheville ; (less serious) se fouler la cheville ◆ **to have a sprained ankle** s'être fait une entorse à la cheville ; (less serious) s'être foulé la cheville

**sprang** /spræŋ/ VB pt of **spring**

**sprat** /spræt/ N sprat m ◆ **it was a sprat to catch a mackerel** c'était un appât

**sprawl** /sprɔːl/ SYN

VI (also **sprawl out**) (= fall) tomber, s'étaler * ; (= lie) être affalé or vautré ; [handwriting] s'étaler (dans tous les sens) ; [plant] ramper, s'étendre (over sur) ; [town] s'étaler (over dans) ◆ **he was sprawling** or **lay sprawled in an armchair** il était affalé or vautré dans un fauteuil ◆ **to send sb sprawling** faire tomber qn de tout son long or les quatre fers en l'air, envoyer qn rouler par terre

N (position) attitude f affalée ; [of building, town] étendue f ◆ **an ugly sprawl of buildings down the valley** d'affreux bâtiments qui s'étalent dans la vallée ◆ **London's suburban sprawl** l'étalement m or l'extension f de la banlieue londonienne ◆ **the seemingly endless sprawl of suburbs** l'étendue f apparemment infinie des banlieues, les banlieues fpl tentaculaires

**sprawling** /ˈsprɔːlɪŋ/ ADJ [person, position, body] affalé ; [house] grand et informe ; [city] tentaculaire ; [novel, handwriting] qui part (or partait) dans tous les sens

**spray**[1] /spreɪ/ SYN

N 1 (gen) (nuage m de) gouttelettes fpl ; (from sea) embruns mpl ; (from hosepipe) pluie f ; (from atomizer) spray m ; (from aerosol) pulvérisation f ◆ **wet with the spray from the fountain** aspergé par le jet de la fontaine

2 (= container) (= aerosol) bombe f, aérosol m ; (for scent etc) atomiseur m, spray m ; (refillable) vaporisateur m ; (for lotion) brumisateur m ; (larger: for garden etc) pulvérisateur m ◆ **insecticide spray** (= aerosol) bombe f (d')insecticide ; (contents) insecticide m (en bombe) ; → **hair**

3 (also **spray attachment, spray nozzle**) pomme f, ajutage m

VT 1 [+ roses, garden, crops] faire des pulvérisations sur ; [+ room] faire des pulvérisations dans ; [+ hair] vaporiser (with de) ; (= spray-paint) [+ car] peindre à la bombe ◆ **to spray the lawn with weedkiller** pulvériser du désherbant sur la pelouse ◆ **they sprayed the oil slick with detergent** ils ont répandu du détergent sur la nappe de pétrole ◆ **to spray sth/sb with bullets** arroser qch/qn de balles, envoyer une grêle de balles sur qch/qn

2 [+ water] vaporiser, pulvériser (on sur) ; [+ scent] vaporiser ; [+ insecticide, paint] pulvériser ◆ **they sprayed foam on the flames** ils ont projeté de la neige carbonique sur les flammes

VI 1 ◆ **it sprayed everywhere** ça a tout arrosé ◆ **it sprayed all over the carpet** ça a arrosé tout le tapis

2 (= spray insecticide) pulvériser des insecticides

COMP [deodorant, insecticide etc] (présenté) en bombe

**spray can** N bombe f

**spray gun** N pistolet m (à peinture etc)

**spraying machine** N (Agr) pulvérisateur m

**spray-on** ADJ (lit) en aérosol, en bombe ; (* hum) [jeans, dress] hyper moulant *

**spray-paint** N peinture f en bombe VT peindre à la bombe

▸ **spray out** VI [liquid] jaillir (on to, over sur) ◆ **water sprayed out all over them** ils ont été complètement aspergés or arrosés d'eau

**spray**[2] /spreɪ/ SYN N [of flowers] gerbe f ; [of greenery] branche f ; (= brooch) aigrette f

**sprayer** /ˈspreɪəʳ/ N 1 ⇒ **spray**[1] **noun 2**

2 (= aircraft : also **crop-sprayer**) avion-pulvérisateur m

**spread** /spred/ SYN (vb: pret, ptp **spread**)

N 1 (NonC) [of fire, disease, infection] propagation f, progression f ; [of nuclear weapons] prolifération f ; [of idea, knowledge] diffusion f, propagation f ◆ **to stop the spread of a disease** empêcher une maladie de s'étendre, arrêter la propagation d'une maladie ◆ **the spread of education** le progrès de l'éducation ◆ **the spread of risk** (Insurance) la division des risques

2 (= extent, expanse) [of wings] envergure f ; [of arch] ouverture f, portée f ; [of bridge] travée f ; [of marks, prices, ages] gamme f, échelle f ; [of wealth] répartition f, distribution f ◆ **a spread of canvas** or **of sail** (Naut) un grand déploiement de voiles ◆ **he's got middle-age(d) spread** il a pris de l'embonpoint avec l'âge

3 (= cover) (for table) dessus m or tapis m de table ; (for meals) nappe f ; (= bedspread) dessus-de-lit m inv, couvre-lit m

4 (Culin) pâte f (à tartiner) ◆ **cheese spread** fromage m à tartiner

5 (* = meal) festin m ◆ **what a lovely spread!** c'est un vrai festin !

6 (Cards) séquence f

7 (Press, Typ) (= two pages) double page f ; (across columns) deux (or trois etc) colonnes fpl

ADJ (Ling) [vowel] non arrondi ; [lips] étiré

VT 1 (also **spread out**) [+ cloth, sheet, map] étendre, étaler (on sth sur qch) ; [+ carpet, rug] étendre, dérouler ; [+ wings, bird's tail, banner, sails] déployer ; [+ net] étendre, déployer ; [+ fingers, toes, arms, legs] écarter ; [+ fan] ouvrir ◆ **the peacock spread its tail** le paon a fait la roue ◆ **to spread one's wings** (fig) élargir ses horizons ◆ **to spread o.s.** (lit : also **spread o.s. out**) s'étaler, prendre plus de place ; (= speak at length) s'étendre, s'attarder (on sur) ; (= extend one's activities) s'étendre

2 [+ bread] tartiner (with de) ; [+ butter, jam, glue] étaler (on sur) ; [+ face cream] étendre (on sur) ◆ **spread both surfaces with glue, spread glue on both surfaces** étalez de la colle sur les deux surfaces, enduisez de colle les deux surfaces ◆ **to spread butter on a slice of bread, to spread a slice of bread with butter** tartiner de beurre une tranche de pain, beurrer une tartine

3 (= distribute) [+ sand etc] répandre (on, over sur) ; [+ fertilizer] épandre, étendre (over, on sur) ; (also **spread out**) [+ objects, cards, goods] étaler (on sur) ; [+ soldiers, sentries] disposer, échelonner (along le long de) ◆ **he spread sawdust on the floor** il a répandu de la sciure sur le sol, il a couvert le sol de sciure ◆ **he spread his books (out) on the table** il a étalé ses livres sur la table ◆ **there were policemen spread (out) all over the hillside** il y avait des agents de police éparpillés or dispersés sur toute la colline ◆ **the wind spread the flames** le vent a propagé les flammes

4 (= diffuse) [+ disease, infection] propager ; [+ germs] disséminer ; [+ wealth] distribuer ; [+ rumours] faire courir ; [+ news] faire circuler, communiquer ; [+ knowledge] répandre, diffuser ; [+ panic, fear, indignation] répandre, semer ; (in time: also **spread out**) [+ payment, studies] échelonner, étaler (over sur) ◆ **his visits were spread (out) over three years** ses visites se sont échelonnées or étalées sur une période de trois ans ◆ **he spread his degree (out) over five years** il a échelonné ses études de licence sur cinq ans ◆ **his research was spread over many aspects of the subject** ses recherches embrassaient or recouvraient de nombreux aspects du sujet ◆ **our resources are spread very thinly** nous n'avons plus aucune marge dans l'emploi de nos ressources ◆ **the new regulations spread the tax burden more evenly** les nouveaux règlements répartissent la charge fiscale plus uniformément ◆ **to spread o.s. too thin** trop disperser ses efforts ◆ **to spread the word** (= propagate ideas) prêcher la bonne parole ◆ **to spread the word about sth** (= announce) annoncer qch

VI 1 (= widen, extend further) [river, stain] s'élargir, s'étaler ; [flood, oil slick, weeds, fire, infection, disease] gagner du terrain, s'étendre ; [water] se répandre ; [pain] s'étendre ; [panic, indignation] se propager ; [news, rumour, knowledge] se propager, se répandre ◆ **to spread into** or **over sth** [river, flood, water, oil slick] se répandre dans or sur qch ; [fire, pain] se communiquer à qch, atteindre qch ; [weeds, panic] envahir qch ; [disease] atteindre qch, contaminer qch ; [news, education] atteindre qch, se répandre dans or sur qch ◆ **under the spreading chestnut tree** sous les branches étendues du marronnier

2 (= stretch, reach) (also **spread out**) [lake, plain, oil slick, fire] s'étendre (over sur) ◆ **the desert spreads over 500 square miles** le désert s'étend sur or recouvre 500 miles carrés ◆ **his studies spread (out) over four years** ses études se sont étendues sur quatre ans

3 [butter, paste etc] s'étaler

COMP **spread betting** N pari m diversifié (pour répartir ses chances et limiter les pertes)

**spread eagle** N (Heraldry) aigle f éployée

**spread-eagle** ADJ (US) chauvin (employé à propos d'un Américain) VT ◆ **to spread-eagle sb** envoyer qn rouler par terre ◆ **to be** or **lie spread-eagled** être étendu bras et jambes écartés

▸ **spread out**

VI 1 [people, animals] se disperser, s'éparpiller ◆ **spread out!** dispersez-vous !

2 (= open out) [fan] s'ouvrir ; [wings] se déployer ; [valley] s'élargir

3 ⇒ **spread vi 2**

VT SEP ◆ **the valley lay spread out before him** la vallée s'étendait à ses pieds ◆ **he was spread out on the floor** il était étendu de tout son long par terre ; see also **spread vt 1, 2, 4**

**spreader** /ˈspredəʳ/ N (for butter) couteau m à tartiner ; (for glue) couteau m à palette ; (Agr: for fertilizer) épandeur m, épandeuse f

**spreadsheet** /ˈspredʃiːt/ N (Comput) (= chart) tableau m ; (= software) tableur m

**spree** /spriː/ SYN N fête f ◆ **to go on** or **have a spree** faire la fête or la noce * ; → **buying, crime, drinking, spending, shooting, shopping**

**sprig** /sprɪg/ N brin m

## sprightliness | spur

**sprightliness** /ˈspraɪtlɪnɪs/ N (NonC) (physical) vivacité f, vitalité f ; (mental) vivacité f

**sprightly** /ˈspraɪtlɪ/ SYN ADJ (= physically) alerte ; (= mentally) alerte, vif

**spring** /sprɪŋ/ SYN (vb: pret sprang, ptp sprung)

N 1 (= leap) bond m, saut m ◆ **in** or **with** or **at one spring** d'un bond, d'un saut
2 (for chair, mattress, watch, machine) ressort m ◆ **the springs** [of car] la suspension ; → **hair-spring**, **mainspring**
3 (NonC = resilience) [of mattress] élasticité f ; [of bow, elastic band] détente f ◆ **he had a spring in his step** il marchait d'un pas élastique or souple
4 [of water] source f ◆ **hot spring** source f chaude
5 (fig) ◆ **springs** (= cause, motive) mobile m, motif m, cause f ; (= origin) source f, origine f
6 (= season) printemps m ◆ **in (the) spring** au printemps ◆ **spring is in the air** on sent venir le printemps

VI 1 (= leap) bondir, sauter ◆ **to spring in/out/across** etc entrer/sortir/traverser etc d'un bond ◆ **to spring at sth/sb** bondir or sauter or se jeter sur qch/qn ◆ **to spring to one's feet** se lever d'un bond
2 (fig) ◆ **to spring to attention** bondir au garde-à-vous ◆ **to spring to sb's help** bondir or se précipiter à l'aide de qn ◆ **to spring to the rescue** se précipiter pour porter secours ◆ **he sprang into action** il est passé à l'action ◆ **they sprang into the public eye** ils ont tout à coup attiré l'attention du public ◆ **to spring into existence** apparaître du jour au lendemain ◆ **to spring into view** apparaître soudain ◆ **to spring to mind** venir or se présenter à l'esprit ◆ **tears sprang to her eyes** les larmes lui sont venues aux yeux, les larmes lui sont montées aux yeux ◆ **the first name that sprang to his lips** le premier nom qui lui est venu aux lèvres ◆ **his hand sprang to his gun** il a saisi or attrapé son pistolet ◆ **the door sprang open** la porte s'est brusquement ouverte ◆ **where did you spring from?** d'où est-ce que tu sors ? ◆ **hope springs eternal** l'espoir fait vivre
3 (= originate from) provenir, découler (from de) ◆ **the oak sprang from a tiny acorn** le chêne est sorti d'un tout petit gland ◆ **all his actions spring from the desire to…** toutes ses actions proviennent or découlent de son désir de… ◆ **it sprang from his inability to cope with the situation** c'est venu or né de son incapacité à faire face à la situation
4 [timbers etc] (= warp) jouer, se gondoler ; (= split) se fendre

VT 1 [+ trap, lock] faire jouer ; [+ mine] faire sauter ◆ **to spring a surprise on sb** surprendre qn ◆ **to spring a question on sb** poser une question à qn à brûle-pourpoint or de but en blanc ◆ **to spring a piece of news on sb** annoncer une nouvelle à qn de but en blanc ◆ **he sprang the suggestion on me suddenly** il m'a suggéré de but en blanc or à l'improviste ◆ **he sprang it on me** il m'a pris de court or au dépourvu
2 (= put springs in) [+ mattress] pourvoir de ressorts ; [+ car] suspendre ◆ **well-sprung** [car] bien suspendu
3 (Hunting) [+ game] lever ; *⁎ [+ prisoner] aider à se faire la belle *⁎ ◆ **he was sprung*⁎ from Dartmoor** on l'a aidé à se cavaler *⁎ de Dartmoor
4 (= leap over) [+ ditch, fence etc] sauter, franchir d'un bond
5 [+ timbers, mast] (= warp) gondoler, faire jouer ; (= split) fendre ; → **leak**

COMP [weather, day, flowers] printanier, de printemps ; [mattress] à ressorts
**spring balance** N balance f à ressort
**spring binder** N (= file) classeur m à ressort
**spring binding** N [of file] reliure f à ressort
**spring chicken** N (Culin) poussin m ◆ **he/she is no spring chicken** il/elle n'est pas de toute première jeunesse
**spring-clean** N (NonC) (also **spring-cleaning**) grand nettoyage m (de printemps) VT nettoyer de fond en comble
**spring fever** N fièvre f printanière
**spring greens** NPL (Brit) choux mpl précoces
**spring-like** ADJ printanier, de printemps
**spring-loaded** ADJ tendu par un ressort
**spring lock** N serrure f à fermeture automatique
**spring onion** N (Brit) ciboule f
**spring roll** N (Culin) rouleau m de printemps
**spring snow** N (Ski) neige f de printemps
**spring tide** N (gen) grande marée f ; (at equinox) marée f d'équinoxe (de printemps)
**spring water** N eau f de source

▶ **spring up** VI [person] se lever d'un bond or précipitamment ; [flowers, weeds] surgir de terre ; [corn] lever brusquement ; [new buildings, settlements] pousser comme des champignons ; [wind, storm] se lever brusquement ; [rumour] naître, s'élever ; [doubt, fear] naître, jaillir ; [friendship, alliance] naître, s'établir ; [problem, obstacle, difficulty] se présenter, surgir

**springboard** /ˈsprɪŋbɔːd/ N (lit, fig) tremplin m

**springbok** /ˈsprɪŋbɒk/ N (pl **springbok** or **springboks**) springbok m

**springe** /sprɪndʒ/ N collet m

**springer spaniel** /ˈsprɪŋər/ N (= dog) springer m, épagneul m springer ◆ **English springer spaniel** (épagneul) springer m anglais, English springer

**springiness** /ˈsprɪŋɪnɪs/ N [of rubber, mattress] élasticité f ; [of ground, turf, step, hair] souplesse f ; [of plank] flexibilité f ; [of carpet] moelleux m

**springtide** /ˈsprɪŋtaɪd/ N (liter) ⇒ **springtime**

**springtime** /ˈsprɪŋtaɪm/ N printemps m

**springy** /ˈsprɪŋɪ/ ADJ [rubber, mattress, texture] élastique, souple ; [carpet] moelleux ; [plank] flexible ; [ground, turf, step] souple ; [step] alerte, souple ; [hair] frisé

**sprinkle** /ˈsprɪŋkl/ SYN VT ◆ **to sprinkle sth with water, to sprinkle water on sth** asperger qch d'eau ◆ **to sprinkle water on the garden** arroser légèrement le jardin ◆ **a rose sprinkled with dew** une rose couverte de rosée ◆ **to sprinkle sand on** or **over sth, to sprinkle sth with sand** répandre une légère couche de sable sur qch, couvrir qch d'une légère couche de sable ◆ **to sprinkle sand/grit on the roadway** sabler/cendrer la route ◆ **to sprinkle sugar over a cake, to sprinkle a cake with sugar** (Culin) saupoudrer un gâteau de sucre ◆ **lawn sprinkled with daisies** pelouse parsemée or émaillée (liter) de pâquerettes ◆ **they are sprinkled about here and there** ils sont éparpillés or disséminés ici et là

**sprinkler** /ˈsprɪŋklər/

N (for lawn) arroseur m ; (for sugar etc) saupoudreuse f ; (larger) saupoudroir m ; (in ceiling: for fire-fighting) diffuseur m (d'extincteur automatique d'incendie), sprinkler m
COMP **sprinkler system** N (for lawn) combiné m d'arrosage ; (for fire-fighting) installation f d'extinction automatique d'incendie

**sprinkling** /ˈsprɪŋklɪŋ/ SYN N 1 (= act) (with water, gen, Rel) aspersion f ; (on garden, road, street) arrosage m ; (with sugar) saupoudrage m ◆ **to give sth a sprinkling (of water)** (gen) asperger qch (d'eau) ; [+ garden, road, street] arroser qch ◆ **to give sth a sprinkling (of sugar)** saupoudrer qch (de sucre)
2 (= quantity) [of sand, snow] mince couche f ◆ **top off with a sprinkling of icing sugar/grated Parmesan** terminer en saupoudrant de sucre glace/parmesan râpé ◆ **a sprinkling of water** quelques gouttes fpl d'eau ◆ **a sprinkling of freckles** quelques taches fpl de rousseur ◆ **a sprinkling of sightseers** quelques rares touristes mpl ◆ **a sprinkling of women ministers** un petit nombre de femmes ministres ◆ **a sprinkling of literary allusions in the text** des allusions littéraires émaillent le texte

**sprint** /sprɪnt/ SYN

N (Sport) sprint m ◆ **to make a sprint for the bus** piquer*⁎ un sprint or foncer pour attraper l'autobus
VI (Sport) sprinter ; (gen) foncer, piquer*⁎ un sprint ◆ **to sprint down the street** descendre la rue à toutes jambes

**sprinter** /ˈsprɪntər/ N (Sport) sprinter m, sprinteur m, -euse f

**sprit** /sprɪt/ N livarde f, balestron m

**sprite** /spraɪt/ SYN N lutin m, farfadet m ; (Comput = icon in game) joueur m, lutin m

**spritz** /sprɪts/

N (= fizz) ◆ **it has a slight spritz** c'est légèrement pétillant
VT (= spray) vaporiser (with de) ◆ **I spritzed myself with water** je me suis aspergé d'eau

**spritzer** /ˈsprɪtsər/ N boisson f à base de vin blanc et d'eau gazeuse

**sprocket** /ˈsprɒkɪt/
N pignon m
COMP **sprocket wheel** N pignon m (d'engrenage)

**sprog*⁎** /sprɒg/ N (Brit) 1 (= child) morpion *⁎ m, -ionne *⁎ f (pej)
2 (Mil) bleu m

**sprout** /spraʊt/ SYN

N (on plant, branch etc) pousse f ; (from bulbs, seeds) germe m ◆ **(Brussels) sprout** choux m de Bruxelles
VI 1 [bulbs, onions etc] germer, pousser
2 (also **sprout up**) = grow quickly) [plants, crops, weeds] bien pousser ; [child] grandir or pousser vite
3 (also **sprout up**) = appear) [mushrooms etc] pousser ; [weeds] surgir de terre ; [new buildings] surgir de terre, pousser comme des champignons
VT ◆ **to sprout new leaves** pousser or produire de nouvelles feuilles ◆ **to sprout shoots** [potatoes, bulbs] germer ◆ **the wet weather has sprouted the barley** le temps humide a fait germer l'orge ◆ **the deer has sprouted horns** les cornes du cerf ont poussé, le cerf a mis ses bois ◆ **Paul has sprouted*⁎ a moustache** Paul s'est laissé pousser la moustache

**spruce¹** /spruːs/ N (also **spruce tree**) épicéa m ◆ **spruce** ◆ **white/black spruce** (Can) épinette f blanche/noire

**spruce²** /spruːs/ SYN ADJ [person] pimpant, soigné ; [garment] net, impeccable ; [house] coquet, pimpant

▶ **spruce up** VT SEP [+ child] faire beau ; [+ house] bien astiquer ◆ **all spruced up** [person] tiré à quatre épingles ; [house] bien astiqué, reluisant de propreté ◆ **to spruce o.s. up** se faire tout beau (toute belle f)

**sprucely** /ˈspruːslɪ/ ADV ◆ **sprucely dressed** tiré à quatre épingles, sur son trente et un

**spruceness** /ˈspruːsnɪs/ N [of person] mise f soignée ; [of house] aspect m coquet

**sprue** /spruː/ N (= channel) rigole f d'alimentation ; (= plastic) carotte f ; (= metal) jet m de fonte

**sprung** /sprʌŋ/
VB ptp of **spring**
ADJ [seat, mattress] à ressorts
COMP **sprung rhythm** N (Literat) en poésie anglaise, type de rythme imitant celui de la langue parlée

**spry** /spraɪ/ SYN ADJ alerte, plein d'entrain

**SPUC** /ˌespiːjuːˈsiː/ N (Brit) (abbrev of **Society for the Protection of the Unborn Child**) association anti-avortement

**spud** /spʌd/
N (= tool) sarcloir m ; (*⁎ = potato) patate *⁎ f
COMP **spud-bashing*⁎** N (Mil) corvée f de patates *⁎

**spume** /spjuːm/ N (liter) écume f

**spumescence** /spjuːˈmesns/ N spumosité f

**spumescent** /spjuːˈmesnt/ ADJ spumescent

**spun** /spʌn/ VB pt, ptp of **spin**

**spunk** /spʌŋk/ N 1 (NonC *⁎ = courage) cran *⁎ m, courage m
2 (Brit *⁎⁎⁎ = semen) foutre *⁎⁎⁎ m

**spunky*⁎** /ˈspʌŋkɪ/ ADJ plein de cran *⁎

**spur** /spɜːr/ SYN

N 1 [of horse, fighting cock, mountain, masonry] éperon m ; [of bone] saillie f ; (fig) aiguillon m ◆ **dig in one's spurs** enfoncer ses éperons, éperonner son cheval ◆ **to win** or **earn one's spurs** (Brit) (Hist) gagner ses éperons ; (fig) faire ses preuves ◆ **on the spur of the moment** sous l'impulsion du moment, sur un coup de tête ◆ **the spur of hunger** l'aiguillon m de la faim ◆ **it will be a spur to further efforts** cela nous (or les etc) incitera à faire des efforts supplémentaires
2 (= railway track : also **spur track**) (= siding) voie f latérale, voie f de garage ; (= branch) voie f de desserte, embranchement m
3 (on motorway etc) embranchement m
VT (also **spur on**) [+ horse] éperonner ; (fig) éperonner, aiguillonner ◆ **he spurred his horse on** (= applied spurs once) il a éperonné son cheval, il a donné de l'éperon à son cheval ; (= sped on) il a piqué des deux ◆ **spurred on by ambition** éperonné or aiguillonné par l'ambition ◆ **to spur sb (on) to do sth** encourager or inciter qn à faire qch ◆ **this spurred him (on) to greater efforts** ceci l'a encouragé à redoubler d'efforts

**spur gear** N → **spur wheel**
**spur-of-the-moment** ADJ fait sur l'impulsion du moment
**spur wheel** N roue f à dents droites
**spurdog** /'spɜːdɒg/ N (= fish) aiguillat m
**spurge** /spɜːdʒ/
N euphorbe f
COMP **spurge laurel** N daphné m
**spurious** /'spjʊərɪəs/ SYN ADJ (gen) faux (fausse f) ; [document, writings] faux (fausse f), apocryphe ; [claim] fallacieux ; [interest, affection, desire] simulé, feint
**spuriously** /'spjʊərɪəslɪ/ ADV faussement
**spurn** /spɜːn/ SYN VT [+ help, offer] repousser, rejeter ; [+ lover] éconduire
**spurr(e)y** /'spʌrɪ/ N spergule f
**spurt** /spɜːt/ SYN
N [of water, flame] jaillissement m, jet m ; [of anger, enthusiasm, energy] sursaut m, regain m ; (= burst of speed) accélération f ; (fig : at work etc) effort m soudain, coup m de collier ✦ **final spurt** (Racing) emballage m, rush m ✦ **to put on a spurt** (Sport) démarrer, sprinter ; (in running for bus) piquer* un sprint, foncer ; (fig: in work) donner un coup de collier, faire un soudain effort ✦ **in spurts** (= sporadically) par à-coups
VI 1 (also **spurt out**, **spurt up**) [water, blood] jaillir, gicler (from de) ; [flame] jaillir (from de)
2 [runner] piquer* un sprint, foncer ; (Sport) démarrer, sprinter
VT (also **spurt out**) [+ flame, lava] lancer, vomir ; [+ water] laisser jaillir, projeter
**sputa** /'spjuːtə/ NPL of **sputum**
**sputnik** /'spʊtnɪk/ N spoutnik m
**sputter** /'spʌtəʳ/ VI (= progress unevenly) piétiner ✦ **the economy is already sputtering** l'économie piétine déjà ✦ **the battle sputtered to a halt** la bataille s'est enlisée et a pris fin ; see also **splutter vi, vt**
**sputum** /'spjuːtəm/ N (pl **sputa**) crachat m, expectorations fpl
**spy** /spaɪ/ SYN
N (gen, Ind, Pol) espion(ne) m(f) ✦ **police spy** indicateur m, -trice f de police
VI (gen) espionner, épier ; (Ind, Pol) faire de l'espionnage ✦ **to spy for a country** faire de l'espionnage au service or pour le compte d'un pays ✦ **to spy on sb** espionner qn ✦ **to spy on sth** épier qch ✦ **stop spying on me!** arrête de m'espionner or de me surveiller ! ✦ **to spy into sth** chercher à découvrir qch subrepticement
VT (= catch sight of) apercevoir ✦ **I spied him coming** je l'ai vu qui arrivait or s'approchait ✦ **I spy, with my little eye, something beginning with A** je vois quelque chose qui commence par A, essaie de deviner (jeu d'enfant)
COMP [film, story etc] d'espionnage
**spy-in-the-sky*** N satellite-espion m
**spy plane** N avion-espion m
**spy ring** N réseau m d'espionnage
**spy satellite** N satellite-espion m
▶ **spy out** VT SEP reconnaître ✦ **to spy out the land** (lit, fig) reconnaître le terrain
**spycatcher** /'spaɪkætʃəʳ/ N (Brit) chasseur m d'espions
**spyglass** /'spaɪglɑːs/ N lunette f d'approche
**spyhole** /'spaɪhəʊl/ N judas m
**spying** /'spaɪɪŋ/ SYN N (NonC) espionnage m
**spymaster** /'spaɪmɑːstəʳ/ N chef m des services secrets
**spyware** /'spaɪwɛəʳ/ N logiciel m espion
**Sq** abbrev of **Square**
**sq.** (abbrev of **square**) carré ✦ **4sq. m** 4 m²
**Sqn Ldr** N (Brit Mil) (abbrev of **squadron leader**) Cdt
**squab** /skwɒb/ N (pl **squabs** or **squab**) 1 (= pigeon) pigeonneau m
2 (Brit : in car) assise f
**squabble** /'skwɒbl/ SYN
N chamaillerie* f, prise f de bec*
VI se chamailler*, se disputer (over sth à propos de qch)
**squabbler*** /'skwɒbləʳ/ N chamailleur* m, -euse* f
**squabbling** /'skwɒblɪŋ/ N (NonC) chamaillerie(s)* f(pl)
**squacco** /'skwækəʊ/ N crabier m

**squad** /skwɒd/ SYN
N [of soldiers, policemen, workmen, prisoners] escouade f, groupe m ; (Sport) équipe f ✦ **the England squad** (Sport) l'équipe f d'Angleterre ; → **firing**, **flying**
COMP **squad car** N (esp US Police) voiture f de police
**squaddie***, **squaddy** /'skwɒdɪ/ N (Brit = private soldier) deuxième classe m inv
**squadron** /'skwɒdrən/
N (in army) escadron m ; (in navy, airforce) escadrille f
COMP **squadron leader** N (Brit Air Force) commandant m
**squalene** /'skweɪliːn/ N (Bio) squalène m
**squalid** /'skwɒlɪd/ SYN ADJ [place, conditions, love affair, experience] sordide ; [motive] bas (basse f), ignoble ✦ **it was a squalid business** c'était une affaire sordide
**squall** /skwɔːl/
N 1 (Weather) rafale f or bourrasque f (de pluie) ; (at sea) grain m ✦ **there are squalls ahead** (fig) il y a de l'orage dans l'air, il va y avoir du grabuge*
2 (= cry) hurlement m, braillement m
VI [baby] hurler, brailler
**squalling** /'skwɔːlɪŋ/ ADJ criard, braillard*
**squally** /'skwɔːlɪ/ ADJ [wind] qui souffle en rafales, [weather] à bourrasques, à rafales ; [day] entrecoupé de bourrasques
**squalor** /'skwɒləʳ/ SYN N (NonC) conditions fpl sordides, misère f noire ✦ **to live in squalor** vivre dans des conditions sordides or dans la misère noire ; (pej) vivre comme un cochon (or des cochons)*
**squama** /'skweɪmə/ N (pl **squamae** /'skweɪmiː/) écaille f
**squamate** /'skweɪmeɪt/ ADJ squamé
**squamose** /'skweɪməʊs/, **squamous** /'skweɪməs/ ADJ squameux
**squamulose** /'skwæmjʊˌləʊs/ ADJ squamifère
**squander** /'skwɒndəʳ/ SYN VT [+ time, money, talents] gaspiller ; [+ fortune, inheritance] dissiper, dilapider ; [+ opportunity, chances] laisser filer, laisser passer
**square** /skwɛəʳ/
N 1 (= shape) carré m ; [of chessboard, crossword, graph paper] case f ; (= square piece) [of fabric, chocolate, toffee] carré m ; [of cake] part f (carrée) ; (= window pane) carreau m ✦ **to fold paper into a square** plier une feuille de papier en carré ✦ **divide the page into squares** divisez la page en carrés, quadrillez la page ✦ **linoleum with black and white squares on it** du linoléum en damier noir et blanc or à carreaux noirs et blancs ✦ **the troops were drawn up in a square** les troupes avaient formé le carré ✦ **form (yourselves into) a square** placez-vous en carré, formez un carré ✦ **to start again from square one*** repartir à zéro, repartir de la case départ ✦ **now we're back to square one*** nous nous retrouvons à la case départ*, nous repartons à zéro*
2 (in town) place f ; (with gardens) square m ; (esp US = block of houses) pâté m de maisons ; (Mil: also **barrack square**) cour f (de caserne) ✦ **the town square** la (grand-)place
3 (= drawing instrument) équerre f ✦ **it's out of square** ce n'est pas d'équerre ✦ **to cut sth on the square** équarrir qch ✦ **to be on the square*** [offer, deal] être honnête or régulier* ; [person] jouer franc jeu, jouer cartes sur table ; → **set, T**
4 (Math) carré m ✦ **four is the square of two** quatre est le carré de deux
5 (* pej = conventional person) ✦ **he's a real square** il est vraiment ringard* ✦ **don't be such a square!** ne sois pas si ringard !*
ADJ 1 (in shape) [object, shape, hole, face, jaw, shoulders] carré ✦ **a square corner** un coin à angle droit ✦ **of square build** trapu, ramassé ✦ **to be a square peg in a round hole*** ne pas être dans son élément
2 ✦ **square with** or **to sth** (= parallel) parallèle à qch ; (= at right angles) à angle droit avec qch, perpendiculaire à qch
3 (Math) ✦ **6 square metres** 6 mètres carrés ✦ **6 metres square** (de) 6 mètres sur 6 ✦ **a 25-cm square baking dish** un moule de 25 centimètres sur 25 ✦ **square measure** N (Math) unité f de surface

4 (Fin) [accounts, books, figures] en ordre ✦ **to get one's accounts square** mettre ses comptes en ordre, balancer ses comptes ✦ **to get square with sb** (financially) régler ses comptes avec qn ; (fig = get even with) rendre la pareille à qn ✦ **to be (all) square** être quitte
5 (Sport) ✦ **to be all square** être à égalité
6 (= honest) [dealings] honnête ✦ **a square deal** un arrangement équitable or honnête ✦ **to get a square deal** être traité équitablement ✦ **to give sb a square deal** agir honnêtement avec qn ✦ **to be square with sb** être honnête avec qn ; → **fair¹**
7 (* pej = conventional) [person, habit, attitude] ringard* ✦ **be there or be square!** (hum) tous les gens branchés* y seront
8 (= unequivocal) [refusal, denial] net, catégorique
9 (Cricket) à angle droit ✦ **to be square of the wicket** être placé perpendiculairement au guichet
ADV 1 (= squarely) ✦ **to hit** or **catch sb square on the forehead/on the jaw** atteindre qn en plein front/en pleine mâchoire ✦ **to hit sb square in the chest** frapper qn en pleine poitrine ✦ **a huge wave hit the ship square on** une énorme lame a frappé le bateau de plein fouet ✦ **to kiss sb square on the mouth** embrasser qn à pleine bouche ✦ **square in the middle** en plein milieu ✦ **to be square in the middle of sth** être au beau milieu de qch ✦ **to look sb square in the face** regarder qn bien en face ✦ **to stand square** être bien campé sur ses jambes ✦ **the bomb landed square on target** la bombe est tombée en plein sur l'objectif ; → **fair¹**
2 (= parallel) ✦ **square to** or **with sth** parallèlement à qch ✦ **he turned to face me square on** il s'est tourné pour être juste en face de moi ✦ **to stand square on to the camera** se tenir bien en face de la caméra
3 (= at right angles) ✦ **to cut sth square** équarrir qch, couper qch au carré or à angle droit ✦ **square to** or **with sth** d'équerre avec qch ✦ **the ship ran square across our bows** le navire nous a complètement coupé la route
VT 1 (= make square) [+ figure, shape] rendre carré, carrer ; [+ stone, timber] équarrir, carrer ; [+ corner] couper au carré or à angle droit ✦ **to square one's shoulders** redresser les épaules ✦ **to try to square the circle** (fig) chercher à faire la quadrature du cercle
2 (= settle, sort out) [+ books, accounts] mettre en ordre, balancer ; [+ debts] acquitter, régler ; [+ creditors] régler, payer ; (= reconcile) concilier, faire cadrer (with avec) ✦ **to square one's account with sb** régler ses comptes avec qn ✦ **to square o.s. with sb** régler ses comptes avec qn ✦ **I can't square that with what he told me yesterday** ça ne cadre pas avec ce qu'il m'a dit hier ✦ **he managed to square it with his conscience** il s'est arrangé avec sa conscience ✦ **can you square*** **him?** (= get him to agree) je m'occupe de lui, je me charge de lui
3 (Math) [+ number] élever au carré ✦ **four squared is sixteen** quatre au carré fait seize
VI cadrer, correspondre ✦ **that doesn't square with the facts** cela ne cadre pas avec les faits, cela ne correspond pas aux faits ✦ **that squares!*** ça cadre !, ça colle !*
COMP **square-bashing*** N (Brit Mil) exercice m
**square bracket** N (Typography) crochet m
**square-built** ADJ trapu
**square-cut** ADJ coupé à angle droit, équarri
**square dance** N quadrille m
**square-dancing** N (NonC) quadrille m
**square-faced** ADJ au visage carré
**square-jawed** ADJ à la mâchoire carrée
**square knot** N (US) nœud m plat
**square leg** N (Cricket) position du joueur de champ lorsqu'il est placé à angle droit avec le batteur
**square meal** N repas m substantiel
**the Square Mile** N (in London) la City
**square number** N (Math) carré m
**square-rigged** ADJ [ship] gréé (en) carré
**square rigger** N navire m gréé en carré
**square root** N racine f carrée
**square-shouldered** ADJ aux épaules carrées, carré d'épaules
**square-toed** ADJ [shoes] à bout carré
▶ **square off**
VI (in quarrel) se faire face ; (in fist fight) se mettre en garde (to sb devant qn)
VT SEP [+ paper, plan] diviser en carrés, quadriller ; [+ wood, edges] équarrir

## squarely | squib

▸ **square up**

**VI** ① [boxers, fighters] se mettre en garde (to sb devant qn) ◆ **to square up to a problem** (fig) faire face à un problème
② (= pay debts) régler ses comptes (with sb avec qn)
**VT SEP** ① (= make square) [+ paper] couper au carré or à angle droit ; [+ wood] équarrir
② [+ account, debts] régler, payer ◆ **I'll square things up* for you** ne vous en faites pas, je vais arranger ça

**squarely** /ˈskwɛəlɪ/ **ADV** ① (= completely) complètement ◆ **responsibility rests squarely with the President** la responsabilité incombe complètement au président ◆ **to lay** or **place the blame for sth squarely on sb** rejeter complètement la responsabilité de qch sur qn
② (= directly) ◆ **to look at sb squarely** regarder qn droit dans les yeux ◆ **to look sb squarely in the eye** regarder qn dans le blanc des yeux ◆ **a film that looks squarely at social problems** un film qui traite sans détour des problèmes sociaux ◆ **to face one's guilt squarely** assumer sa culpabilité sans détour ◆ **she faced her mother squarely** elle s'est campée devant sa mère d'un air résolu ◆ **a film aimed squarely at family audiences** un film visant directement un public familial ◆ **to hit sb squarely in the stomach** frapper qn en plein dans le ventre ◆ **set squarely in the middle of the wall** placé en plein milieu du mur
③ (= honestly) [deal with] honnêtement ; → **fairly**

**squash¹** /skwɒʃ/ SYN

**N** ① (Brit) ◆ **lemon/orange squash** citronnade f/orangeade f (concentrée)
② (Sport) squash m
③ (= crowd) cohue f, foule f ; (= crush) cohue f, bousculade f ◆ **we all got in, but it was a squash** on est tous entrés mais on était serrés ◆ **a great squash of people** une cohue, une foule ◆ **I lost him in the squash at the exit** je l'ai perdu dans la cohue or dans la bousculade à la sortie

**VT** [+ fruit, beetle, hat, box] écraser ; (fig) [+ argument] réfuter ; (= snub) rabrouer ◆ **to squash flat** [+ fruit, beetle] écraser, écrabouiller* ; [+ hat, box] aplatir ◆ **he squashed his nose against the window** il a écrasé son nez contre la vitre ◆ **you're squashing me!** tu m'écrases ! ◆ **she squashed the shoes into the suitcase** elle a réussi à caser* les chaussures dans la valise ◆ **can you squash two more people in the car?** est-ce que tu peux faire tenir or caser* deux personnes de plus dans la voiture ?

**VI** ① [people] ◆ **they squashed into the elevator** ils se sont serrés or entassés dans l'ascenseur ◆ **they squashed through the gate** ils ont franchi le portail en se bousculant
② [fruit, parcel etc] s'écraser ◆ **will it squash?** est-ce que cela risque de s'écraser ?

**COMP** **squash court** N (Sport) court m de squash
**squash player** N joueur m, -euse f de squash
**squash racket** N raquette f de squash

▸ **squash in**

**VI** [people] s'empiler, s'entasser ◆ **when the car arrived they all squashed in** quand la voiture est arrivée ils se sont tous empilés or entassés dedans ◆ **can I squash in?** est-ce que je peux me trouver une petite place ?
**VT SEP** (into box, suitcase etc) réussir à faire rentrer

▸ **squash together**

**VI** [people] se serrer (les uns contre les autres)
**VT SEP** [+ objects] serrer, tasser ◆ **we were all squashed together** nous étions très serrés or entassés

▸ **squash up**

**VI** [people] se serrer, se pousser ◆ **can't you squash up a bit?** pourriez-vous vous serrer or vous pousser un peu ?
**VT SEP** [+ object] écraser ; [+ paper] chiffonner en boule

**squash²** /skwɒʃ/ N (pl **squashes** or **squash**) (= gourd) gourde f ; (US = marrow) courge f

**squashy*** /ˈskwɒʃɪ/ ADJ [fruit, sofa] mou (molle f)

**squat¹** /skwɒt/

**ADJ** [person] trapu, courtaud ; [building] ramassé, trapu ; [armchair, jug, teapot] trapu ; [glass] court

**VI** ① (also **squat down**) [person] s'accroupir, s'asseoir sur ses talons ; [animal] se tapir, se ramasser ◆ **to be squatting (down)** [person] être accroupi, être assis sur ses talons ; [animal] être tapi or ramassé

② [squatters] squatter ◆ **to squat in a house** squatter or squattériser une maison
**N** = act of squatting, place) squat m
**COMP** **squat thrust** N (Gym) saut m de main

**squat²** /skwɒt/ N (US : also **diddly-squat**) ◆ **you don't know squat (about that)** t'y connais que dalle* ◆ **that doesn't mean squat (to me)** (pour moi,) ça veut dire que dalle*

**squatter** /ˈskwɒtəʳ/
**N** squatter m
**COMP** **squatter's rights** N droit m de propriété par occupation du terrain

**squatting** /ˈskwɒtɪŋ/ N squat m, squattage m

**squaw** /skwɔː/ N squaw f, femme f peau-rouge

**squawk** /skwɔːk/ SYN

**VI** [hen, parrot] pousser un or des gloussement(s) ; [baby] brailler ; [person] pousser un or des cri(s) rauque(s) ; (* fig = complain) râler, gueuler*
**N** gloussement m, braillement m, cri m rauque
**COMP** **squawk box*** N (US = loudspeaker) haut-parleur m

**squeak** /skwiːk/ SYN

**N** [of hinge, wheel, pen, chalk] grincement m ; [of shoes] craquement m ; [of mouse, doll] petit cri m aigu, vagissement m ; [of person] petit cri m aigu, glapissement m ◆ **to let out** or **give a squeak of fright/surprise** etc pousser un petit cri or glapir de peur/de surprise etc ◆ **not a squeak*, mind!** (= be quiet) pas de bruit, hein ! ; (= keep it secret) pas un mot !, motus et bouche cousue ! * ◆ **I don't want another squeak out of you** je ne veux plus t'entendre ; → **narrow**

**VI** ① (= make sound) [hinge, wheel, chair, gate, pen, chalk] grincer ; [shoe] craquer ; [mouse, doll] vagir, pousser un or des petit(s) cri(s) ; [person] glapir
② (in exam, election) ◆ **to squeak through** être accepté de justesse

**VT** ◆ **"no" she squeaked** « non » glapit-elle

**squeaker** /ˈskwiːkəʳ/ N (in toy etc) sifflet m

**squeaky** /ˈskwiːkɪ/
**ADJ** [hinge, gate, wheel, chair] grinçant ; [pen] qui crisse ; [toy] qui grince ; [shoes] qui craque ; [voice] aigu (-guë f)
**COMP** **squeaky-clean** ADJ (lit) (= very clean) [hair] tout propre, [office, home] ultrapropre ; (= above reproach) [person] blanc comme neige ; [reputation, image] irréprochable ; [company] à la réputation irréprochable

**squeal** /skwiːl/ SYN

**N** [of person, animal] cri m aigu or perçant ; [of brakes] grincement m, hurlement m ; [of tyres] crissement m ◆ **to let out** or **give a squeal of pain** pousser un cri de douleur ◆ **... he said with a squeal of laughter** ... dit-il avec un rire aigu

**VI** ① [person, animal] pousser un or des cri(s) (aigu(s) or perçant(s)) ; [brakes] grincer, hurler ; [tyres] crisser ◆ **he squealed like a (stuck) pig** il criait comme un cochon qu'on égorge ◆ **she tickled the child and he squealed** elle a chatouillé l'enfant et il a poussé un petit cri
② (* = inform) vendre la mèche* ◆ **to squeal on sb** balancer* or donner* qn ◆ **somebody squealed to the police** quelqu'un les (or nous etc) a balancés* or donnés* à la police

**VT** ◆ **"help" he squealed** « au secours » cria-t-il (d'une voix perçante)

**squeamish** /ˈskwiːmɪʃ/ SYN ADJ facilement dégoûté (about sth par qch) ◆ **I'm not squeamish about blood** je ne suis pas facilement dégoûté par la vue du sang ◆ **don't be so squeamish!** ne fais pas le délicat !

**squeamishness** /ˈskwiːmɪʃnɪs/ N (NonC) délicatesse f exagérée

**squeegee** /ˌskwiːˈdʒiː/
**N** (for windows) raclette f (à bord de caoutchouc) ; (= mop) balai-éponge m
**COMP** **squeegee merchant*** N (Brit) laveur m de pare-brise

**squeeze** /skwiːz/ SYN

**N** ① (NonC: in crowd) cohue f, bousculade f ◆ **to give sth a squeeze** ⇒ **to squeeze sth** vt ◆ **he gave her a big squeeze** il l'a serrée très fort dans ses bras ◆ **he gave her hand a tender squeeze** il lui serra tendrement la main ◆ **a squeeze of lemon** quelques gouttes fpl de citron ◆ **a squeeze of toothpaste** un peu de dentifrice ◆ **it was a real squeeze in the bus** on était serrés comme des sardines* or on était affreusement tassés dans l'autobus ◆ **it was a (tight) squeeze to get through** il y avait à peine la place de passer ◆ **to put the squeeze on sb*** presser qn, harceler qn
② (Econ) (also **credit squeeze**) restrictions fpl de crédit ◆ **spending squeeze** réduction f des dépenses
③ (Bridge) squeeze m (in à)
④ (* = romantic partner) (petit) copain m, (petite) copine f

**VT** ① (= press) [+ handle, tube, plastic bottle, lemon, sponge] presser ; [+ cloth] tordre ; [+ doll, teddy bear] appuyer sur ; [+ sb's hand, arm] serrer ◆ **he squeezed his finger in the door** il s'est pris or pincé le doigt dans la porte ◆ **she squeezed another sweater into the case** elle a réussi à caser* un autre chandail dans la valise ◆ **to squeeze one's eyes shut** fermer les yeux en serrant fort ◆ **he squeezed his victim dry*** il a saigné sa victime à blanc
② (= extract) ◆ **squeeze the water from the sponge** essorez l'éponge ◆ **squeeze the air from the tyre** faites sortir l'air du pneu en appuyant dessus
③ [+ prices, profits] réduire

**VI** ◆ **he squeezed past me** il s'est glissé devant moi en me poussant un peu ◆ **he managed to squeeze into the bus** il a réussi à se glisser or à s'introduire dans l'autobus en poussant ◆ **they all squeezed into the car** ils se sont entassés or empilés dans la voiture ◆ **can you squeeze underneath the fence?** est-ce que tu peux te glisser sous la barrière ? ◆ **he squeezed through the crowd** il a réussi à se faufiler à travers la foule ◆ **she squeezed through the window** elle s'est glissée par la fenêtre ◆ **the car squeezed into the empty space** il y avait juste assez de place pour se garer

**COMP** **squeeze bottle** N (US) flacon m en plastique déformable
**squeeze-box*** N (= accordion) accordéon m ; (= concertina) concertina m

▸ **squeeze in**

**VI** [person] trouver une petite place ; [car etc] rentrer tout juste, avoir juste la place ◆ **can I squeeze in?** est-ce qu'il y a une petite place pour moi ?
**VT SEP** [+ object into box, item on programme] trouver une petite place pour ◆ **can you squeeze two more people in?** est-ce que vous avez de la place pour deux autres personnes ?, est-ce que vous pouvez prendre deux autres personnes ? ◆ **I can squeeze you in* tomorrow at nine** je peux vous prendre (en vitesse) or vous caser* demain à neuf heures

▸ **squeeze out**

**VI** ◆ **he managed to squeeze out of the window** à force de contorsions, il a réussi à sortir par la fenêtre
**VT** ① (= extract) [+ water, juice, toothpaste, air] faire sortir (en pressant) (of de)
② [+ information, names, contribution] soutirer, arracher ; [+ money] soutirer (of à) ◆ **you won't squeeze a penny out of me** tu ne me feras pas lâcher* un sou ◆ **the government hopes to squeeze more money out of the taxpayers** le gouvernement espère soutirer encore de l'argent aux contribuables
③ (= get rid of) [+ person] évincer ◆ **his brother tried to squeeze him out of the company** son frère a essayé de l'évincer de l'entreprise

▸ **squeeze past** VI [person] passer en se faufilant or en poussant ; [car] se faufiler, se glisser

▸ **squeeze through** VI [person] se faufiler, se frayer un chemin ; [car] se faufiler, se glisser (between entre)

▸ **squeeze up*** VI [person] se serrer, se pousser

**squeezer** /ˈskwiːzəʳ/ N presse-fruits m inv ◆ **lemon squeezer** presse-citron m inv

**squelch** /skweltʃ/
**N** ① bruit m de succion or de pataugeage ◆ **I heard the squelch of his footsteps in the mud** je l'ai entendu patauger dans la boue ◆ **the tomato fell with a squelch** la tomate s'est écrasée par terre avec un bruit mat
② (* = crushing retort) réplique f qui coupe le sifflet f
**VI** [mud etc] faire un bruit de succion ◆ **to squelch in/out** etc [person] entrer/sortir etc en pataugeant ◆ **to squelch (one's way) through the mud** avancer en pataugeant dans la boue ◆ **the water squelched in his boots** l'eau faisait flic flac* dans ses bottes
**VT** (= crush underfoot) piétiner, écraser

**squib** /skwɪb/ N pétard m ; → **damp**

**squid** /skwɪd/ N (pl **squid** or **squids**) calmar m, encornet m

**squidgy*** /'skwɪdʒɪ/ ADJ (Brit) visqueux

**squiffy** †* /'skwɪfɪ/ ADJ (Brit) éméché* ◆ **to get squiffy** se noircir †*

**squiggle** /'skwɪgl/
- N (= scrawl) gribouillis m ; (= wriggle) tortillement m
- VI (in writing etc) gribouiller, faire des gribouillis ; [worm etc] se tortiller

**squiggly** /'skwɪglɪ/ ADJ ondulé

**squill** /skwɪl/ N scille f

**squillion*** /'skwɪljən/ N (Brit) myriade f ◆ **squillions of pounds** des millions et des millions de livres ◆ **a squillion reasons** une myriade de raisons

**squinch** /skwɪntʃ/ (US)
- VT [+ eyes] plisser ◆ **he squinched his eyes at the sunlight** il a plissé les yeux à cause du soleil, le soleil lui a fait plisser les yeux
- VI plisser les yeux

**squint** /skwɪnt/
- N 1 (Med) strabisme m ◆ **to have a squint** loucher, être atteint de strabisme
  2 (= sidelong look) regard m de côté ; (* = quick glance) coup m d'œil ◆ **to have** or **take a squint at sth*** (obliquely) regarder qch du coin de l'œil, lorgner qch ; (quickly) jeter un coup d'œil à qch ◆ **let's have a squint!*** donne voir !, montre voir !* ◆ **have a squint* at this** jette un coup d'œil là-dessus, zieute⁑ ça
- VI 1 (Med) loucher
  2 (= screw up eyes) ◆ **he squinted in the sunlight** il a plissé les yeux à cause du soleil, le soleil lui a fait plisser les yeux
  3 (= take a look) jeter un coup d'œil ◆ **he squinted down the tube** il a jeté un coup d'œil dans le tube ◆ **to squint at sth** (obliquely) regarder qch du coin de l'œil, lorgner qch ; (quickly) jeter un coup d'œil à qch ◆ **he squinted at me quizzically** il m'a interrogé du regard
- COMP **squint-eyed** ADJ qui louche

**squirarchy** /'skwaɪərɑːkɪ/ N ⇒ **squirearchy**

**squire** /'skwaɪəʳ/ SYN
- N (= landowner) propriétaire m terrien, ≈ châtelain m ; (Hist = knight's attendant) écuyer m ◆ **the squire told us...** le châtelain nous a dit... ◆ **the squire of Barcombe** le seigneur † or le châtelain de Barcombe ◆ **yes squire!**⁑ (Brit) oui chef or patron !*
- VT [+ lady] escorter, servir de cavalier à ◆ **she was squired by...** elle a été escortée par...

**squirearchy** /'skwaɪərɑːkɪ/ N (NonC) hobereaux mpl, propriétaires mpl terriens

**squirm** /skwɜːm/ SYN VI 1 [worm etc] se tortiller ◆ **to squirm through a window** [person] passer par une fenêtre en faisant des contorsions
2 (fig) [person] (from embarrassment) ne pas savoir où se mettre, être au supplice ; (from distaste) avoir un haut-le-corps ◆ **spiders make me squirm** j'ai un haut-le-corps quand je vois une araignée ◆ **her poetry makes me squirm** ses poèmes me mettent mal à l'aise

**squirrel** /'skwɪrəl/
- N écureuil m ◆ **red squirrel** écureuil m roux ◆ **grey squirrel** écureuil m gris
- COMP [coat etc] en petit-gris
- **squirrel monkey** N saïmiri m
- ▶ **squirrel away** VT SEP [+ nuts etc] amasser

**squirt** /skwɜːt/
- N 1 [of water] jet m ; [of detergent] giclée f ; [of scent] quelques gouttes fpl
  2 (* pej = person) petit morveux* m, petite morveuse* f
- VT [+ water] faire jaillir, faire gicler (at, on, onto sur ; into dans) ; [+ detergent] verser une giclée de ; [+ oil] injecter ; [+ scent] faire tomber quelques gouttes de ◆ **he squirted the insecticide onto the roses** il a pulvérisé de l'insecticide sur les roses ◆ **to squirt sb with water** asperger or arroser qn d'eau ◆ **to squirt scent on sb, to squirt sb with scent** asperger qn de parfum
- VI [liquid] jaillir, gicler ◆ **the water squirted into my eye** j'ai reçu une giclée d'eau dans l'œil ◆ **water squirted out of the broken pipe** l'eau jaillissait du tuyau cassé
- COMP **squirt gun** N (US) pistolet m à eau
- **squirting cucumber** N cornichon m sauvage, ecballium m (SPÉC)

**squirter** /'skwɜːtəʳ/ N poire f (en caoutchouc)

**squish*** /skwɪʃ/
- VT écrabouiller*
- VI ◆ **to squish out of** or **between** sortir par les interstices de

**squishy*** /'skwɪʃɪ/ ADJ [fruit] mollasson ; [ground, texture] spongieux

**squit**⁑ /skwɪt/ N (pej : = person) petit morveux* m, petite morveuse* f

**Sr** (abbrev of **Senior**) Sr

**SRC** /ˌesɑːˈsiː/ N (Brit) 1 (abbrev of **Science Research Council**) ≈ CNRS m
2 (abbrev of **students' representative council**) comité d'étudiants

**Sri Lanka** /ˌsriːˈlæŋkə/ N Sri Lanka m ◆ **in Sri Lanka** au Sri Lanka

**Sri Lankan** /ˌsriːˈlæŋkən/
- ADJ (gen) sri-lankais ; [ambassador, embassy] du Sri Lanka
- N Sri-Lankais(e) m(f)

**SRN** /ˌesɑːˈren/ N (Brit) (abbrev of **State-Registered Nurse**) → **state**

**SS** /ˈesˈes/ N 1 (abbrev of **steamship**) navire de la marine marchande britannique ◆ **SS Charminster** le Charminster
2 (abbrev of **Saints**) Sts mpl, Stes fpl
3 (= Nazi) SS m inv

**SSA** /ˌesesˈeɪ/ N (US) (abbrev of **Social Security Administration**) → **social**

**SSP** /ˌesesˈpiː/ N (Brit) (abbrev of **statutory sick pay**) → **statutory**

**SSSI** /ˌesesesˈaɪ/ N (Brit) (abbrev of **Site of Special Scientific Interest**) → **site**

**St**
- N 1 (abbrev of **Street**) rue f ◆ **Churchill St** rue Churchill
  2 (abbrev of **Saint**) St(e) ◆ **St Peter** saint Pierre ◆ **St Anne** sainte Anne
- COMP **St John Ambulance** N (Brit) association bénévole de secouristes
- **St Lawrence** N (Geog = river) Saint-Laurent m
- **St Lawrence Seaway** N (Geog) voie f maritime du Saint-Laurent

**st** abbrev of **stone(s)**

**stab** /stæb/ SYN
- N 1 (with dagger/knife etc) coup m (de poignard/de couteau etc) ◆ **a stab in the back** (fig) un coup bas or déloyal ◆ **a stab of pain** un élancement ◆ **a stab of remorse/grief** un remords/une douleur lancinant(e)
  2 (* = attempt) ◆ **to have** or **make a stab at (doing) sth** s'essayer à (faire) qch ◆ **I'll have a stab at it** je vais tenter le coup
- VT (with knife etc) (= kill) tuer d'un coup de or à coups de couteau etc ; (= wound) blesser d'un coup de or à coups de couteau etc ; (= kill or wound with dagger) poignarder ◆ **to stab sb with a knife** frapper qn d'un coup de couteau, donner un coup de couteau à qn ◆ **to stab sb to death** tuer qn d'un coup de or à coups de couteau etc ◆ **he was stabbed through the heart** il a reçu un coup de couteau etc dans le cœur ◆ **to stab sb in the back** (lit, fig) poignarder qn dans le dos ◆ **he stabbed his penknife into the desk** il a planté son canif dans le bureau ◆ **he stabbed the pencil through the map** il a transpercé la carte d'un coup de crayon
- VI ◆ **he stabbed at the book with his finger** il a frappé le livre du doigt
- COMP **stab-wound** N coup m de poignard (or couteau etc) ; (= mark) trace f de coup de poignard (or couteau etc) ◆ **to die of stab-wounds** mourir poignardé

**Stabat Mater** /ˈstɑːbætˈmɑːtəʳ/ N (Mus, Rel) Stabat Mater

**stabbing** /ˈstæbɪŋ/
- N agression f (à coups de couteau etc) ◆ **there was another stabbing last night** la nuit dernière une autre personne a été attaquée à coups de couteau etc
- ADJ [gesture] comme pour frapper ; [sensation] lancinant ◆ **stabbing pain** douleur f lancinante, élancement m

**stabile** /ˈsteɪbaɪl/ N (Art) stabile m

**stability** /stəˈbɪlɪtɪ/ SYN N (NonC: gen) stabilité f ; [of marriage] solidité f

**stabilization** /ˌsteɪbəlaɪˈzeɪʃən/ N stabilisation f

**stabilize** /ˈsteɪbəlaɪz/ VT stabiliser

**stabilizer** /ˈsteɪbəlaɪzəʳ/
- N (on car, plane, boat) stabilisateur m ; (in food) stabilisant m
- NPL **stabilizers** (Brit) [of bicycle] stabilisateurs mpl
- COMP **stabilizer bar** N (US: on car) barre f antiroulis, stabilisateur m

**stable¹** /ˈsteɪbl/ SYN ADJ (gen) stable ; [marriage] solide ; (Med) stationnaire, stable ◆ **to be in a stable relationship** avoir une relation stable ◆ **he is not a very stable character** il est plutôt instable ◆ **to be in a serious but stable condition** (Med) être dans un état grave mais stationnaire or stable ◆ **sterling has remained stable against the euro** la livre sterling est restée stable par rapport à l'euro

**stable²** /ˈsteɪbl/
- N (= building) écurie f ; (also **racing stable**) écurie f (de courses) ◆ **(riding) stable(s)** centre m d'équitation, manège m ◆ **another bestseller from the HarperCollins stable** un nouveau best-seller qui sort de chez HarperCollins
- VT [+ horse] mettre dans une or à l'écurie
- COMP **stable-boy** N garçon m or valet m d'écurie
- **stable companion** N (Brit) ⇒ **stablemate**
- **stable door** N ◆ **to shut** or **close the stable door after the horse has bolted** or **has gone** (Prov) prendre des précautions après coup
- **stable fly** N stomoxe m
- **stable girl** N valet m d'écurie
- **stable lad** N (Brit) lad m

**stablemate** /ˈsteɪblmeɪt/ N (= horse) compagnon m de stalle ; (= person) camarade mf d'études (or de travail etc)

**stabling** /ˈsteɪblɪŋ/ N écuries fpl ◆ **we have stabling for twenty horses** nos écuries peuvent accueillir vingt chevaux

**staccato** /stəˈkɑːtəʊ/
- ADV (Mus) staccato
- ADJ (Mus) [notes] piqué ; [passage] joué en staccato ; [gunfire, voice, style] saccadé

**stack** /stæk/ SYN
- N 1 (Agr) meule f ; [of rifles] faisceau m ; [of wood, books, papers] tas m, pile f ; (US) [of tickets] carnet m ◆ **stacks*** or **a stack* of** un tas* de, plein* de ◆ **I've got stacks*** or **a stack* of things to do** j'ai des tas* de choses or plein* de choses à faire ◆ **to have stacks* of money** rouler sur l'or, être bourré de fric⁑ ◆ **we've got stacks* of time** on a tout le temps ; → **haystack**
  2 (= group of chimneys) souche f de cheminée ; (on factory, boat etc) tuyau m de) cheminée f
  3 (in library, bookshop) ◆ **stacks** rayons mpl, rayonnages mpl
  4 (Comput) pile f
- VT 1 [+ hay, straw] mettre en meule ; (also **stack up**) [+ books, wood] empiler, entasser ; [+ dishes] empiler ◆ **the table was stacked with books** la table était couverte de piles de livres ◆ **she's well-stacked*** (hum) il y a du monde au balcon*
  2 [+ supermarket shelves] remplir ◆ **she stacked the shelf with books** (gen) elle a entassé des livres sur le rayon
  3 (= hold waiting) [+ incoming calls, applications etc] mettre en attente ; [+ aircraft] mettre en attente (à différentes altitudes)
  4 * (pej) ◆ **to stack a jury** composer un jury favorable ◆ **he had stacked the committee with his own supporters** il avait noyauté le comité en y plaçant ses partisans ◆ **to stack the cards** or (US) **the deck** tricher (en battant les cartes) ◆ **the cards** or **odds are stacked against me** tout joue contre moi
- ▶ **stack up**
- VI (US = measure, compare) se comparer (with, against à)
- VT SEP (gen) empiler, entasser ; [+ wheat, barrels] gerber ; see also **stack** vt 1

**stadholder** /ˈstædˌhəʊldəʳ/ N stathouder m

**stadholderate** /ˈstædˌhəʊldəʳrət/, **stadholdership** /ˈstædˌhəʊldəʃɪp/ N stathoudérat m

**stadia¹** /ˈsteɪdɪə/ NPL of **stadium**

**stadia²** /ˈsteɪdɪə/ N (= instrument) stadia m

**stadium** /ˈsteɪdɪəm/ N (pl **stadiums** or **stadia** /ˈsteɪdɪə/) stade m (sportif)

**stadtholder** /ˈstædˌhəʊldəʳ/ N ⇒ **stadholder**

**stadtholderate** /ˈstædˌhəʊldəʳrət/, **stadtholdership** /ˈstædˌhəʊldəʃɪp/ N ⇒ **stadholderate**

**staff¹** /stɑːf/ SYN
- N (pl **staffs**) (= work force) [of company] personnel m ; (Scol, Univ) personnel m enseignant, professeurs mpl ; (= servants) domestiques mfpl ; (Mil) état-major m ◆ **a large staff** un personnel etc nombreux ◆ **to be on the staff** faire partie du personnel ◆ **we have 30 typists on the staff** no-

**staff** tre personnel comprend 30 dactylos ✦ **15 staff** (gen) 15 employés ; (teachers) 15 professeurs or enseignants ✦ **he's left our staff** il ne fait plus partie de notre personnel ✦ **he joined our staff in 1984** il est entré chez nous en 1984, il a commencé à travailler chez nous en 1984 ✦ **he's staff** il fait partie du personnel ; → **chief, editorial**
**VT** [+ school, hospital etc] pourvoir en personnel ✦ **it is staffed mainly by immigrants** le personnel se compose surtout d'immigrants ✦ **the hotel is well-staffed** l'hôtel est pourvu d'un personnel nombreux ; → **overstaffed, short, understaffed**
**COMP staff association** N association f du personnel, ≈ comité m d'entreprise
**staff canteen** N restaurant m d'entreprise, cantine f (des employés)
**staff college** N (Mil) école f supérieure de guerre
**staff corporal** N (Brit) ≈ adjudant m
**staff discount** N remise f pour le personnel
**staff meeting** N (Scol, Univ) conseil m des professeurs
**staff nurse** N (Med) infirmier m, -ière f
**staff officer** N (Mil) officier m d'état-major
**staff sergeant** N (Brit, US Army) ≈ sergent-chef m ; (US Air Force) sergent m
**staff-student ratio** N ⇒ **staffing ratio** ; → **staffing**
**staff training** N formation f du personnel

**staff²** /stɑːf/ SYN N (pl **staves** or **staffs**) (liter = rod, pole) bâton m ; (longer) perche f ; (= walking stick) bâton m ; (shepherd's) houlette f ; (= weapon) bâton m, gourdin m ; (= symbol of authority) bâton m de commandement ; (Rel) crosse f, bâton m pastoral ; (also **flagstaff**) mât m ; †† [of spear, lance etc] hampe f ; (fig = support) soutien m ✦ **a staff for my old age** (fig) mon bâton de vieillesse ✦ **bread is the staff of life** le pain est l'aliment vital or le soutien de la vie

**staff³** /stɑːf/ N (pl **staves**) (Mus) portée f

**staffed** /ˈstɑːft/ ADJ (permanently) où il y a du personnel en permanence

**staffer** /ˈstɑːfər/ N (esp US) (in journalism) membre m de la rédaction ; (in organization) membre m du personnel

**staffing** /ˈstɑːfɪŋ/
**N** effectifs mpl
**COMP** [problems etc] de personnel ✦ **to reduce staffing levels** réduire les effectifs
**staffing officer** N (Can) agent m de dotation
**staffing ratio** N (Scol etc) taux m d'encadrement ✦ **the staffing ratio is good/bad** le taux d'encadrement est élevé/faible

**Staffordshire bull terrier** /ˈstæfədʃər/ N (= dog) bull-terrier m or terrier m bull du Staffordshire

**staffroom** /ˈstɑːfruːm/ N (Scol, Univ) salle f des professeurs

**Staffs** abbrev of **Staffordshire**

**stag** /stæg/
**N** [1] (= deer) cerf m ; (= other animal) mâle m
[2] (Brit Stock Exchange) loup m
**ADJ** [1] (= men only) [event, evening] entre hommes ✦ **stag night** or **party** (gen = men-only party) soirée f entre hommes ; (before wedding) enterrement m de la vie de garçon ✦ **he's having a stag night** or **party** il enterre sa vie de garçon ✦ **the stag line** (US) le coin des hommes seuls (dans une soirée)
[2] (US * = pornographic) [film] porno* inv ✦ **stag show** spectacle m porno
**COMP stag beetle** N cerf-volant m (scarabée), lucane m
**stag hunt(ing)** N chasse f au cerf

**stage** /steɪdʒ/ SYN
**N** [1] (Theat = place) scène f ✦ **the stage** (= profession) le théâtre ✦ **to write for the stage** écrire des pièces de théâtre ✦ **the book was adapted for the stage** le livre a été adapté pour le théâtre or porté à la scène ✦ **his play never reached the stage** sa pièce n'a jamais été jouée ✦ **to set the stage for sth** (fig) préparer le terrain pour qch ✦ **the stage is set for a memorable match** tout annonce un match mémorable ✦ **to hold the stage** être le point de mire ✦ **he has disappeared from the political stage** il a disparu de la scène politique ; → **downstage**
✦ **on (the) stage** sur scène ✦ **to come on stage** entrer en scène ✦ **to go on the stage** monter sur la scène ; (as career) monter sur les planches, commencer à faire du théâtre ✦ **on the stage as in real life** à la scène comme à la ville ✦ **she has appeared on the stage** elle a fait du théâtre

[2] (= platform : in hall etc) estrade f ; (Constr = scaffolding) échafaudage m ; (also **landing stage**) débarcadère m ; [of microscope] platine f
[3] (= point, section) [of journey] étape f ; [of road, pipeline] section f ; [of rocket] étage m ; [of operation] étape f, phase f ; [of process, disease] stade m, phase f ✦ **a four-stage rocket** une fusée à quatre étages ✦ **the second stage fell away** le deuxième étage s'est détaché ✦ **a critical stage** une phase or un stade critique ✦ **the first stage of his career** le premier échelon de sa carrière ✦ **in the early stages** au début ✦ **at an early stage in its history** vers le début de son histoire ✦ **at this stage in the negotiations** à ce point or à ce stade des négociations ✦ **what stage is your project at?** à quel stade or où en est votre projet ? ✦ **it has reached the stage of being translated** c'en est au stade de la traduction ✦ **we have reached a stage where...** nous (en) sommes arrivés à un point or à un stade où... ✦ **the child has reached the talking stage** l'enfant en est au stade où il commence à parler ✦ **he's going through a difficult stage** il passe par une période difficile ✦ **it's just a stage in his development** ce n'est qu'une phase or un stade dans son développement ; → **fare**
✦ **at some stage** ✦ **we'll need to meet at some stage to talk about it** il faudra que nous nous voyions pour en discuter à un moment ou à un autre ✦ **at some stage during the year** au cours de l'année ✦ **everybody in the party was ill at some stage of the tour** tout le monde dans le groupe a été malade au cours du voyage
✦ **in stages, by stages** par étapes ✦ **in** or **by easy stages** [travel] par petites étapes ; [study] par degrés ✦ **the reform was carried out in stages** la réforme a été appliquée en plusieurs étapes or temps
✦ **stage by stage** étape par étape
[4] (also **stagecoach**) diligence f
**VT** (Theat) monter, mettre en scène ✦ **they staged an accident/a reconciliation** (= organize) ils ont organisé un accident/une réconciliation ; (= feign) ils ont monté un accident/ fait semblant de se réconcilier ✦ **they staged a demonstration** (= organize) ils ont organisé une manifestation ; (= carry out) ils ont manifesté ✦ **to stage a strike** (= organize) organiser une grève ; (= go on strike) faire la grève ✦ **that was no accident, it was staged** ce n'était pas un accident, c'était un coup monté
**COMP stage designer** N décorateur m, -trice f de théâtre
**stage direction** N (= instruction) indication f scénique ; (NonC) (= art, activity) (art m de la) mise f en scène
**stage director** N metteur m en scène
**stage door** N entrée f des artistes
**stage effect** N effet m scénique
**stage fright** N trac* m
**stage left** N côté m cour
**stage-manage** VT [+ play, production] s'occuper de la régie de ; [+ event, demonstration] orchestrer
**stage manager** N (Theat) régisseur m
**stage name** N nom m de scène
**stage play** N (Theat) pièce f de théâtre
**stage production** N production f théâtrale
**stage race** N (Sport) course f par étapes
**stage right** N côté m jardin
**stage set** N (Theat) décor m
**stage show** N ⇒ **stage production**
**stage-struck** ADJ ✦ **to be stage-struck** mourir d'envie de faire du théâtre
**stage whisper** N (fig) aparté m ✦ **in a stage whisper** en aparté

(!) **stage** in French means 'training course'.

**stagecoach** /ˈsteɪdʒkəʊtʃ/ N diligence f ✦ **"Stagecoach"** (Cine) « La Chevauchée fantastique »

**stagecraft** /ˈsteɪdʒkrɑːft/ N (NonC: Theat) technique f de la scène

**stagehand** /ˈsteɪdʒhænd/ N machiniste m

**stager** /ˈsteɪdʒər/ N ✦ **old stager** vétéran m , vieux routier m

**stagey** /ˈsteɪdʒɪ/ ADJ ⇒ **stagy**

**stagflation** /stægˈfleɪʃən/ N (Econ) stagflation f

**stagger** /ˈstæɡər/ SYN
**VI** chanceler, tituber ✦ **he staggered to the door** il est allé à la porte d'un pas chancelant or titubant ✦ **to stagger along/in/out** etc avancer/entrer/sortir etc en chancelant or titubant ✦ **he was staggering about** il se déplaçait en chancelant or titubant, il vacillait sur ses jambes

**VT** [1] (= amaze) stupéfier, renverser ; (= horrify) atterrer ✦ **this will stagger you** tu vas trouver cela stupéfiant or renversant ✦ **I was staggered to learn that...** (= amazed) j'ai été absolument stupéfait d'apprendre que... ; (= horrified) j'ai été atterré d'apprendre que...
[2] [+ spokes, objects] espacer ; [+ visits, payments] échelonner ; [+ holidays] étaler ✦ **they work staggered hours** leurs heures de travail sont étalées or échelonnées ✦ **staggered start** (Sport) départ m décalé
**N** allure f chancelante or titubante
**NPL staggers** (= disease of animals) vertigo m

**staggering** /ˈstæɡərɪŋ/
**ADJ** [1] (= astounding) [number, amount, losses, success, news] stupéfiant, ahurissant ; [increase] stupéfiant
[2] (= powerful) (lit) ✦ **staggering blow** coup m de massue ✦ **to be a staggering blow (to sb/sth)** (fig) être un coup de massue (pour qn/qch)
**N** [1] (= action) démarche f chancelante or titubante
[2] [of hours, visits etc] échelonnement m ; [of holidays] étalement m

**staggeringly** /ˈstæɡərɪŋlɪ/ ADV [difficult] extraordinairement ✦ **staggeringly beautiful** d'une beauté stupéfiante ✦ **the team's staggeringly bad performance** la prestation extrêmement décevante de l'équipe ✦ **staggeringly high prices** des prix exorbitants

**staghound** /ˈstæɡhaʊnd/ N espèce f de fox-hound

**staging** /ˈsteɪdʒɪŋ/
**N** [1] (= scaffolding) (plateforme f d')échafaudage m
[2] (Theat: of play) mise f en scène
[3] (Space) largage m (d'un étage de fusée)
**COMP staging post** N (Mil, also gen) relais m, point m de ravitaillement

**stagnancy** /ˈstæɡnənsɪ/ N stagnation f

**stagnant** /ˈstæɡnənt/ SYN ADJ [water] stagnant ; [pond] à l'eau stagnante ; [air] confiné ; [mind] inactif ; [economy, market, business, output, society] stagnant ✦ **stagnant growth** stagnation f

**stagnate** /stæɡˈneɪt/ SYN VI [water] être stagnant, croupir ; [economy, business, market, person, production] stagner

**stagnation** /stæɡˈneɪʃən/ N stagnation f

**stagy** /ˈsteɪdʒɪ/ ADJ (pej) [appearance, diction, mannerisms] théâtral ; [person] cabotin

**staid** /steɪd/ SYN ADJ (pej) [person, appearance] collet monté inv ; [behaviour, place, community] sclérosé ; [image] guindé ; [car, suit] très ordinaire

**staidness** /ˈsteɪdnɪs/ N (pej) [of person, appearance] aspect m collet monté ; [of institution, community] sclérose f ; [of place, behaviour] caractère m sclérosé ; [of image] caractère m guindé ; [of car, suit] caractère m très ordinaire

**stain** /steɪn/ SYN
**N** [1] (lit, fig = mark) tache f (on sur) ✦ **blood/grease stain** tache f de sang/graisse ✦ **without a stain on his character** sans une tache à sa réputation
[2] (= colouring) colorant m ✦ **wood stain** couleur f pour bois
**VT** [1] (= mark, soil) tacher ; [+ reputation] ternir, entacher ; [+ career] porter atteinte à, nuire à ✦ **stained with blood** taché de sang
[2] (= colour) [+ wood] teinter, teindre ; [+ glass] colorer
**VI** ✦ **this material will stain** ce tissu se tache facilement or est très salissant
**COMP stained glass** N (= substance) verre m coloré ; (= windows collectively) vitraux mpl
**stained-glass window** N vitrail m, verrière f
**stain remover** N détachant m
**stain resistant** ADJ antitaches

**-stained** /steɪnd/ ADJ (in compounds) ✦ **grease-stained** taché de graisse ✦ **nicotine-stained** taché par la nicotine or le tabac ✦ **oil-stained** taché d'huile ; see also **bloodstained, tear²**

**stainless** /ˈsteɪnlɪs/
**ADJ** sans tache, pur
**COMP stainless steel** N acier m inoxydable, inox m

**stair** /stɛəʳ/
**N** *(= step)* marche *f* ; (also **stairs, flight of stairs**) escalier *m* • **to pass sb on the stair(s)** rencontrer qn dans l'escalier • **below stairs** à l'office
**COMP** *[carpet]* d'escalier
**stair rod** **N** tringle *f* d'escalier

**staircase** /'stɛəkeɪs/ **N** escalier *m* ; → **moving, spiral**

**stairlift** /'stɛəlɪft/ **N** ascenseur-escalier *m (pour personnes handicapées)*

**stairway** /'stɛəweɪ/ **N** escalier *m*

**stairwell** /'stɛəwel/ **N** cage *f* d'escalier

**stake** /steɪk/ SYN
**N** 1 *(for fence, tree)* pieu *m*, poteau *m* ; *(as boundary mark)* piquet *m*, jalon *m* ; *(for plant)* tuteur *m* ; *(Hist)* bûcher *m* • **to die** *or* **be burnt at the stake** mourir sur le bûcher • **I would go to the stake to defend their rights** *(Brit)* je serais prêt à mourir pour défendre leurs droits • **to pull up stakes** * *(US)* déménager
2 *(Betting)* enjeu *m* ; *(fig = share)* intérêt *m* • **stakes** *(= horse-race)* course *f* de chevaux • **the Newmarket stakes** *(Racing)* le Prix de Newmarket • **to play for high stakes** *(lit, fig)* jouer gros jeu • **to raise the stakes** *(fig)* faire monter les enchères • **to have a stake in sth** avoir des intérêts dans qch • **he has got a stake in the success of the firm** il est intéressé matériellement *or* financièrement au succès de l'entreprise • **Britain has a big stake in North Sea oil** la Grande-Bretagne a de gros investissements *or* a engagé de gros capitaux dans le pétrole de la mer du Nord
♦ **at stake** • **the issue at stake** ce dont il s'agit, ce qui est en jeu, ce qui se joue ici • **our future is at stake** notre avenir est en jeu, il s'agit de *or* il y va de notre avenir • **there is a lot at stake** l'enjeu est considérable, il y a gros à perdre • **there is a lot at stake for him** il a gros à perdre • **he has got a lot at stake** il joue gros jeu, il risque gros, il a misé gros
**VT** 1 *[+ territory, area]* marquer *or* délimiter (avec des piquets *etc*) ; *[+ path, line]* marquer, jalonner ; *[+ claim]* établir • **to stake one's claim to sth** revendiquer qch, établir son droit à qch
2 (also **stake up**) *[+ fence]* soutenir à l'aide de poteaux *or* de pieux ; *[+ plants]* mettre un tuteur à, soutenir à l'aide d'un tuteur
3 *(= bet) [+ money, jewels etc]* jouer, miser (*on* sur) ; *[+ one's reputation, life]* risquer, jouer (*on* sur) • **he staked everything** *or* **his all on the committee's decision** il a joué le tout pour le tout *or* il a joué son va-tout sur la décision du comité • **I'd stake my life on it** j'en mettrais ma tête à couper
4 *(= back financially) [+ show, project, person]* financer, soutenir financièrement
▸ **stake out** **VT SEP** 1 *[+ piece of land]* marquer *or* délimiter (avec des piquets *etc*) ; *[+ path, line]* marquer, jalonner ; *(fig) [+ section of work, responsibilities etc]* s'approprier, se réserver • **to stake out a position as…** *(fig)* se tailler une position de…
2 *(Police) [+ person, house]* mettre *or* garder sous surveillance, surveiller

**stakeholder** /'steɪkhəʊldəʳ/
**N** partie *f* prenante
**COMP** **stakeholder pension** **N** *(Brit) système d'épargne-retraite (par capitalisation)*

**stakeout** /'steɪkaʊt/ **N** *(Police)* surveillance *f* • **to be on a stakeout** effectuer une surveillance

**Stakhanovism** /stæ'kænəvɪzəm/ **N** *(Hist)* stakhanovisme *m*

**Stakhanovite** /stæ'kænəvaɪt/ **ADJ, N** *(Hist)* stakhanoviste *mf*

**stalactite** /'stæləktaɪt/ **N** stalactite *f*

**stalag** /'stælæg/ **N** *(Hist)* stalag *m*

**stalagmite** /'stæləgmaɪt/ **N** stalagmite *f*

**stale** /steɪl/ SYN
**ADJ** 1 *(= not fresh) [food]* qui n'est plus frais (fraîche *f*) ; *[bread, cake]* rassis (rassie *f*) ; *[biscuit]* vieux (vieille *f*) ; *[cheese]* desséché ; *[beer, perfume]* éventé ; *[air]* confiné ; *[breath, sweat, urine]* fétide • **to smell of stale cigarette smoke** sentir le tabac froid • **to go stale** *[bread, cake]* rassir ; *[biscuit]* s'abîmer ; *[beer]* s'éventer • **to smell stale** *[room]* sentir le renfermé
2 *[person]* qui a perdu tout enthousiasme, las (lasse *f*) ; *[idea, joke]* éculé ; *[news]* dépassé • **to become stale** *[person]* perdre tout enthousiasme ; *[relationship]* s'étioler ; *[situation]* stagner
3 *(Fin)* • **stale cheque** chèque *m* prescrit
**VI** *(liter) [pleasures etc]* perdre de sa (*or* leur) fraîcheur *or* nouveauté

**stalemate** /'steɪlmeɪt/
**N** *(Chess)* pat *m* ; *(fig)* impasse *f* • **the discussions have reached stalemate** les discussions sont dans l'impasse • **the stalemate is complete** c'est l'impasse totale • **to break the stalemate** sortir de l'impasse
**VT** *(Chess)* faire pat *inv* ; *(fig) [+ project]* contrecarrer ; *[+ adversary]* paralyser, neutraliser

**stalemated** /'steɪlmeɪtɪd/ **ADJ** *[discussions]* au point mort (*on sth* en ce qui concerne qch), dans l'impasse (*on sth* en ce qui concerne qch) ; *[project]* au point mort

**staleness** /'steɪlnɪs/ **N** *(NonC)* 1 *(= lack of freshness) [of food]* manque *m* de fraîcheur ; *[of air]* mauvaise qualité *f* ; *[of breath, sweat, urine]* mauvaise odeur *f*
2 *[of person]* manque *m* d'enthousiasme ; *[of news, situation]* manque *m* de fraîcheur ; *[of relationship]* étiolement *m*

**Stalin** /'stɑːlɪn/ **N** Staline *m*

**Stalinism** /'stɑːlɪnɪzəm/ **N** stalinisme *m*

**Stalinist** /'stɑːlɪnɪst/
**N** stalinien(ne) *m(f)*
**ADJ** stalinien

**stalk**[1] /stɔːk/ SYN
**N** *[of plant]* tige *f* ; *[of fruit]* queue *f* ; *[of cabbage]* trognon *m* ; *[of animal's eyes]* pédoncule *m* • **his eyes were out on stalks** * il ouvrait des yeux ronds, il écarquillait les yeux
**COMP** **stalk-eyed** **ADJ** *[animal]* aux yeux pédonculés

**stalk**[2] /stɔːk/ SYN
**VT** 1 *[+ game, prey]* traquer ; *[+ victim]* suivre partout ; *[+ suspect]* filer
2 • **to stalk the streets/town** *etc [fear, disease, death]* régner dans les rues/la ville *etc*
**VI** • **to stalk in/out/off** *etc* entrer/sortir/partir *etc* d'un air digne *or* avec raideur • **he stalked in haughtily/angrily/indignantly** il est entré d'un air arrogant/furieux/indigné
**COMP** **stalking-horse** **N** *(fig)* prétexte *m* • **I've no intention of standing as a stalking-horse candidate** *(Pol)* je n'ai aucunement l'intention de me présenter comme candidat bidon *

**stalker** /'stɔːkəʳ/ **N** • **she complained of being followed by a stalker** elle s'est plainte d'un désaxé qui la suit partout

**stalking** /'stɔːkɪŋ/ **N** *(Jur)* traque *f (forme de harcèlement sexuel pathologique consistant à suivre partout sa victime)*

**stall** /stɔːl/
**N** 1 *(in stable, cowshed)* stalle *f* • **(starting) stalls** *(Racing)* stalles *fpl* de départ
2 *(in market, street, at fair)* éventaire *m*, étal *m* ; *(in exhibition)* stand *m* • **newspaper/flower stall** kiosque *m* à journaux/de fleuriste • **bookstall** petite librairie *f* • **coffee stall** buvette *f* • **to set out one's stall** *(fig)* définir ses objectifs • **to set out one's stall to achieve sth** faire en sorte d'arriver à qch
3 *(Brit Theat)* (fauteuil *m* d')orchestre *m* • **the stalls** l'orchestre *m*
4 *(in showers etc)* cabine *f* ; *(in church)* stalle *f* ; → **choir**
5 *(US : in car park)* place *f*, emplacement *m*
6 *(= finger stall)* doigtier *m*
7 *(Driving)* fait *m* de caler • **in a stall** *(US fig)* au point mort
**VI** 1 *[car, engine, driver]* caler ; *[aircraft]* être en perte de vitesse, décrocher
2 *(fig)* • **to stall (for time)** essayer de gagner du temps, atermoyer • **he managed to stall until…** il a réussi à trouver des faux-fuyants jusqu'à ce que… • **stop stalling!** cesse de te dérober !
**VT** 1 *[+ engine, car]* caler ; *[+ plane]* causer une perte de vitesse *or* un décrochage à • **to be stalled** *[car]* avoir calé ; *(fig) [project etc]* être au point mort
2 *[+ person]* tenir à distance • **I managed to stall him until…** j'ai réussi à le tenir à distance *or* à esquiver ses questions jusqu'à ce que… • **try to stall him for a while** essaie de gagner du temps
**COMP** **stall-fed** **ADJ** *[animal]* engraissé à l'étable

**stallholder** /'stɔːlhəʊldəʳ/ **N** marchand(e) *m(f)* (à l'étal) ; *(at fair)* forain(e) *m(f)* ; *(at exhibition)* exposant(e) *m(f)*

**stallion** /'stæljən/ **N** étalon *m (cheval)*

**stalwart** /'stɔːlwət/ SYN
**ADJ** 1 *(= dependable) [person]* loyal ; *[supporter, ally]* inconditionnel ; *[work]* exemplaire
2 *(= sturdy) [person]* vigoureux, robuste
**N** brave homme *m* (*or* femme *f*) ; *[of party etc]* fidèle *mf*

**stamen** /'steɪmen/ **N** (pl **stamens** *or* **stamina** /'stæmɪnə/) *[of flower]* étamine *f*

**stamina** /'stæmɪnə/ SYN **N** *(NonC) (physical)* résistance *f*, endurance *f* ; *(intellectual)* vigueur *f* ; *(moral)* résistance *f* • **he's got stamina** il est résistant, il a de l'endurance ; see also **stamen**

**staminal** /'stæmɪnəl/ **ADJ** staminal

**staminate** /'stæmɪnɪt/ **ADJ** staminifère

**stammer** /'stæməʳ/ SYN
**N** bégaiement *m*, balbutiement *m* ; *(Med)* bégaiement *m* • **to have a stammer** bégayer, être bègue
**VI** bégayer, balbutier ; *(Med)* bégayer, être bègue
**VT** (also **stammer out**) *[+ name, facts]* bégayer, balbutier • **to stammer (out) a reply** bégayer *or* balbutier une réponse, répondre en bégayant *or* balbutiant • **"n-not t-too m-much" he stammered** « p-pas t-trop » bégaya-t-il

**stammerer** /'stæmərəʳ/ **N** bègue *mf*

**stammering** /'stæmərɪŋ/
**N** *(NonC)* bégaiement *m*, balbutiement *m* ; *(Med)* bégaiement *m*
**ADJ** *[person] (from fear, excitement)* bégayant, balbutiant ; *(Med)* bègue ; *[answer]* bégayant, hésitant

**stammeringly** /'stæmərɪŋlɪ/ **ADV** en bégayant, en balbutiant

**stamp** /stæmp/ SYN
**N** 1 timbre *m* ; *(= postage stamp)* timbre(-poste) *m* ; *(= fiscal stamp, revenue stamp)* timbre *m* (fiscal) ; *(= savings stamp)* timbre(-épargne) *m* ; *(= trading stamp)* timbre(-prime) *m* • **(National) Insurance stamp** cotisation *f* à la Sécurité sociale • **to put** *or* **stick a stamp on a letter** coller un timbre sur une lettre, timbrer une lettre • **used/unused stamp** timbre *m* oblitéré/non oblitéré
2 *(= implement) (for metal)* étampe *f*, poinçon *m* ; *(= rubber stamp)* timbre *m*, tampon *m* ; *(= date stamp)* timbre dateur *m*
3 *(= mark, impression) (on document)* cachet *m* ; *(on metal)* empreinte *f*, poinçon *m* ; *(Comm = trademark)* estampille *f* • **look at the date stamp** regardez la date sur le cachet • **here's his address stamp** voici le cachet indiquant son adresse • **it's got a receipt stamp on it** il y a un cachet accusant paiement • **he gave the project his stamp of approval** il a donné son aval au projet • **the stamp of genius/truth** la marque *or* le sceau du génie/de la vérité • **men of his stamp** des hommes de sa trempe *or* de son acabit *(pej)*
4 *[of foot] (from cold)* battement *m* de pied ; *(from rage)* trépignement *m* • **with a stamp (of his foot)** en tapant du pied
**VT** 1 • **to stamp one's foot** taper du pied • **to stamp one's feet** *(in rage)* trépigner ; *(in dance)* frapper du pied ; *(to keep warm)* battre la semelle • **he stamped the peg into the ground** il a tapé du pied sur le piquet pour l'enfoncer en terre
2 *(= stick a stamp on) [+ letter, parcel]* timbrer, affranchir ; *[+ savings book, insurance card]* timbrer, apposer un *or* des timbre(s) sur ; *(= put fiscal stamp on)* timbrer • **this letter is not sufficiently stamped** cette lettre n'est pas suffisamment affranchie
3 *(= mark with stamp)* tamponner, timbrer ; *[+ passport, document]* viser ; *[+ metal]* estamper, poinçonner • **to stamp a visa on a passport** apposer un visa sur un passeport • **to stamp the date on a form, to stamp a form with the date** apposer la date sur un formulaire *(avec un timbre dateur)* • **he stamped a design on the metal** il a estampillé le métal d'un motif • **to stamp sth on one's memory** graver qch dans sa mémoire • **his accent stamps him as (a) Belgian** son accent montre bien *or* indique bien qu'il est belge • **to stamp o.s. on sth** laisser sa marque *or* son empreinte sur qch ; → **die**[2]
**VI** 1 taper du pied ; *(angrily)* taper du pied, trépigner ; *[horse]* piaffer • **he stamped on my foot** il a fait exprès de me marcher sur le pied • **he stamped on the burning wood** il a piétiné les braises • **to stamp on a suggestion** rejeter une suggestion
2 *(angrily)* • **to stamp in/out** *etc* entrer/sortir *etc* en tapant du pied • **to stamp about** *or*

**around** *(angrily)* taper du pied ; *(to keep warm)* battre la semelle

COMP **Stamp Act** N *(Hist)* loi *f* sur le timbre
**stamp album** N album *m* de timbres(-poste)
**stamp-book** N carnet *m* de timbres(-poste)
**stamp collecting** N *(NonC)* philatélie *f*
**stamp collection** N collection *f* de timbres (-poste)
**stamp collector** N collectionneur *m*, -euse *f* de timbres(-poste), philatéliste *mf*
**stamp dealer** N marchand(e) *m(f)* de timbres (-poste)
**stamp duty** N droit *m* de timbre
**stamped addressed envelope** N *(Brit)* enveloppe *f* affranchie à son nom et adresse ◆ **I enclose a stamped addressed envelope (for your reply)** veuillez trouver ci-joint une enveloppe affranchie pour la réponse
**stamping ground** * N lieu *m* favori, royaume *m*
**stamp machine** N distributeur *m* (automatique) de timbres(-poste)

▸ **stamp down** VT SEP *[+ peg etc]* enfoncer du pied ; *[+ rebellion]* écraser, étouffer ; *[+ protests]* refouler

▸ **stamp out** VT SEP 1 *[+ fire]* piétiner, éteindre en piétinant ; *[+ cigarette]* écraser sous le pied ; *(fig) [+ rebellion]* enrayer, juguler ; *[+ custom, belief, tendency]* éradiquer
2 *[+ coin etc]* frapper ; *[+ design]* découper à l'emporte-pièce
3 *[+ rhythm]* marquer en frappant du pied

**stampede** /stæm'piːd/ SYN

N *(aimless) [of animals]* débandade *f*, fuite *f* précipitée ; *[of people]* sauve-qui-peut *m inv* ; *[of retreating troops]* débâcle *f*, déroute *f* ; *(fig : with purpose = rush)* ruée *f* ◆ **there was a stampede for the door** on s'est précipité *or* rué vers la porte ◆ **he got knocked down in the stampede for seats** il a été renversé dans la ruée vers les sièges

VI *[animals, people]* s'enfuir en désordre *or* à la débandade *(from* de), fuir en désordre *or* à la débandade *(towards* vers) ; *(fig = rush)* se ruer *(for sth* pour obtenir qch) ◆ **to stampede for the door** se ruer vers la porte

VT *[+ animals, people]* jeter la panique parmi ◆ **they stampeded him into agreeing** il a accepté parce qu'ils ne lui ont pas laissé le temps de la réflexion ◆ **we mustn't let ourselves be stampeded** il faut que nous prenions *subj* le temps de réfléchir

**stance** /stæns/ SYN N *(lit, fig)* position *f* ; *(Climbing)* relais *m* ◆ **(bus) stance** quai *m* ◆ **to take up a stance** *(lit)* prendre place *or* position ; *(fig)* prendre position *(on* sur ; *against* contre)

**stanch** /stɑːntʃ/ VT ⇒ **staunch**[1]

**stanchion** /'stɑːnʃən/ N *(as support)* étançon *m*, étai *m* ; *(for cattle)* montant *m*

◆ ◆ ◆ ◆ ◆ ◆ ◆ ◆ ◆ ◆ ◆ ◆ ◆ ◆ ◆ ◆ ◆ ◆ ◆ ◆ ◆ ◆ ◆ ◆ ◆ ◆ ◆ ◆ ◆

## stand /stænd/

LANGUAGE IN USE 7.3, 14 SYN

vb: pret, ptp **stood**

1 - NOUN
2 - TRANSITIVE VERB
3 - INTRANSITIVE VERB
4 - COMPOUNDS
5 - PHRASAL VERBS

◆ ◆ ◆ ◆ ◆ ◆ ◆ ◆ ◆ ◆ ◆ ◆ ◆ ◆ ◆ ◆ ◆ ◆ ◆ ◆ ◆ ◆ ◆ ◆ ◆ ◆ ◆ ◆ ◆

### 1 - NOUN

1 [= POSITION : LIT, FIG] position *f* ◆ **to take (up) one's stand** *(lit)* prendre place *or* position ; *(fig)* prendre position *(on* sur ; *against* contre ) ◆ **he took (up) his stand beside me** il s'est placé *or* mis à côté de moi, il a pris position à côté de moi ◆ **I admired the firm stand he took on that point** j'ai admiré sa fermeté sur cette question ◆ **I make my stand upon these principles** je me base sur ces principes ◆ **to make** *or* **take a stand against sth** *(fig = fight)* lutter contre qch ◆ **we must take a stand against racism** nous devons lutter contre le racisme ◆ **they turned and made a stand** *(Mil)* ils ont fait volte-face et se sont défendus ◆ **the stand of the Australians at Tobruk** *(Mil)* la résistance des Australiens à Tobrouk ◆ **Custer's last stand** le dernier combat de Custer

2 (also **taxi stand**) station *f* (de taxis)

3 [COMM: FOR DISPLAYING GOODS] étal *m*, étalage *m* ; (also **newspaper stand**) kiosque *m* à journaux ; *(= market stall)* étal *m* (étals *pl*), éventaire *m* ; *(at exhibition, funfair, trade fair)* stand *m*

4 [= SEATING AREA] tribune *f* ◆ **I've got a ticket for the stand(s)** j'ai une tribune, j'ai un billet de tribune(s)

5 [= WITNESS STAND] barre *f* ◆ **to take the stand** venir à la barre

6 [= HOLDER, SUPPORT] *(for plant, bust etc)* guéridon *m* ; *(for lamp)* pied *m* (de lampe) ; *(= hat stand)* porte-chapeaux *m inv* ; *(= coat stand)* portemanteau *m* ; *(= music stand)* pupitre *m* à musique

7 [OF TREES] bouquet *m*, bosquet *m* ◆ **a stand of grass** une étendue d'herbe

8 [CRICKET] ◆ **the stand between Gooch and Hussein** le nombre de points que Gooch et Hussein ont marqué

9 ⇒ **standstill**

### 2 - TRANSITIVE VERB

1 [= PLACE] *[+ object]* mettre ◆ **stand the plant in a sunny spot** mettez cette plante dans un endroit ensoleillé ◆ **he stood the child on the chair** il a mis l'enfant debout sur la chaise ◆ **to stand sth (up) against a wall** mettre qch debout contre le mur ◆ **to stand sth on its end** mettre qch debout

2 [= TOLERATE] *[+ heat, pain, criticism, insolence, attitude]* supporter ◆ **I can't stand it any longer** *(pain etc)* je ne peux plus le supporter ; *(boredom etc)* j'en ai assez, j'en ai par-dessus la tête * ◆ **I can't stand (the sight of) her** je ne peux pas la supporter *or* la sentir * ◆ **she can't stand being laughed at** elle ne supporte pas qu'on se moque *subj* d'elle ◆ **I can't stand gin/Wagner/wet weather** je déteste le gin/Wagner/la pluie

3 [= WITHSTAND] *[+ pressure, heat]* supporter, résister à ◆ **she stood the journey quite well** elle a bien supporté le voyage ◆ **these shoes won't stand much wear** ces chaussures ne vont pas faire beaucoup d'usage ◆ **it won't stand close examination** cela ne résistera pas à un examen approfondi ◆ **that doll won't stand much more of that treatment** cette poupée ne va pas faire long feu à ce rythme-là

4 [* = PAY FOR] payer, offrir ◆ **to stand sb a drink** offrir un verre à qn, payer un pot à qn * ◆ **he stood the next round of drinks** il a payé la tournée suivante ◆ **to stand sb a meal** inviter qn au restaurant ◆ **to stand the cost of sth** payer qch ◆ **they agreed to stand the cost of my course** ils ont accepté de payer mon stage

### 3 - INTRANSITIVE VERB

1 [= BE UPRIGHT] : (also **stand up**) *[person, animal]* être *or* se tenir debout ◆ **he is too weak to stand** il est trop faible pour se tenir debout *or* tenir sur ses jambes ◆ **my niece has just learnt to stand** ça ne fait pas longtemps que ma nièce sait se tenir debout ◆ **we had to stand as far as Calais** nous avons dû rester debout *or* voyager debout jusqu'à Calais ◆ **you must stand (up)** *or* **stay standing (up) till the music stops** vous devez rester debout jusqu'à ce que la musique s'arrête *subj* ◆ **stand (up) straight!** tiens-toi droit ! ◆ **we couldn't get the tent to stand (up)** nous n'arrivions pas à monter la tente *or* à faire tenir la tente debout ◆ **the post must stand upright** le poteau doit être bien droit ◆ **the house is still standing** la maison est encore debout *or* est toujours là ◆ **not much still stands of the walls** il ne reste plus grand-chose des murs ◆ **not a stone was left standing in the old town** la vieille ville a été complètement détruite

◆ **to stand or fall** ◆ **the project will stand or fall by...** le succès du projet repose sur... ◆ **I stand or fall by this** il en va de ma réputation

2 [= RISE] : (also **stand up**) se lever ◆ **all stand!** levez-vous s'il vous plaît ! ◆ **to stand (up) and be counted** *(fig)* déclarer ouvertement sa position

3 [= STAY, STAND STILL] rester (debout) ◆ **we stood talking for an hour** nous sommes restés debout à bavarder pendant une heure ◆ **don't just stand there, do something!** ne reste pas là à ne rien faire *or* les bras ballants ! ◆ **stand over there till I'm ready** mets-toi *or* reste là-bas jusqu'à ce que je sois prêt ◆ **I left him standing on the bridge** je l'ai laissé sur le pont ◆ **they stood patiently in the rain** ils attendaient patiemment sous la pluie ◆ **he left the others standing** *(fig)* il dépassait les autres de la tête et des épaules *(fig)* ◆ **stand and deliver!** la bourse ou la vie !

4 [= BE POSITIONED, BE] *[person]* être, se tenir ; *[object, vehicle, tree]* être, se trouver ; *[town, building]* se trouver ◆ **he stood there ready to shoot** il était *or* se tenait là, prêt à tirer ◆ **the man standing over there** cet homme là-bas ◆ **I like to know where I stand** *(fig)* j'aime savoir où j'en suis ◆ **where do you stand with him?** où en êtes-vous avec lui ? ◆ **as things stand at the moment** dans l'état actuel des choses ◆ **how do things stand between them?** comment ça va entre eux ? ◆ **how do things** *or* **matters stand?** où en sont les choses ?

◆ **to stand** + *preposition* ◆ **three chairs stood AGAINST the wall** il y avait trois chaises contre le mur ◆ **nothing stands BETWEEN you and success** rien ne s'oppose à votre réussite ◆ **this is all that stands BETWEEN him and ruin** sans cela il aurait déjà fait faillite ◆ **he stood IN the doorway** il était debout dans l'embrasure de la porte ◆ **they stood IN a circle around the grave** ils se tenaient en cercle autour de la tombe ◆ **tears stood IN her eyes** elle avait les larmes aux yeux ◆ **the village stands IN the valley** le village se trouve *or* est (situé) dans la vallée ◆ **the house stands IN its own grounds** la maison est entourée d'un parc ◆ **a lamp stood IN THE MIDDLE OF the table** il y avait une lampe au milieu de la table ◆ **where do you stand ON this question?** quelle est votre position sur cette question ? ◆ **beads of perspiration stood ON his brow** des gouttes de sueur perlaient sur son front ◆ **he was standing OVER the stove, stirring a sauce** il était penché au-dessus du fourneau, occupé à remuer une sauce ◆ **she looked up to see Faith standing OVER her** elle leva les yeux et vit que Faith se tenait près d'elle ; see also **phrasal verbs**

◆ **to stand in the way** ◆ **to stand in sb's way** bloquer *or* barrer le passage à qn ; *(fig)* se mettre en travers du chemin de qn ◆ **I won't stand in your way** je ne me mettrai pas en travers de votre chemin, je ne vous ferai pas obstacle ◆ **nothing now stands in our way** maintenant la voie est libre ◆ **his age stands in his way** son âge est un handicap ◆ **to stand in the way of sth** faire obstacle à qch ◆ **to stand in the way of progress** faire obstacle au progrès

◆ **to stand to do sth** ◆ **to stand to lose** risquer de perdre ◆ **the managers stand to gain millions if the company is sold** les directeurs devraient gagner des millions si l'entreprise est vendue ◆ **he stands to make a fortune on it** ça va sans doute lui rapporter une fortune

◆ **to stand** + *past participle/adjective/adverb* ◆ **the car stood ABANDONED by the roadside** la voiture était abandonnée au bord de la route ◆ **to stand ACCUSED of murder** être accusé de meurtre ◆ **he stands ALONE in this matter** personne ne partage son avis sur cette question ◆ **this stands ALONE** c'est unique en son genre ◆ **to stand CLEAR** s'écarter, se tenir à distance ◆ **stand CLEAR of the doors!** ≃ attention, fermeture des portes ! ◆ **to stand CONVICTED of manslaughter** être condamné pour homicide ◆ **I stand CORRECTED** je reconnais mon erreur ◆ **to stand OPPOSED to sth** être opposé à qch, s'opposer à qch ◆ **they were standing READY to leave** ils se tenaient prêts à partir ◆ **the record stands UNBEATEN** le record n'a pas encore été battu ◆ **to stand WELL with sb** être bien vu de qn

5 [= TREAD] marcher ◆ **you're standing on my foot** tu me marches sur le pied ◆ **he stood on the beetle** il a marché sur *or* écrasé le scarabée ◆ **to stand on the brakes** piler *

6 [= MEASURE] *[person]* faire, mesurer ; *[building, tree]* faire ◆ **he stands over six feet in his socks** il mesure *or* fait plus de 1 mètre 80 sans chaussures ◆ **the tree stands 30 metres high** l'arbre fait 30 mètres de haut

7 [= BE MOUNTED, BASED] *[statue etc]* reposer *(on* sur) ; *[argument, case]* reposer, être basé *(on* sur) ◆ **the lamp stands on an alabaster base** la lampe a un pied d'albâtre

8 [= BE AT THE MOMENT, HAVE REACHED] ◆ **to stand at** *[thermometer, clock]* indiquer ; *[price, value]* s'élever à ; *[score]* être de ◆ **you must accept the offer as it stands** cette offre n'est pas négociable ◆ **the record stood at four minutes for several years** pendant plusieurs années le record a été de quatre minutes ◆ **sales stand at 5% up on last year** les ventes sont en hausse de 5% par rapport à l'année dernière ◆ **to have £500 standing to one's account** *(Banking)* avoir 500 livres sur son compte ◆ **the amount standing to your account** le solde de votre compte, la somme que vous avez sur votre compte

9 [= REMAIN UNDISTURBED, UNCHANGED] *[liquid, mixture, dough]* reposer ; *[tea, coffee]* infuser ◆ **the offer/agreement still stands** l'offre/l'accord tient toujours ◆ **the objection still stands** l'objection demeure ◆ **they agreed to let the regulation stand** ils ont décidé de ne rien changer au règlement

10 [BRIT PARL = BE CANDIDATE] se présenter, être candidat ◆ **he stood for Neath** il s'est présenté *or* il était candidat à Neath ◆ **to stand against sb in an election** se présenter contre qn à des élections ◆ **to stand for election** se présenter *or* être candidat aux élections ◆ **to stand for re-election** se représenter ◆ **he stood for the council but wasn't elected** il était candidat au poste de conseiller municipal mais n'a pas été élu

11 [NAUT] ◆ **to stand (out) to sea** *(= move)* mettre le cap sur le large ; *(= stay)* être *or* rester au large

#### 4 - COMPOUNDS

**stand-alone** ADJ *[system]* autonome, indépendant
**stand-by** N → stand-by
**stand-in** N remplaçant(e) *m(f)* ; *(Cine)* doublure *f*
**stand-off** N *(= pause : in negotiations etc)* temps *m* d'arrêt ; *(= stalemate)* impasse *f* ; *(= counterbalancing situation)* contrepartie *f*
**stand-off half** N *(Rugby)* demi *m* d'ouverture
**stand-offish** ADJ distant
**stand-offishness** N froideur *f*, réserve *f*
**stand-to** N *(Mil)* alerte *f*
**stand-up** ADJ → stand-up

#### 5 - PHRASAL VERBS

▸ **stand about, stand around** VI rester là ◆ **don't stand about doing nothing!** ne reste pas là à ne rien faire ! ◆ **they were standing about wondering what to do** ils restaient là à se demander ce qu'ils pourraient bien faire ◆ **they kept us standing about for hours** ils nous ont fait attendre debout pendant des heures

▸ **stand aside** VI s'écarter, se pousser ◆ **he stood aside to let me pass** il s'est écarté pour me laisser passer ◆ **stand aside!** écartez-vous ! ◆ **to stand aside in favour of sb** laisser la voie libre à qn, ne pas faire obstacle à qn ◆ **to stand aside from something** *(fig)* rester en dehors de qch, ne pas se mêler de qch

▸ **stand back** VI *(= move back)* reculer, s'écarter ; *(fig)* prendre du recul ◆ **you must stand back and get the problem into perspective** il faut que vous preniez *subj* du recul pour voir le problème dans son ensemble ◆ **the farm stands back from the road** la ferme est en retrait de la route

▸ **stand by**

VI 1 *(pej = be onlooker)* rester là (à ne rien faire) ◆ **how could you stand (idly) by while they attacked him?** comment avez-vous pu rester sans rien faire alors qu'ils l'attaquaient ? ◆ **we will not stand (idly) by and let democracy be undermined** nous n'allons pas laisser attaquer la démocratie sans rien faire

2 *(= be ready for action) [troops]* être en état d'alerte ; *[person, ship, vehicle]* être *or* se tenir prêt ; *(= be at hand)* attendre *or* être sur place ◆ **stand by for takeoff** paré pour le décollage ◆ **stand by for further revelations** apprêtez-vous à entendre d'autres révélations

VT FUS 1 *(= support) [+ friend]* ne pas abandonner ; *[+ colleague, spouse]* soutenir, épauler ◆ **she stood by her husband** elle a soutenu son mari

2 *(= keep to) [+ promise]* tenir ; *[+ sb else's decision]* respecter, se conformer à ; *[+ one's own decision]* s'en tenir à ◆ **I stand by what I have said** je m'en tiens à ce que j'ai dit

▸ **stand down**

VI *(= resign) [official, chairman]* se démettre de ses fonctions, démissionner ; *(= withdraw) [candidate]* se désister ; *(Jur) [witness]* quitter la barre ◆ **he stood down as chairman last January** il a démissionné de ses fonctions *or* de son poste de président en janvier dernier ◆ **he stood down in favour of his brother** il s'est désisté en faveur de son frère

VT FUS *(= withdraw) [+ troops]* donner l'ordre de se retirer ◆ **to be made to stand down** être contraint de démissionner

▸ **stand for** VT FUS 1 *(= represent)* représenter ◆ **what does UNO stand for?** à quoi correspond l'abréviation UNO ? ◆ **I dislike all he stands for** je déteste tout ce qu'il représente *or* incarne

2 *(= support)* être pour, défendre ◆ **our party stands for equality of opportunity** notre parti milite pour l'égalité des chances ; see also **stand vi 10**

3 *(= tolerate)* supporter, tolérer ◆ **I won't stand for it!** je ne le tolérerai pas !

▸ **stand in** VI ◆ **to stand in for sb** remplacer qn ◆ **I offered to stand in when he was called away** j'ai proposé de le remplacer quand il a dû s'absenter

▸ **stand off**

VI 1 *(= move away)* s'écarter ; *(= keep one's distance)* se tenir à l'écart *(from* de), garder ses distances *(from* par rapport à) ; *(= remain uninvolved)* ne pas intervenir

2 *(= reach stalemate)* aboutir à une impasse

VT SEP *(Brit) [+ workers]* mettre temporairement au chômage

▸ **stand out** VI 1 *(= project) [ledge, buttress]* avancer *(from* sur), faire saillie ; *[vein]* saillir *(on* sur)

2 *(= be conspicuous, clear)* ressortir, se détacher ◆ **to stand out against the sky** ressortir *or* se détacher sur le ciel ◆ **the yellow stands out against the dark background** le jaune ressort sur le fond sombre ◆ **his red hair stood out in the crowd** ses cheveux roux le faisaient remarquer dans la foule ◆ **that stands out a mile!*** cela saute aux yeux !, cela crève les yeux !

3 *(= be outstanding)* se distinguer ◆ **he stands out from all the other students** il se distingue de tous les autres étudiants ◆ **he stands out above all the rest** il surpasse tout le monde

4 *(= remain firm)* tenir bon, tenir ferme ◆ **how long can you stand out?** combien de temps peux-tu tenir ? ◆ **to stand out for sth** revendiquer qch ◆ **to stand out against** *[+ attack, domination, attacker]* résister à ; *[+ demand, change, proposal]* s'élever contre

▸ **stand over**

VI *[items for discussion]* ◆ **these questions can stand over until...** ces questions peuvent attendre jusqu'à ce que...

VT FUS *[+ person]* surveiller, être derrière le dos de ◆ **I hate people standing over me while I work** je déteste avoir toujours quelqu'un derrière *or* sur le dos quand je travaille ◆ **he would never have done it if I hadn't stood over him** il ne l'aurait jamais fait si je n'avais pas été constamment derrière lui ◆ **stop standing over him!** laisse-le donc un peu tranquille !

▸ **stand to** *(Mil)* VI être en état d'alerte

▸ **stand up**

VI 1 *(= rise)* se lever, se mettre debout ; *(= be standing) [person]* être debout ; *[tent, structure]* tenir debout ◆ **she had nothing but the clothes she was standing up in** elle ne possédait que les vêtements qu'elle avait sur le dos ◆ **to stand up and be counted** *(fig)* déclarer ouvertement sa position

2 *(= resist challenge)* tenir debout ◆ **they made accusations that did not stand up** les accusations qu'ils avaient faites ne tenaient pas debout ◆ **that argument won't stand up in court** cet argument va être facilement réfuté par la partie adverse

VT SEP 1 *(= place upright)* mettre ◆ **to stand sth up against a wall** mettre *or* appuyer qch contre un mur ◆ **the soup was so thick you could stand a spoon up in it** la soupe était si épaisse qu'on pouvait y faire tenir une cuiller debout

2 *(* = fail to meet) [+ friend]* faire faux bond à ; *[+ boyfriend, girlfriend]* poser un lapin à *

▸ **stand up for** VT FUS *[+ person, principle, belief]* défendre ◆ **you must stand up for what you think is right** vous devez défendre ce qui vous semble juste ◆ **stand up for me if he asks you what you think** prenez ma défense *or* soutenez-moi s'il vous demande votre avis ◆ **to stand up for o.s.** savoir se défendre

▸ **stand up to** VT FUS *[+ opponent, bully, superior]* affronter ; *[+ person in argument]* tenir tête à ; *[+ use, conditions]* résister à ◆ **it won't stand up to that sort of treatment** cela ne résistera pas à ce genre de traitement ◆ **the report won't stand up to close examination** ce rapport ne résiste pas à l'analyse

**standard** /ˈstændəd/ SYN

N 1 *(= flag)* étendard *m* ; *(on ship)* pavillon *m*

2 *(= norm)* norme *f* ; *(= criterion)* critère *m* ; *(for weights and measures)* étalon *m* ; *(for silver)* titre *m* ◆ **the metre is the standard of length** le mètre est l'unité de longueur ◆ **monetary standard** titre *m* de monnaie ; → **gold**

3 *(intellectual, qualitative)* niveau *m* (voulu) ◆ **to be** *or* **come up to standard** *(fig) [person]* être à la hauteur ; *[thing]* être de la qualité voulue ◆ **I'll never come up to his standard** je n'arriverai jamais à l'égaler ◆ **judging by that standard** selon ce critère ◆ **you are applying a double standard** vous avez deux poids, deux mesures ◆ **his standards are high** il recherche l'excellence, il ne se contente pas de l'à-peu-près ◆ **he has set us a high standard** *(morally, artistically)* il a établi un modèle difficile à surpasser ◆ **the exam sets a high standard** cet examen exige un niveau élevé ◆ **the standard of the exam was low** le niveau de l'examen était bas ◆ **to have high moral standards** avoir un sens moral très développé ◆ **high/low standard of living** niveau *m* de vie élevé/bas ◆ **to be first-year university standard** être du niveau de première année d'université ◆ **their standard of culture** leur niveau de culture ◆ **I couldn't accept their standards** je ne pouvais pas accepter leur échelle de valeurs

◆ **by any standard** à tout point de vue ◆ **it was mediocre/excellent by any standard** c'était incontestablement médiocre/excellent

4 *(= support)* support *m* ; *(for lamp, street light)* pied *m* ; *(= actual streetlight)* réverbère *m* ; *(= water/gas pipe)* tuyau *m* vertical d'eau/de gaz ; *(= tree, shrub)* arbre *m* de haute tige ; → **lamp**

5 *(Mus)* *(= jazz tune)* standard *m* ; *(= pop tune)* classique *m*

ADJ 1 *(= regular) [size, height]* normal, standard *inv* ; *[amount, charge, procedure]* normal ; *[measure, weight]* étalon *inv* ; *[model, design, feature]* standard *inv* ; *[product]* ordinaire ◆ **a standard car** une voiture de série ◆ **it's standard equipment on all their cars** c'est monté en série sur toutes leurs voitures ◆ **he's below standard height for the police** il n'a pas la taille requise pour être agent de police ◆ **standard operating procedure** procédure *f* à suivre ◆ **standard practice** pratique *f* courante ◆ **the standard rate of income tax** le taux d'imposition ordinaire pour l'impôt sur le revenu

2 *(Ling = orthodox) [spelling, pronunciation, grammar, usage]* correct

3 *(= recommended) [text, book]* de base, classique

4 *[shrub]* de haute tige

COMP **standard bearer** N *(lit)* porte-étendard *m*, porte-drapeau *m* ; *(fig)* porte-drapeau *m*
**standard cell** *(Elec)* N pile *f* étalon
**standard class** N *(on train)* seconde classe *f*
**standard clause** N *(Jur)* clause-type *f*
**standard deviation** N *(Stat)* écart *m* type
**Standard English** N anglais *m* correct → ENGLISH
**standard error** N *(Stat)* erreur *f* type
**standard gauge** N *[of railway tracks]* écartement *m* normal
**standard-gauge** ADJ *[railway tracks]* à écartement normal
**Standard Grade** N *(Scot Scol)* ≃ épreuve *f* du brevet des collèges
**standard issue** N ◆ **to be standard issue** *(Mil)* être standard *inv* ; *(gen)* être la norme
**standard-issue** ADJ *(Mil)* réglementaire ; *(gen)* standard *inv*
**standard lamp** N *(Brit)* lampadaire *m*
**standard rose** N rosier *m* à haute tige
**standard time** N heure *f* légale

**standardization** /ˌstændədaɪˈzeɪʃən/ N *(NonC: gen)* standardisation *f* ; *[of product, terminology]* normalisation *f*

**standardize** /ˈstændədaɪz/ SYN VT *(gen)* standardiser ; *[+ product, terminology]* normaliser ◆ **standardized test** *(US Scol)* *test de connaissances commun à tous les établissements*

**stand-by** /ˈstændbaɪ/

N *(= person)* remplaçant(e) *m(f)* ; *(US Theat = understudy)* doublure *f* ; *(= car/battery)* voiture *f*/pile *f* de réserve *or* de secours ◆ **if you are called away you must have a stand-by** si vous vous absentez, vous devez avoir un remplaçant *or* quelqu'un qui puisse vous remplacer en cas de besoin ◆ **aspirin is a useful stand-by** c'est toujours utile d'avoir de l'aspirine ◆ **lemon is a useful stand-by if you have no vinegar** le citron peut être utilisé à la place du vinaigre le cas échéant ◆ **to be on stand-by** *[troops]* être sur pied d'intervention ; *[plane]* se tenir prêt à décoller ; *[doctor]* être de garde ◆ **to be on 24-hour stand-by** *(Mil)* être prêt à intervenir 24 heures sur 24 ◆ **to put on stand-by** mettre sur pied d'intervention

ADJ *[car, battery etc]* de réserve ; *[generator, plan]* de secours ◆ **stand-by ticket** billet *m* stand-by ◆ **stand-by passenger** (passager *m*, -ère *f* en) stand-by *mf inv* ◆ **stand-by credit** *(Jur, Fin)* crédit *m* d'appoint *or* stand-by ◆ **stand-by loan** prêt *m* conditionnel *or* stand-by

**standee** * /stænˈdiː/ N *(US)* *(at match etc)* spectateur *m*, -trice *f* debout ; *(on bus etc)* voyageur *m*, -euse *f* debout

**standing** /ˈstændɪŋ/ SYN

ADJ 1 *(= upright) [passenger]* debout *inv* ; *[statue]* en pied ; *[corn, crop]* sur pied

[2] *(= permanent) [invitation]* permanent ; *[rule]* fixe ; *[grievance, reproach]* constant, de longue date ◆ **it's a standing joke** c'est un sujet de plaisanterie continuel ◆ **it's a standing joke that he wears a wig** on dit qu'il porte une perruque, c'est un sujet de plaisanterie continuel

N [1] *(= position, importance etc) [of person]* rang *m* ; *(= social status)* standing *m* ; *(= reputation)* réputation *f* ; *[of restaurant, business]* réputation *f*, standing *m* ; *[of newspaper]* réputation *f* ◆ **social standing** rang *m* or position *f* social(e), standing *m* ◆ **professional standing** réputation *f* professionnelle ◆ **what's his financial standing?** quelle est sa situation financière ? ◆ **his standing in public opinion polls** sa cote de popularité ◆ **what's his standing?** quelle est sa réputation ?, que pense-t-on de lui ? ◆ **firms of that standing** des compagnies aussi réputées ◆ **a man of (high** *or* **some** *or* **good) standing** un homme considéré *or* estimé ◆ **he has no standing in this matter** il n'a aucune autorité *or* il n'a pas voix au chapitre dans cette affaire

[2] *(= duration)* durée *f* ◆ **of ten years' standing** *[friendship]* qui dure depuis dix ans ; *[agreement, contract]* qui existe depuis dix ans ; *[doctor, teacher]* qui a dix ans de métier ◆ **of long standing** de longue date ◆ **friends of long standing** des amis de longue date ◆ **he has 30 years' standing in the firm** il a 30 ans d'ancienneté dans l'entreprise, il travaille dans l'entreprise depuis 30 ans ; → **long[1]**

[3] *(US Sport)* ◆ **the standing** le classement

[4] *(US Driving)* ◆ **"no standing"** « stationnement interdit »

COMP **standing army** N armée *f* de métier
**standing charge** N (frais *mpl* d')abonnement *m*
**standing committee** N comité *m* permanent
**standing expenses** NPL frais *mpl* généraux
**standing jump** N *(Sport)* saut *m* à pieds joints
**standing order** N *(Banking)* virement *m* automatique ; *(Admin, Parl)* règlement *m* intérieur ; *(Comm)* commande *f* permanente ◆ **to place a standing order for a newspaper** passer une commande permanente pour un journal ◆ **standing orders** *(Mil)* règlement *m*
**standing ovation** N ovation *f* ◆ **to get a standing ovation** se faire ovationner ◆ **to give sb a standing ovation** se lever pour ovationner qn
**standing room** N *(NonC, in bus, theatre)* places *fpl* debout ◆ **"standing room only"** *(= seats all taken)* « il n'y a plus de places assises » ; *(= no seats provided)* « places debout seulement »
**standing start** N *(Sport)* départ *m* debout ; *(in car)* départ *m* arrêté
**standing stone** N pierre *f* levée
**standing wave** N *(Phys)* onde *f* stationnaire

**standout** /ˈstændaʊt/ *(US, Austral)*
N *(= person)* as *m*
ADJ exceptionnel (-elle *f*)

**standpat** * /ˈstændpæt/ ADJ *(US esp Pol)* immobiliste

**standpipe** /ˈstændpaɪp/ N colonne *f* d'alimentation

**standpoint** /ˈstændpɔɪnt/ SYN N *(lit, fig)* point *m* de vue

**standstill** /ˈstændstɪl/ N arrêt *m* ◆ **to come to a standstill** *[person, car]* s'immobiliser ; *[production]* s'arrêter ; *[discussions]* aboutir à une impasse ◆ **to bring to a standstill** *[+ car]* arrêter ; *[+ production]* paralyser ; *[+ discussion]* aboutir ◆ **to be at a standstill** *[person, car]* être immobile ; *[production]* être interrompu ; *[discussion]* être au point mort ◆ **trade is at a standstill** les affaires sont au point mort

**stand-up** /ˈstændʌp/
ADJ *[collar]* droit ; *[meal etc]* (pris) debout ◆ **stand-up comedian** *or* **comic** comique *m* (qui se produit en solo) ◆ **a stand-up fight** *(physical)* une bagarre violente ; *(= argument)* une discussion violente
N * *(= comedian)* comique *mf (qui se produit seul sur scène)* ; *(NonC) (= stand-up comedy)* one man show(s) *m(pl)* comique(s)

**stank** /stæŋk/ VB pt of **stink**

**Stanley** ® /ˈstænliː/ N ◆ **Stanley knife** cutter *m*

**stannic** /ˈstænɪk/ ADJ stannique

**stanniferous** /stəˈnɪfərəs/ ADJ stannifère

**stannous** /ˈstænəs/ ADJ stanneux

**stanza** /ˈstænzə/ N *(Poetry)* strophe *f* ; *(in song)* couplet *m*

**stapes** /ˈsteɪpiːz/ N (pl **stapes** *or* **stapedes** /stæˈpiːdiːz/) étrier *m*

**staphylococcus** /ˌstæfɪləˈkɒkəs/ N (pl **staphylococci** /ˌstæfɪləˈkɒkaɪ/) staphylocoque *m*

**staple[1]** /ˈsteɪpl/
ADJ *[product, food, industry]* de base ; *[crop]* principal ◆ **staple commodity** article *m* de première nécessité ◆ **staple diet** nourriture *f* de base ◆ **their staple meals of fish and rice** leurs repas à base de poisson et de riz
N [1] *(Econ) (= chief commodity)* produit *m* or article *m* de base ; *(= raw material)* matière *f* première
[2] *(= chief item) (Comm: held in stock)* produit *m* or article *m* de base ; *(gen: of conversation etc)* élément *m* or sujet *m* principal ; *(in diet etc)* aliment *m* or denrée *f* de base
[3] *(= fibre)* fibre *f*

**staple[2]** /ˈsteɪpl/
N *(for papers)* agrafe *f* ; *(Tech)* crampon *m*, cavalier *m*
VT (also **staple together**) *[+ papers]* agrafer ; *[+ wood, stones]* cramponner ◆ **to staple sth on to sth** agrafer qch à qch
COMP **staple gun** N agrafeuse *f* d'artisan *or* d'atelier

**stapler** /ˈsteɪpləʳ/ N agrafeuse *f*

**star** /stɑːʳ/ SYN
N [1] *(Astron)* étoile *f* ; *(= asterisk)* astérisque *m* ; *(for merit at school)* bon point *m* ◆ **morning/evening star** étoile *f* du matin/du soir ◆ **the Stars and Stripes** *(US)* la Bannière étoilée ◆ **the Stars and Bars** *(US Hist)* le drapeau des États confédérés ◆ **Star of David** étoile *f* de David ◆ **the star of Bethlehem** l'étoile *f* de Bethléem ; see also **comp** ◆ **to have stars in one's eyes** être naïvement plein d'espoir ◆ **to see stars** *(fig)* voir trente-six chandelles ◆ **he was born under a lucky/an unlucky star** il est né sous une bonne/une mauvaise étoile ◆ **you can thank your (lucky) stars** * **that...** tu peux remercier le ciel de ce que... ◆ **the stars** *(= horoscope)* l'horoscope *m* ◆ **it was written in his stars that he would do it** il était écrit qu'il le ferait ◆ **three-/five-star hotel** hôtel *m* trois/cinq étoiles ; see also **five** ; → **four, guiding, pole[2], shooting, two**
[2] *(= famous person)* vedette *f*, star *f* ◆ **the film made him into a star** le film en a fait une vedette *or* l'a rendu célèbre ◆ **the star of the show** la vedette du spectacle ; → **all, film**
VT [1] *(= decorate with stars)* étoiler ◆ **lawn starred with daisies** pelouse *f* parsemée *or* émaillée *(liter)* de pâquerettes
[2] *(= put asterisk against)* marquer d'un astérisque
[3] *(Cine, Theat)* avoir pour vedette ◆ **the film stars John Wayne** John Wayne est la vedette du film ◆ **starring Mel Gibson as...** avec Mel Gibson dans le rôle de...
VI *(Cine, Theat)* être la vedette ; *(fig)* briller ◆ **to star in a film** être la vedette d'un film ◆ **he starred as Hamlet** c'est lui qui a joué le rôle de Hamlet
COMP **star anise** N *(= fruit)* anis *m* étoilé ; *(= plant)* badiane *f*
**star-chamber** ADJ *(fig)* arbitraire
**star connection** N *(Elec)* couplage *m* en étoile
**star-crossed** ADJ maudit par le sort
**star fruit** N carambole *f*
**star grass** N herbe *f* étoilée
**star-of-Bethlehem** N *(= plant)* ornithogale *m*, dame-d'onze-heures *f*
**star part** N *(Cine, Theat)* premier rôle *m*
**star prize** N premier prix *m*
**starring role, star role** N *(Cine, Theat)* premier rôle *m*
**star route** N *(US Post)* liaison *f* postale
**star shell** N *(Mil)* fusée *f* éclairante
**star sign** N signe *m* zodiacal *or* du zodiaque
**star-spangled** ADJ parsemé d'étoiles, étoilé ◆ **the Star-Spangled Banner** *(US = flag, anthem)* la Bannière étoilée
**star-studded** ADJ *[sky]* parsemé d'étoiles ; *[cast]* prestigieux ; *[play]* à la distribution prestigieuse
**star system** N [1] *(Astron)* système *m* stellaire
[2] *(Cine)* ◆ **the star system** le star-système *or* star-system
**the star turn** N la vedette
**Star Wars** N la Guerre des étoiles ◆ **the "Star Wars" * plan** *or* **program** *(US Mil)* le projet *or* le programme de la « Guerre des étoiles »

**starboard** /ˈstɑːbəd/ *(on boat, ship)*
N tribord *m* ◆ **to starboard** à tribord ◆ **land to starboard!** terre par tribord !
ADJ *[wing, engine, guns, lights]* de tribord ◆ **on the starboard beam** par le travers tribord ◆ **starboard bow** tribord *m* avant ◆ **on the starboard bow** par tribord avant ◆ **starboard side** tribord *m* ◆ **on the starboard side** à tribord ; → **watch[2]**
VT ◆ **to starboard the helm** mettre la barre à tribord

**starburst** /ˈstɑːbɜːst/ N *(liter)* étoile *f*

**starch** /stɑːtʃ/
N [1] *(in food)* amidon *m*, fécule *f* ; *(for stiffening)* amidon *m* ◆ **he was told to cut out all starch(es)** on lui a dit de supprimer tous les féculents ◆ **it took the starch out of him** * *(US)* cela l'a mis à plat, cela lui a ôté toute son énergie
[2] *(pej = formal manner)* raideur *f*, manières *fpl* apprêtées *or* empesées
VT *[+ collar]* amidonner, empeser
COMP **starch-reduced** ADJ *[bread]* de régime ; *[diet]* pauvre en féculents

**starchiness** /ˈstɑːtʃɪnɪs/ N *[of food]* féculence *f*

**starchy** /ˈstɑːtʃɪ/ ADJ [1] *[food]* féculent ◆ **starchy foods** féculents *mpl*
[2] *(pej = formal) [person, attitude]* guindé

**stardom** /ˈstɑːdəm/ N *(NonC)* vedettariat *m*, célébrité *f* ◆ **to rise to stardom, to achieve stardom** devenir une vedette *or* une star

**stardust** /ˈstɑːdʌst/ N *(fig)* la vie en rose

**stare** /stɛəʳ/ SYN
N regard *m* (fixe) ◆ **cold/curious/vacant stare** (long) regard *m* froid/curieux/vague
VI ◆ **to stare at sb** dévisager qn, fixer qn du regard, regarder qn fixement ◆ **to stare at sth** regarder qch fixement, fixer qch du regard ◆ **to stare at sb/sth in surprise** regarder qn/qch avec surprise *or* d'un air surpris, écarquiller les yeux devant qn/qch ◆ **they all stared in astonishment** ils ont tous regardé d'un air ébahi *or* en écarquillant les yeux ◆ **he stared at me stonily** il m'a regardé d'un air dur ◆ **what are you staring at?** qu'est-ce que tu regardes comme ça ? ◆ **it's rude to stare** il est mal élevé de regarder les gens fixement ◆ **to stare into space** regarder dans le vide *or* dans l'espace, avoir le regard perdu dans le vague
VT ◆ **to stare sb in the face** dévisager qn, fixer qn du regard, regarder qn dans le blanc des yeux ◆ **where are my gloves? – here, they're staring you in the face!** où sont mes gants ? – ils sont sous ton nez *or* tu as le nez dessus ! ◆ **they're certainly in love, that stares you in the face** ils sont vraiment amoureux, cela crève les yeux ◆ **ruin stared him in the face, he was staring ruin in the face** il était au bord de la ruine ◆ **the truth stared him in the face** la vérité lui crevait les yeux *or* lui sautait aux yeux
▸ **stare out** VT SEP faire baisser les yeux à

**starfish** /ˈstɑːfɪʃ/ N *(pl inv)* étoile *f* de mer

**stargazer** /ˈstɑːgeɪzəʳ/ N [1] *(= astronomer)* astronome *mf* ; *(= astrologer)* astrologue *mf*
[2] *(= fish)* uranoscope *m*

**stargazing** /ˈstɑːgeɪzɪŋ/ N contemplation *f* des étoiles ; *(= predictions)* prédictions *fpl* astrologiques ; *(fig = dreaming)* rêverie *f*, rêvasserie *f (pej)*

**staring** /ˈstɛərɪŋ/ ADJ *[crowd]* curieux ◆ **his staring eyes** son regard fixe ; *(in surprise)* son regard étonné *or* ébahi ; *(in fear)* son regard effrayé

**stark** /stɑːk/ SYN
ADJ [1] *(= austere) [landscape, beauty, building, décor, colour]* austère ; *[cliff]* désolé, morne
[2] *(= harsh) [choice]* difficile ; *[warning, reminder]* sévère ; *[reality]* dur ◆ **those are the stark facts of the matter** voilà les faits bruts *or* tels qu'ils sont ◆ **the stark fact is that...** le fait est que...
[3] *(= absolute) [terror]* pur ◆ **in stark contrast** tout à l'opposé ◆ **to be in stark contrast to sb/sth** contraster vivement avec qn/qch
ADV ◆ **stark naked** tout nu

**starkers** *‡* /ˈstɑːkəz/ ADJ *(Brit)* à poil *

**starkly** /ˈstɑːklɪ/ ADV [1] *(= austerely) [furnished]* de façon austère ◆ **starkly beautiful** d'une beauté sauvage
[2] *(= clearly) [illustrate, outline]* crûment ; *[stand out]* âprement ; *[different]* carrément ; *[apparent]* nettement ◆ **to contrast starkly with sth** contraster de façon frappante avec qch ◆ **to be starkly exposed** être exposé sans ambages

**starkness** /ˈstɑːknɪs/ N *(NonC)* [1] *(= austerity) [of landscape, beauty, building, décor, colour]* austérité *f* ; *[of desert]* désolation *f*
[2] *(= harshness) [of choice]* difficulté *f* ; *[of warning, reminder]* sévérité *f* ; *[of facts]* caractère *m* brut ; *[of reality]* dureté *f*

[3] (= *absoluteness*) ◆ **the starkness of the contrast between...** le contraste absolu entre...

**starless** /ˈstɑːlɪs/ **ADJ** sans étoiles

**starlet** /ˈstɑːlɪt/ **N** *(Cine)* starlette *f*

**starlight** /ˈstɑːlaɪt/ **N** ◆ **by starlight** à la lumière des étoiles

**starling** /ˈstɑːlɪŋ/ **N** étourneau *m*, sansonnet *m*

**starlit** /ˈstɑːlɪt/ **ADJ** *[night, sky]* étoilé ; *[countryside, scene]* illuminé par les étoiles

**starry** /ˈstɑːrɪ/

**ADJ** *[sky, night]* étoilé

**COMP** **starry-eyed ADJ** *[person]* (= *idealistic*) idéaliste ; (= *innocent*) innocent, ingénu ; *(from wonder)* éberlué ; *(from love)* éperdument amoureux, ébloui ◆ **in starry-eyed wonder** le regard plein d'émerveillement, complètement ébloui

**starry ray N** (= *fish*) raie *f* étoilée

**starstruck** /ˈstɑːstrʌk/ **ADJ** ébloui *(devant une célébrité)*

**START** /stɑːt/ **N** (abbrev of **Strategic Arms Reduction Talks**) (traité *m*) START *m*

## start /stɑːt/

LANGUAGE IN USE 26.1 SYN

1 - NOUN
2 - TRANSITIVE VERB
3 - INTRANSITIVE VERB
4 - COMPOUNDS
5 - PHRASAL VERBS

### 1 - NOUN

[1] [= BEGINNING] *[of speech, book, film, career etc]* commencement *m*, début *m* ; *[of negotiations]* début *m* ; *(Sport) [of race etc]* départ *m* ; (= *starting line*) (point *m* de) départ *m* ◆ **that was the start of all the trouble** c'est là que tous les ennuis ont commencé ◆ **to get off to a good** *or* **brisk** *or* **fast start** bien commencer, bien démarrer ◆ **to get a good start in life** bien débuter dans la vie ◆ **they gave their son a good start in life** ils ont fait ce qu'il fallait pour que leur fils débute *subj* bien dans la vie ◆ **that was a good start to his career** cela a été un bon début *or* un début prometteur pour sa carrière ◆ **to get off to a bad** *or* **slow start** *(lit, fig)* mal démarrer, mal commencer ◆ **it's off to a good/bad start** c'est bien/mal parti ◆ **to be lined up for the start** *(Sport)* être sur la ligne de départ ◆ **the whistle blew for the start of the race** le coup de sifflet a annoncé le départ de la course ◆ **wait for the start** attendez le signal du départ

♦ **at the start** au commencement, au début

♦ **for a start** d'abord, pour commencer

♦ **from start to finish** du début à la fin

♦ **from the start** dès le début, dès le commencement

♦ **to make + start** ◆ **to make a start** commencer ◆ **to make a start on sth** commencer qch, se mettre à qch ◆ **to make an early start** commencer de bonne heure ; *(in journey)* partir de bonne heure ◆ **to make a fresh start** recommencer (à zéro*)

[2] [= ADVANTAGE] *(Sport)* avance *f* ; *(fig)* avantage *m* ◆ **will you give me a start?** est-ce que vous voulez bien me donner une avance ? ◆ **to give sb 10 metres' start** *or* **a 10-metre start** donner 10 mètres d'avance à qn ◆ **that gave him a start over the others in the class** cela lui a donné un avantage sur les autres élèves de sa classe, cela l'a avantagé par rapport aux autres élèves de sa classe

[3] [= SUDDEN MOVEMENT] sursaut *m*, tressaillement *m* ◆ **to wake with a start** se réveiller en sursaut ◆ **to give a start** sursauter, tressaillir ◆ **to give sb a start** faire sursauter *or* tressaillir qn ◆ **you gave me such a start!** ce que vous m'avez fait peur !

### 2 - TRANSITIVE VERB

[1] [= BEGIN] commencer *(to do sth, doing sth* à faire qch, de faire qch), se mettre *(to do sth, doing sth* à faire qch) ; *[+ work]* commencer, se mettre à ; *[+ task]* entreprendre ; *[+ song]* commencer (à chanter), entonner ; *[+ attack]* déclencher ; *[+ bottle]* entamer, déboucher ◆ **to start a cheque book/a new page** commencer *or* prendre un nouveau carnet de chèques/une nouvelle page ◆ **to start a journey** partir en voyage ◆ **he started the day with a glass of milk** il a bu un verre de lait pour bien commencer la journée ◆ **to start the day right** bien commencer la journée, se lever du pied droit ◆ **to start life as...** débuter dans la vie comme... ◆ **that doesn't (even) start to compare with...** cela est loin d'être comparable à..., cela n'a rien de comparable avec... ◆ **it soon started to rain** il n'a pas tardé à pleuvoir ◆ **I'd started to think you weren't coming** je commençais à croire que tu ne viendrais pas ◆ **to start again** *or* **afresh** recommencer *(to do sth* à faire qch), recommencer à zéro* ◆ **don't start that again!** tu ne vas pas recommencer ! ◆ **"it's late" he started** « il est tard » commença-t-il

♦ **to get started** commencer, démarrer ◆ **to get started on (doing) sth** commencer (à faire) qch ◆ **let's get started!** allons-y !, on s'y met !* ◆ **once I get started I work very quickly** une fois lancé je travaille très vite ◆ **just to get started, they...** rien que pour mettre l'affaire en route *or* rien que pour démarrer, ils...

[2] [= ORIGINATE, INITIATE] (also **start off, start up**) *[+ discussion]* commencer, ouvrir ; *[+ conversation]* amorcer, engager ; *[+ quarrel, argument, dispute]* déclencher, faire naître ; *[+ reform, movement, series of events]* déclencher ; *[+ fashion]* lancer ; *[+ phenomenon, institution]* donner naissance à ; *[+ custom, policy]* inaugurer ; *[+ war]* causer ; *[+ rumour]* donner naissance à, faire naître ◆ **to start (up) a fire** *(in grate etc)* allumer un feu, faire du feu ; *(accidentally)* mettre le feu, provoquer un incendie ◆ **you'll start a fire if you go on doing that!** tu vas mettre le feu à la maison *or* tu vas provoquer un incendie si tu fais ça ! ◆ **she has started a baby*** elle est enceinte

[3] [= CAUSE TO START] (also **start up**) *[+ engine, vehicle]* mettre en marche, démarrer ; *[+ clock]* mettre en marche ; (also **start off**) *[+ race]* donner le signal du départ de ◆ **he started the ball rolling by saying...** pour commencer, il a dit... ◆ **he blew the whistle to start the runners (off)** il a sifflé pour donner le signal du départ ◆ **he started the new clerk (off) in the sales department** il a d'abord mis *or* affecté le nouvel employé au service des ventes ◆ **they started her (off) as a typist** d'abord *or* pour commencer ils l'ont employée comme dactylo ◆ **to start sb (off** *or* **out) on a career** lancer *or* établir qn dans une carrière ◆ **if you start him (off) on that subject...** si tu le lances sur ce sujet... ◆ **that started him (off) sneezing/remembering** *etc* alors il s'est mis à éternuer/à se souvenir *etc* ◆ **to start a hare** *(lit, fig)* lever un lièvre

♦ **to get sth started** *[+ engine, vehicle]* mettre qch en marche, faire démarrer qch ; *[+ clock]* mettre qch en marche ; *[+ project]* faire démarrer qch

♦ **to get sb started** *(gen)* mettre qn en selle ; *[+ film star, pop star etc]* lancer qn ◆ **to get sb started on (doing) sth** faire commencer qch à qn

### 3 - INTRANSITIVE VERB

[1] [= BEGIN] (also **start off, start out, start up**) *[person]* commencer, s'y mettre ; *[speech, programme, meeting, ceremony]* commencer ◆ **let's start!** commençons !, allons-y !, on s'y met !* ◆ **we must start at once** il faut commencer *or* nous y mettre immédiatement ◆ **well, to start at the beginning** eh bien, pour commencer par le commencement ◆ **it's starting (off) rather well/badly** cela s'annonce plutôt bien/mal ◆ **to start (off) well in life** bien débuter dans la vie ◆ **to start (out** *or* **up) in business** se lancer dans les affaires ◆ **to start again** *or* **afresh** recommencer (à zéro*) ◆ **classes start on Monday** les cours commencent *or* reprennent lundi ◆ **the classes start (up) again soon** les cours reprennent bientôt, c'est bientôt la rentrée ◆ **starting from Monday** à partir de lundi ◆ **to start (off) by doing sth** commencer par faire qch ◆ **start by putting everything away** commence par tout ranger ◆ **start on a new page** prenez une nouvelle page ◆ **he started (off) in the sales department/as a secretary** il a débuté dans le service des ventes/comme secrétaire ◆ **he started (off** *or* **out) as a Marxist** il a commencé par être marxiste, au début *or* au départ il a été marxiste ◆ **don't start!*** (= *start complaining etc*) ne commence pas !

♦ **to start with** commencer par ◆ **to start with sth** commencer *or* débuter par qch ◆ **start with me!** commencez par moi ! ◆ **to start with, there were only three of them, but later...** (tout) d'abord ils n'étaient que trois, mais plus tard... ◆ **to start with, this is untrue** pour commencer *or* d'abord, c'est faux ◆ **we only had 20 euros to start with** nous n'avions que 20 euros pour commencer *or* au début ◆ **he started (off) with the intention of writing a thesis** au début son intention était d'écrire *or* il avait l'intention d'écrire une thèse

[2] [= BROACH] ◆ **to start on a book** commencer un livre ◆ **to start on a course of study** commencer *or* entreprendre un programme d'études ◆ **they had started on a new bottle** ils avaient débouché *or* entamé une nouvelle bouteille ◆ **I started on the job last week** *(employment)* j'ai commencé à travailler la semaine dernière ; *(task)* je m'y suis mis la semaine dernière ; see also **start on**

[3] [= ORIGINATE, INITIATE] (also **start up**) *[music, noise, guns]* commencer, retentir ; *[fire]* commencer, prendre ; *[river]* prendre sa source ; *[road]* partir *(at* de) ; *[political party, movement, custom]* commencer, naître ◆ **that's when the trouble starts** c'est alors *or* là que les ennuis commencent ◆ **it all started when he refused to pay** toute cette histoire a commencé *or* tout a commencé quand il a refusé de payer

[4] [= LEAVE] (also **start off, start out**) *[person]* partir, se mettre en route ; *[ship]* partir ; *[train]* démarrer, se mettre en marche ◆ **to start (off** *or* **out) from London/for Paris/on a journey** partir de Londres/pour Paris/en voyage ◆ **ten horses started and only three finished** *(Sport)* dix chevaux ont pris le départ mais trois seulement ont fini la course ◆ **he started (off) along the corridor** il s'est engagé dans le couloir ◆ **he started (off) down the street** il a commencé à descendre la rue

[5] [= GET GOING] (also **start up**) *[car, engine, machine]* démarrer, se mettre en route ; *[clock]* se mettre à marcher ◆ **my car won't start** ma voiture ne veut pas démarrer*

[6] [= JUMP NERVOUSLY] *[person]* sursauter, tressaillir ; *[animal]* tressaillir, avoir un soubresaut ◆ **to start to one's feet** sauter sur ses pieds, se lever brusquement ◆ **he started forward** il a fait un mouvement brusque en avant ◆ **his eyes were starting out of his head** les yeux lui sortaient de la tête ◆ **tears started to her eyes** les larmes lui sont montées aux yeux

[7] [TIMBERS] jouer

### 4 - COMPOUNDS

**starting block N** *(Athletics)* starting-block *m*, bloc *m* de départ ◆ **to be fast/slow off the starting blocks** *(fig)* être rapide/lent à démarrer
**starting gate N** *(Racing)* starting-gate *m*
**starting grid N** *(Motor Racing)* grille *f* de départ
**starting handle N** *(Brit : for engine)* manivelle *f*
**starting line N** *(Sport)* ligne *f* de départ
**starting pistol N** pistolet *m* de starter
**starting point N** point *m* de départ
**starting post N** *(Sport)* ligne *f* de départ
**starting price N** *(Stock Exchange)* prix *m* initial ; *(Racing)* cote *f* de départ
**starting salary N** salaire *m* d'embauche
**starting stalls NPL** *(Racing)* stalles *fpl* de départ
**start-up N** *[of machine]* démarrage *m*, mise *f* en route ; *[of business]* lancement *m*, mise *f* en route ; (= *company*) start-up *m*, jeune pousse *f*
**start-up costs N** frais *mpl* de lancement *or* de démarrage
**start-up money N** capital *m* initial

### 5 - PHRASAL VERBS

▸ **start back VI** [1] (= *return*) prendre le chemin du retour, repartir
[2] (= *recoil*) *[person, horse etc]* reculer soudainement, faire un bond en arrière

▸ **start in VI** s'y mettre, s'y coller* ◆ **start in!** allez-y !

▸ **start off**
**VI** → **start vi 1, 4**
**VT SEP** → **start vt 2, 3**

▸ **start on*** **VT FUS** (= *pick on*) s'en prendre à ; see also **start vi 2**

▸ **start out VI** → **start vi 1, 4**

▸ **start over**
**VI** *(esp US)* repartir à zéro
**VT** recommencer

▸ **start up**
**VI** → **start vi 1, 3, 5**
**VT SEP** → **start vt 2, vi 3**

**starter** /ˈstɑːtəʳ/

**N** [1] *(Sport)* (= *official*) starter *m* ; (= *horse*) partant *m* ◆ **to be under starter's orders** *[runner]* être à ses marques ; *[horse]* être sous les ordres (du starter) ; *(fig)* être sur *or* dans les starting-blocks ◆ **to be a slow starter** *(fig)* être lent au départ *or* à démarrer ◆ **the child was a late**

**startle** | **stateside**

**starter** (Scol etc) cet enfant a mis du temps à se développer ; → **nonstarter**

[2] (in car) démarreur m ; (on machine etc) bouton m de démarrage ; (also **starter motor**) démarreur m

[3] (Brit : in meal) hors-d'œuvre m inv ◆ **for starters*** (= food) comme hors-d'œuvre ; (fig = for a start) pour commencer, d'abord

**COMP** **starter flat** N (Brit) appartement idéal pour une personne souhaitant accéder à la propriété
**starter home** N (Brit) logement idéal pour une personne souhaitant accéder à la propriété
**starter pack** N (Comm) kit m de base
**starter set** N [of crockery] service m de table de base

**startle** /'stɑːtl/ SYN VT [sound, sb's arrival] faire sursauter or tressaillir ; [news, telegram] alarmer ◆ **it startled him out of his sleep** cela l'a réveillé en sursaut ◆ **to startle sb out of his wits** donner un (drôle* de) choc à qn ◆ **you startled me!** tu m'as fait sursauter !, tu m'as fait peur !

**startled** /'stɑːtld/ ADJ [animal] effarouché ; [person] très surpris ; [expression] de saisissement ◆ **in a startled voice** d'une voix qui montrait sa surprise ◆ **he gave her a startled look** il lui lança un regard interloqué ◆ **she was startled to see him** elle fut très surprise de le voir

**startling** /'stɑːtlɪŋ/ SYN ADJ [success, conclusion, results, evidence, news] surprenant ; [contrast] saisissant

**startlingly** /'stɑːtlɪŋlɪ/ ADV [different, similar] étonnamment ◆ **startlingly original** d'une originalité surprenante ◆ **startlingly beautiful/modern** d'une beauté/modernité saisissante ◆ **his startlingly blue eyes** ses yeux d'un bleu saisissant

**starvation** /stɑːˈveɪʃən/
N (NonC) inanition f ◆ **they are threatened with starvation** ils risquent de mourir d'inanition or de faim, la famine les menace
**COMP** [rations, wages] de famine
**starvation diet** N ◆ **to be on a starvation diet** (lit) être sérieusement or dangereusement sous-alimenté ; (fig) suivre un régime draconien
**starvation level** N ◆ **to be living at starvation level** ⇒ **to be on a starvation diet**

**starve** /stɑːv/
VT [1] affamer ◆ **to starve sb to death** laisser qn mourir de faim ◆ **to starve o.s. to death** se laisser mourir de faim ◆ **she starved herself to feed her children** elle s'est privée de nourriture pour donner à manger à ses enfants ◆ **you don't have to starve yourself in order to slim** tu peux maigrir sans te laisser mourir de faim ◆ **to starve sb into submission** soumettre qn par la faim ◆ **to starve a town into surrender** (Mil) amener une ville à se rendre par la famine [2] (= deprive) priver (sb of sth qn de qch) ◆ **starved of affection** privé d'affection ◆ **engine starved of petrol** moteur m à sec
VI manquer de nourriture, être affamé ◆ **to starve (to death)** mourir de faim ; (deliberately) se laisser mourir de faim ; see also **starving**

▶ **starve out** VT SEP [+ person, animal] obliger à sortir en affamant

**starveling** /'stɑːvlɪŋ/ N (= person) affamé(e) m(f)

**starving** /'stɑːvɪŋ/ SYN ADJ (lit) affamé, famélique ◆ **I'm starving*** (fig) je meurs de faim, j'ai une faim de loup

**stash*** /stæʃ/
VT (also **stash away**) (= hide) cacher, planquer* ; (= save up, store away) mettre à gauche*, mettre de côté ◆ **he had $500 stashed away** (= saved up) il avait 500 dollars de côté ; (= in safe place) il avait 500 dollars en lieu sûr
N (= place) planque* f, cachette f ◆ **a stash of jewellery/drugs** des bijoux cachés/des drogues cachées ◆ **a stash of money** un magot, un bas de laine

**stasis** /'steɪsɪs/ N (Med, Literat) stase f

**state** /steɪt/ SYN
N [1] (= condition) état m ◆ **state of alert/emergency/siege/war** état m d'alerte/d'urgence/de siège/de guerre ◆ **the state of the art** l'état m actuel de la technique or des connaissances ; see also **comp** ◆ **in your state of health/mind** dans votre état de santé/d'esprit ◆ **he was in an odd state of mind** il était d'une humeur étrange ◆ **you're in no state to reply** vous n'êtes pas en état de répondre ◆ **I'd like to know the state of my account** (in bank) j'aimerais connaître la position de mon compte ◆ **what's the state of play?** (fig) où en est-on ?

◆ **in a good/bad state of repair** bien/mal entretenu ◆ **to be in a good/bad state** [chair, car, house] être en bon/mauvais état ; [person, relationship, marriage] aller bien/mal ◆ **you should have seen the state the car was in** vous auriez dû voir l'état de la voiture ◆ **it wasn't in a (fit) state to be used** c'était hors d'état de servir, c'était inutilisable ◆ **he's not in a (fit) state to drive** il est hors d'état or il n'est pas en état de conduire ◆ **what a state you're in!** vous êtes dans un bel état ! ◆ **he got into a terrible state about it*** ça l'a mis dans tous ses états ◆ **don't get into such a state!*** ne vous affolez pas ! ; → **affair, declare**

[2] (Pol) État m ◆ **the State** l'État m ◆ **the States*** les États-Unis mpl ◆ **the State of Virginia** l'État m de Virginie ◆ **the affairs of state** les affaires fpl de l'État ◆ **a state within a state** un État dans l'État ; → **evidence, minister, police, secretary**

[3] (US = State Department) ◆ **State** le Département d'État

[4] (= rank) rang m ◆ **every state of life** tous les rangs sociaux

[5] (NonC = pomp) pompe f, apparat m ◆ **the robes of state** les costumes mpl d'apparat

◆ **in state** en grande pompe, en grand apparat ◆ **to live in state** mener grand train ; → **lie¹**

VT déclarer, affirmer (that que) ; [+ one's views, the facts] exposer ; [+ time, place] fixer, spécifier ; [+ conditions] poser, formuler ; [+ theory, restrictions] formuler ; [+ problem] énoncer, poser ◆ **I also wish to state that...** je voudrais ajouter que... ◆ **it is stated in the records that...** il est écrit or mentionné dans les archives que... ◆ **I have seen it stated that...** j'ai lu quelque part que... ◆ **as stated above** ainsi qu'il est dit plus haut ◆ **state your name and address** déclinez vos nom, prénoms et adresse ; (written) inscrivez vos nom, prénoms et adresse ◆ **cheques must state the sum clearly** les chèques doivent indiquer la somme clairement ◆ **he was asked to state his case** on lui a demandé de présenter ses arguments ◆ **to state the case for the prosecution** (Jur) présenter le dossier de l'accusation

**COMP** [business, documents, secret] d'État ; [security, intervention] de l'État ; [medicine] étatisé ; (US : also **State**) [law, policy, prison, university] de l'État
**state apartments** NPL appartements mpl officiels
**state banquet** N banquet m de gala
**State Capitol** N (US) Capitole m
**state-certified midwife** N (Brit Med) sage-femme f diplômée d'État
**state coach** N (Brit) carrosse m d'apparat (de cérémonie officielle)
**state control** N contrôle m de l'État ◆ **under state control** ⇒ **state-controlled**
**state-controlled** ADJ étatisé
**State Department** N (US) Département m d'État, ≈ ministère m des Affaires étrangères
**state education** N (Brit) enseignement m public
**state-enrolled nurse** N (Brit) infirmier m, -ière f auxiliaire, aide-soignant(e) mf
**state funeral** N funérailles fpl nationales
**state highway patrol** N (US) police f de la route
**State legislature** N (US Jur) législature f de l'État
**State line** N (US) frontière f entre les États
**state-maintained** ADJ (Brit Scol) public
**state militia** N (US) milice f (formée de volontaires d'un État)
**state-of-the-art** ADJ (fig = up-to-date) [computer, video] dernier cri ◆ **it's state-of-the-art** c'est ce qui se fait de mieux, c'est le dernier cri
**State of the Union Address** N (US Pol) discours m sur l'état de l'Union
**state-owned** ADJ étatisé
**State police** N (NonC: US) police f de l'État ◆ **Michigan State police** la police de l'État du Michigan
**state-registered nurse** N (Brit : formerly) infirmier m, -ière f diplômé(e) d'État
**State Representative** N (US Pol) membre m de la Chambre des représentants d'un État
**State rights** NPL (US) ⇒ **State's rights**
**state-run** ADJ d'état
**State's attorney** N (US) procureur m
**state school** N (Brit) école f publique
**state sector** N (Econ etc) secteur m public
**State Senator** N (US Pol) membre m du Sénat d'un État
**state's evidence** N (US Jur) ◆ **to turn state's evidence** témoigner contre ses complices (en échange d'une remise de peine)

**state socialism** N (NonC: Pol Econ) socialisme m d'État
**State's rights** NPL (US) droits mpl des États
**state-subsidised** ADJ subventionné par l'État
**state-trading countries** NPL (Econ) pays mpl à commerce d'État
**state trooper** N (US) ≈ gendarme m
**State university** N (US) université f d'État
**state visit** N ◆ **to go on** or **make a state visit to a country** se rendre en visite officielle or faire un voyage officiel dans un pays
**state-wide** ADJ, ADV (US) d'un bout à l'autre de l'État

**STATE OF THE UNION ADDRESS**

Le discours sur l'état de l'Union est l'allocution que prononce le président des États-Unis devant le Congrès le 3 janvier de chaque année, au début de la session parlementaire. Dans cette intervention, diffusée à la radio et à la télévision, le président dresse un bilan de son action, expose ses projets et donne au Congrès des « informations sur l'état de l'Union », comme le demande la Constitution.

**STATE'S RIGHTS**

Le dixième amendement de la Constitution américaine accorde aux États un certain nombre de droits (**State's rights**) sur toutes les questions qui ne relèvent pas des prérogatives du gouvernement fédéral : enseignement, fiscalité, lois et réglementations diverses. Cependant, l'interprétation de ce texte a provoqué de nombreuses controverses : les États du Sud l'ont utilisé pour justifier la sécession avant la guerre civile, puis pour s'opposer à l'intégration raciale dans les années 1950. La question du degré d'autonomie dont disposent les États par rapport au pouvoir fédéral reste un sujet politiquement sensible.

**statecraft** /'steɪtkrɑːft/ N (NonC) habileté f politique

**stated** /'steɪtɪd/ ADJ [date, sum] fixé ; [interval] fixe ; [limit] prescrit ◆ **on stated days** à jours fixes ◆ **at the stated time, at the time stated** à l'heure dite

**statehood** /'steɪthʊd/ N (NonC) ◆ **to achieve statehood** devenir un État

**statehouse** /'steɪthaʊs/ N (US) siège m de la législature d'un État

**stateless** /'steɪtlɪs/ ADJ apatride ◆ **stateless person** apatride mf

**statelet** /'steɪtlɪt/ N (Pol) mini-État m

**stateliness** /'steɪtlɪnɪs/ N majesté f, caractère m imposant

**stately** /'steɪtlɪ/ SYN
ADJ [person] plein de dignité ; [building, pace] majestueux ◆ **to make stately progress** progresser majestueusement
**COMP** **stately home** N (Brit) manoir m or château m (ouvert au public)

**statement** /'steɪtmənt/ SYN
N [1] (NonC) [of one's views, the facts] exposition f, formulation f ; [of time, place] spécification f ; [of theory, restrictions, conditions] formulation f ; [of problem] énonciation f
[2] (written, verbal) déclaration f ; (Jur) déposition f ◆ **official statement** communiqué m officiel ◆ **to make a statement** (gen, Press) faire une déclaration ; (Jur) faire une déposition, déposer ◆ **the painting makes a statement about war** le tableau constitue une prise de position sur la guerre ◆ **statement of attainment** (Brit Scol) objectifs scolaires individualisés ◆ **statement of grounds** (Jur) exposé m des motifs
[3] (Fin) [of accounts etc] (= bill) relevé m ; (Comm = bill) facture f ; (also **bank statement**) relevé m de compte
[4] (Ling) assertion f
VT (Social Work) ◆ **to statement a child** évaluer les besoins spécifiques d'un enfant handicapé

**stater** /'steɪtər/ N statère m

**stateroom** /'steɪtrʊm/ N (Brit) [of palace] grande salle f de réception ; [of ship, train] cabine f de luxe

**stateside*** /'steɪtsaɪd/ ADJ (US) aux États-Unis, ≈ chez nous

**statesman** /'steɪtsmən/ N (pl **-men**) homme *m* d'État ◆ **he is a real statesman** *(fig)* il est extrêmement diplomate ; → **elder**[1]

**statesmanlike** /'steɪtsmənlaɪk/ ADJ *[qualities]* d'homme d'État ◆ **he's cultivating a more statesmanlike image** il essaie de renforcer son image d'homme d'État

**statesmanship** /'steɪtsmənʃɪp/ N *(NonC)* qualités *fpl* d'homme d'État

**statesmen** /'steɪtsmən/ NPL of **statesman**

**stateswoman** /'steɪts,wʊmən/ N (pl **stateswomen** /'steɪts,wɪmɪn/) femme *f* d'État

**static** /'stætɪk/ SYN

ADJ [1] *(= stationary)* statique ◆ **a series of static images** une série d'images fixes *or* statiques
[2] *(= unchanging)* immuable ◆ **the static quality of their lives** leur vie immuable ◆ **static market** *(Stock Exchange)* marché stagnant
[3] *(= fixed) [population, output]* stationnaire

N *(NonC)* [1] ◆ **statics** statique *f*
[2] *(Elec, Rad, TV etc)* parasites *mpl* ◆ **he gave me a lot of static about...** *(US)* il m'a passé un savon* à propos de...

COMP **static electricity** N électricité *f* statique

**statice** /'stætɪsɪ/ N *(= plant)* statice *m*

**station** /'steɪʃən/ SYN

N [1] *(= place)* poste *m*, station *f* ; *(= fire station)* caserne *f* de pompiers ; *(= lifeboat station)* centre *m or* poste *m* (de secours en mer) ; *(Mil)* poste *m* (militaire) ; *(Police)* poste *m or* commissariat *m* (de police), gendarmerie *f* ; *(Elec = power station)* centrale *f* (électrique) ; *(Rad)* station *f* de radio, poste *m* émetteur ; *(in Australia = sheep/cattle ranch)* élevage *m* (de moutons/de bétail), ranch *m* ◆ **naval station** station *f* navale ◆ **foreign stations** *(Rad)* stations *fpl* étrangères ◆ **calling all stations** *(Telec)* appel *m* à tous les émetteurs ◆ **the Stations of the Cross** *(Rel)* les stations *fpl* de la Croix, le chemin de (la) Croix ; → **frontier, petrol, pump**[1], **service**
[2] *[of railway]* gare *f* ; *[of underground]* station *f* ◆ **bus** *or* **coach station** gare *f* routière ◆ **the train came into the station** le train est entré en gare ; *(in underground)* la rame est entrée dans la station ; → **change**
[3] *(= position)* poste *m (also Mil)*, position *f* ◆ **to take up one's station** prendre position, se placer ◆ **from my station by the window** de la fenêtre où je m'étais posté *or* où je me trouvais
[4] *(= rank)* condition *f*, rang *m* ◆ **one's station in life** son rang *or* sa situation social(e), sa place dans la société ◆ **to get ideas above one's station** avoir des idées de grandeur ◆ **to marry beneath one's station** † faire une mésalliance, se mésallier ◆ **to marry above one's station** se marier au-dessus de sa condition
[5] *(US Telec)* poste *m* ◆ **give me station 101** je voudrais le poste 101

VT *[+ people]* placer ; *[+ guards, observers, look-out, troops, ship]* poster ; *[+ tanks, guns]* placer, installer ◆ **to station o.s.** se placer, se poster ◆ **to be stationed at** *[troops, regiment]* être en *or* tenir garnison à ; *[ships, sailors]* être en station à

COMP *[staff, bookstall etc]* de (la) gare
**station break** N *(US Rad, TV)* page *f* de publicité
**station house** N *(US) (for police)* commissariat *m* ; *(for firefighters)* caserne *f* de pompiers
**station master** N chef *m* de gare
**station officer** N *(Brit Police)* responsable *mf* d'un poste de police
**station wag(g)on** N *(US = car)* break *m*

**stationary** /'steɪʃənərɪ/ SYN

ADJ [1] *(= motionless) [vehicle]* à l'arrêt ; *[person, ship]* stationnaire, immobile ; *[target]* immobile
[2] *(= fixed) [crane]* fixe

COMP **stationary bicycle** N bicyclette *f* fixe
**stationary orbit** N *(Astron)* orbite *f* géostationnaire
**stationary point** N *(Astron)* station *f*
**stationary wave** N *(Phys)* onde *f* stationnaire

**stationer** /'steɪʃənə^r^/ N papetier *m*, -ière *f* ◆ **stationer's (shop)** papeterie *f*

**stationery** /'steɪʃənərɪ/

N *(NonC)* papeterie *f*, papier *m* et petits articles *mpl* de bureau ; *(= writing paper)* papier *m* à lettres

COMP **stationery cupboard** N armoire *f* à fournitures
**Stationery Office** N *(Brit)* ◆ **His** *(or* **Her) Majesty's Stationery Office** ≃ l'Imprimerie *f* nationale *(fournit aussi de la papeterie à l'administration et publie une gamme étendue d'ouvrages et de brochures didactiques)*

**statism** /'steɪtɪzəm/ N *(Pol)* étatisme *m*

**statist** /'steɪtɪst/ ADJ *(Pol)* étatiste *mf*

**statistic** /stə'tɪstɪk/

N statistique *f*, chiffre *m* ◆ **a set of statistics** une statistique ◆ **these statistics are not reliable** on ne peut pas se fier à ces chiffres *or* à ces statistiques ◆ **statistics suggest that...** la statistique *or* les statistiques suggère(nt) que... ◆ **(vital) statistics** *(hum :woman's)* mensurations *fpl* ; → **statistics**

ADJ ⇒ **statistical**

**statistical** /stə'tɪstɪkəl/

ADJ *[analysis, evidence, data, probability, table, significance]* statistique ; *[error]* de statistiques ; *[expert]* en statistique(s)

COMP **statistical mechanics** N *(NonC: Phys)* mécanique *f* statistique

**statistically** /stə'tɪstɪkəlɪ/ ADV statistiquement

**statistician** /,stætɪs'tɪʃən/ N statisticien(ne) *m(f)*

**statistics** /stə'tɪstɪks/ N *(NonC)* statistique *f*

**stative** /'steɪtɪv/ ADJ *(Ling)* ◆ **stative verb** verbe *m* d'état

**stator** /'steɪtə^r^/ N stator *m*

**statoscope** /'stætəskəʊp/ N statoscope *m*

**stats** /stæts/ NPL (abbrev of **statistics**) stats* *fpl*

**statuary** /'stætjʊərɪ/

ADJ statuaire

N *(= art)* statuaire *f* ; *(= statues collectively)* statues *fpl*

**statue** /'stætjuː/ N statue *f* ◆ **the Statue of Liberty** la statue de la Liberté

**statuesque** /,stætjʊ'esk/ ADJ sculptural

**statuette** /,stætjʊ'et/ N statuette *f*

**stature** /'stætʃə^r^/ N stature *f*, taille *f* ; *(fig) [of person]* envergure *f*, stature *f* ; *[of institution]* envergure *f* ◆ **to be of small stature , to be small in** *or* **of stature** être petit *or* fluet ◆ **of short stature** court de stature *or* de taille ◆ **he is a writer of some stature** c'est un écrivain d'une certaine envergure *or* d'une certaine stature ◆ **his stature as a painter increased when...** il a pris de l'envergure en tant que peintre quand... ◆ **moral/intellectual stature** envergure *f* sur le plan moral/intellectuel

**status** /'steɪtəs/ SYN

N (pl **statuses**) [1] *(= economic etc position)* situation *f*, position *f* ; *(Admin, Jur)* statut *m* ◆ **social status** standing *m* ◆ **civil status** état *m* civil ◆ **what is his (official) status?** quel est son titre officiel ?, quelle est sa position officielle ? ◆ **the economic status of the country** la situation *or* position économique du pays ◆ **the financial status of the company** l'état financier de la compagnie ◆ **the status of the black population** la condition sociale *or (Admin)* le statut de la population noire ◆ **his status as an assistant director** son standing de directeur adjoint
[2] *(= prestige) [of person]* prestige *m*, standing *m* ; *[of job, post]* prestige *m* ◆ **it is the status more than the salary that appeals to him** c'est le prestige plus que le salaire qui a de l'attrait pour lui ◆ **he hasn't got enough status for the job** il ne fait pas le poids* pour le poste

COMP **status report** N *(gen, Mil etc)* ◆ **to make a status report on...** faire le point sur...
**status symbol** N *(gen)* signe *m* extérieur de (la) réussite ; *(marking financial success)* signe *m* extérieur de richesse

**status quo** /'steɪtəs'kwəʊ/ N statu quo *m inv*

**statute** /'stætjuːt/

N *(Jur etc)* loi *f* ◆ **by statute** selon la loi ◆ **the statute of limitations is seven years** *(US Jur)* au bout de sept ans il y a prescription

COMP **statute book** N *(esp Brit)* ≃ code *m* ◆ **to be on the statute book** figurer dans les textes de loi, ≃ être dans le code
**statute law** N droit *m* écrit
**statute mile** N mille *m* (anglais), mile *m*

**statutorily** /'stætjʊtərəlɪ/ ADV légalement

**statutory** /'stætjʊtərɪ/

ADJ [1] *(= legal) [duty, powers, provision, right, control]* légal ; *[offence]* prévu *or* défini par la loi ◆ **to have statutory effect** faire force de loi ◆ **statutory deduction** *(off payment)* prélèvement *m* obligatoire
[2] *(pej = token) [woman etc]* de service *(pej)* ◆ **I was the statutory pensioner on the committee** j'étais le retraité-alibi *or* le retraité de service au comité

COMP **statutory body** N organisme *m* de droit public
**statutory change** N *(US Jur)* modification *f* législative
**statutory corporation** N société *f* d'État
**statutory holiday** N jour *m* férié ◆ **Monday is a statutory holiday** lundi est (un jour) férié
**statutory maternity pay** N *(Brit)* allocation *f* minimum de maternité
**statutory meeting** N assemblée *f* statutaire
**statutory rape** N *(Jur)* détournement *m* de mineur
**statutory sick pay** N *(Brit)* indemnité *f* de maladie *(versée par l'État)*

**staunch**[1] /stɔːntʃ/ VT *[+ flow]* contenir, arrêter ; *[+ blood]* étancher ; *[+ wound]* étancher le sang de

**staunch**[2] /stɔːntʃ/ ADJ *[supporter, defender, Republican, Protestant]* ardent ; *[friend]* loyal ; *[ally]* sûr ; *[support]* fidèle

**staunchly** /'stɔːntʃlɪ/ ADV *[oppose]* fermement ; *[defend, support]* vigoureusement ; *[conservative, Protestant]* résolument

**staunchness** /'stɔːntʃnɪs/ N dévouement *m*, loyauté *f*

**stave** /steɪv/ (vb: pret, ptp **stove** *or* **staved**) N *[of barrel etc]* douve *f* ; *(Mus)* portée *f* ; *(Poetry)* stance *f*, strophe *f*

▸ **stave in** VT SEP défoncer, enfoncer

▸ **stave off** VT SEP *[+ danger]* écarter, conjurer ; *[+ threat]* dissiper, conjurer ; *[+ ruin, disaster, defeat]* éviter, conjurer ; *[+ hunger]* tromper ; *[+ attack]* parer ◆ **in an attempt to stave off the time when...** en essayant de retarder le moment où...

**staves** /steɪvz/ NPL of **staff**[2], **staff**[3]

**stavesacre** /'steɪvz,eɪkə^r^/ N *(= plant)* staphisaigre *f*

**stay**[1] /steɪ/ SYN

N [1] séjour *m* ◆ **he is in Rome for a short stay** il est à Rome pour une courte visite *or* un bref séjour ◆ **a stay in hospital** un séjour à l'hôpital ◆ **will it be a long stay?** est-ce qu'il restera *(or* vous resterez *etc)* longtemps ?
[2] *(Jur)* suspension *f* ◆ **stay of execution** sursis *m* à l'exécution (d'un jugement) ◆ **to put a stay on proceedings** surseoir aux poursuites

VT [1] *(= check)* arrêter ; *[+ disease, epidemic]* enrayer ; *[+ hunger]* tromper ; *(= delay)* retarder ; *(Jur) [+ judgement]* surseoir à, différer ; *[+ proceedings]* suspendre ; *[+ decision]* ajourner, remettre ◆ **to stay one's hand** se retenir
[2] *(= last out) [+ race]* terminer, aller jusqu'au bout de ; *[+ distance]* tenir ◆ **to stay the course** *(Sport)* aller jusqu'au bout ; *(fig)* tenir bon, tenir le coup*

VI [1] *(= remain)* rester ◆ **stay there!** restez là ! ◆ **here I am and here I stay** j'y suis j'y reste ◆ **to stay still, to stay put*** ne pas bouger ◆ **to stay for** *or* **to dinner** rester (à) dîner ◆ **to stay faithful** rester *or* demeurer fidèle ◆ **stay tuned!** *(Rad)* restez à l'écoute !, ne quittez pas l'écoute ! ◆ **to stay ahead of the others** garder son avance sur les autres ◆ **it is here to stay** c'est bien établi ◆ **he is here to stay** il est là pour de bon ◆ **things can't be allowed to stay that way** on ne peut pas laisser les choses comme ça ◆ **if the weather stays fine** si le temps se maintient (au beau) ◆ **he stayed (for) the whole week** il est resté toute la semaine ◆ **he stayed a year in Paris** il est resté un an à Paris, il a séjourné un an à Paris ◆ **to stay with a company** *[customers, employees]* rester fidèle à une entreprise ◆ **to stay off school/work** ne pas aller à l'école/au travail ◆ **to stay off drugs/alcohol** ne plus prendre de drogue/d'alcool
[2] *(on visit)* ◆ **has she come to stay?** est-ce qu'elle est venue avec l'intention de rester ? ◆ **she came to stay (for) a few weeks** elle est venue passer quelques semaines ◆ **I'm staying with my aunt** je loge chez ma tante ◆ **to stay in a hotel** être à l'hôtel ◆ **where do you stay when you go to London?** où logez-vous quand vous allez à Londres ? ◆ **he was staying in Paris when he fell ill** il séjournait à Paris quand il est tombé malade
[3] *(Scot = live permanently)* habiter
[4] *(= persevere)* tenir ◆ **to stay to the finish** tenir jusqu'à la ligne d'arrivée ◆ **to stay with a scheme*** ne pas abandonner un projet ◆ **stay with it!*** tenez bon !
[5] *(liter = pause)* s'arrêter

COMP **stay-at-home** N, ADJ casanier *m*, -ière *f*, pantouflard(e)* *m(f)*
**staying power** N résistance *f*, endurance *f* ◆ **he hasn't a lot of staying power** il se décourage facilement

- **stay away** VI ◆ **he stayed away for three years** il n'est pas rentré avant trois ans ◆ **he stayed away from the meeting** il n'est pas allé (*or* venu) à la réunion, il s'est abstenu d'aller à la réunion ◆ **to stay away from school** ne pas aller à l'école, manquer l'école
- **stay behind** VI rester en arrière ◆ **you'll stay behind after school!** tu resteras après la classe !
- **stay down** VI 1 rester en bas ; *(bending)* rester baissé ; *(lying down)* rester couché ; *(under water)* rester sous l'eau

  2 *(Scol)* redoubler

  3 *(food etc)* ◆ **nothing he eats will stay down** il n'assimile rien *or* il ne garde rien de ce qu'il mange
- **stay in** VI 1 *[person] (at home)* rester à la maison, ne pas sortir ; *(Scol)* être en retenue

  2 *[nail, screw, tooth filling]* tenir
- **stay out** VI 1 *[person] (away from home)* ne pas rentrer ; *(= outside)* rester dehors ◆ **get out and stay out!** sortez et ne revenez pas ! ◆ **he always stays out late on Fridays** il rentre toujours tard le vendredi ◆ **he stayed out all night** il n'est pas rentré de la nuit ◆ **don't stay out after 9 o'clock** rentrez avant 9 heures

  2 *(on strike)* rester en grève

  3 *(fig)* ◆ **to stay out of** *[+ argument]* ne pas se mêler de ; *[+ prison]* éviter ◆ **to stay out of trouble** se tenir tranquille ◆ **you stay out of this!** mêlez-vous de vos (propres) affaires !
- **stay over** VI s'arrêter (un *or* plusieurs jour(s)), faire une halte ◆ **can you stay over till Thursday?** est-ce que vous pouvez rester jusqu'à jeudi ?
- **stay up** VI 1 *[person]* rester debout, ne pas se coucher ◆ **don't stay up for me** ne m'attendez pas pour aller vous coucher ◆ **you can stay up to watch the programme** vous pouvez voir l'émission avant de vous coucher ◆ **we always stay up late on Saturdays** nous veillons *or* nous nous couchons toujours tard le samedi

  2 *(= not fall) [trousers, fence etc]* tenir ◆ **this zip won't stay up** cette fermeture éclair ® ne veut pas rester fermée

**stay²** /steɪ/

N *(for pole, flagstaff, mast, bridge)* hauban *m* ; *(for wall)* étai *m*, étançon *m* ; *(fig)* soutien *m*, support *m*

NPL **stays** † *(= corsets)* corset *m*

VT (also **stay up**) *(Naut)* haubaner, étayer

**stayer** /ˈsteɪəʳ/ N *(= horse)* stayer *m*, cheval *m* qui a du fond ; *(= runner)* coureur *m*, -euse *f* qui a du fond *or* de la résistance physique ◆ **he's a stayer** *(Sport)* il a du fond, il est capable d'un effort prolongé ; *(fig)* il n'abandonne pas facilement, il va jusqu'au bout de ce qu'il entreprend

**STD** /ˌestiːˈdiː/ 1 *(Brit Telec)* (abbrev of **subscriber trunk dialling**) automatique *m* ◆ **to phone STD** téléphoner par l'automatique ◆ **STD code** indicatif *m* de zone

2 (abbrev of **sexually transmitted disease**) MST *f* ◆ **STD clinic** ≈ service *m* de (dermato-)vénérologie

**stead** /sted/ N ◆ **in my/his** *etc* **stead** à ma/sa *etc* place ◆ **to stand sb in good stead** rendre grand service à qn, être très utile à qn

**steadfast** /ˈstedfəst/ SYN *(liter)* ADJ 1 *(= unshakable) [person, refusal, belief]* inébranlable ; *[loyalty, support]* inébranlable, indéfectible ; *[intention, desire]* ferme ; *[gaze]* ferme, résolu ◆ **steadfast in adversity/danger** inébranlable au milieu des infortunes/du danger ◆ **to be steadfast in one's belief that...** rester fermement persuadé que... ◆ **to be steadfast in one's praise of sb/sth** ne pas tarir d'éloges sur qn/qch ◆ **to be steadfast in one's opposition to sth** rester fermement opposé à qch

2 *(= loyal) [person]* constant, loyal ◆ **steadfast in love** constant en amour

**steadfastly** /ˈstedfəstlɪ/ ADV *[refuse, reject, deny, maintain]* inébranlablement ◆ **steadfastly loyal** d'une loyauté inébranlable ◆ **to remain steadfastly at one's post** rester ferme à son poste

**steadfastness** /ˈstedfəstnɪs/ N fermeté *f*, résolution *f* *(liter)* ◆ **steadfastness of purpose** ténacité *f*

**Steadicam** ® /ˈstedɪkæm/ N *(TV)* Steadycam ® *m*

**steadily** /ˈstedɪlɪ/ ADV 1 *(= continuously) [increase, worsen, improve, work]* régulièrement ; *[breathe, beat]* avec régularité ; *[advance, rain, sob]* sans interruption ◆ **a steadily increasing number of people** un nombre toujours croissant de personnes ◆ **the poor are steadily getting poorer** les pauvres deviennent de plus en plus pauvres *or* toujours plus pauvres ◆ **the engine ran steadily** le moteur tournait sans à-coups

2 *[look at] (= without flinching)* sans détourner les yeux ; *(= intimidatingly)* droit dans les yeux, avec insistance ; *[reply] (= calmly)* fermement, avec fermeté

3 *(= firmly) [walk]* d'un pas ferme ; *[hold, grasp]* d'une main ferme

**steadiness** /ˈstedɪnɪs/ N *(NonC)* 1 *(= regularity) [of progress, supply, pace, breath, beat, demand]* régularité *f* ; *[of prices, sales, market, economy]* stabilité *f*

2 *(= composure) [of voice]* fermeté *f* ◆ **the steadiness of her look** *or* **gaze** *(= unflinching)* son regard qui ne cillait pas ; *(= intimidating)* l'insistance de son regard ◆ **the steadiness of his game** la régularité de son jeu ◆ **steadiness of nerve** sang-froid *m* ◆ **steadiness of purpose** détermination *f* inébranlable

3 *(= firmness) [of chair, table, ladder, boat]* stabilité *f* ; *[of hand] (in drawing)* sûreté *f* ; *(in holding)* fermeté *f* ; *[gait]* fermeté *f*

4 *(= dependability) [of person]* sérieux *m*

**steady** /ˈstedɪ/ SYN

ADJ 1 *(= regular) [supply, rain, breathing, beat, demand, income]* régulier ; *[prices, sales, market]* stable ; *[temperature, wind]* constant ◆ **to make steady progress** progresser régulièrement, faire des progrès constants ◆ **there was a steady downpour for three hours** il n'a pas cessé de pleuvoir pendant trois heures ◆ **at a steady pace** à une allure régulière ◆ **a steady stream** *or* **flow of sth** un flux régulier de qch ◆ **we were doing a steady 60km/h** nous roulions à une vitesse régulière *or* constante de 60 km/h ◆ **to hold** *or* **keep sth steady** *[+ prices, demand]* stabiliser qch ; see also **adj 3** ◆ **a steady job** un emploi stable ◆ **steady boyfriend** petit ami *m* attitré ◆ **steady girlfriend** petite amie *f* attitrée ◆ **to have a steady relationship with sb** avoir une relation stable avec qn

2 *(= composed) [voice]* ferme ; *[nerves]* solide ; *[look, gaze] (= unflinching)* calme ; *(= intimidating)* soutenu, insistant ◆ **to look at sb with a steady gaze, to give sb a steady look** *(= unflinching)* regarder qn sans détourner les yeux ; *(= intimidating)* regarder qn droit dans les yeux *or* avec insistance ◆ **he plays a very steady game** il a un jeu très régulier

3 *(= firm) [chair, table]* stable, solide ; *[boat]* stable ; *[hand] (in drawing)* sûr ; *(in holding)* ferme ◆ **to hold** *or* **keep sth steady** maintenir fermement qch ; see also **adj 1** ◆ **to hold steady** se maintenir ◆ **to be steady (on one's feet)** être solide sur ses jambes ◆ **the car is not very steady on corners** la voiture ne tient pas très bien la route dans les tournants

4 *(= dependable) [person]* sérieux

EXCL 1 *(Brit :* also **steady on!***) (= be careful)* doucement ! ; *(= calm down)* du calme ! ; → **ready**

2 ◆ **steady as she goes!** *(ship, boat)*, **keep her steady!** comme ça droit !

ADV †* ◆ **they've been going steady for six months** ils sortent ensemble depuis six mois ◆ **to go steady with sb** sortir avec qn

N ‡ *(male)* copain* *m* ; *(female)* copine* *f*

VT *[+ wobbling object]* stabiliser ; *[+ chair, table] (with hand)* maintenir ; *(= wedge)* caler ; *[+ nervous person, horse]* calmer ◆ **to steady o.s.** se remettre d'aplomb ◆ **to steady one's nerves** se calmer (les nerfs) ◆ **to have a steadying effect on sb** *(= make less nervous)* calmer qn ; *(= make less wild)* assagir qn

VI (also **steady up**) *(= regain balance)* se remettre d'aplomb ; *(= grow less nervous)* se calmer ; *(= grow less wild)* se ranger, s'assagir ; *[prices, market]* se stabiliser

COMP **steady-state theory** N *(Phys)* théorie *f* de la création continue

**steak** /steɪk/

N *(= beef)* bifteck *m*, steak *m* ; *(of other meat)* tranche *f* ; *(of fish)* tranche *f*, darne *f* ; → **fillet, frying, rumpsteak, stew**

COMP **steak and kidney pie** N tourte *f* à la viande de bœuf et aux rognons

**steak and kidney pudding** N pudding *m* à la viande de bœuf et aux rognons

**steak house** N ⇒ **steakhouse**

**steak knife** N (pl **steak knives**) couteau *m* à viande *or* à steak

**steak tartare** N steak *m* tartare

**steakhouse** /ˈsteɪkhaʊs/ N ≈ grill-room *m*

**steal** /stiːl/ SYN (pret **stole**, ptp **stolen**)

VT *[+ object, property]* voler, dérober *(liter) (from sb* à qn) ; *(fig) [+ kiss]* voler *(from sb* à qn) ◆ **he stole a book from the library** il a volé un livre à la bibliothèque ◆ **he stole money from the till/drawer** *etc* il a volé de l'argent dans la caisse/dans le tiroir *etc* ◆ **to steal the credit for sth** s'attribuer tout le mérite de qch ◆ **to steal a glance at...** jeter un coup d'œil furtif à..., lancer un regard furtif à... ◆ **to steal a march on sb*** gagner *or* prendre qn de vitesse ◆ **to steal the show from sb** *(Theat, also fig)* ravir la vedette à qn ◆ **he stole the show** il n'y en a eu que pour lui, on n'a eu d'yeux que pour lui ◆ **to steal sb's thunder** voler la vedette à qn ◆ **Labour have stolen the Tories' clothes** *(Brit)* les travaillistes se sont appropriés les idées des conservateurs

VI 1 voler ◆ **thou shalt not steal** *(Bible)* tu ne voleras point

2 *(= move silently)* ◆ **to steal up/down/out** *etc* monter/descendre/sortir *etc* furtivement ◆ **he stole into the room** il s'est glissé *or* faufilé dans la pièce ◆ **a smile stole across her lips** un sourire erra sur ses lèvres ◆ **a tear stole down her cheek** une larme furtive glissa sur sa joue ◆ **the light was stealing through the shutters** la lumière filtrait à travers les volets

N *(US = theft)* vol *m* ◆ **it's a steal*** *(fig = bargain)* c'est une bonne affaire

- **steal away**

  VI s'esquiver

  VT SEP *[+ child etc]* prendre, enlever *(from sb* à qn) ; *[+ sb's husband]* voler, prendre *(from sb* à qn) ; *[+ sb's affections]* détourner

**stealing** /ˈstiːlɪŋ/ SYN N *(NonC)* vol *m* ◆ **stealing is wrong** c'est mal de voler

**stealth** /stelθ/ SYN

N ◆ **by stealth** furtivement, à la dérobée

COMP **Stealth bomber** N bombardier *m* furtif

**Stealth plane** N avion *m* furtif

**stealth tax** N *(pej)* impôt *m* indirect

**stealthily** /ˈstelθɪlɪ/ ADV *[move, remove, exchange]* furtivement, à la dérobée ; *[creep, enter, leave]* furtivement, à pas furtifs

**stealthiness** /ˈstelθɪnɪs/ N caractère *m* furtif, manière *f* furtive

**stealthy** /ˈstelθɪ/ SYN ADJ furtif

**steam** /stiːm/

N *(NonC)* vapeur *f* ; *(= condensation : on window etc)* buée *f* ◆ **it works by steam** ça marche *or* fonctionne à la vapeur ◆ **full steam ahead!** *(on ship)* en avant toute ! ◆ **the building project is going full steam ahead** le projet de construction va de l'avant à plein régime ◆ **to get up** *or* **pick up steam** *[train, ship]* prendre de la vitesse ; *[driver etc]* faire monter la pression ; *(fig) [worker, programme, project]* démarrer vraiment* *(fig)* ◆ **when she gets up** *or* **picks up steam she can...** quand elle s'y met *or* quand elle est lancée elle peut... ◆ **to run out of steam** *[speaker, worker]* s'essouffler ; *[programme, project]* tourner court, s'essouffler ◆ **the strike is running out of steam** le mouvement de grève commence à s'essouffler ◆ **under one's own steam** par ses propres moyens ◆ **to let off** *or* **blow off steam*** *(= energy)* se défouler* ; *(= anger)* épancher sa bile

VT *(for cleaning, disinfecting purposes)* passer à la vapeur ; *(Culin)* cuire à la vapeur ◆ **to steam open an envelope** décacheter une enveloppe à la vapeur ◆ **to steam off a stamp** décoller un timbre à la vapeur

VI 1 *[kettle, liquid, horse, wet clothes]* fumer

2 ◆ **to steam along/away** *etc [steamship, train]* avancer/partir *etc* ; *(* fig) [person, car]* avancer/partir *etc* à toute vapeur* ◆ **they were steaming along at 12 knots** ils filaient 12 nœuds ◆ **the ship steamed up the river** le vapeur remontait la rivière ◆ **the train steamed out of the station** le train est sorti de la gare dans un nuage de fumée ◆ **to steam ahead** *[steamship]* avancer ; * *[person]* avancer à toute vapeur* ; *(* fig = make great progress)* faire des progrès à pas de géant

COMP *[boiler, iron, turbine]* à vapeur ; *[bath]* de vapeur

**steam-driven** ADJ à vapeur

**steamed pudding** N pudding *m* cuit à la vapeur

**steamed up*** ADJ *(fig)* ◆ **to get steamed up** se mettre dans tous ses états *(about sth* à propos de qch) ◆ **don't get so steamed up about it!** ne te mets pas dans tous tes états pour ça !

**steam engine** N *(= locomotive)* locomotive *f* à vapeur

**steam heat** N chaleur f fournie par la vapeur
**steam iron** N fer m (à repasser) à vapeur
**steam jacket** N (Tech) chemise f or enveloppe f à vapeur
**steam organ** N orgue m à vapeur
**steam point** N (Phys) point m d'ébullition (de l'eau)
**steam radio** * N (hum) TSF f
**steam reforming** N (Tech) steam-reforming m, reformage m à la vapeur
**steam room** N hammam m
**steam shovel** N (US) excavateur m

▸ **steam up**
  VI [window, mirror] se couvrir de buée ; [bathroom] se remplir de buée
  VT SEP embuer
  ADJ ◆ **steamed up** * → **steam**

**steamboat** /ˈstiːmbəʊt/ N (bateau m à) vapeur m

**steamer** /ˈstiːməʳ/ N ① (= ship) (bateau m à) vapeur m ; (= liner) paquebot m
② (= saucepan) cuit-vapeur m inv

**steaming** /ˈstiːmɪŋ/ ADJ ① (also **steaming hot**) fumant
② (* = angry) [person] fumasse* ; [letter] furibond*
③ (Scot ⁑ = drunk) bourré *

**steamroller** /ˈstiːmrəʊləʳ/
  N rouleau m compresseur
  VT (fig) [+ opposition etc] écraser, briser ; [+ obstacles] aplanir ◆ **to steamroller a bill through Parliament** faire approuver un projet de loi au Parlement sans tenir compte de l'opposition
  COMP **steamroller tactics** NPL technique f du rouleau compresseur

**steamship** /ˈstiːmʃɪp/
  N paquebot m
  COMP **steamship company** N ligne f de paquebots

**steamy** /ˈstiːmɪ/ ADJ ① (= humid) [room, city, air] plein de vapeur ; [window] embué
② (* = erotic) [affair, film, novel] torride

**stearate** /ˈstɪəreɪt/ N stéarate m

**stearic acid** /stɪˈærɪk/ N (Chem) acide m stéarique

**stearin(e)** /ˈstɪərɪn/ N (Chem) stéarine f

**steatite** /ˈstɪətaɪt/ N (Miner) stéatite f, craie f de Briançon

**steatolysis** /ˌstɪəˈtɒlɪsɪs/ N (Physiol) stéatolyse f

**steatopygia** /ˌstɪətəʊˈpɪdʒɪə/ N (Med) stéatopygie f

**steatopygic** /ˌstɪətəʊˈpɪdʒɪk/, **steatopygous** /ˌstɪəˈtɒpɪɡəs/ ADJ stéatopyge

**steed** /stiːd/ N (liter) coursier m (liter)

**steel** /stiːl/
  N ① (NonC) acier m ◆ **to be made of steel** (fig) avoir une volonté de fer ◆ **nerves of steel** nerfs mpl d'acier ; → **stainless**
  ② (= sharpener) aiguisoir m, fusil m ; (for striking sparks) briquet † m, fusil † m ; (liter = sword, dagger) fer m ; → **cold**
  VT (fig) ◆ **to steel o.s.** or **one's heart to do sth** s'armer de courage pour faire qch ◆ **to steel o.s. against sth** se cuirasser contre qch
  COMP (= made of steel) [knife, tool] en acier ; [manufacture] de l'acier ; (gen, also of steel production) sidérurgique ; [dispute, strike] des sidérurgistes, des (ouvriers) métallurgistes ; (Stock Exchange) [shares, prices] de l'acier
  **steel band** N steel band m
  **steel blue** N bleu m acier ADJ bleu acier inv
  **steel-clad** ADJ bardé de fer
  **steel engraving** N gravure f sur acier
  **steel grey** ADJ gris acier inv, gris métallisé inv
  **steel guitar** N steel-guitar f, guitare f à cordes métalliques
  **steel helmet** N casque m
  **steel industry** N sidérurgie f, industrie f sidérurgique
  **steel maker, steel manufacturer** N métallurgiste m, aciériste m
  **steel mill** N ⇒ **steelworks**
  **steel-plated** ADJ revêtu d'acier
  **steel tape** N (Carpentry etc) mètre m à ruban métallique
  **steel wool** N (NonC) (for floors) paille f de fer ; (for saucepans) tampon m métallique

**steelworker** /ˈstiːlˌwɜːkəʳ/ N (ouvrier m, -ière f) sidérurgiste mf, (ouvrier m, -ière f) métallurgiste mf

**steelworks** /ˈstiːlwɜːks/ N aciérie f

**steely** /ˈstiːlɪ/
  ADJ ① [sky] (= blue) bleu acier inv ; (= grey) gris acier inv ; [colour] acier inv
  ② (= grim) [person, smile] dur et menaçant ; [look, stare] d'acier ; [determination] inébranlable ; [refusal, attitude] inébranlable, inflexible ◆ **his look of steely concentration** son regard d'intense concentration
  ③ (= like steel) [material, substance] dur comme l'acier ; [appearance] de l'acier
  COMP **steely blue** ADJ bleu acier inv
  **steely-eyed** ADJ au regard d'acier
  **steely grey** ADJ gris acier inv, gris métallisé inv
  **steely-hearted** ADJ au cœur de pierre

**steelyard** /ˈstiːljɑːd/ N balance f romaine

**steenbok** /ˈstiːnbɒk/ (pl **steenbok** or **steenboks**) N steinbock m

**steep¹** /stiːp/ SYN ADJ ① [slope, incline, road, street, stairs] raide ; [hill, bank] escarpé ; [cliff] abrupt ; [roof] pentu ; [descent] rapide ; [ascent, climb] rude ; [dive] à la verticale ◆ **a steep path** un raidillon, un sentier raide
② (= great) [rise, fall] fort
③ (* = expensive) [price, fees] élevé, raide* ; [bill] salé*
④ (Brit * = unreasonable) ◆ **that's** or **it's a bit steep** c'est un peu raide* or fort ◆ **it's a bit steep to expect us to do that!** c'est un peu raide* or fort de s'attendre à ce qu'on fasse ça !

**steep²** /stiːp/
  VT (in water, dye etc) tremper (in dans) ; [+ washing] faire tremper, mettre à tremper ; (Culin) macérer, mariner (in dans) ◆ **steeped in ignorance/vice** croupissant dans l'ignorance/le vice ◆ **steeped in prejudice** imbu de préjugés ◆ **a town steeped in history** une ville imprégnée d'histoire ◆ **a scholar steeped in the classics** un érudit imprégné des auteurs classiques
  VI [clothes etc] tremper ; (Culin) macérer, mariner

**steepen** /ˈstiːpən/ VI [slope, ground] devenir plus raide ; (fig) [slump, decline] s'accentuer

**steeple** /ˈstiːpl/ N clocher m, flèche f

**steeplechase** /ˈstiːpltʃeɪs/ N steeple(-chase) m

**steeplechaser** /ˈstiːpltʃeɪsəʳ/ N (= horse) coureur m, -euse f de steeple

**steeplechasing** /ˈstiːpltʃeɪsɪŋ/ N steeple(-chase) m

**steeplejack** /ˈstiːpldʒæk/ N réparateur m de hautes cheminées et de clochers

**steeply** /ˈstiːplɪ/ ADV ① (= precipitously) [rise, climb, fall, drop] en pente raide ◆ **to bank steeply** faire un virage serré sur l'aile ◆ **the lawn slopes steeply down to the river** la pelouse descend en pente raide vers la rivière ◆ **steeply sloping roof/land** toit m/terrain m en pente raide ◆ **steeply terraced vineyards** des vignobles en terrasses escarpées
② (= greatly) ◆ **to rise/fall steeply** [prices, costs, profits] monter en flèche/baisser fortement

**steepness** /ˈstiːpnɪs/ N [of road etc] pente f (raide) ; [of slope] abrupt m

**steer¹** /stɪəʳ/ N (= ox) bœuf m ; (esp US : castrated) bouvillon m

**steer²** /stɪəʳ/ SYN
  VT ① (= handle controls of) [+ ship] gouverner ; [+ boat] barrer
  ② (= move, direct) [+ ship, car] diriger (towards vers) ; (fig) [+ person] guider ; [+ conversation] diriger ◆ **to steer a** or **one's course to** (on ship) faire route vers or sur ◆ **to steer one's way through a crowd** se frayer un passage à travers une foule ◆ **he steered her over to the bar** il l'a guidée vers le bar ◆ **he steered me into a good job** c'est lui qui m'a permis de trouver un bon boulot *
  VI [+ ship] tenir le gouvernail or la barre, gouverner ◆ **to steer by the stars** se guider sur les étoiles ◆ **he steered for the lighthouse** il a fait route vers or a mis le cap sur le phare ◆ **steer due north!** cap au nord ! ◆ **this car/boat doesn't steer well** cette voiture n'a pas une bonne direction/ce bateau gouverne mal ◆ **to steer clear of sth** (in boat) passer au large de qch ; (in car) passer à l'écart de qch ◆ **to steer clear of sb/sth** éviter qn/qch
  N (US * = tip) tuyau * m, conseil m ◆ **a bum steer** un tuyau qui ne vaut rien

**steerage** /ˈstɪərɪdʒ/ (Naut)
  N entrepont m
  ADV dans l'entrepont, en troisième classe

**steerageway** /ˈstɪərɪdʒweɪ/ N erre f

**steering** /ˈstɪərɪŋ/
  N (NonC) [of car] (= action) conduite f ; (= mechanism) direction f ; [of boat] conduite f, pilotage m
  COMP **steering arm** N [of car] bras m de direction
  **steering column** N [of car] colonne f de direction
  **steering committee** N comité m de pilotage
  **steering gear** N [of car] boîte f de direction ; [of boat] servomoteur m de barre or de gouvernail ; [of plane] direction f
  **steering lock** N (when driving) rayon m de braquage ; (= anti-theft device) antivol m de direction
  **steering system** N [of car] direction f
  **steering wheel** N [of car] volant m ; [of boat] barre f à roue

**steersman** /ˈstɪəzmən/ N (pl -**men**) [of ship] timonier m, homme m de barre

**stegosaurus** /ˌstɛɡəˈsɔːrəs/ N stégosaure m

**steinbok** /ˈstaɪnbɒk/ N (pl **steinbok** or **steinboks**) ⇒ **steenbok**

**stele** /ˈstiːlɪ/ N (pl **steles** or **stelae** /ˈstiːliː/) (Archit) stèle f

**stellar** /ˈstɛləʳ/
  ADJ ① (Astron) stellaire
  ② (Cine, Theat etc) [person, cast] brillant ; [talent, quality, reputation] sublime
  ③ (= superb) [profits, education] excellent
  COMP **stellar evolution** N (Astron) évolution f stellaire

**stellate** /ˈstɛlɪt/ ADJ étoilé

**stellular** /ˈstɛljʊləʳ/ ADJ (with stars) étoilé

**stem¹** /stɛm/ SYN
  VT ① (= stop) [+ flow] contenir, endiguer ; [+ flood, river] contenir, endiguer ; [+ course of disease] enrayer, juguler ; [+ attack] juguler, stopper ◆ **to stem the course of events** endiguer la marche des événements ◆ **to stem the tide** or **flow of...** (fig) endiguer (le flot de)...
  ② [+ ski] ramener or écarter en chasse-neige
  COMP **stem parallel** N (Ski) stem(m) m parallèle
  **stem turn** N (Ski) (virage m en) stem(m) m

**stem²** /stɛm/ LANGUAGE IN USE 17.1 SYN
  N ① [of flower, plant] tige f ; [of tree] tronc m ; [of fruit, leaf] queue f ; [of glass] pied m ; [of tobacco pipe] tuyau m ; [of feather] tige f, tuyau m ; (in handwriting, Printing: of letter) hampe f ; (Mus: of note) queue f ; (Ling: of word) radical m
  ② (nautical term) (= timber) étrave f ; (= front of ship) avant m, proue f ◆ **from stem to stern** de bout en bout
  VI ◆ **to stem from...** provenir de..., découler de..., dériver de...
  COMP **stem cell** N (Bio) cellule f souche ◆ **stem cell research** recherche f sur les cellules souches
  **stem ginger** N gingembre m confit
  **stem-winder** N montre f à remontoir

**stemma** /ˈstɛmə/ N (= ocellus) stemmate m

**-stemmed** /stɛmd/ ADJ (in compounds) ◆ **short-/thick-stemmed** [pipe] à tuyau court/épais ◆ **thin-/green-stemmed** [plant] à tige fine/verte ◆ **slim-/thick-stemmed** [glass] au pied fin/épais

**stench** /stɛntʃ/ N puanteur f, odeur f nauséabonde or fétide

**stencil** /ˈstɛnsl/
  N (of metal, cardboard) pochoir m ; (of paper) poncif m ; (in typing etc) stencil m ; (= decoration) peinture f or décoration f au pochoir ◆ **to cut a stencil** (Typing) préparer un stencil
  VT [+ lettering, name] peindre or marquer au pochoir ; (in typing etc) [+ document] polycopier, tirer au stencil

**Sten gun** /ˈstɛnɡʌn/ N (Brit Hist) mitraillette f légère

**steno** * /ˈstɛnəʊ/ N (US) ⇒ **stenographer**, **stenography**

**stenographer** /stɛˈnɒɡrəfəʳ/ N sténographe mf

**stenography** /stɛˈnɒɡrəfɪ/ N (US) sténographie f

**stenosis** /stɪˈnəʊsɪs/ N (pl **stenoses** /stɪˈnəʊsiːz/) (Med) sténose f

**stentorian** /stɛnˈtɔːrɪən/ ADJ (liter) [voice, tones] de stentor ; [shout] puissant

**step** /stɛp/ SYN
  N ① (= movement, sound, track) pas m ◆ **to take a step back/forward** faire un pas en arrière/en avant ◆ **with slow steps** à pas lents ◆ **at every step** (lit, fig) à chaque pas ◆ **step by step** (lit) pas à pas ; (fig) petit à petit ; see also **comp** ◆ **he**

**stepbrother | stew**

didn't move a step il n'a pas bougé d'un pas ✦ **we heard steps in the lounge** nous avons entendu des pas or un bruit de pas dans le salon ✦ **we followed his steps in the snow** nous avons suivi (la trace de) ses pas dans la neige ✦ **to follow in sb's steps** (fig) marcher sur les pas or suivre les brisées de qn ✦ **it's a good step** *or **quite a step*** **to the village** (= distance) il y a un bon bout de chemin or ça fait une bonne trotte* d'ici au village ✦ **every step of the way** [complain etc] continuellement, constamment ; [argue, object] point par point ✦ **I'll fight this decision every step of the way** je combattrai cette décision jusqu'au bout ✦ **to be** or **stay one step ahead of sb** avoir une longueur d'avance sur qn ; → **retrace, watch²**

⟨2⟩ (fig) pas m (towards vers) ; (= measure) disposition f, mesure f ✦ **it is a great step for the nation to take** c'est pour la nation un grand pas à faire or à franchir ✦ **the first steps in one's career** les débuts mpl de sa carrière ✦ **it's a step up in his career** c'est une promotion pour lui ✦ **to take steps (to do sth)** prendre des dispositions or des mesures (pour faire qch) ✦ **to take legal steps** avoir recours à la justice, engager des poursuites (to do sth pour faire qch) ✦ **what's the next step?** qu'est-ce qu'il faut faire maintenant or ensuite ? ✦ **the first step is to decide…** la première chose à faire est de décider… ; → **false**

⟨3⟩ (NonC: in marching, dancing) pas m ✦ **a waltz step** un pas de valse ✦ **to keep step** (in marching) marcher au pas ; (in dance) danser en mesure ✦ **to keep step with sb** (lit, fig) ne pas se laisser distancer par qn ✦ **to break step** (Mil) rompre le pas

✦ **in(to) step** ✦ **to keep in step** (marching) marcher au pas ; (dancing) danser en mesure ✦ **to fall into step** (marching) se mettre au pas ✦ **to be in step with** (fig) [+ person, values] être en phase avec ; [+ regulations] être conforme à ✦ **they're in step with each other** ils sont en phase ✦ **Britain's economy has fallen into step with the rest of Europe** l'économie de la Grande-Bretagne est maintenant en phase avec celle du reste de l'Europe

✦ **out of step** ✦ **to get out of step** (marching) rompre le pas ✦ **to be/march** etc **out of step** ne pas être/marcher etc au pas ✦ **to be out of step with** (fig) [+ person] être déphasé or en déphasage par rapport à ; [+ regulations] ne pas être conforme à ✦ **the unions and their leaders are out of step** il y a déphasage entre les syndicats et leurs dirigeants ✦ **the country is out of step with the rest of Europe** le pays est déphasé or en déphasage par rapport au reste de l'Europe

⟨4⟩ (= stair) marche f (also Climbing) ; (= doorstep) pas m de la porte, seuil m ; (on bus etc) marchepied m ✦ **(flight of) steps** (indoors) escalier m ; (outdoors) perron m, escalier m ✦ **(pair of) steps** (Brit) escabeau m ✦ **mind the step** attention à la marche

⟨5⟩ (also **step aerobics**) step m

**VT** ⟨1⟩ (= place at intervals) échelonner

⟨2⟩ [+ mast] arborer, mettre dans son emplanture

**VI** ✦ **step this way** venez par ici ✦ **to step off sth** descendre de qch, quitter qch ✦ **he stepped into the car/onto the pavement** il est monté dans la voiture/sur le trottoir ✦ **he stepped into his slippers/trousers** il a mis ses pantoufles/son pantalon ✦ **to step into sb's boots** (Brit) succéder à qn ✦ **to step on sth** marcher sur qch ✦ **to step on the brakes** donner un coup de frein ✦ **to step on the gas*** (US) appuyer sur le champignon* ✦ **step on it!*** dépêche-toi !, grouille-toi !* ✦ **to step out of line** (gen) sortir des rangs ; (morally) s'écarter du droit chemin ✦ **to step over sth** enjamber qch ; → **shoe**

**COMP** **step aerobics** N (NonC: Sport) step m
**step-by-step** ADJ [instructions] point par point
**step change** N changement m majeur or radical
**step-parent** N beau-père m/belle-mère f ✦ **step-parents** beaux-parents mpl
**stepped-up** ADJ [campaign, efforts] intensifié ; [production, sales] augmenté, accru
**stepping stone** N (lit) pierre f de gué ; (fig) marchepied m

▸ **step aside** VI (lit) faire un pas de côté ; (= give up position) s'effacer

▸ **step back** VI (lit) faire un pas en arrière, reculer ✦ **we stepped back into Shakespeare's time** nous nous sommes retrouvés à l'époque de Shakespeare

▸ **step down** VI (lit) descendre (from de) ; (fig) se retirer, se désister (in favour of sb en faveur de qn)

▸ **step forward** VI faire un pas en avant ; (= show o.s., make o.s. known) s'avancer, se faire connaître ; (= volunteer) se présenter

▸ **step in** VI entrer ; (fig) intervenir, s'interposer

▸ **step inside** VI entrer

▸ **step out**
**VI** (= go outside) sortir ; (= hurry) allonger le pas ; (US * fig) faire la bombe*
**VT SEP** (= measure) [+ distance] mesurer en comptant les pas

▸ **step up**
**VI** ✦ **to step up to sb/sth** s'approcher de qn/qch
**VT SEP** [+ production, sales] augmenter, accroître ; [+ campaign] intensifier ; [+ attempts, efforts] intensifier, multiplier ; (Elec) [+ current] augmenter
**ADJ** ✦ **stepped-up** → **step**

**stepbrother** /'step,brʌðəʳ/ N demi-frère m
**stepchild** /'steptʃaɪld/ N beau-fils m, belle-fille f
**stepchildren** /'step,tʃɪldrən/ NPL beaux-enfants mpl
**stepdaughter** /'step,dɔːtəʳ/ N belle-fille f
**stepfather** /'step,fɑːðəʳ/ N beau-père m
**stephanotis** /ˌstefəˈnəʊtɪs/ N (= shrub) stephanotis m
**Stephen** /'stiːvn/ N Étienne m, Stéphane m
**stepladder** /'step,lædəʳ/ N escabeau m
**stepmother** /'step,mʌðəʳ/ N belle-mère f
**steppe** /step/ N steppe f
**stepper** /'stepəʳ/ N steppeur m
**Step Reebok** ® /ˌstepˈriːbɒk/ N step m
**stepsister** /'step,sɪstəʳ/ N demi-sœur f
**stepson** /'stepsʌn/ N beau-fils m
**steradian** /stəˈreɪdɪən/ N (Math = unit, angle) stéradian m
**stercoricolous** /ˌstɜːkəˈrɪkələs/ ADJ stercoraire, scatophile
**stere** /stɪəʳ/ N (= unit) stère m
**stereo** /'stɪərɪəʊ/
**N** ⟨1⟩ (abbrev of **stereophonic**) (= system) stéréo f, stéréophonie f ; (= record player/radio etc) chaîne f/radio f etc stéréophonique or stéréo inv ; (= record/tape etc) disque m/bande f magnétique etc stéréophonique or stéréo ✦ **recorded in stereo** enregistré en stéréo(phonie)
⟨2⟩ abbrev of **stereoscope, stereotype** etc
**COMP** [record player, cassette recorder, tape etc] stéréophonique, stéréo inv ; [broadcast, recording] en stéréophonie
**stereo effect** N effet m stéréo(phonique)
**stereo sound** N son m stéréo
**stereo system** N chaîne f hi-fi
**stereo…** /'stɪərɪəʊ/ PREF stéréo…
**stereochemistry** /ˌstɪərɪəʊˈkemɪstrɪ/ N stéréochimie f
**stereognosis** /ˌsterɪɒɡˈnəʊsɪs/ N stéréognosie f
**stereogram** /'stɪərɪəʊɡræm/, **stereograph** /'stɪərɪəʊɡræf/ N stéréogramme m
**stereography** /ˌsterɪˈɒɡrəfɪ/ N (= drawing) stéréographie f
**stereoisomer** /ˌstɪərɪəʊˈaɪsəməʳ/ N (Chem) stéréoisomère m
**stereoisomerism** /ˌstɪərɪəʊaɪˈsɒmərɪzəm/ N (Chem) stéréo-isomérie f
**stereometric** /ˌsterɪəʊˈmetrɪk/ ADJ stéréométrique
**stereometry** /ˌsterɪˈɒmɪtrɪ/ N stéréométrie f
**stereophonic** /ˌstɪərɪəʊˈfɒnɪk/ ADJ stéréophonique
**stereophony** /ˌsterɪˈɒfənɪ/ N stéréophonie f
**stereoscope** /'stɪərɪəskəʊp/ N stéréoscope m
**stereoscopic** /ˌstɪərɪəsˈkɒpɪk/ ADJ stéréoscopique
**stereoscopy** /ˌstɪərɪˈɒskəpɪ/ N stéréoscopie f
**stereospecific** /ˌstɪərɪəʊspɪˈsɪfɪk/ ADJ (Chem) stéréospécifique
**stereotomy** /ˌsterɪˈɒtəmɪ/ N stéréotomie f
**stereotype** /'stɪərɪətaɪp/ SYN
**N** ⟨1⟩ (fig) stéréotype m
⟨2⟩ (Typography) cliché m ; (= process) clichage m
**VT** ⟨1⟩ (fig) stéréotyper
⟨2⟩ (Printing) clicher
**stereotyped** /'stɪərɪətaɪpt/ ADJ (Typography, fig) stéréotypé

**stereotyper** /'stɪərɪəˌtaɪpəʳ/, **stereotypist** /'stɪərɪəˌtaɪpɪst/ N clicheur m, -euse f
**stereotypical** /ˌstɪərɪəˈtɪpɪkl/ ADJ stéréotypé
**stereotypy** /'stɪərɪəˌtaɪpɪ/ N (Typography) clichage m, stéréotypie f
**stereovision** /ˌstɪərɪəˈvɪʒən/ N vision f stéréoscopique
**steric** /'sterɪk/, **sterical** /'sterɪkəl/ ADJ stérique
**sterile** /'steraɪl/ SYN ADJ (all senses) stérile
**sterilely** /'steraɪllɪ/ ADV stérilement
**sterility** /steˈrɪlɪtɪ/ N stérilité f
**sterilization** /ˌsterɪlaɪˈzeɪʃən/ N stérilisation f
**sterilize** /'sterɪlaɪz/ SYN VT stériliser
**sterilizer** /'sterɪlaɪzəʳ/ N stérilisateur m
**sterlet** /'stɜːlɪt/ N sterlet m
**sterling** /'stɜːlɪŋ/ SYN
**N** (NonC) ⟨1⟩ (Econ) livres fpl sterling inv
⟨2⟩ (also **sterling silver**) argent m fin or de bon aloi
**ADJ** ⟨1⟩ (Metal) [gold, silver] fin
⟨2⟩ (also **sterling silver**) [bracelet] d'argent fin or de bon aloi
⟨3⟩ (esp Brit = excellent) [qualities, work, service, efforts] remarquable ; [advice] excellent ✦ **a man of sterling worth** un homme de très grande valeur
⟨4⟩ (Fin) ✦ **pound sterling** livre f sterling inv
**COMP** **the sterling area, the sterling bloc** N la zone sterling

**stern¹** /stɜːn/ SYN N [of ship] arrière m, poupe f ; * [of horse etc] croupe f ; * [of person] derrière m, postérieur m * ✦ **stern foremost** (on ship) par l'arrière, en marche arrière ; → **stem²**

**stern²** /stɜːn/ SYN ADJ [person, look, measure, rebuke, test] sévère ; [task] rude ; [opposition, resistance] farouche ; [warning] sévère, sérieux ✦ **to be made of sterner stuff** être d'une autre trempe
**sterna** /'stɜːnə/ NPL of **sternum**
**sternly** /'stɜːnlɪ/ ADV ⟨1⟩ (= severely) [say, rebuke] sévèrement ; [look at] d'un air sévère ; [warn] sur un ton comminatoire ✦ **to deal sternly with sb/sth** se montrer sévère à l'égard de qn/qch ✦ **a sternly worded statement** une déclaration au ton comminatoire ✦ **a sternly factual account** un récit rigoureux basé sur les faits
⟨2⟩ (= firmly) [forbid] strictement ; [oppose] farouchement ; [resist] avec opiniâtreté
**sternness** /'stɜːnnɪs/ N [of person, look, speech, measure, reprimand, test] sévérité f ; [of task] difficulté f ; [of opposition, resistance] fermeté f
**Sterno** ® /'stɜːnəʊ/ (US)
**N** ≈ méta ® m
**COMP** **Sterno can** N récipient pour tablette de méta
**sternpost** /'stɜːnpəʊst/ N [of ship] étambot m
**sternum** /'stɜːnəm/ N (pl **sternums** or **sterna**) sternum m
**sternutation** /ˌstɜːnjʊˈteɪʃən/ N sternutation f
**sternutative** /stɜːˈnjuːtətɪv/, **sternutatory** /stɜːˈnjuːtətərɪ/ ADJ sternutatoire
**sternway** /'stɜːn,weɪ/ N [of ship] aculée f
**steroid** /'stɪərɔɪd/ N stéroïde m
**sterol** /'sterɒl/ N (Bio) stérol m
**stertorous** /'stɜːtərəs/ ADJ (frm) [breathing] stertoreux
**stet** /stet/
**IMPERS VB** (Typography) bon, à maintenir
**VT** maintenir
**stethoscope** /'steθəskəʊp/ N stéthoscope m
**Stetson** ® /'stetsən/ N Stetson ® m
**stevedore** /'stiːvɪdɔːʳ/ N arrimeur m, débardeur m, docker m
**Steven** /'stiːvn/ N Étienne m
**Stevenson screen** /'stiːvənsən/ N (Weather) abri m météorologique
**stew** /stjuː/
**N** (meat) ragoût m ; (rabbit, hare) civet m ✦ **to be/get in a stew*** (= trouble) être/se mettre dans le pétrin* ; (= worry) être/se mettre dans tous ses états * ; → **Irish**
**VT** [+ meat] (faire) cuire en ragoût, faire en daube ; [+ rabbit, hare] cuire en civet ; [+ fruit] faire cuire ✦ **stewed fruit** (gen) fruits mpl cuits ✦ **stewed apples/rhubarb** etc (mushy) compote f de pommes/de rhubarbe etc ✦ **stewed tea** thé m trop infusé ✦ **to be stewed*** (fig = drunk) être pinté*

**VI** *[meat]* cuire en ragoût *or* à l'étouffée ; *[fruit]* cuire ; *[tea]* devenir trop infusé ◆ **to let sb stew in his own juice** laisser qn cuire *or* mijoter dans son jus

**COMP** **stewing steak** *(Brit)*, **stew meat** *(US)* **N** bœuf *m* à braiser

**steward** /ˈstjuːəd/ **N** *(on ship, plane)* steward *m* ; *(on estate etc)* intendant *m*, régisseur *m* ; *(in club, college)* intendant *m*, économe *m* ; *(at meeting)* membre *m* du service d'ordre ; *(at dance)* organisateur *m* ; *(= doorman)* videur *m* ◆ **the stewards** *(at meeting etc)* le service d'ordre ; → **shop**

**stewardess** /ˈstjʊədes/ **N** hôtesse *f*

**stewardship** /ˈstjʊədʃɪp/ **N** *(= duties)* intendance *f* ◆ **under his stewardship** *(in club, college)* quand il était intendant *or* économe ; *(on estate)* quand il était intendant *or* régisseur

**stewpan** /ˈstjuːpæn/, **stewpot** /ˈstjuːpɒt/ **N** cocotte *f*

**stg** *(Fin)* abbrev of **sterling**

**STI** /ˌestiːˈaɪ/ **N** (abbrev of **sexually transmitted infection**) IST *f*

**stibine** /ˈstɪbaɪn/ **N** *(Chem)* stibine *f*

**stibnite** /ˈstɪbnaɪt/ **N** *(Miner)* stibine *f*

**stichomythia** /ˌstɪkəʊˈmɪθɪə/, **stichomythy** /stɪˈkɒmɪθɪ/ **N** stichomythie *f*

## stick /stɪk/ SYN

1 - NOUN
2 - PLURAL NOUN
3 - TRANSITIVE VERB
4 - INTRANSITIVE VERB
5 - COMPOUNDS
6 - PHRASAL VERBS

vb: pret, ptp **stuck**

### 1 - NOUN

1 [= LENGTH OF WOOD] bâton *m* ; *(= twig)* brindille *f* ; *(= walking stick)* canne *f* ; *(= stake for peas, flowers etc)* bâton *m*, tuteur *m* ; *(taller)* rame *f* ; *(for lollipop etc)* bâton *m* ; *(Mil, Mus)* baguette *f* ; *(= joystick)* manche *m* à balai ; *(Hockey, Lacrosse)* crosse *f* ; *(Ice Hockey)* stick *m* ◆ **a few sticks of furniture** quelques pauvres meubles ◆ **every stick of furniture** chaque meuble ◆ **to carry a big stick** *(fig)* avoir le bras long ◆ **to use** *or* **wield the big stick** manier la trique ; *(Pol)* faire de l'autoritarisme ◆ **the policy of the big stick** la politique du bâton ◆ **to find a stick to beat sb with** *(fig)* profiter de l'occasion pour s'en prendre à qn ◆ **to get (hold of) the wrong end of the stick** mal comprendre ◆ **to get on the stick**⁑ *(fig US)* s'y coller*, s'y mettre

2 [OF CHARCOAL, SEALING WAX] morceau *m* ; *[of chalk, candy]* morceau *m*, bâton *m* ; *[of dynamite]* bâton *m* ; *[of chewing gum]* tablette *f* ; *[of celery]* branche *f* ; *[of rhubarb]* tige *f* ◆ **a stick of bombs** un chapelet de bombes ◆ **a stick of parachutists** un groupe de saut

3 [ESP BRIT * = CRITICISM] ◆ **to give sb a lot of stick** éreinter qn *(for, over* à propos de) ◆ **to take** *or* **get a lot of stick** se faire éreinter *(for, over* à propos de)

4 [BRIT * = PERSON] ◆ **he is a dull** *or* **dry old stick** il est rasoir* ◆ **he's a funny old stick** c'est un numéro*

5 [DRUGS *] stick *m*

### 2 - PLURAL NOUN

**sticks**

1 [= FIREWOOD] petit bois *m*

2 [SPORT = HURDLES] haies *fpl*

3 [PEJ = BACKWOODS] ◆ **(out) in the sticks*** en pleine cambrousse*

4 ◆ **one summer they upped sticks and left for Canada*** un été, ils ont tout plaqué* et sont partis au Canada

### 3 - TRANSITIVE VERB

1 [= THRUST, STAB] *[+ pin, needle, fork]* piquer, planter *(into* dans) ; *[+ knife, dagger, bayonet]* plonger, planter *(into* dans) ; *[+ spade, rod]* planter, enfoncer *(into* dans) ◆ **to stick a pin through sth** transpercer qch avec une épingle ◆ **I stuck the needle into my finger** je me suis piqué le doigt avec l'aiguille ◆ **we found this place by sticking a pin in the map** nous avons trouvé ce coin en plantant une épingle au hasard sur la carte ◆ **a board stuck with drawing pins/nails** un panneau couvert de punaises/hérissé de clous ◆ **to stick a pig** égorger un cochon ◆ **to squeal like a stuck pig** brailler comme un cochon qu'on égorge

2 [* = PUT] mettre ; *(inside sth)* mettre, fourrer* ◆ **he stuck it on the shelf/under the table** il l'a mis sur l'étagère/sous la table ◆ **to stick sth into a drawer** mettre *or* fourrer* qch dans un tiroir ◆ **to stick one's hands in one's pockets** mettre *or* fourrer* ses mains dans ses poches ◆ **he stuck his finger into the hole** il a mis *or* fourré* son doigt dans le trou ◆ **he stuck the lid on the box** il a mis le couvercle sur la boîte ◆ **he stuck his head through the window/round the door** il a passé la tête par la fenêtre/dans l'embrasure de la porte ◆ **to stick one's hat on one's head** mettre son chapeau sur sa tête ◆ **I'll have to stick a button on that shirt** il faudra que je mette un bouton à cette chemise ◆ **he had stuck £30 on the price** il avait majoré le prix de 30 livres ◆ **to stick an advertisement in the paper** mettre *or* passer une annonce dans le journal ◆ **they stuck him on the committee** ils l'ont mis *or* collé* au comité ◆ **you know where you can stick that!**⁑, **stick it up your ass!**⁑ tu sais où tu peux te le mettre ?⁑ ◆ **she told him to stick his job**⁑ elle lui a dit d'aller se faire voir⁑ avec son boulot*

3 [WITH GLUE ETC] coller ◆ **to stick a poster on the wall/a door** coller une affiche au mur/sur une porte ◆ **to stick a stamp on a letter** coller un timbre sur une lettre ◆ **"stick no bills"** « défense d'afficher » ◆ **it was stuck fast** c'était bien collé *or* indécollable ◆ **he tried to stick the murder on his brother**⁑ il a essayé de mettre le meurtre sur le dos de son frère ◆ **you can't stick that on me!**⁑ vous ne pouvez pas me mettre ça sur le dos ! ◆ **he stuck me with the bill** il m'a laissé régler la note ◆ **he stuck**⁑ **me (for) £10 for that old book** il m'a fait payer *or* il m'a pris 10 livres pour ce vieux bouquin*

◆ **to be stuck** *[key, lock, door, drawer, gears, valve, lid]* être coincé, être bloqué ; *[vehicle, wheels]* être coincé, être bloqué ; *(in mud)* être embourbé ; *(in sand)* être enlisé ; *[machine, lift]* être bloqué, être en panne ◆ **to be stuck in the lift** être coincé *or* bloqué dans l'ascenseur ◆ **the train was stuck at the station** le train était bloqué *or* immobilisé en gare ◆ **the car was stuck between two trucks** la voiture était bloquée *or* coincée entre deux camions ◆ **I was stuck in a corner and had to listen to him all evening** j'étais bloqué dans un coin et j'ai dû l'écouter toute la soirée ◆ **he was stuck in town all summer** il a été obligé de rester en ville tout l'été ◆ **I'm stuck at home all day** je suis cloué à la maison toute la journée ◆ **we're stuck here for the night** nous allons être obligés de passer la nuit ici ◆ **he's really stuck* on her** il est vraiment entiché d'elle ◆ **to be stuck for an answer** ne pas savoir que répondre ◆ **I'm stuck*** *(in crossword puzzle, guessing game, essay etc)* je sèche* ◆ **I'll help you if you're stuck*** je t'aiderai si tu n'y arrives pas ◆ **I'm stuck for £10*** il me manque 10 livres ◆ **he's not stuck for money*** ce n'est pas l'argent qui lui manque ◆ **I was stuck* with the job of organizing it all** je me suis retrouvé avec toute l'organisation sur les bras* *or* à devoir tout organiser ◆ **I was stuck* with the bill** c'est moi qui ai dû casquer* ◆ **I was stuck* with him all evening** je l'ai eu sur le dos *or* sur les bras toute la soirée

◆ **to get stuck** ◆ **to get stuck in the mud** s'embourber, s'enliser dans la boue ◆ **to get stuck in the sand** s'enliser dans le sable ◆ **a bone got stuck in my throat** une arête s'est mise en travers de ma gorge

4 [ESP BRIT = TOLERATE] *[+ sb's presence, mannerisms etc]* supporter ◆ **I can't stick it any longer** j'en ai marre, j'en ai ras le bol⁑ ◆ **I wonder how he sticks it at all** je me demande comment il peut tenir le coup ◆ **I can't stick her** * je ne peux pas la blairer⁑

### 4 - INTRANSITIVE VERB

1 [= EMBED ITSELF ETC] *[needle, spear]* se planter, s'enfoncer *(into* dans) ◆ **he had a knife sticking in(to) his back** il avait un couteau planté dans le dos

2 [= ADHERE] *[glue, paste]* tenir ; *[stamp, label]* être collé, tenir *(to* à) ; *(fig) [habit, name etc]* rester ◆ **the paper stuck to the table** le papier est resté collé à la table ◆ **the eggs have stuck to the pan** les œufs ont attaché (à la poêle) ◆ **it sticks to your ribs*** *[food]* ça tient au corps *or* à l'estomac ◆ **the nickname stuck (to him)** le surnom lui est resté ◆ **to make a charge stick** prouver la culpabilité de quelqu'un

3 [= REMAIN, STAY] rester ◆ **to stick close to sb** rester aux côtés de qn, ne pas quitter qn

◆ **to stick to sb/sth** ◆ **she stuck to him all through the holiday** elle ne l'a pas lâché d'une semelle pendant toutes les vacances ◆ **to stick to sb like a limpet** *or* **a leech** se cramponner à qn ◆ **they stuck to the fox's trail** ils sont restés sur les traces du renard ◆ **to stick to one's word** *or* **promise** tenir parole ◆ **to stick to one's principles** rester fidèle à ses principes ◆ **to stick to one's post** rester à son poste ◆ **to stick to one's guns*** camper sur ses positions ◆ **he stuck to his story** il a maintenu ce qu'il avait dit ◆ **decide what you're going to say then stick to it** décidez ce que vous allez dire et tenez-vous-y ◆ **to stick to the facts** s'en tenir aux faits ◆ **stick to the point!** ne vous éloignez pas *or* ne sortez pas du sujet ! ◆ **to stick to one's knitting*** *(fig)* se cantonner dans ce que l'on sait faire

◆ **to stick to/by sb** ◆ **to stick to** *or* **by sb through thick and thin** rester fidèle à qn envers et contre tout ◆ **will you stick by me?** est-ce que vous me soutiendrez ?

◆ **to stick to/at/in sth** ◆ **to stick to** *or* **at a job** rester dans un emploi ◆ **I'll stick in the job for a bit longer** pour le moment je garde ce boulot* *or* je vais rester où je suis ◆ **stick at it!** persévère !, tiens bon !

◆ **to stick with sb/sth** *[+ person] (= stay beside)* rester avec, ne pas quitter ; *[+ person, brand] (= stay loyal)* rester fidèle à ; *[+ activity, sport]* s'en tenir à ◆ **stick with him!*** ne le perdez pas de vue !

4 [= GET JAMMED ETC] *[wheels, vehicle]* se coincer, se bloquer ; *(= get stuck in mud)* s'embourber ; *(= get stuck in sand)* s'enliser ; *[key, lock, door, drawer, gears, valve, lid]* se coincer, se bloquer ; *[machine, lift]* se bloquer, tomber en panne ◆ **the car stuck in the mud** la voiture s'est embourbée ◆ **a bone stuck in my throat** une arête s'est mise en travers de ma gorge ◆ **that sticks in my throat** *or* **gizzard*** *(fig)* je n'arrive pas à le digérer* ◆ **the word "please" seems to stick in her throat** on dirait qu'elle n'arrive pas à dire « s'il te plaît » ◆ **the bidding stuck at £100** les enchères se sont arrêtées à 100 livres ◆ **I got halfway through and stuck there** je suis resté coincé à mi-chemin ◆ **he stuck halfway through the second verse** il s'est arrêté *or* il a eu un trou au milieu de la deuxième strophe ◆ **it may stick for a few weeks, but it'll sell in the end** *(house for sale)* ça risque de traîner quelques semaines, mais ça finira par se vendre ; → **fast**[1]

5 [= BALK] reculer, regimber *(at, on* devant) ◆ **he will stick at nothing to get what he wants** il ne recule devant rien pour obtenir ce qu'il veut ◆ **they may stick on** *or* **at that clause** il se peut qu'ils regimbent *subj* devant cette clause

6 [= EXTEND, PROTRUDE] ◆ **the nail was sticking through the plank** le clou dépassait *or* sortait de la planche ◆ **the rod was sticking into the next garden** la barre dépassait dans le jardin d'à côté ◆ **a narrow finger of land sticking into enemy territory** une étroite bande de terre s'enfonçant en territoire ennemi

7 [CARDS] ◆ **(I) stick!, I'm sticking** (je suis) servi

### 5 - COMPOUNDS

**stick figure** **N** bonhomme *m*
**sticking plaster** **N** sparadrap *m*
**sticking point** **N** *(fig)* point *m* de friction
**stick insect** **N** phasme *m* ◆ **she's like a stick insect** elle est maigre comme un clou
**stick-in-the-mud*** **ADJ**, **N** sclérosé(e) *m(f)*, encroûté(e) *m(f)*
**stick-on** **ADJ** adhésif
**stick shift** **N** *(US = gearstick)* levier *m* de vitesses
**stick-to-itiveness*** **N** *(US)* ténacité *f*, persévérance *f*
**stick-up*** **N** braquage* *m*, hold-up *m*

### 6 - PHRASAL VERBS

▸ **stick around*** **VI** rester dans les parages ; *(= be kept waiting)* attendre, poireauter* ◆ **stick around for a few minutes** restez dans les parages un moment ◆ **I was tired of sticking around doing nothing** j'en avais assez de poireauter* sans rien faire

▸ **stick away** **VT SEP** cacher, planquer⁑ ◆ **he stuck it away behind the bookcase** il l'a caché *or* planqué⁑ derrière la bibliothèque

▸ **stick back** **VT SEP** 1 *(= replace)* remettre *(into* dans ; *on to* sur)

2 *(with glue etc)* recoller

## stickball | stilboestrol

▶ **stick down**
- **VI** [envelope etc] (se) coller
- **VT SEP** 1 [+ envelope etc] coller
- 2 (* = put down) poser, mettre ♦ **he stuck it down on the table** il l'a posé or mis sur la table
- 3 * [+ notes, details] noter en vitesse ♦ **he stuck down a few dates before he forgot** avant d'oublier il a rapidement noté quelques dates

▶ **stick in**
- **VI** * (= make an effort) s'y mettre sérieusement ; (= persevere) persévérer ♦ **you'll have to stick in if you want to succeed** vous devrez vous y mettre sérieusement si vous voulez réussir ♦ **he stuck in at his maths** il a fait un gros effort en maths
- **VT SEP** 1 (= put in) [+ needle, pin, fork] piquer ; (forcefully) planter ; [+ dagger, knife, bayonet, spade] planter, enfoncer ; [+ photo in album etc] coller ♦ **he stuck in a few quotations*** il a collé quelques citations par-ci par-là ♦ **try to stick in a word about our book** essaie de glisser un mot sur notre livre
- 2 (fig) ♦ **to get stuck in*** s'y mettre sérieusement

▶ **stick on**
- **VI** [label, stamp etc] rester collé
- **VT SEP** 1 [+ label] coller ; [+ stamp] mettre, coller
- 2 (* = put on) [+ hat, coat, lid] mettre ♦ **stick on another CD** mets un autre CD ♦ **to stick it on*** (= put the price up) augmenter le prix

▶ **stick out**
- **VI** 1 (= protrude) [shirttails] dépasser, sortir ; [rod etc] dépasser ; [balcony etc] faire saillie ♦ **his ears stick out** il a les oreilles décollées ♦ **his teeth stick out** il a les dents en avant ♦ **I could see his legs sticking out from under the car** je voyais ses jambes qui sortaient de sous la voiture ♦ **to stick out beyond sth** dépasser qch ♦ **it sticks out a mile*** ça crève les yeux (that que)
- 2 (= persevere etc) tenir (bon) ♦ **can you stick out a little longer?** est-ce que vous pouvez tenir un peu plus longtemps ? ♦ **to stick out for more money** tenir bon dans ses revendications pour une augmentation de salaire
- **VT SEP** 1 [+ rod etc] faire dépasser ; [+ one's arm, head] sortir ♦ **to stick one's chest out** bomber la poitrine ♦ **to stick one's tongue out** tirer la langue
- 2 (* = tolerate) supporter ♦ **to stick it out** tenir le coup

▶ **stick through**
- **VI** (= protrude) dépasser
- **VT SEP** [+ pen, rod, one's finger etc] passer à travers

▶ **stick together**
- **VI** 1 [labels, pages, objects] être collés ensemble ♦ **the pieces won't stick together** les morceaux ne veulent pas rester collés or se coller ensemble
- 2 (= stay together) rester ensemble ; (fig) se serrer le coudes ♦ **stick together till you get through the park** restez ensemble jusqu'à la sortie or ne vous séparez pas avant la sortie du parc ♦ **we must all stick together!** nous devons nous serrer les coudes !
- **VT SEP** coller (ensemble)

▶ **stick up**
- **VI** 1 ♦ **there was a rock sticking up out of the water** il y avait un rocher qui sortait or émergeait de l'eau ♦ **his head was sticking up above the crowd** sa tête était visible au-dessus de la foule ♦ **your hair is sticking up** vos cheveux rebiquent *
- 2 * ♦ **to stick up for sb** prendre la défense or le parti de qn ♦ **to stick up for o.s.** défendre ses intérêts, ne pas se laisser faire ♦ **to stick up for one's rights** défendre ses droits, ne pas se laisser faire
- **VT SEP** 1 [+ notice etc] afficher
- 2 * ♦ **to stick one's hand** lever la main ♦ **stick 'em up!*** haut les mains ! ♦ **to stick sb up*** dévaliser qn (sous la menace d'un revolver) ♦ **they stuck up the bank*** ils ont braqué * la banque

▶ **stick with** **VT FUS** → stick vi 3

---

**stickball** /ˈstɪkbɔːl/ **N** (US) sorte de base-ball

**sticker** /ˈstɪkər/
- **N** 1 (= label) autocollant m ♦ **a ban the bomb sticker** un autocollant antinucléaire ; → **bill-sticker**
- 2 (fig) ♦ **he's a sticker*** il n'abandonne pas facilement, il n'est pas du genre à baisser les bras *

**COMP** **sticker price N** (US : in car sales) prix m clés en mains

**stickiness** /ˈstɪkɪnɪs/ **N** (NonC) 1 (Brit) ♦ **the label has lost its stickiness** (= gumminess) l'étiquette ne colle plus
2 [of substance, toffee, dough, clay] consistance f collante ; [of object, paste] consistance f collante or poisseuse ; [of paint, syrup] consistance f poisseuse ; [of road, surface] caractère m gluant
3 (Sport) [of ground] lourdeur f
4 (= sweatiness, mugginess) [of hands, heat] moiteur f ; [of weather, climate, day] chaleur f humide, moiteur f
5 (* = difficulty) [of situation, problem, moment, conversation] difficulté f

**stickleback** /ˈstɪklbæk/ **N** épinoche f

**stickler** /ˈstɪklər/ **N** ♦ **to be a stickler for** [+ discipline, obedience, correct clothing, good manners] insister sur, tenir rigoureusement à ; [+ etiquette] être à cheval sur, être pointilleux sur ; [+ grammar, spelling] être rigoriste en matière de ; [+ figures, facts] être pointilleux sur le chapitre de, insister sur ♦ **to be a stickler for detail** être tatillon

**stickpin** /ˈstɪkpɪn/ **N** (US) épingle f de cravate

**stickweed** /ˈstɪkwiːd/ **N** (US) jacobée f

**stickwork** /ˈstɪkwɜːk/ **N** (NonC) ♦ **his stickwork is very good** [of hockey player etc] il manie bien la crosse or le stick ; [of drummer] il manie bien les baguettes

**sticky** /ˈstɪkɪ/ **SYN**
- **ADJ** 1 (Brit = gummed) [label] adhésif ♦ **to be sticky on both sides** avoir deux faces adhésives
- 2 (= clinging) [substance, toffee, dough, clay] collant ; [object, fingers] collant, poisseux ; [paste] collant, gluant ; [syrup] poisseux ; [road, surface] gluant ; [blood, paint, oil] visqueux ♦ **a sticky mark** une tache collante ♦ **to have sticky eyes** avoir des yeux chassieux ♦ **to have sticky fingers*** (euph) être clepto(mane)*
- 3 (Sport) [ground] lourd ♦ **to find the going sticky** (Racing) trouver le terrain lourd
- 4 (= sweaty, muggy) [person, palms, heat] moite ; [weather, climate, day] chaud et humide ♦ **his shirt was wet and sticky at the back** sa chemise pleine de sueur lui collait au dos ♦ **to feel hot and sticky** [person] transpirer ♦ **it was hot and sticky** l'atmosphère était moite
- 5 (* = difficult) [situation, problem, moment] délicat, difficile ; [conversation] pénible ♦ **to go through a sticky patch**, **to be** or **to bat on a sticky wicket** (Brit) être dans le pétrin ♦ **to have a sticky time** passer un mauvais quart d'heure
- 6 (Brit = violent) ♦ **to come to** or **meet a sticky end*** mal finir
- 7 (Brit = unhelpful) ♦ **to be sticky about doing sth*** faire des histoires * pour faire qch
- **COMP** **sticky-fingered***, **sticky-handed*** **ADJ** (fig = dishonest) clepto(mane)*
- **sticky tape N** (Brit) ruban m adhésif, scotch ® m

**stiff** /stɪf/ **SYN**
- **ADJ** 1 (= rigid, hard to move) [card, paper] rigide ; [material] raide ; [collar, brush, door, drawer, lock] dur
- 2 (Culin) [mixture, paste] ferme ♦ **whisk the egg whites until stiff** battre les blancs en neige ferme
- 3 (Physiol) [person] (gen) raide ; (from exercise) courbaturé ; [limb, muscle] raide ; [corpse] raide, rigide ; [joint] ankylosé ; [finger] engourdi ; [movement] difficile ♦ **to have a stiff neck** avoir un torticolis ; see also **comp** ♦ **to have a stiff back** avoir des courbatures dans le dos ♦ **I'll be** or **feel stiff tomorrow** vous aurez des courbatures demain ♦ **my back felt very stiff** j'avais très mal au dos, j'avais des courbatures dans le dos ♦ **stiff with cold** frigorifié ♦ **to go stiff with terror** être paralysé par la peur ♦ **her face was stiff with tension** elle avait les traits crispés ♦ **(as) stiff as a board** or **as a poker** raide comme un piquet ♦ **to keep a stiff upper lip** rester impassible, garder son flegme
- 4 * ♦ **to be bored stiff** s'ennuyer à mourir ♦ **to bore sb stiff** raser * qn ♦ **to be frozen stiff** être frigorifié * ♦ **to be scared stiff** être mort de trouille * ♦ **to scare sb stiff** ficher la trouille * à qn ♦ **worried stiff** mort d'inquiétude
- 5 (= severe) [penalty, sentence, fine, warning] sévère ; [competition] rude ; [challenge] sérieux ; [opposition, resistance] tenace ; [test, exam] difficile ; [+ climb] raide, pénible

6 (= formal) [person] guindé ; [smile] contraint ; [bow] raide ♦ **to give a stiff bow** s'incliner avec raideur ♦ **stiff and formal** [person, manner, letter, atmosphere] guindé
7 (= high) [price] élevé ; [price rise] fort ; [bill] salé *
8 (= strong) [whisky] bien tassé ♦ **I could use a stiff drink** j'ai besoin d'un (petit) remontant
9 [breeze, wind] fort
- **N** 1 (** = corpse) macchabée ** m
- 2 (= fool) ♦ **big stiff ** gros balourd m or bêta m
- 3 (US *) (= tramp) vagabond m ; (= laborer : also **working stiff**) ouvrier m
- **COMP** **stiff arm N** (US) ♦ **to give sb the stiff arm** écarter qn (d'un geste) du bras
- **stiff-arm VT** (US) ♦ **to stiff-arm sb** écarter qn (d'un geste) du bras
- **stiff-necked ADJ** (fig) opiniâtre, entêté

**stiffen** /ˈstɪfn/ **SYN** (also **stiffen up**)
- **VT** 1 [+ card, fabric] rendre rigide ; (= starch) empeser
- 2 [+ dough, paste] donner de la consistance à
- 3 [+ limb, joint] ankyloser
- 4 (fig) [+ morale, resistance etc] affermir
- **VI** 1 [card, fabric] devenir raide or rigide
- 2 [dough, paste] prendre de la consistance, devenir ferme
- 3 [limb] se raidir ; [joint] s'ankyloser ; [door, lock] devenir dur ♦ **he stiffened when he heard the noise** il s'est raidi quand il a entendu le bruit
- 4 [breeze] augmenter d'intensité, fraîchir
- 5 (fig) [resistance] devenir opiniâtre ; [morale] s'affermir

**stiffener** /ˈstɪfənər/ **N** 1 (= starch etc) amidon m
2 (= plastic strip : in collar etc) baleine f

**stiffening** /ˈstɪfənɪŋ/ **N** (= cloth) toile f (pour raidir les revers etc)

**stiffly** /ˈstɪflɪ/ **ADV** [move, say, smile, greet] avec raideur ♦ **to stand stiffly** se tenir raide ♦ **stiffly starched** très amidonné ♦ **stiffly sprung** bien suspendu ♦ **stiffly beaten** or **whipped** [egg white] battu en neige ferme ; [cream] fouetté en chantilly ferme

**stiffness** /ˈstɪfnɪs/ **N** (NonC) 1 (= lack of suppleness) [of person, knees, back etc] raideur f ; [of joints] raideur f, ankylose f ♦ **stiffness in** or **of the neck** torticolis m ♦ **the stiffness you feel after exercise** les courbatures fpl causées par l'exercice physique
2 (= formality) [of manner] raideur f
3 (= rigidity) [of card, paper] rigidité f ; [of material] raideur f ; [of collar, brush] dureté f
4 (= difficulty of operating) [of door, drawer, lock] résistance f
5 (= severity) [of penalty, sentence, fine, warning] sévérité f ; [of competition] âpreté f ; [of challenge] sérieux m ; [of opposition, resistance] ténacité f ; [of climb] caractère m ardu, difficulté f ; [of test, exam] difficulté f
6 (Culin) [of mixture, paste] fermeté f
7 [of breeze, wind] âpreté f

**stifle** /ˈstaɪfl/ **SYN**
- **VT** [+ person] étouffer, suffoquer ; [+ fire] étouffer ; [+ sobs] réprimer, étouffer ; [+ anger, smile, desire] réprimer ♦ **to stifle a yawn/sneeze** réprimer une envie de bâiller/d'éternuer
- **VI** étouffer, suffoquer
- **N** (Anat) [of horse etc] grasset m

**stifling** /ˈstaɪflɪŋ/ **ADJ** [heat, atmosphere] étouffant, suffocant ; [situation, place] étouffant ; [smoke, fumes] suffocant ♦ **it's stifling today/in here** on étouffe aujourd'hui/ici

**stigma** /ˈstɪɡmə/ **N** (pl **stigmas** or **stigmata** /stɪɡˈmɑːtə/) stigmate m ♦ **the stigmata** (Rel) les stigmates mpl ♦ **there's a certain (social) stigma attached to being unemployed** le chômage est un peu considéré comme une tare (sociale) ♦ **in order to remove the stigma associated with AIDS** pour que le sida ne soit plus considéré comme une maladie honteuse

**stigmatic** /stɪɡˈmætɪk/ **ADJ**, **N** (Rel) stigmatisé(e) m(f)

**stigmatism** /ˈstɪɡməˌtɪzəm/ **N** (Opt) stigmatisme m

**stigmatization** /ˌstɪɡmətaɪˈzeɪʃən/ **N** stigmatisation f

**stigmatize** /ˈstɪɡmətaɪz/ **VT** (all senses) stigmatiser

**stilbene** /ˈstɪlbiːn/ **N** (Chem) stilbène m

**stilboestrol**, **stilbestrol** (US) /stɪlˈbiːstrəl/ (Bio) stilbœstrol m

**stile** /staɪl/ N [1] *(= steps over fence, wall)* échalier *m* ; *(= turnstile)* tourniquet *m (porte)*
[2] *(Constr etc = upright)* montant *m*

**stiletto** /stɪˈletəʊ/ N (pl **stilettos** *or* **stilettoes**) *(= weapon)* stylet *m* ; (also **stiletto heel**) talon *m* aiguille

**still**[1] /stɪl/ ADV [1] *(= up to this time)* encore, toujours ◆ **he was still wearing his coat** il n'avait pas encore *or* toujours pas enlevé son manteau ◆ **she still lives in London** elle vit toujours à Londres ◆ **he's still as stubborn as ever** il est toujours aussi entêté ◆ **I can still remember it** je m'en souviens encore ◆ **he still hasn't arrived** il n'est toujours pas arrivé ◆ **I still don't understand** je ne comprends toujours pas ◆ **you could still change your mind** vous pouvez encore changer d'avis, il est encore temps de changer d'avis
[2] *(stating what remains)* encore ◆ **I've still got three left** il m'en reste encore trois ◆ **there's still time** il y a *or* on a encore le temps
♦ **still to...** ◆ **the details have still to be worked out** il reste encore à régler les détails ◆ **there are further redundancies still to come** il y aura encore d'autres licenciements ◆ **there are many things still to do** il y a encore beaucoup de choses à faire ◆ **there are many questions still to be answered** il reste encore beaucoup de questions sans réponse ◆ **there are ten weeks still to go** il reste encore dix semaines ◆ **still to come, the financial news...** dans quelques instants, les informations financières...
[3] *(= nonetheless)* quand même, tout de même ◆ **he's still your brother** c'est quand même *or* tout de même ton frère ◆ **I didn't win; still, it's been good experience** je n'ai pas gagné, mais ça a quand même *or* tout de même été une bonne expérience ◆ **still and all** * tout compte fait
[4] *(= however)* ◆ **I've got to find the money from somewhere; still, that's my problem** il faut que je trouve l'argent quelque part, mais ça, c'est mon problème ◆ **I failed; still, that's life!** j'ai échoué, mais c'est la vie ! ◆ **still, never mind!** bon, tant pis !
[5] *(in comparisons = even)* encore ◆ **he was still more determined after the debate** il était encore plus résolu après le débat ◆ **living standards have fallen still further** les niveaux de vie sont tombés encore plus bas ◆ **more serious still** *or* **still more serious is the problem of ethnic unrest** il y a le problème autrement plus sérieux des troubles ethniques
[6] *(= yet)* encore ◆ **there is still another reason** il y a encore une autre raison

**still**[2] /stɪl/ SYN
ADJ [1] *(= motionless) [person, hands, air, water]* immobile
[2] *(= calm) [place, night, day]* calme ◆ **all was still** tout était calme ◆ **the still waters of the lake** les eaux calmes du lac ◆ **still waters run deep** *(Prov)* il n'est pire eau que l'eau qui dort *(Prov)* ◆ **a still, small voice** une petite voix insistante
[3] *(Brit = not fizzy) [drink, orange]* non gazeux ; *[water]* plat
[4] *(= silent)* ◆ **be still!** †† paix ! ††
ADV ◆ **hold still!** *(gen)* ne bouge pas ! ; *(= don't fidget)* reste tranquille ! ◆ **to keep** *or* **stay** *or* **stand still** *[person] (gen)* ne pas bouger ; *(= not fidget)* rester tranquille ◆ **to sit still** *[person] (gen)* rester assis sans bouger ; *(= not fidget)* rester tranquillement assis ◆ **time stood still** le temps s'est arrêté ◆ **her heart stood still** son cœur a cessé de battre
N [1] *(liter)* silence *m*, calme *m* ◆ **in the still of the night** dans le silence de la nuit
[2] *(Cine)* ⇒ **still photograph**
VT *[+ anger, fear]* calmer ; *[+ person]* apaiser, tranquilliser ; *(= silence)* faire taire
COMP **still life** N (pl **still lifes**) *(Art)* nature *f* morte
**still photograph** N *(Cine)* photo *f* de film

**still**[3] /stɪl/
N *(= apparatus)* alambic *m* ; *(= place)* distillerie *f*
VT distiller

**stillbirth** /ˈstɪlbɜːθ/ N *(= birth)* mort *f* à la naissance ; *(= child)* enfant *mf* mort-né(e)

**stillborn** /ˈstɪlbɔːn/ ADJ mort-né (mort-née *f*)

**stillness** /ˈstɪlnɪs/ N *[of person, hands, air, water]* immobilité *f* ; *(= calm) [of place, night, day]* calme *m* ◆ **an eerie stillness** un calme inquiétant

**Stillson wrench** ® /ˈstɪlsən/ N clé *f* Stillson *or* modèle suédois

**stilt** /stɪlt/ N échasse *f* ; *(Archit)* pilotis *m*

**stilted** /ˈstɪltɪd/ SYN ADJ *[person, conversation, language, manner]* guindé ◆ **the actors' stilted performances** le manque de naturel des acteurs

**stimulant** /ˈstɪmjʊlənt/ SYN
ADJ stimulant
N *(lit, fig)* stimulant *m* ◆ **to be a stimulant to...** *(fig)* stimuler...

**stimulate** /ˈstɪmjʊleɪt/ SYN VT *(gen, Physiol)* stimuler ◆ **to stimulate sb to sth/to do sth** inciter *or* pousser qn à qch/à faire qch

**stimulating** /ˈstɪmjʊleɪtɪŋ/ SYN ADJ *(gen)* stimulant ; *(sexually)* excitant

**stimulation** /ˌstɪmjʊˈleɪʃən/ N *(= stimulus)* stimulant *m* ; *(= state)* stimulation *f*

**stimulative** /ˈstɪmjʊlətɪv/ ADJ stimulant

**stimulus** /ˈstɪmjʊləs/ SYN N (pl **stimuli** /ˈstɪmjʊlaɪ/) *(Physiol)* stimulus *m* ; *(fig)* stimulant *m* ◆ **to be a stimulus to** *or* **for** *(fig)[+ exports, efforts, imagination]* stimuler ◆ **it gave trade a new stimulus** cela a donné une nouvelle impulsion *or* un coup de fouet au commerce ◆ **under the stimulus of...** stimulé par...

**stimy** /ˈstaɪmɪ/ N, VT ⇒ **stymie**

**sting** /stɪŋ/ SYN (vb: pret, ptp **stung**)
N [1] *[of insect]* dard *m*, aiguillon *m* ◆ **but there's a sting in the tail** mais il y a une mauvaise surprise à la fin ◆ **it's had its sting removed** *(of plan, draft, legislation etc)* on l'a rendu inopérant ◆ **to take the sting out of** *[+ words]* adoucir ; *[+ situation]* désamorcer
[2] *(= pain, wound, mark) [of insect, nettle etc]* piqûre *f* ; *[of iodine etc]* brûlure *f* ; *[of whip]* douleur *f* cuisante ; *(fig) [of attack]* mordant *m*, vigueur *f* ; *[of criticism, remark]* causticité *f*, mordant *m* ◆ **I felt the sting of the rain on my face** la pluie me cinglait le visage ◆ **the sting of salt water in the cut** la brûlure de l'eau salée dans la plaie
[3] *(esp US ⁑ = confidence trick)* arnaque * *f*, coup *m* monté
VT [1] *[insect, nettle, antiseptic]* piquer ; *[rain, hail, whip]* cingler, fouetter ; *[remark, criticism]* piquer au vif ◆ **stung by remorse** bourrelé de remords ◆ **my remark stung him into action** ma remarque (l'a piqué au vif et) l'a poussé à agir ◆ **he was stung into replying brusquely** piqué *or* blessé, il répondit brusquement ; → **quick**
[2] ⁑ avoir*, estamper* ◆ **he stung me for £10 for that meal** il m'a eu * *or* estampé * en me faisant payer ce repas 10 livres ◆ **I've been stung!** je me suis fait avoir *or* estamper ! *
VI *[insect, nettle, antiseptic, eyes]* piquer ; *[blow, slap, whip]* faire mal ◆ **that remark really stung** cette remarque m'a vraiment blessé ◆ **that stings!** ça pique ! ◆ **the smoke made his eyes sting** la fumée lui piquait les yeux

**stinger** /ˈstɪŋgəʳ/ N [1] *(= cocktail) cocktail à base de crème de menthe*
[2] *(US) [of insect]* piqûre *f*
[3] *(US * = remark)* pique *f*, pointe *f*

**stingily** /ˈstɪndʒɪlɪ/ ADV *[praise]* chichement ; *[spend]* avec avarice ; *[serve]* en lésinant

**stinginess** /ˈstɪndʒɪnɪs/ N *[of person]* ladrerie *f*, avarice *f* ; *[of portion]* insuffisance *f*

**stinging** /ˈstɪŋɪŋ/
ADJ *[blow, slap, pain]* cuisant ; *[sensation]* cuisant, de piqûre ; *[rain, wind, comment, attack, criticism]* cinglant
N *(= sensation)* sensation *f* cuisante
COMP **stinging nettle** N ortie *f*

**stingray** /ˈstɪŋreɪ/ N pastenague *f*

**stingy** /ˈstɪndʒɪ/ ADJ *[person]* radin * ; *[portion, amount]* misérable, mesquin ◆ **to be stingy with** *[+ food, wine]* lésiner sur ; *[+ praise]* être chiche de ◆ **stingy with money** avare (de ses sous)

**stink** /stɪŋk/ (vb: pret **stank**, ptp **stunk**)
N [1] puanteur *f*, odeur *f* infecte ◆ **what a stink!** ce que ça pue ! ◆ **there's a stink of corruption** cela pue la corruption, cela sent la corruption à plein nez
[2] *(* fig = row, trouble)* esclandre *m*, grabuge * *m* ◆ **there was a dreadful stink about the broken windows** il y a eu du grabuge * à propos des carreaux cassés ◆ **to kick up** *or* **cause** *or* **make a stink** faire toute une scène, râler * ◆ **to kick up a stink about sth** causer un esclandre à propos de qch, faire du grabuge * à cause de qch
VI [1] puer, empester ◆ **it stinks of fish** cela pue *or* empeste le poisson ◆ **it stinks in here!** cela pue *or* empeste ici ! ◆ **it stinks to high heaven** * *(lit)* cela empeste, ça fouette * ◆ **it stinks of corruption** cela pue la corruption, cela sent la corruption à plein nez ◆ **the whole business stinks** c'est une sale affaire ◆ **they're stinking with money** ⁑ ils sont bourrés de fric ⁑
[2] *(⁑ = be very bad) [person, thing]* être dégueulasse ⁑
VT *[+ room etc]* empester
COMP **stink-bomb** N boule *f* puante
**stink-horn** N satyre *m* puant
▸ **stink out** VT SEP *[+ fox etc]* enfumer ; *[+ room]* empester

**stinker** ⁑ /ˈstɪŋkəʳ/ N *(pej) (= person)* salaud ⁑ *m*, salope ⁑ *f* ; *(= angry letter)* lettre *f* d'engueulade ⁑ ◆ **to be a stinker** *[person]* être salaud (*or* salope) ⁑ ; *[problem, question]* être un casse-tête

**stinking** /ˈstɪŋkɪŋ/
ADJ [1] *(= smelly) [person, lavatory, rubbish]* puant
[2] *(* = horrible)* sale * *before n* ◆ **take your stinking hands off me!** retire tes sales pattes ! *, bas les pattes ! * ◆ **this stinking little town** cette sale * petite ville ◆ **what a stinking thing to do!** quelle vacherie ! * ◆ **a stinking letter** une lettre de réclamation virulente
[3] *(Brit = bad)* ◆ **a stinking cold** * un sale rhume, un rhume carabiné * ◆ **a stinking hangover** une gueule de bois carabinée *
ADV ◆ **stinking rich** * bourré de fric *, plein aux as *
COMP **stinking goosefoot** N *(= plant)* vulvaire *f*

**stinko** ⁑ /ˈstɪŋkəʊ/ ADJ soûl, bourré *

**stinkpot** ⁑ /ˈstɪŋkpɒt/ N salaud ⁑ *m*, salope ⁑ *f*

**stinkweed** /ˈstɪŋkwiːd/ N diplotaxis *m*

**stinky** * /ˈstɪŋkɪ/ ADJ puant

**stint** /stɪnt/ SYN
N [1] ration *f* de travail, besogne *f* assignée ◆ **to do one's stint** *(= daily work)* faire son travail quotidien ; *(= do one's share)* faire sa part de travail ◆ **he does a stint in the gym/at the typewriter every day** il passe un certain temps chaque jour au gymnase/à la machine ◆ **I've done my stint at the wheel** j'ai pris mon tour au volant ◆ **I've finished my stint for today** j'ai fini ce que j'avais à faire aujourd'hui
[2] ◆ **without stint** *[spend]* sans compter ; *[give, lend]* généreusement, avec largesse
VT *[+ food]* lésiner sur ; *[+ compliments]* être chiche de ◆ **to stint sb of sth** mesurer qch à qn ◆ **he stinted himself in order to feed the children** il s'est privé afin de nourrir les enfants ◆ **he didn't stint himself** il ne s'est privé de rien
VI ◆ **to stint on** *[+ food]* lésiner sur ; *[+ compliments]* être chiche de ◆ **to stint on money** être avare *or* ladre

**stipe** /staɪp/ N *[of mushroom]* stipe *m*, pédicule *m* ; *[of seaweed]* stipe *m*

**stipel** /ˈstaɪpl/ N *(on plant)* stipule *f* (secondaire)

**stipend** /ˈstaɪpend/ N *(esp Rel)* traitement *m*

**stipendiary** /staɪˈpendɪərɪ/
ADJ *[services, official]* rémunéré ; *[priest]* qui reçoit un traitement
N *personne qui reçoit une rémunération or un traitement fixe* ; *(Brit Jur:* also **stipendiary magistrate**) juge *m* au tribunal de police

**stipitate** /ˈstɪpɪˌteɪt/ ADJ stipité

**stipple** /ˈstɪpl/ VT pointiller

**stipulate** /ˈstɪpjʊleɪt/ SYN
VT stipuler *(that* que) ; *[+ price]* stipuler, convenir expressément de ; *[+ quantity]* stipuler, prescrire
VI ◆ **to stipulate for sth** stipuler qch, spécifier qch, convenir expressément de qch

**stipulation** /ˌstɪpjʊˈleɪʃən/ SYN N stipulation *f* ◆ **on the stipulation that...** à la condition expresse que... + *fut or subj*

**stipule** /ˈstɪpjuːl/ N *(on plant)* stipule *f*

**stir**[1] /stɜːʳ/ SYN
N [1] ◆ **to give sth a stir** remuer *or* tourner qch
[2] *(= commotion)* agitation *f*, sensation *f* ◆ **there was a great stir in Parliament about...** il y a eu beaucoup d'agitation au Parlement à propos de... ◆ **it caused** *or* **made quite a stir** cela a fait du bruit ◆ **he caused quite a stir when he announced his resignation** cela a fait beaucoup de bruit quand il a annoncé sa démission
VT [1] *[+ tea, soup, mixture]* remuer ; *[+ fire]* tisonner ◆ **he stirred sugar into his tea** il a mis du sucre dans son thé et l'a remué ◆ **she stirred milk into the mixture** elle a ajouté du lait au mélange
[2] *(= move)* remuer ; *(quickly)* agiter ◆ **the wind stirred the leaves** le vent a agité *or* a fait trembler les feuilles ◆ **nothing could stir him from his chair** rien ne pouvait le tirer de son fauteuil

♦ **to stir o.s.** * se secouer, se bouger‡ ♦ **to stir one's stumps** * se grouiller‡

3 *(fig)* *[+ curiosity, passions]* exciter ; *[+ emotions]* éveiller ; *[+ imagination]* stimuler ; *[+ person]* émouvoir ♦ **to stir sb to do sth** inciter qn à faire qch ♦ **to stir a people to revolt** inciter un peuple à la révolte ♦ **to stir sb to pity** émouvoir la compassion de qn ♦ **it stirred his heart** cela lui a remué le cœur ♦ **to stir sb's blood** réveiller l'enthousiasme de qn ♦ **it was a song to stir the blood** c'était une chanson enthousiasmante

VI 1 *[person]* remuer, bouger ; *[leaves, curtains etc]* remuer, trembler ; *[feelings]* être excité ♦ **I will not stir from here** je ne bougerai pas d'ici ♦ **he hasn't stirred from the spot** il n'a pas quitté l'endroit ♦ **he wouldn't stir an inch** *(lit)* il ne voulait pas bouger d'un centimètre ; *(fig)* il ne voulait pas faire la moindre concession ♦ **to stir in one's sleep** bouger en dormant *or* dans son sommeil ♦ **nobody is stirring yet** personne n'est encore levé, tout le monde dort encore ♦ **nothing was stirring in the forest** rien ne bougeait dans la forêt ♦ **the curtains stirred in the breeze** la brise a agité les rideaux ♦ **anger stirred within her** la colère est montée en elle

2 *(* = try to cause trouble)* essayer de mettre la pagaille* *or* de causer des problèmes

COMP **stir-fry** VT faire sauter (en remuant) ADJ *[vegetables]* sauté N *(= dish) légumes (et/ou viande) sautés*

▸ **stir in** VT SEP *[+ milk etc]* ajouter en tournant

▸ **stir round** VT SEP *(Culin etc)* tourner

▸ **stir up** VT SEP *[+ soup etc]* tourner, remuer ; *[+ fire]* tisonner ; *(fig)* *[+ curiosity, attention, anger]* exciter ; *[+ imagination]* exciter, stimuler ; *[+ memories, the past]* réveiller ; *[+ revolt]* susciter ; *[+ hatred]* attiser ; *[+ mob]* ameuter ; *[+ opposition, discord]* fomenter ; *[+ trouble]* provoquer ; *[+ person]* secouer ♦ **to stir sb up to sth/to do sth** pousser *or* inciter qn à qch/à faire qch

**stir²**‡ /stɜːʳ/ *(esp US)*

N *(= prison)* taule‡ *or* tôle‡ *f* ♦ **in stir** en taule‡

COMP **stir-crazy**‡ ADJ rendu dingue‡ par la réclusion

**stirrer** * /ˈstɜːrəʳ/ N *(= troublemaker)* fauteur *m* de troubles, fouteur *m*, -euse *f* de merde‡

**stirring** /ˈstɜːrɪŋ/ SYN

ADJ *[speech]* vibrant ; *[tale]* passionnant ; *[music]* entraînant ; *[performance]* enthousiasmant ; *[victory]* grisant

N *(= first sign)* *[of discontent, revolt]* frémissement *m* ; *[of love]* frisson *m* ♦ **a stirring of interest** un début d'intérêt

**stirrup** /ˈstɪrəp/

N 1 *[of rider]* étrier *m* ♦ **to put one's feet in the stirrups** chausser les étriers

2 *(US Climbing)* escarpolette *f*, étrier *m*

3 *(Med)* ♦ **stirrups** étriers *mpl*

COMP **stirrup bone** N *(Anat)* étrier *m*
**stirrup cup** N coup *m* de l'étrier
**stirrup leather** N étrivière *f*
**stirrup pump** N pompe *f* à main portative
**stirrup strap** N ⇒ **stirrup leather**

**stitch** /stɪtʃ/

N *(Sewing)* point *m* ; *(Knitting)* maille *f* ; *(Surgery)* point *m* de suture ; *(= sharp pain)* point *m* de côté ♦ **she put a few stitches in the tear** elle a fait un point à la déchirure ♦ **to drop a stitch** *(Knitting)* sauter une maille ♦ **to put stitches in a wound** suturer *or* recoudre une plaie ♦ **he had ten stitches** on lui a fait dix points de suture ♦ **to get one's stitches out** se faire retirer ses fils (de suture) ♦ **a stitch in time saves nine** *(Prov)* un point à temps en vaut cent ♦ **he hadn't a stitch (of clothing) on** * il était nu comme un ver ♦ **he hadn't a dry stitch on him** il n'avait pas un fil de sec sur le dos ♦ **to be in stitches** * se tenir les côtes, se tordre de rire ♦ **her stories had us in stitches** * ses anecdotes nous ont fait rire aux larmes ; → **cable**

VT *[+ seam, hem, garment]* *(gen)* coudre ; *(on machine)* piquer ; *[+ book]* brocher ; *[+ wound]* suturer ; → **hand, machine**

VI coudre

COMP **stitch-up**‡ N *(Brit)* coup *m* monté

▸ **stitch down** VT SEP rabattre

▸ **stitch on** VT SEP *[+ pocket, button]* coudre ; *(= mend)* recoudre

▸ **stitch up** VT SEP 1 *(Sewing)* coudre ; *(= mend)* recoudre ; *(Med)* suturer

2 *(* = arrange, finalize)* *[+ agreement]* (réussir à) conclure

3 *(‡ fig = frame)* monter un coup contre ♦ **I was stitched up** j'ai été victime d'un coup monté

**stitching** /ˈstɪtʃɪŋ/ N couture *f*, points *mpl*

**stitchwort** /ˈstɪtʃwɜːt/ N stellaire *f*

**stoat** /stəʊt/ N hermine *f*

**stochastic** /stɒˈkæstɪk/ ADJ *(Math)* stochastique

**stock** /stɒk/ SYN

N 1 *(= supply)* *[of cotton, sugar, books, goods]* réserve *f*, provision *f*, stock *m* *(Comm)* ; *[of money]* réserve *f* ♦ **in stock** *(Comm)* en stock, en magasin ♦ **out of stock** épuisé ♦ **the shop has a large stock** le magasin est bien approvisionné ♦ **coal stocks are low** les réserves *or* les stocks de charbon sont réduit(e)s ♦ **stock of plays** *(Theat)* répertoire *m* ♦ **I've got a stock of cigarettes** j'ai une provision *or* un stock* de cigarettes ♦ **to get in** *or* **lay in a stock of** s'approvisionner en, faire provision de ♦ **it adds to our stock of facts** cela complète les données en notre possession ♦ **a great stock of learning** un grand fonds d'érudition ♦ **the linguistic** *or* **word stock** *(Ling)* le fonds lexical ; → **dead, surplus**

♦ **to take stock** *(Comm)* faire l'inventaire ; *(fig)* faire le point ♦ **to take stock of** *[+ situation, prospects etc]* faire le point de ; *[+ person]* jauger

2 *(Agr = animals and equipment)* cheptel *m* (vif et mort) ; *(Agr:* also **livestock***)* cheptel *m* vif, bétail *m* ; *(Rail)* matériel *m* roulant ; *(= raw material)* matière *f* première ; *(for paper-making)* pâte *f* à papier ; → **fatstock, livestock, rolling**

3 *(Fin)* valeurs *fpl*, titres *mpl* ; *(= company shares)* actions *fpl* ♦ **stocks and shares** valeurs *fpl* (mobilières), titres *mpl* ♦ **railway stock(s)** actions *fpl* des chemins de fer ♦ **to put stock in sth** *(fig)* faire cas de qch ♦ **his stock has risen** *(fig)* sa cote a remonté ; → **preference, registered**

4 *(= tree trunk)* tronc *m* ; *(= tree stump)* souche *f* ; *(for grafting)* porte-greffe *m*, ente *f* ; → **laughing**

5 *(= base, stem)* *[of anvil]* billot *m* ; *[of plough]* fût *m* ; *[of rifle]* fût *m* et crosse *f* ; *[of plane]* fût *m*, bois *m* ; *[of whip]* manche *m* ; *[of fishing rod]* gaule *f* ; *[of anchor]* jas *m* ; → **lock¹**

6 *(= descent, lineage)* origine *f*, souche *f* ♦ **of good Scottish stock** de bonne souche écossaise ♦ **he comes of farming stock** il vient d'une famille d'agriculteurs, il est d'origine *or* de souche paysanne

7 *(Cards)* talon *m*

8 *(Culin)* bouillon *m* ♦ **chicken stock** bouillon *m* de poulet

9 *(= flower)* giroflée *f*, matthiole *f*

10 *(Hist)* ♦ **the stocks** le pilori

11 ♦ **to be on the stocks** *[ship]* être sur cale ; *[book, piece of work, scheme]* être en chantier

12 *(= tie)* cravate *f* foulard

ADJ 1 *(Comm)* *[goods, model]* courant, de série ♦ **stock line** article *m* suivi ♦ **stock size** taille *f* courante *or* normalisée ♦ **she is not stock size** elle n'est pas une taille courante

2 *(Theat)* *[play]* du répertoire ♦ **stock character** personnage *m* type

3 *(= standard, hackneyed)* *[argument, joke, excuse, comment, response]* classique ♦ **stock phrase** cliché *m*, expression *f* toute faite

4 *(for breeding)* destiné à la reproduction ♦ **stock mare** jument *f* poulinière

VT 1 *(= supply)* *[+ shop, larder, cupboard]* approvisionner *(with* en) ; *[+ library/farm]* monter en livres/en bétail ; *[+ river, lake]* peupler *(with* de), empoissonner ♦ **well-stocked** *[shop etc]* bien approvisionné ; *[library, farm]* bien fourni *or* pourvu

2 *(Comm = hold in stock)* *[+ milk, hats, tools etc]* avoir, vendre

COMP **stock book** N livre *m* d'inventaire(s)
**stock car** N *[of train]* wagon *m* à bestiaux ; *(Sport)* stock-car *m*
**stock car racing** N course *f* de stock-cars
**stock certificate** N *(Fin)* titre *m*
**stock code** N *(Comm)* numéro *m* de stock
**stock company** N *(Fin)* société *f* par actions, société *f* anonyme ; see also **joint** ; *(US Theat)* compagnie *f* *or* troupe *f* (de théâtre) de répertoire
**stock control** N *(Comm)* ⇒ **stock management**
**stock controller** N *(Comm)* responsable *mf* de la gestion des stocks
**stock cube** N *(Culin)* bouillon *m* Kub ®
**stock dividend** N dividende *m* sous forme d'actions
**stock exchange** N Bourse *f* (des valeurs) ♦ **on the stock exchange** à la Bourse
**stock farm** N ferme *f* d'élevage
**stock farming** N élevage *m* (de bétail)
**stock-in-trade** N ♦ **irony was part of Shakespeare's stock-in-trade** Shakespeare maniait volontiers l'ironie dans son œuvre ♦ **jokes about religion are part of his stock-in-trade** les histoires sur la religion font partie de son répertoire de base ♦ **ruins were the stock-in-trade of Romantic painters** les ruines étaient un des thèmes habituels des peintres romantiques
**stock level** N *(Comm)* niveau *m* des stocks
**stock list** N *(Fin)* cours *m* de la Bourse ; *(Comm)* liste *f* des marchandises en stock, inventaire *m* commercial
**stock management** N gestion *f* des stocks
**stock market** N Bourse *f*, marché *m* financier
**stock market closing report** N compte *m* rendu des cours de clôture
**stock option** N *(Fin)* stock-option *m*
**stock-still** ADJ ♦ **to stand** *or* **be stock-still** rester planté comme un piquet ; *(in fear, amazement)* rester cloué sur place
**stock-take** (pret **stock-took**, ptp **stock-taken**) VI *(Comm)* faire l'inventaire
**stock turnover** N *(Comm)* rotation *f* des stocks

▸ **stock up**

VI s'approvisionner *(with, on* en, de ; *for* pour), faire ses provisions *(with, on* de ; *for* pour)

VT SEP *[+ shop, larder, cupboard, freezer]* garnir ; *[+ library]* accroître le stock de livres de ; *[+ farm]* accroître le cheptel de ; *[+ river, lake]* aleviner, empoissonner

**stockade** /stɒˈkeɪd/

N 1 *(= fencing, enclosure)* palissade *f*

2 *(US : for military prisoners)* salle *f* de police *(d'une caserne)*, bloc‡ *m*

VT palanquer

**stockbreeder** /ˈstɒkˌbriːdəʳ/ N éleveur *m*, -euse *f*

**stockbreeding** /ˈstɒkˌbriːdɪŋ/ N élevage *m*

**stockbroker** /ˈstɒkbrəʊkəʳ/

N agent *m* de change

COMP **the stockbroker belt** N *(Brit)* la banlieue résidentielle
**stockbroker Tudor** N *(Brit)* *style Tudor des banlieues résidentielles*

**stockbroking** /ˈstɒkbrəʊkɪŋ/ N commerce *m* des valeurs en Bourse, transactions *fpl* boursières

**stockdove** /ˈstɒkdʌv/ N *(= bird)* pigeon *m* colombin

**stockfish** /ˈstɒkfɪʃ/ N stockfisch *m inv*

**stockholder** /ˈstɒkhəʊldəʳ/ N *(US)* actionnaire *mf*

**stockholding** /ˈstɒkhəʊldɪŋ/ N 1 *(Comm)* stockage *m*

2 *(Fin)* actions *fpl*

**Stockholm** /ˈstɒkhəʊm/ N Stockholm

**stockily** /ˈstɒkɪlɪ/ ADV ♦ **stockily built** trapu, râblé

**stockiness** /ˈstɒkɪnɪs/ N aspect *m* trapu *or* râblé

**stockinet(te)** /ˌstɒkɪˈnet/ N *(= fabric)* jersey *m* ; *(= knitting stitch)* (point *m* de) jersey *m*

**stocking** /ˈstɒkɪŋ/

N bas *m* ; → **Christmas, nylon**

COMP **stocking cap** N bonnet *m* de laine
**stocking feet** NPL ♦ **in one's stocking feet** sans chaussures
**stocking-filler** N tout petit cadeau *m* de Noël
**stocking mask** N bas *m (d'un bandit masqué)*
**stocking stitch** N *(Knitting)* (point *m* de) jersey *m*

**stockinged feet** /ˈstɒkɪŋd/ NPL ♦ **in one's stockinged feet** sans chaussures

**stockist** /ˈstɒkɪst/ N *(Brit)* revendeur *m*

**stockjobber** /ˈstɒkdʒɒbəʳ/ N *(Brit)* *intermédiaire qui traite directement avec l'agent de change* ; *(US : often pej)* agent *m* de change, agioteur *m*

**stockman** /ˈstɒkmən/ N (pl **-men**) gardien *m* de bestiaux

**stockpile** /ˈstɒkpaɪl/

VT *[+ food etc]* stocker, faire *or* constituer des stocks de ; *[+ weapons]* amasser, accumuler

VI faire des stocks

N stock *m*, réserve *f*

**stockpiling** /ˈstɒkpaɪlɪŋ/ N *(NonC)* stockage *m*, constitution *f* de stocks

**stockpot** /ˈstɒkpɒt/ N *(Culin)* marmite *f* de bouillon

**stockroom** /ˈstɒkrʊm/ N magasin *m*, réserve *f*

**stocktaking** /ˈstɒkteɪkɪŋ/ N *(Brit Comm)* *(= action)* inventaire *m* ♦ **to do stocktaking** *(Comm)* faire l'inventaire ; *(fig)* faire le point

**stocky** /ˈstɒkɪ/ SYN ADJ ① (= thickset) [man] trapu, râblé ◆ **his stocky build** sa forte carrure ② [plant, growth] dense

**stockyard** /ˈstɒkjɑːd/ N parc m à bestiaux

**stodge*** /stɒdʒ/ N (NonC: Brit) ① (= food) aliment m bourratif, étouffe-chrétien* m inv ② (in book etc) littérature f indigeste

**stodgy** /ˈstɒdʒɪ/ SYN ADJ (pej) ① (Culin) [food, meal, pudding] bourratif ; [cake] pâteux, lourd ② (* = dull) [person] rasant*, barbant* ; [writing, book] indigeste

**stogie, stogy** /ˈstəʊɡɪ/ N (US) cigare m

**stoic** /ˈstəʊɪk/
N stoïque mf ◆ **Stoic** (Philos) stoïcien m
ADJ ① (= uncomplaining) [person, acceptance] stoïque ◆ **to be stoic about sth** accepter qch stoïquement
② (Philos) ◆ **Stoic** stoïcien

**stoical** /ˈstəʊɪkəl/ SYN ADJ stoïque

**stoically** /ˈstəʊɪklɪ/ ADV stoïquement

**stoich(e)iometric** /ˌstɔɪkɪəˈmetrɪk/ ADJ stœchiométrique

**stoichiometry** /ˌstɔɪkɪˈɒmɪtrɪ/ N (Chem) stœchiométrie f

**stoicism** /ˈstəʊɪsɪzəm/ SYN N stoïcisme m

**stoke** /stəʊk/ VT (also **stoke up**) [+ fire, furnace] alimenter ; [+ engine, boiler] chauffer ◆ **this will stoke fears of civil war** cela va alimenter or renforcer la crainte d'une guerre civile

▶ **stoke up**
VI (furnace) alimenter la chaudière ; (open fire) entretenir le feu ; (* = eat) se remplir la panse*
VT SEP ⇒ stoke

**stokehole** /ˈstəʊkhəʊl/ N [of ship] chaufferie f ; [of boiler, furnace] porte f de chauffe

**stoker** /ˈstəʊkəʳ/ N (on boat, train etc) chauffeur m

**STOL** /stɒl/ (abbrev of **short take-off and landing**) ADAC m

**stole¹** /stəʊl/ N (Dress) étole f, écharpe f ; (Rel) étole f

**stole²** /stəʊl/ VB pt of **steal**

**stolen** /ˈstəʊlən/ VB ptp of **steal**

**stolid** /ˈstɒlɪd/ SYN ADJ [person, manner, expression, face] impassible

**stolidity** /stɒˈlɪdɪtɪ/ N flegme m, impassibilité f

**stolidly** /ˈstɒlɪdlɪ/ ADV [say, stare, ignore, stand, sit] impassiblement ◆ **to be stolidly British (in one's attitudes)** être d'un flegme tout britannique (dans ses attitudes)

**stolidness** /ˈstɒlɪdnɪs/ N ⇒ stolidity

**stolon** /ˈstəʊlən/ N stolon m

**stoloniferous** /ˌstəʊləˈnɪfərəs/ ADJ stolonifère

**stoma** /ˈstəʊmə/ N (pl **stomata** /ˈstəʊmətə/) (Bot, Bio) stomate m

**stomach** /ˈstʌmək/ SYN
N (Anat) estomac m ; (= belly) ventre m ◆ **he was lying on his stomach** il était couché or allongé sur le ventre, il était à plat ventre ◆ **to have a pain in one's stomach** avoir mal à l'estomac or au ventre ◆ **I have no stomach for this journey** je n'ai aucune envie de faire ce voyage ◆ **an army marches on its stomach** une armée ne se bat pas le ventre creux ; → empty, full
VT [+ food] digérer ; [+ behaviour, sb's jokes] digérer*, encaisser* ◆ **he couldn't stomach this** il n'a pas pu l'encaisser*
COMP [disease] de l'estomac ; [ulcer] à l'estomac ◆ **stomach ache** N mal m de ventre ◆ **I have (a) stomach ache** j'ai mal au ventre ◆ **stomach pump** N pompe f (pour lavage d'estomac) ◆ **he was given a stomach pump** on lui a fait un lavage d'estomac ◆ **stomach stapling** N gastroplastie f ◆ **stomach trouble** N (NonC) ennuis mpl gastriques

**stomachic** /stəˈmækɪk/ ADJ stomachique

**stomatitis** /ˌstəʊməˈtaɪtɪs/ N (Med) stomatite f

**stomatologist** /ˌstəʊməˈtɒlədʒɪst/ N stomatologiste mf, stomatologue mf

**stomatology** /ˌstəʊməˈtɒlədʒɪ/ N stomatologie f

**stomatoplasty** /ˈstəʊmətəʊˌplæstɪ/ N stomatoplastie f

**stomp** /stɒmp/
VI ◆ **to stomp in/out** etc entrer/sortir etc d'un pas lourd et bruyant ◆ **we could hear him stomping about** on entendait le bruit lourd de ses pas

VT (esp US) ◆ **to stomp one's feet** (in rage) trépigner ; (in dance) frapper du pied
N ① [of feet] martèlement m ② (= dance) swing m

**stone** /stəʊn/
N ① (= substance, gem : single piece) pierre f ; (= pebble) caillou m ; (on beach) galet m ; (commemorative) stèle f (commémorative) ; (= gravestone) pierre f tombale, stèle f ◆ **(made) of stone** de pierre ◆ **within a stone's throw (of)** à deux pas (de) ◆ **to leave no stone unturned** remuer ciel et terre (to do sth pour faire qch) ◆ **to turn to stone, to change into stone** vt pétrifier, changer en pierre vi se pétrifier ◆ **it isn't set** or **cast or carved in stone** cela n'a rien d'immuable ; → paving, precious, rolling, stand, tombstone
② (esp Brit : fruit) noyau m
③ (Med) calcul m ◆ **to have a stone in the kidney** avoir un calcul rénal ◆ **to have a stone removed from one's kidney** se faire enlever un calcul rénal ; → gallstone
④ (pl gen inv : Brit = weight) = 14 livres, = 6,348 kg → IMPERIAL SYSTEM
VT ① [+ person, object] lancer or jeter des pierres sur, bombarder de pierres ◆ **to stone sb to death** lapider qn, tuer qn à coups de pierre ◆ **stone the crows!*** (Brit) vingt dieux !
② [+ date, olive] dénoyauter
COMP [building, wall] en pierre
**Stone Age** N l'âge m de (la) pierre ADJ de l'âge de la pierre
**stone bass** N (= fish) cernier m
**stone-blind** ADJ complètement aveugle
**stone-broke*** ADJ (US) ⇒ stony-broke ; → stony
**stone circle** N (Brit) cromlech m
**stone-cold** ADJ complètement froid ◆ **stone-cold sober*** pas du tout ivre
**stone-dead** ADJ raide mort
**stone-deaf** ADJ sourd comme un pot
**stone fruit** N fruit m à noyau
**stone-ground** ADJ [flour, wheat] meulé à la pierre
**stone marten** N (= animal) fouine f

**stonebreaker** /ˈstəʊnˌbreɪkəʳ/ N (= person) casseur m de pierres ; (= machine) casse-pierre(s) m, concasseur m

**stonechat** /ˈstəʊntʃæt/ N (= bird) traquet m (pâtre)

**stonecrop** /ˈstəʊnkrɒp/ N (= plant) orpin m

**stonecutter** /ˈstəʊnkʌtəʳ/ N (= person) tailleur m, -euse f de pierres précieuses, lapidaire m ; (= machine) sciotte f, scie f (de carrier)

**stoned*** /stəʊnd/ ADJ (on drugs) défoncé* (on sth à qch) ; (drunk) complètement bourré* or beurré* ◆ **to get stoned** (on drugs) se défoncer* ; (on alcohol) prendre une cuite*

**stonemason** /ˈstəʊnˌmeɪsən/ N tailleur m de pierre(s)

**stonewall** /ˈstəʊnwɔːl/ VI (Cricket) jouer très prudemment ; (fig) donner des réponses évasives

**stoneware** /ˈstəʊnwɛəʳ/ N (NonC) pots mpl de grès

**stonewashed** /ˈstəʊnwɒʃt/ ADJ [jeans] délavé

**stonework** /ˈstəʊnwɜːk/ N (NonC) maçonnerie f

**stonily** /ˈstəʊnɪlɪ/ ADV avec froideur, froidement ; [stare, look] d'un œil froid

**stonking*** /ˈstɒŋkɪŋ/ ADJ (= fantastic) génial*

**stony** /ˈstəʊnɪ/
ADJ ① (= containing stones, stone-like) [soil, path, floor, tiles] pierreux ; [beach] de galets ◆ **her words fell on stony ground** ses paroles n'ont pas trouvé d'écho ◆ **his pleas fell on stony ground** ses demandes n'ont pas trouvé de réponse
② (= made of stone) [outcrop, cliff] rocheux
③ (= unsympathetic) [person] dur, insensible ; [look, stare, expression] dur ; [face] de marbre ; [silence] glacial
COMP ◆ **stony-broke*** ADJ (Brit) fauché comme les blés*
◆ **stony-faced** ADJ au visage impassible
◆ **stony-hearted** ADJ impitoyable, au cœur de pierre

**stood** /stʊd/ VB pt, ptp of **stand**

**stooge** /stuːdʒ/ N (Theat) comparse mf, faire-valoir m ; (gen: pej) laquais m

▶ **stooge about***, **stooge around*** VI rôder

**stook** /stuːk/
N moyette f
VI moyetter

**stool** /stuːl/
N ① tabouret m ; (folding) pliant m ; (= footstool) tabouret m, marchepied† m ◆ **to fall between two stools** se retrouver le bec dans l'eau* ; → music, piano
② (fig) [of window] rebord m
③ (Med) ◆ **stools** selles fpl
④ (Bot) pied m (de plante), plante f mère
COMP ◆ **stool pigeon*** N indicateur m, -trice f, mouchard(e) m(f) ; (in prison) mouton m

**stoolie***, **stooly*** /ˈstuːlɪ/ N (US) ⇒ stool pigeon ; → stool

**stoop¹** /stuːp/ SYN
N ① ◆ **to have** or **walk with a stoop** avoir le dos voûté or rond
② [of bird of prey] attaque f plongeante
VI ① (= have a stoop) avoir le dos voûté
② (also **stoop down**) se pencher, se baisser ; (fig) s'abaisser (to sth jusqu'à qch ; to do sth, to doing sth jusqu'à faire qch) ◆ **he would stoop to anything** il est prêt à toutes les bassesses
③ [bird of prey] plonger

**stoop²** /stuːp/ N (US) véranda f

**stooping** /ˈstuːpɪŋ/ ADJ [person, back] voûté ; [shoulders] tombant ; [posture] courbé

**stop** /stɒp/ SYN
N ① (= halt) arrêt m (also Ski) ; (= short stay) halte f ◆ **we had a stop of a few days in Arles** nous avons fait une halte de quelques jours à Arles ◆ **we had a stop for coffee** nous avons fait une pause-café ◆ **they worked for six hours without a stop** ils ont travaillé six heures d'affilée or sans s'arrêter ◆ **a five-minute stop, five minutes' stop** cinq minutes d'arrêt ◆ **to be at a stop** [vehicle] être à l'arrêt ; [traffic] être bloqué ; [work, progress, production] s'être arrêté, avoir cessé ◆ **to come to a stop** [traffic, vehicle] s'arrêter ; [work, progress, production] cesser ◆ **to bring to a stop** [+ traffic, vehicle] arrêter ; [+ work, progress, production] arrêter, faire cesser ◆ **to make a stop** [bus, train] s'arrêter ; [plane, ship] faire escale ◆ **to put a stop to sth** mettre fin à qch, mettre un terme à qch ◆ **I'll put a stop to all that!** je vais mettre un terme or le holà à tout ça !
② (= stopping place) [of bus, train] arrêt m ; [of plane, ship] escale f ; → bus, request
③ [of organ] jeu m ◆ **to pull out all the stops** (fig) faire un suprême effort, remuer ciel et terre (to do sth pour faire qch)
④ (Punctuation) point m ; (in telegrams) stop m ; see also **full**
⑤ (= device) (on drawer, window) taquet m ; (= door stop) butoir m de porte ; (on typewriter: also **margin stop**) margeur m ; (Tech) mentonnet m
⑥ (Phon) (consonne f) occlusive f
⑦ (Phot) diaphragme m
VT ① (= block) [+ hole, pipe] boucher, obturer ; (accidentally) boucher, bloquer ; [+ leak] boucher, colmater ; [+ jar, bottle] boucher ; [+ tooth] plomber ◆ **to stop one's ears** se boucher les oreilles ◆ **to stop one's ears to sth** (fig) rester sourd à qch ◆ **to stop a gap** (lit) boucher un trou ; (fig) combler une lacune ; see also **stopgap** ◆ **to stop the way** barrer le chemin
② (= halt) [+ person, vehicle, ball, machine, process] arrêter ; [+ traffic] arrêter, interrompre ; [+ progress] interrompre ; [+ light] empêcher de passer ; [+ pain, worry, enjoyment] mettre fin à ; (fig, Sport etc = beat) battre ◆ **he stopped the show with his marvellous medley of old hits** il a fait un tabac* avec son merveilleux pot-pourri de vieilles chansons à succès ◆ **to stop sb short** (lit) arrêter qn net or brusquement ; (= interrupt) interrompre qn ◆ **to stop sb (dead) in his tracks** (lit) arrêter qn net or brusquement ; (fig) couper qn dans son élan ◆ **to stop sth (dead) in its tracks** (fig) interrompre qch ◆ **he stopped a bullet*** il a reçu une balle ◆ **the walls stop some of the noise** les murs étouffent or absorbent une partie du bruit
③ (= cease) arrêter, cesser (doing sth de faire qch) ◆ **stop it!** assez !, ça suffit ! ◆ **stop that noise!** assez de bruit ! ◆ **to stop work** arrêter or cesser de travailler, cesser le travail
④ (= interrupt) [+ activity, building, production] interrompre, arrêter ; (= suspend) suspendre ; (Boxing) [+ fight] suspendre ; [+ allowance, leave, privileges] supprimer ; [+ wages] retenir ; [+ gas, electricity, water supply] couper ◆ **rain stopped play** la pluie a interrompu or arrêté la partie ◆ **they stopped £15 out of his wages** ils ont retenu 15 livres sur son salaire ◆ **to stop one's subscription** résilier son abonnement ◆ **to stop (payment on) a cheque** faire opposition

## stopcock | storm

au paiement d'un chèque ◆ **to stop payment** [bank] suspendre ses paiements ◆ **he stopped the milk for a week** il a fait interrompre or il a annulé la livraison du lait pendant une semaine

⑤ (= prevent) empêcher (sb's doing sth, sb from doing sth qn de faire qch ; sth happening, sth from happening que qch n'arrive (subj)) ◆ **there's nothing to stop you** rien ne vous en empêche ◆ **he stopped the house (from) being sold** il a empêché que la maison (ne) soit vendue or la vente de la maison

⑥ (Mus) [+ string] presser ; [+ hole of trumpet etc] boucher, mettre le doigt sur

**VI** ① [person, vehicle, machine, clock, sb's heart] s'arrêter ◆ **to stop to do sth** s'arrêter pour faire qch ◆ **stop thief!** au voleur ! ◆ **you can stop now** (in work etc) vous pouvez (vous) arrêter maintenant ◆ **we'll stop here for today** (in lesson etc) nous nous arrêterons or nous nous en tiendrons là pour aujourd'hui ◆ **he stopped (dead) in his tracks** il s'est arrêté net or pile * ◆ **he stopped in mid sentence** il s'est arrêté au beau milieu d'une phrase ◆ **stop and think** réfléchissez bien ◆ **stop and consider if or whether…** réfléchissez si… ◆ **he never knows where to stop** il ne sait pas s'arrêter ◆ **he will stop at nothing** il est prêt à tout, il ne recule devant rien (to do sth pour qch) ; → **dead, shortstop**

② [supplies, production, process, music] s'arrêter, cesser ; [attack, pain, worry, enjoyment, custom] cesser ; [allowance, privileges] être supprimé ; [play, programme, concert] finir, se terminer ; [conversation, discussion, struggle] cesser, se terminer

③ * (= remain) rester ; ◆ **live temporarily**) loger ◆ **stop where you are!** restez là où vous êtes ! ◆ **I'm stopping with my aunt** je loge chez ma tante

**COMP** [button, lever, signal] d'arrêt ; (Phot) [bath, solution] d'arrêt

**stop-and-go** N (US) → **stop-go**
**stop consonant** N (Phon) (consonne f) occlusive f
**stop-frame** ADJ [animation, photography] image par image inv
**stop-go** N → **stop-go**
**stop-off** N arrêt m, courte halte f
**stop order** N (on Stock Exchange) ordre m stop
**stop-press** N (Brit Press) (= news) nouvelles fpl de dernière heure ; (as heading) « dernière heure »
**stop sign** N (panneau m) stop m

▶ **stop away** * VI ◆ **he stopped away for three years** il est resté trois ans sans revenir or trois ans absent ◆ **he stopped away from the meeting** il n'est pas allé à la réunion

▶ **stop behind** * VI rester en arrière or à la fin

▶ **stop by** * VI s'arrêter en passant

▶ **stop down** * VI (bending) rester baissé ; (lying down) rester couché ; (under water) rester sous l'eau

▶ **stop in** * VI ① (at home) rester à la maison or chez soi, ne pas sortir
② ⇒ **stop by**

▶ **stop off**
  VI s'arrêter ; (on journey) s'arrêter, faire une halte ◆ **let's stop off and get a pizza** arrêtons-nous pour acheter une pizza
  N ◆ **stop-off** → **stop**

▶ **stop out** * VI rester dehors, ne pas rentrer ◆ **he always stops out late on Fridays** il rentre toujours tard le vendredi

▶ **stop over** VI s'arrêter (un or plusieurs jour(s)), faire une halte

▶ **stop up**
  VI (Brit *) ne pas se coucher, rester debout ◆ **don't stop up for me** ne m'attendez pas pour aller vous coucher
  VT SEP [+ hole, pipe, jar, bottle] boucher ◆ **my nose is stopped up** j'ai le nez bouché

**stopcock** /ˈstɒpkɒk/ N robinet m d'arrêt

**stopgap** /ˈstɒpɡæp/ SYN
  N bouche-trou m
  ADJ [measure, solution] provisoire

**stop-go** /stɒpˈɡəʊ/
  N (gen, Econ) ◆ **a period of stop-go** une période d'activité intense suivie de relâchement, une période de « stop and go »
  COMP **stop-go policy** N politique f en dents de scie

**stoplight** /ˈstɒplaɪt/ N (US) (= traffic light) feu m rouge ; (= brake light) feu m de stop

**stopover** /ˈstɒpəʊvəʳ/ N halte f

**stoppage** /ˈstɒpɪdʒ/ SYN
  N ① (in traffic, work) arrêt m, interruption f ; (Sport) arrêt m de jeu ; (= strike) arrêt m de travail, grève f ; [of leave, wages, payment] suspension f ; (= amount deducted) retenue f
  ② (= blockage) obstruction f, engorgement m ; (Med) occlusion f
  COMP **stoppage time** N (Sport) arrêts mpl de jeu ◆ **to play stoppage time** jouer les arrêts de jeu

**stopper** /ˈstɒpəʳ/
  N [of bottle, jar] bouchon m ; [of bath, basin] bouchon m, bonde f ◆ **to take the stopper out of a bottle** déboucher une bouteille ◆ **to put the stopper into a bottle** boucher une bouteille ◆ **to put a stopper on sth** * mettre un terme or le holà à qch ; → **conversation**
  VT boucher

**stopping** /ˈstɒpɪŋ/
  N ① (NonC = halting) [of activity, progress, vehicle, process] arrêt m ; [of cheque] opposition f au paiement ; [of match, game, payment] suspension f ; [of allowance, leave, privileges] suppression f ; [of wages] retenue f (of sur)
  ② (NonC = blocking) [of hole, pipe] obturation f, bouchage m ; [of leak] colmatage m, bouchage m ; (Mus) → **double**
  ③ [of tooth] plombage m
  COMP **stopping place** N (= lay-by etc) endroit m où s'arrêter ◆ **we were looking for a stopping place** nous cherchions un endroit où nous arrêter
  **stopping train** N (train m) omnibus m

**stopwatch** /ˈstɒpwɒtʃ/ N chronomètre m

**storage** /ˈstɔːrɪdʒ/
  N ① (NonC) [of goods, fuel] entreposage m, emmagasinage m ; [of furniture] entreposage m ; [of food, wine] rangement m, conservation f ; [of radioactive waste] stockage m ; [of heat, electricity] accumulation f ; [of documents] conservation f ◆ **to put in(to) storage** entreposer, emmagasiner ; [+ furniture] mettre au garde-meuble ; → **cold**
  ② (Comput) (= state) mémoire f ; (= action) mise f en mémoire
  COMP [problems] d'entreposage, d'emmagasinage ; [charges] de magasinage
  **storage battery** N accumulateur m, accu * m
  **storage capacity** N (gen, Comput) capacité f de stockage
  **storage device** N (Comput) unité f de stockage, mémoire f
  **storage heater** (also **electric storage heater**) N radiateur m électrique à accumulation, accumulateur m de chaleur
  **storage space** N (in house) espace m de rangement ; (in firm etc) espace m de stockage
  **storage tank** N (for oil etc) réservoir m de stockage ; (for rainwater) citerne f
  **storage unit** N (= furniture) meuble m de rangement

**storax** /ˈstɔːræks/ N styrax m

**store** /stɔːʳ/ SYN
  N ① (= supply, stock, accumulation) provision f, réserve f, stock m (Comm) ; [of learning, information] fonds m ◆ **to get in** or **lay in a store of sth** faire provision de qch ◆ **to keep a store of sth** avoir une provision de qch ◆ **to set great store/little store by sth** attacher du prix/peu de prix à qch
  ② ◆ **stores** (= supplies) provisions fpl ◆ **to take on** or **lay in stores** s'approvisionner, faire des provisions
  ③ (Brit = depot, warehouse) entrepôt m ; (= furniture store) garde-meuble m ; (in office, factory etc : also **stores**) réserve f ; (larger) service m des approvisionnements ◆ **ammunition store** dépôt m de munitions
  ◆ **in store, into store** ◆ **to put in(to) store** [+ goods] entreposer ; [+ furniture] mettre au garde-meuble ◆ **I am keeping this in store for winter** je garde cela en réserve pour l'hiver ◆ **I've got a surprise in store for you** j'ai une surprise en réserve pour vous, je vous réserve une surprise ◆ **what does the future hold** or **have in store for him?, what is** or **lies in store for him?** que lui réserve l'avenir ?
  ④ (esp US = shop) magasin m, commerce m ; (large) grand magasin m ; (small) boutique f ◆ **book store** magasin m de livres, librairie f ; → **chain, department, general**
  VT ① (= keep in reserve, collect : also **store up**) [+ food, fuel, goods] mettre en réserve ; [+ documents] conserver ; [+ electricity, heat] accumuler, emmagasiner ; (fig) (in one's mind) [+ facts, information] noter or enregistrer dans sa mémoire ◆ **this cellar can store enough coal for the winter** cette cave peut contenir assez de charbon pour passer l'hiver
  ② (= place in store : also **store away**) [+ food, fuel, goods] emmagasiner, entreposer ; [+ furniture] mettre au garde-meuble ; [+ crops] mettre en grange, engranger ; (Comput) mettre en réserve ◆ **he stored the information (away)** (in filing system etc) il a rangé les renseignements ; (in his mind) il a noté les renseignements ◆ **I've got the camping things stored (away) till we need them** j'ai rangé or mis de côté les affaires de camping en attendant que nous en ayons besoin ◆ **where do you store your wine?** où est-ce que vous entreposez or conservez votre vin ?
  ③ (Comput) mémoriser
  VI ◆ **these apples store well/badly** ces pommes se conservent bien/mal
  COMP (gen : esp US) [item, line] de série ; (US : also **store-bought**) [clothes] de confection or de série ; [cake] du commerce
  **store card** N (Comm) carte f privative
  **store detective** N vigile m en civil (dans un grand magasin)

▶ **store away** VT SEP → **store** vt 2
▶ **store up** VT SEP → **store** vt 1

**storefront** /ˈstɔːfrʌnt/ N (US) devanture f
**storehouse** /ˈstɔːhaʊs/ N entrepôt m ; (fig : of information etc) mine f
**storekeeper** /ˈstɔːkiːpəʳ/ N magasinier m ; (esp US = shopkeeper) commerçant(e) m(f)
**storeroom** /ˈstɔːrʊm/ N réserve f, magasin m
**storey, story** (US) /ˈstɔːrɪ/ N étage m ◆ **on the 3rd** or (US) **4th storey** au troisième (étage) ◆ **a four-storey(ed)** or (US) **four-storied building** un bâtiment de quatre étages
**-storeyed, -storied** (US) /ˈstɔːrɪd/ ADJ (in compounds) → **storey**
**stork** /stɔːk/ N cigogne f
**storm** /stɔːm/ SYN
  N ① tempête f ; (= thunderstorm) orage m ; (on Beaufort scale) tempête f ◆ **storm of rain/snow** tempête f de pluie/de neige ◆ **magnetic storm** orage m magnétique ◆ **it was a storm in a teacup** (Brit) c'était une tempête dans un verre d'eau ; → **dust, hailstorm, sandstorm**
  ② [of arrows, missiles] pluie f, grêle f ; [of insults, abuse] torrent m ; [of cheers, protests, applause, indignation] tempête f ◆ **there was a political storm** les passions politiques se sont déchaînées ◆ **his speech caused** or **raised quite a storm** son discours a provoqué une véritable tempête or un ouragan ◆ **to bring a storm about one's ears** soulever un tollé (général) ◆ **a period of storm and stress** une période très orageuse or très tourmentée
  ③ (Mil) ◆ **to take by storm** prendre d'assaut ◆ **this product has taken the market by storm** ce produit a pris le marché d'assaut ◆ **the play took London by storm** la pièce a obtenu un succès foudroyant or fulgurant à Londres
  VT (Mil) prendre or emporter d'assaut ◆ **angry ratepayers stormed the town hall** les contribuables en colère ont pris d'assaut or ont envahi la mairie
  VI [wind] souffler en tempête, faire rage ; [rain] tomber à torrents, faire rage ; (fig) [person] fulminer ◆ **to storm at sb** tempêter or fulminer contre qn ◆ **to storm (one's way) in/out** etc entrer/sortir etc comme un ouragan
  COMP [signal, warning] de tempête
  **storm belt** N zone f des tempêtes
  **storm cellar** N (US) abri m contre les tempêtes or cyclones
  **storm centre** N centre m de dépression, œil m du cyclone ; (fig) centre m de l'agitation
  **storm cloud** N nuage m orageux ; (fig) nuage m noir or menaçant ◆ **the storm clouds are gathering** (fig) l'avenir est sombre
  **storm cone** N cône m de tempête
  **storm damage** N dégâts mpl occasionnés par la tempête
  **storm door** N double porte f (à l'extérieur)
  **storm drain** N collecteur m d'eaux pluviales
  **storm force** N ◆ **to reach storm force** [wind] atteindre force 10
  **storm-force** ADJ [wind] de force 10
  **storm insurance** N assurance f contre les tempêtes
  **storm lantern** N lampe-tempête f, lanterne-tempête f
  **storm-lashed** ADJ battu par l'orage or la tempête
  **storm petrel** N ⇒ **stormy petrel** ; → **stormy**
  **storm sewer** N collecteur m d'eaux pluviales

**storm-tossed** ADJ ballotté *or* battu par la tempête
**storm trooper** N *(Mil) (gen)* membre *m* d'une troupe d'assaut ; *(= Nazi)* membre *m* des sections d'assaut nazies
**storm troops** NPL troupes *fpl* d'assaut
**storm water** N eau(x) *f(pl)* pluviale(s)
**storm window** N double fenêtre *f (à l'extérieur)*

**stormbound** /ˈstɔːmbaʊnd/ ADJ bloqué par la tempête

**storming** /ˈstɔːmɪŋ/
N *(= attack, invasion)* assaut *m* ◆ **the storming of the Bastille** la prise de la Bastille
ADJ *(* = impressive)* spectaculaire, impressionnant

**stormproof** /ˈstɔːmpruːf/ ADJ à l'épreuve de la tempête

**stormy** /ˈstɔːmɪ/ SYN
ADJ 1 *[weather, night, skies]* orageux ; *[seas, waters]* démonté ◆ **on a stormy night** par une nuit d'orage
2 *(= turbulent) [meeting, scene, relationship]* orageux, houleux ; *[period]* tumultueux ; *[career]* mouvementé ; *[temperament, person]* violent, emporté ◆ **stormy waters** période *f* tumultueuse ◆ **the bill had a stormy passage through Parliament** l'adoption du projet de loi au Parlement a donné lieu à des débats houleux
COMP **stormy petrel** N *(= bird)* pétrel *m* ; *(fig)* enfant *mf* terrible

**story**[1] /ˈstɔːrɪ/ SYN
N 1 *(= account)* histoire *f* ◆ **it's a long story** c'est toute une histoire, c'est une longue histoire ◆ **that's only part of the story** mais ce n'est pas tout ◆ **you're not telling me the whole** *or* **full story, you're only telling me part of the story** tu ne me dis pas tout, tu me caches quelque chose ◆ **a different story** *(fig)* une autre histoire ◆ **but that's another story** mais ça c'est une autre histoire ◆ **it's quite another story** *or* **a very different story** c'est une tout autre histoire ◆ **it's the same old story** c'est toujours la même histoire *or* la même chanson* ◆ **these scars tell their own story** ces cicatrices parlent d'elles-mêmes *or* en disent long ◆ **what the police found in the truck told a different story** ce que la police a trouvé dans le camion indiquait tout autre chose ◆ **so, what's the story?** alors, raconte ! ◆ **that's the story of my life!** *(hum)* ça m'arrive tout le temps !
2 *(= version of events)* ◆ **I've heard his story** j'ai entendu sa version des faits ◆ **he changed his story** il est revenu sur ce qu'il avait dit ◆ **let's get our story straight** mettons-nous bien d'accord sur ce que nous allons dire ◆ **according to your story** d'après ce que vous dites, selon vous
3 *(= tale)* histoire *f*, conte *m* ; *(= legend)* histoire *f*, légende *f* ; *(Literat)* histoire *f*, récit *m* ; *(short)* nouvelle *f* ; *(= anecdote, joke)* histoire *f*, anecdote *f* ◆ **there's an interesting story attached to that** on raconte une histoire intéressante à ce sujet ◆ **or so the story goes** ou du moins c'est ce que l'on raconte, d'après les on-dit ◆ **he writes stories** il écrit des histoires *or* des nouvelles ◆ **she told the children a story** elle a raconté une histoire aux enfants ◆ **do you know the story about...?** connaissez-vous l'histoire de... ? ◆ **what a story this house could tell!** que de choses cette maison pourrait nous *(or* vous *etc)* raconter ! ◆ **what's the story behind that song/that picture?** quelle est l'histoire de cette chanson/de ce tableau ? ; → **bedtime, fairy, short**
4 *(= plot) [of film]* scénario *m* ; *[of book]* intrigue *f* ; *[of play]* intrigue *f*, action *f* ◆ **the story of the film is taken from his book** le scénario du film est tiré de son roman ◆ **he did the story for the film** il a écrit le scénario du film
5 *(Press, Rad, TV) (= event etc)* affaire *f* ; *(= article)* article *m* ◆ **they devoted two pages to the story of...** ils ont consacré deux pages à l'affaire de... ◆ **did you read the story on...?** avez-vous lu l'article sur... ? ◆ **I don't know if there's a story in it** je ne sais pas s'il y a matière à un article ◆ **he was sent to cover the story of the refugees** on l'a envoyé faire un reportage sur les réfugiés
6 *(* = fib)* histoire *f* ◆ **to tell stories** raconter des histoires
COMP **story line** N *[of film]* scénario *m* ; *[of book]* intrigue *f* ; *[of play]* intrigue *f*, action *f*
**story-writer** N nouvelliste *mf*

**story**[2] /ˈstɔːrɪ/ N *(US)* ⇒ **storey**

**storyboard** /ˈstɔːrɪbɔːd/ N *(Cine, TV)* story-board *m*

**storybook** /ˈstɔːrɪbʊk/
N livre *m* de contes *or* d'histoires
ADJ *(fig) [situation, love affair]* romanesque ◆ **a meeting with a storybook ending** une rencontre qui se termine comme dans les romans

**storyteller** /ˈstɔːrɪteləʳ/ N conteur *m*, -euse *f* ; *(* = fibber)* menteur *m*, -euse *f*

**storytelling** /ˈstɔːrɪtelɪŋ/ N *(NonC)* ◆ **they pass on their tradition through storytelling** leurs traditions se transmettent à travers les contes

**stoup** /stuːp/ N *(Rel)* bénitier *m* ; *(†† = tankard)* pichet *m*

**stout** /staʊt/ SYN
ADJ 1 *(= fat) [person]* corpulent, gros (grosse *f*) ◆ **to get** *or* **grow stout** prendre de l'embonpoint
2 *(= sturdy) [legs]* solide, robuste ; *[stick, door, rope, shoes]* solide ; *[horse]* vigoureux ; *[branch]* gros (grosse *f*)
3 *(= resolute) [soldier, defence, resistance, opposition, heart]* vaillant ; *[support]* résolu ◆ **he is a stout fellow** † c'est un brave type*
N *(= beer)* stout *m or f*, bière *f* brune
COMP **stout-hearted** ADJ vaillant, intrépide

**stoutly** /ˈstaʊtlɪ/ *(liter)* ADV 1 *(= resolutely) [fight, defend, resist]* vaillamment ; *[deny]* vigoureusement ; *[believe, maintain]* dur comme fer
2 ◆ **stoutly built** *[hut]* solidement bâti

**stoutness** /ˈstaʊtnɪs/ N *(NonC)* 1 *(= fatness) [of person]* corpulence *f*, embonpoint *m*
2 *(= sturdiness) [of horse, branch]* vigueur *f* ; *[of stick, door, rope, shoes]* solidité *f*
3 *(= resoluteness) [of defence, resistance, opposition]* vaillance *f* ; *[of support]* détermination *f* ◆ **the stoutness of his resolve** sa résolution inébranlable ◆ **stoutness of heart** vaillance *f*

**stove**[1] /stəʊv/
N 1 *(= heater)* poêle *m* ; → **wood**
2 *(= cooker) (solid fuel)* fourneau *m* ; *(gas, electric)* cuisinière *f* ; *(small)* réchaud *m*
3 *(= industrial oven)* four *m*, étuve *f*
COMP **stove enamel** N *(Tech)* vernis *m or* laque *f* à cuire

**stove**[2] /stəʊv/ VB pt, ptp of **stave**

**stovepipe** /ˈstəʊvpaɪp/ N *(lit, also fig = hat)* tuyau *m* de poêle

**stovies** /ˈstəʊvɪz/ NPL *(Scot Culin) ragoût de pommes de terre aux oignons*

**stow** /stəʊ/ VT ranger, mettre ; *(out of sight:* also **stow away)** faire disparaître, cacher ; *[+ cargo]* arrimer ; (also **stow away)** *[+ ropes, tarpaulins etc]* ranger ◆ **where can I stow this?** où puis-je déposer ceci ? ◆ **stow it!*** la ferme !*, ferme-la !*

▸ **stow away**
VI s'embarquer clandestinement ◆ **he stowed away to Australia** il s'est embarqué clandestinement pour l'Australie
VT SEP *(= put away)* ranger ; *(= put in its place)* ranger, placer ; *(= put out of sight)* faire disparaître, cacher ; *(* fig) [+ meal, food]* enfourner* ; see also **stow**

**stowage** /ˈstəʊɪdʒ/ N *(Naut) (= action)* arrimage *m* ; *(= space)* espace *m* utile ; *(= costs)* frais *mpl* d'arrimage

**stowaway** /ˈstəʊəweɪ/ N passager *m* clandestin, passagère *f* clandestine

**STP** /ˌestiːˈpiː/ N abbrev of **standard temperature and pressure**

**str.** N *(Brit)* (abbrev of **street**) r

**strabismal** /strəˈbɪzməl/, **strabismic(al)** /strəˈbɪzmɪk(əl)/ ADJ strabique

**strabismus** /strəˈbɪzməs/ N strabisme *m*

**strabotomy** /strəˈbɒtəmɪ/ N strabotomie *f*

**straddle** /ˈstrædl/
VT *[+ horse, cycle]* enfourcher ; *[+ chair]* se mettre à califourchon *or* à cheval sur ; *[+ fence, ditch, bridge]* enjamber ; *[+ two periods, two cultures]* être à cheval sur ◆ **to be straddling sth** être à califourchon *or* à cheval sur qch ◆ **the village straddles the border** le village est à cheval sur la frontière ◆ **the town straddles the river Avon** la ville s'étend sur les deux rives de l'Avon ◆ **to straddle a target** *(Mil:gunnery)* encadrer un objectif ◆ **to straddle an issue** *(US)* ménager la chèvre et le chou
VI être à califourchon ; *(US * fig)* nager entre deux eaux, ménager la chèvre et le chou ◆ **straddling legs** jambes *fpl* écartées

**strafe** /strɑːf/ VT *(with machine guns)* mitrailler au sol ; *(with shellfire, bombs)* bombarder, marmiter

**strafing** /ˈstrɑːfɪŋ/ N *(on ground, from plane)* mitraillage *m* au sol

**straggle** /ˈstrægl/ SYN VI 1 *[vines, plants]* pousser tout en longueur, pousser au hasard ; *[hair]* être *or* retomber en désordre ; *[houses, trees]* être épars *or* disséminés ; *[village]* s'étendre en longueur ◆ **the branches straggled along the wall** les branches tortueuses grimpaient le long du mur ◆ **the village straggles for miles along the road** les maisons du village s'égrènent *or* le village s'étend sur des kilomètres le long de la route ◆ **her hair was straggling over her face** ses cheveux rebelles *or* des mèches folles retombaient en désordre sur son visage
2 ◆ **to straggle in/out** *[people, cars]* entrer/sortir petit à petit

▸ **straggle away, straggle off** VI se débander *or* se disperser petit à petit

**straggler** /ˈstrægləʳ/ N 1 *(= person)* traînard(e) *m(f)* ; *(= plane etc)* avion *m etc* à la traîne*
2 *[of plant]* branche *f* gourmande, gourmand *m*

**straggling** /ˈstræglɪŋ/, **straggly** /ˈstræglɪ/ ADJ *[hair, beard]* hirsute ; *[plant]* (qui pousse) tout en longueur ; *[village]* tout en longueur ◆ **a straggling row of houses** un rang de maisons disséminées ◆ **a long straggling line** une longue ligne irrégulière

**straight** /streɪt/ SYN
ADJ 1 *(= not curved) [road, edge, stick, nose, skirt, trousers]* droit ; *[course, route]* en ligne droite ; *[chair]* à dossier droit ; *[hair]* raide ◆ **a straight line** *(gen)* une ligne droite ; *(Math)* une droite ◆ **to walk in a straight line** marcher en ligne droite ◆ **on a straight course** en ligne droite ◆ **to have a straight back** avoir le dos droit ◆ **to keep one's back straight** se tenir droit ◆ **to play (with) a straight bat** *(Cricket)* jouer avec la batte verticale ; *(Brit = act decently)* jouer franc jeu
2 *(= not askew) [picture, rug, tablecloth, tie, hat, hem]* droit ◆ **the picture isn't straight** le tableau n'est pas droit *or* est de travers ◆ **to put** *or* **set straight** *[+ picture, hat, tie]* redresser, remettre droit ; *[+ rug, tablecloth]* remettre droit
3 *(= frank) [person, answer, question]* franc (franche *f*) *(with sb* avec qn) ; *[dealing]* loyal, régulier ; *[denial, refusal]* net, catégorique ◆ **to be straight about sth** exprimer franchement qch ◆ **let's be straight about this** soyons francs, ne nous leurrons pas ◆ **straight talk(ing), straight speaking** franc-parler *m* ◆ **it's time for some straight talking** soyons francs ◆ **to play a straight game** jouer franc jeu ◆ **straight tip** *(Racing, St Ex etc)* tuyau* *m* sûr
4 *(= unambiguous)* clair ◆ **say nothing, is that straight?** tu ne dis rien, c'est clair ? ◆ **have you got that straight?** est-ce bien clair ? ◆ **let's get this straight** entendons-nous bien sur ce point ◆ **let's get that straight right now** mettons cela au clair tout de suite ◆ **to get things straight in one's mind** mettre les choses au clair dans son esprit ◆ **to put sth straight** mettre qch au clair ◆ **to put** *or* **set sb straight (about sth)** éclairer qn (sur qch) ◆ **to keep sb straight (about sth)** empêcher qn de se tromper (sur qch) ◆ **to put** *or* **set o.s. straight with sb** faire en sorte de ne pas être en reste avec qn ; → **record**
5 *(= tidy) [house, room, books, affairs, accounts]* en ordre ◆ **to put** *or* **set** *or* **get sth straight** *[+ house, room, books]* mettre qch en ordre, mettre de l'ordre dans qch ; *[+ affairs, accounts]* mettre de l'ordre dans qch
6 *(= pure, simple)* ◆ **it was a straight choice between A and B** il n'y avait que deux solutions, A ou B ◆ **the election was a straight fight between the Tories and Labour** l'élection a mis aux prises conservateurs et travaillistes ◆ **her latest novel is straight autobiography** son dernier roman est de l'autobiographie pure ◆ **to get straight As** *(US)* obtenir les notes les plus élevées ◆ **a straight A student** *(US)* un étudiant qui obtient les notes les plus élevées partout
7 *(= consecutive) [victories, defeats, games, months]* consécutif ◆ **to win ten straight victories** remporter dix victoires d'affilée *or* consécutives ◆ **for five straight days** pendant cinq jours d'affilée *or* consécutifs ◆ **in straight sets** *(Tennis)* en deux/trois sets *(pour les matchs en trois/cinq sets)* ◆ **to win/lose in straight sets** gagner/perdre tous les sets

8 (* = *not owed or owing money*) quitte ◆ **if I give you £5, then we'll be straight** si je te donne cinq livres, nous serons quittes

9 (= *unmixed*) [*whisky, vodka*] sec (sèche *f*), sans eau

10 (*Theat*) (= *mainstream*) [*theatre*] traditionnel ; (= *non-comic*) [*play, role, actor*] sérieux

11 (= *unsmiling*) ◆ **to keep a straight face** garder son sérieux ◆ **to say sth with a straight face** dire qch sans sourire *or* avec un grand sérieux ; see also **comp**

12 (*Geom*) [*angle*] plat

13 (* = *conventional*) [*person*] conventionnel, conformiste

14 (* = *heterosexual*) hétéro *

15 * (= *not criminal*) [*person*] honnête, régulier ◆ **I've been straight for three years** (*not on drugs*) ça fait trois ans que je n'ai pas pris de drogue

N 1 ◆ **the straight** [*of racecourse, railway line, river*] la ligne droite ◆ **now we're in the straight** (*fig*) nous sommes maintenant dans la dernière ligne droite

2 ◆ **to cut sth on the straight** couper qch (de) droit fil ◆ **out of the straight** de travers, en biais

3 ◆ **to follow** *or* **keep to the straight and narrow** rester dans le droit chemin ◆ **to keep sb on the straight and narrow** faire suivre le droit chemin à qn

4 * (= *heterosexual*) hétéro * *mf*

ADV 1 (= *in a straight line*) [*walk*] droit ; [*grow*] (bien) droit ; [*fly*] en ligne droite ; [*shoot*] juste ◆ **straight above us** juste au-dessus de nous ◆ **straight across from the house** juste en face de la maison ◆ **to go straight ahead** aller tout droit ◆ **he looked straight ahead** il a regardé droit devant lui ◆ **he came straight at me** il s'est dirigé droit sur moi ◆ **to look straight at sb** regarder qn droit dans les yeux ◆ **to hold o.s. straight** se tenir droit ◆ **to look sb straight in the face/the eye** regarder qn bien en face/droit dans les yeux ◆ **to go straight on** aller tout droit ◆ **to sit straight** s'asseoir bien droit ◆ **to sit up straight** se redresser ◆ **to stand straight** se tenir droit ◆ **to stand up straight** se redresser ◆ **the bullet went straight through his chest** la balle lui a traversé la poitrine de part en part ◆ **to go straight towards sb/sth** se diriger droit vers qn/qch ◆ **the cork shot straight up in the air** le bouchon est parti droit en l'air

2 (= *level*) ◆ **to hang straight** [*picture*] être bien droit

3 (= *directly*) ◆ **straight after this** tout de suite après ◆ **to come straight back** (= *without detour*) revenir directement ; (= *immediately*) revenir tout de suite ◆ **straight from the horse's mouth** de source sûre ◆ **to go straight home** (= *without detour*) rentrer directement chez soi ; (= *immediately*) rentrer chez soi tout de suite ◆ **he went straight to London** (= *without detour*) il est allé directement *or* tout droit à Londres ; (= *immediately*) il s'est immédiatement rendu à Londres ◆ **to go straight to bed** aller tout de suite se coucher ◆ **I may as well come straight to the point** autant que j'en vienne droit au fait ◆ **give it to me** *or* **tell me straight** * dis-le-moi carrément ◆ **I let him have it straight from the shoulder** * (= *told him*) je le lui ai dit carrément

◆ **straight away** tout de suite, sur-le-champ

◆ **straight off** (= *immediately*) tout de suite, sur-le-champ ; (= *without hesitation*) sans hésiter ; (= *without beating about the bush*) sans ambages, sans mâcher ses mots

◆ **straight out** (= *without hesitation*) sans hésiter ; (= *without beating about the bush*) sans ambages, sans mâcher ses mots ◆ **to tell sb sth straight out** dire franchement qch à qn

◆ **straight up** * (*Brit*) (= *really*) ◆ **straight up, I got fifty quid for it** sans blaguer *, j'en ai tiré cinquante livres ◆ **I got fifty quid for it – straight up?** j'en ai tiré cinquante livres – sans blague ? *

4 (= *neat*) ◆ **to drink one's whisky straight** boire son whisky sec *or* sans eau

5 (= *clearly*) ◆ **he couldn't think straight** il avait le cerveau brouillé, il n'avait plus les idées claires ◆ **I couldn't see straight** je n'y voyais plus clair

6 ◆ **to go straight** * (= *reform*) revenir dans le droit chemin

7 (= *consecutively*) ◆ **for five days straight** pendant cinq jours d'affilée *or* consécutifs

8 (*Theat*) ◆ **he played the role straight** il a joué le rôle avec mesure

COMP **straight-acting** * ADJ ◆ **to be straight-acting** avoir un look hétéro *
**straight arrow** N (*esp US* = *person*) bon citoyen *m*
**straight-cut tobacco** N tabac *m* coupé dans la longueur de la feuille
**straight-faced** ADV en gardant son sérieux, d'un air impassible ADJ qui garde son sérieux, impassible
**straight flush** N (*Cards*) quinte *f* flush
**straight-laced** ADJ ⇒ strait-laced ; → strait
**straight-line** ADJ [*depreciation*] constant
**straight man** N (pl **straight men**) (*Theat*) comparse *m*, faire-valoir *m*
**straight-out** * ADJ [*answer, denial, refusal*] net, catégorique ; [*supporter, enthusiast, communist*] pur jus * ; [*liar, thief*] fieffé *before n*
**straight razor** N (*US*) rasoir *m* à main *or* de coiffeur
**straight ticket** N (*US Pol*) ◆ **to vote a straight ticket** choisir une liste sans panachage

**straightedge** /ˈstreɪtedʒ/ N règle *f* (*large et plate*) ; (*in carpentry*) limande *f*

**straighten** /ˈstreɪtn/ SYN

VT [*+ wire, nail*] redresser ; [*+ hair*] décrêper, défriser ; [*+ road*] refaire (*en éliminant les tournants*) ; [*+ tie, hat*] ajuster ; [*+ picture*] redresser, remettre d'aplomb ; [*+ room*] mettre de l'ordre dans, mettre en ordre ; [*+ papers*] ranger ◆ **to have one's teeth straightened** se faire redresser les dents ◆ **to straighten one's back** *or* **shoulders** se redresser, se tenir droit ◆ **to straighten the hem of a skirt** arrondir une jupe

VI (also **straighten out**) [*road*] devenir droit ; (also **straighten out, straighten up**) [*growing plant*] pousser droit ; (also **straighten up**) [*person*] se redresser

▸ **straighten out**

VI → **straighten vi**

VT SEP [*+ wire, nail*] redresser, défausser ; [*+ road*] refaire en éliminant les tournants ; (*fig*) [*+ situation*] débrouiller ; [*+ problem*] résoudre ; [*+ one's ideas*] mettre de l'ordre dans, débrouiller ◆ **he managed to straighten things out** * il a réussi à arranger les choses ◆ **I'm trying to straighten out how much I owe him** * j'essaie de trouver combien je lui dois ◆ **to straighten sb out** ‡ remettre qn dans la bonne voie ◆ **I'll soon straighten him out!** ‡ je vais aller le remettre à sa place !, je vais lui apprendre !

▸ **straighten up**

VI 1 → **straighten vi**

2 (= *tidy up*) mettre de l'ordre, ranger

VT SEP [*+ room, books, papers*] ranger, mettre de l'ordre dans

**straightforward** /ˌstreɪtˈfɔːwəd/ SYN ADJ (= *frank*) honnête, franc (franche *f*) ; (= *plain-spoken*) franc (franche *f*), direct ; (= *simple*) simple ◆ **it's very straightforward** c'est tout ce qu'il y a de plus simple ◆ **it was straightforward racism** c'était du racisme pur et simple *or* du racisme à l'état pur

**straightforwardly** /ˌstreɪtˈfɔːwədlɪ/ ADV [*answer*] franchement, sans détour ; [*behave*] avec droiture, honnêtement ◆ **everything went quite straightforwardly** il n'y a pas eu de problèmes, tout s'est bien passé

**straightforwardness** /ˌstreɪtˈfɔːwədnɪs/ N (= *frankness*) honnêteté *f*, franchise *f* ; (= *plain-spokenness*) franchise *f* ; (= *simplicity*) simplicité *f*

**straightjacket** /ˈstreɪtdʒækɪt/ N ⇒ **straitjacket**

**straightness** /ˈstreɪtnɪs/ N 1 (= *frankness*) franchise *f* ; (= *honesty*) rectitude *f*

2 (* = *heterosexual attitudes*) attitudes *fpl* hétéro *

**straightway** †† /ˈstreɪtweɪ/ ADV incontinent, sur-le-champ

**strain¹** /streɪn/ SYN

N 1 (*Tech etc*) tension *f*, pression *f* ◆ **the strain on the rope** la tension de la corde, la force exercée sur la corde ◆ **it broke under the strain** cela s'est rompu sous la tension ◆ **that puts a great strain on the beam** cela exerce une forte pression sur la poutre ◆ **to take the strain off sth** diminuer la pression sur qch ◆ **it put a great strain on their friendship** cela a mis leur amitié à rude épreuve ◆ **it was a strain on the economy/their resources/his purse** cela grevait l'économie/leurs ressources/son budget ◆ **to stand the strain** [*rope, beam*] supporter la tension (*or* le poids *etc*) ; [*person*] tenir le coup * ; → **breaking**

2 (*physical*) effort *m* (physique) ; (= *overwork*) surmenage *m* ; (= *tiredness*) fatigue *f* ◆ **the strain(s) of city life** la tension de la vie urbaine ◆ **the strain of six hours at the wheel** la fatigue nerveuse que représentent six heures passées au volant ◆ **listening for three hours is a strain** écouter pendant trois heures demande un grand effort ◆ **all the strain and struggle of bringing up the family** toutes les tensions et les soucis que l'on a quand on élève des enfants ◆ **the strain of climbing the stairs** l'effort requis pour monter l'escalier ◆ **he has been under a great deal of strain** ses nerfs ont été mis à rude épreuve ◆ **the situation put a great strain on him** *or* **put him under a great strain** la situation l'a épuisé *or* l'a beaucoup fatigué nerveusement ; → **stress**

3 (*Med* = *sprain*) entorse *f*, foulure *f* ; → **eyestrain**

4 ◆ **strains** (*Mus*) accords *mpl*, accents *mpl* ; (*Poetry*) accents *mpl*, chant *m* ◆ **to the strains of the "London March"** aux accents de la « Marche londonienne »

VT 1 [*+ rope, beam*] tendre fortement *or* excessivement ; (*Med*) [*+ muscle*] froisser ; [*+ arm, ankle*] fouler ; (*fig*) [*+ friendship, relationship, marriage*] mettre à rude épreuve ; [*+ resources, savings, budget, the economy*] grever ; [*+ meaning*] forcer ; [*+ word*] forcer le sens de ; [*+ sb's patience*] mettre à l'épreuve ; [*+ one's authority*] outrepasser, excéder ◆ **to strain one's back** se donner un tour de reins ◆ **to strain one's heart** se fatiguer le cœur ◆ **to strain one's shoulder** se froisser un muscle dans l'épaule ◆ **to strain one's voice** (*action*) forcer sa voix ; (*result*) se casser la voix ◆ **to strain one's eyes** s'abîmer *or* se fatiguer les yeux ◆ **he strained his eyes to make out what it was** il a plissé les yeux pour mieux distinguer ce que c'était ◆ **to strain one's ears to hear sth** tendre l'oreille pour entendre qch ◆ **to strain every nerve to do sth** fournir un effort intense pour faire qch ◆ **to strain o.s.** (= *damage muscle etc*) se froisser un muscle ; (= *overtire o.s.*) se surmener ◆ **don't strain yourself!** (*iro*) surtout ne te fatigue pas !

2 († † *or liter*) ◆ **to strain sb to o.s.** *or* **to one's heart** serrer qn contre son cœur, étreindre qn

3 (= *filter*) [*+ liquid, soup, gravy*] passer ; [*+ vegetables*] (faire) égoutter

VI ◆ **to strain to do sth** (*physically*) peiner pour faire qch, fournir un gros effort pour faire qch ; (*mentally*) s'efforcer de faire qch ◆ **to strain at sth** (*pushing/pulling*) pousser/tirer qch de toutes ses forces ; (*fig* = *jib at*) renâcler à qch ◆ **to strain at the leash** [*dog*] tirer fort sur sa laisse ◆ **to strain at a gnat (and swallow a camel)** (*Prov*) faire une histoire pour une vétille et passer sur une énormité ◆ **to strain after sth** (*fig*) faire un grand effort pour obtenir qch ◆ **to strain under a weight** ployer sous un poids

▸ **strain off** VT SEP [*+ liquid*] vider

**strain²** /streɪn/ SYN N (= *breed, lineage*) race *f*, lignée *f* ; [*of animal etc*] race *f* ; [*of virus*] souche *f* ; (= *tendency, streak*) tendance *f* ◆ **there is a strain of madness in the family** il y a dans la famille des tendances à *or* une prédisposition à la folie ◆ **there was a lot more in the same strain** il y en avait encore beaucoup du même genre ◆ **he continued in this strain** il a continué sur ce ton *or* dans ce sens

**strained** /streɪnd/ SYN ADJ 1 (= *tense*) [*person, voice, relations, atmosphere, silence*] tendu

2 (= *unnatural*) [*smile*] contraint ; [*laugh, jollity, politeness*] forcé ; [*manner*] emprunté ; [*style*] affecté

3 (*Physiol*) (= *damaged*) [*muscle*] froissé ; [*arm, ankle*] foulé ; [*eyes*] fatigué ; [*voice*] (= *overtaxed*) forcé ; (= *injured*) cassé ◆ **he has a strained shoulder/back** il s'est froissé un muscle dans l'épaule/le dos

4 (*Culin*) [*baby food*] en purée ; [*vegetables*] égoutté ; [*liquid, soup, gravy*] passé

**strainer** /ˈstreɪnəʳ/ N (*Culin*) passoire *f* ; (*conical*) chinois *m* ; (= *industrial filter*) épurateur *m* ◆ **put the sauce through a strainer** passer la sauce au chinois

**strait** /streɪt/

N 1 (*Geog*: also **straits**) détroit *m* ◆ **the Strait of Gibraltar** le détroit de Gibraltar ◆ **the Straits of Dover** le Pas de Calais ◆ **the Strait of Hormuz** le détroit d'Hormuz *or* d'Ormuz

2 (*fig*) ◆ **straits** situation *f* difficile ◆ **to be in financial straits** avoir des ennuis d'argent ; → **dire**

ADJ († † : *esp Biblical*) étroit

COMP **strait-laced** SYN ADJ collet monté *inv*

**straitened** /ˈstreɪtnd/ ADJ (*frm*) [*times*] de gêne ◆ **in straitened circumstances** dans la gêne ◆ **the more straitened economic circum-**

**stances of the 1990s** la situation économique plus difficile des années 1990

**straitjacket** /'streɪtdʒækɪt/ N camisole f de force

**stramonium** /strə'məʊnɪəm/ N (Med) stramoine f, stramonium m

**strand¹** /strænd/
**N** (liter: = shore) grève f
**VT** [+ ship] échouer ; (also **to leave stranded**) [+ person] laisser en rade* or en plan* ◆ **they were (left) stranded without passports or money** ils se sont retrouvés en rade* or coincés sans passeport ni argent ◆ **he took the car and left me stranded** il a pris la voiture et m'a laissé en rade* or en rade*

**strand²** /strænd/ SYN N [of thread, wire] brin m ; [of rope] toron m ; [of fibrous substance] fibre f ; [of pearls] rang m ; (fig : in narrative etc) fil m, enchaînement m ◆ **a strand of hair** une mèche ◆ **the strands of one's life** le fil de sa vie

**strange** /streɪndʒ/ SYN ADJ **1** (= peculiar) [person, behaviour, feeling, fact, event, place, situation] étrange ◆ **there's something strange about him** il a quelque chose de bizarre ◆ **the strange thing is that...** ce qu'il y a d'étrange, c'est que... ◆ **it feels strange (to do sth)** ça fait bizarre (de faire qch), ça paraît étrange (de faire qch) ◆ **it is strange that...** c'est étrange que... + subj ◆ **it is strange to do sth** c'est étrange de faire qch ◆ **to seem strange to sb** paraître étrange à qn ◆ **strange as it may seem...** aussi étrange que cela puisse paraître... ◆ **strange to say I have never met her** chose étrange, je ne l'ai jamais rencontrée, ce qu'il y a d'étrange, c'est que je ne l'ai jamais rencontrée ; → **bedfellow, truth**
**2** (= unfamiliar) [country, city, house, language] inconnu (to sb à qn) ◆ **a strange man** un inconnu ◆ **there were several strange people there** il y avait plusieurs personnes que je ne connaissais pas (or qu'il ne connaissait pas etc) ◆ **don't talk to any strange men** n'adresse pas la parole à des inconnus ◆ **never get in a strange car** ne monte jamais dans la voiture d'un inconnu ◆ **a strange car was parked in front of my house** une voiture inconnue était garée devant chez moi ◆ **I awoke in a strange bed** je me suis réveillé dans un lit qui n'était pas le mien
**3** (= unaccustomed) [work, activity] inhabituel ◆ **you'll feel rather strange at first** vous vous sentirez un peu dépaysé pour commencer
**4** (= unwell) ◆ **to feel strange** [person] se sentir mal, ne pas se sentir bien

**strangely** /'streɪndʒlɪ/ ADV [act, behave] de façon étrange, bizarrement ; [familiar, quiet] étrangement ◆ **strangely named** au nom étrange ◆ **to be strangely reminiscent of sb/sth** rappeler étrangement qn/qch ◆ **strangely (enough), I have never met her** chose étrange, je ne l'ai jamais rencontrée

**strangeness** /'streɪndʒnɪs/ N étrangeté f, bizarrerie f

**stranger** /'streɪndʒə'/ SYN
**N** (unknown) inconnu(e) m(f) ; (from another place) étranger m, -ère f ◆ **he is a perfect stranger (to me)** il m'est totalement inconnu ◆ **I'm a stranger here** je ne suis pas d'ici ◆ **I am a stranger to Paris** je ne connais pas Paris ◆ **a stranger to politics** un novice en matière de politique ◆ **he was no stranger to misfortune** (liter) il connaissait bien le malheur, il avait l'habitude du malheur ◆ **you're quite a stranger!** vous vous faites or vous devenez rare !, on ne vous voit plus ! ◆ **hello stranger!** tiens, un revenant !*
**COMP Strangers' Gallery** N (Brit Parl) tribune f réservée au public

**strangle** /'stræŋgl/ SYN VT étrangler ; (fig) [+ free speech] museler ; [+ protests] étouffer ◆ **strangled** [person, voice, cry, laugh] étranglé ; [sneeze, sob] étouffé

**strangled** /'stræŋgld/ ADJ [person, voice, cry, laugh] étranglé ; [sneeze, sob] étouffé, réprimé

**stranglehold** /'stræŋglhəʊld/ N **1** (Sport) étranglement m ◆ **to get sb in a stranglehold** faire un étranglement à qn
**2** (fig) ◆ **the country has been kept in an economic stranglehold** le pays a été maintenu dans un étau économique ◆ **to break the Serbian stranglehold on the capital** pour briser l'étau serbe autour de la capitale ◆ **the company's stranglehold on the market** la mainmise de cette entreprise sur le marché

**strangler** /'stræŋglə'/ N étrangleur m, -euse f

**strangles** /'stræŋglz/ N (NonC: = horse disease) gourme f

**strangling** /'stræŋglɪŋ/ N (lit) strangulation f, étranglement m ; (fig) étranglement m ◆ **there have been several stranglings in Boston** plusieurs personnes ont été étranglées à Boston

**strangulate** /'stræŋgjʊleɪt/ VT (Med) étrangler

**strangulation** /ˌstræŋgjʊ'leɪʃən/ N (NonC) strangulation f

**strangury** /'stræŋgjʊrɪ/ N (Med) strangurie f

**strap** /stræp/ SYN
**N** **1** (of leather, thin) lanière f ; (broader) sangle f ; (of cloth) bande f ; (on shoe, also Climbing) lanière f ; (on harness etc) sangle f, courroie f ; (on suitcase, around book) sangle f, lanière f ; (on garment) bretelle f ; (on shoulder bag, camera etc) bandoulière f ; (= watch strap) bracelet m
**2** (for razor) cuir m
**3** (in bus, tube) poignée f de cuir
**4** (used for punishment) lanière f de cuir ◆ **to give sb the strap** administrer une correction à qn (avec une lanière de cuir) ◆ **to get the strap** recevoir une correction (avec une lanière de cuir)
**5** (Tech) lien m
**VT** **1** (= tie) attacher (sth to sth qch à qch)
**2** (also **strap up**) [+ sb's ribs] bander ; [+ suitcase, books] attacher avec une sangle
**3** [+ child etc] administrer une correction à
**COMP strap-hang** VI voyager debout (dans les transports en commun)
**strap-hanger** N (standing) voyageur m, -euse f debout inv (dans les transports en commun) ; (US) (public transport user) usager m des transports en commun
**strap work** N (Archit) tresses fpl

▶ **strap down** VT SEP attacher avec une sangle or une courroie

▶ **strap in** VT SEP [+ object] attacher avec une sangle ; [+ child in car, pram] attacher ( avec une ceinture or un harnais) ◆ **he isn't properly strapped in** il est mal attaché

▶ **strap on** VT SEP [+ object] attacher ; [+ watch] mettre, attacher

▶ **strap up** VT SEP ⇒ strap vt 2

**strapless** /'stræplɪs/ ADJ [dress, bra] sans bretelles

**strapline** /'stræplaɪn/ N (Press = headline) gros titre m

**strappado** /strə'pɑːdəʊ/ N (pl **strappadoes**) (= torture) estrapade f

**strapped*** /stræpt/ ADJ ◆ **to be financially strapped, to be strapped for funds** or **for cash** être à court (d'argent)

**strapper*** /'stræpə'/ N gaillard(e) m(f)

**strapping** /'stræpɪŋ/
**ADJ** bien bâti, costaud * ◆ **a strapping fellow** un solide gaillard
**N** (NonC) **1** (for cargo) courroies fpl, sangles fpl
**2** (Med) bandages mpl

**strappy*** /'stræpɪ/ ADJ [sandals] à lanières

**Strasbourg** /'stræzbɜːg/ N Strasbourg

**strass** /stræs/ N strass m

**strata** /'strɑːtə/ NPL of **stratum**

**stratagem** /'strætɪdʒəm/ SYN N stratagème m

**strategic** /strə'tiːdʒɪk/ SYN
**ADJ** stratégique ◆ **to put sth in a strategic position** (Mil) mettre qch à un endroit stratégique
**COMP Strategic Air Command** N (US) l'aviation f militaire stratégique (américaine)
**strategic business unit** N domaine m d'activité stratégique
**Strategic Defense Initiative** N (US) Initiative f de défense stratégique
**strategic fit** N (= management strategy) adaptation f stratégique

**strategical** /strə'tiːdʒɪkəl/ ADJ stratégique

**strategically** /strə'tiːdʒɪkəlɪ/ ADV [important, sensitive] stratégiquement ◆ **to be strategically placed** or **located** or **situated** être placé à un endroit stratégique ◆ **strategically, speed is vital in a desert campaign** la vitesse est un élément stratégique fondamental lors d'une campagne dans le désert ◆ **strategically, a merger would make sense** du point de vue stratégique, une fusion serait souhaitable

**strategics** /strə'tiːdʒɪks/ N (NonC: Mil) stratégie f

**strategist** /'strætɪdʒɪst/ N stratège m

**strategy** /'strætɪdʒɪ/ SYN N stratégie f

**staticulate** /strə'tɪkjʊlɪt/ ADJ (Geol) stratifié

**stratification** /ˌstrætɪfɪ'keɪʃən/ N stratification f

**stratificational** /ˌstrætɪfɪ'keɪʃənl/ ADJ (Ling) stratificationnel

**stratify** /'strætɪfaɪ/ VTI stratifier

**stratigraphic(al)** /ˌstrætɪ'græfɪk(əl)/ ADJ (Geol) stratigraphique

**stratigraphy** /strə'tɪgrəfɪ/ N (Geol, Archeol) stratigraphie f

**stratocruiser** /'strætəʊˌkruːzə'/ N avion m stratosphérique

**stratocumulus** /ˌstrætəʊ'kjuːmjələs/ N (pl **stratocumuli** /ˌstrætəʊ'kjuːmjəlaɪ/) (Weather) stratocumulus m

**stratopause** /'strætəpɔːz/ N (Weather) stratopause f

**stratosphere** /'strætəʊsfɪə'/ N stratosphère f ◆ **this would send oil prices into the stratosphere** cela ferait exploser le prix du pétrole

**stratospheric** /ˌstrætəʊs'ferɪk/ ADJ stratosphérique

**stratum** /'strɑːtəm/ N (pl **stratums** or **strata**) (Geol) strate f, couche f ; (fig) couche f

**stratus** /'streɪtəs/ N (pl **strati** /'streɪtaɪ/) (Weather) stratus m

**straw** /strɔː/
**N** paille f ◆ **to drink sth through a straw** boire qch avec une paille ◆ **to draw straws** tirer à la courte paille ◆ **to draw the short straw** (lit) tirer la paille la plus courte ; (fig) tirer le mauvais numéro ◆ **man of straw** (fig) homme m de paille ◆ **to clutch** or **catch** or **grasp at straws** se raccrocher désespérément à un semblant d'espoir ◆ **it's a straw in the wind** c'est une indication des choses à venir ◆ **when he refused, it was the last straw** quand il a refusé, ça a été la goutte d'eau qui fait déborder le vase ◆ **that's the last straw** or **the straw that breaks the camel's back!** ça c'est le comble ! ◆ **I don't care a straw*** je n'en fiche *, j'en ai rien à cirer *
**COMP** (= made of straw : gen) de or en paille ; [roof] de paille, de chaume
**straw boss** N (US) sous-chef m
**straw-coloured** ADJ paille inv
**straw hat** N chapeau m de paille
**straw man** N (pl **straw men**) (fig) homme m de paille
**straw mat** N paillasson m
**straw mattress** N paillasse f
**straw poll** N sondage m d'opinion
**straw-poll elections** NPL (US Pol) élection-pilote f, élection-témoin f
**straw vote** N (esp US) ⇒ **straw poll**

**strawberry** /'strɔːbərɪ/
**N** (= fruit) fraise f ; (= plant) fraisier m ◆ **wild strawberry** fraise f des bois, fraise f sauvage
**COMP** [jam] de fraises ; [ice cream] à la fraise ; [tart] aux fraises
**strawberry bed** N fraiseraie f, fraisière f
**strawberry blonde** ADJ blond vénitien inv ◆ N femme f or fille f etc aux cheveux blond vénitien
**strawberry mark** N (Anat) fraise f, envie f
**strawberry roan** N cheval m rouan, jument f rouanne
**strawberry tree** N arbousier m, arbre m aux fraises

**strawboard** /'strɔːbɔːd/ N carton-paille m

**stray** /streɪ/ SYN
**N** **1** (= dog, cat, etc) animal m errant or perdu ; (= sheep, cow etc) animal m égaré ; (= child) enfant m/f perdu(e) or abandonné(e) ◆ **this dog is a stray** c'est un chien perdu or errant ; → **waif**
**2** (Rad) **strays** parasites mpl, friture f
**ADJ** **1** (= lost) [dog, cat] errant ; [cow, sheep] égaré ; [child] perdu, abandonné
**2** (= random) [bullet] perdu ; [shot, fact, plane, taxi] isolé ; [thought] vagabond ; [hairs, bits of food] épars ◆ **he picked a stray hair off her shoulder** il a enlevé un cheveu de son épaule ◆ **stray strands of hair fell across her forehead** des mèches folles lui tombaient sur le front ◆ **a few stray houses** quelques maisons éparses ◆ **a few stray cars** quelques rares voitures ◆ **a stray red sock had got into the white wash** une chaussette rouge s'était égarée dans le linge blanc
**VI** (also **stray away**) [person, animal] s'égarer ; [thoughts] vagabonder, errer ◆ **to stray (away) from** (lit, fig) [+ place, plan, subject] s'écarter de ; [+ course, route] dévier de ◆ **they strayed into enemy territory** ils se sont égarés or ont fait fausse route et se sont retrouvés en territoire ennemi ◆ **his thoughts strayed to the coming holidays** il se prit à penser aux vacances prochaines

**streak** /stri:k/ SYN

N [1] *(= line, band)* raie *f*, bande *f* ; *[of ore, mineral]* veine *f* ; *[of light]* rai *m*, filet *m* ; *[of blood, paint]* filet *m* • **his hair had streaks of grey in it** ses cheveux commençaient à grisonner • **he had (blond) streaks put in his hair** il s'est fait faire des mèches (blondes) • **a streak of cloud across the sky** une traînée nuageuse dans le ciel • **a streak of lightning** un éclair • **he went past like a streak (of lightning)** il est passé comme un éclair

[2] *(= tendency)* tendance(s) *f(pl)*, propension *f* • **he has a jealous streak** *or* **a streak of jealousy** il a des tendances *or* une propension à la jalousie • **she has a streak of Irish blood** elle a du sang irlandais dans les veines • **a lucky streak, a streak of luck** une période de chance • **an unlucky streak, a streak of bad luck** une période de malchance • **a winning streak** *(Sport)* une suite *or* une série de victoires ; *(Gambling)* une bonne passe • **to be on a winning streak** *(Sport)* accumuler les victoires ; *(Gambling)* être dans une bonne passe

VT zébrer, strier *(with* de*)* • **a mirror streaked with dirt** un miroir zébré de traînées sales • **sky streaked with red** ciel *m* strié *or* zébré de bandes rouges • **cheeks streaked with tear-marks** joues *fpl* sillonnées de larmes • **clothes streaked with mud/paint** vêtements *mpl* maculés de traînées de boue/de peinture • **his hair was streaked with grey** ses cheveux commençaient à grisonner • **she's got streaked hair, she's had her hair streaked** elle s'est fait faire des mèches • **rock streaked with quartz** roche *f* veinée de quartz • **meat streaked with fat** viande *f* persillée

VI [1] *(= rush)* • **to streak in/out/past** *etc* entrer/sortir/passer *etc* comme un éclair

[2] *( * = dash naked) courir tout nu en public*

COMP **streaked gurnard** N *(= fish)* rouget *m* camard

**streaker** * /ˈstri:kəʳ/ N streaker *m*, -euse *f*

**streaky** /ˈstri:kɪ/

ADJ *[glass, window, mirror]* plein de traînées ; *[pattern, sky]* strié, zébré • **the first coat of paint looked rather streaky** la première couche de peinture avait l'air plutôt irrégulière • **he had streaky fair hair** il avait les cheveux blonds avec des mèches

COMP **streaky bacon** N *(Brit)* bacon *m* entrelardé

**stream** /stri:m/ SYN

N [1] *(= brook)* ruisseau *m*

[2] *(= current)* courant *m* • **to go with the stream** *(lit, fig)* suivre le courant • **to go against the stream** *(lit, fig)* aller contre le courant *or* à contre-courant ; → **downstream, upstream**

[3] *(= flow) [of water]* flot *m*, jet *m* ; *[of lava]* flot *m*, torrent *m* ; *[of blood, light, oaths, excuses, cars, trucks]* flot *m* ; *[of tears]* torrent *m*, ruisseau *m* ; *[of curses]* flot *m*, torrent *m* ; *[of cold air etc]* courant *m* • **a thin stream of water** un mince filet d'eau • **the water flowed out in a steady stream** l'eau s'écoulait régulièrement • **to be/go on stream** être/entrer en service • **to come on stream** être mis en service • **to bring the oil on stream** mettre le pipeline en service • **streams of people were coming out** des flots de gens sortaient, les gens sortaient à flots • **the stream of consciousness** *(Literat, Psych)* la vie mouvante et insaisissable de la conscience, le « stream of consciousness »

[4] *(Brit Scol)* groupe *m* de niveau • **divided into five streams** *(Brit Scol)* réparti en cinq groupes de niveau • **the top/middle/bottom stream** la section forte/moyenne/faible

VI [1] *[water, tears, oil, milk]* ruisseler ; *[blood]* ruisseler, dégouliner • **to stream with blood/tears** *etc* ruisseler de sang/de larmes *etc* • **the fumes made his eyes stream** les émanations l'ont fait pleurer à chaudes larmes • **cold air/sunlight streamed through the window** l'air froid/le soleil entra à flots par la fenêtre

[2] *(in wind etc)* (also **stream out**) flotter au vent

[3] • **to stream in/out/past** *etc [people, cars etc]* entrer/sortir/passer *etc* à flots

VT [1] • **to stream blood/water** *etc* ruisseler de sang/d'eau *etc*

[2] *(Scol)* *[+ pupils]* répartir par niveau • **to stream French** *or* **the French classes** répartir les élèves par niveaux en français

**streamer** /ˈstri:məʳ/ N *(of paper)* serpentin *m* ; *(= banner)* banderole *f* ; *(Astron)* flèche *f* lumineuse ; *(Press)* manchette *f*

**streaming** /ˈstri:mɪŋ/

N *(Scol)* répartition *f* des élèves par niveaux

ADJ *(Brit)* • **to have a streaming cold** avoir un gros rhume • **to have a streaming nose** avoir le nez qui n'arrête pas de couler • **to have streaming eyes** avoir les yeux qui pleurent

**streamline** /ˈstri:mlaɪn/ VT [1] *[+ car, boat, plane]* donner un profil aérodynamique à

[2] *[+ organization, system, process]* rationaliser ; *(= downsize)* dégraisser les effectifs de

**streamlined** /ˈstri:mlaɪnd/ SYN ADJ [1] *[plane, shape or body of plane]* aérodynamique ; *[car, shape or body of car]* caréné, profilé ; *[shape or body of animal, bird] (in air)* aérodynamique ; *(in water)* hydrodynamique

[2] *[organization, system, process]* rationalisé ; *(through downsizing)* dégraissé

[3] *(= uncluttered) [room, appearance]* dépouillé • **a streamlined new kitchen** une nouvelle cuisine aux lignes dépouillées

[4] *(= slim) [silhouette]* svelte

**streamlining** /ˈstri:mlaɪnɪŋ/ N *[of organization, system, process]* rationalisation *f* ; *(= downsizing)* dégraissage *m*

**street** /stri:t/ SYN

N [1] rue *f* • **I saw him in the street** je l'ai vu dans la rue • **to take to the streets** *[demonstrators, protesters]* descendre dans la rue • **to turn** *or* **put sb (out) into the street** mettre qn à la rue • **to be out on the street(s)** *(= homeless)* être à la rue, être SDF • **a woman of the streets** † une prostituée • **she is on the streets** *, **she works the streets** * elle fait le trottoir

[2] *(fig)* • **that's right up my street** * *(Brit)* c'est tout à fait dans mes cordes • **he is not in the same street as you** * *(Brit)* il ne vous arrive pas à la cheville • **to be streets ahead of sb** * *(Brit)* dépasser qn de loin • **they're streets apart** * un monde *or* tout les sépare • **streets better** * *(Brit)* beaucoup mieux ; → **back, high, man, queer, walk**

COMP *[noises etc]* de la rue ; *[singer etc]* des rues
**street accident** N accident *m* de la circulation
**street arab** † N gamin(e) *m(f)* des rues
**street child** N enfant *m* des rues
**street cleaner** N *(= person)* balayeur *m* ; *(= machine)* balayeuse *f*
**street cred** *, **street credibility** N • **to have street cred** *or* **credibility** être branché * • **this will do wonders for your street cred** *or* **credibility** c'est excellent pour ton image de marque
**street directory** N ⇒ **street guide**
**street door** N porte *f* donnant sur la rue, porte *f* d'entrée
**street fighting** N *(NonC: Mil)* combats *mpl* de rue
**street furniture** N mobilier *m* urbain
**street guide** N plan *m* de la ville, répertoire *m* des rues
**street hawker** N colporteur *m*
**street level** N • **at street level** au rez-de-chaussée
**street lighting** N *(NonC)* éclairage *m* des rues *or* de la voie publique
**street map** N plan *m* de la ville, répertoire *m* des rues
**street market** N marché *m* en plein air *or* à ciel ouvert
**street musician** N musicien *m*, -ienne *f* des rues
**street name** N nom *m* de rue
**street party** N *(Brit)* fête *f* de rue
**street people** NPL sans-abri *mpl*, SDF *mpl*
**street person** N SDF *mf*
**street photographer** N photographe *mf* de rue
**street plan** N plan *m* de la ville
**street price** N *(US Stock Exchange)* cours *m* après Bourse *or* hors Bourse ; *[of drugs]* prix *m* de vente *(au consommateur)*
**street seller** N marchand *m* ambulant
**street smart** * ADJ *(US = shrewd)* futé, dégourdi
**street smarts** NPL *(US)* débrouillardise *f*
**street sweeper** N *(= person)* balayeur *m* ; *(= machine)* balayeuse *f*
**street theatre** N *(NonC)* théâtre *m* de rue
**street trader** N marchand(e) *m(f)* ambulant(e)
**street trading** N *(NonC)* vente *f* ambulante
**street urchin** N gamin(e) *m(f)* des rues
**street value** N *[of drugs]* valeur *f* à la revente
**street vendor** N marchand *m* ambulant

**streetcar** /ˈstri:tkɑ:ʳ/ N *(US)* tramway *m*

**streetlamp** /ˈstri:tlæmp/, **streetlight** /ˈstri:tlaɪt/ N réverbère *m*

**streetwalker** /ˈstri:t,wɔ:kəʳ/ N prostituée *f*

**streetwise** /ˈstri:twaɪz/ ADJ *(lit) [child]* conscient des dangers de la rue ; *(fig) [worker, policeman]* futé, dégourdi

**strelitzia** /streˈlɪtsɪə/ N *(= plant)* strélitzia *m*

**strength** /streŋθ/ SYN N *(NonC)* [1] *[of person, animal, voice, magnet, lens]* force *f*, puissance *f* ; *[of wind, enemy, team, nation, one's position]* force *f* ; *(= health)* forces *fpl*, robustesse *f* ; *[of current]* intensité *f*

♦ **on the strength of** *(= as a result of)* grâce à • **the group achieved stardom solely on the strength of their videos** le groupe est devenu célèbre simplement grâce à ses clips • **he was able to borrow money on the strength of advances he had already received** il a pu emprunter de l'argent grâce à des avances qu'il avait déjà reçues • **he was elected on the strength of his personality** c'est sa personnalité qui l'a fait élire • **he was convicted on the strength of medical evidence** sa culpabilité a été établie sur des preuves médicales • **shares have risen in value on the strength of the merger** les actions ont monté à la suite de la fusion

[2] *[building, wall, wood, shoes, material]* solidité *f*

[3] *[of character, accent, emotion, influence, attraction]* force *f* ; *[of belief, opinion]* force *f*, fermeté *f* ; *[of arguments, reasons]* force *f*, solidité *f* ; *[of protests]* force *f*, vigueur *f* ; *[of claim, case]* solidité *f*

[4] *[of tea, coffee, cigarette]* force *f* ; *[of sauce]* goût *m* relevé ; *[of drink]* teneur *f* en alcool ; *[of solution]* titre *m* • **he hadn't the strength to lift it** il n'avait pas la force de le soulever • **with all my/his/our strength** de toutes mes/ses/nos forces • **his strength failed him** ses forces l'ont abandonné • **give me strength!** * Dieu qu'il faut être patient ! • **to get one's strength back** reprendre des forces, recouvrer ses forces • **to go from strength to strength** devenir de plus en plus fort • **strength of character** force de caractère • **strength of purpose** résolution *f*, détermination *f* • **he has great strength of purpose** il est très résolu *or* déterminé • **strength of will** volonté *f*, fermeté *f* • **the strength of the pound** la solidité de la livre • **the pound has gained in strength** la livre s'est consolidée • **to be bargaining from strength** être en position de force pour négocier ; → **show, tensile**

[5] *(Mil, Naut)* effectif(s) *m(pl)* • **fighting strength** effectif(s) *m(pl)* mobilisable(s) • **they are below** *or* **under strength** leur effectif n'est pas au complet • **to bring up to strength** compléter l'effectif de • **his friends were there in strength** ses amis étaient là en grand nombre • **to be on the strength** *(Mil)* figurer sur les contrôles ; *(gen)* faire partie du personnel

**strengthen** /ˈstreŋθən/ SYN

VT [1] *[+ person, muscle, limb]* fortifier ; *[+ building, table]* consolider, renforcer ; *[+ wall]* étayer ; *[+ fabric, material]* renforcer ; *[+ the pound, stock market]* consolider

[2] *[+ team, opinion, affection, argument, emotion, belief, one's position, one's resolve]* renforcer • **this has strengthened the case for reform** cela a renforcé les arguments en faveur de la réforme • **to strengthen sb's hand** *(fig)* renforcer la position de qn • **to strengthen one's grip on sth** renforcer son contrôle sur qch

VI *[muscle, limb]* devenir fort *or* vigoureux, se fortifier ; *[wind]* augmenter, redoubler ; *[desire, influence, characteristic]* augmenter ; *[prices]* se raffermir

**strengthening** /ˈstreŋθənɪŋ/

N *[of nation, team, one's position, case, building, material]* renforcement *m* ; *[of currency, stock market]* consolidation *f* ; *[of affection]* augmentation *f*

ADJ • **strengthening exercises** exercices *mpl* de raffermissement • **a strengthening economy** une économie en croissance • **to have a strengthening effect on sth** consolider qch

**strenuous** /ˈstrenjʊəs/ SYN ADJ *[exercise, life, holiday, game, march, campaign]* épuisant ; *[activity, work, job]* ardu ; *[efforts, attempts, opposition, resistance, attack]* acharné ; *[objection, protest, denial]* vigoureux • **it was all too strenuous for me** tout cela était trop ardu pour moi • **I'd like to do something less strenuous** j'aimerais faire quelque chose de moins pénible • **he mustn't do anything strenuous** *(Med)* il ne faut pas qu'il se fatigue *subj*

**strenuously** /ˈstrenjʊəslɪ/ ADV *[exercise, deny, oppose, object, protest]* vigoureusement ; *[resist, try]* avec acharnement

**strenuousness** /ˈstrenjʊəsnɪs/ N (degré *m* d')effort *m* requis *(of* par*)*

**strepitoso** /ˌstrepɪˈtəʊsəʊ/ **ADV** *(Mus)* strepitoso

**strep throat*** /ˌstrepˈθrəʊt/ **N** *(NonC: Med)* angine *f* (streptococcique)

**streptococcal** /ˌstreptəʊˈkɒkl/, **streptococcic** /ˌstreptəʊˈkɒksɪk/ **ADJ** streptococcique

**streptococcus** /ˌstreptəʊˈkɒkəs/ **N** (pl **streptococci** /ˌstreptəʊˈkɒkaɪ/) streptocoque *m*

**streptomycin** /ˌstreptəʊˈmaɪsɪn/ **N** streptomycine *f*

**streptothricin** /ˌstreptəʊˈθraɪsɪn/ **N** *(Med)* streptothricine *f*

**stress** /stres/ LANGUAGE IN USE 26.3 SYN

**N** 1 *(= pressure etc)* pression *f*, stress *m* ; *(Med)* stress *m* ; (also **mental stress, nervous stress**) tension *f* (nerveuse) ◆ **in times of stress** à des moments *or* à une période de grande tension ◆ **the stresses and strains of modern life** toutes les pressions et les tensions de la vie moderne, les agressions de la vie moderne ◆ **to be under stress** *[person]* être stressé ; *[relationship]* être tendu ◆ **this put him under great stress** ceci l'a considérablement stressé ◆ **he reacts well under stress** il réagit bien dans des conditions difficiles

2 *(= emphasis)* insistance *f* ◆ **to lay stress on** insister sur

3 *(Ling, Poetry) (NonC: gen)* accentuation *f* ; *(= accent : on syllable)* accent *m* ; *(= accented syllable)* syllabe *f* accentuée ; *(Mus)* accent *m* ◆ **the stress is on the first syllable** *(Ling)* l'accent tombe sur la première syllabe ; → **primary, secondary**

4 *(Tech, Mechanics, Constr)* effort *m*, contrainte *f* ; *(on rope, cable)* charge *f* ◆ **the stress acting on a metal** l'effort qui agit sur un métal ◆ **the stress produced in the metal** le travail du métal ◆ **to be in stress** *[beam, metal]* travailler ◆ **the stress to which a beam is subjected** la charge qu'on fait subir à une poutre ◆ **a stress of 500 kilos per square millimetre** une charge de 500 kilos par millimètre carré ; → **tensile**

**VT** 1 *(= emphasize) [+ good manners, one's innocence etc]* insister sur ; *[+ fact, detail]* faire ressortir, souligner ◆ **I stress that these classes are optional** j'attire votre attention sur le fait que ces cours sont facultatifs

2 *(Ling, Mus, Poetry)* accentuer

3 *(Tech: natural process)* fatiguer, faire travailler ; *(Tech: industrial process) [+ metal]* mettre sous tension

**COMP stress fracture N** *(Med)* fracture *f* de marche

**stress mark N** *(Ling)* accent *m*

**stress quotient N** ◆ **this job has a high stress quotient** ce travail provoque une grande tension nerveuse

**stress-related ADJ** *[illness]* causé par le stress

**stressed** /strest/ **ADJ** 1 *(= tense) [person]* stressé ◆ **what are you getting so stressed out* about?** pourquoi es-tu si stressé ?*, il n'y a pas de quoi stresser*

2 *(Ling, Poetry)* accentué

3 *(Phys)* soumis à une contrainte

**stressful** /ˈstresfʊl/ **ADJ** *[situation, environment, life, day, job]* stressant ; *[event]* stressant, éprouvant

**stressor** /ˈstresəʳ/ **N** *(= stress factor)* facteur *m* de stress

**stretch** /stretʃ/ SYN

**N** 1 *(= act, gesture)* étirement *m* ◆ **to have a stretch** s'étirer

♦ **by + stretch** ◆ **by a stretch of the imagination** en faisant un effort d'imagination ◆ **by no** *or* **not by any stretch of the imagination can one say that...** même en faisant un gros effort d'imagination, on ne peut pas dire que... ◆ **not by a long stretch!** loin de là !

♦ **to be at full stretch** *[arms, rope]* être complètement tendu ; *[engine, factory]* tourner à plein régime ; *[person]* être au maximum de ses capacités ◆ **we're at full stretch at the moment** nous sommes à plein régime en ce moment

2 *(= elasticity)* ◆ **there's not much stretch left in this elastic** cet élastique a beaucoup perdu de son élasticité ◆ **there's a lot of stretch in this material** ce tissu donne *or* prête à l'usage

3 *(= distance, span: of wing etc)* envergure *f*

4 *(= period of time)* période *f* ◆ **for a long stretch of time** (pendant) longtemps ◆ **for hours at a stretch** des heures durant ◆ **he read it all in one stretch** il l'a lu d'une (seule) traite ◆ **to do a stretch*** faire de la prison *or* de la taule‡ ◆ **he's done a ten-year stretch*** il a fait dix ans de taule‡

5 *(= area)* étendue *f* ; *(= part)* partie *f*, bout *m* ◆ **vast stretches of sand/snow** de vastes étendues de sable/de neige ◆ **there's a straight stretch (of road) after you pass the lake** la route est toute droite *or* il y a un bout tout droit une fois que vous avez dépassé le lac ◆ **a magnificent stretch of country** une campagne magnifique ◆ **in that stretch of the river** dans cette partie de la rivière ◆ **for a long stretch the road runs between steep hills** sur des kilomètres la route serpente entre des collines escarpées ◆ **to go into the final stretch** *(Racing, Running, also fig)* entrer dans la dernière ligne droite ; → **home**

6 *(Naut)* bordée *f* (courue sous les mêmes amures)

**ADJ** *[garment, fabric, cushion-cover]* extensible

**VT** 1 *(= make longer, wider etc) [+ rope, spring]* tendre ; *[+ elastic]* étirer ; *[+ shoe, glove, hat]* élargir ; *(Med) [+ muscle, tendon]* distendre ; *(fig) [+ law, rules]* tourner ; *[+ meaning]* forcer ; *[+ one's principles]* adapter ; *[+ one's authority]* outrepasser, excéder ◆ **(if you were) to stretch a point you could say that...** on pourrait peut-être aller jusqu'à dire que... ◆ **you could stretch a point and allow him to...** vous pourriez faire une petite concession et lui permettre de... ◆ **to stretch the truth** forcer la vérité, exagérer ◆ **to stretch one's imagination** faire un effort d'imagination

2 *(= extend :* also **stretch out)** *[+ wing]* déployer ; *[+ rope, net, canopy]* tendre *(between* entre ; *above* au-dessus de) ; *[+ rug]* étendre, étaler ; *[+ linen]* étendre ◆ **to stretch o.s.** *(after sleep etc)* s'étirer ; see also **vt 4** ◆ **he had to stretch his neck to see** il a dû tendre le cou pour voir ◆ **he stretched (out) his arm to grasp the handle** il tendit *or* allongea le bras pour saisir la poignée ◆ **he stretched his arms and yawned** il s'étira et bâilla ◆ **he stretched his leg to ease the cramp** il a étendu *or* allongé sa jambe pour faire passer la crampe ◆ **I'm just going to stretch my legs*** *(= go for a walk)* je vais juste me dégourdir les jambes ◆ **the blow stretched him (out) cold** le coup l'a mis KO* ◆ **to be fully stretched** *[rope etc]* être tendu au maximum ◆ **to stretch one's wings** élargir ses horizons ; see also **vt 3, vt 4**

3 *(fig) [+ resources, supplies, funds, income] (= make them last)* faire durer, tirer le maximum de ; *(= put demands on them)* mettre à rude épreuve ◆ **to be fully stretched** *[engine]* tourner à plein régime ; *[factory]* tourner à plein régime *or* rendement ◆ **our supplies/resources** *etc* **are fully stretched** nos provisions/ressources *etc* sont utilisées au maximum, nos provisions/ressources *etc* ne sont pas élastiques ◆ **we're very stretched at the moment** on tourne à plein régime en ce moment ; see also **vt 2, vt 4**

4 *(fig) [+ athlete, student etc]* pousser, exiger le maximum de ◆ **the work he is doing does not stretch him enough** le travail qu'il fait n'exige pas assez de lui ◆ **to be fully stretched** travailler à la limite de ses possibilités ◆ **to stretch sb to the limits** pousser qn au maximum ◆ **to stretch o.s. too far** vouloir en faire trop ; see also **vt 2, 3**

**VI** 1 *[person, animal]* s'étirer ◆ **he stretched lazily** il s'est étiré paresseusement ◆ **he stretched across me to get the book** il a tendu le bras devant moi pour prendre le livre

2 *(= lengthen)* s'allonger ; *(= widen)* s'élargir ; *[elastic]* s'étirer, se tendre ; *[fabric, jersey, gloves, shoes]* prêter, donner

3 *(= extend, reach, spread out :* also *often* **stretch out)** *[rope etc]* s'étendre, aller ; *[forest, plain, procession, sb's authority, influence]* s'étendre ◆ **the rope won't stretch to that post** la corde ne va pas jusqu'à ce poteau ◆ **how far will it stretch?** jusqu'où ça va ? ◆ **my money won't stretch* to a new car** je n'ai pas les moyens de m'acheter une nouvelle voiture ◆ **the festivities stretched (out) into January** les festivités se sont prolongées pendant une partie du mois de janvier ◆ **a life of misery stretched (out) before her** une vie de misère s'étendait *or* s'étalait devant elle

**COMP stretch limo* N** limousine *f* extra-longue

**stretch mark N** vergeture *f*

▸ **stretch across VI** ◆ **he stretched across and touched her cheek** il a tendu la main et touché sa joue

▸ **stretch down VI** ◆ **she stretched down and picked up the book** elle a tendu la main et ramassé le livre, elle a allongé le bras pour ramasser le livre

▸ **stretch out**

**VI** s'étendre ◆ **he stretched out on the bed** il s'est étendu sur le lit ; see also **stretch vi 3**

**VT SEP** 1 *(= reach) [+ arm, hand, foot]* tendre ; *(= extend) [+ leg, rug, linen]* étendre ; *[+ wing]* déployer ; *[+ net, canopy, rope]* tendre ; *(= lengthen) [+ meeting, discussion]* prolonger ; *[+ story, explanation]* allonger ◆ **he stretched himself out on the bed** il s'est étendu sur le lit

2 ⇒ **stretch vt 2**

▸ **stretch over VI** ⇒ **stretch across**

▸ **stretch up VI** ◆ **he stretched up to reach the shelf** il s'est étiré pour atteindre l'étagère

**stretcher** /ˈstretʃəʳ/

**N** 1 *(Med)* brancard *m*, civière *f*

2 *(= device) (for gloves)* ouvre-gants *m inv* ; *(for shoes)* forme *f* ; *(for fabric)* cadre *m* ; *(for artist's canvas)* cadre *m*, châssis *m* ; *(on umbrella)* baleine *f*

3 *(Constr = brick)* panneresse *f*, carreau *m* ; *(= crosspiece in framework)* traverse *f* ; *(= crossbar in chair, bed etc)* barreau *m*, bâton *m* ; *(= cross-plank in canoe etc)* barre *f* de pieds

**VT** porter sur un brancard *or* une civière ◆ **the goalkeeper was stretchered off** le gardien de but a été emmené sur un brancard *or* une civière

**COMP stretcher-bearer N** brancardier *m*

**stretcher case N** malade *mf or* blessé(e) *m(f)* qui ne peut pas marcher

**stretcher party N** équipe *f* de brancardiers

**stretchy** /ˈstretʃɪ/ **ADJ** extensible

**stretto** /ˈstretəʊ/ **N** (pl **strettos** *or* **stretti** /ˈstretiː/) *[of fugue]* strette *f*

**strew** /struː/ (pret **strewed**, ptp **strewed** *or* **strewn**) **VT** *[+ straw, sand, sawdust]* répandre, éparpiller *(on, over* sur) ; *[+ flowers, objects]* éparpiller, semer *(on, over* sur) ; *[+ wreckage etc]* éparpiller, disséminer *(over* sur) ; *[+ ground, floor]* joncher, parsemer *(with* de) ; *[+ room, table]* joncher *(also fig)*

**strewth**‡ /struːθ/ **EXCL** ça alors !*, bon sang !*

**stria** /ˈstraɪə/ **N** (pl **striae** /ˈstraɪiː/) *(Geol, Bio, Anat, Archit)* strie *f*

**striate** /straɪˈeɪt/ **VT** strier

**striation** /straɪˈeɪʃən/ **N** *(= arrangement)* striation *f*

**stricken** /ˈstrɪkən/

**VB** *(rare)* (ptp of **strike**)

**ADJ** 1 *[area, city, economy]* sinistré ; *(by war)* dévasté ; *[ship]* en détresse ; *[industry, firm]* gravement touché ◆ **to be stricken by famine/drought** être frappé par la famine/la sécheresse

2 *(= wounded)* gravement blessé ◆ **stricken with grief** accablé de douleur ◆ **stricken with** *or* **by panic** saisi de panique ◆ **to be stricken with** *or* **by polio/cancer** être atteint de polio/d'un cancer ◆ **I was stricken with** *or* **by guilt** j'ai été pris d'un sentiment de culpabilité

3 *(= afflicted) [person, look, expression]* affligé ; see also **strike**

**-stricken** /ˈstrɪkən/ **ADJ** *(in compounds)* frappé de, atteint de, accablé de ◆ **plague-stricken** touché par de la peste ; → **grief**

**strict** /strɪkt/ SYN

**ADJ** 1 *(= severe, inflexible)* strict ; *[person]* strict, sévère ; *[secrecy]* absolu ◆ **security was strict for the President's visit** de strictes mesures de sécurité avaient été mises en place pour la visite du Président ◆ **to be under strict orders (not) to do sth** avoir reçu l'ordre formel de (ne pas) faire qch ◆ **to reveal/treat sth in strict confidence** révéler/traiter qch de façon strictement confidentielle ◆ **"write in strict confidence to Paul Jackson"** « écrire à Paul Jackson : discrétion assurée » ◆ **this is in the strictest confidence** c'est strictement confidentiel

2 *[meaning, truth]* strict ◆ **in the strict sense (of the word)** au sens strict (du mot), stricto sensu ◆ **in strict order of precedence** suivant strictement l'ordre de préséance ◆ **a strict time limit** un délai impératif

**COMP strict liability N** *(Jur)* responsabilité *f* inconditionnelle

**strictly** /ˈstrɪktlɪ/ LANGUAGE IN USE 26.3 **ADV**

1 *(= sternly, severely) [treat, bring up]* d'une manière stricte

2 *[controlled, enforced, observed, adhered to]* rigoureusement ◆ **strictly confidential/personal/limited** strictement confidentiel/privé/limité ◆ **strictly prohibited** *or* **forbidden** *(gen)* formellement interdit ◆ **"smoking strictly prohibited"** « défense absolue de fumer » ◆ **strictly between us** *or* **ourselves** *or* **you and me** strictement entre nous ◆ **this is strictly business** c'est strictement professionnel ◆ **our relation-**

**ship is strictly professional** notre relation est strictement professionnelle ◆ **that's not strictly true** ce n'est pas tout à fait vrai ◆ **it's not strictly necessary** ce n'est pas absolument nécessaire ◆ **you should avoid medication unless strictly necessary** évitez de prendre des médicaments si ce n'est pas indispensable ◆ **fox-hunting is strictly for the rich** la chasse au renard est réservée aux riches ◆ **this car park is strictly for the use of residents** ce parking est exclusivement *or* strictement réservé aux résidents ◆ **strictly speaking** à proprement parler ◆ **that's strictly for the birds!*** ça c'est bon pour les imbéciles ! *

**strictness** /ˈstrɪktnɪs/ **N** sévérité *f*

**stricture** /ˈstrɪktʃəʳ/ **N** *(= criticism)* critique *f* (hostile) *(on* de) ; *(= restriction)* restriction *f* *(on* de) ; *(Med)* sténose *f*, rétrécissement *m*

**stridden** /ˈstrɪdn/ **VB** ptp of **stride**

**stride** /straɪd/ (vb: pret **strode**, ptp **stridden**)

**N** grand pas *m*, enjambée *f* ; *[of runner]* foulée *f* ◆ **with giant strides** à pas de géant ◆ **in** *or* **with a few strides he had caught up with the others** il avait rattrapé les autres en quelques enjambées *or* foulées ◆ **to make great strides (in French/in one's studies)** faire de grands progrès (en français/dans ses études) ◆ **to get into one's stride, to hit one's stride** trouver son rythme (de croisière) ◆ **to take sth in one's stride** *(Brit)*, **to take sth in stride** *(US)* accepter qch sans sourciller *or* sans se laisser démonter ◆ **he took it in his stride** *(Brit)*, **he took it in stride** *(US)* il a continué sans se décontenancer, il ne s'est pas laissé démonter ◆ **to put sb off their stride** faire perdre sa concentration à qn, déboussoler* qn ◆ **to be caught off stride** *(US)* être pris au dépourvu

**VI** marcher à grands pas *or* à grandes enjambées ◆ **to stride along/in/away** *etc* avancer/entrer/s'éloigner *etc* à grands pas *or* à grandes enjambées ◆ **he was striding up and down the room** il arpentait la pièce

**VT** 1 *[+ deck, yard, streets]* arpenter

2 † ⇒ **bestride**

**stridency** /ˈstraɪdənsɪ/ **N** 1 *[of tone, rhetoric etc]* véhémence *f*

2 *[of sound, voice]* stridence *f*

**strident** /ˈstraɪdənt/ SYN **ADJ** 1 *(gen pej = vociferous)* *[critic, criticism]* acharné, véhément ; *[tone, rhetoric, feminist]* véhément ◆ **there were strident calls for his resignation/for him to resign** on a demandé à grands cris sa démission/qu'il démissionne

2 *[sound, voice]* strident *(also Phon)*

**stridently** /ˈstraɪdəntlɪ/ **ADV** 1 *(= noisily)* *[hoot, sound, whistle]* d'une façon stridente

2 *(= vociferously)* *[demand, declare]* à grands cris ◆ **stridently anti-American** farouchement anti-américain

**stridor** /ˈstraɪdɔːʳ/ **N** *(Med)* stridor *m*

**stridulant** /ˈstrɪdjʊlənt/, **stridulous** /ˈstrɪdjʊləs/ **ADJ** *(gen)* stridulant ; *(Med)* striduleux

**stridulate** /ˈstrɪdjʊleɪt/ **VI** striduler

**stridulation** /ˌstrɪdjʊˈleɪʃən/ **N** stridulation *f*

**strife** /straɪf/ SYN

**N** *(NonC)* conflit *m*, dissensions *fpl* ; *(less serious)* querelles *fpl* ◆ **a party crippled by internal strife** *(Pol)* un parti paralysé par des dissensions *or* des querelles intestines ◆ **industrial strife** conflits *mpl* sociaux ◆ **domestic strife** querelles *fpl* de ménage, dissensions *fpl* domestiques ◆ **to cease from strife** *(liter)* déposer les armes

**COMP** **strife-ridden, strife-torn ADJ** *[country]* déchiré par les conflits ; *[party]* déchiré par les dissensions

**strigil** /ˈstrɪdʒɪl/ **N** strigile *m*

**strike** /straɪk/ LANGUAGE IN USE 15.2 SYN (vb: pret **struck**, ptp **struck**, *(rare)* **stricken**)

**N** 1 *(= industrial action)* grève *f* *(of, by* de) ◆ **the coal strike** la grève des mineurs ◆ **the electricity/gas strike** la grève (des employés) de l'électricité/du gaz ◆ **the transport/hospital strike** la grève des transports/des hôpitaux ◆ **the Ford strike** la grève chez Ford ◆ **to call a strike** lancer un ordre de grève ; → **general, hunger, rail[1], steel, sympathy**

◆ **on strike** en grève ◆ **to be (out) on strike** être en grève, faire grève *(for* pour obtenir ; *against* pour protester contre) ◆ **to go on strike, to come out on strike** se mettre en grève, faire grève

2 *(= military attack)* frappe *f* ; *(by aircraft)* frappe *f* aérienne ◆ **first strike** *(Mil)* première frappe *f* ◆ **first strike weapon** arme *f* de première frappe

3 *(= act of hitting)* coup *m* (frappé)

4 *(Min, Miner etc = discovery)* découverte *f* ◆ **to make a strike** découvrir un gisement ◆ **a lucky strike** *(fig)* un coup de chance

5 *(Fishing: by angler)* ferrage *m* ; *(Fishing: by fish)* touche *f*, mordage *m* ; *(Baseball, Bowling)* strike *m* ◆ **you have two strikes against you** *(US fig)* tu es mal parti*, ça se présente mal pour toi ◆ **the building/government has three strikes against it** *(US)* les jours du bâtiment/du gouvernement sont comptés ◆ **three strikes and you're out** *(US Jur)* *principe selon lequel une troisième récidive entraîne une condamnation à perpétuité*

6 *[of clock]* sonnerie *f* des heures

**VT** 1 *(= hit)* *[+ person]* frapper, donner un *or* des coup(s) à ; *[+ ball]* toucher, frapper ; *[+ nail, table]* frapper sur, taper sur ; *(Mus)* *[+ string]* toucher, pincer ; *[snake]* mordre, piquer ◆ **to strike sth with one's fist, to strike one's fist on sth** frapper du poing *or* donner un coup de poing sur qch ◆ **to strike sth with a hammer** frapper *or* taper sur qch avec un marteau ◆ **he struck me (a blow) on the chin** il m'a frappé au menton, il m'a donné un coup de poing au menton ◆ **to strike the first blow** donner le premier coup, frapper le premier (or la première) ◆ **to strike a blow for freedom** rompre une lance pour la liberté ◆ **he struck his rival a shrewd blow by buying the land** il a porté à son rival un coup subtil en achetant la terre ◆ **he struck the knife from his assailant's hand** d'un coup de poing il a fait tomber le couteau de la main de son assaillant ◆ **the pain struck him as he bent down** la douleur l'a saisi quand il s'est baissé ◆ **disease struck the city** la maladie s'est abattue sur la ville ◆ **to be stricken by** *or* **with remorse** être pris de remords ◆ **the city was struck** *or* **stricken by fear** la ville a été prise de peur, la peur s'est emparée de la ville ◆ **to strike fear into sb** *or* **sb's heart** remplir (le cœur de) qn d'effroi ◆ **it struck terror and dismay into the whole population** cela a terrorisé la population tout entière ; → **heap**

2 *(= knock against)* *[person, one's shoulder etc, spade]* cogner contre, heurter ; *[car etc]* heurter, rentrer dans* ; *[ship]* *[+ rocks, the bottom]* toucher, heurter ; *(fig)* *[lightning, light]* frapper ◆ **he struck his head on** *or* **against the table as he fell** sa tête a heurté la table quand il est tombé, il s'est cogné la tête à *or* contre la table en tombant ◆ **the stone struck him on the head** la pierre l'a frappé *or* l'a heurté à la tête ◆ **he was struck by two bullets** il a reçu deux balles ◆ **to be struck by lightning** être frappé par la foudre, être foudroyé ◆ **a piercing cry struck his ear** un cri perçant lui a frappé l'oreille *or* les oreilles ◆ **the horrible sight that struck his eyes** le spectacle horrible qui s'est présenté à lui

3 *(= find, discover)* *[+ gold]* découvrir, trouver ; *(fig)* *[+ hotel, road]* tomber sur, trouver ; *(fig)* *[+ difficulty, obstacle]* rencontrer ◆ **to strike gold** *(fig)* trouver le filon* ◆ **to strike oil** *(Miner)* trouver du pétrole ; *(fig)* trouver le filon* ◆ **to strike it rich** *(fig)* faire fortune ; → **patch**

4 *(= make, produce etc)* *[+ coin, medal]* frapper ; *[+ sparks, fire]* faire jaillir *(from* de) ; *[+ match]* frotter, gratter ; *(fig)* *[+ agreement, truce]* arriver à, conclure ◆ **to strike a light** allumer une allumette (*or un briquet etc*) ◆ **to strike roots** *[plant]* prendre racine ◆ **to strike cuttings** *(in gardening)* faire prendre racine à des boutures ◆ **to strike an average** établir une moyenne ◆ **to strike a balance** trouver un équilibre, trouver le juste milieu ◆ **to strike a bargain** conclure un marché ◆ **to strike an attitude** poser ; → **pose**

5 *[+ chord, note]* sonner, faire entendre ; *[clock]* sonner ◆ **to strike a false note** sonner faux ◆ **to strike a note of warning** donner *or* sonner l'alarme ◆ **the clock struck three** la pendule a sonné trois heures ◆ **it has just struck six** six heures viennent juste de sonner ◆ **to strike four bells** *(Naut)* piquer quatre

6 *(= take down)* *[+ tent]* démonter, plier ; *[+ sail]* amener ; *[+ camp]* lever ; *[+ flag]* baisser, amener ◆ **to strike the set** *(Theat)* démonter le décor

7 *(= delete)* *[+ name]* rayer *(from* de) ; *[+ person]* *(from list)* rayer ; *(from professional register)* radier *(from* de) ◆ **the judge ordered the remark to be struck** *or* **stricken from the record** le juge a ordonné que la remarque soit rayée du procès-verbal

8 *(= cause to be or become)* rendre (subitement) ◆ **to strike sb dumb** *(lit, fig)* rendre qn muet ◆ **to be struck dumb** *(lit)* être frappé de mutisme ; *(fig)* rester muet, être sidéré* ◆ **to strike sb dead** porter un coup mortel à qn ◆ **strike me pink!‡** j'en suis soufflé ! *

9 *(= make impression on)* sembler, paraître *(sb* à qn) ◆ **I was struck by his intelligence** j'ai été frappé par son intelligence ◆ **I wasn't very struck* with him** il ne m'a pas fait très bonne impression ◆ **to be struck on sb‡** *(= impressed by)* être très impressionné par qn ; *(= in love with)* être toqué* de qn ◆ **I'm not very struck on French films‡** je ne suis pas (un) fana* des films français ◆ **the funny side of it struck me later** le côté drôle de la chose m'est apparu *or* m'a frappé plus tard ◆ **that strikes me as a good idea** cela me semble *or* paraît une bonne idée ◆ **an idea suddenly struck him** soudain il a eu une idée, une idée lui est venue soudain à l'esprit ◆ **it strikes me that** *or* **strikes me* he is lying** j'ai l'impression qu'il ment, à mon avis il ment ◆ **how did he strike you?** quelle impression *or* quel effet vous a-t-il fait ? ◆ **how did the film strike you?** qu'avez-vous pensé du film ?

10 *(Fishing)* *[angler]* ferrer ◆ **the fish struck the bait** le poisson a mordu à l'appât

**VI** 1 *(= hit)* frapper ; *(= attack)* *(Mil)* attaquer ; *[snake]* mordre, piquer ; *[tiger]* sauter sur sa proie ; *(fig)* *[disease etc]* frapper ; *[panic]* s'emparer des esprits ◆ **to strike home** *(lit, fig)* frapper *or* toucher juste, faire mouche ◆ **to strike lucky** *(esp Brit)* *(fig)* avoir de la chance ◆ **he struck at his attacker** il porta un coup à son assaillant ◆ **we must strike at the root of this evil** nous devons attaquer *or* couper ce mal dans sa racine ◆ **it strikes at the root of our parliamentary system** cela porte atteinte aux fondements mêmes de notre système parlementaire ◆ **his speech strikes at the heart of the problem** son discours porte sur le fond même du problème ◆ **his foot struck against** *or* **on a rock** son pied a buté contre *or* heurté un rocher ◆ **when the ship struck** quand le bateau a touché ◆ **the sun was striking through the mist** le soleil perçait la brume ◆ **the chill struck through to his very bones** le froid a pénétré jusqu'à la moelle de ses os ; → **iron**

2 *[match]* s'allumer

3 *[clock]* sonner ◆ **has 6 o'clock struck?** est-ce que 6 heures ont sonné ?

4 *(= go on strike)* faire grève *(for* pour obtenir ; *against* pour protester contre)

5 *(= turn, move, go)* aller, prendre ◆ **strike left on leaving the forest** prenez à gauche en sortant de la forêt ◆ **to strike uphill** se mettre à grimper la côte

6 *(Gardening = take root)* prendre racine ; *(Fishing = seize bait)* mordre

**COMP** *[committee, fund]* de grève

**strike force N** *(gen: of police etc)* brigade *f* d'intervention ; *(Mil)* force *f* de frappe

**strike fund N** caisse *f* syndicale de grève

**strike leader N** leader *m* de la grève

**strike pay N** salaire *m* de gréviste

▸ **strike back VI** *(Mil, gen)* rendre les coups *(at sb* à qn), se venger *(at sb* de qn), user de représailles *(at sb* à l'égard de qn)

▸ **strike down VT SEP** 1 abattre ; *(fig)* *[esp disease]* terrasser

2 *(US = abolish)* *[+ law]* abolir

▸ **strike in VI** *(fig = interrupt)* interrompre

▸ **strike off**

**VI** *(= change direction)* ◆ **he struck off across the fields** il a pris à travers champs

**VT SEP** 1 *[+ sb's head]* trancher, couper ; *[+ branch]* couper

2 *(= score out, delete : from list)* rayer ◆ **to be struck off** *[doctor etc]* être radié

3 *(Typography)* tirer

▸ **strike on VT FUS** *[+ idea]* avoir ; *[+ solution]* tomber sur, trouver

▸ **strike out**

**VI** 1 *(= hit out)* se débattre ◆ **he struck out wildly** il s'est débattu furieusement ◆ **he struck out at his attackers** il s'est débattu contre ses agresseurs

2 *(= set off)* ◆ **to strike out for the shore** *[swimmer]* se mettre à nager vers le rivage ; *[rower]* se mettre à ramer vers le rivage ◆ **he left the firm and struck out on his own** il a quitté l'entreprise et s'est mis à son compte

**VT SEP** *(= delete)* *[+ word, question]* rayer

▸ **strike through VT SEP** ⇒ **strike out vt sep**

► **strike up**
VI [band etc] commencer à jouer ; [music] commencer
VT SEP [band] se mettre à jouer ; [singers] se mettre à chanter ◆ **strike up the band!** faites jouer l'orchestre ! ◆ **to strike up an acquaintance** faire *or* lier connaissance (*with sb* avec qn) ◆ **to strike up a friendship** lier amitié (*with sb* avec qn)

► **strike upon** VT FUS ⇒ **strike on**

**strikebound** /ˈstraɪkbaʊnd/ ADJ bloqué par une (*or* la) grève

**strikebreaker** /ˈstraɪkˌbreɪkəʳ/ N briseur *m* de grève

**strikebreaking** /ˈstraɪkˌbreɪkɪŋ/ N ◆ **he was accused of strikebreaking** on l'a accusé d'être un briseur de grève

**striker** /ˈstraɪkəʳ/ N 1 (= *person on strike*) gréviste *mf*
2 (= *clapper*) frappeur *m* ; (*on clock*) marteau *m* ; (*on gun*) percuteur *m*
3 (*Football*) buteur *m*

**striking** /ˈstraɪkɪŋ/ SYN
ADJ 1 (= *impressive, outstanding*) [*feature, contrast, similarity, difference*] frappant, saisissant ◆ **to be in striking contrast to sth** offrir un contraste frappant *or* saisissant avec qch ◆ **to bear a striking resemblance to sb** ressembler à qn de manière frappante, présenter une ressemblance frappante avec qn ◆ **his** (*or* **her**) **striking good looks** sa grande beauté ◆ **she was a striking redhead** c'était une superbe rousse
2 ◆ **to be within striking distance (of sth)** être à proximité (de qch) ◆ **he had come within striking distance of a medal/the presidency** une médaille/la présidence était maintenant à sa portée ◆ **to be within striking distance of doing sth** être bien placé pour faire qch
3 [*clock*] ◆ **a striking clock** une horloge qui sonne les heures, une horloge à carillon ◆ **the striking mechanism** le carillon
4 (*Mil*) [*force, power*] de frappe
5 (= *on strike*) [*workers*] en grève, gréviste
N 1 [*of coins*] frappe *f*
2 [*of clock*] carillon *m*
COMP **striking circle** N (*Hockey*) cercle *m* d'envoi

**strikingly** /ˈstraɪkɪŋlɪ/ ADV 1 de façon frappante, de façon saisissante ◆ **strikingly different (from sth)** différent à tous points de vue (de qch) ◆ **strikingly beautiful** d'une beauté saisissante, d'une grande beauté ◆ **strikingly modern/bold** d'une modernité/audace saisissante, extrêmement moderne/audacieux ◆ **to be strikingly similar to sb/sth** ressembler à qn/qch de façon frappante *or* saisissante ◆ **to be strikingly evident** sauter aux yeux, crever les yeux
2 ◆ **to contrast strikingly with sth** offrir un contraste frappant *or* saisissant avec qch ◆ **to differ strikingly (from sth)** différer à tous points de vue (de qch) ◆ **strikingly, inflation is now higher than ever** ce qui est frappant, c'est que l'inflation n'a jamais été aussi forte

**Strimmer** ® /ˈstrɪməʳ/ N (*small*) coupe-bordure *m* ; (*heavy-duty*) débroussailleuse *f*

**string** /strɪŋ/ SYN (vb: pret, ptp **strung**)
N 1 (= *cord*) ficelle *f* ; [*of violin, piano, bow, racket*] corde *f* ; [*of puppet*] ficelle *f*, fil *m* ; [*of apron, bonnet, anorak*] cordon *m* ; (*on bean etc*) fil(s) *m(pl)* ◆ **a piece of string** un bout de ficelle ◆ **he has got her on a string** il la tient, il la mène par le bout du nez ◆ **to have more than one string to one's bow** avoir plus d'une corde à son arc ◆ **his first string** sa première ressource ◆ **his second string** sa deuxième ressource, la solution de rechange ◆ **the strings** (*Mus*) les cordes *fpl* , les instruments *mpl* à cordes ◆ **there are no strings attached** cela ne vous (*or* nous *etc*) engage à rien ◆ **with no strings attached** sans condition(s) ◆ **with strings (attached)** assorti de conditions ; → **apron, heartstrings**
◆ **to pull strings** ◆ **he had to pull strings to get the job** il a dû faire jouer le piston* pour obtenir le poste ◆ **to pull strings for sb** exercer son influence pour aider qn, pistonner qn* ◆ **he's the one who pulls the strings** (= *has control*) c'est lui qui tire les ficelles
2 [*of beads, pearls*] rang *m* ; [*of onions*] chapelet *m* ; [*of garlic*] chaîne *f* ; [*of people, vehicles*] file *f* ; [*of racehorses*] écurie *f* ; [*of curses, lies, insults, excuses*] kyrielle *f*, chapelet *m*
3 (*Ling*) séquence *f*
4 (*Comput*) chaîne *f* ◆ **a numeric/character string** une chaîne numérique/de caractères
5 (*Sport*) équipe *f* (provisoire)
VT 1 [+ *musical instrument*] monter ; [+ *bow*] garnir d'une corde ; [+ *racket*] corder ; → **highly**
2 [+ *beads, pearls*] enfiler ; [+ *rope*] tendre (*across* en travers de ; *between* entre) ◆ **they strung lights in the trees** ils ont suspendu des lampions dans les arbres
3 [+ *beans*] enlever les fils de
COMP (*Mus*) [*orchestra, quartet*] à cordes ; [*serenade, piece*] pour cordes
**string bag** N filet *m* à provisions
**string bean** N (= *vegetable*) haricot *m* vert ; (*US* * = *tall thin person*) asperge* *f*, grande perche *f*
**string correspondent** N (*US Press*) correspondant(e) *m(f)* local(e) à temps partiel
**string(ed) instrument** N (*Mus*) instrument *m* à cordes
**string player** N (*Mus*) musicien(ne) *m(f)* qui joue d'un instrument à cordes
**string-puller** N ◆ **he's a string-puller** il n'hésite pas à se faire pistonner *or* à faire jouer ses relations
**string-pulling** N piston *m* ◆ **he did a bit of string-pulling for me** il m'a pistonné*
**string tie** N cravate-lacet *f*
**string vest** N tricot *m* de corps à grosses mailles

► **string along** *
VI suivre ◆ **to string along with sb** (= *accompany*) accompagner qn ; (= *agree with*) se ranger à l'avis de qn
VT SEP (*pej*) faire marcher, bercer de fausses espérances

► **string out**
VI [*people, things*] se déployer (*along* le long de) ◆ **string out a bit more!** espacez-vous un peu plus !
VT SEP 1 [+ *lanterns, washing etc*] suspendre ; [+ *guards, posts*] échelonner ◆ **to be strung out along the road** [*people, things*] être déployé le long de la route
2 (*fig*) ◆ **to be strung out**⁑ (= *debilitated*) être à plat ; (= *disturbed*) être perturbé ; (*Drugs* = *addicted*) être accro⁑ ; (*Drugs* = *under influence*) être défoncé⁑ ; (*Drugs: with withdrawal symptoms*) être en manque

► **string together** VT SEP [+ *words, sentences*] enchaîner ◆ **he can barely string a sentence** *or* **two words together** il a du mal à aligner deux phrases

► **string up** VT SEP 1 [+ *lantern, onions, nets*] suspendre (au moyen d'une corde)
2 (*fig*) ◆ **he had strung himself up to do it** il avait aiguisé toutes ses facultés en vue de le faire ◆ **to be strung up (about sth)** être très tendu *or* nerveux (à la pensée de qch)
3 (* = *hang, lynch*) pendre

**stringboard** /ˈstrɪŋbɔːd/ N (*Constr*) limon *m*

**stringed** /strɪŋd/ ADJ → **string comp**

**-stringed** /strɪŋd/ ADJ (*in compounds*) ◆ **four-stringed** à quatre cordes

**stringency** /ˈstrɪndʒənsɪ/ N (= *strictness*) [*of control, regulations, test*] rigueur *f* ; [*of reforms*] caractère *m* draconien ◆ **thanks to the stringency of the security** grâce aux strictes mesures de sécurité ◆ **financial** *or* **economic stringency** austérité *f*

**stringent** /ˈstrɪndʒənt/ SYN ADJ 1 (= *strict*) [*control, regulations, standards, test*] rigoureux ; [*reforms*] draconien ◆ **the meeting took place amid stringent security** de strictes mesures de sécurité ont été mises en place pour cette réunion
2 (= *compelling*) [*reasons, arguments*] solide ; [*necessity*] impérieux

**stringently** /ˈstrɪndʒəntlɪ/ ADV rigoureusement

**stringer** /ˈstrɪŋəʳ/ N (= *journalist*) correspondant(e) *m(f)* local(e) à temps partiel

**stringpiece** /ˈstrɪŋpiːs/ N (*Constr*) longrine *f*, sablière *f*

**stringy** /ˈstrɪŋɪ/ ADJ [*beans, celery, meat*] filandreux ; [*molasses, cooked cheese*] filant, qui file ; [*plant, seaweed*] tout en longueur ; (*fig*) [*person*] filiforme

**strip** /strɪp/ SYN
N 1 [*of metal, wood, paper, grass*] bande *f* ; [*of fabric*] bande *f*, bandelette *f* ; [*of ground*] bande *f*, langue *f* ; [*of water, sea*] bras *m* ◆ **a strip of garden** un petit jardin tout en longueur ◆ **to tear sb off a strip**⁑, **to tear a strip off sb**⁑ sonner les cloches à qn*
2 (also **landing strip**) piste *f* d'atterrissage
3 (also **comic strip**) ⇒ **strip cartoon**
4 (*Brit Football etc* = *clothes*) tenue *f* ◆ **the England strip** la tenue de l'équipe (de football) d'Angleterre
5 * ⇒ **striptease**
VT 1 (= *remove everything from*) [+ *person*] déshabiller, dévêtir ; (also **strip down**) [+ *room, house*] vider ; [*thieves*] dévaliser, vider ; [+ *car, engine, gun*] démonter complètement ; (*Tech*) [+ *nut, screw, gears*] arracher le filet de ; [*wind, people, birds*] [+ *branches, bushes*] dépouiller, dégarnir ; (= *take paint etc off*) [+ *furniture, door*] décaper ◆ **to strip sb naked** *or* **to the skin** déshabiller *or* dévêtir qn complètement ◆ **to strip a bed (down)** défaire un lit complètement ◆ **to strip (down) the walls** enlever *or* arracher le papier peint
2 (= *remove*) [+ *old covers, wallpaper, decorations, ornaments*] enlever ; [+ *old paint*] décaper, enlever ◆ **to strip the bark from the tree** dépouiller un arbre de son écorce
3 (= *deprive etc*) [+ *person, object*] dépouiller (*of* de) ◆ **to strip a tree of its bark** dépouiller un arbre de son écorce ◆ **to strip a room of all its pictures** enlever tous les tableaux dans une pièce ◆ **to strip sb of his titles/honours** dépouiller qn de ses titres/honneurs ◆ **to strip a company of its assets** (*Fin*) cannibaliser* une compagnie ; see also **asset**
VI se déshabiller ; [*striptease artist*] faire du (*or* un) striptease ◆ **to strip naked** *or* **to the skin** se mettre nu ◆ **to strip to the waist** se mettre torse nu ◆ **to strip to one's underwear** se déshabiller en ne gardant que ses sous-vêtements ◆ **to be stripped to the waist** être nu jusqu'à la ceinture, être torse nu
COMP **strip cartoon** N (*Brit*) bande *f* dessinée
**strip club** N boîte *f* de striptease
**strip cropping** N (*Agr*) *cultures alternées selon les courbes de niveaux*
**strip joint** N (*US*) ⇒ **strip club**
**strip light** N (tube *m* au) néon *m*
**strip lighting** N (*Brit*) éclairage *m* au néon *or* fluorescent
**strip mine** N (*US*) mine *f* à ciel ouvert
**strip mining** N (*US*) extraction *f* à ciel ouvert
**stripped pine** N pin *m* décapé ◆ **stripped pine furniture** vieux meubles en pin décapé
**strip poker** N strip-poker *m*
**strip-search** N fouille *f* corporelle VT ◆ **he was strip-searched at the airport** on l'a fait se déshabiller et soumis à une fouille corporelle à l'aéroport
**strip show** N striptease *m*
**strip-wash** N (grande) toilette *f* VT faire la (grande) toilette de

► **strip away** VT SEP [+ *paint, varnish*] décaper ; [+ *layer of dirt, turf, bark*] retirer ; [+ *pretence, hypocrisy, artifice*] démasquer ◆ **chemicals that strip away the skin's protective outer layer** des produits qui attaquent la couche protectrice de l'épiderme ◆ **to strip away sb's dignity** priver qn de sa dignité

► **strip down**
VI ⇒ **strip off vi**
VT SEP (*Tech etc*) [+ *machine, engine, gun*] démonter complètement ; see also **strip vt 1**

► **strip off**
VI se déshabiller
VT SEP [+ *buttons, ornaments*] enlever, ôter (*from* de) ; [+ *paper*] enlever, arracher (*from* de) ; [+ *leaves*] faire tomber (*from* de) ; [+ *berries*] prendre (*from* de)

**stripe** /straɪp/ N 1 (*of one colour*) raie *f*, rayure *f* ◆ **stripes** (*pattern*) rayures *fpl* ◆ **yellow with a white stripe** jaune rayé de blanc ; → **pinstripe, star**
2 (*Mil*) galon *m* ◆ **to get one's stripes** gagner ses galons ◆ **to lose one's stripes** être dégradé
3 † (= *lash*) coup *m* de fouet ; (= *weal*) marque *f* (d'un coup de fouet)

**striped** /straɪpt/ ADJ [*garment, wallpaper, fabric*] rayé, à rayures ; [*animal, insect*] rayé ◆ **a pair of striped trousers** (*broad stripes*) un pantalon rayé ; (*pinstripes*) un pantalon à fines rayures ◆ **striped with red** rayé de rouge ◆ **striped muscle** (*Anat*) muscle strié

**stripey** * /ˈstraɪpɪ/ ADJ ⇒ **stripy**

**stripling** /ˈstrɪplɪŋ/ SYN N adolescent *m*, tout jeune homme *m*, gringalet *m* (*pej*)

**strippagram** /ˈstrɪpəgræm/ N *message envoyé à l'occasion d'une célébration par l'intermédiaire d'une personne qui fait un striptease ; cette personne*

**stripper** /ˈstrɪpəʳ/ N 1 (also **paint-stripper**) décapant *m*
2 (= *striptease artist*) strip-teaseuse *f* ◆ **male stripper** strip-teaseur *m*

**striptease** /ˈstrɪptiːz/ N striptease *m*, effeuillage *m* ◆ **striptease artist** strip-teaseuse *f*

**stripteaser** /ˈstrɪptiːzəʳ/ **N** strip-teaseuse *f*

**stripy*** /ˈstraɪpɪ/ **ADJ** *[garment, wallpaper, fabric]* rayé, à rayures ; *[animal, insect]* rayé

**strive** /straɪv/ SYN (pret **strove** /ˈstrəʊv/) (ptp **striven** /ˈstrɪvn/) **VI** 1 (*= try hard*) s'efforcer (*to do sth* de faire qch), faire son possible (*to do sth* pour faire qch) ♦ **to strive after** *or* **for sth** s'efforcer d'obtenir qch, faire son possible pour obtenir qch

2 (*liter = struggle, fight*) lutter, se battre (*against, with* contre)

**striving** /ˈstraɪvɪŋ/ **N** efforts *mpl* (*for* pour obtenir)

**strobe** /strəʊb/

**ADJ** *[lights]* stroboscopique

**N** 1 (also **strobe light, strobe lighting**) lumière *f* stroboscopique

2 ⇒ **stroboscope**

**strobile** /ˈstrəʊbaɪl/ **N** strobile *m*

**strobilus** /ˈstrəʊbɪləs/ **N** (pl **strobiluses** *or* **strobili** /ˈstrəʊbɪlaɪ/) (*= cone*) strobile *m*

**stroboscope** /ˈstrəʊbəskəʊp/ **N** stroboscope *m*

**stroboscopic** /ˌstrəʊbəˈskɒpɪk/ **ADJ** (*Phys*) stroboscopique

**strode** /strəʊd/ **VB** pt of **stride**

**stroke** /strəʊk/ SYN

**N** 1 (*= movement, blow : gen, Billiards, Cricket, Golf, Tennis etc*) coup *m* ; (*Swimming = movement*) mouvement *m* des bras (*pour nager*) ; (*Rowing, Swimming = style*) nage *f* ; (*Rowing = movement*) coup *m* de rame *or* d'aviron ♦ **he gave the cat a stroke** il a fait une caresse au chat ♦ **with a stroke of his axe** d'un coup de hache ♦ **with a stroke of the pen** d'un trait de plume ♦ **stroke of lightning** coup *m* de foudre ♦ **good stroke!** (*Golf, Tennis etc*) bien joué ! ♦ **to row at 38 strokes to the minute** ramer *or* nager à une cadence de 38 coups d'aviron minute ♦ **to set the stroke** (*Rowing, fig*) donner la cadence ♦ **to put sb off his stroke** (*Sport*) faire perdre le rythme à qn ; (*fig*) faire perdre tous ses moyens à qn ♦ **he swam the pool with powerful strokes** il a traversé le bassin d'une manière puissante ; → **backstroke, breast**

2 (*fig*) ♦ **at a (single) stroke, at one stroke** d'un (seul) coup ♦ **it was a tremendous stroke to get the committee's agreement** cela a été un coup de maître que d'obtenir l'accord du comité ♦ **he hasn't done a stroke (of work)** il n'a rien fait du tout, il n'en a pas fichu une rame* ♦ **stroke of diplomacy** chef-d'œuvre *m* de diplomatie ♦ **stroke of genius** trait *m* de génie ♦ **stroke of luck** coup *m* de chance *or* de veine ; → **master**

3 (*= mark*) *[of pen, pencil]* trait *m* ; *[of brush]* touche *f* ; (*Typography = oblique*) barre *f* ♦ **thick strokes of the brush** des touches *fpl* épaisses ♦ **5 stroke 6** (*Typography*) 5 barre 6 ; → **brush**

4 *[of bell, clock]* coup *m* ♦ **on the stroke of ten** sur le coup de dix heures, à dix heures sonnantes ♦ **at the third stroke it will be 9.25 precisely** (*speaking clock*) au troisième top, il sera exactement 9h25 ♦ **in the stroke of time** juste à temps

5 (*Med*) attaque *f* (d'apoplexie) ♦ **to have a stroke** avoir une attaque ; → **heatstroke, sunstroke**

6 *[of piston]* course *f* ♦ **a two-/four-stroke engine** un moteur à deux/quatre temps ; see also **two**

7 (*Rowing = person*) chef *m* de nage ♦ **to row stroke** être chef de nage, donner la nage

**VT** 1 *[+ cat, sb's hand, one's chin]* caresser ; *[+ sb's hair]* caresser, passer la main dans ♦ **to stroke sb (up) the wrong way** (*fig*) prendre qn à rebrousse-poil *or* à contre-poil

2 (*Rowing*) ♦ **to stroke a boat** être chef de nage, donner la nage

3 (*= draw line through :* also **stroke out**) biffer

4 (*Sport*) *[+ ball]* frapper

**VI** (*Rowing*) être chef de nage, donner la nage

**COMP** **stroke play N** (*NonC: Golf*) *comptage des points au coup par coup*

**stroke-play tournament N** (*Golf*) stroke-play *m*

▸ **stroke down VT SEP** *[+ cat's fur]* caresser ; *[+ hair]* lisser ♦ **to stroke sb down** (*fig*) apaiser *or* amadouer qn

▸ **stroke out VT SEP** ⇒ **stroke vt 3**

▸ **stroke up VT SEP** → **stroke vt 1**

**stroll** /strəʊl/ SYN

**N** petite promenade *f* ♦ **to have** *or* **take a stroll, to go for a stroll** aller faire un tour

**VI** se promener nonchalamment, flâner ♦ **to stroll in/out/away** *etc* entrer/sortir/s'éloigner *etc* sans se presser ♦ **to stroll up and down the street** descendre et remonter la rue en flânant *or* sans se presser ♦ **to stroll around** flâner

**stroller** /ˈstrəʊləʳ/ **N** 1 (*= person*) promeneur *m*, -euse *f*, flâneur *m*, -euse *f*

2 (*esp US = push chair*) poussette *f* ; (*folding*) poussette-canne *f*

**strolling** /ˈstrəʊlɪŋ/ **ADJ** *[player, minstrel]* ambulant

**stroma** /ˈstrəʊmə/ **N** (pl **stromata** /ˈstrəʊmətə/) stroma *m*

**Strombolian** /strɒmˈbəʊlɪən/ **ADJ** strombolien

**strong** /strɒŋ/ SYN

**ADJ** 1 (*physically*) *[person, animal]* fort ; (*= healthy*) robuste ; *[heart, nerves]* solide ♦ **to be (as) strong as an ox** *or* **a horse** *or* **a bull** (*= powerful*) être fort comme un bœuf ; (*= healthy*) avoir une santé de fer ♦ **to have strong eyesight** avoir une très bonne vue ♦ **to have strong legs** avoir de bonnes jambes ♦ **do you feel strong?** est-ce que vous vous sentez en forme ? ♦ **when you are strong again** (*in health*) quand vous aurez repris des forces ♦ **she has never been very strong** elle a toujours eu une petite santé ♦ **you need a strong stomach for that job** il faut avoir l'estomac solide *or* bien accroché* pour faire ce travail ; → **constitution**

2 (*morally*) fort ♦ **you must be strong** (*in courage*) il faut que vous soyez courageux ♦ **he's a very strong person** (*mentally*) c'est quelqu'un de très solide ; → **point, suit**

♦ **to be strong in sth** (*= good at sth*) être fort en qch

♦ **to be strong on sth** (*= good at sth*) être fort en qch ; (*emphasising*) mettre l'accent sur qch ♦ **the government is strong on civil rights** le gouvernement fait beaucoup pour les droits civils ♦ **the local cuisine is strong on seafood** les fruits de mer ont une place importante dans la cuisine locale ♦ **they're stronger on rhetoric than on concrete action** ils sont plus doués pour les discours que pour l'action

3 (*= robust*) *[building, wall, table, shoes, bolt, nail, fabric]* solide

4 (*= powerful*) *[magnet]* puissant ; *[electric current]* intense ; *[lens, spectacles]* fort, puissant ; *[light]* fort, vif ; *[glue, medicine]* fort

5 (*= convincing*) *[reasons, candidate, contender]* sérieux ♦ **we are in a strong position to make them obey** nous sommes bien placés pour les faire obéir ♦ **there is strong evidence to suggest that...** il y a de nombreuses preuves qui laissent penser que... ♦ **there are strong indications that...** tout semble indiquer que... ; → **case**[1]

6 (*= uncompromising, unequivocal*) *[measures, steps]* énergique ♦ **in strong terms** en termes non équivoques ♦ **to write sb a strong letter** écrire une lettre bien sentie à qn

7 (*= intense*) *[influence, attraction]* fort, profond ; *[emotion, desire, interest, protest]* vif ♦ **to have a strong effect on sth** avoir beaucoup d'effet sur qch ♦ **I had a strong sense of...** je ressentais vivement... ♦ **I've a strong feeling that...** j'ai bien l'impression que... ♦ **he's got strong feelings on this matter** cette affaire lui tient à cœur ♦ **it is my strong opinion** *or* **belief that...** je suis fermement convaincu *or* persuadé que...

8 (*= fervent*) fervent ♦ **a strong socialist** un socialiste fervent ♦ **strong supporters of...** d'ardents partisans de..., des fervents de... ♦ **I am a strong believer in...** je crois fermement à *or* profondément à...

9 *[flavour, odour, coffee, cheese, wine, cigarette]* fort ; (*pej*) *[butter]* rance ; *[sauce]* (*= concentrated*) concentré ; (*= highly seasoned*) relevé ; *[solution]* concentré ♦ **it has a strong smell** ça sent fort

10 (*in numbers*) ♦ **an army 500 strong** une armée (forte) de 500 hommes ♦ **they were 100 strong** ils étaient au nombre de 100

11 (*Ling*) *[verb, form]* fort

**ADV** ♦ **to be going strong** *[person]* être toujours solide ; *[car etc]* marcher toujours bien ; *[relationship etc]* aller bien ; *[firm, business]* aller bien, être florissant ♦ **that's pitching it** *or* **coming it** *or* **going it a bit strong*** il pousse (*or* vous poussez *etc*) un peu*, il y va (*or* vous y allez *etc*) un peu fort ♦ **to come on strong*** (*gen = be overbearing*) insister lourdement ; (*sexually*) faire du rentre-dedans* ; (*US*) (*= make progress*) progresser fortement

**COMP** **strong-arm ADJ** → **strong-arm**

**strong breeze N** (*on Beaufort scale*) vent *m* frais

**strong drink N** (*NonC*) alcool *m*, boisson *f* alcoolisée

**strong gale N** (*on Beaufort scale*) fort coup *m* de vent

**strong interaction N** (*Phys*) interaction *f* forte

**strong-minded** SYN **ADJ** → **strong-minded**

**strong-willed ADJ** résolu ♦ **to be strong-willed** avoir de la volonté

**strong-arm*** /ˈstrɒŋaːm/

**ADJ** *[method, treatment]* brutal ♦ **strong-arm man** gros bras *m* (*fig*) ♦ **strong-arm tactics** la manière forte

**VT** faire violence à ♦ **to strong-arm sb into doing sth** forcer la main à qn pour qu'il fasse qch

**strongbox** /ˈstrɒŋbɒks/ **N** coffre-fort *m*

**stronghold** /ˈstrɒŋhəʊld/ SYN **N** (*Mil*) forteresse *f*, fort *m* ; (*fig*) bastion *m*

**strongly** /ˈstrɒŋlɪ/ **ADV** 1 *[influence, hint, accentuate, remind, indicate, imply]* fortement ; *[attract, recommend, advise, interest, desire]* fortement, vivement ; *[criticize, protest]* vivement ; *[deny, condemn, protest, defend]* vigoureusement ; *[fight, attack]* énergiquement ; *[support, oppose]* fermement ; *[feel, sense, believe]* profondément ♦ **to argue strongly for** *or* **in favour of sth** plaider vigoureusement *or* avec force pour qch ♦ **to argue strongly against sth** s'élever avec véhémence contre qch ♦ **to argue strongly that...** soutenir fermement que... ♦ **to taste strongly of sth** avoir un goût prononcé de qch ♦ **to smell strongly of sth** avoir une forte odeur de qch ♦ **the kitchen smelled strongly of smoke** il y avait une forte odeur de fumée dans la cuisine ♦ **fish features strongly in the Japanese diet** le poisson occupe une place importante dans l'alimentation des Japonais ♦ **if you feel strongly about this problem, write to us** si ce problème vous tient à cœur, écrivez-nous ♦ **I feel very strongly that...** je suis convaincu que...

2 ♦ **strongly recommended** vivement recommandé ♦ **you are strongly recommended** *or* **advised to leave the country** nous vous recommandons vivement de quitter le pays ♦ **strongly held views** *or* **opinions** opinions *fpl* très arrêtées ♦ **to be strongly critical of sb/sth** critiquer vivement qn/qch ♦ **to be strongly in favour of sth** être très favorable à qch ♦ **to be strongly against** *or* **opposed to sth** s'opposer fermement à qch ♦ **strongly anti-American/nationalist** farouchement anti-américain/nationaliste ♦ **a strongly worded letter** une lettre virulente ♦ **his accent was strongly northern** il avait un très net *or* fort accent du Nord ♦ **strongly built** *[person]* costaud* ♦ **strongly constructed** *or* **made** *or* **built** solide

**strongman** /ˈstrɒŋmæn/ **N** (pl **-men**) (*in circus etc*) hercule *m* ; (*fig, Comm, Pol etc*) homme *m* fort

**strong-minded** /ˌstrɒŋˈmaɪndɪd/ SYN **ADJ** résolu, qui a beaucoup de volonté, qui sait ce qu'il veut

**strong-mindedly** /ˌstrɒŋˈmaɪndɪdlɪ/ **ADV** avec une persévérance tenace, avec ténacité

**strong-mindedness** /ˌstrɒŋˈmaɪndɪdnɪs/ **N** volonté *f*, force *f* de caractère

**strongroom** /ˈstrɒŋrʊm/ **N** (*gen*) chambre *f* forte ; (*in bank*) chambre *f* forte, salle *f* des coffres

**strongyl** /ˈstrɒndʒəl/, **strongyle** /ˈstrɒndʒɪl/ **N** strongyle *m*

**strongyloidiasis** /ˌstrɒndʒɪlɔɪˈdaɪəsɪs/, **strongyloidosis** /ˌstrɒndʒɪlɔɪˈdəʊsɪs/ **N** strongylose *f*

**strontium** /ˈstrɒntɪəm/

**N** strontium *m* ♦ **strontium 90** strontium *m* 90, strontium *m* radioactif

**COMP** **strontium unit N** (*Phys*) picocurie *f* par gramme de calcium, unité *f* de strontium

**strop** /strɒp/

**N** cuir *m* (à rasoir)

**VT** *[+ razor]* repasser sur le cuir

**strophanthin** /strəʊˈfænθɪn/ **N** (*Med*) strophantine *f*

**strophe** /ˈstrəʊfɪ/ **N** strophe *f*

**stroppily*** /ˈstrɒpɪlɪ/ **ADV** (*Brit*) *[say]* d'un ton sec

**stroppy*** /ˈstrɒpɪ/ **ADJ** (*Brit*) buté et râleur* ♦ **to get stroppy** se mettre à râler* ♦ **to get stroppy with sb** se mettre en rogne contre qn*

**strove** /strəʊv/ **VB** pt of **strive**

**struck** /strʌk/ **VB** pt, ptp of **strike**

**structural** /ˈstrʌktʃərəl/

**ADJ** 1 (*also Econ = relating to non-physical structure*) *[change, problem, reform etc]* structurel ♦ **structural complexity** complexité *f* de structure ♦ **structural unemployment** chômage *m* structurel

2 (= relating to structuralism) structural ◆ **structural psychology/linguistics** psychologie f/linguistique f structurale
3 (= relating to physical structure) [repair, alteration, failure, integrity, weakness, damage, fault] au niveau de la structure ◆ **structural defect** (in building) vice f de construction ◆ **the house was in good structural condition** la structure de la maison était saine
COMP **structural engineer** N ingénieur m en génie civil
**structural engineering** N génie m civil
**structural inspection** N ⇒ **structural survey**
**structural steel** N acier m (de construction)
**structural survey** N (Archit, Constr) expertise f détaillée

**structuralism** /ˈstrʌktʃərəlɪzəm/ N structuralisme m

**structuralist** /ˈstrʌktʃərəlɪst/ ADJ, N structuraliste mf

**structurally** /ˈstrʌktʃərəlɪ/ ADV ◆ **the building is structurally sound/unsound** la structure du bâtiment est saine/peu saine ◆ **structurally, the film is quite complex** structurellement, c'est un film assez complexe

**structure** /ˈstrʌktʃəʳ/ SYN
N (all senses) structure f
VT structurer

**structured** /ˈstrʌktʃəd/ ADJ structuré ◆ **structured activity** (Educ) activité f structurée ◆ **structured interview** sondage auquel on ne répond que par oui, non ou « ne sais pas »

**strudel** /ˈstruːdəl/ N (Culin) strudel m

**struggle** /ˈstrʌgl/ SYN
N (lit, fig) lutte f (for pour ; against contre ; with avec ; to do sth pour faire qch) ; (= fight) bagarre f ◆ **to put up a struggle** résister (also fig), se débattre ◆ **he lost his glasses in the struggle** il a perdu ses lunettes dans la bagarre ◆ **they surrendered without a struggle** (Mil) ils n'ont opposé aucune résistance ◆ **you won't succeed without a struggle** vous ne réussirez pas sans vous battre, il faudra vous battre si vous voulez réussir ◆ **her struggle to feed her children** sa lutte quotidienne pour nourrir ses enfants ◆ **the struggle to find somewhere to live** les difficultés qu'on a à trouver or le mal qu'il faut se donner pour trouver un logement ◆ **I had a struggle to persuade him** j'ai eu beaucoup de mal à le persuader, je ne l'ai persuadé qu'au prix de grands efforts ◆ **it was a struggle but we made it** cela nous a demandé beaucoup d'efforts mais nous y sommes arrivés
VI 1 (gen) lutter (against contre ; for pour) ; (= fight) se battre ; (= thrash around) se débattre, se démener ; (= try hard) se démener, se décarcasser * (to do sth pour faire qch), s'efforcer (to do sth de faire qch) ◆ **he was struggling with the thief** il était aux prises avec le voleur ◆ **he struggled fiercely as they put on the handcuffs** il a résisté avec acharnement quand on lui a passé les menottes ◆ **he struggled to get free** il s'est démené pour se libérer ◆ **they were struggling for power** ils se disputaient le pouvoir ◆ **he was struggling to make ends meet** il avait beaucoup de mal à joindre les deux bouts, il tirait le diable par la queue ◆ **he is struggling to finish it before tomorrow** il se démène or il se décarcasse * pour le terminer avant demain
2 (= move with difficulty) ◆ **to struggle in/out** etc entrer/sortir etc avec peine ◆ **he struggled up the cliff** il s'est hissé péniblement or à grand-peine jusqu'au sommet de la falaise ◆ **he struggled through the tiny window** il s'est contorsionné pour passer par la minuscule fenêtre ◆ **to struggle through the crowd** se frayer péniblement or tant bien que mal un chemin à travers la foule ◆ **he struggled to his feet** il s'est levé péniblement or à grand-peine ◆ **he struggled into a jersey** il a enfilé tant bien que mal un pull-over

▸ **struggle along** VI (lit) avancer avec peine or à grand-peine ; (fig : financially) subsister or se débrouiller tant bien que mal

▸ **struggle back** VI (= return) revenir (or retourner) avec peine or à grand-peine ◆ **to struggle back to solvency** s'efforcer de redevenir solvable

▸ **struggle on** VI 1 ⇒ **struggle along**
2 (= continue the struggle) continuer de lutter, poursuivre la lutte (against contre)

▸ **struggle through** VI (fig) venir à bout de ses peines, s'en sortir

**struggling** /ˈstrʌglɪŋ/ ADJ [artist etc] qui tire le diable par la queue

**strum** /strʌm/
VT 1 [+ piano] tapoter de ; [+ guitar, banjo etc] gratter de, racler (de)
2 (also **strum out**) [+ tune] (on piano) tapoter ; (on guitar etc) racler
VI ◆ **to strum on vt 1**
N (also **strumming**) [of guitar etc] raclement m

**struma** /ˈstruːmə/ N (pl **strumae** /ˈstruːmiː/) (Med) goitre m

**strumpet** †† /ˈstrʌmpɪt/ N catin f

**strung** /strʌŋ/ VB (pt, ptp of **string**) ; see also **highly, string up**

**strut**[1] /strʌt/ SYN VI (also **strut about, strut around**) se pavaner ◆ **to strut in/out/along** etc entrer/sortir/avancer etc en se pavanant or d'un air important ◆ **to strut one's stuff** * frimer *

**strut**[2] /strʌt/ N (= support) étai m, support m ; (for wall, trench, mine) étrésillon m ; (more solid) étançon m ; (Carpentry) contrefiche f ; (between uprights) lierne f, traverse f, entretoise f ; (in roof) jambe f de force

**strychnine** /ˈstrɪkniːn/ N strychnine f

**stub** /stʌb/ SYN
N [of pencil, broken stick] bout m, morceau m ; [of cigarette, cigar] mégot m ; [of tail] moignon m ; [of cheque, ticket] talon m
VT ◆ **to stub one's toe/one's foot** se cogner le doigt de pied/le pied (against contre)
COMP **stub axle** N [of vehicle] essieu m à chapes fermées
**stub end** N [of pencil etc] bout m (de crayon etc)

▸ **stub out** VT SEP [+ cigar, cigarette] écraser

**stubble** /ˈstʌbl/ N (NonC) (in field) chaume m, éteule f ; (on chin) barbe f de plusieurs jours ◆ **field of stubble** chaume m , éteule f

**stubbly** /ˈstʌblɪ/ ADJ [field] couvert de chaume ; [chin, face] mal rasé ; [beard] de plusieurs jours ; [hair] court et raide, en brosse

**stubborn** /ˈstʌbən/ SYN ADJ 1 [person] têtu, entêté ; [animal] têtu, rétif ; [opposition, campaign, resistance] opiniâtre, acharné ; [denial, refusal, defiance, insistence, determination] opiniâtre ◆ **his stubborn attitude** son entêtement ◆ **she has a stubborn streak** elle a un côté têtu or entêté ; → **mule**[1]
2 [stain] rebelle, récalcitrant ; [cold, fever etc] rebelle, persistant ; [problem] persistant, tenace

**stubbornly** /ˈstʌbənlɪ/ ADV obstinément ◆ **he stubbornly refused** il a refusé obstinément ◆ **he was stubbornly determined** sa détermination était inébranlable ◆ **interest rates have remained stubbornly high** les taux d'intérêt sont restés élevés

**stubbornness** /ˈstʌbənnɪs/ N [of person] entêtement m ; [of animal] caractère m rétif ; [of opposition, campaign, resistance] opiniâtreté f, acharnement m ; [of denial, refusal, defiance, insistence] obstination f, opiniâtreté f

**stubby** /ˈstʌbɪ/ ADJ [person] courtaud ; [finger] boudiné ; [pencil, crayon] gros et court ◆ **a dog with stubby legs** un chien court sur pattes

**stucco** /ˈstʌkəʊ/
N (pl **stuccoes** or **stuccos**) stuc m
VT stuquer
COMP de or en stuc, stuqué

**stuccowork** /ˈstʌkəʊwɜːk/ N stucs mpl

**stuck** /stʌk/ SYN
VB pt, ptp of **stick**
COMP **stuck-up** * ADJ bêcheur *

**stud**[1] /stʌd/ SYN
N 1 (= knob, nail) clou m à grosse tête ; (on door, shield) clou m décoratif ; (on boots) clou m (à souliers) ; (on football boots) crampon m ; (on tyre, roadway) clou m ; (= cat's-eye) clou m à catadioptre ; (also **collar stud**) bouton m de col
2 (in chain) étai m ; (= double-headed screw) goujon m ; (= pivot screw) tourillon m
3 (Constr) montant m
VT [+ boots, shield, door] clouter ◆ **studded tyre** pneu m clouté or à clous ◆ **studded with** (fig) parsemé de ◆ **sky studded with stars** ciel m parsemé d'étoiles

**stud**[2] /stʌd/
N 1 (also **racing stud**) écurie f (de courses) ; (also **stud farm**) haras m ◆ **to be at stud, to have been put (out) to stud** être au haras
2 (‡ = man) étalon * m
COMP **stud farm** N haras m
**stud fee** N prix m de la saillie
**stud mare** N (jument f) poulinière f
**stud poker** N (Cards) variété de poker

**studbook** /ˈstʌdbʊk/ N stud-book m

**studdingsail** /ˈstʌdɪŋseɪl/ N (Naut) bonnette f

**student** /ˈstjuːdənt/ SYN
N (Univ) étudiant(e) m(f) ; (esp US Scol) élève mf, lycéen(ne) m(f) ◆ **medical student** étudiant(e) m(f) en médecine ◆ **student's book** livre m de l'élève ◆ **he is a student of bird life** il étudie la vie des oiseaux ◆ **he is a keen student** il est très studieux
COMP (Univ) [life] étudiant, estudiantin ; [residence, restaurant] universitaire ; [power, unrest] étudiant ; [attitudes, opinions] (Univ) des étudiants ; (Scol) des élèves, des lycéens
**student card** N carte f d'étudiant(e)
**the student community** N les étudiants mpl
**student council** N (Scol) comité m des délégués de classe
**student councillor** N (Scol, Univ) délégué(e) m(f) de classe
**student driver** N (US) jeune conducteur m, -trice f
**student file** N (US Scol) dossier m scolaire
**student grant** N bourse f
**student ID card** N (US Scol) carte f d'étudiant
**student lamp** N (US) lampe f de bureau (orientable)
**student loan** N prêt m étudiant
**student nurse** N élève mf infirmier (-ière)
**student participation** N (Univ) participation f des étudiants ; (Scol) participation f (en classe)
**students' union** N ⇒ **Student Union**
**student teacher** N professeur m stagiaire ; (in primary school) instituteur m, -trice f stagiaire
**student teaching** N stage m pédagogique
**Student Union** N (Univ) (= association) association f d'étudiants ; (= building) locaux d'une association d'étudiants

**studentship** /ˈstjuːdəntʃɪp/ N bourse f (d'études)

**studhorse** /ˈstʌdhɔːs/ N étalon m

**studied** /ˈstʌdɪd/ SYN ADJ 1 [indifference, casualness, politeness, calm] affecté, étudié ; [elegance] recherché ; [insult] délibéré, voulu ◆ **to maintain a studied silence** garder délibérément le silence ◆ **to maintain a studied neutrality** rester délibérément neutre
2 (pej = affected) [pose, style] affecté

**studio** /ˈstjuːdɪəʊ/ SYN
N [of artist, photographer, musician etc] studio m, atelier m ; (Cine, Rad, Recording, TV etc) studio m ; → **mobile, recording**
COMP **studio apartment** N (US) studio m (logement)
**studio audience** N (Rad, TV) public m (invité à une émission)
**studio couch** N divan m
**studio flat** N (Brit) studio m (logement)
**studio portrait** N (Phot) portrait m photographique

**studious** /ˈstjuːdɪəs/ SYN ADJ 1 [person] studieux, appliqué
2 (= deliberate, careful) [insult, avoidance] délibéré, voulu ; [politeness, calm] affecté, étudié

**studiously** /ˈstjuːdɪəslɪ/ ADV (= deliberately, carefully) [avoid, ignore] soigneusement ◆ **studiously polite/ambiguous** d'une politesse/ambiguïté affectée or étudiée

**studiousness** /ˈstjuːdɪəsnɪs/ N application f (à l'étude), amour m de l'étude

**study** /ˈstʌdɪ/ LANGUAGE IN USE 26.1 SYN
N 1 (gen) étude f ◆ **to make a study of sth** faire une étude de qch, étudier qch ◆ **it is a study of women in industry** c'est une étude sur les femmes dans l'industrie ◆ **his studies showed that...** ses recherches ont montré que... ◆ **it is a study in social justice** (= model, ideal) c'est un modèle de justice sociale ◆ **his face was a study** (fig hum) il fallait voir sa figure ; → **brown**
2 (= act of studying) étude f ; (Scol) études fpl ◆ **he spends all his time in study** il consacre tout son temps à l'étude or à ses études, il passe tout son temps à étudier
3 (= room) bureau m
VT [+ nature, an author, text] étudier ; (Scol, Univ) [+ maths etc] faire des études de, étudier ; [+ project, proposal, map, ground] étudier, examiner soigneusement ; [+ person, sb's face, reactions] étudier, observer attentivement ; [+ stars] observer ; see also **studied**
VI (gen) étudier ; (Scol, Univ etc) étudier, faire ses études ◆ **to study hard** travailler dur ◆ **to study**

**stuff** | **stupid** ENGLISH-FRENCH 958

**under sb** travailler sous la direction de qn ; [painter, composer] être l'élève de qn ◆ **to study for an exam** préparer un examen ◆ **he is studying to be a doctor/a pharmacist** il fait des études de médecine/de pharmacie ◆ **he is studying to be a teacher** il fait des études pour entrer dans l'enseignement or pour devenir professeur

[COMP] [visit, hour] d'étude ; [group] de travail
**study hall** N (US Scol) (gen) permanence f ; (in boarding school) (salle f d')étude f
**study hall teacher** N (US Scol) surveillant(e) m(f) d'étude
**study period** N (Brit) (heure f de) permanence f, (heure f d')étude f surveillée
**study room** N (Scol) permanence f ; (in boarding school) (salle f d')étude f
**study tour** N voyage m d'études

**stuff** /stʌf/ SYN

**N** (NonC) 1 (* gen) chose f, truc* m ◆ **look at that stuff** regarde ça, regarde ce truc* ◆ **it's dangerous stuff** c'est dangereux ◆ **what's this stuff in this jar?** qu'est-ce que c'est que ça ou que ce truc* dans ce pot ? ◆ **his new book is good stuff** son nouveau livre est bien ◆ **there's some good stuff in what he writes** il y a de bonnes choses dans ce qu'il écrit ◆ **his painting is poor stuff** sa peinture ne vaut pas grand-chose ◆ **Joyce? I can't read his stuff at all** Joyce ? je ne supporte pas du tout (ses livres) ◆ **I can't listen to his stuff at all** je ne supporte pas sa musique ◆ **all that stuff about how he wants to help us** (pej) toutes ces promesses en l'air comme quoi il veut nous aider ◆ **that's the stuff (to give them or to give the troops)!** bravo !, c'est ça ! ◆ **stuff and nonsense!*** balivernes ! ◆ **he knows his stuff** il connaît son sujet or son métier ◆ **do your stuff!** vas-y !, à toi ! ◆ **he did his stuff very well** il s'en est bien sorti ◆ **she's a nice bit of stuff*** elle est canon* or bien roulée* ; → **greenstuff**, **hot**, **stern²**

2 * (= miscellaneous objects) trucs* mpl ; (= possessions) affaires fpl (= tools etc) ◆ **he brought back a lot of stuff from China** il a rapporté des tas de choses de Chine ◆ **the workmen left some of their stuff behind** les ouvriers ont laissé une partie de leur matériel ◆ **put your stuff away** range tes affaires

3 (= fabric, cloth) étoffe f ◆ **it is the (very) stuff of life/politics** etc c'est l'essence même de la vie/la politique etc ◆ **he is the stuff that heroes are made from, he is the stuff of heroes** (liter) il a l'étoffe d'un héros

4 (Drugs *) came* f

**VT** 1 (= fill, pack) [+ cushion, quilt, chair, toy, mattress] rembourrer (with avec) ; (Taxidermy) [+ animal] empailler ; [+ sack, box, pockets] bourrer, remplir (with de) ; (Culin) [+ chicken, tomato] farcir (with avec) ; (= stop up) [+ hole] boucher (with avec) ; (= cram, thrust) [+ objects, clothes, books] fourrer (in, into dans) ◆ **to stuff one's ears** se boucher les oreilles ◆ **to stuff one's fingers into one's ears** fourrer ses doigts dans ses oreilles ◆ **he stuffed the papers down the drain** il a fourré or enfoncé les papiers dans le tuyau ◆ **he stuffed some money into my hand** il m'a fourré de l'argent dans la main ◆ **he is a stuffed shirt*** c'est un grand ponte* suffisant ◆ **to stuff o.s. with food, to stuff food into one's mouth** se gaver or se bourrer de nourriture ◆ **he was stuffing himself*** il s'empiffrait ◆ **I'm stuffed*** (= full up) je n'en peux plus ◆ **they stuffed him with morphine*** ils l'ont bourré de morphine ◆ **to stuff one's head with useless facts** se farcir or se bourrer la tête de connaissances inutiles* ◆ **he's stuffing your head with silly ideas*** il te bourre la crâne or il te farcit la cervelle d'idées niaises ◆ **the museum is stuffed with interesting things*** le musée est bourré de choses intéressantes ◆ **to stuff a ballot box** (US Pol) mettre des bulletins de vote truqués dans une urne ◆ **get stuffed!*** (Brit) va te faire cuire un œuf !*, va te faire foutre !** ◆ **stuff him!*** qu'il aille se faire voir* or foutre*!* ◆ **stuff the council tax/decency!*** j'en ai rien à foutre** des impôts locaux/des convenances !

2 (* = put) mettre ◆ **stuff your books on the table** mets or fous* tes livres sur la table ◆ **(you know where) you can stuff that!*** tu sais où tu peux te le mettre !*

3 (* = defeat, ruin) baiser**, niquer** ◆ **we'll be stuffed if that happens** si ça arrive, on sera baisés** or niqués**

4 (** = have sex with) baiser**

**VI** (* = guzzle) s'empiffrer*

[COMP] **stuffed animal, stuffed toy** N (US) peluche f

▶ **stuff away** VT SEP [+ food] enfourner*, engloutir

▶ **stuff up** VT SEP [+ hole] boucher ◆ **my nose is stuffed up***, **I'm stuffed up*** j'ai le nez bouché

**stuffily** */ˈstʌfɪli/ ADV [say etc] d'un ton désapprobateur

**stuffiness** /ˈstʌfɪnɪs/ N (in room) manque m d'air ; [of person] pruderie f, esprit m étriqué or vieux jeu inv

**stuffing** /ˈstʌfɪŋ/ SYN

**N** (NonC) (= padding material) [of quilt, cushion, mattress] bourre f, rembourrage m ; [of toy, chair] rembourrage m ; (Taxidermy) paille f ; (Culin) farce f ◆ **he's got no stuffing** (pej) c'est une chiffe molle ◆ **to knock the stuffing out of sb** * (= demoralize) démoraliser qn ; (= take down a peg) remettre qn à sa place

[COMP] **stuffing box** N (Tech) presse-étoupe m inv

**stuffy** /ˈstʌfi/ SYN ADJ 1 (= airless) [room] mal aéré ; [atmosphere] étouffant ◆ **it's stuffy in here** on manque d'air ici ◆ **the room was stuffy after the meeting** on manquait d'air dans la salle après la réunion

2 (= stick-in-the-mud) vieux jeu inv ; (= snobby) guindé ◆ **golf has a rather stuffy image in England** le golf a une image assez vieux jeu en Angleterre ◆ **Delphine's father is a nice man, but rather stuffy** le père de Delphine est un homme gentil, mais il est un peu collet monté

3 (= congested) [nose, sinuses] bouché

**stultify** /ˈstʌltɪfaɪ/ VT [+ person] abrutir, déshumaniser ; [+ sb's efforts, action] rendre vain ; [+ argument, reasoning, claim] enlever toute valeur à

**stultifying** /ˈstʌltɪfaɪɪŋ/ ADJ [work, system, regime] abrutissant ; [atmosphere, effect] débilitant

**stumble** /ˈstʌmbl/ SYN

**N** 1 (in walking) faux pas m, trébuchement m ; [of horse] faux pas m

2 ◆ **he recited it without a stumble** il l'a récité sans trébucher or se reprendre une seule fois

**VI** 1 trébucher (over sur, contre), faire un faux pas ; [horse] broncher ◆ **he stumbled against the table** il a trébuché or fait un faux pas et a heurté la table ◆ **to stumble in/out/along** etc entrer/sortir/avancer etc en trébuchant

2 (in speech) trébucher (at, over sur) ◆ **he stumbled through the speech** il a prononcé le discours d'une voix hésitante or trébuchante

[COMP] **stumbling block** N pierre f d'achoppement

▶ **stumble across, stumble (up)on** VT FUS (fig) tomber sur

**stumblebum*** /ˈstʌmblˌbʌm/ N (US) empoté(e)* m(f), abruti(e)* m(f)

**stumm** * /ʃtʊm/ ADJ ⇒ **shtoom**

**stump** /stʌmp/ SYN

**N** 1 [of tree] souche f, chicot m ; [of limb, tail] moignon m ; [of tooth] chicot m ; [of cigar] bout m, mégot* m ; [of pencil, chalk, sealing wax, crayon etc] bout m (qui reste de qch) ◆ **to find o.s. up a stump*** (US) ne savoir que répondre, être perplexe

2 (Cricket) piquet m

3 (US Pol) estrade f (d'un orateur politique) ◆ **to be** or **go on the stump** faire campagne, faire une tournée de discours

4 ◆ **stumps*** (= legs) guiboles* fpl ; → **stir¹**

**VT** 1 (* = puzzle, nonplus) coller*, faire sécher* ◆ **to be stumped by a problem** buter sur un problème ◆ **to be stumped by a question** sécher* sur une question ◆ **that's got me stumped**, **I'm stumped** (during quiz, crossword etc) je sèche*

2 (Cricket) éliminer

3 (US Pol) ◆ **to stump a state** faire une tournée électorale dans un état

**VI** 1 ◆ **to stump in/out/along** etc (heavily) entrer/sortir/avancer etc à pas lourds ; (limping) entrer/sortir/avancer etc clopin-clopant *

2 (US Pol) faire une tournée électorale

[COMP] **stump speech** N discours m électoral

▶ **stump up*** (Brit)

**VI** casquer*

**VT SEP** cracher*, y aller de

**stumpy** /ˈstʌmpi/ ADJ [person, leg, tail] courtaud ; [object, plant] court et épais (-aisse f)

**stun** /stʌn/

**VT** étourdir, assommer ; (using stunning device) paralyser ; (fig = amaze) abasourdir, stupéfier

[COMP] **stun grenade** N grenade f incapacitante or paralysante
**stun gun** N pistolet m paralysant

**stung** /stʌŋ/ VB pt, ptp of **sting**

**stunk** /stʌŋk/ VB ptp of **stink**

**stunned** /stʌnd/ ADJ 1 (lit) assommé

2 (= flabbergasted) abasourdi, stupéfait (by sth de qch) ◆ **in stunned silence** muet de stupeur ◆ **there was a stunned silence** tout le monde s'est tu, abasourdi or stupéfait ◆ **the news was received in stunned disbelief** la nouvelle a été accueillie avec stupéfaction et incrédulité

**stunner*** /ˈstʌnə/ N (= girl/dress/car etc) fille f/robe f/voiture f etc superbe

**stunning** /ˈstʌnɪŋ/ SYN ADJ 1 (* = fantastic, impressive : gen) remarquable, (très) étonnant ; [woman] superbe ◆ **a stunning blonde** une superbe blonde ◆ **a stunning success** un formidable succès ◆ **you look stunning** tu es superbe

2 ◆ **he gave me a stunning blow on the jaw** il m'a envoyé un coup à la mâchoire qui m'a assommé

3 (= amazing, overwhelming) [success, news, defeat] stupéfiant ◆ **news of his death came as a stunning blow** la nouvelle de sa mort a été un coup terrible ◆ **it was a stunning blow to the government's credibility** ça a porté un coup terrible à la crédibilité du gouvernement

**stunningly** /ˈstʌnɪŋli/ ADV [simple, original etc] remarquablement ◆ **stunningly beautiful** d'une beauté extraordinaire or incroyable

**stunsail, stuns'l** /ˈstʌnsl/ N (Naut) bonnette f

**stunt¹** /stʌnt/ SYN

**N** (= feat) tour m de force, exploit m (destiné à attirer l'attention du public) ; [of stuntman] cascade f ; (in plane) acrobatie f ; [of students] canular* m ; (also **publicity stunt**) truc* m publicitaire ◆ **don't ever pull a stunt like that again** * ne recommence plus jamais un truc* pareil ◆ **it's a stunt to get your money** c'est un truc* or c'est un coup monté pour avoir votre argent ◆ **that was a good stunt** c'était un truc* ingénieux or une combine* ingénieuse

**VI** [pilot] faire des acrobaties ; (Cine) faire des cascades

[COMP] **stunt double** N cascadeur m, -euse f, doublure f
**stunt flier** N aviateur m de haute voltige
**stunt flying** N acrobatie f aérienne, haute voltige f
**stunt kite** N cerf-volant m pilotable

**stunt²** /stʌnt/ VT [+ growth] retarder, arrêter ; [+ person, plant] retarder la croissance or le développement de

**stunted** /ˈstʌntɪd/ SYN ADJ [person] rachitique, chétif ; [plant] rabougri ; [growth, development] retardé

**stuntedness** /ˈstʌntɪdnɪs/ N chétivité f

**stuntman** /ˈstʌntmæn/ N (pl **-men**) cascadeur m

**stuntwoman** /ˈstʌntˌwʊmən/ N (pl **-women**) cascadeuse f

**stupefacient** /ˌstjuːpɪˈfeɪʃənt/ ADJ, N (Med) stupéfiant m

**stupefaction** /ˌstjuːpɪˈfækʃən/ SYN N stupéfaction f, stupeur f

**stupefy** /ˈstjuːpɪfaɪ/ SYN VT [blow] étourdir ; [drink, drugs, lack of sleep] abrutir ; (= astound) stupéfier, abasourdir

**stupefying** /ˈstjuːpɪfaɪɪŋ/ ADJ 1 (frm = stultifying) abrutissant

2 (* = boring) mortel *

3 (* = stupendous) stupéfiant

**stupendous** /stjuːˈpendəs/ SYN ADJ 1 (= amazing, impressive : gen) extraordinaire, remarquable ; [sum, quantity] prodigieux ; [vulgarity, ignorance] incroyable

2 (* = wonderful) sensationnel *, formidable

**stupendously** /stjuːˈpendəsli/ ADV [good] extraordinairement ; [rich] prodigieusement ◆ **stupendously vulgar/thick*** etc incroyablement or prodigieusement vulgaire/stupide etc, d'une vulgarité/stupidité etc incroyable or prodigieuse

**stupid** /ˈstjuːpɪd/ SYN ADJ 1 (= unintelligent) [person, question, idea, mistake] stupide, idiot, bête ◆ **to make sb look stupid** ridiculiser qn ◆ **it was stupid of me to refuse, I refused, which was stupid of me** j'ai eu la bêtise de refuser, j'ai été

**959** ANGLAIS-FRANÇAIS

assez bête pour refuser ◆ **how stupid of me!** que je suis bête ! ◆ **to do something stupid** faire une bêtise ◆ **what a stupid thing to do!** c'était vraiment idiot or bête (de faire ça) ! ◆ **that hat looks really stupid (on you)** tu as l'air vraiment idiot avec ce chapeau ◆ **don't be stupid!** ne sois pas bête ! ◆ **to act stupid** * faire l'imbécile ; → **bore**²

② (* : expressing annoyance) ◆ **I hate this stupid machine!** je déteste cette maudite or fichue* machine ! ◆ **it was just a stupid quarrel/misunderstanding** ce n'était qu'une querelle/un malentendu stupide ◆ **you can keep your stupid presents, I don't want them!** tu peux garder tes cadeaux débiles *, je n'en veux pas ! ◆ **even just stupid things like missing a bus get me depressed** un rien me déprime, même des bêtises comme manquer le bus ◆ **you stupid idiot!** espèce d'idiot(e) ! * ◆ **you stupid moron*/bastard**⚠! ◆ **that stupid bitch!***⚠cette espèce de conne !*⚠

③ († = insensible, dazed) (from blow, drink etc) abruti, hébété ◆ **to knock sb stupid** assommer qn ◆ **to knock o.s. stupid** s'assommer ◆ **to laugh o.s. stupid** * rire comme un bossu or comme une baleine * ◆ **to drink o.s. stupid** * s'abrutir d'alcool

**stupidity** /stjuːˈpɪdɪtɪ/ SYN N stupidité f, sottise f, bêtise f

**stupidly** /ˈstjuːpɪdlɪ/ ADV ① (= foolishly) [behave] stupidement, bêtement ◆ **stupidly, I told him your name, I stupidly told him your name** j'ai eu la bêtise de or j'ai été assez bête pour lui dire votre nom ◆ **stupidly generous/zealous** d'une générosité/d'un zèle stupide

② (= absently, as if stunned) [smile, say] d'un air hébété or stupide † ◆ **"but... she's dead!" he said stupidly** « mais... elle est morte ! » dit-il d'un air hébété or stupide †

**stupidness** /ˈstjuːpɪdnɪs/ N ⇒ stupidity

**stupor** /ˈstjuːpər/ N stupeur f ◆ **to be in a drunken stupor** être ivre mort

**sturdily** /ˈstɜːdɪlɪ/ ADV ① ◆ **sturdily built** [person] de constitution robuste ; [furniture, structure, vehicle, equipment] solide, robuste ; [building] (de construction) solide

② (= stoically) [say] d'un air résolu or déterminé ◆ **sturdily independent** résolument indépendant

**sturdiness** /ˈstɜːdɪnɪs/ N ① [of furniture, structure, vehicle, equipment] solidité f ; [of building] construction f solide ; [of plant, person] robustesse f, vigueur f

② [of resistance, defence, refusal] caractère m énergique

**sturdy** /ˈstɜːdɪ/ SYN ADJ ① [person, plant] robuste, vigoureux ; [object, structure, body] solide

② [resistance, defence, refusal] énergique, vigoureux ◆ **sturdy common sense** solide bon sens m

**sturgeon** /ˈstɜːdʒən/ N (pl inv) esturgeon m

**stutter** /ˈstʌtər/ SYN
N bégaiement m ◆ **to have a stutter** bégayer
VI bégayer ◆ **to stutter on/along** (fig) progresser difficilement
VT (also **stutter out**) bégayer, dire en bégayant

**stutterer** /ˈstʌtərər/ N bègue mf

**stuttering** /ˈstʌtərɪŋ/
N (NonC) bégaiement m
ADJ ① (= stammering) [voice] bégayant, qui bégaie
② (fig = jerky) hésitant ◆ **a stuttering start** un début hésitant

**Stuttgart** /ˈstʊtgɑːt/ N Stuttgart

**STV** /ˌestiːˈviː/ N (Pol) (abbrev of **Single Transferable Vote**) → **single**

**sty**¹ /staɪ/ N [of pigs] porcherie f

**sty²**, **stye** /staɪ/ N (Med) orgelet m, compère-loriot m

**Stygian** /ˈstɪdʒɪən/ ADJ (fig) sombre or noir comme le Styx, ténébreux ◆ **Stygian darkness** ténèbres fpl impénétrables, nuit f noire

**style** /staɪl/ SYN
N ① (gen, Art, Literat, Mus, Sport, Typ etc) style m ◆ **in the style of Mozart** dans le style or à la manière de Mozart ◆ **building in the Renaissance style** édifice m (de) style Renaissance ◆ **style of life** or **living** style m de vie ◆ **he won in fine style** il l'a emporté haut la main ◆ **I like his style of writing** j'aime sa manière d'écrire or son style ◆ **I don't like his style** (fig) je n'aime pas son genre ◆ **that house is not my style*** ce n'est pas mon genre de maison ◆ **that's the style!*** bravo ! ; → **cramp**¹

② (Dress etc) (gen) mode f ; (specific) modèle m ; (Hairdressing) coiffure f ◆ **in the latest style** adj du dernier cri ◆ **these coats are made in two styles** ces manteaux sont disponibles en deux modèles ◆ **the four styles are all the same price** les quatre modèles sont tous au même prix ◆ **I want something in that style** je voudrais quelque chose dans ce genre-là or dans ce goût-là

③ (NonC = distinction, elegance) [of person] allure f, chic m ; [of building, car, film, book] style m, cachet m ◆ **that writer lacks style** cet écrivain manque de style or d'élégance, le style de cet écrivain manque de tenue

◆ **in style** ◆ **to live in style** mener grand train, vivre sur un grand pied ◆ **he does things in style** il fait bien les choses ◆ **they got married in style** ils se sont mariés en grande pompe ◆ **he certainly travels in style** quand il voyage il fait bien les choses

④ (= sort, type) genre m ◆ **just the style of book/car I like** justement le genre de livre/de voiture que j'aime

⑤ (= form of address) titre m

VT ① (= call, designate) appeler ◆ **he styles himself "Doctor"** il se fait appeler « Docteur » ◆ **the headmaster is styled "rector"** le directeur a le titre de « recteur » ; → **self**

② (= design etc) [+ dress, car, boat] créer, dessiner ◆ **to style sb's hair** coiffer qn ◆ **to have one's hair styled** se faire coiffer ◆ **it is styled for comfort not elegance** c'est un modèle conçu en fonction du confort et non de l'élégance

③ (Typography) [+ manuscript] préparer (selon le style de l'éditeur)

COMP **style book** N (Typography) manuel m des règles typographiques
**style sheet** N (Comput) feuille f de style

**-style** /staɪl/ ADJ (in compounds) ◆ **western-style democracy** démocratie f de style occidental ◆ **to dress 1920s-style** s'habiller dans le style des années 20

**stylet** /ˈstaɪlɪt/ N (Med, Zool) stylet m

**styli** /ˈstaɪlaɪ/ NPL of **stylus**

**styling** /ˈstaɪlɪŋ/
N (NonC) [of dress] forme f, ligne f, façon f ; [of car] ligne f ; (Hairdressing) coupe f
COMP [mousse, gel, lotion] coiffant, structurant
**styling brush** N brosse f ronde

**stylish** /ˈstaɪlɪʃ/ SYN ADJ [person, car, clothes] élégant, chic inv ; [district, resort, bar, hotel etc] chic inv ; [film, book] qui a du style ; [performer, performance] de grande classe

**stylishly** /ˈstaɪlɪʃlɪ/ ADV [dress] élégamment ; [write] avec style ; [designed, decorated] avec élégance ◆ **stylishly dressed** élégamment vêtu, habillé avec élégance ◆ **she wore a stylishly-cut black suit** elle portait un tailleur noir d'une coupe élégante

**stylishness** /ˈstaɪlɪʃnɪs/ N [of person, car, clothes] élégance f, chic m

**stylist** /ˈstaɪlɪst/ N (Literat) styliste mf ; (Dress etc) modéliste mf ; (Hairdressing) coiffeur m, -euse f, artiste mf (capillaire)

**stylistic** /staɪˈlɪstɪk/ ADJ (Ling, Literat, Mus, Art, Cine etc) stylistique ◆ **a stylistic device** un procédé stylistique or de style

**stylistically** /staɪˈlɪstɪkəlɪ/ ADV d'un point de vue stylistique ◆ **stylistically, he owes much to Hemingway** d'un point de vue stylistique, il doit beaucoup à Hemingway

**stylistics** /staɪˈlɪstɪks/ N (NonC) stylistique f

**stylite** /ˈstaɪlaɪt/ N stylite m

**stylization** /ˌstaɪlaɪˈzeɪʃən/ N stylisation f

**stylize** /ˈstaɪlaɪz/ VT styliser

**stylobate** /ˈstaɪləˌbeɪt/ N stylobate m

**stylograph** /ˈstaɪləgrɑːf/ N stylographe m

**styloid** /ˈstaɪlɔɪd/ ADJ (Anat) styloïde m

**stylus** /ˈstaɪləs/ N (pl **styluses** or **styli**) (= tool) style m ; [of record player] saphir m

**stymie** /ˈstaɪmɪ/
N (Golf) trou m barré
VT (Golf) barrer le trou à ; (* fig) coincer * ◆ **I'm stymied*** je suis coincé*, je suis dans une impasse

**styptic** /ˈstɪptɪk/
ADJ styptique ◆ **styptic pencil** crayon m hémostatique
N styptique m

**stupidity** | **subdivision**

**styrax** /ˈstaɪræks/ N (= tree) styrax m

**styrene** /ˈstaɪriːn/ N (Chem) styrène m

**Styrofoam** ® /ˈstaɪrəˌfəʊm/
N (US) polystyrène m expansé
COMP [cup] en polystyrène

**Styx** /stɪks/ N Styx m

**suasion** /ˈsweɪʒən/ N (also **moral suasion**) pression f morale

**suave** /swɑːv/ ADJ affable ; (= insincere) mielleux

**suavely** /ˈswɑːvlɪ/ ADV [say] d'un ton mielleux ◆ **to smile suavely** avoir un sourire mielleux

**suavity** /ˈswɑːvɪtɪ/ N (NonC) manières fpl doucereuses (pej)

**sub*** /sʌb/ abbrev of **subaltern**, **subedit**, **subeditor**, **sub-lieutenant**, **submarine**, **subscription**, **substitute**

**subacute** /ˌsʌbəˈkjuːt/ ADJ (Med) subaigu (-guë f)

**subagent** /sʌbˈeɪdʒənt/ N sous-agent m

**subalpine** /ˈsʌbˈælpaɪn/ ADJ subalpin

**subaltern** /ˈsʌbltən/
N (Brit Mil) officier d'un rang inférieur à celui de capitaine
ADJ subalterne

**subantarctic** /ˌsʌbænˈtɑːktɪk/ ADJ subantarctique

**subaqua** /sʌbˈækwə/ ADJ ◆ **subaqua club** club m de plongée

**subaqueous** /sʌbˈeɪkwɪəs/ ADJ subaquatique, aquatique

**subarctic** /sʌbˈɑːktɪk/ ADJ subarctique ; (fig) presque arctique

**subassembly** /ˌsʌbəˈsemblɪ/ N sous-assemblée f

**subatomic** /ˌsʌbəˈtɒmɪk/ ADJ subatomique

**sub-basement** /ˈsʌbˈbeɪsmənt/ N second sous-sol m

**sub-branch** /ˈsʌbˈbrɑːntʃ/ N sous-embranchement m

**subcalibre**, **subcaliber** (US) /sʌbˈkælɪbər/ ADJ [projectile] sous-calibré

**subcategory** /ˈsʌbˌkætəgərɪ/ N sous-catégorie f

**subclass** /ˈsʌbˈklɑːs/ N sous-classe f

**subclavian** /sʌbˈkleɪvɪən/ ADJ sous-clavier

**subcommittee** /ˈsʌbkəˌmɪtɪ/ N sous-comité m ; (larger) sous-commission f ◆ **the Housing Subcommittee** la sous-commission du logement

**subcompact** /ˌsʌbˈkɒmpækt/ N (US = car) petite voiture f

**subconscious** /ˌsʌbˈkɒnʃəs/ SYN ADJ, N subconscient m

**subconsciously** /ˌsʌbˈkɒnʃəslɪ/ ADV ① (= without realizing) inconsciemment
② (Psych) au niveau du subconscient, de manière subconsciente

**subcontinent** /ˌsʌbˈkɒntɪnənt/ N sous-continent m ◆ **the (Indian) Subcontinent** le sous-continent indien

**subcontract** /ˌsʌbˈkɒntrækt/
N sous-traité m
VT /ˌsʌbkənˈtrækt/ sous-traiter

**subcontracting** /ˌsʌbkənˈtræktɪŋ/
N sous-traitance f
ADJ [firm] qui sous-traite

**subcontractor** /ˌsʌbkənˈtræktər/ N sous-entrepreneur m, sous-traitant m

**subcritical** /sʌbˈkrɪtɪkl/ ADJ (Nucl Phys) sous-critique

**subculture** /ˈsʌbˌkʌltʃər/ N (Soc) subculture f ; (Bacteriology) culture f repiquée

**subcutaneous** /ˌsʌbkjuːˈteɪnɪəs/ ADJ sous-cutané

**subcutaneously** /ˌsʌbkjuːˈteɪnɪəslɪ/ ADV en sous-cutané

**subdeacon** /ˌsʌbˈdiːkən/ N sous-diacre m

**subdeb*** /ˈsʌbdeb/, **subdebutante** /ˈsʌbˌdebjuːtɑːnt/ N (US) jeune fille f qui n'a pas encore fait son entrée dans le monde

**subdiaconate** /ˌsʌbdaɪˈækənɪt/ N sous-diaconat m

**subdistrict** /ˈsʌbˌdɪstrɪkt/ N subdivision f d'un quartier

**subdivide** /ˌsʌbdɪˈvaɪd/
VT subdiviser (into en)
VI se subdiviser

**subdivision** /ˈsʌbdɪˌvɪʒən/ N subdivision f

**subdivisional** /ˌsʌbdɪˈvɪʒənl/ **ADJ** subdivisionnaire

**subdominant** /ˌsʌbˈdɒmɪnənt/ **N** (Ecol) (espèce f) sous-dominante f ; (Mus) sous-dominante f

**subduction** /səbˈdʌkʃən/ **N** (Geol) subduction f

**subdue** /səbˈdju:/ SYN **VT** [+ people, country] subjuguer, assujettir, soumettre ; [+ feelings, passions, desire] contenir, refréner, maîtriser ; [+ light, colour] adoucir, atténuer ; [+ voice] baisser ; [+ pain] atténuer, amortir

**subdued** /səbˈdju:d/ SYN **ADJ** ① (= morose) [person, mood, atmosphere] sombre ; [voice] qui manque d'entrain ◆ **she was very subdued** elle avait perdu son entrain
② (= restrained, unobtrusive) [reaction, response] prudent
③ (= quiet, dim) [colour] doux (douce f) ; [light, lighting] tamisé, voilé ; [voice] bas (basse f) ; [conversation, discussion] à voix basse

**subedit** /ˌsʌbˈedɪt/ **VT** (Brit Press, Typography) corriger, mettre au point, préparer pour l'impression

**subeditor** /ˌsʌbˈedɪtəʳ/ **N** (Brit Press, Typ) secrétaire mf de (la) rédaction

**sub-entry** /ˌsʌbˌentrɪ/ **N** (Accounting) sous-entrée f

**subequatorial** /ˌsʌbˌekwəˈtɔːrɪəl/ **ADJ** (Geog) subéquatorial

**suberin** /ˈsjuːbərɪn/ **N** subérine f

**suberose** /ˈsjuːbərəʊs/ **ADJ** subéreux

**subfamily** /ˌsʌbˈfæmɪlɪ/ **N** sous-famille f

**subfield** /ˈsʌbfiːld/ **N** (Math) subdivision f

**sub-frame** /ˈsʌbfreɪm/ **N** [of car] faux-châssis m

**subfusc** /ˈsʌbfʌsk/ **N** toge f et mortier noirs

**subgenus** /ˌsʌbˈdʒiːnəs/ **N** (pl **subgenuses** or **subgenera** /ˌsʌbˈdʒenərə/) (Bio) sous-genre m

**subgroup** /ˈsʌbgruːp/ **N** sous-groupe m

**subhead(ing)** /ˈsʌbˌhed(ɪŋ)/ **N** sous-titre m

**subhuman** /ˌsʌbˈhjuːmən/
**ADJ** [conditions] inhumain ◆ **to treat/portray foreigners as subhuman** traiter/dépeindre les étrangers comme des sous-hommes
**N** sous-homme m

**subito** /ˈsuːbɪtəʊ/ **ADV** (Mus) subito

**subjacent** /sʌbˈdʒeɪsənt/ **ADJ** (= underlying) sous-jacent, subjacent (liter)

**subject** /ˈsʌbdʒɪkt/ SYN
**N** ① (esp Brit = citizen etc) sujet(te) m(f) ◆ **the king and his subjects** le roi et ses sujets ◆ **British subject** sujet m britannique ◆ **he is a French subject** (in France) il est de nationalité française ; (elsewhere) c'est un ressortissant français
② (Med, Phot, Psych etc = person) sujet m ◆ **he's a good subject for treatment by hypnosis** c'est un sujet qui répond bien au traitement par l'hypnose ◆ **he's a good subject for research into hypnosis** c'est un bon sujet pour une étude sur l'hypnose
③ (= matter, topic : gen, Art, Literat, Mus etc) sujet m (of, for de) ; (Scol, Univ) matière f, discipline f ◆ **to get off the subject** sortir du sujet ◆ **that's off the subject** c'est hors du sujet or à côté du sujet ◆ **let's get back to the subject** revenons à nos moutons ◆ **on the subject of...** au sujet de..., sur le sujet de... ◆ **while we're on the subject of...** pendant que nous parlons de..., à propos de... ◆ **let's change the subject** changeons de sujet ◆ **his best subject** (Scol, Univ) sa matière or sa discipline forte ; → **drop**
④ (= reason, occasion) sujet m, motif m (of, for de) ◆ **it is not a subject for rejoicing** il n'y a pas lieu de se réjouir
⑤ (Gram, Logic, Philos) sujet m
**ADJ** ① (frm = subservient) [people, tribes, state] asservi, soumis ◆ **the police are subject to the law, like the rest of us** la police doit obéir à la loi, comme nous tous
② ◆ **subject to** (= prone to) sujet à ◆ **the area is subject to drought** la région est sujette à la sécheresse ◆ **he is subject to back pain** il est sujet au mal de dos or à des maux de dos ◆ **subject to French rule** sous (la) domination française ◆ **your gift will be subject to VAT** votre cadeau sera soumis à la TVA
③ ◆ **subject to** (= depending on) ◆ **subject to the approval of the committee** sous réserve de l'accord du comité ◆ **you may leave the country subject to producing the necessary documents** vous pouvez quitter le territoire à condition de fournir les documents nécessaires ◆ **the building is being sold subject to certain conditions** le bâtiment est à vendre sous certaines conditions ◆ **my offer is subject to the following conditions** mon offre est soumise aux conditions suivantes ◆ **the decision is subject to approval/confirmation (by the minister)** cette décision doit être approuvée/confirmée (par le ministre) ◆ **they have authority to decide, subject to the minister's approval** ils ont le pouvoir de décision, sous réserve de l'approbation du ministre ◆ **"subject to availability"** [holiday, concert, flight] « dans la limite des places disponibles » ; [free gift] « dans la limite des stocks disponibles » ◆ **"prices are subject to alteration"** « ces prix sont sujets à modifications » ◆ **subject to prior sale** sauf vente (antérieure)
**VT** /səbˈdʒekt/ (= subdue) [+ country] soumettre, assujettir (liter) ◆ **to subject sb to sth** soumettre qn à qch, faire subir qch à qn ◆ **to subject sth to heat/cold** exposer qch à la chaleur/au froid ◆ **he was subjected to much criticism** il a été en butte à de nombreuses critiques, il a fait l'objet de nombreuses critiques, il a été très critiqué ◆ **to subject o.s. to criticism** s'exposer à la critique
COMP **subject heading N** rubrique f
**subject index N** (in book) index m thématique ; (in library) fichier m par matières
**subject matter N** (= theme) sujet m ; (= content) contenu m
**subject pronoun N** pronom m sujet

**subjection** /səbˈdʒekʃən/ **N** sujétion f, soumission f ◆ **to hold** or **keep in subjection** maintenir dans la sujétion or sous son joug ◆ **to bring into subjection** soumettre, assujettir (liter) ◆ **they were living in a state of complete subjection** ils étaient complètement assujettis or soumis

**subjective** /səbˈdʒektɪv/ SYN
**ADJ** ① subjectif
② (Gram) [case, pronoun] sujet
**N** (Gram) nominatif m

**subjectively** /səbˈdʒektɪvlɪ/ **ADV** subjectivement

**subjectivism** /səbˈdʒektɪvɪzəm/ **N** subjectivisme m

**subjectivity** /ˌsʌbdʒekˈtɪvɪtɪ/ **N** subjectivité f

**subjoin** /ˌsʌbˈdʒɔɪn/ **VT** adjoindre, ajouter

**sub judice** /ˌsʌbˈdʒuːdɪsɪ/ **ADJ** (Jur) ◆ **the matter is sub judice** l'affaire est en instance or devant les tribunaux

**subjugate** /ˈsʌbdʒʊgeɪt/ **VT** [+ people, country] subjuguer, soumettre, assujettir ; [+ animal, feelings] dompter

**subjugation** /ˌsʌbdʒʊˈgeɪʃən/ **N** subjugation f, assujettissement m

**subjunctive** /səbˈdʒʌŋktɪv/ **ADJ, N** subjonctif m ◆ **in the subjunctive (mood)** au (mode) subjonctif

**subkingdom** /ˈsʌbˌkɪŋdəm/ **N** [of plants, animals etc] embranchement m

**sublease**
**N** /ˈsʌbliːs/ sous-location f
**VT** sous-louer (to à ; from de)

**sublessee** /ˌsʌbleˈsiː/ **N** sous-locataire mf

**sublessor** /ˌsʌbleˈsɔːʳ/ **N** locataire mf principal(e)

**sublet** /ˌsʌbˈlet/ (vb: pret, ptp **sublet**)
**N** sous-location f
**VT** sous-louer (to à)

**sub-librarian** /ˌsʌblaɪˈbrɛərɪən/ **N** bibliothécaire mf adjoint(e)

**sub-lieutenant** /ˌsʌbleˈtenənt/ **N** (Brit Navy) enseigne m de vaisseau (de première classe)

**sublimate** /ˈsʌblɪmeɪt/
**VT** (all senses) sublimer
**ADJ, N** /ˈsʌblɪmɪt/ (Chem) sublimé m

**sublimation** /ˌsʌblɪˈmeɪʃən/ **N** sublimation f

**sublime** /səˈblaɪm/ SYN
**ADJ** ① [being, beauty, painting, scenery, music] sublime ; [moment] divin
② (* = delightful) [dinner, hat, person] divin, sensationnel *
③ [indifference, disregard] suprême before n, souverain before n ; [innocence] suprême before n ; [incompetence] prodigieux
**N** sublime m ◆ **from the sublime to the ridiculous** du sublime au grotesque

**sublimely** /səˈblaɪmlɪ/ **ADV** ① ◆ **sublimely beautiful** d'une beauté sublime
② (* = delightfully) [dance, sing etc] divinement
③ [indifferent, ignorant] souverainement, au plus haut point ◆ **the government seems sublimely unaware of the danger** le gouvernement semble totalement inconscient du danger

**subliminal** /ˌsʌbˈlɪmɪnl/
**ADJ** subliminal
COMP **subliminal advertising N** publicité f subliminale
**subliminal image N** image f subliminale
**subliminal message N** message m subliminal

**subliminally** /ˌsʌbˈlɪmɪnəlɪ/ **ADV** [evoke, influence etc] de manière subliminale

**sublimity** /səˈblɪmɪtɪ/ **N** sublimité f

**sublingual** /ˌsʌbˈlɪŋgwəl/ **ADJ** sublingual

**sublunary** /ˌsʌbˈluːnərɪ/ **ADJ** sublunaire

**submachine gun** /ˌsʌbməˈʃiːngʌn/ **N** mitraillette f

**submarine** /ˌsʌbməˈriːn/
**N** ① (= vessel) sous-marin m
② (US * : also **submarine sandwich, sub sandwich**) gros sandwich m mixte
**ADJ** sous-marin
COMP **submarine chaser N** chasseur m de sous-marins
**submarine pen N** abri m pour sous-marins

**submariner** /ˌsʌbˈmærɪnəʳ/ **N** sous-marinier m

**submaxillary** /ˌsʌbˈmæksɪlərɪ/ **ADJ** sous-maxillaire

**submediant** /ˌsʌbˈmiːdɪənt/ **N** (Mus) sus-dominante f

**sub-menu** /ˈsʌbmenjuː/ **N** (Comput) sous-menu m

**submerge** /səbˈmɜːdʒ/ SYN
**VT** [flood, tide, sea] submerger ; [+ field] inonder, submerger ◆ **to submerge sth in sth** immerger qch dans qch ◆ **to submerge o.s. in sth** (fig) se plonger totalement dans qch
**VI** [submarine, diver etc] s'immerger

**submerged** /səbˈmɜːdʒd/ **ADJ** submergé ◆ **submerged in work** (fig) submergé or débordé de travail

**submergence** /səbˈmɜːdʒəns/ **N** submersion f

**submersible** /səbˈmɜːsəbl/ **ADJ, N** submersible m

**submersion** /səbˈmɜːʃən/ **N** ① (in liquid) submersion f
② ◆ **total submersion in an interesting hobby can be very relaxing** se plonger totalement dans un hobby intéressant peut apporter une grande détente

**submission** /səbˈmɪʃən/ SYN **N** ① (= submissiveness) soumission f (to à) ◆ **she nodded her head in submission** elle a incliné la tête d'un air soumis ◆ **to starve/beat sb into submission** soumettre qn en le privant de nourriture/en le battant
② (Wrestling) abandon m
③ (NonC = handing in) [of documents, sample, application, report] dépôt m ; [of thesis] remise f (au rapporteur)
④ (= proposal) proposition f
⑤ (Jur) ◆ **submissions** conclusions fpl (d'une partie) ◆ **to file submissions with a court** déposer des conclusions auprès d'un tribunal
⑥ (frm = assertion) ◆ **it is my submission that...** ma thèse est que... ◆ **in my/our submission** selon ma/notre thèse

**submissive** /səbˈmɪsɪv/ SYN **ADJ** [person, behaviour, attitude] soumis, docile ◆ **children were expected to be submissive to their elders** on attendait des enfants qu'ils se soumettent à leurs aînés

**submissively** /səbˈmɪsɪvlɪ/ **ADV** docilement

**submissiveness** /səbˈmɪsɪvnɪs/ **N** soumission f, docilité f

**submit** /səbˈmɪt/ SYN
**VT** ① ◆ **to submit o.s. to sb/sth** se soumettre à qn/qch
② (= put forward) [+ documents, sample, proposal, report, evidence] soumettre (to à), présenter (to à) ◆ **to submit that...** suggérer que... ◆ **I submit that...** ma thèse est que...
**VI** (Mil) se soumettre (to à) ; (fig) se soumettre, se plier (to à)

**submultiple** /ˌsʌbˈmʌltɪpl/ **N** (Math) sous-multiple m

**subnormal** /ˌsʌbˈnɔːməl/
**ADJ** ① (also **mentally subnormal**) [person] attardé, arriéré

**2** [weight, height, temperature etc] inférieur (-eure f) à la normale

**NPL the subnormal** ◆ **the mentally/educationally subnormal** les attardés mpl or retardés mpl (sur le plan intellectuel/éducatif)

**subnuclear** /ˌsʌbˈnjuːklɪəʳ/ ADJ (Phys) subnucléaire

**suboffice** /ˈsʌbˌɒfɪs/ N (Comm) succursale f

**suborbital** /ˌsʌbˈɔːbɪtəl/ ADJ (Space) sous-orbital

**sub-order** /ˈsʌbˌɔːdəʳ/ N sous-ordre m

**subordinate** /səˈbɔːdɪnɪt/ SYN
ADJ **1** [officer, role, position] subalterne (to à)
**2** (Gram) subordonné
N subordonné(e) m(f), subalterne mf
VT /səˈbɔːdɪneɪt/ subordonner (to à)
COMP **subordinating conjunction** N (Gram) subordonnant m, conjonction f de subordination

**subordination** /səˌbɔːdɪˈneɪʃən/ SYN N subordination f

**suborn** /səˈbɔːn/ VT suborner

**subornation** /ˌsʌbɔːˈneɪʃən/ N subornation f

**suboxide** /sʌbˈɒksaɪd/ N (Chem) hypoxyde m, sous-oxyde m

**subparagraph** /ˈsʌbˌpærəɡrɑːf/ N sous-paragraphe m

**subplot** /ˈsʌbˌplɒt/ N (Literat) intrigue f secondaire

**subpoena** /səˈpiːnə/ (Jur)
N citation f, assignation f (pour le témoin)
VT citer or assigner (à comparaître)

**subpopulation** /ˌsʌbˌpɒpjʊˈleɪʃən/ N subpopulation f

**sub-postmaster** /ˌsʌbˈpəʊstmɑːstəʳ/ N (Brit) receveur m des postes

**sub-postmistress** /ˌsʌbˈpəʊstmɪstrɪs/ N (Brit) receveuse f des postes

**sub-post office** /ˌsʌbˈpəʊstɒfɪs/ N agence f postale

**subregion** /ˌsʌbˈriːdʒən/ N sous-région f

**subrogate** /ˈsʌbrəɡɪt/ ADJ subrogé ◆ **subrogate language** (Ling) langage m subrogé

**subrogation** /ˌsʌbrəˈɡeɪʃən/ N (Jur) subrogation f

**sub rosa** /ˌsʌbˈrəʊzə/ ADV en confidence, sous le sceau du secret

**subroutine** /ˈsʌbruːˌtiːn/ N (Comput) sous-programme m

**sub-Saharan** /sʌbsəˈhɑːrən/
ADJ (Geog) subsaharien (-enne f)
COMP **sub-Saharan Africa** N Afrique f subsaharienne or noire

**subscapular** /sʌbˈskæpjʊləʳ/ ADJ sous-scapulaire

**subscribe** /səbˈskraɪb/ LANGUAGE IN USE 11.2 SYN
VT **1** [+ money] donner, verser (to à)
**2** [+ one's signature, name] apposer (to au bas de) ; [+ document] signer ◆ **he subscribes himself John Smith** il signe John Smith
VI **1** ◆ **to subscribe to** [+ book, new publication, fund] souscrire à ; [+ newspaper] (= become a subscriber) s'abonner à ; (= be a subscriber) être abonné à ; (Comput) s'abonner à la liste de ; [+ charity] verser une somme d'argent à, apporter une contribution à ◆ **to subscribe for shares** souscrire à des actions
**2** [+ opinion, project, proposal] souscrire à ◆ **I don't subscribe to the idea that money should be given to...** je ne suis pas partisan de donner de l'argent à... ◆ **I don't subscribe to that point of view** je ne partage pas ce point de vue

**subscriber** /səbˈskraɪbəʳ/
N (to fund, new publication etc) souscripteur m, -trice f (to de) ; (to newspaper, also Telec) abonné(e) m(f) (to de) ; (to opinion, idea) adepte mf, partisan m (to de)
COMP **subscriber trunk dialling** N (Brit Telec) automatique m

**subscript** /ˈsʌbskrɪpt/ (Typography)
ADJ inférieur (-eure f)
N indice m

**subscription** /səbˈskrɪpʃən/ SYN
N (to fund, charity) souscription f ; (to club) cotisation f ; (to newspaper) abonnement m ◆ **to pay one's subscription** (to club) payer or verser sa cotisation ; (to newspaper) payer or régler son abonnement ◆ **to take out a subscription to...** (Press) s'abonner à...
COMP **subscription rate** N (Press) tarif m d'abonnement

**subsection** /ˈsʌbˌsekʃən/ N (Jur etc) subdivision f, article m

**subsequent** /ˈsʌbsɪkwənt/ SYN
ADJ (= later in past) postérieur (-eure f), ultérieur (-eure f) ; (= in future) à venir
ADV (frm) ◆ **subsequent to this** par la suite ◆ **subsequent to his arrival** à la suite de son arrivée ◆ **events that occurred subsequent to March 1995** les événements postérieurs à mars 1995

**subsequently** /ˈsʌbsɪkwəntlɪ/ SYN ADV par la suite, ultérieurement

**subseries** /ˈsʌbˌsɪərɪz/ N sous-série f

**subserve** /səbˈsɜːv/ VT (frm) favoriser

**subservience** /səbˈsɜːvɪəns/ N **1** (= submission) [of person, nation] asservissement m (to sb/sth à qn/qch)
**2** (pej = servility) [of person, manner, behaviour] servilité f (pej) (to sb envers qn)
**3** (frm = secondary role) rôle m accessoire or secondaire (to sb/sth par rapport à qn/qch)

**subservient** /səbˈsɜːvɪənt/ ADJ **1** (= submissive) [person, nation] asservi, soumis (to à)
**2** (pej = servile) [person, manner, behaviour] servile (pej)
**3** (frm = secondary) accessoire, secondaire (to sb/sth par rapport à qn/qch)

**subserviently** /səbˈsɜːvɪəntlɪ/ ADV (pej) obséquieusement

**subset** /ˈsʌbˌset/ N sous-ensemble m

**subshrub** /ˈsʌbˌʃrʌb/ N sous-arbrisseau m

**subside** /səbˈsaɪd/ SYN VI [land, pavement, foundations, building] s'affaisser, se tasser ; [flood, river] baisser, décroître ; [wind, anger, excitement] tomber, se calmer ; [threat] s'éloigner ; [person] (into armchair etc) s'affaisser, s'écrouler (into dans ; on to sur)

**subsidence** /ˈsʌbsɪdns, səbˈsaɪdəns/ SYN N [of land, pavement, foundations, building] affaissement m ◆ "**road liable to subsidence**" « chaussée instable » ◆ **the crack in the wall is caused by subsidence** la faille dans le mur est due à l'affaissement du terrain

**subsidiarity** /ˌsʌbsɪdɪˈærɪtɪ/ N subsidiarité f

**subsidiary** /səbˈsɪdɪərɪ/ SYN
ADJ **1** [role] secondaire, accessoire ; [motive, reason, aim] subsidiaire (to par rapport à) ; (Theat, Literat) [character] secondaire ; [advantage, income] accessoire
**2** (Univ) [subject, course] optionnel ◆ **to do subsidiary Latin** étudier le latin en option
**3** (Fin, Comm) ◆ **subsidiary company/bank** filiale f (d'une société/d'une banque)
N (Fin) filiale f

**subsidization** /ˌsʌbsɪdaɪˈzeɪʃən/ N subventionnement m

**subsidize** /ˈsʌbsɪdaɪz/ SYN VT subventionner ◆ **heavily subsidized** [agriculture, housing] fortement subventionné

**subsidizer** /ˈsʌbsɪdaɪzəʳ/ N source f de subventions, subventionneur m, -euse f

**subsidy** /ˈsʌbsɪdɪ/ SYN N subvention f ◆ **government or state subsidy** subvention f de l'État ◆ **there is a subsidy on butter** l'État subventionne les producteurs or la production de beurre

**subsist** /səbˈsɪst/ SYN VI subsister ◆ **to subsist on bread/$100 a week** vivre de pain/avec 100 dollars par semaine

**subsistence** /səbˈsɪstəns/ SYN
N **1** existence f, subsistance f ◆ **means of subsistence** moyens mpl d'existence or de subsistance
**2** (also **subsistence allowance, subsistence benefit**) frais mpl or indemnité f de subsistance
COMP **subsistence crops** NPL cultures fpl vivrières de base
**subsistence economy** N économie f de subsistance
**subsistence farmer** N agriculteur m qui produit le minimum vital
**subsistence farming** N agriculture f de subsistance
**subsistence level** N minimum m vital ◆ **to live at subsistence level** avoir tout juste de quoi vivre
**subsistence wage** N salaire m tout juste suffisant pour vivre, salaire m de subsistance

**subsoil** /ˈsʌbsɔɪl/ N (Agr, Geol) sous-sol m

**subsonic** /ˌsʌbˈsɒnɪk/ ADJ [plane, speed etc] subsonique

**subspecies** /ˈsʌbˌspiːʃiːz/ N (pl inv) sous-espèce f

**substance** /ˈsʌbstəns/ SYN
N (= matter, material, essential meaning, gist) substance f (also Chem, Philos, Phys, Rel etc) ; (= solid quality) solidité f ; (= consistency) consistance f ; (= wealth etc) biens mpl, fortune f ◆ **that is the substance of his speech** voilà la substance or l'essentiel de son discours ◆ **I agree with the substance of his proposals** je suis d'accord sur l'essentiel de ses propositions ◆ **the meal had not much substance (to it)** le repas n'était pas très substantiel ◆ **to lack substance** [film, book, essay] manquer d'étoffe ; [argument] être plutôt mince ; [accusation, claim, allegation] être sans grand fondement ◆ **in substance** en substance ◆ **a man of substance** † (= rich) un homme riche or cossu ◆ **the substance of the case** (Jur) le fond de l'affaire ; → **sum**
COMP **substance abuse** N abus m de substances toxiques

**substandard** /ˌsʌbˈstændəd/ ADJ **1** (= low-quality) [goods, service, materials] de qualité inférieure ; [work] médiocre
**2** (= below a certain standard) [housing, conditions, abattoir etc] non conforme aux normes
**3** (Ling) incorrect

**substantial** /səbˈstænʃəl/ SYN ADJ
**1** (= considerable, sizeable) important, considérable ; [business] gros (grosse f) ; [house] grand ◆ **to be in substantial agreement** être d'accord sur l'essentiel or dans l'ensemble
**2** (= durable) [object, structure] solide
**3** (= sustaining) [meal] substantiel
**4** (= convincing) [proof] convaincant, solide ; [objection] fondé ; [argument] de poids
**5** (frm = real, tangible) substantiel

**substantialism** /səbˈstænʃəˌlɪzəm/ N substantialisme m

**substantialist** /səbˈstænʃəˌlɪst/ N substantialiste mf

**substantially** /səbˈstænʃəlɪ/ SYN ADV
**1** (= considerably) considérablement ◆ **substantially bigger/higher** etc beaucoup plus grand/plus haut etc ◆ **substantially more refugees** beaucoup plus de réfugiés ◆ **substantially different** fondamentalement différent
**2** (= to a large extent) [correct, true, the same] en grande partie ◆ **this is substantially true** c'est en grande partie vrai ◆ **to remain substantially unchanged** rester inchangé dans l'ensemble ◆ **it is substantially the same book** c'est en grande partie le même livre
**3** ◆ **substantially constructed** solidement construit

**substantiate** /səbˈstænʃɪeɪt/ SYN VT fournir des preuves à l'appui de, justifier ◆ **he could not substantiate it** il n'a pas pu fournir de preuves

**substantiation** /səbˌstænʃɪˈeɪʃən/ N preuve f, justification f

**substantival** /ˌsʌbstənˈtaɪvəl/ ADJ (Gram) substantif, à valeur de substantif

**substantive** /ˈsʌbstəntɪv/
N (Gram) substantif m
ADJ **1** (frm = substantial) important
**2** (Gram) substantif

**substantivization** /ˌsʌbstəntɪvaɪˈzeɪʃən/ N (Gram) substantivation f

**substantivize** /ˈsʌbstəntɪˌvaɪz/ VT (Gram) substantiver

**substation** /ˈsʌbˌsteɪʃən/ N sous-station f

**substitutable** /ˌsʌbstɪˈtjuːtəbl/ ADJ remplaçable

**substitute** /ˈsʌbstɪtjuːt/ SYN
N (= person: gen, Sport) remplaçant(e) m(f), suppléant(e) m(f) (for de) ; (= thing) produit m de substitution or de remplacement (for de) ; (Gram) (terme m) substitut m ◆ **you must find a substitute (for yourself)** vous devez vous trouver un remplaçant, il faut vous faire remplacer ◆ **substitutes for rubber, rubber substitutes** succédanés mpl or ersatz m inv de caoutchouc ◆ "**beware of substitutes**" (Comm) « se méfier des contrefaçons » ◆ **there is no substitute for wool** rien ne peut remplacer la laine ◆ **a correspondence course is no/a poor substitute for personal tuition** les cours par correspondance ne remplacent pas/remplacent mal les cours particuliers ; → **turpentine**
ADJ (Sport) (à titre de) remplaçant ◆ **substitute coffee** ersatz m inv or succédané m de café
VT substituer (A for B A à B), remplacer (A for B B par A)

**VI** ◆ **to substitute for sb** remplacer *or* suppléer qn

**COMP** **substitute teacher** N *(US)* suppléant(e) *m(f)*, remplaçant(e) *m(f)*

**substitution** /ˌsʌbstɪˈtjuːʃən/ SYN N substitution *f* *(also Chem, Ling, Math etc)*, remplacement *m* ◆ **substitution of x for y** substitution de x à y, remplacement de y par x ◆ **to make a substitution** *(Sport)* remplacer un joueur

**substitutive** /ˈsʌbstɪˌtjuːtɪv/ ADJ substitutif

**substrata** /ˈsʌbˌstrɑːtə/ NPL of **substratum**

**substrate** /ˈsʌbstreɪt/ N *(Chem)* substrat *m*

**substratum** /ˈsʌbˌstrɑːtəm/ N (pl **substrata** /ˈsʌbˌstrɑːtə/) *(gen, Geol, Ling, Soc etc)* substrat *m* ; *(Agr)* sous-sol *m* ; *(fig)* fond *m*

**substructure** /ˈsʌbˌstrʌktʃəʳ/ N infrastructure *f*

**subsume** /səbˈsjuːm/ VT subsumer ◆ **to subsume X under the heading** *or* **within the group of Y** subsumer X dans la catégorie Y

**subsystem** /ˈsʌbˌsɪstəm/ N sous-système *m*

**subtangent** /sʌbˈtændʒənt/ N sous-tangente *f*

**subteen** /ˌsʌbˈtiːn/ N *(esp US)* préadolescent(e) *m(f)*

**subtemperate** /ˌsʌbˈtempərɪt/ ADJ subtempéré

**subtenancy** /ˌsʌbˈtenənsɪ/ N sous-location *f*

**subtenant** /ˌsʌbˈtenənt/ N sous-locataire *mf*

**subtend** /səbˈtend/ VT sous-tendre

**subterfuge** /ˈsʌbtəfjuːdʒ/ SYN N subterfuge *m*

**subterranean** /ˌsʌbtəˈreɪnɪən/ ADJ *(lit, fig)* souterrain

**subtext** /ˈsʌbtekst/ N sujet *m* sous-jacent

**subtilize** /ˈsʌtɪlaɪz/ VTI subtiliser

**subtitle** /ˈsʌbˌtaɪtl/

**N** sous-titre *m*

**VT** sous-titrer

**subtitled** /ˈsʌbˌtaɪtld/ ADJ sous-titré

**subtitling** /ˈsʌbˌtaɪtlɪŋ/ N sous-titrage *m*

**subtle** /ˈsʌtl/ SYN ADJ *(gen)* subtil (subtile *f*) ; *[mind, humour, irony, joke]* subtil (subtile *f*), fin ; *[perfume, flavour]* subtil (subtile *f*), délicat ; *[pressure, implication, suggestion, reminder, rebuke]* discret (-ète *f*) ; *[plan]* ingénieux ; *[flaw]* léger ◆ **a subtle form of racism** une forme insidieuse de racisme ◆ **the subtle message of the film is that...** le message implicite *or* en filigrane de ce film est que...

**subtleness** /ˈsʌtlnɪs/ N ⇒ **subtlety 1**

**subtlety** /ˈsʌtltɪ/ SYN N [1] *(NonC: gen)* subtilité *f* ; *[of mind, humour, irony, joke]* subtilité *f*, finesse *f* ; *[of perfume, flavour]* subtilité *f*, délicatesse *f* ; *[of pressure, implication, suggestion, reminder, rebuke]* discrétion *f* ; *[of plan]* ingéniosité *f*

[2] *(= detail)* subtilité *f*

**subtly** /ˈsʌtlɪ/ ADV *[imply, suggest, remind, rebuke]* discrètement ; *[change, enhance]* de façon subtile ◆ **subtly flavoured** au goût subtil *or* délicat ◆ **subtly coloured** aux couleurs subtiles ◆ **subtly spicy** délicatement épicé ◆ **subtly erotic** d'un érotisme subtil

**subtonic** /ˌsʌbˈtɒnɪk/ N sous-tonique *f*

**subtopic** /ˌsʌbˈtɒpɪk/ N sous-thème *m*, subdivision *f* d'un thème

**subtotal** /ˈsʌbˌtəʊtl/ N total *m* partiel

**subtract** /səbˈtrækt/ SYN VT soustraire, retrancher, déduire *(from* de*)*

**subtraction** /səbˈtrækʃən/ N soustraction *f*

**subtractive** /səbˈtræktɪv/ ADJ *(Math)* soustractif

**subtropical** /ˈsʌbˈtrɒpɪkəl/ ADJ subtropical

**subtropics** /sʌbˈtrɒpɪks/ NPL régions *fpl* subtropicales

**subulate** /ˈsuːbjəlɪt/ ADJ subulé

**suburb** /ˈsʌbɜːb/ N faubourg *m* ◆ **the suburbs** la banlieue ◆ **in the suburbs** en banlieue ◆ **the outer suburbs** la grande banlieue ◆ **it is now a suburb of London** c'est maintenant un faubourg de Londres, ça fait désormais partie de la banlieue de Londres

**suburban** /səˈbɜːbən/ ADJ [1] *[house, street, community, train]* de banlieue ◆ **a suburban area** une banlieue, une zone suburbaine *(frm)* ◆ **suburban development** *or* **growth** développement *m* suburbain ◆ **suburban sprawl** *(NonC:pej) (= phenomenon) développement anarchique des banlieues* ; *(= particular suburb)* banlieue *f* tentaculaire

[2] *(pej) [attitude, values, accent]* banlieusard *(pej)* ◆ **his suburban lifestyle** sa vie étriquée *(pej)* de banlieusard

**suburbanite** /səˈbɜːbənaɪt/ N habitant(e) *m(f)* de la banlieue, banlieusard(e) *m(f) (pej)*

**suburbanize** /səˈbɜːbənaɪz/ VT donner le caractère *or* les caractéristiques de la banlieue à, transformer en banlieue

**suburbia** /səˈbɜːbɪə/ N *(NonC)* la banlieue

**suburbicarian** /səˌbɜːbɪˈkɛərɪən/ ADJ suburbicaire

**subvention** /səbˈvenʃən/ N subvention *f*

**subversion** /səbˈvɜːʃən/ N subversion *f*

**subversive** /səbˈvɜːsɪv/ SYN

**ADJ** *(lit, fig)* subversif

**N** élément *m* subversif

**subversively** /səbˈvɜːsɪvlɪ/ ADV de façon subversive, subversivement

**subversiveness** /səbˈvɜːsɪvnɪs/ N caractère *m* subversif

**subvert** /səbˈvɜːt/ SYN VT *[+ the law, tradition]* bouleverser, renverser ; *(= corrupt) [+ person]* corrompre

**subway** /ˈsʌbweɪ/ N *(= underpass : esp Brit)* passage *m* souterrain ; *(= railway : esp US)* métro *m* ◆ **by subway** en métro

**subwoofer** /ˈsʌbwʊfəʳ/ N caisson *m* de basses *or* de graves

**sub-zero** /ˌsʌbˈzɪərəʊ/ ADJ *[temperature]* au-dessous de zéro

**succedaneum** /ˌsʌksɪˈdeɪnɪəm/ N (pl **succedanea** /ˌsʌksɪˈdeɪnɪə/) succédané *m*

**succeed** /səkˈsiːd/ SYN

**VI** [1] *(= be successful)* réussir *(in sth* dans qch*)* ; *(= prosper)* réussir, avoir du succès ; *[plan, attempt]* réussir ◆ **to succeed in doing sth** réussir *or* parvenir à faire qch ◆ **he succeeds in all he does** tout lui réussit, il réussit tout ce qu'il entreprend ◆ **nothing succeeds like success** *(Prov)* un succès en entraîne un autre ◆ **to succeed in business/as a politician** réussir *or* avoir du succès en affaires/en tant qu'homme politique ◆ **to succeed in life/one's career** réussir dans la vie/sa carrière

[2] *(= follow)* succéder *(to* à*)* ◆ **he succeeded (to the throne) in 1911** il a succédé (à la couronne) en 1911 ◆ **there succeeded a period of peace** il y eut ensuite une période de paix

**VT** *[person]* succéder à, prendre la suite de ; *[event, storm, season etc]* succéder à, suivre ◆ **he succeeded his father as leader of the party** il a succédé à *or* pris la suite de son père à la direction du parti ◆ **he was succeeded by his son** son fils lui a succédé ◆ **as year succeeded year** comme les années passaient, comme les années se succédaient

**succeeding** /səkˈsiːdɪŋ/ SYN ADJ *(in past)* suivant ; *(in future)* à venir ◆ **each succeeding year brought...** chaque année qui passait apportait... ◆ **many Armenians left their homeland in succeeding years** beaucoup d'Arméniens ont quitté leur patrie pendant les années qui ont suivi ◆ **each succeeding year will bring...** chacune des années à venir apportera... ◆ **this issue will need serious consideration in succeeding weeks** il faudra sérieusement réfléchir à ce problème pendant les semaines à venir ◆ **my sight gets worse with each succeeding year** ma vue baisse d'année en année ◆ **she returns to this idea in the succeeding chapters** elle reprend cette idée dans les chapitres suivants

**success** /səkˈses/ LANGUAGE IN USE 23.5, 23.6 SYN

**N** *[of plan, venture, attempt, person]* succès *m*, réussite *f* ◆ **success in an exam** le succès *or* la réussite à un examen ◆ **his success in doing sth** le fait qu'il ait réussi à faire qch ◆ **his success in his attempts** la réussite qui a couronné ses efforts ◆ **without success** sans succès, en vain ◆ **to meet with success** avoir du succès ◆ **he met with little success** il a eu *or* obtenu peu de succès ◆ **to have great success** avoir beaucoup de succès ◆ **to make a success of sth** *(project, enterprise)* faire réussir qch, mener qch à bien ; *(job, meal, dish)* réussir qch ◆ **we wish you every success** nous vous souhaitons très bonne chance ◆ **congratulations on your success** je vous félicite de votre succès, (toutes mes) félicitations pour votre succès ◆ **congratulations on your success in obtaining...** je vous félicite d'avoir réussi à obtenir... ◆ **he was a success at last** il avait enfin réussi, il était enfin arrivé, il avait enfin du succès ◆ **he was a great success at the dinner/as Hamlet/as a writer/in business** il a eu beaucoup de succès au dîner/dans le rôle de Hamlet/en tant qu'écrivain/en affaires ◆ **it was a success** *[holiday, meal, evening, attack]* c'était une réussite, c'était réussi ; *[play, book, record]* ça a été couronné de succès ◆ **the hotel was a great success** on a été très content de l'hôtel ; → **rate¹**, **succeed**

**COMP** **success story** N (histoire *f* d'une) réussite *f*

**successful** /səkˈsesfʊl/ SYN ADJ [1] *[plan, attempt, venture, treatment, policy]* couronné de succès ; *[campaign, deal, effort, mission, meeting]* fructueux, couronné de succès ; *[candidate in exam]* reçu, admis ; *[election candidate]* victorieux ; *[application]* retenu ; *[marriage]* heureux ◆ **there have been only three successful prosecutions so far** jusqu'ici, seules trois actions en justice ont abouti ◆ **to be successful** *(= succeed)* réussir ◆ **the tests were successful** les tests ont produit de bons résultats ◆ **the strike proved very successful** la grève a été couronnée de succès ◆ **(up)on** *or* **after successful completion of** *[+ course]* après avoir été reçu à l'issue de ; *[+ deal]* après avoir conclu ◆ **her application was successful** sa candidature a été retenue ◆ **to be (very) successful in** *or* **at doing sth** (très bien) réussir à faire qch ◆ **to be successful in one's efforts** voir ses efforts aboutir ◆ **to be successful in sth** *(attempt, mission, exam)* réussir qch ◆ **unfortunately your application has not been successful** nous avons le regret de vous faire savoir que votre candidature n'a pas été retenue ◆ **let us hope that the government will be successful in its efforts to obtain ratification** espérons que le gouvernement parviendra à obtenir la ratification ◆ **to reach a successful conclusion** *or* **outcome** aboutir ◆ **this option offers the best chance of a successful outcome** ce choix offre la meilleure chance de réussite ◆ **the show had a successful run on Broadway** ce spectacle a eu une bonne saison *or* a eu beaucoup de succès à Broadway

[2] *(= prosperous, popular etc) [businessman, business, company]* prospère ; *[doctor, surgeon, lawyer, barrister, academic]* réputé ; *[writer, painter, book, film]* à succès ; *[career]* brillant ◆ **she has a successful career as a novelist/journalist** elle mène une brillante carrière de romancière/journaliste ; → **bidder**

**successfully** /səkˈsesfəlɪ/ SYN ADV avec succès ◆ **a certificate showing you successfully completed the course** un certificat indiquant que vous avez été reçu à l'issue de ce stage

**succession** /səkˈseʃən/ SYN N [1] *[of victories, disasters, delays, kings]* succession *f*, série *f* ◆ **the succession of days and nights** la succession *or* l'alternance *f* des jours et des nuits

◆ **in + succession** ◆ **in succession** *(= one after the other)* successivement, l'un(e) après l'autre ; *(= by turns)* successivement, tour à tour, alternativement ; *(= on each occasion)* successivement, progressivement ◆ **four times in succession** quatre fois de suite ◆ **for ten years in succession** pendant dix années consécutives *or* dix ans de suite ◆ **in close** *or* **rapid succession** *[walk]* à la file ; *[happen]* coup sur coup

[2] *(NonC) (= act of succeeding : to title, throne, office, post)* succession *f (to* à*)* ; *(Jur = heirs collectively)* héritiers *mpl* ◆ **he is second in succession (to the throne)** il occupe la deuxième place dans l'ordre de succession (à la couronne) ◆ **in succession to his father** à la suite de son père

**successive** /səkˈsesɪv/ SYN ADJ successif ◆ **on three successive occasions** trois fois de suite ◆ **on four successive days** pendant quatre jours consécutifs *or* de suite ◆ **for the third successive year/time** pour la troisième année/fois consécutive ◆ **with each successive failure** à chaque nouvel échec

**successively** /səkˈsesɪvlɪ/ ADV successivement ◆ **successively higher levels of unemployment** des taux de chômage de plus en plus élevés

**successor** /səkˈsesəʳ/ N *(= person, thing)* successeur *m (to, of* de*)* ◆ **the successor to the throne** l'héritier *m*, -ière *f* de la couronne ◆ **successor in title** *(Jur)* ayant droit *m*, ayant cause *m*

**succinct** /səkˈsɪŋkt/ SYN ADJ *[account, instructions etc]* concis, succinct ; *[person]* concis

**succinctly** /səkˈsɪŋktlɪ/ ADV succinctement

**succinctness** /səkˈsɪŋktnɪs/ N concision *f*

**succinic acid** /sʌkˈsɪnɪk/ N *(Bio)* acide *m* succinique

**succor** /ˈsʌkəʳ/ N, VT *(US)* ⇒ **succour**

**succotash** /ˈsʌkətæʃ/ N *(US Culin) plat de maïs en grain et de fèves de Lima*

**Succoth** /ˈsʊkəʊt/ N *(Rel)* Soukkoth *m*

**succour** *(Brit)*, **succor** *(US)* /ˈsʌkəʳ/ SYN *(liter)*
N *(NonC)* secours *m*, aide *f*
VT secourir, soulager, venir à l'aide de

**succubus** /ˈsʌkjʊbəs/ N (pl **succubi** /ˈsʌkjʊˌbaɪ/) succube *m*

**succulence** /ˈsʌkjʊləns/ N succulence *f*

**succulent** /ˈsʌkjʊlənt/ SYN
ADJ *(also Bot)* succulent
N *(= plant)* plante *f* grasse • **succulents** plantes *fpl* grasses, cactées *fpl*

**succumb** /səˈkʌm/ SYN VI *(to temptation etc)* succomber *(to* à) ; *(= die)* mourir *(to* de), succomber

**such** /sʌtʃ/
ADJ 1 *(= of that sort)* tel, pareil • **such a book** un tel livre, un livre pareil, un pareil livre, un livre de cette sorte • **such books** de tels livres, des livres pareils, de pareils livres, des livres de cette sorte • **such people** de telles gens, des gens pareils, de pareilles gens • **we had such a case last year** nous avons eu un cas semblable l'année dernière • **in such cases** en pareil cas • **did you ever hear of such a thing?** avez-vous jamais entendu une chose pareille ? • **Robert was such a one** Robert était comme ça • **such was my reply** telle a été ma réponse, c'est ce que j'ai répondu • **such is not the case** ce n'est pas le cas ici • **it was such weather!** quel temps il a fait !, il a fait un de ces temps ! • **... or some such (thing)** ... ou une chose de ce genre • **until such time** jusqu'à ce moment-là • **it is not such as to cause concern** cela ne doit pas être une raison d'inquiétude • **his health was such as to alarm his wife** son état de santé était de nature à alarmer sa femme • **you can take my car, such as it is** vous pouvez prendre ma voiture pour ce qu'elle vaut
♦ **no such...** • **there's no such thing!** ça n'existe pas ! ; see also adj 2 • **there is no such thing in France** il n'y a rien de tel en France • **there are no such things as unicorns** les licornes n'existent pas • **I said no such thing!** je n'ai jamais dit cela !, je n'ai rien dit de la sorte ! • **no such thing!** pas du tout ! • **no such book exists** un tel livre n'existe pas
♦ **such as** *(= like, for example)* tel que, comme • **a friend such as Paul** un ami tel que *or* comme Paul • **a book such as this** un livre tel que *or* comme celui-ci • **animals such as cats** les animaux tels que *or* comme les chats • **such as?*** quoi, par exemple ?
♦ **such... as** • **such writers as Molière and Corneille** des écrivains tels (que) *or* comme Molière et Corneille • **only such a fool as Martin would do that** il fallait un idiot comme Martin *or* quelqu'un d'aussi bête que Martin pour faire cela • **such a book as this** un livre tel que celui-ci • **he's not such a fool as you think** il n'est pas aussi *or* si bête que vous croyez • **I'm not such a fool as to believe that!** je ne suis pas assez bête pour croire ça ! • **have you such a thing as a penknife?** auriez-vous un canif par hasard ? • **it caused such scenes of grief as are rarely seen** cela a provoqué des scènes de douleur telles qu'on *or* comme on en voit peu • **such people as knew him** les gens qui le connaissaient • **such books as I have** le peu de livres *or* les quelques livres que je possède • **until such time as...** jusqu'à ce que... + *subj*, en attendant que... + *subj*
2 *(= so much)* tellement, tant • **embarrassed by such praise** embarrassé par tant *or* tellement de compliments • **he was in such pain** il souffrait tellement • **don't be in such a rush** ne soyez pas si pressé • **we had such a surprise!** quelle surprise nous avons eue !, nous avons eu une de ces surprises !, nous avons été drôlement surpris !* • **there was such a noise that...** il y avait tellement *or* tant de bruit que... • **his rage was such that..., such was his rage that...** il était tellement *or* si furieux que...
ADV 1 *(= so very)* si, tellement • **he gave us such good coffee** il nous a offert un si bon café • **such big boxes** de si grandes boîtes • **such a lovely present** un si joli cadeau • **it was such a long time ago!** il y a si *or* tellement longtemps de ça ! • **he bought such an expensive car that...** il a acheté une voiture si *or* tellement chère que...
2 *(in comparisons)* aussi • **I haven't had such good coffee for years** ça fait des années que je n'ai pas bu un aussi bon café • **such lovely children as his** des enfants aussi gentils que les siens
PRON ceux *mpl*, celles *fpl* • **such as wish to go** ceux qui veulent partir • **all such** tous ceux • **I'll give you such as I have** je vous donnerai ceux que j'ai *or* le peu que j'ai • **I know of no such** je n'en connais point
♦ **as such** *(= in that capacity)* à ce titre, comme tel(le), en tant que tel(le) ; *(= in itself)* en soi • **the soldier, as such, deserves respect** tout soldat, comme tel, mérite le respect • **the work as such is boring, but the pay is good** le travail en soi est ennuyeux, mais le salaire est bon • **and as such he was promoted** et en tant que tel il a obtenu de l'avancement • **he was a genius but not recognized as such** c'était un génie mais il n'était pas reconnu pour tel *or* considéré comme tel • **there are no houses as such** il n'y a pas de maisons à proprement parler
♦ **... and such(like)*** • **teachers and doctors and such(like)** les professeurs et les docteurs et autres (gens de la sorte) • **rabbits and hares and such(like)** les lapins, les lièvres et autres animaux de ce genre *or* de la sorte • **shoes and gloves and such(like)** les souliers, les gants et autres choses de ce genre *or* de la sorte
COMP **such-and-such** ADJ tel (et *or* ou tel) • **Mr Such-and-such*** Monsieur Untel • **in such-and-such a street** dans telle (et *or* ou telle) rue

**suchlike*** /ˈsʌtʃlaɪk/
ADJ de la sorte, de ce genre
PRON → such pron

**suck** /sʌk/
VT *[+ fruit, pencil]* sucer ; *[+ juice, poison]* sucer *(from* de) ; *(through straw) [+ drink]* aspirer *(through* avec) ; *[+ sweet]* sucer, suçoter ; *[baby breast, bottle]* téter ; *[leech]* sucer ; *[pump, machine]* aspirer *(from* de) • **to suck one's thumb** sucer son pouce • **child sucking its mother's breast** enfant qui tète sa mère • **to suck dry** *[+ orange etc]* sucer tout le jus de ; *(fig) [+ person] (of money)* sucer jusqu'au dernier sou ; *(of energy)* sucer jusqu'à la moelle • **to be sucked into a situation** être entraîné dans une situation • **suck it and see*** il faut se lancer* (pour savoir si ça marchera) ; → teach
VI 1 *[baby]* téter
2 • **to suck at** *[+ fruit, pencil, pipe]* sucer ; *[+ sweet]* sucer, suçoter
3 *(esp US ⁑)* • **it sucks!** *(= is very bad)* c'est nul !⁑
N 1 • **to have a suck at sth, to give sth a suck** sucer qch
2 *(at breast)* tétée *f* • **to give suck to...** *(liter)* allaiter..., donner le sein à...
COMP **sucking-pig** N cochon *m* de lait
▸ **suck down** VT SEP *[sea, mud, sands]* engloutir
▸ **suck in**
VI ⁑ • **to suck in with sb** *(fig)* faire de la lèche à qn⁑, lécher les bottes de qn
VT SEP *[sea, mud, sands]* engloutir ; *[porous surface]* absorber ; *[pump, machine]* aspirer ; *(fig) [+ knowledge, facts]* absorber, assimiler
▸ **suck off**⁑ VT SEP tailler une pipe à⁑
▸ **suck out** VT SEP *[person]* sucer, faire sortir en suçant *(of, from* de) ; *[machine]* refouler à l'extérieur *(of, from* de)
▸ **suck up**
VI ⁑ • **to suck up to sb** *(fig)* faire de la lèche à qn⁑, lécher les bottes* de qn
VT SEP *[person]* aspirer, sucer ; *[pump, machine]* aspirer ; *[porous surface]* absorber

**sucker** /ˈsʌkəʳ/ SYN
N 1 *(on machine)* ventouse *f* ; *(= plunger)* piston *m* ; *[of plant]* surgeon *m*, drageon *m* ; *[of leech, octopus]* ventouse *f* ; *[of insect]* suçoir *m* • **to put out suckers** *(Agr)* drageonner, bouturer
2 *(⁑ = person)* poire* *f*, gogo* *m* • **to be a sucker for sth** ne pouvoir résister à qch • **never give a sucker an even break*** *(US)* ne donne jamais une chance à un imbécile • **to play sb for a sucker** mener qn en bateau*, rouler* qn
VT *(US ⁑ = swindle)* embobiner* • **to get suckered out of 500 dollars** se faire refaire de 500 dollars
COMP **sucker punch*** N *(fig)* coup *m* bas

**suckle** /ˈsʌkl/
VT *[+ child]* allaiter, donner le sein à ; *[+ young animal]* allaiter
VI téter

**suckling** /ˈsʌklɪŋ/
N *(= act)* allaitement *m* ; *(= child)* nourrisson *m*, enfant *mf* à la mamelle
COMP **suckling pig** N cochon *m* de lait

**sucky**⁑ /ˈsʌkɪ/ ADJ *(US)* merdique⁑

**sucrase** /ˈsjuːkreɪz/ N sucrase *f*, invertase *f*

**sucrose** /ˈsuːkrəʊz/ N saccharose *m*

**suction** /ˈsʌkʃən/
N succion *f* • **it works by suction** cela marche par succion • **to adhere by suction (on)** faire ventouse (sur)
VT *[+ liquid]* aspirer
COMP *[apparatus, device]* de succion
**suction cup** N ventouse *f*
**suction disc** N ventouse *f*
**suction pad** N ventouse *f*
**suction pump** N pompe *f* aspirante
**suction valve** N clapet *m* d'aspiration

**Sudan** /sʊˈdɑːn/ N • **(the) Sudan** le Soudan

**Sudanese** /ˌsuːdəˈniːz/
ADJ soudanais
N *(pl inv) (= person)* Soudanais(e) *m(f)*

**sudatory** /ˈsjuːdətərɪ/ ADJ *(Physiol)* sudatoire

**sudden** /ˈsʌdn/ SYN
ADJ *(gen)* soudain ; *[death]* subit, soudain ; *[attack, marriage]* imprévu, inattendu ; *[inspiration]* subit • **it's all so sudden!** on s'y attendait tellement peu !, c'est arrivé tellement vite ! • **all of a sudden** soudain, tout à coup
COMP **sudden death** N *(Brit Football, Golf: also* **sudden death play-off)** mort *f* subite ; *(US Sport: also* **sudden death overtime)** *prolongation où les ex æquo sont départagés dès le premier point marqué*
**sudden infant death syndrome** N mort *f* subite du nourrisson

**suddenly** /ˈsʌdnlɪ/ SYN ADV soudain, tout à coup • **to die suddenly** mourir subitement • **suddenly, the door opened** soudain *or* tout à coup, la porte s'est ouverte

**suddenness** /ˈsʌdnnɪs/ N *(gen)* caractère *m* soudain, soudaineté *f* ; *[of death, inspiration]* caractère *m* subit ; *[of attack, marriage]* caractère *m* imprévu *or* inattendu

**sudoku** /suːˈdəʊkuː/ N sudoku *m*

**sudor** /ˈsjuːdɔːʳ/ N *(SPÉC)* sueur *f*

**sudoral** /ˈsjuːdərəl/ ADJ sudoral

**sudorific** /ˌsjuːdəˈrɪfɪk/ ADJ *(Med)* sudorifique

**suds** /sʌdz/ NPL 1 (also **soapsuds**) *(= lather)* mousse *f* de savon ; *(= soapy water)* eau *f* savonneuse
2 *(US ⁑ = beer)* bière *f*

**sudsy** /ˈsʌdzɪ/ ADJ savonneux

**sue** /suː/ SYN
VT *(Jur)* poursuivre en justice, intenter un procès à *(for sth* pour obtenir qch ; *over, about* au sujet de) • **to sue sb for damages** poursuivre qn en dommages-intérêts • **to sue sb for libel** intenter un procès en diffamation à qn • **to be sued for damages/libel** être poursuivi en dommages-intérêts/en diffamation • **to sue sb for divorce** entamer une procédure de divorce contre qn
VI 1 *(Jur)* intenter un procès, engager des poursuites • **to sue for divorce** entamer une procédure de divorce
2 *(liter)* • **to sue for peace/pardon** solliciter la paix/le pardon

**suede** /sweɪd/
N daim *m*, cuir *m* suédé • **imitation suede** suédine *f*
COMP *[shoes, handbag, coat, skirt]* de daim ; *[gloves]* de suède ; *[leather]* suédé

**suet** /sʊɪt/ N *(Culin)* graisse *f* de rognon • **suet pudding** *gâteau sucré ou salé à base de farine et de graisse de bœuf*

**Suetonius** /swiːˈtəʊnɪəs/ N Suétone *m*

**Suez** /ˈsuːɪz/ N • **Suez Canal** canal *m* de Suez • **Gulf of Suez** golfe *m* de Suez • **before/after Suez** *(Brit Hist)* avant/après l'affaire de Suez

**suffer** /ˈsʌfəʳ/ SYN
VT 1 *(= undergo) (gen)* subir ; *[+ hardship, bereavement, martyrdom, torture]* souffrir, subir ; *[+ punishment, change in circumstances, loss]* subir ; *[+ damage, setback]* essuyer, subir ; *[+ pain, headaches, hunger]* souffrir de • **he suffered a lot of pain** il a beaucoup souffert • **to suffer the consequences** subir les conséquences • **to suffer death** *(liter)* mourir • **her popularity suffered a decline** sa popularité a souffert *or* a décliné
2 *(= allow) [+ opposition, sb's rudeness, refusal etc]* tolérer, permettre • **I can't suffer it a moment longer** je ne peux plus le souffrir *or* le tolérer, c'est intolérable, c'est insupportable • **he doesn't suffer fools gladly** il n'a aucune patience pour les imbéciles • **to suffer sb to do** *(liter)* souffrir que qn fasse

**VI** **1** *[person]* souffrir • **to suffer in silence** souffrir en silence • **to suffer for one's sins** expier ses péchés • **he suffered for it later** il en a souffert les conséquences *or* il en a pâti plus tard • **you'll suffer for this!** vous me le paierez ! • **I'll make him suffer for it!** il me le paiera !

**2** *(= be afflicted by)* **to suffer from** *[+ rheumatism, heart trouble, the cold, hunger]* souffrir de ; *[+ deafness]* être atteint de ; *[+ a cold, influenza, frostbite, pimples, bad memory]* avoir • **he suffers from a limp/stammer** *etc* il boite/bégaie *etc* • **he was suffering from shock** il était commotionné • **to suffer from the effects of** *[+ fall, illness]* se ressentir de, souffrir des suites de ; *[+ alcohol, drug]* subir le contrecoup de • **to be suffering from having done sth** souffrir *or* se ressentir d'avoir fait qch • **the child was suffering from his environment** l'enfant souffrait de son environnement • **she suffers from lack of friends** son problème c'est qu'elle n'a pas d'amis • **the house is suffering from neglect** la maison se ressent du manque d'entretien • **his style suffers from being over-elaborate** son style souffre d'un excès de recherche ; → **delusion**

**3** *(= be injured, impaired) [eyesight, hearing, speech]* se détériorer ; *[health, reputation, plans, sales, wages]* souffrir ; *[car, town, house]* souffrir, être endommagé ; *[business]* souffrir, péricliter • **your health will suffer** votre santé en souffrira *or* en pâtira • **the regiment suffered badly** le régiment a essuyé de grosses pertes

**sufferance** /ˈsʌfərəns/ **N** tolérance *f*, souffrance *f* *(Jur)* • **on sufferance** par tolérance

**sufferer** /ˈsʌfərəʳ/ **N** *(from illness)* malade *mf* ; *(from misfortune)* victime *f* ; *(from accident)* accidenté(e) *m(f)*, victime *f* • **sufferer from diabetes/AIDS/asthma** *etc*, **diabetes/AIDS/asthma** *etc* **sufferer** diabétique *mf*/sidéen(ne) *m(f)*/asthmatique *mf etc* • **my fellow sufferers at the concert** *(hum)* mes compagnons *mpl* d'infortune au concert

**suffering** /ˈsʌfərɪŋ/ SYN

**N** souffrance(s) *f(pl)* • **"after much suffering patiently borne"** « après de longues souffrances patiemment endurées » • **her suffering was great** elle a beaucoup souffert

**ADJ** souffrant, qui souffre

**suffice** /səˈfaɪs/ SYN *(frm)*

**VI** suffire, être suffisant • **suffice it to say...** qu'il (me) suffise de dire..., je me contenterai de dire...

**VT** suffire à, satisfaire

**sufficiency** /səˈfɪʃənsɪ/ **N** (pl **sufficiencies**) *(frm)* quantité *f* suffisante • **a sufficiency of coal** une quantité suffisante de charbon, suffisamment de charbon, du charbon en quantité suffisante *or* en suffisance ; → **self**

**sufficient** /səˈfɪʃənt/ SYN **ADJ** *[number, quantity, cause, condition]* suffisant • **sufficient time/money/evidence** suffisamment de temps/d'argent/de preuves • **to be sufficient** être suffisant *(for* pour*)*, suffire *(for* à*)* • **I've got sufficient** j'en ai suffisamment • **to have sufficient to eat** avoir suffisamment à manger • **he earns sufficient to live on** il gagne de quoi vivre • **one song was sufficient to show he couldn't sing** une chanson a suffi à *or* pour démontrer qu'il ne savait pas chanter • **sufficient unto the day (is the evil thereof)** *(Prov)* à chaque jour suffit sa peine *(Prov)* ; → **self**

**sufficiently** /səˈfɪʃəntlɪ/ **ADV** suffisamment • **a sufficiently large number/quantity** un nombre/une quantité suffisant(e) • **he is sufficiently clever to do that** il est suffisamment intelligent pour faire ça

**suffix** /ˈsʌfɪks/

**N** *[of word]* suffixe *m* • **these ships were all numbered with the suffix LBK** ces bateaux avaient tous un numéro suivi des trois lettres LBK

**VT** /sʌˈfɪks/ suffixer *(to* à*)*

**suffixal** /ˈsʌfɪksl/ **ADJ** *(Gram)* suffixal

**suffocate** /ˈsʌfəkeɪt/ SYN

**VI** suffoquer, étouffer ; *(with anger, indignation, surprise)* suffoquer *(with* de*)*

**VT** suffoquer, étouffer ; *[anger, indignation, surprise]* suffoquer • **he felt suffocated in that small town atmosphere** il étouffait dans cette atmosphère de petite ville

**suffocating** /ˈsʌfəkeɪtɪŋ/ **ADJ** **1** *(= asphyxiating) [heat, atmosphere]* étouffant, suffocant ; *[fumes]* asphyxiant, suffocant ; *[smell]* suffocant • **it's suffocating in here** on étouffe ici • **the room was suffocating** l'atmosphère de la pièce était étouffante *or* suffocante

**2** *(= oppressive) [atmosphere, regime, relationship, life]* étouffant ; *[respectability]* oppressant

**suffocation** /ˌsʌfəˈkeɪʃən/ **N** suffocation *f*, étouffement *m* ; *(Med)* asphyxie *f* • **to die from suffocation** mourir asphyxié

**Suffolk punch** /ˈsʌfək/ **N** *(= horse)* Suffolk *m*

**suffragan** /ˈsʌfrəgən/

**ADJ** suffragant

**N** • **suffragan (bishop)** (évêque *m*) suffragant *m*

**suffrage** /ˈsʌfrɪdʒ/ **N** **1** *(= franchise)* droit *m* de suffrage *or* de vote • **universal suffrage** suffrage *m* universel • **elected by universal suffrage** élu au suffrage universel

**2** *(frm = vote)* suffrage *m*, vote *m*

**suffragette** /ˌsʌfrəˈdʒet/ **N** suffragette *f* • **the Suffragette Movement** *(Hist)* le Mouvement des Suffragettes

**suffragist** /ˈsʌfrədʒɪst/ **N** partisan(e) *m(f)* du droit de vote pour les femmes

**suffuse** /səˈfjuːz/ SYN **VT** *[light]* baigner, se répandre sur ; *[emotion]* envahir • **the room was suffused with light** la pièce baignait dans une lumière douce • **suffused with red** rougi, empourpré

**suffusion** /səˈfjuːʒən/ **N** *(Med)* suffusion *f*

**Sufi** /ˈsuːfɪ/ **N** *(Rel)* soufi *m*

**Sufic** /ˈsuːfɪk/ **ADJ** *(Rel)* soufi, soufite

**Sufism** /ˈsuːfɪzəm/ **N** *(Rel)* soufisme *m*

**sugar** /ˈʃʊgəʳ/

**N** *(NonC)* sucre *m* • **come here sugar!** * viens ici chéri(e) ! • **sugar!** * *(euph)* mercredi ! * ; → **icing**

**VT** *[+ food, drink]* sucrer ; → **pill**

**COMP** **sugar almond** **N** ⇒ **sugared almond**
**sugar basin** **N** *(Brit)* sucrier *m*
**sugar beet** **N** betterave *f* sucrière *or* à sucre
**sugar bowl** **N** ⇒ **sugar basin**
**sugar candy** **N** *(Culin)* sucre *m* candi
**sugar cane** **N** canne *f* à sucre
**sugar-coat** **VT** *[+ pill]* dragéifier ; *(fig)* édulcorer
**sugar-coated** **ADJ** *(lit)* dragéifié ; *(fig = falsely pleasant)* doucereux, mielleux
**sugar cube** **N** morceau *m* de sucre
**sugar daddy** * **N** vieux protecteur *m*
**sugar diabetes** † * **N** diabète *m* sucré
**sugar-free** **ADJ** sans sucre
**sugar loaf** **N** pain *m* de sucre
**sugar lump** **N** ⇒ **sugar cube**
**sugar maple** **N** *(Can, US)* érable *m* à sucre
**sugar pea** **N** (pois *m*) mange-tout *m inv*
**sugar plantation** **N** plantation *f* de canne à sucre
**sugar refinery** **N** raffinerie *f* de sucre
**sugar shaker** **N** saupoudreuse *f*, sucrier *m* verseur
**sugar tongs** **NPL** pince *f* à sucre

**sugared** /ˈʃʊgəd/

**ADJ** *[food, drink]* sucré ; *[flowers etc]* en sucre

**COMP** **sugared almond** **N** dragée *f*

**sugarless** /ˈʃʊgəlɪs/ **ADJ** sans sucre

**sugarplum** /ˈʃʊgəplʌm/ **N** bonbon *m*, dragée *f*

**sugary** /ˈʃʊgərɪ/ **ADJ** **1** *[food, drink, taste]* sucré

**2** *(fig pej) [film, music, lyrics]* sirupeux ; *[person, voice, smile]* doucereux, mielleux

**suggest** /səˈdʒest/ LANGUAGE IN USE 1, 2.2 SYN **VT** **1** *(= propose)* suggérer, proposer *(sth to sb* qch à qn*)* ; *(pej = hint)* insinuer *(sth to sb* qch à qn*)* • **I suggest that we go to the museum** je suggère *or* je propose qu'on aille au musée • **he suggested that they went to London** il leur a suggéré *or* proposé d'aller à Londres • **I suggest you ask him** tu devrais lui demander • **I suggested taking her out to dinner** j'ai suggéré *or* proposé qu'on l'emmène au restaurant • **an idea suggested itself (to me)** une idée m'est venue à l'esprit • **what are you trying to suggest?** que voulez-vous dire par là ?, qu'insinuez-vous ? *(pej)* • **I suggest to you that...** *(esp Jur)* mon opinion est que...

**2** *(= imply) [facts, data, sb's actions]* laisser entendre *(that* que*)* ; *(= evoke)* évoquer, faire penser à • **what does that smell suggest to you?** à quoi cette odeur vous fait-elle penser ? • **the coins suggest a Roman settlement** les pièces de monnaie semblent indiquer l'existence d'un camp romain • **it doesn't exactly suggest a careful man** on ne peut pas dire que cela dénote un homme soigneux

> When it means 'imply' **suggest** is not translated by **suggérer**.

**suggestibility** /səˌdʒestɪˈbɪlɪtɪ/ **N** suggestibilité *f*

**suggestible** /səˈdʒestɪbl/ **ADJ** influençable ; *(Psych)* suggestible

**suggestion** /səˈdʒestʃən/ LANGUAGE IN USE 1.1 SYN

**N** **1** *(gen)* suggestion *f* ; *(= proposal)* suggestion *f*, proposition *f* ; *(= insinuation)* allusion *f*, insinuation *f* • **to make** *or* **offer a suggestion** faire une suggestion *or* une proposition • **if I may make a suggestion** si je peux me permettre de faire une suggestion • **have you any suggestions?** avez-vous quelque chose à suggérer ? • **my suggestion is that...** je suggère *or* je propose que... • **there is no suggestion of corruption** rien n'indique qu'il y ait eu corruption

**2** *(NonC: Psych etc)* suggestion *f* • **the power of suggestion** la force de suggestion

**3** *(= trace)* soupçon *m*, pointe *f*

**COMP** **suggestion(s) box** **N** boîte *f* à idées

**suggestive** /səˈdʒestɪv/ SYN **ADJ** **1** *(sexually) [remark, look, pose, clothing]* suggestif

**2** *(= reminiscent)* • **to be suggestive of sth** suggérer qch

**suggestively** /səˈdʒestɪvlɪ/ **ADV** *[move, dance]* de façon suggestive ; *[say]* d'un ton suggestif • **to wink suggestively** faire un clin d'œil suggestif

**suggestiveness** /səˈdʒestɪvnɪs/ **N** *(pej)* caractère *m* suggestif, suggestivité *f*

**suicidal** /ˌsʊɪˈsaɪdl/ **ADJ** **1** *[person, feelings, tendencies]* suicidaire • **he was not the suicidal type** il n'était pas du genre suicidaire *or* à se suicider • **I feel absolutely suicidal** j'ai vraiment envie de me tuer

**2** *(fig = ruinous) [act, decision, carelessness]* suicidaire • **it would be absolutely suicidal (to do that)!** ce serait complètement suicidaire *or* un véritable suicide (de faire ça) !

**suicide** /ˈsʊɪsaɪd/

**N** *(= act : lit, fig)* suicide *m* ; *(= person)* suicidé(e) *m(f)* • **there were two attempted suicides** il y a eu deux tentatives *fpl* de suicide, deux personnes ont tenté de se suicider • **such an act was political suicide** cet acte était un véritable suicide politique • **economically it would be suicide to do so** ce serait du suicide (du point de vue économique) ; → **attempt, commit**

**COMP** *[attack etc]* suicide *inv*
**suicide attempt, suicide bid** **N** tentative *f* de suicide
**suicide bomber** **N** auteur *m* d'un *(or* de l'*)*attentat-suicide, tueur-kamikaze *m*
**suicide bombing** **N** attentat *m* suicide
**suicide note** **N** lettre *f* de suicide
**suicide pact** **N** pacte *m* suicidaire

**suint** /ˈsuːɪnt/ **N** suint *m*

**suit** /suːt/ LANGUAGE IN USE 4, 7.4, 11.3, 19.2 SYN

**N** **1** *(tailored garment) (for man)* costume *m*, complet *m* ; *(for woman)* tailleur *m* ; *(non-tailored, also for children)* ensemble *m* ; *[of racing driver, astronaut]* combinaison *f* • **suit of clothes** tenue *f* • **suit of armour** armure *f* complète • **a suit of sails** *(on ship)* un jeu de voiles • **the men in (grey) suits** *(Brit)* les décideurs *mpl* ; → **lounge, trouser**

**2** *(frm = request)* requête *f*, pétition *f* ; *(liter : for marriage)* demande *f* en mariage ; → **press**

**3** *(Jur)* poursuite *f*, procès *m*, action *f* en justice • **to bring a suit** intenter un procès *(against sb* à qn*)*, engager des poursuites *(against sb* contre qn*)* • **criminal suit** action *f* pénale ; → **file²**, **lawsuit, party**

**4** *(Cards)* couleur *f* • **long** *or* **strong suit** couleur *f* longue ; *(fig)* fort *m* • **geography is not his strong suit** la géographie n'est pas son fort • **short suit** couleur *f* courte ; → **follow**

**5** *(* = business executive)* cadre sup * *m*

**VT** **1** *(= be convenient, satisfactory for) [arrangements, date, price, climate, food, occupation]* convenir à • **it doesn't suit me to leave now** cela ne m'arrange pas de partir maintenant • **I'll do it when it suits me** je le ferai quand ça m'arrangera • **such a step suited him perfectly** *or* **just suited his book** * une telle mesure lui convenait parfaitement *or* l'arrangeait parfaitement • **suit yourself!** * c'est comme vous voudrez !, faites comme vous voudrez *or* voulez ! • **suits me!** * ça me va !, ça me botte ! ‡ • **it suits me here** je suis bien ici • **that suits me down to the ground** * ça me va tout à fait

**2** (= be appropriate to) convenir à, aller à ◆ **the job doesn't suit him** l'emploi ne lui convient pas, ce n'est pas un travail fait pour lui ◆ **such behaviour hardly suits you** une telle conduite ne vous va guère or n'est guère digne de vous ◆ **the part suited him perfectly** (Theat) le rôle lui allait comme un gant or était fait pour lui ◆ **he is not suited to teaching** il n'est pas fait pour l'enseignement ◆ **the hall was not suited to such a meeting** la salle n'était pas faite pour or ne se prêtait guère à une telle réunion ◆ **it suits their needs** cela leur convient ◆ **they are well suited (to one another)** ils sont faits l'un pour l'autre, ils sont très bien assortis

**3** [garment, colour, hairstyle] aller à ◆ **it suits her beautifully** cela lui va à merveille

**4** (= adapt) adapter, approprier (sth to sth qch à qch) ◆ **to suit the action to the word** joindre le geste à la parole

**5** (= dress) ◆ **suited and booted** élégamment vêtu, bien mis *

**VI** faire l'affaire, convenir ◆ **will tomorrow suit?** est-ce que demain vous conviendrait or vous irait ?

**suitability** /ˌsuːtəˈbɪlɪtɪ/ SYN N [of action, remark, example, choice] à-propos m, pertinence f ; [of time, accommodation, clothes] caractère m approprié ◆ **I have doubts about his suitability (as captain of England)** je doute qu'il possède subj les qualités requises (pour être capitaine de l'équipe d'Angleterre) ◆ **his suitability (for the position) is not in doubt** le fait qu'il possède les qualités requises (pour ce poste) n'est pas mis en doute

**suitable** /ˈsuːtəbl/ SYN ADJ [place, time, action, clothes] approprié (for à) ; [remark, reply, example, choice] approprié (for à), pertinent ; [behaviour] convenable (for pour) ; [climate, job] qui convient (for à) ; [food, colour] qui convient (for à), approprié (for à) ; [size] qui va (for à) ; [donor, epitaph] approprié (for à) ◆ **it's not suitable** (gen) ça ne convient pas ◆ **an especially suitable form of exercise** une forme d'exercice particulièrement indiquée or appropriée ◆ **he is not at all a suitable person** ce n'est pas du tout quelqu'un comme lui qu'il faut ◆ **I can't find anything suitable** je ne trouve rien qui convienne or qui fasse l'affaire ◆ **a suitable caption for the illustration** une légende qui aille avec or qui convienne à l'illustration ◆ **the most suitable man for the job** l'homme le plus apte à occuper ce poste, l'homme le plus indiqué pour ce poste ◆ **these products are suitable for all skin types** ces produits conviennent à tous les types de peau ◆ **these flats are not suitable for families** ces appartements ne conviennent pas aux familles or ne sont pas vraiment appropriés pour les familles ◆ **the 25th is the most suitable for me** c'est le 25 qui m'arrange or me convient le mieux ◆ **the film isn't suitable for children** ce n'est pas un film pour les enfants

**suitably** /ˈsuːtəblɪ/ ADV [reply, thank, apologize] comme il convient, comme il se doit ; [behave] convenablement, comme il faut ; [equipped] comme il faut ◆ **I'm not suitably dressed for gardening** je ne suis pas habillé comme il faut pour jardiner ◆ **to be suitably qualified** posséder les compétences requises or qu'il faut ◆ **he was suitably impressed when I told him that...** il a été assez impressionné quand je lui ai dit que...

**suitcase** /ˈsuːtkeɪs/ N valise f ◆ **to live out of a suitcase** vivre sans jamais vraiment défaire ses bagages

**suite** /swiːt/ SYN N **1** (= furniture) mobilier m ; (= rooms : in hotel etc) appartement m, suite f ◆ **a dining-room suite** un mobilier or un ensemble de salle à manger, une salle à manger ; → **bedroom, bridal**

**2** (Mus) suite f

**3** (= retainers) suite f, escorte f

**suiting** /ˈsuːtɪŋ/ N (NonC = fabric) tissu m pour complet

**suitor** /ˈsuːtər/ SYN N soupirant m, prétendant m ; (Jur) plaideur m, -euse f ; (Comm) acquéreur m potentiel, repreneur m potentiel

**Sukkoth** /ˈsʊkəʊθ/ N (Rel) Soukkoth m

**Sulawesi** /ˌsuːləˈweɪsɪ/ N Sulawesi, les Célèbes fpl

**sulcation** /sɜːlˈkeɪʃən/ N sulcature f

**sulcus** /ˈsʌlkəs/ N (pl sulci /ˈsʌlsaɪ/) scissure f

**Suleiman** /ˌsuːlɪˈmɑːn/ N ◆ **Suleiman the Magnificent** Soliman or Suleyman le Magnifique

**sulfa** /ˈsʌlfə/ N (US) ⇒ **sulpha**

**sulfate** /ˈsʌlfeɪt/ N (US) ⇒ **sulphate**

**sulfide** /ˈsʌlfaɪd/ N (US) ⇒ **sulphide**

**sulfite** /ˈsʌlfaɪt/ N (US) ⇒ **sulphite**

**sulfonamide** /sʌlˈfɒnəmaɪd/ N (US) ⇒ **sulphonamide**

**sulfur** /ˈsʌlfər/ N (US) ⇒ **sulphur**

**sulfureous** /sʌlˈfjʊərɪəs/ ADJ (US) ⇒ **sulphureous**

**sulfuric** /sʌlˈfjʊərɪk/ ADJ (US) ⇒ **sulphuric**

**sulfurous** /ˈsʌlfərəs/ ADJ (US) ⇒ **sulphurous**

**sulk** /sʌlk/ SYN

**N** bouderie f, maussaderie f ◆ **to be in a sulk, to have (a fit of) the sulks** bouder, faire la tête

**VI** bouder, faire la tête

**sulkily** /ˈsʌlkɪlɪ/ ADV [behave, look, say] d'un air boudeur

**sulkiness** /ˈsʌlkɪnɪs/ N (= state) bouderie f ; (= temperament) caractère m boudeur or maussade

**sulky** /ˈsʌlkɪ/ SYN ADJ [person, voice, expression, silence] boudeur ◆ **to be** or **look sulky (about sth)** faire la tête (à propos de qch)

**sullen** /ˈsʌlən/ SYN ADJ [person, look, comment, silence, sky] maussade ; [clouds] menaçant

**sullenly** /ˈsʌlənlɪ/ ADV [say, reply] d'un ton maussade ; [look, stare] d'un air maussade or renfrogné ; [promise, agree] de mauvaise grâce ◆ **the sullenly resentful expression on her face** son air or son visage maussade et irrité ◆ **to be sullenly silent** être enfermé dans un silence maussade

**sullenness** /ˈsʌlənnɪs/ N [of person] humeur f maussade, maussaderie f ; [of attitude, voice, silence] maussaderie f ◆ **the sullenness of the sky/clouds** l'aspect menaçant du ciel/des nuages

**sully** /ˈsʌlɪ/ VT (liter) souiller ◆ **to sully one's hands with sth/by doing sth** se salir les mains avec qch/en faisant qch

**sulpha** /ˈsʌlfə/ N ◆ **sulpha drug** sulfamide m

**sulphadiazine** /ˌsʌlfəˈdaɪəziːn/ N (Chem) sulfadiazine f

**sulphate** /ˈsʌlfeɪt/ N sulfate m ◆ **copper sulphate** sulfate m de cuivre

**sulphide** /ˈsʌlfaɪd/ N sulfure m

**sulphite** /ˈsʌlfaɪt/ N (Chem) sulfite m

**sulphonamide** /sʌlˈfɒnəmaɪd/ N sulfamide m

**sulphone** /ˈsʌlfəʊn/ N sulfone f

**sulphonmethane** /ˌsʌlfɒnˈmiːθeɪn/ N (Med) sulfonéméthane m, sulfonalone f

**sulphur** /ˈsʌlfər/

**N** soufre m

**ADJ** (colour) (also **sulphur yellow**) jaune soufre inv

COMP **sulphur bath** N bain m sulfureux

**sulphur dioxide** N anhydride m sulfureux

**sulphur spring** N source f sulfureuse

**sulphurate** /ˈsʌlfjʊəreɪt/ VT (Chem, Agr) sulfurer

**sulphuration** /ˌsʌlfjʊəˈreɪʃən/ N (Chem) sulfuration f ; (Agr) sulfurage m

**sulphureous** /sʌlˈfjʊərɪəs/ ADJ sulfureux ; (in colour) couleur m de soufre, soufré

**sulphuret** /ˈsʌlfjʊˌret/ VT sulfurer

**sulphuric** /sʌlˈfjʊərɪk/

**ADJ** sulfurique

COMP **sulphuric acid** N acide m sulfurique

**sulphurization** /ˌsʌlfjʊəraɪˈzeɪʃən/ N (Chem) sulfuration f ; (Agr) sulfurage m

**sulphurize** /ˈsʌlfjʊəraɪz/ VT (Chem, Agr) sulfurer

**sulphurous** /ˈsʌlfərəs/ ADJ sulfureux

**sultan** /ˈsʌltən/ N sultan m

**sultana** /sʌlˈtɑːnə/

**N** **1** (esp Brit = fruit) raisin m de Smyrne

**2** (= woman) sultane f

COMP **sultana cake** N (esp Brit) cake m (aux raisins de Smyrne)

**sultanate** /ˈsʌltənɪt/ N sultanat m

**sultriness** /ˈsʌltrɪnɪs/ N (= heat) chaleur f étouffante ; [of weather] lourdeur f

**sultry** /ˈsʌltrɪ/ SYN ADJ **1** (= hot) [day] étouffant ; [weather, air] lourd ; [heat] lourd, suffocant ; [atmosphere] étouffant, pesant ◆ **it was hot and sultry** il faisait chaud et lourd

**2** (fig = sensual) [person, voice, look, smile] sensuel

**sum** /sʌm/ LANGUAGE IN USE 20.6 SYN

**N** (= total after addition) somme f, total m (of de) ; (= amount of money) somme f (d'argent) ; (Math = problem) calcul m, opération f ; (specifically adding) addition f ◆ **sums** (Scol = arithmetic) le calcul ◆ **to do a sum in one's head** faire un calcul mental or de tête ◆ **he is good at sums** il est bon en calcul ◆ **the sum of its parts** la somme de ses composants or parties ◆ **the sum of our experience** la somme de notre expérience ◆ **the sum and substance of what he said** les grandes lignes de ce qu'il a dit ◆ **in sum** en somme, somme f toute ; → **lump¹, round**

COMP **summing-up** N récapitulation f, résumé m (also Jur)

**sum total** N (= amount) somme f totale ; (= money) montant m (global) ◆ **the sum total of all this was that he...** le résultat de tout cela a été qu'il...

▶ **sum up**

**VI** récapituler, faire un or le résumé ; (Jur) résumer ◆ **to sum up, let me say that...** en résumé or pour récapituler je voudrais dire que...

**VT SEP** **1** (= summarize) [+ speech, facts, arguments] résumer, récapituler ; [+ book etc] résumer ◆ **that sums up all I felt** cela résume tout ce que je ressentais

**2** (= assess) [+ person] jauger, se faire une idée de ; [+ situation] apprécier d'un coup d'œil

**N** summing-up → **sum**

**sumac(h)** /ˈsuːmæk/ N sumac m

**Sumatra** /sʊˈmɑːtrə/ N Sumatra

**Sumatran** /sʊˈmɑːtrən/

**ADJ** de Sumatra

**N** habitant(e) m(f) or natif m, -ive f de Sumatra

**summa cum laude** /ˌsʊməkʊmˈlaʊdeɪ/ ADV (US Univ) ◆ **to graduate summa cum laude** ≈ obtenir son diplôme avec mention très honorable

**summarily** /ˈsʌmərɪlɪ/ SYN ADV sommairement

**summarize** /ˈsʌməraɪz/ SYN

**VT** [+ book, text, speech] résumer ; [+ facts, arguments] résumer, récapituler

**VI** faire un résumé

**summary** /ˈsʌmərɪ/ SYN

**N** **1** (NonC) résumé m, récapitulation f ◆ **in summary** en résumé

**2** (= printed matter, list etc) sommaire m, résumé m ; (Fin) [of accounts] relevé m ◆ **here is a summary of the news** (Rad, TV) voici les nouvelles fpl en bref

**ADJ** sommaire

**summat‡** /ˈsʌmət/ N (dial) ⇒ **something**

**summation** /sʌˈmeɪʃən/ N (= addition) addition f ; (= summing-up) récapitulation f, résumé m (also Jur)

**summative assessment** /ˈsʌmətɪv/ N (Brit Scol) évaluation f globale (d'un élève)

**summer** /ˈsʌmər/

**N** été m ◆ **in (the) summer** en été ◆ **in the summer of 1997** pendant l'été (de) 1997 ◆ **a girl of 17 summers** (liter) une jeune fille de 17 printemps ; → **high, Indian**

**VI** passer l'été

COMP [weather, heat, season, activities] d'été, estival ; [day, residence] d'été

**summer camp** N (US Scol) colonie f de vacances

**summer clothes** NPL vêtements mpl d'été, tenue f estivale or d'été

**summer holidays** NPL grandes vacances fpl

**summer house** N maison f de vacances ; (in country) maison f de campagne ; see also **summerhouse**

**summer lightning** N éclair m de chaleur

**summer pudding** N (Culin) dessert à base de pain et de compote de baies rouges

**summer resort** N station f estivale

**summer school** N université f d'été

**summer solstice** N solstice m d'été

**summer squash** N (US) courgette f

**summer time** N (Brit : by clock) heure f d'été

**summer visitor** N estivant(e) m(f)

**summerhouse** /ˈsʌməhaʊs/ N pavillon m d'été

**summertime** /ˈsʌmətaɪm/ N (= season) été m

**summery** /ˈsʌmərɪ/ ADJ [clothes] d'été, estival ; [colours, food] d'été ◆ **the summery weather** le temps estival

**summit** /ˈsʌmɪt/ SYN

**N** **1** [of mountain] sommet m, cime f

**2** (fig) [of power, honours, glory] sommet m ; [of ambition] summum m

**3** (Pol) sommet m ◆ **at summit level** au plus haut niveau

COMP (Pol) [talks] au sommet

**summit conference** N (conférence f au) sommet m

**summit meeting** N rencontre f au sommet

**summital** /ˈsʌmɪtl/ **ADJ** sommital

**summitry**\* /ˈsʌmɪtrɪ/ **N** (esp US Pol) tactique f de la rencontre au sommet

**summon** /ˈsʌmən/ SYN **VT** [+ servant, police] appeler, faire venir ; (to meeting) convoquer (to à) ; [monarch, president, prime minister] mander (to à) ; (Jur) citer, assigner (as comme) ; [+ help, reinforcements] requérir ◆ **the Queen summoned Parliament** la reine a convoqué le Parlement ◆ **to summon sb to do sth** sommer qn de faire qch ◆ **to summon sb to appear** (Jur) citer qn à comparaître, assigner qn ◆ **they summoned the town to surrender** (Mil) ils ont sommé la ville de or ils ont mis la ville en demeure de se rendre ◆ **I was summoned to his presence** j'ai été requis de paraître devant lui, il m'a mandé auprès de lui ◆ **to summon sb in/down** etc (Admin etc) sommer qn d'entrer/de descendre etc

▶ **summon up VT SEP** [+ one's energy, strength] rassembler, faire appel à ; [+ interest, enthusiasm] faire appel à ◆ **to summon up (one's) courage** faire appel à or rassembler tout son courage, s'armer de courage, prendre son courage à deux mains (to do sth pour faire qch) ◆ **he summoned up the courage to fight back** il a trouvé le courage de riposter

**summons** /ˈsʌmənz/
**N** (pl **summonses**) sommation f (also Mil), injonction f ; (Jur) citation f, assignation f ◆ **to take out a summons against sb** (Jur) faire assigner qn ◆ **he got a summons for drunken driving** il a reçu une citation à comparaître or une assignation pour conduite en état d'ivresse ◆ **they sent him a summons to surrender** (Mil) ils lui ont fait parvenir une sommation de se rendre ; → issue, serve

**VT** (Jur) citer, assigner (à comparaître) (for sth pour qch)

**sumo** /ˈsuːməʊ/
**N** sumo m
COMP **sumo wrestler N** sumotori m, lutteur m de sumo
**sumo wrestling N** (NonC) sumo m

**sump** /sʌmp/
**N** (Tech) puisard m (pour eaux-vannes etc) ; (Brit : in car) carter m ; (= deep cave) fosse f
COMP **sump oil N** (in car) huile f de carter

**sumptuary** /ˈsʌmptjʊərɪ/ **ADJ** (frm) somptuaire ◆ **sumptuary law** (Hist) loi f somptuaire

**sumptuous** /ˈsʌmptjʊəs/ SYN **ADJ** somptueux

**sumptuously** /ˈsʌmptjʊəslɪ/ **ADV** somptueusement

**sumptuousness** /ˈsʌmptjʊəsnɪs/ **N** somptuosité f

**sun** /sʌn/ SYN
**N** soleil m ◆ **the sun is shining** il fait (du) soleil, le soleil brille ◆ **in the sun** au soleil ◆ **right in the sun** en plein soleil ◆ **a place in the sun** (lit) un endroit ensoleillé or au soleil ; (fig) une place au soleil ◆ **this room certainly catches the sun** cette pièce reçoit beaucoup de soleil ◆ **to catch the sun** (= get a tan) prendre des bonnes couleurs ; (= get sunburned) prendre un coup de soleil ◆ **in the July sun** au soleil de juillet ◆ **come out of the sun** ne restez pas au soleil ◆ **the sun is in my eyes** j'ai le soleil dans les yeux ◆ **he rose with the sun** il se levait avec le soleil ◆ **everything under the sun** tout ce qu'il est possible d'imaginer ◆ **nothing under the sun** rien au monde ◆ **there's no prettier place under the sun** il n'est pas de plus joli coin au monde or sur la terre ◆ **no reason under the sun** pas la moindre raison ◆ **there is nothing new under the sun** il n'y a rien de nouveau sous le soleil ; → midnight

**VT** ◆ **to sun o.s.** [lizard, cat] se chauffer au soleil ; [person] prendre un bain de soleil, lézarder au soleil

COMP **sun bonnet N** capeline f
**sun-cured ADJ** (Culin) séché au soleil
**sun dance N** danse f du soleil (rituel du solstice chez les Indiens d'Amérique)
**sun deck N** [of house, hotel etc] véranda f ; [of ship] pont m supérieur
**sun-drenched ADJ** inondé de soleil
**sun dress N** robe f bain de soleil
**sun-filled ADJ** ensoleillé, rempli de soleil
**sun-god N** dieu m soleil or Soleil
**sun helmet N** casque m colonial
**sun hood N** [of camera] pare-soleil m
**the Sun King N** (Hist) le Roi-Soleil
**sun-kissed ADJ** baigné de soleil

**sun lamp N** lampe f à bronzer or à ultraviolets
**sun lotion N** ⇒ suntan lotion ; → suntan
**sun lounge N** véranda f ; (in health institution etc) solarium m
**sun-lounger N** chaise f longue (pour bronzer)
**sun oil N** ⇒ suntan oil ; → suntan
**sun porch N** petite véranda f
**sun-shield N** [of car] pare-soleil m inv
**sun umbrella N** parasol m
**sun visor N** (for eyes, on cap) visière f ; [of car] pare-soleil m inv
**sun-worship N** (Rel) culte m du soleil
**sun-worshipper N** (Rel) adorateur m, -trice f du soleil ; (gen) adepte mf or fanatique mf du bronzage

**Sun.** abbrev of **Sunday**

**sunbaked** /ˈsʌnbeɪkt/ **ADJ** brûlé par le soleil

**sunbath** /ˈsʌnbɑːθ/ **N** bain m de soleil

**sunbathe** /ˈsʌnbeɪð/ **VI** prendre un bain or des bains de soleil, se (faire) bronzer

**sunbather** /ˈsʌnbeɪðəʳ/ **N** personne f qui prend un bain de soleil

**sunbathing** /ˈsʌnbeɪðɪŋ/ **N** bains mpl de soleil

**sunbeam** /ˈsʌnbiːm/ **N** rayon m de soleil

**sunbed** /ˈsʌnˌbed/ **N** (with sunray lamp) lit m solaire ; (for outdoors) lit m pliant

**Sunbelt** /ˈsʌnbelt/ **N** (US) ◆ **the Sunbelt** les États du sud des États-Unis

SUNBELT

La « région du soleil » désigne les États du sud des États-Unis (de la Caroline du Nord à la Californie), caractérisés par un climat chaud et ensoleillé et qui connaissent, depuis quelque temps, un fort développement économique dû notamment aux mouvements migratoires en provenance du nord du pays. Les États du nord, par opposition, sont parfois appelés « Frostbelt » (région du gel) ou « Rustbelt » (région de la rouille) à cause de leurs vieilles infrastructures industrielles.

**sunbird** /ˈsʌnbɜːd/ **N** soui-manga m

**sunblind** /ˈsʌnblaɪnd/ **N** store m

**sunblock** /ˈsʌnblɒk/ **N** écran m (solaire) total

**sunburn** /ˈsʌnbɜːn/ **N** coup m de soleil

**sunburned** /ˈsʌnbɜːnd/, **sunburnt** /ˈsʌnbɜːnt/ **ADJ** (= tanned) bronzé, hâlé ; (painfully) brûlé par le soleil ◆ **to get sunburned** (= tan) (se faire) bronzer ; (painfully) prendre un coup de soleil

**sunburst** /ˈsʌnbɜːst/
**N** rayon m de soleil (entre les nuages)
COMP **sunburst clock N** horloge f en forme de soleil

**sundae** /ˈsʌndeɪ/ **N** sundae m, coupe f glacée Chantilly

**Sunday** /ˈsʌndɪ/
**N** ①dimanche m ; → Easter, month, palm² ; pour autres loc voir **Saturday**
② ◆ **the Sundays**\* (= Sunday papers) les journaux mpl du dimanche
COMP [clothes, paper] du dimanche ; [walk, rest, peace] dominical
**Sunday best N** ◆ **in one's Sunday best** tout endimanché, en habits du dimanche
**Sunday driver N** (pej) chauffeur m du dimanche
**Sunday-go-to-meeting**\* **ADJ** (US) [clothes] du dimanche
**Sunday motorist N** (pej) ⇒ **Sunday driver**
**Sunday observance N** observance f du repos dominical
**Sunday opening N** (Comm) ouverture f des magasins le dimanche, commerce m dominical
**Sunday papers NPL** journaux mpl du dimanche
**Sunday school N** ≈ catéchisme m
**Sunday school teacher N** ≈ catéchiste mf
**Sunday supplement N** (Press) supplément m dominical or du dimanche
**Sunday trading N** (Comm) ⇒ **Sunday opening** ◆ **Sunday trading laws** réglementation f du commerce dominical

SUNDAY PAPERS

Les journaux du dimanche occupent une place essentielle dans les activités dominicales des Britanniques, qui en achètent souvent plusieurs. Il s'agit soit de journaux paraissant uniquement le dimanche (« Observer » et « News of the World », par exemple), soit d'éditions du dimanche de quotidiens (« Sunday Times », « Sunday Telegraph », « Independent on Sunday », « Sunday Express », etc.). Un **Sunday paper** contient généralement des rubriques très variées sur les arts, les sports, les voyages ou les affaires, et s'accompagne d'un supplément magazine en couleurs.
Aux États-Unis, le plus grand journal du dimanche est l'édition dominicale du « New York Times », mais les Américains préfèrent généralement la presse locale à la presse nationale.

**sunder** /ˈsʌndəʳ/ (liter)
**VT** fractionner, scinder
**N** ◆ **in sunder** (= apart) écartés ; (= in pieces) en morceaux

**sundew** /ˈsʌndjuː/ **N** (= plant) rossolis m

**sundial** /ˈsʌndaɪəl/ **N** cadran m solaire

**sundog** /ˈsʌnˌdɒg/ **N** (= parhelion) parhélie f

**sundown** /ˈsʌndaʊn/ **N** (US) ⇒ sunset

**sundowner**\* /ˈsʌndaʊnəʳ/ **N** (Austral = tramp) chemineau m, clochard m ; (Brit = drink) boisson alcoolisée prise en début de soirée

**sundried** /ˌsʌnˈdraɪd/ **ADJ** séché au soleil

**sundry** /ˈsʌndrɪ/ SYN
**ADJ** divers ◆ **all and sundry** tout le monde
NPL **sundries** articles mpl divers

**sunfast** /ˈsʌnfɑːst/ **ADJ** (US) qui ne passe pas or qui résiste au soleil

**sunfish** /ˈsʌnfɪʃ/ **N** (pl inv) poisson m lune

**sunflower** /ˈsʌnˌflaʊəʳ/
**N** (= plant) tournesol m, soleil m ◆ **the Sunflower State** (US) le Kansas
COMP **sunflower oil N** huile f de tournesol
**sunflower seeds NPL** graines fpl de tournesol

**sung** /sʌŋ/ **VB** ptp of **sing**

**sunglasses** /ˈsʌnˌglɑːsɪz/ **NPL** lunettes fpl de soleil

**sunhat** /ˈsʌnhæt/ **N** chapeau m de soleil or de plage

**sunk** /sʌŋk/
**VB** ptp of **sink**¹
COMP **sunk costs NPL** (= fixed costs) frais mpl or coûts mpl fixes

**sunken** /ˈsʌŋkən/ SYN **ADJ** [ship, treasure] englouti ; [rock] submergé ; [garden, road] en contrebas ; [bath] encastré ; [eyes] enfoncé ; [cheeks] creux

**sunless** /ˈsʌnlɪs/ SYN **ADJ** sans soleil

**sunlight** /ˈsʌnlaɪt/ **N** (lumière f du) soleil m ◆ **in the sunlight** au soleil, à la lumière du soleil

**sunlit** /ˈsʌnlɪt/ **ADJ** ensoleillé

**Sunna** /ˈsʌnə/ **N** sunna f

**Sunni** /ˈsʌnɪ/
**N** (= religion) sunnisme m ; (= person) sunnite mf
**ADJ** sunnite

**sunny** /ˈsʌnɪ/ SYN
**ADJ** ①(= bright) [climate, room, morning] ensoleillé ; [side] (of street, building etc) exposé au soleil, ensoleillé ◆ **it's sunny today** il y a du soleil aujourd'hui ◆ **the outlook is sunny** on prévoit du soleil, on peut s'attendre à un temps ensoleillé ◆ **sunny intervals, sunny periods** (Brit Weather) éclaircies fpl
② (= cheerful) [smile] rayonnant, radieux ; [person] épanoui ; [personality] enjoué ◆ **to have a sunny disposition** avoir un naturel enjoué ◆ **to be in a sunny mood** être d'humeur enjouée ◆ **the sunny side of life** les bons côtés de la vie
COMP **sunny side up ADJ** (US Culin) ◆ **eggs sunny side up** œufs mpl sur le plat (frits sans avoir été retournés)

**sunray lamp** /ˈsʌnreɪlæmp/ **N** (Med) ⇒ sun lamp ; → sun

**sunray treatment** /ˈsʌnreɪˌtriːtmənt/ **N** héliothérapie f

**sunrise** /ˈsʌnraɪz/ SYN
**N** lever m de soleil ◆ **at sunrise** au lever du jour
COMP **sunrise industry N** industrie f en pleine expansion

**sunroof** /ˈsʌnruːf/ **N** [of car] toit m ouvrant

**sunscreen** /'sʌnskriːn/ N écran m solaire

**sunseeker** /'sʌnsiːkəʳ/ N amateur m de soleil

**sunset** /'sʌnset/ SYN
- N coucher m de soleil ◆ **at sunset** à la tombée de la nuit *or* du jour
- COMP **sunset clause** N (US Jur) clause f de révision
- **sunset industry** N industrie f en déclin
- **sunset law** N (US) loi stipulant que le vote approuvant la création d'un organisme gouvernemental doit être périodiquement reconduit pour que l'organisme continue d'exister

**sunshade** /'sʌnʃeɪd/ N (for eyes) visière f ; (for table, on pram) parasol m ; (in car) pare-soleil m inv ; (= parasol) ombrelle f

**sunshine** /'sʌnʃaɪn/
- N (NonC) (lumière f du) soleil m ◆ **in the sunshine** au soleil ◆ **five hours of sunshine** (in weather report) cinq heures d'ensoleillement ◆ **a ray of sunshine** (fig) (= person, event) un rayon de soleil ◆ **he's a real ray of sunshine today** (iro) il est gracieux comme une porte de prison aujourd'hui ◆ **hallo sunshine!**\* bonjour mon rayon de soleil !
- COMP **sunshine law** N (US) loi imposant la publicité des débats pour les décisions administratives
- **sunshine roof** N [of car] toit m ouvrant
- **the Sunshine State** N (US) la Floride

**sunspecs**\* /'sʌnspeks/ NPL ⇒ sunglasses

**sunspot** /'sʌnspɒt/ N tache f solaire

**sunstroke** /'sʌnstrəʊk/ N (NonC: Med) insolation f ◆ **to get sunstroke** attraper une insolation

**sunsuit** /'sʌnsuːt/ N bain m de soleil

**suntan** /'sʌntæn/
- N bronzage m ◆ **to get a suntan** se (faire) bronzer
- COMP **suntan lotion** N lotion f *or* lait m solaire
- **suntan oil** N huile f solaire

**suntanned** /'sʌntænd/ ADJ bronzé

**suntrap** /'sʌntræp/ N coin m très ensoleillé

**sunup** /'sʌnʌp/ N (US) ⇒ sunrise

**sup** /sʌp/
- VI souper (on, off de)
- VT (also **sup up**) boire *or* avaler à petites gorgées
- N petite gorgée f

**super** /'suːpəʳ/
- ADJ (esp Brit \*) super\*
- N 1 (Police) abbrev of **superintendent**
- 2 (Cine) abbrev of **supernumerary**
- 3 (US = gasoline) super(carburant) m
- COMP **Super Bowl** N (US Football) Super Bowl m (championnat de football américain)
- **super-class** N superclasse f
- **super-duper**\* ADJ formid\* inv, sensass\* inv
- **Super Tuesday** N (US Pol) super-mardi m (second mardi du mois de mars, date-clé des élections primaires)

**super...** /'suːpəʳ/ PREF super... ◆ **super-salesman** super-vendeur m ; see also **superannuate**

**superable** /'suːpərəbl/ ADJ surmontable

**superabundance** /ˌsuːpərə'bʌndəns/ N surabondance f

**superabundant** /ˌsuːpərə'bʌndənt/ ADJ surabondant

**superannuate** /ˌsuːpə'rænjʊeɪt/ VT mettre à la retraite ◆ **superannuated** retraité, à la *or* en retraite ; (fig) suranné, démodé

**superannuated** /ˌsuːpə'rænjʊeɪtɪd/ ADJ retraité, à la *or* en retraite ; (fig) suranné, démodé

**superannuation** /ˌsuːpəˌrænjʊ'eɪʃən/
- N (= act) (mise f à la) retraite f ; (Brit : pension) pension f de retraite ; (Brit : also **superannuation contribution**) versements mpl *or* cotisations fpl pour la pension
- COMP **superannuation fund** N (Brit) caisse f de retraite

**superb** /suː'pɜːb/ SYN ADJ [view, weather, day] superbe ; [quality, opportunity] merveilleux, exceptionnel ◆ **in superb condition** en excellent état

**superblock** /'suːpəblɒk/ N (US) zone urbaine aménagée en quartier piétonnier

**superbly** /suː'pɜːblɪ/ ADV superbement ◆ **they have done superbly well** ils ont superbement bien réussi ◆ **he is superbly fit** il est dans une forme (physique) éblouissante

**superbug** /'suːpəbʌg/ N bactérie f multirésistante

**supercargo** /ˌsuːpə'kɑːgəʊ/ N (= ship's officer) subrécargue m

**supercharged** /'suːpətʃɑːdʒd/ ADJ surcomprimé

**supercharger** /'suːpətʃɑːdʒəʳ/ N compresseur m

**superciliary** /ˌsuːpə'sɪlɪərɪ/ ADJ (Anat) sourcilier

**supercilious** /ˌsuːpə'sɪlɪəs/ SYN ADJ [person] hautain, dédaigneux ; [smile] dédaigneux

**superciliously** /ˌsuːpə'sɪlɪəslɪ/ ADV [look at] dédaigneusement, d'un air hautain ; [say] dédaigneusement, d'un ton hautain

**superciliousness** /ˌsuːpə'sɪlɪəsnɪs/ N hauteur f, arrogance f

**supercomputer** /ˌsuːpəkəm'pjuːtəʳ/ N supercalculateur m, superordinateur m

**superconductive** /ˌsuːpəkən'dʌktɪv/ ADJ supraconducteur

**superconductivity** /ˌsuːpəˌkɒndʌk'tɪvɪtɪ/ N supraconductivité f

**superconductor** /ˌsuːpəkən'dʌktəʳ/ N supraconducteur m

**supercool** /ˌsuːpə'kuːl/ VT (Chem) sous-refroidir

**supercover** /ˌsuːpə'kʌvəʳ/ N (Insurance) garantie f totale, couverture f complète

**superdense theory** /'suːpədens/ N (Astron) théorie f du big-bang

**superego** /ˌsuːpər'iːgəʊ/ N surmoi m

**supereminent** /ˌsuːpər'emɪnənt/ ADJ suréminent

**supererogation** /ˌsuːpərˌerə'geɪʃən/ N surérogation f

**supererogatory** /ˌsuːpərɪ'rɒgətərɪ/ ADJ surérogatoire

**superethanol** /ˌsuːpər'eθənɒl/ N superéthanol m

**superette** /ˌsuːpəret/ N (US) petit supermarché m, supérette f

**superfamily** /'suːpəˌfæmɪlɪ/ N superfamille f

**superfecundation** /ˌsuːpəˌfiːkən'deɪʃən/ N (Physiol) superfécondation f

**superfetation** /ˌsuːpəfiː'teɪʃən/ N (Bio) superfétation f

**superficial** /ˌsuːpə'fɪʃəl/ SYN ADJ superficiel

**superficiality** /ˌsuːpəˌfɪʃɪ'ælɪtɪ/ SYN N caractère m superficiel, manque m de profondeur

**superficially** /ˌsuːpə'fɪʃəlɪ/ SYN ADV [discuss, examine] superficiellement ; [attractive] en apparence

**superficies** /ˌsuːpə'fɪʃɪiːz/ N (pl inv) superficie f

**superfine** /ˌsuːpə'faɪn/ ADJ [goods, quality] extra-fin, superfin, surfin ; (pej) [distinction] trop ténu, bien mince

**superfluid** /ˌsuːpə'fluːɪd/ N (Phys) superfluide m

**superfluidity** /ˌsuːpəfluː'ɪdɪtɪ/ N superfluidité f

**superfluity** /ˌsuːpə'fluːɪtɪ/ N 1 surabondance f (of de)
2 ⇒ superfluousness

**superfluous** /suː'pɜːfluəs/ SYN ADJ [goods, explanation] superflu ◆ **it is superfluous to say that...** inutile de dire que... ◆ **he felt rather superfluous**\* il se sentait de trop

**superfluously** /suː'pɜːfluəslɪ/ ADV d'une manière superflue

**superfluousness** /suː'pɜːfluəsnɪs/ N caractère m superflu

**supergiant** /ˌsuːpə'dʒaɪənt/ N (Astron) supergéante f

**superglue** /'suːpəgluː/ N colle f extra-forte

**supergrass**\* /'suːpəgrɑːs/ N (Brit) super-indicateur m de police

**supergroup** /ˌsuːpəgruːp/ N (Mus) supergroupe m

**superheat** /ˌsuːpə'hiːt/ VT surchauffer

**superheater** /ˌsuːpə'hiːtəʳ/ N surchauffeur m

**superhero** /ˌsuːpə'hɪərəʊ/ N super-héros m

**superheterodyne receiver** /ˌsuːpə'hetərədaɪn/ N (Rad) (récepteur m) superhétérodyne m

**superhigh frequency** /ˌsuːpəhaɪ/ N ondes fpl centimétriques, SHF f

**superhighway** /ˌsuːpə'haɪweɪ/ N (US) voie f express (à plusieurs files) → ROADS ; → **information**

**superhuman** /ˌsuːpə'hjuːmən/ SYN
- ADJ surhumain
- N surhomme m

**superhumanity** /ˌsuːpəhjuː'mænɪtɪ/ N surhumanité f

**superimpose** /ˌsuːpərɪm'pəʊz/ VT superposer (on à) ◆ **superimposed** (Cine, Phot, Typography) en surimpression

**superimposed** /ˌsuːpərɪm'pəʊzd/ ADJ (Cine, Phot, Typ) en surimpression

**superintend** /ˌsuːpərɪn'tend/ SYN VT superviser ; [+ exam] surveiller

**superintendence** /ˌsuːpərɪn'tendəns/ SYN N (NonC) [of activity] contrôle m ; [of child, prisoner] surveillance f ◆ **under the superintendence of sb** sous la surveillance de qn

**superintendent** /ˌsuːpərɪn'tendənt/ SYN N 1 [of institution, orphanage] directeur m, -trice f ; [of department] chef m
2 (Brit) (also **police superintendent, superintendent of police**) ≈ commissaire m (de police)

**Superior** /sʊ'pɪərɪəʳ/ ADJ ◆ **Lake Superior** le lac Supérieur

**superior** /sʊ'pɪərɪəʳ/ LANGUAGE IN USE 5.2 SYN
- ADJ 1 (= better) supérieur (-eure f) (to à) ◆ **superior in number to...** supérieur en nombre à..., numériquement supérieur à... ◆ **in superior numbers** en plus grand nombre, plus nombreux ◆ **the vastly superior numbers of the enemy** les effectifs largement supérieurs de l'ennemi
- 2 (= high-quality) [product, goods] de qualité supérieure ◆ **a very superior model** un modèle très supérieur
- 3 (pej = supercilious) [person] hautain, dédaigneux ; [air, smile] supérieur (-eure f), de supériorité ◆ **to feel superior** se sentir supérieur
- 4 (in hierarchy) supérieur (to à) ◆ **his superior officer** l'officier qui lui était supérieur ; → **mother**
- 5 (Anat) [limb] supérieur (-eure f)
- 6 (Typography) [letter, number] en exposant, supérieur (-eure f)
- N supérieur(e) m(f)
- COMP **superior court** N (US Jur) juridiction intermédiaire

**superiority** /sʊˌpɪərɪ'ɒrɪtɪ/ SYN
- N supériorité f (to, over par rapport à)
- COMP **superiority complex** N complexe m de supériorité

**superjacent** /ˌsuːpə'dʒeɪsənt/ ADJ sus-jacent

**superjumbo** /ˌsuːpə'dʒʌmbəʊ/ N (= plane) superjumbo m, très gros porteur m

**superlative** /suː'pɜːlətɪv/ SYN
- ADJ 1 (= excellent) [artist, quality, achievement] exceptionnel, extraordinaire
- 2 (Gram) superlatif
- N (Gram) superlatif m ◆ **in the superlative** au superlatif ◆ **he tends to talk in superlatives** il a tendance à exagérer

**superlatively** /suː'pɜːlətɪvlɪ/ ADV [play, perform] de façon extraordinaire ; [rich, well] extraordinairement

**superman** /'suːpəmæn/ N (pl **-men**) surhomme m ◆ **Superman** (on TV etc) Superman m

**supermarket** /'suːpəˌmɑːkɪt/ N supermarché m

**supermen** /'suːpəmen/ NPL of **superman**

**supermini** /'suːpəmɪnɪ/ N (= car) supermini f

**supermodel** /'suːpəmɒdl/ N top model m

**supernal** /suː'pɜːnəl/ ADJ (liter) céleste, divin

**supernatural** /ˌsuːpə'nætʃərəl/ SYN
- ADJ surnaturel
- N surnaturel m

**supernormal** /ˌsuːpə'nɔːməl/ ADJ au-dessus de la normale

**supernova** /ˌsuːpə'nəʊvə/ N (pl **supernovae** /ˌsuːpə'nəʊviː/) (Astron) supernova f

**supernumerary** /ˌsuːpə'njuːmərərɪ/
- ADJ (Admin, Bio etc) surnuméraire ; (= superfluous) superflu
- N (Admin etc) surnuméraire mf ; (Cine) figurant(e) m(f)

**superorder** /ˌsuːpər'ɔːdəʳ/ N superordre m

**superordinate** /ˌsuːpər'ɔːdənət/
- ADJ dominant, supérieur
- N (Ling) terme m générique

**superphosphate** /ˌsuːpə'fɒsfeɪt/ N superphosphate m

**superpose** /ˌsuːpə'pəʊz/ VT (also Geom) superposer (on à)

**superposition** /ˌsuːpəpə'zɪʃən/ N superposition f

**superpower** /'suːpəˌpaʊəʳ/ N (Pol) superpuissance f, supergrand m

**supersaturated** /ˌsuːpəˈsætʃəreɪtɪd/ ADJ (*Chem*) sursaturé

**supersaturation** /ˈ"suːpə"sætʃəˈreɪʃən/ N sursaturation *f*

**superscript** /ˈsuːpəˌskrɪpt/ (*Typography*)
ADJ en exposant
N exposant *m*

**superscription** /ˌsuːpəˈskrɪpʃən/ N suscription *f*

**supersede** /ˌsuːpəˈsiːd/ VT [*+ belief, object, order*] remplacer ; [*+ person*] supplanter, prendre la place de ◆ **this edition supersedes previous ones** cette édition remplace et annule les précédentes ◆ **superseded idea/method** idée *f*/méthode *f* périmée

**supersensitive** /ˌsuːpəˈsensɪtɪv/ ADJ hypersensible

**supersize** /ˈsuːpəˌsaɪz/, **supersized** /ˈsuːpəˌsaɪzd/ ADJ [*portion, order*] géant

**supersonic** /ˌsuːpəˈsɒnɪk/ ADJ [*aircraft, vehicle, speed*] supersonique ; [*flight, travel*] en avion supersonique

**supersonically** /ˌsuːpəˈsɒnɪkəlɪ/ ADV en supersonique

**superstar** /ˈsuːpəstɑːʳ/ N superstar *f*

**superstate** /ˈsuːpəsteɪt/ N (*pej*) super-État *m*

**superstition** /ˌsuːpəˈstɪʃən/ N superstition *f*

**superstitious** /ˌsuːpəˈstɪʃəs/ ADJ superstitieux ◆ **to be superstitious about walking under ladders** éviter de passer sous les échelles par superstition

**superstitiously** /ˌsuːpəˈstɪʃəslɪ/ ADV superstitieusement

**superstore** /ˈsuːpəstɔːʳ/ N (*esp Brit*) hypermarché *m*

**superstratum** /ˌsuːpəˈstrɑːtəm/ N (pl **superstratums** *or* **superstrata** /ˌsupəˈstrɑːtə/) (*Ling*) superstrat *m*

**superstructure** /ˈsuːpəˌstrʌktʃəʳ/ N superstructure *f*

**supertanker** /ˈsuːpəˌtæŋkəʳ/ N pétrolier *m* géant, supertanker *m*

**supertax** /ˈsuːpətæks/ N tranche *f* supérieure de l'impôt sur le revenu

**supervene** /ˌsuːpəˈviːn/ VI survenir

**supervention** /ˌsuːpəˈvenʃən/ N apparition *f*, manifestation *f*

**supervise** /ˈsuːpəvaɪz/ SYN
VT [*+ work*] superviser ; [*+ exam*] surveiller ; [*+ research*] diriger ◆ **UN-supervised elections** des élections supervisées par l'ONU ◆ **the children were not adequately supervised** les enfants étaient mal encadrés ◆ **we offer supervised activities for children** nous proposons des activités surveillées *or* encadrées pour les enfants ◆ **supervised play area** espace *m* de jeu surveillé
VI (*at work*) superviser ; (*at school*) surveiller

**supervision** /ˌsuːpəˈvɪʒən/ SYN
N (*= watch*) surveillance *f* ; (*= monitoring*) supervision *f*, contrôle *m* ; (*= management*) direction *f* ◆ **under the supervision of...** sous la surveillance *or* direction de... ◆ **to keep sth under strict supervision** exercer une surveillance *or* un contrôle sévère sur qch
COMP **supervision order** N (*Brit Jur*) ordonnance *f* de surveillance

**supervisor** /ˈsuːpəvaɪzəʳ/ SYN N (*gen*) surveillant(e) *m(f)* ; (*Comm*) chef *m* de rayon ; (*at exam*) surveillant(e) *m(f)* ; (*Univ*) directeur *m*, -trice *f or* patron *m* de thèse

**supervisory** /ˈsuːpəvaɪzərɪ/ SYN ADJ [*post, role, powers, body*] de surveillance ◆ **supervisory staff** personnel *m* chargé de la surveillance ◆ **in a supervisory capacity** à titre de surveillant(e)

**superwoman** /ˈsuːpəˌwʊmən/ N (pl **-women**) superwoman *f*

**supination** /ˌsuːpɪˈneɪʃən/ N supination *f*

**supinator** /ˈsuːpɪˌneɪtəʳ/ N (*Anat*) supinateur *m*

**supine** /ˈsuːpaɪn/ ADJ (*liter*) 1 (*lit = prostrate*) (also **lying supine**, )(also **in a supine position**) allongé sur le dos
2 (*pej = passive*) [*person, attitude*] mollasse (*pej*)

**supper** /ˈsʌpəʳ/
N (*= main evening meal*) dîner *m* ; (*after theatre etc*) souper *m* ; (*= snack*) collation *f* ◆ **to have supper** dîner (*or* souper *etc*) ◆ **we made him sing for his supper** (*fig*) nous l'avons aidé *etc*, mais c'était donnant donnant ; → **lord**
COMP **supper club** N (*US*) petit restaurant nocturne, avec danse et éventuellement spectacle

**suppertime** /ˈsʌpətaɪm/ N l'heure *f* du dîner (*or* du souper *etc*) ◆ **at suppertime** au dîner (*or* souper *etc*)

**supplant** /səˈplɑːnt/ SYN VT [*+ person*] supplanter, évincer ; [*+ object*] supplanter, remplacer

**supple** /ˈsʌpl/ SYN ADJ (*lit, fig*) souple ◆ **to become suppler** s'assouplir

**supplement** /ˈsʌplɪmənt/ SYN
N (*also Press*) supplément *m* (*to* à) ; → **colour**
VT /ˈsʌplɪˌment/ [*+ income*] augmenter, arrondir (*by doing sth* en faisant qch) ; [*+ book, information, one's knowledge*] ajouter à, compléter

**supplemental** /ˌsʌplɪˈmentəl/ ADJ (*esp US*) supplémentaire

**supplementary** /ˌsʌplɪˈmentərɪ/ SYN
ADJ (*gen, Geom, Mus*) supplémentaire ; [*food, vitamins*] complémentaire ◆ **you may need supplementary iron** vous pourriez avoir besoin d'un complément de fer ◆ **supplementary to** en plus de
COMP **supplementary benefit** N (*NonC: Brit Admin: formerly*) allocation *f* supplémentaire
**supplementary question** N (*Brit Parl*) question *f* orale
**supplementary scheme** N (*Jur*) régime *m* complémentaire

**suppleness** /ˈsʌplnɪs/ N souplesse *f*

**suppletion** /səˈpliːʃən/ N (*Ling*) suppléance *f*

**suppletive** /səˈpliːtɪv/ ADJ (*Ling*) supplétif

**suppliant** /ˈsʌplɪənt/ SYN, **supplicant** /ˈsʌplɪkənt/ ADJ, N suppliant(e) *m(f)*

**supplicate** /ˈsʌplɪkeɪt/
VT supplier, implorer (*sb to do sth* qn de faire qch) ; [*+ mercy etc*] implorer (*from sb* de qn)
VI ◆ **to supplicate for sth** implorer qch

**supplication** /ˌsʌplɪˈkeɪʃən/ SYN N supplication *f* ; (*written*) supplique *f* ◆ **to kneel in supplication** supplier à genoux

**supplier** /səˈplaɪəʳ/ N fournisseur *m*

**supply**[1] /səˈplaɪ/
N 1 (*= amount, stock*) provision *f*, réserve *f* ◆ **a good supply of coal** une bonne provision *or* réserve de charbon ◆ **to get** *or* **lay in a supply of...** faire des provisions de..., s'approvisionner de... ◆ **to get in a fresh supply of sth** renouveler sa provision *or* sa réserve de qch ◆ **supplies** (*gen*) provisions *fpl* , réserves *fpl* ; (*= food*) vivres *mpl* ; (*Mil*) subsistances *fpl* , approvisionnements *mpl* ◆ **electrical supplies** matériel *m* électrique ◆ **office supplies** fournitures *fpl or* matériel de bureau
2 (*NonC*) (*= act of supplying*) [*of fuel etc*] alimentation *f* ; [*of equipment, books etc*] fourniture *f* ◆ **the supply of fuel to the engine** l'alimentation du moteur en combustible ◆ **the electricity/gas supply** l'alimentation en électricité/gaz ◆ **supply and demand** (*Econ*) l'offre *f* et la demande ◆ **Ministry of Supply** (*Brit*) ≈ services *mpl* de l'Intendance ; → **short, water**
3 (*person = temporary substitute*) remplaçant(e) *m(f)*, suppléant(e) *m(f)* ◆ **to teach** *or* **be on supply** faire des suppléances *or* des remplacements
4 (*Parl*) ◆ **supplies** crédits *mpl*
VT 1 (*= provide, furnish*) [*+ tools, books, goods*] fournir, procurer (*to sb* à qn) ; (*Comm*) fournir, approvisionner ; (*= equip*) [*+ person, city*] fournir, approvisionner (*with sth* en *or* de qch) ; (*Mil: with provisions*) ravitailler, approvisionner ◆ **we supply most of the local schools** (*Comm*) nous fournissons *or* nous approvisionnons la plupart des écoles locales ◆ **to supply from stock** (*Comm*) livrer sur stock ◆ **sheep supply wool** les moutons donnent de la laine ◆ **we supply the tools for the job** nous fournissons *or* nous procurons les outils nécessaires pour faire le travail ◆ **to supply electricity/gas/water to the town** alimenter la ville en électricité/gaz/eau ◆ **to supply sb with food** nourrir *or* alimenter qn ◆ **they kept us supplied with milk** grâce à eux nous n'avons jamais manqué de lait ◆ **the car was supplied with a radio** la voiture était munie *or* pourvue d'une radio ◆ **a battery is not supplied with the torch** la lampe de poche est livrée sans pile ◆ **to supply sb with information/details** fournir des renseignements/des détails à qn
2 (*= make good*) [*+ need, deficiency*] suppléer à, remédier à ; [*+ sb's needs*] subvenir à ; [*+ loss*] réparer, compenser
COMP [*train, wagon, truck, convoy*] de ravitaillement, ravitailleur ; [*pharmacist etc*] intérimaire
**supply chain** N chaîne *f* logistique
**supply line** N voie *f* de ravitaillement
**supply management** N (*Econ*) régulation *f* de l'offre
**supply ship** N navire *m* ravitailleur
**supply-side economics** NPL théorie *f* de l'offre
**supply teacher** N (*Brit*) suppléant(e) *m(f)*

**supply**[2] /ˈsʌplɪ/ SYN ADV [*move, bend*] avec souplesse, souplement

**support** /səˈpɔːt/ LANGUAGE IN USE 11.2, 13, 26.2 SYN
N 1 (*NonC: lit, fig*) appui *m*, soutien *m* ; (*financial*) aide *f* (financière) ◆ **he couldn't stand without support** il ne pouvait pas se soutenir (sur ses jambes) ◆ **he leaned on me for support** il s'est appuyé sur moi ◆ **to give support to sb/sth** soutenir qn/qch ◆ **this bra gives good support** ce soutien-gorge maintient bien la poitrine ◆ **he depends on his father for (financial) support** il dépend financièrement de son père ◆ **he has no visible means of support** (*financial*) il n'a pas de moyens d'existence connus ◆ **what means of support has he got?** quelles sont ses ressources ? ◆ **he looked to his friends for support** il a cherché un soutien *or* un appui auprès de ses amis ◆ **he needs all the support he can get** il a bien besoin de tout l'appui qu'on pourra lui donner ◆ **he got a lot of support from his friends** ses amis l'ont vraiment soutenu *or* appuyé ◆ **the proposal got no support** personne n'a parlé en faveur de la proposition ◆ **have I your support in this?** est-ce que je peux compter sur votre appui *or* soutien en la matière ? ◆ **to give** *or* **lend one's support to...** prêter son appui à... ◆ **that lends support to his theory** ceci corrobore *or* vient corroborer sa théorie ◆ **they stopped work in support** ils ont cessé le travail par solidarité ; → **moral**
♦ **in support of** ◆ **he spoke in support of the motion** il a parlé en faveur de la motion ◆ **in support of his theory/claim** à l'appui de sa théorie/revendication ◆ **they demonstrated in support of the prisoners** ils ont manifesté en faveur des prisonniers, ils ont fait une manifestation de soutien aux prisonniers ◆ **a collection in support of the accident victims** une quête au profit des victimes de l'accident
2 (*= object*) (*gen*) appui *m* ; (*Constr, Tech*) support *m*, soutien *m* ; (*fig : moral, financial etc*) soutien *m* ; (*US Econ = subsidy*) subvention *f* ◆ **use the stool as a support for your foot** prenez le tabouret comme appui pour votre pied ◆ **he is the sole (financial) support of his family** il est le seul soutien (financier) de sa famille ◆ **he has been a great support to me** il a été pour moi un soutien précieux
3 → **support act**
VT 1 (*= hold up*) [*pillar, beam*] supporter, soutenir ; [*bridge*] porter ; [*person, neck*] soutenir ◆ **the elements necessary to support life** les éléments nécessaires à l'entretien de la vie, les éléments vitaux
2 (*= uphold*) [*+ motion, cause, party, candidate*] (*passively*) être pour ; (*actively*) soutenir ; [*+ sb's application, action, protest*] soutenir, appuyer ; [*+ team*] être supporter de, supporter* ◆ **with only his courage to support him** avec son seul courage comme soutien, n'ayant de soutien que son courage ◆ **his friends supported him in his refusal to obey** ses amis l'ont soutenu *or* ont pris son parti lorsqu'il a refusé d'obéir ◆ **the socialists will support it** les socialistes seront *or* voteront pour ◆ **I cannot support what you are doing** je ne peux pas approuver ce que vous faites ◆ **supported by a cast of thousands** (*Cine, Theat*) avec le concours de milliers d'acteurs et figurants ◆ **the proofs that support my case** les preuves à l'appui de ma cause ◆ **a subsidy to support the price of beef** une subvention pour maintenir le prix du bœuf ◆ **he supports Celtic** (*Football*) c'est un supporter du Celtic, il supporte* le Celtic
3 (*= bear out, prove*) [*+ hypothesis, view, claim*] conforter ◆ **this research supports the hypothesis/the idea that...** cette recherche conforte l'hypothèse/l'idée selon laquelle...
4 (*financially*) subvenir aux besoins de ◆ **she has a husband and three children to support** elle doit subvenir aux besoins de son mari et de ses trois enfants ◆ **to support o.s.** (*gen*) subvenir à ses propres besoins ; (*= earn one's living*) gagner sa vie ◆ **the school is supported by money from...** l'école reçoit une aide financière de...
5 (*= endure*) supporter, tolérer
COMP (*Mil etc*) [*troops, convoy, vessel*] de soutien

**support act** N (Mus) groupe m (or chanteur m, -euse f) en première partie or en vedette américaine ◆ **who was the support act?** qui était en première partie ?

**support band** N (Mus) groupe m en première partie (d'un concert)or en vedette américaine ◆ **who were the support band?** qui était en première partie ?

**support buying** N (Comm) achats mpl de soutien

**support group** N groupe m d'entraide

**support hose** N (pl inv) bas mpl (or collants mpl) de contention or antifatigue

**support mechanism** N mécanisme m de soutien

**support price** N (Econ) prix m de soutien

**support stockings** NPL bas mpl de contention or antifatigue

**supportable** /sə'pɔːtəbl/ ADJ supportable, tolérable

**supporter** /sə'pɔːtəʳ/ SYN N ⟨1⟩ (Constr, Tech) soutien m, support m ; (Heraldry) tenant m
⟨2⟩ (= person) [of party] sympathisant(e) m(f) ; [of theory, cause, opinion] partisan m ◆ **she's a supporter of...** elle soutient..., elle est pour... ; (Sport) supporter m ◆ **football supporters** supporters mpl de football

**supporting** /sə'pɔːtɪŋ/
ADJ ⟨1⟩ (= corroborating) [document] de confirmation ◆ **supporting evidence** preuves fpl à l'appui
⟨2⟩ (Cine, Theat) [role, part] second before noun ◆ **supporting actor** (acteur m qui a un) second rôle m ◆ **she won an Oscar for Best Supporting Actress** elle a reçu l'Oscar du meilleur second rôle féminin ◆ **the supporting cast** les seconds rôles mpl ◆ **to be in the supporting cast** avoir un second rôle
⟨3⟩ (Constr) [wall] de soutènement, porteur ; → **self**
COMP **supporting film** N (Cine) film m qui passe en première partie

**supportive** /sə'pɔːtɪv/ ADJ [role] de soutien ; [relationship] d'un grand soutien or secours ◆ **she has a very supportive family** sa famille lui est d'un grand soutien ◆ **to provide a supportive environment for sb** créer autour de qn un environnement favorable ◆ **my father was very supportive of the idea** mon père soutenait tout à fait cette idée

**supportively** /sə'pɔːtɪvlɪ/ ADV [act, behave] de façon très positive

**supportiveness** /sə'pɔːtɪvnɪs/ N soutien m, aide f

**suppose** /sə'pəʊz/ LANGUAGE IN USE 6.2, 26.3 SYN
VT ⟨1⟩ (= imagine) supposer (that que + subj) ; (= assume, postulate) supposer (that que + indic) ◆ **suppose he doesn't come? – he will -- yes but just suppose!** et s'il ne vient pas ? – il viendra --oui, mais à supposer qu'il ne vienne pas or oui, mais au cas où il ne viendrait pas ? ◆ **if we suppose that the two are identical** si nous supposons que les deux sont identiques ◆ **suppose A equals B** (Math) soit A égale B ◆ **suppose ABC a triangle** soit un triangle ABC
⟨2⟩ (= believe) croire ; (= think) penser (that que) ◆ **what do you suppose he meant?** à votre avis que peut-il bien vouloir ? ◆ **I went in, and who do you suppose was there?** je suis entré et devine qui se trouvait là ? ◆ **he is (generally) supposed to be rich, it is (generally) supposed that he is rich** il passe pour être riche, on dit qu'il est riche ◆ **I never supposed him (to be) a hero** je n'ai jamais pensé or imaginé qu'il fût un héros ◆ **I don't suppose he'll agree, I suppose he won't agree** cela m'étonnerait qu'il soit d'accord, je ne pense pas qu'il sera d'accord, je suppose qu'il ne sera pas d'accord ◆ **I suppose so** probablement, je suppose que oui ◆ **I suppose not, I suppose not** je ne (le) pense or crois pas, probablement pas ◆ **do you suppose we could get together for dinner some evening?** accepteriez-vous de dîner avec moi un soir ?, pensez-vous que nous pourrions dîner ensemble un soir ? ◆ **wouldn't you suppose he'd be sorry?** n'auriez-vous pas pensé qu'il le regretterait ?

◆ **to be supposed to do sth** être censé faire qch ◆ **she was supposed to telephone this morning** elle était censée or elle devait téléphoner ce matin ◆ **he isn't supposed to know** il n'est pas censé le savoir ◆ **you're not supposed to do that** il ne vous est pas permis de faire cela ◆ **what's that supposed to mean?** qu'est-ce que tu veux dire par là

⟨3⟩ (in suggestions) ◆ **suppose we go for a walk?** et si nous allions nous promener ? ◆ **suppose I tell him myself?** et si c'était moi qui le lui disais ?

◆ **supposing...** (hypothesis) si + indic, à supposer que + subj, supposé que + subj ◆ **supposing he can't do it?** et s'il ne peut pas le faire ?, et à supposer or et supposé qu'il ne puisse le faire ? ◆ **even supposing that...** à supposer même que... + subj ◆ **always supposing that...** en supposant que... + subj, en admettant que... + subj

⟨4⟩ (= presuppose) supposer ◆ **that supposes unlimited resources** cela suppose des ressources illimitées

VI ◆ **you'll come, I suppose?** vous viendrez, j'imagine or je suppose ? ◆ **don't spend your time supposing, do something!** ne passe pas ton temps à faire des suppositions, fais quelque chose !

**supposed** /sə'pəʊzd/ SYN ADJ ⟨1⟩ (= so-called) prétendu, soi-disant inv ◆ **the supposed benefits of an expensive education** les prétendus avantages d'une éducation coûteuse
⟨2⟩ (= presumed) supposé ; see also **suppose**

**supposedly** /sə'pəʊzɪdlɪ/ SYN ADV soi-disant ◆ **he had supposedly gone to France** il était soi-disant allé en France ◆ **supposedly safe chemicals** des produits chimiques soi-disant sans danger ◆ **did he go? – supposedly!** est-ce qu'il y est allé ? – soi-disant ! ◆ **supposedly, his last words were...** ses dernières paroles auraient été...

**supposing** /sə'pəʊzɪŋ/ CONJ → **suppose** vt 3

**supposition** /ˌsʌpə'zɪʃən/ SYN N supposition f, hypothèse f ◆ **that is pure supposition** c'est une pure supposition ◆ **on the supposition that...** à supposer que... + subj, dans la supposition que... + subj ◆ **on this supposition** dans cette hypothèse

**suppositional** /ˌsʌpə'zɪʃənəl/, **suppositious** /ˌsʌpə'zɪʃəs/ ADJ hypothétique

**supposititious** /səˌpɒzɪ'tɪʃəs/ ADJ supposé, faux (fausse f), apocryphe

**suppository** /sə'pɒzɪtərɪ/ N suppositoire m

**suppress** /sə'pres/ SYN VT [+ abuse, crime] supprimer, mettre fin à ; [+ revolt] réprimer, étouffer ; [+ one's feelings] réprimer, refouler ; [+ yawn] réprimer ; [+ scandal, facts, truth] étouffer ; [+ newspaper, publication] interdire ; [+ evidence] faire disparaître, supprimer ; (Psych) refouler ; (Med) [+ symptoms] supprimer ; (Elec, Rad etc) antiparasiter ; (* = silence) [+ heckler etc] faire taire ◆ **to suppress a cough/sneeze** etc se retenir de or réprimer une envie de tousser/d'éternuer etc

**suppressant** /sə'presnt/ N ◆ **appetite suppressant** anorexigène m

**suppression** /sə'preʃən/ SYN N ⟨1⟩ [of document, evidence, information, human rights] suppression f ; [of revolt, protest, movement] répression f ; [of democracy] étouffement m ◆ **the suppression of dissidents/minorities** la répression des dissidents/minorités
⟨2⟩ (Psych) [of emotion] refoulement m
⟨3⟩ (Med) inhibition f
⟨4⟩ (Elec, Rad etc) antiparasitage m

**suppressive** /sə'presɪv/ ADJ répressif

**suppressor** /sə'presəʳ/ N (Elec etc) dispositif m antiparasite

**suppurate** /'sʌpjʊəreɪt/ VI suppurer

**suppuration** /ˌsʌpjʊə'reɪʃən/ N suppuration f

**supraliminal** /ˌsuːprə'lɪmɪnl/ ADJ (Physiol) supraliminaire

**supramaxillary** /ˌsuːprəmæk'sɪlərɪ/ ADJ susmaxillaire

**supranational** /ˌsuːprə'næʃənl/ ADJ supranational

**supranationalism** /ˌsuːprə'næʃnəlɪzəm/ N (Pol) supranationalisme m

**supraorbital** /ˌsuːprə'ɔːbɪtl/ ADJ (Anat) sus-orbitaire

**suprarenal** /ˌsuːprə'riːnl/ ADJ surrénal

**suprasegmental** /ˌsuːprəsəg'mentl/ ADJ (Ling) suprasegmental

**supremacism** /sʊ'preməsɪzəm/ N croyance en la suprématie d'un groupe ou d'une race

**supremacist** /sʊ'preməsɪst/ N personne f qui croit à la suprématie d'un groupe (or d'une race etc), suprémaciste mf

**supremacy** /sʊ'preməsɪ/ SYN N suprématie f (over sur) ; → **white**

**Suprematism** /sʊ'preməˌtɪzəm/ N (Art) suprématisme m

**Suprematist** /sʊ'premətɪst/ ADJ, N suprématiste mf

**supreme** /sʊ'priːm/ SYN ADJ (all senses) suprême ◆ **the Supreme Being** (Rel) l'Être m suprême ◆ **Supreme Commander** (Mil) commandant en chef or suprême, généralissime m ◆ **Supreme Court** (Can Jur, US Jur) Cour f suprême ◆ **to make the supreme sacrifice** faire le sacrifice de sa vie ; → **reign, soviet**

**supremely** /sʊ'priːmlɪ/ ADV suprêmement

**supremo** /sʊ'priːməʊ/ N (Brit) grand chef m

**Supt.** (Brit Police) abbrev of **Superintendent**

**sura** /'sʊərə/ N sourate f

**surat** /sjʊ'ræt/ N surah m

**surbasement** /sɜː'beɪsmənt/ N (Archit) surbaissement m

**surcharge** /'sɜːtʃɑːdʒ/
N = extra payment, extra load, also Elec, Post = overprinting) surcharge f ; (= extra tax) surtaxe f ◆ **import surcharge** surtaxe f à l'importation
VT surcharger, surtaxer

**surcingle** /'sɜːsɪŋgəl/ N (= girth) surfaix m

**surcoat** /'sɜːkəʊt/ N surcot m

**surculose** /'sɜːkjʊləʊs/ ADJ drageonné

**surd** /sɜːd/
ADJ (Math) irrationnel ; (Ling) sourd
N (Math) quantité f or nombre m irrationnel(le) ; (Ling) sourde f

**sure** /ʃʊəʳ/ LANGUAGE IN USE 6.2, 15.1, 16.1 SYN
ADJ ⟨1⟩ (= reliable, safe etc) [aim, shot, marksman, judgement, method, friend, footing] sûr ; [solution, remedy] sûr, infaillible ; [facts] sûr, indubitable ; [success] assuré, certain
⟨2⟩ (= definite, indisputable) sûr, certain ◆ **it is sure that he will come, he is sure to come** il est certain qu'il viendra, il viendra, c'est sûr ◆ **it is not sure that he will come, he is not sure to come** il n'est pas sûr or certain qu'il vienne ◆ **it's not sure yet** ça n'a encore rien de sûr ◆ **it's sure to rain** il va pleuvoir à coup sûr or c'est sûr et certain ◆ **be sure to tell me, be sure and tell me** ne manquez pas de me le dire ◆ **you're sure of a good meal** un bon repas vous est assuré ◆ **he's sure of success** il est sûr or certain de réussir ◆ **you can't be sure of him** vous ne pouvez pas être sûr de lui ◆ **I want to be sure of seeing him** je veux être sûr or certain de le voir ◆ **nothing is sure in this life** dans cette vie on n'est sûr de rien ◆ **sure thing!*** oui bien sûr !, d'accord ! ◆ **he is, to be sure, rather tactless** il manque de tact, c'est certain ◆ **well, to be sure!*** bien, ça alors !

◆ **to make sure** ◆ **to make sure of a seat** s'assurer (d')une place ◆ **to make sure of one's facts** vérifier or s'assurer de ce qu'on avance ◆ **better get a ticket beforehand and make sure** il vaut mieux prendre un billet à l'avance pour plus de sûreté or pour être sûr ◆ **make sure you've locked the door** vérifie que tu as bien fermé la porte à clé ◆ **to make sure to do sth** ne pas oublier de faire qch ◆ **did you lock it? – I think so but I'd better make sure** l'avez-vous fermé à clé ? – je crois, mais je vais vérifier or m'en assurer ◆ **I've made sure of having enough coffee for everyone** j'ai veillé à ce qu'il y ait assez de café pour tout le monde ◆ **just to make sure** pour plus de sûreté

◆ **for sure** ◆ **he'll leave for sure** il partira sans aucun doute ◆ **and that's for sure*** ça ne fait aucun doute ◆ **I'll find out for sure** je me renseignerai pour savoir exactement ce qu'il en est ◆ **do you know for sure?** êtes-vous absolument sûr or certain ? ◆ **I'll do it next week for sure** je le ferai la semaine prochaine sans faute

⟨3⟩ (= positive, convinced) sûr (of de), certain ◆ **I'm or I feel sure I've seen him** je suis sûr or certain de l'avoir vu ◆ **I'm sure he'll help us** je suis sûr qu'il nous aidera ◆ **I'm not sure** je ne suis pas sûr or certain (that que + subj) ◆ **I'm not sure how/why/when** etc je ne sais pas très bien comment/pourquoi/quand etc ◆ **I'm not sure (if) he can** je ne suis pas sûr or certain qu'il puisse ◆ **I'm sure I didn't mean to** je ne l'ai vraiment pas fait exprès ◆ **he says he did it but I'm not so sure (about that)** il dit que c'est lui qui l'a fait mais je n'en suis pas si sûr (que ça) ◆ **I'm going alone! – I'm not so sure about that** or **don't be so sure about that!** j'irai seul ! – ne le dis pas si vite ! ◆ **to be/feel sure of o.s.** être/se sentir sûr de soi

ADV 1 *(esp US* * *= certainly)* ◆ **he can sure play** il joue vachement* bien ◆ **he was sure drunk, he sure was drunk** il était complètement soûl ◆ **will you do it? – sure!** le ferez-vous ? – bien sûr ! ◆ **it's hot today – it sure is!** il fait chaud aujourd'hui – ça, c'est vrai ! ◆ **are you leaving now? – I sure am!** tu pars maintenant ? – ouais !*

2 *(set phrases)*

♦ **sure enough** *(confirming)* effectivement, en effet ; *(promising)* assurément, sans aucun doute ◆ **sure enough, he did come** comme je l'avais (*or* on l'avait *etc*) bien prévu, il est venu ◆ **and sure enough he did arrive** et effectivement *or* en effet il est arrivé ◆ **sure enough*, I'll be there** j'y serai sans faute ◆ **it's petrol, sure enough** c'est effectivement *or* bien de l'essence, c'est de l'essence en effet ◆ **sure enough!** assurément ! ◆ **he sure enough made a hash of that*** *(US)* pour sûr qu'il a tout gâché*

♦ **as sure as** aussi sûr que ◆ **as sure as my name's Smith** aussi sûr que je m'appelle Smith ◆ **as sure as fate, as sure as anything, as sure as guns*, as sure as eggs is eggs*** aussi sûr que deux et deux font quatre

COMP **sure-enough** * ADJ *(US = real, actual)* réel
**sure-fire** * ADJ certain, infaillible
**sure-footed** ADJ *(lit)* au pied sûr ◆ **to be sure-footed** *(fig = skilful)* faire preuve de doigté
**sure-footedly** ADV d'un pied sûr

**surely** /ˈʃʊəlɪ/ SYN ADV 1 *(expressing confidence: assuredly)* sûrement, certainement ; *(expressing incredulity)* tout de même ◆ **surely we've met before?** je suis sûr que nous nous sommes déjà rencontrés ! ◆ **surely he didn't say that!** il n'a pas pu dire ça, tout de même ! ◆ **there is surely some mistake** il doit sûrement *or* certainement y avoir quelque erreur ◆ **surely you can do something to help?** il doit bien y avoir quelque chose que vous puissiez faire pour aider ◆ **surely you didn't believe him?** vous ne l'avez pas cru, j'espère ◆ **surely to God**‡ *or* **to goodness*, you know that!** mais bon sang tu devrais bien le savoir !* ◆ **it must rain soon, surely** il va bien pleuvoir, tout de même ◆ **that's surely not true** ça ne peut pas être vrai, ça m'étonnerait que ce soit vrai ◆ **surely not!** pas possible ! ◆ **surely!** *(US = with pleasure)* bien volontiers !

2 *(= inevitably)* sûrement, à coup sûr ◆ **justice will surely prevail** la justice prévaudra sûrement

3 *[advance, move] (= safely)* sûrement ; *(= confidently)* avec assurance ; → **slowly**

**sureness** /ˈʃʊənɪs/ N *(= certainty)* certitude *f* ; *(= sure-footedness)* sûreté *f* ; *(= self-assurance)* assurance *f*, sûreté *f* de soi ; *[of judgement, method, footing, grip]* sûreté *f* ; *[of aim, shot]* justesse *f*, précision *f* ◆ **the sureness of his touch** sa sûreté de main

**surety** /ˈʃʊərətɪ/ N 1 *(Jur) (= money)* caution *f* ; *(= person)* caution *f*, garant(e) *m(f)* ◆ **to go** *or* **stand surety for sb** se porter caution *or* garant pour qn ◆ **in his own surety of £1,000** après avoir donné une sûreté personnelle de 1 000 livres

2 †† certitude *f* ◆ **of a surety** certainement

**surf** /sɜːf/

N *(NonC) (= waves)* vagues *fpl* déferlantes, ressac *m* ; *(= foam)* écume *f* ; *(= spray)* embrun *m*

VI (also **go surfing**) surfer, faire du surf

VT *[+ waves]* surfer sur ◆ **to surf the Net*** surfer sur Internet, surfer sur le net

COMP **surf boat** N surf-boat *m*

**surface** /ˈsɜːfɪs/ SYN

N 1 *[of earth, sea, liquid, object etc]* surface *f* ◆ **under the surface** *[of sea, lake etc]* sous l'eau ◆ **to come** *or* **rise to the surface** remonter à la surface ; *(fig)* faire surface, se faire jour ◆ **to break surface** *[submarine]* faire surface ; *[diver]* réapparaître ◆ **on the surface** *(Naut)* en surface ; *(Min:* also **at the surface***)* au jour, à la surface ; *(fig)* à première vue, au premier abord ◆ **on the surface of the table** sur la surface de la table ◆ **his faults are all on the surface** il a des défauts mais il a bon fond ◆ **I can't get below the surface with him** je n'arrive pas à le connaître vraiment *or* à aller au-delà des apparences avec lui ◆ **prejudices just below** *or* **beneath the surface** préjugés prêts à faire surface *or* à se faire jour ◆ **the road surface is icy** la chaussée est verglacée ◆ **social unrest, never far below the surface...** les troubles sociaux, toujours prêts à éclater...

2 *(Math) (= area)* surface *f* ; *(= side : of solid)* côté *m*, face *f*

ADJ 1 *[tension]* superficiel *(also fig)* ; *[vessel etc]* de surface ; *(Min) [work]* au jour, à la surface ◆ **it's only a surface reaction** ce n'est qu'une réaction superficielle

2 *(Phon, Gram)* de surface

VT 1 *[+ road]* revêtir *(with* de) ; *[+ paper]* calandrer, glacer

2 *[+ submarine, object, wreck]* amener à la surface

VI *[swimmer, diver, whale]* revenir *or* remonter à la surface ; *[submarine]* faire surface ; *(fig = emerge) [news, feeling etc]* faire surface, se faire jour ; *(* fig) (after absence)* réapparaître ; *(after hard work)* faire surface

COMP **surface-active** ADJ *(Chem)* tensioactif
**surface area** N *(Math etc)* surface *f*, superficie *f*
**surface grammar** N grammaire *f* de surface
**surface mail** N *(Post)* courrier *m* par voie de terre ; *(by sea)* courrier *m* maritime ◆ **by surface mail** par voie de terre ; *(by sea)* par voie maritime
**surface noise** N *(on record player)* grésillements *mpl*
**surface structure** N structure *f* de surface
**surface-to-air** ADJ *(Mil)* sol-air *inv*
**surface-to-surface** ADJ *(Mil)* sol-sol *inv*
**surface water** N eaux *fpl* de surface
**surface workers** NPL *(Min)* personnel *m* qui travaille au jour *or* à la surface

**surfactant** /sɜːˈfæktənt/ N *(Chem)* tensioactif *m*

**surfboard** /ˈsɜːfbɔːd/

N planche *f* de surf

VI surfer

**surfboarder** /ˈsɜːfˌbɔːdəʳ/ N ⇒ **surfer**

**surfboarding** /ˈsɜːfˌbɔːdɪŋ/ N ⇒ **surfing**

**surfcasting** /ˈsɜːfˌkɑːstɪŋ/ N *(US Sport)* pêche *f* au lancer en mer *(depuis le rivage)*

**surfeit** /ˈsɜːfɪt/ SYN

N excès *m (of* de) ; *(NonC = satiety)* satiété *f* ◆ **to have a surfeit of...** avoir une indigestion de... *(fig)* ◆ **there is a surfeit of...** il y a par trop de...

VT ◆ **to be surfeited with pleasure** être repu de plaisir

**surfer** /ˈsɜːfəʳ/ N surfeur *m*, -euse *f* ; *(* : on Internet)* internaute *mf*

**surfing** /ˈsɜːfɪŋ/ N surf *m* ; → **surf vi**

**surfride** /ˈsɜːfraɪd/ VI surfer

**surfrider** /ˈsɜːfˌraɪdəʳ/ N ⇒ **surfer**

**surfriding** /ˈsɜːfˌraɪdɪŋ/ N ⇒ **surfing**

**surge** /sɜːdʒ/ SYN

N *(gen)* mouvement *m* puissant ; *[of rage, fear, enthusiasm]* vague *f*, montée *f* ; *(Elec)* saute *f* de courant ; *(fig : in sales etc)* afflux *m* ◆ **the surge of the sea** la houle ◆ **he felt a surge of anger** il a senti la colère monter en lui ◆ **there was a surge of sympathy for him** il y a eu un vif mouvement *or* une vague de sympathie pour lui ◆ **the surge of people around the car** la foule qui se pressait autour de la voiture ◆ **he was carried along by the surge of the crowd** il était porté par le mouvement de la foule

VI 1 *[waves]* s'enfler ; *[flood, river]* déferler ◆ **the sea surged against the rocks** la houle battait *or* heurtait les rochers ◆ **the surging sea** la mer houleuse ◆ **the ship surged at anchor** le bateau amarré était soulevé par la houle ◆ **the power surged suddenly** *(Elec)* il y a eu une brusque surtension de courant ◆ **the blood surged to his cheeks** le sang lui est monté *or* lui a reflué au visage ◆ **anger surged (up) within him** la colère monta en lui

2 *[crowd, vehicles etc]* déferler ◆ **to surge in/out** *etc* entrer/sortir *etc* à flots ◆ **they surged round the car** ils se pressaient autour de la voiture ◆ **they surged forward** ils se sont lancés en avant ◆ **a surging mass of demonstrators** une foule déferlante de manifestants

**surgeon** /ˈsɜːdʒən/

N chirurgien *m* ◆ **she is a surgeon** elle est chirurgien ◆ **a woman surgeon** une femme chirurgien ; → **dental, house, veterinary**

COMP **surgeon general** N (pl **surgeons general**) *(Mil)* médecin *m* général ; *(US Admin)* ministre *m* de la Santé

**surgery** /ˈsɜːdʒərɪ/

N 1 *(NonC = skill, study, operation)* chirurgie *f* ◆ **it is a fine piece of surgery** le chirurgien a fait du beau travail ◆ **to have surgery** se faire opérer ; → **plastic**

2 *(Brit = consulting room)* cabinet *m* (de consultation) ; *(Brit = interview)* consultation *f* ◆ **come to the surgery tomorrow** venez à mon cabinet demain, venez à la consultation demain ◆ **when is his surgery?** à quelle heure sont ses consultations ?, à quelle heure consulte-t-il ? ◆ **during his surgery** pendant ses heures de consultation ◆ **there is an afternoon surgery** il consulte l'après-midi

COMP **surgery hours** NPL heures *fpl* de consultation

**surgical** /ˈsɜːdʒɪkəl/

ADJ *[operation, intervention, treatment]* chirurgical ; *[instruments]* chirurgical, de chirurgie

COMP **surgical appliance** N appareil *m* orthopédique
**surgical boot** N chaussure *f* orthopédique
**surgical cotton** N coton *m* hydrophile
**surgical dressing** N pansement *m*
**surgical shock** N choc *m* opératoire
**surgical spirit** N *(Brit)* alcool *m* à 90 (degrés)
**surgical strike** N *(Mil)* frappe *f* chirurgicale

**surgically** /ˈsɜːdʒɪkəlɪ/ ADV chirurgicalement

**suricate** /ˈsjʊərɪˌkeɪt/ N suricate *m*

**Surinam** /ˌsʊərɪˈnæm/ N Surinam *m* ◆ **in Surinam** au Surinam

**Surinamese** /ˌsʊərɪnæˈmiːz/

ADJ surinamais

N Surinamais(e) *m(f)*

**surjection** /sɜːˈdʒekʃən/ N surjection *f*

**surjective** /sɜːˈdʒektɪv/ ADJ surjectif

**surliness** /ˈsɜːlɪnɪs/ N caractère *m* revêche *or* maussade

**surly** /ˈsɜːlɪ/ SYN ADJ revêche, maussade

**surmise** /ˈsɜːmaɪz/ SYN

N conjecture *f*, hypothèse *f* ◆ **it was nothing but surmise** c'était entièrement conjectural

VT /sɜːˈmaɪz/ conjecturer, présumer *(from sth* d'après qch) ◆ **to surmise that...** *(= infer)* conjecturer que..., présumer que... ; *(= suggest)* émettre l'hypothèse que... ◆ **I surmised as much** je m'en doutais

**surmount** /sɜːˈmaʊnt/ SYN VT 1 *(Archit etc)* surmonter ◆ **surmounted by a statue** surmonté d'une statue

2 *(= overcome) [+ obstacle, difficulties, problems]* surmonter, venir à bout de

**surmountable** /sɜːˈmaʊntəbl/ ADJ surmontable

**surmullet** /sɜːˈmʌlɪt/ N *(US)* surmulet *m*

**surname** /ˈsɜːneɪm/

N nom *m* de famille ◆ **name and surname** nom et prénoms

VT ◆ **surnamed Jones** nommé *or* dénommé Jones, dont le nom de famille est Jones

**surpass** /sɜːˈpɑːs/ LANGUAGE IN USE 5.2 SYN VT *[+ person]* surpasser *(in* en) ; *[+ hopes, expectations]* dépasser ◆ **to surpass o.s.** *(also iro)* se surpasser *(also iro)*

**surpassing** /sɜːˈpɑːsɪŋ/ SYN ADJ incomparable, sans pareil

**surplice** /ˈsɜːpləs/ N surplis *m*

**surpliced** /ˈsɜːplɪst/ ADJ en surplis

**surplus** /ˈsɜːpləs/ SYN

N (pl **surpluses**) *(Comm, Econ, gen)* surplus *m*, excédent *m* ; *(Fin)* boni *m*, excédent *m* ◆ **a tea surplus** un surplus *or* un excédent de thé

ADJ *(gen) [food, boxes etc]* en surplus ; *(Comm, Econ)* en surplus, excédentaire ; *(Fin)* de boni, excédentaire ◆ **it is surplus to (our) requirements** cela excède nos besoins ◆ **surplus copies** *[of book, document etc]* exemplaires *mpl* de passe ◆ **surplus stock** surplus *mpl* , stocks *mpl* excédentaires ◆ **American surplus wheat** excédent *m or* surplus *m* de blé américain ◆ **his surplus energy** son surcroît d'énergie

COMP **surplus store** N magasin *m* de surplus

**surprise** /səˈpraɪz/ LANGUAGE IN USE 16.2 SYN

N *(NonC) (= emotion)* surprise *f*, étonnement *m* ; *(= event etc)* surprise *f* ◆ **much to my surprise, to my great surprise** à ma grande surprise, à mon grand étonnement ◆ **he stopped in surprise** il s'est arrêté sous l'effet de la surprise, étonné il s'est arrêté ◆ **to take by surprise** *[+ person]* surprendre, prendre au dépourvu ; *(Mil) [+ fort, town]* prendre par surprise ◆ **a look of surprise** un regard surpris *or* traduisant la surprise ◆ **imagine my surprise when...** imaginez quel a été mon étonnement *or* quelle a été ma surprise quand... ◆ **what a surprise!** quelle surprise ! ◆ **surprise, surprise!** *(when surprising sb)* surprise ! ; *(iro)* comme par hasard *(iro)* ◆ **to give sb a surprise** faire une surprise à qn, surprendre qn ◆ **it was a lovely/nasty surprise for him** cela a été pour lui une agréable/mauvaise surprise ◆ **to have a surprise** être surpris, avoir une surprise ◆ **it came as a surprise (to me) to learn that...** j'ai eu la surprise d'apprendre que...

ADJ *[defeat, gift, visit, decision]* inattendu, inopiné ◆ **surprise attack** attaque *f* par surprise, attaque *f* brusquée

VT 1 *(= astonish)* surprendre, étonner ◆ **he was surprised to hear that...** il a été surpris *or* étonné d'apprendre que..., cela l'a surpris *or* étonné d'apprendre que... ◆ **I shouldn't be surprised if it snowed** cela ne m'étonnerait pas qu'il neige *subj* ◆ **don't be surprised if he refuses** ne soyez pas étonné *or* surpris s'il refuse, ne vous étonnez pas s'il refuse ◆ **it's nothing to be surprised at** cela n'a rien d'étonnant, ce n'est pas *or* guère étonnant ◆ **I'm surprised at** *or* **by his ignorance** son ignorance me surprend ◆ **I'm surprised at you!** je ne m'attendais pas à cela de vous !, cela me surprend de votre part ! ◆ **it surprised me that he agreed** j'ai été étonné *or* surpris qu'il accepte *subj*, je ne m'attendais pas à ce qu'il accepte *subj* ◆ **go on, surprise me!** *(iro)* allez, étonne-moi ! ◆ **he surprised me into agreeing to do it** j'ai été tellement surpris que j'ai accepté de le faire ; see also **surprised**

2 *(= catch unawares)* *[+ army, sentry]* surprendre, attaquer par surprise ; *[+ thief]* surprendre, prendre sur le fait ; *(gen)* surprendre

**surprised** /sə'praɪzd/ SYN ADJ surpris, étonné ◆ **you'd be surprised how many people...** si tu savais combien de gens... ◆ **he'll surely be on time – you'd be surprised!** il sera sûrement à l'heure – n'y compte pas ! ; see also **surprise**

**surprising** /sə'praɪzɪŋ/ LANGUAGE IN USE 16.2 SYN ADJ surprenant, étonnant ◆ **it is surprising that...** il est surprenant *or* étonnant que... + *subj*

**surprisingly** /sə'praɪzɪŋlɪ/ ADV *[big, sad etc]* étonnamment, étrangement ◆ **you look surprisingly cheerful for someone who...** vous m'avez l'air de bien bonne humeur pour quelqu'un qui... ◆ **surprisingly enough,...** chose étonnante,... ◆ **not surprisingly he didn't come** comme on pouvait s'y attendre il n'est pas venu, il n'est pas venu, ce qui n'a rien d'étonnant

**surreal** /sə'rɪəl/ ADJ surréaliste *(fig)*

**surrealism** /sə'rɪəlɪzəm/ N surréalisme *m*

**surrealist** /sə'rɪəlɪst/ ADJ, N surréaliste *mf*

**surrealistic** /sə,rɪə'lɪstɪk/ ADJ surréaliste

**surrender** /sə'rendəʳ/ SYN

VI *(Mil)* se rendre *(to* à), capituler *(to* devant) ◆ **to surrender to the police** se livrer à la police, se constituer prisonnier ◆ **to surrender to despair** s'abandonner *or* se livrer au désespoir

VT 1 *(Mil)* *[+ town, hill]* livrer *(to* à)

2 *[+ firearms]* rendre *(to* à) ; *[+ stolen property, documents, photos]* remettre *(to* à) ; *[+ insurance policy]* racheter ; *[+ lease]* céder ; *[+ one's rights, claims, powers, liberty]* renoncer à, abdiquer ; *[+ hopes]* abandonner ◆ **to surrender o.s. to despair/to the delights of sth** s'abandonner *or* se livrer au désespoir/aux plaisirs de qch

N 1 *(Mil etc)* reddition *f* *(to* à), capitulation *f* *(to* devant) ◆ **no surrender!** on ne se rend pas ! ; → **unconditional**

2 *(= giving up)* *[of firearms, stolen property, documents]* remise *f* *(to* à) ; *[of insurance policy]* rachat *m* ; *[of one's rights, claims, powers, liberty]* renonciation *f* *(of* à), abdication *f* *(of* de ; *to* en faveur de) ; *[of hopes]* abandon *m* ; *[of lease]* cession *f* ; *(= return)* restitution *f* *(of* de ; *to* à)

COMP **surrender value** N *(Insurance)* valeur *f* de rachat

**surreptitious** /,sʌrəp'tɪʃəs/ SYN ADJ *[entry, removal]* subreptice, clandestin ; *[movement, gesture]* furtif

**surreptitiously** /,sʌrəp'tɪʃəslɪ/ ADV *[enter, remove]* subrepticement, clandestinement ; *[move]* furtivement, sournoisement *(pej)*

**surrogacy** /'sʌrəgəsɪ/ N *(in childbearing)* maternité *f* de substitution

**surrogate** /'sʌrəgɪt/

N 1 *(gen: frm)* substitut *m*, représentant *m*

2 *(Psych)* substitut *m*

3 *(Brit : also* **surrogate bishop***)* *évêque auxiliaire à qui l'on délègue le pouvoir d'autoriser les mariages sans publication de bans*

4 *(US = judge)* *juge chargé de l'homologation de testaments etc*

ADJ *[pleasure etc]* de remplacement

VI /'sʌrəgeɪt/ *(be a surrogate mother)* être mère porteuse *or* mère de substitution

COMP **surrogate mother** N *(Genetics)* mère *f* porteuse, mère *f* de substitution ; *(Psych)* substitut *m* maternel

**surrogate motherhood** N maternité *f* de substitution

**surround** /sə'raʊnd/ SYN

VT entourer ; *(totally)* cerner, encercler ◆ **surrounded by** entouré de ◆ **you are surrounded** *(Mil, Police etc)* vous êtes cerné *or* encerclé ◆ **to surround o.s. with friends/allies** s'entourer d'amis/d'alliés

N bordure *f*, encadrement *m* ; *[of fireplace]* entourage *m* ; *(Brit : on floor:* also **surrounds***)* bordure *f (entre le tapis et le mur)*

NPL **surrounds** *(frm = surroundings)* cadre *m*

COMP **surround sound** N *(Cine)* son *m* surround

**surrounding** /sə'raʊndɪŋ/ SYN

ADJ *[streets, countryside, villages]* alentour *inv*, environnant ◆ **Liège and the surrounding area** Liège et ses alentours *or* environs ◆ **the surrounding tissue is healthy** *(Med)* les tissus autour sont sains

NPL **surroundings** *(= surrounding country)* alentours *mpl*, environs *mpl* ; *(= setting)* cadre *m*, décor *m* ◆ **the surroundings of Glasgow are picturesque** les alentours *or* les environs de Glasgow sont pittoresques ◆ **he found himself in surroundings strange to him** il s'est retrouvé dans un cadre *or* décor qu'il ne connaissait pas ◆ **animals in their natural surroundings** des animaux dans leur cadre naturel

**surtax** /'sɜːtæks/ N *(gen)* surtaxe *f* ; *(= income tax)* tranche *f* supérieure de l'impôt sur le revenu ◆ **to pay surtax** être dans les tranches supérieures d'imposition

**surtitles** /'sɜː,taɪtlz/ NPL surtitres *mpl*

**surveillance** /sɜː'veɪləns/ SYN N surveillance *f* ◆ **to keep sb under surveillance** surveiller qn ◆ **under constant surveillance** sous surveillance continue

**survey** /'sɜːveɪ/ SYN

N 1 *(= comprehensive view)* *[of countryside, prospects, development etc]* vue *f* générale *or* d'ensemble *(of* de) ◆ **he gave a general survey of the situation** il a fait un tour d'horizon de la situation, il a passé la situation en revue

2 *(= investigation, study)* *[of reasons, prices, situation, sales, trends]* enquête *f* *(of* sur), étude *f* *(of* de) ◆ **to carry out** *or* **make a survey of** enquêter sur, faire une étude de ◆ **survey of public opinion** sondage *m* d'opinion

3 *(in land surveying)* levé *m* ; → **aerial, ordnance**

4 *(Brit : in housebuying)* *(= act)* expertise *f* ; *(= report)* (rapport *m* d')expertise *f*

VT /sɜː'veɪ/ 1 *(via questionnaire)* *[+ people]* interroger ; *[+ attitudes, opinions]* faire une enquête sur ◆ **about half the people surveyed...** la moitié environ des personnes interrogées... ◆ **211 companies were surveyed for the report** l'enquête a porté sur 211 entreprises

2 *(= consider)* passer en revue ◆ **he surveyed the thirty years of his rule** il a passé en revue ses trente ans au pouvoir ◆ **the Prime Minister surveyed the situation** le Premier ministre a fait un tour d'horizon de *or* a passé en revue la situation ◆ **the book surveys the history of the motorcar** le livre passe en revue *or* étudie dans les grandes lignes l'histoire de l'automobile

3 *(= look around at)* *[+ countryside, view, crowd]* embrasser du regard ◆ **he surveyed the scene with amusement** il regardait la scène d'un œil amusé

4 *(Surv)* *[+ site, land]* faire le levé de ; *(Brit)* *[+ house, building]* inspecter, examiner ; *[+ country, coast]* faire le levé topographique de ; *[+ seas]* faire le levé hydrographique de

COMP **survey course** N *(US Univ)* cours *m* d'initiation

**survey fee** N frais *mpl* d'expertise

**survey ship** N navire *m* de recherche hydrographique

**surveying** /sɜː'veɪɪŋ/

N 1 *(NonC = action)* *[of site, land]* levé *m* ; *[of house]* expertise *f* ; *[of country, coast]* levé *m* topographique ; *[of seas]* levé *m* hydrographique

2 *(= science, occupation)* *[of site, land]* arpentage *m* ; *[of house]* expertise *f* ; *[of country, coast]* topographie *f* ; *[of seas]* topographie *f* marine, hydrographie *f*

COMP *[instrument]* d'arpentage ; *[studies]* de topographie

**surveyor** /sə'veɪəʳ/ N *(Brit)* *[of property, buildings etc]* expert *m* ; *[of land, site]* (arpenteur *m*) géomètre *m* ; *[of country, coastline]* topographe *mf* ; *[of seas]* hydrographe *mf* ; → **quantity**

**survival** /sə'vaɪvəl/

N *(= act)* survie *f* *(also Jur, Rel)* ; *(= relic)* *[of custom, beliefs etc]* survivance *f*, vestige *m* ◆ **the survival of the fittest** *(lit : in evolution)* la lutte pour la vie ; *(fig)* la loi du plus fort

COMP **survival bag** N ≃ couverture *f* de survie

**survival course** N cours *m* de survie

**survival kit** N trousse *f* de survie

**survivalist** /sə'vaɪvəlɪst/ N *écologiste extrême vivant en autarcie pour pouvoir survivre à une éventuelle catastrophe planétaire*

**survive** /sə'vaɪv/ SYN

VI *[person]* survivre *(on* avec) ; *[house, jewellery, book, custom]* survivre, subsister ◆ **he survived to tell the tale** il a survécu et a pu raconter ce qui s'était passé ◆ **to survive to fight another day** s'en sortir sans trop de dommages ◆ **only three volumes survive** il ne reste *or* il ne subsiste plus que trois tomes ◆ **you'll survive!** *(iro)* vous n'en mourrez pas ! ◆ **they don't eat/earn enough to survive on** il ne mangent/gagnent pas assez pour survivre

VT *[+ person]* survivre à ; *[+ injury, disease]* réchapper de ; *[+ fire, accident, experience, invasion]* survivre à, réchapper de ◆ **he is survived by a wife and two sons** sa femme et deux fils lui survivent

**surviving** /sə'vaɪvɪŋ/ ADJ *[spouse, children]* survivant ◆ **surviving company** *(Fin after merger)* société *f* absorbante

**survivor** /sə'vaɪvəʳ/ N survivant(e) *m(f)* ; *[of accident]* survivant(e) *m(f)*, rescapé(e) *m(f)* ; *(fig)* *[of regime, earlier time]* rescapé(e) *m(f)* ; *[of abuse]* ancienne victime *f* ◆ **he's a real survivor!** il surmonte toutes les crises !

**sus** * /sʌs/ *(Brit)*

N (abbrev of **suspicion**) ◆ **sus law** loi *f* autorisant à interpeller des suspects à discrétion

VT ⇒ **suss**

**susceptibility** /sə,septə'bɪlɪtɪ/ SYN N *(= sensitiveness)* émotivité *f*, sensibilité *f* ; *(= touchiness)* susceptibilité *f* ; *(Med)* prédisposition *f* *(to* à) ◆ **his susceptibility to hypnosis** la facilité avec laquelle on l'hypnotise ◆ **his susceptibilities** ses cordes *fpl* sensibles

**susceptible** /sə'septəbl/ SYN ADJ 1 *(Med, Bot: to disease)* prédisposé *(to* à) ; *(= impressionable)* émotif *(= able to be affected)* ◆ **susceptible to sb's influence** sensible à l'influence de qn ◆ **susceptible to flattery/to (the) cold** sensible à la flatterie/au froid ◆ **susceptible to advertising** influençable par la publicité

2 *(frm = capable)* ◆ **susceptible of** *or* **to change/measurement/resolution** susceptible d'être modifié/mesuré/résolu

**sushi** /'suːʃɪ/

N *(NonC)* sushi *m*

COMP **sushi bar** N petit restaurant *m* de sushi

**sushi restaurant** N restaurant *m* de sushi

**suspect** /'sʌspekt/ SYN

N suspect(e) *m(f)* ◆ **the usual suspects** *(fig)* les suspects *mpl* habituels

ADJ suspect

VT /səs'pekt/ 1 soupçonner *(that* que) ; *[+ person]* soupçonner, suspecter *(pej)* *(of doing sth* de faire *or* d'avoir fait qch) ; *[+ ambush, swindle]* flairer, soupçonner ◆ **I suspect him of being the author** *[of book etc]* je le soupçonne d'en être l'auteur ; *[of anonymous letter]* je le soupçonne *or* je le suspecte d'en être l'auteur ◆ **he suspects nothing** il ne se doute de rien

2 *(= think likely)* soupçonner, avoir dans l'idée, avoir le sentiment *(that* que) ◆ **I suspect he knows who did it** je soupçonne *or* j'ai dans l'idée qu'il connaît le coupable ◆ **I suspected as much** je m'en doutais ◆ **he'll come, I suspect** il viendra, j'imagine

3 *(= have doubts about)* douter de ◆ **I suspect the truth of what he says** je doute de la vérité de ce qu'il dit

**suspend** /səs'pend/ SYN

VT 1 *(= hang)* suspendre *(from* à) ◆ **to be suspended in sth** *[particles etc]* être en suspension dans qch ◆ **a column of smoke hung suspended in the still air** une colonne de fumée flottait dans l'air immobile

2 *(= stop temporarily, defer etc)* *[+ publication]* suspendre, surseoir ; *[+ decision, payment, regulation, meetings, discussions]* suspendre ; *[+ licence, per-*

## suspender | swamp

*mission)* retirer provisoirement ; interrompre provisoirement ♦ **to suspend judgement** suspendre son jugement

③ *[+ employee, office holder, officer etc]* suspendre *(from de)* ; *(Scol, Univ)* exclure temporairement

**COMP** **suspended animation** N *(fig hum)* ♦ **to be in a state of suspended animation** ne donner aucun signe de vie
**suspended sentence** N *(Jur)* condamnation f avec sursis ♦ **he received a suspended sentence of six months in jail** il a été condamné à six mois de prison avec sursis

**suspender** /səsˈpendəʳ/
**N** *(Brit) (for stockings)* jarretelle f ; *(for socks)* fixe-chaussette m
**NPL** **suspenders** *(US = braces)* bretelles fpl
**COMP** **suspender belt** N *(Brit)* porte-jarretelles m inv

**suspense** /səsˈpens/ SYN
**N** *(NonC)* ① incertitude f, attente f ; *(in book, film, play)* suspense m ♦ **we waited in great suspense** nous avons attendu haletants ♦ **to keep sb in suspense** tenir qn en suspens, laisser qn dans l'incertitude ♦ *[film]* tenir qn en suspens or en haleine ♦ **to put sb out of (his) suspense** mettre fin à l'incertitude or à l'attente de qn ♦ **the suspense is killing me!*** ce suspense me tue ! *(also iro)*
② *(Admin, Jur)* ♦ **to be** or **remain in suspense** être (laissé) or rester en suspens
**COMP** **suspense account** N *(Accounting)* compte m d'ordre

**suspenseful** /səsˈpensfʊl/ ADJ plein de suspense

**suspension** /səsˈpenʃən/ SYN
**N** ① *(NonC)* (= interruption) *[of decision, payment, constitution, talks]* suspension f ; *[of licence, permission]* retrait m provisoire ; *[of programme, service]* interruption f provisoire ; *[of democracy]* abandon m provisoire ♦ **suspension of disbelief** *(Literat)* acceptation f des invraisemblances
② *(= debarment) [of employee, official, player]* suspension f ; *[of pupil, student]* renvoi m or exclusion f temporaire
③ *(Jur) [of sentence]* sursis m
④ *[of vehicle]* suspension f
⑤ *(Chem, Phys)* suspension f *(of de)* ♦ **in suspension** en suspension
**COMP** **suspension bridge** N pont m suspendu
**suspension file** N dossier m suspendu *(dans un tiroir)*
**suspension points** NPL *(Typography)* points mpl de suspension

**suspensory** /səsˈpensərɪ/ ADJ *[ligament]* suspenseur m only ; *[bandage]* de soutien

**suspicion** /səsˈpɪʃən/ SYN N ① *(NonC)* soupçon m ; *(NonC)* soupçon(s) m(pl) ♦ **an atmosphere laden with suspicion** une atmosphère chargée de soupçons ♦ **above** or **beyond suspicion** au-dessus de or à l'abri de tout soupçon ♦ **under suspicion** considéré comme suspect ♦ **he was regarded with suspicion** on s'est montré soupçonneux à son égard ♦ **to arrest sb on suspicion** *(Jur)* arrêter qn sur des présomptions ♦ **on suspicion of murder** sur présomption de meurtre ♦ **I had a suspicion that he wouldn't come back** quelque chose me disait or j'avais le sentiment qu'il ne reviendrait pas ♦ **I had no suspicion that...** je ne me doutais pas du tout que... ♦ **I had (my) suspicions about that letter** j'avais mes doutes quant à cette lettre ♦ **I have my suspicions about it** j'ai des doutes là-dessus, cela me semble suspect ♦ **he was right in his suspicion that...** il avait raison de soupçonner que..., c'est à juste titre qu'il soupçonnait que...
② *(fig = trace, touch)* soupçon m

**suspicious** /səsˈpɪʃəs/ SYN ADJ ① *(= distrustful) [person, attitude, look]* méfiant, soupçonneux ♦ **you've got a suspicious mind!** tu es très méfiant or soupçonneux ! ♦ **suspicious minds might think that...** des esprits soupçonneux pourraient croire que... ♦ **to be suspicious of sb/sth** se méfier de qn/qch ♦ **to be suspicious about sb/sth** avoir des soupçons sur qn/qch ♦ **to be suspicious that...** soupçonner que... ♦ **to become** or **grow suspicious** commencer à se méfier
② *(= causing suspicion : also* **suspicious-looking**) *[person, object, action, death]* suspect ♦ **in suspicious circumstances** dans des circonstances suspectes

**suspiciously** /səsˈpɪʃəslɪ/ ADV ① *(= with suspicion) [examine, glance, ask]* avec méfiance
② *(= causing suspicion) [behave, act]* de manière suspecte ♦ **suspiciously similar** d'une ressemblance suspecte ♦ **suspiciously high/low prices** des prix étrangement élevés/bas ♦ **it looks suspiciously like measles** ça a tout l'air d'être la rougeole ♦ **it sounds suspiciously as though he...** il y a tout lieu de soupçonner qu'il... ♦ **he arrived suspiciously early** c'est louche qu'il soit arrivé si tôt

**suspiciousness** /səsˈpɪʃəsnɪs/ N *(NonC)* ① *(feeling suspicion)* caractère m soupçonneux or méfiant
② *(causing suspicion)* caractère m suspect

**suss*** /sʌs/ VT *(Brit)* ♦ **to suss (out)** *[+ situation, plan]* piger*‡ ♦ **I can't suss him out** je n'arrive pas à le cerner ♦ **he'll suss you (out) straight away** il va tout de suite comprendre ton jeu ♦ **I've sussed it out, I've got it sussed** j'ai pigé*‡

**sussed*** /sʌst/ ADJ *(Brit) [person]* branché*

**Sussex spaniel** /ˈsʌsɪks/ N (= dog) épagneul m du Sussex

**sustain** /səsˈteɪn/ SYN VT ① *[+ weight, beam etc]* supporter ; *[+ body]* nourrir, sustenter † ; *[+ life]* maintenir ; *(Mus) [+ note]* tenir, soutenir ; *[+ effort, role]* soutenir ; *[+ pretence]* poursuivre, prolonger ; *[+ assertion, theory]* soutenir, maintenir ; *[+ charge]* donner des preuves à l'appui de ♦ **that food won't sustain you for long** ce n'est pas cette nourriture qui va vous donner beaucoup de forces ♦ **objection sustained** *(Jur)* ≈ (objection f) accordée ♦ **the court sustained his claim** or **sustained him in his claim** *(Jur)* le tribunal a fait droit à sa revendication ; see also **sustained**
② *(= suffer) [+ attack]* subir ; *[+ loss]* éprouver, essuyer ; *[+ damage]* subir, souffrir ; *[+ injury]* recevoir ♦ **he sustained concussion** il a été commotionné

**sustainability** /səˌsteɪnəˈbɪlɪtɪ/ N *[of resources, energy source etc]* durabilité f, pérennité f ; *(Econ) [of policy, economy etc]* poursuite f dans le temps

**sustainable** /səsˈteɪnəbl/
**ADJ** ① *(Econ) [rate, growth]* viable ; *[energy, source, forest]* durable ; *[resource]* renouvelable
② *[argument]* tenable
**COMP** **sustainable development** N développement m durable

**sustainably** /səsˈteɪnəblɪ/ ADV ♦ **sustainably managed** géré durablement

**sustained** /səsˈteɪnd/ ADJ *[campaign, pressure, wind]* soutenu ; *[effort, attack, applause]* prolongé ♦ **sustained growth** *(Econ)* expansion f soutenue ♦ **a sustained recovery** *(Econ)* une reprise soutenue

**sustaining** /səsˈteɪnɪŋ/
**ADJ** *[food]* consistant, substantiel
**COMP** **sustaining pedal** N *(Mus)* pédale f forte
**sustaining program** N *(US Rad, TV)* émission f non sponsorisée

**sustenance** /ˈsʌstɪnəns/ SYN N *(NonC)* ① *(= nourishing quality)* valeur f nutritive ; *(= food and drink)* alimentation f, nourriture f ♦ **there's not much sustenance in melon** le melon n'est pas très nourrissant or nutritif, le melon n'a pas beaucoup de valeur nutritive ♦ **they depend for sustenance on...** ils se nourrissent de... ♦ **roots and berries were** or **provided their only sustenance** les racines et les baies étaient leur seule nourriture, pour toute nourriture ils avaient des racines et des baies
② *(= means of livelihood)* moyens mpl de subsistance

**sutra** /ˈsuːtrə/ N soutra m, sûtra m

**suttee** /sʌˈtiː/ N (= widow) (veuve f) sati f inv ; (= rite) sati m

**sutural** /ˈsuːtʃərəl/ ADJ sutural

**suture** /ˈsuːtʃəʳ/ N suture f

**SUV** /ˌesjuːˈviː/ N *(esp US)* (abbrev of **sport utility vehicle**) SUV m

**suzerain** /ˈsuːzəreɪn/ N suzerain(e) m(f)

**suzerainty** /ˈsuːzərəntɪ/ N suzeraineté f

**svelte** /svelt/ ADJ svelte

**Svengali** /svenˈɡɑːlɪ/ N homme aux pouvoirs malfaisants

**SVGA** /ˌesviːdʒiːˈeɪ/ N *(Comput)* (abbrev of **super video graphics array**) super-VGA m

**SVQ** /ˌesviːˈkjuː/ N (abbrev of **Scottish Vocational Qualification**) qualification professionnelle → **NVQ**

**SW** ① *(Rad)* (abbrev of **short wave**) OC fpl
② (abbrev of **south-west**) S.-O.

**swab** /swɒb/
**N** (= mop, cloth) serpillière f ; (for cleaning ship) faubert m ; (for gun-cleaning) écouvillon m ; *(Med* = cotton wool etc) tampon m ; *(Med* = specimen) prélèvement m ♦ **to take a swab of sb's throat** faire un prélèvement dans la gorge de qn
**VT** ① (also **swab down**) *[+ floor etc]* nettoyer, essuyer ; (for cleaning ship) passer le faubert sur
② (also **swab out**) *[+ gun]* écouvillonner ; *(Med) [+ wound]* tamponner, essuyer or nettoyer avec un tampon

**swaddle** /ˈswɒdl/
**VT** (in bandages) emmailloter (in de) ; (in blankets etc) emmitoufler* (in dans) ; *[+ baby]* emmailloter, langer
**COMP** **swaddling bands, swaddling clothes** NPL *(liter)* maillot m, lange m

**swaddy*** † /ˈswɒdɪ/ N *(Mil)* deuxième pompe*‡ f

**swag** /swæɡ/ N ① (* = loot) butin m
② *(Austral)* bal(l)uchon* m

**swagger** /ˈswæɡəʳ/ SYN
**N** air m fanfaron ; (= gait) démarche f assurée ♦ **to walk with a swagger** marcher en plastronnant or d'un air important
**VI** ① (also **swagger about, swagger along**) plastronner, parader ♦ **to swagger in/out** etc entrer/sortir etc d'un air fanfaron or en plastronnant
② (= boast) se vanter (about de)
**COMP** **swagger coat** N manteau m trois quarts
**swagger stick** N *(Mil)* badine f, jonc m

**swaggering** /ˈswæɡərɪŋ/
**ADJ** *[gait]* assuré ; *[person, look, gesture]* fanfaron
**N** (= strutting) airs mpl importants ; (= boasting) fanfaronnades fpl

**swagman*** /ˈswæɡmæn/ N (pl **-men**) *(Austral)* ouvrier m agricole itinérant

**Swahili** /swɑːˈhiːlɪ/
**ADJ** swahili, souahéli
**N** (pl **Swahili** or **Swahilis**) (= language) swahili m, souahéli m
**NPL** (= people) Swahilis mpl, Souahélis mpl

**swain** /sweɪn/ N († † or liter) amant † m, soupirant † m

**SWALK** /swɔːlk/ N (abbrev of **sealed with a loving kiss**) doux baisers *(message au dos d'une enveloppe)*

**swallow¹** /ˈswɒləʊ/
**N** (= bird) hirondelle f ♦ **one swallow doesn't make a summer** *(Prov)* une hirondelle ne fait pas le printemps *(Prov)*
**COMP** **swallow dive** N *(Brit)* saut m de l'ange
**swallow-tailed coat** N (habit m à) queue f de pie

**swallow²** /ˈswɒləʊ/ SYN
**N** (= act) avalement m ; (= amount) gorgée f ♦ **at** or **with one swallow** *[drink]* d'un trait, d'un seul coup ; *[food]* d'un seul coup
**VI** avaler ♦ **he swallowed hard** (with emotion) sa gorge se serra
**VT** ① *[+ food, drink, pill]* avaler ; *[+ oyster]* gober
② *(fig) [+ story]* avaler, gober ; *[+ insult]* avaler, encaisser* ; *[+ one's anger, pride]* ravaler ♦ **that's a bit hard to swallow** c'est plutôt dur à avaler ♦ **they swallowed it whole** ils ont tout avalé or gobé

▶ **swallow down** VT SEP avaler

▶ **swallow up** VT SEP *(fig)* engloutir ♦ **the ground seemed to swallow them up** le sol semblait les engloutir ♦ **he was swallowed up in the crowd** il s'est perdu or il a disparu dans la foule ♦ **the mist swallowed them up** la brume les a enveloppés ♦ **taxes swallow up half your income** les impôts engloutissent or engouffrent la moitié de vos revenus

**swallowtail (butterfly)** /ˈswɒləʊteɪl(ˈbʌtəflaɪ)/ N machaon m

**swallowwort** /ˈswɒləʊˌwɜːt/ N (= greater celandine) chélidoine f

**swam** /swæm/ VB pt of **swim**

**swami** /ˈswɑːmɪ/ N (pl **swamies** or **swamis**) pandit m

**swamp** /swɒmp/ SYN
**N** marais m, marécage m
**VT** (= flood) inonder ; *[+ boat]* emplir d'eau ; (= sink) submerger ; *(fig)* submerger (with de) ♦ **he was swamped with requests/letters** il était submergé de requêtes/lettres ♦ **I'm absolutely swamped*** (with work) je suis débordé (de travail) ♦ **towards the end of the game**

**they swamped us** (Football etc) vers la fin de la partie ils ont fait le jeu
[COMP] **swamp buggy** N (US) voiture f amphibie
**swamp fever** N paludisme m, malaria f

**swampland** /ˈswɒmplænd/ N (NonC) marécages mpl

**swampy** /ˈswɒmpɪ/ SYN ADJ marécageux

**swan** /swɒn/
N cygne m ◆ **the Swan of Avon** le cygne de l'Avon (Shakespeare)
VI (Brit *) ◆ **he swanned off to London before the end of term** il est parti à Londres sans s'en faire * or il est tranquillement parti à Londres avant la fin du trimestre ◆ **he's swanning around in Paris somewhere** il se balade * quelque part dans Paris sans s'en faire *
[COMP] **swan dive** N (US) saut m de l'ange
**Swan Lake** N (Ballet) le Lac des Cygnes
**swan-necked** ADJ [woman] au cou de cygne ; [tool] en col de cygne
**swan song** N (fig) chant m du cygne
**swan-upping** N (Brit) recensement annuel des cygnes de la Tamise

**swank** * /swæŋk/
N 1 (NonC) esbroufe * f ◆ **out of swank** pour épater *, pour faire de l'esbroufe *
2 († = person) esbroufeur * m, -euse * f
VI faire de l'esbroufe *, chercher à épater * or à en mettre plein la vue * ◆ **to swank about sth** se vanter de qch

**swanky** * /ˈswæŋkɪ/ ADJ huppé *

**swannery** /ˈswɒnərɪ/ N colonie f de cygnes

**Swann's Way** /swɒnz/ N (Literat) Du côté de chez Swann

**swansdown** /ˈswɒnzdaʊn/ N (NonC) (= feathers) (duvet m de) cygne m ; (= fabric) molleton m

**swap** * /swɒp/
N troc m, échange m ◆ **it's a fair swap** ça se vaut ◆ **swaps** (stamps etc) doubles mpl
VT échanger, troquer (A for B A contre B) ; [+ stamps, stories] échanger (with sb avec qn) ◆ **Paul and Martin have swapped hats** Paul et Martin ont échangé leurs chapeaux ◆ **let's swap places** changeons de place (l'un avec l'autre) ◆ **I'll swap you!** tu veux échanger avec moi ? ; → **wife**
VI échanger
[COMP] **swap meet** N (US Comm) rassemblement où l'on vend ou troque divers objets usagés
**swap shop** N (Brit) lieu ou rassemblement où l'on troque divers objets usagés

▶ **swap over, swap round** VT SEP, VI changer de place

**SWAPO** /ˈswɑːpəʊ/ N (abbrev of South-West Africa People's Organization) SWAPO f

**sward** †† /swɔːd/ N gazon m, pelouse f

**swarf** /swɔːf/ N ébarbures fpl

**swarm¹** /swɔːm/ SYN
N [of bees, flying insects] essaim m ; [of ants, crawling insects] fourmillement m, grouillement m ; [of people] nuée f, essaim m ◆ **in a swarm, in swarms** (fig) en masse
VI 1 [bees] essaimer
2 [crawling insects] grouiller ◆ **to swarm in/out** etc [people] entrer/sortir etc en masse ◆ **they swarmed round** or **over** or **through the palace** ils ont envahi le palais en masse ◆ **the children swarmed round his car** les enfants s'agglutinaient autour de sa voiture
3 (lit, fig) [ground, town, streets] fourmiller, grouiller (with de)

**swarm²** /swɔːm/ VT (also **swarm up**) [+ tree, pole] grimper à toute vitesse à (en s'aidant des pieds et des mains)

**swarthiness** /ˈswɔːðɪnɪs/ N teint m basané or bistré

**swarthy** /ˈswɔːðɪ/ SYN ADJ [person] à la peau basanée, au teint basané ; [complexion] basané

**swashbuckler** /ˈswɒʃˌbʌklər/ N fier-à-bras m

**swashbuckling** /ˈswɒʃˌbʌklɪŋ/ SYN ADJ [person] truculent ; [film, role] de cape et d'épée

**swastika** /ˈswɒstɪkə/ SYN N svastika or swastika m ; (Nazi) croix f gammée

**SWAT** /swɒt/ (abbrev of Special Weapons and Tactics) ◆ **SWAT team** ≈ GIGN m (groupe d'intervention de la gendarmerie nationale)

**swat** /swɒt/
VT [+ fly, mosquito] écraser ; ( * = slap) [+ table etc] donner un coup sur, taper sur

N 1 ◆ **to give a fly a swat, to take a swat at a fly** donner un coup de tapette à une mouche
2 (also **fly swat**) tapette f

**swatch** /swɒtʃ/ N échantillon m (de tissu)

**swath** /swɔːθ/ N (pl **swaths** /swɔːðz/) ⇒ **swathe** noun

**swathe** /sweɪð/ SYN
VT (= bind) emmailloter (in de), (= wrap) envelopper (in dans) ◆ **swathed in bandages** emmailloté de bandages ◆ **swathed in blankets** enveloppé or emmitouflé * dans des couvertures
N (Agr) andain m ◆ **to cut corn in swathes** couper le blé en javelles ◆ **to cut a swathe through** (fig) [disease, epidemic] décimer ; [recession, cutbacks] ravager

**swatter** /ˈswɒtər/ N (also **fly swatter**) tapette f

**sway** /sweɪ/ SYN
N (NonC) 1 (= motion) [of rope, hanging object, trees] balancement m, oscillation f ; [of boat] balancement m, oscillations fpl ; [of tower block, bridge] mouvement m oscillatoire, oscillation f
2 (liter) emprise f (over sur), domination f (over de) ◆ **to hold sway over** avoir de l'emprise sur, tenir sous son emprise or sa domination ◆ **to fall under the sway of** tomber sous l'emprise de
VI [tree, rope, hanging object, boat] se balancer, osciller ; [tower block, bridge] osciller ; [train] tanguer ; [person] tanguer, osciller ; (fig) (= vacillate) osciller, tanguer (liter) (between entre) ◆ **he stood swaying (about** or **from side to side** or **backwards and forwards)** il oscillait (sur ses jambes or de droite à gauche or d'arrière en avant), il tanguait ◆ **to sway in/out** etc (from drink, injury) entrer/sortir etc en tanguant ; (regally) entrer/sortir etc majestueusement ◆ **he swayed towards leniency** il a penché pour la clémence
VT 1 [+ hanging object] balancer, faire osciller ; [+ hips] rouler, balancer ; [wind] balancer, agiter ; [waves] balancer, ballotter
2 (= influence) influencer, avoir une action déterminante sur ◆ **these factors finally swayed the committee** ces facteurs ont finalement influencé le choix or la décision du comité ◆ **I allowed myself to be swayed** je me suis laissé influencer ◆ **his speech swayed the crowd** son discours a eu une action déterminante sur la foule
[COMP] **sway-back** N ensellure f, lordose f
**sway-backed** ADJ ensellé

**Swazi** /ˈswɑːzɪ/
ADJ swazi
N Swazi(e) m(f)

**Swaziland** /ˈswɑːzɪlænd/ N Swaziland m ◆ **in Swaziland** au Swaziland

**swear** /sweər/ SYN (pret **swore**, ptp **sworn**)
VT 1 jurer (on sth sur qch ; to do sth de faire qch) ; [+ fidelity, allegiance] jurer ◆ **I swear it!** je le jure ! ◆ **to swear an oath** (solemnly) prêter serment ; (= curse) lâcher or pousser un juron ◆ **to swear (an oath)** faire (le) serment or jurer de faire qch ◆ **to swear a charge against sb** (Jur) accuser qn sous serment ◆ **I could have sworn he touched it** j'aurais juré qu'il l'avait touché ◆ **I swear he said so!** il l'a dit, je vous le jure !, je vous jure qu'il l'a dit ! ◆ **I swear I've never enjoyed myself more** ma parole, je ne me suis jamais autant amusé ; see also **oath**, **sworn** ; → **black**
2 [+ witness, jury] faire prêter serment à ◆ **to swear sb to secrecy** faire jurer le secret à qn
VI 1 (= take solemn oath etc) jurer ◆ **do you so swear? – I swear** (Jur) dites « je le jure » – je le jure ◆ **he swore on the Bible** il a juré sur la Bible ◆ **I swear by all I hold sacred** je jure par ce que j'ai de plus sacré ◆ **to swear to the truth of sth** jurer que qch est vrai ◆ **would you swear to having seen him?** est-ce que vous jureriez que vous l'avez vu ? ◆ **I think he did but I couldn't** or **wouldn't swear to it** il me semble qu'il l'a fait mais je n'en jurerais pas ◆ **to swear blind** (Brit) or **up and down** (US) **that...** jurer ses grands dieux que...
2 (= curse) jurer, pester (at contre, après) ; (= blaspheme) blasphémer ◆ **don't swear!** ne jure pas !, ne sois pas grossier ! ◆ **to swear like a trooper** jurer comme un charretier ◆ **it's enough to make you swear** * il y a de quoi vous faire râler *

▶ **swear by** VT FUS (fig) ◆ **he swears by vitamin C tablets** il ne jure que par la vitamine C ◆ **I swear by whisky as a cure for flu** pour moi il n'y a rien de tel que le whisky pour guérir la grippe

▶ **swear in** VT SEP [+ jury, witness, president etc] assermenter, faire prêter serment à

▶ **swear off** VT FUS [+ alcohol, tobacco] jurer de renoncer à ◆ **he has sworn off stealing** il a juré de ne plus voler

▶ **swear out** VT SEP (US Jur) ◆ **to swear out a warrant for sb's arrest** obtenir un mandat d'arrêt contre qn en le dénonçant sous serment

**swearword** /ˈsweəwɜːd/ N gros mot m, juron m

**sweat** /swet/ SYN
N 1 sueur f, transpiration f ; (fig : on walls etc) humidité f, suintement m ; (= state) sueur(s) f(pl) ◆ **by the sweat of his brow** à la sueur de son front ◆ **to be dripping** or **covered with sweat** ruisseler de sueur, être en nage ◆ **to work up** or **get up a sweat, to break sweat** se mettre à transpirer ◆ **to be in a sweat** (lit) être en sueur, être couvert de sueur ; (* fig) avoir des sueurs froides ◆ **he was in a great sweat about it** ça lui donnait des sueurs froides ; → **cold**
2 (* = piece of work etc) corvée f ◆ **it was an awful sweat** on a eu un mal de chien, on en a bavé ⁂ ◆ **no sweat!** ⁂ pas de problème !
3 ◆ **an old sweat** ⁂ un vétéran, un vieux routier
VI [person, animal] suer (with, from de), être en sueur ; [walls] suer, suinter ; [cheese etc] suer ◆ **he was sweating profusely** il suait à grosses gouttes ◆ **to sweat like a bull** or **a pig** suer comme un bœuf ◆ **he was sweating over his essay** * il suait or transpirait sur sa dissertation
VT 1 [+ person, animal] faire suer or transpirer ; (fig) [+ workers] exploiter
2 ◆ **to sweat blood** * (= work hard) suer sang et eau (over sth sur qch) ; (= be anxious) avoir des sueurs froides ◆ **he was sweating blood over** or **about the exam** * l'examen lui donnait des sueurs froides ◆ **don't sweat it!** ⁂ (US fig) calme-toi !, relaxe ! *
[COMP] **sweated goods** NPL marchandises produites par une main-d'œuvre exploitée
**sweated labour** N main-d'œuvre exploitée
**sweat gland** N glande f sudoripare
**sweat lodge** N sorte de sauna à usage religieux dans certaines tribus amérindiennes
**sweat pants** NPL (US) jogging m
**sweat-stained** ADJ taché or maculé de sueur

▶ **sweat off** VT SEP ◆ **I've sweated off half a kilo** j'ai perdu un demi-kilo à force de transpirer

▶ **sweat out** VT SEP [+ cold etc] guérir en transpirant ◆ **you'll just have to sweat it out** * (fig) il faudra t'armer de patience ◆ **they left him to sweat it out** * ils n'ont rien fait pour l'aider

**sweatband** /ˈswetbænd/ N (in hat) cuir m intérieur ; (Sport) bandeau m

**sweater** /ˈswetər/
N tricot m, pull-over m, pull * m
[COMP] **sweater girl** N fille f bien roulée *

**sweating** /ˈswetɪŋ/ N [of person, animal] transpiration f ; (Med) sudation f ; [of wall] suintement m

**sweats** * /swets/ NPL (esp US) (tenue f de) jogging m

**sweatshirt** /ˈswetʃɜːt/ N sweat-shirt m

**sweatshop** /ˈswetʃɒp/ N atelier où la main-d'œuvre est exploitée

**sweatsuit** /ˈswetsuːt/ N (US) survêtement m, survêt * m

**sweaty** /ˈswetɪ/ SYN ADJ [person, body] (= sweating) en sueur ; (= sticky) collant de sueur ; [hand, skin] moite (de sueur) ; [hair, clothes] collant de sueur ; [smell] de sueur ; [place] où il fait chaud ◆ **I've got sweaty feet** je transpire or sue des pieds ◆ **to get sweaty** [person] se mettre en sueur

**Swede** /swiːd/ N Suédois(e) m(f)

**swede** /swiːd/ N (esp Brit) rutabaga m

**Sweden** /ˈswiːdən/ N Suède f

**Swedenborgian** /ˌswiːdənˈbɔːdʒɪən/ ADJ swedenborgien

**Swedish** /ˈswiːdɪʃ/
ADJ (gen) suédois ; [ambassador, embassy, monarch] de Suède
N (= language) suédois m
NPL ◆ **the Swedish** les Suédois mpl
[COMP] **Swedish gymnastics** NPL gymnastique f suédoise
**Swedish massage** N massage m suédois
**Swedish mile** N mile m suédois ( = 10 km)
**Swedish movements** NPL ⇒ Swedish gymnastics

**sweep** /swiːp/ SYN (vb: pret, ptp **swept**)

**N** [1] *(with broom etc)* coup *m* de balai • **to give a room a sweep (out)** donner un coup de balai à *or* balayer une pièce ; → **clean**

[2] (also **chimney sweep**) ramoneur *m* ; → **black**

[3] *(= movement)* *[of arm]* grand geste *m* ; *[of sword]* grand coup *m* ; *[of scythe]* mouvement *m* circulaire ; *[of net]* coup *m* ; *[of lighthouse beam, radar beam]* trajectoire *f* ; *[of tide]* progression *f* irrésistible ; *[of progress, events]* marche *f* • **in** *or* **with one sweep** d'un seul coup • **with a sweep of his arm** d'un geste large • **to make a sweep of the horizon** *(with binoculars)* parcourir l'horizon ; *[lighthouse beam]* balayer l'horizon • **to make a sweep for mines** draguer des mines • **the police made a sweep of the district** la police a ratissé le quartier

[4] *(= range)* *[of telescope, gun, lighthouse, radar]* champ *m* • **with a sweep of 180°** avec un champ de 180°

[5] *(= curve, line)* *[of coastline, hills, road, river]* grande courbe *f* ; *(Archit)* courbure *f*, voussure *f* ; *[of curtains, long skirt]* drapé *m* • **a wide sweep of meadowland** une vaste étendue de prairie • **the graceful sweep of her lines** *(car, ship, plane)* son élégante ligne aérodynamique

[6] abbrev of **sweepstake**

**VT** [1] *[+ room, floor, street]* balayer ; *[+ chimney]* ramoner ; *(Naut)* *[+ river, channel]* draguer ; *(fig)* *[waves, hurricane, bullets, searchlights, skirts]* balayer • **to sweep a room clean** donner un bon coup de balai dans une pièce • **to sweep sth clean of mines** déminer qch • **he swept the horizon with his binoculars** il a parcouru l'horizon avec ses jumelles • **his eyes/his glance swept the room** il a parcouru la pièce des yeux/du regard • **their fleet swept the seas in search of...** leur flotte a sillonné *or* parcouru les mers à la recherche de... • **a wave of panic swept the city** un vent de panique a soufflé sur la ville ; → **broom**

[2] *[+ dust, snow etc]* balayer ; *[+ mines]* draguer, enlever • **he swept the rubbish off the pavement** il a enlevé les ordures du trottoir d'un coup de balai • **she swept the snow into a heap** elle a balayé la neige et en a fait un tas • **to sweep sth under the carpet** *or* **rug** *(fig)* tirer le rideau sur qch • **to sweep sth off the table on to the floor** faire tomber qch de la table par terre d'un geste large • **to sweep one's hair off one's face** écarter ses cheveux de son visage • **to sweep sth into a bag** faire glisser qch d'un geste large dans un sac • **to sweep everything before one** *(fig)* remporter un succès total, réussir sur toute la ligne • **the army swept the enemy before them** l'armée a balayé l'ennemi devant elle • **to sweep the board** remporter un succès complet, tout rafler* • **the socialists swept the board at the election** les socialistes ont remporté l'élection haut la main • **he swept the obstacles from his path** il a balayé *or* écarté les obstacles qui se trouvaient sur son chemin • **the crowd swept him into the square** la foule l'a emporté *or* entraîné sur la place, il a été pris dans le mouvement de la foule et il s'est retrouvé sur la place • **the wave swept him overboard** la vague l'a jeté par-dessus bord • **the wind swept the caravan over the cliff** le vent a emporté la caravane et l'a précipitée du haut de la falaise • **the current swept the boat downstream** le courant a emporté le bateau • **to be swept off one's feet** *(by wind, flood etc)* être emporté *(by* par) ; *(fig)* être enthousiasmé *or* emballé* *(by* par) • **the water swept him off his feet** le courant lui a fait perdre pied • **he swept her off her feet** *(fig)* elle a eu le coup de foudre pour lui • **this election swept the socialists into office** *or* **power** cette élection a porté les socialistes au pouvoir avec une forte majorité

**VI** [1] *(= pass swiftly)* • **to sweep in/out/along** *etc* *[person, vehicle, convoy]* entrer/sortir/avancer *etc* rapidement • **the car swept round the corner** la voiture a pris le virage comme un bolide • **the planes went sweeping across the sky** les avions sillonnaient le ciel • **the rain swept across the plain** la pluie a balayé la plaine • **panic swept through the city** la panique s'est emparée de la ville • **plague swept through the country** la peste a ravagé le pays

[2] *(= move impressively)* • **to sweep in/out/along** *etc* *[person, procession]* entrer/sortir/avancer *etc* majestueusement • **she came sweeping into the room** elle a fait une entrée majestueuse dans la pièce • **to sweep into office** *(fig:Pol)* être porté au pouvoir • **the royal car swept down the avenue** la voiture royale a descendu l'avenue d'une manière imposante • **the motorway sweeps across the hills** l'autoroute s'élance à travers les collines • **the forests sweep down to the sea** les forêts descendent en pente douce jusqu'au bord de la mer • **the bay sweeps away to the south** la baie décrit une courbe majestueuse vers le sud • **the Alps sweep down to the coast** les Alpes descendent majestueusement vers la côte

**COMP** **sweep hand** **N** *[of clock etc]* trotteuse *f*

▸ **sweep along**

**VI** → **sweep vi 1, 2**

**VT SEP** *[crowd, flood, current, gale]* emporter, entraîner ; *[+ leaves]* balayer

▸ **sweep aside** **VT SEP** *[+ object, person]* repousser, écarter ; *[+ suggestion, objection]* repousser, rejeter ; *[+ difficulty, obstacle]* écarter

▸ **sweep away**

**VI** *(= leave)* *(rapidly)* s'éloigner rapidement ; *(impressively)* s'éloigner majestueusement *or* d'une manière imposante ; see also **sweep vi 2**

**VT SEP** *[+ dust, snow, rubbish]* balayer ; *[crowd, flood, current, gale]* entraîner • **they swept him away to lunch** ils l'ont entraîné pour aller déjeuner

▸ **sweep down**

**VI** → **sweep vi 2**

**VT SEP** *[+ walls etc]* nettoyer avec un balai ; *[flood, gale etc]* emporter • **the river swept the logs down to the sea** les bûches ont flotté sur la rivière jusqu'à la mer

▸ **sweep off** ⇒ **sweep away**

▸ **sweep out**

**VI** → **sweep vi 1, 2**

**VT SEP** *[+ room, dust, rubbish]* balayer

▸ **sweep up**

**VI** [1] *(with broom etc)* • **to sweep up after sb** balayer les débris *or* les saletés de qn • **to sweep up after a party** balayer quand les invités sont partis

[2] • **he swept up to me** *(angrily)* il s'est approché de moi avec furie *or* majestueusement ; *(impressively)* il s'est approché de moi majestueusement • **the car swept up to the house** *(rapidly)* la voiture a remonté rapidement l'allée jusqu'à la maison ; *(impressively)* la voiture a remonté l'allée jusqu'à la maison d'une manière imposante

**VT SEP** *[+ snow, leaves, dust etc]* balayer • **she swept up the letters and took them away** elle a ramassé les lettres d'un geste brusque et les a emportées

**sweepback** /ˈswiːpbæk/ **N** *[of aircraft wing etc]* flèche *f*

**sweeper** /ˈswiːpəʳ/ **N** [1] *(= worker)* balayeur *m*

[2] *(= machine)* balayeuse *f* ; (also **carpet sweeper**) balai *m* mécanique ; *(= vacuum cleaner)* aspirateur *m*

[3] *(Football)* libéro *m*

**sweeping** /ˈswiːpɪŋ/ SYN

**ADJ** [1] *[gesture, movement]* grand ; *[curve]* large ; *[glance]* circulaire ; *[coastline]* qui décrit une courbe majestueuse ; *[lawn]* qui descend en pente majestueuse ; *[staircase]* qui descend majestueusement ; *[bow]* profond ; *[skirts]* qui balaie le sol

[2] *(= large-scale)* *[change, reorganization]* radical ; *[reduction, cuts, powers]* considérable • **sweeping gains/losses** *(Pol:at election)* progression *f*/recul *m* considérable *or* très net(te)

[3] *(= decisive)* *[victory]* écrasant

[4] *(pej = indiscriminate)* • **sweeping statement/generalization** déclaration *f*/généralisation *f* à l'emporte-pièce • **that's pretty sweeping!** c'est beaucoup dire !

**NPL** **sweepings** balayures *fpl*, ordures *fpl* ; *(fig)* *[of society etc]* rebut *m*

**sweepstake** /ˈswiːpsteɪk/ **N** sweepstake *m*

**sweet** /swiːt/ SYN

**ADJ** [1] *(= not savoury)* *[taste, food, drink]* sucré ; *[smell]* doux (douce *f*), suave ; *[apple, orange]* doux (douce *f*), sucré • **to taste sweet** être sucré • **to smell sweet** avoir une odeur suave • **I love sweet things** j'adore le sucré *or* les sucreries *fpl* ; → **sickly**

[2] *(= not dry)* *[cider, wine]* doux (douce *f*) ; → **medium**

[3] *(= kind)* *[person, face, smile]* doux (douce *f*) • **she has such a sweet nature** elle est d'une nature si douce • **she is a very sweet person** elle est vraiment très gentille • **you're such a sweet guy!** t'es vraiment un chic type !* • **that was very sweet of her** c'était très gentil de sa part • **how sweet of you to think of me!** comme c'est gentil de votre part d'avoir pensé à moi ! • **to be sweet to sb** être gentil avec qn • **to keep sb sweet*** chercher à être dans les petits papiers de qn* • **(as) sweet as pie** *(Brit)* *[person]* gentil comme tout ; *[situation]* qui marche parfaitement • **Sweet Jesus!**‡ nom de Dieu !‡ ; → **Fanny**

[4] *(= cute)* *[child, dog, house, hat]* mignon • **a sweet old lady** une adorable vieille dame ; → **sixteen**

[5] *(= pleasant)* *[sound, voice, music]* harmonieux, mélodieux • **revenge is sweet!** la vengeance est douce ! • **the sweet taste of victory/revenge** le goût exquis de la victoire/vengeance • **the sweet smell of success** la douceur de la gloire, l'ivresse du succès • **the news was sweet music to my ears** cette nouvelle a été douce à mes oreilles • **sweet dreams!** fais de beaux rêves ! • **to whisper sweet nothings in sb's ear** conter fleurette à qn ; see also **bittersweet**

[6] *(= pure)* *[air, breath]* frais (fraîche *f*) ; *[water]* pur • **to smell sweet** *[air]* être pur ; *[breath]* être frais

[7] *(iro)* • **he carried on in his own sweet way** il a continué comme il l'entendait • **he'll do it in his own sweet time** il le fera quand bon lui semblera • **she went her own sweet way** elle a fait comme il lui plaisait • **to please one's own sweet self** n'en faire qu'à sa tête • **at his own sweet will** à son gré

[8] *(* = attracted)* • **to be sweet on sb** avoir le béguin* pour qn

**N** *(esp Brit = candy)* bonbon *m* ; *(Brit = dessert)* dessert *m* • **the sweets of success/solitude** *etc* les délices *fpl* de la réussite/de la solitude *etc* • **come here, (my) sweet*** viens ici, mon ange

**COMP** **sweet alyssum** **N** *(= plant)* corbeille *f* d'argent

**sweet-and-sour** **ADJ** aigre-doux (aigre-douce *f*)

**sweet chestnut** **N** châtaigne *f*, marron *m*

**sweet cicely** **N** cerfeuil *m* musqué

**sweet clover** **N** mélilot *m*

**sweet herbs** **NPL** fines herbes *fpl*

**sweet-natured** **ADJ** d'un naturel doux

**sweet pea** **N** pois *m* de senteur

**sweet pepper** **N** piment *m* doux, poivron *m* (vert *or* rouge)

**sweet potato** **N** patate *f* douce

**sweet-scented, sweet-smelling** **ADJ** agréablement parfumé, odoriférant

**sweet spot** **N** *(Sport)* point *m* de frappe idéal

**sweet talk** **N** flagorneries *fpl*

**sweet-talk** **VT** flagorner

**sweet-tempered** **ADJ** ⇒ **sweet-natured**

**sweet tooth** **N** • **to have a sweet tooth** avoir un faible pour les sucreries

**sweet-toothed** **ADJ** friand de sucreries

**sweet trolley** **N** *(Brit)* chariot *m* des desserts

**sweet william** **N** [1] *(= plant)* œillet *m* de poète

[2] *(= fish)* taupe *f*

**sweetbread** /ˈswiːtbred/ **N** ris *m* de veau *or* d'agneau

**sweetbriar, sweetbrier** /ˈswiːtbraɪəʳ/ **N** églantier *m* odorant

**sweetcorn** /ˈswiːtkɔːn/ **N** maïs *m* (doux)

**sweeten** /ˈswiːtn/ SYN

**VT** [1] *[+ coffee, sauce etc]* sucrer ; *[+ air]* purifier ; *[+ room]* assainir

[2] *(fig)* *[+ person, sb's temper, task]* adoucir

[3] *(* : also* **sweeten up***)* *(= give incentive to)* amadouer ; *(= bribe)* graisser la patte à* ; → **pill**

**VI** *[person, sb's temper]* s'adoucir

**sweetener** /ˈswiːtnəʳ/ **N** [1] *(for coffee, food)* édulcorant *m*

[2] *(* fig)* *(= incentive)* carotte* *f* ; *(= bribe)* pot-de-vin *m* ; *(= compensation)* quelque chose *m* pour faire passer la pilule*, lot *m* de consolation

**sweetening** /ˈswiːtnɪŋ/ **N** *(NonC = substance)* édulcorant *m*

**sweetheart** /ˈswiːthɑːt/ SYN **N** petit(e) ami(e) *m(f)*, bien-aimé(e) † *m(f)* • **yes sweetheart** oui chéri(e) *or* mon ange

**sweetie*** /ˈswiːtɪ/ **N** [1] *(= person :* also **sweetie-pie**‡*)* • **he's/she's a sweetie** il/elle est chou*, c'est un ange • **yes sweetie** oui mon chou* *or* mon ange

[2] *(esp Scot = candy)* bonbon *m*

**sweetish** /ˈswiːtɪʃ/ **ADJ** au goût sucré, douceâtre *(pej)*

**sweetly** /ˈswiːtlɪ/ **ADV** [1] *(= kindly)* *[smile, say, answer]* gentiment

[2] *(= pleasantly)* *[sing, play]* mélodieusement

3 *(= efficiently)* ◆ **the engine is running sweetly** le moteur marche sans à-coups ◆ **he hit the ball sweetly** il a frappé la balle avec un timing parfait

4 ◆ **sweetly scented** agréablement parfumé, odoriférant

**sweetmeat** /ˈswiːtmiːt/ **N** sucrerie *f*, confiserie *f*

**sweetness** /ˈswiːtnɪs/ **N** *(to taste)* goût *m* sucré ; *(in smell)* odeur *f* suave ; *(to hearing)* son *m* mélodieux *or* harmonieux ; *[of person, nature, character, expression]* douceur *f* ◆ **to be all sweetness and light** être tout douceur

**sweetshop** /ˈswiːtʃɒp/ **N** *(Brit)* confiserie *f* *(souvent avec papeterie, journaux et tabac)*

**swell** /swel/ SYN (vb: pret **swelled**, ptp **swollen** *or* **swelled**)

**N** 1 *[of sea]* houle *f* ◆ **heavy swell** forte houle *f* ; → **groundswell**

2 *(Mus)* crescendo *m inv* (et diminuendo *m inv*) ; *(on organ)* boîte *f* expressive

3 ( † * = *stylish person)* personne *f* huppée *, gandin *m* *(pej)* ◆ **the swells** les gens *mpl* huppés *, le gratin *

**ADJ** * 1 *(esp US † = stylish, showy)* *[clothes, house, car, restaurant]* chic *inv* ; *[relatives, friends]* huppé *

2 *(US = wonderful)* super * *inv* ◆ **I had a swell time** je me suis super * bien amusé

**VI** 1 (also **swell up**) *[balloon, tyre, air bed]* (se) gonfler ; *[sails]* se gonfler ; *[ankle, arm, eye, face]* enfler ; *[wood]* gonfler ◆ **to swell (up) with pride** se gonfler d'orgueil ◆ **to swell (up) with rage/indignation** bouillir de rage/d'indignation

2 *(= increase)* *[river]* grossir ; *[sound, music, voice]* s'enfler ; *[numbers, population, membership]* grossir, augmenter ◆ **the numbers soon swelled to 500** le nombre a vite atteint 500 ◆ **the little group soon swelled into a crowd** le petit groupe est vite devenu une foule ◆ **the murmuring swelled to a roar** le murmure s'enfla pour devenir un rugissement

**VT** *[+ sail]* gonfler ; *[+ sound]* enfler ; *[+ river, lake]* grossir ; *[+ number]* grossir, augmenter ◆ **this swelled the membership/population to 1,500** ceci a porté à 1 500 le nombre des membres/le total de la population ◆ **a population swollen by refugees** une population grossie par les réfugiés ◆ **a river swollen by rain** une rivière grossie par les pluies, une rivière en crue ◆ **a fifth edition swollen by a mass of new material** une cinquième édition augmentée d'une quantité de matière nouvelle ◆ **to be swollen with pride** être gonflé *or* bouffi d'orgueil ◆ **to be swollen with rage** bouillir de rage ; see also **swollen**

**COMP** **swell box** **N** *(Mus)* boîte *f* expressive

▸ **swell out**

**VI** *[sails etc]* se gonfler

**VT SEP** gonfler

▸ **swell up** **VI** ⇒ **swell vi 1**

**swellhead** * /ˈswelhed/ **N** *(US)* bêcheur * *m*, -euse * *f*

**swellheaded** * /ˌswelˈhedɪd/ **ADJ** bêcheur *

**swellheadedness** * /ˌswelˈhedɪdnɪs/ **N** vanité *f*, suffisance *f*

**swelling** /ˈswelɪŋ/ SYN

**N** 1 *(= bulge, lump)* *(gen)* grosseur *f* ; *(on tyre)* hernie *f* ; *(Med)* bosse *f*, grosseur *f*

2 *(NonC: Med)* *[of limb, foot, finger, face, jaw]* enflure *f* ; *[of eye, stomach, breasts, tissue, organ]* gonflement *m* ◆ **it's to reduce the swelling** c'est pour faire désenfler

3 *(NonC)* *[of balloon, tyre, sails, wood]* gonflement *m* ; *[of population]* accroissement *m*

**ADJ** *[sound, chorus, voices, ankle, eye]* qui enfle ; *[sail]* gonflé

**swelter** /ˈsweltəʳ/ **VI** étouffer de chaleur

**sweltering** /ˈsweltərɪŋ/ **ADJ** *[weather]* étouffant ; *[heat]* étouffant, accablant ; *[day, afternoon]* torride ◆ **it's sweltering** on étouffe (de chaleur)

**swept** /swept/ **VB** pt, ptp of **sweep**

**sweptback** /ˌsweptˈbæk/ **ADJ** *[plane wings]* en flèche ; *[hair]* rejeté en arrière

**sweptwing aircraft** /ˌsweptwɪŋˈeəkrɑːft/ **N** avion *m* à ailes en flèche

**swerve** /swɜːv/ SYN

**VI** *[boxer, fighter]* faire un écart ; *[ball]* dévier ; *[vehicle, ship]* faire une embardée ; *[driver]* donner un coup de volant ; *(fig)* dévier *(from* de) ◆ **the car swerved away from the lorry on to the verge** la voiture a fait une embardée pour éviter le camion et est montée sur l'accotement ◆ **he swerved round the bollard** il a viré sur les chapeaux de roues autour de la borne lumineuse

**VT** *[+ ball]* faire dévier ; *[+ vehicle]* faire faire une embardée à

**N** *[of vehicle, ship]* embardée *f* ; *[of boxer, fighter]* écart *m*

**swift** /swɪft/ SYN

**ADJ** rapide ◆ **the river is swift at this point** le courant (de la rivière) est rapide à cet endroit ◆ **to wish sb a swift recovery** souhaiter à qn un prompt rétablissement ◆ **they were swift to act/respond/obey** ils ont été prompts à agir/réagir/obéir ◆ **to be swift of foot** courir vite

**N** *(= bird)* martinet *m*

**COMP** **swift-flowing** **ADJ** *[river]* au courant rapide ; *[current]* rapide

**swift-footed** **ADJ** *(liter)* au pied léger

**swiftly** /ˈswɪftlɪ/ SYN **ADV** *[move, react, walk, spread, become]* rapidement, vite ◆ **a swiftly flowing river** une rivière au courant rapide ◆ **the company has moved** *or* **acted swiftly to deny the rumours** l'entreprise a réagi promptement pour démentir les rumeurs

**swiftness** /ˈswɪftnɪs/ SYN **N** rapidité *f*

**swig** * /swɪg/

**N** lampée * *f* ; *(larger)* coup *m* ◆ **to take a swig at a bottle** boire un coup à même la bouteille

**VT** lamper *

▸ **swig down** * **VT SEP** avaler d'un trait

**swill** /swɪl/ SYN

**N** 1 *(NonC)* *(for pigs etc)* pâtée *f* ; *(= garbage, slops)* eaux *fpl* grasses

2 ◆ **to give sth a swill (out** *or* **down)** ⇒ **to swill sth (out** *or* **down) vt 1**

**VT** 1 (also **swill out, swill down**) *[+ floor]* laver à grande eau ; *[+ glass]* rincer

2 (also **swill around**) *[+ liquid]* remuer

3 ( * = *drink)* boire avidement, boire à grands traits

**VI** *[liquid]* remuer

**swim** /swɪm/ (vb: pret **swam**, ptp **swum**)

**N** ◆ **to go for a swim, to have** *or* **take a swim** *(in sea, lake, river)* aller nager *or* se baigner ; *(in swimming baths)* aller à la piscine ◆ **it's time for our swim** c'est l'heure de la baignade ◆ **after a 2km swim** après avoir fait 2 km à la nage ◆ **Channel swim** traversée *f* de la Manche à la nage ◆ **it's a long swim** voilà une bonne *or* longue distance à parcourir à la nage ◆ **I had a lovely swim** ça m'a fait du bien de nager comme ça ◆ **to be in the swim (of things)** être dans le mouvement

**VI** 1 *[person]* nager ; *(as sport)* faire de la natation ; *[fish, animal]* nager ◆ **to go swimming** *(in sea, lake, river)* aller nager *or* se baigner ; *(in swimming baths)* aller à la piscine ◆ **to swim away/back** *etc* *[person]* s'éloigner/revenir *etc* à la nage ; *[fish]* s'éloigner/revenir *etc* ◆ **to swim across a river** traverser une rivière à la nage ◆ **he swam under the boat** il est passé sous le bateau (à la nage) ◆ **to swim under water** nager sous l'eau ◆ **he had to swim for it** son seul recours a été de se sauver à la nage *or* de se jeter à l'eau et de nager ◆ **to swim against the current** nager contre le courant ◆ **to swim against the tide** nager à contre-courant ◆ **to swim with the tide** *(fig)* suivre le courant

2 *(fig)* ◆ **the meat was swimming in gravy** la viande nageait *or* baignait dans la sauce ◆ **her eyes were swimming (with tears)** ses yeux étaient noyés *or* baignés de larmes ◆ **the bathroom was swimming** la salle de bains était inondée ◆ **the room was swimming round** *or* **swimming before his eyes** la pièce semblait tourner autour de lui ◆ **his head was swimming** la tête lui tournait

**VT** *[+ race]* nager ; *[+ lake, river]* traverser à la nage ◆ **it was first swum in 1900** la première traversée à la nage a eu lieu en 1900 ◆ **he can swim 10km** il peut faire 10 km à la nage ◆ **he can swim two lengths** il peut nager *or* faire deux longueurs ◆ **before he had swum ten strokes** avant qu'il ait pu faire *or* nager dix brasses ◆ **I can't swim a stroke** je suis incapable de faire une brasse ◆ **can you swim the crawl?** savez-vous nager *or* faire le crawl ?

**COMP** **swim bladder** **N** *[of fish]* vessie *f* natatoire

**swimmer** /ˈswɪməʳ/ **N** nageur *m*, -euse *f*

**swimming** /ˈswɪmɪŋ/

**N** *(gen)* nage *f* ; *(Sport, Scol)* natation *f*

**COMP** **swimming bath(s)** **N(PL)** *(Brit)* piscine *f*

**swimming cap** **N** bonnet *m* de bain

**swimming costume** **N** *(Brit)* maillot *m* (de bain) une pièce

**swimming crab** **N** étrille *f*

**swimming gala** **N** compétition *f* de natation

**swimming instructor** **N** maître *m* nageur

**swimming pool** **N** piscine *f*

**swimming ring** **N** bouée *f*

**swimming suit** **N** maillot *m* (de bain)

**swimming trunks** **NPL** caleçon *m* *or* slip *m* de bain

**swimmingly** † * /ˈswɪmɪŋlɪ/ **ADV** à merveille ◆ **they got on swimmingly** ils se sont entendus à merveille ◆ **everything went swimmingly** tout a marché comme sur des roulettes

**swimsuit** /ˈswɪmsuːt/ **N** maillot *m* (de bain)

**swimwear** /ˈswɪmweəʳ/ **N** *(NonC)* maillots *mpl* de bain

**swindle** /ˈswɪndl/ SYN

**N** escroquerie *f* ◆ **it's a swindle** c'est du vol, nous nous sommes fait estamper * *or* rouler *

**VT** escroquer ◆ **to swindle sb out of his money, to swindle sb's money out of him** escroquer de l'argent à qn

**swindler** /ˈswɪndləʳ/ SYN **N** escroc *m*

**swine** /swaɪn/

**N** *(pl inv)* *(= pig)* pourceau *m*, porc *m* ; (*‡ fig = person)* salaud ‡ *m* ◆ **you swine!** ‡ espèce de salaud ! ‡

**COMP** **swine fever** **N** peste *f* porcine

**swineherd** †† /ˈswaɪnhɜːd/ **N** porcher *m*, -ère *f*

**swing** /swɪŋ/ SYN (vb: pret, ptp **swung**)

**N** 1 *(= movement)* balancement *m* ; *[of pendulum]* *(= movement)* mouvement *m* de va-et-vient, oscillations *fpl* ; *(= arc, distance)* arc *m* ; *[of instrument pointer, needle]* oscillations *fpl* ; *(Boxing, Golf)* swing *m* ◆ **the swing of the boom sent him overboard** le retour de la bôme l'a jeté par-dessus bord ◆ **he gave the starting handle a swing** il a donné un tour de manivelle ◆ **the golfer took a swing at the ball** le joueur de golf a essayé de frapper *or* a frappé la balle avec un swing ◆ **to take a swing at sb** * décocher *or* lancer un coup de poing à qn ◆ **the swing of the pendulum brought him back to power** le mouvement du pendule l'a ramené au pouvoir ◆ **the socialists need a swing of 5% to win the election** *(Pol)* il faudrait aux socialistes un revirement d'opinion en leur faveur de l'ordre de 5% pour qu'ils remportent *subj* l'élection ◆ **a swing to the left** *(Pol)* un revirement en faveur de la gauche ◆ **the swings of the market** *(on Stock Exchange)* les fluctuations *fpl* *or* les hauts et les bas *mpl* du marché

2 *(= rhythm)* *[of dance etc]* rythme *m* ; *[of jazz music]* swing *m* ◆ **to walk with a swing in one's step** marcher d'un pas rythmé ◆ **music/poetry with a swing to it** *or* **that goes with a swing** musique *f*/poésie *f* rythmée *or* entraînante ◆ **to go with a swing** *[evening, party]* marcher du tonnerre * ◆ **to be in full swing** *[party, election, campaign]* battre son plein ; *[business]* être en plein rendement, gazer * ◆ **to get into the swing of** *[+ new job, married life etc]* s'habituer *or* se faire à ◆ **to get into the swing of things** se mettre dans le bain

3 *(= scope, freedom)* ◆ **they gave him full swing in the matter** ils lui ont donné carte blanche en la matière ◆ **he was given full swing to make decisions** on l'a laissé entièrement libre de prendre des décisions ◆ **he gave his imagination full swing** il a donné libre cours à son imagination

4 *(= seat for swinging)* balançoire *f* ◆ **to have a swing** se balancer, faire de la balançoire ◆ **to give a child a swing** pousser un enfant qui se balance ◆ **what you gain on the swings you lose on the roundabouts** *, **(it's) swings and roundabouts** * ce qu'on gagne d'un côté on le perd de l'autre

5 *(= music)* swing *m*

**VI** 1 *(= hang, oscillate)* *[arms, legs]* se balancer, être ballant ; *[object on rope, hammock]* se balancer ; *[pendulum]* osciller ; *(on a swing)* se balancer ; *(= pivot)* (also **swing round**) tourner, pivoter ; *[person]* se retourner, virevolter ◆ **he was left swinging by his hands** il s'est retrouvé seul suspendu par les mains ◆ **to swing to and fro** se balancer ◆ **the load swung (round) through the air as the crane turned** comme la grue pivotait la charge a décrit une courbe dans l'air ◆ **the ship was swinging at anchor** le bateau se balançait sur son ancre ◆ **he swung across on the rope** agrippé à la corde il s'est élancé et a *or* est passé de l'autre côté ◆ **the monkey swung from branch to branch** le singe se balançait de branche en branche ◆ **he swung up the rope ladder** il a grimpé prestement à l'échelle de corde • **he swung (up) into the saddle** il a sauté en selle • **the door swung open/shut** la porte s'est ouverte/s'est refermée • **he swung (round) on his heel** il a virevolté

2 *(= move rhythmically)* • **to swing along/away** *etc* avancer/s'éloigner *etc* d'un pas rythmé *or* allègre • **the regiment went swinging past the king** le régiment a défilé au pas cadencé devant le roi • **to swing into action** *[army]* se mettre en branle ; *(fig)* passer à l'action • **music that really swings** musique *f* qui swingue

3 *(= change direction :* also **swing round)** *[plane, vehicle]* virer • **the convoy swung (round) into the square** le convoi a viré pour aller sur la place • **the river swings north here** ici la rivière décrit une courbe *or* oblique vers le nord • **the country has swung to the right** *(Pol)* le pays a viré *or* effectué un virage à droite • **to swing both ways**‡ *(= be bisexual)* marcher à voile et à vapeur*

4 • **to swing at a ball** frapper *or* essayer de frapper une balle avec un swing • **to swing at sb** décocher *or* lancer un coup de poing à qn • **he swung at me with the axe** il a brandi la hache pour me frapper

5 *( * = be hanged)* être pendu • **he'll swing for it** on lui mettra la corde au cou pour cela • **I'd swing for him** je le tuerais si je le tenais

6 *( * = be fashionable)* être branché*, être dans le vent • **the party was really swinging** la soirée battait son plein

**VT** 1 *(= move to and fro) [+ one's arms, legs, umbrella, hammock]* balancer ; *[+ object on rope]* balancer, faire osciller ; *[+ pendulum]* faire osciller ; *[+ child on swing]* pousser ; *(= brandish)* brandir • **he swung his sword above his head** il a fait un moulinet avec l'épée au-dessus de sa tête • **he swung his axe at the tree** il a brandi sa hache pour frapper l'arbre • **he swung his racket at the ball** il a ramené sa raquette pour frapper la balle • **he swung the box (up) on to the roof of the car** il a envoyé la boîte sur le toit de la voiture • **he swung the case (up) on to his shoulders** il a balancé la valise sur ses épaules • **he swung himself across the stream/over the wall** *etc* il s'est élancé et a franchi le ruisseau/et a sauté par-dessus le mur *etc* • **to swing o.s. (up) into the saddle** sauter en selle • **to swing one's hips** rouler *or* balancer les hanches, se déhancher • **to swing the lead*** *(Brit)* tirer au flanc* ; → **room**

2 *(= turn :* also *often* **swing round)** *[+ propeller]* lancer ; *[+ starting handle]* tourner • **to swing a door open/shut** ouvrir/fermer une porte • **he swung the ship (round) through 180°** il a viré de 180°, il a fait virer (le bateau) de 180° • **he swung the car round the corner** il a viré au coin

3 *(= influence) [+ election, decision]* influencer ; *[+ voters]* faire changer d'opinion • **his speech swung the decision against us** son discours a provoqué un revirement et la décision est allée contre nous • **he managed to swing the deal*** il a réussi à emporter l'affaire • **do you think you can swing it for me?*** tu crois que tu peux m'arranger ça ? • **to swing it on sb**‡ tirer une carotte à qn*, pigeonner qn*

4 *(Mus) [+ a tune, the classics etc]* jouer de manière rythmée

**COMP** **swing band** N *(Mus)* orchestre *m* de swing
**swing-bin** N *(Brit)* poubelle *f* à couvercle pivotant
**swing bridge** N pont *m* tournant
**swing door** N porte *f* battante
**swing music** N swing *m*
**swing shift*** N *(US) (= period)* période *f* du soir *(pour un travail posté)* ; *(= workers)* équipe *f* du soir
**swing vote** N *(esp US)* vote *m* décisif • **the Black community will be the swing vote in the election** l'issue de ces élections dépendra du vote noir
**swing voter** N *(esp US) électeur dont le vote est décisif pour l'issue d'une élection*
**swing-wing** ADJ *[aircraft]* à géométrie variable

► **swing round**

**VI** *[person]* se retourner, virevolter ; *[crane etc]* tourner, pivoter ; *[ship, plane, convoy, procession]* virer ; *[car, truck]* virer ; *(after collision etc)* faire un tête-à-queue ; *(fig) [voters]* virer de bord ; *[opinions]* connaître un revirement ; see also **swing vi 1, 3**

**VT SEP** *[+ object on rope etc]* faire tourner ; *[+ sword, axe]* brandir, faire des moulinets avec ; *[+ crane etc]* faire pivoter ; *[+ car, ship, plane, convoy, procession]* faire tourner *or* virer ; see also **swing vt 2**

► **swing to** VI *[door]* se refermer

**swingeing** /ˈswɪndʒɪŋ/ ADJ *(Brit) [attack]* violent ; *[increase]* considérable ; *[fine, tax]* fort ; *[defeat, majority]* écrasant • **swingeing cuts** des coupes *fpl* sombres

**swinger*** /ˈswɪŋəʳ/ N • **he's a swinger** *(= with it)* il est branché* *or* dans le vent ; *(going to parties)* c'est un noceur* ; *(sexually)* il couche à droite et à gauche

**swinging** /ˈswɪŋɪŋ/ SYN

**ADJ** 1 *(= swaying, rocking) [rope, weight, pendulum, legs, hammock]* qui se balance ; *[door, shutter]* qui bat • **a swinging weight on the end of a cord** un poids se balançant *or* qui se balance au bout d'une corde • **the bar was full of swinging fists** dans le bar, les coups volaient

2 *(= syncopated) [music, rhythm]* entraînant, qui swingue*

3 *( * = modern, fashionable)* dans le vent

4 *( * = lively, exciting) [party etc]* animé • **swinging London** le « Swinging London » • **the Swinging Sixties** les sixties, les années soixante

**COMP** **swinging door** N *(US)* ⇒ **swing door** ; → **swing**
**swinging single*** N *(US) célibataire qui a de nombreuses aventures sexuelles*

**swingometer** /swɪŋˈɒmɪtəʳ/ N *(at election)* indicateur *m* de tendances

**swinish**‡ /ˈswaɪnɪʃ/ ADJ dégueulasse‡

**swipe** /swaɪp/

**N** * *(at ball etc)* grand coup *m* ; *(= slap)* baffe* *f* • **to take a swipe at** *(lit)* ⇒ **to swipe at vi** • **to take a swipe at sb** *(fig)* s'en prendre à *or* attaquer qn (de façon détournée)

**VT** 1 *( * = hit) [+ ball]* frapper à toute volée ; *[+ person]* gifler à toute volée

2 *(‡ = steal : often hum)* piquer* *(sth from sb* qch à qn)

3 *[+ card]* • **you pay by swiping a credit card** on paie avec une carte magnétique

**VI** • **to swipe at*** *[+ ball etc]* frapper *or* essayer de frapper à toute volée ; *[+ person]* flanquer* une baffe* à

**COMP** **swipe card** N carte *f* magnétique

**swirl** /swɜːl/ SYN

**N** *(in river, sea)* tourbillon *m*, remous *m* ; *[of dust, sand]* tourbillon *m* ; *[of smoke]* tourbillon *m*, volute *f* ; *(fig) [of cream, ice cream etc]* volute *f* ; *[of lace, ribbons etc]* tourbillon *m* • **the swirl of the dancers' skirts** le tourbillon *or* le tournoiement des jupes des danseuses

**VI** *[water, river, sea]* tourbillonner, faire des remous *or* des tourbillons ; *[dust, sand, smoke, skirts]* tourbillonner, tournoyer

**VT** • **to swirl sth along/away** *[river]* entraîner/emporter qch en tourbillonnant • **he swirled his partner round the room** il a fait tournoyer *or* tourbillonner sa partenaire autour de la salle

**swish** /swɪʃ/

**N** *[of whip]* sifflement *m* ; *[of water, person in long grass]* bruissement *m* ; *[of grass in wind]* frémissement *m*, bruissement *m* ; *[of tyres in rain]* glissement *m* ; *[of skirts]* bruissement *m*, froufrou *m*

**VT** 1 *[+ whip, cane]* faire siffler

2 *(‡ = beat, cane)* administrer *or* donner des coups de trique à

**VI** *[cane, whip]* siffler, cingler l'air ; *[water]* bruire ; *[long grass]* frémir, bruire ; *[skirts]* bruire, froufrouter

**ADJ** 1 *(Brit * = grand) [hotel, house etc]* chic *inv* ; *(pej)* rupin‡

2 *(US * = effeminate)* efféminé

**swishy**‡ /ˈswɪʃɪ/ ADJ 1 *(Brit = smart)* chic *inv* ; *(pej)* rupin‡

2 *(US = effeminate)* efféminé

**Swiss** /swɪs/

**N** *(pl inv)* Suisse *m*, Suisse(sse) *f*

**NPL** **the Swiss** les Suisses *mpl*

**ADJ** *(gen)* suisse ; *[ambassador, embassy]* de Suisse

**COMP** **Swiss chard** N bette *f*
**Swiss cheese** N *gruyère ou emmenthal* • **her argument has more holes than Swiss cheese** *(esp US) (hum)* son argument ne tient pas debout
**Swiss cheese plant** N monstera *f*
**Swiss-French** ADJ *(= from French-speaking Switzerland)* suisse romand
**Swiss-German** ADJ *(= from German-speaking Switzerland)* suisse allemand N *(= person)* Suisse *mf* allemand(e) ; *(= language)* suisse *m* allemand
**the Swiss Guards** NPL la garde suisse, les suisses *mpl*
**Swiss roll** N *(Brit Culin)* gâteau *m* roulé
**Swiss steak** N *(US Culin) steak fariné et braisé aux tomates et aux oignons*

**switch** /swɪtʃ/ SYN

**N** 1 *(Elec) (gen)* bouton *m* électrique, commande *f (esp Tech)* ; *(for lights)* interrupteur *m*, commutateur *m* ; *[of car]* (also **ignition switch**) contact *m* • **the switch was on/off** le bouton était sur la position ouvert/fermé, c'était allumé/éteint

2 *(= points on railway)* aiguille *f*, aiguillage *m*

3 *(= transfer) [of opinion] (gen)* changement *m* ; *(radical)* revirement *m*, retournement *m* ; *[of allegiance]* changement *m* ; *[of funds]* transfert *m (from* de ; *to* en faveur de) • **his switch to Labour** son revirement en faveur des travaillistes • **the switch to hearts/clubs** *(Bridge:in bidding)* (le changement de couleur et) le passage à cœur/trêfle • **the switch of the 8.30 from platform four** le changement de voie du train de 8h30 attendu au quai numéro quatre • **the switch of the aircraft from Heathrow to Gatwick because of fog** le détournement sur Gatwick à cause du brouillard de l'avion attendu à Heathrow

4 *(= stick)* baguette *f* ; *(= cane)* canne *f* ; *(= riding crop)* cravache *f* ; *(= whip)* fouet *m*

5 *[of hair]* postiche *m*

**VT** 1 *(= transfer) [+ one's support, allegiance, attention]* reporter *(from* de ; *to* sur) • **to switch production to another factory** transférer la production dans une autre usine • **to switch production to another model** (cesser de produire l'ancien modèle et) se mettre à produire un nouveau modèle • **to switch the conversation to another subject** détourner la conversation, changer de sujet de conversation

2 *(= exchange)* échanger *(A for B* A contre B ; *sth with sb* qch avec qn) ; (also **switch over, switch round)** *[+ two objects, letters in word, figures in column]* intervertir, permuter ; *(= rearrange :* also **switch round)** *[+ books, objects]* changer de place • **we had to switch taxis when the first broke down** nous avons dû changer de taxi quand le premier est tombé en panne • **to switch plans** changer de projet • **we have switched all the furniture round** nous avons changé tous les meubles de place

3 *[+ trains, using points]* aiguiller *(to* sur)

4 *(= change)* • **to switch the oven to "low"** mettre le four sur « doux » • **to switch the radio/TV to another programme** changer de station/de chaîne ; see also **switch back, switch on**

5 **to switch the grass with one's cane** cingler l'herbe avec sa canne • **the cow switched her tail** la vache fouettait l'air de sa queue • **he switched it out of my hand** il me l'a arraché de la main

**VI** 1 *(= transfer)* (also **switch over)** • **Paul switched (over) to Conservative** Paul a voté conservateur cette fois • **we switched (over) to oil central heating** (nous avons changé et) nous avons maintenant fait installer le chauffage central au mazout • **many have switched (over) to teaching** beaucoup se sont recyclés dans l'enseignement

2 *[tail]* battre l'air

**COMP** **switch-car** N *(for gangster: in escape etc)* voiture-relais *f*
**switch hit** VI *(Baseball)* frapper la balle indifféremment de la main droite ou de la main gauche
**switch-hitter** N *(Baseball)* batteur *m* ambidextre ; *(US ‡ = bisexual)* bisexuel(le) *m(f)*

► **switch back**

**VI** *(to original plan, product, allegiance)* revenir, retourner *(to* à) • **to switch back to the other programme** *(Rad, TV)* remettre l'autre émission

**VT SEP** • **to switch the oven back to "low"** remettre le four sur « doux » • **to switch the light back on** rallumer • **to switch the heater/oven back on** rallumer le radiateur/le four

**N, ADJ** • **switchback** → **switchback**

► **switch off**

**VI** 1 *(Elec)* éteindre ; *(Rad, TV)* éteindre *or* fermer le poste ; *(= lose interest, unwind)* décrocher* • **when the conversation is boring, he just switches off*** quand la conversation l'ennuie, il décroche*

2 • **to switch off automatically** *[heater, oven etc]* s'éteindre tout seul *or* automatiquement

**VT SEP** *[+ electricity, gas]* éteindre, fermer ; *[+ radio, television, heater]* éteindre ; *[+ alarm clock, burglar alarm]* arrêter • **to switch off the light** éteindre (la lumière) ◆ **he switched the programme off** (Rad, TV) il a éteint (le poste) ◆ **to switch off the engine** [of car] couper or arrêter le moteur ◆ **the oven switches itself off** le four s'éteint automatiquement ◆ **he seems to be switched off\* most of the time** (fig) il semble être à côté de ses pompes\* la plupart du temps

▶ **switch on**
- **VI** 1 (Elec) allumer ; (Rad, TV) allumer le poste 2 ◆ **to switch on automatically** [heater, oven etc] s'allumer tout seul or automatiquement
- **VT SEP** [+ gas, electricity] allumer ; [+ water supply] ouvrir ; [+ radio, television, heater] allumer, brancher ; [+ engine, machine] mettre en marche ◆ **to switch on the light** allumer (la lumière) ◆ **his music switches me on**\* sa musique me branche\* ◆ **to be switched on** \* (fig) (= up-to-date) être branché\*, être dans le vent or à la page ; (by drugs) planer \* ; (sexually) être excité

▶ **switch over**
- **VI** 1 ⇒ switch vi 1 2 (TV, Rad) changer de chaîne/de station ◆ **to switch over to the other programme** mettre l'autre chaîne/station
- **VT SEP** 1 → switch vt 2 2 (TV, Rad) ◆ **to switch the programme over** changer de chaîne/de station
- **N** ◆ **switchover** → switchover

▶ **switch round**
- **VI** [two people] changer de place (l'un avec l'autre)
- **VT SEP** → switch vt 2

**switchback** /ˈswɪtʃbæk/
- **N** (Brit = road: also at fair) montagnes fpl russes
- **ADJ** (= up and down) tout en montées et descentes ; (= zigzag) en épingles à cheveux

**switchblade** /ˈswɪtʃbleɪd/ **N** (US) (also **switchblade knife**) couteau m à cran d'arrêt

**switchboard** /ˈswɪtʃbɔːd/
- **N** (Elec) tableau m de distribution ; (Telec) standard m
- **COMP** **switchboard operator N** (Telec) standardiste mf

**switcheroo**\* /ˌswɪtʃəˈruː/ **N** (esp US) volte-face f inv, revirement m ◆ **to pull a switcheroo** faire volte-face, effectuer un revirement

**switchgear** /ˈswɪtʃɡɪəʳ/ **N** (NonC: Elec) appareillage m de commutation

**switchman** /ˈswɪtʃmən/ **N** (pl -men) (for trains) aiguilleur m

**switchover** /ˈswɪtʃəʊvəʳ/ **N** ◆ **the switchover from A to B** le passage de A à B ◆ **the switchover to the metric system** l'adoption f du système métrique

**switchyard** /ˈswɪtʃjɑːd/ **N** (US : for trains) gare f de triage

**Swithin** /ˈswɪðɪn/ **N** Swithin or Swithun m ◆ **St Swithin's Day** (jour m de) la Saint-Swithin (15 juillet : pluie de Saint-Swithin, pluie pour longtemps)

**Switzerland** /ˈswɪtsələnd/ **N** Suisse f ◆ **French-/German-/Italian-speaking Switzerland** Suisse f romande/allemande/italienne

**swivel** /ˈswɪvl/
- **N** pivot m, tourillon m
- **VT** (also **swivel round**) faire pivoter, faire tourner
- **VI** [object] pivoter, tourner
- **COMP** [seat, mounting etc] pivotant, tournant ◆ **swivel chair N** fauteuil m pivotant

▶ **swivel round**
- **VI** pivoter
- **VT SEP** ⇒ swivel vt

**swizz**\* /swɪz/ **N** (Brit = swindle) escroquerie f ◆ **what a swizz!** (= disappointment) on est eu !\*, on s'est fait avoir !

**swizzle** /ˈswɪzl/
- **N** (Brit \*) ⇒ swizz
- **COMP** **swizzle stick N** fouet m

**swollen** /ˈswəʊlən/ **SYN**
- **VB** ptp of swell
- **ADJ** [limb, foot, finger, face, jaw] enflé ; [eye, breasts, tissue, organ] gonflé ; [stomach] ballonné ; [river, lake, stream] en crue ; [population] accru ◆ **swollen with blood/pus** etc plein de sang/pus etc ◆ **eyes swollen with tears** or **weeping** yeux gonflés de larmes ◆ **the river was swollen with rain** la rivière était grossie par les crues ◆ **the capital is swollen with refugees** la capitale est envahie par les réfugiés ◆ **to have swollen glands** avoir (une inflammation) des ganglions ◆ **to get a swollen head** (Brit fig) attraper la grosse tête\* ; see also **swell**
- **COMP** **swollen-headed**\* **ADJ** bêcheur\* ◆ **swollen-headedness**\* **N** vanité f, suffisance f

**swoon** /swuːn/
- **VI** († or hum = faint) se pâmer † ; (also hum) ; (fig) se pâmer d'admiration (over sb/sth devant qn/qch)
- **N** († or hum) pâmoison f ◆ **in a swoon** en pâmoison

**swoop** /swuːp/ **SYN**
- **N** [of bird, plane] descente f en piqué ; (= attack) attaque f en piqué (on sur) ; [of police etc] descente f, rafle f (on dans) ◆ **at** or **in one (fell) swoop** d'un seul coup
- **VI** (also **swoop down**) [bird] fondre, piquer ; [aircraft] descendre en piqué, piquer ; [police etc] faire une descente ◆ **the plane swooped (down) low over the village** l'avion est descendu en piqué au-dessus du village ◆ **the eagle swooped (down) on the rabbit** l'aigle a fondu or s'est abattu sur le lapin ◆ **the soldiers swooped (down) on the terrorists** les soldats ont fondu sur les terroristes

**swoosh**\* /swuːʃ/
- **N** [of water] bruissement m ; [of stick etc through air] sifflement m ; [of tyres in rain] glissement m
- **VI** [water] bruire ◆ **he went swooshing through the mud** il est passé avec un bruit de boue qui gicle or en faisant gicler bruyamment la boue

**swop** /swɒp/ ⇒ swap

**sword** /sɔːd/ **SYN**
- **N** épée f ◆ **to wear a sword** porter l'épée ◆ **to put sb to the sword** passer qn au fil de l'épée ◆ **to put up one's sword** rengainer son épée, remettre son épée au fourreau ◆ **to cross swords with sb** (lit, fig) croiser le fer avec qn ◆ **those that live by the sword die by the sword** quiconque se servira de l'épée périra par l'épée ◆ **to turn** or **beat one's swords into ploughshares** forger des socs de ses épées
- **COMP** [scar, wound] d'épée ◆ **sword and sorcery N** (Literat, Cine etc) genre de romans, films ou jeux électroniques mêlant barbarie et sorcellerie dans un cadre moyenâgeux ◆ **sword arm N** bras m droit ◆ **sword dance N** danse f du sabre ◆ **sword-point N** ◆ **at sword-point** à la pointe de l'épée ◆ **sword-swallower N** avaleur m de sabres

**swordfish** /ˈsɔːdfɪʃ/ **N** (pl inv) espadon m

**swordplay** /ˈsɔːdpleɪ/ **N** ◆ **there was a lot of swordplay in the film** il y avait beaucoup de duels or ça ferraillait dur\* dans le film

**swordsman** /ˈsɔːdzmən/ **N** (pl -men) épéiste m ◆ **to be a good swordsman** être une fine lame

**swordsmanship** /ˈsɔːdzmənʃɪp/ **N** (habileté f dans le) maniement m de l'épée

**swordstick** /ˈsɔːdstɪk/ **N** canne f à épée

**swordswoman** /ˈsɔːdzwʊmən/ **N** (pl **swordswomen** /ˈsɔːdzwɪmɪn/) épéiste f

**swordtail** /ˈsɔːdˌteɪl/ **N** xiphophore m, porte-glaive m

**swore** /swɔːʳ/ **VB** pt of swear

**sworn** /swɔːn/
- **VB** ptp of swear
- **ADJ** [evidence, statement] donné sous serment ; [enemy] juré ; [ally, friend] à la vie et à la mort

**swot**\* /swɒt/ (Brit)
- **N** (pej) bûcheur m, -euse f
- **VT** bûcher\*, potasser\*
- **VI** bûcher\*, potasser\* ◆ **to swot for an exam** bachoter ◆ **to swot at maths** bûcher\* or potasser\* ses maths

▶ **swot up** **VI, VT SEP** ◆ **to swot up (on) sth** potasser\* qch

**swotting**\* /ˈswɒtɪŋ/ **N** bachotage m ◆ **to do some swotting** bosser\*, bachoter

**swotty**\* /ˈswɒtɪ/ **ADJ** (Brit pej) bûcheur

**swum** /swʌm/ **VB** ptp of swim

**swung** /swʌŋ/
- **VB** pt, ptp of swing
- **COMP** **swung dash N** (Typography) tilde m

**sybarite** /ˈsɪbəraɪt/ **N** sybarite mf

**sybaritic** /ˌsɪbəˈrɪtɪk/ **ADJ** sybarite

**sybaritism** /ˈsɪbəraɪtɪzəm/ **N** sybaritisme m

**sycamore** /ˈsɪkəmɔːʳ/ **N** sycomore m, faux platane m

**syconium** /saɪˈkəʊnɪəm/ **N** (pl **syconia** /saɪˈkəʊnɪə/) sycone m

**sycophancy** /ˈsɪkəfənsɪ/ **N** flagornerie f

**sycophant** /ˈsɪkəfænt/ **N** flagorneur m, -euse f

**sycophantic** /ˌsɪkəˈfæntɪk/ **ADJ** [person] servile, flagorneur ; [behaviour, laughter] obséquieux

**sycosis** /saɪˈkəʊsɪs/ **N** sycosis m

**Sydenham's chorea** /ˈsɪdnəmz/ **N** chorée f de Sydenham

**Sydney** /ˈsɪdnɪ/ **N** Sydney

**syenite** /ˈsaɪənaɪt/ **N** syénite f

**syllabary** /ˈsɪləbərɪ/ **N** syllabaire m

**syllabi** /ˈsɪləˌbaɪ/ **NPL** of syllabus

**syllabic** /sɪˈlæbɪk/ **ADJ** syllabique

**syllabification** /sɪˌlæbɪfɪˈkeɪʃən/ **N** syllabation f

**syllabify** /sɪˈlæbɪfaɪ/ **VT** décomposer en syllabes

**syllabism** /ˈsɪləbɪzəm/ **N** (Ling) syllabisme m

**syllable** /ˈsɪləbl/ **N** syllabe f ◆ **to explain sth in words of one syllable** expliquer qch en petit nègre

**syllabub** /ˈsɪləbʌb/ **N** ≈ sabayon m

**syllabus** /ˈsɪləbəs/ **SYN** **N** (pl **syllabuses** or **syllabi**) (Scol, Univ) programme m ◆ **on the syllabus** au programme

**syllepsis** /sɪˈlepsɪs/ **N** (pl **syllepses** /sɪˈlepsiːz/) (Gram) syllepse f

**syllogism** /ˈsɪlədʒɪzəm/ **N** syllogisme m

**syllogistic** /ˌsɪləˈdʒɪstɪk/ **ADJ** syllogistique

**syllogize** /ˈsɪlədʒaɪz/ **VI** raisonner par syllogismes

**sylph** /sɪlf/ **N** sylphe m ; (fig = woman) sylphide f

**sylphlike** /ˈsɪlflaɪk/ **ADJ** [woman] gracile, qui a une taille de sylphide ; [figure] de sylphide

**sylva** /ˈsɪlvə/ **N** (pl **sylvas** or **silvae** /ˈsɪlviː/) (Geog) sylve f

**sylvan** /ˈsɪlvən/ **ADJ** (liter) sylvestre

**sylvanite** /ˈsɪlvənaɪt/ **N** sylvanite f

**Sylvanus** /sɪlˈveɪnəs/ **N** (Myth) sylvain m

**sylviculture** /ˈsɪlvɪkʌltʃəʳ/ **N** sylviculture f

**sylvine** /ˈsɪlviːn/, **sylvite** /ˈsɪlvaɪt/ **N** sylvinite f

**symbiont** /ˈsɪmbɪɒnt/ **N** symbiote m, symbion m

**symbiosis** /ˌsɪmbɪˈəʊsɪs/ **N** (also fig) symbiose f ◆ **to live in symbiosis with** vivre en symbiose avec

**symbiotic** /ˌsɪmbɪˈɒtɪk/ **ADJ** (lit, fig) symbiotique

**symbol** /ˈsɪmbəl/ **SYN** **N** symbole m

**symbolic(al)** /sɪmˈbɒlɪk(əl)/ **ADJ** symbolique ◆ **symbolic logic** logique f formelle

**symbolical** /sɪmˈbɒlɪkəl/ **ADJ** symbolique

**symbolically** /sɪmˈbɒlɪkəlɪ/ **ADV** symboliquement ◆ **symbolically important** important sur le plan symbolique

**symbolism** /ˈsɪmbəlɪzəm/ **N** symbolisme m

**symbolist** /ˈsɪmbəlɪst/ **ADJ, N** symboliste mf

**symbolization** /ˌsɪmbəlaɪˈzeɪʃən/ **N** symbolisation f

**symbolize** /ˈsɪmbəlaɪz/ **SYN** **VT** symboliser

**symmetric(al)** /sɪˈmetrɪk(əl)/ **ADJ** (gen, Geom, Math) symétrique

**symmetrically** /sɪˈmetrɪkəlɪ/ **ADV** symétriquement, avec symétrie

**symmetry** /ˈsɪmɪtrɪ/ **SYN** **N** symétrie f

**sympathectomy** /ˌsɪmpəˈθektəmɪ/ **N** sympathicectomie f, sympathectomie f

**sympathetic** /ˌsɪmpəˈθetɪk/ **SYN** **ADJ** 1 (= showing concern) [person, smile] compatissant ◆ **to be a sympathetic listener** écouter avec compassion ◆ **they were sympathetic but could not help** ils ont compati mais n'ont rien pu faire pour aider ◆ **to be/feel sympathetic towards sb** montrer/ressentir de la compassion pour qn ◆ **she was sympathetic to the problems of single parents** elle comprenait les problèmes des parents célibataires
2 (= kind) [person] bien disposé, bienveillant ; [response] favorable
3 (Literat, Theat, Cine = likeable) [character] sympathique
4 (Anat, Physiol) sympathique ◆ **the sympathetic nervous system** le système nerveux sympathique

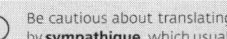
Be cautious about translating **sympathetic** by **sympathique**, which usually means 'nice'.

**sympathetically** /ˌsɪmpəˈθetɪkəli/ SYN ADV
1 (= compassionately) avec compassion
2 (= kindly, favourably) [listen, consider, portray] avec bienveillance ◆ **to be sympathetically disposed** or **inclined to sb/sth** être favorablement disposé envers qn/qch ◆ **the house has been sympathetically restored** la maison a été restaurée en respectant son caractère d'origine
3 (Anat, Physiol) par sympathie

**sympathize** /ˈsɪmpəθaɪz/ SYN VI (= feel sorry for) compatir ◆ **I do sympathize (with you)!** je compatis !, comme je vous comprends ! ◆ **her cousin called to sympathize** sa cousine est venue témoigner sa sympathie ◆ **I sympathize with you in your grief** je m'associe or je compatis à votre douleur ◆ **I sympathize with you** or **what you feel** or **what you say** je comprends votre point de vue ◆ **they sympathized with the guerrillas** ils ont sympathisé avec les guérilleros

**sympathizer** /ˈsɪmpəθaɪzəʳ/ SYN N 1 (= supporter) sympathisant(e) m(f) (with de)
2 (with the unfortunate) ◆ **he was a sympathizer with wronged women** il avait de la compassion pour les femmes traitées injustement

**sympatholytic** /ˌsɪmpəθəʊˈlɪtɪk/ ADJ sympath(ic)olytique

**sympathomimetic** /ˌsɪmpəθəʊmɪˈmetɪk/ ADJ sympathomimétique

**sympathy** /ˈsɪmpəθi/ LANGUAGE IN USE 24.4 SYN
N 1 (= pity) compassion f ◆ **to feel sympathy for** éprouver or avoir de la compassion pour ◆ **we expressed our sympathy for her loss** nous lui avons fait nos condoléances ◆ **I've had little help and no sympathy** je n'ai reçu que peu de secours et aucune compassion ◆ **to show one's sympathy for sb** exprimer sa compassion pour qn ◆ **please accept my (deepest) sympathy** or **sympathies** veuillez agréer mes condoléances
2 (= agreement) ◆ **I have some sympathy with this point of view** je comprends assez ce point de vue ◆ **I am in sympathy with your proposals but...** je suis en accord avec or je ne désapprouve pas vos propositions mais...
3 (= feeling) ◆ **he was suspected of pro-democracy sympathies** on le soupçonnait d'avoir des sympathies pro-démocratiques ◆ **the sympathies of the crowd were with him** il avait le soutien de la foule, la foule était pour lui
4 (= fellow feeling) solidarité f (for avec) ◆ **I have no sympathy with lazy people** je n'ai aucune indulgence pour les gens qui sont paresseux ◆ **to come out** or **strike in sympathy with sb** faire grève en solidarité avec qn
COMP **sympathy strike** N grève f de solidarité

(!) Be cautious about translating **sympathy** by **sympathie**, whose commonest meaning is 'liking'.

**symphonic** /sɪmˈfɒnɪk/
ADJ [music, work, piece] symphonique ◆ **a symphonic composer** un compositeur de musique symphonique
COMP **symphonic poem** N poème m symphonique

**symphonist** /ˈsɪmfənɪst/ N (Mus) symphoniste m

**symphony** /ˈsɪmfəni/
N symphonie f
COMP [concert, orchestra] symphonique
**symphony writer** N symphoniste mf

**symphysis** /ˈsɪmfɪsɪs/ N (pl **symphyses** /ˈsɪmfɪˌsiːz/) symphyse f

**sympodium** /sɪmˈpəʊdɪəm/ N (pl **sympodia** /sɪmˈpəʊdɪə/) sympode m

**symposium** /sɪmˈpəʊzɪəm/ N (pl **symposiums** or **symposia** /sɪmˈpəʊzɪə/) (all senses) symposium m

**symptom** /ˈsɪmptəm/ SYN N (Med, fig) symptôme m, indice m

**symptomatic** /ˌsɪmptəˈmætɪk/ SYN ADJ symptomatique (of sth de qch)

**symptomatology** /ˌsɪmptəməˈtɒlədʒi/ N symptomatologie f

**synaesthesia, synesthesia** (US) /ˌsɪnəsˈθiːzɪə/ N (NonC) synesthésie f

**synagogue** /ˈsɪnəgɒg/ N synagogue f

**synal(o)epha** /ˌsɪnəˈliːfə/ N (Gram) synalèphe f

**synapse** /ˈsaɪnæps/ N synapse f

**synapsis** /sɪˈnæpsɪs/ N (pl **synapses** /sɪˈnæpsiːz/) synapse f

**synaptic** /sɪˈnæptɪk/ ADJ synaptique

**synarchy** /ˈsɪnəki/ N (Pol) synarchie f

**synarthrosis** /ˌsɪnɑːˈθrəʊsɪs/ N (pl **synarthroses** /ˌsɪnɑːˈθrəʊsiːz/) synarthrose f

**sync*** /sɪŋk/ N (abbrev of **synchronization**) ◆ **in sync** bien synchronisé, en harmonie ◆ **they are in sync** (fig:of people) ils sont en harmonie, le courant passe ◆ **out of sync** mal synchronisé, déphasé

**syncarp** /ˈsɪnkɑːp/ N syncarpe m

**synchro*** /ˈsɪŋkrəʊ/ abbrev of **synchromesh**
N synchroniseur m
COMP **synchro gearbox** N boîte f de vitesses synchronisées

**synchrocyclotron** /ˌsɪŋkrəʊˈsaɪklətrɒn/ N synchrocyclotron m

**synchromesh** /ˌsɪŋkrəʊˈmeʃ/
N synchroniseur m
COMP **synchromesh gearbox** N boîte f de vitesses synchronisées

**synchronic** /sɪŋˈkrɒnɪk/ ADJ (gen) synchrone ; (Ling) synchronique

**synchronicity** /ˌsɪŋkrəˈnɪsɪti/ N synchronisme m

**synchronism** /ˈsɪŋkrənɪzəm/ N synchronisme m

**synchronization** /ˌsɪŋkrənaɪˈzeɪʃən/ N synchronisation f

**synchronize** /ˈsɪŋkrənaɪz/
VT synchroniser
VI [events] se passer or avoir lieu simultanément ; [footsteps etc] être synchronisés ◆ **to synchronize with sth** être synchrone avec qch, se produire en même temps que qch
COMP **synchronized swimming** N (Sport) natation f synchronisée

**synchronous** /ˈsɪŋkrənəs/ ADJ synchrone

**synchrotron** /ˈsɪŋkrətrɒn/ N (Phys) synchrotron m

**synclinal** /sɪŋˈklaɪnl/ ADJ synclinal

**syncline** /ˈsɪŋklaɪn/ N synclinal m

**Syncom** /ˈsɪnkɒm/ N Syncom m

**syncopal** /ˈsɪŋkəpl/ ADJ syncopal

**syncopate** /ˈsɪŋkəpeɪt/ VT syncoper

**syncopation** /ˌsɪŋkəˈpeɪʃən/ N (Mus) syncope f

**syncope** /ˈsɪŋkəpi/ N (Ling, Med) syncope f

**syncretic** /sɪŋˈkretɪk/ ADJ syncrétique

**syncretism** /ˈsɪŋkrɪtɪzəm/ N syncrétisme m

**syncretist** /ˈsɪŋkrɪtɪst/ N syncrétiste mf

**syncytium** /sɪnˈsɪtɪəm/ N (pl **syncytia** /sɪnˈsɪtɪə/) syncytium m

**syndactyl** /sɪnˈdæktɪl/ ADJ syndactyle

**syndactylism** /sɪnˈdæktɪlɪzəm/ N syndactylie f

**syndic** /ˈsɪndɪk/ N (= government official) administrateur m, syndic m ; (Brit Univ) membre m d'un comité administratif

**syndicalism** /ˈsɪndɪkəlɪzəm/ N syndicalisme m

**syndicalist** /ˈsɪndɪkəlɪst/ ADJ, N syndicaliste mf

**syndicate** /ˈsɪndɪkɪt/
N 1 (Comm etc) syndicat m, coopérative f
2 [of criminals] gang m, association f de malfaiteurs
3 (US Press) agence spécialisée dans la vente par abonnements d'articles, de reportages etc
VT /ˈsɪndɪkeɪt/ 1 (Press: esp US) [+ article etc] vendre or publier par l'intermédiaire d'un syndicat de distribution ; [+ TV or radio programme] distribuer sous licence ◆ **syndicated columnist** (Press) journaliste mf d'agence
2 (Fin) ◆ **to syndicate a loan** former un consortium de prêt ◆ **syndicated loan** prêt m consortial
3 [+ workers] syndiquer

**syndrome** /ˈsɪndrəʊm/ N (lit, fig) syndrome m

**synecdoche** /sɪˈnekdəki/ N synecdoque f

**synecology** /ˌsɪnɪˈkɒlədʒi/ N synécologie f

**syneresis** /sɪˈnɪərɪsɪs/ N (Chem, Ling) synérèse f

**synergism** /ˈsɪnədʒɪzəm/ N synergie f

**synergist** /ˈsɪnədʒɪst/ N (Med) médicament m synergique

**synergy** /ˈsɪnədʒi/ N synergie f

**synesthesia** /ˌsɪnəsˈθiːzɪə/ N (US) ⇒ **synaesthesia**

**syngamy** /ˈsɪŋɡəmi/ N syngamie f

**synod** /ˈsɪnəd/ N synode m

**synodal** /ˈsɪnɒdl/ ADJ synodal

**synonym** /ˈsɪnənɪm/ N synonyme m

**synonymous** /sɪˈnɒnɪməs/ ADJ (lit, fig) synonyme (with sth de qch)

**synonymy** /sɪˈnɒnəmi/ N synonymie f

**synopsis** /sɪˈnɒpsɪs/ N (pl **synopses** /sɪˈnɒpsiːz/) résumé m, précis m ; (Cine, Theat) synopsis m or f

**synoptic** /sɪˈnɒptɪk/ ADJ synoptique

**synovia** /saɪˈnəʊvɪə/ N synovie f

**synovial** /saɪˈnəʊvɪəl/ ADJ synovial

**synovitis** /ˌsaɪnəʊˈvaɪtɪs/ N synovite f

**syntactic(al)** /sɪnˈtæktɪk(əl)/ ADJ syntaxique

**syntactics** /sɪnˈtæktɪks/ N (NonC) syntactique f

**syntagm** /ˈsɪntæm/ (pl **syntagms**), **syntagma** /sɪnˈtæɡmə/ (pl **syntagmata** /sɪnˈtæɡmətə/) N syntagme m

**syntagmatic** /ˌsɪntæɡˈmætɪk/ ADJ syntagmatique

**syntax** /ˈsɪntæks/ N syntaxe f ◆ **syntax error** (Comput) erreur f de syntaxe

**synth*** /sɪnθ/ N (abbrev of **synthetizer**) synthé* m

**synthesis** /ˈsɪnθəsɪs/ SYN
N (pl **syntheses** /ˈsɪnθəsiːz/) synthèse f
COMP **synthesis gas** N (Chem) gaz m synthétique

**synthesize** /ˈsɪnθəsaɪz/ VT (= combine) synthétiser ; (= produce) produire synthétiquement or par une synthèse, faire la synthèse de

**synthesizer** /ˈsɪnθəsaɪzəʳ/ N synthétiseur m ; → **speech, voice**

**synthetic** /sɪnˈθetɪk/ SYN
ADJ 1 (= man-made) [material, chemical, drug, fibre] synthétique
2 (pej = false) [person, behaviour, emotion, taste] artificiel
N (gen) produit m synthétique ◆ **synthetics** (= fibres) fibres fpl synthétiques

**syntonic** /sɪnˈtɒnɪk/ ADJ syntone

**syphilis** /ˈsɪfɪlɪs/ N syphilis f

**syphilitic** /ˌsɪfɪˈlɪtɪk/ ADJ, N syphilitique mf

**syphon** /ˈsaɪfən/ N, VT ⇒ **siphon**

**Syria** /ˈsɪrɪə/ N Syrie f

**Syriac** /ˈsɪrɪæk/ ADJ, N syriaque m

**Syrian** /ˈsɪrɪən/
ADJ (gen) syrien ; [ambassador, embassy] de Syrie
N Syrien(ne) m(f)

**syringa** /sɪˈrɪŋɡə/ N (= mock orange) seringa(t) m ; (= lilac) syringa m

**syringe** /sɪˈrɪndʒ/
N seringue f
VT seringuer

**syringomyelia** /səˌrɪŋɡəʊmaɪˈiːlɪə/ N syringomyélie f

**syrinx** /ˈsɪrɪŋks/ N (pl **syrinxes** or **syringes** /sɪˈrɪndʒiːz/) [of bird] syrinx m or f

**syrup** /ˈsɪrəp/ N (also Med) sirop m ; (also **golden syrup**) mélasse f raffinée

**syrupy** /ˈsɪrəpi/ ADJ (lit, fig) sirupeux

**systaltic** /sɪˈstæltɪk/ ADJ systolique, systaltique

**system** /ˈsɪstəm/ SYN
N 1 (= structured whole) système m ◆ **a political/economic/social system** un système politique/économique/social ◆ **nervous system** système m nerveux ◆ **digestive system** appareil m digestif ◆ **the railway system** le réseau de chemin de fer ◆ **the Social Security system** le régime de la Sécurité sociale ◆ **new teaching systems** nouveaux systèmes mpl d'enseignement ◆ **the Bell system** (Comm) la compagnie or le réseau Bell ◆ **the St. Lawrence system** [of rivers] le système fluvial or le réseau hydrographique du Saint-Laurent ◆ **the urban system** (Geog) la trame urbaine ◆ **it's all systems go*** ça turbine (un max)‡ ; → **feudal**
2 (= the body) organisme m ◆ **her system will reject it** son organisme le rejettera ◆ **it was a shock to his system** cela a été une secousse pour son organisme, cela a ébranlé son organisme ◆ **to get sth out of one's system*** (fig gen) trouver un exutoire à qch ◆ **let him get it out of his system*** (anger) laisse-le décharger sa bile ; (hobby, passion) laisse-le faire, ça lui passera ◆ **he can't get her out of his system*** il n'arrive pas à l'oublier
3 (= established order) ◆ **the system** le système ◆ **to get round** or **beat** or **buck the system** trouver le joint (fig) ◆ **down with the system!** à bas le système !
4 (Comput) système m ; → **operating**

5 (NonC = order) méthode f NonC ◆ **to lack system** manquer de méthode

**COMP** **system building** N (Constr) construction f à l'aide de modules préfabriqués
**system disk** N (Comput) disque m système
**system operator** N (Comput) opérateur m du système, serveur m
**systems analysis** N analyse f fonctionnelle
**systems analyst** N analyste mf en système
**systems desk** N pupitre m
**systems engineer** N ingénieur m système
**systems engineering** N ingénierie f de systèmes
**systems programmer** N programmeur m d'étude
**systems software** N logiciel m de base or d'exploitation

**systematic** /ˌsɪstəˈmætɪk/ SYN ADJ (gen) systématique ; [person] méthodique

**systematically** /ˌsɪstəˈmætɪkəlɪ/ ADV systématiquement

**systematics** /ˌsɪstəˈmætɪks/ N (NonC) systématique f, taxinomie f

**systematist** /ˈsɪstɪmətɪst/ N systématicien(ne) m(f)

**systematization** /ˌsɪstəmətaɪˈzeɪʃən/ N systématisation f

**systematize** /ˈsɪstəmətaɪz/ VT systématiser

**systemic** /sɪˈstemɪk/ ADJ ① (gen) du système ; (Anat) du système, de l'organisme ; [insecticide] systémique ◆ **systemic circulation** circulation f générale ◆ **systemic infection** infection f généralisée
② (Ling) systémique

**systole** /ˈsɪstəlɪ/ N systole f

**systolic** /sɪˈstɒlɪk/ ADJ systolique

# T

**T, t** /tiː/
**N** (= letter) T, t m ◆ **T for Tommy** ≃ T comme Thérèse ◆ **that's it to a T*** c'est exactement cela ◆ **he'd got everything down to a T*** il avait pensé à tout ◆ **it fits him to a T*** ça lui va comme un gant ; → **dot**
**COMP T-bar N** (Ski: also **T-bar lift**) téléski m (à archets)
**T-bone N** (Culin: also **T-bone steak**) steak m avec un os en T
**T-cell N** lymphocyte m T
**T-junction N** intersection f en T
**T-shaped ADJ** en forme de T, en équerre
**T-shirt N** T-shirt or tee-shirt m
**T-square N** équerre f en T
**T-stop N** (Phot) diaphragme m

**TA** /tiːˈeɪ/ **N** 1 (Brit Mil) (abbrev of **Territorial Army**) → **territorial**
2 (US Univ) (abbrev of **teaching assistant**) → **teaching**

**ta*** /taː/ **EXCL** (Brit) merci !

**tab** /tæb/ **N** 1 (= part of garment) patte f ; (= loop on garment etc) attache f ; (= label) étiquette f ; (on shoelace) ferret m ; (= marker : on file etc) onglet m ◆ **to keep tabs** or **a tab on*** [+ person] avoir or tenir à l'œil* ; [+ thing] garder un œil sur*
2 (esp US * = café check) addition f, note f ◆ **to pick up the tab*** (lit, fig) payer la note or l'addition
3 (Comput) (abbrev of **tabulator**) ◆ **tab key** touche f de tabulation
4 (Drugs *) pilule f, comprimé m
5 (abbrev of **tablet 1**)

**tabard** /ˈtæbəd/ **N** tabard m

**Tabasco** ® /təˈbæskəʊ/ **N** Tabasco ® m

**tabbouleh** /ˈtæbuːleɪ/ **N** (Culin) taboulé m

**tabby** /ˈtæbɪ/ **N** (also **tabby cat**) chat(te) m(f) tigré(e) or moucheté(e)

**TABDT** /ˌtiːeɪbiːdiːˈtiː/ **N** (abbrev of **typhoid A and B, diphtheria and tetanus**) TABDT

**tabernacle** /ˈtæbənækl/ **N** tabernacle m ◆ **the Tabernacle** (Rel) le tabernacle

**tabes dorsalis** /ˌteɪbiːzdɔːˈsɑːlɪs/ **N** tabès m

**tabla** /ˈtʌblə/ **N** tabla m

**tablature** /ˈtæblətʃəʳ/ **N** (Mus) tablature f

**table** /ˈteɪbl/ **SYN**
**N** 1 (= furniture, food on it) table f ; (= people at table) tablée f, table f ◆ **ironing/bridge/garden table** table f à repasser/de bridge/de jardin ◆ **at table** à table ◆ **to sit down to table** se mettre à table ◆ **to lay** or **set the table** mettre la table or le couvert ◆ **to clear the table** débarrasser la table, desservir ◆ **the whole table laughed** toute la tablée or la table a ri ◆ **to lay sth on the table** (Parl) remettre or ajourner qch ◆ **the bill lies on the table** (Parl) la discussion du projet de loi a été ajournée ◆ **to put sth on the table** (fig) (Brit = propose) avancer qch, mettre qch sur la table ; (US = postpone) ajourner or remettre qch ◆ **he slipped me £5 under the table*** (fig) il m'a passé 5 livres de la main à la main ◆ **he was nearly under the table** (fig) un peu plus et il roulait sous la table * ◆ **to turn the tables** (fig) renverser les rôles, retourner la situation (on sb aux dépens de qn)
2 [of facts, statistics] tableau m ; [of prices, fares, names] liste f ; (Math) table f ; (Sport: also **league table**) classement m ◆ **table of contents** table f des matières ◆ **the two-times table** (Math) la table de (multiplication par) deux ◆ **we are in fifth place in the table** (Sport) nous sommes classés cinquièmes, nous sommes cinquièmes au classement ; → **log²**
3 (Geog) ⇒ **tableland**
4 (Rel) ◆ **the Tables of the Law** les Tables fpl de la Loi
**VT** 1 (Brit Admin, Parl = present) [+ motion etc] présenter, déposer
2 (US Admin, Parl = postpone) [+ motion etc] ajourner ◆ **to table a bill** reporter la discussion d'un projet de loi
3 (= tabulate) dresser une liste or une table de ; [+ results] classifier
**COMP** [wine, grapes, knife, lamp] de table
**Table Bay N** (Geog) la baie de la Table
**table dancing N** numéro m de strip-tease sur commande
**table d'hôte ADJ** à prix fixe **N** (pl **tables d'hôte**) table f d'hôte, repas m à prix fixe
**table football N** baby-foot m
**table leg N** pied m de table
**table licence N** licence autorisant un restaurant à servir des boissons alcoolisées uniquement avec les repas
**table linen N** linge m de table
**table manners NPL** ◆ **he has good table manners** il sait se tenir à table
**Table Mountain N** (Geog) la montagne de la Table
**table napkin N** serviette f (de table)
**table runner N** chemin m de table
**table salt N** sel m fin
**table talk N** (NonC) menus propos mpl
**table tennis N** ping-pong m, tennis m de table
**COMP** de ping-pong
**table-tennis player N** joueur m, -euse f de ping-pong, pongiste mf
**table turning N** (NonC) spiritisme m, tables fpl tournantes

**tableau** /ˈtæbləʊ/ **SYN N** (pl **tableaux** or **tableaus** /ˈtæbləʊz/) (Theat) tableau m vivant ; (fig) tableau m

**tablecloth** /ˈteɪblklɒθ/ **N** nappe f

**tableland** /ˈteɪbllænd/ **N** (Geog) (haut) plateau m

**tablemat** /ˈteɪblmæt/ **N** (made of cloth) set m de table ; (heat-resistant) dessous-de-plat m inv

**tablespoon** /ˈteɪblspuːn/ **N** cuiller f de service ; (= measurement : also **tablespoonful**) cuillerée f à soupe, ≃ 15 ml

**tablet** /ˈtæblɪt/ **N** 1 (Pharm) comprimé m, cachet m ; (for sucking) pastille f
2 (= stone : inscribed) plaque f (commémorative) ; (Hist: of wax, slate etc) tablette f
3 [of chocolate] tablette f ◆ **tablet of soap** savonnette f
4 (Comput) tablette f

**tabletop** /ˈteɪbltɒp/ **N** dessus m de table

**tableware** /ˈteɪblwɛəʳ/ **N** (NonC) vaisselle f

**tabloid** /ˈtæblɔɪd/
**N** (Press: also **tabloid newspaper**) tabloïd(e) m, quotidien m populaire
**ADJ** (also **in tabloid form**) en raccourci, condensé ◆ **tabloid television** (pej) télévision f à sensation

● **TABLOIDS, BROADSHEETS**
●
● Il existe deux formats de journaux en Grande-
● Bretagne : le grand format du type
● « L'Équipe » en France (**broadsheet**), qui car-
● actérise la presse de qualité (« Times »,
● « Guardian », « Independent », « Daily Tele-
● graph ») et les tabloïdes qui se distinguent
● par leurs gros titres accrocheurs, leurs ar-
● ticles courts, leurs nombreuses photogra-
● phies, leurs opinions tranchées et leur goût
● pour les histoires à scandale. Parmi les titres
● représentatifs de cette presse à sensation, on
● peut citer le « Sun », le « Daily Mirror », le
● « Daily Express » et le « Daily Mail ».
● Aux États-Unis, le principal quotidien **broad-**
● **sheet** est l'édition nationale du « New York
● Times ». Les tabloïdes américains les plus
● connus comprennent le « New York Daily
● News » et le « Chicago Sun-Times ».

**taboo** /təˈbuː/ **SYN**
**ADJ, N** (Rel, fig) tabou m
**VT** proscrire, interdire

**tabor** /ˈteɪbəʳ/ **N** tambourin m

**tabu** /təˈbuː/ **ADJ, VT** ⇒ **taboo**

**tabular** /ˈtæbjʊləʳ/ **ADJ** tabulaire

**tabula rasa** /ˌtæbjʊləˈrɑːsə/ **N** (pl **tabulae rasae** /ˈtæbjʊliːˈrɑːsiː/) (Philos) table f rase, tabula rasa f ◆ **the child is not a tabula rasa** l'enfant n'est pas un être sans histoire

**tabulate** /ˈtæbjʊleɪt/ **SYN VT** [+ facts, figures] présenter sous forme de tableau ; [+ results] classifier ; (Typography) mettre en colonnes

**tabulation** /ˌtæbjʊˈleɪʃən/ **N** 1 (NonC = act) [of information, results] disposition f or présentation f en tableaux
2 (= table) tableau m

**tabulator** /ˈtæbjʊleɪtəʳ/ **N** [of typewriter] tabulateur m

**tache*** /tæʃ/ **N** (Brit) moustache f, bacchantes* fpl

**tacheometer** /ˌtækɪˈɒmɪtəʳ/ **N** tachéomètre m

**tacheometry** /ˌtækɪˈɒmɪtrɪ/ **N** tachéométrie f

**tachina fly** /ˈtækɪnə/ **N** tachine f or m

**tachisme** /ˈtɑːʃɪzəm/ **N** (Art) tachisme m

**tachistoscope** /tæˈkɪstəˌskəʊp/ **N** tachistoscope m

**tachograph** /ˈtækəgrɑːf/ **N** (Brit) tachygraphe m

**tachometer** /tæˈkɒmɪtəʳ/ **N** tachymètre m

**tachycardia** /ˌtækɪˈkɑːdɪə/ **N** tachycardie f

**tachycardiac** /ˌtækɪˈkɑːdɪæk/ **ADJ** tachycardique

**tachymeter** /tæˈkɪmɪtəʳ/ **N** tachéomètre m

**tachyon** /ˈtækɪˌɒn/ **N** tachyon m

**tachyphylaxis** /ˌtækɪfɪˈlæksɪs/ **N** tachyphylaxie f

**tacit** /ˈtæsɪt/ SYN ADJ [approval, agreement, admission, understanding] tacite ; [knowledge] implicite

**tacitly** /ˈtæsɪtlɪ/ ADV tacitement

**taciturn** /ˈtæsɪtɜːn/ SYN ADJ taciturne

**taciturnity** /ˌtæsɪˈtɜːnɪtɪ/ N taciturnité f

**taciturnly** /ˈtæsɪtɜːnlɪ/ ADV taciturnement, silencieusement

**Tacitus** /ˈtæsɪtəs/ N Tacite m

**tack** /tæk/ SYN
N ① (for wood, linoleum, carpet) punaise f, semence f ; (for upholstery) semence f ; (US : also **thumbtack**) punaise f ; → **brass**
② (Sewing) point m de bâti
③ (= tactic) tactique f ◆ **a change of tack** un changement de tactique ◆ **the government changed tack** le gouvernement a changé de direction or d'orientation ◆ **this finding set them off on another tack** cette découverte les a conduits à orienter différemment leurs recherches ◆ **to be on the right/wrong tack** être sur la bonne/mauvaise voie ◆ **to try another tack** essayer une autre tactique
④ (Naut) bord m, bordée f ◆ **to make a tack** faire or courir or tirer un bord or une bordée ◆ **to be on a port/starboard tack** être bâbord/tribord amures
⑤ (NonC: for horse) sellerie f (articles)
⑥ (NonC: * = rubbishy things) objets mpl kitsch
VT ① (also **tack down**) [+ wood, lino, carpet] clouer ◆ **he tacked a note to the door** il a punaisé un mot à la porte
② (Sewing) faufiler, bâtir ◆ **tack the two pieces of material together** assemblez les deux morceaux de tissu
VI (Naut = make a tack) faire or courir or tirer un bord or une bordée ◆ **they tacked back to the harbour** ils sont rentrés au port en louvoyant

▶ **tack down** VT SEP (Sewing) maintenir en place au point de bâti ; see also **tack** vt 1

▶ **tack on** VT SEP ① (Sewing) bâtir, appliquer au point de bâti
② (fig) ajouter (après coup) (to à)

**tackiness** /ˈtækɪnɪs/ N (NonC) ① (* = bad taste) [of person, place, film, clothes, remark] vulgarité f
② (= stickiness) [of glue, paint, surface] viscosité f

**tacking** /ˈtækɪŋ/ (Sewing)
N bâtissage m, faufilure f ◆ **to take out the tacking from sth** défaufiler qch
COMP **tacking stitch** N point m de bâti

**tackle** /ˈtækl/ LANGUAGE IN USE 26.2 SYN
N ① (NonC) (on ship = ropes, pulleys) appareil m de levage ; (gen = gear, equipment) équipement m ◆ **fishing tackle** matériel m de pêche
② (Football, Hockey, Rugby etc = action) tacle m ; (US Football = player) plaqueur m
VT ① (physically: Football, Hockey, Rugby etc) tac(k-)ler ; [+ thief, intruder] saisir à bras-le-corps
② (verbally) ◆ **I'll tackle him about it at once** je vais lui en parler or lui en dire deux mots tout de suite ◆ **I tackled him about what he had done** je l'ai questionné sur ce qu'il avait fait
③ [+ task] s'attaquer à ; [+ problem, question, subject] aborder, s'attaquer à ; [+ meal, food] attaquer* ◆ **firemen tackled the blaze** les pompiers se sont attaqués à l'incendie ◆ **he tackled Hebrew on his own** il s'est mis à l'hébreu tout seul

**tackler** /ˈtæklər/ N (Sport) tacleur m, -euse f

**tackroom** /ˈtækrʊm/ N sellerie f

**tacky** /ˈtækɪ/ ADJ ① (* = tasteless) [person, place, film, clothes, remark] vulgaire
② (= sticky) [glue] qui commence à prendre ; [paint, varnish] pas tout à fait sec ; [surface] poisseux, collant

**taco** /ˈtɑːkəʊ/ N (pl **tacos**) taco m

**tact** /tækt/ SYN N (NonC) tact m, délicatesse f

**tactful** /ˈtæktfʊl/ SYN ADJ [person, remark, behaviour] plein de tact, délicat ; [silence] diplomatique ; [hint, inquiry, reference] discret (-ète f) ◆ **that wasn't a very tactful question** cette question n'était pas très délicate ◆ **to be tactful (with sb/about sth)** faire preuve de tact (envers qn/à propos de qch) ◆ **she was too tactful to say what she thought** elle avait trop de tact pour dire ce qu'elle pensait

**tactfully** /ˈtæktfəlɪ/ ADV avec tact ◆ **as he so tactfully puts it...** comme il le dit avec tant de tact... ◆ **he tactfully refrained from further comment** il a été assez délicat pour s'abstenir de tout autre commentaire

**tactfulness** /ˈtæktfʊlnɪs/ N ⇒ **tact**

**tactic** /ˈtæktɪk/ SYN N (Mil, fig) tactique f ◆ **tactics** (NonC:Mil) la tactique

**tactical** /ˈtæktɪkəl/ SYN
ADJ (Mil, fig) tactique ◆ **a tactical plan** une stratégie ◆ **to play a brilliant tactical game** (Sport) jouer avec une habileté tactique hors pair
COMP **tactical voting** N (Brit) vote m utile

**tactically** /ˈtæktɪkəlɪ/ ADV (Mil, fig) [important, disastrous] d'un or du point de vue tactique, sur le plan tactique ; [use] tactiquement ◆ **to vote tactically** voter utile

**tactician** /tækˈtɪʃən/ SYN N (Mil, fig) tacticien m

**tactile** /ˈtæktaɪl/ ADJ ① (= physical) [person] qui a le sens tactile développé
② (= pleasant to touch) [fabric] agréable au toucher ◆ **the tactile quality of textiles** le toucher des textiles
③ (through touch) [sense, experience] tactile

**tactless** /ˈtæktlɪs/ SYN ADJ [person] peu délicat, qui manque de tact ; [hint] grossier ; [inquiry, reference] indiscret (-ète f) ; [answer] qui manque de tact, peu diplomatique (fig) ; [suggestion] peu délicat

**tactlessly** /ˈtæktlɪslɪ/ ADV [behave] de façon peu délicate, sans tact or délicatesse ; [say] de façon peu délicate

**tactlessness** /ˈtæktlɪsnɪs/ N manque m de tact

**tad*** /tæd/ N ◆ **a tad big/small** etc un chouïa* grand/petit etc

**tadpole** /ˈtædpəʊl/ N têtard m

**Tadzhik** /ˈtɑːdʒɪk/
ADJ tadjik
N ① Tadjik(e) m(f)
② (= language) tadjik m

**Tadzhikistan** /tɑːˌdʒɪkɪˈstɑːn/ N Tadjikistan m ◆ **in Tadzhikistan** au Tadjikistan

**tae kwon do** /ˈtaɪˈkwɒnˈdəʊ/ N taekwondo m

**taenia** /ˈtiːnɪə/ N (= worm) ténia m

**taffeta** /ˈtæfɪtə/ N (NonC) taffetas m

**taffrail** /ˈtæfreɪl/ N [of ship] couronnement m ; (= rail) lisse f de couronnement

**Taffy*** /ˈtæfɪ/ N (pej) (also **Taffy Jones**) sobriquet donné à un Gallois

**taffy** /ˈtæfɪ/ N (US) bonbon m au caramel ; (Can) tire f d'érable

**tafia** /ˈtæfɪə/ N (Culin) tafia m

**tag** /tæg/
N ① [of shoelace, cord etc] ferret m ; (on garment etc) patte f, marque f ; (= label : also fig) étiquette f ; (= marker : on file etc) onglet m ; (= surveillance device) bracelet-émetteur m de surveillance électronique ◆ **all uniforms must have name tags** chaque uniforme doit être marqué au nom de son propriétaire ; → **price**
② (= quotation) citation f ; (= cliché) cliché m, lieu m commun ; (= catchword) slogan m ◆ **tag (question)** (Ling) question-tag f
③ (NonC = game) (jeu m du) chat m
④ (Comput) balise f
⑤ (worn by offender) plaque f d'identité électronique portée par les personnes en liberté surveillée
VT ① [+ garment] marquer ; [+ bag, box, file] étiqueter ; (US * fig) [+ car] mettre un papillon* sur ; [+ driver] mettre une contravention à
② (* = follow) suivre ; [detective] filer
③ (= describe) [+ person] appeler, étiqueter
④ (Comput) baliser
⑤ [+ offender] doter d'une plaque d'identité électronique à des fins de surveillance
COMP **tag day** N (US) journée f de vente d'insignes (pour une œuvre)
**tag end** N [of speech, performance, programme etc] fin f ; [of goods for sale] restes mpl
**tag line** N [of play] dernière réplique f ; [of poem] dernier vers m

▶ **tag along** VI suivre le mouvement* ◆ **she left and the children tagged along behind her** elle est partie et les enfants l'ont suivie ◆ **the others came tagging along behind** les autres traînaient derrière or étaient à la traîne derrière ◆ **she usually tags along (with us)** la plupart du temps elle vient avec nous

▶ **tag on***
VI ◆ **to tag on to sb** coller aux talons de qn* ◆ **he came tagging on behind** il traînait derrière
VT SEP (fig) ajouter (après coup) (to à)

▶ **tag out** VT SEP (Baseball) mettre hors jeu

**Tagalog** /təˈɡɑːlɒɡ/ N (= language) tagal m, tagalog m

**tagboard** /ˈtæɡbɔːd/ N (US) carton m (pour étiquettes)

**tagger** /ˈtæɡər/ N (Comput) étiqueteur m

**tagging** /ˈtæɡɪŋ/ N (also **electronic tagging**) : in penal system) marquage m (électronique)

**tagliatelle** /ˌtæljəˈtelɪ, ˌtæɡljəˈtelɪ/ N (NonC) tagliatelles fpl

**tagmeme** /ˈtæɡmiːm/ N (Ling) tagmème m

**tagmemics** /tæɡˈmiːmɪks/ N (Ling: NonC) tagmémique f

**Tagus** /ˈteɪɡəs/ N Tage m

**tahini** /təˈhiːnɪ/ N (NonC) crème f de sésame

**Tahiti** /təˈhiːtɪ/ N Tahiti f ◆ **in Tahiti** à Tahiti

**Tahitian** /təˈhiːʃən/
ADJ tahitien
N ① Tahitien(ne) m(f)
② (= language) tahitien m

**t'ai chi (ch'uan)** /ˈtaɪdʒiː(ˈtʃwɑːn)/ N tai-chi (-chuan) m

**taiga** /ˈtaɪɡɑː/ N (Geog) taïga f

**tail** /teɪl/ SYN
N ① [of animal, aircraft, comet, kite, procession, hair] queue f ; [of shirt] pan m ; [of coat] basque f ; [of ski] talon m ◆ **with his tail between his legs** (lit, fig) la queue entre les jambes ◆ **to keep one's tail up** (fig) ne pas se laisser abattre ◆ **he was right on my tail** (= following me) il me suivait de très près ◆ **it is a case of the tail wagging the dog** c'est une petite minorité qui se fait obéir ◆ **to turn tail (and run)** prendre ses jambes à son cou ; → **sting**
② [of coin] pile f ◆ **tails I win!** pile je gagne !
③ (* hum = buttocks) postérieur* m ◆ **a piece of tail***(US) une fille baisable*[vulg]*
④ ◆ **to put a tail on sb**[vulg] [detective etc] faire filer qn
NPL **tails*** (Dress) queue f de pie
VT ① * [+ suspect etc] suivre, filer
② (= cut tail of animal) couper la queue à ; → **top¹**
VI ◆ **to tail after sb** suivre qn tant bien que mal
COMP **tail assembly** N [of plane] dérive f
**tail coat** N queue f de pie
**tail end** N [of piece of meat, roll of cloth etc] bout m ; [of procession] queue f ; [of storm, debate, lecture] toutes dernières minutes fpl, fin f
**tail feather** N plume f rectrice
**tail lamp**, **tail light** N [of vehicle, train etc] feu m arrière inv
**tail-off** N diminution f or baisse f graduelle
**tail rotor** N [of aircraft] rotor m anticouple, fenestron m
**tail section** N [of plane] arrière m
**tail skid** N [of plane] béquille f de queue
**tail unit** N [of plane] empennage m

▶ **tail away** VI [sounds] se taire (peu à peu) ; [attendance, interest, numbers] diminuer, baisser (petit à petit) ; [novel] se terminer en queue de poisson

▶ **tail back**
VI ◆ **the traffic tailed back to the bridge** le bouchon or la retenue remontait jusqu'au pont
N ◆ **tailback** → **tailback**

▶ **tail off**
VI ⇒ **tail away**
N ◆ **tail-off** → **tail**

**tailback** /ˈteɪlbæk/ N (Brit : traffic jam) bouchon m

**tailboard** /ˈteɪlbɔːd/ N [of vehicle] hayon m

**-tailed** /teɪld/ ADJ (in compounds) ◆ **long-tailed** à la queue longue

**tailgate** /ˈteɪlɡeɪt/
N [of vehicle] hayon m (arrière)
VT ◆ **to tailgate sb** coller au train* de qn

**tailhopping** /ˈteɪlhɒpɪŋ/ N (Ski) ruade f

**tailor** /ˈteɪlər/ SYN
N tailleur m
VT [+ garment] façonner ; (fig) [+ speech, book, product, service] adapter (to, to suit à ; for pour) ◆ **a tailored skirt** une jupe ajustée ◆ **the software can be tailored to meet your requirements** le logiciel peut être adapté à vos besoins
COMP **tailor-made** ADJ [garment] fait sur mesure ◆ **the building is tailor-made for this purpose** le bâtiment est conçu spécialement pour cet usage ◆ **a lesson tailor-made for that class**

une leçon conçue *or* préparée spécialement pour cette classe ◆ **the job was tailor-made for him** le poste était fait pour lui

**tailor-make** VT ◆ **the therapist will tailor-make the session for you** le psychanalyste adaptera la séance à vos besoins ◆ **we can tailor-make your entire holiday** nous pouvons vous organiser tout un voyage à la carte

**tailor's chalk** N craie *f* de tailleur

**tailor's dummy** N mannequin *m* ; *(fig pej)* fantoche *m*

**tailorbird** /ˈteɪləbɜːd/ N fauvette *f* couturière

**tailoring** /ˈteɪlərɪŋ/ N *(fig) [of product, service]* personnalisation *f*, adaptation *f* (*to* à)

**tailpiece** /ˈteɪlpiːs/ N *(to speech)* ajout *m* ; *(to document, book)* appendice *m* ; *(to letter)* post-scriptum *m* ; *(Typography)* cul-de-lampe *m* ; *[of violin]* cordier *m*

**tailpipe** /ˈteɪlpaɪp/ N *(US = exhaust)* tuyau *m* d'échappement

**tailplane** /ˈteɪlpleɪn/ N stabilisateur *m*

**tailrace** /ˈteɪlreɪs/ N *(Tech)* canal *m* de fuite

**tailspin** /ˈteɪlspɪn/

**N** *[of plane]* vrille *f* ; *[of prices]* chute *f* verticale ◆ **to be in a tailspin** *[aircraft]* vriller

**VI** tomber en chute libre

**tailwind** /ˈteɪlwɪnd/ N vent *m* arrière *inv*

**taint** /teɪnt/ SYN

**VT** *[+ meat, food]* gâter ; *[+ water]* infecter, polluer ; *[+ air, atmosphere]* vicier, infecter, polluer ; *(fig liter) [+ sb's reputation]* salir, ternir ◆ **blood tainted with the AIDS virus** du sang contaminé par le virus du sida

**N** *(NonC)* infection *f*, souillure *f* ; *(= decay)* corruption *f*, décomposition *f* ; *(fig : of insanity, sin, heresy)* tare *f* *(fig)* ◆ **her government never shook off the taint of corruption** son gouvernement ne s'est jamais débarrassé de l'image corrompue qui était la sienne

**tainted** /ˈteɪntɪd/ ADJ 1 *(= tarnished) [money]* sale ; *[evidence]* suspect, douteux ; *[reputation]* terni, sali ; *[action, motive]* impur ◆ **the system is tainted with corruption** le système est entaché de corruption ◆ **politicians tainted by scandal** des hommes politiques éclaboussés par des scandales

2 *(= contaminated) [food] (gen)* abîmé, gâté ; *(with chemicals)* pollué ; *[meat]* avarié ; *[blood]* contaminé ; *[water, air, atmosphere]* pollué ; *[breath]* chargé ; *[drug]* frelaté

**Taipei, T'ai-pei** /taɪˈpeɪ/ N Taipei

**Taiwan** /ˈtaɪˈwɑːn/ N Taïwan ◆ **in Taiwan** à Taïwan

**Taiwanese** /ˌtaɪwəˈniːz/

**ADJ** taïwanais

**N** *(pl inv)* Taïwanais(e) *m(f)*

**Tajik** /ˈtɑːdʒɪk/ ADJ, N → **Tadzhik**

**Tajikistan** /tɑːdʒiːkɪstɑːn/ N Tadjikistan *m* ◆ **in Tajikistan** au Tadjikistan

## take /teɪk/ SYN

vb: pret **took**, ptp **taken**

1 - NOUN
2 - TRANSITIVE VERB
3 - INTRANSITIVE VERB
4 - COMPOUNDS
5 - PHRASAL VERBS

### 1 - NOUN

1 [CINE, PHOT] prise *f* de vue(s) ; *(Recording)* enregistrement *m*

2 [FISHING, HUNTING] prise *f*

3 [US COMM = TAKINGS] recette *f* ◆ **to be on the take*** *(= stealing)* se servir dans la caisse

4 [ESP US * = SHARE] part *f*, montant *m* perçu ◆ **the taxman's take is nearly 50%** la ponction fiscale s'élève à près de 50%

5 [* = VIEW] point *m* de vue

### 2 - TRANSITIVE VERB

1 [GEN] prendre ; *(= seize)* prendre, saisir ◆ **to take sb's hand** prendre la main de qn ◆ **he took me by the arm, he took my arm** il m'a pris (par) le bras ◆ **he took her in his arms** il l'a prise dans ses bras ◆ **to take sb by the throat** prendre *or* saisir qn à la gorge ◆ **I take a (size) 12 in dresses** je mets *or* fais du 42 ◆ **I take a (size) 5 in shoes** je chausse du 38 ◆ **the policeman took his name and address** l'agent a pris *or* relevé ses nom et adresse ◆ **he takes "The Times"** il lit le « Times » ◆ **he took the cathedral from the square** *(Phot)* il a pris la cathédrale vue de la place ◆ **he takes a good photo*** *(Phot)* il est très photogénique ◆ **to take a ticket for a concert** prendre un billet *or* une place pour un concert ◆ **I'll take that one** je prends *or* prendrai celui-là ◆ **to take a wife** † prendre femme † ◆ **take your partners for a waltz** invitez vos partenaires et en avant pour la valse ◆ **to take sth (up)on o.s.** prendre qch sur soi ◆ **to take it (up)on o.s. to do sth** prendre sur soi *or* sous son bonnet de faire qch

2 [= EXTRACT] prendre *(from sth* dans qch), tirer *(from sth* de qch) ; *(= remove)* prendre, enlever, ôter *(from sb* à qn) ; *(without permission)* prendre ◆ **to take sth from one's pocket** prendre qch dans *or* tirer qch de sa poche ◆ **to take sth from a drawer** prendre qch dans un tiroir ◆ **he takes his examples from real life** il tire ses exemples de la réalité ◆ **I took these statistics from a government report** j'ai tiré ces statistiques d'un rapport gouvernemental

3 [MATH ETC = SUBTRACT] soustraire, ôter *(from* de) ◆ **he took 5 euros off the price** il a fait un rabais *or* une remise de 5 €

4 [= CAPTURE] *(Mil) [+ city, district, hill]* prendre, s'emparer de ; *(gen) [+ suspect, wanted man]* prendre, capturer ; *[+ fish etc]* prendre, attraper ; *(sexually) [+ woman]* prendre ; *(Chess)* prendre ; *[+ prize]* obtenir, remporter ; *[+ degree]* avoir, obtenir ◆ **to take a trick** *(Cards)* faire une levée ◆ **my ace took his king** j'ai pris son roi avec mon as ◆ **the grocer takes about £500 per day** *(Brit)* l'épicier fait à peu près 500 livres de recette par jour, l'épicier vend pour à peu près 500 livres de marchandises par jour ; → **fancy, prisoner, surprise**

5 [= INGEST, CONSUME] *[+ food, drink]* prendre ◆ **he takes sugar in his tea** il prend du sucre dans son thé ◆ **to take tea** † *with sb* prendre le thé avec qn ◆ **to take drugs** *(= medicines)* prendre des médicaments ; *(= narcotics)* se droguer ◆ **to take morphine** prendre de la morphine ◆ **"not to be taken (internally)"** *(Med)* « à usage externe » ◆ **he took no food for four days** il n'a rien mangé *or* pris pendant quatre jours

6 [= OCCUPY] *[+ chair, seat]* prendre, s'asseoir sur ; *(= rent) [+ house, flat etc]* prendre, louer ◆ **to take one's seat** s'asseoir ◆ **is this seat taken?** cette place est-elle prise *or* occupée ?

7 [= GO BY] *[+ bus, train, plane, taxi]* prendre ; *[+ road]* prendre, suivre ◆ **take the first on the left** prenez la première à gauche

8 [= NEGOTIATE] *[+ bend]* prendre ; *[+ hill]* grimper ; *[+ fence]* sauter ◆ **he took that corner too fast** il a pris ce virage trop vite

9 [SCOL, UNIV] *(= sit) [+ exam, test]* passer, se présenter à ; *(= study) [+ subject]* prendre, faire ◆ **what are you taking next year?** qu'est-ce que tu prends *or* fais l'an prochain (comme matière) ?

10 [ESP BRIT = TEACH] *[+ class, students]* faire cours à ◆ **the teacher who took us for economics** le professeur qui nous faisait cours en économie *or* qui nous enseignait l'économie

11 [= TOLERATE] *[+ behaviour, remark etc]* accepter ; *[+ alcohol, garlic]* supporter ◆ **he won't take that reply from you** il n'acceptera jamais une telle réponse venant de vous ◆ **I'll take no nonsense!** on ne me raconte pas d'histoires ! ◆ **I'm not taking any!*** je ne marche pas !* ◆ **I can't take it any more** je n'en peux plus ◆ **we can take it!** on ne se laissera pas abattre !, on (l')encaissera !* ◆ **I can't take alcohol** je ne supporte pas l'alcool

12 [= HAVE AS CAPACITY] contenir, avoir une capacité de ◆ **the bus takes 60 passengers** l'autobus a une capacité de 60 places ◆ **the hall will take 200 people** la salle contient jusqu'à 200 personnes ◆ **the bridge will take 10 tons** le pont supporte un poids maximal de 10 tonnes

13 [= RECEIVE, ACCEPT] *[+ gift, payment]* prendre, accepter ; *[+ a bet]* accepter ; *[+ news]* prendre, supporter ◆ **he won't take less than $50 for it** il en demande au moins 50 dollars ◆ **take it from me!** croyez-moi !, croyez-moi sur parole ! ◆ **(you can) take it or leave it** c'est à prendre ou à laisser ◆ **whisky? I can take it or leave it*** le whisky ? j'aime ça mais sans plus ◆ **she took his death quite well** elle s'est montrée très calme en apprenant sa mort ◆ **she took his death very badly** elle a été très affectée par sa mort ◆ **I wonder how she'll take it** je me demande comment elle prendra cela ◆ **you must take us as you find us** vous devez nous prendre comme nous sommes ◆ **to take things as they come** prendre les choses comme elles viennent* ◆ **you must take things as they are** il faut prendre les choses comme elles sont* ◆ **will you take it from here?** *(handing over task etc)* pouvez-vous prendre la suite *or* la relève ? ◆ **take five/ten!*** *(esp US) (= have a break)* repos !

14 [= ASSUME] supposer, imaginer ◆ **I take it that...** je suppose *or* j'imagine que... ◆ **how old do you take him to be?** quel âge lui donnez-vous ? ◆ **what do you take me for?** pour qui me prenez-vous ? ◆ **do you take me for a fool?** vous me prenez pour un imbécile ? ◆ **I took you for a burglar** je vous ai pris pour un cambrioleur ◆ **I took him to be foreign** je le croyais étranger ◆ **to take A for B** prendre A pour B, confondre A et B

15 [= CONSIDER] prendre ◆ **now take Ireland** prenons par exemple l'Irlande ◆ **take the case of...** prenons *or* prenez le cas de... ◆ **taking one thing with another...** tout bien considéré...

16 [= REQUIRE] prendre, demander ; *(Gram)* être suivi de ◆ **it takes time** cela prend *or* demande du temps ◆ **the journey takes five days** le voyage prend *or* demande cinq jours ◆ **it took me two hours to do it, I took two hours to do it** j'ai mis deux heures (à *or* pour le faire) ◆ **take your time!** prenez votre temps ! ◆ **it won't take long** cela ne prendra pas longtemps ◆ **that takes a lot of courage** cela demande beaucoup de courage ◆ **it takes a brave man to do that** il faut être courageux pour faire cela ◆ **it takes some doing*** ce n'est pas évident ◆ **it takes some believing*** c'est à peine croyable ◆ **it took three policemen to hold him down** il a fallu trois agents pour le tenir ◆ **it takes two to make a quarrel** *(Prov)* il faut être au moins deux pour se battre ◆ **he's got what it takes!*** il est à la hauteur ◆ **he's got what it takes to do the job** il a toutes les qualités requises pour ce travail

17 [= CARRY] *[+ child, object]* porter, apporter, emporter ; *[+ one's gloves, umbrella]* prendre, emporter (avec soi) ; *(= lead)* emmener, conduire ; *(= accompany)* accompagner ◆ **he took her some flowers** il lui a apporté des fleurs ◆ **take his suitcase upstairs** montez sa valise ◆ **he takes home £200 a week** il gagne 200 livres net par semaine ◆ **he took her to the cinema** il l'a emmenée au cinéma ◆ **I'll take you to dinner** je vous emmènerai dîner ◆ **they took him over the factory** ils lui ont fait visiter l'usine ◆ **to take sb to hospital** transporter qn à l'hôpital ◆ **he took me home in his car** il m'a ramené *or* raccompagné dans sa voiture ◆ **this road will take you to Paris** cette route vous mènera à Paris ◆ **this bus will take you to the town hall** cet autobus vous conduira à la mairie ◆ **£20 won't take you far these days** de nos jours on ne va pas loin avec 20 livres ◆ **what took you to Lille?** qu'est-ce qui vous a fait aller à Lille ?

18 [= REFER] ◆ **to take a matter to sb** soumettre une affaire à qn, en référer à qn ◆ **I took it to him for advice** je lui ai soumis le problème pour qu'il me conseille

### 3 - INTRANSITIVE VERB

[FIRE, VACCINATION, PLANT CUTTING ETC] prendre

### 4 - COMPOUNDS

**take-home pay** N salaire *m* net

**take-up** N *(Brit)* souscription *f*

### 5 - PHRASAL VERBS

▸ **take aback** VT SEP → **aback**

▸ **take after** VT FUS ressembler à, tenir de ◆ **she takes after her mother** elle ressemble à *or* tient de sa mère

▸ **take against** VT FUS prendre en grippe

▸ **take along** VT SEP *[+ person]* emmener ; *[+ camera etc]* emporter, prendre

▸ **take apart**

**VI** *[toy, machine]* se démonter

**VT SEP** *[+ machine, engine, toy]* démonter, désassembler ; *(* fig = criticize harshly) [+ plan, suggestion]* démanteler, démolir* ◆ **I'll take him apart* if I get hold of him!** si je l'attrape je l'étripe *or* ça va être sa fête !*

▸ **take aside** VT SEP *[+ person]* prendre à part, emmener à l'écart

▸ **take away**

**VI** ◆ **it takes away from its value** cela diminue *or* déprécie sa valeur ◆ **that doesn't take away from his merit** cela n'enlève rien à son mérite

VT SEP 1 *(= carry or lead away)* *[+ object]* emporter ; *[+ person]* emmener ◆ **"not to be taken away"** *(on book etc)* « à consulter sur place »

2 *(= remove)* *[+ object]* prendre, retirer, enlever *(from sb* à qn ; *from sth* de qch*)* ; *[+ sb's child, wife, sweetheart]* enlever *(from sb* à qn*)* ◆ **she took her children away from the school** elle a retiré ses enfants de l'école

3 *(Math)* soustraire, ôter *(from* de*)* ◆ **if you take three away from six...** six moins trois...

▸ **take back** VT SEP 1 *(= accept back)* *[+ gift, one's wife, husband]* reprendre ◆ **to take back a** *or* **one's promise** reprendre sa parole ◆ **she took back all she had said about him** elle a retiré tout ce qu'elle avait dit à son sujet ◆ **I take it all back!** je n'ai rien dit !

2 *(= return)* *[+ book, goods]* rapporter *(to* à*)* ; *(= accompany)* *[+ person]* raccompagner, reconduire *(to* à*)*

3 *(= recall, evoke)* ◆ **it takes me back to my childhood** cela me rappelle mon enfance

▸ **take down** VT SEP 1 *[+ object from shelf etc]* descendre *(from, off* de*)* ; *[+ trousers]* baisser ; *[+ picture]* décrocher, descendre ; *[+ poster]* décoller ; → **peg**

2 *(= dismantle)* *[+ scaffolding, tent]* démonter ; *[+ building]* démolir

3 *(= write etc)* *[+ notes, letter]* prendre ; *[+ address, details]* prendre, noter, inscrire

4 *(in courtroom)* ◆ **take him down!** qu'on emmène le prisonnier !

▸ **take from** VT FUS ⇒ **take away from** ; → **take away**

▸ **take in** VT SEP 1 *(into building)* *[+ garden furniture, harvest]* rentrer ; *[+ person]* faire entrer

2 *(into one's home)* *[+ lodgers]* prendre ; *[+ friend]* recevoir ; *[+ homeless person, stray dog]* recueillir

3 ◆ **she takes in sewing** elle fait *or* prend de la couture à domicile

4 *(= make smaller)* *[+ skirt, dress, waistband]* reprendre ◆ **to take in the slack on a rope** *(Climbing)* avaler le mou d'une corde

5 *(= include, cover)* couvrir, inclure, englober, embrasser ◆ **we cannot take in all the cases** nous ne pouvons pas couvrir *or* inclure tous les cas ◆ **this takes in all possibilities** ceci englobe *or* embrasse toutes les possibilités ◆ **we took in Venice on the way home** *(fig)* nous avons visité Venise sur le chemin du retour ◆ **to take in a movie** aller au cinéma

6 *(= grasp, understand)* saisir, comprendre ◆ **that child takes everything in** rien n'échappe à cet enfant ◆ **the children were taking it all in** les enfants étaient tout oreilles ◆ **she couldn't take in his death at first** dans les premiers temps elle ne pouvait pas se faire à l'idée de sa mort ◆ **he hadn't fully taken in that she was dead** il n'avait pas (vraiment) réalisé qu'elle était morte ◆ **he took in the situation at a glance** il a apprécié la situation en un clin d'œil

7 *(* = cheat, deceive)* avoir *, rouler * ◆ **I've been taken in** je me suis laissé avoir *, j'ai été roulé * ◆ **he's easily taken in** il se fait facilement avoir * ◆ **to be taken in by appearances** se laisser prendre aux *or* tromper par les apparences ◆ **I was taken in by his disguise** je me suis laissé prendre à son déguisement

▸ **take off**

VI *[person]* partir *(for* pour*)* ; *[aircraft, career, scheme]* décoller ◆ **the plane took off for Berlin** l'avion s'est envolé pour Berlin

VT SEP 1 *(= remove)* *[+ garment]* enlever, ôter, retirer ; *[+ buttons, price tag, lid]* enlever ; *[+ telephone receiver]* décrocher ; *[+ item on menu, train, bus]* supprimer ◆ **they had to take his leg off** *(= amputate)* on a dû l'amputer d'une jambe ◆ **he took £5 off** *(= lowered price)* il a baissé le prix de *or* il a fait un rabais de 5 livres, il a rabattu 5 livres sur le prix ◆ **I'll take something off the price for you** je vais vous faire un rabais *or* une remise (sur le prix) ◆ **her new hairstyle takes five years off her** * sa nouvelle coiffure la rajeunit de cinq ans

2 *(= lead etc away)* *[+ person, car]* emmener ◆ **he took her off to lunch** il l'a emmenée déjeuner ◆ **to take sb off to jail** emmener qn en prison ◆ **he was taken off to hospital** on l'a transporté à l'hôpital ◆ **after the wreck a boat took the crew off** une embarcation est venue sauver l'équipage du navire naufragé ◆ **to take o.s. off** s'en aller

3 *(Brit = imitate)* imiter, pasticher

▸ **take on**

VI 1 *[idea, fashion etc]* prendre, marcher *

2 *(Brit * = be upset)* s'en faire *

VT SEP 1 *(= accept etc)* *[+ work, responsibility]* prendre, accepter, se charger de ; *[+ bet]* accepter ; *[challenger in game/fight]* accepter d'affronter ◆ **I'll take you on!** *(Betting)* chiche ! ; *(Sport)* je te parie que je te bats ! ◆ **he has taken on more than he bargained for** il n'avait pas compté prendre une si lourde responsabilité ◆ **to agree to take a job on** *(employment)* accepter un poste ; *(task)* accepter de se charger d'un travail

2 *[+ employee]* prendre, embaucher ; *[+ cargo, passenger]* embarquer, prendre ; *[+ form, qualities]* prendre, revêtir

3 *(= contend with)* *[+ enemy]* s'attaquer à ◆ **he took on the whole committee** *(= challenge etc)* il s'est attaqué *or* s'en est pris au comité tout entier

▸ **take out** VT SEP 1 *(= lead or carry outside)* *[+ chair etc]* sortir ; *[+ prisoner]* faire sortir ◆ **they took us out to see the sights** ils nous ont emmenés visiter la ville ◆ **he took her out to lunch/the theatre** il l'a emmenée déjeuner/au théâtre ◆ **he has often taken her out** il l'a souvent sortie ◆ **I'm going to take the children/dog out** je vais sortir les enfants/le chien

2 *(from pocket, drawer)* prendre *(from, of* dans*)* ; *(= remove)* sortir, retirer, enlever, ôter *(from, of* de*)* ; *[+ tooth]* arracher ; *[+ appendix, tonsils]* enlever ; *[+ stain]* ôter, enlever *(from* de*)* ◆ **take your hands out of your pockets** sors *or* enlève *or* retire tes mains de tes poches ◆ **that will take you out of yourself a bit** *(fig)* cela vous changera les idées ◆ **that sort of work certainly takes it out of you** * c'est vraiment un travail épuisant ◆ **when he got the sack he took it out on the dog** * quand il a été licencié, il s'est défoulé * sur le chien ◆ **don't take it out on me!** * ce n'est pas la peine de t'en prendre à moi ! ◆ **don't take your bad temper out on me** * ne passe pas ta mauvaise humeur sur moi

3 *[+ insurance policy]* souscrire à, prendre ; *[+ patent]* prendre ; *[+ licence]* se procurer

4 *(Mil *)* *[+ target]* descendre *, bousiller *

▸ **take over**

VI *[dictator, army, political party]* prendre le pouvoir ◆ **to take over from sb** prendre la relève *or* le relais de qn ◆ **let him take over** cédez-lui la place

VT SEP 1 *(= escort or carry across)* ◆ **he took me over to the island in his boat** il m'a transporté jusqu'à l'île dans son bateau ◆ **will you take me over to the other side?** voulez-vous me faire traverser ?

2 *(= assume responsibility for)* *[+ business, shop]* reprendre ; *[+ sb's debts]* prendre à sa charge ◆ **he took over the shop from his father** il a pris la suite de son père dans le magasin ◆ **he took over the job from Paul** il a succédé à Paul (à ce poste) ◆ **I took over his duties** je l'ai remplacé dans ses fonctions ◆ **he took over the leadership of the party when Smith resigned** il a remplacé Smith à la tête du parti après la démission de celui-ci

3 *(Fin)* *[+ another company]* absorber, racheter ◆ **the tourists have taken over Venice** les touristes ont envahi Venise

▸ **take to** VT FUS 1 *(= conceive liking for)* *[+ person]* se prendre d'amitié pour, se prendre de sympathie pour, sympathiser avec ; *[+ game, action, study]* prendre goût à, mordre à * ◆ **I didn't take to the idea** l'idée ne m'a rien dit ◆ **they took to each other at once** ils se sont plu immédiatement ◆ **I didn't take to him** il ne m'a pas beaucoup plu

2 *(= start, adopt)* *[+ habit]* prendre ; *[+ hobby]* se mettre à ◆ **to take to drink/drugs** se mettre à boire/à se droguer ◆ **she took to telling everyone...** elle s'est mise à dire à tout le monde...

3 *(= go to)* ◆ **to take to one's bed** s'aliter ◆ **to take to the woods** *[walker]* aller dans la forêt ; *[hunted man]* aller se réfugier *or* se cacher dans la forêt ◆ **to take to the boats** *(= abandon ship)* abandonner *or* évacuer le navire ; → **heel**[1]

▸ **take up**

VI ◆ **to take up with sb** se lier avec qn, se prendre d'amitié pour qn

VT SEP 1 *(= lead or carry upstairs, uphill etc)* *[+ person]* faire monter ; *[+ object]* monter

2 *(= lift)* *[+ object from ground]* ramasser, prendre ; *[+ carpet]* enlever ; *[+ roadway, pavement]* dépaver ; *[+ dress, hem, skirt]* raccourcir ; *[+ passenger]* prendre ; *(fig : after interruption)* *[+ one's work, book]* reprendre, se remettre à, continuer ; *[+ conversation, discussion, story]* reprendre (le fil de) ◆ **she took up the story where she had left off** elle a repris l'histoire là où elle s'était arrêtée ; → **cudgel**

3 *(= occupy)* *[+ space]* occuper, tenir, prendre ; *[+ time]* prendre, demander ; *[+ attention]* occuper, absorber ◆ **he is very taken up** il est très pris ◆ **he is quite taken up with her** il ne pense plus qu'à elle ◆ **he is completely taken up with his plan** il est tout entier à son projet ◆ **it takes up too much room** cela prend *or* occupe trop de place ◆ **it takes up all my free time** cela (me) prend tout mon temps libre

4 *(= absorb)* *[+ liquids]* absorber

5 *(= raise question of)* *[+ subject]* aborder ◆ **I'll take that up with him** je lui en parlerai ◆ **I would like to take you up on something you said earlier** je voudrais revenir sur quelque chose que vous avez dit précédemment

6 *(= start, accept)* *[+ hobby, subject, sport, language]* se mettre à ; *[+ career]* embrasser ; *[+ method]* adopter, retenir ; *[+ challenge]* relever ; *[+ shares]* souscrire à ; *[+ person] (as friend)* adopter ; *(as protégé)* prendre en main ◆ **to take up one's new post** entrer en fonction ◆ **I'll take you up on your promise** je mettrai votre parole à l'épreuve ◆ **I'd like to take you up on your offer of free tickets** je voudrais accepter votre offre de places gratuites ◆ **I'll take you up on that some day** je m'en souviendrai à l'occasion, un jour je vous prendrai au mot

**takeaway** /ˈteɪkəweɪ/

N *(Brit = food shop)* magasin *m* de plats à emporter

COMP **takeaway food** N plats *mpl* préparés (à emporter)

**takeaway meal** N repas *m* à emporter

**takedown** * /ˈteɪkdaʊn/ ADJ *[toy, weapon]* démontable

**taken** /ˈteɪkən/

VB ptp of **take**

ADJ 1 *[seat, place]* pris, occupé

2 ◆ **to be very taken with sb/sth** être très impressionné par qn/qch ◆ **I'm not very taken with him** il ne m'a pas fait une grosse impression ◆ **I'm quite taken with** *or* **by that idea** cette idée me plaît énormément

**takeoff** /ˈteɪkɒf/ SYN N *(in plane)* décollage *m* ; *(Gym, Ski)* envol *m* ; *(fig : Econ etc)* démarrage *m* ; *(= imitation)* imitation *f*, pastiche *m*

**takeout** /ˈteɪkaʊt/ N 1 *(US)* ⇒ **takeaway**

2 *(Bridge* also **takeout bid***)* réponse *f* de faiblesse

**takeover** /ˈteɪkəʊvəʳ/

N *(Pol)* prise *f* du pouvoir ; *(Fin)* rachat *m*

COMP **takeover bid** N offre *f* publique d'achat, OPA *f*

**taker** /ˈteɪkəʳ/ N ◆ **takers of snuff** les gens qui prisent ◆ **drug-takers** les drogués *mpl* ◆ **at $50 he found no takers** il n'a pas trouvé d'acheteurs *or* trouvé preneur pour 50 dollars ◆ **this suggestion found no takers** cette suggestion n'a été relevée par personne

**taking** /ˈteɪkɪŋ/ SYN

ADJ *[person, manners]* séduisant ; *[child]* mignon

N 1 ◆ **it is yours for the taking** tu n'as qu'à (te donner la peine de) le prendre

2 *(Mil = capture)* prise *f*

3 *(Brit Jur)* ◆ **taking and driving away a vehicle** vol *m* de véhicule

NPL **takings** *(Brit Comm)* recette *f*

**talc** /tælk/, **talcum (powder)** /ˈtælkəm(ˌpaʊdəʳ)/ N talc *m*

**tale** /teɪl/ SYN N *(= story)* conte *m*, histoire *f* ; *(= legend)* histoire *f*, légende *f* ; *(= account)* récit *m*, histoire *f (pej)* ◆ **"Tales of King Arthur"** *(Literat)* « La Légende du Roi Arthur » ◆ **"A Tale of Two Cities"** *(Literat)* « Un Conte de deux villes » ◆ **"Tales of the Grotesque and Arabesque"** *(Literat)* « Histoires extraordinaires » ◆ **he told us the tale of his adventures** il nous a fait le récit de ses aventures ◆ **I've heard that tale before** j'ai déjà entendu cette histoire-là quelque part ◆ **I've been hearing tales about you** on m'a dit *or* raconté des choses sur vous ◆ **to tell tales** *(= inform on sb)* rapporter, cafarder * ; *(= to lie)* mentir, raconter des histoires * ◆ **to tell tales out of school** *(fig)* raconter ce qu'on devrait taire ◆ **he lived to tell the tale** il y a survécu ; → **fairy, old, tell, woe**

**Taleban** /ˈtælɪbæn/ N, ADJ ⇒ **Taliban**

**talebearer** /ˈteɪlbɛərəʳ/ N rapporteur *m*, -euse *f*, mouchard(e) *m(f)*

**talebearing** /ˈteɪlbɛərɪŋ/ N rapportage *m*, cafardage * *m*

**talent** /ˈtælənt/ SYN

**N** [1] (= gift) don *m*, talent *m* ; (NonC) talent *m* ◆ **to have a talent for drawing** être doué pour le dessin, avoir un don *or* du talent pour le dessin ◆ **a writer of great talent** un écrivain de grand talent *or* très talentueux ◆ **he encourages young talent** il encourage les jeunes talents ◆ **he is looking for talent amongst the schoolboy players** il cherche de futurs grands joueurs parmi les lycéens

[2] (* = attractive people) ◆ **there's not much talent here tonight** il n'y a pas grand-chose comme petits lots* ici ce soir

[3] (= coin) talent *m*

**COMP** **talent competition N** ⇒ **talent show**

**talent contest N** *concours musical ayant pour but de détecter les jeunes talents*

**talent scout N** (Cine, Theat) découvreur *m*, -euse *f or* dénicheur *m*, -euse *f* de vedettes ; (Sport) dénicheur *m*, -euse *f* de futurs grands joueurs

**talent show N** concours *m* d'amateurs

**talent spotter N** ⇒ **talent scout**

**talented** /ˈtæləntɪd/ SYN **ADJ** talentueux, doué

**taletelling** /ˈteɪltelɪŋ/ **N** ⇒ **talebearing**

**tali** /ˈteɪlaɪ/ **NPL** of **talus**

**Taliban** /ˈtælɪbæn/

**N** Taliban *m* ◆ **the Taliban** les Taliban

**ADJ** taliban

**talipot** /ˈtælɪˌpɒt/ **N** (also **talipot palm**) tallipot *m*

**talisman** /ˈtælɪzmən/ **N** (pl **talismans**) talisman *m*

**talk** /tɔːk/ SYN

**N** [1] conversation *f*, discussion *f* ; (more formal) entretien *m* ; (= chat) causerie *f* ◆ **during his talk with the Prime Minister** pendant son entretien avec le Premier ministre ◆ **talks** (esp Pol) discussions *fpl* ◆ **peace talks** pourparlers *mpl* de paix ◆ **the Geneva talks on disarmament** la conférence de Genève sur le désarmement ◆ **I enjoyed our (little) talk** notre causerie *or* notre petite conversation m'a été très agréable ◆ **we've had several talks about this** nous en avons parlé *or* discuté plusieurs fois ◆ **I must have a talk with him** (gen) il faut que je lui parle *subj* ; (warning, threatening etc) j'ai à lui parler ◆ **we must have a talk some time** il faudra que nous nous rencontrions *subj* un jour pour discuter *or* causer

[2] (= informal lecture) exposé *m* (on sur) ; (less academic or technical) causerie *f* (on sur) ◆ **to give a talk** faire un exposé, donner une causerie (on sur) ◆ **Mr Jones has come to give us a talk on...** M. Jones est venu nous parler de... ◆ **to give a talk on the radio** parler à la radio

[3] (NonC) propos *mpl* ; (= gossip) bavardage(s) *m(pl)* ; (pej) racontars *mpl* ◆ **the talk was all about the wedding** les propos tournaient autour du mariage ◆ **you should hear the talk!** si tu savais ce qu'on raconte ! ◆ **there is (some) talk of his returning** (= it is being discussed) il est question qu'il revienne ; (= it is being rumoured) on dit qu'il va peut-être revenir, le bruit court qu'il va revenir ◆ **there was no talk of his resigning** il n'a pas été question qu'il démissionne *subj* ◆ **it's common talk that...** on dit partout que..., tout le monde dit que... ◆ **it's just talk** ce ne sont que des on-dit *or* des racontars *or* des bavardages ◆ **there has been a lot of talk about her** il a beaucoup été question d'elle ; (pej) on a raconté beaucoup d'histoires sur elle ◆ **I've heard a lot of talk about the new factory** j'ai beaucoup entendu parler de la nouvelle usine ◆ **all that talk about what he was going to do!** toutes ces vaines paroles sur ce qu'il allait faire ! ◆ **he's all talk** (pej) c'est un grand vantard *or* hâbleur ◆ **it was all (big) talk** (pej) tout ça c'était du vent* ◆ **she's/it's the talk of the town** on ne parle que d'elle/de cela ; → **baby, idle, small**

**VI** [1] (= speak) parler (about, of de) ; (= chatter) bavarder, causer ◆ **he can't talk yet** il ne parle pas encore ◆ **after days of torture he finally talked** après plusieurs jours de torture, il a enfin parlé ◆ **I'll make you talk!** (avec moi) tu vas parler ! ◆ **now you're talking!*** voilà qui devient intéressant ! ◆ **it's easy** *or* **all right for him to talk!** il peut parler ! ◆ **look who's talking!***, **YOU can talk!*** (iro) tu peux parler !*, tu es mal placé pour faire ce genre de remarque ! ◆ **to talk through one's hat*** *or* **through a hole in one's head***, **to talk out of one's arse**** (Brit) débloquer*, dire des conneries* ◆ **he was just talking for the sake of talking** il parlait pour ne rien dire ◆ **he talks too much** (too chatty) il parle trop ; (indiscreet) il ne sait pas se taire ◆ **he can talk under water** (Austral) c'est un moulin à paroles ◆ **don't talk to me like that!** ne me parle pas sur ce ton ! ◆ **do what he tells you because he knows what he's talking about** fais ce qu'il te demande parce qu'il sait ce qu'il dit ◆ **he knows what he's talking about when he's on the subject of cars** il s'y connaît quand il parle (de) voitures ◆ **he doesn't know what he's talking about** il ne sait pas ce qu'il dit ◆ **I'm not talking about you** ce n'est pas de toi que je parle, il ne s'agit pas de toi ◆ **he was talking of** *or* **about going to Greece** il parlait d'aller en Grèce ◆ **it's not as if we're talking about...** ce n'est pas comme s'il s'agissait de... ◆ **you're talking about a million dollars** ça coûterait un million de dollars ◆ **they talked of** *or* **about nothing except...** ils ne parlaient que de... ◆ **the marriage was much talked of in the town** toute la ville parlait du mariage ◆ **his much talked-of holiday never happened** ses fameuses vacances ne sont jamais arrivées ◆ **I'm not talking to him any more** je ne lui adresse plus la parole, je ne lui cause plus* ◆ **talking of films, have you seen...?** en parlant de *or* à propos de films, avez-vous vu... ? ◆ **talk about a stroke of luck!*** ça tombe (*or* tombait *etc*) à pic !* ; → **big, tough**

[2] (= converse) parler (to à ; with avec), discuter (to, with avec) ; (more formally) s'entretenir (to, with avec) ; (= chat) causer (to, with avec) ; (= gossip) parler, causer (about de), jaser (pej) (about sur) ◆ **who were you talking to?** à qui parlais-tu ? ◆ **I saw them talking (to each other)** je les ai vus en conversation l'un avec l'autre ◆ **to talk to o.s.** se parler tout seul ◆ **I'll talk to you about that tomorrow** je t'en parlerai demain ; (threateningly) j'aurai deux mots à te dire là-dessus demain ◆ **it's no use talking to you** je perds mon temps avec toi ◆ **we were just talking of** *or* **about you** justement nous parlions de toi ◆ **the Foreign Ministers talked about the crisis in China** les ministres des Affaires étrangères se sont entretenus de la crise chinoise ◆ **I have talked with him several times** j'ai eu plusieurs conversations avec lui ◆ **try to keep him talking** essaie de le faire parler aussi longtemps que possible ◆ **to get o.s. talked about** faire parler de soi ; → **nineteen**

**VT** [1] [+ a language, slang] parler ◆ **to talk business/politics** parler affaires/politique ◆ **to talk nonsense** *or* **rubbish*** *or* **tripe*** dire n'importe quoi *or* des conneries* ◆ **he's talking sense** c'est la voix de la raison qui parle, ce qu'il dit est le bon sens même ◆ **talk sense!** ne dis pas n'importe quoi ! ◆ **we're talking big money/serious crime here*** il s'agit de grosses sommes d'argent/de crimes graves* ; → **hind²**, **shop, turkey**

[2] ◆ **to talk sb into doing sth** persuader qn de faire qch ◆ **I managed to talk him out of doing it** je suis arrivé à le dissuader de le faire ◆ **she talked him into a better mood** elle a dissipé sa mauvaise humeur ◆ **he talked himself into the job** il a si bien parlé qu'on lui a offert le poste ◆ **to talk sb through sth** bien expliquer qch à qn

**COMP** **talk radio N** (NonC) *radio qui donne la priorité aux interviews et aux débats*

**talk show N** (Rad) débat *m* (radiodiffusé) ; (TV) débat *m* (télévisé), talk-show *m*

**talk time N** (on mobile phone) temps *m* de communication

▸ **talk away VI** parler *or* discuter sans s'arrêter, ne pas arrêter de parler ◆ **we talked away for hours** nous avons passé des heures à parler *or* discuter ◆ **she was talking away about her plans when suddenly...** elle était partie à parler de ses projets quand soudain...

▸ **talk back VI** répondre (insolemment) (to sb à qn)

▸ **talk down**

**VI** ◆ **to talk down to sb** parler à qn comme à un enfant

**VT SEP** [1] (= silence) ◆ **they talked him down** leurs flots de paroles l'ont réduit au silence

[2] [+ pilot, aircraft] aider à atterrir par radio-contrôle

[3] [+ suicidal person] persuader de ne pas sauter

[4] (= speak ill of) dénigrer

[5] (esp Brit : in negotiations) ◆ **to talk sb down** marchander avec qn (pour qu'il baisse son prix) ◆ **to talk wages down** obtenir une baisse des salaires

▸ **talk on VI** parler *or* discuter sans s'arrêter, ne pas arrêter de parler ◆ **she talked on and on about it** elle en a parlé pendant des heures et des heures

▸ **talk out VT SEP** [1] (= discuss thoroughly) ◆ **to talk it/things out** mettre les choses au clair

[2] (Parl) ◆ **to talk out a bill** prolonger la discussion d'un projet de loi jusqu'à ce qu'il soit trop tard pour le voter

[3] ◆ **to talk o.s. out** parler jusqu'à l'épuisement

▸ **talk over VT SEP** [1] [+ question, problem] discuter (de), débattre ◆ **let's talk it over** discutons-en entre nous ◆ **I must talk it over with my wife first** je dois d'abord en parler à ma femme

[2] ⇒ **talk round vt sep**

▸ **talk round**

**VT SEP** (Brit) ◆ **to talk sb round** amener qn à changer d'avis, gagner qn à son avis, convaincre *or* persuader qn

**VT FUS** [+ problem, subject] tourner autour de ◆ **they talked round it all evening** ils ont tourné autour du pot toute la soirée

▸ **talk up**

**VI** (US = speak frankly) ne pas mâcher ses mots

**VT FUS** [+ project, book] pousser, vanter ◆ **to talk sb up** (esp Brit) (in negotiations) marchander avec qn pour qu'il offre davantage ◆ **to talk the price up** obtenir plus d'argent

**talkathon** /ˈtɔːkəθɒn/ **N** (US) débat-marathon *m*

**talkative** /ˈtɔːkətɪv/ SYN **ADJ** bavard

**talkativeness** /ˈtɔːkətɪvnɪs/ **N** volubilité *f*, loquacité *f* (liter)

**talker** /ˈtɔːkəʳ/ SYN **N** ◆ **he's a great talker** c'est un grand bavard, il a la langue bien pendue* ◆ **he's a terrible talker** (talks too much) c'est un vrai moulin à paroles

**talkie*** /ˈtɔːkɪ/ **N** (Cine) film *m* parlant ◆ **the talkies** le cinéma parlant ; → **walkie-talkie**

**talking** /ˈtɔːkɪŋ/

**N** bavardage *m* ◆ **he did all the talking** il a fait tous les frais de la conversation ◆ **that's enough talking!** assez de bavardages !, assez bavardé ! ◆ **no talking!** défense de parler !, silence (s'il vous plaît) !

**ADJ** [doll, parrot, film] parlant

**COMP** **talking book N** lecture *f* enregistrée d'un livre

**talking head N** (TV) présentateur *m*, -trice *f*

**talking point N** sujet *m* de discussion *or* de conversation

**talking shop*** **N** (Brit) parlot(t)e *f*

**talking-to*** **N** engueulade* *f* ◆ **to give sb a (good) talking-to** passer un savon à qn*

**tall** /tɔːl/ SYN

**ADJ** [1] (in height) [building, tree, window] haut ◆ **a tall person** une personne de grande taille ◆ **a tall man** un homme grand ◆ **a tall woman/girl** une grande femme/fille ◆ **a tall boy** un grand garçon ◆ **a tall glass** un grand verre ◆ **how tall is this building/that tree?** quelle est la hauteur de ce bâtiment/cet arbre ? ◆ **how tall are you?** combien mesurez-vous ? ◆ **he hadn't realized how tall she was** il ne s'était pas rendu compte qu'elle était aussi grande ◆ **he is six feet tall** ≃ il mesure 1 mètre 80 ◆ **a six-foot-tall man** ≃ un homme d'un mètre 80 *or* mesurant 1 mètre 80 ◆ **tall and slim** élancé ◆ **he is taller than his brother** il est plus grand que son frère ◆ **she's 5cm taller than me, she's taller than me by 5cm** elle mesure 5 cm de plus que moi ◆ **she is taller than me by a head** elle me dépasse d'une tête ◆ **she wears high heels to make herself look taller** elle porte des talons hauts pour se grandir *or* pour avoir l'air plus grande ◆ **to get** *or* **grow taller** grandir

[2] ◆ **that's a tall order!*** (= difficult) c'est beaucoup demander !

**ADV** ◆ **he stands six feet tall** ≃ il mesure bien 1 mètre 80 ◆ **to stand tall** (US fig) garder la tête haute ◆ **to walk tall** marcher la tête haute

**COMP** **tall ship N** grand voilier *m*

**tall story, tall tale N** histoire *f* à dormir debout

**tallboy** /ˈtɔːlbɔɪ/ **N** (Brit) commode *f*

**tallness** /ˈtɔːlnɪs/ **N** [of person] grande taille *f* ; [of building etc] hauteur *f*

**tallow** /ˈtæləʊ/

**N** suif *m*

**COMP** **tallow candle N** chandelle *f*

**tally** /ˈtælɪ/ SYN

**N** (Hist = stick) taille *f* (latte de bois) ; (= count) compte *m* ◆ **to keep a tally of** (= count) tenir le compte de ; (= mark off on list) pointer ◆ **the final tally was 221 votes for the government and 124 against** le décompte final donnait 221 voix pour le gouvernement et 124 contre

**VI** concorder (with avec), correspondre (with à) ◆ **this description didn't seem to tally with what we saw** cette description ne semblait pas

correspondre à ce que nous avons vu ◆ **the figures didn't seem to tally** les chiffres ne semblaient pas concorder
**VT** (also **tally up** = *count*) compter

**tallyho** /ˈtælɪˈhəʊ/ **EXCL**, **N** taïaut *m*

**Talmud** /ˈtælmʊd/ **N** (*Rel*) Talmud *m*

**Talmudic** /tælˈmʊdɪk/ **ADJ** talmudique

**talon** /ˈtælən/ **N** ① [*of eagle etc*] serre *f* ; [*of tiger etc, person*] griffe *f*
② (*Archit, Cards*) talon *m*

**talus** /ˈteɪləs/ **N** (*pl* **tali**) astragale *m*

**Tamagotchi** ® /ˌtæməˈɡɒtʃɪ/ **N** Tamagotchi ® *m*

**tamale** /təˈmɑːlɪ/ **N** (*Culin*) tamale *m*

**tamandu** /ˈtæməˌnduː/, **tamandua** /ˌtæmənˈduːə/ **N** tamandua *m*

**tamarillo** /ˌtæməˈrɪləʊ/ **N** (*pl* **tamarillos**) (= *shrub, fruit*) tomate *f* en arbre

**tamarin** /ˈtæmərɪn/ **N** tamarin *m* (*singe*)

**tamarind** /ˈtæmərɪnd/ **N** (= *fruit*) tamarin *m* ; (= *tree*) tamarinier *m*

**tamarisk** /ˈtæmərɪsk/ **N** tamaris *m*

**tambac** /ˈtæmbæk/ **N** tombac *m*

**tambour** /ˈtæmbʊəʳ/ **N** (*Archit, Mus*) tambour *m* ; (*Sewing*) métier *m* or tambour *m* à broder

**tambourine** /ˌtæmbəˈriːn/ **N** tambour *m* de basque, tambourin *m*

**tambourinist** /ˌtæmbəˈriːnɪst/ **N** joueur *m*, -euse *f* de tambourin, tambourineur *m*, -euse *f*

**Tamburlaine** /ˈtæmbəleɪn/ **N** Tamerlan *m*

**tame** /teɪm/ **SYN**
**ADJ** ① (= *not wild*) [*animal, bird*] apprivoisé ◆ **to become tame(r)** s'apprivoiser ◆ **let's ask our tame American*** (*hum*) demandons à notre Américain de service
② (*pej* = *compliant*) [*follower*] docile
③ (*pej* = *unexciting*) [*party, match, book*] insipide, fade ; [*place*] insipide ◆ **to be tame stuff** être insipide
**VT** [+ *bird, wild animal*] apprivoiser ; [+ *esp lion, tiger*] dompter ; (*fig*) [+ *passion*] maîtriser ; [+ *person*] mater, soumettre

**tamely** /ˈteɪmlɪ/ **ADV** [*agree, accept, surrender*] docilement ◆ **the story ends tamely** le dénouement est plat

**tamer** /ˈteɪməʳ/ **N** dresseur *m*, -euse *f* ◆ **lion-tamer** dompteur *m*, -euse *f* (de lions)

**Tamerlane** /ˈtæməleɪn/ **N** Tamerlan *m*

**Tamil** /ˈtæmɪl/
**N** ① Tamoul(e) or Tamil(e) *m(f)*
② (= *language*) tamoul *or* tamil *m*
**ADJ** tamoul *or* tamil

**taming** /ˈteɪmɪŋ/ **N** (*NonC: gen*) apprivoisement *m* ; [*of circus animals*] dressage *m*, domptage *m* ◆ **"The Taming of the Shrew"** « La Mégère apprivoisée »

**Tammany** /ˈtæmənɪ/ **N** (*US Hist*) organisation démocrate de New York

**tammy*** /ˈtæmɪ/, **tam o'shanter** /ˌtæməˈʃæntəʳ/ **N** béret *m* écossais

**tamoxifen** /təˈmɒksɪfən/ **N** tamoxifène *m*

**tamp** /tæmp/ **VT** [+ *earth*] damer, tasser ; [+ *tobacco*] tasser ◆ **to tamp a drill hole** (*in blasting*) bourrer un trou de mine à l'argile ou au sable

▸ **tamp down** ① [+ *earth*] damer, tasser ; [+ *tobacco*] tasser
② (*fig*) [+ *violence, looting, extremism*] réprimer ◆ **to tamp down expectations** modérer les attentes

**Tampax** ® /ˈtæmpæks/ **N** Tampax ® *m*

**tamper** /ˈtæmpəʳ/ **SYN**
**VI** ◆ **to tamper with** [+ *machinery, car, brakes, safe etc*] toucher à (*sans permission*) ; [+ *lock*] essayer de crocheter ; [+ *documents, accounts, evidence*] falsifier ; [+ *food*] frelater ; (*US*) [+ *jury*] soudoyer ; [+ *sb's papers, possessions*] toucher à, mettre le nez dans * ◆ **my computer has been tampered with** quelqu'un a touché à mon ordinateur ◆ **the brakes had been tampered with** les freins ont été trafiqués
**COMP** **tamper-proof** **ADJ** [*bottle*] avec fermeture de sécurité ; [*envelope*] indécachetable ; [*ID card*] infalsifiable

**tampon** /ˈtæmpɒn/ **N** tampon *m*

**tan** /tæn/
**N** (also **suntan**) bronzage *m*, hâle *m* ◆ **she's got a lovely tan** elle a un beau bronzage, elle est bien bronzée ◆ **to get a tan** bronzer

**ADJ** brun clair
**VT** ① [+ *skins*] tanner ◆ **to tan sb***, **to tan sb's hide (for him)*** tanner le cuir à qn *
② [*sun*] [+ *sunbather, holiday-maker*] bronzer ; [+ *sailor, farmer etc*] hâler ◆ **to get tanned** bronzer
**VI** bronzer

**tanager** /ˈtænədʒəʳ/ **N** tangara *m*

**tandem** /ˈtændəm/
**N** ① (= *bicycle*) tandem *m*
② (= *in collaboration*) ◆ **to do sth in tandem** faire qch en tandem ◆ **to work in tandem with sb** travailler en collaboration *or* en tandem * avec qn
③ (= *simultaneously*) ◆ **to happen in tandem** arriver simultanément ◆ **the two systems will run in tandem** les deux systèmes seront appliqués simultanément ◆ **in tandem with sth** parallèlement à qch
**ADV** ◆ **to ride tandem** rouler en tandem

**tandoori** /tænˈdʊərɪ/ (*Culin*) **ADJ**, **N** tandoori *or* tandouri *m inv*

**tang** /tæŋ/ **N** ① (= *taste*) saveur *f* forte (et piquante) ; (= *smell*) senteur *f* or odeur *f* forte (et piquante) ◆ **the salt tang of the sea air** l'odeur caractéristique de la marée
② [*of file, knife*] soie *f*

**tanga** /ˈtæŋɡə/ **N** (= *briefs*) minislip *m*, tanga *m*

**Tanganyika** /ˌtæŋɡənˈjiːkə/ **N** Tanganyika *m* ◆ **Lake Tanganyika** le lac Tanganyika

**tangent** /ˈtændʒənt/ **N** (*Math*) tangente *f* ◆ **to go off** *or* **fly off at a tangent** (*fig*) partir dans une digression

**tangential** /tænˈdʒenʃəl/
**ADJ** ① (= *unconnected*) [*remark, issue*] sans rapport
② (*Geom*) [*line, curve*] tangent (*to* à)
③ (*Phys*) [*force*] tangentiel
**COMP** **tangential point** **N** point *m* de tangence

**tangentially** /tænˈdʒenʃəlɪ/ **ADV** ① (= *indirectly*) [*relate to, touch on*] indirectement
② (*Geom*) tangentiellement

**tangerine** /ˌtændʒəˈriːn/
**N** (also **tangerine orange**) mandarine *f*
**ADJ** [*colour, skirt*] mandarine *inv* ; [*flavour*] de mandarine

**tangibility** /ˌtændʒɪˈbɪlɪtɪ/ **N** tangibilité *f*

**tangible** /ˈtændʒəbl/ **SYN** **ADJ** [*object, evidence, proof*] tangible ; [*results, benefits*] tangible, palpable ; [*assets*] corporel ◆ **tangible net worth** (*Fin*) valeur *f* nette réelle

**tangibly** /ˈtændʒəblɪ/ **ADV** [*demonstrate, improve*] de manière tangible

**Tangier** /tænˈdʒɪəʳ/ **N** Tanger

**tangle** /ˈtæŋɡl/ **SYN**
**N** [*of wool, string, rope*] enchevêtrement *m* ; (*Climbing: in rope*) nœud *m* ; [*of creepers, bushes, weeds*] fouillis *m*, enchevêtrement *m* ; (*fig* = *muddle*) confusion *f* ◆ **to get into a tangle** [*string, rope, wool*] s'entortiller, s'enchevêtrer ; [*hair*] s'emmêler ; (*fig*) [*person, accounts*] s'embrouiller ; [*traffic*] se bloquer ◆ **he got into a tangle when he tried to explain** il s'est embrouillé dans ses explications ◆ **I'm in a tangle with the accounts** je suis empêtré dans les comptes ◆ **the whole affair was a hopeless tangle** toute cette histoire était affreusement confuse *or* était affreusement embrouillée
**VT** (also **tangle up** : *lit*) emmêler, embrouiller, emmêler ◆ **his tie got tangled up in the machine** sa cravate s'est entortillée dans la machine ◆ **to get tangled (up)** (*gen*) ⇒ **to get into a tangle** noun
**VI** ① (= *become tangled*) ⇒ **to get into a tangle** ; (*lit senses*) noun
② * ◆ **to tangle with sb** se frotter à qn, se colleter avec qn * ◆ **they tangled over whose fault it was** ils se sont colletés * sur la question de savoir qui était responsable

**tangled** /ˈtæŋɡld/ **ADJ** [*string, rope, wool*] embrouillé, enchevêtré, entortillé ; [*hair*] emmêlé, enchevêtré ; (*fig* = *complicated*) [*situation, negotiations*] embrouillé ◆ **a tangled web of lies** un inextricable tissu de mensonges ; *see also* **tango**

**tango** /ˈtæŋɡəʊ/
**N** (*pl* **tangos**) tango *m*
**VI** danser le tango ◆ **it takes two to tango** il faut être deux

**tangy** /ˈtæŋɪ/ **ADJ** acidulé

**tank** /tæŋk/
**N** ① (= *container*) (*for storage*) réservoir *m*, cuve *f* ; (*for rainwater*) citerne *f* ; (*for gas*) réservoir *m* ; [*of car*] (also **petrol tank**) réservoir *m* (à essence) ; (*for transporting*) réservoir *m*, tank *m* ; (*for fermenting, processing etc*) cuve *f* (also *Phot*) ; (*for fish*) aquarium *m* ; → **fuel**, **septic**
② (*Mil*) char *m* (d'assaut or de combat), tank *m*
**COMP** (*Mil*) [*commander*] de char d'assaut *or* de combat ; [*brigade*] de chars d'assaut *or* de combat
**tank car** **N** (*US : of train*) wagon-citerne *m*
**tank engine** **N** locomotive-tender *f*, locomotive *f* à tender
**tank top** **N** pull-over *m* sans manches
**tank town** **N** (*US fig*) petite ville *f* (perdue), trou *m* (*fig*)
**tank trap** **N** (*Mil*) fossé *m* antichar
**tank truck** **N** (*US*) camion-citerne *m*
**tank wagon** **N** [*of train*] wagon-citerne *m*

▸ **tank along*** **VI** (*esp on road*) foncer *, aller à toute allure *

▸ **tank up**
**VI** ( * = *get petrol*) faire le plein ; (*Brit* * *fig* = *drink a lot*) se soûler la gueule *
**VT SEP** * [+ *car etc*] remplir d'essence ◆ **to be tanked up** * (*Brit fig*) être bituré * ◆ **to get tanked up** * (*Brit fig*) se soûler la gueule *

**tankard** /ˈtæŋkəd/ **N** chope *f*, pot *m* à bière

**tanker** /ˈtæŋkəʳ/ **N** (= *truck*) camion-citerne *m* ; (= *ship*) pétrolier *m*, tanker *m* ; (= *aircraft*) avion *m* ravitailleur ; [*of train*] wagon-citerne *m*

**tankful** /ˈtæŋkfʊl/ **N** ◆ **a tankful of petrol** un réservoir (plein) d'essence ◆ **a tankful of water** une citerne (pleine) d'eau

**tanned** /tænd/ **ADJ** [*sunbather, holiday-maker*] bronzé ; (= *weatherbeaten*) [*sailor, farmer*] hâlé

**tanner**[1] /ˈtænəʳ/ **N** tanneur *m*

**tanner**[2] † * /ˈtænəʳ/ **N** (*Brit*) (ancienne) pièce *f* de six pence

**tannery** /ˈtænərɪ/ **N** tannerie *f* (*établissement*)

**tannic** /ˈtænɪk/
**ADJ** tannique
**COMP** **tannic acid** **N** ⇒ **tannin**

**tannin** /ˈtænɪn/ **N** tan(n)in *m*

**tanning** /ˈtænɪŋ/ **N** ① (also **suntanning**) bronzage *m*
② [*of hides*] tannage *m*
③ ( * *fig* = *beating*) raclée * *f*

**Tannoy** ® /ˈtænɔɪ/ (*Brit*)
**N** système *m* de haut-parleurs ◆ **on** *or* **over the Tannoy** par haut-parleur
**VT** [+ *message*] annoncer par haut-parleur

**tansy** /ˈtænzɪ/ **N** tanaisie *f*

**tantalize** /ˈtæntəlaɪz/ **SYN** **VT** ◆ **the dreams of democracy that so tantalize them** les rêves de démocratie qui les attirent tant ◆ **it gave just enough details to tantalize the reader** il donnait juste assez de détails pour intriguer le lecteur ◆ **tantalize your taste buds with...** titillez vos papilles gustatives avec...

**tantalizing** /ˈtæntəlaɪzɪŋ/ **ADJ** [*glimpse*] terriblement attrayant ; [*possibility*] terriblement excitant ; [*offer, smell*] terriblement alléchant ◆ **this tantalizing glimpse** ce fascinant aperçu

**tantalizingly** /ˈtæntəlaɪzɪŋlɪ/ **ADV** ◆ **tantalizingly slowly** avec une lenteur désespérante ◆ **"Perhaps", she added tantalizingly** « peut-être », dit-elle d'un ton énigmatique ◆ **to get tantalizingly close to doing sth** se retrouver à deux doigts de faire qch ◆ **the prize was tantalizingly within my reach** le prix était là, à me tenter

**tantalum** /ˈtæntələm/ **N** tantale *m*

**Tantalus** /ˈtæntələs/ **N** Tantale *m*

**tantamount** /ˈtæntəmaʊnt/ **SYN** **ADJ** ◆ **to be tantamount to sth** être équivalent à qch ◆ **it's tantamount to failure** cela équivaut à un échec ◆ **the attack was tantamount to a declaration of war** cette attaque équivalait *or* revenait à une déclaration de guerre ◆ **the decision was tantamount to protecting terrorist organisations** cette décision revenait à protéger les organisations terroristes

**Tantric** /ˈtæntrɪk/ **ADJ** tantrique

**Tantrism** /ˈtæntrɪzəm/ **N** (*Rel*) tantrisme *m*

**tantrum** /ˈtæntrəm/ **SYN** **N** (also **temper tantrum**) crise *f* de colère ; [*of child*] caprice *m* ◆ **to have** *or* **throw a tantrum** piquer une colère ; [*child*] faire un caprice

**Tanzania** /ˌtænzəˈnɪə/ N Tanzanie f ◆ **United Republic of Tanzania** République f unie de Tanzanie

**Tanzanian** /ˌtænzəˈnɪən/
 ADJ tanzanien
 N Tanzanien(ne) m(f)

**Tao** /ˈtaʊ/ N Tao m

**Taoiseach** /ˈtiːʃæx/ N (Ir) Premier ministre m (irlandais)

**Taoism** /ˈtaʊɪzəm/ N taoïsme m

**Taoist** /ˈtaʊɪst/ ADJ, N taoïste mf

**Taoistic** /ˌtaʊˈɪstɪk/ ADJ (Rel) taoïste

**tap¹** /tæp/ SYN
 N ① (Brit : for water, gas etc) robinet m ; (Brit = tap on barrel etc) cannelle f, robinet m ; (= plug for barrel) bonde f ◆ **the hot/cold tap** le robinet d'eau chaude/froide
 ◆ **on tap** ◆ ale on tap bière f (à la) pression ◆ there are funds/resources on tap il y a des fonds/des ressources disponibles ◆ **a wealth of information on tap** une mine d'informations à votre disposition or facilement accessibles ◆ he has £3 million on tap il dispose de 3 millions de livres
 ② (Telec) écoute f téléphonique
 ③ (also **screw tap**) : Tech taraud m
 VT ① [+ telephone, telephone line] mettre or placer sur écoute ◆ **to tap sb's phone** mettre qn sur écoute ◆ my phone is being tapped mon téléphone est sur écoute
 ② (fig) [+ resources, supplies] exploiter, utiliser ◆ **to tap sb for money*** taper* qn ◆ they tapped her for a loan* ils ont réussi à lui emprunter de l'argent ◆ **to tap sb for £10*** taper* qn de 10 livres ◆ **to tap sb for information** soutirer des informations à qn
 ③ [+ cask, barrel] percer, mettre en perce ; [+ pine] gemmer ; [+ other tree] inciser ; (Elec) [+ current] capter ; [+ wire] brancher ◆ **to tap the rubber from a tree** saigner un arbre pour recueillir le latex
 COMP **tap swirl** N brise-jet m
 **tap water** N eau f du robinet

▸ **tap into** VT FUS (= gain access to) [+ system, network] accéder à ; (= exploit) [+ fear, enthusiasm] exploiter

**tap²** /tæp/ SYN
 N ① petit coup m, petite tape f ◆ **there was a tap at the door** on a frappé doucement or légèrement à la porte
 ② (NonC : also **tap-dancing**) claquettes fpl
 NPL **taps** (Mil = end of the day) (sonnerie f de) l'extinction f des feux ; (at funeral) sonnerie f aux morts
 VI taper (doucement) ; (repeatedly) tapoter ◆ **to tap on** or **at the door** frapper doucement à la porte
 VT taper (doucement) ; (repeatedly) tapoter ◆ **she tapped the child on the cheek** elle a tapoté la joue de l'enfant ◆ **he tapped me on the shoulder** il m'a tapé sur l'épaule ◆ **to tap in a nail** enfoncer un clou à petits coups ◆ **to tap one's foot** taper du pied ◆ **he was tapping an annoying rhythm on his glass** il tapotait sur son verre d'une manière agaçante ◆ **he tapped his fingers on the steering wheel** il tapotait (sur) le volant
 COMP **tap dance** N claquettes fpl
 **tap-dance** VI faire des claquettes
 **tap-dancer** N danseur m, -euse f de claquettes
 **tap-dancing** N noun 2

▸ **tap out** VT SEP ① [+ one's pipe] débourrer
 ② [+ signal, code] pianoter ◆ **to tap out a message in Morse** transmettre un message en morse

**tapas** /ˈtæpəs/
 NPL (Culin) tapas fpl
 COMP **tapas bar** N bar m à tapas

**tape** /teɪp/ SYN
 N ① (gen: of cloth, paper, metal) ruban m, bande f ; (for parcels, documents) bolduc m ; (also **sticky tape**) scotch ® m, ruban m adhésif ; (Med) sparadrap m ◆ **the message was coming through on the tape** le message nous parvenait sur la bande (perforée) ; → **paper, punch¹, red**
 ② (Recording, Comput) (= actual tape) bande f magnétique ; (= audio cassette) cassette f (audio inv) ; (= video cassette) cassette f vidéo inv, vidéocassette f ◆ **the tape is stuck** la bande est coincée ◆ **I'm going to buy a tape** je vais acheter une cassette ; (also **video tape**) je vais acheter une cassette vidéo or une vidéocassette ◆ **bring your tapes** apporte tes cassettes ◆ **to get sth down on tape** enregistrer qch ◆ **to make a tape of a song** enregistrer une chanson
 ③ (Sport) fil m (d'arrivée) ; (at opening ceremonies) ruban m
 ④ (also **tape measure**) mètre m à ruban ; (esp Sewing) centimètre m
 ⑤ (Sewing) (decorative) ruban m, ganse f ; (for binding) extrafort m
 VT ① (also **tape up**) [+ parcel etc] attacher avec du ruban or du bolduc ; (with sticky tape) scotcher*, coller avec du scotch ® or du ruban adhésif ◆ **she taped the label on the parcel** elle a scotché l'étiquette sur le colis ◆ **to tape sb's mouth** bâillonner qn avec du sparadrap ◆ **they taped her legs and her feet** ils lui ont attaché les jambes et les pieds avec du sparadrap ◆ **he taped up the hole in the radiator** il a bouché le trou dans le radiateur avec du scotch ® or du ruban adhésif
 ② (Brit fig) ◆ **I've got him taped*** je sais ce qu'il vaut ◆ **I've got it all taped*** je sais parfaitement de quoi il retourne ◆ **they had the game/situation taped*** ils avaient le jeu/la situation bien en main ◆ **he's got the job taped*** il sait exactement ce qu'il y a à faire
 ③ (= record) [+ song, message] enregistrer (sur bande or au magnétophone) ; [+ video material] enregistrer ◆ **taped lesson** (Scol etc) leçon f enregistrée sur bande
 COMP **tape deck** N platine f de magnétophone
 **tape drive** N (Comput) dérouleur m de bande magnétique
 **tape head** N tête f de lecture-enregistrement
 **tape machine** N (Brit = tape recorder) magnétophone m
 **tape measure** N mètre m à ruban ; (esp Sewing) centimètre m
 **tape-record** VT enregistrer (sur bande)
 **tape recorder** N magnétophone m
 **tape recording** N enregistrement m (sur bande)
 **tape streamer** N sauvegarde f sur bande

▸ **tape over** (Recording)
 VT FUS effacer (en enregistrant autre chose)
 VT SEP ◆ **to tape sth over sth** enregistrer qch sur qch

**taper** /ˈteɪpər/ SYN
 N (for lighting) bougie f fine (pour allumer les cierges, bougies etc) ; (Rel = narrow candle) cierge m
 VT [+ column, table leg, trouser leg, aircraft wing] fuseler ; [+ stick, end of belt] tailler en pointe, effiler ; [+ hair] effiler ; [+ structure, shape] terminer en pointe
 VI [column, table leg, trouser leg] finir en fuseau ; [stick, end of belt] s'effiler ; [hair] être effilé ; [structure, outline] se terminer en pointe, s'effiler

▸ **taper off**
 VI [sound] se taire peu à peu ; [storm] aller en diminuant ; [conversation] tomber ◆ **the end tapers off to a point** le bout se termine en pointe ◆ **immigration is expected to taper off** on s'attend à ce que l'immigration diminue progressivement ◆ **the snow has tapered off** la neige a presque cessé de tomber ◆ **the president's popularity is tapering off** la popularité du président est en baisse
 VT SEP (lit) finir en pointe ; (fig) réduire progressivement

**tapered** /ˈteɪpəd/ ADJ [column, table leg] fuselé, en fuseau ; [fingers] fuselé ; [trouser leg] en fuseau ; [stick] pointu ; [hair] effilé ; [structure, outline] en pointe

**tapering** /ˈteɪpərɪŋ/ ADJ [column, fingers] fuselé ; see also **tapered**

**tapestried** /ˈtæpɪstrɪd/ ADJ orné de tapisseries

**tapestry** /ˈtæpɪstrɪ/ N tapisserie f ◆ **the Bayeux Tapestry** la tapisserie de Bayeux ◆ **it's all part of life's rich tapestry** tout cela forme la trame complexe de l'existence, c'est la vie

**tapeworm** /ˈteɪpwɜːm/ N ténia m, ver m solitaire

**tapioca** /ˌtæpɪˈəʊkə/ N tapioca m

**tapir** /ˈteɪpər/ N tapir m

**tappet** /ˈtæpɪt/ N (Tech) poussoir m (de soupape)

**tapping¹** /ˈtæpɪŋ/ N (NonC) ① [of pine] gemmage m ; [of other trees] incision f ; [of electric current] captage m
 ② (Telec) ◆ **phone tapping** écoutes fpl téléphoniques

**tapping²** /ˈtæpɪŋ/ N (NonC = noise, act) tapotement m ◆ **tapping sound** tapotement m

**taproom** /ˈtæprʊm/ N (Brit) salle f (de bistro(t))

**taproot** /ˈtæpruːt/ N pivot m, racine f pivotante

**tar¹** /tɑːr/
 N (NonC) goudron m ; (on roads) goudron m, bitume m
 VT [+ fence etc] goudronner ; [+ road] goudronner, bitumer ◆ **tarred felt** (= roofing) couverture f bitumée or goudronnée ◆ **to tar and feather sb** passer qn au goudron et à la plume ◆ **they're all tarred with the same brush** ils sont tous à mettre dans le même sac*

**tar²** †* /tɑːr/ N (= sailor) mathurin † m ; → **jack**

**taramasalata** /ˌtærəməsəˈlɑːtə/ N tarama m

**tarantella** /ˌtærənˈtelə/ N tarentelle f

**tarantism** /ˈtærəntɪzəm/ N (Med) tarentisme m, tarentulisme m

**Taranto** /təˈræntəʊ/ N Tarente f

**tarantula** /təˈræntjʊlə/ N (pl tarantulas or tarantulae /təˈræntjʊˌliː/) tarentule f

**tarboosh, tarbush** /tɑːˈbuːʃ/ N tarbouch(e) m

**tardily** /ˈtɑːdɪlɪ/ ADV tardivement

**tardiness** /ˈtɑːdɪnɪs/ N (NonC) (= slowness) lenteur f, manque m d'empressement (in doing sth à faire qch) ; (= unpunctuality) manque m de ponctualité ◆ **please excuse my tardiness in replying** pardonnez-moi d'avoir mis si longtemps à vous répondre

**tardy** /ˈtɑːdɪ/
 ADJ (= late) [response] tardif ; (= slow) [progress] lent ◆ **to be tardy in doing sth** faire qch avec du retard
 COMP **tardy slip** N (US Scol) billet m de retard

**tare¹** /tɛər/ N ◆ **tares** †† (= weeds) ivraie f

**tare²** /tɛər/ N (Comm = weight) tare f

**target** /ˈtɑːgɪt/ SYN
 N (Mil, Sport: for shooting practice, Mil: in attack or mock attack) cible f ; (fig = objective) objectif m ◆ **an easy target** une cible facile ◆ **he was an obvious target for his enemies** il constituait une cible évidente pour ses ennemis ◆ **she was the target of a violent attack** elle a été victime d'une violente agression ◆ **the target of much criticism** la cible or l'objet m de nombreuses critiques ◆ **they set themselves a target of $1,000** ils se sont fixé 1 000 dollars comme objectif or un objectif de 1 000 dollars ◆ **the targets for production** les objectifs de production ◆ **"on-target earnings £30,000"** « salaire jusqu'à £30 000 selon résultats » ◆ **our target is young people under 20** notre cible or le public ciblé, ce sont les jeunes de moins de 20 ans ◆ **the government met its target for reducing unemployment** le gouvernement a réussi à réduire le chômage conformément à ses objectifs
 ◆ **off target** ◆ they were at least 12km off target (gen) ils s'étaient écartés de 12 bons kilomètres de leur destination ; (Mil: on bombing raid etc) ils étaient à 12 bons kilomètres de leur objectif ◆ **they're (way) off target in terms of price** il se sont (complètement) trompés de cible en ce qui concerne le prix ◆ **you're way off target** (= criticising wrong person etc) tu te trompes de cible ◆ **they were off target today** (Football) ils manquaient de précision aujourd'hui
 ◆ **on target** ◆ **to be (dead** or **right) on target** [rocket, missile, bombs etc] suivre (exactement) la trajectoire prévue ; [remark, criticism] mettre (en plein) dans le mille ; (in timing etc) être dans les temps ; (Comm) [sales] correspondre (exactement) aux objectifs ; [forecast] tomber juste ◆ **we're on target for sales of £10 million this year** nos ventes devraient correspondre aux objectifs de 10 millions de livres cette année ◆ **the project is on target for completion** le projet devrait être fini dans les temps ◆ **dead on target! pile !**
 VT ① [+ enemy troops] prendre pour cible, viser ; [+ missile, weapon] pointer, diriger (on sur)
 ② [+ market, audience etc] cibler, prendre pour cible
 ③ (= direct, send) [+ aid, benefits etc] affecter
 COMP [date, amount etc] fixé, prévu
 **target area** N (Mil) environs mpl de la cible
 **target audience** N (Rad, TV) cible f
 **target group** N groupe m cible inv
 **target language** N langue f cible inv, langue f d'arrivée
 **target market** N (Comm) (marché m) cible f
 **target practice** N (Mil, Sport) exercices mpl de tir (à la cible)
 **target price** N prix m indicatif or d'objectif
 **target vehicle** N (Space) vaisseau m cible inv

**targetable** /ˈtɑːgɪtəbl/ ADJ [warhead] dirigeable

**targeting** /ˈtɑːɡɪtɪŋ/ **N** [1] (Mil) ◆ **the targeting of civilian areas** la prise des quartiers civils pour cible
[2] (Comm) ◆ **the targeting of a product/a publicity campaign** le ciblage d'un produit/d'une campagne de pub ◆ **the targeting of young people as potential buyers** la prise pour cible des jeunes comme acheteurs potentiels

**Tarheel** /ˈtɑːhiːl/
**N** (US) habitant(e) m(f) de la Caroline du Nord
**COMP** **the Tarheel State N** la Caroline du Nord

**tariff** /ˈtærɪf/ SYN
**N** [1] (Econ = taxes) tarif m douanier ; (on a product) droits mpl de douane ; (Comm = price list) tarif m, tableau m des prix
**COMP** [concession, quota] tarifaire
**tariff barrier N** barrière f douanière
**tariff heading N** (Jur, Fin) position f tarifaire
**tariff reform N** (Econ) réforme f des tarifs douaniers

**tarlatan** /ˈtɑːlətən/ **N** tarlatane f

**tarmac** /ˈtɑːmæk/
**N** [1] (NonC) ◆ **Tarmac** ®(esp Brit) (= substance) goudron m
[2] ◆ **the tarmac** (= airport runway) la piste ; (= airport apron) l'aire f d'envol
**VT** macadamiser, goudronner

**Tarmacadam** ® /ˌtɑːməˈkædəm/ **N** ⇒ **tarmac** noun 1

**tarn** /tɑːn/ **N** petit lac m (de montagne)

**tarnation** ⁎ /tɑːˈneɪʃən/ (US dial)
**EXCL** damnation !
**ADJ** fichu ⁎ before n
**ADV** fichtrement ⁎

**tarnish** /ˈtɑːnɪʃ/ SYN
**VT** [+ metal] ternir ; [+ gilded frame etc] dédorer ; [+ mirror] désargenter ; (fig) [+ reputation, image, memory] ternir
**VI** se ternir, se dédorer, se désargenter
**N** (NonC) ternissure f, dédorage m, désargentage m

**tarot** /ˈtærəʊ/
**N** ◆ **the tarot** le(s) tarot(s) m(pl)
**COMP** **tarot card N** tarot m

**tarp** ⁎ /tɑːp/ **N** (US) abbrev of **tarpaulin** 2

**tarpaulin** /tɑːˈpɔːlɪn/ **N** [1] (NonC) toile f goudronnée
[2] (= sheet) bâche f (goudronnée) ; (on truck, over boat cargo) prélart m

**Tarpeian Rock** /tɑːˈpiːən/ **N** roche f Tarpéienne

**tarpon** /ˈtɑːpɒn/ **N** tarpon m

**tarragon** /ˈtærəɡən/
**N** estragon m
**COMP** **tarragon vinegar N** vinaigre m à l'estragon

**tarring** /ˈtɑːrɪŋ/ **N** goudronnage m

**tarry¹** /ˈtɑːrɪ/ **ADJ** (= like tar) goudronneux, bitumeux ; (= covered with tar) plein de goudron ; (= smelling of tar) qui sent le goudron

**tarry²** /ˈtærɪ/ SYN **VI** (liter) (= stay) rester, demeurer ; (= delay) s'attarder, tarder

**tarsal** /ˈtɑːsəl/ **ADJ** (Anat) tarsien

**tarsier** /ˈtɑːsɪəʳ/ **N** tarsier m

**tarsus** /ˈtɑːsəs/ **N** (pl **tarsi** /ˈtɑːsaɪ/) tarse m

**tart¹** /tɑːt/ SYN **ADJ** [1] [fruit, flavour] acide, acidulé
[2] [person, remark, comment] acerbe

**tart²** /tɑːt/ SYN **N** [1] (esp Brit Culin) tarte f ; (small) tartelette f ◆ **apple tart** tarte(lette) f aux pommes
[2] (⁎ = prostitute) poule⁎ f, putain⁎ f

▶ **tart up**⁎ **VT SEP** (Brit pej) [+ house, car] retaper ◆ **to tart o.s. up, to get tarted up** se pomponner ; (= get dressed) s'attifer (pej) ; (= make up) se maquiller excessivement ◆ **she was all tarted up for** or **to go to the party** elle était toute pomponnée pour aller à la soirée

**tartan** /ˈtɑːtən/
**N** tartan m
**ADJ** [garment, fabric] écossais ◆ **the Tartan Army** ⁎ **N** (Brit) les supporters mpl de l'équipe de football d'Écosse
**COMP** **tartan (travelling) rug N** plaid m

**Tartar** /ˈtɑːtəʳ/
**N** [1] Tartare mf or Tatar(e) m(f)
[2] ◆ **tartar** tyran m ; (woman) mégère f
**ADJ** [1] (Geog) tartare or tatar
[2] (Culin) ◆ **steak tartar(e)** (steak m) tartare m
**COMP** **tartar(e) sauce N** (Culin) sauce f tartare

**tartar** /ˈtɑːtəʳ/ **N** (NonC: Chem etc) tartre m ; → **cream**

**tartaric** /tɑːˈtærɪk/ **ADJ** tartrique

**tartarous** /ˈtɑːtərəs/ **ADJ** tartreux

**tartlet** /ˈtɑːtlɪt/ **N** (Brit) tartelette f

**tartly** /ˈtɑːtlɪ/ **ADV** [1] [say] aigrement, d'une manière acerbe ; [observe] d'une manière acerbe
[2] (in taste) ◆ **a tartly flavoured tomato sauce** une sauce tomate au goût acide

**tartness** /ˈtɑːtnɪs/ **N** [of flavour, apple] acidité f ; [of remark] aigreur f

**tartrate** /ˈtɑːtreɪt/ **N** tartrate m

**Tartuffe** /tɑːˈtʊf/ **N** (Literat) Tartuffe

**tarty** ⁎ /ˈtɑːtɪ/ **ADJ** [clothes, make-up] vulgaire ◆ **to look tarty** faire vulgaire or mauvais genre

**Tarzan** /ˈtɑːzən/ **N** Tarzan m

**tash** ⁎ /tæʃ/ **N** ⇒ **tache**

**Tashkent** /tæʃˈkent/ **N** Tachkent

**task** /tɑːsk/ SYN
**N** tâche f ; (Scol) devoir m ◆ **a hard task** une lourde tâche ◆ **to take sb to task** prendre qn à partie, réprimander qn (for, about pour)
**VT** [1] (= tax) [+ sb's brain, patience, imagination] mettre à l'épreuve ; [+ sb's strength] éprouver
[2] ◆ **to be tasked with sth** être chargé de qch ◆ **to be tasked to do sth** or **with doing sth** être chargé de faire qch
**COMP** **task force N** (Mil) corps m expéditionnaire ; (Police) détachement m spécial

**taskmaster** /ˈtɑːskmɑːstəʳ/ **N** ◆ **he's a hard taskmaster** il mène ses subordonnés à la baguette ◆ **duty is a hard taskmaster** le devoir est un maître exigeant

**Tasmania** /tæzˈmeɪnɪə/ **N** Tasmanie f

**Tasmanian** /tæzˈmeɪnɪən/
**ADJ** tasmanien
**N** Tasmanien(ne) m(f)
**COMP** **Tasmanian devil N** diable m de Tasmanie
**Tasmanian tiger, Tasmanian wolf N** thylacine m

**Tasman Sea** /ˈtæsmənsiː/ **N** mer f de Tasman

**tasse** /tæs/, **tasset** /ˈtæsɪt/ **N** tassette f

**tassel** /ˈtæsəl/ **N** gland m ; (= pompon) pompon m

**tasselled** /ˈtæsəld/ **ADJ** à glands

**Tasso** /ˈtæsəʊ/ **N** le Tasse

**tastable** /ˈteɪstəbl/ **ADJ** perceptible

**taste** /teɪst/ SYN
**N** [1] (= flavour) goût m, saveur f ◆ **it has an odd taste** cela a un drôle de goût ◆ **it has no taste** cela n'a aucun goût or aucune saveur ◆ **it left a nasty** or **bad taste (in his mouth)** (lit) ça lui a laissé un mauvais goût or un goût désagréable dans la bouche ; (fig) ça lui a laissé un goût amer
[2] (NonC, sense, culture etc) goût m (also fig) ◆ **sweet to the taste** (au goût) sucré ◆ **to have (good) taste** avoir du goût, avoir bon goût ◆ **he has no taste** il n'a aucun goût, il a très mauvais goût ◆ **in good/bad taste** de bon/mauvais goût ◆ **in poor** or **doubtful taste** d'un goût douteux ◆ **the house is furnished in impeccable taste** la maison est meublée avec beaucoup de goût ◆ **people of taste** les gens de goût
[3] ◆ **to have a taste of sth** (lit) goûter (à) qch ; (fig) goûter de qch ◆ **would you like a taste (of it)?** voulez-vous (y) goûter ? ◆ **he had a taste of the cake** il a goûté au gâteau ◆ **I gave him a taste of the wine** je lui ai fait goûter le vin ◆ **it gave him a taste of military life/of the work** cela lui a donné un aperçu de la vie militaire/du travail ◆ **he's had a taste of prison** il a tâté de la prison ◆ **to give sb a taste of his own medicine** rendre à qn la monnaie de sa pièce ◆ **to give sb a taste of the whip** montrer à qn ce qui l'attend s'il ne marche pas droit ◆ **a taste of happiness** une idée du bonheur ◆ **we got a taste of his anger** il nous a donné un échantillon de sa colère ◆ **it was a taste of things to come** c'était un avant-goût de l'avenir
[4] (= small amount, trace) ◆ **a taste of** (gen) un (tout) petit peu de ; [+ salt etc] une pincée de ; [+ vinegar, cream, brandy] une goutte de, un soupçon de
[5] (= liking) goût m, penchant m (for pour) ◆ **is it to your taste?** est-ce que cela vous plaît ? ◆ **to have a taste for...** avoir du goût or un penchant pour... ◆ **to get** or **acquire** or **develop a taste for...** prendre goût à... ◆ **sweeten to taste** (Culin) sucrer à volonté ◆ **it's a matter of taste** c'est affaire de goût ◆ **there's no accounting for taste** des goûts et des couleurs on ne discute pas ◆ **each to his own taste, tastes differ** chacun ses goûts ◆ **her novels are too violent for my taste** ses romans sont trop violents à mon goût ◆ **his taste in music** ses goûts musicaux ◆ **she has expensive tastes** elle a des goûts de luxe ◆ **she has expensive tastes in cars** il a le goût des voitures de luxe
**VT** [1] (= perceive flavour of) sentir (le goût de) ◆ **I can't taste the garlic** je ne sens pas (le goût de) l'ail ◆ **I can't taste anything when I have a cold** je trouve tout insipide quand j'ai un rhume ◆ **you won't taste it** tu n'en sentiras pas le goût
[2] (= sample) [+ food, drink] goûter à ; (esp for first time) goûter de ; (= to test quality) [+ food] goûter ; [+ wine] (at table) goûter ; (at wine-tasting) déguster ; (fig) [+ power, freedom, success] goûter à, connaître ◆ **just taste this!** goûtez à ça ! ◆ **taste the sauce before adding salt** goûtez la sauce avant d'ajouter du sel ◆ **you must taste my marmalade** je vais vous faire goûter de ma confiture d'oranges ◆ **I haven't tasted salmon for years** ça fait des années que je n'ai pas mangé or goûté de saumon ◆ **I have never tasted snails** je n'ai jamais mangé d'escargots ◆ **he had not tasted food for a week** il n'avait rien mangé depuis une semaine ; → **wine**
**VI** ◆ **it doesn't taste at all** cela n'a aucun goût ◆ **to taste bitter** avoir un goût amer ◆ **to taste good/bad** avoir bon/mauvais goût ◆ **to taste of** or **like sth** avoir un goût de qch ◆ **it tastes of garlic** ça a un goût d'ail ◆ **it doesn't taste of anything in particular** cela n'a pas de goût spécial ◆ **it tastes all right to me** d'après moi cela a un goût normal
**COMP** **taste bud N** papille f gustative

**tasteful** /ˈteɪstfʊl/ SYN **ADJ** de bon goût, d'un goût sûr

**tastefully** /ˈteɪstfəlɪ/ **ADV** [decorated, furnished] avec goût ◆ **the sex scenes are very tastefully done** les scènes érotiques sont d'un goût exquis ◆ **his tastefully modern flat** son appartement moderne agencé avec (beaucoup de) goût

**tastefulness** /ˈteɪstfʊlnɪs/ **N** bon goût m, goût m sûr

**tasteless** /ˈteɪstlɪs/ SYN **ADJ** [food, medicine] fade ; [ornament, clothes, remark, action] de mauvais goût

**tastelessly** /ˈteɪstlɪslɪ/ **ADV** [decorated] sans goût ◆ **tastelessly extravagant** d'une extravagance de très mauvais goût ◆ **tastelessly inappropriate music** une musique mal choisie pour les circonstances ◆ **her ordeal was tastelessly handled in the press** sa pénible épreuve a été relatée sans aucun tact par la presse

**tastelessness** /ˈteɪstlɪsnɪs/ **N** manque m de saveur, fadeur f (pej) ; (fig) [of ornament, dress, remark etc] mauvais goût m

**taster** /ˈteɪstəʳ/ **N** [1] (= person) dégustateur m, -trice f
[2] (Brit ⁎ = foretaste) avant-goût m ◆ **that is just a taster of things to come** ce n'est qu'un avant-goût de ce qui se prépare ◆ **to serve as** or **be a taster of sth** donner un avant-goût de qch

**tastiness** /ˈteɪstɪnɪs/ **N** saveur f agréable, goût m délicieux

**tasting** /ˈteɪstɪŋ/ **N** dégustation f

**tasty** /ˈteɪstɪ/ SYN **ADJ** [1] (Culin) savoureux
[2] (⁎ = interesting) [gossip, news] croustillant
[3] (Brit ⁎ = sexy) [person] sexy ⁎ inv

**tat¹** /tæt/
**VI** faire de la frivolité (dentelle)
**VT** faire en frivolité

**tat²** /tæt/ **N** (NonC: Brit pej = shabby clothes) friperies fpl ; (= goods) camelote⁎ f

**ta-ta** ⁎ /tæˈtɑː/ **EXCL** (Brit) salut ! ⁎

**tatami** /təˈtɑːmɪ/ **N** tatami m

**tater** /ˈteɪtəʳ/ **N** (dial = potato) patate⁎ f

**tattered** /ˈtætəd/ **ADJ** [1] [clothes, flag] en loques ; [book] tout abîmé ; [handkerchief, paper, poster] déchiré ; [person] dégueniellé, loqueteux
[2] [reputation] en miettes

**tatters** /ˈtætəz/ **NPL** lambeaux mpl, loques fpl ◆ **in tatters** (lit) en lambeaux, en loques ◆ **his confidence was in tatters** il avait perdu toute confiance en lui ◆ **the government's reputation was in tatters** la réputation du gouvernement était ruinée

**tattie** ⁎ /ˈtætɪ/ **N** (Scot) patate⁎ f

**tattily** ⁎ /ˈtætɪlɪ/ **ADV** (esp Brit) ◆ **tattily dressed** dépenaillé, déguenillé

**tatting** /ˈtætɪŋ/ N (NonC) frivolité f (dentelle)
**tattle** /ˈtætl/
  VI (= gossip) jaser, cancaner ; (= tell secrets) cafarder *
  N (NonC) bavardage m, commérages mpl
**tattler** /ˈtætləʳ/ N (= man or woman) commère f (pej), concierge * mf (pej)
**tattletale** /ˈtætlˌteɪl/ (US)
  N commère f (pej), concierge * mf (pej)
  ADJ (fig) [mark etc] révélateur (-trice f)
**tattoo¹** /təˈtuː/
  VT tatouer
  N tatouage m
**tattoo²** /təˈtuː/ N (Mil: on drum, bugle) retraite f ; (Brit Mil = spectacle) parade f militaire ; (gen = drumming) battements mpl ◆ **to beat a tattoo on the drums** battre le tambour
**tattooer** /tæˈtuːəʳ/, **tattooist** /təˈtuːɪst/ N tatoueur m, -euse f
**tatty¹** * /ˈtætɪ/ ADJ (esp Brit) [clothes, shoes] fatigué ; [house, furniture] en mauvais état ; [book, poster] en mauvais état, écorné ; [plant, paintwork] défraîchi ◆ **to get tatty** (gen) s'abîmer ; [poster, paint] se défraîchir ◆ **she looked rather tatty** elle était plutôt défraîchie
**tatty²** * /ˈtætɪ/ N ⇒ **tattie**
**tau** /tɔː/
  N (Ling) tau m inv
  COMP **tau cross** N tau m inv, croix f de Saint-Antoine
  **tau particle** N particule f tau
**taught** /tɔːt/ VB pt, ptp of **teach**
**taunt** /tɔːnt/ SYN
  N raillerie f, sarcasme m
  VT railler (liter), persifler (liter) ◆ **to taunt sb with racial abuse** accabler qn d'injures racistes ◆ **he taunted his wife with his affairs** il torturait sa femme en racontant ses infidélités
**taunting** /ˈtɔːntɪŋ/
  N railleries fpl, persiflage m, sarcasmes mpl
  ADJ railleur, persifleur, sarcastique
**tauntingly** /ˈtɔːntɪŋlɪ/ ADV d'un ton railleur or persifleur or sarcastique
**taupe** /təʊp/ ADJ, N (couleur f) taupe m inv
**Taurean** /tɔːˈriːən/ N ◆ **to be a Taurean** être (du) Taureau
**tauromachy** /tɔːˈrɒməkɪ/ N (liter) tauromachie f
**Taurus** /ˈtɔːrəs/ N (Astron) Taureau m ◆ **I'm (a) Taurus** (Astrol) je suis (du) Taureau
**taut** /tɔːt/ SYN ADJ ① (= tight, tense) [skin, muscle, rope, person, face, voice] tendu ; [lips] crispé ; [nerves] à vif ◆ **to hold sth taut** tendre qch ◆ **stretched taut** tendu ◆ **her nerves were (stretched) taut** elle avait les nerfs à vif ◆ **his face was taut with anger** il avait le visage crispé de colère
  ② (= firm) [body] ferme ◆ **to be taut** [person] avoir le corps ferme
  ③ (= well-constructed) [novel, film] bien ficelé *
**tauten** /ˈtɔːtn/
  VT tendre
  VI se tendre
**tautly** /ˈtɔːtlɪ/ ADV (lit) [stretch] à fond ; (fig) [say] d'une voix tendue or crispée
**tautness** /ˈtɔːtnɪs/ N tension f (d'un cordage etc)
**tautological** /ˌtɔːtəˈlɒdʒɪkəl/ ADJ tautologique
**tautology** /tɔːˈtɒlədʒɪ/ N tautologie f
**tautomer** /ˈtɔːtəməʳ/ N tautomère m
**tautomeric** /ˌtɔːtəˈmerɪk/ ADJ tautomère
**tautomerism** /tɔːˈtɒmərɪzəm/ N tautomérie f
**tavern** † /ˈtævən/ N taverne † f, auberge f
**tawdriness** /ˈtɔːdrɪnɪs/ N [of goods] qualité f médiocre ; [of clothes] mauvais goût m tapageur ; [of jewellery] clinquant m ; (fig) [of motive etc] indignité f
**tawdry** /ˈtɔːdrɪ/ SYN ADJ ① (= tacky) [jewellery, clothes] bon marché
  ② (= sordid) [affair, story] sordide
**tawniness** /ˈtɔːnɪnɪs/ N couleur f fauve
**tawny** /ˈtɔːnɪ/
  ADJ [hair, fur, animal] (de couleur) fauve inv ; [skin] mordoré ◆ **tawny brown** marron inv doré
  COMP **tawny owl** N hulotte f, chat-huant m
  **tawny pipit** N rousseline f
  **tawny port** N porto m tawny
**tawse** /tɔːz/ N (esp Scot = whip) martinet m

**tax** /tæks/ SYN
  N (on goods, services) taxe f, impôt m ; (also **income tax**) impôts mpl ◆ **before/after tax** avant/après l'impôt ◆ **half of it goes in tax** la moitié en impôts ◆ **how much tax do you pay?** combien d'impôts payez-vous ? ◆ **I paid £3,000 in tax last year** j'ai payé 3 000 livres d'impôts l'an dernier ◆ **free of tax** exempt or exonéré d'impôt ◆ **to put** or **place** or **levy a tax on sth** taxer or imposer qch ◆ **petrol tax, tax on petrol** taxe(s) f(pl) sur l'essence ◆ **it was a tax on his strength** cela a mis ses forces à l'épreuve
  VT ① [+ goods] taxer, imposer ; [+ income, profits, person] imposer ; [+ patience] mettre à l'épreuve ; [+ strength] éprouver ◆ **he is very heavily taxed** il paie beaucoup d'impôts, il est lourdement imposé ; see also **taxing**
  ② ◆ **to tax sb with sth** taxer or accuser qn de qch ◆ **to tax sb with doing sth** accuser qn de faire (or d'avoir fait) qch
  ③ (Brit) ◆ **to tax one's car** acheter la vignette pour sa voiture
  COMP [system, incentive etc] fiscal
  **tax accountant** N conseiller m fiscal
  **tax adjustment** N redressement m fiscal
  **tax allowance** N abattement m or dégrèvement m fiscal
  **tax authority** N Administration f fiscale, Trésor m (public)
  **tax avoidance** N évasion f fiscale (légale)
  **tax band** N ⇒ **tax bracket**
  **tax base** N assiette f de l'impôt
  **tax bill** N ① (in parliament) projet m de loi fiscale ② (= tax burden) coût m fiscal ③ * (= tax demand) avis m d'imposition
  **tax bite** N ponction f fiscale, prélèvement m fiscal
  **tax bracket** N tranche f du barème fiscal or d'impôts
  **tax break** N réduction f d'impôt, avantage m fiscal
  **tax burden** N charge f fiscale
  **tax code** N (Brit) code m des impôts
  **tax coding** N indice m d'abattement fiscal
  **tax-collecting** N perception f des impôts
  **tax collector** N percepteur m
  **tax concession** N abattement m fiscal
  **tax consultant** N conseiller m, -ère f fiscal(e)
  **tax credit** N crédit m d'impôt
  **tax cut** N réduction f des impôts
  **tax-deductible** ADJ déductible des impôts
  **tax demand** N avis m d'imposition
  **tax disc** N (Brit : for car) vignette f (automobile)
  **tax dodge** * N (legal) évasion f fiscale ; (illegal) fraude f fiscale
  **tax evader** N fraudeur m, -euse f fiscal(e)
  **tax evasion** N fraude f fiscale
  **tax-exempt** ADJ (US) ⇒ **tax-free**
  **tax exemption** N exonération f d'impôts
  **tax exile** N personne f qui fuit le fisc ◆ **to become a tax exile** s'expatrier pour raisons fiscales
  **tax form** N feuille f d'impôts
  **tax-free** ADJ exonéré d'impôts
  **tax haven** N paradis m fiscal
  **tax holiday** N période f d'exemption d'impôts
  **tax immunity** N immunité f fiscale
  **tax incentive** N incitation f fiscale
  **tax increase** N augmentation f d'impôt
  **tax inspector** N inspecteur m, -trice f des impôts
  **tax levy** N prélèvement m fiscal
  **tax liability** N assujettissement m à l'impôt
  **tax loophole** N possibilité légale d'échapper à un impôt
  **tax loss** N déficit m fiscal reportable
  **tax net** N ◆ **to bring sb/sth within the tax net** ramener qn/qch dans une fourchette imposable or dans la première tranche imposable
  **tax purposes** NPL ◆ **for tax purposes** pour des raisons fiscales
  **tax rebate** N dégrèvement m fiscal
  **tax refugee** N ⇒ **tax exile**
  **tax relief** N dégrèvement m or allégement m fiscal
  **tax return** N (feuille f de) déclaration f de revenus or d'impôts
  **tax revenue** N recettes fpl fiscales
  **tax schedules** NPL barèmes mpl fiscaux
  **tax shelter** N échappatoire f fiscale
  **tax shield** N bouclier m fiscal
  **tax tables** NPL barèmes mpl fiscaux
  **tax year** N exercice m fiscal, année f fiscale
**taxable** /ˈtæksəbl/
  ADJ [assets, income, winnings] imposable
  COMP **taxable amount** N base f d'imposition
  **taxable year** N année f fiscale, exercice m fiscal (Fin)

**taxation** /tækˈseɪʃən/
  N (NonC) (= act) taxation f ; (= taxes) impôts mpl, contributions fpl ; → **double**, **immune**
  COMP [authority, system] fiscal
**taxeme** /ˈtæksiːm/ N taxème m
**taxi** /ˈtæksɪ/
  N (pl **taxis** or **taxies**) taxi m ◆ **by taxi** en taxi
  VI ① [aircraft] se déplacer or rouler lentement au sol ◆ **the plane taxied along the runway** l'avion a roulé sur la piste ◆ **the aircraft taxied to a standstill** l'avion a roulé sur la piste avant de s'arrêter
  ② (= go by taxi) aller en taxi
  COMP [charges etc] de taxi
  **taxi dancer** * N (US) taxi-girl f
  **taxi driver** N chauffeur m de taxi
  **taxi fare** N (gen) tarif m de taxi ◆ **I haven't got the taxi fare** je n'ai pas de quoi payer le taxi
  **taxi rank** (Brit), **taxi stance** (esp Scot), **taxi stand** (esp US) N station f de taxis
**taxicab** /ˈtæksɪkæb/ N (esp US) taxi m
**taxidermist** /ˈtæksɪdɜːmɪst/ N empailleur m, -euse f, naturaliste mf
**taxidermy** /ˈtæksɪdɜːmɪ/ N empaillage m, naturalisation f, taxidermie f
**taximeter** /ˈtæksɪmiːtəʳ/ N taximètre m, compteur m (de taxi)
**taxing** /ˈtæksɪŋ/ SYN ADJ (mentally) [problem] ardu ; (physically) [work] pénible ◆ **physically/emotionally taxing** pénible sur le plan physique/affectif
**taxiplane** /ˈtæksɪpleɪn/ N (US) avion-taxi m
**taxiway** /ˈtæksɪweɪ/ N (at airport) taxiway m, piste f de déroulement
**taxman** * /ˈtæksmæn/ N (pl **-men**) percepteur m
**taxon** /ˈtæksɒn/ N (pl **taxa** /ˈtæksə/) taxon m
**taxonomic** /ˌtæksəˈnɒmɪk/ ADJ taxonomique, taxinomique
**taxonomist** /tækˈsɒnəmɪst/ N taxonomiste or taxinomiste mf
**taxonomy** /tækˈsɒnəmɪ/ N taxonomie or taxinomie f
**taxpayer** /ˈtækspeɪəʳ/ N contribuable mf ◆ **the British taxpayer has to pay for it** ce sont les contribuables britanniques qui payeront
**Tay-Sachs disease** /ˌteɪˈsæks/ N maladie f de Tay-Sachs
**TB** /ˌtiːˈbiː/ N abbrev of **tuberculosis**
**tba** /ˌtiːbiːˈeɪ/ (abbrev of **to be arranged** or **to be announced**) à préciser
**tbc** /ˌtiːbiːˈsiː/ (abbrev of **to be confirmed**) à confirmer, sous réserve
**Tbilisi** /dbɪˈliːsɪ/ N Tbilissi
**tbs** (pl **tbs**), **tbsp** (pl **tbsp** or **tbsps**), **tblsp** (pl **tblsp** or **tblsps**) N (abbrev of **tablespoonful**) c. à soupe ◆ **1 tbs vinegar** 1 c. à soupe de vinaigre
**TCE** /ˌtiːsiːˈiː/ N (abbrev of **ton coal equivalent**) TEC f
**Tchaikovsky** /tʃaɪˈkɒfskɪ/ N Tchaïkovski m
**TCP** ® /ˌtiːsiːˈpiː/ N (Brit) (abbrev of **trichlorophonoxyacetic acid**) désinfectant (utilisé pour nettoyer de petites plaies ou pour se gargariser)
**TD** /ˌtiːˈdiː/ N ① (Brit) abbrev of **Territorial Decoration**
  ② (American Ftbl) abbrev of **touchdown**
  ③ (US) (abbrev of **Treasury Department**) → treasury
  ④ (abbrev of **technical drawing**) → technical
**te** /tiː/ N (Mus) si m
**tea** /tiː/
  N ① (= plant, substance) thé m ◆ **she made a pot of tea** elle a fait du thé ◆ **I wouldn't do it for all the tea in China** * je ne le ferais pour rien au monde ◆ **tea and sympathy** réconfort m ; → **cup**
  ② (esp Brit = meal) thé m ; (for children) ≈ goûter m ◆ **to have tea** prendre le thé ; [children] goûter ; → **high**
  ③ (herbal) infusion f, tisane f ; → **beef**
  COMP **tea bag** N sachet m de thé
  **tea ball** N (US) boule f or infuseur m à thé
  **tea boy** N (Brit) jeune employé chargé de préparer le thé
  **tea break** N (Brit) pause-thé f ◆ **to have a tea break** faire la pause-thé
  **tea caddy** N boîte f à thé
  **tea chest** N caisse f (à thé)

**tea-cloth** N *(Brit) (for dishes)* torchon *m* (à vaisselle) ; *(for table)* nappe *f* (à thé) ; *(for trolley, tray)* napperon *m*
**tea cosy** *(Brit)*, **tea cozy** *(US)* N couvre-théière *m*, cache-théière *m*
**tea dance** N thé *m* dansant
**tea infuser** N *(Brit)* boule *f or* infuseur *m* à thé
**tea kettle** N *(US)* bouilloire *f*
**tea lady** N *(Brit) dame qui prépare le thé pour les employés d'une entreprise*
**tea leaf** N (pl **tea leaves**) feuille *f* de thé ; → **read**
**tea party** N thé *m (réception)*
**tea-plant** N arbre *m* à thé, théier *m*
**tea plate** N petite assiette *f*
**tea rose** N rose-thé *f*
**tea service, tea set** N service *m* à thé
**tea strainer** N passe-thé *m inv*
**tea table** N *(esp Brit)* • **they sat at the tea table** ils étaient assis autour de la table mise pour le thé • **the subject was raised at the tea table** on en a discuté pendant le thé • **to set the tea table** mettre la table pour le thé
**tea-things** NPL • **where are the tea-things?** où est le service à thé ? • **to wash up the tea-things** faire la vaisselle après le thé
**tea towel** N *(Brit)* torchon *m* (à vaisselle)
**tea tray** N plateau *m* (à thé)
**tea tree** N arbre *m* à thé, tea-tree *m*
**tea trolley** N *(Brit)* table *f* roulante
**tea urn** N fontaine *f* à thé
**tea wagon** N *(US)* ⇒ **tea trolley**

**teacake** /ˈtiːkeɪk/ N *(Brit)* petit pain *m* brioché

**teacart** /ˈtiːkɑːt/ N *(US)* ⇒ **tea trolley** ; → **tea**

**teach** /tiːtʃ/ SYN (pret, ptp **taught**)

VT *(gen)* apprendre *(sb sth, sth to sb* qch à qn) ; *(Scol, Univ etc)* enseigner *(sb sth, sth to sb* qch à qn) • **to teach sb (how) to do sth** apprendre à qn à faire qch • **I'll teach you what to do** je t'apprendrai ce qu'il faut faire • **he teaches French** il enseigne le français • **he taught her French** il lui a appris *or* enseigné le français • **to teach school** *(US)* être professeur • **to teach o.s. (to do) sth** apprendre (à faire) qch tout seul • **I'll teach you a lesson!** je vais t'apprendre ! • **that will teach him a lesson!** cela lui servira de leçon ! • **they could teach us a thing or two about family values** ils auraient beaucoup à nous apprendre sur les valeurs familiales • **she could teach you a trick or two!** elle pourrait t'en remontrer ! • **that will teach you to mind your own business!** ça t'apprendra à te mêler de tes affaires ! • **I'll teach you (not) to speak to me like that!** je vais t'apprendre à me parler sur ce ton ! • **you can't teach him anything about cars** il n'a rien à apprendre de personne en matière de voitures • **don't (try to) teach your grandmother to suck eggs!*** on n'apprend pas à un vieux singe à faire des grimaces ! *(Prov)* • **you can't teach an old dog new tricks** *(Prov)* ce n'est pas à son (*or* mon *etc*) âge qu'on apprend de nouveaux trucs

VI enseigner • **he always wanted to teach** il a toujours eu le désir d'enseigner • **he had been teaching all morning** il avait fait cours *or* fait la classe toute la matinée

COMP **teach-in** N séminaire *m (sur un thème)*

**teachability** /ˌtiːtʃəˈbɪlɪtɪ/ N *(esp US)* aptitude *f* à apprendre

**teachable** /ˈtiːtʃəbl/ ADJ *(esp US) [child]* scolarisable ; *[subject, skill]* enseignable, susceptible d'être enseigné

**teacher** /ˈtiːtʃəʳ/ SYN

N *(in secondary school: also private tutor)* professeur *m* ; *(in primary school)* professeur *m* des écoles, instituteur *m*, -trice *f* ; *(in special school, prison)* éducateur *m*, -trice *f* ; *(gen = member of teaching profession)* enseignant(e) *m(f)* • **she is a maths teacher** elle est professeur de maths • **teacher's (hand)book** livre *m* du maître • **the teachers accepted the government's offer** *(collectively)* les enseignants ont *or* le corps enseignant a accepté l'offre du gouvernement • **the teachers' strike/dispute** la grève/le conflit des enseignants ; see also **comp**

COMP **teacher certification** N *(US)* habilitation *f* à enseigner
**teacher education** N *(US)* formation *f* pédagogique (des enseignants)
**teacher evaluation** N appréciations *fpl* sur les professeurs *(par les étudiants ou par l'administration)*
**teacher-pupil ratio** N taux *m* d'encadrement • **a high/low teacher-pupil ratio** un fort/faible taux d'encadrement
**teacher's aide** N *(US)* assistant(e) *m(f)* du professeur (*or* de l'instituteur)
**teachers' certificate** N *(US)* ⇒ **teacher training certificate**
**teachers' college** N *(US)* ⇒ **teacher training college**
**teacher's pet** N chouchou(te)* *m(f)* (du professeur)
**teachers' training** N ⇒ **teacher training**
**teachers' training certificate** N ⇒ **teacher training certificate**
**teachers' training college** N ⇒ **teacher training college**
**teacher training** N *(Brit)* formation *f* pédagogique (des enseignants)
**teacher training certificate** N *(for primary schools)* ≈ Certificat *m* d'aptitude au professorat des écoles, ≈ CAPE *m* ; *(for secondary schools)* ≈ Certificat *m* d'aptitude au professorat de l'enseignement du second degré, ≈ CAPES *m* ; *(for secondary technical schools)* ≈ Certificat *m* d'aptitude au professorat de l'enseignement technique, ≈ CAPET *m*
**teacher training college** N ≈ Institut *m* universitaire de formation des maîtres, ≈ IUFM *m*

**teaching** /ˈtiːtʃɪŋ/

N 1 *(NonC = act, profession)* enseignement *m* • **he's got 16 hours teaching a week** il a 16 heures de cours par semaine • **to go into teaching** entrer dans l'enseignement • **Teaching of English as a Foreign Language** (enseignement *m* de l')anglais *m* langue étrangère • **Teaching of English as a Second Language** enseignement *m* de l'anglais langue seconde • **Teaching of English as a Second or Other Language** enseignement *m* de l'anglais langue seconde ou autre → **TEFL, TESL, TESOL, ELT** ; → **team**

2 (also **teachings**) *[of philosopher, sage etc]* enseignements *mpl (liter) (on, about* sur)

COMP **teaching aid** N outil *m* pédagogique
**teaching aids** NPL matériel *m* pédagogique
**teaching assistant** N *(US Univ)* étudiant(e) *m(f)* chargé(e) de travaux dirigés
**teaching certificate** N *(US)* ⇒ **teacher training certificate** ; → **teacher**
**teaching equipment** N ⇒ **teaching aids**
**teaching hospital** N centre *m* hospitalier universitaire, CHU *m*
**teaching job, teaching position, teaching post** N poste *m* d'enseignant
**teaching practice** N *(Brit)* stage *m* de formation des enseignants
**the teaching profession** N *(= activity)* l'enseignement *m* ; *(in secondary schools only)* le professorat ; *(teachers collectively)* le corps enseignant, les enseignants *mpl*
**teaching software** N *(NonC)* didacticiels *mpl* • **a piece of teaching software** un didacticiel
**teaching staff** N personnel *m* enseignant, enseignants *mpl*, équipe *f* pédagogique

**teacup** /ˈtiːkʌp/ N tasse *f* à thé ; → **read, storm**

**teacupful** /ˈtiːkʌpfʊl/ N tasse *f*

**teahouse** /ˈtiːhaʊs/ N maison *f* de thé

**teak** /tiːk/ N teck *n*

**teal** /tiːl/ N (pl **teal** or **teals**) sarcelle *f*

**team** /tiːm/ SYN

N *(Sport, gen)* équipe *f* ; *[of horses, oxen]* attelage *m* • **football team** équipe *f* de football • **our research team** notre équipe de chercheurs

VT (also **team up**) *[+ actor, worker]* mettre en collaboration *(with* avec) ; *[+ clothes, accessories]* associer *(with* avec)

COMP **team captain** N capitaine *m*
**team games** NPL jeux *mpl* d'équipe
**team leader** N chef *m* d'équipe
**team-mate** N coéquipier *m*, -ière *f*
**team member** N *(Sport)* équipier *m*, -ière *f*
**team player** N • **to be a team player** avoir l'esprit d'équipe
**team spirit** N *(NonC)* esprit *m* d'équipe
**team teaching** N *(NonC)* enseignement *m* en équipe

▸ **team up**

VI *[people]* faire équipe *(with* avec ; *to do sth* pour faire qch) ; *[colours]* s'harmoniser *(with* avec) ; *[clothes, accessories, furnishings etc]* s'associer *(with* avec) • **he teamed up with them to get...** il s'est allié à eux pour obtenir...

VT SEP ⇒ **team vt**

**teamster** /ˈtiːmstəʳ/ N *(US)* routier *m or* camionneur *m* syndiqué

**teamwork** /ˈtiːmwɜːk/ N *(NonC)* travail *m* d'équipe

**teapot** /ˈtiːpɒt/ N théière *f*

**tear[1]** /tɛəʳ/ SYN (vb: pret **tore** ptp **torn**)

N déchirure *f*, accroc *m* • **to make a tear in sth** déchirer qch • **it has a tear in it** c'est déchiré, il y a un accroc dedans

VT 1 *(= rip) [+ cloth, garment]* déchirer, faire un trou *or* un accroc à ; *[+ flesh, paper]* déchirer • **to tear a hole in...** faire une déchirure *or* un accroc à..., faire un trou dans... • **he tore it along the dotted line** il l'a déchiré en suivant le pointillé • **to tear to pieces** *or* **to tear to shreds** *or* **to bits*** *[+ paper]* déchirer en petits morceaux ; *[+ garment]* mettre en pièces *or* lambeaux ; *[+ prey]* mettre en pièces ; *(fig) [+ play, performance]* éreinter ; *[+ argument, suggestion]* descendre en flammes* • **to tear sth loose** arracher qch • **to tear (o.s.) loose** se libérer • **to tear open** *[+ envelope]* déchirer ; *[+ letter]* déchirer l'enveloppe de ; *[+ parcel]* ouvrir en déchirant l'emballage • **clothes torn to rags** vêtements mis en lambeaux • **I tore my hand on a nail** je me suis ouvert la main sur un clou • **to tear a muscle/ligament** *(Med)* se déchirer un muscle/un ligament • **that's torn it!*** voilà qui flanque tout par terre !*

2 *(fig)* • **to be torn by war/remorse** *etc* être déchiré par la guerre/le remords *etc* • **to be torn between two things/people** être tiraillé par *or* balancer entre deux choses/personnes • **I'm very much torn** j'hésite beaucoup (entre les deux)

3 *(= snatch)* arracher *(from sb* à qn ; *out of or off or from sth* de qch) • **he tore it out of her hand** il le lui a arraché des mains • **he was torn from his seat** il a été arraché de son siège

VI 1 *[cloth, paper etc]* se déchirer

2 • **he tore at the wrapping paper** il a déchiré l'emballage (impatiemment) • **he tore at the earth with his bare hands** il a griffé la terre de ses mains nues

3 *(= rush)* • **to tear out/down** *etc* sortir/descendre *etc* à toute allure *or* à toute vitesse • **he tore up the stairs** il a monté l'escalier quatre à quatre • **to tear along the road** *[person]* filer à toute allure le long de la route ; *[car]* rouler à toute allure le long de la route • **they tore after him** ils se sont lancés *or* précipités à sa poursuite • **to tear into sb*** *(= attack verbally)* s'en prendre violemment à qn ; *(= scold)* passer un savon à qn*

COMP **tear-off** ADJ amovible • **tear-off calendar** éphéméride *f*
**tear sheet** N feuillet *m* détachable

▸ **tear apart** VT SEP déchirer ; *(fig = divide)* déchirer • **his love for Julie is tearing him apart** son amour pour Julie le déchire

▸ **tear away**

VI *[person]* partir comme un bolide ; *[car]* démarrer en trombe

VT SEP *(lit, fig)* arracher *(from sb* à qn ; *from sth* de qch) • **I couldn't tear myself away from it/him** je n'arrivais pas à m'en arracher/à m'arracher à lui

▸ **tear down** VT SEP *[+ poster, flag]* arracher *(from* de) ; *[+ building]* démolir

▸ **tear off**

VI ⇒ **tear away vi**

VT SEP 1 *[+ label, wrapping]* arracher *(from* de) ; *[+ perforated page, calendar leaf]* détacher *(from* de) ; → **strip**

2 *(= remove) [+ one's clothes]* enlever à la hâte ; *[+ sb's clothes]* arracher

3 *(* = write hurriedly) [+ letter etc]* bâcler*, torcher*

ADJ • **tear-off** → **tear[1]**

▸ **tear out**

VI → **tear[1] vi 3**

VT SEP arracher *(from* de) ; *[+ cheque, ticket]* détacher *(from* de) • **to tear sb's eyes out** arracher les yeux à qn • **to tear one's hair out** s'arracher les cheveux

▸ **tear up** VT SEP 1 *[+ paper etc]* déchirer, mettre en morceaux *or* en pièces ; *(fig) [+ contract]* déchirer *(fig)* ; *[+ offer]* reprendre

2 *[+ stake, weed, shrub]* arracher ; *[+ tree]* déraciner

**tear[2]** /tɪəʳ/ SYN

N larme *f* • **in tears** en larmes • **there were tears in her eyes** elle avait les larmes aux yeux • **she had tears of joy in her eyes** elle pleurait de joie • **near** *or* **close to tears** au bord des larmes • **to burst** *or* **dissolve into tears** fondre en larmes • **the memory/thought brought tears to his eyes** à ce souvenir/cette pensée il avait les larmes aux yeux • **the film/book/experi-**

ence brought tears to his eyes ce film/ce livre/cette expérience lui a fait venir les larmes aux yeux ◆ **it will end in tears!** ça va finir mal ! ◆ **tears of blood** (fig) larmes de sang ; → **shed** [2]
[COMP] **tear bomb** N grenade f lacrymogène
**tear duct** N canal m lacrymal
**tear gas** N gaz m lacrymogène
**tear-jerker** * N ◆ **the film/book** etc **was a real tear-jerker** c'était un film/roman etc tout à fait du genre à faire pleurer dans les chaumières
**tear-stained** ADJ baigné de larmes

**tearaway** /'tɛərəweɪ/ N (Brit) casse-cou m

**teardrop** /'tɪədrɒp/ N larme f

**tearful** /'tɪəful/ SYN ADJ [face] plein de larmes ; [eyes, look] plein de larmes, larmoyant ; [farewell] larmoyant ; [reunion] ému ; [plea, story] éploré ◆ **to be tearful** [person] (= about to cry) être au bord des larmes, avoir envie de pleurer ; (= in tears) être en larmes ◆ **in a tearful voice** (avec) des larmes dans la voix, d'une voix éplorée ◆ **to feel tearful** avoir envie de pleurer ◆ **to become tearful** avoir les larmes aux yeux

**tearfully** /'tɪəfəlɪ/ ADV [say] en pleurant ; [admit] les larmes aux yeux

**tearfulness** /'tɪəfʊlnɪs/ N tendance f à pleurer pour un rien

**tearing** /'tɛərɪŋ/
N déchirement m
ADJ [1] ◆ **a tearing noise** or **sound** un bruit de déchirement
[2] (Brit *) ◆ **to be in a tearing hurry** être terriblement pressé ◆ **to do sth in a tearing hurry** faire qch à toute vitesse

**tearless** /'tɪəlɪs/ ADJ sans larmes

**tearlessly** /'tɪəlɪslɪ/ ADV sans larmes, sans pleurer

**tearoom** /'tɪːrʊm/ N salon m de thé

**tease** /tiːz/ SYN
N (= person) (gen) taquin(e) m(f) ; (sexual) allumeur m, -euse f
VT [1] (playfully) taquiner ; (cruelly) tourmenter ; (sexually) allumer ◆ **she teased him that he had big feet** elle le taquina à propos de ses grands pieds
[2] [+ cloth] peigner ; [+ wool] carder
▶ **tease out** VT SEP [1] [+ tangle of wool, knots, matted hair] débrouiller ou démêler (patiemment) ◆ **to tease something out of sb** tirer les vers du nez à qn
[2] [+ meaning, sense] trouver

**teasel** /'tiːzl/ N (= plant) cardère f ; (= device) carde f

**teaser** /'tiːzər/ N [1] (= person) (gen) taquin(e) m(f) ; (sexual) allumeur m, -euse f
[2] (= problem) problème m (difficile) ; (= tricky question) colle* f

**teashop** /'tiːʃɒp/ N (Brit) salon m de thé

**teasing** /'tiːzɪŋ/
N (NonC) taquineries fpl
ADJ taquin

**teasingly** /'tiːzɪŋlɪ/ ADV [1] [say, ask, hint] d'un ton taquin, pour me (or le etc) taquiner ◆ **he looked at me teasingly** il m'a regardé d'un air taquin
[2] (sexually) de façon aguichante ◆ **teasingly erotic** sexy* et provocant

**Teasmade** ®, **Teasmaid** ® /'tiːzmeɪd/ N machine à faire le thé

**teaspoon** /'tiːspuːn/ N petite cuiller f, cuiller f à thé or à café

**teaspoonful** /'tiːspuːnfʊl/ N cuillerée f à café

**teat** /tiːt/ N [of animal] tétine f, tette f ; [of cow] trayon m ; [of woman] mamelon m, bout m de sein ; (Brit) [of baby's bottle] tétine f ; (= dummy) tétine f ; (Tech) téton m

**teatime** /'tiːtaɪm/ N (esp Brit) l'heure f du thé

**teazel, teazle** /'tiːzl/ N ⇒ **teasel**

**TEC** /ˌtiːiːˈsiː/ N (Brit) (abbrev of **Training and Enterprise Council**) → **training**

**tech*** /tek/ N [1] (Brit) (abbrev of **technical college**) ≈ CET m
[2] (abbrev of **technology**) → **high**

**techie** /'tekɪ/ N (= technician) technicien(ne) m(f) ; (= technologist) technologue mf ; (= technophile) crack* m en technologie

**technetium** /tekˈniːʃɪəm/ N technétium m

**technical** /'teknɪkəl/
ADJ technique ◆ **technical ability** or **skill** compétence f technique ◆ **technical problems** des problèmes mpl techniques or d'ordre technique
◆ **for technical reasons** pour des raisons techniques or d'ordre technique ◆ **technical language** langue f or langage m technique ◆ **it's just a technical point** (gen) c'est un point de détail ◆ **a judgement quashed on a technical point** (Jur) un arrêt cassé pour vice de forme ◆ **this constitutes a technical plea of not guilty** (Jur) cela équivaut (théoriquement) à plaider non coupable
[COMP] **technical college** N (Brit) collège m (d'enseignement) technique
**technical drawing** N dessin m industriel
**technical institute** N (US) ≈ IUT m, ≈ institut m universitaire de technologie
**technical knock-out** N (Boxing) K.-O. m technique
**technical offence** N (Jur) quasi-délit m
**technical school** N ⇒ **technical institute**
**technical sergeant** N (US Air Force) sergent-chef m
**technical support** N soutien m technique

**technicality** /ˌteknɪˈkælɪtɪ/ N [1] (NonC) technicité f
[2] (= detail) détail m technique ; (= word) terme m technique ; (= difficulty) difficulté f technique ; (= fault) ennui m technique ◆ **I don't understand all the technicalities** certains détails techniques m'échappent
[3] (= formality) formalité f ◆ **she told him victory was just a technicality** elle lui a dit que la victoire n'était qu'une simple formalité
[4] (Jur) ◆ **he got off on a technicality** il a été acquitté sur un point de procédure

**technically** /'teknɪkəlɪ/ ADV [1] (= technologically) [superior, feasible, perfect, advanced] sur le plan technique, techniquement ◆ **technically, it's a very risky project** sur le plan technique or techniquement, c'est un projet très risqué
[2] (= in technical language : also **technically speaking**) en termes techniques ◆ **fats are technically known as lipids** le terme technique pour désigner les graisses est « lipides » ◆ **he spoke very technically** il s'est exprimé d'une manière très technique
[3] (= in technique) ◆ **a technically proficient performance/film** une performance/un film d'un bon niveau technique ◆ **technically demanding music** une musique qui exige une bonne technique ◆ **technically, this is a very accomplished album** techniquement, c'est un excellent album
[4] (= strictly) [illegal, correct] théoriquement, en théorie ◆ **this was technically correct, but highly ambiguous** c'était théoriquement correct, mais extrêmement ambigu ◆ **you are technically correct** vous avez raison en théorie ◆ **technically, they aren't eligible for a grant** en principe, ils n'ont pas droit à une bourse ◆ **technically (speaking) you're right, but...** en théorie vous avez raison, mais...

**technician** /tekˈnɪʃən/ N technicien(ne) m(f)

**Technicolor** ® /'teknɪˌkʌlər/
N technicolor ® m ◆ **in Technicolor** en technicolor ®
ADJ [1] [film] en technicolor ® ◆ **the Technicolor process** le technicolor ®
[2] ◆ **technicolour** (Brit), **technicolor** (US) (* = colourful) [description, dream] en technicolor ®

**technique** /tekˈniːk/ SYN N technique f ◆ **he's got good technique** sa technique est bonne

**techno** /'teknəʊ/ (Mus)
N techno f
ADJ techno inv

**techno...** /'teknəʊ/ PREF techno...

**technocracy** /tekˈnɒkrəsɪ/ N technocratie f

**technocrat** /'teknəʊkræt/ N technocrate mf

**technocratic** /ˌteknəˈkrætɪk/ ADJ technocratique

**technofear** /'teknəʊfɪər/ N technophobie f

**technological** /ˌteknəˈlɒdʒɪkəl/ ADJ technologique

**technologically** /ˌteknəˈlɒdʒɪklɪ/ ADV [advanced, sophisticated, backward] technologiquement, sur le plan technologique ; [possible, feasible] technologiquement ◆ **technologically oriented** axé sur la technologie ◆ **technologically, these cars are nothing new** sur le plan technologique, ces voitures n'ont rien de nouveau ◆ **technologically speaking** technologiquement parlant, du point de vue technologique

**technologist** /tekˈnɒlədʒɪst/ N technologue mf

**technology** /tekˈnɒlədʒɪ/ N technologie f ◆ **Minister/Ministry of Technology** (Brit) ministre m/ministère m des Affaires technologiques
◆ **new technology** les nouvelles technologies fpl ◆ **space/military technology** technologie f de l'espace/militaire ◆ **computer technology** technologie f informatique ◆ **communication technology** technologie(s) f(pl) de communication ; → **high**

**technophobe** /'teknəʊfəʊb/ N technophobe mf

**technophobic** /ˌteknəʊˈfəʊbɪk/ ADJ technophobe

**technostructure** /'teknəʊˌstrʌktʃər/ N technostructure f

**techy** /'tetʃɪ/ ADJ ⇒ **tetchy**

**tectonic** /tekˈtɒnɪk/ ADJ tectonique

**tectonics** /tekˈtɒnɪks/ N (NonC) tectonique f

**tectrix** /'tektrɪks/ N (pl **tectrices** /'tektrɪˌsiːz/) tectrice f

**Ted** /ted/ N [1] (dim of **Edward**, **Theodore**) Ted m
[2] * = **teddy boy** ; → **teddy**

**ted** /ted/ VT faner

**tedder** /'tedər/ N (= machine) faneuse f ; (= person) faneur m, -euse f

**teddy** /'tedɪ/
N [1] (= underwear) teddy m
[2] (also **teddy bear**) nounours m (baby talk), ours m en peluche
[COMP] **teddy boy** † N (Brit) ≈ blouson m noir

**Te Deum** /ˌteɪˈdeɪəm/ N Te Deum m inv

**tedious** /'tiːdɪəs/ SYN ADJ [task, work, process] fastidieux ; [account, description, film] fastidieux, ennuyeux ; [life, hours, journey, behaviour] assommant ◆ **such lists are tedious to read** ces listes sont assommantes à lire

**tediously** /'tiːdɪəslɪ/ ADV ◆ **tediously boring** profondément ennuyeux ◆ **tediously repetitive/juvenile** tellement répétitif/puéril que c'en est lassant ◆ **a tediously winding road** une route aux lacets qui n'en finissent pas ◆ **tediously long** long et ennuyeux

**tediousness** /'tiːdɪəsnɪs/, **tedium** /'tiːdɪəm/ N (NonC) ennui m, caractère m assommant

**tee¹** /tiː/ → **T**

**tee²** /tiː/ (Golf)
N tee m
VT [+ ball] placer sur le tee
▶ **tee off**
VI partir du tee
VT SEP (US *) (= annoy) embêter *, casser les pieds à * ; (fig = begin) démarrer *
▶ **tee up** VI placer la balle sur le tee

**tee-hee** /'tiːˈhiː/ (vb: pret, ptp **tee-heed**)
EXCL hi-hi !
N (petit) ricanement m
VI ricaner

**teem** /tiːm/ SYN VI [1] [crowds, insects] grouiller, fourmiller ; [fish, snakes etc] grouiller ◆ **to teem with** [river, street etc] grouiller de, fourmiller de ◆ **he's teeming with ideas** il déborde d'idées
[2] ◆ **it was teeming (with rain)**, **the rain was teeming down** il pleuvait à verse or à seaux

**teeming** /'tiːmɪŋ/ SYN ADJ [1] [city, streets] grouillant de monde ; [crowd, hordes, insects] grouillant ; [river] grouillant de poissons
[2] ◆ **teeming rain** pluie f battante or torrentielle

**teen*** /tiːn/ (abbrev of **teenage**) ADJ [movie, magazine] pour ados * ; [fashion, mother, father] ado * f inv ; [pregnancy] chez les ados * ; [crime] juvénile ; [violence] des ados * ; [audience] d'ados ◆ **teen boys** ados * mpl ◆ **teen girls** ados * fpl ◆ **teen years** adolescence f ; → **teens**

**teenage** /'tiːneɪdʒ/ ADJ [mother] adolescent ; [pregnancy] chez les adolescents ; [suicide] d'adolescent(s) ; [idol, heart-throb, culture] des adolescents ; [magazine, fashion] pour adolescents ◆ **to have a teenage crush on sb** avoir une tocade d'adolescent pour qn ◆ **teenage boy** adolescent m ◆ **teenage girl** adolescente f ◆ **teenage years** adolescence f ; → **teens**

**teenaged** /'tiːneɪdʒd/ ADJ adolescent ◆ **a teenaged boy/girl** un adolescent/une adolescente

**teenager** /'tiːnˌeɪdʒər/ SYN N adolescent(e) m(f)

**teens** /tiːnz/ NPL adolescence f ◆ **he is still in his teens** il est encore adolescent ◆ **he is just out of his teens** il a à peine vingt ans ◆ **he is in his early/late teens** il a un peu plus de treize ans/un peu moins de vingt ans

**teensy(-weensy)** * /'tiːnzɪ(wiːnzɪ)/ ADJ ⇒ **teeny** adj

**teeny** */ˈtiːnɪ/
- **ADJ** (also **teeny-weeny**) *) minuscule, tout petit ◆ **a teeny bit embarrassed/jealous** un petit peu gêné/jaloux ◆ **to be a teeny bit hung over** avoir un petit peu la gueule de bois
- **N** (also **teeny-bopper**) *) préado * mf

**teepee** /ˈtiːpiː/ **N** ⇒ **tepee**

**tee-shirt** /ˈtiːʃɜːt/ **N** tee-shirt or T-shirt m

**teeter** /ˈtiːtər/
- **VI** [person] chanceler ; [pile] vaciller ◆ **to teeter on the edge** or **brink of** (fig) être prêt à tomber dans
- **COMP teeter totter N** (US) jeu de bascule

**teeth** /tiːθ/ **NPL** of **tooth**

**teethe** /tiːð/ **VI** faire or percer ses dents

**teething** /ˈtiːðɪŋ/
- **N** poussée f des dents
- **COMP teething ring N** anneau m (de bébé qui perce ses dents)
- **teething troubles NPL** (Brit fig) difficultés fpl initiales

**teetotal** /ˈtiːtəʊtl/ **ADJ** [person] qui ne boit jamais d'alcool ; [league] antialcoolique

**teetotaler** /ˈtiːtəʊtlər/ **N** (US) ⇒ **teetotaller**

**teetotalism** /ˈtiːtəʊtlɪzəm/ **N** abstention f de toute boisson alcoolique

**teetotaller, teetotaler** (US) /ˈtiːtəʊtlər/ **SYN N** personne f qui ne boit jamais d'alcool

**TEFL** /ˈtefl/ **N** (*Educ*) (abbrev of **Teaching of English as a Foreign Language**) → **teaching**

▸ **TEFL, TESL, TESOL, ELT**
- Les sigles **TEFL** (Teaching of English as a Foreign Language) et **EFL** (English as a Foreign Language) renvoient à l'enseignement de l'anglais langue étrangère dans les pays non anglophones.
- Le **TESL** (Teaching of English as a Second Language) concerne l'enseignement de l'anglais langue seconde, c'est-à-dire aux personnes qui vivent dans un pays anglophone mais dont la langue maternelle n'est pas l'anglais. Cet enseignement cherche à prendre en compte l'origine culturelle de l'apprenant ainsi que sa langue maternelle.
- **TESOL** (Teaching of English as a Second or Other Language - enseignement de l'anglais langue seconde ou autre) est le terme américain pour **TEFL** et **TESL**.
- **ELT** (English Language Teaching) est le terme général qui désigne l'enseignement de l'anglais en tant que langue étrangère ou langue seconde.

**Teflon** ® /ˈteflɒn/
- **N** téflon ® m
- **ADJ** (* fig = able to avoid blame) ◆ **he was the so-called Teflon President** on le surnommait « le président Téflon »

**tegument** /ˈtegjʊmənt/ **N** tégument m

**te-hee** /tiːˈhiː/ ⇒ **tee-hee**

**Teheran** /ˌteəˈrɑːn/ **N** Téhéran

**tel.** (abbrev of **telephone** (number)) tél

**telaesthesia, telesthesia** (US) /ˌtelɪsˈθiːzɪə/ **N** télesthésie f

**Tel Aviv** /ˌtelæˈviːv/ **N** Tel-Aviv

**tele...** /ˈtelɪ/ **PREF** télé...

**telebanking** /ˈtelɪˌbæŋkɪŋ/ **N** télébanque f

**telecamera** /ˈtelɪˌkæmərə/ **N** caméra f de télévision, télécaméra f

**telecast** /ˈtelɪkɑːst/ (US)
- **N** émission f de télévision
- **VT** diffuser

**telecom** /ˈtelɪkɒm/ **N** (abbrev of **telecommunications**) télécommunications fpl, télécoms * fpl

**telecommunication** /ˌtelɪkəˌmjuːnɪˈkeɪʃən/
- **N** (gen pl) télécommunications fpl ; → **post³**
- **COMP telecommunications satellite N** satellite m de télécommunication

**telecommute** /ˈtelɪkəˌmjuːt/ **VI** télétravailler

**telecommuter** * /ˈtelɪkəˌmjuːtər/ **N** télétravailleur m, -euse f

**telecommuting** * /ˈtelɪkəˌmjuːtɪŋ/ **N** télétravail m

**telecoms** /ˈtelɪkɒmz/ **N** ⇒ **telecom**

**teleconference** /ˈtelɪkɒnfərəns/ **N** téléconférence f

**teleconferencing** /ˈtelɪkɒnfərənsɪŋ/ **N** téléconférence(s) f(pl)

**Telecopier** ® /ˈtelɪkɒpɪər/ **N** télécopieur m

**telecopy** /ˈtelɪkɒpɪ/ **N** télécopie f

**telefacsimile** /ˌtelɪfækˈsɪmɪlɪ/ **N** télécopie f

**telefax** /ˈtelɪfæks/ **N** télécopie f

**telefilm** /ˈtelɪfɪlm/ **N** téléfilm m, film m pour la télévision

**telegenic** /ˌtelɪˈdʒenɪk/ **ADJ** télégénique

**telegram** /ˈtelɪgræm/ **SYN N** télégramme m ; (*Diplomacy, Press*) dépêche f, câble m ◆ **I was ordered by telegram to leave at once** je reçus un télégramme m'ordonnant de partir immédiatement

**telegraph** /ˈtelɪgrɑːf/ **SYN**
- **N** télégraphe m
- **VI** télégraphier ◆ **I'll telegraph when I arrive** j'enverrai un télégramme lorsque je serai arrivé
- **VT** [+ message] télégraphier ; (fig) [+ intentions, plans] dévoiler
- **COMP** [message, wires] télégraphique
- **telegraph pole, telegraph post N** poteau m télégraphique

**telegrapher** /tɪˈlegrəfər/ **N** télégraphiste mf

**telegraphese** /ˌtelɪgrɑːˈfiːz/ **N** (NonC) style m télégraphique

**telegraphic** /ˌtelɪˈgræfɪk/ **ADJ** (*Telec*) télégraphique ; (= concise) [writing, notes] en style télégraphique ◆ **in telegraphic style, with telegraphic brevity** en style télégraphique

**telegraphically** /ˌtelɪˈgræfɪkəlɪ/ **ADV** en style télégraphique

**telegraphist** /tɪˈlegrəfɪst/ **N** télégraphiste mf

**telegraphy** /tɪˈlegrəfɪ/ **N** télégraphie f

**telekinesis** /ˌtelɪkɪˈniːsɪs/ **N** (NonC) télékinésie f

**telekinetic** /ˌtelɪkɪˈnetɪk/ **ADJ** télékinésique

**Telemachus** /təˈleməkəs/ **N** Télémaque m

**telemark** /ˈtelɪmɑːk/ **N** (*Ski*) télémark m

**telemarketer** /ˈtelɪmɑːkɪtər/ **N** (= person) spécialiste mf du télémarketing ; (= company) société f spécialisée dans le télémarketing

**telemarketing** /ˈtelɪmɑːkɪtɪŋ/ **N** télémarketing m

**telematic** /ˌtelɪˈmætɪk/ **ADJ** télématique

**telematics** /ˌtelɪˈmætɪks/ **N** (NonC) télématique f

**telemeeting** /ˌtelɪˈmiːtɪŋ/ **N** téléréunion f

**telemeter** /tɪˈlemɪtər/ **N** télémètre m

**telemetric** /ˌtelɪˈmetrɪk/ **ADJ** télémétrique

**telemetry** /tɪˈlemɪtrɪ/ **N** télémétrie f

**telencephalon** /ˌtelenˈsefəlɒn/ **N** télencéphale m

**teleological** /ˌtelɪəˈlɒdʒɪkl/ **ADJ** téléologique

**teleology** /ˌtelɪˈɒlədʒɪ/ **N** téléologie f

**teleost** /ˈtelɪɒst/ **N** téléostéen m

**telepath** /ˈteləpæθ/ **N** télépathe mf

**telepathic** /ˌtelɪˈpæθɪk/ **ADJ** [person] télépathe ; [ability, message] télépathique

**telepathically** /ˌtelɪˈpæθɪkəlɪ/ **ADV** par télépathie

**telepathist** /tɪˈlepəθɪst/ **N** télépathe mf

**telepathy** /tɪˈlepəθɪ/ **SYN N** télépathie f

**telephone** /ˈtelɪfəʊn/ **SYN**
- **N** téléphone m ◆ **by telephone** par téléphone ◆ **on the telephone** au téléphone ◆ **to be on the telephone** (= speaking) être au téléphone ; (= be a subscriber) avoir le téléphone (chez soi)
- **VT** [+ person] téléphoner à, appeler (au téléphone) ; [+ message, telegram] téléphoner (to à) ◆ **telephone 772 3200 for more information** pour de plus amples renseignements, appelez le 772 3200
- **VI** téléphoner
- **COMP telephone answering machine N** répondeur m (téléphonique)
- **telephone banking N** (NonC) services mpl bancaires par téléphone
- **telephone book N** ⇒ **telephone directory**
- **telephone booth N** (US) ⇒ **telephone box**
- **telephone box N** (Brit) cabine f téléphonique
- **telephone call N** coup m de téléphone *, appel m téléphonique
- **telephone directory N** annuaire m (du téléphone)
- **telephone exchange N** central m téléphonique
- **telephone kiosk N** ⇒ **telephone box**
- **telephone line N** ligne f téléphonique
- **telephone message N** message m téléphonique
- **telephone number N** numéro m de téléphone
- **telephone numbers * NPL** (fig = large sums) des mille et des cents * mpl
- **telephone operator N** standardiste mf, téléphoniste mf
- **telephone pole N** poteau m téléphonique
- **telephone sales N** ⇒ **telesales**
- **telephone service N** service m des téléphones
- **telephone sex N** (NonC) = téléphone m rose ◆ **telephone sex line** (ligne f de) téléphone m rose
- **telephone subscriber N** abonné(e) m(f) au téléphone
- **telephone-tapping N** mise f sur écoute (téléphonique)
- **telephone wires NPL** fils mpl téléphoniques

**telephonic** /ˌtelɪˈfɒnɪk/ **ADJ** téléphonique

**telephonist** /tɪˈlefənɪst/ **N** (esp Brit) téléphoniste mf

**telephony** /tɪˈlefənɪ/ **N** téléphonie f

**telephotograph** /ˌtelɪˈfəʊtəgræf/ **N** téléphotographie f

**telephotography** /ˌtelɪfəˈtɒgrəfɪ/ **N** (NonC) téléphotographie f

**telephoto lens** /ˈtelɪˌfəʊtəʊ lenz/ **N** téléobjectif m

**teleport** /ˈtelɪpɔːt/ **VT** téléporter

**teleportation** /ˌtelɪpɔːˈteɪʃən/ **N** télékinésie f

**teleprint** /ˈtelɪˌprɪnt/ **VT** (Brit) transmettre par téléscripteur

**teleprinter** /ˈtelɪˌprɪntər/ **N** (Brit) téléscripteur m, Téléprinter ® m

**teleprocessing** /ˌtelɪˈprəʊsesɪŋ/ **N** (Comput) télétraitement m, télégestion f

**Teleprompter** ® /ˈtelɪˌprɒmptər/ **N** (US, Can) prompteur m, téléprompteur m

**telesales** /ˈtelɪseɪlz/
- **NPL** vente f par téléphone, télévente f
- **COMP telesales department N** service m des ventes par téléphone
- **telesales staff N** vendeurs mpl, -euses fpl par téléphone, télévendeurs mpl, -euses fpl

**telescope** /ˈtelɪskəʊp/ **SYN**
- **N** (reflecting) télescope m ; (refracting) lunette f d'approche, longue-vue f ; (*Astron*) lunette f astronomique, télescope m
- **VI** [railway carriages etc] se télescoper ; [umbrella] se plier ◆ **parts made to telescope** pièces fpl qui s'emboîtent
- **VT** ① [+ cane] replier
  ② [+ report, ideas] condenser

**telescopic** /ˌtelɪˈskɒpɪk/
- **ADJ** télescopique
- **COMP telescopic damper N** (in car) amortisseur m télescopique
- **telescopic lens N** téléobjectif m
- **telescopic sight N** lunette f, collimateur m
- **telescopic umbrella N** parapluie m pliant or télescopique

**teleshopping** /ˈtelɪˌʃɒpɪŋ/ **N** (NonC) téléachat m

**telesthesia** /ˌtelɪsˈθiːzɪə/ **N** (US) ⇒ **telaesthesia**

**teletex** /ˈteləteks/ **N** Télétex ® m

**Teletext** ® /ˈtelɪtekst/ **N** télétexte ® m, vidéotex m diffusé

**telethon** /ˈteləθɒn/ **N** (TV) téléthon m

**Teletype** ® /ˈtelɪtaɪp/
- **VI** transmettre par Téletype ®
- **N** Téletype ® m

**teletypewriter** /ˌtelɪˈtaɪpraɪtər/ **N** (US) téléscripteur m, Téletype ® m

**televangelism** /ˌtelɪˈvændʒəlɪzəm/ **N** (NonC: esp US) prédication f à la télévision

**televangelist** /ˌtelɪˈvændʒəlɪst/ **N** (esp US) télévangéliste mf

**teleview** /ˈtelɪvjuː/ **VI** (US) regarder la télévision

**televiewer** /ˈtelɪˌvjuːər/ **N** téléspectateur m, -trice f

**televiewing** /ˈtelɪˌvjuːɪŋ/ **N** (NonC: watching TV) la télévision ◆ **this evening's televiewing contains...** le programme de (la) télévision pour ce soir comprend...

**televise** /ˈtelɪvaɪz/ **VT** téléviser

**television** /ˈtelɪ,vɪʒən/ SYN

N télévision *f* ; (also **television set**) (poste *m* de) télévision *f*, téléviseur *m* • **on television** à la télévision • **black-and-white television** télévision *f* noir et blanc • **colour television** télévision *f* (en) couleur

COMP *[actor, camera, studio]* de télévision ; *[report, news, serial]* télévisé ; *[film, script]* pour la télévision
**television broadcast** N émission *f* de télévision
**television cabinet** N meuble-télévision *m*
**television company** N société *f or* chaîne *f* de télévision
**television film** N téléfilm *m*
**television licence** N *(Brit)* certificat *m* de redevance télévision • **to pay one's television licence** payer sa redevance télévision
**television lounge** N *(in hotel etc)* salle *f* de télévision
**television programme** N émission *f* de télévision
**television rights** NPL droits *mpl* d'antenne
**television room** N ⇒ **television lounge**
**television screen** N écran *m* de télévision *or* de téléviseur • **on the television screen** sur le petit écran
**television set** N télévision *f*, téléviseur *m*, poste *m* (de télévision)
**television tube** N tube *m* cathodique

**televisual** /,telɪˈvɪʒjʊəl/ ADJ *(Brit)* télévisuel

**telework** /ˈtelɪwɜːk/ VI télétravailler

**teleworker** /ˈtelɪwɜːkəʳ/ N télétravailleur *m*, -euse *f*

**teleworking** /ˈtelɪwɜːkɪŋ/ N télétravail *m*

**telex** /ˈteleks/

N télex *m*

VT télexer, envoyer par télex

COMP **telex operator** N télexiste *mf*

**tell** /tel/ SYN (pret, ptp **told**)

VT 1 *(gen)* dire *(that* que) • **tell me your name** dites-moi votre nom • **I told him how pleased I was** je lui ai dit combien *or* à quel point j'étais content • **I told him what/where/how/why** je lui ai dit ce que/où/comment/pourquoi • **I told him the way to London, I told him how to get to London** je lui ai expliqué comment aller à Londres • **he told himself it was only a game** il s'est dit que ce n'était qu'un jeu • **I am glad to tell you that...** je suis heureux de pouvoir vous dire que... • **to tell sb sth again** répéter *or* redire qch à qn • **something tells me he won't be pleased** quelque chose me dit qu'il ne sera pas content • **how many times do I have to tell you?** combien de fois faudra-t-il que je te le répète ? • **let me tell you that you are quite mistaken** permettez-moi de vous dire que vous vous trompez lourdement • **I won't go, I tell you!** puisque je te dis que je n'irai pas ! • **I can't tell you how grateful I am** je ne saurais vous dire à quel point je suis reconnaissant • **I can't tell you how glad I was to leave that place** vous ne pouvez pas savoir à quel point j'étais content de quitter cet endroit • **don't tell me you've lost it!** tu ne vas pas me dire que *or* ne me dis pas que tu l'as perdu ! • **I told you so!** je te l'avais bien dit ! • **... or so I've been told** ... ou du moins c'est ce qu'on m'a dit • **I could tell you a thing or two about him** je pourrais vous en dire long sur lui • **I('ll) tell you what***, **let's go for a swim!** tiens, si on allait se baigner ! • **you're telling me!*** à qui le dis-tu ! • **you tell me!** je n'en sais rien !, qu'est-ce que j'en sais !*

2 *(= relate)* dire, raconter ; *[+ story, adventure]* raconter *(to* à) ; *[+ a lie, the truth]* dire ; *(= divulge) [+ secret]* dire, révéler ; *[+ sb's age]* révéler ; *[+ the future]* prédire • **to tell it like it is*** ne pas mâcher ses mots • **can you tell the time?, can you tell time?** *(US)* sais-tu lire l'heure ? • **can you tell me the time?** peux-tu me dire l'heure (qu'il est) ? • **clocks tell the time** les horloges indiquent l'heure • **that tells me all I need to know** maintenant je sais tout ce qu'il me faut savoir • **it tells its own tale** *or* **story** ça dit bien ce que ça veut dire • **the lack of evidence tells a tale** *or* **story** le manque de preuve est très révélateur • **tell me another!*** à d'autres !* • **his actions tell us a lot about his motives** ses actes nous en disent long sur ses motifs • **she was telling him about it** elle lui en parlait, elle était en train de le lui raconter • **tell me about it** *(lit)* raconte-moi ça ; *(* iro)* ne m'en parle pas • **I told him about what had happened** je lui ai dit *or* raconté ce qui était arrivé • **"by J. Smith, as told to W. Jones"** ≈ « par J. Smith, propos recueillis par W. Jones » ; → **fortune, picture, tale, truth**

3 *(= know)* • **how can I tell what he will do?** comment puis-je savoir ce qu'il va faire ? • **there's no telling what he might do/how long the talks could last** impossible de dire *or* savoir ce qu'il pourrait faire/combien de temps les pourparlers vont durer • **it was impossible to tell where the bullet had entered** il était impossible de dire *or* savoir par où la balle était entrée • **I couldn't tell if he had been in a fight or had just fallen** il (m')était impossible de dire *or* de savoir s'il s'était battu ou s'il était simplement tombé, je n'aurais pas pu dire s'il s'était battu ou s'il était simplement tombé • **I couldn't tell how it was done** je ne pourrais pas dire comment ça a été fait • **no one can tell what he'll say** personne ne peut savoir ce qu'il dira • **you can tell he's clever by the way he talks** on voit bien qu'il est intelligent à la façon dont il parle • **you can tell he's joking** on voit bien qu'il plaisante • **you can't tell much from his letter** sa lettre n'en dit pas très long

4 *(= distinguish)* distinguer, voir ; *(= know)* savoir • **to tell right from wrong** distinguer le bien du mal • **I can't tell them apart** je ne peux pas les distinguer (l'un de l'autre) • **I can't tell the difference** je ne vois pas la différence *(between* entre)

5 *(= command)* dire, ordonner *(sb to do sth* à qn de faire qch) • **do as you are told** fais ce qu'on te dit • **I told him not to do it** je lui ai dit de ne pas le faire, je lui ai défendu de le faire

6 *(†† = count)* compter, dénombrer • **to tell one's beads** dire *or* réciter son chapelet ; → **all**

VI 1 parler *(of, about* de) *(fig)* • **the ruins told of a long-lost civilization** les ruines témoignaient d'une civilisation depuis longtemps disparue • **his face told of his sorrow** sa douleur se lisait sur son visage • **(only) time can tell** qui vivra verra

2 *(= know)* savoir • **how can I tell?** comment le saurais-je ? • **I can't tell** je n'en sais rien • **who can tell?** qui sait ? • **you never can tell** on ne sait jamais • **you can't tell from his letter** on ne peut pas savoir d'après sa lettre • **as** *or* **so far as one can tell** pour autant que l'on sache

3 *(= be talebearer)* • **I won't tell!** je ne le répéterai à personne ! • **to tell on sb*** rapporter *or* cafarder* contre qn • **don't tell on us!*** ne nous dénonce pas !

4 *(= have an effect)* se faire sentir *(on sb/sth* sur qn/qch) • **his influence must tell** son influence ne peut que se faire sentir • **his age is beginning to tell** il commence à accuser son âge • **the pressures of her job are beginning to tell on her** elle commence à accuser le stress de son travail • **their age and inexperience told against them** leur âge et leur manque d'expérience militaient contre eux

▸ **tell off**

VT SEP 1 *(* = reprimand)* gronder, attraper* *(sb for sth* qn pour qch ; *for doing sth* pour avoir fait qch) • **to be told off** se faire attraper*

2 *† (= select etc) [+ person]* affecter *(for sth* à qch), désigner *(to do sth* pour faire qch) ; *(= check off)* dénombrer

N • **telling-off*** → **telling**

**teller** /ˈteləʳ/ N *(US, Scot Banking)* caissier *m*, -ière *f* ; *[of votes]* scrutateur *m*, -trice *f* • **teller vote** *(US Pol)* vote *m* à bulletin secret *(dans une assemblée)* ; → **storyteller**

**telling** /ˈtelɪŋ/ SYN

ADJ 1 *(= revealing) [comment, detail, figures, evidence]* révélateur (-trice *f*), éloquent

2 *(= effective) [speech, argument, blow]* efficace • **with telling effect** avec efficacité

N *(NonC) [of story etc]* récit *m* • **it lost nothing in the telling** c'était tout aussi bien quand on l'entendait raconter • **this story grows in the telling** cette histoire s'enjolive chaque fois qu'on la raconte

COMP **telling-off*** N engueulade* *f* • **to get/give a good telling-off** recevoir/passer un bon savon* *(from* de ; *to* à)

**telltale** /ˈtelteɪl/

N rapporteur *m*, -euse *f*, mouchard(e) *m(f)*

ADJ *[mark, sign etc]* révélateur (-trice *f*), éloquent

**telluric acid** /teˈlʊərɪk/ N acide *m* tellurique

**telluride** /ˈteljʊ,raɪd/ N tellurure *m*

**tellurium** /teˈlʊərɪəm/ N tellure *m*

**tellurometer** /,teljʊˈrɒmɪtəʳ/ N telluromètre *m*

**tellurous** /ˈteljʊrəs/ ADJ tellureux

**telly*** /ˈtelɪ/ N *(Brit)* (abbrev of **television**) télé* *f* • **on the telly** à la télé*

**telophase** /ˈtelə,feɪz/ N télophase *f*

**telson** /ˈtelsən/ N telson *m*

**Temazepam** ® /tɪˈmæzɪpæm/ N (pl **Temazepam** or **Temazepams**) *tranquillisant délivré sur ordonnance*

**temerity** /tɪˈmerɪtɪ/ N *(NonC)* audace *f*, témérité *f* • **to have the temerity to do sth** avoir l'audace de faire qch

**temp*** /temp/ abbrev of **temporary**

N intérimaire *mf*, secrétaire *mf etc* qui fait de l'intérim

VI faire de l'intérim, travailler comme intérimaire

**temper** /ˈtempəʳ/ SYN

N 1 *(NonC = nature, disposition)* tempérament *m*, caractère *m* ; *(NonC = mood)* humeur *f* ; *(= fit of bad temper)* (accès *m or* crise *f* de) colère *f* • **he has a very even temper** il est d'humeur très égale • **he has a good temper** il a bon caractère • **tempers became frayed** tout le monde commençait à perdre patience • **tempers are running high** les esprits sont échauffés • **to have a hot** *or* **quick temper** être soupe au lait • **to have a nasty** *or* **foul** *or* **vile temper** avoir un sale caractère, avoir un caractère de cochon* • **to have a short temper** être coléreux *or* soupe au lait *inv* • **his short temper had become notorious** son caractère *or* tempérament coléreux était devenu célèbre • **he had a temper and could be nasty** il était soupe au lait et pouvait être méchant • **I hope he can control his temper** j'espère qu'il sait se contrôler *or* se maîtriser • **to be in a temper** être en colère *(with sb* contre qn ; *over or about sth* à propos de qch) • **to be in a good/bad temper** être de bonne/mauvaise humeur • **he was in a foul temper** il était d'une humeur massacrante • **he was not in the best of tempers** il n'était pas vraiment de très bonne humeur • **to keep one's temper** garder son calme, se maîtriser • **to lose one's temper** se mettre en colère • **to put sb into a temper** mettre qn en colère • **temper, temper!** du calme !, on se calme ! • **in a fit of temper** dans un accès de colère • **he flew into a temper** il a explosé *or* éclaté ; → **tantrum**

2 *[of metal]* trempe *f*

VT *[+ metal]* tremper ; *(fig) [+ effects, rigours, passions]* tempérer *(with* par)

**tempera** /ˈtempərə/ N *(NonC: Art)* détrempe *f*

**temperament** /ˈtempərəmənt/ SYN N *(NonC)*

1 *(= nature)* tempérament *m*, nature *f* • **the artistic temperament** le tempérament artiste • **his impulsive temperament got him into trouble** son tempérament impulsif *or* sa nature impulsive lui a posé des problèmes

2 *(= moodiness, difficult temperament)* humeur *f* (changeante) • **an outburst of temperament** une saute d'humeur • **she was given to fits of temperament** elle avait tendance à avoir des sautes d'humeur

**temperamental** /,tempərəˈmentl/ SYN ADJ

1 *(= unpredictable) [person]* d'humeur imprévisible, lunatique ; *[behaviour]* imprévisible • **a man given to temperamental outbursts** un homme sujet à des accès de mauvaise humeur ; *[horse, machine]* capricieux • **a temperamental outburst** une saute d'humeur • **he can be very temperamental** il est parfois très lunatique

2 *(= innate) [differences]* de tempérament ; *[inclinations, qualities, aversion]* naturel

**temperamentally** /,tempərəˈmentəlɪ/ ADV

1 *(= unpredictably) [behave]* capricieusement

2 *(= by nature)* • **temperamentally suited to a job** fait pour un travail du point de vue du caractère • **temperamentally, we were not at all compatible** du point de vue du tempérament *or* pour ce qui est du tempérament, nous n'étions pas du tout compatibles

**temperance** /ˈtempərəns/ SYN

N *(NonC)* modération *f* ; *(in drinking)* tempérance *f*

COMP *[movement, league]* antialcoolique ; *[hotel]* où l'on ne sert pas de boissons alcoolisées

**temperate** /ˈtempərɪt/ SYN

ADJ 1 *[region, climate]* tempéré ; *[forest, plant, animal]* de zone tempérée

2 *(= restrained) [person] (gen)* modéré ; *(with alcohol)* qui fait preuve de tempérance ; *[lifestyle, reaction, discussion]* modéré ; *[attitude]* modéré, mesuré ; *[character, nature]* mesuré

COMP **the Temperate Zone** N la zone tempérée

**temperature** /ˈtemprɪtʃəʳ/

**N** température f ◆ **a rise/fall in temperature** une hausse/baisse de la température ◆ **at a temperature of...** à une température de... ◆ **to have a** or **be running a temperature** avoir de la température or de la fièvre ◆ **her temperature is a little up/down** sa température a un peu augmenté/baissé ◆ **he was running a high temperature** il avait une forte fièvre ◆ **to take sb's temperature** prendre la température de qn ◆ **the bombing has raised the political temperature** cet attentat à la bombe a fait monter la tension politique ; → **high**

**COMP** [change etc] de température
**temperature chart** N (Med) feuille f de température
**temperature gauge** N indicateur m de température

**-tempered** /ˈtempəd/ ADJ (in compounds) ◆ **even-tempered** d'humeur égale ; → **bad, good**

**tempest** /ˈtempɪst/ SYN N (liter) tempête f, orage m ; (fig) tempête f ◆ **it was a tempest in a teapot** (US) c'était une tempête dans un verre d'eau ◆ **"The Tempest"** (Literat) « La Tempête »

**tempestuous** /temˈpestjʊəs/ SYN ADJ
1 (= turbulent) [relationship, meeting] orageux ; [period, time] orageux, agité ; [marriage, career] tumultueux ; [person] impétueux, fougueux
2 [liter] [weather, wind, night] de tempête ; [sea] houleux ; [waves] violent

**tempestuously** /temˈpestjʊəslɪ/ ADV (fig) avec violence ◆ **the sea crashed tempestuously against the cliffs** les vagues se fracassaient contre les falaises

**tempestuousness** /temˈpestjʊəsnɪs/ N [of person] fougue f ; [of relationship] côté m orageux

**tempi** /ˈtempiː/ (Mus) NPL of **tempo**

**temping** /ˈtempɪŋ/ N intérim m

**Templar** /ˈtempləʳ/ N ⇒ **Knight Templar** ; → **knight**

**template** /ˈtemplɪt/ N
1 (= pattern: woodwork, patchwork etc) gabarit m ; (fig = model) modèle m (for sth à la base de qch)
2 (Constr = beam) traverse f
3 (Comput) patron m

**temple¹** /ˈtempl/ SYN N (Rel) temple m ◆ **the Temple** (Brit Jur) ≈ le Palais (de Justice)

**temple²** /ˈtempl/ N (Anat) tempe f

**templet** /ˈtemplɪt/ N ⇒ **template**

**tempo** /ˈtempəʊ/ N (pl **tempos** or (Mus) **tempi**) (Mus, fig) tempo m

**temporal** /ˈtempərəl/
ADJ 1 (= relating to time : also Gram, Rel) temporel
2 (Anat) temporal
**COMP temporal bone** N (os m) temporal m

**temporarily** /ˈtempərərɪlɪ/ SYN ADV (gen) temporairement, provisoirement ; (shorter time) pendant un moment

**temporary** /ˈtempərərɪ/ SYN ADJ [job, resident, residence, staff] temporaire ; [accommodation, building, solution, injunction] provisoire ; [relief, improvement, problem] passager ; [licence, powers] à titre temporaire ◆ **temporary road surface** revêtement m provisoire

**temporization** /ˌtempəraɪˈzeɪʃən/ N temporisation f

**temporize** /ˈtempəraɪz/
VI 1 temporiser, chercher à gagner du temps ◆ **to temporize between two people** faire accepter un compromis à deux personnes
2 (pej = bend with circumstances) faire de l'opportunisme
VT ◆ **"not exactly, sir", temporized Sloan** « pas exactement monsieur » dit Sloan pour gagner du temps

**temporizer** /ˈtempəraɪzəʳ/ N temporisateur m, -trice f

**tempt** /tempt/ SYN VT 1 tenter, séduire ◆ **to tempt sb to do sth** donner à qn l'envie de faire qch ◆ **try and tempt her to eat a little** tâchez de la persuader de manger un peu ◆ **may I tempt you to a little more wine?** puis-je vous offrir un petit peu plus de vin ? ◆ **I'm very tempted** c'est très tentant ◆ **I am very tempted to accept** je suis très tenté d'accepter ◆ **he was tempted into doing it** il n'a pas pu résister à la tentation de le faire ◆ **don't tempt me!** (hum) n'essaie pas de me tenter ! ; → **sorely**

2 († : Bible = test) tenter, induire en tentation ◆ **to tempt Providence** or **fate** (common usage) tenter le sort

**temptation** /tempˈteɪʃən/ SYN N tentation f ◆ **to put temptation in sb's way** exposer qn à la tentation ◆ **lead us not into temptation** ne nous laissez pas succomber à la tentation ◆ **there is a great temptation to assume...** il est très tentant de supposer... ◆ **there is no temptation to do so** on n'est nullement tenté de le faire ◆ **she resisted the temptation to buy it** elle a résisté à la tentation de l'acheter ◆ **the many temptations to which you will be exposed** les nombreuses tentations auxquelles vous serez exposé

**tempter** /ˈtemptəʳ/ N tentateur m

**tempting** /ˈtemptɪŋ/ SYN ADJ [offer, proposition target] tentant ; [food, smell] appétissant ◆ **it is tempting to say that...** on est tenté de dire que...

**temptingly** /ˈtemptɪŋlɪ/ ADV (with vb) d'une manière tentante ◆ **prices are still temptingly low** (with adj) les prix sont toujours bas et cela donne envie d'acheter ◆ **the sea was temptingly near** la mer était tout près et c'était bien tentant

**temptress** /ˈtemptrɪs/ N tentatrice f

**tempura** /temˈpʊərə/ N (NonC) tempura f

**ten** /ten/
ADJ dix inv ◆ **about ten books** une dizaine de livres ◆ **the Ten Commandments** les dix commandements mpl
N dix m inv ◆ **tens of thousands of...** des milliers (et des milliers) de... ◆ **hundreds, tens and units** les centaines, les dizaines et les unités ◆ **to count in tens** compter par dizaines ◆ **ten to one he won't come** je parie qu'il ne viendra pas ◆ **they're ten a penny*** il y en a tant qu'on en veut, il y en a à la pelle * ◆ **to drive with one's hands at ten to two** conduire avec les mains à dix heures dix ; see also **number** ; pour autres loc voir **six**
PRON dix ◆ **there were ten** il y en avait dix ◆ **there were about ten** il y en avait une dizaine
COMP **ten-cent store** N (US) bazar m
**ten-gallon hat** N (US) ≈ grand chapeau m de cow-boy
**ten-metre line** N (Rugby) ligne f de dix mètres

**tenability** /ˌtenəˈbɪlɪtɪ/ N caractère m défendable

**tenable** /ˈtenəbl/ SYN ADJ 1 (= defensible) [argument, view, position] défendable ◆ **it's just not tenable** ça ne peut vraiment pas se défendre
2 ◆ **the position of chairman is tenable for a maximum of three years** la présidence ne peut être occupée que pendant trois ans au maximum

**tenacious** /tɪˈneɪʃəs/ SYN ADJ 1 (= determined) [person] tenace ; [defence, resistance] opiniâtre
2 (= persistent) [belief, illness, condition] tenace, obstiné
3 (= firm) [grip, hold] solide, ferme
4 (= retentive) [memory] indéfectible

**tenaciously** /tɪˈneɪʃəslɪ/ ADV [cling to, hang on, fight] avec ténacité ; [survive] obstinément

**tenacity** /tɪˈnæsɪtɪ/ SYN N (NonC) ténacité f

**tenaculum** /tɪˈnækjʊləm/ N (pl **tenacula** /tɪˈnækjʊlə/) érigne f

**tenancy** /ˈtenənsɪ/ SYN
N location f ◆ **during my tenancy of the house** pendant que j'étais locataire de la maison ◆ **to take on the tenancy of a house** prendre une maison en location ◆ **to give up the tenancy of a house** résilier un contrat de location ◆ **the new law relating to tenancies** la nouvelle loi relative aux locations
COMP **tenancy agreement** N contrat m de location

**tenant** /ˈtenənt/ SYN
N locataire mf
VT [+ property] habiter comme locataire
COMP **tenant farmer** N métayer m
**tenant in common** (Jur) indivisaire mf

**tenantry** /ˈtenəntrɪ/ N (NonC: collective) (ensemble m des) tenanciers mpl (d'un domaine)

**tench** /tentʃ/ N (pl inv) tanche f

**tend¹** /tend/ SYN VT [+ sheep, shop] garder ; [+ invalid] soigner ; [+ machine] surveiller ; [+ garden] entretenir ; [+ piece of land to grow food] travailler, cultiver

▸ **tend to** VT FUS (= take care of) s'occuper de ; see also **tend²**

**tend²** /tend/ SYN VI [person, thing] avoir tendance (to do sth à faire qch) ◆ **to tend towards** avoir des tendances à, incliner à or vers ◆ **he tends to be lazy** il a tendance à être paresseux, il est enclin à la paresse ◆ **he tends to(wards) fascism** il a des tendances fascistes, il incline or vers le fascisme ◆ **that tends to be the case with such people** c'est en général le cas avec des gens de cette sorte ◆ **I tend to think that...** j'incline or j'ai tendance à penser que... ◆ **it is a grey tending to blue** c'est un gris tirant sur le bleu

**tendency** /ˈtendənsɪ/ SYN N tendance f ◆ **to have a tendency to do sth** avoir tendance à faire qch ◆ **there is a tendency for prices to rise** les prix ont tendance à or tendent à augmenter ◆ **a strong upward tendency** (on Stock Exchange) une forte tendance à la hausse ◆ **the present tendency to(wards) socialism** les tendances socialistes actuelles

**tendentious** /tenˈdenʃəs/ ADJ tendancieux

**tendentiously** /tenˈdenʃəslɪ/ ADV tendancieusement

**tendentiousness** /tenˈdenʃəsnɪs/ N caractère m tendancieux

**tender¹** /ˈtendəʳ/ SYN N [of train] tender m ; (= boat) (for passengers) embarcation f ; (for supplies) ravitailleur m

**tender²** /ˈtendəʳ/
VT (= proffer) [+ object] tendre, offrir ; [+ money, thanks, apologies] offrir ◆ **to tender one's resignation** donner sa démission (to sb à qn) ◆ **"please tender exact change"** « prière de faire l'appoint »
VI (Comm) faire une soumission (for sth pour qch)
N 1 (Comm) soumission f (à un appel d'offres) ◆ **to make** or **put in a tender for sth** répondre or soumissionner à un appel d'offres pour qch ◆ **to invite tenders for sth, to put sth out to tender** lancer un appel d'offres pour qch, mettre qch en adjudication ◆ **they won the tender to build the bridge** ils ont obtenu le marché pour construire le pont
2 (Fin) ◆ **legal tender** cours m légal ◆ **to be legal tender** avoir cours ◆ **East German currency is no longer legal tender** les devises est-allemandes n'ont plus cours
COMP **tender offer** N (US Stock Exchange) offre f publique d'achat, OPA f

**tender³** /ˈtendəʳ/
ADJ 1 (gen) [person, expression, kiss, voice, word, thoughts, plant, food] tendre ; [body, skin] délicat ; [gesture] tendre, plein de tendresse ; [moment] de tendresse ◆ **he gave her a tender smile** il lui a souri tendrement ◆ **they were locked in a tender embrace** ils étaient tendrement enlacés ◆ **to bid sb a tender farewell** dire tendrement adieu à qn ◆ **cook the meat until tender** faites cuire la viande jusqu'à ce qu'elle soit tendre ◆ **to leave sb/sth to the tender mercies of sb** (iro) abandonner qn/qch aux bons soins de qn
2 (= young) ◆ **at the tender age of seven** à l'âge tendre de sept ans ◆ **she left home at a very tender age** elle a quitté la maison très jeune ◆ **he was a hardened criminal by the tender age of 16** c'était un criminel endurci dès l'âge de 16 ans ◆ **a child of tender age** or **years** un enfant dans l'âge tendre ◆ **in spite of his tender years** malgré son jeune âge
3 (= sore) [skin, bruise] sensible ◆ **tender to the touch** sensible au toucher
4 (= difficult) [subject] délicat
COMP **tender-hearted** ADJ sensible, compatissant ◆ **to be tender-hearted** être un cœur tendre
**tender-heartedness** N (NonC) compassion f, sensibilité f
**tender loving care** N ◆ **what he needs is some tender loving care** ce dont il a besoin, c'est d'être dorloté

**tenderer** /ˈtendərəʳ/ N soumissionnaire mf

**tenderfoot** /ˈtendəfʊt/ N (pl **tenderfoots**) novice mf, nouveau m, nouvelle f

**tendering** /ˈtendərɪŋ/ N (NonC: Comm) soumissions fpl

**tenderization** /ˌtendəraɪˈzeɪʃən/ N (Culin) attendrissement m

**tenderize** /ˈtendəraɪz/ VT (Culin) attendrir

**tenderizer** /ˈtendəraɪzəʳ/ N (Culin) (= mallet) attendrisseur m ; (= spices) épices pour attendrir la viande

**tenderloin** /ˈtendəlɔɪn/ N (= meat) filet m ; (US = seedy area) quartier m louche (où la police est corrompue)

**tenderly** /ˈtendəlɪ/ ADV [kiss] tendrement ; [touch, say] avec tendresse

**tenderness** /ˈtendənɪs/ SYN N (NonC) ⓵ (gen) tendresse f ; [of skin] délicatesse f ; [of meat etc] tendreté f
⓶ (= soreness) [of arm, bruise etc] sensibilité f
⓷ (= emotion) tendresse f (towards envers)

**tendon** /ˈtendən/ N tendon m

**tendril** /ˈtendrɪl/ N vrille f

**tenebrous** /ˈtenɪbrəs/ ADJ (liter) ténébreux

**tenement** /ˈtenɪmənt/ N (= apartment) appartement m, logement m ; (also **tenement house** or **building**) immeuble m (d'habitation)

**Tenerife** /ˌtenəˈriːf/ N Tenerife

**tenesmus** /tɪˈnezməs/ N ténesme m, épreintes fpl

**tenet** /ˈtenət/ N principe m, doctrine f

**tenfold** /ˈtenfəʊld/
ADJ décuple
ADV au décuple ◆ **to increase tenfold** décupler

**Tenn.** abbrev of **Tennessee**

**tenner** * /ˈtenəʳ/ N (Brit) (billet m de) dix livres ; (US) (billet m de) dix dollars

**Tennessee** /ˌtenɪˈsiː/ N Tennessee m ◆ **in Tennessee** dans le Tennessee

**tennis** /ˈtenɪs/
N (NonC) tennis m ◆ **a game of tennis** une partie de tennis
COMP [player, racket, club] de tennis
**tennis ball** N balle f de tennis
**tennis camp** N (US) ◆ **to go to tennis camp** faire un stage de tennis
**tennis court** N (court m or terrain m de) tennis inv
**tennis elbow** N (Med) synovite f du coude
**tennis shoe** N (chaussure f de) tennis m

**tenon** /ˈtenən/
N tenon m
COMP **tenon saw** N scie f à tenons

**tenor** /ˈtenəʳ/
N ⓵ (= general sense) [of speech, discussion] teneur f, substance f ; (= course) [of one's life, events, developments] cours m
⓶ (= exact wording) teneur f
⓷ (Mus) ténor m
ADJ (Mus) [voice, part] de ténor ; [aria] pour ténor ; [recorder, saxophone] ténor inv
COMP **the tenor clef** N la clef d'ut quatrième ligne

**tenorite** /ˈtenəˌraɪt/ N ténorite f

**tenosynovitis** /ˌtenəʊˌsaɪnəˈvaɪtɪs/ N ténosynovite f

**tenotomy** /təˈnɒtəmɪ/ N ténotomie f

**tenpin** /ˈtenpɪn/
N quille f ◆ **tenpins** (US) ⇒ **tenpin bowling**
COMP **tenpin bowling** N (Brit) bowling m (à dix quilles)

**tenrec** /ˈtenrek/ N tenrec m

**tense**[1] /tens/ N (Gram) temps m ◆ **in the present tense** au temps présent

**tense**[2] /tens/ SYN
ADJ [person, voice, expression, muscles, rope, situation] tendu ; [time, period] de tension ; (Ling) [vowel] tendu ◆ **to become tense** [person] se crisper ◆ **things were getting rather tense** l'atmosphère devenait plutôt tendue ◆ **to make sb tense** rendre qn nerveux ◆ **in a voice tense with emotion** d'une voix voilée par l'émotion ◆ **they were tense with fear/anticipation** ils étaient crispés de peur/par l'attente
VT [+ muscles] contracter ◆ **to tense o.s.** se contracter
VI [muscles, person, animal] se contracter

▶ **tense up**
VI se crisper
VT ◆ **you're all tensed up** tu es tout tendu

**tensely** /ˈtenslɪ/ ADV [say] d'une voix tendue ◆ **they waited/watched tensely** ils attendaient/observaient, tendus

**tenseness** /ˈtensnɪs/ N (NonC: lit, fig) tension f

**tensile** /ˈtensaɪl/
ADJ [material] extensible, élastique
COMP **tensile load** N force f de traction
**tensile strength** N résistance f à la traction
**tensile stress** N contrainte f de traction ; → **high**

**tensiometer** /ˌtensɪˈɒmɪtəʳ/ N tensiomètre m

**tension** /ˈtenʃən/ SYN
N (NonC) tension f
COMP **tension headache** N (Med) mal m de tête (dû à la tension nerveuse)

**tensor** /ˈtensəʳ/ N (Anat, Math) tenseur m

**tent** /tent/
N tente f
VI camper
COMP **tent peg** N (Brit) piquet m de tente
**tent pole**, **tent stake** N montant m de tente
**tent trailer** N caravane f pliante

**tentacle** /ˈtentəkl/ N (also fig) tentacule m

**tentative** /ˈtentətɪv/ SYN ADJ ⓵ (= provisional, preliminary) [agreement, measure, date, conclusion, offer] provisoire ; [enquiry] préliminaire ◆ **a tentative plan** une ébauche de projet ◆ **these theories are still very tentative** ce ne sont encore que des hypothèses
⓶ (= hesitant) [gesture, step, knock] hésitant ; [smile, attempt, suggestion] timide ◆ **the housing market is beginning to show tentative signs of recovery** le marché de l'immobilier commence à donner des signes de reprise ◆ **they have made tentative steps towards establishing a market economy** ils ont pris des mesures timides afin d'établir une économie de marché

**tentatively** /ˈtentətɪvlɪ/ ADV (= provisionally) [agreed, scheduled, planned, titled] provisoirement ; (= hesitantly) [smile, say, knock, wave] timidement ; [touch] avec hésitation

**tented** /ˈtentɪd/
ADJ ⓵ (= containing tents) [field] couvert de tentes ; [camp] de tentes
⓶ (= draped) [room, ceiling] à tentures (partant du centre du plafond)
COMP **tented arch** N (Archit) ogive f

**tenterhooks** /ˈtentəhʊks/ NPL ◆ **to be/keep sb on tenterhooks** être/tenir qn sur des charbons ardents or au supplice

**tenth** /tenθ/
ADJ dixième
N dixième mf ; (= fraction) dixième m ◆ **nine-tenths of the book** les neuf dixièmes du livre ◆ **nine-tenths of the time** la majeure partie du temps ; pour autres loc voir **sixth**

**tenuity** /teˈnjuːɪtɪ/ N (NonC) ténuité f

**tenuous** /ˈtenjʊəs/ ADJ [link, connection, distinction] ténu ; [relationship] subtil ; [evidence] mince ; [existence] précaire ; [position, alliance] fragile ; [lead] faible ◆ **to have a tenuous grasp of sth** avoir une vague idée or de vagues notions de qch ◆ **to have a tenuous hold on sb/sth** n'avoir que peu d'emprise sur qn/qch

**tenuously** /ˈtenjʊəslɪ/ ADV de manière ténue

**tenure** /ˈtenjʊəʳ/
N ⓵ (Univ) fait m d'être titulaire ◆ **to have tenure** [teacher, civil servant] être titulaire ; [employee] avoir la sécurité totale de l'emploi ◆ **to get tenure** être titularisé ◆ **the system of tenure** la sécurité totale de l'emploi ; → **security**
⓶ [of land, property] bail m ; [feudal] tenure f
⓷ (= period in power) (Govt) mandat m ◆ **the tenure is for two years** la personne est nommée pour deux ans ; (Govt) le mandat or la durée du mandat est de deux ans ◆ **during his tenure (of office)** pendant qu'il était en fonction ◆ **during her tenure as owner** pendant qu'elle occupait la fonction de propriétaire
COMP **tenure track position** N (US Univ) poste m avec possibilité de titularisation

**tenured** /ˈtenjʊəd/ ADJ [professor etc] titulaire ◆ **he has a tenured position** il est titulaire de son poste

**tenuto** /tɪˈnjuːtəʊ/ ADV tenuto

**teocalli** /ˌtiːəʊˈkælɪ/ N (pl **teocallis**) téocalli m

**tepal** /ˈtiːpl/ N tépale m

**tepee** /ˈtiːpiː/ N tipi m

**tepid** /ˈtepɪd/ SYN ADJ ⓵ [water, coffee] tiède
⓶ [response] réservé, sans enthousiasme ; [support] réservé, mitigé ; [applause] sans conviction

**tepidity** /teˈpɪdɪtɪ/ N (NonC) tiédeur f

**tepidly** /ˈtepɪdlɪ/ ADV [agree, respond] sans grand enthousiasme

**tepidness** /ˈtepɪdnɪs/ N (NonC) ⇒ **tepidity**

**tequila** /tɪˈkiːlə/ N tequila f

**Ter** (Brit) ⇒ **Terr**

**teraflop** /ˈterəˌflɒp/ N téraflop m

**teratogen** /ˈterətədʒən/ N tératogène m

**teratogenic** /ˌterətəˈdʒenɪk/ ADJ tératogène

**teratologist** /ˌterəˈtɒlədʒɪst/ N tératologue mf

**teratology** /ˌterəˈtɒlədʒɪ/ N tératologie f

**teratoma** /ˌterəˈtəʊmə/ N (pl **teratomata** /ˌterəˈtəʊmətə/ or **teratomas**) tératome m

**terbium** /ˈtɜːbɪəm/ N terbium m

**tercel** /ˈtɜːsl/ N (Falconry) tiercelet m

**tercentenary** /ˌtɜːsenˈtiːnərɪ/ ADJ, N tricentenaire m

**tercet** /ˈtɜːsɪt/ N (Poetry) tercet m ; (Mus) triolet m

**terebinth** /ˈterɪbɪnθ/ N térébinthe m

**terebrate** /ˈterɪˌbreɪt/ ADJ [animal] térébrant

**terephthalic** /ˌterefˈθælɪk/ ADJ ◆ **terephthalic acid** acide m téréphtalique

**Teresa** /təˈriːzə/ N Thérèse f

**term** /tɜːm/ SYN
N ⓵ (gen, Admin, Fin, Jur, Med) (= limit) terme m ; (= period) période f, terme m (Jur) ◆ **to put** or **set a term to sth** mettre or fixer un terme à qch ◆ **at term** (Fin, Med) à terme ◆ **in the long term** à long terme ; see also **long-term** ◆ **in the medium term** à moyen terme ; see also **medium** ◆ **in the short term** dans l'immédiat ; see also **short** ◆ **during his term of office** pendant la période où il exerçait ses fonctions ◆ **elected for a three-year term** élu pour une durée or période de trois ans ◆ **term of imprisonment** peine f de prison
⓶ (Scol, Univ) trimestre m ; (Jur) session f ◆ **the autumn/spring/summer term** (Scol, Univ) le premier/second or deuxième/troisième trimestre ◆ **in (the) term, during (the) term** pendant les vacances (scolaires or universitaires)
⓷ (Math, Philos) terme m
◆ **in terms of** ◆ **A expressed in terms of B** A exprimé en fonction de B ◆ **in terms of production we are doing well** sur le plan de la production nous avons de quoi être satisfaits ◆ **he sees art in terms of human relationships** pour lui l'art est fonction des relations humaines ◆ **to look at sth in terms of the effect it will have/of how it…** considérer qch sous l'angle de l'effet que cela aura/de la façon dont cela… ◆ **we must think in terms of…** il faut penser à… ; (= consider the possibility of) il faut envisager (la possibilité de)… ◆ **price in terms of dollars** prix m exprimé en dollars
⓸ (= conditions) ◆ **terms** (gen) conditions fpl ; [of contracts etc] termes mpl ; (= price) prix m(pl) , tarif m ◆ **you can name your own terms** vous êtes libre de stipuler vos conditions ◆ **on what terms?** à quelles conditions ? ◆ **not on any terms** à aucun prix, à aucune condition ◆ **they accepted him on his own terms** ils l'ont accepté sans concessions de sa part ◆ **to compete on equal** or **the same terms** rivaliser dans les mêmes conditions or sur un pied d'égalité ◆ **to compete on unequal** or **unfair terms** ne pas rivaliser dans les mêmes conditions, ne pas bénéficier des mêmes avantages ◆ **to lay down** or **dictate terms to sb** imposer des conditions à qn ◆ **under the terms of the contract** d'après les termes du contrat ◆ **terms and conditions** (Jur) modalités fpl ◆ **terms of surrender** conditions fpl or termes mpl de la reddition ◆ **terms of reference** [of committee] mandat m ◆ **it is not within our terms of reference** cela ne relève pas de notre mandat ◆ **terms of sale** conditions fpl de vente ◆ **terms of payment** conditions fpl or modalités fpl de paiement ◆ **credit terms** conditions fpl de crédit ◆ **we offer it on easy terms** nous offrons des facilités de paiement ◆ **our terms for full board** notre tarif pension complète ◆ "**inclusive terms: £20**" « 20 livres tout compris »
⓹ (relationship) ◆ **to be on good/bad terms with sb** être en bons/mauvais termes or rapports avec qn ◆ **they are on the best of terms** ils sont au mieux, ils sont en excellents termes ◆ **they're on fairly friendly terms** ils ont des rapports assez amicaux or des relations assez amicales ; → **equal, nod, speaking**
◆ **to come to terms with** [+ person] arriver à un accord avec ; [+ problem, situation] accepter
⓺ (= word) terme m ; (= expression) expression f ◆ **technical/colloquial term** terme m technique/familier ◆ **in plain** or **simple terms** en termes simples or clairs ◆ **he spoke of her in glowing terms** il a parlé d'elle en termes très chaleureux ; → **uncertain**

**VT** appeler, nommer ◆ **what we term happiness** ce que nous nommons or appelons le bonheur ◆ **it was termed a compromise** ce fut qualifié de compromis

**COMP** [exams etc] trimestriel
**term insurance** N assurance f vie temporaire
**term paper** N (Univ) dissertation f trimestrielle

**termagant** /'tɜːməɡənt/ N harpie f, mégère f

**terminal** /'tɜːmɪnl/ SYN
**ADJ** 1 (Med) (= incurable) [patient, illness, cancer] en phase terminale ; (= final) [stage] terminal ◆ **terminal care** soins mpl aux malades en phase terminale ◆ **terminal ward** salle f des malades en phase terminale
2 (= insoluble) [problem, crisis, situation] sans issue ◆ **to be in terminal decline** or **decay** être à bout de souffle
3 (= last) [stage] final
4 ( * = utter) [boredom] mortel ; [stupidity, workaholic] incurable
5 (Bot, Anat, Ling) terminal
6 (= termly) trimestriel
**N** 1 (also **air terminal**) aérogare f ; (for trains, coaches, buses) (gare f) terminus m inv ; (Underground = terminus) (gare f) terminus m inv ; (Underground: at beginning of line) tête f de ligne ◆ **container terminal** terminal m de containers ◆ **oil terminal** terminal m pétrolier
2 (Elec) borne f
3 (Comput) terminal m ◆ **dumb/intelligent terminal** terminal m passif/intelligent
**COMP** **terminal bonus** N (Fin) bonus payé à échéance d'une police d'assurance
**terminal point, terminal station** N [of railway line] terminus m
**terminal velocity** N vitesse f finale

**terminally** /'tɜːmɪnlɪ/ ADV 1 (= incurably) ◆ **terminally ill** condamné, en phase terminale ◆ **the terminally ill** les malades mpl en phase terminale
2 ( * = utterly) définitivement ◆ **a terminally boring film** un film à mourir d'ennui

**terminate** /'tɜːmɪneɪt/ SYN
**VT** terminer, mettre fin à, mettre un terme à ; [+ contract] résilier, dénoncer ◆ **to terminate a pregnancy** [mother] se faire faire une IVG ; [medical staff] pratiquer une IVG ◆ **to have a pregnancy terminated** se faire faire une IVG
**VI** 1 (= end) se terminer, finir (in en, par)
2 (= reach end of journey) [train] ◆ **we will soon be arriving at Waterloo, where this train will terminate** le prochain arrêt est Waterloo, terminus de ce train ◆ **due to a technical fault, this train will terminate at Sterling** en raison d'un problème technique, ce train n'ira pas plus loin que Sterling

**termination** /ˌtɜːmɪˈneɪʃən/ N fin f, conclusion f ; [of contract] résiliation f, dénonciation f ; (Gram) terminaison f ◆ **termination of employment** licenciement m , résiliation f du contrat de travail ◆ **termination (of pregnancy)** interruption f de grossesse

**termini** /'tɜːmɪniː/ NPL of **terminus**

**terminological** /ˌtɜːmɪnəˈlɒdʒɪkəl/ ADJ terminologique

**terminologist** /ˌtɜːmɪˈnɒlədʒɪst/ N terminologue mf

**terminology** /ˌtɜːmɪˈnɒlədʒɪ/ SYN N terminologie f

**terminus** /'tɜːmɪnəs/ SYN N (pl **terminuses** or **termini**) terminus m inv

**termite** /'tɜːmaɪt/ N termite m

**termly** /'tɜːmlɪ/ ADJ trimestriel

**termtime** /'tɜːmtaɪm/
**N** (durée f du) trimestre m ◆ **in termtime, during termtime** pendant le trimestre ◆ **out of termtime** pendant les vacances (scolaires or universitaires)
**COMP** **termtime employment** N (US Univ) emploi m pour étudiant (rémunéré par l'université)

**tern** /tɜːn/ N hirondelle f de mer, sterne f

**ternary** /'tɜːnərɪ/ ADJ ternaire

**Terpsichore** /tɜːpˈsɪkərɪ/ N Terpsichore f

**Terpsichorean** /ˌtɜːpsɪkəˈriːən/ ADJ [art] de la danse

**Terr** (Brit) abbrev of **Terrace**

**terrace** /'terəs/
**N** (Agr, Geol etc) terrasse f ; (= raised bank) terre-plein m ; (= patio, veranda, balcony, roof) terrasse f ; (Brit = row of houses) rangée f de maisons (attenantes les unes aux autres) ◆ **the terraces** (Brit Sport) les gradins mpl → HOUSE
**VT** [+ hillside] arranger en terrasses
**COMP** **terrace cultivation** N culture f en terrasses
**terrace house** N (Brit) maison f mitoyenne → HOUSE

**terraced** /'terɪst/ ADJ [fields, garden, hillside] en terrasses ◆ **terraced house** (Brit) maison f mitoyenne → HOUSE

**terracing** /'terəsɪŋ/ N 1 (Brit Sport) gradins mpl
2 (Agr) (système m de) terrasses fpl

**terracotta** /ˌterəˈkɒtə/
**N** terre f cuite
**COMP** (= made of terracotta) en terre cuite ; (= colour) ocre brun inv

**terra firma** /ˌterəˈfɜːmə/ N terre f ferme ◆ **on terra firma** sur la terre ferme

**terrain** /təˈreɪn/ N 1 (= nature of ground) terrain m (sol) ◆ **the terrain is rocky/difficult** le terrain est rocheux/difficilement praticable ◆ **the terrain is varied** la nature du terrain est variée
2 (= relief) relief m ◆ **Rwanda's mountainous terrain** le relief montagneux du Rwanda ; → **all**

**terrapin** /'terəpɪn/ N tortue f d'eau douce

**terrarium** /təˈrɛərɪəm/ N (for plants) petite serre f ; (for animals) terrarium m

**terrazzo** /teˈrætsəʊ/ N sol m de mosaïque

**terrestrial** /tɪˈrestrɪəl/ ADJ 1 [life, event, animal, plant] terrestre
2 (esp Brit TV) [television, channel] hertzien

**terrible** /'terəbl/ SYN ADJ [disease, consequences, mistake, time, weather, food] terrible ; [heat] terrible, atroce ; [disappointment, cold] terrible, affreux ; [experience, act, pain, injury] atroce ; [damage, poverty] effroyable ◆ **her French is terrible** son français est atroce ◆ **to feel terrible** (= guilty) s'en vouloir beaucoup ; (= ill) se sentir mal ◆ **to look terrible** (= ill) avoir très mauvaise mine ; (= untidy) ne pas être beau à voir ◆ **he sounded terrible** (= ill etc) (à l'entendre or à sa voix) il avait l'air d'aller très mal ◆ **I've got a terrible memory** j'ai très mauvaise mémoire ◆ **he was having terrible trouble with his homework** il avait un mal fou* à faire ses devoirs ◆ **to be a terrible bore** être terriblement ennuyeux ◆ **I've been a terrible fool** j'ai été le dernier des imbéciles ◆ **you're going to get in the most terrible muddle** tu vas te retrouver dans une mélasse* effroyable ◆ **it would be a terrible pity if...** ce serait extrêmement dommage si... ◆ **it's a terrible shame (that)** c'est vraiment dommage (que + subj)

**terribly** /'terəblɪ/ SYN ADV (= very) [important, upset, hard] extrêmement ; [difficult, disappointed] terriblement ; [sorry] vraiment ; [behave] de manière lamentable ; [play, sing] terriblement mal ◆ **I'm not terribly good with money** je ne suis pas très doué pour les questions d'argent ◆ **it isn't a terribly good film** ce n'est pas un très bon film ◆ **he doesn't always come across terribly well** il ne passe pas toujours très bien à la rampe* ◆ **to suffer terribly** souffrir terriblement ◆ **I missed him terribly** il me manquait terriblement

**terricolous** /teˈrɪkələs/ ADJ terricole

**terrier** /'terɪəʳ/ N 1 terrier m
2 (Brit Mil) ◆ **the terriers*** la territoriale*, les territoriaux mpl

**terrific** /təˈrɪfɪk/ SYN ADJ 1 ( * = excellent) [person, idea, story, news] super* inv ◆ **to do a terrific job** faire un super bon boulot* ◆ **to look terrific** être super* ◆ **to have a terrific time** s'amuser comme un fou or une folle ◆ **terrific!** super !
2 (= very great) [speed] fou (folle f), fantastique ; [amount] énorme ; [explosion] formidable ; [pain] atroce ; [strain, pressure, disappointment] terrible ; [noise, cold] épouvantable ; [heat] épouvantable, effroyable

**terrifically*** /təˈrɪfɪkəlɪ/ ADV 1 (= extremely) terriblement ◆ **to do terrifically well** s'en tirer formidablement bien
2 (= very well) [treat, sing, play] formidablement bien

**terrify** /'terɪfaɪ/ SYN VT terrifier ◆ **to terrify sb out of his wits** rendre qn fou de terreur ◆ **to be terrified of...** avoir une peur folle de...

**terrifying** /'terɪfaɪɪŋ/ ADJ terrifiant

**terrifyingly** /'terɪfaɪɪŋlɪ/ ADV [high, fragile] terriblement ; [shake, wobble] de façon terrifiante

**terrine** /teˈriːn/ N terrine f

**territorial** /ˌterɪˈtɔːrɪəl/
**ADJ** territorial ◆ **a territorial animal** un animal au comportement territorial
**N** (Brit Mil) ◆ **Territorial** territorial m ◆ **the Territorials** l'armée f territoriale, la territoriale*, les territoriaux mpl
**COMP** **the Territorial Army** N (Brit) l'armée f territoriale
**territorial waters** NPL eaux fpl territoriales

- **TERRITORIAL ARMY**
- L'armée territoriale (**Territorial Army** ou **TA**)
- est une organisation britannique de réserv-
- istes volontaires. Elle se compose de civils qui
- reçoivent un entraînement militaire pendant
- leur temps libre et qui forment un corps
- d'armée de renfort en cas de guerre ou de
- crise grave. Ces volontaires sont rémunérés
- pour leurs services.

**territoriality** /ˌterɪtɔːrɪˈælɪtɪ/ N (= state of being a territory, pattern of animal behaviour) territorialité f

**territory** /'terɪtərɪ/ SYN N (lit) (= land) territoire m ; (fig = area of knowledge, competence etc) secteur m, terrain m ◆ **the occupied territories** les territoires mpl occupés ◆ **that's his territory** (fig) c'est un secteur qu'il connaît bien, il est sur son terrain ◆ **such problems have become familiar territory** ce genre de problème fait désormais partie du paysage quotidien ◆ **the familiar territory of sex, power and guilt** le domaine familier du sexe, du pouvoir et du sentiment de culpabilité ◆ **we are definitely in uncharted territory** (lit, fig) nous sommes en terrain or en territoire totalement inconnu ◆ **that comes or goes with the territory** ça fait partie du boulot*, ce sont les risques du métier

**terror** /'terəʳ/ SYN
**N** 1 (NonC) (= fear) terreur f, épouvante f ◆ **they were living in terror** ils vivaient dans la terreur ◆ **they fled in terror** épouvantés, ils se sont enfuis ◆ **he went** or **was in terror of his life** il craignait fort pour sa vie ◆ **to go** or **live in terror of sb/sth** vivre dans la terreur de qn/qch ◆ **I have a terror of flying** monter en avion me terrifie ◆ **to hold no terrors for sb** ne pas faire peur du tout à qn ; → **reign**
2 (Pol) terreur f
3 (= person) terreur f ◆ **he was the terror of the younger boys** il était la terreur des plus petits ◆ **he's a terror on the roads** c'est un danger public sur les routes ◆ **that child is a (real** or **little** or **holy) terror*** cet enfant est une vraie (petite) terreur *
4 (= terrorism) ◆ **the war on terror** la guerre contre le terrorisme ◆ **terror attack** attaque f terroriste ◆ **terror group** groupe m terroriste ◆ **terror camp** camp m terroriste
**COMP** **terror-stricken, terror-struck** ADJ épouvanté

**terrorism** /'terərɪzəm/ N (NonC) terrorisme m ◆ **an act of terrorism** un acte de terrorisme

**terrorist** /'terərɪst/
**N** terroriste mf
**COMP** [attack, group, activities] terroriste ; [act] de terrorisme
**terrorist bombing** N attentat m à la bombe

**terrorize** /'terəraɪz/ SYN VT terroriser

**terry** /'terɪ/ N (also **terry cloth, terry towelling**) tissu m éponge

**terse** /tɜːs/ SYN ADJ laconique, brusque (pej)

**tersely** /'tɜːslɪ/ ADV laconiquement, avec brusquerie (pej)

**terseness** /'tɜːsnɪs/ N laconisme m, brusquerie f (pej)

**tertiary** /'tɜːʃərɪ/
**ADJ** 1 (= third) [effect, source] tertiaire ◆ **tertiary industries** entreprises fpl du tertiaire
2 (Educ) [institution, level] d'enseignement supérieur
3 (Geol) ◆ **Tertiary** tertiaire
**N** (Geol) tertiaire m ; (Rel) tertiaire mf
**COMP** **tertiary college** N (Brit Scol) établissement accueillant des élèves de terminale et dispensant une formation professionnelle
**tertiary education** N enseignement m supérieur
**the Tertiary period** N le tertiaire
**the Tertiary sector** N le (secteur) tertiaire

**Terylene** ® /'terəliːn/ (Brit)
**N** tergal ® m
**COMP** en tergal ®

**terza rima** /ˈtɛətsəˈriːmə/ N (pl **terze rime** /ˈtɛətsəˈriːmeɪ/) (Literat) terza rima f

**TESL** /tesl/ N (abbrev of **Teaching of English as a Second Language**) → **teaching** ; → **TEFL**

**tesla** /ˈteslə/
N tesla m
COMP **tesla coil** N transformateur m de Tesla

**TESOL** /ˈtiːsɒl/ N (abbrev of **Teaching of English as a Second or Other Language**, abbrev of **Teaching English to Speakers of Other Languages**) → **teaching** ; → **TEFL**

**Tessa** /ˈtesə/ N (abbrev of **Tax Exempt Special Savings Account**) compte de dépôt dont les intérêts sont exonérés d'impôts à condition que le capital reste bloqué

**tessellated** /ˈtesɪleɪtɪd/ ADJ en mosaïque

**tessellation** /ˌtesɪˈleɪʃən/ N (NonC) mosaïque f

**tessitura** /ˌtesɪˈtʊərə/ N tessiture f

**test** /test/ SYN
N ⒈ (gen) essai m ◆ **the aircraft has been grounded for tests** l'avion a été retiré de la circulation pour (être soumis à) des essais or des vérifications ◆ **to run a test on a machine** tester or contrôler une machine ◆ **nuclear tests** essais mpl nucléaires
⒉ (Med) (on blood, urine) analyse f ; (on organ) examen m ; (Pharm, Chem) analyse f, test m ◆ **urine test** analyse f d'urine ◆ **to do a test for sugar** faire une analyse pour déterminer la présence ou le taux de glucose ◆ **hearing test** examen m de l'ouïe ◆ **they did a test for diphtheria** ils ont fait une analyse pour voir s'il s'agissait de la diphtérie ◆ **he sent a specimen to the laboratory for tests** il a envoyé un échantillon au laboratoire pour analyses ◆ **they did tests on the water to see whether...** ils ont analysé l'eau pour voir si... ◆ **the Wasserman test** (Med) la réaction Wasserman
⒊ (of physical or mental quality, also Psych) ◆ **they are trying to devise a test to find suitable security staff** ils essaient de concevoir un test permettant de sélectionner le personnel de gardiennage ◆ **it's a test of his strength** cela teste ses forces ◆ **a test of strength** (fig) une épreuve de force ◆ **a test of his powers to survive in...** une épreuve permettant d'établir s'il pourrait survivre dans... ◆ **it wasn't a fair test of her linguistic abilities** cela n'a pas permis d'évaluer correctement ses aptitudes linguistiques ◆ **if we apply the test of visual appeal** si nous utilisons le critère de l'attrait visuel ; → **acid, endurance, intelligence**
⒋ (Scol, Univ) (written) devoir m or exercice m de contrôle, interrogation f écrite ; (oral) interrogation f orale ◆ **practical test** épreuve f pratique ◆ **to pass the test** (fig) bien se tirer de l'épreuve
⒌ (also **driving test**) (examen m du) permis m de conduire ◆ **my test is on Wednesday** je passe mon permis mercredi ◆ **to pass/fail one's test** être reçu/échouer au permis (de conduire)
⒍ (NonC) ◆ **to put to the test** mettre à l'essai or à l'épreuve ◆ **to stand the test** [person] se montrer à la hauteur* ; [machine, vehicle] résister aux épreuves ◆ **it has stood the test of time** cela a (bien) résisté au passage du temps
⒎ (Sport) ⇒ **test match**
VT [+ machine, weapon, tool] essayer ; [+ vehicle] essayer, mettre à l'essai ; [+ aircraft] essayer, faire un vol d'essai à ; (Comm) [+ goods] vérifier ; (Chem) [+ metal, liquid] analyser ; (Med) [+ blood, urine] faire une (or des) analyse(s) de ; [+ new drug etc] expérimenter ; (Psych) [+ person, animal] tester ; (gen) [+ person] mettre à l'épreuve ; [+ sight, hearing] examiner ; [+ intelligence] mettre à l'épreuve, mesurer ; [+ sb's reactions] mesurer ; [+ patience, nerves] éprouver, mettre à l'épreuve ◆ **they tested the material for resistance to heat** ils ont soumis le matériau à des essais destinés à vérifier sa résistance à la chaleur ◆ **these conditions test a car's tyres** ces conditions mettent à l'épreuve les pneus de voiture ◆ **to test metal for impurities** analyser un métal pour déterminer la proportion d'impuretés qu'il contient ◆ **to test the water** [chemist etc] analyser l'eau ; (for swimming, bathing baby) tâter (la température de) l'eau, voir si l'eau est bonne ; (fig : Pol etc) prendre la température d'une assemblée (or d'un groupe etc), se faire une idée de la situation ◆ **they tested the child for hearing difficulties** ils ont fait passer à l'enfant un examen de l'ouïe ◆ **to test a drug on sb** expérimenter un médicament sur qn ◆ **to test sb for drugs/alcohol** faire subir un contrôle de dopage/un alcootest ® à qn ◆ **they tested the children in geography** ils ont fait subir aux enfants une interrogation or un exercice de contrôle en géographie ◆ **they tested him for the job** ils lui ont fait passer des tests d'aptitude pour le poste

VI ◆ **to test for sugar** faire une recherche de sucre ◆ **he tested positive for drugs** son contrôle de dopage était positif ◆ **he tested positive for steroids** les tests or les contrôles ont révélé chez lui la présence de stéroïdes ◆ **they were testing for a gas leak** ils faisaient des essais pour découvrir une fuite de gaz ◆ "**testing, testing**" ≈ « un, deux, trois »

COMP [shot etc] d'essai ; [district, experiment, year] test inv
**test ban treaty** N traité m d'interdiction d'essais nucléaires
**test-bed** N banc m d'essai
**test bore** N [of oil] sondage m de prospection
**test card** N (Brit TV) mire f
**test case** N (Jur) précédent m, affaire f qui fait jurisprudence ◆ **the strike is a test case** c'est une grève-test
**test cricket** N (NonC) internationaux mpl de cricket
**test data** N (Comput) données fpl de test
**test-drill** VI [oil company] se livrer à des forages d'essai
**test drive** N [of car] essai m sur route ◆ **to take a car for a test drive** essayer une voiture
**test-drive** VT (by prospective buyer) essayer ; (by manufacturer) mettre au banc d'essai, faire faire un essai sur route à
**test film** N (Cine) bout m d'essai
**test flight** N vol m d'essai
**test-fly** VT faire faire un vol d'essai à
**test gauge** N bande f étalon
**test-market** VT commercialiser à titre expérimental
**test match** N (Cricket, Rugby) match m international
**test paper** N (Scol) interrogation f écrite ; (Chem) (papier m) réactif m
**test pattern** N (US TV) ⇒ **test card**
**test piece** N (Mus) morceau m imposé
**test pilot** N pilote m d'essai
**test run** N (lit) essai m ; (fig) période f d'essai
**test strip** N bande f d'essai
**test tube** N éprouvette f
**test-tube baby** N bébé-éprouvette m
▸ **test out** VT SEP [+ machine, weapon, tool] essayer ; [+ vehicle] essayer, mettre à l'essai ; [+ aircraft] essayer, faire faire un vol d'essai à

**testable** /ˈtestəbl/ ADJ testable

**testament** /ˈtestəmənt/ SYN N testament m ◆ **the Old/New Testament** l'Ancien/le Nouveau Testament ◆ **to be (a) testament to sth**, **to bear testament to sth** témoigner de qch ◆ **it is a testament to (the quality of) the British legal system** cela témoigne de la qualité du système judiciaire britannique ; → **will**

**testamentary** /ˌtestəˈmentərɪ/ ADJ testamentaire

**testator** /tesˈteɪtər/ N testateur m

**testatrix** /tesˈteɪtrɪks/ N testatrice f

**tester**[1] /ˈtestər/ N (= person) contrôleur m, -euse f ; (= machine) appareil m de contrôle

**tester**[2] /ˈtestər/ N (over bed) baldaquin m, ciel m de lit

**testes** /ˈtestiːz/ NPL of **testis**

**testicle** /ˈtestɪkl/ N testicule m

**testicular** /tesˈtɪkjʊlər/ ADJ testiculaire ◆ **testicular cancer** cancer m du testicule

**testification** /ˌtestɪfɪˈkeɪʃən/ N déclaration f or affirmation f solennelle

**testify** /ˈtestɪfaɪ/ SYN
VT (Jur) témoigner, déclarer or affirmer sous serment (that que) ◆ **as he will testify** (gen) comme il en fera foi
VI (Jur) porter témoignage, faire une déclaration sous serment ◆ **to testify against/in favour of sb** déposer contre/en faveur de qn ◆ **to testify to sth** (Jur) attester qch ; (gen) témoigner de qch

**testily** /ˈtestɪlɪ/ ADV [say] avec irritation, d'un ton irrité

**testimonial** /ˌtestɪˈməʊnɪəl/ SYN N (= character reference) lettre f de recommandation ; (= gift) témoignage m d'estime (offert à qn par ses collègues etc) ; (Sport: also **testimonial match**) match en l'honneur d'un joueur ◆ **as a testimonial to our gratitude** en témoignage de notre reconnaissance

**testimony** /ˈtestɪmənɪ/ SYN N (Jur) témoignage m, déposition f ; (= statement) déclaration f, attestation f ◆ **in testimony whereof** (frm) en foi de quoi

**testiness** /ˈtestɪnɪs/ N irritabilité f

**testing** /ˈtestɪŋ/
N [of vehicle, machine etc] mise f à l'essai ; (Chem, Pharm) analyse f ; [of new drug] expérimentation f ; [of person] (gen) mise f à l'épreuve ; (Psych) test(s) m(pl) ; [of sight, hearing] examen m ; [of intelligence, patience etc] mise f à l'épreuve ; [of sb's reactions] mesure f, évaluation f ◆ **nuclear testing** essais mpl nucléaires
ADJ (= difficult, trying) éprouvant ◆ **it is a testing time for us all** c'est une période éprouvante pour nous tous
COMP **testing bench** N banc m d'essai
**testing ground** N (lit, fig) banc m d'essai

**testis** /ˈtestɪs/ N (pl **testes**) testicule m

**testosterone** /teˈstɒstərəʊn/ N testostérone f

**testy** /ˈtestɪ/ ADJ irritable, grincheux

**tetanus** /ˈtetənəs/
N tétanos m
COMP [symptom] tétanique ; [epidemic] de tétanos ; [vaccine, injection] antitétanique

**tetchily** /ˈtetʃɪlɪ/ ADV [say] avec irritation, d'un ton irrité

**tetchiness** /ˈtetʃɪnɪs/ N (NonC: Brit) irritabilité f

**tetchy** /ˈtetʃɪ/ ADJ (Brit) [person, mood] irritable, grincheux ; [comment] grincheux ; [voice] irrité

**tête-à-tête** /ˈteɪtɑːˈteɪt/
ADV en tête à tête, seul à seul
N (pl **tête-à-tête** or **tête-à-têtes**) tête-à-tête m inv

**tether** /ˈteðər/
N longe f ◆ **to be at the end of** or **to have reached the end of one's tether** (= annoyed, impatient) être à bout ; (= desperate) être au bout du rouleau
VT (also **tether up**) [+ animal] attacher (to à)

**tetherball** /ˈteðəbɔːl/ N (US) jeu consistant à frapper une balle attachée à un poteau par une corde afin de l'enrouler autour de ce poteau

**tetrachloride** /ˌtetrəˈklɔːraɪd/ N tétrachlorure m

**tetrachord** /ˈtetrəkɔːd/ N (Mus) tétracorde m

**tetracycline** /ˌtetrəˈsaɪklɪn/ N tétracycline f

**tetrad** /ˈtetræd/ N tétrade f

**tetradactyl** /ˌtetrəˈdæktɪl/, **tetradactylous** /ˌtetrəˈdæktɪləs/ ADJ tétradactyle

**tetragon** /ˈtetrəgən/ N quadrilatère m

**tetrahedral** /ˌtetrəˈhiːdrəl/ ADJ (Math) tétraédrique

**tetrahedron** /ˌtetrəˈhiːdrən/ N (pl **tetrahedrons** or **tetrahedra** /ˌtetrəˈhiːdrə/) tétraèdre m

**tetralogy** /teˈtrælədʒɪ/ N tétralogie f

**tetrameter** /teˈtræmɪtər/ N tétramètre m

**tetraplegia** /ˌtetrəˈpliːdʒɪə/ N tétraplégie f

**tetraplegic** /ˌtetrəˈpliːdʒɪk/ ADJ, N tétraplégique mf

**tetraploid** /ˈtetrəplɔɪd/ ADJ, N tétraploïde m

**tetrapterous** /teˈtræptərəs/ ADJ tétraptère

**tetrastich** /ˈtetrəstɪk/ N (Literat) quatrain m

**tetravalent** /ˌtetrəˈveɪlənt/ ADJ tétravalent

**tetrode** /ˈtetrəʊd/ N tétrode f

**Teutates** /tjuːˈtɜːtɪz/ N (Antiq) Teutatès m

**Teutonic** /tjuːˈtɒnɪk/ ADJ teutonique ◆ **Teutonic Order**, **Teutonic Knights** (Hist) (ordre m des) chevaliers mpl Teutoniques

**Tex.** abbrev of **Texas**

**Texan** /ˈteksən/
ADJ texan
N Texan(e) m(f)

**Texas** /ˈteksəs/ N Texas m ◆ **in Texas** au Texas

**Tex-Mex** /ˌteksˈmeks/ ADJ tex-mex

**text** /tekst/ SYN
N ⒈ (gen, also Comput) texte m
⒉ (also **text message**) SMS m
VT envoyer un SMS à
COMP **text editor** N (Comput) éditeur m de texte(s)
**text message** N SMS m
**text messaging** N texting m

**textbook** /ˈtekstbʊk/
N manuel m scolaire, livre m scolaire
ADJ (fig) ◆ **a textbook case** or **example of...** un exemple classique or typique de... ◆ **a textbook landing/dive** etc un atterrissage/plongeon etc modèle

**textile** /ˈtekstaɪl/ **ADJ, N** textile *m* ◆ **textiles** *or* **the textile industry** (l'industrie *f*) textile *m*

**texting** /ˈtekstɪŋ/ **N** texting *m*

**textual** /ˈtekstjʊəl/
**ADJ** *(gen)* textuel ; *[error, differences]* dans le texte
**COMP** **textual criticism** **N** critique *f* or analyse *f* de texte

**textually** /ˈtekstjʊəlɪ/ **ADV** textuellement, mot à mot

**texture** /ˈtekstʃəʳ/ SYN
**N** *[of cloth]* texture *f* ; *[of minerals, soil]* texture *f*, structure *f*, contexture *f* ; *[of skin, wood, paper, silk]* grain *m* ; *(fig)* structure *f*, contexture *f*
**COMP** **texture modifier** **N** agent *m* de texture

**textured** /ˈtekstʃəd/
**ADJ** *[paint]* granité ◆ **beautifully textured** de belle texture, d'un beau grain ◆ **rough-/smooth-textured** d'une texture grossière/fine, d'un grain grossier/fin
**COMP** **textured vegetable protein** **N** fibre *f* végétale protéique

**TGIF** /ˌtiːdʒiːaɪˈef/ *(hum)* (abbrev of **Thank God it's Friday**) Dieu merci c'est vendredi

**TGWU** /ˌtiːdʒiːdʌbljuːˈjuː/ **N** *(Brit)* (abbrev of **Transport and General Workers' Union**) *syndicat*

**Thai** /taɪ/
**ADJ** *(gen)* thaïlandais ; *[ambassador, embassy, monarch]* de Thaïlande
**N** [1] Thaïlandais(e) *m(f)*
[2] *(= language)* thaï *m*

**Thailand** /ˈtaɪlænd/ **N** Thaïlande *f*

**thalamus** /ˈθæləməs/ **N** (pl **thalami** /ˈθæləmaɪ/) thalamus *m*

**thalassemia** /tæləˈsiːmɪə/ **N** thalassémie *f*

**thalidomide** /θəˈlɪdəʊmaɪd/
**N** thalidomide *f*
**COMP** **thalidomide baby** **N** (petite) victime *f* de la thalidomide

**thallium** /ˈθælɪəm/ **N** thallium *m*

**Thames** /temz/ **N** Tamise *f* ◆ **he'll never set the Thames on fire** il n'a pas inventé la poudre *or* le fil à couper le beurre

**than** /ðæn, *(weak form)* ðən/ **CONJ** [1] que ◆ **I have more than you** j'en ai plus que toi ◆ **he is taller than his sister** il est plus grand que sa sœur ◆ **he has more brains than sense** il a plus d'intelligence que de bon sens ◆ **more unhappy than angry** plus malheureux que fâché ◆ **you'd be better going by car than by bus** tu ferais mieux d'y aller en voiture plutôt qu'en autobus ◆ **I'd do anything rather than admit it** je ferais tout plutôt que d'avouer cela ◆ **no sooner did he arrive than he started to complain** il n'était pas plus tôt arrivé *or* il était à peine arrivé qu'il a commencé à se plaindre ◆ **it was a better play than we expected** la pièce était meilleure que nous ne l'avions prévu
[2] *(with numerals)* de ◆ **more/less than 20** plus/moins de 20 ◆ **less than half** moins de la moitié ◆ **more than once** plus d'une fois

**thanatology** /ˌθænəˈtɒlədʒɪ/ **N** thanatologie *f*

**Thanatos** /ˈθænətɒs/ **N** *(Myth, Psych)* Thanatos *m*

**thank** /θæŋk/ LANGUAGE IN USE 17.1, 20.3, 21.1, 22, 25 SYN
**VT** remercier, dire merci à *(sb for sth* qn de *or* pour qch ; *for doing sth* de faire qch, d'avoir fait qch) ◆ **I cannot thank you enough** je ne saurais assez vous remercier ◆ **do thank him for me** remerciez-le bien de ma part ◆ **thank goodness***, **thank heaven(s)***, **thank God*** Dieu merci ◆ **thank goodness you've done it!*** Dieu merci tu l'as fait ! ◆ **you've got him to thank for that** *(fig)* c'est à lui que tu dois cela ◆ **he's only got himself to thank** il ne peut s'en prendre qu'à lui-même ◆ **he won't thank you for that!** ne t'attends pas à ce qu'il te remercie *or* te félicite ! ◆ **I'll thank you to mind your own business!** je vous prierai de vous mêler de ce qui vous regarde !
◆ **thank you** merci ◆ **to say thank you** dire merci ◆ **thank you very much** merci bien *(also iro)*, merci beaucoup ◆ **thank you for the book/for helping us** merci pour le livre/de nous avoir aidés ◆ **no thank you** (non) merci ◆ **without so much as a thank you** sans même dire merci
**NPL** **thanks** [1] remerciements *mpl* ◆ **with thanks** avec tous mes (*or* nos) remerciements ◆ **with my warmest** *or* **best thanks** avec mes remerciements les plus sincères ◆ **give him my thanks** transmettez-lui mes remerciements, remerciez-le de ma part ◆ **to give thanks to God** rendre grâces à Dieu ◆ **thanks be to God!** Dieu soit loué ! ◆ **that's all the thanks I get!** c'est comme ça qu'on me remercie !
◆ **thanks to...** grâce à... ◆ **thanks to you/your brother/his help** *etc* grâce à toi/ton frère/son aide *etc* ◆ **no thanks to you!** ce n'est pas grâce à toi !
[2] *(= thank you)* ◆ **thanks!*** merci ! ◆ **no thanks** non merci ◆ **thanks very much!***, **thanks a lot!*** merci bien *(also iro)*, merci beaucoup, merci mille fois ◆ **thanks a million*** merci mille fois ◆ **many thanks for all you've done** merci mille fois pour ce que vous avez fait ◆ **many thanks for helping us** merci mille fois de nous avoir aidés ◆ **thanks for nothing!*** je te remercie ! *(iro)*
**COMP** **thank(s) offering** **N** action *f* de grâce(s) *(don)*
**thank-you** **N** ◆ **and now a special thank-you to John** et maintenant je voudrais remercier tout particulièrement John ◆ **thank-you card** carte *f* de remerciement

**thankful** /ˈθæŋkfʊl/ SYN **ADJ** reconnaissant *(to sb* à qn ; *for sth* de qch) ◆ **I've got so much to be thankful for** je n'ai pas à me plaindre de la vie ◆ **we were thankful for your umbrella!** nous avons vraiment béni votre parapluie ! ◆ **to be thankful for small mercies** s'estimer heureux ◆ **to be thankful to sb for doing sth** être reconnaissant à qn d'avoir fait qch ◆ **I was thankful that he hadn't seen me** j'ai été bien content qu'il ne m'ait pas vu ◆ **let's just be thankful that he didn't find out** estimons-nous heureux qu'il ne l'ait pas découvert ◆ **to be thankful to be alive** être content d'être en vie ◆ **he was thankful to sit down** il était content de (pouvoir) s'asseoir ◆ **for what we are about to receive may the Lord make us truly thankful** *(before eating)* rendons grâce à Dieu pour le repas que nous allons partager

**thankfully** /ˈθæŋkfəlɪ/ **ADV** [1] *(= fortunately)* heureusement ◆ **thankfully, someone had called the police** heureusement, quelqu'un avait appelé la police
[2] *(= gratefully)* *[say, accept]* avec gratitude

**thankfulness** /ˈθæŋkfʊlnɪs/ **N** *(NonC)* gratitude *f*, reconnaissance *f*

**thankless** /ˈθæŋklɪs/ SYN **ADJ** ingrat

**thanksgiving** /ˈθæŋksˌgɪvɪŋ/ **N** action *f* de grâce(s) ◆ **Thanksgiving Day** *(Can, US)* Thanksgiving *m*

> **THANKSGIVING**
>
> Les festivités de **Thanksgiving** se tiennent chaque année le quatrième jeudi de novembre, en commémoration de la fête organisée par les Pères pèlerins à l'occasion de leur première récolte sur le sol américain en 1621. C'est l'occasion pour beaucoup d'Américains de se rendre dans leur famille et de manger de la dinde et de la tarte à la citrouille. → **PILGRIM FATHERS**

**that** /ðæt, *(weak form)* ðət/ (pl **those**)

1 - DEMONSTRATIVE ADJECTIVE
2 - DEMONSTRATIVE PRONOUN
3 - RELATIVE PRONOUN
4 - CONJUNCTION
5 - ADVERB

**1 - DEMONSTRATIVE ADJECTIVE**

[1] [UNSTRESSED] ce, cet *before vowel and mute h of masc nouns*, cette *f*, ces *mfpl* ◆ **that noise** ce bruit ◆ **that man** cet homme ◆ **that idea** cette idée ◆ **those books** ces livres ◆ **those houses** ces maisons ◆ **what about that $20 I lent you?** et ces 20 dollars que je t'ai prêtés ?
[2] [STRESSED, OR AS OPPOSED TO THIS, THESE] ce... -là, cet... -là, cette... -là, ces... -là ◆ **I mean THAT book** c'est de ce livre-là que je parle ◆ **I like that photo better than this one** je préfère cette photo-là à celle-ci ◆ **but (on) that Saturday...** mais ce samedi-là... ◆ **at least everyone agreed on THAT point** au moins tout le monde était d'accord là-dessus
◆ **that one, those ones** celui-là *m*, celle-là *f*, ceux-là *mpl*, celles-là *fpl* ◆ **which video do you want? – that one** quelle vidéo veux-tu ? – celle-là ◆ **of all his records, I like that one best** de tous ses disques, c'est celui-là que je préfère ◆ **the only blankets we have are those ones there** les seules couvertures que nous ayons sont celles-là BUT ◆ **there's little to choose between this model and that one** il n'y a pas grande différence entre ce modèle-ci et l'autre
◆ **that much** ◆ **I can't carry that much** je ne peux pas porter tout ça ◆ **he was at least that much taller than me** il me dépassait de ça au moins

**2 - DEMONSTRATIVE PRONOUN**

[1] [SINGULAR] *(= that thing, event, statement, person etc)* cela, ça, ce

> **ça** is commoner, and less formal than **cela**; **ce** is used only as the subject of **être**.

◆ **what's that?** qu'est-ce que c'est que ça ? ◆ **do you like that?** vous aimez ça *or* cela ? ◆ **that's enough!** ça suffit ! ◆ **after that** après ça, après cela ◆ **that's fine!** c'est parfait ! ◆ **that's what they've been told** c'est ce qu'on leur a dit ◆ **she's not as stupid as (all) that** elle n'est pas si bête que ça ◆ **that is (to say)...** c'est-à-dire... ◆ **who's that?** *(gen)* qui est-ce ? ; *(on phone)* qui est à l'appareil ? ◆ **is that you Paul?** c'est toi Paul ? ◆ **that's the boy I told you about** c'est le garçon dont je t'ai parlé ◆ **did he go? – that he did!** † y est-il allé ? – pour sûr ! †
◆ **that which** *(= what)* ce qui *subject of clause*, ce que *object of clause* ◆ **too much time is spent worrying about that which may never happen** on passe trop de temps à s'inquiéter de ce qui peut très bien ne jamais arriver ◆ **this is the opposite of that which they claim to have done** c'est le contraire de ce qu'ils disent avoir fait
[2] [= THAT ONE, THOSE ONES] celui-là *m*, celle-là *f*, ceux-là *mpl*, celles-là *fpl* ◆ **not that, the other bottle!** pas celle-là, l'autre bouteille ! ◆ **a recession like that** une récession comme celle-là ◆ **a recession like that of 1973-74** une récession comme celle de 1973-74 ◆ **those over there** ceux-là (*or* celles-là) là-bas ◆ **are those our seats?** est-ce que ce sont nos places ? ◆ **those are nice sandals** elles sont belles, ces sandalettes-là
◆ **that which** *(= the one which)* celui qui *m*, celle qui *f* ◆ **the true cost often differs from that which is first projected** le coût réel est souvent différent de celui qui était prévu à l'origine
◆ **those which** *(= the ones which)* ceux qui *mpl*, celles qui *fpl* ◆ **those which are here** ceux qui sont ici
◆ **those who** *(= the ones who)* ceux qui *mpl*, celles qui *fpl* ◆ **those who came** ceux qui sont venus BUT ◆ **there are those who say** certains disent, il y a des gens qui disent
[3] [SET STRUCTURES]
◆ **at that** ◆ **let's leave it at that** restons-en là ◆ **he's only a teacher and a poor one at that** ce n'est qu'un professeur et encore assez piètre ◆ **and there were six of them at that!** et en plus ils étaient six !
◆ **by that** ◆ **what do you mean by that?** qu'est-ce que vous voulez dire par là ?
◆ **that's it** *(= the job's finished)* ça y est ; *(= that's what I mean)* c'est ça ; *(= that's all)* c'est tout ; *(= I've had enough)* ça suffit
◆ **that's just it** justement ◆ **sorry, I wasn't thinking – that's just it, you never think!** désolé, je ne faisais pas attention – justement, tu ne fais jamais attention !
◆ **and that's that!** ◆ **you're not going and that'sthat!** tu n'y vas pas, un point c'est tout !
◆ **so that's that** alors c'est ça ◆ **so that'sthat then, you're leaving?** alors c'est ça, tu t'en vas ? ◆ **and so that was that** et les choses en sont restées là
◆ **with that** sur ce ◆ **with that she burst into tears** en disant cela, elle a éclaté en sanglots

**3 - RELATIVE PRONOUN**

> When **that** relates to the object it is translated **que**. When **that** relates to th subject it is translated **qui**.

◆ **the man that came to see you** l'homme qui est venu vous voir ◆ **the letter that I sent yesterday** la lettre que j'ai envoyée hier ◆ **the girl that he met on holiday and later married** la fille qu'il a rencontrée en vacances et (qu'il) a épousée par la suite ◆ **and Martin, idiot that he is, didn't tell me** et Martin, cet imbécile, ne me l'a pas dit ◆ **fool that I am!** idiot que je suis !
◆ **that...** + *preposition* lequel *m*, laquelle *f*, lesquels *mpl*, lesquelles *fpl* ◆ **the pen that she was writ-**

**thataway** | **them**

ing with le stylo avec lequel elle écrivait ◆ **the box that you put it in** la boîte dans laquelle vous l'avez mis

> à + **lequel**, **lesquels** and **lesquelles** combine to give **auquel**, **auxquels** and **auxquelles**.

◆ **the problem that we are faced with** le problème auquel nous sommes confrontés

> When **that** + preposition refers to people, preposition + **qui** can also be used:

◆ **the man that she was dancing with** l'homme avec lequel or avec qui elle dansait ◆ **the children that I spoke to** les enfants auxquels or à qui j'ai parlé

> **dont** is used when the French verb takes **de**:

◆ **the girl/the book that I told you about** la jeune fille/le livre dont je vous ai parlé ◆ **the only thing that he has a recollection of** la seule chose dont il se souvienne or souvient

> When **that** means 'when', it is translated **où**.

◆ **the evening that we went to the opera** le soir où nous sommes allés à l'opéra ◆ **during the years that he'd been abroad** pendant les années où il était à l'étranger

**4 - CONJUNCTION**

[1] que ◆ **he said that he had seen her** il a dit qu'il l'avait vue ◆ **he was speaking so softly that I could hardly hear him** il parlait si bas que je l'entendais à peine ◆ **it is natural that he should refuse** il est normal qu'il refuse subj ◆ **that he should behave like this is incredible** c'est incroyable qu'il se conduise ainsi ◆ **that it should come to this!** (liter) quelle tristesse d'en arriver là ! ◆ **I didn't respond: oh that I had!** (liter) je n'ai pas répondu : que ne l'ai-je fait ! (liter)

> **que** cannot be omitted in a second clause if it has a different subject:

◆ **he said that he was very busy and his secretary would deal with it** il a dit qu'il était très occupé et que sa secrétaire s'en occuperait ◆ **in that** en ce sens que, dans la mesure où ◆ **it's an attractive investment in that it is tax-free** c'est un investissement intéressant en ce sens qu'il or dans la mesure où il est exonéré d'impôts ◆ **not that** non (pas) que ◆ **not that I want to do it** non (pas) que je veuille le faire

[2] [LITER, FRM = SO THAT] pour que + subj, afin que + subj ◆ **those who fought and died that we might live** ceux qui se sont battus et (qui) sont morts pour que or afin que nous puissions vivre ; see also **so**

**5 - ADVERB**

[1] [= SO] si ◆ **it's not that expensive/important/funny/bad** ce n'est pas si cher/important/drôle/mal (que ça) ◆ **I couldn't go that far** je ne pourrais pas aller si loin ◆ **it's that high** (gesturing) ça fait ça de haut or en hauteur, c'est haut comme ça

[2] [* = SO VERY] tellement ◆ **it was that cold!** il faisait tellement froid or un de ces froids* ! ◆ **when I found it I was that relieved!** lorsque je l'ai trouvé, je me suis senti tellement soulagé !

**thataway** /'ðætəweɪ/ ADV (esp US) par là

**thatch** /θætʃ/

[N] (NonC) chaume m ◆ **his thatch of hair*** sa crinière ◆ **a thatch of red/curly hair** une crinière rousse/frisée

[VT] [+ roof] couvrir de chaume ; [+ cottage] couvrir en chaume

**thatched** /θætʃt/ ADJ ◆ **thatched roof** toit m de chaume ◆ **thatched cottage** chaumière f

**thatcher** /'θætʃər/ N chaumier m

**Thatcherism** /'θætʃərɪzəm/ N thatchérisme m

**Thatcherite** /'θætʃəraɪt/

[N] thatchériste mf

[ADJ] thatchériste

**thatching** /'θætʃɪŋ/ N (NonC) [1] (= craft) couverture f de toits de chaume

[2] (= material) chaume m

**that'd** /'ðætd/ [1] ⇒ **that had** ; → **had**
[2] ⇒ **that would** ; → **would**

**that'll** /'ðætl/ ⇒ **that will** ; → **will**

**thaumaturge** /'θɔːmətɜːdʒ/ N thaumaturge m

**thaumaturgy** /'θɔːmətɜːdʒɪ/ N thaumaturgie f

**thaw** /θɔː/ SYN

[N] (Weather) dégel m ; (fig: Pol etc) détente f ◆ **economic etc thaw** (fig:Econ) assouplissement m des restrictions concernant la vie économique etc

[VT] (also **thaw out**) [+ ice] faire dégeler, faire fondre ; [+ snow] faire fondre ; [+ frozen food] décongeler, dégeler

[VI] (also **thaw out**) [ice] fondre, dégeler ; [snow] fondre ; [frozen food] décongeler, dégeler ◆ **it's thawing** (Weather) il dégèle ◆ **he began to thaw*** (= get warmer) il a commencé à se dégeler* or à se réchauffer ; (= grow friendlier) il a commencé à se dégeler* or à se dérider

**ThD** /'tiː,eɪtʃ'diː/ N (abbrev **Doctor of Theology**) doctorat m en théologie

**the** /ðiː, weak form ðə/

[DEF ART] [1] le, la, l' before vowel or mute h, les ◆ **of the, from the** du, de la, de l', des ◆ **to the, at the** au, à la, à l', aux ◆ **the prettiest** le plus joli, la plus jolie, les plus joli(e)s ◆ **the poor** les pauvres mpl

[2] (neuter) ◆ **the good and the beautiful** le bien et le beau ◆ **translated from the German** traduit de l'allemand ◆ **it is the unusual that is frightening** c'est ce qui est inhabituel qui fait peur

[3] (with musical instruments) ◆ **to play the piano** jouer du piano

[4] (with sg noun denoting whole class) ◆ **the aeroplane is an invention of our century** l'avion est une invention de notre siècle

[5] (distributive use) ◆ **50p the kilo** 50 pence le kilo ◆ **two dollars to the pound** deux dollars la livre ◆ **paid by the hour** payé à l'heure ◆ **30 miles to the gallon** ≈ 9,3 litres au 100 (km)

[6] (with names etc) ◆ **Charles the First/Second/Third** Charles premier/deux/trois ◆ **the Browns** les Brown ◆ **the Bourbons** les Bourbons

[7] (stressed) ◆ **THE Professor Smith** le célèbre professeur Smith ◆ **he's THE surgeon here** c'est lui le grand chirurgien ici ◆ **it's THE restaurant in this part of town** c'est le meilleur restaurant du quartier ◆ **he's THE man for the job** c'est le candidat idéal pour ce poste ◆ **it was THE colour last year** c'était la couleur à la mode l'an dernier ◆ **it's THE book just now** c'est le livre à lire en ce moment

[8] (other special uses) ◆ **he's got the measles*** il a la rougeole ◆ **well, how's the leg?** eh bien, et cette jambe ? ; → **cheek**, **sense**

[ADV] ◆ **the more he works the more he earns** plus il travaille plus il gagne d'argent ◆ **it will be all the more difficult** cela sera d'autant plus difficile ◆ **it makes me all the more proud** je n'en suis que plus fier ◆ **he was none the worse for it** il ne s'en est pas trouvé plus mal pour ça ; → **better¹**, **soon**

**theatre** (Brit), **theater** (US) /'θɪətər/

[N] [1] (= place) théâtre m, salle f de spectacle ; (= drama) théâtre m ◆ **I like the theatre** j'aime le théâtre ◆ **to go to the theatre** aller au théâtre or au spectacle ◆ **it makes good theatre** c'est du bon théâtre ◆ **theatre of the absurd** théâtre m de l'absurde

[2] (= large room) salle f de conférences ◆ **lecture theatre** (Univ etc) amphithéâtre m , amphi* m

[3] (Med: also **operating theatre**) salle f d'opération ◆ **he is in (the) theatre** [patient] il est sur la table d'opération ; [surgeon] il est en salle d'opération

[4] (Mil etc) théâtre m ◆ **theatre of operations/war** théâtre m des opérations/des hostilités

[COMP] (Theat) [programme, ticket] de théâtre ; [visit] au théâtre ; [management] du théâtre ; (Med) [staff, nurse] de la salle d'opération ; [job, work] dans la salle d'opération
◆ **theatre company** N troupe f de théâtre
◆ **theatre-in-the-round** N (pl **theatres-in-the-round**) théâtre m en rond
◆ **theatre lover** N amateur m de théâtre
◆ **theatre workshop** N atelier m de théâtre

**theatregoer** /'θɪətəɡəʊər/ N habitué(e) m(f) du théâtre

**theatreland** /'θɪətəlænd/ N ◆ **London's theatreland** le Londres des théâtres

**theatrical** /θɪ'ætrɪkəl/ SYN

[ADJ] [1] (= dramatic) [production] de théâtre, dramatique ; [world] théâtral ; [performance, tradition] théâtral ◆ **a theatrical family** une famille d'acteurs

[2] (US = cinematic) ◆ **films for theatrical release** les films qui vont sortir sur les écrans or dans les salles

[3] (pej = melodramatic) [person, manner, gesture] théâtral ◆ **there was something very theatrical about him** il avait un côté très théâtral

[NPL] **theatricals** théâtre m (amateur) ◆ **he does a lot of (amateur) theatricals** il fait beaucoup de théâtre amateur ◆ **what were all those theatricals about?** (fig pej) pourquoi toute cette comédie ?

[COMP] ◆ **theatrical agent** N agent m artistique (d'un acteur)
◆ **theatrical company** N troupe f de théâtre
◆ **theatrical producer** N producteur m, -trice f de théâtre

**theatricality** /θɪ,ætrɪ'kælɪtɪ/ N (fig pej) théâtralité f

**theatrically** /θɪ'ætrɪkəlɪ/ ADV [1] (= dramatically) du point de vue théâtral
[2] (= in theatres) [feature] sur scène ; (US) (= in cinemas) [release, open] dans les salles
[3] (pej: melodramatically) théâtralement

**thebaine** /'θiːbəˌiːn/ N thébaïne f

**Theban** /'θiːbən/
[ADJ] thébain
[N] Thébain(e) m(f)

**Thebes** /θiːbz/ N Thèbes

**thee** †† /ðiː/ PRON (liter, dial) te ; (before vowel) t' ; (stressed, after prep) toi

**theft** /θeft/ SYN N vol m

**theine** /'θiːɪn/ N théine f

**their** /ðeər/ POSS ADJ [1] leur f inv ◆ **they've broken their legs** ils se sont cassé la jambe ◆ **THEIR house** (stressed) leur maison à eux (or à elles)

[2] (singular usage) son, sa, ses ◆ **somebody rang – did you ask them their name?** quelqu'un a téléphoné – est-ce que tu lui as demandé son nom ?

**theirs** /ðeəz/ POSS PRON [1] le leur, la leur, les leurs ◆ **this car is theirs** cette voiture est à eux (or à elles) or leur appartient or est la leur ◆ **this music is theirs** cette musique est d'eux ◆ **your house is better than theirs** votre maison est mieux que la leur ◆ **the house became theirs** la maison est devenue la leur ◆ **it is not theirs to decide** (frm) il ne leur appartient pas de décider ◆ **theirs is a specialized department** leur section est une section spécialisée
◆ **...of theirs** ◆ **a friend of theirs** un de leurs amis, un ami à eux (or à elles)* ◆ **I think it's one of theirs** je crois que c'en est un (e) des leurs ◆ **it's no fault of theirs** ce n'est pas de leur faute ◆ **that car of theirs** (pej) leur fichue* voiture ◆ **that stupid son of theirs** leur idiot de fils ◆ **no advice of theirs could prevent him...** aucun conseil de leur part ne pouvait l'empêcher de...

[2] (singular usage) le sien, la sienne, les sien(ne)s ◆ **if anyone takes one that isn't theirs** si jamais quelqu'un en prend un qui n'est pas à lui

**theism** /'θiːɪzəm/ N théisme m

**theist** /'θiːɪst/ ADJ, N théiste mf

**theistic(al)** /θiː'ɪstɪk(əl)/ ADJ théiste

**them** /ðem, weak form ðəm/

[PERS PRON PL] [1] (direct, unstressed) les ; (stressed) eux mpl, elles fpl ◆ **I have seen them** je les ai vu(e)s ◆ **I know her but I don't know them** je la connais, elle, mais eux (or elles) je ne les connais pas ◆ **if I were them** si j'étais à leur place, si j'étais eux (or elles) ◆ **it's them!** ce sont eux (or elles) !, les voilà !

[2] (indirect) leur ◆ **I gave them the book** je leur ai donné le livre ◆ **I'm speaking to them** je leur parle

[3] (after prep etc) eux, elles ◆ **I'm thinking of them** je pense à eux (or elles) ◆ **as for them** quant à eux (or elles) ◆ **younger than them** plus jeune qu'eux (or elles) ◆ **they took it with them** ils (or elles) l'ont emporté (avec eux or elles)

[4] (phrases) ◆ **both of them** tous (or toutes) les deux ◆ **several of them** plusieurs d'entre eux (or elles) ◆ **give me a few of them** donnez-m'en quelques-un(e)s ◆ **every one of them was lost** ils furent tous perdus, elles furent toutes perdues ◆ **I don't like either of them** je ne les aime ni l'un(e) ni l'autre ◆ **none of them would do it** aucun d'entre eux (or aucune d'entre elles) n'a voulu le faire ◆ **it was very good of them** c'était très gentil de leur part ◆ **he's one of them*** (fig pej) je (or tu) vois le genre !*

[PERS PRON SG] → pers pron pl le, la, lui ◆ **somebody rang – did you ask them their name?**

**thematic** /θɪˈmætɪk/ **ADJ** thématique

**theme** /θiːm/ SYN
**N** ① thème m, sujet m
② (Mus) thème m, motif m
③ (Ling) thème m
④ (US Scol = essay) rédaction f
COMP [pub, restaurant] à thème
**theme park N** parc m à thème
**theme song N** chanson f de la bande originale ; (US = signature tune) indicatif m (musical) ; (fig) refrain m (habituel), leitmotiv m
**theme tune N** musique f du générique

**themed** /θiːmd/ **ADJ** (esp Brit) [restaurant, bar, party] à thème

**themself*** /ðəmˈself/ **PERS PRON SG** (reflexive: direct and indirect) se ; (emphatic) lui-même m, elle-même f ; (after prep) lui m, elle f ◆ **somebody who could not defend themself** quelqu'un qui ne pouvait pas se défendre ◆ **somebody who doesn't care about themself** quelqu'un qui ne prend pas soin de sa propre personne

**themselves** /ðəmˈselvz/ **PERS PRON PL** (reflexive: direct and indirect) se ; (emphatic) eux-mêmes mpl, elles-mêmes fpl ; (after prep) eux, elles ◆ **they've hurt themselves** ils se sont blessés, elles se sont blessées ◆ **they said to themselves** ils (or elles) se sont dit ◆ **they saw it themselves** ils l'ont vu de leurs propres yeux, ils l'ont vu eux-mêmes ◆ **they were talking amongst themselves** ils discutaient entre eux ◆ **these computers can reprogram themselves** ces ordinateurs peuvent se reprogrammer automatiquement ◆ **anyone staying here will have to cook for themselves** les gens qui logent ici doivent faire leur propre cuisine
◆ **(all) by themselves** tout seuls, toutes seules

**then** /ðen/
**ADV** ① (= at that time) alors, à l'époque ◆ **we had two dogs then** nous avions alors deux chiens, nous avions deux chiens à l'époque ◆ **I'm going to London and I'll see him then** je vais à Londres et je le verrai à ce moment-là ◆ **then and there, there and then** sur-le-champ, séance tenante
② (after prep) ◆ **from then on(wards)** dès lors, à partir de cette époque(-là) or ce moment(-là) ◆ **before then** avant (cela) ◆ **then I knew...** à ce moment-là, je savais déjà... ◆ **I'll have it finished by then** je l'aurai fini d'ici là ◆ **since then** depuis ce moment-là or cette époque-là or ce temps-là ◆ **between now and then** d'ici là ◆ **(up) until then** jusque-là, jusqu'alors
③ (= next, afterwards) puis, ensuite ◆ **he went first to London then to Paris** il est allé d'abord à Londres, puis or ensuite à Paris ◆ **and then what?** et puis après ? ◆ **now this then that** tantôt ceci, tantôt cela
④ (= in that case) alors, donc ◆ **then it must be in the sitting room** alors ça doit être au salon ◆ **if you don't want that then what do you want?** si vous ne voulez pas de ça, alors que voulez-vous donc ? ◆ **but then that means that...** mais c'est donc que... ◆ **someone had already warned you then?** on vous avait donc déjà prévenu ? ◆ **now then what's the matter?** alors qu'est-ce qu'il y a ?
⑤ (= furthermore, and also) et puis, d'ailleurs ◆ **(and) then there's my aunt** et puis il y a ma tante ◆ **... and then it's none of my business...** et d'ailleurs or et puis cela ne me regarde pas ◆ **... and then again** or **but then he might not want to go...** remarquez, il est possible qu'il ne veuille pas y aller ◆ **... and then again** or **but then he has always tried to help us** ... et pourtant, il faut dire qu'il a toujours essayé de nous aider
**ADJ** (before n) d'alors, de l'époque ◆ **the then Prime Minister** le Premier ministre d'alors or de l'époque

**thence** /ðens/ **ADV** (frm, liter) ① (= from there) de là, de ce lieu-là ◆ **an idea which influenced Plato, and thence the future of Western thought** une idée qui a influencé Platon, et, partant, l'avenir de la pensée occidentale ◆ **from thence** de ce lieu
② (= from that time) dès lors, depuis lors ◆ **three weeks thence** trois semaines plus tard
③ (= therefore) par conséquent, pour cette raison

**thenceforth** /ˌðensˈfɔːθ/, **thenceforward** /ˌðensˈfɔːwəd/ **ADV** (frm) dès lors

**theobromine** /ˌθiːəʊˈbrəʊmiːn/ **N** théobromine f

**theocracy** /θɪˈɒkrəsɪ/ **N** théocratie f

**theocratic** /ˌθɪəˈkrætɪk/ **ADJ** théocratique

**theodolite** /θɪˈɒdəlaɪt/ **N** théodolite m

**theologian** /ˌθɪəˈlɒdʒɪən/ **N** théologien(ne) m(f)

**theological** /ˌθɪəˈlɒdʒɪkəl/
**ADJ** [debate, issue, text] théologique ; [training] théologique, en théologie ; [student] en théologie
COMP **theological college N** séminaire m, école f de théologie

**theologically** /ˌθɪəˈlɒdʒɪkəlɪ/ **ADV** théologiquement

**theology** /θɪˈɒlədʒɪ/ **N** théologie f ; → **liberation**

**theomania** /ˌθɪəˈmeɪnɪə/ **N** théomanie f

**theophany** /θɪˈɒfənɪ/ **N** (Rel) théophanie f

**theorbo** /θɪˈɔːbəʊ/ **N** théorbe m

**theorem** /ˈθɪərəm/ SYN **N** théorème m

**theorematic** /ˌθɪərəˈmætɪk/, **theoremic** /ˌθɪəˈremɪk/ **ADJ** théorématique

**theoretical** /ˌθɪəˈretɪkəl/
**ADJ** (also **theoretic**) théorique
COMP **theoretical physicist N** spécialiste mf de physique théorique
**theoretical physics N** physique f théorique

**theoretically** /ˌθɪəˈretɪkəlɪ/ **ADV** ① (= in theory) [possible] théoriquement ◆ **he could theoretically face the death penalty** il encourt théoriquement la peine de mort ◆ **I was, theoretically, a fully-qualified lawyer** j'étais, en théorie, un avocat diplômé
② (= as theory) [absurd, interesting, ambitious] sur le plan théorique ; [analyse, justify] théoriquement ◆ **theoretically, his ideas are revolutionary** sur le plan théorique, ses idées sont révolutionnaires

**theoretician** /ˌθɪərəˈtɪʃən/, **theorist** /ˈθɪərɪst/ **N** théoricien(ne) m(f)

**theorization** /ˌθɪəraɪˈzeɪʃən/ **N** théorisation f

**theorize** /ˈθɪəraɪz/
**VI** [scientist, psychologist etc] élaborer une (or des) théorie(s) (about sur) ◆ **it's no good just theorizing about it** ce n'est pas la peine de faire des grandes théories là-dessus*
**VT** ◆ **to theorize that...** émettre l'hypothèse que...

**theory** /ˈθɪərɪ/ SYN **N** théorie f ◆ **in theory** en théorie

**theosophical** /ˌθɪəˈsɒfɪkəl/ **ADJ** théosophique

**theosophist** /θɪˈɒsəfɪst/ **N** théosophe mf

**theosophy** /θɪˈɒsəfɪ/ **N** théosophie f

**Thera** /ˈθɪərə/ **N** Santorin f

**therapeutic** /ˌθerəˈpjuːtɪk/ SYN
**ADJ** (Med) thérapeutique ◆ **I find chopping vegetables very therapeutic** ça me détend de couper des légumes
COMP **therapeutic community N** communauté f thérapeutique
**therapeutic touch N** forme de thérapeutique manuelle

**therapeutical** /ˌθerəˈpjuːtɪkəl/ **ADJ** thérapeutique

**therapeutically** /ˌθerəˈpjuːtɪkəlɪ/ **ADV** thérapeutiquement

**therapeutics** /ˌθerəˈpjuːtɪks/ **N** (NonC) thérapeutique f

**therapist** /ˈθerəpɪst/ **N** (gen) thérapeute mf ; → **occupational**

**therapy** /ˈθerəpɪ/ SYN **N** (gen, also Psych) thérapie f ◆ **to be in therapy** (Psych) suivre une thérapie ◆ **it's good therapy** c'est très thérapeutique

**there** /ðeər/
**ADV** ① (place) y before vb, là ◆ **we shall soon be there** nous y serons bientôt, nous serons bientôt là, nous serons bientôt arrivés ◆ **put it there** posez-le là ◆ **when we left there** quand nous en sommes partis, quand nous sommes partis de là ◆ **on there** là-dessus ◆ **in there** là-dedans ◆ **back** or **down** or **over there** là-bas ◆ **he lives round there** il habite par là ; (further away) il habite par là-bas ◆ **somewhere round there** quelque part par là ◆ **here and there** çà et là, par-ci par-là ◆ **there and back in two hours** ils ont fait l'aller et retour en deux heures ◆ **to be there for sb*** (= supportive) être là pour qn ◆ **I've been there (myself*)** (= I've experienced it) j'ai connu ça (moi-même) ; → **here**
② (phrases)
◆ **there is, there are** il y a, il est (liter) ◆ **once upon a time there was a princess** il y avait or il était une fois une princesse ◆ **there will be dancing later** plus tard on dansera ◆ **there is a page missing** il y a une page qui manque ◆ **there are three apples left** il reste trois pommes, il y a encore trois pommes ◆ **there's none left** il n'y en a plus ◆ **there's no denying it** c'est indéniable
◆ **there comes, there came** ◆ **there comes a time when...** il vient un moment où... ◆ **there came a knock on the door** on frappa à la porte ◆ **there came a point when I began to feel tired** à un moment donné, j'ai commencé à être fatigué
③ (= in existence) ◆ **this road isn't meant to be there!** cette route ne devrait pas exister or être là ! ◆ **if the technology is there, someone will use it** si la technologie existe, quelqu'un l'utilisera
④ (other uses) ◆ **there's my brother!** voilà mon frère ! ◆ **there are the others!** voilà les autres ! ◆ **there he is!** le voilà ! ◆ **there you are** (= I've found you) (ah) vous voilà ! ; (offering sth) voilà ◆ **that man there saw it all** cet homme-là a tout vu ◆ **hey you there!** hé or ho toi, là-bas !* ◆ **hurry up there!** eh ! dépêchez-vous ! ◆ **there's my mother calling me** il y a or voilà ma mère qui m'appelle ◆ **there's the problem** là est or c'est or voilà le problème ◆ **I disagree with you there** là je ne suis pas d'accord avec vous ◆ **you get me there!** alors là, ça me dépasse !* ◆ **but there again, he should have known better** mais là encore, il aurait dû se méfier ◆ **you press this switch and there you are!** tu appuies sur ce bouton et ça y est ! ◆ **there you are, I told you that would happen** tu vois, je t'avais bien dit que ça allait arriver ◆ **there they go!** les voilà qui partent ! ◆ **I had hoped to finish early, but there you go** j'espérais finir tôt mais tant pis ◆ **there you go again*, complaining about...** ça y est, tu recommences à te plaindre de... ◆ **there he goes again!*** ça y est, il recommence ! ◆ **he's all there** c'est un malin, il n'est pas idiot ◆ **he's not all there** (gen) il est un peu demeuré ; [old person] il n'a plus toute sa tête
EXCL ◆ **there, what did I tell you?** alors, qu'est-ce que je t'avais dit ? ◆ **there, there, don't cry!** allons, allons, ne pleure pas ! ◆ **there, drink this** allez or tenez, buvez ceci ◆ **there now, that didn't hurt, did it?** voyons, voyons or eh bien, ça n'a pas fait si mal que ça, si ?

**thereabouts** /ˌðeərəˈbaʊts/ **ADV** (place) par là, près de là, dans le voisinage ; (degree etc) à peu près, environ ◆ **£5 or thereabouts** environ cinq livres, dans les cinq livres

**thereafter** /ˌðeərˈɑːftər/ **ADV** (frm) par la suite

**thereat** /ˌðeərˈæt/ **ADV** (frm) (place) là ; (time) là-dessus

**thereby** /ˌðeəˈbaɪ/ **ADV** de cette façon, de ce fait, par ce moyen ◆ **thereby hangs a tale!** (hum) c'est toute une histoire !

**therefore** /ˈðeəfɔːr/ SYN **CONJ** donc, par conséquent, pour cette raison

**therefrom** /ˌðeəˈfrɒm/ **ADV** (frm) de là

**therein** /ˌðeərˈɪn/ **ADV** (frm) (= in that regard) à cet égard, en cela ; (= inside) (là-)dedans

**thereof** /ˌðeərˈɒv/ **ADV** (frm) de cela, en ◆ **he ate thereof** il en mangea

**thereon** /ˌðeərˈɒn/ **ADV** (frm) (là-)dessus

**there's** /ðeəz/ ⇒ **there is, there has** ; → **be, have**

**thereto** /ˌðeəˈtuː/ **ADV** (frm) **this e-mail and any attachments thereto** ce message électronique et tous les fichiers joints ◆ **expenses related thereto** dépenses y afférent

**theretofore** /ˌðeətuːˈfɔː/ **ADV** (frm) jusque-là

**thereunder** /ˌðeərˈʌndər/ **ADV** (là) en-dessous

**thereupon** /ˌðeərəˈpɒn/ **ADV** (= then) sur ce ; (frm = on that subject) là-dessus, à ce sujet

**therewith** /ˌðeəˈwɪð/ **ADV** (frm) (= with that) avec cela, en outre ; (= at once) sur ce

**therianthropic** /ˌθɪərɪənˈθrɒpɪk/ **ADJ** (Myth) mi-homme, mi-bête

**therm** /θɜːm/ **N** = 1,055 × $10^8$ joules ; (formerly) thermie f

**thermal** /ˈθɜːməl/
  **ADJ** ① (Elec, Phys) thermique
  ② (Geol, Med) [spring, spa, treatment] thermal
  ③ [underwear, socks] en Thermolactyl ® ◆ **a thermal t-shirt** un T-shirt en Thermolactyl ®
  **N** (= air current) courant *m* ascendant (d'origine thermique), ascendance *f* thermique
  **COMP** **thermal barrier N** barrière *f* thermique
  **thermal baths NPL** thermes *mpl*
  **thermal blanket N** (for person) couverture *f* de survie
  **thermal breeder N** réacteur *m* thermique
  **thermal conductivity N** conductivité *f* thermique
  **thermal efficiency N** rendement *m* thermique
  **thermal expansion N** dilatation *f* thermique
  **thermal imager N** imageur *m* thermique
  **thermal imaging N** thermographie *f*
  **thermal imaging equipment N** matériel *m* or appareils *mpl* de thermographie
  **thermal imaging system N** système *m* de thermographie or d'imagerie thermique
  **thermal paper N** papier *m* thermosensible
  **thermal power N** énergie *f* thermique
  **thermal power station N** centrale *f* thermique
  **thermal reactor N** réacteur *m* thermique
  **thermal shock N** choc *m* thermique
  **thermal unit N** (also **British thermal unit**) unité de quantité de chaleur ( = 252 calories)

**thermic** /ˈθɜːmɪk/ **ADJ** ⇒ thermal adj 1

**thermionic** /ˌθɜːmɪˈɒnɪk/ **ADJ** [effect, emission] thermoïonique ◆ **thermionic valve**, **thermionic tube** (US) tube *m* électronique

**thermionics** /ˌθɜːmɪˈɒnɪks/ **N** thermoïonique *f*

**thermistor** /ˈθɜːmɪstəʳ/ **N** thermistor *m*, thermisteur *m*

**Thermit** ® /ˈθɜːmɪt/, **Thermite** ® /ˈθɜːmaɪt/
  **N** thermite *f*
  **COMP** **thermite process N** aluminothermie *f*

**thermo...** /ˈθɜːməʊ/ **PREF** therm(o)...

**thermochemical** /ˌθɜːməʊˈkemɪkəl/ **ADJ** thermochimique

**thermochemistry** /ˌθɜːməʊˈkemɪstrɪ/ **N** thermochimie *f*

**thermocline** /ˈθɜːməʊklaɪn/ **N** (Geog) thermocline *f*

**thermocouple** /ˈθɜːməʊkʌpl/ **N** thermocouple *m*

**thermodynamic** /ˌθɜːməʊdaɪˈnæmɪk/ **ADJ** thermodynamique

**thermodynamics** /ˌθɜːməʊdaɪˈnæmɪks/ **N** (NonC) thermodynamique *f*

**thermoelectric** /ˌθɜːməʊɪˈlektrɪk/
  **ADJ** thermoélectrique
  **COMP** **thermoelectric couple N** thermocouple *m*

**thermoelectricity** /ˌθɜːməʊɪlekˈtrɪsɪtɪ/ **N** thermoélectricité *f*

**thermoelectron** /ˌθɜːməʊɪˈlektrɒn/ **N** électron *m* thermique

**thermogenesis** /ˌθɜːməʊˈdʒenɪsɪs/ **N** thermogenèse *f*

**thermogram** /ˈθɜːməʊɡræm/ **N** thermogramme *m*

**thermograph** /ˈθɜːməʊɡrɑːf/ **N** thermographe *m*

**thermography** /θɜːˈmɒɡrəfɪ/ **N** thermographie *f*

**thermoluminescence** /ˌθɜːməʊluːmɪˈnesns/ **N** thermoluminescence *f*

**thermolysis** /θɜːˈmɒlɪsɪs/ **N** (Physiol, Chem) thermolyse *f*

**thermometer** /θəˈmɒmɪtəʳ/ **N** thermomètre *m*

**thermometry** /θəˈmɒmɪtrɪ/ **N** thermométrie *f*

**thermonuclear** /ˌθɜːməʊˈnjuːklɪəʳ/ **ADJ** [weapon, war, reaction] thermonucléaire ◆ **thermonuclear strike** attaque *f* nucléaire

**thermopile** /ˈθɜːməʊpaɪl/ **N** pile *f* thermoélectrique

**thermoplastic** /ˌθɜːməʊˈplæstɪk/ **N** thermoplastique *m*

**thermoplasticity** /ˌθɜːməʊplæˈstɪsɪtɪ/ **N** (NonC) thermoplasticité *f*

**Thermopylae** /θəˈmɒpɪliː/ **N** les Thermopyles *fpl*

**thermoregulation** /ˌθɜːməʊreɡjʊˈleɪʃən/ **N** thermorégulation *f*

**Thermos** ® /ˈθɜːməs/
  **N** thermos ® *m or f inv*
  **COMP** **Thermos flask N** bouteille *f* thermos ®

**thermoscope** /ˈθɜːməskəʊp/ **N** thermoscope *m*

**thermosetting** /ˌθɜːməʊˈsetɪŋ/ **ADJ** thermodurcissable

**thermosiphon** /ˌθɜːməʊˈsaɪfən/ **N** thermosiphon *m*

**thermostat** /ˈθɜːməstæt/ **N** thermostat *m*

**thermostatic** /ˌθɜːməˈstætɪk/ **ADJ** thermostatique

**thermotherapy** /ˌθɜːməʊˈθerəpɪ/ **N** thermothérapie *f*

**thesaurus** /θɪˈsɔːrəs/ **N** (pl **thesauruses** or **thesauri** /θɪˈsɔːraɪ/) (gen) trésor *m* (fig) ; (= lexicon) dictionnaire *m* synonymique ; (Comput) thésaurus *m*

**these** /ðiːz/ **DEM ADJ, PRON** pl of **this**

**theses** /ˈθiːsiːz/ **NPL** of **thesis**

**Theseus** /ˈθiːsɪəs/ **N** Thésée *m*

**thesis** /ˈθiːsɪs/ **SYN** **N** (pl **theses** /ˈθiːsiːz/) thèse *f*

**Thespian** /ˈθespɪən/
  **ADJ** (liter or hum) dramatique, de Thespis ◆ **his Thespian talents** son talent de comédien
  **N** (liter or hum = actor) comédien(ne) *m(f)*

**Thessalonians** /ˌθesəˈləʊnɪənz/ **NPL** Thessaloniciens *mpl*

**Thessaly** /ˈθesəlɪ/ **N** (Geog) Thessalie *f*

**Thetis** /ˈθiːtɪs/ **N** (Myth) Thétis *f*

**they** /ðeɪ/ **PERS PRON PL** ① ils *mpl*, elles *fpl* ; (stressed) eux *mpl*, elles *fpl* ◆ **they have gone** ils sont partis, elles sont parties ◆ **there they are!** les voilà ! ◆ **they are teachers** ce sont des professeurs ◆ **THEY know nothing about it** eux, ils n'en savent rien
  ② (= people in general) on ◆ **they say that...** on dit que...
  ③ (singular usage) il *m*, elle *f* ; (stressed) lui *m*, elle *f* ◆ **somebody called but they didn't give their name** quelqu'un a appelé, mais il or elle n'a pas donné son nom

**they'd** /ðeɪd/ ⇒ **they had**, **they would** ; → **have**, **would**

**they'll** /ðeɪl/ **they will** ; → **will**

**they're** /ðeəʳ/ **they are** ; → **be**

**they've** /ðeɪv/ **they have** ; → **have**

**thiamine** /ˈθaɪəmiːn/ **N** thiamine *f*

**thick** /θɪk/ **SYN**
  **ADJ** ① (= fat, heavy, dense) [slice, layer, wall, hair, moustache, smoke, sauce, waist] épais (-aisse *f*) ; [pile, lenses, coat] gros (grosse *f*) ; [lips, nose, wool, string, line, book] épais (-aisse *f*), gros (grosse *f*) ; [neck] épais (-aisse *f*), large ; [soup, cream, gravy] épais (-aisse *f*), consistant ; [beard, forest, vegetation, foliage] épais (-aisse *f*), touffu ; [fog] épais (-aisse *f*), dense ; [darkness, crowd] dense ; [hedge] (bien) fourni, touffu ; [honey] dur ◆ **to be 5cm thick** avoir 5 cm d'épaisseur ◆ **a 7cm thick door**, **a door 7cm thick** une porte de 7 cm d'épaisseur, une porte épaisse de 7 cm ◆ **how thick is it?** quelle est son épaisseur ? ◆ **to become thick(er)** [sauce, cream] épaissir ; [waist] (s')épaissir ; [fog, smoke, darkness, vegetation, crowd] s'épaissir ◆ **thick snow was falling** la neige tombait à gros flocons ◆ **he trudged through the thick snow** il avançait péniblement dans l'épaisse couche de neige ◆ **the leaves were thick on the ground** le sol était recouvert d'une épaisse couche de feuilles ◆ **antique shops are thick on the ground around here*** il y a une pléthore de magasins d'antiquités par ici ◆ **the air is very thick in here** ça sent le renfermé ici ◆ **to give someone a thick ear*** (Brit) tirer les oreilles à qn * ; → **skin**
  ② ◆ **thick with** ◆ **to be thick with dust** être couvert d'une épaisse couche de poussière ◆ **the streets are thick with people** les rues sont noires de monde ◆ **the streets are thick with traffic** la circulation est dense dans les rues ◆ **the water is thick with weeds** l'eau est envahie par les mauvaises herbes ◆ **thick with smoke** [air, atmosphere, room] enfumé ◆ **the air is thick with the smell of burning wood** l'air est imprégné d'une odeur de bois brûlé ◆ **the air is thick with rumours** la rumeur enfle ◆ **the air was thick with talk of his possible resignation** on parlait partout de son éventuelle démission
  ③ (Brit * = stupid) [person] bête ◆ **to get sth into one's thick head** se mettre qch dans le crâne * ◆ **as thick as two (short) planks** or **as a brick** bête comme ses pieds* ◆ **as thick as pigshit***** con comme un balai* or comme la lune*
  ④ (= unclear) [voice] pâteux ◆ **a voice thick with emotion** une voix chargée d'émotion ◆ **I woke up with a thick head** (from alcohol) je me suis réveillé avec la gueule de bois * ; (from fatigue) je me suis réveillé avec le cerveau embrumé
  ⑤ (= strong) [accent] fort
  ⑥ (Brit † * = unfair) ◆ **it's** or **that's a bit thick** ça, c'est un peu fort * or un peu raide *
  ⑦ ( * = friendly) ◆ **to be thick with sb** être copain (copine *f*) avec qn ◆ **they are very thick** ils sont comme cul et chemise * ◆ **to be (as) thick as thieves** (pej) s'entendre comme larrons en foire
  **ADV** [cut] en tranches épaisses ; [spread] en couche épaisse ◆ **the fumes hung thick over the pitch** il y avait une fumée épaisse au-dessus du terrain ◆ **the snow still lies thick on the mountains** il y a encore une épaisse couche de neige sur les montagnes ◆ **blows/arrows fell thick and fast** les coups/flèches pleuvaient (de partout) ◆ **the jokes came thick and fast** il y a eu une avalanche de plaisanteries ◆ **redundancies are coming thick and fast** il y a des licenciements à la pelle ◆ **the goals came thick and fast** les buts arrivaient à la pelle ◆ **to lay it on thick*** forcer un peu la dose *
  **N** (of finger, leg etc) partie *f* charnue ◆ **in the thick of the crowd** au cœur de la foule ◆ **in the thick of the fight** au cœur de la mêlée ◆ **they were in the thick of it** ils étaient en plein dedans ◆ **through thick and thin** à travers toutes les épreuves, contre vents et marées
  **COMP** **thick-knit ADJ** gros (grosse *f*), en grosse laine **N** gros chandail *m*, chandail *m* en grosse laine
  **thick-lipped ADJ** aux lèvres charnues, lippu
  **thick-skinned SYN ADJ** [orange] à la peau épaisse ; (fig) [person] peu sensible ◆ **he's very thick-skinned** c'est un dur, rien ne le touche
  **thick-skulled*, thick-witted* ADJ** obtus, borné
  **thick-wittedly* ADV** bêtement

**thicken** /ˈθɪkən/ **SYN**
  **VT** [+ sauce] épaissir, lier
  **VI** [branch, waist etc] s'épaissir ; [crowd] grossir ; [sauce etc] épaissir ; (fig) [mystery] s'épaissir ◆ → **plot**

**thickener** /ˈθɪkənəʳ/ **N** épaississant *m*

**thicket** /ˈθɪkɪt/ **N** fourré *m*, hallier *m* ; (fig) [of ideas, regulations] maquis *m*

**thickhead** * /ˈθɪkhed/ **N** andouille * *f*

**thickheaded*** /ˌθɪkˈhedɪd/ **ADJ** obtus, borné

**thickie*** /ˈθɪkɪ/ ⇒ **thicko**

**thickly** /ˈθɪklɪ/ **ADV** ① (= densely) [wooded, sown, planted, populated] densément ◆ **to grow thickly** [hair, fruit] pousser en abondance ◆ **the snow fell thickly** la neige tombait dru
  ② (= deeply) [spread, roll out] en couche épaisse ◆ **thickly spread with butter** couvert d'une épaisse couche de beurre ◆ **to sprinkle sth thickly with flour** saupoudrer qch d'une épaisse couche de farine ◆ **to sprinkle sth thickly with basil** saupoudrer généreusement qch de basilic ◆ **dust/snow lay thickly everywhere** il y avait une épaisse couche de poussière/de neige partout ◆ **thickly covered with** or **in dust** couvert d'une épaisse couche de poussière ◆ **thickly encrusted with mud** incrusté d'une épaisse couche de boue ◆ **thickly carpeted** couvert d'une épaisse moquette ◆ **the apples with which the grass was thickly strewn** les pommes qui jonchaient l'herbe
  ③ (= coarsely) [slice] en tranches épaisses
  ④ (= unclearly) [say] d'une voix pâteuse

**thickness** /ˈθɪknɪs/ **N** ① (NonC) [of slice, layer, wall] épaisseur *f* ; [of lips, nose, wool, line] épaisseur *f*, grosseur *f* ; [of fog, forest] épaisseur *f*, densité *f* ; [of hair] épaisseur *f*, abondance *f*
  ② (= layer) épaisseur *f* ◆ **three thicknesses of material** trois épaisseurs de tissu

**thicko*** /ˈθɪkəʊ/ **N** idiot(e) *m(f)*, crétin(e) * *m(f)*

**thickset** /ˌθɪkˈset/ **SYN ADJ** (and small) trapu, râblé ; (and tall) bien bâti, costaud *

**thicky*** /ˈθɪkɪ/ **N** ⇒ **thicko**

**thief** /θiːf/ **SYN**
  **N** (pl **thieves**) voleur *m*, -euse *f* ◆ **set a thief to catch a thief** (Prov) à voleur voleur et demi (Prov) ◆ **stop thief!** au voleur ! ◆ **to come/leave like a thief in the night** arriver/partir en douce * ; → **honour, thick**
  **COMP** **thieves' cant N** argot *m* du milieu
  **thieves' kitchen N** repaire *m* de brigands

**thieve** /θiːv/ **SYN VTI** voler

**thievery** /ˈθiːvərɪ/ **N** (NonC) vol *m*

**thieves** /θiːvz/ NPL of **thief**

**thieving** /ˈθiːvɪŋ/

ADJ [1] * ◆ **those thieving kids** ces petits voleurs ◆ **keep your thieving hands off!** enlève tes sales pattes de voleur de là ! *

[2] *(Mus)* ◆ **the Thieving Magpie** la Pie voleuse

N *(NonC)* vol *m*

**thievish** † /ˈθiːvɪʃ/ ADJ voleur, de voleur

**thigh** /θaɪ/

N cuisse *f*

COMP **thigh boots** NPL cuissardes *fpl*

**thighbone** /ˈθaɪbəʊn/ N fémur *m*

**thimble** /ˈθɪmbl/ N dé *m* (à coudre)

**thimbleful** /ˈθɪmblfʊl/ N *(fig)* doigt *m*, goutte *f*

**thin** /θɪn/ SYN

ADJ [1] *(= lean, not thick) [person, face, legs, arms, animal]* maigre ; *[lips, waist, nose, layer, slice, strip, sheet]* mince ; *[line, thread, wire]* fin ; *[cloth, garment]* fin, léger ; *[book, mattress, wall]* peu épais (-aisse *f*), mince ◆ **thin string** petite ficelle ◆ **a thin stroke** *(with pen)* un trait mince *or* fin, un délié ◆ **to get thin(ner)** *[person]* maigrir ◆ **as thin as a rake** *[person]* maigre comme un clou ◆ **it's the thin end of the wedge** c'est s'engager sur une pente savonneuse ◆ **to be (skating** *or* **treading) on thin ice** *(fig)* être sur un terrain glissant ; → **line**[1], **skin**, **wear**

[2] *(= runny) [liquid, oil]* fluide ; *[soup, sauce, gravy]* clair, clairet *(pej)* ; *[paint]* peu épais (-aisse *f*), liquide ; *[cream, honey, mud]* liquide ◆ **to make thinner** *[+ soup, sauce]* éclaircir, délayer

[3] *(= not dense) [smoke, fog, cloud]* léger ; *[air, atmosphere]* raréfié ◆ **to become thinner** *[smoke etc]* se dissiper ; *[air]* se raréfier ◆ **to disappear** *or* **vanish into thin air** se volatiliser, disparaître (d'un seul coup) sans laisser de traces ◆ **to appear out of thin air** apparaître comme par magie ◆ **to produce** *or* **conjure sth out of thin air** faire apparaître qch comme par magie

[4] *(= sparse) [crowd]* épars ; *[hair, beard, eyebrows, hedge]* clairsemé ◆ **to become thinner** *[crowd, plants, trees, hair]* s'éclaircir ◆ **to be thin on the ground** * *(esp Brit)* être rare ◆ **good news has been thin on the ground** * **lately** les bonnes nouvelles se font rares ces derniers temps ◆ **to be thin on top** * *(= balding)* être dégarni * ◆ **to be getting thin on top** * *(= balding)* se dégarnir *

[5] *(= feeble) [excuse, argument, evidence, plot]* peu convaincant ; *[script]* médiocre ; *[smile, majority]* faible ◆ **his disguise was rather thin** son déguisement a été facilement percé à jour

[6] *[voice]* grêle , fluet ; *[sound]* aigu (-guë *f*)

[7] *(Fin) [profit]* maigre ◆ **trading was thin today** le marché était peu actif aujourd'hui ◆ **to have a thin time (of it)** * passer par une période de vaches maigres

ADV *[spread]* en couche fine *or* mince ; *[cut]* en tranches fines *or* minces

VT *[+ paint]* étendre, délayer ; *[+ sauce]* allonger, délayer ; *[+ trees]* éclaircir ; *[+ hair]* désépaissir

VI *[fog, crowd]* se disperser, s'éclaircir ; *[numbers]* se réduire, s'amenuiser ◆ **his hair is thinning, he's thinning on top** * il perd ses cheveux, il se dégarnit *

COMP **thin-lipped** ADJ aux lèvres minces *or* fines ; *(with rage etc)* les lèvres pincées

**thin-skinned** SYN ADJ *[orange]* à la peau fine ; *(fig) [person]* susceptible

▸ **thin down**

VI *[person]* maigrir

VT SEP *[+ paint]* étendre, délayer ; *[+ sauce]* allonger

▸ **thin out**

VI *[crowd, fog]* se disperser, s'éclaircir

VT SEP *[+ seedlings, trees]* éclaircir ; *[+ numbers, population]* réduire ; *[+ crowd]* disperser ; *[+ workforce]* réduire, dégraisser

**thine** /ðaɪn/ (†† *or liter*)

POSS PRON le tien, la tienne, les tiens, les tiennes

POSS ADJ ton, ta, tes

**thing** /θɪŋ/ SYN N [1] *(gen)* chose *f* ; *(= object)* chose *f*, objet *m* ◆ **surrounded by beautiful things** entouré de belles choses *or* de beaux objets ◆ **thing of beauty** bel objet *m*, belle chose *f* ◆ **such things as money, fame...** des choses comme l'argent, la gloire... ◆ **he's interested in ideas rather than things** ce qui l'intéresse ce sont les idées et non pas les objets ◆ **things of the mind appeal to him** il est attiré par les choses de l'esprit ◆ **the thing he loves most is his car** ce qu'il aime le plus au monde c'est sa voiture ◆ **what's that thing?** qu'est-ce que c'est que cette chose-là *or* ce machin-là * *or* ce truc-là * ? ◆ **the good things in life** les plaisirs *mpl* de la vie ◆ **he thinks the right things** il pense comme il faut ◆ **she likes sweet things** elle aime les sucreries *fpl* ◆ **you've been hearing things!** tu as dû entendre des voix !

[2] *(= belongings)* ◆ **things** affaires *fpl* ◆ **have you put away your things?** as-tu rangé tes affaires ? ◆ **to take off one's things** se débarrasser de son manteau *etc* ◆ **do take your things off!** débarrassez-vous (donc) ! ◆ **have you got your swimming things?** as-tu tes affaires de bain ? ◆ **have you got any swimming things?** as-tu ce qu'il faut pour aller te baigner ? ◆ **where are the first-aid things?** où est la trousse de secours ?

[3] *(= affair, item, circumstance)* chose *f* ◆ **I've two things still to do** j'ai encore deux choses à faire ◆ **the things she said!** les choses qu'elle a pu dire ! ◆ **the next thing to do is...** ce qu'il y a à faire maintenant c'est... ◆ **the best thing would be to refuse** le mieux serait de refuser ◆ **that's a fine** *or* **nice thing to do!** *(iro)* c'est vraiment la chose à faire ! ◆ **what sort of (a) thing is that to say to anyone?** ça n'est pas une chose à dire (aux gens) ◆ **the last thing on the agenda** le dernier point à l'ordre du jour ◆ **you take the thing too seriously** tu prends la chose trop au sérieux ◆ **you worry about things too much** tu te fais trop de soucis ◆ **I must think things over** il faut que j'y réfléchisse ◆ **how are things with you?** et vous, comment ça va ? ◆ **how's things?** * comment va ? ◆ **as things are** dans l'état actuel des choses ◆ **things are going from bad to worse** les choses vont de mal en pis ◆ **since that's how things are** puisque c'est comme ça, puisqu'il en est ainsi ◆ **I believe in honesty in all things** je crois à l'honnêteté en toutes circonstances ◆ **to expect great things of sb/sth** attendre beaucoup de qn/qch ◆ **they were talking of one thing and another** ils parlaient de choses et d'autres ◆ **taking one thing with another** à tout prendre, somme toute ◆ **the thing is to know when he's likely to arrive** ce qu'il faut c'est savoir *or* la question est de savoir à quel moment il devrait en principe arriver ◆ **the thing is this:...** voilà de quoi il s'agit :... ◆ **the thing is, she'd already seen him** en fait, elle l'avait déjà vu, mais elle l'avait déjà vu ◆ **it's a strange thing, but...** c'est drôle, mais... ◆ **it is one thing to use a computer, quite another to know how it works** utiliser un ordinateur est une chose, en connaître le fonctionnement en est une autre ◆ **for one thing, it doesn't make sense** d'abord *or* en premier lieu, ça n'a pas de sens ◆ **and (for) another thing, I'd already spoken to him** et en plus, je lui avais déjà parlé ◆ **it's a good thing I came** heureusement que je suis venu ◆ **he's on to a good thing** * il a trouvé le filon * ◆ **it's the usual thing, he hadn't checked the petrol** c'est le truc * *or* le coup * classique, il avait oublié de vérifier l'essence ◆ **that was a near** *or* **close thing** *(of accident)* vous l'avez (*or* il l'a *etc*) échappé belle ; *(of result of race, competition etc)* il s'en est fallu de peu ◆ **it's just one of those things** ce sont des choses qui arrivent ◆ **it's just one (damn) thing after another** * les embêtements se succèdent ◆ **I didn't understand a thing of what he was saying** je n'ai pas compris un mot de ce qu'il disait ◆ **I hadn't done a thing about it** je n'avais strictement rien fait ◆ **he knows a thing or two** il s'y connaît ◆ **he's in London doing his own thing** * il est à Londres et fait ce qui lui plaît *or* chante * ◆ **she's gone off to do her own thing** * elle est partie chercher sa voie *or* faire ce qui lui plaît ◆ **she's got a thing about spiders** * elle a horreur des araignées, elle a la phobie des araignées ◆ **he's got a thing about blondes** * il a un faible pour les blondes ◆ **he made a great thing of my refusal** * quand j'ai refusé il en a fait toute une histoire *or* tout un plat * ◆ **don't make a thing of it!** * n'en fais pas tout un plat ! *, ne monte pas ça en épingle ! ◆ **he had a thing** * **with her two years ago** il a eu une liaison avec elle il y a deux ans ◆ **he's got a thing** * **for her** il en pince pour elle * ◆ **Mr Thing** * **rang up** Monsieur Chose * *or* Monsieur Machin * a téléphoné ; → **equal**, **first**, **such**

[4] *(= person, animal)* créature *f* ◆ **(you) poor little thing!** pauvre petit(e) ! ◆ **poor thing, he's very ill** le pauvre, il est très malade ◆ **she's a spiteful thing** c'est une rosse * ◆ **you horrid thing!** * chameau ! * ◆ **I say, old thing** † * dis donc (mon) vieux

[5] *(= best, most suitable etc thing)* ◆ **that's just the thing for me** c'est tout à fait *or* justement ce qu'il me faut ◆ **just the thing!, the very thing!** *(of object)* voilà tout à fait *or* justement ce qu'il me (*or* nous *etc*) faut ! ; *(of idea, plan)* c'est l'idéal ! ◆ **homeopathy is the thing nowadays** l'homéopathie c'est la grande mode aujourd'hui ◆ **it's the in thing** * c'est le truc * à la mode ◆ **that's not the thing to do** cela ne se fait pas ◆ **it's quite the thing nowadays** ça se fait beaucoup aujourd'hui ◆ **I don't feel quite the thing** * **today** je ne suis pas dans mon assiette aujourd'hui ◆ **he looks quite the thing** * **in those trousers** il est très bien *or* chic avec ce pantalon ◆ **this is the latest thing in computer games** c'est le dernier cri en matière de jeux électroniques

**thingumabob** * /ˈθɪŋəmɪbɒb/, **thingumajig** * /ˈθɪŋəmɪdʒɪg/, **thingummy(jig)** * /ˈθɪŋəmɪ(dʒɪg)/, **thingy** * /ˈθɪŋɪ/ N *(= object)* machin * *m*, truc * *m*, bidule * *m* ; *(= person)* Machin(e) * *m(f)*, trucmuche * *mf*

**think** /θɪŋk/ LANGUAGE IN USE 2.2, 6, 8, 24.4, 26.2, 26.3

SYN (vb: pret, ptp **thought**)

N * ◆ **I'll have a think about it** j'y penserai ◆ **to have a good think about sth** bien réfléchir à qch ◆ **you'd better have another think about it** tu ferais bien d'y repenser ◆ **he's got another think coming!** il se fait des illusions !, il faudra qu'il y repense *subj* !

VI [1] *(gen)* réfléchir, penser ◆ **think carefully** réfléchissez bien ◆ **think twice before agreeing** réfléchissez-y à deux fois avant de donner votre accord ◆ **think again!** *(= reflect on it)* repensez-y ! ; *(= have another guess)* ce n'est pas ça, recommence ! ◆ **let me think** que je réfléchisse *, laissez-moi réfléchir ◆ **I think, therefore I am** je pense, donc je suis ◆ **to think ahead** prévoir, anticiper ◆ **to think aloud** penser tout haut ◆ **to think big** * avoir de grandes idées, voir les choses en grand ◆ **I don't think!** * *(iro)* ça m'étonnerait !

[2] *(= have in one's thoughts)* penser ; *(= devote thought to)* réfléchir *(of, about* à*)* ◆ **I was thinking about** *or* **of you yesterday** je pensais à vous hier ◆ **I think of you always** je pense toujours à toi ◆ **what are you thinking about?** à quoi pensez-vous ? ◆ **I'm thinking of** *or* **about resigning** je pense à donner ma démission ◆ **he was thinking of** *or* **about suicide** il pensait au suicide ◆ **think of a number** pense à un chiffre ◆ **you can't think of everything** on ne peut pas penser à tout ◆ **he's always thinking of** *or* **about money, he thinks of** *or* **about nothing but money** il ne pense qu'à l'argent ◆ **it's not worth thinking about** ça ne vaut pas la peine d'y penser ◆ **(you) think about it!, think on it!** († *or liter*) pensez-y !, songez-y ! ◆ **and to think of him going there alone!** quand on pense qu'il y est allé tout seul !, (et) dire qu'il y est allé tout seul ! ◆ **I'll think about it** j'y penserai, je vais y réfléchir ◆ **I'll have to think about it** il faudra que j'y réfléchisse *or* pense *subj* ◆ **that's worth thinking about** cela mérite réflexion ◆ **you've given us so much to think about** vous nous avez tellement donné matière à réfléchir ◆ **come to think of it, when you think about it** en y réfléchissant (bien) ◆ **I've got too many things to think of** *or* **about just now** j'ai trop de choses en tête en ce moment ◆ **what else is there to think about?** c'est ce qu'il y a de plus important *or* intéressant ◆ **there's so much to think about** il y a tant de choses à prendre en considération ◆ **what were you thinking of** *or* **about!** où avais-tu la tête ? ◆ **I wouldn't think of such a thing!** ça ne me viendrait jamais à l'idée ! ◆ **would you think of letting him go alone?** vous le laisseriez partir seul, vous ? ◆ **sorry, I wasn't thinking** pardon, je n'ai pas réfléchi ◆ **I didn't think to ask** *or* **of asking if you...** je n'ai pas eu l'idée de demander si tu...

[3] *(= remember, take into account)* penser *(of* à*)* ◆ **he thinks of nobody but himself** il ne pense qu'à lui ◆ **he's got his children to think of** *or* **about** il faut qu'il pense *subj* à ses enfants ◆ **think of the cost of it!** rends-toi compte de la dépense ! ◆ **to think of** *or* **about sb's feelings** considérer les sentiments de qn ◆ **that makes me think of the day when...** cela me fait penser au *or* me rappelle le jour où... ◆ **I can't think of her name** je n'arrive pas à me rappeler son nom ◆ **I couldn't think of the right word** le mot juste ne me venait pas

[4] *(= imagine)* ◆ **to think (of)** imaginer ◆ **think what might have happened** imagine ce qui aurait pu arriver ◆ **just think!** imagine un peu ! ◆ **(just) think, we could go to Spain** rends-toi compte, nous pourrions aller en Espagne ◆ **think of me in a bikini!** imagine-moi en bikini ® ! ◆ **think of her as a teacher** considère-la comme un professeur

5 *(= devise etc)* ◆ **to think of** avoir l'idée de ◆ **I was the one who thought of inviting him** c'est moi qui ai eu l'idée de l'inviter ◆ **what will he think of next?** qu'est-ce qu'il va encore inventer ? ◆ **he has just thought of a clever solution** il vient de trouver une solution astucieuse ◆ **think of a number** pense à un chiffre

6 *(= have as opinion)* penser *(of* de) ◆ **to think well** *or* **highly** *or* **a lot of sb/sth** penser le plus grand bien de qn/qch, avoir une haute opinion de qn/qch ◆ **he is very well thought of in France** il est très respecté en France ◆ **I don't think much of him** je n'ai pas une haute opinion de lui ◆ **I don't think much of that idea** cette idée ne me dit pas grand-chose ◆ **to think better of doing sth** décider à la réflexion de ne pas faire qch ◆ **he thought (the) better of it** il a changé d'avis ◆ **to think the best/the worst of sb** avoir une très haute/très mauvaise opinion de qn ◆ **to think nothing of doing sth** *(= do as a matter of course)* trouver tout naturel de faire qch ; *(= do unscrupulously)* n'avoir aucun scrupule à faire qch ◆ **think nothing of it!** mais je vous en prie !, mais pas du tout ! ◆ **you wouldn't think like that if you'd lived there** tu ne verrais pas les choses de cette façon si tu y avais vécu ; → **fit**[1]

**VT** 1 *(= be of opinion, believe)* penser, croire ◆ **I think so/not** je pense *or* crois que oui/non ◆ **what do you think?** qu'est-ce que tu (en) penses ? ◆ **I don't know what to think** je ne sais (pas) qu'en penser ◆ **I think it will rain** je pense *or* crois qu'il va pleuvoir ◆ **I don't think he came** je ne pense *or* crois pas qu'il soit venu ◆ **I don't think he will come** je ne pense pas qu'il vienne *or* qu'il viendra ◆ **what do you think I should do?** que penses-tu *or* crois-tu que je doive faire ? ◆ **I thought so** *or* **as much!** je m'y attendais !, je m'en doutais ! ◆ **I hardly think it likely that...** cela m'étonnerait beaucoup que... + *subj* ◆ **she's pretty, don't you think?** elle est jolie, tu ne trouves pas ? ◆ **what do you think of him?** comment le trouves-tu ? ◆ **I can guess what you are thinking** je devine ta pensée ◆ **who do you think you are?** pour qui te prends-tu ? ◆ **I never thought he'd look like that** je n'aurais jamais cru qu'il ressemblerait à ça ◆ **you must think me very rude** vous devez me trouver très impoli ◆ **he thinks he is intelligent, he thinks himself intelligent** il se croit *or* se trouve intelligent ◆ **they are thought to be rich** ils passent pour être riches ◆ **I didn't think to see you here** je ne m'attendais pas à vous voir ici ; see also **vt 4** ◆ **he thinks money the whole time*** il ne s'intéresse qu'à l'argent ; → **world**

2 *(= conceive, imagine)* (s')imaginer ◆ **think what we could do with that house!** imagine ce que nous pourrions faire de cette maison ! ◆ **I can't think what he means!** je ne vois vraiment pas ce qu'il veut dire ! ◆ **you would think he'd have known that already** on aurait pu penser qu'il le savait déjà ◆ **anyone would think he owns the place!** il se prend pour le maître des lieux celui-là ! ◆ **who would have thought it!** qui l'aurait dit ! ◆ **I'd have thought she'd be more upset** j'aurais pensé qu'elle aurait été plus contrariée ◆ **to think that she's only ten!** et dire qu'elle n'a que dix ans !, quand on pense qu'elle n'a que dix ans !

3 *(= reflect)* penser à ◆ **just think what you're doing!** pense un peu à ce que tu fais ! ◆ **we must think how we can do it** il faut réfléchir à la façon dont nous allons pouvoir le faire ◆ **I was thinking (to myself) how ill he looked** je me disais qu'il avait l'air bien malade

4 *(= remember)* ◆ **did you think to bring it?** tu n'as pas oublié de l'apporter ? ◆ **I didn't think to let him know** il ne m'est pas venu à l'idée *or* je n'ai pas eu l'idée de le mettre au courant

**COMP think-piece** N *(Press)* article *m* de fond
**think tank*** N groupe *m or* cellule *f* de réflexion

▸ **think back** VI repenser *(to* à), essayer de se souvenir *or* se rappeler *(to* de) ◆ **he thought back, and replied...** il a fait un effort de mémoire, et a répliqué...

▸ **think out** VT SEP *[+ problem, proposition]* réfléchir sérieusement à, étudier ; *[+ plan]* élaborer, préparer ; *[+ answer, move]* réfléchir sérieusement à, préparer ◆ **that needs thinking out** il faut y réfléchir à fond ◆ **well-thought-out** bien conçu

▸ **think over** VT SEP *[+ offer, suggestion]* (bien) réfléchir à, peser ◆ **think things over carefully first** pèse bien le pour et le contre auparavant ◆ **I'll have to think it over** il va falloir que j'y réfléchisse

▸ **think through** VT SEP *[+ plan, proposal]* examiner en détail *or* par le menu, considérer dans tous ses détails

▸ **think up** VT SEP *[+ plan, scheme, improvement]* avoir l'idée de ; *[+ answer, solution]* trouver ; *[+ excuse]* inventer ◆ **who thought up that idea?** qui a eu cette idée ? ◆ **what will he think up next?** qu'est-ce qu'il va encore bien pouvoir inventer ?

**thinkable** /ˈθɪŋkəbl/ ADJ ◆ **it's not thinkable that...** il n'est pas pensable *or* concevable *or* imaginable que... + *subj*

**thinker** /ˈθɪŋkəʳ/ SYN N penseur *m*, -euse *f*

**thinking** /ˈθɪŋkɪŋ/ SYN

**ADJ** *[being, creature, mind]* rationnel ; *[machine]* pensant ◆ **to any thinking person, this...** pour toute personne douée de raison, ceci... ◆ **the thinking man** l'intellectuel *m* ◆ **the thinking woman's sex symbol** le sex-symbol de l'intellectuelle ◆ **the thinking man's crumpet**⁑ la pin up pour intellectuel ◆ **the thinking woman's crumpet**⁑ le mâle pour intellectuelle

**N** *(= act)* pensée *f*, réflexion *f* ; *(= thoughts collectively)* opinions *fpl (on, about* sur) ◆ **I'll have to do some (hard) thinking about it** il va falloir que j'y réfléchisse sérieusement ◆ **current thinking on this** les opinions actuelles là-dessus ◆ **to my way of thinking** à mon avis ◆ **that may be his way of thinking, but...** c'est peut-être comme ça qu'il voit les choses, mais... ; → **wishful**

**COMP thinking cap** N ◆ **to put on one's thinking cap*** cogiter*
**thinking pattern** N modèle *m* de pensée
**the thinking process** N le processus de pensée
**thinking time** N ◆ **to give sb some thinking time** donner à qn un peu de temps pour réfléchir, laisser à qn un délai de réflexion

**thinly** /ˈθɪnlɪ/ ADV 1 *[slice, cut]* en tranches fines *or* minces

2 *[spread, roll out]* en couche fine *or* mince ◆ **toast thinly spread with butter** du pain grillé sur lequel on a étalé une fine *or* mince couche de beurre

3 ◆ **to be thinly populated** avoir une population éparse *or* clairsemée ◆ **thinly wooded** peu boisé ◆ **thinly scattered** épars ◆ **the meeting was thinly attended** la réunion n'a pas attiré grand monde ◆ **thinly spread resources** des ressources disséminées ◆ **a criticism thinly disguised as a compliment** une critique à peine déguisée en compliment ◆ **a thinly veiled accusation** une accusation à peine voilée ◆ **a thinly veiled attempt** une tentative mal dissimulée

4 ◆ **to sow seeds thinly** faire un semis clair ◆ **to smile thinly** avoir un faible sourire

**thinner** /ˈθɪnəʳ/

**N** *(for paint etc)* diluant *m*

**ADJ** compar of **thin**

**thinness** /ˈθɪnnɪs/ N (NonC) 1 *(= leanness, lack of thickness) [of person, legs, arms, face, animal]* maigreur *f* ; *[of waist, fingers, nose, layer, slice, strip, paper]* minceur *f* ; *[of wall, book, clothes]* minceur *f* ; *[of thread, wire]* finesse *f* ; *[of cloth, garment]* finesse *f*, légèreté *f*

2 *(= runniness) [of liquid, oil]* légèreté *f*, fluidité *f* ; *[of soup, gravy, sauce, paint]* manque *m* d'épaisseur ; *[of cream, honey, mud]* consistance *f* liquide

3 *[of smoke, fog, cloud]* légèreté *f* ◆ **the thinness of the air** *or* **atmosphere** le manque d'oxygène

4 *(= sparseness) [of hair, beard, eyebrows, hedge]* aspect *m* clairsemé ◆ **disappointed by the thinness of the crowd** déçu qu'il y ait si peu de monde

5 *(= feebleness) [of excuse, evidence, plot, plans, smile, majority]* faiblesse *f* ; *[of script]* médiocrité *f*

6 *[of voice]* timbre *m* grêle *or* fluet ; *[of sound]* timbre *m* aigu

7 *(Fin) [of profits, margins]* maigreur *f*

**thioalcohol** /ˈ"θaɪəʊˈælkəˈhɒl/ N thioalcool *m*

**thiol** /ˈθaɪɒl/ N thiol *m*

**thiosulphate** /ˌθaɪəʊˈsʌlfeɪt/ N thiosulfate *m*

**thiosulphuric** /ˌθaɪəʊsʌlˈfjʊərɪk/ ADJ ◆ **thiosulphuric acid** acide *m* thiosulfurique

**third** /θɜːd/

**ADJ** troisième ◆ **in the presence of a third person** en présence d'une tierce personne *or* d'un tiers ◆ **in the third person** *(Gram)* à la troisième personne ◆ **(it's/it was) third time lucky!** la troisième fois sera/a été la bonne ! ◆ **the third finger** le majeur, le médius ◆ **to be a third wheel** *(US)* tenir la chandelle ◆ **the third way** *(Pol)* la troisième voie ; see also **comp** ; *pour autres loc voir* **sixth**

**N** 1 troisième *mf* ; *(= fraction)* tiers *m* ; *(Mus)* tierce *f* ; *pour loc voir* **sixth**

2 *(Univ = degree)* ≃ licence *f* sans mention

3 (also **third gear**) troisième vitesse *f* ◆ **in third** en troisième

**NPL thirds** *(Comm)* articles *mpl* de troisième choix *or* de qualité inférieure

**ADV** 1 *(in race, exam, competition)* en troisième place *or* position ◆ **he came** *or* **was placed third** il s'est classé troisième

2 *(on train)* ◆ **to travel third** voyager en troisième

3 ⇒ **thirdly**

**COMP Third Age** N troisième âge *m*
**third-class** ADJ → **third-class**
**third degree** N ◆ **to give sb the third degree*** *(= torture)* passer qn à tabac⁑ ; *(= question closely)* cuisiner⁑ qn
**third-degree burns** NPL brûlures *fpl* du troisième degré
**the third estate** N le tiers état
**Third International** N *(Hist)* IIIe Internationale *f*
**Third Market** N *(Stock Exchange)* troisième marché *m* de Londres
**Third Order** N tiers ordre *m*
**third party** N *(Jur)* tierce personne *f*, tiers *m* ◆ **third party (indemnity) insurance** (assurance *f*) responsabilité *f* civile
**third party, fire and theft** N *(Insurance)* assurance *f* au tiers, vol et incendie
**third-rate** SYN ADJ de très médiocre qualité
**Third World** N tiers-monde *m* ADJ *[poverty etc]* du tiers-monde

**third-class** /ˈθɜːdˈklɑːs/

**ADJ** *(lit)* de troisième classe ; *[hotel]* de troisième catégorie, de troisième ordre ; *[train ticket, compartment]* de troisième (classe) ; *(fig pej) [meal, goods]* de qualité très inférieure ◆ **third-class seat** *(on train)* troisième *f* ◆ **third-class degree** *(Univ)* **n**

**N** *(Univ:* also **third-class degree)** ≃ licence *f* sans mention

**ADV** 1 *(on train †)* ◆ **to travel third-class** voyager en troisième

2 *(US Post)* tarif *m* « imprimés »

**thirdly** /ˈθɜːdlɪ/ LANGUAGE IN USE 26.2 ADV troisièmement, en troisième lieu

**thirst** /θɜːst/ SYN

**N** *(lit, fig)* soif *f (for* de) ◆ **I've got a real thirst on (me)*** j'ai la pépie*

**VI** *(lit, fig : liter)* avoir soif *(for* de) ◆ **thirsting for revenge** assoiffé de vengeance ◆ **thirsting for blood** altéré *or* assoiffé de sang

**thirstily** /ˈθɜːstɪlɪ/ ADV *(lit, fig)* avidement

**thirsty** /ˈθɜːstɪ/ SYN ADJ 1 *[person, animal, plant]* qui a soif, assoiffé *(liter)* ; *[land]* qui manque d'eau ; * *[car]* qui consomme beaucoup, gourmand* ◆ **to be** *or* **feel thirsty** avoir soif ◆ **to make sb thirsty** donner soif à qn ◆ **it's thirsty work!** ça donne soif !

2 *(liter = eager)* ◆ **to be thirsty for sth** avoir soif de qch, être assoiffé de qch ◆ **to be thirsty for sb's blood** vouloir la peau de qn

**thirteen** /θɜːˈtiːn/

**ADJ** treize *inv*

**N** treize *m inv* ; *pour loc voir* **six**

**PRON** treize ◆ **there are thirteen** il y en a treize

**thirteenth** /ˈθɜːtiːnθ/

**ADJ** treizième

**N** treizième *mf* ; *(= fraction)* treizième *m* ; *pour loc voir* **sixth**

**thirtieth** /ˈθɜːtɪɪθ/

**ADJ** trentième

**N** trentième *mf* ; *(= fraction)* trentième *m* ; *pour loc voir* **sixth**

**thirty** /ˈθɜːtɪ/

**ADJ** trente *inv* ◆ **about thirty books** une trentaine de livres ◆ **thirty pieces of silver** *(fig)* les trente deniers de Judas, l'argent de la trahison

**N** trente *m inv* ◆ **about thirty** une trentaine ; *pour autres loc voir* **sixty**

**PRON** trente ◆ **there are thirty** il y en a trente

**COMP thirty-second note** N *(US Mus)* triple croche *f*
**Thirty-Share Index** N *(Brit) indice des principales valeurs industrielles*
**thirty-twomo** N (pl **thirty-twomos**) *(Typography)* in-trente-deux *m inv*
**the Thirty Years' War** N *(Hist)* la guerre de Trente Ans

**this** /ðɪs/

**DEM ADJ** (pl **these**) [1] ce, cet *before vowel and mute h*, cette *f*, ces *pl* ◆ **who is this man?** qui est cet homme ? ◆ **whose are these books?** à qui sont ces livres ? ◆ **these photos you asked for** les photos que vous avez réclamées ◆ **this week** cette semaine ◆ **this time last week** la semaine dernière à pareille heure ◆ **this time next year** l'année prochaine à la même époque ◆ **this coming week** la semaine prochaine *or* qui vient ◆ **it all happened this past half-hour** tout est arrivé dans la demi-heure qui vient de s'écouler ◆ **I've been waiting this past half-hour** voilà une demi-heure que j'attends, j'attends depuis une demi-heure ◆ **how's this hand of yours?** et votre main, comment va-t-elle ? ◆ **this journalist (fellow) you were going out with*** ce journaliste, là, avec qui tu sortais* ◆ **this journalist came up to me in the street*** il y a un journaliste qui est venu vers moi dans la rue

[2] *(stressed, or as opposed to that, those)* ce *or* cet *or* cette *or* ces...-ci ◆ **I mean THIS book** c'est de ce livre-ci que je parle ◆ **I like this photo better than that one** je préfère cette photo-ci à celle-là ◆ **this chair (over) here** cette chaise-ci ◆ **the leaf was blowing this way and that** la feuille tournoyait de-ci de-là ◆ **she ran that way and this** elle courait dans tous les sens

**DEM PRON** (pl **these**) [1] ceci, ce ◆ **what is this?** qu'est-ce que c'est (que ceci) ? ◆ **whose is this?** à qui appartient ceci ? ◆ **who's this?** *(gen)* qui est-ce ? ; *(on phone)* qui est à l'appareil ? ◆ **this is it** *(gen)* c'est cela ; *(agreeing)* exactement, tout à fait ; *(before action)* cette fois, ça y est ◆ **this is my son** *(in introduction)* je vous présente mon fils ; *(in photo etc)* c'est mon fils ◆ **this is the boy I told you about** c'est *or* voici le garçon dont je t'ai parlé ◆ **this is Glenys Knowles** *(on phone)* ici Glenys Knowles, Glenys Knowles à l'appareil ◆ **this is Tuesday** nous sommes mardi ◆ **but this is May** mais nous sommes en mai ◆ **this is what he showed me** voici ce qu'il m'a montré ◆ **this is where we live** c'est ici que nous habitons ◆ **I didn't want you to leave like this!** je ne voulais pas que tu partes comme ça ! ◆ **it was like this...** voici comment les choses se sont passées... ◆ **do it like this** faites-le comme ceci ◆ **after this things got better** après ceci les choses se sont arrangées ◆ **before this I'd never noticed him** je ne l'avais jamais remarqué auparavant ◆ **it ought to have been done before this** cela devrait être déjà fait ◆ **we were talking of this and that** nous bavardions de choses et d'autres ◆ **at this she burst into tears** sur ce, elle éclata en sanglots ◆ **with this he left us** sur ces mots il nous a quittés ◆ **what's all this I hear about your new job?** qu'est-ce que j'apprends, vous avez un nouvel emploi ? ◆ **they'll be demanding this, that and the next thing*** ils vont exiger toutes sortes de choses

[2] *(this one)* celui-ci *m*, celle-ci *f*, ceux-ci *mpl*, celles-ci *fpl* ◆ **I prefer that to this** je préfère celui-là à celui-ci (*or* celle-là à celle-ci) ◆ **how much is this?** combien coûte celui-ci (*or* celle-ci) ? ◆ **these over here** ceux-ci (*or* celles-ci) ◆ **not these!** pas ceux-ci (*or* celles-ci) !

**ADV** ◆ **it was this long** c'était aussi long que ça ◆ **he had come this far** il était venu jusqu'ici ; *(in discussions etc)* il avait fait tant de progrès ; → **much**

**thistle** /ˈθɪsl/ **N** chardon *m*

**thistledown** /ˈθɪsldaʊn/ **N** duvet *m* de chardon

**thistly** /ˈθɪslɪ/ **ADJ** *[ground]* couvert de chardons

**thither** †† /ˈðɪðəʳ/ **ADV** y *before vb*, là ; → **hither**

**thitherto** /ðɪðəˈtuː/ **ADV** jusqu'alors

**thixotropic** /ˌθɪksəˈtrɒpɪk/ **ADJ** thixotrope

**tho(')** * /ðəʊ/ → **though**

**thole¹** /θəʊl/ **N** *[of boat]* tolet *m*

**thole²** †† /θəʊl/ **VT** *(dial)* supporter

**tholos** /ˈθəʊlɒs/ **N** (pl **tholoi** /ˈθəʊlɔɪ/) tholos *f*

**Thomas** /ˈtɒməs/ **N** Thomas *m* ; → **doubt**

**Thomism** /ˈtəʊmɪzəm/ **N** *(Philos)* thomisme *m*

**Thomist** /ˈtəʊmɪst/ **N** *(Philos)* thomiste *mf*

**thong** /θɒŋ/ **N** [1] *[of whip]* lanière *f*, longe *f* ; *(on garment)* lanière *f*, courroie *f*

[2] *(= underwear)* string *m*

[3] *(US, Austral = flip-flop)* tong *f*

**Thor** /θɔːʳ/ **N** *(Myth)* T(h)or *m*

**thoracentesis** /ˌθɔːrəsenˈtiːsɪs/, **thoracocentesis** /ˌθɔːrəkəʊsenˈtiːsɪs/ **N** thoracentèse *f*

**thoraces** /ˈθɔːrəˌsiːz/ **NPL** of **thorax**

**thoracic** /θɔːˈræsɪk/

**ADJ** *[muscle, vertebrae, area]* thoracique ◆ **thoracic spine** vertèbres *fpl* dorsales ◆ **thoracic surgeon** spécialiste *mf* de chirurgie thoracique

**COMP** **thoracic duct** **N** canal *m* thoracique

**thorax** /ˈθɔːræks/ **N** (pl **thoraxes** *or* **thoraces**) thorax *m*

**thorite** /ˈθɔːraɪt/ **N** thorite *f*

**thorium** /ˈθɔːrɪəm/ **N** thorium *m*

**thorn** /θɔːn/ SYN

**N** *(= spike)* épine *f* ; *(NonC:* also **hawthorn***)* aubépine *f* ◆ **to be a thorn in sb's side** *or* **flesh** être une source d'irritation constante pour qn ◆ **that was the thorn in his flesh** c'était sa bête noire ; → **rose²**

**COMP** **thorn apple** **N** stramoine *f*, pomme *f* épineuse

**thorn bush** **N** buisson *m* épineux

**thornback** /ˈθɔːnbæk/ **N** *(= fish :* also **thornback ray***)* raie *f* bouclée

**thornless** /ˈθɔːnlɪs/ **ADJ** sans épines, inerme *(Bot)*

**thorny** /ˈθɔːnɪ/ SYN **ADJ** *(lit, fig)* épineux

**thoron** /ˈθɔːrɒn/ **N** *(Chem)* thoron *m*

**thorough** /ˈθʌrə/ SYN **ADJ** [1] *(= careful) [person, worker]* méthodique, qui fait les choses à fond ; *[work, investigation, preparation, analysis, training]* approfondi ; *[review]* complet (-ète *f*) ; *[consideration]* ample ◆ **a thorough grounding in English** des bases solides en anglais ◆ **to do a thorough job** faire un travail à fond ◆ **to give sth a thorough cleaning/wash** *etc* nettoyer/laver *etc* qch à fond ◆ **to be thorough in doing sth** faire qch à fond

[2] *(= deep) [knowledge]* approfondi ; *[understanding]* profond

[3] *(= complete)* ◆ **to make a thorough nuisance of o.s.** être totalement insupportable ◆ **to give sb a thorough walloping** donner une bonne raclée à qn ◆ **it's a thorough disgrace** c'est vraiment une honte

**thoroughbred** /ˈθʌrəbred/ SYN

**ADJ** *[horse]* pur-sang *inv* ; *[other animal]* de race

**N** *(= horse)* (cheval *m*) pur-sang *m inv* ; *(= other animal)* bête *f* de race ◆ **he's a real thoroughbred** *(fig = person)* il est vraiment racé, il a vraiment de la classe

**thoroughfare** /ˈθʌrəfɛəʳ/ SYN **N** *(= street)* rue *f* ; *(= public highway)* voie *f* publique ◆ **"no thoroughfare"** « passage interdit »

**thoroughgoing** /ˈθʌrəˌgəʊɪŋ/ **ADJ** *[examination, revision]* complet (-ète *f*) ; *[believer]* convaincu ; *[hooligan]* vrai *before n* ; *[rogue, scoundrel]* fieffé

**thoroughly** /ˈθʌrəlɪ/ SYN **ADV** [1] *(= carefully) [examine, wash, mix]* bien ◆ **thoroughly clean** tout propre, tout à fait propre ◆ **to research sth thoroughly** faire des recherches approfondies sur qch ◆ **to investigate sb/sth thoroughly** faire une enquête approfondie sur qn/qch

[2] *(= completely) [modern, enjoyable, convinced]* tout à fait, on ne peut plus ; *[miserable, unpleasant]* absolument ; *[discredited]* complètement ; *[deserve, understand]* tout à fait ◆ **he's a thoroughly nasty piece of work** il est tout ce qu'il y a de plus odieux ◆ **it was thoroughly boring** c'était on ne peut plus ennuyeux ◆ **I thoroughly agree** je suis tout à fait d'accord ◆ **I thoroughly enjoyed myself** j'ai passé d'excellents moments ◆ **we thoroughly enjoyed our meal** nous avons fait un excellent repas

**thoroughness** /ˈθʌrənɪs/ **N** *(NonC) [of worker]* minutie *f* ; *[of knowledge]* profondeur *f* ◆ **the thoroughness of his work/research** la minutie qu'il apporte à son travail/sa recherche

**those** /ðəʊz/ **DEM ADJ, DEM PRON** pl of **that**

**thou¹** † /ðaʊ/ **PERS PRON** *(liter)* tu ; *(stressed)* toi

**thou²** * /θaʊ/ **N** (pl **thou** *or* **thous**) abbrev of **thousand, thousandth**

**though** /ðəʊ/ LANGUAGE IN USE 26.3 SYN

**CONJ** [1] *(= despite the fact that)* bien que + *subj*, quoique + *subj* ◆ **though it's raining** bien qu'il pleuve, malgré la pluie ◆ **though poor they were honest** ils étaient honnêtes bien que *or* quoique *or* encore que pauvres

[2] *(= even if)* ◆ **(even) though I shan't be there I'll think of you** je ne serai pas là mais je n'en penserai pas moins à toi ◆ **strange though it may seem** si *or* pour étrange que cela puisse paraître ◆ **I will do it though I (should) die in the attempt** *(frm)* je le ferai, dussé-je y laisser la vie ◆ **what though they are poor** *(liter)* malgré *or* nonobstant *(liter)* leur misère

[3] ◆ **as though** comme si ◆ **it looks as though...** il semble que... + *subj* ; see also **as**

**ADV** pourtant, cependant ◆ **it's not easy though** ce n'est pourtant pas facile, pourtant ce n'est pas facile ◆ **did he though!*** ah bon !, tiens tiens !

**thought** /θɔːt/ LANGUAGE IN USE 1.1 SYN

**VB** pt, ptp of **think**

**N** [1] *(NonC) (gen)* pensée *f* ; *(= reflection)* pensée *f*, réflexion *f* ; *(= daydreaming)* rêverie *f* ; *(= thoughtfulness)* considération *f* ◆ **to be lost** *or* **deep in thought** être perdu dans ses pensées ◆ **after much thought** après mûre réflexion ◆ **he acted without thought** il a agi sans réfléchir ◆ **without thought for** *or* **of himself he...** sans considérer son propre intérêt il... ◆ **he was full of thought for my welfare** il se préoccupait beaucoup de mon bien-être ◆ **you must take thought for the future** il faut penser à l'avenir ◆ **he took** *or* **had no thought for his own safety** il n'avait aucun égard pour sa propre sécurité ◆ **to give thought to sth** bien réfléchir à qch, mûrement réfléchir sur qch ◆ **I didn't give it a moment's thought** je n'y ai pas pensé une seule seconde ◆ **I gave it no more thought, I didn't give it another thought** je n'y ai plus pensé ◆ **don't give it another thought** n'y pensez plus ◆ **further thought needs to be given to these problems** ces problèmes exigent une réflexion plus approfondie

[2] *(= idea)* pensée *f*, idée *f* ; *(= opinion)* opinion *f*, avis *m* ; *(= intention)* intention *f*, idée *f* ◆ **it's a happy thought** voilà une idée qui fait plaisir ◆ **to think evil thoughts** avoir de mauvaises pensées ◆ **what a thought!*** imagine un peu ! ◆ **what a horrifying thought!*** quel cauchemar ! ◆ **what a frightening thought!*** c'est effrayant !* ◆ **what a lovely thought!*** *(= good idea)* comme ça serait bien ! ; *(= how thoughtful)* comme c'est gentil ! ◆ **what a brilliant thought!*** c'est une idée géniale ! ◆ **that's a thought!*** tiens, mais c'est une idée ! ◆ **it's only a thought** ce n'est qu'une idée ◆ **one last** *or* **final thought** une dernière chose ◆ **the mere thought of it frightens me** rien que d'y penser *or* rien qu'à y penser j'ai peur ◆ **he hasn't a thought in his head** il n'a rien dans la tête ◆ **my thoughts were elsewhere** j'avais l'esprit ailleurs ◆ **he keeps his thoughts to himself** il garde ses pensées pour lui, il ne laisse rien deviner *or* paraître de ses pensées ◆ **the Thoughts of Chairman Mao** les pensées du président Mao ◆ **contemporary/scientific thought on the subject** les opinions des contemporains/des scientifiques sur la question ◆ **the thought of Nietzsche** la pensée de Nietzsche ◆ **my first thought was to ring you** ma première réaction a été de te téléphoner ◆ **my first thought was that you'd left** j'ai d'abord pensé que tu étais parti ◆ **I had thoughts** *or* **some thought of going to Paris** j'avais vaguement l'idée *or* l'intention d'aller à Paris ◆ **he gave up all thought(s) of marrying her** il a renoncé à toute idée de l'épouser ◆ **his one thought is to win the prize** sa seule pensée *or* idée est de remporter le prix ◆ **it's the thought that counts** c'est l'intention qui compte ◆ **to read sb's thoughts** lire (dans) la pensée de qn ◆ **we keep you in our thoughts** nous pensons (bien) à vous ; → **collect², penny, second¹**

[3] *(adv phrase)* ◆ **a thought** un peu, un tout petit peu ◆ **it is a thought too large** c'est un (tout petit) peu trop grand

**COMP** **thought police** **N** police *f* de la pensée

**thought process** **N** mécanisme *m* de pensée

**thought-provoking** **ADJ** qui pousse à la réflexion, stimulant

**thought-read** **VI** lire (dans) la pensée de qn

**thought-reader** **N** liseur *m*, -euse *f* de pensées ◆ **he's a thought-reader** *(fig)* il lit dans la pensée des gens ◆ **I'm not a thought-reader** je ne suis pas devin

**thought reading** **N** divination *f* par télépathie

**thought transference** **N** transmission *f* de pensée

**thoughtful** /ˈθɔːtfʊl/ SYN **ADJ** [1] *(= reflective) [person] (by nature)* sérieux, réfléchi ; *(on one occasion)* pensif ; *[mood, face, eyes]* pensif ; *[expression, look]* pensif, méditatif ; *[silence]* méditatif ; *[remark, research]* sérieux, réfléchi ; *[book, article, approach]* sérieux ; *[design]* judicieux

[2] *(= considerate) [person]* prévenant, attentionné ; *[act, gesture, remark]* plein de délicatesse ; *[invitation, gift]* gentil ◆ **how thoughtful of you!** comme c'est gentil à vous *or* de votre part ! ◆ **it was thoughtful of him to invite me** c'était gentil à lui *or* de sa part de m'inviter ◆ **to**

**thoughtfully** | **thriftless**

**be thoughtful of others** être plein d'égards pour autrui

**thoughtfully** /ˈθɔːtfəlɪ/ **ADV** ① (= *reflectively*) [*say, look at, nod*] pensivement

② (= *considerately*) ◆ **he thoughtfully booked tickets for us as well** il a eu la prévenance de louer des places pour nous aussi

③ (= *intelligently*) [*designed, constructed, positioned*] judicieusement

**thoughtfulness** /ˈθɔːtfʊlnɪs/ **N** (*NonC*) ① (= *reflectiveness*) [*of person*] (*by nature*) sérieux *m* ; (*on one occasion*) air *m* pensif ; [*of book, article*] sérieux *m*

② (= *considerateness*) prévenance *f*

**thoughtless** /ˈθɔːtlɪs/ SYN **ADJ** ① (= *inconsiderate*) [*person*] qui manque d'égards or de considération ; [*act, behaviour, remark*] maladroit ◆ **how thoughtless of you!** tu manques vraiment d'égards or de considération ! ◆ **it was thoughtless of her (to tell him)** ce n'était pas très délicat or c'était maladroit de sa part (de le lui dire)

② (= *unthinking*) ◆ **to be thoughtless of the future** ne pas penser à l'avenir

**thoughtlessly** /ˈθɔːtlɪslɪ/ **ADV** ① (= *inconsiderately*) [*act, forget*] inconsidérément

② (= *unthinkingly*) [*speak*] maladroitement, de façon irréfléchie ; [*embark upon*] sans réfléchir

**thoughtlessness** /ˈθɔːtlɪsnɪs/ **N** (*NonC*) (= *carelessness*) étourderie *f*, légèreté *f* ; (= *lack of consideration*) manque *m* de prévenance or d'égards

**thousand** /ˈθaʊzənd/

**ADJ** mille *inv* ◆ **a thousand men** mille hommes ◆ **about a thousand men** un millier d'hommes ◆ **a thousand years** mille ans, un millénaire ◆ **a thousand thanks!** mille fois merci ! ◆ **two thousand pounds** deux mille livres ◆ **I've got a thousand and one things to do** j'ai mille et une choses à faire

**N** mille *m inv* ◆ **a thousand, one thousand** mille ◆ **a** or **one thousand and one** mille (et) un ◆ **a thousand and two** mille deux ◆ **five thousand** cinq mille ◆ **about a thousand (people), a thousand odd (people)** un millier (de personnes) ◆ **sold by the thousand** (*Comm*) vendu par mille ◆ **thousands of people** des milliers de gens ◆ **they came in their thousands** ils sont venus par milliers

COMP **Thousand Island dressing N** sauce salade à base de mayonnaise et de ketchup

**thousandfold** /ˈθaʊzəndfəʊld/

**ADJ** multiplié par mille

**ADV** mille fois autant

**thousandth** /ˈθaʊzəntθ/

**ADJ** millième

**N** millième *mf* ; (= *fraction*) millième *m*

**Thrace** /θreɪs/ **N** Thrace *f*

**thraldom** /ˈθrɔːldəm/ **N** (*NonC: liter*) servitude *f*, esclavage *m*

**thrall** /θrɔːl/ **N** (*liter* : *lit, fig*) (= *person*) esclave *mf* ; (= *state*) servitude *f*, esclavage *m* ◆ **to be in thrall to...** (*fig*) être esclave de...

**thrash** /θræʃ/ SYN

**VT** ① (= *beat*) rouer de coups, rosser ; (*as punishment*) donner une bonne correction à ; (*\*: Sport etc*) battre à plate(s) couture(s), donner une bonne correction à ◆ **they nearly thrashed the life out of him, they thrashed him to within an inch of his life** ils ont failli le tuer à force de coups

② (= *move wildly*) ◆ **the bird thrashed its wings (about)** l'oiseau battait or fouettait l'air de ses ailes ◆ **he thrashed his arms/legs (about)** il battait des bras/des jambes

③ (*Agr*) ⇒ **thresh**

**VI** battre violemment (*against* contre)

**N** ① (*Brit* ‡ = *party*) sauterie* *f*

② (*Mus: also* **thrash metal**) thrash *m*

▶ **thrash about, thrash around**

**VI** (= *struggle*) se débattre ◆ **he thrashed about with his stick** il battait l'air de sa canne

VT SEP [+ *one's legs, arms*] battre de ; [+ *stick*] agiter ; *see also* **thrash vt** 2

▶ **thrash out*** VT SEP [+ *problem, difficulty*] (= *discuss*) débattre de ; (= *solve*) résoudre ◆ **they managed to thrash it out** ils ont réussi à résoudre le problème

**thrashing** /ˈθræʃɪŋ/ SYN **N** correction *f*, rossée* *f* ; (*\* : Sport etc*) correction *f* ; (*fig*), déroulée‡ *f* ◆ **to give sb a good thrashing** rouer qn de coups ; (*as punishment, also Sport*) donner une bonne correction à qn

**thread** /θred/ SYN

**N** ① (*gen, also Sewing etc*) fil *m* ◆ **nylon thread** fil *m* de nylon ® ◆ **to hang by a thread** (*fig*) ne tenir qu'à un fil ◆ **the ceasefire is hanging by a thread** le cessez-le-feu ne tient qu'à un fil ◆ **to lose the thread (of what one is saying)** perdre le fil de son discours ◆ **to pick up** *or* **take up the thread again** (*fig*) retrouver le fil ◆ **to pick up the threads of one's career** reprendre le cours de sa carrière ◆ **a thread of light** un (mince) rayon de lumière

② [*of screw*] pas *m*, filetage *m* ◆ **screw with left-hand thread** vis *f* filetée à gauche

NPL **threads** (*US* = *clothes*) fringues‡ *fpl*

**VT** [+ *needle, beads*] enfiler ◆ **to thread sth through a needle/over a hook/into a hole** faire passer qch à travers le chas d'une aiguille/par un crochet/par un trou ◆ **to thread a film on to a projector** monter un film sur un projecteur ◆ **he threaded his way through the crowd** il s'est faufilé à travers la foule ◆ **the car threaded its way through the narrow streets** la voiture s'est faufilée dans les petites rues étroites

VI ① ⇒ **to thread one's way vt**

② [*needle, beads*] s'enfiler ; [*tape, film*] passer

COMP **thread mark N** filigrane *m*

**threadbare** /ˈθredbɛəʳ/ SYN **ADJ** [*rug, clothes*] râpé, élimé ; [*room*] défraîchi ; (*fig*) [*joke, argument, excuse*] usé, rebattu

**threadlike** /ˈθredlaɪk/ **ADJ** filiforme

**threadworm** /ˈθredwɜːm/ **N** oxyure *m*

**threat** /θret/ SYN **N** (*lit, fig*) menace *f* ◆ **to make a threat against sb** proférer une menace à l'égard de qn ◆ **under (the) threat of...** menacé de... ◆ **it is a grave threat to civilization** cela constitue une sérieuse menace pour la civilisation, cela menace sérieusement la civilisation

**threaten** /ˈθretn/ SYN

**VT** menacer (*sb with sth* qn de qch ; *to do sth* de faire qch) ◆ **to threaten violence** proférer des menaces de violence ◆ **a species threatened with extinction, a threatened species** une espèce en voie de disparition ◆ **they threatened that they would leave** ils ont menacé de partir ◆ **it is threatening to rain** la pluie menace

**VI** [*storm, war, danger*] menacer

**threatening** /ˈθretnɪŋ/ SYN

**ADJ** [*person, voice, manner, place, weather, clouds, sky*] menaçant ; [*gesture, tone, words*] menaçant, de menace ; [*phone call, letter*] de menace ◆ **to find sb threatening** se sentir menacé par qn

COMP **threatening behaviour N** (*Jur*) tentative *f* d'intimidation

**threateningly** /ˈθretnɪŋlɪ/ **ADV** [*say*] d'un ton menaçant or de menace ; [*gesticulate*] d'une manière menaçante ◆ **threateningly close** dangereusement près

**three** /θriː/

**ADJ** trois *inv*

**N** trois *m inv* ◆ **the Big Three** (*Pol*) les trois Grands *mpl* ◆ **let's play (the) best of three** (*Sport*) jouons au meilleur des trois manches ◆ **they were playing (the) best of three** ils jouaient deux parties et la belle ; → **two** ; *pour autres loc voir* **six**

PRON trois ◆ **there are three** il y en a trois

COMP **3-D N** ⇒ **three-D**

**three-act play N** pièce *f* en trois actes

**three-card monte N** (*US*) ⇒ **three-card trick**

**three-card trick N** bonneteau *m*

**three-cornered ADJ** triangulaire

**three-cornered hat N** tricorne *m*

**three-D N** (*abbrev of* **three dimensions, three-dimensional**) ◆ **(in) three-D** [*picture*] en relief ; [*film*] en trois dimensions

**three-day event N** (*Horse-riding*) concours *m* complet

**three-day eventer N** (*Horse-riding*) cavalier *m*, -ière *f* de concours complet

**three-day eventing N** (*Horse-riding*) concours *m* complet

**three-dimensional ADJ** [*object*] à trois dimensions, tridimensionnel ; [*picture*] en relief ; [*film*] en trois dimensions

**three-fourths N** (*US*) ⇒ **three-quarters**

**three-four time N** (*Mus*) mesure *f* à trois temps

**three-legged ADJ** [*table*] à trois pieds ; [*animal*] à trois pattes

**three-legged race N** (*Sport*) course où les concurrents sont attachés deux par deux par la jambe

**three-line whip N** ⇒ **whip**

**three-martini lunch\* N** (*US fig* = *expense-account lunch*) déjeuner *m* d'affaires (qui passe dans les notes de frais)

**three-phase ADJ** (*Elec*) triphasé

**three-piece suit N** (*costume m*) trois-pièces *m*

**three-piece suite N** salon composé d'un canapé et de deux fauteuils

**three-pin plug N** → **pin noun 2**

**three-ply ADJ** [*wool*] à trois fils

**three-point landing N** atterrissage *m* trois points

**three-point turn N** demi-tour *m* en trois manœuvres

**three-quarter ADJ** [*portrait*] de trois-quarts ; [*sleeve*] trois-quarts *inv* **N** (*Rugby*) trois-quarts *m inv*

**three-quarters N** trois quarts *mpl* **ADV** ◆ **the money is three-quarters gone** les trois quarts de l'argent ont été dépensés ◆ **three-quarters full/empty** aux trois quarts plein/vide

**three-ring circus N** (*lit*) cirque *m* à trois pistes ; (*US \* fig*) véritable cirque *\* m*

**the three Rs N** la lecture, l'écriture et l'arithmétique

**three-sided ADJ** [*object*] à trois côtés, à trois faces ; [*discussion*] à trois

**three-way ADJ** [*split, division*] en trois ; [*discussion*] à trois

**three-wheeler N** (= *car*) voiture *f* à trois roues ; (= *tricycle*) tricycle *m*

- **THREE Rs**
- 
- Les **three Rs** (les trois « R ») sont la lecture,
- l'écriture et l'arithmétique, considérées
- comme les trois composantes essentielles de
- l'enseignement. L'expression vient de
- l'orthographe fantaisiste « reading, riting
- and rithmetic » pour « reading, writing and
- arithmetic ».

**threefold** /ˈθriːfəʊld/

**ADJ** triple

**ADV** ◆ **to increase threefold** tripler

**threepence** /ˈθrepəns/ **N** (*Brit*) trois anciens pence *mpl*

**threepenny** /ˈθrepənɪ/ (*Brit*)

**ADJ** à trois pence ◆ **the Threepenny Opera** (*Mus*) l'Opéra *m* de quat'sous

**N** (*also* **threepenny bit** *or* **piece**) ancienne pièce *f* de trois pence

**threescore** /ˈθriːˈskɔːʳ/

**ADJ, N** († *or liter*) soixante *m*

COMP **threescore and ten ADJ, N** († *or liter*) soixante-dix *m*

**threesome** /ˈθriːsəm/ SYN **N** (= *people*) groupe *m* de trois, trio *m* ; (= *game*) partie *f* à trois ◆ **we went in a threesome** nous y sommes allés à trois

**threnodic** /θrɪˈnɒdɪk/ **ADJ** [*poem*] de lamentation ; [*tone*] éploré

**threnody** /ˈθrenədɪ/ **N** (*lit*) mélopée *f* ; (*fig*) lamentations *fpl*

**threonine** /ˈθriːəniːn/ **N** thréonine *f*

**thresh** /θreʃ/ **VT** (*Agr*) battre

**thresher** /ˈθreʃəʳ/ **N** ① (= *person*) batteur *m*, -euse *f* (en grange) ; (= *machine*) batteuse *f*

② (= *shark*) renard *m* de mer

**threshing** /ˈθreʃɪŋ/ **N** (*Agr*)

**N** battage *m*

COMP **threshing machine N** batteuse *f*

**threshold** /ˈθreʃhəʊld/ SYN

**N** seuil *m*, pas *m* de la porte ◆ **to cross the threshold** franchir le seuil ◆ **on the threshold of...** (*fig*) au bord or au seuil de... ◆ **above the threshold of consciousness** (*Psych*) supraliminaire ◆ **below the threshold of consciousness** subliminaire ◆ **to have a high/low pain threshold** avoir un seuil de tolérance à la douleur élevé/peu élevé ◆ **boredom threshold** seuil *m* d'ennui

COMP **threshold agreement N** accord *m* d'indexation des salaires sur les prix

**threshold policy N** ⇒ **threshold wage policy**

**threshold price N** prix *m* de seuil

**threshold wage policy N** politique *f* d'indexation des salaires sur les prix

**threw** /θruː/ **VB** pt *of* **throw**

**thrice** /θraɪs/ **ADV** trois fois

**thrift** /θrɪft/ SYN

**N** (*NonC*) économie *f*

COMP **thrift shop N** (*US*) petite boutique d'articles d'occasion gérée au profit d'œuvres charitables

**thriftily** /ˈθrɪftɪlɪ/ **ADV** en se montrant économe

**thriftiness** /ˈθrɪftɪnɪs/ **N** ⇒ **thrift**

**thriftless** /ˈθrɪftlɪs/ **ADJ** imprévoyant, dépensier

**thriftlessness** /ˈθrɪftlɪsnɪs/ N (NonC) imprévoyance *f*

**thrifty** /ˈθrɪftɪ/ SYN ADJ économe

**thrill** /θrɪl/ LANGUAGE IN USE 7.5 SYN

N frisson *m* • **a thrill of joy** un frisson de joie • **with a thrill of joy he...** en frissonnant *or* avec un frisson de joie, il... • **what a thrill!** quelle émotion ! • **she felt a thrill as his hand touched hers** un frisson l'a parcourue quand il lui a touché la main • **it gave me a big thrill** ça m'a vraiment fait quelque chose !* • **to get a thrill out of doing sth** se procurer des sensations fortes en faisant qch • **the film was packed with** *or* **full of thrills** c'était un film à sensations • **the thrill of the chase** l'excitation *f* de la poursuite

VT *[+ person, audience, crowd]* électriser, transporter • **his glance thrilled her** son regard l'a enivrée • **I was thrilled (to bits)!*** j'étais aux anges !* • **I was thrilled to meet him** ça m'a vraiment fait plaisir *or* fait quelque chose* de le rencontrer

VI tressaillir *or* frissonner (de joie) • **to thrill to the music of the guitar** être transporté en écoutant de la guitare

**thriller** /ˈθrɪləʳ/ N (= *novel*) roman *m* à suspense ; (= *play*) pièce *f* à suspense ; (= *film*) thriller *m*, film *m* à suspense

**thrilling** /ˈθrɪlɪŋ/ SYN ADJ *[match, climax, experience]* palpitant ; *[news]* saisissant

**thrips** /θrɪps/ N, PL INV thrips *m*

**thrive** /θraɪv/ SYN (pret **throve** *or* **thrived** /θrəʊv/) (ptp **thrived** *or* **thriven** /ˈθrɪvn/) VI 1 *[baby]* se développer bien ; *[person, animal]* être florissant de santé ; *[plant]* pousser *or* venir bien ; *[business, industry]* prospérer ; *[businessman]* prospérer, réussir • **children thrive on milk** le lait est excellent pour les enfants

2 (*fig* = *enjoy*) • **he thrives on hard work** le travail lui réussit

**thriving** /ˈθraɪvɪŋ/ SYN ADJ *[person, animal]* en plein épanouissement ; *[plant]* qui prospère (*or* prospérait) ; *[business, industry, economy, community, businessman]* prospère, florissant

**throat** /θrəʊt/ N (*external*) gorge *f* ; (*internal*) gorge *f*, gosier *m* • **to take sb by the throat** prendre qn à la gorge • **I have a sore throat** j'ai mal à la gorge, j'ai une angine • **he had a fishbone stuck in his throat** il avait une arête de poisson dans le gosier • **that sticks in my throat** (*fig*) je n'arrive pas à accepter *or* avaler* ça • **to thrust** *or* **ram** *or* **force** *or* **shove* sth down sb's throat** (*fig*) imposer qch à qn • **they are always at each other's throat(s)** ils sont toujours à se battre ; → **clear, cut, frog**[1], **jump**

**throatlash** /ˈθrəʊt,læʃ/, **throatlatch** /ˈθrəʊt,lætʃ/ N sous-gorge *f*

**throaty** /ˈθrəʊtɪ/ ADJ 1 (= *husky*) *[voice, laugh]* rauque

2 (*Med*) *[cough]* guttural • **I'm feeling a bit throaty*** (*Brit*) j'ai mal à la gorge

**throb** /θrɒb/ SYN

N *[of heart]* pulsation *f*, battement *m* ; *[of engine]* vibration *f* ; *[of drums, music]* rythme *m* (fort) ; *[of pain]* élancement *m* • **a throb of emotion** un frisson d'émotion

VI *[heart]* palpiter ; *[voice, engine]* vibrer ; *[drums]* battre (en rythme) ; *[pain]* lanciner • **a town throbbing with life** une ville vibrante d'animation • **the wound throbbed** la blessure me (*or* lui *etc*) causait des élancements • **my head/arm is throbbing** j'ai des élancements dans la tête/dans le bras • **we could hear the music throbbing in the distance** nous entendions au loin le rythme marqué *or* les flonflons *mpl* de la musique

**throes** /θrəʊz/ NPL • **in the throes of death** dans les affres de la mort, à l'agonie • **in the throes of war/disease/a crisis** *etc* en proie à la guerre/la maladie/une crise *etc* • **in the throes of an argument/quarrel/debate** au cœur d'une discussion/d'une dispute/d'un débat • **while he was in the throes of (writing) his book** pendant qu'il était aux prises avec la rédaction de son livre • **while we were in the throes of deciding what to do** pendant que nous débattions de ce qu'il fallait faire

**thrombin** /ˈθrɒmbɪn/ N thrombine *f*

**thrombocyte** /ˈθrɒmbəsaɪt/ N thrombocyte *m*

**thrombocytic** /,θrɒmbəˈsɪtɪk/ ADJ thrombocytaire

**thromboembolism** /,θrɒmbəʊˈembəlɪzəm/ N thrombo-embolie *f*

**thrombokinase** /,θrɒmbəʊˈkaɪneɪs/ N thrombokinase *f*

**thrombosed** /ˈθrɒmbəʊzd/ ADJ thrombosé

**thrombosis** /θrɒmˈbəʊsɪs/ N (pl **thromboses** /θrɒmˈbəʊsiːz/) thrombose *f*

**thrombotic** /θrɒmˈbɒtɪk/ ADJ thrombotique

**thrombus** /ˈθrɒmbəs/ N (pl **thrombi** /ˈθrɒmbaɪ/) thrombus *m*

**throne** /θrəʊn/

N (*all senses*) trône *m* • **to come to the throne** monter sur le trône • **on the throne** sur le trône ; → **power**

COMP **throne room** N salle *f* du trône

**throng** /θrɒŋ/ SYN

N foule *f*, multitude *f*

VI affluer, se presser (*towards* vers ; *round* autour de ; *to see* pour voir)

VT • **people thronged the streets** la foule se pressait dans les rues • **to be thronged (with people)** *[streets, town, shops]* être grouillant de monde ; *[room, bus, train]* être bondé *or* comble

**thronging** /ˈθrɒŋɪŋ/ ADJ *[crowd, masses]* grouillant, pullulant

**throstle** /ˈθrɒsl/ N (*liter* : = *bird*) grive *f* musicienne

**throttle** /ˈθrɒtl/ SYN

N (also **throttle valve**) papillon *m* des gaz ; (= *accelerator*) accélérateur *m* • **to give an engine full throttle** accélérer à fond • **at full throttle** à pleins gaz • **to open the throttle** accélérer, mettre les gaz • **to close the throttle** réduire l'arrivée des gaz

VT *[+ person]* étrangler, serrer la gorge de ; (*fig*) étrangler (*fig*)

▸ **throttle back, throttle down**

VI mettre le moteur au ralenti

VT SEP *[+ engine]* mettre au ralenti

**through** /θruː/ SYN

> ▸ When **through** is an element in a phrasal verb, eg **break through**, **fall through**, **sleep through**, look up the verb.

ADV 1 (*place, time, process*) • **the nail went (right) through** le clou est passé à travers • **just go through** passez donc • **to let sb through** laisser passer qn • **you can get a train right through to London** on peut attraper un train direct pour Londres • **did you stay all** *or* **right through?** es-tu resté jusqu'à la fin ? • **we're staying through till Tuesday** nous restons jusqu'à mardi • **he slept all night through** il ne s'est pas réveillé de la nuit • **I know it through and through** je le connais par cœur • **read it (right) through to the end, read it right through** lis-le en entier *or* jusqu'au bout ; → **wet**

♦ **through and through** • **he's a liar through and through** il ment comme il respire • **he's a Scot through and through** il est écossais jusqu'au bout des ongles

2 (*Brit Telec*) • **to put sb through to sb** passer qn à qn • **I'll put you through to her** je vous la passe • **you're through now** vous pouvez parler maintenant • **you're through to him** vous avez votre correspondant

3 (* = *finished*) • **I'm through** ça y est (j'ai fini)* • **are you through?** ça y est (tu as fini) ?* • **I'm not through with you yet** je n'en ai pas encore fini *or* terminé avec vous • **are you through with that book?** ce livre, c'est fini ?, tu n'as plus besoin de ce livre ? • **I'm through with football!** le football, (c'est) fini !* • **he told me he was through with drugs** il m'a dit que la drogue, pour lui, c'était fini • **I'm through with you!** (*gen*) j'en ai marre* de toi ! ; (*in relationship*) c'est fini entre nous ! • **he told me we were through** (*in relationship*) il m'a dit qu'on allait casser* *or* que c'était fini entre nous

PREP 1 (*place, object*) à travers • **a stream flows through the garden** un ruisseau traverse le jardin *or* coule à travers le jardin • **the stream flows through it** le ruisseau le traverse *or* coule à travers • **water poured through the roof** le toit laissait passer des torrents d'eau • **to go through a forest** traverser une forêt • **to get through a hedge** passer au travers d'une haie • **they went through the train, looking for...** ils ont fait tout le train, pour trouver... • **he went through the red light** il a grillé le feu rouge • **to hammer a nail through a plank** enfoncer un clou à travers une planche • **he was shot through the head** on lui a tiré une balle dans la tête • **to look through a window/telescope** regarder par une fenêtre/dans un télescope • **go and look through it** (*of hole, window etc*) va voir ce qu'il y a de l'autre côté • **I can hear them through the wall** je les entends de l'autre côté du mur • **he has really been through it*** il en a vu de dures* • **I'm half-way through the book** j'en suis à la moitié du livre • **to speak through one's nose** parler du nez ; → **get through, go through, see through**

2 (*time*) pendant, durant • **all** *or* **right through his life, all his life through** pendant toute sa vie, sa vie durant • **he won't live through the night** il ne passera pas la nuit • **(from) Monday through Friday** (*US*) de lundi (jusqu')à vendredi • **he stayed through July** il est resté pendant tout le mois de juillet *or* jusqu'à la fin de juillet • **he lives there through the week** il habite là pendant la semaine

3 (*indicating means, agency*) par, par l'entremise *or* l'intermédiaire de, grâce à, à cause de • **to send through the post** envoyer par la poste • **it was through him that I got the job** c'est grâce à lui *or* par son entremise que j'ai eu le poste • **it was all through him that I lost the job** c'est à cause de lui que j'ai perdu le poste • **I heard it through my sister** je l'ai appris par ma sœur • **through his own efforts** par ses propres efforts • **it happened through no fault of mine** ce n'est absolument pas de ma faute si c'est arrivé • **absent through illness** absent pour cause de maladie • **to act through fear** agir par peur *or* sous le coup de la peur • **he was exhausted through having walked all the way** il était épuisé d'avoir fait tout le chemin à pied • **through not knowing the way he...** parce qu'il ne connaissait pas le chemin il...

ADJ *[carriage, train, ticket]* direct • **through portion** *[of train]* rame *f* directe

COMP **through street** N (*US*) rue *f* prioritaire

**through traffic** N (*on road sign*) • **"through traffic"** ≃ « toutes directions » • **all through traffic has been diverted** toute la circulation a été détournée

**through way** N • **"no through way"** « impasse »

**throughout** /θrʊˈaʊt/ SYN

PREP 1 (*place*) partout dans • **throughout the world** partout dans le monde, dans le monde entier • **at schools throughout France** dans les écoles de toute la France

2 (*time*) pendant, durant • **throughout his life** durant toute sa vie, sa vie durant • **throughout his career/his story** tout au long de sa carrière/son récit

ADV (= *everywhere*) partout ; (= *the whole time*) tout le temps

**throughput** /ˈθruːpʊt/ N *[of computer]* débit *m* ; *[of factory]* capacité *f* de production

**throughway** /ˈθruːweɪ/ N (*US*) voie *f* rapide *or* express

**throve** /θrəʊv/ VB pt of **thrive**

**throw** /θrəʊ/ SYN (vb: pret **threw**, ptp **thrown**)

N 1 *[of javelin, discus]* jet *m* ; (*Wrestling*) mise *f* à terre ; (*Football*: also **throw-in**) remise *f* en jeu • **give him a throw** laisse-lui la balle (*or* le ballon *etc*) • **it was a good throw** (*Sport*) c'était un bon jet • **with one throw of the ball he...** avec un seul coup il... • **you lose a throw** (*in table games*) vous perdez un tour • **50p a throw** (*at fair etc*) 50 pence la partie • **it costs 10 dollars a throw*** (*fig*) ça coûte 10 dollars à chaque fois ; → **stone**

2 (= *cover for armchair, sofa*) plaid *m* ; (= *cover for bed*) jeté *m* de lit

VT 1 (= *cast*) *[+ object, stone]* lancer, jeter (*to, at* à) ; *[+ ball, javelin, discus, hammer]* lancer ; *[+ dice]* jeter • **he threw the ball 50 metres** il a lancé la balle à 50 mètres • **he threw it across the room** il l'a jeté *or* lancé à l'autre bout de la pièce • **to throw a six** (*at dice*) avoir un six • **to throw one's hat** *or* **cap into the ring** (*fig*) se porter candidat, entrer en lice

♦ **throw + at** • **he threw a towel at her** il lui a jeté *or* envoyé une serviette à la tête • **they were throwing stones at the cat** ils jetaient *or* lançaient des pierres au chat • **to throw a question at sb** poser une question à qn à brûle-pourpoint • **to throw the book at sb*** (*in accusing, reprimanding*) accabler qn de reproches ; (*in punishing, sentencing*) donner *or* coller* le maximum à qn • **she really threw herself at him*** elle s'est vraiment jetée à sa tête *or* dans ses bras

2 (= *hurl violently*) *[explosion, car crash]* projeter ; (*in fight, wrestling*) envoyer au sol (*or* au tapis) ; *[+ horse rider]* démonter, désarçonner • **the force of the explosion threw him into the air/**

**across the room** la force de l'explosion l'a projeté en l'air/à l'autre bout de la pièce ◆ **he was thrown clear (of the car)** il a été projeté hors de la voiture ◆ **to throw o.s. to the ground/at sb's feet/into sb's arms** se jeter à terre/aux pieds de qn/dans les bras de qn ◆ **to throw o.s. on sb's mercy** s'en remettre à la merci de qn

♦ **to throw o.s. into sth** *(fig)* ◆ **he threw himself into the job** il s'est mis *or* attelé à la tâche avec enthousiasme ◆ **he threw himself into the task of clearing up** il y est allé de tout son courage pour mettre de l'ordre

[3] *(= direct) [+ light, shadow, glance]* jeter ; *[+ slides, pictures]* projeter ; *[+ kiss]* envoyer *(to* à) ; *[+ punch]* lancer *(at* à) ◆ **to throw one's voice** jouer les ventriloques ; → **light**[1]

[4] *(= put suddenly, hurriedly)* jeter *(into* dans ; *over* sur) ◆ **to throw sb into jail** jeter qn en prison ◆ **to throw a bridge over a river** jeter un pont sur une rivière ◆ **to throw into confusion** *[+ person]* semer la confusion dans l'esprit de ; *[+ meeting, group]* semer la confusion dans ◆ **it throws the emphasis on...** cela met l'accent sur... ◆ **to throw open** *[+ door, window]* ouvrir tout grand ; *[+ house, gardens]* ouvrir au public ; *[+ race, competition etc]* ouvrir à tout le monde ◆ **to throw a party*** organiser une petite fête *(for sb* en l'honneur de qn) ; → **blame, doubt, fit**[2], **relief**

[5] *[+ switch]* actionner

[6] *[+ pottery]* tourner ; *[+ silk]* tordre

[7] *(* = disconcert)* déconcerter ◆ **I was quite thrown when he...** j'en suis resté baba* quand il...

[8] *(Sport * = deliberately lose) [+ match, race]* perdre volontairement

COMP **throw-in** N *(Football)* remise *f* en jeu
**throw-off** N *(Handball)* engagement *m*
**throw-out** N *(Handball)* renvoi *m* de but

▸ **throw about, throw around** VT SEP *[+ litter, confetti]* éparpiller ◆ **don't throw it about or it might break** ne t'amuse pas à le lancer, ça peut se casser ◆ **they were throwing a ball about** ils jouaient à la balle ◆ **to be thrown about** *(in boat, bus etc)* être ballotté ◆ **to throw one's money about** dépenser (son argent) sans compter ◆ **to throw one's weight about** *(fig)* faire l'important ◆ **to throw o.s. about** se débattre

▸ **throw aside** VT SEP *(lit)* jeter de côté ; *(fig)* rejeter, repousser

▸ **throw away** VT SEP [1] *[+ rubbish, cigarette end]* jeter ; *(fig) [+ one's life, happiness, health]* gâcher ; *[+ talents]* gaspiller, gâcher ; *[+ sb's affection]* perdre ; *[+ money, time]* gaspiller, perdre ; *[+ chance]* gâcher, laisser passer ◆ **to throw o.s. away** gaspiller ses dons *(on sb* avec qn)

[2] *(esp Theat) [+ line, remark] (= say casually)* laisser tomber ; *(= lose effect of)* perdre tout l'effet de

▸ **throw back** VT SEP [1] *(= return) [+ ball etc]* renvoyer *(to* à) ; *[+ fish]* rejeter ; *(fig) [+ image]* renvoyer, réfléchir ◆ **my offer of friendship was thrown back in my face** je lui ai offert mon amitié et il l'a refusée

[2] *[+ head, hair]* rejeter en arrière ; *[+ shoulders]* redresser ◆ **to throw o.s. back** se (re)jeter en arrière

[3] *[+ enemy]* repousser ◆ **to be thrown back upon sth** *(fig)* être obligé de se rabattre sur qch

▸ **throw down** VT SEP *[+ object]* jeter ; *[+ weapons]* déposer ◆ **to throw o.s. down** se jeter à terre ◆ **to throw down a challenge** lancer *or* jeter un défi ◆ **it's really throwing it down*** *(= raining)* il pleut à seaux, il tombe des cordes

▸ **throw in**

VI *(US)* ◆ **to throw in with sb** rallier qn

VT SEP [1] *[+ object into box etc]* jeter ; *(Football) [+ ball]* remettre en jeu ; *[+ one's cards]* jeter (sur la table) ◆ **to throw in one's hand** *or* **the sponge** *or* **the towel*** *(fig)* jeter l'éponge ; → **lot**[2]

[2] *(fig) [+ remark, question]* interposer ◆ **he threw in a reference to it** il l'a mentionné en passant

[3] *(fig) (= as extra)* en plus ; *(= included)* compris ◆ **with £5 thrown in** avec 5 livres en plus *or* pardessus le marché ◆ **with meals thrown in** *(= included)* (les) repas compris ◆ **if you buy a washing machine they throw in a packet of soap powder** si vous achetez une machine à laver ils vous donnent un paquet de lessive en prime ◆ **we had a cruise of the Greek Islands with a day in Athens thrown in** nous avons fait une croisière autour des îles grecques avec en prime un arrêt d'un jour à Athènes

N ◆ **throw-in** → **throw**

▸ **throw off** VT SEP [1] *(= get rid of) [+ burden, yoke]* se libérer de ; *[+ clothes]* enlever *or* quitter *or* ôter (en hâte), se débarrasser brusquement de ; *[+ disguise]* jeter ; *[+ pursuers, dogs]* perdre, semer* ; *[+ habit, tendency, cold, infection]* se débarrasser de ◆ **it threw the police off the trail** cela a dépisté la police

[2] * *[+ poem, composition]* faire *or* écrire au pied levé

▸ **throw on** VT SEP *[+ coal, sticks]* ajouter ; *[+ clothes]* enfiler *or* passer à la hâte ◆ **she threw on some lipstick*** elle s'est vite mis *or* passé un peu de rouge à lèvres

▸ **throw out** VT SEP [1] jeter dehors ; *[+ rubbish, old clothes etc]* jeter, mettre au rebut ; *[+ person] (lit)* mettre à la porte, expulser ; *(fig : from army, school etc)* expulser, renvoyer ; *[+ suggestion]* rejeter, repousser ; *(Parl) [+ bill]* repousser ◆ **to throw out one's chest** bomber la poitrine

[2] *(= say) [+ suggestion, hint, idea, remark]* laisser tomber ; *[+ challenge]* jeter, lancer

[3] *(= make wrong) [+ calculation, prediction, accounts, budget]* fausser

[4] *(= disconcert) [+ person]* désorienter, déconcerter

▸ **throw over** VT SEP *[+ plan, intention]* abandonner, laisser tomber* ; *[+ friend, boyfriend etc]* laisser tomber*, plaquer* *(for sb else* pour qn d'autre)

▸ **throw together** VT SEP [1] *(pej = make hastily) [+ furniture, machine]* faire à la six-quatre-deux* ; *[+ essay]* torcher* ; *[+ meal]* improviser ◆ **he threw a few things together and left at once** il a rassemblé quelques affaires *or* jeté quelques affaires dans un sac et il est parti sur-le-champ

[2] *(fig : by chance) [+ people]* réunir (par hasard) ◆ **they had been thrown together, fate had thrown them together** le hasard les avait réunis

▸ **throw up**

VI *(* = vomit)* vomir

VT SEP [1] *(into air) [+ ball etc]* jeter *or* lancer en l'air ◆ **he threw the ball up** il a jeté la balle en l'air ◆ **he threw the book up to me** il m'a jeté *or* lancé le livre ◆ **he threw up his hands in despair** il a levé les bras de désespoir

[2] *(esp Brit = produce, bring to light etc)* produire ◆ **the meeting threw up several good ideas** la réunion a produit quelques bonnes idées, quelques bonnes idées sont sorties de la réunion

[3] *(= reproach)* ◆ **to throw sth up to sb** jeter qch à la figure *or* au visage de qn, reprocher qch à qn

[4] *(* = vomit)* vomir

[5] *(* = abandon, reject) [+ job, task, studies]* lâcher, abandonner ; *[+ opportunity]* laisser passer

**throwaway** /ˈθrəʊəweɪ/

ADJ *[bottle]* non consigné ; *[packaging]* perdu ; *[remark, line]* qui n'a l'air de rien

N *(esp US) [leaflet etc]* prospectus *m*, imprimé *m* ◆ **the throwaway society** la société d'hyperconsommation *or* du tout-jetable*

**throwback** /ˈθrəʊbæk/ N *[of characteristic, custom etc]* ◆ **it's a throwback to...** ça nous *(or* les *etc)* ramène à...

**thrower** /ˈθrəʊəʳ/ N lanceur *m*, -euse *f* ; → **discus**

**throwing** /ˈθrəʊɪŋ/ N *(Sport)* ◆ **hammer/javelin throwing** le lancer du marteau/du javelot

**thrown** /θrəʊn/ VB ptp of **throw**

**thru** /θruː/ *(US)* ⇒ **through**

**thrum** /θrʌm/ VTI ⇒ **strum**

**thrupenny*** /ˈθrʌpnɪ/ ADJ, N *(Brit)* ⇒ **threepenny**

**thruppence*** /ˈθrʌpəns/ N *(Brit)* ⇒ **threepence**

**thrush**[1] /θrʌʃ/ N *(= bird)* grive *f*

**thrush**[2] /θrʌʃ/ N *(= disease) (in humans)* muguet *m* ; *(in horses)* échauffement *m* de la fourchette

**thrust** /θrʌst/ SYN (vb: pret, ptp **thrust**)

N [1] *(= push)* poussée *f (also Mil)* ; *(= stab : with knife, dagger, stick etc)* coup *m* ; *(with sword)* botte *f* ; *(fig = remark)* pointe *f* ◆ **that was a thrust at you** *(fig)* ça c'était une pointe dirigée contre vous, c'est vous qui étiez visé ; → **cut**

[2] *(NonC) [of propeller, jet engine, rocket]* poussée *f* ; *(Archit, Tech)* poussée *f*

[3] *(= central idea)* idée *f* maîtresse ◆ **the main thrust of his speech/of the film** l'idée maîtresse de son discours/du film ◆ **the main thrust of our research will be...** l'objectif central de nos recherches sera... ◆ **the government accepts the broad thrust of the report** le gouvernement accepte le rapport dans ses grandes lignes

VT [1] pousser brusquement *or* violemment ; *[+ finger, stick]* enfoncer ; *[+ dagger]* plonger, enfoncer *(into* dans ; *between* entre) ; *[+ rag etc]* fourrer *(into* dans) ◆ **he thrust the box under the table** il a poussé la boîte sous la table ◆ **he thrust his finger into my eye** il m'a mis le doigt dans l'œil ◆ **he thrust the letter at me** il m'a brusquement mis la lettre sous le nez ◆ **to thrust one's hands into one's pockets** enfoncer les mains dans ses poches ◆ **he had a knife thrust into his belt** il avait un couteau glissé dans sa ceinture ◆ **he thrust his head through the window** il a mis *or* passé la tête par la fenêtre ◆ **he thrust the book into my hand** il m'a mis le livre dans la main ◆ **to thrust one's way** vi 1

[2] *(fig) [+ job, responsibility]* imposer *(upon sb* à qn) ; *[+ honour]* conférer *(on* à) ◆ **some have greatness thrust upon them** certains deviennent des grands hommes sans l'avoir cherché ◆ **I had the job thrust (up)on me** on m'a imposé ce travail ◆ **to thrust o.s. (up)on sb** imposer sa présence à qn

VI [1] (also **thrust one's way**) ◆ **to thrust in/out** *etc* entrer/sortir *etc* en se frayant un passage ◆ **he thrust past me** il m'a bousculé pour passer ◆ **to thrust through a crowd** se frayer un passage dans la foule

[2] *(Fencing)* allonger une botte

COMP **thrust fault** N faille *f* inverse *or* chevauchante

▸ **thrust aside** VT SEP *[+ object, person]* écarter brusquement, pousser brusquement à l'écart ; *(fig) [+ objection, suggestion]* écarter *or* rejeter violemment

▸ **thrust forward** VT SEP *[+ object, person]* pousser en avant (brusquement) ◆ **to thrust o.s. forward** s'avancer brusquement, se frayer *or* s'ouvrir un chemin ; *(fig)* se mettre en avant, se faire valoir

▸ **thrust in**

VI *(lit :* also **thrust one's way in**) s'introduire de force ; *(fig = interfere)* intervenir

VT SEP *[+ stick, pin, finger]* enfoncer ; *[+ rag]* fourrer dedans* ; *[+ person]* pousser (violemment) à l'intérieur *or* dedans

▸ **thrust out** VT SEP [1] *(= extend) [+ hand]* tendre brusquement ; *[+ legs]* allonger brusquement ; *[+ jaw, chin]* projeter en avant

[2] *(= push outside) [+ object, person]* pousser dehors ◆ **he opened the window and thrust his head out** il a ouvert la fenêtre et passé la tête dehors

▸ **thrust up** VI *[plants etc]* pousser vigoureusement

**thruster** /ˈθrʌstəʳ/ N [1] *(pej)* ◆ **to be a thruster** se mettre trop en avant, être arriviste

[2] *(= rocket)* (micro)propulseur *m*

**thrusting** /ˈθrʌstɪŋ/ ADJ dynamique, entreprenant ; *(pej)* qui se fait valoir, qui se met trop en avant

**thruway** /ˈθruːweɪ/ N *(US)* voie *f* rapide *or* express

**Thu** N abbrev of **Thursday**

**Thucydides** /θuːˈsɪdɪdiːz/ N Thucydide *m*

**thud** /θʌd/ SYN

N bruit *m* sourd, son *m* mat ◆ **I heard the thud of gunfire** j'entendais gronder sourdement les canons

VI faire un bruit sourd, rendre un son mat *(on, against* en heurtant) ; *[guns]* gronder sourdement ; *(= fall)* tomber avec un bruit sourd ◆ **to thud in/out** *etc [person]* entrer/sortir *etc* d'un pas lourd

**thug** /θʌg/ SYN N voyou *m*, gangster *m* ; *(at demonstrations)* casseur *m* ; *(term of abuse)* brute *f*

**thuggery** /ˈθʌgərɪ/ N *(NonC)* brutalité *f*, violence *f*

**thuggish** /ˈθʌgɪʃ/ ADJ de voyou(s)

**thuja** /ˈθuːjə/ N thuya *m*

**Thule** /ˈθjuːlɪ/ N (also **ultima Thule**) Thulé

**thulium** /ˈθjuːlɪəm/ N thulium *m*

**thumb** /θʌm/ SYN

N pouce *m* ◆ **to be under sb's thumb** être sous la coupe de qn ◆ **she's got him under her thumb** elle le mène par le bout du nez ◆ **to be all (fingers and) thumbs** être très maladroit ◆ **his fingers are all thumbs** il est très maladroit (de ses mains) ◆ **he gave me the thumbs up (sign)*** *(all going well)* il a levé le pouce pour dire que tout allait bien *or* en signe de victoire ; *(to wish me luck)* il a levé le pouce en signe d'encouragement ◆ **he gave me the thumbs down**

**sign*** il m'a fait signe que ça n'allait pas (or que ça n'avait pas bien marché) ◆ **they gave my proposal the thumbs down*** ils ont rejeté ma proposition ; → **finger, rule, twiddle**
**VT** ① [+ book, magazine] feuilleter ◆ **well thumbed** tout écorné (par l'usage) ◆ **to thumb one's nose** faire un pied de nez (at sb à qn)
② * (gen) ◆ **to thumb a lift** or **a ride** faire du stop * or de l'auto-stop ◆ **he thumbed a lift to Paris** il est allé à Paris en stop * or en auto-stop ◆ **I managed at last to thumb a lift** je suis enfin arrivé à arrêter or à avoir une voiture
**COMP** **thumb index** N répertoire m à onglets ◆ **with thumb index** à onglets
**thumb print** N empreinte f du pouce
▶ **thumb through** VT FUS [+ book] feuilleter ; [+ card index] consulter rapidement

**thumbnail** /ˈθʌmneɪl/
**N** ongle m du pouce
**ADJ** ◆ **thumbnail sketch** esquisse f

**thumbnut** /ˈθʌmnʌt/ N papillon m, écrou m à ailettes

**thumbscrew** /ˈθʌmskruː/ N (Tech) vis f à oreilles ◆ **thumbscrews** (Hist:torture) poucettes fpl

**thumbstall** /ˈθʌmstɔːl/ N poucier m

**thumbtack** /ˈθʌmtæk/ N (US) punaise f

**thump** /θʌmp/
**N** (= blow: with fist/stick etc) (grand) coup m de poing/de canne etc ; (= sound) bruit m lourd et sourd ◆ **to fall with a thump** tomber lourdement ◆ **to give sb a thump** assener un coup à qn
**VT** (gen) taper sur ; [+ door] cogner à, taper à ◆ **I could have thumped him!*** (esp Brit) je l'aurais giflé or bouffé*!
**VI** ① cogner, frapper (on sur ; at à) ; [heart] battre fort ; (with fear) battre la chamade ◆ **he was thumping on the piano** il tapait (comme un sourd) sur le piano, il jouait comme un forcené
② ◆ **to thump in/out** etc [person] entrer/sortir etc d'un pas lourd
▶ **thump out** VT SEP ◆ **to thump out a tune on the piano** marteler un air au piano

**thumping*** /ˈθʌmpɪŋ/ (Brit)
**ADJ** [majority, defeat] écrasant ; [losses] énorme ◆ **a thumping headache** un mal de tête carabiné *
**ADV** ◆ **thumping great** [lorry] gigantesque ; [lie] énorme ◆ **her novel is a thumping good read** son roman est vraiment génial *

**thunder** /ˈθʌndəʳ/ SYN
**N** (NonC) tonnerre m ; [of applause] tonnerre m, tempête f ; [of hooves] retentissement m, fracas m ; [of passing vehicles, trains] fracas m, bruit m de tonnerre ◆ **there's thunder about** le temps est à l'orage ◆ **there's thunder in the air** il y a de l'orage dans l'air ◆ **I could hear the thunder of the guns** j'entendais tonner les canons ◆ **with a face like thunder** le regard noir (de colère) ; → **black, peal, steal**
**VI** (Weather) tonner ; [guns] tonner ; [hooves] retentir ◆ **the train thundered past** le train est passé dans un grondement de tonnerre ◆ **to thunder against sth/sb** (liter, fig = be vehement) tonner or fulminer contre qch/qn
**VT** (also **thunder out**) [+ threat, order] proférer d'une voix tonitruante ◆ **"no!" he thundered** « non ! » tonna-t-il ◆ **the crowd thundered their approval** la foule a exprimé son approbation dans un tonnerre d'applaudissements et de cris
**COMP** **thunder sheet** N (= theatre prop) tonnerre m

**thunderbolt** /ˈθʌndəbəʊlt/ N coup m de foudre ; (fig) coup m de tonnerre

**thunderclap** /ˈθʌndəklæp/ N coup m de tonnerre

**thundercloud** /ˈθʌndəklaʊd/ N nuage m orageux ; (fig) nuage m noir

**thunderer** /ˈθʌndərəʳ/ N ◆ **the Thunderer** le dieu de la Foudre et du Tonnerre, Jupiter m tonnant

**thunderhead** /ˈθʌndəhed/ N (esp US Weather) tête f de cumulonimbus

**thundering** /ˈθʌndərɪŋ/
**ADV** (Brit † *) ◆ **a thundering great lie** un énorme mensonge ◆ **this novel is a thundering good read** ce roman est vraiment génial *
**ADJ** ① (= loud) [waterfall] rugissant ; [voice] tonitruant, tonnant ◆ **thundering applause** un tonnerre d'applaudissements
② (= forceful) [question, attack, article] vibrant

③ (Brit † * = great) ◆ **to make a thundering nuisance of o.s.** être bougrement † * empoisonnant ◆ **in a thundering rage** or **fury** dans une colère noire ◆ **in a thundering temper** d'une humeur massacrante ◆ **it was a thundering success** ça a eu un succès monstre *

**thunderous** /ˈθʌndərəs/ SYN ADJ ① (= loud) [ovation, noise] tonitruant ; [voice] tonitruant, tonnant ◆ **to thunderous acclaim** or **applause** dans un tonnerre d'applaudissements
② (= forceful) [speech, attack] vibrant
③ (= angry) ◆ **his face was thunderous, he had a thunderous look** or **expression on his face** il était blême de rage

**thunderstorm** /ˈθʌndəstɔːm/ N orage m

**thunderstruck** /ˈθʌndəstrʌk/ SYN ADJ (fig) abasourdi, ahuri, stupéfié

**thundery** /ˈθʌndərɪ/ ADJ [weather] (= stormy) orageux ; (= threatening) menaçant ◆ **thundery rain** pluies fpl d'orage ◆ **thundery showers** averses fpl orageuses

**Thur** abbrev of **Thursday**

**thurible** /ˈθjʊərɪbl/ N encensoir m

**thurifer** /ˈθjʊərɪfəʳ/ N thuriféraire m

**Thurs.** abbrev of **Thursday**

**Thursday** /ˈθɜːzdɪ/ N jeudi m ; → **Maundy Thursday** ; pour autres loc voir **Saturday**

**thus** /ðʌs/ LANGUAGE IN USE 26.3 SYN ADV (= consequently) par conséquent ; (= in this way) ainsi ◆ **thus far** (= up to here or now) jusqu'ici ; (= up to there or then) jusque-là

**thusly** /ˈðʌslɪ/ ADV (frm) ainsi

**thwack** /θwæk/
**N** (= blow) grand coup m ; (with hand) claque f, gifle f ; (= sound) claquement m, coup m sec
**VT** frapper vigoureusement, donner un coup sec à ; (= slap) donner une claque à

**thwart**[1] /θwɔːt/ SYN VT [+ plan] contrecarrer, contrarier ; [+ person] contrecarrer or contrarier les projets de ◆ **to be thwarted at every turn** voir tous ses plans contrariés l'un après l'autre

**thwart**[2] /θwɔːt/ N [of boat] banc m de nage

**thy** /ðaɪ/ POSS ADJ ( ††, liter, dial) ton, ta, tes

**thylacine** /ˈθaɪləsaɪn/ N thylacine m

**thyme** /taɪm/ N thym m ◆ **wild thyme** serpolet m

**thymic** /ˈθaɪmɪk/ ADJ thymique

**thymine** /ˈθaɪmiːn/ N thymine f

**thymol** /ˈθaɪmɒl/ N thymol m

**thymus** /ˈθaɪməs/ N (pl **thymuses** or **thymi** /ˈθaɪmaɪ/) thymus m

**thyratron** /ˈθaɪrətrɒn/ N thyratron m

**thyristor** /θaɪˈrɪstəʳ/ N thyristor m

**thyroid** /ˈθaɪrɔɪd/
**N** (also **thyroid gland**) thyroïde f
**ADJ** [disorder, hormone, problem, disease] thyroïdien ; [cartilage] thyroïde

**thyroidectomy** /ˌθaɪrɔɪˈdektəmɪ/ N thyroïdectomie f

**thyroiditis** /ˌθaɪrɔɪˈdaɪtɪs/ N thyroïdite f

**thyrotropin** /ˌθaɪrəʊˈtrəʊpɪn/ N thyrotrop(h)ine f

**thyroxin(e)** /θaɪˈrɒksɪn/ N thyroxine f

**thyself** /ðaɪˈself/ PERS PRON ( ††, liter, dial) (reflexive) te ; (emphatic) toi-même

**ti** /tiː/ N (Mus) si m

**tiara** /tɪˈɑːrə/ N [of lady] diadème m ; [of Pope] tiare f

**Tiber** /ˈtaɪbəʳ/ N Tibre m

**Tiberias** /taɪˈbɪərɪæs/ N ◆ **Lake Tiberias** le lac de Tibériade

**Tiberius** /taɪˈbɪərɪəs/ N Tibère m

**Tibet** /tɪˈbet/ N Tibet m ◆ **in Tibet** au Tibet

**Tibetan** /tɪˈbetən/
**ADJ** tibétain
**N** ① Tibétain(e) m(f)
② (= language) tibétain m
**COMP** **Tibetan spaniel** N (= dog) épagneul m tibétain
**Tibetan terrier** N (= dog) terrier m tibétain

**tibia** /ˈtɪbɪə/ N (pl **tibias** or **tibiae** /ˈtɪbɪiː/) tibia m

**tic** /tɪk/
**N** tic m (nerveux)
**COMP** **tic-tac-toe** N (US) ≈ (jeu m de) morpion m

**tich*** /tɪtʃ/ N (Brit) → **titch**

**tichy*** /ˈtɪtʃɪ/ ADJ (Brit) → **titchy**

**tick**[1] /tɪk/ SYN
**N** ① [of clock] tic-tac m
② (Brit * = instant) instant m ◆ **just a tick!, half a tick!** une seconde !, un instant ! ◆ **in a tick, in a couple of ticks** (= quickly) en moins de deux *, en un clin d'œil ◆ **it won't take a tick** or **two ticks** c'est l'affaire d'un instant, il y en a pour une seconde ◆ **I shan't be a tick** j'en ai pour une seconde
③ (esp Brit = mark) coche f ◆ **to put** or **mark a tick against sth** cocher qch
**VT** (Brit) [+ name, item, answer] cocher ; (Scol = mark right) marquer juste ◆ **please tick where appropriate** (on form etc) cochez la case correspondante
**VI** [clock, bomb etc] faire tic-tac, tictaquer ◆ **I don't understand what makes him tick*** il est un mystère pour moi ◆ **I wonder what makes him tick*** je me demande comment il fonctionne
**COMP** **tick-over** N (Brit) [of engine] ralenti m
**tick-tack-toe** N (US) ≈ (jeu m de) morpion m
▶ **tick away**
**VI** [clock] continuer son tic-tac ; [taximeter] tourner ; [time] s'écouler
**VT SEP** ◆ **the clock ticked the hours away** la pendule marquait les heures
▶ **tick by** VI [time] s'écouler
▶ **tick off**
**VT SEP** ① (Brit) (lit) [+ name, item] cocher ; (fig = enumerate) [+ reasons, factors etc] énumérer ◆ **to tick sth off on one's fingers** énumérer qch sur ses doigts
② (Brit * = reprimand) attraper, passer un savon à *
③ (US * = annoy) embêter *, casser les pieds à *
**N** ◆ **ticking-off*** → **ticking**[2]
▶ **tick over** VI (Brit) [engine] tourner au ralenti ; [taximeter] tourner ; [business etc] aller or marcher doucement

**tick**[2] /tɪk/ N (= parasite) tique f

**tick**[3] * /tɪk/ SYN N (Brit = credit) crédit m ◆ **on tick** à crédit ◆ **to give sb tick** faire crédit à qn

**tick**[4] /tɪk/ N (NonC = cloth) toile f (à matelas) ; (= cover) housse f (pour matelas)

**ticker** /ˈtɪkəʳ/
**N** ① (esp US) téléscripteur m, téléimprimeur m
② * (= watch) tocante * f ; (= heart) cœur m, palpitant * m
**COMP** **ticker tape** N (NonC) bande f de téléscripteur or téléimprimeur ; (US : at parades etc) ≈ serpentin m ◆ **to get a ticker tape welcome** (US) être accueilli par une pluie de serpentins

**ticket** /ˈtɪkɪt/ SYN
**N** ① (for plane, train, performance, film, lottery, raffle) billet m ; (for bus, tube, Comm = label) étiquette f ; (= counterfoil) talon m ; (from cash register) ticket m, reçu m ; (for cloakroom) ticket m, numéro m ; (for left luggage) bulletin m ; (for library) carte f ; (from pawnshop) reconnaissance f (du mont-de-piété) ◆ **to buy a ticket** prendre un billet ◆ **coach ticket** billet m de car ◆ **admission by ticket only** entrée réservée aux personnes munies d'un billet ◆ **that's (just) the ticket!*** c'est ça !, c'est parfait ! ; → **return, season**
② ( * : for fine) P.-V. m, papillon m ◆ **I found a ticket on the windscreen** j'ai trouvé un papillon sur le pare-brise ◆ **to get a ticket for parking** attraper un P.-V. pour stationnement illégal ◆ **to give sb a ticket for parking** mettre un P.-V. à qn pour stationnement illégal
③ (= certificate) [of pilot] brevet m ◆ **to get one's ticket** [ship's captain] passer capitaine
④ (US Pol = list) liste f (électorale) ◆ **he is running on the Democratic ticket** il se présente sur la liste des Démocrates ; → **straight**
**VT** ① [+ goods] étiqueter
② (US) [+ traveller] donner un billet à ◆ **passengers ticketed on these flights** voyageurs en possession de billets pour ces vols
③ (US = fine) mettre un P.-V. à
**COMP** **ticket agency** N (Theat) agence f de spectacles ; (for railway tickets) agence f de voyages
**ticket agent** N billettiste mf
**ticket barrier** N (Brit = access to train) portillon m (d'accès)
**ticket collector** N contrôleur m, -euse f
**ticket holder** N personne f munie d'un billet
**ticket inspector** N ⇒ **ticket collector**
**ticket machine** N distributeur m de titres de transport

**ticket office** N bureau m de vente des billets, guichet m
**ticket of leave** † N (Brit Jur) libération f conditionnelle
**ticket tout** N → tout n

**ticketing** /ˈtɪkɪtɪŋ/
N billetterie f
ADJ [policy, arrangements, system] de billetterie

**ticking¹** /ˈtɪkɪŋ/ N (NonC = fabric) toile f (à matelas)

**ticking²** /ˈtɪkɪŋ/
N [of clock] tic-tac m
COMP **ticking-off** * N (Brit) ◆ **to give sb a ticking-off** passer un savon à qn*, enguirlander qn ◆ **to get a ticking-off** recevoir un bon savon*, se faire enguirlander

**tickle** /ˈtɪkl/
VT (lit) [+ person, dog] chatouiller, faire des chatouilles * à ; (= please) [+ sb's vanity, palate etc] chatouiller ; (* = delight) [+ person] plaire à, faire plaisir à ; (* = amuse) amuser, faire rire ◆ **to tickle sb's fancy, to tickle sb in the ribs** chatouiller qn ◆ **to be tickled to death** *, **to be tickled pink** * être aux anges ; → **fancy**
VI chatouiller
N chatouillement m, chatouilles * fpl ◆ **he gave the child a tickle** il a chatouillé l'enfant, il a fait des chatouilles * à l'enfant ◆ **to have a tickle in one's throat** avoir un chatouillement dans la gorge ; → **slap**

**tickler** * /ˈtɪklər/ N (Brit) (= question, problem) colle f ; (= situation) situation f délicate or épineuse

**tickling** /ˈtɪklɪŋ/
N chatouillement m, chatouille(s) * f(pl)
ADJ [sensation] de chatouillement ; [blanket] qui chatouille ; [cough] d'irritation

**ticklish** /ˈtɪklɪʃ/ SYN, **tickly** * /ˈtɪklɪ/ ADJ
1 [sensation] de chatouillement ; [blanket] qui chatouille ; [cough] d'irritation ◆ **to be ticklish** [person] être chatouilleux
2 (= touchy) [person, sb's pride] chatouilleux ; (= difficult) [situation, problem, task] épineux, délicat

**ticktack** /ˈtɪktæk/
N (Racing) langage m gestuel (des bookmakers)
COMP **ticktack man** N (pl **ticktack men**) (Brit) aide m de bookmaker

**ticktock** /tɪkˈtɒk/ N [of clock] tic-tac m

**ticky-tacky** * /ˈtɪkɪˌtækɪ/ (US)
ADJ [building] moche *
N (NonC) (= building material) matériaux mpl de mauvaise qualité ; (= goods) pacotille f, camelote f

**tidal** /ˈtaɪdl/
ADJ [forces, effects, waters, conditions, atlas] des marées ; [river, estuary] à marées
COMP **tidal barrage** N barrage m coupant l'estuaire
**tidal basin** N bassin m de marée
**tidal energy, tidal power** N énergie f marémotrice, houille f bleue
**tidal power station** N usine f marémotrice
**tidal wave** N (lit) raz-de-marée m inv ; (fig) [of people] raz-de-marée m inv ; (fig) [of enthusiasm, protest, emotion] immense vague f

**tidbit** /ˈtɪdbɪt/ N (esp US) ⇒ **titbit**

**tiddler** * /ˈtɪdlər/ N (Brit) (= stickleback) épinoche f ; (= tiny fish) petit poisson m ; (= small person) demi-portion * f ; (= small child) mioche * mf ◆ **30 years ago the company was a mere tiddler** il y a 30 ans, cette entreprise n'était qu'un poids plume

**tiddly** * /ˈtɪdlɪ/ ADJ (Brit) 1 (= drunk) pompette *, éméché ◆ **to get tiddly** s'enivrer
2 (= small) minuscule

**tiddlywinks** /ˈtɪdlɪwɪŋks/ N jeu m de puce

**tide** /taɪd/ SYN
N 1 [of sea] marée f ◆ **at high/low tide** à marée haute/basse ◆ **the tide is on the turn** la mer est étale ◆ **the tide turns at 3 o'clock** la marée commence à monter (or à descendre) à 3 heures
2 (fig) [of crime, violence, racism] vague f ◆ **an ever increasing tide of crime** une vague de criminalité qui va en s'intensifiant ◆ **the tide of nationalism is still running high in a number of republics** la vague nationaliste continue de déferler dans plusieurs républiques ◆ **the tide has turned** la chance a tourné ◆ **to go with the tide** suivre le courant ◆ **to go against the tide** aller à contre-courant ◆ **the tide of opinion seems overwhelmingly in his favour** l'opinion publique semble lui être en très grande partie favorable ◆ **the tide of events** le cours or la marche des événements ◆ **the rising tide of public impatience** l'exaspération grandissante et généralisée du public ; → **time**
VT ◆ **to tide sb over a difficulty** dépanner qn lors d'une difficulté, tirer qn d'embarras provisoirement ◆ **it tided him over till payday** ça lui a permis de tenir or ça l'a dépanné en attendant d'être payé
COMP **tide table** N horaire m des marées
▶ **tide over** VT SEP ◆ **to tide sb over** permettre à qn de tenir, dépanner qn

**...tide** /taɪd/ N (in compounds) saison f ◆ **Eastertide** (la saison de) Pâques m ; → **Whitsun(tide)**

**tideland** /ˈtaɪdlænd/ N laisse f

**tideless** /ˈtaɪdlɪs/ ADJ sans marées

**tideline** /ˈtaɪdlaɪn/, **tidemark** /ˈtaɪdmɑːk/ N laisse f de haute mer, ligne f de (la) marée haute ; (esp Brit hum : on neck, in bath) ligne f de crasse

**tidewater** /ˈtaɪdˌwɔːtər/ N (Brit) (eaux fpl de) marée f ; (US) côte f

**tideway** /ˈtaɪdweɪ/ N (= channel) chenal m de marée ; (= tidal part of river) section f (d'un cours d'eau) soumise à l'influence des marées ; (= current) flux m

**tidily** /ˈtaɪdɪlɪ/ ADV [arrange, fold] soigneusement, avec soin ; [write] proprement ◆ **she is always tidily dressed** elle est toujours correctement vêtue or toujours mise avec soin ◆ **try to dress more tidily** tâche de t'habiller plus correctement or d'apporter plus de soin à ta tenue

**tidiness** /ˈtaɪdɪnɪs/ N (NonC) [of room, drawer, desk, books] ordre m ; [of handwriting, schoolwork] propreté f ◆ **what I like about him is his tidiness** ce que j'aime chez lui, c'est son sens de l'ordre ◆ **the tidiness of his appearance** sa tenue soignée

**tidings** /ˈtaɪdɪŋz/ SYN NPL (liter) nouvelle(s) f(pl)

**tidy** /ˈtaɪdɪ/ SYN
ADJ 1 (= neat) [house, room, drawer, desk] bien rangé ; [garden] bien entretenu ; [clothes, hair] net, soigné ; [appearance, schoolwork] soigné ; [handwriting, pile, stack] net ; [person] (in appearance) soigné ; (in character) ordonné ◆ **to keep one's room tidy** avoir une chambre bien rangée, toujours bien ranger sa chambre ◆ **try to make your writing tidier** tâche d'écrire plus proprement ◆ **to look tidy** [person] avoir une apparence soignée ; [room] être bien rangé ◆ **to make o.s. tidy** remettre de l'ordre dans sa toilette ◆ **to have a tidy mind** avoir l'esprit méthodique
2 (* = sizeable) [sum, amount] coquet *, joli * ; [profit] joli * ; [income, speed] bon ◆ **it cost a tidy bit** or **a tidy penny** ça a coûté une jolie * or coquette * somme ◆ **it took a tidy bit of his salary** ça lui a pris une bonne partie de son salaire
N vide-poches m inv
VT (also **tidy up**) [+ drawer, cupboard, books, clothes] ranger, mettre de l'ordre dans ; [+ desk] ranger, mettre de l'ordre sur ◆ **to tidy o.s. up** [+ woman] se refaire une beauté ◆ **to tidy (up) one's hair** arranger sa coiffure, remettre de l'ordre dans sa coiffure
COMP **tidy-out** *, **tidy-up** * N ◆ **to have a tidy-out** or **tidy-up** faire du rangement ◆ **to give sth a (good) tidy-out** or **tidy-up** ranger qch à fond
▶ **tidy away** VT SEP (Brit) ranger
▶ **tidy out**
VT SEP [+ cupboard, drawer] vider pour y mettre de l'ordre
N ◆ **tidy-out** * → **tidy**
▶ **tidy up**
VI (= tidy room etc) (tout) ranger ; (= tidy o.s.) s'arranger
VT SEP ⇒ **tidy** vt
N ◆ **tidy-up** * → **tidy**

**tie** /taɪ/ SYN
N 1 (= cord etc) [of garment, curtain] attache f ; [of shoe] lacet m, cordon m ; (fig = bond, link) lien m ; (= restriction) entrave f ◆ **the ties of blood** (fig) les liens mpl du sang ◆ **family ties** (= links) liens mpl de famille or de parenté ; (= responsibilities) attaches fpl familiales ◆ **she finds the children a great tie** avec les enfants elle n'est pas libre ; → **old**
2 (= necktie) cravate f ; → **black, white**
3 (esp Sport) (= draw) égalité f (de points) ; (= drawn match) match m nul ; (= drawn race/competition) course f/concours m dont les vainqueurs sont ex æquo ◆ **the match ended in a tie, the result (of the match) was a tie** les deux équipes ont fait match nul ◆ **there was a tie for second place** (Scol, Sport etc) il y avait deux ex æquo en seconde position ◆ **the election ended in a tie** les candidats ont obtenu le même nombre de voix
4 (Sport = match) match m de championnat ; → **cup**
5 (Mus) liaison f
6 (Archit) tirant m, entrait m
7 (US: = railway sleeper) traverse f
VT 1 (= fasten) attacher (to à) ; [+ shoelace, necktie, rope] attacher, nouer ; [+ parcel] attacher, ficeler ; [+ ribbon] nouer, faire un nœud à ; [+ shoes] lacer ◆ **to tie sb's hands** (lit) attacher or lier les mains de qn ; (fig) lier les mains de or à qn ◆ **his hands are tied** (lit, fig) il a les mains liées ◆ **to be tied hand and foot** (lit, fig) avoir pieds et poings liés ◆ **to tie sth in a bow, to tie a bow in sth** faire un nœud avec qch ◆ **to tie a knot in sth** faire un nœud à qch ◆ **to get tied in knots** [rope etc] faire des nœuds ◆ **to get tied in knots** *, **to tie o.s. in knots** * s'embrouiller ◆ **to tie sb in knots** * embrouiller qn ◆ **to tie the knot** * (= get married) se marier ; → **apron**
2 (= link) lier (to à) ; (= restrict) restreindre, limiter ; (Mus) lier ◆ **the house is tied to her husband's job** la maison est liée au travail de son mari ◆ **I'm tied to the house/my desk all day** je suis retenu or cloué à la maison/mon bureau toute la journée ◆ **are we tied to this plan?** sommes-nous obligés de nous en tenir à ce projet ?
VI 1 [shoelace, necktie, rope] se nouer
2 (= draw) (Sport etc) faire match nul ; (in competition) être ex æquo ; (in election) obtenir le même nombre de voix ◆ **we tied (with them) four-all** (Sport) nous avons fait match nul quatre partout ◆ **they tied for first place** (in race, exam, competition) ils ont été premiers ex æquo
COMP **tie beam** N (Constr) entrait m
**tie-break** N (Tennis) tie-break m ; (in quiz/game) question f/épreuve f subsidiaire
**tie clasp, tie clip** N fixe-cravate m
**tie-clip microphone** N micro-cravate m
**tie-dye** VT nouer-lier-teindre (méthode consistant à isoler certaines parties du tissu en le nouant ou en le liant)
**tie-in** N (= link) lien m, rapport m (with avec) ; (US Comm = sale) vente f jumelée or par lots ; (US Comm = article) lot m ADJ [sale] jumelé
**tie line** N (Telec) ligne f privée
**tie-on** ADJ [label] à œillet
**tie-rod** N [of building, vehicle] tirant m
**tie-tack** N (US) épingle f de cravate
**tie-up** N (= connection) lien m (with avec, between entre) ; (Fin = merger) fusion f (with avec, between entre) ; (Comm = joint venture between two companies) accord m, entente f, association f, lien m (with avec, between entre) ; (US = stoppage) interruption f, arrêt m ; (= traffic) embouteillage m
▶ **tie back** VT SEP [+ curtains] retenir par une embrasse, attacher sur les côtés ; [+ hair] nouer (en arrière)
▶ **tie down** VT SEP [+ object, person, animal] attacher ◆ **he didn't want to be tied down** (fig) il ne voulait pas perdre sa liberté ◆ **to tie sb down to a promise** obliger qn à tenir sa promesse ◆ **can you tie him down to these conditions?** pouvez-vous l'astreindre à ces conditions ? ◆ **we can't tie him down to a date/a price** nous n'arrivons pas à lui faire fixer une date/un prix ◆ **I shan't tie you down to 6 o'clock** il n'est pas nécessaire que ce soit à 6 heures ◆ **I don't want to tie myself down to going** je ne veux pas m'engager à y aller or me trouver contraint d'y aller
▶ **tie in**
VI 1 (= be linked) être lié (with à) ◆ **it all ties in with what they plan to do** tout est lié à ce qu'ils projettent de faire ◆ **this fact must tie in somewhere** ce fait doit bien avoir un rapport quelque part
2 (= be consistent) correspondre (with à), concorder, cadrer (with avec) ◆ **it doesn't tie in with what I was told** ça ne correspond pas à or ça ne cadre pas avec or ça ne concorde pas avec ce que l'on m'a dit
VT SEP ◆ **I'm trying to tie that in with what he said** j'essaie de voir la liaison or le rapport entre ça et ce qu'il a dit ◆ **can you tie the visit in with your trip to London?** pouvez-vous combiner la visite et or avec votre voyage à Londres ?
N ◆ **tie-in** → **tie**

▸ **tie on**
VT SEP *[+ label etc]* attacher (avec une ficelle) ◆ **to tie one on**‡ *(fig = get drunk)* se cuiter‡, se soûler*
ADJ ◆ **tie-on** → **tie**

▸ **tie together** VT SEP *[+ objects, people]* attacher ensemble

▸ **tie up**
VI *[ship]* accoster
VT SEP [1] *(= bind) [+ parcel]* ficeler ; *[+ prisoner]* attacher, ligoter ; *(= tether) [+ boat, horse]* attacher *(to* à) ◆ **there are a lot of loose ends to tie up** *(fig)* il y a encore beaucoup de points de détail à régler ◆ **to get (o.s.) all tied up*** *(fig = muddled)* s'embrouiller, s'emmêler les pinceaux*
[2] *[+ capital, money]* immobiliser
[3] *(fig = conclude) [+ business deal]* conclure ◆ **it's all tied up now** tout est réglé maintenant, c'est une chose réglée maintenant, nous avons *(or* il a *etc)* tout réglé
[4] *(* = occupy)* ◆ **he is tied up all tomorrow** il est pris *or* occupé toute la journée de demain ◆ **he is tied up with the manager** il est occupé avec le directeur ◆ **we are tied up for months to come** nous avons un emploi du temps très chargé pour les mois qui viennent ◆ **he's rather tied up with a girl in Dover** une jeune fille de Douvres l'accapare en ce moment
[5] *(= link)* ◆ **this company is tied up with an American firm** cette compagnie a des liens avec *or* est liée à une firme américaine ◆ **his illness is tied up* with the fact that his wife has left him** sa maladie est liée au fait que sa femme l'a quitté
[6] *(US = obstruct, hinder) [+ traffic]* obstruer, entraver ; *[+ production, sales]* arrêter momentanément ; *[+ project, programme]* entraver ◆ **to get tied up** *[traffic]* se bloquer ; *[production, sales]* s'arrêter ; *[project, programme]* être suspendu
N ◆ **tie-up** → **tie**

**tieback** /ˈtaɪbæk/ N *(= cord, rope for curtain)* embrasse *f* ; *(= curtain itself)* rideau *m* bonne femme

**tiebreaker** /ˈtaɪbreɪkəʳ/ N ⇒ **tie-break** ; → **tie**

**tied** /taɪd/ ADJ [1] (pt of **tie**)
[2] *(Sport = equal)* ◆ **to be tied** être à égalité *or* ex æquo
[3] *(Mus) [note]* lié
[4] *(Brit)* ◆ **tied cottage** logement *m* de fonction *(d'ouvrier agricole etc)* ◆ **it's a tied house** *[pub]* ce pub ne vend qu'une marque de bière
[5] *(Fin) [loan]* conditionnel
[6] *(= restricted)* ◆ **she is very tied by the children** elle est très prise par ses enfants ; see also **tie up**

**tiepin** /ˈtaɪpɪn/ N épingle *f* de cravate

**tier** /tɪəʳ/ SYN
N *(in stadium, amphitheatre)* gradin *m* ; *(= level)* niveau *m* ; *(= part of cake)* étage *m* ◆ **grand tier** *(Theat)* balcon *m* ◆ **upper tier** *(Theat)* seconde galerie *f* ◆ **to arrange in tiers** *(gen)* étager, disposer par étages ; *[+ seating]* disposer en gradins ◆ **to rise in tiers** s'étager ◆ **a three-tier system** un système à trois niveaux
VT *[+ seats]* disposer en gradins ◆ **tiered seating** places *fpl* assises en gradins *or* en amphithéâtre ◆ **three-tiered cake** ≈ pièce *f* montée à trois étages ◆ **a tiered skirt/dress** une jupe/robe à volants

**tiercel** /ˈtɪəsəl/ N *(Falconry)* tiercelet *m*

**Tierra del Fuego** /tɪˌerədelˈfweɪgəʊ/ N Terre de Feu *f*

**tiff** /tɪf/ N prise *f* de bec*

**tiffany** /ˈtɪfənɪ/ N gaze *f*, mousseline *f*

**tiffin** † /ˈtɪfɪn/ N *(Brit)* repas *m* de midi

**tig** /tɪg/ N (jeu *m* du) chat *m*

**tiger** /ˈtaɪgəʳ/
N tigre *m (also fig)* ◆ **she fought like a tiger** elle s'est battue comme une tigresse ◆ **he has a tiger by the tail** il a déclenché quelque chose dont il n'est plus maître
COMP **tiger cat** N chat-tigre *m*
**tiger economy** N (also **Asian tiger economy**) tigre *m* asiatique
**tiger lily** N lis *m* tigré
**tiger moth** N écaille *f (papillon)*
**tiger's-eye** N œil *m* de tigre
**tiger shark** N requin-tigre *m*

**tigereye** /ˈtaɪgəraɪ/ N œil *m* de tigre

**tight** /taɪt/ SYN
ADJ [1] *(= close-fitting) [clothes]* serré ; *[shoes, belt]* qui serre ◆ **too tight** *[clothes, shoes, belt]* trop juste *or* serré ◆ **it should be fairly tight over the hips** cela se porte relativement ajusté sur les hanches ; see also **skintight**
[2] *(= taut) [rope]* raide, tendu ; *[skin]* tendu ; *[knot, weave, knitting]* serré ◆ **to pull tight** *[+ knot]* serrer ; *[+ string]* tirer sur ◆ **to stretch tight** *[+ fabric, sheet]* tendre, tirer sur ; *[+ skin]* étirer ◆ **as tight as a drum** tendu comme un tambour
◆ **a tight rein** ◆ **to hold** *or* **keep a tight rein on sth** *(= watch closely)* surveiller qch de près ◆ **to hold** *or* **keep a tight rein on sb, to keep sb under a tight rein** *(= watch closely)* surveiller qn de près ; *(= be firm with)* tenir la bride haute *or* serrée à qn ◆ **to hold** *or* **keep a tight rein on o.s.** se contenir
[3] *(= firm, fixed) [screw, nut, bolt, lid]* serré ; *[tap, drawer]* dur ; *[grip]* solide ◆ **screw the lid firmly on the jar to ensure a tight seal** vissez bien le couvercle pour que le bocal soit fermé hermétiquement ◆ **to keep a tight lid on** *(fig) [+ emotions]* contenir ; *[+ story]* mettre sous le boisseau ◆ **he clasped me to his chest in a tight embrace** il m'a serré (fort) contre lui ◆ **to have** *or* **keep a tight hold of sth** *(lit)* serrer fort qch ◆ **to keep a tight hold of sb** *(lit)* bien tenir qn ◆ **to have a tight grip of sth** *(fig)* avoir qch bien en main ◆ **to keep a tight grip on sth** *(fig)* surveiller qch de près ; → **airtight, skintight, watertight**
[4] *(= tense, constricted) [voice, face]* tendu ; *[lips, throat]* serré ; *[mouth]* aux lèvres serrées ; *[smile]* pincé ; *[muscle]* tendu, contracté ; *[stomach]* noué ◆ **his mouth was set in a tight line** il avait les lèvres serrées ◆ **there was a tight feeling in his chest** *(from cold, infection)* il avait les bronches prises ; *(from emotion)* il avait la gorge serrée ◆ **it was a tight squeeze in the lift** on était affreusement serrés dans l'ascenseur
[5] *(= compact) [group]* compact ◆ **to curl up in a tight ball** se recroqueviller complètement ◆ **tight curls** boucles *fpl* serrées *(= close-knit)* ◆ **a tight federation of states** une fédération d'États solidaires ◆ **a small, tight knot of people** un petit groupe étroitement lié
[6] *(= strict) [schedule, budget]* serré ; *[restrictions, control]* strict, rigoureux ; *[security]* strict ◆ **it'll be a bit tight, but we should make it in time** ce sera un peu juste mais je crois que nous arriverons à temps ◆ **financially things are a bit tight** nous sommes un peu justes*
[7] *(= sharp) [bend, turn]* serré
[8] *(= close-fought) [competition]* serré ; *[match]* disputé
[9] *(= in short supply)* ◆ **to be tight** *[money, space]* manquer ; *[resources]* être limité ; *[credit]* être (res)serré ◆ **things were tight** l'argent manquait
[10] *(* = difficult) [situation]* difficile ◆ **to be in a tight corner** *or* **spot** être dans le pétrin*
[11] *(* = drunk)* soûl* ◆ **to get tight** se soûler*
[12] *(* = stingy)* radin* ◆ **to be tight with one's money** être près de ses sous*
[13] *(Mus *) [band]* bien synchro*
ADV *[hold, grasp]* bien, solidement ; *[squeeze]* très fort ; *[shut, fasten, tie, screw]* bien ; *[seal]* hermétiquement ◆ **don't fasten** *or* **tie it too tight** ne le serrez pas trop (fort) ◆ **to pack sth tight** bien emballer *or* empaqueter qch ◆ **packed tight (with sth)** plein à craquer (de qch) ◆ **sit tight!** ne bouge pas ! ◆ **sleep tight!** dors bien !
◆ **to hold tight** s'accrocher ◆ **she held tight to Bernard's hand** elle s'est accrochée à la main de Bernard ◆ **hold tight!** accroche-toi ! ◆ **all we can do is hold tight and hope things get better** la seule chose que nous puissions faire c'est nous accrocher et espérer que les choses s'améliorent ◆ **she held tight to her assertion** elle a maintenu ce qu'elle disait
NPL **tights** *(esp Brit)* collant(s) *m(pl)*
COMP **tight-arsed**‡*(Brit)*, **tight-assed**‡*(US)* ADJ *[person, behaviour]* coincé*
**tight end** N *(US Football)* ailier *m*
**tight-fisted** ADJ avare, radin*, pingre
**tight-fitting** ADJ *[garment]* ajusté, collant ; *[lid, stopper]* qui ferme bien
**tight-knit** ADJ *(fig) [community]* très uni
**tight-lipped** ADJ ◆ **to maintain a tight-lipped silence, to be very tight-lipped** ne pas desserrer les lèvres *or* les dents *(about sth* au sujet de qch) ◆ **he stood there tight-lipped** *(from anger etc)* il se tenait là avec un air pincé ◆ **in tight-lipped disapproval** d'un air désapprobateur

**tighten** /ˈtaɪtn/ SYN
VT (also **tighten up**) *[+ rope]* tendre ; *[+ coat, skirt, trousers]* ajuster, rétrécir ; *[+ screw, wheel, grasp, embrace]* resserrer ; *[+ legislation, restrictions, regulations, control]* renforcer ; *(Econ) [+ credit]* resserrer ◆ **to tighten one's belt** *(lit, fig)* se serrer la ceinture
VI (also **tighten up**) *[rope]* se tendre, se raidir ; *[screw, wheel]* se resserrer ; *[restrictions, regulations]* être renforcé

▸ **tighten up**
VI [1] ⇒ **tighten vi**
[2] *(fig)* ◆ **to tighten up on security/immigration** devenir plus strict *or* sévère en matière de sécurité/d'immigration ◆ **the police are tightening up on shoplifters** la police renforce la lutte contre les voleurs à l'étalage
VT SEP → **tighten vt**

**tightening** /ˈtaɪtnɪŋ/ N *[of muscles]* contraction *f* ; *[of screw, wheel, grasp, embrace]* resserrement *m* ; *[of security, control, legislation, restrictions, regulations]* renforcement *m* ; *[of sanctions, system]* durcissement *m* ◆ **the tightening of his grip on her hand** la pression plus forte qu'il a exercée sur sa main ◆ **tightening of credit** *(Econ)* encadrement *m* du crédit

**tightly** /ˈtaɪtlɪ/ ADV [1] *(= firmly) [close, bind, wrap]* bien ◆ **to hold a rope tightly** bien tenir une corde ◆ **to hold sb's hand tightly** serrer la main de qn ◆ **to hold sb tightly** serrer qn contre soi ◆ **to hold a letter tightly** serrer une lettre dans sa main ◆ **with tightly-closed eyes** les paupières serrées ◆ **tightly fitting** *[clothing]* moulant ◆ **tightly stretched** *(= tautly)* (très) tendu ◆ **tightly packed (with sth)** *(= densely) [bus, room, shelf]* plein à craquer (de qch) ◆ **the tightly packed crowds** les gens serrés comme des sardines*
[2] *(= rigorously)* ◆ **to be tightly controlled** faire l'objet d'un contrôle rigoureux ◆ **tightly knit** *[community]* très uni

**tightness** /ˈtaɪtnɪs/ N *[of dress, trousers]* étroitesse *f* ; *[of screw, lid, drawer]* dureté *f* ; *[of restrictions, control]* rigueur *f*, sévérité *f* ◆ **he felt a tightness in his chest** il sentait sa gorge se serrer

**tightrope** /ˈtaɪtrəʊp/
N corde *f* raide, fil *m* ◆ **to be on** *or* **walking a tightrope** *(fig)* être *or* marcher sur la corde raide
COMP **tightrope walker** N funambule *mf*

**tightwad**‡ /ˈtaɪtwɒd/ N *(US)* radin(e)* *m(f)*, grippe-sou *m*

**tiglon** /ˈtɪglɒn/, **tigon** /ˈtaɪgən/ N tigron *m*, tiglon *m*

**tigress** /ˈtaɪgrɪs/ N tigresse *f*

**Tigris** /ˈtaɪgrɪs/ N Tigre *m*

**tikka** /ˈtiːkə/ N ◆ **chicken/lamb tikka** poulet *m*/mouton *m* tikka

**tilde** /ˈtɪldə/ N tilde *m*

**tile** /taɪl/
N *(on roof)* tuile *f* ; *(on floor, wall, fireplace)* carreau *m* ◆ **to be out on the tiles*, to spend** *or* **have a night on the tiles*** *(Brit)* faire la noce* *or* la bombe* ◆ **he's got a tile loose**‡ il lui manque une case*
VT *[+ roof]* couvrir de tuiles ; *[+ floor, wall, fireplace]* carreler ◆ **tiled** *[roof]* en tuiles ; *[floor, room etc]* carrelé

**tiled** /taɪld/ ADJ *[roof]* en tuiles ; *[floor, room etc]* carrelé

**tiler** /ˈtaɪləʳ/ N *[of roof]* couvreur *m* ; *[of floor, wall]* carreleur *m*, -euse *f*

**tiling** /ˈtaɪlɪŋ/ N [1] *(= tiles collectively) [of roof]* tuiles *fpl* ; *[of floor, wall]* carrelage *m*, carreaux *mpl*
[2] *(= activity, skill) [of roof]* pose *f* des tuiles ; *[of floor, wall etc]* carrelage *m*

**till**¹ /tɪl/ ⇒ **until**

**till**² /tɪl/ SYN N caisse *f* (enregistreuse) ; *(old-fashioned type)* tiroir-caisse *m* ; *(= takings)* caisse *f* ◆ **pay at the till** payez à la caisse ◆ **to be** *or* **get caught** *or* **found with one's hand** *or* **fingers in the till** *(fig)* être pris sur le fait *or* en flagrant délit

**till**³ /tɪl/ SYN VT *(Agr)* labourer

**tillable** /ˈtɪləbl/ ADJ arable

**tillage** /ˈtɪlɪdʒ/ N *(= activity)* labour *m*, labourage *m* ; *(= land)* labour *m*, guéret *m*

**tillandsia** /tɪˈlændzɪə/ N tillandsie *f*, tillandsia *m*

**tiller**¹ /ˈtɪləʳ/ N *(Agr)* laboureur *m*

**tiller**² /ˈtɪləʳ/ N *[of boat]* barre *f (du gouvernail)*

**tilt** /tɪlt/ SYN
N [1] *(= tip, slope)* inclinaison *f* ◆ **it has a tilt to it, it's on a** *or* **the tilt** c'est incliné, ça penche
[2] *(Hist) (= contest)* joute *f* ; *(= thrust)* coup *m* de lance ◆ **to have a tilt at…** *(fig)* décocher des

pointes à... ◆ **(at) full tilt** à toute vitesse, à fond de train

3 *(fig = inclination)* nouvelle orientation *f* *(towards sth* vers qch)

**VT** (also **tilt over**) *[+ object, one's head]* pencher, incliner ; *[+ backrest]* incliner ◆ **to tilt one's hat over one's eyes** rabattre son chapeau sur les yeux ◆ **to tilt one's chair (back)** se balancer sur sa chaise

**VI** 1 *(gen)* s'incliner ; (also **tilt over**) pencher, être incliné

2 *(Hist)* jouter *(at* contre) ; → **windmill**

**COMP tilt hammer N** martinet *m*
**tilting train N** train *m* pendulaire
**tilt-top table N** table *f* à plateau inclinable

**tilted** /ˈtɪltɪd/ **ADJ** penché, incliné

**tilth** /tɪlθ/ **N** *(= soil)* couche *f* arable ; *(= tilling)* labourage *m*

**timbal** /ˈtɪmbəl/ **N** *(Mus)* timbale *f*

**timbale** /tæmˈbɑːl/ **N** *(= food, container)* timbale *f*

**timber** /ˈtɪmbəʳ/ SYN

**N** 1 *(NonC) (= wood)* bois *m* d'œuvre, bois *m* de construction ; *(= trees collectively)* arbres *mpl*, bois *m* ◆ **timber!** attention (à l'arbre qui tombe) !, gare ! ◆ **land under timber** futaie *f*, terre *f* boisée *(pour l'abattage)*

2 *(= beam)* madrier *m*, poutre *f* ; *[of ship]* membrure *f*

**VT** *[+ tunnel etc]* boiser ◆ **timbered** *[house]* en bois ; *[land, hillside]* boisé ; → **half**

**COMP** *[fence etc]* en bois
**timber-framed ADJ** à charpente de bois
**timber line N** limite *f* de la forêt
**timber merchant N** *(Brit)* marchand *m* de bois, négociant *m* en bois
**timber wolf N** loup *m* gris

**timbered** /ˈtɪmbəd/ **ADJ** *[house]* en bois ; *[land, hillside]* boisé ; → **half-timbered**

**timbering** /ˈtɪmbərɪŋ/ **N** *(NonC)* boisage *m*

**timberland** /ˈtɪmbəlænd/ **N** *(NonC)* exploitation *f* forestière

**timberyard** /ˈtɪmbəjɑːd/ **N** *(Brit)* dépôt *m* de bois

**timbre** /ˈtæmbrə, ˈtɪmbəʳ/ **N** *(gen, also Phon)* timbre *m*

**timbrel** /ˈtɪmbrəl/ **N** tambourin *m*

**Timbuktu** /ˌtɪmbʌkˈtuː/ **N** *(lit, fig)* Tombouctou *m*

◆ ◆ ◆ ◆ ◆ ◆ ◆ ◆ ◆ ◆ ◆ ◆ ◆ ◆ ◆ ◆ ◆ ◆ ◆ ◆ ◆ ◆ ◆ ◆ ◆ ◆ ◆ ◆ ◆

## time /taɪm/ SYN

1 - NOUN
2 - TRANSITIVE VERB
3 - COMPOUNDS

◆ ◆ ◆ ◆ ◆ ◆ ◆ ◆ ◆ ◆ ◆ ◆ ◆ ◆ ◆ ◆ ◆ ◆ ◆ ◆ ◆ ◆ ◆ ◆ ◆ ◆ ◆ ◆ ◆

### 1 - NOUN

▸ For **a long time** see **long**. For **at the same time** see **same**.

1 [GEN] temps *m* ◆ **time and space** le temps et l'espace ◆ **time flies** le temps passe vite *or* file ◆ **time will show if...** l'avenir dira si..., on saura avec le temps si... ◆ **in time, with time, as time goes (***or* **went) by** avec le temps, à la longue ◆ **I've enough time** *or* **I have the time to go there** j'ai le temps d'y aller ◆ **we've got plenty of time, we've all the time in the world** nous avons tout notre temps ◆ **have you got time to wait for me?** est-ce que tu as le temps de m'attendre ? ◆ **he spent all/half his time reading** il passait tout son temps/la moitié de son temps à lire ◆ **we mustn't lose any time** il ne faut pas perdre de temps ◆ **I had to stand for part** *or* **some of the time** j'ai dû rester debout une partie du temps ◆ **it works okay some of the time** ça marche parfois *or* quelquefois ◆ **he spends the best part of his time in London** il passe la plus grande partie de son temps *or* le plus clair de son temps à Londres ◆ **half the time* she's drunk** la moitié du temps elle est ivre ◆ **at this point in time** à l'heure qu'il est, en ce moment ◆ **from time out of mind** de temps immémorial ◆ **my time is my own** mon temps m'appartient ◆ **free time, time off** temps libre ◆ **he'll tell you in his own good time** il vous le dira quand bon lui semblera ◆ **in your own time** en prenant votre temps ◆ **he was working against time to finish it** il travaillait d'arrache-pied pour le terminer à temps ◆ **it is only a matter** *or* **question of time** ce n'est qu'une question de temps ◆ **time will tell** l'avenir le dira ◆ **time is money** *(Prov)* le temps c'est de l'argent *(Prov)* ◆ **there's a time and a place for everything** *(Prov)* il y a un temps pour tout *(Prov)* ◆ **time and tide wait for no man** *(Prov)* on ne peut pas arrêter le temps

◆ **all the time** *(= always)* tout le temps ; *(= all along)* depuis le début ◆ **I have to be on my guard all the time** je dois tout le temps être sur mes gardes ◆ **the letter was in my pocket all the time** la lettre était dans ma poche depuis le début ◆ **all the time he knew who had done it** il savait depuis le début qui avait fait le coup

◆ *number* + *at a time* ◆ **three at a time** trois par trois, trois à la fois ; *(stairs, steps)* trois à trois ◆ **one at a time** un par un

◆ **at times** de temps en temps, parfois

◆ **for all time** pour toujours

◆ **for the time being** pour l'instant

◆ **in good time** *(= with time to spare)* en avance ◆ **he arrived in good time for the start of the match** il est arrivé en avance pour le début du match ◆ **let me know in good time** prévenez-moi suffisamment à l'avance ◆ **all in good time!** chaque chose en son temps !

◆ **to make time to do sth** trouver le temps de faire qch ◆ **however busy you are, you must make time to relax** même si vous êtes très pris, il est important que vous trouviez le temps de vous détendre

◆ **to take** + **time** ◆ **it takes time to change people's ideas** ça prend du temps de faire évoluer les mentalités ◆ **things take time to change** les choses ne changent pas du jour au lendemain ◆ **it took me a lot of time to prepare this** j'ai mis beaucoup de temps à préparer ça ◆ **take your time** prenez votre temps ◆ **take your time over it!** mettez-y le temps qu'il faudra ! ◆ **it took me all my time to convince her** j'ai eu toutes les peines du monde à la convaincre

◆ **to take time out to do sth** *(gen)* trouver le temps de faire qch ; *(during studies)* interrompre ses études pour faire qch ◆ **some women managers can't afford to take time out to have a baby** certaines femmes cadres ne peuvent pas se permettre d'interrompre leur carrière pour avoir un enfant

◆ **to find/have** *etc* **time** + **for** ◆ **I can't find time for the garden** je n'arrive pas à trouver le temps de m'occuper du jardin ◆ **I've no time for that sort of thing** *(lit)* je n'ai pas le temps de faire ce genre de chose ; *(fig)* je ne supporte pas ce genre de choses ◆ **I've no time for people like him** je ne supporte pas les types* comme lui ◆ **I've got a lot of time* for him** je trouve que c'est un type très bien* ◆ **it didn't leave him much time for sleeping** ça ne lui a guère laissé le temps de dormir

2 [= PERIOD, LENGTH OF TIME] ◆ **for a time** pendant un (certain) temps ◆ **what a (long) time you've been!** vous y avez mis le temps !, il vous en a fallu du temps ! ◆ **he did it in half the time it took you** il l'a fait deux fois plus vite *or* en deux fois moins de temps que vous ◆ **he is coming in two weeks' time** il vient dans deux semaines ◆ **within the agreed time** *(frm)* dans les délais convenus ◆ **to buy sth on time** *(US)* acheter qch à tempérament ◆ **what time did he do it in?** *(Sport)* il a fait quel temps ? ◆ **the winner's time was 12 seconds** le temps du gagnant était de 12 secondes ◆ **to make time** *(US = hurry)* se dépêcher ◆ **he's making time with her***‡ *(US)* il la drague*

◆ **a short time** peu de temps ◆ **a short time later** peu (de temps) après ◆ **for a short time we thought that...** pendant un moment nous avons pensé que... ◆ **in a short time all the flowers had gone** peu de temps après toutes les fleurs étaient fanées

◆ **in** + **no time** ◆ **in no time at all, in next to no time, in less than no time** en un rien de temps, en moins de deux*

◆ **some** + **time** ◆ **I waited for some time** j'ai attendu assez longtemps *or* pas mal de temps* ◆ **I waited for some considerable time** j'ai attendu très longtemps ◆ **after some little time** au bout d'un certain temps ◆ **some time ago** il y a déjà un certain temps ◆ **that was some time ago** ça fait longtemps de cela ◆ **it won't be ready for some time (yet)** ce ne sera pas prêt avant un certain temps ◆ **some time before the war** quelque temps avant la guerre ◆ **some time next year/in 2003** dans le courant de l'année prochaine/de l'année 2003

3 [= PERIOD WORKED] ◆ **to work full time** travailler à plein temps *or* à temps plein ; see also **full** ◆ **we get paid time and a half on Saturdays** le samedi, nous sommes payés une fois et demie le tarif normal ◆ **Sunday working is paid at double time** les heures du dimanche sont payées double ◆ **in the firm's time, in company time** pendant les heures de service ◆ **in** *or (US)* **on one's own time** après les heures de service

4 [= DAY, ERA] temps *m* ◆ **in Gladstone's time** du temps de Gladstone ◆ **time was when one could...** il fut un temps où l'on pouvait... ◆ **in my time it was all different** de mon temps c'était complètement différent ◆ **he is ahead of** *or* **in advance of** *or* **before his time, he was born before his time** il est en avance sur son temps ◆ **to keep up with** *or* **move with the times** *[person]* vivre avec son temps ; *[company, institution]* (savoir) évoluer ◆ **to be behind the times** être vieux jeu* *inv* ◆ **I've seen some strange things in my time** j'ai vu des choses étranges dans ma vie ◆ **that was before my time** *(= before I was born)* je n'étais pas encore né, c'était avant ma naissance ; *(= before I came here)* je n'étais pas encore là ◆ **to die before one's time** mourir avant l'âge ◆ **in time(s) of peace** en temps de paix ◆ **in medieval times** à l'époque médiévale ◆ **times are hard** les temps sont durs ◆ **those were tough times** la vie n'était pas facile en ce temps-là ◆ **the times we live in** l'époque où nous vivons ◆ **it was a difficult time for all of us** cela a été une période difficile pour nous tous

5 [= EXPERIENCE] ◆ **they lived through some terrible times in the war** ils ont connu des moments terribles pendant la guerre ◆ **to have a poor** *or* **rough** *or* **bad** *or* **thin** *or* **tough* time (of it)** en voir de dures* ◆ **what great times we've had!** c'était le bon temps ! ◆ **to have a good time (of it)** bien s'amuser ◆ **to have the time of one's life** s'amuser follement*

6 [BY CLOCK] heure *f* ◆ **what is the time?, what time is it?** quelle heure est-il ? ◆ **what time do you make it?, what do you make the time?** quelle heure avez-vous ? ◆ **what time is he arriving?** à quelle heure est-ce qu'il arrive ? ◆ **have you got the right time?** est-ce que vous avez l'heure exacte *or* juste ? ◆ **the time is 4.30** il est 4 heures et demie ◆ **your time is up** *(in exam, prison visit etc)* c'est l'heure ; *(in game)* votre temps est écoulé ◆ **it sent the president a clear message: your time is up** *(fig)* pour le Président, le message était clair : vos jours sont comptés ◆ **he looked at the time** il a regardé l'heure ◆ **that watch keeps good time** cette montre est toujours à l'heure ◆ **at this time of (the) night** à cette heure de la nuit ◆ **at any time of the day or night** à n'importe quelle heure du jour ou de la nuit ◆ **at any time during school hours** pendant les heures d'ouverture de l'école ◆ **open at all times** ouvert à toute heure ◆ **time gentlemen please!** *(Brit:in pub)* on ferme ! ◆ **to call time** *(Brit:in pub)* annoncer la fermeture ◆ **to call time on sth** *(Brit = put an end to sth)* mettre un terme à qch ◆ **it's midnight by Eastern time** *(US)* il est minuit, heure de la côte est ◆ **it was 6 o'clock Paris time** il était 6 heures, heure de Paris ◆ **it's time for lunch** c'est l'heure du déjeuner ◆ **it's time to go** c'est l'heure de partir, il est temps de partir ◆ **it's time I was going, it's time for me to go** il est temps que j'y aille ◆ **it's (about) time somebody taught him a lesson** il est grand temps que quelqu'un lui donne *subj* une leçon ◆ **time!** *(Tennis)* reprise !

◆ *preposition* + **time** ◆ **AHEAD OF time** en avance ◆ **(and) ABOUT time too!** ce n'est pas trop tôt ! ◆ **not BEFORE time!** *(Brit)* ce n'est pas trop tôt ! ◆ **BEHIND time** en retard ◆ **just IN time (for sth/to do sth)** juste à temps (pour qch/pour faire qch) ◆ **ON time** à l'heure ◆ **the trains are ON time** *or* **UP TO time, the trains are running TO time** les trains sont à l'heure

◆ **the time of day** ◆ **to pass the time of day** bavarder un peu, échanger quelques mots *(with sb* avec qn) ◆ **I wouldn't give him the time of day** je ne lui adresserais pas la parole

7 [= MOMENT, POINT OF TIME] moment *m* ◆ **there are times when I could hit him** il y a des moments où je pourrais le gifler ◆ **when the time comes** quand le moment viendra ◆ **when the time is right** quand le moment sera venu ◆ **his time is drawing near** *or* **approaching** son heure *or* sa fin est proche ◆ **his time has come** son heure est venue ◆ **to choose one's time** choisir son moment ◆ **come (at) ANY time** venez quand vous voudrez ◆ **he may come (at) ANY time** il peut arriver d'un moment à l'autre ◆ **it may happen ANY time now** cela peut arriver d'un moment à l'autre ◆ **AT the** *or* **that time** à ce moment-là ◆ **AT this time** en ce moment ◆ **AT the present time** en ce moment, actuellement ◆ **AT this particular time** à ce moment précis ◆ **AT (any) one time** à un moment donné ◆ **AT all times** à tous moments ◆ **I could hit him AT**

**times** il y a des moments où je pourrais le gifler ◆ **I have** AT **no time said that** je n'ai jamais dit cela ◆ AT **times** par moments ◆ **he came** AT **a very inconvenient time** il est arrivé au mauvais moment, il a mal choisi son moment ◆ **(in)** BETWEEN **times** entre-temps ◆ BY **the time I had finished, it was dark** le temps que je termine *subj* il faisait nuit ◆ BY **this** *or* **that time she was exhausted** elle était alors épuisée ◆ **you must be cold** BY **this time** vous devez avoir froid maintenant ◆ BY **this time next year** l'année prochaine à la même époque ◆ **this is no** *or* **not the time** FOR **quarrelling** ce n'est pas le moment de se disputer ◆ FROM **time to time** de temps en temps ◆ FROM **that time** *or* **this time on he...** à partir de ce moment il... ◆ FROM **this time on I shall do what you tell me** désormais *or* dorénavant je ferai ce que tu me diras ◆ SOME **times... at other times** des fois... des fois ◆ **at** THIS **time of year** à cette époque de l'année ◆ THIS **time tomorrow** demain à cette heure-ci ◆ THIS **time last year** l'année dernière à cette époque-ci ◆ THIS **time last week** il y a exactement une semaine ◆ **now's the time** TO **do it** c'est le moment de le faire ◆ **the time has come for us** TO **leave** il est temps que nous partions *subj* ◆ **the time has come** TO **decide...** il est temps de décider... ◆ **now's your** *or* **the time** TO **tell him** c'est maintenant que vous devriez le lui dire

8 [= OCCASION] fois *f* ◆ **this time** cette fois ◆ **(the) next time you come** la prochaine fois que vous viendrez ◆ **every** *or* **each time** chaque fois ◆ **several times** plusieurs fois ◆ **at various times in the past** plusieurs fois déjà ◆ **at other times** en d'autres occasions ◆ **time after time, times without number, time and (time) again** maintes et maintes fois ◆ **(the) last time** la dernière fois ◆ **the previous time, the time before** la fois d'avant ◆ **come back some other time** revenez une autre fois ◆ **the times I've told him that!** je le lui ai dit je ne sais combien de fois ! ◆ **the times I've wished that...** combien de fois n'ai-je souhaité que... ◆ **some time or other I'll do it** je le ferai un jour ou l'autre ◆ **I remember the time when he told me about it** je me rappelle le jour où il me l'a dit ◆ **it costs £3 a time to do a load of washing** ça coûte trois livres pour faire une lessive ◆ **one at a time** un(e) par un(e) ◆ **for weeks at a time** pendant des semaines entières

9 [MULTIPLYING] fois *f* ◆ **two times three is six** deux fois trois (font) six ◆ **ten times as big as..., ten times the size of...** dix fois plus grand que... ◆ **it's worth ten times as much** ça vaut dix fois plus ; → **times**

10 [MUS *etc*] mesure *f* ◆ **in time** en mesure (*to, with* avec) ◆ **in time to the music** en mesure avec la musique ◆ **to be out of time** ne pas être en mesure (*with* avec) ◆ **to keep time** rester en mesure

### 2 - TRANSITIVE VERB

1 [= CHOOSE TIME OF] *[+ visit]* choisir le moment de ◆ **it was timed to begin at...** le commencement était prévu pour... ◆ **you timed that perfectly!** c'est tombé à point nommé !, vous ne pouviez pas mieux choisir votre moment ! ◆ **well-timed** *[remark, entrance]* tout à fait opportun, qui tombe à point nommé ; *[stroke]* exécuté avec un bon timing ◆ **the invasion was carefully timed** l'invasion a été soigneusement minutée ◆ **they are timing the bomb alerts to cause maximum disruption** ils font en sorte que ces alertes à la bombe provoquent le maximum de perturbations

2 [= COUNT TIME OF] *[+ race, runner, worker etc]* chronométrer ; *[+ programme, ceremony, piece of work]* minuter ◆ **to time sb over 1,000 metres** chronométrer (le temps de) qn sur 1 000 mètres ◆ **time how long it takes you** notez le temps qu'il vous faut pour le faire ◆ **to time an egg** minuter la cuisson d'un œuf

### 3 - COMPOUNDS

**time and motion study** N *(in workplace)* étude *f* des cadences
**time bomb** N bombe *f* à retardement
**time capsule** N capsule *f* témoin *(devant servir de document historique)*
**time card** N *(for clocking in)* carte *f* de pointage
**time check** N *(Rad)* rappel *m* de l'heure
**time clock** N *(= machine for clocking in)* pointeuse *f*
**time-consuming** ADJ qui prend beaucoup de temps
**time delay** N délai *m*
**time-delay** ADJ *[mechanism, safe]* à délai d'ouverture
**time deposit** N *(US Fin)* dépôt *m* à terme
**time difference** N décalage *m* horaire
**time discount** N *(US Comm)* remise *f* pour paiement anticipé
**time draft** N *(US Fin)* effet *m* à terme
**time-expired** ADJ *[product]* périmé
**time exposure** N *(Phot)* temps *m* de pose
**time-filler** N façon *f* de tuer le temps
**time frame** N calendrier *m* ◆ **to set a time frame** fixer un calendrier ◆ **there was no time frame for military action** aucune date précise n'était fixée pour l'intervention militaire ◆ **I cannot give a time frame for a return of democratic rule** je ne peux pas spécifier de délai pour le retour à la démocratie ◆ **the time frame within which all this occurred was from September 1985 to March 1986** tout ceci s'est produit dans la période comprise entre septembre 1985 et mars 1986
**time fuse** N détonateur *m* à retardement
**time-honoured** ADJ ◆ **a time-honoured tradition** une tradition ancienne *or* vénérable
**time-lag** N *(between events)* décalage *m*, retard *m* ; *(between countries)* décalage *m* horaire
**time-lapse photography** N *(Cine)* accéléré *m*
**time limit** N *(= restricted period)* limite *f* de temps ; *(for abortion)* délai *m* légal ; *(Jur)* délai *m* de forclusion ; *(= deadline)* date *f* limite ◆ **to put** *or* **set a time limit on sth** fixer une limite de temps *or* un délai pour qch ◆ **within the time limit** dans les délais (impartis) ◆ **without a time limit** sans limitation de temps
**time loan** N *(US Fin)* emprunt *m* à terme
**time lock** N fermeture *f* commandée par une minuterie
**time machine** N *(Sci Fi)* machine *f* à remonter le temps
**time-out** N *(esp US) (Sport)* temps *m* mort ; *(Chess)* temps *m* de repos
**time-saver** N ◆ **it is a great time-saver** ça fait gagner beaucoup de temps
**time-saving** ADJ qui fait gagner du temps N économie *f or* gain *m* de temps
**time scale** N → **timescale**
**time-served** ADJ *[tradesman]* qui a fait ses preuves, expérimenté
**time-server** N *(pej)* opportuniste *mf* ◆ **he's a time-server** il attend de partir
**time-serving** ADJ *(pej)* opportuniste N opportunisme *m*
**time-share** VT *(Comput)* utiliser *or* exploiter en temps partagé ; *[+ holiday home]* avoir en multipropriété N maison *f* (*or* appartement *m*) en multipropriété
**time-sharing** N *(Comput)* (exploitation *f or* travail *m* en) temps *m* partagé ; *[of holiday home]* multipropriété *f*
**time sheet** N *[of company etc]* feuille *f* de présence
**time signal** N *(Rad)* signal *m* horaire
**time signature** N *(Mus)* indication *f* de la mesure
**time slice** N *(Comput)* tranche *f* de temps
**time slot** N *(Rad, TV)* tranche *f or* plage *f or* créneau *m* horaire
**time span** N période *f* de temps
**time study** N ⇒ **time and motion study**
**time switch** N *[of electrical apparatus]* minuteur *m* ; *(for lighting)* minuterie *f*
**time travel** N *(Sci Fi)* voyage *m* dans le temps
**time trial** N *(Motor Racing, Cycling)* course *f* contre la montre, contre-la-montre *m inv*
**time value** N *(Mus)* valeur *f*
**time warp** N distorsion *f* spatiotemporelle ◆ **it's like going into** *or* **living in a time warp** on a l'impression d'avoir fait un bond en arrière (*or* en avant) dans le temps *or* d'avoir fait un bond dans le passé (*or* le futur)
**time-waster** N *(pej)* ◆ **to be a time-waster** *[person]* faire perdre du temps ; *[activity]* être une perte de temps ◆ **"no time wasters"** *(in advert)* « pas sérieux s'abstenir »
**time-wasting** ADJ qui fait perdre du temps N perte *f* de temps
**time zone** N fuseau *m* horaire

**timekeeper** /ˈtaɪmkiːpəʳ/ N *(= watch)* montre *f* ; *(= stopwatch)* chronomètre *m* ; *(Sport = official)* chronométreur *m*, -euse *f* officiel(le) ◆ **to be a good timekeeper** *[person]* être toujours à l'heure

**timekeeping** /ˈtaɪmkiːpɪŋ/ N *(Sport)* chronométrage *m* ◆ **I'm trying to improve my timekeeping** *(at work)* j'essaie d'être plus ponctuel

**timeless** /ˈtaɪmlɪs/ SYN ADJ *[quality, appeal]* intemporel ; *[beauty]* intemporel, éternel

**timeline** /ˈtaɪmlaɪn/ N tableau *m* chronologique

**timeliness** /ˈtaɪmlɪnɪs/ N *(NonC)* à-propos *m*, opportunité *f*

**timely** /ˈtaɪmlɪ/ SYN ADJ *[reminder, arrival]* opportun ; *[intervention]* opportun, qui tombe à point nommé ; *[event, warning]* qui tombe à point nommé

**timepiece** /ˈtaɪmpiːs/ N *(= watch)* montre *f* ; *(= clock)* horloge *f*

**timer** /ˈtaɪməʳ/ N *(Culin etc)* minuteur *m* ; *(with sand in it)* sablier *m* ; *(on machine, electrical device etc)* minuteur *m* ; *[of car engine]* distributeur *m* d'allumage ; → **old**

**times*** /taɪmz/ VT *(= multiply)* multiplier

**timescale** /ˈtaɪmskeɪl/ N période *f* ◆ **on a two-year time scale** sur une période de deux ans ◆ **our timescale for this project is 10 to 15 years** nous nous situons dans une perspective de 10 à 15 ans ◆ **the time-scale of the government's plan** le calendrier d'exécution du projet gouvernemental ◆ **we cannot put a timescale on his recovery** nous ne pouvons pas dire combien de temps prendra sa guérison

**timetable** /ˈtaɪmteɪbl/ SYN

N *(for train)* (indicateur *m*) horaire *m* ; *(Scol)* emploi *m* du temps ; *(Football:* also **fixtures timetable)** calendrier *m* des rencontres

VT *(Brit) [+ visit, course]* établir un emploi du temps pour

**timeworn** /ˈtaɪmwɔːn/ ADJ *[stones etc]* usé par le temps ; *[idea]* rebattu

**timid** /ˈtɪmɪd/ SYN ADJ *(= shy)* timide ; *(= unadventurous)* timoré, craintif ; *(= cowardly)* peureux

**timidity** /tɪˈmɪdɪtɪ/ N *(NonC) (= shyness)* timidité *f* ; *(= unadventurousness)* caractère *m* timoré *or* craintif ; *(= cowardice)* caractère *m* peureux

**timidly** /ˈtɪmɪdlɪ/ ADV *(= shyly)* timidement ; *(= unadventurously)* craintivement ; *(= in cowardly way)* peureusement

**timidness** /ˈtɪmɪdnɪs/ N ⇒ **timidity**

**timing** /ˈtaɪmɪŋ/

N 1 *[of musician etc]* sens *m* du rythme ◆ **a good comedian depends on his (sense of) timing** un bon comédien doit minuter très précisément son débit ◆ **the actors' timing was excellent throughout the play** le minutage des acteurs était excellent tout au long de la pièce ◆ **timing is very important in formation flying** la synchronisation est capitale dans les vols en formation ◆ **the timing of the demonstration** le moment choisi de la manifestation ◆ **he arrived just when we were sitting down to the table: I had to admire his timing** il est arrivé au moment précis où l'on se mettait à table : il ne pouvait pas tomber plus mal ◆ **when cooking fish, timing is crucial** lorsqu'on cuisine du poisson, il faut absolument minuter la cuisson ◆ **they had talked about having children but the timing was always wrong** ils avaient évoqué la possibilité d'avoir des enfants mais ce n'était jamais le bon moment

2 *[of car engine]* réglage *m* de l'allumage ◆ **to set the timing** régler l'allumage

3 *[of process, work, sportsman]* chronométrage *m*

COMP **timing device, timing mechanism** N *[of bomb etc]* mouvement *m* d'horlogerie ; *[of electrical apparatus]* minuteur *m*

**Timor** /ˈtiːmɔːʳ, ˈtaɪmɔːʳ/ N Timor ◆ **in Timor** à Timor

**Timorese** /ˌtɪməˈriːz/

ADJ timorais

N Timorais(e) *m(f)* ; see also **East Timorese** ; → **east**

**timorous** /ˈtɪmərəs/ SYN ADJ *[person]* timoré, craintif ; *[reform]* frileux, timide ; *[speech]* timoré

**timorously** /ˈtɪmərəslɪ/ ADV craintivement

**Timothy** /ˈtɪməθɪ/ N Timothée *m*

**timothy** /ˈtɪməθɪ/ N *(= plant)* fléole *f* des prés

**timpani** /ˈtɪmpənɪ/ NPL timbales *fpl*

**timpanist** /ˈtɪmpənɪst/ N timbalier *m*

**tin** /tɪn/

N 1 *(NonC)* étain *m* ; *(= tin plate)* fer-blanc *m*

2 *(esp Brit = can)* boîte *f* (en fer-blanc) ◆ **tin of salmon** boîte *f* de saumon

3 *(for storage)* boîte *f* (de fer) ◆ **cake tin** boîte *f* à gâteaux

4 *(Brit Culin) (= mould: for cakes etc)* moule *m* ; *(= dish: for meat etc)* plat *m* ◆ **cake tin** moule *m* à gâteau ◆ **meat** *or* **roasting tin** plat *m* à rôtir

VT 1 *(= put in tins) [+ food etc]* mettre en boîte(s) *or* en conserve ; see also **tinned**

2 *(= coat with tin)* étamer

**tinamou** | **tipster**

**tinamou** | **tipster**

COMP (= *made of tin*) en étain, d'étain ; (= *made of tin plate*) en or de fer-blanc
◆ **tin can** N boîte f (en fer-blanc)
◆ **tin ear** * N (*Mus*) ◆ **he has a tin ear** il n'a pas d'oreille
◆ **tin god** N (*fig*) ◆ **(little) tin god** idole f de pacotille
◆ **tin hat** N casque m
◆ **tin lizzie** * N (= *car*) vieille guimbarde * f
◆ **tin mine** N mine f d'étain
◆ **tin-opener** N (*Brit*) ouvre-boîte m
◆ **Tin Pan Alley** N (*Mus, fig*) le monde du showbiz
◆ **tin plate** N (*NonC*) fer-blanc m
◆ **tin soldier** N soldat m de plomb
◆ **tin whistle** N flûtiau m

**tinamou** /'ti:nə,mu:/ N tinamou m

**tincal** /'tɪŋkəl/ N tincal m

**tinctorial** /tɪŋk'tɔːrɪəl/ ADJ tinctorial

**tincture** /'tɪŋktʃər/
N (*Pharm*) teinture f ; (*fig*) nuance f, teinte f ◆ **tincture of iodine** teinture f d'iode
VT (*lit, fig*) teinter (*with* de)

**tinder** /'tɪndər/ N (*NonC*) (*in tinderbox*) amadou m ; (= *small sticks*) petit bois m NonC ◆ **as dry as tinder** sec (sèche f) comme de l'amadou

**tinderbox** /'tɪndəbɒks/ N briquet m (à amadou) ; (*fig : esp Pol*) poudrière f

**tine** /taɪn/ N [*of fork*] dent f, fourchon m ; [*of antler*] andouiller m

**tinea** /'tɪnɪə/ N teigne f

**tinfoil** /'tɪnfɔɪl/ N (*NonC*) papier m (d')aluminium, papier m alu *

**ting** /tɪŋ/
N tintement m
VI tinter
VT faire tinter
COMP **ting-a-ling** N [*of telephone, doorbell*] dring m ; [*of handbell, tiny bells*] drelin m

**tinge** /tɪndʒ/ SYN (*lit, fig*)
N teinte f, nuance f
VT teinter (*with* de) ◆ **our happiness was tinged with regret** notre bonheur était mêlé de regret

**tingle** /'tɪŋgl/ SYN
VI (= *prickle*) picoter, fourmiller ; (*fig = thrill*) vibrer, frissonner ◆ **her face was tingling** le visage lui picotait or lui cuisait ◆ **her cheeks were tingling with cold** le froid lui piquait or lui brûlait des joues ◆ **my fingers are tingling** j'ai des picotements or des fourmis dans les doigts ◆ **the toothpaste makes my tongue tingle** le dentifrice me pique la langue ◆ **he was tingling with impatience** il brûlait d'impatience
N (= *sensation*) picotement m, fourmillement m ; (= *thrill*) frisson m ◆ **to have a tingle in one's ears** (= *sound*) avoir les oreilles qui tintent

**tingling** /'tɪŋglɪŋ/
N (*NonC*) ⇒ **tingle** N
ADJ [*sensation, effect*] de picotement, de fourmillement ◆ **to have tingling fingers** avoir des picotements or des fourmillements dans les doigts

**tingly** /'tɪŋglɪ/ ADJ [*sensation*] de picotement, de fourmillement ◆ **my arm is** or **feels tingly** j'ai des fourmis or des fourmillements dans le bras

**tinker** /'tɪŋkər/ SYN
N 1 (*esp Brit : gen*) romanichel(le) m(f) (*often pej*) ; (*specifically mending things*) rétameur m (*ambulant*) ; († * = *child*) polisson(ne) m(f) ◆ **it's not worth a tinker's cuss** or **tinker's damn** ça ne vaut pas tripette * or un clou * ◆ **I don't care** or **give a tinker's cuss** or **tinker's damn** (*fig*) je m'en fiche *, je m'en soucie comme de l'an quarante ◆ **tinker, tailor, soldier, sailor...** comptine enfantine
2 ◆ **to have a tinker (with)** * bricoler *
VI 1 (*also* **tinker about**) bricoler, s'occuper à des bricoles ◆ **she was tinkering (about) with the car** elle bricolait la voiture ◆ **stop tinkering with that watch!** arrête de tripoter * cette montre !
2 (*fig*) ◆ **to tinker with** [+ *contract, wording, report etc*] faire des retouches à, remanier ; (= *change*) faire des retouches à, remanier ; (*dishonestly*) tripatouiller *

**tinkle** /'tɪŋkl/
VI tinter
VT faire tinter
N 1 tintement m ◆ **to give sb a tinkle** * (*Brit Telec*) passer un coup de fil à qn *
2 (* *baby talk = passing water*) pipi * m

**tinkling** /'tɪŋklɪŋ/
N (*NonC*) tintement m

ADJ [*bell*] qui tinte ; [*stream*] qui clapote, qui gazouille

**tinned** /tɪnd/ ADJ (*Brit*) [*fruit, tomatoes, salmon*] en boîte, en conserve ◆ **tinned goods** or **food** conserves fpl

**tinnitus** /tɪ'naɪtəs/ N acouphène m

**tinny** /'tɪnɪ/ ADJ (*pej*) [*sound, taste*] métallique ◆ **tinny piano** casserole * f, mauvais piano m ◆ **it's such a tinny car** quelle camelote *, cette voiture

**tinpot** * /'tɪnpɒt/ ADJ (*esp Brit*) [*car, bike*] qui ne vaut pas grand-chose, en fer-blanc ; [*dictator, government*] fantoche, de pacotille ◆ **a tinpot little town** un petit bled *

**tinsel** /'tɪnsəl/ N 1 (*NonC*) guirlandes fpl de Noël (argentées)
2 (*fig pej*) clinquant m

**Tinseltown** * /'tɪnsəltaʊn/ N Hollywood

**tinsmith** /'tɪnsmɪθ/ N ferblantier m

**tint** /tɪnt/ SYN
N teinte f, nuance f ; (*for hair*) shampooing m colorant ◆ **a greenish tint, a tint of green** une touche de vert ; → **flesh**
VT teinter (*with* de) ◆ **to tint one's hair** se faire un shampooing colorant

**Tintin** /'tɪntɪn/ N (*Literat*) Tintin m

**tintinnabulation** /ˌtɪntɪˌnæbju'leɪʃən/ N tintinnabulement m

**Tintoretto** /ˌtɪntə'retəʊ/ N le Tintoret

**tintype** /'tɪn,taɪp/ N (= *process*) ferrotypie f

**tinware** /'tɪnweər/ N (*NonC*) ferblanterie f

**tinworks** /'tɪnwɜːks/ N SG or PL (= *mine*) mine f d'étain ; (= *foundry*) fonderie f d'étain

**tiny** /'taɪnɪ/ SYN ADJ [*object*] tout petit, minuscule ; [*person, child, minority*] tout petit ◆ **a tiny little man/baby** un tout petit bonhomme/bébé ◆ **a tiny amount of sth** un tout petit peu de qch

**tip¹** /tɪp/ SYN
N (= *end*) [*of stick, pencil, ruler, wing, finger, nose*] bout m ; [*of sword, knife, asparagus*] pointe f ; [*of iceberg, mountain*] pointe f, cime f ; [*of ski*] pointe f, spatule f ; [*of tongue*] pointe f (*also Phon*), bout m ; (= *metal etc end piece*) [*of shoe*] bout m, pointe f ; [*of cigarette*] bout m ; [*of filter tip*] bout m (filtre) ; [*of umbrella, cane*] embout m ; [*of billiard cue*] procédé m ◆ **from tip to toe** de la tête aux pieds ◆ **he stood on the tips of his toes** il s'est dressé sur la pointe des pieds ◆ **he touched it with the tip of his toe** il l'a touché du bout de l'orteil ◆ **I've got it on** or **it's on the tip of my tongue** je l'ai sur le bout de la langue ◆ **it was on the tip of my tongue to tell her what I thought of her** j'étais à deux doigts de lui dire ce que je pensais d'elle ◆ **it's just the tip of the iceberg** ce n'est que la partie visible de l'iceberg, ça n'est rien comparé au reste ; → **fingertip, wing**
VT (= *put tip on*) mettre un embout à ; (= *cover tip of*) recouvrir le bout de ◆ **tipped cigarettes** (*Brit*) cigarettes fpl (à bout) filtre inv ◆ **tipped with steel, steel-tipped** ferré, qui a un embout de fer

**tip²** /tɪp/ SYN
N 1 (= *money*) pourboire m ◆ **the tip is included** (*in restaurant*) le service est compris
2 (= *hint, information*) suggestion f, tuyau * m ; (= *advice*) conseil m ; (*Racing*) tuyau * m ◆ **"tips for the handyman"** « les trucs du bricoleur » ◆ **that horse is a hot tip for the 3.30** ce cheval a une première chance dans la course de 15h30 ◆ **take my tip** suivez mon conseil
3 (= *tap*) tape f, petit coup m
VT 1 (= *reward*) donner un pourboire à ◆ **he tipped the waiter 1 euro** il a donné 1 € de pourboire au serveur
2 (*Racing, gen*) pronostiquer ◆ **to tip the winner** pronostiquer le cheval gagnant ◆ **he tipped Blue Streak for the 3.30** on avait pronostiqué la victoire de Blue Streak dans la course de 15h30 ◆ **to tip sb the wink** * **about sth** filer un tuyau * à qn sur qch ◆ **they are tipped to win the next election** (*Brit fig*) on pronostique qu'ils vont remporter les prochaines élections ◆ **Paul was tipped for the job** (*Brit fig*) on avait pronostiqué que Paul serait nommé
3 (= *tap, touch*) toucher (légèrement), effleurer ◆ **to tip one's hat to sb** mettre or porter la main à son chapeau pour saluer qn
COMP **tip-off** N ◆ **to give sb a tip-off** (*gen*) prévenir qn, donner or filer un tuyau * à qn ; (*Police*) donner * qn

▶ **tip off**
VT SEP (*gen*) donner or filer un tuyau * à (*about sth* sur qch) ; [+ *police*] prévenir or avertir (*par une dénonciation*) ◆ **the police were tipped off to be outside** quelqu'un avait prévenu la police pour qu'elle se trouve à l'extérieur
N ◆ **tip-off** → **tip²**

**tip³** /tɪp/ SYN
N (*Brit*) (*for rubbish*) décharge f, dépotoir m ; (*for coal*) terril m ; (* *fig = untidy place*) (véritable) dépotoir m
VT (= *incline, tilt*) pencher, incliner ; (= *overturn*) faire basculer, renverser ; (= *pour, empty*) [+ *liquid*] verser (*into* dans ; *out of* de) ; [+ *load, sand, rubbish*] déverser, déposer ; [+ *clothes, books etc*] déverser (*into* dans ; *out of* de) ◆ **he tipped the water out of the bucket** il a vidé le seau ◆ **to tip sb off his chair** renverser or faire basculer qn de sa chaise ◆ **they tipped him into the water** ils l'ont fait basculer or tomber dans l'eau ◆ **the car overturned and they were tipped into the roadway** la voiture s'est retournée et ils se sont retrouvés sur la chaussée ◆ **to tip the scales at 90kg** peser 90 kg ◆ **to tip the scales** or **balance** (*fig*) faire pencher la balance (*in sb's favour* en faveur de qn ; *against sb* contre qn) ◆ **to tip one's hand** * or **one's mitt** * (*US*) dévoiler son jeu (involontairement)
VI 1 (= *incline*) pencher, être incliné ; (= *overturn*) se renverser, basculer ◆ **"no tipping", "tipping prohibited"** (*Brit*) « défense de déposer des ordures »
2 ◆ **it's tipping with rain** * il pleut des cordes
COMP **tip-cart** N tombereau m
◆ **tip-up seat** N (*in theatre etc*) siège m rabattable, strapontin m ; (*in taxi, underground etc*) strapontin m
◆ **tip-up truck** N camion m à benne (basculante)

▶ **tip back, tip backward(s)**
VI [*chair*] se rabattre en arrière ; [*person*] se pencher en arrière, basculer (en arrière)
VT SEP [+ *chair*] rabattre or faire basculer (en arrière)

▶ **tip down** * VT SEP (= *raining*) ◆ **it's tipping (it) down** il pleut des cordes

▶ **tip forward(s)**
VI [*chair*] se rabattre en avant ; [*person*] se pencher en avant
VT SEP [+ *chair*] rabattre or faire basculer (en avant) ; [+ *car seat*] rabattre (en avant)

▶ **tip out** VT SEP [+ *liquid, contents*] vider ; [+ *load*] décharger, déverser ◆ **they tipped him out of his chair/out of bed** ils l'ont fait basculer de sa chaise/du lit

▶ **tip over**
VI (= *tilt*) pencher ; (= *overturn*) basculer
VT SEP faire basculer

▶ **tip up**
VI [*table etc*] (= *tilt*) pencher, être incliné ; (= *overturn*) basculer ; [*box, jug*] se renverser ; [*seat*] se rabattre ; [*truck*] basculer
VT SEP (= *tilt*) [+ *table etc*] incliner ; [+ *jug, box*] pencher, incliner ; [+ *person*] faire basculer
ADJ ◆ **tip-up** → **tip³**

**tipcat** /'tɪpkæt/ N (jeu m du) bâtonnet m

**tipped** /tɪpt/ ADJ (*Brit*) [*cigarettes*] (à bout) filtre inv

**tipper** /'tɪpər/ N 1 (= *vehicle*) camion m à benne (basculante) ; (= *back of vehicle*) benne f (basculante)
2 (*giving money*) ◆ **he is a good** or **big tipper** il a le pourboire facile

**tippet** /'tɪpɪt/ N (*also* **fur tippet**) étole f (de fourrure)

**Tipp-Ex** ® /'tɪpeks/
N Tipp-Ex ® m
VT ◆ **to tippex sth (out)** tippexer qch, effacer qch au Tipp-Ex ®

**tipple** /'tɪpl/ SYN
VI picoler *
N (*hum*) ◆ **gin is his tipple** ce qu'il préfère boire c'est du gin

**tippler** /'tɪplər/ N picoleur * m, -euse * f

**tippy-toe** * /'tɪpɪtəʊ/ N, VI (*US*) ⇒ **tiptoe**

**tipsily** /'tɪpsɪlɪ/ ADV [*walk*] en titubant légèrement ◆ **... he said tipsily** ... dit-il un peu ivre

**tipstaff** /'tɪpstɑːf/ N (*Brit Jur*) huissier m

**tipster** /'tɪpstər/ N (*Racing*) pronostiqueur m

**tipsy** /ˈtɪpsɪ/
**ADJ** éméché*, pompette* ◆ **to get tipsy** devenir pompette*
**COMP** **tipsy cake N** (Brit) sorte de baba au rhum

**tiptoe** /ˈtɪptəʊ/
**N** ◆ **on tiptoe** sur la pointe des pieds
**VI** ◆ **to tiptoe in/out** etc entrer/sortir etc sur la pointe des pieds

**tiptop*** /ˈtɪpˈtɒp/ **ADJ** excellent, de toute première qualité ◆ **in tiptop condition** [car, item for sale] en parfait état ; [athlete] au mieux de sa forme

**tirade** /taɪˈreɪd/ **N** diatribe f

**tiramisu** /ˌtɪrəmɪˈsuː/ **N** tiramisu m

**Tirana** /tɪˈrɑːnə/ **N** Tirana

**tire**[1] /taɪəʳ/ **N** (US) ⇒ **tyre**

**tire**[2] /taɪəʳ/ SYN
**VT** fatiguer ; (= weary) fatiguer, lasser
**VI** se fatiguer, se lasser ◆ **he tires easily** il se fatigue vite, il est vite fatigué ◆ **he never tires of telling us how...** il ne se lasse jamais de nous dire comment...
▸ **tire out VT SEP** épuiser ◆ **to be tired out** être épuisé

**tired** /taɪəd/ SYN **ADJ** [1] (= weary) [person, eyes] fatigué ; [movement, voice] las (lasse f) ◆ **to get** or **grow tired** se fatiguer ◆ **tired and emotional** (hum euph = drunk) ivre
[2] (= bored) ◆ **to be tired of sb/sth** en avoir assez de qn/qch ◆ **to get tired of sb/sth** commencer à en avoir assez de qn/qch ◆ **to be tired of doing sth** en avoir assez de faire qch ◆ **to be tired of sb doing sth** en avoir assez que qn fasse qch → **sick**
[3] (= old) ◆ **our tired old car** notre vieille voiture qui ne marche plus bien ◆ **a tired lettuce leaf** une feuille de laitue défraîchie
[4] (pej = hackneyed) [cliché, topic] rebattu ; [excuse] rebattu, éculé

**tiredly** /ˈtaɪədlɪ/ **ADV** [reply] d'une voix fatiguée ; [walk] d'un pas lourd

**tiredness** /ˈtaɪədnɪs/ **N** fatigue f

**tireless** /ˈtaɪəlɪs/ SYN **ADJ** [person] infatigable (in sth dans qch) ; [work, efforts] inlassable

**tirelessly** /ˈtaɪəlɪslɪ/ **ADV** infatigablement, inlassablement

**tiresome** /ˈtaɪəsəm/ SYN **ADJ** [person, behaviour, noise] pénible ◆ **it's a tiresome business going to all these meetings** c'est une corvée que d'aller à toutes ces réunions ◆ **it is tiresome to have to wait** c'est ennuyeux d'avoir à attendre

**tiresomeness** /ˈtaɪəsəmnɪs/ **N** [of task] caractère m ennuyeux ◆ **the tiresomeness of her behaviour** son attitude agaçante

**tiring** /ˈtaɪərɪŋ/ SYN **ADJ** fatigant

**tiro** /ˈtaɪərəʊ/ **N** ⇒ **tyro**

**Tirol** /tɪˈrəʊl/ **N** ⇒ **Tyrol**

**tisane** /tɪˈzæn/ **N** tisane f

**tissue** /ˈtɪʃuː/ SYN
**N** (= cloth) tissu m, étoffe f ; (Anat, Bio) tissu m ; (= paper handkerchief) mouchoir m en papier, kleenex ® m ; (also **toilet tissue**) papier m hygiénique ; (fig = web, mesh) tissu m, enchevêtrement m ◆ **a tissue of lies** un tissu de mensonges
**COMP** **tissue culture N** (Bio) culture f de tissus ◆ **tissue paper N** (NonC) papier m de soie

**tit**[1] /tɪt/ **N** (= bird) mésange f ; → **blue**

**tit**[2] /tɪt/ **N** ◆ **tit for tat!** un prêté pour un rendu ! ◆ **I'll give him tit for tat** je lui rendrai la pareille, je lui revaudrai ça ◆ **tit-for-tat killings** représailles fpl ◆ **tit-for-tat expulsions** des renvois en (guise de) représailles ◆ **a tit-for-tat ban on foreign meat products** un embargo en (guise de) représailles sur les importations de viande

**tit**[3]* /tɪt/ **N** [1] (= breast) nichon* m, néné* m ◆ **to get on sb's tits***taper sur le système à qn*
[2] (= idiot) abruti(e)* m(f), con(ne)* m(f)

**Titan** /ˈtaɪtən/ **N** (also fig : also **titan**) Titan m

**titanic** /taɪˈtænɪk/ **ADJ** [1] [struggle] titanesque
[2] [acid] titanique, de titane ; [iron ore] titanifère

**titanium** /tɪˈteɪnɪəm/ **N** titane m

**titbit** /ˈtɪtbɪt/ SYN **N** (esp Brit) [of food] friandise f, bon morceau m ; [of gossip] potin m ; (in newspaper) entrefilet m croustillant ◆ **titbits** (= snack with drinks) amuse-gueule mpl ◆ **I've saved the titbit for the end** (in telling news etc) j'ai gardé le détail le plus croustillant pour la fin

**titch*** /tɪtʃ/ **N** (Brit) microbe* m (personne)

**titchy*** /ˈtɪtʃɪ/ **ADJ** (Brit) minuscule

**titfer*** /ˈtɪtfəʳ/ **N** (Brit = hat) galurin m

**tithe** /taɪð/ **N** dîme f

**Titian** /ˈtɪʃən/
**N** Titien m
**ADJ** ◆ **titian** blond vénitien inv

**titillate** /ˈtɪtɪleɪt/ **VT** titiller, émoustiller

**titillating** /ˈtɪtɪleɪtɪŋ/ **ADJ** émoustillant

**titillation** /ˌtɪtɪˈleɪʃən/ **N** titillation f

**titivate** /ˈtɪtɪveɪt/
**VI** se pomponner, se bichonner
**VT** bichonner, pomponner

**titlark** /ˈtɪtlɑːk/ **N** (= bird) pipit m des prés, farlouse f

**title** /ˈtaɪtl/ SYN
**N** [1] [of person] titre m ◆ **what title should I give him?** comment dois-je l'appeler ? ◆ **I don't know his exact title** je ne connais pas son titre exact ◆ **George III gave him a title** Georges III lui a conféré un titre or l'a anobli ◆ **this earned him the title of "King of the Ring"** cela lui a valu le titre de « roi du ring »
[2] (Sport) titre m ◆ **to win/hold the title** remporter/détenir le titre ; → **world**
[3] [of book etc] titre m ◆ **under the title of...** sous le titre de...
[4] (Cine, TV) ◆ **the titles** (= credit titles) le générique ; (= subtitles) les sous-titres mpl
[5] (Jur) droit m, titre m (to sth à qch)
**VT** [+ book etc] intituler
**COMP** **title bar N** barre f de titre ◆ **title deed** titre m (constitutif) de propriété ◆ **title fight N** (Boxing) match m de championnat ◆ **title holder N** (Sport) détenteur m, -trice f or tenant(e) m(f) du titre ◆ **title page N** page f de titre ◆ **title role N** (Cine, Theat) rôle-titre m ◆ **title track N** chanson-titre f

**titled** /ˈtaɪtld/ **ADJ** [person] titré

**titmouse** /ˈtɪtmaʊs/ **N** (pl **-mice**) mésange f

**Titoism** /ˈtiːtəʊˌɪzəm/ **N** titisme m

**Titoist** /ˈtiːtəʊɪst/ **N** titiste mf

**titrate** /ˈtaɪtreɪt/ **VT** titrer (Chem)

**titration** /taɪˈtreɪʃən/ **N** titrage m

**titter** /ˈtɪtəʳ/ SYN
**VI** rire sottement (at de), glousser
**N** gloussement m, petit rire m sot

**tittle** /ˈtɪtl/
**N** (Typography) signe m diacritique ; (= particle) brin m, iota m ; → **jot**
**COMP** **tittle-tattle N** (NonC) cancans mpl, potins mpl **VI** cancaner, jaser

**titty*** /ˈtɪtɪ/ **N** néné* m ◆ **tough titty** or **titties!** pas de pot !*

**titular** /ˈtɪtjʊləʳ/ **ADJ** [ruler, leader, power] nominal ; [possessions, estate] titulaire

**Titus** /ˈtaɪtəs/ **N** Tite m

**tizzy*** /ˈtɪzɪ/, **tizz** **N** affolement* m, panique* f ◆ **to be in/get into a tizzy** être/se mettre dans tous ses états

**TLC** /ˌtiːelˈsiː/ **N** (abbrev of **tender loving care**) → **tender**[3]

**TLS** /ˌtiːelˈes/ **N** (Brit) (abbrev of **Times Literary Supplement**) magazine littéraire

**TM** /ˌtiːˈem/ **N** [1] (abbrev of **transcendental meditation**) → transcendental
[2] (abbrev of **trademark**) MD

**TN** abbrev of **Tennessee**

**TNT** /ˌtiːenˈtiː/ **N** (abbrev of **trinitrotoluene**) TNT m

---

**to** /tuː, (weak form) tə/

1 - PREPOSITION
2 - ADVERB
3 - COMPOUNDS

◆ ◆ ◆ ◆ ◆ ◆ ◆ ◆ ◆ ◆ ◆ ◆ ◆ ◆

**1 - PREPOSITION**

▸ When **to** is the second element in a phrasal verb, eg **apply to, set to**, look up the verb. When **to** is part of a set combination, eg **nice to, of help to, to my mind, to all appearances**, look up the adjective or noun.

[1] [DIRECTION, MOVEMENT] à

à + le = au, à + les = aux.

◆ **he went to the door** il est allé à la porte ◆ **to go to school** aller à l'école ◆ **we're going to the cinema** on va au cinéma ◆ **she's gone to the toilet** elle est allée aux toilettes ◆ **he came over to where I was standing** il est venu jusqu'à moi ◆ **to go to town** aller en ville

◆ **to it** (= there) y ◆ **I liked the exhibition, I went to it twice** j'ai aimé l'exposition, j'y suis allé deux fois

[2] [= TOWARDS] vers ◆ **he walked slowly to the door** il s'est dirigé lentement vers la porte ◆ **he turned to me** il s'est tourné vers moi

[3] [HOME, WORKPLACE] chez ◆ **let's go to Christine's (house)** si on allait chez Christine ? ◆ **we're going to my parents' for Christmas** nous allons passer Noël chez mes parents ◆ **to go to the doctor('s)** aller chez le docteur

[4] [WITH GEOGRAPHICAL NAMES]

◆ **to** + fem country/area etc en

Countries etc that end in **e** are usually feminine:

◆ **to England/France** en Angleterre/France ◆ **to Brittany/Provence/Andalusia** en Bretagne/Provence/Andalousie ◆ **to Sicily/Crete** en Sicile/Crète ◆ **to Louisiana/Virginia** en Louisiane/Virginie ◆ **ambassador to France** ambassadeur en France

**en** is also used with masc countries beginning with a vowel:

◆ **to Iran/Israel** en Iran/Israël

◆ **to** + masc country/area au ◆ **to Japan/Kuwait** au Japon/Koweït ◆ **to the Sahara/Kashmir** au Sahara/Cachemire

◆ **to** + pl country/group of islands aux ◆ **to the United States/the West Indies** aux États-Unis/Antilles

◆ **to** + town/island without article à ◆ **to London/Lyons** à Londres/Lyon ◆ **to Cuba/Malta** à Cuba/Malte ◆ **on the way to Paris** en allant à Paris ◆ **to le Havre** au Havre ◆ **is this the road to Newcastle?** est-ce que c'est la route de Newcastle ? ◆ **it is 90km to Paris** (= from here to) nous sommes à 90 km de Paris ; (= from there to) c'est à 90 km de Paris ◆ **boats to and from Calais** les bateaux mpl à destination ou en provenance de Calais ◆ **planes to Heathrow** les vols mpl à destination de Heathrow

◆ **to** + masc state/region/county dans ◆ **to Texas/Ontario** dans le Texas/l'Ontario ◆ **to Poitou/Berry** dans le Poitou/le Berry ◆ **to Sussex/Yorkshire** dans le Sussex/le Yorkshire

**dans** is also used with many départements:

◆ **to the Drôme/the Var** dans la Drôme/le Var

[5] [= UP TO] jusqu'à ◆ **to count to 20** compter jusqu'à 20 ◆ **I didn't stay to the end** je ne suis pas resté jusqu'à la fin ◆ **from morning to night** du matin (jusqu')au soir ◆ **it's correct to within a millimetre** c'est exact au millimètre près ◆ **from Monday to Friday** du lundi au vendredi ◆ **there were 50 to 60 people** il y avait (de) 50 à 60 personnes, il y avait entre 50 et 60 personnes

[6] [EXPRESSING INDIRECT OBJECT] à ◆ **to give sth to sb** donner qch à qn ◆ **"to my wife Anne"** « à ma femme, Anne » ◆ **we have spoken to the children about it** nous en avons parlé aux enfants

When a relative clause ends with **to**, a different word order is required in French:

◆ **the man I sold it to** l'homme à qui or auquel je l'ai vendu

When translating **to** + pronoun, look up the pronoun. The translation depends on whether it is stressed or unstressed.

◆ **he was speaking to me** il me parlait ◆ **he was speaking to ME** c'est à moi qu'il parlait

[7] [IN TIME PHRASES] ◆ **20 (minutes) to two** deux heures moins 20 ◆ **it's (a) quarter to/ten to** il est moins le quart/moins dix

[8] [IN RATIOS] ◆ **A is to B as C is to D** A est à B ce que C est à D ◆ **the odds against it happening are a million to one** il y a une chance sur un million que ça se produise ◆ **he got a big majority (twenty votes to seven)** il a été élu à une large majorité (vingt voix contre sept) ◆ **they won by four (goals) to two** ils ont gagné quatre (buts) à deux ◆ **three men to a cell** trois hommes par cellule ◆ **200 people to the square km** 200 habitants au km carré ◆ **how many kilometres does it do to the litre?** combien consomme-t-elle de litres aux cent (kilomètres) ? ◆ **two**

**toad** | **together**

**Swiss francs to the dollar** deux francs suisses pour un dollar ◆ **three to the fourth, three to the power four** (Math) trois (à la) puissance quatre

⁹ [= CONCERNING] ◆ **that's all there is to it** (= it's easy) ce n'est pas plus difficile que ça ◆ **you're not going, and that's all there is to it** (= that's definite) tu n'iras pas, un point c'est tout ◆ **"to repairing cooker: 100 euros"** (Comm) « remise en état d'une cuisinière : 100 € » ◆ **"to services rendered"** (Comm) « pour services rendus »

¹⁰ [= OF] de ◆ **the key to the front door** la clé de la porte d'entrée ◆ **assistant to the manager** adjoint *m* du directeur ◆ **wife to Mr Milton** épouse *f* de M. Milton ◆ **he has been a good friend to us** il a été vraiment très gentil avec nous

¹¹ (also **much to**) ◆ **to my delight/surprise/shame** à ma grande joie/surprise/honte

¹² [INFINITIVE] ◆ **to be** être ◆ **to eat** manger ◆ **they didn't want to go** ils ne voulaient pas y aller ◆ **she refused to listen** elle n'a pas voulu écouter

> A preposition may be required with the French infinitive, depending on what precedes it: look up the verb or adjective.

◆ **he refused to help me** il a refusé de m'aider ◆ **we're ready to go** nous sommes prêts à partir ◆ **it was very good of him to come at such short notice** c'était très gentil de sa part de venir si rapidement

> The French verb may take a clause, rather than the infinitive:

◆ **he was expecting me to help him** il s'attendait à ce que je vienne mais je ne veux pas ◆ **"To Have and Have Not"** (Literat, Cine) « Le Port de l'angoisse »

¹³ [INFINITIVE EXPRESSING PURPOSE] pour ◆ **well, to sum up...** alors, pour résumer... ◆ **we are writing to inform you...** nous vous écrivons pour vous informer que... ◆ **they have come to help us** ils sont venus pour nous aider

¹⁴ [TO AVOID REPETITION OF VERB]

> **to** is not translated when it stands for the infinitive:

◆ **he'd like me to come, but I don't want to** il voudrait que je vienne mais je ne veux pas ◆ **I'll try to** j'essaierai ◆ **yes, I'd love to** oui, volontiers ◆ **I didn't mean to** je ne l'ai pas fait exprès ◆ **I forgot to** j'ai oublié

¹⁵ [IN EXCLAMATIONS] ◆ **and then to be let down like that!** et tout ça pour que l'on nous laisse tomber comme ça ! ◆ **and to think he didn't mean a word of it!** et dire que pour lui ce n'étaient que des paroles en l'air !

**2 - ADVERB**

[= SHUT] ◆ **to push the door to** entrouvrir la porte (en la poussant) ◆ **when the door is to** quand la porte est entrouverte

**3 - COMPOUNDS**

**-to-be** ADJ (in compounds) futur ◆ **husband-to-be** futur mari *m* ; → **mother**
**to-do** * N (pl **to-dos**) ◆ **he made a great to-do about lending me the car** il a fait toute une histoire pour me prêter la voiture ◆ **she made a great to-do about it** elle en a fait tout un plat * ◆ **what a to-do!** quelle histoire !, quelle affaire !
**to-ing and fro-ing** N allées et venues *fpl*

**toad** /təʊd/
N crapaud *m* (also fig)
COMP **toad-in-the-hole** N (Brit Culin) saucisses cuites au four dans de la pâte à crêpes

**toadfish** /'təʊdfɪʃ/ N crapaud *m* de mer

**toadflax** /'təʊdflæks/ N linaire *f*, gueule *f* de lion, lin *m* sauvage

**toadstool** /'təʊdstuːl/ N champignon *m* vénéneux

**toady** /'təʊdɪ/ SYN
N flagorneur *m*, -euse *f*, lèche-bottes * *mf inv*
VI être flagorneur ◆ **to toady to sb** flagorner qn, flatter qn bassement, lécher les bottes de qn *

**toadying** /'təʊdɪɪŋ/, **toadyism** /'təʊdɪɪzəm/ N (NonC) flagornerie *f*

**toast** /təʊst/ SYN
N ¹ (NonC: Culin) pain *m* grillé, toast *m* ◆ **you've burnt the toast** tu as laissé brûler le pain or les toasts ◆ **a piece** or **slice of toast** une tartine grillée, un (morceau de) toast, une rôtie ◆ **sardines on toast** sardines *fpl* sur toast or sur canapé ◆ **you've got him on toast** * vous le tenez ◆ **you're toast!** * tu es grillé ! * ; → **warm**

² (= drink, speech) toast *m* ◆ **to drink a toast to sb** porter un toast à qn or en l'honneur de qn, boire à la santé or au succès de qn ◆ **the toast is "the family"** portons un toast à la famille ◆ **they drank his toast in champagne** ils lui ont porté un toast au champagne ◆ **here's a toast to all who...** levons nos verres en l'honneur de tous ceux qui... ◆ **to propose** or **give a toast to sb** porter un toast à qn or en l'honneur de qn ◆ **she was the toast of the town** elle était la coqueluche or la vedette de la ville

VT ¹ [+ bread etc] (faire) griller ◆ **toasted cheese** toast *m* au fromage ◆ **he was toasting himself/his toes by the fire** il se chauffait/se rôtissait les pieds auprès du feu

² (= propose toast to) porter un toast à ; (= drink toast to) [+ person] boire à la santé de or au succès de, porter un toast à ; [+ event, victory] arroser (with à)

COMP **toasting fork** N fourchette *f* à griller le pain
**toast rack** N porte-toasts *m inv*

**toaster** /'təʊstər/ N grille-pain *m inv* (électrique)

**toastie** /'təʊstɪ/ N croque-monsieur *m*

**toastmaster** /'təʊstmɑːstər/ N animateur *m* pour réceptions et banquets

**toasty** /'təʊstɪ/
ADJ * bien chaud
N ⇒ **toastie**

**tobacco** /təˈbækəʊ/
N (pl **tobaccos** or **tobaccoes**) tabac *m*
COMP [leaf, smoke, plantation, company] de tabac ; [pouch] à tabac ; [industry] du tabac
**tobacco jar** N pot *m* à tabac
**tobacco plant** N (pied de) tabac *m*
**tobacco planter** N planteur *m* de tabac

**tobacconist** /təˈbækənɪst/ N (esp Brit) marchand(e) *m(f)* de tabac, buraliste *mf* ◆ **tobacconist's (shop)** (bureau *m* or débit *m* de) tabac *m*

**Tobago** /təˈbeɪɡəʊ/ N Tobago ; → **Trinidad**

**toboggan** /təˈbɒɡən/
N toboggan *m*, luge *f* ; (Sport) luge *f*
VI (also **go tobogganing**) faire du toboggan or de la luge ; (Sport) luger ◆ **he tobogganed down the hill** il a descendu la colline en toboggan or en luge
COMP [race] de luge
**toboggan run** N piste *f* de luge

**toby jug** /'təʊbɪˌdʒʌɡ/ N chope *f* à effigie humaine

**toccata** /təˈkɑːtə/ N toccata *f*

**Tocharian** /tɒˈkɑːrɪən/ ADJ, N (Ling) tokharien *m*

**tocopherol** /tɒˈkɒfərɒl/ N tocophérol *m*

**tocsin** /'tɒksɪn/ N tocsin *m*

**tod** * /tɒd/ N (Brit) ◆ **on one's tod** tout seul (toute seule *f*)

**today** /təˈdeɪ/
ADV ¹ (= this day) aujourd'hui ◆ **it rained all day today** il a plu toute la journée aujourd'hui ◆ **later today** plus tard dans la journée ◆ **early today** aujourd'hui de bonne heure ◆ **earlier today** aujourd'hui en début de journée ◆ **today week**, **a week today** (Brit) aujourd'hui en huit ◆ **I met her a week ago today** ça fait une semaine aujourd'hui que je l'ai rencontrée ◆ **what day is it today?** quel jour sommes-nous aujourd'hui ? ◆ **what date is it today?** on est le combien aujourd'hui ? ◆ **money! it's here today gone tomorrow** l'argent, ça va ça vient ! ◆ **here today, gone tomorrow fashion fads** des modes éphémères ◆ **a lot of staff can be here today, gone tomorrow** beaucoup d'employés peuvent arriver un jour et repartir le lendemain

² (= nowadays) aujourd'hui, de nos jours ◆ **young people today have it easy** les jeunes d'aujourd'hui se la coulent douce * ◆ **you can't sack anyone today without a good reason** aujourd'hui on ne peut renvoyer personne sans motif valable

N ¹ aujourd'hui *m* ◆ **what day is today?** quel jour sommes-nous aujourd'hui ? ◆ **today is Friday** aujourd'hui il pleut beaucoup aujourd'hui ◆ **what is today's date?** quelle est la date aujourd'hui ? ◆ **today is the 4th** aujourd'hui c'est le 4 ◆ **today is very wet** il pleut beaucoup aujourd'hui ◆ **today was a bad day for me** aujourd'hui ça a été une mauvaise journée pour moi ◆ **today's paper** le journal d'aujourd'hui

² (= these days) aujourd'hui *m* ◆ **the writers of today** les écrivains d'aujourd'hui

**toddle** /'tɒdl/
VI ¹ [child] ◆ **to toddle in/out** etc entrer/sortir etc à pas hésitants ◆ **he has begun to toddle, he is just toddling** il fait ses premiers pas

² (* hum) (= go) aller ; (= stroll) se balader * ; (= leave : also **toddle off**) se sauver *, se trotter *
N (hum) ◆ **to go for a toddle** ‡ aller faire un petit tour or une petite balade *

**toddler** /'tɒdlər/ N tout(e) petit(e) *m(f)* (qui commence à marcher), bambin * *m* ◆ **it's only a toddler** il est encore tout petit ◆ **she has one baby and one toddler** elle a un bébé et un petit qui commence juste à marcher

**toddy** /'tɒdɪ/ N ≈ grog *m*

**todger** ‡ /'tɒdʒər/ N (Brit) quéquette ‡ *f*

**TOE** /tiːəʊiː/ N (abbrev of **ton oil equivalent**) TEP *f* (abrév de tonne équivalent pétrole)

**toe** /təʊ/
N (Anat) orteil *m*, doigt *m* de pied ; [of sock, shoe] bout *m* ◆ **big/little toe** gros/petit orteil *m* ◆ **to tread** or **step on sb's toes** (lit, fig) marcher sur les pieds de qn ◆ **to keep sb on his toes** forcer qn à rester vigilant or alerte ◆ **that will keep you on your toes!** ça t'empêchera de t'endormir !, ça te fera travailler ! ◆ **to turn up one's toes** (* Brit hum = die) passer l'arme à gauche ◆ **to go** or **stand toe to toe with sb** affronter qn ◆ **there are scenes in the film that make your toes curl** il y a des scènes dans ce film qui donnent la chair de poule ; → **tip¹**, **top¹**
VT (= touch/push) toucher/pousser du bout de l'orteil ◆ **to toe the line** or (US) **mark** (in race) se ranger sur la ligne de départ ; (fig) se mettre au pas, se plier ◆ **to toe the party line** (Pol) ne pas s'écarter de or suivre la ligne du parti
COMP **toe clip** N (Cycling) cale-pied *m inv*
**toe-curling** * ADJ (= embarrassing) très embarrassant
**toe-piece** N (Ski) butée *f*

**toecap** /'təʊkæp/ N ◆ **reinforced toecap** bout *m* renforcé (de chaussure)

**-toed** /təʊd/ ADJ (in compounds) ◆ **three-toed** à trois orteils

**TOEFL** /'tɒfəl/ N (abbrev of **Test of English as a Foreign Language**) examen d'anglais pour les étudiants étrangers voulant étudier dans des universités anglo-saxonnes

**toehold** /'təʊhəʊld/ N (lit) prise *f* (pour le pied) ◆ **to have a toehold in...** (fig) avoir un pied dans...

**toenail** /'təʊneɪl/ N ongle *m* de l'orteil or du pied

**toerag** ‡ /'təʊræɡ/ N (Brit) sale con(ne) ‡ *m(f)*

**toff** † ‡ /tɒf/ N (Brit) aristo ‡ *mf*, dandy * *m*

**toffee** /'tɒfɪ/
N caramel *m* (au beurre) ◆ **he can't do it for toffee** * il n'est pas fichu * de le faire
COMP **toffee-apple** N pomme *f* caramélisée
**toffee-nosed** ‡ ADJ (Brit pej) bêcheur *, qui fait du chiqué *

**tofu** /'təʊfuː, 'tɒfuː/ N tofu *m*, fromage *m* de soja

**tog** * /tɒɡ/ (Brit)
VT ◆ **to tog up** or **out** nipper *, fringuer ‡ ◆ **to be all togged up** or **out** (in one's best clothes) être bien fringué ‡ or sapé *
N (Brit Measure) indice d'isolation thermique d'une couette ou d'une couverture
NPL **togs** fringues ‡ *fpl*

**toga** /'təʊɡə/ N toge *f*

**together** /təˈɡeðər/ SYN

> When **together** is an element in a phrasal verb, eg **bring together**, **get together**, **sleep together**, look up the verb.

ADV ¹ ensemble ◆ **I've seen them together** je les ai vus ensemble ◆ **we're in this together** nous sommes logés à la même enseigne ◆ **they were both in it together** (fig pej) ils avaient partie liée tous les deux ◆ **you must keep together** vous devez rester ensemble, vous ne devez pas vous séparer ◆ **tie the ropes together** nouez les cordes ◆ **if you look at the reports together** si vous considérez les rapports conjointement ◆ **they belong together** [objects] ils vont ensemble ◆ **crime and poverty go together** [people] le crime et la pauvreté vont de pair, ils sont faits l'un pour l'autre ; → **bang**, **gather**, **live¹**
◆ **together with** ◆ **together with what you bought yesterday that makes...** avec ce que vous avez acheté hier ça fait... ◆ **(taken) together with the previous figures, these show**

**that...** ces chiffres, considérés conjointement avec les précédents, indiquent que... ◆ **he, together with his colleagues, accepted...** lui, ainsi que ses collègues, a accepté...

**2** (= *simultaneously*) en même temps, simultanément ; (*sing, play, recite*) à l'unisson ◆ **the shots were fired together** les coups de feu ont été tirés simultanément *or* en même temps ◆ **they both stood up together** ils se sont tous les deux levés en même temps ◆ **don't all speak together** ne parlez pas tous à la fois ◆ **all together now!** (*shouting, singing*) tous en chœur maintenant ! ; (*pulling*) (oh !) hisse ! ◆ **you're not together** (*Mus*) vous n'êtes pas à l'unisson

**3** (= *continuously*) ◆ **for days/weeks together** (pendant) des jours entiers/des semaines entières ◆ **for five weeks together** (pendant) cinq semaines de suite *or* d'affilée

**4** (* *fig*) ◆ **to get it together, to get one's act together** s'organiser ◆ **let's get it together** il faut qu'on s'organise, il faut qu'on essaie d'y voir plus clair ◆ **she's got it together** c'est quelqu'un d'équilibré

**ADJ** (* = *well adjusted*) [*person*] équilibré ◆ **a together person** quelqu'un d'équilibré

**togetherness** /təˈɡeðənɪs/ N (*NonC*) (= *unity*) unité f ; (= *friendliness*) camaraderie f

**toggle** /ˈtɒɡl/
**N** [*of nautical knot*] cabillot m ; (*on garment*) bouton m du duffle-coat
**VI** (*Comput*) basculer (*between* entre)
**COMP** **toggle joint** N (*Tech*) genouillère f
**toggle key** N (*Comput*) touche f à bascule
**toggle switch** N (*Elec*) interrupteur m à bascule

**Togo** /ˈtəʊɡəʊ/ N Togo m ◆ **in Togo** au Togo

**toil**[1] /tɔɪl/ SYN
**N** (*NonC*) (dur) travail m, labeur m (*liter*)
**VI** **1** (= *work hard* : *also* **toil away**) travailler dur (*at, over* à ; *to do sth* pour faire qch), peiner (*at, over* sur ; *to do sth* pour faire qch)
**2** (= *move with difficulty*) ◆ **to toil along/up** etc [*person, animal, vehicle*] avancer/monter etc péniblement *or* avec peine

**toil**[2] /tɔɪl/ N (*fig liter* = *snare, net*) ◆ **toils** rets mpl ◆ **in the toils of...** dans les rets de...

**toilet** /ˈtɔɪlɪt/ SYN
**N** **1** (= *lavatory*) toilettes fpl, W.-C. mpl ◆ "**Toilets**" « Toilettes » ◆ **to go to the toilet** aller aux toilettes *or* aux W.-C. ◆ **to put sth down the toilet** jeter qch dans la cuvette des cabinets
**2** (= *dressing etc, dress*) toilette f
**COMP** **toilet bag** N trousse f de toilette
**toilet bowl** N cuvette f (des cabinets)
**toilet case** N ⇒ **toilet bag**
**toilet humour** N (*pej*) humour m scatologique
**toilet paper** N papier m hygiénique
**toilet requisites** NPL articles mpl de toilette
**toilet roll** N rouleau m de papier hygiénique
**toilet seat** N siège m *or* lunette f des cabinets *or* W.-C. *or* toilettes
**toilet set** N nécessaire m de toilette
**toilet soap** N savonnette f, savon m de toilette
**toilet table** N table f de toilette
**toilet tissue** N ⇒ **toilet paper**
**toilet-train** VT *or* **to toilet-train a child** apprendre à un enfant à être propre
**toilet training** N apprentissage m de la propreté
**toilet water** N eau f de toilette

**toiletries** /ˈtɔɪlɪtrɪz/ NPL articles mpl de toilette

**toilette** /twɑːˈlet/ N ⇒ **toilet noun 2**

**toilsome** /ˈtɔɪlsəm/ ADJ (*liter*) pénible, épuisant

**tokamak** /ˈtɒkəmæk/ N tokamak m

**Tokay** /təʊˈkeɪ/ N (= *wine*) tokay m

**toke** * /təʊk/ N (*Drugs*) bouffée f

**token** /ˈtəʊkən/ LANGUAGE IN USE 26.2 SYN
**N** **1** (= *sign, symbol*) marque f, témoignage m, gage m ; (= *keepsake*) souvenir m ; (= *metal disc*: *for travel, telephone etc*) jeton m ; (= *voucher, coupon*) bon m, coupon m ; (*also* **gift token**) bon-cadeau m ◆ **milk token** bon de lait ◆ **as a token of, in token of** en témoignage de, en gage de ◆ **by the same token** de même ◆ **this is an immensely difficult subject, but by the same token it is a highly important one** ceci est un sujet extrêmement délicat, mais c'est aussi un sujet de la plus haute importance ; → **book, record**
**2** (*Ling*) occurrence f
**ADJ** [*payment, wage, strike, resistance, military presence*] symbolique ; [*attempt, effort, appearance*] pour la forme ; (*pej*) [*woman etc*] de service ◆ **a token gesture** un geste symbolique ◆ **I was the token pensioner on the committee** j'étais le

retraité alibi *or* le retraité de service au comité ◆ **she said she's not just a token woman** elle a dit qu'elle n'était pas simplement une femme alibi

**COMP** **token vote** N (*Parl*) vote m de crédits (*dont le montant n'est pas définitivement fixé*)

**tokenism** /ˈtəʊkənɪzəm/ N ◆ **is his promotion mere tokenism?** sa promotion est-elle une mesure purement symbolique ? ◆ **his part in the film smacks of tokenism** il n'est probablement présent dans le film que pour la forme

**tokenistic** /ˌtəʊkəˈnɪstɪk/ ADJ symbolique, de pure forme

**Tokharian** /tɒˈkɑːrɪən/ ADJ, N ⇒ **Tocharian**

**Tokyo** /ˈtəʊkjəʊ/ N Tokyo

**tolbutamide** /tɒlˈbjuːtəmaɪd/ N tolbutamide m

**told** /təʊld/ VB pt, ptp of **tell**

**Toledo** /tɒˈleɪdəʊ/ N Tolède f

**tolerable** /ˈtɒlərəbl/ SYN ADJ **1** (= *bearable*) tolérable, supportable
**2** (= *adequate*) assez bon ◆ **the food is tolerable** on y mange passablement, on n'y mange pas trop mal

**tolerably** /ˈtɒlərəblɪ/ ADV [*good, comfortable, happy*] relativement ◆ **tolerably well** relativement bien ◆ **he plays tolerably (well)** il joue passablement, il joue relativement bien

**tolerance** /ˈtɒlərəns/ SYN N (*gen*) tolérance f, indulgence f ; (*Med, Tech*) tolérance f

**tolerant** /ˈtɒlərənt/ SYN ADJ **1** (= *sympathetic*) [*person, society, attitude*] tolérant (*of sb/sth* à l'égard de qn/qch)
**2** (*Phys, Med*) ◆ **tolerant of heat** résistant à la chaleur ◆ **tolerant to light/a toxin** résistant à la lumière/à une toxine ◆ **to be tolerant to a drug** tolérer un médicament

**tolerantly** /ˈtɒlərəntlɪ/ ADV [*smile*] avec indulgence ; [*listen*] patiemment

**tolerate** /ˈtɒləreɪt/ LANGUAGE IN USE 10.4 SYN VT [+ *heat, pain*] supporter ; [+ *insolence, behaviour*] tolérer, supporter ; (*Med, Tech*) tolérer

**toleration** /ˌtɒləˈreɪʃən/ SYN N (*NonC*) tolérance f

**toll**[1] /təʊl/ SYN
**N** **1** (= *tax, charge*) péage m
**2** [*of accident*] nombre m de victimes ; [*of disaster*] bilan m ◆ **the war took a heavy toll of** *or* **among the young men** la guerre a fait beaucoup de victimes parmi les jeunes, les jeunes ont payé un fort tribut à la guerre ◆ **it took (a) great toll of his strength** cela a sérieusement ébranlé *or* sapé ses forces ◆ **it took a toll of his savings** cela a fait un gros trou dans ses économies ◆ **we must reduce the accident toll on the roads** il nous faut réduire le nombre des victimes de la route ◆ **the death toll** le bilan des victimes ◆ **the toll of dead and injured has risen** le nombre des morts et des blessés a augmenté ◆ **winter takes its toll on our health** l'hiver a un effet néfaste sur la santé ◆ **higher fuel prices took their toll** l'augmentation du prix de l'essence a eu des conséquences néfastes ◆ **a high exchange rate took a heavy toll on industry** le niveau élevé du change a nui considérablement à l'industrie
**COMP** **toll bridge** N pont m à péage
**toll call** N (*US Telec*) appel m longue distance
**toll charge** N péage m
**toll-free** ADV (*US Telec*) sans payer la communication ADJ gratuit ◆ **toll-free number** ≈ numéro m vert ®
**toll road** N route f à péage → **ROADS**

**toll**[2] /təʊl/ SYN
**VI** [*bell*] sonner ◆ **for whom the bell tolls** pour qui sonne le glas
**VT** [+ *bell, the hour*] sonner ; [+ *sb's death*] sonner le glas pour

**tollbar** /ˈtəʊlbɑːʳ/ N barrière f de péage

**tollbooth** /ˈtəʊlbuːθ/ N poste m de péage

**tolley** /ˈtɒlɪ/ N (= *marble*) calot m

**tollgate** /ˈtəʊlɡeɪt/ N ⇒ **tollbar**

**tollhouse** /ˈtəʊlhaʊs/
**N** maison f de péagiste
**COMP** **tollhouse cookie** N (*US*) cookie m aux pépites de chocolat

**tollkeeper** /ˈtəʊlkiːpəʳ/ N péagiste mf

**tollway** /ˈtəʊlweɪ/ N ⇒ **toll road** ; → **toll**[1]

**Tolstoy** /ˈtɒlstɔɪ/ N Tolstoï m

**toluene** /ˈtɒljuːiːn/ N toluène m

**Tom** /tɒm/
**N** **1** (*dim of* **Thomas**) Thomas m ◆ **(any) Tom, Dick or Harry** n'importe qui, le premier venu ; → **peep**[1]
**2** (*US* * *pej*: *also* **Uncle Tom**) Oncle Tom m, bon nègre m
**COMP** **Tom Thumb** N Tom-Pouce m ; (*in French tale*) le Petit Poucet

**tom** /tɒm/
**N** matou m
**COMP** **tom cat** N (= *cat*) matou m ; (*US* * = *man*) coureur m de jupons, cavaleur * m

**tomahawk** /ˈtɒməhɔːk/ N tomahawk m, hache f de guerre

**tomato** /təˈmɑːtəʊ/ (*US*) /təˈmeɪtəʊ/
**N** (pl **tomatoes**) (= *fruit, plant*) tomate f
**COMP** **tomato juice** N jus m de tomate
**tomato ketchup** N ketchup m
**tomato paste** N ⇒ **tomato purée**
**tomato plant** N tomate f
**tomato purée** N purée f de tomates
**tomato sauce** N sauce f tomate
**tomato soup** N soupe f de tomates

**tomb** /tuːm/ SYN N tombeau m, tombe f

**tombac, tombak** /ˈtɒmbæk/ N (*NonC*) tombac m, laiton m

**tombola** /tɒmˈbəʊlə/ N (*Brit*) tombola f

**tombolo** /ˈtɒmbələʊ/ N tombolo m

**tomboy** /ˈtɒmbɔɪ/ N garçon m manqué

**tomboyish** /ˈtɒmbɔɪɪʃ/ ADJ [*behaviour*] de garçon manqué ◆ **a tomboyish girl** un garçon manqué

**tomboyishness** /ˈtɒmbɔɪɪʃnɪs/ N (*NonC*) manières fpl de garçon manqué

**tombstone** /ˈtuːmstəʊn/ SYN N pierre f tombale, tombe f

**tome** /təʊm/ SYN N tome m, gros volume m

**tomentose** /təˈmentəʊs/ ADJ tomenteux

**tomfool** /ˈtɒmˈfuːl/ ADJ absurde, idiot

**tomfoolery** /tɒmˈfuːlərɪ/ SYN N niaiserie(s) f(pl), âneries fpl

**Tommy** /ˈtɒmɪ/
**N** dim of **Thomas** Thomas m ; (*Brit Mil* * : *also* **tommy**) tommy * m, soldat m britannique
**COMP** **Tommy gun** N mitraillette f

**tommyrot** † * /ˈtɒmɪrɒt/ N (*NonC*) bêtises fpl, âneries fpl

**tomography** /təˈmɒɡrəfɪ/ N tomographie f

**tomorrow** /təˈmɒrəʊ/
**ADV** demain ◆ **all (day) tomorrow** toute la journée (de) demain ◆ **late tomorrow** tard demain ◆ **early tomorrow** demain de bonne heure ◆ **tomorrow lunchtime** demain à midi ◆ **I met her a week ago tomorrow** ça fera une semaine demain que je l'ai rencontrée ◆ **he'll have been here a week tomorrow** demain cela fera huit jours qu'il est là ◆ **see you tomorrow** à demain ◆ **what day will it be tomorrow?** quel jour sera-t-on *or* serons-nous demain ? ◆ **what date will it be tomorrow?** on sera le combien demain ? ; → **today**
**N** **1** demain m ◆ **what day will tomorrow be?** quel jour serons-nous demain ? ◆ **tomorrow will be Saturday** demain ce sera samedi ◆ **what date will tomorrow be?** quelle est la date de demain ? ◆ **tomorrow will be the 5th** demain ce sera le 5 ◆ **I hope tomorrow will be dry** j'espère qu'il ne pleuvra pas demain ◆ **tomorrow will be a better day for you** demain les choses iront mieux pour vous ◆ **tomorrow never comes** demain n'arrive jamais ◆ **tomorrow is another day!** ça ira peut-être mieux demain ! ◆ **tomorrow's paper** le journal de demain
**2** (= *the future*) ◆ **the writers of tomorrow** les écrivains mpl de demain *or* de l'avenir ◆ **like** *or* **as if there was no tomorrow** * [*spend, drive*] sans se soucier du lendemain ; [*eat, drink*] comme si c'était la dernière fois ◆ **brighter tomorrows** des lendemains qui chantent
**COMP** **tomorrow afternoon** ADV demain après-midi
**tomorrow evening** ADV demain soir
**tomorrow morning** ADV demain matin
**tomorrow week** * ADV (*Brit*) demain en huit

**tompot blenny** /ˈtɒmpɒt/ N (= *fish*) blennie f gatto rugine

**tomtit** /ˈtɒmtɪt/ N mésange f

**tomtom** /ˈtɒmtɒm/ N tam-tam m

**ton** /tʌn/
**N** **1** (= *weight*) tonne f (*Brit* = 1016,06 kg ; *Can, US etc* = 907,20 kg) ◆ **metric ton** tonne f (= 1 000 kg)

**tonal | tooth**

◆ **a seven-ton truck** un camion de sept tonnes ◆ **it weighs a ton, it's a ton weight** (fig) ça pèse une tonne ◆ **tons of**\* (fig) beaucoup de, des tas de\*

**2** (Naut) (also **register ton**) tonneau m (= 2,83 m³) ; (also **displacement ton**) tonne f ◆ **a 60,000-ton steamer** un paquebot de 60 000 tonnes

**3** (\* = hundred) ◆ **a ton** cent ◆ **to do a ton (up)** faire du cent soixante à l'heure

COMP **ton-up boys** †\* NPL (Brit = motorcyclists) motards\* mpl, fous mpl de la moto

**tonal** /ˈtəʊnl/
ADJ **1** (= vocal) [range, contrast] tonal ◆ **tonal quality** tonalité f
**2** (in colour) [range, contrast] de tons
COMP **tonal music** N musique f tonale
**tonal value** N (Phot) tonalité f

**tonality** /təʊˈnælɪtɪ/ N tonalité f

**tondo** /ˈtɒndəʊ/ N (pl **tondi** /ˈtɒndiː/) tondo m

**tone** /təʊn/ LANGUAGE IN USE 27.3 SYN
N **1** (in sound: also Ling, Mus) ton m ; (Telec: also of radio, record player etc) tonalité f ; [of answering machine] signal m sonore, bip m (sonore) ; [of musical instrument] sonorité f ◆ **to speak in low tones** or **in a low tone** parler à voix basse or doucement ◆ **to speak in angry tones, to speak in an angry tone (of voice)** parler sur le ton de la colère ◆ **don't speak to me in that tone (of voice)!** ne me parlez pas sur ce ton ! ◆ **in friendly tones, in a friendly tone** sur un ton amical ◆ **after the tone** (on answering machine) après le bip or le signal sonore ◆ **rising/falling tone** (Ling) ton m montant/descendant ; → **dialling, engaged**
**2** (in colour) ton m ◆ **two-tone** en deux tons
**3** (= general character) ton m ◆ **what was the tone of his letter?** quel était le ton de sa lettre ? ◆ **we were impressed by the whole tone of the school** nous avons été impressionnés par la tenue générale de l'école ◆ **the tone of the market** (Fin) la tenue du marché ◆ **to raise/lower the tone of sth** hausser/rabaisser le niveau de qch
**4** (NonC = class, elegance) classe f ◆ **it gives the restaurant tone, it adds tone to the restaurant** cela donne de la classe au restaurant
**5** (Med, Physiol: of muscles etc) tonus m, tonicité f
VI [colour] s'harmoniser (**with** avec)
COMP **tone arm** N [of record player] bras m de lecture
**tone colour** N (Mus) timbre m
**tone control (knob)** N [of record player etc] bouton m de tonalité
**tone-deaf** ADJ ◆ **to be tone-deaf** ne pas avoir d'oreille
**tone deafness** N manque m d'oreille
**tone language** N (Ling) langue f à tons
**tone poem** N poème m symphonique
**tone row, tone series** N (Mus) série f (de notes)
▶ **tone down** VT SEP [+ colour] adoucir ; [+ sound] baisser ; (fig) [+ criticism, effect] atténuer, adoucir ; [+ language] atténuer, modérer ; [+ policy] modérer, mettre en sourdine
▶ **tone in** VI s'harmoniser (with avec)
▶ **tone up** VT SEP [+ muscles, the system] tonifier

**-toned** /təʊnd/ ADJ (in compounds) ◆ **flesh-toned** couleur chair inv ◆ **high-toned** [style, book etc] prétentieux ◆ **sepia-toned** couleur sépia inv ◆ **warm-toned** [colour, skin] au tons chauds

**toneless** /ˈtəʊnlɪs/ ADJ [voice] blanc (blanche f), sans timbre

**tonelessly** /ˈtəʊnlɪslɪ/ ADV d'une voix blanche or sans timbre

**toneme** /ˈtəʊniːm/ N (Ling) tonème m

**toner** /ˈtəʊnəʳ/ N **1** (for photocopier, printer) encre f, toner m
**2** (for skin) (lotion f) tonique m

**Tonga** /ˈtɒŋə/ N Tonga, Tonga fpl ◆ **in Tonga** aux Tonga

**tongs** /tɒŋz/ NPL (also **pair of tongs**) pinces fpl ; (for coal) pincettes fpl ; (for sugar) pince f (à sucre) ; (also **curling tongs**) fer m (à friser) ; → **hammer**

**tongue** /tʌŋ/ SYN
N **1** (Anat, Culin) langue f ; [of shoe] languette f ; [of bell] battant m ; (fig : of flame, land, also on tool, machine etc) langue f ◆ **to put out** or **stick out one's tongue** tirer la langue (at sb à qn) ◆ **his tongue was hanging out** [dog, person] il tirait la langue ◆ **to give tongue** [hounds] donner de la voix ◆ **to lose/find one's tongue** perdre/retrouver sa langue ◆ **with his tongue in his cheek, tongue in cheek** ironiquement, en plaisantant ◆ **he held his tongue about it** il a tenu sa langue ◆ **hold your tongue!** taisez-vous ! ◆ **I'm going to let him feel** or **give him the rough side of my tongue** † je vais lui dire ma façon de penser ◆ **keep a civil tongue in your head!** tâchez d'être plus poli ! ◆ **I can't get my tongue round it** je n'arrive pas à le prononcer correctement ◆ **tongues of fire** (Bible) langues de feu ; → **cat, loosen, slip, tip¹, wag¹**
**2** (= language) langue f ◆ **to speak in tongues** (Rel) parler de nouvelles langues ; → **mother**
VT (Mus) [+ note] attaquer en coup de langue
COMP **tongue-and-groove** N → **tongue-and-groove**
**tongue depressor** N (Med) abaisse-langue m
**tongue-in-cheek** ADJ [remark etc] ironique ; see also **in**
**tongue-lash** VT engueuler*
**tongue-lashing**\* N ◆ **to give sb a tongue-lashing** sonner les cloches à qn\* ◆ **to get a tongue-lashing** se faire remonter les bretelles*
**tongue-tied** SYN ADJ (fig) muet (fig) ◆ **tongue-tied from shyness** rendu muet par la timidité, trop timide pour parler
**tongue twister** N phrase f (or nom m etc) très difficile à prononcer

**tongue-and-groove** /ˈtʌŋənˈɡruːv/
N (also **tongue-and-groove boarding** or **strips**) planches fpl à rainure et languette ◆ **tongue-and-groove joint** assemblage m à rainure et languette
VT [+ wall] revêtir de planches à rainure et languette

**-tongued** /tʌŋd/ ADJ (in compounds) qui a la langue... ◆ **sharp-tongued** qui a la langue acérée

**tonguing** /ˈtʌŋɪŋ/ N (Mus) (technique f du) coup m de langue

**tonic** /ˈtɒnɪk/ SYN
ADJ **1** (= reviving) [bath, properties, drink] tonifiant ; [effect] tonique
**2** (Mus, Ling) tonique
N **1** (Med) tonique m, fortifiant m ◆ **you need a tonic** (lit, fig) il vous faut un bon tonique ◆ **it was a real tonic to see him** cela m'a vraiment remonté le moral de le voir
**2** (also **tonic water, Indian tonic**) ≈ Schweppes ® m ◆ **gin and tonic** gin-tonic m
**3** (Mus) tonique f
COMP **tonic sol-fa** N (Mus) solfège m
**tonic water** N (also **Indian tonic water**) tonic m, ≈ Schweppes ® m
**tonic wine** N vin m tonique

**tonicity** /tɒˈnɪsɪtɪ/ N tonicité f

**tonight** /təˈnaɪt/ ADV, N (before bed) ce soir ; (during sleep) cette nuit

**tonka bean** /ˈtɒŋkə/ N (= tree) tonka m, couma-rou m ; (= seed) (fève f) tonka m

**tonnage** /ˈtʌnɪdʒ/ N (Naut: all senses) tonnage m

**tonne** /tʌn/ N tonne f

**tonneau** /ˈtʌnəʊ/ N (pl **tonneaus** or **tonneaux** /ˈtʌnəʊz/) (for car: also **tonneau cover**) bâche f (de voiture de sport)

**-tonner** /ˈtʌnəʳ/ N (in compounds) ◆ **a ten-tonner** (= truck) un camion(de) dix tonnes

**tonometer** /təʊˈnɒmɪtəʳ/ N (Mus) diapason m de Scheibler ; (Med) tonomètre m

**tonometric** /ˌtɒnəˈmetrɪk/ ADJ tonométrique

**tonometry** /təʊˈnɒmɪtrɪ/ N tonométrie f

**tonsil** /ˈtɒnsl/ N amygdale f ◆ **to have one's tonsils out** or **removed** être opéré des amygdales

**tonsillectomy** /ˌtɒnsɪˈlektəmɪ/ N amygdalectomie f

**tonsillitis** /ˌtɒnsɪˈlaɪtɪs/ N (NonC) angine f, amygdalite f ◆ **he's got tonsillitis** il a une angine, il a une amygdalite (frm)

**tonsorial** /tɒnˈsɔːrɪəl/ ADJ (hum) de barbier

**tonsure** /ˈtɒnʃəʳ/
N tonsure f
VT tonsurer

**tontine** /tɒnˈtiːn/ N tontine f

**Tony** /ˈtəʊnɪ/ N **1** dim of **Anthony**
**2** (Theat: pl **Tonys** or **Tonies**) (also **Tony award**) Tony m (oscar du théâtre décerné à Broadway)

**tony**\* /ˈtəʊnɪ/ ADJ (US) chic inv

**too** /tuː/ SYN ADV **1** (= excessively) trop, par trop (liter) ◆ **it's too hard for me** c'est trop difficile pour moi ◆ **it's too hard for me to explain** c'est trop difficile que je puisse vous l'expliquer ◆ **that case is too heavy to carry** cette valise est trop lourde à porter ◆ **it's too heavy for me to carry** c'est trop lourd à porter pour moi ◆ **he's too mean to pay for it** il est trop pingre pour le payer ◆ **that's too kind of you!** vous êtes vraiment trop aimable ! ◆ **I'm not too sure about that** je n'en suis pas très certain ◆ **too true!, too right!** or **oui !\***, et comment ! \* ◆ **it's just too-too!**\* en voilà un chichi ! \* ; → **good, many, much, none**
**2** (= also) aussi ; (= moreover) en plus, par-dessus le marché, de plus ◆ **I went too** j'y suis allé aussi ◆ **you too can own a car like this** vous aussi vous pouvez être le propriétaire d'une voiture comme celle-ci ◆ **he can swim too** lui aussi sait nager ◆ **they asked for a discount too!** et en plus or et par-dessus le marché ils ont demandé un rabais !

**took** /tʊk/ VB pt of **take**

**tool** /tuːl/ SYN
N (gen, Tech) outil m (de travail) ; (fig = book etc) outil m, instrument m ◆ **set of tools** panoplie f d'outils ◆ **garden tools** outils mpl or ustensiles mpl de jardinage ◆ **these are the tools of my trade** (lit, fig) voilà les outils de mon métier ◆ **he was merely a tool of the revolutionary party** il n'était que l'outil or l'instrument du parti révolutionnaire ◆ **a tool in the hands of...** (fig) un instrument dans les mains de... ; → **down¹, machine, workman**
VT (gen) travailler, ouvrager ; [+ silver] ciseler ; [+ leather] repousser
VI (= drive fast) ◆ **to tool along/past**\* rouler/passer tranquillement or pépère\*
COMP **tool maker** N (in factory) outilleur m
**tool making** N (in factory) montage m et réglage m des machines-outils
▶ **tool up**
VT SEP [+ factory etc] équiper, outiller
VI [factory etc] s'équiper, s'outiller ; (fig) se préparer

**toolbag** /ˈtuːlbæɡ/ N trousse f à outils

**toolbar** /ˈtuːlbɑːʳ/ N barre f d'outils

**toolbox** /ˈtuːlbɒks/ N boîte f à outils

**toolcase** /ˈtuːlkeɪs/ N (= bag) trousse f à outils ; (= box) caisse f à outils

**toolchest** /ˈtuːltʃest/ N coffre m à outils

**tooled** /tuːld/ ADJ (gen) ouvragé ; [silver] ciselé ; [leather] repoussé ; [book cover] en cuir repoussé

**toolhouse** /ˈtuːlhaʊs/ N ⇒ **toolshed**

**tooling** /ˈtuːlɪŋ/ N (on book-cover etc) repoussé m ; (on silver) ciselure f

**toolkit** /ˈtuːlkɪt/ N trousse f à outils ; (Comput) valise f

**toolroom** /ˈtuːlruːm/ N (in factory) atelier m d'outillage

**toolshed** /ˈtuːlʃed/ N cabane f à outils

**toot** /tuːt/
N [of car horn] coup m de klaxon ® ; [of whistle] coup m de sifflet ; [of trumpet, flute] note f (brève)
VI [car horn] klaxonner ; (on whistle) donner un coup de sifflet ; (on trumpet, flute) jouer une note
VT ◆ **to toot the horn** klaxonner

**tooth** /tuːθ/
N (pl **teeth**) [of person, animal, comb, saw etc] dent f ◆ **front tooth** dent f de devant ◆ **back tooth** molaire f ◆ **to have a tooth out** or (esp US) **pulled** se faire arracher une dent ◆ **selling a car these days is like pulling teeth** (US) c'est pratiquement impossible de vendre une voiture en ce moment ◆ **to have a tooth capped** se faire poser une couronne ◆ **to cut a tooth** [child] percer une dent ◆ **he is cutting teeth** il fait ses dents ◆ **to cut one's teeth on sth** (fig) se faire les dents sur qch ◆ **to mutter sth between one's teeth** or **between clenched teeth** grommeler qch entre ses dents ◆ **to set** or **grit one's teeth** serrer les dents ◆ **to bare** or **show one's teeth** (lit, fig) montrer les dents ◆ **in the teeth of the wind** contre le vent ◆ **in the teeth of the opposition** en dépit de or malgré l'opposition ◆ **tooth and nail** avec acharnement, farouchement ◆ **to get one's teeth into sth** (fig) se mettre à fond à qch, se mettre à faire qch pour de bon ◆ **there's nothing you can get your teeth into** [food etc] ce n'est pas très substantiel ; (fig) il n'y a là rien de substantiel or solide ◆ **the legislation has no teeth** la législation est impuissante ◆ **to give a law teeth** renforcer le pouvoir d'une loi ◆ **to cast** or **throw sth in sb's teeth** jeter qch à la tête de qn, reprocher qch à qn ◆ **to be fed up** or **sick to (the back) teeth of sth**\* en

avoir marre* *or* ras le bol‡ de qch ; → **chatter, edge, long**[1]

COMP **tooth decay** N *(NonC)* carie *f* dentaire
**the Tooth Fairy** N ≈ la petite souris
**tooth mug** N verre *m* à dents
**tooth powder** N poudre *f* dentifrice

**toothache** /ˈtuːθeɪk/ N mal *m or* rage *f* de dents ◆ **to have toothache** avoir mal aux dents

**toothbrush** /ˈtuːθbrʌʃ/
N brosse *f* à dents
COMP **toothbrush moustache** N moustache *f* en brosse

**toothcomb** /ˈtuːθkəʊm/ N (also **fine toothcomb**) → **fine**[2]

**toothed** /tuːθt/ ADJ *[wheel, leaf]* denté

**-toothed** /tuːθt/ ADJ *(in compounds)* ◆ **big-toothed** aux grandes dents

**toothily** /ˈtuːθɪlɪ/ ADV *[smile, grin]* de toutes ses dents

**toothless** /ˈtuːθlɪs/ ADJ [1] *(= without teeth) [person, smile, grin]* édenté ; *[mouth, gums]* sans dents
[2] *(fig = powerless) [organization]* sans pouvoir, sans influence ; *[law, agreement, treaty]* qui n'a pas de poids ◆ **a toothless tiger** un tigre de papier

**toothpaste** /ˈtuːθpeɪst/ N (pâte *f*) dentifrice *m*

**toothpick** /ˈtuːθpɪk/ N cure-dent *m*

**toothsome** /ˈtuːθsəm/ ADJ savoureux

**toothwort** /ˈtuːθwɜːt/ N dentaire *f*

**toothy** /ˈtʊθɪ/
ADJ *[person]* à grandes dents ◆ **to be toothy** avoir de grandes dents ◆ **he flashed me a toothy grin** *or* **smile** il m'a gratifié d'un sourire tout en dents
COMP **toothy-peg** * N *(= baby talk)* quenotte * *f*

**tootle** /ˈtuːtl/
N *[of trumpet, flute, car-horn]* notes *fpl* (brèves) ; *(= tune)* petit air *m*
VI [1] *(= toot)* klaxonner, corner ; *(Mus)* jouer un petit air
[2] *(= drive)* ◆ **to tootle along/past** *etc* * rouler/passer *etc* gaiement *or* sans s'en faire *
VT *[+ trumpet, flute etc]* jouer un peu de

**toots**‡ /tʊts/ N ma belle *

**tootsie**‡, **tootsy**‡ /ˈtʊtsɪ/ N [1] *(= toe)* doigt *m* de pied ; *(= foot)* peton * *m*, pied *m*
[2] *(= girl)* jolie nana‡ *f* ◆ **hi tootsie!** salut ma belle ! *

## top[1] /tɒp/ SYN

1 - NOUN
2 - PLURAL NOUN
3 - ADVERB
4 - ADJECTIVE
5 - TRANSITIVE VERB
6 - COMPOUNDS
7 - PHRASAL VERBS

### 1 - NOUN

[1] [= HIGHEST POINT] *[of mountain]* sommet *m*, cime *f* ; *[of tree]* faîte *m*, cime *f* ; *[of hill, head]* sommet *m*, haut *m* ; *[of ladder, stairs, page, wall, cupboard]* haut *m* ; *[of wave]* crête *f* ; *[of box, container]* dessus *m* ; *[of list, table, classification]* tête *f* ; *(= surface)* surface *f* ◆ **it's near the top of the pile** c'est vers le haut de la pile ◆ **to come** *or* **rise** *or* **float to the top** remonter à la surface, surnager ◆ **the top of the milk** la crème du lait ◆ **six lines from the top of page seven** sixième ligne à partir du haut de la page sept ◆ **from top to toe, from the top of his head to the tip of his toes** de la tête aux pieds ◆ **he's talking off the top of his head** * il dit n'importe quoi ◆ **I'm saying that off the top of my head** * je dis ça sans savoir exactement ◆ **the top of the morning to you!** *(Ir)* je vous souhaite bien le bonjour ! ◆ **in top** *(Brit)* ⇒ **in top gear** ; → **top gear** ◆ **to get to** *or* **reach the top, to make it to the top** *(indicating status) (gen)* réussir, aller loin ; *(in hierarchy etc)* arriver en haut de l'échelle ◆ **it's top of the pops this week** c'est en tête du hit-parade *or* numéro un au hit-parade cette semaine ◆ **the men at the top** les dirigeants *mpl* , les responsables *mpl* , ceux qui sont au pouvoir ◆ **the men at the top don't care about it** en haut lieu ils ne s'en soucient guère

◆ **at the top of** *[+ hill, mountain]* au sommet de ; *[+ stairs, ladder, building, page]* en haut de ; *[+ list, division, league]* en tête de ; *[+ street etc]* en haut de, au bout de ; *[+ garden]* au fond de ; *[+ profession, career]* au faîte de ◆ **he was sitting at the top of the table** il était assis en tête de la table *or* à la place d'honneur ◆ **it's at the top of the pile** c'est en haut *or* au sommet de la pile ◆ **at the top of the pile** * *or* **heap** * *(fig)* en haut de l'échelle ◆ **to be at the top of the class** *(Scol)* être premier de la classe ◆ **our next news bulletin at the top of the hour** nos prochaines informations à trois heures *(or quatre heures etc)*

◆ **on (the) top (of)** ◆ **on (the) top** dessus ◆ **it's the one on (the) top** c'est celui du dessus ◆ **take the plate on the top** prends l'assiette du dessus ◆ **he came out on top** *(fig)* il a eu le dessus ◆ **there was a thick layer of cream on top of the cake** il y avait une épaisse couche de crème sur le gâteau ◆ **to live on top of each other** vivre les uns sur les autres ◆ **in such a small flat the children are always on top of us** dans un appartement si petit, les enfants sont toujours dans nos jambes ◆ **to be on top of the world** être aux anges ◆ **to be on the top of one's form** être au sommet de sa forme ◆ **he's on top of things now** * il s'en sort très bien *or* il domine bien la situation maintenant ; *(after breakdown, bereavement)* il a repris le dessus maintenant ◆ **things are getting on top of her** * elle est dépassée par les événements, elle ne sait plus où donner de la tête ◆ **the lorry was right on top of the car in front** le camion touchait presque la voiture de devant ◆ **by the time I saw the car, it was practically on top of me** quand j'ai vu la voiture elle était pratiquement sur moi ◆ **he's bought another car on top of the one he's got already** il a acheté une autre voiture en plus de celle qu'il a déjà ◆ **then on top of all that he refused to help us** et puis par-dessus le marché il a refusé de nous aider

◆ **from top to bottom** *[redecorate]* complètement, du sol au plafond ; *[clean]* de fond en comble ; *[cover]* entièrement ; *[divide, split] [+ political party]* profondément ; *[search a person]* de la tête aux pieds ; *[search a house]* de fond en comble ◆ **the system is rotten from top to bottom** le système tout entier est pourri

◆ **over the top** ◆ **to go over the top** *(Mil)* monter à l'assaut ◆ **to be over the top** * *(esp Brit: indicating exaggeration) [film, book]* dépasser la mesure ; *[person]* en faire trop *, exagérer ; *[act, opinion]* être excessif

[2] [= UPPER PART, SECTION] *[of car etc]* toit *m* ; *[of bus]* étage *m* supérieur, impériale *f* ; *[of turnip, carrot, radish]* fanes *fpl* ◆ **"top"** *(on box etc)* « haut » ◆ **seats on top** *(on bus)* places *fpl* à l'étage supérieur ◆ **we saw London from the top of a bus** nous avons vu Londres du haut d'un bus ◆ **let's go up on top** *(in bus)* allons en haut ; *(in ship)* allons sur le pont ◆ **the table top is made of oak** le plateau de la table est en chêne ◆ **the top of the table is scratched** le dessus de la table est rayé ◆ **he hasn't got much up top** * *(= he is bald)* il a le crâne déplumé * ◆ **she hasn't got much up top** * *(= she is stupid)* ce n'est pas une lumière * ; *(= she is flat-chested)* elle est plate comme une limande * *or* une planche à repasser *

[3] [OF GARMENT, PYJAMAS, BIKINI] haut *m* ◆ **I want a top to go with this skirt** je voudrais un haut qui aille avec cette jupe

[4] [= CAP, LID] *[of box]* couvercle *m* ; *[of bottle, tube]* bouchon *m* ; *[of pen]* capuchon *m*

### 2 - PLURAL NOUN

**tops** * ◆ **he's (the) tops** il est champion *

### 3 - ADVERB

◆ **tops** * *(= max)* à tout casser *

### 4 - ADJECTIVE

[1] [= HIGHEST] *[shelf, drawer]* du haut ; *[floor, storey]* dernier ◆ **the top coat** *[of paint]* la dernière couche ◆ **the top corridor of the main building** le corridor du haut dans le bâtiment principal ◆ **at the top end of the scale** en haut de l'échelle ◆ **a car at the top end of the range** une voiture haut de gamme ◆ **the top layer of skin** la couche supérieure de la peau ◆ **the top note** *(Mus)* la note la plus haute ◆ **the top step** la dernière marche (en haut)

[2] [IN RANK *etc*] ◆ **top management** cadres *mpl* supérieurs ◆ **the top men in the party** les dirigeants *mpl* du parti ◆ **in the top class** *(Scol) (secondary school)* ≈ en terminale ; *(primary)* ≈ en cours moyen deuxième année ; *(= top stream)* dans le premier groupe

[3] [= BEST, LEADING] ◆ **he was the top student in English** *(= the best)* c'était le meilleur étudiant en anglais ◆ **he was a top student in English** *(= one of the best)* c'était l'un des meilleurs étudiants en anglais ◆ **top executives** *(= leading)* cadres *mpl* supérieurs ◆ **he was Italy's top scorer in the World Cup** c'était le meilleur buteur de l'équipe d'Italie pendant la coupe du monde ◆ **one of the top pianists** un des plus grands pianistes ◆ **a top job, one of the top jobs** un des postes les plus prestigieux ◆ **he was** *or* **came top in maths** *(Scol)* il a été premier en maths ◆ **the top mark** *(Scol)* la meilleure note ◆ **top marks for efficiency** *(fig)* vingt sur vingt pour l'efficacité ◆ **it was a top party** * *(Brit)* c'était top * comme fête

[4] [= FARTHEST] ◆ **the top end of the garden** le fond du jardin ◆ **the top end of the field** l'autre bout *m* du champ ◆ **the top right-hand corner** le coin en haut à droite

[5] [= MAXIMUM] ◆ **the vehicle's top speed** la vitesse maximale du véhicule ◆ **at top speed** à toute vitesse ◆ **a matter of top priority** une question absolument prioritaire ◆ **top prices** prix *mpl* élevés ◆ **we pay top price(s) for old clocks** nous offrons les meilleurs prix pour les vieilles horloges

### 5 - TRANSITIVE VERB

[1] [= REMOVE TOP FROM] *[+ tree]* étêter, écimer ; *[+ plant]* écimer ; *[+ radish, carrot etc]* couper *or* enlever les fanes de ◆ **to top and tail beans** *(Brit)* ébouter les haricots

[2] [‡ = BEHEAD] *[+ person]* couper le cou à *

[3] [‡ = KILL] *[+ person]* buter‡ ◆ **to top o.s.** se flinguer‡

[4] [= FORM TOP OF] surmonter ◆ **topped by a dome** surmonté d'un dôme

[5] [= EXCEED] dépasser ◆ **we have topped last year's sales figures** nous avons dépassé les chiffres des ventes de l'année dernière ◆ **imports topped £10 billion last month** les importations ont dépassé la barre des dix milliards de livres le mois dernier ◆ **the fish topped 10kg** le poisson pesait *or* faisait plus de 10 kg ◆ **to top sb in height** dépasser qn en hauteur ◆ **the event that topped it was...** l'événement qui a éclipsé cela était... ◆ **amazing! I'm sure nobody can top that** incroyable ! je suis sûr que personne ne peut faire mieux ◆ **and to top it all...** et pour couronner le tout... ◆ **that tops the lot!** * c'est le bouquet ! *

[6] [= PASS TOP OF] *[+ hill]* franchir le sommet de ; *[+ ridge]* franchir

[7] [= BE AT TOP OF] *[+ pile]* être au sommet de ; *[+ list]* être en tête de *or* à la tête de ◆ **to top the bill** *(Theat)* être en tête d'affiche, tenir la vedette

### 6 - COMPOUNDS

**top banana**‡ N *(US) (gen)* gros bonnet * *m*, grosse légume * *f* ; *(Theat)* comique *m* principal
**top boots** NPL bottes *fpl* à revers
**top brass** * N *(fig)* huiles * *fpl*
**top-class** ADJ de première classe
**top copy** N original *m*
**top dog** * N *(esp US)* ◆ **he's top dog around here** c'est lui qui commande ici *or* qui fait la pluie et le beau temps ici
**top dollar** * N *(esp US)* ◆ **to pay top dollar for sth** payer qch au prix fort
**top-down** ADJ *[approach, management]* directif
**top drawer** N ◆ **he's out of the top drawer** il fait partie du gratin *
**top-drawer** * ADJ *(socially)* de la haute *, de haute volée ; *(in quality, achievement)* de tout premier rang
**top-dress** VT *(Agr)* fertiliser
**top dressing** N fumure *f* en surface
**top gear** N *(Brit : of vehicle)* ◆ **in top gear** *(four-speed box)* en quatrième ; *(five-speed box)* en cinquième
**top hand** * N *(US)* collaborateur *m* de premier plan
**top hat** N (chapeau *m*) haut-de-forme *m*
**top-hatted** ADJ en (chapeau) haut-de-forme
**top-heavy** ADJ *[structure etc]* trop lourd du haut, déséquilibré ; *(fig) [business, administration]* où l'encadrement est trop lourd
**top-hole** † * ADJ *(Brit)* épatant † *, bath † *
**top-level** ADJ *[meeting, talks, discussion]* au plus haut niveau ; *[decision]* pris au plus haut niveau *or* au sommet
**top-liner** * N *(Brit Theat)* (artiste *mf* en) tête *f* d'affiche
**top-loader, top-loading washing machine** N lave-linge *m* à chargement par le haut
**top-of-the-line, top-of-the-range** ADJ haut de gamme *inv*

**top-ranked** ADJ [player, team] du plus haut niveau
**top-ranking** ADJ (très) haut placé
**top round** N (US Culin) ⇒ **topside**
**top-secret** ADJ ultrasecret (-ète f), top secret (-ète f)
**top-security wing** N [of prison] quartier m de haute sécurité
**top-shelf** ADJ (Brit) [magazine, material] de charme
**top-shell** N troche f
**the top ten** NPL (Mus) les dix premiers mpl du Top
**the top thirty** NPL le Top 30
**top-up** N (for mobile phone) recharge f (de carte prépayée) ◆ **can I give you a top-up?** (Brit = drink) je vous en ressers ? ◆ **the battery/oil needs a top-up** (Brit) il faut remettre de l'eau dans la batterie/remettre de l'huile
**top-up card** N (for mobile phone) carte f prépayée, recharge f
**top-up loan** N prêt m complémentaire

**7 - PHRASAL VERBS**

▶ **top off**
   VI (= reach peak) [sales, production etc] atteindre un niveau record
   VT SEP terminer, compléter ◆ **we topped off the meal with a glass of cognac** nous avons terminé le repas par un verre de cognac ◆ **to top it all off** pour couronner le tout

▶ **top out** VI (Constr) terminer le gros œuvre ; (Comm) [rate, price, cost] plafonner, atteindre son niveau le plus élevé

▶ **top up** (Brit)
   VI [driver etc] ◆ **to top up with oil** remettre or rajouter de l'huile
   VT SEP [+ cup, glass] remplir (à nouveau) ; [+ car battery] remettre de l'eau dans ◆ **I've topped up the petrol in your tank** j'ai rajouté or remis de l'essence dans votre réservoir ◆ **I've topped up your coffee** je vous ai remis du café ◆ **her parents top up her grant** ses parents lui donnent de l'argent en complément de sa bourse ◆ **can I top you up?** * je vous en remets ?

**top²** /tɒp/ N (= toy) toupie f ; → **sleep, spinning**
**topaz** /ˈtəʊpæz/ N topaze f
**topcoat** /ˈtɒpkəʊt/ N ① [of paint] dernière couche f
  ② (Dress) pardessus m, manteau m
**tope¹** † /təʊp/ VI (= drink) picoler *
**tope²** /təʊp/ N (= fish) hâ m, milandre m, chien m de mer
**topee** /ˈtəʊpiː/ N casque m colonial
**toper** † /ˈtəʊpəʳ/ N grand buveur m
**topflight** * /tɒpˈflaɪt/ ADJ de premier ordre, excellent
**tophus** /ˈtəʊfəs/ N (pl **tophi** /ˈtəʊfaɪ/) (Med) tophus m
**topiarist** /ˈtəʊpɪərɪst/ N personne pratiquant l'art topiaire
**topiary** /ˈtəʊpɪərɪ/
   N (NonC) art m topiaire, topiaire f
   COMP **topiary garden** N jardin m d'arbres taillés architecturalement
**topic** /ˈtɒpɪk/ SYN
   N [of essay, speech] sujet m ; (for discussion) sujet m de discussion, thème m ; (esp Brit Scol = project) dossier m ; (Ling) thème m
   COMP **topic sentence** N (US Gram) phrase f d'introduction
**topical** /ˈtɒpɪkəl/ SYN ADJ [issue, theme] d'actualité ; [humour, joke] axé sur l'actualité ◆ **a topical reference** une allusion à l'actualité
**topicality** /ˌtɒpɪˈkælɪtɪ/ N (NonC) actualité f
**topknot** /ˈtɒpnɒt/ N [of hair] toupet m, houppe f ; [of ribbons etc] coque f ; [of bird's feathers] aigrette f ; (= fish) targeur m
**topless** /ˈtɒplɪs/
   ADJ [woman, dancer, model] aux seins nus ; [beach] où l'on peut avoir les seins nus ; [sunbathing, dancing] seins nus ◆ **photographs showing her topless** des photographies la montrant seins nus
   ADV [sunbathe, pose, dance] (les) seins nus ◆ **to go topless** se mettre seins nus, faire du topless *
   COMP **topless bar** N bar m topless *
   **topless swimsuit** N monokini m
**topmast** /ˈtɒpmɑːst/ N mât m de hune
**topmost** /ˈtɒpməʊst/ SYN ADJ le plus haut

**topnotch** * /tɒpˈnɒtʃ/ ADJ ⇒ **topflight**
**topographer** /təˈpɒgrəfəʳ/ N topographe mf
**topographic(al)** /ˌtɒpəˈgræfɪk(l)/ ADJ topographique
**topography** /təˈpɒgrəfɪ/ N topographie f
**topologic(al)** /ˌtɒpəˈlɒdʒɪk(əl)/ ADJ topologique
**topological** /ˌtɒpəˈlɒdʒɪkəl/ ADJ topologique
**topology** /təˈpɒlədʒɪ/ N topologie f
**topometry** /təˈpɒmɪtrɪ/ N topométrie f
**toponym** /ˈtɒpənɪm/ N toponyme m
**toponymic** /ˌtɒpəˈnɪmɪk/ ADJ toponymique
**toponymy** /təˈpɒnɪmɪ/ N toponymie f
**topper** * /ˈtɒpəʳ/ N ① (= hat) (chapeau m) haut-de-forme m
  ② (US) ◆ **the topper was that...** le comble or le plus fort, c'est que...
**topping** /ˈtɒpɪŋ/
   ADJ (Brit † *) du tonnerre † *
   N (for pizza) garniture f ◆ **chocolate/orange topping** (NonC) crème f au chocolat/à l'orange (dont on nappe un dessert) ◆ **dessert with a topping of whipped cream** dessert m nappé de crème fouettée
**topple** /ˈtɒpl/ SYN
   VI (= lose balance) [person] basculer, perdre l'équilibre ; [pile] basculer ; (= fall : also **topple over, topple down**) [person] tomber ; [pile etc] s'effondrer, se renverser ; [empire, dictator, government] tomber ◆ **to topple over a cliff** tomber du haut d'une falaise
   VT SEP [+ object] faire tomber, renverser ; [+ government, ruler] renverser, faire tomber
**TOPS** /tɒps/ N (Brit) (abbrev of **Training Opportunities Scheme**) programme de recyclage professionnel
**topsail** /ˈtɒpseɪl/ N hunier m
**topscore** /ˈtɒpskɔːʳ/ VI (Cricket) marquer le plus de points
**topside** /ˈtɒpsaɪd/
   N (Brit Culin) gîte m (à la noix) ; [of ship] accastillage m
   ADJ (US *) [official etc] haut placé, de haut niveau
   ADV ◆ **to go topside** monter sur le pont supérieur
**topsider** * /ˈtɒpsaɪdəʳ/ N (US) huile * f, personnage m haut placé
**topsoil** /ˈtɒpsɔɪl/ N terre f ; (Agr) couche f arable
**topspin** /ˈtɒpspɪn/ N (Tennis) lift m
**topstitch** /ˈtɒpstɪtʃ/
   N surpiqûre f
   VT surpiquer
**topsy-turvy** /ˈtɒpsɪˈtɜːvɪ/ SYN ADJ, ADV sens dessus dessous, à l'envers ◆ **to turn everything topsy-turvy** tout mettre sens dessus dessous, tout bouleverser or chambouler * ◆ **everything is topsy-turvy** tout est sens dessus dessous ; (fig) c'est le monde à l'envers or renversé
**toque** /təʊk/ N toque f
**tor** /tɔːʳ/ N butte f (rocheuse)
**Torah** /ˈtɔːrə/ N Torah f, Thora f
**torc** /tɔːk/ N (Archeol) torque m
**torch** /tɔːtʃ/
   N (flaming) torche f, flambeau m (also fig) ; (Brit : electric) lampe f de poche, lampe f or torche f électrique ◆ **the house went up like a torch** la maison s'est mise à flamber comme du bois sec ◆ **to carry the torch of** or **for democracy/progress** porter le flambeau de la démocratie/du progrès ◆ **to hand on the torch** passer or transmettre le flambeau ◆ **he still carries a torch for her** * il en pince toujours pour elle * ; → **Olympic**
   VT ◆ **to torch sth** mettre le feu à qch
   COMP **torch singer** N (US) chanteur m, -euse f réaliste
   **torch song** N chanson f d'amour mélancolique
**torchbearer** /ˈtɔːtʃbɛərəʳ/ N porteur m, -euse f de flambeau or de torche
**torchlight** /ˈtɔːtʃlaɪt/ N ◆ **by torchlight** à la lueur des flambeaux (or d'une lampe de poche) ◆ **torchlight procession** retraite f aux flambeaux
**tore** /tɔːʳ/ VB pt of **tear¹**
**toreador** /ˈtɒrɪədɔːʳ/ N toréador m
**torero** /təˈrɛərəʊ/ N torero m
**torii** /ˈtɔːriːiː/ N, PL INV torii m inv

**torment** /ˈtɔːment/ SYN
   N tourment m (liter), supplice m ◆ **to be in torment** être au supplice ◆ **the torments of jealousy** les affres fpl de la jalousie ◆ **to suffer torments** souffrir le martyre
   VT /tɔːˈment/ [+ person] tourmenter ; [+ animal] martyriser ◆ **to torment o.s.** (fig) se tourmenter, se torturer ◆ **tormented by jealousy** torturé or rongé par la jalousie
**tormentil** /ˈtɔːməntɪl/ N (= plant) tormentille f
**tormentor** /tɔːˈmentəʳ/ N persécuteur m, -trice f ; (stronger) bourreau m
**torn** /tɔːn/ SYN VB ptp of **tear¹**
**tornado** /tɔːˈneɪdəʊ/ SYN N (pl **tornados** or **tornadoes**) tornade f
**Toronto** /təˈrɒntəʊ/ N Toronto
**torpedo** /tɔːˈpiːdəʊ/
   N (pl **torpedoes**) (= weapon, fish) torpille f
   VT (lit, fig) torpiller
   COMP **torpedo attack** N ◆ **to make a torpedo attack** attaquer à la torpille
   **torpedo boat** N torpilleur m, vedette f lance-torpilles
   **torpedo tube** N (tube m) lance-torpilles m inv
**torpid** /ˈtɔːpɪd/ ADJ [person] apathique, torpide (liter) ; [film] très lent ; [book] au développement très lent ; [animal] dans un état de torpeur ◆ **he has a rather torpid intellect** intellectuellement, il n'est pas très vif
**torpidity** /tɔːˈpɪdɪtɪ/, **torpor** /ˈtɔːpəʳ/ N torpeur f, engourdissement m
**torque** /tɔːk/
   N (Phys) force f de torsion ; (Mechanics) couple m ; (Hist = collar) torque m
   COMP **torque converter** N (in car) convertisseur m de couple
   **torque spanner, torque wrench** N clé f dynamométrique
**torr** /tɔːʳ/ N, PL INV (Phys) torr m
**torrefaction** /ˌtɒrɪˈfækʃən/ N torréfaction f
**torrefy** /ˈtɒrɪfaɪ/ VT torréfier
**torrent** /ˈtɒrənt/ SYN N (lit, fig) torrent m ◆ **the rain was coming down in torrents** il pleuvait à torrents
**torrential** /tɒˈrenʃəl/ ADJ torrentiel
**Torricellian tube** /ˌtɒrɪˈseliən/ N tube m de Torricelli
**torrid** /ˈtɒrɪd/
   ADJ ① (= hot) [climate, heat, sun] torride
   ② (= passionate) [love affair, romance] torride, passionné ; [passion] torride, ardent ◆ **torrid love scenes** des scènes érotiques torrides
   COMP **the Torrid Zone** N (Geog) la zone intertropicale
**torsi** /ˈtɔːsɪ/ NPL of **torso**
**torsion** /ˈtɔːʃən/
   N torsion f
   COMP **torsion balance** N balance f de torsion
   **torsion bar** N barre f de torsion
**torso** /ˈtɔːsəʊ/ N (pl **torsos** or (rare) **torsi**) (Anat) torse m ; (Sculp) buste m
**tort** /tɔːt/
   N (Jur) acte m délictuel or quasi délictuel
   COMP **torts lawyer** N (US Jur) avocat spécialisé en droit civil
**torticollis** /ˌtɔːtɪˈkɒlɪs/ N torticolis m
**tortie** * /ˈtɔːtɪ/ ADJ (= colour) écaille inv
**tortilla** /tɔːˈtiːə/
   N tortilla f
   COMP **tortilla chip** N chip de maïs épicée
**tortoise** /ˈtɔːtəs/ N tortue f
**tortoiseshell** /ˈtɔːtəsʃel/
   N écaille f (de tortue)
   COMP [ornament, comb] en or d'écaille ; [spectacles] à monture d'écaille
   **tortoiseshell butterfly** N papillon m grande tortue
   **tortoiseshell cat** N chat m écaille et blanc
**tortuosity** /ˌtɔːtjʊˈɒsɪtɪ/ N tortuosité f
**tortuous** /ˈtɔːtjʊəs/ SYN ADJ [road, process, negotiations, history, methods, argument] tortueux ; [language, essay, logic] contourné, alambiqué ; [style, sentence] tarabiscoté
**torture** /ˈtɔːtʃəʳ/ SYN
   N torture f, supplice m ◆ **to put sb to (the) torture** torturer qn, faire subir des tortures à qn

## ANGLAIS-FRANÇAIS

◆ **it was sheer torture!** (fig) c'était un vrai supplice !

**VT** (lit) torturer ; (fig) torturer, mettre à la torture or au supplice ; [+ senses etc] mettre au supplice ; [+ language] écorcher ; [+ meaning] dénaturer ; [+ tune] massacrer ◆ **to torture o.s.** (fig) se torturer ◆ **tortured by doubt** torturé or tenaillé par le doute

**COMP torture chamber** N chambre f de torture

**torturer** /'tɔːtʃərəʳ/ N tortionnaire m, bourreau m

**torturous** /'tɔːtʃərəs/ ADJ atroce, abominable

**torus** /'tɔːrəs/ N tore m

**Tory** /'tɔːrɪ/ (Pol)
**N** tory m, conservateur m, -trice f
**ADJ** (party, person, policy) tory inv, conservateur (-trice f)

**Toryism** /'tɔːrɪɪzəm/ N (Pol) torysme m

**tosa** /'təʊsə/ N (= dog) tosa m, chien m de combat japonais

**tosh**✶ /tɒʃ/ N (Brit : NonC) bêtises fpl, blagues fpl
◆ **tosh!** allons (donc) !

**toss** /tɒs/ SYN
**N** 1 (= throw) lancement m ; (by bull) coup m de cornes ◆ **to take a toss** (from horse) faire une chute, être désarçonné ◆ **with a toss of his head** d'un mouvement brusque de la tête ◆ **I don't give a toss**✶ (Brit) je m'en contrefous✶, j'en ai rien à branler✶✶(about de)
2 [of coin] coup m de pile ou face ; (Sport: at start of match) tirage m au sort ◆ **they decided it by the toss of a coin** ils l'ont décidé à pile ou face ◆ **to win/lose the toss** (gen) gagner/perdre à pile ou face ; (Sport) gagner/perdre au tirage au sort ; → argue
**VT** [+ ball, object] lancer, jeter (to à) ; (Brit) [+ pancake] faire sauter ; [+ salad] retourner, remuer ; [+ head, mane] rejeter en arrière ; [bull] projeter en l'air ; [horse] désarçonner, démonter ◆ **to toss sb in a blanket** faire sauter qn dans une couverture ◆ **toss in butter** (Culin) ajoutez un morceau de beurre et remuez ◆ **they tossed a coin to decide who should stay** ils ont joué à pile ou face pour décider qui resterait ◆ **I'll toss you for it** on le joue à pile ou face ◆ **the sea tossed the boat against the rocks** la mer a projeté or envoyé le bateau sur les rochers ◆ **the boat was tossed by the waves** le bateau était agité or ballotté par les vagues ; → caber
**VI** 1 (also **toss about, toss around**) [person] s'agiter ; [plumes, trees] se balancer ; [boat] tanguer ◆ **he was tossing (about or around) in his sleep** il s'agitait dans son sommeil, son sommeil était agité ◆ **he was tossing and turning all night** il n'a pas arrêté de se tourner et se retourner toute la nuit
2 (also **toss up**) jouer à pile ou face ◆ **let's toss (up) for it** on le joue à pile ou face ◆ **they tossed (up) to see who would stay** ils ont joué à pile ou face pour savoir qui resterait
**COMP toss-up** N [of coin] coup m de pile ou face ◆ **it was a toss-up between the theatre and the cinema** le théâtre ou le cinéma, ça nous (or leur etc) était égal or c'était kif-kif✶ ◆ **it's a toss-up whether I go or stay** que je parte ou que je reste subj, c'est un peu à pile ou face

▶ **toss about, toss around**
**VI** → toss vi 1
**VT SEP** [+ boat etc] ballotter, faire tanguer ; [+ plumes, branches] agiter

▶ **toss aside** VT SEP [+ object] jeter de côté ; (fig) [+ person, helper] repousser ; [+ suggestion, offer] rejeter, repousser ; [+ scheme] rejeter

▶ **toss away** VT SEP jeter

▶ **toss back** VT SEP [+ ball, object] renvoyer ; [+ hair, mane] rejeter en arrière ◆ **they were tossing ideas back and forth** ils échangeaient toutes sortes d'idées

▶ **toss off**
**VI** (✶✶= masturbate) se branler✶✶
**VT SEP** 1 [+ drink] lamper, avaler d'un coup ; [+ essay, letter, poem] écrire au pied levé, torcher (pej)
2 (✶✶= masturbate) branler✶✶, faire une branlette à✶✶ ◆ **to toss o.s. off** se branler✶✶

▶ **toss out** VT SEP [+ rubbish] jeter ; [+ person] mettre à la porte, jeter dehors

▶ **toss over** VT SEP lancer ◆ **toss it over!** envoie !, lance !

▶ **toss up**
**VI** → toss vi 2
**VT SEP** [+ object] lancer, jeter (into the air en l'air)
**N** ◆ **toss-up** → toss

**tosser**✶✶ /'tɒsəʳ/ N (Brit) branleur✶✶ m

**tosspot** /'tɒspɒt/ N 1 ✶ ⇒ tosser
2 (†† ✶ = drunkard) riboteur ††✶ m, -euse ††✶ f

**tot¹** /tɒt/ SYN N 1 (= child : also **tiny tot**) tout(e) petit(e) m(f), bambin m
2 (esp Brit = drink) ◆ **a tot of whisky** un petit verre de whisky ◆ **just a tot** juste une goutte or une larme

**tot²**✶ /tɒt/ SYN (esp Brit)
**VT** (also **tot up**) additionner, faire le total de
**VI** ◆ **it tots up to £25** ça fait 25 livres en tout, ça se monte or ça s'élève à 25 livres ◆ **I'm just totting up** je fais le total

**total** /'təʊtl/ SYN
**ADJ** [amount, number, war, ban, eclipse, silence] total ; [lack] total, complet (-ète f) ; [failure] complet (-ète f) ; [effect, policy] global ◆ **a total cost of over $3,000** un coût total de plus de 3 000 dollars ◆ **a total population of 650,000** une population totale de 650 000 habitants ◆ **the total losses/sales/debts** le total des pertes/ventes/dettes ◆ **it was a total loss** on a tout perdu ◆ **her commitment to the job was total** elle s'investissait complètement dans son travail ◆ **to get on in business you need total commitment** pour réussir en affaires, il faut s'engager à fond ◆ **to be in total ignorance of sth** être dans l'ignorance la plus complète de qch, ignorer complètement qch ◆ **they were in total disagreement** ils étaient en désaccord total ◆ **a total stranger** un parfait inconnu ◆ **total abstinence** abstinence f totale
**N** 1 (montant m) total m ◆ **it comes to a total of £30, the total comes to £30** le total s'élève à 30 livres, cela fait 30 livres au total ; → grand, sum
2 ◆ **in total** au total
**VT** 1 (= add : also **total up**) [+ figures, expenses] totaliser, faire le total de
2 (= amount to) ◆ **that totals £50** cela fait 50 livres (en tout), cela s'élève à 50 livres ◆ **the class totalled 40** il y avait 40 élèves en tout dans la classe
3 (esp US ✶ = wreck) [+ car] bousiller✶, démolir
**COMP total allergy syndrome** N allergie f généralisée
**total heat** N enthalpie f
**total recall** N (Psych) remémoration f totale ◆ **to have total recall** se souvenir de tout ◆ **to have total recall of sth** se souvenir clairement de qch ; → abstainer

**totalitarian** /ˌtəʊtælɪˈtɛərɪən/ SYN ADJ, N totalitaire mf

**totalitarianism** /ˌtəʊtælɪˈtɛərɪənɪzəm/ N totalitarisme m

**totality** /təʊˈtælɪtɪ/ N totalité f

**totalizator** /'təʊtəlaɪzeɪtəʳ/ N 1 (= adding etc machine) (appareil m) totalisateur m, machine f totalisatrice
2 (esp Brit Betting) pari m mutuel

**totalize** /'təʊtəlaɪz/ VT totaliser, additionner

**totalizer** /'təʊtəlaɪzəʳ/ N ⇒ totalizator

**totally** /'təʊtəlɪ/ SYN ADV [convinced, innocent, unacceptable, different, unheard of] totalement ; [ignore] totalement, complètement ◆ **to destroy sth totally** détruire qch totalement or complètement

**tote¹**✶ /təʊt/
**N** (abbrev of totalizator2)
**VT** (US) ◆ **to tote up** additionner
**COMP tote board** N (Racing) tableau m totalisateur

**tote²** /təʊt/
**VT** (✶ = carry) [+ gun, object] porter ◆ **I toted it around all day** je l'ai trimballé✶ toute la journée
**COMP tote bag** N (sac m) fourre-tout✶ m inv

**totem** /'təʊtəm/ N totem m ◆ **totem pole** mât m totémique

**totemic** /təʊˈtemɪk/ ADJ totémique

**totemism** /'təʊtəmɪzəm/ N totémisme m

**totipotency** /təʊtɪˈpəʊtənsɪ/ N totipotence f

**totipotent** /təʊˈtɪpətənt/ ADJ totipotent

**totter** /'tɒtəʳ/ SYN VI [person] (from weakness) chanceler ; (from tiredness, drunkenness) tituber ; [object, column, chimney stack] chanceler, vaciller ; (fig) [government] chanceler ◆ **to totter in/out etc** entrer/sortir etc en titubant or d'un pas chancelant

**tottering** /'tɒtərɪŋ/, **tottery** /'tɒtərɪ/ ADJ chancelant

**totty**✶ /'tɒtɪ/ N (NonC: Brit) gonzesses✶ fpl ◆ **a nice piece of totty** une belle gonzesse✶

**toucan** /'tuːkən/
**N** toucan m
**COMP toucan crossing** N passage protégé pour piétons et cyclistes

◆ ◆ ◆ ◆ ◆ ◆ ◆ ◆ ◆ ◆ ◆ ◆

## touch /tʌtʃ/ SYN

1 - NOUN
2 - TRANSITIVE VERB
3 - INTRANSITIVE VERB
4 - COMPOUNDS
5 - PHRASAL VERBS

◆ ◆ ◆ ◆ ◆ ◆ ◆ ◆ ◆ ◆ ◆ ◆

### 1 - NOUN

1 [= SENSE OF TOUCH] toucher m ◆ **Braille is read by touch** le braille se lit au toucher ◆ **soft to the touch** doux au toucher ◆ **the cold touch of marble** la froideur du marbre

2 [= ACT OF TOUCHING] contact m, toucher m ; [of instrumentalist, typist] toucher m ; [of artist] touche f ◆ **the slightest touch might break it** le moindre contact pourrait le casser ◆ **I felt a touch on my arm** j'ai senti qu'on me touchait le bras ◆ **at the touch of her hand, he...** au contact de sa main, il... ◆ **with the touch of a finger** d'une simple pression du doigt ◆ **at the touch of a button** or **switch** en appuyant sur un bouton ◆ **she felt the touch of the wind on her cheek** elle sentait la caresse du vent sur sa joue ◆ **he altered it with a touch of the brush/pen** il l'a modifié d'un coup de pinceau/d'un trait de plume ◆ **to have a light touch** [pianist] avoir un toucher léger ; [writer, actor] faire preuve de finesse ◆ **you've got the right touch with him** vous savez vous y prendre avec lui

3 [FIG = CHARACTERISTIC] ◆ **it has the touch of genius** cela porte le sceau du génie ◆ **he lacks the human** or **personal touch** il est trop impersonnel or froid, il manque de chaleur humaine ◆ **to have the common touch** être très simple ◆ **it's the human** or **personal touch that makes his speeches so successful** c'est la note personnelle qui fait que ses discours ont tant de succès ◆ **that's the Gordon touch** c'est typique de Gordon, c'est du Gordon tout craché✶

4 [= DETAIL] détail m ◆ **small touches, such as flowers, can transform a room** de petits détails, par exemple des fleurs, peuvent transformer une pièce ◆ **to put the final** or **finishing touch(es) to sth, to give sth the final** or **finishing touch(es)** (lit, fig) mettre la dernière main à qch

5 [= SMALL AMOUNT] ◆ **it's a touch (too) expensive** c'est un petit peu (trop) cher, c'est un poil✶ trop cher

◆ **a touch of** ◆ **a touch of colour/gaiety/humour** une touche de couleur/de gaieté/d'humour ◆ **a touch of sadness** une pointe de tristesse ◆ **there's a touch of spring in the air** ça sent le printemps ◆ **tonight there'll be a touch of frost in places** il y aura un peu de gel cette nuit par endroits ◆ **he got a touch of the sun** il a pris un petit coup de soleil ◆ **to have a touch of flu** être un peu grippé ◆ **to have a touch of rheumatism** faire un peu de rhumatisme ◆ **it needs a touch of paint** il faudrait y passer une petite couche de peinture

6 [= CONTACT, COMMUNICATION] **to be in touch with sb** être en contact or en rapport or en relation avec qn ◆ **I'll be in touch!** je t'écrirai ◆ (or je te téléphonerai !)

◆ **to keep in touch with sb** rester en contact or en rapport or en relation avec qn ◆ **keep in touch!** tiens-nous au courant !, écris de temps en temps !

◆ **to get in touch with sb** prendre contact avec qn ; (by phone) joindre qn ◆ **you can get in touch with me at this number** vous pouvez me joindre à ce numéro ◆ **you ought to get in touch with the police** vous devriez prendre contact avec la police

◆ **to put sb in touch with** ◆ **I'll put you in touch with him** je vous mettrai en contact or en relation avec lui

◆ **to lose touch** ◆ **to lose touch with sb** perdre le contact avec qn ◆ **they lost touch (with each other) long ago** il y a bien longtemps qu'ils ne sont plus en relation or en rapport ◆ **to have lost touch with sb** avoir perdu le contact avec qn ◆ **to lose touch with reality** *or* **the facts** perdre le sens des réalités ◆ **to have lost touch with the political situation** ne plus être au courant de la situation politique ◆ **he has lost touch with what is going on** il n'est plus dans le coup *

◆ **to be out of touch** *(= not up to date)* ◆ **he's completely out of touch** il n'est plus dans le coup * ◆ **I'm out of touch with the latest political developments** je ne suis pas au courant des derniers développements en matière politique ◆ **we're very much out of touch here** *(= isolated)* nous sommes coupés de tout ici ◆ **to be out of touch with reality** être coupé des réalités

7 [FOOTBALL, RUGBY] touche *f* ◆ **the ball went into touch** le ballon est sorti en touche ◆ **it's in touch** il y a touche ◆ **to kick for touch, to kick the ball into touch** botter *or* envoyer le ballon en touche ◆ **to kick sth into touch** *(fig)* mettre qch au placard

8 [* BORROWING] ◆ **he's made a touch** il a tapé * quelqu'un ◆ **he's good for a touch, he's an easy** *or* **soft touch** *(= will lend money)* il est toujours prêt à se laisser taper *

9 [= PERSON ONE CAN PERSUADE, EXPLOIT] ◆ **he's an easy** *or* **soft touch** il se laisse faire ◆ **Mr Wilson is no easy** *or* **soft touch** M. Wilson n'est pas du genre à se laisser faire

**2 - TRANSITIVE VERB**

1 [= COME INTO CONTACT WITH] toucher ◆ **"do not touch the goods"** « ne touchez pas les *or* aux marchandises » ◆ **he touched it with his finger** il l'a touché du doigt ◆ **he touched her arm** il lui a touché le bras ◆ **his hand touched mine** sa main a touché la mienne ◆ **they can't touch you if you don't break the law** ils ne peuvent rien contre vous *or* rien vous faire si vous respectez la loi ◆ **to touch one's hat to sb** saluer qn en portant la main à son chapeau ◆ **I can touch the bottom** je peux toucher le fond, j'ai pied ◆ **the ship touched the bottom** le bateau a touché le fond ◆ **to touch ground** *[plane]* atterrir ◆ **their land touches ours** leur terre touche à *or* est contiguë à la nôtre ◆ **the ship touched Bordeaux** le bateau a fait escale à Bordeaux ◆ **to touch base** *(fig)* se mettre à jour *or* au courant ◆ **clouds touched with pink** nuages *mpl* à reflets roses

2 [= TAMPER WITH] toucher à ◆ **don't touch that switch!** ne touchez pas à ce bouton ! ◆ **I didn't touch it!** je n'y ai pas touché ! ◆ **the burglars didn't touch the safe** les cambrioleurs n'ont pas touché au coffre-fort ◆ **I didn't touch him!** je ne l'ai pas touché !

3 [= DAMAGE] ◆ **the frost touched the plants** la gelée a abîmé les plantes ◆ **the fire didn't touch the paintings** l'incendie a épargné les tableaux

4 [= DEAL WITH] *(in exam)* ◆ **I didn't touch the third question** je n'ai pas touché à la troisième question ◆ **he won't touch anything illegal** si c'est illégal il n'y touchera pas ◆ **water won't touch these stains** l'eau n'agira pas sur ces taches ◆ **he scarcely touched the problem of racism** il a à peine abordé le problème du racisme

5 [+ FOOD, DRINK] *(gen neg)* toucher à ◆ **he didn't touch his meal** il n'a pas touché à son repas ◆ **I never touch onions** je ne mange jamais d'oignons ◆ **I won't touch gin** je ne bois jamais de gin

6 [= EQUAL, RIVAL] valoir, égaler ◆ **her cooking doesn't** *or* **can't touch yours** sa cuisine est loin de valoir la tienne ◆ **there's nobody to touch him as a pianist, nobody can touch him as a pianist** il est inégalable *or* sans égal comme pianiste ◆ **there's nothing to touch hot whisky for a cold** rien ne vaut un grog au whisky pour guérir un rhume

7 [= CONCERN] toucher, concerner ◆ **it touches us all closely** cela nous touche *or* nous concerne tous de très près ◆ **if it touches the national interest** s'il y va de l'intérêt national

8 [= MOVE EMOTIONALLY] toucher ◆ **we were very touched by your letter** nous avons été très touchés par votre lettre

9 [ESP BRIT = REACH] *[+ level, speed]* atteindre

10 [* : FOR MONEY] ◆ **to touch sb for a loan** taper * qn ◆ **I touched him for £10** je l'ai tapé * de 10 livres

**3 - INTRANSITIVE VERB**

1 [GEN] toucher ◆ **don't touch!** n'y touchez pas !, ne touchez pas ! ◆ **"do not touch"** *(on notice)* « défense de toucher »

2 [= COME INTO CONTACT WITH] *[hands, ends etc]* se toucher ; *[lands, gardens, areas]* se toucher, être contigus

3 [SPEAKING, WRITING] ◆ **to touch (up)on a subject** *(fig)* aborder un sujet

**4 - COMPOUNDS**

**touch-and-go** N ◆ **it's touch-and-go with him** il est entre la vie et la mort ◆ **it was touch-and-go whether she did it** elle a été à deux doigts de ne pas le faire ◆ **it was touch-and-go until the last minute** l'issue est restée incertaine jusqu'au bout, cela n'a tenu qu'à un fil
**touch football** N *variante du jeu à treize, sans plaquages*
**touch judge** N *(Rugby)* juge *m* de touche
**touch-me-not** N *(= plant)* noli me tangere *m*, impatiens *m*
**touch screen** N écran *m* tactile
**touch-sensitive** ADJ *[screen]* tactile ; *[key]* à effleurement
**touch-tone** ADJ *[telephone]* à touches
**touch-type** VI taper sans regarder le clavier
**touch-typing** N dactylographie *f* (sans regarder le clavier)
**touch-typist** N dactylo * *f* qui tape sans regarder le clavier

**5 - PHRASAL VERBS**

▸ **touch at** VT FUS *(Naut)* mouiller à *or* dans le port de, faire escale à

▸ **touch down**

VI 1 *[aircraft, spacecraft]* *(on land)* atterrir ; *(on sea)* amerrir ; *(on moon)* alunir
2 *(US Football)* marquer un touch-down ; *(behind one's own goal-line)* aplatir (la balle) dans son en-but

VT SEP *(Rugby etc)* ◆ **to touch the ball down** marquer un essai ; *(behind one's own goal-line)* aplatir (la balle) dans son en-but

▸ **touch off** VT SEP *[+ fuse, firework]* faire partir ; *[+ mine etc]* faire exploser ; *[+ explosion]* déclencher ; *(fig)* *[+ crisis, riot]* déclencher ; *[+ reaction, scene, argument]* provoquer, déclencher

▸ **touch up** VT SEP 1 *[+ painting, photo]* retoucher
2 *(* : sexually)* peloter *

**touchdown** /ˈtʌtʃdaʊn/ N *(on land)* atterrissage *m* ; *(on sea)* amerrissage *m* ; *(on moon)* alunissage *m* ; *(American Football)* essai *m*

**touché** /tuːˈʃeɪ/ EXCL *(Fencing)* touché ! ; *(fig)* très juste !

**touched** /tʌtʃt/ ADJ 1 *(= moved)* touché *(by sth* par qch)
2 *(* = mad)* toqué *, timbré *

**touchily** /ˈtʌtʃɪlɪ/ ADV avec susceptibilité

**touchiness** /ˈtʌtʃɪnɪs/ SYN N *(NonC)* susceptibilité *f*

**touching** /ˈtʌtʃɪŋ/ SYN

ADJ touchant

PREP concernant, touchant † *(also liter)*

**touchingly** /ˈtʌtʃɪŋlɪ/ ADV *[speak, write]* d'une manière touchante ◆ **touchingly naive** d'une touchante naïveté ◆ **touchingly, she has supported him throughout this ordeal** chose touchante, elle l'a soutenu tout au long de cette épreuve

**touchline** /ˈtʌtʃlaɪn/ N *(Football etc)* (ligne *f* de) touche *f*

**touchpad** /ˈtʌtʃpæd/ N pavé *m* tactile

**touchpaper** /ˈtʌtʃpeɪpəʳ/ N papier *m* nitraté ◆ **to light the (blue) touchpaper** *(fig)* mettre le feu aux poudres

**touchstone** /ˈtʌtʃstəʊn/ SYN N *(lit, fig)* pierre *f* de touche

**touchwood** /ˈtʌtʃwʊd/ N amadou *m*

**touchy** /ˈtʌtʃɪ/ SYN

ADJ 1 *(= easily annoyed)* *[person]* susceptible *(about sth* sur la question *or* le chapitre de qch) ; *(= delicate)* *[subject, issue]* délicat
2 *(= fond of physical contact)* qui aime le contact physique, démonstratif

COMP **touchy-feely** * ADJ qui aime le contact physique, démonstratif

**tough** /tʌf/ SYN

ADJ 1 *(= strong)* *[cloth, steel, leather, garment etc]* solide, résistant ; *(pej)* *[meat]* dur, coriace ◆ **it's as tough as old boots** *(hum : of meat etc)* c'est de la semelle
2 *[person]* *(= strong)* *(physically)* robuste, résistant ; *(mentally)* solide, endurant ◆ **you have to be tough to do that kind of work** il faut être solide pour faire ce genre de travail ◆ **he's a tough businessman** il est dur en affaires ◆ **as tough as old boots** * *(hum)* coriace
3 *[person]* *(= hard in character)* dur, tenace ; *[criminal, gangster]* endurci ◆ **as tough as nails** dur à cuire ◆ **he is a tough man to deal with** il ne fait pas souvent de concessions ◆ **they're a tough lot, they're tough customers** *(pej)* ce sont des durs à cuire * ◆ **to get tough with sb** * (commencer à) se montrer dur envers qn
4 *(= hard)* *[resistance, struggle, opposition]* acharné, âpre ; *[journey, task]* rude, pénible ; *[obstacle]* rude, sérieux ; *[problem]* épineux ; *[regulations]* sévère ; *[conditions]* dur ; *[neighbourhood]* dur ◆ **it's tough when you have kids** c'est dur quand on a des enfants ◆ **it's tough work** c'est un travail pénible, ce n'est pas de la tarte * ◆ **rugby is a tough game** le rugby est un jeu rude ◆ **to take a tough line on sth** *[person]* être très strict sur qch ; *[government]* se montrer inflexible sur qch ◆ **to take a tough line with sb** se montrer inflexible *or* très ferme avec qn ◆ **it took tough talking to get them to agree to the deal** il a fallu d'âpres négociations pour qu'ils acceptent *subj* de conclure cette affaire
5 *(* = unfortunate)* ◆ **that's tough** c'est dur ◆ **to have a tough time of it** * en voir de dures * ◆ **it was tough on the others** c'était vache * pour les autres ◆ **tough luck** déveine * *f*, manque *m* de pot * ◆ **tough luck!** *(pity)* pas de veine !, manque de pot ! * ; *(you'll have to put up with it)* tant pis pour vous ! ◆ **that's tough luck on him** il n'a pas de veine *or* de pot * ◆ **tough shit!** * démerdez-vous ! *, tant pis pour vous !

N * dur *m*

ADV ◆ **to talk** *or* **act tough** jouer au dur

VT ◆ **to tough it out** * *(= hold out)* tenir bon, faire front ; *(= rough it)* vivre à la dure

COMP **tough guy** N dur *m*
**tough love** * N fermeté *f* affectueuse
**tough-minded** ADJ inflexible
**tough-mindedness** N inflexibilité *f*

**toughen** /ˈtʌfn/ (also **toughen up**)

VT *[+ metal, glass, cloth, leather]* rendre plus solide, renforcer ; *[+ person]* endurcir, aguerrir ; *[+ conditions]* rendre plus sévère ◆ **toughened glass** verre *m* trempé

VI *[metal, glass, cloth, leather]* devenir plus solide ; *[person]* s'endurcir, s'aguerrir ; *[conditions, regulations]* devenir plus sévère

**toughie** * /ˈtʌfɪ/ N 1 *(= question)* ◆ **that's a toughie** ça, c'est une colle *
2 *(= person)* dur(e) *m(f)*

**toughly** /ˈtʌflɪ/ ADV *[speak, answer]* durement, sans ménagement ; *[fight, oppose]* avec acharnement, âprement ◆ **it is toughly made** c'est du solide

**toughness** /ˈtʌfnɪs/ N *(NonC)* 1 *[of person]* *(= hardiness)* résistance *f*, endurance *f* ; *(= determination)* ténacité *f* ◆ **mental toughness** force *f* de caractère
2 *(= roughness)* *[of person, school]* dureté *f* ; *[of sport, game]* rudesse *f*
3 *(= durability)* *[of material]* résistance *f*, solidité *f* ; *[of skin]* dureté *f*
4 *[of meat]* dureté *f*
5 *(= difficulty)* *[of life, situation, choice, question]* difficulté *f* ; *[of resistance, competition]* âpreté *f* ; *[of task, work, conditions, journey]* dureté *f*
6 *(= harshness)* *[of policy, measure]* sévérité *f*

**toupee** /ˈtuːpeɪ/ N postiche *m*

**tour** /tʊəʳ/ SYN

N *(= journey)* voyage *m*, périple *m* ; *(by team, actors, musicians etc)* tournée *f* ; *(by premier, visiting statesman etc)* visite *f* officielle, tournée *f* de visites ; *[of town, factory, museum etc]* visite *f*, tour *m* ; (also **package tour**) voyage *m* organisé ; (also **day tour**) excursion *f* ◆ **the Grand Tour** *(Hist)* le tour de l'Europe ◆ **they went on a tour of the Lake District** ils ont fait un voyage *or* un périple dans la région des Lacs ◆ **we went on** *or* **made a tour of the Loire castles** nous avons visité les châteaux de la Loire ◆ **they went on a tour to Spain** ils sont allés en voyage organisé *or* ils ont fait un voyage organisé en Espagne ◆ **the tour includes three days in Venice** le voyage comprend trois jours à Venise ◆ **to go on a tour round the world** faire le tour du monde ◆ **to go on a walking/cycling tour** faire une randonnée à pied/en bicyclette ◆ **"on tour"** *(sign on bus)* « excursion » ◆ **to go on tour** *(Sport, Theat etc)* faire une tournée ◆ **to be on tour** être en tournée ◆ **to take a company on tour** *(Theat etc)* emmener une troupe en tournée ◆ **to take a play on tour** donner une pièce en tournée

**tour of inspection** tournée f d'inspection
**tour of duty** (Mil etc) période f de service ; → **conduct**

**VT** [+ district, town, exhibition, museum, factory] visiter ◆ **they are touring France** ils visitent la France, ils font du tourisme en France ; (Sport, Theat) ils sont en tournée en France ◆ **the play is touring the provinces** la pièce tourne en province or est en tournée en province

**VI** ◆ **to go touring** voyager, faire du tourisme ◆ **they went touring in Italy** ils sont allés visiter l'Italie, ils ont fait du tourisme en Italie

**COMP** **tour director** N (US) accompagnateur m, -trice f
**tour guide** N (= person) guide m, accompagnateur m, -trice f
**tour manager** N (Sport, Mus) directeur m de tournée
**tour operator** N (Brit) (= travel agency) tour-opérateur m, voyagiste m ; (= bus company) compagnie f de cars

**tour de force** /ˈtʊədəfɔːs/ N (pl **tours de force**) (= action, performance etc) exploit m, prouesse f ; (= novel, film etc) chef-d'œuvre m

**tourer** /ˈtʊərəʳ/ N (= car) voiture f de tourisme ; (= caravan) caravane f

**Tourette('s) syndrome** /tʊəˈret(s),sɪndrəʊm/ N maladie f de Gilles de La Tourette

**touring** /ˈtʊərɪŋ/
**N** (NonC) tourisme m, voyages mpl touristiques
**ADJ** [team] en tournée ◆ **touring car** voiture f de tourisme ◆ **touring company** (Theat) (permanently) troupe f ambulante ; (temporarily) troupe f en tournée
**COMP** **touring bindings** NPL (Ski) fixations fpl de randonnée

**tourism** /ˈtʊərɪzəm/ N tourisme m

**tourist** /ˈtʊərɪst/ SYN
**N** touriste mf ◆ **"Tourists' Guide to London"** « Guide touristique de Londres » ◆ **the tourists** (Sport = touring team) les visiteurs mpl, l'équipe f en tournée
**ADV** [travel] en classe touriste
**COMP** [class, ticket] touriste inv ; [season] des touristes
**tourist agency** N agence f de tourisme
**tourist bureau** N ⇒ **tourist information (centre)**
**tourist class** N classe f touriste ADJ, ADV en classe touriste
**tourist court** N (US) motel m
**tourist home** N (US) maison particulière dans laquelle des chambres sont louées aux touristes
**tourist information (centre), tourist (information) office** N office m de tourisme, syndicat m d'initiative
**tourist trade** N tourisme m
**tourist traffic** N flot m or afflux m de touristes (en voiture)
**tourist trap** N piège m à touristes

**touristy** * /ˈtʊərɪstɪ/ ADJ (pej) [place] (trop) touristique ; [shop] pour touristes

**tourmaline** /ˈtʊəməlɪːn/ N (Miner) tourmaline f

**tournament** /ˈtʊənəmənt/ SYN N (Hist, gen) tournoi m ◆ **chess/tennis tournament** tournoi m d'échecs/de tennis

**tournedos** /ˈtʊənədəʊ/ N, PL INV (Culin) tournedos m

**tourney** /ˈtʊənɪ/ N (Hist) tournoi m

**tourniquet** /ˈtʊənɪkeɪ/ N (Med) garrot m

**tousle** /ˈtaʊzl/ VT [+ hair] ébouriffer ; [+ clothes] chiffonner, friper, froisser ; [+ bed, bedclothes] mettre en désordre

**tousled** /ˈtaʊzld/ ADJ [hair] ébouriffé ; [person, appearance] échevelé

**tout** /taʊt/
**N** (gen) vendeur m ambulant ; (for custom) racoleur m ; (for hotels) rabatteur m ; (Racing) pronostiqueur m ; (Brit : also **ticket tout**) revendeur m de billets (au marché noir)
**VT** [+ wares] vendre (avec insistance) ; (Brit) [+ tickets] revendre (au marché noir)
**VI** racoler ; (Racing) vendre des pronostics ◆ **to tout for custom** (esp Brit) racoler les clients ◆ **the taxi drivers were touting for the hotels** (esp Brit) les chauffeurs de taxi racolaient des clients pour les hôtels

► **tout about, tout (a)round** VT SEP [+ goods] vendre (avec insistance) ◆ **he has been touting those books about for weeks*** ça fait des semaines qu'il essaie de caser * ces livres

**Toutatis** /tuːˈtɑːtɪs/ N Teutatès m, Toutatis m

**tow¹** /təʊ/ SYN
**N** 1 (= act) remorquage m ; (= line) câble m de remorquage ; (= vehicle etc towed) véhicule m en remorque ◆ **to give sb a tow, to have sb in tow** (lit) remorquer qn ◆ **he had a couple of girls in tow*** il avait deux filles dans son sillage ◆ **to be on tow** (Brit) or **in tow** (US) être en remorque ◆ **"on tow"** (sign) « véhicule en remorque » ◆ **to take a car in tow** prendre une voiture en remorque
2 (also **ski tow**) téléski m, tire-fesses * m
**VT** [+ boat, vehicle] remorquer (to, into jusqu'à) ; [+ caravan, trailer] tirer, tracter ; [+ barge] haler
**COMP** **tow bar** N barre f de remorquage
**tow car** N (esp US) chariot-remorque m
**towing-line, towing-rope** N câble m de remorquage
**towing-truck** N dépanneuse f
**tow-start** N ◆ **to give sb a tow-start** faire démarrer qn en le remorquant
**tow truck** N (US) dépanneuse f

► **tow away** VT SEP [+ vehicle] remorquer ; [police] emmener en fourrière

**tow²** /təʊ/
**N** (= fibre) filasse f, étoupe f (blanche)
**COMP** **tow-coloured** ADJ filasse inv
**tow-haired, tow-headed** ADJ aux cheveux (blond) filasse, blond filasse

**towage** /ˈtəʊɪdʒ/ N remorquage m

**toward(s)** /təˈwɔːd(z)/ PREP 1 (of direction) vers, du côté de, dans la direction de ◆ **if he comes toward(s) you** s'il vient vers vous or dans votre direction or de votre côté ◆ **his back was toward(s) the door** il tournait le dos à la porte ◆ **we are moving toward(s) a solution/war** etc nous nous acheminons vers une solution/la guerre etc ◆ **they have begun negotiations toward(s) an agreement on...** ils ont entamé des négociations en vue d'un accord sur... ◆ **he is saving toward(s) a new car** il fait des économies pour (acheter) une nouvelle voiture ◆ **I'll put the prize money toward(s) a new car** le prix servira à m'acheter une nouvelle voiture ◆ **all donations will go toward(s) a new roof** tous les dons serviront à l'achat d'un nouveau toit
2 (of time) vers ◆ **toward(s) 10 o'clock** vers or sur le coup de 10 heures, sur les 10 heures ◆ **toward(s) the end of the century** vers la fin du siècle
3 (of attitude) envers, à l'égard de ◆ **his attitude toward(s) them** son attitude envers eux or à leur égard ◆ **my feelings toward(s) him** mes sentiments à son égard or envers lui or pour lui

**towaway zone** /ˈtəʊəweɪzəʊn/ N (US) zone f de stationnement interdit (sous peine de mise en fourrière)

**towboat** /ˈtəʊbəʊt/ N remorqueur m

**towel** /ˈtaʊəl/
**N** serviette f (de toilette) ; (also **dish towel, tea towel**) torchon m ; (for hands) essuie-mains m ; (for glasses) essuie-verres m ; (also **sanitary towel**) serviette f hygiénique ; → **bath**
**VT** frotter avec une serviette ◆ **to towel o.s. dry** or **down** se sécher or s'essuyer avec une serviette
**COMP** **towel rail** N porte-serviettes m inv
**towel ring** N anneau m porte-serviettes

**towelling** /ˈtaʊəlɪŋ/
**N** 1 (NonC) tissu m éponge
2 (rubbing with towel) ◆ **to give sb a towelling (down)** frictionner qn avec une serviette
**COMP** [robe etc] en or de tissu éponge

**tower** /ˈtaʊəʳ/ SYN
**N** tour f ◆ **the Tower of Babel** la tour de Babel ◆ **the Tower of London** la tour de Londres ◆ **church tower** clocher m ◆ **water tower** château m d'eau ◆ **he is a tower of strength** il est ferme comme un roc, c'est un roc ◆ **he proved a tower of strength to me** il s'est montré un soutien précieux pour moi
**VI** [building, mountain, cliff, tree] se dresser de manière imposante ◆ **I saw him towering in the doorway** j'ai vu sa silhouette imposante dans l'embrasure de la porte ◆ **the new block of flats towers above** or **over the church** le nouvel immeuble écrase l'église ◆ **he towered over her** elle était toute petite à côté de lui ◆ **he towers above** or **over his colleagues** (fig) il domine de très haut ses collègues
**COMP** **tower block** N (Brit) immeuble-tour m, tour f (d'habitation)
**tower crane** N grue f télescopique (de chantier)

► **tower up** VI [building, cliff etc] se dresser de manière imposante, s'élever très haut

**towering** /ˈtaʊərɪŋ/ ADJ 1 (= tall) [building] imposant par sa hauteur ; [cliff, tree] imposant
2 (= great) [achievement, performance] grandiose ; [genius, ambition] hors du commun ; [figure] dominant ◆ **to be a towering presence** être une figure particulièrement imposante ◆ **in a towering rage** dans une colère noire

**towhead** /ˈtəʊhed/ N (= hair) cheveux mpl (blond) filasse

**towline** /ˈtəʊlaɪn/ N ⇒ **towing-line** ; → **tow¹**

**town** /taʊn/
**N** ville f ◆ **he lives in (a) town** il habite en ville or à la ville ◆ **she lives in a little town** elle habite (dans) une petite ville ◆ **there is more work in the town than in the country** il y a plus de travail en ville or à la ville qu'à la campagne ◆ **guess who's in town!** devine qui vient d'arriver en ville ! ◆ **he's out of town** il n'est pas là, il est en déplacement ◆ **he's from out of town** (US) il n'est pas d'ici, il est étranger à la ville ◆ **to go (in)to town, to go downtown** aller en ville ◆ **to go up to town** (gen) monter en ville ; (to London) monter à Londres ◆ **the whole town is talking about it** toute la ville en parle ◆ **town and gown** (Univ) les citadins mpl et les étudiants mpl ◆ **a country town** une ville de province ◆ **we're going out on the town*** on va faire une virée en ville ◆ **to have a night on the town*** faire la noce * or la bombe * ◆ **he really went to town on that essay*** il a mis le paquet * pour cette dissertation ◆ **they went to town on their daughter's wedding*** ils n'ont pas fait les choses à moitié pour le mariage de leur fille ; → **man, new, talk**
**COMP** **town-and-country planning** N aménagement m du territoire
**town centre** N centre-ville m
**town clerk** N ≈ secrétaire mf de mairie
**town council** N conseil m municipal
**town councillor** N (Brit) conseiller m, -ère f municipal(e)
**town crier** N (Hist) crieur m public
**town-dweller** N citadin(e) m(f)
**town gas** N gaz m de ville
**town hall** N ≈ mairie f, ≈ hôtel m de ville
**town house** N (gen) maison f de ville ; (= terraced house) maison f mitoyenne ; (more imposing) hôtel m particulier
**town life** N vie f urbaine
**town meeting** N (US) assemblée f générale des habitants d'une localité
**town planner** N (Brit) urbaniste mf
**town planning** N (Brit) urbanisme m

**townee***, **townie*** /ˈtaʊniː/ N (pej) pur citadin m ; (Univ) citadin m

**townhall clock** /ˈtaʊnhɔːl/ N (= plant) herbe f musquée

**townscape** /ˈtaʊnskeɪp/ N paysage m or panorama m urbain

**townsfolk** /ˈtaʊnzfəʊk/ N ⇒ **townspeople**

**township** /ˈtaʊnʃɪp/ N commune f, municipalité f ; (in South Africa) township m or f

**townsman** /ˈtaʊnzmən/ N (pl **-men**) citadin m, habitant m de la ville (or des villes) ◆ **my fellow townsmen** mes concitoyens mpl

**townspeople** /ˈtaʊnzpiːpl/ NPL citadins mpl, habitants mpl de la ville (or des villes)

**townswoman** /ˈtaʊnzwʊmən/ N (pl **-women**) citadine f, habitante f de la ville (or des villes)

**towpath** /ˈtəʊpɑːθ/ N chemin m de halage

**towrope** /ˈtəʊrəʊp/ N câble m de remorquage

**toxaemia, toxemia** (US) /tɒkˈsiːmɪə/ N toxémie f

**toxic** /ˈtɒksɪk/ SYN
**ADJ** toxique (to sb/sth pour qn/qch)
**COMP** **toxic noise** N nuisances fpl sonores
**toxic shock syndrome** N syndrome m du choc toxique
**toxic waste** N déchets mpl toxiques

**toxicity** /tɒkˈsɪsɪtɪ/ N toxicité f

**toxicological** /ˌtɒksɪkəˈlɒdʒɪkəl/ ADJ toxicologique

**toxicologist** /ˌtɒksɪˈkɒlədʒɪst/ N toxicologue mf

**toxicology** /ˌtɒksɪˈkɒlədʒɪ/ N toxicologie f

**toxicosis** /ˌtɒksɪˈkəʊsɪs/ N (pl **toxicoses** /ˌtɒksɪˈkəʊsiːz/) toxicose f

**toxin** /ˈtɒksɪn/ N toxine f

**toxocariasis** /ˌtɒksəkəˈraɪəsɪs/ N toxocarose f

**toxophily** /tɒkˈsɒfɪlɪ/ N (frm) archerie f

**toxoplasma** /ˌtɒksəʊˈplæzmə/ N toxoplasme m

**toxoplasmosis** /ˌtɒksəʊplæzˈməʊsɪs/ **N** toxoplasmose *f*

**toy** /tɔɪ/ SYN

[N] jouet *m*

[VI] ◆ **to toy with** *[+ object, pen, sb's affections]* jouer avec ; *[+ idea, scheme]* caresser ◆ **to toy with one's food** manger du bout des dents, chipoter, picorer

[COMP] *[house, truck, stove, railway]* miniature ; *[trumpet]* d'enfant

**toy boy** * **N** *(Brit fig)* gigolo * *m*
**toy car N** petite voiture *f*
**toy dog N** *(fig)* petit chien *m* d'appartement
**toy maker N** fabricant *m* de jouets
**toy poodle N** caniche *m* nain
**toy soldier N** petit soldat *m*
**toy train N** petit train *m* ; *(electric)* train *m* électrique

**toybox** /ˈtɔɪbɒks/, **toychest** /ˈtɔɪtʃest/ **N** coffre *m* à jouets

**toyshop** /ˈtɔɪʃɒp/ **N** magasin *m* de jouets

**toytown** /ˈtɔɪtaʊn/ **ADJ** *(esp Brit pej) [politics, revolutionary etc]* de pacotille ◆ **toytown money** monnaie *f* de singe

**tpi** /tiːpiːˈaɪ/ **N** *(Comput)* (abbrev of **tracks per inch**) pistes *fpl* par pouce

**trace**[1] /treɪs/ SYN

[N] [1] *(gen)* trace *f* ◆ **there were traces of the cave having been lived in** il y avait des traces d'habitation dans la grotte ◆ **the police could find no trace of the thief** la police n'a trouvé aucune trace du voleur ◆ **traces of an ancient civilization** la trace *or* les vestiges *mpl* d'une ancienne civilisation ◆ **there is no trace of it now** il n'en reste plus trace maintenant ◆ **we have lost all trace of them** nous avons complètement perdu leur trace ◆ **traces of arsenic in the stomach** traces d'arsenic dans l'estomac ◆ **to vanish/sink without (a) trace** disparaître/sombrer sans laisser de traces ◆ **without a trace of ill-feeling** sans la moindre rancune

[2] *(US = trail)* piste *f*

[VT] [1] *(= draw) [+ curve, line etc]* tracer ; *(with tracing paper etc)* décalquer

[2] *(= follow trail of)* suivre la trace de ; *(and locate) [+ person]* retrouver, dépister ; *[+ object]* retrouver ◆ **ask the police to help you trace him** demandez à la police de vous aider à le retrouver ◆ **they traced him as far as Paris but then lost him** ils ont pu suivre sa trace jusqu'à Paris mais l'ont perdu par la suite ◆ **I can't trace your file at all** je ne trouve pas (de) trace de votre dossier ◆ **I can't trace his having been in touch with us** je n'ai aucune indication *or* mention du fait qu'il nous ait contactés

[COMP] **trace element, trace mineral N** oligoélément *m*

▸ **trace back**

[VI] *(esp US)* ◆ **this traces back to the loss of...** ceci est imputable à la perte de...

[VT SEP] ◆ **to trace back one's ancestry** *or* **descent** *or* **family to...** faire remonter sa famille à..., établir que sa famille remonte à... ◆ **they traced the murder weapon back to a shop in Leeds** ils ont réussi à établir que l'arme du crime provenait d'un magasin de Leeds ◆ **we traced him back to Paris, then the trail ended** (en remontant la filière) nous avons retrouvé sa trace à Paris mais là, la piste s'est perdue ◆ **this may be traced back to the loss of...** ceci peut être attribué à *or* est attribuable *or* imputable à la perte de...

▸ **trace out VT SEP** tracer

**trace**[2] /treɪs/ **N** *[of harness]* trait *m* ; → **kick**

**traceability** /ˌtreɪsəˈbɪlɪtɪ/ **N** traçabilité *f*

**traceable** /ˈtreɪsəbl/ **ADJ** ◆ **export licences are only issued to completely traceable cattle** les licences d'exportation ne sont délivrées que pour le bétail dont l'origine peut être formellement établie

◆ **traceable to** ◆ **half of the cases of this disease are traceable to Lake Malawi** la moitié des cas ont leur origine dans la région du lac Malawi ◆ **the inflation rate is traceable to...** le taux d'inflation est dû à...

**tracer** /ˈtreɪsəʳ/ **N** *(= person)* traceur *m*, -euse *f* ; *(= instrument)* roulette *f*, traçoir *m* ; *(Biochem)* traceur *m* ; (also **tracer bullet**) balle *f* traçante ; (also **tracer shell**) obus *m* traçant

**tracery** /ˈtreɪsərɪ/ **N** *(NonC: Archit)* réseau *m* *(de fenêtre ajourée)* ; *[of veins on leaves]* nervures *fpl* ; *[of frost on window etc]* dentelles *fpl*

**trachea** /trəˈkɪə/ **N** (pl **tracheas** *or* **tracheae** /træˈkiːiː/) trachée *f*

**tracheitis** /ˌtreɪkɪˈaɪtɪs/ **N** *(Med)* trachéite *f*

**tracheotomy** /ˌtrækɪˈɒtəmɪ/ **N** trachéotomie *f*

**trachoma** /træˈkəʊmə/ **N** trachome *m*

**trachomatous** /trəˈkɒmətəs/ **ADJ** trachomateux

**tracing** /ˈtreɪsɪŋ/

[N] *(NonC) (= process)* calquage *m* ; *(= result)* calque *m*

[COMP] **tracing paper N** papier *m inv* calque, papier *m* à décalquer

**track** /træk/ SYN

[N] [1] *(= mark, trail, also Climbing)* trace *f* ; *[of animal, person]* trace *f*, piste *f* ; *[of tyres, wheels]* trace *f* ; *[of boat]* sillage *m* ; *(= route)* trajectoire *f* ◆ **a track of muddy footprints across the floor** des traces de pas boueuses sur le plancher ◆ **to cover (up)** *or* **hide one's tracks** *(lit, fig)* couvrir sa marche, brouiller les pistes ◆ **to change track** changer de cap ; → **inside, stop**

◆ **in + track(s)** ◆ **the hurricane destroyed everything in its track** l'ouragan a tout détruit sur son passage ◆ **to follow in sb's tracks** *(lit)* suivre qn à la trace ; *(fig)* suivre les traces de qn, marcher sur les traces de qn

◆ **off + track** ◆ **to be off the track** faire fausse route ◆ **you're away off the track!** vous êtes tout à fait à côté !, vous n'y êtes pas du tout ! ◆ **to put** *or* **throw sb off the track** désorienter qn

◆ **on + track(s)** ◆ **to be on sb's track(s)** être sur la piste de qn ◆ **he had the police on his track(s)** la police était sur sa piste ◆ **they got on to his track very quickly** ils ont très vite trouvé sa piste ◆ **to be on track** *(fig)* être sur la bonne voie ◆ **to get the economy back on track** remettre l'économie sur les rails ◆ **to be on the right track** être sur la bonne voie ◆ **to put sb on the right track** mettre qn dans la bonne voie ◆ **to be on the wrong track** faire fausse route

◆ **to keep track of** *[+ spacecraft etc]* suivre ; *[+ events]* suivre la marche *or* le fil de ; *[+ developments, situation]* suivre, rester au courant de ◆ **they kept track of him till they reached the wood** ils ont suivi sa trace jusqu'au bois ◆ **I kept track of her until she got married** je suis resté en contact avec elle *or* au courant de ce qu'elle faisait jusqu'à son mariage ◆ **keep track of the time** n'oubliez pas l'heure

◆ **to lose track of** *[+ spacecraft etc]* perdre ; *[+ developments, situation]* ne plus suivre, ne plus être au courant de ; *[+ events]* perdre le fil de ◆ **I've lost track of what he's doing** je ne suis plus au courant de ce qu'il fait ◆ **they lost track of him in the woods** ils ont perdu sa trace une fois arrivés au bois ◆ **I lost track of her after the war** j'ai perdu tout contact avec elle *or* je l'ai perdue de vue après la guerre ◆ **don't lose track of him** *(lit)* ne perdez pas sa trace ; *(fig)* ne le perdez pas de vue ◆ **I've lost track of those books** je ne sais plus *or* j'ai oublié où sont ces livres ◆ **to lose all track of time** perdre la notion du temps ◆ **I've lost track of what he is saying** j'ai perdu le fil de ce qu'il dit, je ne suis plus ce qu'il dit

◆ **to make tracks** * *(= leave)* se sauver * ◆ **we must be making tracks** * il faut qu'on se sauve * *subj* ◆ **he made tracks for the hotel** * il a filé à l'hôtel

[2] *(= path)* chemin *m*, sentier *m* ◆ **sheep track** piste *f* à moutons ◆ **mule track** chemin *m* *or* sentier *m* muletier ; → **beaten, cart, dirt**

[3] *(= railway line)* voie *f* (ferrée), rails *mpl* ◆ **to leave the track(s)** quitter les rails, dérailler ◆ **to cross the track** traverser la voie ◆ **single-track line** ligne *f* à voie unique ◆ **to change tracks** changer de voie ◆ **to live on the wrong side of the tracks** *(esp US)* vivre dans les quartiers pauvres ; → **one**

[4] *(Sport)* piste *f* ◆ **motor-racing track** autodrome *m* ◆ **dog-racing track** cynodrome *m* ; → **racetrack**

[5] *(NonC)* athlétisme *m*

[6] *[of electronic tape, CD, computer disk]* piste *f* ; *[of long-playing record]* plage *f* ; *(= piece of music)* morceau *m* ◆ **four-track tape** bande *f* à quatre pistes ; → **soundtrack**

[7] *(= tyre tread)* chape *f* ; *(= space between wheels)* écartement *m* ; (also **caterpillar track**) chenille *f*

[8] *(US Scol)* groupe *m* de niveau ◆ **divided into five tracks** répartis en cinq groupes de niveau ◆ **the top/middle/bottom track** la section forte/moyenne/faible

[NPL] **tracks** * *(Drugs)* marques *fpl* de piqûres

[VT] *[+ animal, person, vehicle]* suivre la trace de ; *[+ hurricane, rocket, spacecraft, comet]* suivre la trajectoire de ◆ **to track dirt over the floor** laisser des traces sales sur le plancher

[VI] *[camera]* faire un travelling

[COMP] **track and field athletes NPL** athlètes *mfpl*
**track and field athletics N** athlétisme *m*
**track athletics N** athlétisme *m* sur piste
**track event N** *(Sport)* épreuve *f* sur piste
**tracking device N** dispositif *m* de pistage
**tracking shot N** *(Cine)* travelling *m*
**tracking station N** *(Space)* station *f* d'observation (de satellites)
**track lighting N** rampe *f* de spots
**track maintenance N** *[of railway line]* entretien *m* de la voie
**track meet N** *(US Sport)* réunion *f* sportive sur piste
**track race N** *(Sport)* course *f* sur piste
**track racing N** *(Sport)* courses *fpl* sur piste
**track record N** *(fig)* ◆ **to have a good track record** avoir fait ses preuves ◆ **to have a poor track record** avoir eu de mauvais résultats
**track rod N** *(Brit)* barre *f* de connexion
**track shoe N** chaussure *f* de course
**track shot N** *(Cine)* travelling *m*
**track system N** *(US Scol)* système *m* de répartition des élèves par niveaux

▸ **track down VT SEP** *[+ animal, wanted man]* traquer et capturer ; *[+ lost object, lost person, reference, quotation]* (finir par) retrouver *or* localiser

**trackball** /ˈtrækbɔːl/ **N** *(Comput)* boule *f* roulante

**tracked** /trækt/ **ADJ** *[vehicle]* à chenilles

**tracker** /ˈtrækəʳ/

[N] *(Hunting)* traqueur *m* ; *(gen)* poursuivant(e) *m(f)*

[COMP] **tracker dog N** chien *m* policier *(dressé pour retrouver les gens)*
**tracker fund N** *(Fin)* tracker *m*

**tracklayer** /ˈtrækleɪəʳ/ **N** *(US)* ⇒ **trackman**

**trackless** /ˈtræklɪs/ **ADJ** *[forest, desert]* sans chemins ; *[vehicle]* sans chenilles

**trackman** /ˈtrækmən/ **N** (pl **-men**) *(US : on railway line)* responsable *m* de l'entretien des voies

**trackpad** /ˈtrækpæd/ **N** trackpad *m*

**tracksuit** /ˈtræksuːt/ **N** *(Brit)* survêtement *m*

**trackwalker** /ˈtrækwɔːkəʳ/ **N** *(US / on railway line)* ⇒ **trackman**

**tract**[1] /trækt/ SYN

[N] [1] *[of land, water]* étendue *f* ; *[of coal etc]* gisement *m* ; *(US = housing estate)* lotissement *m* ◆ **vast tracts of wilderness** de vastes zones *fpl* *or* étendues désertiques

[2] *(Anat)* ◆ **digestive tract** appareil *m* *or* système *m* digestif

[COMP] **tract house N** *(US)* pavillon *m* *(dans un lotissement)*

**tract**[2] /trækt/ SYN **N** *(= pamphlet)* pamphlet *m* ; *(Rel)* traité *m*

**tractable** /ˈtræktəbl/ SYN **ADJ** *[person]* accommodant, souple ; *[animal]* docile ; *[material]* malléable ; *[problem]* soluble

**Tractarian** /trækˈtɛərɪən/ **ADJ, N** *(Rel)* tractarien *m*, -ienne *f*

**Tractarianism** /trækˈtɛərɪənɪzəm/ **N** *(Rel)* tractarianisme *m*

**traction** /ˈtrækʃən/ SYN

[N] *(NonC: all senses)* traction *f* ◆ **electric/steam traction** traction *f* électrique/à vapeur

[COMP] **traction engine N** locomobile *f*

**tractive** /ˈtræktɪv/ **ADJ** de traction

**tractor** /ˈtræktəʳ/

[N] tracteur *m*

[COMP] **tractor drive N** *(Comput)* dispositif *m* d'entraînement à picots
**tractor driver N** conducteur *m*, -trice *f* de tracteur
**tractor-trailer N** *(US)* semi-remorque *m*

**trad** * /træd/ **ADJ** *(esp Brit)* abbrev of **traditional**

**tradable** /ˈtreɪdəbl/ **ADJ** *(esp US Econ, Fin)* commercialisable

**trade** /treɪd/ SYN

[N] [1] *(NonC = commerce)* commerce *m*, affaires *fpl* ; *(between two countries)* échanges *mpl* (commerciaux) ; *(illegal)* trafic *m* ◆ **overseas trade** commerce *m* extérieur ◆ **it's good for trade** ça fait marcher le commerce ◆ **the fur/tourist trade** le secteur de la fourrure/touristique ◆ **the arms trade** le commerce des armes ◆ **the wool trade, the trade in wool** le commerce de la laine ◆ **he's in the wool trade** il est négociant en laine ◆ **the drug trade, the trade in drugs** le marché de la drogue ◆ **they do a lot of**

**trade with...** ils font beaucoup d'affaires avec... ♦ **trade has been good** or **brisk** les affaires ont été bonnes, le commerce a bien marché ♦ **to do a good** or **brisk** or **roaring trade** vendre beaucoup (in de) ♦ **Board of Trade** (Brit), **Department of Trade** (US) ministère m du Commerce ♦ **Secretary (of State) for Trade and Industry** (Brit) ministre m (du Commerce et) de l'Industrie ♦ **President of the Board of Trade, Minister of Trade** ministre m du Commerce ♦ **Department of Trade and Industry** (Brit) ≈ ministère m (du Commerce et) de l'Industrie ; → **rag¹, tourist**

**2** (= job, skill) métier m ♦ **she wants him to learn a trade** elle veut qu'il apprenne un métier ♦ **he is a butcher by** or **to * trade** il est boucher de son métier or de son état ♦ **he's a doctor by trade** il est médecin de son état ♦ **to put sb to a trade** † mettre qn en apprentissage ♦ **he's in the trade** (lit, fig) il est du métier ♦ **as we say in the trade** comme on dit dans le jargon du métier, pour employer un terme technique ♦ **known in the trade as...** que les gens du métier appellent... ♦ **special discounts for the trade** remises spéciales pour les membres de la profession ; → **stock, tool, trick**

**3** ⇒ **trade wind** comp

**4** (esp US = swap) échange m ♦ **to do a trade with sb for sth** faire l'échange de qch avec qn

**VI** **1** [firm, country, businessman] faire le commerce (in de), commercer, avoir or entretenir des relations commerciales (with avec) ♦ **he trades as a wool merchant** il est négociant en laine ♦ **to trade (up)on sb's kindness** abuser de la gentillesse de qn

**2** (US : of private individual) faire ses achats (with chez, à), être client(e) (with chez)

**3** [currency, commodity] ♦ **to be trading at** se négocier à ; → **cease**

**4** (= exchange) échanger, troquer (with sb avec qn)

**VT** (= exchange) ♦ **to trade A for B** échanger or troquer A contre B ♦ **I traded my penknife with him for his marbles** je lui ai donné mon canif en échange de ses billes

**COMP** (gen) [exchanges, visits] commercial ; (Publishing) [press, publications] professionnel, spécialisé

**trade agreement** N accord m commercial
**trade association** N association f commerciale
**trade balance** N balance f commerciale
**trade barriers** NPL barrières fpl douanières
**trade bill** N effet m de commerce
**trade cycle** N (Econ) cycle m économique
**Trade Descriptions Act** N (Brit) loi protégeant les consommateurs contre la publicité et les appellations mensongères
**trade discount** N remise f au détaillant
**trade dispute** N (in industry) conflit m social ; (between countries or companies) conflit m commercial
**trade fair** N foire(-exposition) f commerciale
**trade figures** NPL résultats mpl (financiers)
**trade gap** N déficit m commercial or de la balance commerciale
**trade-in** N (Comm) reprise f ♦ **he took my old machine as a trade-in** il m'a repris ma vieille machine ♦ **trade-in allowance** reprise f ♦ **trade-in price** prix m à la reprise ♦ **trade-in value** valeur f à la reprise
**trade journal** N revue f professionnelle
**trade mission** N mission f commerciale
**trade name** N (= product name) nom m de marque ; (= company name) raison f sociale
**trade-off** N (= exchange) échange m (between entre) ; (balancing) compromis m, concessions fpl mutuelles
**trade paper** N ⇒ **trade journal**
**trade plate** N (= number plate) ≈ plaque f d'immatriculation provisoire
**trade price** N prix m de gros
**trade reference** N (Comm) référence f commerciale
**trade returns** NPL (Econ) ⇒ **trade figures**
**trade route** N route f commerciale
**trade school** N collège m technique
**Trades Council** N (Brit) regroupement régional de syndicats
**trade secret** N (lit, fig) secret m de fabrication
**trade surplus** N excédent m commercial
**trade talks** NPL négociations fpl commerciales
**trades union** N ⇒ **trade union**
**the Trades Union Congress** N (Brit) la confédération des syndicats britanniques
**trades unionism** N ⇒ **trade unionism**
**trades unionist** N ⇒ **trade unionist**

**trade union** N syndicat m ♦ **trade(s) union membership** adhésion f à un syndicat ; (= number of members) nombre m de syndiqués
**trade unionism** N syndicalisme m
**trade unionist** N syndicaliste mf
**trade war** N guerre f commerciale
**trade wind** N (vent m) alizé m

▶ **trade down** VI ♦ **to trade down to a smaller house/car** vendre sa maison/voiture pour en acheter une moins chère

▶ **trade in** VT SEP ♦ **I traded it in for a new one** on me l'a repris quand j'en ai acheté un nouveau

▶ **trade off**
**VT SEP 1** (= balance) ♦ **to trade off A against B** accepter que A compense B
**2** (= exchange) ♦ **to trade off one thing against** or **for another** échanger or troquer une chose contre une autre
**3** (= use) faire commerce de
**N** ♦ **trade-off** → **trade**

▶ **trade on** VI exploiter, tirer profit de

▶ **trade up** VI ♦ **to trade up to a bigger house/car** vendre sa maison/voiture pour en acheter une plus chère

**trademark** /'treɪdmɑːk/
**N** marque f (de fabrique)
**VT** [+ product, goods] apposer une marque sur ; [+ symbol, word] déposer ♦ **registered trademark** marque f déposée
**ADJ** (fig = characteristic) caractéristique ♦ **his trademark wig** sa perruque si caractéristique

**trader** /'treɪdər/ SYN **N** **1** commerçant(e) m(f), marchand(e) m(f) ; (bigger) négociant(e) m(f) ; (also **street trader**) vendeur m, -euse f de rue ; (US Stock Exchange) contrepartiste mf ♦ **wool trader** négociant m en laine ; → **slave**
**2** (= ship) navire m marchand or de la marine marchande

**tradescantia** /ˌtrædəsˈkæntɪə/ N tradescantia m

**tradesman** /'treɪdzmən/ SYN
**N** (pl **-men**) commerçant m ; (= skilled worker) ouvrier m qualifié
**COMP** **tradesman's entrance, tradesmen's entrance** N entrée f de service or des fournisseurs

**tradespeople** /'treɪdzpiːpl/ NPL commerçants mpl

**tradeswoman** /'treɪdzwʊmən/ N (pl **-women**) commerçante f ; (= skilled worker) ouvrière f qualifiée

**trading** /'treɪdɪŋ/
**N** (NonC) (in shops, business) commerce m, affaires fpl ; (on larger scale) commerce m, négoce m ; (between countries) commerce m, échanges mpl (commerciaux) ; (Stock Exchange) transactions fpl, opérations fpl ♦ **trading was brisk yesterday** (Stock Exchange) l'activité f a été soutenue hier
**COMP** [port, centre] de commerce
**trading account** N (Fin) compte m d'exploitation
**trading capital** N capital m engagé, capital m de roulement
**trading card** N carte f à échanger
**trading company** N société f d'import-export
**trading estate** N (Brit) zone f artisanale et commerciale
**trading floor** N (Stock Exchange) parquet m
**trading nation** N nation f commerçante
**trading partner** N partenaire mf commercial(e)
**trading post** N (esp Can, US) comptoir m (commercial)
**trading profits** NPL ♦ **trading profits for last year** bénéfices mpl réalisés pour l'exercice de l'année écoulée
**trading stamp** N timbre-prime m
**trading standards** NPL normes fpl de conformité
**trading standards office** N ≈ Direction f de la consommation et de la répression des fraudes

**tradition** /trəˈdɪʃən/ SYN N tradition f ♦ **according to tradition** selon la ♦ **it's in the (best) tradition of...** c'est dans la (plus pure) tradition de... ♦ **tradition has it that...** la tradition veut que... ♦ **it is a tradition that...** il est de tradition que... + subj ♦ **the tradition that...** la tradition selon laquelle or qui veut que... ♦ **to break with tradition** rompre avec la tradition ♦ **by tradition** selon la tradition, traditionnellement

**traditional** /trəˈdɪʃənl/ SYN
**ADJ** traditionnel ♦ **it is traditional (for sb) to do sth** il est de tradition (pour qn) de faire qch

♦ **to be traditional in one's approach to sth** avoir une approche traditionnelle de qch or une attitude traditionnelle face à qch ♦ **the clothes which are traditional to his country** les vêtements traditionnels de son pays
**COMP** **traditional medicine** N médecine f traditionnelle

**traditionalism** /trəˈdɪʃnəlɪzəm/ N traditionalisme m

**traditionalist** /trəˈdɪʃnəlɪst/ ADJ, N traditionaliste mf

**traditionally** /trəˈdɪʃnəlɪ/ ADV (gen) traditionnellement ♦ **traditionally made** à l'ancienne

**traditor** /'trædɪtər/ N (pl **traditors** or **traditores** /ˌtrædɪˈtɔːriːz/) traditeur m

**traduce** /trəˈdjuːs/ VT (frm) calomnier, diffamer

**Trafalgar** /trəˈfælɡər/ N ♦ **Battle of Trafalgar** bataille f de Trafalgar

**traffic** /'træfɪk/ SYN (vb: pret, ptp **trafficked**)
**N** (NonC) **1** (on roads) circulation f ; (= air, sea, rail traffic, number of phone calls, traffic on website) trafic m ♦ **road traffic** circulation f routière ♦ **rail traffic** trafic m ferroviaire ♦ **holiday traffic** circulation f des grands départs (or des grands retours), rush m des vacances ♦ **the traffic is heavy/light** il y a beaucoup de/très peu de circulation ♦ **the build-up** or **backlog of traffic extends to the bridge** le bouchon s'étire jusqu'au pont ♦ **traffic out of/into Paris** la circulation dans le sens Paris-province/province-Paris ♦ **traffic coming into London should avoid Putney Bridge** il est recommandé aux automobilistes se rendant à Londres d'éviter Putney Bridge ♦ **traffic in and out of Heathrow Airport** le trafic à destination et en provenance de l'aéroport de Heathrow ♦ **traffic in** or **using the Channel** trafic or navigation f en Manche ♦ **increase traffic to your website** augmentez le trafic de votre site web ; → **tourist**
**2** (= trade) commerce m (in de) ; (pej) trafic m (in de) ♦ **the drug traffic** le trafic de la drogue or des stupéfiants
**VI** ♦ **to traffic in sth** faire le commerce or le trafic (pej) de qch
**VT** ♦ **to traffic arms/drugs** faire du trafic d'armes/de drogue
**COMP** **traffic calming** N mesures de ralentissement de la circulation en ville
**traffic circle** N (US) rond-point m, carrefour m giratoire
**traffic cone** N cône m de signalisation
**traffic control** N (on roads) prévention f routière ; (for planes, boats, trains) contrôle m du trafic
**traffic controller** N (at airport) contrôleur m, -euse f de la navigation aérienne, aiguilleur m du ciel
**traffic control tower** N tour f de contrôle
**traffic cop** * N (esp US) ⇒ **traffic policeman**
**traffic court** N (US Jur) tribunal où sont jugées les infractions au code de la route
**traffic diversion** N déviation f
**traffic duty** N ♦ **to be on traffic duty** [policeman] faire la circulation
**traffic holdup** N bouchon m (de circulation)
**traffic island** N refuge m (pour piétons) ; (in centre of roundabout) terre-plein m central
**traffic jam** N embouteillage m, bouchon m
**traffic lights** NPL feux mpl de signalisation ♦ **to go through the traffic lights at red** passer au rouge, griller le feu rouge ♦ **the traffic lights were (at) green** le feu était (au) vert
**traffic offence** N (Jur) infraction f au code de la route
**traffic pattern** N (for planes) couloir m or position f d'approche
**traffic police** N (speeding etc) police f de la route ; (points duty etc) police f de la circulation
**traffic policeman** N (pl **traffic policemen**) (gen) ≈ agent m de police ; (on points duty) agent m de la circulation
**traffic regulations** NPL réglementation f de la circulation
**traffic sign** N panneau m de signalisation, poteau m indicateur ♦ **international traffic signs** signalisation f routière internationale
**traffic signals** NPL ⇒ **traffic lights**
**traffic warden** N (Brit) contractuel(le) m(f)

**trafficator** † /'træfɪkeɪtər/ N (Brit) flèche f (de direction) †

**trafficker** /'træfɪkər/ N trafiquant(e) m(f) (in en)

**trafficking** /'træfɪkɪŋ/ N trafic m ♦ **arms/cocaine trafficking** trafic d'armes/de cocaïne

**tragacanth** /ˈtrægəkænθ/ N (= *plant*) astragale *f* ; (= *gum*) gomme *f* adragante

**tragedian** /trəˈdʒiːdɪən/ N (= *writer*) auteur *m* tragique ; (= *actor*) tragédien *m*

**tragedienne** /trəˌdʒiːdɪˈen/ N tragédienne *f*

**tragedy** /ˈtrædʒɪdɪ/ SYN N (*gen, Theat*) tragédie *f* ◆ **the tragedy of it is that...** ce qui est tragique, c'est que... ◆ **it is a tragedy that...** il est tragique que... + *subj*

**tragic** /ˈtrædʒɪk/ SYN ADJ *[accident, death, victim, expression, hero]* tragique ◆ **tragic actor** tragédien(ne) *m(f)* ◆ **it is tragic that...** il est tragique que... + *subj*

**tragically** /ˈtrædʒɪkəlɪ/ ADV tragiquement

**tragicomedy** /ˈtrædʒɪˈkɒmɪdɪ/ N (pl **tragicomedies**) tragicomédie *f*

**tragicomic** /ˈtrædʒɪˈkɒmɪk/ ADJ tragicomique

**tragopan** /ˈtrægəpæn/ N tragopan *m*

**trail** /treɪl/ SYN

N [1] *[of blood, smoke]* traînée *f* ◆ **a long trail of refugees** une longue file *or* colonne de réfugiés ◆ **to leave a trail of destruction** tout détruire sur son passage ◆ **his illness brought a series of debts in its trail** sa maladie a amené dans son sillage une série de dettes ; → **vapour**

[2] (= *tracks : gen*) trace *f* ; (*Hunting*) piste *f*, trace(s) *f(pl)* ◆ **to be on the trail of sb** (*lit, fig*) être sur la piste de qn ◆ **I'm on the trail of that book you want** j'ai trouvé trace *or* j'ai retrouvé la trace du livre que vous voulez ; → **hot**

[3] (= *path, road*) sentier *m*, chemin *m* ; → **blaze[2], nature**

[4] (*Ski, Climbing*) trace *f* ; (*cross country skiing*) piste *f* de fond ◆ **to break a trail** faire la trace, tracer

VT [1] (= *follow*) suivre la piste de ; (*fig*) (= *lag behind*) être dépassé par

[2] (= *drag, tow*) *[+ object on rope, toy cart etc]* tirer, traîner ; *[+ caravan, trailer, boat]* tirer, tracter ◆ **he was trailing his schoolbag behind him** il traînait son cartable derrière lui ◆ **the children trailed dirt all over the carpet** les enfants ont couvert le tapis de traces sales ◆ **to trail one's fingers through** *or* **in the water** laisser traîner ses doigts dans l'eau ◆ **don't trail your feet!** ne traîne pas les pieds !

[3] (*Mil*) *[+ rifle etc]* porter à la main

[4] (= *announce as forthcoming*) donner un avant-goût de

[5] (*in gardening*) ◆ **to trail a plant over a fence** *etc* faire grimper une plante par-dessus une clôture *etc*

VI [1] *[object]* traîner ; *[plant]* ramper ◆ **your coat is trailing in the mud** ton manteau traîne dans la boue ◆ **smoke trailed from the funnel** une traînée de fumée s'échappait de la cheminée ◆ **they were trailing by 13 points** (*Sport fig*) ils étaient en retard de 13 points ◆ **they are trailing at the bottom of the league** (*Football*) ils traînent en bas de division

[2] ◆ **to trail along/in/out** *etc* (= *move in straggling line*) passer/entrer/sortir *etc* à la queue leu leu *or* en file ; (= *move wearily*) passer/entrer/sortir *etc* en traînant les pieds

COMP **trail bike** * N moto *f* de moto-cross
**trail mix** N mélange *m* de fruits secs

▸ **trail away, trail off** VI *[voice, music]* s'estomper

**trailblazer** /ˈtreɪlbleɪzər/ N (*fig*) pionnier *m*, -ière *f*

**trailblazing** /ˈtreɪlbleɪzɪŋ/ ADJ (*fig*) (in)novateur (-trice *f*)

**trailbreaker** /ˈtreɪlbreɪkər/ N (*esp US*) ⇒ **trailblazer**

**trailer** /ˈtreɪlər/

N [1] (*behind car, van, truck*) remorque *f* ; (*esp US* = *caravan*) caravane *f*

[2] (*Cine, TV*) bande-annonce *f*

[3] (*Phot* = *end of film roll*) amorce *f* (en fin d'un rouleau)

COMP **trailer camp, trailer court, trailer park** N (*US*) village *m* de mobile homes
**trailer tent** N tente-caravane *f*
**trailer trash** * N (*US pej*) *pauvres vivant dans des mobile homes*

**trailing** /ˈtreɪlɪŋ/

ADJ *[plant]* grimpant

COMP **trailing edge** N *[of plane wing]* bord *m* de fuite
**trailing geranium** N géranium-lierre *m*

**train** /treɪn/ SYN

N [1] (*on railway*) train *m* ; (*in Underground*) rame *f*, métro *m* ◆ **to go by train** prendre le train ◆ **to go to London by train** prendre le train pour aller à Londres, aller à Londres en train *or* par le train ◆ **to travel by train** voyager par le train *or* en train ◆ **on** *or* **in the train** dans le train ◆ **to transport by train** transporter par voie ferroviaire ; → **express, freight, slow**

[2] (= *procession*) file *f* ; (= *entourage*) suite *f*, équipage *m* ; *[of camels]* caravane *f*, file *f* ; *[of mules]* train *m*, file *f* ; *[of vehicles]* cortège *m*, file *f* ◆ **he arrived with 50 men in his train** il arriva avec un équipage de 50 hommes ◆ **the war brought famine in its train** la guerre amena la famine dans son sillage *or* entraîna la famine ; → **baggage**

[3] (= *line, series*) suite *f*, série *f* ; *[of gunpowder]* traînée *f* ◆ **in an unbroken train** en succession ininterrompue ◆ **a train of events** une suite d'événements ◆ **it broke** *or* **interrupted his train of thought** cela est venu interrompre le fil de sa *or* ses pensée(s) ◆ **I've lost my train of thought** je ne retrouve plus le fil de ma *or* mes pensée(s) ◆ **it is in train** (*esp Brit*) (*fig*) c'est en préparation, c'est en marche ◆ **to set sth in train** (*esp Brit*) mettre qch en marche *or* en mouvement

[4] *[of dress, robe]* traîne *f*

[5] (*Tech*) train *m* ◆ **train of gears** train *m* de roues d'engrenage

VT [1] (= *instruct*) *[+ person, engineer, doctor, nurse, teacher, craftsman, apprentice]* former ; *[+ employee, soldier]* former, instruire ; (*Sport*) *[+ player]* entraîner, préparer ; *[+ animal]* dresser ; *[+ voice]* travailler ; *[+ ear, mind, memory]* exercer ◆ **he is training someone to take over from him** il forme son successeur ◆ **to train a puppy/child** (also **house-train**) apprendre à un chiot/à un enfant à être propre ◆ **to train an animal to do sth** apprendre à *or* dresser un animal à faire qch ◆ **to train sb to do sth** apprendre à qn à faire qch ; (*professionally*) former qn à faire qch, préparer qn à faire qch ◆ **to train o.s. to do sth** s'entraîner *or* s'exercer à faire qch ◆ **to train sb in a craft** apprendre un métier à qn, préparer qn à un métier ◆ **he was trained in weaving** *or* **as a weaver** il a reçu une formation de tisserand ◆ **to train sb in the use of sth** *or* **to use sth** apprendre à qn à utiliser qch, instruire qn dans le maniement de qch ◆ **where were you trained?** où avez-vous reçu votre formation ? ; see also **trained**

[2] (= *direct*) *[+ gun, camera, telescope]* braquer (**on** sur) ◆ **to train a plant along a wall** faire grimper une plante le long d'un mur

VI [1] recevoir une *or* sa formation ; (*Sport*) s'entraîner (*for* pour), se préparer (*for* à) ◆ **to train as** *or* **train to be a teacher/secretary** *etc* recevoir une formation de professeur/de secrétaire *etc* ◆ **where did you train?** où avez-vous reçu votre formation ?

[2] (= *go by train*) aller en train

COMP *[dispute, strike etc]* des cheminots, des chemins de fer
**train crash** N accident *m* de chemin de fer ; (*more serious*) catastrophe *f* ferroviaire
**train ferry** N ferry-boat *m*
**train oil** N huile *f* de baleine
**train service** N ◆ **there is a very good train service to London** les trains pour Londres sont très fréquents ◆ **there is an hourly train service to London** il y a un train pour Londres toutes les heures ◆ **do you know what the train service is to London?** connaissez-vous l'horaire des trains pour Londres ?
**train set** N train *m* électrique (*jouet*)
**train spotter** N (*Brit*) passionné(e) *m(f)* de trains ; (* *pej* = *nerd*) crétin(e) * *m(f)*
**train-spotting** N (*Brit*) ◆ **to go train-spotting** observer les trains (*pour identifier les divers types de locomotives*)
**train-workers** NPL employés *mpl* des chemins de fer, cheminots *mpl*

▸ **train up** VT SEP (*Brit*) former

**trainable** /ˈtreɪnəbl/ ADJ *[person]* qui peut être formé ; *[animal]* qui peut être dressé

**trainband** /ˈtreɪnbænd/ N (*Brit Hist*) *ancienne milice britannique*

**trainbearer** /ˈtreɪnbɛərər/ N dame *f* or demoiselle *f* d'honneur ; (*little boy*) page *m*

**trained** /treɪnd/ ADJ *[person]* (= *qualified*) qualifié ; *[nurse]* qualifié, diplômé ; *[teacher]* habilité à enseigner ; *[soldier, gymnast]* entraîné ; *[animal]* dressé ; *[mind]* exercé ◆ **he is not trained at all** (*gen*) il n'a reçu aucune formation professionnelle ; *[soldier, gymnast]* il n'a reçu aucun entraînement ◆ **American-trained** formé aux États-Unis ◆ **she has a trained voice** elle a pris des leçons de chant ◆ **to the trained eye/ear** pour un œil exercé/une oreille exercée ◆ **it is obvious to a trained observer that...** il est évident pour un observateur averti que... ◆ **to be trained for sth** (*gen*) avoir reçu une formation pour qch ; *[soldier, gymnast]* être entraîné pour qch ◆ **he isn't trained for this job** il n'a pas la formation pour ce poste ◆ **we need a trained person for the job** il nous faut une personne qualifiée pour ce travail ◆ **well-trained** (*gen*) qui a reçu une bonne formation ; *[soldier, gymnast]* bien entraîné ; *[servant]* stylé ; *[child]* bien élevé ; *[animal]* bien dressé ◆ **she's got her husband well trained** (*hum*) son mari est bien dressé

**trainee** /treɪˈniː/

N (*gen*) stagiaire *mf* ; (*US Police, Mil etc*) jeune recrue *f* ◆ **sales/management trainee** stagiaire *mf* de vente/de direction

ADJ (*gen*) stagiaire, en stage ; (*in trades*) en apprentissage ◆ **trainee typist** dactylo * *f* stagiaire ◆ **trainee hairdresser** apprenti(e) coiffeur *m*, -euse *f*

**traineeship** /treɪˈniːʃɪp/ N stage *m*, stage *m* d'emploi-formation

**trainer** /ˈtreɪnər/ SYN

N [1] *[of athlete, football team, racehorse]* entraîneur *m* ; (*Cycling etc*) soigneur *m* ; (*in circus*) dresseur *m*, -euse *f* ; (*of lions, tigers*) dompteur *m*, -euse *f*

[2] (= *flight simulator*) simulateur *m* de vol ; (also **trainer aircraft**) avion-école *m*

NPL **trainers** (*Brit*) tennis *fpl* or *mpl* ; (*high-tops*) baskets *mpl*

**training** /ˈtreɪnɪŋ/ LANGUAGE IN USE 19.2 SYN

N *[of person, engineer, doctor, nurse, teacher, craftsman]* formation *f* ; *[of employee, soldier]* formation *f*, instruction *f* ; (*Sport*) entraînement *m*, préparation *f* ; *[of animal]* dressage *m* ◆ **to be out of training** (*Sport*) avoir perdu la forme ◆ **to be in training** (= *preparing o.s.*) être en cours d'entraînement *or* de préparation ; (= *on form*) être en forme ◆ **to be in training for sth** s'entraîner pour *or* se préparer à qch ◆ **staff training** formation *f* du personnel ◆ **he has had some secretarial training** il a suivi quelques cours de secrétariat ◆ **it is good training** c'est un bon apprentissage *or* entraînement ; → **teacher, toilet, voice**

COMP **Training and Enterprise Council** N (*Brit*) *organisme de formation et d'aide à la création d'entreprises*
**training camp** N camp *m* d'entraînement
**training centre** N (*gen*) centre *m* de formation ; (*Sport*) centre *m* (d'entraînement) sportif
**training college** N (*gen*) école *f* spécialisée *or* professionnelle ◆ **teacher training college** → **teacher comp**
**training course** N stage *m* de formation
**training ground** N (*Sport, fig*) terrain *m* d'entraînement
**training manual** N manuel *m* or cours *m* d'instruction
**training officer** N formateur *m*, -trice *f*
**Training Opportunities Scheme** N (*Brit*) *programme de recyclage professionnel*
**training plane** N avion-école *m*
**training scheme** N programme *m* de formation *or* d'entraînement
**training ship** N navire-école *m*
**training shoe** N ⇒ **trainer npl**
**training wheels** NPL (*US*) *[of bicycle]* stabilisateurs *mpl*

**trainman** /ˈtreɪnmən/ N (pl **-men**) (*US*) cheminot *m*

**traipse** * /treɪps/ VI ◆ **to traipse in/out** *etc* entrer/sortir *etc* d'un pas traînant *or* en traînassant * ◆ **they traipsed in wearily** ils sont entrés en traînant les pieds ◆ **to traipse around** *or* **about** se balader *, déambuler ◆ **we've been traipsing about the shops all day** nous avons traîné *or* traînassé * dans les magasins toute la journée

**trait** /treɪt/ SYN N trait *m* (*de caractère*)

**traitor** /ˈtreɪtər/ SYN N traître(sse) *m(f)* ◆ **to be a traitor to one's country/to a cause** trahir sa patrie/une cause ◆ **to turn traitor** (*Mil, Pol*) passer à l'ennemi

**traitorous** /ˈtreɪtərəs/ ADJ traître (traîtresse *f*), déloyal, perfide

**traitorously** /ˈtreɪtərəslɪ/ ADV traîtreusement, perfidement, en traître (*or* en traîtresse)

**traitress** /ˈtreɪtrɪs/ N traîtresse *f*

**trajectory** /trəˈdʒektərɪ/ SYN N trajectoire *f*

**tram** /træm/ N ① (Brit : also **tramcar**) tram(way) m ◆ **to go by tram** prendre le tram
② (Min) berline f, benne f roulante

**tramline** /ˈtræmlaɪn/ N (Brit) ① ⇒ **tramway**
② (Tennis) ◆ **tramlines** lignes fpl de côté

**trammel** /ˈtræməl/ (liter)
VT entraver
NPL **trammels** entraves fpl

**tramp** /træmp/ SYN
N ① (= sound) ◆ **the tramp of feet** le bruit de pas
② (= hike) randonnée f (à pied), excursion f ◆ **to go for a tramp** (aller) faire une randonnée or une excursion ◆ **after a ten-hour tramp** après dix heures de marche ◆ **it's a long tramp** c'est long à faire à pied
③ (= vagabond) clochard(e) m(f), vagabond(e) m(f)
④ (esp US) ◆ **she's a tramp** (*(pej) = woman*) elle est coureuse*
⑤ (also **tramp steamer**) tramp m
VI ◆ **to tramp along** (= hike) poursuivre son chemin à pied ; (= walk heavily) marcher d'un pas lourd ; [soldiers etc] marteler le pavé or la route ◆ **to tramp up and down** faire les cent pas ◆ **he was tramping up and down the platform** il arpentait le quai d'un pas lourd
VT ◆ **to tramp the streets** battre le pavé ◆ **I tramped the town looking for the church** j'ai parcouru la ville à pied pour trouver l'église
▸ **tramp down, tramp in** VT SEP tasser du pied

**trample** /ˈtræmpl/ SYN
VT ◆ **to trample (underfoot)** [+ sth on ground etc] piétiner, fouler aux pieds ; (fig) [+ person, conquered nation] fouler aux pieds, bafouer ; [+ sb's feelings] bafouer ; [+ objections etc] passer outre à ◆ **he trampled the stone into the ground** il a enfoncé du pied la pierre dans le sol ◆ **he was trampled by the horses** il a été piétiné par les chevaux
VI ◆ **to trample in/out** etc entrer/sortir etc d'un pas lourd ◆ **to trample on** (lit, fig) ⇒ **to trample (underfoot)** vt
N (= act : also **trampling**) piétinement m ; (= sound) bruit m de pas

**trampoline** /ˈtræmpəlɪn/
N trampoline m
VI (also **to go trampolining**) faire du trampoline

**trampoliner** /ˈtræmpəˌliːnəʳ/ N trampoliniste mf

**tramway** /ˈtræmweɪ/ N (Brit) (= rails) voie f de tramway ; (= route) ligne f de tramway

**trance** /trɑːns/ SYN N (Hypnosis, Rel, Spiritualism etc) transe f ; (Med) catalepsie f ; (fig = ecstasy) transe f, extase f ◆ **to go** or **fall into a trance** entrer en transe ; (Med) tomber en catalepsie ◆ **to put sb into a trance** [hypnotist] faire entrer qn en transe

**tranche** /trɑːnʃ/ N (Econ etc) tranche f

**trannie, tranny** /ˈtrænɪ/ N (pl **trannies**) ① * abbrev of **transistor (radio)**
② (Phot) (abbrev of **transparency** 2)
③ *‡ (abbrev of **transvestite**) travelo* m

**tranquil** /ˈtræŋkwɪl/ SYN ADJ [person, expression, atmosphere, way of life, sleep, morning] paisible, serein ; [countryside, water, river, beauty] paisible

**tranquillity, tranquility** (also US) /træŋˈkwɪlɪtɪ/ SYN N tranquillité f, calme m

**tranquillize, tranquilize** (also US) /ˈtræŋkwɪlaɪz/ SYN VT (Med) mettre sous tranquillisants

**tranquillizer, tranquilizer** (also US) /ˈtræŋkwɪlaɪzəʳ/ SYN
N tranquillisant m, calmant m
COMP **tranquillizer dart** N (for gun) seringue f sédative ; (for blowpipe) fléchette f enduite de sédatif

**tranquilly** /ˈtræŋkwɪlɪ/ ADV tranquillement

**trans.** abbrev of **transitive**, **transport(ation)**, **translation**, **translator**, **transfer(red)**

**trans...** /trænz/ PREF trans... ◆ **the Trans-Canada Highway** la route transcanadienne

**transact** /trænˈzækt/ SYN VT [+ business] traiter, régler, faire

**transaction** /trænˈzækʃən/ SYN N (gen) opération f, affaire f ; (Econ, Fin, Stock Exchange) transaction f ◆ **we have had some transactions with that firm** nous avons fait quelques opérations or quelques affaires avec cette société ◆ **cash transaction** opération f au comptant ◆ **the transactions of the Royal Society** (= proceedings) les travaux mpl de la Royal Society ; (= minutes) les actes mpl de la Royal Society

**transactional** /trænˈzækʃənl/ ADJ transactionnel ◆ **transactional analysis** (Psych) analyse f transactionnelle

**transalpine** /trænzˈælpaɪn/ ADJ transalpin

**transatlantic** /ˌtrænzətˈlæntɪk/ ADJ [flight, crossing, phone call, liner] transatlantique ; [style, upbringing] d'Outre-Atlantique ; (Brit = American) américain

**Transcaucasia** /ˌtrænskɔːˈkeɪzɪə/ N Transcaucasie f

**Transcaucasian** /ˌtrænskɔːˈkeɪzɪən/ ADJ transcaucasien

**transceiver** /trænˈsiːvəʳ/ N (Rad) émetteur-récepteur m

**transcend** /trænˈsend/ SYN VT [+ belief, knowledge, description] transcender, dépasser ; (= excel over) surpasser ; (Philos, Rel) transcender

**transcendence** /trænˈsendəns/, **transcendency** /trænˈsendənsɪ/ N transcendance f

**transcendent** /trænˈsendənt/ SYN ADJ (frm) transcendant

**transcendental** /ˌtrænsenˈdentl/
ADJ transcendantal
COMP **transcendental meditation** N méditation f transcendantale

**transcendentalism** /ˌtrænsenˈdentəlɪzəm/ N transcendantalisme m

**transcode** /trænzˈkəʊd/ VT transcoder

**transcoder** /trænzˈkəʊdəʳ/ N transcodeur m

**transcontinental** /ˌtrænzˌkɒntɪˈnentl/ ADJ transcontinental

**transcribe** /trænˈskraɪb/ SYN VT (gen, Phon) transcrire

**transcript** /ˈtrænskrɪpt/ SYN N (gen) transcription f ; (US Univ) (copie f de) dossier m complet de la scolarité

**transcription** /trænˈskrɪpʃən/ N (gen, Phon) transcription f ◆ **narrow/broad transcription** (Phon) transcription f étroite/large

**transdermal** /trænzˈdɜːməl/ ADJ transdermique

**transduce** /trænzˈdjuːs/ VT transformer, convertir

**transducer** /trænzˈdjuːsəʳ/ N (also Comput) transducteur m

**transduction** /trænzˈdʌkʃən/ N transduction f

**transect** /trænˈsekt/ VT sectionner (transversalement)

**transept** /ˈtrænsept/ N transept m

**transfer** /trænsˈfɜːʳ/ SYN
VT ① (= move) [+ employee, civil servant, diplomat] transférer, muter (to à) ; [+ soldier, player, prisoner] transférer (to à) ; [+ passenger] transborder ; [+ object, goods] transférer (to sb à qn ; to a place à un lieu), transporter (to a place dans un lieu), transmettre (to sb à qn) ◆ **business transferred to** (notice) [office] bureaux mpl transférés à ; [shop] magasin m transféré à
② (= hand over) [+ power] faire passer (from de ; to à) ; [+ ownership] transférer (from de ; to à) ; [+ money] virer (from de ; to, into à, sur) ; [+ vote] reporter (to sur) ◆ **to transfer one's affection to sb** reporter son or ses affection(s) sur qn ◆ **to transfer one's loyalties from A to B** abandonner A pour B
③ (= copy) [+ design, drawing] reporter, décalquer (to sur)
④ (Brit Telec) ◆ **to transfer the charges** téléphoner en PCV ◆ **transferred charge call** communication f en PCV ◆ **I'm transferring you now** [telephone operator] je vous mets en communication maintenant
VI [employee, civil servant, diplomat] être transféré or muté (to à) ; [soldier, player, prisoner, offices] être transféré (to à) ; (US Univ = change universities) faire un transfert (pour une autre université) ◆ **he's transferred from Science to Geography** (Univ etc) il ne fait plus de science, il s'est réorienté en géographie ◆ **to transfer from one train/plane** etc **to another** être transféré or transbordé d'un train/avion etc à un autre ◆ **we had to transfer to a bus** nous avons dû changer et prendre un car
N /ˈtrænsfɜːʳ/ ① (= move) (gen) transfert m ; [of employee, civil servant, diplomat] transfert m, mutation f ; [of soldier, player, prisoner] transfert m ; [of passenger] transfert m, transbordement m ; [of object, goods] transfert m, transport m ◆ **to ask for a transfer** (Football etc) demander un transfert
② (= handover) [of money] virement m ; (Pol) [of power] passation f ; (Jur = document) transfert m,

translation f (Jur) ◆ **to pay sth by bank transfer** payer qch par virement bancaire ◆ **transfer of ownership** (Jur) transfert m de propriété (from de ; to à) ◆ **application for transfer of proceedings** (Jur) demande f de renvoi devant une autre juridiction
③ (= picture, design etc) (rub-on type) décalcomanie f ; (stick-on) autocollant m ; (sewn-on) décalque m
④ (Transport: also **transfer ticket**) billet m de correspondance
COMP /ˈtrænsfɜːʳ/
**transfer desk** N guichet m de transit
**transfer fee** N (Football etc) indemnité f transfert
**transfer list** N (Brit Football) liste f de transfert ◆ **to be on the transfer list** être sur la liste de transfert
**transfer-list** VT mettre sur la liste de transfert
**transfer lounge** N salle f de transit
**transfer passenger** N passager m en transit
**transfer RNA** N ARN m de transfert
**transfer season** N (Football) période f des transferts
**transfer student** N (US Univ) étudiant(e) m(f) venant d'une autre université
**transfer tax** N (Fin) droit m de mutation
**transfer window** N (Football) période f des transferts

**transferable** /trænsˈfɜːrəbl/
ADJ ① [ticket] transmissible, qui n'est pas nominatif ◆ **"not transferable"** (on ticket) « ne peut être ni cédé ni échangé » ◆ **the prize is not transferable to another person** le prix est strictement personnel
② [skills] réutilisable
COMP **transferable vote** N voix f reportée (sur un second candidat)

**transferase** /ˈtrænsfəˌreɪs/ N transférase f

**transferee** /ˌtrænsfɜːˈriː/ N (Jur) cessionnaire mf, bénéficiaire mf

**transference** /ˈtrænsfərəns/ N (NonC) ① ⇒ **transfer** n, thought
② (Psych) transfert m

**transferor, transferrer** /trænsˈfɜːrəʳ/ N (Jur) cédant(e) m(f)

**transferrin** /trænsˈfɜːrɪn/ N transferrine f

**transfiguration** /ˌtrænsfɪɡəˈreɪʃən/ N (gen, also Rel) transfiguration f

**transfigure** /trænsˈfɪɡəʳ/ VT transfigurer

**transfinite number** /trænsˈfaɪnaɪt/ N aleph m, nombre m transfini

**transfix** /trænsˈfɪks/ SYN VT (lit) transpercer ◆ **to be** or **stand transfixed** être cloué sur place ◆ **to be transfixed with horror** être cloué sur le sol d'horreur, être paralysé par l'horreur

**transform** /trænsˈfɔːm/ SYN
VT (gen) transformer, métamorphoser (into en) ; (Chem, Elec, Math, Phys) convertir, transformer (into en) ; (Gram) transformer (into en) ◆ **to transform o.s. into..., to be transformed into...** se transformer en...
N /ˈtrænsfɔːm/ (US Ling) transformation f

**transformation** /ˌtrænsfəˈmeɪʃən/ SYN N (NonC = change : also Elec, Math, Phys, Ling) transformation f (into sth en qch) ◆ **to have undergone a complete transformation** être complètement métamorphosé

**transformational** /ˌtrænsfəˈmeɪʃənl/ ADJ (Ling) transformationnel

**transformer** /trænsˈfɔːməʳ/
N (Elec) transformateur m
COMP **transformer station** N poste m de transformation

**transfuse** /trænsˈfjuːz/ VT (Med, fig) transfuser

**transfuser** /trænsˈfjuːzəʳ/ N transfuseur m

**transfusion** /trænsˈfjuːʒən/ N (Med, fig) transfusion f ◆ **blood transfusion** transfusion f sanguine or de sang ◆ **to have a transfusion** recevoir une transfusion, être transfusé ◆ **to give sb a transfusion** faire une transfusion à qn

**transgender** /trænzˈdʒendəʳ/ ADJ transgenre inv, transsexuel (-elle f)

**transgene** /trænzˈdʒiːn/ N transgène m

**transgenic** /trænzˈdʒenɪk/ ADJ transgénique

**transgress** /trænsˈɡres/ SYN
VT transgresser, enfreindre, violer
VI pécher

**transgression** /trænsˈɡreʃən/ SYN N (= sin) péché m, faute f ; (NonC) transgression f

**transgressive** /træns'gresɪv/ ADJ qui transgresse les règles (or les tabous etc)

**transgressor** /træns'gresər/ SYN N [of law etc] transgresseur m (liter) ; (Rel = sinner) pécheur m, -eresse f

**tranship** /træn'ʃɪp/ VT ⇒ **transship**

**transhipment** /træn'ʃɪpmənt/ N ⇒ **transshipment**

**transhumance** /træns'hju:məns/ N transhumance f

**transience** /'trænzɪəns/ N caractère m éphémère or transitoire

**transient** /'trænzɪənt/ SYN
■ ADJ (frm) [pain] passager ; [fashion, relationship] éphémère ; [population] fluctuant ◆ **of a transient nature** passager
■ N (US: in hotel etc) client(e) m(f) de passage

**transistor** /træn'zɪstər/ N (Elec) transistor m ; (also **transistor radio, transistor set**) transistor m

**transistorize** /træn'zɪstəraɪz/ VT transistoriser ◆ **transistorized** transistorisé, à transistors

**transistorized** /træn'zɪstəraɪzd/ ADJ transistorisé, à transistors

**transit** /'trænzɪt/ SYN
■ N (NonC) (gen) transit m ; (Astron) passage m ◆ **they halted transit of livestock** ils ont interrompu le transport du bétail
◆ **in transit** en transit ◆ **they were in transit to Bombay** ils étaient en transit pour Bombay ◆ **lost in transit** perdu pendant le transport
COMP [goods, passengers] en transit ; [documents, port, visa] de transit
**transit camp** N (Mil etc) camp m de transit
**transit lounge** N (in airport) salle f de transit
**transit stop** N (in airport) escale f de transit
**transit system** N système m de transport
**Transit van** ® N (Brit) camionnette f

**transition** /træn'zɪʃən/ SYN
■ N transition f (from de ; to à)
COMP [period] de transition

**transitional** /træn'zɪʃənəl/ SYN
■ ADJ [period, arrangement, government, measures] de transition, transitoire ; [costs] de transition
COMP **transitional relief** N (Brit) dégrèvement fiscal accordé lors de la première phase d'application d'une augmentation d'impôt ou de taxe

**transitive** /'trænzɪtɪv/ ADJ [verb, use] transitif ; [sentence] à verbe transitif

**transitively** /'trænzɪtɪvlɪ/ ADV transitivement

**transitivity** /ˌtrænzɪ'tɪvɪtɪ/ N (Gram) transitivité f

**transitory** /'trænzɪtərɪ/ SYN ADJ [romance, peace] éphémère ; [state] transitoire, passager ◆ **the transitory nature of political success** la nature transitoire du succès politique

**Transkei** /træn'skaɪ/ N Transkei m

**translatable** /trænz'leɪtəbl/ ADJ traduisible

**translate** /trænz'leɪt/ SYN
■ VT ① (gen) traduire (from de ; into en) ◆ **how do you translate "weather"?** quelle est la traduction de « weather » ?, comment traduit-on « weather » ? ◆ **the word is translated as...** le mot se traduit par... ◆ **which when translated means...** ce que l'on peut traduire par... ◆ **to translate ideas into actions** passer des idées aux actes ◆ **the figures, translated in terms of hours lost, mean...** exprimés or traduits en termes d'heures perdues, ces chiffres signifient...
② (Rel) [+ bishop, relics] transférer ; (= convey to heaven) ravir
■ VI [person] traduire ; [word, book] se traduire ◆ **it won't translate** c'est intraduisible

**translation** /trænz'leɪʃən/ SYN
■ N ① traduction f (from de ; into en) ; (Scol etc) version f ◆ **the poem loses in translation** le poème perd à la traduction ◆ **it is a translation from the Russian** c'est traduit du russe
② (Rel) [of bishop] translation f ; [of relics] transfert m ; (= conveying to heaven) ravissement m
COMP **translation agency** N agence f de traduction

**translator** /trænz'leɪtər/ SYN N (= person) traducteur m, -trice f ; (= machine) traducteur m ; (Comput: also **translator program**) programme m de traduction

**transliterate** /trænz'lɪtəreɪt/ VT translit(t)érer

**transliteration** /ˌtrænzlɪtə'reɪʃən/ N translittération f

**translocation** /ˌtrænzləʊ'keɪʃən/ N (Bio) translocation f

**translucence** /trænz'lu:sns/ N translucidité f

**translucent** /trænz'lu:snt/, **translucid** /trænz'lu:sɪd/ ADJ translucide

**transmigrate** /'trænzmaɪ'greɪt/ VI [soul] transmigrer ; [people] émigrer

**transmigration** /ˌtrænzmaɪ'greɪʃən/ N [of soul] transmigration f ; [of people] émigration f

**transmissible** /trænz'mɪsəbl/ ADJ transmissible

**transmission** /trænz'mɪʃən/ SYN
■ N (gen) transmission f ; (US = gearbox) boîte f de vitesses
COMP **transmission cable** N câble m de transmission
**transmission density** N densité f de transmission
**transmission shaft** N arbre m de transmission

**transmit** /trænz'mɪt/ SYN
■ VT (gen, Med, Phys etc) transmettre ; (Rad, Telec, TV) émettre, diffuser ; → **sexually**
■ VI (Rad, Telec, TV) émettre, diffuser

**transmitter** /trænz'mɪtər/ N ① (Rad) émetteur m ; ② (in telephone) capsule f microphonique ; ③ (= transmitting device) transmetteur m

**transmitting** /trænz'mɪtɪŋ/
■ ADJ (Telec) [set, station] émetteur (-trice f)
■ N (gen, Med, Phys) ⇒ **transmission** n

**transmogrify** /trænz'mɒgrɪfaɪ/ VT (hum) métamorphoser, transformer (into en)

**transmutable** /trænz'mju:təbl/ ADJ transmuable or transmutable

**transmutation** /ˌtrænzmju:'teɪʃən/ N transmutation f

**transmute** /trænz'mju:t/ VT transmuer or transmuter (into en)

**transnational** /trænz'næʃənl/ ADJ transnational

**transoceanic** /ˌtrænzəʊsɪ'ænɪk/ ADJ transocéanique

**transom** /'trænsəm/ N ① (= crosspiece) traverse f, imposte f
② (US: in window) vasistas m

**transonic** /træn'sɒnɪk/ ADJ ⇒ **transsonic**

**transparency** /træns'pærənsɪ/ SYN
■ N ① (NonC: also fig) transparence f
② (Brit Phot) diapositive f ; (for overhead projector) transparent m ◆ **colour transparency** diapositive f en couleur

**transparent** /træns'pærənt/ SYN ADJ ① (= see-through) [object, substance, material, skin] transparent ◆ **transparent to light** transparent
② (= obvious) [honesty] manifeste, évident ◆ **it is transparent that...** il est visible or évident que... ◆ **transparent to sb** évident pour qn ◆ **he's so transparent** il est si transparent
③ [system, institution] transparent
④ (pej = blatant) [lie, device, tactics, attempt] patent, flagrant

**transparently** /træns'pærəntlɪ/ ADV manifestement, visiblement ◆ **transparently obvious** or **clear** tout à fait clair

**transpierce** /træns'pɪəs/ VT transpercer

**transpiration** /ˌtrænspɪ'reɪʃən/ N transpiration f

**transpire** /træns'paɪər/ SYN
■ VI ① (impers vb) (= turn out) ◆ **it transpired that...** il est apparu que... ◆ **it transpired that Paul had left his driving licence at home** on s'est rendu compte que Paul avait oublié son permis chez lui
② (= happen) se passer, arriver ◆ **what transpired surprised even me** même moi j'ai été surpris par ce qui s'est passé ◆ **nothing is known as yet about what transpired at the meeting** on ne sait encore rien de ce qui s'est dit à la réunion
③ [plant, person] transpirer
■ VT transpirer

**transplant** /træns'plɑ:nt/ SYN
■ VT [+ plant, population] transplanter ; (Med) transplanter, greffer ; [+ seedlings etc] repiquer
■ N /'trænsplɑ:nt/ (Med) transplantation f, greffe f ◆ **he's had a heart transplant** on lui a fait une greffe du cœur or une transplantation cardiaque

**transplantable** /træns'plɑ:ntəbl/ ADJ transplantable

**transplantation** /ˌtrænsplɑ:n'teɪʃən/ N (NonC) ① (Med) transplantation f
② (= moving plants) transplantation f ; (= planting out) repiquage m
③ (= transfer) [of culture, ideology] transfert m

**transponder** /træn'spɒndər/ N transpondeur m

**transport** /'trænspɔ:t/ SYN
■ N ① [of goods, parcels etc] transport m ◆ **road/rail transport** transport m par route/par chemin de fer ◆ **by road transport** par route ◆ **by rail transport** par chemin de fer ◆ **Minister/Department of Transport** (Brit) ministre m/ministère m des Transports ◆ **have you got any transport for this evening?** * tu as une voiture pour ce soir ?
② (esp Mil = ship/plane/train) navire m/avion m/train m de transport
③ (fig) [of delight etc] transport m ; [of fury etc] accès m
■ VT /træns'pɔ:t/ (lit, fig) transporter
COMP [costs, ship, plane etc] de transport ; [system, dispute, strike] des transports
**transport café** N (Brit) routier m, restaurant m de routiers
**Transport Police** N (Brit) ≈ police f des chemins de fer

**transportable** /træns'pɔ:təbl/ ADJ transportable

**transportation** /ˌtrænspɔ:'teɪʃən/ N (= act of transporting) transport m ; (US = means of transport) moyen m de transport ; [of criminals] transportation f ◆ **Secretary/Department of Transportation** (US) ministre m/ministère m des Transports

**transporter** /træns'pɔ:tər/
■ N (Mil = vehicle, ship) transport m ; (= plane) avion m de transport ; (= lorry) camion m pour transport d'automobiles ; (= train wagon) wagon m pour transport d'automobiles
COMP **transporter bridge** N pont m transbordeur

**transpose** /træns'pəʊz/ SYN VT ① (= move : also Mus) transposer ◆ **transposing instrument** instrument m transpositeur
② (= reverse, re-order) transposer, intervertir

**transposition** /ˌtrænspə'zɪʃən/ N transposition f

**transposon** /træns'pəʊzɒn/ N transposon m

**transputer** /træns'pju:tər/ N (Comput) transputeur m

**transsexual** /trænz'seksjʊəl/ N transsexuel(le) m(f)

**transsexualism** /trænz'seksjʊəlɪzəm/ N transsexualisme m

**transsexuality** /ˈtrænzˌseksjʊ'ælɪtɪ/ N transsexualité f

**transship** /trænz'ʃɪp/ VT transborder

**transshipment** /trænz'ʃɪpmənt/ N transbordement m

**trans-Siberian** /ˌtrænzsaɪ'bɪərɪən/ ADJ transsibérien

**transsonic** /trænz'sɒnɪk/ ADJ transsonique

**transubstantiate** /ˌtrænzəb'stænʃɪeɪt/ VT transsubstantier

**transubstantiation** /'trænzəbˌstænʃɪ'eɪʃən/ N transsubstantiation f

**transubstantiationalist** /'trænzəbˌstænʃɪ'eɪʃənəlɪst/ N (Rel) personne qui croit à la transsubstantiation

**Transvaal** /'trænzvɑ:l/ N ◆ **(the) Transvaal** le Transvaal

**transversal** /trænz'vɜ:səl/ (Geom)
■ ADJ transversal
■ N (ligne f) transversale f

**transversally** /trænz'vɜ:səlɪ/ ADV transversalement

**transverse** /'trænzvɜ:s/ SYN
■ ADJ ① (gen, Geom) [arch, beam] transversal
② (Anat) [muscle] transverse, transversal
■ N (gen) partie f transversale ; (Geom) axe m transversal
COMP **transverse colon** N (Anat) côlon m transverse
**transverse engine** N [of vehicle] moteur m transversal
**transverse flute** N (Mus) flûte f traversière

**transversely** /trænz'vɜ:slɪ/ ADV transversalement

**transvestism** /trænz'vestɪzəm/ N travestisme m

**transvestite** /trænz'vestaɪt/ N travesti(e) m(f)

**Transylvania** /ˌtrænsɪlˈveɪnɪə/ N Transylvanie f

**trap** /træp/ SYN
- N ① (gen) piège m ; (also **gin trap**) collet m ; (= covered hole) trappe f ; (fig) piège m, traquenard m ◆ **lion trap** piège m à lions ◆ **to set** or **lay a trap** (lit, fig) tendre un piège (for sb à qn) ◆ **to catch in a trap** (lit, fig) prendre au piège ◆ **we were caught like rats in a trap** nous étions faits comme des rats ◆ **he fell into the trap** (fig) il est tombé dans le piège ◆ **to fall into the trap of doing sth** commettre l'erreur classique de faire qch ◆ **it's a trap** c'est un piège ; → **mantrap, mousetrap, radar, speed**
② (also **trap door**) trappe f (also Theat) ; (in greyhound racing) box m de départ ; (Shooting) balltrap m ; (in drainpipe) siphon m ; (‡ = mouth) gueule‡ f ◆ **shut your trap!**‡ ta gueule !‡, la ferme !‡ ◆ **keep your trap shut (about it)**‡ ferme ta gueule !‡ (là-dessus)
③ (= carriage) charrette f anglaise, cabriolet m
- NPL **traps** (= luggage) bagages mpl
- VT ① (lit, fig = snare) [+ animal, person] prendre au piège ◆ **they trapped him into admitting that...** il est tombé dans leur piège et a admis que...
② (= immobilize, catch, cut off) [+ person, vehicle, ship] bloquer, immobiliser ; [+ gas, liquid] retenir ; [+ object] coincer (in sth dans qch) ◆ **20 miners were trapped** 20 mineurs étaient bloqués or murés (au fond) ◆ **trapped by the flames** cerné par les flammes ◆ **the climbers were trapped on a ledge** les alpinistes étaient bloqués sur une saillie ◆ **to trap one's finger in the door** se coincer ou se pincer le doigt dans la porte ◆ **to trap the ball** (Sport) bloquer le ballon
- COMP **trap door** N trappe f
- **trap-door spider** N cténize f, mygale f maçonne

**trapeze** /trəˈpiːz/
- N trapèze m (de cirque)
- COMP **trapeze artist** N trapéziste mf, voltigeur m, -euse f

**trapezium** /trəˈpiːzɪəm/ N (pl **trapeziums** or **trapezia** /trəˈpiːzɪə/) trapèze m (Math)

**trapezius** /trəˈpiːzɪəs/ N (pl **trapeziuses**) (muscle m) trapèze m

**trapezoid** /ˈtræpɪzɔɪd/
- N trapèze m (Math)
- ADJ trapézoïdal

**trapper** /ˈtræpə<sup>r</sup>/ N trappeur m

**trappings** /ˈtræpɪŋz/ SYN NPL (for horse) harnachement m ; (= dress ornaments) ornements mpl ◆ **shorn of all its trappings** (fig) débarrassé de toutes ses fioritures ◆ **if you look beneath the trappings** si on regarde derrière la façade ◆ **with all the trappings of kingship** avec tout le cérémonial afférent à la royauté ◆ **all the trappings of success** tous les signes extérieurs du succès

**Trappist** /ˈtræpɪst/
- N trappiste m
- ADJ de la Trappe ◆ **Trappist monastery** trappe f

**trapse*** /treɪps/ VI ⇒ **traipse**

**trapshooting** /ˈtræpʃuːtɪŋ/ N ball-trap m

**trash** /træʃ/ SYN
- N ① (esp US = refuse) ordures fpl
② (pej = worthless thing) camelote* f ; (= nonsense) inepties fpl ; (‡ pej = people) racaille f NonC ◆ **this is trash** (fig) ça ne vaut rien (du tout) ; (esp goods) c'est de la camelote* ; (message, letter, remark etc) c'est de la blague* ◆ **he talks a lot of trash** il ne raconte que des inepties, ce qu'il dit c'est de la blague* ◆ **they're just trash**‡ [people] c'est de la racaille* ◆ **he's trash**‡ c'est un moins que rien ; → **white**
- VT * ① (= vandalize) saccager
② (= criticize) débiner*, dénigrer
- VI (US *) commettre des actes de vandalisme
- COMP **trash can** N (US) poubelle f
- **trash heap** N (lit) tas m d'ordures, dépotoir m ◆ **the trash heap of history** les oubliettes or la poubelle de l'histoire

**trasher*** /ˈtræʃə<sup>r</sup>/ N (US) vandale mf

**trashiness** /ˈtræʃɪnɪs/ N mauvaise qualité f

**trashy** /ˈtræʃɪ/ SYN ADJ [novel, play, film, pop group, ideas] nul* (nulle* f) ◆ **trashy goods** camelote* f

**Trasimene** /ˈtræzɪmiːn/ N ◆ **Lake Trasimene** le lac Trasimène

**trattoria** /ˌtrætəˈriːə/ N trattoria f

**trauma** /ˈtrɔːmə/
- N (pl **traumas** or **traumata** /ˈtrɔːmətə/) (Med, Psych) trauma m ; (fig) traumatisme m
- COMP **trauma center** N (US Med) service m de traumatologie

**traumatic** /trɔːˈmætɪk/ SYN ADJ (Med) traumatique ; [experience, effect, event, relationship] traumatisant ◆ **it is traumatic to lose one's job** c'est traumatisant de perdre son travail ; → **post-traumatic stress disorder**

**traumatism** /ˈtrɔːmətɪzəm/ N traumatisme m

**traumatize** /ˈtrɔːmətaɪz/ VT traumatiser

**traumatized** /ˈtrɔːmətaɪzd/ ADJ traumatisé

**traumatology** /ˌtrɔːməˈtɒlədʒɪ/ N traumatologie f

**travail** (liter) /ˈtræveɪl/
- N labeur m ; (in childbirth) douleurs fpl de l'enfantement ; (fig) peine f, difficultés fpl
- VI peiner ; (in childbirth) être en couches

**travel** /ˈtrævl/ SYN
- VI ① (= journey) voyager ◆ **they have travelled a lot** ils ont beaucoup voyagé, ils ont fait beaucoup de voyages ◆ **they have travelled a long way** ils sont venus de loin ; (fig) ils ont fait beaucoup de chemin ◆ **he is travelling in Spain just now** il est en voyage en Espagne en ce moment ◆ **as he was travelling across France** pendant qu'il voyageait à travers la France ◆ **to travel through a region** traverser une région ; (= visit) visiter or parcourir une région ◆ **to travel round the world** faire le tour du monde ◆ **to travel light** voyager avec peu de bagages ◆ **I like travelling by car** j'aime voyager en voiture ◆ **he travels to work by car** il va au travail en voiture ◆ **he was travelling on a passport/a ticket which...** il voyageait avec un passeport/un billet qui... ◆ **it travels well** [food, wine] ça supporte bien le voyage
② (Comm †) voyager, être représentant ◆ **he travels for a Paris firm** il voyage pour or il représente une société parisienne ◆ **he travels in soap** il est représentant en savon
③ (= move, go) [person, animal, vehicle] aller ; [object] aller, passer ; [machine part, bobbin, piston etc] se déplacer ◆ **to travel at 80km/h** faire du 80 km/h ◆ **you were travelling too fast** vous rouliez trop vite ◆ **he was really travelling!*** il roulait drôlement vite !* ◆ **this car can certainly travel*** cette voiture est vraiment rapide ◆ **light travels at (a speed of)...** la vitesse de la lumière est de... ◆ **news travels fast** les nouvelles se propagent or circulent vite ◆ **the news travelled to Rome** la nouvelle s'est propagée jusqu'à Rome ◆ **the boxes travel along a moving belt** les boîtes passent sur une bande se déplaçant le long d'une chaîne ◆ **this part travels 3cm** cette pièce se déplace de 3 cm or a une course de 3 cm ◆ **his eyes travelled over the scene** son regard se promenait or il promenait son regard sur le spectacle ◆ **her mind travelled over recent events** elle a revu en esprit les événements récents
- VT ◆ **to travel a country/district** parcourir un pays/une région ◆ **they travel the road to London every month** ils font la route de Londres tous les mois ◆ **a much-travelled road** une route très fréquentée ◆ **they travelled 300km** ils ont fait or parcouru 300 km
- N ① (NonC) le(s) voyage(s) m(pl) ◆ **to be fond of travel** aimer voyager, aimer les voyages ◆ **travel was difficult in those days** les voyages étaient difficiles or il était difficile de voyager à l'époque ◆ **travel broadens the mind** les voyages ouvrent l'esprit
② ◆ **travels** voyages mpl ◆ **his travels in Spain** ses voyages en Espagne ◆ **he's off on his travels again** il repart en voyage ◆ **if you meet him on your travels** (lit) si vous le rencontrez au cours de vos voyages ; (fig hum) si vous le rencontrez au cours de vos allées et venues
③ [of machine part, piston etc] course f
- COMP [allowance, expenses] de déplacement ; [scholarship] de voyage(s)
- **travel agency** N agence f de voyages or de tourisme
- **travel agent** N agent m de voyages
- **travel book** N récit m de voyages
- **travel brochure** N dépliant m or brochure f touristique
- **travel bureau** N ⇒ **travel agency**
- **travel card** N (Brit) carte f de transport
- **travel film** N film m de voyage ; (= documentary) documentaire m touristique
- **travel insurance** N assurance f voyage
- **travel organization** N organisme m de tourisme
- **travel-sick** ADJ ◆ **to be travel-sick** avoir le mal des transports
- **travel sickness** N mal m des transports
- **travel-sickness pill** N comprimé m contre le mal des transports
- **travel-stained** ADJ sali par le(s) voyage(s)
- **travel voucher** N bon m de voyage
- **travel-weary, travel-worn** ADJ fatigué par le(s) voyage(s)

**travelator** /ˈtrævəleɪtə<sup>r</sup>/ N tapis m or trottoir m roulant

**travelled, traveled** (US) /ˈtrævld/ ADJ [person] (also **well-travelled, much-travelled, widely travelled**) qui a beaucoup voyagé ◆ **a well-travelled** or **much-travelled road** une route très fréquentée ; see also **travel**

**traveller, traveler** (US) /ˈtrævlə<sup>r</sup>/ SYN
- N voyageur m, -euse f ; († : also **commercial traveller**) voyageur m or représentant m de commerce, VRP m ◆ **he is a traveller in soap** (= salesman) il est représentant en savon
- NPL **travellers** (Brit = gypsies) gens mpl du voyage
- COMP **traveler's check, traveller's cheque** N chèque m de voyage, traveller's chèque m
- **traveller's joy** N (= plant) clématite f des haies

**travelling, traveling** (US) /ˈtrævlɪŋ/ SYN
- N (NonC) voyage(s) m(pl)
- ADJ [actor, musician, circus, theatre company] itinérant, ambulant ; [exhibition] itinérant ; [crane] mobile ◆ **the travelling public** les gens qui se déplacent ◆ **England's 5,000 travelling fans** les 5 000 supporters qui suivent l'équipe d'Angleterre
- COMP [bag, rug, scholarship] de voyage ; [expenses, allowance] de déplacement
- **travelling clock** N réveil m or pendulette f de voyage
- **travelling library** N bibliobus m
- **travelling people** NPL (Brit) gens mpl du voyage
- **travelling salesman** N (pl **travelling salesmen**) (Comm) voyageur m de commerce, VRP m

**travelogue, travelog** (US) /ˈtrævəlɒg/ N (= talk) compte rendu m de voyage ; (= film) documentaire m touristique ; (= book) récit m de voyage

**traverse** /ˈtrævəs/ SYN
- VT (gen, Climbing, Ski) traverser ; [searchlights] balayer ; (Jur) opposer une fin de non-recevoir à
- VI (Climbing, Ski) faire une traversée, traverser
- N (= line) transversale f ; (= crossbar, crossbeam; also across rafter, trench etc) traverse f ; (Archit) galerie f transversale ; (Climbing, Ski) traversée f

**travertine** /ˈtrævətɪn/ N (Constr) travertin m

**travesty** /ˈtrævɪstɪ/ SYN
- N (Art, Literat etc) parodie f, pastiche m ; (pej) parodie f, simulacre m ◆ **it was a travesty of freedom/peace** (pej) c'était un simulacre de liberté/de paix ◆ **it was a travesty of justice** c'était un simulacre or une parodie de justice
- VT être un travestissement de

**trawl** /trɔːl/
- N (also **trawl net**) chalut m ; (fig = search) recherche f
- VI pêcher au chalut ◆ **to trawl for herring** pêcher le hareng au chalut ◆ **to trawl for sth** (fig) être en quête de qch
- VT [+ net] traîner, tirer ◆ **to trawl a place/the papers for sth** ratisser un endroit/éplucher les journaux à la recherche de qch

**trawler** /ˈtrɔːlə<sup>r</sup>/
- N (= ship, man) chalutier m
- COMP **trawler fisherman** N (pl **trawler fishermen**) pêcheur m au chalut
- **trawler owner** N propriétaire mf de chalutier

**trawling** /ˈtrɔːlɪŋ/ N (NonC) chalutage m, pêche f au chalut

**tray** /treɪ/ N (for carrying things) plateau m ; (for storing things, box-type) boîte f (de rangement) ; (basket-type) corbeille f (de rangement) ; (drawer-type) tiroir m ; [of eggs] (also in chocolate box) plateau m ; (in bird or animal cage) plaque f, plateau m ; → **ashtray, ice**

**traycloth** /ˈtreɪklɒθ/ N napperon m

**treacherous** /ˈtretʃərəs/ SYN ADJ ① (= disloyal) [person, action, intentions] traître (traîtresse f), perfide ◆ **to be treacherous to sb** trahir qn
② (= perilous) [weather conditions, road] traître (traîtresse f), dangereux ; [waters, river, current, tide, sands] traître (traîtresse f) ; [journey] périlleux
③ (= unreliable) [memory] défaillant

**treacherously** /ˈtretʃərəslɪ/ ADV traîtreusement, perfidement ◆ **the roads are treacherously slippery** les routes sont dangereusement glissantes

**treachery** /ˈtretʃərɪ/ SYN N traîtrise *f*, déloyauté *f*

**treacle** /ˈtriːkl/ *(Brit)*

N (also **black treacle**) mélasse *f*

COMP **treacle pudding** N pudding *m* à la mélasse raffinée

**treacle tart** N tarte *f* à la mélasse raffinée

**treacly** /ˈtriːklɪ/ ADJ *[substance, liquid, sentimentality]* sirupeux ; *[voice]* onctueux

**tread** /tred/ SYN (vb: pret **trod**, ptp **trodden**)

N 1 *(NonC) (= footsteps)* pas *mpl* ; *(= sound)* bruit *m* de pas

2 *[of tyre]* bande *f* de roulement ; *[of stair]* giron *m* ; *[of shoe]* semelle *f* ; *(= belt over tractor etc wheels)* chenille *f*

VI marcher ◆ **to tread on sth** mettre le pied sur qch, marcher sur qch ◆ **he trod on the cigarette end** *(deliberately)* il a écrasé le mégot du pied ◆ **to tread on sb's heels** *(fig)* suivre *or* serrer qn de près, talonner qn ◆ **to tread carefully** *or* **softly** *or* **warily** *(lit, fig)* avancer avec précaution, y aller doucement ; → **toe**

VT *[+ path, road]* suivre, parcourir *(à pied)* ◆ **he trod the streets looking for somewhere to live** il a erré dans les rues *or* il a battu le pavé à la recherche d'un logis ◆ **to tread sth underfoot** fouler qch aux pieds, piétiner qch ◆ **to tread grapes** fouler du raisin ◆ **tread the earth (in** *or* **down) round the roots** tassez la terre du pied autour des racines ◆ **he trod his cigarette end into the mud** il a enfoncé du pied son mégot dans la boue ◆ **you're treading mud into the carpet** tu mets *or* tu étales de la boue sur le tapis ◆ **to tread a dangerous path** suivre une voie dangereuse ◆ **well-trodden path** *(lit)* sentier *m* bien tracé ; *(fig)* sentier *m* battu ◆ **to tread the boards** *(Theat †† or liter)* monter sur les planches, faire du théâtre ◆ **to tread a measure** ( †† *or liter) (= dance)* danser (pret, ptp **treaded**) ◆ **to tread water** *(lit, fig)* faire du sur-place

COMP **tread pattern** N *(on tyre)* sculptures *fpl*

▸ **tread down** VT SEP tasser *or* presser du pied ◆ **the grass was trodden down** l'herbe avait été piétinée *or* foulée

▸ **tread in** VT SEP *[+ root, seedling]* consolider en tassant la terre du pied

**treadle** /ˈtredl/

N pédale *f*

VI actionner la pédale

COMP *[machine]* à pédale

**treadmill** /ˈtredmɪl/ N *(= mill)* trépigneuse *f* ; *(Hist = punishment)* manège *m* de discipline ; *(for exercise)* tapis *m* de jogging ◆ **he hated the treadmill of life in the factory** il détestait la morne *or* mortelle routine du travail d'usine

**Treas.** abbrev of **Treasurer**

**treason** /ˈtriːzn/ SYN N trahison *f* ◆ **high treason** haute trahison *f*

**treasonable** /ˈtriːzənəbl/ SYN ADJ qui relève de la trahison, traître (traîtresse *f*) ◆ **it was treasonable to do such a thing** un tel acte relevait de la trahison

**treasure** /ˈtreʒəʳ/ SYN

N trésor *m (also fig)* ◆ **treasures of medieval art** les trésors *mpl* *or* les joyaux *mpl* de l'art médiéval ◆ **she's a treasure** *(gen)* elle est adorable ; *(of servant etc)* c'est une perle ◆ **yes my treasure** oui mon trésor ◆ **"Treasure Island"** *(Literat)* « L'Île au trésor »

VT 1 *(= value greatly) [+ object, sb's friendship, opportunity etc]* tenir beaucoup à, attacher une grande valeur à ◆ **this is my most treasured possession** c'est ce que je possède de plus précieux

2 *(= keep carefully :* also **treasure up**) *[+ object, money, valuables]* garder précieusement, prendre grand soin de ; *[+ memory, thought]* conserver précieusement, chérir

COMP **treasure chest** N *(lit)* malle *f* au trésor ◆ **a treasure chest of information/of useful advice** une mine de renseignements/de conseils utiles

**treasure-house** N *(lit)* trésor *m (lieu)* ; *(fig : of library, museum etc)* mine *f*, trésor *m* ◆ **she's a real treasure-house of information** c'est un puits de science, c'est une mine d'érudition

**treasure hunt** N chasse *f* au trésor

**treasure-trove** N *(NonC)* trésor *m* ; *(fig = valuable collection)* mine *f* ; *(fig = rich source)* mine *f* d'or

**treasurer** /ˈtreʒərəʳ/ N trésorier *m*, -ière *f (d'une association etc)*

**treasury** /ˈtreʒərɪ/ SYN

N 1 ◆ **the Treasury** la Trésorerie, ≃ le ministère des Finances ◆ **Secretary/Department of the Treasury** *(US)* ministre *m*/ministère *m* des Finances

2 *(= place)* trésorerie *f* ; *(fig = book)* trésor *m*

COMP **Treasury bench** N *(Brit Parl)* banc *m* des ministres

**Treasury bill, Treasury bond** N *(US)* ≃ bon *m* du Trésor

**Treasury Department** N *(US)* ministère *m* des Finances

**Treasury note** N ≃ bon *m* du Trésor

**Treasury Secretary** N *(US)* ministre *m* des Finances

**TREASURY**

En Grande-Bretagne, **Treasury** (ou « Her/His Majesty's **Treasury** ») est le nom donné au ministère des Finances, et le ministre porte traditionnellement le nom de chancelier de l'Échiquier (Chancellor of the Exchequer). Il a sa résidence au 11, Downing Street, non loin de celle du Premier ministre.
Aux États-Unis, le ministère correspondant est le « Department of **Treasury** », qui a en outre la responsabilité des services secrets chargés d'assurer la garde du président.

**treat** /triːt/ SYN

VT 1 *(gen)* traiter ; *[+ object, theme, suggestion]* traiter, examiner ◆ **to treat sb well** bien traiter qn, bien agir *or* se conduire envers qn ◆ **to treat sb badly** mal agir *or* se conduire envers qn, traiter qn fort mal ◆ **to treat sb like a child** traiter qn comme un enfant ◆ **to treat sb like dirt** *or* **a dog** traiter qn comme un chien ◆ **he treated me as though I was to blame** il s'est conduit envers moi comme si c'était ma faute ◆ **you should treat your mother with more respect** vous devriez montrer plus de respect envers votre mère ◆ **you should treat your books with more care** tu devrais faire plus attention à *or* prendre plus de soin de tes livres ◆ **the article treats the problems of race relations with fresh insight** cet article aborde les problèmes des rapports interraciaux d'une façon originale ◆ **he treats the subject very objectively** il traite le sujet avec beaucoup d'objectivité ◆ **he treated the whole thing as a joke** il a pris tout cela à la plaisanterie

2 *[+ wood, soil, substance]* traiter *(with sth* à qch) ; *(Med)* traiter, soigner *(sb for sth* qn pour qch) ◆ **they treated him/the infection with penicillin** ils l'ont soigné/ont soigné l'infection à la pénicilline

3 *(= pay for etc)* ◆ **to treat sb to sth** offrir *or* payer* qch à qn ◆ **to treat o.s. to sth** s'offrir *or* se payer* qch ◆ **I'll treat you to a drink** je t'offre *or* te paie* un verre

VI 1 *(= negotiate)* ◆ **to treat with sb** traiter avec qn *(for sth* pour qch) ◆ **to treat for peace** engager des pourparlers en vue de la paix

2 *(= discuss)* ◆ **to treat of** *[book, article etc]* traiter (de)

N *(= pleasure)* plaisir *m* ; *(= outing)* sortie *f* ; *(= present)* cadeau *m* ◆ **I've got a treat for you** j'ai une bonne surprise pour toi ◆ **what a treat!** quelle aubaine !, chouette* alors ! ◆ **to have a treat in store for sb** réserver une agréable surprise à qn ◆ **it was a great treat (for us) to see them again** ça nous a vraiment fait plaisir de les revoir, ça a été une joie de les revoir ◆ **what would you like as a treat for your birthday?** qu'est-ce qui te ferait plaisir pour ton anniversaire ? ◆ **it is a treat for her to go out to a meal** elle se fait une joie de *or* c'est tout un événement* pour elle de dîner en ville ◆ **let's give the children a treat** faisons (un) plaisir *or* une gâterie aux enfants, gâtons un peu les enfants ◆ **I want to give her a treat** je veux lui faire plaisir ◆ **to give o.s. a treat** s'offrir un petit extra, s'offrir quelque chose ◆ **the school treat was a visit to the seaside** la fête de l'école a consisté en une excursion au bord de la mer ◆ **to stand treat** inviter ◆ **to stand sb a treat** *(gen)* offrir *or* payer* quelque chose à qn ; *(food, drink only)* régaler* qn ◆ **this is my treat** c'est moi qui offre *or* qui paie* ; *(food, drink only)* c'est moi qui régale*

◆ **... a treat*** *(Brit)* à merveille ◆ **the garden is coming on a treat** le jardin avance à merveille ◆ **the plan worked a treat** le projet a marché comme sur des roulettes*

**treatable** /ˈtriːtəbl/ ADJ *[illness]* soignable, qui se soigne

**treatise** /ˈtriːtɪz/ SYN N *(Literat)* traité *m (on* de)

**treatment** /ˈtriːtmənt/ SYN

N *(gen, Chem etc)* traitement *m* ; *(Med)* traitement *m*, soins *mpl* ◆ **his treatment of his parents/the dog** la façon dont il traite ses parents/le chien ◆ **his treatment of this subject in his book** la façon dont il traite ce sujet dans son livre ◆ **a veterinary surgeon who specialises in the treatment of horses** un vétérinaire spécialisé dans le traitement des chevaux ◆ **he got very good treatment there** *(gen)* il a été très bien traité là-bas ; *(Med)* il a été très bien soigné là-bas ◆ **to give sb preferential treatment** accorder à qn un traitement préférentiel *or* un régime de faveur ◆ **they felt bitter about the bad treatment they'd received** ils ragеaient d'avoir été si mal traités ◆ **he needs medical treatment** il a besoin de soins médicaux *or* d'un traitement ◆ **they refused him treatment** ils ont refusé de le soigner ◆ **he is having (a course of) treatment for kidney trouble** il suit un traitement *or* il est sous traitement pour ennuis rénaux ◆ **to give sb the treatment**‡ *(fig)* en faire voir de toutes les couleurs* à qn ◆ **to give sb the full treatment** *(treat well)* traiter qn royalement ; *(treat severely)* faire subir les pires traitements à qn ; → **respond**

COMP **treatment room** N *(Med)* salle *f* de soins

**treaty** /ˈtriːtɪ/ SYN

N 1 traité *m (with* avec ; *between* entre) ◆ **to make a treaty with sb** *(Pol)* conclure *or* signer un traité avec qn

2 *(NonC)* ◆ **to sell a house by private treaty** vendre une maison par accord privé

COMP **treaty obligations** NPL obligations *fpl* conventionnelles

**treaty port** N *(Hist) port asiatique ouvert au commerce avec l'étranger en vertu d'un traité spécial*

**treble** /ˈtrebl/

ADJ 1 *(= triple)* triple ◆ **a treble whisky** un triple whisky ◆ **the amount is in treble figures** le montant dépasse la centaine *or* se chiffre en centaines

2 *(Mus) [voice]* de soprano *(de jeune garçon)* ; *[part]* pour soprano

N 1 *(Mus) (= part)* soprano *m* ; *(= singer)* soprano *mf*

2 *(Recording)* aigus *mpl*

3 *(= drink)* triple *m*

4 *(Darts)* triple *m*

5 *(Brit Sport = three victories)* triplé *m*

ADV ◆ **it expanded to treble its size** sa taille a triplé ◆ **rents that were treble their current levels** des loyers qui étaient trois fois plus élevés que ceux d'aujourd'hui

VTI tripler

COMP **the treble chance** N *(in football pools) méthode de pari au loto sportif*

**treble clef** N *(Mus)* clé *f* de sol

**treble recorder** N *(Mus)* flûte *f* à bec alto

**trebly** /ˈtreblɪ/ ADV triplement, trois fois plus

**tree** /triː/ (vb: pret, ptp **treed**)

N 1 arbre *m* ◆ **cherry tree** cerisier *m* ◆ **the tree of life** *(Bible)* l'arbre *m* de vie ◆ **the tree of knowledge of good and evil** *(Bible)* l'arbre *m* de la science du bien et du mal ◆ **the tree** *(Rel †† = the Cross)* l'arbre *m* de la Croix ◆ **money doesn't grow on trees** l'argent ne tombe pas du ciel ◆ **people like that don't grow on trees** les gens comme ça ne courent pas les rues ◆ **to be at** *or* **to have reached the top of the tree** *(Brit fig)* être arrivé en haut de l'échelle *(fig)* ◆ **to be up a tree**‡ *(fig)* être dans le pétrin ◆ **he's out of his tree** ‡ *(= crazy)* il est taré‡ *or* cinglé* ; *(through drugs, alcohol)* il est défoncé‡ ; → **apple, bark[1], bark[2], family, plum**

2 (also **shoe tree**) embauchoir *m* ; *(cobbler's last)* forme *f*

3 *(Ling)* arbre *m*

4 *[of saddle]* arçon *m* (de la selle)

VT forcer à se réfugier dans un arbre

COMP **tree-covered** ADJ boisé

**tree creeper** N grimpereau *m*

**tree diagram** N *(Ling)* représentation *f* en arbre

**tree fern** N fougère *f* arborescente

**tree frog** N rainette *f*

**tree house** N cabane *f* construite dans un arbre

**tree hugger*** N *(esp US pej hum)* écolo* *mf*

**tree lawn** N *(US)* platebande *f* plantée d'arbres *(entre la rue et le trottoir)*

**tree line** N limite *f* des arbres

**tree-lined** ADJ bordé d'arbres
**tree mallow** N lavatère *f* arborescente
**tree of heaven** N ailante *m*
**tree pipit** N pipit *m* des arbres
**tree-runner** N (= *bird*) sittelle *f*
**tree shrew** N tupaïa *m*, tupaja *m*
**tree sparrow** N friquet *m*
**tree surgeon** N arboriculteur *m*, -trice *f* (qui s'occupe du traitement des arbres malades)
**tree surgery** N arboriculture *f* (spécialisée dans le traitement des arbres malades)
**tree tomato** N tomate *f* en arbre
**tree trunk** N tronc *m* d'arbre

**treeless** /ˈtriːlɪs/ ADJ sans arbres

**treetop** /ˈtriːtɒp/ N sommet *m* or cime *f* d'un arbre ◆ **in the treetops** au sommet *or* à la cime des arbres

**trefoil** /ˈtrefɔɪl/
N (= *plant, architectural ornament*) trèfle *m*
COMP **trefoil leaf** N feuille *f* de trèfle

**trehalose** /ˈtriːhəˌləʊs/ N tréhalose *m*

**trek** /trek/ SYN
VI [1] (= *go slowly*) cheminer, avancer avec peine ; (*as holiday:* also **to go trekking**) faire du trekking *or* de la randonnée ; (= *go on long, difficult journey*) faire un périple ; (*Hist* = *go by oxcart*) voyager en char à bœufs ; → **pony**
[2] (* = *walk*) se traîner ◆ **I had to trek over to the library** il a fallu que je me traîne *subj* jusqu'à la bibliothèque
N (= *hike*) trekking *m*, randonnée *f* ; (= *long, difficult journey*) périple *m* ; (= *leg of journey*) étape *f* ; (*by oxcart*) voyage *m* en char à bœufs ; (* = *walk*) balade* *f* ◆ **it was quite a trek* to the hotel** il y avait un bon bout de chemin* jusqu'à l'hôtel

**Trekkie** * /ˈtrekɪ/ N fan *mf* de Star Trek

**trekking** /ˈtrekɪŋ/ N trekking *m*, randonnée *f* ◆ **to go trekking** faire du trekking *or* de la randonnée ◆ **to go on a trekking holiday** partir en vacances faire de la randonnée

**trellis** /ˈtrelɪs/
N treillis *m* ; (*tougher*) treillage *m* ; (*NonC:* also **trelliswork**) treillage *m*
VT treillisser, treillager

**tremble** /ˈtrembl/ SYN
VI trembler ; (*with excitement, passion*) frémir, frissonner ; [*voice*] (*with fear, anger*) trembler ; (*with age*) chevroter ; (*with passion*) vibrer ; [*hands, legs, lips, object, building, ground*] trembler ; [*engine, ship, train*] trépider ◆ **to tremble with fear** trembler *or* frissonner de peur ◆ **to tremble with cold** trembler de froid, grelotter ◆ **to tremble with anger** trembler de colère ◆ **to tremble with excitement/passion** frémir *or* frissonner d'excitation/de passion ◆ **to tremble at the thought of sth** frémir à la pensée de qch ◆ **I tremble to think what might have happened** je frémis à la pensée de ce qui aurait pu arriver ◆ **what will he do next? – I tremble to think!** qu'est-ce qu'il va encore faire ? – j'en frémis d'avance ! ◆ **her employees trembled at the mere mention of her name** la simple mention de son nom faisait frémir ses employés ◆ **to tremble in one's shoes** être dans ses petits souliers
N [*of person*] tremblement *m* ; (*with excitement, passion*) frémissement *m*, frissonnement *m* ; (*with age*) tremblotement *m* ; [*of voice*] (*with fear, anger*) tremblement *m* ; (*with age*) chevrotement *m* ; (*with passion*) vibration *f*, frissonnement *m* ; [*of hands, legs, lips, building, ground*] tremblement *m* ; [*of engine, ship, train*] trépidations *fpl* ◆ **to be all of a tremble*** trembler comme une feuille

**trembling** /ˈtremblɪŋ/ → **tremble vi**
ADJ [*person*] tremblant ; (*with age*) tremblotant ; (*with excitement, passion*) frémissant ; [*voice*] (*with fear, anger*) tremblant ; (*with age*) chevrotant ; (*with excitement, passion*) vibrant ; [*hands, legs, lips, object, building, ground*] tremblant ; [*engine, ship, train*] trépidant
N (*NonC*) tremblement *m* ; → **fear**
COMP **trembling poplar** N tremble *m*

**tremendous** /trəˈmendəs/ SYN ADJ [1] (= *great, enormous*) [*amount, number, effort, shock, pleasure, potential*] énorme, considérable ; [*feeling, relief, progress, success, courage, loss*] énorme, immense ; [*help, support, achievement, opportunity*] extraordinaire ; [*storm, heat, blow, explosion, noise*] épouvantable, terrible ; [*speed*] fou (folle *f*) ; [*victory*] foudroyant ◆ **she taught me a tremendous amount** elle m'a énormément appris ◆ **a tremendous sense of loyalty** un sens très poussé de la loyauté ◆ **there was a tremendous crowd at the meeting** il y avait un monde fou à la réunion
[2] (* = *excellent*) [*person*] génial*, super* *inv* ; [*goal, food*] super* *inv* ◆ **she has done a tremendous job** elle a accompli un travail remarquable ◆ **we had a tremendous time*** on s'est drôlement bien amusés*

**tremendously** /trəˈmendəslɪ/ ADV [*important*] extrêmement ; [*exciting*] terriblement ; [*improve, vary*] considérablement ; [*help*] énormément ◆ **they've done tremendously well** ils s'en sont extrêmement bien tirés

**tremolo** /ˈtreməlǝʊ/ N (*Mus*) trémolo *m*

**tremor** /ˈtreməʳ/ SYN N tremblement *m* ◆ **tremors of protest** murmures *mpl* de protestation ; → **earth**

**tremulous** /ˈtremjʊləs/ ADJ (*liter*) [1] (= *timid*) [*person*] craintif ; [*smile*] timide, incertain
[2] (= *trembling*) [*person*] tremblant ; (*with age*) tremblotant ; (*with excitement, passion*) frémissant ; [*voice*] (*with fear, anger*) tremblant ; (*with age*) chevrotant ; (*with excitement, passion*) vibrant ; [*handwriting*] tremblé ; [*hands*] tremblant ; [*request*] formulé d'une voix tremblante

**tremulously** /ˈtremjʊləslɪ/ ADV (*liter*) [*say, answer, suggest*] (= *timidly*) craintivement ; (= *in trembling voice*) (*with fear, anger*) en tremblant, d'une voix tremblante ; (*with age*) en chevrotant ; (*with excitement, passion*) en frémissant, en frissonnant ; [*smile*] d'une façon incertaine, timidement

**trench** /trentʃ/ SYN
N tranchée *f* (*also Mil*) ; (*wider*) fossé *m* ◆ **he fought in the trenches** il était dans les tranchées *or* a fait la guerre des tranchées
VT (= *dig trenches in*) creuser une *or* des tranchée(s) dans ; (*Mil* = *surround with trenches*) [+ *one's position etc*] retrancher
VI creuser une *or* des tranchée(s)
COMP **trench coat** N trench-coat *m*
**trench fever** N fièvre *f* des tranchées, rickettsiose *f*
**trench foot** N pied *m* des tranchées
**trench knife** N (pl **trench knives**) couteau *m* (à double tranchant)
**trench mortar** N (*Mil*) mortier *m* de tranchée
**trench warfare** N (*NonC: Mil*) guerre *f* de tranchées

**trenchant** /ˈtrentʃənt/ SYN ADJ [*view*] critique ; [*criticism*] incisif, acerbe ; [*person*] acerbe, caustique (*on or about sth* sur qch) ◆ **his trenchant views of Egyptian society** ses opinions très critiques sur la société égyptienne ◆ **he was a trenchant critic of the Liberal Party** il a critiqué avec virulence le parti libéral ◆ **the most trenchant statement from Moscow on the Gulf crisis** la déclaration la plus catégorique de Moscou sur la crise du Golfe

**trenchantly** /ˈtrentʃəntlɪ/ ADV d'un ton incisif

**trencher** /ˈtrentʃəʳ/ N tranchoir *m*

**trencherman** /ˈtrentʃəmæn/ N (pl **-men**) ◆ **he is a good** *or* **great** *or* **hearty trencherman** il a un sacré coup de fourchette*

**trend** /trend/ SYN
N (= *tendency*) tendance *f* (*towards* à) ; (*Geog*) [*of coast, river, road*] direction *f*, orientation *f* ; (= *fashion*) mode *f*, vogue *f* ◆ **upward/downward trend** tendance *f* à la hausse/à la baisse ◆ **there is a trend towards doing/away from doing** on a tendance à faire/à ne plus faire ◆ **the latest trends in swimwear** la mode la plus récente en maillots de bain ◆ **the trend of events** le cours *or* la tournure des événements ◆ **to set a trend** donner le ton ; (= *fashion*) lancer une mode ◆ **to buck the trend** aller *or* agir à contre-courant ◆ **trends in popular music** les tendances *fpl* de la musique populaire ; → **market**, **reverse**
VI ◆ **to trend northwards/southwards** *etc* [*river, road*] se diriger vers le nord/le sud *etc* ◆ **to trend towards sth** [*events, opinions*] tendre vers qch

**trendily** /ˈtrendɪlɪ/ ADV ◆ **to dress trendily** s'habiller branché*

**trendiness** * /ˈtrendɪnɪs/ N côté *m* branché

**trendsetter** /ˈtrendsetəʳ/ N (= *person*) personne *f* qui donne le ton (*or* qui lance une mode)

**trendsetting** /ˈtrendsetɪŋ/
N innovation *f*
ADJ innovateur (-trice *f*), qui donne le ton (*or* lance une mode)

**trendy** * /ˈtrendɪ/
ADJ [*person, clothes, restaurant, ideas*] branché* ; [*opinions, behaviour, religion*] à la mode ◆ **he's got quite a trendy image** il fait très branché* ◆ **it's no longer trendy to smoke** fumer n'est plus considéré comme branché*
N branché(e)* *m(f)*

**trepan** /trɪˈpæn/
VT [+ *metal plate etc*] forer ; (*Med*) trépaner
N (*for quarrying etc*) foreuse *f*, trépan *m* ; (*Med*) trépan *m*

**trephine** /treˈfiːn/ (*Med*)
VT trépaner
N trépan *m*

**trepidation** /ˌtrepɪˈdeɪʃən/ SYN N (= *fear*) vive inquiétude *f* ; (= *excitement*) agitation *f* ◆ **with some trepidation** avec une certaine appréhension

**treponema** /ˌtrepəˈniːmə/ N (pl **treponemata** /ˌtrepəˈniːmətə/) (*Med, Vet*) tréponème *m*

**trespass** /ˈtrespəs/ SYN
N [1] (*NonC: Jur* = *illegal entry*) entrée *f* non autorisée
[2] (††, *Rel* = *sin*) offense *f*, péché *m* ◆ **forgive us our trespasses** pardonnez-nous nos offenses
VI [1] entrer sans permission ◆ **"no trespassing"** « entrée interdite », « propriété privée » ◆ **you're trespassing** vous êtes dans une propriété privée ◆ **to trespass on** [+ *sb's land*] s'introduire *or* se trouver sans permission dans *or* sur ; (*fig*) [+ *sb's hospitality, time*] abuser de ; [+ *sb's privacy*] s'ingérer dans ; [+ *sb's rights*] empiéter sur
[2] †† ◆ **to trespass against** (*Rel*) [+ *person*] offenser ; [+ *law*] enfreindre ◆ **as we forgive them that trespass against us** (*Rel*) comme nous pardonnons à ceux qui nous ont offensés

(!) **trépasser** means 'pass away'.

**trespasser** /ˈtrespəsəʳ/ SYN N [1] intrus(e) *m(f)* (dans une propriété privée) ◆ **"trespassers will be prosecuted"** « défense d'entrer sous peine de poursuites »
[2] (††, *Rel* = *sinner*) pécheur *m*, -eresse *f*

**tress** /tres/ SYN N (*liter*) boucle *f* de cheveux ◆ **tresses** chevelure *f*

**tressure** /ˈtreʃəʳ/ N trescheur *m*

**trestle** /ˈtresl/
N tréteau *m*, chevalet *m*
COMP **trestle bridge** N pont *m* sur chevalets
**trestle table** N table *f* à tréteaux

**trews** /truːz/ NPL pantalon *m* écossais (étroit)

**tri...** /traɪ/ PREF tri...

**triacid** /ˈtraɪˌæsɪd/ N triacide *m*

**Triad** /ˈtraɪæd/ N (*in China*) Triade *f*

**triad** /ˈtraɪəd/ SYN N (*gen*) triade *f* ; (*Mus*) accord *m* parfait

**triage** /ˈtriːɑːʒ/ N triage *m*

**trial** /ˈtraɪəl/ SYN
N [1] (*Jur*) (= *proceedings*) procès *m* ; (*NonC*) jugement *m* ◆ **"The Trial"** (*Literat*) « Le Procès » ◆ **the trial lasted a month** le procès a duré un mois ◆ **famous trials** procès *mpl* or causes *fpl* célèbres ◆ **a new trial was ordered** la révision du procès a été demandée ◆ **at the trial it emerged that...** au cours du procès *or* à l'audience il est apparu que... ◆ **during his trial he claimed that...** pendant son procès il a affirmé que... ◆ **trial by jury** jugement *m* par jury ◆ **trial by media** *or* **television** *jugement par les médias* ◆ **to be** *or* **go on trial** passer en jugement *or* en justice ◆ **to put sb on trial** faire passer qn en jugement ; see also **noun 2** ◆ **to give sb a fair trial** juger qn équitablement ◆ **to be sent for trial** être traduit en justice (*to* devant), être inculpé ◆ **to be on trial for theft** être jugé pour vol ◆ **he was on trial for his life** il encourait la peine de mort ◆ **to bring sb to trial** faire passer qn en jugement *or* en justice ◆ **to come up for trial** [*case*] passer au tribunal ; [*person*] passer en jugement ◆ **to stand (one's) trial** passer en jugement (*for sth* pour qch ; *for doing sth* pour avoir fait qch) ; → **commit**
[2] (= *test*) [*of machine, vehicle, drug*] essai *m* ◆ **trials** (*Football*) match *m* de sélection ; (*Athletics*) épreuve *f* de sélection ◆ **sheepdog trials** concours *m* de chiens de berger ◆ **horse trials** concours *m* hippique ◆ **trial of strength** épreuve *f* de force ◆ **to have a trial of strength with sb** lutter de force avec qn, se mesurer à qn ◆ **by (a system of) trial and error** par tâtonnements, en tâtonnant ◆ **it was all trial and error** on a procédé uniquement par tâtonne-

**trialist** | **triennially**

ments ◆ **to take sb/sth on trial** prendre qn/qch à l'essai ◆ **to be on trial** [*machine, method, employee*] être à l'essai ◆ **to give sb a trial** mettre qn à l'essai

③ (= *hardship*) épreuve f ; (= *nuisance*) souci m ◆ **the trials of old age** les afflictions fpl or les vicissitudes fpl de la vieillesse ◆ **the interview was a great trial** l'entrevue a été une véritable épreuve or a été très éprouvante ◆ **he is a trial to his mother** il est un souci perpétuel pour sa mère, il donne beaucoup de soucis à sa mère ◆ **what a trial you are!** ce que tu es agaçant or exaspérant ! ; → **tribulation**

**VT** (= *test*) tester

**COMP** [*flight, period etc*] d'essai ; [*offer, marriage*] à l'essai

**trial attorney** N (US Jur) avocat(e) m(f) qui plaide à l'audience
**trial balance** N (Fin) balance f d'inventaire
**trial balloon** N (US lit, fig) ballon m d'essai
**trial basis** N ◆ **on a trial basis** à titre d'essai
**trial court** N (US, Can) cour f jugeant en première instance
**trial division** N (US, Can Jur) division f or tribunal m de première instance
**trial judge** N juge m d'instance
**trial jury** N (US Jur) jury m (de jugement)
**trial lawyer** N (US Jur) ≈ avocat(e) m(f)
**trial run** N [*of machine etc*] essai m ; (fig) période f d'essai, répétition f

**trialist** /ˈtraɪəlɪst/ N candidat(e) m(f) à la sélection

**triangle** /ˈtraɪæŋɡl/
**N** (Math, Mus, fig) triangle m ; (= *drawing instrument*) équerre f ; → **eternal**
**COMP triangle of forces** N (Phys) triangle m des forces

**triangular** /traɪˈæŋɡjʊləʳ/ ADJ triangulaire
**triangulate** /traɪˈæŋɡjʊleɪt/ VT trianguler
**triangulation** /traɪˌæŋɡjʊˈleɪʃən/
**N** triangulation f
**COMP triangulation station** N (Surv) point m de triangulation

**Triassic** /traɪˈæsɪk/
**ADJ** (Geol) [*period*] triasique
**N** trias m

**triathlete** /ˌtraɪˈæθliːt/ N triathlonien(ne) m(f)
**triathlon** /traɪˈæθlən/ N triathlon m
**triatomic** /ˌtraɪəˈtɒmɪk/ ADJ triatomique
**tribade** /ˈtrɪbəd/ N tribade f
**tribadism** /ˈtrɪbədɪzəm/ N tribadisme m
**tribal** /ˈtraɪbəl/ ADJ tribal ◆ **the tribal elders** les anciens mpl de la tribu (or des tribus) ◆ **tribal people** membres mpl d'une tribu ◆ **they are a tribal people** ils vivent en tribu ◆ **divided on** or **along tribal lines** divisé selon des clivages tribaux
**tribalism** /ˈtraɪbəlɪzəm/ N tribalisme m
**tribe** /traɪb/ SYN N ① (= *people*) tribu f, ethnie f ; (* fig) tribu f, smala * f ◆ **the twelve Tribes of Israel** les douze tribus d'Israël
② (= *taxonomic division*) tribu f
**tribesman** /ˈtraɪbzmən/ N (pl -**men**) membre m d'une (or de la) tribu
**triblet** /ˈtrɪblɪt/ N triboulet m
**tribo...** /ˈtrɪbəʊ/ PREF tribo-...
**triboelectric** /ˌtraɪbəʊɪˈlektrɪk/ ADJ triboélectrique
**triboelectricity** /ˌtraɪbəʊɪlekˈtrɪsɪtɪ/ N triboélectricité f
**tribology** /traɪˈbɒlədʒɪ/ N tribologie f
**triboluminescence** /ˌtraɪbəʊluːmɪˈnesns/ N triboluminescence f
**triboluminescent** /ˌtraɪbəʊluːmɪˈnesnt/ ADJ triboluminescent
**tribrach** /ˈtraɪbræk/ N (Literat) tribraque m
**tribulation** /ˌtrɪbjʊˈleɪʃən/ SYN N affliction f, souffrance f ◆ **(trials and) tribulations** tribulations fpl ◆ **in times of tribulation** en période d'adversité, en temps de malheurs
**tribunal** /traɪˈbjuːnəl/ SYN N (gen, Jur, fig) tribunal m ◆ **tribunal of inquiry** commission f d'enquête
**tribunate** /ˈtrɪbjʊnɪt/ N tribunat m
**tribune** /ˈtrɪbjuːn/ N (Hist, gen = *person*) tribun m
**tributary** /ˈtrɪbjʊtərɪ/
**ADJ** tributaire
**N** (= *river*) affluent m ; (= *state, ruler*) tributaire m

**tribute** /ˈtrɪbjuːt/ SYN
**N** tribut m, hommage m ; (esp Hist = *payment*) tribut m ◆ **to pay tribute to...** (= *honour*) payer tribut à..., rendre hommage à... ; (Hist etc) payer (le) tribut à... ◆ **it is a tribute to his generosity that nobody went hungry** qu'aucun n'ait souffert de la faim témoigne de sa générosité ; → **floral**
**COMP tribute band** N groupe qui joue des reprises d'un groupe célèbre

**trice** /traɪs/
**N** ◆ **in a trice** en un clin d'œil, en moins de deux * or de rien
**VT** (Naut: also **trice up**) hisser

**Tricel**® /ˈtraɪsel/
**N** Tricel® m
**COMP** [*shirt etc*] de or en Tricel®

**tricentenary** /ˌtraɪsenˈtiːnərɪ/, **tricentennial** /ˌtraɪsenˈtenɪəl/ ADJ, N tricentenaire m ◆ **tricentenary celebrations** fêtes fpl du tricentenaire
**triceps** /ˈtraɪseps/ N (pl **triceps** or **tricepses**) triceps m
**triceratops** /traɪˈserətɒps/ N tricératops m
**trichiasis** /trɪˈkaɪəsɪs/ N trichiasis m
**trichina** /trɪˈkaɪnə/ N (pl **trichinae** /trɪˈkaɪniː/) trichine f
**trichiniasis** /ˌtrɪkɪˈnaɪəsɪs/, **trichinosis** /ˌtrɪkɪˈnəʊsɪs/ N trichinose f
**trichlor(o)ethylene** /ˌtraɪklɔːrəʊˈeθɪliːn/ N trichloréthylène m
**trichologist** /trɪˈkɒlədʒɪst/ N trichologue mf
**trichology** /trɪˈkɒlədʒɪ/ N trichologie f
**trichomonad** /ˌtrɪkəʊˈmɒnæd/ N trichomonas m
**trichomoniasis** /ˌtrɪkəʊməˈnaɪəsɪs/ N trichomonase f

**trick** /trɪk/ SYN
**N** ① (= *dodge, ruse*) ruse f, astuce f ; (= *prank, joke, hoax*) tour m, blague * f ; [*of conjurer, juggler, dog etc*] tour m ; (= *special skill*) truc m ◆ **it's a trick to make you believe...** c'est une ruse pour vous faire croire... ◆ **he got it all by a trick** il a tout obtenu par une ruse or un stratagème or une combine* ◆ **he'll use every trick in the book to get what he wants** il ne reculera devant rien pour obtenir ce qu'il veut, pour lui, tous les moyens sont bons ◆ **that's the oldest trick in the book** c'est le coup classique ◆ **a dirty** or **low** or **shabby** or **nasty trick** un sale tour, un tour de cochon* ◆ **to play a trick on sb** jouer un tour à qn, faire une farce à qn ◆ **my eyesight is playing tricks with** or **on me** ma vue me joue des tours ◆ **his memory is playing him tricks** sa mémoire lui joue des tours ◆ **a trick of the light** c'est une illusion d'optique ◆ **he's up to his (old) tricks again** il fait de nouveau des siennes * ◆ **how's tricks?** * alors, quoi de neuf ? ◆ **he knows a trick or two** * (fig) c'est un petit malin ◆ **I know a trick worth two of that** * je connais un tour or un truc* bien meilleur encore que celui-là ◆ **that will do the trick** * ça fera l'affaire ◆ **I'll soon get the trick of it** * je vais vite prendre le pli ◆ **trick or treat!** (esp US) donnez-moi quelque chose ou je vous joue un tour ! → **Halloween** ◆ **to turn tricks** [*prostitute*] faire des passes * ; → **bag, card¹, conjuring**
② (= *peculiarity*) particularité f ; (= *habit*) habitude f, manie f ; (= *mannerism*) tic m ◆ **he has a trick of scratching his ear when puzzled** il a le tic de se gratter l'oreille quand il est perplexe ◆ **he has a trick of arriving just when I'm making coffee** il a le don d'arriver or le chic * pour arriver au moment où je fais du café ◆ **this horse has a trick of stopping suddenly** ce cheval a la manie de s'arrêter brusquement ◆ **these things have a trick of happening just when you don't want them to** ces choses-là se produisent comme par magie or il ne faut pas se produire juste quand on ne le veut pas ◆ **history has a trick of repeating itself** l'histoire a le don de se répéter
③ (Cards) levée f, pli m ◆ **to take a trick** faire une levée or un pli ◆ **he never misses a trick** (fig) rien ne lui échappe
**VT** (= *hoax, deceive*) attraper, rouler * ; (= *swindle*) escroquer ◆ **I've been tricked!** on m'a eu or roulé ! * ◆ **to trick sb into doing sth** amener qn à faire qch par la ruse ◆ **to trick sb out of sth** obtenir qch de qn or soutirer qch à qn par la ruse
**COMP trick cushion** etc N attrape f
**trick-cyclist** N cycliste-acrobate mf ; (Brit * = *psychiatrist*) psy* mf, psychiatre mf
**trick photograph** N photographie f truquée
**trick photography** N truquage m photographique
**trick question** N question-piège f
**trick rider** N (on horse) voltigeur m, -euse f (à cheval)
**trick riding** N voltige f (à cheval)

▶ **trick out, trick up** VT SEP parer (with de) ◆ **the ladies tricked out in all their finery** les dames sur leur trente et un or tout endimanchées

**trickery** /ˈtrɪkərɪ/ SYN N (NonC) ruse f, supercherie f ◆ **by trickery** par ruse
**trickiness** /ˈtrɪkɪnɪs/ N (NonC) ① (= *difficulty*) [*of task*] difficulté f, complexité f ; [*of problem, question*] caractère m épineux ; [*of situation*] caractère m délicat
② (pej = *slyness*) [*of person*] roublardise f

**trickle** /ˈtrɪkl/ SYN
**N** [*of water, blood etc*] filet m ◆ **the stream has shrunk to a mere trickle** le ruisseau n'est plus qu'un filet d'eau ◆ **a trickle of people** quelques (rares) personnes fpl ◆ **there was a trickle of news from the front line** il y avait de temps en temps des nouvelles du front ◆ **there was a steady trickle of offers/letters** les offres/les lettres arrivaient en petit nombre mais régulièrement
**VI** (water etc) (= *drop slowly*) couler or tomber goutte à goutte ; (= *flow slowly*) dégouliner ◆ **tears trickled down her cheeks** les larmes coulaient or dégoulinaient le long de ses joues ◆ **the rain trickled down his neck** la pluie lui dégoulinait dans le cou ◆ **the stream trickled along over the rocks** le ruisseau coulait faiblement sur les rochers ◆ **to trickle in/out/away** etc (fig) [*people*] entrer/sortir/s'éloigner etc petit à petit ◆ **the ball trickled into the net** (Football) le ballon a roulé doucement dans le filet ◆ **money trickled into the fund** les contributions au fonds arrivaient lentement ◆ **money trickled out of his account** son compte se dégarnissait lentement (mais régulièrement), une succession de petites sorties (d'argent) dégarnissait lentement son compte ◆ **letters of complaint are still trickling into the office** quelques lettres de réclamation continuent à arriver de temps en temps au bureau
**VT** [+ *liquid*] faire couler goutte à goutte, faire dégouliner or dégoutter (into dans ; out of de)
**COMP trickle charger** N (Elec) chargeur m à régime lent
**trickle-down theory** N (Econ) théorie économique selon laquelle l'argent des plus riches finit par profiter aux plus démunis

▶ **trickle away** VI [*water etc*] s'écouler doucement or lentement or goutte à goutte ; [*money etc*] disparaître or être utilisé peu à peu ; see also **trickle vi**

**trickster** /ˈtrɪkstəʳ/ N ① (dishonest) filou m ; → **confidence**
② (= *magician etc*) illusionniste mf
**tricksy*** /ˈtrɪksɪ/ ADJ [*person*] (= *mischievous*) filou * ; (= *scheming*) retors
**tricky** /ˈtrɪkɪ/ SYN ADJ ① (= *difficult*) [*task*] difficile, délicat ; [*problem, question*] délicat, épineux ; [*situation*] délicat ◆ **it is tricky to know how to respond** il est difficile de savoir comment réagir ◆ **warts can be tricky to get rid of** il est parfois difficile de se débarrasser des verrues ◆ **it's tricky for me to give you an answer now** il m'est difficile de vous répondre immédiatement
② (pej = *sly*) [*person*] retors ◆ **he's a tricky customer** (= *scheming*) c'est un roublard ; (= *difficult, touchy*) il n'est pas commode
**tricolo(u)r** /ˈtrɪkələʳ/ N (drapeau m) tricolore m
**tricorn** /ˈtraɪkɔːn/
**ADJ** à trois cornes
**N** tricorne m
**trictrac** /ˈtrɪktræk/ N trictrac m
**tricuspid** /traɪˈkʌspɪd/ ADJ tricuspide
**tricycle** /ˈtraɪsɪkl/ N tricycle m
**tricyclist** /ˈtraɪsɪklɪst/ N tricycliste mf
**trident** /ˈtraɪdənt/ N trident m
**tridentine** /traɪˈdentaɪn/ ADJ tridentin
**tridimensional** /ˌtraɪdɪˈmenʃənl/ ADJ tridimensionnel, à trois dimensions

**triennial** /traɪˈenɪəl/
**ADJ** triennal ; [*plant*] trisannuel
**N** (= *plant*) plante f trisannuelle

**triennially** /traɪˈenɪəlɪ/ ADV tous les trois ans

**triennium** /traɪˈenɪəm/ N (pl **trienniums** or **triennia** /traɪˈenɪə/) période f triennale

**Trier** /trɪər/ N Trèves

**trier** /ˈtraɪər/ N (Brit) ♦ **to be a trier** être persévérant, ne pas se laisser rebuter

**Trieste** /triːˈest/ N Trieste

**trifid** /ˈtraɪfɪd/ ADJ trifide

**trifle** /ˈtraɪfl/ SYN
  N ① bagatelle f ♦ **it's only a trifle** [object, sum of money etc] c'est une bagatelle, c'est bien peu de chose ; [remark] il n'y a pas de quoi fouetter un chat ♦ **he worries over trifles** il se fait du mauvais sang pour un rien ♦ **£5 is a mere trifle** 5 livres est une bagatelle or c'est trois fois rien ♦ **he bought it for a trifle** il l'a acheté pour une bouchée de pain or trois fois rien
  ♦ **a trifle...** (= a little) un peu, un rien, un tantinet* ♦ **it's a trifle difficult** c'est un peu or un tantinet difficile ♦ **he acted a trifle hastily** il a agi un peu or un tantinet* hâtivement
  ② (Culin) ≈ diplomate m
  VI ♦ **to trifle with** [+ person, sb's affections, trust etc] traiter à la légère, se jouer de ♦ **he's not to be trifled with** il ne faut pas le traiter à la légère ♦ **to trifle with one's food** manger du bout des dents, chipoter

▶ **trifle away** VT SEP [+ time] perdre ; [+ money] gaspiller

**trifler** /ˈtraɪflər/ N (pej) fantaisiste mf, fumiste mf

**trifling** /ˈtraɪflɪŋ/ SYN ADJ insignifiant

**trifocal** /traɪˈfəʊkəl/
  ADJ à triple foyer, trifocal
  N (= lens) verre m à triple foyer ♦ **trifocals** lunettes fpl à triple foyer or trifocales

**trifoliate** /traɪˈfəʊlɪət/ ADJ à trois feuilles, trifolié

**triforium** /traɪˈfɔːrɪəm/ N (pl **triforia** /traɪˈfɔːrɪə/) triforium m

**triform** /ˈtraɪfɔːm/ ADJ à or en trois parties

**trig*** /trɪɡ/
  N (abbrev of **trigonometry**) trigo* f
  ADJ (abbrev of **trigonometrical**) [function] trigonométrique ; [tables, problem etc] de trigo*
  COMP **trig point*** N point m géodésique

**trigger** /ˈtrɪɡər/ SYN
  N [of gun] détente f, gâchette f ; [of bomb] dispositif m d'amorce, détonateur m ; [of tool] déclic m ♦ **to press** or **pull** or **squeeze the trigger** appuyer sur la détente or la gâchette ♦ **he's quick** or **fast on the trigger** (lit) il n'attend pas pour tirer ; (fig) il réagit vite
  VT (also **trigger off**) [+ explosion, alarm] déclencher ; [+ bomb] amorcer ; [+ revolt] déclencher, provoquer ; [+ protest] soulever ; [+ reaction] provoquer
  COMP **trigger finger** N index m
  **trigger guard** N sous-garde f
  **trigger-happy*** ADJ [person] à la gâchette facile, prêt à tirer pour un rien ; (fig) [nation etc] prêt à presser le bouton or à déclencher la guerre pour un rien
  **trigger price** N prix m minimum à l'importation

**triggerfish** /ˈtrɪɡəfɪʃ/ N baliste m

**triglyceride** /traɪˈɡlɪsəraɪd/ N triglycéride m

**triglyph** /ˈtraɪɡlɪf/ N triglyphe m

**trigonometric(al)** /ˌtrɪɡənəˈmetrɪk(əl)/ ADJ trigonométrique

**trigonometry** /ˌtrɪɡəˈnɒmɪtrɪ/ N trigonométrie f

**trigram** /ˈtraɪɡræm/ N trigramme m

**trigraph** /ˈtraɪɡræf/ N trigramme m

**trihedral** /traɪˈhiːdrəl/ ADJ trièdre

**trihedron** /traɪˈhiːdrən/ N (pl **trihedrons** or **trihedra** /traɪˈhiːdrə/) trièdre m

**trike*** /traɪk/ N abbrev of **tricycle**

**trilateral** /ˌtraɪˈlætərəl/ ADJ trilatéral

**trilby** /ˈtrɪlbɪ/ N (Brit : also **trilby hat**) chapeau m mou

**trilingual** /ˌtraɪˈlɪŋɡwəl/ ADJ trilingue

**trilith** /ˈtraɪlɪθ/ N trilithe m

**trilithic** /traɪˈlɪθɪk/ ADJ en forme de trilithe

**trilithon** /ˈtraɪlɪθɒn, ˈtraɪlɪθɒn/ N ⇒ **trilith**

**trill** /trɪl/
  N (Mus: also of bird) trille m ; (Ling) consonne f roulée
  VI (Mus: also of bird) triller

  VT ① (gen) triller ♦ **"come in" she trilled** « entrez » roucoula-t-elle
  ② (Phon) ♦ **to trill one's r's** rouler les r ♦ **trilled r** r roulé or apical

**trillion** /ˈtrɪljən/ N (Brit) trillion m ; (US) billion m ♦ **there are trillions of places I want to go*** il y a des milliers d'endroits où j'aimerais aller

**trilobate** /traɪˈləʊbeɪt/ ADJ trilobé

**trilobite** /ˈtraɪləbaɪt/ N trilobite m

**trilogy** /ˈtrɪlədʒɪ/ N trilogie f

**trim** /trɪm/
  ADJ ① (= neat) [garden, house, village, ship] bien tenu, coquet ; [appearance, person, clothes] net, soigné ; [beard, moustache] bien taillé
  ② (= slim) [person, figure] svelte, mince ; [waist] mince
  N ① (NonC) (= condition) état m, ordre m ♦ **in (good) trim** [garden, house etc] en (bon) état or ordre ; [person, athlete] en (bonne) forme ♦ **to be in fighting trim** (US) être en pleine forme ♦ **to get into trim** se remettre en forme ♦ **to get things into trim** mettre de l'ordre dans les choses ♦ **the trim of the sails** (Naut) l'orientation f des voiles
  ② (= cut : at hairdresser's) coupe f (d')entretien ♦ **to have a trim** faire rafraîchir sa coupe de cheveux ♦ **to give sth a trim** ⇒ **to trim sth** vt 1
  ③ (around window, door) moulures fpl ; [of car (inside)] aménagement m intérieur ; (outside) finitions fpl extérieures ; (on dress etc) garniture f ♦ **car with blue (interior) trim** voiture f à habillage intérieur bleu
  VT ① (= cut) [+ beard] tailler, couper légèrement ; [+ hair] rafraîchir ; [+ wick, lamp] tailler, moucher ; [+ branch, hedge, roses] tailler (légèrement) ; [+ piece of wood, paper] couper les bords de, rogner ♦ **to trim one's nails** se rogner or se couper les ongles ♦ **to trim the edges of sth** couper or rogner les bords de qch ♦ **to trim the ragged edge off sth** ébarber qch
  ② (= reduce) ♦ **to trim costs** réduire les dépenses ♦ **to trim the workforce** dégraisser les effectifs, faire des dégraissages
  ③ (= decorate) [+ hat, dress] garnir, orner (with de) ; [+ Christmas tree] décorer (with de) ♦ **to trim the edges of sth with sth** border qch de qch ♦ **a dress trimmed with lace** une robe ornée de dentelle ♦ **to trim a store window** (US) composer or décorer une vitrine de magasin
  ④ [+ boat, aircraft] équilibrer ; [+ sail] gréer, orienter ♦ **to trim one's sails** (fig) réviser ses positions, corriger le tir

▶ **trim away** VT SEP enlever aux ciseaux (or au couteau or à la cisaille)
▶ **trim down** VT SEP [+ wick] tailler, moucher
▶ **trim off** VT SEP ⇒ **trim away**

**trimaran** /ˈtraɪmərən/ N trimaran m

**trimer** /ˈtraɪmər/ N trimère m

**trimester** /trɪˈmestər/ N trimestre m

**trimmer** /ˈtrɪmər/ N ① (= beam) linçoir or linsoir m
  ② (for trimming timber) trancheuse f (pour le bois) ; (for hair, beard) tondeuse f
  ③ (Elec) trimmer m, condensateur m ajustable (d'équilibrage)
  ④ (= person adapting views : pej) opportuniste mf

**trimming** /ˈtrɪmɪŋ/ SYN N ① (on garment, sheet etc) parement m ; (= braid etc) passementerie f NonC ♦ **it's £100 without the trimmings** (fig) c'est 100 livres sans les extras
  ② (Culin) garniture f, accompagnement m ♦ **roast beef and all the trimmings** du rosbif avec la garniture habituelle
  ③ (pl) ♦ **trimmings** (= pieces cut off) chutes fpl, rognures fpl
  ④ (esp US = defeat) raclée* f, défaite f
  ⑤ (= cutting back) réduction f, élagage m ; [of staff] compression f, dégraissage* m

**trimness** /ˈtrɪmnɪs/ N [of garden, boat, house] aspect m net or soigné ♦ **the trimness of his appearance** son aspect soigné or coquet or pimpant ♦ **the trimness of her figure** la sveltesse de sa silhouette

**trimphone®** /ˈtrɪmfəʊn/ N appareil m (téléphonique) compact

**trinary** /ˈtraɪnərɪ/ ADJ trinaire

**Trinidad** /ˈtrɪnɪdæd/ N (l'île f de) la Trinité ♦ **Trinidad and Tobago** Trinité-et-Tobago

**Trinidadian** /ˌtrɪnɪˈdædɪən/
  ADJ de la Trinité, trinidadien
  N habitant(e) m(f) de la Trinité, Trinidadien(ne) m(f)

**Trinitarian** /ˌtrɪnɪˈtɛərɪən/ ADJ, N (Rel) trinitaire mf

**Trinitarianism** /ˌtrɪnɪˈtɛərɪənɪzəm/ N (Rel) croyance f au dogme de la trinité

**trinitrobenzene** /ˌtraɪnaɪtrəʊˈbenziːn/ N trinitrobenzène m

**trinitrotoluene** /ˌtraɪˌnaɪtrəʊˈtɒljuːiːn/ N trinitrotoluène m

**trinity** /ˈtrɪnɪtɪ/ SYN
  N trinité f ♦ **the Holy Trinity** (Rel) la Sainte Trinité
  COMP **Trinity Sunday** N la fête de la Trinité
  **Trinity term** N (Univ) troisième trimestre m (de l'année universitaire)

**trinket** /ˈtrɪŋkɪt/ SYN N (= knick-knack) bibelot m, babiole f (also pej) ; (= jewel) colifichet m (also pej) ; (on chain) breloque f

**trinomial** /traɪˈnəʊmɪəl/ N (Math) trinôme m

**trio** /ˈtriːəʊ/ SYN N trio m

**triode** /ˈtraɪəʊd/ N (Elec) triode f

**triolet** /ˈtriːəʊlet/ N triolet m

**trip** /trɪp/ SYN
  N ① (= journey) voyage m ; (= excursion) excursion f ♦ **he's (away) on a trip** il est (parti) en voyage ♦ **we did the trip in ten hours** nous avons mis dix heures pour faire le trajet ♦ **there are cheap trips to Spain** on organise des voyages à prix réduit en Espagne ♦ **we went on** or **took a trip to Malta** nous sommes allés (en voyage) à Malte ♦ **we took** or **made a trip into town** nous sommes allés en ville ♦ **he does three trips to Scotland a week** il va en Écosse trois fois par semaine ♦ **I don't want another trip to the shops today** je ne veux pas retourner dans les magasins aujourd'hui ♦ **after four trips to the kitchen he...** après être allé quatre fois à la cuisine, il... ; → **business, coach, day, round**
  ② (Drugs *) trip* m ♦ **to be on a trip** faire un trip* ♦ **to have a bad trip** faire un mauvais trip*
  ③ (= stumble) faux pas m ; (in wrestling etc) croche-pied m, croc-en-jambe m ; (fig = mistake) faux pas m
  VI ① (= stumble : also **trip up**) trébucher (on, over contre, sur), buter (on, over contre), faire un faux pas ♦ **he tripped and fell** il a trébuché or il a fait un faux pas et il est tombé
  ② (go lightly and quickly) ♦ **to trip along/in/out** etc marcher/entrer/sortir etc d'un pas léger or sautillant ♦ **the words came tripping off her tongue** elle l'a dit sans la moindre hésitation
  ③ (‡ : on drugs) être en plein trip*‡
  VT ① (make fall: also **trip up**) faire trébucher ; (deliberately) faire un croche-pied or un croc-en-jambe à ♦ **I was tripped (up)** on m'a fait un croche-pied or un croc-en-jambe
  ② [+ mechanism] déclencher, mettre en marche
  ③ ♦ **to trip the light fantastic** († * = dance) danser
  COMP **trip hammer** N marteau m à bascule or à soulèvement
  **trip switch** N (Elec) télérupteur m

▶ **trip over** VI trébucher, faire un faux pas
▶ **trip up**
  VI ① ⇒ **trip** vi 1
  ② (fig) faire une erreur, gaffer*
  VT SEP faire trébucher ; (deliberately) faire un croche-pied or un croc-en-jambe à ; (fig : in questioning) prendre en défaut, désarçonner (fig)

**tripartite** /ˌtraɪˈpɑːtaɪt/ ADJ (gen) tripartite ; [division] en trois parties

**tripartition** /ˌtraɪpɑːˈtɪʃən/ N tripartition f

**tripe** /traɪp/ SYN N (NonC) ① (Culin) tripes fpl
  ② (esp Brit * = nonsense) bêtises fpl, inepties fpl ♦ **what absolute tripe!** quelles bêtises !, quelles foutaises ! ♦ **it's a lot of tripe** tout ça c'est de la foutaise* ♦ **this book is tripe** ce livre est complètement inepte

**triphase** /ˈtraɪfeɪz/ ADJ (Elec) triphasé

**triphenylmethane** /ˌtraɪˌfiːnaɪlˈmiːθeɪn/ N triphénylméthane m

**triphibious** /traɪˈfɪbɪəs/ ADJ (Mil) [assault, operation] terre, air et mer

**triphthong** /ˈtrɪfθɒŋ/ N triphtongue f

**triplane** /ˈtraɪpleɪn/ N triplan m

**triple** /ˈtrɪpl/ SYN
  ADJ triple gen before n ♦ **the Triple Alliance** la Triple-Alliance ♦ **the Triple Entente** la Triple-Entente ♦ **in triple time** (Mus) à trois temps ♦ **they require triple copies of every docu-**

**ment** ils demandent trois exemplaires de chaque document

**N** (= *amount, number*) triple *m* ; (= *whisky*) triple whisky *m*

**ADV** trois fois plus que

**VT** tripler

**COMP** **triple A** N (*Mil*) DCA *f*
**triple combination therapy** N trithérapie *f*
**triple-digit** (US) ADJ (*gen*) à trois chiffres ; [*inflation*] supérieur ou égal à 100%
**triple glazing** N triple vitrage *m*
**triple jump** N (*Sport*) triple saut *m*
**triple jumper** N (*Sport*) spécialiste *mf* du triple saut

**triplet** /ˈtrɪplɪt/ SYN N (*Mus*) triolet *m* ; (*Poetry*) tercet *m* ◆ **triplets** (*people*) triplés *mpl*, triplées *fpl*

**triplex** /ˈtrɪpleks/
**ADJ** triple
**N** ® ◆ **Triplex (glass)** (*Brit*) triplex ® *m*, verre *m* sécurit ®

**triplicate** /ˈtrɪplɪkɪt/
**ADJ** en trois exemplaires
**N** 1 ◆ **in triplicate** en trois exemplaires
2 (= *third copy*) triplicata *m*

**triploid** /ˈtrɪplɔɪd/ ADJ triploïde
**triply** /ˈtrɪplɪ/ ADV triplement
**tripod** /ˈtraɪpɒd/ N trépied *m*
**Tripoli** /ˈtrɪpəlɪ/ N Tripoli
**tripoli** /ˈtrɪpəlɪ/ N tripoli *m*
**tripos** /ˈtraɪpɒs/ N (*Cambridge Univ*) examen *m* pour le diplôme de BA
**tripper** /ˈtrɪpəʳ/ SYN N (*Brit*) touriste *mf*, vacancier *m*, -ière *f* ; (*on day trip*) excursionniste *mf*
**trippy*** /ˈtrɪpɪ/ ADJ psychédélique
**triptych** /ˈtrɪptɪk/ N triptyque *m*
**tripwire** /ˈtrɪpwaɪəʳ/ N fil *m* de détente
**trireme** /ˈtraɪriːm/ N trirème *f*
**trisect** /traɪˈsekt/ VT diviser en trois parties (égales)
**trisection** /traɪˈsekʃən/ N trisection *f*
**trisomic** /traɪˈsəʊmɪk/ ADJ trisomique
**trisomy** /ˈtraɪsəʊmɪ/ N trisomie *f*
**Tristan** /ˈtrɪstən/ N Tristan *m*
**trisyllabic** /ˌtraɪsɪˈlæbɪk/ ADJ trisyllabe, trisyllabique
**trisyllable** /ˌtraɪˈsɪləbl/ N trisyllabe *m*
**trite** /traɪt/ SYN ADJ [*subject, design, idea, film*] banal ; [*person*] qui dit des banalités ◆ **a trite remark** une banalité, un lieu commun
**tritely** /ˈtraɪtlɪ/ ADV banalement
**triteness** /ˈtraɪtnɪs/ N (*NonC*) banalité *f*
**triticale** /ˌtrɪtɪˈkɑːlɪ/ N triticale *m*
**tritium** /ˈtrɪtɪəm/ N tritium *m*
**triton** /ˈtraɪtn/ N (*all senses*) triton *m* ◆ **Triton** Triton *m*
**tritone** /ˈtraɪtəʊn/ N (*Mus*) triton *m*
**triturate** /ˈtrɪtʃəreɪt/ VT triturer, piler
**trituration** /ˌtrɪtʃəˈreɪʃən/ N trituration *f*, pilage *m*

**triumph** /ˈtraɪʌmf/ SYN
**N** (= *victory*) triomphe *m*, victoire *f* ; (= *success*) triomphe *m* ; (= *emotion*) sentiment *m* de triomphe ; (*Roman Hist*) triomphe *m* ◆ **in triumph** en triomphe ◆ **it was a triumph for...** cela a été un triomphe or un succès triomphal pour... ◆ **it is a triumph of man over nature** c'est le triomphe de l'homme sur la nature ◆ **his triumph at having succeeded** sa satisfaction triomphante d'avoir réussi
**VI** (*lit, fig*) triompher (*over de*)

**triumphal** /traɪˈʌmfəl/
**ADJ** triomphal
**COMP** **triumphal arch** N arc *m* de triomphe

**triumphalism** /traɪˈʌmfəlɪzəm/ N triomphalisme *m*
**triumphalist** /traɪˈʌmfəlɪst/ ADJ, N triomphaliste *mf*

**triumphant** /traɪˈʌmfənt/ SYN ADJ 1 (= *victorious*) victorieux, triomphant ◆ **to emerge triumphant** sortir victorieux
2 (= *exultant*) [*person, team, smile, wave, mood*] triomphant ; [*return, homecoming, celebration*] triomphal ◆ **to be** or **prove a triumphant success** être un triomphe

**triumphantly** /traɪˈʌmfəntlɪ/ ADV [*say, answer, announce*] triomphalement, d'un ton triomphant ; [*look at, smile*] d'un air triomphant ; [*return, march*] triomphalement ◆ **he returned triumphantly in 1997** son retour, en 1997, a été triomphal ◆ **he waved triumphantly** il a fait un geste de triomphe ◆ **to be triumphantly successful** remporter un succès triomphal

**triumvirate** /traɪˈʌmvɪrɪt/ N triumvirat *m*
**triune** /ˈtraɪjuːn/ ADJ (*Rel*) trin
**trivalency** /traɪˈveɪlənsɪ/, **trivalence** /traɪˈveɪləns/ N trivalence *f*
**trivalent** /traɪˈveɪlənt/ ADJ trivalent
**trivet** /ˈtrɪvɪt/ N (*over fire*) trépied *m*, chevrette *f* ; (*on table*) dessous-de-plat *m inv*
**trivia** /ˈtrɪvɪə/ SYN NPL bagatelles *fpl*, futilités *fpl*, fadaises *fpl* ◆ **pub trivia quiz** jeu-concours qui a lieu dans un pub

**trivial** /ˈtrɪvɪəl/ SYN
**ADJ** [*matter, sum, reason, offence, detail*] insignifiant ; [*remark*] futile ; [*film, book, news*] banal, sans intérêt ◆ **a trivial mistake** une faute sans gravité, une peccadille ◆ **I don't like to visit the doctor just for something trivial** je n'aime pas consulter le médecin pour rien
**COMP** **Trivial Pursuit** ® N Trivial Pursuit ® *m*

 In French, **trivial** usually means 'ordinary', not **trivial**.

**triviality** /ˌtrɪvɪˈælɪtɪ/ SYN N 1 (*NonC* = *trivial nature*) [*of matter, sum, reason, offence, detail*] caractère *m* insignifiant ; [*of remark*] futilité *f* ; [*of film, book, news*] banalité *f*, manque *m* d'intérêt
2 (= *trivial thing*) bagatelle *f*

**trivialization** /ˌtrɪvɪəlaɪˈzeɪʃən/ N banalisation *f*
**trivialize** /ˈtrɪvɪəlaɪz/ VT banaliser
**trivially** /ˈtrɪvɪəlɪ/ ADV de façon banalisée
**trivium** /ˈtrɪvɪəm/ N (pl **trivia** /ˈtrɪvɪə/) trivium *m*
**triweekly** /ˌtraɪˈwiːklɪ/
**ADV** (= *three times weekly*) trois fois par semaine ; (= *every three weeks*) toutes les trois semaines
**ADJ** [*event, visit*] qui se produit trois fois par semaine (*or* toutes les trois semaines)

**t-RNA** /ˌtiːɑːrenˈeɪ/ N (*abbrev of* **transfer RNA**) ARN *m* de transfert
**trocar** /ˈtrəʊkɑːʳ/ N trocart *m*
**trochaic** /trəʊˈkeɪɪk/ ADJ trochaïque
**trochee** /ˈtrəʊkiː/ N trochée *m*
**trochlea** /ˈtrɒklɪə/ N (pl **trochleae** /ˈtrɒklɪiː/) trochlée *f*
**trod** /trɒd/ VB pt *of* **tread**
**trodden** /ˈtrɒdn/ VB ptp *of* **tread**
**troglodyte** /ˈtrɒglədaɪt/ N troglodyte *m* ; (*fig pej*) homme *m* des cavernes
**troglodytic** /ˌtrɒgləˈdɪtɪk/ ADJ troglodytique
**troika** /ˈtrɔɪkə/ N (*also Pol*) troïka *f*
**troilism** /ˈtrɔɪlɪzəm/ N (*NonC: frm*) triolisme *m*
**Troilus** /ˈtrɔɪləs/ N ◆ **Troilus and Cressida** Troïlus *m* et Cressida *f*

**Trojan** /ˈtrəʊdʒən/
**ADJ** (*Hist, Myth*) troyen
**N** 1 (*Hist*) Troyen(ne) *m(f)* ◆ **to work like a Trojan** travailler comme un forçat
2 (*Comput: also* **trojan**) troyen *m*
**COMP** **Trojan Horse** N (*lit, fig, Comput*) cheval *m* de Troie
**Trojan War** N ◆ **the Trojan War** or **Wars** la guerre de Troie

**troll¹** /trəʊl/ N troll *m*
**troll²** /trɒl/ VI (*Brit* = *stroll*) déambuler
**trolley** /ˈtrɒlɪ/
**N** (*esp Brit*) (*for luggage*) chariot *m* (à bagages) ; (*two-wheeled*) diable *m* ; (*for shopping*) poussette *f* ; (*in supermarket*) chariot *m*, caddie ® *m* ; (*also* **tea trolley**) table *f* roulante, chariot *m* à desserte ; (*in office*) chariot *m* à boissons ; (*for stretcher etc*) chariot *m* ; (*in mine, quarry etc*) benne *f* roulante ; (*on railway*) wagonnet *m* ; (*on tramcar*) trolley *m* ; (*US* = *tramcar*) tramway *m*, tram *m* ◆ **to be/go off one's trolley** ‡ (*Brit*) avoir perdu/perdre la boule ‡
**COMP** **trolley bus** N trolleybus *m*
**trolley car** N (*US*) tramway *m*, tram *m*
**trolley line** N (*US*) (= *rails*) voie *f* de tramway ; (= *route*) ligne *f* de tramway

**trollop** /ˈtrɒləp/ N traînée ‡ *f*
**trombidiasis** /ˌtrɒmbɪˈdaɪəsɪs/ N trombidiose *f*

**trombone** /trɒmˈbəʊn/ N trombone *m* (*Mus*)
**trombonist** /trɒmˈbəʊnɪst/ N tromboniste *mf*
**trommel** /ˈtrɒməl/ N trommel *m*
**trompe l'œil** /trɒmpˈlɔɪ/ (pl **trompe l'œils**) N
1 (= *technique*) trompe-l'œil *m inv*
2 (= *painting*) (peinture *f* en) trompe-l'œil *m inv*

**troop** /truːp/ SYN
**N** [*of people*] bande *f*, groupe *m* ; [*of animals*] bande *f*, troupe *f* ; [*of scouts*] troupe *f* ; (*Mil: of cavalry*) escadron *m* ◆ **troops** (*Mil*) troupes *fpl*
**VI** ◆ **to troop in/past** *etc* entrer/passer *etc* en bande *or* en groupe ◆ **they all trooped over to the window** ils sont tous allés s'attrouper près de la fenêtre
**VT** (*Brit Mil*) ◆ **to troop the colour** faire la parade du drapeau ◆ **trooping the colour** (= *ceremony*) le salut au drapeau (*le jour de l'anniversaire officiel de la Reine*)
**COMP** [*movements etc*] de troupes
**troop carrier** N (= *truck, ship*) transport *m* de troupes ; (= *plane*) avion *m* de transport militaire
**troop train** N train *m* militaire

**trooper** /ˈtruːpəʳ/ N (*Mil*) soldat *m* de cavalerie ; (*US* = *state trooper*) ≃ CRS *m* ; → **swear**
**troopship** /ˈtruːpʃɪp/ N transport *m* (*navire*)
**trope** /trəʊp/ N trope *m*
**trophoblast** /ˈtrɒfəˌblæst/ N trophoblaste *m*

**trophy** /ˈtrəʊfɪ/ SYN
**N** trophée *m*
**COMP** **trophy wife** * N (pl **trophy wives**) épouse que le mari exhibe comme signe extérieur de réussite

**tropic** /ˈtrɒpɪk/
**N** tropique *m* ◆ **Tropic of Cancer/Capricorn** tropique *m* du Cancer/du Capricorne ◆ **in the tropics** sous les tropiques
**ADJ** (*liter*) ⇒ **tropical**

**tropical** /ˈtrɒpɪkəl/ SYN
**ADJ** (*lit, fig*) tropical ◆ **the heat was tropical** il faisait une chaleur tropicale
**COMP** **tropical medicine** N médecine *f* tropicale
**tropical storm** N orage *m* tropical

**tropism** /ˈtrəʊpɪzəm/ N tropisme *m*
**tropopause** /ˈtrɒpəpɔːz/ N tropopause *f*
**troposphere** /ˈtrɒpəsfɪəʳ/ N troposphère *f*
**tropospheric** /ˌtrɒpəˈsferɪk/ ADJ troposphérique
**troppo** /ˈtrɒpəʊ/ ADV (*Mus*) troppo
**Trot*** /trɒt/ N (*pej*) (abbrev of **Trotskyist**) trotskard* *m*, trotskiste *mf*

**trot** /trɒt/ SYN
**N** 1 (= *pace*) trot *m* ◆ **to go at a trot** [*horse*] aller au trot, trotter ; [*person*] trotter ◆ **to go for a trot** (*aller*) faire du cheval
◆ **on the trot*** ◆ **five days/whiskies** etc **on the trot** cinq jours/whiskies etc de suite or d'affilée ◆ **he is always on the trot** il court tout le temps, il n'a pas une minute de tranquillité ◆ **to keep sb on the trot** ne pas accorder une minute de tranquillité à qn
2 ◆ **to have the trots*** (= *diarrhoea*) avoir la courante ‡
**VI** [*horse*] trotter ; [*person*] trotter, courir ◆ **trot in/past** etc [*person*] entrer/passer etc au trot *or* en courant
**VT** [+ *horse*] faire trotter
▸ **trot along** VI 1 ⇒ **trot over**
2 ⇒ **trot away**
▸ **trot away, trot off** VI partir *or* s'éloigner (au trot *or* en courant), filer*
▸ **trot out** VT SEP [+ *excuses, reasons*] débiter ; [+ *names, facts etc*] réciter d'affilée
▸ **trot over, trot round** VI aller, courir ◆ **he trotted over** *or* **round to the grocer's** il a fait un saut *or* a couru chez l'épicier

**troth** †† /trəʊθ/ N promesse *f*, serment *m* ◆ **by my troth** pardieu † ; → **plight²**
**Trotsky** /ˈtrɒtskɪ/ N Trotski *m*
**Trotskyism** /ˈtrɒtskɪɪzəm/ N trotskisme *m*
**Trotskyist** /ˈtrɒtskɪɪst/, **Trotskyite** /ˈtrɒtskɪaɪt/ ADJ, N trotskiste *mf*
**trotter** /ˈtrɒtəʳ/ N 1 (= *horse*) trotteur *m*, -euse *f*
2 (*Brit Culin*) ◆ **pig's/sheep's trotters** pieds *mpl* de porc/de mouton
**trotting** /ˈtrɒtɪŋ/ N (*Sport*) trot *m* ◆ **trotting race** course *f* de trot

**troubadour** /ˈtruːbədɔːʳ/ N troubadour *m*

**trouble** /ˈtrʌbl/ SYN

**N** [1] (NonC = difficulties, unpleasantness) ennuis *mpl* ◆ **I don't want any trouble** je ne veux pas d'ennuis ◆ **it's asking for trouble** c'est se chercher des ennuis ◆ **he goes around looking for trouble** il cherche les ennuis ◆ **he'll give you trouble** il vous donnera du fil à retordre ◆ **here comes trouble!** * aïe ! des ennuis en perspective ! ; → **mean¹**

♦ **to be in trouble** avoir des ennuis ◆ **you're in trouble now** ce coup-ci tu as des ennuis *or* tu as des problèmes ◆ **he's in trouble with the boss** il a des ennuis avec le patron

♦ **to get into trouble (with sb)** s'attirer des ennuis (avec qn) ◆ **he got into trouble for doing that** il a eu *or* il s'est attiré des ennuis pour (avoir fait) cela ◆ **he was always getting into trouble when he was little** il faisait toujours des bêtises quand il était petit

♦ **to get sb into trouble** causer des ennuis à qn, mettre qn dans le pétrin * ◆ **to get a girl into trouble** * *(euph)* mettre une fille enceinte

♦ **to get sb/get (o.s.) out of trouble** tirer qn/se tirer d'affaire

♦ **to make trouble** causer des ennuis *(for sb à qn)* ◆ **you're making trouble for yourself** tu t'attires des ennuis

[2] (NonC = bother, effort) mal *m*, peine *f* ◆ **it's no trouble** cela ne me dérange pas ◆ **it's no trouble to do it properly** ce n'est pas difficile de le faire comme il faut ◆ **it's not worth the trouble** cela ne *or* n'en vaut pas la peine ◆ **he/it is more trouble than he/it is worth** ça ne vaut pas la peine de s'embêter avec lui/ça ◆ **nothing is too much trouble for her** elle se dévoue *or* se dépense sans compter ◆ **I had all that trouble for nothing** je me suis donné tout ce mal pour rien ◆ **you could have saved yourself the trouble** tu aurais pu t'éviter cette peine ◆ **I'm giving you a lot of trouble** je vous donne beaucoup de mal, je vous dérange beaucoup ◆ **it's no trouble at all!** je vous en prie !, ça ne me dérange pas du tout !

♦ **to go to + trouble, to take + trouble** ◆ **he went to enormous trouble to help us** il s'est donné un mal fou *or* il s'est mis en quatre pour nous aider ◆ **to go to the trouble of doing sth, to take the trouble to do sth** se donner la peine *or* le mal de faire qch ◆ **he went to** *or* **took a lot of trouble over his essay** il s'est vraiment donné beaucoup de mal pour sa dissertation, il s'est vraiment beaucoup appliqué à sa dissertation ◆ **he didn't even take the trouble to warn me** il ne s'est même pas donné la peine de me prévenir

♦ **to put + trouble** ◆ **to put sb to some trouble** déranger qn ◆ **I don't want to put you to the trouble of writing** je ne veux pas qu'à cause de moi vous vous donniez *subj* le mal d'écrire ◆ **I'm putting you to a lot of trouble** je vous donne beaucoup de mal, je vous dérange beaucoup

[3] (= difficulty, problem) ennui *m*, problème *m* ; (= nuisance) ennui *m* ◆ **what's the trouble?** qu'est-ce qu'il y a ?, qu'est-ce qui ne va pas ?, qu'est-ce que tu as ? ◆ **that's (just) the trouble!** c'est ça l'ennui ! ◆ **the trouble is that...** l'ennui *or* le problème (c')est que... ◆ **the trouble with you is that you can never face the facts** l'ennui *or* le problème avec toi c'est que tu ne regardes jamais les choses en face ◆ **the carburettor is giving us trouble** nous avons des problèmes *or* des ennuis de carburateur ◆ **the technician is trying to locate the trouble** le technicien essaie de localiser la panne *or* le problème ◆ **there has been trouble between them ever since** depuis, ils s'entendent mal ◆ **he caused trouble between them** il a semé la discorde entre eux ◆ **I'm having trouble with my eldest son** mon fils aîné me donne des soucis *or* me cause des ennuis ◆ **the child is a trouble to his parents** l'enfant est un souci pour ses parents ◆ **that's the least of my troubles** c'est le cadet de mes soucis ◆ **he had trouble in tying his shoelace** il a eu du mal à attacher son lacet ◆ **did you have any trouble in getting here?** est-ce que vous avez eu des difficultés *or* des problèmes en venant ? ◆ **now your troubles are over** vous voilà au bout de vos peines ◆ **his troubles are not yet over** il n'est pas encore au bout de ses peines, il n'est pas encore sorti de l'auberge ◆ **family troubles** ennuis *mpl* domestiques *or* de famille ◆ **money troubles** soucis *mpl or* ennuis *mpl* d'argent *or* financiers ◆ **I have back trouble, my back is giving me trouble** j'ai mal au dos, j'ai des problèmes de dos ◆ **kidney/chest trouble** ennuis *mpl* rénaux/pulmonaires → **engine, heart**

[4] (= political, social unrest) troubles *mpl*, conflits *mpl* ◆ **there's been a lot of trouble in prisons lately** il y a beaucoup de troubles *or* de nombreux incidents dans les prisons ces derniers temps ◆ **the Troubles** *(Ir Hist) les conflits en Irlande du Nord* ◆ **labour troubles** conflits *mpl* du travail ◆ **there's trouble at the factory** ça chauffe * à l'usine

**VT** [1] (= worry) inquiéter ; (= inconvenience) gêner ; (= upset) troubler ◆ **to be troubled by anxiety** être sujet à des angoisses ◆ **to be troubled by pain** avoir des douleurs ◆ **his eyes trouble him** il a des problèmes d'yeux ◆ **do these headaches trouble you often?** est-ce que vous souffrez souvent de ces maux de tête ? ◆ **to be troubled with rheumatism** souffrir de rhumatismes ◆ **there's one detail that troubles me** il y a un détail qui me gêne ◆ **nothing troubles him** il ne se fait jamais de souci ; see also **troubled**

[2] (= bother) déranger ◆ **I am sorry to trouble you** je suis désolé de vous déranger ◆ **don't trouble yourself!** ne vous dérangez pas !, ne vous tracassez pas ! ◆ **he didn't trouble himself to reply** il ne s'est pas donné la peine de répondre ◆ **may I trouble you for a light?** puis-je vous demander du feu ? ◆ **I'll trouble you to show me the letter!** vous allez me faire le plaisir de me montrer la lettre ! ◆ **I shan't trouble you with the details** je vous ferai grâce des détails, je vous passerai les détails

**VI** se déranger ◆ **please don't trouble!** ne vous dérangez pas !, ne vous donnez pas cette peine-là ! ◆ **don't trouble about me** ne vous faites pas de souci pour moi ◆ **to trouble to do sth** se donner la peine *or* le mal de faire qch

**COMP** **trouble-free ADJ** *[period, visit]* sans ennuis *or* problèmes *or* soucis ; *[car]* qui ne tombe jamais en panne ; *[university]* non contestataire
**trouble spot N** point *m* chaud *or* névralgique
**trouble-torn ADJ** déchiré par les conflits

**troubled** /ˈtrʌbld/ **ADJ** [1] (= worried) *[person, expression]* inquiet (-ète *f*), préoccupé ; *[mind, look, voice]* inquiet (-ète *f*)

[2] (= disturbed, unstable) *[life, sleep]* agité ; *[relationship]* tourmenté ; *[area, country, region]* en proie à des troubles ; *[company, industry]* en difficulté ◆ **financially troubled** en proie à des difficultés financières ◆ **in these troubled times** en cette époque troublée ; → **oil, fish**

**troublemaker** /ˈtrʌblmeɪkəʳ/ SYN **N** fauteur *m*, -trice *f* de troubles, perturbateur *m*, -trice *f*

**troublemaking** /ˈtrʌblmeɪkɪŋ/

**N** comportement *m* perturbateur

**ADJ** perturbateur (-trice *f*)

**troubleshoot** /ˈtrʌblˌʃuːt/ **VI** *(gen)* (intervenir pour) régler un problème ; *(stronger)* (intervenir pour) régler une crise ; *(= find problem in engine, mechanism)* localiser une panne

**troubleshooter** /ˈtrʌblˌʃuːtəʳ/ **N** *(gen)* expert *m* (appelé en cas de crise) ; *[of conflict]* médiateur *m* ; *(= technician)* expert *m*

**troubleshooting** /ˈtrʌblˌʃuːtɪŋ/ **N** *(gen = fixing problems)* dépannage *m* ; *(= locating problems in engine, machine)* diagnostic *m* ◆ **most of my job is troubleshooting** l'essentiel de mon travail consiste à régler les problèmes

**troublesome** /ˈtrʌblsəm/ SYN **ADJ** *[person]* pénible ; *[pupil, tenant]* difficile, à problèmes ; *[question, issue, problem, period]* difficile ; *[task]* difficile, pénible ; *[request]* gênant, embarrassant ; *[cough, injury]* gênant, incommodant ◆ **his back is troublesome** il a des problèmes de dos ◆ **to be troublesome to** *or* **for sb** poser des problèmes à qn

**troubling** /ˈtrʌblɪŋ/ **ADJ** *[times, thought]* inquiétant

**troublous** /ˈtrʌbləs/ **ADJ** *(liter)* trouble, agité

**trough** /trɒf/ SYN **N** [1] (= depression) dépression *f*, creux *m* ; *(between waves)* creux *m* ; (= channel) chenal *m* ; *(fig)* point *m* bas ◆ **trough of low pressure** dépression *f*, zone *f* dépressionnaire

[2] (= drinking trough) abreuvoir *m* ; (= feeding trough) auge *f* ; (= kneading trough) pétrin *m*

**trounce** /traʊns/ SYN **VT** (= thrash) rosser, rouer de coups ; *(Sport = defeat)* écraser, battre à plate(s) couture(s)

**troupe** /truːp/ SYN **N** *(Theat)* troupe *f*

**trouper** /ˈtruːpəʳ/ SYN **N** *(Theat)* membre *m* d'une troupe de théâtre en tournée ◆ **an old trouper** *(fig)* un vieux de la vieille

**trouser** /ˈtraʊzəʳ/ *(esp Brit)*

**NPL** **trousers** pantalon *m* ◆ **a pair of trousers** un pantalon ◆ **long trousers** pantalon *m* long ◆ **short trousers** culottes *fpl* courtes ; → **wear**

**VT** (* Brit) ◆ **to trouser a sum of money** empocher * une somme

**COMP** **trouser clip N** pince *f* à pantalon
**trouser leg N** jambe *f* de pantalon
**trouser press N** presse *f* à pantalons
**trouser suit N** *(Brit)* tailleur-pantalon *m*

**trousseau** /ˈtruːsəʊ/ **N** (pl **trousseaus** *or* **trousseaux** /ˈtruːsəʊz/) trousseau *m (de jeune mariée)*

**trout** /traʊt/

**N** (pl **trout** *or* **trouts**) truite *f* ◆ **old trout** (* *(pej)* = woman) vieille bique * *f*

**COMP** **trout fisherman N** (pl **trout fishermen**) pêcheur *m* de truites
**trout fishing N** pêche *f* à la truite
**trout rod N** canne *f* à truite, canne *f* spéciale truite
**trout stream N** ruisseau *m* à truites

**trove** /trəʊv/ **N** → **treasure**

**trow** †† /traʊ/ **VTI** croire

**trowel** /ˈtraʊəl/ **N** *(Constr)* truelle *f* ; *(for gardening)* déplantoir *m* ; → **lay on**

**Troy** /trɔɪ/ **N** Troie

**troy** /trɔɪ/ **N** (also **troy weight**) troy *m*, troy-weight *m*, poids *m* de Troy

**truancy** /ˈtrʊənsɪ/ SYN **N** *(Scol)* absentéisme *m* (scolaire) ◆ **he was punished for truancy** il a été puni pour avoir manqué les cours *or* pour s'être absenté

**truant** /ˈtrʊənt/ SYN

**N** *(Scol)* élève *mf* absentéiste *or* absent(e) sans autorisation ◆ **to play truant** manquer les cours, faire l'école buissonnière ◆ **he's playing truant from the office today** (il n'est pas au bureau aujourd'hui,) il fait l'école buissonnière

**ADJ** *(liter)* *[thought]* vagabond

**COMP** **truant officer** (US) **N** *fonctionnaire chargé de faire respecter les règlements scolaires*

> (!) **truand** means 'gangster'.

**truce** /truːs/ SYN **N** trêve *f* ◆ **to call a truce** conclure une trêve

**Trucial** /ˈtruːʃəl/ **ADJ** ◆ **Trucial States** États *mpl* de la Trêve

**truck¹** /trʌk/ SYN

**N** [1] (NonC) (= barter) troc *m*, échange *m* ; (= payment) paiement *m* en nature ◆ **to have no truck with...** refuser d'avoir affaire à...

[2] (US = vegetables) produits *mpl etc* maraîchers

**COMP** **truck farm N** (US) jardin *m* potager
**truck farmer N** maraîcher *m*, -ère *f*
**truck farming N** culture *f* maraîchère
**truck garden N** ⇒ **truck farm**

**truck²** /trʌk/

**N** *(esp US = lorry)* camion *m* ; *(Brit : on train)* wagon *m* à plateforme, truck *m* ; (= luggage handcart) chariot *m* à bagages ; *(two-wheeled)* diable *m* ◆ **by truck** *(send)* par camion ; *(travel)* en camion

**VTI** *(esp US)* camionner

**COMP** **truck stop N** (US) routier *m*, restaurant *m* de routiers

**truckage** /ˈtrʌkɪdʒ/ **N** (US) camionnage *m*

**truckdriver** /ˈtrʌkdraɪvəʳ/ **N** *(esp US)* camionneur *m*, routier *m*

**trucker** /ˈtrʌkəʳ/ **N** [1] *(esp US = truck driver)* camionneur *m*, routier *m*

[2] *(US = market gardener)* maraîcher *m*

**trucking** /ˈtrʌkɪŋ/

**N** (US) camionnage *m*

**COMP** **trucking company N** (US) entreprise *f* de transports (routiers) *or* de camionnage

**truckle** /ˈtrʌkl/

**VI** s'humilier, s'abaisser *(to devant)*

**COMP** **truckle bed N** *(Brit)* lit *m* gigogne *inv*

**truckload** /ˈtrʌkləʊd/ **N** camion *m (cargaison)*

**truckman** /ˈtrʌkmən/ **N** (pl **-men**) (US) ⇒ **truckdriver**

**truculence** /ˈtrʌkjʊləns/ **N** brutalité *f*, agressivité *f*

> (!) In French, **truculence** means 'vividness', not **truculence**.

**truculent** /ˈtrʌkjʊlənt/ SYN ADJ agressif

> ⓘ In French, **truculent** means 'colourful', not **truculent**.

**truculently** /ˈtrʌkjʊləntlɪ/ ADV brutalement, agressivement

**trudge** /trʌdʒ/ SYN

VI ◆ **to trudge in/out/along** *etc* entrer/sortir/marcher *etc* péniblement *or* en traînant les pieds ◆ **we trudged round the shops** nous nous sommes traînés de magasin en magasin ◆ **he trudged through the mud** il pataugeait (péniblement) dans la boue

VT ◆ **to trudge the streets/the town** *etc* se traîner de rue en rue/dans toute la ville *etc*

N marche *f* pénible

**true** /truː/ LANGUAGE IN USE 11.1, 26.3 SYN

ADJ **1** *(= correct, accurate)* *[story, news, rumour, statement]* vrai ; *[description, account, report]* fidèle ; *[copy]* conforme ; *[statistics, measure]* exact ◆ **it is true that...** il est vrai que... + *indic* ◆ **is it true that...?** est-il vrai que... + *indic or subj* ? ◆ **it's not true that...** il n'est pas vrai que... + *indic or subj* ◆ **can it be true that...?** est-il possible que... + *subj* ? ◆ **is it true about Vivian?** est-ce vrai, ce que l'on dit à propos de Vivian ? ◆ **it is true to say that...** il est vrai que... ◆ **this is particularly true of...** cela s'applique particulièrement à... ◆ **that's true!** c'est vrai ! ◆ **too true!*** ça c'est bien vrai !, je ne te le fais pas dire ! ◆ **unfortunately this is only too true** *or* **all too true** malheureusement, ce n'est que trop vrai ◆ **to come true** *[wish, dream etc]* se réaliser ◆ **to make sth come true** faire que qch se réalise, réaliser qch ◆ **the same is true of** *or* **holds true for** il en va *or* est de même pour ◆ **he's got so much money it's not true!*** *(= incredible)* c'est incroyable ce qu'il est riche ! ; → **good, ring**[2]

**2** *(= real, genuine)* *(gen)* vrai, véritable ; *[cost]* réel ◆ **in Turkey you will discover the true meaning of hospitality** en Turquie, vous découvrirez le vrai *or* véritable sens de l'hospitalité ◆ **in the true sense (of the word)** au sens propre (du terme) ◆ **he has been a true friend to me** il a été un vrai *or* véritable ami pour moi ◆ **spoken like a true Englishman!** *(hum = well said!)* voilà qui est bien dit ! ◆ **I certify that this is a true likeness of Frances Elisabeth Dodd** je certifie que cette photographie représente bien Frances Elisabeth Dodd ◆ **to hide one's true feelings** cacher ses sentiments (profonds) ◆ **to discover one's true self** découvrir son véritable moi ◆ **true love** *(= real love)* le grand amour ; († *= sweetheart)* bien-aimé(e) † *m(f)* ◆ **to find true love (with sb)** connaître le grand amour (avec qn) ◆ **he taught maths but his true love was philosophy** il enseignait les maths, mais sa vraie passion était la philosophie ◆ **the course of true love never did run smooth** *(Prov)* un grand amour ne va pas toujours sans encombre ◆ **the one true God** le seul vrai Dieu, le seul Dieu véritable

**3** *(= faithful)* fidèle *(to sb/sth* à qn/qch) ◆ **to be true to one's word/to oneself** être fidèle à sa promesse/à soi-même ◆ **twelve good men and true** douze hommes parfaitement intègres *(représentant le jury d'un tribunal)* ◆ **true to life** *(= realistic)* réaliste ◆ **true to form** *or* **type, he...** comme on pouvait s'y attendre, il..., fidèle à ses habitudes, il... ◆ **to run true to form** *or* **type** *[project etc]* se dérouler comme on pouvait s'y attendre

**4** *(= straight, level)* *[surface, join]* plan, uniforme ; *[wall, upright]* d'aplomb ; *[beam]* droit ; *[wheel]* dans l'axe

◆ **out of true** *[beam]* tordu, gauchi ; *[surface]* gondolé ; *[join]* mal aligné ; *[wheel]* voilé, faussé ◆ **the wall is out of true** le mur n'est pas d'aplomb

**5** *(Mus)* *[voice, instrument, note]* juste

ADV *[aim, sing]* juste ◆ **to breed true** se reproduire selon le type parental ◆ **tell me true** †† dis-moi la vérité ◆ **you speak truer than you know** vous ne croyez pas si bien dire ; → **ring**[2]

VT *[+ wheel]* centrer

COMP **true-blue*** ADJ *[Conservative, Republican]* pur jus* ; *[Englishman, Australian]* jusqu'au bout des ongles
**true-born** ADJ véritable, vrai, authentique
**true-bred** ADJ de race pure, racé
**the True Cross** N la vraie Croix
**true-false test** N questionnaire *m or* test *m* du type « vrai ou faux »
**true-hearted** ADJ loyal, sincère
**true-life*** ADJ vrai, vécu
**true north** N le nord géographique

**truffle** /ˈtrʌfl/ N truffe *f*

**trug** /trʌg/ N *(Brit)* corbeille *f* de jardinier

**truism** /ˈtruːɪzəm/ SYN N truisme *m*

**truistic** /truːˈɪstɪk/ ADJ tautologique

**truly** /ˈtruːlɪ/ SYN ADV **1** *(= really)* vraiment, véritablement ◆ **a truly terrible film** un film vraiment mauvais ◆ **I am truly sorry (for what happened)** je suis sincèrement *or* vraiment désolé (de ce qui s'est passé) ◆ **he's a truly great writer** c'est véritablement un grand écrivain ◆ **he did say so, truly (he did)!** il l'a dit, je te jure !* ◆ **really and truly?*** vraiment ?, vrai de vrai ? ◆ **I'm in love, really and truly in love** je suis amoureux, éperdument amoureux ◆ **well and truly** bel et bien

**2** *(= faithfully)* *[reflect]* fidèlement

**3** *(= truthfully)* *[answer, tell]* franchement ◆ **tell me truly** dis-moi la vérité

**4** *(set phrase)*

◆ **yours truly** *(letter ending)* je vous prie d'agréer l'expression de mes respectueuses salutations ◆ **nobody knows it better than yours truly*** personne ne le sait mieux que moi

**trumeau** /trʊˈməʊ/ N (pl **trumeaux**) *(Archit)* trumeau *m*

**trump**[1] /trʌmp/

N *(Cards)* atout *m* ◆ **spades are trumps** atout pique ◆ **what's trump(s)?** quel est l'atout ? ◆ **the three of trump(s)** le trois d'atout ◆ **he had a trump up his sleeve** *(fig)* il avait un atout en réserve ◆ **he was holding all the trumps** il avait tous les atouts dans son jeu ◆ **to come up** *or* **turn up trumps*** *(Brit fig)* *(= succeed)* mettre dans le mille ; *(= come at the right moment)* tomber à pic* ; → **no**

VT *(Cards)* couper, prendre avec l'atout ◆ **to trump sb's ace** *(fig)* faire encore mieux que qn

COMP **trump card** N *(fig)* carte *f* maîtresse, atout *m*

▸ **trump up** VT SEP *[+ charge, excuse]* forger *or* inventer (de toutes pièces) ◆ **trumped-up charges** accusations forgées de toutes pièces

**trump**[2] /trʌmp/ N *(liter)* trompette *f* ◆ **the Last Trump** la trompette du Jugement (dernier)

**trumpery** /ˈtrʌmpərɪ/ SYN

N *(NonC)* *(= showy trash)* camelote* *f NonC* ; *(= nonsense)* bêtises *fpl*

ADJ *(= showy)* criard ; *(= paltry)* insignifiant, sans valeur

**trumpet** /ˈtrʌmpɪt/ SYN

N **1** *(= instrument)* trompette *f*

**2** *(= player: in orchestra)* trompettiste *mf* ; *(Mil etc = trumpeter)* trompette *m*

**3** *(= trumpet-shaped object)* cornet *m* ; → **ear**[1]

**4** *[of elephant]* barrissement *m*

VI *[elephant]* barrir

VT trompeter ◆ **don't trumpet it about** pas la peine de le crier sur les toits

COMP **trumpet blast** N coup *m or* sonnerie *f* de trompette
**trumpet call** N *(lit)* ⇒ **trumpet blast** appel *m* vibrant *(for* pour)

**trumpeter** /ˈtrʌmpɪtə^r/ N trompettiste *mf*

**trumpeting** /ˈtrʌmpɪtɪŋ/ N *[of elephant]* barrissement(s) *m(pl)*

**truncate** /trʌŋˈkeɪt/ SYN VT *(gen, Comput)* tronquer

**truncating** /trʌŋˈkeɪtɪŋ/ N *(Comput)* troncation *f*

**truncheon** /ˈtrʌntʃən/ SYN N *(= weapon)* matraque *f* ; *(Brit: for directing traffic)* bâton *m (d'agent de police)*

**trundle** /ˈtrʌndl/

VT *(= push/pull/roll)* pousser/traîner/faire rouler bruyamment

VI ◆ **to trundle in/along/down** entrer/passer/descendre lourdement *or* bruyamment

COMP **trundle bed** N *(US)* lit *m* gigogne

**trunk** /trʌŋk/ SYN

N *[of body, tree]* tronc *m* ; *[of elephant]* trompe *f* ; *(= luggage)* malle *f* ; *(US: of car)* coffre *m*

NPL **trunks** *(for swimming)* slip *m or* maillot *m* de bain ; *(underwear)* slip *m* (d'homme) ; → **swimmer**

COMP **trunk call** N *(Brit Telec)* communication *f* interurbaine
**trunk curl** N *(Gym)* ⇒ **sit-up** ; → **sit**
**trunk line** N *(Telec)* inter *m*, téléphone *m* interurbain ; *(= railway line)* grande ligne *f*
**trunk road** N *(Brit)* (route *f*) nationale *f* → ROADS

**trunkfish** /ˈtrʌŋkfɪʃ/ N coffre *m*

**trunnion** /ˈtrʌnɪən/ N tourillon *m*

**truss** /trʌs/ SYN

N *[of hay etc]* botte *f* ; *[of flowers, fruit on branch]* grappe *f* ; *(Constr)* ferme *f* ; *(Med)* bandage *m* herniaire

VT *[+ hay]* botteler ; *[+ chicken]* trousser ; *(Constr)* armer, renforcer

▸ **truss up** VT SEP *[+ prisoner]* ligoter

**trust** /trʌst/ LANGUAGE IN USE 20.3 SYN

N **1** *(NonC = faith, reliance)* confiance *f* *(in* en) ◆ **position of trust** poste *m* de confiance ◆ **breach of trust** abus *m* de confiance ◆ **to have trust in sb/sth** avoir confiance en qn/qch ◆ **to put** *or* **place (one's) trust in sb/sth** faire confiance *or* se fier à qn/qch

◆ **on trust** ◆ **to take sth on trust** accepter qch de confiance *or* les yeux fermés ◆ **you'll have to take what I say on trust** il vous faudra me croire sur parole ◆ **he gave it to me on trust** *(= without payment)* il me l'a donné sans me faire payer tout de suite

**2** *(Jur)* fidéicommis *m* ◆ **to set up a trust for sb** instituer un fidéicommis à l'intention de qn ◆ **to hold sth/leave money in trust for one's children** tenir qch/faire administrer un legs par fidéicommis à l'intention de ses enfants

**3** *(= charge, responsibility)* ◆ **to give sth into sb's trust** confier qch à qn ◆ **while this is in my trust, I...** aussi longtemps que j'en ai la charge *or* la responsabilité, je...

**4** *(Comm, Fin)* trust *m*, cartel *m* ; → **brain, investment, unit**

VT **1** *(= believe in, rely on)* *[+ person, object]* avoir confiance en, se fier à ; *[+ method, promise]* se fier à ◆ **don't you trust me?** tu n'as pas confiance (en moi) ? ◆ **he is not to be trusted** on ne peut pas lui faire confiance ◆ **you can trust me** vous pouvez avoir confiance en moi ◆ **you can trust me with your car** tu peux me confier ta voiture, tu peux me prêter ta voiture en toute confiance ◆ **he's not to be trusted with a knife** il ne serait pas prudent de le laisser manipuler un couteau ◆ **can we trust him to do it?** peut-on compter sur lui pour le faire ? ◆ **the child is too young to be trusted on the roads** l'enfant est trop petit pour qu'on le laisse *subj* aller dans la rue tout seul ◆ **I can't trust him out of my sight** j'ai si peu confiance en lui que je ne le quitte pas des yeux ◆ **trust you!*** *(iro)* ça ne m'étonne pas de toi !, (pour) ça on peut te faire confiance ! *(iro)* ◆ **trust him to break it!*** pour casser quelque chose on peut lui faire confiance ! ◆ **he can be trusted to do his best** on peut être sûr qu'il fera de son mieux ◆ **you can't trust a word he says** impossible de croire deux mots de ce qu'il raconte ◆ **I wouldn't trust him as far as I can throw him*** je n'ai aucune confiance en lui

**2** *(= entrust)* confier *(sth to sb* qch à qn)

**3** *(= hope)* espérer *(that* que) ◆ **I trust not** j'espère que non

VI ◆ **to trust in sb** se fier à qn, s'en remettre à qn ◆ **let's trust to luck** *or* **to chance** essayons tout de même, tentons notre chance, tentons le coup* ◆ **I'll have to trust to luck to find the house** il faudra que je m'en remette à la chance pour trouver la maison

COMP **trust account** N *(Banking)* compte *m* en fidéicommis
**trust company** N société *f* de gestion
**trust fund** N fonds *m* en fidéicommis
**trust hospital** N *(Brit)* *hôpital qui a choisi l'autonomie par rapport aux autorités locales*
**trust territory** N *(Pol)* territoire *m* sous tutelle

**trustbuster** /ˈtrʌstbʌstə^r/ N *(US)* *fonctionnaire chargé de faire appliquer la loi antitrust*

**trusted** /ˈtrʌstɪd/ ADJ *[friend, servant]* en qui on a confiance ; *[method]* éprouvé ; see also **tried-and-trusted** ; → **try**

**trustee** /trʌsˈtiː/

N **1** *(Jur)* fidéicommissaire *m*, curateur *m*, -trice *f* ◆ **trustee in bankruptcy** *(Jur, Fin)* ≃ syndic *m* de faillite

**2** *[of institution, school]* administrateur *m*, -trice *f* ◆ **the trustees** le conseil d'administration

**3** *(US Univ)* membre *m* du conseil d'université

COMP **Trustee Savings Bank** N *(Brit)* ≃ Caisse *f* d'épargne

**trusteeship** /trʌsˈtiːʃɪp/ N **1** *(Jur)* fidéicommis *m*, curatelle *f*

**2** *[of institution etc]* poste *m* d'administrateur ◆ **during his trusteeship** pendant qu'il était administrateur ◆ **the islands were placed un-**

**trusteeship** *der* UN trusteeship les îles furent placées sous tutelle de l'ONU

**trustful** /ˈtrʌstfʊl/ SYN ADJ ⇒ **trusting**

**trustfully** /ˈtrʌstfəlɪ/ ADV avec confiance

**trusting** /ˈtrʌstɪŋ/ ADJ confiant ◆ **a trusting relationship** une relation basée sur la confiance

**trustingly** /ˈtrʌstɪŋlɪ/ ADV en toute confiance

**trustworthiness** /ˈtrʌstˌwɜːðɪnɪs/ N (NonC) [of person] loyauté f, fidélité f ; [of statement] véracité f

**trustworthy** /ˈtrʌstˌwɜːðɪ/ SYN ADJ [person] digne de confiance ; [report, account] fidèle, exact

**trusty** /ˈtrʌstɪ/ SYN
ADJ (†† or hum) fidèle ◆ **his trusty steed** son fidèle coursier
N (in prison) détenu bénéficiant d'un régime de faveur

**truth** /truːθ/ SYN
N (pl **truths** /truːðz/) ① (NonC) vérité f ◆ **you must always tell the truth** il faut toujours dire la vérité ◆ **to tell you the truth** or **truth to tell, he...** à vrai dire or à dire vrai, il... ◆ **the truth of it is that...** la vérité c'est que... ◆ **there's no truth in what he says** il n'y a pas un mot de vrai dans ce qu'il dit ◆ **there's some truth in that** il y a du vrai dans ce qu'il dit (or dans ce que vous dites etc) ◆ **truth will out** (Prov) la vérité finira (toujours) par se savoir ◆ **the truth, the whole truth and nothing but the truth** (Jur) la vérité, toute la vérité et rien que la vérité ◆ **the honest truth** la pure vérité, la vérité vraie * ◆ **the plain unvarnished truth** la vérité toute nue, la vérité sans fard ◆ **in (all) truth** en vérité, à vrai dire ◆ **truth is stranger than fiction** la réalité dépasse la fiction
② vérité f ; → **home**
COMP **truth drug** N sérum m de vérité

**truthful** /ˈtruːθfʊl/ SYN ADJ ① (= honest) [person] qui dit la vérité ◆ **he's a very truthful person** il dit toujours la vérité ◆ **he was not being entirely truthful** il ne disait pas entièrement la vérité
② (= true) [answer, statement] exact ; [portrait, account] fidèle

**truthfully** /ˈtruːθfəlɪ/ ADV honnêtement

**truthfulness** /ˈtruːθfʊlnɪs/ N (NonC) véracité f

**try** /traɪ/ SYN
N ① (= attempt) essai m, tentative f ◆ **to have a try** essayer (at doing sth de faire qch) ◆ **to give sth a try** essayer qch ◆ **it was a good try** il a (or tu as etc) vraiment essayé ◆ **it's worth a try** cela vaut le coup d'essayer ◆ **to do sth at the first try** faire qch du premier coup ◆ **after three tries he gave up** il a abandonné après trois tentatives
② (Rugby) essai m ◆ **to score a try** marquer un essai
VT ① (= attempt) essayer, tâcher (to do sth de faire qch) ; (= seek) chercher (to do sth à faire qch) ◆ **try to eat** or **try and eat some of it** essaie or tâche d'en manger un peu ◆ **he was trying to understand** il essayait de or tâchait de or cherchait à comprendre ◆ **it's trying to rain** * il a l'air de vouloir pleuvoir * ◆ **I'll try anything once** je suis toujours prêt à faire un essai ◆ **just you try it!** (warning) essaie donc un peu !, essaie un peu pour voir ! * ◆ **you've only tried three questions** vous avez seulement essayé de répondre à trois questions ◆ **have you ever tried the high jump?** as-tu déjà essayé le saut en hauteur ? ◆ **to try one's best** or **one's hardest** faire de son mieux, faire tout son possible (to do sth pour faire qch) ◆ **to try one's hand at sth/at doing sth** s'essayer à qch/à faire qch
② (= sample, experiment with) [+ method, recipe, new material, new car] essayer ◆ **have you tried these olives?** avez-vous goûté à or essayé ces olives ? ◆ **won't you try me for the job?** vous ne voulez pas me faire faire un essai ? ◆ **have you tried aspirin?** avez-vous essayé de (prendre de) l'aspirine ? ◆ **try pushing that button** essayez de presser ce bouton ◆ **I tried three hotels but they were all full** j'ai essayé trois hôtels mais ils étaient tous complets ◆ **to try the door** essayer d'ouvrir la porte ◆ **try this for size** (gen) essaie ça pour voir ; (when suggesting sth) écoute un peu ça
③ (= test, put strain on) [+ person, sb's patience, strength, endurance] mettre à l'épreuve, éprouver ; [+ vehicle, plane] tester ; [+ machine, gadget] tester, mettre à l'essai ; [+ eyes, eyesight] fatiguer ◆ **to try one's strength against sb** se mesurer à qn ◆ **to try one's wings** essayer de voler de ses propres ailes ◆ **to try one's luck** tenter sa chance, tenter le coup ◆ **this material has been tried and tested** ce tissu a subi tous les tests

◆ **he was tried and found wanting** il ne s'est pas montré à la hauteur, il n'a pas répondu à ce qu'on attendait de lui ◆ **they have been sorely tried** ils ont été durement éprouvés ; → **well²**
④ (Jur) [+ person, case] juger ◆ **to try sb for theft** juger qn pour vol ◆ **he was tried by court-martial** (Mil) il est passé en conseil de guerre
VI essayer ◆ **try again!** recommence !, refais un essai ! ◆ **just you try!** essaie donc un peu !, essaie un peu pour voir ! * ◆ **I didn't even try (to)** je n'ai même pas essayé ◆ **I couldn't have done that (even) if I'd tried** je n'aurais pas pu faire cela même si je l'avais voulu ◆ **to try for a job/a scholarship** essayer d'obtenir un poste/une bourse ◆ **it wasn't for lack** or **want of trying that he...** ce n'était pas faute d'avoir essayé qu'il...
COMP **tried-and-tested, tried-and-trusted** ADJ éprouvé, qui a fait ses preuves ◆ **to be tried and tested** or **trusted** avoir fait ses preuves ◆ **select a couple of ingredients and add them to a tried-and-tested recipe of your own** choisissez un ou deux ingrédients et intégrez-les à une recette que vous connaissez bien
**try line** N (Rugby) ligne f de but, ligne f d'essai
**try-on** * N ◆ **it's a try-on** c'est du bluff

▶ **try on** VT SEP ① [+ garment, shoe] essayer ◆ **try this on for size** [+ garment] essayez cela pour voir si c'est votre taille ; [+ shoe] essayez cela pour voir si c'est votre pointure
② (Brit *) ◆ **to try it on with sb** essayer de voir jusqu'où l'on peut pousser qn ; (sexually) faire des avances à qn ◆ **he's trying it on** il essaie de voir jusqu'où il peut aller ◆ **he's trying it on to see how you'll react** il essaie de voir comment tu vas réagir ◆ **don't try anything on!** ne fais pas le malin or la maligne !
N ◆ **try-on** * → **try**

▶ **try out** VT SEP [+ machine, new material] essayer, faire l'essai de ; [+ new drug, new recipe, method, solution] essayer ; [+ new teacher, employee etc] mettre à l'essai ◆ **try it out on the cat first** essaie d'abord de voir quelle est la réaction du chat

▶ **try over** VT SEP (Mus) essayer

**trying** /ˈtraɪɪŋ/ SYN ADJ [person] difficile, fatigant ; [experience, time] éprouvant

**tryout** /ˈtraɪaʊt/ N (= trial) essai m ; (Sport) épreuve f de sélection ; (Theat) audition f ◆ **to give sb/sth a tryout** mettre qn/qch à l'essai

**trypanosome** /ˈtrɪpənəˌsəʊm/ N (Med) trypanosome m

**trypanosomiasis** /ˌtrɪpənəsəˈmaɪəsɪs/ N trypanosomiase f

**trypsin** /ˈtrɪpsɪn/ N trypsine f

**trypsinogen** /trɪpˈsɪnədʒən/ N trypsinogène m

**tryptophan** /ˈtrɪptəˌfæn/ N tryptophane m

**tryst** †† /trɪst/ N ① (= meeting) rendez-vous m galant
② (also **trysting place**) lieu m de rendez-vous galant

**tsar** /zɑːʳ/ SYN N ① (= ruler) tsar m
② (Pol) ◆ **alcohol/tobacco tsar** responsable de la lutte contre l'alcoolisme/le tabagisme

**tsarevitch** /ˈzɑːrəvɪtʃ/ N tsarévitch m

**tsarina** /zɑːˈriːnə/ N tsarine f

**tsarism** /ˈzɑːrɪzəm/ N tsarisme m

**tsarist** /ˈzɑːrɪst/ N, ADJ tsariste mf

**tsetse fly** /ˈtsetsɪflaɪ/ N mouche f tsé-tsé inv

**TSH** /ˌtiːesˈeɪtʃ/ N (Bio) (abbrev of **thyroid-stimulating hormone**) thyrotrop(h)ine f

**tsk** /tʌsk/ EXCL allons donc !

**tsp.** (pl **tsp.** or **tsps.**) (abbrev of **teaspoon(ful)**) c. f à café

**TSS** /ˌtiːesˈes/ N (abbrev of **toxic shock syndrome**) → **toxic**

**tsunami** /tsʊˈnɑːmɪ/ N tsunami m

**Tswana** /ˈtswɑːnə/ N (pl **Tswana** or **Tswanas**) (= person) Tswana mf ; (= language) tswana m

**TT** /ˌtiːˈtiː/ ADJ ① abbrev of **teetotal, teetotaller**
② (abbrev of **tuberculin tested**) → **tuberculin**

**TTFN** * /ˌtiːtiːefˈen/ (Brit) (abbrev of **ta-ta for now**) salut, à plus *

**TTL** /ˌtiːtiːˈel/ ADJ (Phot) (abbrev of **through the lens**) ◆ **a camera with TTL meter** un appareil avec mesure de l'exposition à travers l'objectif

**TU** /ˌtiːˈjuː/ N (abbrev of **Trade(s) Union**) → **trade**

**Tuareg** /ˈtwɑːreg/
N Targui(e) m(f), Touareg mf ◆ **the Tuaregs** les Touaregs
ADJ targui, touareg f inv ◆ **Tuareg customs** les coutumes touaregs

**tub** /tʌb/
N (gen, also in washing machine) cuve f ; (for washing clothes) baquet m ; (for flowers) bac m ; (also bathtub) tub m ; (in bathroom) baignoire f ; (* = boat) sabot * m, rafiot * m ; (for cream etc) (petit) pot m
COMP **tub gurnard** N (= fish) grondin-perlon m
**tub-thumper** N (Brit fig) orateur m démagogue
**tub-thumping** (Brit fig) N (NonC) démagogie f
ADJ démagogique

**tuba** /ˈtjuːbə/ N (pl **tubas** or (frm) **tubae** /ˈtjuːbiː/) tuba m

**tubal** /ˈtjuːbl/ ADJ (Med) [of ligation, pregnancy] tubaire

**tubbiness** * /ˈtʌbɪnɪs/ N embonpoint m

**tubby** * /ˈtʌbɪ/ ADJ rondelet, dodu

**tube** /tjuːb/
N (gen, Anat, Telec, TV) tube m ; [of tyre] chambre f à air ◆ **the tube** (Brit = the Underground) le métro ◆ **to go by tube** (Brit) prendre le métro ◆ **the tube** * (US = television) la télé ◆ **to go down the tubes** * tourner en eau de boudin *, partir en couille ‡ (fig) → **inner**
COMP **tube station** N (Brit) station f de métro

**tubeless** /ˈtjuːblɪs/ ADJ [tyre] sans chambre à air

**tuber** /ˈtjuːbəʳ/ N (Bot, Anat) tubercule m

**tubercle** /ˈtjuːbɜːkl/
N (Anat, Bot, Med) tubercule m
COMP **tubercle bacillus** N bacille m de Koch

**tubercular** /tjʊˈbɜːkjʊləʳ/
ADJ (Anat, Bot, Med) tuberculeux ◆ **tubercular patients** les tuberculeux mpl
COMP **tubercular meningitis** N (Med) méningite f tuberculeuse

**tuberculation** /tjʊˌbɜːkjʊˈleɪʃən/ N tuberculisation f

**tuberculin** /tjʊˈbɜːkjʊlɪn/ N tuberculine f ◆ **tuberculin-tested cows** vaches fpl tuberculinisées ◆ **tuberculin-tested milk** ≈ lait m certifié

**tuberculosis** /tjʊˌbɜːkjʊˈləʊsɪs/ N tuberculose f ◆ **he's got tuberculosis** il a la tuberculose ◆ **tuberculosis sufferer** tuberculeux m, -euse f

**tuberculous** /tjʊˈbɜːkjʊləs/ ADJ ⇒ **tubercular**

**tuberose** /ˈtjuːbərəʊs/ N tubéreuse f

**tubing** /ˈtjuːbɪŋ/ N (NonC) (= tubes collectively) tubes mpl, tuyaux mpl ; (= substance) tube m, tuyau m ◆ **rubber tubing** tube m or tuyau m en caoutchouc

**tubular** /ˈtjuːbjʊləʳ/
ADJ tubulaire
COMP **tubular bells** NPL (Mus) carillon m
**tubular steel** N tubes mpl métalliques or d'acier
**tubular steel chair** N chaise f tubulaire

**tubulate** /ˈtjuːbjʊleɪt/ ADJ tubulé

**tubule** /ˈtjuːbjʊl/ N (Anat) tube m

**tubuliflorous** /ˌtjuːbjʊlɪˈflɔːrəs/ ADJ tubuliflore

**TUC** /ˌtiːjuːˈsiː/ N (Brit) (abbrev of **Trades Union Congress**) → **trade**

**tuck** /tʌk/ SYN
N ① (Sewing) rempli m ◆ **to put** or **take a tuck in sth** faire un rempli dans qch
② (NonC: Brit Scol = food) boustifaille ‡ f
VT ① (gen) mettre ◆ **to tuck a blanket round sb** envelopper qn dans une couverture ◆ **he tucked the book under his arm** il a mis or rangé le livre sous son bras ◆ **he tucked his shirt into his trousers** il a rentré sa chemise dans son pantalon ◆ **he was sitting with his feet tucked under him** il avait les pieds repliés sous lui
② (Sewing) faire un rempli dans
VI ◆ **to tuck into a meal** attaquer un repas
COMP **tuck-in** * N bon repas m, festin m (hum) ◆ **they had a (good) tuck-in** ils ont vraiment bien mangé
**tuck-shop** N (Brit Scol) petite boutique où les écoliers peuvent acheter des pâtisseries, des bonbons etc

▶ **tuck away** VT SEP ① (= put away) mettre, ranger ◆ **tuck it away out of sight** cache-le ◆ **the hut is tucked away among the trees** la cabane se cache or est cachée or est perdue parmi les arbres
② (* = eat) bouffer ‡

▶ **tuck in**
   **VI** (Brit * = eat) (bien) boulotter * ✦ **tuck in!** attaquez !
   **VT SEP** [+ shirt, flap, stomach] rentrer ; [+ bedclothes] border ✦ **to tuck sb in** border qn
   **N** ✦ **tuck-in** * → **tuck**
▶ **tuck under VT SEP** [+ flap] rentrer
▶ **tuck up VT SEP** [+ skirt, sleeves] remonter ; [+ hair] relever ; [+ legs] replier ✦ **to tuck sb up (in bed)** (Brit) border qn (dans son lit)

**tuckbox** /ˈtʌkbɒks/ **N** (Brit Scol) boîte f à provisions

**tucker**[1] /ˈtʌkə$^r$/
   **N** [1] (Dress ††) fichu m ; → **bib**
   [2] (* = food) bouffe * f
   **COMP** **tucker-bag** * **N** (Austral) besace f

**tucker**[2] * /ˈtʌkə$^r$/ **VT** (US) fatiguer, crever * ✦ **tuckered (out)** * crevé *, vanné *

**Tudor** /ˈtjuːdə$^r$/ **ADJ** (Archit) Tudor inv ; [period] des Tudors ; → **stockbroker**

**Tue(s).** abbrev of **Tuesday**

**Tuesday** /ˈtjuːzdɪ/ **N** mardi m ; → **shrove** ; pour autres loc voir **Saturday**

**tufa** /ˈtjuːfə/ **N** tuf m calcaire

**tuff** /tʌf/ **N** (Geol) tuf m

**tuffet** /ˈtʌfɪt/ **N** [of grass] touffe f d'herbe ; (= stool) (petit) tabouret m

**tuft** /tʌft/ **N** touffe f ✦ **tuft of feathers** (on bird) huppe f, aigrette f ✦ **tuft of hair** (on top of head) épi m ; (anywhere on head) touffe f de cheveux ✦ **his hair's coming out in tufts** ses cheveux tombent par touffes entières

**tufted** /ˈtʌftɪd/
   **ADJ** [grass] en touffe ; [eyebrows] broussailleux ; [bird, head] huppé
   **COMP** **tufted duck N** (fuligule m) morillon m

**tug** /tʌg/ **SYN**
   **N** [1] (= pull) (petite) saccade f, (petit) coup m ✦ **to give sth a tug** tirer sur qch ✦ **I felt a tug at my sleeve/on the rope** j'ai senti qu'on me tirait par la manche/qu'on tirait sur la corde ✦ **parting with them was quite a tug** les quitter a été un vrai déchirement
   [2] (also **tugboat**) remorqueur m
   **VT** (= pull) [+ rope, sleeve etc] tirer sur ; (= drag) tirer, traîner ; (Naut) [+ ship] remorquer ✦ **to tug sth up/down** faire monter/faire descendre qch en le tirant or en le traînant
   **VI** tirer fort or sec (at, on sur)
   **COMP** **tug-of-love** * **N** lutte acharnée entre les parents d'un enfant pour en avoir la garde
   **tug-of-war N** (Sport) tir à la corde ; (fig) lutte f (acharnée or féroce)

**tuition** /tjuˈɪʃən/ **SYN**
   **N** (NonC) cours mpl ✦ **private tuition** cours mpl particuliers (in de)
   **COMP** **tuition fees NPL** (Scol etc) frais mpl de scolarité

**tularaemia, tularemia** (US) /ˌtuːləˈriːmɪə/ **N** tularémie f

**tulip** /ˈtjuːlɪp/ **N** tulipe f ✦ **tulip tree** tulipier m

**tulle** /tjuːl/ **N** tulle m

**tum** * /tʌm/ **N** (Brit) ventre m, bide * m

**tumble** /ˈtʌmbl/ **SYN**
   **N** [1] (= fall) chute f, culbute f ; [of acrobat etc] culbute f, cabriole f ✦ **to have** or **take a tumble** faire une chute or une culbute ✦ **they had a tumble in the hay** (fig) ils ont folâtré dans le foin
   [2] (= confused heap) amas m ✦ **in a tumble** en désordre
   **VI** [1] (= fall) dégringoler, tomber ; (= trip) trébucher (over sur) ; [river, stream] descendre en cascade ; [prices] chuter, dégringoler ; (fig) [person, ruler] faire la culbute ; [acrobat etc] faire des culbutes or des cabrioles ✦ **he tumbled out of bed** il est tombé du lit ; see also **vi 2** ✦ **to tumble head over heels** faire la culbute, culbuter ✦ **to tumble downstairs** culbuter or dégringoler dans l'escalier ✦ **he tumbled over a chair** il a trébuché sur une chaise ✦ **he tumbled over the cliff/into the river** il est tombé du haut de la falaise/dans la rivière ✦ **the clothes tumbled out of the cupboard** la pile de vêtements a dégringolé quand on a ouvert le placard ✦ **the tumbling waters of the Colorado River** les eaux tumultueuses du Colorado ✦ **to tumble into war/depression** (Brit) basculer dans la guerre/la dépression
   [2] (= rush) se jeter ✦ **he tumbled into bed** il s'est jeté au lit ✦ **he tumbled out of bed** il a bondi hors du lit ✦ **they tumbled out of the car** ils ont déboulé de la voiture
   [3] (Brit * fig = realize) ✦ **to tumble to sth** réaliser * qch ✦ **then I tumbled (to it)** c'est là que j'ai pigé *
   **VT** [+ pile, heap] renverser, faire tomber ; [+ hair] ébouriffer ; [+ books, objects] jeter en tas or en vrac ✦ **tumbled** [room] en désordre ; [bed] défait ; [clothes] chiffonné
   **COMP** **tumble-dry VT** faire sécher dans le sèche-linge
   **tumble dryer N** sèche-linge m

▶ **tumble about, tumble around**
   **VI** [puppies, children] gambader, s'ébattre ; [acrobat] cabrioler
   **VT SEP** [+ books, objects] mélanger

▶ **tumble down VI** [person] faire une chute or une culbute, culbuter ✦ **to be tumbling down** [building etc] tomber en ruine

▶ **tumble out**
   **VI** [objects, contents] tomber en vrac, s'éparpiller
   **VT SEP** [+ objects, contents] faire tomber en vrac

▶ **tumble over**
   **VI** culbuter
   **VT SEP** renverser, faire tomber

**tumbledown** /ˈtʌmbldaʊn/ **SYN ADJ** en ruine, délabré

**tumbler** /ˈtʌmblə$^r$/
   **N** (= glass) verre m (droit) ; (of plastic, metal) gobelet m ; (in lock) gorge f (de serrure) ; (also **tumble dryer**) tambour m or séchoir m (à linge) à air chaud ; (Tech etc = revolving drum) tambour m rotatif ; (= acrobat) acrobate mf ; (= pigeon) pigeon m culbutant
   **COMP** **tumbler switch N** (Elec) interrupteur m à bascule

**tumbleweed** /ˈtʌmblwiːd/ **N** (espèce f d')amarante f

**tumbrel** /ˈtʌmbrəl/, **tumbril** /ˈtʌmbrɪl/ **N** tombereau m

**tumefaction** /ˌtjuːmɪˈfækʃən/ **N** tuméfaction f

**tumefy** /ˈtjuːmɪfaɪ/
   **VT** tuméfier
   **VI** se tuméfier

**tumescence** /tjuːˈmesns/ **N** tumescence f

**tumescent** /tjuːˈmesnt/ **ADJ** tumescent

**tumid** /ˈtjuːmɪd/ **ADJ** (Med) tuméfié ; (fig) ampoulé

**tummy** * /ˈtʌmɪ/
   **N** ventre m
   **COMP** **tummy tuck N** plastie f abdominale ✦ **to have a tummy tuck** se faire retendre le ventre

**tummyache** * /ˈtʌmɪeɪk/ **N** mal m de ventre

**tumoral** /ˈtjuːmərəl/ **ADJ** tumoral

**tumour, tumor** (US) /ˈtjuːmə$^r$/ **SYN N** tumeur f

**tumuli** /ˈtjuːmjʊlaɪ/ **NPL** of **tumulus**

**tumult** /ˈtjuːmʌlt/ **SYN N** (= uproar) tumulte m ; (emotional) émoi m ✦ **in (a) tumult** dans le tumulte ; (emotionally) en émoi

**tumultuous** /tjuːˈmʌltjʊəs/ **SYN ADJ** [events, period] tumultueux ; [welcome, reception] enthousiaste ; [applause] frénétique ✦ **the tumultuous changes in Eastern Europe** les bouleversements en Europe de l'Est

**tumultuously** /tjuːˈmʌltjʊəslɪ/ **ADV** tumultueusement

**tumulus** /ˈtjuːmjʊləs/ **N** (pl **tumuli**) tumulus m

**tun** /tʌn/ **N** fût m, tonneau m

**tuna** /ˈtjuːnə/ (pl **tuna** or **tunas**) **N** (also **tuna fish**) thon m ; → **blue, long**[1]

**tunable** /ˈtjuːnəbl/ **ADJ** accordable

**tundra** /ˈtʌndrə/ **N** toundra f

**tune** /tjuːn/ **SYN**
   **N** [1] (= melody) air m ✦ **he gave us a tune on the piano** il nous a joué un air au piano ✦ **there's not much tune to it** ce n'est pas très mélodieux ✦ **he can't sing a note of** [sing] sur l'air de ; [march, process] aux accents de ✦ **repairs to the tune of £300** des réparations atteignant la coquette somme de 300 livres ✦ **to change one's tune, to sing another** or **a different tune** (fig) changer de discours or de chanson * ✦ **to call the tune** (= give orders) commander ; (= take decisions) décider ; → **dance**
   [2] (NonC) ✦ **to be in tune** [instrument] être accordé ; [singer] chanter juste ✦ **to be out of tune** [instrument] être désaccordé ; [singer] chanter faux ✦ **to sing/play in tune** chanter/jouer juste ✦ **to sing/play out of tune** chanter/jouer faux ✦ **to be in/out of tune with...** (fig) être en accord/désaccord avec...
   **VT** (Mus) accorder ; (Rad, TV: also **tune in**) régler (to sur) ; [+ car engine] régler, mettre au point ✦ **you are tuned in to...** (Rad) vous êtes à l'écoute de... ; → **stay**[1]
   **COMP** **tune-up N** [of engine] réglage m, mise f au point

▶ **tune in** (Rad, TV)
   **VI** se mettre à l'écoute (to de) ✦ **tune in again tomorrow** soyez de nouveau à l'écoute demain ✦ **thousands tuned in** des milliers de gens se sont mis à l'écoute
   **VT SEP** (Rad, TV) régler (to sur) ✦ **predatory fish are tuned in to all movement in the sea around them** les poissons prédateurs captent les ondes émises par tout mouvement dans la mer ✦ **to be tuned in to...** (fig = aware of) être à l'écoute de... ✦ **to be tuned in to new developments** être au fait des derniers développements ✦ **he is/isn't tuned in** * (fig) il est/n'est pas dans la course * ; see also **tune vt**

▶ **tune out** *
   **VI** (fig) débrancher *, faire la sourde oreille
   **VT SEP** (fig) ne pas faire attention à, faire la sourde oreille à

▶ **tune up**
   **VI** (Mus) accorder son (or ses) instrument(s)
   **VT SEP** [+ instrument] accorder ; [+ engine] mettre au point
   **N** ✦ **tune-up** → **tune**

**tuneful** /ˈtjuːnfʊl/ **SYN ADJ** [music, instrument, voice] mélodieux

**tunefully** /ˈtjuːnfəlɪ/ **ADV** mélodieusement

**tunefulness** /ˈtjuːnfʊlnɪs/ **N** [of music, instrument, voice] caractère m mélodieux

**tuneless** /ˈtjuːnlɪs/ **SYN ADJ** peu mélodieux, discordant, dissonant

**tunelessly** /ˈtjuːnlɪslɪ/ **ADV** [sing, play] faux

**tunelessness** /ˈtjuːnlɪsnɪs/ **N** sonorités fpl discordantes, dissonance f

**tuner** /ˈtjuːnə$^r$/
   **N** (= person) accordeur m ; (Rad: also **stereo tuner**) syntoniseur m, syntonisateur m (Can) ; (= knob) bouton m de réglage ; → **piano**
   **COMP** **tuner amplifier N** ampli-tuner m

**tungstate** /ˈtʌŋsteɪt/ **N** tungstate m

**tungsten** /ˈtʌŋstən/ **N** (NonC) tungstène m ✦ **tungsten lamp/steel** lampe f/acier m au tungstène

**tungstic acid** /ˌtʌŋstɪk/ **N** acide m tungstique

**Tungusian** /tʊŋˈgʊsɪən/ **ADJ** toungouze

**Tungusic** /tʊŋˈgʊsɪk/ **ADJ, N** toungouze m

**tunic** /ˈtjuːnɪk/ **N** tunique f

**tuning** /ˈtjuːnɪŋ/
   **N** (Mus) accord m ; (Rad, TV) réglage m ; [of engine] réglage(s), mise f au point
   **COMP** **tuning fork N** (Mus) diapason m
   **tuning key N** (Mus) accordoir m
   **tuning knob N** (Rad etc) bouton m de réglage

**Tunis** /ˈtjuːnɪs/ **N** Tunis

**Tunisia** /tjuːˈnɪzɪə/ **N** Tunisie f

**Tunisian** /tjuːˈnɪzɪən/
   **ADJ** (gen) tunisien ; [ambassador, embassy] de Tunisie
   **N** Tunisien(ne) m(f)

**tunnel** /ˈtʌnl/ **SYN**
   **N** (gen) tunnel m ; (in mine) galerie f ✦ **to make a tunnel** ⇒ **to tunnel vi, channel**
   **VI** [people, rabbits etc] percer or creuser un or des tunnel(s) or des galeries (into dans ; under sous) ✦ **to tunnel in/out** etc entrer/sortir etc en creusant un tunnel
   **VT** percer or creuser un or des tunnel(s) dans ✦ **a mound tunnelled by rabbits** un monticule dans lequel les lapins ont percé or creusé des galeries ✦ **shelters tunnelled out of the hillside** des abris creusés à flanc de colline ✦ **to tunnel one's way in** etc ⇒ **to tunnel in vi**
   **COMP** **tunnel diode N** (Phys) diode f (à effet de) tunnel
   **tunnel effect N** (Phys) effet m tunnel
   **tunnel vision N** (Opt) rétrécissement m du champ visuel ✦ **to have tunnel vision** (fig) avoir des œillères

**tunny** /ˈtʌnɪ/ **N** (pl **tunny** or **tunnies**) ⇒ **tuna**

**tup** /tʌp/ (esp Brit)
**N** (= ram) bélier m
**VT** [+ ewe] monter, couvrir

**tupelo** /'tjuːpɪləʊ/ **N** (pl **tupelos**) nyssa m, tupelo m

**Tupi** /tuːˈpiː/ **N** (pl **Tupi** or **Tupis**) 1 (= language) tupi m
2 (= person) Tupi mf

**tuppence** /'tʌpəns/ **N** (abbrev of **twopence**) deux pence mpl ◆ **it's not worth tuppence** * ça ne vaut pas un radis * ◆ **I don't care tuppence** * je m'en fiche (comme de l'an quarante) *

**tuppenny** † /'tʌpənɪ/
**ADJ** (= twopenny) à deux pence ◆ **a tuppenny bit** une pièce de deux pence ◆ **I don't give a tuppenny damn** * (Brit) je m'en contrefiche * ◆ **she doesn't give a tuppenny damn for** or **about...** elle se contrefiche de... *
**COMP tuppenny-ha'penny** † * **ADJ** (fig) (= insignificant) de quatre sous, à la noix *

**Tupperware** ® /'tʌpəweə<sup>r</sup>/
**N** Tupperware ® m
**ADJ** Tupperware ®

**turban** /'tɜːbən/
**N** turban m
**VT** ◆ **turbaned** [person, head] enturbanné

**turbid** /'tɜːbɪd/ **ADJ** (frm : lit, fig) turbide

**turbidity** /tɜːˈbɪdɪtɪ/ **N** (frm) turbidité f (frm)

**turbinate bones** /'tɜːbɪneɪt/ **NPL** cornets mpl du nez

**turbine** /'tɜːbaɪn/
**N** turbine f ◆ **steam/gas turbine** turbine f à vapeur/à gaz
**COMP turbine engine N** turbomoteur m

**turbo** /'tɜːbəʊ/
**N** turbo m
**COMP turbo car N** (Aut) turbo m
**turbo engine N** (Aut) moteur m turbo, turbomoteur m
**turbo pump N** turbopompe f

**turbo...** /'tɜːbəʊ/ **PREF** turbo...

**turbocharged** /'tɜːbəʊˌtʃɑːdʒd/ **ADJ** turbocompressé ◆ **turbocharged engine** moteur m turbo

**turbocharger** /'tɜːbəʊˌtʃɑːdʒə<sup>r</sup>/ **N** (Aut) turbocompresseur m de suralimentation

**turbofan** /ˌtɜːbəʊˈfæn/ **N** (= fan) turbofan m ; (also **turbofan engine**) turbofan m, turboventilateur m

**turbogenerator** /ˈtɜːbəʊdʒenəˈreɪtə<sup>r</sup>/ **N** turbogénérateur m

**turbojet** /'tɜːbəʊdʒet/ **N** (also **turbojet engine**) turboréacteur m ; (also **turbojet aircraft**) avion m à turboréacteur

**turboprop** /'tɜːbəʊprɒp/ **N** (also **turboprop engine**) turbopropulseur m ; (also **turboprop aircraft**) avion m à turbopropulseur

**turbosupercharger** /ˈtɜːbəʊˈsuːpətʃɑːdʒə<sup>r</sup>/ **N** turbocompresseur m de suralimentation

**turbot** /'tɜːbət/ **N** (pl **turbot** or **turbots**) turbot m

**turbulence** /'tɜːbjʊləns/ **SYN** **N** (NonC) turbulence f (also Aviat) ; [of waves, sea] agitation f

**turbulent** /'tɜːbjʊlənt/ **SYN** **ADJ** 1 (= choppy) [water, sea] agité, turbulent (liter) ◆ **turbulent air/water** turbulences fpl
2 (= troubled) [time, period] agité ; [history, events, career] tumultueux ; [crowd, person, personality, mood] turbulent
3 (liter = disorderly, troublesome) [person] turbulent

**turd** *** /tɜːd/ **N** merde * ** f ; (= person) con *** m, couillon *** m

**tureen** /təˈriːn/ **N** soupière f

**turf** /tɜːf/ **SYN**
**N** (pl **turfs** or **turves**) 1 (NonC = grass) gazon m ; (one piece) motte f de gazon ; (NonC = peat) tourbe f ; (Sport) turf m
2 * [of gang activity] territoire m or secteur m réservé ◆ **to be on the turf** * [prostitute] faire le trottoir *
**VT** 1 (also **turf over**) [+ land] gazonner
2 (Brit *) (= throw) balancer *, jeter ; (= push) pousser * (= put) mettre, flanquer *
**COMP turf accountant N** (Brit) bookmaker m
**turf war N** guerre f de territoire

▶ **turf in** * **VT SEP** (Brit) [+ objects] balancer * dedans ◆ **he turfed it all in** * (fig = give up) il a tout plaqué *

▶ **turf out** * **VT SEP** (Brit) [+ objects] sortir ; (= throw away) bazarder * ; [+ person] flanquer à la porte *, virer * ; * [+ suggestion] démolir *

**Turgenev** /tuːˈɡeɪnɪv/ **N** Tourgueniev m

**turgescence** /tɜːˈdʒesns/ **N** turgescence f

**turgescent** /tɜːˈdʒesnt/ **ADJ** turgescent

**turgid** /'tɜːdʒɪd/ **ADJ** 1 (lit = swollen) turgide
2 (fig = stodgy, lifeless) [style, essay etc] indigeste ; [language] lourd
3 (fig = pompous) [style, essay, language etc] ampoulé

**Turin** /tjʊəˈrɪn/ **N** Turin ◆ **the Turin Shroud** le saint suaire de Turin

**Turing machine** /ˈtjʊərɪŋ/ **N** (Comput) machine f de Turing

**turion** /ˈtʊərɪən/ **N** turion m

**Turk** /tɜːk/
**N** Turc m, Turque f ◆ **young Turk** (fig:esp Pol) jeune Turc m
**COMP Turk's-cap lily N** martagon m

**Turkey** /'tɜːkɪ/
**N** Turquie f
**COMP Turkey oak N** chêne m chevelu
**Turkey red N** rouge m turc

**turkey** /'tɜːkɪ/
**N** (pl **turkey** or **turkeys**) 1 dindon m, dinde f ; (Culin) dinde f ◆ **to talk turkey** * (US fig) parler net or franc ◆ **it would be like turkeys voting for Christmas** (esp Brit) cela reviendrait à signer son arrêt de mort ; → **cold**
2 (esp US : Cine, Theat * = flop) four * m
3 ( * = awkward person) balourd m
**COMP turkey buzzard N** vautour m aura
**turkey cock N** dindon m
**turkey shoot N** (fig) combat m inégal

**Turkish** /'tɜːkɪʃ/
**ADJ** turc (turque f) ; [ambassador, embassy] de Turquie ; [teacher] de turc ◆ **as thin as a Turkish cat** maigre comme un clou
**N** (= language) turc m
**COMP Turkish bath N** bain m turc
**Turkish cat N** chat m turc or du lac de Van
**Turkish coffee N** café m turc
**Turkish Cypriot ADJ** chypriote turc (turque f) **N** (= person) Chypriote mf turc (turque f)
**Turkish delight N** (NonC) loukoum m
**Turkish towel N** serviette f éponge inv
**Turkish towelling N** (NonC) tissu m éponge NonC

**Turkmen** /'tɜːkmen/
**ADJ** turkmène
**N** 1 Turkmène mf
2 (= language) turkmène m

**Turkmenia** /tɜːkˈmiːnɪə/ **N** Turkménie f

**Turkmenistan** /'tɜːkmenɪsˌtɑːn/ **N** Turkménistan m ◆ **in Turkmenistan** au Turkménistan

**Turkoman** /'tɜːkəmən/
**N** Turkmène mf
**ADJ** turkmène

**turmeric** /'tɜːmərɪk/ **N** (NonC) curcuma m

**turmoil** /'tɜːmɔɪl/ **SYN** **N** agitation f, trouble m ; (emotional) trouble m, émoi m ◆ **everything was in (a) turmoil** c'était le bouleversement or le chambardement * le plus complet

◆ ◆ ◆ ◆ ◆ ◆ ◆ ◆ ◆ ◆ ◆ ◆ ◆ ◆ ◆ ◆

## turn /tɜːn/ SYN

1 - NOUN
2 - TRANSITIVE VERB
3 - INTRANSITIVE VERB
4 - COMPOUNDS
5 - PHRASAL VERBS

◆ ◆ ◆ ◆ ◆ ◆ ◆ ◆ ◆ ◆ ◆ ◆ ◆ ◆ ◆ ◆

### 1 - NOUN

1 [= MOVEMENT: OF WHEEL, HANDLE ETC] tour m ◆ **to give sth a turn** tourner qch (une fois) ◆ **to give a screw a turn** donner un tour de vis ◆ "**The Turn of the Screw**" (Literat) « Le Tour d'écrou » ◆ **with a turn of his head he could see...** en tournant la tête il voyait...

2 [= BEND] (in road etc) tournant m, virage m ; (Ski) virage m ◆ **to make a turn** [person, vehicle, road] tourner ; [ship] virer de bord ◆ "**no left turn**" « défense de tourner à gauche » ◆ **take the next turn on the left** prenez la prochaine route (or rue) à gauche ◆ **the economy may at last be on the turn** l'économie pourrait enfin se redresser

◆ **to take a + turn (for)** ◆ **to take a turn for the worse** s'aggraver ◆ **to take a turn for the bet-**

**ter** s'améliorer ◆ **the patient took a turn for the worse/better** l'état du malade s'est aggravé/amélioré ◆ **things took a new turn** les choses ont pris une nouvelle tournure ◆ **events took a tragic turn** les événements ont pris un tour or une tournure tragique

3 [= WALK] tour m ◆ **to go for** or **take a turn in the park** aller faire un tour dans le parc

4 [ * = ATTACK] crise f, attaque f ◆ **he had one of his turns last night** il a eu une nouvelle crise or attaque la nuit dernière ◆ **she has giddy** or **dizzy turns** elle a des vertiges

5 [= FRIGHT] coup * m ◆ **it gave me quite a turn, it gave me a nasty turn** ça m'a fait un sacré coup *

6 [= ACTION] ◆ **to do sb a good turn** rendre un service à qn ◆ **to do sb a bad turn** jouer un mauvais tour à qn ◆ **one good turn deserves another** (Prov) un prêté pour un rendu (Prov)

7 [= ACT : ESP BRIT] numéro m ◆ **to do a turn** faire un numéro

8 [Mus] doublé m

9 [IN GAME, QUEUE, SERIES] tour m ◆ **it's your turn** c'est votre tour, c'est à vous ◆ **it's your turn to play** (c'est) à vous de jouer ◆ **whose turn is it?** (gen) c'est à qui le tour ? ; (in game) c'est à qui de jouer ?, c'est à qui le tour ? ◆ **wait your turn** attendez votre tour ◆ **to take turns at doing sth, to take it in turn(s) to do sth** faire qch à tour de rôle ◆ **take it in turns!** chacun son tour ! ◆ **to take turns at the wheel** se relayer au volant ◆ **shall I take a turn at the wheel?** est-ce que tu veux que je conduise un peu ?

10 [Culin] ◆ **done to a turn** à point

11 [SET STRUCTURES]

◆ **at every turn** à tout instant

◆ **by turns** (= alternately) tantôt... tantôt... ; (= one after another) à tour de rôle ◆ **he was by turns optimistic and despairing** il était tour à tour optimiste, tantôt désespéré, il était tour à tour optimiste et désespéré ◆ **the pictures are by turns shocking, charming and cheeky** ces photos sont tantôt choquantes, tantôt pleines de charme et de malice ◆ **my sister and I visit our mother by turns** ma sœur et moi rendons visite à notre mère à tour de rôle

◆ **in turn** (= one after another) à tour de rôle ; (= then) à mon (or son, notre, leur etc) tour ◆ **they answered in turn** ils ont répondu à tour de rôle, ils ont répondu chacun (à) leur tour ◆ **and they, in turn, said...** et, à leur tour, ils ont dit... ◆ **he told a colleague, who in turn told a reporter** il l'a dit à un collègue qui à son tour en a parlé à un journaliste

◆ **out of turn** ◆ **I don't want to speak out of turn but I think that...** je ne devrais peut-être pas dire cela mais je pense que...

◆ **turn (and turn) about** à tour de rôle ◆ **they share responsibilities turn and turn about** ils sont responsables à tour de rôle

◆ **turn of** + noun ◆ **at the turn of the** CENTURY au début du siècle ◆ **turn of** DUTY(Mil) tour m de garde or de service ◆ **this was a surprising turn of** EVENTS c'était là quelque chose de tout à fait inattendu ◆ **to be of** or **have a scientific turn of** MIND avoir l'esprit scientifique ◆ **to be of a pragmatic/of an analytic turn of** MIND avoir l'esprit pratique/l'esprit d'analyse ◆ **to have an original turn of** MIND avoir une tournure d'esprit originale ◆ **turn of** PHRASE tournure f, tour m de phrase ◆ **to have a good turn of** SPEED avoir une bonne pointe de vitesse ◆ **at the turn of the** YEAR en fin d'année

### 2 - TRANSITIVE VERB

▶ For **turn** + **adverb/preposition** combinations see also phrasal verbs.

1 [+ HANDLE, KNOB, SCREW, KEY, WHEEL] tourner ; (mechanically) faire tourner ◆ **turn it to the left** tournez-le vers la gauche ◆ **what turns the wheel?** qu'est-ce qui fait tourner la roue ? ◆ **he turned the wheel sharply** (driver) il a donné un brusque coup de volant ◆ **you can turn it through 90°** on peut le faire pivoter de 90° ◆ **turn the key in the lock** tourne la clé dans la serrure

2 [+ PAGE] tourner ◆ **to turn the page** (also fig) tourner la page

3 [+ MATTRESS, PILLOW, COLLAR, SOIL, STEAK, RECORD] retourner ◆ **to turn one's ankle** se tordre la cheville ◆ **it turns my stomach** cela me soulève le cœur, cela m'écœure

4 [= CHANGE POSITION OF, DIRECT] [+ car, object] tourner (towards vers) ; [+ gun, hose, searchlight] braquer (on sb sur qn) ; [+ thoughts, attention] tourner, diriger (towards vers) ◆ **turn the knob to**

**"high"** tournez le bouton jusqu'à « maximum » ◆ **turn the switch to "on"** mettez l'interrupteur en position « marche » ◆ **turn it to "wash"** mettez-le en position « lavage » ◆ **turn your face this way** tourne-toi de ce côté-ci ◆ **to turn the lights low** baisser les lumières ◆ **without turning a hair** sans sourciller, sans broncher ◆ **already in her first film she turned a few heads** déjà dans son premier film, on l'avait remarquée ◆ **he turned his steps southward** il dirigea ses pas vers le sud ◆ **they turned his argument against him** ils ont retourné son raisonnement contre lui ◆ **they turned him against his father** ils l'ont monté contre son père

5 [= DEFLECT] *[+ blow]* parer, détourner ◆ **nothing will turn him from his purpose** rien ne l'écartera *or* ne le détournera de son but

6 [= SHAPE] *[+ wood]* tourner

7 [= REACH] *[+ age, time]* ◆ **as soon as he turned 18** dès qu'il a eu 18 ans ◆ **he has** *or* **is turned 40** il a plus de 40 ans ◆ **it's turned 3 o'clock** il est 3 heures passées

8 [= TRANSFORM] changer, transformer *(into* en) *(= translate)* traduire *(into* en) ◆ **his goal turned the game** *(Brit Sport)* son but a changé la physionomie du match *or* a changé la donne ◆ **she turned him into a frog** elle l'a changé *or* transformé en grenouille ◆ **they turned the land into a park** ils ont transformé le terrain en parc ◆ **the experience turned him into a misogynist** cette expérience a fait de lui un misogyne ◆ **an actor turned writer** un acteur devenu écrivain ◆ **turn your talents into hard cash** transformez vos talents en espèces sonnantes et trébuchantes ◆ **to turn a book into a play/film** adapter un livre pour la scène/à l'écran ◆ **she turned her dreams to reality** elle a réalisé ses rêves ◆ **to turn the milk (sour)** faire tourner le lait ◆ **to turn sth black** noircir qch ◆ **it turned him green with envy** il en était vert de jalousie

### 3 - INTRANSITIVE VERB

1 [= MOVE ROUND] *[handle, knob, wheel, screw, key]* tourner ; *[person]* se tourner *(to, towards* vers) *(right round)* se retourner ◆ **turn to face me** tourne-toi vers moi ◆ **he turned and saw me** il s'est retourné et m'a vu ◆ **he turned to me and smiled** il s'est tourné vers moi et a souri ◆ **he turned to look at me** il s'est retourné pour me regarder ◆ **he turned to lie on his other side** il s'est retourné de l'autre côté ◆ **his stomach turned at the sight** le spectacle lui a retourné l'estomac *or* soulevé le cœur ◆ **he would turn in his grave if he knew...** il se retournerait dans sa tombe s'il savait...

♦ **to turn on sth** *[+ hinge, axis]* tourner sur qch ◆ **the earth turns on its axis** la terre tourne sur son axe ◆ **it all turns on whether he has the money** *(= depend)* tout dépend s'il a l'argent ou non ◆ **the plot turns on a question of mistaken identity** l'intrigue repose sur une erreur d'identité ; see also **phrasal verbs**

2 [= MOVE IN DIFFERENT DIRECTION] *[person, vehicle]* tourner ; *[aircraft]* changer de cap ; *(= reverse direction)* faire demi-tour ; *[ship]* virer ; *[road, river]* faire un coude ; *[wind]* tourner ; *[tide]* changer de direction ◆ **right turn!** *(Mil)* demi-tour, droite ! ◆ **turn first right** prenez la première à droite ◆ **they turned and came back** ils ont fait demi-tour et sont revenus sur leurs pas ◆ **the car turned at the end of the street** *(= turned round)* la voiture a fait demi-tour au bout de la rue ; *(= turned off)* la voiture a tourné au bout de la rue ◆ **there's nowhere to turn** *(in car)* il n'y a pas d'endroit où faire demi-tour ◆ **the car turned into a side street** la voiture a tourné dans une rue transversale ◆ **our luck has turned** la chance a tourné pour nous ◆ **the game turned after half-time** *(Brit Sport)* la physionomie du match a changé après la mi-temps ◆ **he didn't know which way to turn** *(fig)* il ne savait plus où donner de la tête ◆ **where can I turn for money?** où pourrais-je trouver de l'argent ?

♦ **to turn against sb** se retourner contre qn

♦ **to turn to sb** *(lit)* se tourner vers qn ; *(for help)* s'adresser à qn ◆ **he turned to me for advice** il s'est adressé à moi pour me demander conseil ◆ **our thoughts turn to those who...** nos pensées vont à ceux qui...

♦ **to turn to sth** *(= resort)* se tourner vers qch ◆ **turn to page 214** voir page 214 ◆ **to turn (to the) left** tourner à gauche ◆ **farmers are increasingly turning to organic methods** les agriculteurs se tournent de plus en plus vers une agriculture biologique ◆ **he turned to drink** il s'est mis à boire ; see also **vi 3**

3 [= BECOME]

♦ **turn** + *adjective* ◆ **to turn nasty/dangerous/pale** devenir méchant/dangereux/pâle ◆ **to turn professional** passer professionnel ◆ **to turn Catholic** se convertir au catholicisme ◆ **the weather has turned cold** le temps s'est rafraîchi

♦ **to turn into** + *noun* devenir ◆ **he turned into a frog** il se changea *or* se transforma en grenouille ◆ **the whole thing turned into a nightmare** ça a dégénéré en cauchemar, c'est devenu un véritable cauchemar

♦ **to turn to** + *noun* ◆ **his admiration turned to scorn** son admiration se changea en *or* fit place au mépris ◆ **his love turned to hatred** son amour se changea en haine *or* fit place à la haine ◆ **to turn to stone** se changer en pierre ◆ **his knees turned to water** *or* **jelly** ses jambes se sont dérobées sous lui ; see also **vi 2**

4 [= CHANGE] *[weather]* changer ; *[milk]* tourner ; *[leaves]* jaunir

### 4 - COMPOUNDS

**turn-off** N 1 [ON ROAD] embranchement *m (où il faut tourner)*

2 ◆ **it's a (real) turn-off!** ⁑ c'est vraiment à vous rebuter ! ; *(stronger)* c'est vraiment à vous dégoûter ! * ; *(also sexually)* c'est vraiment pas sexy ! *

**turn-on**⁑ N ◆ **it's a (real) turn-on!** c'est excitant !

**turn signal** N (US) clignotant *m*

**turn-up** N *(Brit) [of trousers]* revers *m* ◆ **that was a turn-up (for the books)!** * *(fig)* ça a été une belle surprise !

### 5 - PHRASAL VERBS

▸ **turn about, turn around**

VI *[person]* se retourner ; *[vehicle]* faire demi-tour ; *[object, wind]* tourner ◆ **about turn!** *(Mil)* demi-tour !

VT SEP 1 *(lit)* tourner dans l'autre sens

2 *(= change mind, tactics)* ◆ **to turn sb around** faire changer d'avis à qn ◆ **to turn things around** renverser la situation ◆ **to turn a company around** remettre une entreprise sur pied ; see also **turn round**

▸ **turn aside**

VI *(lit, fig)* se détourner *(from* de)

VT SEP détourner

▸ **turn away**

VI se détourner *(from* de)

VT SEP 1 *[+ head, face]* tourner ; *[+ eyes, gun]* détourner ◆ **he turned his thoughts away from the problem** il efforçait de ne plus penser à ce problème

2 *(= send away) [+ spectator]* refuser l'entrée à ; *[+ immigrants]* refouler ; *[+ applicants]* refuser ; *[+ offer]* refuser, rejeter ◆ **they're turning business** *or* **customers away** ils refusent des clients

▸ **turn back**

VI 1 *[traveller]* rebrousser chemin, faire demi-tour ; *[vehicle]* faire demi-tour ; *(= reverse a decision)* faire marche arrière ◆ **the government cannot turn back now** le gouvernement ne peut pas faire marche arrière maintenant ◆ **there is no turning back** on ne peut pas retourner en arrière

2 ◆ **to turn back to page 100** revenir à la page 100

VT SEP 1 *(= fold, bend) [+ bedclothes, collar]* rabattre

2 *(= send back) [+ person, vehicle]* faire faire demi-tour à ; *[+ demonstrators]* faire refluer

3 *[+ clock]* retarder ; *(hands of clock)* reculer ◆ **we can't turn the clock back** on ne peut pas revenir en arrière ◆ **it has turned the clock back ten years** cela nous a fait revenir dix ans en arrière

▸ **turn down**

VT SEP 1 *(= fold, bend) [+ collar]* rabattre ◆ **to turn down the corner of the page** corner la page ◆ **to turn down the bed** rabattre les draps

2 *(= reduce) [+ gas, heat, lighting, radio, music]* baisser

3 *(= refuse) [+ offer, suggestion, suitor]* rejeter, repousser ; *[+ candidate, volunteer]* refuser

4 *(= place upside down) [+ playing card]* retourner (face contre table)

VI *(= decrease) [rate, level]* baisser

▸ **turn in**

VI 1 ◆ **to turn in to a driveway** *[car, person]* tourner dans une allée

2 *(* = go to bed)* aller se coucher

VT SEP 1 ◆ **to turn in the ends of sth** rentrer les bouts de qch

2 *(= hand over) [+ wanted man]* livrer (à la police) ; *[+ stolen goods]* restituer ◆ **to turn o.s. in** se rendre, se livrer à la police

3 *(= submit) [+ report]* faire, soumettre

4 *(esp US = surrender, return) [+ borrowed goods, equipment]* rendre *(to* à)

VT FUS *(Sport)* ◆ **to turn in a good performance** *[player, team]* bien se comporter

▸ **turn off**

VI 1 *[person, vehicle]* tourner

2 ◆ **to turn off automatically** *[heater, oven etc]* s'éteindre automatiquement

VT FUS *[+ road]* quitter ◆ **they decided to turn off the motorway** ils décidèrent de quitter l'autoroute

VT SEP 1 *[+ water, tap]* fermer ; *[+ radio, television]* éteindre ; *[+ electricity, gas]* éteindre, fermer ; *[+ water, electricity] (at main)* couper ; *[+ heater]* éteindre, fermer ◆ **he turned the programme off** *(Rad)* il a éteint la radio ; *(TV)* il a éteint la télé ◆ **to turn off the light** éteindre (la lumière) ◆ **to turn off the engine** arrêter *or* couper le moteur ◆ **the oven turns itself off** le four s'éteint tout seul *or* automatiquement

2 *(* = repel)* rebuter ◆ **aggressive men turn me off** les hommes agressifs me rebutent ◆ **what turns teenagers off science?** qu'est-ce qui, dans les sciences, rebute les adolescents ?

▸ **turn on**

VI 1 *[heater, oven etc]* ◆ **to turn on automatically** s'allumer automatiquement

2 *(TV)* ◆ **millions of viewers turn on at 6 o'clock** des millions de téléspectateurs allument la télé à 6 heures

VT FUS *(= attack)* attaquer ◆ **the dog turned on him** le chien l'a attaqué ◆ **they turned on him and accused him of treachery** ils s'en sont pris à lui et l'ont accusé de trahison

VT SEP 1 *[+ tap]* ouvrir ; *[+ water]* faire couler ; *[+ gas, electricity, radio, television, heater]* allumer ; *[+ engine, machine]* mettre en marche ◆ **to turn on the light** allumer (la lumière) ◆ **when you arrive, you will need to turn on the electricity and gas** lorsque vous arriverez, il va falloir brancher l'électricité et le gaz ◆ **to turn on the charm** * faire du charme

2 *(* = excite)* exciter ◆ **she turns him on** elle l'excite ◆ **this music turns me on**⁑ cette musique me fait quelque chose * ◆ **to be turned on** *(sexually)* être excité *(by* par) ◆ **some men are turned on by power** il y a des hommes que le pouvoir excite ; see also **turn vi**

3 *(= cause to be interested)* ◆ **to turn sb on to sth** donner à qn le goût de qch

▸ **turn out**

VI 1 *(from bed)* se lever ; *(from house)* sortir ◆ **not many people turned out to see her** peu de gens sont venus la voir

2 ◆ **to turn out of a driveway** *[car, person]* sortir d'une allée

3 ◆ **his toes turn out** il a les pieds en canard

4 *(= be found)* s'avérer ◆ **it turned out that she had not seen her** il s'est avéré qu'elle ne l'avait pas vue ◆ **it turned out to be true** cela s'est avéré juste ◆ **it turned out to be wrong** cela s'est avéré faux ◆ **it turned out to be harder than we thought** cela s'est avéré plus difficile que l'on ne pensait ◆ **he turned out to be an excellent neighbour** il s'est avéré être un très bon voisin

5 *(= happen)* se passer ◆ **it all depends how things turn out** tout dépend de la façon dont les choses vont se passer ◆ **everything will turn out all right** tout finira bien ◆ **as it turned out, nobody came** en fin de compte personne n'est venu

6 ◆ **it turned out nice** *[weather]* il a fait beau en fin de compte

VT SEP 1 *[+ light]* éteindre ; *[+ gas]* éteindre, fermer

2 ◆ **to turn one's toes out** marcher en canard

3 *(= empty out) [+ pockets, suitcase]* vider ; *[+ room, cupboard]* nettoyer à fond ; *[+ cake, jelly]* démouler *(on to* sur) ; *(= expel) [+ person]* mettre à la porte ; *[+ tenant]* expulser ◆ **they turned him out of the house** ils l'ont mis à la porte ◆ **to turn sb out of his job** renvoyer qn

4 *[+ troops, police]* envoyer

5 *(= produce) [+ goods]* fabriquer, produire ◆ **the college turns out good teachers** le collège forme de bons professeurs

6 ◆ **to be well turned out** être élégant

▶ **turn over**

**VI** ⓵ [person] se retourner ; [car etc] se retourner, faire un tonneau ; [boat] se retourner, chavirer ◆ **she turned over and went back to sleep** elle s'est retournée et s'est rendormie ◆ **my stomach turned over** (at gruesome sight) j'ai eu l'estomac retourné ; (from fright) mon sang n'a fait qu'un tour ◆ **the engine was turning over** le moteur tournait au ralenti

⓶ (= change channel) changer de chaîne ; (= turn page) tourner la page ◆ **please turn over** (in letter etc)(abbr **PTO**) tournez s'il vous plaît (abbr **TSVP**)

**VT SEP** ⓵ [+ page] tourner ; [+ mattress, patient, earth, playing card, plate, tape] retourner ◆ **to turn over an idea in one's mind** retourner une idée dans sa tête, ressasser une idée

⓶ (= hand over) [+ object, papers] rendre ; [+ person] livrer (to sb)

⓷ (= give up) [+ job, responsibility] déléguer

**VT FUS** ◆ **the firm turns over £10,000 a week** l'entreprise réalise un chiffre d'affaires de 10 000 livres par semaine

▶ **turn over to VT FUS** ◆ **the land has been turned over to sugar production** les terres sont maintenant consacrées à la production de sucre

▶ **turn round**

**VI** ⓵ [person] se retourner ; (= change direction) [person, vehicle] faire demi-tour ; (= rotate) [object] tourner ◆ **to turn round and round** tourner sur soi-même ◆ **turn round and look at me** retourne-toi et regarde-moi ◆ **he turned round and came back** il a fait demi-tour et est revenu sur ses pas ◆ **he turned round and said he was leaving** (fig) il a subitement annoncé qu'il partait

⓶ (= improve) [business, economy] se redresser

⓷ [ship, plane] (= unload, reload and leave) décharger, recharger et repartir

**VT SEP** ⓵ [+ one's head] tourner ; [+ object] tourner, retourner ; [+ person] faire tourner ; [+ ship, aircraft] faire faire demi-tour à ◆ **he turned the car round** il a fait demi-tour ◆ **to turn a ship/plane round** (= unload and reload) décharger et recharger un bateau/avion ◆ **to turn an order round** (Comm) exécuter une commande

⓶ (= make successful) [+ business, economy] redresser ; (= rephrase) [+ sentence, idea] reformuler ◆ **to turn things round** renverser la situation ◆ **if you turned this round a bit it would be very funny** si vous formuliez cela un peu différemment, ce pourrait être très drôle ◆ **to turn sb round** (= change mind, tactics) faire changer qn d'avis

▶ **turn up**

**VI** ⓵ (= arrive) arriver ; [playing card] sortir ◆ **something will turn up** on va bien trouver quelque chose ◆ **I've lost my job – something will turn up (for you)** j'ai perdu mon poste – tu finiras bien par trouver quelque chose ◆ **don't worry about your ring, I'm sure it will turn up (again)** ne t'en fais pas pour ta bague, je suis sûr que tu finiras par la retrouver ◆ **to turn up again** [person] réapparaître ; → **trump**¹

⓶ ◆ **his nose turns up at the end** il a le nez retroussé or en trompette

⓷ [prices] remonter ◆ **profits turned up in the last quarter** les bénéfices ont remonté au dernier trimestre

**VT SEP** ⓵ [+ collar] relever ; [+ sleeve] retrousser, relever ◆ **to have a turned-up nose** avoir le nez retroussé or en trompette ◆ **it really turns me up\*** (= disgust) ça me dégoûte

⓶ (= dig up) [+ buried object] déterrer ; (= find) [+ lost object, reference, evidence] trouver ◆ **a survey turned up more than 3,000 people suffering from...** une enquête a révélé que plus de 3 000 personnes souffraient de...

⓷ [+ radio, television] mettre plus fort ◆ **to turn up the sound** monter le son or volume ◆ **when the sugar has dissolved, turn up the heat** une fois le sucre dissous, faites cuire à feu plus vif ◆ **to turn up the heat** (fig) accentuer la pression

**turnabout** /'tɜːnəbaʊt/ **N** (lit, fig) volte-face f inv ◆ **an unprecedented turnabout in its European policy** une volte-face sans précédent dans sa politique européenne ◆ **we may well see a considerable turnabout in her attitude** il se peut bien que l'on voie son attitude changer radicalement

**turnaround** /'tɜːnəraʊnd/ **N** ⓵ (= complete change) transformation f radicale ; (= economic improvement) redressement m ; (= place for turning vehicle) endroit m pour manœuvrer ; (= unloading time etc) [of plane, truck] rotation f ; [of ship] estarie f, starie f ◆ **turnaround time** (Comm) [of order] temps m d'exécution ; (Comput) temps m de retournement ◆ **I did a complete turnaround in my opinion of her** l'opinion que j'avais d'elle a complètement changé ◆ **a vast turnaround in the way we do business** une transformation radicale de nos méthodes commerciales ◆ **a turnaround in the housing market** un redressement du marché de l'immobilier ◆ **the turnaround time for our trucks is three hours** nos camions opèrent des rotations de trois heures

**turncoat** /'tɜːnkəʊt/ **N** renégat(e) m(f)

**turndown** /'tɜːndaʊn/
**N** ⓵ [of sales, rate, tendency] fléchissement m, (tendance f à la) baisse f
⓶ (= rejection) refus m
**ADJ** [flap] à rabattre ◆ **turndown collar** col m rabattu

**turner** /'tɜːnə'/ **N** tourneur m

**turnery** /'tɜːnərɪ/ **N** atelier m de tournage

**turning** /'tɜːnɪŋ/ **SYN**
**N** ⓵ (= side road) route f (or rue f) latérale ; (= fork) embranchement m ; (= bend in road, river) coude m ◆ **take the second turning on the left** prenez la deuxième à gauche
⓶ (NonC: on lathe) tournage m
**COMP turning circle N** [of car] rayon m de braquage
**turning lathe N** tour m
**turning point SYN N** ◆ **he was at a turning point in his career** il était à un tournant de sa carrière ◆ **that was the turning point in her life** ce fut le moment décisif de sa vie

**turnip** /'tɜːnɪp/
**N** navet m
**COMP turnip moth N** agrotis m

**turnkey** /'tɜːnkiː/
**N** geôlier m, -ière f
**COMP turnkey factory N** usine f clés en main

**turnout** /'tɜːnaʊt/ **N** ⓵ (= attendance) assistance f ◆ **what sort of a turnout was there?** combien y avait-il de gens (dans l'assistance) ? ◆ **there was a good turnout** beaucoup de gens sont venus ◆ **turnout at the polls, voter turnout** (taux m de) participation f électorale ◆ **a high/low turnout at the polls** un fort/faible taux de participation électorale
⓶ (= clean-out) nettoyage m ◆ **to have a good turnout of a room/cupboard** nettoyer une pièce/un placard à fond
⓷ (= industrial output) production f
⓸ (Dress) tenue f
⓹ (US = layby) aire f de repos

**turnover** /'tɜːnˌəʊvə'/ **SYN N** ⓵ (Comm etc) [of stock, goods] rotation f ; [of shares] mouvement m ; (= total business done) chiffre m d'affaires ◆ **a profit of £4,000 on a turnover of £40,000** un bénéfice de 4 000 livres pour un chiffre d'affaires de 40 000 livres ◆ **he sold them cheaply hoping for a quick turnover** il les a vendus bon marché pour les écouler rapidement
⓶ [of staff, workers] renouvellement m, rotation f ◆ **there is a high or rapid (rate of) turnover in that firm** cette maison connaît de fréquents changements or renouvellements de personnel
⓷ (Culin) chausson m ◆ **apple turnover** chausson m aux pommes

**turnpike** /'tɜːnpaɪk/ **N** (= barrier) barrière f de péage ; (US = road) autoroute f à péage → **ROADS**

**turnround** /'tɜːnraʊnd/ **N** = **turnaround**

**turnstile** /'tɜːnstaɪl/ **N** tourniquet m

**turnstone** /'tɜːnstəʊn/ **N** (= bird) tourne-pierre m

**turntable** /'tɜːnteɪbl/ **N** [of record player] platine f ; (for trains, cars etc) plaque f tournante ◆ **turntable ladder** échelle f pivotante

**turpentine** /'tɜːpəntaɪn/ **N** (essence f de) térébenthine f ◆ **turpentine substitute** white-spirit m

**turpeth** /'tɜːpɪθ/ **N** (= plant, drug) turbith m

**turpitude** /'tɜːpɪtjuːd/ **N** turpitude f

**turps\*** /tɜːps/ **N** abbrev of **turpentine**

**turquoise** /'tɜːkwɔɪz/
**N** (= stone) turquoise f ; (= colour) turquoise m
**ADJ** (= made of turquoise) de turquoise(s) ; (in colour) turquoise inv ◆ **turquoise blue/green** bleu/vert turquoise

**turret** /'tʌrɪt/
**N** (Archit, Mil, Phot, Tech) tourelle f
**COMP turret gun N** canon m de tourelle

**turreted** /'tʌrɪtɪd/ **ADJ** à tourelles

**turtle** /'tɜːtl/
**N** tortue f marine ◆ **to turn turtle** (fig) chavirer, se renverser ; → **mock**
**COMP turtle soup N** consommé m à la tortue

**turtledove** /'tɜːtldʌv/ **N** tourterelle f

**turtleneck** /'tɜːtlnek/ **N** (Brit : also **turtleneck sweater**) (pull-over m à) encolure f montante or col m cheminée ; (US) (pull-over m à) col m roulé

**Tuscan** /'tʌskən/
**ADJ** toscan
**N** ⓵ Toscan(e) m(f)
⓶ (= dialect) toscan m

**Tuscany** /'tʌskənɪ/ **N** Toscane f

**tush** /tʌʃ/
**EXCL** † bah !
**N** \* (US = bottom) fesses fpl

**tusk** /tʌsk/ **N** défense f (d'éléphant etc)

**tusker** /'tʌskə'/ **N** éléphant m (or sanglier m etc) adulte (qui a ses défenses)

**tussle** /'tʌsl/ **SYN**
**N** (= struggle) lutte f (for pour) ; (= scuffle) mêlée f ◆ **to have a tussle with sb** (physically) en venir aux mains avec qn ; (verbally) avoir une prise de bec\* avec qn
**VI** se battre (with sb avec qn ; for sth pour qch) ◆ **to tussle over sth** se disputer qch

**tussock** /'tʌsək/ **N** touffe f d'herbe

**tussocky** /'tʌsəkɪ/ **ADJ** [grass] qui pousse en touffes ; [field] où l'herbe pousse en touffes

**tut** /tʌt/ (also **tut-tut**)
**EXCL** allons allons !, allons donc !
**VI** ◆ **he (tut-)tutted at the idea** à cette idée il a eu une exclamation désapprobatrice

**Tutankhamen** /ˌtuːtənˈkɑːmen/, **Tutankhamun** /ˌtuːtənkəˈmuːn/ **N** Toutankhamon m

**tutelage** /'tjuːtɪlɪdʒ/ **N** tutelle f ◆ **under the tutelage of sb** sous la tutelle de qn

**tutelary** /'tjuːtɪlərɪ/ **ADJ** tutélaire

**tutor** /'tjuːtə'/ **SYN**
**N** (= private teacher) professeur m (particulier) (in en) (full-time) précepteur m, -trice f ; (Brit Univ) directeur m, -trice f d'études ; (Brit Scol: also **form tutor**) professeur m principal ; (in prison) éducateur m, -trice f
**VT** donner des leçons particulières or des cours particuliers à ◆ **to tutor sb in Latin** donner des cours particuliers de latin à qn
**COMP tutor group N** (Brit Scol) classe f
**tutor period N** (Brit Scol) cours m avec le professeur principal (en début de journée)
**tutor room N** (Brit Scol) salle f de classe (affectée à une classe particulière)

**tutorial** /tjuːˈtɔːrɪəl/ **SYN**
**ADJ** ⓵ (= teaching) [work, duties] d'enseignement ; [staff] enseignant ; [guidance, support] pédagogique
⓶ (Univ) ◆ **tutorial work** travaux mpl dirigés ◆ **tutorial essay** exposé m ◆ **tutorial duties** encadrement m des travaux dirigés ◆ **tutorial group** groupe m de travaux dirigés
**N** (Univ) travaux mpl dirigés (in de)

**tutoring** /'tjuːtərɪŋ/ **N** cours mpl particuliers (in de) ; (remedial) cours mpl de soutien (in de)

**Tutsi** /'tʊtsɪ/
**N** Tutsi(e) m(f)
**ADJ** tutsi

**tutti-frutti** /ˌtʊtɪˈfruːtɪ/ **N** (pl **tutti-fruttis**) (= ice-cream) plombières f, cassate f

**tutu** /'tuːtuː/ **N** tutu m

**Tuvalu** /tuːˈvɑːluː/ **N** Tuvalu m

**tuwhit-tuwhoo** /təˈwɪtːˈwuː/ **N** hou-hou m

**tux\*** /tʌks/ **N** (abbrev of **tuxedo**) smoking m, smok\* m

**tuxedo** /tʌkˈsiːdəʊ/, **tux\*** /tʌks/ **N** (esp US) smoking m

**TV\*** /ˌtiːˈviː/
**N** ⓵ (abbrev of **television**) télé\* f ; see also **television**
⓶ (abbrev of **transvestite**) travesti m
**COMP TV dinner N** plateau-repas m, plateau-télé m

**TVEI** /ˌtiːviːiːˈaɪ/ **N** (Brit) (abbrev of **technical and vocational educational initiative**) plan de formation pour les jeunes

**TVM** /ˌtiːviːˈem/ **N** (abbrev of **television movie**) film m de télévision

**TVP** /ˌtiːviːˈpiː/ N (abbrev of **textured vegetable protein**) → **textured**

**twaddle** /ˈtwɒdl/ N (NonC) âneries fpl, fadaises fpl ◆ **you're talking twaddle** tu dis n'importe quoi

**twain** /tweɪn/ NPL ◆ **the twain** †† les deux ◆ **and never the twain shall meet** et les deux sont inconciliables

**twaite shad** /tweɪt/ N (= fish) alose f feinte

**twang** /twæŋ/
 N [of wire, string] son m (de corde pincée) ; (= tone of voice) ton m nasillard, nasillement m ◆ **to speak with a twang** nasiller, parler du nez ◆ **he has an American twang** il parle avec un accent américain
 VT [+ guitar] pincer les cordes de, gratter de
 VI [wire, bow] vibrer

**twangy** /ˈtwæŋɪ/ ADJ [noise] de corde pincée ; [voice, tone] nasillard

**'twas** †† /twɒz/ ⇒ **it was** ; → **be**

**twat** /twæt/ N ① (= genitals) con m
② (pej = person) pauvre con(ne) m(f)

**twayblade** /ˈtweɪbleɪd/ N (= plant) listère f

**tweak** /twiːk/
 VT ① (= pull) [+ sb's ear, nose] tordre ; [+ rope etc, sb's hair] tirer (d'un coup sec)
 ② (* = alter slightly) modifier légèrement
 N ① (= pull) coup m sec ◆ **to give sth a tweak** ⇒ **to tweak sth** vt
 ② (* = small alteration) petite modification f ◆ **to give the figures a tweak** tricher un peu avec les chiffres

**twee** /twiː/ ADJ (Brit pej) [picture, design, decor] cucul* ; [remark, poem] mièvre, gentillet ; [person] chichiteux* ; [house, cottage] mignonnet

**tweed** /twiːd/
 N tweed m
 NPL **tweeds** (= suit) costume m de tweed
 COMP [jacket etc] de or en tweed

**tweedy** /ˈtwiːdɪ/ ADJ ① (* gen pej) ◆ **he's rather tweedy** il fait un peu bourgeois campagnard, il a le style gentleman-farmer ◆ **she's one of these tweedy ladies** elle est du style bourgeoise campagnarde
② (= resembling tweed) façon tweed inv

**'tween** /twiːn/ PREP (liter) ⇒ **between**

**tweeny** † * /ˈtwiːnɪ/ N (Brit) bonne f

**tweet** /twiːt/
 N (also **tweet-tweet**) gazouillis m, gazouillement m, pépiement m
 VI gazouiller, pépier

**tweeter** /ˈtwiːtəʳ/ N haut-parleur m aigu, tweeter m

**tweeze** * /twiːz/ VT [+ eyebrows etc] épiler

**tweezers** /ˈtwiːzəz/ NPL (also **pair of tweezers**) pince f fine, pince f à épiler

**twelfth** /twelfθ/
 ADJ douzième ◆ **Twelfth Night** la fête des Rois, l'Épiphanie f
 N douzième mf ; (= fraction) douzième m ; pour loc voir **sixth**
 COMP **twelfth man** N (pl **twelfth men**) (Brit Cricket) remplaçant m

**twelve** /twelv/
 ADJ douze inv
 N douze m inv ; **o'clock** ; pour autres loc voir **six**
 PRON douze ◆ **there are twelve** il y en a douze
 COMP **twelve-tone** ADJ (Mus) dodécaphonique

**twelvemo** /ˈtwelvməʊ/ N (pl **twelvemos**) (Typography) in-douze m inv

**twelvemonth** †† /ˈtwelvmʌnθ/ N année f, an m

**twentieth** /ˈtwentɪɪθ/
 ADJ vingtième
 N vingtième mf ; (= fraction) vingtième m ; pour loc voir **sixth**

**twenty** /ˈtwentɪ/
 ADJ vingt inv ◆ **about twenty books** une vingtaine de livres
 N vingt m ◆ **about twenty** une vingtaine ; pour autres loc voir **sixty**
 PRON vingt ◆ **there are twenty** il y en a vingt
 COMP **twenty-first** N (= birthday) vingt et unième anniversaire m ◆ **I'm having my twenty-first on Saturday** (= birthday party) je fête mes 21 ans or mon 21e anniversaire samedi
 **twenty-four hours** NPL (= whole day) vingt-quatre heures fpl ◆ **twenty-four hours a day** (open etc) vingt-quatre heures sur vingt-quatre

**twenty-four hour service** N service jour et nuit, service 24 heures sur 24 ◆ **a twenty-four hour strike** une grève de vingt-quatre heures
 **twenty-four seven*** ADV ◆ **to do sth twenty-four seven** or **24-7** faire qch 24 heures sur 24, 7 jours sur 7
 **twenty-one** N (Cards) vingt-et-un m (jeu)
 **twenty-twenty vision** N ◆ **to have twenty-twenty vision** avoir dix dixièmes à chaque œil
 **twenty-two metre line** N (Rugby) ligne f des vingt-deux mètres

**twerp** * /twɜːp/ N andouille * f, idiot(e) m(f)

**twibill** /ˈtwaɪbɪl/ N (= tool) pioche pouvant servir à la fois de hache et d'herminette

**twice** /twaɪs/ ADV deux fois ◆ **twice a week, twice weekly** deux fois par semaine ◆ **twice as much, twice as many** deux fois plus ◆ **twice as much space** deux fois plus de place ◆ **twice as long (as)** deux fois plus long (que) ◆ **she is twice your age** elle a deux fois votre âge, elle a le double de votre âge ◆ **twice the national average** le double de or deux fois la moyenne nationale ◆ **twice two is four** deux fois deux font quatre ◆ **he didn't have to be asked twice** (fig) il ne s'est pas fait prier ◆ **he's twice the man you are** il vaut beaucoup mieux que toi ; → **once, think**

**twiddle** /ˈtwɪdl/
 VT [+ knob] tripoter, manier ◆ **to twiddle one's thumbs** (fig) se tourner les pouces
 VI ◆ **to twiddle with sth** jouer avec or tripoter qch
 N ◆ **to give sth a twiddle** donner plusieurs petits tours à qch

**twig**[1] /twɪg/ SYN N brindille f, petite branche f

**twig**[2] * /twɪg/ VTI (Brit = understand) piger*, comprendre

**twilight** /ˈtwaɪlaɪt/ SYN
 N (= evening) crépuscule m (also fig) ; (= morning) aube f naissante ◆ **at twilight** (evening) au crépuscule, à la tombée du jour ; (morning) à l'aube naissante ◆ **in the twilight** dans la semi-obscurité or la pénombre
 COMP **twilight sleep** N (Med) demi-sommeil m provoqué
 **twilight world** N monde m nébuleux
 **twilight zone** N (fig) zone f floue

**twilit** /ˈtwaɪlɪt/ ADJ [sky, landscape, place] crépusculaire, de crépuscule

**twill** /twɪl/ N (= fabric) sergé m

**'twill** /twɪl/ ⇒ **it will** ; → **will**

**twin** /twɪn/ SYN
 N jumeau m, -elle f ; → **identical, Siamese**
 ADJ [brother, sister, towers, peaks] jumeau (-elle f) ◆ **twin boys** jumeaux mpl ◆ **twin girls** jumelles fpl ◆ **with twin propellers/taps** avec deux hélices/robinets ◆ **plane with twin engines** (avion m) bimoteur m ◆ **they're twin souls** ce sont deux âmes sœurs ◆ **the twin concepts of liberty and equality** les concepts inséparables de liberté et d'égalité
 VT [+ town etc] jumeler (with avec)
 COMP **twin-bedded room** N (Brit : in hotel) chambre f à deux lits
 **twin beds** NPL lits mpl jumeaux
 **twin bill** * N (US) (Sport) programme m de deux matchs ; (Cine) programme m de deux longs métrages
 **twin-cylinder** ADJ à deux cylindres N moteur m à deux cylindres
 **twin-engined** ADJ bimoteur
 **twin room** N ⇒ **twin-bedded room**
 **twin-screw** ADJ à deux hélices
 **twin town** N (Brit) ville f jumelée
 **twin-track** ADJ [approach, process, strategy] double
 **twin-tub** N machine f à laver à deux tambours

**twine** /twaɪn/ SYN
 N (NonC) ficelle f
 VT (= weave) tresser ; (= roll) entortiller, enrouler (round autour de) ◆ **she twined her arms round his neck** elle lui a enlacé le cou de ses bras
 VI [plant, coil] s'enrouler (round autour de) ; [river, road] serpenter, zigzaguer ◆ **the ivy twined itself round the oak** le lierre s'enroulait autour du chêne

**twinflower** /ˈtwɪnflaʊəʳ/ N (= plant) linnée f boréale

**twinge** /twɪndʒ/ SYN N ◆ **a twinge (of pain)** un élancement, un tiraillement ◆ **a twinge of conscience** or **remorse** or **guilt** un (petit) remords ◆ **to feel a twinge of remorse/shame** éprouver un certain remords/une certaine honte ◆ **to feel a twinge of regret** or **sadness** avoir un pincement au cœur

**twining** /ˈtwaɪnɪŋ/ ADJ [plant] volubile (Bot)

**twinkle** /ˈtwɪŋkl/
 VI [star, lights] scintiller, briller ; [eyes] briller, pétiller
 N [of star, lights] scintillement m ; [of eyes] éclat m, pétillement m ◆ **... he said with a twinkle (in his eye)** ... dit-il avec un pétillement (malicieux) dans les yeux ◆ **he had a twinkle in his eye** il avait les yeux pétillants ◆ **when you were just a twinkle in your father's eye** quand tu n'étais encore qu'une lueur dans l'œil de ton père, bien longtemps avant ta naissance ◆ **in a twinkle, in the twinkle of an eye** en un clin d'œil

**twinkling** /ˈtwɪŋklɪŋ/ SYN
 ADJ [star, light] scintillant ; [eyes] pétillant
 N ◆ **in the twinkling of an eye** en un clin d'œil

**twinning** /ˈtwɪnɪŋ/ N [of towns] jumelage m

**twinset** /ˈtwɪnset/ N (Brit) twin-set m ◆ **she's rather twinset and pearls** * (Brit) elle fait très BCBG

**twirl** /twɜːl/ SYN
 N [of body] tournoiement m ; [of dancer] pirouette f ; (in writing) fioriture f ◆ **to give sth a twirl** ⇒ **to twirl sth** vt ◆ **to do a twirl** faire une pirouette
 VI (also **twirl round**) [cane, lasso, dancer] tournoyer ; [handle, knob] pivoter
 VT (also **twirl round**) [+ cane, lasso] faire tournoyer ; [+ knob, handle] faire pivoter ; [+ moustache] tortiller

**twirler** * /ˈtwɜːləʳ/ N (US) majorette f

**twirp** * /ˈtwɜːp/ N ⇒ **twerp**

**twist** /twɪst/ SYN
 N ① (= action) torsion f ; (Med) entorse f, foulure f ◆ **to give a twist to** [+ knob, handle] faire pivoter, faire tourner ; [+ wire] tordre ; [+ one's ankle] se tordre, se fouler ◆ **he put a twist on the ball** il a imprimé une rotation à la balle ◆ **with a quick twist (of the wrist)** d'un rapide tour de poignet
 ② (= coil) rouleau m ; (in road) tournant m, virage m ; (in river) coude m ; (in wire, flex, cord) tortillon m ◆ **a twist of yarn** une torsade or un cordonnet de fil ◆ **a twist of smoke** une volute de fumée ◆ **sweets in a twist of paper** des bonbons dans un tortillon de papier or une papillote ◆ **a twist of lemon** un zeste de citron ◆ **the road is full of twists and turns** la route est pleine de tournants or de virages, la route fait des zigzags
 ③ (fig) (of events) tournure f ; [of meaning] distorsion f ◆ **the story has an unexpected twist to it** l'histoire prend un tour inattendu ◆ **he gave a new twist to this old story** il a remis cette vieille histoire au goût du jour ◆ **the latest twist in the political situation** les derniers développements de la situation politique ◆ **the arrest was a dramatic twist in the investigation** l'enquête a connu un rebondissement inattendu avec cette arrestation ◆ **to get (o.s.) into a twist** * , **to get one's knickers in a twist** * (= get annoyed) s'énerver ; (= get confused) s'emmêler les pinceaux* ◆ **the twists and turns of economic policy** les changements d'orientation de la politique économique
 ◆ **twist of fate** ◆ **by a curious twist of fate** par un curieux effet du hasard ◆ **in a cruel twist of fate** par une cruelle ironie du sort
 ◆ **round the twist** * ◆ **to go round the twist** devenir dingue*, perdre la boule* ◆ **to be round the twist** être dingue*, avoir perdu la boule* ◆ **to drive sb round the twist** rendre qn fou
 ④ (* = cheat) ◆ **what a twist!** on s'est fait avoir ! ◆ **it's a twist!** c'est de la triche !*
 ⑤ (= dance) twist m ◆ **to do the twist** twister
 VT ① (= interweave) [+ threads, strands, ropes, wires] entortiller, tresser ; (= turn round on itself) [+ thread, rope, wire, one's handkerchief] tordre ; (= coil) enrouler (round autour de) ; (= turn) [+ knob, handle] tourner ; [+ top, cap] tourner, visser ; (= deform) [+ metal etc] tordre, déformer ; (fig) [+ meaning] fausser ; [+ words] déformer ◆ **to get twisted** [rope etc] s'entortiller ◆ **he twisted the strands into a cord** il a entortillé or tressé les fils pour en faire une corde ◆ **he twisted the paper into a ball** il a tirebouchonné le papier pour en faire une boule ◆ **you've twisted it out of shape** tu l'as déformé en le tordant, tu l'as tordu ◆ **twist the cap clockwise** tournez la capsule dans le sens des aiguilles d'une montre ◆ **to twist the top off a jar** dévisser le couvercle d'un bocal (pour l'enlever) ◆ **to twist one's**

**ankle** se tordre or se fouler la cheville ◆ **to twist one's neck** se tordre le cou, attraper le torticolis ◆ **to twist o.s. free** se libérer en se contorsionnant ◆ **to twist sb's arm** (lit) tordre le bras à qn ; (fig) forcer la main à qn ◆ **she can twist him round her little finger** elle le mène par le bout du nez ◆ **he twisted his mouth scornfully** il eut un rictus méprisant ◆ **limbs twisted by arthritis** des membres tordus par l'arthrite ◆ **his face was twisted with pain/rage** ses traits étaient tordus par la douleur/la fureur ◆ **you're twisting everything I say** tu déformes tout ce que je dis ; → **twisted**
② (✳ = cheat) rouler ✳, avoir ✳
**VI** ① [flex, rope etc] s'entortiller, s'enrouler ; [socks, trousers] tirebouchonner ; [one's ankle etc] se tordre ◆ **to twist round sth** s'enrouler autour de qch ◆ **the road twists (and turns) through the valley** la route zigzague or serpente à travers la vallée ◆ **the motorbike twisted through the traffic** la moto louvoyait or zigzaguait parmi la circulation
② (= dance the twist) twister
**COMP** **twist grip** N [of motorcycle] poignée f d'accélération ; (= gear change) poignée f de changement de vitesses
▶ **twist about, twist around** VI [rope etc] tortiller ; [road etc] serpenter, zigzaguer
▶ **twist off**
**VI** ◆ **the top twists off** le couvercle se dévisse
**VT SEP** [+ branch] enlever en tordant ; [+ bottle-top] enlever en dévissant
▶ **twist out**
**VI** ◆ **he twisted out of their grasp** il s'est dégagé de leur étreinte
**VT SEP** [+ object] enlever en tournant
▶ **twist round**
**VI** [road etc] serpenter, zigzaguer ; [person] se retourner
**VT SEP** [+ rope, wire] enrouler ; [+ knob, handle] tourner ; [+ top, cap] tourner, visser ; [+ one's head, chair] tourner
▶ **twist up**
**VI** [ropes etc] s'entortiller, s'emmêler ; [smoke] monter en volutes
**VT SEP** [+ ropes, threads] entortiller, emmêler ◆ **to get sth twisted up** entortiller qch

**twisted** /'twɪstɪd/ ADJ ① (= damaged, tangled) [key, rod, metal, beam, wreckage] tordu ; [wrist, ankle] foulé , [wire, rope, flex, cord, strap] entortillé ◆ **twisted bowel** (Med) volvulus m intestinal
② (= of twisted construction) [rope, cable] tressé ; [barley-sugar] torsadé
③ (= deformed, distorted) [tree, branch] tordu ; [limb] difforme ; [features, smile] crispé
④ (= warped) [person, mind, logic] tordu ; → **bitter**

**twister** ✳ /'twɪstər/ N ① (Brit = crook) escroc m (lit, fig)
② (US = tornado) tornade f

**twisting** /'twɪstɪŋ/
**N** (gen) torsion f ; [of meaning] déformation f
**ADJ** [path] sinueux, en zigzag

**twisty** /'twɪstɪ/ ADJ [lane, river] tortueux

**twit**[1] /twɪt/ VT (= tease) taquiner (about, with sur, à propos de)

**twit**[2] ✳ /twɪt/ SYN N (esp Brit = fool) idiot(e) m(f), crétin(e) ✳ m(f)

**twitch** /twɪtʃ/ SYN
**N** (= nervous movement) tic m ; (= pull) coup m sec, saccade f ◆ **I've got a twitch in my eyelid** j'ai l'œil qui saute ◆ **he has a (nervous) twitch in his cheek** il a un tic à la joue ◆ **with one twitch (of his hand) he freed the rope** il a dégagé la corde d'une saccade ◆ **he gave the rope a twitch** il a tiré d'un coup sec sur la corde ◆ **a twitch of the whip** un (petit) coup de fouet
**VI** ① [person, animal, hands] avoir un mouvement convulsif ; (permanent condition) avoir un tic ; [face, mouth, cheek, eyebrow, muscle] se convulser, se contracter (convulsivement) ; [dog's nose etc] remuer, bouger
② (fig = be nervous) s'agiter
**VT** [+ rope etc] tirer d'un coup sec, donner un coup sec à ◆ **he twitched it out of her hands** il le lui a arraché des mains ◆ **the cat twitched its nose/its ears** le nez/les oreilles du chat a/ont remué or bougé
▶ **twitch away** VT SEP arracher d'un petit geste (from sb à qn)

**twitcher** ✳ /'twɪtʃər/ N ornithologue mf amateur

**twitchy** ✳ /'twɪtʃɪ/ ADJ ① (= twitching) agité
② (= nervous, jumpy) [person, animal] nerveux ; [stock market] fébrile ◆ **it's a good car but the handling is rather twitchy** c'est une bonne voiture mais elle a une tenue de route plutôt sautillante

**twite** /twaɪt/ N (= bird) linotte f à bec jaune

**twitter** /'twɪtər/
**VI** [bird] gazouiller, pépier ; [person] (= chatter) parler avec agitation (about de), jacasser (pej) (about sur) ; (= be nervous) s'agiter (nerveusement)
**N** [of birds] gazouillis m, pépiement m ◆ **to be in a twitter (about sth)** ✳ être dans tous ses états (à cause de qch)

'**twixt** /twɪkst/ PREP( †† or liter) ⇒ **between** prep

**two** /tuː/
**ADJ** deux inv ; → **mind**
**N** deux m inv ◆ **to cut sth in two** couper qch en deux ◆ **two by two** deux par deux, deux à deux ◆ **in twos** par deux ◆ **in twos and threes** deux ou trois à la fois, par petits groupes ◆ **that makes two of us** moi aussi, dans ce cas, nous sommes deux ◆ **they're two of a kind** ils se ressemblent (tous les deux) ◆ **to put two and two together**✳ faire le rapport (entre deux or plusieurs choses) ◆ **he put two and two together and made** or **came up with five** ✳ il a tiré la mauvaise conclusion ◆ **two's company** on est mieux à deux ◆ **two's company, three's a crowd** quand il y a trois personnes, il y en a une de trop ; → **one** ; pour autres loc voir **six**
**PRON** deux ◆ **there are two** il y en a deux
**COMP** **two-bit** ✳ ADJ (esp US pej) de pacotille
**two-bits** NPL (US) 25 cents mpl
**two-by-four** ✳ ADJ (US) (= small) exigu (-uë f) ; (= unimportant) minable
**two-chamber system** N (Parl) bicaméralisme m
**two-colour process** N (Phot) bichromie f
**two-cycle** ADJ (US) ⇒ **two-stroke**
**two-cylinder** ADJ [car] à deux cylindres
**two-dimensional** ADJ (lit) à deux dimensions ; (fig) simpliste
**two-door** ADJ [car] à deux portes
**two-edged** SYN ADJ (lit, fig) à double tranchant
**two-faced** SYN ADJ (fig) hypocrite
**two-fisted** ✳ ADJ (US) vigoureux, costaud ✳
**two-four time** N (NonC: Mus) (mesure f) à deux-quatre m inv ◆ **in two-four time** à deux-quatre f
**two-handed** ADJ [sword] à deux mains ; [saw] à deux poignées ; [card game] à deux joueurs
**two-horse race** N ◆ **the election was a two-horse race** dans ces élections, seuls deux des candidats avaient des chances de gagner
**two-legged** ADJ bipède
**two-pack** ADJ [glue, filler] à deux composants
**two-party** ADJ (Pol) bipartite
**two-percent milk** N (US) lait m demi-écrémé
**two-phase** ADJ (Elec) diphasé
**two-piece** N ◆ **two-piece (suit)** (man's) costume m (deux-pièces) ; (woman's) tailleur m ◆ **two-piece (swimsuit)** deux-pièces m inv, bikini ® m
**two-pin plug** N prise f à deux fiches or broches
**two-ply** ADJ [cord, rope] à deux brins ; [wool] à deux fils ; [wood] à deux épaisseurs
**two-seater** ADJ à deux places N (= car) voiture f à deux places ; (= plane) avion m à deux places
**Two Sicilies** NPL (Hist) ◆ **the Two Sicilies** le royaume des Deux-Siciles
**two-sided** ADJ (fig) ◆ **this is a two-sided problem** ce problème peut être appréhendé de deux façons
**two-star** N (Brit : also **two-star petrol**) (essence f) ordinaire f
**two-step** N (dance, music) pas m de deux
**two-storey** ADJ à deux étages
**two-stroke** ADJ ◆ **two-stroke (engine)** moteur m à deux temps, deux-temps m inv ◆ **two-stroke mixture** mélange m deux-temps ◆ **two-stroke fuel** carburant m pour moteur à deux-temps
**two-tier financing** N financement m à deux étages
**two-time** ✳ VT tromper, être infidèle à ADJ (US) ◆ **two-time loser**✳ (= crook etc) repris m de justice ; (= divorcee) homme m (or femme f) deux fois divorcé(e)
**two-timer** ✳ N (gen) traître(sse) m(f) ; (in marriage) mari m (or femme f) infidèle
**two-tone** ADJ (in colour) de deux tons ; (in sound) de deux tons
**two-way** ADJ [traffic] dans les deux sens ; [exchange, negotiations] bilatéral ◆ **two-way mirror** miroir m sans tain ◆ **two-way radio** émetteur-récepteur m fonctionnant dans les deux sens ◆ **to be a two-way street** (fig) être à double sens ◆ **two-way switch** va-et-vient m
**two-wheeler** N deux-roues m inv

**TWOC**✳ /twɒk/ N (abbrev of taking without owner's consent) vol m, fauche ✳ f

**twoccer**✳ /'twɒkər/ N voleur m, -euse f de voiture

**twoccing**✳ /'twɒkɪŋ/ N (NonC: Brit) vol m de voiture

**twofer** ✳ /'tuːfər/ N (US) deux articles mpl pour le prix d'un

**twofold** /'tuːfəʊld/
**ADJ** double
**ADV** ◆ **to increase twofold** doubler

**twopence** /'tʌpəns/ N (Brit) deux pence mpl ; see also **tuppence**

**twopenny** /'tʌpənɪ/
**ADJ** (Brit) à or de deux pence
**COMP** **twopenny-halfpenny** ✳ ADJ (fig) de rien du tout ✳, de quatre sous
**twopenny piece** N pièce f de deux pence

**twosome** /'tuːsəm/ N (= people) couple m ; (= game) jeu m or partie f à deux ◆ **we went in a twosome** nous y sommes allés à deux

'**twould** †† /twʊd/ ⇒ **it would** ; → **would**

**TX** abbrev of **Texas**

**tycoon** /taɪˈkuːn/ SYN N ◆ **(business** or **industrial) tycoon** gros or important homme m d'affaires ◆ **oil tycoon** magnat m or roi m du pétrole

**tyke** ✳ /taɪk/ N (= dog) cabot m (pej) ; (= child) môme mf

**tympana** /'tɪmpənə/ NPL of **tympanum**

**tympani** /'tɪmpənɪ/ N ⇒ **timpani**

**tympanic** /tɪmˈpænɪk/ ADJ ◆ **tympanic membrane** tympan m

**tympanist** /'tɪmpənɪst/ N ⇒ **timpanist**

**tympanitis** /ˌtɪmpəˈnaɪtɪs/ N (Med) tympanite f, otite f moyenne

**tympanum** /'tɪmpənəm/ N (pl **tympanums** or **tympana**) (Anat, Archit) tympan m ; (Mus) timbale f

**Tyndall effect** /'tɪndl/ N effet m Tyndall

**type** /taɪp/ SYN
**N** ① (gen, Bio, Soc etc) type m ; (= sort) genre m ; (= make of machine, coffee etc) marque f ; (of aircraft, car) modèle m ◆ **books of all types** des livres de toutes sortes or de tous genres ◆ **a new type of plane, a new type plane** ✳ un nouveau modèle d'avion ◆ **a Gruyère-type cheese** un fromage genre gruyère ✳ ◆ **what type do you want?** non ne (or le or la) veux ◆ **quelle de sorte ?** ◆ **what type of car is it?** quel modèle de voiture est-ce ? ◆ **what type of man is he?** quel genre or type d'homme est-ce ? ◆ **what type of dog is he?** qu'est-ce que c'est comme (race de) chien ? ◆ **you know the type of thing I mean** vous voyez (à peu près) ce que je veux dire ◆ **he's not that type of person** ce n'est pas son genre ◆ **I know his type!** je connais les gens de son genre or espèce ◆ **a queer type** ✳ (= person) un drôle de numéro ✳ ◆ **he's not my type** ✳ ce n'est pas mon genre d'homme ◆ **it's my type of film** c'est le genre de film que j'aime or qui me plaît ; → **true**
② (= typical example) type m (même), exemple m même ◆ **to deviate from the type** s'éloigner du type ancestral ◆ **she was the very type of English beauty** c'était le type même or l'exemple même de la beauté anglaise ; → **revert**
③ (Ling: gen) type m ; (also **word-type**) vocable m
④ (Typography) (= one letter) caractère m ; (= letters collectively) caractères mpl, type m ◆ **to set type** composer ◆ **to set sth (up) in type** composer qch ◆ **in type** composé ◆ **to keep the type set up** conserver la forme ◆ **in large/small type** en gros/petits caractères ◆ **in italic type** en italiques ; → **bold**
**VT** ① [+ blood sample etc] classifier ◆ **he is now typed as the kindly old man** (Theat etc) on ne lui donne plus que les rôles de doux vieillard ◆ **I don't want to be typed** (Theat) je ne veux pas me cantonner dans un (seul) rôle
② [+ letter etc] taper (à la machine)
**VI** [typist etc] taper à la machine ◆ **"clerk: must be able to type"** « employé(e) de bureau connaissant la dactylo »
**COMP** **type-cast** ADJ, VT → **typecast**
**type metal** N (Typography) plomb m
**type specimen** N (Bio) spécimen-type m, holotype m

▶ **type in** VT SEP taper (à la machine)

▶ **type out** VT SEP ① [+ notes, letter] taper (à la machine)
② [+ error] effacer (à la machine)

▶ **type over** VT SEP ⇒ **type out 2**
▶ **type up** VT SEP *[+ notes]* taper (à la machine)

**typecast** /ˈtaɪpkɑːst/, **type-cast** *(Theat, Cine etc)*
**ADJ** ◆ **to be typecast** être enfermé dans un rôle ◆ **to be typecast as...** être enfermé dans le rôle de...
**VT** *[+ actor, actress]* enfermer dans un rôle ◆ **to typecast as** enfermer dans le rôle de

**typecasting** /ˈtaɪpkɑːstɪŋ/ **N** ◆ **to avoid typecasting** éviter les stéréotypes ◆ **she wanted to break free of her typecasting as the empty-headed blonde** elle ne voulait plus être enfermée dans des rôles de blonde écervelée

**typeface** /ˈtaɪpfeɪs/ **N** police *f* (de caractère)

**typescript** /ˈtaɪpskrɪpt/ **N** *(NonC)* manuscrit *m* or texte *m* dactylographié, tapuscrit *m (Tech)*

**typeset** /ˈtaɪpset/ **VT** composer

**typesetter** /ˈtaɪpsetə<sup>r</sup>/ **N** *(= person)* compositeur *m*, -trice *f* ; *(= machine)* linotype *f*, composeuse *f*

**typesetting** /ˈtaɪpsetɪŋ/ **N** *(NonC)* composition *f*

**typewrite** /ˈtaɪpraɪt/ **VT** taper (à la machine)

**typewriter** /ˈtaɪpraɪtə<sup>r</sup>/ **N** machine *f* à écrire

**typewriting** /ˈtaɪpraɪtɪŋ/ **N** dactylographie *f*

**typewritten** /ˈtaɪprɪtən/ **ADJ** tapé (à la machine), dactylographié

**typhoid** /ˈtaɪfɔɪd/
**N** (also **typhoid fever**) (fièvre *f*) typhoïde *f*
**COMP** *[symptom, victim]* de la typhoïde ; *[inoculation]* antityphoïdique
**Typhoid Mary** * **N** *(US fig)* source *f* d'infection

**typhoon** /taɪˈfuːn/ SYN **N** typhon *m*

**typhus** /ˈtaɪfəs/ **N** typhus *m*

**typical** /ˈtɪpɪkəl/ SYN **ADJ** *[day, behaviour, example]* typique *(of de)* ; *[price]* habituel ◆ **the typical Frenchman** le Français type *or* moyen ◆ **a typical Frenchman** un Français typique ◆ **he's a typical teacher** c'est le type même du professeur ◆ **with typical modesty, he...** avec la modestie qui le caractérise, il... ◆ **it was typical of our luck that it was raining** avec la chance qui nous caractérise, il a plu ◆ **Louisa is typical of many young women who...** Louisa est un exemple typique de ces nombreuses jeunes femmes qui... ◆ **that's typical of him** c'est bien de lui ◆ **that's typical of Paul** ça, c'est Paul tout craché !

**typically** /ˈtɪpɪkəlɪ/ **ADV** *(with adj)* typiquement ◆ **he is typically English** il est typiquement anglais, c'est l'Anglais type ◆ **it's typically French to do that** c'est très *or* bien français de faire ça ◆ **typically, he arrived late** comme d'habitude, il est arrivé en retard ◆ **typically, people apply for several jobs before getting an interview** en règle générale *or* généralement, on postule à plusieurs postes avant d'obtenir un entretien

**typify** /ˈtɪpɪfaɪ/ SYN **VT** *[behaviour, incident, object]* illustrer parfaitement ; *[person]* être le type même de

**typing** /ˈtaɪpɪŋ/
**N** *(NonC)* [1] *(= skill)* dactylo *f*, dactylographie *f* ◆ **to learn typing** apprendre à taper (à la machine), apprendre la dactylo *or* la dactylographie
[2] ◆ **there were several pages of typing to read** il y avait plusieurs pages dactylographiées à lire
**COMP** *[lesson, teacher]* de dactylo, de dactylographie
**typing error N** faute *f* de frappe
**typing paper N** papier *m* machine
**typing pool N** bureau *m* or pool *m* de(s) dactylos ◆ **he works in the typing pool** il est dactylo au pool ◆ **to send sth to the typing pool** envoyer qch à la dactylo *
**typing speed N** ◆ **his typing speed is 60** il tape 60 mots à la minute

**typist** /ˈtaɪpɪst/ **N** dactylo *mf*, dactylographe *mf* ; → **shorthand**

**typo** /ˈtaɪpəʊ/ **N** *(= error)* coquille *f* (typographique)

**typographer** /taɪˈpɒgrəfə<sup>r</sup>/ **N** typographe *mf*

**typographic(al)** /ˌtaɪpəˈgræfɪk(əl)/ **ADJ** typographique ◆ **typographical error** erreur *f* typographique, coquille *f*

**typography** /taɪˈpɒgrəfɪ/ **N** typographie *f*

**typological** /ˌtaɪpəˈlɒdʒɪkəl/ **ADJ** typologique

**typology** /taɪˈpɒlədʒɪ/ **N** typologie *f*

**tyrannic(al)** /tɪˈrænɪk(əl)/ **ADJ** tyrannique

**tyrannically** /tɪˈrænɪkəlɪ/ **ADV** tyranniquement

**tyrannicide** /tɪˈrænɪsaɪd/ **N** *(= act)* tyrannicide *m* ; *(= person)* tyrannicide *mf*

**tyrannize** /ˈtɪrənaɪz/
**VI** ◆ **to tyrannize over sb** tyranniser qn
**VT** tyranniser

**tyrannosaur** /tɪˈrænəsɔː<sup>r</sup>/ **N** tyrannosaure *m*

**tyrannosaurus** /tɪˌrænəˈsɔːrəs/ **N** (also **tyrannosaurus rex**) tyrannosaure *m*, Tyrannosaurus rex *m*

**tyrannous** /ˈtɪrənəs/ **ADJ** tyrannique

**tyrannously** /ˈtɪrənəslɪ/ **ADV** tyranniquement

**tyranny** /ˈtɪrənɪ/ SYN **N** tyrannie *f*

**tyrant** /ˈtaɪərənt/ SYN **N** tyran *m*

**Tyre** /taɪə<sup>r</sup>/ **N** Tyr

**tyre** /taɪə<sup>r</sup>/ *(Brit)*
**N** pneu *m* ; → **spare**
**COMP** **tyre gauge N** manomètre *m* (pour pneus)
**tyre lever N** démonte-pneu *m*
**tyre pressure N** pression *f* des pneus
**tyre valve N** valve *f* (de gonflage)

**tyremaker** /ˈtaɪəmeɪkə<sup>r</sup>/ **N** fabricant *m* de pneus

**tyro** /ˈtaɪərəʊ/ SYN **N** novice *mf*, débutant(e) *m(f)*

**Tyrol** /tɪˈrəʊl/ **N** ◆ **(the) Tyrol** le Tyrol

**Tyrolean** /ˌtɪrəˈliː(ː)ən/, **Tyrolese** /ˌtɪrəˈliːz/
**ADJ** tyrolien ◆ **Tyrolean traverse** *(Climbing)* tyrolienne *f*
**N** Tyrolien(ne) *m(f)*

**tyrothricin** /ˌtaɪərəʊˈθraɪsɪn/ **N** tyrosine *f*

**Tyrrhenian** /tɪˈriːnɪən/ **ADJ** ◆ **Tyrrhenian Sea** mer *f* Tyrrhénienne

**tzar** /zɑː<sup>r</sup>/ **N** ⇒ **tsar**

**tzarina** /zɑːˈriːnə/ **N** ⇒ **tsarina**

**tzarist** /ˈzɑːrɪst/ **N, ADJ** ⇒ **tsarist**

**tzatziki** /tsætˈsɪkɪ/ **N** *(Culin)* tzatziki *m*

**tzetze fly** /ˈtsetsɪflaɪ/ **N** ⇒ **tsetse fly**

**Tzigane** /tsɪˈgɑːn/
**N** Tsigane *mf*, Tzigane *mf*
**ADJ** tsigane, tzigane

# U

**U, u** /juː/
- **N** 1 (= letter) U, u m ◆ **U for Uncle** ≈ U comme Ursule
- 2 (Brit Cine) (abbrev of **Universal**) ≈ tous publics ◆ **it's a U film** c'est un film pour tous publics
- **ADJ** (Brit † * = upper-class) [word, accent, behaviour] distingué
- **COMP** **U-bend** N (in pipe) coude m ; (Brit : in road) coude m, virage m en épingle à cheveux ◆ **U-boat** N sous-marin m allemand ◆ **U-lock** N antivol m en U ◆ **U-shaped** ADJ en (forme de) U ◆ **U-turn** N (Driving) demi-tour m ; (fig) revirement m, volte-face f (on au sujet de) ◆ **"no U-turns"** « défense de faire demi-tour » ◆ **to make a U-turn on sth** faire volte-face au sujet de qch

**UAE** /ˌjuːeɪˈiː/ N (abbrev of **United Arab Emirates**) → **united**

**UAW** /ˌjuːeɪˈdʌbljuː/ N (US) (abbrev of **United Automobile Workers**) syndicat

**UB40** /ˌjuːbiːˈfɔːti/ N (Brit) (abbrev of **Unemployment Benefit 40**) carte de demandeur d'emploi

**uber-** /ˈuːbər/ PREF super-

**ubiquitous** /juːˈbɪkwɪtəs/ SYN ADJ omniprésent

**ubiquity** /juːˈbɪkwɪtɪ/ N omniprésence f

**UCAS** /ˈjuːkæs/ N (Brit) (abbrev of **Universities and Colleges Admissions Service**) → **university**

**UCATT** /ˈjuːkæt/ N (Brit) (abbrev of **Union of Construction, Allied Trades and Technicians**) syndicat

**UCCA** /ˈʌkə/ N (Brit : formerly) (abbrev of **Universities Central Council on Admissions**) service central des inscriptions universitaires ◆ **UCCA form** ≈ dossier m d'inscription universitaire

**UCL** /ˌjuːsiːˈel/ N abbrev of **University College, London**

**UCW** /ˌjuːsiːˈdʌbljuː/ N (Brit) (abbrev of **Union of Communication Workers**) syndicat

**UDA** /ˌjuːdiːˈeɪ/ N (Brit) (abbrev of **Ulster Defence Association**) → **Ulster**

**UDC** /ˌjuːdiːˈsiː/ N (Brit Local Govt) (abbrev of **Urban District Council**) → **urban**

**udder** /ˈʌdər/ N pis m, mamelle f

**UDI** /ˌjuːdiːˈaɪ/ N (Brit Pol) (abbrev of **unilateral declaration of independence**) → **unilateral**

**UDM** /ˌjuːdiːˈem/ N (Brit) (abbrev of **Union of Democratic Mineworkers**) syndicat

**UDR** /ˌjuːdiːˈɑːr/ N (Brit) (abbrev of **Ulster Defence Regiment**) → **Ulster**

**UEFA** /juːˈeɪfə/ N (Football) (abbrev of **Union of European Football Associations**) UEFA f

**UFC** /ˌjuːefˈsiː/ N (Brit) abbrev of **Universities Funding Council**

**UFO** /ˌjuːeˈfəʊ, ˈjuːfəʊ/ N (abbrev of **unidentified flying object**) ovni m

**ufologist** /juːˈfɒlədʒɪst/ N ufologue mf

**ufology** /juːˈfɒlədʒɪ/ N ufologie f

**Uganda** /juːˈɡændə/ N Ouganda m

**Ugandan** /juːˈɡændən/
- **ADJ** ougandais
- **N** Ougandais(e) m(f)

**UGC** /ˌjuːdʒiːˈsiː/ N (Brit) (abbrev of **University Grants Committee**) → **university**

**ugh** /ɜːh/ EXCL pouah !

**ugli** /ˈʌɡlɪ/ N (pl **uglis** or **uglies**) tangelo m

**uglification** /ˌʌɡlɪfɪˈkeɪʃən/ N enlaidissement m

**uglify** /ˈʌɡlɪfaɪ/ VT enlaidir, rendre laid

**ugliness** /ˈʌɡlɪnɪs/ N (NonC) laideur f

**ugly** /ˈʌɡlɪ/ SYN ADJ 1 [person, appearance, face, building, word] laid ; [wound, scar] vilain before n ◆ **as ugly as sin** moche* comme un pou , laid comme un singe ◆ **ugly duckling** (fig) vilain petit canard m
2 (fig = unpleasant) [habit] sale ◆ **he gave me an ugly look** il m'a regardé d'un sale œil ◆ **to be in an ugly mood** [person] être d'une humeur massacrante or exécrable ; [crowd] être menaçant ◆ **the ugly truth** l'horrible vérité f ◆ **to grow** or **turn ugly** [person] se faire menaçant, montrer les dents ◆ **things** or **the mood turned ugly when...** les choses ont mal tourné or ont pris une mauvaise tournure quand... ◆ **the whole business is taking an ugly turn** l'affaire prend une sale tournure ◆ **the situation looks ugly** la situation est affreuse ◆ **it is an ugly sight** ce n'est pas beau à voir ◆ **there were ugly scenes** il y a eu des scènes terribles ◆ **an ugly rumour** de vilains bruits mpl ◆ **"blackmail" is an ugly word** « chantage » est un vilain mot

**UHF** /ˌjuːeɪtʃˈef/ N (abbrev of **ultrahigh frequency**) UHF f

**uh-huh** * /ˈʌˌhʌ/ EXCL (= yes) oui oui

**UHT** /ˌjuːeɪtʃˈtiː/ ADJ (abbrev of **ultra heat treated**) [milk etc] UHT inv, longue conservation inv

**uh-uh** /ˈʌˌʌ/ EXCL (warning) hé !

**UK** /juːˈkeɪ/ N (abbrev of **United Kingdom**) Royaume-Uni m ◆ **in the UK** au Royaume-Uni ◆ **the UK government** le gouvernement du Royaume-Uni ◆ **a UK citizen** un citoyen du Royaume-Uni

**ukase** /juːˈkeɪz/ N (Hist, fig) ukase m, oukase m

**uke** ‡ /juːk/ N abbrev of **ukulele**

**Ukraine** /juːˈkreɪn/ N ◆ **(the) Ukraine** l'Ukraine f ◆ **in (the) Ukraine** en Ukraine

**Ukrainian** /juːˈkreɪnɪən/
- **ADJ** ukrainien
- **N** 1 (= person) Ukrainien(ne) m(f)
- 2 (= language) ukrainien m

**ukulele** /ˌjuːkəˈleɪlɪ/ N guitare f hawaïenne

**ULC** /ˌjuːelˈsiː/ N (US) (abbrev of **ultra-large carrier**) superpétrolier m

**ulcer** /ˈʌlsər/ SYN N 1 (Med) ulcère m ◆ **to get an ulcer** attraper un ulcère
2 (fig) plaie f

**ulcerate** /ˈʌlsəreɪt/
- **VT** ulcérer
- **VI** s'ulcérer

**ulcerated** /ˈʌlsəreɪtɪd/ ADJ ulcéreux

**ulceration** /ˌʌlsəˈreɪʃən/ N ulcération f

**ulcerative** /ˈʌlsəˌreɪtɪv/ ADJ ulcératif

**ulcerous** /ˈʌlsərəs/ ADJ (= having ulcers) ulcéreux ; (= causing ulcers) ulcératif

**ulema** /ˈuːlɪmə/ N (Rel) uléma m, ouléma m

**ullage** /ˈʌlɪdʒ/ N (Customs) manquant m

**'ullo** * /əˈləʊ/ EXCL (Brit) ⇒ **hello**

**ulna** /ˈʌlnə/ N (pl **ulnas** or **ulnae** /ˈʌlniː/) cubitus m

**ulnar** /ˈʌlnər/ ADJ cubital

**ULSD** /ˌjuːelesˈdiː/ N (abbrev of **Ultra Low Sulphur Diesel**) diesel m à faible teneur en soufre

**Ulster** /ˈʌlstər/
- **N** 1 (Hist) Ulster m
- 2 (= Northern Ireland) Irlande f du Nord
- 3 (= coat) ◆ **ulster** gros pardessus m
- **COMP** de l'Ulster or de l'Irlande du Nord ◆ **Ulster Defence Association** N organisation paramilitaire protestante en Irlande du Nord ◆ **Ulster Defence Regiment** N section de l'armée britannique en Irlande du Nord ◆ **Ulster Volunteer Force** N organisation paramilitaire protestante en Irlande du Nord

**Ulsterman** /ˈʌlstəmən/ N (pl **-men**) habitant m or natif m de l'Ulster

**Ulsterwoman** /ˈʌlstəwʊmən/ N (pl **-women**) habitante f or native f de l'Ulster

**ult.** /ʌlt/ abbrev of **ultimo**

**ulterior** /ʌlˈtɪərɪər/ SYN ADJ ◆ **she meant it genuinely and had no ulterior intentions** elle était sincère et sans arrière-pensée ◆ **ulterior motive** arrière-pensée f

**ultimata** /ˌʌltɪˈmeɪtə/ NPL of **ultimatum**

**ultimate** /ˈʌltɪmɪt/ SYN
- **ADJ** 1 (= final, eventual) [aim, destiny, solution] final ; [decision, result, outcome] final, définitif ; [victory, defeat] final, ultime ; [control, authority] suprême ◆ **the ultimate deterrent** (Mil, fig) l'ultime moyen m de dissuasion ◆ **the ultimate weapon** (Mil, fig) l'arme f suprême ◆ **the ultimate beneficiary/loser is...** en fin de compte, le bénéficiaire/le perdant est... ◆ **he came to the ultimate conclusion that...** il a finalement conclu que... ◆ **death is the ultimate sacrifice** la mort est le sacrifice suprême or l'ultime sacrifice ◆ **to make the ultimate sacrifice** faire le sacrifice de sa vie
- 2 (= best, most effective) suprême ◆ **we have produced the ultimate sports car** nous avons fabriqué le nec plus ultra de la voiture de sport ◆ **the ultimate insult** l'insulte f suprême ◆ **the ultimate (in) luxury/generosity** le summum du luxe/de la générosité ◆ **the ultimate (in) selfishness/bad manners** le comble de l'égoïsme/de l'impolitesse
- 3 (= basic) [principle, cause, truth] fondamental, premier ◆ **ultimate constituent** (Gram) constituant m ultime
- 4 (= furthest : gen) le plus éloigné, le plus distant ; [boundary of universe] le plus reculé ; [ancestor] le plus éloigné ◆ **the ultimate origins of man** les origines fpl premières de l'homme ◆ **the ultimate frontiers of knowledge** les confins mpl du savoir

**ultimately** | **unadopted**

■ ✦ **the ultimate in comfort** le summum du confort, le fin du fin en matière de confort, le nec plus ultra du confort

**ultimately** /'ʌltɪmɪtlɪ/ SYN ADV ① (= finally, eventually) en fin de compte ✦ **to ultimately do sth** finir par faire qch ✦ **he was ultimately successful/unsuccessful** il a finalement réussi/échoué ✦ **it may ultimately be possible** ça sera peut-être possible, en fin de compte ✦ **ultimately, this problem can only be solved in a court of law** en fin de compte, ce problème ne pourra être résolu que devant les tribunaux
② (= when all is said and done) [responsible] en définitive ✦ **it ultimately depends on you** en définitive or en fin de compte cela dépend de vous

**ultimatum** /ˌʌltɪ'meɪtəm/ N (pl **ultimatums** or **ultimata**) ultimatum m ✦ **to deliver** or **issue an ultimatum** adresser un ultimatum (to à)

**ultimo** /'ʌltɪməʊ/ ADV (Comm) du mois dernier ✦ **the 25th ultimo** le 25 du mois dernier

**ultra...** /'ʌltrə/ PREF ultra..., hyper... ✦ **ultra filtration** ultrafiltration f ✦ **ultrasensitive** ultrasensible, hypersensible ✦ **ultra-right-wing** d'extrême droite ✦ **ultrafashionable** du tout dernier cri ✦ **ultrarich** richissime

**ultracentrifuge** /ˌʌltrə'sentrɪfjuːdʒ/ N ultracentrifugeuse f

**ultrahigh** /ˌʌltrə'haɪ/ ADJ ✦ **ultrahigh frequency** ultra-haute fréquence f

**ultra-left**
■ ✦ **the ultra-left** l'extrême gauche f
ADJ d'extrême gauche

**ultralight** /ˈʌltrə'laɪt/
ADJ ultraléger
■ (= aircraft) ULM m, ultra-léger m motorisé

**Ultra Low Sulphur Diesel** N diesel m à faible teneur en soufre

**ultramarine** /ˌʌltrəmə'riːn/ ADJ, N (bleu) outremer m inv

**ultramicroscope** /ˌʌltrə'maɪkrəskəʊp/ N ultramicroscope m

**ultramicroscopic** /ˈʌltrəˌmaɪkrə'skɒpɪk/ ADJ ultramicroscopique

**ultramodern** /ˌʌltrə'mɒdən/ ADJ ultramoderne

**ultramontane** /ˌʌltrə'mɒnteɪn/ ADJ, N ultramontain(e) m(f)

**ultramontanism** /ˌʌltrə'mɒntɪnɪzəm/ N ultramontanisme m

**ultrashort** /ˌʌltrə'ʃɔːt/ ADJ ultracourt

**ultrasonic** /ˌʌltrə'sɒnɪk/
ADJ ultrasonique
■ (NonC) ✦ **ultrasonics** science f des ultrasons

**ultrasound** /ˈʌltrəsaʊnd/
■ (NonC) ultrasons mpl ✦ **to have ultrasound** avoir une échographie
COMP [equipment, machine] à ultrasons
**ultrasound examination, ultrasound scan** N échographie f
**ultrasound scanner** N appareil m à échographie

**ultrastructure** /ˈʌltrəˌstrʌktʃər/ N (Bio) ultrastructure f

**ultraviolet** /ˌʌltrə'vaɪəlɪt/ ADJ ultraviolet ✦ **to have ultraviolet treatment** (Med) se faire traiter aux rayons ultraviolets ✦ **ultraviolet radiation** rayons mpl ultraviolets

**ultra vires** /ˌʌltrə'vaɪəriːz/ ADV, ADJ (Jur) ✦ **to be ultra vires** constituer un abus de pouvoir ✦ **to act ultra vires** outrepasser ses droits, commettre un abus de pouvoir

**ultravirus** /ˌʌltrə'vaɪərəs/ N ultravirus m

**ululate** /'juːljʊleɪt/ VI [owl] (h)ululer ; [dog] hurler

**ululation** /ˌjuːljʊ'leɪʃən/ N hululement m ; (in Arab context) youyou m

**Ulysses** /'juːlɪsiːz/ N Ulysse m ✦ **"Ulysses"** (Literat) « Ulysse »

**um** /ʌm/
INTERJ euh
VI ✦ **to um and err** * se tâter*, hésiter ✦ **after a lot of umming and erring** *, **he decided to buy it** après beaucoup d'hésitations il se décida à l'acheter

**umbel** /'ʌmbl/ N [of plant] ombelle f

**umbellate(d)** /'ʌmbɪleɪt(ɪd)/ ADJ [plant] ombellé

**umbellifer** /ʌm'belɪfər/ N (= plant) ombellifère f

**umbelliferous** /ˌʌmbɪ'lɪfərəs/ ADJ [plant] ombellifère

**umber** /'ʌmbər/ ADJ, N (terre f d')ombre f, terre f de Sienne ; → **burnt**

**umbilical** /ˌʌmbɪ'laɪkəl/
ADJ ombilical
COMP **umbilical cord** N cordon m ombilical

**umbilicate** /ʌm'bɪlɪkeɪt/ ADJ [plant, animal] ombiliqué ; (Bio) [colony] ombilical

**umbilicus** /ˌʌmbɪ'laɪkəs/ N (pl **umbilici** /ˌʌmbə'laɪsaɪ/) ombilic m, nombril m

**umbo** /'ʌmbəʊ/ N (pl **umbos** or **umbones** /ʌm'bəʊniːz/) [of eardrum] ombilic m, umbo m

**umbrage** /'ʌmbrɪdʒ/ SYN N (NonC) ombrage m (fig), ressentiment m ✦ **to take umbrage** prendre ombrage, se froisser (at de)

**umbrella** /ʌm'brelə/ SYN
■ ① (gen) parapluie m ; (against sun) parasol m ✦ **to put up/put down an umbrella** ouvrir/fermer un parapluie ✦ **golf umbrella** parapluie m de golf ✦ **air umbrella** (Mil) écran m de protection aérienne ✦ **under the umbrella of** (fig) (= under the protection of) sous la protection de ; (= under the aegis of) sous l'égide de ✦ **to come under the umbrella of** relever de ; → **nuclear**
② [of jellyfish] ombrelle f
ADJ ✦ **umbrella body** or **organization** organisme m qui en chapeaute plusieurs autres ✦ **an umbrella term** un terme générique
COMP **umbrella pine** N pin m parasol
**umbrella stand** N porte-parapluies m inv

**Umbria** /'ʌmbrɪə/ N Ombrie f

**Umbrian** /'ʌmbrɪən/
ADJ ombrien
■ Ombrien(ne) m(f)

**UMIST** /'juːmɪst/ N (abbrev of University of Manchester Institute of Science and Technology) institut m de science et technologie de l'université de Manchester

**umlaut** /'ʊmlaʊt/ N ① (NonC = vowel change) inflexion f vocalique
② (= diaeresis) tréma m ; (in German) umlaut m

**ump** * /ʌmp/ N (US) ⇒ **umpire**

**umpire** /'ʌmpaɪər/ SYN
■ (gen) arbitre m ; (Tennis) juge m de chaise
VT arbitrer
VI servir d'arbitre, être l'arbitre

**umpteen** * /'ʌmptiːn/ ADJ beaucoup de, je ne sais combien de ✦ **I've told you umpteen times** je te l'ai dit je ne sais combien de fois or trente-six fois or cent fois ✦ **he had umpteen books** il avait je ne sais combien de livres or des quantités de livres

**umpteenth** * /'ʌmptiːnθ/ ADJ (é)nième

**UMW** /ˌjuːem'dʌbljuː/ N (abbrev of **United Mineworkers of America**) syndicat

**UN** /juː'en/ N (abbrev of **United Nations**) ONU f

**'un** * /ən/ PRON (= one) ✦ **he's a good 'un** c'est un brave type ✦ **she's a good 'un** c'est une fille bien ✦ **little 'un** petiot(e) * m(f)

**unabashed** /ˌʌnə'bæʃt/ SYN ADJ [person] nullement décontenancé (by par) ; [love, desire, admiration] dont on n'a pas honte ; [gaze] sans mesure, sans bornes ✦ **he's an unabashed romantic** c'est un romantique et il n'en a pas honte or il ne s'en cache pas ✦ **"yes" he said unabashed** « oui » dit-il sans se décontenancer or sans perdre contenance

**unabated** /ˌʌnə'beɪtɪd/
ADJ [desire] constant ✦ **she was exasperated by her husband's unabated drinking** elle était exaspérée par le fait que son mari buvait constamment ✦ **to remain unabated** rester inchangé ✦ **with unabated interest** avec toujours autant d'intérêt ✦ **his unabated enthusiasm for the scheme** l'enthousiasme qu'il continuait à exprimer pour ce projet
ADV sans relâche ✦ **to continue unabated** se poursuivre sans relâche

**unabbreviated** /ˌʌnə'briːvɪeɪtɪd/ ADJ non abrégé, sans abréviation

**unable** /ʌn'eɪbl/ LANGUAGE IN USE 12.3, 16.3, 16.4, 18.2, 25.1 SYN ADJ ✦ **to be unable to do sth** (gen) ne (pas) pouvoir faire qch ; (= not know how to) ne pas savoir faire qch ; (= be incapable of) être incapable de faire qch ; (= be prevented from) être dans l'impossibilité de faire qch, ne pas être en mesure de faire qch

**unabridged** /ˌʌnə'brɪdʒd/ SYN ADJ intégral, non abrégé ✦ **unabridged edition/version** édition f/version f intégrale

**unaccented** /ˌʌnæk'sentɪd/, **unaccentuated** /ˌʌnæk'sentjʊeɪtɪd/ ADJ [voice, speech] sans accent ; [syllable] inaccentué, non accentué

**unacceptable** /ˌʌnək'septəbl/ ADJ [offer, suggestion] inacceptable ; [amount, degree, extent, level] inadmissible ✦ **it's quite unacceptable that we should have to do this** il est inadmissible que nous devions faire cela ✦ **the unacceptable face of capitalism** la face honteuse du capitalisme

**unacceptably** /ˌʌnək'septəblɪ/ ADV [dangerous] à un point inacceptable or inadmissible ✦ **the cost was unacceptably high** le coût était si élevé que c'était inacceptable ✦ **unacceptably poor living conditions** des conditions fpl de vie inacceptables or inadmissibles ✦ **an unacceptably violent programme** un film d'une violence inacceptable or inadmissible ✦ **he suggested, quite unacceptably, doing it later** il a suggéré de le faire plus tard, ce qui était tout à fait inacceptable or inadmissible

**unaccommodating** /ˌʌnə'kɒmədeɪtɪŋ/ ADJ (= disobliging) désobligeant ; (= not easy to deal with) peu accommodant

**unaccompanied** /ˌʌnə'kʌmpənɪd/ SYN ADJ [person, child, luggage] non accompagné ; (Mus) [singing] sans accompagnement, a cappella ; [instrument] seul

**unaccomplished** /ˌʌnə'kʌmplɪʃt/ ADJ ① (frm = unfinished) [work, task, journey] inaccompli, inachevé ; [project, desire] inaccompli, non réalisé
② (= untalented) [person] sans talents ; [performance] médiocre

**unaccountable** /ˌʌnə'kaʊntəbl/ SYN ADJ ① (= inexplicable) inexplicable, sans raison apparente
② ✦ **unaccountable bureaucrats** des bureaucrates qui n'ont pas à rendre compte de leurs actes ✦ **MI5's operations remain secretive and relatively unaccountable** MI5 continue de mener ses opérations dans le secret, sans quasiment en rendre compte à qui que ce soit ✦ **to be unaccountable to** [+ person, official, organization] ne pas avoir obligation de rendre compte à

**unaccountably** /ˌʌnə'kaʊntəblɪ/ ADV ✦ **an unaccountably successful film** un film au succès inexplicable ✦ **unaccountably popular** d'une popularité inexplicable ✦ **he felt unaccountably depressed** il se sentait déprimé sans savoir pourquoi ✦ **the messenger was unaccountably delayed** le messager a été retardé sans raison apparente ✦ **unaccountably, he felt sorry for her** sans comprendre pourquoi, il la plaignait

**unaccounted** /ˌʌnə'kaʊntɪd/ ADJ ✦ **unaccounted for** ✦ **two passengers are still unaccounted for** deux passagers sont toujours portés disparus or n'ont toujours pas été retrouvés ✦ **$5 is still unaccounted for** il manque encore 5 dollars ✦ **this is unaccounted for in the report** ceci n'est pas expliqué dans le rapport

**unaccustomed** /ˌʌnə'kʌstəmd/ SYN ADJ inaccoutumé, inhabituel ✦ **to be unaccustomed to (doing) sth** ne pas avoir l'habitude de (faire) qch ✦ **unaccustomed as I am to public speaking...** n'ayant pas l'habitude de prendre la parole en public...

**unacknowledged** /ˌʌnək'nɒlɪdʒd/ ADJ [letter] dont on n'a pas accusé réception ; [mistake, help, services] non reconnu (publiquement) ; [child] non reconnu

**unacquainted** /ˌʌnə'kweɪntɪd/ ADJ ✦ **to be unacquainted with the facts** ignorer les faits, ne pas être au courant des faits ✦ **she is unacquainted with poverty** elle ne sait pas ce que c'est que la pauvreté, elle ne connaît pas la pauvreté ✦ **to be unacquainted with sb** ne pas avoir fait la connaissance de qn ✦ **they are unacquainted** ils ne se connaissent pas

**unadaptable** /ˌʌnə'dæptəbl/ ADJ inadaptable, peu adaptable

**unadapted** /ˌʌnə'dæptɪd/ ADJ mal adapté, inadapté (to à)

**unaddressed** /ˌʌnə'drest/ ADJ sans adresse, qui ne porte pas d'adresse

**unadjusted** /ˌʌnə'dʒʌstɪd/ ADJ non corrigé ✦ **seasonally unadjusted employment figures** statistiques fpl du chômage non corrigées des variations saisonnières

**unadopted** /ˌʌnə'dɒptɪd/ ADJ ✦ **many children remain unadopted** beaucoup d'enfants ne trouvent pas de parents adoptifs

**unadorned** /ʌnə'dɔːnd/ ADJ sans ornement, tout simple ; (fig) [truth] pur, tout nu ♦ **beauty unadorned** la beauté sans artifice or sans fard

**unadulterated** /ˌʌnə'dʌltəreɪtɪd/ ADJ pur, naturel ; [food, wine] non frelaté ; [hell, nonsense] pur (et simple)

**unadventurous** /ˌʌnəd'ventʃərəs/ ADJ [person, career, design, theatre production] peu audacieux (-euse f) ♦ **where food is concerned, he is very unadventurous** il est très conservateur dans ses goûts culinaires

**unadventurously** /ˌʌnəd'ventʃərəslɪ/ ADV [dressed, decorated] de façon conventionnelle ; [choose, decide] par manque d'audace or d'imagination

**unadvertised** /ˌʌn'ædvətaɪzd/ ADJ [meeting, visit] sans publicité, discret (-ète f)

**unadvisable** /ˌʌnəd'vaɪzəbl/ ADJ déconseillé, peu recommandé

**unadvised** /ˌʌnəd'vaɪzd/ ADJ ① (= lacking advice) [person] qui n'a pas reçu de conseils ② (= ill-advised) [person] malavisé, imprudent ; [measures] inconsidéré, imprudent

**unadvisedly** /ˌʌnəd'vaɪzɪdlɪ/ ADV imprudemment

**unaesthetic** /ˌʌniːs'θetɪk/ ADJ inesthétique, peu esthétique

**unaffected** /ˌʌnə'fektɪd/ SYN ADJ ① (= sincere) [person] naturel, simple ; [behaviour] non affecté ; [style] sans recherche, simple
② (= unchanged) non affecté ♦ **unaffected by damp/cold** non affecté par l'humidité/le froid, qui résiste à l'humidité/au froid ♦ **unaffected by heat** inaltérable à la chaleur ♦ **our plans were unaffected by the strike** nos plans sont restés inchangés malgré la grève ♦ **they are unaffected by the new legislation** ils ne sont pas affectés or touchés par la nouvelle législation ♦ **he was quite unaffected by her sufferings** ses souffrances ne l'ont pas touché or l'ont laissé froid ♦ **he remained unaffected by all the noise** il était indifférent à tout ce bruit

**unaffectedly** /ˌʌnə'fektɪdlɪ/ ADV [behave] sans affectation ; [dress] simplement ♦ **her outfit was unaffectedly stylish** sa tenue était à la fois simple et chic

**unaffiliated** /ˌʌnə'fɪlɪeɪtɪd/ ADJ non affilié (to à)

**unafraid** /ˌʌnə'freɪd/ SYN ADJ sans peur, qui n'a pas peur ♦ **to be unafraid of (doing) sth** ne pas avoir peur de (faire) qch

**unaided** /ˌʌn'eɪdɪd/
ADV [walk, stand] tout(e) seul(e) ; [breathe] sans aide extérieure ♦ **to reach the North Pole unaided** atteindre le pôle Nord par ses propres moyens ♦ **she brought up six children unaided** elle a élevé six enfants toute seule
ADJ ♦ **his unaided work** le travail qu'il a fait tout seul or sans être aidé ♦ **by his own unaided efforts** par ses propres efforts or moyens

**unaired** /ˌʌn'ɛəd/ ADJ non aéré

**unalarmed** /ˌʌnə'lɑːmd/ ADJ nullement alarmé

**unalike** /ˌʌnə'laɪk/ ADJ peu ressemblant ♦ **to be unalike** ne pas se ressembler ♦ **the two children are so unalike** les deux enfants se ressemblent si peu

**unalloyed** /ˌʌn'ælɔɪd/ ADJ [happiness] sans mélange, parfait ; [metal] non allié

**unalterable** /ʌn'ɒltərəbl/ SYN ADJ [rule] invariable, immuable ; [fact] certain ; [emotion, friendship] inaltérable

**unalterably** /ʌn'ɒltərəblɪ/ ADV [change, affect] façon permanente ; [opposed] définitivement ♦ **unalterably wicked** foncièrement méchant

**unaltered** /ʌn'ɒltəd/ ADJ inchangé, non modifié ♦ **his appearance was unaltered** physiquement il n'avait pas changé

**unambiguous** /ˌʌnæm'bɪɡjʊəs/ ADJ [statement, wording] non ambigu (-guë f), non équivoque, clair ; [order, thought] clair

**unambiguously** /ˌʌnæm'bɪɡjʊəslɪ/ ADV [say, condemn, support] sans ambiguïté, sans équivoque ♦ **he gave an unambiguously affirmative answer** il a répondu sans ambiguïté par l'affirmative

**unambitious** /ˌʌnæm'bɪʃəs/ ADJ [person] sans ambition, peu ambitieux ; [plan] modeste

**un-American** /ˌʌnə'merɪkən/ ADJ ① (pej = anti-American) anti-américain
② (not typical) peu or pas américain

**unamiable** /ʌn'eɪmɪəbl/ ADJ désagréable, peu aimable

**unamused** /ˌʌnə'mjuːzd/ ADJ qui n'est pas amusé ♦ **the story left her unamused** l'histoire ne l'a pas amusée du tout, elle n'a pas trouvé l'histoire amusante du tout

**unanimity** /ˌjuːnə'nɪmɪtɪ/ SYN N (NonC) unanimité f

**unanimous** /juː'nænɪməs/ SYN ADJ [group, decision] unanime ♦ **the committee was unanimous in its condemnation of this** or **in condemning this** les membres du comité ont été unanimes pour or à condamner cela, les membres du comité ont condamné cela à l'unanimité ♦ **it was accepted by a unanimous vote** cela a été voté à l'unanimité

**unanimously** /juː'nænɪməslɪ/ SYN ADV [vote, elect] à l'unanimité ; [agree, pass] unanimement, à l'unanimité ; [condemn] unanimement ♦ **unanimously favourable** unanimement favorable ♦ **the album received unanimously good reviews** or **was unanimously praised** l'album a fait l'unanimité

**unannounced** /ˌʌnə'naʊnst/
ADJ [visitor, visit] imprévu ♦ **to pay an unannounced visit to sb** rendre visite à qn sans prévenir ; (in more formal situations) rendre visite à qn sans se faire annoncer ♦ **the President paid an unannounced visit to the Swiss capital** le Président a effectué une visite-surprise dans la capitale helvétique
ADV [arrive, enter, turn up] sans prévenir ; (in more formal situations) sans se faire annoncer

**unanswerable** /ʌn'ɑːnsərəbl/ SYN ADJ [question] à laquelle il est impossible de répondre ; [argument] irréfutable, incontestable

**unanswered** /ʌn'ɑːnsəd/ SYN ADJ [letter, request, question] (qui reste) sans réponse ; [problem, puzzle] non résolu ; [criticism, argument] non réfuté ; [prayer] inexaucé ; (Jur) [charge] irréfuté ♦ **her letter remained unanswered** sa lettre est restée sans réponse ♦ **there was a pile of unanswered letters on his desk** sur son bureau, il y avait une pile de lettres en attente or une pile de lettres auxquelles il n'avait pas (encore) répondu

**unappealing** /ˌʌnə'piːlɪŋ/ ADJ peu attirant, peu attrayant

**unappetizing** /ˌʌn'æpɪtaɪzɪŋ/ SYN ADJ (lit, fig) peu appétissant

**unappreciated** /ˌʌnə'priːʃɪeɪtɪd/ ADJ [person] méconnu, incompris ; [offer, help] non apprécié

**unappreciative** /ˌʌnə'priːʃɪətɪv/ ADJ [audience] froid, indifférent ♦ **to be unappreciative of sth** ne pas apprécier qch, rester indifférent à qch

**unapproachable** /ˌʌnə'prəʊtʃəbl/ ADJ d'un abord difficile, inabordable

**unarguable** /ʌn'ɑːɡjʊəbl/ ADJ incontestable

**unarguably** /ʌn'ɑːɡjʊəblɪ/ ADV incontestablement

**unarmed** /ʌn'ɑːmd/ SYN
ADJ [person] non armé ; [ship, plane] sans armes ♦ **he is unarmed** il n'est pas armé
ADV sans armes
COMP **unarmed combat** N combat m à mains nues

**unashamed** /ˌʌnə'ʃeɪmd/ ADJ [pleasure, delight, admiration] non déguisé ; [greed, luxury] dont on n'a pas honte ♦ **he was quite unashamed about it** il n'en éprouvait pas la moindre honte or gêne ♦ **he was an unashamed admirer of Mussolini** il admirait Mussolini et ne s'en cachait pas

**unashamedly** /ˌʌnə'ʃeɪmdlɪ/ ADV [say, cry] sans aucune gêne ♦ **unashamedly romantic** qui ne cache pas son romantisme ♦ **unashamedly luxurious** d'un luxe sans complexes ♦ **he was unashamedly delighted about it** il en était réjoui et ne s'en cachait pas ♦ **he was unashamedly selfish/a liar** c'était un égoïste/un menteur et ne s'en cachait pas

**unasked** /ʌn'ɑːskt/ SYN
ADJ [question] non formulé ♦ **significant questions will go unasked** certaines questions importantes ne seront pas posées ♦ **this was unasked for** on ne l'avait pas demandé
ADV ♦ **he did it unasked** il l'a fait sans qu'on le lui ait demandé or de son propre chef ♦ **he came in unasked** il est entré sans y avoir été invité

**unaspirated** /ʌn'æspəreɪtɪd/ ADJ (Phon) non aspiré

**unassailable** /ˌʌnə'seɪləbl/ SYN [fortress] imprenable ; [position, reputation] inattaquable ; [argument, reason] irréfutable, inattaquable ♦ **he is quite unassailable on that point** ses arguments sont irréfutables sur ce point, on ne peut pas l'attaquer sur ce point

**unassimilated** /ˌʌnə'sɪmɪleɪtɪd/ ADJ non assimilé, mal intégré

**unassisted** /ˌʌnə'sɪstɪd/
ADV tout seul, sans aide
ADJ tout seul

**unassuming** /ˌʌnə'sjuːmɪŋ/ SYN ADJ sans prétentions, modeste

**unassumingly** /ˌʌnə'sjuːmɪŋlɪ/ ADV modestement, sans prétentions

**unattached** /ˌʌnə'tætʃt/ SYN ADJ [part etc] non attaché (to à), libre (to de) ; (fig) [person, group] indépendant (to de) ; (= not married etc) libre, sans attaches ; (Jur) non saisi

**unattainable** /ˌʌnə'teɪnəbl/ ADJ [place, objective, person] inaccessible

**unattended** /ˌʌnə'tendɪd/ SYN ADJ ① (= not looked after) [shop, machine, luggage] (laissé) sans surveillance ; [child] sans surveillance, (tout) seul ♦ **do not leave your luggage unattended** ne laissez pas vos bagages sans surveillance ♦ **unattended to** négligé
② (= unaccompanied) [king etc] seul, sans escorte

**unattractive** /ˌʌnə'træktɪv/ ADJ [appearance, house, idea] peu attrayant, peu séduisant ; [person, character] déplaisant, peu sympathique

**unattractiveness** /ˌʌnə'træktɪvnɪs/ N (NonC) manque m d'attrait or de beauté

**unattributable** /ˌʌnə'trɪbjʊtəbl/ ADJ de source non divulguée

**unattributed** /ˌʌnə'trɪbjʊtɪd/ ADJ [quotation, remark] non attribué ; [source] non cité, non indiqué

**unau** /'juːnəʊ/ N unau m

**unauthenticated** /ˌʌnɔː'θentɪkeɪtɪd/ ADJ [evidence] non établi ; [signature] non authentifié

**unauthorized** /ˌʌn'ɔːθəraɪzd/ SYN ADJ (gen) non autorisé, (fait) sans autorisation ♦ **this was unauthorized** cela a été fait sans autorisation ♦ **unauthorized absence** absence f irrégulière ♦ **unauthorized signature** (Jur) signature f usurpatoire

**unavailable** /ˌʌnə'veɪləbl/ ADJ [funds] indisponible ; (Comm) [article] épuisé, qu'on ne peut se procurer ; [person] indisponible, qui n'est pas disponible or libre ♦ **the Minister was unavailable for comment** le ministre s'est refusé à toute déclaration

**unavailing** /ˌʌnə'veɪlɪŋ/ SYN ADJ [effort] vain, inutile ; [remedy, method] inefficace

**unavailingly** /ˌʌnə'veɪlɪŋlɪ/ ADV en vain, sans succès

**unavoidable** /ˌʌnə'vɔɪdəbl/ SYN ADJ inévitable ♦ **it is unavoidable that...** il est inévitable que... + subj

**unavoidably** /ˌʌnə'vɔɪdəblɪ/ ADV inévitablement ♦ **he was unavoidably delayed** or **detained** il n'a pu éviter d'être retardé

**unaware** /ˌʌnə'wɛə/ SYN ADJ ♦ **to be unaware of sth** ignorer qch, ne pas être conscient de qch, ne pas avoir conscience de qch ♦ **to be unaware that...** ignorer que..., ne pas savoir que... ♦ "stop" he said, **unaware of the danger** « arrête » dit-il, ignorant or inconscient du danger ♦ **I was not unaware that...** je n'étais pas sans savoir que... ♦ **he is politically quite unaware** il n'a aucune conscience politique, il n'est pas politisé

**unawareness** /ˌʌnə'wɛənɪs/ N ignorance f

**unawares** /ˌʌnə'wɛəz/ SYN ADV ① (= by surprise) à l'improviste, au dépourvu ♦ **to catch** or **take sb unawares** prendre qn à l'improviste or au dépourvu
② (= without realizing) inconsciemment, par mégarde

**unbacked** /ˌʌn'bækt/ ADJ (Fin) à découvert

**unbalance** /ʌn'bæləns/
VT déséquilibrer
N déséquilibre m

**unbalanced** /ʌn'bælənst/ SYN ADJ ① (physically) mal équilibré ; (mentally) déséquilibré ♦ **his mind was unbalanced** il était déséquilibré
② (Fin) [account] non soldé

**unban** /ˌʌn'bæn/ VT ♦ **to unban an organization** lever l'interdiction frappant une organisation

**unbandage** /ʌnˈbændɪdʒ/ **VT** [+ limb, wound] débander ; [+ person] ôter ses bandages or ses pansements à

**unbaptized** /ˌʌnbæpˈtaɪzd/ **ADJ** non baptisé

**unbar** /ʌnˈbɑːʳ/ **VT** [+ door] débarrer, enlever la barre de

**unbearable** /ʌnˈbɛərəbl/ SYN **ADJ** insupportable

**unbearably** /ʌnˈbɛərəblɪ/ **ADV** [sad, painful, loud] insupportablement ✦ **it's unbearably hot/cold today** aujourd'hui il fait une chaleur/un froid insupportable

**unbeatable** /ʌnˈbiːtəbl/ SYN **ADJ** imbattable

**unbeaten** /ʌnˈbiːtn/ SYN **ADJ** [army, player, team] invaincu ; [record, price] non battu

**unbecoming** /ˌʌnbɪˈkʌmɪŋ/ SYN **ADJ** [garment] peu seyant, qui ne va or ne sied pas ; (fig) [behaviour] malséant, inconvenant

**unbeknown(st)** /ˌʌnbɪˈnəʊn(st)/ **ADJ, ADV** ✦ **unbeknown(st) to...** à l'insu de... ✦ **unbeknown(st) to me** à mon insu

**unbelief** /ˌʌnbɪˈliːf/ SYN **N** (also Rel) incrédulité f ✦ **in unbelief, with an air of unbelief** d'un air incrédule

**unbelievable** /ˌʌnbɪˈliːvəbl/ SYN **ADJ** incroyable ✦ **it is unbelievable that...** il est incroyable que... + subj

**unbelievably** /ˌʌnbɪˈliːvəblɪ/ **ADV** [beautiful, stupid, selfish etc] incroyablement ✦ **to be unbelievably lucky/successful** avoir une chance/un succès incroyable ✦ **unbelievably, he refused** aussi incroyable que cela puisse paraître, il a refusé

**unbeliever** /ˌʌnbɪˈliːvəʳ/ SYN **N** (also Rel) incrédule mf

**unbelieving** /ˌʌnbɪˈliːvɪŋ/ **ADJ** (also Rel) incrédule

**unbelievingly** /ˌʌnbɪˈliːvɪŋlɪ/ **ADV** d'un air incrédule

**unbend** /ʌnˈbend/ (pret, ptp **unbent**)
**VT** [+ pipe, wire] redresser, détordre
**VI** [person] s'assouplir ✦ **he unbent enough to ask me how I was** il a daigné me demander comment j'allais

**unbending** /ʌnˈbendɪŋ/ SYN **ADJ** non flexible, rigide ; (fig) [person, attitude] inflexible, intransigeant

**unbendingly** /ʌnˈbendɪŋlɪ/ **ADV** inflexiblement

**unbent** /ʌnˈbent/ **VB** pt, ptp of **unbend**

**unbias(s)ed** /ʌnˈbaɪəst/ **ADJ** impartial

**unbidden** /ʌnˈbɪdn/ SYN **ADV** (liter) ✦ **she did it unbidden** elle l'a fait de son propre chef or sans qu'on le lui ait demandé ✦ **he came in unbidden** il est entré sans y avoir été invité ✦ **the phrase sprang unbidden to her mind/lips** l'expression lui est venue spontanément à l'esprit/aux lèvres

**unbind** /ʌnˈbaɪnd/ SYN (pret, ptp **unbound**) **VT** (= free) délier ; (= untie) dénouer, défaire ; (= unbandage) débander ; see also **unbound**

**unbleached** /ʌnˈbliːtʃt/ **ADJ** [linen] écru ; [hair] non décoloré ; [flour] non traité

**unblemished** /ʌnˈblemɪʃt/ SYN **ADJ** (lit, fig) sans tache

**unblinking** /ʌnˈblɪŋkɪŋ/ **ADJ** [person] imperturbable, impassible ✦ **he gave me an unblinking stare, he looked at me with unblinking eyes** il m'a regardé sans ciller

**unblinkingly** /ʌnˈblɪŋkɪŋlɪ/ **ADV** [stare] sans ciller

**unblock** /ʌnˈblɒk/ **VT** [+ sink, pipe] déboucher ; [+ road, harbour, traffic] dégager

**unblushing** /ʌnˈblʌʃɪŋ/ **ADJ** effronté, éhonté

**unblushingly** /ʌnˈblʌʃɪŋlɪ/ **ADV** sans rougir (fig), effrontément

**unbolt** /ʌnˈbəʊlt/ **VT** [+ door] déverrouiller, tirer le verrou de ; [+ beam] déboulonner

**unborn** /ʌnˈbɔːn/ SYN **ADJ** ✦ **the unborn child** le fœtus ✦ **generations yet unborn** les générations fpl futures or à venir

**unbosom** /ʌnˈbʊzəm/ **VT** ✦ **to unbosom o.s. to sb** ouvrir son cœur à qn, se confier à qn

**unbound** /ʌnˈbaʊnd/
**VB** pt, ptp of **unbind**
**ADJ** [prisoner, hands, feet] non lié ; [seam] non bordé ; [book] broché, non relié ; [periodical] non relié

**unbounded** /ʌnˈbaʊndɪd/ SYN **ADJ** [joy, gratitude] sans borne, illimité ; [conceit, pride] démesuré ; [ignorance] sans fond

**unbowed** /ʌnˈbaʊd/ **ADJ** (fig) insoumis, invaincu ✦ **with head unbowed** la tête haute

**unbreakable** /ʌnˈbreɪkəbl/ SYN **ADJ** incassable ; (fig) [promise, treaty] sacré

**unbreathable** /ʌnˈbriːðəbl/ **ADJ** irrespirable

**unbribable** /ʌnˈbraɪbəbl/ **ADJ** incorruptible, qui ne se laisse pas acheter

**unbridgeable** /ʌnˈbrɪdʒəbl/ **ADJ** (fig) ✦ **an unbridgeable gap or gulf** une divergence irréconciliable

**unbridled** /ʌnˈbraɪdld/ SYN **ADJ** (fig) débridé, déchaîné, effréné

**unbroken** /ʌnˈbrəʊkən/ SYN **ADJ** [1] (= intact) [crockery, limb] non cassé ; [seal] intact, non brisé ; [skin] intact, non déchiré ; [ice] intact ; [record] non battu ; [promise] tenu ✦ **his spirit remained unbroken** il ne se découragea pas
[2] (= continuous) [series, silence, sleep] ininterrompu ✦ **unbroken line** (on road) ligne f continue ✦ **descended in an unbroken line from Edward II** qui descend en ligne directe d'Édouard II ✦ **she has been in government for ten unbroken years** elle a été au gouvernement pendant dix années de suite ✦ **a whole morning of unbroken sunshine** une matinée entière de soleil sans nuages
[3] [horse] indompté
[4] [voice] qui n'a pas mué

**unbuckle** /ʌnˈbʌkl/ **VT** déboucler

**unbundle** /ʌnˈbʌndl/ **VT** [1] (gen) séparer, dégrouper
[2] (Fin) (after a buyout) vendre par appartements ; (= price into separate items) détailler, tarifer séparément

**unburden** /ʌnˈbɜːdn/ SYN **VT** [+ conscience] soulager ; [+ heart] épancher ✦ **to unburden o.s.** s'épancher (to sb avec qn), se livrer (to sb à qn) ✦ **to unburden o.s. of sth** se décharger de qch

**unburied** /ʌnˈberɪd/ **ADJ** non enterré, non enseveli

**unbusinesslike** /ʌnˈbɪznɪslaɪk/ **ADJ** [trader, dealer] qui n'a pas le sens des affaires, peu commerçant ; [transaction] irrégulier ; (fig) [person] qui manque de méthode or d'organisation ; [report] peu méthodique

**unbutton** /ʌnˈbʌtn/ **VT** [+ shirt, coat, trousers etc] déboutonner ; [+ button] défaire

**uncalled-for** /ʌnˈkɔːldfɔːʳ/ SYN **ADJ** [criticism] injustifié ; [remark] déplacé ✦ **that was quite uncalled-for** c'était tout à fait déplacé

**uncannily** /ʌnˈkænɪlɪ/ **ADV** étrangement ✦ **to look uncannily like sb/sth** ressembler étrangement à qn/qch

**uncanny** /ʌnˈkænɪ/ SYN **ADJ** [sound] mystérieux, étrange ; [atmosphere, silence] étrange ; [mystery, event, question, resemblance, accuracy, knack] troublant ✦ **it's uncanny how he does it** je ne m'explique vraiment pas comment il fait cela

**uncap** /ʌnˈkæp/ **VT** [+ bottle] décapsuler

**uncapped** /ʌnˈkæpt/ **ADJ** (Brit Sport) [player] (for country) qui n'a pas encore été sélectionné en équipe nationale ; (for university) qui n'a pas encore été sélectionné dans l'équipe de son université

**uncared-for** /ʌnˈkɛədfɔːʳ/ **ADJ** [garden, building] négligé, (laissé) à l'abandon ; [appearance] négligé, peu soigné ; [child] laissé à l'abandon, délaissé

**uncaring** /ʌnˈkɛərɪŋ/ **ADJ** insensible, indifférent

**uncarpeted** /ʌnˈkɑːpɪtɪd/ **ADJ** sans tapis

**uncashed** /ʌnˈkæʃəd/ **ADJ** [cheque] non encaissé

**uncatalogued** /ʌnˈkætəlɒgd/ **ADJ** qui n'a pas été catalogué

**uncaught** /ʌnˈkɔːt/ **ADJ** [criminal] qui n'a pas été appréhendé or pris

**unceasing** /ʌnˈsiːsɪŋ/ SYN **ADJ** incessant, continu, continuel

**unceasingly** /ʌnˈsiːsɪŋlɪ/ **ADV** sans cesse

**uncensored** /ʌnˈsensəd/ **ADJ** [letter] non censuré ; [film, book] non censuré, non expurgé

**unceremonious** /ˌʌnˌserɪˈməʊnɪəs/ **ADJ** brusque

**unceremoniously** /ˌʌnˌserɪˈməʊnɪəslɪ/ **ADV** [1] (= without ceremony) [bury] sans cérémonie
[2] (= abruptly) [eject] brusquement

**uncertain** /ʌnˈsɜːtn/ LANGUAGE IN USE 16.1 SYN **ADJ** [person] incertain, qui n'est pas sûr or certain ; [voice, smile, steps] mal assuré, hésitant ; [age, date, weather] incertain ; [result, effect] incertain, aléatoire ; [temper] inégal ✦ **it is uncertain whether...** il n'est pas certain or sûr que... + subj ✦ **he is uncertain (as to) whether...** il ne sait pas au juste si... + indic, il n'est pas sûr que... + subj ✦ **to be uncertain about sth** n'être pas certain de qch, ne pas être certain or sûr de qch, avoir des doutes sur qch ✦ **he was uncertain about what he was going to do** il était incertain de ce qu'il allait faire, il ne savait pas au juste ce qu'il allait faire ✦ **in no uncertain terms** sans ambages, en des termes on ne peut plus clairs

**uncertainly** /ʌnˈsɜːtnlɪ/ **ADV** [say] d'une manière hésitante ; [stand] avec hésitation ; [smile, laugh, look at] d'un air hésitant

**uncertainty** /ʌnˈsɜːtntɪ/ SYN
**N** incertitude f, doute(s) m(pl) ✦ **in order to remove any uncertainty** pour dissiper des doutes éventuels ✦ **in view of this uncertainty** or **these uncertainties** en raison de l'incertitude dans laquelle nous nous trouvons or de ces incertitudes
COMP **uncertainty principle N** principe m d'incertitude de Heisenberg

**uncertificated** /ˌʌnsəˈtɪfɪkeɪtɪd/ **ADJ** (gen) non diplômé ; [secondary teacher] non certifié

**uncertified** /ʌnˈsɜːtɪfaɪd/ **ADJ** [document etc] non certifié ✦ **uncertified teacher** (US) ≈ maître m auxiliaire

**unchain** /ʌnˈtʃeɪn/ **VT** (fig) [+ passions, reaction] déchaîner ; (lit) [+ dog] lâcher

**unchallengeable** /ʌnˈtʃælɪndʒəbl/ **ADJ** indiscutable, incontestable

**unchallenged** /ʌnˈtʃælɪndʒd/
**ADJ** [authority, position, superiority] incontesté, indiscuté ; [master, champion] incontesté ; [action, policy, statement] non contesté ; [argument, comment] non relevé ; (Jur) [juror, witness] non récusé
**ADV** [1] (= without being opposed) ✦ **to go unchallenged** [authority, position] ne pas être contesté, ne pas être discuté ; [person, action] ne pas rencontrer d'opposition, ne pas être contesté ; [policy, statement] ne pas être contesté ; [argument, comment] ne pas être relevé ; [juror, witness] ne pas être récusé ✦ **to leave sb unchallenged** [+ leader] ne pas contester qn ; [+ candidate] ne pas s'opposer à qn ✦ **she couldn't let that go or pass unchallenged** elle ne pouvait pas laisser passer cela sans protester
[2] (= without being stopped) ✦ **to do sth unchallenged** [person] faire qch sans être arrêté ✦ **he slipped unchallenged through the enemy lines** il a passé au travers des lignes ennemies sans être interpellé

**unchangeable** /ʌnˈtʃeɪndʒəbl/ SYN **ADJ** [person, system, fact] immuable

**unchanged** /ʌnˈtʃeɪndʒd/ **ADJ** inchangé

**unchanging** /ʌnˈtʃeɪndʒɪŋ/ SYN **ADJ** qui ne change pas, immuable

**uncharacteristic** /ˌʌnkærɪktəˈrɪstɪk/ **ADJ** [behaviour, emotion, smile] qui ne lui (or leur etc) ressemble (or ressemblait) pas ; [mistake] qui n'est pas caractéristique ✦ **it is uncharacteristic of** or **for him (to do that)** cela ne lui ressemble pas (de faire cela), ce n'est pas son genre (de faire cela)

**uncharacteristically** /ˌʌnkærɪktəˈrɪstɪklɪ/ **ADV** ✦ **uncharacteristically rude/generous** d'une grossièreté/générosité peu caractéristique ✦ **she was uncharacteristically silent** elle était silencieuse, ce qui ne lui ressemblait pas ✦ **he behaved uncharacteristically** il s'est comporté d'une façon qui ne lui ressemblait pas ✦ **uncharacteristically, he had overlooked an important detail** il avait laissé passer un détail important, ce qui ne lui ressemblait pas or n'était pas son genre

**uncharged** /ʌnˈtʃɑːdʒd/ **ADJ** (Elec) non chargé ; (Jur) non accusé ; [gun] non chargé

**uncharitable** /ʌnˈtʃærɪtəbl/ SYN **ADJ** peu indulgent, peu charitable

**uncharitably** /ʌnˈtʃærɪtəblɪ/ **ADV** [think] avec peu d'indulgence, peu charitablement ; [say, describe] avec peu d'indulgence, de manière peu charitable

**uncharted** /ʌnˈtʃɑːtɪd/ SYN **ADJ** [1] (lit = unmapped) [area, sea] dont on n'a (or n'avait) pas dressé la carte ; [or non figure (or figurait) sur aucune carte
[2] (fig = unknown) ✦ **a largely uncharted area of medical science** un domaine de la médecine largement inexploré ✦ **these are uncharted waters** or **this is uncharted territory (for sb)** c'est un terrain inconnu (pour qn) ✦ **to be in/**

enter **uncharted waters** or **territory** être/pénétrer en terrain inconnu

**unchartered** /ʌnˈtʃɑːtəd/ **ADJ** [area] mal connu, inexploré ; [territory] peu familier

**unchaste** /ʌnˈtʃeɪst/ **ADJ** non chaste, lascif

**unchecked** /ʌnˈtʃekt/
**ADJ** ① (= unrestrained) [growth, power] non maîtrisé, non contenu ; [emotion, anger] non réprimé ; [power] illimité, sans restriction ✦ **if left unchecked, weeds will flourish** si on ne les arrête pas, les mauvaises herbes proliféreront
② (= not verified) [data, statement] non vérifié ; [typescript] non relu
**ADV** ✦ **to go unchecked** [expansion, power] ne pas être maîtrisé or contenu ; [anger, aggression] ne pas être réprimé ✦ **if the spread of AIDS continues unchecked...** si on ne fait rien pour empêcher la propagation du sida... ✦ **they advanced unchecked for several kilometres** (Mil) ils ont fait plusieurs kilomètres sans rencontrer d'obstacle

**unchivalrous** /ʌnˈʃɪvəlrəs/ **ADJ** peu galant, discourtois

**unchristian** /ʌnˈkrɪstjən/ **ADJ** peu chrétien, contraire à l'esprit chrétien

**uncial** /ˈʌnsɪəl/
**ADJ** oncial
**N** onciale f

**unciform** /ˈʌnsɪfɔːm/ **ADJ** unciforme

**uncinate** /ˈʌnsɪneɪt/ **ADJ** (Bio) unciforme

**uncircumcised** /ʌnˈsɜːkəmsaɪzd/ **ADJ** incirconcis

**uncivil** /ʌnˈsɪvɪl/ SYN **ADJ** [person, behaviour] impoli (to sb avec qn), incivil (liter) (to sb avec qn) ✦ **it would be uncivil to refuse** il serait impoli de refuser ✦ **it was very uncivil of you to behave like that** ça a été très impoli de votre part de vous comporter ainsi

**uncivilized** /ʌnˈsɪvɪlaɪzd/ SYN **ADJ** ① (= primitive) [people, country] non civilisé
② (= socially unacceptable) [conditions, activity] inacceptable ; [person, behaviour] grossier ✦ **what an uncivilized thing to do!** quelle grossièreté ! ✦ **how uncivilized of him!** comme c'est grossier de sa part !
③ (* = early) ✦ **at an uncivilized time** or **hour** à une heure impossible * or indue ✦ **sorry to wake you at this uncivilized hour** désolé de vous réveiller à cette heure indue ✦ **what an uncivilized time to ring up!** ce n'est pas une heure pour téléphoner !

**uncivilly** /ʌnˈsɪvɪlɪ/ **ADV** impoliment, incivilement (liter)

**unclad** /ʌnˈklæd/ **ADJ** (liter) sans vêtements, nu

**unclaimed** /ʌnˈkleɪmd/ **ADJ** [property, prize, body] non réclamé ✦ **to go unclaimed** ne pas être réclamé

**unclasp** /ʌnˈklɑːsp/ **VT** [+ necklace] défaire, dégrafer ; [+ hands] ouvrir

**unclassed** /ʌnˈklɑːst/ **ADJ** non classé

**unclassified** /ʌnˈklæsɪfaɪd/
**ADJ** ① (= not sorted) [items, papers, waste, football results] non classé
② (= not secret) [information, document] non classifié, non (classé) secret
**COMP unclassified degree N** (Brit Univ) licence sans mention accordée lorsque toutes les épreuves n'ont pas été passées
**unclassified road N** route f non classée

**uncle** /ˈʌŋkl/ **N** oncle m ✦ **yes uncle** (in child's language) oui tonton * , oui mon oncle ✦ **to say** or **cry uncle*** (US) s'avouer vaincu ✦ **Uncle Sam** l'oncle m Sam ✦ **Uncle Tom**‡ (US pej) bon nègre m ; → **Dutch**

**unclean** /ʌnˈkliːn/ SYN **ADJ** ① (= dirty) [person, hands, room] sale
② (= impure) [person, animal, activity, thoughts] impur
③ (= diseased : traditionally said by lepers: also hum) ✦ "**unclean, unclean!**" "ne vous approchez pas, je suis contagieux !"

**unclear** /ʌnˈklɪər/ **ADJ** ① (= not obvious, confusing) [reason, motive, message, details, instructions, policy] qui n'est pas clair, obscur ; [result, outcome] incertain ✦ **it is unclear whether/who/why** etc ... on ne sait pas bien si/qui/pourquoi etc ... ✦ **it's unclear to me whether/who/why** etc ... je ne sais pas vraiment si/qui/pourquoi etc ... ✦ **her purpose remains unclear** on ne sait toujours pas très bien où elle veut en venir

② (= indistinct) [picture, image] qui n'est pas net, flou ; [handwriting] qui n'est pas net ; [answer, words] indistinct
③ (= unsure) ✦ **I'm unclear on this point** je ne sais pas vraiment à quoi m'en tenir là-dessus, pour moi, ce point n'est pas clair ✦ **I'm unclear whether you agree or not** je ne suis pas sûr de comprendre si vous êtes d'accord ou pas

**unclench** /ʌnˈklentʃ/ **VT** desserrer

**unclimbed** /ʌnˈklaɪmd/ **ADJ** [mountain, peak] vierge

**uncloak** /ʌnˈkləʊk/ **VT** (fig) [+ person] démasquer ; [+ mystery, plot] dévoiler

**unclog** /ʌnˈklɒg/ **VT** [+ pipe] déboucher ; [+ wheel] débloquer

**unclothe** /ʌnˈkləʊð/ **VT** déshabiller, dévêtir

**unclothed** /ʌnˈkləʊðd/ **ADJ** (frm) [person] dévêtu ; [body] dévêtu, nu

**unclouded** /ʌnˈklaʊdɪd/ **ADJ** [sky] sans nuages, dégagé ; [liquid] clair, limpide ; (fig) [happiness] sans nuages, parfait ; [future] sans nuages

**uncluttered** /ʌnˈklʌtəd/ **ADJ** [room, composition] dépouillé

**uncoil** /ʌnˈkɔɪl/
**VT** dérouler
**VI** se dérouler

**uncollectable** /ˌʌnkəˈlektəbl/ **ADJ** [tax] impossible à percevoir

**uncollected** /ˌʌnkəˈlektɪd/ **ADJ** [tax] non perçu ; [bus fare] non encaissé ; [luggage, lost property] non réclamé ; [refuse] non ramassé, non enlevé

**uncoloured, uncolored** (US) /ʌnˈkʌləd/ **ADJ** ① (= colourless) [glass, plastic, liquid] non coloré ; [hair] non teint
② (= unbiased) [account, description, judgement] non faussé (by sth par qch)

**uncombed** /ʌnˈkəʊmd/ **ADJ** [hair, wool] non peigné ; [look, appearance] ébouriffé

**un-come-at-able*** /ˌʌnkʌmˈætəbl/ **ADJ** inaccessible

**uncomely** /ʌnˈkʌmlɪ/ **ADJ** [person] laid, peu joli ; [clothes] peu seyant

**uncomfortable** /ʌnˈkʌmfətəbl/ SYN **ADJ**
① (= feeling physical discomfort) ✦ **to be** or **feel uncomfortable** [person](in chair, bed, room) ne pas être à l'aise ✦ **are you uncomfortable there?** vous n'êtes pas à l'aise ? ✦ **you look rather uncomfortable** vous avez l'air plutôt mal à l'aise
② (= causing physical discomfort) [position, chair, shoes, journey] inconfortable ; [heat] incommodant
③ (= feeling unease) [person] mal à l'aise (with sb avec qn) ✦ **uncomfortable doing sth** mal à l'aise de faire qch ✦ **uncomfortable about sth/about doing sth** mal à l'aise à propos de qch/à l'idée de faire qch ✦ **to be uncomfortable with the idea of (doing) sth** être mal à l'aise à l'idée de (faire) qch ✦ **I was uncomfortable with the whole business** toute cette affaire me mettait mal à l'aise ✦ **to make sb uncomfortable** mettre qn mal à l'aise
④ (= causing unease) [silence] pesant ; [situation] inconfortable ; [afternoon, feeling] désagréable ; [truth, fact] gênant ✦ **to have an uncomfortable feeling that...** avoir la désagréable impression que... ✦ **the situation is uncomfortable for her** cette situation la met mal à l'aise ✦ **to make life uncomfortable for sb** mener la vie dure à qn ✦ **to make things uncomfortable for sb** créer des ennuis à qn ✦ **to put sb in an uncomfortable position** mettre qn dans une situation inconfortable ✦ **to have an uncomfortable time** passer un mauvais quart d'heure ; (longer) connaître des moments difficiles

**uncomfortably** /ʌnˈkʌmfətəblɪ/ **ADV** ① (= unpleasantly) [tight] trop ✦ **I'm feeling uncomfortably full** je me sens (l'estomac) lourd ✦ **the room was uncomfortably hot** il faisait dans cette pièce une chaleur incommodante, il faisait trop chaud dans la pièce ✦ **to be uncomfortably aware that...** être désagréablement conscient du fait que... ✦ **my knees were uncomfortably close to the steering wheel** mes genoux étaient tout près du volant, ce qui me gênait, j'avais les genoux si près du volant que ça me gênait ✦ **the deadline is drawing uncomfortably close** la date limite se rapproche de façon inquiétante
② (= awkwardly) [sit] inconfortablement ; [dressed] de façon incorrecte ✦ **he shifted uncomfortably** il était mal à l'aise et n'arrêtait pas de changer de position
③ (= uneasily) [say, look at] avec gêne

**uncommercial** /ˌʌnkəˈmɜːʃl/ **ADJ** [film, music etc] non commercial

**uncommitted** /ˌʌnkəˈmɪtɪd/ SYN **ADJ** ① (= undecided) [voter, delegate] indécis ; [country] non engagé ✦ **to remain uncommitted** rester neutre, ne pas s'engager ✦ **I was still uncommitted to the venture** je ne m'étais pas encore engagé sur ce projet ✦ **she is uncommitted on policy/on this issue** elle n'a pas de position arrêtée sur la politique à suivre/sur cette question
② (= unallocated) [space] libre ; [resources] disponible, non affecté
③ (= half-hearted) [performance] sans conviction ; [attitude] indifférent

**uncommon** /ʌnˈkɒmən/ SYN
**ADJ** (= rare) [name, species, disease] rare ; [intelligence, beauty] peu commun, singulier ✦ **a not uncommon problem/sight** un problème/un spectacle qui n'est pas rare ✦ **she was late for work, a not uncommon occurrence** elle était en retard au travail, chose qui arrivait assez fréquemment ✦ **he had a slight nosebleed, a not uncommon occurrence for him** il saignait légèrement du nez, ce qui lui arrivait assez fréquemment ✦ **it is not uncommon to hear this** il n'est pas rare d'entendre cela ✦ **it is not uncommon for this to happen** il n'est pas rare que cela arrive subj
**ADV** † moult (archaic) (also hum)

**uncommonly** /ʌnˈkɒmənlɪ/ SYN **ADV** ① († = exceptionally) [gifted, pretty, hot] exceptionnellement, singulièrement
② (= rarely) [encountered] rarement ✦ **such crimes are not uncommonly committed by minors** il n'est pas rare que des mineurs commettent subj ce genre de crime

**uncommunicative** /ˌʌnkəˈmjuːnɪkətɪv/ SYN **ADJ** peu communicatif ✦ **on this issue he proved very uncommunicative** sur cette question il s'est montré très peu communicatif or très réservé

**uncompetitive** /ˌʌnkəmˈpetɪtɪv/ **ADJ** (Comm) non compétitif

**uncomplaining** /ˌʌnkəmˈpleɪnɪŋ/ **ADJ** qui ne se plaint pas

**uncomplainingly** /ˌʌnkəmˈpleɪnɪŋlɪ/ **ADV** sans se plaindre

**uncompleted** /ˌʌnkəmˈpliːtɪd/ **ADJ** inachevé

**uncomplicated** /ʌnˈkɒmplɪkeɪtɪd/ **ADJ** [person, relationship] qui n'est pas compliqué ; [method, view, plot] simple ; [pregnancy] sans complications

**uncomplimentary** /ˌʌnˌkɒmplɪˈmentərɪ/ **ADJ** peu flatteur

**uncomprehending** /ˌʌnˌkɒmprɪˈhendɪŋ/ **ADJ** [rage, horror, astonishment] plein d'incompréhension ✦ **to give sb an uncomprehending look** regarder qn sans comprendre ✦ **he stood there, quite uncomprehending** il restait là, sans rien comprendre ✦ **she gave a polite but uncomprehending smile** elle a souri poliment, mais sans comprendre

**uncomprehendingly** /ˌʌnˌkɒmprɪˈhendɪŋlɪ/ **ADV** sans comprendre

**uncompromising** /ʌnˈkɒmprəmaɪzɪŋ/ SYN **ADJ** [person, attitude] intransigeant ; [message, demand, honesty, sincerity, film] sans complaisance ✦ **to be uncompromising in refusing** or **in one's refusal (to do sth)** refuser catégoriquement (de faire qch)

**uncompromisingly** /ʌnˈkɒmprəmaɪzɪŋlɪ/ **ADV** [say] sans concession(s) ; [intellectual, austere, modern] résolument ✦ **uncompromisingly loyal** d'une loyauté totale or absolue

**unconcealed** /ˌʌnkənˈsiːld/ **ADJ** [delight, anger, frustration, annoyance] non dissimulé ; [object] non caché, non dissimulé

**unconcern** /ˌʌnkənˈsɜːn/ SYN **N** (= calm) calme m ; (in face of danger) sang-froid m ; (= lack of interest) indifférence f, insouciance f

**unconcerned** /ˌʌnkənˈsɜːnd/ SYN **ADJ** ① (= uninterested) ✦ **to be unconcerned** [person] ne pas se sentir concerné (about sth/with sth par qch)
② (= unworried) [person] insouciant ✦ **he went on speaking, unconcerned** il a continué à parler sans se laisser troubler ✦ **to be unconcerned that...** ne pas se soucier du fait que... ✦ **to be unconcerned about sth** ne pas se soucier de qch ✦ **to be unconcerned by sth** ne pas s'inquiéter de qch

**unconcernedly** /ˌʌnkən'sɜːnɪdlɪ/ ADV sans s'inquiéter

**unconditional** /ˌʌnkən'dɪʃənl/ SYN
  ADJ [surrender, offer, bail] sans condition(s), inconditionnel ; [love, support] inconditionnel
  COMP **unconditional discharge** N (Jur) dispense f de peine inconditionnelle

**unconditionally** /ˌʌnkən'dɪʃnəlɪ/ ADV sans conditions

**unconfined** /ˌʌnkən'faɪnd/ ADJ [space] illimité, sans bornes ; [animal] en liberté

**unconfirmed** /ˌʌnkən'fɜːmd/ ADJ [report, rumour] non confirmé ◆ **the rumours remain unconfirmed** ces rumeurs n'ont toujours pas été confirmées

**uncongenial** /ˌʌnkən'dʒiːnɪəl/ SYN ADJ [person, company] peu sympathique (to sb à qn) ; [work, surroundings] peu agréable (to sb à qn)

**unconnected** /ˌʌnkə'nektɪd/ SYN ADJ ① (= unrelated) [events, facts, languages] sans rapport ◆ **a series of unconnected events** une série d'événements sans rapport entre eux ◆ **the two incidents were unconnected** il n'y avait pas de rapport entre ces deux incidents ◆ **the two events were not unconnected** les deux événements n'étaient pas sans rapport ◆ **to be unconnected with** or **to sth** ne pas avoir de rapport avec qch, être sans rapport avec qch
  ② (= unstructured) [thoughts, ideas, utterances] décousu ◆ **a stream of unconnected one-liners** une suite de bons mots sans rapport entre eux
  ③ (= physically separated) séparé (to sth de qch) ◆ **the island of Borneo, unconnected to the Malay peninsula** l'île de Bornéo, séparée de la péninsule malaise
  ④ (Elec) [wire, plug] déconnecté ; [appliance] débranché

**unconquerable** /ˌʌn'kɒŋkərəbl/ SYN ADJ [army, nation, mountain] invincible ; [difficulty] insurmontable ; [tendency] irrépressible, incorrigible

**unconquered** /ˌʌn'kɒŋkəd/ ADJ [land] qui n'a pas été conquis ; [mountain] invaincu

**unconscionable** /ˌʌn'kɒnʃnəbl/ SYN ADJ (frm)
  ① (= disgraceful) [liar] éhonté ; [behaviour, crime] inadmissible ◆ **it is unconscionable that...** il est inadmissible que... ◆ **it would be unconscionable to allow that** il serait inadmissible de permettre cela ◆ **it is unconscionable for them to do such a thing** il est inadmissible qu'ils fassent une chose pareille
  ② (= excessive) [amount, delays, demands] déraisonnable ◆ **to be an unconscionable time doing sth** prendre un temps déraisonnable à faire qch

**unconscionably** /ˌʌn'kɒnʃnəblɪ/ ADV (frm) déraisonnablement, excessivement ◆ **you took an unconscionably long time over it** vous y avez passé beaucoup trop de temps

**unconscious** /ˌʌn'kɒnʃəs/ SYN
  ADJ ① (Med) [person] inconscient, sans connaissance ◆ **I was** or **lay unconscious for a few moments** je suis resté inconscient or sans connaissance pendant quelques instants ◆ **to become unconscious** perdre connaissance ◆ **to beat sb unconscious** battre qn jusqu'à lui faire perdre connaissance ◆ **to knock sb unconscious** assommer qn
  ② (= unaware) ◆ **to be unconscious of sth** ne pas être conscient de qch ◆ **he is unconscious of his arrogance** il ne se rend pas compte de son arrogance
  ③ (esp Psych) [desire, humour, bias] inconscient ◆ **on an unconscious level** au niveau de l'inconscient ◆ **the unconscious mind** l'inconscient m
  N (Psych) inconscient m

**unconsciously** /ˌʌn'kɒnʃəslɪ/ ADV [copy, imitate, offend] inconsciemment, sans s'en rendre compte ; [expect, resent] inconsciemment ◆ **unconsciously jealous** inconsciemment jaloux ◆ **he made an unconsciously funny remark** il a fait une remarque amusante sans s'en rendre compte

**unconsciousness** /ˌʌn'kɒnʃəsnɪs/ N (NonC)
  ① (Med) perte f de connaissance ; (specifically fainting) évanouissement m
  ② (= unawareness) inconscience f

**unconsidered** /ˌʌnkən'sɪdəd/ ADJ ① (= hasty) [comment, decision, action] inconsidéré
  ② (= unfancied) [horse] dont on fait (or faisait) peu de cas

**unconstitutional** /ˌʌnˌkɒnstɪ'tjuːʃənl/ ADJ inconstitutionnel, anticonstitutionnel ◆ **to declare** or **rule sth unconstitutional** déclarer que qch est inconstitutionnel or anticonstitutionnel

**unconstitutionally** /ˌʌnˌkɒnstɪ'tjuːʃnəlɪ/ ADV inconstitutionnellement, anticonstitutionnellement

**unconstrained** /ˌʌnkən'streɪnd/ ADJ [person] non contraint, libre ; [behaviour] aisé

**unconsummated** /ˌʌn'kɒnsʌmeɪtɪd/ ADJ [marriage, relationship etc] non consommé

**uncontaminated** /ˌʌnkən'tæmɪneɪtɪd/ ADJ non contaminé

**uncontested** /ˌʌnkən'testɪd/ ADJ incontesté ; (Parl) [seat] non disputé, remporté sans opposition

**uncontrollable** /ˌʌnkən'trəʊləbl/ SYN ADJ [person, behaviour, epidemic, inflation] incontrôlable ; [desire, urge, emotion] irrépressible ; [animal, situation, change] impossible à maîtriser ; [bleeding] impossible à arrêter ◆ **uncontrollable fits of rage** emportements mpl incontrôlables ◆ **he burst into uncontrollable laughter** il a été pris d'un fou rire ◆ **uncontrollable shivering** tremblements mpl incontrôlables ◆ **to have an uncontrollable temper** ne pas savoir se contrôler

**uncontrollably** /ˌʌnkən'trəʊləblɪ/ ADV [spread, increase] de façon incontrôlable ; [cry, shake] sans pouvoir s'arrêter ◆ **to laugh uncontrollably** avoir le fou rire ◆ **the fire raged uncontrollably** l'incendie faisait rage et ne pouvait être maîtrisé ◆ **to swerve uncontrollably** faire une embardée incontrôlable

**uncontrolled** /ˌʌnkən'trəʊld/ SYN ADJ [person, behaviour, anger, inflation] incontrôlé ; [temper, emotion, desire] non réprimé ; [crying, sobbing] non contenu ; [situation] non maîtrisé ; [spending] effréné

**uncontroversial** /ˌʌnˌkɒntrə'vɜːʃəl/ ADJ qui ne prête pas à controverse, non controversable

**unconventional** /ˌʌnkən'venʃənl/ SYN ADJ [person, behaviour] original, non conformiste ; [appearance, film, life] original ; [method, opinion] original, non conventionnel ; [education, upbringing] non conventionnel

**unconventionality** /ˌʌnkənˌvenʃə'nælɪtɪ/ N originalité f, caractère m peu conventionnel

**unconventionally** /ˌʌnkən'venʃnəlɪ/ ADV de manière peu conventionnelle

**unconverted** /ˌʌnkən'vɜːtɪd/ ADJ (Fin, Rel, gen) non converti

**unconvinced** /ˌʌnkən'vɪnst/ ADJ [person] qui n'est pas convaincu (by sb/sth par qn/qch ; of sth de qch) ; [tone] sans conviction ◆ **to be unconvinced that...** ne pas être convaincu que... ◆ **to remain unconvinced** n'être toujours pas convaincu

**unconvincing** /ˌʌnkən'vɪnsɪŋ/ SYN ADJ peu convaincant

**unconvincingly** /ˌʌnkən'vɪnsɪŋlɪ/ ADV [speak, argue] de manière peu convaincante

**uncooked** /ˌʌn'kʊkt/ ADJ cru

**uncool**✱ /ˌʌn'kuːl/ ADJ pas cool✱

**uncooperative** /ˌʌnkəʊ'ɒpərətɪv/ ADJ peu coopératif

**uncooperatively** /ˌʌnkəʊ'ɒpərətɪvlɪ/ ADV de façon peu coopérative

**uncoordinated** /ˌʌnkəʊ'ɔːdɪneɪtɪd/ SYN ADJ
  ① (= clumsy) [person] mal coordonné
  ② (= lacking organization) [action] qui manque de coordination

**uncork** /ˌʌn'kɔːk/ VT déboucher, enlever le bouchon de

**uncorrected** /ˌʌnkə'rektɪd/ ADJ non corrigé

**uncorroborated** /ˌʌnkə'rɒbəreɪtɪd/ ADJ non corroboré, sans confirmation

**uncorrupted** /ˌʌnkə'rʌptɪd/ ADJ non corrompu

**uncountable** /ˌʌn'kaʊntəbl/
  ADJ ① (= innumerable) innombrable, incalculable
  ② (Ling) ◆ **uncountable noun** nom m non dénombrable
  N (Ling) nom m non dénombrable

**uncounted** /ˌʌn'kaʊntɪd/ SYN ADJ qui n'a pas été compté ; (fig = innumerable) innombrable

**uncouple** /ˌʌn'kʌpl/ VT [+ carriage] dételer ; [+ train, engine] découpler ; [+ trailer] détacher

**uncouth** /ˌʌn'kuːθ/ SYN ADJ [person, manners] grossier, fruste ; [behaviour, remark] grossier

**uncouthness** /ˌʌn'kuːθnɪs/ N grossièreté f

**uncover** /ˌʌn'kʌvər/ SYN VT ① [+ evidence] découvrir
  ② (= unearth) mettre au jour

**uncovered** /ˌʌn'kʌvəd/ ADJ ① (= without a cover) découvert ◆ **the stands are uncovered** les tribunes ne sont pas couvertes ◆ **to leave sth uncovered** ne pas couvrir qch ◆ **to leave a wound uncovered** laisser une plaie à l'air
  ② (Fin) [advance] à découvert ; [cheque] sans provision ◆ **uncovered balance** découvert m

**uncritical** /ˌʌn'krɪtɪkəl/ SYN ADJ [person] peu critique ; [attitude, approach, report] sans critique ; [acceptance, support, adulation] sans réserves ◆ **to be uncritical of sb/sth** manquer d'esprit critique à l'égard de qn/qch

**uncritically** /ˌʌn'krɪtɪkəlɪ/ ADV [accept, support] sans réserves ; [report] sans faire preuve d'esprit critique

**uncross** /ˌʌn'krɒs/ VT décroiser

**uncrossed** /ˌʌn'krɒst/ ADJ décroisé ; [cheque] non barré

**uncrowded** /ˌʌn'kraʊdɪd/ ADJ où il n'y a pas trop de monde

**uncrowned** /ˌʌn'kraʊnd/ ADJ [king, queen] non couronné, sans couronne ◆ **the uncrowned world champion** le champion du monde non encore sacré ◆ **the uncrowned king of sth** le roi sans couronne de qch

**uncrushable** /ˌʌn'krʌʃəbl/ ADJ [fabric, dress] infroissable ◆ **he's quite uncrushable** il ne se laisse jamais abattre

**UNCTAD, Unctad** /'ʌŋktæd/ N (abbrev of **United Nations Conference on Trade and Development**) CNUCED f

**unction** /'ʌŋkʃən/ N (all senses) onction f

**unctuous** /'ʌŋktjʊəs/ ADJ [person, behaviour, tone] mielleux, onctueux

**unctuously** /'ʌŋktjʊəslɪ/ ADV (pej) onctueusement, avec onction

**unctuousness** /'ʌŋktjʊəsnɪs/ N (NonC: pej) manières fpl onctueuses

**uncultivated** /ˌʌn'kʌltɪveɪtɪd/ ADJ ① [land] inculte
  ② (= uncultured) [person, mind] inculte ; [voice, accent] qui manque de raffinement

**uncultured** /ˌʌn'kʌltʃəd/ ADJ [person] inculte ; [voice, accent] qui manque de raffinement

**uncurl** /ˌʌn'kɜːl/
  VT [+ wire, snake] dérouler ; [+ one's legs] déplier ; [+ one's fingers] étendre ◆ **to uncurl o.s.** [person, cat] s'étirer ◆ **he uncurled himself from his chair** il s'est étiré et s'est levé de sa chaise
  VI [snake etc] se dérouler

**uncut** /ˌʌn'kʌt/ ADJ ① (= still growing) [grass, tree, hair, nails] non coupé ; [hedge, beard] non taillé ; [crops] sur pied ◆ **to leave sth uncut** ne pas couper qch
  ② (= not faceted) [diamond, sapphire] non taillé
  ③ (= unabridged) [film, play, novel] intégral, sans coupures ◆ **to show a film uncut** montrer un film dans sa version intégrale ◆ **the uncut "Peer Gynt"** la version intégrale de « Peer Gynt »
  ④ (= pure) [heroin, cocaine] pur
  ⑤ (✱ = not circumcised) [man, penis] non circoncis

**undamaged** /ˌʌn'dæmɪdʒd/ ADJ [goods, vehicle, building] non endommagé, intact ; [plant] non endommagé ; [limb] non atteint ; [reputation] intact ; (Psych) non affecté

**undamped** /ˌʌn'dæmpt/ ADJ (fig) [enthusiasm, courage] non refroidi, intact

**undated** /ˌʌn'deɪtɪd/
  ADJ non daté
  COMP **undated stock** N (Fin) valeur f mobilière sans échéance

**undaunted** /ˌʌn'dɔːntɪd/ ADJ ◆ **he carried on undaunted** il a continué sans se laisser démonter ◆ **he was undaunted by their threats** il ne s'est pas laissé intimider or démonter par leurs menaces ◆ **he was undaunted by the scale of the job** il ne s'est pas laissé décourager par l'ampleur de la tâche

**undeceive** /ˌʌndɪ'siːv/ SYN VT (frm) détromper, désabuser (liter)

**undecided** /ˌʌndɪ'saɪdɪd/ SYN ADJ [person] indécis (about or on sth à propos de qch) ; [question] non résolu ; [weather] incertain ◆ **to remain undecided** [person] demeurer indécis ◆ **that is still undecided** cela n'a pas encore été décidé ◆ **I am**

**undecided whether to go or not** je n'ai pas décidé si j'irai ou non

**undeclared** /ˌʌndɪˈklɛəd/ ADJ (Customs) non déclaré

**undefeated** /ˈʌndɪˈfiːtɪd/ ADJ invaincu

**undefended** /ˈʌndɪˈfɛndɪd/ SYN ADJ ① (Mil etc) sans défense, non défendu
② (Jur) [suit] où on ne présente pas de défense, où le défendeur s'abstient de plaider

**undefiled** /ˈʌndɪˈfaɪld/ SYN ADJ (liter : lit, fig) pur, sans tache ◆ **undefiled by any contact with...** qui n'a pas été contaminé ou souillé par le contact de...

**undefinable** /ˌʌndɪˈfaɪnəbl/ ADJ indéfinissable

**undefined** /ˈʌndɪˈfaɪnd/ SYN ADJ [word, condition] non défini ; [sensation etc] indéterminé, vague

**undelete** /ˌʌndɪˈliːt/ VT (Comput) restaurer

**undelivered** /ˈʌndɪˈlɪvəd/ ADJ non remis, non distribué ◆ **"if undelivered return to sender"** « en cas d'absence, prière de renvoyer à l'expéditeur »

**undemanding** /ˌʌndɪˈmɑːndɪŋ/ ADJ [person, work, book, film] peu exigeant

**undemocratic** /ˌʌndɛməˈkrætɪk/ ADJ antidémocratique

**undemonstrative** /ˈʌndɪˈmɒnstrətɪv/ SYN ADJ réservé, peu démonstratif

**undeniable** /ˌʌndɪˈnaɪəbl/ SYN ADJ indéniable, incontestable

**undeniably** /ˌʌndɪˈnaɪəblɪ/ LANGUAGE IN USE 15.1 ADV incontestablement, indéniablement ◆ **it is undeniably true that...** il est incontestable or indiscutable que...

**undenominational** /ˈʌndɪˌnɒmɪˈneɪʃənl/ ADJ non confessionnel

**undependable** /ˌʌndɪˈpɛndəbl/ ADJ [person] peu fiable, sur qui on ne peut compter ; [information] peu sûr ; [machine] peu fiable

**under** /ˈʌndəʳ/ SYN
ADV ① (= beneath) au-dessous, en dessous ◆ **he stayed under for three minutes** (= underwater) il est resté sous l'eau pendant trois minutes ; (= under anaesthetic) il est resté sous l'effet de l'anesthésie or il est resté anesthésié pendant trois minutes ◆ **as under** (Comm etc) comme ci-dessous ◆ **he lifted the rope and crawled under** il a soulevé la corde et il est passé dessous en rampant ; → down¹, go under
② (= less) au-dessous ◆ **children of 15 and under** les enfants de moins de 16 ans ◆ **ten degrees under** dix degrés au-dessous de zéro
PREP ① (= beneath) sous ◆ **under the table/sky/umbrella** sous la table/le ciel/le parapluie ◆ **he came out from under the bed** il est sorti de dessous le lit ◆ **the book slipped from under his arm** le livre a glissé de sous son bras ◆ **it's under there** c'est là-dessous ◆ **under it** dessous ◆ **he went and sat under it** il est allé s'asseoir dessous ◆ **stay under water** rester sous l'eau ◆ **under the microscope** au microscope ; pour autres loc voir breath, cover, wing
② (= less than) moins de ; (in series, rank, scale etc) au-dessous de ◆ **to be under age** être mineur ; see also **underage** ◆ **children under 15** enfants mpl au-dessous de or de moins de 15 ans ◆ **the under-15s** etc les moins de 15 etc ans ◆ **it sells at under $10** cela se vend à moins de 10 dollars ◆ **there were under 50 of them** il y en avait moins de 50 ◆ **any number under ten** un chiffre au-dessous de dix ◆ **in under two hours** en moins de deux heures ◆ **those under the rank of captain** ceux au-dessous du grade de capitaine
③ (gen, Pol: in system) sous ◆ **under the Tudors** sous les Tudor ◆ **to serve under sb** (Mil etc) servir sous les ordres de qn ◆ **he had 50 men under him** il avait 50 hommes sous ses ordres ◆ **under the command of...** sous les ordres de... ◆ **to study under sb** [undergraduate] suivre les cours de qn ; [postgraduate] faire des recherches or travailler sous la direction de qn ; [painter, composer] être l'élève de qn ◆ **this department comes under his authority** cette section relève de sa compétence
④ (with names) sous ◆ **under an assumed name** sous un faux nom ◆ **you'll find him under "plumbers" in the phone book** vous le trouverez sous « plombiers » dans l'annuaire ; pour autres loc voir **circumstance, control, impression, obligation, plain**
⑤ (Comput) sous ◆ **to run under Windows ®** fonctionner sous Windows ®
⑥ (Jur) ◆ **under sentence of death** condamné à mort
⑦ (Agr) ◆ **under wheat** en blé
⑧ (= according to) selon ◆ **under French law** selon la législation française ◆ **under the terms of the contract** selon or suivant les termes du contrat ◆ **under his will** selon son testament ◆ **under article 25** en vertu de or conformément à l'article 25
PREF ① (= below) sous- ; → **underfloor, undersea**
② (= insufficiently) sous- ◆ **undernourished** sous-alimenté ◆ **underused/appreciated** etc qui n'est pas assez utilisé/apprécié etc ; → **undercharge, undercooked**
③ (= junior) sous- ◆ **under-gardener** aide-jardinier m ; ◆ **under-secretary**
COMP **under-report** VT [+ crime, disease etc] sous-évaluer
**under-the-counter*** ADJ → **under-the-counter**

**underachieve** /ˌʌndərəˈtʃiːv/ VI (Scol) être sous-performant, obtenir des résultats décevants

**underachievement** /ˌʌndərəˈtʃiːvmənt/ N résultats mpl décevants

**underachiever** /ˌʌndərəˈtʃiːvəʳ/ N (Scol) élève mf sous-performant(e)or qui obtient des résultats décevants

**underact** /ˌʌndərˈækt/ VI rester en deçà de son rôle, ne pas rendre toute la dimension de son rôle

**underage** /ˌʌndərˈeɪdʒ/ ADJ [person] mineur ◆ **underage drinking** consommation f d'alcool par les mineurs

**underarm** /ˈʌndərɑːm/
ADV (Sport etc) [throw, bowl] par en-dessous
ADJ ① [throw etc] par en-dessous
② [deodorant] pour les aisselles ; [hair] des aisselles, sous les bras ◆ **underarm odour** odeur f de transpiration (des aisselles)

**underbade** /ˌʌndəˈbeɪd/ VB pt of **underbid**

**underbelly** /ˈʌndəbɛlɪ/ N (Anat) bas-ventre m ◆ **the (soft) underbelly** (fig) le point vulnérable

**underbid** /ˌʌndəˈbɪd/ (pret **underbade** or **underbid**, ptp **underbidden** or **underbid**) VTI (Bridge: also **underbid one's hand**) annoncer au-dessous de sa force

**underbody** /ˈʌndəbɒdɪ/ N [of car] dessous m de caisse

**underbrush** /ˈʌndəbrʌʃ/ N (NonC: US) sous-bois m inv, broussailles fpl

**undercapitalized** /ˌʌndəˈkæpɪtəlaɪzd/ ADJ ◆ **to be undercapitalized** [businessman] ne pas disposer de fonds suffisants ; [project] ne pas être doté de fonds suffisants

**undercarriage** /ˈʌndəkærɪdʒ/ N [of plane] train m d'atterrissage

**undercharge** /ˌʌndəˈtʃɑːdʒ/ VT ne pas faire payer assez à ◆ **he undercharged me** il m'a fait payer moins cher qu'il n'aurait dû ◆ **he undercharged me by £2** il aurait dû me faire payer 2 livres de plus

**underclass** /ˈʌndəklɑːs/ N (in society) quart-monde m

**underclassman** /ˌʌndəˈklɑːsmən/ N (pl **-men**) (US Univ) étudiant m de première or deuxième année

**underclothes** /ˈʌndəkləʊðz/ SYN NPL, **underclothing** /ˈʌndəkləʊðɪŋ/ N (NonC) ⇒ **underwear**

**undercoat** /ˈʌndəkəʊt/ N [of paint] couche f de fond ; (US : for car chassis) couche f antirouille (du châssis)

**undercoating** /ˈʌndəkəʊtɪŋ/ N (NonC: US) (for car chassis) couche f antirouille (du châssis)

**undercook** /ˌʌndəˈkʊk/ VT ne pas (faire) assez cuire

**undercooked** /ˌʌndəˈkʊkt/ ADJ pas assez cuit

**undercover** /ˌʌndəˈkʌvəʳ/ SYN
ADJ secret (-ète f), clandestin ◆ **undercover agent** agent m secret ◆ **undercover reporter** journaliste mf infiltré(e) ◆ **undercover policeman** policier m en civil
ADV [work] clandestinement ◆ **Buchanan persuaded Hamilton to work undercover to capture the killer** Buchanan persuada Hamilton de monter une opération secrète pour arrêter le meurtrier

**undercurrent** /ˈʌndəˌkʌrənt/ SYN N (in sea) courant m (sous-marin) ; (fig) [feeling etc] courant m sous-jacent

**undercut** /ˌʌndəˈkʌt/ SYN (pret, ptp **undercut**)
VT ① (= sell cheaper than) [+ competitor] vendre moins cher que
② (fig, esp Econ = undermine, reduce) [+ the dollar, incomes] réduire la valeur de ◆ **inflation undercuts spending power** l'inflation réduit le pouvoir d'achat ◆ **to be undercut by sth** être atténué par qch
③ (Sport) [+ ball] couper
N /ˈʌndəkʌt/ (Culin) (morceau m de) filet m

**underdeveloped** /ˈʌndədɪˈvɛləpt/ ADJ (Econ) sous-développé, en retard de développement ; [heart, lungs etc of foetus] qui n'est pas complètement développé or formé ; (Phot) insuffisamment développé

**underdog** /ˈʌndədɒg/ SYN N ◆ **the underdog** (in game, fight) le perdant (or la perdante) ; (= predicted loser) celui (or celle) que l'on donne perdant(e) ; (economically, socially) l'opprimé m

**underdone** /ˈʌndəˈdʌn/ ADJ [food] pas assez cuit ; (Brit) [steak etc] saignant

**underdressed** /ˈʌndəˈdrɛst/ ADJ ◆ **to be underdressed** ne pas être assez bien habillé

**undereducated** /ˌʌndərˈɛdjʊkeɪtɪd/ ADJ peu instruit

**underemphasize** /ˌʌndərˈɛmfəsaɪz/ VT ne pas donner l'importance nécessaire à

**underemployed** /ˌʌndərɪmˈplɔɪd/ ADJ [person, equipment, building] sous-employé ; [resources] sous-exploité ◆ **I'm underemployed half the time** bien souvent je suis sous-employé or je ne suis pas assez occupé

**underemployment** /ˌʌndərɪmˈplɔɪmənt/ N [of person, equipment, building] sous-emploi m ; [of resources] sous-exploitation f

**underestimate** /ˌʌndərˈɛstɪmɪt/ SYN
N sous-estimation f
VT /ˌʌndərˈɛstɪmeɪt/ [+ size, numbers, strength] sous-estimer ; [+ person] sous-estimer, mésestimer

**underestimation** /ˌʌndərɛstɪˈmeɪʃən/ N sous-estimation f

**underexploit** /ˌʌndərɪkˈsplɔɪt/ VT sous-exploiter, ne pas exploiter à fond

**underexpose** /ˌʌndərɪksˈpəʊz/ VT (Phot) sous-exposer

**underexposed** /ˌʌndərɪksˈpəʊzd/ ADJ (Phot) sous-exposé

**underexposure** /ˌʌndərɪksˈpəʊʒəʳ/ N (Phot) sous-exposition f

**underfed** /ˌʌndəˈfɛd/
VB pt, ptp of **underfeed**
ADJ sous-alimenté

**underfeed** /ˌʌndəˈfiːd/ (pret, ptp **underfed**) VT sous-alimenter

**underfeeding** /ˌʌndəˈfiːdɪŋ/ N sous-alimentation f

**underfelt** /ˈʌndəfɛlt/ N [of carpet] thibaude f

**underfinanced** /ˌʌndəfaɪˈnænst/ ADJ ◆ **to be underfinanced** [businessman] ne pas disposer de fonds suffisants ; [project etc] ne pas être doté de fonds suffisants

**underfloor** /ˈʌndəflɔːʳ/ ADJ (gen) [pipes etc] qui se trouve sous le plancher or le sol ◆ **underfloor heating** chauffage m par le plancher or par le sol

**underflow** /ˈʌndəfləʊ/ N (in sea) courant m (sous-marin) ; (fig) [feeling etc] courant m sous-jacent

**underfoot** /ˈʌndəfʊt/ ADV (gen) sous les pieds ◆ **to crush or trample sth underfoot** fouler qch aux pieds ◆ **it is wet underfoot** le sol est humide

**underfunded** /ˌʌndəˈfʌndɪd/ ADJ ◆ **to be underfunded** [businessman] ne pas disposer de fonds suffisants ; [project etc] ne pas être doté de fonds suffisants

**underfunding** /ˌʌndəˈfʌndɪŋ/ N insuffisance f de financement

**undergarment** /ˈʌndəgɑːmənt/ N sous-vêtement m

**undergo** /ˌʌndəˈgəʊ/ SYN (pret **underwent** /ˌʌndəˈwɛnt/, ptp **undergone** /ˌʌndəˈgɒn/) VT [+ test, change, modification, operation, medical examination] subir ; [+ suffering] éprouver ; [+ medical treatment] suivre ◆ **it is undergoing repairs** c'est en réparation

**undergrad*** /ˈʌndəgræd/ N, ADJ (esp Brit) ⇒ **undergraduate**

**undergraduate** /ˌʌndəˈgrædjʊɪt/ (esp Brit)
N étudiant(e) m(f) (qui prépare la licence)
ADJ [life, circles] étudiant, estudiantin ; [room, income] d'étudiant ; [grant] d'études ; [opinion] des étudiants ; [course] pour étudiants de licence

**underground** /ˈʌndəɡraʊnd/ SYN

**ADJ** 1 [work] sous terre, souterrain ; [explosion, cable] souterrain ♦ **underground car park** parking m souterrain ♦ **underground railway** métro m ♦ **the underground railroad** (fig:US Hist :for slaves) filière clandestine pour aider les esclaves noirs à fuir le Sud

2 (fig) [organization] clandestin, secret (-ète f) ; [press] clandestin ; (Art, Cine) underground inv, d'avant-garde ♦ **underground movement** mouvement m clandestin ; (in occupied country) résistance f

**ADV** sous (la) terre ; (fig) clandestinement, secrètement ♦ **it is 3 metres underground** c'est à 3 mètres sous (la) terre ♦ **to go underground** [wanted man] entrer dans la clandestinité ; [guerilla] prendre le maquis

**N** (Brit : railway) métro m ♦ **by underground** en métro ♦ **the underground** (Mil, Pol etc) la résistance ; (Art etc) mouvement m underground or d'avant-garde

**undergrowth** /ˈʌndəɡrəʊθ/ SYN **N** (NonC) broussailles fpl, sous-bois m inv

**underhand** /ˌʌndəˈhænd/ SYN, **underhanded** (US) /ˌʌndəˈhændɪd/ ADJ (pej) sournois ♦ **underhand trick** fourberie f

**underhandedly** /ˌʌndəˈhændɪdlɪ/ ADV (pej) sournoisement

**underinsure** /ˌʌndərɪnˈʃʊə<sup>r</sup>/ VT sous-assurer ♦ **to be underinsured** être sous-assuré, ne pas être suffisamment assuré

**underinvest** /ˌʌndərɪnˈvest/ VI sous-investir

**underinvestment** /ˌʌndərɪnˈvestmənt/ N sous-investissement m

**underlain** /ˌʌndəˈleɪn/ VB ptp of **underlie**

**underlay** /ˌʌndəˈleɪ/
**VB** (pt of **underlie**)
**N** /ˈʌndəleɪ/ (esp Brit) [of carpet] thibaude f

**underlie** /ˌʌndəˈlaɪ/ (pret **underlay** ptp **underlain**) VT être à la base de, sous-tendre

**underline** /ˌʌndəˈlaɪn/ LANGUAGE IN USE 26.1 SYN VT (lit, fig) souligner

**underling** /ˈʌndəlɪŋ/ SYN N (pej) subalterne m, sous-fifre * m inv (pej)

**underlining** /ˌʌndəˈlaɪnɪŋ/ N (NonC) soulignage m, soulignement m

**underlip** /ˈʌndəlɪp/ N lèvre f inférieure

**underlying** /ˌʌndəˈlaɪɪŋ/ SYN ADJ (gen, Gram, Jur) sous-jacent ; [cause] profond ; [problem] de fond ♦ **the figures demonstrated the underlying strength of the economy** ces chiffres démontraient la solidité sous-jacente de l'économie ♦ **underlying this** à la base de cela

**undermanned** /ˌʌndəˈmænd/ ADJ en sous-effectif

**undermanning** /ˌʌndəˈmænɪŋ/ N manque m de main-d'œuvre or de personnel

**undermentioned** /ˌʌndəˈmenʃənd/ ADJ (cité) ci-dessous

**undermine** /ˌʌndəˈmaɪn/ SYN VT 1 (lit) [+ cliffs] miner, saper

2 (fig) [+ influence, power, authority] saper, ébranler ; [+ health] miner, user ; [+ effect] amoindrir

**undermost** /ˈʌndəməʊst/ ADJ le plus bas

**underneath** /ˌʌndəˈniːθ/
**PREP** sous, au-dessous de ♦ **stand underneath it** mettez-vous dessous ♦ **from underneath the table** de dessous la table
**ADV** (en) dessous ♦ **the one underneath** celui d'en dessous
**ADJ** d'en dessous
**N** dessous m

**undernourish** /ˌʌndəˈnʌrɪʃ/ VT sous-alimenter

**undernourished** /ˌʌndəˈnʌrɪʃt/ ADJ en état de malnutrition

**undernourishment** /ˌʌndəˈnʌrɪʃmənt/ N malnutrition f

**underoccupied** /ˌʌndərˈɒkjʊpaɪd/ ADJ [person] qui n'a pas assez à faire

**underpaid** /ˌʌndəˈpeɪd/
**VB** pt, ptp of **underpay**
**ADJ** sous-payé

**underpants** /ˈʌndəpænts/ NPL slip m ♦ **a pair of underpants** un slip ♦ **to be in one's underpants** être en slip

**underpart** /ˈʌndəpɑːt/ N partie f inférieure

**underpass** /ˈʌndəpɑːs/ N (for cars) passage m inférieur (de l'autoroute) ; (for pedestrians) passage m souterrain

**underpay** /ˌʌndəˈpeɪ/ (pret, ptp **underpaid**) VT sous-payer

**underpayment** /ˌʌndəˈpeɪmənt/ N ♦ **there has been an underpayment of £200** il reste un solde de 200 livres à payer

**underperform** /ˌʌndəpəˈfɔːm/ VI (Stock Exchange) mal se comporter, faire une contre-performance ♦ **the stock has underperformed on the Brussels stock market** le titre ne s'est pas comporté comme il aurait dû à la Bourse de Bruxelles

**underpin** /ˌʌndəˈpɪn/ VT 1 [+ wall] étayer ; [+ building] reprendre en sous-œuvre

2 (fig) sous-tendre, être à la base de ♦ **the philosophy that underpins his work** la philosophie qui sous-tend or qui est à la base de son œuvre

**underpinning** /ˌʌndəˈpɪnɪŋ/ N (Constr) étayage m ; [of building] reprise f en sous-œuvre ; (fig) bases fpl

**underplay** /ˌʌndəˈpleɪ/ VT (gen) minimiser, réduire l'importance de ♦ **he rather underplayed it** il n'a pas insisté là-dessus, il a minimisé la chose ♦ **to underplay a role** (Theat) jouer un rôle avec beaucoup de retenue

**underpopulated** /ˌʌndəˈpɒpjʊleɪtɪd/ ADJ sous-peuplé

**underprice** /ˌʌndəˈpraɪs/ VT mettre un prix trop bas à

**underpriced** /ˌʌndəˈpraɪst/ ADJ [goods] en vente à un prix inférieur à sa vraie valeur ♦ **at $18 this wine is underpriced** à 18 dollars, ce vin n'est pas assez cher

**underpricing** /ˌʌndəˈpraɪsɪŋ/ N tarification f trop basse

**underprivileged** /ˌʌndəˈprɪvɪlɪdʒd/ SYN
**ADJ** défavorisé
**NPL** **the underprivileged** les défavorisés mpl

**underproduce** /ˌʌndəprəˈdjuːs/ VTI sous-produire

**underproduction** /ˌʌndəprəˈdʌkʃən/ N sous-production f

**underqualified** /ˌʌndəˈkwɒlɪfaɪd/ ADJ sous-qualifié (for pour)

**underrate** /ˌʌndəˈreɪt/ SYN VT [+ size, numbers, strength] sous-estimer ; [+ person] sous-estimer, méconnaître

**underrated** /ˌʌndəˈreɪtɪd/ ADJ [play, book, actor] sous-estimé, méconnu ♦ **he's very underrated** on ne l'estime pas à sa juste valeur

**underreact** /ˌʌndərɪˈækt/ VI réagir mollement

**underreaction** /ˌʌndərɪˈækʃən/ N réaction f molle

**underrepresented** /ˌʌndərˌreprɪˈzentɪd/ ADJ sous-représenté

**underripe** /ˌʌndəˈraɪp/ ADJ [fruit] vert, qui n'est pas mûr ; [cheese] qui n'est pas fait

**underscore** /ˌʌndəˈskɔː<sup>r</sup>/ VT (lit) souligner ; (fig) souligner, mettre en évidence

**underscoring** /ˌʌndəˈskɔːrɪŋ/ N (NonC) (lit) [of text, words] soulignage m ; (fig) insistance f (of sur)

**undersea** /ˈʌndəsiː/ ADJ sous-marin

**underseal** /ˈʌndəsiːl/ (Brit)
**VT** [+ car] traiter contre la rouille (au niveau du châssis)
**N** couche f antirouille (du châssis)

**undersealing** /ˈʌndəsiːlɪŋ/ N (Brit : for car chassis) couche f antirouille (du châssis)

**under-secretary** /ˌʌndəˈsekrətrɪ/
**N** sous-secrétaire mf
**COMP** **Under-Secretary of State** N sous-secrétaire mf d'État

**undersell** /ˌʌndəˈsel/ (pret, ptp **undersold**) VT
1 (= undercut) [+ competitor] vendre moins cher que

2 (fig) ♦ **to undersell o.s.** ne pas savoir se mettre en valeur or se vendre *

**undersexed** /ˌʌndəˈsekst/ ADJ (= having a low sex drive) de faible libido ♦ **to be undersexed** avoir une faible libido

**undershirt** /ˈʌndəʃɜːt/ N (US) maillot m de corps

**undershoot** /ˌʌndəˈʃuːt/ (pret, ptp **undershot**) VT ♦ **to undershoot the runway** atterrir avant d'atteindre la piste

**undershorts** /ˈʌndəʃɔːts/ NPL (US) caleçon m

**undershot** /ˈʌndəʃɒt/
**VB** pt, ptp of **undershoot**
**ADJ** [water wheel] à aubes

**underside** /ˈʌndəsaɪd/ N dessous m

**undersigned** /ˈʌndəsaɪnd/ ADJ, N (Jur, frm) soussigné(e) m(f) ♦ **I, the undersigned, declare...** je soussigné(e) déclare...

**undersized** /ˌʌndəˈsaɪzd/ SYN ADJ de (trop) petite taille, trop petit

**underskirt** /ˈʌndəskɜːt/ N jupon m

**underslung** /ˌʌndəˈslʌŋ/ ADJ [car] surbaissé

**undersoil** /ˈʌndəsɔɪl/ N sous-sol m (Agr)

**undersold** /ˌʌndəˈsəʊld/ VB pt, ptp of **undersell**

**underspend** /ˌʌndəˈspend/ VI (pret, ptp **underspent** /ˌʌndəˈspent/) ne pas dépenser entièrement les crédits disponibles ; (too little) ne pas assez investir ♦ **we have underspent by 6 per cent** nous avons dépensé 6 pour cent de moins que prévu

**underspending** /ˌʌndəˈspendɪŋ/ N (Admin) fait m de ne pas dépenser entièrement les crédits disponibles

**understaffed** /ˌʌndəˈstɑːft/ ADJ en sous-effectif

**understand** /ˌʌndəˈstænd/ LANGUAGE IN USE 11.1, 15.4 SYN (pret, ptp **understood**)

**VT** 1 [+ person, words, meaning, painting, difficulty, action, event etc] comprendre ♦ **I can't understand his attitude** je n'arrive pas à comprendre son attitude ♦ **that's what I can't understand** voilà ce que je ne comprends pas or ce qui me dépasse ♦ **I can't understand it!** je ne comprends pas ! ♦ **I can't understand a word of it** je n'y comprends rien ♦ **I don't understand the way she behaved/reacted** je ne comprends pas or je ne m'explique pas son comportement/sa réaction ♦ **as I understand it,...** si je comprends bien,... ♦ **this can be understood in several ways** cela peut se comprendre de plusieurs façons ♦ **that is easily understood** c'est facile à comprendre, cela se comprend facilement ♦ **do you understand why/how/what?** est-ce que vous comprenez pourquoi/comment/ce que ? ♦ **I can't understand his agreeing to do it** je n'arrive pas à comprendre or je ne m'explique pas qu'il ait accepté de le faire ♦ **to make o.s. understood** se faire comprendre ♦ **do I make myself understood?** est-ce que je me fais bien comprendre ? ♦ **that's quite understood!** c'est entendu ! ♦ **I quite understand that you don't want to come** je comprends très bien que vous n'ayez pas envie de venir ♦ **it must be understood that...** il faut (bien) comprendre que... ♦ **it being understood that your client is responsible** (frm) à condition que votre client accepte subj la responsabilité

2 (= believe) (croire) comprendre ♦ **I understood we were to be paid** j'ai cru comprendre que nous devions être payés ♦ **I understand you are leaving today** il paraît que vous partez aujourd'hui, si je comprends bien vous partez aujourd'hui ♦ **she refused – so I understand** elle a refusé – c'est ce que j'ai cru comprendre ♦ **we confirm our reservation and we understand (that) the rental will be...** (frm :in business letter etc) nous confirmons notre réservation, étant entendu que la location s'élèvera à... ♦ **am I to understand that...?** dois-je comprendre que... ? ♦ **she is understood to have left the country, it is understood that she has left the country** il paraît qu'elle a quitté le pays, elle aurait quitté le pays ♦ **he let it be understood that...** il a donné à entendre or il a laissé entendre que... ♦ **he gave me to understand that...** il m'a fait comprendre que... ♦ **we were given to understand that...** on nous a donné à entendre que..., on nous a fait comprendre que...

3 (= imply, assume) [+ word etc] sous-entendre ♦ **to be understood** [arrangement, price, date] ne pas être spécifié ; (Gram) être sous-entendu ♦ **it was understood that he would pay for it** (= it was assumed) on présumait qu'il le paierait ; (= it was agreed) il était entendu qu'il le paierait

4 (= relate to, empathize with) comprendre ♦ **my wife doesn't understand me** ma femme ne me comprend pas

**VI** comprendre ♦ **now I understand!** je comprends or j'y suis maintenant ! ♦ **there's to be no noise, (do you) understand!** or **(is that) understood?** pas de bruit, c'est bien compris or tu entends ! ♦ **he was a widower, I understand** il était veuf, si j'ai bien compris or si je ne me trompe (pas)

**understandable** /ˌʌndəˈstændəbl/ LANGUAGE IN USE 26.3 ADJ 1 (= intelligible) [person, speech] compréhensible, intelligible
2 (= justifiable) [behaviour] compréhensible ; [pride, sorrow] compréhensible, naturel ◆ **it is understandable that...** on comprend or il est normal que... + subj ◆ **that's understandable** ça se comprend

**understandably** /ˌʌndəˈstændəblɪ/ ADV 1 (= intelligibly) [speak, explain] d'une façon compréhensible
2 (= naturally, of course) naturellement ; (= rightly) à juste titre ◆ **understandably, he refused** il a refusé, et ça se comprend ◆ **he's understandably angry** il est furieux, et à juste titre or et ça se comprend

**understanding** /ˌʌndəˈstændɪŋ/ SYN
ADJ [person] compréhensif (about à propos de) ; [smile, look] compatissant, bienveillant
N 1 (NonC) compréhension f ◆ **his understanding of the problems/of children** sa compréhension des problèmes/des enfants, sa faculté de comprendre les problèmes/les enfants ◆ **he had a good understanding of the problems** il comprenait bien les problèmes ◆ **it is my understanding that...** d'après ce que j'ai compris,... ◆ **the age of understanding** l'âge m de discernement ◆ **it's beyond understanding** cela dépasse l'entendement
2 (= agreement) accord m ; (= arrangement) arrangement m ◆ **to come to an understanding with sb** s'entendre or s'arranger avec qn ◆ **the president has an understanding with the military commanders** le président s'est entendu avec les chefs militaires ◆ **there is an understanding between us that...** il est entendu entre nous que... ◆ **on the understanding that...** à condition que... + subj
3 (NonC = concord) entente f, bonne intelligence f ◆ **this will encourage understanding between our nations** ceci favorisera l'entente entre nos nations

**understandingly** /ˌʌndəˈstændɪŋlɪ/ ADV avec bienveillance, en faisant preuve de compréhension

**understate** /ˌʌndəˈsteɪt/ VT minimiser, réduire l'importance de

**understated** /ˌʌndəˈsteɪtɪd/ ADJ (gen) discret (-ète f) ; [fashion detail] discret (-ète f), d'une élégance discrète ◆ **an understated black dress** une petite robe noire toute simple

**understatement** /ˈʌndəˌsteɪtmənt/ N affirmation f en dessous de la vérité ; (Ling) litote f ◆ **to say he is clever is rather an understatement** c'est dire qu'il est intelligent ◆ **that's an understatement** c'est peu dire, le terme est faible ◆ **that's the understatement of the year!*** c'est bien le moins qu'on puisse dire !

**understeer** /ˈʌndəˌstɪəʳ/ VI braquer insuffisamment

**understood** /ˌʌndəˈstʊd/ SYN VB pt, ptp of **understand**

**understudy** /ˈʌndəˌstʌdɪ/ SYN (Theat)
N doublure f
VT [+ actor] doubler ; [+ part] doubler un acteur dans

**undersubscribed** /ˌʌndəsəbˈskraɪbd/ (Stock Exchange) ADJ non couvert, non entièrement souscrit

**undertake** /ˌʌndəˈteɪk/ SYN (pret **undertook**, ptp **undertaken**)
VT [+ task] entreprendre ; [+ duty] se charger de ; [+ responsibility] assumer ; [+ obligation] contracter ◆ **to undertake to do sth** promettre or se charger de faire qch, s'engager à faire qch
VI (Brit *) (= overtake on wrong side) dépasser du mauvais côté

**undertaker** /ˈʌndəˌteɪkəʳ/ SYN N (Brit) entrepreneur m or ordonnateur m des pompes funèbres ◆ **the undertaker's** les pompes fpl funèbres, le service des pompes funèbres

**undertaking** /ˌʌndəˈteɪkɪŋ/ SYN N 1 (= task, operation) entreprise f ◆ **it is quite an undertaking (to do sth** or **doing sth)** ce n'est pas une mince affaire (que de faire qch)
2 (= promise) promesse f, engagement m ◆ **to give an undertaking** promettre (that que ; to do sth de faire qch) ◆ **I can give no such undertaking** je ne peux rien promettre de la sorte
3 /ˈʌndəˌteɪkɪŋ/ (NonC Brit : *) (= overtaking on wrong side) dépassement m du mauvais côté
4 /ˈʌndəˌteɪkɪŋ/ (NonC: Brit = arranging funerals) pompes fpl funèbres

**undertax** /ˌʌndəˈtæks/ VT [+ goods] taxer insuffisamment ◆ **he was undertaxed by £5,000** on lui a fait payer 5 000 livres d'impôts de moins qu'on ne lui aurait dû

**under-the-counter*** /ˌʌndəðəˈkaʊntəʳ/ ADJ clandestin, en douce* ◆ **it was all very under-the-counter** tout se faisait sous le manteau or en sous-main ; see also **counter¹**

**underthings*** /ˈʌndəθɪŋz/ NPL dessous mpl

**undertone** /ˈʌndətəʊn/ SYN N 1 ◆ **to say sth in an undertone** dire qch à mi-voix
2 (= suggestion, hint) sous-entendu m ◆ **political/racial/sexual undertones** sous-entendus mpl politiques/raciaux/sexuels ◆ **there are no sinister undertones to his comments** il n'y a aucun sous-entendu sinistre dans ses commentaires ◆ **an undertone of criticism** des critiques voilées or sous-jacentes ◆ **his voice had an undertone of anger** on sentait un fond de colère dans sa voix ◆ **a witty story with serious undertones** une histoire spirituelle, mais avec un fond sérieux
3 [of perfume, taste, colour] nuance f ◆ **brown with pinkish undertones** marron avec des nuances de rose

**undertook** /ˌʌndəˈtʊk/ VB pt of **undertake**

**undertow** /ˈʌndətəʊ/ N 1 (lit) courant m sous-marin (provoqué par le retrait de la vague)
2 (fig) tension f

**underuse** /ˌʌndəˈjuːz/
VT ⇒ **underutilize**
N /ˌʌndəˈjuːs/ ⇒ **underutilization**

**underused** /ˌʌndəˈjuːzd/ ADJ ⇒ **underutilized**

**underutilization** /ˌʌndəjuːtɪlaɪˈzeɪʃən/ N [of potential, talent, resources, land] sous-exploitation f ; [of space, facilities, equipment] sous-utilisation f, sous-emploi m

**underutilize** /ˌʌndəˈjuːtɪlaɪz/ VT [+ potential, talent, resources, land] sous-exploiter ; [+ space, facilities, equipment] sous-utiliser, sous-employer

**underutilized** /ˌʌndəˈjuːtɪlaɪzd/ ADJ [potential, talent, resources, land] sous-exploité ; [space, facilities, equipment] sous-utilisé, sous-employé

**undervaluation** /ˌʌndəˌvæljʊˈeɪʃən/ N (Fin) sous-évaluation f

**undervalue** /ˌʌndəˈvæljuː/ SYN VT [+ help, contribution] sous-estimer ; [+ person] sous-estimer, mésestimer

**undervalued** /ˌʌndəˈvæljuːd/ ADJ [person, helper, help, contribution] sous-estimé ◆ **this house is undervalued** cette maison vaut plus que son prix ◆ **it's undervalued by about $1,000** cela vaut environ 1 000 dollars de plus

**undervest** /ˈʌndəvest/ N maillot m de corps

**underwater** /ˈʌndəˌwɔːtəʳ/ SYN
ADJ sous-marin
ADV sous l'eau

**underway, under way** /ˌʌndəˈweɪ/ ADJ ◆ **to be underway** (on ship) faire route, être en route ; (fig) [talks, search, process, campaign] être en cours ◆ **the investigation is now underway** l'enquête est en cours ◆ **to get underway** [ship] appareiller, lever l'ancre ; [talks, conference, campaign, festival] démarrer ; [process, reforms, programme] être mis en œuvre

**underwear** /ˈʌndəwɛəʳ/ SYN N (NonC) sous-vêtements mpl ; (women's only) dessous mpl, lingerie f NonC ◆ **to be in one's underwear** être en sous-vêtements or en petite tenue

**underweight** /ˌʌndəˈweɪt/ SYN ADJ 1 [person] ◆ **to be underweight** ne pas peser assez, être trop maigre ◆ **she's 20lb underweight** elle pèse 9 kilos de moins qu'elle ne devrait
2 [goods] d'un poids insuffisant ◆ **it's 50 grams underweight** il manque 50 grammes

**underwent** /ˌʌndəˈwent/ VB pt of **undergo**

**underwhelm** /ˌʌndəˈwelm/ VT (hum) décevoir ◆ **to be underwhelmed by sth** ne pas être impressionné par qch

**underwhelmed** /ˌʌndəˈwelmd/ ADJ (hum) peu impressionné

**underwhelming** /ˌʌndəˈwelmɪŋ/ ADJ (hum) décevant

**underwing** /ˈʌndəwɪŋ/ N [of insect] aile f postérieure

**underwired** /ˌʌndəˈwaɪəd/ ADJ [bra] à armature

**underworld** /ˈʌndəwɜːld/ SYN
N 1 (Myth = hell) ◆ **the underworld** les enfers mpl
2 (criminal) ◆ **the underworld** le milieu, la pègre
COMP [organization, personality] du milieu ; [connections] avec le milieu ; [attack] organisé par le milieu

**underwrite** /ˌʌndəˈraɪt/ SYN (pret **underwrote**, ptp **underwritten**) VT 1 (Insurance) [+ policy] réassurer ; [+ risk] assurer contre, garantir ; [+ amount] garantir
2 [+ share issue] garantir (une or l'émission de)
3 (Comm, Fin) [+ project, enterprise] soutenir or appuyer (financièrement)
4 (= support) [+ decision, statement etc] soutenir, souscrire à

**underwriter** /ˈʌndəˌraɪtəʳ/ N 1 (Insurance) assureur m
2 (Stock Exchange) syndicataire mf

**underwriting** /ˈʌndəˌraɪtɪŋ/ N (Fin) garantie f d'émission ; (Insurance) souscription f

**underwritten** /ˈʌndəˌrɪtn/ VB ptp of **underwrite**

**underwrote** /ˈʌndəˌrəʊt/ VB pt of **underwrite**

**undeserved** /ˌʌndɪˈzɜːvd/ ADJ immérité

**undeservedly** /ˌʌndɪˈzɜːvɪdlɪ/ ADV [reward, punish] à tort, indûment ; [be rewarded, punished] sans l'avoir mérité, indûment

**undeserving** /ˌʌndɪˈzɜːvɪŋ/ ADJ [person] peu méritant ; [cause] peu méritoire ◆ **undeserving of sth** indigne de qch, qui ne mérite pas qch

**undesirability** /ˌʌndɪˌzaɪərəˈbɪlɪtɪ/ N caractère m peu souhaitable

**undesirable** /ˌʌndɪˈzaɪərəbl/ SYN
ADJ peu souhaitable ; (stronger) indésirable ◆ **it is undesirable that...** il est peu souhaitable que... + subj ◆ **undesirable alien** (Admin, Jur) étranger m, -ère f indésirable
N indésirable mf

**undetectable** /ˌʌndɪˈtektəbl/ ADJ indétectable

**undetected** /ˌʌndɪˈtektɪd/ ADJ non décelé, non détecté ◆ **to go undetected** passer inaperçu, ne pas être repéré ◆ **to do sth undetected** faire qch sans se faire repérer

**undetermined** /ˌʌndɪˈtɜːmɪnd/ ADJ (= unknown) indéterminé, non connu ; (= uncertain) irrésolu, indécis

**undeterred** /ˌʌndɪˈtɜːd/ ADJ non découragé ◆ **to carry on undeterred** continuer sans se laisser décourager

**undeveloped** /ˌʌndɪˈveləpt/ SYN ADJ [fruit, intelligence, part of body] qui ne s'est pas développé ; [film] non développé ; [land, resources] non exploité, inexploité

**undeviating** /ʌnˈdiːvɪeɪtɪŋ/ ADJ [path] droit ; [policy, course] constant

**undiagnosed** /ʌnˈdaɪəgnəʊzd/ ADJ (lit, fig) non diagnostiqué

**undid** /ʌnˈdɪd/ VB pt of **undo**

**undies*** /ˈʌndɪz/ NPL dessous mpl ; (women's only) lingerie f NonC

**undigested** /ˌʌndaɪˈdʒestɪd/ ADJ non digéré

**undignified** /ʌnˈdɪgnɪfaɪd/ SYN ADJ qui manque de dignité ◆ **how undignified!** quel manque de dignité !

**undiluted** /ˌʌndaɪˈluːtɪd/ ADJ 1 (lit) [concentrate] non dilué
2 (fig) [pleasure] sans mélange ; [nonsense] pur

**undiminished** /ˌʌndɪˈmɪnɪʃt/ ADJ non diminué

**undimmed** /ʌnˈdɪmd/ ADJ 1 (in brightness) [lamp] qui n'a pas été mis en veilleuse ; [car headlight] qui n'est pas en code
2 (liter) [sight] aussi bon qu'auparavant
3 (fig) [enthusiasm, passion, ambition] aussi fort qu'avant ; [beauty] non terni ◆ **with undimmed optimism** avec toujours autant d'optimisme ◆ **her optimism is undimmed** elle est toujours aussi optimiste ◆ **my memory of it is undimmed** je m'en souviens avec précision

**undine** /ˈʌndiːn/ N ondine f

**undiplomatic** /ˌʌndɪpləˈmætɪk/ ADJ [person] peu diplomate ; [action, answer] peu diplomatique

**undipped** /ʌnˈdɪpt/ ADJ [car headlight] qui n'est pas en code

**undiscerning** /ˌʌndɪˈsɜːnɪŋ/ ADJ qui manque de discernement

**undischarged** /ˌʌndɪsˈtʃɑːdʒd/ ADJ [bankrupt] non réhabilité ; [debt] non acquitté, impayé

**undisciplined** /ʌnˈdɪsɪplɪnd/ SYN ADJ indiscipliné

**undisclosed** /ˌʌndɪsˈkləʊzd/ ADJ gardé secret

**undiscovered** /ˌʌndɪsˈkʌvəd/ ADJ (= not found) non découvert ; (= unknown) inconnu ◆ **the treasure remained undiscovered for 700 years** le trésor n'a été découvert que 700 ans plus tard

**undiscriminating** /ˌʌndɪsˈkrɪmɪneɪtɪŋ/ ADJ qui manque de discernement

**undisguised** /ˌʌndɪsˈɡaɪzd/ SYN ADJ (lit, fig) non déguisé

**undismayed** /ˌʌndɪsˈmeɪd/ ADJ imperturbable

**undisputed** /ˌʌndɪsˈpjuːtɪd/ SYN ADJ incontesté

**undistinguished** /ˌʌndɪsˈtɪŋɡwɪʃt/ SYN ADJ (in character) médiocre, quelconque ; (in appearance) peu distingué

**undisturbed** /ˌʌndɪsˈtɜːbd/ SYN
ADJ ① (= untouched) [papers, clues] non dérangé, non déplacé ; (= uninterrupted) [sleep] non troublé, paisible ; [place] épargné ◆ **the war had not left Clydebank undisturbed** la guerre n'avait pas épargné Clydebank ◆ **the desk looked undisturbed** apparemment, personne n'avait touché au bureau ◆ **these flowers are best left undisturbed** il vaut mieux ne pas toucher à ces fleurs ◆ **is there somewhere we can talk undisturbed?** y a-t-il un endroit où nous pourrions parler sans être dérangés ?
② (= unworried) non inquiet (-ète f), non troublé ◆ **he was undisturbed by the news** la nouvelle ne l'a pas inquiété or troublé
ADV [work, play, sleep] sans être dérangé

**undivided** /ˌʌndɪˈvaɪdɪd/ SYN ADJ ① (= wholehearted) [admiration] sans réserve, sans partage ◆ **to require sb's undivided attention** exiger toute l'attention or l'attention pleine et entière de qn
② (= not split) [country, institution] uni ; (Jur) [property] indivis

**undo** /ʌnˈduː/ SYN (pret **undid** ptp **undone**) VT [+ button, garment, knot, parcel, box, knitting] défaire ; [+ good effect] détruire, annuler ; [+ mischief, wrong] réparer ; (Comput) annuler ◆ **he was undone by his own ambition** c'est son ambition qui l'a perdu ◆ **they were undone by a goal from Barnes** ils ont été battus grâce à un but de Barnes ; see also **undone**

**undocumented** /ʌnˈdɒkjʊmentɪd/ ADJ ① [event] sur lequel on ne possède pas de témoignages
② (US) [person] sans papiers

**undoing** /ʌnˈduːɪŋ/ SYN N (NonC) ruine f, perte f ◆ **that was his undoing** c'est ce qui l'a perdu, c'est ce qui a causé sa perte

**undomesticated** /ˌʌndəˈmestɪkeɪtɪd/ ADJ
① [animal] non domestique
② [person] qui n'aime pas les tâches ménagères

**undone** /ʌnˈdʌn/ SYN
VB ptp of **undo**
ADJ [button, garment, knot, parcel] défait ; [task] non accompli ◆ **to come undone** se défaire ◆ **to leave sth undone** ne pas faire qch ◆ **I am undone!** (†† or hum) je suis perdu !

**undoubted** /ʌnˈdaʊtɪd/ SYN ADJ indubitable, indéniable

**undoubtedly** /ʌnˈdaʊtɪdlɪ/ LANGUAGE IN USE 26.3 SYN ADV indubitablement, sans aucun doute

**undramatic** /ˌʌndrəˈmætɪk/ ADJ peu dramatique

**undreamed-of** /ʌnˈdriːmdɒv/ SYN, **undreamt-of** /ʌnˈdremtɒv/ ADJ (= unhoped for) inespéré ; (= unsuspected) insoupçonné, qui dépasse l'imagination

**undress** /ʌnˈdres/ SYN
VT déshabiller ◆ **to get undressed** se déshabiller ; see also **undressed**
VI se déshabiller
N ◆ **in a state of undress** (gen) en petite tenue ; (also Mil) (in civilian clothes) en civil ; (in plain uniform) en simple uniforme

**undressed** /ʌnˈdrest/
VB pret, ptp of **undress**
ADJ ① [salad] non assaisonné
② [wound] non pansé ; see also **dress**

**undrinkable** /ʌnˈdrɪŋkəbl/ ADJ (= unpalatable) imbuvable ; (= poisonous) non potable

**undue** /ʌnˈdjuː/ SYN ADJ (gen) excessif ; [anger, haste etc] excessif ◆ **I hope this will not cause you undue inconvenience** j'espère que cela ne vous dérangera pas trop or pas outre mesure

**undulate** /ˈʌndjʊleɪt/
VI onduler, ondoyer
COMP **undulate ray** N (= fish) raie f ondulée

**undulating** /ˈʌndjʊleɪtɪŋ/ ADJ [movement] ondoyant, onduleux ; [line] sinueux, onduleux ; [countryside] vallonné

**undulation** /ˌʌndjʊˈleɪʃən/ N ondulation f, ondoiement m

**undulatory** /ˈʌndjʊlətrɪ/ ADJ ondulatoire

**unduly** /ʌnˈdjuːlɪ/ SYN ADV trop, excessivement ◆ **he was not unduly worried** il ne s'inquiétait pas trop or pas outre mesure

**undying** /ʌnˈdaɪɪŋ/ SYN ADJ (fig) éternel

**unearned** /ʌnˈɜːnd/ ADJ ① (gen) [praise, reward] immérité
② (Fin) ◆ **unearned income** rentes fpl ◆ **unearned increment** plus-value f

**unearth** /ʌnˈɜːθ/ SYN VT [+ documents, evidence, plot] mettre au jour ; [+ remains, bones] découvrir, mettre au jour ; [+ lost object] dénicher, déterrer ; [+ talent] dénicher

**unearthly** /ʌnˈɜːθlɪ/ SYN ADJ (gen) surnaturel, mystérieux ; (threatening) [silence] lugubre ; (* fig) impossible* ◆ **at some unearthly hour** à une heure indue

**unease** /ʌnˈiːz/ N malaise m, gêne f (at, about devant)

**uneasily** /ʌnˈiːzɪlɪ/ ADV (= ill-at-ease) avec gêne ; (= worriedly) avec inquiétude ◆ **to sleep uneasily** (= fitfully) mal dormir ; (= restlessly) dormir d'un sommeil agité

**uneasiness** /ʌnˈiːzɪnɪs/ SYN N (NonC) inquiétude f, malaise m (at, about devant)

**uneasy** /ʌnˈiːzɪ/ SYN ADJ [calm, peace, truce] troublé, difficile ; [silence] gêné ; [sleep, night] agité ; [conscience] pas tranquille ; [person] (= ill-at-ease) mal à l'aise, gêné ; (= worried) inquiet (-ète f) (at, about devant, de), anxieux ◆ **to grow** or **become uneasy about sth** commencer à s'inquiéter au sujet de qch ◆ **I have an uneasy feeling that he's watching me** j'ai l'impression déconcertante qu'il me regarde ◆ **I had an uneasy feeling that he would change his mind** je ne pouvais m'empêcher de penser qu'il allait changer d'avis

**uneatable** /ʌnˈiːtəbl/ ADJ immangeable

**uneaten** /ʌnˈiːtn/ ADJ non mangé, non touché

**uneconomic(al)** /ˌʌniːkəˈnɒmɪk(əl)/ ADJ [machine, car] peu économique ; [work, method] peu économique, peu rentable ◆ **it is uneconomic(al) to do that** il n'est pas économique or rentable de faire cela

**unedifying** /ʌnˈedɪfaɪɪŋ/ ADJ peu édifiant

**unedited** /ʌnˈedɪtɪd/ ADJ [film] non monté ; [essays, works] non édité ; [tape] dans sa version intégrale ◆ **unedited emotions** des émotions à l'état brut ◆ **an unedited show packed with sexual innuendo** un spectacle non expurgé bourré d'allusions sexuelles ◆ **to broadcast the Commons proceedings unedited** diffuser les débats parlementaires en version intégrale

**uneducated** /ʌnˈedjʊkeɪtɪd/ SYN ADJ [person] sans instruction ; [letter, report] informe, plein de fautes ; (= badly written) mal écrit ; [handwriting] d'illettré ; [speech, accent] populaire

**unelectable** /ˌʌnɪˈlektəbl/ ADJ [person] qui n'a aucune chance d'être élu ; [party] qui n'a aucune chance de gagner ◆ **to make sb unelectable** compromettre sérieusement les chances de qn aux élections

**unembarrassed** /ˌʌnɪmˈbærəst/ ADJ pas embarrassé or gêné

**unemotional** /ˌʌnɪˈməʊʃənl/ SYN ADJ (= having little emotion) peu émotif, flegmatique ; (= showing little emotion) [person, voice, attitude] qui ne montre or ne trahit aucune émotion, impassible ; [reaction] peu émotionnel ; [description, writing] neutre, sans passion

**unemotionally** /ˌʌnɪˈməʊʃnəlɪ/ ADV de façon impassible, sans trahir d'émotion

**unemployable** /ˌʌnɪmˈplɔɪəbl/ ADJ incapable de travailler

**unemployed** /ˌʌnɪmˈplɔɪd/ SYN
ADJ [person] au chômage, sans travail or emploi ; [machine, object] inutilisé, dont on ne se sert pas ; (Fin) [capital] qui ne travaille pas ◆ **unemployed person** chômeur m, -euse f ; (esp Admin) demandeur m d'emploi ◆ **the numbers unemployed** (Econ) les inactifs mpl
NPL ◆ **the unemployed** les chômeurs mpl, les sans-emploi mpl ; (esp Admin) les demandeurs mpl d'emploi ◆ **the young unemployed** les jeunes mpl sans emploi or au chômage

**unemployment** /ˌʌnɪmˈplɔɪmənt/
N (NonC) chômage m ◆ **to reduce** or **cut unemployment** réduire le chômage or le nombre des chômeurs ◆ **unemployment has risen** le chômage or le nombre des chômeurs a augmenté
COMP **unemployment benefit** N (Brit : formerly) allocation f (de) chômage
**unemployment compensation** N (US) → **unemployment benefit**
**unemployment figures** NPL chiffres mpl du chômage, nombre m des chômeurs
**unemployment line** N (US) ◆ **to join the unemployment line(s)** se retrouver au chômage
**unemployment rate** N ◆ **an unemployment rate of 10%** or **of 1 in 10** un taux de chômage de 10%

**unencumbered** /ˌʌnɪnˈkʌmbəd/ ADJ non encombré (with de)

**unending** /ʌnˈendɪŋ/ SYN ADJ interminable, sans fin

**unendurable** /ˌʌnɪnˈdjʊərəbl/ SYN ADJ insupportable, intolérable

**unenforceable** /ˌʌnɪnˈfɔːsəbl/ ADJ [law etc] inapplicable

**unengaged** /ˌʌnɪnˈɡeɪdʒd/ ADJ libre

**un-English** /ʌnˈɪŋɡlɪʃ/ ADJ peu anglais, pas anglais

**unenlightened** /ˌʌnɪnˈlaɪtnd/ ADJ peu éclairé, rétrograde

**unenterprising** /ʌnˈentəpraɪzɪŋ/ ADJ [person] peu entreprenant, qui manque d'initiative ; [policy, act] qui manque d'audace or de hardiesse

**unenthusiastic** /ˌʌnɪnˌθjuːzɪˈæstɪk/ SYN ADJ peu enthousiaste ◆ **you seem rather unenthusiastic about it** ça n'a pas l'air de vous enthousiasmer

**unenthusiastically** /ˌʌnɪnˌθjuːzɪˈæstɪkəlɪ/ ADV sans enthousiasme

**unenviable** /ʌnˈenvɪəbl/ SYN ADJ peu enviable

**unequal** /ʌnˈiːkwəl/ SYN ADJ ① (= not the same) [size, opportunity, work] inégal ; (= inegalitarian) [system] inégalitaire
② (= inadequate) ◆ **to be unequal to a task** ne pas être à la hauteur d'une tâche

**unequalled** /ʌnˈiːkwəld/ SYN ADJ [skill, enthusiasm, footballer, pianist] inégalé, sans égal ; [record] inégalé

**unequally** /ʌnˈiːkwəlɪ/ ADV inégalement

**unequivocal** /ˌʌnɪˈkwɪvəkəl/ SYN ADJ sans équivoque ◆ **he gave him an unequivocal "no"** il lui a opposé un « non » catégorique or sans équivoque

**unequivocally** /ˌʌnɪˈkwɪvəkəlɪ/ ADV sans équivoque

**unerring** /ʌnˈɜːrɪŋ/ ADJ [judgement, accuracy] infaillible ; [aim, skill, blow] sûr

**unerringly** /ʌnˈɜːrɪŋlɪ/ ADV infailliblement ◆ **they unerringly chose the most promising projects** ils choisissaient infailliblement les projets les plus porteurs ◆ **she unerringly made the connection** elle n'a pas manqué d'établir le rapport

**UNESCO** /juːˈneskəʊ/ N (abbrev of United Nations Educational, Scientific and Cultural Organization) UNESCO f

**unescorted** /ˌʌnesˈkɔːtɪd/ ADJ, ADV ① (Mil, Naut) sans escorte
② (= unaccompanied by a partner) sans partenaire, non accompagné

**unessential** /ˌʌnɪˈsenʃəl/ ADJ non essentiel, non indispensable

**unesthetic** /ˌʌniːsˈθetɪk/ ADJ ⇒ **unaesthetic**

**unethical** /ʌnˈeθɪkəl/ SYN ADJ (gen) moralement contestable, contraire à l'éthique ; (= contrary to professional code of conduct) (Med etc) contraire à la déontologie

**unethically** /ʌnˈeθɪkəlɪ/ ADV (gen) [behave, act, obtain] de façon immorale or moralement contestable ; (= against professional code of conduct) de façon contraire à la déontologie

**uneven** /ʌnˈiːvən/ SYN ADJ ① (= not flat or straight) [surface] raboteux, inégal ; [path] cahoteux ; [ground] accidenté ; [teeth] irrégulier ◆ **the wall is uneven** le mur n'est pas droit
② (= irregular) [pace, rate, breathing, pulse] irrégulier ; [colour] inégalement réparti ◆ **the engine sounds uneven** il y a des à-coups dans le moteur, le moteur ne tourne pas rond
③ (= inconsistent) [quality, performance, acting] inégal

④ (= unfair) [distribution, contest, competition] inégal
⑤ [number] impair

**unevenly** /ʌnˈiːvənli/ ADV ① (= irregularly) [move, spread, develop] de façon irrégulière
② (= unequally) [share, distribute] inégalement ◆ **the two armies were unevenly matched** les deux armées n'étaient pas de force égale

**unevenness** /ʌnˈiːvənnɪs/ N (NonC) ① [of surface, path, ground] inégalité f, aspérités fpl
② (= irregularity) [of motion, breathing, pace, rate, pulse] irrégularité f ; [of colour] répartition f inégale
③ (= inconsistency) [of quality, performance, acting, writing, film] caractère m inégal
④ (= inequality) [of sharing out, distribution] inégalité f

**uneventful** /ˌʌnɪˈventfʊl/ SYN ADJ [day, meeting, journey] sans incidents, peu mouvementé ; [life] calme, tranquille ; [career] peu mouvementé

**uneventfully** /ˌʌnɪˈventfəli/ ADV [take place, happen] sans incidents, sans histoires

**uneventfulness** /ˌʌnɪˈventfʊlnɪs/ N caractère m peu mouvementé

**unexceptionable** /ˌʌnɪkˈsepʃnəbl/ ADJ irréprochable

**unexceptional** /ˌʌnɪkˈsepʃənl/ SYN ADJ tout à fait ordinaire

**unexciting** /ˌʌnɪkˈsaɪtɪŋ/ ADJ [time, life, visit] peu passionnant, peu intéressant ; [food] ordinaire

**unexpected** /ˌʌnɪkˈspektɪd/ SYN ADJ [arrival] inattendu, inopiné ; [result, change, success, happiness] inattendu, imprévu ◆ **it was all very unexpected** on ne s'y attendait pas du tout

**unexpectedly** /ˌʌnɪkˈspektɪdli/ ADV alors qu'on ne s'y attend (or attendait etc) pas, subitement ◆ **to arrive unexpectedly** arriver à l'improviste or inopinément

**unexpired** /ˌʌnɪksˈpaɪəd/ ADJ non expiré, encore valide

**unexplained** /ˌʌnɪksˈpleɪnd/ ADJ inexpliqué

**unexploded** /ˌʌnɪksˈpləʊdɪd/ ADJ non explosé, non éclaté

**unexploited** /ˌʌnɪksˈplɔɪtɪd/ ADJ inexploité

**unexplored** /ˌʌnɪksˈplɔːd/ ADJ inexploré

**unexposed** /ˌʌnɪksˈpəʊzd/ ADJ [film] vierge

**unexpressed** /ˌʌnɪksˈprest/ ADJ inexprimé

**unexpurgated** /ʌnˈekspɜːɡeɪtɪd/ ADJ (frm) non expurgé, intégral

**unfading** /ʌnˈfeɪdɪŋ/ ADJ (fig) [hope] éternel ; [memory] impérissable, ineffaçable

**unfailing** /ʌnˈfeɪlɪŋ/ SYN ADJ [supply] inépuisable, intarissable ; [zeal] inépuisable ; [optimism] inébranlable ; [remedy] infaillible

**unfailingly** /ʌnˈfeɪlɪŋli/ ADV infailliblement, immanquablement

**unfair** /ʌnˈfɛəʳ/ SYN
ADJ [person, comment, criticism, trial] injuste (to sb envers qn, à l'égard de qn) ; [decision, arrangement, deal] injuste (to sb envers qn, à l'égard de qn), inéquitable ; [competition, play, tactics, practices] déloyal ◆ **you're being unfair** vous êtes injuste ◆ **it's unfair that...** il n'est pas juste or il est injuste que... + subj ◆ **it is unfair to expect her to do that** il n'est pas juste d'attendre qu'elle fasse cela ◆ **it is unfair of her to do so** il est injuste qu'elle agisse ainsi, ce n'est pas juste de sa part d'agir ainsi ◆ **to have an unfair advantage over sb/sth** être injustement avantagé par rapport à qn/qch
COMP **unfair dismissal** N licenciement m abusif

**unfairly** /ʌnˈfɛəli/ ADV [treat, judge, compare] injustement ; [decide] arbitrairement ; [play] déloyalement ◆ **he was unfairly dismissed** il a été victime d'un licenciement abusif

**unfairness** /ʌnˈfɛənɪs/ N [of person, decision, arrangement, deal, advantage, comment, criticism] injustice f ; [of trial] caractère m arbitraire ; [of competition, tactics, practices] caractère m déloyal

**unfaithful** /ʌnˈfeɪθfʊl/ SYN ADJ infidèle (to à)

**unfaithfully** /ʌnˈfeɪθfəli/ ADV infidèlement, avec infidélité

**unfaithfulness** /ʌnˈfeɪθfʊlnɪs/ N infidélité f

**unfaltering** /ʌnˈfɔːltərɪŋ/ ADJ [step, voice] ferme, assuré

**unfalteringly** /ʌnˈfɔːltərɪŋli/ ADV [speak] d'une voix ferme or assurée ; [walk] d'un pas ferme or assuré

**unfamiliar** /ˌʌnfəˈmɪliəʳ/ SYN ADJ [place, sight, person, subject] inconnu ◆ **to be unfamiliar with sth** mal connaître qch, ne pas bien connaître qch

**unfamiliarity** /ˌʌnfəˌmɪliˈærɪti/ N (NonC) aspect m étrange or inconnu

**unfashionable** /ʌnˈfæʃnəbl/ SYN ADJ [dress, subject] démodé, passé de mode ; [district, shop, hotel] peu chic inv ◆ **it is unfashionable to speak of...** ça ne se fait plus de parler de...

**unfasten** /ʌnˈfɑːsn/ SYN VT [+ garment, buttons, rope] défaire ; [+ door] ouvrir, déverrouiller ; [+ bonds] défaire, détacher ; (= loosen) desserrer

**unfathomable** /ʌnˈfæðəməbl/ SYN ADJ [mysteries, depths] insondable ; [reason] totalement obscur ; [person] énigmatique, impénétrable

**unfathomed** /ʌnˈfæðəmd/ ADJ (lit, fig) insondé

**unfavourable, unfavorable** (US) /ʌnˈfeɪvərəbl/ SYN ADJ [conditions, report, impression, outlook, weather] défavorable ; [moment] peu propice, inopportun ; [terms] désavantageux ; [wind] contraire ◆ **he's always making** or **drawing unfavourable comparisons between his children and mine** il fait sans cesse des comparaisons défavorables entre mes enfants et les siens

**unfavourably, unfavorably** (US) /ʌnˈfeɪvərəbli/ ADV défavorablement ◆ **I was unfavourably impressed** j'ai eu une impression défavorable ◆ **to regard sth unfavourably** être défavorable or hostile à qch

**unfazed*** /ʌnˈfeɪzd/ ADJ imperturbable ◆ **it left him quite unfazed** il n'a pas bronché

**unfeasible** /ʌnˈfiːzəbl/ ADJ irréalisable

**unfeeling** /ʌnˈfiːlɪŋ/ SYN ADJ insensible, impitoyable

**unfeelingly** /ʌnˈfiːlɪŋli/ ADV sans pitié, impitoyablement

**unfeigned** /ʌnˈfeɪnd/ ADJ non simulé, sincère

**unfeignedly** /ʌnˈfeɪnɪdli/ ADV sincèrement, vraiment

**unfeminine** /ʌnˈfemɪnɪn/ ADJ peu féminin

**unfetter** /ʌnˈfetəʳ/ VT désenchaîner, désentraver

**unfettered** /ʌnˈfetəd/ ADJ (liter : lit, fig) sans entrave ◆ **unfettered by** libre de

**unfilial** /ʌnˈfɪliəl/ ADJ (frm) peu filial

**unfilled** /ʌnˈfɪld/ ADJ [post, vacancy] à pourvoir, vacant

**unfinished** /ʌnˈfɪnɪʃt/ SYN ADJ [task, essay] inachevé, incomplet (-ète f) ◆ **I have three unfinished letters** j'ai trois lettres à finir ◆ **we have some unfinished business (to attend to)** nous avons une affaire (or des affaires) à régler ◆ **the Unfinished Symphony** la Symphonie inachevée ◆ **it looks rather unfinished** [piece of furniture, craft work etc] c'est mal fini, la finition laisse à désirer

**unfit** /ʌnˈfɪt/ SYN
ADJ ① (= not physically fit) qui n'est pas en forme ◆ **he was unfit to drive** il n'était pas en état de conduire ◆ **he is unfit for work** il n'est pas en état de reprendre le travail ◆ **unfit for military service** inapte au service militaire ◆ **the doctor declared him unfit for the match** le docteur a déclaré qu'il n'était pas en état de jouer
② (= incompetent) inapte, impropre (for à ; to do sth à faire qch) ; (= unworthy) indigne (to do sth de faire qch) ◆ **he is unfit to be a teacher** il ne devrait pas enseigner ◆ **unfit for habitation, unfit to live in** inhabitable ◆ **unfit for consumption** impropre à la consommation ◆ **unfit to eat** (= unpalatable) immangeable ; (= poisonous) non comestible ◆ **unfit for publication** impropre à la publication, impubliable ◆ **road unfit for lorries** route impraticable pour les camions
VT (frm) rendre inapte (for à ; to do sth à faire qch)

**unfitness** /ʌnˈfɪtnɪs/ N ① (= ill health) incapacité f
② (= unsuitability) inaptitude f (for à ; to do sth à faire qch)

**unfitted** /ʌnˈfɪtɪd/ ADJ (frm) inapte (for à ; to do sth à faire qch)

**unfitting** /ʌnˈfɪtɪŋ/ ADJ (frm) [language, behaviour] peu or guère convenable, inconvenant ; [ending, result] mal approprié

**unfix** /ʌnˈfɪks/ VT détacher, enlever ; (Mil) [+ bayonets] remettre

**unflagging** /ʌnˈflæɡɪŋ/ ADJ [person, devotion, patience] infatigable, inlassable ; [enthusiasm] inépuisable ; [interest] soutenu jusqu'au bout

**unflaggingly** /ʌnˈflæɡɪŋli/ ADV infatigablement, inlassablement

**unflappability*** /ˌʌnflæpəˈbɪlɪti/ N (NonC) calme m, flegme m

**unflappable*** /ʌnˈflæpəbl/ ADJ imperturbable, flegmatique

**unflattering** /ʌnˈflætərɪŋ/ SYN ADJ [person, remark, photo, portrait] peu flatteur ◆ **he was very unflattering about it** ce qu'il en a dit n'avait rien de flatteur or n'était pas flatteur ◆ **she wears unflattering clothes** elle porte des vêtements qui ne la mettent guère en valeur or qui ne l'avantagent guère

**unflatteringly** /ʌnˈflætərɪŋli/ ADV d'une manière peu flatteuse

**unfledged** /ʌnˈfledʒd/ ADJ (fig) [person, organization, movement] qui manque d'expérience, novice

**unflinching** /ʌnˈflɪntʃɪŋ/ SYN ADJ [support, loyalty] indéfectible ; [determination] à toute épreuve ; [expression, determination] stoïque ◆ **she was unflinching in her determination to succeed** elle était absolument déterminée à réussir

**unflinchingly** /ʌnˈflɪntʃɪŋli/ ADV stoïquement, sans broncher

**unflyable** /ʌnˈflaɪəbl/ ADJ [plane] qu'on ne peut pas faire voler

**unfocu(s)sed** /ʌnˈfəʊkəst/ ADJ ① [camera] pas mis au point ; [gaze, eyes] dans le vague
② (fig) [aims, desires etc] flou, vague

**unfold** /ʌnˈfəʊld/ SYN
VT ① (lit) [+ napkin, map, blanket] déplier ; [+ wings] déployer ◆ **to unfold a map on a table** étaler une carte sur une table ◆ **to unfold one's arms** décroiser les bras
② (fig) [+ plans, ideas] exposer ; [+ secret] dévoiler, révéler
VI [flower] s'ouvrir, s'épanouir ; [view, countryside] se dérouler, s'étendre ; [story, film, plot] se dérouler

**unforced** /ʌnˈfɔːst/ ADJ [smile, laugh] naturel ◆ **unforced error** (Sport) faute f directe

**unforeseeable** /ˌʌnfɔːˈsiːəbl/ ADJ imprévisible

**unforeseen** /ˌʌnfɔːˈsiːn/ SYN ADJ imprévu

**unforgettable** /ˌʌnfəˈɡetəbl/ SYN ADJ (gen) inoubliable ; (for unpleasant things) impossible à oublier

**unforgettably** /ˌʌnfəˈɡetəbli/ ADV ◆ **unforgettably beautiful/clear** d'une beauté/clarté inoubliable ◆ **unforgettably ugly/dirty** d'une laideur/saleté frappante

**unforgivable** /ˌʌnfəˈɡɪvəbl/ SYN ADJ impardonnable

**unforgivably** /ˌʌnfəˈɡɪvəbli/ ADV [behave] d'une manière impardonnable ◆ **he was unforgivably rude** il a été d'une grossièreté impardonnable ◆ **she was unforgivably late** elle est arrivée avec un retard impardonnable

**unforgiven** /ˌʌnfəˈɡɪvən/ ADJ non pardonné

**unforgiving** /ˌʌnfəˈɡɪvɪŋ/ ADJ [place] inhospitalier ; [course, pitch] impitoyable ; [profession] ingrat

**unforgotten** /ˌʌnfəˈɡɒtn/ ADJ inoublié

**unformatted** /ʌnˈfɔːmætɪd/ ADJ (Comput) non formaté

**unformed** /ʌnˈfɔːmd/ ADJ mal or peu défini ◆ **my thoughts were still relatively unformed** mes pensées étaient encore relativement mal définies ◆ **the unformed minds of children** l'esprit encore peu formé des enfants ◆ **the market for which they are competing is still unformed** le marché qu'ils se disputent n'est pas encore complètement or bien établi

**unformulated** /ʌnˈfɔːmjʊleɪtɪd/ ADJ informulé, non formulé

**unforthcoming** /ˌʌnfɔːˈθkʌmɪŋ/ ADJ [reply, person] réticent (about sur) ◆ **he was very unforthcoming about it** il s'est montré très réticent à ce propos, il s'est montré peu disposé à en parler

**unfortified** /ʌnˈfɔːtɪfaɪd/ ADJ sans fortifications, non fortifié

**unfortunate** /ʌnˈfɔːtʃnɪt/ SYN
ADJ [person] malheureux, malchanceux ; [coincidence] malheureux, fâcheux ; [circumstances] triste ; [event] fâcheux, malencontreux ; [incident, episode] fâcheux, regrettable ; [remark] malheureux, malencontreux ◆ **it is most unfortunate that...** il est très malheureux or regrettable que... + subj ◆ **how unfortunate!**

**unfortunately** | **unicameralism**

quel dommage ! ◆ **he has been unfortunate** il n'a pas eu de chance
**N** malheureux *m*, -euse *f*

**unfortunately** /ʌnˈfɔːtʃnɪtlɪ/ LANGUAGE IN USE 12.3, 18.2, 25.2, 26.3 **ADV** malheureusement, par malheur ◆ **an unfortunately worded remark** une remarque formulée de façon malheureuse *or* malencontreuse

**unfounded** /ʌnˈfaʊndɪd/ SYN **ADJ** *[rumour, allegation, belief]* dénué de tout fondement, sans fondement ; *[criticism]* injustifié

**unframed** /ʌnˈfreɪmd/ **ADJ** *[picture]* sans cadre

**unfreeze** /ʌnˈfriːz/ (pret **unfroze**, ptp **unfrozen**)
**VT** 1 *(lit)* dégeler
2 *[+ prices, wages]* débloquer
**VI** dégeler

**unfreezing** /ʌnˈfriːzɪŋ/ **N** *[of prices, wages]* déblocage *m*

**unfrequented** /ˌʌnfrɪˈkwentɪd/ SYN **ADJ** peu fréquenté

**unfriendliness** /ʌnˈfrendlɪnɪs/ **N** *(NonC)* froideur *f (towards* envers*)*

**unfriendly** /ʌnˈfrendlɪ/ SYN **ADJ** *[person, reception]* froid ; *[attitude, behaviour, act, remark]* inamical ; *(stronger)* hostile ◆ **to be unfriendly to(wards) sb** manifester de la froideur *or* de l'hostilité envers qn

**unfrock** /ʌnˈfrɒk/ **VT** défroquer

**unfroze** /ʌnˈfrəʊz/ **VB** pt of **unfreeze**

**unfrozen** /ʌnˈfrəʊzn/ **VB** ptp of **unfreeze**

**unfruitful** /ʌnˈfruːtfʊl/ SYN **ADJ** 1 *(lit)* stérile, infertile
2 *(fig)* infructueux

**unfruitfully** /ʌnˈfruːtfʊlɪ/ **ADV** *(fig)* en vain, sans succès

**unfulfilled** /ˌʌnfʊlˈfɪld/ **ADJ** *[promise]* non tenu ; *[ambition, prophecy]* non réalisé ; *[desire]* insatisfait ; *[condition]* non rempli ◆ **to feel unfulfilled** *[person]* se sentir frustré, éprouver un sentiment d'insatisfaction

**unfulfilling** /ˌʌnfʊlˈfɪlɪŋ/ **ADJ** peu satisfaisant ◆ **he finds it unfulfilling** ça ne le satisfait pas pleinement

**unfunny** * /ʌnˈfʌnɪ/ **ADJ** qui n'est pas drôle, qui n'a rien de drôle

**unfurl** /ʌnˈfɜːl/
**VT** déployer
**VI** se déployer

**unfurnished** /ʌnˈfɜːnɪʃt/ **ADJ** non meublé

**ungainliness** /ʌnˈgeɪnlɪnɪs/ **N** *(NonC)* gaucherie *f*

**ungainly** /ʌnˈgeɪnlɪ/ SYN **ADJ** gauche, disgracieux

**ungallant** /ʌnˈgælənt/ **ADJ** peu *or* guère galant, discourtois

**ungenerous** /ʌnˈdʒenərəs/ **ADJ** 1 *(= miserly)* peu généreux, parcimonieux
2 *(= uncharitable)* mesquin, méchant

**ungentlemanly** /ʌnˈdʒentlmənlɪ/ **ADJ** peu *or* guère galant, discourtois

**un-get-at-able** * /ˈʌngetˈætəbl/ **ADJ** inaccessible

**ungird** /ʌnˈgɜːd/ (pret, ptp **ungirt**) **VT** détacher

**unglazed** /ʌnˈgleɪzd/ **ADJ** *[door, window]* non vitré ; *[picture]* qui n'est pas sous verre ; *[pottery]* non vernissé, non émaillé ; *[photograph]* mat ; *[cake]* non glacé

**unglued** /ʌnˈgluːd/ **ADJ** *(gen)* sans colle ◆ **to come unglued** * *(US fig)[person]* flancher *, craquer *

**ungodliness** /ʌnˈgɒdlɪnɪs/ **N** *(NonC)* impiété *f*

**ungodly** /ʌnˈgɒdlɪ/ SYN **ADJ** 1 *(* = unreasonable) [noise]* impossible * ◆ **at some ungodly hour** à une heure impossible * *or* indue
2 *(† = sinful) [person, action, life]* impie, irréligieux

**ungovernable** /ʌnˈgʌvənəbl/ SYN **ADJ** 1 *(Pol) [people, country]* ingouvernable
2 *(liter = uncontrollable) [rage, hatred, longing]* incontrôlable ; *[desire, passion]* irrépressible ◆ **to have an ungovernable temper** ne pas savoir se contrôler *or* se maîtriser

**ungracious** /ʌnˈgreɪʃəs/ SYN **ADJ** *[person]* peu aimable ; *[remark, gesture]* désobligeant ◆ **it would be ungracious to refuse** on aurait mauvaise grâce à refuser

**ungraciously** /ʌnˈgreɪʃəslɪ/ **ADV** avec mauvaise grâce

**ungrammatical** /ˌʌngrəˈmætɪkəl/ **ADJ** incorrect, non grammatical, agrammatical

**ungrammatically** /ˌʌngrəˈmætɪkəlɪ/ **ADV** incorrectement

**ungrateful** /ʌnˈgreɪtfʊl/ SYN **ADJ** *[person]* ingrat *(towards sb* envers qn*)* ◆ **to be ungrateful for sth** ne pas montrer de gratitude pour qch

**ungratefully** /ʌnˈgreɪtfəlɪ/ **ADV** avec ingratitude

**ungrudging** /ʌnˈgrʌdʒɪŋ/ **ADJ** *[person, contribution]* généreux ; *[help]* donné sans compter ; *[praise, gratitude]* très sincère

**ungrudgingly** /ʌnˈgrʌdʒɪŋlɪ/ **ADV** *[give]* généreusement ; *[help]* de bon cœur, sans compter

**unguarded** /ʌnˈgɑːdɪd/ SYN **ADJ** 1 *(= unprotected) [place]* sans surveillance ◆ **to leave a place unguarded** laisser un endroit sans surveillance
2 *(Tech) [machine]* sans protection
3 *(= open, careless) [person, comment]* spontané, irréfléchi ◆ **in an unguarded moment** dans un moment d'inattention

**unguardedly** /ʌnˈgɑːdɪdlɪ/ **ADV** *[say]* sans réfléchir

**unguent** /ˈʌŋgwənt/ **N** onguent *m*

**unguiculate** /ʌŋˈgwɪkjʊlɪt/ **ADJ** onguiculé

**ungulate** /ˈʌŋgjʊleɪt/
**ADJ** ongulé
**N** animal *m* ongulé ◆ **ungulates** les ongulés *mpl*

**unguligrade** /ˈʌŋgjʊlɪgreɪd/ **ADJ** onguligrade

**unhallowed** /ʌnˈhæləʊd/ **ADJ** *(liter)* non consacré, profane

**unhampered** /ʌnˈhæmpəd/ **ADJ** *[progress]* aisé ; *[access]* libre ◆ **to operate unhampered by the police** opérer sans être gêné par la police ◆ **trade unhampered by tax regulations** commerce *m* non entravé par la réglementation fiscale

**unhand** /ʌnˈhænd/ **VT** *(†† or hum)* lâcher

**unhandy** * /ʌnˈhændɪ/ **ADJ** gauche, maladroit

**unhappily** /ʌnˈhæpɪlɪ/ **ADV** 1 *(= miserably) [look at, go]* d'un air malheureux ; *[say]* d'un ton malheureux ◆ **to be unhappily married** avoir fait un mariage malheureux
2 *(= unfortunately)* malheureusement ◆ **unhappily, things didn't work out as planned** malheureusement, les choses ne se sont pas passées comme prévu ◆ **unhappily for him, he…** malheureusement pour lui, il…

**unhappiness** /ʌnˈhæpɪnɪs/ **N** *(NonC)* tristesse *f*, chagrin *m*

**unhappy** /ʌnˈhæpɪ/ SYN **ADJ** 1 *(= sad) [person, expression, marriage]* malheureux ◆ **I had an unhappy time at school** j'ai été malheureux à l'école
2 *(= discontented) [person]* mécontent *(with or about sb/sth* de qn/qch ; *at sth* de qch*)* ◆ **to be unhappy at doing sth** *or* **to do sth** être mécontent de faire qch
3 *(= worried) [person]* inquiet, -(ète *f*) *(with or about sb/sth* au sujet de qn/qch ; *at sth* au sujet de qch*)* ◆ **we are unhappy about the decision** cette décision ne nous satisfait pas ◆ **I am** *or* **feel unhappy about leaving him alone** je n'aime pas l'idée de le laisser seul
4 *(= regrettable) [experience, episode]* malheureux ; *[situation, circumstances]* regrettable ; *[coincidence]* malheureux, fâcheux ◆ **this unhappy state of affairs** cette situation regrettable *or* déplorable *or* fâcheuse
5 *(= unfortunate) [person]* malheureux ; *[place]* affligé
6 *(frm = unsuitable) [remark]* malheureux, malencontreux ◆ **an unhappy choice of words** un choix de mots malheureux *or* malencontreux

**unharmed** /ʌnˈhɑːmd/ SYN **ADJ** *[person, animal]* indemne, sain et sauf ; *[thing]* intact, non endommagé ◆ **they escaped unharmed** ils en sont sortis indemnes

**unharness** /ʌnˈhɑːnɪs/ **VT** dételer *(from* de*)*

**UNHCR** /ˌjuːenˈtʃɪˈɑːʳ/ **N** (abbrev of **United Nations High Commission for Refugees**) HCR *m*

**unhealthy** /ʌnˈhelθɪ/ SYN **ADJ** 1 *(= harmful) [environment, climate]* malsain, insalubre ; *[habit, curiosity, relationship]* malsain ◆ **their diet is unhealthy** leur alimentation n'est pas saine
2 *(= unwell) [person, company, economy]* en mauvaise santé
3 *(= ill-looking) [person, appearance, skin]* maladif

**unheard** /ʌnˈhɜːd/
**ADJ** 1 *(= ignored)* ◆ **to go unheard** *[person, plea, request]* être ignoré ◆ **she condemned him unheard** elle l'a condamné sans l'avoir entendu
2 *(= not heard)* ◆ **his cries went unheard** personne n'a entendu ses cris ◆ **a previously unheard opera** un opéra qui est présenté pour la première fois
COMP **unheard-of** SYN **ADJ** *(= surprising)* incroyable ◆ **private bathrooms and toilets were unheard of** les salles de bains et les toilettes privées n'existaient pas

**unhedged** /ʌnˈhedʒd/ **ADJ** *(esp US) [venture, bet]* hasardeux, à découvert

**unheeded** /ʌnˈhiːdɪd/ **ADJ** *[person, plea, warning]* ignoré ◆ **to go unheeded** être ignoré ◆ **it must not go unheeded** il faut en tenir compte, il faut y prêter attention

**unheeding** /ʌnˈhiːdɪŋ/ **ADJ** *(frm)* insouciant *(of* de*)*, indifférent *(of* à*)* ◆ **they passed by unheeding** ils sont passés à côté sans faire attention

**unhelpful** /ʌnˈhelpfʊl/ **ADJ** *[person]* peu serviable ; *[remark, advice]* inutile ; *[attitude]* peu coopératif ; *[book, computer]* qui n'apporte (*or* apportait) rien d'utile ◆ **he didn't want to seem unhelpful** il voulait avoir l'air serviable ◆ **I found that very unhelpful** ça ne m'a pas aidé du tout ◆ **it is unhelpful to do sth** ça n'avance pas à grand-chose de faire qch

**unhelpfully** /ʌnˈhelpfəlɪ/ **ADV** *[behave]* de manière peu coopérative ; *[say, suggest]* sans apporter quoi que ce soit d'utile

**unhelpfulness** /ʌnˈhelpfʊlnɪs/ **N** *(NonC)* *[of person]* manque *m* de serviabilité ; *[of remark, advice, book, computer]* inutilité *f*

**unheralded** /ʌnˈherəldɪd/ **ADJ** 1 *(= unannounced) [arrival, resignation]* non annoncé ◆ **to be unheralded** ne pas être annoncé ◆ **to arrive unheralded** arriver sans être annoncé
2 *(= unacclaimed) [player, artist]* méconnu

**unhesitating** /ʌnˈhezɪteɪtɪŋ/ SYN **ADJ** *[response]* immédiat ; *[trust, generosity]* spontané ; *[person, courage, belief]* résolu

**unhesitatingly** /ʌnˈhezɪteɪtɪŋlɪ/ **ADV** sans hésiter, sans hésitation

**unhindered** /ʌnˈhɪndəd/ **ADJ** *[progress]* sans obstacles, sans encombre ; *[movement]* libre, sans encombre ◆ **to go unhindered** passer sans rencontrer d'obstacles *or* sans encombre ◆ **he worked unhindered** il a travaillé sans être dérangé *(by* par*)*

**unhinge** /ʌnˈhɪndʒ/ SYN **VT** enlever de ses gonds, démonter ; *(fig) [+ mind]* déranger ; *[+ person]* déséquilibrer

**unhinged** /ʌnˈhɪndʒd/ **ADJ** *[person, mind]* déséquilibré ; *[passion, ranting]* délirant ◆ **to come unhinged** *[person]* disjoncter *

**unhip** * /ʌnˈhɪp/ **ADJ** ringard *

**unhitch** /ʌnˈhɪtʃ/ **VT** *[+ rope]* décrocher, détacher ; *[+ horse]* dételer

**unholy** /ʌnˈhəʊlɪ/ SYN **ADJ** 1 *(= sinful) [activity]* impie ; *[pleasure]* inavouable ; *[alliance]* contre nature
2 *(* = terrible) [mess, row]* sans nom ; *[noise]* impossible *

**unhook** /ʌnˈhʊk/ **VT** 1 *(= take off hook) [+ picture from wall etc]* décrocher *(from* de*)*
2 *(= undo) [+ garment]* dégrafer

**unhoped-for** /ʌnˈhəʊptfɔːʳ/ SYN **ADJ** inespéré

**unhopeful** /ʌnˈhəʊpfʊl/ **ADJ** *[prospect, start]* peu prometteur ; *[person]* pessimiste, qui n'a guère d'espoir

**unhorse** /ʌnˈhɔːs/ **VT** désarçonner, démonter

**unhurried** /ʌnˈhʌrɪd/ SYN **ADJ** *[pace, atmosphere, activity]* tranquille ; *[reflection]* tranquille, paisible ; *[movement]* sans précipitation ; *[person]* paisible ◆ **to be unhurried** *[person]* ne pas être pressé ◆ **to have an unhurried journey** faire un voyage sans se presser ◆ **in an unhurried way** sans se presser

**unhurriedly** /ʌnˈhʌrɪdlɪ/ **ADV** *[walk]* sans se presser, tranquillement ; *[speak]* sans précipitation, posément, en prenant son temps

**unhurt** /ʌnˈhɜːt/ **ADJ** indemne

**unhygienic** /ˌʌnhaɪˈdʒiːnɪk/ **ADJ** non hygiénique ◆ **it is unhygienic to do that** ce n'est pas hygiénique de faire ça

**uni** * /ˈjuːnɪ/ **N** (abbrev of **university**) fac * *f* ◆ **at uni** en fac *

**uni…** /ˈjuːnɪ/ PREF uni…, mono…

**unicameral** /ˌjuːnɪˈkæmərəl/ **ADJ** *(Parl)* monocaméral

**unicameralism** /ˌjuːnɪˈkæmərəlɪzəm/ **N** *(Parl)* monocamérisme *m*, monocaméralisme *m*

**unicameralist** /ˌjuːnɪˈkæmərəlɪst/ N (Parl) partisan m du monocamér(al)isme

**UNICEF** /ˈjuːnɪsef/ N (abbrev of **United Nations Children's Fund**) UNICEF f

**unicellular** /ˌjuːnɪˈseljʊlə<sup>r</sup>/ ADJ unicellulaire

**unicorn** /ˈjuːnɪkɔːn/ N licorne f

**unicycle** /ˈjuːnɪˌsaɪkl/ N monocycle m

**unicyclist** /ˈjuːnɪˌsaɪklɪst/ N monocycliste mf

**unidentifiable** /ˌʌnaɪˈdentɪˌfaɪəbl/ ADJ non identifiable

**unidentified** /ˌʌnaɪˈdentɪfaɪd/ SYN
  ADJ non identifié
  COMP **unidentified flying object** N objet m volant non identifié

**unidirectional** /ˌjuːnɪdɪˈrekʃənl/ ADJ unidirectionnel

**UNIDO** /juːˈniːdəʊ/ N (abbrev of **United Nations Industrial Development Organization**) ONUDI f

**unification** /ˌjuːnɪfɪˈkeɪʃən/ SYN
  N unification f
  COMP **Unification Church** N Église f de l'Unification

**unifoliate** /ˌjuːnɪˈfəʊlɪt/ ADJ unifolié

**uniform** /ˈjuːnɪfɔːm/ SYN
  N uniforme m ◆ **in uniform** en uniforme ◆ **in full uniform** (Mil etc) en grand uniforme ◆ **out of uniform** [policeman, soldier] en civil ; [schoolboy] en habits de tous les jours ◆ **the uniforms\*** (Police) les policiers mpl en tenue
  ADJ [rate, standards, shape, size] identique ◆ **uniform in shape/size**, of **a uniform shape/size** de la même forme/taille, de forme/taille identique ◆ **a sky of uniform colour** un ciel de couleur uniforme ◆ **to make sth uniform** [+ rate, standards, colour] uniformiser qch ; [+ shape, size] normaliser qch
  COMP [trousers, shirt etc] d'uniforme
  **uniform resource locator** N (Comput) URL m (adresse de site Web)

**uniformed** /ˈjuːnɪfɔːmd/
  ADJ [guard, chauffeur, schoolchild] en uniforme ; [soldier, police officer] en uniforme, en tenue ; [organization] où l'on porte un uniforme
  COMP **uniformed branch** N (Police) (catégorie f du) personnel m en tenue

**uniformity** /ˌjuːnɪˈfɔːmɪtɪ/ SYN N (NonC) uniformité f

**uniformly** /ˈjuːnɪfɔːmlɪ/ ADV uniformément

**unify** /ˈjuːnɪfaɪ/ SYN
  VT unifier
  COMP **unified field theory** N théorie f unitaire

**unifying** /ˈjuːnɪfaɪɪŋ/ ADJ [factor, force, theme, principle etc] unificateur (-trice f) ◆ **the struggle has had a unifying effect on all Blacks** cette lutte a réussi à unifier tous les Noirs

**unilateral** /ˌjuːnɪˈlætərəl/
  ADJ unilatéral
  COMP **unilateral declaration of independence** (Brit Pol) N déclaration f unilatérale d'indépendance
  **unilateral disarmament** N désarmement m unilatéral
  **unilateral nuclear disarmament** N désarmement m nucléaire unilatéral

**unilateralism** /ˌjuːnɪˈlætərəlɪzəm/ N adhésion f au désarmement unilatéral, unilatéralisme m ◆ **American unilateralism on trade** l'habitude f américaine de prendre des décisions unilatérales en ce qui concerne le commerce

**unilateralist** /ˌjuːnɪˈlætərəlɪst/
  N partisan m du désarmement unilatéral
  ADJ [policy] unilatéral ; [party] favorable au désarmement nucléaire unilatéral

**unilaterally** /ˌjuːnɪˈlætərəlɪ/ ADV unilatéralement

**unilluminating** /ˌʌnɪˈluːmɪneɪtɪŋ/ ADJ peu utile

**unilocular** /ˌjuːnɪˈlɒkjʊlə<sup>r</sup>/ ADJ uniloculaire

**unimaginable** /ˌʌnɪˈmædʒnəbl/ SYN ADJ inimaginable (to sb pour qn)

**unimaginably** /ˌʌnɪˈmædʒnəblɪ/ ADV incroyablement

**unimaginative** /ˌʌnɪˈmædʒnətɪv/ SYN ADJ [person, film] sans imagination ; [food, playing] sans originalité ◆ **to be unimaginative** [person, film] manquer d'imagination ; [food, playing] manquer d'originalité

**unimaginatively** /ˌʌnɪˈmædʒnətɪvlɪ/ ADV d'une manière peu imaginative, sans imagination

**unimaginativeness** /ˌʌnɪˈmædʒnətɪvnɪs/ N manque m d'imagination

**unimpaired** /ˌʌnɪmˈpɛəd/ ADJ [mental powers, prestige] intact ; [quality] non diminué ◆ **his eyesight/hearing was unimpaired** sa vue/son ouïe n'avait pas diminué ◆ **their faith remains unimpaired** leur foi reste toujours aussi forte ◆ **to be unimpaired by sth** ne pas souffrir de qch

**unimpeachable** /ˌʌnɪmˈpiːtʃəbl/ SYN ADJ (frm) [source] sûr ; [evidence] incontestable, irrécusable ; [integrity] impeccable ; [character, reputation, conduct, honesty] irréprochable

**unimpeachably** /ˌʌnɪmˈpiːtʃəblɪ/ ADV irréprochablement, scrupuleusement

**unimpeded** /ˌʌnɪmˈpiːdɪd/
  ADJ [access] libre ; [view] dégagé
  ADV sans entraves

**unimportant** /ˌʌnɪmˈpɔːtənt/ SYN ADJ [person] insignifiant ; [issue, detail] sans importance, insignifiant ◆ **it's quite unimportant** ça n'a aucune espèce d'importance, c'est sans importance

**unimposing** /ˌʌnɪmˈpəʊzɪŋ/ ADJ peu imposant, peu impressionnant

**unimpressed** /ˌʌnɪmˈprest/ ADJ ① (= unaffected) ◆ **to be unimpressed (by** or **with sb/sth)** (by person, sight, size, plea) ne pas être impressionné (par qn/qch) ◆ **I was unimpressed** ça ne m'a pas impressionné ◆ **Wall Street has been unimpressed** Wall Street est resté calme ◆ **he remained unimpressed** ça ne lui a fait ni chaud ni froid
② (= unconvinced) ◆ **to be unimpressed (by** or **with sb/sth)** (by person, explanation, argument) ne pas être convaincu (par qn/qch) ◆ **I was unimpressed** ça ne m'a pas convaincu ◆ **he was unimpressed with the idea of filling in a lengthy questionnaire** il n'était pas convaincu de la nécessité de remplir un long questionnaire

**unimpressive** /ˌʌnɪmˈpresɪv/ ADJ [person] terne, très quelconque ; [building, amount] très quelconque ; [sight, result, performance] médiocre ; [argument] peu convaincant

**unimproved** /ˌʌnɪmˈpruːvd/ ADJ [condition] qui ne s'est pas amélioré, inchangé ; [land, pasture] non amendé ◆ **many houses remained unimproved** beaucoup de maisons n'avaient pas fait l'objet de réfections

**unincorporated** /ˌʌnɪnˈkɔːpəreɪtɪd/ ADJ non incorporé (in dans) ; (Comm, Jur) non enregistré

**uninfluential** /ˌʌnɪnflʊˈenʃəl/ ADJ sans influence, qui n'a pas d'influence

**uninformative** /ˌʌnɪnˈfɔːmətɪv/ ADJ [report, document, account] qui n'apprend rien ◆ **he was very uninformative** il ne nous (or leur etc) a rien appris d'important

**uninformed** /ˌʌnɪnˈfɔːmd/
  ADJ [person, organization] mal informé (about sb/sth sur qn/qch), mal renseigné (about sb/sth sur qn/qch) ; [comment, rumour, opinion] mal informé ◆ **the uninformed observer** l'observateur m non averti
  NPL **the uninformed** le profane

**uninhabitable** /ˌʌnɪnˈhæbɪtəbl/ ADJ inhabitable

**uninhabited** /ˌʌnɪnˈhæbɪtɪd/ SYN ADJ inhabité

**uninhibited** /ˌʌnɪnˈhɪbɪtɪd/ SYN ADJ [person, behaviour] sans inhibitions ; [emotion, impulse, desire] non refréné ; [dancing] sans retenue ◆ **to be uninhibited by sth/in** or **about doing sth** ne pas être gêné par qch/pour faire qch

**uninitiated** /ˌʌnɪˈnɪʃɪeɪtɪd/
  ADJ non initié (into sth à qch) ◆ **to the uninitiated eye** aux yeux du profane ◆ **to the uninitiated reader** pour le lecteur non averti
  NPL **the uninitiated** (Rel) les profanes mpl ; (gen) les non-initiés mpl, le profane

**uninjured** /ˌʌnˈɪndʒəd/ ADJ indemne ◆ **he was uninjured in the accident** il est sorti indemne de l'accident ◆ **luckily, everyone escaped uninjured** heureusement, tout le monde s'en est sorti indemne

**uninspired** /ˌʌnɪnˈspaɪəd/ SYN ADJ [person] qui manque d'inspiration ; [book, film] sans imagination, fade ; [food] sans originalité

**uninspiring** /ˌʌnɪnˈspaɪərɪŋ/ ADJ [person, book, film] terne ; [choice] médiocre ; [view] sans intérêt ◆ **it was an uninspiring match** le match n'a pas été passionnant

**uninstall** /ˌʌnɪnˈstɔːl/ VT (Comput) désinstaller

**uninsured** /ˌʌnɪnˈʃʊəd/ ADJ non assuré (against contre)

**unintelligent** /ˌʌnɪnˈtelɪdʒənt/ SYN ADJ [person, comment] inintelligent ; [behaviour, tactics] dépourvu d'intelligence ; [book, film] sans intelligence

**unintelligible** /ˌʌnɪnˈtelɪdʒəbl/ SYN ADJ inintelligible (to sb pour qn)

**unintelligibly** /ˌʌnɪnˈtelɪdʒəblɪ/ ADV [mutter, yell] de façon inintelligible

**unintended** /ˌʌnɪnˈtendɪd/, **unintentional** /ˌʌnɪnˈtenʃənl/ ADJ involontaire ◆ **it was quite unintended** ce n'était pas fait exprès

**unintentionally** /ˌʌnɪnˈtenʃnəlɪ/ ADV involontairement

**uninterested** /ˌʌnˈɪntrɪstɪd/ SYN ADJ indifférent ◆ **to be uninterested in sb/sth** ne pas être intéressé par qn/qch ◆ **he seems uninterested in his son** il ne semble pas s'intéresser à son fils

**uninteresting** /ˌʌnˈɪntrɪstɪŋ/ SYN ADJ [person, place, book, activity] inintéressant ; [offer] sans intérêt, dépourvu d'intérêt

**uninterrupted** /ˌʌnˌɪntəˈrʌptɪd/ SYN ADJ ininterrompu ◆ **to continue uninterrupted** continuer sans interruption ◆ **uninterrupted by advertisements** sans coupures publicitaires ◆ **to have an uninterrupted view of sth** avoir une très bonne vue or une vue dégagée sur qch

**uninterruptedly** /ˌʌnˌɪntəˈrʌptɪdlɪ/ ADV sans interruption

**uninvited** /ˌʌnɪnˈvaɪtɪd/ SYN ADJ [visitor] sans invitation ; [question, sexual advances] mal venu ; [criticism] gratuit ◆ **an uninvited guest** une personne qui n'a pas été invitée or qui s'invite ◆ **to arrive uninvited** arriver sans invitation, s'inviter ◆ **to do sth uninvited** faire qch sans y être invité

**uninviting** /ˌʌnɪnˈvaɪtɪŋ/ SYN ADJ peu attirant, peu attrayant ; [food] peu appétissant

**union** /ˈjuːnjən/ SYN
  N ① (gen, also Pol) union f ; (= marriage) union f, mariage m ◆ **postal/customs union** union f postale/douanière ◆ **the Union** (US) les États-Unis mpl ◆ **Union of Soviet Socialist Republics** Union f des républiques socialistes soviétiques ◆ **Union of South Africa** Union f sud-africaine ◆ **the (Student** or **Students') Union** (Univ) (= organization) syndicat étudiant ; (= building) locaux de l'association d'étudiants ◆ **in perfect union** en parfaite harmonie ◆ **in union there is strength** l'union fait la force (Prov) ; → **state**
  ② (also **trade union**, US : also **labor union**) syndicat m ◆ **unions and management** ≈ les partenaires mpl sociaux ◆ **to join a union** adhérer à un syndicat, se syndiquer ◆ **to join the Union of Miners** adhérer au Syndicat des mineurs ◆ **to belong to a union** faire partie d'un syndicat, être membre d'un syndicat
  ③ (Tech: for pipes etc) raccord m
  COMP [card, leader, movement] syndical ; [headquarters] du syndicat ; [factory etc] syndiqué
  **union catalogue** N catalogue m combiné (de plusieurs bibliothèques)
  **union dues** NPL cotisation f syndicale
  **Union Jack** N Union Jack m inv
  **union member** N membre m du syndicat, syndiqué(e) m(f)
  **union membership** N (= members collectively) membres mpl du or des syndicat(s) ; (= number of members) effectifs mpl du or des syndicat(s) ; see also **membership**
  **union rate** N tarif m syndical
  **union school** N (US) lycée dont dépendent plusieurs écoles appartenant à un autre secteur
  **union shop** N (US) atelier m d'ouvriers syndiqués
  **union suit** N (US) combinaison f

**unionism** /ˈjuːnjənɪzəm/ N (trade unions) syndicalisme m ; (political unions) unionisme m

**unionist** /ˈjuːnjənɪst/ N ① (also **trade unionist**) membre m d'un syndicat, syndiqué(e) m(f) ◆ **the militant unionists** les syndicalistes mpl , les militants mpl syndicaux
② (= supporter of political union) unioniste mf

**unionization** /ˌjuːnjənaɪˈzeɪʃən/ N syndicalisation f

**unionize** /ˈjuːnjənaɪz/
  VT syndiquer
  VI se syndiquer

**uniparous** /juːˈnɪpərəs/ ADJ [animal] unipare ; [plant] à axe principal unique

**unique** /juːˈniːk/ SYN

ADJ **1** (= one of a kind) unique (among) parmi ◆ **unique to sb/sth** propre à qn/qch ◆ **his own unique style** son style inimitable, son style bien à lui ◆ **a problem which is unique to Britain** un problème que l'on ne rencontre qu'en Grande-Bretagne ◆ **a problem that is unique to single parents** un problème qui n'affecte que les familles monoparentales

**2** (= exceptional) exceptionnel ◆ **rather** or **fairly unique** assez exceptionnel

COMP **unique selling point, unique selling proposition** N avantage m unique

**uniquely** /juːˈniːklɪ/ ADV particulièrement ◆ **uniquely placed to do sth** particulièrement bien placé pour faire qch

**uniqueness** /juːˈniːknɪs/ N caractère m unique or exceptionnel

**unironed** /ʌnˈaɪənd/ ADJ non repassé

**unisex** /ˈjuːnɪseks/ ADJ [clothes, hair salon] unisexe ; [hospital ward] mixte

**UNISON** /ˈjuːnɪsn/ N (Brit) syndicat

**unison** /ˈjuːnɪsn, ˈjuːnɪzn/ SYN N (gen, also Mus) unisson m ◆ **in unison** [sing] à l'unisson ◆ **"yes" they said in unison** « oui » dirent-ils en chœur or tous ensemble ◆ **to act in unison** agir de concert

**unissued capital** /ʌnˈɪʃuːd/ N capital m non émis

**unit** /ˈjuːnɪt/ SYN

N **1** (gen, Admin, Elec, Math, Mil etc) unité f ; (Univ etc) module m, unité f de valeur ◆ **administrative/linguistic/monetary unit** unité f administrative/linguistique/monétaire ◆ **unit of length** unité f de longueur ; → **thermal**

**2** (= complete section, part) élément m ; [of textbook] chapitre m ◆ **compressor unit** groupe m compresseur ◆ **generative unit** (Elec) groupe m électrogène ◆ **you can buy the kitchen in units** vous pouvez acheter la cuisine par éléments ; → **kitchen, sink²**

**3** (= buildings) locaux mpl ; (= offices) bureaux mpl ; (for engineering etc) bloc m ; (for sport, activity) centre m ; (looking after the public) service m ◆ **assembly/operating unit** bloc m de montage/opératoire ◆ **X-ray unit** service m de radiologie ◆ **sports unit** centre m sportif ◆ **the library/laboratory unit** la bibliothèque/les laboratoires mpl ◆ **the staff accommodation unit** les logements mpl du personnel

**4** (= group of people) unité f ; (in firm) service m ◆ **research unit** unité f or service m de recherches ◆ **family unit** groupe m familial

COMP **unit cost** N coût m unitaire
**unit furniture** N (NonC) mobilier m modulaire
**unit-linked policy** N (Brit Insurance) assurance-vie avec participation aux bénéfices d'un fonds commun de placement
**unit of account** N [of European Community] unité f de compte
**unit price** N prix m unitaire
**unit pricing** N détermination f or fixation f du prix unitaire (or des prix unitaires)
**unit rule** N (US Pol) règlement selon lequel la délégation d'un État vote en bloc suivant la majorité de ses membres
**unit trust** N (Brit Fin) ≈ fonds m commun de placement ; (= company) société f d'investissement à capital variable, SICAV f

**Unitarian** /ˌjuːnɪˈtɛərɪən/ ADJ, N (Rel) unitaire mf, unitarien(ne) m(f)

**Unitarianism** /ˌjuːnɪˈtɛərɪənɪzəm/ N (Rel) unitarisme m

**unitary** /ˈjuːnɪtərɪ/ ADJ unitaire

**unite** /juːˈnaɪt/ SYN

VT **1** (= join) [+ countries, groups] unir ; (= marry) unir, marier ◆ **to unite A and B** unir A et B ◆ **to unite A with B** unir A à B

**2** (= unify) [+ party, country] unifier

VI s'unir (with sth à qch ; with sb à or avec qn ; against contre ; in doing sth, to do sth pour faire qch) ◆ **women of the world unite!** femmes du monde entier, unissez-vous !

**united** /juːˈnaɪtɪd/ SYN

ADJ [country, opposition] uni ◆ **united in their belief that...** unis dans la conviction que... ◆ **united in opposing sth** unis dans leur opposition à qch ◆ **united by a common interest** unis dans un intérêt commun ◆ **a united effort** un effort commun ◆ **their united efforts** leurs efforts conjugués ◆ **to present a** or **put on a united front (to sb)** présenter un front uni (face à qn) ◆ **to take a united stand against sb/sth** adopter une position commune contre qn/qch ◆ **united we stand, divided we fall** (Prov) l'union fait la force (Prov)

COMP **the United Arab Emirates** NPL les Émirats mpl arabes unis
**the United Arab Republic** N la République arabe unie
**the United Kingdom (of Great Britain and Northern Ireland)** N le Royaume-Uni (de Grande-Bretagne et d'Irlande du Nord) → **GREAT BRITAIN, UNITED KINGDOM**
**United Nations (Organization)** NPL (Organisation f des) Nations fpl unies
**United Service Organization** N (US) organisation venant en aide aux militaires américains, en particulier lors de leurs déplacements ou séjours à l'étranger
**the United States (of America)** NPL les États-Unis mpl (d'Amérique)

**unitive** /ˈjuːnɪtɪv/ ADJ unitif

**unity** /ˈjuːnɪtɪ/ SYN N unité f ; (fig) harmonie f, accord m ◆ **unity of time/place/action** (Theat) unité f de temps/de lieu/d'action ◆ **unity is strength** (Prov) l'union fait la force (Prov) ◆ **to live in unity** vivre en harmonie (with avec)

**Univ.** (abbrev of **University**) univ.

**univalent** /ˌjuːnɪˈveɪlənt/ ADJ univalent

**univalve** /ˈjuːnɪvælv/
ADJ univalve
N mollusque m univalve

**universal** /ˌjuːnɪˈvɜːsəl/ SYN

ADJ [acceptance, approval, condemnation] unanime ; [language, remedy, beliefs] universel ◆ **universal access to medical care** l'accès de tous aux soins médicaux ◆ **a universal healthcare system** un système de soins médicaux pour tous ◆ **to win universal acclaim** être acclamé par tous ◆ **to have a universal appeal** être apprécié de tous ◆ **he's a universal favourite** tout le monde l'adore ◆ **a universal truth** une vérité universelle ◆ **its use has become universal** son usage est devenu universel ◆ **to make sth universal** rendre qch universel

N (Philos) universel m ◆ **universals** (Philos, Ling) universaux mpl

COMP **universal bank** N banque f universelle
**universal class** N (Math) ensemble m universel
**universal joint** N (joint m de) cardan m
**universal motor** N moteur m universel or tous courants
**Universal Product Code** N (US) code-barres m
**universal suffrage** N suffrage m universel
**universal time** N temps m universel

**universality** /ˌjuːnɪvɜːˈsælɪtɪ/ SYN N (NonC) universalité f

**universalization** /ˌjuːnɪˌvɜːsəlaɪˈzeɪʃən/ N universalisation f

**universalize** /ˌjuːnɪˈvɜːsəlaɪz/ VT universaliser, rendre universel

**universally** /ˌjuːnɪˈvɜːsəlɪ/ SYN ADV [accepted, welcomed, condemned] universellement ; [popular, true, available] partout ◆ **universally liked/admired** aimé/admiré de tous ◆ **universally praised** loué par chacun or tout le monde

**universe** /ˈjuːnɪvɜːs/ SYN

N univers m ◆ **he's the funniest writer in the universe*** c'est l'écrivain le plus amusant qui existe

COMP **universe of discourse** N univers m du discours

**university** /ˌjuːnɪˈvɜːsɪtɪ/

N université f ◆ **to be at/go to university** être/aller à l'université ◆ **to study at university** faire des études universitaires ◆ **a place at university, a university place** une place à l'université ; → **open, residence**

COMP [degree, town, library] universitaire ; [professor, student] d'université
**Universities and Colleges Admissions Service** N (Brit) service central des inscriptions universitaires
**Universities Central Council on Admissions** N (Brit : formerly) service central des inscriptions universitaires
**Universities Funding Committee** N (Brit) commission gouvernementale responsable de la dotation des universités
**university education** N ◆ **he has a university education** il a fait des études universitaires
**university entrance** N entrée f à l'université
**university entrance examination** (gen) examen m d'entrée à l'université ; (competitive) concours m d'entrée à l'université
**university extension courses** NPL cours publics du soir organisés par une université
**University Grants Committee** N (Brit : formerly) ancienne commission gouvernementale responsable de la dotation des universités
**university hospital** N centre m hospitalier universitaire

**univocal** /juːnɪˈvəʊkəl/ ADJ univoque

**unjust** /ˈʌnˈdʒʌst/ SYN ADJ injuste (to sb envers qn) ◆ **it is unjust to do that** il est injuste de faire cela

**unjustifiable** /ʌnˈdʒʌstɪfaɪəbl/ SYN ADJ injustifiable

**unjustifiably** /ʌnˈdʒʌstɪfaɪəblɪ/ ADV [criticize, increase] de façon injustifiable ◆ **unjustifiably high levels of taxation** des taux d'imposition d'un niveau injustifiable ◆ **unjustifiably pessimistic** d'un pessimisme injustifiable

**unjustified** /ˈʌnˈdʒʌstɪfaɪd/ ADJ **1** (= unfair) [action, attack, reputation] injustifié
**2** (Typography) non justifié

**unjustly** /ˈʌnˈdʒʌstlɪ/ ADV injustement

**unkempt** /ˈʌnˈkempt/ ADJ [person, appearance, clothes] négligé ; [hair] mal peigné ; [beard] peu soigné ; [grass, garden, park] mal entretenu

**unkind** /ʌnˈkaɪnd/ SYN ADJ **1** (= nasty) [person, remark, behaviour] désagréable, peu aimable ◆ **she never has an unkind word to say about anyone** elle n'a jamais un mot désagréable pour qui que ce soit ◆ **it would be unkind to say that...** il serait peu aimable de dire que... ◆ **to be unkind to sb** ne pas être aimable avec qn
**2** (= adverse) [fate] cruel (to sb envers qn) ; [climate] rude ◆ **the weather was unkind to us** le temps s'est montré peu clément pour nous
**3** (Sport) [bounce] malheureux

**unkindly** /ʌnˈkaɪndlɪ/
ADV [behave] désagréablement, de façon désagréable or peu aimable ; [say] désagréablement, sans aménité ; [describe] sans aménité ◆ **to speak unkindly of sb** dire des choses désagréables or peu aimables au sujet de qn ◆ **don't take it unkindly if...** ne soyez pas offensé si..., ne le prenez pas en mauvaise part si... ◆ **to take unkindly to sth** accepter qch difficilement
ADJ [person, remark] désagréable, peu aimable ; [climate] rude ◆ **in an unkindly way** de façon désagréable or peu aimable

**unkindness** /ʌnˈkaɪndnɪs/ N **1** (NonC) [of person, behaviour] manque m de gentillesse or d'amabilité ; (stronger) méchanceté f ; [of words, remark] malveillance f ; [of fate] cruauté f ; [of weather] rigueur f
**2** (= act of unkindness) méchanceté f, action f or parole f méchante

**unknot** /ʌnˈnɒt/ VT dénouer, défaire (le nœud de)

**unknowable** /ʌnˈnəʊəbl/ ADJ (esp liter) inconnaissable

**unknowing** /ʌnˈnəʊɪŋ/ ADJ ◆ **to be the unknowing victim of sb/sth** être la victime de qn/qch sans le savoir ◆ **to be the unknowing cause of sth** être la cause de qch à son insu or sans le savoir ◆ **to be an unknowing accomplice in** or **to sth** être le complice de qch à son insu or sans le savoir ◆ **... he said, all unknowing** ... dit-il, sans savoir ce qui se passait

**unknowingly** /ʌnˈnəʊɪŋlɪ/ ADV sans le savoir, à mon (or son etc) insu

**unknown** /ˈʌnˈnəʊn/ SYN

ADJ inconnu ◆ **his real name is unknown (to me)** son vrai nom (m')est inconnu ◆ **she hoped to remain unknown to the authorities** elle espérait que les autorités ne s'apercevraient pas de son existence ◆ **a species unknown to science** une espèce inconnue des scientifiques ◆ **unknown to me, he...** à mon insu il..., sans que je le sache, il... ◆ **unknown to him, the plane had crashed** l'avion s'était écrasé, ce qu'il ignorait ◆ **some unknown person** un inconnu ◆ **it is unknown territory (for them)** (lit, fig) c'est un territoire inconnu (pour eux) ◆ **murder by person or persons unknown** (Jur) meurtre m dont on ignore l'auteur ou les auteurs ◆ **Jill Brown, whereabouts unknown** Jill Brown, dont on ignore où elle se trouve actuellement

N **1** ◆ **the unknown** (Philos, gen) l'inconnu m ; (Math, fig) l'inconnue f ◆ **voyage into the unknown** voyage m dans l'inconnu ◆ **in space exploration there are many unknowns** dans l'exploration de l'espace il y a de nombreuses inconnues

**2** (= person, actor etc) inconnu(e) m(f) ◆ **they chose an unknown for the part of Macbeth** ils ont choisi un inconnu pour jouer le rôle de Macbeth

**COMP** **unknown factor** N inconnue f
**unknown quantity** N (Math, fig) inconnue f ◆ **he's an unknown quantity** il représente une inconnue
**the Unknown Soldier, the Unknown Warrior** N le Soldat inconnu

**unlabelled** /ʌnˈleɪbld/ ADJ non étiqueté, sans étiquette

**unlace** /ʌnˈleɪs/ VT délacer, défaire (le lacet de)

**unladen** /ʌnˈleɪdn/ ADJ [ship] à vide ◆ **unladen weight** poids m à vide ◆ **to weigh 5 tonnes unladen** peser 5 tonnes à vide

**unladylike** /ʌnˈleɪdɪlaɪk/ ADJ [girl, woman] mal élevée, qui manque de distinction ; [manners, behaviour] peu distingué ◆ **it's unladylike to yawn** une jeune fille bien élevée ne bâille pas

**unlamented** /ˌʌnləˈmɛntɪd/ SYN ADJ non regretté ◆ **he died unlamented** on ne pleura pas sa mort

**unlatch** /ʌnˈlætʃ/ VT ouvrir, soulever le loquet de

**unlawful** /ʌnˈlɔːfʊl/ SYN
ADJ [act] illégal, illicite ; [marriage] illégitime ◆ **by unlawful means** par des moyens illégaux ◆ **employees who believe their dismissal was unlawful** les employés qui pensent que leur licenciement était abusif
**COMP** **unlawful assembly** N rassemblement m illégal
**unlawful entry** N effraction f
**unlawful killing** N homicide m volontaire (sans préméditation)
**unlawful possession** N détention f illégale
**unlawful wounding** N coups mpl et blessures fpl (sans préméditation)

**unlawfully** /ʌnˈlɔːfəlɪ/ ADV illégalement, illicitement

**unleaded** /ʌnˈlɛdɪd/
ADJ [petrol] sans plomb
N (also **unleaded petrol**) essence f sans plomb

**unlearn** /ʌnˈlɜːn/ (pret, ptp **unlearned** or **unlearnt**) VT désapprendre

**unlearned** /ʌnˈlɜːnd/
VB pt, ptp of **unlearn**
ADJ ignorant, illettré

**unleash** /ʌnˈliːʃ/ VT [+ dog] détacher, lâcher ; [+ hounds] découpler ; (fig) [+ anger etc] déchaîner, déclencher

**unleavened** /ʌnˈlɛvnd/ ADJ [bread] sans levain, azyme (Rel) ◆ **unleavened by humour** qui n'est pas égayé par le moindre trait d'humour

**unless** /ənˈlɛs/ CONJ à moins que... (ne) + subj, à moins de + infin ◆ **I'll take it, unless you want it** je vais le prendre, à moins que vous (ne) le vouliez ◆ **take it, unless you can find another** prenez-le, à moins que vous n'en trouviez un autre ◆ **I won't do it unless you phone me** je ne le ferai que si tu me téléphones ◆ **I won't go unless you do** je n'irai que si tu y vas toi aussi ◆ **unless I am mistaken** à moins que je (ne) me trompe, si je ne me trompe (pas) ◆ **unless I hear to the contrary** sauf avis contraire, sauf contrordre ◆ **unless otherwise stated** sauf indication contraire

**unlettered** /ʌnˈlɛtəd/ SYN ADJ illettré

**unliberated** /ʌnˈlɪbəreɪtɪd/ ADJ [woman etc] qui n'est pas libéré or émancipé

**unlicensed** /ʌnˈlaɪsənst/ ADJ [activity] illicite, non autorisé ; [vehicle] sans vignette ◆ **unlicensed premises** (Brit) établissement m qui n'a pas de licence de débit de boissons

**unlikable** /ʌnˈlaɪkəbl/ ADJ ⇒ **unlikeable**

**unlike** /ʌnˈlaɪk/ SYN
ADJ dissemblable (also Math, Phys), différent ◆ **they are quite unlike** ils ne se ressemblent pas du tout
PREP ◆ **unlike his brother, he...** à la différence de or contrairement à son frère, il... ◆ **it's so unlike him to say something like that** ça lui ressemble si peu de dire chose pareille ◆ **how unlike George!** on ne s'attendait pas à ça de la part de George ! ◆ **Glasgow is quite unlike Edinburgh** Glasgow ne ressemble pas du tout à Édimbourg ◆ **she is unlike him in every way, except for her dark eyes** elle ne lui ressemble pas du tout, si ce n'est ses yeux sombres ◆ **the portrait is quite unlike him** ce portrait ne lui ressemble pas, ce portrait est très peu ressemblant

**unlikeable** /ʌnˈlaɪkəbl/ ADJ [person] peu sympathique ; [town, thing] peu agréable

**unlikelihood** /ʌnˈlaɪklɪhʊd/, **unlikeliness** /ʌnˈlaɪklɪnɪs/ N (NonC) improbabilité f

**unlikely** /ʌnˈlaɪklɪ/ LANGUAGE IN USE 16.2, 26.3 SYN
ADJ [happening, outcome] peu probable, improbable ; [explanation] invraisemblable ; [friendship, candidate, setting] inattendu ◆ **an unlikely place to find...** un endroit où l'on ne s'attend (or s'attendait) guère à trouver... ◆ **they're such an unlikely couple** ils forment un couple si invraisemblable ◆ **she was wearing the most unlikely hat** elle avait un chapeau complètement invraisemblable ◆ **in the unlikely event of war** dans le cas improbable où une guerre éclaterait ◆ **in the unlikely event that...** au cas improbable où... ◆ **in the unlikely event of his accepting** au cas improbable où il accepterait ◆ **it is unlikely that she will come, she is unlikely to come** il est improbable or peu probable qu'elle vienne, il y a peu de chances pour qu'elle vienne ◆ **it is unlikely to be settled** cela ne risque guère d'être réglé ◆ **she is unlikely to succeed** elle a peu de chances de réussir ◆ **that is unlikely to happen** il y a peu de chances que ça se produise ◆ **it is most unlikely** c'est fort or très improbable ◆ **it is not unlikely that...** il est assez probable que... + subj, il se pourrait bien que... + subj

**unlimited** /ʌnˈlɪmɪtɪd/ SYN
ADJ [amount, number, use] illimité ; [patience] sans limite(s), sans bornes ◆ **unlimited opportunities** des possibilités fpl illimitées ◆ **they had unlimited time** ils avaient tout le temps qu'ils voulaient ◆ **a ticket that allows unlimited travel on buses** un ticket qui permet d'effectuer un nombre illimité de trajets en autobus
**COMP** **unlimited liability** N (Comm, Fin, Jur) responsabilité f illimitée

**unlined** /ʌnˈlaɪnd/ ADJ [1] [garment, curtain] sans doublure
[2] [face] sans rides ; [paper] uni, non réglé

**unlisted** /ʌnˈlɪstɪd/ LANGUAGE IN USE 27.5
ADJ qui ne figure pas sur une liste ; (Stock Exchange) non inscrit à la cote ; (US Telec) qui ne figure pas dans l'annuaire ; (US Telec) ≃ qui est sur la liste rouge ◆ **to go unlisted** (US Telec) ≃ se faire mettre sur la liste rouge
**COMP** **unlisted building** N (Brit) édifice m non classé
**unlisted securities market** N (Brit Stock Exchange) second marché m (de Londres)

**unlit** /ʌnˈlɪt/ ADJ [1] (= not burning) [cigarette, pipe, fire] non allumé
[2] (= dark) [place] non éclairé ; [vehicle] sans feux

**unload** /ʌnˈləʊd/ SYN
VT [+ ship, cargo, truck, rifle, washing machine] décharger ; (fig = get rid of) se débarrasser de, se défaire de ◆ **to unload sth on (to) sb** se décharger de qch sur qn
VI [ship, truck] être déchargé, déposer son chargement

**unloaded** /ʌnˈləʊdɪd/ ADJ [gun] qui n'est pas chargé ; [truck, ship] qui est déchargé

**unloading** /ʌnˈləʊdɪŋ/ N déchargement m

**unlock** /ʌnˈlɒk/
VT [1] [+ door, box] ouvrir ◆ **the door is unlocked** la porte n'est pas fermée à clé
[2] (fig) [+ heart] ouvrir ; [+ mystery] résoudre ; [+ secret] révéler
VI [lock, box, door] s'ouvrir

**unlooked-for** /ʌnˈlʊktfɔːʳ/ SYN ADJ inattendu, imprévu

**unloose** /ʌnˈluːs/, **unloosen** /ʌnˈluːsn/ VT [+ rope] relâcher, détendre ; [+ knot] desserrer ; [+ prisoner] libérer, relâcher ; [+ grasp] relâcher, desserrer

**unlovable** /ʌnˈlʌvəbl/ ADJ désagréable

**unloved** /ʌnˈlʌvd/ SYN ADJ mal aimé

**unlovely** /ʌnˈlʌvlɪ/ ADJ déplaisant

**unloving** /ʌnˈlʌvɪŋ/ ADJ [person] peu affectueux ; [marriage] sans amour

**unluckily** /ʌnˈlʌkɪlɪ/ ADV malheureusement, par malheur ◆ **unluckily for him** malheureusement pour lui ◆ **the day started unluckily** la journée a commencé sous le signe de la malchance

**unluckiness** /ʌnˈlʌkɪnɪs/ N manque m de chance, malchance f

**unlucky** /ʌnˈlʌkɪ/ SYN ADJ [1] (= unfortunate) [person] qui n'a pas de chance, malchanceux ; [coincidence, event] malencontreux ; [choice, defeat, loser, victim] malheureux ; [moment] mal choisi, mauvais ; [day] de malchance ◆ **he is always un-**

**lucky** il n'a jamais de chance ◆ **he tried to get a seat but he was unlucky** il a essayé d'avoir une place mais il n'y est pas arrivé ◆ **he was just unlucky** il n'a simplement pas eu de chance ◆ **how unlucky for you!** vous n'avez pas de chance !, ce n'est pas de chance pour vous ! ◆ **to be unlucky in one's choice of sth** ne pas avoir de chance en choisissant qch ◆ **to be unlucky at cards** ne pas avoir de chance aux cartes ◆ **to be unlucky in love** ne pas avoir de chance en amour ◆ **it was unlucky (for her) that her husband should walk in just then** elle n'a pas eu de chance que son mari soit entré à cet instant précis ◆ **she was unlucky enough to lose her credit card** elle a eu la malchance de perdre sa carte de crédit ◆ **he was unlucky not to score a second goal** il n'a pas eu de chance de ne pas marquer un deuxième but ◆ **to be unlucky with the weather** ne pas avoir de chance avec le temps
[2] (= bringing bad luck) [number, colour, action, object] qui porte malheur ; [omen] néfaste, funeste ◆ **it is unlucky to break a mirror** ça porte malheur de casser un miroir ◆ **unlucky for some!** ça porte malheur !

**unmade** /ʌnˈmeɪd/
VB pt, ptp of **unmake**
ADJ [bed] défait ; (Brit) (= unsurfaced) [road] non goudronné ◆ **his new album could be the soundtrack to an unmade movie** (= hypothetical) son nouvel album pourrait être la musique d'un futur film

**un-made-up** /ˈʌnmeɪdʌp/ ADJ [face, person] non maquillé, sans maquillage

**unmake** /ʌnˈmeɪk/ (pret, ptp **unmade**) VT défaire ; (= destroy) détruire, démolir

**unman** /ʌnˈmæn/ VT (liter) faire perdre courage à, émasculer (fig)

**unmanageable** /ʌnˈmænɪdʒəbl/ SYN ADJ [number, size, proportions] écrasant ; [problem] impossible à régler ; [system, situation] impossible à gérer, ingérable ; [hair] impossible à coiffer, rebelle ; [person] impossible ; [animal] incontrôlable

**unmanly** /ʌnˈmænlɪ/ ADJ indigne d'un homme ◆ **it is unmanly to cry** les hommes, ça ne pleure pas

**unmanned** /ʌnˈmænd/ ADJ [1] (= automatic) [vehicle, aircraft, flight] sans équipage ; [spacecraft] inhabité ; [lighthouse] sans gardien ; [level-crossing] automatique, non gardé
[2] (= without staff) [station] sans personnel ; [border post] qui n'est pas gardé, sans gardes ; [position, work station] inoccupé ◆ **the machine was left unmanned for ten minutes** il n'y a eu personne aux commandes de la machine pendant dix minutes ◆ **the telephone was left unmanned** il n'y avait personne pour répondre au téléphone or pour prendre les communications ◆ **he left the desk unmanned** il a quitté son guichet ; see also **unman**

**unmannerliness** /ʌnˈmænəlɪnɪs/ N (NonC) manque m de savoir-vivre, impolitesse f

**unmannerly** /ʌnˈmænəlɪ/ SYN ADJ mal élevé, impoli, discourtois

**unmapped** /ʌnˈmæpt/ ADJ dont on n'a pas établi or dressé la carte

**unmarked** /ʌnˈmɑːkt/ ADJ [1] (= anonymous) [grave] sans nom ; [police car] banalisé ; [container] qui ne porte pas d'étiquette ; [envelope, door] qui ne porte pas de nom
[2] [essay, exam] non corrigé
[3] (Sport) [player] démarqué
[4] (= pristine) impeccable
[5] (Ling) non marqué

**unmarketable** /ʌnˈmɑːkɪtəbl/ ADJ invendable

**unmarriageable** /ʌnˈmærɪdʒəbl/ ADJ immariable

**unmarried** /ʌnˈmærɪd/ SYN
ADJ [person] célibataire, qui n'est pas marié ; [couple] non marié
**COMP** **unmarried mother** N mère f célibataire

**unmask** /ʌnˈmɑːsk/ SYN
VT (lit, fig) démasquer
VI ôter son masque

**unmatched** /ʌnˈmætʃt/ SYN ADJ [ability] sans pareil, sans égal ; [beauty] incomparable ◆ **unmatched by any rival** sans rival ◆ **facilities unmatched by any other European city** des installations fpl sans pareilles or égales dans les autres grandes villes européennes ◆ **unmatched for quality** d'une qualité inégalée

**unmeant** /ʌnˈment/ ADJ qui n'est pas voulu, involontaire

**unmemorable** /ʌnˈmemərəbl/ ADJ [book, film etc] qui ne laisse pas un souvenir impérissable ◆ **an unmemorable face** un visage quelconque or le genre de visage que l'on oublie facilement

**unmentionable** /ʌnˈmenʃnəbl/ SYN
ADJ [object] qu'il est préférable de ne pas mentionner ; [word] qu'il est préférable de ne pas prononcer ◆ **it is unmentionable** il est préférable de ne pas en parler ◆ **has he got some unmentionable disease?** est-ce qu'il a une maladie honteuse ?
NPL **unmentionables** † (hum) sous-vêtements mpl, dessous mpl

**unmerciful** /ʌnˈmɜːsɪfʊl/ SYN ADJ impitoyable, sans pitié (towards envers)

**unmercifully** /ʌnˈmɜːsɪfəlɪ/ ADV impitoyablement

**unmerited** /ʌnˈmerɪtɪd/ ADJ immérité

**unmet** /ʌnˈmet/ ADJ [needs, demands] non satisfait ; [condition] qui n'a pas été satisfait ◆ **his demands went unmet** ses exigences n'ont pas été satisfaites, on n'a pas répondu à ses exigences

**unmetered** /ʌnˈmiːtəd/ ADJ ① [water] facturé au forfait
② [Internet access] illimité, facturé au forfait

**unmethodical** /ʌnmɪˈθɒdɪkəl/ ADJ peu méthodique

**unmindful** /ʌnˈmaɪndfʊl/ SYN ADJ ◆ **unmindful of** oublieux de

**unmissable*** /ʌnˈmɪsəbl/ ADJ (Brit) [programme, film] à ne pas rater ◆ **his new film is unmissable** son nouveau film est un must *

**unmistakable** /ʌnmɪsˈteɪkəbl/ SYN ADJ [voice, sound, smell, style] caractéristique, qu'on ne peut pas ne pas reconnaître ◆ **to send an unmistakable message to sb that...** faire comprendre clairement à qn que... ◆ **to bear the unmistakable stamp of sth** porter la marque indubitable de qch ◆ **to show unmistakable signs of sth** montrer des signes indubitables de qch

**unmistakably** /ʌnmɪsˈteɪkəblɪ/ ADV indubitablement, indéniablement ◆ **she's unmistakably Scandinavian** elle est indubitablement or indéniablement scandinave ◆ **it's still unmistakably a Minnelli movie** c'est un film de Minnelli, on ne peut pas s'y tromper

**unmitigated** /ʌnˈmɪtɪɡeɪtɪd/ SYN ADJ (frm) [disaster, failure, success] total ; [nonsense, folly] pur ; [delight, admiration] non mitigé ◆ **he is an unmitigated scoundrel/liar** c'est un fieffé coquin/menteur

**unmixed** /ʌnˈmɪkst/ ADJ pur, sans mélange

**unmodified** /ʌnˈmɒdɪfaɪd/ ADJ inchangé

**unmolested** /ʌnməˈlestɪd/ ADV [slip through, pass by etc] sans encombre ; [live, sleep] sans être dérangé, en paix ◆ **to be left unmolested** [person] être laissé en paix, être laissé tranquille

**unmortgaged** /ʌnˈmɔːɡɪdʒd/ ADJ libre d'hypothèques, non hypothéqué

**unmotivated** /ʌnˈməʊtɪveɪtɪd/ ADJ immotivé, sans motif

**unmould** /ʌnˈməʊld/ VT (Culin) démouler

**unmounted** /ʌnˈmaʊntɪd/ ADJ ① (= without horse) sans cheval, à pied
② (= without mounting) [gem] non serti, non monté ; [picture, photo] non monté or collé sur carton ; [stamp] non collé dans un album

**unmourned** /ʌnˈmɔːnd/ ADJ non regretté ◆ **he died unmourned** on ne pleura pas sa mort

**unmoved** /ʌnˈmuːvd/ SYN ADJ indifférent (by sth à qch) ◆ **he was unmoved by her tears** il est resté indifférent à ses larmes ◆ **his face was unmoved, but in his eyes there was a trace of displeasure** son visage est resté impassible, mais dans ses yeux il y avait une lueur de mécontentement

**unmusical** /ʌnˈmjuːzɪkəl/ ADJ [person] peu musicien, qui n'a pas d'oreille ; [sound, rendition] peu mélodieux, peu harmonieux

**unmuzzle** /ʌnˈmʌzl/ VT (lit, fig) démuseler

**unnam(e)able** /ʌnˈneɪməbl/ ADJ innommable

**unnamed** /ʌnˈneɪmd/ ADJ ① (= anonymous) [person, source] dont le nom n'a pas été divulgué ; [author, donor] anonyme
② (= having no name) [baby, comet, star] qui n'a pas reçu de nom

**unnatural** /ʌnˈnætʃrəl/ SYN
ADJ ① (= unusual) [calm, silence] anormal ◆ **it is not unnatural that...** il n'est pas anormal que... + subj ◆ **it is not unnatural to think that...** il n'est pas anormal de penser que... ◆ **it is not unnatural for sb to think that...** il n'est pas anormal que qn pense subj que... ◆ **it is not unnatural for her to be so pleasant** ça ne lui ressemble pas d'être aussi aimable
② (= abnormal, unhealthy) [practice, vice, love] contre nature ◆ **it's supposedly unnatural for women not to want children** il est soi-disant contre nature pour une femme de ne pas vouloir d'enfants
③ (= affected) [smile, voice] forcé, qui manque de naturel ; [manner] affecté, forcé, qui manque de naturel
COMP **unnatural death** N (Jur) mort f non naturelle
**unnatural practices** NPL pratiques fpl contre nature

**unnaturally** /ʌnˈnætʃrəlɪ/ ADV ① (= unusually) [loud, quiet] anormalement ◆ **he was unnaturally silent** il était anormalement silencieux ◆ **it was unnaturally silent** un silence anormal régnait ◆ **not unnaturally we were worried** bien entendu, nous étions inquiets, nous étions naturellement inquiets
② (= affectedly) [speak, smile] d'une manière affectée or forcée

**unnavigable** /ʌnˈnævɪɡəbl/ ADJ non navigable

**unnecessarily** /ʌnˈnesəsərɪlɪ/ ADV [cruel, difficult, complicated] inutilement ; [suffer, alarm, worry] inutilement, pour rien ◆ **unnecessarily violent** d'une violence gratuite ◆ **he is unnecessarily strict** il est plus sévère que cela n'est nécessaire

**unnecessary** /ʌnˈnesəsərɪ/ SYN ADJ (gen) inutile, qui n'est pas nécessaire ; [violence] gratuit ◆ **to cause unnecessary suffering to sb** faire souffrir inutilement or gratuitement qn ◆ **to use unnecessary force** faire usage de la force plus qu'il n'est nécessaire ◆ **they made a lot of unnecessary fuss** ils ont fait beaucoup d'histoires pour rien ◆ **it is unnecessary to do sth** il n'est pas nécessaire de faire qch ◆ **it is unnecessary for sb to do sth** il n'est pas nécessaire que qn fasse qch ◆ **it is unnecessary to add that...** (il est) inutile d'ajouter que...

**unneighbourly, unneighborly** (US) /ʌnˈneɪbəlɪ/ ADJ qui n'agit pas en bon voisin ◆ **this unneighbourly action** cette action mesquine de la part de mon (or son etc) voisin

**unnerve** /ʌnˈnɜːv/ SYN VT troubler, perturber

**unnerved** /ʌnˈnɜːvd/ ADJ troublé, perturbé

**unnerving** /ʌnˈnɜːvɪŋ/ ADJ troublant, perturbant

**unnervingly** /ʌnˈnɜːvɪŋlɪ/ ADV ◆ **unnervingly quiet/calm** d'un calme/sang-froid troublant or perturbant

**unnoticed** /ʌnˈnəʊtɪst/ SYN ADJ inaperçu ◆ **to be unnoticed (by sb)** ne pas être remarqué (par qn) ◆ **to do sth unnoticed** faire qch sans se faire remarquer ◆ **to go** or **pass unnoticed (by sb)** passer inaperçu (de qn) ◆ **to enter/leave unnoticed (by sb)** entrer/partir sans se faire remarquer (par qn)

**unnumbered** /ʌnˈnʌmbəd/ ADJ ① (= not numbered) [page, ticket, seat] non numéroté ; [house] sans numéro
② (liter = countless) innombrable

**UNO** /ˈjuːnəʊ/ N (abbrev of **United Nations Organization**) ONU f

**unobjectionable** /ʌnəbˈdʒekʃnəbl/ ADJ [thing] acceptable ; [person] à qui on ne peut rien reprocher

**unobliging** /ʌnəˈblaɪdʒɪŋ/ ADJ peu obligeant or coopératif

**unobservant** /ʌnəbˈzɜːvənt/ ADJ peu observateur (-trice f), peu perspicace

**unobserved** /ʌnəbˈzɜːvd/ ADJ ① (= unnoticed) ◆ **to be unobserved (by sb)** ne pas être remarqué (par qn) ◆ **to go unobserved (by sb)** passer inaperçu (de qn) ◆ **to enter/leave unobserved (by sb)** entrer/partir sans se faire remarquer (par qn)
② (= unwatched) ◆ **he imagined that he was unobserved** il s'imaginait qu'on ne l'observait pas

**unobstructed** /ʌnəbˈstrʌktɪd/ ADJ [pipe] non bouché, non obstrué ; [path, road] dégagé, libre ◆ **the driver has an unobstructed view to the rear** le conducteur a une excellente visibilité à l'arrière

**unobtainable** /ʌnəbˈteɪnəbl/ ADJ ① (= unavailable) ◆ **basic necessities were often unobtainable** il était souvent impossible de se procurer l'essentiel
② (= unrealizable) [goal, objective] irréalisable
③ (Telec) ◆ **his number was unobtainable** son numéro était impossible à obtenir
④ (sexually) inaccessible

**unobtrusive** /ʌnəbˈtruːsɪv/ SYN ADJ discret (-ète f)

**unobtrusively** /ʌnəbˈtruːsɪvlɪ/ ADV discrètement

**unoccupied** /ʌnˈɒkjʊpaɪd/ SYN ADJ ① (= empty) [house] inoccupé, inhabité ; [offices, factory] vide ; [room, seat, table] inoccupé ; [post] vacant
② (Mil) [France, zone] libre
③ (= not busy) [person] désœuvré, inoccupé

**unofficial** /ʌnəˈfɪʃəl/ SYN
ADJ ① (= informal) [visit, tour] privé, non officiel ◆ **in an unofficial capacity** à titre privé or non officiel
② (= de facto) [leader, spokesperson] non officiel
③ (= unconfirmed) [report, results] officieux
COMP **unofficial strike** N grève f sauvage

**unofficially** /ʌnəˈfɪʃəlɪ/ ADV ① (= informally) [ask, tell, report] en privé, de façon non officielle ; [visit] à titre privé, à titre non officiel ◆ **they were unofficially engaged** ils étaient officieusement fiancés ◆ **he was working unofficially for the CIA** il travaillait de façon non officielle pour la CIA
② (= off the record) [say] officieusement ◆ **unofficially, he supports the proposals** officieusement or en privé, il soutient ces propositions ◆ **officially, I'm in favour of it, unofficially, I have my doubts** officiellement, je suis pour, personnellement, j'ai des doutes

**unopened** /ʌnˈəʊpənd/ ADJ [bottle, packet, mail] qui n'a pas été ouvert ◆ **the book was** or **lay unopened** le livre n'avait pas été ouvert ◆ **to send a letter back unopened** renvoyer une lettre sans l'avoir ouverte ◆ **to leave sth unopened** laisser qch fermé

**unopposed** /ʌnəˈpəʊzd/ ADJ (Parl, gen) sans opposition ; (Mil) sans rencontrer de résistance ◆ **the bill was given an unopposed second reading** (Parl) le projet de loi a été accepté sans opposition à la deuxième lecture

**unorganized** /ʌnˈɔːɡənaɪzd/ ADJ ① (= not structured) inorganisé ; (= badly organized) [event etc] mal organisé ; [essay] qui manque d'organisation ; [person] qui ne sait pas s'organiser, qui manque d'organisation
② (Bio) (= not alive) inorganisé
③ (= not in trade union) inorganisé, non syndiqué

**unoriginal** /ʌnəˈrɪdʒɪnəl/ ADJ [person, work] qui manque d'originalité, peu original ; [style, remark] banal ; [idea] peu original, banal

**unorthodox** /ʌnˈɔːθədɒks/ SYN ADJ ① (= unconventional) [person, behaviour, method] peu orthodoxe ; [views, ideas] non orthodoxe
② (Rel) hétérodoxe

**unostentatious** /ʌnˌɒstənˈteɪʃəs/ ADJ discret (-ète f), sans ostentation, simple

**unostentatiously** /ʌnˌɒstənˈteɪʃəslɪ/ ADV discrètement, sans ostentation

**unpack** /ʌnˈpæk/
VT ① [+ suitcase] défaire ; [+ belongings] déballer ◆ **to get unpacked** déballer ses affaires
② (fig) [+ idea, problem] analyser
VI défaire sa valise, déballer ses affaires

**unpacking** /ʌnˈpækɪŋ/ N (NonC) déballage m ◆ **to do one's unpacking** déballer ses affaires

**unpaid** /ʌnˈpeɪd/ SYN ADJ [staff, worker, overtime] non rémunéré ; [work] non rémunéré, non rétribué ; [leave, tax] non payé ; [bill, debt, rent] impayé ◆ **unpaid volunteer** bénévole mf ◆ **to work unpaid** travailler à titre bénévole or sans être rémunéré

**unpalatable** /ʌnˈpælɪtəbl/ SYN ADJ ① (in taste) [food] qui n'a pas bon goût
② (= difficult) [truth] désagréable à entendre ; [fact] désagréable ; [choice] désagréable à faire ; [idea] difficile à accepter ◆ **to be unpalatable to sb** être désagréable à qn

**unparalleled** /ʌnˈpærəleld/ SYN ADJ [opportunity, prosperity, event] sans précédent ; [collection, success] hors pair ; [beauty, wit] incomparable, sans égal ◆ **unparalleled in the history of...** sans précédent dans l'histoire de...

**unpardonable** /ʌnˈpɑːdnəbl/ SYN ADJ (frm) [behaviour] impardonnable, inexcusable ; [sin] im-

**pardonnable** ◆ **it is unpardonable to treat people so badly** c'est impardonnable or inexcusable de traiter les gens aussi mal ◆ **it's unpardonable of him to have taken it** c'est impardonnable de sa part de l'avoir pris

**unpardonably** /ʌnˈpɑːdnəblɪ/ ADV inexcusablement ◆ **unpardonably rude** d'une impolitesse impardonnable or inexcusable

**unparliamentary** /ˌʌnpɑːləˈmentərɪ/ ADJ [behaviour, language] inadmissible au parlement

**unpasteurized** /ʌnˈpæstəraɪzd/ ADJ non pasteurisé

**unpatented** /ʌnˈpeɪtntɪd/ ADJ [invention] non breveté

**unpatriotic** /ˌʌnˌpætrɪˈɒtɪk/ ADJ [person] peu patriote ; [act, speech] antipatriotique

**unpatriotically** /ˌʌnˌpætrɪˈɒtɪkəlɪ/ ADV avec antipatriotisme

**unpaved** /ʌnˈpeɪvd/ ADJ non pavé

**unperceived** /ˌʌnpəˈsiːvd/ ADJ inaperçu

**unperforated** /ʌnˈpɜːfəreɪtɪd/ ADJ non perforé

**unperturbed** /ˌʌnpəˈtɜːbd/ SYN ADJ imperturbable ◆ **he was unperturbed by this failure** cet échec ne l'a pas perturbé ◆ **unperturbed by this failure, he...** sans se laisser perturber par cet échec, il...

**unpick** /ʌnˈpɪk/ VT 1 [+ seam] découdre, défaire ; [+ stitch] défaire
2 (= examine) [+ argument, statement] décortiquer
3 (Brit fig) [+ plan, policy] attaquer (fig)

**unpin** /ʌnˈpɪn/ VT détacher (from de) ; [+ sewing, one's hair] enlever les épingles de

**unplaced** /ʌnˈpleɪst/ ADJ (Sport) [horse] non placé ; [athlete] non classé

**unplait** /ˌʌnˈplæt/ VT dénatter

**unplanned** /ʌnˈplænd/ ADJ [occurrence] imprévu ; [baby] non prévu

**unplasticized** /ʌnˈplæstɪsaɪzd/ ADJ ◆ **unplasticized polyvinyl chloride** chlorure m de polyvinyle non plastifié

**unplayable** /ʌnˈpleɪəbl/ ADJ 1 (Tennis, Cricket = unstoppable) [shot, ball, ace] imparable
2 (Snooker = obstructed) [ball] injouable
3 (= unbeatable) [person] imbattable
4 (Mus) injouable

**unpleasant** /ʌnˈpleznt/ SYN ADJ désagréable

**unpleasantly** /ʌnˈplezntlɪ/ ADV 1 (= disagreeably) [hot, salty] désagréablement
2 (= in an unfriendly way) [say, laugh, behave] de façon déplaisante

**unpleasantness** /ʌnˈplezntnɪs/ N [of experience, person] caractère m désagréable ; [of place, house] aspect m or caractère m déplaisant ; (= quarrelling) friction f, dissension f ◆ **there has been a lot of unpleasantness recently** il y a eu beaucoup de frictions or dissensions ces temps derniers ◆ **after that unpleasantness at the beginning of the meeting...** après cette fausse note au début de la réunion...

**unpleasing** /ʌnˈpliːzɪŋ/ ADJ (frm) déplaisant

**unplug** /ˈʌnplʌg/ VT débrancher

**unplugged** /ˈʌnplʌgd/ ADJ (Mus) sans sono*

**unplumbed** /ʌnˈplʌmd/ ADJ (liter) [depth, mystery] non sondé

**unpoetic(al)** /ˌʌnpəʊˈetɪk(əl)/ ADJ peu poétique

**unpolished** /ʌnˈpɒlɪʃt/ ADJ 1 (lit) [furniture] non ciré, non astiqué ; [floor, shoes] non ciré ; [glass] dépoli ; [silver] non fourbi ; [diamond] non poli
2 (fig) [person] qui manque d'éducation or de savoir-vivre ; [manners] peu raffiné ; [style] qui manque de poli

**unpolluted** /ˌʌnpəˈluːtɪd/ ADJ 1 (lit) [air, water, beach] non pollué
2 (fig) [mind] non contaminé, non corrompu

**unpopular** /ʌnˈpɒpjʊləʳ/ SYN ADJ impopulaire (with sb auprès de qn)

**unpopularity** /ˌʌnpɒpjʊˈlærɪtɪ/ N (NonC) impopularité f

**unpopulated** /ʌnˈpɒpjʊleɪtɪd/ ADJ inhabité

**unpractical** /ʌnˈpræktɪkəl/ ADJ [method, project, suggestion] qui n'est pas pratique ; [tool] peu pratique

**unpractised, unpracticed** (US) /ʌnˈpræktɪst/ ADJ [person] inexpérimenté, inexpert ; [movement etc] inexpert, inhabile ; [eye, ear] inexercé

**unprecedented** /ʌnˈpresɪdəntɪd/ SYN ADJ sans précédent

**unprecedentedly** /ʌnˈpresɪdəntɪdlɪ/ ADV (= extremely) inhabituellement ◆ **he agreed, unprecedentedly, to speak to the press** chose inouïe, il a accepté de parler à la presse

**unpredictability** /ˈʌnprɪdɪktəˈbɪlɪtɪ/ N imprévisibilité f

**unpredictable** /ˌʌnprɪˈdɪktəbl/ SYN ADJ [person, behaviour, consequences] imprévisible ; [weather] incertain

**unpredictably** /ˌʌnprɪˈdɪktəblɪ/ ADV [behave] de façon imprévisible ◆ **unpredictably violent** d'une violence imprévisible

**unprejudiced** /ʌnˈpredʒʊdɪst/ SYN ADJ [person] impartial, sans parti pris, sans préjugés ; [decision, judgement] impartial, sans parti pris

**unpremeditated** /ˌʌnprɪˈmedɪteɪtɪd/ SYN ADJ non prémédité

**unprepared** /ˌʌnprɪˈpeəd/ SYN ADJ 1 (= unready) ◆ **to be unprepared (for sth/to do sth)** [person] ne pas être préparé (à qch/à faire qch), ne pas être prêt (pour qch/à faire qch) ◆ **I was unprepared for the exam** je n'avais pas suffisamment préparé l'examen ◆ **he set out quite unprepared** il est parti sans aucune préparation or sans (s'y) être du tout préparé ◆ **he was unprepared for the news** la nouvelle l'a pris au dépourvu or l'a surpris ◆ **to catch sb unprepared** prendre qn au dépourvu
2 (= unwilling) ◆ **to be unprepared to do sth** [person] ne pas être disposé à faire qch
3 (= unrehearsed) [speech] improvisé ; [test, translation] sans préparation

**unpreparedness** /ˌʌnprɪˈpɛərɪdnɪs/ N (NonC) manque m de préparation, impréparation f

**unprepossessing** /ˌʌnpriːpəˈzesɪŋ/ ADJ [person] peu avenant, qui ne paie pas de mine ; [appearance, place] qui ne paie pas de mine

**unpresentable** /ˌʌnprɪˈzentəbl/ ADJ [person, thing] qui n'est pas présentable

**unpretentious** /ˌʌnprɪˈtenʃəs/ ADJ sans prétention(s)

**unpriced** /ʌnˈpraɪst/ ADJ [goods] dont le prix n'est pas marqué

**unprincipled** /ʌnˈprɪnsɪpld/ SYN ADJ [person] peu scrupuleux, sans scrupules ; [behaviour, act] peu scrupuleux

**unprintable** /ʌnˈprɪntəbl/ ADJ 1 (= unpublishable) [article] impubliable
2 (gen hum = shocking) [story] pas racontable ; [words, comment] que la décence interdit de reproduire or répéter ◆ **her reply was unprintable** la décence m'interdit de répéter sa réponse

**unprivileged** /ʌnˈprɪvɪlɪdʒd/ ADJ (gen) défavorisé ; (Econ) économiquement faible

**unproductive** /ˌʌnprəˈdʌktɪv/ SYN ADJ
1 (= ineffective) [meeting, discussion] stérile, improductif ; [factory, work, worker] improductif
2 (Agr) [land, soil] improductif
3 (Fin) [capital] improductif

**unprofessional** /ˌʌnprəˈfeʃənl/ SYN
ADJ [person, behaviour, attitude] peu professionnel ◆ **to behave in a totally unprofessional manner** manquer totalement de professionnalisme ◆ **it was unprofessional of her (to say that)** c'était un manque de professionnalisme de sa part (que de dire cela)
COMP **unprofessional conduct** N manquement m aux devoirs de la profession

**unprofessionally** /ˌʌnprəˈfeʃənəlɪ/ ADV sans respecter le code professionnel ◆ **he behaved unprofessionally** il n'a pas respecté le code professionnel, il a manqué aux devoirs de sa profession

**unprofitable** /ʌnˈprɒfɪtəbl/ ADJ 1 (= uneconomic) [business, industry, route] peu rentable
2 (= fruitless) [argument, activity, day] stérile

**unprofitably** /ʌnˈprɒfɪtəblɪ/ ADV sans profit

**UNPROFOR** /ʌnˈprəʊfɔːʳ/ N (abbrev of United Nations Protection Force) FORPRONU f

**unpromising** /ʌnˈprɒmɪsɪŋ/ SYN ADJ peu prometteur

**unpromisingly** /ʌnˈprɒmɪsɪŋlɪ/ ADV de façon peu prometteuse

**unprompted** /ʌnˈprɒmptəd/
ADJ [remark, offer etc] non sollicité
ADV ◆ **he did it unprompted** il l'a fait sans que rien ne lui soit demandé

**unpronounceable** /ˌʌnprəˈnaʊnsəbl/ ADJ imprononçable

**unprotected** /ˌʌnprəˈtektɪd/ SYN
ADJ 1 (= defenceless) [person] sans défense ; [place] non protégé ◆ **to leave sb/sth unprotected** laisser qn/qch sans protection ◆ **to be unprotected by the law** ne pas être protégé par la loi
2 (= not covered) [skin, plants] qui n'est pas protégé ; [eyes, wood] sans protection ◆ **to be unprotected from the sun** ne pas être protégé du soleil
COMP **unprotected intercourse, unprotected sex** N rapports mpl sexuels non protégés

**unproven** /ʌnˈpruːvən, ʌnˈprəʊvən/, **unproved** /ʌnˈpruːvd/ ADJ 1 (= not proved) [allegation, charge] sans preuves ◆ **the charge remains unproven** (lit, fig) cette accusation n'est toujours pas fondée
2 (= not tested) [person, technology] qui n'a pas (encore) fait ses preuves

**unprovided-for** /ˌʌnprəˈvaɪdɪdˌfɔːʳ/ ADJ [person] sans ressources

**unprovoked** /ˌʌnprəˈvəʊkt/ ADJ [attack, aggression, violence] sans provocation ◆ **he was unprovoked** on ne l'avait pas provoqué ◆ **he said that unprovoked** il a dit ça sans avoir été provoqué

**unpublishable** /ʌnˈpʌblɪʃəbl/ ADJ impubliable

**unpublished** /ʌnˈpʌblɪʃt/ ADJ inédit

**unpunctual** /ʌnˈpʌŋktjʊəl/ ADJ peu ponctuel, qui n'est jamais à l'heure

**unpunctuality** /ˌʌnpʌŋktjʊˈælɪtɪ/ N (NonC) manque m de ponctualité

**unpunished** /ʌnˈpʌnɪʃt/ ADJ impuni ◆ **to go** or **remain unpunished** rester impuni

**unputdownable*** /ˌʌnpʊtˈdaʊnəbl/ ADJ ◆ **Grossmith's latest novel is unputdownable** le dernier roman de Grossmith se lit tout d'une traite or d'une seule traite

**unqualified** /ʌnˈkwɒlɪfaɪd/ SYN ADJ 1 (= without qualifications) [person, staff, pilot] non qualifié ; [engineer, doctor, teacher] non diplômé ◆ **he is unqualified for the job** (= has no paper qualifications) il n'a pas les diplômes requis pour ce poste ; (= unsuitable) il n'a pas les qualités requises pour ce poste ◆ **he is unqualified to do it** il n'est pas qualifié pour le faire ◆ **I feel unqualified to judge** je ne me sens pas qualifié pour en juger
2 (= unmitigated) [success] total ; [disaster] complet (-ète f) ; [acceptance, support, approval] inconditionnel, sans réserve ; [admiration] sans réserve ; [praise] non mitigé, sans réserve ◆ **an unqualified "yes"/"no"** un « oui »/« non » inconditionnel
3 (Gram) [noun] non qualifié

**unquenchable** /ʌnˈkwentʃəbl/ ADJ (lit, fig) insatiable

**unquenched** /ʌnˈkwentʃt/ ADJ [fire] non éteint ; [desire] inassouvi ◆ **unquenched thirst** soif f non étanchée ; (fig) soif f inassouvie

**unquestionable** /ʌnˈkwestʃənəbl/ SYN ADJ incontestable, indiscutable

**unquestionably** /ʌnˈkwestʃənəblɪ/ LANGUAGE IN USE 15.1 ADV incontestablement, indiscutablement

**unquestioned** /ʌnˈkwestʃənd/ ADJ (= unchallenged) incontesté, indiscuté

**unquestioning** /ʌnˈkwestʃənɪŋ/ ADJ [belief, faith, obedience] inconditionnel, absolu ; [support, acceptance, devotion] total ; [loyalty, love] absolu ◆ **an unquestioning supporter of...** un(e) inconditionnel(le) de...

**unquestioningly** /ʌnˈkwestʃənɪŋlɪ/ ADV [obey, accept] de façon inconditionnelle

**unquiet** /ʌnˈkwaɪət/
ADJ [person, mind] inquiet (-ète f), tourmenté ; [times] agité, troublé
N inquiétude f, agitation f

**unquote** /ʌnˈkwəʊt/ ADV (in dictation) fermez les guillemets ; (in report, lecture) fin de citation ; → **quote**

**unquoted** /ʌnˈkwəʊtɪd/ ADJ (on Stock Exchange) non coté

**unravel** /ʌnˈrævəl/ SYN
VT [+ material] effiler, effilocher ; [+ knitting] défaire ; [+ threads] démêler ; (fig) [+ mystery] débrouiller, éclaircir ; [+ plot] dénouer
VI [knitting] se défaire ; (fig) [plan, system] aller à vau-l'eau

**unread** /ˌʌnˈred/ ADJ [book, newspaper, magazine] qui n'a pas été lu ◆ **I returned the book unread** j'ai rendu le livre sans l'avoir lu ◆ **I left the letter unread** je n'ai pas lu la lettre ◆ **the book lay unread on the table** le livre est resté sur la table sans avoir été lu

**unreadable** /ˌʌnˈriːdəbl/ SYN ADJ [book, handwriting, data] illisible ; [expression] impassible

**unreadiness** /ˌʌnˈredɪnɪs/ N (NonC) impréparation f

**unready** /ˌʌnˈredɪ/ ADJ mal préparé, qui n'est pas prêt ◆ **he was unready for what happened next** il ne s'attendait pas à ce qui est arrivé ensuite, ce qui est arrivé ensuite l'a pris au dépourvu

**unreal** /ˌʌnˈrɪəl/ SYN ADJ ① (= not real) [situation, world] irréel ; [flowers] faux (fausse f)
② * (= excellent) formidable * ; (pej = unbelievable) incroyable ◆ **you're unreal!** t'es incroyable ! *

**unrealistic** /ˌʌnrɪəˈlɪstɪk/ SYN ADJ [person, expectations, demands] peu réaliste, irréaliste ; [goal, target, deadline] irréaliste ◆ **it is unrealistic to expect that…** il n'est pas réaliste de penser que…

**unrealistically** /ˌʌnrɪəˈlɪstɪkəlɪ/ ADV [high, low, optimistic] excessivement, exagérément ; [assume] de façon peu réaliste, de façon irréaliste

**unreality** /ˌʌnrɪˈælɪtɪ/ N (NonC) irréalité f

**unrealizable** /ˌʌnrɪəˈlaɪzəbl/ ADJ irréalisable

**unrealized** /ˌʌnˈrɪəlaɪzd/ ADJ [plan, ambition] qui n'a pas été réalisé ; [objective] qui n'a pas été atteint

**unreason** /ˌʌnˈriːzn/ N (NonC) déraison f, manque m de bon sens

**unreasonable** /ˌʌnˈriːznəbl/ SYN
ADJ [person, suggestion, expectations, demands] déraisonnable ; [price, amount] exagéré, excessif ◆ **he is being unreasonable** il n'est pas raisonnable ◆ **at this unreasonable hour** à cette heure indue ◆ **it is unreasonable to do that** il est déraisonnable de faire cela ◆ **it was unreasonable for her to reject your offer** il était déraisonnable de sa part de rejeter votre offre
COMP **unreasonable behaviour** N (gen) conduite f déraisonnable ◆ **divorce on grounds of unreasonable behaviour** (Jur) divorce m pour violation grave ou renouvelée des devoirs du mariage

**unreasonableness** /ˌʌnˈriːznəblnɪs/ N (NonC) [of person] attitude f déraisonnable ; [of demand, price] caractère m exagéré or excessif

**unreasonably** /ˌʌnˈriːznəblɪ/ ADV [high] excessivement, exagérément ; [act, refuse] de façon déraisonnable ◆ **to take an unreasonably long time** prendre un temps exagéré ◆ **quite unreasonably, I can't stand him** c'est tout à fait irraisonné, mais je ne le supporte pas ◆ **not unreasonably, she had supposed he would help** elle avait de bonnes raisons de supposer qu'il l'aiderait

**unreasoning** /ˌʌnˈriːznɪŋ/ ADJ [panic, anger, action] irraisonné ; [person] irrationnel ; [child] qui n'est pas en âge de raisonner

**unreceptive** /ˌʌnrɪˈseptɪv/ ADJ peu réceptif

**unreclaimed** /ˌʌnrɪˈkleɪmd/ ADJ [land] (from forest) non défriché ; (from sea) non asséché

**unrecognizable** /ˌʌnˈrekəgnaɪzəbl/ ADJ [person, voice, place] méconnaissable (to sb pour qn) ◆ **the wreck was unrecognizable as an aircraft** l'épave de l'avion était méconnaissable

**unrecognized** /ˌʌnˈrekəgnaɪzd/ ADJ ① (= unnoticed) [phenomenon, condition, efforts] qui n'est pas reconnu ; [value, worth, talent] méconnu ◆ **to go unrecognized** [person, phenomenon, condition] passer inaperçu ; [hard work, talent] ne pas être reconnu ◆ **he walked unrecognized down the street** il a descendu la rue (à pied) sans être reconnu or sans que personne ne le reconnaisse
② [Pol] [government, party, country] non reconnu

**unreconstructed** /ˌʌnriːkənˈstrʌktɪd/ ADJ (pej) [person, system, idea, policy] sclérosé ◆ **an unreconstructed male chauvinist** un macho invétéré, un macho impénitent

**unrecorded** /ˌʌnrɪˈkɔːdɪd/ ADJ ① (= unreported) [crime, incident] non signalé ; [decision] non enregistré ; [species] non répertorié, non classé ◆ **to go unrecorded** [crime, incident] ne pas être signalé ; [decision] ne pas être enregistré ; [species] ne pas être répertorié or classé
② [piece of music] non enregistré

**unredeemed** /ˌʌnrɪˈdiːmd/ ADJ [object from pawn] non dégagé ; [debt] non remboursé, non amorti ; [bill] non honoré ; [mortgage] non purgé ; [promise] non tenu ; [obligation] non rempli ; [sinner] non racheté ; [fault] non réparé ; [failing] non racheté, non compensé (by par)

**unreel** /ˌʌnˈriːl/
VT [+ film] dérouler ; [+ thread] dérouler, dévider ; [+ fishing line] dérouler, lancer
VI se dérouler, se dévider

**unrefined** /ˌʌnrɪˈfaɪnd/ SYN ADJ ① (= not processed) [food, sugar, cereal] non raffiné ; [oil] brut, non raffiné
② (pej = vulgar) [person] peu raffiné

**unreflecting** /ˌʌnrɪˈflektɪŋ/ ADJ ① [person] irréfléchi, impulsif ; [act, emotion] irraisonné
② [surface] non réfléchissant

**unreformed** /ˌʌnrɪˈfɔːmd/ ADJ [person] non amendé ; [institution] non réformé

**unregarded** /ˌʌnrɪˈgɑːdɪd/ ADJ dont on ne tient pas compte, dont on ne fait pas cas ◆ **his generosity went quite unregarded** sa générosité est passée inaperçue

**unregistered** /ˌʌnˈredʒɪstəd/ ADJ [birth] non déclaré ; [car] non immatriculé ; (Post) non recommandé

**unregretted** /ˌʌnrɪˈgretɪd/ ADJ [person, act, words] que l'on ne regrette pas ◆ **he died unregretted** on ne pleura pas sa mort

**unrehearsed** /ˌʌnrɪˈhɜːst/ ADJ [question, reply] spontané ; [speech] improvisé ; [performance] qui n'a pas été répété ; [performer] qui n'a pas été répété

**unrelated** /ˌʌnrɪˈleɪtɪd/ SYN ADJ ① (= unconnected) [incident, event, case] sans rapport ◆ **to be unrelated to sth** n'avoir aucun rapport avec qch
② (= from different families) ◆ **they are unrelated to each other** ils n'ont aucun lien de parenté, ils ne sont pas parents ◆ **he is unrelated to me** il n'a pas de lien de parenté avec moi, nous n'avons aucun lien de parenté

**unrelenting** /ˌʌnrɪˈlentɪŋ/ ADJ [pressure, criticism] incessant ; [violence] continuel ; [pain, pace] tenace ; [sun, rain] implacable

**unreliability** /ˌʌnrɪˌlaɪəˈbɪlɪtɪ/ N (NonC) [of person, machine] manque m de fiabilité

**unreliable** /ˌʌnrɪˈlaɪəbl/ SYN ADJ [person, service, machine, news] peu fiable ; [information, data, figures] sujet à caution ; [weather] incertain ◆ **he's very unreliable** il n'est vraiment pas fiable, on ne peut vraiment pas compter sur lui ◆ **my watch is unreliable** ma montre n'est pas très fiable

**unreliably** /ˌʌnrɪˈlaɪəblɪ/ ADV de manière peu fiable

**unrelieved** /ˌʌnrɪˈliːvd/ ADJ [gloom, monotony] constant, permanent ; [anguish] constant, permanent ; [boredom, tedium] mortel ; [pain] que rien ne soulage ◆ **unrelieved grey/black** gris/noir uniforme ◆ **the heat was unrelieved by any breeze** aucune brise ne venait atténuer la chaleur ◆ **a bare landscape unrelieved by any trees** un paysage nu dont aucun arbre ne rompait la monotonie

**unremarkable** /ˌʌnrɪˈmɑːkəbl/ ADJ [person, face, place] sans rien de remarquable, quelconque ; [fact] anodin ◆ **he would be unremarkable in a crowd** on ne le remarquerait pas dans une foule

**unremarked** /ˌʌnrɪˈmɑːkt/ ADJ [fact] que personne ne remarque ◆ **he stood there, unremarked** il est resté là sans que personne ne le remarque ◆ **to go** or **pass unremarked** passer inaperçu

**unremitting** /ˌʌnrɪˈmɪtɪŋ/ ADJ [hostility, hatred] implacable ; [gloom] persistant ; [struggle] sans relâche ; [kindness, help, effort] inlassable, infatigable ◆ **it was unremitting toil** on a travaillé sans relâche

**unremittingly** /ˌʌnrɪˈmɪtɪŋlɪ/ ADV [hostile] implacablement ; [continue, work] sans relâche, inlassablement ; [rain] sans arrêt, sans interruption ◆ **unremittingly cheerful** d'une inaltérable gaieté

**unremunerative** /ˌʌnrɪˈmjuːnərətɪv/ ADJ peu rémunérateur (-trice f), mal payé ; (fig) peu fructueux, peu rentable

**unrepaid** /ˌʌnrɪˈpeɪd/ ADJ [loan] non remboursé

**unrepealed** /ˌʌnrɪˈpiːld/ ADJ non abrogé

**unrepeatable** /ˌʌnrɪˈpiːtəbl/ ADJ [offer, bargain] unique, exceptionnel ; [comment] trop grossier pour être répété ◆ **what she said is unrepeatable** je n'ose répéter ce qu'elle a dit

**unrepentant** /ˌʌnrɪˈpentənt/ SYN ADJ impénitent ◆ **to be** or **remain unrepentant (about sth)** ne pas manifester le moindre repentir (quant à qch), ne pas regretter (qch)

**unreported** /ˌʌnrɪˈpɔːtɪd/ ADJ [crime, attack, accident etc] non signalé ◆ **to go unreported** [crime etc] ne pas être signalé

**unrepresentative** /ˌʌnˌreprɪˈzentətɪv/ ADJ non représentatif (of sth de qch)

**unrepresented** /ˌʌnˌreprɪˈzentɪd/ ADJ non représenté

**unrequited** /ˌʌnrɪˈkwaɪtɪd/ ADJ non partagé

**unreserved** /ˌʌnrɪˈzɜːvd/ SYN ADJ ① (= wholehearted) [apology, praise, support] sans réserve
② (= unbooked) [seat, table] non réservé

**unreservedly** /ˌʌnrɪˈzɜːvɪdlɪ/ ADV sans réserve

**unresisting** /ˌʌnrɪˈzɪstɪŋ/ ADJ [person] qui ne résiste pas, soumis ; [attitude, obedience] soumis

**unresolved** /ˌʌnrɪˈzɒlvd/ SYN ADJ ① (= unsolved) [problem, issue, dispute] non résolu, irrésolu ; [question] qui reste sans réponse
② (Mus) [chord] sans résolution

**unresponsive** /ˌʌnrɪsˈpɒnsɪv/ ADJ ① (= passive) [person] ◆ **to be unresponsive to sth** ne pas réagir à qch
② [car, engine, steering] qui répond mal

**unrest** /ˌʌnˈrest/ SYN N (NonC) agitation f ; (stronger) troubles mpl

**unrestrained** /ˌʌnrɪˈstreɪnd/ SYN ADJ ① (= unchecked) [joy, laughter, language] sans retenue ; [violence] effréné ; [use, growth] sans frein ◆ **to be unrestrained by sth** [person] ne pas être bridé par qch ◆ **to be unrestrained in one's views** exprimer ses opinions sans retenue
② (= not held physically) [car passenger] sans ceinture ; [patient] sans entraves ; [prisoner] sans liens, sans entraves

**unrestrainedly** /ˌʌnrɪˈstreɪnɪdlɪ/ ADV sans retenue

**unrestricted** /ˌʌnrɪˈstrɪktɪd/ SYN ADJ ① (= unlimited) [use, right, travel] sans restriction(s) ◆ **to have unrestricted access to sth** avoir libre accès à qch
② (= unobstructed) ◆ **all seats have an unrestricted view** toutes les places ont une vue parfaitement dégagée

**unrevealed** /ˌʌnrɪˈviːld/ ADJ non révélé

**unrewarded** /ˌʌnrɪˈwɔːdɪd/ ADJ non récompensé ◆ **to be** or **go unrewarded** ne pas être récompensé

**unrewarding** /ˌʌnrɪˈwɔːdɪŋ/ ADJ ① (= unfulfilling) [work, job, activity] peu gratifiant, ingrat ; [relationship] peu satisfaisant, qui n'apporte pas grand-chose
② (financially) [work, job] peu rémunérateur (-trice f)

**unrighteous** /ˌʌnˈraɪtʃəs/
ADJ impie † (also liter)
NPL **the unrighteous** les impies † mpl (also liter)

**unrighteousness** /ˌʌnˈraɪtʃəsnɪs/ N (NonC) impiété f

**unripe** /ˌʌnˈraɪp/ ADJ pas mûr

**unrivalled, unrivaled** (US) /ˌʌnˈraɪvəld/ SYN ADJ [knowledge, experience, collection] incomparable ; [reputation, success] sans égal ; [opportunity] unique ◆ **to be unrivalled in sth** ne pas avoir son pareil pour qch ◆ **her work is unrivalled in its quality** son travail est d'une qualité incomparable

**unrivet** /ˌʌnˈrɪvɪt/ VT (Tech) dériver, dériveter

**unroadworthy** /ˌʌnˈrəʊdˌwɜːðɪ/ ADJ [car] qui n'est pas en état de rouler

**unrobe** /ˌʌnˈrəʊb/
VI ① [judge etc] se dévêtir, se dépouiller de ses vêtements (de cérémonie)
② (frm = undress) se déshabiller
VT ① [+ judge etc] dépouiller de ses vêtements (de cérémonie), dévêtir
② (frm = undress) déshabiller

**unroll** /ˌʌnˈrəʊl/
VT dérouler
VI se dérouler

**unromantic** /ˌʌnrəʊˈmæntɪk/ ADJ [place, landscape, words] peu romantique ; [person] terre à terre, peu romantique

**unrope** /ˌʌnˈrəʊp/ VI (Climbing) se décorder

**UNRRA** /ˌjuːenɑːrɑːˈreɪ/ N (formerly) (abbrev of **United Nations Relief and Rehabilitation Administration**) UNRRA f

**unruffled** /ʌnˈrʌfld/ ADJ 1 (= calm, unflustered) [person, voice] imperturbable ◆ **to be unruffled (by sth)** ne pas être perturbé (par qch)
2 (= smooth) [water] lisse, sans rides ; [hair] non défait ; [bedclothes, sheets] lisse, sans un pli

**unruled** /ʌnˈruːld/ ADJ [paper] uni, non réglé

**unruly** /ʌnˈruːlɪ/ SYN ADJ [child, pupil] indiscipliné, turbulent ; [employee, behaviour, hair] indiscipliné ; [crowd, mob, element] indiscipliné, incontrôlé

**unsaddle** /ʌnˈsædl/
VT 1 [+ horse] desseller
2 (= unseat) [+ rider] désarçonner
COMP **unsaddling enclosure** N (Brit) enclos d'un champ de course où l'on desselle les chevaux et où sont remis certains trophées

**unsafe** /ʌnˈseɪf/ SYN
ADJ 1 (= dangerous) [structure, machine] dangereux, peu sûr ; [activity, product, level] dangereux ; [street, method] peu sûr ; [working conditions] risqué ; [water] non potable ◆ **the car is unsafe to drive** cette voiture est dangereuse à conduire, il est dangereux de conduire cette voiture ◆ **the country is unsafe to visit** le pays n'est pas sûr (pour les touristes), il est dangereux de se rendre dans ce pays ◆ **it is unsafe to go there at night** il est dangereux or il n'est pas prudent d'y aller la nuit ◆ **unsafe to eat, unsafe for human consumption** impropre à la consommation ◆ **to declare a house unsafe for habitation** déclarer une maison insalubre
2 (= in danger) [person] en danger
3 (Jur = dubious) [evidence, conviction, verdict] douteux ◆ **unsafe and unsatisfactory** contestable et révisable
COMP **unsafe sex** N rapports mpl sexuels non protégés

**unsaid** /ʌnˈsed/ SYN
VB pt, ptp of **unsay**
ADJ inexprimé, passé sous silence ◆ **much was left unsaid** on a passé beaucoup de choses sous silence ◆ **some things are better left unsaid** il y a des choses qu'il vaut mieux taire

**unsalable** /ʌnˈseɪləbl/ ADJ (US) ⇒ **unsaleable**

**unsalaried** /ʌnˈsælərɪd/ ADJ non rémunéré

**unsaleable, unsalable** (US) /ʌnˈseɪləbl/ ADJ invendable

**unsalted** /ʌnˈsɔːltɪd/ ADJ (gen) sans sel, non salé ; [butter] sans sel, doux (douce f)

**unsanitary** /ʌnˈsænɪtərɪ/ ADJ (esp US) insalubre

**unsatisfactory** /ˌʌnsætɪsˈfæktərɪ/ SYN ADJ [situation, method, answer, relationship] peu satisfaisant ; [accommodation, product] qui laisse à désirer ◆ **it is unsatisfactory that...** il n'est pas satisfaisant que... + subj

**unsatisfied** /ʌnˈsætɪsfaɪd/ ADJ 1 [person] (gen, sexually) insatisfait (with sb/sth de qn/qch) ; (stronger) mécontent (with sb/sth de qn/qch) ◆ **to be left unsatisfied** rester sur sa faim
2 (= unfulfilled) [need, desire, urge] insatisfait, inassouvi ; [demand, curiosity] insatisfait ; [hunger, appetite] non apaisé

**unsatisfying** /ʌnˈsætɪsfaɪɪŋ/ ADJ [work, book, relationship, result] peu satisfaisant ; [food] qui n'apaise pas la faim

**unsaturated** /ʌnˈsætʃəreɪtɪd/ ADJ non saturé ◆ **unsaturated fat** corps mpl gras insaturés

**unsavoury, unsavory** (US) /ʌnˈseɪvərɪ/ SYN ADJ [person] peu recommandable ; [district] peu recommandable, louche ; [reputation] douteux ; [remark] de mauvais goût ; [habit, fact, incident] déplaisant ; [food] peu ragoûtant ; [smell] plutôt déplaisant ◆ **an unsavoury business** une sale affaire ◆ **he's a rather unsavoury character** c'est un personnage assez peu recommandable

**unsay** /ʌnˈseɪ/ (pret, ptp **unsaid**) VT se dédire de ◆ **you can't unsay it now** tu ne peux plus te rétracter or te dédire ; see also **unsaid**

**unsayable** /ʌnˈseɪəbl/ ADJ indicible

**unscathed** /ʌnˈskeɪðd/ ADJ 1 (= uninjured) [person, place] indemne ◆ **to emerge** or **escape unscathed (from sth)** sortir indemne (de qch) ◆ **to leave sb/sth unscathed** épargner qn/qch
2 (= unaffected) [person, company] non affecté ◆ **to emerge** or **escape unscathed from sth** sortir sans dommage de qch

**unscented** /ʌnˈsentɪd/ ADJ non parfumé

**unscheduled** /ʌnˈʃedjuːld/ ADJ imprévu

**unscholarly** /ʌnˈskɒləlɪ/ ADJ [person] peu érudit, peu savant ; [work] qui manque d'érudition

**unschooled** /ʌnˈskuːld/ ADJ [person] qui n'a pas d'instruction ; [horse] qui n'a pas été dressé ◆ **unschooled in** qui n'a rien appris de, ignorant en matière de or pour ce qui est de

**unscientific** /ˌʌnsaɪənˈtɪfɪk/ ADJ [approach, survey, practice] peu scientifique ; [sample] sans valeur scientifique ◆ **he was unscientific in his approach** sa démarche n'était pas scientifique ◆ **their methods are unscientific** leurs méthodes ne sont pas scientifiques

**unscramble** /ʌnˈskræmbl/ VT (Telec) désembrouiller ; (TV) décoder, décrypter

**unscratched** /ʌnˈskrætʃt/ ADJ [surface] non rayé, intact ; [person] indemne, sain et sauf

**unscrew** /ʌnˈskruː/
VT dévisser
VI se dévisser

**unscripted** /ʌnˈskrɪptɪd/ ADJ [speech, remark] improvisé, non préparé d'avance ; (Rad, TV) [programme] improvisé

**unscrupulous** /ʌnˈskruːpjʊləs/ SYN ADJ sans scrupules

**unscrupulously** /ʌnˈskruːpjʊləslɪ/ ADV [behave] sans scrupule(s), peu scrupuleusement ◆ **to be unscrupulously ambitious** être arriviste

**unscrupulousness** /ʌnˈskruːpjʊləsnɪs/ N (NonC) [of person] manque m de scrupules

**unseal** /ʌnˈsiːl/ VT (= open) ouvrir, décacheter ; (= take seal off) desceller

**unseasonable** /ʌnˈsiːznəbl/ ADJ [clothes, food] hors de saison ◆ **the weather is unseasonable** ce n'est pas un temps de saison

**unseasonably** /ʌnˈsiːznəblɪ/ ADV ◆ **unseasonably warm/cold/mild weather** un temps exceptionnellement chaud/froid/doux pour la saison ◆ **it was unseasonably warm/cold** il faisait exceptionnellement chaud/froid pour la saison

**unseasoned** /ʌnˈsiːznd/ ADJ [timber] vert, non conditionné ; [food] non assaisonné

**unseat** /ʌnˈsiːt/ SYN VT 1 [+ rider] désarçonner
2 [+ Member of Parliament] faire perdre son siège à, sortir

**unseaworthy** /ʌnˈsiːˌwɜːðɪ/ ADJ qui n'est pas en état de naviguer or ne répond pas aux normes de navigabilité

**unsecured** /ˌʌnsɪˈkjʊəd/ ADJ (Fin) sans garantie

**unseeded** /ʌnˈsiːdɪd/ ADJ (Tennis etc) non classé

**unseeing** /ʌnˈsiːɪŋ/ ADJ ◆ **he stared, unseeing, out of the window** il regardait par la fenêtre, le regard perdu dans le vague or les yeux dans le vague ◆ **to gaze at sth with unseeing eyes** (fig) regarder qch sans le voir

**unseemliness** /ʌnˈsiːmlɪnɪs/ N (NonC: frm) inconvenance f

**unseemly** /ʌnˈsiːmlɪ/ SYN ADJ (frm) inconvenant ◆ **it is unseemly for teachers to swear** il est inconvenant pour un professeur de jurer

**unseen** /ʌnˈsiːn/ SYN
ADJ 1 (= not previously seen) [film, photos, diaries] inédit, que l'on n'a jamais vu ◆ **unseen by the public** que le public n'a jamais vu ; → **sight**
2 (= not visible) [person, hand, power] invisible
3 (esp Brit : Scol, Univ) [exam paper] non préparé ◆ **unseen translation** noun 1
ADV [enter, leave, escape] sans être vu (by sb par qn) ◆ **to remain unseen** ne pas être vu
N 1 (esp Brit : Scol, Univ) version f (sans préparation)
2 ◆ **the unseen** le monde occulte

**unselfconscious** /ˌʌnselfˈkɒnʃəs/ ADJ naturel ◆ **he was very unselfconscious about it** cela ne semblait nullement le gêner

**unselfconsciously** /ˌʌnselfˈkɒnʃəslɪ/ ADV avec naturel, sans la moindre gêne

**unselfish** /ʌnˈselfɪʃ/ SYN ADJ [person] généreux, désintéressé ; [act, love] désintéressé ; (Sport) [player] qui a l'esprit d'équipe

**unselfishly** /ʌnˈselfɪʃlɪ/ ADV [act, behave] généreusement, de façon désintéressée ; (Sport) [play] avec un bon esprit d'équipe

**unselfishness** /ʌnˈselfɪʃnɪs/ N (NonC) [of person] générosité f ; [of act] désintéressement m, générosité f

**unsentimental** /ˌʌnsentɪˈmentl/ ADJ [person] peu sentimental, qui ne fait pas de sentiment ; [attitude] non sentimental ; [story, language] qui ne donne pas dans la sensiblerie ◆ **to be unsentimental about sth** [person] ne pas se montrer sentimental à propos de qch ; [story] ne pas donner dans la sensiblerie à propos de qch

**unserviceable** /ʌnˈsɜːvɪsəbl/ ADJ inutilisable, hors d'état de fonctionner

**unsettle** /ʌnˈsetl/ SYN VT [+ person, weather] perturber ; [+ stomach] déranger

**unsettled** /ʌnˈsetld/ SYN ADJ 1 (= uncertain) [situation, market] instable ; [future] incertain ; [weather] changeant, instable
2 (= restless) [person, life] perturbé ◆ **to feel unsettled** être perturbé ◆ **he feels unsettled in his job** il ne se sent pas vraiment à l'aise dans son travail
3 (= unresolved) [issue] non résolu ; [conflict] non réglé ◆ **to leave matters unsettled** laisser les choses en suspens ◆ **the question remains unsettled** la question n'est toujours pas réglée, la question reste en suspens
4 (= uninhabited) [place] inhabité, sans habitants
5 (Fin) [account] impayé
6 (Med) [stomach] dérangé

**unsettling** /ʌnˈsetlɪŋ/ ADJ [experience, influence, question, book, film, music] perturbant ; [news, atmosphere] troublant ◆ **to have an unsettling effect on sb/sth** avoir un effet perturbateur sur qn/qch ◆ **it is unsettling to know he could be watching me** ça me perturbe de savoir qu'il pourrait être en train de me regarder ◆ **they found it unsettling to have their mother living with them** ils trouvaient perturbant que leur mère vive avec eux

**unsex** /ʌnˈseks/ VT faire perdre sa masculinité (or féminité) à ; (= make impotent) rendre impuissant

**unsexed** /ʌnˈsekst/ ADJ ◆ **unsexed chicks** poussins mpl dont on n'a pas déterminé le sexe

**unshackle** /ʌnˈʃækl/ VT ôter les fers à, désenchaîner ; (fig) émanciper, libérer

**unshaded** /ʌnˈʃeɪdɪd/ ADJ 1 (= without lampshade) [bulb, light] sans abat-jour
2 (= in sunlight) [place] non ombragé, en plein soleil
3 (Art, Geom) [area] non hachuré

**unshak(e)able** /ʌnˈʃeɪkəbl/ ADJ inébranlable

**unshak(e)ably** /ʌnˈʃeɪkəblɪ/ ADV [certain] absolument ◆ **he's unshak(e)ably confident** il a une confiance inébranlable en lui-même ◆ **to be unshak(e)ably confident that...** être absolument certain que... ◆ **unshak(e)ably committed to a cause** entièrement acquis à une cause

**unshaken** /ʌnˈʃeɪkən/ SYN ADJ 1 (= unchanged) ◆ **to be** or **remain unshaken** [conviction, belief, faith] ne pas être ébranlé ; [confidence] ne pas être ébranlé or entamé ◆ **to be unshaken in one's belief that...** ne pas se laisser ébranler dans sa conviction que...
2 (= not worried) ◆ **to be unshaken** [person] ne pas être secoué (by sth par qch)

**unshaven** /ʌnˈʃeɪvn/ ADJ mal rasé

**unsheathe** /ʌnˈʃiːð/ VT [+ sword] dégainer ; [cat, tiger] [+ claws] sortir

**unship** /ʌnˈʃɪp/ VT [+ cargo] décharger, débarquer

**unshockable** /ʌnˈʃɒkəbl/ ADJ ◆ **he is (completely) unshockable** rien ne le choque

**unshod** /ʌnˈʃɒd/ ADJ [horse] qui n'est pas ferré ; [person] déchaussé, pieds nus

**unshrinkable** /ʌnˈʃrɪŋkəbl/ ADJ irrétrécissable (au lavage)

**unsighted** /ʌnˈsaɪtɪd/ ADJ 1 (= unseen) qui n'est pas en vue, que l'on n'a pas vu
2 (= unable to see sth) ◆ **the goalkeeper was unsighted by a defender** le gardien de but a eu la vue cachée par un défenseur

**unsightliness** /ʌnˈsaɪtlɪnɪs/ N (NonC) aspect m disgracieux, laideur f

**unsightly** /ʌnˈsaɪtlɪ/ SYN ADJ disgracieux ◆ **to look unsightly** être disgracieux ◆ **unsightly facial hair** poils mpl disgracieux sur le visage ◆ **he has an unsightly scar on his face** il a une cicatrice assez laide sur le visage

**unsigned** /ʌnˈsaɪnd/ ADJ 1 (= without signature) [letter, article, contract] non signé ◆ **unsigned by sb** sans la signature de qn ◆ **the treaty remains unsigned by the US** le traité n'a toujours pas été signé par les États-Unis
2 (Mus) [band, singer] qui n'est pas sous contrat avec une maison de disques

**unsinkable** /ʌnˈsɪŋkəbl/ ADJ insubmersible ; [politician] indéboulonnable *

**unskilful, unskillful** (US) /ˈʌnˈskɪlfʊl/ ADJ (= clumsy) maladroit ; (= inexpert) malhabile, inexpert

**unskilfully, unskillfully** (US) /ˈʌnˈskɪlfəlɪ/ ADV (= clumsily) avec maladresse ; (= inexpertly) malhabilement

**unskilled** /ˈʌnˈskɪld/ SYN

ADJ 1 [work, labour, job] ne nécessitant pas de qualification professionnelle

2 (= not skilful) [person, driver] inexpérimenté • **to be unskilled in sth** ne pas s'y connaître en qch • **to be unskilled in the use of sth** ne pas savoir bien se servir de qch • **to be unskilled in** *or* **at doing sth** ne pas être habile à faire qch

COMP **unskilled worker** N ouvrier *m*, -ière *f* spécialisé(e), OS *mf*

**unskimmed** /ˈʌnˈskɪmd/ ADJ [milk] non écrémé, entier

**unsmiling** /ʌnˈsmaɪlɪŋ/ ADJ [face] sans sourire ; [expression] sérieux • **he remained unsmiling** il restait sans sourire, il ne souriait pas • **he stared at her, unsmiling** il l'a dévisagée sans sourire

**unsmilingly** /ʌnˈsmaɪlɪŋlɪ/ ADV sans sourire

**unsmokable** /ʌnˈsməʊkəbl/ ADJ [cigarette, tobacco] infumable

**unsociability** /ˈʌn,səʊʃəˈbɪlɪtɪ/ N (NonC) insociabilité *f*

**unsociable** /ʌnˈsəʊʃəbl/ SYN ADJ 1 (pej = unfriendly) [person] peu sociable • **I'm feeling rather unsociable this evening** je n'ai pas tellement envie de voir des gens ce soir

2 ⇒ **unsocial**

**unsocial** /ʌnˈsəʊʃəl/ ADJ • **to work unsocial hours** travailler en dehors des heures normales

**unsold** /ˈʌnˈsəʊld/ ADJ [goods, tickets, holidays] invendu • **unsold stock** stock *m* d'invendus • **to be left** *or* **remain unsold** ne pas être vendu

**unsolder** /ʌnˈsəʊldəʳ/ VT dessouder, débraser

**unsoldierly** /ˈʌnˈsəʊldʒəlɪ/ ADJ [behaviour, emotion] indigne d'un soldat ; [appearance] peu militaire, peu martial ; [person] qui n'a pas l'esprit *or* la fibre militaire

**unsolicited** /ˈʌnsəˈlɪsɪtɪd/ SYN ADJ [mail, phone call, advice] non sollicité ; (Fin) [offer, bid] spontané • **"unsolicited gift"** (US:on customs declarations) « cadeau »

**unsolvable** /ˈʌnˈsɒlvəbl/ ADJ insoluble, impossible à résoudre

**unsolved** /ˈʌnˈsɒlvd/ ADJ [mystery] non résolu, inexpliqué ; [crime] non éclairci ; [problem, crossword clue] non résolu

**unsophisticated** /ˈʌnsəˈfɪstɪkeɪtɪd/ SYN ADJ [person, behaviour, tastes, film] simple ; [method, device] simpliste • **an unsophisticated wine** un petit vin sans prétention • **financially unsophisticated** [person] sans grande expérience de la finance, peu versé dans la finance • **a technically unsophisticated photographer** un photographe sans grande technique

**unsought** /ˈʌnˈsɔːt/ ADJ (also **unsought-for**) non recherché, non sollicité

**unsound** /ˈʌnˈsaʊnd/ SYN ADJ 1 (= unreliable) [person, advice, evidence] douteux ; [reasoning, judgement, argument, claim] mal fondé, douteux ; [view, conviction] mal fondé ; [decision] peu sensé, peu judicieux ; [company] peu solide ; [investment] peu sûr ; [player] peu compétent • **educationally/ecologically unsound** contestable sur le plan éducatif/écologique • **ideologically/politically unsound** idéologiquement/politiquement douteux • **the book is unsound on some points** ce livre est douteux sur certains points

2 (= in poor condition) [building, teeth, gums] en mauvais état ; [health, constitution] mauvais ; [heart, lungs] en mauvaise santé

3 (Psych, Jur) • **psychologically unsound** psychologiquement malsain • **to be of unsound mind** ne pas jouir de toutes ses facultés mentales

**unsparing** /ʌnˈspɛərɪŋ/ ADJ 1 (= lavish) prodigue (of de), généreux • **to be unsparing in one's efforts to do sth** ne pas ménager ses efforts pour faire qch • **the report was unsparing in its criticism** le rapport n'a pas été avare de critiques

2 (= cruel) impitoyable, implacable

**unsparingly** /ʌnˈspɛərɪŋlɪ/ ADV [give] généreusement, avec prodigalité ; [work] inlassablement

**unspeakable** /ʌnˈspiːkəbl/ SYN ADJ [act, object, horror, food] innommable ; [pain, cruelty] indescriptible

**unspeakably** /ʌnˈspiːkəblɪ/ ADV effroyablement

**unspecifically** /ˈʌnspəˈsɪfɪkəlɪ/ ADV [talk etc] en restant dans le vague, sans entrer dans les détails

**unspecified** /ˈʌnˈspesɪfaɪd/ ADJ non spécifié, non précisé

**unspectacular** /ˈʌnspekˈtækjʊləʳ/ ADJ qui n'a rien de remarquable *or* d'exceptionnel

**unspent** /ˈʌnˈspent/ ADJ [money, funds] non dépensé, qui reste

**unspoiled** /ˈʌnˈspɔɪld/ SYN, **unspoilt** /ˈʌnˈspɔɪlt/ ADJ [countryside, beauty, view, village] préservé ; [child] qui reste naturel • **unspoiled by** non gâché par • **he remained unspoiled by his great success** malgré son grand succès il restait aussi simple qu'avant

**unspoken** /ˈʌnˈspəʊkən/ SYN ADJ [words, hope] inexprimé ; [criticism, message] implicite ; [agreement, rule, bond] tacite

**unsporting** /ˈʌnˈspɔːtɪŋ/, **unsportsmanlike** /ˈʌnˈspɔːtsmənlaɪk/ ADJ (gen, Sport) déloyal • **to be unsporting** (= not play fair) être déloyal, ne pas jouer franc jeu ; (= be bad loser) être mauvais joueur • **that's very unsporting of you** ce n'est pas très chic de votre part

**unspotted** /ˈʌnˈspɒtɪd/ ADJ (liter : lit, fig) sans tache, immaculé

**unstable** /ˈʌnˈsteɪbl/ SYN ADJ (all senses) instable

**unstained** /ˈʌnˈsteɪnd/ ADJ (= not coloured) [furniture, floor] non teinté ; (= clean) [garment, surface] immaculé, sans tache ; [reputation] non terni, sans tache

**unstamped** /ˈʌnˈstæmpt/ ADJ [letter] non affranchi, non timbré ; [document, passport] non tamponné

**unstated** /ʌnˈsteɪtɪd/ ADJ inexprimé

**unstatesmanlike** /ˈʌnˈsteɪtsmənlaɪk/ ADJ peu diplomatique

**unsteadily** /ˈʌnˈstedɪlɪ/ ADV [get up, walk] de façon mal assurée ; [say] d'une voix mal assurée

**unsteadiness** /ˈʌnˈstedɪnɪs/ N (NonC) 1 (= shakiness) [of hands] tremblement *m* ; [of gait, voice] manque *m* d'assurance • **to experience some unsteadiness on one's feet** avoir du mal à tenir sur ses jambes

2 (= instability) [of ladder, structure] manque *m* de stabilité

3 (= irregularity) [of progress, course, rhythm] irrégularité *f*

**unsteady** /ˈʌnˈstedɪ/ SYN ADJ 1 (= shaky) [person, voice, legs, gait] mal assuré • **to be unsteady on one's feet** (gen) ne pas être solide sur ses jambes ; (from drink) tituber, chanceler

2 (= unsecured) [ladder, structure] instable

3 (= irregular) [progress, course, rhythm] irrégulier

4 (= unreliable) [person] inconstant

**unstick** /ˈʌnˈstɪk/ (pret, ptp **unstuck**)

VT décoller • **to come unstuck** [stamp, notice] se décoller ; * [plan] tomber à l'eau • **he certainly came unstuck * over that scheme** il s'est vraiment planté * avec ce projet

VI se décoller

**unstinted** /ʌnˈstɪntɪd/ ADJ [praise] sans réserve ; [generosity] sans bornes ; [efforts] illimité, incessant

**unstinting** /ʌnˈstɪntɪŋ/ ADJ [help] sans faille ; [support, praise] sans réserve ; [kindness, generosity] sans bornes ; [efforts] infatigable ; [work] inlassable • **to be unstinting in one's praise (of sb/sth)** ne pas tarir d'éloges (sur qn/qch) • **he was unstinting in his efforts** il ne ménageait pas ses efforts • **unstinting of sth** (frm) [person] prodigue de qch

**unstitch** /ˈʌnˈstɪtʃ/ VT défaire • **to come unstitched** se découdre

**unstop** /ˈʌnˈstɒp/ VT [+ sink] déboucher, désobstruer ; [+ bottle] déboucher, décapsuler

**unstoppable** /ˈʌnˈstɒpəbl/ ADJ [momentum, progress, rise] irrépressible ; [force] irrésistible ; [shot] que rien ne peut arrêter • **the advance of science is unstoppable** on ne peut arrêter les progrès de la science • **the Labour candidate seems unstoppable** il semble que rien ne puisse arrêter le candidat travailliste

**unstopper** /ʌnˈstɒpəʳ/ VT déboucher

**unstrap** /ˈʌnˈstræp/ VT • **to unstrap A from B** détacher A de B, défaire les sangles qui attachent A à B

**unstressed** /ˈʌnˈstrest/ ADJ [syllable] inaccentué, atone

**unstring** /ˈʌnˈstrɪŋ/ (pret, ptp **unstrung**) VT [+ violin, racket] enlever *or* détendre les cordes de ; [+ beads] désenfiler ; (fig) [+ person] démoraliser

**unstructured** /ˈʌnˈstrʌktʃəd/ ADJ 1 (= loosely organized) [method, programme, meeting] non structuré

2 (Dress) [jacket] déstructuré

**unstrung** /ˈʌnˈstrʌŋ/

VB pt, ptp of **unstring**

ADJ [violin, racket] dont on a enlevé les cordes, dont les cordes sont détendues ; (fig) démoralisé

**unstuck** /ˈʌnˈstʌk/ VB pt, ptp of **unstick**

**unstudied** /ˈʌnˈstʌdɪd/ ADJ naturel, spontané

**unsubdued** /ˈʌnsəbˈdjuːd/ ADJ (lit, fig) indompté

**unsubscribe** /ʌnˈsʌbskraɪb/ VI (Internet) se désabonner

**unsubsidized** /ˈʌnˈsʌbsɪdaɪzd/ ADJ non subventionné, qui ne reçoit pas de subvention

**unsubstantial** /ˈʌnsəbˈstænʃəl/ SYN ADJ [structure] peu solide, léger ; [meal] peu substantiel, peu nourrissant ; [argument] peu solide, sans substance ; [evidence] insuffisant

**unsubstantiated** /ˈʌnsəbˈstænʃɪeɪtɪd/ SYN ADJ [rumour] sans fondement ; [story] non confirmé ; [claim] non fondé ; [allegation] sans preuves • **these reports remain unsubstantiated** ces informations ne sont toujours pas confirmées

**unsubtle** /ʌnˈsʌtl/ ADJ lourd

**unsuccessful** /ˈʌnsəkˈsesfʊl/ SYN ADJ [attempt] manqué, infructueux ; [campaign, operation, career] manqué ; [efforts, negotiations, search] infructueux ; [firm] qui ne prospère pas ; [candidate, marriage, outcome] malheureux ; [writer, book] qui n'a pas de succès • **to be unsuccessful** [person] ne pas réussir • **I tried to speak to him but I was unsuccessful** j'ai essayé de lui parler mais sans succès • **to be unsuccessful in an exam** échouer à *or* rater un examen • **they were unsuccessful in their efforts** leurs efforts ont été infructueux • **he is unsuccessful in everything he does** rien ne lui réussit • **to be unsuccessful in doing sth** ne pas réussir à faire qch • **to prove unsuccessful** [search, negotiations] ne mener à rien • **we regret to inform you that your application for the post has been unsuccessful** nous regrettons de ne pouvoir donner suite à votre candidature au poste concerné • **after three unsuccessful attempts** après trois tentatives infructueuses

**unsuccessfully** /ˈʌnsəkˈsesfəlɪ/ ADV sans succès

**unsuitability** /ˈʌn,suːtəˈbɪlɪtɪ/ N • **the unsuitability of the candidate** l'inaptitude du candidat • **they talked about her unsuitability for the job** ils ont évoqué le fait qu'elle ne convenait pas pour le poste

**unsuitable** /ˈʌnˈsuːtəbl/ SYN ADJ [place] qui ne convient pas, qui ne fait pas l'affaire ; [time] qui ne convient pas ; [food, climate] contre-indiqué ; [person] (= inappropriate) qui ne convient pas, qui ne fait pas l'affaire ; (= not respectable) peu recommandable ; [book] peu recommandable ; [moment] inopportun ; [action, reply, example, device] inopportun, peu approprié ; [language, attitude] inconvenant ; [colour, size] qui ne va pas ; [job, land] inapproprié ; [accommodation] qui ne convient pas ; [clothes] (= inappropriate) inadapté ; (= not respectable) non convenable • **he is unsuitable to be the leader of the party** ce n'est pas l'homme qu'il faut pour diriger le parti • **he is unsuitable for the post** il ne convient pas pour ce poste • **land that is entirely unsuitable for agriculture/growing wheat** terrain qui ne se prête pas du tout à l'agriculture/à la culture du blé • **his shoes were totally unsuitable for walking in the country** ses chaussures étaient totalement inadaptées pour la randonnée • **to be unsuitable for sb** (= inappropriate) ne pas convenir à qn ; (= not respectable) être déconseillé à qn • **an unsuitable wife for a clergyman** une femme peu recommandable pour un pasteur • **unsuitable for children** déconseillé aux enfants • **the building was totally unsuitable as a museum space** ce bâtiment ne se prêtait absolument pas à servir de musée • **the equipment proved unsuitable** l'équipement s'est avéré inadapté

**unsuitably** /ˈʌnˈsuːtəblɪ/ ADV ◆ **unsuitably dressed** (= *inappropriately*) habillé de façon inadaptée ; (= *not respectably*) habillé de façon inconvenante ◆ **to be unsuitably qualified for sth** ne pas avoir les qualifications requises pour qch

**unsuited** /ˈʌnˈsuːtɪd/ ADJ ◆ **unsuited to sth** *[person]* inapte à qch ; *[thing]* inadapté à qch ◆ **Mary and Neil are unsuited (to each other)** Mary et Neil ne sont pas faits l'un pour l'autre ◆ **to be unsuited to** *or* **for doing sth** ne pas être fait pour faire qch ◆ **to be unsuited for sth** ne pas être fait pour qch ◆ **the horse was unsuited for the fast ground** le cheval n'était pas fait pour ce terrain dur

**unsullied** /ˌʌnˈsʌlɪd/ ADJ *(liter) [reputation]* sans tache ◆ **she possessed an innocence unsullied by contact with the world** elle était d'une innocence que la fréquentation du monde n'avait pas entachée ◆ **a town unsullied by modern development** une ville préservée des atteintes de l'urbanisme moderne

**unsung** /ˈʌnˈsʌŋ/ ADJ *[hero, heroine, achievement]* méconnu

**unsupervised** /ʌnˈsuːpəvaɪzd/ ADJ sans surveillance

**unsupported** /ˈʌnsəˈpɔːtɪd/ ADJ [1] (= *unsubstantiated*) *[allegation, accusation]* sans preuves ; *[claim, statement, hypothesis]* infondé ◆ **unsupported by evidence** non étayé par des preuves

[2] (= *without backup*) *[troops]* sans soutien ; *[expedition]* sans appui ; *(Pol) [candidate]* sans appui, sans soutien *(by sb* de la part de qn) ; *(financially) [mother]* sans soutien financier ◆ **unsupported by troops** sans l'appui de troupes

[3] *(physically)* ◆ **to walk/stand unsupported** *[person]* marcher/se tenir debout sans soutien

[4] *[structure, wall]* sans support

**unsure** /ˈʌnˈʃʊəʳ/ SYN ADJ [1] (= *doubtful*) ◆ **I'm unsure** je n'en suis pas sûr, je suis dans l'incertitude ◆ **to be unsure about** *or* **of sb/sth** ne pas être sûr de qn/qch ◆ **to be unsure about doing sth** ne pas savoir exactement si l'on va faire qch, ne pas être certain de faire qch ◆ **to be unsure about** *or* **of how to do sth** ne pas trop savoir *or* ne pas être sûr de savoir comment faire qch ◆ **she is unsure what to do/how to reply** elle ne sait pas trop quoi faire/comment répondre, elle n'est pas sûre de savoir quoi faire/comment répondre ◆ **the police are unsure what caused the violence** la police ne s'explique pas vraiment les raisons de cette violence ◆ **they're unsure when he'll return** ils ne savent pas bien quand il rentrera ◆ **she was unsure where she was** elle ne savait pas au juste où elle se trouvait ◆ **he was unsure where to begin** il ne savait pas trop par où commencer ◆ **he was unsure whether he would be able to do it** il n'était pas sûr de pouvoir le faire ◆ **she was unsure whether to laugh or cry** elle ne savait pas trop si elle devait rire ou pleurer

[2] (= *lacking confidence*) *[person]* mal assuré ◆ **to be unsure of o.s.** ne pas être sûr de soi ◆ **this made him unsure of himself** cela l'a fait douter (de lui)

[3] (= *unreliable*) *[memory]* peu fidèle

**unsurmountable** /ˈʌnsəˈmaʊntəbl/ ADJ insurmontable

**unsurpassable** /ˈʌnsəˈpɑːsəbl/ ADJ insurpassable

**unsurpassed** /ˈʌnsəˈpɑːst/ SYN ADJ qui n'a jamais été dépassé ◆ **to remain unsurpassed** rester inégalé

**unsurprising** /ˈʌnsəˈpraɪzɪŋ/ ADJ pas surprenant ◆ **it is unsurprising that…** il n'est pas surprenant que… + *subj*

**unsurprisingly** /ˈʌnsəˈpraɪzɪŋlɪ/ ADV ◆ **unsurprisingly, he left immediately** comme on pouvait s'y attendre, il est parti tout de suite ◆ **not unsurprisingly, he did it rather well** contrairement à toute attente, il l'a plutôt bien fait

**unsuspected** /ˈʌnsəsˈpektɪd/ ADJ [1] (= *unforeseen*) *[problem, skill, cause]* insoupçonné

[2] (= *not under suspicion*) *[person]* qui n'éveille pas de soupçons

**unsuspecting** /ˈʌnsəsˈpektɪŋ/ SYN ADJ sans méfiance ◆ **and he, quite unsuspecting, said…** et lui, sans la moindre méfiance, dit…

**unsuspicious** /ˈʌnsəsˈpɪʃəs/ ADJ [1] (= *feeling no suspicion*) peu soupçonneux, peu méfiant

[2] (= *arousing no suspicion*) qui n'a rien de suspect, qui n'éveille aucun soupçon ◆ **unsuspicious-looking** tout à fait ordinaire

**unsustainable** /ˌʌnsəsˈteɪnəbəl/ ADJ *[development]* non durable ; *[position]* intenable ◆ **the current system is unsustainable** le système actuel n'est pas viable

**unswayed** /ʌnˈsweɪd/ ADJ ◆ **the government was unswayed by the strike action** le gouvernement ne s'est pas laissé influencer par le mouvement de grève

**unsweetened** /ˈʌnˈswiːtnd/ ADJ *[tea, coffee]* sans sucre, non sucré ; *[yoghurt, soya milk]* non sucré ; *[fruit juice]* sans sucre ajouté

**unswerving** /ʌnˈswɜːvɪŋ/ SYN ADJ *[support, commitment]* indéfectible ; *[loyalty]* à toute épreuve ; *[faith, devotion, resolve]* inébranlable ; *[policy]* inflexible ◆ **to be unswerving in one's belief in sth** avoir une foi inébranlable en qch

**unswervingly** /ʌnˈswɜːvɪŋlɪ/ ADV ◆ **unswervingly loyal** d'une loyauté à toute épreuve ◆ **to hold unswervingly to one's course** poursuivre inébranlablement son but, ne pas se laisser détourner de son but

**unsympathetic** /ˈʌnˌsɪmpəˈθetɪk/ SYN ADJ [1] (= *uncaring*) *[person, attitude, treatment]* peu compatissant *(to sb* envers qn), indifférent ◆ **unsympathetic to sb's needs/problems** indifférent aux besoins/problèmes de qn ◆ **unsympathetic to sth** (= *hostile*) *[+ cause, idea]* hostile à qch ; *[+ aim]* peu sensible à qch

[2] (= *unlikeable*) *[character]* antipathique ; *[portrayal]* peu flatteur

**unsympathetically** /ˈʌnˌsɪmpəˈθetɪkəlɪ/ ADV sans compassion

**unsystematic** /ˈʌnˌsɪstɪˈmætɪk/ ADJ *[work, reasoning]* peu systématique, peu méthodique

**unsystematically** /ˈʌnˌsɪstɪˈmætɪkəlɪ/ ADV sans système, sans méthode

**untainted** /ˈʌnˈteɪntɪd/ ADJ *(lit) [food]* non contaminé ; *[water, air]* pur ; *(fig) [reputation]* intact, sans tache ; *[person, mind]* non corrompu *(by* par), pur

**untam(e)able** /ˈʌnˈteɪməbl/ ADJ *[bird, wild animal]* inapprivoisable ; *[large or fierce animal]* non dressable

**untamed** /ˈʌnˈteɪmd/ SYN ADJ [1] (= *uncultivated*) *[landscape, environment]* sauvage ; *[vegetation]* sauvage, luxuriant ; *[beauty]* sauvage, farouche

[2] (= *uninhibited*) *[person]* sauvage, indompté ; *[passion]* dévorant, fougueux

[3] (= *undomesticated*) *[animal]* qui n'est pas apprivoisé

**untangle** /ˈʌnˈtæŋgl/ SYN VT *[+ rope, wool, hair]* démêler ; *[+ mystery]* débrouiller, éclaircir ; *[+ plot]* dénouer

**untanned** /ˈʌnˈtænd/ ADJ [1] *[hide]* non tanné

[2] *[person]* non bronzé

**untapped** /ˈʌnˈtæpt/ ADJ inexploité

**untarnished** /ˈʌnˈtɑːnɪʃt/ ADJ *(lit, fig)* non terni, sans tache

**untasted** /ˈʌnˈteɪstɪd/ ADJ *[food, delights]* auquel on n'a pas goûté ◆ **the food lay untasted on the plate** le repas restait dans l'assiette ◆ **he left the meal untasted** il n'a pas goûté au repas

**untaught** /ˈʌnˈtɔːt/ ADJ (= *uneducated*) sans instruction, ignorant ; (= *natural, innate*) *[skill, gift]* inné, naturel

**untaxable** /ˈʌnˈtæksəbl/ ADJ *[income]* non imposable ; *[goods]* exempt de taxes

**untaxed** /ˈʌnˈtækst/ ADJ *[goods]* exempt de taxes, non imposé ; *[income]* non imposable, exempté d'impôts ; *[car]* sans vignette

**unteachable** /ˈʌnˈtiːtʃəbl/ ADJ *[person]* à qui on ne peut rien apprendre ; *[pupil]* réfractaire à tout enseignement ; *[subject]* impossible à enseigner, qui ne se prête pas à l'enseignement

**untempered** /ˈʌnˈtempəd/ ADJ *[steel]* non revenu

**untenable** /ˈʌnˈtenəbl/ SYN ADJ *[theory, argument, opinion]* indéfendable ; *[position, situation]* intenable

**untenanted** /ˈʌnˈtenəntɪd/ ADJ inoccupé, sans locataire(s)

**untended** /ˈʌnˈtendɪd/ ADJ (= *unwatched*) sans surveillance ; (= *unmaintained*) *[garden etc]* mal entretenu

**untested** /ˈʌnˈtestɪd/ ADJ [1] (= *untried*) *[drug, method]* non testé ; *[theory]* non vérifié ; *[system, weapon, device]* non testé, non essayé

[2] (= *inexperienced*) *[person]* inexpérimenté

**untethered** /ʌnˈteðəd/ ADJ *[animal]* sans longe, libre ; *(fig)* sans entraves, libre

**unthinkable** /ʌnˈθɪŋkəbl/ SYN

ADJ [1] (= *inconceivable*) impensable, inconcevable ◆ **it is unthinkable that…** il est impensable *or* inconcevable que… + *subj* ◆ **it would be unthinkable to do that** il serait impensable *or* inconcevable de faire cela ◆ **it would be unthinkable for her to do that** il serait impensable *or* inconcevable qu'elle fasse cela

[2] (= *unbearable*) insupportable

N ◆ **the unthinkable** l'impensable *m*, l'inconcevable *m*

**unthinking** /ˈʌnˈθɪŋkɪŋ/ SYN ADJ *[person, behaviour]* irréfléchi ; *[child]* étourdi ; *[action, remark]* irréfléchi, inconsidéré ; *[obedience]* aveugle ◆ **she drove on, unthinking** elle a continué sa route sans réfléchir

**unthinkingly** /ˈʌnˈθɪŋkɪŋlɪ/ ADV *[behave]* sans réfléchir ◆ **unthinkingly cruel** d'une cruauté inconsciente

**unthought-of** /ʌnˈθɔːtɒv/ ADJ auquel on n'a pas pensé *or* songé

**unthread** /ˈʌnˈθred/ VT *[+ needle, pearls]* désenfiler

**untidily** /ʌnˈtaɪdɪlɪ/ ADV *[work]* sans méthode, sans ordre ; *[write, dress]* sans soin ◆ **his books lay untidily about the room** ses livres étaient étalés en désordre dans toute la pièce

**untidiness** /ʌnˈtaɪdɪnɪs/ N (NonC) *[of room]* désordre *m* ; *[of dress, person]* aspect *m* débraillé ; *(in habits)* manque *m* d'ordre

**untidy** /ʌnˈtaɪdɪ/ SYN ADJ *(in appearance) [room, desk, clothes, hair]* en désordre ; *[person, appearance, garden]* négligé ; *[writing]* peu soigné ; *[work]* brouillon ; *(in habits) [person]* désordonné ◆ **in an untidy heap** *or* **pile** empilé en désordre

**untie** /ˈʌnˈtaɪ/ SYN VT *[+ knot]* défaire ; *[+ string, shoelaces]* dénouer, défaire ; *[+ shoes]* défaire *or* dénouer les lacets de ; *[+ parcel]* défaire, ouvrir ; *[+ prisoner, hands]* délier, détacher ; *[+ bonds]* défaire, détacher

**until** /ənˈtɪl/

PREP jusqu'à ◆ **until such time as…** *(in future)* jusqu'à ce que… + *subj*, en attendant que… + *subj* ; *(in past)* avant que… + *subj* ◆ **until the next day** jusqu'au lendemain ◆ **from morning until night** du matin (jusqu')au soir ◆ **until now** jusqu'ici, jusqu'à maintenant ◆ **until then** jusque-là ◆ **not until** *(in future)* pas avant ; *(in past)* ne… que ◆ **it won't be ready until tomorrow** ce ne sera pas prêt avant demain ◆ **he didn't leave until the following day** il n'est parti que le lendemain ◆ **it will be ready on Saturday, until when we must…** ce sera prêt samedi et en attendant nous devons… ◆ **the work was not begun until 1986** ce n'est qu'en 1986 que les travaux ont commencé ◆ **I had heard nothing of it until five minutes ago** j'en ai seulement entendu parler *or* j'en ai entendu parler pour la première fois il y a cinq minutes

CONJ *(in future)* jusqu'à ce que + *subj*, en attendant que + *subj* ; *(in past)* avant que + *subj* ◆ **wait until I come** attendez que je vienne ◆ **until they built the new road** avant qu'ils (ne) fassent la nouvelle route ◆ **until they build the new road** en attendant qu'ils fassent la nouvelle route ◆ **he laughed until he cried** il a ri aux larmes ◆ **not until** *(in future)* pas avant que… (ne) + *subj*, tant que… ne + *indic pas* ; *(in past)* tant que… ne + *indic pas* ◆ **he won't come until you invite him** il ne viendra pas tant que vous ne l'aurez pas invité ◆ **they did nothing until we came** ils n'ont rien fait tant que nous n'avons pas été là ◆ **do nothing until I tell you** ne faites rien avant que je (ne) vous le dise *or* tant que je ne vous l'aurai pas dit ◆ **do nothing until you get my letter** ne faites rien avant d'avoir reçu ma lettre ◆ **wait until you get my letter** attendez d'avoir reçu ma lettre ◆ **don't start until I come** ne commencez pas avant que j'arrive *subj*, attendez-moi pour commencer

**untilled** /ˈʌnˈtɪld/ ADJ non labouré

**untimeliness** /ʌnˈtaɪmlɪnɪs/ N *[of death]* caractère *m* prématuré ; *[of arrival]* inopportunité *f* ; *[of remark]* manque *m* d'à-propos

**untimely** /ʌnˈtaɪmlɪ/ SYN ADJ *[death]* prématuré ; *[arrival, return, visit]* intempestif ; *[remark, action]* déplacé, inopportun ; *[pregnancy, rain]* inopportun, qui arrive au mauvais moment ◆ **to meet** *or* **come to an untimely end** *[person, project]* connaître une fin prématurée

## untiring | unwholesome

**untiring** /ʌnˈtaɪərɪŋ/ SYN ADJ [campaigner, fighter] infatigable, inlassable ; [enthusiasm, work, efforts] inlassable ◆ **to be untiring in one's efforts (to do sth)** ne pas ménager ses efforts (pour faire qch)

**untiringly** /ʌnˈtaɪərɪŋlɪ/ ADV inlassablement

**untitled** /ˈʌnˈtaɪtld/ ADJ ① [painting] sans titre
② [person] qui n'a pas de titre

**unto** /ˈʌntʊ/ PREP (liter) ⇒ **to, toward(s)**

**untogether*** /ˌʌntəˈɡɛðər/ ADJ [person] ◆ **to be untogether** (= disorganized) ne pas être au point* ; (= unstable) être paumé*

**untold** /ʌnˈtəʊld/ SYN ADJ ① (= indescribable, incalculable) [damage] indescriptible ; [misery, suffering] indicible, indescriptible ; [worry] indicible ; [riches, losses] incalculable ; [amounts] inestimable ; [varieties] innombrable ◆ **to save untold numbers of lives** sauver d'innombrables vies ◆ **untold millions of years ago** il y a des millions et des millions d'années
② (= not recounted) [story] jamais raconté ; [secret] jamais dévoilé or divulgué ◆ **that story remains untold** cette histoire n'a encore jamais été racontée ◆ **to leave sth untold** passer qch sous silence

**untouchable** /ʌnˈtʌtʃəbl/
ADJ ① (in India) [person] de la caste des intouchables ; [caste] des intouchables ◆ **to be treated as untouchable** (fig) être traité en paria
② (= unattainable, unpunishable) [person, aura, air] intouchable
③ (= inviolable) [right] intangible
④ (= unrivalled) [player, performer] imbattable
N (in India) intouchable mf, paria m ; (fig) paria m

**untouched** /ʌnˈtʌtʃt/ SYN ADJ ① (= undamaged) [building, constitution] intact ; [person] indemne
② (= unaffected) ◆ **untouched by sth** non affecté par qch
③ (= not eaten or drunk) ◆ **he left his meal/coffee untouched** il n'a pas touché à son repas/café ◆ **his meal/coffee lay untouched on the table** il a laissé son repas/café sur la table sans y avoir touché

**untoward** /ˌʌntəˈwɔːd/ SYN ADJ fâcheux ◆ **nothing untoward happened** il ne s'est rien passé de fâcheux

**untraceable** /ʌnˈtreɪsəbl/ ADJ [person] introuvable ; [note, bill] dont il ne reste aucune trace

**untrained** /ʌnˈtreɪnd/ SYN ADJ [person, worker] (= inexperienced) sans expérience ; (= unqualified) non qualifié ; [soldier, gymnast] non entraîné, sans entraînement ; [pianist] sans entraînement ; [voice] non travaillé ; [mind] non formé ; [horse, dog] non dressé ◆ **to the untrained eye/ear** pour un œil inexercé/une oreille inexercée ◆ **to be untrained for** or **in sth** (gen) ne pas être formé à qch ; [soldier, gymnast] ne pas être entraîné à qch

**untrammelled, untrammeled** (US) /ʌnˈtræməld/ ADJ (frm) [person, life] sans contraintes ; [authority] sans limites ◆ **to be untrammelled by any anxieties** n'être retenu par aucune appréhension ◆ **untrammelled by family ties** non entravé par des liens familiaux ◆ **untrammelled by superstitions** libre de toute superstition

**untranslatable** /ˈʌntrænzˈleɪtəbl/ ADJ intraduisible

**untravelled, untraveled** (US) /ʌnˈtrævld/ ADJ
① [road] peu fréquenté
② [person] qui n'a pas voyagé

**untreated** /ʌnˈtriːtɪd/ ADJ ① (Med) [patient] non traité ; [illness, wound] non soigné
② (= unprocessed) [sewage, wood, cotton] non traité (with sth à qch)

**untried** /ʌnˈtraɪd/ ADJ ① (= untested) [product, drug, method] non testé ; [theory] non vérifié ; [system, weapon, device] non testé, non essayé
② (= inexperienced) [person] qui n'a pas été mis à l'épreuve
③ (Jur) [prisoner] en détention provisoire ; [case] non encore jugé ◆ **he was condemned untried** il a été condamné sans procès

**untrodden** /ʌnˈtrɒdn/ ADJ (liter) [path] peu fréquenté ; [region, territory] inexploré, vierge ; [snow] non foulé, vierge

**untroubled** /ʌnˈtrʌbld/ SYN ADJ ① (= serene) [person] serein ; [face, sleep] paisible ; [life] tranquille ◆ **to be untroubled by sth** (= not worried) ne pas être affecté or troublé par qch ◆ **to be untroubled by an accusation** ne pas être ébranlé or ne pas se laisser démonter par une accusation ◆ **she is untroubled by inconsistencies** les incohérences ne l'inquiètent pas or la gênent pas
② (= unaffected) ◆ **to be untroubled by injury** [footballer etc] ne pas être blessé
③ (= unharassed) ◆ **to be untroubled by sb/sth** ne pas être dérangé par qn/qch

**untrue** /ʌnˈtruː/ SYN ADJ ① (= inaccurate) [story, belief, claim] faux (fausse f) ◆ **it is untrue (to say) that...** il est faux (de dire) que...
② (liter = unfaithful) ◆ **untrue to sb** [lover] infidèle à qn ◆ **to be untrue to one's principles/word/responsibilities** manquer à ses principes/sa parole/ses responsabilités

**untrustworthy** /ʌnˈtrʌstˌwɜːðɪ/ SYN ADJ [person] indigne de confiance ; [witness] récusable ; [book] auquel on ne peut se fier ; [evidence, results] douteux

**untruth** /ʌnˈtruːθ/ SYN N (pl **untruths** /ʌnˈtruːðz/) contrevérité f ; (stronger) mensonge m ; (NonC) fausseté f

**untruthful** /ʌnˈtruːθfʊl/ SYN ADJ [person] menteur ; [statement, claim, answer] mensonger ◆ **to be untruthful** [person] mentir

**untruthfully** /ʌnˈtruːθfəlɪ/ ADV de façon mensongère

**untruthfulness** /ʌnˈtruːθfʊlnɪs/ N (NonC) fausseté f, caractère m mensonger

**untuneful** /ʌnˈtjuːnfʊl/ ADJ peu harmonieux

**untutored** /ʌnˈtjuːtəd/ ADJ [person] sans instruction ; [work] spontané ; [taste] non formé, qui n'a pas été formé ◆ **he is completely untutored** il n'a aucune instruction ◆ **to the untutored eye/ear** pour un œil inexercé/une oreille inexercée ◆ **to be untutored in sth** ne pas avoir reçu d'instruction en qch

**untwine** /ʌnˈtwaɪn/ VT défaire, détortiller

**untwist** /ʌnˈtwɪst/ VT (= untangle) [+ rope, threads, wool] démêler, détortiller ; (= straighten out) [+ flex, rope] détordre ; (= unravel) [+ rope, wool] défaire ; (= unscrew) [+ bottle-top] dévisser

**untypical** /ʌnˈtɪpɪkəl/ ADJ peu typique, peu caractéristique (of de) ◆ **it's untypical of him** ça ne lui ressemble pas , ce n'est pas son genre

**unusable** /ʌnˈjuːzəbl/ ADJ inutilisable

**unused** /ʌnˈjuːzd/ ADJ ① (= not utilized) [land, building, goods, potential] inutilisé ; [clothes] jamais porté ; [bank notes] non usagé ; [food] non consommé ; (Ling) inusité
② /ʌnˈjuːst/ (= unaccustomed) ◆ **to be unused to (doing) sth** ne pas être habitué à (faire) qch, ne pas avoir l'habitude de (faire) qch ◆ **I am quite unused to it now** j'en ai tout à fait perdu l'habitude, je n'en ai plus du tout l'habitude

**unusual** /ʌnˈjuːʒʊəl/ SYN ADJ [name] peu commun, insolite ; [measure, occurrence, circumstances, gift, number] inhabituel ; [case] étrange ; [person, place] étonnant ◆ **nothing unusual** rien d'insolite or d'inhabituel ◆ **there is something unusual about this** ça a quelque chose d'insolite or d'inhabituel ◆ **a man of unusual intelligence** un homme d'une intelligence exceptionnelle ◆ **it is unusual to see this** il est rare de voir cela ◆ **it is unusual for him to be early** il est rare qu'il arrive subj de bonne heure ◆ **it's not unusual for him to be late** or (frm) **that he should be late** il n'est pas rare qu'il soit en retard ◆ **it is unusual that...** il est rare que... + subj ◆ **this was unusual for me** c'était inhabituel pour moi

**unusually** /ʌnˈjuːʒʊəlɪ/ ADV [large, quiet, cheerful] exceptionnellement ◆ **unusually early/well** exceptionnellement tôt/bien ◆ **she woke, unusually (for her), a little after midnight** contrairement à son habitude, elle s'est réveillée peu après minuit ◆ **unusually for a film of this era, it...** chose rare pour un film de cette époque, il...

**unutterable** /ʌnˈʌtərəbl/ SYN ADJ (frm) [sadness, joy, boredom, relief] indicible ; [nonsense] effarant ; [fool] fini

**unutterably** /ʌnˈʌtərəblɪ/ ADV (frm) [sad] indiciblement (liter) ; [boring] mortellement ◆ **unutterably tired** mort de fatigue

**unvaried** /ʌnˈvɛərɪd/ ADJ uniforme, monotone (pej) ◆ **the menu was unvaried from one week to the next** le menu ne changeait pas d'une semaine à l'autre

**unvarnished** /ʌnˈvɑːnɪʃt/ SYN ADJ ① [wood] non verni ; [pottery] non vernissé
② (fig) [account, description] sans fard ◆ **the unvarnished truth** la vérité pure et simple, la vérité toute nue

**unvarying** /ʌnˈvɛərɪɪŋ/ ADJ invariable

**unvaryingly** /ʌnˈvɛərɪɪŋlɪ/ ADV invariablement

**unveil** /ʌnˈveɪl/ SYN VT dévoiler

**unveiling** /ʌnˈveɪlɪŋ/ N dévoilement m ; (= ceremony) inauguration f

**unventilated** /ʌnˈvɛntɪleɪtɪd/ ADJ sans ventilation

**unverifiable** /ʌnˈvɛrɪfaɪəbl/ ADJ invérifiable

**unverified** /ʌnˈvɛrɪfaɪd/ ADJ non vérifié

**unversed** /ʌnˈvɜːst/ ADJ ◆ **unversed in** peu versé dans

**unvoiced** /ʌnˈvɔɪst/ ADJ ① [opinion, sentiment] inexprimé
② (Phon) [consonant] non voisé, sourd

**unwaged** /ʌnˈweɪdʒd/
NPL **the unwaged** (Brit Admin = the unemployed) les sans-emploi mpl ◆ **special rates for the unwaged** des tarifs spéciaux pour les sans-emploi
ADJ [person, work] non rémunéré

**unwanted** /ʌnˈwɒntɪd/ SYN ADJ [food, possessions] dont on ne veut plus ; [pet] dont on ne veut plus, dont on veut se séparer ; [advice] inopportun, malvenu ; [telephone call, attention] inopportun ; [visitor] indésirable ; [pregnancy, birth, child] non désiré ; [fat] dont on veut se débarrasser ; [effect] indésirable ◆ **to feel unwanted** se sentir rejeté ◆ **she rejected his unwanted advances** elle a repoussé ses avances ◆ **to remove unwanted hair** s'épiler

**unwarily** /ʌnˈwɛərɪlɪ/ ADV sans se méfier, imprudemment

**unwarlike** /ʌnˈwɔːlaɪk/ ADJ peu belliqueux

**unwarrantable** /ʌnˈwɒrəntəbl/ ADJ [intrusion, interference etc] injustifiable ◆ **it is quite unwarrantable that...** il est tout à fait injustifiable que... + subj

**unwarrantably** /ʌnˈwɒrəntəblɪ/ ADV de façon injustifiable

**unwarranted** /ʌnˈwɒrəntɪd/ SYN ADJ injustifié

**unwary** /ʌnˈwɛərɪ/ SYN
ADJ [visitor, reader] non averti ; [driver] non vigilant, qui n'est pas sur ses gardes ; [investor] trop confiant
N ◆ **a trap for the unwary** un piège dans lequel il est facile de tomber

**unwashed** /ʌnˈwɒʃt/
ADJ [hands, object] non lavé ; [person] qui ne s'est pas lavé
N (hum) ◆ **the great unwashed*** la populace (pej)

**unwavering** /ʌnˈweɪvərɪŋ/ SYN ADJ [devotion, faith, resolve] inébranlable ; [defender] inconditionnel ; [gaze] fixe ; [voice] ferme ; [concentration] qui ne faiblit pas ◆ **to be unwavering in one's support for sth** apporter un soutien inébranlable or indéfectible à qch ◆ **to be unwavering in one's opposition to sth** être inflexiblement opposé à qch

**unwaveringly** /ʌnˈweɪvərɪŋlɪ/ ADV [follow, continue] inébranlablement ; [say] fermement ; [gaze] fixement

**unweaned** /ʌnˈwiːnd/ ADJ non sevré

**unwearable** /ʌnˈwɛərəbl/ ADJ [clothes, colour] pas mettable

**unwearied** /ʌnˈwɪərɪd/ ADJ pas fatigué

**unwearying** /ʌnˈwɪərɪɪŋ/ ADJ infatigable

**unwed** † /ʌnˈwɛd/ ADJ ⇒ **unmarried**

**unweighting** /ʌnˈweɪtɪŋ/ N (Ski) allégement m

**unwelcome** /ʌnˈwɛlkəm/ SYN ADJ [visitor, gift, attention] importun ; [fact, thought] gênant ; [news, publicity, surprise] fâcheux ; [reminder] malvenu ◆ **to make sb feel unwelcome** donner à qn l'impression qu'il est indésirable or qu'il est de trop ◆ **the money was not unwelcome** l'argent était le bienvenu

**unwelcoming** /ʌnˈwɛlkəmɪŋ/ ADJ [person, behaviour] inamical ; [place] peu accueillant

**unwell** /ʌnˈwɛl/ SYN ADJ [person] souffrant ◆ **to feel unwell** ne pas se sentir bien

**unwholesome** /ʌnˈhəʊlsəm/ SYN ADJ [food, smell, air, habits, thoughts] malsain ◆ **to have an unwholesome interest in sb/sth** éprouver un intérêt malsain pour qn/qch

**unwieldy** /ʌnˈwiːldɪ/ SYN ADJ 1 *(= difficult to handle) [suitcase]* difficile à manier ; *[tool, weapon]* peu maniable, difficile à manier
2 *(= difficult to manage) [system, structure, bureaucracy]* pesant, lourd ; *[name]* compliqué

**unwilling** /ˈʌnˈwɪlɪŋ/ SYN ADJ 1 *(= disinclined)* ◆ **to be unwilling** *[person]* être réticent ◆ **to be unwilling to do sth** *(= disinclined)* ne pas être disposé à faire qch ; *(= refusing)* ne pas vouloir faire qch, refuser de faire qch ◆ **to be unwilling for sb to do sth/for sth to happen** ne pas vouloir que qn fasse qch/que qch se produise
2 *(= reluctant) [victim]* non consentant ; *[accomplice, conscript]* malgré soi ; *[partner]* involontaire ◆ **he was an unwilling participant in the affair** il se trouvait involontairement impliqué dans l'affaire, il se trouvait impliqué dans l'affaire malgré lui ◆ **she gave me her unwilling assistance** elle m'a aidé à contrecœur

**unwillingly** /ˈʌnˈwɪlɪŋlɪ/ ADV à contrecœur

**unwillingness** /ˈʌnˈwɪlɪŋnɪs/ N *(NonC)* ◆ **his unwillingness to help is surprising** il est étonnant qu'il ne soit pas disposé à aider

**unwind** /ˈʌnˈwaɪnd/ SYN (pret, ptp **unwound**)
VT dérouler
VI 1 se dérouler
2 *(* fig = relax)* se détendre, se relaxer

**unwise** /ˈʌnˈwaɪz/ SYN ADJ *[person]* imprudent, malavisé *(liter)* ; *[investment, decision, remark]* peu judicieux, imprudent ◆ **it was an unwise thing to say** ce n'était pas très judicieux de dire ça ◆ **it would be unwise to expect too much** il ne serait pas raisonnable de s'attendre à trop ◆ **I thought it unwise to travel alone** j'ai pensé qu'il serait imprudent de voyager seul ◆ **it would be unwise (for** *or* **of him) to refuse** il serait peu judicieux *or* malavisé (de sa part) de refuser ◆ **you would be unwise to do that** vous seriez imprudent *or* malavisé de faire cela, il serait inconsidéré *or* peu judicieux de votre part de faire cela

**unwisely** /ˈʌnˈwaɪzlɪ/ ADV *[act, behave]* imprudemment ◆ **unwisely, she agreed to go** imprudemment, elle a accepté d'y aller

**unwitting** /ʌnˈwɪtɪŋ/ SYN ADJ *[involvement]* involontaire ◆ **I was your unwitting accomplice** j'ai été ton complice sans m'en rendre compte ◆ **to be an unwitting victim of sth** être sans le savoir la victime de qch ◆ **to be the unwitting instrument** *or* **tool of sb/sth** être l'instrument inconscient de qn/qch

**unwittingly** /ʌnˈwɪtɪŋlɪ/ ADV *[cause, reveal]* involontairement

**unwomanly** /ʌnˈwʊmənlɪ/ ADJ peu féminin

**unwonted** /ʌnˈwəʊntɪd/ ADJ *(frm)* inhabituel

**unworkable** /ˈʌnˈwɜːkəbl/ ADJ 1 *[proposal, plan, suggestion]* irréalisable ; *[law]* inapplicable
2 *[substance, land]* impossible à travailler ; *[mine]* inexploitable

**unworkmanlike** /ʌnˈwɜːkmənlaɪk/ ADJ indigne d'un(e) professionnel(le)

**unworldly** /ˈʌnˈwɜːldlɪ/ SYN ADJ 1 *(= unmaterialistic) [person]* détaché de ce monde
2 *(= naive) [person, attitude]* naïf (naïve *f*) *(about sth* en ce qui concerne qch)
3 *(= not of this world) [beauty]* céleste, qui n'est pas de ce monde ; *[silence]* surnaturel

**unworn** /ʌnˈwɔːn/ ADJ *[garment]* qui n'a pas été porté

**unworthiness** /ʌnˈwɜːðɪnɪs/ N manque *m* de mérite

**unworthy** /ʌnˈwɜːðɪ/ SYN ADJ *[activity]* peu digne d'intérêt, sans grand intérêt ; *[feeling]* sans noblesse ◆ **I feel so unworthy!** je me sens si indigne ! ◆ **unworthy to do sth** indigne de faire qch ◆ **it is unworthy to behave like that** il est indigne de se comporter ainsi ◆ **unworthy of sb/sth** indigne de qn/qch ◆ **it is unworthy of comment** ce n'est pas digne de commentaire ◆ **to feel unworthy of having sth** se sentir indigne d'avoir qch

**unwound** /ˈʌnˈwaʊnd/ VB pt, ptp of **unwind**

**unwounded** /ˈʌnˈwuːndɪd/ ADJ non blessé, indemne

**unwrap** /ˈʌnˈræp/ VT défaire, ouvrir

**unwritten** /ˈʌnˈrɪtn/ SYN
ADJ 1 *(Literat) [novel, article]* qui reste à écrire, qui n'a pas encore été écrit ; *(= transmitted orally) [song, folk tale]* non écrit
2 *(= tacit) [rule, agreement]* tacite ◆ **it is an unwritten law** *or* **rule that...** il est tacitement admis que...
COMP **unwritten law** N *(Jur)* droit *m* coutumier

**unyielding** /ʌnˈjiːldɪŋ/ SYN ADJ *[person]* inflexible, qui ne cède pas ; *[substance]* très dur, très résistant ; *[structure]* rigide

**unyoke** /ˈʌnˈjəʊk/ VT dételer

**unzip** /ˈʌnˈzɪp/ VT 1 *(= open zip of)* ouvrir (la fermeture éclair ® de) ◆ **can you unzip me?** peux-tu défaire ma fermeture éclair ® ?
2 *(Comput) [+ file]* dézipper

# up /ʌp/

1 - PREPOSITION
2 - ADVERB
3 - NOUN
4 - ADJECTIVE
5 - INTRANSITIVE VERB
6 - TRANSITIVE VERB
7 - COMPOUNDS

► When **up** is the second element in a phrasal verb, eg **come up**, **throw up**, **walk up**, look up the verb. When it is part of a set combination, eg **the way up**, **close up**, look up the other word.

### 1 - PREPOSITION

◆ **to be up a tree/up a ladder** être dans un arbre/sur une échelle ◆ **up north** dans le nord ◆ **their house is up that road** ils habitent dans cette rue ◆ **she climbed slowly up the stairs** elle monta lentement les escaliers ◆ **put your tissue up your sleeve** mets ton mouchoir dans ta manche ◆ **further up the page** plus haut sur la même page ◆ **up yours!*̣*** va te faire mettre !*̣*; → **halfway**

### 2 - ADVERB

1 [INDICATING DIRECTION, POSITION] ◆ **up there** là-haut ◆ **he lives five floors up** il habite au cinquième étage ◆ **up above** au-dessus ◆ **up above sth** au-dessus de qch

When used with a preposition, **up** is often not translated.

◆ **the ladder was up AGAINST the wall** l'échelle était (appuyée) contre le mur ; see also **8** ◆ **this puts it up AMONG the 20 most popular Web sites** cela en fait l'un des 20 sites Web les plus populaires ◆ **up AT the top of the tree** en haut *or* au sommet de l'arbre ◆ **he's up AT the top of the class** il est dans les premiers (de sa classe) ◆ **we're up FOR the day** nous sommes ici pour la journée ; see also **8** ◆ **he's up FROM Birmingham** il arrive de Birmingham ◆ **the rate has risen sharply, up FROM 3% TO 5%** le taux a enregistré une forte hausse, passant de 3% à 5% ◆ **the people three floors up FROM me** les gens qui habitent trois étages au-dessus de chez moi ◆ **he threw the ball up IN the air** il a jeté le ballon en l'air ◆ **up IN the mountains** dans les montagnes ◆ **up IN London** à Londres ◆ **up IN Scotland** en Écosse ◆ **he's up IN Leeds for the weekend** il est allé *or* monté à Leeds pour le week-end ◆ **the temperature was up IN the forties** il faisait plus de quarante degrés ◆ **from up ON the hill** (du haut) de la colline ◆ **up ON deck** sur le pont ◆ **the monument is up ON the hill** le monument se trouve en haut de la colline ◆ **it's up ON top** c'est en haut ◆ **up ON top of the cupboard** en haut du placard ◆ **the bed was up ON end against the wall** le lit était debout contre le mur ◆ **prices are up ON last year's** les prix sont en hausse par rapport à *or* sur (ceux de) l'année dernière ◆ **I was on my way up TO London** j'allais à Londres, j'étais en route pour Londres ; see also **8**

2 [= UPWARDS] ◆ **from £20 up** à partir de 20 livres ◆ **from (the age of) 13 up** à partir de (l'âge de) 13 ans ◆ **from his youth up** dès son plus jeune âge

3 [INDICATING ADVANTAGE] ◆ **Chelsea were three (goals) up** Chelsea menait par trois buts ◆ **we were 20 points up on them** nous avions 20 points d'avance sur eux

4 [JUR] ◆ **to be** *or* **come up before Judge Blair** *[accused person]* comparaître devant le juge Blair ; *[case]* être jugé par le juge Blair

5 [IN RUNNING ORDER]
♦ **first/next up** ◆ **first up was Tess Buxton, who sang...** il y eut tout d'abord Tess Buxton, qui chanta... ◆ **next up to the microphone was John French** John French a été le prochain à prendre le micro, ensuite, c'est John French qui a pris le micro

6 [= IN TOTAL] ◆ **I'll play you 100 up** le premier qui a 100 points gagne

7 (* US CULIN) ◆ **a bourbon (straight) up** un bourbon sec ◆ **two fried eggs, up** deux œufs sur le plat

8 [SET STRUCTURES]
♦ **to be up against sth** *(fig = facing)* ◆ **to be up against difficulties** se heurter à des difficultés ◆ **you don't know what you're up against!** tu ne sais pas ce qui t'attend ! ◆ **he's up against stiff competition** il est confronté à des concurrents redoutables ◆ **he's up against a very powerful politician** il a contre lui un homme politique très puissant ◆ **we're really up against it** ça ne va pas être facile
♦ **up and down** ◆ **he travelled up and down the country** il parcourait le pays ◆ **people up and down the country are saying...** partout dans le pays les gens disent... ◆ **he walked up and down (the street)** il faisait les cent pas (dans la rue) ◆ **I've been up and down (the stairs) all evening** je n'ai pas arrêté de monter et descendre les escaliers toute la soirée
♦ **to be up for sth** *(= seeking)* ◆ **a third of the Senate is up for re-election** un tiers du Sénat doit être renouvelé ◆ **are you up for it?*** *(= willing)* tu es partant ?* ; *(= fit)* tu vas pouvoir le faire ?, tu te sens d'attaque* ?
♦ **up to** *(= as far as)* jusqu'à ◆ **up to now** jusqu'ici, jusqu'à maintenant ◆ **up to here** jusqu'ici ◆ **up to there** jusque-là ◆ **up to and including chapter five** jusqu'au chapitre cinq inclus ◆ **to be up to one's knees/waist in water** avoir de l'eau jusqu'aux genoux/jusqu'à la taille ◆ **to count up to 100** compter jusqu'à 100 ◆ **what page are you up to?** à quelle page en êtes-vous ?
♦ **to be up to** *(= capable of)* ◆ **she's not up to the job** *or* **task** elle n'est pas à la hauteur ◆ **is he up to doing research?** est-il capable de faire de la recherche ? ◆ **the directors weren't up to running a modern company** les directeurs n'étaient pas capables de diriger une entreprise moderne
♦ **to feel** *or* **be up to sth** *(= strong enough for)* ◆ **are you feeling up to going for a walk?** est-ce que tu te sens d'attaque pour faire une promenade ? ◆ **I just don't feel up to it** je ne m'en sens pas le courage ◆ **he really isn't up to going back to work yet** il n'est vraiment pas en état de reprendre le travail
♦ **to be up to sth** *(* (pej) = doing)* ◆ **what is he up to?** qu'est-ce qu'il fabrique ?*, qu'est-ce qu'il peut bien faire ? ◆ **he's up to something** il manigance *or* mijote* quelque chose ◆ **what have you been up to?** qu'est-ce que tu as manigancé *or* fabriqué ?* ◆ **what are you up to with those secateurs?** qu'est-ce que tu fabriques* avec ce sécateur ? ◆ **he's up to no good** il mijote* un mauvais coup ◆ **what have you been up to lately?** *(hum)* qu'est-ce que tu deviens ?
♦ **to be up to sth** *(= equal to)* ◆ **it isn't up to his usual standard** il peut faire bien mieux que cela ◆ **it's not up to much*** *(Brit)* ça ne vaut pas grand-chose
♦ **to be up to sb** *(= depend on)* ◆ **it's up to you to decide** c'est à vous de voir *or* de décider ◆ **it's up to you whether you go** c'est à toi de voir si tu veux y aller ◆ **shall I do it? – it's up to you** je le fais ? – comme vous voulez *or* à vous de voir ◆ **if it were up to me...** si ça ne tenait qu'à moi... ◆ **it's up to us to see this doesn't happen again** nous devons faire en sorte que cela ne se répète pas
♦ **to be up with sb** *(= equal to)* ◆ **he was up with the leaders** il était dans les premiers ◆ **she's right up there with the jazz greats** elle se classe parmi les plus grands interprètes de jazz ◆ **I'm up with the top two or three in maths** je suis dans les deux ou trois premiers en maths
♦ **up with...!** ◆ **up with United!** allez United !

### 3 - NOUN

♦ **to be on the up (and up)*** *(Brit = improving)* ◆ **he's on the up (and up)** il fait son chemin ◆ **it's on the up and up** ça s'améliore
♦ **on the up and up*** *(US = honest)* réglo*, légal ◆ **he insisted the scheme was completely on the up and up** il a insisté sur le fait que ce programme était tout à fait réglo* *or* légal
♦ **ups and downs** *(fig:in life, health etc)* des hauts *mpl* et des bas *mpl* ◆ **after many ups and downs** après bien des hauts et des bas, après un parcours en dents de scie ◆ **his career had its ups**

**and downs** il a connu des hauts et des bas dans sa carrière, sa carrière a connu des hauts et des bas

#### 4 - ADJECTIVE

[1] [= OUT OF BED] ◆ **to be up** être levé, être debout *inv* ◆ **(get) up!** debout !, levez-vous ! ◆ **we were up at seven** nous étions levés *or* debout à sept heures ◆ **I was still up at midnight** j'étais encore debout à minuit ◆ **he's always up early** il se lève toujours tôt *or* de bonne heure ◆ **I was up late this morning** je me suis levé tard ce matin ◆ **I was up late last night** je me suis couché tard hier soir ◆ **he was up all night writing the essay** il a passé toute la nuit sur cette dissertation ◆ **she was up all night because the baby was ill** elle n'a pas fermé l'œil de la nuit parce que le bébé était malade

[2] [= RAISED] ◆ **the blinds were up** les stores n'étaient pas baissés ◆ **he sat in the car with the windows up** il était assis dans la voiture avec les vitres fermées ◆ **with his head up (high)** la tête haute ◆ **"this side up"** *(on parcel)* « haut » ◆ **hands up, everyone who knows the answer** levez le doigt *or* la main si vous connaissez la réponse ◆ **several children had their hands up** plusieurs enfants levaient le doigt *or* la main, plusieurs enfants avaient la main levée ◆ **hands up!** *(to gunman)* haut les mains !

[3] [= RISEN] ◆ **when the sun was up** après le lever du soleil ◆ **the tide is up** c'est marée haute ◆ **the river is up** le niveau de la rivière est monté ◆ **the House is up** *(Parl)* la Chambre ne siège pas

[4] [= INSTALLED, BUILT]

Whichever verb is implicit in English is usually made explicit in French.

◆ **we've got the curtains/pictures up at last** nous avons enfin posé les rideaux/accroché les tableaux ◆ **the scaffolding is now up** les échafaudages sont maintenant en place ◆ **the new building isn't up yet** le nouveau bâtiment n'est pas encore construit ◆ **the tent isn't up yet** la tente n'est pas encore montée ◆ **look, the flag is up!** regarde, le drapeau est hissé ! ◆ **the notice about the outing is up** on a mis une affiche à propos de l'excursion

[5] [= MOUNTED] ◆ **to be up** être à cheval ◆ **a horse with Smith up** un cheval monté par Smith

[6] [= INCREASED] ◆ **to be up** *[prices, salaries, numbers, temperature]* être en hausse, avoir augmenté *(by* de) ; *[water level]* avoir monté *(by* de) ◆ **petrol is up again** l'essence a encore augmenté ◆ **shares are up in London this morning** la Bourse de Londres est en hausse ce matin ◆ **tourism is up** le tourisme est en hausse, le nombre de touristes a augmenté ◆ **the standard is up** le niveau s'améliore ◆ **it is up on last year** c'est en hausse *or* ça a augmenté par rapport à l'an dernier

[7] [= FINISHED] ◆ **his leave/visit is up** sa permission/sa visite est terminée ◆ **it is up on the 20th** ça se termine *or* ça finit le 20 ◆ **when three days were up** au bout de trois jours ◆ **time's up!** c'est l'heure ! ; → **game**[1]

[8] [* = WRONG] ◆ **what's up?** qu'est-ce qui ne va pas ? ◆ **what's up with him?** qu'est-ce qu'il a ? ◆ **what's up with the car?** qu'est-ce qui ne va pas avec la voiture ? ◆ **what's up with your leg?** qu'est-ce qui t'est arrivé à la jambe ?* ◆ **there's something up with Paul** il y a quelque chose qui ne tourne pas rond* chez Paul ◆ **I know there's something up** *(= happening)* (je sais qu')il se passe quelque chose ; *(= amiss)* (je sais qu')il y a quelque chose qui ne va pas

[9] [BRIT = BEING WORKED ON] ◆ **the road is up** la route est en travaux

[10] [INDICATING ANGER] ◆ **his blood is up** il est fou de colère ◆ **his temper is up** il est en colère

[11] [= ELATED] ◆ **to be up*** être en forme

[12] [BRIT UNIV] ◆ **when I was up*** quand j'étais étudiant *or* à la fac*

[13] [BRIT] ◆ **the up train** le train pour Londres ◆ **the up platform** le quai du train pour Londres

[14] [SET STRUCTURES]

♦ **up and about** ◆ **she was up and about at 7 o'clock** elle était debout dès 7 heures ◆ **to be up and about again** *[sick person]* être de nouveau sur pied

♦ **to be up and down** ◆ **he was up and down all night** il n'a pas arrêté de se lever toute la nuit ◆ **sit down for a bit, you've been up and down all evening** assieds-toi un moment, tu n'as pas arrêté (de) toute la soirée ◆ **he's been rather up and down recently** *(= sometimes depressed)* il a eu des hauts et des bas récemment ; see also **compounds**

♦ **up and running** *(Comput = functioning)* opérationnel ◆ **to be up and running** *(Comput)* être opérationnel ; *[project, system]* être en route ◆ **to get sth up and running** *(Comput, gen)* mettre qch en route

♦ **to be (well) up in sth** *(= informed)* s'y connaître en qch ◆ **I'm not very up in molecular biology** je ne m'y connais pas beaucoup en biologie moléculaire ◆ **he's well up in local issues** il s'y connaît bien en affaires locales, il connaît bien ce qui touche aux affaires locales

#### 5 - INTRANSITIVE VERB

[1] ◆ **he upped and hit him*** *(= jumped up)* il a bondi et l'a frappé

[2] ◆ **one day he just upped and left*** un jour il est parti comme ça

#### 6 - TRANSITIVE VERB

[1] [* = RAISE] *[+ prices, wages, pressure]* augmenter ; *[+ tempo]* accélérer ◆ **stores upped sales by 60%** les magasins ont augmenté leurs ventes de 60%

[2] [*] ◆ **to up anchor** lever l'ancre

#### 7 - COMPOUNDS

**up-and-coming** ADJ *[politician, businessman, actor]* plein d'avenir, qui monte ; *[rival]* qui monte
**up-and-down** ADJ *[movement]* de va-et-vient ; *(fig) [business]* qui a des hauts et des bas ; *[progress, career]* en dents de scie
**up-and-under** N *(Rugby)* chandelle *f*, up and under *m*
**up-and-up** ADJ ⇒ **up and up noun**
**up-bow** N *(Mus)* poussé *m*
**up-current, up-draft** *(US)* N *(= air current)* courant *m* (d'air) ascendant
**up front** ADV *(= in advance) [pay, charge]* d'avance ; *(esp US * = frankly)* franchement, ouvertement
**up-tempo** ADJ *(Mus)* au rythme enlevé
**up-to-date** ADJ → **up-to-date**
**up-to-the-minute** ADJ *[equipment]* dernier modèle *inv* ; *[fashion]* dernier cri *inv* ; *[news]* de dernière minute

**upas** /ˈjuːpəs/ N upas *m*

**upbeat** /ˈʌpbiːt/
ADJ * optimiste ; *(Mus)* enlevé
N *(Mus)* levé *m*

**upbraid** /ʌpˈbreɪd/ VT *(frm)* réprimander ◆ **to upbraid sb for doing sth** reprocher à qn de faire *(or* d'avoir fait) qch

**upbringing** /ˈʌpbrɪŋɪŋ/ SYN N éducation *f* ◆ **he owed his success to his upbringing** il devait son succès à l'éducation qu'il avait reçue *or* à la manière dont il avait été élevé ◆ **I had a strict upbringing** j'ai été élevé d'une manière stricte, j'ai reçu une éducation stricte ◆ **to have a Christian upbringing** avoir une éducation chrétienne ◆ **I had a Jewish upbringing** j'ai été élevé dans la tradition juive

**upcast** /ˈʌpkɑːst/ N *(in mine)* puits *m* d'aération

**upchuck*** /ˈʌptʃʌk/ VI *(esp US)* dégueuler*

**upcoming** /ˈʌpkʌmɪŋ/ ADJ imminent, prochain

**upcountry** /ʌpˈkʌntrɪ/
ADV ◆ **we went upcountry by train** nous sommes allés vers l'intérieur du pays *or* dans l'arrière-pays en train ◆ **the nearest town was 100km upcountry** la ville la plus proche était à 100 km à l'intérieur du pays *or* dans l'arrière-pays
ADJ ◆ **natives in upcountry villages** les habitants *mpl* des villages de l'intérieur du pays *or* de l'arrière-pays ◆ **he was away on an upcountry trip** il était parti en voyage vers l'intérieur du pays *or* dans l'arrière-pays

**update** /ʌpˈdeɪt/
VT *(gen, also Comput)* mettre à jour ◆ **to update sb on sth** mettre qn au courant de qch
N /ˈʌpdeɪt/ mise *f* à jour ; *(Comput) [of software package]* actualisation *f*, update *m*

**updraught, updraft** *(US)* /ˈʌpdrɑːft/ N courant *m* d'air ascendant

**upend** /ʌpˈend/ VT [1] *[+ box etc]* mettre debout
[2] *(fig) [+ system etc]* renverser, bouleverser, chambouler*

**upfront** /ʌpˈfrʌnt/ ADJ [1] *(* = frank) [person, attitude]* franc (franche *f*) *(with sb* avec qn) ◆ **to be upfront about sth** ne rien cacher de qch
[2] *(= paid in advance) [payment]* réglé d'avance ; *[cost]* à payer d'avance

**upgradability** /ˌʌpgreɪdəˈbɪlɪtɪ/ N évolutivité *f*

**upgradable** /ʌpˈgreɪdəbl/ ADJ *(Comput)* extensible, évolutif

**upgrade** /ˈʌpgreɪd/ SYN
N rampe *f*, montée *f* ; *[of software]* nouvelle version *f* ; *[of hardware]* extension *f* ; *[of memory]* augmentation *f* de la capacité ◆ **Omar is on the upgrade** *(Racing)* les performances d'Omar ne cessent de s'améliorer
ADV /ʌpˈgreɪd/ *(US)* ⇒ **uphill adv**
VT /ʌpˈgreɪd/ [1] *(= improve)* améliorer ; *(= modernize)* moderniser ; *(Comput) [+ software]* mettre à jour, acheter une nouvelle version de ; *[+ memory]* mettre à niveau
[2] *(= raise, promote) [+ employee]* promouvoir ; *[+ job, post]* revaloriser ◆ **to upgrade a passenger** *(to higher class)* surclasser un passager ◆ **I have been upgraded** *(Mil, Admin)* je suis monté en grade ; *(in company)* j'ai eu une promotion ◆ **he was upgraded to head of department** il a été promu chef de section
VI /ʌpˈgreɪd/ se mettre à niveau

**upgradeable** /ˈʌpgreɪdəbl/ ADJ *(Comput)* extensible

**upheaval** /ʌpˈhiːvəl/ SYN N [1] *(NonC) (gen)* bouleversement *m* ; *(esp Pol)* perturbations *fpl* ; *(= moving things around : in home, office etc)* branle-bas *m*, remue-ménage *m* ◆ **it caused a lot of upheaval** cela a tout perturbé
[2] *(= disturbing event)* crise *f* ; *(stronger)* cataclysme *m*
[3] *(Geol)* soulèvement *m*

**upheld** /ʌpˈheld/ VB pt, ptp of **uphold**

**uphill**
ADV /ʌpˈhɪl/ SYN [1] ◆ **to go uphill** *[road]* monter ◆ **the car went uphill** la voiture a monté la côte ◆ **my car doesn't go uphill very well** ma voiture a du mal à monter les côtes ◆ **a car engine uses more fuel when going uphill** une voiture consomme plus d'essence en montée
[2] *(Ski)* en amont
ADJ /ˈʌpˈhɪl/ [1] *(= up gradient)* ◆ **uphill walk/stretch** montée *f* ◆ **the uphill walk back home** la remontée vers la maison ◆ **it was uphill all the way** *(lit)* c'était tout en montée, ça montait tout du long ◆ **a race over an uphill route** *(lit)* une course en montée
[2] *(= difficult) [work, task]* pénible, ardu ◆ **it's an uphill battle** *or* **struggle (trying to find a job/flat)** c'est une tâche pénible *or* ce n'est pas évident* (d'essayer de trouver un emploi/un appartement) ◆ **we're fighting an uphill battle against corruption** nous luttons tant bien que mal contre la corruption ◆ **it was uphill all the way (trying to convince him)** ça a été toute une histoire (pour le convaincre)
[3] *(Ski)* ◆ **uphill ski** ski *m* amont *inv*

**uphold** /ʌpˈhəʊld/ SYN (pret, ptp **upheld**) VT *[+ institution, person]* soutenir, donner son soutien à ; *[+ law]* faire respecter, maintenir ; *(Jur) [+ verdict]* confirmer, maintenir

**upholder** /ʌpˈhəʊldəʳ/ N défenseur *m*

**upholster** /ʌpˈhəʊlstəʳ/ VT recouvrir ◆ **she is fairly well upholstered*** *(fig hum)* elle est assez bien rembourrée*

**upholsterer** /ʌpˈhəʊlstərəʳ/ N tapissier *m*

**upholstery** /ʌpˈhəʊlstərɪ/ N [1] *(= covering) (cloth)* tissu *m* d'ameublement ; *(leather)* cuir *m* ; *(in car)* garniture *f*
[2] *(NonC = trade)* tapisserie *f (art, métier)*

**upkeep** /ˈʌpkiːp/ SYN N *[of family, house, car, garden]* entretien *m* ◆ **upkeep (costs)** frais *mpl* d'entretien

**upland** /ˈʌplənd/
N (also **uplands**) hautes terres *fpl*, hauteurs *fpl*, plateau(x) *m(pl)*
ADJ *[farm, farmer]* des hautes terres ; *[farming]* en altitude ; *[grassland, lake]* d'altitude ◆ **upland areas** les hautes terres *fpl* ◆ **upland pastures** pâturages *mpl* de montagne, alpages *mpl*

**uplift** /ˈʌplɪft/ SYN
N *(= edification)* sentiment *m* d'élévation morale *or* spirituelle ◆ **an uplift in the economy** un redressement de l'économie
VT /ʌpˈlɪft/ [1] *(fig : spiritually, emotionally) [+ soul]* élever ; *[+ person]* édifier, inspirer ◆ **we were all uplifted by their heroic example** leur héroïsme nous a tous édifiés *or* inspirés ◆ **art was created to uplift the mind and the spirit** l'art a été créé pour élever l'esprit et l'âme
[2] *(= improve living conditions of)* améliorer le cadre de vie de
COMP **uplift bra** N soutien-gorge *m* pigeonnant

**uplifted** /ʌpˈlɪftɪd/ ADJ ① (= raised) [arm, face] levé ② (= edified) ◆ **to feel uplifted (by sth)** se sentir grandi (par qch)

**uplifting** /ʌpˈlɪftɪŋ/ ADJ inspirant, qui réchauffe le cœur

**uplighter** /ˈʌpˌlaɪtəʳ/ N applique f murale (qui dirige la lumière en hauteur)

**uplink** /ˈʌplɪŋk/ N ① (= link) liaison f terre-satellite ② (= transmitter) émetteur m de liaison terre-satellite

**upload** /ˈʌpˈləʊd/ VT télécharger (vers un serveur)

**upmarket** /ˌʌpˈmɑːkɪt/
ADJ (esp Brit) [goods, car] haut de gamme inv ; [newspaper] sérieux ; [area] select *
ADV ◆ **to go** or **move upmarket** (company) se repositionner vers le haut de gamme

**upmost** /ˈʌpməʊst/ ADJ, ADV ⇒ uppermost

**upon** /əˈpɒn/ PREP sur ◆ **upon the table** sur la table ◆ **upon the death of his son** à la mort de son fils ◆ **upon hearing this** en entendant cela ◆ **upon my word!** †* ma parole ! ; → **on preposition** ; → **once**

**upper** /ˈʌpəʳ/ SYN
ADJ [floor, part, limit] supérieur (-eure f) ; [teeth] du haut ◆ **properties at the upper end of the market** les propriétés fpl dans la tranche supérieure du marché ◆ **to gain** or **get the upper hand** avoir le dessus ◆ **to gain** or **get the upper hand prendre le dessus** ◆ **the upper reaches of the Seine** la haute Seine ◆ **in the upper reaches of the river** en amont de la rivière ◆ **the upper shelf** l'étagère f supérieure or du dessus ◆ **an upper shelf** une des étagères supérieures ◆ **the temperature is in the upper thirties** la température dépasse trente-cinq degrés ◆ **an upper window** une fenêtre de l'étage supérieur or du dessus
N ① [of shoe] empeigne f ◆ **to be (down) on one's uppers*** manger de la vache enragée, être dans la purée* ② (US : on train) couchette f supérieure ③ (* = drug, pill) stimulant m, excitant m
COMP **the upper arm** N le haut du bras **the upper atmosphere** N les couches fpl supérieures de l'atmosphère **the upper back** N le haut du dos **the upper body** N la partie supérieure du corps **upper case** N (Typography) haut m de casse ◆ **in upper case** en capitales **upper-case** ADJ ◆ **upper-case letter** majuscule f, capitale f ◆ **upper-case "h"** « h » majuscule **Upper Chamber** N ⇒ Upper House **upper circle** N (Brit Theat) deuxième balcon m **upper class** N haute société f **upper-class** SYN ADJ aristocratique, de la haute société **upper classes** NPL ⇒ upper class **the upper crust*** N (fig) le gratin * **upper-crust*** ADJ aristocratique, aristo* **upper deck** N [of bus] étage m supérieur ; [of ship] pont m supérieur (= personnel) ◆ **the upper deck*** les officiers mpl **Upper Egypt** N Haute-Égypte f **the Upper House** N (Parl) (gen) la Chambre haute ; (in Brit) la Chambre des lords ; (in France, in the US) le Sénat **upper income bracket** N tranche f supérieure de revenus ◆ **people in the upper income brackets** les gens mpl faisant partie de la tranche supérieure de revenus **upper jaw** N mâchoire f supérieure **upper lip** N lèvre f supérieure ; → **stiff** **upper management** N cadres mpl supérieurs **upper middle class** N haute bourgeoisie f **the upper ranks** NPL (Mil, Admin) les grades mpl supérieurs ; (fig) les rangs mpl supérieurs **the Upper Rhine** N le cours supérieur du Rhin **upper school** N (Scol: gen) grandes classes fpl ; (Scol Admin = top section) (classe f de) terminale f **upper sixth** N (Brit Scol: also **upper sixth form**) (classe f de) terminale f **Upper Volta** N Haute-Volta f

**upperclassman** /ˌʌpəˈklɑːsmən/ N (pl -men) (US Univ) étudiant m de troisième or quatrième année

**uppercut** /ˈʌpəkʌt/ N (Boxing) uppercut m

**uppermost** /ˈʌpəməʊst/ SYN
ADJ ① (= topmost) [leaves, branches] du haut ; [floor] le dernier or la dernière ◆ **the patterned side should be uppermost** le côté à motifs doit être sur le dessus ② (= paramount) ◆ **it is the question of sovereignty which has been uppermost at the negotiations** c'est la question de la souveraineté qui a dominé les négociations ◆ **my career is uppermost on my agenda** ma carrière est ce qui compte le plus ◆ **safety was uppermost in his mind** il pensait avant tout à la sécurité ◆ **there were two thoughts uppermost in my mind** deux pensées me préoccupaient en priorité
ADV [turn, lie] vers le haut ◆ **place your hands on your knees, palms uppermost** posez les mains sur les genoux, paumes vers le haut

**uppish** †* /ˈʌpɪʃ/ ADJ (Brit) ⇒ uppity ②

**uppity*** /ˈʌpɪtɪ/ ADJ ① (= awkward) [person] difficile ◆ **to get uppity** monter sur ses grands chevaux ◆ **to get uppity with sb/about sth** s'énerver après qn/après qch ② (Brit †* = snobbish) [person] bêcheur * ◆ **an uppity man/woman** un bêcheur */une bêcheuse * ◆ **to get uppity with sb** traiter qn de haut

**upraised** /ʌpˈreɪzd/ ADJ [hand, arm, palm etc] levé

**uprate** /ʌpˈreɪt/
ADJ ◆ **uprate tax brackets** tranches fpl les plus imposées
VT majorer (by de)

**upright** /ˈʌpraɪt/ SYN
ADJ ① (= vertical) [person, posture] droit ◆ **to be upright** [person] se tenir droit ◆ **in an upright position** debout ◆ **put your seat in an upright position** redressez le dossier de votre siège ② (= honest) [person] droit, probe (liter)
ADV [stand, sit, stay] droit ; [place] verticalement ◆ **to walk upright** [person] marcher debout ; [quadruped] marcher sur ses pattes de derrière ◆ **to pull o.s. upright** se redresser ; → **bolt**
N ① [of door, window] montant m, pied-droit m (Archit) ; [of goal-post] montant m de but ② (= piano) piano m droit
COMP **upright freezer** N congélateur-armoire m **upright piano** N piano m droit **upright vacuum cleaner** N aspirateur-balai m

**uprightly** /ˈʌpˌraɪtlɪ/ ADV honnêtement, avec droiture

**uprightness** /ˈʌpˌraɪtnɪs/ N (NonC) honnêteté f, droiture f

**uprising** /ˈʌpraɪzɪŋ/ SYN N soulèvement m, insurrection f, révolte f (against contre)

**upriver** /ˈʌpˈrɪvəʳ/
ADV ◆ [be] en amont (from de) ; [sail] vers l'amont ; [swim] contre le courant
ADJ /ˈʌpˈrɪvəʳ/ d'amont

**uproar** /ˈʌprɔːʳ/ SYN N tumulte m ◆ **this caused an uproar, at this there was (an) uproar** (= shouting) cela a déclenché un véritable tumulte ; (= protesting) cela a déclenché une tempête de protestations ◆ **the hall was in (an) uproar** (= shouting) le tumulte régnait dans la salle ; (= protesting) toute la salle protestait bruyamment ; (= disturbance) la plus vive agitation régnait dans la salle ◆ **the meeting ended in (an) uproar** la réunion s'est terminée dans le tumulte

**uproarious** /ʌpˈrɔːrɪəs/ SYN ADJ ① (= noisy) [meeting] agité ; [laughter] tonitruant ② (= hilarious) [comedy, occasion] hilarant

**uproariously** /ʌpˈrɔːrɪəslɪ/ ADV [laugh] aux éclats ◆ **uproariously funny** désopilant

**uproot** /ʌpˈruːt/ VT (lit, fig) déraciner

**upsa-daisy*** /ˈʌpsəˌdeɪzɪ/ EXCL (baby talk) allez, hop !

**upscale*** /ʌpˈskeɪl/ ADJ (US) classe *

**upset** /ʌpˈsɛt/ LANGUAGE IN USE 24.4 SYN (pret, ptp upset)
VT ① (= overturn) [+ cup etc] renverser ; [+ boat] faire chavirer ; (= spill) [+ milk, contents] renverser, répandre ◆ **that upset the applecart*** ça a tout fichu par terre *, ça a chamboulé* tous mes (or ses etc) projets ② (fig) [+ plan, timetable] déranger, bouleverser ; [+ system] déranger ; [+ calculation] fausser ; [+ stomach, digestion] déranger ; [+ person] (= offend) vexer ; (= grieve) faire de la peine à ; (= annoy) contrarier ◆ **don't upset yourself** ne vous tracassez pas, ne vous en faites pas ◆ **now you've upset him** maintenant il est vexé ◆ **onions always upset my digestion** or **my stomach** les oignons me rendent malade, je ne supporte pas les oignons
ADJ ① [person] (= annoyed, offended) vexé (about sth par qch) ; (= distressed) troublé (about sth par qch) ; (stronger) bouleversé (about sth par qch) ◆ **he's upset that you didn't tell him** (= offended) il est vexé que vous ne lui ayez rien dit ◆ **my mother is upset that I lost the money** ma mère est contrariée que j'aie perdu l'argent ◆ **he was upset about losing** (= annoyed) il était vexé d'avoir perdu ◆ **she was upset about him leaving** son départ l'a peinée ◆ **to get upset** (= annoyed) se vexer ; (= distressed) être peiné or bouleversé ◆ **don't get upset!** ne le prends pas mal ! ② (Med) [stomach] dérangé ◆ **to have an upset stomach** avoir l'estomac dérangé
N /ˈʌpset/ (= upheaval) désordre m, remue-ménage m ; (in plans etc) bouleversement m, changement m soudain (in de) ; (emotional) chagrin m ; (* = quarrel) brouille f ◆ **to have a stomach upset** avoir l'estomac dérangé, avoir une indigestion
COMP /ˈʌpset/ **upset price** N (esp US : at auction) mise f à prix

**upsetting** /ʌpˈsɛtɪŋ/ ADJ [experience, incident, feeling] pénible, bouleversant ◆ **it is upsetting to see such terrible things** il est perturbant de voir des horreurs pareilles ◆ **it is upsetting for him to talk about the incident** il lui est pénible de parler de cet incident ◆ **the incident was very upsetting for me** cet incident m'a bouleversé

**upshot** /ˈʌpʃɒt/ SYN N aboutissement m ◆ **the upshot of it all was...** le résultat de tout cela a été... ◆ **in the upshot** à la fin, en fin de compte

**upside** /ˈʌpsaɪd/
N (also **up side**) (= positive aspect) avantage m ◆ **on the upside** pour ce qui est des avantages, côté avantages
COMP **upside down** SYN ADV à l'envers ◆ **to hang upside down** [person] être suspendu la tête en bas ; [picture] être à l'envers ◆ **to read (sth) upside down** lire (qch) à l'envers ◆ **to turn sth upside down** (box, bottle) retourner qch ; (fig) (= disorganize) (house, room, drawer) mettre qch sens dessus dessous ; (plans) faire tomber qch à l'eau, faire échouer qch ◆ **my world** or **life (was) turned upside down** ma vie a été bouleversée **upside-down** ADJ (= inverted) [picture, flag, shape] à l'envers ; [box, car] retourné ◆ **in an** or **the upside-down position** à l'envers ◆ **an upside-down world** (= topsy-turvy) un monde à l'envers **upside-down cake** N gâteau renversé ◆ **pineapple upside-down cake** gâteau m renversé sur lit d'ananas

**upsilon** /ˈʌpsɪˌlɒn/ N upsilon m

**upstage** /ˈʌpˈsteɪdʒ/
ADV (Theat) dans le lointain, à l'arrière-plan ◆ **upstage centre/left/right** à l'arrière-plan au centre/à gauche/à droite
ADJ (Theat) vers le fond de la scène
VT éclipser, souffler la vedette à

**upstairs** /ʌpˈstɛəz/
ADV ① (= to a higher floor) ◆ **to go upstairs** monter ◆ **to run upstairs** monter l'escalier or les escaliers en courant ◆ **to take sb/sth upstairs** monter qn/qch ◆ **I was taken upstairs to a room on the second floor** on m'a emmené dans une pièce au deuxième étage ; → **kick** ② (on floor above) (in two-storey building) en haut, à l'étage ; (in multi-storey building) à l'étage au-dessus ◆ **from upstairs** (in two-storey building) d'en haut, de l'étage ; (in multi-storey building) de l'étage au-dessus ◆ **the people/flat upstairs** les gens mpl/l'appartement m du dessus ◆ **the room upstairs** (in two-storey building) la pièce d'en haut or à l'étage ; (in multi-storey building) la pièce à l'étage au-dessus ◆ **he hasn't got much upstairs*** (fig hum) il n'en a pas lourd dans la caboche *
N * ◆ **the house has no upstairs** la maison est de plain-pied or n'a pas d'étage ◆ **the upstairs belongs to another family** l'étage m appartient à une autre famille
ADJ /ˈʌpstɛəz/ ① (= on a higher floor) [room, flat, window] (in two-storey building) à l'étage ; (in multi-storey building) en étage ② (= on the floor above) [flat, neighbour] du dessus

**upstanding** /ʌpˈstændɪŋ/ SYN ADJ ① (= respectable) [person] droit, probe (liter) ◆ **a fine upstanding young man** un jeune homme très bien ② (frm = erect) [person] bien droit ; [animal] dressé (de toute sa hauteur) ③ (frm) ◆ **be upstanding** (= stand up) levez-vous

**upstart** /ˈʌpstɑːt/ SYN N parvenu(e) m(f), arriviste mf

**upstate** /ˈʌpˌsteɪt/ (US)
   **ADV** [go] vers l'intérieur (d'un État des États-Unis) ; [be] à l'intérieur
   **ADJ** de l'intérieur ◆ **upstate New York** le nord de l'État de New York

**upstream** /ˈʌpˈstriːm/
   **ADV** [be] en amont (from sth de qch) ; [sail] vers l'amont ◆ **to swim upstream** [fish] remonter le courant ; [person] nager contre le courant
   **ADJ** en amont, d'amont ◆ **upstream industries** industries fpl en amont

**upstretched** /ˌʌpˈstretʃt/ **ADJ** ◆ **with arms upstretched** les bras tendus en l'air

**upstroke** /ˈʌpstrəʊk/ **N** (with pen) délié m ; [of piston etc] course f ascendante

**upsurge** /ˈʌpsɜːdʒ/ **N** [of feeling] vague f, accès m ; [of interest, confidence] recrudescence f, regain m ◆ **the upsurge in oil prices** la flambée des prix du pétrole

**upswept** /ˌʌpˈswept/ **ADJ** ① [headlights, wings] profilé
   ② [hair] relevé sur la tête

**upswing** /ˈʌpswɪŋ/ **N** (lit) mouvement m ascendant, montée f ; (fig) amélioration f notable ; (Econ) redressement m, reprise f (in de) ◆ **the economy has taken an upswing** or **is on the upswing** on observe une reprise économique ◆ **his career has taken an upswing** or **is on the upswing** sa carrière a connu une évolution très positive, il y a eu un tournant positif dans sa carrière

**upsy-daisy** * /ˌʌpsəˈdeɪzɪ/ **EXCL** ⇒ **upsa-daisy**

**uptake** /ˈʌpteɪk/ **N** ① (= understanding) ◆ **to be quick on the uptake** * avoir l'esprit vif , comprendre or saisir vite ◆ **to be slow on the uptake** * être lent à comprendre or à saisir
   ② (Tech = intake) consommation f
   ③ (Marketing etc) ◆ **the uptake on the new product** (= interest, acceptance) l'intérêt suscité par le nouveau produit

**upthrow** /ˈʌpθrəʊ/ **N** (Geol) soulèvement m

**upthrust** /ˈʌpθrʌst/ **N** (gen, Tech) poussée f ascendante ; (Geol) soulèvement m

**uptight** * /ˈʌptaɪt/ **ADJ** ① (= tense) [person] tendu ◆ **he was uptight about the meeting** il était tendu à cause de la réunion ◆ **he seemed uptight about me being there** ma présence semblait le rendre nerveux ◆ **to get uptight** devenir nerveux ◆ **to feel uptight** être tendu
   ② (= annoyed) [person] énervé (about sth par qch) ◆ **to get uptight (about sth)** s'énerver (à propos de qch)
   ③ (= inhibited) [person] refoulé, complexé ◆ **uptight about sex** refoulé , coincé * ◆ **to be** or **feel uptight about doing sth** être mal à l'aise à l'idée de faire qch

**uptime** /ˈʌpˌtaɪm/ **N** [of machine, computer] temps m or durée f de fonctionnement

**up-to-date** /ˌʌptəˈdeɪt/ **SYN** **ADJ** ① (= updated) [report, file] à jour
   ② (= most recent) [report, assessment, information] très (or le plus) récent
   ③ (= modern) [building, course] moderne ; [attitude, person] moderne, dans le vent, à la page ; see also **date¹**

**uptorn** /ʌpˈtɔːn/ **ADJ** [tree] déraciné, arraché

**uptown** /ˈʌpˈtaʊn/ (US)
   **ADV** [live] dans les quartiers chics ; [go] vers les quartiers chics
   **ADJ** des quartiers chics ◆ **uptown New York** les quartiers mpl chics de New York

**uptrend** /ˈʌptrend/ **N** reprise f ◆ **to be on an** or **the uptrend** (gen) être en hausse ; [market] être à la hausse

**upturn** /ˈʌptɜːn/
   **VT** retourner, mettre à l'envers ; (= overturn) renverser ◆ **upturned nose** nez m retroussé
   **N** /ˈʌptɜːn/ amélioration f (in de) ◆ **an upturn in the economy** une reprise

**UPVC** /ˌjuːpiːviːˈsiː/ **N** (abbrev of **unplasticized polyvinyl chloride**) PVC m dur, PVC m non plastifié

**UPW** /ˌjuːpiːˈdʌblju/ **N** (Brit) (abbrev of **Union of Post Office Workers**) syndicat

**upward** /ˈʌpwəd/
   **ADJ** ① (= rising, increasing) [trend, revision] à la hausse ◆ **the dollar resumed its upward climb** le dollar a recommencé à monter ◆ **upward spiral** spirale f ascendante ◆ **to be on an upward trend** (gen) être à la hausse ; [market] être en hausse ; [economy] reprendre
   ② (= to higher place) [motion, stroke, look] vers le haut ; [slope] ascendant ◆ **upward climb** ascension f ◆ **upward gradient** pente f ascendante ◆ **upward movement** [of hand] mouvement m vers le haut ; [of needle, mercury] mouvement m ascendant ; [of plane, rocket] mouvement m ascensionnel
   **ADV** (esp US) ⇒ **upwards**
   **COMP** **upward (social) mobility N** ascension f sociale

**upwardly mobile** /ˌʌpwədlɪˈməʊbaɪl/
   **ADJ** ◆ **to be upwardly mobile** monter dans l'échelle sociale
   **NPL** **the upwardly mobile** ceux qui montent dans l'échelle sociale

**upwards** /ˈʌpwədz/, **upward** (esp US) /ˈʌpwəd/
   **ADV** ① (= towards higher place) [look] en haut, vers le haut ◆ **to climb/slope upwards** monter ◆ **the road sloped gently upwards** la route montait en pente douce ◆ **naked from the waist upwards** torse nu inv
   ② (= face up) ◆ **place your hands palm upwards on your knees** placez les mains sur les genoux, paumes vers le haut ◆ **dead rats floated bellies upwards** des rats morts flottaient le ventre en l'air ◆ **lie face upwards on the floor** allongez-vous par terre sur le dos ◆ **lay the book face upwards** posez le livre face en dessus
   ③ (= to higher level) ◆ **prices are heading upwards** les prix sont en hausse ◆ **costs continue to spiral upwards** les coûts continuent leur spirale ascendante ◆ **to be revised upwards** être révisé à la hausse
   ④ ◆ **... and upwards** (= and above) ◆ **this book suits age three years and upwards** ce livre convient aux enfants à partir de trois ans ◆ **prices range from $250,000 and upwards** la gamme des prix part de 250 000 dollars
   ⑤ (= starting from) ◆ **prices from 5 euros upwards** prix mpl à partir de 5 euros ◆ **from childhood upwards** dès ma (or ta or sa etc) jeunesse, dès l'enfance
   ⑥ ◆ **upwards of** (= more than) plus de ◆ **they cost upwards of $100,000** ils coûtent plus de 100 000 dollars

**upwind** /ˈʌpˈwɪnd/
   **ADV** [move] contre le vent ◆ **to be upwind (of sb/sth)** être au vent or dans le vent (par rapport à qn/qch) ◆ **the west of the city is upwind of the smell of industry** à l'ouest de la ville, le vent éloigne l'odeur des usines
   **ADJ** au vent

**uracil** /ˈjʊərəsɪl/ **N** uracile m

**uraemia** /jʊˈriːmɪə/ **N** urémie f

**uraemic** /jʊˈriːmɪk/ **ADJ** urémique

**uraeus** /jʊˈriːəs/ **N** (pl **uraeuses**) uræus m

**Ural** /ˈjʊərəl/
   **N** ◆ **the Ural Mountains, the Urals** les monts mpl Oural, l'Oural m
   **COMP** **Ural-Altaic ADJ** ouralo-altaïque

**Uralian** /jʊˈreɪlɪən/, **Uralic** /jʊˈrælɪk/ **ADJ, N** (Ling) ouralien m

**uranalysis** (pl **uranalyses**) /ˌjʊərəˈnælɪsɪs/ **N** (Med) analyse f d'urine

**uranic** /jʊˈrænɪk/ **ADJ** uranique

**uranide** /ˈjʊərənaɪd/ **N** uranide m

**uranium** /jʊəˈreɪnɪəm/
   **N** uranium m
   **COMP** **uranium-bearing ADJ** [rock] uranifère

**uranographer** /ˌjʊərəˈnɒɡrəfə/ **N** astrométriste mf

**uranographic** /ˌjʊərənəˈɡræfɪk/ **ADJ** astrométrique

**uranography** /ˌjʊərəˈnɒɡrəfɪ/ **N** astrométrie f

**uranous** /ˈjʊərənəs/ **ADJ** uranique

**Uranus** /jʊəˈreɪnəs/ **N** (Myth) Uranus m ; (Astron) Uranus f

**uranyl** /ˈjʊərənɪl/ **N** uranyle m

**urate** /ˈjʊəreɪt/ **N** urate m

**urban** /ˈɜːbən/ **SYN**
   **ADJ** [area, population, life, motorway, warfare, problems, poverty] urbain ; [land] en zone urbaine ; [workers, poor] des villes ; [poverty] dans les villes
   **COMP** **urban aid N** aide f pour les zones urbaines défavorisées
   **urban blight N** dégradation f urbaine
   **urban centre N** (= town) centre m urbain ; (= town centre) centre-ville m
   **urban clearway N** (Brit Transport) voie f urbaine à stationnement interdit
   **urban conservation area N** zone f urbaine protégée
   **urban decay N** dégradation f urbaine
   **urban development N** aménagement m urbain
   **urban development zone N** ≈ zone f à urbaniser en priorité, ≈ ZUP f
   **urban district council N** (Brit Local Govt: formerly) conseil m de district urbain
   **urban dweller N** (frm) habitant(e) m(f) des villes
   **urban guerrilla N** guérillero m urbain
   **the Urban League N** (US) association américaine d'aide aux Noirs vivant dans des quartiers défavorisés
   **urban legend N** légende f urbaine
   **urban migration N** exode m rural
   **urban myth N** ⇒ **urban legend**
   **urban planner N** urbaniste mf
   **urban planning N** urbanisme m
   **urban renewal N** rénovations fpl urbaines
   **urban sprawl N** (= phenomenon) expansion f urbaine tentaculaire ; (= area) ville f tentaculaire
   **urban studies NPL** études fpl d'urbanisme

**urbane** /ɜːˈbeɪn/ **SYN** **ADJ** [person] urbain (liter), courtois ; [wit] raffiné ; [charm] discret (-ète f) ◆ **his urbane manner** sa courtoisie

**urbanely** /ɜːˈbeɪnlɪ/ **ADV** [say, smile] courtoisement

**urbanite** /ˈɜːbənaɪt/ **N** (US) citadin(e) m(f)

**urbanity** /ɜːˈbænɪtɪ/ **SYN** **N** (NonC) urbanité f, courtoisie f

**urbanization** /ˌɜːbənaɪˈzeɪʃən/ **N** urbanisation f

**urbanize** /ˈɜːbənaɪz/ **VT** urbaniser

**urbi et orbi** /ˈɜːbɪetˈɔːbɪ/ **ADV** (Rel) urbi et orbi

**urceolate** /ˈɜːsɪəˌleɪt/ **ADJ** (Bio) urcéolé, urcéiforme

**urchin** /ˈɜːtʃɪn/ **SYN** **N** polisson(ne) m(f), garnement m ; → **sea, street**

**Urdu** /ˈʊəduː/ **N** ourdou m

**urea** /ˈjʊərɪə/
   **N** urée f
   **COMP** **urea-formaldehyde resin N** aminoplaste m

**uremia** /jʊˈriːmɪə/ **N** ⇒ **uraemia**

**ureter** /jʊˈriːtə/ **N** uretère m

**ureteral** /jʊˈriːtərəl/, **ureteric** /ˌjʊərɪˈterɪk/ **ADJ** urétéral

**urethra** /jʊˈriːθrə/ **N** (pl **urethras** or **urethrae** /jʊˈriːθriː/) urètre m

**urethral** /jʊˈriːθrəl/ **ADJ** urétral

**urethritis** /ˌjʊərɪˈθraɪtɪs/ **N** urétrite f

**urethroscope** /jʊˈriːθrəskəʊp/ **N** urétroscope m

**urge** /ɜːdʒ/ **SYN**
   **N** forte envie f (to do sth de faire qch) ◆ **to feel** or **have an** or **the urge to do sth** éprouver une forte envie de faire qch ◆ **he had a strong urge for revenge** il avait soif de vengeance ; → **sex**
   **VT** [+ person] pousser (to do sth à faire qch), conseiller vivement (to do sth de faire qch) ; [+ caution, remedy, measure] conseiller vivement, recommander avec insistance ; [+ excuse] faire valoir ; [+ point] insister vivement ◆ **to urge restraint/caution on sb** recommander vivement la retenue/la prudence à qn ◆ **to urge sb back/in/out** insister vivement pour que qn revienne/entre/sorte ◆ **to urge patience** prêcher la patience ◆ **I urge you to write at once** je ne saurais trop vous conseiller d'écrire immédiatement ◆ **I urged him not to go** je lui ai vivement déconseillé d'y aller ◆ **he needed no urging** il ne s'est pas fait prier ◆ **to urge that sth (should) be done** recommander vivement que qch soit fait ◆ **"do it now!" he urged** « faites-le tout de suite ! » insista-t-il ◆ **he urged acceptance of the report** il a vivement recommandé l'acceptation du rapport ◆ **they urged parliament to accept the reforms** ils ont vivement conseillé au parlement d'accepter les réformes

▶ **urge on VT SEP** [+ horse] talonner ; [+ person] faire avancer ; [+ troops] pousser en avant, faire avancer ; (fig) [+ worker] presser ; [+ work] activer, hâter ; (Sport) [+ team] encourager, animer ◆ **to urge sb on to (do) sth** inciter qn à (faire) qch

**urgency** /ˈɜːdʒənsɪ/ **SYN** **N** (NonC) [of case etc] urgence f ; [of tone, entreaty] insistance f ◆ **there's no urgency** ce n'est pas urgent, cela ne presse pas ◆ **with a note of urgency in his voice** avec insistance

♦ **a matter of urgency** une affaire urgente ♦ **as a matter of urgency** d'urgence, dans les meilleurs délais ♦ **to deal with sth as a matter of urgency** s'occuper d'une question en priorité

**urgent** /ˈɜːdʒənt/ SYN ADJ *[matter, help, message, need]* urgent, pressant ; *[medical attention]* d'urgence ; *[appeal, voice, desire]* pressant ; *[priority]* absolu ♦ **the matter needs urgent attention** c'est urgent ♦ **he demands an urgent answer** il exige qu'on lui réponde immédiatement ♦ **her tone was urgent** son ton était insistant ♦ **I must talk to you, it's urgent** il faut que je vous parle, c'est urgent ♦ **how urgent is it?** est-ce que c'est très urgent ? ♦ **is it urgent?** c'est (vraiment) urgent ? ♦ **it's not urgent** ce n'est pas urgent, ça ne presse pas ♦ **the letter was marked "urgent"** la lettre portait la mention « urgent » ♦ **it is urgent that he should go** il doit y aller de toute urgence ♦ **it is urgent for us to complete this task** il est urgent que nous accomplissions cette tâche

**urgently** /ˈɜːdʒəntlɪ/ ADV *[need, request, appeal, seek]* d'urgence ; *[say]* d'un ton insistant ♦ **courier urgently required** on recherche *or* nous recherchons de toute urgence un coursier ♦ **he wants to talk to you urgently** il veut vous parler de toute urgence

**uric** /ˈjʊərɪk/ ADJ urique

**uridine** /ˈjʊərɪdiːn/ N uridine *f*

**urinal** /ˈjʊərɪnl/ N (= *place*) urinoir *m* ; (*in street*) vespasienne *f* ; (= *receptacle*) urinal *m*

**urinalysis** /ˌjʊərɪˈnælɪsɪs/ N (pl **urinalyses** /ˌjʊərɪˈnælɪsiːz/) ⇒ **uranalysis**

**urinary** /ˈjʊərɪnərɪ/
ADJ *[system, complaint, infection, flow]* urinaire ; *[retention]* d'urine
COMP **urinary tract** N appareil *m* urinaire, voies *fpl* urinaires

**urinate** /ˈjʊərɪneɪt/ SYN VI uriner

**urination** /ˌjʊərɪˈneɪʃən/ N (*Med*) miction *f*

**urine** /ˈjʊərɪn/ N urine *f*

**urinometer** /ˌjʊərɪˈnɒmɪtə^r/ N uromètre *m*

**urinose** /ˈjʊərɪnəʊs/, **urinous** /ˈjʊərɪnəs/ ADJ urineux

**URL** /ˌjuːɑːrˈel/ N (*Comput*) (abbrev of **uniform resource locator**) URL *m*

**urn** /ɜːn/ N [1] (= *vase etc*) urne *f* ; (also **funeral urn**) urne *f* (funéraire)
[2] (also **tea urn, coffee urn**) *grosse bouilloire électrique*

**urobilin** /ˌjʊərəʊˈbaɪlɪn/ N urobiline *f*

**urogenital** /ˌjʊərəʊˈdʒenɪtl/ ADJ urogénital

**urolith** /ˈjʊərəʊlɪθ/ N calcul *m* urique

**urological** /ˌjʊərəʊˈlɒdʒɪkl/ ADJ urologique

**urologist** /jʊəˈrɒlədʒɪst/ N urologue *mf*

**urology** /jʊəˈrɒlədʒɪ/ N urologie *f*

**uropod** /ˈjʊərəʊˌpɒd/ N uropode *m*

**uropygial gland** /ˌjʊərəˈpɪdʒɪəl/ N glande *f* uropygienne

**uropygium** /ˌjʊərəˈpɪdʒɪəm/ N croupion *m*

**uroscopy** /jʊˈrɒskəpɪ/ N analyse *f* d'urine

**Ursa** /ˈɜːsə/ N (*Astron*) ♦ **Ursa Major/Minor** la Grande/Petite Ourse

**urticaceous** /ˌɜːtɪˈkeɪʃəs/ ADJ appartenant à la famille des urticacées

**urticant** /ˈɜːtɪkənt/, **urticate** /ˈɜːtɪˌkeɪt/ ADJ urticant

**urticaria** /ˌɜːtɪˈkɛərɪə/ N urticaire *f*

**Uruguay** /ˈjʊərəgwaɪ/ N Uruguay *m*

**Uruguayan** /ˌjʊərəˈgwaɪən/
ADJ uruguayen, de l'Uruguay
N Uruguayen(ne) *m(f)*

**US** /juːˈes/ N (abbrev of **United States**) ♦ **the US** les USA *mpl* , les É.-U.(A.) *mpl* ♦ **in the US** aux USA, aux États-Unis ♦ **the US Army/government** l'armée/le gouvernement des États-Unis

**us** /ʌs/ PERS PRON [1] nous ♦ **he hit us** il nous a frappés ♦ **give it to us** donnez-le-nous ♦ **in front of us** devant nous ♦ **let us** *or* **let's go!** allons-y ! ♦ **younger than us** plus jeune que nous ♦ **both of us** nous deux, tous (*or* toutes) les deux ♦ **several of us** plusieurs d'entre nous ♦ **he is one of us** il est des nôtres ♦ **as for us English, we...** nous autres Anglais, nous... ♦ **we took the books with us** nous avons emporté les livres
[2] (*Brit* * = *me*) me, moi ♦ **give us a bit!** donne-m'en un morceau !, donne-moi-z-en ! * ♦ **give us a look!** fais voir !

**USA** /juːesˈeɪ/ N [1] (abbrev of **United States of America**) ♦ **the USA** les USA *mpl*
[2] (abbrev of **United States Army**) *armée de terre des États-Unis*

**usability** /ˌjuːzəˈbɪlɪtɪ/ N utilité *f*

**usable** /ˈjuːzəbl/ SYN ADJ *[equipment, facility, space]* utilisable (*for sth* pour qch) ; *[information, evidence, skill]* utilisable, exploitable (*for sth* pour qch) ♦ **in usable condition** *[equipment]* en état de marche ♦ **land usable for agriculture** terres *fpl* cultivables ♦ **no longer usable** hors d'usage

**USAF** /juːeseɪˈef/ N (abbrev of **United States Air Force**) *armée de l'air des États-Unis*

**usage** /ˈjuːzɪdʒ/ SYN N (*NonC*) [1] (= *custom*) usage *m*, coutume *f*
[2] (*Ling*) usage *m*
[3] (= *treatment*) *[of tool, machine, chair etc]* utilisation *f* ; *[of person]* traitement *m* ♦ **it's had some rough usage** ça a été malmené, on s'en est mal servi

**usance** /ˈjuːzəns/ N (*Fin*) usance *f*

**USB** /ˌjuːesˈbiː/ N (*Comput*) (abbrev of **Universal Serial Bus**) (système *m*) USB *m* ♦ **USB port/connection** port *m*/connexion *f* USB

**USCG** /ˌjuːessiːˈdʒiː/ N (abbrev of **United States Coast Guard**) garde *f* côtière américaine

**USDA** /ˌjuːesdiːˈeɪ/ N (abbrev of **United States Department of Agriculture**) → **agriculture**

**USDAW** /ˌjuːesdiːeɪˈdʌbljuː/ N (*Brit*) (abbrev of **Union of Shop Distributive and Allied Workers**) *syndicat*

**USDI** /ˌjuːesdiːˈaɪ/ N (abbrev of **United States Department of the Interior**) → **interior**

## use

1 - NOUN
2 - TRANSITIVE VERB
3 - AUXILIARY VERB
4 - INTRANSITIVE VERB
5 - COMPOUND
6 - PHRASAL VERB

### 1 - NOUN

/juːs/ SYN

[1] [NonC = ACT OF USING] emploi *m*, utilisation *f* ♦ **the use of steel in industry** l'emploi de l'acier dans l'industrie ♦ **to learn the use of sth** apprendre à se servir de qch ♦ **care is necessary in the use of chemicals** il faut prendre des précautions quand on utilise des produits chimiques ♦ **to improve with use** s'améliorer à l'usage

♦ **for + use** ♦ **directions for use** mode *m* d'emploi ♦ **for your (own) personal use** à votre usage personnel ♦ **"for the use of teachers only"** (*book, equipment*) « à l'usage des professeurs seulement » ; (*car park, room*) « réservé aux professeurs » ♦ **to keep sth for one's own use** réserver qch à son usage personnel ♦ **for use in case of emergency** à utiliser en cas d'urgence ♦ **fit for use** en état de servir ♦ **ready for use** prêt à servir *or* à l'emploi ♦ **for general/household use** à usage général/domestique ♦ **for use in schools/the home** destiné à être utilisé dans les écoles/à la maison ♦ **for external use only** (*Med*) à usage externe

♦ **in + use** ♦ **in use** *[machine]* en service, utilisé ; *[word]* en usage, usité ♦ **in general use** d'usage *or* d'emploi courant ♦ **it is in daily use** on s'en sert tous les jours ♦ **no longer in use, now out of use** *[machine]* qui n'est plus utilisé ; *[word]* qui ne s'emploie plus, inusité

♦ **into use** ♦ **to put sth into use** commencer à se servir de qch ♦ **these machines came into use in 1975** on a commencé à utiliser ces machines en 1975

♦ **out of use** ♦ **to go** *or* **fall out of use** tomber en désuétude ♦ **it's gone out of use** on ne l'emploie plus ♦ **"out of use"** (*on machine, lift etc*) « en panne »

♦ **to make use of** se servir de, utiliser ♦ **to make good use of sth** *[+ machine, time, money]* faire bon usage de qch, tirer parti de qch ; *[+ opportunity, facilities]* mettre qch à profit, tirer parti de qch

♦ **to put to use** *[+ money, equipment]* utiliser ; *[+ knowledge, experience]* mettre à profit ; *[+ idea, theory]* mettre en application ♦ **I absorb ideas and put them to use** j'absorbe les idées et je les mets en application ♦ **to put sth to good use** *[+ machine, time, money]* faire bon usage de qch, tirer parti de qch ; *[+ opportunity, facilities]* mettre qch à profit, tirer parti de qch

[2] [= WAY OF USING] emploi *m*, utilisation *f* ♦ **a new use for...** un nouvel usage de... ♦ **it has many uses** cela a beaucoup d'emplois ♦ **I'll find a use for it** je trouverai un moyen de m'en servir, j'en trouverai l'emploi ♦ **I've no further use for it** je n'en ai plus besoin ♦ **I've no use for that sort of behaviour!** * je n'ai que faire de ce genre de conduite ! ♦ **I've no use for him at all!** * il m'embête ! *

[3] [= USEFULNESS] utilité *f* ♦ **this tool has its uses** cet outil a son utilité ♦ **he has his uses** il est utile par certains côtés ♦ **what's the use of all this?** à quoi sert tout ceci ? ♦ **oh, what's the use?** * à quoi bon ? ♦ **what's the use of telling him not to, he never takes any notice** à quoi bon lui dire d'arrêter, il n'écoute jamais ♦ **I've told him fifty times already, what's the use?** * je le lui ai dit trente-six fois déjà, pour ce que ça a servi !

♦ **to be of + use** ♦ **to be of use** servir, être utile (*for sth, to sth* à qch ; *to sb* à qn) ♦ **is this (of) any use to you?** est-ce que cela peut vous être utile *or* vous servir ? ♦ **can I be (of) any use?** puis-je être *or* me rendre utile ? ♦ **a lot of use that will be to you!** * ça te fera une belle jambe ! *

♦ **to be (of) no use** ne servir à rien ♦ **this is no use any more** ce n'est plus bon à rien ♦ **he's no use** il est incapable, il est nul ♦ **he's no use as a goalkeeper** il est nul comme gardien de but ♦ **you're no use to me if you can't spell** vous ne m'êtes d'aucune utilité si vous faites des fautes d'orthographe ♦ **there's** *or* **it's no use** * **you protesting** inutile de protester ♦ **it's no use** * **trying to reason with him** cela ne sert à rien d'essayer de le raisonner, on perd son temps à essayer de le raisonner ♦ **it's no use** *, **he won't listen** ça ne sert à rien *or* c'est inutile, il ne veut rien entendre

[4] [NonC = ABILITY TO USE, ACCESS] usage *m* ♦ **to have the use of a garage** avoir l'usage d'un garage , avoir un garage à sa disposition ♦ **with use of kitchen** avec usage de la cuisine ♦ **he gave me the use of his car** il a mis sa voiture à ma disposition ♦ **to have lost the use of one's arm** avoir perdu l'usage d'un bras ♦ **to have the full use of one's faculties** jouir de toutes ses facultés

[5] [Ling = SENSE] emploi *m*, acception *f*

[6] [Frm = CUSTOM] coutume *f*, habitude *f* ; (*Rel, Soc*) usage *m* ♦ **this has long been his use** telle est son habitude depuis longtemps

### 2 - TRANSITIVE VERB

/juːz/

[1] [= MAKE USE OF] *[+ object, tool]* se servir de, utiliser ; *[+ force, discretion]* user de ; *[+ opportunity]* profiter de ; *[+ method, means]* employer ; *[+ drugs]* prendre ; *[+ sb's name]* faire usage de ♦ **he used a knife to open it** il s'est servi d'un couteau pour l'ouvrir ♦ **it is used for opening bottles** on s'en sert pour ouvrir les bouteilles ♦ **are you using this?** vous servez-vous de ceci ?, avez-vous besoin de ceci ? ♦ **have you used a gun before?** vous êtes-vous déjà servi d'un fusil ? ♦ **the money is to be used to build a new hospital** l'argent servira à construire un nouvel hôpital *or* à la construction d'un nouvel hôpital ♦ **he used his shoe as a hammer** il s'est servi de sa chaussure comme marteau ♦ **I use that as a table** ça me sert de table ♦ **ointment to be used sparingly** crème *f* à appliquer en couche fine ♦ **I don't use my French much** je ne me sers pas beaucoup de mon français ♦ **I don't want to use the car** je ne veux pas prendre la voiture ♦ **he said I could use his car** il a dit que je pouvais me servir de *or* prendre sa voiture ♦ **no longer used** *[tools, machine, room]* qui ne sert plus ; *[word]* qui ne s'emploie plus, tombé en désuétude ♦ **he wants to use the bathroom** il veut aller aux toilettes ♦ **someone is using the bathroom** il y a quelqu'un dans la salle de bains ♦ **use your head** *or* **brains!** * réfléchis un peu !, tu as une tête, c'est pour t'en servir ! ♦ **use your eyes!** ouvre l'œil ! ♦ **I feel I've just been used** j'ai l'impression qu'on s'est servi de moi ♦ **I could use a drink!** * je prendrais bien un verre ! ♦ **the house could use a lick of paint!** * une couche de peinture ne ferait pas de mal à cette maison ! ; see also **used**

[2] [= USE UP] utiliser (tout) ♦ **this car uses too much petrol** cette voiture consomme trop

d'essence ◆ **have you used all the paint?** avez-vous utilisé toute la peinture ? ◆ **you can use (up) the leftovers in a soup** vous pouvez utiliser les restes pour faire une soupe

3 [ † = TREAT] *[+ person]* traiter ◆ **to use sb well** bien traiter qn ◆ **he was badly used** on a mal agi envers lui, on a abusé de sa bonne volonté

#### 3 - AUXILIARY VERB

/ juːs /

◆ **used to** *(expressing past habit)* ◆ **I used to see her every week** je la voyais toutes les semaines ◆ **I used to swim every day** j'allais nager *or* j'avais l'habitude d'aller nager tous les jours ◆ **I used not** *or* **I use(d)n't** * *or* **I didn't use** * **to smoke** (autrefois) je ne fumais pas ◆ **what used he to do** *(frm)or* **what did he use to do** * **on Sundays?** qu'est-ce qu'il faisait (d'habitude) le dimanche ? ◆ **things aren't what they used to be** les choses ne sont plus ce qu'elles étaient

#### 4 - INTRANSITIVE VERB

/ juːz / [DRUGS *] se droguer

#### 5 - COMPOUND

/ juːz /

**use-by date** N date *f* limite de consommation

#### 6 - PHRASAL VERB

▸ **use up** VT SEP *[+ food]* consommer entièrement, finir ; *[+ objects, ammunition, one's strength, resources, surplus]* épuiser ; *[+ money]* dépenser ◆ **to use up the scraps** utiliser les restes ◆ **it is all used up** il n'en reste plus ; see also **use vt 2**

---

**used** / juːzd / SYN

ADJ 1 *(= not fresh) [handkerchief, cup]* qui a servi, sale ; *[tissue, sanitary towel, needle, condom]* usagé ; *[stamp]* oblitéré ; *[engine oil]* usé

2 *(= second-hand) [car, equipment]* d'occasion ; *[clothing]* usagé ◆ **would you buy a used car from this man?** *(fig hum)* feriez-vous confiance à cet homme ?

3 *(after adv = employed)* ◆ **commonly/frequently used** couramment/fréquemment utilisé

4 / juːst / **used to** *(= accustomed)* ◆ **to be used to sth** être habitué à qch, avoir l'habitude de qch ◆ **I'm used to her now** je me suis habitué à elle maintenant ◆ **to be used to doing sth** être habitué à faire qch, avoir l'habitude de faire qch ◆ **he was used to being given orders** il avait l'habitude qu'on lui donne des ordres, il était habitué à ce qu'on lui donne des ordres ◆ **to get used to sb/sth** s'habituer à qn/qch ◆ **you'll soon get used to it** vous vous y ferez vite, vous vous y habituerez vite ◆ **to get used to doing sth** prendre l'habitude de faire qch ◆ **to get used to sb** *or* **sb's doing sth** s'habituer à ce que qn fasse qch ◆ **I'm used to her interrupting me** j'ai l'habitude qu'elle m'interrompe *subj*, je suis habitué à ce qu'elle m'interrompe *subj*

COMP **used-car salesman** N (pl **used-car salesmen**) vendeur *m* de voitures d'occasion

**usedn't** / ˈjuːsnt / ⇒ **used not** ; → **use auxiliary verb**

**useful** / ˈjuːsfʊl / SYN ADJ 1 *(= handy, helpful)* utile *(for, to sb* à qn) ◆ **useful addresses** adresses *fpl* utiles ◆ **that knife will come in useful** * ce couteau pourra être utile ◆ **to be useful for (doing) sth** être utile pour faire qch ◆ **to perform a useful function** jouer un rôle utile, être utile ◆ **these drugs are useful in treating cancer** ces médicaments sont utiles dans le traitement du cancer ◆ **he's a useful man to know** c'est un homme qu'il est utile de compter parmi ses relations ◆ **that's useful to know** *or* **a useful thing to know** c'est bon à savoir ◆ **this machine has reached the end of its useful life** cette machine a fait son temps ◆ **this machine has a useful life of ten years** cette machine peut servir dix ans ◆ **this work is not serving any useful purpose** ce travail ne sert pas à grand-chose ◆ **that's useful!** *(iro)* nous voilà bien avancés ! ◆ **it is useful to know a foreign language** il est utile de connaître une langue étrangère ◆ **it would be useful for me to have that information** il me serait utile d'avoir ces renseignements

2 *(Brit * = good)* ◆ **to be useful with one's hands** être habile de ses mains ◆ **he's quite useful with his fists** il sait se servir de ses poings

**usefully** / ˈjuːsfəlɪ / ADV utilement ◆ **is there anything the government can usefully do?** y a-t-il quelque chose que le gouvernement puisse faire ? ◆ **you might usefully do a bit of preparatory reading** il vous serait peut-être utile de faire quelques lectures préparatoires ◆ **his time could be more usefully spent** *or* **employed** il pourrait employer son temps de façon plus utile *or* plus utilement

**usefulness** / ˈjuːsfʊlnɪs / N *(NonC)* utilité *f* ; → **outlive**

**useless** / ˈjuːslɪs / SYN ADJ 1 *(= not useful) [person, action, information, tool]* inutile *(to sb* pour qn ; *against sth* pour qch) ; *[arm, leg, hand]* inerte ; *[life]* vide ◆ **our efforts proved useless** nos efforts ont été vains ◆ **shouting is useless** il est inutile de crier, ce n'est pas la peine de crier ◆ **a car is useless without wheels** une voiture sans roues ne sert à rien ◆ **worse than useless** * plus qu'inutile ◆ **it is useless to complain** il ne sert à rien de se plaindre ◆ **it is useless for you to complain** il est inutile que vous vous plaigniez

2 *(* = incompetent) [teacher, player, school]* nul* (nulle* *f*) *(at sth* en qch ; *at doing sth* quand il s'agit de faire qch)

**uselessly** / ˈjuːslɪslɪ / ADV inutilement ◆ **his arm hung uselessly by his side** son bras pendait, inutile, le long de son corps ◆ **he stood around uselessly** il est resté là à ne rien faire

**uselessness** / ˈjuːslɪsnɪs / N *(NonC)* 1 *[of tool, advice etc]* inutilité *f* ; *[of remedy]* inefficacité *f*

2 * *[of person]* incompétence *f*

**Usenet** / ˈjuːznet / N *(Comput)* Usenet *m*

**usen't** / ˈjuːsnt / ⇒ **used not** ; → **use auxiliary verb**

**user** / ˈjuːzəʳ /

N 1 *[of public service, telephone, road, train, dictionary]* usager *m* ; *[of machine, tool]* utilisateur *m*, -trice *f* ; *[of electricity, gas]* usager *m*, utilisateur *m*, -trice *f* ; *(Comput)* utilisateur *m*, -trice *f* ◆ **car user** automobiliste *mf* ◆ **computer users** ceux qui utilisent un ordinateur, utilisateurs *mpl* d'ordinateurs

2 *(Drugs)* usager *m*, consommateur *m* ◆ **heroin user** consommateur *m*, -trice *f* d'héroïne

3 *(pej = exploitative person)* profiteur *m*, -euse *f*

COMP **user-definable, user-defined** ADJ *(Comput)* définissable par l'utilisateur

**user-friendliness** N *(Comput)* convivialité *f* ; *[of machine, dictionary etc]* facilité *f* d'utilisation

**user-friendly** ADJ *(Comput)* convivial ; *(gen)* facile à utiliser ◆ **we want to make the store more user-friendly for shoppers** nous voulons rendre le magasin plus accueillant pour les clients

**user group** N groupe *m* d'usagers

**user name** N *(Comput)* nom *m* de l'utilisateur, nom *m* d'utilisateur

**user's guide** N guide *m* (de l'utilisateur)

**USES** / ˌjuːesiːˈes / N (abbrev of **United States Employment Service**) → **employment**

**USGS** / ˌjuːesdʒiːˈes / N (abbrev of **United States Geological Survey**) → **geological**

**usher** / ˈʌʃəʳ / SYN

N *(in law courts etc)* huissier *m* ; *(= doorkeeper)* portier *m* ; *(at public meeting)* membre *m* du service d'ordre ; *(in theatre, church)* placeur *m*

VT ◆ **to usher sb out/along** *etc* faire sortir/avancer *etc* qn ◆ **to usher sb into a room** introduire *or* faire entrer qn dans une salle ◆ **to usher sb to the door** reconduire qn à la porte

▸ **usher in** VT SEP *[+ person]* introduire, faire entrer ; *(fig) [+ period, season]* inaugurer, commencer ◆ **it ushers in a new era** cela annonce *or* inaugure une nouvelle époque, cela marque le début d'une ère nouvelle ◆ **it ushered in a new reign** cela inaugura un nouveau règne, ce fut l'aurore d'un nouveau règne ◆ **the spring was ushered in by storms** le début du printemps fut marqué par des orages

**usherette** / ˌʌʃəˈret / N *(Cine, Theat)* ouvreuse *f*

**USIA** / ˌjuːesaɪˈeɪ / N (abbrev of **United States Information Agency**) *service officiel fournissant des informations sur les États-Unis à l'étranger*

**USM** / ˌjuːesˈem / N (abbrev of **United States Mint**) *hôtel de la Monnaie des États-Unis*

**USMC** / ˌjuːesemˈsiː / N (abbrev of **United States Marine Corps**) corps *m* des marines *(des États-Unis)*

**USN** / ˌjuːesˈen / N (abbrev of **United States Navy**) *marine de guerre des États-Unis*

**USO** / ˌjuːesˈəʊ / N *(US)* (abbrev of **United Service Organization**) *organisation venant en aide aux militaires américains, en particulier lors de leurs déplacements à l'étranger*

**USP** / ˌjuːesˈpiː / N (abbrev of **unique selling point**) → **unique**

**USPHS** / ˌjuːespiːeɪtʃˈes / N (abbrev of **United States Public Health Service**) → **public**

**USPS** / ˌjuːesˈpiːes / N (abbrev of **United States Postal Service**) *services postaux américains*

**USS** / ˌjuːesˈes / N abbrev of **United States Ship** (*or* **Steamer**)

**USSR** / ˌjuːesesˈɑːʳ / N (abbrev of **Union of Soviet Socialist Republics**) URSS *f* ◆ **in the USSR** en URSS

**usu.** abbrev of **usual(ly)**

**usual** / ˈjuːʒʊəl / SYN

ADJ *(= customary) [method, excuse, address, rules]* habituel ; *[price]* habituel, courant ; *[word]* usuel, courant ◆ **as is usual with such machines, it broke down** elle est tombée en panne, ce qui arrive souvent avec ce genre de machine ◆ **as is usual on these occasions** comme le veut l'usage en ces occasions ◆ **it wasn't his usual car** ce n'était pas la voiture qu'il prenait d'habitude ◆ **he was sitting in his usual chair** il était assis dans sa chaise habituelle ◆ **in the usual place** à l'endroit habituel ◆ **his usual practice was to rise at six** son habitude était de *or* il avait l'habitude de se lever à six heures ◆ **her usual routine** son train-train *m* quotidien ◆ **what did you do on holiday? – oh, the usual stuff** * qu'est-ce que tu as fait pendant les vacances ? – oh, la même chose que d'habitude ◆ **with his usual tact** avec son tact habituel, avec le tact qui le caractérise ◆ **more than usual** plus que d'habitude *or* d'ordinaire ◆ **to get up earlier than usual** se lever plus tôt que d'habitude ◆ **it's the usual thing** c'est comme d'habitude ◆ **he said the usual things about...** il a dit ce qu'on dit d'habitude à propos de... ◆ **come at the usual time** venez à l'heure habituelle ◆ **7 o'clock is my usual time to get up** d'habitude, je me lève à 7 heures ◆ **it's usual to ask first** il est d'usage *or* il est poli de demander d'abord ◆ **it is usual for soldiers to wear a uniform** les soldats portent traditionnellement un uniforme ◆ **it's quite usual for this to happen** ça arrive souvent, ça n'a rien d'inhabituel ◆ **it wasn't usual for him to arrive early** ce n'était pas dans ses habitudes d'arriver en avance ◆ **it was usual for her to drink a lot** elle avait l'habitude de boire beaucoup, c'était dans ses habitudes de boire beaucoup ◆ **the journey took four hours instead of the usual two** le voyage a pris quatre heures au lieu des deux heures habituelles ◆ **it was not the usual type of holiday** c'étaient des vacances pas comme les autres ◆ **to do sth in the usual way** faire qch de la manière habituelle ◆ **she welcomed us in her usual friendly way** elle nous a accueillis chaleureusement, comme à son habitude ; → **channel, crowd, self, sense, suspect**

◆ **as + usual** ◆ **as usual** *(= as always)* comme d'habitude ◆ **he arrived late as usual** il est arrivé en retard, comme d'habitude ◆ **he's late – as usual!** il est en retard – comme d'habitude ! ◆ **for her it's just life as usual** pour elle, la vie continue (comme avant) ◆ **to carry on as usual** continuer comme d'habitude ◆ **"business as usual"** « horaires d'ouverture habituels » ◆ **it is business as usual (for them)** *(lit)* les affaires continuent (pour eux) ; *(fig)* la vie continue (pour eux) ◆ **as per usual** * comme d'habitude

N *(* = drink)* ◆ **you know my usual** vous savez ce que je prends d'habitude ◆ **the usual please!** comme d'habitude, s'il vous plaît !

**usually** / ˈjuːʒʊəlɪ / SYN ADV d'habitude, généralement ◆ **more than usually depressed/busy/hungry** plus déprimé/occupé/affamé que d'habitude ◆ **usually, a simple explanation is enough** d'habitude *or* généralement, une simple explication suffit

**usufruct** / ˈjuːzjʊfrʌkt / N *(Jur)* usufruit *m*

**usufructuary** / ˌjuːzjʊˈfrʌktjʊərɪ / *(Jur)*

N usufruitier *m*, -ière *f*

ADJ usufruitier

**usurer** / ˈjuːʒərəʳ / N usurier *m*, -ière *f*

**usurious** / juːˈzjʊərɪəs / ADJ usuraire

**usurp** / juːˈzɜːp / VT *[+ power, role]* usurper ◆ **Congress wants to usurp the power of the presidency** le Congrès veut usurper le pouvoir du président ◆ **Web sites are beginning to usurp travel agents** les sites web commencent à supplanter les agences de voyage ◆ **did she usurp his place in his mother's heart?** l'a-t-elle supplanté dans le cœur de sa mère ?, a-t-elle pris sa place dans le cœur de sa mère ?

**usurpation** /ˌjuːzɜːˈpeɪʃən/ **N** (NonC) usurpation f

**usurper** /juːˈzɜːpəʳ/ **N** usurpateur m, -trice f

**usurping** /juːˈzɜːpɪŋ/ **ADJ** usurpateur (-trice f)

**usury** /ˈjuːʒʊrɪ/ **N** (NonC: Fin) usure f

**UT** abbrev of **Utah**

**Ut.** (US) abbrev of **Utah**

**Utah** /ˈjuːtɔː/ **N** Utah m ◆ **in Utah** dans l'Utah

**ute** /juːt/ **N** utilitaire m

**utensil** /juːˈtensl/ **N** ustensile m ; → **kitchen**

**uteri** /ˈjuːtəˌraɪ/ **NPL** of **uterus**

**uterine** /ˈjuːtəraɪn/ **ADJ** utérin

**uterus** /ˈjuːtərəs/ **N** (pl **uteri**) utérus m

**utilitarian** /ˌjuːtɪlɪˈtɛərɪən/
 **ADJ** **1** (= practical) [view, approach, object] utilitaire
 **2** (= functional) [furniture, building, style] fonctionnel
 **3** (Philos) utilitaire
 **N** utilitariste mf

**utilitarianism** /ˌjuːtɪlɪˈtɛərɪənɪzəm/ **N** (NonC) utilitarisme m

**utility** /juːˈtɪlɪtɪ/ SYN
 **N** **1** (NonC) utilité f
 **2** (also **public utility**) service m public
 **ADJ** [clothes, furniture] fonctionnel ; [goods, vehicle] utilitaire
 **COMP** **utility company** **N** (US) entreprise f de service public
 **utility player** **N** (Sport) joueur m, -euse f polyvalent(e)
 **utility program** **N** (Comput) utilitaire m
 **utility room** **N** pièce où l'on range les appareils ménagers, les provisions etc
 **utility software** **N** (Comput) logiciel m utilitaire

**utilizable** /ˈjuːtɪˌlaɪzəbl/ **ADJ** utilisable

**utilization** /ˌjuːtɪlaɪˈzeɪʃən/ **N** (NonC) [of resources] utilisation f, exploitation f ; [of facility, technique] utilisation f ; [of land, space, skill] exploitation f

**utilize** /ˈjuːtɪlaɪz/ SYN **VT** [+ object, facilities, equipment] utiliser, se servir de ; [+ situation, resources, talent, person] tirer parti de, exploiter ; [+ space] utiliser, tirer parti de

**utmost** /ˈʌtməʊst/ SYN
 **ADJ** **1** (= greatest) [restraint, difficulty, determination] le plus grand or la plus grande, extrême ◆ **of (the) utmost importance (to sb/sth)** de la plus haute importance (pour qn/qch) ◆ **it is of (the) utmost importance that…** il est de la plus haute importance que… + subj ◆ **with the utmost possible care** avec le plus grand soin possible ◆ **an undertaking of the utmost danger** une entreprise des plus dangereuses ◆ **a matter of (the) utmost urgency** une affaire de la plus extrême urgence
 **2** (= furthest) [limits] extrême
 **N** ◆ **to do one's utmost** faire tout son possible or le maximum ◆ **to do one's utmost to do sth** faire tout son possible or le maximum pour faire qch ◆ **he tried his utmost to help them** il a fait tout son possible or il a fait le maximum pour les aider ◆ **to the utmost** au plus haut degré or point ◆ **at the utmost** au maximum, tout au plus

**Utopia** /juːˈtəʊpɪə/ **N** utopie f

**Utopian** /juːˈtəʊpɪən/
 **ADJ** utopique
 **N** utopiste mf

**Utopianism** /juːˈtəʊpɪənɪzəm/ **N** utopisme m

**Utrecht** /ˈjuːtrekt/ **N** Utrecht

**utricle** /ˈjuːtrɪkl/ **N** utricule m

**utriculitis** /juːˌtrɪkjʊˈlaɪtɪs/ **N** labyrinthite f

**Uttar Pradesh** /ˌʊtəˈprɑːdeʃ/ **N** Uttar Pradesh m

**utter¹** /ˈʌtəʳ/ SYN **ADJ** [lack, failure, disaster] complet (-ète f), total ; [incompetence] total ; [contempt, disregard, silence, sincerity] absolu, total ; [fool, rogue, liar] parfait before n ; [disgust, despair, hopelessness, frustration, stupidity] profond ; [futility, misery] extrême ; [madness] pur ◆ **to my utter amazement, I succeeded** à ma plus grande stupéfaction, j'ai réussi ◆ **with utter conviction** avec une conviction inébranlable ◆ **what utter nonsense!** c'est complètement absurde ! ◆ **she's talking complete and utter rubbish*** elle dit n'importe quoi ◆ **he's a complete and utter fool/bastard***etc c'est un imbécile/salaud‡ etc fini

**utter²** /ˈʌtəʳ/ SYN **VT** [+ word] prononcer, proférer ; [+ cry] pousser ; [+ threat, insult] proférer ; [+ libel] publier ; (Jur) [+ counterfeit money] émettre, mettre en circulation ◆ **he didn't utter a word** il n'a pas dit un seul mot, il n'a pas soufflé mot

**utterance** /ˈʌtərəns/ **N** **1** (= remark etc) paroles fpl, déclaration f
 **2** (NonC) [of facts, theory] énonciation f ; [of feelings] expression f ◆ **to give utterance to** exprimer
 **3** (style of speaking) élocution f, articulation f
 **4** (Ling) énoncé m

**utterly** /ˈʌtəlɪ/ SYN **ADV** [untrue, destroy, transform] complètement, totalement ; [impossible] tout à fait ; [convince] entièrement ◆ **he failed utterly** il a complètement or totalement échoué ◆ **he utterly failed to impress them** il ne leur a fait absolument aucun effet ◆ **to be utterly without talent/malice** être dénué de tout talent/toute méchanceté

**uttermost** /ˈʌtəməʊst/ **ADJ, N** ⇒ **utmost**

**U-turn** /ˈjuːtɜːn/ **N** → **U comp**

**UV** /juːˈviː/ **ADJ** (abbrev of **ultraviolet**) UV

**UVA, UV-A** /ˌjuːviːˈeɪ/ **ADJ** UVA inv ◆ **UVA rays** (rayons mpl) UVA mpl

**uvarovite** /uːˈvɑːrəˌvaɪt/ **N** uvarovite f

**UVB, UV-B** /ˌjuːviːˈbiː/ **ADJ** UVB inv ◆ **UVB rays** (rayons mpl) UVB mpl

**uvea** /ˈjuːvɪə/ **N** uvée f

**uveitis** /ˌjuːvɪˈaɪtɪs/ **N** uvéite f

**UVF** /ˌjuːviːˈef/ **N** (Brit) (abbrev of **Ulster Volunteer Force**) → **Ulster**

**uvula** /ˈjuːvjʊlə/ **N** (pl **uvulas** or **uvulae**) luette f, uvule f

**uvular** /ˈjuːvjʊləʳ/ **ADJ** (Anat, Phon) uvulaire ◆ **uvular r** r grasseyé

**uxorious** /ʌkˈsɔːrɪəs/ **ADJ** excessivement dévoué à sa femme

**uxoriousness** /ʌkˈsɔːrɪəsnɪs/ **N** (NonC) dévotion f excessive à sa femme

**Uzbek** /ˈʊzbek/
 **ADJ** ouzbek f inv
 **N** **1** (= person) Ouzbek mf
 **2** (= language) ouzbek m

**Uzbekistan** /ˌʌzbekɪˈstɑːn/ **N** Ouzbékistan m

# V

**V, v** /viː/
**N** 1 (= letter) V, v m ◆ **V for Victor, V for Victory** ≈ V comme Victor ◆ **to stick the Vs up to sb** (Brit) ≈ faire un bras d'honneur à qn
2 (abbrev of **vide**) (= see) V, voir
3 (abbrev of **versus**) contre
4 (esp Bible) abbrev of **verse**
5 abbrev of **very**
6 abbrev of **velocity**
**COMP** **V and A** * **N** (Brit) (abbrev of **Victoria and Albert Museum**) musée londonien des arts décoratifs
**V-chip** N verrou m électronique
**V-neck** N décolleté m en V or en pointe
**V-necked** ADJ à encolure en V or en pointe
**V-shaped** ADJ en (forme de) V
**V-sign** N 1 (for victory) ◆ **to give the V-sign** faire le V de la victoire
2 (in Brit) geste obscène, ≈ bras m d'honneur ◆ **to give sb the V-sign** ≈ faire un bras d'honneur à qn

**V2** /viːˈtuː/ N (Mil Hist) V2 m

**VA** /viːˈeɪ/ N 1 (US) (abbrev of **Veterans Administration**) → **veteran**
2 abbrev of **Virginia**

**Va.** abbrev of **Virginia**

**vac**[1] * /væk/ N (Brit Univ) (abbrev of **vacation**) vacances fpl (universitaires)

**vac**[2] /væk/ N (esp Brit) (abbrev of **vacuum cleaner**) → **vacuum**

**vacancy** /ˈveɪkənsɪ/ SYN N 1 (in hotel) chambre f libre ◆ "**no vacancies**" « complet » ◆ **have you any vacancies for August?** est-ce qu'il vous reste des chambres (libres) pour le mois d'août ?
2 (= job) poste m vacant or libre, vacance f ◆ "**no vacancies**" « pas d'embauche » ◆ **a short-term vacancy** un poste temporaire ◆ "**vacancy for a translator**" « recherchons traducteur » ◆ **we have a vacancy for an editor** nous avons un poste de rédacteur à pourvoir, nous cherchons un rédacteur ◆ **we have a vacancy for an enthusiastic sales manager** nous cherchons un directeur des ventes motivé ◆ **to fill a vacancy** [employer] pourvoir un poste vacant ; [employee] être nommé à un poste vacant ◆ **we are looking for someone to fill a vacancy in our sales department** nous cherchons à pourvoir un poste vacant dans notre service de ventes
3 (NonC = emptiness) vide m
4 (NonC = blankness) esprit m vide, stupidité f

**vacant** /ˈveɪkənt/ SYN
**ADJ** 1 (= unoccupied) [land, building] inoccupé ; [hotel room, table, parking space] libre ; [seat, hospital bed] libre, disponible ; [post, job] vacant, à pourvoir ◆ **a vacant space** un espace libre ◆ **a vacant post** un poste vacant or à pourvoir ◆ **a vacant place** (Univ:on course) une place libre or disponible ◆ "**situations vacant**" (Press) « offres d'emploi » ◆ **with vacant possession** (Jur) avec libre possession, avec jouissance immédiate
2 (= stupid) ahuri ; [expression, look, stare] (= blank) absent, sans expression ; [mind] vide
**COMP** **vacant lot** N (esp US) (gen) terrain m inoccupé ; (for sale) terrain m à vendre

**vacantly** /ˈveɪkəntlɪ/ ADV 1 (= blankly) [look, stare, gaze] d'un air absent ◆ **to gaze vacantly into space** fixer le vide, avoir le regard perdu dans le vide
2 (= stupidly) [look, stare, gaze, smile, say] d'un air ahuri

**vacate** /vəˈkeɪt/ VT (frm) [+ room, seat, job] quitter ◆ **to vacate a house** quitter une maison ◆ **to vacate one's post** démissionner ◆ **this post will soon be vacated** ce poste sera bientôt vacant or à pourvoir ◆ **to vacate the premises** vider les lieux

**vacation** /vəˈkeɪʃən/
**N** 1 (US) vacances fpl ◆ **on vacation** en vacances ◆ **on his vacation** pendant ses vacances ◆ **to take a vacation** prendre des vacances ◆ **where are you going for your vacation?** où allez-vous passer vos vacances ?
2 (Brit Univ) vacances fpl ; (Jur) vacations fpl or vacances fpl judiciaires ; → **long**[1]
**VI** (US) passer des (or ses etc) vacances
**COMP** **vacation course** N cours mpl de vacances
**vacation trip** N voyage m de vacances ◆ **to go on a vacation trip** partir en vacances

**vacationer** /vəˈkeɪʃənəʳ/, **vacationist** /vəˈkeɪʃənɪst/ (US) N vacancier m, -ière f

**vaccinate** /ˈvæksɪneɪt/ VT vacciner (against contre) ◆ **to get vaccinated** se faire vacciner ◆ **have you been vaccinated against...?** est-ce que vous êtes vacciné contre... ?

**vaccination** /ˌvæksɪˈneɪʃən/ N vaccination f (against contre) ◆ **smallpox/polio vaccination** vaccination f contre la variole/la polio ◆ **to have a vaccination against...** se faire vacciner contre...

**vaccine** /ˈvæksiːn/ N vaccin m ; (Comput) logiciel m antivirus ◆ **polio vaccine** vaccin m contre la polio ◆ **vaccine-damaged** victime de réactions provoquées par un vaccin

**vacherin** /vaʃrɛ̃/ N (= dessert) vacherin m

**vacillate** /ˈvæsɪleɪt/ VI hésiter (between entre) ◆ **she vacillated so long over accepting that...** elle s'est demandé si longtemps si elle allait accepter ou non que...

**vacillating** /ˈvæsɪleɪtɪŋ/
**ADJ** indécis, hésitant
**N** (NonC) hésitations fpl, indécision f

**vacillation** /ˌvæsɪˈleɪʃən/ N indécision f

**vacua** /ˈvækjʊə/ NPL of **vacuum**

**vacuity** /væˈkjuːɪtɪ/ N vacuité f ◆ **vacuities** (= silly remarks) niaiseries fpl, remarques fpl stupides

**vacuole** /ˈvækjʊəʊl/ N (Bio) vacuole f

**vacuous** /ˈvækjʊəs/ ADJ (frm) [person, film, book] inepte ; [comment, remark] inepte, creux ; [look, stare] vide ; [expression] vide, niais ; [smile, face] niais ; [life] vide de sens

**vacuum** /ˈvækjʊm/ SYN
**N** 1 (pl **vacuums**) (= empty space) vide m ◆ **their departure left a vacuum** leur départ a laissé un (grand) vide ◆ **a cultural vacuum** un vide culturel ; → **nature**
◆ **in a vacuum** (fig) ◆ **to live/work in a vacuum** vivre/travailler en vase clos ◆ **we don't take decisions in a vacuum** nous ne prenons pas de décisions dans le vide ◆ **moral values cannot be taught in a vacuum** les valeurs morales ne peuvent pas être enseignées hors de tout contexte ◆ **it didn't happen in a vacuum** ça n'est pas arrivé tout seul
2 (also **vacuum cleaner**) aspirateur m ◆ **to give sth a vacuum** ⇒ **to vacuum sth** vt
**VT** (also **vacuum-clean**) [+ carpet] passer à l'aspirateur ; [+ room] passer l'aspirateur dans
**COMP** [brake, pump, tube] à vide
**vacuum aspiration** N (Med = abortion) IVG f par aspiration
**vacuum bottle** N (US) ⇒ **vacuum flask**
**vacuum cleaner** N aspirateur m
**vacuum distillation** N distillation f sous vide
**vacuum extraction** N (Med = birth) accouchement m par ventouse
**vacuum flask** N (Brit) bouteille f thermos ®, thermos ® m or f inv
**vacuum-packed** ADJ emballé sous vide

**vade mecum** /ˈvɑːdɪˈmeɪkʊm/ N vade-mecum m inv

**vagabond** /ˈvægəbɒnd/ SYN
**N** vagabond(e) m(f) ; (= tramp) chemineau m, clochard(e) m(f)
**ADJ** [life] errant, de vagabondage ; [thoughts] vagabond ; [habits] irrégulier

**vagary** /ˈveɪgərɪ/ N caprice m ◆ **the vagaries of business/of politics** les vicissitudes fpl du monde des affaires/de la vie politique

**vagi** /ˈveɪdʒaɪ/ NPL of **vagus**

**vagina** /vəˈdʒaɪnə/ N (pl **vaginas** or **vaginae** /vəˈdʒaɪniː/) vagin m

**vaginal** /vəˈdʒaɪnəl/
**ADJ** vaginal
**COMP** **vaginal discharge** N pertes fpl blanches
**vaginal dryness** N sécheresse f vaginale
**vaginal intercourse** N (NonC) (rapports mpl sexuels avec) pénétration f vaginale
**vaginal smear** N frottis m (vaginal)

**vaginismus** /ˌvædʒɪˈnɪzməs/ N (Med) vaginisme m

**vaginitis** /ˌvædʒɪˈnaɪtɪs/ N (Med) vaginite f

**vagotonia** /ˌveɪgəˈtəʊnɪə/ N (Med) vagotonie f

**vagrancy** /ˈveɪgrənsɪ/ N (also Jur) vagabondage m

**vagrant** /ˈveɪgrənt/ SYN
**N** vagabond(e) m(f) ; (= tramp) clochard(e) m(f) ; (Jur) vagabond(e) m(f)
**ADJ** [person] vagabond

**vague** /veɪg/ SYN ADJ 1 (= unclear) [person, idea, gesture, plan, feeling, instructions, reply, promise] vague ; [description, memory, impression] vague, flou ; [shape, outline] flou, imprécis ◆ **I had a vague idea** or **feeling she would come** j'avais comme le sentiment or comme une idée* qu'elle viendrait ◆ **he was vague about the time he would be arriving at** (= didn't say exactly) il n'a pas (bien) précisé l'heure de son arrivée ; (= didn't know exactly) il n'était pas sûr de l'heure à laquelle il arriverait ◆ **I'm still very vague about all this** ça n'est pas encore très clair dans mon esprit ◆ **I'm still very vague about how it happened** je ne sais pas encore très bien comment ça s'est passé ◆ **I'm very vague about French history** je ne m'y connais pas très bien en histoire de France

2 *(= absent-minded) [person]* distrait ◆ **he's always rather vague** il est toujours distrait *or* dans la lune ◆ **she's getting rather vague these days** elle ne s'y retrouve plus très bien *or* elle perd un peu la tête maintenant ◆ **to look vague** avoir l'air vague *or* distrait ◆ **to have a vague look in one's eyes** avoir l'air vague

**vaguely** /ˈveɪɡlɪ/ SYN ADV 1 *(= unclearly) [say, describe, remember, resemble, understand]* vaguement ◆ **vaguely familiar/disappointed** vaguement familier/déçu ◆ **to be vaguely aware of sth** être vaguement conscient de qch ◆ **a vaguely defined set of objectives** un ensemble d'objectifs pas bien définis ◆ **to be vaguely reminiscent of sth** rappeler vaguement qch ◆ **a vaguely worded agreement** un accord libellé dans des termes vagues

2 *(= absently) [look, nod]* d'un air distrait ; *[smile]* d'un air vague

**vagueness** /ˈveɪɡnɪs/ SYN N 1 *[of question, account, memory, wording, language]* manque *m* de précision ; *[of statement, proposal]* imprécision *f*, flou *m* ; *[of feeling, sensation]* caractère *m* imprécis, vague *m* ; *[of photograph]* manque *m* de netteté

2 *(= absent-mindedness)* distraction *f* ◆ **his vagueness is very annoying** c'est agaçant qu'il soit si distrait *or* tête en l'air *

**vagus** /ˈveɪɡəs/ N (pl **vagi**) (also **vagus nerve**) nerf *m* vague *or* pneumogastrique

**vain** /veɪn/ SYN ADJ 1 *(= fruitless, empty) [attempt, effort, plea, hope, promise]* vain *before n* ; *[threat]* en l'air

◆ **in vain** *(= unsuccessfully) [try, wait, search for]* en vain, vainement ; *(= pointlessly) [die, suffer]* pour rien ◆ **it was all in vain** cela n'a servi à rien, c'était inutile *or* en vain ◆ **all his** (*or* **my** *etc*) **efforts were in vain** c'était peine perdue ◆ **I looked for him in vain: he had already left** j'ai eu beau le chercher, il était déjà parti ◆ **to take God's** *or* **the Lord's name in vain** blasphémer ◆ **is someone taking my name in vain?** *(hum)* on parle de moi ?

2 *(pej = conceited)* vaniteux ; *(= narcissistic)* narcissique ◆ **to be vain about one's appearance** tirer vanité de son apparence, être narcissique

**vainglorious** /veɪnˈɡlɔːrɪəs/ ADJ *(liter)* orgueilleux, vaniteux

**vainglory** /veɪnˈɡlɔːrɪ/ N *(NonC: liter)* orgueil *m*, vanité *f*

**vainly** /ˈveɪnlɪ/ ADV 1 *(= to no effect) [try, seek, believe, hope]* en vain, vainement

2 *(= conceitedly)* vaniteusement, avec vanité

**valance** /ˈvæləns/ N *(above curtains)* cantonnière *f* ; *(round bed frame)* tour *m* or frange *f* de lit ; *(round bed canopy)* lambrequin *m*

**vale** /veɪl/ N *(liter)* val *m (liter)*, vallée *f* ◆ **this vale of tears** cette vallée de larmes

**valediction** /ˌvælɪˈdɪkʃən/ N 1 *(= farewell)* adieu(x) *m(pl)*

2 *(US Scol)* discours *m* d'adieu

**valedictorian** /ˌvælɪdɪkˈtɔːrɪən/ N *(US Scol)* major *m* de la promotion *(qui prononce le discours d'adieu)*

**valedictory** /ˌvælɪˈdɪktərɪ/ SYN

ADJ *(frm)* d'adieu

N *(US Scol)* discours *m* d'adieu

**valence** /ˈveɪləns/ N 1 *(esp US)* ⇒ **valency**

2 *(Bio)* atomicité *f*

**Valencia** /vəˈlensɪə/ N Valence *(en Espagne)*

**valency** /ˈveɪlənsɪ/

N *(Chem)* valence *f*

COMP **valency electron** N *(Chem)* électron *m* de valence *or* périphérique

**valentine** /ˈvæləntaɪn/ N 1 ◆ **Valentine** Valentin(e) *m(f)* ◆ **(St) Valentine's Day** la Saint-Valentin

2 (also **valentine card**) carte *f* de la Saint-Valentin ◆ **"will you be my valentine?"** *(on card)* « c'est toi que j'aime »

**valerian** /vəˈlɪərɪən/ N valériane *f*

**valet** /ˈvæleɪ/

N 1 *(= person : in hotel or household)* valet *m* de chambre

2 *(= rack for clothes)* valet *m*

VT /ˈvælɪt/ *[+ man]* servir comme valet de chambre ; *[+ clothes]* entretenir ; *[+ car]* nettoyer

COMP **valet parking** N service *m* de voiturier

**valetudinarian** /ˈvælɪˌtjuːdɪˈnɛərɪən/ ADJ, N valétudinaire *mf*

**Valhalla** /vælˈhælə/ N Walhalla *m*

**valhund** /ˈvælhʊnd/ N *(= dog)* vallhund *m* suédois

**valiant** /ˈvæljənt/ SYN ADJ *(liter) [person]* vaillant *(liter)*, valeureux *(liter)* ; *[effort, attempt, fight]* courageux

**valiantly** /ˈvæljəntlɪ/ ADV vaillamment

**valid** /ˈvælɪd/ SYN ADJ 1 *(= reasonable, acceptable) [argument, reason, excuse, claim, objection, interpretation]* valable ; *[question]* pertinent ◆ **fashion is a valid form of art** la mode est une forme d'art à part entière ◆ **it is not valid to derive such conclusions from the data** il n'est pas valable de tirer de telles conclusions de ces données

2 *(= in force) [contract, licence]* valable, valide ; *[passport]* en cours de validité ; *[ticket]* valable ◆ **valid for three months** valable *or* valide pendant trois mois ◆ **no longer valid** périmé

> When **valid** means 'reasonable' it is not translated by the French word **valide**.

**validate** /ˈvælɪdeɪt/ VT *[+ document, course, diploma]* valider ; *[+ theory, argument, claim]* prouver la justesse de ; *[+ results]* confirmer ; *(Comput)* valider

**validation** /ˌvælɪˈdeɪʃən/ N *(NonC)* 1 *[of claim, document]* validation *f*

2 *(Psych = approval)* approbation *f*

**validity** /vəˈlɪdɪtɪ/ SYN N *[of document, claim]* validité *f* ; *[of argument]* justesse *f*

**valise** /vəˈliːz/ N sac *m* de voyage ; *(Mil)* sac *m* (de soldat)

**Valium** ® /ˈvælɪəm/ N Valium ® *m* ◆ **to be on Valium** être sous Valium

**Valkyrie** /ˈvælkɪrɪ/ N Walkyrie *or* Valkyrie *f* ◆ **the ride of the Valkyries** la chevauchée des Valkyries

**Valletta** /vəˈletə/ N La Valette

**valley** /ˈvælɪ/ SYN N vallée *f*, val *m (liter)* ; *(small, narrow)* vallon *m* ◆ **the Thames/Rhône valley** la vallée de la Tamise/du Rhône ◆ **the Loire valley** la vallée de la Loire ; *(between Orléans and Tours)* le Val de Loire ; → **lily**

**Valois** /valwa/ N *(Hist)* ◆ **the Valois** les Valois *mpl*

**valor** /ˈvæləʳ/ N *(US)* ⇒ **valour**

**valorous** /ˈvælərəs/ ADJ *(liter)* valeureux *(liter)*

**valour, valor** (US) /ˈvæləʳ/ N *(liter)* courage *m*, bravoure *f*

**Valparaiso** /balparaˈiso/ N Valparaíso

**valuable** /ˈvæljʊəbl/ SYN

ADJ *[jewellery, antique]* de (grande) valeur ; *[information, advice, lesson, contribution, ally, resources, time]* précieux ; *[experience]* très utile ◆ **valuable possessions** objets *mpl* de valeur ◆ **thank you for granting me so much of your valuable time** je vous remercie de m'avoir accordé autant de votre temps précieux

NPL **valuables** objets *mpl* de valeur ◆ **all her valuables were stolen** on lui a volé tous ses objets de valeur

> **valable** in French means 'valid', not **valuable**.

**valuation** /ˌvæljʊˈeɪʃən/ N 1 *[of house, property, painting]* estimation *f* ; *(by expert)* expertise *f* ; *(= value decided upon)* estimation *f* ◆ **to have a valuation done** faire évaluer *or* estimer quelque chose ◆ **what is the valuation?** à combien est-ce évalué *or* estimé ? ◆ **an independent valuation of the company** une évaluation indépendante de cette société

2 *[of person, sb's character, work]* appréciation *f* ◆ **his rather low valuation of the novel** son opinion peu favorable du roman

**valuator** /ˈvæljʊeɪtəʳ/ N expert *m (en estimations de biens mobiliers)*

**value** /ˈvæljuː/ SYN

N 1 *(gen)* valeur *f* ; *(= usefulness, worth)* valeur *f*, utilité *f* ◆ **her training has been of no value to her** sa formation ne lui a servi à rien ◆ **to set great value on sth** attacher *or* accorder une grande valeur à qch ◆ **to have rarity value** avoir de la valeur de par sa rareté ◆ **the film has great entertainment value** c'est un film très divertissant ◆ **the invention never had anything more than novelty value** cette invention n'a jamais été autre chose qu'un gadget

2 *(= worth in money)* valeur *f* ◆ **the large packet is the best value** le grand paquet est le plus avantageux ◆ **it's good value (for money)** on en a pour son argent, le rapport qualité-prix est bon *(esp Comm)* ◆ **to get good value for money** en avoir pour son argent ◆ **to be of great value** valoir cher ◆ **of little value** de peu de valeur ◆ **of no value** sans valeur ◆ **to gain (in) value** prendre de la valeur ◆ **to have value** avoir de la valeur ◆ **to increase in value** prendre de la valeur ◆ **increase in value** hausse *f or* augmentation *f* de valeur ◆ **to lose (in) value** se déprécier ◆ **loss of value** perte *f or* diminution *f* de valeur, dépréciation *f* ◆ **he paid the value of the cup he broke** il a remboursé (le prix de) la tasse qu'il a cassée ◆ **to put** *or* **place a value on sth** évaluer qch ◆ **to put** *or* **place a value of $20 on sth** évaluer *or* estimer qch à 20 dollars ◆ **what value do you put on this?** à quelle valeur estimez-vous cela ?, combien pensez-vous que cela vaut ? ◆ **to put** *or* **set too high/too low a value on sth** surestimer/sous-estimer qch ◆ **to put** *or* **set a low value on sth** attacher peu de valeur à qch ◆ **goods to the value of £100** marchandises *fpl* d'une valeur de 100 livres ◆ **a cheque to the value of £100** un chèque (d'un montant) de 100 livres ; → **street**

3 *(= moral worth) [of person]* valeur *f*, mérite *m* ◆ **to put** *or* **place a high value on sth** attacher beaucoup d'importance à qch ◆ **what value do you put on this?** quelle valeur accordez-vous *or* attribuez-vous à cela ? ◆ **to put** *or* **place a high value on doing sth** attacher beaucoup d'importance à faire qch ◆ **he places a high value on educating his children** il attache beaucoup d'importance à l'éducation de ses enfants

4 *(Math, Mus, Painting, Phon)* valeur *f*

NPL **values** *(= attitudes, moral standards)* valeurs *fpl* ; → **production, Victorian**

VT 1 *(= estimate worth of) [+ house, jewels, painting]* évaluer, estimer *(at* à) ; *(by expert)* expertiser ◆ **the house was valued at $80,000** la maison a été évaluée *or* estimée à 80 000 dollars ◆ **he had it valued** il l'a fait expertiser

2 *(= appreciate, esteem) [+ friendship]* apprécier ; *[+ comforts]* apprécier, faire grand cas de ; *[+ liberty, independence]* tenir à ◆ **if you value your life/eyes/freedom** si vous tenez à la vie/à vos yeux/à votre liberté ◆ **we value your opinion** votre avis nous importe beaucoup ◆ **he is someone we all value** nous l'apprécions tous beaucoup

COMP **value added tax** N *(Brit : abbr VAT)* taxe *f* sur la valeur ajoutée *(abbr TVA)*

**value judg(e)ment** N *(fig)* jugement *m* de valeur

**value system** N système *m* de valeurs

**valued** /ˈvæljuːd/ SYN ADJ *[friend, customer, contribution]* précieux ; *[employee, commodity]* apprécié ; *[colleague]* estimé

**valueless** /ˈvæljʊlɪs/ SYN ADJ sans valeur

**valuer** /ˈvæljʊəʳ/ N *(Brit)* expert *m (en estimations de biens mobiliers)*

**valve** /vælv/ N 1 *(Anat)* valvule *f* ; *[of plant, animal]* valve *f* ; *[of machine]* soupape *f*, valve *f* ; *[of air chamber, tyre]* valve *f* ; *[of musical instrument]* piston *m* ◆ **inlet/outlet valve** soupape *f* d'admission/d'échappement ◆ **exhaust valve** clapet *m* d'échappement ◆ **valve horn/trombone** *(Mus)* cor *m*/trombone *m* à pistons ; → **safety, suction**

2 *(Elec, Rad:* also **thermionic valve**) lampe *f*

**valvular** /ˈvælvjʊləʳ/ ADJ valvulaire

**valvule** /ˈvælvjuːl/ N valvule *f*

**valvulitis** /ˌvælvjʊˈlaɪtɪs/ N valvulite *f*

**vamoose** ⁑ /vəˈmuːs/ VI filer *, décamper * ◆ **vamoose!** fiche le camp ! *

**vamp**¹ /væmp/

N *(= woman)* vamp *f*

VT vamper *

VI jouer la femme fatale

**vamp**² /væmp/

VT *(= repair)* rafistoler ; *(Mus)* improviser

VI *(Mus)* improviser des accompagnements

N *[of shoe]* devant *m*

**vampire** /ˈvæmpaɪəʳ/

N *(lit, fig)* vampire *m*

COMP **vampire bat** N vampire *m*

**vampirism** /ˈvæmpaɪərɪzəm/ N vampirisme *m*

**van**¹ /væn/

N 1 *(= road vehicle) (smallish)* camionnette *f*, fourgonnette *f* ; *(large)* camion *m*, fourgon *m* ; → **removal**

2 *(Brit : of train)* fourgon *m* ; → **guard, luggage**

**van | variously**

3 * (abbrev of **caravan**) caravane f ; (gipsy's) roulotte f
COMP **van-boy** N livreur m
**van-driver** N chauffeur m de camion
**van-man** N (pl **van-men**) ⇒ **van-boy**
**van pool** N (US) covoiturage m en minibus

**van²** /væn/ N abbrev of **vanguard**

**vanadium** /vəˈneɪdɪəm/ N vanadium m

**Van Allen belt** /vænˈælən/ N ceinture f de Van Allen

**Vancouver** /vænˈkuːvəʳ/
N Vancouver
COMP **Vancouver Island** N l'île f de Vancouver

**vandal** /ˈvændəl/ N 1 (= hooligan) vandale mf
2 (Hist) ◆ **Vandal** Vandale mf

**vandalism** /ˈvændəlɪzəm/ N vandalisme m ◆ **cultural vandalism** vandalisme m culturel

**vandalistic** /ˌvændəˈlɪstɪk/ ADJ destructeur (-trice f), de vandale

**vandalize** /ˈvændəlaɪz/ VT vandaliser, saccager

**Van de Graaff generator** /ˈvændəˌɡrɑːf/ N générateur m (électrostatique) de Van de Graaff

**Van Diemen's Land** † /ˌvænˈdiːmənzlænd/ N Terre f de Van Diemen

**Vandyke** /ˈvændaɪk/ N ◆ **Vandyke (beard)** barbiche f

**vane** /veɪn/ N [of windmill] aile f ; [of propeller] pale f ; [of turbine] aube f ; [of quadrant etc] pinnule f, lumière f ; [of feather] barbe f ; (also **weather vane**) girouette f

**vanguard** /ˈvænɡɑːd/ SYN N 1 (Mil, Navy) avant-garde f ◆ **in the vanguard (of)** en tête (de)
2 (fig) avant-garde f ◆ **in the vanguard of progress** à l'avant-garde or à la pointe du progrès

**vanilla** /vəˈnɪlə/
N (= spice, flavour) vanille f
COMP [cream, ice] à la vanille
**vanilla essence** N extrait m de vanille
**vanilla-flavoured** ADJ [sugar] vanillé ; [yoghurt, custard] à la vanille
**vanilla pod** N gousse f de vanille
**vanilla sugar** N sucre m vanillé

**vanillin** /ˈvænɪlɪn/ N vanilline f

**vanish** /ˈvænɪʃ/ SYN
VI (gen) disparaître (from de) ; [fears] se dissiper ◆ **to vanish without trace** disparaître sans laisser de traces ◆ **to vanish into thin air** * se volatiliser ◆ **he vanished into the countryside** il a disparu dans la campagne ◆ **he/it had vanished from sight** il/cela avait disparu, il/cela était introuvable ◆ **he/it has vanished from the face of the earth** il/cela a disparu sans laisser de traces ◆ **Julie vanished from outside her home** Julie a disparu de devant chez elle ◆ **he vanished into the distance** il s'est évanoui dans le lointain ◆ **he said goodbye and vanished into the house** il a dit au revoir et il est rentré précipitamment dans la maison
COMP **vanishing act** N (fig) ◆ **to do a vanishing act** s'éclipser *
**vanishing cream** † N crème f de beauté
**vanishing point** N point m de fuite ◆ **to reach vanishing point** disparaître
**vanishing trick** N tour m de passe-passe

**vanished** /ˈvænɪʃt/ ADJ disparu

**vanitory unit** /ˈvænɪtərˈjuːnɪt/ N sous-vasque f

**vanity** /ˈvænɪtɪ/ SYN
N (NonC) 1 (= conceit) vanité f ◆ **I may say without vanity** je peux dire sans (vouloir) me vanter
2 (= worthlessness) vanité f, futilité f ◆ **all is vanity** tout est vanité ◆ **"Vanity Fair"** (Literat) « La Foire aux vanités »
COMP **vanity basin** N ⇒ **vanity unit**
**vanity box, vanity case** N mallette f pour affaires de toilette, vanity-case m
**vanity mirror** N (in car) miroir m de courtoisie
**vanity plate** N (esp US : for car) plaque f d'immatriculation personnalisée
**vanity press** N (Publishing) maison f d'édition à compte d'auteur
**vanity publishing** N (NonC) publication f à compte d'auteur
**vanity unit** N sous-vasque f

◆ **VANITY PLATE**
En Grande-Bretagne comme aux États-Unis, les automobilistes s'intéressent particulièrement aux immatriculations qui forment des mots ou contiennent leurs initiales. Ces plaques, appelées **personalized number plates** en Grande-Bretagne et **vanity plates** aux États-Unis, se vendent souvent très cher. Par exemple, on peut imaginer qu'un homme s'appelant James Allan Gordon souhaite acquérir à n'importe quel prix la plaque d'immatriculation « JAG 1 ».

**vanload** /ˈvænləʊd/ N ◆ **by the vanload** par camions entiers ◆ **a vanload of clothes** une camionnette pleine de vêtements

**vanquish** /ˈvæŋkwɪʃ/ SYN VT (liter) vaincre ◆ **the vanquished** les vaincus mpl

**vanquisher** /ˈvæŋkwɪʃəʳ/ N (liter) vainqueur m

**vantage** /ˈvɑːntɪdʒ/
N avantage m, supériorité f
COMP **vantage ground** N (Mil) position f stratégique or avantageuse
**vantage point** N poste m d'observation ◆ **from my vantage point on the roof** de mon poste d'observation sur le toit ◆ **from his vantage point as a publisher** de sa position d'éditeur ◆ **there wasn't much to see from this vantage point** on ne voyait pas grand-chose de cet endroit ◆ **from your vantage point, do you think they'll win the election?** d'après vous, qui êtes bien placé pour juger, vont-ils gagner les élections ? ◆ **this seems unlikely from the vantage point of France** vu de France, cela semble improbable ◆ **this book is written from the vantage point of the slaves** ce livre est écrit du point de vue des esclaves

**Vanuatu** /ˌvænuːˈɑːtuː/ N ◆ **(the Republic of) Vanuatu** (la République de) Vanuatu

**vapid** /ˈvæpɪd/ ADJ (frm) [remark, conversation, book, song] insipide ; [person] ahuri ; [smile] mièvre ; [style] plat

**vapidity** /væˈpɪdɪtɪ/ N [of conversation] insipidité f ; [of style] platitude f

**vapor** /ˈveɪpəʳ/ N, VI (US) ⇒ **vapour**

**vaporescence** /ˌveɪpəˈresns/ N vaporisation f

**vaporescent** /ˌveɪpəˈresnt/ ADJ qui se vaporise

**vaporetto** /ˌveɪpəˈretəʊ/ N (pl **vaporetti** /ˌveɪpəˈretɪ/ or **vaporettos**) vaporetto m

**vaporization** /ˌveɪpəraɪˈzeɪʃən/ N vaporisation f

**vaporize** /ˈveɪpəraɪz/
VT vaporiser
VI se vaporiser

**vaporizer** /ˈveɪpəraɪzəʳ/ N (gen, Chem) vaporisateur m ; (Med: for inhalation) inhalateur m ; (for perfume) atomiseur m

**vaporous** /ˈveɪpərəs/ ADJ (liter) 1 (= full of vapour) [air, cloud, heat] vaporeux (liter)
2 (fig = indistinct) vague

**vapour** (Brit), **vapor** (US) /ˈveɪpəʳ/ SYN
N 1 (Phys: also mist etc) vapeur f ; (on glass) buée f
2 ◆ **to have the vapours** † avoir des vapeurs †
VI (US ‡ = boast) fanfaronner
COMP **vapour bath** N bain m de vapeur
**vapour pressure** N pression f de vapeur
**vapour trail** N [of plane] traînée f de condensation

**varactor** /ˈveəˌræktəʳ/ N varactor m

**Varanasi** /vəˈrɑːnəsɪ/ N Varanasi (nouveau nom de Bénarès)

**variability** /ˌveərɪəˈbɪlɪtɪ/ N variabilité f

**variable** /ˈveərɪəbl/ SYN
ADJ [amount, quality, content] variable ; [weather] variable, incertain, changeant ; [mood] changeant ; [work] de qualité inégale
N (gen) variable f ◆ **dependent/independent variable** variable dépendante/indépendante
COMP **variable geometry** ADJ à géométrie variable
**variable pitch propeller** N hélice f à pas variable
**variable star** N (Astron) étoile f variable
**variable type** N (Comput) type m de variable

**variance** /ˈveərɪəns/ SYN N 1 (= disagreement) désaccord m, différend m ◆ **to be at variance** (= in disagreement) être en désaccord ◆ **to be at variance with sth** avoir un différend avec qn sur qch ◆ **this is at variance with what he said earlier** cela ne correspond pas à or cela contredit ce qu'il a dit auparavant
2 (= variation) variation f
3 (Math) variance f
4 (Jur) différence f, divergence f ◆ **there is a variance between the two statements** les deux dépositions ne s'accordent pas or ne concordent pas

**variant** /ˈveərɪənt/ SYN
N (gen, Ling etc) variante f ◆ **spelling variant** variante f orthographique
ADJ [method] autre
COMP **variant form** N (Ling) variante f (orthographique)
**variant reading** N variante f
**variant spelling** N ⇒ **variant form**

**variation** /ˌveərɪˈeɪʃən/ SYN N (gen) variation f ; (in opinions, views) fluctuation(s) f(pl), changements mpl

**varicella** /ˌværɪˈselə/ N varicelle f

**varicoloured, varicolored** (US) /ˈveərɪˌkʌləd/ ADJ multicolore, bigarré ; (fig) divers

**varicose** /ˈværɪkəʊs/
ADJ [ulcer, eczema] variqueux
COMP **varicose vein** N varice f ◆ **to have varicose veins** avoir des varices

**varicosis** /ˌværɪˈkəʊsɪs/ N varices fpl

**varicotomy** /ˌværɪˈkɒtəmɪ/ N varicectomie f, phlébectomie f, stripping m

**varied** /ˈveərɪd/ SYN ADJ [diet, career, work, programme] varié ; [reasons, opportunities, talents] varié, divers

**variegated** /ˈveərɪɡeɪtɪd/ ADJ 1 (= mottled) [plant, leaf, plumage] panaché ; [colour] moucheté ; [markings] de couleurs différentes
2 (= varied) [assortment] varié

**variegation** /ˌveərɪˈɡeɪʃən/ N bigarrure f, diaprure f (liter)

**variety** /vəˈraɪətɪ/ SYN
N 1 (NonC = diversity) variété f (in dans), diversité f ◆ **children like variety** les enfants aiment la variété or ce qui est varié ◆ **it lacks variety** ça n'est pas assez varié ◆ **they have increased in number and variety** ils sont devenus plus nombreux et plus variés ◆ **variety is the spice of life** (Prov) il faut de tout pour faire un monde
2 (= assortment, range) ◆ **a wide** or **great variety of...** un grand nombre de... ◆ **dolphins produce a variety of noises** les dauphins émettent différents bruits or un certain nombre de bruits ◆ **for a variety of reasons** pour diverses raisons ◆ **it offers a variety of careers** cela offre un grand choix de carrières
3 (Bio = subdivision) variété f ◆ **new plant variety** obtention f or nouveauté f végétale
4 (= type, kind) type m, espèce f ◆ **many varieties of socialist(s)** de nombreux types (différents) de socialistes, de nombreuses espèces (différentes) de socialistes ◆ **books of the paperback variety** des livres de ce genre livre de poche
5 (NonC: Theat) variétés fpl
COMP (Theat) [actor, artiste] de variétés, de music-hall
**variety meats** NPL (US Culin) abats mpl (de boucherie)
**variety show** N (Theat) spectacle m de variétés or de music-hall ; (Rad, TV) émission f de variétés
**variety store** N (US) ≈ Prisunic m
**variety theatre** N (théâtre m de) variétés fpl
**variety turn** N (Brit) numéro m (de variétés or de music-hall)

**varifocal** /ˌværɪˈfəʊkl/
ADJ progressif
NPL **varifocals** lunettes fpl à verres progressifs

**variola** /vəˈraɪələ/ N variole f

**variolite** /ˈveərɪəlaɪt/ N variolite f

**variometer** /ˌveərɪˈɒmətəʳ/ N variomètre m

**variorum** /ˌveərɪˈɔːrəm/ ADJ variorum inv ◆ **variorum edition** édition f variorum

**various** /ˈveərɪəs/ SYN ADJ 1 (= differing) divers before n, différent ◆ **at various times of day** à différents moments de la journée ◆ **the various meanings of a word** les différents sens d'un mot ◆ **his excuses are many and various** ses excuses sont nombreuses et variées
2 (= several) divers, plusieurs ◆ **I phoned her various times** je lui ai téléphoné à plusieurs reprises ◆ **there are various ways of doing it** il y a plusieurs manières de le faire

**variously** /ˈveərɪəslɪ/ ADV ◆ **he was variously known as John, Johnny or Jack** il était connu sous divers noms : John, Johnny ou Jack ◆ **the**

crowd was variously estimated at two to seven thousand le nombre de personnes a été estimé entre deux et sept mille selon les sources

**varistor** /vəˈrɪstəʳ/ **N** varistance f

**varlet** †† /ˈvɑːlɪt/ **N** (pej) sacripant †† m

**varmint** † * /ˈvɑːmɪnt/ **N** (= scoundrel) polisson(ne) m(f), vaurien(ne) m(f)

**varnish** /ˈvɑːnɪʃ/ SYN
- **N** (lit, fig) vernis m ; (on pottery) vernis m, émail m ; → **nail**, **spirit**
- **VT** [+ furniture, painting] vernir ; [+ pottery] vernisser ◆ **to varnish one's nails** se vernir les ongles ◆ **to varnish the truth** maquiller la vérité

**varnishing** /ˈvɑːnɪʃɪŋ/
- **N** vernissage m
- COMP **varnishing day** **N** (Art) (jour m du) vernissage m

**varsity** /ˈvɑːsɪtɪ/
- **N** ⓵ (Brit † * = university) fac * f
- ⓶ (US Univ Sport) équipe f de première catégorie (représentant un établissement d'enseignement)
- COMP **varsity match** **N** match entre les universités d'Oxford et de Cambridge ◆ **varsity sports** NPL (US) sports pratiqués entre équipes de différents établissements scolaires

**Varuna** /ˈværʊnə/ **N** Varuna m

**vary** /ˈvɛərɪ/ SYN
- **VI** varier ◆ **symptoms vary with the weather** les symptômes varient selon le temps qu'il fait ◆ **the colour can vary from blue to green** la couleur peut varier du bleu au vert ◆ **tariffs vary by country** or **from country to country** les tarifs varient selon les pays ◆ **this text varies from the previous version** ce texte diffère de la version antérieure ◆ **as they are handmade, each one varies slightly** comme ils sont faits main, chacun est légèrement différent ◆ **they vary in size** leur taille varie, ils sont de tailles différentes
- **VT** [+ programme, menu] varier ; [+ temperature] faire varier ; (directly) varier

**varying** /ˈvɛərɪɪŋ/ SYN **ADJ** [amounts] variable ; [shades] différent ◆ **of varying abilities** de compétences variées ◆ **of varying ages** de différents âges ◆ **to varying degrees** à des degrés divers ◆ **with varying degrees of success** avec plus ou moins de succès ◆ **for varying periods of time** pendant des périodes plus ou moins longues ◆ **of varying sizes** de différentes tailles

**vascular** /ˈvæskjʊləʳ/ **ADJ** vasculaire

**vas deferens** /ˈvæsˈdɛfəˌrɛnz/ **N** (pl **vasa deferentia** /ˈveɪsəˌdɛfəˈrɛnʃɪə/) (Anat) canal m déférent

**vase** /vɑːz/ **N** vase m ◆ **flower vase** vase m à fleurs

**vasectomy** /væˈsɛktəmɪ/ **N** vasectomie f ◆ **to have a vasectomy** avoir une vasectomie

**Vaseline** ® /ˈvæsɪliːn/
- **N** vaseline ® f
- **VT** enduire de vaseline ®

**vasoconstrictor** /ˌveɪzəʊkənˈstrɪktəʳ/ **N** vasoconstricteur m

**vasodilator** /ˌveɪzəʊdaɪˈleɪtəʳ/ **N** vasodilatateur m

**vasomotor** /ˌveɪzəʊˈməʊtəʳ/ **ADJ** vasomoteur (f -trice)

**vassal** /ˈvæsəl/ **ADJ**, **N** (Hist, fig) vassal m

**vassalage** /ˈvæsəlɪdʒ/ **N** vassalité f, vasselage m

**vast** /vɑːst/ SYN **ADJ** [quantity, amount, building, reserve] vaste before n, énorme ; [area, size, organization, army] vaste, immense ; [knowledge, experience] vaste, grand ◆ **at vast expense** à grands frais ◆ **to a vast extent** dans une très large mesure ◆ **a vast improvement on sth** une nette amélioration par rapport à qch ◆ **the vast majority** la grande majorité ◆ **vast sums (of money)** des sommes folles

**vastly** /ˈvɑːstlɪ/ **ADV** [different] extrêmement ; [superior] largement, nettement ; [overrate, increase, improve] considérablement

**vastness** /ˈvɑːstnɪs/ **N** immensité f

**VAT** /ˌviːeɪˈtiː, væt/
- **N** (Brit) (abbrev of **value added tax**) TVA f
- COMP **VAT man** * **N** (pl **VAT men**) inspecteur des impôts chargé du contrôle de la TVA ◆ **VAT number** **N** numéro m d'identification ◆ **VAT office** **N** service fiscal spécialisé dans le contrôle de la TVA ◆ **VAT rate** **N** taux m de (la) TVA ◆ **VAT receipt** **N** ticket m de caisse (portant un numéro d'identification) ◆ **VAT-registered** **ADJ** enregistré à la TVA

**VAT return** **N** formulaire m de déclaration de la TVA

**vat** /væt/ **N** cuve f, bac m

**Vatican** /ˈvætɪkən/
- **N** Vatican m
- COMP [policy etc] du Vatican ◆ **Vatican City** **N** la cité du Vatican ◆ **the Vatican Council** **N** le concile du Vatican

**vaticinate** /væˈtɪsɪneɪt/ **VI** vaticiner

**vaudeville** /ˈvəʊdəvɪl/ (esp US)
- **N** spectacle m de variétés or de music-hall
- COMP [show, singer] de variétés, de music-hall

**vaudevillian** /ˌvəʊdəˈvɪlɪən/ (US)
- **N** (= writer) auteur m de variétés ; (= performer) acteur m, -trice f de variétés
- **ADJ** de variétés

**vaudevillist** /ˈvəʊdəvɪlɪst/ **N** (US) ⇒ **vaudevillian noun**

**vault¹** /vɔːlt/ SYN ⓵ (Archit) voûte f ◆ **the vault of heaven** (liter) la voûte céleste
- ⓶ (Anat) voûte f ◆ **cranial vault** voûte f crânienne
- ⓷ (= cellar) cave f
- ⓸ (in bank) (= strongroom) chambre f forte ; (= safe deposit box room) salle f des coffres ◆ **it's lying in the vaults of the bank** c'est dans les coffres de la banque
- ⓹ (= burial chamber) caveau m ◆ **interred in the family vault** inhumé dans le caveau de famille

**vault²** /vɔːlt/ SYN
- **VI** (gen) sauter ; (Pole Vaulting) sauter (à la perche) ; (Gym) sauter ◆ **to vault over sth** sauter qch (d'un bond) ; → **pole¹**
- **VT** (gen) sauter d'un bond
- **N** saut m

**vaulted** /ˈvɔːltɪd/ **ADJ** [roof, ceiling] en voûte ; [room, hall] voûté

**vaulter** /ˈvɔːltəʳ/ **N** (= gymnast) sauteur m, -euse f ; (= pole-vaulter) perchiste mf

**vaulting¹** /ˈvɔːltɪŋ/ **N** (Archit) voûte(s) f(pl)

**vaulting²** /ˈvɔːltɪŋ/
- **N** (Sport) exercice m or pratique f du saut
- COMP **vaulting horse** **N** cheval m d'arçons

**vaunt** /vɔːnt/ SYN **VT** (liter) vanter ; (= praise) vanter, faire l'éloge de ◆ **much vaunted** tant vanté

**VC** /ˌviːˈsiː/ **N** ⓵ (Brit) (abbrev of **Victoria Cross**) → **Victoria**
- ⓶ (Univ) (abbrev of **vice-chancellor**) → **vice-**
- ⓷ (US) abbrev of **Vietcong**

**VCR** /ˌviːsiːˈɑːʳ/ **N** (abbrev of **video cassette recorder**) → **video**

**VD** /ˌviːˈdiː/ **N** (Med) (abbrev of **venereal disease**) → **venereal**

**VDT** /ˌviːdiːˈtiː/ **N** (abbrev of **visual display terminal**) → **visual**

**VDU** /ˌviːdiːˈjuː/ **N** (Comput) (abbrev of **visual display unit**) → **visual**

**'ve** /v/ ⇒ **have**

**veal** /viːl/
- **N** veau m ; → **fillet**
- COMP [stew, cutlet] de veau ◆ **veal crate** **N** box pour l'élevage des veaux de batterie

**vector** /ˈvɛktəʳ/
- **N** ⓵ (Bio, Math) vecteur m
- ⓶ [of aircraft] direction f
- **VT** [+ aircraft] radioguider
- COMP (Math) vectoriel ◆ **vector product** **N** produit m vectoriel ◆ **vector space** **N** espace m vectoriel ◆ **vector sum** **N** somme f vectorielle

**vectorial** /vɛkˈtɔːrɪəl/ **ADJ** vectoriel

**Veda** /ˈveɪdə/ **N** Veda m

**Vedaism** /ˈveɪdeɪɪzəm/ **N** védisme m

**VE Day** /ˌviːˈiːdeɪ/ **N** anniversaire m de la victoire des alliés en 1945

- **VE DAY**
- La Grande-Bretagne et les États-Unis commémorent le 8 mai la victoire alliée de 1945 en Europe. C'est le **VE Day** (Victory in Europe Day). La victoire sur le Japon, **VJ Day** (Victory over Japan Day), est commémorée le 15 août.

**Vedic** /ˈveɪdɪk/ **ADJ** védique

**veep*** /viːp/ **N** (US : from VP) ⇒ **vice-president** ; → **vice-**

**veer** /vɪəʳ/ SYN
- **VI** ⓵ [wind] (= change direction) tourner, changer de direction ; [ship] virer (de bord) ; [car, road] virer ◆ **to veer to the north** se diriger vers le nord or au nord ◆ **the car veered off the road** la voiture a quitté la route ◆ **to veer (off to the) left/right** virer à gauche/droite
- ⓶ (= change etc) changer ◆ **he veered round to my point of view** changeant d'opinion il s'est rallié à mon point de vue ◆ **he veered off** or **away from his subject** il s'est éloigné de son sujet ◆ **her feelings for him veered between tenderness and love** les sentiments qu'elle lui portait oscillaient entre la tendresse et l'amour
- **VT** ⓵ (Naut) [+ cable] filer
- ⓶ [+ ship, car] faire virer

**veg *** /vɛdʒ/ **N** (abbrev of **vegetables**) légumes mpl

▶ **veg out*** **VI** glander*

**Vega** /ˈviːgə/ **N** (Astron) Véga f

**vegan** /ˈviːgən/ **N**, **ADJ** végétalien(ne) m(f)

**veganism** /ˈviːgənɪzəm/ **N** végétalisme m

**vegeburger** /ˈvɛdʒɪˌbɜːgəʳ/ **N** hamburger m végétarien

**vegetable** /ˈvɛdʒtəbl/
- **N** ⓵ légume m ◆ **early vegetables** primeurs fpl
- ⓶ (generic term = plant) végétal m, plante f
- ⓷ (pej = brain-damaged person) légume m
- COMP [oil, matter] végétal ◆ **vegetable butter** **N** margarine f ◆ **vegetable dish** **N** plat m à légumes, légumier m ◆ **vegetable garden** **N** (jardin m) potager m ◆ **vegetable kingdom** **N** règne m végétal ◆ **vegetable knife** **N** (pl **vegetable knives**) couteau-éplucheur m ◆ **vegetable marrow** **N** (esp Brit) courge f ◆ **vegetable oyster** **N** (= plant) salsifis m ◆ **vegetable patch** **N** carré m de légumes ◆ **vegetable salad** **N** salade f or macédoine f de légumes ◆ **vegetable slicer** **N** coupe-légumes m inv ◆ **vegetable soup** **N** soupe f aux or de légumes

**vegetal** /ˈvɛdʒɪtl/ **ADJ** végétal

**vegetarian** /ˌvɛdʒɪˈtɛərɪən/ **ADJ**, **N** végétarien(ne) m(f)

**vegetarianism** /ˌvɛdʒɪˈtɛərɪənɪzəm/ **N** végétarisme m

**vegetate** /ˈvɛdʒɪteɪt/ SYN **VI** (lit) végéter ; (fig) végéter, moisir*

**vegetated** /ˈvɛdʒɪteɪtɪd/ **ADJ** couvert de végétation ◆ **sparsely/densely vegetated** couvert d'une végétation clairsemée/dense

**vegetation** /ˌvɛdʒɪˈteɪʃən/ **N** (NonC) végétation f

**vegetative** /ˈvɛdʒɪtətɪv/
- **ADJ** végétatif ◆ **vegetative growth** croissance f de la végétation
- COMP **vegetative coma** **N** coma m dépassé ; → **persistent**

**veggie*** /ˈvɛdʒɪ/ **N**, **ADJ** ⓵ abbrev of **vegetarian**
- ⓶ (esp US) abbrev of **vegetable noun 1**)

**veggieburger** /ˈvɛdʒɪˌbɜːdəʳ/ **N** ⇒ **vegeburger**

**vehemence** /ˈviːɪməns/ SYN **N** [of person, opposition, denial, tone] véhémence f ; [of criticism, attack, protest, dislike] véhémence f, violence f

**vehement** /ˈviːɪmənt/ SYN **ADJ** [person, opposition, denial, tone] véhément ; [criticism, attack, protest, dislike] véhément, violent ; [speech] véhément, passionné ; [gesture, condemnation] vif

**vehemently** /ˈviːɪməntlɪ/ **ADV** [deny, say] avec véhémence (liter) ; [reject, oppose] avec véhémence, violemment ; [attack, curse] violemment ; [shake one's head] vigoureusement ◆ **vehemently anti-European** violemment antieuropéen

**vehicle** /ˈviːɪkl/ **N** ⓵ (gen) véhicule m ; (very large) engin m ◆ **"closed to vehicles"** « interdit à la circulation » ◆ **"authorized vehicles only"** « accès réservé aux véhicules autorisés » ; → **commercial**
- ⓶ (fig) véhicule m ◆ **a vehicle of** or **for communication** un véhicule de la communication ◆ **her art was a vehicle for her political beliefs** son art lui servait à véhiculer ses convictions politiques

**vehicular** /vɪˈhɪkjʊləʳ/ **ADJ** (frm) [access] des véhicules ; [homicide] commis en conduisant ◆ **vehicular deaths** décès mpl dus aux accidents de la route ◆ **vehicular traffic** circulation f (routière)

**veil** /veɪl/ SYN
- **N** (gen) voile m ; (on hat) voilette f ; (fig) voile m ◆ **to take the veil** (Rel) prendre le voile ◆ **be-**

## veiled | verbally

yond the veil (fig liter) dans l'au-delà ◆ **to be wearing a veil** être voilé ◆ **to draw/throw a veil over** (fig) mettre/jeter un voile sur ◆ **under the veil of...** sous le voile de... ◆ **veil of mist** voile m de brume

**VT** voiler, couvrir d'un voile ; (fig) [+ truth, facts] voiler ; [+ feelings] voiler, dissimuler ◆ **the clouds veiled the moon** les nuages voilaient la lune

**veiled** /veɪld/ SYN ADJ [woman, face, criticism, reference, threat, warning, attack] voilé ◆ **veiled in black** voilé de noir ◆ **veiled in shadow** (liter) plongé dans l'ombre ◆ **veiled mountains** (liter) des montagnes fpl voilées (liter)

**veiling** /ˈveɪlɪŋ/ N (on hat etc) voilage m ; (fig) [of truth, facts] dissimulation f

**vein** /veɪn/ SYN N ① (in body, insect wing) veine f ; (in leaf) nervure f ◆ **to open a vein** (suicide) s'ouvrir les veines ◆ **he has French blood in his veins** il a du sang français dans les veines ; → **varicose**
② (in stone etc : gen) veine f ; (of ore etc) filon m, veine f ◆ **there's a vein of truth in what he says** il y a un fond de vérité dans ce qu'il dit ◆ **a vein of racism/scepticism** un fond de racisme/scepticisme ◆ **a vein of humour runs through her writing** il y a un humour sous-jacent dans tous ses textes
③ (= style etc) style m ; (= mood) esprit m ◆ **in a humorous/revolutionary vein** dans un esprit humoristique/révolutionnaire ◆ **in the same vein, in a similar vein** (= in the same style) dans la même veine ; (= by the same token) dans le même ordre d'idées ◆ **in a more realistic vein** dans un style plus réaliste

**veined** /veɪnd/ ADJ [hand, marble] veiné ; [stone] marbré ; [leaf] nervuré ◆ **blue-veined cheese** fromage m à pâte persillée ◆ **pink flowers veined with red** des fleurs fpl roses veinées de rouge ◆ **rocks veined with cracks** rochers mpl tout fissurés

**veining** /ˈveɪnɪŋ/ N [of marble] veinures fpl ; [of stone] marbrures fpl ; [of leaf] nervures fpl ; [of marble-effect paper] dessin mpl marbrés

**veinule** /ˈveɪnjuːl/ N veinule f

**vela** /ˈviːlə/ NPL of **velum**

**velar** /ˈviːləʳ/ ADJ vélaire

**velarize** /ˈviːləraɪz/ VT (Phon) vélariser

**Velcro** ® /ˈvelkrəʊ/ N velcro ® m

**veld(t)** /velt/ N veld(t) m

**veleta** /vəˈliːtə/ N danse f à trois temps

**vellum** /ˈveləm/
**N** vélin m
COMP [binding] de vélin
**vellum paper** N papier m vélin

**veloce** /vɪˈləʊtʃɪ/ ADV (Mus) véloce

**velocipede** /vəˈlɒsɪpiːd/ N vélocipède m

**velociraptor** /vəˈlɒsɪræptəʳ/ N vélociraptor m

**velocity** /vɪˈlɒsɪtɪ/ N vélocité f, vitesse f

**velodrome** /ˈviːlədrəʊm/ N vélodrome m

**velour(s)** /vəˈlʊəʳ/ N (for clothes) velours m rasé ; (for upholstery) velours m épais

**velouté** /vəˈluːteɪ/ N (Culin) velouté m

**velum** /ˈviːləm/ N (pl **vela**) (Anat) voile m du palais

**velvet** /ˈvelvɪt/
**N** ① (gen) velours m ; → **black, iron**
② (US = unearned income) bénéfice m non salarial
COMP [dress] de velours
**velvet glove** N (also fig) gant m de velours
**Velvet Revolution** N révolution f de velours
**velvet scoter** N (= bird) macreuse f brune

**velveteen** /ˈvelvɪtiːn/ N veloutine f

**velvety** /ˈvelvɪtɪ/ ADJ [surface, texture, material] velouteux, velouté ; [sauce, voice] velouté

**vena cava** /ˈviːnəˈkeɪvə/ N (pl **venae cavae** /ˈviːniːˈkeɪviː/) veine f cave

**venal** /ˈviːnl/ SYN ADJ vénal

**venality** /viːˈnælɪtɪ/ N vénalité f

**venation** /viːˈneɪʃən/ N nervation f

**vend** /vend/ VT (Jur) vendre

**vendee** /venˈdiː/ N (Jur) acquéreur m

**vendetta** /venˈdetə/ SYN N vendetta f

**vending** /ˈvendɪŋ/
**N** vente f
COMP **vending machine** N distributeur m automatique

**vendor** /ˈvendəʳ/ N ① (gen) marchand(e) m(f) ◆ **ice-cream** etc **vendor** marchand(e) m(f) de glaces etc ; → **newsvendor, street**
② (= machine) distributeur m automatique
③ /ˈvendɔːʳ/ (Jur) vendeur m

**veneer** /vəˈnɪəʳ/ SYN
**N** placage m ; (fig) apparence f, vernis m ◆ **with** or **under a veneer of** sous un vernis de
**VT** plaquer

**venerable** /ˈvenərəbl/ SYN
ADJ vénérable
COMP **the Venerable Bede** N Bède m le Vénérable

**venerate** /ˈvenəreɪt/ SYN VT vénérer

**veneration** /ˌvenəˈreɪʃən/ SYN N vénération f

**venereal** /vɪˈnɪərɪəl/
ADJ vénérien
COMP **venereal disease** N maladie f vénérienne, MST f

**venereologist** /vɪˌnɪərɪˈɒlədʒɪst/ N vénér(é)ologue mf

**venereology** /vɪˌnɪərɪˈɒlədʒɪ/ N vénérologie f

**venery** /ˈvenərɪ/ N ① (liter = hunting) vénerie f
② (†† = debauchery) débauche f

**venesection** /ˈveniˌsekʃən/ N phlébotomie f

**Venetia** /vɪˈniːʃə/ N (Hist) Vénétie f

**Venetian** /vɪˈniːʃən/
ADJ vénitien, de Venise
**N** Vénitien(ne) m(f)
COMP **Venetian blind** N store m vénitien
**Venetian glass** N cristal m de Venise

**Veneto** /ˈvɛneto/ N ◆ **(the) Veneto** la Vénétie

**Venezuela** /ˌveneˈzweɪlə/ N Venezuela m ◆ **in Venezuela** au Venezuela

**Venezuelan** /ˌveneˈzweɪlən/
ADJ vénézuélien
**N** Vénézuélien(ne) m(f)

**vengeance** /ˈvendʒəns/ SYN N vengeance f ◆ **to take vengeance (up)on...** se venger de or sur... ◆ **to take vengeance for...** tirer vengeance de...
◆ **with a vengeance** ◆ **to set to work with a vengeance** se mettre à travailler avec détermination ◆ **to return with a vengeance** faire un retour en force ◆ **it started to rain again with a vengeance** il s'est remis à pleuvoir de plus belle

**vengeful** /ˈvendʒfʊl/ ADJ vengeur (-eresse f)

**venial** /ˈviːnɪəl/ SYN ADJ (also Rel) véniel

**veniality** /ˌviːnɪˈælɪtɪ/ N caractère m véniel

**Venice** /ˈvenɪs/ N Venise f

**venire** /vɪˈnaɪrɪ/ N (US Jur) liste f des jurés assignés

**venireman** /vɪˈnaɪərɪmən/ N (pl -**men**) (US Jur) juré m nommé par assignation

**venison** /ˈvenɪsən/ N chevreuil m (viande)

**Venn diagram** /ven/ N diagramme m de Venn

**venography** /vɪˈnɒgrəfɪ/ N phlébographie f

**venom** /ˈvenəm/ SYN N (lit, fig) venin m

**venomous** /ˈvenəməs/ SYN ADJ (lit, fig) venimeux
◆ **venomous tongue** (fig) langue f de vipère

**venomously** /ˈvenəməslɪ/ ADV [say] sur un ton venimeux ◆ **to glare venomously at sb** lancer des regards venimeux à qn

**venous** /ˈviːnəs/ ADJ veineux

**vent** /vent/ SYN
**N** (for gas, liquid) (= hole) orifice m ; (= pipe) conduit m ; (in chimney) tuyau m ; [of volcano] cheminée f ; (in barrel) trou m ; (in coat) fente f
◆ **to give vent to** [+ feelings] donner or laisser libre cours à
**VT** [+ barrel etc] pratiquer un trou dans ; [+ one's anger etc] décharger (on sur)
COMP **vent glass** N (in car) déflecteur m

**ventilate** /ˈventɪleɪt/ VT ① [+ room, lungs, patient] aérer, ventiler ; [+ tunnel] ventiler ; [+ blood] oxygéner
② [+ question] livrer à la discussion ; [+ grievance] étaler au grand jour

**ventilation** /ˌventɪˈleɪʃən/
**N** ventilation f
COMP **ventilation shaft** N conduit m d'aération or de ventilation

**ventilator** /ˈventɪleɪtəʳ/ N (Med) respirateur m
◆ **to be on a ventilator** (Med) être en ventilation assistée, être ventilé * (in room) ventilateur m ; (in car: also **ventilator window**) déflecteur m

**ventral** /ˈventrəl/ ADJ (Anat, Zool, Bot) ventral

**ventricle** /ˈventrɪkl/ N ventricule m

**ventricular** /venˈtrɪkjʊləʳ/ ADJ ventriculaire

**ventriloquial** /ˌventrɪˈləʊkwɪəl/ ADJ de ventriloque

**ventriloquism** /venˈtrɪləkwɪzəm/ N ventriloquie f

**ventriloquist** /venˈtrɪləkwɪst/
**N** ventriloque mf
COMP **ventriloquist's dummy** N poupée f de ventriloque

**ventriloquy** /venˈtrɪləkwɪ/ N ventriloquie f

**venture** /ˈventʃəʳ/ SYN
**N** (= project) entreprise f, projet m ; (also **business venture**) entreprise f ◆ **it was a risky venture** c'était une entreprise assez risquée or assez hasardeuse ◆ **the success of his first artistic/film venture** le succès de sa première entreprise artistique/cinématographique ◆ **all his business ventures failed** toutes ses entreprises en matière de commerce or toutes ses tentatives commerciales ont échoué ◆ **this is a new venture in publishing** ceci constitue quelque chose de nouveau or un coup d'essai en matière d'édition ◆ **at a venture** † au hasard
**VT** [+ life, fortune, reputation] risquer ; [+ opinion] hasarder ; [+ explanation, estimate] hasarder, avancer ◆ **when I asked him that, he ventured a guess** quand je lui ai posé la question, il a hasardé or avancé une réponse ◆ **to venture to do sth** oser faire qch, se permettre de faire qch ◆ **he ventured the opinion that...** il a hasardé une opinion selon laquelle... ◆ **I ventured to write to you** j'ai pris la liberté de vous écrire ◆ **... but he did not venture to speak** ... mais il n'a pas osé parler ◆ **nothing ventured nothing gained** (Prov) qui ne risque rien n'a rien (Prov)
**VI** s'aventurer, se risquer ◆ **to venture in/out/through** se risquer à entrer/sortir/traverser ◆ **to venture out of doors** se risquer à sortir ◆ **to venture into town/into the forest** s'aventurer or se hasarder dans la ville/dans la forêt ◆ **they ventured on a programme of reform** ils ont essayé de mettre sur pied or d'entreprendre un ensemble de réformes ◆ **when we ventured on this** quand nous avons entrepris cela, quand nous nous sommes lancés là-dedans ◆ **he never ventured beyond conventional methods** il ne s'est jamais risqué à essayer des méthodes moins traditionnelles
COMP **venture capital** N capital m risque
**venture capitalist** N spécialiste mf du capital risque
**Venture Scout** N (Brit) ≈ scout m de la branche aînée, ≈ routier m, -ière f

▶ **venture forth** VI (liter) se risquer à sortir

**venturesome** /ˈventʃəsəm/ ADJ [person] aventureux, entreprenant ; [action] risqué, hasardeux

**Venturi tube** /venˈtjʊərɪ/ N tube m de Venturi, venturi m

**venue** /ˈvenjuː/ N (gen) lieu m (de rendez-vous) ; (Jur) lieu m du procès, juridiction f ◆ **the venue of the meeting is...** la réunion aura lieu à...

**venule** /ˈvenjuːl/ N veinule f

**Venus** /ˈviːnəs/
**N** (Astron, Myth) Vénus f
COMP **Venus fly-trap** N (= plant) dionée f

**Venusian** /vɪˈnjuːzɪən/ ADJ vénusien

**veracious** /vəˈreɪʃəs/ ADJ véridique

**veracity** /vəˈræsɪtɪ/ N véracité f

**veranda(h)** /vəˈrændə/ N véranda f

**verb** /vɜːb/
**N** verbe m ; → **auxiliary**
COMP **verb phrase** N syntagme m verbal

**verbal** /ˈvɜːbəl/
ADJ ① (gen) [attack, agreement, support, statement, reasoning, promise] verbal ; [confession] oral ◆ **verbal dexterity** facilité f de parole, aisance f verbale ◆ **verbal memory** mémoire f auditive ◆ **to have good/poor verbal skills** bien/mal s'exprimer
② (Gram) verbal
**N** (US Jur *) aveux mpl faits oralement (et servant de témoignage dans un procès)
COMP **verbal abuse** N (NonC) violence f verbale, injures fpl
**verbal noun** N (Gram) nom m verbal

**verbalization** /ˌvɜːbəlaɪˈzeɪʃən/ N verbalisation f

**verbalize** /ˈvɜːbəlaɪz/ VT [+ feelings etc] traduire en paroles, exprimer

**verbally** /ˈvɜːbəlɪ/ SYN ADV [threaten, attack, communicate, express, agree] verbalement ◆ **to abuse**

**sb verbally** injurier qn ◆ **to be verbally abusive** tenir des propos injurieux ◆ **to be verbally and physically abused** être victime de coups et injures or d'agressions verbales et physiques

**verbascum** /vɜːˈbæskəm/ N molène f

**verbatim** /vɜːˈbeɪtɪm/ SYN
  ADV [quote, repeat] textuellement, mot pour mot ; [translate] mot à mot, littéralement
  ADJ [translation] mot à mot ; [quotation] mot pour mot ◆ **verbatim report** compte rendu m in extenso ◆ **he gave me a verbatim report of what was said** il m'a rapporté textuellement or mot pour mot ce qui a été dit

**verbena** /vɜːˈbiːnə/ N (= genus) verbénacées fpl ; (= plant) verveine f

**verbiage** /ˈvɜːbɪɪdʒ/ N verbiage m

**verbless** /ˈvɜːblɪs/ ADJ sans verbe

**verbose** /vɜːˈbəʊs/ SYN ADJ verbeux, prolixe

**verbosely** /vɜːˈbəʊslɪ/ ADV avec verbosité, verbeusement

**verbosity** /vɜːˈbɒsɪtɪ/ SYN N verbosité f

**Vercingetorix** /ˌvɜːsɪnˈdʒetərɪks/ N Vercingétorix m

**verdant** /ˈvɜːdənt/ ADJ (liter) verdoyant

**verdict** /ˈvɜːdɪkt/ SYN N [1] (Jur) verdict m ; → **bring in, guilty**
  [2] [of doctor, electors, press] verdict m ◆ **to give one's verdict about** or **on** se prononcer sur

**verdigris** /ˈvɜːdɪɡrɪs/ ADJ, N vert-de-gris m inv

**verdure** /ˈvɜːdjʊə^r/ N (liter) verdure f

**verge** /vɜːdʒ/ SYN N [1] [of road] bas-côté m, accotement m ◆ **the car mounted the verge** la voiture est montée sur le bas-côté or l'accotement ◆ **to pull over onto the verge** s'arrêter sur le bas-côté ◆ "**soft verges**" « accotement non stabilisé »
  [2] (= edge) (gen) bord m ; (round flowerbed) bordure f en gazon ; [of forest] orée f
  ◆ **on the verge of** ◆ **on the verge of doing sth** sur le point de faire qch ◆ **on the verge of ruin/despair/a nervous breakdown** au bord de la ruine/du désespoir/de la dépression nerveuse ◆ **on the verge of sleep** or **of falling asleep** sur le point de s'endormir ◆ **on the verge of tears** au bord des larmes, sur le point de pleurer ◆ **on the verge of a discovery** à la veille d'une découverte ◆ **on the verge of retirement** au seuil de la retraite ◆ **they are on the verge of starvation** ils sont au bord de la famine
  ▶ **verge on** VT FUS friser, frôler ◆ **the plot verges on the ridiculous** l'intrigue frise or frôle le ridicule ◆ **disappointment verging on despair** une déception frisant or frôlant le désespoir ◆ **a fury that verged on madness** une fureur proche de la folie ◆ **he's verging on bankruptcy** il est au bord de la faillite ◆ **she is verging on fifty** elle frise la cinquantaine

**verger** /ˈvɜːdʒə^r/ N (Rel) bedeau m ; (ceremonial) huissier m à verge

**Vergil** /ˈvɜːdʒɪl/ N Virgile m

**Vergilian** /vəˈdʒɪlɪən/ ADJ virgilien

**verifiability** /ˌverɪfaɪəˈbɪlɪtɪ/ N vérifiabilité f

**verifiable** /ˈverɪfaɪəbl/ ADJ vérifiable

**verification** /ˌverɪfɪˈkeɪʃən/ SYN N (= check) vérification f, contrôle m ; (= proof) vérification f

**verifier** /ˈverɪfaɪə^r/ N (Comput) vérificatrice f

**verify** /ˈverɪfaɪ/ SYN VT [1] (= check) [+ statements, information, spelling] vérifier ; [+ documents] contrôler
  [2] (= confirm) confirmer ◆ **I can verify that it takes about a minute** je peux confirmer que cela prend à peu près une minute

**verily** †† /ˈverɪlɪ/ ADV en vérité

**verisimilar** /ˌverɪˈsɪmɪlə^r/ ADJ vraisemblable

**verisimilitude** /ˌverɪsɪˈmɪlɪtjuːd/ N vraisemblance f

**verism** /ˈvɪərɪzəm/ N vérisme m

**veritable** /ˈverɪtəbl/ ADJ véritable, vrai before n

**verity** /ˈverɪtɪ/ N (liter) vérité f

**verjuice** /ˈvɜːdʒuːs/ N (Culin) verjus m

**vermicelli** /ˌvɜːmɪˈselɪ/ N (NonC) vermicelle(s) m(pl)

**vermicidal** /ˌvɜːmɪˈsaɪdl/ ADJ vermicide

**vermicide** /ˈvɜːmɪsaɪd/ N vermicide m

**vermicular** /vɜːˈmɪkjʊlə^r/ ADJ vermiculaire

**vermiculite** /vɜːˈmɪkjʊlaɪt/ N vermiculite f

**vermiform** /ˈvɜːmɪfɔːm/
  ADJ vermiforme
  COMP **vermiform appendix** N appendice m vermiculaire or vermiforme

**vermifugal** /ˈvɜːmɪfjuːɡəl/ ADJ vermifuge

**vermifuge** /ˈvɜːmɪfjuːdʒ/ N vermifuge m

**vermilion** /vəˈmɪljən/ ADJ, N vermillon m inv

**vermin** /ˈvɜːmɪn/ NPL (= animals) animaux mpl nuisibles ; (= insects) vermine f NonC, parasites mpl ; (pej = people) vermine f NonC, racaille f NonC, parasites mpl

**verminous** /ˈvɜːmɪnəs/ ADJ [person, clothes] pouilleux, couvert de vermine ; [disease] vermineux

**Vermont** /vɜːˈmɒnt/ N Vermont m ◆ **in Vermont** dans le Vermont

**vermouth** /ˈvɜːməθ/ N vermout(h) m

**vernacular** /vəˈnækjʊlə^r/ SYN
  N [1] (Ling) (= native speech) langue f vernaculaire ; (= jargon) jargon m ◆ **the vernacular of advertising** le jargon de la publicité ◆ **in the vernacular** (= in local language) en langue vernaculaire ; (= not in Latin) en langue vulgaire
  [2] (Archit) architecture f vernaculaire or locale ◆ **in the local vernacular** dans le style local
  ADJ [language] vernaculaire ; [crafts, furniture] du pays ; [architecture, style] vernaculaire, local ; [building] de style local

**vernacularly** /vəˈnækjʊlərɪ/ ADV vulgairement

**vernal** /ˈvɜːnl/
  ADJ (liter) printanier
  COMP **the vernal equinox** N l'équinoxe m de printemps
  **vernal grass** N (= plant) flouve f (odorante)

**vernalization** /ˌvɜːnəlaɪˈzeɪʃən/ N (Agr) vernalisation f

**vernalize** /ˈvɜːnəlaɪz/ VT (Agr) vernaliser

**vernation** /vɜːˈneɪʃən/ N préfoliation f, vernation f

**vernier** /ˈvɜːnɪə^r/
  N vernier m
  COMP **vernier scale** N échelle f de vernier

**Verona** /vəˈrəʊnə/ N Vérone f

**veronica** /vəˈrɒnɪkə/ N [1] (= plant) véronique f
  [2] (= name) ◆ **Veronica** Véronique f

**verruca** /veˈruːkə/ N (pl **verrucas** or **verrucae** /veˈruːsiː/) (esp Brit) verrue f (gen plantaire)

**Versailles** /veəˈsaɪ/ N Versailles

**versatile** /ˈvɜːsətaɪl/ SYN ADJ [person] aux talents variés, plein de ressources ; [mind] souple ; [tool, vehicle, software] à usages multiples, polyvalent ; [item of clothing] qu'on peut porter en toute situation ◆ **brick is a very versatile building material** la brique est un matériau très polyvalent ◆ **potatoes are very versatile** il y a mille et une façons d'accommoder les pommes de terre

 In French, **versatile** means 'fickle', not **versatile**.

**versatility** /ˌvɜːsəˈtɪlɪtɪ/ N [of person] variété f de talents ; [of mind] souplesse f ◆ **his versatility** ses talents variés, sa polyvalence

**verse** /vɜːs/
  N [1] (= stanza) [of poem] strophe f ; [of song] couplet m
  [2] (NonC = poetry) poésie f, vers mpl ◆ **in verse** en vers ; → **blank, free**
  [3] [of Bible, Koran] verset m ; → **chapter**
  COMP [drama etc] en vers

**versed** /vɜːst/ SYN ADJ (also **well-versed**) versé (in dans) ◆ **not (well-)versed** peu versé

**versicle** /ˈvɜːsɪkl/ N verset m

**versification** /ˌvɜːsɪfɪˈkeɪʃən/ N versification f, métrique f

**versifier** /ˈvɜːsɪfaɪə^r/ N (pej) versificateur m, -trice f (pej)

**versify** /ˈvɜːsɪfaɪ/
  VT versifier, mettre en vers
  VI faire des vers

**version** /ˈvɜːʃən/ SYN N [1] (= account) version f ; (= interpretation) interprétation f ◆ **his version of events** sa version des faits
  [2] (= variant) [of text] version f, variante f ; [of car] modèle m
  [3] (= translation) version f, traduction f ; → **authorized**

**verso** /ˈvɜːsəʊ/ N verso m

**versus** /ˈvɜːsəs/ PREP [1] (in comparison) par opposition à ◆ **the arguments about public versus private ownership** les arguments pour ou contre la propriété privée ◆ **the question of electricity versus gas for cooking** la question de l'électricité par rapport au gaz or de l'électricité comparée au gaz pour la cuisine
  [2] (Sport) contre ◆ **the England versus Spain match** le match Angleterre-Espagne
  [3] (in dispute, competition) ◆ **it's management versus workers** c'est la direction contre les ouvriers, la direction s'oppose aux ouvriers ◆ **the 1960 Nixon versus Kennedy election** l'élection qui en 1960 a opposé Nixon à Kennedy
  [4] (Jur) ◆ **Jones versus Smith** Jones contre Smith ◆ **Rex/Regina versus Smith** (in Brit) le Roi/la Reine contre Smith (formule utilisée pour un procès engagé par l'État contre un particulier) ◆ **the People versus Smith** (in US) l'État contre Smith

**vertebra** /ˈvɜːtɪbrə/ N (pl **vertebras** or **vertebrae** /ˈvɜːtɪbriː/) vertèbre f

**vertebral** /ˈvɜːtɪbrəl/ ADJ vertébral

**vertebrate** /ˈvɜːtɪbrət/ ADJ, N vertébré m

**vertex** /ˈvɜːteks/ N (pl **vertexes** or **vertices**) (gen, Geom) sommet m ; (Anat) vertex m

**vertical** /ˈvɜːtɪkəl/ SYN
  ADJ [surface, line, axis, cliff, stripes] vertical ◆ **a vertical drop** un à-pic ◆ **a vertical power structure** une structure du pouvoir verticale
  N verticale f ◆ **out of** or **off the vertical** décalé par rapport à or écarté de la verticale
  COMP **vertical analysis** N (Comm) analyse f verticale
  **vertical integration** N (Econ) intégration f verticale
  **vertical mobility** N (Soc) mobilité f verticale
  **vertical planning** N planification f verticale
  **vertical take-off aircraft** N avion m à décollage vertical

**vertically** /ˈvɜːtɪkəlɪ/ ADV [hold, move, run, divide] verticalement ; [rise, descend, drop] verticalement, à la verticale ◆ **vertically challenged** (gen hum) de taille au-dessous de la moyenne ◆ **vertically integrated** (Econ) à intégration verticale

**vertices** /ˈvɜːtɪsiːz/ NPL of **vertex**

**vertigines** /vɜːˈtɪdʒɪˌniːz/ NPL of **vertigo**

**vertiginous** /vɜːˈtɪdʒɪnəs/ ADJ (frm) vertigineux

**vertigo** /ˈvɜːtɪɡəʊ/ SYN N (pl **vertigoes** or **vertigines**) vertige m ◆ **to suffer from vertigo** avoir des vertiges

**vervain** /ˈvɜːveɪn/ N verveine f

**verve** /vɜːv/ SYN N verve f, brio m

**vervet** /ˈvɜːvɪt/ N grivet m, singe m vert

**very** /ˈverɪ/ SYN
  ADV [1] (= extremely) très ◆ **very amusing** très amusant ◆ **to be very careful** faire très attention ◆ **I am very cold/hot** j'ai très froid/chaud ◆ **are you tired?** – **very/not very** êtes-vous fatigué ? – très/pas très ◆ **very well written/made** très bien écrit/fait ◆ **I'm very sorry** je suis vraiment désolé ◆ **very well, if you insist** très bien, si vous insistez ◆ **very little** très peu ◆ **very little milk** très peu de lait ◆ **it is not very likely** ce n'est pas très probable, c'est peu probable ◆ **I'm not very good at explaining myself** je ne sais pas toujours très bien me faire comprendre, j'ai un peu de mal à me faire comprendre ◆ **his accent is very French** il a un accent très français ◆ **Jane looks very pregnant** la grossesse de Jane paraît très avancée ◆ **the Very Reverend...** (Rel) le Très Révérend... ◆ **very high frequency** (Rad) ondes fpl très haute fréquence f ◆ **very high/low frequency** (Elec) très haute/basse fréquence f
  [2] (= absolutely) ◆ **(of the) very best quality** de toute première qualité ◆ **very last/first** tout dernier/premier ◆ **she is the very cleverest in the class** elle est de loin la plus intelligente de la classe ◆ **give it to me tomorrow at the very latest** donnez-le-moi demain au plus tard or demain dernier délai ◆ **at midday at the very latest** à midi au plus tard ◆ **at the very most/least** tout au plus/moins ◆ **to be in the very best of health** être en excellente santé ◆ **they are the very best of friends** ils ne sont les meilleurs amis du monde
  [3] ◆ **very much** beaucoup, bien ◆ **thank you very much** merci beaucoup ◆ **I liked it very much** je l'ai beaucoup aimé ◆ **he is very much better** il va beaucoup mieux ◆ **very much bigger** beaucoup or bien plus grand ◆ **very much**

**Very light** /ˈvɪərɪlaɪt/ N (Mil) fusée f éclairante

**Very pistol** /ˈvɪərɪpɪstl/ N pistolet m lance-fusées

**vesica** /ˈvesɪkə/ N (pl **vesicae** /ˈvesɪˌsiː/) vessie f

**vesicle** /ˈvesɪkl/ N vésicule f

**vespers** /ˈvespəz/ NPL vêpres fpl

**vespertine** /ˈvespətaɪn/ ADJ vespéral

**vessel** /ˈvesl/ SYN N ① (= ship) navire m, bâtiment m
② (Anat, Bot) vaisseau m ; → **blood**
③ (liter = receptacle) récipient m ◆ **drinking vessel** vaisseau † m

**vest¹** /vest/
N ① (Brit = undergarment) maillot m de corps ; (also **vest top**) débardeur m
② (US) gilet m
COMP **vest pocket** N (US) poche f de gilet
**vest-pocket** ADJ (US) [calculator etc] de poche ; (fig) (= tiny) minuscule
**vest top** N noun 1

(!) In French, **veste** means 'jacket', not **vest**.

**vest²** /vest/ SYN
VT (frm) ◆ **to vest sb with sth, to vest sth in sb** investir qn de qch, assigner qch à qn ◆ **the authority vested in me** l'autorité dont je suis investi
COMP **vested interest** N ◆ **to have a vested interest in** (gen) s'intéresser tout particulièrement ; (financially) [+ business, company] être directement intéressé dans ; [+ market, development of business] être directement intéressé à ◆ **to have a vested interest in doing sth** avoir tout intérêt à faire qch ◆ **he has a vested interest in the play as his daughter is acting in it** il s'intéresse tout particulièrement à cette pièce car sa fille y joue ◆ **vested interests** (Comm, Fin, Jur) droits mpl acquis

**vesta** /ˈvestə/ N allumette f

**vestal virgin** /ˌvestlˈvɜːdʒɪn/ N vestale f

**vestibular** /veˈstɪbjʊləʳ/ ADJ (Anat) vestibulaire

**vestibule** /ˈvestɪbjuːl/ N ① (= entrance) [of house, hotel] vestibule m, hall m d'entrée ; [of church] vestibule m
② (Anat) vestibule m

**vestige** /ˈvestɪdʒ/ SYN N ① (= trace, remnant) vestige m ◆ **vestiges of past civilizations** vestiges mpl de civilisations disparues ◆ **not a vestige of truth/commonsense** pas un grain de vérité/de bon sens ◆ **a vestige of hope** un reste d'espoir
② (Anat, Bio = organ) organe m rudimentaire or atrophié ◆ **the vestige of a tail** une queue rudimentaire or atrophiée

**vestigial** /vesˈtɪdʒɪəl/ ADJ ① (frm = remaining) [traces] résiduel ◆ **vestigial remains** vestiges mpl
② (Bio) [organ, limb] vestigial

**vesting** /ˈvestɪŋ/ N (Insurance) acquisition f de droits

**vestment** /ˈvestmənt/ N [of priest] vêtement m sacerdotal ; (= ceremonial robe) habit m de cérémonie

**vestry** /ˈvestrɪ/ N ① (= part of church) sacristie f
② (= meeting) assemblée f paroissiale, conseil m paroissial

**vesture** /ˈvestʃəʳ/ N (NonC: liter) vêtements mpl

**Vesuvius** /vɪˈsuːvɪəs/ N le Vésuve

**vet** /vet/ SYN
N ① abbrev of **veterinary surgeon**, **veterinarian**
② (esp US) (abbrev of **veteran**) ancien combattant m
VT (esp Brit) [+ text] corriger, revoir ; [+ figures, calculations, job applications] vérifier ; [+ papers] contrôler ; [+ report] (= check) vérifier le contenu de ; (= approve) approuver ◆ **wage claims are vetted by the union** les revendications salariales doivent d'abord recevoir l'approbation du syndicat ◆ **his wife vets his contracts** sa femme vérifie or contrôle ses contrats ◆ **the purchases are vetted by a committee** les achats doivent d'abord être approuvés par un comité ◆ **the director vetted him for the job** le directeur a soigneusement examiné sa candidature avant de l'embaucher ◆ **we have vetted him thoroughly** nous nous sommes renseignés de façon approfondie à son sujet ◆ **visa applications/applicants are carefully vetted** les demandes/demandeurs de visa sont soigneusement filtré(e)s

**vetch** /vetʃ/ N vesce f

**vetchling** /ˈvetʃlɪŋ/ N gesse f

**veteran** /ˈvetərən/ SYN
N ① (gen) vétéran m
② (Mil: also **war veteran**) ancien combattant m
ADJ (= experienced) chevronné, expérimenté ◆ **she is a veteran campaigner for women's rights** elle fait campagne depuis longtemps pour les droits de la femme ◆ **a veteran car** une voiture d'époque (avant 1919) ◆ **a veteran teacher/golfer** un vétéran de l'enseignement/du golf
COMP **Veterans Administration** N (US) ministère des anciens combattants
**Veterans Day** N (US) le onze novembre (anniversaire de l'armistice)

**veterinarian** /ˌvetərɪˈnɛərɪən/ N (esp US) vétérinaire mf

**veterinary** /ˈvetərɪnərɪ/
ADJ [medicine, science, care, practice, hospital] vétérinaire ; [expert] en médecine vétérinaire
COMP **veterinary surgeon** N (Brit) vétérinaire mf

**vetiver** /ˈvetɪvəʳ/ N vétiver m

**veto** /ˈviːtəʊ/ LANGUAGE IN USE 12.2 SYN
N (pl **vetoes**) (= act, decision) veto m ◆ **the power of veto** le droit de veto ◆ **to use one's veto** exercer son droit de veto ◆ **to put a veto on sth** mettre son veto à qch
VT (Pol etc, also fig) mettre or opposer son veto à

**vetting** /ˈvetɪŋ/ N [of text] correction f, révision f ; [of job application, figures] vérification f ; [of candidate] enquête f approfondie ; [of papers] contrôle m ; → **positive**, **security**

**vex** /veks/ SYN VT contrarier, fâcher

**vexation** /vekˈseɪʃən/ SYN N (NonC) contrariété f, tracas m

**vexatious** /vekˈseɪʃəs/ SYN ADJ [thing] contrariant, ennuyeux ; [person] tracassier, contrariant

**vexed** /vekst/ SYN ADJ ① (= annoyed) [person, voice, frown, expression] contrarié ◆ **vexed with sb** fâché contre qn ◆ **to become** or **get vexed** se fâcher
② (= difficult) [question, issue] délicat, épineux

**vexillology** /ˌveksɪˈlɒlədʒɪ/ N vexillologie f

**vexing** /ˈveksɪŋ/ ADJ ① (= annoying) [thing] contrariant, ennuyeux ; [person] tracassier, contrariant
② (= difficult) [problem] délicat ; [question, issue] délicat, épineux

**VG** /ˌviːˈdʒiː/ (Scol etc) (abbrev of **very good**) TB, très bien

**VGA** /ˌviːdʒiːˈeɪ/
N abbrev of **video graphics array**
COMP **VGA card** N carte f VGA

**vgc** (abbrev of **very good condition**) tbe, très bon état

**VHF** /ˌviːeɪtʃˈef/ N (abbrev of **very high frequency**) VHF f ◆ **on VHF** en VHF

**VHS** /ˌviːeɪtʃˈes/ N (abbrev of **video home system**) VHS m

**VI** (abbrev of **Virgin Islands**) → **virgin**

**via** /ˈvaɪə/ PREP ① (lit = by way of) via, par ◆ **a ticket to Vienna via Frankfurt** un billet pour Vienne via Francfort ◆ **the journey takes nine hours via Ostend** le voyage prend neuf heures via Ostende or (si l'on passe) par Ostende ◆ **you should go via Paris** vous devriez passer par Paris ◆ **we went home via the pub** nous sommes passés par le pub or nous nous sommes arrêtés au pub avant de rentrer
② (fig = by way of) par ◆ **his rent is paid to his landlord via an estate agent** il paie son loyer à son propriétaire par l'intermédiaire d'une agence immobilière
③ (= by means of) au moyen de ◆ **the launch was detected via a satellite** le lancement a été détecté au moyen d'un satellite ◆ **she works from home, via e-mail** elle travaille à domicile au moyen du courrier électronique

**viability** /ˌvaɪəˈbɪlɪtɪ/ N [of company, business, product] viabilité f ; [of project, scheme] viabilité f, chances fpl de réussite

**viable** /ˈvaɪəbl/ SYN ADJ ① (= feasible) [alternative, option, solution, company, product] viable ; [project, method] viable, qui a des chances de réussir ; [future] durable, solide ◆ **it's not a viable proposition** ce n'est pas viable
② (Bio) [foetus] viable

**viaduct** /ˈvaɪədʌkt/ N viaduc m

**Viagra** ® /vaɪˈægrə/ N Viagra ® m

**vial** /ˈvaɪəl/ N (liter) fiole f ; (Pharm) ampoule f

**viands** /ˈvaɪəndz/ NPL (liter) aliments mpl

**viatical** /vaɪˈætɪkəl/ N (also **viatical settlement**) escompte m de police d'assurance-vie

**viaticum** /vaɪˈætɪkəm/ N (pl **viaticums** or **viatica** /vaɪˈætɪkə/) viatique m

**vibes*** /vaɪbz/ NPL ① (abbrev of **vibrations**) (from band, singer) atmosphère f, ambiance f ◆ **I get good vibes from her** (between individuals) elle me fait bonne impression ◆ **the vibes are wrong** ça ne gaze pas *
② abbrev of **vibraphone**

**vibrancy** /ˈvaɪbrənsɪ/ N [of person, language] vivacité f ; [of voice] résonance f ; [of city] animation f, vie f ; [of performance] caractère m très vivant ; [of economy, community] dynamisme m, vitalité f ; [of speech] vigueur f ; [of light, colours] éclat m

**vibrant** /ˈvaɪbrənt/ SYN ADJ ① (= lively) [person, language] vivant, vif ; [city] vivant, animé ; [performance] vivant ; [economy, community, personality] dynamique ; [culture] plein de vitalité ; [voice, tones] vibrant (with sth de qch) ◆ **the street was vibrant with activity** la rue débordait d'activité
② (= bright) [colour, red, green] éclatant ; [light] vif

**vibraphone** /ˈvaɪbrəfəʊn/
N vibraphone m
COMP **vibraphone player** N (Mus) vibraphoniste mf

**vibraphonist** /ˈvaɪbrəˌfəʊnɪst/ N (Mus) vibraphoniste mf

**vibrate** /vaɪˈbreɪt/ SYN
VI (= quiver) vibrer (with de) ; (= resound) retentir (with de) ; (fig) frémir, vibrer (with de)
VT faire vibrer

**vibration** /vaɪˈbreɪʃən/ SYN N vibration f

**vibrato** /vɪˈbrɑːtəʊ/ (Mus)
N vibrato m
ADV avec vibrato

**vibrator** /vaɪˈbreɪtəʳ/ N ① (Elec) vibrateur m
② (= massager, also sexual) vibromasseur m

**vibratory** /ˈvaɪbrətərɪ/ ADJ vibratoire

**vibrio** /ˈvɪbrɪəʊ/ N (pl **vibrios**) (Bio) vibrion m

**viburnum** /vaɪˈbɜːnəm/ N viorne f

**vicar** /ˈvɪkəʳ/
- N (in Church of England) pasteur m (de l'Église anglicane) ◆ **good evening vicar** bonsoir pasteur
- COMP **vicar apostolic** N vicaire m apostolique
- **vicar general** N (pl **vicars general**) grand vicaire m, vicaire m général
- **the Vicar of Christ** N le vicaire de Jésus-Christ

**vicarage** /ˈvɪkərɪdʒ/ N presbytère m (de l'Église anglicane)

**vicarious** /vɪˈkɛərɪəs/ ADJ ① (= indirect) [experience] vécu par procuration ◆ **to get vicarious satisfaction/pleasure from** or **out of sth** (re)tirer de la satisfaction/du plaisir de qch par procuration
② (frm = for another) [liability, responsibility] assumé par quelqu'un d'autre ◆ **the vicarious suffering of Christ** les souffrances que le Christ subit pour autrui
③ (= delegated) délégué ◆ **to give vicarious authority to sb** déléguer son autorité à qn

**vicariously** /vɪˈkɛərɪəslɪ/ ADV ① [live, enjoy, experience] par procuration
② (frm) [authorize] par délégation, par procuration

**vice¹** /vaɪs/ SYN
- N ① (NonC = depravity, corruption) vice m
② (= evil characteristic) vice m ; (less strong) défaut m
- COMP **vice den** N (= gambling den) maison f de jeux ; (= brothel) maison f close
- **vice girl** N prostituée f
- **vice ring** N réseau m de prostitution
- **Vice Squad** N (Police) brigade f des mœurs

**vice²**, **vise** (US) /vaɪs/ N (= gripping device) étau m ; → **grip**

**vice³** /vaɪs/ PREP (frm) à la place de

**vice-** /vaɪs/
- PREF vice-
- COMP **vice-admiral** N vice-amiral m d'escadre
- **vice-captain** N (Sport) capitaine m adjoint
- **vice-chairman** N (pl **vice-chairmen**) vice-président(e) m(f)
- **vice-chairmanship** N vice-présidence f
- **vice-chancellor** N (Univ) ≈ président(e) m(f) d'université ; (Jur) vice-chancelier m
- **vice-consul** N vice-consul m
- **vice-premier** N Premier ministre m adjoint
- **vice-presidency** N vice-présidence f
- **vice-president** N vice-président(e) m(f) ◆ **Vice-President Smith**
- **vice-presidential** ADJ (Pol) vice-présidentiel
- **vice-presidential candidate** N (Pol) candidat(e) m(f) à la vice-présidence
- **vice-principal** N (Scol: gen) directeur m, -trice f adjoint(e) ; [of lycée] censeur m ; [of collège] principal(e) m(f) adjoint(e)
- **vice-regal** ADJ de ou du vice-roi

**vicennial** /vɪˈsenɪəl/ ADJ vicennal

**viceroy** /ˈvaɪsrɔɪ/ N vice-roi m

**vice versa** /ˈvaɪsɪˈvɜːsə/ ADV ◆ **and/or vice versa** et/ou vice versa ◆ **rather than vice versa** plutôt que l'inverse

**vichyssoise** /ˌviːʃiːˈswɑːz/ N (Culin) crème f vichyssoise

**vichy water** /ˈviːʃɪ/ N eau f de Vichy

**vicinity** /vɪˈsɪnɪtɪ/ SYN N (= nearby area) voisinage m, environs mpl ; (= closeness) proximité f ◆ **in the vicinity** dans les environs, à proximité ◆ **in the vicinity of the town** aux alentours de la ville, à proximité de la ville ◆ **in our vicinity** dans le voisinage, près de chez nous ◆ **it's something in the vicinity of £100** c'est aux alentours de 100 livres ◆ **in the immediate vicinity** dans les environs immédiats ◆ **the immediate vicinity of the town** les abords mpl de la ville

**vicious** /ˈvɪʃəs/ SYN
- ADJ [person, attack, temper] brutal ; [animal] méchant ; [look] haineux, méchant ; [criticism, remark] acerbe, méchant ; [campaign] virulent ◆ **to have a vicious tongue** être mauvaise langue, avoir une langue de vipère
- COMP **vicious circle** N cercle m vicieux ◆ **to be caught in a vicious circle** être pris dans un cercle vicieux
- **vicious cycle** N cycle m infernal

⚠ **vicious** is only translated by **vicieux** in the expression 'vicious circle'.

**viciously** /ˈvɪʃəslɪ/ ADV ① (= violently) [attack, stab] brutalement ; [beat, strike] brutalement, violemment ; (= nastily) [say, think, criticize] méchamment

⚠ **vicieusement** means 'cunningly', not **viciously**.

**viciousness** /ˈvɪʃəsnɪs/ SYN N [of person, attack, temper] brutalité f ; [of criticism, remark, campaign] méchanceté f ; [of dog] agressivité f ◆ **everyone feared the viciousness of his tongue** tout le monde craignait sa langue acérée or acerbe

**vicissitude** /vɪˈsɪsɪtjuːd/ N vicissitude f

**vicissitudinous** /vɪˌsɪsɪˈtjuːdɪnəs/ ADJ plein de vicissitudes

**victim** /ˈvɪktɪm/ SYN
- N victime f ◆ **the accident/bomb victims** les victimes fpl de l'accident/de l'explosion ◆ **many of the Nazi victims, many of the victims of the Nazis** de nombreuses victimes des Nazis ◆ **to be the** or **a victim of...** être victime de... ; **to fall (a) victim to...** devenir la victime de... ; (fig) [+ sb's charms etc] succomber à...
- COMP **Victim Support** N (Brit) organisme d'aide aux victimes de crimes

**victimhood** /ˈvɪktɪmhʊd/ N statut m de victime

**victimization** /ˌvɪktɪmaɪˈzeɪʃən/ N (= unfair treatment) brimades fpl ; (= persecution) persécution f ◆ **the dismissed worker alleged victimization** l'ouvrier licencié affirmait être victime de représailles ◆ **to minimize the risk of criminal victimization** pour minimiser le risque d'être victime d'un acte criminel

**victimize** /ˈvɪktɪmaɪz/ SYN VT (= treat unfairly) brimer ; (= persecute) persécuter ; (after industrial action) exercer des représailles sur ◆ **to be victimized** être victime de persécutions or de brimades ◆ **they see themselves as being victimized** ils se considèrent comme des victimes

**victimless** /ˈvɪktɪmlɪs/ ADJ ◆ **victimless crime** délit m sans victimes

**victor** /ˈvɪktəʳ/ SYN N vainqueur m ◆ **to emerge the victor over sb** remporter la victoire sur qn

**Victoria** /vɪkˈtɔːrɪə/
- N ① (= name) Victoria f ; (= Australian state) Victoria m ◆ **in Victoria** dans le Victoria ◆ **Lake Victoria** le lac Victoria
② (= carriage) ◆ **victoria** victoria f
- COMP **Victoria Cross** N (Brit Mil: abbr VC) Croix f de Victoria (la plus haute décoration militaire)
- **(the) Victoria Falls** NPL les chutes fpl Victoria

**Victorian** /vɪkˈtɔːrɪən/
- N victorien(ne) m(f)
- ADJ (= 19th century) [house, furniture] victorien, de l'époque victorienne ; (= strict, puritan) [person, values] victorien ; [attitude] d'un puritanisme victorien

◦ **VICTORIAN**
L'adjectif victorien qualifie la Grande-Bretagne sous le règne de la reine Victoria (1837-1901).
Les attitudes ou qualités dites victoriennes sont celles considérées comme caractéristiques de cette époque : attachement à la respectabilité sociale, moralité stricte et répressive, absence d'humour, bigoterie et hypocrisie. Les valeurs victoriennes sont parfois invoquées par les gens qui regrettent l'évolution de la société contemporaine et prônent un retour au dépassement de soi, à la décence, au respect de l'autorité et à l'importance de la famille.

**Victoriana** /vɪkˌtɔːrɪˈɑːnə/ N (NonC) objets mpl victoriens, antiquités fpl victoriennes

**victorious** /vɪkˈtɔːrɪəs/ SYN ADJ [person, army, team, campaign] victorieux ; [shout] de victoire

**victoriously** /vɪkˈtɔːrɪəslɪ/ ADV victorieusement

**victory** /ˈvɪktərɪ/ SYN
- N victoire f ◆ **to gain** or **win a victory over...** remporter une victoire sur... ◆ **he led the party to victory** il a mené le parti à la victoire ; → **winged**
- COMP **victory roll** N [of plane] looping pour annoncer qu'un avion ennemi a été abattu

**victual** /ˈvɪtl/
- VT approvisionner, ravitailler
- VI s'approvisionner, se ravitailler
- NPL **victuals** † victuailles fpl, vivres mpl

**victualler** /ˈvɪtləʳ/ N fournisseur m (de provisions) ; → **license**

**vicuña** /vaɪˈkjuːnə/ N (= animal, wool) vigogne f

**vid** * /vɪd/ N (abbrev of **video**) vidéo f (film)

**vide** /ˈvaɪdeɪ/ IMPERS VB (frm) voir, cf

**videlicet** /vɪˈdiːlɪset/ ADV (frm) c'est-à-dire, à savoir

**video** /ˈvɪdɪəʊ/
- N ① (NonC) vidéo f ; (= machine) magnétoscope m ; (= cassette) cassette f vidéo inv, vidéocassette f ; (= film) vidéo f ◆ **I've got it on video** je l'ai en vidéo ◆ **get a video for tonight** loue une (cassette) vidéo pour ce soir ◆ **to make a video of sth, to record sth on video** (with video recorder) enregistrer qch au magnétoscope ; (with camcorder) faire une vidéo de qch
② (US = television) télévision f, télé * f
- VT (from TV) enregistrer (sur magnétoscope) ; (with camcorder) faire une vidéo de, filmer
- COMP (= on video) [film, entertainment] en vidéo ; [facilities] vidéo inv ; (US) (= on television) [film etc] télévisé
- **video arcade** N salle f de jeux vidéo
- **video art** N art m vidéo inv
- **video call** N appel m (en) visio
- **video calling** N visiophonie f
- **video camera** N caméra f vidéo inv
- **video cassette** N vidéocassette f, cassette f vidéo
- **video cassette recorder** N magnétoscope m
- **video cassette recording** N enregistrement m en vidéo or sur magnétoscope
- **video clip** N clip m vidéo inv
- **video club** N vidéoclub m
- **video conference** N visioconférence f, vidéoconférence f
- **video conferencing** N (système m de) visioconférence f or vidéoconférence f
- **video diary** N (TV) vidéo f amateur (qui passe à la télévision)
- **video disk** N vidéodisque m
- **video disk player** N vidéolecteur m, lecteur m de vidéodisques
- **video entry system** N portier m électronique (avec caméra)
- **video film** N film m vidéo inv
- **video frequency** N vidéofréquence f
- **video game** N jeu m vidéo inv
- **video jockey** N (TV) présentateur m, -trice f de vidéo-clips
- **video library** N vidéothèque f
- **video messaging** N messagerie f vidéo
- **video nasty** * N (cassette f) vidéo f à caractère violent (or pornographique)
- **video on demand** N vidéo f à la demande
- **video piracy** N piratage m de vidéocassettes
- **video player** N (= VCR) magnétoscope m ; (on computer) lecteur m vidéo
- **video recorder** N ⇒ **video cassette recorder**
- **video recording** N ⇒ **video cassette recording**
- **video rental** N location f de vidéocassettes ADJ [shop, store] de location de vidéocassettes ◆ **the video rental business** la location de vidéocassettes
- **video screen** N écran m vidéo inv
- **video shop** N vidéoclub m
- **video surveillance** N vidéosurveillance f
- **video tape** N bande f vidéo inv ; (= cassette) vidéocassette f
- **video tape recorder** N ⇒ **video cassette recorder**
- **video tape recording** N ⇒ **video cassette recording**
- **video wall** N mur m d'écrans (vidéo)

**videofit** /ˈvɪdɪəʊfɪt/ N portrait m robot (réalisé par infographie)

**videophone** /ˈvɪdɪəʊfəʊn/ N visiophone m

**videotape** /ˈvɪdɪəʊteɪp/ VT ⇒ **video** vt

**Videotex** ® /ˈvɪdɪəʊteks/ N vidéotex ® m

**videotext** /ˈvɪdɪəʊtekst/ N vidéotex ® m

**videotheque** /ˈvɪdɪəʊtek/ N vidéothèque f

**vie** /vaɪ/ VI rivaliser ◆ **to vie with sb for sth** rivaliser avec qn pour (obtenir) qch, disputer qch à qn ◆ **to vie with sb in doing sth** rivaliser avec qn pour faire qch ◆ **they vied with each other in their work** ils travaillaient à qui mieux mieux

**Vienna** /vɪˈenə/
- N Vienne f
- COMP (gen) viennois, de Vienne
- **Vienna roll** N (Culin) pain m viennois

**Viennese** /ˌvɪəˈniːz/
- ADJ viennois
- N (pl inv) Viennois(e) m(f)

**Vietcong, Viet Cong** /ˌvjetˈkɒŋ/
- N (= group) Vietcong or Viêt-cong m ; (= individual : pl inv) Vietcong or Viêt-cong m
- ADJ vietcong or viêt-cong inv

## Vietnam | vindicate

**Vietnam, Viet Nam** /ˈvjetˌnæm/ N Vietnam or Viêt-nam m ◆ **North/South Vietnam** Vietnam or Viêt-nam du Nord/du Sud ◆ **the Vietnam war** la guerre du Vietnam or Viêt-nam

**Vietnamese** /ˌvjetnəˈmiːz/

[ADJ] vietnamien ◆ **North/South Vietnamese** nord-/sud-vietnamien

[N] [1] (pl inv) Vietnamien(ne) m(f) ◆ **North/South Vietnamese** Nord-/Sud-Vietnamien(ne) m(f)
[2] (= language) vietnamien m
[NPL] **the Vietnamese** les Vietnamiens mpl

**view** /vjuː/ LANGUAGE IN USE 6.2 SYN

[N] [1] (= ability to see) vue f ◆ **it blocks the view** ça bouche la vue, on ne peut pas voir ◆ **he has a good view of it from his window** de sa fenêtre, il le voit bien ◆ **hidden from view** caché aux regards ◆ **to keep sth out of view** cacher qch (aux regards) ◆ **exposed to view** exposé aux regards ◆ **it is lost to view** on ne le voit plus ◆ **to come into view** apparaître

◆ **in + view** (= in sight) ◆ **I came in view of the lake** je suis arrivé en vue du lac ◆ **the cameraman had a job keeping the plane in view** le caméraman avait du mal à ne pas perdre l'avion de vue ◆ **make sure your hands are not in view** assurez-vous qu'on ne voit pas vos mains ◆ **in full view of thousands of people** devant des milliers de gens, sous les yeux de milliers de gens ◆ **in full view of the house** devant la maison

◆ **on view** ◆ **the pictures are on view** les tableaux sont exposés ◆ **the house will be on view tomorrow** on pourra visiter la maison demain ◆ **to put sth on view** exposer qch

◆ **within view** ◆ **the house is within view of the sea** de la maison, on voit la mer ◆ **all the people within view** tous ceux qu'on pouvait voir

[2] (= sight, prospect) vue f, panorama m ◆ **there is a wonderful view from here** d'ici la vue or le panorama est magnifique ◆ **the view from the top** la vue or le panorama d'en haut ◆ **a room with a sea view** or **a view of the sea** une chambre avec vue sur la mer ◆ **a good view of the town** une belle vue de la mer ◆ **a view over the town** une vue générale de la ville ◆ **a back/front view of the house** une vue de derrière/devant ◆ **this is a side view** c'est une vue latérale ◆ **I got a side view of the church** j'ai vu l'église de côté ◆ **it will give you a better view** vous verrez mieux comme ça

[3] (= photo etc) vue f, photo f ◆ **50 views of Paris** 50 vues or photos de Paris ◆ **I want to take a view of the palace** je veux photographier le palais

[4] (= opinion) opinion f ◆ **her views on politics/education** ses opinions politiques/sur l'éducation ◆ **an exchange of views** un échange de vues or d'opinions ◆ **in my view** à mon avis ◆ **that is my view** voilà mon opinion or mon avis là-dessus ◆ **my personal view is that he...** à mon avis, il..., personnellement, je pense qu'il... ◆ **it's just a personal view** ce n'est qu'une opinion personnelle ◆ **the Government view is that one must...** selon le gouvernement or dans l'optique gouvernementale, on doit... ◆ **the generally accepted view is that he...** selon l'opinion généralement répandue, il... ◆ **each person has a different view of democracy** chacun comprend la démocratie à sa façon ◆ **one's view of old age changes** les idées que l'on se fait de la vieillesse évoluent ◆ **I cannot accept this view** je trouve cette opinion or cette façon de voir les choses inacceptable ◆ **I've changed my view on this** j'ai changé d'avis là-dessus ◆ **give reasons for your views** (in exam question) justifiez votre réponse ◆ **I have no strong views on that** je n'ai pas d'opinion bien arrêtée or précise là-dessus ◆ **to hold views on sth** avoir un avis or une opinion sur qch ◆ **hold** or **take the view that...** estimer que..., considérer que... ◆ **we don't take that view** nous avons une opinion différente là-dessus ◆ **I take a similar view** je partage cet avis ◆ **he takes a gloomy/optimistic view of society** il a une image pessimiste/optimiste de la société ◆ **to take a dim** or **poor view of sth** avoir une bien mauvaise opinion de qch ; → **point**

[5] (= way of looking at sth) vue f ◆ **an idealistic view of the world** une vue or une vision idéaliste du monde ◆ **a general** or **an overall view of the problem** une vue d'ensemble or générale du problème ◆ **a clear view of the facts** une idée claire des faits

[6] (set expressions)

◆ **in view** (expressing intention) ◆ **with this (aim** or **object) in view** dans ce but, à cette fin ◆ **what end has he in view?** quel est son but ? ◆ **he has in view the purchase of the house** il envisage d'acheter la maison ◆ **I don't teach only with the exams in view** je ne pense pas uniquement aux examens quand je fais mes cours ◆ **he has the holiday in view when he says...** il pense aux vacances quand il dit...

◆ **in view of** (= considering) ◆ **in view of his refusal** étant donné son refus, vu son refus ◆ **in view of this** ceci étant ◆ **in view of the fact that...** étant donné que..., vu que...

◆ **with a view to, with the view of** en vue de ◆ **negotiations with a view to a permanent solution** des négociations en vue d'une solution permanente ◆ **with the view of selecting one solution** en vue de sélectionner une seule solution

[VT] [1] (= look at, see) voir ◆ **London viewed from the air** Londres vu d'avion
[2] (= inspect, examine) examiner, inspecter ; [+ slides, microfiches] visionner ; [+ object for sale] inspecter ; [+ castle] visiter ; (in house-buying) [+ house, flat] visiter
[3] (TV) regarder, visionner ◆ **we have viewed a video recording of the incident** nous avons regardé or visionné un enregistrement vidéo de l'incident
[4] (= think of, understand) considérer, envisager ◆ **to view sb/sth as...** considérer qn/qch comme... ◆ **it can be viewed in many different ways** on peut l'envisager or l'examiner sous plusieurs angles ◆ **how do you view that?** qu'est-ce que vous en pensez ?, quelle est votre opinion là-dessus ? ◆ **he views it very objectively** il l'envisage de façon très objective ◆ **the management viewed the scheme favourably** la direction a été favorable au projet ◆ **they view the future with alarm** ils envisagent l'avenir avec inquiétude

[VI] (TV) regarder la télévision

**Viewdata** ® /ˈvjuːˌdeɪtə/ N ≈ minitel ® m

**viewer** /ˈvjuːəʳ/ SYN N [1] (TV) téléspectateur m, -trice f
[2] (for slides) visionneuse f
[3] ⇒ **viewfinder**

**viewership** /ˈvjuːəʃɪp/ N (US TV) ◆ **to score a good** or **a wide viewership** obtenir un bon indice d'écoute

**viewfinder** /ˈvjuːˌfaɪndəʳ/ N (Phot) viseur m

**viewing** /ˈvjuːɪŋ/

[N] [1] (TV) visionnage m ◆ **there's no good viewing tonight** il n'y a rien de bon à la télévision ce soir ◆ **your viewing for the weekend** vos programmes du week-end ◆ **tennis makes excellent viewing** le tennis est un sport qui passe très bien à la télévision or qui est très télégénique
[2] (in house-buying) ◆ **"early viewing essential"** « à visiter aussi tôt que possible »
[3] (= watching) observation f

[COMP] (Astron etc) [conditions] d'observation ; (TV) [patterns] d'écoute ; [habits] des téléspectateurs
**viewing audience** N (TV) téléspectateurs mpl
**viewing figures** NPL (TV) indices mpl d'audience
**viewing gallery** N (in building) galerie f
**viewing public** N (TV) téléspectateurs mpl
**viewing time** N (TV) heure f d'écoute ◆ **at peak** or **prime viewing time** aux heures de grande écoute

**viewphone** /ˈvjuːfəʊn/ N visiophone m

**viewpoint** /ˈvjuːpɔɪnt/ SYN N (lit, fig) point m de vue

**vigil** /ˈvɪdʒɪl/ N (gen) veille f ; (by sickbed, corpse) veillée f ; (Rel) vigile f ; (Pol) manifestation f silencieuse ◆ **to keep vigil over sb** veiller qn ◆ **a long vigil** une longue veille, de longues heures sans sommeil ◆ **to hold a vigil** (Pol) manifester en silence

**vigilance** /ˈvɪdʒɪləns/

[N] vigilance f

[COMP] **vigilance committee** N (US) groupement m d'autodéfense

**vigilant** /ˈvɪdʒɪlənt/ SYN ADJ [person] vigilant ◆ **to remain vigilant** rester vigilant ◆ **to escape sb's vigilant eye** échapper à l'œil vigilant de qn ◆ **to keep a vigilant eye on sb/sth** rester vigilant en ce qui concerne qn/qch

**vigilante** /ˌvɪdʒɪˈlæntɪ/ N membre m d'un groupe d'autodéfense ◆ **vigilante group** groupe m d'autodéfense or de légitime défense

**vigilantism** /ˌvɪdʒɪˈlæntɪzəm/ N (pej) attitude et méthodes caractéristiques des groupes d'autodéfense

**vigilantly** /ˈvɪdʒɪləntlɪ/ ADV avec vigilance, attentivement

**vignette** /vɪˈnjet/ N (in books) vignette f ; (Art, Phot) portrait m en buste dégradé ; (= character sketch) esquisse f de caractère

**vigor** /ˈvɪgəʳ/ N (US) ⇒ **vigour**

**vigorous** /ˈvɪgərəs/ SYN ADJ [exercise, defence, denial, debate, campaign, opponent, advocate] énergique ; [person, opposition, growth] vigoureux

**vigorously** /ˈvɪgərəslɪ/ SYN ADV [nod, shake hands, defend, oppose, protest] énergiquement ; [exercise, shake, beat, deny] vigoureusement ◆ **to campaign vigorously** faire une campagne énergique ◆ **boil the beans vigorously for twenty minutes** faites bouillir les haricots à feu vif pendant vingt minutes

**vigour, vigor** (US) /ˈvɪgəʳ/ SYN N (= physical or mental strength) vigueur f, énergie f ; (= health) vigueur f, vitalité f ; (sexual) vigueur f

**Viking** /ˈvaɪkɪŋ/

[ADJ] [art, customs etc] viking ◆ **Viking ship** drakkar m

[N] Viking mf

**vile** /vaɪl/ SYN ADJ [1] (= base, evil) [action, traitor, crime, conditions, language] infâme, ignoble
[2] (= unpleasant) [person] exécrable ; [food, drink, play] exécrable, abominable ; [smell, taste] abominable, infect ◆ **it tastes vile** c'est infect ◆ **what vile weather!** quel temps infect or abominable ! ◆ **to be in a vile temper** or **mood** être d'une humeur massacrante

**vilely** /ˈvaɪllɪ/ ADV [1] (= basely, evilly) [treat, exploit, seduce] de façon ignoble ; [swear] de façon odieuse ◆ **vilely offensive** d'une grossièreté ignoble
[2] (= unpleasantly) ◆ **vilely coloured** aux couleurs exécrables

**vileness** /ˈvaɪlnɪs/ N vilenie f, bassesse f

**vilification** /ˌvɪlɪfɪˈkeɪʃən/ N diffamation f

**vilify** /ˈvɪlɪfaɪ/ SYN VT diffamer

**villa** /ˈvɪlə/ N (in town) pavillon m (de banlieue) ; (in country) maison f de campagne ; (by sea) villa f

**village** /ˈvɪlɪdʒ/

[N] village m

[COMP] [well] du village
**village green** N pré m communal
**village hall** N (Brit) salle f des fêtes
**village idiot** N idiot m du village
**village school** N école f de or du village, école f communale

**villager** /ˈvɪlɪdʒəʳ/ N villageois(e) m(f)

**villain** /ˈvɪlən/ SYN N (= scoundrel) scélérat m, vaurien m ; (in drama, novel) traître(sse) m(f) ; (* = rascal) coquin(e) m(f) ; (* = criminal) bandit m ◆ **he's the villain (of the piece)** c'est lui le coupable

**villainous** /ˈvɪlənəs/ SYN ADJ [1] (= evil) [person, character, action, conduct] ignoble, infâme ◆ **villainous deed** infamie f
[2] (* = unpleasant) [coffee, weather] abominable, infect

**villainously** /ˈvɪlənəslɪ/ ADV d'une manière ignoble

**villainy** /ˈvɪlənɪ/ SYN N infamie f, bassesse f

**villanelle** /ˌvɪləˈnel/ N (Literat) villanelle f

**...ville**‡ /vɪl/ N, ADJ (in compounds) ◆ **squaresville** les ringards ‡ ◆ **it's dullsville** on s'ennuie vachement‡

**villein** /ˈvɪlɪn/ N (Hist) vilain(e) m(f), serf m, serve f

**villus** /ˈvɪləs/ N (pl **villi** /ˈvɪlaɪ/) villosité f

**Vilnius** /ˈvɪlnjəs/ N (Geog) Vilnius

**vim** * /vɪm/ N (NonC) énergie f, entrain m ◆ **full of vim** plein d'entrain

**vinaigrette** /ˌvɪneɪˈgret/ N vinaigrette f

**Vincent** /ˈvɪnsənt/

[N] Vincent m

[COMP] **Vincent's angina** N angine f de Vincent

**vinculum** /ˈvɪŋkjʊləm/ N (pl **vincula** /ˈvɪŋkjʊlə/) (Math) barre f supérieure

**vindaloo** /ˌvɪndəˈluː/ N type de curry très épicé

**vindicate** /ˈvɪndɪkeɪt/ SYN VT [1] [+ person] (= prove innocent) (gen) donner raison à ; (Jur) innocenter

◆ **this vindicated him** *(= proved him right)* cela a prouvé qu'il avait eu raison

[2] *[+ opinion, action, decision]* justifier ; *[+ rights]* faire valoir

**vindication** /ˌvɪndɪˈkeɪʃən/ SYN **N** justification *f*, défense *f* ◆ **in vindication of** en justification de, pour justifier

**vindictive** /vɪnˈdɪktɪv/ SYN **ADJ** vindicatif *(towards sb* à l'égard de qn*)*

**vindictively** /vɪnˈdɪktɪvlɪ/ **ADV** par vengeance

**vindictiveness** /vɪnˈdɪktɪvnɪs/ **N** caractère *m* vindicatif

**vine** /vaɪn/

**N** *(producing grapes)* vigne *f* ; *(= climbing plant)* plante *f* grimpante *or* rampante ◆ **to wither** *or* **die on the vine** avorter *(fig)*

**COMP** *[leaf, cutting]* de vigne

**vine grower N** viticulteur *m*, -trice *f*, vigneron(ne) *m(f)*

**vine-growing N** viticulture *f* ◆ **vine-growing district** région *f* viticole

**vine harvest N** vendange(s) *f(pl)*

**vinegar** /ˈvɪnɪgəʳ/ **N** vinaigre *m* ; → **cider, oil**

**vinegary** /ˈvɪnɪgərɪ/ **ADJ** [1] *(= like vinegar)* *[wine]* qui a un goût de vinaigre ; *[smell, taste]* de vinaigre, vinaigré ; *[food]* acide ◆ **the sauce tastes too vinegary** la sauce est trop vinaigrée

[2] *(= sour-tempered)* *[person]* acariâtre ; *[remark]* acide, acerbe

**vinery** /ˈvaɪnərɪ/ **N** *(= hothouse)* serre *f* où l'on cultive la vigne ; *(= vineyard)* vignoble *m*

**vineyard** /ˈvɪnjəd/ **N** vignoble *m*

**vinicultural** /ˌvɪnɪˈkʌltʃərəl/ **ADJ** vinicole, viticole

**viniculture** /ˈvɪnɪkʌltʃəʳ/ **N** viticulture *f*

**viniculturist** /ˌvɪnɪˈkʌltʃərɪst/ **N** viticulteur *m*, -trice *f*

**viniferous** /vɪˈnɪfərəs/ **ADJ** vinifère

**vino** * /ˈviːnəʊ/ **N** pinard ‡ *m*, vin *m*

**vinous** /ˈvaɪnəs/ **ADJ** vineux

**vintage** /ˈvɪntɪdʒ/ SYN

**N** [1] *[of wine]* *(= season)* vendanges *fpl* ; *(= year)* année *f*, millésime *m* ; *(= harvesting)* vendange(s) *f(pl)*, récolte *f* ◆ **what vintage is this wine?** ce vin est de quelle année ? ◆ **1966 was a good vintage** 1966 était une bonne année *or* un bon millésime ◆ **the 1972 vintage** le vin de 1972

[2] *(= era)* époque *f* ◆ **he wanted to meet people of his own vintage** il voulait rencontrer des gens de sa génération

**ADJ** [1] *(= choice)* *[champagne, port]* millésimé ; see also **comp**

[2] *(= classic)* *[comedy, drama]* classique ◆ **the book is vintage Grisham** ce livre est du Grisham du meilleur cru

[3] *(* = very old)* *[object]* très ancien, antique

**COMP** **vintage car N** voiture *f* d'époque *(construite entre 1919 et 1930)*

**vintage wine N** grand vin *m*, vin *m* de grand cru

**vintage year N** *(gen, for wine)* ◆ **a vintage year for Burgundy** une bonne année pour le bourgogne

**vintner** /ˈvɪntnəʳ/ **N** *(= merchant)* négociant *m* en vins ; *(= wine-maker)* viticulteur *m*, -trice *f*, vigneron(ne) *m(f)*

**vinyl** /ˈvaɪnɪl/

**N** vinyle *m*

**COMP** *[tiles]* de *or* en vinyle ; *[paint]* vinylique

**viol** /ˈvaɪəl/ **N** viole *f* ◆ **viol player** violiste *mf*

**viola¹** /vɪˈəʊlə/

**N** *(Mus)* alto *m*

**COMP** **viola da gamba N** viole *f* de gambe

**viola d'amore N** viole *f* d'amour

**viola player N** altiste *mf*

**viola²** /vɪˈəʊlə/ **N** *(= flower)* pensée *f* ; *(= genus)* violacée *f*

**violate** /ˈvaɪəleɪt/ SYN **VT** [1] *(= disobey)* *[+ law, rule, agreement]* violer, enfreindre ; *[+ the Commandments]* violer, transgresser

[2] *(= show disrespect for)* *[+ principles, honour]* bafouer ; *[+ human rights, civil rights]* violer ; *[+ public order, property, frontier]* ne pas respecter

[3] *(= disturb)* *[+ peace]* troubler, perturber ◆ **to violate sb's privacy** *(in room etc)* déranger le repos de qn ; *[detective, reporter etc]* *(in private life)* déranger qn dans sa vie privée

[4] *(= desecrate)* *[+ place]* violer, profaner ; *[+ tomb]* violer

[5] *( † or liter = rape)* violer, violenter †

**violation** /ˌvaɪəˈleɪʃən/ SYN **N** [1] *(= failure to respect)* *[of human rights, law, agreement, sanctions, grave]* violation *f* ◆ **in violation of sth** en violation de qch ◆ **he was in violation of his contract** il contrevenait aux clauses de son contrat

[2] *(US = minor offence)* infraction *f* ; *(on parking meter)* dépassement *m* ◆ **a minor traffic violation** une infraction mineure au code de la route

[3] *( † or liter = rape)* viol *m*

**violator** /ˈvaɪəleɪtəʳ/ **N** [1] *(gen)* violateur *m*

[2] *(esp US Jur = offender)* contrevenant *m* ◆ **violators will be prosecuted** toute violation fera l'objet de poursuites

**violence** /ˈvaɪələns/ SYN **N** violence *f* ◆ **by violence** par la violence ◆ **a climate of violence** un climat de violence ◆ **we are witnessing an escalation of violence** nous assistons à une escalade de la violence ◆ **violence erupted when…, there was an outbreak of violence when…** de violents incidents *mpl* ont éclaté quand… ◆ **racial violence** violence *f* raciste ◆ **all the violence on the screen today** toute la violence *or* toutes les scènes de violence à l'écran aujourd'hui ◆ **terrorist violence** actes *mpl* de violence terroristes ◆ **police violence** violence *f* policière ◆ **act of violence** acte *m* de violence ◆ **crime of violence** *(Jur)* voie *f* de fait ◆ **robbery with violence** *(Jur)* vol *m* avec coups et blessures ◆ **to do violence to sb/sth** faire violence à qn/qch

**violent** /ˈvaɪələnt/ SYN

**ADJ** *(gen)* violent ; *[scenes]* de violence ; *[pain]* vif, aigu (-guë *f*) ; *[dislike]* vif ; *[indigestion]* fort ; *[halt, change]* brutal ; *[colour, red]* criard ◆ **to be violent with sb** se montrer violent avec qn, user de violence avec qn ◆ **to get** *or* **turn violent** *[demonstration]* tourner à la violence ; *[person]* devenir violent ◆ **a violent attack** une violente attaque ◆ **to die a violent death** mourir de mort violente ◆ **to meet a violent end** connaître une fin brutale ◆ **to have a violent temper** être sujet à des colères violentes ◆ **to be in a violent temper** être dans une colère noire *or* dans une rage folle

**COMP** **violent storm N** *(Weather)* violente tempête *f*

**violently** /ˈvaɪələntlɪ/ **ADV** *[attack, criticize, tremble]* violemment ; *[react]* violemment, avec violence ; *[act]* de façon violente ; *[say]* avec violence, sur un ton très violent ; *[swerve, brake]* brusquement ; *[change]* brutalement ◆ **violently opposed to sth** violemment opposé à qch ◆ **violently anti-communist** violemment anticommuniste ◆ **to behave violently** se montrer violent ◆ **to fall violently in love with sb** tomber follement *or* éperdument amoureux de qn ◆ **to disagree violently** être en profond désaccord ◆ **to die violently** mourir de mort violente ◆ **violently angry** dans une violente colère *or* une colère noire ◆ **to be violently ill** *or* **sick** être pris de violentes nausées

**violet** /ˈvaɪəlɪt/

**N** *(= plant)* violette *f* ; *(= colour)* violet *m*

**ADJ** violet

**violin** /ˌvaɪəˈlɪn/

**N** violon *m* ; → **first**

**COMP** *[sonata, concerto]* pour violon

**violin case N** étui *m* à violon

**violin player N** violoniste *mf*

**violinist** /ˌvaɪəˈlɪnɪst/ **N** violoniste *mf*

**violist** /vɪˈəʊlɪst/ **N** *(US)* altiste *mf*

**violoncellist** /ˌvaɪələnˈtʃelɪst/ **N** violoncelliste *mf*

**violoncello** /ˌvaɪələnˈtʃeləʊ/ **N** violoncelle *m*

**VIP** /ˌviːaɪˈpiː/ abbrev of **very important person**

**N** VIP * *m inv*, personnalité *f* (de marque)

**COMP** *[visitor]* de marque

**VIP lounge N** *(in airport)* salon *m* VIP

**VIP treatment N** ◆ **to give sb/get the VIP treatment** traiter qn/être traité comme un VIP * *or* une personnalité de marque

**viper** /ˈvaɪpəʳ/

**N** *(= snake, malicious person)* vipère *f*

**COMP** **viper's bugloss N** herbe *f* aux vipères, vipérine *f*

**viperish** /ˈvaɪpərɪʃ/ **ADJ** de vipère *(fig)*

**virago** /vɪˈrɑːgəʊ/ **N** (pl **viragoes** or **viragos**) mégère *f*, virago *f*

**viral** /ˈvaɪərəl/

**ADJ** viral ◆ **viral infection** infection *f* virale

**COMP** **viral load N** charge *f* virale

**Virgil** /ˈvɜːdʒɪl/ **N** Virgile *m*

**Virgilian** /vɜːˈdʒɪlɪən/ **ADJ** *(Literat)* virgilien

**virgin** /ˈvɜːdʒɪn/ SYN

**N** [1] (fille *f*) vierge *f*, puceau *m* ◆ **she is a virgin** elle est vierge ◆ **he is a virgin** il est vierge *or* puceau ◆ **the Virgin** *(Astrol, Astron, Rel)* la Vierge ◆ **the Virgin Mary** la Vierge Marie

[2] *(= inexperienced person)* novice *mf* ◆ **a political virgin** un novice en politique

**ADJ** *[person, snow, forest, soil, wool, page]* vierge ; *[freshness, sweetness]* virginal ◆ **virgin territory** *(lit, fig)* terre *f* vierge

**COMP** **virgin birth N** *(Bio)* parthénogenèse *f* ◆ **the Virgin Birth** *(in Christianity)* l'Immaculée Conception *f*

**the Virgin Islands NPL** les îles *fpl* Vierges

**virgin olive oil N** huile *f* d'olive vierge

**the Virgin Queen N** Élisabeth Iʳᵉ

**virginal** /ˈvɜːdʒɪnl/

**ADJ** *[woman]* d'une pureté virginale ; *[purity, innocence]* virginal ◆ **dressed in virginal white** vêtu de blanc virginal

**N** *(Mus)* virginal *m*

**virginalist** /ˈvɜːdʒɪnəlɪst/ **N** *(Mus)* virginaliste *mf*

**Virginia** /vəˈdʒɪnjə/

**N** Virginie *f* ◆ **in Virginia** en Virginie

**COMP** **Virginia creeper N** *(Brit)* vigne *f* vierge

**Virginia deer N** cariacou *m*

**Virginia stock N** *(= plant)* malcolmia *m*, giroflée *f* or julienne *f* de Mahon

**Virginia tobacco N** Virginie *m*, tabac *m* blond

**Virginian** /vəˈdʒɪnjən/

**ADJ** de Virginie

**N** Virginien(ne) *m(f)*

**virginity** /vɜːˈdʒɪnɪtɪ/ **N** virginité *f* ◆ **to lose one's virginity** perdre sa virginité

**Virgo** /ˈvɜːgəʊ/ **N** *(Astron)* Vierge *f* ◆ **I'm (a) Virgo** *(Astrol)* je suis (de la) Vierge

**Virgoan** /vɜːˈgəʊən/ **N** ◆ **to be a Virgoan** être (de la) Vierge

**virgule** /ˈvɜːgjuːl/ **N** *(US Typography)* barre *f* oblique

**virile** /ˈvɪraɪl/ SYN **ADJ** *(lit, fig)* viril (virile *f*)

**virilism** /ˈvɪrɪlɪzəm/ **N** virilisme *m*

**virility** /vɪˈrɪlɪtɪ/ SYN **N** virilité *f*

**virological** /ˌvaɪrəˈlɒdʒɪkəl/ **ADJ** virologique

**virologist** /ˌvaɪəˈrɒlədʒɪst/ **N** virologiste *mf*

**virology** /ˌvaɪəˈrɒlədʒɪ/ **N** virologie *f*

**virtual** /ˈvɜːtjʊəl/ SYN

**ADJ** [1] *(= near)* quasi- ◆ **a virtual certainty** une quasi-certitude ◆ **a virtual impossibility** une quasi-impossibilité ◆ **a virtual monopoly** un quasi-monopole ◆ **to come to a virtual halt** *or* **standstill** en arriver à un arrêt quasi complet *or* total ◆ **she was a virtual prisoner/recluse/stranger** elle était quasiment prisonnière/recluse/étrangère

[2] *(Comput)* virtuel

**COMP** **virtual memory N** *(Comput)* mémoire *f* virtuelle

**virtual reality N** réalité *f* virtuelle ◆ **virtual-reality computer** ordinateur *m* à réalité virtuelle ◆ **virtual-reality helmet** casque *m* à réalité virtuelle ◆ **virtual-reality system** système *m* à réalité virtuelle

(!) When **virtual** means 'near' it is not translated by **virtuel**.

**virtuality** /vɜːtjʊˈælɪtɪ/ **N** virtualité *f*

**virtually** /ˈvɜːtjʊəlɪ/ SYN **ADV** *(= almost)* pratiquement ; *(Comput)* de façon virtuelle ◆ **he started with virtually nothing** il a commencé avec pratiquement rien

**virtue** /ˈvɜːtjuː/ SYN **N** [1] *(= good quality)* vertu *f* ◆ **to make a virtue of necessity** faire de nécessité vertu

[2] *(NonC)* *(= chastity)* vertu *f*, chasteté *f* ◆ **a woman of easy virtue** † une femme de petite vertu

[3] *(= advantage)* mérite *m*, avantage *m* ◆ **this set has the virtue of being portable** ce poste a l'avantage d'être portatif ◆ **it has the virtue of clarity** ça a l'avantage d'être clair *or* de la clarté ◆ **there is no virtue in doing that** il n'y a aucun mérite à faire cela

◆ **in** *or* **by virtue of** en vertu de, en raison de ◆ **by virtue of the fact that…** en vertu *or* en raison du fait que… ◆ **by virtue of being British, he…** en vertu *or* en raison du fait qu'il était britannique, il…

[4] *(NonC = power)* ◆ **healing virtue** pouvoir *m* thérapeutique

**virtuosity** /ˌvɜːtjʊˈɒsɪtɪ/ SYN N virtuosité f
**virtuoso** /ˌvɜːtjʊˈəʊzəʊ/ SYN
  N (pl **virtuosos** or **virtuosi** /ˌvɜːtjʊˈəʊzɪ/) (esp Mus) virtuose mf ◆ **a violin virtuoso** un(e) virtuose du violon
  ADJ [performance] de virtuose ◆ **a virtuoso violinist** un(e) virtuose du violon
**virtuous** /ˈvɜːtjʊəs/ SYN
  ADJ vertueux
  COMP **virtuous circle** N cercle m vertueux
**virtuously** /ˈvɜːtjʊəslɪ/ ADV vertueusement
**virulence** /ˈvɪrʊləns/ N virulence f
**virulent** /ˈvɪrʊlənt/ SYN ADJ [disease, poison, hatred, attack, speech, critic] virulent ; [colour, green, purple] criard
**virulently** /ˈvɪrʊləntlɪ/ ADV [attack, oppose] (also Med) avec virulence ; [opposed, anti-Semitic] violemment
**virus** /ˈvaɪərəs/ N (pl **viruses**) (Med, Comput) virus m ◆ **rabies virus** virus m de la rage or rabique ◆ **the AIDS virus** le virus du sida ◆ **virus disease** maladie f virale or à virus
**visa** /ˈviːzə/
  N (pl **visas**) 1 (in passport) visa m (de passeport) ◆ **entrance/exit visa** visa m d'entrée/de sortie ◆ **to get an Egyptian visa** obtenir un visa pour l'Égypte
  2 (= credit card) ◆ **Visa ® (card)** carte f Visa ®, ≈ Carte bleue ® f
  VT viser
**visage** /ˈvɪzɪdʒ/ N (liter) visage m, figure f
**vis-à-vis** /ˈviːzəviː/
  PREP [+ person] vis-à-vis de ; [+ thing] par rapport à, devant ◆ **vis-à-vis the West** vis-à-vis de l'Occident
  N (= person placed opposite) vis-à-vis m ; (= person of similar status) homologue mf
**viscera** /ˈvɪsərə/ NPL viscères mpl
**visceral** /ˈvɪsərəl/ ADJ (liter) [hatred, dislike] (also Anat) viscéral ; [thrill, pleasure] brut
**viscerally** /ˈvɪsərəlɪ/ ADV viscéralement
**viscid** /ˈvɪsɪd/ ADJ visqueux (lit)
**viscidity** /vɪˈsɪdɪtɪ/ N consistance f visqueuse
**viscose** /ˈvɪskəʊs/
  N viscose f
  ADJ visqueux (lit)
**viscosity** /vɪsˈkɒsɪtɪ/ N viscosité f
**viscount** /ˈvaɪkaʊnt/ N vicomte m
**viscountcy** /ˈvaɪkaʊntsɪ/ N vicomté f
**viscountess** /ˈvaɪkaʊntɪs/ N vicomtesse f
**viscounty** /ˈvaɪkaʊntɪ/ N ⇒ viscountcy
**viscous** /ˈvɪskəs/ ADJ visqueux, gluant
**vise** /vaɪs/ N (US) ⇒ vice²
**visé** /ˈviːzeɪ/ N (US) ⇒ visa noun 1
**Vishnu** /ˈvɪʃnuː/ N (Rel) Visnu m, Vishnu m
**Vishnuism** /ˈvɪʃnuːɪzəm/ N (Rel) vishnuisme m, vishnouisme m
**visibility** /ˌvɪzɪˈbɪlɪtɪ/ N visibilité f ◆ **good/poor** or **low visibility** bonne/mauvaise visibilité f ◆ **visibility is down to** or **is only 20 metres** la visibilité ne dépasse pas 20 mètres
**visible** /ˈvɪzəbl/ SYN
  ADJ 1 (= detectable) [effect, damage, sign, result, effort] visible ; [impatience] visible, manifeste ◆ **to become visible** apparaître ◆ **there is no visible difference** il n'y a pas de différence notable or visible ◆ **it serves no visible purpose** on n'en voit pas vraiment l'utilité ◆ **the barn wasn't visible from the road** la grange n'était pas visible depuis la route ◆ **it was not visible to a passer-by** un passant ne pouvait pas l'apercevoir ◆ **visible to the naked eye** visible à l'œil nu ◆ **with no visible means of support** (Jur) sans ressources apparentes
  2 (= prominent) [person, minority] en vue
  COMP **visible exports** NPL exportations fpl visibles
  **visible light** N (Phys) lumière f visible
  **visible panty line** N (hum) slip qui se devine sous un vêtement
**visibly** /ˈvɪzəblɪ/ ADV [shocked, upset, moved, angry] manifestement, visiblement ; [relax, shake, flinch] visiblement
**Visigoth** /ˈvɪzɪɡɒθ/ N Wisigoth mf
**Visigothic** /ˌvɪzɪˈɡɒθɪk/ ADJ wisigoth
**vision** /ˈvɪʒən/ SYN
  N 1 (NonC) vision f, vue f ; (fig = foresight) vision f, prévoyance f ◆ **his vision is very bad** sa vue est très mauvaise ◆ **within/outside one's range of vision** à portée de/hors de vue ◆ **a man of great vision** un homme qui voit loin ◆ **his vision of the future** sa vision de l'avenir ; → field
  2 (in dream, trance) vision f, apparition f ◆ **it came to me in a vision** j'en ai eu une vision ◆ **to have** or **see visions** avoir des visions ◆ **to have visions of wealth** avoir des visions de richesses ◆ **she had visions of being drowned** elle s'est vue noyée
  VT (US) envisager
  COMP **vision mixer** N (Cine, TV = machine) mixeur m (d'images) ◆ **"vision mixer: Alexander Anderson"** (= person) « mixage : Alexander Anderson »
  **vision-mixing** N (Cine, TV) mixage m (d'images)
**visionary** /ˈvɪʒənərɪ/ SYN ADJ, N visionnaire mf
**visit** /ˈvɪzɪt/ SYN
  N (= call, tour : also Med) visite f ; (= stay) séjour m ◆ **to pay a visit to** [+ person] rendre visite à ; [+ place] aller à ◆ **to pay a visit** * (fig) aller au petit coin * ◆ **to be on a visit to** [+ person] être en visite chez ; [+ place] faire un séjour à ◆ **he went on a two-day visit to Paris** il est allé passer deux jours à Paris ◆ **I'm going on a visit to Glasgow next week** j'irai à Glasgow la semaine prochaine ◆ **on a private/an official visit** en visite privée/officielle ◆ **his visit to Paris lasted three days** son séjour à Paris a duré trois jours
  VT 1 (= go and see) [+ person] aller voir, rendre visite à ; [+ doctor, solicitor] aller voir, aller chez ; [+ sick person] (gen) aller voir ; [priest, doctor] [+ patient] visiter ; [+ town] aller à, faire un petit tour à ; [+ museum, zoo] aller à, visiter ; [+ theatre] aller à
  2 (= go and stay with) [+ person] faire un séjour chez ; (= go and stay in) [+ town, country] faire un séjour à (or en)
  3 (= formally inspect) [+ place] inspecter, faire une visite d'inspection à ; [+ troops] passer en revue ◆ **to visit the scene of the crime** (Jur) se rendre sur les lieux du crime
  4 († = inflict) [+ person] punir (with de) ◆ **to visit the sins of the fathers upon the children** punir les enfants pour les péchés de leurs pères
  VI 1 ◆ **I'm just visiting** je suis de passage
  2 (US = chat) bavarder
▶ **visit with** VT FUS (US) [+ person] passer voir

(!) **to visit** is not translated by **visiter** in the case of a visit to friends.

**visitation** /ˌvɪzɪˈteɪʃən/ SYN N 1 (by official) visite f d'inspection ; [of bishop] visite f pastorale ◆ **we had a visitation from her** (hum) elle nous a fait l'honneur de sa visite, elle nous a honorés de sa présence ◆ **the Visitation of the Blessed Virgin Mary** la Visitation de la Vierge
  2 (= calamity) punition f du ciel
  3 (from supernatural being) visite f
**visiting** /ˈvɪzɪtɪŋ/
  N ◆ **I hate visiting** je déteste faire des visites
  COMP [friends] de passage ; [lecturer etc] invité, de l'extérieur ; [dignitary] en visite officielle
  **visiting card** N (Brit) carte f de visite
  **visiting fireman** * N (pl **visiting firemen**) (US fig : iro) visiteur m de marque
  **visiting hours** NPL heures fpl de visite
  **visiting nurse** N (US) infirmière f à domicile
  **visiting professor** N (Univ) professeur m associé
  **visiting rights** NPL droit m de visite
  **visiting teacher** N (US) ≈ visiteuse f scolaire
  **visiting team** N (Sport) visiteurs mpl
  **visiting terms** NPL ◆ **I know him but I'm not on visiting terms with him** je le connais, mais nous ne nous rendons pas visite
  **visiting time** N ⇒ visiting hours
**visitor** /ˈvɪzɪtəʳ/ SYN
  N 1 (= guest) invité(e) m(f) ◆ **to have a visitor** avoir de la visite ◆ **to have visitors** avoir des visites or de la visite ◆ **we've had a lot of visitors** nous avons eu beaucoup de visites ◆ **have your visitors left?** est-ce que tes invités sont partis ? ◆ **we seem to have had a visitor during the night!** on dirait qu'on a eu de la visite cette nuit !
  2 (= client) (in hotel) client(e) m(f) ; (at exhibition) visiteur m ; (= tourist) visiteur m ◆ **visitors to London** visiteurs mpl de passage à Londres ◆ **visitors to the castle** les personnes fpl visitant le château ; → health, passport, prison
  COMP **visitor centre** N accueil m des visiteurs (sur un site historique avec exposition, diaporama, cafétéria etc)
  **visitors' book** N livre m d'or
  **visitors' gallery** N (Parl etc) tribune f du public
  **visitor's tax** N taxe f de séjour
**visor** /ˈvaɪzəʳ/ N visière f ; → sun
**VISTA** /ˈvɪstə/ N (US) (abbrev of **Volunteers in Service to America**) organisme américain chargé de l'aide aux personnes défavorisées
**vista** /ˈvɪstə/ N (= view) vue f ; (= survey) (of past) vue f, image f ; (of future) perspective f, horizon m ◆ **to open up new vistas** (fig) ouvrir de nouveaux horizons or de nouvelles perspectives
**visual** /ˈvɪzjʊəl/ SYN
  ADJ visuel ◆ **the visual cortex of the brain** l'aire du cortex cérébral contrôlant la vision ◆ **within visual range** à portée de vue ◆ **she's a very visual person** c'est une visuelle
  N ◆ **to get a visual on sth** arriver à voir qch
  NPL **visuals** (= display material) support(s) m(pl) visuel(s) ; [of video game, film etc] images fpl
  COMP **visual aid** N support m visuel
  **visual angle** N angle m visuel
  **visual artist** N plasticien(ne) m(f)
  **the visual arts** NPL les arts mpl plastiques
  **visual display terminal**, **visual display unit** N console f, écran m
  **visual field** N (Opt) champ m de vision
  **visual magnitude** N (Astron) magnitude f visuelle
**visualization** /ˌvɪzjʊəlaɪˈzeɪʃən/ N visualisation f
**visualize** /ˈvɪzjʊəlaɪz/ SYN VT 1 (= recall) [+ person, sb's face] se représenter, visualiser
  2 (= imagine) [+ sth unknown] s'imaginer ; [+ sth familiar] se représenter ◆ **try to visualize a million pounds** essayez de vous imaginer un million de livres ◆ **I visualized him working at his desk** je me le suis représenté travaillant à son bureau ◆ **visualize yourself lying on the beach** imaginez-vous étendu sur la plage
  3 (= foresee) envisager, prévoir ◆ **we do not visualize many changes** nous n'envisageons or pas beaucoup de changements
**visually** /ˈvɪzjʊəlɪ/ ADV [attractive] visuellement ; [stunning, exciting] d'un point de vue visuel ; [judge] de visu ◆ **visually handicapped** or **impaired** malvoyant ◆ **the visually handicapped** or **impaired** les malvoyants mpl ◆ **visually, it's a very impressive film** d'un point de vue visuel, c'est un film très impressionnant
**vital** /ˈvaɪtl/ SYN
  ADJ 1 (= crucial) [part, component, element, information] vital, essentiel ; [question, matter] vital, fondamental ; [supplies, resources] vital ; [ingredient, factor, role] essentiel, fondamental ; [link] essentiel ; [importance] capital ◆ **your support is vital to us** votre soutien est vital or capital pour nous ◆ **such skills are vital for survival** de telles techniques sont indispensables à la survie ◆ **it is vital to do this** il est vital or essentiel de faire cela ◆ **it is vital for you to come, it is vital that you (should) come** il faut absolument que vous veniez subj
  2 (= dynamic) [person, institution] énergique ◆ **vital spark** étincelle f de vie
  3 (Physiol) [organ, force, functions] vital ◆ **vital parts** organes mpl vitaux
  N ◆ **the vitals** (Anat) les organes mpl vitaux ; (fig) les parties fpl essentielles
  COMP **vital signs** NPL (Med) signes mpl vitaux ; (fig) signes mpl de vitalité ◆ **his vital signs are normal** ses fonctions vitales sont normales ◆ **he shows no vital signs** il ne donne aucun signe de vie
  **vital statistics** NPL (Soc) statistiques fpl démographiques ; (Brit) [of woman] mensurations fpl
**vitality** /vaɪˈtælɪtɪ/ SYN N (lit, fig) vitalité f
**vitalize** /ˈvaɪtəlaɪz/ VT (lit) vivifier ; (fig) mettre de la vie dans, animer
**vitally** /ˈvaɪtəlɪ/ ADV 1 (= crucially, greatly) [necessary] absolument ; [interested, concerned] au plus haut point ; [affect] de façon cruciale ◆ **vitally important** d'une importance capitale ◆ **it is vitally important that I talk to her** il est absolument indispensable que or il faut absolument que je lui parle subj ◆ **vitally urgent** des plus urgents ◆ **vitally needed foreign investment** investissements mpl étrangers dont on a un besoin vital ◆ **vitally, he was still willing to compromise** fait essentiel or capital, il était toujours prêt à envisager un compromis

**2** (= intensely) ◆ **she is so vitally alive** elle est tellement débordante de vitalité ◆ **traditions that are vitally alive** traditions fpl qui restent des plus vivaces ◆ **music which remains vitally fresh** musique f qui conserve une intense fraîcheur

**vitamin** /ˈvɪtəmɪn/
- **N** vitamine f ◆ **vitamin A/B** vitamine A/B ◆ **with added vitamins** vitaminé
- **COMP** [content] en vitamines
**vitamin B complex** N (Bio) complexe m vitaminique B
**vitamin deficiency** N carence f en vitamines
**vitamin deficiency disease** N avitaminose f
**vitamin-enriched** ADJ vitaminé
**vitamin pill** N comprimé m de vitamines
**vitamin-rich** ADJ riche en vitamines
**vitamin tablet** N ⇒ **vitamin pill**

**vitaminize** /ˈvɪtəmɪnaɪz/ VT incorporer des vitamines dans ◆ **vitaminized food** nourriture f vitaminée

**vitiate** /ˈvɪʃɪeɪt/ VT (all senses) vicier

**viticulture** /ˈvɪtɪkʌltʃəʳ/ N viticulture f

**viticulturist** /ˌvɪtɪˈkʌltʃərɪst/ N viticulteur m, -trice f

**vitreous** /ˈvɪtrɪəs/
- **ADJ** **1** [china, rock, electricity] vitré ; [enamel] vitrifié
- **2** (Anat) vitré
- **COMP** **vitreous body** N (corps m) vitré m
**vitreous humour** N humeur f vitrée

**vitrifaction** /ˌvɪtrɪˈfækʃən/, **vitrification** /ˌvɪtrɪfɪˈkeɪʃən/ N vitrification f

**vitrify** /ˈvɪtrɪfaɪ/
- **VT** vitrifier
- **VI** se vitrifier

**vitriol** /ˈvɪtrɪəl/ N (Chem, fig) vitriol m

**vitriolic** /ˌvɪtrɪˈɒlɪk/
- **ADJ** [attack, speech] au vitriol ; [abuse, outburst] venimeux ; [criticism] venimeux, au vitriol
- **COMP** **vitriolic acid** † N (Chem) vitriol † m

**vitriolize** /ˈvɪtrɪəlaɪz/ VT vitrioler

**vitro** /ˈvɪtrəʊ/ → **in vitro**

**vituperate** /vɪˈtjuːpəreɪt/ (frm)
- **VT** injurier, vitupérer contre
- **VI** vitupérer

**vituperation** /vɪˌtjuːpəˈreɪʃən/ SYN N (frm) vitupérations fpl

**vituperative** /vɪˈtjuːpərətɪv/ ADJ (frm) [remark] injurieux ; [attack, abuse, critic] virulent ◆ **a vituperative man/woman** un vitupérateur/une vitupératrice (liter) ◆ **to be vituperative about sb** vitupérer contre qn

**Vitus** /ˈvaɪtəs/ N → **saint**

**viva¹** /ˈviːvə/
- **EXCL** vive !
- **N** vivat m

**viva²** /ˈvaɪvə/ N (Brit Univ) épreuve f orale, oral m

**vivace** /vɪˈvɑːtʃɪ/ ADV (Mus) vivace

**vivacious** /vɪˈveɪʃəs/ SYN ADJ [woman, personality] plein de vivacité

**vivaciously** /vɪˈveɪʃəslɪ/ ADV [say, laugh] avec vivacité

**vivacity** /vɪˈvæsɪtɪ/ SYN N vivacité f ; (in words) verve f

**vivarium** /vɪˈvɛərɪəm/ N (pl **vivariums** or **vivaria** /vɪˈvɛərɪə/) vivarium m ; (for fish, shellfish) vivier m

**viva voce** /ˌvaɪvəˈvəʊsɪ/
- **ADJ** oral, verbal
- **ADV** de vive voix, oralement
- **N** (Brit Univ) épreuve f orale, oral m

**vivid** /ˈvɪvɪd/ SYN ADJ [colour, imagination] vif ; [memory] très net, vif ; [dream] pénétrant ; [description, language] vivant, coloré ; [account] vivant ; [example, comparison, demonstration] frappant ◆ **in vivid detail** avec des détails saisissants ◆ **to be a vivid reminder that...** rappeler de façon saisissante que...

**vividly** /ˈvɪvɪdlɪ/ ADV [remember, recall] très nettement or distinctement ; [describe, portray, express] de façon vivante ; [illustrate, demonstrate] de façon frappante ◆ **vividly coloured** aux couleurs vives

**vividness** /ˈvɪvɪdnɪs/ N [of colour] vivacité f, éclat m ; [of light] éclat m, clarté f ; [of memory] netteté f ; [of description] caractère m très vivant ; [of dream] clarté f ; [of style] clarté f, vigueur f

**vivify** /ˈvɪvɪfaɪ/ VT vivifier, ranimer

**viviparity** /ˌvɪvɪˈpærɪtɪ/ N viviparité f

**viviparous** /vɪˈvɪpərəs/ ADJ vivipare

**vivisect** /ˌvɪvɪˈsekt/ VT pratiquer la vivisection sur, vivisecter

**vivisection** /ˌvɪvɪˈsekʃən/ N vivisection f

**vivisectionist** /ˌvɪvɪˈsekʃənɪst/, **vivisector** /ˈvɪvɪsektəʳ/ N (= scientist) vivisecteur m, -trice f ; (= supporter) partisan(e) m(f) de la vivisection

**vixen** /ˈvɪksn/ N **1** (= fox) renarde f
**2** (= woman) mégère f

**vixenish** /ˈvɪksənɪʃ/ ADJ de mégère ◆ **she's a vixenish woman** c'est une vraie mégère

**Viyella** ® /vaɪˈelə/ N tissu, mélange de laine et de coton

**viz** /vɪz/ ADV (abbrev of **vide licet**) (= namely) c.-à-d., c'est-à-dire

**vizier** /vɪˈzɪəʳ/ N vizir m

**vizsla** /ˈvɪʒlə/ N (= dog) setter m hongrois à poil court

**VJ Day** /ˌviːˈdʒeɪdeɪ/ N anniversaire de la victoire des alliés sur le Japon en 1945 → **VE Day**

**VL** /ˌviːˈel/ N (abbrev of **Vulgar Latin**) latin m vulgaire

**Vladivostok** /ˌvlædɪˈvɒstɒk/ N Vladivostok

**VLF** /ˌviːelˈef/ N (abbrev of **very low frequency**) → **very**

**vlog** /vlɒg/ N vlog m

**VLSI** /ˌviːeleseˈaɪ/ N (Comput) (abbrev of **very large-scale integration**) intégration f à très grande échelle

**VOA** /ˌviːəʊˈeɪ/ N (abbrev of **Voice of America**) station de radio américaine émettant dans le monde entier

**vocab** * /ˈvəʊkæb/ abbrev of **vocabulary**

**vocable** /ˈvəʊkəbl/ N vocable m

**vocabulary** /vəʊˈkæbjʊlərɪ/ SYN N (gen) vocabulaire m ; (in textbook) (bilingual) lexique m, vocabulaire m ; (technical) lexique m, glossaire m ◆ **the vocabulary of war/farming** le vocabulaire de la guerre/l'agriculture

**vocal** /ˈvəʊkəl/ SYN
- **ADJ** **1** (= using voice ; also Anat) vocal ◆ **vocal score** (Mus) partition f vocale ◆ **vocal training** ⇒ **voice training** ; → **voice**
- **2** (= outspoken) [opposition, protest] vif ◆ **a vocal minority** une minorité qui se fait entendre ◆ **he was very vocal during the meeting** il n'a pas hésité à prendre la parole pendant la réunion ◆ **to be vocal in one's displeasure** exprimer énergiquement son déplaisir ◆ **to be vocal in supporting sth** prendre énergiquement parti pour qch ◆ **to become more** or **increasingly vocal** [person] se faire de plus en plus entendre ◆ **public discontent was increasingly vocal** de plus en plus les gens exprimaient leur mécontentement
- **N** (Mus) ◆ **vocal(s)** chant m ◆ **featuring Chrissie Hynde on vocals** avec Chrissie Hynde au chant ◆ **backing vocals** chœurs mpl
- **COMP** **vocal c(h)ords, vocal folds** NPL cordes fpl vocales

 When it means 'outspoken', **vocal** is not translated by the French word **vocal**.

**vocalic** /vəʊˈkælɪk/ ADJ vocalique

**vocalisation** /ˌvəʊkəlaɪˈzeɪʃən/ N vocalisation f

**vocalise** /ˈvəʊkəliːz/ N (Mus) vocalise f

**vocalist** /ˈvəʊkəlɪst/ N chanteur m, -euse f (dans un groupe)

**vocalize** /ˈvəʊkəlaɪz/
- **VT** **1** [+ one's opinions] exprimer
- **2** (Ling) [+ consonant] vocaliser ; [+ text] écrire en marquant les points-voyelles
- **VI** (Ling) se vocaliser, faire des vocalises

**vocally** /ˈvəʊkəlɪ/ ADV **1** (Mus) [perfect, impressive, difficult] du point de vue vocal ◆ **a vocally superb cast** des chanteurs extraordinaires ◆ **vocally, it's a very simple song** la mélodie de cette chanson est très simple
**2** (= outspokenly) ◆ **to support/oppose sth vocally** exprimer énergiquement son soutien/opposition à qch ◆ **to be vocally anti-feminist** exprimer énergiquement ses opinions antiféministes

**vocation** /vəʊˈkeɪʃən/ SYN N (Rel etc) vocation f ◆ **to have a vocation for teaching** avoir la vocation de l'enseignement

**vocational** /vəʊˈkeɪʃənl/
- **ADJ** [training, education, subject, qualifications, skills] technique et professionnel ◆ **vocational course** (= period) stage m de formation professionnelle ; (= subject) filière f technique et professionnelle
- **COMP** **vocational guidance** N orientation f professionnelle
**vocational school** N (in US) ≈ lycée m technique

**vocationally** /vəʊˈkeɪʃnəlɪ/ ADV ◆ **vocationally oriented courses** cours mpl à orientation professionnelle ◆ **vocationally relevant subjects** matières fpl d'intérêt professionnel ◆ **to train sb vocationally** donner à qn une formation professionnelle

**vocative** /ˈvɒkətɪv/
- **N** vocatif m ◆ **in the vocative** au vocatif
- **ADJ** vocatif ◆ **vocative case** vocatif m ◆ **vocative ending** désinence f du vocatif

**vociferate** /vəʊˈsɪfəreɪt/ VI vociférer, brailler *

**vociferation** /vəʊˌsɪfəˈreɪʃən/ N vocifération f

**vociferous** /vəʊˈsɪfərəs/ SYN ADJ véhément ◆ **vociferous in one's opposition to sth** véhément dans son opposition à qch ◆ **to be vociferous in one's criticism of sb/sth** critiquer qn/qch avec véhémence ◆ **to be vociferous in demanding one's rights** réclamer ses droits avec véhémence

**vociferously** /vəʊˈsɪfərəslɪ/ ADV (frm) avec véhémence

**vodka** /ˈvɒdkə/ N vodka f

**vogue** /vəʊg/ SYN
- **N** vogue f, mode f ◆ **moustaches were the vogue** or **in vogue then** les moustaches étaient alors en vogue or à la mode ◆ **to be all the vogue** faire fureur ◆ **to come into vogue** devenir à la mode ◆ **to have** or **enjoy a vogue** être à la mode ◆ **to come back in vogue** revenir à la mode ◆ **to go out of vogue** passer de mode ◆ **the vogue for...** la vogue or la mode de... ◆ **the current vogue for mini-skirts** la vogue que connaissent actuellement les minijupes
- **ADJ** à la mode, en vogue

**voice** /vɔɪs/ SYN
- **N** **1** (gen) voix f ; (pitch, quality) voix f, ton m ◆ **in a deep voice** d'une voix grave ◆ **at the top of one's voice** à tue-tête ◆ **to raise/lower one's voice** élever/baisser la voix ◆ **keep your voice down** ne parle pas trop fort ◆ **to say sth in a low voice** dire qch à voix basse ◆ **he likes the sound of his own voice** il aime s'écouter parler ◆ **his voice has broken** il a mué, sa voix a mué ◆ **a voice could be heard at the back of the room** on entendait une voix au fond de la salle ◆ **they acclaimed him with one voice** ils ont été unanimes à l'acclamer ◆ **to give voice to sth** exprimer qch ◆ **the voice of reason** la voix de la raison ◆ **the voice of the nation/the people** la voix de la nation/du peuple ◆ **the voice of God** la voix de Dieu ◆ **he is a voice (crying) in the wilderness** il prêche dans le désert ; → **find, lose, loud**
- **2** (fig = opinion, influence) ◆ **there were no dissenting voices** il n'y a pas eu d'opposition ◆ **to have a voice in the matter** avoir son mot à dire, avoir voix au chapitre ◆ **his wife has no voice in their business affairs** sa femme n'a pas son mot à dire dans leurs affaires ◆ **can't I have a voice in this?** est-ce que je peux avoir mon mot à dire ? ◆ **Egypt is an important voice in Arab politics** l'Égypte joue un rôle déterminant dans la politique des pays arabes ◆ **France retains an influential voice in African affairs** la France a gardé une position d'influence en Afrique
- **3** (Mus) voix f ◆ **tenor/bass voice** voix f de ténor/de basse ◆ **a piece for voice and piano** un morceau pour voix et piano ◆ **a piece for three soprano voices** un morceau pour trois sopranos ◆ **to be in good voice** être en voix ◆ **he has a lovely tenor voice** il a une belle voix de ténor
- **4** (Gram) voix f ◆ **active/passive voice** f active/passive ◆ **in the active/passive voice** à l'actif/au passif
- **5** (NonC : Phon) voix f
- **6** (Theat) ◆ **voices off** voix fpl dans les coulisses
- **VT** **1** (= express) [+ feelings, opinion] exprimer, formuler ; [+ concern, support, fear] exprimer ◆ **to voice (one's) opposition to sth** s'élever contre qch
- **2** (Ling) [+ consonant] sonoriser ◆ **voiced consonant** consonne f sonore or voisée
- **3** (Mus) accorder
- **COMP** **voice-activated** ADJ à commande vocale
**voice box** N (Anat) larynx m

**voice mail** N messagerie f vocale ; (= message) message m vocal
**voice-over** N (TV) (commentaire m en) voix f off
**voice parts** NPL (Mus) parties fpl vocales
**voice production** N diction f, élocution f
**voice range** N registre m de la voix
**voice recognition** N reconnaissance f vocale
**voice synthesis** N synthèse f vocale
**voice synthesizer** N synthétiseur m vocal
**voice training** N [of actor] cours mpl de diction or d'élocution ; [of singer] cours mpl de chant
**voice vote** N (US Pol etc) vote m par acclamation

**voiced** /vɔɪst/ ADJ (Phon) [consonant] voisé, sonore

**voiceless** /ˈvɔɪslɪs/ ADJ ① (= mute) [person] (gen) sans voix, aphone ; (Med) aphone
② (= disenfranchised) [minority] silencieux
③ (Phon) [consonant, sound] non voisé, sourd

**voiceprint** /ˈvɔɪsprɪnt/ N empreinte f vocale

**voicing** /ˈvɔɪsɪŋ/ N (Phon) sonorisation f, voisement m

**void** /vɔɪd/ SYN
■ N (lit, fig) vide m ◆ **an aching void** un grand vide ◆ **to fill the void** combler le vide
ADJ ① (Jur = invalid) [agreement] nul (nulle f) ◆ **to declare sth void** annuler qch ; → **null**
② (frm = empty) vide ◆ **void of** [ornament, charm, talent, qualities, imagination] dépourvu de ; [scruples, compassion, good sense, meaning] dénué de
③ (Cards) ◆ **his spades were void, he was void in spades** il n'avait pas de pique
VT ① (= remove) évacuer (from de)
② (Med) (= excrete) évacuer ; (= vomit) vomir
③ (Jur = invalidated) annuler

**voidable contract** N (Jur) contrat m résiliable

**voile** /vɔɪl/ N voile m (tissu)

**Voivodina, Vojvodina** /ˈvɔɪvəˈdiːnə/ N Voïvodine or Vojvodine f

**vol.** abbrev of **volume**

**volatile** /ˈvɒlətaɪl/ SYN ADJ ① (Chem) volatil
② (fig = uncertain) [situation, atmosphere, relationship, market] instable ; [person, personality] versatile

**volatility** /ˌvɒləˈtɪlɪtɪ/ N ① (Chem) volatilité f
② (= uncertainty) [of situation, atmosphere, relationship, market] inconstance f ; [of person, personality] versatilité f

**volatilizable** /vɒˈlætɪˌlaɪzəbl/ ADJ (Chem) volatilisable

**volatilization** /vɒˌlætɪlaɪˈzeɪʃən/ N (Chem) volatilisation f

**volatilize** /vɒˈlætəlaɪz/
VT volatiliser
VI se volatiliser, s'évaporer

**vol-au-vent** /ˈvɒləʊvɑ̃ː, ˈvɒlˈvɒn/ N vol-au-vent m ◆ **chicken/mushroom vol-au-vent** vol-au-vent m au poulet/aux champignons

**volcanic** /vɒlˈkænɪk/
ADJ (lit, fig) volcanique
COMP **volcanic glass** N verre m volcanique

**volcano** /vɒlˈkeɪnəʊ/ N (pl **volcanoes** or **volcanos**) volcan m

**vole¹** /vəʊl/ N (= animal) campagnol m ; → **water**

**vole²** /vəʊl/ (Cards)
N vole f
VI faire la vole

**Volga** /ˈvɒlgə/ N Volga f

**volition** /vɒˈlɪʃən/ SYN N volition f, volonté f ◆ **of one's own volition** de son propre gré

**volley** /ˈvɒlɪ/ SYN
N ① (Mil) volée f, salve f ; [of stones] grêle f
② (fig) [of insults] bordée f, torrent m ; [of questions] feu m roulant ; [of applause] salve f ◆ **to fire a volley** tirer une salve
③ (Sport) volée f ◆ **half volley** demi-volée f
VT (Sport) [+ ball] attraper à la volée
VI ① (Mil) tirer par salves
② (Sport) faire une volée

**volleyball** /ˈvɒlɪbɔːl/
N volley(-ball) m
COMP **volleyball player** N volleyeur m, -euse f

**volleyer** /ˈvɒlɪə/ N (Tennis) volleyeur m, -euse f

**volplane** /ˈvɒlpleɪn/ VI planer

**volt** /vəʊlt/
N volt m
COMP **volt-ampere** N voltampère m
**volt meter** N voltmètre m

**voltage** /ˈvəʊltɪdʒ/ N voltage m, tension f ◆ **high/low voltage** haute/basse tension f

**voltaic** /vɒlˈteɪɪk/ ADJ voltaïque

**volte-face** /ˈvɒltˈfɑːs/ N (pl inv) volte-face f inv ◆ **to perform a volte-face** (lit, fig) faire volte-face

**volubility** /ˌvɒljʊˈbɪlɪtɪ/ SYN N volubilité f, loquacité f

**voluble** /ˈvɒljʊbl/ SYN ADJ volubile

**volubly** /ˈvɒljʊblɪ/ ADV avec volubilité, volubilement

**volume** /ˈvɒljuːm/ SYN
N ① (= book) volume m ; (= one in a set) volume m, tome m ◆ **volume one/two** tome m un/second ◆ **volume three/four** tome m trois/quatre ◆ **in six volumes** en six volumes ◆ **a volume of essays/short-stories** un volume d'essais/de nouvelles ◆ **a two-volume dictionary** un dictionnaire en deux volumes ◆ **to write volumes** (fig) écrire des volumes ◆ **to speak** or **say volumes** en dire long (about sur)
② (= size, bulk : Phys) volume m ◆ **the gas expanded to twice its original volume** le gaz s'est dilaté et a doublé de volume ◆ **your hair needs more volume** il faut redonner du volume à vos cheveux ◆ **production volume** volume m de la production ◆ **the volume of imports/exports** le volume des importations/exportations ◆ **the volume of protest has increased since...** les protestations ont pris de l'ampleur depuis...
③ (= capacity) [of tank, container] capacité f
④ (= loudness) volume m, puissance f ◆ **to turn the volume up/down** (Rad, TV) augmenter/diminuer le volume
NPL **volumes** (gen) ◆ **volumes of** énormément de ◆ **volumes of work** énormément de travail ◆ **volumes of smoke** des nuages mpl de fumée
COMP **volume control** N (Rad, TV) bouton m de réglage du volume
**volume discount** N (Comm) remise f sur la quantité

**volumetric** /ˌvɒljʊˈmetrɪk/
ADJ volumétrique
COMP **volumetric analysis** N analyse f volumétrique

**voluminous** /vəˈluːmɪnəs/ SYN ADJ volumineux

**voluntarily** /ˈvɒləntərɪlɪ/ SYN ADV ① (= willingly) volontairement
② (= without payment) [work] bénévolement, à titre bénévole

**voluntarism** /ˈvɒləntərɪzəm/ N bénévolat m

**voluntary** /ˈvɒləntərɪ/ SYN
ADJ ① (= not compulsory, spontaneous) [subscription, contribution, redundancy, repatriation, movement] volontaire ; [confession, statement] volontaire, spontané ; [attendance, course] facultatif ; [pension scheme] à contribution volontaire ; [agreement] librement consenti ◆ **on a voluntary basis** à titre volontaire
② (= unpaid, charitable) [group, service] bénévole ◆ **voluntary helper** bénévole mf ◆ **voluntary help** (= assistance) aide f bénévole ◆ **on a voluntary basis** à titre bénévole
N (Mus, Rel) morceau m d'orgue
COMP **voluntary agency, voluntary body** N organisation f bénévole
**voluntary euthanasia** N euthanasie f volontaire
**voluntary liquidation** N (Comm, Fin) dépôt m de bilan ◆ **to go into voluntary liquidation** déposer son bilan ◆ **they put the company into voluntary liquidation** l'entreprise a déposé son bilan
**voluntary manslaughter** N (Jur) homicide m volontaire
**voluntary organization** N organisation f bénévole
**voluntary school** N (Brit) école f libre
**the voluntary sector** N les organisations fpl bénévoles, le secteur associatif ◆ **he works in the voluntary sector** il travaille pour une organisation bénévole or dans le secteur associatif
**Voluntary Service Overseas** N (Brit) ≈ coopération f technique
**voluntary work** N travail m bénévole, bénévolat m ◆ **she does voluntary work (in a hospital)** elle travaille comme bénévole (dans un hôpital)
**voluntary worker** N bénévole mf

**volunteer** /ˌvɒlənˈtɪə/ SYN
N (gen, Mil) volontaire mf ; (= unpaid helper) bénévole mf ◆ **to ask for** or **call for volunteers** demander des volontaires ◆ **the association is**

**run by volunteers** c'est une association de bénévoles
ADJ ① (= having offered to do sth) [group] de volontaires ; [person] volontaire
② (= unpaid) [helper, worker] bénévole
VT [+ money] donner or offrir de son plein gré ; [+ information] fournir (spontanément) ◆ **they volunteered 50 pounds a week to the fund** ils ont offert une contribution hebdomadaire au fonds de 50 livres ◆ **they volunteered to carry it all back** ils ont offert de tout rapporter ◆ **"there were seven of them"** he volunteered « ils étaient sept » dit-il spontanément
VI (Mil) s'engager comme volontaire (for dans) ◆ **to volunteer for sth** (gen) s'offrir or se proposer pour (faire) qch
COMP **volunteer force** N armée f or force f de volontaires
**Volunteers in Service to America** N organisme américain chargé de l'aide aux personnes défavorisées ◆ **the Volunteer State** N le Tennessee

**volunteerism** /ˌvɒlənˈtɪərɪzm/ N (esp US) (= willingness to help) esprit m d'entraide ; (= voluntary work) volontariat m

**voluntourism** /ˌvɒlʌnˈtʊərɪzm/ N tourisme m solidaire

**voluptuary** /vəˈlʌptjʊərɪ/ N jouisseur m, -euse f

**voluptuous** /vəˈlʌptjʊəs/ SYN ADJ voluptueux ◆ **she has a voluptuous figure** elle est bien faite

**voluptuously** /vəˈlʌptjʊəslɪ/ ADV [move, stretch] voluptueusement ◆ **her voluptuously curved body** son corps aux rondeurs voluptueuses ◆ **his lips were voluptuously full** il avait une bouche sensuelle

**voluptuousness** /vəˈlʌptjʊəsnɪs/ SYN N volupté f, sensualité f

**volute** /vəˈluːt/ N (Archit) volute f

**voluted** /vəˈluːtɪd/ ADJ (Archit) en volute

**vomer** /ˈvəʊmə/ N (Anat) vomer m

**vomit** /ˈvɒmɪt/ SYN
N vomi m
VT (lit, fig) vomir ◆ **to vomit out** or **up** or **forth** (liter) vomir
VI vomir

**vomiting** /ˈvɒmɪtɪŋ/ N vomissements mpl

**vomitory** /ˈvɒmɪtərɪ/ ADJ, N (Med) vomitif m

**voodoo** /ˈvuːduː/
ADJ vaudou inv
N vaudou m
VT envoûter

**voracious** /vəˈreɪʃəs/ SYN ADJ [appetite, person, animal] vorace ; [reader, collector] avide ◆ **to be a voracious eater** être vorace

**voraciously** /vəˈreɪʃəslɪ/ ADV [eat, devour] voracement, avec voracité ; [read] avec avidité

**voracity** /vɒˈræsɪtɪ/ N (lit, fig) voracité f

**vortex** /ˈvɔːteks/ N (pl **vortexes** or **vortices** /ˈvɔːtɪsiːz/) (lit) vortex m, tourbillon m ; (fig) tourbillon m

**vortical** /ˈvɔːtɪkəl/ ADJ tourbillonnaire

**vorticism** /ˈvɔːtɪsɪzəm/ N (Art) vorticisme m

**votary** /ˈvəʊtərɪ/ N (liter) fervent(e) m(f) (of de)

**vote** /vəʊt/
N ① (= ballot) vote m ◆ **to take a vote** (gen) voter (on sur) ; (Admin, Pol) procéder au vote (on sur) ◆ **they took a vote on whether to sell the company** ils ont voté pour décider s'ils allaient (ou non) vendre l'entreprise ◆ **to put sth to the vote** mettre qch aux voix ◆ **the matter was settled by vote** on a réglé la question en la mettant aux voix ◆ **after the vote** après le scrutin
② (= franchise) droit m de vote ◆ **to give the vote to the under twenty-ones** accorder le droit de vote aux moins de vingt et un ans ◆ **to have/get the vote** avoir/obtenir le droit de vote ◆ **one man one vote** ≈ suffrage m universel, ≈ une seule voix par électeur ◆ **votes for women!** le droit de vote pour les femmes !
③ (= vote cast) voix f ◆ **to give one's vote to** donner sa voix à..., voter pour... ◆ **to win votes** gagner des voix ◆ **to count the votes** compter les voix or les votes ; (Pol) dépouiller le scrutin ◆ **he has my vote** je voterai pour lui ◆ **vote for/against sth** voix f pour/contre qch ◆ **elected by a majority vote** élu à la majorité des voix ◆ **they won by a two-thirds vote** ils ont remporté les deux tiers des voix
④ (= body of voters) électorat m ◆ **the Jewish/Scottish vote** l'électorat m juif/écossais ◆ **to**

**lose/court the Catholic vote** perdre le soutien de/courtiser l'électorat catholique ◆ **he'll win/lose the Massachusetts vote** il va remporter/perdre le Massachusetts ◆ **the Labour vote** (Pol) les voix fpl travaillistes ; → **casting, floating**

**VT** 1 (= approve) [+ bill, treaty] voter

2 (= elect) élire ◆ **he was voted chairman** il a été élu président ◆ **the group voted her the best cook** le groupe l'a proclamée meilleure cuisinière

3 (= propose) ◆ **I vote we go to the cinema** * je propose que l'on aille au cinéma ◆ **the committee voted to request a subsidy** le comité a voté une demande de subvention

**VI** voter (for pour ; against contre), donner sa voix (for sb à qn ; for sth pour qch) ; (in general election etc) aller aux urnes, voter ◆ **the country votes in three weeks** les élections ont lieu dans trois semaines ◆ **to vote Socialist** voter socialiste ◆ **to vote for the Socialists** voter pour les socialistes ◆ **vote (for) Harris!** votez Harris !
◆ **to vote for sth** voter pour or en faveur de qch
◆ **to vote for a bill** (Parl) voter une loi ◆ **to vote on sth** mettre qch au vote ◆ **to vote with one's feet** * (= go elsewhere) partir en signe de mécontentement, montrer son désaccord en partant
◆ **people are voting with their feet** * le verdict de l'opinion publique est clair

**COMP** **vote-catching** * **ADJ** (pej) électoraliste
**vote-loser** * **N** ◆ **it's a vote-loser (for us)** ça risque de nous faire perdre des voix
**vote of censure N** ⇒ **vote of no confidence**
**vote of confidence N** vote m de confiance ◆ **to ask for a vote of confidence** réclamer un vote de confiance ◆ **to pass a vote of confidence (in)** voter la confiance (à)
**vote of no confidence N** motion f de censure
◆ **to pass a vote of no confidence** voter une motion de censure
**vote of thanks N** discours m de remerciement
◆ **to move a vote of thanks** faire un discours de remerciement
**vote-winner** * **N** atout m électoral ◆ **they hope it will be a vote-winner for them** ils espèrent que cela leur fera gagner des voix

▶ **vote down VT SEP** rejeter (par le vote)

▶ **vote in VT SEP** [+ law] adopter, voter ; [+ person] élire

▶ **vote out VT SEP** [+ amendment] rejeter ; [+ MP, chairman] ne pas réélire, sortir * ◆ **he was voted out (of office)** il n'a pas été réélu ◆ **he was voted out by a large majority** il a été battu à une forte majorité ◆ **the electors voted the Conservative government out** les électeurs ont rejeté le gouvernement conservateur

▶ **vote through VT SEP** [+ bill, motion] voter, ratifier

**voter** /ˈvəʊtəʳ/
**N** électeur m, -trice f
**COMP** **voter registration N** (US Pol) inscription f sur les listes électorales
**voter registration card N** carte f d'électeur ; → **turnout**

**voting** /ˈvəʊtɪŋ/
**N** (NonC) vote m, scrutin m ◆ **the voting went against him** le vote lui a été défavorable ◆ **the voting took place yesterday** le scrutin a eu lieu hier
**COMP** **voting booth N** isoloir m
**voting machine N** (US) machine f pour enregistrer les votes

**voting paper N** bulletin m de vote
**voting precinct N** (US Pol) circonscription f électorale
**voting rights NPL** droit m de vote
**voting share N** (Fin) action f avec droit de vote

**votive** /ˈvəʊtɪv/ **ADJ** votif

**vouch** /vaʊtʃ/ **SYN** **VI** ◆ **to vouch for sb/sth** se porter garant de qn/qch, répondre de qn/qch ◆ **to vouch for the truth of sth** garantir la vérité de qch

**voucher** /ˈvaʊtʃəʳ/ **N** 1 (= coupon : for cash, meals, petrol) bon m ; → **luncheon**
2 (= receipt) reçu m, récépissé m ; (for debt) quittance f

**vouchsafe** /vaʊtʃˈseɪf/ **SYN** **VT** (frm) [+ reply] accorder ; [+ help, privilege] accorder, octroyer ◆ **to vouchsafe to do sth** accepter gracieusement de faire qch ; (pej) condescendre à faire qch ◆ **it is not vouchsafed to everyone to understand such things** il n'est pas donné à tout le monde de comprendre ce genre de choses ◆ **he has not vouchsafed an answer** il n'a pas jugé bon de nous donner une réponse

**voussoir** /vuːˈswɑːʳ/ **N** (Archit) voussoir m

**vow** /vaʊ/ **SYN**
**N** vœu m, serment m ◆ **to take a vow** faire vœu (to do sth de faire qch ; of sth de qch) ◆ **the vows which he took when...** les vœux qu'il a faits quand... ◆ **to take one's vows** (Rel) prononcer ses vœux ◆ **to make a vow** ⇒ **to vow vt** ◆ **vow of celibacy** vœu m de célibat ◆ **to take a vow of chastity** faire vœu de chasteté ◆ **to take a vow of obedience (to)** (Rel) faire vœu d'obéissance (à) ; (Hist) jurer obéissance (à) ◆ **she swore a vow of secrecy** elle a juré or elle a fait le serment de ne rien divulguer ; → **break**
**VT** 1 (publicly) jurer (to do sth de faire qch ; that que) ; [+ obedience, loyalty] faire vœu de ◆ **to vow vengeance on sb** jurer de se venger de qn
2 (to oneself) se jurer (to do sth de faire qch ; that que) ◆ **he vowed (to himself) that he would remain there** il s'est juré d'y rester

**vowel** /ˈvaʊəl/
**N** voyelle f
**COMP** [system, sound] vocalique
**vowel shift N** mutation f vocalique

**vox pop** * /ˌvɒksˈpɒp/ **N** micro-trottoir m

**voyage** /ˈvɔɪɪdʒ/ **SYN**
**N** (jouney by sea) voyage m par mer, traversée f ; (fig) voyage m ◆ **to go on a voyage** partir en voyage (par mer) ◆ **the voyage across the Atlantic** la traversée de l'Atlantique ◆ **the voyage out** le voyage d'aller ◆ **the voyage back** or **home** le voyage de retour ◆ **on the voyage out/home** à l'aller/au retour ◆ **a voyage of discovery** un voyage d'exploration
**VT** [+ sea] traverser, parcourir
**VI** voyager par mer ◆ **to voyage across** traverser

**voyager** /ˈvɔɪədʒəʳ/ **N** (= traveller) passager m, -ère f, voyageur m, -euse f ; (Hist = explorer) navigateur m

**voyageur** /ˌvɔɪəˈdʒɜːʳ/ **N** (Can Hist) trappeur or batelier etc assurant la liaison entre différents comptoirs

**voyeur** /vwɑːˈjɜːʳ/ **N** voyeur m

**voyeurism** /ˈvwɑːjɜːrɪzəm/ **N** voyeurisme m

**voyeuristic** /ˌvwɑːjɜːˈrɪstɪk/ **ADJ** [behaviour] de voyeur ; [activity] qui frise le voyeurisme ; [film, book] qui sombre dans le voyeurisme

**VP** /viːˈpiː/ **N** (US) (abbrev of **Vice-President**) → **vice-**

**VPL** * /ˌviːpiːˈel/ **N** (abbrev of **visible panty line**) → **visible**

**VR** /ˌviːˈɑːʳ/ **N** (abbrev of **virtual reality**) → **virtual**

**vroom** /vruːm/ **EXCL** vroum !

**VS** (abbrev of **versus**) VS, contre

**VSO** /ˌviːesˈəʊ/ **N** (Brit) (abbrev of **Voluntary Service Overseas**) → **voluntary**

**VSOP** /ˌviːesəʊˈpiː/ (abbrev of **Very Special Old Pale**) (brandy, port) VSOP

**VT** abbrev of **Vermont**

**Vt.** abbrev of **Vermont**

**VTOL** /ˈviːtiːəʊel/ (abbrev of **vertical takeoff and landing**) **N** 1 ◆ **VTOL (aircraft)** ADAV m, VTOL m
2 (= technique) décollage m et atterrissage m verticaux

**Vulcan** /ˈvʌlkən/ **N** (Myth) Vulcain m

**vulcanite** /ˈvʌlkənaɪt/ **N** ébonite f

**vulcanization** /ˌvʌlkənaɪˈzeɪʃən/ **N** vulcanisation f

**vulcanize** /ˈvʌlkənaɪz/ **VT** vulcaniser

**vulcanologist** /ˌvʌlkəˈnɒlədʒɪst/ **N** volcanologue mf

**vulcanology** /ˌvʌlkəˈnɒlədʒɪ/ **N** volcanologie f

**vulgar** /ˈvʌlgəʳ/ **SYN**
**ADJ** 1 (= impolite, tasteless) vulgaire ◆ **it is vulgar to talk about money** il est vulgaire de parler d'argent ◆ **don't be so vulgar!** ne sois pas si grossier !
2 (Ling = vernacular) [language, tongue] vulgaire
**COMP** **vulgar fraction N** (Math) fraction f ordinaire
**Vulgar Latin N** latin m vulgaire

**vulgarian** /vʌlˈgɛərɪən/ **N** (pej) personne f vulgaire, parvenu(e) m(f)

**vulgarism** /ˈvʌlgərɪzəm/ **N** 1 (= uneducated expression) vulgarisme m
2 (= swearword) gros mot m, grossièreté f

**vulgarity** /vʌlˈgærɪtɪ/ **SYN** **N** [of words, person] vulgarité f, grossièreté f ; [of taste, décor] vulgarité f

**vulgarization** /ˌvʌlgəraɪˈzeɪʃən/ **N** vulgarisation f

**vulgarize** /ˈvʌlgəraɪz/ **VT** 1 (frm = make known) vulgariser, populariser
2 (= make coarse) rendre vulgaire

**vulgarly** /ˈvʌlgəlɪ/ **ADV** 1 (= generally) vulgairement, communément
2 (= coarsely) vulgairement, grossièrement

**Vulgate** /ˈvʌlgɪt/ **N** Vulgate f

**vulnerability** /ˌvʌlnərəˈbɪlɪtɪ/ **N** vulnérabilité f

**vulnerable** /ˈvʌlnərəbl/ **SYN** **ADJ** vulnérable (to sth à qch) ◆ **to be vulnerable to criticism** prêter le flanc à la critique ◆ **to be vulnerable to infection** être sujet aux infections ◆ **to find sb's vulnerable spot** trouver le point faible de qn

**vulture** /ˈvʌltʃəʳ/ **N** (lit, fig) vautour m ◆ **black vulture** (= bird) moine m

**vulva** /ˈvʌlvə/ **N** (pl **vulvas** or **vulvae** /ˈvʌlviː/) vulve f

**vulvitis** /vʌlˈvaɪtɪs/ **N** (Med) vulvite f

**vying** /ˈvaɪɪŋ/ **N** rivalité f, concurrence f

# W

**W, w** /'dʌblju:/ N 1 (= letter) W, w m ◆ **W for Willie** ≈ W comme William
2 (abbrev of **watt**) W
3 (abbrev of **west**) O., ouest

**W.** abbrev of **Wales, Welsh**

**WA** 1 abbrev of **Washington**
2 abbrev of **Western Australia**

**WAAF** /wæf/ N (abbrev of **Women's Auxiliary Air Force**) service des auxiliaires féminines de l'armée de l'air britannique

**wacko** * /'wækəʊ/
ADJ ⇒ **wacky**
N cinglé(e)* m(f)

**wacky** * /'wækɪ/
ADJ loufoque*
COMP **wacky baccy**‡ N (Brit : hum) herbe * f (marijuana)

**wad** /wɒd/ SYN
N 1 (= plug, ball) [of cloth, paper] tampon m ; [of putty, chewing gum] boulette f ; (for gun) bourre f ; [of straw] bouchon m ◆ **a wad of cotton wool** un tampon d'ouate ◆ **a wad of tobacco** (uncut) une carotte de tabac ; (for chewing) une chique de tabac
2 (= bundle, pile) [of papers, documents] tas m, pile f ; (tied together) liasse f ; [of banknotes] liasse f
3 ◆ **wads** or **a wad of cash** * (= lots of money) des paquets mpl de fric*
VT 1 (also **wad up**) [+ paper, cloth, cotton wool] faire un tampon de ; [+ putty, chewing gum] faire une boulette de
2 [+ garment] doubler d'ouate, ouater ; [+ quilt] rembourrer
3 (also **wad up**) [+ hole, crack] boucher avec un tampon or avec une boulette

**wadding** /'wɒdɪŋ/ SYN N (NonC) (= raw cotton or felt : also for gun) bourre f ; (gen: for lining or padding) rembourrage m, capiton m ; (for garments) ouate f

**waddle** /'wɒdl/ SYN
VI [duck] se dandiner, [person] se dandiner, marcher comme un canard ◆ **to waddle in/out/across** etc entrer/sortir/traverser etc en se dandinant
N dandinement m

**wade** /weɪd/ SYN
VI 1 (= paddle) ◆ **to go wading** barboter ◆ **to wade through water/mud/long grass** avancer or marcher dans l'eau/la boue/l'herbe haute ◆ **he waded ashore** il a regagné la rive à pied ◆ **to wade across a river** traverser une rivière à gué
2 (* = advance with difficulty) ◆ **to wade through a crowd** se frayer un chemin à travers une foule ◆ **I managed to wade through his book** je suis (péniblement) venu à bout de son livre ◆ **it took me an hour to wade through your essay** il m'a fallu une heure pour venir à bout de votre dissertation ◆ **he was wading through his homework** il s'échinait sur ses devoirs
3 (= attack) ◆ **to wade into sb** * (physically) se jeter or se ruer sur qn ; (verbally) tomber sur qn, prendre qn à partie

VT [+ stream] passer or traverser à gué

▶ **wade in** VI (in fight/argument etc) se mettre de la partie (dans une bagarre/dispute etc)

**wader** /'weɪdər/ N 1 (= boot) cuissarde f, botte f de pêcheur
2 (= bird) échassier m

**wadge** /wɒdʒ/ N ⇒ **wodge**

**wadi** /'wɒdɪ/ N (pl **wadies**) oued m

**wading** /'weɪdɪŋ/
N (NonC) barbotage m, pataugeage m
COMP **wading bird** N échassier m
**wading pool** N (US) petit bassin m

**wafer** /'weɪfər/
N 1 (Culin) gaufrette f ; (Rel) hostie f ; (= seal) cachet m (de papier rouge)
2 (Comput, Elec) tranche f ◆ **silicon wafer** tranche f de silicium
COMP **wafer-thin** ADJ mince comme du papier à cigarette or comme une pelure d'oignon

**wafery** /'weɪfərɪ/ ADJ ⇒ **wafer-thin** ; → **wafer**

**waffle¹** /'wɒfl/
N (Culin) gaufre f
COMP **waffle iron** N gaufrier m

**waffle²** * /'wɒfl/ SYN (Brit)
N (NonC) (when speaking) verbiage m ; (in book, essay) remplissage m, délayage m ◆ **there's too much waffle in this essay** il y a trop de remplissage or de délayage dans cette dissertation
VI (when speaking) parler pour ne rien dire ; (in book, essay) faire du remplissage or du délayage ◆ **he was waffling on about…** il parlait interminablement de…

**waffler** * /'wɒflər/ N (Brit) personne f qui fait du verbiage

**waft** /wɑːft/ SYN
VT [+ smell, sound] porter, apporter ; (also **waft along**) [+ boat] faire avancer, pousser ; [+ clouds] faire glisser or avancer
VI [sound, smell] flotter
N [of air, scent] (petite) bouffée f

**wag¹** /wæg/ SYN
VT [animal] [+ tail] remuer ◆ **the dog wagged its tail** le chien a remué la queue ◆ **he wagged his finger/his pencil at me** il a agité le doigt/son crayon dans ma direction ◆ **to wag one's head** hocher la tête
VI [tail] remuer ; (excitedly) frétiller ◆ **his tongue never stops wagging** (fig) il a la langue bien pendue, il ne s'arrête jamais de bavarder ◆ **tongues are wagging** les langues vont bon train, ça fait jaser ◆ **the news set tongues wagging** la nouvelle a fait marcher les langues or a fait jaser (les gens)
N [of tail] remuement m ; (excitedly) frétillement m ◆ **with a wag of its tail** en remuant la queue

**wag²** (o.f or hum) /wæg/ N (= joker) plaisantin m, farceur m, -euse f

**wage** /weɪdʒ/ SYN
N salaire m, paie or paye f ; [of domestic servant] gages mpl ◆ **weekly/hourly wage** salaire m hebdomadaire/horaire ◆ **I've lost two days' wages** j'ai perdu deux jours de salaire or de paie ◆ **his week's wages** son salaire or sa paye de la semaine ◆ **his wage is** or **his wages are £250 per week** il touche un salaire de 250 livres par semaine, il gagne or est payé 250 livres par semaine ◆ **he gets a good wage** il est bien payé, il a un bon salaire ◆ **the wages of sin is death** (Bible) la mort est le salaire du péché ; → **living**
VT ◆ **to wage war** faire la guerre (against à, contre) ◆ **to wage a campaign** faire campagne (against contre), mener une campagne (for pour)
COMP **wage bargaining** N (NonC) négociations fpl salariales
**wage bill** N ⇒ **wages bill**
**wage claim** N ⇒ **wages claim**
**wage clerk** N ⇒ **wages clerk**
**wage demand** N ⇒ **wages claim**
**wage differential** N écart m salarial or de salaires
**wage drift** N dérapage m salarial, dérive f des salaires
**wage earner** N salarié(e) m(f) ◆ **she is the family wage earner** c'est elle qui fait vivre sa famille or qui est le soutien de sa famille ◆ **we are both wage earners** nous gagnons tous les deux notre vie
**wage freeze** N ⇒ **wages freeze**
**wage increase** N augmentation f or hausse f de salaire
**wage indexation** N (Econ) indexation f des salaires
**wage negotiations** NPL (in industrial relations) négociations fpl salariales
**wage packet** N (esp Brit) (lit) enveloppe f de paie ; (fig) paie or paye f
**wage-price spiral** N spirale f prix-salaires
**wage-push inflation** N inflation f par les salaires
**wage rates** NPL niveau m des salaires
**wage restraint** N limitation f des salaires
**wage rise** N ⇒ **wage increase**
**wages bill** N masse f salariale
**wage scale** N grille f des salaires
**wages claim** N (Brit) revendication f salariale
**wages clerk** N employé(e) m(f) au service de la paie, ≈ aide-comptable mf
**wages council** N (Brit) ancien organisme de droit public chargé de fixer des salaires minimums dans une profession donnée
**wage settlement** N ⇒ **wages settlement**
**wages freeze** N blocage m des salaires
**wage slave** N (hum) ◆ **I'm a wage slave** je ne suis qu'un pauvre salarié
**wage slip** N ⇒ **wages slip**
**wages policy** N [of company] politique f salariale
**wage spread** N (US) éventail m des salaires
**wages settlement** N accord m salarial
**wages slip** N bulletin m de salaire, fiche f de paie
**wage worker** N (US) ⇒ **wage earner**

**waged** /weɪdʒd/ ADJ [person] salarié

**wager** /'weɪdʒər/ SYN
VT parier (on sur ; that que) ◆ **I'll wager you £5 that he arrives late** je te parie 5 livres qu'il arrivera en retard
N pari m ◆ **to lay a wager** faire un pari

**waggish** † /'wægɪʃ/ ADJ badin, facétieux

**waggishly** † /ˈwægɪʃlɪ/ ADV *[say]* d'une manière facétieuse, d'un ton facétieux *or* badin ; *[smile]* avec facétie

**waggle** /ˈwægl/ SYN
VT *[+ pencil, branch]* agiter ; *[+ loose screw, button]* faire jouer ; *[+ one's toes, fingers, ears]* remuer ; *[+ loose tooth]* faire bouger • **he waggled his finger at me** il a agité le doigt dans ma direction • **to waggle one's hips** tortiller des hanches
VI *[toes, fingers, ears]* remuer ; *[tail]* remuer ; *(excitedly)* frétiller • **his hips waggled as he walked** il tortillait des hanches en marchant

**waggon** /ˈwægən/ N *(esp Brit)* ⇒ **wagon**

**Wagnerian** /vɑːgˈnɪərɪən/ ADJ wagnérien

**wagon** /ˈwægən/
N *(horse- or ox-drawn)* chariot *m* ; *(= truck)* camion *m* ; *(Brit : of a train)* wagon *m* (de marchandises) ; *(US :* also **station wagon)** break *m* • **the wagon** * *(US = police van)* le panier à salade * • **to go/be on the wagon** * *(fig)* ne plus/ne pas boire (d'alcool), se mettre/être au régime sec • **he's off the wagon (again)** * il s'est remis à boire • **to circle the wagons , to pull one's wagons in a circle** *(fig)* se serrer les coudes (pour faire front) ; → **station**
COMP **wagon train** N *(US Hist)* convoi *m* de chariots

**wagoner** /ˈwægənəʳ/ N roulier *m*, charretier *m*

**wagonette** /ˌwægəˈnet/ N break † *m (hippomobile)*

**wagonload** /ˈwægənləʊd/ N *(Agr)* charretée *f* ; *[of train]* wagon *m*

**wagtail** /ˈwægteɪl/ N *(= bird)* hochequeue *m*, lavandière *f*

**Wa(h)habi** /wəˈhɑːbɪ/ N wahhabite *mf*

**Wa(h)habism** /wəˈhɑːbɪzəm/ N wahhabisme *m*

**wah-wah** /ˈwɑːˌwɑː/
N *(Mus) (= sound)* effet *m* (acoustique) wah-wah *or* wa-wa ; *(= attachment)* pédale *f or* sourdine *f* wah-wah *or* wa-wa
COMP **wah-wah pedal** N *(Mus)* pédale *f* wah-wah

**waif** /weɪf/ SYN N enfant *mf* misérable ; *(homeless)* enfant *m(f)* abandonné(e) • **waifs and strays** enfants abandonnés

**waiflike** /ˈweɪfˌlaɪk/ ADJ fluet

**wail** /weɪl/ SYN
N *[of person, wind, bagpipes]* gémissement *m*, plainte *f* ; *[of baby]* vagissement *m* ; *[of siren]* hurlement *m* • **to give a wail** pousser un gémissement *or* un vagissement, gémir, vagir
VI *[person]* gémir, pousser un *or* des gémissement(s) ; *(= cry)* pleurer ; *(= whine)* pleurnicher ; *[baby]* vagir ; *[wind]* gémir ; *[siren]* hurler ; *[bagpipes etc]* gémir

**wailing** /ˈweɪlɪŋ/
N *(NonC) [of person, wind]* gémissements *mpl*, plaintes *fpl* ; *(= whining)* pleurnicheries *fpl* ; *[of baby]* vagissements *mpl* ; *[of siren]* hurlement *m* ; *[of bagpipes]* gémissement *m*
ADJ *[voice, person]* gémissant ; *[sound]* plaintif
COMP **the Wailing Wall** N le mur des Lamentations

**wain** /weɪn/ N *(liter)* chariot *m* • **Charles's Wain** *(Astron)* le Chariot de David, la Grande Ourse

**wainscot** /ˈweɪnskət/ N lambris *m (en bois)*

**wainscot(t)ing** /ˈweɪnskətɪŋ/ N lambrissage *m (en bois)*

**waist** /weɪst/
N 1 *(Anat, Dress)* taille *f* • **he put his arm round her waist** il l'a prise par la taille • **she measures 70cm round the waist** elle fait 70 cm de tour de taille • **they were stripped to the waist** ils étaient nus jusqu'à la ceinture, ils étaient torse nu • **he was up to the** *or* **his waist in water** l'eau lui arrivait à la ceinture *or* à mi-corps
2 *(= narrow part) [of jar, vase etc]* étranglement *m*, resserrement *m* ; *[of violin]* partie *f* resserrée de la table
3 *(US) (= blouse)* corsage *m*, blouse *f* ; *(= bodice)* corsage *m*, haut *m*
VT *[+ jacket etc]* cintrer
COMP **waist bag** N (sac *m*) banane *f*
**waist measurement, waist size** N tour *m* de taille
**waist slip** N jupon *m*

**waistband** /ˈweɪstbænd/ N ceinture *f*

**waistcoat** /ˈweɪstkəʊt/ N *(Brit)* gilet *m*

**-waisted** /ˈweɪstɪd/ ADJ *(in compounds)* • **to be slim-waisted** avoir la taille fine • **high-/low-waisted dress** robe *f* à taille haute/basse ; → **shirtwaist**

**waistline** /ˈweɪstlaɪn/ N taille *f* • **I've got to think of my waistline** je dois faire attention à ma ligne

**wait** /weɪt/ SYN
N 1 attente *f* • **you'll have a three-hour wait** vous aurez trois heures d'attente *or* à attendre • **it was a long wait** il a fallu attendre longtemps, l'attente a été longue • **there is a half-hour wait at Leeds** *(on coach journey etc)(= pause)* il y a un arrêt d'une demi-heure *or* une demi-heure d'arrêt à Leeds • **there was a 20-minute wait between trains** il y avait 20 minutes de battement *or* d'attente entre les trains • **during the wait between the performances** pendant le battement *or* la pause entre les représentations
◆ **to be** *or* **lie in wait** être à l'affût • **to be** *or* **lie in wait for** *[huntsman, lion]* guetter ; *[bandits, guerrillas]* dresser un guet-apens *or* une embuscade à • **the journalists lay in wait for him as he left the theatre** les journalistes l'attendaient (au passage) à sa sortie du théâtre *or* le guettaient à sa sortie du théâtre
2 *(Brit)* • **the waits** les chanteurs *mpl* de Noël *(qui vont de porte en porte)*
VI 1 attendre • **to wait for sb/sth** attendre qn/qch • **to wait for sb to leave** attendre le départ de qn, attendre que qn parte • **we waited and waited** nous avons attendu à n'en plus finir • **to wait until sb leaves** attendre que qn parte • **wait till you're old enough** attends d'être assez grand • **can you wait till 10 o'clock?** pouvez-vous attendre jusqu'à 10 heures ? • **parcel waiting to be collected** colis *m* en souffrance • **I'll have the papers waiting for you** je ferai en sorte que les documents soient là quand vous arriverez • **"repairs while you wait"** *(Comm)* « réparations minute » • **they do it while you wait** *(Comm)* ils le font pendant que vous attendez
◆ **to keep sb waiting** faire attendre qn • **don't keep us waiting** ne te fais pas attendre, ne nous fais pas attendre • **I was kept waiting in the corridor** on m'a fait attendre dans le couloir, j'ai fait le pied de grue dans le couloir
2 *(fig)* • **just you wait!** attends un peu ! • **just wait till your father finds out!** attends un peu que ton père apprenne ça ! • **all that can wait till tomorrow** tout cela peut attendre jusqu'à demain • **wait for it!** * *(Brit) (= order to wait)* attendez ! ; *(= guess what)* devinez quoi ! * • **wait and see!** attends (voir) ! ; see also **comp** • **we'll just have to wait and see** il va falloir attendre, il va falloir voir venir • **wait and see what happens next** attendez voir ce qui va se passer • **that was worth waiting for** cela valait la peine d'attendre • **everything comes to he who waits** tout vient à point à qui sait attendre *(Prov)*
◆ **can't wait** • **I just can't wait for next Saturday!** je meurs d'impatience *or* d'envie d'être à samedi prochain ! • **I can't wait to see him again!** *(longingly)* je meurs d'envie de le revoir ! • **I can't wait for the day when this happens** je rêve du jour où cela arrivera • **the Conservatives can't wait to reverse this policy** les conservateurs brûlent de révoquer cette politique
3 servir • **to wait (at table)** servir à table, faire le service
VT 1 *[+ signal, orders, one's turn]* attendre • **I waited two hours** j'ai attendu (pendant) deux heures • **could you wait a moment?** vous pouvez patienter un moment ? • **wait a moment** *or* **a minute** *or* **a second!** (attendez) un instant *or* une minute ! ; *(interrupting, querying)* minute ! * • **to wait one's moment** *or* **chance (to do sth)** attendre son heure (pour faire qch) • **we'll wait lunch for you** *(esp US)* nous vous attendrons pour nous mettre à table
2 *(esp US)* • **to wait table** servir à table, faire le service
COMP **wait-and-see tactics** NPL *(Pol etc)* attentisme *m*
**wait-listed** ADJ *(Travel)* • **to be wait-listed on a flight** être sur la liste d'attente d'un vol

▸ **wait about, wait around** VI attendre ; *(= loiter)* traîner • **to wait about for sb** attendre qn, faire le pied de grue pour qn • **the job involves a lot of waiting about** on perd beaucoup de temps à attendre dans ce métier • **you can't expect him to wait about all day while you...** tu ne peux pas exiger qu'il traîne *subj* toute la journée à t'attendre pendant que tu...

▸ **wait behind** VI rester • **to wait behind for sb** rester pour attendre qn

▸ **wait in** VI *(esp Brit)* rester à la maison *(for sb* pour attendre qn)

▸ **wait on** VT FUS 1 *[servant, waiter]* servir • **I'm not here to wait on him!** je ne suis pas sa bonne *or* son valet de chambre ! • **she waits on him hand and foot** elle est aux petits soins pour lui
2 *(frm)* ⇒ **wait upon 1**
3 *(Scot, N Engl)* attendre • **I'm waiting on him finishing** j'attends qu'il finisse • **wait on!** attends !

▸ **wait out** VT SEP • **to wait it out** patienter

▸ **wait up** VI *(= not go to bed)* ne pas se coucher, veiller • **we waited up till 2 o'clock** nous avons veillé *or* attendu jusqu'à 2 heures, nous ne nous sommes pas couchés avant 2 heures • **she always waits up for him** elle attend toujours qu'il rentre *subj* pour se coucher, elle ne se couche jamais avant qu'il ne soit rentré • **don't wait up (for me)** couchez-vous sans m'attendre • **you can wait up to see the programme** tu peux te coucher plus tard pour regarder l'émission

▸ **wait upon** VT FUS 1 *(frm) [ambassador, envoy etc]* présenter ses respects à
2 ⇒ **wait on 1**

**waiter** /ˈweɪtəʳ/ SYN N garçon *m* de café, serveur *m* • **waiter!** Monsieur *or* garçon, s'il vous plaît ! ; → **dumbwaiter, head, wine**

**waiting** /ˈweɪtɪŋ/
N *(NonC)* attente *f* • **"no waiting"** *(on road sign)* « arrêt interdit » • **all this waiting!** ce qu'on attend !, dire qu'il faut attendre si longtemps ! • **to be in waiting on sb** *(frm)* être attaché au service de qn • **"Waiting for Godot"** *(Literat)* « En attendant Godot » ; → **lady**
ADJ qui attend
COMP **waiting game** N *(fig)* • **to play a waiting game** *(gen)* attendre son heure ; *(in diplomacy, negotiations etc)* mener une politique d'attente, se conduire en attentiste
**waiting list** N liste *f* d'attente
**waiting room** N salle *f* d'attente

**waitress** /ˈweɪtrɪs/
N serveuse *f* • **waitress!** Mademoiselle (*or* Madame), s'il vous plaît !
VI travailler comme serveuse

**waitressing** /ˈweɪtrɪsɪŋ/ N *(NonC)* travail *m* de serveuse

**waive** /weɪv/ SYN VT *(Jur) (= relinquish) [+ one's claim, right, privilege]* renoncer à ; *(= relax) [+ condition, age limit]* renoncer à appliquer ; *(= abolish) [+ sb's rights]* abolir • **the art gallery waives admission charges on Sundays** le musée d'art est gratuit le dimanche • **they waived normal requirements for permits to cross the border** ils ont renoncé à exiger un permis pour passer la frontière

**waiver** /ˈweɪvəʳ/ SYN N *[of law]* dérogation *f (of à)* ; *[of requirement] (= abolition)* annulation *f (of de)* ; *(= relaxing)* dispense *f (of de)* ; *[of right] (= relinquishing)* renonciation *f (of à)* ; *(= abolition)* abolition *f (of de)* ; *[of restrictions]* levée *f (of de)* ; *(Insurance)* clause *f* de renonciation • **to sign a waiver (of responsibility)** signer une décharge • **tax/visa waiver** exemption *f* d'impôts/de visa

**wake**[1] /weɪk/ SYN N *[of ship]* sillage *m*, eaux *fpl* • **in the wake of the storm/unrest/dispute** à la suite de l'orage/des troubles/du conflit • **in the wake of the army** dans le sillage *or* sur les traces de l'armée • **the war brought famine in its wake** la guerre a amené la famine dans son sillage • **to follow in sb's wake** marcher sur les traces de qn *or* dans le sillage de qn

**wake**[2] /weɪk/ SYN (vb: pret **woke, waked**, ptp **waked, woken, woke**)
N 1 *(over corpse)* veillée *f* mortuaire
2 *(N Engl)* • **Wakes (Week)** *semaine de congé annuel dans le nord de l'Angleterre*
VI (also **wake up**) se réveiller, s'éveiller *(from de)* • **wake up!** réveille-toi ! • **wake up (to yourself)!** * *(fig = think what you're doing)* tu ne te rends pas compte ! • **wake up and smell the coffee!** * *(US)* arrête de rêver ! • **to wake from sleep** se réveiller, s'éveiller • **to wake (up) from a nightmare** *(lit)* se réveiller d'un cauchemar ; *(fig)* sortir d'un cauchemar • **she woke (up) to find them gone** en se réveillant *or* à son réveil elle s'est aperçue qu'ils étaient partis • **he woke up (to find himself) in prison** il s'est réveillé en prison • **he woke up to find himself rich** à son réveil il était riche • **to wake (up) to sth**

*(fig)* prendre conscience de *or* se rendre compte de qch ◆ **to wake (up) from one's illusions** revenir de ses illusions ◆ **he suddenly woke up and started to work hard** *(= stirred himself)* il s'est tout à coup réveillé *or* remué *or* secoué et s'est mis à travailler dur ◆ **he suddenly woke up and realized that...** *(= understood)* tout à coup ses yeux se sont ouverts et il s'est rendu compte que...

VT (also **wake up**) *[+ person]* réveiller *(from* de), tirer du sommeil ; *(fig) [+ memories]* (r)éveiller, ranimer ; *[+ desires]* éveiller ◆ **a noise that would wake the dead** un bruit à réveiller les morts ◆ **he needs something to wake him up** *(fig)* il aurait besoin d'être secoué

COMP **wake-up call** N 1 *(Telec)* réveil *m* téléphonique, mémo appel *m*

2 *(esp US = warning)* avertissement *m*

**wakeful** /ˈweɪkfʊl/ SYN ADJ 1 *(= unable to sleep)* éveillé ◆ **I had a wakeful night** *(awake part of night)* je n'ai pratiquement pas dormi de la nuit, j'ai mal dormi ; *(didn't sleep at all)* j'ai passé une nuit blanche, je n'ai pas dormi de la nuit

2 *(frm = vigilant) [person]* vigilant

**wakefulness** /ˈweɪkfʊlnɪs/ N 1 *(= sleeplessness)* insomnie *f*

2 *(frm = watchfulness)* vigilance *f*

**waken** /ˈweɪkən/ SYN VTI ⇒ **wake²**

**waker** /ˈweɪkəʳ/ N ◆ **to be an early waker** se réveiller tôt

**wakey-wakey** * /ˈweɪkɪˈweɪkɪ/ EXCL réveillez-vous !, debout !

**waking** /ˈweɪkɪŋ/

ADJ ◆ **in one's waking hours** pendant les heures de veille ◆ **he devoted all his waking hours to...** il consacrait chaque heure de sa journée à... ◆ **waking or sleeping, he...** (qu'il soit) éveillé ou endormi, il...

N (état *m* de) veille *f* ◆ **between waking and sleeping** dans un (état de) demi-sommeil

COMP **waking dream** N rêve *m* éveillé

**Waldorf salad** /ˌwɔːldɔːfˈsæləd/ N *(Culin)* salade *f* Waldorf *(composée de pommes, noix, céleri et mayonnaise)*

**waldsterben** /ˈwɔːldˌstɜːbən/ N *(Ecol)* mort *f* des forêts

**wale** /weɪl/ N *(US)* ⇒ **weal¹**

**Wales** /weɪlz/ N le pays de Galles ◆ **in Wales** au pays de Galles ◆ **North/South Wales** le nord/le sud du pays de Galles ◆ **Secretary of State for Wales** *(Brit)* ministre *m* des Affaires galloises ; → **prince**

**walk** /wɔːk/ SYN

N 1 *(= stroll)* promenade *f* ; *(= ramble)* randonnée *f* ◆ **to go for a country walk** faire une promenade à la campagne ◆ **to go for a walk, to take** *or* **have a walk** se promener, faire une promenade ; *(shorter)* faire un tour ◆ **let's have a** *or* **go for a little walk** promenons-nous un peu, allons faire un petit tour ◆ **he had a long walk** il a fait une grande promenade ◆ **we went on a long walk to see the castle** nous avons fait une excursion (à pied) pour visiter le château ◆ **on their walk to school** en allant à l'école (à pied), sur le chemin de l'école ◆ **on their walk home** en rentrant chez eux (à pied) ◆ **the Post Office is on my walk home (from work)** le bureau de poste est sur mon chemin quand je rentre chez moi (du travail) ◆ **to take sb for a walk** emmener qn se promener *or* en promenade ◆ **to take the dog for a walk** promener le chien ◆ **to do a 10-km walk** faire une promenade de 10 km ◆ **the house is ten minutes' walk from here** la maison est à dix minutes de marche d'ici *or* à dix minutes à pied d'ici ◆ **it's only a short walk to the shops** il n'y a pas loin à marcher jusqu'aux magasins, il n'y a pas loin pour aller aux magasins ◆ **(go) take a walk!** * fous le camp !*, dégage !* ◆ **in a walk** * *(US fig = easily) [win]* dans un fauteuil* ; *[do sth]* les doigts dans le nez* ◆ **it was a walk in the park** * *(US)* ça a été facile comme tout* ; → **sponsor**

2 *(= gait)* démarche *f*, façon *f* de marcher ◆ **I knew him by his walk** je l'ai reconnu à sa démarche *or* à sa façon de marcher

3 *(= pace)* ◆ **he slowed down to a walk** il a ralenti pour aller au pas ◆ **you've got plenty of time to get there at a walk** vous avez tout le temps pour y arriver sans courir ◆ **she set off at a brisk walk** elle est partie d'un bon pas

4 *(= path, route : in country)* chemin *m*, sentier *m* ; *(= avenue)* avenue *f*, promenade *f* ◆ **a coastal walk** un chemin côtier ◆ **there's a nice walk by the river** il y a un joli chemin *or* sentier le long de la rivière, il y a une jolie promenade à faire le long de la rivière ◆ **people from all walks** *or* **every walk of life** des gens de tous (les) horizons

5 *(US : also* **sidewalk***)* trottoir *m*

6 *(Sport = walking race)* épreuve *f* de marche

VI 1 *(gen)* marcher ; *(= not run)* aller au pas, ne pas courir ◆ **I haven't walked since the accident** je n'ai pas (re)marché depuis l'accident ◆ **I can't walk as I used to** je n'ai plus mes jambes d'autrefois ◆ **to learn to walk** *[baby, injured person]* apprendre à marcher ◆ **to walk across the road** traverser la route ◆ **you should always walk across the road** on ne doit jamais traverser la rue en courant ◆ **to walk across/down** *etc* traverser/descendre *etc* (à pied *or* sans courir) ◆ **he walked up/down the stairs** *(gen = went up/down)* il a monté/descendu l'escalier ; *(= didn't run)* il a monté/descendu l'escalier sans courir ◆ **he was walking up and down** il marchait de long en large, il faisait les cent pas ◆ **don't walk on the grass** ne marchez pas sur la pelouse ; *(on sign)* « pelouse interdite » ◆ **to walk with a stick/with crutches** marcher avec une canne/des béquilles, marcher à l'aide d'une canne/de béquilles ◆ **I'll walk with you** je vais vous accompagner ◆ **to walk in one's sleep** être somnambule, marcher en dormant ◆ **she was walking in her sleep** elle marchait en dormant ◆ **you must learn to walk before you can run** avant de vouloir courir il faut savoir marcher ◆ **walk, don't run** ne cours pas ◆ **"walk/don't walk"** *(US:at pedestrian crossing)* « (piétons) traversez/attendez »

2 *(= not ride or drive)* aller à pied ; *(= go for a walk)* se promener, faire une promenade ◆ **they walked all the way to the village** ils ont fait tout le chemin à pied jusqu'au village ◆ **I always walk home** je rentre toujours à pied ◆ **shall we walk a little?** si nous faisions quelques pas ?, si nous marchions un peu ? ; *(longer walk)* si nous nous promenions un peu ? ◆ **they were out walking** ils étaient partis se promener (à pied)

3 *[ghost]* apparaître

4 *(* fig hum) [object]* disparaître, se volatiliser ◆ **my pen seems to have walked** mon stylo a disparu *or* s'est volatilisé

5 *(* = be acquitted)* être acquitté

VT 1 *[+ distance]* faire à pied ◆ **he walks 5km every day** il fait 5 km (de marche) à pied par jour ◆ **you can walk it in a couple of minutes** vous y serez en deux minutes à pied, à pied vous en avez pour deux minutes ◆ **he walked it in ten minutes** il l'a fait à pied en dix minutes, il lui a fallu dix minutes à pied ◆ **he walked it** * *(fig = it was easy)* cela a été un jeu d'enfant pour lui

2 *[+ town etc]* parcourir ◆ **to walk the streets** se promener dans les rues ; *(from poverty)* errer dans les rues, battre le pavé ; *[prostitute]* faire le trottoir ◆ **he walked the town looking for a dentist** il a parcouru la ville en tous sens à la recherche d'un dentiste ◆ **they walked the countryside in search of...** ils ont battu la campagne à la recherche de... ◆ **I've walked this road many times** j'ai pris cette route (à pied) bien des fois

3 *(= cause to walk) [+ dog]* promener ; *[+ horse]* conduire à pied ◆ **to walk sb in/out** *etc* faire entrer/sortir *etc* qn ◆ **to walk sb home** raccompagner qn (chez lui *or* elle) ◆ **he seized my arm and walked me across the room** il m'a pris par le bras et m'a fait traverser la pièce ◆ **I had to walk my bike home** j'ai dû pousser mon vélo jusqu'à la maison ◆ **to walk a cooker/chest of drawers across a room** pousser une cuisinière/une commode petit à petit d'un bout à l'autre d'une pièce *(en la faisant pivoter d'un pied sur l'autre)* ◆ **the nurse walked him down the ward to exercise his legs** l'infirmier l'a fait marcher *or* se promener dans la salle pour qu'il s'exerce *subj* les jambes ◆ **they walked him off his feet** ils l'ont tellement fait marcher qu'il ne tenait plus debout ◆ **I walked him round Paris** je l'ai promené dans Paris ◆ **I walked him round the garden to show him the plants** je lui ai fait faire le tour du jardin pour lui montrer les plantes ◆ **I walked him round the garden till he was calmer** je me suis promené avec lui dans le jardin jusqu'à ce qu'il se calme *subj* ◆ **I'll walk you to the station** je vais vous accompagner (à pied) à la gare ◆ **he walked her to her car** il l'a raccompagnée jusqu'à sa voiture

COMP **walk-in** ADJ *[wardrobe, cupboard, larder]* de plain-pied ◆ **in walk-in condition** *[flat, house]* habitable immédiatement

**walk-on part** N *(Theat)* rôle *m* de figurant(e), figuration *f*

**walk-through** N *(Theat etc)* répétition *f* technique

**walk-up** N *(US) (= house)* immeuble *m* sans ascenseur ; *(= apartment)* appartement *m* dans un immeuble sans ascenseur

▸ **walk about** VI ⇒ **walk around**

▸ **walk across** VI *(over bridge etc)* traverser ◆ **to walk across to sb** s'approcher de qn, se diriger vers qn

▸ **walk around** VI se promener ◆ **within two days of the accident, she was walking around** deux jours après l'accident, elle marchait de nouveau ◆ **stand up and walk around a little to see how the shoes feel** levez-vous et faites quelques pas pour voir comment vous vous sentez dans ces chaussures

▸ **walk away** VI partir ◆ **to walk away from sb** s'éloigner de qn, quitter qn ◆ **he walked away with the wrong coat** il s'est trompé de manteau en partant ◆ **to walk away from an accident** *(= be unhurt)* sortir indemne d'un accident ◆ **to walk away with sth** *(fig = win easily)* gagner *or* remporter qch haut la main ◆ **I did the work but he walked away with all the credit** c'est moi qui ai fait tout le travail et c'est lui qui a reçu tous les éloges

▸ **walk back** VI *(= come back)* revenir ; *(= go back)* retourner ; *(= go home)* rentrer ; *(specifically on foot)* revenir *or* rentrer *or* retourner à pied

▸ **walk in**

VI entrer ◆ **who should walk in but Paul!** et qui entre sur ces entrefaites ? Paul ! ◆ **they just walked in and took all my money** ils sont entrés et ont pris tout mon argent ◆ **he just walked in and gave me the sack** il est entré sans crier gare et m'a annoncé qu'il me mettait à la porte

ADJ ◆ **walk-in** → **walk**

▸ **walk in on** VT FUS surprendre ◆ **he just walked in on me!** il est entré sans prévenir !

▸ **walk into** VT FUS 1 *[+ trap, ambush]* tomber dans ◆ **you really walked into that one!** * tu es vraiment tombé *or* tu as vraiment donné dans le panneau ! ◆ **he wondered what he had walked into** il se demandait dans quelle galère* il s'était laissé entraîner

2 *(= hit against) [+ person, lamppost, table]* se cogner à

3 *(= find easily) [+ job]* trouver sans problème *or* facilement

▸ **walk off**

VI 1 ⇒ **walk away vi**

2 *(= steal)* ◆ **to walk off with sth** * barboter* *or* faucher* qch

VT SEP *[+ excess weight]* perdre en marchant ◆ **to walk off a headache** prendre l'air *or* faire une promenade pour se débarrasser d'un mal de tête

▸ **walk off with** * VT FUS ⇒ **walk away with** ; → **walk away**

▸ **walk on** VI *(Theat)* être figurant(e), jouer les utilités

▸ **walk out** VI *(= go out)* sortir ; *(= go away)* partir ; *(as protest)* partir (en signe de protestation) ; *(= go on strike)* se mettre en grève ◆ **you can't walk out now!** *(fig)* tu ne peux pas partir comme ça !, tu ne peux pas tout laisser tomber* comme ça ! ◆ **her husband has walked out** son mari l'a quittée *or* plaquée* ◆ **they walked out of the meeting** ils ont quitté la réunion (en signe de protestation)

▸ **walk out on** * VT FUS *[+ boyfriend, business partner]* laisser tomber*, plaquer*

▸ **walk out with** † VT FUS *(Brit = court)* fréquenter †

▸ **walk over**

VI passer (à pied), faire un saut (à pied) ◆ **I'll walk over tomorrow morning** j'y passerai *or* j'y ferai un saut (à pied) demain matin ◆ **he walked over to me and said...** il s'est approché de moi et a dit...

VT FUS * 1 *(= defeat easily)* battre haut la main

2 *(= treat badly : also* **walk all over***)* marcher sur les pieds de ◆ **she lets him walk all over her** elle se laisse marcher sur les pieds (sans jamais lui faire de reproche)

▸ **walk through**

VT FUS *(Theat)* répéter les mouvements de

N ◆ **walk-through** → **walk**

► **walk up**
VI (= *go upstairs etc*) monter ; (= *approach*) s'approcher (*to sb* de qn) ◆ **walk up, walk up!** (*at fair etc*) approchez, approchez ! ◆ **I saw the car and walked up to it** j'ai vu la voiture et m'en suis approché
N ◆ **walk-up** → walk

**walkable** /ˈwɔːkəbl/ ADJ [*distance*] que l'on peut parcourir *or* faire à pied ◆ **it's walkable from here** on peut y aller à pied d'ici

**walkabout** /ˈwɔːkəbaʊt/ N (*Austral*) voyage *m* (d'un aborigène) dans le bush ; (*Brit*) [*of president, celebrity*] bain *m* de foule ◆ **to go walkabout** (*Austral* = *go for a walk*) partir se balader* dans le bush ; (*Brit*) [*president, celebrity*] prendre un bain de foule ; * (*fig hum*) [*object*] disparaître, se volatiliser

**walkathon*** /ˈwɔːkəθɒn/ N (*US*) marathon *m* (de marche)

**walkaway*** /ˈwɔːkəweɪ/ N (*US* : also **walkaway victory** *or* **win**) victoire *f* facile

**walker** /ˈwɔːkəʳ/ SYN
N 1 (*esp Sport*) marcheur *m*, -euse *f* ; (*for pleasure*) promeneur *m*, -euse *f* ◆ **I'm not a great walker** je ne suis pas un grand marcheur ◆ **he's a fast walker** il marche vite ; → **sleepwalker, streetwalker**
2 (= *support frame*) (*for invalid*) déambulateur *m* ; (*for babies*) trotte-bébé *m*
COMP **walker-on** N (*Theat*) figurant(e) *m(f)*, comparse *mf*

**walkies*** /ˈwɔːkɪz/ N (*Brit*) ◆ **to go walkies** (*lit*) aller se promener ; (*fig*) disparaître

**walkie-talkie** /ˈwɔːkɪˈtɔːkɪ/ N talkie-walkie *m*

**walking** /ˈwɔːkɪŋ/
N 1 (*NonC*) marche *f* à pied, promenade(s) *f(pl)* (à pied) ; → **sleepwalking**
2 (*Sport*) marche *f* (athlétique) ; (*Basketball*) marcher *m*
ADJ ambulant ◆ **the walking wounded** (*Mil*) les blessés *mpl* capables de marcher ◆ **he's a walking encyclopedia** c'est une encyclopédie ambulante *or* vivante ◆ **he is a walking miracle** c'est un miracle ambulant, il revient de loin
COMP **walking-boot** N chaussure *f* de randonnée *or* de marche
**walking distance** N ◆ **it is within walking distance (of the house)** on peut facilement y aller à pied (de la maison) ◆ **five minutes' walking distance away** à cinq minutes de marche
**walking frame** N déambulateur *m*
**walking holiday** N ◆ **we had a walking holiday in the Tyrol** pour nos vacances nous avons fait de la marche dans le Tyrol
**walking pace** N ◆ **at (a) walking pace** au pas
**walking papers*** NPL (*US*) ◆ **to give sb his walking papers** renvoyer qn, mettre *or* flanquer* qn à la porte
**walking race** N épreuve *f* de marche
**walking shoe** N chaussure *f* de marche
**walking stick** N canne *f*
**walking tour, walking trip** N ◆ **to be on a walking tour** *or* **trip** faire une randonnée à pied (de plusieurs jours)

**Walkman** ® /ˈwɔːkmən/ N Walkman ® *m*, baladeur *m*, somnambule *m* (*Can*)

**walkout** /ˈwɔːkaʊt/ SYN N (= *strike*) grève *f* surprise ; (*from meeting, lecture etc*) départ *m* (en signe de protestation) ◆ **to stage a walkout** [*workers*] faire une grève surprise ; [*students, delegates etc*] partir (en signe de protestation)

**walkover** /ˈwɔːkəʊvəʳ/ SYN N (*Racing*) walk-over *m inv* ◆ **it was a walkover!*** (*fig*) [*game*] c'était une victoire facile ! ; [*exam*] c'était un jeu d'enfant !, c'était simple comme bonjour ! ◆ **it was a walkover for Moore*** (*Sport*) Moore a gagné haut la main

**walkway** /ˈwɔːkweɪ/ N (*Brit*) sentier *m* pédestre ; (*US*) passage *m* pour piétons, cheminement *m* piéton

**Walkyrie** /vælˈkɪərɪ/ N Walkyrie *f*

**wall** /wɔːl/ SYN
N (*gen*) mur *m* ; (*interior: also of trench, tunnel*) paroi *f* ; (*round garden, field*) mur *m* (de clôture) ; (*round city, castle etc*) murs *mpl*, remparts *mpl* ; (*Anat*) paroi *f* ; [*of tyre*] flanc *m* ; (*fig*) [*of mountains*] mur *m*, muraille *f* ; [*of smoke, fog*] mur *m* ◆ **within the (city) walls** dans les murs, dans la ville ◆ **the north wall of the Eiger** la face nord *or* la paroi nord de l'Eiger ◆ **they left only the bare walls standing** ils n'ont laissé que les murs ◆ **a high tariff wall** (*Econ*) une barrière douanière élevée ◆ **walls have ears** les murs ont des oreilles ◆ **to go over the wall** [*prisoner*] s'évader, se faire la belle* ◆ **to go to the wall** (*fig*) [*person*] perdre la partie ; (= *go bankrupt*) faire faillite ; [*plan, activity*] être sacrifié ◆ **it's always the weakest who go to the wall** ce sont toujours les plus faibles qui écopent* ◆ **he had his back to the wall, he was up against the wall** (*fig*) il avait le dos au mur, il était acculé ◆ **to get sb up against the wall, to drive** *or* **push sb to the wall** acculer qn, mettre qn au pied du mur ◆ **to bang** *or* **knock** *or* **beat one's head against a (brick) wall** (*fig*) se taper la tête contre les murs ◆ **to come up against a (blank) wall, to come up against a stone** *or* **brick wall** (*fig*) se heurter à un mur ◆ **to drive** *or* **send sb up the wall*** rendre qn dingue* *or* fou ; → **Berlin, great, off, party**
VT [+ *garden*] entourer d'un mur, construire un mur autour de ; [+ *city*] fortifier, entourer de murs *or* de remparts ◆ **walled garden** jardin *m* clos ◆ **walled town** ville *f* fortifiée
COMP [*decoration, clock, map*] mural
**wall bars** NPL espalier *m* (*pour exercices de gymnastique*)
**wall chart** N planche *f* murale
**wall creeper** N (= *bird*) échelette *f*
**wall cupboard** N placard *m* mural *or* suspendu
**walled plain** N (*Astron*) mer *f* lunaire
**wall lamp, wall light** N applique *f*
**wall lighting** N éclairage *m* par appliques
**wall-mounted** ADJ [*clock, phone*] mural
**wall pellitory** N perce-muraille *f*
**wall plate** N (*Constr*) sablière *f*
**wall socket** N prise *f* (murale)
**Wall Street** N (*US*) Wall Street *m*
**wall to wall** ADV ◆ **to carpet sth wall to wall** recouvrir qch de moquette
**wall-to-wall** ADJ ◆ **wall-to-wall carpet(ing)** moquette *f* ◆ **it got wall-to-wall coverage** on ne parlait que de ça (dans les médias) ◆ **there were wall-to-wall people** l'endroit était bondé

► **wall in** VT SEP [+ *garden etc*] entourer d'un mur

► **wall off** VT SEP [+ *plot of land*] séparer par un mur

► **wall up** VT SEP [+ *doorway, window*] murer, condamner ; [+ *person, relics*] murer, emmurer

**wallaby** /ˈwɒləbɪ/ N (pl **wallabies** *or* **wallaby**) wallaby *m*

**wallah** /ˈwɒlə/ N (*Hist*) ◆ **the laundry** *etc* **wallah** (*in India*) le préposé au blanchissage *etc*

**wallboard** /ˈwɔːlbɔːd/ N (*US*) panneau *m* de revêtement

**wallcovering** /ˈwɔːlkʌvərɪŋ/ N revêtement *m* mural

**walled** /wɔːld/ ADJ [*garden*] entouré d'un mur, clos ; [*city, town, village*] fortifié

**wallet** /ˈwɒlɪt/ SYN N portefeuille *m* ; (*of pilgrim etc*) besace *f*

**walleye** /ˈwɔːlaɪ/ N (= *squint*) strabisme *m* divergent

**walleyed** /ˈwɔːlaɪd/
ADJ atteint de strabisme divergent
COMP **walleyed pike** N (= *fish*) doré *m*

**wallflower** /ˈwɔːlflaʊəʳ/ N giroflée *f* ◆ **to be a wallflower** (= *not socialize, dance*) faire tapisserie

**Walloon** /wɒˈluːn/
ADJ wallon
N 1 Wallon(ne) *m(f)*
2 (= *dialect*) wallon *m*

**wallop*** /ˈwɒləp/
N (= *slap*) torgnole* *f* ; (*with fist*) gnon* *m* ; (*in accident*) coup *m* ; (*sound*) fracas *m*, boucan* *m* ◆ **to give sb a wallop** flanquer une beigne* *or* une torgnole* à qn ◆ **wallop!** vlan ! ◆ **it hit the floor with a wallop** vlan ! c'est tombé par terre
VT [+ *person*] flanquer une beigne* *or* une torgnole* à ; [+ *ball, object*] taper dans, donner un *or* des grand(s) coup(s) dans
ADV ◆ **he went wallop into the wall** il est rentré* en plein dans le mur

**walloping*** /ˈwɒləpɪŋ/
ADJ sacré* *before n* ◆ **walloping big** vachement grand* ◆ **a walloping $100 million** la somme astronomique de 100 millions de dollars
N raclée* *f*, rossée* *f* ◆ **to give sb a walloping** (= *punish*) flanquer une raclée* *or* une rossée* à qn ; (*Sport etc*) (= *beat*) enfoncer* qn, battre qn à plate(s) couture(s)

**wallow** /ˈwɒləʊ/ SYN
VI [*person, animal*] se vautrer (*in* dans) ; [*ship*] être ballotté ; (*fig*) (*in vice, sin*) se vautrer (*in* dans) ; (*in self-pity etc*) se complaire (*in* à)
N 1 (= *pool, bog etc*) mare *f* bourbeuse
2 (*in bath*) ◆ **to have a wallow*** se prélasser

**wallpaper** /ˈwɔːlpeɪpəʳ/
N papier *m* peint ; (*Comput*) fond *m* d'écran
VT tapisser (de papier peint)
COMP **wallpaper music*** N (*pej*) musique *f* d'ascenseur (*pej*) *or* de supermarché (*pej*)

**wallpepper** /ˈwɔːlpepəʳ/ N (= *plant*) sedum *m* âcre

**wally*** /ˈwɒlɪ/ N (*Brit*) andouille* *f*

**walnut** /ˈwɔːlnʌt/
N noix *f* ; (also **walnut tree**) noyer *m* ; (*NonC* = *wood*) noyer *m*
COMP [*table etc*] de *or* en noyer ; [*cake*] aux noix ; [*oil*] de noix

**Walpurgis Night** /vælˈpʊəgɪsnaɪt/ N la nuit de Walpurgis

**walrus** /ˈwɔːlrəs/
N (pl **walruses** *or* **walrus**) morse *m* (*animal*)
COMP **walrus moustache** N moustache *f* à la gauloise

**Walter Mitty** /ˌwɔːltəˈmɪtɪ/ N ◆ **he's something of a Walter Mitty (character)** il vit dans un monde imaginaire

**waltz** /wɔːls/
N valse *f* ◆ **it was a waltz!*** (*US fig*) c'était du gâteau* *or* de la tarte !*
VI valser, danser la valse ◆ **to waltz in/out** *etc* (*fig*) (*gaily*) entrer/sortir *etc* d'un pas joyeux *or* dansant ; (*brazenly*) entrer/sortir *etc* avec désinvolture ◆ **she waltzed in without even knocking*** elle a fait irruption sans même frapper ◆ **he waltzed off with the prize*** il a gagné le prix haut la main ◆ **he waltzed* into the job** il n'a pas eu besoin de se fouler* pour obtenir ce poste
VT ◆ **he waltzed her round the room** il l'a entraînée dans une valse tout autour de la pièce ; (*fig : in delight etc*) il s'est mis à danser de joie avec elle

► **waltz through*** VT FUS [+ *exam*] être reçu les doigts dans le nez* ; [+ *competition, match*] gagner les doigts dans le nez*

**waltzer** /ˈwɔːlsəʳ/ N 1 (= *dancer*) valseur *m*, -euse *f*
2 (*at fairground*) Mont-Blanc *m*

**wampum** /ˈwɒmpəm/ N 1 (= *beads*) wampum *m*
2 (*US* ‡ = *money*) pognon‡ *m*, fric‡ *m*

**WAN** /wæn/ N (*Comput*) (abbrev of **wide area network**) → **wide**

**wan** /wɒn/ SYN ADJ [*face, light, sky*] blême, blafard ; [*person*] au visage blême *or* blafard ; [*smile*] pâle *before n* ◆ **to look wan** [*person*] avoir le visage blême *or* blafard ◆ **to grow wan** [*light, sky*] blêmir

**wand** /wɒnd/ SYN N [*of conjurer, fairy*] baguette *f* (magique) ; [*of usher, steward, sheriff*] verge *f*, bâton *m* ; (*Comput*) crayon *m* optique, photostyle *m*

**wander** /ˈwɒndəʳ/ SYN
N tour *m*, balade* *f* ◆ **to go for a wander around the town/the shops** aller faire un tour en ville/dans les magasins ◆ **to have** *or* **take a wander** faire un tour, aller se balader*
VI 1 [*person*] errer, aller sans but ; (*for pleasure*) flâner ; [*thoughts*] errer, vagabonder ; [*river, road*] serpenter, faire des méandres ◆ **he wandered through the streets** il errait *or* allait sans but dans les rues ◆ **his gaze wandered round the room** son regard errait dans la pièce
2 (= *stray*) s'égarer ◆ **to wander from the point** *or* **subject** s'écarter du sujet ◆ **his eyes wandered from the page** son regard distrait s'est écarté de la page ◆ **his thoughts wandered back to his youth** ses pensées se sont distraitement reportées à sa jeunesse ◆ **his attention wandered** il était distrait, il n'arrivait pas à fixer son attention *or* à se concentrer ◆ **sorry, my mind was wandering** excusez-moi, j'étais distrait ◆ **his mind wandered to the day when...** il repensa par hasard au jour où... ◆ **his mind is wandering, he's wandering*** (*pej*) (*from fever*) il délire, il divague ; (*from old age*) il divague, il déraille* ◆ **don't take any notice of what he says, he's just wandering*** ne faites pas attention à ce qu'il dit, il radote
3 (= *go casually*) ◆ **to wander in/out/away** *etc* entrer/sortir/partir *etc* d'un pas nonchalant ◆ **they wandered round the shop** ils ont flâné dans le magasin ◆ **let's wander down to the café** allons tranquillement au café
VT parcourir au hasard, errer dans ; (*for pleasure*) flâner dans ◆ **to wander the streets** aller au hasard des rues, errer dans les rues ◆ **to wander**

**wanderer** | **war**

the hills/the countryside se promener au hasard or errer dans les collines/dans la campagne ◆ **to wander the world** courir le monde, rouler sa bosse*

▶ **wander about, wander around** VI (aimlessly) errer, aller sans but ; [animals] errer ◆ **to wander about the town/the streets** (leisurely) errer dans la ville/dans les rues ◆ **we wandered around looking in the shop windows** nous avons flâné en faisant du lèche-vitrine

▶ **wander off** VI partir ; (= get lost) s'égarer ◆ **he wandered off the path** il s'est écarté du chemin

**wanderer** /ˈwɒndərəʳ/ SYN N vagabond(e) m(f) (also pej) ◆ **the wanderer's returned!** (hum) tiens, un revenant !

**wandering** /ˈwɒndərɪŋ/ SYN

ADJ [person, gaze] errant ; [imagination, thoughts] vagabond ; [band] itinérant ; [tribe] nomade ; [river, road] qui serpente, en lacets ◆ **a wandering way of life** une vie errante ◆ **to have a wandering eye** reluquer les filles* ◆ **to have wandering hands** avoir les mains baladeuses

NPL **wanderings** (= journeyings) pérégrinations fpl, voyages mpl ; (fig) (in speech etc) divagations fpl ◆ **her wanderings in Europe and Africa** ses pérégrinations en Europe et en Afrique, ses voyages à travers l'Europe et l'Afrique

COMP **wandering Jew** N (= plant) misère f ◆ **the Wandering Jew** (Myth) le Juif errant
**wandering minstrel** ménestrel m

**wanderlust** /ˈwɒndəlʌst/ N envie f de voir le monde, bougeotte* f

**wane** /weɪn/ SYN

VI [moon] décroître ; [enthusiasm, interest, emotion] diminuer ; [strength, reputation, popularity, empire] décliner, être en déclin

N ◆ **to be on the wane** ⇒ **to wane** vi

**wangle*** /ˈwæŋgl/ VT (= get) se débrouiller pour avoir, resquiller* ◆ **to wangle sth for sb** se débrouiller pour obtenir qch pour qn ◆ **can you wangle me a free ticket?** est-ce que tu peux m'avoir or te débrouiller pour m'obtenir un billet gratuit ? ◆ **I'll wangle it somehow** je me débrouillerai pour arranger ça, je goupillerai* ça ◆ **he wangled £10 out of his father** il a soutiré 10 livres à son père

**wangling*** /ˈwæŋglɪŋ/ N (NonC) système D* m, carottage* m, resquille* f

**waning** /ˈweɪnɪŋ/

N (NonC) [of moon] décroissement m ; [of popularity, influence] déclin m

ADJ [moon] à son déclin ; [enthusiasm, interest] qui diminue ; [strength, reputation, popularity, empire] déclinant, sur son déclin

**wank*** /wæŋk/ (Brit)

VI se branler**, se faire une branlette**

N 1 ◆ **to have a wank** ⇒ **to wank** vi
2 (NonC = nonsense) foutaise** f

**wanker*** /ˈwæŋkəʳ/ N (Brit fig) branleur** m

**wanky*** /ˈwæŋkɪ/ ADJ péteux*

**wanly** /ˈwɒnlɪ/ ADV 1 (= weakly) [smile] faiblement ; [say] mollement
2 (= faintly) [shine] avec une lueur blafarde or blême

**wanna*** /ˈwɒnə/ 1 ⇒ **want a**
2 ⇒ **want to** ; → **want**

**wannabe*** /ˈwɒnəbiː/

N ◆ **an Elvis wannabe** un type qui joue les Elvis*

ADJ ◆ **a wannabe Elvis** un type qui joue les Elvis* ◆ **a wannabe writer** quelqu'un qui rêve de devenir écrivain

**wanness** /ˈwɒnnɪs/ N [of person, complexion] pâleur f

**want** /wɒnt/ LANGUAGE IN USE 3.3, 8 SYN

N 1 (NonC = lack) manque m ◆ **there was no want of enthusiasm** ce n'était pas l'enthousiasme qui manquait
◆ **for want of…**, par manque de…
◆ **for want of anything better** faute de mieux
◆ **for want of anything better to do** faute d'avoir quelque chose de mieux à faire ◆ **for want of something to do he…** comme il n'avait rien à faire il…, par désœuvrement il…
◆ **it wasn't for want of trying that he…** ce n'était pas faute d'avoir essayé qu'il…
2 (NonC = poverty, need) besoin m ◆ **to be or live in want** être dans le besoin, être nécessiteux †
◆ **to be in want of sth** avoir besoin de qch

3 (gen pl = requirement, need) ◆ **wants** besoins mpl ◆ **his wants are few** il a peu de besoins, il n'a pas besoin de grand-chose ◆ **it fills** or **meets a long-felt want** cela comble enfin cette lacune

VT 1 (= wish, desire) vouloir, désirer (to do sth faire qch) ◆ **what do you want?** que voulez-vous ?, que désirez-vous ? ◆ **what do you want with** or **of him?** qu'est-ce que vous lui voulez ?
◆ **what do you want to do tomorrow?** qu'est-ce que vous avez envie de faire demain ?, qu'est-ce que vous voulez or désirez faire demain ? ◆ **I don't want to!** je n'en ai pas envie ! ; (more definite) je ne veux pas ! ◆ **all I want is a good night's sleep** tout ce que je veux, c'est une bonne nuit de sommeil ◆ **he wants success/popularity** il veut or désire le succès/la popularité ◆ **I want your opinion on this** je voudrais votre avis là-dessus ◆ **what does he want for that picture?** combien veut-il or demande-t-il pour ce tableau ? ◆ **I want the car cleaned** je veux qu'on nettoie subj la voiture ◆ **I always wanted a car like this** j'ai toujours voulu or souhaité avoir une voiture comme ça ◆ **I wanted** or **I was wanting to leave** j'avais envie de partir ◆ **to want in/out*** vouloir entrer/sortir ◆ **he wants out*** (fig) il ne veut plus continuer, il veut laisser tomber* ◆ **you're not wanted here** on n'a pas besoin de vous ici, on ne veut pas de vous ici ◆ **I know when I'm not wanted!** je me rends compte que je suis de trop ◆ **where do you want this table?** où voulez-vous (qu'on mette) cette table ? ◆ **you've got him where you want him** (fig) vous l'avez coincé*, vous le tenez à votre merci ◆ **you don't want much!** (iro) il n'en faut pas beaucoup pour vous faire plaisir or vous satisfaire ! (iro) ◆ **to want sb** (sexually) désirer qn

◆ **to want sb to do sth** vouloir que qn fasse qch ◆ **I want you to tell me** je veux que tu me dises ◆ **I want you to listen to me** je veux que tu m'écoutes

2 (= seek, ask for) demander ◆ **the manager wants you in his office** le directeur veut vous voir or vous demande dans son bureau ◆ **you're wanted on the phone** on vous demande au téléphone ◆ **to be wanted by the police** être recherché par la police ◆ **"good cook wanted"** « recherchons cuisinier ou cuisinière qualifié(e) » ; see also **wanted**

3 (gen pl = need) [person] avoir besoin de ; [task] exiger, réclamer ; (* = ought) devoir (to do sth faire qch) ◆ **we have all we want** nous avons tout ce qu'il nous faut ◆ **just what I want(ed)!** exactement ce qu'il me faut ! ◆ **you want a bigger hammer if you're going to do it properly** tu as besoin de or il te faut un plus gros marteau pour faire cela correctement ◆ **what do you want with a house that size?** pourquoi as-tu besoin d'une or veux-tu une maison aussi grande ? ◆ **such work wants good eyesight** un tel travail exige or nécessite une bonne vue ◆ **the car wants cleaning** la voiture a besoin d'être lavée, il faudrait laver la voiture ◆ **your hair wants combing** tu as besoin d'un coup de peigne, il faudrait que tu te peignes subj , tu devrais te peigner ◆ **that child wants a smacking** cet enfant a besoin d'une or mérite une bonne fessée ◆ **you want to have a holiday/to change that fuse** il faut que vous preniez des vacances/changiez ce fusible ◆ **you want to be careful with that!*** fais attention avec ça !, fais gaffe * avec ça ! ◆ **you want to see his new boat!*** tu devrais voir son nouveau bateau !

VI (= be in need) être dans le besoin, être nécessiteux ◆ **to want for sth** (= lack) manquer de qch, avoir besoin de qch ◆ **they want for nothing** il ne leur manque rien, ils ne manquent de rien, ils n'ont besoin de rien ; → **waste**

COMP **want ad** N (US Press) petite annonce f

**wanted** /ˈwɒntɪd/

ADJ 1 (Police) [criminal] recherché ◆ **America's most wanted man** le criminel le plus recherché de toute l'Amérique ◆ **"wanted (for murder)"** « recherché pour meurtre » ◆ **"wanted: dead or alive"** « recherché : mort ou vif » ◆ **a "wanted" poster** un avis de recherche ; see also **want vt 2**

2 (Press) **"wanted"** « cherche » ◆ **"wanted: good cook"** « recherchons cuisinier ou cuisinière qualifié(e) » ; see also **want vt 2**

COMP **wanted list** N liste f de personnes recherchées
**wanted notice** N (Police) avis m de recherche

**wanting** /ˈwɒntɪŋ/ SYN

ADJ (= deficient) ◆ **to be wanting in sth** manquer de qch ◆ **the necessary funds were wanting** les fonds nécessaires faisaient défaut, il man-

quait les fonds nécessaires ◆ **the end of the poem is wanting** (= missing) il manque la fin du poème, la fin du poème manque ; (= deficient) la fin du poème est faible ◆ **to find sth wanting** trouver que qch laisse à désirer ◆ **to find sb wanting** trouver que qn ne fait pas l'affaire ◆ **to be found wanting** [person, thing] ne pas faire l'affaire ◆ **to prove wanting** se révéler insuffisant

PREP (= without) sans ; (= minus) moins

**wanton** /ˈwɒntən/ SYN

ADJ 1 (pej = gratuitous) [destruction, violence, cruelty] gratuit ; [killer] qui tue sans raison
2 († pej = dissolute) [woman, behaviour] dévergondé
3 (liter = playful) [person, behaviour, breeze] capricieux
4 (liter = luxuriant) [growth, weeds] luxuriant, exubérant

N † libertin m, femme f légère

**wantonly** /ˈwɒntənlɪ/ (pej) ADV 1 (= gratuitously) [destroy, violate] gratuitement ◆ **wantonly cruel** d'une cruauté gratuite
2 († = dissolutely) [behave, desire] de façon dévergondée

**wantonness** /ˈwɒntənnɪs/ N (NonC) 1 (= gratuitousness) [of destruction, violence, cruelty] gratuité f
2 († pej = dissoluteness) [of person, behaviour] dévergondage m

**WAP** /wæp/ N (abbrev of **wireless application protocol**) WAP m

**wapiti** /ˈwɒpɪtɪ/ N wapiti m

**war** /wɔːʳ/ SYN

N guerre f ◆ **to be at war** être en (état de) guerre (with avec) ◆ **to go to war** [country] entrer en guerre (against contre ; over à propos de) ◆ **to go (off) to war** [soldier] partir pour la guerre, aller à la guerre ◆ **to make war on** (Mil, also fig) faire la guerre à ◆ **war of attrition** guerre f d'usure ◆ **the Wars of the Roses** la guerre des Deux-Roses ◆ **the War of the Vendée** (Hist) la Chouannerie ◆ **the Great War** la Grande Guerre, la guerre de 14 or de 14-18 ◆ **the war to end all wars** la der des ders* ◆ **the (American) War of Independence** la guerre d'Indépendance ◆ **the period between the wars** (= 1918-39) l'entre-deux-guerres m inv ◆ **"War and Peace"** (Literat) « Guerre et Paix » ◆ **to carry** or **take the war into the enemy's camp** (Mil, fig) passer à l'attaque, prendre l'offensive ◆ **it was war to the knife** or **the death between them** c'était une lutte à couteaux tirés entre eux ◆ **war of words** guerre f de paroles ◆ **you've been in the wars again*** tu t'es encore fait amocher* or estropier ; → **cold, nerve, state**

VI faire la guerre (against à)

COMP [conditions, debt, crime, criminal, orphan, widow, wound, zone] de guerre
**war baby** N enfant m de la guerre
**war bond** N (US Hist) titre m d'emprunt de guerre (pendant la Deuxième Guerre mondiale)
**war bride** N mariée f de la guerre
**war cabinet** N (Pol) cabinet m de guerre
**war chest** N (Pol) caisse f spéciale (d'un parti politique pour les élections)
**war clouds** NPL (fig) signes mpl avant-coureurs de la guerre
**war correspondent** N (Press, Rad, TV) correspondant(e) m(f) de guerre
**war crime** N (Jur) crime m de guerre
**war cry** SYN N cri m de guerre
**war dance** N danse f guerrière
**the War Department** N (US) ⇒ **the War Office**
**the war-disabled** NPL les mutilés mpl (or mutilées fpl) or invalides mfpl de guerre
**war fever** N psychose f de guerre
**war footing** N ◆ **on a war footing** sur le pied de guerre
**war games** NPL (Mil: for training) kriegspiel m ; (Mil = practice manoeuvres) manœuvres fpl militaires ; (= board games, computer games etc) jeux mpl de stratégie militaire, wargames mpl
**war grave** N tombe f de soldat (mort au champ d'honneur)
**war hero** N héros m de la guerre
**war lord** N chef m militaire, seigneur m de la guerre
**war memorial** N monument m aux morts
**the War Office** N (Brit) le ministère de la Guerre
**war paint** N peinture f de guerre (des Indiens) ; (fig hum = make-up) maquillage m, peinturlurage m (pej)

**war record** N ◆ **what is his war record?** comment s'est-il comporté or qu'a-t-il fait pendant la guerre ? ◆ **he has a good war record** ses états de service pendant la guerre sont tout à fait honorables
**war-torn** ADJ déchiré par la guerre
**war-weariness** N lassitude f de la guerre
**war-weary** ADJ las (lasse f) de la guerre
**war whoop** N (US) cri m de guerre
**the war-wounded** NPL les blessés mpl de guerre
**war zone** N zone f de conflit or de guerre

**warble¹** /ˈwɔːbl/ N ⓵ (= abscess) [of cattle] var(r)on m
⓶ (on horse's back) callosité f

**warble²** /ˈwɔːbl/
N (= sound) gazouillis m, gazouillements mpl
VI [bird] gazouiller ; [person] roucouler ; [telephone] sonner
VT (also **warble out**) chanter en gazouillant

**warbler** /ˈwɔːblər/ N ⓵ (= bird) fauvette f, pouillot m
⓶ (hum = singer) chanteur m, -euse f (à la voix de casserole)

**warbling** /ˈwɔːblɪŋ/ N gazouillis m, gazouillement(s) m(pl)

**ward** /wɔːd/ SYN
N ⓵ [of hospital] salle f ; (separate building) pavillon m ; [of prison] quartier m
⓶ (Brit Local Govt) section f électorale
⓷ (Jur = person) pupille mf ◆ **ward of court** pupille mf sous tutelle judiciaire ; **in ward** sous tutelle judiciaire ; → **watch²**
COMP **ward heeler** N (US Pol: pej) agent m or courtier m électoral
**ward round** N (Med) visite f (de médecin hospitalier)
**ward sister** N (Brit Med) infirmière f en chef (responsable d'une salle ou d'un pavillon)
▶ **ward off** VT SEP [+ blow, danger] parer, éviter ; [+ illness] éviter

**...ward** /wəd/ SUF ⇒ **...wards**

**warden** /ˈwɔːdn/ SYN N [of institution] directeur m, -trice f ; [of city, castle] gouverneur m ; [of park, game reserve] gardien m, -ienne f ; [of youth hostel] responsable mf ; (Brit = prison warder) surveillant(e) m(f) de prison ; (US = prison governor) directeur m, -trice f ; [of student residence etc] directeur m, -trice f de résidence universitaire ; (Brit : on hospital board etc) membre m du conseil d'administration ; (Brit : also **air-raid warden**) préposé(e) m(f) à la défense passive ; (also **traffic warden**) contractuel(le) m(f) ◆ **Warden of the Cinque Ports** (Brit) gouverneur m des Cinq Ports ; → **churchwarden, fire**

**warder** /ˈwɔːdər/ SYN N ⓵ (esp Brit) gardien m or surveillant m (de prison)
⓶ (esp US) (in building) concierge m ; (in museum) gardien m (de musée)

**wardress** /ˈwɔːdrɪs/ N (esp Brit) gardienne f or surveillante f (de prison)

**wardrobe** /ˈwɔːdrəʊb/ SYN
N ⓵ (= cupboard) (gen) armoire f ; (for hanging only) penderie f
⓶ (= clothes) garde-robe f ; (Theat) costumes mpl ◆ **Miss Lilly's wardrobe by...** (Cine, Theat) costumes mpl de Mlle Lilly par..., Mlle Lilly est habillée par...
COMP **wardrobe mistress** N (Theat) costumière f
**wardrobe trunk** N malle-penderie f

**wardroom** /ˈwɔːdrʊm/ N [of ship] carré m

**...wards** /wədz/ SUF vers, dans la or en direction de ◆ **townwards** vers la ville, dans la or en direction de la ville ; → **backwards, downwards**

**wardship** /ˈwɔːdʃɪp/ N (NonC) tutelle f

**ware** /wɛə/
N (NonC) articles mpl ◆ **kitchenware** articles mpl de cuisine ◆ **tableware** articles mpl pour la table ◆ **crystalware** articles mpl en cristal ◆ **silverware** argenterie f ; → **hardware**
NPL **wares** (= goods) marchandises fpl

**warehouse** /ˈwɛəhaʊs/ SYN
N (pl **warehouses** /ˈwɛəhaʊzɪz/) entrepôt m
VT /ˈwɛəhaʊz/ entreposer, mettre en magasin
COMP **warehouse capacity** N (Comm) capacité f d'entreposage
**warehouse club** N (esp US Comm) grande surface qui, pour une adhésion annuelle, vend ses produits en vrac à prix réduits

**warehouseman** /ˈwɛəhaʊsmən/ N (pl **-men**) magasinier m

**warehousing** /ˈwɛəhaʊzɪŋ/
N (Comm) entreposage m
COMP **warehousing costs** NPL (Comm) frais mpl d'entreposage

**warfare** /ˈwɔːfɛə/ SYN N (NonC) (Mil) guerre f NonC ; (fig) lutte f (against contre) ◆ **class warfare** lutte f des classes

**warfarin** /ˈwɔːfərɪn/ N (= poison) warfarine f ; (= drug) Coumadine ® f

**warhead** /ˈwɔːhɛd/ N ogive f ◆ **nuclear warhead** ogive f or tête f nucléaire

**warhorse** /ˈwɔːhɔːs/ N cheval m de bataille ◆ **an old warhorse** (fig) un vétéran

**warily** /ˈwɛərɪlɪ/ SYN ADV [watch, ask, say] avec méfiance ◆ **to tread warily** (fig) y aller avec méfiance

**wariness** /ˈwɛərɪnɪs/ SYN N (NonC) [of person] méfiance f (about or of sth à l'égard de qch) ◆ **wariness about doing sth** méfiance f à faire qch ◆ **the wariness of his manner** sa méfiance, son attitude f méfiante

**Warks** abbrev of **Warwickshire**

**warlike** /ˈwɔːlaɪk/ SYN ADJ guerrier, belliqueux

**warlock** /ˈwɔːlɒk/ N sorcier m

**warm** /wɔːm/ SYN
ADJ ⓵ [liquid, object, air, climate, temperature, summer, day, night] (assez) chaud ◆ **the water is just warm** l'eau est juste chaude or n'est pas très chaude ◆ **I can't stand warm coffee, I like it really hot** je déteste le café juste chaud, je l'aime brûlant ◆ **this room is quite warm** il fait (assez) chaud dans cette pièce ◆ **leave the dough in a warm place to rise** laissez lever la pâte dans un endroit chaud ◆ **it's too warm in here** il fait trop chaud ici ◆ **it's nice and warm in here** il fait bon or agréablement chaud ici ◆ **a warm oven** un four moyen ◆ **the iron/oven is warm** le fer/four est (assez) chaud ◆ **a nice warm fire** un bon feu ◆ **it's warm, the weather is warm** il fait bon ◆ **in warm weather** par temps chaud ◆ **during the warmer months** pendant les mois où il fait chaud ◆ **to keep sth warm** tenir qch au chaud ◆ **it's warm work** c'est un travail qui donne chaud ◆ **I am warm** j'ai (assez) chaud ◆ **the body was still warm when it was found** le corps était encore chaud quand on l'a trouvé ◆ **to get sth warm** (ré)chauffer qch ◆ **to get** or **grow warm** [water, object] chauffer ; [person] se réchauffer ◆ **come and get warm by the fire** venez vous (ré)chauffer auprès du feu ◆ **you're getting warm(er)!** (in guessing etc games) tu chauffes ◆ **keep me warm** tiens-moi chaud ◆ **keep him warm** (sick person) ne le laissez pas prendre froid ◆ **this scarf keeps me warm** cette écharpe me tient chaud ◆ **you've got to keep yourself warm** surtout ne prenez pas froid ◆ **I'm as warm as toast*** je suis bien au chaud
⓶ (= cosy) [clothes, blanket] chaud
⓷ (fig) [colour, shade] chaud ; [voice, tone, feelings] chaud, chaleureux ; [greeting, welcome, congratulations, encouragement] cordial ; [apologies, thanks] vif ; [applause] chaleureux, enthousiaste ; [supporter] ardent, chaud ◆ **the lamp gives out a warm glow** cette lampe donne un éclairage chaud ◆ **to get a warm reception (from sb)** être chaudement or chaleureusement reçu (par qn) ◆ **he gave me a warm smile** il m'a adressé un sourire chaleureux ◆ **they have a very warm relationship** ils ont beaucoup d'affection l'un pour l'autre ◆ **she is a very warm person, she has a very warm nature** elle est très chaleureuse (de nature) ◆ **to have a warm heart** avoir beaucoup de cœur ◆ **she felt a warm glow inside when she heard the news** la nouvelle lui a (ré)chauffé le cœur ◆ **"with warmest wishes"** (in letter) « avec mes vœux les plus sincères »
N * ◆ **to give sth a warm** (ré)chauffer qch ◆ **come and have a warm by the fire** viens te (ré)chauffer près du feu ◆ **come inside and sit in the warm** entrez vous asseoir au chaud
VT ⓵ (also **warm up**) [+ person, room] réchauffer ; [+ water, food] (ré)chauffer, faire chauffer ; [+ coat, slippers] (ré)chauffer ◆ **to warm one's feet/hands** se réchauffer les pieds/les mains ◆ **to warm o.s. at the fire** se chauffer auprès du feu
⓶ (fig) ◆ **the news warmed my heart** la nouvelle m'a (ré)chauffé le cœur ; → **cockle**
VI ⓵ (also **warm up**) [person] se (ré)chauffer ; [water, food] chauffer ; [room, bed] se réchauffer, devenir plus chaud ; [weather] se réchauffer
⓶ (fig) ◆ **to warm to an idea** s'enthousiasmer peu à peu pour une idée ◆ **I warmed to him** je me suis pris de sympathie pour lui ◆ **to warm to one's theme** or **subject** se laisser entraîner par son sujet, traiter son sujet avec un enthousiasme grandissant
COMP **warm-blooded** SYN ADJ [animal] à sang chaud ; (fig) (gen) sensible ; (sexually) qui a le sang chaud
**warm-down** N (after exercise) séance f d'étirements
**warm front** N (Weather) front m chaud
**warm-hearted** SYN ADJ chaleureux, affectueux
**warm-heartedly** ADV chaleureusement
**warm-up*** N (Sport) échauffement m ; (Rad, Theat, TV etc) mise f en train ADJ [routine, stretches] d'échauffement
**warm-up exercises** NPL exercices mpl d'échauffement
**warm-ups** N (US) survêtement m
▶ **warm down** VI (after exercise) faire des étirements
▶ **warm over, warm through** VT SEP [+ food] faire (ré)chauffer
▶ **warm up**
VI ⓵ ⇒ **warm** vi 1
⓶ [engine, car] se réchauffer ; [athlete, dancer] s'échauffer
⓷ (fig) [discussion] s'échauffer, s'animer ; [audience] devenir animé ◆ **the party was warming up** la soirée commençait à être pleine d'entrain, la soirée chauffait* ◆ **things are warming up** ça commence à s'animer or à chauffer*
VT SEP ⓵ ⇒ **warm** vt 1
⓶ [+ engine, car] faire chauffer
⓷ (fig) [+ discussion] animer ; (Theat etc) [+ audience] mettre en train
N ◆ **warm-up*** → **warm**

**warming** /ˈwɔːmɪŋ/
ADJ [drink, food] qui réchauffe
COMP **warming pan** N bassinoire f
**warming-up exercises** NPL exercices mpl d'échauffement

**warmly** /ˈwɔːmlɪ/ ADV ⓵ [dress] chaudement ◆ **warmly tucked up in bed** bordé bien au chaud dans son lit ◆ **the sun shone warmly** le soleil était agréablement chaud
⓶ (fig) [recommend] chaudement ; [greet, smile] chaleureusement ; [thank, applaud] avec chaleur, chaleureusement ; [say, speak of] avec chaleur

**warmonger** /ˈwɔːˌmʌŋgər/ SYN N belliciste mf

**warmongering** /ˈwɔːˌmʌŋgərɪŋ/
ADJ belliciste
N (NonC) propagande f belliciste

**warmth** /wɔːmθ/ SYN N (NonC: lit, fig) chaleur f ◆ **they huddled together for warmth** ils se sont serrés l'un contre l'autre pour se tenir chaud ◆ **it was good to be in the warmth again** cela faisait du bien d'être de nouveau au chaud ◆ **for extra warmth, wear a wool jumper** pour avoir plus chaud, portez un pull-over en laine ◆ **she greeted us with great warmth** elle nous a accueillis avec beaucoup de chaleur or très chaleureusement

**warn** /wɔːn/ LANGUAGE IN USE 2.3 SYN VT prévenir, avertir (of de ; that que) ◆ **to warn the police** alerter la police ◆ **you have been warned!** vous êtes averti or prévenu ! ◆ **to warn sb against doing sth** or **not to do sth** conseiller à qn de ne pas faire qch, déconseiller à qn de faire qch ◆ **to warn sb off** or **against sth** mettre qn en garde contre qch, déconseiller qch à qn

**warning** /ˈwɔːnɪŋ/ SYN
N (= act) avertissement m, mise f en garde ; (in writing) avis m, préavis m ; (= signal : also Mil) alerte f, alarme f ; [of weather conditions] avis m ◆ **it fell without warning** c'est tombé subitement ◆ **they arrived without warning** ils sont arrivés à l'improviste or sans prévenir ◆ **he left me without warning** il m'a quitté sans prévenir ◆ **let this be a warning to you** que cela vous serve d'avertissement ◆ **thank you for the warning** merci de m'avoir prévenu or averti ◆ **there was a note of warning in his voice** il y avait une mise en garde dans le ton qu'il a pris ◆ **to take warning from sth** tirer la leçon de qch ◆ **his employer gave him a warning about lateness** son patron lui a donné un avertissement à propos d'un manque de ponctualité ◆ **to give a week's warning** prévenir huit jours à l'avance, donner un préavis de huit jours ◆ **I gave you due** or **fair warning (that...)** je vous avais bien prévenu (que...) ◆ **gale/storm warning** (Weather) avis m de grand vent/de tempête

**warningly | wash**

◆ **four minute warning** (Mil) alerte f de quatre minutes

**ADJ** [glance, cry] d'avertissement ◆ ... **he said in a warning tone** or **voice** ... dit-il pour mettre en garde

**COMP warning device** N dispositif m d'alarme, avertisseur m

**warning light** N voyant m (avertisseur), avertisseur m lumineux

**warning notice** N avis m, avertissement m

**warning shot** N (gen, Mil) tir m de sommation ; (on ship, also fig) coup m de semonce

**warning sign** N panneau m avertisseur

**warning triangle** N (Driving) triangle m de présignalisation

**warningly** /ˈwɔːnɪŋlɪ/ ADV [say] sur un ton d'avertissement ; [shake one's head] en signe d'avertissement

**warp** /wɔːp/

N ① [of fabric] chaîne f ; (fig) (= essence, base) fibre f

② (= distortion) (in wood) gauchissement m, voilure f ; (in metal) voilure f ; (Recording) voile m (d'un disque) ; → **time**

VT ① (lit) [+ wood] gauchir, voiler ; [+ metal, aircraft wing, tennis racket] voiler

② (fig) [+ judgement] fausser, pervertir ; [+ mind, character, person] pervertir ◆ **he has a warped mind, his mind is warped** il a l'esprit tordu ◆ **he has a warped sense of humour** il a un sens de l'humour morbide ◆ **he gave us a warped account of...** il nous a fait un récit tendancieux de...

VI ① (lit) [ruler, board, wood] gauchir ; [wheel, metal plate] se voiler ; [mechanism] se fausser

② (fig) [person, institution] se pervertir

**warpath** /ˈwɔːpɑːθ/ N (fig) ◆ **to be on the warpath** être sur le sentier de la guerre, chercher la bagarre *

**warplane** /ˈwɔːpleɪn/ N avion m militaire or de guerre

**warrant** /ˈwɒrənt/ SYN

N ① (Jur, Police) mandat m (Jur) ◆ **there is a warrant out against him, there is a warrant out for his arrest** il y a un mandat d'arrêt contre lui, un mandat d'arrêt a été délivré contre lui ◆ **do you have a warrant?** (to police officer) vous avez un mandat (de perquisition) ? ; → **death, search**

② (NonC = justification) justification f, droit m ◆ **he has no warrant for saying so** il ne s'appuie sur rien pour justifier cela

③ (Comm, Fin etc = certificate : for payment or services) bon m ; (= guarantee) garantie f ; (Customs) warrant m ; (Mil) brevet m

VT ① (= justify) [+ action, assumption, reaction, behaviour] justifier, légitimer ◆ **the facts do not warrant it** les faits ne le justifient pas ◆ **his behaviour does not warrant his getting the sack** son comportement ne justifie pas son renvoi

② (= guarantee) garantir ◆ **I'll warrant you he won't come back** je te garantis or je suis sûr qu'il ne va pas revenir ◆ **he won't come here again in a hurry, I'll warrant (you)!** * il ne reviendra pas de sitôt, tu peux me croire !

**COMP warrant card** N (Brit Police) carte f de police

**warrant officer** N (Mil) adjudant m (auxiliaire de l'officier)

**warrant sale** N (Scot Jur) vente f forcée or judiciaire

**warrantable** /ˈwɒrəntəbl/ SYN ADJ justifiable, légitime

**warranted** /ˈwɒrəntɪd/ ADJ ① (= justified) [action, fears, charges] justifié ◆ **she is warranted in feeling disappointed** sa déception est légitime

② (= guaranteed) [goods] garanti

**warrantee** /ˌwɒrənˈtiː/ N (Jur) créancier m, -ière f

**warranter, warrantor** /ˈwɒrəntər/ N (Jur) garant(e) m(f), débiteur m, -trice f

**warranty** /ˈwɒrəntɪ/ N autorisation f, droit m ; (Comm, Jur) garantie f ◆ **under warranty** sous garantie

**warren** /ˈwɒrən/ N ① (also **rabbit warren**) garenne f

② (= building) labyrinthe m ◆ **a warren of little streets** un dédale or un labyrinthe de petites rues

**warring** /ˈwɔːrɪŋ/ ADJ [nations] en guerre ; (fig) [interests] contradictoires, contraire ; [ideologies] en conflit, en opposition

**warrior** /ˈwɒrɪər/ SYN N guerrier m, -ière f ; → **unknown**

**Warsaw** /ˈwɔːsɔː/

N Varsovie

**COMP Warsaw Pact** N pacte m de Varsovie ◆ **the Warsaw Pact countries** les pays mpl du pacte de Varsovie

**warship** /ˈwɔːʃɪp/ N navire m or bâtiment m de guerre

**wart** /wɔːt/

N (on skin) verrue f ; (on plant) excroissance f ; (on wood) loupe f ◆ **warts and all** (fig) avec tous ses défauts

**COMP wart hog** N phacochère m

**wartime** /ˈwɔːtaɪm/

N (NonC) temps m de guerre ◆ **in wartime** en temps de guerre

**COMP en temps de guerre**

**warty** /ˈwɔːtɪ/ ADJ couvert de verrues, verruqueux

**wary** /ˈwɛərɪ/ SYN ADJ [person] prudent, sur ses gardes ; [voice, look, manner] prudent ◆ **to be wary about sb/sth** se méfier de qn/qch ◆ **to be wary of doing sth** hésiter beaucoup à faire qch ◆ **to keep a wary eye on sb/sth** avoir l'œil sur qn/qch, surveiller qn/qch de près

**was** /wɒz/ VB pt of **be**

**Wash.** (US) abbrev of **Washington**

**wash** /wɒʃ/ SYN

N ① ◆ **to give sth a wash** (gen) laver qch ; [+ paintwork, walls] lessiver qch ◆ **to give one's hands/hair/face a wash** se laver les mains/les cheveux/le visage ◆ **to have a wash** se laver ◆ **to have a quick wash** se débarbouiller, faire un brin de toilette ◆ **to have a wash and brush-up** faire sa toilette ◆ **it needs a wash** cela a besoin d'être lavé, il faut laver cela ◆ **your face needs a wash** il faut que tu te laves subj la figure or que tu te débarbouilles subj

② (= laundry) ◆ **I do a big wash on Mondays** je fais une grande lessive le lundi, le lundi est mon jour de grande lessive ◆ **put your jeans in the wash** to ready to be washed) mets ton jean au sale ◆ **your shirt is in the wash** (= being washed) ta chemise est à la lessive ◆ **the colours ran in the wash** cela a déteint à la lessive or au lavage ◆ **to send sheets to the wash** envoyer des draps au blanchissage or à la laverie ◆ **it will all come out in the wash** * (fig) (= be known) on finira bien par savoir ce qu'il en est ; (= be all right) ça finira par se tasser * or s'arranger ; → **car**

③ [of ship] sillage m, remous m ; (= sound) [of waves etc] clapotis m

④ (= layer of paint : for walls etc) badigeon m ◆ **to give the walls a blue wash** badigeonner les murs en or de bleu ; → **whitewash**

⑤ (Art) lavis m ◆ **to put a wash on a drawing** laver un dessin

⑥ (Pharm) solution f ; → **eyewash, mouthwash**

⑦ (Brit Geog) ◆ **the Wash** le golfe du Wash

VT ① (gen) laver ; [+ paintwork, walls] lessiver ◆ **to wash o.s.** [person] se laver ; [cat] faire sa toilette ◆ **to get washed** se laver, faire sa toilette ◆ **to wash one's hair** se laver les cheveux ◆ **to wash one's hands/feet/face** se laver les mains/les pieds/le visage ◆ **to wash a child's face** laver le visage d'un enfant, débarbouiller un enfant ◆ **he washed the dirt off his hands** il s'est lavé les mains (pour en enlever la saleté) ◆ **to wash the dishes** faire la vaisselle ◆ **to wash the clothes** faire la lessive ◆ **can you wash this fabric?** (= is it washable) ce tissu est-il lavable ? ◆ **wash this garment at 40°/in hot water** lavez ce vêtement à 40°/à l'eau chaude ◆ **to wash sth with detergent** nettoyer qch avec du détergent ◆ **to wash one's hands of sth** se laver les mains de qch ◆ **to wash one's hands of sb** se désintéresser de qn ; → **clean**

② [river, sea, waves] (= flow over) baigner ◆ **the Atlantic washes its western shores** la côte ouest est baignée par l'Atlantique ◆ **to wash sth ashore** (onto coast) rejeter qch sur le rivage ; (onto riverbank) rejeter qch sur la rive ◆ **to be washed out to sea** être emporté par la mer, être entraîné vers le large ◆ **to be washed overboard** être emporté par une vague ◆ **it was washed downstream** le courant l'a entraîné or emporté

③ (= paint) ◆ **to wash walls with distemper** passer des murs au badigeon, peindre des murs à la détrempe ◆ **to wash brass with gold** couvrir du cuivre d'une pellicule d'or

④ (Min) [+ earth, gravel, gold, ore] laver ; (Chem) [+ gas] épurer

VI ① (= have a wash) [person] se laver ; [cat] faire sa toilette ② (= do the laundry) laver, faire la lessive ◆ **he washed in cold water** il s'est lavé à l'eau froide ◆ **this garment washes/doesn't wash very well** ce vêtement se lave très facilement/ne se lave pas très facilement ◆ **you wash and I'll dry** tu laves et moi j'essuie

② (Brit * fig) ◆ **that just won't wash!** ça ne prend pas ! ◆ **that excuse won't wash with him** cette excuse ne prendra pas or ne marchera pas avec lui, on ne lui fera pas avaler cette excuse

③ [waves, sea, flood, river] ◆ **to wash against** [+ cliffs, rocks] baigner ; [+ lighthouse, boat] clapoter contre ◆ **to wash over sth** balayer qch ◆ **to wash ashore** être rejeté sur le rivage

④ (fig = flow) ◆ **let the music wash over you** laisse-toi bercer par la musique ◆ **a wave of nausea washed through her** elle a été prise d'une nausée soudaine ◆ **a wave of anger washed through her** elle a senti monter une bouffée de colère ◆ **relief washed over his face** il a soudain eu l'air profondément soulagé ◆ **a wave of sadness/tiredness washed over him** il a soudain ressenti une profonde tristesse/une grande fatigue ◆ **her explanation/words just washed over me** son explication a/ses paroles ont glissé sur moi

**COMP wash-and-wear** ADJ [clothes, fabric] facile à entretenir

**wash drawing** N (Art) (dessin m au) lavis m

**wash-hand basin** N lavabo m

**wash house** N lavoir m

**wash leather** N (Brit) peau f de chamois

**wash load** N (de linge)

**wash-out** * N (= event) fiasco m, désastre m ; (= person) zéro * m, nullité * f

**wash-wipe** N (on car window) lave-glace m inv ; (on headlamp) essuie-phares mpl

▶ **wash away**

VI s'en aller or partir au lavage

VT SEP ① [+ stain] enlever or faire partir au lavage ; (fig) [+ sins] laver ◆ **the rain washed the mud away** la pluie a fait partir la boue

② [river, current, sea] (= carry away) emporter, entraîner ; [+ footprints etc] balayer, effacer ◆ **the boat was washed away** le bateau a été emporté ◆ **the river washed away part of the bank** la rivière a emporté une partie de la rive

▶ **wash down** VT SEP ① [+ deck, car] laver (à grande eau) ; [+ wall] lessiver

② [+ medicine, pill] faire descendre (with avec) ; [+ food] arroser (with de)

③ [rain, flood, river] emporter, entraîner

▶ **wash in** VT SEP [sea, tide] rejeter (sur le rivage)

▶ **wash off**

VI (from clothes) s'en aller or partir au lavage ; (from walls) partir au lessivage ◆ **it won't wash off** ça ne s'en va pas, ça ne part pas ◆ **it will wash off** (from hands) ça partira quand tu te laveras (or je me laverai etc) les mains

VT SEP (from clothes) faire partir au lavage ; (from wall) faire partir en lessivant

▶ **wash out**

VI ① [stain] s'en aller or partir au lavage ; [dye, colours] passer au lavage ◆ **this stain won't wash out** cette tache ne s'en va pas or ne part pas

② (US) ◆ **he washed out of university** * il s'est fait recaler aux examens de la fac *

VT SEP ① (= remove) [+ stain] enlever or faire partir au lavage

② (= rinse) [+ bottle, pan] laver ◆ **to wash one's mouth out** (lit) se faire un bain de bouche ◆ **wash your mouth out (with soap and water)!** tu devrais avoir honte de dire des choses pareilles !

③ (fig = spoil) perturber ; (* = cancel) rendre impossible ◆ **the match was washed out** (by rain) (= prevented) le match a été annulé or n'a pas eu lieu à cause de la pluie ; (= halted) la pluie a perturbé or interrompu le match ◆ **to be/look/feel washed out** (= tired) être/avoir l'air/se sentir complètement lessivé *

④ (fig) **washed-out** (= pale) [colour] délavé

N ◆ **wash-out** * → **wash**

▶ **wash through** VT SEP [+ clothes] laver rapidement, passer à l'eau

▶ **wash up**

VI ① (Brit = wash dishes) faire or laver la vaisselle

② (US = have a wash) se débarbouiller, faire un brin de toilette

VT SEP ① (Brit) [+ plates, cups] laver ◆ **to wash up the dishes** faire or laver la vaisselle

② [sea, tide] rejeter (sur le rivage) ; [river] rejeter (sur la berge)

③ (gen pass: * = finish) ◆ **to be (all) washed up** [plan, scheme, marriage etc] être fichu *, être

tombé à l'eau * ◆ **Paul and Anne are all washed up** tout est fini entre Paul et Anne
④ (US) ◆ **to be/feel/look washed up** (= *tired etc*) être/se sentir/avoir l'air lessivé *

**washable** /ˈwɒʃəbl/ **ADJ** lavable, lessivable

**washbag** /ˈwɒʃbæg/ **N** trousse *f* de toilette

**washbasin** /ˈwɒʃbeɪsn/ **N** (Brit) (= *handbasin*) lavabo *m* ; (= *bowl*) cuvette *f*

**washboard** /ˈwɒʃbɔːd/ **N** planche *f* à laver ◆ **to have a washboard stomach, to have washboard abs** * avoir des tablettes de chocolat *

**washbowl** /ˈwɒʃbəʊl/ **N** cuvette *f*

**washcloth** /ˈwɒʃklɒθ/ **N** (esp US) ≃ gant *m* de toilette

**washday** /ˈwɒʃdeɪ/ **N** jour *m* de lessive

**washdown** /ˈwɒʃdaʊn/ **N** ◆ **to give sth a washdown** laver qch à grande eau

**washer** /ˈwɒʃəʳ/
■ ① (= *ring*) rondelle *f*, joint *m* ; (in tap) rondelle *f*
② (= *washing machine*) machine *f* à laver, lave-linge *m inv* ; (for windscreen) lave-glace *m inv* ; → **dishwasher**, **windscreen**
COMP **washer-dryer** N lave-linge *m* séchant

**washerwoman** /ˈwɒʃəwʊmən/ **N** (pl **-women**) lavandière *f*, laveuse *f* (de linge)

**washing** /ˈwɒʃɪŋ/
■ ① (= *act*) [of car] lavage *m* ; [of clothes] (gen) lessive *f* ; (professionally cleaned) blanchissage *m* ; [of walls] lessivage *m* ; → **brainwashing**
② (NonC = *clothes*) linge *m*, lessive *f* ◆ **to do the washing** faire la lessive, laver le linge ◆ **to hang out the washing** étendre le linge *or* la lessive ◆ **the dirty washing** le linge sale ; see also **dirty**
COMP **washing day** N jour *m* de lessive
**washing line** N corde *f* à linge
**washing machine** N machine *f* à laver, lave-linge *m inv*
**washing powder** N (Brit) lessive *f* (en poudre), détergent *m* (en poudre)
**washing soda** N cristaux *mpl* de soude
**washing-up** N (Brit) vaisselle *f* (à laver) ◆ **to do the washing-up** faire *or* laver la vaisselle ◆ **look at all that washing-up!** regarde tout ce qu'il y a comme vaisselle à faire *or* à laver !
**washing-up bowl** N bassine *f*, cuvette *f*
**washing-up liquid** N produit *m* pour la vaisselle
**washing-up water** N eau *f* de vaisselle

**Washington** /ˈwɒʃɪŋtən/ **N** (= *city*) Washington ; (= *state*) Washington *m* ◆ **in Washington (State)** dans le Washington

**washrag** /ˈwɒʃræg/ **N** (US) ≃ gant *m* de toilette

**washroom** /ˈwɒʃrʊm/ **N** toilettes *fpl*

**washstand** /ˈwɒʃstænd/ **N** table *f* de toilette

**washtub** /ˈwɒʃtʌb/ **N** (for clothes) baquet *m*, bassine *f*

**washy** /ˈwɒʃɪ/ **ADJ** ⇒ **wishy-washy**

**wasn't** /ˈwɒznt/ ⇒ **was not** ; → **be**

**wasp** /wɒsp/
■ ① guêpe *f* ◆ **wasp's nest** guêpier *m*
② (US) (abbrev of **White Anglo-Saxon Protestant**) ◆ **Wasp** *or* **WASP** wasp *mf* (Anglo-Saxon blanc et protestant)
COMP **wasp-waisted** ADJ à la taille de guêpe

**waspish** /ˈwɒspɪʃ/ SYN **ADJ** grincheux, hargneux

**waspishly** /ˈwɒspɪʃlɪ/ **ADV** avec hargne

**wassail** †† /ˈwɒseɪl/
■ (= *festivity*) beuverie *f* ; (= *drink*) bière *f* épicée
■ faire ribote †

**wast** †† /wɒst/ **VB** 2nd pers sg pret of **be**

**wastage** /ˈweɪstɪdʒ/
■ ① (NonC) [of resources, food] gaspillage *m* ; (as part of industrial process etc) déperdition *f* ; (= *amount lost from container*) fuites *fpl*, pertes *fpl* ; (= *rejects*) déchets *mpl* ◆ **a great wastage of human resources** un grand gaspillage de ressources humaines ◆ **water/energy wastage** gaspillage *m* d'eau/d'énergie ◆ **the amount of wastage that goes on in large establishments** le gaspillage *or* le gâchis qui se produit dans les grands établissements ; see also **waste** ; → **natural**
② (= *wasting away*) [of muscles, tissue] atrophie *f* ◆ **muscle wastage** atrophie *f* musculaire
COMP **wastage rate** N ◆ **the wastage rate among students/entrants to the profession** le pourcentage d'étudiants qui abandonnent en cours d'études/de ceux qui abandonnent en début de carrière

**waste** /weɪst/ SYN
■ ① (NonC) [of resources, energy, food, money] gaspillage *m* ; [of time] perte *f* ◆ **to go to waste** être gaspillé, se perdre inutilement ; [land] tomber en friche, être à l'abandon ◆ **there's too much waste in this firm** il y a trop de gaspillage dans cette compagnie ◆ **we must reduce the waste in the kitchens** nous devons diminuer le gaspillage ou le gâchis dans les cuisines ◆ **what a waste!** quel gaspillage ! ◆ **it's a waste of effort** c'est un effort inutile ◆ **it's a waste of human resources** c'est un gaspillage de ressources humaines ◆ **it's a waste of money to do that** on gaspille de l'argent en faisant cela ◆ **that machine was a waste of money** cela ne valait vraiment pas la peine d'acheter cette machine, on a vraiment fichu de l'argent en l'air * en achetant cette machine ◆ **waste of space** (lit) perte *f* de place ◆ **it's/he's a waste of space** * c'est/il est nul * ◆ **it's a waste of time** c'est une perte de temps, c'est du temps perdu ◆ **it's a waste of time doing that** on perd son temps à faire *or* en faisant cela ◆ **it's a waste of breath** c'est perdre sa salive, c'est dépenser sa salive pour rien ◆ **it's a waste of time and energy** c'est peine perdue ◆ **she's a waste of his talents** elle gaspille ses dons, elle n'exploite pas ses talents ◆ **you're wasting your time trying** tu perds ton temps à essayer ◆ **to waste no time in doing sth** ne pas perdre de temps à faire qch ◆ **a vote for him is a wasted vote** voter pour lui, c'est gaspiller votre voix ◆ **the sarcasm was wasted on him** il n'a pas compris *or* saisi le sarcasme ◆ **caviar is wasted on him** il ne sait pas apprécier le caviar
② (* = *kill*) zigouiller *, supprimer
■ [food, goods, resources] se perdre ◆ **you mustn't let it waste** il ne faut pas le laisser perdre ◆ **waste not want not** (Prov) il n'y a pas de petites économies
COMP **waste disposal unit, waste disposer** N broyeur *m* à ordures
**waste ground** N terrain *m* vague
**Waste Land** N (Literat) ◆ **"The Waste Land"** « la Terre désolée » ; see also **wasteland**
**waste management** N gestion *f* des déchets
**waste material, waste matter** N (also Physiol) déchets *mpl*
**waste minimization** N réduction *f* du volume des déchets
**waste pipe** N (tuyau *m* de) vidange *f*
**waste products** NPL (from industry) déchets *mpl* industriels ; (from body) déchets *mpl* (de l'organisme)
**waste water** N eaux *fpl* usées

▶ **waste away** VI dépérir ◆ **you're not exactly wasting away!** (iro) tu ne fais pas vraiment peine à voir *or* pitié ! (iro)

**wastebasket** /ˈweɪstbɑːskɪt/ **N** corbeille *f* à papier

**wastebin** /ˈweɪstbɪn/ **N** (Brit = **wastebasket**) corbeille *f* à papier ; (in kitchen) poubelle *f*, boîte *f* à ordures

**wasted** /ˈweɪstɪd/ **ADJ** ① [limb] (= *emaciated*) décharné ; (= *withered*) atrophié ◆ **wasted by disease** (= *emaciated*) décharné par la maladie ; (= *withered*) atrophié par la maladie
② (* = *exhausted*) [person] lessivé *, crevé *
③ ‡ (on drugs) défoncé * ; (on alcohol) bourré ‡ ◆ **to get wasted** (on drugs) se défoncer * ; (on alcohol) se bourrer ‡ (la gueule)

**wasteful** /ˈweɪstfʊl/ SYN **ADJ** [person] gaspilleur ; [process] peu économique, peu rentable ◆ **wasteful expenditure** gaspillage *m* , dépenses *fpl* excessives *or* inutiles ◆ **wasteful habits** gaspillage *m* ◆ **to be wasteful of sth** [person] gaspiller qch ; [method, process] mal utiliser qch

**wastefully** /ˈweɪstfəlɪ/ **ADV** ◆ **to use sth wastefully** gaspiller qch ◆ **to spend money wastefully** gaspiller son argent

**wastefulness** /ˈweɪstfʊlnɪs/ **N** (NonC) [of person] tendance *f* au gaspillage ; [of process] manque *m* de rentabilité

**wasteland** /ˈweɪstlænd/ **N** (gen) terres *fpl* à l'abandon *or* en friche ; (in town) terrain *m* vague ; (in countryside) désert *m* ◆ **a piece of wasteland** un terrain vague

**wastepaper** /ˈweɪstpeɪpəʳ/
■ vieux papiers *mpl*
COMP **wastepaper basket** N ⇒ **wastebasket**

**waster** * /ˈweɪstəʳ/ **N** ① (= *good-for-nothing*) propre *mf* à rien
② (= *spendthrift*) dépensier *m*, -ière *f*

**wasting** /ˈweɪstɪŋ/ **ADJ** [disease] débilitant

**wastrel** † /ˈweɪstrəl/ SYN **N** ① (= *spendthrift*) dépensier *m*, -ière *f*, panier *m* percé
② (= *good-for-nothing*) propre *mf* à rien

**watch¹** /wɒtʃ/
■ montre *f* ◆ **by my watch** à ma montre ; → **stopwatch**, **wrist**
COMP [chain, glass] de montre
**watch case** N écrin *m* de montre
**watch-glass** N (on watch) verre *m* de montre
**watch pocket** N gousset *m*
**watch strap** N ⇒ **watchband**

**watch²** /wɒtʃ/ SYN
■ ① (NonC) (= *vigilance*) vigilance *f* ; (= *act of watching*) surveillance *f* ◆ **to keep** *or* **be on watch** faire le guet ◆ **to keep (a) close watch on** *or* **over sb/sth** surveiller qn/qch de près *or* avec vigilance ◆ **to set a watch on sth/sb** faire surveiller qch/qn ◆ **to keep watch and ward over sth** (frm) surveiller qch avec vigilance ◆ **to be under watch** être sous surveillance
◆ **to be on the watch** (Mil etc) monter la garde ; (gen) faire le guet ◆ **to be on the watch for sb/sth** guetter qn/qch ◆ **to be on the watch for danger** être sur ses gardes (dans l'éventualité d'un danger) ◆ **to be on the watch for bargains** être à l'affût des bonnes affaires
② (on ship = *period of duty*) quart *m* ◆ **to be on watch** être de quart ◆ **the long watches of the night** (fig: † *or liter*) les longues nuits sans sommeil ; → **dogwatch**
③ (= *group of men*) (Mil) garde *f* ; (on ship) quart *m* ; (= *one man*) (Mil) sentinelle *f* ; (on ship) homme *m* de quart ◆ **the port watch** [of ship] les bâbordais *mpl* ◆ **the starboard watch** les tribordais *mpl* ◆ **the watch** (Hist) le guet, la ronde ; → **officer**
■ ① [+ event, match, programme, TV, ceremony] regarder ; [+ person] regarder, observer ; (= *spy on*) surveiller, épier ; [+ suspect, suspicious object, house, car] surveiller ; [+ expression, birds, insects etc] observer ; [+ notice board, small ads etc] consulter régulièrement ; [+ political situation, developments] surveiller, suivre de près ◆ **watch me, watch what I do** regarde-moi (faire), regarde ce que je fais ◆ **watch how he does it** regarde *or* observe comment il s'y prend ◆ **watch the soup to see it doesn't boil over** surveille la soupe pour qu'elle ne déborde subj pas ◆ **to watch sb do** *or* **doing sth** regarder qn faire qch ◆ **it's about as exciting as watching grass grow** *or* watching

**paint dry** c'est ennuyeux comme la pluie ◆ **to watch sb like a hawk** surveiller qn de (très) près ◆ **have you ever watched an operation?** avez-vous déjà vu une opération *or* assisté à une opération ? ◆ **we are being watched** *(gen)* on nous surveille *or* épie ; *(by police, detective etc)* on nous surveille ◆ **to watch sb's movements** *[neighbour]* épier les allées et venues de qn ; *[police, detective]* surveiller les allées et venues de qn ◆ **he needs watching** il faut le surveiller, il faut l'avoir à l'œil ◆ **watch tomorrow's paper** ne manquez pas de lire le journal de demain ◆ **a watched pot** *or* **kettle never boils** *(Prov)* plus on attend une chose, plus elle se fait attendre ◆ **"watch this space"** « histoire à suivre », « à suivre » ; → **bird**

[2] *(Mil etc = guard)* monter la garde devant, garder ; *(= take care of) [+ child, dog]* surveiller, s'occuper de ; *[+ luggage, shop]* surveiller, garder

[3] *(= be careful of, mind)* faire attention à ◆ **watch that knife!** (fais) attention avec ce couteau ! ◆ **watch that branch!** (fais) attention à la branche ! ◆ **watch your head!** attention à ta tête ! ◆ **to watch one's step** *(lit)* faire attention *or* regarder où on met les pieds ; *(fig)* se surveiller ◆ **watch your step!, watch how you go!***, **watch yourself!** *(fig)* (fais) attention !, fais gaffe !* ◆ **we'll have to watch the money carefully** il faudra que nous fassions attention à *or* surveillions nos dépenses ◆ **to watch sb's interests** veiller sur les intérêts de qn, prendre soin des intérêts de qn ◆ **I must watch the** *or* **my time as I've got a train to catch** il faut que je surveille *subj* l'heure car j'ai un train à prendre ◆ **he works well but does tend to watch the clock** il travaille bien mais il a tendance à surveiller la pendule ◆ **to watch what one says** faire attention à ce que l'on dit ◆ **watch what you're doing!** fais attention (à ce que tu fais) ! ◆ **watch it!*** *(warning)* attention !, fais gaffe !* ; *(threat)* attention !, gare à toi ! ◆ **watch your language!** surveille ton langage ! ◆ **watch you don't burn yourself** fais attention *or* prends garde de ne pas te brûler ◆ **watch (that) he does all his homework** veillez à ce qu'il fasse *or* assurez-vous qu'il fait tous ses devoirs

[4] *(= look for) [+ opportunity]* guetter ◆ **he watched his chance and slipped out** il a guetté *or* attendu le moment propice et s'est esquivé

**VI** regarder ; *(= be on guard)* faire le guet, monter la garde ; *(Rel etc = keep vigil)* veiller ; *(= pay attention)* faire attention ◆ **he has only come to watch** il est venu simplement pour regarder *or* simplement en spectateur ◆ **to watch by sb's bedside** veiller au chevet de qn ◆ **to watch over** *[+ person]* surveiller ; *[+ thing]* surveiller, garder ; *[+ sb's rights, safety]* protéger, surveiller ◆ **somebody was watching at the window** quelqu'un regardait à la fenêtre ◆ **to watch for sth/sb** *(= wait for)* guetter qch/qn ; *(= be careful of)* faire attention à qch/qn ◆ **he's watching to see what you're going to do** il attend pour voir ce que vous allez faire ◆ **watch and you'll see how it's done** regarde et tu vas voir comment cela se fait ◆ **he'll be here soon, just (you) watch** attends, il sera bientôt là ; → **brief**

**COMP** **Watch Committee** N *(Brit Hist) comité veillant au maintien de l'ordre dans une commune*

**watch night service** N *(Rel)* ≈ messe *f* de minuit de la Saint-Sylvestre

▸ **watch out** VI *(= keep a look-out)* faire le guet ; *(fig = take care)* faire attention, prendre garde ◆ **watch out for the signal** guettez *or* attendez le signal ◆ **watch out!** attention !, fais gaffe !* ; *(as menace)* attention !, gare à toi ! ◆ **watch out for cars when crossing the road** faites attention *or* prenez garde aux voitures en traversant la rue ◆ **to watch out for thieves** faire attention aux voleurs ◆ **watch out for trouble if...** préparez-vous *or* attendez-vous à des ennuis si...

**watchable** /ˈwɒtʃəbl/ ADJ *[programme, film]* qui se laisse regarder

**watchband** /ˈwɒtʃbænd/ N bracelet *m* de montre

**watchdog** /ˈwɒtʃdɒɡ/ SYN

**N** *(lit)* chien *m* de garde ; *(fig) (official)* observateur *m*, -trice *f* officiel(le) ; *(unofficial)* gardien(ne) *m(f)* ◆ **a press/media watchdog** un office de surveillance de la presse/des médias

**VT** *(US *) [+ events, developments]* suivre de près

**COMP** *[group etc]* qui veille

**watchdog committee** N comité *m* de surveillance

**watcher** /ˈwɒtʃəʳ/ SYN N *(= observer)* observateur *m*, -trice *f* ; *(hidden or hostile)* guetteur *m* ; *(= spectator)* spectateur *m*, -trice *f* ; *(= onlooker)* curieux *m*, -euse *f* ◆ **China watcher** *(Pol)* spécialiste *mf* des questions chinoises ◆ **Kremlin watcher** kremlinologue *mf* ; → **bird**

**watchful** /ˈwɒtʃfʊl/ SYN ADJ vigilant, attentif ◆ **to keep a watchful eye on sth/sb** garder qch/qn à l'œil, avoir l'œil sur qch/qn ◆ **under the watchful eye of...** sous l'œil vigilant de...

**watchfully** /ˈwɒtʃfəlɪ/ ADV avec vigilance

**watchfulness** /ˈwɒtʃfʊlnɪs/ N vigilance *f*

**watchmaker** /ˈwɒtʃmeɪkəʳ/ N horloger *m*, -ère *f*

**watchmaking** /ˈwɒtʃmeɪkɪŋ/ N horlogerie *f*

**watchman** /ˈwɒtʃmən/ SYN N (pl **-men**) *(gen)* gardien *m* ; (also **night watchman**) veilleur *m or* gardien *m* de nuit

**watchtower** /ˈwɒtʃtaʊəʳ/ N tour *f* de guet

**watchword** /ˈwɒtʃwɜːd/ N *(= password)* mot *m* de passe ; *(fig) (= motto)* mot *m* d'ordre

**water** /ˈwɔːtəʳ/ SYN

**N** [1] *(NonC: gen)* eau *f* ◆ **I'd like a drink of water** je voudrais de l'eau *or* un verre d'eau ◆ **to turn on the water** *(at mains)* ouvrir l'eau ; *(from tap)* ouvrir le robinet ◆ **hot and cold (running) water in all rooms** eau courante chaude et froide dans toutes les chambres ◆ **the road is under water** la route est inondée, la route est recouverte par les eaux ◆ **the road/field was under three inches of water** la route/le champ disparaissait sous 10 cm d'eau ◆ **to swim under water** nager sous l'eau ◆ **to go by water** voyager par bateau ◆ **the island across the water** l'île de l'autre côté de l'eau ◆ **we spent an afternoon on the water** nous avons passé un après-midi sur l'eau ◆ **at high/low water** *(= tide)* à marée haute/basse, à mer pleine/basse ◆ **to take in** *or* **make water** *[ship]* faire eau ◆ **it won't hold water** *[container, bucket]* cela n'est pas étanche, l'eau va fuir ; *(fig) [plan, suggestion, excuse]* cela ne tient pas debout, cela ne tient pas la route ◆ **a lot of water has passed under the bridge since then** il est passé beaucoup d'eau sous les ponts depuis ce temps-là ◆ **that's (all) water under the bridge** tout ça c'est du passé ◆ **he spends money like water** il jette l'argent par les fenêtres, l'argent lui fond dans les mains ◆ **it's like water off a duck's back*** ça glisse comme de l'eau sur les plumes *or* les ailes d'un canard ◆ **lavender/rose water** eau *f* de lavande/de rose ; → **deep, firewater, fish**

[2] *(Med, Physiol)* ◆ **to pass water** uriner ◆ **her waters broke** *(in labour)* elle a perdu les eaux ◆ **water on the knee** épanchement *m* de synovie ◆ **water on the brain** hydrocéphalie *f* ; → **feel**

**NPL** **waters** *[of spa, lake, river, sea]* eaux *fpl* ◆ **to take** *or* **drink the waters** prendre les eaux, faire une cure thermale ◆ **in French waters** dans les eaux (territoriales) françaises ◆ **the waters of the Rhine** l'eau *or* les eaux du Rhin ; → **territorial**

**VI** *[eyes]* larmoyer, pleurer ; → **mouth**

**VT** *[+ plant, garden]* arroser ; *[+ animals]* donner à boire à, faire boire ◆ **the river waters the whole province** le fleuve arrose *or* irrigue toute la province

**COMP** *[pressure, pipe, vapour]* d'eau ; *[pump, mill]* à eau ; *[plant etc]* aquatique ; *[industrial dispute, strike]* des employés de l'eau

**water authority** N compagnie *f* des eaux

**water bag** N outre *f*

**water bailiff** N garde-pêche *m*

**water bed** N matelas *m* d'eau

**water beetle** N gyrin *m*, tourniquet *m*

**water bird** N oiseau *m* aquatique

**water biscuit** N craquelin *m*

**water blister** N *(Med)* ampoule *f*, phlyctène *f*

**water boatman** N (pl **water boatmen**) *(= insect)* notonecte *m or f*

**water bomb** N bombe *f* à eau

**water bottle** N *(gen: plastic)* bouteille *f* (en plastique) ; *[of soldier]* bidon *m* ; *[of cyclist, peasant]* bidon *m* ; *(smaller)* gourde *f* ; → **hot**

**water buffalo** N buffle *m* d'eau, buffle *m* d'Asie ; *(Malaysian)* karbau *m*, kérabau *m*

**water butt** N *(Brit)* citerne *f* (à eau de pluie)

**water cannon** N canon *m* à eau

**water carrier** N *(= person)* porteur *m*, -euse *f* d'eau ; *(= container)* bidon *m* à eau ◆ **the Water Carrier** *(= Aquarius)* le Verseau

**water cart** N *(for streets)* arroseuse *f (municipale)* ; *(for selling)* voiture *f* de marchand d'eau

**water chestnut** N *(= plant)* macre *f* ; *(= fruit)* châtaigne *f* d'eau

**water clock** N horloge *f* à eau

**water closet** N *(abbr WC)* cabinet(s) *m(pl)*, waters *mpl*, WC *mpl*

**water-cooled** ADJ à refroidissement par eau

**water-cooler** N distributeur *m* d'eau réfrigérée

**water-cooling** N refroidissement *m* par eau

**water cracker** N *(US)* ⇒ **water biscuit**

**water crowfoot** N renoncule *f* aquatique, grenouillette *f*

**water cycle** N cycle *m* de l'eau

**water diviner** N sourcier *m*, -ière *f*, radiesthésiste *mf*

**water divining** N art *m* du sourcier, radiesthésie *f*

**water dropwort** N œnanthe *f*

**water feature** N ouvrage *m* hydraulique

**water filter** N filtre *m* à eau

**water fountain** N *(for drinking)* fontaine *f*, distributeur *m* d'eau fraîche ; *(decorative)* jet *m* d'eau

**water-free** ADJ sans eau, anhydre *(SPÉC)*

**water gas** N gaz *m* à l'eau

**water gauge** N indicateur *m* de niveau d'eau

**water glass** N [1] *(= tumbler)* verre *m* à eau [2] *(Chem)* verre *m* soluble

**water gun** N *(US)* ⇒ **water pistol**

**water heater** N chauffe-eau *m inv*

**water hen** N poule *f* d'eau

**water hole** N point *m* d'eau, mare *f*

**water ice** N *(Brit Culin)* sorbet *m*, glace *f* à l'eau

**water jacket** N *[of vehicle]* chemise *f* d'eau

**water jump** N *(Racing)* rivière *f*, brook *m*

**water level** N *(gen)* niveau *m* de l'eau ; *[of car radiator]* niveau *m* d'eau

**water lily** N nénuphar *m*

**water lobelia** N lobélie *f* de Dortmann

**water main** N conduite *f* (principale) d'eau

**water meadow** N *(esp Brit)* prairie *f* souvent inondée, noue *f*

**water meter** N compteur *m* d'eau

**water milfoil** N myriophylle *m*

**water mill** N moulin *m* à eau

**water mint** N menthe *f* aquatique *or* rouge

**water nymph** N naïade *f*

**water of crystallization** N eau *f* de cristallisation

**water paint** N peinture *f* à l'eau

**water parsnip** N berle *f* (à larges feuilles)

**water pepper** N (renouée *f*) poivre *m* d'eau, herbe *f* de Saint-Innocent

**water pimpernel** N samole *m*

**water pipe** N canalisation *f* d'eau

**water pistol** N pistolet *m* à eau

**water plantain** N plantain *m* d'eau, flûtiau *m*

**water pollution** N pollution *f* des eaux

**water polo** N water-polo *m*

**water power** N énergie *f* hydraulique, houille *f* blanche

**water purifier** N *(= device)* épurateur *m* d'eau ; *(= tablet)* cachet *m* pour purifier l'eau

**water-rail** N *(= bird)* râle *m* (d'eau)

**water rat** N rat *m* d'eau

**water rate** N *(Brit)* taxe *f* sur l'eau

**water-repellent** ADJ hydrofuge, imperméable

**water-resistant** ADJ *[ink etc]* qui résiste à l'eau, indélébile ; *[material]* imperméable

**water scorpion** N nèpe *f*

**water-ski** N ski *m* nautique *(objet)* VI (also **go water-skiing**) faire du ski nautique

**water-skier** N skieur *m*, -euse *f* nautique

**water-skiing** N *(NonC)* ski *m* nautique *(sport)*

**water slide** N toboggan *m* (de piscine)

**water snake** N serpent *m* d'eau

**water softener** N adoucisseur *m* d'eau

**water-soluble** ADJ soluble dans l'eau, hydrosoluble *(Chem)*

**water spaniel** N *(= dog)* épagneul *m* d'eau

**water spider** N argyronète *f*

**water sports** NPL sports *mpl* nautiques ; *(* = sexual practices)* ondinisme *m*

**water supply** N *(for town)* approvisionnement *m* en eau, distribution *f* des eaux ; *(for building)* alimentation *f* en eau ; *(for traveller)* provision *f* d'eau ◆ **the water supply was cut off** on avait coupé l'eau

**water system** N *(Geog)* réseau *m* hydrographique ; *(for building, town)* ⇒ **water supply**

**water table** N *(Geog)* nappe *f* phréatique, niveau *m* hydrostatique

**water tank** N réservoir *m* d'eau, citerne *f*

**water tower** N château *m* d'eau

**water vapour** N vapeur *f* d'eau

**water vole** N rat *m* d'eau

**water wagtail** N bergeronnette *f* de Yarrell

**water wings** NPL bouée *f*, flotteurs *mpl* de natation

**water worker** N employé *m* du service des eaux

▸ **water down** VT SEP *[+ wine]* couper (d'eau), baptiser* ; *[+ paint]* diluer ; *(fig) [+ story]* édulcorer ; *[+ effect]* atténuer, affaiblir ; *[+ demands]* modérer ◆ **legislation on employment rights** has been watered down la législation sur les droits des employés a été assouplie

**waterborne** /ˈwɔːtəbɔːn/ ADJ flottant ; [boats] à flot ; [goods] transporté par voie d'eau ; [disease] d'origine hydrique

**watercolour, watercolor** (US) /ˈwɔːtəˌkʌləʳ/
- N 1 (= painting) aquarelle f
- 2 (= paint) ◆ **watercolours** couleurs fpl à l'eau or pour aquarelle ◆ **painted in watercolours** peint à l'aquarelle
- ADJ à l'aquarelle

**watercolourist, watercolorist** (US) /ˈwɔːtəˌkʌlərɪst/ N aquarelliste mf

**watercourse** /ˈwɔːtəkɔːs/ N cours m d'eau

**watercress** /ˈwɔːtəkres/ N cresson m (de fontaine)

**watered** /ˈwɔːtəd/
- ADJ 1 [milk etc] coupé d'eau
- 2 [silk etc] moiré
- COMP **watered-down** ADJ [milk, wine etc] coupé d'eau ; [paint] dilué ; [version, account] édulcoré **watered silk** N soie f moirée **watered stock** N (US) [cattle] bétail m gorgé d'eau (avant la pesée) ; (Stock Exchange) actions fpl gonflées (sans raison)

**waterfall** /ˈwɔːtəfɔːl/ SYN N chute f d'eau, cascade f

**waterfowl** /ˈwɔːtəfaʊl/ N (sg) oiseau m d'eau ; (collective pl) gibier m d'eau

**waterfront** /ˈwɔːtəfrʌnt/ N (at docks) quais mpl ; (= sea front) front m de mer

**Watergate** /ˈwɔːtəɡeɪt/ N Watergate m

**watering** /ˈwɔːtərɪŋ/
- N [of plants, streets] arrosage m ; [of fields, region] irrigation f ◆ **frequent watering is needed** il est conseillé d'arroser fréquemment
- COMP **watering can** N arrosoir m **watering hole** N (for animals) point m d'eau ; (* fig) bar m **watering place** N (for animals) point m d'eau ; (= spa) station f thermale, ville f d'eaux ; (= seaside resort) station f balnéaire ; (fig hum) bar m

**waterless** /ˈwɔːtəlɪs/ ADJ [area] sans eau ◆ **to be waterless** être dépourvu d'eau

**waterline** /ˈwɔːtəlaɪn/ N [of ship] ligne f de flottaison ; (left by tide, river) ≈ watermark

**waterlogged** /ˈwɔːtəlɒɡd/ ADJ [land, pitch] détrempé ; [wood] imprégné d'eau ; [shoes] imbibé d'eau

**Waterloo** /ˌwɔːtəˈluː/ N Waterloo ◆ **the Battle of Waterloo** la bataille de Waterloo ◆ **to meet one's Waterloo** essuyer un revers irrémédiable

**waterman** /ˈwɔːtəmən/ N (pl -men) batelier m

**watermark** /ˈwɔːtəmɑːk/ N (in paper) filigrane m ; (left by tide) laisse f de haute mer ; (left by river) ligne f des hautes eaux ; (on wood, on surface) marque f or tache f d'eau ◆ **above/below the watermark** au-dessus/au-dessous de la laisse de haute mer or de la ligne des hautes eaux

**watermelon** /ˈwɔːtəmelən/ N pastèque f, melon m d'eau

**waterproof** /ˈwɔːtəpruːf/
- ADJ [material] imperméable ; [watch] étanche ; [mascara] résistant à l'eau ◆ **waterproof sheet** (for bed) alaise f ; (tarpaulin) bâche f
- N (Brit) imperméable m
- VT imperméabiliser

**waterproofing** /ˈwɔːtəpruːfɪŋ/ N (NonC = process) imperméabilisation f ; (= quality) imperméabilité f

**watershed** /ˈwɔːtəʃed/ N (Geog) ligne f de partage des eaux ; (fig) moment m critique or décisif, grand tournant m ; (Brit TV) heure à partir de laquelle les chaînes de télévision britanniques peuvent diffuser des émissions réservées aux adultes

**waterside** /ˈwɔːtəsaɪd/
- N bord m de l'eau
- ADJ [flower, insect] du bord de l'eau ; [landowner] riverain ◆ **at** or **by the waterside** au bord de l'eau, sur la berge ◆ **along the waterside** le long de la rive

**waterspout** /ˈwɔːtəspaʊt/ N (on roof etc) (tuyau m de) descente f ; (Weather) trombe f

**watertight** /ˈwɔːtətaɪt/ SYN ADJ 1 [container] étanche ◆ **watertight compartment** compartiment m étanche ◆ **in watertight compartments** séparé par des cloisons étanches
- 2 (fig) [excuse, plan] inattaquable, indiscutable ; [argument] en béton

**waterway** /ˈwɔːtəweɪ/ N voie f navigable

**waterweed** /ˈwɔːtəwiːd/ N élodée f

**waterwheel** /ˈwɔːtəwiːl/ N roue f hydraulique

**waterworks** /ˈwɔːtəwɜːks/ NPL (= system) système m hydraulique ; (= place) station f hydraulique ◆ **to turn on the waterworks** (* fig pej = cry) se mettre à pleurer à chaudes larmes or comme une Madeleine * ◆ **to have something wrong with one's waterworks** * (Brit Med:euph) avoir des ennuis de vessie

**watery** /ˈwɔːtərɪ/ SYN ADJ 1 (= like, containing water) [fluid, discharge, solution] aqueux
- 2 (pej = containing excessive water) [tea, coffee] trop léger ; [beer] trop aqueux ; [soup, sauce] trop clair ; [taste] d'eau ; [paint, ink] trop liquide, trop délayé ; [ground] détrempé, saturé d'eau
- 3 (= producing water) [eyes] humide
- 4 (= insipid) [smile, sun, light] faible ; [sky, moon] délavé
- 5 (= pale) [colour] pâle
- 6 (= relating to water) aquatique ◆ **a watery world of streams and fountains** un monde aquatique de cours d'eau et de fontaines ◆ **the watery depths** les profondeurs fpl aquatiques ◆ **to go to a watery grave** (liter) être enseveli par les eaux (liter)

**watt** /wɒt/
- N watt m
- COMP **watt-hour** N wattheure m

**wattage** /ˈwɒtɪdʒ/ N puissance f or consommation f en watts

**wattle** /ˈwɒtl/ N 1 (NonC = woven sticks) clayonnage m ◆ **wattle and daub** clayonnage m enduit de torchis
- 2 [of turkey, lizard] caroncule f ; [of fish] barbillon m

**wattmeter** /ˈwɒtˌmiːtəʳ/ N wattmètre m

**wave** /weɪv/ SYN
- N 1 (at sea) vague f, lame f ; (on lake) vague f ; (on beach) rouleau m ; (on river, pond) vaguelette f ; (in hair) ondulation f ; (fig) [of dislike, enthusiasm, strikes, protests etc] vague f ◆ **the waves** (liter) les flots mpl , l'onde f ◆ **to make waves** (fig) créer des remous ◆ **her hair has a natural wave (in it)** ses cheveux ondulent naturellement ◆ **the first wave of the attack** (Mil) la première vague d'assaut ◆ **to come in waves** [people] arriver par vagues ; [explosions etc] se produire par vagues ◆ **the new wave** (Cine etc) (fig) la nouvelle vague ; → crime, heatwave, permanent
- 2 (Phys, Rad, Telec etc) onde f ◆ **long wave** grandes ondes fpl ◆ **medium/short wave** ondes fpl moyennes/courtes ; → light¹, long¹, medium, shock¹, shortwave, sound¹
- 3 (= gesture) geste m or signe m de la main ◆ **he gave me a cheerful wave** il m'a fait un signe joyeux de la main ◆ **with a wave of his hand** d'un geste or signe de la main
- VI 1 [person] faire signe de la main ; [flag] flotter (au vent) ; [branch, tree] être agité ; [grass, corn] onduler, ondoyer ◆ **to wave to sb** (in greeting) saluer qn de la main, faire bonjour (or au revoir) de la main à qn ; (as signal) faire signe à qn (to do sth de faire qch)
- 2 [hair] onduler, avoir un or des cran(s)
- VT 1 [+ flag, handkerchief] agiter ; (threateningly) [+ stick, sword] brandir ◆ **to wave one's hand to sb** faire signe de la main à qn ◆ **he waved the ticket at me furiously** il a agité vivement le ticket sous mon nez ◆ **to wave goodbye to sb** dire au revoir de la main à qn, agiter la main en signe or guise d'adieu (à qn) ◆ **he waved his thanks** il a remercié d'un signe de la main, il a agité la main en signe or guise de remerciement ◆ **to wave sb back/through/on** etc faire signe à qn de reculer/de passer/d'avancer etc ◆ **he waved the car through the gates** il a fait signe à la voiture de franchir les grilles
- 2 [+ hair] onduler
- COMP **wave-cut platform** N (Geol) plate(-)forme f d'abrasion **wave energy** N énergie f des vagues **wave function** N (Phys) fonction f d'onde **wave guide** N (Elec) guide m d'ondes **wave mechanics** N (NonC: Phys) mécanique f ondulatoire **wave power** N énergie f des vagues

▶ **wave about, wave around** VT SEP [+ object] agiter dans tous les sens ◆ **to wave one's arms about** gesticuler, agiter les bras dans tous les sens

▶ **wave aside, wave away** VT SEP [+ person, object] écarter or éloigner d'un geste ; [+ objections]

écarter (d'un geste) ; [+ offer, sb's help etc] rejeter or refuser (d'un geste)

▶ **wave down** VT SEP ◆ **to wave down a car** faire signe à une voiture de s'arrêter

▶ **wave off** VT SEP faire au revoir de la main à

**waveband** /ˈweɪvbænd/ N (Rad) bande f de fréquences

**wavelength** /ˈweɪvleŋkθ/ N (Phys) longueur f d'ondes ◆ **we're not on the same wavelength** (fig) nous ne sommes pas sur la même longueur d'ondes *

**wavelet** /ˈweɪvlɪt/ N vaguelette f

**wavemeter** /ˈweɪvˌmiːtəʳ/ N ondemètre m

**waver** /ˈweɪvəʳ/ VI [flame, shadow] vaciller, osciller ; [voice] trembler, trembloter ; [courage, loyalty, determination] vaciller, chanceler ; [support] devenir hésitant ; [person] (= weaken) lâcher pied, flancher * ; (= hesitate) hésiter (between entre) ◆ **he wavered in his resolution** sa résolution chancelait ◆ **he is beginning to waver** il commence à lâcher pied or à flancher *

**waverer** /ˈweɪvərəʳ/ N indécis(e) m(f), irrésolu(e) m(f)

**wavering** /ˈweɪvərɪŋ/
- ADJ 1 [light, shadow] vacillant ◆ **his wavering steps** ses pas hésitants
- 2 (fig) [person] indécis, [support] hésitant ; [loyalty, determination] chancelant ; [voice] mal assuré
- N (NonC = hesitation) hésitations fpl

**wavy** /ˈweɪvɪ/
- ADJ [hair, surface, edge] ondulé ; [line] onduleux
- COMP **wavy-haired** ADJ aux cheveux ondulés

**wax¹** /wæks/
- N (NonC) cire f ; (for skis) fart m ; (in ear) cérumen m, (bouchon m de) cire f ; → beeswax, sealing²
- VT [+ floor, furniture] cirer, encaustiquer ; [+ skis] farter ; [+ shoes, moustache] cirer ; [+ thread] poisser ; [+ car] lustrer ◆ **to wax one's legs** s'épiler les jambes à la cire
- COMP [candle, doll, seal, record] de or en cire **wax bean** N (US) haricot m beurre inv **waxed cotton** N coton m huilé **waxed jacket** N veste f de or en coton huilé **waxed paper** N papier m paraffiné **wax moth** N gallérie f **wax museum** N (esp US) musée m de cire **wax paper** N ⇒ waxed paper

**wax²** /wæks/ SYN VI [moon] croître ◆ **to wax and wane** [feelings, issues etc] croître et décroître ◆ **to wax merry/poetic** etc († or hum) devenir d'humeur joyeuse/poétique etc ◆ **to wax eloquent** déployer toute son éloquence (about, over à propos de) ◆ **he waxed lyrical about Louis Armstrong** il est devenu lyrique quand il a parlé de Louis Armstrong ; → enthusiastic

**waxbill** /ˈwæksbɪl/ N estrildiné m

**waxen** /ˈwæksən/ ADJ (liter = like wax) [complexion, face] cireux ; († = made of wax) de or en cire

**waxing** /ˈwæksɪŋ/ N (gen) cirage m ; [of skis] fartage m

**waxwing** /ˈwæksˌwɪŋ/ N (= bird) jaseur m

**waxwork** /ˈwæksˌwɜːk/ N 1 (= figure) personnage m en cire
- 2 (pl inv: Brit) ◆ **waxworks** (= museum) musée m de cire

**waxy** /ˈwæksɪ/ ADJ [substance, consistency, face, colour] cireux ; [potato] à chair ferme

---

# way /weɪ/ SYN

1 – NOUN
2 – ADVERB
3 – COMPOUNDS

---

## 1 – NOUN

1 [= ROUTE] chemin m ◆ **to ask the** or **one's way** demander son chemin (to pour aller à) ◆ **we went the wrong way** nous avons pris le mauvais chemin, nous nous sommes trompés de chemin ◆ **a piece of bread went down the wrong way** j'ai (or il a etc) avalé une miette de pain de travers ◆ **to go the long way round** prendre le chemin le plus long or le chemin des écoliers * ◆ **we met several people on** or **along the way** nous avons rencontré plusieurs personnes en chemin ◆ **to go the same way as sb** (lit) aller dans la même direction que qn ; (fig) suivre les traces or l'exemple de qn, marcher sur

les traces de qn ◆ **he has gone the way of his brothers** *(fig)* il a suivi le même chemin que ses frères ◆ **they went their own ways** *or* **their separate ways** *(lit)* ils sont partis chacun de leur côté ; *(fig)* chacun a suivi son chemin ◆ **she knows her way around** *or* **about** *(fig)* elle sait se débrouiller ◆ **to lose the** *or* **one's way** se perdre, s'égarer ◆ **to make one's way towards...** se diriger vers... ◆ **he had to make his own way in Hollywood** il a dû se battre pour faire sa place à Hollywood

♦ **the/one's + way to** ◆ **can you tell me the way to the tourist office?** pouvez-vous m'indiquer le chemin *or* la direction du syndicat d'initiative ? ◆ **the quickest** *or* **shortest way to Leeds** le chemin le plus court pour aller à Leeds ◆ **the way to success** le chemin du succès ◆ **I know the** *or* **my way to the station** je connais le chemin de la gare, je sais comment aller à la gare

♦ **on the/one's way (to)** ◆ **on the** *or* **my way here I saw...** en venant (ici) j'ai vu... ◆ **you pass it on your way home** vous passez devant en rentrant chez vous ◆ **he's on his way** il arrive ◆ **I must be on my way** il faut que j'y aille ◆ **to start** *or* **go on one's way** s'en aller ◆ **with that, he went on his way** sur ce, il s'en est allé ◆ **on the** *or* **our way to London we met...** en allant à Londres nous avons rencontré... ◆ **it's on the way to the station** c'est sur le chemin de la gare ◆ **he is on the way to great things** il a un avenir brillant devant lui ◆ **to be (well) on the** *or* **one's way to success/victory** *etc* être sur la voie du succès/de la victoire *etc*

♦ **to be on the way** *(= to be expected)* être prévu ◆ **more snow is on the way** d'autres chutes de neige sont prévues ◆ **she's got twins, and another baby on the way** * elle a des jumeaux, et un bébé en route *

♦ **the/one's way back** ◆ **the way back to the station** le chemin pour revenir à la gare ◆ **on the** *or* **his way back he met...** au retour *or* sur le chemin du retour *or* en revenant il a rencontré... ◆ **he made his way back to the car** il est retourné *(or* revenu) vers la voiture

♦ **the/one's way down** ◆ **I don't know the way down** je ne sais pas par où on descend ◆ **I met her on the** *or* **my way down** je l'ai rencontrée en descendant ◆ **inflation is on the way down** l'inflation est en baisse

♦ **the way forward** ◆ **the way forward is...** l'avenir, c'est... ◆ **they held a meeting to discuss the way forward** ils ont organisé une réunion pour discuter de la marche à suivre ◆ **is monetary union the way forward?** l'union monétaire est-elle la bonne voie *or* la voie du progrès ?

♦ **the/one's + way in** ◆ **we couldn't find the way in** nous ne trouvions pas l'entrée ◆ **I met her on the** *or* **my way in** je l'ai rencontrée à l'entrée ◆ **it's on the way in** *(fig)[fashion etc]* c'est à la mode

♦ **the/one's/no way out** ◆ **can you find your own way out?** pouvez-vous trouver la sortie tout seul ? ◆ **I'll find my own way out** ne vous dérangez pas, je trouverai (bien) la sortie ◆ **you'll see it on the** *or* **your way out** vous le verrez en sortant ◆ **he tried to talk his way out of it** *(fig)* il a essayé de s'en sortir avec de belles paroles ◆ **there's no other way out** il n'y a pas d'autre solution ◆ **there is no way out of this difficulty** il n'y a pas moyen d'éviter cette difficulté ◆ **it's on the way out** *[fashion etc]* ce n'est plus vraiment à la mode, c'est out *

♦ **the/one's way up** ◆ **I don't know the way up** je ne sais pas par où on monte ◆ **all the way up** jusqu'en haut, jusqu'au sommet ◆ **I met him on the** *or* **my way up** je l'ai rencontré en montant ◆ **I was on my way up to see you** je montais vous voir ◆ **unemployment is on the way up** le chômage est en hausse

♦ **a/no way round** ◆ **we're trying to find a way round it** nous cherchons un moyen de contourner *or* d'éviter ce problème ◆ **there's no way round this difficulty** il n'y a pas moyen de contourner cette difficulté

2 [= PATH] ◆ **their way was blocked by police** la police leur barrait le passage ◆ **to push** *or* **force one's way through a crowd** se frayer un chemin *or* un passage à travers une foule ◆ **to hack** *or* **cut one's way through the jungle** se frayer un chemin à la machette dans la jungle ◆ **to crawl/limp** *etc* **one's way to the door** ramper/boiter *etc* jusqu'à la porte ◆ **they live over** *or* **across the way** * ils habitent en face

♦ **in the/sb's way** ◆ **to be in the way** *(lit)* bloquer *or* barrer le passage ; *(fig)* gêner ◆ **am I in the** *or* **your way?** *(lit)* est-ce que je vous empêche de passer ? ; *(fig)* est-ce que je vous gêne ? ◆ **he put me in the way of one or two bargains** * il m'a indiqué quelques bonnes affaires ◆ **to put difficulties in sb's way** créer des difficultés à qn

♦ **out of the/sb's way** ◆ **it's out of the way over there** ça ne gêne pas là-bas ◆ **to get out of the way** s'écarter ◆ **(get) out of the** *or* **my way!** pousse-toi !, laisse-moi passer ! ◆ **to get out of sb's way** laisser passer qn ◆ **could you get your foot out of the way?** tu peux pousser *or* retirer ton pied ? ◆ **as soon as I've got the exams out of the way** * dès que les examens seront finis ◆ **keep matches out of children's way** *or* **out of the way of children** ne laissez pas les allumettes à la portée des enfants ◆ **to keep out of sb's way** éviter qn ◆ **keep (well) out of his way today!** ne te mets pas sur son chemin aujourd'hui ! ◆ **he kept well out of the way** il a pris soin de rester à l'écart ◆ **the village is quite out of the way** le village est vraiment à l'écart *or* isolé ◆ **to put sth out of the way** ranger qch ◆ **he wants his wife out of the way** * il veut se débarrasser de sa femme ◆ **I'll take you home, it's not out of my way** je vous ramènerai, c'est sur mon chemin ◆ **that would be nice, but don't go out of your way** ce serait bien mais ne vous dérangez pas ◆ **to go out of one's way to do sth** *(fig)* se donner du mal pour faire qch ◆ **he went out of his way to help us** il s'est donné du mal pour nous aider ◆ **it's nothing out of the way** *(fig)* cela n'a rien de spécial *or* d'extraordinaire

♦ **to make way (for)** ◆ **to make way for sb** faire place à qn, s'écarter pour laisser passer qn ; *(fig)* laisser la voie libre à qn ◆ **they made way for the ambulance** ils se sont écartés *or* rangés pour laisser passer l'ambulance ◆ **to make way for sth** *(fig)* ouvrir la voie à qch ◆ **this made way for a return to democracy** ceci a ouvert la voie à la restauration de la démocratie ◆ **make way!** † place ! †

3 [* = AREA] ◆ **there aren't many parks round our way** il n'y a pas beaucoup de parcs par chez nous ◆ **round this way** par ici ◆ **I'll be down** *or* **round your way tomorrow** je serai près de chez vous demain ◆ **it's out** *or* **over Oxford way** c'est du côté d'Oxford

4 [= DISTANCE] ◆ **a short way up the road** à quelques pas ◆ **to be some way off** être assez loin ◆ **a little way away** *or* **off** pas très loin ◆ **he stood some way off** il se tenait à l'écart ◆ **is it far? – yes, it's a good** **or* **quite a** * **way** c'est loin ? – oui, il y a un bon bout de chemin * ◆ **it's a good** * **way to London** il y a un bon bout de chemin * jusqu'à Londres ◆ **to be a long way away** *or* **off** être loin ◆ **it's a long way from here** c'est loin d'ici ◆ **he's a long way from home** il est loin de chez lui ◆ **that's a long way from the truth** c'est loin d'être vrai ◆ **a long way off I could hear...** j'entendais au loin... ◆ **is it finished? – not by a long way!** est-ce terminé ? – loin de là *or* loin s'en faut ! ◆ **it was our favourite by a long way** c'était de loin celui que nous préférions ◆ **they've come a long way** *(fig)* ils ont fait du chemin ◆ **the roots go a long way down** les racines sont très profondes ◆ **we've got a long way to go** *(lit)* nous avons beaucoup de chemin à faire ; *(fig) (= still far from our objective)* nous ne sommes pas au bout de nos peines ; *(= not got enough)* nous sommes encore loin du compte ◆ **to go a long way round** faire un grand détour ◆ **he makes a little go a long way** il tire le meilleur parti de ce qu'il a ◆ **a little praise goes a long way** * un petit compliment de temps à autre, ça aide * ◆ **this spice is expensive, but a little goes a long way** cette épice est chère mais on n'a pas besoin d'en mettre beaucoup ◆ **I find a little goes a long way with rap music** * *(iro)* le rap, c'est surtout à petites doses que je l'apprécie ◆ **it should go a long way/some way towards paying the bill** cela devrait couvrir une grande partie/une partie de la facture ◆ **it should go a long way/some way towards improving relations between the two countries** cela devrait améliorer considérablement/contribuer à améliorer les rapports entre les deux pays

♦ **all the way** *(= the whole distance)* ◆ **he had to walk all the way (to the hospital)** il a dû faire tout le chemin à pied (jusqu'à l'hôpital) ◆ **there are street lights all the way** il y a des réverbères tout le long du chemin ◆ **it rained all the way** il a plu pendant tout le chemin ◆ **he talked all the way to the theatre** il a parlé pendant tout le chemin jusqu'au théâtre ◆ **I'm with you all the way** * *(= entirely agree)* je suis entièrement d'accord avec vous ◆ **I'll be with you all the way** *(= will back you up)* je vous soutiendrai jusqu'au bout ◆ **to go all the way with sb** * coucher * avec qn ◆ **to go all the way** * passer à l'acte, concrétiser *

5 [= DIRECTION] ◆ **are you going my way?** est-ce que vous allez dans la même direction que moi ? ◆ **he never looked my way** il n'a pas fait attention à moi ◆ **this way** par ici ◆ **turn this way for a moment** tourne-toi par ici un moment ◆ **"this way for** *or* **to the cathedral"** « vers la cathédrale » ◆ **he went that way** il est parti par là ◆ **which way did he go?** par où est-il passé ?, dans quelle direction est-il parti ? ◆ **she didn't know which way to look** *(fig)* elle ne savait pas où se mettre ◆ **which way do we go from here?** *(lit)* par où allons-nous maintenant ?, quel chemin prenons-nous maintenant ? ; *(fig)* qu'allons-nous faire maintenant ? ◆ **everything's going his way** * **just now** *(fig)* tout lui réussit en ce moment ◆ **if the chance comes your way** * si jamais vous en avez l'occasion ◆ **I'll try and put some work your way** * j'essayerai de t'avoir du travail ◆ **he looked the other way** *(lit, fig)* il a regardé ailleurs, il a détourné les yeux ◆ **cars parked every which way** * des voitures garées n'importe comment *or* dans tous les sens

♦ **this way and that** ◆ **the leaves were blowing this way and that** les feuilles tournoyaient de-ci de-là ◆ **he ran this way and that** il courait dans tous les sens

6 [= FOOTPATH] ◆ **the Pennine/North Wales Way** le chemin de grande randonnée des Pennines/du nord du pays de Galles

7 [= SIDE] ◆ **your jersey is the right/wrong way out** ton pull est à l'endroit/à l'envers ◆ **have I got this dress the right way round?** est-ce que j'ai bien mis cette robe à l'endroit ? ◆ **turn the rug the other way round** tourne le tapis dans l'autre sens ◆ **he didn't hit her, it was the other way round** ce n'est pas lui qui l'a frappée, c'est le contraire ◆ **"this way up"** *(on box)* « haut » ◆ **the right way up** dans le bon sens ◆ **the wrong way up** à l'envers

8 [= PART] ◆ **the region/loot was split three ways** la région/le butin a été divisé(e) en trois ◆ **a three-way discussion** une discussion à trois participants ◆ **a four-way radio link-up** une liaison radio à quatre voies

9 [= MANNER] façon *f*, manière *f* ◆ **(in) this/that way** comme ceci/cela, de cette façon, de cette manière ◆ **what an odd way to behave!** quelle drôle de manière *or* façon de se comporter !, quel drôle de comportement ! ◆ **to do sth the right/wrong way** bien/mal faire qch ◆ **he had to do it, but there's a right and a wrong way of doing everything** * il était obligé de le faire mais il aurait pu y mettre la manière ◆ **he said it in such a way that...** il l'a dit sur un tel ton *or* d'une telle façon que... ◆ **do it your own way** fais comme tu veux *or* à ta façon ◆ **I did it my way** je l'ai fait à ma façon ◆ **he insisted I did it his way** il a insisté pour que je suive sa méthode *or* pour que je le fasse à sa façon ◆ **he is amusing in his (own) way** il est amusant à sa façon ◆ **he has his own way of doing things** il a une façon bien à lui de faire les choses ◆ **in every way possible, in every possible way** *[help]* par tous les moyens possibles ◆ **to try in every way possible** *or* **in every possible way to do sth** faire tout son possible pour faire qch ◆ **every** *or* **any which way (one can)** * de toutes les manières possibles ◆ **way to go!** ** *(esp US)* bravo ! ◆ **what a way to go!** *(of sb's death) (terrible)* c'est vraiment triste de partir ainsi ; *(good)* il *(or* elle) a eu une belle mort ◆ **that's the way the money goes** c'est comme ça que l'argent file ◆ **that's just the way he is** il est comme ça, c'est tout ◆ **whatever way you look at it** quelle que soit la façon dont on envisage la chose ◆ **leave it the way it is** laisse-le comme il est ◆ **the way things are going we shall have nothing left** au train où vont les choses, il ne nous restera plus rien ◆ **it's just the way things are** c'est la vie ! ◆ **the ways of Providence** les voies de la Providence

♦ **in a small/big way** ◆ **in a small way he contributed to...** à sa manière, il a contribué à... ◆ **in his own small way he helped a lot of people** à sa manière, il a aidé beaucoup de gens ◆ **in a small way it did make a difference** cela a quand même fait une différence ◆ **he furthered her career in a big way** * il a beaucoup contribué à faire progresser sa carrière ◆ **he does things in a big way** * il fait les choses en grand * ◆ **soccer is taking off in the States in a big way** * le football connaît un véritable essor aux États-Unis

♦ **no way!** * pas question ! ◆ **no way am I doing that** (il n'est) pas question que je fasse ça ◆ **I'm**

**not paying, no way!** je refuse de payer, un point c'est tout ! ◆ **will you come? – no way!** tu viens ? – pas question *or* sûrement pas ! ◆ **there's no way that's champagne!** ce n'est pas possible que ce soit du champagne !

◆ **one way or another/the other** *(= somehow)* d'une façon ou d'une autre ◆ **everyone helped one way or another** tout le monde a aidé d'une façon ou d'une autre ◆ **it doesn't matter one way or the other** *(= either way)* ça n'a aucune importance ◆ **two days one way or the other won't make much difference*** deux jours de plus ou de moins ne changeront pas grand-chose

10 [= METHOD, TECHNIQUE] méthode *f*, solution *f* ◆ **the best way is to put it in the freezer for ten minutes** la meilleure méthode *or* solution, c'est de le mettre au congélateur pendant dix minutes, le mieux, c'est de le mettre au congélateur pendant dix minutes ◆ **that's the way to do it** voilà comment il faut faire *or* s'y prendre ◆ **that's quite the wrong way to go about it** ce n'est pas comme ça qu'il faut s'y prendre *or* qu'il faut le faire ◆ **that's the way!** voilà, c'est bien *or* c'est ça !

◆ **to have a way with** ◆ **he has a way with people** il sait s'y prendre avec les gens ◆ **he has got a way with cars** il s'y connaît en voitures ◆ **to have a way with words** *(= be eloquent)* manier les mots avec bonheur ; *(pej)* avoir du bagou* ◆ **she has a (certain) way with her*** elle a un certain charme

11 [= MEANS] moyen *m* ◆ **we'll find a way to do** *or* **of doing it** nous trouverons bien un moyen de le faire ◆ **love will find a way** *(Prov)* l'amour finit toujours par triompher

◆ **by way of** *(= via)* par ; *(= as)* en guise de ; *(= so as to)* pour, afin de ; *(= by means of)* au moyen de ◆ **he went by way of Glasgow** il est passé par Glasgow ◆ **"I'm superstitious", she said by way of explanation** « je suis superstitieuse », dit-elle en guise d'explication ◆ **it was by way of being a joke** c'était une plaisanterie ◆ **I did it by way of discovering what...** je l'ai fait pour découvrir *or* afin de découvrir ce que... ◆ **by way of lectures, practicals and tutorials** au moyen de cours magistraux, de travaux pratiques et de travaux dirigés

12 [= SITUATION, STATE, NATURE] ◆ **that's always the way** c'est toujours comme ça ◆ **that's always the way with him** c'est toujours comme ça *or* toujours pareil avec lui ◆ **it was this way...** *(= happened like this)* ça s'est passé comme ça... ◆ **in the ordinary way of things** d'ordinaire, normalement ◆ **it's the way of the world!** ainsi va le monde ! ◆ **things are in a bad way*** ça va mal ◆ **he is in a bad way*** il va mal ◆ **the car is in a very bad way*** la voiture est en piteux état ◆ **she was in a terrible way*** *(physically)* elle était dans un état lamentable ; *(= agitated)* elle était dans tous ses états

13 [= HABIT] ◆ **to get into/out of the way of doing sth** prendre/perdre l'habitude de faire qch ◆ **that's not my way** ce n'est pas mon genre, je ne suis pas comme ça ◆ **it's not my way to flatter people** ce n'est pas mon genre *or* dans mes habitudes de flatter les gens ◆ **don't be offended, it's just his way** ne vous vexez pas, il est comme ça, c'est tout ◆ **it's only his (little) way** il est comme ça ◆ **he has an odd way of scratching his chin when he laughs** il a une drôle de façon *or* manière de se gratter le menton quand il rit ◆ **I know his little ways** je connais ses petites habitudes *or* ses petits travers ◆ **they didn't like his pretentious ways** ils n'aimaient pas ses manières prétentieuses ◆ **I love her funny little ways** j'adore sa manière bien à elle de faire les choses ◆ **to mend** *or* **improve one's ways** s'amender ◆ **she is very precise in her ways** elle porte une attention maniaque aux détails ◆ **Spanish ways, the ways of the Spanish** les coutumes *fpl or* mœurs *fpl* espagnoles

14 [= RESPECT, PARTICULAR] ◆ **in some ways** à certains égards ◆ **in many ways** à bien des égards ◆ **in more ways than one** à plus d'un titre ◆ **can I help you in any way?** puis-je vous aider en quoi que ce soit ?, puis-je faire quelque chose pour vous aider ? ◆ **does that in any way explain it?** est-ce là une explication satisfaisante ? ◆ **he's in no way** *or* **not in any way to blame** ce n'est vraiment pas de sa faute ◆ **not in any way!** pas le moins du monde ! ◆ **I offended her, without in any way intending to do so** je l'ai vexée tout à fait involontairement ◆ **he's right in a** *or* **one way** il a raison dans un certain sens ◆ **she's good/bad/clever** *etc* **that way*** elle est bonne/mauvaise/douée *etc* pour ce genre de choses

◆ **by way of, in the way of** *(= as regards)* ◆ **what is there by way of** *or* **in the way of kitchen utensils?** qu'est-ce qu'il y a comme ustensiles de cuisine ?

◆ **by the way** → **by**

15 [= DESIRE] ◆ **to get one's own way** n'en faire qu'à sa tête ◆ **to want one's own way** vouloir imposer sa volonté ◆ **I won't let him have things all his own way** je ne vais pas le laisser faire tout ce qu'il veut ◆ **Arsenal had it all their own way in the second half*** Arsenal a complètement dominé la deuxième mi-temps ◆ **to have** *or* **get one's wicked** *or* **evil way with sb** *(hum = seduce)* parvenir à ses fins avec qn

16 [= POSSIBILITY] ◆ **there are no two ways about it** il n'y a pas à tortiller* ◆ **each way** *(Racing)* gagnant ou placé ◆ **you can't have it both** *or* **all ways** il faut choisir

17 [NAUT] ◆ **to gather/lose way** *(= speed)* prendre/perdre de la vitesse

**2 - ADVERB**

1 [= FAR] ◆ **way over there** là bas, au loin ◆ **way down below** tout en bas ◆ **way up in the sky** très haut dans le ciel ◆ **way out to sea** loin au large ◆ **you're way out* in your calculations** tu t'es trompé de beaucoup dans tes calculs

2 [* = VERY MUCH] très ◆ **I had to plan way in advance** j'ai dû m'y prendre très longtemps à l'avance ◆ **it's way too big** c'est beaucoup trop grand ◆ **way above average** bien au-dessus de la moyenne ◆ **it's way past your bedtime** ça fait longtemps que tu devrais être au lit

**3 - COMPOUNDS**

**way of life** N mode *m* de vie ◆ **the French way of life** le mode de vie des Français, la vie française ◆ **such shortages are a way of life** de telles pénuries sont monnaie courante *or* font partie de la vie de tous les jours
**the Way of the Cross** N *(Rel)* le chemin de la Croix
**way-out*** ADJ excentrique ◆ **way-out!** super !*, formidable !
**way port** N port *m* intermédiaire
**ways and means** NPL moyens *mpl (of doing sth* de faire qch)
**Ways and Means Committee** N *(US Pol) commission des finances de la Chambre des représentants (examinant les recettes)*
**way station** N *(US)* petite gare *f* ; *(fig = stage)* étape *f*
**way train** N *(US)* omnibus *m*

**waybill** /ˈweɪbɪl/ N *(Comm)* récépissé *m*

**wayfarer** /ˈweɪˌfɛərəʳ/ SYN N voyageur *m*, -euse *f*

**wayfaring** /ˈweɪˌfɛərɪŋ/
N voyages *mpl*
COMP **wayfaring tree** N viorne *f* mancienne

**waylay** /weɪˈleɪ/ (pret, ptp **waylaid**) VT 1 *(= attack)* attaquer, assaillir
2 *(= speak to)* arrêter au passage

**waymark** /ˈweɪmɑːk/
N balise *f (trait de peinture sur un arbre ou une pierre, indiquant le parcours à suivre)*
VT baliser

**waymarked** /ˈweɪmɑːkt/ ADJ balisé

**wayside** /ˈweɪsaɪd/
N bord *m or* côté *m* de la route ◆ **along the wayside** le long de la route ◆ **by the wayside** au bord de la route ◆ **to fall by the wayside** *(liter = err, sin)* quitter le droit chemin ◆ **to fall** *or* **go by the wayside** *(fig) [competitor, contestant] (= drop out)* abandonner ; *(= be eliminated)* être éliminé ; *[project, plan]* tomber à l'eau ; *[marriage]* se solder par un échec ; *[company]* connaître l'échec ◆ **it went by the wayside** on a dû laisser tomber* ◆ **his diet soon fell** *or* **went by the wayside** il a vite oublié son régime ◆ **two actors fell by the wayside during the making of the film** *(= gave up)* deux acteurs ont abandonné pendant le tournage du film ; *(= were sacked)* deux acteurs ont été renvoyés pendant le tournage du film ◆ **a lot of business opportunities are going by the wayside** on perd de nombreuses occasions de faire des affaires
COMP *[plant, café]* au bord de la route

**wayward** /ˈweɪwəd/ SYN ADJ 1 *(= wilful) [person]* indiscipliné ; *[horse, behaviour]* rétif ; *(= capricious)* capricieux ; *(= unfaithful)* ◆ **her wayward husband** son mari volage
2 *(gen hum = unmanageable) [hair]* rebelle ; *[satellite, missile]* incontrôlable

**waywardness** /ˈweɪwədnɪs/ N *(NonC) (= stubbornness)* entêtement *m* ; *(= capriciousness)* inconstance *f*

**WBA** /ˈdʌbljʊbiːˈeɪ/ N (abbrev of **World Boxing Association**) WBA *f*

**WBC** /ˈdʌbljʊbiːˈsiː/ N (abbrev of **World Boxing Council**) WBC *m*

**WBO** /ˈdʌbljʊbiːˈəʊ/ N (abbrev of **World Boxing Organization**) WBO *f*

**WC** /ˈdʌbljʊˈsiː/ N (abbrev of **water closet**) W.-C. *or* WC *mpl*

**WCC** /ˈdʌbljuːsiːˈsiː/ N (abbrev of **World Council of Churches**) COE *m*

**we** /wiː/ PERS PRON *(pl: unstressed, stressed)* nous ◆ **we went to the cinema** nous sommes allés *or* on est allé au cinéma ◆ **as we say in England** comme on dit (chez nous) en Angleterre ◆ **we all make mistakes** tout le monde peut se tromper ◆ **we French** nous autres Français ◆ **we teachers understand that...** nous autres professeurs, nous comprenons que... ◆ **we three have already discussed it** nous en avons déjà discuté tous les trois ◆ **"we agree" said the king** « nous sommes d'accord » dit le roi ; → **royal**

**w/e** (abbrev of **week ending**) ◆ **w/e 28 Oct** semaine terminant le 28 octobre

**WEA** /ˈdʌbljuːiːˈeɪ/ N *(in Brit)* (abbrev of **Workers' Educational Association**) *association d'éducation populaire*

**weak** /wiːk/ SYN
ADJ 1 *(= debilitated) (gen)* faible ; *[immune system]* affaibli ◆ **to grow weak(er)** *[person]* s'affaiblir, devenir plus faible ; *[structure, material]* faiblir ; *[voice]* faiblir, devenir plus faible ◆ **to have a weak heart** être cardiaque, avoir le cœur fragile ◆ **to have weak lungs** *or* **a weak chest** avoir les poumons fragiles ◆ **to have a weak stomach** *or* **digestion** *(lit)* avoir l'estomac fragile ◆ **to have a weak stomach** *(fig)* être impressionnable ◆ **to have weak eyesight** avoir la vue faible, avoir une mauvaise vue ◆ **to have a weak chin/mouth** avoir le menton fuyant/la bouche veule ◆ **weak from** *or* **with hunger** affaibli par la faim ◆ **he was weak from** *or* **with fright** la peur lui coupait les jambes ◆ **to feel weak with desire** se sentir défaillir sous l'effet du désir ◆ **to feel weak with relief** trembler rétrospectivement ◆ **his knees felt weak, he went weak at the knees** *(from fright)* ses genoux se dérobaient sous lui ; *(from fatigue, illness etc)* il avait les jambes molles *or* comme du coton* ◆ **he went weak at the knees at the sight of her** *(hum)* il s'est senti défaillir quand il l'a vue ◆ **to be weak in the head*** être débile* ◆ **weak point** *or* **spot** point *m* faible ◆ **the weak link in the chain** le point faible ; → **constitution, sex, wall**
2 *(= poor, unconvincing) [essay, script, plot, novel, excuse, argument, evidence]* faible ; *[actor, acting]* médiocre ◆ **to give a weak performance** *[actor, dancer, athlete]* faire une prestation médiocre ; *[currency]* mal se comporter ; *[company]* avoir de mauvais résultats ◆ **the economy has begun a weak recovery** l'économie connaît une faible reprise ◆ **to give a weak smile** avoir un faible sourire ◆ **he is weak in maths** il est faible en maths ◆ **French is one of his weaker subjects** le français est une de ses matières faibles, le français n'est pas son fort* ◆ **the book is weak on historical details** les détails historiques ne sont pas le point fort du livre
3 *(= not powerful) [army, country, team, government, political party, economy, currency, demand]* faible ◆ **the government is in a very weak position** le gouvernement est dans une très mauvaise position *or* n'est pas du tout en position de force ◆ **to grow weak(er)** *[influence, power]* baisser, diminuer ; *[economy]* s'affaiblir ; *[currency, demand]* faiblir, s'affaiblir
4 *[coffee, tea]* léger ; *[solution, mixture, drug, lens, spectacles, magnet]* faible ; *(Elec) [current]* faible
NPL **the weak** les faibles *mpl*
COMP **weak interaction** N *(Phys)* interaction *f* faible
**weak-kneed*** ADJ *(fig)* lâche, faible
**weak-minded** ADJ *(= simple-minded)* faible *or* simple d'esprit ; *(= indecisive)* irrésolu
**weak point** N point *m* faible
**weak sister*** N *(US)* ◆ **the weak sister** le faiblard*, la faiblarde* (dans un groupe)
**weak spot** N point *m* faible
**weak verb** N *(Gram)* verbe *m* faible
**weak-willed** ADJ faible, velléitaire

**weaken** /ˈwiːkən/ SYN

**VI** *[person] (in health)* s'affaiblir ; *(in resolution)* faiblir, flancher* ; *(= relent)* se laisser fléchir ; *[structure, material]* faiblir, commencer à fléchir ; *[voice]* faiblir, baisser ; *[influence, power]* baisser, diminuer ; *[country, team]* faiblir ; *[share prices]* fléchir • **the price of tin has weakened further** le cours de l'étain a de nouveau faibli *or* a accentué son repli

**VT** *[+ person] (physically)* affaiblir, miner ; *(morally, politically)* affaiblir ; *[+ join, structure, material]* abîmer ; *[+ heart, muscles, eyesight]* affaiblir ; *[+ country, team, government]* affaiblir, rendre vulnérable ; *[+ defence, argument, evidence]* affaiblir, enlever du poids *or* de la force à ; *[+ coffee, solution, mixture]* couper, diluer ; *(Econ) [+ the pound, dollar]* affaiblir, faire baisser

**weakening** /ˈwiːkənɪŋ/

**N** *[of health, resolution]* affaiblissement *m* ; *[of structure, material]* fléchissement *m*, fatigue *f*

**ADJ** *[effect]* affaiblissant, débilitant ; *[disease, illness]* débilitant, qui mine

**weakling** /ˈwiːklɪŋ/ SYN **N** *(physically)* gringalet *m*, mauviette *f* ; *(morally etc)* faible *mf*, poule *f* mouillée

**weakly** /ˈwiːklɪ/

**ADV** 1 *(= feebly) [move, smile, speak]* faiblement • **his heart was beating weakly** son cœur battait faiblement

2 *(= irresolutely) [say, protest]* mollement

**ADJ** *[person]* chétif

**weakness** /ˈwiːknɪs/ SYN **N** 1 *(NonC: lit, fig = lack of strength) [of person, argument, signal, currency]* faiblesse *f* ; *[of industry, economy, regime]* fragilité *f* • **to negotiate from a position of weakness** *(fig)* négocier dans une position d'infériorité

2 *(= weak point) [of person, system, argument]* point *m* faible

3 *(NonC: pej, Psych) [of person, character]* faiblesse *f* • **a sign of weakness** un signe de faiblesse

4 *(= defect) [of structure, material]* défaut *m*

5 *(NonC = fragility) [of structure, material]* défauts *mpl*

6 *(= penchant) [of person]* faible *m (for sth* pour qch) • **a weakness for sweet things** un faible pour les sucreries

**weal**[1] /wiːl/ **N** *(esp Brit : on skin)* zébrure *f*

**weal**[2] †† /wiːl/ **N** bien *m*, bonheur *m* • **the common weal** le bien public • **weal and woe** le bonheur et le malheur

**weald** †† /wiːld/ **N** *(= wooded country)* pays *m* boisé ; *(= open country)* pays *m* découvert

**wealth** /welθ/ SYN

**N** 1 *(NonC) (= fact of being rich)* richesse *f* ; *(= money, possessions, resources)* richesses *fpl*, fortune *f* ; *(= natural resources etc)* richesse(s) *f(pl)* • **a man of great wealth** un homme très riche • **the wealth of the oceans** les richesses *fpl or* les riches ressources *fpl* des océans • **the mineral wealth of a country** les richesses *fpl* minières d'un pays

2 *(fig = abundance)* • **a wealth of ideas** une profusion *or* une abondance d'idées • **a wealth of experience/talent** énormément d'expérience/de talent • **a wealth of information** *or* **detail about sth** une mine de renseignements sur qch • **the lake is home to a wealth of species** ce lac abrite une faune et une flore très riches

**COMP** **wealth tax N** *(Brit)* impôt *m* sur la fortune

**wealthy** /ˈwelθɪ/ SYN

**ADJ** *[person, family]* fortuné ; *[country]* riche

**NPL** **the wealthy** les riches *mpl*

**wean** /wiːn/

**VT** sevrer • **to wean a baby (onto solids)** sevrer un bébé • **to wean sb off cigarettes/alcohol** aider qn à arrêter de fumer/de boire • **to wean o.s. off cigarettes/chocolate/alcohol** apprendre à se passer de cigarettes/de chocolat/d'alcool • **I weaned her off the idea of going to Greece** je l'ai dissuadée de partir en Grèce • **I'm trying to wean her onto more adult novels** j'essaie de lui faire lire des romans plus adultes • **to be weaned on sth** *(fig)* être nourri de qch *(fig)*

**N** /weɪn/ *(Scot = baby, young child)* petit(e) *m(f)*

**weaning** /ˈwiːnɪŋ/ **N** *(lit, fig) [of baby, addict]* sevrage *m*

**weapon** /ˈwepən/

**N** *(lit, fig)* arme *f* • **weapon of offence/defence** arme *f* offensive/défensive

**COMP** **weapons-grade ADJ** pour la fabrication d'armes

**weapons of mass destruction NPL** armes *fpl* de destruction massive

**weaponry** /ˈwepənrɪ/ **N** *(NonC: collective, )(gen = arms)* armes *fpl* ; *(Mil)* matériel *m* de guerre, armements *mpl*

**wear** /wɛəʳ/ SYN (vb: pret **wore**, ptp **worn**)

**N** *(NonC)* 1 *(= clothes collectively)* vêtements *mpl* • **children's/summer/ski wear** vêtements *mpl* pour enfants/d'été/de ski • **the shop stocks an extensive range of beach wear** la boutique propose un grand choix de vêtements de plage • **bring casual wear** apportez des vêtements décontractés ; → **footwear, sportswear**

2 *(= act of wearing)* • **clothes for everyday wear** vêtements *mpl* pour tous les jours • **it's suitable for everyday wear** on peut le porter tous les jours • **clothes for evening wear** tenue *f* de soirée • **for evening wear, dress the outfit up with jewellery** pour le soir, agrémentez cette tenue de bijoux • **clothes for informal** *or* **casual wear** des vêtements *mpl* décontractés

3 *(= use)* usage *m* ; *(= deterioration through use)* usure *f* • **this material will stand up to a lot of wear** ce tissu résistera bien à l'usure • **this carpet has seen** *or* **had some hard wear** ce tapis a beaucoup servi • **there is still some wear left in it** *(garment, shoe)* c'est encore mettable ; *(carpet, tyre)* cela fera encore de l'usage • **he got four years' wear out of it** cela lui a fait *or* duré quatre ans • **you'll get more wear out of a hat if you choose one in a neutral colour** vous porterez plus facilement un chapeau si vous choisissez une couleur neutre • **it has had a lot of wear and tear** c'est très usagé, cela a été beaucoup porté *or* utilisé • **fair** *or* **normal wear and tear** usure *f* normale • **the wear and tear on the engine** l'usure du moteur • **to show signs of wear** *[clothes, shoes]* commencer à être défraîchi *or* fatigué ; *[carpet]* commencer à être usé ; *[tyres, machine]* commencer à être fatigué *or* usagé • **wear resistant** *(US)* inusable ; → **worse**

**VT** 1 *[+ garment, flower, sword, watch, spectacles, disguise]* porter ; *[+ beard, moustache]* porter, avoir ; *[+ bandage, plaster, tampon, sanitary towel]* avoir • **he was wearing a hat** il avait *or* il portait un chapeau • **the man wearing a hat** l'homme au chapeau • **I never wear a hat** je ne mets *or* porte jamais de chapeau • **people rarely wear hats now** les chapeaux ne se portent plus guère aujourd'hui • **he was wearing nothing but a bath towel** il n'avait qu'une serviette de bain sur lui • **he was wearing nothing but a pair of socks** il n'avait pour tout vêtement qu'une paire de chaussettes • **what shall I wear?** qu'est-ce que je vais mettre ? • **I've nothing to wear, I haven't got a thing to wear*** je n'ai rien à me mettre • **she had nothing to wear to a formal dinner** elle n'avait rien à se mettre pour un dîner habillé • **I haven't worn it for ages** cela fait des siècles que je ne l'ai pas mis *or* porté • **they don't wear (a) uniform at her school** on ne porte pas d'uniforme dans son école • **cyclists should always wear a helmet** les cyclistes devraient toujours porter *or* mettre un casque • **she was wearing blue** elle était en bleu • **what the well-dressed woman is wearing this year** ce que la femme élégante porte cette année • **he wears good clothes** il s'habille bien • **she was wearing a bandage on her arm** elle avait le bras bandé • **she wears her hair long** elle a les cheveux longs • **she wears her hair in a bun** elle porte un chignon • **she usually wears her hair up** *(in ponytail, plaits etc)* elle s'attache généralement les cheveux ; *(in a bun)* elle relève généralement ses cheveux en chignon • **to wear lipstick/moisturizer** *etc* (se) mettre du rouge à lèvres/de la crème hydratante *etc* • **to wear perfume** se parfumer, (se) mettre du parfum • **she was wearing perfume** elle s'était parfumée, elle s'était mis du parfum • **she was wearing make-up** elle (s')était maquillée • **she's the one who wears the trousers** *or (esp US)* **the pants** c'est elle qui porte la culotte* *or* qui commande

2 *(fig) [+ smile]* arborer ; *[+ look]* avoir, afficher • **she wore a frown** elle fronçait les sourcils • **he wore a look** *or* **an air of satisfaction, he wore a satisfied look on his face** son visage exprimait la satisfaction, il affichait *or* avait un air de satisfaction • **she wears her age** *or* **her years well** elle porte bien son âge, elle est encore bien pour son âge

3 *(= rub etc) [+ clothes, fabric, stone, wood]* user ; *[+ groove, path]* creuser peu à peu • **to wear a hole in sth** trouer *or* percer peu à peu qch, faire peu à peu un trou dans *or* à qch • **the rug was worn (thin)** le tapis était usé jusqu'à la corde • **worn with care** usé *or* rongé par les soucis ; see also **worn** ; → **frazzle, work**

4 *(Brit* * *= tolerate, accept)* tolérer • **he won't wear that** il n'acceptera jamais (ça), il ne marchera pas* • **the committee won't wear another £100 on your expenses** vous ne ferez jamais avaler au comité 100 livres de plus pour vos frais*

**VI** 1 *(= deteriorate with use) [garment, fabric, stone, wood]* s'user • **these trousers have worn at the knees** ce pantalon est usé aux genoux • **the rock has worn smooth** la roche a été polie par le temps • **the material has worn thin** le tissu est râpé • **the rug has worn thin** *or* **threadbare** le tapis est usé jusqu'à la corde *or* complètement râpé • **that excuse has worn thin!** *(fig)* cette excuse ne prend plus ! • **my patience is wearing thin** je suis presque à bout de patience • **their optimism is starting to wear thin** ils commencent à perdre leur optimisme • **that joke is starting to wear a bit thin!** cette plaisanterie commence à être éculée !, cette plaisanterie n'est plus vraiment drôle !

2 *(= last) [clothes, carpet, tyres etc]* faire de l'usage, résister à l'usure • **that dress/carpet has worn well** cette robe/ce tapis a bien résisté à l'usure *or* a fait beaucoup d'usage • **a theory/friendship that has worn well** une théorie/amitié qui a résisté à l'épreuve du temps • **she has worn well*** elle est bien conservée

3 • **to wear to its end** *or* **to a close** *[day, year, sb's life]* tirer à sa fin

**COMP** **wear-resistant ADJ** *(US)* inusable

▸ **wear away**

**VI** *[wood, metal]* s'user ; *[cliffs, rock etc]* être rongé *or* dégradé ; *[inscription, design]* s'effacer

**VT SEP** *[+ wood, metal]* user ; *[+ cliffs, rock]* ronger, dégrader ; *[+ inscription, design]* effacer

▸ **wear down**

**VI** *[heels, pencil etc]* s'user ; *[resistance, courage]* s'épuiser

**VT SEP** *[+ materials]* user ; *[+ patience, strength]* user, épuiser ; *[+ courage, resistance]* miner • **the hard work was wearing him down** le travail l'usait *or* le minait • **constantly being criticized wears you down** ça (vous) mine d'être constamment critiqué • **I had worn myself down by overwork** je m'étais usé *or* épuisé en travaillant trop • **the unions managed to wear the employers down and get their demands met** les syndicats ont réussi à faire céder les employeurs et à obtenir ce qu'ils demandaient

▸ **wear off**

**VI** *[colour, design, inscription]* s'effacer, disparaître ; *[pain]* disparaître, passer ; *[anger, excitement]* s'apaiser, passer ; *[effects]* se dissiper, disparaître ; *[anaesthetic, magic]* se dissiper • **the novelty has worn off** cela n'a plus l'attrait de la nouveauté

**VT SEP** effacer par l'usure, faire disparaître

▸ **wear on VI** *[day, year, winter etc]* avancer ; *[battle, war, discussions etc]* se poursuivre • **as the years wore on** à mesure que les années passaient, avec le temps

▸ **wear out**

**VI** *[clothes, material, machinery]* s'user ; *[patience, enthusiasm]* s'épuiser

**VT SEP** 1 *[+ shoes, clothes]* user ; *[+ one's strength, reserves, materials, patience]* épuiser

2 *(= exhaust) [+ person, horse]* épuiser • **to wear one's eyes out** s'user les yeux *or* la vue • **to wear o.s. out** s'épuiser, s'exténuer *(doing sth* à faire qch) • **to be worn out** être exténué *or* éreinté

**ADJ** • **worn-out** → **worn**

▸ **wear through**

**VT SEP** trouer, percer

**VI** se trouer *(par usure)*

**wearable** /ˈwɛərəbl/ **ADJ** *[clothes]* mettable, portable ; *[shoes]* mettable ; *[colour]* facile à porter

**wearer** /ˈwɛərəʳ/ **N** porteur *m*, -euse *f* • **denture/spectacle/contact lens wearers** les porteurs *mpl* de dentier/de lunettes/de lentilles • **he's not really a tie wearer** ce n'est pas vraiment son style de porter la cravate • **this device can improve the wearer's hearing considerably** cet appareil peut considérablement améliorer l'audition (de l'utilisateur) • **special suits designed to protect the wearer from the cold** des combinaisons spéciales conçues pour protéger (l'utilisateur) du froid • **direct from maker to wearer** directement du fabricant au client

**wearied** /ˈwɪərɪd/ ADJ [person, animal, smile, look] las (lasse f) ; [sigh] de lassitude ◆ **wearied by sth** las de qch

**wearily** /ˈwɪərɪlɪ/ ADV [say, smile, look at, nod] d'un air las, avec lassitude ; [sigh, think, move] avec lassitude

**weariness** /ˈwɪərɪnɪs/ SYN N (NonC) (physical) lassitude f, fatigue f ; (mental) lassitude f (with sth à l'égard de qch), abattement m ; → **war**, **world**

**wearing** /ˈwɛərɪŋ/ SYN ADJ [person, job] fatigant, lassant ◆ **it's wearing on one's nerves** ça met les nerfs à rude épreuve

**wearisome** /ˈwɪərɪsəm/ SYN ADJ (frm) (= tiring) lassant, fatigant ; (= boring) ennuyeux, lassant, fastidieux ; (= frustrating) frustrant

**weary** /ˈwɪərɪ/ SYN
  ADJ 1 (= tired) las (lasse f) ◆ **to be weary of (doing) sth** être las de (faire) qch ◆ **weary of life** las de vivre ◆ **weary with walking** las d'avoir marché ◆ **to grow weary** [person, animal] se lasser ; [eyes] devenir las ◆ **to grow weary of (doing) sth** se lasser de (faire) qch ; → **world**
  2 (liter) [months, miles, wait] épuisant ◆ **I made my weary way back home** je suis rentré, épuisé
  VI se lasser (of sth de qch ; of doing sth de faire qch)
  VT (= tire) fatiguer, lasser ; (= try patience of) lasser, agacer, ennuyer (with à force de) ; see also **wearied**

**weasel** /ˈwiːzl/
  N belette f ; (fig pej = person) fouine f (fig pej)
  VI (US *: also **weasel-word**) (speaking) s'exprimer de façon ambiguë or équivoque ◆ **to weasel out of sth** (= extricate o.s.) se sortir or se tirer de qch en misant sur l'ambiguïté ; (= avoid it) éviter qch en misant sur l'ambiguïté
  COMP **weasel words** NPL paroles fpl ambiguës or équivoques

**weather** /ˈwɛðəʳ/ SYN
  N temps m ◆ **what's the weather like?** quel temps fait-il ? ◆ **it's fine/bad weather** il fait beau/mauvais, le temps est beau/mauvais ◆ **summer weather** temps m d'été or estival ◆ **in this weather** par ce temps, par un temps comme ça ◆ **in hot/cold/wet/stormy weather** par temps chaud/froid/humide/orageux ◆ **in good weather** par beau temps ◆ **in all weathers** par tous les temps ◆ **to be under the weather** * être mal fichu *, ne pas être dans son assiette ; → **heavy**, **wet**
  VT 1 (= survive) [+ tempest, hurricane] essuyer ; (fig) [+ crisis] survivre à, réchapper à ◆ **to weather a storm** (lit) essuyer une tempête ; (fig) tenir le coup ◆ **can the company weather the recession?** l'entreprise peut-elle survivre à or surmonter la récession ?
  2 (= expose to weather) [+ wood etc] faire mûrir ◆ **weathered rocks** rochers mpl exposés aux intempéries ◆ **rocks weathered by rain and wind** rochers mpl érodés par la pluie et par le vent
  VI [wood] mûrir ; [rocks] s'éroder
  COMP [knowledge, map, prospects] météorologique ; [conditions, variations] atmosphérique ; (Naut) [side, sheet] du vent
  **weather balloon** N ballon-sonde m (météorologique)
  **weather-beaten** ADJ [person, face] hâlé, tanné ; [building] dégradé par les intempéries ; [stone] érodé or usé par les intempéries
  **weather-bound** ADJ immobilisé or retenu par le mauvais temps
  **Weather Bureau** N (US) ⇒ **Weather Centre**
  **Weather Centre** N (Brit) Office m national de la météorologie
  **weather chart** N carte f du temps, carte f météorologique
  **weather check** N (bref) bulletin m météo inv
  **weather cock** N girouette f
  **weather eye** N (fig) ◆ **to keep a weather eye on sth** surveiller qch ◆ **to keep one's weather eye open** veiller au grain (fig)
  **weather forecast** N prévisions fpl météorologiques, météo * f NonC
  **weather forecaster** N météorologue mf, météorologiste mf
  **weather girl** * N présentatrice f météo inv
  **weather house** N baromètre m en forme de chalet
  **weather map** N carte f météo(rologique)
  **weather report** N bulletin m météorologique, météo * f NonC
  **weather satellite** N satellite m météorologique
  **weather ship** N navire m météo inv
  **weather station** N station f or observatoire m météorologique
  **weather strip** N bourrelet m (pour porte etc)
  **weather vane** N ⇒ **weather cock**

**weather window** N créneau m météorologique propice

**weather-worn** ADJ ⇒ **weather-beaten**

**weatherboard(ing)** /ˈwɛðəbɔːd(ɪŋ)/ N (NonC) planches fpl à recouvrement

**weatherglass** /ˈwɛðəɡlɑːs/ N baromètre m

**weatherman** * /ˈwɛðəmæn/ N (pl **-men**) météorologue m ; (on TV) présentateur m météo inv

**weatherproof** /ˈwɛðəpruːf/
  ADJ [clothing] imperméable ; [house] étanche
  VT [+ clothing] imperméabiliser ; [+ house] rendre étanche

**weatherwise** /ˈwɛðəwaɪz/ ADV du point de vue du temps

**weatherwoman** * /ˈwɛðəˌwʊmən/ N (pl **weather women** /ˈwɛðəˌwʊmɪn/) météorologue f ; (on TV) présentatrice f météo inv

**weave** /wiːv/ SYN (vb: pret **wove**, ptp **woven**)
  N tissage m ◆ **loose/tight weave** tissage m lâche/serré ◆ **a cloth of English weave** du drap tissé en Angleterre
  VT [+ threads, cloth, web] tisser ; [+ strands] entrelacer ; [+ basket, garland, daisies] tresser ; (fig) [+ plot] tramer, tisser ; [+ story] inventer, bâtir ◆ **to weave flowers into one's hair** entrelacer des fleurs dans ses cheveux ◆ **to weave details into a story** introduire or incorporer des détails dans une histoire
  ◆ **to weave one's way** ◆ **to weave one's way through the crowd** se faufiler à travers la foule ◆ **the drunk weaved his way across the room** l'ivrogne a titubé or zigzagué à travers la pièce ◆ **the car was weaving its way in and out through the traffic** la voiture se faufilait or se glissait à travers la circulation
  VI 1 (on loom) tisser
  2 (pret, ptp gen **weaved**) (also **weave one's** or **its way**) [road, river, line] serpenter ◆ **to weave through the crowd** se faufiler à travers la foule ◆ **the drunk weaved across the room** l'ivrogne a titubé or zigzagué à travers la pièce ◆ **the car was weaving in and out through the traffic** la voiture se faufilait or se glissait à travers la circulation ◆ **the boxer was weaving in and out skilfully** le boxeur esquivait les coups adroitement ◆ **to weave in and out of the trees** zigzaguer entre les arbres ◆ **let's get weaving!** †* allons, remuons-nous !

**weaver** /ˈwiːvəʳ/ N (= person) tisserand(e) m(f) ; (also **weaver bird**) tisserin m

**weaving** /ˈwiːvɪŋ/
  N (NonC) [of threads, cloth, web] tissage m ; [of basket, garland, daisies] tressage m ; [of strands] entrelacement m ; [of plot] élaboration f
  COMP **weaving mill** N (atelier m de) tissage m

**web** /wɛb/ SYN
  N 1 (= fabric) tissu m ; [of spider] toile f ; (between toes etc) [of animals etc] palmure f ; [of humans] palmature f
  2 (fig) [of lies etc] tissu m ◆ **a tangled web** un sac de nœuds ◆ **to untangle the complex web of** démêler l'écheveau de
  3 (Internet) ◆ **the (World Wide) Web** le Web, la Toile
  COMP **web browser** N navigateur m
  **web crawler** N robot m d'indexation
  **web(bed) feet** NPL ◆ **to have web(bed) feet** être palmipède, avoir les pieds palmés
  **web page** N page f Web
  **web ring** N webring m
  **web surfer** N internaute mf

**webbing** /ˈwɛbɪŋ/ N (NonC) 1 (= fabric) toile f ; (on chair) (also Mil) sangles fpl
  2 (on bird's, animal's foot) palmure f ; (on human foot) palmature f

**webcam** /ˈwɛbkæm/ N webcam f

**webcast** /ˈwɛbkɑːst/
  N émission f diffusée sur le Web or la Toile
  VT diffuser sur le Web or la Toile
  VI diffuser des émissions sur le Web or la Toile

**weber** /ˈveɪbəʳ/ N (Phys) weber m

**weblog** /ˈwɛblɒɡ/ N (Comput) weblog m, weblogue m

**weblogging** /ˈwɛblɒɡɪŋ/ N weblogging m

**webmail** /ˈwɛbmeɪl/ N webmail m (portail permettant l'accès à un compte de messagerie électronique avec un navigateur)

**webmaster** /ˈwɛbmɑːstəʳ/ N webmaster m

**website** /ˈwɛbsaɪt/
  N (Comput) site m Web or Internet

COMP **website designer** N concepteur m (-trice f) de sites web

**webspace** /ˈwɛbspeɪs/ N espace m sur le Web

**webzine** /ˈwɛbziːn/ N webzine m

**we'd** /wiːd/ ⇒ **we had**, **we should**, **we would** ; → **have**, **should**, **would**

**wed** /wɛd/ SYN (pret **wedded**, ptp **wedded**, **wed**)
  VT 1 (= marry) épouser, se marier avec ; [priest] marier ◆ **to be wed**, **to get wed** se marier
  2 (fig) → **wedded**
  VI † se marier

**Wed.** abbrev of **Wednesday**

**wedded** /ˈwɛdɪd/ ADJ 1 (frm = married) [person, couple] marié ; [life] conjugal ◆ **wedded bliss** bonheur m conjugal ◆ **his (lawful** or **lawfully) wedded wife** sa légitime épouse ◆ **do you take this woman to be your lawful(ly) wedded wife?** voulez-vous prendre cette femme pour épouse ?
  2 (= committed) ◆ **to be wedded to sth** [+ idea] être profondément attaché à qch ; [+ cause] être entièrement dévoué à qch ◆ **he is wedded to his work** il est marié avec son travail, il ne vit que pour son travail
  3 (= allied) ◆ **to be wedded to sth** être allié à qch ◆ **he advocates change wedded to caution** il prône le changement allié à la prudence ◆ **his cunning, wedded to ambition, led to...** sa ruse, alliée à l'ambition, a conduit à...

**wedding** /ˈwɛdɪŋ/ SYN
  N (= ceremony) mariage m, noces fpl ◆ **silver/golden wedding** noces fpl d'argent/d'or ◆ **they had a quiet wedding** ils se sont mariés dans l'intimité, le mariage a été célébré dans l'intimité ◆ **they had a church wedding** ils se sont mariés à l'église ; → **civil**
  COMP [cake, night] de noces ; [present] de mariage, de noces ; [invitation] de mariage ; [ceremony, march] nuptial
  **wedding anniversary** N anniversaire m de mariage
  **wedding band** N ⇒ **wedding ring**
  **wedding breakfast** N (Brit) lunch m de mariage ; (less elegant) repas m de noces
  **wedding cake** N pièce f montée (de mariage)
  **wedding day** N ◆ **her/my/their wedding day** le jour de son/mon/leur mariage
  **wedding dress**, **wedding gown** N robe f de mariée
  **wedding guest** N invité(e) m(f) (à un mariage)
  **wedding reception** N réception f de mariage
  **wedding ring** N alliance f, anneau m de mariage
  **wedding vows** NPL vœux mpl de mariage

**wedeln** /ˈveɪdəln/ (Ski)
  VI godiller
  N godille f

**wedge** /wɛdʒ/ SYN
  N 1 (for holding sth steady: under wheel etc, also Golf) cale f ; (for splitting wood, rock) coin m ◆ **that drove a wedge between them** cela a creusé un fossé entre eux ◆ **this is a wedge issue** (US) c'est une question qui risque de diviser les gens ; → **thin**
  2 (= piece) [of cake, cheese, pie etc] (grosse) part f, (gros) morceau m
  3 (Ski) chasse-neige m ; (Climbing) coin m de bois
  NPL **wedges** (= wedge-heeled shoes) chaussures fpl à semelles compensées
  VT (= fix) [+ table, wheels] caler ; (= stick, push) enfoncer (into dans ; between entre) ◆ **to wedge a door open/shut** maintenir une porte ouverte/fermée à l'aide d'une cale ◆ **the door was wedged** on avait mis une cale à la porte ◆ **he wedged the table leg to hold it steady** il a calé le pied de la table (pour la stabiliser) ◆ **to wedge a stick into a crack** enfoncer un bâton dans une fente ◆ **I can't move this, it's wedged** je n'arrive pas à le faire bouger, c'est coincé ◆ **she was sitting on the bench, wedged between her mother and her aunt** elle était assise sur le banc, coincée entre sa mère et sa tante
  COMP **wedge-heeled** ADJ à semelles compensées
  **wedge-shaped** ADJ en forme de coin
  **wedge-soled** ADJ ⇒ **wedge-heeled**

▶ **wedge in**
  VI [person] se glisser
  VT SEP (into case, box etc) [+ object] faire rentrer, enfoncer ; (into car, onto seat etc) [+ person] faire rentrer ; [+ several people] entasser ◆ **to be wedged in** être coincé

**wedlock** /ˈwedlɒk/ SYN N (NonC) mariage *m* ◆ **to be born in wedlock** être un enfant légitime ◆ **to be born out of wedlock** être né hors des liens du mariage

**Wednesday** /ˈwenzdeɪ/ N mercredi *m* ; → **ash²** ; *pour autres loc voir* **Saturday**

**Weds.** abbrev of **Wednesday**

**wee¹** /wiː/ ADJ [1] (*esp Scot or* *) petit ◆ **when I was a wee boy** quand j'étais petit ◆ **a wee bit** un tout petit peu

[2] ◆ **the wee small hours (of the morning)** les premières heures du matin *(de 1 à 4 h du matin)*

**wee²** * /wiː/ *(baby talk)*

N pipi * *m* ◆ **to have a wee** faire pipi * ◆ **to want a wee** * avoir envie de faire pipi *

VI faire pipi *

**weed** /wiːd/

N [1] mauvaise herbe *f* ; (* *pej = person*) mauviette *f* ; (* *= marijuana*) herbe * *f* ◆ **the weed** * *(hum)* le tabac

[2] ◆ **(widow's) weeds** vêtements *mpl* de deuil ◆ **in widow's weeds** en deuil

VT désherber ; *(= hoe)* sarcler

COMP **weed-killer** N désherbant *m*, herbicide *m*

▸ **weed out** VT SEP *[+ plant]* enlever, arracher ; *(fig) [+ weak candidates]* éliminer *(from* de) ; *[+ troublemakers]* expulser *(from* de) ; *[+ old clothes, books]* trier et jeter

**weedhead** * /ˈwiːdhed/ N *(Drugs)* consommateur *m*, -trice *f* de marijuana

**weeding** /ˈwiːdɪŋ/ N *(NonC)* désherbage *m* ; *(with hoe)* sarclage *m* ◆ **I've done some weeding** j'ai un peu désherbé

**weedless** /ˈwiːdlɪs/ ADJ sans mauvaises herbes

**weedy** /ˈwiːdɪ/ ADJ [1] *[flowerbed, land]* couvert de mauvaises herbes ; *[river, pond]* envahi par les herbes

[2] *(Brit * pej = scrawny) [person]* chétif *(pej)*, malingre *(pej)*

**week** /wiːk/ N semaine *f* ◆ **what day of the week is it?** quel jour de la semaine sommes-nous ? ◆ **this week** cette semaine ◆ **next/last week** la semaine prochaine/dernière ◆ **the week before last** l'avant-dernière semaine ◆ **the week after next** pas la semaine prochaine, celle d'après ◆ **by the end of the week he had...** à la fin de la semaine il avait... ◆ **in the middle of the week** vers le milieu *or* dans le courant de la semaine ◆ **twice a week** deux fois par semaine ◆ **this time next week** dans huit jours à la même heure ◆ **this time last week** il y a huit jours à la même heure ◆ **today week** * *(Brit)*, **a week today** aujourd'hui en huit ◆ **tomorrow week** * *(Brit)*, **a week tomorrow** demain en huit ◆ **yesterday week** * *(Brit)*, **a week yesterday** il y a eu une semaine hier ◆ **Sunday week** * *(Brit)*, **a week on Sunday** dimanche en huit ◆ **every week** chaque semaine ◆ **two weeks ago** il y a deux semaines, il y a quinze jours ◆ **in a week** *(= a week from now)* dans une semaine ; *(= in the space of a week)* en une semaine ◆ **in a week's time** d'ici une semaine, dans une semaine ◆ **in three weeks' time** dans *or* d'ici trois semaines ◆ **week in week out, week after week** semaine après semaine ◆ **it lasted (for) weeks** cela a duré des semaines (et des semaines) ◆ **the first time** *etc* **in weeks** la première fois *etc* depuis des semaines ◆ **the week ending 6 May** la semaine qui se termine le 6 mai ◆ **he owes her three weeks' rent** il lui doit trois semaines de loyer ◆ **paid by the week** payé à la semaine ◆ **the working week** la semaine de travail ◆ **a 36-hour week** une semaine (de travail) de 36 heures ◆ **a three-day week** une semaine (de travail) de trois jours ◆ **a week's wages** le salaire hebdomadaire *or* de la *or* d'une semaine

**weekday** /ˈwiːkdeɪ/

N jour *m* de semaine, jour *m* ouvrable *(esp Comm)* ◆ **(on) weekdays** en semaine, les jours ouvrables *(esp Comm)*

COMP *[activities, timetable]* de la semaine

**weekend** /ˈwiːkˈend/

N week-end *m* ◆ **(at) weekends** pendant le(s) week-end(s) ◆ **what are you doing at the weekend?** qu'est-ce que tu vas faire ce week-end ? ◆ **he told me to give you a call over the weekend** il m'a dit de t'appeler ce week-end ◆ **we're going away for the weekend** nous partons en week-end ◆ **to take a long weekend** prendre un week-end prolongé ◆ **they had Tuesday off so they made a long weekend of it** comme ils ne devaient pas travailler mardi ils ont fait le pont

VI passer le week-end

COMP *[visit, programme]* de *or* du week-end
**weekend bag, weekend case** N sac *m* de voyage
**weekend cottage** N maison *f* de campagne

**weekender** /ˈwiːkˈendəʳ/ N personne *f* partant (*or* partie) en week-end ◆ **the village is full of weekenders** le village est plein de gens qui viennent pour les week-ends

**weekly** /ˈwiːklɪ/ SYN

ADJ *[magazine, meeting, wage, rainfall]* hebdomadaire ; *[hours]* par semaine ◆ **we do the weekly shopping every Thursday** tous les jeudis nous faisons les courses pour la semaine

ADV *[meet, attend, play]* chaque semaine ; *[sell]* par semaine ◆ **twice/three times weekly** deux/trois fois par semaine ◆ **paid weekly** payé à la semaine ◆ **on a weekly basis** *[pay]* à la semaine ; *(= every week)* chaque semaine, toutes les semaines ◆ **we meet weekly on Thursdays** nous nous rencontrons tous les jeudis

N *(= magazine)* hebdomadaire *m*

**weeknight** /ˈwiːknaɪt/ N soir *m* de semaine

**weenie** * /ˈwiːnɪ/ N *(US Culin)* ⇒ **wienie**

**weensy** * /ˈwiːnzɪ/ ADJ *(US)* ⇒ **weeny adj**

**weeny** * /ˈwiːnɪ/ ADJ *(Brit)* tout petit ◆ **it was a weeny bit embarrassing** c'était un tout petit peu gênant

**weep** /wiːp/ SYN (pret, ptp **wept**)

VI [1] *(= cry) [person]* verser des larmes, pleurer ◆ **to weep for** *or* **with joy** pleurer de joie ◆ **to weep with relief/remorse** verser des larmes de soulagement/remords ◆ **to weep for sb/sth** pleurer qn/qch ◆ **to weep over sth** pleurer *or* se lamenter sur qch ◆ **she wept to see him leave** elle a pleuré de le voir partir ◆ **I could have wept!** j'en aurais pleuré !

[2] *[walls, sore, wound]* suinter

VT *[+ tears]* verser, répandre ◆ **to weep tears of joy/fury/despair** verser des larmes *or* pleurer de joie/de colère/de désespoir ; → **bucket**

N * ◆ **to have a good weep** pleurer un bon coup ◆ **to have a little weep** pleurer un peu, verser quelques larmes

**weeping** /ˈwiːpɪŋ/

N *(NonC)* larmes *fpl* ◆ **we heard the sound of weeping** on entendait quelqu'un qui pleurait

ADJ *[person]* qui pleure ; *[walls, sore, wound]* suintant ◆ **weeping willow** saule *m* pleureur

**weepy** /ˈwiːpɪ/

ADJ *[person]* à la larme facile ; *[eyes, voice, mood, song]* larmoyant ; *[film]* mélo *, sentimental ◆ **to feel weepy** *[person]* avoir envie de pleurer, se sentir au bord des larmes

N *(Brit = film, book)* mélo * *m*, film *m* (*or* livre *m*) sentimental

**weever** /ˈwiːvəʳ/ N *(= fish)* vive *f*

**weevil** /ˈwiːvəl/ N charançon *m*

**wee-wee** * /ˈwiːwiː/ N, VI ⇒ **wee²**

**w.e.f.** (abbrev of **with effect from**) à compter de

**weft** /weft/ N *[of fabric]* trame *f*

**weigela** /waɪˈgiːlə/ N *(= shrub)* diervilla *m*

**weigh** /weɪ/ SYN

VT [1] *(lit, fig)* peser ◆ **to weigh o.s.** se peser ◆ **to weigh sth in one's hand** soupeser qch ◆ **it weighs 9 kilos** ça pèse 9 kilos ◆ **how much** *or* **what do you weigh?** combien est-ce que vous pesez ? ◆ **to weigh one's words (carefully)** peser ses mots ◆ **to weigh (up) A against B** mettre en balance A et B ◆ **to weigh (up) the pros and cons** peser le pour et le contre ◆ **she weighed her options** elle a étudié les différentes possibilités ◆ **the advantages must be weighed against the possible risks** il faut mettre en balance les avantages et les risques éventuels ◆ **she spoke very slowly, weighing what she would say** elle parlait très lentement, en pesant ses mots

[2] *(Naut)* ◆ **to weigh anchor** lever l'ancre

VI *[object, responsibilities]* peser *(on* sur) ◆ **the fear of cancer weighs on her** *or* **on her mind all the time** la peur du cancer la tourmente constamment, elle vit constamment avec la peur du cancer ◆ **the responsibility of being a parent can weigh heavily** être parent est parfois une lourde responsabilité ◆ **there's something weighing on her mind** quelque chose la préoccupe *or* la tracasse ◆ **the divorce laws weigh heavily against men** les lois sur le divorce sont nettement en défaveur des hommes ◆ **many factors weighed against the meeting happening** il y avait de nombreux facteurs qui s'opposaient à la tenue de la réunion ◆ **economic considerations weighed heavily in their decision** les considérations économiques ont beaucoup pesé dans leur décision

COMP **weigh-in** N *(Sport)* pesage *m*
**weighing machine** NPL *(gen)* balance *f* ; *(for heavy loads)* bascule *f*
**weighing scales** NPL balance *f*

▸ **weigh down**

VI peser *or* appuyer de tout son poids *(on sth* sur qch) ◆ **this sorrow weighed down on her** ce chagrin la rongeait *or* la minait

VT SEP faire plier *or* ployer, courber ; *(fig)* accabler, tourmenter ◆ **the fruit weighed the branch down** la branche ployait *or* pliait sous le poids des fruits ◆ **he was weighed down with parcels** il pliait sous le poids des paquets ◆ **to be weighed down by** *or* **with responsibilities** être accablé *or* surchargé de responsabilités ◆ **to be weighed down with fears** être en proie à toutes sortes de peurs

▸ **weigh in**

VI [1] *[boxer, jockey etc]* se faire peser ◆ **to weigh in at 70 kilos** peser 70 kilos avant l'épreuve ◆ **the hippopotamus weighs in at** * **an impressive 1.5 tonnes** l'hippopotame ne fpèse pas moins de 1,5 tonnes

[2] *(fig = contribute)* intervenir ◆ **he weighed in with more money** il est intervenu en apportant davantage d'argent ◆ **he weighed in with his opinion** il est intervenu en donnant son avis *or* son opinion ◆ **the President's political advisers weighed in on the plan** les conseillers politiques du président ont donné leur avis *or* opinion sur le projet

VT SEP *[+ boxer, jockey]* peser *(avant le match ou la course)*

N ◆ **weigh-in** → **weigh**

▸ **weigh out** VT SEP *[+ sugar etc]* peser

▸ **weigh up** VT SEP *(= consider)* examiner, calculer ; *(= compare)* mettre en balance *(A with B, A against B* A et B) ◆ **to weigh up A with** *or* **against B** mettre en balance A et B ; *(Brit) (= assess) [+ person, the opposition]* juger, sonder ◆ **I'm weighing up whether to go or not** je me tâte pour savoir si j'y vais ou non ; see also **weigh vt 1**

**weighbridge** /ˈweɪbrɪdʒ/ N pont-bascule *m*

**weight** /weɪt/ SYN

N [1] *(NonC)* poids *m* ; *(Phys: relative weight)* pesanteur *f* ◆ **atomic weight** *(Phys)* poids *m* atomique ◆ **it is sold by weight** cela se vend au poids ◆ **what is your weight?** combien pesez-vous ?, quel poids faites-vous ? ◆ **my weight is 60 kilos** je pèse 60 kilos ◆ **it is 3 kilos in weight** ça pèse 3 kilos ◆ **they are the same weight** ils font le même poids ◆ **his weight was harming his health** son poids avait un effet néfaste sur sa santé ◆ **weight when empty** poids *m* à vide ◆ **take the weight off your feet** assieds-toi ◆ **it's/she's worth its/her weight in gold** cela/elle vaut son pesant d'or ◆ **to put on** *or* **gain weight** grossir, prendre du poids ◆ **to lose weight** maigrir, perdre du poids ◆ **he lost 5 kilos in weight** il a maigri de 5 kilos *or* perdu 5 kilos ◆ **he put** *or* **leaned his full weight on the handle** il a pesé *or* appuyé de tout son poids sur la poignée ◆ **he put his full weight behind the blow** il a frappé de toutes ses forces ◆ **to move** *or* **shift one's weight from one foot to the other** se balancer d'un pied sur l'autre ◆ **he shifted his weight onto the other foot/onto his elbow** il fit porter son poids sur son autre pied/sur son coude ◆ **to throw one's weight** *or* **to put all one's weight behind sth/sb** *(fig)* apporter personnellement tout son soutien à qch/à qn ◆ **feel the weight of this box!** soupesez-moi cette boîte ! ◆ **what a weight (it is)!** que c'est lourd ! ◆ **he looks as if he's carrying the weight of the world on his shoulders** on dirait qu'il porte toute la misère du monde sur ses épaules ; → **pull, throw about**

[2] *(fig) [of argument, words, public opinion, evidence]* poids *m*, force *f* ; *[of worry, responsibility, years, age]* poids *m* ◆ **to attach** *or* **lend** *or* **give weight to sth** donner du poids à qch ◆ **to carry weight** *[argument, factor]* avoir du poids *(with* pour) ; *[person]* avoir de l'influence ◆ **we must give due weight to his arguments** nous devons donner tout leur poids à ses arguments ; → **mind**

[3] *(for scales, on clock etc)* poids *m* ◆ **to lift weights** faire des haltères ; → **paperweight, put**

VT [1] lester ; → **weighted**

[2] *(= assign value to)* pondérer

COMP **weight lifter** N *(Sport)* haltérophile *mf*
**weight lifting** N haltérophilie *f*
**weight limit** N limitation *f* de poids

**weight loss** N (NonC) perte *f* de poids
**weights and measures** NPL poids et mesures *mpl*
**weights and measures inspector** N inspecteur *m* des poids et mesures
**weights bench** N *(Sport)* banc *m* de musculation
**weight-train** VI faire de la musculation
**weight training** N musculation *f (avec des poids)*
**weight watcher** N ◆ **he's a weight watcher** *(= actively slimming)* il suit un régime amaigrissant ; *(= figure-conscious)* il surveille son poids

▸ **weight down** VT SEP *[+ papers, tablecloth etc]* retenir *or* maintenir avec un poids

**weighted** /ˈweɪtɪd/
ADJ [1] *(= biased)* ◆ **weighted in sb's favour** *or* **towards sb** favorable à qn ◆ **weighted in favour of/against sb** favorable/défavorable à qn ◆ **the situation was heavily weighted in his favour/against him** la situation lui était nettement favorable/défavorable
[2] *(= made heavier) [diving belt]* lesté
COMP **weighted average** N moyenne *f* pondérée

**weightiness** /ˈweɪtɪnɪs/ N (NonC) *[of argument, matter]* poids *m* ; *[of responsibility]* importance *f*

**weighting** /ˈweɪtɪŋ/ N [1] *(on salary)* indemnité *f*, allocation *f* ◆ **London weighting** indemnité *f* de vie chère à Londres
[2] *(Scol)* coefficient *m* ; *(Econ)* coefficient *m*, pondération *f*

**weightless** /ˈweɪtlɪs/ ADJ *[astronaut, falling object]* en état d'apesanteur ; *[conditions]* d'apesanteur ◆ **in a weightless environment** en apesanteur ◆ **to feel weightless** se sentir léger comme l'air

**weightlessness** /ˈweɪtlɪsnɪs/ N apesanteur *f*

**weighty** /ˈweɪtɪ/ SYN ADJ [1] *(frm = serious) [matter, problem]* grave, important ; *[argument, reason]* de poids ; *[burden, responsibility]* lourd
[2] *(liter = heavy) [tome, volume]* lourd ; *[load]* pesant, lourd

**Weimar** /ˈvaɪmɑːr/
N Weimar
COMP **the Weimar Republic** N la république de Weimar

**Weimaraner** /ˈvaɪmə,rɑːnəʳ/ N *(= dog)* braque *m* de Weimar

**weir** /wɪəʳ/ N barrage *m*

**weird** /wɪəd/ SYN ADJ [1] *(* = peculiar) [person, object, behaviour, coincidence]* bizarre, étrange ◆ **it felt weird going back there** ça faisait bizarre d'y retourner ◆ **the weird thing is that...** ce qu'il y a de bizarre c'est que... ◆ **lots of weird and wonderful*** **species** plein d'espèces étranges et merveilleuses
[2] *(= eerie) [sound, light]* surnaturel, mystérieux

**weirdly** /ˈwɪədlɪ/ ADV [1] *(* = peculiarly) [behave, dress]* bizarrement
[2] *(= eerily) [glow]* mystérieusement, de façon surnaturelle ; *[sing]* de façon surnaturelle

**weirdness** /ˈwɪədnɪs/ N étrangeté *f*

**weirdo** ‡ /ˈwɪədəʊ/ N *(pej)* cinglé(e) * *m(f)*

**Welch** † /weltʃ/ ADJ ⇒ **Welsh**

**welch** /welʃ/ VI ⇒ **welsh**

**welcome** /ˈwelkəm/ LANGUAGE IN USE 13, 26.3 SYN
ADJ [1] *(= gladly accepted)* ◆ **to be welcome** *[person]* être le (*or* la) bienvenu(e) ◆ **he'll/you'll always be welcome here** il sera/tu seras toujours le bienvenu ici ◆ **some members were more welcome than others** certains membres étaient plus appréciés que d'autres ◆ **he's not welcome here any more** sa présence ici est devenue indésirable ◆ **I didn't feel very welcome** je n'ai pas vraiment eu l'impression d'être le bienvenu ◆ **to make sb welcome** faire bon accueil à qn ◆ **they really make you feel welcome** on y est vraiment bien accueilli ◆ **to roll out** *or* **put out the welcome mat for sb** * se donner du mal pour recevoir qn ◆ **you're welcome!** *(esp US) (answer to thanks)* je vous en prie !, de rien ! ◆ **I don't use it any more, so you're welcome to it** je ne m'en sers plus, alors profitez-en ◆ **he wants the job? he's welcome to it!** il veut le poste ? eh bien, qu'il le prenne ! ◆ **he's welcome to her!** qu'il se débrouille avec elle !

◆ **to be welcome to do sth** ◆ **you're welcome to try** *(giving permission)* je vous en prie, essayez ; *(iro)* libre à vous d'essayer ◆ **you're welcome to use my car** vous pouvez emprunter ma voiture si vous voulez ◆ **she's welcome to visit any time** elle est toujours la bienvenue ◆ **a lounge which guests are welcome to use** un salon que les hôtes sont invités à utiliser
[2] *(= appreciated) [food, drink, change, visitor]* bienvenu ; *[decision, reminder, interruption]* opportun ◆ **she was a welcome sight** nous avons été (*or* il a été *etc*) heureux de la voir ◆ **it was welcome news** nous avons été (*or* il a été *etc*) heureux de l'apprendre ◆ **it was a welcome gift** ce cadeau m'a (*or* lui a *etc*) fait bien plaisir ◆ **it was a welcome relief** ça m'a (*or* l'a *etc*) vraiment soulagé ◆ **to make a welcome return** faire un retour apprécié
EXCL ◆ **welcome!** soyez le bienvenu (*or* la bienvenue *etc*) !, bienvenue ! ◆ **welcome home!** bienvenue !, content de vous (*or* te) revoir à la maison ! ◆ **welcome back!** bienvenue !, content de vous (*or* te) revoir ! ◆ **welcome to our house!** bienvenue chez nous ! ◆ **"welcome to England"** *(on notice)* « bienvenue en Angleterre »
N accueil *m* ◆ **to bid sb welcome** souhaiter la bienvenue à qn ◆ **to give sb a warm welcome** faire un accueil chaleureux à qn ◆ **they gave him a great welcome** ils lui ont fait fête ◆ **words of welcome** paroles *fpl* d'accueil, mots *mpl* de bienvenue ◆ **what sort of a welcome will this product get from the housewife?** comment la ménagère accueillera-t-elle ce produit ? ; → **outstay**
VT *[+ person, delegation, group of people] (= greet, receive)* accueillir ; *(= greet warmly)* faire bon accueil à, accueillir chaleureusement ; *(= bid welcome)* souhaiter la bienvenue à ; *[+ sb's return, news, suggestion, change]* se réjouir de ◆ **he welcomed me in** il m'a chaleureusement invité à entrer ◆ **please welcome Tony Brennan!** *(TV etc)* veuillez accueillir Tony Brennan ! ◆ **we would welcome your views on...** nous serions heureux de connaître votre point de vue *or* opinion sur... ◆ **I'd welcome a cup of coffee** je prendrais volontiers une tasse de café, je ne dirais pas non à une tasse de café ; → **open**

▸ **welcome back** VT SEP ◆ **they welcomed him back after his journey** ils l'ont accueilli chaleureusement *or* ils lui ont fait fête à son retour (de voyage)

**welcoming** /ˈwelkəmɪŋ/ ADJ *[person, smile, place]* accueillant ; *[atmosphere]* chaleureux ; *[banquet, ceremony, speech]* d'accueil ◆ **welcoming party** *or* **committee** *(lit, fig)* comité *m* d'accueil ◆ **to be welcoming to sb** *[person]* être accueillant avec qn, faire bon accueil à qn ; *[atmosphere, place]* paraître accueillant à qn

**weld** /weld/
N soudure *f*
VT *[+ metal, rubber, seam, join]* souder ; (also **weld together**) *[+ pieces, parts]* souder, assembler ; *(fig) [+ groups, parties]* rassembler ◆ **to weld sth on to sth** souder qch à qch ◆ **the hull is welded throughout** la coque est complètement soudée
VI souder

**welder** /ˈweldəʳ/ N *(= person)* soudeur *m* ; *(= machine)* soudeuse *f*

**welding** /ˈweldɪŋ/
N (NonC) *(Tech)* soudage *m* ; *(fig) [of parties]* union *f* ; *[of ideas]* amalgame *m*
COMP *[process]* de soudure, de soudage
**welding torch** N chalumeau *m*

**welfare** /ˈwelfɛəʳ/ SYN
N [1] *(gen)* bien *m* ; *(= comfort)* bien-être *m* ; *(US)* aide *f* sociale ◆ **the nation's welfare, the welfare of all** le bien public *or* de tous ◆ **the physical/spiritual welfare of the young** la santé physique/morale des jeunes ◆ **I'm anxious about his welfare** je suis inquiet à son sujet ◆ **to look after sb's welfare** avoir la responsabilité de qn ; → **child**
[2] ◆ **public/social welfare** assistance *f* publique/sociale ◆ **to be on welfare** toucher les prestations sociales, recevoir l'aide sociale ◆ **to live on welfare** vivre des prestations sociales
COMP *[milk, meals]* gratuit
**welfare benefits** NPL avantages *mpl* sociaux
**welfare centre** N centre *m* d'assistance sociale
**welfare check** N *(US)* chèque *m* d'allocations
**welfare hotel** N *(US) foyer où sont hébergés temporairement les bénéficiaires de l'aide sociale*
**welfare mother** N *(US) mère seule qui bénéficie de l'aide sociale*
**welfare officer** N assistant(e) *m(f)* social(e)
**welfare payments** NPL prestations *fpl* sociales
**welfare rights** NPL droits *mpl* à l'aide sociale
**welfare services** NPL services *mpl* sociaux
**welfare state** N État-providence *m* ◆ **the establishment of the Welfare State in Great Britain** l'établissement *m* de l'État-providence en Grande-Bretagne ◆ **thanks to the Welfare State** grâce à la Sécurité Sociale et autres avantages sociaux
**welfare work** N travail *m* social
**welfare worker** N assistant(e) *m(f)* social(e), travailleur *m*, -euse *f* social(e)

**welfarism** /ˈwelfɛərɪzəm/ N *(US Pol)* théorie *f* de l'État-providence

**welfarist** /ˈwelfɛərɪst/ ADJ, N *(US Pol)* partisan *m* de l'État-providence

**welfarite** * /ˈwelfɛəraɪt/ N *(US pej)* assisté(e) *m(f)*

**well¹** /wel/ SYN
N *(for water, oil)* puits *m* ; *[of staircase, lift]* cage *f* ; *(= shaft between buildings)* puits *m*, cheminée *f* ; *(Brit Jur)* barreau *m* ◆ **this book is a well of information** ce livre est une mine de renseignements ; → **inkwell, oil**
VI (also **well up**) *[tears, emotion]* monter ◆ **tears welled (up) in her eyes** les larmes lui montèrent aux yeux ◆ **anger welled (up) within him** la colère sourdit *(liter) or* monta en lui
COMP **well-digger** N puisatier *m*
**well dressing** N *coutume anglaise qui consiste à décorer les puits au printemps*
**well water** N eau *f* de puits

▸ **well out** VI *[spring]* sourdre ; *[tears, blood]* couler *(from* de)

**well²** /wel/ LANGUAGE IN USE 1.1 SYN
ADV (compar **better**, superl **best**) [1] *(= satisfactorily, skilfully etc) [behave, sleep, eat, treat, remember]* bien ◆ **he sings as well as he plays** il chante aussi bien qu'il joue ◆ **he sings as well as she does** il chante aussi bien qu'elle ◆ **to live well** vivre bien ◆ **well done!** bravo !, très bien ! ◆ **well played!** bien joué ! ◆ **everything is going well** tout va bien ◆ **the evening went off very well** la soirée s'est très bien passée ◆ **to do well in one's work** bien réussir dans son travail ◆ **to do well at school** bien marcher à l'école ◆ **he did very well for an eight-year-old** il s'est bien débrouillé pour un enfant de huit ans ◆ **he did quite well** il ne s'en est pas mal sorti, il ne s'est pas mal débrouillé ◆ **the patient is doing well** le malade est en bonne voie ◆ **he did well after the operation but...** il s'est bien rétabli après l'opération mais... ◆ **you did well to come at once** vous avez bien fait de venir tout de suite ◆ **you would do well to think about it** tu ferais bien d'y penser ◆ **to do as well as one can** faire de son mieux ◆ **he did himself well** il ne s'est privé de rien, il s'est traité comme un prince ◆ **to do well by sb** bien agir *or* être généreux envers qn ◆ **you're well out of it!** c'est une chance que tu n'aies plus rien à voir avec cela (*or* lui *etc*) ! ◆ **how well I understand!** comme je vous (*or* le *etc*) comprends ! ◆ **I know the place well** je connais bien l'endroit ◆ **(and) well I know it!** je le sais bien !, je ne le sais que trop !
[2] *(intensifying = very much, thoroughly)* bien ◆ **it was well worth the trouble** cela valait bien le dérangement *or* la peine de se déranger ◆ **he is well past** *or* **over fifty** il a largement dépassé la cinquantaine ◆ **it's well past 10 o'clock** il est bien plus de 10 heures ◆ **well over 1,000 people** bien plus de 1 000 personnes ◆ **it continued well into 1996** cela a continué pendant une bonne partie de 1996 ◆ **well above...** bien au-dessus de... ◆ **well and truly** *(esp Brit)* bel et bien ◆ **he could well afford to pay for it** il avait largement les moyens de le payer ◆ **lean well forward** penchez-vous bien en avant ◆ **well dodgy/annoyed** *etc* ‡ *(Brit = very)* super * louche/contrarié *etc*
[3] *(= with good reason, with equal reason)* ◆ **you may well be surprised to learn that...** vous serez sans aucun doute surpris d'apprendre que... ◆ **one might well ask why** on pourrait à juste titre demander pourquoi ◆ **you might well ask!** belle question !, c'est vous qui me le demandez ! ◆ **you could well refuse to help them** vous pourriez à juste titre refuser de les aider ◆ **he couldn't very well refuse** il ne pouvait guère refuser ◆ **we may as well begin now** autant (vaut) commencer maintenant, nous ferions aussi bien de commencer maintenant ◆ **you might (just) as well say that...** autant dire que... ◆ **you may as well tell me the truth** autant me dire la vérité, tu ferais aussi bien de me dire la vérité ◆ **shall I go? – you may** *or* **might as well** j'y vais ? – tant qu'à faire, allez-y ! * ◆ **we might (just) as well have stayed at home** autant valait rester à la maison, nous aurions aussi bien fait de rester à la maison ◆ **she apologized, as well she might** elle a présenté ses excuses, comme il se devait ◆ **she apologized – and well she might!** elle a présenté ses

excuses – c'était la moindre des choses ! ; → **pretty**

[4] *(set phrases)*

◆ **as well** *(= also)* aussi ; *(= on top of all that)* par-dessus le marché ◆ **I'll take those as well** je prendrai ceux-là aussi ◆ **and it rained as well!** et par-dessus le marché il a plu !

◆ **as well as** *(= in addition to)* ◆ **by night as well as by day** de jour comme de nuit, aussi bien de jour que de nuit ◆ **as well as his dog he has two rabbits** en plus de son chien il a deux lapins ◆ **on bikes as well as in cars** à vélo aussi bien qu'en voiture, à vélo comme en voiture ◆ **I had Paul with me as well as Lucy** j'avais Paul aussi en même temps que Lucy ◆ **all sorts of people, rich as well as poor** toutes sortes de gens, tant riches que pauvres

[5] *(= positively)* ◆ **to think/speak well of** penser/dire du bien de

[6] ◆ **to leave well alone** laisser les choses telles qu'elles sont ◆ **let** *or* **leave well alone** *(Prov)* le mieux est l'ennemi du bien *(Prov)*

**EXCL** *(surprise)* tiens !, eh bien ! ; *(relief)* ah bon !, eh bien ! ; *(resignation)* enfin ! ; *(dismissively)* bof ! * ◆ **well, as I was saying...** *(resuming after interruption)* donc, comme je disais..., je disais donc que... ◆ **well...** *(hesitation)* c'est que... ◆ **he has won the election! – well, well (, well)!** il a été élu ! – tiens, tiens ! ◆ **well?** eh bien ?, et alors ? ◆ **well, who would have thought it?** eh bien ! qui l'aurait cru ? ◆ **well I never!** *, **well, what do you know!** * pas possible !, ça par exemple ! ◆ **I intended to do it – well, have you?** j'avais l'intention de le faire – et alors ? ◆ **well, what do you think of it?** eh bien ! qu'en dites-vous ? ◆ **well, here we are at last!** eh bien ! nous voilà enfin ! ◆ **well, there's nothing we can do about it** enfin, on n'y peut rien ◆ **well, you may be right** qui sait, vous avez peut-être raison ◆ **very well then** (bon) d'accord ◆ **you know Paul? well, he's getting married** vous connaissez Paul ? eh bien il se marie ◆ **are you coming? – well... I've got a lot to do here** vous venez ? – c'est que... j'ai beaucoup à faire ici

**ADJ** (compar, superl **best**) [1] bien, bon ◆ **all is not well with her** il y a quelque chose qui ne va pas, elle traverse une mauvaise passe ◆ **it's all very well to say that** c'est bien beau *or* joli de dire cela ◆ **that's all very well but..., that's all well and good but...** tout ça c'est bien joli *or* beau mais... ◆ **if you want to do it, well and good** si vous voulez le faire je ne vois pas d'inconvénient ◆ **all's well!** *(Mil)* tout va bien ! ◆ **all's well that ends well** *(Prov)* tout est bien qui finit bien *(Prov)*

[2] *(= healthy)* ◆ **how are you? – very well, thank you** comment allez-vous ? – très bien, merci ◆ **I hope you're well** j'espère que vous allez bien ◆ **to feel well** se sentir bien ◆ **to get well** se remettre ◆ **get well soon!** remets-toi vite ! ◆ **people who are well do not realize that...** les gens qui se portent bien *or* qui sont en bonne santé ne se rendent pas compte que...

[3] *(= cautious)* ◆ **it** *or* **we would be well to start early** on ferait bien de partir tôt ◆ **it is as well to remember** il y a tout lieu de se rappeler ◆ **it's as well not to offend her** il vaudrait mieux ne pas la froisser ◆ **it would be just as well for you to stay** vous feriez tout aussi bien de rester

[4] *(= lucky)* ◆ **it's well for you that nobody saw you** heureusement pour vous qu'on ne vous a pas vu, vous avez de la chance *or* c'est heureux pour vous qu'on ne vous ait pas vu

**PREF** ◆ **well-** bien ◆ **well-chosen/dressed** bien choisi/habillé ; see also **comp**

**N** ◆ **I wish you well!** je vous souhaite de réussir !, bonne chance ! ◆ **somebody who wishes you well** quelqu'un qui vous veut du bien

**COMP** **well-adjusted** **ADJ** *(gen)* *[person]* posé, équilibré ; *(to society, school)* bien adapté

**well-advised** **ADJ** *[action, decision]* sage, prudent ◆ **you would be well-advised to leave** vous auriez (tout) intérêt à partir

**well-aimed** **ADJ** *[shot]* bien ajusté ; *[remark]* qui porte

**well-appointed** **ADJ** *[house, room]* bien aménagé

**well-argued** **ADJ** *[case, report]* bien argumenté

**well-assorted** **ADJ** bien assorti

**well-attended** **ADJ** *[meeting, lecture]* qui attire beaucoup de monde, qui a du succès ; *[show, play]* couru

**well-baby clinic** **N** *(Brit)* *centre prophylactique et thérapeutique pour nouveaux-nés*

**well-balanced** **ADJ** *[person, diet, argument]* (bien) équilibré ; *[paragraph, sentence]* bien construit

**well-behaved** **ADJ** *[child]* sage, qui se conduit bien ; *[animal]* obéissant

**well-being** **N** bien-être *m*

**well-born** **ADJ** bien né, de bonne famille

**well-bred** **ADJ** *(= of good family)* de bonne famille ; *(= courteous)* bien élevé ; *[animal]* de bonne race

**well-built** **ADJ** *[building]* bien construit, solide ; *[person]* bien bâti, costaud *

**well-chosen** **ADJ** bien choisi ◆ **in a few well-chosen words** en quelques mots bien choisis

**well-connected** **ADJ** *[person]* qui a des relations

**well-cooked** **ADJ** *(gen)* *[food, meal]* bien cuisiné ; *(= not rare)* *[meat]* bien cuit

**well-defined** **ADJ** *[colours, distinctions]* bien défini ; *[photo, outline]* net ; *[problem]* bien défini, précis

**well-deserved** **ADJ** bien mérité

**well-developed** **ADJ** *(Anat)* bien développé ; *[person]* bien fait ; *[plan]* bien développé ; *[argument, idea]* bien exposé

**well-disposed** **ADJ** bien disposé *(towards* envers)

**well-documented** **ADJ** *[case, work]* bien documenté ◆ **his life is well-documented** on a beaucoup de renseignements *or* documents sur sa vie

**well-done** **ADJ** *[job, task]* bien fait ; *[meat]* bien cuit

**well-dressed** **ADJ** bien habillé, bien vêtu

**well-earned** **ADJ** bien mérité

**well-educated** **ADJ** cultivé, instruit

**well-endowed** **ADJ** *(euph)* *[man]* bien membré ; *[woman]* à la poitrine généreuse

**well-equipped** **ADJ** bien équipé *(esp with tools)* *[person]* bien outillé ; *[factory]* bien équipé, doté d'un équipement important ◆ **to be well-equipped to do sth** *[person]* avoir ce qu'il faut pour faire qch ; *[factory]* être parfaitement équipé pour faire qch

**well-established** **ADJ** établi de longue date

**well-favoured** †† **ADJ** beau (belle *f*)

**well-fed** **ADJ** bien nourri

**well-fixed** * **ADJ** *(US)* ◆ **to be well-fixed** *(= well-to-do)* être nanti, vivre dans l'aisance ◆ **we're well-fixed for food** nous avons largement assez à manger

**well-formed** **ADJ** *(Ling)* bien formé, grammatical

**well-formedness** **N** *(Ling)* grammaticalité *f*

**well-founded** **ADJ** *[suspicion]* bien fondé, légitime

**well-groomed** **ADJ** *[person]* soigné ; *[hair]* bien coiffé ; *[horse]* bien pansé

**well-grounded** **ADJ** *[suspicion, belief, rumour]* bien fondé, légitime ◆ **our students are well-grounded in grammar/physics** nos étudiants ont de solides connaissances *or* bases en grammaire/physique

**well-heeled** * **ADJ** nanti, fort à l'aise

**well-hung** ‡ **ADJ** *[man]* bien monté ‡

**well-informed** **ADJ** bien informé, bien renseigné *(about* sur) *(= knowledgeable)* *[person]* instruit ◆ **well-informed circles** *(Pol, Press)* les milieux *mpl* bien informés

**well-intentioned** **ADJ** bien intentionné

**well-judged** **ADJ** *[remark, criticism]* bien vu, judicieux ; *[shot, throw]* bien ajusté ; *[estimate]* juste

**well-kept** **ADJ** *[house, garden]* bien entretenu, bien tenu ; *[hands, nails]* soigné ; *[hair]* bien entretenu ; *[secret]* bien gardé

**well-knit** **ADJ** *(fig)* *[person, body]* bien bâti ; *[arguments, speech]* bien enchaîné ; *[scheme]* bien conçu

**well-known** **ADJ** *(= famous)* bien connu, célèbre ◆ **it's a well-known fact that...** tout le monde sait que...

**well-liked** **ADJ** très apprécié

**well-lined** **ADJ** ◆ **to have well-lined pockets** avoir de gros moyens, être cousu d'or *

**well-loved** **ADJ** très aimé

**well-made** **ADJ** bien fait

**well-managed** **ADJ** bien mené

**well-man clinic** **N** *(Brit)* *centre prophylactique et thérapeutique pour hommes*

**well-mannered** **ADJ** qui a de bonnes manières, bien élevé

**well-meaning** **ADJ** *[person]* bien intentionné ; *[remark, action]* fait avec les meilleures intentions

**well-meant** **ADJ** fait avec les meilleures intentions

**well-nigh** **ADV** *(liter)* presque

**well-nourished** **ADJ** bien nourri

**well-off** **ADJ** *(= rich)* ◆ **to be well-off** vivre dans l'aisance, être riche ◆ **the less well-off** ceux qui ont de petits moyens ◆ **you don't know when you're well-off** *(= fortunate)* tu ne connais pas ton bonheur ◆ **she's well-off without him** elle est mieux sans lui ◆ **we're well-off for potatoes** nous ne manquons pas de pommes de terre

**well-oiled** **ADJ** *(lit)* bien graissé ; *(* = drunk)* pompette *

**well-padded** * **ADJ** *(hum)* *[person]* rembourré

**well-paid** **ADJ** bien payé, bien rémunéré

**well-preserved** **ADJ** *[building, person]* bien conservé

**well-read** **ADJ** cultivé

**well-respected** **ADJ** très respecté *or* considéré

**well-rounded** **ADJ** *[style]* harmonieux ; *[sentence]* bien tourné

**well-spent** **ADJ** *[time]* bien employé, bien utilisé ; *[money]* utilement dépensé ; see also **money**

**well-spoken** **ADJ** *[person]* qui parle bien, qui a une élocution soignée ; *[words]* bien choisi, bien trouvé ◆ **she's very well-spoken of** elle est très appréciée

**well-stacked** ‡ **ADJ** *[woman]* bien roulée *

**well-stocked** **ADJ** *[shop, fridge]* bien approvisionné ; *[river, lake]* bien empoissonné

**well-tempered** **ADJ** *(Mus)* ◆ **the Well-Tempered Clavier** le Clavier *or* Clavecin bien tempéré

**well-thought-of** **ADJ** *[person]* (bien) considéré, dont on a bonne opinion ; *[thing]* bien considéré, très apprécié

**well-thought-out** **ADJ** bien conçu

**well-thumbed** **ADJ** *[book]* lu et relu

**well-timed** **ADJ** *[remark, entrance]* tout à fait opportun, tombé à point nommé ; *[blow]* bien calculé

**well-to-do** **ADJ** nanti

**well-tried** **ADJ** *[method]* éprouvé, qui a fait ses preuves

**well-trodden** **ADJ** ◆ **to follow a well-trodden path** *(lit)* suivre un chemin fréquenté ; *(fig)* suivre les sentiers battus

**well-turned** **ADJ** *[phrase]* bien tourné ; *[leg]* bien fait

**well-upholstered** * **ADJ** bien en chair

**well-wisher** **N** ami(e) *m(f)* ; *(unknown)* ami(e) *m(f)* *or* admirateur *m*, -trice *f* inconnu(e) ; *(Pol = supporter)* sympathisant(e) *m(f)* ◆ **he got many letters from well-wishers** il a reçu de nombreuses lettres d'encouragement

**well-woman clinic** **N** *(Brit)* *centre prophylactique et thérapeutique pour femmes*

**well-worn** **ADJ** *[carpet, clothes]* usagé ; *(fig)* *[phrase, expression]* éculé, rebattu ◆ **to follow a well-worn path** *(fig)* suivre les sentiers battus

**well-written** **ADJ** bien écrit

**we'll** /wiːl/ ⇒ **we shall, we will** ; → **shall, will**

**wellhead** /ˈwelhed/ **N** *(lit, fig)* source *f*

**Wellington** /ˈwelɪŋtən/ **N** *(in NZ)* Wellington

**wellington** /ˈwelɪŋtən/ **N** *(Brit* : also **wellington boot)** botte *f* de caoutchouc

**wellingtonia** /ˌwelɪŋˈtəʊnɪə/ **N** wellingtonia *m*

**wellness** /ˈwelnɪs/ **N** (sentiment *m* de) bien-être *m*

**Wellsian** /ˈwelzɪən/ **ADJ** de Wells

**wellspring** /ˈwelsprɪŋ/ **N** ⇒ **wellhead**

**welly** * /ˈwelɪ/ **N** (pl **wellies**) ◆ **welly boots** *(Brit)*, **wellies** bottes *fpl* de caoutchouc ◆ **give it some welly!** * *(Brit)* allez, du nerf ! *

**Welsh** /welʃ/

**ADJ** *(gen)* gallois ; *[teacher]* de gallois

**N** *(= language)* gallois *m*

**NPL** **the Welsh** les Gallois *mpl*

**COMP** **Welsh corgi** **N** corgi *m*

**Welsh dresser** **N** *(Brit)* vaisselier *m*

**Welsh Nationalism** **N** nationalisme *m* gallois

**Welsh Nationalist** **N** nationaliste *mf* gallois(e)

**the Welsh Office** **N** *(Brit Pol)* le ministère des Affaires galloises

**Welsh rabbit, Welsh rarebit** **N** *(Culin)* toast *m* au fromage

**Welsh springer spaniel** **N** welsh-springer-spaniel *m*, épagneul *m* springer gallois

**Welsh terrier** **N** welsh-terrier *m*, terrier *m* gallois

**welsh** * /welʃ/ **VI** ◆ **to welsh on a promise** manquer à une promesse ◆ **they welshed on the agreement** ils n'ont pas respecté l'accord

**Welshman** /ˈwelʃmən/ **N** (pl **-men**) Gallois *m*

**Welshwoman** /ˈwelʃwʊmən/ **N** (pl **-women**) Galloise *f*

**welt** /welt/ **N** *(= weal)* marque *f* de coup, zébrure *f* ; *[of shoe]* trépointe *f*

**welter** /ˈweltəʳ/

**N** *[of objects, words, ideas]* fatras *m* ◆ **a welter of conflicting interests** une multitude d'intérêts contradictoires ◆ **the welter of publicity that followed his engagement** le tourbillon médiatique qui a suivi l'annonce de ses fiançailles

♦ **in a welter of** ♦ **in a welter of blood** dans un bain de sang ♦ **in a welter of mud** dans un véritable bourbier
  **VI** (in blood) baigner ; (in mud) se vautrer, se rouler

**welterweight** /ˈweltəweɪt/ (Boxing)
  **N** poids m welter
  **COMP** [champion, fight] poids welter inv

**wen** /wen/ **N** loupe f, kyste m sébacé ♦ **the Great Wen** (fig) Londres

**wench** /wentʃ/ († or hum)
  **N** jeune fille f, jeune femme f
  **VI** ♦ **to go wenching** courir le jupon

**wend** /wend/ **VT** ♦ **to wend one's way** aller son chemin, s'acheminer (to, towards vers) ♦ **to wend one's way back from** s'en revenir de

**Wendy house** /ˈwendɪˌhaʊs/ **N** (Brit) maison f miniature (pour enfants)

**went** /went/ **VB** pt of **go**

**wentletrap** /ˈwentlˌtræp/ **N** (= animal) scala f, scalaria f

**wept** /wept/ **VB** pret, ptp of **weep**

**were** /wɜːʳ/ **VB** pt of **be**

**we're** /wɪəʳ/ ⇒ **we are** ; → **be**

**weren't** /wɜːnt/ ⇒ **were not** ; → **be**

**werewolf** /ˈwɪəwʊlf/ **N** (pl **werewolves** /ˈwɪəwʊlvz/) loup-garou m

**wert** †† /wɜːt/ **VB** 2nd pers sg pret of **be**

**Wesleyan** /ˈwezlɪən/
  **N** disciple m de Wesley
  **ADJ** de Wesley, wesleyen ♦ **Wesleyan Methodists** méthodistes mpl wesleyens

**west** /west/
  **N** ouest m ♦ **to the west (of)** à l'ouest (de) ♦ **in the west of Scotland** dans l'ouest de l'Écosse ♦ **a house facing the west** une maison exposée à l'ouest ♦ **to veer to the west, to go into the west** [wind] tourner à l'ouest ♦ **the wind is in the west** le vent est à l'ouest ♦ **the wind is (coming** or **blowing) from the west** le vent vient or souffle de l'ouest ♦ **to live in the west** habiter dans l'ouest ♦ **the West** (Pol) l'Occident m , l'Ouest m ; (US Geog) l'Ouest m ; → **wild**
  **ADJ** [coast, wing] ouest inv ♦ **west wind** vent m d'ouest ♦ **on the west side** du côté ouest ♦ **a room with a west aspect** une pièce exposée à l'ouest ♦ **west transept/door** (Archit) transept m/portail m ouest ♦ **in west Devon** dans l'ouest du Devon ♦ **in west Leeds** dans les quartiers ouest de Leeds ♦ **in the west Atlantic** dans l'Atlantique ouest ♦ "**West Side Story**" (Ciné, Théât) « West Side Story » ; see also **comp**
  **ADV** [go, travel, fly] vers l'ouest, en direction de l'ouest ; [be, lie] à l'ouest ♦ **go west till you get to Crewe** allez en direction de l'ouest jusqu'à Crewe ♦ **we drove west for 100km** nous avons roulé vers l'ouest pendant 100 km ♦ **to go west** * (fig) [thing] être fichu * or perdu ; [person] passer l'arme à gauche * ♦ **further west** plus à l'ouest ♦ **to sail due west** aller droit vers l'ouest ; [ship] avoir le cap à l'ouest ♦ **west by south** ouest quart sud-ouest
  **COMP** **West Africa** **N** Afrique f occidentale
  **West African** **ADJ** de l'Afrique occidentale, ouest-africain **N** habitant(e) m(f) de l'Afrique occidentale
  **the West Bank** **N** la Cisjordanie
  **West Berlin** **N** (Hist) Berlin-Ouest
  **West Berliner** **N** (Hist) habitant(e) m(f) de Berlin-Ouest
  **the West Country** **N** (Brit) le sud-ouest de l'Angleterre
  **the West End** **N** (in London) le West End (centre touristique et commercial de Londres)
  **West Ender** **N** (in London) habitant(e) m(f) du West End
  **west-facing** **ADJ** exposé (or orienté) à l'ouest or au couchant
  **West German** **ADJ** allemand de l'Ouest
  **West Germany** **N** Allemagne f de l'Ouest
  **West Highland white terrier** **N** terrier m blanc West Highland
  **West Indian** **ADJ** antillais **N** Antillais(e) m(f)
  **the West Indies** **NPL** les Antilles fpl ; (Hist) les Indes fpl occidentales
  **west-north-west** **N** ouest-nord-ouest m **ADJ** (de l' or à l')ouest-nord-ouest inv **ADV** vers l'ouest-nord-ouest
  **West Point** **N** (US) école militaire, ≈ Saint-Cyr
  **west-south-west** **N** ouest-sud-ouest m **ADJ** (de l' or à l')ouest-sud-ouest inv **ADV** vers l'ouest-sud-ouest

**West Virginia** **N** Virginie-Occidentale f ♦ **in West Virginia** en Virginie-Occidentale

**westbound** /ˈwestbaʊnd/ **ADJ**, **ADV** [traffic, vehicles] (se déplaçant) en direction de l'ouest ; [carriageway] ouest inv ♦ **to be westbound on the M8** être sur la M8 en direction de l'ouest

**westerly** /ˈwestəlɪ/
  **ADJ** [wind] de l'ouest ; [situation] à l'ouest, au couchant ♦ **in a westerly direction** en direction de l'ouest, vers l'ouest ♦ **westerly longitude** longitude f ouest inv ♦ **westerly aspect** exposition f à l'ouest or au couchant
  **ADV** vers l'ouest

**western** /ˈwestən/
  **ADJ** (de l')ouest inv ♦ **in western France** dans l'ouest de la France ♦ **the western coast** la côte ouest or occidentale ♦ **the western hemisphere** les Amériques fpl ♦ **house with a western outlook** maison f exposée à l'ouest ♦ **western wall** mur m ouest ♦ **the Western Empire** l'Empire m d'Occident ♦ **Western Europe** Europe f occidentale ♦ **the Western Church** l'Église f d'Occident, l'Église f latine ; → **country**
  **N** (= film) western m ; (= novel) roman-western m
  **COMP** **Western Australia** **N** Australie-Occidentale f
  **the Western Isles** **NPL** (Brit) les Hébrides fpl
  **Western omelet** **N** (US Culin) omelette f au jambon avec oignons et poivrons
  **western roll** **N** (Sport) (saut m en) rouleau m
  **the Western Sahara** **N** le Sahara occidental
  **Western Samoa** **N** Samoa fpl (occidentales)
  **western writer** **N** écrivain m de (romans-)westerns

**westerner** /ˈwestənəʳ/ **N** homme m or femme f de l'ouest, habitant(e) m(f) de l'ouest ; (Pol) Occidental(e) m(f)

**westernization** /ˌwestənaɪˈzeɪʃən/ **N** occidentalisation f

**westernize** /ˈwestənaɪz/ **VT** occidentaliser ♦ **to become westernized** s'occidentaliser

**westernmost** /ˈwestənməʊst/ **ADJ** le plus à l'ouest

**Westminster** /ˈwestˌmɪnstəʳ/ **N** (Brit) Westminster m (le Parlement britannique)

**Weston standard cell** /ˈwestən/ **N** (Phys) pile f Weston

**Westphalia** /westˈfeɪlɪə/ **N** (Geog) Westphalie f

**westward** /ˈwestwəd/
  **ADJ** [route] en direction de l'ouest ; [slope] exposé à l'ouest ♦ **in a westward direction** en direction de l'ouest , vers l'ouest
  **ADV** (also **westwards**) vers l'ouest

**wet** /wet/ **SYN**
  **ADJ** ① [object, grass, clothes, towel, swimsuit, nappy, baby] mouillé, humide ; (stronger) trempé ; [cement, plaster, paint, ink] frais (fraîche f) ; [sand, hair] mouillé ♦ **to be wet to the skin** or **wet through** être trempé jusqu'aux os ♦ **to get wet** se mouiller ♦ **to get one's feet wet** (lit) se mouiller les pieds ; (fig) s'y mettre, se lancer ♦ **don't get your shoes wet** ne mouille pas tes chaussures ♦ **don't come into the house with wet feet** n'entre pas (dans la maison) avec les pieds mouillés ♦ **it grows in wet places** ça pousse dans les endroits humides ♦ **a wet patch** une tache d'humidité ♦ **the roads are very wet** les routes sont très humides or mouillées ♦ **the road is slippery when wet** la chaussée est glissante par temps de pluie ♦ "**wet paint**" (notice) « attention, peinture fraîche » ♦ **he's still wet behind the ears** * (= immature) si on lui pressait le nez il en sortirait du lait * ; (= inexperienced) il manque d'expérience
  ♦ **wet with** ♦ **wet with blood** trempé de sang ♦ **wet with sweat** humide de sueur ; (stronger) trempé de sueur ♦ **cheeks wet with tears** joues baignées de larmes ♦ **wet with dew** humide de rosée ; → **soaking**, **wringing**
  ② (of weather) ♦ **it or the weather is wet** le temps est pluvieux, il pleut ♦ **it's going to be wet** il va pleuvoir ♦ **a wet day** un jour de pluie, un jour pluvieux ♦ **on wet days** les jours de pluie ♦ **it's a very wet climate** c'est un climat très humide or pluvieux ♦ **in wet weather** quand le temps est pluvieux, par temps humide or pluvieux ♦ **it's been one of the wettest Junes on record** c'est un des mois de juin les plus pluvieux que l'on ait connus ♦ **wet snow** neige f fondue
  ③ (Brit = spineless) ♦ **he's really wet** * c'est une chiffe molle
  ④ (Brit Pol *) [Tory politician, policy] gauchisant
  ⑤ (in US = against prohibition) [town, state] où la vente des boissons alcoolisées est autorisée
  ⑥ (US fig = quite wrong) ♦ **you're all wet!** * tu te fiches complètement dedans !*, tu te fourres le doigt dans l'œil !*
  **N** ① ♦ **the wet** (= rain) la pluie ; (= damp) l'humidité f ♦ **it got left out in the wet** il est resté dehors sous la pluie or à l'humidité ♦ **my car doesn't start in the wet** ma voiture ne démarre pas par temps de pluie ♦ **the road surface is slippery, especially in the wet** la chaussée est glissante, surtout par temps de pluie ♦ **come in out of the wet** ne restez pas sous la pluie, entrez
  ② (* spineless person) chiffe f molle
  ③ (Brit Pol *) gauchisant(e) m(f) (du parti conservateur)
  **VT** ① mouiller ♦ **to wet one's lips** se mouiller les lèvres ♦ **to wet one's whistle** ( † * :fig) boire un coup *, en siffler un *
  ② (= urinate) ♦ **to wet the bed** mouiller le lit ♦ **to wet o.s.** or **one's pants** (lit) mouiller sa culotte ♦ **to wet o.s.** or **one's pants** (laughing) rire à en faire pipi * dans sa culotte
  **COMP** **wet-and-dry-bulb thermometer** **N** (Tech) psychromètre m
  **wet bar** **N** (US) petit bar avec eau courante
  **wet blanket** **N** (fig) rabat-joie mf inv
  **wet dock** **N** (for ships) bassin m à flot
  **wet dream** **N** pollution f or éjaculation f nocturne
  **wet fish** **N** poisson m frais
  **the wet look** **N** (Fashion) le look brillant
  **wet-look** **ADJ** [fabric] brillant ; [hair product] à effet mouillé
  **wet-nurse** **N** nourrice f **VT** servir de nourrice à, élever au sein
  **wet rot** **N** (NonC) pourriture f humide (du bois)
  **wet shave** **N** rasage m au rasoir mécanique
  **wet wipe** **N** serviette f rafraîchissante

**wetback** ⁑ /ˈwetbæk/ **N** (US pej) ouvrier m agricole mexicain (entré illégalement aux États-Unis)

**wether** /ˈweðəʳ/ **N** bélier m châtré, mouton m

**wetlands** /ˈwetlændz/ **NPL** (esp US) zones fpl humides

**wetly** /ˈwetlɪ/ **ADV** ① (= damply) ♦ **her hair clung wetly to her head** ses cheveux mouillés étaient plaqués sur sa tête ♦ **she kissed him wetly on the mouth** elle lui donna un baiser mouillé sur la bouche
  ② (= feebly) [smile] mollement

**wetness** /ˈwetnɪs/ **N** ① humidité f ♦ **the wetness of the weather** le temps pluvieux
  ② (Brit Pol) ♦ **they suspected him of political wetness** ils le soupçonnaient de tendances gauchisantes

**wetsuit** /ˈwetsuːt/ **N** combinaison f or ensemble m de plongée

**wetting** /ˈwetɪŋ/ **N** ① (gen) ♦ **to get a wetting** se faire arroser ♦ **to give sth/sb a wetting** arroser qch/qn
  ② (= incontinence) incontinence f d'urine ; (also **bed-wetting**) énurésie f nocturne

**WEU** /ˌdʌbljuːiːˈjuː/ **N** (abbrev of **Western European Union**) UEO f

**we've** /wiːv/ ⇒ **we have** ; → **have**

**Weymouth pine** /ˈweɪməθ/ **N** pin m (de) Weymouth

**WFTU** /ˌdʌbljuːefˈtiːˈjuː/ (abbrev of **World Federation of Trade Unions**) FSM f

**whack** /wæk/
  **N** ① (= blow) grand coup m sec, claquement m ♦ **to give sth/sb a whack** donner un grand coup à qch/qn ♦ **whack!** vlan ! ♦ **out of whack** ⁑ (esp US) détraqué ♦ **the ecosystem was thrown out of whack** l'écosystème a été chamboulé
  ② (* = attempt) ♦ **to have a whack at doing sth** essayer de faire qch ♦ **I'll have a whack at it** je vais tenter le coup *
  ③ (Brit * = share) part f ♦ **you'll get your whack** tu auras ta part ♦ **they won a fair whack of the contracts** ils ont remporté une bonne partie des marchés ♦ **to pay one's whack** payer sa part ♦ **to pay top** or **the full whack for sth** payer qch plein pot * ♦ **you'll get £15,000 a year, top whack** tu auras 15 000 livres par an, grand maximum *
  **VT** [+ thing, person] donner un (or des) grand(s) coup(s) à ; (= spank) fesser ; * (= defeat) donner

une raclée* à, flanquer une déculottée* or une dérouillée* à

**whacked*** /wækt/ **ADJ** (Brit fig = exhausted) crevé*, claqué*

**whacking** /'wækɪŋ/
**N** (= spanking) fessée f ; (= beating : lit, fig) raclée* f ◆ **to give sb/sth a whacking** ⇒ **to whack sb/sth** ; → **whack**
**ADJ** (esp Brit * : also **whacking big, whacking great**) énorme ◆ **the supermarkets are making whacking great profits** les supermarchés font des bénéfices énormes

**whacko*** /ˌwækəʊ/ **ADJ, N** ⇒ **wacko**

**whacky*** /'wækɪ/ **ADJ** ⇒ **wacky**

**whale** /weɪl/
**N** (pl **whales** or **whale**) ① (= animal) baleine f
② (phrases) ◆ **we had a whale of a time*** on s'est drôlement* bien amusé ◆ **a whale of a difference** * une sacrée* différence ◆ **a whale of a lot of**... vachement* de..., une sacrée* quantité de...
**VI** ◆ **to go whaling** aller à la pêche à la baleine, aller pêcher la baleine
**COMP** **whale calf N** baleineau m
**whale oil N** huile f de baleine
**whale shark N** requin-baleine m
**whale watching N** ◆ **to go whale watching** aller regarder les baleines

**whaleboat** /'weɪlbəʊt/ **N** baleinière f

**whalebone** /'weɪlbəʊn/
**N** fanon m de baleine ; (Dress) baleine f
**COMP** **whalebone whale N** baleine f franche

**whaler** /'weɪlə'/ **N** (= person) pêcheur m de baleine ; (= ship) baleinier m

**whaling** /'weɪlɪŋ/
**N** (NonC) pêche f à la baleine
**COMP** [industry] baleinier
**whaling ship N** baleinier m
**whaling station N** port m baleinier

**wham** /wæm/ **EXCL** vlan !

**whammy** /'wæmɪ/ **N** (US) mauvais sort m, poisse* f ◆ **double/triple whammy*** double/triple coup m dur*

**whang** /wæŋ/
**N** bruit m retentissant
**VT** donner un coup dur et sonore à
**VI** faire un bruit retentissant

**wharf** /wɔːf/ **SYN** **N** (pl **wharfs** or **wharves**) quai m (pour marchandises)

**wharfage** /'wɔːfɪdʒ/ **N** (NonC) droits mpl de quai

**wharves** /wɔːvz/ **NPL** of **wharf**

✦ ✦ ✦ ✦ ✦ ✦ ✦ ✦ ✦ ✦ ✦ ✦ ✦ ✦ ✦ ✦ ✦ ✦ ✦ ✦ ✦

## what /wɒt/

1 - ADJECTIVE
2 - PRONOUN
3 - COMPOUNDS

✦ ✦ ✦ ✦ ✦ ✦ ✦ ✦ ✦ ✦ ✦ ✦ ✦ ✦ ✦ ✦ ✦ ✦ ✦ ✦ ✦

### 1 - ADJECTIVE

① [IN QUESTIONS AND INDIRECT SPEECH] quel m, quelle f, quels mpl, quelles fpl ◆ **what sort of music do you like?** quel genre de musique aimes-tu ? ◆ **what time is it?** quelle heure est-il ? ◆ **what flavours do you want?** quels parfums voulez-vous ? ◆ **what subjects did you choose?** quelles matières as-tu choisies ? ◆ **she told me what colour it was** elle m'a dit de quelle couleur c'était ◆ **they asked me what kind of films I liked** ils m'ont demandé quel genre de films j'aimais ◆ **he told me what time it was** il m'a dit quelle heure il était, il m'a donné l'heure

② [= ALL THE] ◆ **I gave him what money/coins I had** je lui ai donné tout l'argent/toutes les pièces que j'avais ◆ **what savings we had are now gone** le peu d'économies que nous avions s'est maintenant envolé ◆ **I will give you what information we have** je vais vous donner toutes les informations dont nous disposons ◆ **they packed what few belongings they had** ils ont rassemblé le peu qui leur appartenait ◆ **I gave what little help I could** j'ai aidé comme j'ai pu ◆ **I gave her what comfort I could** je l'ai réconfortée comme j'ai pu ◆ **I gave them what advice I could** je les ai conseillés comme j'ai pu

③ [EXCLAMATIONS]
◆ **what a...!** ◆ **what an idiot!** quel imbécile ! ◆ **what a nice surprise!** quelle bonne surprise ! ◆ **what a ridiculous suggestion!** quelle suggestion ridicule ! ◆ **what a beautiful boat!** quel beau bateau ! ◆ **what a nightmare!** quel cauchemar ! ◆ **what a nuisance!** quelle barbe !*, c'est vraiment ennuyeux ! ◆ **what a lot of people!** que de monde ! ◆ **what an excuse!** (iro) drôle d'excuse !

◆ **what** + plural/uncount noun ◆ **what fools we were!** quels imbéciles nous faisions !, nous étions vraiment bêtes ! ◆ **what lovely hair you've got!** quels jolis cheveux tu as !

### 2 - PRONOUN

① [USED ALONE, OR IN EMPHATIC POSITION] quoi ◆ **what? I didn't get that** quoi ? tu peux répéter ? ◆ **I've forgotten something – what?** j'ai oublié quelque chose – quoi ? ◆ **you told him WHAT?** quoi ! qu'est-ce que vous lui avez dit ? ◆ **it's WHAT?** c'est quoi ? ◆ **he's getting married – what!** il se marie – quoi ! ◆ **what! you expect me to believe that!** quoi ! et tu penses que je vais croire ça !, tu ne penses quand même pas que je vais croire ça ! ◆ **say what?** * (US) quoi ? ◆ **it's getting late, what?** †* (esp Brit) (seeking confirmation) il se fait tard, n'est-ce pas ?

> quoi is used with a preposition, if the French verb requires one.

◆ **I've just thought of something – what?** je viens de penser à quelque chose – à quoi ? ◆ **I've just remembered something – what?** je viens de me souvenir de quelque chose – de quoi ?

◆ **you what?*** (Brit) (expressing surprise) c'est pas vrai ! * ; (= what did you say?) hein ? *

② [SUBJECT IN DIRECT QUESTIONS] qu'est-ce qui ◆ **what's happened?** qu'est-ce qui s'est passé ? ◆ **what's bothering you?** qu'est-ce qui te préoccupe ? ◆ **what's for lunch/dinner?** qu'est-ce qu'il y a pour déjeuner/dîner ? ◆ **what is his address?** quelle est son adresse ? ◆ **what's the French for "pen"?** comment dit-on « pen » en français ? ◆ **what is this called?** comment ça s'appelle ? ◆ **what's money if you have no time to spend it?** à quoi bon avoir de l'argent si on n'a pas le temps de le dépenser ?

> When asking for a definition or explanation, qu'est-ce que c'est que is often used.

◆ **what is a lycée polyvalent?** qu'est-ce que c'est qu'un lycée polyvalent ?, c'est quoi, un lycée polyvalent ? ◆ **what are capers?** qu'est-ce que c'est les câpres ?, c'est quoi, les câpres ? ◆ **what's that noise?** quel est ce bruit ?, qu'est-ce que c'est que ce bruit ?

◆ **what's that?** (asking about sth) qu'est-ce que c'est que ça ? ; (= what did you say) comment ?, qu'est-ce que tu as dit ?

③ [OBJECT IN DIRECT QUESTIONS] qu'est-ce que, que, quoi after prep

> The object pronoun que is more formal than qu'est-ce que and requires inversion of verb and pronoun.

◆ **what did you do?** qu'est-ce que vous avez fait ?, qu'avez-vous fait ? ◆ **what can we do?** qu'est-ce qu'on peut faire ?, que peut-on faire ?

> A subject pronoun may become the object when translated.

◆ **what does it matter?** qu'est-ce que ça peut bien faire ? ◆ **what's it to you?*** qu'est-ce que cela peut vous faire ?

> The French preposition cannot be separated from the pronoun.

◆ **what does he owe his success to?** à quoi doit-il son succès ? ◆ **what were you talking about?** de quoi parliez-vous ?

④ [= WHICH IN PARTICULAR] quel m, quelle f, quels mpl, quelles fpl ◆ **what are the commonest mistakes students make?** quelles sont les erreurs les plus courantes des étudiants ? ◆ **what's the best time to call?** quel est le meilleur moment pour vous joindre ? ◆ **what are the advantages?** quels sont les avantages ?

⑤ [= HOW MUCH] combien ◆ **what will it cost?** combien est-ce que ça va coûter ?, ça va coûter combien ? ◆ **what does it weigh?** combien est-ce que ça pèse ? ◆ **what do 2 and 2 make?** combien font 2 et 2 ?

⑥ [IN INDIRECT QUESTIONS] ce qui subject of vb, ce que object of vb ◆ **I wonder what will happen** je me demande ce qui va se passer ◆ **I wonder what they think** je me demande ce qu'ils pensent ◆ **he asked me what she said** il m'a demandé ce qu'elle avait dit ◆ **I don't know what that building is** je ne sais pas ce que c'est que ce bâtiment

> If the French verb takes a preposition, what is translated by quoi.

◆ **tell us what you're thinking about** dites-nous à quoi vous pensez ◆ **I wonder what they need** je me demande de quoi ils ont besoin ◆ **I wonder what they are expecting** je me demande à quoi ils s'attendent

> quoi is used when what ends the sentence.

◆ **I don't know who's doing what** je ne sais pas qui fait quoi

⑦ [IN RELATIVE CLAUSES = THAT WHICH] ce qui subject of vb, ce que object of vb, ce dont object of vb taking « de », ce à quoi object of verb taking « à » ◆ **what is done is done** ce qui est fait est fait ◆ **the hotel isn't what it was** l'hôtel n'est plus ce qu'il était ◆ **what I don't understand is...** ce que je ne comprends pas c'est... ◆ **say what you like,...** vous pouvez dire ce que vous voulez,... ◆ **what I need is...** ce dont j'ai besoin c'est... ◆ **it wasn't what I was expecting** ce n'était pas ce à quoi je m'attendais ◆ **do what you like** fais ce que tu veux, fais comme tu veux

> When what = the ones which, the French pronoun is generally plural.

◆ **I've no clothes except what I'm wearing** je n'ai d'autres vêtements que ceux que je porte

⑧ [SET STRUCTURES]
◆ **and I don't know what (all)** ◆ **they raped, pillaged and I don't know what (all)** ils ont violé, pillé et je ne sais quoi encore ◆ **it was full of cream, jam, chocolate and I don't know what** c'était plein de crème, de confiture, de chocolat et je ne sais trop quoi

◆ **and what is/was** + adjective/adverb ◆ **and what's more** et qui plus est ◆ **and what is worse** et ce qui est pire ◆ **and, what was more surprising, there was...** et, plus surprenant encore, il y avait...

◆ **and what have you**, **and what not*** et cætera

◆ **or what?** ◆ **are you coming/do you want it or what?** tu viens/tu le veux ou quoi ? ◆ **I mean, is this sick, or what?** il faut vraiment être malade ! * ◆ **is this luxury or what?** * c'est le grand luxe !

◆ **tell you what** ◆ **tell you what, let's stay here another day** j'ai une idée : si on restait un jour de plus ?

◆ **what about** ◆ **what about Robert?** et Robert ? ◆ **what about people who haven't got cars?** et les gens qui n'ont pas de voiture (alors) ? ◆ **what about the danger involved?** et les risques que l'on encourt ? ◆ **what about lunch, shall we go out?** qu'est-ce qu'on fait à midi, on va au restaurant ? ◆ **your car... – what about it?*** ta voiture... – qu'est-ce qu'elle a ma voiture ? ◆ **what about going to the cinema?** si on allait au cinéma ?

◆ **what for?** pourquoi ? ◆ **what did you do that for?** pourquoi avez-vous fait ça ? ; see also **compounds**

◆ **what if** et si ◆ **what if this doesn't work out?** et si ça ne marchait pas ? ◆ **what if he says no?** et s'il refuse ? ◆ **what if it rains?** et s'il pleut ?

◆ **what of** ◆ **but what of the country's political leaders?** et les dirigeants politiques du pays ?, qu'en est-il des dirigeants politiques du pays ? ◆ **what of it?*** et alors ?

◆ **what's what*** ◆ **he knows what's what** il s'y connaît, il connaît son affaire ◆ **you should try my job, then you'd really see what's what** tu devrais faire mon travail et alors tu comprendrais ◆ **I've done this job long enough to know what's what** je fais ce travail depuis assez longtemps pour savoir de quoi il retourne* ◆ **I'll show them what's what** je vais leur montrer de quel bois je me chauffe *

◆ **what with** ◆ **what with the stress and lack of sleep, I was in a terrible state** entre le stress et le manque de sommeil, j'étais dans un état lamentable ◆ **what with one thing and another** avec tout ça ◆ **what with the suitcase and his bike he could hardly...** avec la valise et son vélo, il pouvait à peine...

◆ **not but what** ◆ **not but what that wouldn't be a good thing** non que ce soit une mauvaise chose

### 3 - COMPOUNDS

**what-d'ye-call-her*** **N** Machine* f
**what-d'ye-call-him*** **N** Machin* m, Machin Chouette* m

**what-d'ye-call-it** N machin* m, truc* m, bidule* m
**what-for*** N ◆ **to give sb what-for** passer un savon à qn*
**what-ho!** †* EXCL ohé bonjour !
**what's-her-name*** N ⇒ what-d'ye-call-her
**what's-his-name*** N ⇒ what-d'ye-call-him
**what's-it** N ⇒ what-d'ye-call-it ◆ **Mr What's-it** Monsieur Machin (Chose)*
**what's-its-name*** N ⇒ what-d'ye-call-it

**whatchamacallit*** /ˈwɒtʃəməˌkɔːlɪt/ N machin* m, truc* m, bidule* m
**whate'er** /wɒtˈɛəʳ/ (liter) ⇒ whatever
**whatever** /wɒtˈevəʳ/ LANGUAGE IN USE 26.3
 **ADJ** 1 (gen) ◆ **whatever book you choose** quel que soit le livre que vous choisissez subj ◆ **any box of whatever size** n'importe quelle boîte quelle qu'en soit la taille ◆ **give me whatever money you've got** donne-moi (tout) ce que tu as comme argent ◆ **he agreed to make whatever repairs might prove necessary** il a accepté de faire toutes les réparations qui s'avéreraient nécessaires ◆ **you'll have to change whatever plans you've made** quoi que vous ayez prévu, il vous faudra changer vos plans
 2 (* : emphatic interrog) ◆ **whatever books have you been reading?** qu'est-ce que vous êtes allé lire ?, vous avez lu de drôles de livres ! * ◆ **whatever time is it?** quelle heure peut-il bien être ?
 **ADV** ◆ **whatever the weather** quel que soit le temps (qu'il fasse) ◆ **whatever the news from the front, they...** quelles que soient les nouvelles du front, ils... ◆ **I'll take anything whatever you can spare** je prendrai tout ce dont vous n'avez pas besoin (quoi que ce soit) ◆ **I've no money whatever or whatsoever** je n'ai pas un sou, je n'ai pas le moindre argent ◆ **there's no doubt whatever or whatsoever about it** cela ne fait pas le moindre doute or pas l'ombre d'un doute ◆ **nothing whatever or whatsoever** rien du tout, absolument rien ◆ **did you see any? - none whatever or whatsoever!** tu en as vu ? - non, absolument aucun ! ◆ **has he any chance whatever or whatsoever?** a-t-il la moindre chance ?
 **PRON** 1 (= no matter what) quoi que + subj ◆ **whatever happens** quoi qu'il arrive subj ◆ **whatever you (may) find** quoi que vous trouviez subj ◆ **whatever it may be** quoi que ce soit ◆ **whatever he may mean** quel que soit ce qu'il veut dire ◆ **whatever it or that means or may mean or meant** quel que soit le sens du mot (or de la phrase etc) ; (hum, iro) maintenant, allez savoir ce que ça veut dire ◆ **I'll pay whatever it costs** je paierai ce que ça coûtera ◆ **whatever it costs, get it** achète-le quel qu'en soit le prix ◆ **whatever he said before, he won't now do it** quoi qu'il ait dit auparavant, il ne le fera pas maintenant
 2 (= anything that) tout ce que ◆ **do whatever you please** faites ce que vous voulez or voudrez ◆ **we shall do whatever is necessary** nous ferons le nécessaire ◆ **Monday or Tuesday, whatever suits you best** lundi ou mardi, ce qui or le jour qui vous convient le mieux ◆ **whatever you say, sir** comme monsieur voudra ◆ **I tell you I'm ill! - whatever you say** (iro) je te dis que je suis malade ! - bien sûr, puisque tu le dis (iro)
 3 (* : emphatic interrog) ◆ **whatever did you do?** qu'est-ce que vous êtes allé faire ? ◆ **whatever did you say that for?** pourquoi êtes-vous allé dire ça ?
 4 (= other similar things) ◆ **the books and the clothes and whatever*** les livres et les vêtements et tout ça et que sais-je encore

**whatnot** /ˈwɒtnɒt/ N 1 (= shelf) étagère f
 2 (* = thing) machin* m, truc* m, bidule* m
 3 ◆ **and whatnot*** et ainsi de suite, et tout ce qui s'ensuit

**whatsoe'er** /ˌwɒtsəʊˈɛəʳ/ (liter), **whatsoever** (emphatic) /ˌwɒtsəʊˈevəʳ/ ⇒ whatever
**whatsoever** (emphatic) /ˌwɒtsəʊˈevəʳ/, **whatsoe'er** (liter) /ˌwɒtsəʊˈɛəʳ/ ⇒ whatever

**wheat** /wiːt/
 **N** (NonC) blé m, froment m ◆ **to separate or divide the wheat from the chaff** (fig) séparer le bon grain de l'ivraie
 **COMP wheat beer** N bière f blanche ◆ **wheat field** N champ m de blé ◆ **wheat flour** N farine f de blé or de froment ◆ **wheat sheaf** N gerbe f de blé

**wheatear** /ˈwiːtɪəʳ/ N (= bird) traquet m (motteux)

**wheaten** /ˈwiːtn/ ADJ de blé, de froment

**wheatgerm** /ˈwiːtdʒɜːm/
 **N** (NonC) germes mpl de blé
 **COMP wheatgerm bread** N pain m aux germes de blé

**wheatmeal** /ˈwiːtmiːl/ N farine f complète ◆ **wheatmeal bread** ≈ pain m de campagne

**whee** /wiː/ EXCL ◆ **whee!** youp là !

**wheedle** /ˈwiːdl/ SYN VT cajoler, câliner ◆ **to wheedle sth out of sb** obtenir or tirer qch de qn par des cajoleries or des câlineries ◆ **to wheedle sb into doing sth** cajoler or câliner qn pour qu'il fasse qch, amener qn à faire qch à force de cajoleries or câlineries

**wheedler** /ˈwiːdləʳ/ N cajoleur m, -euse f, enjôleur m, -euse f

**wheedling** /ˈwiːdlɪŋ/
 **ADJ** câlin, enjôleur
 **N** cajolerie(s) f(pl), câlinerie(s) f(pl)

**wheel** /wiːl/ SYN
 **N** 1 (gen) roue f ; (smaller) [of trolley, toy etc] roulette f ; (of ship) (roue f de) gouvernail m ; (= steering wheel) volant m ; (= spinning wheel) rouet m ; (= potter's wheel) tour m (de potier) ; (in roulette etc) roue f ; (Hist = torture instrument) roue f ◆ **at the wheel** (of ship) au gouvernail ; (of car: also **behind the wheel**) au volant ◆ **to take the wheel** (of ship) prendre le gouvernail ; (of car: also **to get behind the wheel**) se mettre au volant ◆ **to change a wheel** changer une roue ◆ **to break sb on the wheel** (Hist) rouer qn ; → shoulder, spoke¹
 2 (in fig phrases) ◆ **the wheels of government/of justice** les rouages mpl du gouvernement/de l'institution judiciaire ◆ **the wheels of justice are moving or turning very slowly** la justice suit son cours avec beaucoup de lenteur ◆ **to oil or grease the wheels** huiler les rouages ◆ **there are wheels within wheels** c'est plus compliqué que ça ne paraît, il y a toutes sortes de forces en jeu ◆ **the wheel has come full circle** la boucle est bouclée ◆ **it was hell on wheels*** c'était l'enfer ◆ **a third or fifth wheel** (US fig) la cinquième roue du carrosse ; → reinvent
 3 (* = car) ◆ **(set of) wheels** bagnole* f ◆ **have you got wheels?** vous êtes motorisé ? *
 4 (Mil) ◆ **to make a right/left wheel** (= turn) effectuer une conversion à droite/à gauche
 **VT** 1 [+ barrow, pushchair] pousser, rouler ; [+ bed, cycle] pousser ; [+ child] pousser (dans un landau etc) ◆ **to wheel a trolley into/out of a room** amener or pousser dans une pièce/sortir un chariot d'une pièce ◆ **they wheeled the sick man over to the window** ils ont poussé le malade (dans son fauteuil roulant or sur son lit roulant) jusqu'à la fenêtre
 2 (* fig = bring) ◆ **he wheeled out an enormous box** il a sorti une boîte énorme ◆ **wheel him in!** amenez-le ! ◆ **the government have wheeled out their usual pre-election tax cuts** le gouvernement a ressorti ses réductions d'impôt, comme il en a l'habitude à la veille des élections ◆ **he wheeled out his usual arguments** il a sorti* ses arguments habituels ◆ **spokesmen were wheeled out to deny these rumours** on a fait venir des porte-parole pour démentir ces rumeurs
 **VI** 1 (also **wheel round**) [birds] tournoyer ; [person] se retourner (brusquement), virevolter ; (Mil) effectuer une conversion ; [procession] tourner ◆ **right wheel!** (Mil) à droite !
 2 (fig) ◆ **he's always wheeling and dealing*** il est toujours en train de manigancer quelque chose or de chercher des combines*
 **COMP wheel brace** N clé f en croix ◆ **wheel clamp** N sabot m (de Denver) VT mettre un sabot à ◆ **wheel clamping** N pose f d'un sabot (de Denver) ◆ **wheel gauge** N écartement m des essieux ◆ **wheel horse*** N (US fig) cheval m de labour (fig) ◆ **wheel of fortune** N roue f de la fortune ◆ **wheel trim** N enjoliveur m

**wheelbarrow** /ˈwiːlˌbærəʊ/ N brouette f

**wheelbase** /ˈwiːlbeɪs/ N [of vehicle] empattement m

**wheelchair** /ˈwiːltʃɛəʳ/
 **N** fauteuil m roulant ◆ **"wheelchair access"** « accès aux handicapés » ◆ **when I'm in a wheelchair...** (hum) quand je serai dans un or en fauteuil roulant...
 **COMP wheelchair-bound** ADJ ◆ **to be wheelchair-bound** être en fauteuil roulant ◆ **wheelchair Olympics** † N Jeux mpl olympiques handisports ◆ **wheelchair user** N handicapé(e) m(f) (dans un fauteuil roulant)

**wheeled** /wiːld/ ADJ [object] à roues, muni de roues ◆ **three-wheeled** à trois roues

**wheeler** /ˈwiːləʳ/ N (pej) ◆ **wheeler-(and-)dealer*** magouilleur* m, -euse* f ; (= businessman) affairiste m ◆ **wheeler-dealing*** (pej) ⇒ wheeling and dealing ; → wheeling

**-wheeler** /ˈwiːləʳ/ (in compounds) ◆ **four-wheeler** voiture f à quatre roues ; → two

**wheelhouse** /ˈwiːlhaʊs/ N [of ship] timonerie f

**wheelie*** /ˈwiːlɪ/
 **N** ◆ **to do a wheelie** faire une roue arrière
 **COMP wheelie bin*** N (Brit) poubelle f à roulettes

**wheeling** /ˈwiːlɪŋ/ N (pej) ◆ **wheeling and dealing*** magouilles* fpl, combines* fpl ◆ **there has been a lot of wheeling and dealing*** over the choice of candidate le choix du candidat a donné lieu à toutes sortes de combines or de magouilles*

**wheelspin** /ˈwiːlspɪn/ N patinage m

**wheelwright** /ˈwiːlraɪt/ N charron m

**wheeze** /wiːz/ SYN
 **N** 1 respiration f bruyante or sifflante
 2 (Brit † * = scheme) truc* m, combine* f
 3 (US * = saying) dicton m, adage m
 **VI** [person] (= breathe noisily) respirer bruyamment ; (= breathe with difficulty) avoir du mal à respirer ; [animal] souffler
 **VT** (also **wheeze out**) ◆ **"yes", he wheezed** « oui », dit-il d'une voix rauque ◆ **the old organ wheezed out the tune** le vieil orgue a joué le morceau dans un bruit de soufflerie

**wheezily** /ˈwiːzɪlɪ/ ADV en soufflant bruyamment, poussivement

**wheeziness** /ˈwiːzɪnɪs/ N difficultés fpl à respirer

**wheezy** /ˈwiːzɪ/ ADJ [person] poussif, asthmatique ; [voice] d'asthmatique ; [animal] poussif ; [organ etc] asthmatique (fig)

**whelk** /welk/ N bulot m, buccin m

**whelp** /welp/
 **N** (= animal) petit(e) m(f) ; (pej) (= youth) petit morveux m
 **VI** (of animals) mettre bas

---

# when /wen/

1 - ADVERB
2 - CONJUNCTION
3 - NOUN

---

## 1 - ADVERB

quand

*Note the various ways of asking questions in French:*

◆ **when does the term start?** quand commence le trimestre ?, quand est-ce que le trimestre commence ? ◆ **when did it happen?** quand cela s'est-il passé ?, ça s'est passé quand ? ◆ **when was penicillin discovered?** quand la pénicilline a-t-elle été découverte ? ◆ **when was the Channel Tunnel opened?** quand a-t-on ouvert le tunnel sous la Manche ? ◆ **when would be the best time to phone?** quand est-ce je pourrais rappeler ? ◆ **when's the wedding?** à quand le mariage ?, quand doit avoir lieu le mariage ?

*There is no inversion after quand in indirect questions.*

◆ **I don't know when I'll see him again** je ne sais pas quand je le reverrai ◆ **did he say when he'd be back?** a-t-il dit quand il serait de retour ? ◆ **let me know when you want your holidays** faites-moi savoir quand or à quelle date vous désirez prendre vos congés

*If when means what time/date, a more specific translation is often used.*

◆ **when does the train leave?** à quelle heure part le train ? ◆ **when do you finish work?** à quelle heure est-ce tu quittes le travail ? ◆ **when is your birthday?** quelle est la date de ton anniversaire ?, c'est quand, ton anniversaire ? ◆ **when do the grapes get ripe?** vers quelle date or quand est-ce que les raisins sont mûrs ?

◆ **say when!*** (pouring drinks etc) vous m'arrêterez...

**2 - CONJUNCTION**

1 [= AT THE TIME THAT] quand, lorsque ◆ **everything looks nicer when the sun is shining** tout est plus joli quand *or* lorsque le soleil brille

If the **when** clause refers to the future, the future tense is used in French.

◆ **I'll do it when I have time** je le ferai quand j'aurai le temps ◆ **let me know when she comes** faites-moi savoir quand elle arrivera ◆ **when you're older, you'll understand** quand tu seras plus grand, tu comprendras ◆ **go when you like** partez quand vous voulez *or* voudrez

**en** + present participle may be used, if the subject of both clauses is the same, and the verb is one of action.

◆ **she burnt herself when she took the dish out of the oven** elle s'est brûlée en sortant le plat du four ◆ **he blushed when he saw her** il a rougi en la voyant

♦ **when** + *noun* ◆ **when a student at Oxford, she...** lorsqu'elle était étudiante à Oxford, elle... ◆ **when a child, he...** enfant, il...

♦ **when** + *adjective* ◆ **my father, when young, had a fine tenor voice** quand mon père était jeune il avait une belle voix de ténor ◆ **when just three years old, he was...** à trois ans il était déjà... ◆ **the floor is slippery when wet** le sol est glissant quand *or* lorsqu'il est mouillé

♦ **when** + *-ing* ◆ **you should take your passport with you when changing money** munissez-vous de votre passeport lorsque *or* quand vous changez de l'argent ◆ **take care when opening the tin** faites attention lorsque *or* quand vous ouvrez la boîte, faites attention en ouvrant la boîte

♦ *day/time/moment* + **when** où ◆ **on the day when I met him** le jour où je l'ai rencontré ◆ **at the time when I should have been at the station** à l'heure où j'aurais dû être à la gare ◆ **at the very moment when I was about to leave** juste au moment où j'allais partir ◆ **one day when the sun was shining** un jour que *or* où le soleil brillait ◆ **it was one of those days when everything is quiet** c'était un de ces jours où tout est calme ◆ **there are times when I wish I'd never met him** il y a des moments où je souhaiterais ne l'avoir jamais rencontré ◆ **this is a time when we must speak up for our principles** c'est dans un moment comme celui-ci qu'il faut défendre nos principes

2 [= WHICH IS WHEN] ◆ **he arrived at 8 o'clock, when traffic is at its peak** il est arrivé à 8 heures, heure à laquelle la circulation est la plus intense ◆ **in August, when peaches are at their best** en août, époque où les pêches sont les plus savoureuses ◆ **it was in spring, when the snow was melting** c'était au printemps, à la fonte des neiges

3 [= THE TIME WHEN] ◆ **he told me about when you got lost in Paris** il m'a raconté le jour *or* la fois* où vous vous êtes perdu dans Paris ◆ **now is when I need you most** c'est maintenant que j'ai le plus besoin de vous ◆ **that's when the programme starts** c'est l'heure à laquelle l'émission commence ◆ **that's when Napoleon was born** c'est l'année où Napoléon est né ◆ **that's when you ought to try to be patient** c'est dans ces moments-là qu'il faut faire preuve de patience ◆ **that was when the trouble started** c'est alors que les ennuis ont commencé

4 [= AFTER] quand, une fois que ◆ **when you read the letter you'll know why** quand vous lirez la lettre vous comprendrez pourquoi ◆ **when they left, I felt relieved** quand ils sont partis, je me suis senti soulagé ◆ **when you've been to Greece you realize how...** quand *or* une fois qu'on est allé en Grèce, on se rend compte que... ◆ **when he had made the decision, he felt better** il se sentit soulagé une fois qu'il eut pris une décision ◆ **when (it is) finished the bridge will measure...** une fois terminé, le pont mesurera...

5 [= EACH TIME THAT, WHENEVER] quand ◆ **I take aspirin when I have a headache** je prends un cachet d'aspirine quand j'ai mal à la tête ◆ **when it rains I wish I were back in Italy** quand il pleut je regrette l'Italie

6 [= WHEREAS] alors que ◆ **he thought he was recovering, when in fact...** il pensait qu'il était en voie de guérison alors qu'en fait...

7 [= IF] ◆ **how can I be self-confident when I look like this?** comment veux-tu que j'aie confiance en moi en étant comme ça ? ◆ **how can you understand when you won't listen?** comment voulez-vous comprendre si vous n'écoutez pas ? ◆ **what's the good of trying when I know I can't do it?** à quoi bon essayer, si *or* puisque je sais que je ne peux pas le faire

8 [= AND THEN] quand ◆ **he had just sat down when the phone rang** il venait juste de s'asseoir quand le téléphone a sonné ◆ **I was about to leave when I remembered...** j'étais sur le point de partir quand je me suis rappelé... ◆ **I had only just got back when I had to leave again** à peine venais-je de rentrer que j'ai dû repartir

**3 - NOUN**

◆ **I want to know the when and the how of all this** je veux savoir quand et comment tout ça est arrivé

---

**whence** /wens/ **ADV, CONJ** *(liter)* d'où

**whenever** /wen'evəʳ/, **whene'er** *(liter)* /wen'ɛəʳ/

**CONJ** 1 *(= at whatever time)* quand ◆ **come whenever you wish** venez quand vous voulez *or* voudrez ◆ **you may leave whenever you're ready** vous pouvez partir quand vous serez prêt

2 *(= every time that)* quand, chaque fois que ◆ **come and see us whenever you can** venez nous voir quand vous le pouvez ◆ **whenever I see a black horse I think of Jenny** chaque fois que je vois un cheval noir je pense à Jenny ◆ **whenever it rains the roof leaks** chaque fois qu'il pleut le toit laisse entrer l'eau ◆ **whenever people ask him he says...** quand on lui demande il dit... ◆ **whenever you touch it it falls over** on n'a qu'à le toucher et il tombe

**ADV** * mais quand donc ◆ **whenever did you do that?** mais quand donc est-ce que vous avez fait ça ? ◆ **next Monday, or whenever** lundi prochain, ou je ne sais quand ◆ **I can leave on Monday, or Tuesday, or whenever** je peux partir lundi, ou mardi, ou un autre jour *or* ou n'importe quand

**whensoever** *(emphatic)* /,wensəʊ'evəʳ/, **whensoe'er** *(liter)* /,wensəʊ'ɛəʳ/ ⇒ **whenever**

**where** /wɛəʳ/ LANGUAGE IN USE 5.1

**ADV** *(= in or to what place)* où ◆ **where do you live?** où habitez-vous ? ◆ **where are you going (to)?** où allez-vous ? ◆ **where's the theatre?** où est le théâtre ? ◆ **where are you from?, where do you come from?** d'où venez-vous ?, vous venez d'où ? ◆ **where have you come from?** d'où est-ce que vous arrivez ?, vous arrivez d'où ? ◆ **you saw him near where?** vous l'avez vu près d'où ? ◆ **where have you got to in the book?** où est-ce que vous en êtes de votre livre ? ◆ **where do I come into it?** *(fig)* qu'est-ce que je viens faire dans tout ça ?, quel est mon rôle dans tout ça ? ◆ **where's the difference?** où voyez-vous une différence ? ◆ **I wonder where he is** je me demande où il est ◆ **I don't know where I put it** je ne sais pas où je l'ai mis ◆ **don't eat that, you don't know where it's been** ne mangez pas cela, vous ne savez pas où ça a traîné ◆ **where would we be if...?** où serions-nous si... ?

**CONJ** 1 *(gen)* (là) où ◆ **stay where you are** restez (là) où vous êtes ◆ **there is a garage where the two roads intersect** il y a un garage au croisement des deux routes ◆ **Lyons stands where the Saône meets the Rhône** Lyon se trouve au confluent de la Saône et du Rhône ◆ **there is a school where our house once stood** il y a une école là où *or* à l'endroit où se dressait autrefois notre maison ◆ **go where you like** allez où vous voulez *or* voudrez ◆ **it is coldest where there are no trees for shelter** c'est là où il n'y a pas d'arbre pour s'abriter (du vent) qu'il fait le plus froid ◆ **I'm at the stage where I could...** j'en suis au point où je pourrais... ◆ **my book is not where I left it** mon livre n'est pas là où *or* à l'endroit où je l'avais laissé ◆ **it's not where I expected to see it** je ne m'attendais pas à le voir là ◆ **he ran towards where the bus had crashed** il a couru vers l'endroit où le bus avait eu l'accident ◆ **I told him where he could stick his job**‡ je lui ai dit où il pouvait se le mettre son boulot‡

2 *(= in which, at which etc)* où ◆ **the house where he was born** la maison où il est né, sa maison natale ◆ **in the place where there used to be a church** à l'endroit où il y avait une église ◆ **England is where you'll find this sort of thing most often** c'est en Angleterre que vous trouverez le plus fréquemment cela

3 *(= the place that)* là que ◆ **this is where the car was found** c'est là qu'on a retrouvé la voiture ◆ **this is where we got to in the book** c'est là que nous en sommes du livre ◆ **that's where you're wrong!** c'est là que vous vous trompez !, voilà votre erreur ! ◆ **so that's where my gloves have got to!** voilà où sont passés mes gants ! ◆ **that's where** *or* **there's* where things started to go wrong** *(= when)* c'est là que les choses se sont gâtées ◆ **this is where** *or* **here's* where you've got to make your own decision** là il faut que tu décides *subj* tout seul ◆ **that's where I meant** c'est là que je voulais dire ◆ **he went up to where she was sitting** il s'est approché de l'endroit où elle était assise ◆ **I walked past where he was standing** j'ai dépassé l'endroit où il se tenait ◆ **from where I'm standing I can see...** d'où *or* de là où je suis je peux voir...

4 *(= wherever)* là où ◆ **you'll always find water where there are trees** vous trouverez toujours de l'eau là où il y a des arbres ◆ **where there is kindness, you will find...** là où il y a de la gentillesse, vous trouverez...

5 *(= whereas)* alors que ◆ **he walked where he could have taken the bus** il est allé à pied alors qu'il aurait pu prendre le bus ◆ **he walked where I would have taken the bus** il est allé à pied alors que *or* tandis que moi j'aurais pris le bus

**N** ◆ **I want to know the where and the why of it** je veux savoir où et pourquoi c'est arrivé

**whereabouts** /'wɛərəbaʊts/ SYN

**ADV** où (donc) ◆ **whereabouts did you put it?** où (donc) l'as-tu mis ?

**N** ◆ **to know sb's/sth's whereabouts** savoir où est qn/qch ◆ **his whereabouts are unknown** personne ne sait où il se trouve

**whereafter** /,wɛər'æftəʳ/ **CONJ** *(frm)* après quoi

**whereas** /wɛər'æz/ **CONJ** *(= while)* alors que, tandis que ; *(= in view of the fact that)* attendu que, considérant que ; *(= although)* bien que + *subj*, quoique + *subj*

**whereat** /wɛər'æt/ **ADV** *(liter)* sur quoi, après quoi, sur ce

**whereby** /wɛə'baɪ/ **PRON** *(frm)* par quoi, par lequel (*or* laquelle *etc*), au moyen duquel (*or* de laquelle *etc*)

**wherefore** †† /'wɛə,fɔːʳ/

**CONJ** *(= for that reason)* et donc, et pour cette raison ; see also **why**

**ADV** *(= why)* pourquoi

**wherein** /wɛər'ɪn/

**INTERROG ADV** †† où, dans quoi

**CONJ** *(frm)* où, dans quoi

**whereof** /wɛər'ɒv/ **ADV, PRON** *(frm, liter)* de quoi, dont, duquel (*or* de laquelle *etc*)

**whereon** /wɛər'ɒn/ **PRON** *(frm, liter)* sur quoi, sur lequel (*or* laquelle *etc*)

**wheresoever** *(emphatic)* /,wɛəsəʊ'evəʳ/, **wheresoe'er** *(liter)* /,wɛəsəʊ'ɛəʳ/ ⇒ **wherever**

**whereto** /wɛə'tuː/ **ADV** *(frm)* et dans ce but, et en vue de ceci

**whereupon** /,wɛərə'pɒn/ **ADV** sur quoi, après quoi

**wherever** /wɛər'evəʳ/

**CONJ** 1 *(= no matter where)* où que + *subj* ◆ **wherever I am I'll always remember** où que je sois, je n'oublierai jamais ◆ **wherever you go I'll go too** où que tu ailles *or* partout où tu iras, j'irai ◆ **I'll buy it wherever it comes from** je l'achèterai d'où que cela provienne *or* quelle qu'en soit la provenance ◆ **wherever it came from, it's here now!** peu importe d'où cela vient, c'est là maintenant !

2 *(= anywhere)* (là) où ◆ **sit wherever you like** asseyez-vous (là) où vous voulez ◆ **go wherever you please** allez où bon vous semblera ◆ **we'll go wherever you wish** nous irons (là) où vous voudrez ◆ **he comes from Barcombe, wherever that is** il vient d'un endroit qui s'appellerait Barcombe

3 *(= everywhere)* partout où ◆ **wherever you see this sign, you can be sure that...** partout où vous voyez ce signe, vous pouvez être sûr que... ◆ **wherever there is water available** partout où il y a de l'eau

**ADV** * mais où donc ◆ **wherever did you get that hat?** mais où donc avez-vous déniché* ce chapeau ? ◆ **I bought it in London or Liverpool or wherever** je l'ai acheté à Londres, Liverpool ou je ne sais où

**wherewith** /wɛə'wɪθ/ **ADV** *(frm, liter)* avec quoi, avec lequel (*or* laquelle *etc*)

**wherewithal** /'wɛəwɪðɔːl/ SYN **N** moyens *mpl*, ressources *fpl* nécessaires ◆ **he hasn't the**

**wherewithal to buy it** il n'a pas les moyens de l'acheter

**whet** /wet/ SYN **VT** 1 *[+ tool]* aiguiser, affûter
2 *[+ desire, appetite, curiosity]* aiguiser, stimuler

**whether** /ˈweðəʳ/ **CONJ** 1 si ◆ **I don't know whether it's true or not, I don't know whether or not it's true** je ne sais pas si c'est vrai ou non ◆ **you must tell him whether you want him (or not)** il faut que tu lui dises si oui ou non tu as besoin de lui ◆ **I don't know whether to go or not** je ne sais pas si je dois y aller ou non ◆ **it is doubtful whether...** il est peu probable que... + *subj* ◆ **I doubt whether...** je doute que... + *subj* ◆ **I'm not sure whether...** je ne suis pas sûr si... + *indic or que...* + *subj*
2 que + *subj* ◆ **whether it rains or (whether it) snows I'm going out** qu'il pleuve ou qu'il neige *subj* je sors ◆ **whether you go or not, whether or not you go** que tu y ailles ou non
3 soit ◆ **whether today or tomorrow** soit aujourd'hui soit demain ◆ **whether before or after** soit avant soit après ◆ **whether with a friend to help you or without** avec ou sans ami pour vous aider ◆ **I shall help you whether or no** de toute façon *or* quoi qu'il arrive *subj* je vous aiderai

**whetstone** /ˈwetstəʊn/ **N** pierre *f* à aiguiser

**whew** * /hwjuː/ **EXCL** *(relief, exhaustion)* ouf ! ; *(surprise, admiration)* fichtre ! *

**whey** /weɪ/ **N** petit-lait *m*

**wheyfaced** /ˈweɪfeɪst/ **ADJ** *(pej)* au teint blafard

**which** /wɪtʃ/
**ADJ** 1 *(in questions etc)* quel ◆ **which card did he take?** quelle carte a-t-il prise ?, laquelle des cartes a-t-il prise ? ◆ **I don't know which book he wants** je ne sais pas quel livre il veut ◆ **which one?** lequel *(or* laquelle) ? ◆ **which one of you?** lequel *(or* laquelle) d'entre vous ? ◆ **which Campbell do you mean?** de quel Campbell parlez-vous ?
2 ◆ **in which case** auquel cas ◆ **he spent a week here, during which time...** il a passé une semaine ici au cours de laquelle...
**PRON** 1 *(in questions etc)* lequel *m*, laquelle *f* ◆ **which is the best of these maps?, which of these maps is the best?** quelle est la meilleure de ces cartes ?, laquelle de ces cartes est la meilleure ? ◆ **which have you taken?** lequel *m* *(or* laquelle *f)* avez-vous pris(e) ? ◆ **which of you two is taller?** lequel de vous deux est le plus grand ?, qui est le plus grand de vous deux ? ◆ **which are the ripest apples?** quelles sont les pommes les plus mûres ?, quelles pommes sont les plus mûres ? ◆ **which would you like?** lequel aimeriez-vous ? ◆ **which of you are married?** lesquels d'entre vous sont mariés ? ◆ **which of you owns the red car?** lequel d'entre vous est le propriétaire de la voiture rouge ?
2 *(= the one or ones that) (subject)* celui *m* *(or* celle *f* *or* ceux *mpl* *or* celles *fpl)* qui ; *(object)* celui *etc* que ◆ **I don't mind which you give me** vous pouvez me donner celui que vous voudrez (ça m'est égal) ◆ **I don't mind which** ça m'est égal ◆ **show me which is the cheapest** montrez-moi celui qui est le moins cher ◆ **I can't tell** *or* **I don't know which is which** je ne peux pas les distinguer ◆ **I can't tell which key is which** je ne sais pas à quoi correspondent ces clés *or* quelle clé ouvre quelle porte ◆ **tell me which are the Frenchmen** dites-moi lesquels sont les Français ◆ **I know which I'd rather have** je sais celui que je préférerais ◆ **ask him which of the books he'd like** demandez-lui parmi tous les livres lequel il voudrait
3 *(= that) (subject)* qui ; *(object)* que ; *(after prep)* lequel *m* *(or* laquelle *f* *or* lesquels *mpl* *or* lesquelles *fpl)* ◆ **the book which is on the table** le livre qui est sur la table ◆ **the apple which you ate** la pomme que vous avez mangée ◆ **the house towards which she was going** la maison vers laquelle elle se dirigeait ◆ **the film of which he was speaking** le film dont il parlait ◆ **opposite which** en face duquel *(or* de laquelle *etc)* ◆ **the book which I told you about** le livre dont je vous ai parlé ◆ **the box which you put it in** la boîte dans laquelle vous l'avez mis
4 *(= and that) (subject)* ce qui ; *(object)* ce que ; *(after prep)* quoi ◆ **he said he knew her, which is true** il a dit qu'il la connaissait, ce qui est vrai ◆ **she said she was 40, which I doubt very much** elle a dit qu'elle avait 40 ans, ce dont je doute beaucoup ◆ **you're late, which reminds me...** vous êtes en retard, ce qui me fait penser... ◆ **... upon which she left the room** ... sur quoi *or* et sur ce elle a quitté la pièce ◆ **... of which more later** ... ce dont je reparlerai plus tard, ... mais je reviendrai là-dessus plus tard ◆ **from which we deduce that...** d'où *or* et de là nous déduisons que... ◆ **after which we went to bed** après quoi nous sommes allés nous coucher

**whichever** /wɪtʃˈevəʳ/
**ADJ** 1 *(= that one which)* ◆ **whichever method is most successful should be chosen** on devrait choisir la méthode garantissant les meilleurs résultats, peu importe laquelle ◆ **take whichever book you like best** prenez le livre que vous préférez, peu importe lequel ◆ **I'll have whichever apple you don't want** je prendrai la pomme que *or* dont vous ne voulez pas ◆ **keep whichever one you prefer** gardez celui que vous préférez ◆ **go by whichever route is the most direct** prenez la route la plus directe, peu importe laquelle ◆ **do it in whichever way you can** faites-le comme vous pourrez
2 *(= no matter which) (subject)* quel que soit... qui + *subj* ; *(object)* quel que soit... que + *subj* ◆ **whichever dress you wear** quelle que soit la robe que tu portes ◆ **whichever book is left** quel que soit le livre qui reste ◆ **whichever book is chosen** quel que soit le livre choisi ◆ **whichever way you look at it** *(fig)* de quelque manière que vous le considériez *subj*
**PRON** 1 *(= the one which) (subject)* celui *m* qui, celle *f* qui ; *(object)* celui *m* que, celle *f* que ◆ **whichever is best for him** celui *m* *(or* celle *f)* qui lui convient le mieux ◆ **whichever you choose will be sent to you at once** celui *m* *(or* celle *f)* que vous choisirez vous sera expédié(e) immédiatement ◆ **whichever of the books is selected** quel que soit le livre qui sera sélectionné ◆ **choose whichever is easiest** choisissez (celui qui est) le plus facile ◆ **on Thursday or Friday, whichever is more convenient** jeudi ou vendredi, le jour qui vous conviendra le mieux ◆ **A or B, whichever is the greater** A ou B, à savoir le plus grand des deux ◆ **at sunset or 7pm, whichever is the earlier** au coucher du soleil ou à 19 heures au plus tard, selon la saison
2 *(= no matter which one) (subject)* quel *m* que soit celui qui + *subj*, quelle *f* que soit celle qui + *subj* ; *(object)* quel *m* que soit celui que + *subj*, quelle *f* que soit celle que + *subj* ◆ **whichever of the two books he chooses, it won't make a lot of difference** quel que soit le livre qu'il choisisse, cela ne fera pas grande différence ◆ **whichever of the methods is chosen, it can't affect you much** quelle que soit la méthode choisie, ça ne changera pas grand-chose pour vous

**whiff** /wɪf/ SYN
**N** 1 *(= puff) [of smoke, hot air]* bouffée *f* ◆ **a whiff of garlic** une bouffée d'ail ◆ **a whiff of seaweed** une odeur d'algues ◆ **one whiff of this is enough to kill you** il suffit de respirer ça une fois pour mourir ◆ **I caught a whiff of gas** j'ai senti l'odeur du gaz ◆ **take a whiff of this!** * renifle ça !
2 *(= bad smell)* ◆ **what a whiff!** * qu'est-ce que ça pue *or* fouette * !
3 *(fig = hint) [of scandal]* parfum *m*, odeur *f* ; *[of corruption]* odeur *f* ◆ **a case which had a whiff of espionage about it** une affaire qui sentait l'espionnage
**VI** * sentir mauvais

**whiffy** * /ˈwɪfɪ/ **ADJ** qui sent mauvais

**Whig** /wɪg/ **ADJ, N** *(Pol Hist)* whig *m*

**while** /waɪl/
**CONJ** 1 *(= during the time that)* pendant que ◆ **it happened while I was out of the room** c'est arrivé pendant que *or* alors que j'étais hors de la pièce ◆ **can you wait while I telephone?** pouvez-vous attendre pendant que je téléphone ? ◆ **she fell asleep while reading** elle s'est endormie en lisant ◆ **while you're away I'll write some letters** pendant ton absence *or* pendant que tu seras absent j'écrirai quelques lettres ◆ **don't drink while on duty** ne buvez pas pendant le service ◆ **"heels repaired while you wait"** « ressemelage minute » ◆ **while you're up you could close the door** pendant que *or* puisque tu es debout tu pourrais fermer la porte ◆ **and while you're about it...** et pendant que vous y êtes...
2 *(= as long as)* tant que ◆ **while there's life there's hope** tant qu'il y a de la vie il y a de l'espoir ◆ **it won't happen while I'm here** cela n'arrivera pas tant que je serai là ◆ **while I live I shall make sure that...** tant que *or* aussi longtemps que je vivrai je ferai en sorte que...
3 *(= although)* quoique + *subj*, bien que + *subj* ◆ **while I admit he is sometimes right...** tout en admettant *or* quoique j'admette qu'il ait quelquefois raison... ◆ **while there are a few people who like that sort of thing...** bien qu'il y ait un petit nombre de gens qui aiment ce genre de chose...
4 *(= whereas)* alors que, tandis que ◆ **she sings quite well, while her sister can't sing a note** elle ne chante pas mal alors que *or* tandis que sa sœur ne sait pas chanter du tout
**N** 1 ◆ **a while** quelque temps ◆ **a short while, a little while** un moment, un instant ◆ **for a little while** pendant un petit moment ◆ **a long while, a good while** (assez) longtemps, pas mal de temps ◆ **after a while** quelque temps après, au bout de quelque temps ◆ **let's stop for a while** arrêtons-nous un moment ; *(longer)* arrêtons quelque temps ◆ **for a while I thought...** j'ai pensé un moment... ; *(longer)* pendant quelque temps j'ai pensé... ◆ **it takes quite a while to ripen** cela met assez longtemps à mûrir ◆ **once in a while** (une fois) de temps en temps ◆ **(in) between whiles** entre-temps ; → **worthwhile**
2 ◆ **he looked at me (all) the while** *or* **the whole while** il m'a regardé pendant tout ce temps-là
**COMP** **while-you-wait heel repairs** **NPL** ressemelage *m* minute *inv*

▸ **while away** **VT SEP** (faire) passer

**whiles** /waɪlz/ **ADV** *(esp Scot, dial)* quelquefois, de temps en temps

**whilst** /waɪlst/ **CONJ** *(esp Brit)* ⇒ **while conj**

**whim** /wɪm/ SYN **N** caprice *m*, lubie *f* ◆ **to be subject to sb's whims/to the whims of the economy** être livré aux caprices de qn/de l'économie ◆ **it's just a (passing) whim** c'est une lubie qui lui *(or* te *etc)* passera ◆ **he gives in to her every whim** il lui passe tous ses caprices ◆ **to cater** *or* **pander to sb's whims/sb's every whim** satisfaire les caprices/tous les petits caprices de qn ◆ **as the whim takes him** comme l'idée lui prend ◆ **at** *or* **on whim** sur un coup de tête ◆ **he changes his mind at whim** il change d'avis à tout bout de champ

**whimbrel** /ˈwɪmbrəl/ **N** courlis *m* corlieu

**whimper** /ˈwɪmpəʳ/ SYN
**N** gémissement *m*, geignement *m* ◆ **... he said with a whimper** ... gémit-il, ... pleurnicha-t-il *(pej)* ◆ **without a whimper** *(fig)* sans se plaindre
**VI** *[person, baby]* gémir, pleurnicher *(pej)* ; *[dog]* gémir, pousser de petits cris plaintifs
**VT** ◆ **"no", he whimpered** « non », gémit-il *or* pleurnicha-t-il *(pej)*

**whimpering** /ˈwɪmpərɪŋ/
**N** geignements *mpl*, gémissements *mpl*
**ADJ** *[tone, voice]* larmoyant, pleurnicheur *(pej)* ; *[person, animal]* qui gémit faiblement

**whimsical** /ˈwɪmzɪkəl/ SYN **ADJ** *[person]* fantasque ; *[smile, look]* curieux ; *[humour]* original ; *[idea, story]* saugrenu, fantaisiste

**whimsicality** /ˌwɪmzɪˈkælɪtɪ/ **N** 1 *(NonC)* *[of person]* caractère *m* fantasque ; *[of idea, story]* caractère *m* fantaisiste *or* saugrenu ; *[of smile, look]* caractère *m* curieux
2 ◆ **whimsicalities** idées *fpl* *(or* actions *fpl* *etc)* bizarres *or* saugrenues

**whimsically** /ˈwɪmzɪkəlɪ/ **ADV** *[say, suggest]* de façon saugrenue ; *[smile, look]* étrangement, curieusement ; *[muse, ponder]* malicieusement

**whimsy** /ˈwɪmzɪ/ **N** *(= whim)* caprice *m*, fantaisie *f* ; *(NonC)* *(= whimsicality)* caractère *m* fantaisiste

**whim-whams** * /ˈwɪmwæmz/ **NPL** *(US)* trouille‡ *f*, frousse * *f*

**whin** /wɪn/ **N** *(= plant)* ajonc *m*

**whinchat** /ˈwɪntʃæt/ **N** traquet *m* tarier

**whine** /waɪn/ SYN
**N** *[of person, child, dog]* gémissement *m* (prolongé) ; *[of bullet, shell, siren, machine]* plainte *f* stridente *or* monocorde ; *(fig = complaint)* plainte *f* ◆ **... he said with a whine** ... se lamenta-t-il, ... dit-il d'une voix geignarde ◆ **it's another of his whines about taxes** le voilà encore en train de se plaindre *or* de geindre * à propos de ses impôts
**VI** *[person, dog]* geindre, gémir ; *[siren]* gémir ; *[engine]* vrombir ; *(fig = complain)* se lamenter, se plaindre ◆ **to whine about sth** *(fig)* se lamenter sur qch, se plaindre à propos de qch ◆ **don't come whining to me about it** ne venez pas vous plaindre à moi ◆ **it's just a scratch: stop whining** ce n'est qu'une égratignure : arrête de geindre *

# whiner | whiskery

**ENGLISH-FRENCH**

**VT** ◆ "it's happened again", he whined « ça a recommencé », se lamenta-t-il or dit-il d'une voix geignarde

**whiner** /'waɪnəʳ/ **N** pleurnicheur *m*, -euse *f*

**whinge*** /'wɪndʒ/ (Brit)
**VI** geindre* (pej) (about à propos de) ◆ **stop whingeing** arrête de geindre* or de te plaindre
**N** ◆ **he was having a real whinge** il n'arrêtait pas de geindre* ◆ **he was having a whinge about the price of cigarettes** il râlait* à propos du prix des cigarettes

**whingeing*** /'wɪndʒɪŋ/ (Brit)
**ADJ** geignard, plaintif
**N** gémissements *mpl*, plaintes *fpl*

**whinger*** /'wɪndʒəʳ/ **N** geignard(e)* *m(f)*

**whining** /'waɪnɪŋ/
**N** [*of person, child*] gémissements *mpl* (continus), pleurnicheries *fpl* ; [*of dog*] gémissements *mpl* ; (*fig* = *complaining*) plaintes *fpl* continuelles
**ADJ** ① [*person, child*] pleurnicheur ; [*dog*] gémissant ; (*fig* = *complaining*) [*person, voice*] geignard
② (= *high-pitched*) ◆ **a whining sound** or **noise** une plainte aiguë

**whinny** /'wɪnɪ/
**N** hennissement *m*
**VI** hennir

**whiny*** /'waɪnɪ/ **ADJ** pleurnichard*

**whip** /wɪp/ **SYN**
**N** ① fouet *m* ; (also **riding whip**) cravache *f*
② (*Parl*) (= *person*) whip *m*, parlementaire chargé de la discipline dans son parti ; (Brit = *summons*) convocation *f* ◆ **three-line whip** convocation *f* d'un député (*impliquant sa présence obligatoire et le respect des consignes de vote*)
③ (*Culin* = *dessert*) crème *f* or mousse *f* instantanée
**VT** ① [*+ person, animal, child*] fouetter ◆ **the rain whipped her face** la pluie lui cinglait or fouettait la figure ◆ **to whip sb into a frenzy** mettre qn hors de ses gonds
② (*Culin*) [*+ cream*] fouetter, battre au fouet ; [*+ egg white*] battre en neige
③ (* *fig*) (= *defeat*) battre à plates coutures ; (= *criticize severely*) critiquer vivement, éreinter
④ ( * = *seize*) ◆ **to whip sth out of sb's hands** enlever brusquement or vivement qch des mains de qn ◆ **he whipped a gun out of his pocket** il a brusquement sorti un revolver de sa poche ◆ **he whipped the letter off the table** il a prestement fait disparaître la lettre qui était sur la table
⑤ (Brit * = *steal*) faucher*, piquer* ◆ **somebody's whipped my watch!** quelqu'un m'a fauché* or piqué* ma montre !
⑥ [*+ cable, rope*] surlier ; (*Sewing*) surfiler
**VI** ◆ **to whip along/away** etc filer/partir etc à toute allure or comme un éclair ◆ **to whip back** revenir brusquement ◆ **the wind whipped through the trees** le vent fouettait les branches des arbres ◆ **the rope broke and whipped across his face** la corde a cassé et lui a cinglé le visage
**COMP** **whip graft N** (*Agr*) greffe *f* en fente
**whip hand N** (*fig*) ◆ **to have the whip hand** être le maître, avoir le dessus ◆ **to have the whip hand over sb** avoir la haute main sur qn
**whipped cream N** crème *f* fouettée
**whip-round*** **N** (Brit) collecte *f* ◆ **to have a whip-round for sb/sth*** faire une collecte pour qn/qch

▶ **whip away**
**VI** → **whip vi**
**VT SEP** (= *remove quickly*) [*person*] enlever brusquement or vivement, faire disparaître ; [*wind etc*] emporter brusquement

▶ **whip in**
**VI** ① [*person*] entrer précipitamment or comme un éclair
② (*Hunting*) être piqueur
**VT SEP** ① (*Hunting*) [*+ hounds*] ramener, rassembler ; (*Parl*) [*+ members voting*] battre le rappel de ; (*fig*) [*+ voters, supporters*] rallier
② (*Culin*) ◆ **whip in the cream** incorporez la crème avec un fouet

▶ **whip off VT SEP** [*+ garment etc*] ôter or enlever en quatrième vitesse* ; [*+ lid, cover*] ôter brusquement

▶ **whip on VT SEP** ① [*+ garment etc*] enfiler en quatrième vitesse*
② (= *urge on*) [*+ horse*] cravacher

▶ **whip out**
**VI** [*person*] sortir précipitamment

**VT SEP** [*+ knife, gun, purse*] sortir brusquement or vivement (*from* de)

▶ **whip over** **VI** ⇒ **whip round vi** 2

▶ **whip round**
**VI** ① (= *turn quickly*) [*person*] se retourner vivement ; [*object*] pivoter brusquement
② ( * = *pop round*) ◆ **he's just whipped round to the grocer's** il est juste allé faire un saut à l'épicerie ◆ **whip round to your aunt's and tell her...** va faire un saut or cours chez ta tante lui dire...
**N** ◆ **whip-round*** → **whip**

▶ **whip through VT FUS** [*+ book*] parcourir rapidement ; [*+ homework, task*] expédier, faire en quatrième vitesse*

▶ **whip up VT SEP** ① [*+ emotions, enthusiasm, indignation*] attiser ; [*+ support, interest*] stimuler ◆ **the orator whipped up the crowd into a frenzied rage** l'orateur a su déchaîner la fureur de la foule
② [*+ cream, egg whites*] fouetter, battre au fouet
③ ( * = *prepare*) ◆ **to whip up a meal** préparer un repas en vitesse ◆ **can you whip us up something to eat?** est-ce que vous pourriez nous faire à manger or nous préparer un morceau * en vitesse ?
④ (= *snatch up*) saisir brusquement

**whipcord** /'wɪpkɔːd/ **N** (= *fabric*) whipcord *m*

**whiplash** /'wɪplæʃ/
**N** ① (= *blow from whip*) coup *m* de fouet
② (*in car accident*) coup *m* du lapin*, syndrome *m* cervical traumatique ◆ **he felt the whiplash of fear** il fut saisi d'une peur cinglante
**COMP** **whiplash injury N** ◆ **whiplash injury to the neck** traumatisme *m* cervical

**whipper-in** /ˌwɪpər'ɪn/ **N** (pl **whippers-in**) (*Hunting*) piqueur *m*

**whippersnapper** † /'wɪpəˌsnæpəʳ/ **N** (*hum*) freluquet *m*

**whippet** /'wɪpɪt/ **N** whippet *m*

**whipping** /'wɪpɪŋ/ **SYN**
**N** (*as punishment*) correction *f* ◆ **to give sb a whipping** fouetter qn, donner le fouet à qn, donner des coups de fouet à qn
**COMP** **whipping boy N** (*fig*) souffre-douleur *m inv*
**whipping cream N** (*Culin*) crème *f* fraîche (*à fouetter*)
**whipping post N** poteau auquel on attachait les personnes condamnées à être fouettées
**whipping top N** toupie *f*

**whippoorwill** /'wɪpʰpʊəˈwɪl/ **N** engoulevent *m* d'Amérique du Nord

**whippy** /'wɪpɪ/ **ADJ** souple

**whipstitch** /'wɪpstɪtʃ/ **N** point *m* de surfil

**whipworm** /'wɪpˌwɜːm/ **N** trichocéphale *m*

**whir** /wɜːʳ/ **VI, N** ⇒ **whirr**

**whirl** /wɜːl/ **SYN**
**N** [*of leaves, papers, smoke*] tourbillon *m*, tournoiement *m* ; [*of sand, dust, water*] tourbillon *m* ◆ **a whirl of parties and dances** un tourbillon de réceptions et de soirées dansantes ◆ **the whole week was a whirl of activity** nous n'avons (or ils n'ont etc) pas arrêté de toute la semaine ◆ **the social whirl** le tourbillon de la vie mondaine ◆ **her thoughts/emotions were in a whirl** tout tourbillonnait dans sa tête/son cœur ◆ **my head is in a whirl** la tête me tourne ◆ **to give sth a whirl*** essayer qch
**VI** ① (= *spin* : also **whirl round**) [*leaves, papers, smoke, dancers*] tourbillonner, tournoyer ; [*sand, dust, water*] tourbillonner ; [*wheel, merry-go-round, spinning top*] tourner ◆ **they whirled past us in the dance** ils sont passés près de nous en tourbillonnant pendant la danse ◆ **the leaves whirled down** les feuilles tombaient en tourbillonnant ◆ **my head is whirling** la tête me tourne ◆ **her thoughts/emotions were whirling** tout tourbillonnait dans sa tête/son cœur
② (= *move rapidly*) ◆ **to whirl along** aller à toute vitesse or à toute allure ◆ **to whirl away** or **off** partir à toute vitesse or à toute allure
**VT** [*wind*] [*+ leaves, smoke*] faire tourbillonner, faire tournoyer ; [*+ dust, sand*] faire tourbillonner ◆ **he whirled his sword round his head** il a fait tournoyer son épée au-dessus de sa tête ◆ **they whirled me up to Liverpool to visit Mary** ils m'ont embarqué* pour aller voir Mary à Liverpool
**COMP** **whirling dervish N** (*Rel*) derviche *m* tourneur

▶ **whirl round**
**VI** (= *turn suddenly*) [*person*] se retourner brusquement, virevolter ; [*revolving chair etc*] pivoter ; see also **whirl vi 1**
**VT SEP** ① [*wind*] [*+ leaves, smoke*] faire tourbillonner, faire tournoyer ; [*+ dust, sand*] faire tourbillonner
② [*+ sword, object on rope etc*] faire tournoyer ; [*+ revolving chair etc*] faire pivoter

**whirligig** /'wɜːlɪgɪg/ **N** ① (= *toy*) moulin *m* à vent ; (= *merry-go-round*) manège *m* ; (*of events etc*) tourbillon *m* (*liter*)
② (also **whirligig beetle**) tourniquet *m*, gyrin *m*

**whirlpool** /'wɜːlpuːl/
**N** tourbillon *m*
**COMP** **whirlpool bath N** bain *m* à remous, bain *m* bouillonnant

**whirlwind** /'wɜːlwɪnd/ **SYN**
**N** tornade *f*, trombe *f* ; see also **sow²**
**ADJ** (*fig*) éclair* *inv*

**whirlybird*** /'wɜːlɪbɜːd/ **N** (US) hélico* *m*, hélicoptère *m*

**whirr** /wɜːʳ/
**VI** [*bird's wings, insect's wings*] bruire ; [*cameras, machinery*] ronronner ; (*louder*) vrombir ; [*propellers*] vrombir ◆ **the helicopter went whirring off** l'hélicoptère est parti en vrombissant
**N** [*of bird's wings, insect's wings*] bruissement *m* (*d'ailes*) ; [*of machinery*] ronronnement *m* ; (*louder*) vrombissement *m* ; [*of propellers*] vrombissement *m*

**whisk** /wɪsk/ **SYN**
**N** ① (also **egg whisk**) fouet *m* (*à œufs*) ; (*rotary*) batteur *m* à œufs
② (= *movement*) ◆ **give the mixture a good whisk** bien battre le mélange ◆ **with a whisk of his tail, the horse...** d'un coup de queue, le cheval...
**VT** ① (*Culin: gen*) battre au fouet ; [*+ egg whites*] battre en neige ◆ **whisk the eggs into the mixture** incorporez les œufs dans le mélange avec un fouet or en remuant vigoureusement
② ◆ **the horse whisked its tail** le cheval fouettait l'air de sa queue
③ (= *whisk sth out of sb's hands*) enlever brusquement or vivement qch des mains de qn ◆ **she whisked the baby out of the pram** elle a sorti brusquement le bébé du landau ◆ **he whisked it out of his pocket** il l'a brusquement sorti de sa poche ◆ **he whisked me round the island in his sports car** il m'a fait faire le tour de l'île à toute allure dans sa voiture de sport ◆ **the lift whisked us up to the top floor** l'ascenseur nous a emportés à toute allure jusqu'au dernier étage ◆ **he was whisked into a meeting** on l'a brusquement entraîné dans une réunion ◆ **he whisked her off to meet his mother** il l'a emmenée illico* faire la connaissance de sa mère
**VI** ◆ **to whisk along/in/out** etc filer/entrer/sortir etc à toute allure ◆ **I whisked into the driveway** je me suis précipité dans l'allée ◆ **she whisked past the photographers into the hotel** elle est passée en trombe or à toute allure devant les photographes et s'est précipitée dans l'hôtel ◆ **he whisked through the pile of letters on his desk** il a parcouru rapidement la pile de lettres qui était sur son bureau

▶ **whisk away VT SEP** [*+ flies*] chasser ; (*fig* = *remove*) [*+ object*] faire disparaître

▶ **whisk off VT SEP** [*+ flies*] chasser ; [*+ lid, cover*] ôter brusquement ; [*+ garment*] enlever or ôter en quatrième vitesse* ◆ **they whisked me off to hospital** ils m'ont emmené à l'hôpital sur le champ ; see also **whisk vt 3**

▶ **whisk together VT SEP** (*Culin*) mélanger en fouettant or avec un fouet

▶ **whisk up VT SEP** (*Culin*) fouetter ; see also **whisk vt 3**

**whisker** /'wɪskəʳ/ **N** [*of animal*] moustaches *fpl* ; [*of person*] poil *m* ◆ **whiskers** (also **side whiskers**) favoris *mpl* ; (= *beard*) barbe *f* ; (= *moustache*) moustache(s) *f(pl)* ◆ **he won the race by a whisker** il s'en est fallu d'un cheveu or d'un poil* qu'il ne perde la course ◆ **they came within a whisker of being...** il s'en est fallu d'un cheveu qu'ils ne soient...

**whiskered** /'wɪskəd/ **ADJ** [*man, face*] (= *with side whiskers*) qui a des favoris ; (= *with beard*) barbu ; (= *with moustache*) moustachu ; [*animal*] qui a des moustaches

**whiskery** /'wɪskərɪ/ **ADJ** [*man, old woman*] au visage poilu ; [*face*] poilu

**whiskey** (Ir, US), **whisky** (Brit, Can) /ˈwɪskɪ/

**N** whisky *m* ◆ **a whiskey and soda** un whisky soda ◆ **whisky mac** *boisson composée de whisky et de vin de gingembre* ; → **sour**

**COMP** *[flavour]* de whisky

**whisper** /ˈwɪspəʳ/ SYN

**VI** *[person]* chuchoter, parler à voix basse ; *[leaves, water]* chuchoter, murmurer ◆ **to whisper to sb** parler *or* chuchoter à l'oreille de qn, parler à voix basse à qn ◆ **it's rude to whisper** c'est mal élevé de chuchoter à l'oreille de quelqu'un ◆ **you'll have to whisper** il faudra que vous parliez *subj* bas

**VT** chuchoter, dire à voix basse *(sth to sb* qch à qn ; *that* que) ◆ **he whispered a word in my ear** il m'a dit *or* soufflé quelque chose à l'oreille ◆ **"where is she?" he whispered** « où est-elle ? » dit-il à voix basse *or* murmura-t-il ◆ **it is (being) whispered that...** le bruit court que..., on dit que... ; → **sweet**

**N** (= *low tone*) chuchotement *m* ; *[of wind, leaves, water]* murmure *m*, bruissement *m* ; (*fig* = *rumour*) bruit *m*, rumeur *f* ◆ **I heard a whisper** j'ai entendu un chuchotement, j'ai entendu quelqu'un qui parlait à voix basse ◆ **a whisper of voices** des chuchotements ◆ **to say/answer in a whisper** dire/répondre à voix basse ◆ **to speak in a whisper** *or* **whispers** parler bas *or* à voix basse ◆ **her voice scarcely rose above a whisper** sa voix n'était guère qu'un murmure ◆ **not a whisper to anyone!** n'en soufflez mot à personne ! ◆ **I've heard a whisper that he isn't coming back** j'ai entendu dire qu'il ne reviendrait pas ◆ **there is a whisper (going round) that...** le bruit court que..., on dit que...

**whispering** /ˈwɪspərɪŋ/

**ADJ** *[person]* qui chuchote, qui parle à voix basse ; *[leaves, wind, stream]* qui chuchote, qui murmure ◆ **whispering voices** des chuchotements *mpl*

**N** *[of voice]* chuchotement *m* ; *[of leaves, wind, stream]* bruissement *m*, murmure *m* ; *(fig)* (= *gossip*) médisances *fpl* ; (= *rumours*) rumeurs *fpl* insidieuses ◆ **there has been a lot of whispering about them** toutes sortes de rumeurs insidieuses ont couru sur leur compte

**COMP** **whispering campaign** **N** *(fig)* campagne *f* diffamatoire (insidieuse)

**whispering gallery** **N** galerie *f* à écho

**whist** /wɪst/

**N** (Brit) whist *m*

**COMP** **whist drive** **N** tournoi *m* de whist

**whistle** /ˈwɪsl/

**N** [1] (= *sound*) *(made with mouth)* sifflement *m* ; (= *jeering*) sifflet *m* ; *(made with a whistle)* coup *m* de sifflet ; *[of factory]* sirène *f* (d'usine) ◆ **the whistles of the audience** (= *booing*) les sifflets *mpl* du public ; (= *cheering*) les sifflements *mpl* d'admiration du public ◆ **to give a whistle** *(gen)* siffler ; (= *blow a whistle*) donner un coup de sifflet

[2] *[of train, kettle, blackbird]* sifflement *m*

[3] (= *object*) sifflet *m* ; (*Mus*: also **penny whistle**) pipeau *m* ◆ **a blast on a whistle** un coup de sifflet strident ◆ **the referee blew his whistle** l'arbitre a donné un coup de sifflet *or* a sifflé ◆ **the referee blew his whistle for half-time** l'arbitre a sifflé la mi-temps ◆ **to blow the whistle on sb*** (*fig* = *inform on*) dénoncer qn ◆ **to blow the whistle on sth*** tirer la sonnette d'alarme sur qch, dénoncer qch ◆ **he blew the whistle (on it)*** (= *informed on it*) il a dévoilé le pot aux roses* ; (= *put a stop to it*) il y a mis le holà

**VI** [1] *[person]* siffler ; *(tunefully, light-heartedly)* siffloter ; (= *blow a whistle*) donner un coup de sifflet, siffler ◆ **the audience booed and whistled** les spectateurs ont hué et sifflé ◆ **the audience cheered and whistled** les spectateurs ont manifesté leur enthousiasme par des acclamations et des sifflements ◆ **he strolled along whistling (away) gaily** il flânait en sifflotant gaiement ◆ **he whistled at me to stop** il a sifflé pour que je m'arrête *subj* ◆ **the boy was whistling at all the pretty girls** le garçon sifflait toutes les jolies filles ◆ **the crowd whistled at the referee** la foule a sifflé l'arbitre ◆ **he whistled to his dog** il a sifflé son chien ◆ **he whistled for a taxi** il a sifflé un taxi ◆ **the referee whistled for a foul** l'arbitre a sifflé une faute ◆ **he can whistle for it!*** il peut se brosser !*, il peut toujours courir !* ◆ **he's whistling in the dark** *or* **in the wind** il dit ça pour se rassurer, il essaie de se donner du courage

[2] *[bird, bullet, wind, kettle, train]* siffler ◆ **the cars whistled by us** les voitures passaient devant nous à toute allure ◆ **an arrow whistled past his ear** une flèche a sifflé à son oreille

**VT** *[+ tune]* siffler ; *(casually, light-heartedly)* siffloter ◆ **to whistle a dog back/in** *etc* siffler un chien pour qu'il revienne/entre *subj etc*

**COMP** **whistle blower*** **N** *(fig)* dénonciateur *m*, -trice *f*, personne *f* qui tire la sonnette d'alarme

**whistle-stop** → **whistle-stop**

► **whistle up*** **VT SEP** *(fig)* dégoter* ◆ **he whistled up four or five people to give us a hand** il a dégoté* quatre ou cinq personnes prêtes à nous donner un coup de main ◆ **can you whistle up another blanket or two?** vous pouvez dégoter* *or* dénicher* encore une ou deux couvertures ?

**whistler** /ˈwɪsləʳ/ **N** siffleur *m*, -euse *f*

**whistle-stop** /ˈwɪsl,stɒp/

**N** visite *f* éclair *inv* *(dans une petite ville au cours d'une campagne électorale)*

**ADJ** ◆ **he made a whistle-stop tour of Virginia** il a fait une tournée éclair en Virginie ◆ **a whistle-stop town** (US) une petite ville *or* un petit trou* *(où le train s'arrête)*

**VI** (US) faire une tournée électorale

**Whit** /wɪt/

**N** la Pentecôte

**COMP** *[holiday etc]* de Pentecôte

**Whit Monday** **N** le lundi de Pentecôte

**Whit Sunday** **N** le dimanche de Pentecôte

**Whit Week** **N** la semaine de Pentecôte

**whit** /wɪt/ **N** *(frm)* ◆ **there was not a** *or* **no whit of truth in it** il n'y avait pas un brin de vérité là-dedans ◆ **he hadn't a whit of sense** il n'avait pas un grain de bon sens ◆ **it wasn't a whit better after he'd finished** quand il a eu terminé ce n'était pas mieux du tout ◆ **I don't care a whit** ça m'est profondément égal, je m'en moque complètement

**white** /waɪt/ SYN

**ADJ** [1] blanc (blanche *f*) ◆ **to go** *or* **turn white** *(with fear, anger)* blêmir , pâlir ; *[hair]* blanchir ; *[object]* devenir blanc, blanchir ◆ **to be white with fear/rage** être blanc de peur/rage ◆ **he went white with fear** il a blêmi *or* pâli de peur ◆ **(as) white as a ghost** pâle comme la mort ◆ **(as) white as a sheet** pâle comme un linge, blanc comme un linge ◆ **as white as snow** blanc comme neige ◆ **this detergent gets the clothes whiter than white** cette lessive lave encore plus blanc ◆ **the public likes politicians to be whiter-than-white** les gens aiment que les hommes politiques soient irréprochables

[2] *(racially)* *[person, face, skin, race]* blanc (blanche *f*) ◆ **a white man** un Blanc ◆ **a white woman** une Blanche ◆ **the white South Africans** les Blancs *mpl* d'Afrique du Sud ◆ **white supremacy** la suprématie de la race blanche ; see also **comp**

**N** [1] (= *colour*) blanc *m* ; (= *whiteness*) blancheur *f* ◆ **to be dressed in white** être vêtu de blanc ◆ **his face was a deathly white** son visage était d'une pâleur mortelle ◆ **the sheets were a dazzling white** les draps étaient d'une blancheur éclatante ◆ **don't fire till you see the whites of their eyes** *(Mil etc)* ne tirez qu'au dernier moment ; → **black**

[2] *[of egg, eye]* blanc *m*

[3] (* : also **white wine**) blanc *m*

[4] ◆ **White** (= *person of White race*) Blanc *m*, Blanche *f* ; see also **poor**

**NPL** **whites** (= *linen etc*) ◆ **the whites** le (linge) blanc ◆ **tennis whites** (= *clothes*) tenue *f* de tennis

**COMP** **white ant** **N** fourmi *f* blanche

**white blood cell** **N** globule *m* blanc

**white bread** **N** pain *m* blanc

**white cedar** **N** cèdre *m* blanc, thuya *m* occidental

**white Christmas** **N** Noël *m* sous la neige

**white clover** **N** trèfle *m* blanc

**white coal** **N** houille *f* blanche

**white coat** **N** blouse *f* blanche

**white coffee** **N** (Brit) café *m* au lait ; *(in café: when ordering)* café *m* crème

**white-collar** SYN **ADJ** ◆ **a white-collar job** un emploi de bureau ◆ **white-collar union** syndicat *m* d'employé(e)s de bureau *or* de cols blancs

**white-collar crime** **N** (NonC = *illegal activities*) criminalité *f* en col blanc ◆ **white-collar worker** employé(e) *m(f)* de bureau, col *m* blanc

**white corpuscle** **N** globule *m* blanc

**whited sepulchre** **N** *(fig)* sépulcre *m* blanchi, hypocrite *mf*

**white dwarf** **N** (Astron) naine *f* blanche

**white elephant** **N** *(fig)* (= *ornament*) objet *m* superflu ; (= *scheme, project, building*) gouffre *m* (financier) ◆ **it's a white elephant** c'est tout à fait superflu, on n'en a pas besoin

**white elephant stall** **N** étalage *m* de bibelots

**white-faced** **ADJ** blême, pâle

**white feather** **N** *(fig)* ◆ **to show the white feather** manquer de courage

**white fish** **N** poisson *m* blanc

**white flag** **N** drapeau *m* blanc

**white fox** **N** (= *animal*) renard *m* polaire ; (= *skin, fur*) renard *m* blanc

**white frost** **N** gelée *f* blanche

**white gold** **N** or *m* blanc

**white goods** **NPL** (= *domestic appliances*) appareils *mpl* ménagers ; (= *linens*) (linge *m*) blanc *m*

**white-haired** **ADJ** *[person]* aux cheveux blancs ; *[animal]* à poil blanc, aux poils blancs

**white-headed** **ADJ** *[person]* aux cheveux blancs ; *[bird]* à tête blanche ◆ **the white-headed boy** *(fig)* l'enfant *m* chéri

**white heat** **N** *(Phys)* chaude *f* blanche, chaleur *f* d'incandescence ◆ **to raise metal to a white heat** chauffer un métal à blanc ◆ **the indignation of the crowd had reached white heat** l'indignation de la foule avait atteint son paroxysme

**white hope** **N** *(fig)* ◆ **to be the white hope of...** être le grand espoir de...

**white horse** **N** *(at sea)* ⇒ **whitecap**

**white-hot** **ADJ** chauffé à blanc

**the White House** **N** (US) la Maison-Blanche

**white knight** **N** *(Stock Exchange)* chevalier *m* blanc

**white-knuckle** **ADJ** (= *terrifying*) terrifiant ◆ **white-knuckle ride** manège *m* qui décoiffe* *or* qui fait dresser les cheveux sur la tête

**white lead** **N** blanc *m* de céruse

**white lie** **N** pieux mensonge *m*

**white light** **N** *(Phys)* lumière *f* blanche

**white line** **N** *(on road)* ligne *f* blanche

**white list** **N** (Brit) [1] (= *list of safe countries*) *en Grande-Bretagne, liste des pays considérés comme sûrs et dont les ressortissants ne peuvent par conséquent prétendre au statut de demandeur d'asile*

[2] (Comput = *list of safe websites, e-mail addresses*) liste *f* blanche *(liste des sites web considérés comme sûrs)*

**white-livered** **ADJ** *(liter)* poltron, couard

**white magic** **N** magie *f* blanche

**white meat** **N** viande *f* blanche

**white meter** **N** *(Elec)* compteur *m* bleu ◆ **white meter heating** chauffage *m* par accumulateur

**white mulberry** **N** mûrier *m* blanc

**the White Nile** **N** le Nil Blanc

**white noise** **N** *(Acoustics)* bruit *m* blanc

**White-Out** ® **N** (US) Tipp-Ex ® *m*

**white owl** **N** harfang *m*, chouette *f* blanche

**White Pages** **NPL** *(Telec)* pages *fpl* blanches

**white paper** **N** *(Parl)* livre *m* blanc *(on* sur)

**white pepper** **N** poivre *m* blanc

**white plague** **N** (US = *tuberculosis*) tuberculose *f* pulmonaire

**white poplar** **N** peuplier *m* blanc

**white rabbit** **N** lapin *m* blanc

**white raisin** **N** (US) raisin *m* sec de Smyrne

**white rhino***, **white rhinoceros** **N** rhinocéros *m* blanc

**White Russia** **N** Russie *f* Blanche

**White Russian** *(Geog, Hist, Pol)* **ADJ** russe blanc (russe blanche *f*) **N** Russe *m* blanc, Russe *f* blanche

**white sale** **N** *(Comm)* vente *f* de blanc

**white sapphire** **N** saphir *m* blanc

**white sauce** **N** *(savoury)* sauce *f* blanche ; *(sweet)* crème *f* pâtissière *(pour le plum-pudding de Noël)*

**the White Sea** **N** la mer Blanche

**white settler** **N** *(Hist)* colon *m* blanc ; (*fig pej* = *incomer*) *citadin arrogant qui va s'installer à la campagne*

**white shark** **N** requin *m* blanc

**white slavery, the white slave trade** **N** la traite des blanches

**white spirit** **N** (Brit) white-spirit *m*

**white spruce** **N** épinette *f* blanche

**white squall** **N** *(Weather)* grain *m* blanc

**white stick** **N** *[of blind person]* canne *f* blanche

**white-tailed deer** **N** cariacou *m*

**white-tailed eagle** **N** orfraie *f*, pygargue *m*

**white tie** **N** (= *tie*) nœud *m* papillon blanc ; (= *suit*) habit *m*

**white-tie** **ADJ** ◆ **it was a white-tie affair** l'habit était de rigueur ◆ **to wear white-tie** être en tenue de soirée ◆ **a white-tie dinner** un dîner chic *or* habillé

**white trash*** **N** (NonC: *US pej*) racaille *f* blanche

**White Van Man** **N** (Brit) conducteur *m* agressif

**white water** **N** *(esp Sport)* eau *f* vive

**white water lily** N nénuphar m blanc, nymphéa m, lune f d'eau
**white-water rafting** N rafting m
**white wedding** N mariage m en blanc
**white whale** N baleine f blanche
**white willow** N saule m blanc, amarinier m
**white wine** N vin m blanc
**white witch** N femme qui pratique la magie blanche

**whitebait** /ˈwaɪtbeɪt/ N blanchaille f ; (Culin) petite friture f

**whitebeam** /ˈwaɪtbiːm/ N (= tree) alisier m blanc

**whiteboard** /ˈwaɪtbɔːd/ N tableau m blanc

**whitecap** /ˈwaɪtkæp/ N (at sea) mouton m

**whitefish** /ˈwaɪtfɪʃ/ N (= species) corégone m

**whitefly** /ˈwaɪtflaɪ/ N aleurode m

**Whitehall** /ˈwaɪthɔːl/ N (Brit) Whitehall m (siège des ministères et des administrations publiques à Londres)

**whiten** /ˈwaɪtn/ SYN VT blanchir

**whitener** /ˈwaɪtnər/ N (for coffee etc) succédané m de lait en poudre ; (for clothes) agent m blanchissant

**whiteness** /ˈwaɪtnɪs/ N (NonC) ① (= colour) [of teeth, snow, cloth] blancheur f
② (racial) appartenance f à la race blanche
③ (= paleness) [of person, face] blancheur f, pâleur f

**whitening** /ˈwaɪtnɪŋ/ N (NonC) ① (= act) [of linen] blanchiment m, décoloration f ; [of hair] blanchissement m ; [of wall etc] blanchiment m
② (substance: for shoes, doorsteps etc) blanc m

**whiteout** /ˈwaɪtaʊt/ N visibilité f nulle (à cause de la neige ou du brouillard)

**whitethorn** /ˈwaɪtθɔːn/ N aubépine f

**whitethroat** /ˈwaɪtθrəʊt/ N (= Old World warbler) grisette f ; (= American sparrow) moineau m d'Amérique

**whitewall tyre, whitewall tire** (US) /ˈwaɪtwɔːltaɪər/ N pneu m à flanc blanc

**whitewash** /ˈwaɪtwɒʃ/ SYN
N ① (NonC: for walls etc) lait m or blanc m de chaux
② (fig) ◆ **the article in the paper was nothing but a whitewash of...** l'article du journal ne visait qu'à blanchir...
③ (Sport *) raclée* f
VT ① [+ wall etc] blanchir à la chaux, chauler
② (fig) [+ sb's reputation, actions] blanchir ; [+ incident] étouffer ◆ **they tried to whitewash the whole episode** ils ont essayé d'étouffer l'affaire
③ (Sport *) écraser complètement*

**whitewood** /ˈwaɪtwʊd/ N bois m blanc

**whitey**‡ /ˈwaɪtɪ/ N (esp US pej) (= individual) Blanc m, Blanche f ; (Whites collectively) les Blancs mpl

**whither** /ˈwɪðər/ ADV (liter) où ◆ "**whither the Government now?**" (in headlines, titles etc) « où va le gouvernement ? »

**whiting**[1] /ˈwaɪtɪŋ/ N (pl **whiting**) (= fish) merlan m

**whiting**[2] /ˈwaɪtɪŋ/ N (NonC: for shoes, doorsteps etc) blanc m

**whitish** /ˈwaɪtɪʃ/ ADJ blanchâtre

**whitlow** /ˈwɪtləʊ/ N panaris m

**Whitsun** /ˈwɪtsn/ N → **Whit**

**Whitsun(tide)** /ˈwɪtsn(taɪd)/ N les fêtes fpl de (la) Pentecôte, la Pentecôte

**whittle** /ˈwɪtl/ VT [+ piece of wood] tailler au couteau ◆ **to whittle sth out of a piece of wood, to whittle a piece of wood into sth** tailler qch au couteau dans un morceau de bois
▶ **whittle away**
VT ◆ **to whittle away at sth** tailler qch au couteau
VT SEP ⇒ **whittle down**
▶ **whittle down** VT SEP ① [+ wood] tailler
② (fig) [+ costs, amount] amenuiser, réduire ; [+ proposal] revoir à la baisse ◆ **he had whittled eight candidates down to two** sur les huit candidats, il en avait retenu deux

**whiz(z)** /wɪz/
N ① (= sound) sifflement m
② * champion* m, as m ◆ **a computer/marketing/financial whiz(z)** un as de l'informatique/du marketing/des finances ◆ **he's a whiz(z) at tennis/cards** c'est un as du tennis/des jeux de cartes ◆ **she's a real whiz(z) with a paintbrush** elle se débrouille comme un chef* avec un pinceau

③ (NonC‡ = amphetamine) amphés‡ fpl
VI filer à toute allure or comme une flèche ◆ **to whiz(z) or go whizzing through the air** fendre l'air (en sifflant) ◆ **to whiz(z) along/past etc** (in car) filer/passer etc à toute vitesse or à toute allure ◆ **bullets whizzed by** les balles sifflaient ◆ **I'll just whiz(z) over to see him** * je file* le voir ◆ **she whizzed off* to Hong Kong on business** elle a filé* à Hong-Kong pour affaires
VT ① * (= throw) lancer, filer* ; (= transfer quickly) apporter ◆ **he whizzed it round to us as soon as it was ready** il nous l'a apporté or passé dès que ça a été prêt
② (also whiz(z) up) : in blender mixer
COMP **whiz(z)-bang** ‡ N (Mil = shell) obus m ; (= firework) pétard m ADJ (US = excellent) du tonnerre*
**whiz(z) kid** * N ◆ **she's a real whiz(z) kid at maths** elle a vraiment la bosse* des maths

**WHO** /ˌdʌbljuːeɪtʃˈəʊ/ N (abbrev of **World Health Organization**) OMS f

**who** /huː/
PRON ① (interrog: also used instead of "whom" in spoken English) (qui est-ce) qui ; (after prep) qui ◆ **who's there?** qui est là ? ◆ **who are you?** qui êtes-vous ? ◆ **who has the book?** (qui est-ce) qui a le livre ? ◆ **who does he think he is?** il se prend pour qui ?, pour qui il se prend ? ◆ **who came with you?** (qui est-ce) qui est venu avec vous ? ◆ **who should it be but Robert!** c'était Robert, qui d'autre ! ◆ **I don't know who's who in the office** je ne connais pas très bien les gens au bureau ◆ **you remind me of somebody! – who?** vous me rappelez quelqu'un ! – qui donc ? ◆ **who(m) did you see?** vous avez vu qui ?, qui avez-vous vu ? ◆ **who(m) do you work for?** pour qui travaillez-vous ? ◆ **who(m) did you speak to?** à qui avez-vous parlé ?, vous avez parlé à qui ? ◆ **who's the book by?** le livre est de qui ? ◆ **who(m) were you with?** vous étiez avec qui ? ◆ **you-know-who said...** qui vous savez a dit... ◆ **who is he to tell me...?** (indignantly) de quel droit est-ce qu'il me dit... ? ◆ **you can't sing – WHO can't?** tu es incapable de chanter – ah bon ! tu crois ça !
② (rel) pron ◆ **my aunt who lives in London** ma tante qui habite à Londres ◆ **he who wishes to object must do so now** quiconque désire élever une objection doit le faire maintenant ◆ **those who can swim** ceux qui savent nager ◆ **who is not with me is against me** (Bible) celui qui or quiconque n'est pas pour moi est contre moi
COMP **Who's Who** N ≈ « Bottin mondain »

**whoa** /wəʊ/ EXCL ① (also **whoa there**) ho !, holà !
② (in excitement, triumph) ouah !*

**who'd** /huːd/ ⇒ **who had, who would** ; → **who**

**whodun(n)it** * /ˌhuːˈdʌnɪt/ N roman m (or film m or feuilleton m etc) policier (à énigme), polar* m

**whoe'er** /huːˈɛər/ (liter) PRON ⇒ **whoever**

**whoever** /huːˈɛvər/ PRON (also used instead of "whomever" in spoken English) ① (= anyone that) quiconque **whoever wishes may come with me** quiconque le désire peut venir avec moi ◆ **you can give it to whoever wants it** vous pouvez le donner à qui le veut or voudra ◆ **whoever finds it can keep it** quiconque or celui qui le trouvera peut le garder ◆ **whoever gets home first does the cooking** celui qui rentre le premier prépare à manger, le premier rentré à la maison prépare à manger ◆ **whoever said that was an idiot** celui qui a dit ça était un imbécile ◆ **ask whoever you like** demandez à qui vous voulez or voudrez
② (= no matter who) ◆ **whoever you are, come in!** qui que vous soyez, entrez ! ◆ **whoever he plays for next season...** quelle que soit l'équipe dans laquelle il jouera la saison prochaine...
③ ( * : interrog: emphatic) qui donc ◆ **whoever told you that?** qui donc vous a dit ça ?, qui a bien pu vous dire ça ? ◆ **whoever did you give it to?** vous l'avez donné à qui ?

**whole** /həʊl/ LANGUAGE IN USE 26.3 SYN
ADJ ① (= entire) (+ sg n) tout, entier ; (+ pl n) entier ◆ **along its whole length** sur toute sa longueur ◆ **whole villages were destroyed** des villages entiers ont été détruits ◆ **the whole road was like that** toute la route était comme ça ◆ **the whole world** le monde entier ◆ **he used a whole notebook** il a utilisé un carnet entier ◆ **he swallowed it whole** il l'a avalé tout entier ◆ **the pig was roasted whole** le cochon était rôti tout entier ◆ **we waited a whole hour** nous avons attendu une heure entière or toute une heure ◆ **it rained (for) three whole days** il a plu trois jours entiers ◆ **but the whole man eludes**

**us** mais l'homme tout entier reste un mystère pour nous ◆ **is that the whole truth?** est-ce que c'est bien toute la vérité ? ◆ **but the whole point of it was to avoid that** mais tout l'intérêt de la chose était d'éviter cela ◆ **with my whole heart** de tout mon cœur ◆ **he took the whole lot*** il a pris le tout ◆ **the whole lot of you*** vous tous, tous tant que vous êtes ◆ **it's a whole lot* better** c'est vraiment beaucoup mieux ◆ **there are a whole lot* of things I'd like to tell her** il y a tout un tas de choses que j'aimerais lui dire ◆ **to go the whole hog*** aller jusqu'au bout des choses, ne pas faire les choses à moitié ◆ **to go (the) whole hog* for sb/sth** (US) essayer par tous les moyens de conquérir qn/d'obtenir qch ; see also **comp**
② (= intact, unbroken) intact, complet (-ète f) ◆ **not a glass was left whole after the party** il ne restait pas un seul verre intact après la fête ◆ **keep the egg yolks whole** gardez les jaunes entiers ◆ **he has a whole set of Dickens** il a une série complète des œuvres de Dickens ◆ **to our surprise he came back whole** à notre grande surprise il est revenu sain et sauf ◆ **the seal on the letter was still whole** le sceau sur la lettre était encore intact ◆ **made out of whole cloth** (US fig) inventé de toutes pièces ◆ **his hand was made whole** ( †† = healed) sa main a été guérie
N ① (= the entire amount of) ◆ **the whole of the morning** toute la matinée ◆ **the whole of the time** tout le temps ◆ **the whole of the apple was bad** la pomme toute entière était gâtée ◆ **the whole of Paris was snowbound** Paris était complètement bloqué par la neige ◆ **the whole of Paris was talking about it** dans tout Paris on parlait de ça ◆ **nearly the whole of our output this year** presque toute notre production or presque la totalité de notre production cette année ◆ **he received the whole of the amount** il a reçu la totalité de la somme
◆ **on the whole** dans l'ensemble
② (= complete unit) tout m ◆ **four quarters make a whole** quatre quarts font un tout or un entier ◆ **the whole may be greater than the sum of its parts** le tout peut être plus grand que la somme de ses parties ◆ **the estate is to be sold as a whole** la propriété doit être vendue en bloc ◆ **considered as a whole the play was successful, although some scenes...** dans l'ensemble, la pièce était réussie, bien que certaines scènes...
COMP **whole blood** N (Med) sang m total
**whole-hog*** ADJ [esp US] [support] sans réserve(s), total ; [supporter] acharné, ardent before n ADV jusqu'au bout ; see also **adj 1**
**whole-hogger*** N (esp US) ◆ **to be a whole-hogger** (gen) se donner entièrement à ce qu'on fait ; (Pol) être jusqu'au-boutiste
**whole-life insurance** N assurance f vie entière
**whole milk** N lait m entier
**whole note** N (Mus) ronde f
**whole number** N (Math) nombre m entier
**whole step** N (US Mus) ⇒ **whole tone**
**whole tone** N ton m entier
**whole-tone scale** N (Mus) gamme f pentatonique

**wholefood(s)** /ˈhəʊlfuːd(z)/ (Brit)
N(PL) N(PL) aliments mpl complets
COMP **wholefood restaurant** N restaurant m diététique

**wholegrain** /ˈhəʊlɡreɪn/ ADJ [bread, flour, rice] complet (-ète f)

**wholehearted** /ˌhəʊlˈhɑːtɪd/ SYN ADJ [approval, admiration] sans réserve ; [supporter] inconditionnel ◆ **they made a wholehearted attempt to do...** ils ont mis tout leur enthousiasme à faire...

**wholeheartedly** /ˌhəʊlˈhɑːtɪdlɪ/ ADV [accept, approve, support] sans réserve ◆ **to agree wholeheartedly** être entièrement or totalement d'accord

**wholemeal** /ˈhəʊlmiːl/ ADJ (Brit) [flour, bread] complet (-ète f)

**wholeness** /ˈhəʊlnɪs/ N complétude f

**wholesale** /ˈhəʊlseɪl/ SYN
N (NonC: Comm) (vente f en) gros m ◆ **at** or **by wholesale** en gros
ADJ ① (Comm) [price, trade] de gros
② (= indiscriminate) [slaughter, destruction] systématique ; [change] gros (grosse f) ; [reform, rejection] en bloc ; [privatisation] complet (-ète f) ◆ **there has been wholesale sacking of unskilled workers** il y a eu des licenciements en masse parmi les manœuvres

**ADV** ⃞1⃞ (Comm) [buy, sell] en gros ◆ **I can get it for you wholesale** je peux vous le faire avoir au prix de gros
⃞2⃞ (= indiscriminately) [slaughter, destroy] systématiquement ; [sack] en masse ; [reject, accept] en bloc
**COMP** **wholesale dealer**, **wholesale merchant** N grossiste mf, marchand(e) m(f) en gros ◆ **wholesale price index** N indice m des prix de gros
**wholesale trader** N ⇒ **wholesale dealer**

**wholesaler** /ˈhəʊlseɪləʳ/ N (Comm) grossiste mf, marchand(e) m(f) en gros

**wholesaling** /ˈhəʊlseɪlɪŋ/ N (NonC) commerce m de gros

**wholesome** /ˈhəʊlsəm/ SYN ADJ [food, life, thoughts, book, person] sain ; [air, climate] sain, salubre ; [exercise, advice] salutaire

**wholesomeness** /ˈhəʊlsəmnɪs/ N [of food, life, thoughts, book, person] caractère m sain ; [of air, climate] salubrité f

**wholewheat** /ˈhəʊlwiːt/ ADJ [flour, bread] complet (-ète f)

**wholism** /ˈhəʊlɪzəm/ N ⇒ **holism**

**wholistic** /həʊˈlɪstɪk/ ADJ ⇒ **holistic**

**who'll** /huːl/ ⇒ **who will, who shall** ; → **who**

**wholly** /ˈhəʊlɪ/ SYN
**ADV** [unacceptable, unreliable] totalement ; [satisfactory] totalement, tout à fait ; [approve, trust, justify] entièrement ◆ **I'm not wholly convinced** je ne m'en suis pas totalement or tout à fait convaincu
**COMP** **wholly-owned subsidiary** N (Jur, Econ) filiale f à cent pour cent

**whom** /huːm/ PRON ⃞1⃞ (interrog: often replaced by "who" in spoken English) qui ◆ **whom did you see?** qui avez-vous vu ? ◆ **when was the photo taken and by whom?** quand est-ce que la photo a été prise et par qui ? ◆ **with whom?** avec qui ? ◆ **to whom?** à qui ? ; see also **who** pron 1
⃞2⃞ (rel) ◆ **my aunt, whom I love dearly** ma tante, que j'aime tendrement ◆ **those whom he had seen recently** ceux qu'il avait vus récemment ◆ **the man to whom…** l'homme à qui…, l'homme auquel… ◆ **the man of whom…** l'homme dont… ◆ **the woman with whom he had an affair** la femme avec qui il a eu une liaison ◆ **my daughters, both of whom are married** mes filles, qui sont toutes les deux mariées ◆ **whom the gods love die young** (liter) ceux qui sont aimés des dieux meurent jeunes

**whomever** /huːmˈevəʳ/ PRON accusative case of **whoever**

**whomp*** /wɒmp/ (US)
**VT** (= hit) cogner* ; (= defeat) enfoncer*
**N** bruit m sourd

**whomping*** /ˈwɒmpɪŋ/ ADJ (US : also **whomping big**, **whomping great**) énorme

**whomsoever** /ˌhuːmsəʊˈevəʳ/ PRON (emphatic) accusative case of **whosoever**

**whoop** /huːp/
**N** cri m (de joie, de triomphe) ; (Med) toux f coquelucheuse, toux f convulsive (de la coqueluche) ◆ **with a whoop of glee/triumph** avec un cri de joie/de triomphe
**VI** pousser des cris ; (Med) avoir des quintes de toux coquelucheuse
**VT** ◆ **to whoop it up** †* faire la noce* or la bombe*
**COMP** **whooping cough** N coqueluche f

**whoopee** /wʊˈpiː/
**EXCL** hourra !, youpi !
**N** ◆ **to make whoopee** †* faire la noce* or la bombe*
**COMP** **whoopee cushion** * N coussin(-péteur) m de farces et attrapes

**whooper swan** /ˈwuːpəʳ/ N cygne m (chanteur)

**whoops** /wʊps/ EXCL (also **whoops-a-daisy**) (avoiding fall etc) oups !, houp-là ! ; (lifting child) houp-là !, hop-là !

**whoosh** /wʊʃ/
**EXCL** zoum !
**N** ◆ **the whoosh of sledge runners in the snow** le bruit des patins de luges glissant sur la neige, le glissement des patins de luges sur la neige
**VI** ◆ **the car whooshed past** la voiture est passée à toute allure dans un pneu

**whop** * /wɒp/ VT (= beat) rosser * ; (= defeat) battre à plate(s) couture(s)

**whopper*** /ˈwɒpəʳ/ N (car/parcel/nose etc) voiture f/colis m/nez m etc énorme ◆ **as comets go, it is a whopper** c'est une comète énorme ◆ **a whopper of a nose** un pif énorme ◆ **the biggest whopper the president told** le mensonge le plus énorme que le président ait dit

**whopping** /ˈwɒpɪŋ/
**ADJ** ◆ [lie, loss] énorme ◆ **to win a whopping 89 per cent of the vote** remporter les élections avec une écrasante majorité de 89 pour cent ◆ **a whopping $31 billion** la somme énorme de 31 milliards de dollars
**ADV** ◆ **whopping great** or **big** * énorme
**N** * raclée* f

**whore** /hɔːʳ/ SYN
**N** (* pej) putain* f
**VI** (lit : also **go whoring**) courir la gueuse, se débaucher ◆ **to whore after sth** (fig liter) se prostituer pour obtenir qch

**who're** /huːəʳ/ ⇒ **who are** ; → **who**

**whorehouse** * /ˈhɔːhaʊs/ N bordel * m

**whoremonger** † /ˈhɔːmʌŋgəʳ/ N fornicateur m ; (= pimp) proxénète m, souteneur m

**whorish** * /ˈhɔːrɪʃ/ ADJ de putain*, putassier*

**whorl** /wɜːl/ N [of fingerprint] volute f ; [of spiral shell] spire f ; [of plant] verticille m ◆ **whorls of meringue/cream** des tortillons mpl de meringue/crème

**whortleberry** /ˈwɜːtlbərɪ/ N myrtille f

**who's** /huːz/ ⇒ **who is, who has** ; → **who**

**whose** /huːz/
**POSS PRON** à qui (est) ceci ? ◆ **I know whose it is** je sais à qui c'est ◆ **whose is this hat?** à qui est ce chapeau ? ◆ **here's a lollipop each – let's see whose lasts longest!** voici une sucette chacun – voyons celle de qui durera le plus longtemps !
**POSS ADJ** ⃞1⃞ (interrog) à qui, de qui ◆ **whose hat is this?** à qui est ce chapeau ? ◆ **whose son are you?** de qui êtes-vous le fils ? ◆ **whose book is missing?** à qui est le livre qui manque ? ◆ **whose fault is it?** qui est responsable ?
⃞2⃞ (rel use) dont, de qui ◆ **the man whose hat I took** l'homme dont j'ai pris le chapeau ◆ **the boy whose sister I was talking to** le garçon à la sœur duquel or à la sœur de qui je parlais ◆ **those whose passports I've got here** ceux dont j'ai les passeports ici

**whosever** /huːˈzevəʳ/ POSS PRON ⇒ **of whomever** ; **whoever** ◆ **whosever book you use, you must take care of it** peu importe à qui est le livre dont tu te sers, il faut que tu en prennes soin

**whosoe'er** /ˌhuːsəʊˈɛəʳ/ (liter), **whosoever** (emphatic) /ˌhuːsəʊˈɛəʳ/ ⇒ **whoever**

**whosoever** (emphatic) /ˌhuːsəʊˈɛvəʳ/, **whosoe'er** (liter) /ˌhuːsəʊˈɛəʳ/ PRON ⇒ **whoever**

**who've** /huːv/ ⇒ **who have** ; → **who**

**whup** * /wʌp/ VT (US) ⇒ **whop** (= defeat) battre

**why** /waɪ/ LANGUAGE IN USE 17.1
**ADV** pourquoi ◆ **why did you do it?** pourquoi l'avez-vous fait ? ◆ **I wonder why he left her** je me demande pourquoi l'a quittée ◆ **I wonder why je me demande pourquoi** ◆ **he told me why he did it** il m'a dit pourquoi il l'a fait or la raison pour laquelle il l'a fait ◆ **why not?** pourquoi pas ? ◆ **why not phone her?** pourquoi ne pas lui téléphoner ? ◆ **why ask her when you don't have to?** pourquoi le lui demander quand vous n'êtes pas obligé de le faire ?
**EXCL** (esp US †) eh bien !, tiens ! ◆ **why, what's the matter?** eh bien, qu'est-ce qui ne va pas ? ◆ **why, it's you!** tiens, c'est vous ! ◆ **why, it's quite easy!** voyons donc, ce n'est pas difficile !
**CONJ** ◆ **the reasons why he did it** les raisons pour lesquelles il l'a fait ◆ **there's no reason why you shouldn't try again** il n'y a pas de raison (pour) que tu n'essaies subj pas de nouveau ◆ **that's (the reason) why** voilà pourquoi ◆ **that is why I never spoke to him again** c'est pourquoi je ne lui ai jamais reparlé
**N** ◆ **the why(s) and (the) wherefore(s)** le pourquoi et le comment ◆ **the why and (the) how** le pourquoi et le comment

**whyever*** /waɪˈevəʳ/ ADV (interrog: emphatic) pourquoi donc ◆ **whyever did you do that?** pourquoi donc est-ce que vous avez fait ça ?

**WI** /ˌdʌbljuːˈaɪ/ N ⃞1⃞ (Brit) (abbrev of **Women's Institute**) → **woman**
⃞2⃞ abbrev of **Wisconsin**
⃞3⃞ (abbrev of **West Indies**) → **west**

**wibbly-wobbly** * /ˌwɪblɪˈwɒblɪ/ ADJ ⇒ **wobbly**

**wick** /wɪk/ N mèche f ◆ **he gets on my wick** * (Brit) il me tape sur le système*, il me court sur le haricot*

**wicked** /ˈwɪkɪd/ SYN ADJ ⃞1⃞ (= immoral) [person] méchant, mauvais ; [behaviour, act, deed] vilain before n ; [system, policy, attempt, world] pernicieux ◆ **that was a wicked thing to do!** c'était vraiment méchant (de faire ça) ! ◆ **a wicked waste** un scandaleux gâchis ; → **rest**
⃞2⃞ (= nasty) [comment] méchant ◆ **to have a wicked temper** avoir mauvais caractère
⃞3⃞ (= naughty) [grin, look, suggestion] malicieux ; [sense of humour] plein de malice ◆ **a wicked cake/pudding** un gâteau/dessert à vous damner
⃞4⃞ (* = skilful) ◆ **that was a wicked shot!** quel beau coup ! ◆ **he plays a wicked game of draughts** il joue super bien * aux dames
⃞5⃞ (* = excellent) super* inv ◆ **I've just won again: wicked!** je viens encore de gagner : super ! *

**wickedly** /ˈwɪkɪdlɪ/ ADV ⃞1⃞ (= immorally) [behave] méchamment ◆ **a wickedly destructive child** un enfant méchant et destructeur ◆ **a wickedly cruel act** un acte méchant et cruel ◆ **he wickedly destroyed…** méchamment, il a détruit…
⃞2⃞ (= naughtily) [grin, look at, suggest] malicieusement ◆ **wickedly funny** drôle et caustique ◆ **wickedly seductive** malicieusement séducteur (-trice f) ◆ **a wickedly rich pudding** un dessert terriblement or méchamment * riche
⃞3⃞ (* = skilfully) [play] comme un chef*, super bien *

**wickedness** /ˈwɪkɪdnɪs/ N [of behaviour, order, decision, person] méchanceté f, cruauté f ; [of murder] horreur f ; [of look, smile, suggestion] malice f ; [of waste] scandale m

**wicker** /ˈwɪkəʳ/
**N** (NonC) (= substance) osier m ; (= objects : also **wickerwork**) vannerie f
**COMP** (also **wickerwork**) [basket, chair] d'osier, en osier

**wicket** /ˈwɪkɪt/
**N** ⃞1⃞ (= door, gate) (petite) porte f, portillon m ; (for bank teller etc) guichet m
⃞2⃞ (Cricket) (= stumps) guichet m ; (= pitch between them) terrain m (entre les guichets) ◆ **to lose/take a wicket** perdre/prendre un guichet ; → **losing, sticky**
**COMP** **wicket-keeper** N (Cricket) gardien m de guichet

**wicking** /ˈwɪkɪŋ/ ADJ [fabric, T-shirt] favorisant l'évacuation de l'humidité corporelle

**wickiup** /ˈwɪkɪʌp/ N (US) hutte f de branchages

**widdershins** /ˈwɪdəʃɪnz/ ADV (esp Scot) ⇒ **withershins**

**widdle** * /ˈwɪdl/ VI (Brit) faire pipi *

**wide** /waɪd/ SYN
**ADJ** ⃞1⃞ (= broad) [road, river, strip] large ; [margin] grand ; [garment] large, ample ; [ocean, desert] immense, vaste ; [circle, gap, space] large, grand ; (fig) [knowledge] vaste, très étendu ; [choice, selection] grand, considérable ; [survey, study] de grande envergure ◆ **how wide is the room?** quelle est la largeur de la pièce ? ◆ **it is 5 metres wide** cela a or fait 5 mètres de large ◆ **the wide Atlantic** l'immense or le vaste Atlantique ◆ **no one/nowhere in the whole wide world** personne/nulle part au monde ◆ **she stared, her eyes wide with fear** elle regardait, les yeux agrandis de peur or par la peur ◆ **mouth wide with astonishment** bouche f bée de stupeur ◆ **a man with wide views** or **opinions** un homme aux vues larges ◆ **he has wide interests** il a des goûts très éclectiques ◆ **in the widest sense of the word** au sens le plus général or le plus large du mot ◆ **it has a wide variety of uses** cela se prête à une grande variété d'usages
⃞2⃞ (= off target) ◆ **the shot/ball/arrow was wide** le coup/la balle/la flèche est passé(e) à côté ◆ **it was wide of the target** c'était loin de la cible ; → **mark²**
**ADV** ◆ **the bullet went wide** la balle est passée à côté ◆ **he flung the door wide** il a ouvert la porte en grand ◆ **they are set wide apart** [trees, houses, posts] ils sont largement espacés ; [eyes] ils sont très écartés ◆ **he stood with his legs wide apart** il se tenait debout les jambes très écartées ◆ **to open one's eyes wide** ouvrir grand les yeux or ses yeux en grand ◆ **"open wide!"** (at dentist's) « ouvrez grand ! » ◆ **wide open** [door, window] grand ouvert ◆ **the race was still wide open** l'issue de la course était encore indécise ◆ **he left himself wide open to criti-**

cism il a prêté le flanc à la critique ◆ **to blow sth wide open** *(= change completely)* révolutionner qch ◆ **he threatened to blow the operation wide open** *(= reveal secret)* il a menacé de tout révéler sur l'opération ; → **far**

COMP **wide-angle lens** N *(Phot)* objectif *m* grand-angulaire, objectif *m* grand angle *inv*
**wide area network** N *(Comput)* grand réseau *m*
**wide-awake** SYN ADJ *(lit)* bien *or* tout éveillé ; *(fig)* éveillé, alerte
**wide-bodied aircraft, wide-body aircraft** N avion *m* à fuselage élargi, gros-porteur *m*
**wide boy**⁑ N *(Brit pej)* arnaqueur * *m*
**wide-eyed** SYN ADJ *(in naïveté)* aux yeux grands ouverts *or* écarquillés ; *(in fear, surprise)* aux yeux écarquillés ADV les yeux écarquillés ◆ **in wide-eyed amazement** les yeux écarquillés par la stupeur
**wide-mouthed** ADJ *[river]* à l'embouchure large ; *[cave]* avec une vaste entrée ; *[bottle]* au large goulot ; *[bag]* large du haut
**wide-ranging** ADJ *[mind, report, survey]* de grande envergure ; *[interests]* divers, variés
**wide screen** N *(Cine)* écran *m* panoramique
**wide-screen** ADJ ◆ **wide-screen television set** téléviseur *m* grand écran ; *(Cine)* écran *m* panoramique

**-wide** /waɪd/ ADJ, ADV *(in compounds)* → **countrywide, nationwide**

**widely** /ˈwaɪdlɪ/ ADV [1] *(= generally)* *[available]* généralement ; *[used, regarded, expected]* largement ; *[known]* bien ◆ **it is widely believed that...** on pense communément *or* généralement que... ◆ **widely-held opinions** opinions *fpl* très répandues
[2] *(= much)* *[travel, vary]* beaucoup ; *[scatter, spread]* sur une grande étendue ◆ **widely different** extrêmement différent ◆ **the trees were widely spaced** les arbres étaient largement espacés ◆ **the talks ranged widely** les pourparlers ont porté sur des questions très diverses ◆ **to be widely read** *[author, book]* être très lu ; *[reader]* avoir beaucoup lu ◆ **she is widely read in philosophy** elle a beaucoup lu d'ouvrages de philosophie
[3] *(= broadly)* ◆ **to smile widely** avoir un large sourire

**widen** /ˈwaɪdn/ SYN
VT *[+ circle, gap, space]* élargir, agrandir ; *[+ road, river, strip, garment]* élargir ; *[+ margin]* augmenter ; *[+ knowledge]* accroître, élargir ; *[+ survey, study]* élargir la portée de ◆ **to widen one's lead over sb** *(in election, race etc)* accroître son avance sur qn
VI (also **widen out**) s'élargir, s'agrandir

**wideness** /ˈwaɪdnɪs/ N largeur *f*

**widespread** /ˈwaɪdspred/ SYN ADJ [1] *(= general)* *[belief, opinion]* très répandu ; *[confusion]* général ; *[corruption]* généralisé ; *[support]* très important, considérable ◆ **food shortages are widespread** la disette est générale ◆ **the widespread availability of this drug** la facilité avec laquelle on peut se procurer cette drogue ◆ **the widespread availability of meat-free meals** le fait qu'on trouve très facilement des plats sans viande
[2] *(= open)* *[arms]* en croix ; *[wings]* déployé

**widgeon** /ˈwɪdʒən/ N canard *m* siffleur

**widget** * /ˈwɪdʒɪt/ N *(= device)* gadget *m* ; *(= thingummy)* truc * *m*, machin * *m*

**widow** /ˈwɪdəʊ/
N veuve *f* ◆ **widow Smith** † la veuve Smith ◆ **she's a golf widow** son mari la délaisse pour aller jouer au golf ; → **grass, mite, weed**
VT ◆ **to be widowed** *[man]* devenir veuf ; *[woman]* devenir veuve ◆ **she was widowed in 1989** elle est devenue veuve en 1989, elle a perdu son mari en 1989 ◆ **she has been widowed for ten years** elle est veuve depuis dix ans ◆ **he lives with his widowed mother** il vit avec sa mère qui est veuve
COMP **widow bird** N veuve *f*
**widow's benefit** N ⇒ **widow's pension**
**widow's cruse** N *(fig)* source *f* inépuisable
**widow's peak** N pousse *f* de cheveux en V sur le front
**widow's pension** N *(Admin)* ≃ allocation *f* de veuvage
**widow's walk** N *(US)* belvédère *m* *(construit sur le faîte d'une maison côtière)*

**widower** /ˈwɪdəʊəʳ/ N veuf *m*

**widowhood** /ˈwɪdəʊhʊd/ N veuvage *m*

**width** /wɪdθ/ SYN N [1] *(NonC)* *[of road, river, strip, bed, ocean, desert, gap, space, margin]* largeur *f* ; *[of garment]* ampleur *f* ; *[of circle]* largeur *f*, diamètre *m* ◆ **what is the width of the room?** quelle est la largeur de la pièce ?, quelle largeur a la pièce ? ◆ **it is 5 metres in width, its width is 5 metres, it has a width of 5 metres** ça fait 5 mètres de large ◆ **measure it across its width** prends la mesure en largeur
[2] *[of cloth]* largeur *f*, lé *m* ◆ **you'll get it out of one width** une largeur *or* un lé te suffira

**widthways** /ˈwɪdθweɪz/, **widthwise** /ˈwɪdθwaɪz/ ADV en largeur

**wield** /wiːld/ SYN VT [1] *[+ sword, axe, pen, tool]* manier ; *(= brandish)* brandir
[2] *[+ power, authority, control]* exercer

**wiener** * /ˈwiːnəʳ/ *(US)*
N saucisse *f* de Francfort
COMP **wiener schnitzel** /ˈviːnəˈʃnɪtsəl/ N escalope *f* viennoise

**wienie** * /ˈwiːnɪ/ N *(US)* saucisse *f* de Francfort

**wife** /waɪf/ SYN (pl **wives**)
N [1] *(= spouse)* femme *f* ; *(esp Admin)* épouse *f* ; *(= married woman)* femme *f* mariée ◆ **his second wife** sa deuxième *or* seconde femme, la femme qu'il a (or avait *etc*) épousée en secondes noces ◆ **the farmer's/butcher's** *etc* **wife** la fermière/bouchère *etc* ◆ **the wife**⁑ la patronne * ◆ **he decided to take a wife** † il a décidé de se marier *or* de prendre femme † ◆ **to take sb to wife** † prendre qn pour femme ◆ **wives whose husbands have reached the age of 65** les femmes *fpl* mariées dont les maris ont atteint 65 ans ◆ **"The Merry Wives of Windsor"** « Les Joyeuses Commères de Windsor » ; → **working**
[2] († * *dial* = *woman*) bonne femme * *f* ◆ **she's a poor old wife** c'est une pauvre vieille ; → **old**
COMP **wife-batterer, wife-beater** N homme *m* qui bat sa femme
**wife's equity** N *(US Jur)* part *f* de la communauté revenant à la femme en cas de divorce
**wife-swapping** N échangisme *m* ◆ **wife-swapping party** partie *f* carrée

**wifely** † /ˈwaɪflɪ/ ADJ de bonne épouse

**wifi** /ˈwaɪfaɪ/ abbrev of **wireless fidelity**
N wifi *m*, sans fil *m*
ADJ *[hotspot, network]* wifi, sans fil

**wig** /wɪg/ N *(gen)* perruque *f* ; *(= hairpiece)* postiche *m* ; (⁑ = *hair*) tignasse * *f*
▸ **wig out**⁑ VI *(Brit)* *(= go crazy)* dérailler * ; *(= dance)* se déchaîner

**wigeon** /ˈwɪdʒən/ N ⇒ **widgeon**

**wigging** †⁑ /ˈwɪgɪŋ/ N *(Brit = scolding)* attrapade⁑ *f*, réprimande *f* ◆ **to give sb a wigging** passer un savon * à qn ◆ **to get a wigging** se faire enguirlander *

**wiggle** /ˈwɪgl/
VT *[+ pencil, stick]* agiter ; *[+ toes]* agiter, remuer ; *[+ loose screw, button, tooth]* faire jouer ◆ **to wiggle one's hips** tortiller des hanches ◆ **my finger hurts if you wiggle it like that** j'ai mal quand vous me tortillez le doigt comme ça ◆ **he wiggled his finger at me warningly** il a agité l'index dans ma direction en guise d'avertissement
VI *[loose screw etc]* branler ; *[tail]* remuer, frétiller ; *[rope, snake, worm]* se tortiller ◆ **she wiggled across the room** elle a traversé la pièce en se déhanchant *or* en tortillant des hanches
N ◆ **to walk with a wiggle** marcher en se déhanchant, marcher en tortillant des hanches ◆ **to give sth a wiggle** ⇒ **to wiggle sth vt**
COMP **wiggle room** N marge *f* de manœuvre

**wiggly** /ˈwɪglɪ/ ADJ *[snake, worm]* qui se tortille ◆ **a wiggly line** un trait ondulé

**wight** †† /waɪt/ N être *m*

**wigmaker** /ˈwɪgmeɪkəʳ/ N perruquier *m*, -ière *f*

**wigwam** /ˈwɪgwæm/ N wigwam *m*

**wilco** /ˈwɪlˌkəʊ/ EXCL *(Telec)* message reçu !

**wild** /waɪld/ SYN
ADJ [1] *[animal, plant, tribe, man, land, countryside]* sauvage ◆ **it was growing wild** *(= uncultivated)* ça poussait à l'état sauvage ◆ **the plant in its wild state** la plante à l'état sauvage ◆ **a wild stretch of coastline** une côte sauvage ◆ **wild and woolly** * *(US)* fruste, primitif ◆ **to sow one's wild oats** *(fig)* jeter sa gourme †, faire les quatre cents coups ◆ **wild horses wouldn't make me tell you** je ne te le dirais pour rien au monde ; see also **comp** ; → **rose²**, **run, strawberry**
[2] *(= rough)* *[wind]* violent, furieux ; *[sea]* démonté ◆ **in wild weather** par gros temps ◆ **it was a wild night** la tempête faisait rage cette nuit-là
[3] *(= unrestrained)* *[appearance]* farouche ; *[laughter, anger, evening, party]* fou (folle *f*) ; *[idea, plan]* fou (folle *f*), extravagant ; *[imagination, enthusiasm]* débordant, délirant ; *[life]* de bâtons de chaise * ◆ **his hair was wild and uncombed** il avait les cheveux en bataille ◆ **there was wild confusion at the airport** la confusion la plus totale régnait à l'aéroport ◆ **he took a wild swing at his opponent** il a lancé le poing en direction de son adversaire ◆ **he had a wild look in his eyes** il avait une lueur sauvage *or* farouche dans les yeux ◆ **he was wild in his youth, he had a wild youth** il a fait les quatre cents coups dans sa jeunesse ◆ **a whole gang of wild kids** toute une bande de casse-cou ◆ **to have a wild night out (on the town)** sortir faire la fête * ◆ **we had some wild times together** nous avons fait les quatre cents coups ensemble ◆ **those were wild times** *(= tough)* les temps étaient durs, la vie était rude en ce temps-là ◆ **he had some wild scheme for damming the river** il avait un projet complètement fou *or* abracadabrant pour barrer le fleuve ◆ **there was a lot of wild talk about...** on a avancé des tas d'idées folles au sujet de... ◆ **they made some wild promises** ils ont fait quelques promesses folles *or* extravagantes ◆ **that is a wild exaggeration** c'est une énorme exagération ◆ **to make a wild guess** risquer *or* émettre à tout hasard une hypothèse *(at sth* sur qch)
[4] *(= excited)* comme fou (folle *f*) ; *(= enthusiastic)* fou (folle *f*), dingue * *(about* de) ◆ **to be wild about sb/sth** * être dingue * de qn/qch ◆ **I'm not wild about it** * ça ne m'emballe * pas beaucoup ◆ **he was wild with joy** il ne se tenait plus de joie ◆ **he was wild with anger/indignation** il était fou de rage/d'indignation ◆ **the audience went wild with delight** le public a hurlé de joie ◆ **his fans went wild when he appeared** la folie a gagné ses fans * quand il est apparu ◆ **the dog went wild when he saw his owner** le chien est devenu comme fou quand il a vu son maître ◆ **it's enough to drive you wild!** * c'est à vous rendre dingue ! *
N ◆ **the call of the wild** l'appel *m* de la nature ◆ **in the wild** *(= natural habitat)* dans la nature, à l'état sauvage ◆ **this plant grows in the wild** cette plante existe à l'état sauvage ◆ **he went off into the wilds** il est parti vers des régions sauvages *or* reculées ◆ **he lives in the wilds of Alaska** il vit au fin fond de l'Alaska ◆ **we live out in the wilds** nous habitons en pleine brousse
COMP **wild beast** N *(gen)* bête sauvage ; *(= dangerous)* bête féroce
**wild boar** N sanglier *m*
**wild child** N [1] *(wayward)* noceur * *m*, -euse * *f*
[2] *(living in wilds)* enfant *mf* sauvage
**wild dog** N *(gen)* chien *m* sauvage ; *(= dingo)* dingo *m*
**wild duck** N canard *m* sauvage
**wild-eyed** ADJ *(= mad)* au regard fou ; *(= grief-stricken)* aux yeux hagards
**wild flowers** NPL fleurs *fpl* des champs, fleurs *fpl* sauvages
**wild goat** N chèvre *f* sauvage
**wild-goose chase** N ◆ **he sent me off on a wild-goose chase** il m'a fait courir partout pour rien
**wild pansy** N pensée *f* sauvage
**wild pear** N poirier *m* sauvage
**wild rabbit** N lapin *m* de garenne
**wild rice** N riz *m* sauvage
**wild service tree** N alisier *m* torminal
**wild silk** N soie *f* sauvage
**wild type** N *(Bio)* phénotype *m* (sauvage)
**the Wild West** N *(US)* le Far West
**Wild West show** N *(US)* spectacle *m* sur le thème du Far West

**wildcard** /ˈwaɪldkɑːd/ N *(Comput)* caractère *m* joker *or* de remplacement ; *(fig)* élément *m* imprévisible ◆ **he was given a wildcard entry into Wimbledon** *(Sport)* il a joué sur invitation à Wimbledon

**wildcat** /ˈwaɪldˌkæt/
N [1] *(= animal)* chat *m* sauvage ; *(fig)* *(= person)* personne *f* féroce
[2] *(= oil well)* forage *m* de prospection
ADJ *(US = unsound)* *[scheme, project]* insensé ; *(financially)* financièrement douteux
VI *(for oil)* faire des forages de prospection pétrolière
COMP **wildcat strike** N grève *f* sauvage

**wildcatter** * /ˈwaɪldˌkætəʳ/ N *(= striker)* gréviste *mf* ; *(Fin)* spéculateur *m*

**wildebeest** /ˈwɪldɪbiːst/ N (pl **wildebeests** or **wildebeest**) gnou *m*

**wilderness** /ˈwɪldənɪs/ SYN N (*gen*) étendue *f* déserte, région *f* reculée *or* sauvage ; (*Bible, also fig*) désert *m* ; (*= overgrown garden*) jungle *f* • **a wilderness of snow and ice** de vastes étendues de neige et de glace • **a wilderness of streets/ruins** un désert de rues/de ruines • **to preach in the wilderness** (*Bible*) prêcher dans le désert • **to be in the wilderness** (*fig*) faire sa traversée du désert • **this garden is a wilderness** ce jardin est une vraie jungle

**wildfire** /ˈwaɪldfaɪəʳ/ N feu *m or* incendie *m* de forêt • **to spread like wildfire** se répandre comme une traînée de poudre

**wildfowl** /ˈwaɪldfaʊl/ N (*one bird*) oiseau *m* sauvage ; (*collectively*) oiseaux *mpl* sauvages ; (*Hunting*) gibier *m* à plumes

**wildfowler** /ˈwaɪldfaʊləʳ/ N chasseur *m* de gibier à plumes

**wildfowling** /ˈwaɪldfaʊlɪŋ/ N • **to go wildfowling** chasser (le gibier à plumes)

**wildlife** /ˈwaɪldlaɪf/ SYN

N faune *f* et flore *f* • **he's interested in wildlife** il s'intéresse à la faune et à la flore • **the wildlife of Central Australia** la faune et la flore d'Australie centrale

COMP **wildlife park, wildlife sanctuary** N réserve *f* naturelle

**wildly** /ˈwaɪldlɪ/ ADV [1] (*= excitedly*) [*applaud*] frénétiquement ; [*gesticulate, wave*] furieusement ; [*talk*] avec beaucoup d'agitation ; [*protest*] violemment ; [*behave*] de façon extravagante • **to cheer wildly** pousser des exclamations frénétiques • **to look wildly around** jeter des regards éperdus autour de soi

[2] (*= violently, frantically*) • **her heart was beating wildly** son cœur battait violemment *or* à se rompre • **he hit out wildly** il lançait des coups dans tous les sens *or* au hasard • **they were rushing about wildly** ils se précipitaient dans tous les sens • **the wind blew wildly** le vent soufflait violemment • **the storm raged wildly** la tempête faisait rage

[3] (*= at random*) [*shoot*] au hasard • **you're guessing wildly** tu dis ça tout à fait au hasard

[4] (*= extremely*) [*optimistic, excited, happy*] follement ; [*vary*] énormément • **I'm not wildly pleased* about it** ce n'est pas que ça me fasse très plaisir

**wildness** /ˈwaɪldnɪs/ N [*of land, countryside, scenery*] aspect *m* sauvage ; [*of tribe, people*] sauvagerie *f* ; [*of wind, sea*] fureur *f*, violence *f* ; [*of appearance*] désordre *m* ; [*of imagination*] extravagance *f* ; [*of enthusiasm*] ferveur *f* • **the wildness of the weather** le sale temps qu'il fait

**wiles** /waɪlz/ NPL artifices *mpl*, manège *m* ; (*stronger*) ruses *fpl*

**wilful, willful** (US) /ˈwɪlfʊl/ SYN ADJ [1] (*= deliberate*) [*misconduct, destruction, ignorance*] délibéré ; [*murder, damage*] volontaire

[2] (*= obstinate*) [*person*] entêté, têtu ; [*behaviour*] obstiné

**wilfully, willfully** (US) /ˈwɪlfəlɪ/ ADV [1] (*= deliberately*) délibérément

[2] (*= obstinately*) obstinément

**wilfulness, willfulness** (US) /ˈwɪlfʊlnɪs/ N [*of person*] obstination *f*, entêtement *m* ; [*of action*] caractère *m* délibéré *or* intentionnel

**wiliness** /ˈwaɪlɪnɪs/ N ruse *f NonC*, astuce *f NonC*

**will** /wɪl/

MODAL AUX VB [1] (*future*)

> When **will** or **'ll** is used to form the future, it is often translated by the future tense.

• **he will speak** il parlera • **you'll regret it some day** tu le regretteras un jour • **we will come too** nous viendrons (nous) aussi

> In the following examples the main verb is future, the other is present: in French both verbs must be in the future tense.

• **what will he do when he finds out?** qu'est-ce qu'il fera lorsqu'il s'en apercevra ? • **we'll do all we can** nous ferons tout ce que nous pourrons

> When **will** or **'ll** indicates the more immediate future, **aller** + verb is used.

• **I'll give you a hand with that** je vais te donner un coup de main avec ça • **they will be here shortly** ils vont bientôt arriver

> When **will** or **won't** is used in short replies, no verb is used in French.

• **will he come too? – yes he will** est-ce qu'il viendra aussi ? – oui • **I'll go with you – oh no you won't!** je vais vous accompagner – non, certainement pas ! • **they'll arrive tomorrow – will they?** ils arriveront demain – ah bon *or* c'est vrai ?

> When **will** or **won't** is used in question tags, eg **won't it**, **won't you** the translation is often **n'est-ce pas**.

• **you will come to see us, won't you?** vous viendrez nous voir, n'est-ce pas ? • **that'll be okay, won't it?** ça ira, n'est-ce pas ? • **you won't lose it again, will you?** tu ne le perdras plus, n'est-ce pas ?

> When future meaning is made clear by words like **tomorrow**, or **next week**, the present tense can also be used in French.

• **he'll be here tomorrow** il arrive *or* il arrivera demain • **I'll phone you tonight** je t'appelle *or* je t'appellerai ce soir

[2] (*future perfect*) **will have** + *past participle* • **the holiday will have done him good** les vacances lui auront fait du bien • **he will have left by now** il sera déjà parti à l'heure qu'il est

[3] (*habitual actions*)

> When **will** indicates that something commonly happens, the present is often used in French.

• **he will sit for hours doing nothing** il reste assis pendant des heures à ne rien faire • **this bottle will hold one litre** cette bouteille contient un litre *or* fait le litre • **the car will do 150km/h** cette voiture fait du 150 km/h • **thieves will often keep a stolen picture for years** les voleurs gardent souvent un tableau volé pendant des années • **he will talk all the time!** il ne peut pas s'empêcher *or* s'arrêter de parler ! • **if you will make your speeches so long, you can hardly blame people for not listening** si vous persistez à faire des discours aussi longs, il ne faut pas vraiment vous étonner si les gens n'écoutent pas • **he will annoy me by leaving his socks lying all over the place** il m'énerve à toujours laisser traîner ses chaussettes partout • **I will call him Richard, though his name's actually Robert** il faut toujours que je l'appelle *subj* Richard bien qu'en fait il s'appelle Robert • **boys will be boys** il faut (bien) que jeunesse se passe (*Prov*)

[4] (*requests, orders*)

> The present tense of **vouloir** is often used.

• **will you be quiet!** veux-tu (bien) te taire ! • **will you please sit down!** voulez-vous vous asseoir, s'il vous plaît ! • **will you help me? – yes I will** tu veux m'aider ? – oui, je veux bien • **will you promise to be careful?** tu me promets de faire attention ? • **you will speak to no one** (*in commands*) ne parlez à personne, vous ne parlerez à personne • **do what you will** (*frm*) faites ce que vous voulez *or* comme vous voulez

♦ **won't** (*= refuse(s) to*) • **the window won't open** la fenêtre ne veut pas s'ouvrir • **she won't let me drive the car** elle ne veut pas me laisser conduire la voiture • **will you promise? – no I won't** tu me le promets ? – non

[5] (*invitations, offers*) • **will you have a cup of coffee?** voulez-vous prendre un café ? • **will you join us for a drink?** voulez-vous prendre un verre avec nous ? • **won't you come with us?** vous ne voulez pas venir (avec nous) ? • **I'll help you if you like** je vais vous aider si vous voulez

[6] (*= must*) • **that will be the taxi** ça doit être le taxi • **she'll be about forty** elle doit avoir quarante ans environ • **you'll be thinking I'm crazy** tu dois penser que je suis fou • **she'll have forgotten all about it by now** elle aura tout oublié à l'heure qu'il est

VT (pret, ptp **willed**) [1] (*= urge by willpower*) • **he was willing her to look at him** il l'adjurait intérieurement de le regarder • **he was willing her to accept** il l'adjurait intérieurement d'accepter

[2] (*= bequeath*) • **to will sth to sb** léguer qch à qn

[3] (*frm = wish, intend*) vouloir (*that* que + *subj*) • **God has willed it so** Dieu a voulu qu'il en soit ainsi • **it is as God wills** c'est la volonté de Dieu • **to will sb's happiness** vouloir le bonheur de qn

N [1] (*= determination*) volonté *f* • **they have no will of their own** ils manquent de volonté • **he has a strong will** il a beaucoup de volonté • **a will of iron, an iron will** une volonté de fer • **to have a weak will** manquer de volonté • **my trolley has a will of its own** mon chariot n'en fait qu'à sa tête • **the will to live** la volonté de survivre • **the will of God** la volonté de Dieu, la volonté divine • **it is the will of the people that...** la volonté du peuple est que... + *subj* • **what is your will?** (*frm*) quelle est votre volonté ? • **it is my will that he should leave** (*frm*) je veux qu'il parte • **thy will be done** (*Rel*) que ta volonté soit faite • **to do sth against sb's will** faire qch contre la volonté de qn • **where there's a will there's a way** (*Prov*) vouloir c'est pouvoir (*Prov*)

♦ **at will** • **an employer who can sack you at will** un employeur qui peut vous licencier comme il le veut • **I can speed up and slow down at will** je peux accélérer et ralentir comme je veux • **to choose at will** choisir à volonté • **you are free to leave at will** vous êtes libre de partir quand vous voulez

[2] (*= document*) testament *m* • **to make a will** faire son testament • **he left it to me in his will** il me l'a légué par testament • **the last will and testament of...** les dernières volontés de...

**willful** *etc* /ˈwɪlfʊl/ ADJ (US) ⇒ **wilful** *etc*

**William** /ˈwɪljəm/ N Guillaume *m* • **William the Conqueror** Guillaume le Conquérant • **William of Orange** Guillaume d'Orange • **William Tell** Guillaume Tell

**willie*** /ˈwɪlɪ/

N (*Brit*) zizi* *m*

NPL **the willies** • **to have the willies** avoir les chocottes* *fpl*, avoir la trouille* • **it gives me the willies** ça me donne les chocottes*, ça me fout la trouille‡ • **he gives me the willies** il me fout la trouille‡

**willing** /ˈwɪlɪŋ/ SYN

ADJ [1] (*= prepared*) • **to be willing to do sth** être prêt *or* disposé à faire qch, bien vouloir faire qch • **he wasn't very willing to help** il n'était pas tellement prêt *or* disposé à aider • **I was quite willing for him to come** j'étais tout à fait prêt *or* disposé à ce qu'il vienne • **will you help us? – I'm perfectly willing** voulez-vous nous aider ? – bien volontiers ; → **god, ready, spirit**

[2] (*= eager*) [*audience, participant*] enthousiaste ; [*helper, worker, partner*] plein de bonne volonté • **willing hands helped him to his feet** des mains secourables se tendirent et l'aidèrent à se lever • **there were plenty of willing hands** il y avait beaucoup d'offres d'assistance • **he's very willing** il est plein de bonne volonté

[3] (*= voluntary*) [*help, sacrifice*] volontaire

N • **to show willing** faire preuve de bonne volonté

COMP **willing horse*** N (*= person*) bonne âme *f* (qui se dévoue toujours)

**willingly** /ˈwɪlɪŋlɪ/ SYN ADV [1] (*= readily*) [*accept, work*] volontiers • **can you help us? – willingly!** peux-tu nous aider ? – volontiers !

[2] (*= voluntarily*) de mon (*or* ton, son *etc*) plein gré • **did he do it willingly or did you have to make him?** l'a-t-il fait de son plein gré ou bien vous a-t-il fallu le forcer ?

**willingness** /ˈwɪlɪŋnɪs/ SYN N bonne volonté *f* ; (*= enthusiasm*) empressement *m* (*to do sth* à faire qch) • **I don't doubt his willingness, just his competence** ce n'est pas sa bonne volonté que je mets en doute mais sa compétence • **I was grateful for his willingness to help** je lui étais reconnaissant de bien vouloir m'aider *or* de son empressement à m'aider • **in spite of the willingness with which she agreed** malgré la bonne volonté qu'elle a mise à accepter, malgré son empressement à accepter

**will-o'-the-wisp** /ˈwɪləðəˈwɪsp/ N (*lit, fig*) feu follet *m*

**willow** /ˈwɪləʊ/

N (*= tree*) saule *m* ; (*= wood*) (bois *m* de) saule *m NonC* ; (*for baskets etc*) osier *m* • **the willow*** (*fig = cricket/baseball bat*) la batte (de cricket/de baseball) ; → **pussy, weeping**

COMP [*bat etc*] de *or* en saule ; [*basket*] d'osier, en osier

**willow pattern** N *motif chinois dans les tons bleus* • **willow pattern china** porcelaine *f* à motif chinois

**willow tit** N mésange *f* boréale

**willow wand** N branche *f* de saule

**willow warbler** N pouillot *m* fitis

**willowherb** /ˈwɪləʊhɜːb/ N épilobe *m*

**willowy** /ˈwɪləʊɪ/ ADJ [*person*] svelte, élancé

**willpower** /ˈwɪlpaʊəʳ/ SYN N volonté *f*

**willy** * /ˈwɪlɪ/ **N** ⇒ **willie noun**

**willy-nilly** /ˈwɪlɪˈnɪlɪ/ **ADV** 1 *(= willingly or not)* bon gré mal gré

2 *(= at random)* au hasard

**wilt**[1] †† /wɪlt/ **VB** (2nd person sg of **will**) **modal aux vb**

**wilt**[2] /wɪlt/ SYN

**VI** *[flower]* se faner, se flétrir ; *[plant]* se dessécher, mourir ; *[person] (= grow exhausted)* s'affaiblir ; *(= lose courage)* fléchir, être pris de découragement ; *[effort, enthusiasm etc]* diminuer ◆ **the guests began to wilt in the heat of the room** la chaleur de la pièce commençait à incommoder les invités ◆ **business confidence has visibly wilted** la confiance des milieux d'affaires a visiblement diminué ◆ **United visibly wilted under Liverpool's onslaught in the semi-final** United a manifestement flanché en demi-finale face à l'assaut de Liverpool ◆ **demand for household goods has wilted with the collapse of the housing market** la demande en biens d'équipement ménager a fléchi avec l'effondrement du marché immobilier ◆ **I wilted into my chair** je me suis effondré dans mon fauteuil

**VT** *[+ flower]* faner, flétrir ; *[+ plant, leaves]* dessécher

**Wilts** /wɪlts/ abbrev of **Wiltshire**

**wily** /ˈwaɪlɪ/ SYN **ADJ** *(gen pej) [person]* rusé, malin (-igne *f*) ◆ **a wily trick** une astuce ◆ **he's a wily old devil** *or* **bird** *or* **fox, he's as wily as a fox** il est rusé comme un renard

**wimp** * /wɪmp/ **N** *(pej)* mauviette *f*, poule *f* mouillée

▸ **wimp out** * **VI** se dégonfler

**wimpish** * /ˈwɪmpɪʃ/ *(pej)* **ADJ** *[behaviour]* de mauviette ◆ **a wimpish young man** une jeune mauviette ◆ **his wimpish friend** sa mauviette d'ami ◆ **he's so wimpish!** c'est une telle mauviette ! ◆ **stop being so wimpish!** cesse de faire la mauviette !

**wimpishly** * /ˈwɪmpɪʃlɪ/ **ADV** *[say]* misérablement ; *[behave]* comme une mauviette

**wimple** /ˈwɪmpl/ **N** guimpe *f*

**wimpy** * /ˈwɪmpɪ/ **ADJ** ⇒ **wimpish**

**win** /wɪn/ SYN (vb: pret, ptp **won**)

**N** *(Sport etc)* victoire *f* ◆ **another win for Scotland** une nouvelle victoire pour l'Écosse ◆ **it was a convincing win for France** la victoire revenait indiscutablement à la France ◆ **to have a win** gagner ◆ **to back a horse for a win** jouer un cheval gagnant

**VI** 1 *(in war, sport, competition etc)* gagner, l'emporter ◆ **to win by a length** gagner *or* l'emporter d'une longueur ◆ **go in and win!** vas-y et ne reviens pas sans la victoire ! ◆ **he was playing to win** il jouait pour gagner ◆ **who's winning?** qui est-ce qui gagne ? ◆ **to win hands down** * gagner les doigts dans le nez *, gagner haut la main ; *(esp in race)* arriver dans un fauteuil ◆ **win, place and show** *(US Sport)* gagnant, placé et troisième ◆ **you win!** *(in reluctant agreement)* soit ! tu as gagné ! ◆ **I** (*or* **you** *etc*) **(just) can't win** j'ai *(or on a etc)* toujours tort

2 ◆ **to win free** *or* **loose** se dégager *(from sth* de qch)

**VT** 1 *(= gain victory in) [+ war, match, competition, bet, race]* gagner ◆ **to win the day** *(Mil)* remporter la victoire ; *(gen)* l'emporter

2 *(= compete for and get) [+ prize]* gagner, remporter ; *[+ victory]* remporter ; *[+ scholarship]* obtenir ; *[+ sum of money]* gagner ◆ **he won it for growing radishes** il l'a gagné *or* remporté *or* eu pour sa culture de radis ◆ **he won £5 (from her) at cards** il (lui) a gagné 5 livres aux cartes ◆ **his essay won him a trip to France** sa dissertation lui a valu un voyage en France

3 *(= obtain etc) [+ fame, fortune]* trouver ; *[+ sb's attention]* capter, captiver ; *[+ sb's friendship]* gagner ; *[+ sb's esteem]* gagner, conquérir ; *[+ sympathy, support, admirers, supporters]* s'attirer ; *[+ coal, ore etc]* extraire *(from* de) ◆ **to win friends** se faire des amis ◆ **to win a name** *or* **a reputation (for o.s.)** se faire un nom *or* une réputation *(as* en tant que) ◆ **this won him the friendship of...** ceci lui a gagné *or* valu l'amitié de... ◆ **this won him the attention of the crowd** ça lui a valu l'attention de la foule ◆ **this manoeuvre won him the time he needed** cette manœuvre lui a valu d'obtenir le délai dont il avait besoin ◆ **to win sb's love/respect** se faire aimer/respecter de qn ◆ **to win sb's heart** gagner le cœur de qn ◆ **to win sb to one's cause** gagner *or* rallier qn à sa cause ◆ **to win a lady** *or* **a lady's hand (in marriage)** † obtenir la main d'une demoiselle

4 *(= reach) [+ summit, shore, goal]* parvenir à, arriver à ◆ **he won his way to the top of his profession** il a durement gagné sa place au sommet de sa profession

**COMP** **win-win** → **win-win**

▸ **win back** **VT SEP** *[+ cup, trophy]* reprendre *(from* à) ; *[+ gaming loss etc]* recouvrer ; *[+ land]* reconquérir *(from* sur), reprendre *(from* à) ; *[+ sb's favour, support, esteem, one's girlfriend etc]* reconquérir ◆ **I won the money back from him** j'ai repris l'argent qu'il m'avait gagné

▸ **win out** **VI** 1 l'emporter, gagner

2 ⇒ **win through**

▸ **win over, win round** **VT SEP** *[+ person]* convaincre, persuader ; *[+ voter]* gagner à sa cause ◆ **I won him over to my point of view** je l'ai gagné à ma façon de voir ◆ **the figures won him over to our way of thinking** les statistiques l'ont fait se rallier à notre façon de voir ◆ **I won him over eventually** j'ai fini par le convaincre *or* le persuader ◆ **to win sb over to doing sth** convaincre *or* persuader qn de faire qch

▸ **win through** **VI** y arriver, finir par réussir ◆ **you'll win through all right!** tu y arriveras !, tu finiras par réussir ! ◆ **he won through to the second round** *(in competition etc)* il a gagné le premier tour

**wince** /wɪns/ SYN

**VI** *(= flinch)* tressaillir ; *(= grimace)* grimacer (de douleur) ◆ **he winced at the thought/at the sight** cette pensée/ce spectacle l'a fait tressaillir *or* grimacer ◆ **he winced as I touched his injured arm** il a tressailli sous l'effet de la douleur *or* il a grimacé de douleur lorsque j'ai touché son bras blessé ◆ **without wincing** *(fig)* sans broncher *or* sourciller

**N** *(= flinch)* tressaillement *m*, crispation *f* ; *(= grimace)* grimace *f* (de douleur *or* dégoût *etc*) ◆ **to give a wince** ⇒ **to wince vi**

**winceyette** /ˌwɪnsɪˈet/ **N** *(NonC: Brit)* flanelle *f* de coton

**winch** /wɪntʃ/

**N** treuil *m*

**VT** ◆ **to winch sth up/down** *etc* monter/descendre *etc* qch au treuil ◆ **they winched him out of the water** ils l'ont hissé hors de l'eau au treuil

**Winchester** /ˈwɪntʃɪstəʳ/ **N** ◆ **Winchester (rifle)** ® (carabine *f*) Winchester *f* ◆ **Winchester disk** *(Comput)* disque *m* Winchester

**wind**[1] /wɪnd/ SYN

**N** 1 vent *m* ◆ **high wind** grand vent *m* , vent *m* violent *or* fort ◆ **following wind** vent *m* arrière ◆ **the wind is rising/dropping** le vent se lève/tombe ◆ **the wind was in the east** le vent venait de l'est *or* était à l'est ◆ **where is the wind?, which way is the wind?** d'où vient le vent ? ◆ **to go/run like the wind** aller/filer comme le vent ◆ **between wind and water** *(Naut)* près de la ligne de flottaison ◆ **to run before the wind** *(Naut)* avoir *or* courir vent arrière ◆ **to take the wind out of sb's sails** couper l'herbe sous le pied de qn ◆ **to see how the wind blows** *or* **lies** *(lit)* voir d'où vient le vent ; *(fig)* prendre le vent, voir d'où vient le vent ◆ **the wind of change is blowing** le vent du changement souffle ◆ **there's something in the wind** il y a quelque chose dans l'air, il se prépare quelque chose ◆ **to get wind of sth** avoir vent de qch ◆ **he threw caution to the winds** il a fait fi de toute prudence † *(also frm)* ◆ **she was left twisting** *or* **swinging in the wind** *(US)* on l'a laissée dans le pétrin * ; → **ill, north, sail**

2 *(= breath)* souffle *m* ◆ **he has still plenty of wind** il a encore du souffle ◆ **he had lost his wind** il avait perdu le souffle *or* perdu haleine ◆ **to knock the wind out of sb** *[blow]* couper la respiration *or* le souffle à qn ; *[fighter]* mettre qn hors d'haleine ; *[fall, exertion]* essouffler qn, mettre qn hors d'haleine ◆ **to get one's wind back** *(lit)* reprendre (son) souffle, reprendre haleine ◆ **give me time to get my wind back!** *(fig)* laisse-moi le temps de souffler *or* de me retourner ! ◆ **to put the wind up sb** * *(Brit)* flanquer la frousse à qn * ◆ **to get/have the wind up** * *(Brit)* avoir la frousse * *(about* à propos de) ; → **second**[1], **sound**[2]

3 *(NonC: Med = flatulence)* gaz *mpl* ◆ **the baby has got wind** le bébé a des gaz ◆ **to break wind** lâcher un vent ◆ **to bring up wind** avoir un renvoi

4 *(Mus)* ◆ **the wind** les instruments *mpl* à vent

**VT** 1 ◆ **to wind sb** *[blow etc]* couper la respiration *or* le souffle à qn ; *[fighter]* mettre qn hors d'haleine ; *[fall, exertion]* essouffler qn, mettre qn hors d'haleine ◆ **he was winded by the blow, the blow winded him** le coup lui a coupé le souffle *or* la respiration ◆ **he was quite winded by the climb** l'ascension l'avait essoufflé *or* mis hors d'haleine ◆ **I'm only winded** j'ai la respiration coupée, c'est tout

2 *[+ horse]* laisser souffler

3 *(Hunting = scent)* avoir vent de

4 ◆ **to wind a baby** faire faire son rot * *or* son renvoi à un bébé

**COMP** *[erosion etc]* éolien

**wind-bells** **NPL** ⇒ **wind-chimes**

**wind-borne** **ADJ** *[seeds, pollen]* transporté *or* porté par le vent

**wind chest** **N** *(Mus)* sommier *m*

**wind-chill (factor)** **N** (facteur *m* de) refroidissement *m* dû au vent ◆ **a wind-chill factor of 10°** une baisse de 10° due au vent

**wind-chimes** **NPL** carillon *m* éolien

**wind deflector** **N** *[of car]* déflecteur *m*

**wind farm** **N** éoliennes *fpl*, parc *m* d'éoliennes

**wind gauge** **N** anémomètre *m*

**wind generator** **N** aérogénérateur *m*

**wind harp** **N** harpe *f* éolienne

**wind instrument** **N** *(Mus)* instrument *m* à vent

**wind machine** **N** *(Theat, Cine)* machine *f* à vent

**wind power** **N** énergie *f* éolienne

**wind rose** **N** rose *f* des vents

**wind tunnel** **N** *(Phys)* tunnel *m* aérodynamique ◆ **there was a wind tunnel between the two tower blocks** il y avait un fort courant d'air entre les deux tours

**wind**[2] /waɪnd/ (pret, ptp **winded** *or* **wound**) **VT** ◆ **to wind the horn** sonner du cor ; *(Hunting)* sonner de la trompe

**wind**[3] /waɪnd/ SYN (vb: pret, ptp **wound**)

**N** 1 *(= bend : in river etc)* tournant *m*, coude *m*

2 *(= action of winding)* ◆ **to give one's watch a wind** remonter sa montre ◆ **give the handle another wind or two** donne un ou deux tours de manivelle de plus

**VT** 1 *(= roll) [+ thread, rope etc]* enrouler *(on* sur ; *round* autour de) ; *(= wrap)* envelopper *(in* dans) ◆ **to wind wool (into a ball)** enrouler de la laine (pour en faire une pelote) ◆ **wind this round your head** enroule-toi ça autour de la tête ◆ **with the rope wound tightly round his waist** la corde bien enroulée autour de la taille, la corde lui ceignant étroitement la taille ◆ **she wound a shawl round the baby, she wound the baby in a shawl** elle a enveloppé le bébé dans un châle ◆ **to wind one's arms round sb** enlacer qn ◆ **the snake/rope wound itself round a branch** le serpent/la corde s'est enroulé(e) autour d'une branche ◆ **he slowly wound his way home** il s'en revint lentement chez lui, il prit lentement le chemin du retour ; see also **vi**

2 *[+ clock, watch, toy]* remonter ; *[+ handle]* donner un (*or* des) tour(s) de

**VI** ◆ **to wind along** *[river, path]* serpenter, faire des zigzags ◆ **the road winds through the valley** la route serpente à travers la vallée, la route traverse la vallée en serpentant ◆ **the procession wound through the town** la procession a serpenté à travers la ville ◆ **the line of cars wound slowly up the hill** la file de voitures a lentement gravi la colline en serpentant ◆ **to wind up/down** *[path etc]* monter/descendre en serpentant *or* en zigzags ; *[stairs, steps]* monter/descendre en tournant ◆ **to wind round sth** *[snake, ivy etc]* s'enrouler autour de qch

▸ **wind back** **VT SEP** *[+ tape, film]* rembobiner

▸ **wind down**

**VI** 1 **vi**

2 (* *= relax)* se détendre, se relaxer

3 *(fig)* ◆ **to be winding down** *[event]* tirer à sa fin ; *[energy, enthusiasm, interest]* diminuer, être en perte de vitesse

**VT SEP** 1 *(on rope/winch etc)* faire descendre (au bout d'une corde/avec un treuil *etc*)

2 *[+ car window]* baisser

3 *(fig) [+ department, service etc]* réduire progressivement (en vue d'un démantèlement éventuel)

▸ **wind forward** **VT SEP** ⇒ **wind on**

▸ **wind off** **VT SEP** dérouler, dévider

▸ **wind on** **VT SEP** enrouler

▸ **wind up**

**VI** 1 **vi**

2 *[meeting, discussion]* se terminer, finir *(with* par) ◆ **he wound up for the Government** *(in de-*

*bate)* c'est lui qui a résumé la position du gouvernement dans le discours de clôture ◆ **Mr Paul Herbert wound up for the prosecution/ defence** *(Jur)* M. Paul Herbert a conclu pour la partie civile/pour la défense

3 * *(= finish up)* se retrouver ◆ **they wound up stranded in Rotterdam** ils ont fini *or* ils se sont retrouvés bloqués à Rotterdam ◆ **he wound up as a doctor** il a fini médecin, il s'est retrouvé médecin ◆ **he wound up with a fractured skull** il s'est retrouvé avec une fracture du crâne

VT SEP 1 *(= end) [+ meeting, speech]* terminer, clore ; *(Comm) [+ business]* liquider ◆ **to wind up one's affairs** régler ses affaires ◆ **to wind up an account** clôturer un compte

2 *[+ object on rope/winch etc]* faire monter (au bout d'une corde/avec un treuil *etc*) ; *[+ car window]* monter, fermer ; *[+ watch etc]* remonter

3 *(Brit = tease)* faire marcher* ◆ **come on, you're winding me up!** arrête, tu me fais marcher ! ◆ **he'd been winding me up the whole match and I finally snapped** il m'asticotait depuis le début du match et j'ai fini par craquer

N ◆ **winding-up** → **winding**

N ◆ **wind-up** * *(Brit = joke)* blague *f*, bobard * *m*

**windbag** * /ˈwɪndbæg/ N *(fig pej)* moulin *m* à paroles

**windblown** /ˈwɪndbləʊn/ ADJ *[person, hair]* ébouriffé par le vent ; *[tree]* fouetté par le vent

**windbreak** /ˈwɪndbreɪk/ N *(= tree, fence etc)* brise-vent *m* ; *(for camping etc)* pare-vent *m inv*

**Windbreaker** ® /ˈwɪndbreɪkəʳ/ N *(mainly US)* ⇒ **windcheater**

**windburn** /ˈwɪndbɜːn/ N *(Med)* brûlure *f* épidermique (due au vent)

**windcheater** /ˈwɪndtʃiːtəʳ/ N *(Brit)* anorak *m* léger, coupe-vent *m inv*

**winder** /ˈwaɪndəʳ/ N 1 *[of watch etc]* remontoir *m*

2 *(for car windows)* lève-glace *m*, lève-vitre *m*

3 *(for thread etc)* dévidoir *m* ; *(= person)* dévideur *m*, -euse *f*

**windfall** /ˈwɪndfɔːl/ SYN

N *(lit)* fruit(s) *m(pl)* tombé(s) *(sous l'effet du vent)* ; *(fig)* aubaine *f*, manne *f* (tombée du ciel)

COMP **windfall profit** N bénéfices *mpl* exceptionnels

**windfall tax** N taxe *f* exceptionnelle sur les bénéfices *(des entreprises privatisées)*

**windflower** /ˈwɪndflaʊəʳ/ N anémone *f* des bois

**windily** * /ˈwɪndɪlɪ/ ADV *(US : pej)* verbeusement

**windiness** * /ˈwɪndɪnɪs/ N *(pej)* verbosité *f*

**winding** /ˈwaɪndɪŋ/ SYN

ADJ *[road, path]* sinueux, tortueux ; *[river]* sinueux, qui serpente ; *[stairs, staircase]* tournant

N 1 *(NonC) [of thread, rope]* enroulement *m* ; *[of clock, watch, toy]* remontage *m* ; *(onto bobbin)* bobinage *m*

2 ◆ **winding(s)** *[of road]* zigzags *mpl* ; *[of river]* méandres *mpl*

COMP **winding-sheet** † N linceul *m*

**winding-up** N *[of meeting, account]* clôture *f* ; *[of business, one's affairs]* liquidation *f* ◆ **winding-up arrangements** *(Jur, Fin)* concordat *m*

**windjammer** /ˈwɪnddʒæməʳ/ N 1 *(= ship)* grand voilier *m* (de la marine marchande)

2 *(Brit = windcheater)* anorak *m* léger, coupe-vent *m inv*

**windlass** /ˈwɪndləs/ N guindeau *m*, treuil *m*

**windless** /ˈwɪndlɪs/ ADJ *[day]* sans vent ; *[air]* immobile

**windmill** /ˈwɪndmɪl/ N moulin *m* à vent ; *(on wind farm)* éolienne *f* ◆ **to tilt at** *or* **fight windmills** se battre contre des moulins à vent ◆ **windmill service** *(Volleyball)* service *m* balancier

**window** /ˈwɪndəʊ/

N 1 *(gen, also Comput)* fenêtre *f* ; *(in car, train)* vitre *f*, glace *f* ; (also **window pane**) vitre *f*, carreau *m* ; *(stained-glass)* vitrail *m* ; *(larger)* verrière *f* ; *(in post office, ticket office etc)* guichet *m* ; *(in envelope)* fenêtre *f* ◆ **I saw her at the window** je l'ai vue à la fenêtre ◆ **don't lean out of the window** ne te penche pas par la fenêtre ; *(in train, car etc)* ne te penche pas en dehors ◆ **to look/throw** *etc* **out of the window** regarder/jeter *etc* par la fenêtre ; *(in car etc)* regarder/jeter *etc* dehors ◆ **the windows look out onto fields** les fenêtres donnent sur *or* ont vue sur des champs ◆ **to break a window** casser une vitre *or* un carreau ◆ **to clean the windows** nettoyer *or* laver les carreaux

◆ **out of the window** *(fig)* ◆ **to go** *or* **fly** *or* **disappear out of the window** s'évanouir, se volatiliser ◆ **well, there's another plan out the window!** * eh bien voilà encore un projet de fichu * *or* qui tombe à l'eau

◆ **a window on** *(fig)* ◆ **television is a window on the world of western consumption** la télévision nous donne un aperçu de l'univers de la consommation à l'occidentale ◆ **at the same time opening a window on the social and cultural trends** en nous donnant en même temps un aperçu des tendances sociales et culturelles

2 *[of shop]* vitrine *f*, devanture *f* ; *(more modest)* étalage *m* ; *[of café etc]* vitrine *f* ◆ **to put sth in the window** mettre qch en vitrine *or* à la devanture ◆ **I saw it in the window** j'ai vu ça à l'étalage *or* à la devanture *or* en vitrine ◆ **in the front of the window** sur le devant de la vitrine ◆ **the windows are lovely at Christmas time** les vitrines sont très belles au moment de Noël

3 *(= free time)* trou *m*, créneau *m* ◆ **I've got a window in my diary later on this week** j'ai un trou *or* créneau dans mon emploi du temps à la fin de la semaine

◆ **window (of opportunity)** ◆ **there is perhaps a window of opportunity to change...** nous avons peut-être maintenant la possibilité de changer... ◆ **there is now a window of opportunity for progress towards peace** nous avons maintenant l'occasion de faire progresser les négociations de paix

4 *(Space:* also **launch window)** fenêtre *f or* créneau *m* de lancement

COMP **window box** N jardinière *f*

**window cleaner** N *(= person)* laveur *m*, -euse *f* de vitres *or* de carreaux ; *(= substance)* produit *m* à nettoyer les vitres *or* les carreaux

**window-cleaning** N ◆ **to do the window-cleaning** faire les vitres *or* carreaux

**window display** N devanture *f*, vitrine *f* (de magasin)

**window dresser** N *(Comm)* étalagiste *mf*

**window dressing** N *(Comm)* composition *f* d'étalage ◆ **she is learning window dressing** elle fait des études d'étalagiste ◆ **it's just window dressing** *(fig pej)* ce n'est qu'une façade

**window envelope** N enveloppe *f* à fenêtre

**window frame** N châssis *m* (de fenêtre)

**window glass** N *(NonC)* verre *m (utilisé pour les vitres)*

**window ledge** N ⇒ **windowsill**

**window pane** N vitre *f*, carreau *m*

**window sash** N cadre *m or* châssis *m* de fenêtre

**window seat** N *(in room)* banquette *f* (située sous la fenêtre) ; *(in vehicle)* place *f* côté fenêtre

**window shade** N *(US)* store *m*

**window-shop** VI faire du lèche-vitrines

**window-shopper** N ◆ **she's a great window-shopper** elle adore faire du lèche-vitrines *

**window-shopping** N lèche-vitrines * *m* ◆ **to go window-shopping** faire du lèche-vitrines *

**window winder** N *[of car]* lève-glace *m*, lève-vitre *m*

**windowsill** /ˈwɪndəʊsɪl/ N *(inside)* appui *m* de fenêtre ; *(outside)* rebord *m* de fenêtre

**windpipe** /ˈwɪndpaɪp/ N *(Anat)* trachée *f*

**windproof** /ˈwɪndpruːf/

ADJ protégeant du vent, qui ne laisse pas passer le vent

VT protéger du *or* contre le vent

**windscreen** /ˈwɪndskriːn/ *(esp Brit)*

N pare-brise *m inv*

COMP **windscreen washer** N lave-glace *m*

**windscreen wiper** N essuie-glace *m*

**windshield** /ˈwɪndʃiːld/ N *(US)* ⇒ **windscreen**

**windsleeve** /ˈwɪndsliːv/, **windsock** /ˈwɪndsɒk/ N manche *f* à air

**Windsor chair** /ˈwɪnzəʳ/ N *fauteuil en bois*

**windstorm** /ˈwɪndstɔːm/ N vent *m* de tempête

**windsurf** /ˈwɪndsɜːf/ VI (also **go windsurfing**) faire de la planche à voile

**windsurfer** /ˈwɪndsɜːfəʳ/ N 1 *(= person)* (véli)planchiste *mf*

2 *(= board)* planche *f* à voile

**windsurfing** /ˈwɪndsɜːfɪŋ/ N planche *f* à voile *(sport)*

**windswept** /ˈwɪndswept/ ADJ venteux, battu par les vents, balayé par le(s) vent(s)

**windward** /ˈwɪndwəd/

ADJ qui est au vent *or* contre le vent, qui est du côté du vent

ADV au vent

N côté *m* du vent ◆ **to look to windward** regarder dans la direction du vent ◆ **to get to windward of sth** se mettre contre le vent par rapport à qch

COMP **the Windward Islands, the Windward Isles** NPL les îles *fpl* du Vent

**the Windward Passage** N le canal *m* du *or* au Vent

**windy** /ˈwɪndɪ/ SYN

ADJ 1 *(= blustery) [day]* de vent ◆ **it's** *or* **the weather's windy today** il y a du vent aujourd'hui ◆ **wet and windy weather** la pluie et le vent

2 *(= windswept) [place]* balayé par les vents, venteux

3 *(* = pompous) [person]* ronflant ; *[phrases, speech]* ronflant, pompeux ◆ **a windy old bore** un vieux raseur sentencieux

4 *(Brit* † * *= scared)* ◆ **to be windy (about sth)** avoir la frousse * (à propos de qch) ◆ **to get windy (about sth)** paniquer (à propos de qch)

COMP **the Windy City** N *(US)* Chicago → CITY NICKNAMES

**wine** /waɪn/

N vin *m* ◆ **elderberry wine** vin *m* de sureau

VT ◆ **to wine and dine sb** emmener qn faire un dîner bien arrosé

VI ◆ **to wine and dine** faire un dîner bien arrosé

COMP *[bottle, cellar]* à vin ; *[colour]* lie de vin *inv or* lie-de-vin *inv*

**wine bar** N bar *m* à vin(s)

**wine-bottling** N mise *f* en bouteilles (du vin)

**wine box** N cubitainer ® *m*

**wine cask** N fût *m*, tonneau *m* (à vin)

**wine cellar** N cave *f* à vins

**wine-coloured** ADJ lie de vin *inv*, lie-de-vin *inv*

**wine cooler** N *(= device)* rafraîchisseur *m* (à vin), seau *m* à rafraîchir ; *(= drink) boisson à base de vin, de jus de fruit et d'eau gazeuse*

**wined up** * ADJ *(US)* bourré *, noir *

**wine grower** N viticulteur *m*, -trice *f*, vigneron(ne) *m(f)*

**wine growing** N viticulture *f*, culture *f* de la vigne ADJ *[district, industry]* vinicole, viticole

**wine gum** N *(Brit)* bonbon *m (aux fruits)*

**wine list** N carte *f* des vins

**wine merchant** N *(Brit)* marchand(e) *m(f)* de vin ; *(on larger scale)* négociant(e) *m(f)* en vins

**wine press** N pressoir *m* (à vin)

**wine-producing** ADJ vinicole

**wine rack** N casier *m* à bouteilles (de vin)

**wine red** ADJ bordeaux

**wine taster** N *(= person)* dégustateur *m*, -trice *f* (de vins) ; *(= cup)* tâte-vin *m inv*, taste-vin *m inv*

**wine tasting** N dégustation *f* (de vins)

**wine vinegar** N vinaigre *m* de vin

**wine waiter** N sommelier *m*, -ière *f*

**winebibber** /ˈwaɪnbɪbəʳ/ N grand(e) buveur *m*, -euse *f* (de vin), bon(ne) buveur *m*, -euse *f*

**wineglass** /ˈwaɪnglɑːs/ N verre *m* à vin

**winemaker** /ˈwaɪnmeɪkəʳ/ N viticulteur *m*, -trice *f*

**winemaking** /ˈwaɪnmeɪkɪŋ/ N *(Agr)* viticulture *f* ; *(at home) distillation de vin*

**winery** /ˈwaɪnərɪ/ N *(US)* établissement *m* vinicole

**wineshop** /ˈwaɪnʃɒp/ N boutique *f* du marchand de vin

**wineskin** /ˈwaɪnskɪn/ N outre *f* à vin

**wing** /wɪŋ/ SYN

N 1 *(gen)* aile *f* ◆ **to be on the wing** être en vol, voler ◆ **to shoot a bird on the wing** tirer un oiseau au vol ◆ **to take wing** *[bird]* prendre son vol, s'envoler ◆ **his heart took wing** *(fig, liter)* son cœur s'emplit de joie ◆ **to take sb under one's wing** prendre qn sous son aile ◆ **to be under sb's wing** être sous l'aile (protectrice) de qn ◆ **on the wings of fantasy** sur les ailes de l'imagination ◆ **fear lent** *or* **gave him wings** la peur lui donnait des ailes ◆ **on a wing and a prayer** à la grâce de Dieu ; → **clip**[2], **spread**

2 *(Pol)* aile *f* ◆ **on the left/right wing of the party** sur l'aile gauche/droite du parti

3 *(Sport = person)* ailier *m*, aile *f* ◆ **wing (three-quarter)** trois-quarts aile *f* ◆ **left/right wing** ailier *m* gauche/droit ◆ **he plays (on the) left wing** il est ailier gauche

4 *(Brit) [of car]* aile *f* ; *[of armchair]* oreille *f*, oreillard *m*

5 *(= insignia of pilot)* ◆ **wings** insigne *m* (de pilote) ◆ **to earn** *or* **win** *or* **get one's wings** devenir pilote *(dans l'armée de l'air)*

6 *[of building, mansion]* aile *f*

7 *[of organization etc]* aile *f* ◆ **the political wing of the IRA** l'aile *f* politique de l'IRA

**wingback** | **wire**                                                                 ENGLISH-FRENCH    1116

**NPL** **the wings** (Theat) les coulisses fpl, la coulisse ◆ **to stand** or **stay in the wings** (Theat) se tenir dans les coulisses ; (fig) rester dans la (or les) coulisse(s) ◆ **to wait in the wings for sb to do sth** (fig) attendre dans la or les coulisse(s) que qn fasse qch

**VT** 1 (= wound) [+ bird] blesser or toucher (à l'aile) ; [+ person] blesser au bras (or à la jambe etc)

2 (liter) ◆ **to wing an arrow at sth** darder une flèche en direction de qch ◆ **to wing one's way** ⇒ **to wing vi**

3 [actor, speaker etc] ◆ **to wing it** * improviser

**VI** (= wing one's way) voler ◆ **they winged over the sea** ils ont survolé la mer

**COMP** **wing beat** N battement m d'aile
**wing case** N [of insect] élytre m
**wing chair** N bergère f à oreilles
**wing collar** N col m cassé
**wing commander** N lieutenant-colonel m (de l'armée de l'air)
**wing covert** N (= feather) tectrice f alaire
**wing flap** N aileron m
**wing-footed** ADJ (liter) aux pieds ailés
**wing-forward** N (Rugby) ailier m
**wing loading** N [of aircraft] charge f alaire
**wing mirror** N (Brit) rétroviseur m latéral
**wing nut** N papillon m, écrou m à ailettes
**wing three-quarter** N (Rugby) trois-quarts aile m
**wing tip** N extrémité f de l'aile

**wingback** /'wɪŋˌbæk/ N (Sport) ailier m offensif
**wingding*** /'wɪŋˌdɪŋ/ N (US = party) fête f, boum* f
**winge*** /wɪndʒ/ VI ⇒ **whinge**
**winged** /wɪŋd/ ADJ [creature, goddess, statue] ailé ◆ **Mercury, the winged messenger of the gods** Mercure, le messager des dieux aux pieds ailés ◆ **the Winged Victory of Samothrace** la Victoire de Samothrace

**-winged** /wɪŋd/ ADJ (in compounds) ◆ **white-winged** aux ailes blanches

**winger** /'wɪŋəʳ/ N (Sport) ailier m ◆ **left-/right-winger** (Pol) sympathisant(e) m(f) de gauche/droite, homme m (or femme f) de gauche/droite

**wingless** /'wɪŋlɪs/ ADJ sans ailes ; [insect] aptère
**wingspan** /'wɪŋspæn/, **wingspread** /'wɪŋs pred/ N envergure f

**wink** /wɪŋk/ SYN
**N** clin m d'œil ; (= blink) clignement m ◆ **to give sb a wink** faire un clin d'œil à qn ◆ **with a wink** en clignant de l'œil ◆ **in a wink, (as) quick as a wink, in the wink of an eye** en un clin d'œil ◆ **I didn't get a wink of sleep** je n'ai pas fermé l'œil (de la nuit) ; → **forty, sleep, tip²**

**VI** [person] faire un clin d'œil (to, at à) ; (= blink) cligner des yeux ; [star, light] clignoter ◆ **to wink at sth** (fig) fermer les yeux sur qch ◆ **they were willing to wink at corruption within the prison service** ils étaient prêts à fermer les yeux sur la corruption dans le service pénitentiaire

**VT** ◆ **to wink one's eye** faire un clin d'œil (at sb à qn) ◆ **to wink a tear back** or **away** cligner de l'œil pour chasser une larme

**winker** /'wɪŋkəʳ/ N (Brit) [of car] clignotant m
**winking** /'wɪŋkɪŋ/
**ADJ** [light, signal] clignotant
**N** clins mpl d'œil ; (= blinking) clignements mpl d'yeux ◆ **it was as easy as winking*** c'était simple comme bonjour

**winkle** /'wɪŋkl/
**N** (Brit) bigorneau m
**VT** ◆ **to winkle sth out of sth/sb** extirper qch de qch/qn
**COMP** **winkle pickers*** NPL (Brit = shoes) chaussures fpl pointues

**winnable** /'wɪnəbl/ ADJ gagnable
**winner** /'wɪnəʳ/ SYN N 1 (= victor : in fight, argument) vainqueur m ; (Sport) gagnant(e) m(f), vainqueur m ; (in competitions etc) lauréat(e) m(f), gagnant(e) m(f) ; (horse/car etc) cheval m/voiture f etc gagnant(e) m(f) ; (Sport) (= winning goal) but m de la victoire ; (= winning shot) coup m gagnant ◆ **to be the winner** gagner ◆ **I think he's on to a winner** (= will win) je crois qu'il va gagner ; (= has chosen winner) je crois qu'il a tiré le bon numéro

◆ **to be a winner** (= to be successful) être génial* ◆ **his latest CD/show is a winner*** (= to be potentially successful) son dernier CD/spectacle va faire un malheur* ◆ **that ball was a winner** (Tennis) cette balle était imparable * ◆ **he's a**

**winner!*** (fig) il est génial ! * ◆ **you know your idea is a winner...** vous savez que votre idée va marcher... ; see also **pick**

2 (gen pl = beneficiary) gagnant(e) m(f) (fig) ◆ **the winners will be the shareholders** ce sont les actionnaires qui seront les gagnants

**Winnie-the-Pooh** /ˈwɪnɪðəˈpuː/ N (Literat) Winnie l'ourson

**winning** /'wɪnɪŋ/ SYN
**ADJ** 1 [person, dog, car, blow, stroke, shot etc] gagnant ◆ **the winning goal came in the last five minutes** le but de la victoire a été marqué dans les cinq dernières minutes

2 (= captivating) [person] charmant, adorable ; [smile, manner] charmeur, engageant ◆ **the child has winning ways, the child has a winning way with him** cet enfant a une grâce irrésistible

**NPL** **winnings** (Betting etc) gains mpl
**COMP** **winning post** N poteau m d'arrivée

**winningly** /'wɪnɪŋlɪ/ ADV d'une manière charmeuse, d'un air engageant

**Winnipeg** /'wɪnɪpeg/ N Winnipeg
**winnow** /'wɪnəʊ/ SYN VT [+ grain] vanner ◆ **to winnow truth from falsehood** (liter) démêler le vrai du faux

**winnower** /'wɪnəʊəʳ/ N (= person) vanneur m, -euse f ; (= machine) tarare m

**wino*** /'waɪnəʊ/ N poivrot * m, ivrogne mf
**winsome** /'wɪnsəm/ ADJ [person] avenant ; [smile] gracieux, charmant ; [charm] délicieux

**winsomely** /'wɪnsəmlɪ/ ADV d'une manière séduisante, d'un air engageant

**winsomeness** /'wɪnsəmnɪs/ N (NonC) charme m, séduction f

**winter** /'wɪntəʳ/
**N** hiver m ◆ **in winter** en hiver ◆ **in the winter of 1996** pendant l'hiver de 1996 ◆ **"A Winter's Tale"** « Conte d'hiver »
**VI** hiverner, passer l'hiver
**VT** [+ animals] hiverner
**COMP** [weather, day, residence] d'hiver, hivernal ; [activities, temperatures] hivernal
**winter aconite** N aconit m jaune
**winter cherry** N alkékenge m
**winter clothes** NPL vêtements mpl d'hiver
**winter cress** N barbarée f
**winter depression** N spleen m hivernal
**winter garden** N jardin m d'hiver
**winter heliotrope** N héliotrope m d'hiver
**winter holidays** NPL vacances fpl d'hiver
**winter jasmine** N jasmin m d'hiver or d'Italie
**Winter of Discontent** N (Brit Pol) hiver 1978-79 marqué par de nombreux mouvements revendicatifs
**Winter Olympics** NPL Jeux mpl olympiques d'hiver
**winter resident** N (= person) hivernant(e) m(f)
**the winter season** N la saison d'hiver
**winter sleep** N sommeil m hibernal, hibernation f
**winter solstice** N solstice m d'hiver
**winter sports** NPL sports mpl d'hiver
**winter wheat** N blé m d'hiver

**wintergreen** /'wɪntəˌgriːn/ N (= plant) gaulthérie f ◆ **oil of wintergreen** essence f de wintergreen

**winterize** /'wɪntəraɪz/ VT (US) préparer pour l'hiver

**winterkill** /'wɪntəˌkɪl/ (US)
**VT** [+ plant] tuer par le gel
**VI** être tué par le gel

**wintertime** /'wɪntəˌtaɪm/
**N** hiver m ◆ **in (the) wintertime** en hiver
**COMP** [staff, visitors, food etc] en hiver

**wintry** /'wɪntrɪ/ SYN ADJ 1 [weather, day, sky, sun] d'hiver ◆ **in wintry conditions** par temps d'hiver ◆ **wintry conditions on the roads** difficultés fpl de circulation dues à l'hiver

2 (= unfriendly) [person, smile] glacial (with sb avec qn)

**win-win** /ˈwɪnˈwɪn/ *
**ADJ** ◆ **a win-win situation** une situation où tout le monde gagne ◆ **these are potentially win-win proposals** ce sont des propositions où tout le monde peut y gagner
**N** ◆ **this is a win-win for business and consumer** les entreprises aussi bien que les consommateurs y gagnent

**wipe** /waɪp/ SYN
**N** 1 (= act of wiping) coup m de torchon (or d'éponge etc) ◆ **to give sth a wipe** donner un coup de torchon (or d'éponge etc) à qch

2 (= treated cloth) lingette f ; (for face, hands) serviette f rafraîchissante

**VT** 1 [+ table, dishes, floor] essuyer (with avec) ◆ **to wipe one's hands/face/eyes** s'essuyer les mains/le visage/les yeux (on sur ; with avec) ◆ **to wipe one's feet** (with towel, on mat) s'essuyer les pieds ◆ **to wipe one's nose** se moucher ◆ **to wipe one's bottom** s'essuyer ◆ **he wiped the glass dry** il a essuyé le verre ◆ **to wipe the blackboard** effacer or essuyer or nettoyer le tableau ◆ **to wipe the slate clean** (fig) passer l'éponge, tout effacer (fig) ◆ **to wipe the floor with sb** * réduire qn en miettes *

2 [+ tape, disk, video] effacer ◆ **to wipe sth from a tape** etc effacer qch sur une bande etc

**COMP** **wipe-out** N (= destruction) destruction f, annihilation f ; (Windsurfing etc) chute f, gamelle* f

▶ **wipe at** VT FUS essuyer ◆ **to wipe at one's eyes** s'essuyer les yeux

▶ **wipe away** VT SEP [+ tears] essuyer ; [+ marks] effacer

▶ **wipe down** VT SEP [+ surface, wall etc] essuyer

▶ **wipe off** VT SEP effacer ◆ **that will wipe the smile** or **grin off her face!*** après ça on va voir si elle a toujours le sourire !

▶ **wipe out**
**VT SEP** 1 [+ container] bien essuyer ; [+ writing, error etc] effacer ; (fig) [+ insult] effacer, laver ; [+ debt] amortir ; [+ the past, memory] oublier, effacer ◆ **to wipe out an old score** régler une vieille dette (fig)

2 (= annihilate) [+ town, people, army] anéantir

3 [+ opposing team] écraser ◆ **to wipe sb out*** [person] régler son compte à qn ; [event, news] anéantir qn

**N** ◆ **wipe-out** → **wipe**

▶ **wipe up**
**VI** essuyer la vaisselle
**VT SEP** essuyer

**wiper** /'waɪpəʳ/
**N** (= cloth) torchon m ; (for windscreen) essuie-glace m inv
**COMP** **wiper blade** N balai m d'essuie-glace

**wire** /waɪəʳ/
**N** 1 (NonC = substance) fil m (métallique or de fer) ; (Elec) fil m (électrique) ; (= piece of wire) fil m ; (= snare) collet m, lacet m ; (also **wire fence**) grillage m, treillis m métallique ◆ **they got their wires crossed*** il y a eu malentendu, ils se sont mal compris ◆ **to get in** or **slip in under the wire *** arriver de justesse

◆ **down to the wire** (fig) ◆ **to go down to the wire*** [competition] rester incertain jusqu'au bout ◆ **negotiations are going down to the wire** l'issue des négociations est toujours incertaine ◆ **to work** etc **down to the wire*** travailler etc jusqu'au dernier moment ; → **barbed, live²**

2 (US = telegram) télégramme m

3 (Police = hidden microphone) micro m caché

**NPL** **wires*** (US = spectacles) lunettes fpl à monture d'acier

**VT** 1 (also **wire up**) [+ opening, fence] grillager ; [+ teeth, jaw] ligaturer ; [+ flowers, beads] monter sur fil de fer ; (Elec) [+ house] faire l'installation électrique de ; [+ circuit] installer ; [+ plug] monter ◆ **to wire sth to sth** relier or rattacher qch à qch (avec du fil de fer) ; (Elec) brancher qch sur qch, relier qch à qch ◆ **to wire a room (up) for sound** sonoriser une pièce ◆ **he was wired for sound** *** (= wearing hidden microphone) il portait un micro ◆ **it's all wired (up) for television** l'antenne (réceptrice ou émettrice) de télévision est déjà installée ◆ **wired-up*** (US fig = tense) surexcité, tendu

◆ **to wire up sb** or **sth** (= connect to the Internet) connecter qn or qch à l'Internet

◆ **to be wired into** (= to be basic to) faire partie intégrante de ◆ **these qualities are wired into its genetic code** ces qualités font partie intégrante de son code génétique ◆ **some of these paradoxical tactics may have been wired into our nervous system by the forces of evolution** certaines de ces tactiques paradoxales ont peut-être été imprimées dans notre système nerveux par la force de l'évolution

2 (US = telegraph) télégraphier (to à)

**VI** (US) télégraphier

**COMP** [object, device] de or en fil de fer
**wire brush** N brosse f métallique
**wire cloth** N toile f or treillis m métallique
**wire-cutters** NPL cisailles fpl, pinces fpl coupantes

**wire-drawer, wire-drawing machine** N étireuse *f*
**wire gauge** N calibre *m* (pour fils métalliques)
**wire gauze** N toile *f* métallique
**wire glass** N (US) verre *m* armé
**wire-guided** ADJ *(Mil)* guidé par fil
**wire-haired terrier** N terrier *m* à poils durs
**wire mesh** N *(NonC)* treillis *m* métallique, grillage *m*
**wire netting** N ⇒ **wire mesh**
**wire-puller*** N *(US)* ♦ **he's a wire-puller** il n'hésite pas à se faire pistonner* *or* à faire jouer le piston*
**wire-pulling*** N *(US)* le piston* ♦ **to do some wire-pulling for sb** pistonner* qn
**wire rope** N câble *m* métallique
**wire service** N *(US Press)* agence *f* de presse *(utilisant des téléscripteurs)*
**wire wool** N *(Brit)* paille *f* de fer

▸ **wire together** VT SEP *[+ objects]* attacher (avec du fil de fer)

▸ **wire up** VT SEP ⇒ **wire vt 1**

**wired** /waɪəd/ ADJ [1] ♦ **to be wired** *(Comput)* être connecté ; *(for cable TV)* être raccordé ; *(= bugged)* être équipé de micros cachés
[2] * *(esp US = tense)* tendu

**wireless** /ˈwaɪəlɪs/ *(esp Brit)*
N *(o.f)* *(= radio)* radio *f* ♦ **to send a message by wireless** envoyer un sans-fil ♦ **they were communicating by wireless** ils communiquaient par sans-fil ♦ **on the wireless** à la TSF † ♦ **to listen to the wireless** écouter la TSF †
COMP *[station, programme]* radiophonique ; *[data, technology, network]* sans fil
**wireless message** N radiogramme *m*, radio *m*, sans-fil *m*
**wireless operator** N radiotélégraphiste *mf*, radio *m*
**wireless room** N cabine *f* radio *inv*
**wireless set** N (poste *m* de) radio *f*
**wireless telegraph, wireless telegraphy** N télégraphie *f* sans fil, TSF † *f*, radiotélégraphie *f*
**wireless telephone** N téléphone *m* sans fil
**wireless telephony** N téléphonie *f* sans fil, radiotéléphonie *f*

**wireman** /ˈwaɪəmən/ N (pl **-men**) *(US)* câbleur *m*

**wiretap** /ˈwaɪətæp/
VI mettre un *(or* des) téléphone(s) sur écoute
VT mettre sur écoute
N écoute *f* téléphonique

**wiretapping** /ˈwaɪətæpɪŋ/ N écoutes *fpl* téléphoniques

**wireworks** /ˈwaɪəwɜːks/ N *(NonC)* tréfilerie *f*

**wiring** /ˈwaɪərɪŋ/ N *(NonC)* [1] *(Elec: in building)* installation *f* électrique ; *[of appliance]* circuit *m* électrique ♦ **to have the wiring redone** faire refaire l'installation électrique *(in de)*
[2] ♦ **the wiring of the brain** le système cérébral

**wiry** /ˈwaɪərɪ/ SYN ADJ [1] *(= thin) [person]* au physique maigre et nerveux ; *[body]* maigre et nerveux
[2] *(= coarse) [hair, grass]* rêche

**Wis** abbrev of **Wisconsin**

**Wisconsin** /wɪsˈkɒnsɪn/ N Wisconsin *m* ♦ **in Wisconsin** dans le Wisconsin

**wisdom** /ˈwɪzdəm/ SYN
N [1] *(NonC) [of person]* sagesse *f* ; *[of action, remark]* prudence *f* ; *[of decision]* bien-fondé *m*
[2] *(= idea)* opinion *f*, idée *f* ♦ **one of the received wisdoms about Britain is that...** l'une des opinions les plus répandues sur la Grande-Bretagne est que...
COMP **wisdom tooth** N dent *f* de sagesse

**wise**[1] /waɪz/ LANGUAGE IN USE 2.2 SYN
ADJ [1] *(= prudent) [person, words, decision]* sage ; *[action, choice, investment]* judicieux ♦ **a wise man** un sage ♦ **a wise move** une sage décision ♦ **to grow wiser with age** s'assagir avec l'âge *or* en vieillissant ♦ **to be wise after the event** avoir raison après coup ♦ **how wise of you!** vous avez eu bien raison ! ♦ **it wasn't very wise (of you) to tell him that** ce n'était pas très judicieux (de ta part) de lui dire ça ♦ **it would be wise to accept** il serait judicieux d'accepter ♦ **you'd be wise to accept** il serait judicieux que vous acceptiez *subj* ♦ **he was wise enough to refuse** il a eu la sagesse de refuser ♦ **the wisest thing to do is to ignore him** le plus judicieux *or* sage est de l'ignorer ; → **word**
[2] (* *= aware, informed)* ♦ **to get wise** piger* ♦ **to be** *or* **get wise to sb** voir clair dans le jeu de qn ♦ **to be** *or* **get wise to sth** piger* qch ♦ **I was fooled once, but then I got wise** j'ai été échaudé une fois, mais j'ai retenu la leçon ♦ **get wise!** réveille-toi ! ♦ **I'm wise to that one now** j'ai compris le truc* ♦ **to put sb wise (to sth)** ouvrir les yeux de qn (sur qch), mettre qn au courant (de qch) ♦ **I'm none the wiser, I'm no wiser** *(= don't understand)* ça ne m'avance pas beaucoup, je ne suis pas plus avancé ♦ **nobody will be any the wiser** *(= won't find out)* personne n'en saura rien
COMP **wise guy*** N petit malin* *m*
**the Wise Men** NPL *(Bible:* also **the Three Wise Men)** les Rois *mpl* mages

▸ **wise up***
VI ♦ **to wise up (to sth)** réaliser* (qch) ♦ **people finally seem to be wising up (to what is going on)** les gens semblent enfin réaliser* (ce qui se passe) ♦ **wise up!** réveille-toi !
VT SEP ♦ **to wise sb up** ouvrir les yeux de qn *(to, about* de) ♦ **to get wised up about sth** être mis au parfum* de qch

**wise**[2] /waɪz/ N *(frm)* ♦ **in no wise** aucunement, en aucune façon *or* manière ♦ **in this wise** ainsi, de cette façon *or* manière

**...wise** /waɪz/ ADV *(in compounds)* [1] (* *: specifying point of view)* question*, côté* ♦ **healthwise he's fine but moneywise things aren't too good** question* *or* côté* santé ça va, mais question* *or* côté* argent ça pourrait aller mieux
[2] *(specifying direction, position)* à la manière de, dans le sens de *etc* ; → **clockwise, lengthways**

**wiseacre** /ˈwaɪzeɪkəʳ/ N *(pej)* puits *m* de science *(iro)*

**wisecrack** /ˈwaɪzkræk/
N vanne* *f*
VI balancer *or* sortir une *(or* des) vanne(s)* ♦ **"need any help?" he wisecracked** « vous avez besoin de mes services ? » ironisa-t-il ♦ **to make a wisecrack** sortir une vanne*

**wisely** /ˈwaɪzlɪ/ ADV [1] *(= prudently) [use, spend]* avec sagesse ; *[behave]* judicieusement ♦ **you have chosen wisely** votre choix a été sage *or* judicieux ♦ **wisely, he turned down their first offer** il a eu la sagesse de refuser leur première proposition
[2] *(= sagely) [nod, say etc]* d'un air entendu

**wish** /wɪʃ/ LANGUAGE IN USE 4, 7.5, 8.2, 19.2, 23, 24.3 SYN
VT [1] *(frm = desire)* souhaiter, désirer + *subj* ♦ **if you wish to go away for the weekend, we will be delighted to make reservations** si vous souhaitez *or* désirez partir pour le week-end, nous nous ferons un plaisir de réserver pour vous ♦ **I wish to be told when he comes** je souhaite *or* désire être informé de sa venue ♦ **I wish to be alone** je souhaite *or* désire *or* voudrais être seul ♦ **he did not wish it** il ne le souhaitait *or* désirait pas ♦ **what do you wish him to do?** que souhaitez-vous *or* désirez-vous qu'il fasse ?
♦ **to wish (that)** ♦ **I wish that you...** *(+ cond)* je voudrais que vous... ♦ **I wish you'd been there** j'aurais voulu *or* aimé que tu sois là ♦ **I wish you hadn't said that** tu n'aurais pas dû dire ça ♦ **I wish you didn't always leave things till the last moment** si seulement tu ne faisais pas toujours tout à la dernière minute ! ♦ **I wish I'd gone with you** j'aurais bien voulu vous accompagner, je regrette de ne pas vous avoir accompagné ♦ **I wish you had left with him** j'aurais préféré que tu partes avec lui, je regrette que tu ne sois pas parti avec lui ♦ **I wish I hadn't said that** je regrette d'avoir dit cela ♦ **I wish you'd stop complaining!** arrête un peu de te plaindre ! ♦ **I only wish I'd known about that before!** si seulement j'avais su ça avant !, comme je regrette de n'avoir pas su ça avant ! ♦ **I wish I could!** si seulement je pouvais ! ♦ **I wish to heaven* he hadn't done it!** mais pourquoi est-ce qu'il a fait ça ! ♦ **I wish it weren't so** je préférerais qu'il en soit autrement
[2] *(= desire for sb else)* souhaiter ♦ **I wish you every success** je vous souhaite beaucoup de succès ♦ **he doesn't wish her any ill** *or* **harm** il ne lui veut aucun mal ♦ **I wish you well** *or* **I wish you (good) luck in what you're trying to do** je vous souhaite de réussir dans ce que vous voulez faire ♦ **he wished us (good) luck as we left** il nous a souhaité bonne chance au moment de partir ♦ **wish me luck!** souhaite-moi bonne chance ! ♦ **to wish sb good morning** dire bonjour à qn, souhaiter *or* donner le bonjour à qn † *(also hum)* ♦ **to wish sb good-bye** dire au revoir à qn ♦ **to wish sb a happy birthday** souhaiter bon anniversaire à qn ♦ **I wish you every happiness!** je vous souhaite d'être très heureux ! ♦ **he wished us every happiness** il nous a exprimé tous ses souhaits de bonheur
[3] (* *fig*) ♦ **the bike was wished on to me** je n'ai pas pu faire autrement que d'accepter le vélo ♦ **the job was wished on (to) me** c'est un boulot qu'on m'a collé* ♦ **I wouldn't wish that on anybody** *or* **my worst enemy** c'est quelque chose que je ne souhaiterais pas à mon pire ennemi ♦ **I wouldn't wish him on anybody** je ne souhaiterais sa présence à personne ♦ **I got her kids wished on (to) me for the holiday** elle m'a laissé ses gosses sur les bras pendant les vacances*
VI faire un vœu ♦ **you must wish as you blow out the candles** il faut faire un vœu en soufflant les bougies ♦ **to wish for sth** souhaiter qch ♦ **a philosopher said, "Be careful what you wish for, you might get it"** comme le dit le philosophe, « Attention à ne pas souhaiter n'importe quoi, vous pourriez l'obtenir » ♦ **I wished for that to happen** j'ai souhaité que cela se produise
♦ **could + wish for** ♦ **she's got everything she could wish for** elle a tout ce qu'elle peut désirer ♦ **what more could you wish for?** que pourrais-tu souhaiter de plus ? ♦ **it's not everything you could wish for** ce n'est pas l'idéal ♦ **I couldn't wish for anything better** je ne pouvais pas souhaiter mieux
N [1] *(= desire, will)* désir *m* ♦ **what is your wish?** que désirez-vous ? ♦ **your wish is my command** *(liter or hum)* vos désirs sont pour moi des ordres ♦ **it has always been my wish to do that** j'ai toujours désiré faire *or* eu envie de faire cela ♦ **he had no great wish to go** il n'avait pas grande envie d'y aller ♦ **to go against sb's wishes** contrecarrer les désirs de qn ♦ **he did it against my wishes** il l'a fait contre mon gré
[2] *(= specific desire)* vœu *m*, souhait *m* ♦ **to make a wish** faire un vœu ♦ **the fairy granted him three wishes** la fée lui accorda trois souhaits ♦ **his wish came true, his wish was granted, he got his wish** son vœu *or* souhait s'est réalisé ♦ **you shall have your wish** ton souhait sera réalisé *or* te sera accordé, ton vœu sera exaucé
[3] *(= greeting)* ♦ **give him my good** *or* **best wishes** *(in conversation)* faites-lui mes amitiés ; *(in letter)* transmettez-lui mes meilleures pensées ♦ **he sends his best wishes** *(in conversation)* il vous fait ses amitiés ; *(in letter)* il vous envoie ses meilleures pensées ♦ **best wishes** *or* **all good wishes for a happy birthday** tous mes *(or* nos) meilleurs vœux pour votre anniversaire ♦ **(with) best wishes for a speedy recovery/your future happiness** tous mes *(or* nos) vœux de prompt rétablissement/de bonheur ♦ **(with) best wishes for Christmas and the New Year** (nos) meilleurs vœux pour Noël et la nouvelle année ♦ **(with) best wishes to both of you on your engagement** meilleurs vœux (de bonheur) à tous deux à l'occasion de vos fiançailles ♦ **(with) best wishes for a happy holiday** je vous souhaite *(or* nous vous souhaitons) d'excellentes vacances ♦ **with best wishes from, with all good wishes from** *(in letter)* bien amicalement ♦ **the Queen sent a message of good wishes on Independence Day** la reine a envoyé des vœux pour le jour de l'Indépendance ♦ **they came to offer him their best wishes on the occasion of...** ils sont venus lui offrir leurs meilleurs vœux pour...
COMP **wish fulfilment** N *(Psych)* accomplissement *m* d'un désir
**wishing well** N *puits au fond duquel on jette une pièce de monnaie avant de faire un vœu*
**wish list** N liste *f* de souhaits ♦ **what is your wish list?** quels sont vos souhaits ? ♦ **top of my wish list** mon souhait le plus cher

**wishbone** /ˈwɪʃbəʊn/ N *[of bird]* bréchet *m*, fourchette *f* ; *(Sport)* wishbone *m*

**wishful** /ˈwɪʃfʊl/ ADJ ♦ **to be wishful to do sth** *or* **of doing sth** *(frm)* avoir envie de faire ♦ **he hopes he'll be released from prison next month, but that's just wishful thinking!** il espère être libéré de prison le mois prochain, mais il prend ses désirs pour des réalités ! ♦ **all this is pure wishful thinking on our part** là, nous prenons vraiment nos désirs pour des réalités, ce ne sont que des vœux pieux ♦ **it is wishful thinking to expect it to be warm in March** il ne faut pas rêver*, il ne fera pas chaud en mars

**wishfully** /ˈwɪʃfʊlɪ/ ADV *[think, say]* rêveusement

**wishy-washy*** /ˈwɪʃɪˌwɒʃɪ/ ADJ *(pej) [person, answer]* mou (molle *f*) ; *[style]* mou (molle *f*), fadasse* ; *[speech, taste]* fadasse* ; *[colour]* fadasse*, délavé ; *[statement, phrase]* qui manque de fermeté

**wisp** /wɪsp/ **N** *[of straw]* brin *m* ; *[of hair]* fine mèche *f* ; *[of thread]* petit bout *m* ; *[of smoke]* mince volute *f* ◆ **a little wisp of a girl** une fillette menue

**wispy** /ˈwɪspɪ/ **ADJ** *[hair, beard, moustache]* fin et clairsemé ; *[bit of straw]* fin ; *[cloud]* léger ◆ **traces of wispy smoke** maigres filets *mpl* de fumée

**wistaria** /wɪsˈtɛərɪə/, **wisteria** /wɪsˈtɪərɪə/ **N** glycine *f*

**wistful** /ˈwɪstfʊl/ SYN **ADJ** *[person, look, song, mood, smile, sigh, voice]* mélancolique, nostalgique ◆ **to feel wistful (about sth)** se sentir plein de nostalgie (à la pensée de qch)

**wistfully** /ˈwɪstfəlɪ/ **ADV** *[look, smile, sigh]* avec mélancolie *or* nostalgie

**wistfulness** /ˈwɪstfʊlnɪs/ **N** *[of person]* caractère *m* mélancolique ; *[of look, smile, voice]* nostalgie *f*, mélancolie *f*, regret *m*

**wit¹** /wɪt/ **VI** *(frm, also Jur)* ◆ **to wit...** à savoir..., c'est à dire...

**wit²** /wɪt/ SYN **N** [1] *(= intelligence)* ◆ **wit(s)** esprit *m*, intelligence *f* ◆ **mother wit, native wit** bon sens *m*, sens *m* commun ◆ **he hadn't the wit** *or* **he hadn't enough wit to hide the letter** il n'a pas eu l'intelligence *or* la présence d'esprit de cacher la lettre ◆ **to have your wits about you** avoir de la présence d'esprit ◆ **you'll need (to have) all your wits about you if you're to avoid being seen** tu vas devoir faire très attention *or* être très vigilant pour éviter d'être vu ◆ **keep your wits about you!** restez attentif ! ◆ **use your wits!** sers-toi de ton intelligence ! ◆ **it was a battle of wits (between them)** ils jouaient au plus fin ◆ **he lives by** *or* **on his wits** il vit d'expédients ◆ **to collect** *or* **gather one's wits** rassembler ses esprits ◆ **the struggle for survival sharpened his wits** la lutte pour la vie aiguisait ses facultés ◆ **he was at his wits' end** il ne savait plus que faire, il ne savait plus à quel saint se vouer ◆ **I'm at my wits' end to know what to do** je ne sais plus du tout ce que je dois faire ◆ **to be/go out of one's wits** être/devenir fou ◆ **she was nearly out of her wits with worry about him** elle était folle d'inquiétude pour lui

[2] *(NonC = wittiness)* esprit *m* ◆ **the book is full of wit** le livre est très spirituel *or* est plein d'esprit ◆ **he has a ready** *or* **pretty wit** il a beaucoup d'esprit, il est très spirituel ◆ **in a flash of wit he said...** obéissant à une inspiration spirituelle il a dit... ◆ **this flash of wit made them all laugh** ce trait d'esprit les a tous fait rire

[3] *(= person)* homme *m* d'esprit, femme *f* d'esprit ; *(Hist, Literat)* bel esprit *m*

**witch** /wɪtʃ/ SYN

**N** [1] sorcière *f* ; *(fig) (= charmer)* ensorceleuse *f*, magicienne *f* ◆ **she's an old witch** *(fig pej)* c'est une vieille sorcière ◆ **witches' sabbath** sabbat *m* (de sorcières)

[2] *(= fish)* plie *f* grise

**COMP** **witch doctor** **N** sorcier *m (de tribu)*

**witch-elm** **N** ⇒ **wych-elm**

**witches' brew** **N** *(lit)* brouet *m* de sorcière ; *(fig)* mélange *m* explosif

**witch hazel** **N** hamamélis *m*

**witch hunt** **N** *(esp Pol: fig)* chasse *f* aux sorcières

**witching hour** **N** ◆ **the witching hour of midnight** minuit, l'heure fatale, minuit, l'heure du crime *(hum)*

**witch's brew** **N** ⇒ **witches' brew**

**witchcraft** /ˈwɪtʃkrɑːft/ SYN **N** sorcellerie *f*

**witchery** /ˈwɪtʃərɪ/ **N** sorcellerie *f* ; *(fig = fascination)* magie *f*, envoûtement *m*

◆ ◆ ◆ ◆ ◆ ◆ ◆ ◆ ◆ ◆ ◆ ◆ ◆ ◆ ◆ ◆ ◆ ◆ ◆ ◆ ◆ ◆ ◆ ◆ ◆

## with /wɪð, wɪθ/

1 - PREPOSITION

2 - COMPOUNDS

◆ ◆ ◆ ◆ ◆ ◆ ◆ ◆ ◆ ◆ ◆ ◆ ◆ ◆ ◆ ◆ ◆ ◆ ◆ ◆ ◆ ◆ ◆ ◆ ◆

### 1 - PREPOSITION

► When **with** is part of a set combination, eg **good with**, **pleased with**, **to agree with**, look up the other word.

[1] avec ◆ **I was with her** j'étais avec elle ◆ **come with me!** viens avec moi ! ◆ **he had an argument with his brother** il s'est disputé avec son frère ◆ **the trouble with Paul is that...** l'ennui avec Paul, c'est que... ◆ **he walks with a stick** il marche avec une canne ◆ **be patient with her** sois patient avec elle

The pronoun is not translated in the following, where **it** and **them** refer to things:

◆ **he's gone off with it** il est parti avec ◆ **take my gloves, I can't drive with them on** prends mes gants, je ne peux pas conduire avec

Note the verbal construction in the following examples:

◆ **that problem is always with us** ce problème n'est toujours pas résolu ◆ **she had her umbrella with her** elle avait emporté son parapluie

♦ **to be with sb** *(lit)* être avec qn ; *(= understand)* suivre qn ◆ **I'm with you** *(= understand)* je vous suis ◆ **sorry, I'm not with you** désolé, je ne vous suis pas ◆ **are you with us, Laura?** *(= paying attention)* tu nous suis, Laura ? ◆ **I'll be with you in a minute** *(= attend to)* je suis à vous dans une minute ◆ **I'm with you all the way** *(= support)* je suis à fond avec vous ◆ **what's with you?** * qu'est-ce que tu as ? ◆ **what is it with the British?** * qu'est-ce qu'ils ont, ces Anglais ?

♦ **to be with it** * *(= fashionable)* être dans le vent *

♦ **to get with it** * ◆ **get with it!** *(= pay attention)* réveille-toi !, secoue-toi ! ; *(= face facts)* redescends sur terre !

[2] [= ON ONE'S PERSON] sur ◆ **I haven't got any money with me** je n'ai pas d'argent sur moi

[3] [= IN THE HOUSE OF, WORKING WITH] chez ◆ **she was staying with friends** elle habitait chez des amis ◆ **he lives with his aunt** il habite chez *or* avec sa tante ◆ **he's with IBM** il travaille chez IBM ◆ **a scientist with ICI** un chercheur de ICI ◆ **I've been with this company for seven years** cela fait sept ans que je travaille pour cette société

[4] [IN DESCRIPTIONS = THAT HAS, THAT HAVE] ◆ **the man with the beard** l'homme à la barbe ◆ **the boy with brown eyes** le garçon aux yeux marron ◆ **the house with the green shutters** la maison aux volets verts ◆ **I want a coat with a fur collar** je veux un manteau avec un col de fourrure ◆ **passengers with tickets** voyageurs *mpl* munis de *or* en possession de billets ◆ **patients with cancer** les personnes atteintes d'un cancer ◆ **only people with good incomes can afford such holidays** seules les personnes qui ont un bon salaire peuvent s'offrir de telles vacances ◆ **a car with the latest features** une voiture équipée des derniers perfectionnements techniques

[5] [CAUSE] de ◆ **she was sick with fear** elle était malade de peur ◆ **he was shaking with rage** il tremblait de rage ◆ **the hills are white with snow** les montagnes sont blanches de neige

[6] [= IN SPITE OF] malgré ◆ **with all his faults I still like him** je l'aime bien malgré tous ses défauts ◆ **with all his intelligence, he still doesn't understand** malgré toute son intelligence, il ne comprend toujours pas ◆ **with all that he is still the best we've got** malgré tout, c'est encore le meilleur homme que nous ayons

[7] [MANNER] avec ◆ **he did it with great care** il l'a fait avec beaucoup de précautions ◆ **I'll do it with pleasure** je le ferai avec plaisir ◆ **... he said with a smile** ... dit-il en souriant ◆ **she took off her shoes with a sigh** elle a retiré ses chaussures en soupirant ◆ **I found the street with no trouble at all** je n'ai eu aucun mal à trouver la rue ◆ **she turned away with tears in her eyes** elle s'est détournée, les larmes aux yeux ◆ **with my whole heart** de tout mon cœur

[8] [CIRCUMSTANCES] ◆ **with the price of petrol these days...** au prix où est l'essence de nos jours... ◆ **with these words he left us** sur ces mots, il nous a quittés ◆ **with the approach of winter** à l'approche de l'hiver ◆ **with the elections no one talks anything but politics** avec les élections, on ne parle plus que politique ◆ **I couldn't see him with so many people there** il y avait tellement de monde que je ne l'ai pas vu ◆ **with so much happening it was difficult to...** il se passait tellement de choses qu'il était difficile de...

♦ **with that** ◆ **with that, he closed the door** sur ce *or* là-dessus, il a fermé la porte

### 2 - COMPOUNDS

**with-profits** **ADJ** *(Fin) [policy]* avec participation aux bénéfices

**withal** †† /wɪˈðɔːl/ **ADV** en outre, de plus

**withdraw** /wɪθˈdrɔː/ SYN (pret **withdrew**, ptp **withdrawn**)

**VT** *[+ person, hand, money, application, troops]* retirer *(from* de) ; *[+ permission, help]* retirer *(from* à) ; *[+ ambassador, representative]* rappeler ; *[+ accusation, opinion, suggestion, statement]* retirer, rétracter ; *[+ claim]* retirer, renoncer à ; *[+ order]* annuler ; *(Med) [+ drugs]* arrêter ; *(Comm) [+ goods]* retirer de la vente ; *(Fin) [+ banknotes]* retirer de la circulation ◆ **to withdraw a charge** *(Jur)* retirer une accusation ◆ **to withdraw one's penis** se retirer *(from* de)

**VI** [1] *(= move away) [troops]* se replier *(from* de) ; *[person]* se retirer ◆ **to withdraw to a new position** *(Mil)* se replier ◆ **he withdrew a few paces** il a reculé de quelques pas ◆ **she withdrew into her bedroom** elle s'est retirée dans sa chambre ◆ **to withdraw into o.s.** se replier sur soi-même

[2] *(= retract offer, promise etc)* se rétracter, se dédire

[3] *[candidate, competitor, participant]* se retirer, se désister *(from* de ; *in favour of sb* en faveur de qn) ◆ **you can't withdraw now, we've nearly achieved our goal** tu ne peux plus te retirer maintenant, nous avons pratiquement atteint notre but ◆ **I withdraw from the game** je me retire de la partie, j'abandonne ◆ **they threatened to withdraw from the talks** ils ont menacé de se retirer des négociations *or* de quitter la table des négociations

[4] *(= retract penis)* se retirer

**withdrawal** /wɪθˈdrɔːəl/ SYN

**N** [1] *(NonC) (= removal) [of money, application, troops, product]* retrait *m (from sth* de qch) ; *[of services]* suppression *f* ◆ **his party has announced its withdrawal of support for the government** son parti a annoncé qu'il retirait son soutien au gouvernement ◆ **the withdrawal of American diplomats from the area** le rappel des diplomates américains dans la région ◆ **the army's withdrawal to new positions** le repli de l'armée sur de nouvelles positions ◆ **to make a withdrawal** *(Fin:from bank etc)* effectuer un retrait

[2] *(NonC = retraction) [of remark, allegation]* rétractation *f*

[3] *(= resigning) [of member, participant, candidate]* désistement *m (from sth* de qch) ; *[of athlete]* retrait *m (from sth* de qch)

[4] *(NonC: Psych)* repli *m* sur soi-même *(from sb/sth* par rapport à qn/qch), rétraction *f*

[5] *(NonC: after addiction)* (état *m* de) manque *m*, syndrome *m* de sevrage ◆ **alcohol/caffeine withdrawal** l'état *m* de manque dû à l'arrêt de la consommation d'alcool/de café ◆ **to be in** *or* **suffering from withdrawal** être en (état de) manque

[6] *(as contraception)* coït *m* interrompu

**COMP** **withdrawal method** **N** méthode *f* du coït interrompu

**withdrawal slip** **N** *(Banking)* bordereau *m* de retrait

**withdrawal symptoms** **NPL** symptômes *mpl* de (l'état de) manque ◆ **to suffer** *or* **experience** *or* **have withdrawal symptoms** être en (état de) manque

**withdrawn** /wɪθˈdrɔːn/ SYN

**VB** ptp of **withdraw**

**ADJ** *(= reserved) [person]* renfermé

**withdrew** /wɪθˈdruː/ **VB** pt of **withdraw**

**withe** /wɪθ/ **N** ⇒ **withy**

**wither** /ˈwɪðəʳ/ SYN

**VI** *[plant]* se flétrir, se faner ; *[person, limb] (from illness)* s'atrophier ; *(from age)* se ratatiner ; *(fig) [beauty]* se faner ; *[hope, love, enthusiasm]* s'évanouir

**VT** *[+ plant]* flétrir, faner ; *[+ limb]* atrophier, ratatiner ; *[+ beauty]* faner ; *[+ hope etc]* détruire petit à petit ◆ **he withered her with a look** il l'a regardée avec un profond mépris, son regard méprisant lui a donné envie de rentrer sous terre

► **wither away** **VI** *[plant]* se dessécher, mourir ; *[hope etc]* s'évanouir ; *[organization]* disparaître

**withered** /ˈwɪðəd/ **ADJ** [1] *(= dried-up) [flower, leaf, plant]* flétri, fané ; *[fruit]* desséché, ridé ; *(fig) [person]* desséché, ratatiné

[2] *(liter = atrophied) [arm, leg, hand]* atrophié

**withering** /ˈwɪðərɪŋ/ SYN

**N** [1] *[of plant]* dépérissement *m*

[2] *(liter) [of limb]* atrophie *f*

[3] *[of beauty]* déclin *m* ; *[of hope, love, enthusiasm]* évanouissement *m*

**ADJ** *[remark, criticism, contempt, scorn, irony]* cinglant ; *[tone, smile, look]* profondément méprisant ; *[heat]* desséchant ◆ **to give sb a withering look** jeter à qn un regard profondément méprisant ◆ **to launch a withering attack on sb** lancer une attaque violente contre qn

**witheringly** /ˈwɪðərɪŋlɪ/ ADV *[say, reply]* d'un ton plein de mépris ; *[look at]* avec mépris

**withers** /ˈwɪðəz/ NPL garrot *m (du cheval)*

**withershins** /ˈwɪðəʃɪnz/ ADV *(dial = anticlockwise)* dans le sens inverse des aiguilles d'une montre

**withhold** /wɪθˈhəʊld/ SYN (pret, ptp **withheld** /wɪθˈheld/) VT *[+ money from pay etc]* retenir *(from sth* de qch) ; *[+ payment, decision]* remettre, différer ; *[+ one's consent, permission, one's help, support]* refuser *(from sb* à qn) ; *[+ facts, truth, news]* cacher, taire *(from sb* à qn) ◆ **police withheld the dead boy's name until relatives could be told** la police n'a révélé l'identité de l'enfant décédé que lorsqu'il a été possible d'informer la famille ◆ **he withheld his tax in protest against...** il a refusé de payer ses impôts pour protester contre... ◆ **a public debate on euthanasia and the withholding of medical treatment** un débat public sur l'euthanasie et l'arrêt des soins médicaux

**withholding tax** N retenue *f* à la source

**within** /wɪðˈɪn/

ADV dedans, à l'intérieur ◆ **from within** de l'intérieur

PREP [1] *(= inside)* à l'intérieur de ◆ **within the box** à l'intérieur de la boîte ◆ **within it** à l'intérieur ◆ **within (the boundary of) the park** à l'intérieur du parc, dans les limites du parc ◆ **here within the town** à l'intérieur même de la ville ◆ **within the city walls** intra-muros, dans l'enceinte de la ville ◆ **a voice within him said...** une voix en lui disait... ◆ **"Within a Budding Grove"** *(Literat)* « À l'ombre des jeunes filles en fleurs »

[2] *(= within limits of)* ◆ **to be within the law** être dans (les limites de) la légalité ◆ **to live within one's income** *or* **means** vivre selon ses moyens ◆ **within the range of the guns** à portée de(s) canon(s) ◆ **the coast was within sight** la côte était en vue ◆ **they were within sight of the town** ils étaient en vue de la ville ◆ **he was within reach** *or* **sight of his goal** *(fig)* il touchait au but ; → **call, province, reach**

[3] *(in measurement, distances)* ◆ **within a kilometre of the house** à moins d'un kilomètre de la maison ◆ **we were within a mile of the town** nous étions à moins d'un mille de la ville ◆ **correct to within a centimetre** correct à un centimètre près ; → **inch**

[4] *(in time)* ◆ **within a week of her visit** *(= after)* moins d'une semaine après sa visite ; *(= before)* moins d'une semaine avant sa visite ◆ **I'll be back within an hour** *or* **the hour** je serai de retour d'ici une heure ◆ **they arrived within minutes (of our call)** ils sont arrivés très peu de temps après (notre appel) ◆ **he returned within the week** il est revenu avant la fin de la semaine ◆ **within two years from now** d'ici deux ans ◆ **"use within three days of opening"** « se conserve trois jours après ouverture » ◆ **within a period of four months** *(Comm)* dans un délai de quatre mois ◆ **within the stipulated period** dans les délais stipulés ; → **living**

ADJ *(Jur)* ◆ **the within instrument** le document ci-inclus

**without** /wɪðˈaʊt/

► When **without** is an element in a phrasal verb, eg **do without**, **go without**, look up the verb.

PREP [1] *(= lacking)* sans ◆ **without a coat** sans manteau ◆ **without a coat or hat** sans manteau ni chapeau ◆ **he went off without it** il est parti sans (le prendre) ◆ **without any money** sans argent, sans un *or* le sou* ◆ **he is without friends** il n'a pas d'amis ◆ **with or without sugar?** avec ou sans sucre ? ◆ **without so much as a phone call** sans même un malheureux coup de fil ◆ **without a doubt** sans aucun doute ◆ **without doubt** sans doute ◆ **not without some difficulty** non sans difficulté ◆ **do it without fail** ne manquez pas de le faire, faites-le sans faute ◆ **he was quite without shame** il n'avait aucune honte ◆ **without speaking, he...** sans parler, il... ◆ **without anybody knowing** sans que personne le sache ◆ **to go without sth, to do without sth** se passer de qch

[2] *(†† = outside)* au *or* en dehors de, à l'extérieur de

ADV † à l'extérieur, au dehors ◆ **from without** de l'extérieur, de dehors

**withstand** /wɪθˈstænd/ SYN (pret, ptp **withstood** /wɪθˈstʊd/) VT résister à

**withy** /ˈwɪðɪ/ N brin *m* d'osier

**witless** /ˈwɪtlɪs/ ADJ stupide ◆ **to scare sb witless*** faire une peur bleue à qn ◆ **I was scared witless*** j'étais mort de peur ◆ **to be bored witless*** s'ennuyer à mourir

**witness** /ˈwɪtnɪs/ SYN

N [1] *(Jur etc = person)* témoin *m* ◆ **witness for the defence/prosecution** *(Jur)* témoin *m* à décharge/à charge ◆ **to lead a witness** poser des questions tendancieuses à un témoin ◆ **there were three witnesses to this event** trois personnes ont été témoins de cet événement, cet événement a eu trois témoins ◆ **he was a witness to** *or* **of this incident** il a été témoin de cet incident ◆ **often children are witness to violent events** les enfants sont souvent témoins de violences ◆ **the witnesses to his signature** les témoins certifiant sa signature ◆ **in front of two witnesses** en présence de deux témoins ◆ **to call sb as witness** *(Jur)* citer qn comme témoin ◆ **"your witness"** *(Jur)* « le témoin est à vous » ; → **eyewitness**

[2] *(esp Jur = evidence)* témoignage *m* ◆ **in witness of** en témoignage de ◆ **in witness whereof** en témoignage de quoi, en foi de quoi ◆ **to give witness on behalf of/against** témoigner en faveur de/contre, rendre témoignage pour/contre ◆ **he has his good points, as witness his work for the blind** il a ses bons côtés, témoin *or* comme le prouve ce qu'il fait pour les aveugles ◆ **witness the case of...** témoin le cas de...

♦ **to bear** *or* **be witness to sth** témoigner de qch ◆ **his poems bear witness to his years spent in India** ses poèmes témoignent de ses années passées en Inde ◆ **her clothes were witness to her poverty** ses vêtements témoignaient de sa pauvreté

VT [1] *(= see)* *[+ attack, murder, theft]* être témoin de ; *[+ fight, rape]* être témoin de, assister à ◆ **did anyone witness the theft?** quelqu'un a-t-il été témoin du vol ? ◆ **the accident was witnessed by several people** plusieurs personnes ont été témoins de l'accident

[2] *(fig)* *(= see)* voir ; *(= notice)* *[+ change, improvement]* remarquer ◆ **a building/a century which has witnessed...** *(fig)* un bâtiment/un siècle qui a vu... ◆ **1989 witnessed the birth of a new world order** 1989 a vu l'avènement d'un nouvel ordre mondial ◆ **Americans are generous people, witness the increase in charitable giving** les Américains sont généreux, témoin l'augmentation des dons aux associations caritatives

[3] *(esp Jur)* *[+ document]* attester *or* certifier l'authenticité de ; *[+ signature]* certifier

VI *(Jur)* ◆ **to witness to sth** témoigner de qch ◆ **he witnessed to having seen the accident** il a témoigné avoir vu l'accident ◆ **to witness against sb** témoigner contre qn

COMP **witness box** *(Brit)*, **witness stand** *(US)* N barre *f* des témoins ◆ **in the witness box** *or* **stand** à la barre

**witness statement** N déposition *f* de témoin

**-witted** /ˈwɪtɪd/ ADJ *(in compounds)* à l'esprit... ◆ **quick-witted** à l'esprit vif ; → **slow**

**witter*** /ˈwɪtəʳ/ VI *(Brit)* ◆ **to witter on about sth** dégoiser* sur qch ◆ **stop wittering (on)** arrête de parler pour ne rien dire

**witticism** /ˈwɪtɪsɪzəm/ SYN N mot *m* d'esprit, bon mot *m*

**wittily** /ˈwɪtɪlɪ/ ADV avec esprit *or* humour ◆ **"only on Fridays", he said wittily** « seulement le vendredi » dit-il avec esprit *or* humour ◆ **the film was well acted and wittily written** le film était bien joué et écrit avec esprit *or* humour

**wittiness** /ˈwɪtɪnɪs/ N *(NonC)* esprit *m*, humour *m*

**wittingly** /ˈwɪtɪŋlɪ/ ADV *(frm)* sciemment, en connaissance de cause

**witty** /ˈwɪtɪ/ SYN ADJ *[person, speaker, remark]* spirituel, plein d'esprit ; *[conversation, story, speech, script]* plein d'esprit ◆ **a witty remark** un mot d'esprit, une remarque pleine d'esprit

**wives** /waɪvz/ NPL of **wife**

**wiz** /wɪz/ N *(US)* as *m*, crack* *m*

**wizard** /ˈwɪzəd/ SYN N [1] *(= magician)* magicien *m*, enchanteur *m* ◆ **he is a financial wizard** il a le génie de la finance, c'est un magicien de la finance ◆ **he is a wizard with a paintbrush** c'est un champion* *or* un as du pinceau ◆ **he's a wizard with numbers** il est très doué pour les chiffres ◆ **he's a wizard at chess** c'est un as *or* un crack* des échecs

[2] *(Comput)* wizard *m*

**wizardry** /ˈwɪzədrɪ/ N *(NonC)* magie *f* ; *(fig)* génie *m* ◆ **a piece of technical wizardry** une merveille d'ingéniosité technique ◆ **this evidence of his financial wizardry** cette preuve de son génie en matière financière ◆ **£600,000 worth of electronic wizardry** une merveille de l'électronique valant 600 000 livres

**wizened** /ˈwɪznd/ SYN ADJ *[person]* desséché, ratatiné ; *[face, hands]* flétri

**wk** abbrev of **week**

**WLTM*** VT (abbrev of **would like to meet**) dfc

**Wm** (abbrev of **William**) Guillaume *m*

**WMD(s)** /ˌdʌbljuːemˈdiː(z)/ N(PL) (abbrev of **weapons of mass destruction**) ADM *fpl*

**WO** /ˌdʌbljuːˈəʊ/ N *(Mil)* (abbrev of **warrant officer**) → **warrant**

**woad** /wəʊd/ N guède *f*

**woah** /wəʊ/ EXCL ⇒ **whoa**

**wobble** /ˈwɒbl/ SYN

VI [1] *[jelly, hand, pen, voice]* trembler ; *[cyclist, object about to fall, pile of rocks]* vaciller ; *[tightrope walker, dancer]* chanceler ; *[table, chair]* branler, être bancal ; *[compass needle]* osciller ; *[wheel]* avoir du jeu ◆ **the table was wobbling** la table branlait ◆ **this table wobbles** cette table est bancale ◆ **the cart wobbled through the streets** la charrette bringuebalait *or* cahotait dans les rues ◆ **the cup wobbled off the shelf** les vibrations firent tomber la tasse de l'étagère

[2] *(* fig = hesitate)* hésiter *(between* entre)

VT faire vaciller

**wobbly** /ˈwɒblɪ/

ADJ [1] *(= shaky)* *[table, chair]* bancal ; *[jelly]* qui tremble ; *[tooth]* qui bouge ; *[wheel]* qui a du jeu ; *[hand, voice]* tremblant ; *[bottom, thighs]* gros (grosse *f*) et flasque ◆ **his legs are a bit wobbly, he's a bit wobbly on his legs** il flageole un peu sur ses jambes ◆ **she was still a bit wobbly after her illness*** elle se sentait toujours un peu patraque* après sa maladie ◆ **a wobbly line*** une ligne qui n'est pas droite ◆ **to be wobbly** ⇒ **to wobble** ; → **wobble vi**

[2] *(* = dodgy)* *[organization, economy, sector]* fragile

N [1] ◆ **to throw a wobbly*** piquer une crise*

[2] *(US Hist)* ◆ **the Wobblies*** *mouvement syndicaliste du début du 20^e siècle*

**wodge** /wɒdʒ/ N *(Brit)* gros morceau *m*

**woe** /wəʊ/ SYN N malheur *m* ◆ **woe is me!** *(† or hum)* pauvre de moi ! ◆ **woe betide the man who...** malheur à celui qui... ◆ **he told me his woes** *or* **his tale of woe** il m'a fait le récit de ses malheurs ◆ **it was such a tale of woe that...** c'était une litanie si pathétique que...

**woebegone** /ˈwəʊbɪˌgɒn/ ADJ *(liter)* désolé, abattu

**woeful** /ˈwəʊfʊl/ SYN ADJ [1] *(liter = tragic)* *[person]* malheureux ; *[news, story, sight]* tragique, terrible

[2] *(= appalling, dire)* *[ignorance, inability, track-record]* lamentable, déplorable

**woefully** /ˈwəʊfəlɪ/ ADV [1] *(liter)* *[look]* d'un air affligé ; *[say]* d'un ton affligé

[2] *(= appallingly)* *[inadequate, underfunded etc]* terriblement ◆ **to be woefully ignorant of politics/science** *etc* être d'une ignorance crasse en matière de politique/science *etc* ◆ **woefully inefficient** terriblement inefficace ◆ **the hospital is woefully lacking in modern equipment** cet hôpital manque cruellement de matériel moderne, le matériel moderne fait cruellement défaut à cet hôpital ◆ **modern equipment is woefully lacking** on manque cruellement de matériel moderne, le matériel moderne fait cruellement défaut

**wog**** /wɒg/ N *(Brit pej)* nègre** *m*, négresse** *f*

**wok** /wɒk/ N wok *m*

**woke** /wəʊk/ VB pt of **wake**²

**woken** /ˈwəʊkn/ VB ptp of **wake**²

**wold** /wəʊld/ N haute plaine *f*, plateau *m*

**wolf** /wʊlf/ SYN

N (pl **wolves**) loup *m* ◆ **she-wolf** louve *f* ◆ **a wolf in sheep's clothing** un loup déguisé en agneau ◆ **that will keep the wolf from the door** cela nous (*or* les *etc*) mettra au moins à l'abri du besoin ◆ **to throw sb to the wolves** jeter qn dans la fosse aux lions ; *(to the press)* jeter qn en pâture aux journalistes ; → **cry, lone**

VT (also **wolf down**) engloutir

COMP **wolf call** N *(US)* ⇒ **wolf whistle**

**wolf cub** N *(also Scouting †)* louveteau *m*

**wolf pack** N meute *f* de loups

**wolf spider** N lycose f
**wolf whistle** N (fig) sifflement m admiratif (à l'adresse d'une fille) ◆ **he gave a wolf whistle** il a sifflé la fille (or les filles)

**wolffish** /ˈwʊlfˌfɪʃ/ N poisson-chat m

**wolfhound** /ˈwʊlfhaʊnd/ N chien-loup m

**wolfish** /ˈwʊlfɪʃ/ ADJ vorace

**wolfishly** /ˈwʊlfɪʃlɪ/ ADV voracement

**wolfram** /ˈwʊlfrəm/ N wolfram m, tungstène m

**wolframite** /ˈwʊlfrəmaɪt/ N wolframite f

**wolfsbane** /ˈwʊlfsbeɪn/ N (= plant) aconit m

**Wolof** /ˈwɒlɒf/ N 1 (= person) (pl **Wolof** or **Wolofs**) Wolof mf, Ouolof mf
2 (= language) wolof m, ouolof m

**wolverine** /ˈwʊlvəriːn/
N 1 (= animal) glouton m, carcajou m
2 (US) ◆ **Wolverine** habitant(e) m(f) du Michigan
COMP **the Wolverine State** N (US) le Michigan

**wolves** /wʊlvz/ NPL of **wolf**

**woman** /ˈwʊmən/ SYN (pl **women**)
N 1 femme f ◆ **woman is a mysterious creature** la femme est une créature mystérieuse ◆ **she's the woman for the job** c'est la femme qu'il (nous or leur etc) faut pour ce travail ◆ **she's her own woman** elle est son propre maître ◆ **a woman of the world** une femme du monde ◆ **Paul and all his women** Paul et toutes ses maîtresses ◆ **the woman must be mad**\* cette femme doit être folle ◆ **woman to woman** entre femmes ◆ **look here, my good woman** † écoutez, chère Madame ◆ **the little woman**(‡ hum = wife) ma (or sa etc) légitime‡ ◆ **the other woman** (= lover) la maîtresse ◆ **young woman** † jeune femme f ◆ **a woman of letters** une femme de lettres ◆ **she belongs to a women's group** elle est membre d'un groupe féministe ◆ **women's page** (Press) la page des lectrices ◆ **women's rights** les droits mpl de la femme ◆ **women's suffrage** le droit de vote pour les femmes ◆ **women's team** équipe f féminine ◆ "**Women in Love**" (Literat) « Femmes amoureuses » ◆ **a woman's place is in the home** (Prov) la place d'une femme est au foyer ◆ **a woman's work is never done** (Prov) on trouve toujours à faire dans une maison
2 (= cleaner) femme f de ménage ◆ **I've got a woman who comes in three times a week** j'ai une femme de ménage qui vient trois fois par semaine
ADJ ◆ **he's got a woman music teacher** son professeur de musique est une femme ◆ **woman friend** amie f ◆ **woman worker** ouvrière f ◆ **women doctors think that...** les femmes médecins pensent que... ◆ **women often prefer women doctors** les femmes préfèrent souvent les femmes médecins
COMP **woman driver** N conductrice f ◆ **women drivers are often maligned** on dit souvent du mal des femmes au volant
**woman-hater** N misogyne mf
**woman police constable** N (Brit) femme f agent de police
**Women's Centre** N ≈ centre m d'accueil de femmes
**Women's Institute** N (Brit) association de femmes de tendance plutôt traditionaliste
**Women's Lib** †\* N ⇒ **Women's (Liberation) Movement**
**Women's Libber** †\* N féministe mf
**women's liberation** N la libération de la femme
**Women's (Liberation) Movement** N mouvement m de libération de la femme, MLF m
**women's refuge** N refuge m pour femmes battues
**women's room** N (US) toilettes fpl pour dames
**women's studies** NPL (Univ) étude des rôles sociologique, historique et culturel de la femme
**women's suffrage** le droit de vote pour les femmes

**womanhood** /ˈwʊmənhʊd/ N (NonC = feminine nature) féminité f ◆ **to reach womanhood** devenir femme

**womanish** /ˈwʊmənɪʃ/ ADJ (pej) efféminé

**womanize** /ˈwʊmənaɪz/ VI courir les femmes

**womanizer** /ˈwʊmənaɪzəʳ/ SYN N coureur m de jupons

**womankind** /ˈwʊmənkaɪnd/ N les femmes fpl

**womanliness** /ˈwʊmənlɪnɪs/ N (NonC) féminité f, caractère m féminin

**womanly** /ˈwʊmənlɪ/ SYN ADJ [figure, bearing] féminin ; [behaviour] digne d'une femme

**womb** /wuːm/
N utérus m, matrice f ; (fig) (of nature) sein m ; (of earth) sein m, entrailles fpl
COMP **womb-leasing** N location f d'utérus, pratique f des mères porteuses

**wombat** /ˈwɒmbæt/ N wombat m, phascolome m

**womblike** /ˈwuːmlaɪk/ ADJ [room, atmosphere] calfeutré

**women** /ˈwɪmɪn/ NPL of **woman**

**womenfolk** /ˈwɪmɪnfəʊk/ NPL femmes fpl

**won** /wʌn/ VB pt, ptp of **win**

**wonder** /ˈwʌndəʳ/ LANGUAGE IN USE 16.1 SYN
N 1 (NonC) (= admiration) émerveillement m ; (= astonishment) étonnement m ◆ **to be lost in wonder** être émerveillé or ébloui ◆ **he watched, lost in silent wonder** il regardait en silence, émerveillé or ébloui ◆ **the sense of wonder that children have** la faculté d'être émerveillé qu'ont les enfants ◆ ... **he said in wonder** ... dit-il tout étonné
2 (= sth wonderful) prodige m, miracle m ◆ **the wonder of electricity** le miracle de l'électricité ◆ **the wonders of science/medicine** les prodiges mpl or les miracles mpl de la science/de la médecine ◆ **the Seven Wonders of the World** les sept merveilles fpl du monde ◆ **to be a nine-day** or **one-day** or **seven-day wonder** ne pas faire long feu ◆ **he promised us wonders** il nous a promis monts et merveilles ◆ **wonders will never cease** (iro) c'est un miracle !, cela tient du miracle ! (iro) ◆ **the wonder of it all is that...** le plus étonnant dans tout cela c'est que... ◆ **it's a wonder that he didn't fall** c'est un miracle qu'il ne soit pas tombé ◆ **it's a wonder to me that...** je n'en reviens pas que... + subj ◆ **it's a wonder how they were able to get these jobs** on se demande par quel miracle ils ont réussi à obtenir ces postes ◆ **no wonder he came late, it's no wonder (that) he came late** ce n'est pas étonnant qu'il soit arrivé en retard or s'il est arrivé en retard ◆ **no wonder!**\* cela n'a rien d'étonnant !, pas étonnant !\* ◆ **it's little** or **small wonder that...** il n'est guère étonnant que... + subj ; → **nine**, **work**
VI 1 (= marvel) (in astonishment) s'étonner ; (in admiration) s'émerveiller ◆ **the shepherds wondered at the angels** les bergers s'émerveillaient devant les anges ◆ **I wonder at your rashness** votre audace m'étonne or me surprend ◆ **I wonder (that) you're still able to work** je ne sais pas comment vous faites pour travailler encore ◆ **I wonder (that) he didn't kill you** je m'étonne qu'il ne vous ait pas tué ◆ **do you wonder** or **can you wonder at it?** est-ce que cela vous étonne ? ◆ **he'll be back, I shouldn't wonder** †\* cela ne m'étonnerait pas qu'il revienne
2 (= reflect) penser, songer ◆ **his words set me wondering** ce qu'il a dit m'a donné à penser or m'a laissé songeur ◆ **it makes you wonder** cela donne à penser ◆ **I was wondering about what he said** je pensais or songeais à ce qu'il a dit ◆ **I'm wondering whether to go to the pictures** j'ai à moitié envie d'aller au cinéma ◆ **he'll be back - I wonder!** il reviendra - je me le demande !
VT se demander ◆ **I wonder who he is** je me demande qui il est, je serais curieux de savoir qui il est ◆ **I wonder what to do** je ne sais pas quoi faire ◆ **I wonder where to put it** je me demande où (je pourrais) le mettre ◆ **he was wondering whether to come with us** il se demandait s'il allait nous accompagner ◆ **I wonder whether** or **if he's arrived yet** je me demande s'il est déjà arrivé ◆ **I wonder why!** je me demande pourquoi !
COMP **wonder-worker** N ◆ **he is a wonder-worker** il accomplit de vrais miracles ◆ **this drug/treatment is a wonder-worker** c'est un remède/un traitement miracle

**wonderful** /ˈwʌndəfʊl/ SYN ADJ 1 (= excellent) merveilleux ◆ **it's wonderful to see you** je suis si heureux de te voir ◆ **we had a wonderful time** c'était merveilleux
2 (= astonishing) étonnant, extraordinaire ◆ **the human body is a wonderful thing** le corps humain est quelque chose d'étonnant or d'extraordinaire

**wonderfully** /ˈwʌndəfəlɪ/ ADV 1 (with adj, adv) merveilleusement ◆ **the weather was wonderfully warm** il a fait merveilleusement chaud ◆ **it works wonderfully well** ça marche merveilleusement bien or à merveille ◆ **he looks wonderfully well** il a très bonne mine
2 (with vb: gen) merveilleusement bien ; [succeed, function, go with] à merveille ◆ **I slept wonderfully** j'ai merveilleusement bien dormi ◆ **my cousins get on wonderfully** mes cousins s'entendent à merveille

**wondering** /ˈwʌndərɪŋ/ ADJ (= astonished) étonné ; (= thoughtful) songeur, pensif

**wonderingly** /ˈwʌndərɪŋlɪ/ ADV (= with astonishment) avec étonnement, d'un air étonné ; (= thoughtfully) pensivement

**wonderland** /ˈwʌndəlænd/ N pays m des merveilles, pays m merveilleux ; → **Alice**

**wonderment** /ˈwʌndəmənt/ N ⇒ **wonder** noun 1

**wonderstruck** /ˈwʌndəstrʌk/ ADJ (liter) frappé d'étonnement, émerveillé

**wondrous** /ˈwʌndrəs/ (liter)
ADJ 1 (= excellent) merveilleux
2 (= amazing) extraordinaire
ADV 1 (= excellently) merveilleusement ◆ **wondrous well** merveilleusement bien
2 (= amazingly) extraordinairement

**wondrously** /ˈwʌndrəslɪ/ ADV (liter) ⇒ **wondrous** adv

**wonga**‡ /ˈwɒŋə/ N (Brit) pèze‡ m, pognon‡ m

**wonk**\* /wɒŋk/ N (US) bosseur\* m, -euse\* f ; → **policy**[1]

**wonky**\* /ˈwɒŋkɪ/ ADJ (Brit) 1 (= wobbly) [chair, table] bancal
2 (= crooked) de traviole\*, de travers
3 (= defective) détraqué ◆ **to go wonky** [car, machine] se déglinguer ; [TV picture] se dérégler ◆ **he's feeling rather wonky still** il se sent encore un peu patraque\* or vaseux\*

**won't** /wəʊnt/ ⇒ **will not** ; → **will**

**wont** /wəʊnt/ (frm)
ADJ ◆ **to be wont to do sth** avoir coutume de faire qch ◆ **as he was wont to do** comme il avait coutume de faire, comme à son habitude
N coutume f, habitude f (to do sth de faire qch) ◆ **as was my wont** ainsi que j'en avais l'habitude, comme de coutume

**wonted** /ˈwəʊntɪd/ ADJ (frm) habituel, coutumier

**woo** /wuː/ SYN VT [+ **woman**] faire la cour à, courtiser ; (fig) [+ influential person] rechercher les faveurs de ; [+ voters, audience] chercher à plaire à ; [+ fame, success] rechercher ◆ **he wooed them with promises of...** il cherchait à s'assurer leurs faveurs or à leur plaire en leur promettant...

**wood** /wʊd/ SYN
N 1 (NonC = material) bois m ◆ **to touch wood, to knock on wood** (US) toucher du bois ◆ **touch wood!**\*, **knock on wood!**\* (US) touchons or je touche du bois ! ◆ **he can't see the wood for the trees** il se perd dans les détails ; → **dead-wood**, **hardwood**, **softwood**
2 (= forest) bois m ◆ **woods** bois mpl ◆ **a pine/beech wood** un bois de pins/hêtres, une pinède/hêtraie ◆ **we're out of the wood(s) now** on est au bout du tunnel maintenant ◆ **we're not out of the wood(s) yet** on n'est pas encore tiré d'affaire or sorti de l'auberge\* ; → **neck**
3 (= cask) ◆ **drawn from the wood** tiré au tonneau ◆ **aged in the wood** vieilli au tonneau ◆ **wine in the wood** vin m au tonneau
4 (Mus) ◆ **the woods** les bois mpl
5 (Golf) bois m ; (Bowls) boule f ◆ **a number 2 wood** (Golf) un bois 2
COMP [floor, object, structure] de bois, en bois ; [fire] de bois ; [stove] à bois
**wood alcohol** N esprit-de-bois m, alcool m méthylique
**wood anemone** N anémone f des bois
**wood avens** N benoîte f
**wood block** N (Art) bois m de graveur
**wood-burning stove** N poêle m à bois
**wood carving** N (NonC) (= act) sculpture f sur bois ; (= object) sculpture f en bois
**wood engraving** N gravure f sur bois
**wood nymph** N (Myth) dryade f, nymphe f des bois
**wood pulp** N pâte f à papier
**wood sage** N germandrée f sauvage, mélisse f or sauge f des bois
**wood shavings** NPL copeaux mpl (de bois)
**wood sorrel** N oseille f sauvage, oxalide f
**wood stove** N four m à bois
**wood trim** N (US) boiseries fpl
**wood warbler** N pouillot m siffleur
**wood wool** N (NonC) copeaux mpl de bois

**woodbine** /ˈwʊdbaɪn/ N chèvrefeuille m

**woodchat** /ˈwʊdtʃæt/ N : (also **woodchat shrike**) pie-grièche f à tête rousse

**woodchip** /ˈwʊdtʃɪp/ N (NonC) (= chips of wood) copeaux mpl de bois ; (= board) aggloméré m ; (also **woodchip wallpaper**) papier peint parsemé de petits morceaux de bois

**woodchuck** /ˈwʊdtʃʌk/ N marmotte f d'Amérique

**woodcock** /ˈwʊdkɒk/ N (= bird) bécasse f des bois

**woodcraft** /ˈwʊdkrɑːft/ N (NonC, in forest) connaissance f de la forêt ; (= handicraft) art m de travailler le bois

**woodcut** /ˈwʊdkʌt/ N gravure f sur bois

**woodcutter** /ˈwʊdkʌtər/ N bûcheron m, -onne f

**woodcutting** /ˈwʊdkʌtɪŋ/ N (Art = act, object) gravure f sur bois ; (in forest) abattage m des arbres

**wooded** /ˈwʊdɪd/ ADJ SYN boisé ◆ **heavily** or **thickly** or **densely wooded** très boisé

**wooden** /ˈwʊdn/ SYN
[ADJ] [1] (lit = made of wood) en bois ◆ **a wooden floor** un parquet
[2] (fig = unnatural) [acting, performance] qui manque de naturel ; [actor, performer] peu naturel
[COMP] **wooden-headed** ADJ idiot, imbécile ◆ **wooden Indian**※ N (US pej = constrained) personne f raide comme la justice ; (= dull) personne f terne or ennuyeuse ◆ **wooden leg** N jambe f de bois ◆ **wooden nickel**※ N (US fig) objet m sans valeur ◆ **to try to sell sb wooden nickels**※ essayer de rouler qn ◆ **wooden spoon** N (also Rugby) cuiller f de or en bois

**woodenly** /ˈwʊdnlɪ/ ADV [act, speak] avec raideur ; [look at, stare] d'un air impassible

**woodland** /ˈwʊdlənd/
[N] (NonC) région f boisée, bois mpl
[COMP] [flower etc] des bois ; [path] forestier

**woodlark** /ˈwʊdlɑːk/ N alouette f des bois

**woodlouse** /ˈwʊdlaʊs/ N (pl **woodlice** /ˈwʊdlaɪs/) cloporte m

**woodman** /ˈwʊdmæn/ (pl **-men**) N forestier m

**woodpecker** /ˈwʊdpekər/ N pic m

**woodpigeon** /ˈwʊdpɪdʒən/ N (pigeon m) ramier m

**woodpile** /ˈwʊdpaɪl/ N tas m de bois ; → **nigger**

**woodruff** /ˈwʊdrʌf/ N (= plant) aspérule f

**woodrush** /ˈwʊdrʌʃ/ N luzule f

**woodscrew** /ˈwʊdskruː/ N vis f à bois

**woodshed** /ˈwʊdʃed/ N bûcher m (abri)

**woodsman** /ˈwʊdzmən/ N (pl **-men**) (US) ⇒ **woodman**

**woodsy** /ˈwʊdzɪ/ ADJ (US) [countryside] boisé ; [flowers etc] des bois

**woodwind** /ˈwʊdwɪnd/ N (Mus) (one instrument) bois m ; (collective pl) bois

**woodwork** /ˈwʊdwɜːk/ N [1] (craft, school subject) (= carpentry) menuiserie f ; (= cabinet-making) ébénisterie f
[2] (in house) (= beams etc) charpente f ; (= doors, skirting boards, window frames etc) boiseries fpl ◆ **to come** or **crawl out of the woodwork**※ (fig pej) surgir de nulle part
[3] (Football ※) bois mpl, poteaux mpl (de but)

**woodworm** /ˈwʊdwɜːm/ N ver m du bois ◆ **the table has got woodworm** la table est vermoulue or piquée des vers

**woody** /ˈwʊdɪ/
[ADJ] [1] [plant, stem, texture] ligneux ; [odour] de bois
[2] (= wooded) [countryside] boisé
[COMP] **woody nightshade** N douce-amère f

**wooer** † /ˈwuːər/ N prétendant m

**woof¹** /wʊf/ N [of fabric] trame f

**woof²** /wʊf/
[N] [of dog] aboiement m ◆ **woof, woof!** ouah, ouah !
[VI] aboyer

**woofer** /ˈwʊfər/ N haut-parleur m grave, woofer m

**wooftah**※, **woofter**※ /ˈwʊftə/, /ˈwʊftər/ N (Brit pej) tapette ※ f (pej)

**wool** /wʊl/ SYN
[N] laine f ◆ **he was wearing wool** il portait de la laine or des lainages ◆ **a ball of wool** une pelote de laine ◆ **knitting/darning wool** laine f à tricoter/repriser ◆ **this sweater is all wool** or **pure wool** ce pull-over est en pure laine ◆ **all wool and a yard wide**※ (US) authentique, de première classe ◆ **to pull the wool over sb's eyes** duper qn ; → **dye, steel**
[COMP] [cloth] de laine ; [dress] en or de laine ◆ **wool blend** N laine f mélangée ◆ **wool fat** N suint m ◆ **wool-gathering** N (fig) rêvasserie f ◆ **to be** or **go wool-gathering** être dans les nuages, rêvasser ◆ **wool-grower** N éleveur m, -euse f de moutons à laine ◆ **wool-lined** ADJ doublé laine ◆ **wool merchant** N négociant(e) m(f) en laine, lainier m, -ière f ◆ **wool shop** N magasin m de laines ◆ **wool trade** N commerce m de la laine

**woolen** /ˈwʊlən/ (US) ⇒ **woollen**

**wooliness** /ˈwʊlɪnɪs/ N (US) ⇒ **woolliness**

**woollen, woolen** (US) /ˈwʊlən/
[ADJ] [garment] en laine ; [cloth] de laine ◆ **woollen cloth** or **material** lainage m, étoffe f de laine ◆ **woollen goods** lainages mpl ◆ **the woollen industry** l'industrie f lainière
[NPL] **woollens** lainages mpl

**woolliness, wooliness** (US) /ˈwʊlɪnɪs/ N [1] [of material, garment, sheep, animal's coat] aspect m laineux
[2] (fig = vagueness) [of ideas, thinking, essay, book, speech] caractère m confus or nébuleux ; [of person] côté m nébuleux

**woolly, wooly** (US) /ˈwʊlɪ/ SYN
[ADJ] [1] [material, garment, animal] laineux ; [hair] laineux
[2] (also **woolly-headed, woolly-minded**) [ideas, thinking, essay, book, speech] confus, nébuleux ; [person] nébuleux ◆ **woolly liberals** (pej) les libéraux mpl aux idées confuses ; → **wild**
[N] (Brit = jersey etc) tricot m, pull m ◆ **woollies**※, **woolies**※ (US) lainages mpl ◆ **winter woollies**※ lainages mpl d'hiver
[COMP] **woolly bear** N (= caterpillar) oursonne f, chenille f de l'écaille martre ◆ **woolly mammoth** N mammouth m laineux ◆ **woolly pully**※ N pull m ◆ **woolly rhinoceros** N rhinocéros m laineux ◆ **woolly thistle** N cirse m laineux, chardon m des ânes

**Woolsack** /ˈwʊlsæk/ N ◆ **the Woolsack** (Brit Parl) siège du grand chancelier d'Angleterre à la Chambre des lords

**woolshed** /ˈwʊlʃed/ N lainerie f

**wooly** /ˈwʊlɪ/ (US) ⇒ **woolly**

**woops**※ /wʊps/ EXCL ⇒ **whoops**

**woozy**※ /ˈwuːzɪ/ ADJ dans les vapes ◆ **I feel a bit woozy** je suis un peu dans les vapes ※

**wop**※※ /wɒp/ N (pej = Italian) Rital※※ m

**Worcester(shire) sauce** /ˈwʊstə(ʃə)sɔːs/ N sauce épicée au soja et au vinaigre

**Worcs** N abbrev of **Worcestershire**

◆ ◆ ◆ ◆ ◆ ◆ ◆ ◆ ◆ ◆ ◆ ◆ ◆ ◆ ◆

## word /wɜːd/

**LANGUAGE IN USE 26.2** SYN

1 - NOUN
2 - TRANSITIVE VERB
3 - COMPOUNDS

◆ ◆ ◆ ◆ ◆ ◆ ◆ ◆ ◆ ◆ ◆ ◆ ◆ ◆ ◆

### 1 - NOUN

[1] [GEN] mot m ; (spoken) mot m, parole f ◆ **words** [of song etc] paroles fpl ◆ **the written/spoken word** ce qui est écrit/dit ◆ **what's the word for "banana" in German?**, **what's the German word for "banana"?** comment dit-on « banane » en allemand ? ◆ **there's no such word as "impossible"** impossible n'est pas français ◆ **he won't hear a word against her** il n'admet absolument pas qu'on la critique subj ◆ **I didn't breathe a word** je n'ai pas soufflé mot ◆ **in word and deed** en parole et en fait ◆ **... or words to that effect** ... ou quelque chose de ce genre ◆ **I remember every word he said** je me souviens de ce qu'il a dit mot pour mot, je me souviens absolument de tout ce qu'il a dit ◆ **those were his very words** ce sont ses propres paroles, c'est ce qu'il a dit mot pour mot or textuellement ◆ **angry words** mots mpl prononcés sous le coup de la colère ◆ **big words!**※ toujours les grands mots ! ◆ **a man of few words** un homme peu loquace ◆ **fine words** de belles paroles fpl ◆ **fine words!** (iro) belles paroles ! ◆ **I can't find (the) words (to tell you...)** je ne trouve pas les mots (pour vous dire...) ◆ **there are no words to describe how I felt** il n'y a pas de mot pour expliquer ce que je ressentais ◆ **he could find no words to express his misery** il ne trouvait pas de mot pour exprimer sa tristesse ◆ **it's too stupid for words** c'est vraiment trop stupide ◆ **from the word go** dès le début or le commencement ◆ **I can't get a word out of him** je ne peux pas en tirer un mot ◆ **tell me in your own words** dites-le-moi à votre façon ◆ **in the words of Racine** comme dit Racine, selon les mots de Racine ◆ **I can't put my thoughts/feelings into words** je ne trouve pas les mots pour exprimer ce que je pense/ressens ◆ **by** or **through word of mouth** de bouche à oreille ; see also **compounds** ◆ **in other words** autrement dit ◆ **to put in a (good) word for sb** dire or glisser un mot en faveur de qn ◆ **don't put words into my mouth!** ne me faites pas dire ce que je n'ai pas dit ! ◆ **you took the words right out of my mouth** c'est exactement ce que j'allais dire ◆ **with these words, he sat down sur ces mots il s'est assis ◆ **without a word, he left the room** il a quitté la pièce sans dire un mot

◆ **to have a word (with sb)** (= speak to) ◆ **can I have a word?**※ puis-je vous dire un mot (en privé) ?, auriez-vous un moment ? ◆ **I'll have a word with him about it** je lui en toucherai un mot, je vais lui en parler ◆ **I had a word with him about it** je lui en ai touché un mot, je lui en ai parlé brièvement ◆ **I want (to have) a word with you** j'ai à vous parler ◆ **to have a word in sb's ear** (Brit) glisser un mot à l'oreille de qn

◆ **to have words with sb** (= rebuke) dire deux mots à qn ; (= quarrel) avoir des mots avec qn, se disputer avec qn

◆ **to say** ◆ **word(s)** ◆ **I never said a word** je n'ai rien dit du tout, je n'ai pas ouvert la bouche ◆ **Mr Martin will now say a few words** M. Martin va maintenant prendre la parole or dire quelques mots ◆ **he didn't say a word about it** il n'en a pas soufflé mot ◆ **nobody had a good word to say about him** personne n'a trouvé la moindre chose à dire en sa faveur ◆ **I didn't hear a word he said** je n'ai pas entendu un mot de ce qu'il a dit ◆ **just say the word and I'll leave** vous n'avez qu'un mot à dire pour que je parte

◆ **a word/words of** ◆ **a word of advice** un petit conseil ◆ **a word of thanks** un mot de remerciement ◆ **I'll give you a word of warning** je voudrais vous mettre en garde ◆ **after these words of warning** après cette mise en garde

◆ **in a word** en un mot

◆ **in so** or **as many words** ◆ **I told him in so** or **as many words that...** je lui ai carrément dit que..., sans y aller par quatre chemins, je lui ai dit que... ◆ **he didn't say so in so many** or **as many words** il ne l'a pas dit explicitement, ce n'est pas exactement ce qu'il a dit

◆ **word for word** [repeat, copy out] mot pour mot, textuellement ; [translate] mot à mot, littéralement ; [review, go over] mot pour mot ; see also **compounds**

◆ **a/the + word for it** ◆ **the French have a word for it** les Français ont un mot pour dire cela ◆ **boring is not the word for it!** ennuyeux, c'est le moins que l'on puisse dire ! ◆ **"negligent" is a better word for it** « négligent » serait plus juste or serait plus près de la vérité ◆ **"murder"? that's not quite the (right) word (for it)** « meurtre » ? ce n'est pas tout à fait le mot (qui convient) ◆ **she disappeared, there's no other word for it** or **that's the only word for it** elle a disparu, c'est bien le mot or on ne peut pas dire autrement

[2] [= ADVICE] conseil m ◆ **a word to new fathers** quelques conseils aux nouveaux pères ◆ **a word to the wise** un bon conseil

[3] [= NEWS, MESSAGE] (NonC) nouvelles fpl ◆ **she's waiting for word from headquarters** elle attend des nouvelles du siège central ◆ **word came from headquarters that...** le quartier général nous (or leur etc) a fait dire or nous (or les etc) a prévenus que... ◆ **word came that...** on a appris que... ◆ **to send word that...** faire savoir or faire dire que... ◆ **there's no word from John yet** on est toujours sans nouvelles de John ◆ **the purpose of his mission is to bring back word of enemy manoeuvres** le but de sa mission est de rapporter des renseignements sur les manœuvres de l'ennemi ; → **leave**

4 [= RUMOUR] ◆ **word has it** *or* **the word is that he has left** le bruit court qu'il est parti ◆ **if word got out about his past, there'd be a scandal** si l'on apprenait certaines choses sur son passé, cela ferait un scandale ◆ **the word on the street is...** * il paraît que...

5 [= PROMISE, ASSURANCE *etc*] parole *f*, promesse *f* ◆ **word of honour** parole *f* d'honneur ◆ **it was his word against mine** c'était sa parole contre la mienne ◆ **his word is his bond** il n'a qu'une parole ◆ **to break one's word** manquer à sa parole ◆ **to give one's word to sb/that** donner sa parole (d'honneur) à qn/que ◆ **I give you my word (on** *or* **for it)** je vous donne ma parole ◆ **you have my word (of honour)** vous avez ma parole (d'honneur) ◆ **to go back on one's word** revenir sur sa parole ◆ **he is as good as his word** on peut le croire sur parole ◆ **he was as good as his word** il a tenu parole ◆ **I've only got her word for it** c'est elle qui le dit, je n'ai aucune preuve ◆ **to hold sb to his word** contraindre qn à tenir sa promesse ◆ **to keep one's word** tenir (sa) parole ◆ **a man of his word** un homme de parole ◆ **my word!** *, **upon my word!** † ma parole ! ◆ **to take sb at his word** prendre qn au mot ◆ **you'll have to take his word for it** il vous faudra le croire sur parole ◆ **take my word for it, he's a good man** c'est un brave homme, croyez-moi

6 [= COMMAND] (mot *m* d')ordre *m* ◆ **the word of command** l'ordre ◆ **his word is law** c'est lui qui fait la loi, sa parole fait loi ◆ **he gave the word to advance** il a donné l'ordre d'avancer

7 [REL] ◆ **the Word** *(= logos)* le Verbe ; *(= the Bible, the Gospel :* also **the Word of God**) le Verbe (de Dieu), la parole de Dieu

8 [COMPUT] mot *m*

**2 - TRANSITIVE VERB**

[+ DOCUMENT, PROTEST] *(spoken or written)* formuler ; *(written)* rédiger, libeller *(Admin)* ◆ **he had worded the letter very carefully** il avait choisi les termes de sa lettre avec le plus grand soin ◆ **well worded** bien tourné ◆ **I don't know how to word it** je ne sais pas comment le formuler

**3 - COMPOUNDS**

**word association** N association *f* de mots
**word-blind** † ADJ dyslexique
**word-blindness** † N dyslexie *f*
**word class** N *(Gram)* catégorie *f* grammaticale
**word deafness** N *(Med)* surdité *f* verbale, aphasie *f* de réception
**word formation** N formation *f* des mots
**word-for-word** ADJ mot pour mot ◆ **a word-for-word translation** une traduction littérale *or* mot à mot
**word game** N jeu *m* de lettres
**word list** N *(in exercise etc)* liste *f* de mots ; *(in dictionary)* nomenclature *f*
**word-of-mouth** ADJ verbal, oral
**word order** N ordre *m* des mots
**word-perfect** ADJ ◆ **to be word-perfect in sth** savoir qch sur le bout des doigts
**word picture** N ◆ **to give a word picture of sth** faire une description vivante de qch
**word processing** N traitement *m* de texte ◆ **word processing package** logiciel *m* de traitement de texte
**word processor** N traitement *m* de texte
**word-type** N *(Ling)* vocable *m*
**word wrap** N *(Comput)* retour *m* (automatique) à la ligne

---

**-word** /wɜːd/ SUF ◆ **the C-word/the L-word** *manière polie ou humoristique d'évoquer un mot grossier sans le prononcer* ; see also **f-word**

**wordbook** /ˈwɜːdbʊk/ N lexique *m*, vocabulaire *m*

**wordcount** /ˈwɜːdkaʊnt/ N *(Comput)* comptage *m*, nombre *m* de mots

**wordily** /ˈwɜːdɪlɪ/ ADV verbeusement

**wordiness** /ˈwɜːdɪnɪs/ N verbosité *f*

**wording** /ˈwɜːdɪŋ/ N *[of letter, speech, statement]* termes *mpl*, formulation *f* ; *[of official document]* libellé *m* ◆ **the wording of the last sentence is clumsy** la dernière phrase est maladroitement exprimée *or* formulée ◆ **the wording is exceedingly important** le choix des termes est extrêmement important ◆ **change the wording slightly** changez quelques mots (ici et là) ◆ **a different wording would make it less ambiguous** ce serait moins ambigu si on l'exprimait autrement

**wordless** /ˈwɜːdlɪs/ ADJ 1 *(= silent) [anguish, admiration]* muet ◆ **he watched her in wordless admiration** il la regardait, muet d'admiration
2 *(= without words)* inarticulé ◆ **a wordless cry/shriek** un cri/hurlement inarticulé

**wordlessly** /ˈwɜːdlɪslɪ/ ADV sans prononcer un mot

**wordplay** /ˈwɜːdpleɪ/ SYN N *(= pun)* jeu *m* de mots ; *(NonC) (= puns)* jeux *mpl* de mots

**wordsmith** /ˈwɜːdsmɪθ/ N manieur *m* de mots ◆ **he's a skilled wordsmith** il sait tourner ses phrases ; *(stronger)* il a le génie des mots

**wordy** /ˈwɜːdɪ/ SYN ADJ *[person, style]* verbeux ; *[document]* au style verbeux

**wore** /wɔːʳ/ VB pt of **wear**

---

## work /wɜːk/

LANGUAGE IN USE 19 SYN

1 - NOUN
2 - INTRANSITIVE VERB
3 - TRANSITIVE VERB
4 - COMPOUNDS
5 - PHRASAL VERBS

---

**1 - NOUN**

1 [GEN, NONC] travail *m* ◆ **to start work, to set to work** se mettre au travail ◆ **I've got some more work for you** j'ai encore du travail pour vous ◆ **he does his work well** il travaille bien, il fait du bon travail ◆ **she put a lot of work into it** elle y a consacré beaucoup de travail ◆ **there's still a lot of work to be done on it** il reste encore beaucoup à faire ◆ **I'm trying to get some work done** j'essaie de travailler ◆ **work has begun on the new bridge** *(= building it)* on a commencé la construction du nouveau pont ◆ **you'll have your work cut out** vous allez avoir du travail ◆ **domestic work** travaux *mpl* domestiques ◆ **office work** travail *m* de bureau ◆ **work in progress** travaux *mpl* en cours ◆ **it's women's work** c'est un travail de femme ◆ **it's quite easy work** ce n'est pas un travail difficile ◆ **good work!** *(= well done!)* bravo ! ◆ **it's good work** c'est du bon travail ◆ **it's hot work** ça donne chaud ◆ **nice work if you can get it!** * *(iro)* c'est une bonne planque ! * ◆ **to make short** *or* **quick work of sth** faire qch très rapidement ◆ **he did useful work in the Ministry of Transport** il a fait du bon travail au ministère des Transports ; see also **works**

◆ **to be at work** *(= working)* travailler, être au travail ◆ **he was at work on another picture** il travaillait sur un autre tableau ◆ **there are subversive forces at work here** *(= operating)* des forces subversives sont à l'œuvre ; see also **noun 2**

2 [= EMPLOYMENT, PLACE OF EMPLOYMENT] travail *m* ◆ **he's looking for work** il cherche du travail ◆ **"work wanted"** *(US)* « demandes d'emploi » ◆ **to go to work** aller au travail ◆ **on her way to work** en allant à son travail ◆ **where is his (place of) work?** où travaille-t-il ?

◆ **at work** *(= at place of work)* au travail ◆ **he's at work at the moment** il est au travail en ce moment ◆ **accidents at work** les accidents *mpl* du travail

◆ **in + work** ◆ **those in work** les actifs *mpl* ◆ **he is in regular work** il a un emploi régulier

◆ **out of work** ◆ **to be out of work** être au chômage *or* sans emploi ◆ **an increase in the numbers out of work** une augmentation du nombre des demandeurs d'emploi *or* des chômeurs ◆ **to put** *or* **throw sb out of work** mettre qn au chômage ◆ **this decision threw a lot of people out of work** cette décision a fait beaucoup de chômeurs ◆ **600 men were thrown out of work** 600 hommes ont été licenciés *or* ont perdu leur emploi

◆ **off work** ◆ **he's off work today** il n'est pas allé (*or* venu) travailler aujourd'hui ◆ **he has been off work for three days** il est absent depuis trois jours ◆ **a day off work** un jour de congé ◆ **I'll have to take time off work** il va falloir que je prenne un congé

3 [= PRODUCT] œuvre *f* ◆ **the works of God** l'œuvre *f* de Dieu ◆ **his life's work** l'œuvre *f* de sa vie ◆ **his work will not be forgotten** son œuvre passera à la postérité ◆ **it's obviously the work of a professional** c'est manifestement l'œuvre d'un professionnel *or* du travail de professionnel ◆ **this is the work of a madman** c'est l'œuvre d'un fou

4 [ART, LITERAT, MUS *etc*] œuvre *f* ; *(= book on specific subject)* ouvrage *m* ◆ **the complete works of Shakespeare** les œuvres *fpl* complètes de Shakespeare ◆ **Camus' last work** la dernière œuvre de Camus ◆ **a work on Joyce** un ouvrage sur Joyce ◆ **this work was commissioned by...** cette œuvre a été commandée par... ◆ **works of fiction/reference** ouvrages *mpl* de fiction/référence ◆ **he sells a lot of his work** ses tableaux (*or* ses livres *etc*) se vendent bien

**2 - INTRANSITIVE VERB**

► For **work + preposition/adverb** combinations see also phrasal verbs.

1 [GEN] travailler ◆ **to work hard** travailler dur ◆ **to work to rule** faire la grève du zèle ◆ **he is working AT his German** il travaille son allemand ◆ **who is he working FOR ?** pour qui travaille-t-il ? ◆ **he has always worked FOR/AGAINST such a reform** il a toujours lutté pour/contre une telle réforme ◆ **he works IN education/publishing** il travaille dans l'enseignement/l'édition ◆ **he prefers to work IN wood/clay** il préfère travailler le bois/l'argile ◆ **he prefers to work IN oils** il préfère la peinture à l'huile *or* travailler à la peinture à l'huile ◆ **he worked ON the car all morning** il a travaillé sur la voiture toute la matinée ◆ **he's working ON his memoirs** il travaille à ses mémoires ◆ **have you solved the problem? – we're working ON it** avez-vous résolu le problème ? – on y travaille ◆ **I've been working ON him but haven't yet managed to persuade him** *(fig)* j'ai bien essayé de le convaincre, mais je n'y suis pas encore parvenu ◆ **the police are working ON the case** la police enquête sur l'affaire ◆ **they are working ON the principle that...** ils partent du principe que... ◆ **there are not many facts/clues to work ON** il y a peu de faits/d'indices sur lesquels travailler ◆ **to work TOWARDS sth** œuvrer pour qch ◆ **we are working TOWARDS equality of opportunity** nous œuvrons pour l'égalité des chances ◆ **we are working TOWARDS a solution/an agreement** nous essayons de parvenir à une solution/un accord

2 [= FUNCTION, BE EFFECTIVE] *[mechanism, watch, machine, car, switch, scheme, arrangement]* marcher, fonctionner ; *[drug, medicine]* agir, faire effet ; *[yeast]* fermenter ◆ **the lift isn't working** l'ascenseur ne marche pas *or* est en panne ◆ **it works off the mains/on electricity/off batteries** ça marche sur (le) secteur/à l'électricité/avec des piles ◆ **my brain doesn't seem to be working today** *(hum)* je n'ai pas les idées très claires aujourd'hui ◆ **the spell worked** le charme a fait son effet ◆ **it just won't work** ça ne marchera pas *or* jamais ◆ **that works both ways** c'est à double tranchant ◆ **this may work in our favour** ça pourrait jouer en notre faveur

3 [= PASS] ◆ **she worked methodically down the list** elle a suivi la liste de façon méthodique ◆ **water has worked through the roof** de l'eau s'est infiltrée par le toit

4 [= MOVE] *[face, mouth]* se contracter, se crisper

**3 - TRANSITIVE VERB**

1 [= CAUSE TO WORK] *[+ person, staff]* faire travailler ; *[+ mechanism, lever, pump]* actionner ; *[+ machine]* faire marcher ◆ **I don't know how to work the video** je ne sais pas comment faire marcher le magnétoscope ◆ **he works his staff too hard** il fait trop travailler son personnel, il surmène son personnel ◆ **the machine is worked by solar energy** cette machine marche *or* fonctionne à l'énergie solaire

◆ **to work o.s.** ◆ **he works himself too hard** il se surmène ◆ **he's working himself to death** il se tue à la tâche

2 [= BRING ABOUT] *[+ miracle]* faire, accomplir ; *[+ change]* apporter ◆ **to work wonders** *or* **marvels** *[person]* faire des merveilles ; *[drug, medicine, action, suggestion]* faire merveille

3 [* = ARRANGE FOR] ◆ **he has managed to work his promotion** il s'est débrouillé pour obtenir de l'avancement ◆ **can you work it so she can come too?** pouvez-vous faire en sorte qu'elle vienne aussi ? ◆ **I'll work it if I can** si je peux m'arranger pour le faire, je le ferai

4 [= EXPLOIT RESOURCES OF] *[+ mine, land]* exploiter ◆ **this rep works the south-east** ce représentant couvre le Sud-Est

5 [= MANOEUVRE] ◆ **he worked the rope gradually through the hole** il est parvenu à faire passer progressivement la corde dans le trou, il s'est employé à enfoncer progressivement la corde

dans le trou ◆ **he worked his hands free** il est parvenu à libérer ses mains ◆ **to work sth loose** parvenir à desserrer qch ◆ **he worked the lever up and down** il a actionné le levier plusieurs fois ◆ **she worked the hook carefully out of the cloth** avec précaution, elle s'employa à retirer l'hameçon du tissu ◆ **he worked the crowd (up) into a frenzy** il a réussi à déchaîner la foule

◆ **to work one's way** ◆ **he worked his way along the edge of the cliff** il a longé prudemment le bord de la falaise ◆ **rescuers are working their way towards the trapped men** les sauveteurs se fraient un passage jusqu'aux hommes qui sont bloqués ◆ **he worked his way up from nothing** il est parti de rien ◆ **he worked his way up to the top of his firm** il a gravi un à un tous les échelons de la hiérarchie de son entreprise ◆ **he worked his way up from office boy to managing director** il est devenu PDG après avoir commencé comme garçon de bureau ◆ **to work one's way through college** travailler pour payer ses études

6 [= MAKE, SHAPE] *[+ metal, wood, leather]* travailler ; *[+ dough, clay]* travailler, pétrir ; *[+ object]* façonner *(out of* dans) ; *(= sew)* coudre ; *(= embroider) [+ design etc]* broder ◆ **work the butter and sugar together** *(Culin)* mélangez bien le beurre et le sucre

#### 4 - COMPOUNDS

**work area** N coin *m* de travail, bureau *m*
**work camp** N *(= prison)* camp *m* de travail forcé ; *(voluntary)* chantier *m* de travail (bénévole)
**work ethic** N éthique *f* du travail, déontologie *f*
**work experience** N *(gen)* expérience *f* professionnelle ; *(for students)* stage *m* professionnel
**work file** N *(Comput)* fichier *m* de travail
**work function** N *(Phys)* travail *m* d'extraction *or* de sortie
**work-harden** VT *(Metal)* durcir à froid, écrouir
**work-in** N *(= strike) grève avec occupation des locaux et appropriation des moyens de production*
**work/life balance** N équilibre *m* entre vie professionnelle et vie privée
**work load** N charge *f* de travail ◆ **his work load is too heavy** il a trop de travail ◆ **they were discussing work loads** ils discutaient de la répartition du travail
**work of art** N œuvre *f* d'art
**work permit** N permis *m* de travail
**work placement** N stage *m* en entreprise
**work prospects** NPL *[of course, training]* débouchés *mpl* ; *[of student]* perspectives *fpl*
**work-rule** N *(US)* ⇒ **work-to-rule**
**work-sharing** N partage *m* du travail
**work space** N ⇒ **work area**
**work station** N poste *m* de travail
**work-study** N étude *f* ergonomique
**work-study student** N *(US Univ)* étudiant(e) *m(f)* ayant un emploi rémunéré par l'université
**work surface** N ⇒ **worktop**
**work-to-rule** N *(Brit)* grève *f* du zèle
**work week** N semaine *f* de travail ◆ **a work week of 38 hours** *(US)* une semaine de 38 heures
**work-worn** ADJ *[hands]* usé par le travail

#### 5 - PHRASAL VERBS

▸ **work away** VI ◆ **they worked away all day** ils n'ont pas arrêté de toute la journée ◆ **she was working away at her embroidery** elle était absorbée par sa broderie

▸ **work down** VI *[stockings etc]* glisser

▸ **work in**

VI 1 *[dust, sand]* s'introduire

2 *(= fit in)* ◆ **she works in with us as much as possible** elle collabore avec nous autant que possible ◆ **this doesn't work in with our plans to reorganize the department** cela ne cadre pas *or* ne concorde pas avec nos projets de réorganisation du service ◆ **that'll work in very well** ça cadrera très bien

VT SEP 1 *[+ finger, hook, lever, blade]* introduire petit à petit, enfoncer ; *[+ reference, quotation]* glisser, introduire ; *(fig) [+ subject]* s'arranger pour mentionner ◆ **we'll work in a mention of it somewhere** on s'arrangera pour le mentionner quelque part ◆ **he worked the incident into his speech** il s'est arrangé pour parler de l'incident dans son discours

2 *(= amalgamate)* incorporer ◆ **work the flour in gradually** incorporez la farine petit à petit

▸ **work off**

VI *[nut, handle etc]* se desserrer

VT SEP 1 *[+ debt, obligation]* travailler pour s'acquitter de

2 *[+ one's surplus fat]* se débarrasser de ; *[+ weight, calories]* perdre ; *[+ anger]* passer, assouvir ◆ **to work off one's energy** dépenser son surplus d'énergie ◆ **jogging helps work off stress** le jogging aide à évacuer le stress *or* à décompresser* ◆ **he worked it all off gardening** il s'est défoulé* en faisant du jardinage

▸ **work out**

VI 1 *[plan, arrangement]* marcher ; *[puzzle, problem]* se résoudre ◆ **it's all working out as planned** tout se déroule comme prévu ◆ **things didn't work out (well) for her** les choses ont plutôt mal tourné pour elle ◆ **their marriage didn't work out** leur couple n'a pas marché* ◆ **it will work out all right in the end** tout finira (bien) par s'arranger ◆ **how did it work out in the end?** comment ça s'est terminé ? ◆ **it hasn't worked out that way** les choses se sont passées autrement

2 *[amount]* ◆ **what does the total work out at?** ça fait combien en tout ? ◆ **it works out (at) £50 per child** il faut compter 50 livres par enfant

3 *(= exercise)* faire de la musculation

VT SEP 1 *(= figure out) [+ problem, puzzle, equation]* résoudre ; *[+ answer, total]* trouver ; *[+ code]* déchiffrer ; *[+ plan, scheme, idea]* élaborer, mettre au point ; *[+ settlement]* parvenir à ◆ **I'll have to work it out** *(gen)* il faut que j'y réfléchisse ; *(counting)* il faut que je calcule ◆ **who worked all this out?** qui a combiné tout ça ? ◆ **I had the whole design worked out in my mind** j'avais déjà tout conçu dans ma tête ◆ **can you work out where we are on the map?** peux-tu trouver où nous sommes sur la carte ? ◆ **he finally worked out why she'd gone** il a fini par comprendre pourquoi elle était partie ◆ **can you work out how to open it?** est-ce que tu vois comment ça s'ouvre ? ◆ **I can't work it out** ça me dépasse ◆ **I can't work him out*** je n'arrive pas à comprendre comment il fonctionne

2 *(= exhaust resources of) [+ mine, land]* épuiser

3 *[+ notice]* ◆ **she has to work out her notice** elle doit respecter le délais de préavis

4 *(= get rid of)* ◆ **don't try and work out your frustration on me!** ne t'en prends pas à moi parce que tu te sens frustré ! ◆ **he stood up in order to work out his impatience** il se mit debout pour calmer son impatience

▸ **work over*** VT SEP *(= beat up)* tabasser*, passer à tabac*

▸ **work round** VI *(= move gradually)* tourner ◆ **his tie had worked round to the back of his neck** sa cravate avait tourné et lui pendait dans le dos ◆ **the wind has worked round to the south** le vent a tourné au sud petit à petit ◆ **to work round to sth** *(in conversation, negotiations)* aborder qch ◆ **you'll have to work round to that subject tactfully** il faudra que vous abordiez *subj* ce sujet avec tact ◆ **what are you working round to?** où voulez-vous en venir ?

▸ **work through** VT FUS *(Psych = resolve emotionally)* assumer

▸ **work up**

VI 1 ◆ **events were working up to a crisis** une crise se préparait ◆ **the book works up to a dramatic ending** le roman s'achemine progressivement vers un dénouement spectaculaire ◆ **I knew they were working up to something** *(in conversation etc)* je savais qu'ils préparaient quelque chose ◆ **I thought he was working up to asking me for a divorce** je croyais qu'il préparait le terrain pour demander le divorce ◆ **what is he working up to?** où veut-il en venir ?

2 *[skirt, sleeve]* remonter

VT SEP 1 *(= rouse)* ◆ **he worked the crowd up into a frenzy** il a déchaîné l'enthousiasme de la foule ◆ **to get worked up** s'énerver ◆ **he worked himself up into a rage** il s'est mis dans une colère noire

2 *(= prepare) [+ article, drawings]* préparer

3 *(= develop) [+ trade, business]* développer ◆ **he worked this small firm up into a major company** il a réussi à faire de cette petite société une grande entreprise ◆ **he's trying to work up a connection in Wales** *(Comm)* il essaie d'établir une tête de pont au pays de Galles ◆ **I worked up an appetite/thirst carrying all those boxes** ça m'a mis en appétit/m'a donné soif de porter toutes ces caisses ◆ **I can't work up much enthusiasm for the plan** j'ai du mal à m'enthousiasmer pour ce projet ◆ **can't you work up a little more interest in it?** tu ne pourrais pas t'y intéresser un peu plus ?

**-work** /wɜːk/ N *(in compounds)* ◆ **cement-work** le ciment ◆ **lattice-work** le treillis

**workable** /ˈwɜːkəbl/ SYN ADJ 1 *[scheme, arrangement, solution, suggestion, plan, projet]* viable, réalisable ; *[agreement, settlement, compromise]* viable ◆ **it's just not workable** cela ne marchera jamais
2 *(= malleable) [metal, dough]* facile à travailler
3 *(= exploitable) [land, mine]* exploitable

**workaday** /ˈwɜːkədeɪ/ SYN ADJ *[object, tastes, surroundings]* ordinaire ; *[concerns, chores]* de tous les jours ◆ **the workaday world** la vie de tous les jours

**workaholic*** /ˌwɜːkəˈhɒlɪk/ N bourreau *m* de travail

**workbag** /ˈwɜːkbæg/ N sac *m* à ouvrage

**workbasket** /ˈwɜːkbɑːskɪt/ N *(Sewing)* corbeille *f* à ouvrage

**workbench** /ˈwɜːkbentʃ/ N *(for woodwork etc)* établi *m* ; *(in lab)* paillasse *f*

**workbook** /ˈwɜːkbʊk/ N *(= exercise book)* cahier *m* d'exercices ; *(= manual)* manuel *m* ; *(= work record book)* cahier *m* de classe

**workbox** /ˈwɜːkbɒks/ N *(Sewing)* boîte *f* à ouvrage

**workday** /ˈwɜːkdeɪ/ *(esp US)*
ADJ ⇒ **workaday**
N ◆ **a workday of eight hours** une journée de travail de huit heures ◆ **Saturday is a workday** *(gen)* on travaille le samedi ; *(Comm)* le samedi est un jour ouvrable

**worker** /ˈwɜːkəʳ/ SYN
N travailleur *m*, -euse *f* ◆ **woman worker** travailleuse *f* ◆ **he's a good worker** il travaille bien ◆ **he's a fast worker** *(lit)* il travaille vite ; *(* fig)* c'est un tombeur* *or* un don Juan ◆ **all the workers in this industry** tous ceux qui travaillent dans cette industrie ◆ **management and workers** patronat *m* et ouvriers *mpl* ◆ **we rely on volunteer workers** nous dépendons de travailleurs bénévoles ◆ **office worker** employé(e) *m(f)* de bureau ◆ **research worker** chercheur *m*, -euse *f*
COMP **worker ant** N (fourmi *f*) ouvrière *f*
**worker bee** N (abeille *f*) ouvrière *f*
**worker director** N ouvrier *m* faisant partie du conseil d'administration
**worker participation** N participation *f* des travailleurs
**worker priest** N prêtre-ouvrier *m*
**Workers' Educational Association** N *(Brit)* ≈ Association *f* d'éducation populaire

**workfare** /ˈwɜːkfɛəʳ/ N *système où les chômeurs doivent participer à des programmes de création d'emplois pour avoir droit aux allocations*

**workforce** /ˈwɜːkfɔːs/ N 1 *[of region, country]* population *f* active ◆ **a country where half the workforce is unemployed** un pays dont la moitié de la population active est au chômage ◆ **the country's workforce is well educated and diligent** la main-d'œuvre du pays est éduquée et vaillante ◆ **Hong Kong's skilled workforce** la main-d'œuvre spécialisée de Hong Kong
2 *[of company]* personnel *m* ; *(= manual workers)* main-d'œuvre *f*

**workhorse** /ˈwɜːkhɔːs/ N *(= horse)* cheval *m* de labour ; *(= person)* bête *f* de somme

**workhouse** /ˈwɜːkhaʊs/ N *(Brit Hist)* hospice *m* ; *(US Jur)* maison *f* de correction

**working** /ˈwɜːkɪŋ/ SYN
ADJ 1 *(= to do with work) [clothes, conditions, lunch, language]* de travail ; *[partner, population]* actif ◆ **a working day of eight hours** *(Brit)* une journée de travail de huit heures ◆ **Saturday is a working day** *(Brit) (gen)* on travaille le samedi ; *(Comm)* le samedi est un jour ouvrable ◆ **good working environment** bonnes conditions *fpl* de travail ◆ **working expenses** *[of mine, factory]* frais *mpl* d'exploitation ; *[of salesman]* frais *mpl* ◆ **during** *or* **in working hours** pendant les heures de travail ◆ **a working farm/mill** une ferme/un moulin en exploitation ◆ **working life** *(gen)* vie *f* active ◆ **she spent most of her working life abroad** elle a passé la plus grande partie de sa vie active à l'étranger ◆ **a long and strenuous working life** une longue vie de labeur ◆ **the working man will not accept...** les travailleurs n'accepteront pas... ◆ **he's an ordinary working man** c'est un simple travailleur ◆ **he's a working man now** il travaille maintenant, il gagne sa vie maintenant ◆ **working memory** *(Psych)* mémoire *f* de travail *or* à court terme ◆ **a working wife** une femme mariée qui travaille ◆ **she is an ordinary working woman**

c'est une simple travailleuse • **she is a working woman** *(= economically active)* elle travaille, elle gagne sa vie • **the working woman** la femme qui travaille ; → **order**

2 *(= operational)* • **working drawing** épure *f* • **working hypothesis** hypothèse *f* de travail • **to build** *or* **form a working partnership** *(professionally)* établir de bons rapports ; *(emotionally)* parvenir à une bonne relation de couple

3 *(= adequate)* • **to have a working majority** *(Pol etc)* avoir une majorité suffisante • **a working knowledge of German** une connaissance correcte de l'allemand

4 *(= functioning) [model]* qui marche

N *(NonC)* travail *m* ; *[of machine etc]* fonctionnement *m* ; *[of yeast]* fermentation *f* ; *[of mine, land]* exploitation *f* ; *[of metal, wood, leather]* travail *m* ; *[of clay, dough]* travail *m*, pétrissage *m* ; *(Sewing)* couture *f* ; *(= embroidery)* broderie *f*

NPL **workings** *(= mechanism)* mécanisme *m* ; *[of government, organization]* rouages *mpl* ; *(Min)* chantier *m* d'exploitation • **I don't understand the workings of her mind** je ne comprends pas ce qui se passe dans sa tête

COMP **working capital** N fonds *mpl* de roulement

**working class** N • **the working class** la classe ouvrière • **the working classes** le prolétariat

**working-class** ADJ *[origins, background, accent, suburb]* ouvrier, prolétarien • **he is working-class** il appartient à la classe ouvrière

**working dog** N *chien adapté, de par sa race ou son dressage, à des tâches utilitaires*

**working families tax credit** N *(Brit)* complément *m* familial

**working girl** N *(euph)* professionnelle* *f (euph)*

**working group** N groupe *m* de travail

**working holiday** N *(Brit) vacances mises à profit pour effectuer une activité rémunérée*

**working men's club** N *(Brit)* ≈ foyer *m* d'ouvriers

**working party** N *(Brit) (gen)* groupe *m* de travail ; *(grander)* commission *f* d'enquête ; *(= squad : of soldiers)* escouade *f*

**working relationship** N relations *fpl* or rapports *mpl* de travail • **to have a good working relationship (with sb)** avoir de bonnes relations *or* bons rapports de travail (avec qn)

**working title** N titre *m* provisoire

**working vacation** N *(US)* ⇒ **working holiday**

**working week** N *(Brit)* semaine *f* de travail

**workless** /ˈwɜːklɪs/ ADJ sans travail

**workman** /ˈwɜːkmən/ SYN (pl -men) N
1 *(= labourer, factory worker)* ouvrier *m* • **a bad workman blames his tools** *(Prov)* les mauvais ouvriers ont toujours de mauvais outils *(Prov)* • **workmen's compensation** pension *f* d'invalidité *(pour ouvriers)*

2 • **to be a good workman** bien travailler, avoir du métier

**workmanlike** /ˈwɜːkmənlaɪk/ SYN ADJ *[person, attitude]* professionnel ; *[object, product, tool]* bien fait, soigné ; *(fig) [attempt]* sérieux • **it was a workmanlike essay** c'était une dissertation honnête *or* bien travaillée • **he made a workmanlike job of it** il a fait du bon travail • **he set about it in a very workmanlike way** il s'y est pris comme un vrai professionnel

**workmanship** /ˈwɜːkmənʃɪp/ SYN N *[of craftsman]* métier *m*, maîtrise *f* ; *[of artefact]* exécution *f or* fabrication *f* soignée • **this example of his workmanship** cet exemple de son savoir-faire • **a chair of fine workmanship** une chaise faite avec art • **a superb piece of workmanship** un *or* du travail superbe

**workmate** /ˈwɜːkmeɪt/ N camarade *mf* de travail

**workmen** /ˈwɜːkmən/ NPL of **workman**

**workout** /ˈwɜːkaʊt/ N *(Sport)* séance *f* d'entraînement

**workpeople** /ˈwɜːkpiːpl/ NPL travailleurs *mpl*, ouvriers *mpl*

**workplace** /ˈwɜːkpleɪs/ N lieu *m* de travail

**workroom** /ˈwɜːkrʊm/ N salle *f* de travail

**works** /wɜːks/ SYN

N *(pl inv)* 1 *(Brit) (= factory)* usine *f* ; *(= processing plant etc)* installations *fpl* • **irrigation works** installations *fpl* d'irrigation, barrage *m* • **price ex works** prix *m* sortie d'usine

2 *(Admin, Mil)* travaux *mpl* ; *[of clock, machine etc]* mécanisme *m* ; *(Rel)* œuvres *fpl* • **each man will be judged by his works** chaque homme sera jugé selon ses œuvres

3 *(= the lot)* • **the (whole) works*** tout le tremblement*, tout le tralala* • **to put in the works*** *(US)* sortir le grand jeu ; → **public**, **spanner**

COMP *[entrance, car park, canteen]* de l'usine ; *[car]* de l'entreprise ; *(as opposed to staff)* des ouvriers

**works committee, works council** N comité *m* d'entreprise

**works manager** N directeur *m*, -trice *f* d'usine

**worksheet** /ˈwɜːkʃiːt/ N *(for pupil)* fiche *f* d'exercices

**workshop** /ˈwɜːkʃɒp/ SYN N *(lit, fig)* atelier *m*

**workshy** /ˈwɜːkʃaɪ/ ADJ fainéant, tire-au-flanc* *inv*

**workspace** /ˈwɜːkspeɪs/ N espace *m* de travail

**workstream** /ˈwɜːkstriːm/ N secteur *m* d'activité

**worktable** /ˈwɜːkteɪbl/ N table *f* de travail

**worktop** /ˈwɜːktɒp/ N plan *m* de travail

**world** /wɜːld/ SYN

N 1 *(gen, Geog etc)* monde *m* • **the most powerful nation in the world** la nation la plus puissante du monde • **the English-speaking world** le monde anglophone • **to be alone in the world** être seul au monde • **the ancient world** le monde antique, l'antiquité *f* • **a citizen of the world** un citoyen du monde • **it's not the end of the world** ça pourrait être bien pire • **the world we live in** le monde où nous vivons • **he lives in a world of his own, he lives in another world** il vit dans un monde à lui • **all over the world, (all) the world over** dans le monde entier • **to go round the world, to go on a trip round the world** *or* **a round-the-world trip** faire le tour du monde, voyager autour du monde • **a round-the-world cruise** une croisière autour du monde • **to see the world** voir du pays, courir le monde • **since the world began, since the beginning of the world** depuis que le monde est monde • **it is known throughout the world** c'est connu dans le monde entier, c'est universellement connu ; → **dead**, **fire**, **lead**[1], **new**, **old**, **old-world**

2 *(emphatic phrases)* • **what/where/why/how in the world...?** que/où/pourquoi/comment diable*... ? • **where in the world has he got to?** où a-t-il bien pu passer ?, où diable* est-ce qu'il est passé ? • **nowhere in the world, nowhere in the whole (wide) world** nulle part au monde • **I wouldn't do it for (anything in) the world, nothing in the world would make me do it** je ne le ferais pour rien au monde, je ne le ferais pas pour tout l'or du monde • **they were worlds apart** *(gen)* ils n'avaient rien en commun, tout les séparait ; *(in opinion)* ils étaient diamétralement opposés • **there's a world of difference between Paul and Richard** il y a un monde entre Paul et Richard • **it was for all the world as if...** c'était exactement *or* tout à fait comme si... • **I'd give the world to know...** je donnerais tout au monde pour savoir... • **it did him a** *or* **the world of good** ça lui a fait énormément de bien *or* un bien fou* • **it's what he wants most in (all) the world** c'est ce qu'il veut plus que tout au monde • **in the whole (wide) world you won't find a better man than he is** nulle part au monde vous ne trouverez un meilleur homme que lui • **she means the world to him** elle est tout pour lui • **she thinks the world of him** elle ne jure que par lui • **I'm the world's worst cook** il n'y a pas pire cuisinier que moi

3 *(= this life)* monde *m* ; *(Rel: as opposed to spiritual life)* siècle *m*, monde *m* • **the world, the flesh and the devil** *(Rel)* les tentations *fpl* du monde, de la chair et du diable • **world without end** *(Rel)* dans les siècles des siècles • **he's gone to a better world** il est parti pour un monde meilleur • **the next world, the world to come** l'au-delà *m*, l'autre monde *m* • **he's not long for this world** il n'en a plus pour longtemps (à vivre) • **in this world** ici-bas, en ce (bas) monde • **in the world** *(Rel)* dans le siècle • **to bring a child into the world** mettre un enfant au monde • **to come into the world** venir au monde, naître • **it's out of this world*** c'est extraordinaire, c'est sensationnel* ; → **best**, **other**

4 *(= domain, environment)* monde *m*, univers *m* • **in the world of music** dans le monde de la musique • **the world of dreams** l'univers *m or* le monde des rêves • **the world of nature** la nature • **in the world of tomorrow** dans le monde de demain • **the business/sporting world** le monde des affaires/du sport, les milieux *mpl* d'affaires/sportifs • **in the university/political/financial world** dans les milieux universitaires/politiques/financiers • **his childhood was a world of hot summers and lazy days** son enfance était un univers d'étés brûlants et de journées oisives • **in an ideal** *or* **a perfect world** dans un monde idéal • **in the best of all possible worlds** dans le meilleur des mondes (possibles)

5 *(= society)* monde *m* • **the Rockefellers/Mr Smiths** *etc* **of this world** des gens comme les Rockefeller/Smith *etc* • **you know what the world will say if...** tu sais ce que les gens diront si... • **he had the world at his feet** il avait le monde à ses pieds • **you have to take the world as you find it** il faut prendre le monde comme il est *or* les choses comme elles sont • **he has come down in the world** il a connu des jours meilleurs • **to go up in the world** faire du chemin *(fig)* • **on top of the world*** *(= happy)* aux anges ; *(= healthy)* en pleine forme • **to make one's way in the world** faire son chemin dans le monde • **the world and his wife** absolument tout le monde, tout le monde sans exception ; → **man**

COMP *[power, war, proportions]* mondial ; *[record, tour]* du monde ; *[language]* universel

**World Bank** N Banque *f* mondiale

**world-beater*** N *(fig = person)* champion(ne) *m(f)* • **it's going to be a world-beater!** ça va faire un tabac !*

**World Boxing Association** N World Boxing Association *f (association américaine de boxe)*

**world champion** N *(Sport)* champion(ne) *m(f)* du monde

**world championship** N championnat *m* du monde

**world-class** ADJ *[player, team etc]* de niveau international ; *[statesman, politician]* de carrure internationale

**World Council of Churches** N Conseil *m* œcuménique des Églises

**World Court** N *(Jur)* Cour *f* internationale de justice

**World Cup** N *(Football)* Coupe *f* du monde

**World Fair** N *(Comm)* Exposition *f* internationale

**world-famous** ADJ de renommée mondiale, célèbre dans le monde entier

**World Health Organization** N Organisation *f* mondiale de la santé

**World Heritage Site** N site *m* inscrit sur la liste du patrimoine mondial

**world leader** N *(Pol, Comm)* leader *m* mondial • **Clari UK is a world leader in agrochemicals** Clari UK est un leader mondial en matière de produits chimiques agricoles

**world music** N world music *f*

**world scale** N • **on a world scale** à l'échelle mondiale

**World Series** N *(US Baseball)* championnat *m* national de baseball

**World Service** N *(Brit Rad)* service *m* international de la BBC

**world-shaking, world-shattering** ADJ renversant

**World title** N *(Sport)* titre *m* de champion du monde • **the World title fight** *(Boxing)* le championnat du monde

**World Trade Organization** N Organisation *f* mondiale du commerce

**world-view** N vision *f* du monde

**World War One** N la Première Guerre mondiale

**World War Two** N la Deuxième *or* Seconde Guerre mondiale

**world-weariness** N dégoût *m* du monde

**world-weary** ADJ las (lasse *f*) du monde

**world-wide** SYN ADJ mondial, universel ADV *[be known]* mondialement, universellement ; *[travel]* à travers le monde, partout dans le monde

**the World Wide Web** N *(Comput)* le Web

**worldliness** /ˈwɜːldlɪnɪs/ N *[of person]* attachement *m* aux biens de ce monde ; *(Rel)* mondanité *f*

**worldly** /ˈwɜːldlɪ/ SYN

ADJ 1 *(= earthly) [matters]* de ce monde ; *[pleasures, wealth]* de ce monde, temporel ; *[success]* matériel • **his worldly goods** ses biens *mpl* temporels • **to put aside worldly things** renoncer aux choses de ce monde

2 *(pej = materialistic) [person, attitude]* matérialiste

3 *(= experienced) [person]* qui a l'expérience ; *[manner]* qui dénote une grande expérience

COMP **worldly-minded** ADJ matérialiste

**worldly-wisdom** N expérience *f*

**worldly-wise** ADJ qui a de l'expérience

**worm** /wɜːm/
**N** *(gen = earthworm etc)* ver *m* (de terre) ; *(in fruit etc)* ver *m* ; *(= maggot)* asticot *m* ; *(Med)* ver *m* ; *(fig = person)* minable* *mf* ; *(= program)* ver *m* ◆ **to have worms** *(Med)* avoir des vers ◆ **the worm has turned** il en a eu (*or* j'en ai eu *etc*) assez de se (*or* me *etc*) faire marcher dessus ◆ **the worm in the apple** *or* **bud** *(fig)* le ver dans le fruit *(fig)* ◆ **you worm!*** misérable ! ; → **bookworm, glow, silkworm**
**VT** 1 *(= wriggle)* ◆ **to worm o.s.** *or* **one's way along/down/across** *etc* avancer/descendre/traverser *etc* à plat ventre *or* en rampant ◆ **he wormed his way through the skylight** il a réussi en se tortillant à passer par la lucarne ◆ **he wormed his way into our group** il s'est insinué *or* immiscé dans notre groupe ◆ **to worm one's way into sb's affections** *(pej)* gagner insidieusement l'affection de qn
2 *(= extract)* ◆ **to worm sth out of sb** soutirer qch à qn ◆ **I'll worm it out of him somehow** je m'arrangerai pour lui tirer les vers du nez
3 *(= to rid of worms)* *[+ dog, cat, person]* soigner pour ses vers *or* contre les vers
**COMP** **worm-cast N** déjections *fpl* de ver
**worm drive N** *(Tech)* transmission *f* à vis sans fin ; *(Comput)* unité *f* à disques inscriptibles une seule fois
**worm-eaten ADJ** *[fruit]* véreux ; *[furniture]* mangé aux vers, vermoulu
**worm gear N** *(Tech)* engrenage *m* à vis sans fin
**worm(ing) powder N** poudre *f* vermifuge
**worm's eye view* N** *(Phot, Cine)* contre-plongée *f* ◆ **a worm's eye view of what is going on** un humble aperçu de ce qui se passe

**wormhole** /ˈwɜːmhəʊl/ **N** trou *m* de ver ; *(Phys)* tunnel *m* spatiotemporel

**wormlike** /ˈwɜːmlaɪk/ **ADJ** vermiculaire, vermiforme

**wormwood** /ˈwɜːmwʊd/ **N** armoise *f*

**wormy*** /ˈwɜːmɪ/ **ADJ** *(= worm-eaten)* *[fruit]* véreux ; *[furniture]* vermoulu, mangé aux vers

**worn** /wɔːn/ SYN
**VB** ptp of **wear**
**ADJ** *[garment, carpet, tyre, step, hands]* usé ; *[face]* las (lasse *f*) ◆ **to look worn** *[person]* avoir l'air las ; see also **wear**
**COMP** **worn-out** SYN **ADJ** *[garment, carpet, tyre]* usé jusqu'à la corde ; *[tool, machine part]* complètement usé ; *[person]* épuisé, éreinté ; *[idea]* éculé, rebattu ; see also **wear**

**worried** /ˈwʌrɪd/ SYN **ADJ** inquiet (-ète *f*) ◆ **she is worried about her future** elle s'inquiète pour son avenir ◆ **I'm worried about her health** sa santé m'inquiète, je suis inquiet pour sa santé ◆ **he's worried that it might be cancer** il a peur que ce (ne) soit un cancer ◆ **to get worried** s'inquiéter ◆ **I was worried that he would find out the truth** j'avais peur qu'il découvre *subj* la vérité ◆ **worried sick** *or* **stiff*** fou d'inquiétude ◆ **where do you want to go? – wherever, I'm not worried*** où veux-tu aller ? – n'importe, ça m'est égal ◆ **you had me worried (for a minute)** tu m'as fait peur ; see also **worry** ; → **death**

**worrier** /ˈwʌrɪəʳ/ **N** anxieux *m*, -euse *f*, inquiet *m*, -ète *f* ◆ **he's a dreadful worrier** c'est un éternel inquiet

**worrisome** /ˈwʌrɪsəm/ **ADJ** préoccupant

**worry** /ˈwʌrɪ/ SYN
**N** souci *m* ◆ **the worry of having to find the money** le souci d'avoir à trouver l'argent ◆ **he hasn't any worries** il n'a pas de soucis ◆ **to make o.s. sick with worry** se faire un sang d'encre, se ronger les sangs *(about, over* au sujet de, pour) ◆ **that's the least of my worries** c'est le cadet *or* le dernier de mes soucis ◆ **what's your worry?*** qu'est-ce qui ne va pas ? ◆ **he's a constant worry to his parents** il est un perpétuel souci pour ses parents ◆ **it's a great worry to us all, it's causing us a lot of worry** cela nous cause *or* nous donne beaucoup de souci(s) ◆ **what a worry it all is!** tout ça c'est bien du souci !
**VI** 1 se faire du souci, s'inquiéter *(about, over* au sujet de, pour) ◆ **don't worry about me** ne vous inquiétez pas *or* ne vous en faites pas pour moi ◆ **she worries about her health** sa santé la tracasse ◆ **I've got enough to worry about without that (as well)** j'ai déjà assez de soucis (comme ça) ◆ **there's nothing to worry about** il n'y a aucune raison de s'inquiéter *or* s'en faire ◆ **I should worry!*** *(iro)* je ne vois pas pourquoi je m'en ferais !* ◆ **I'll punish him if I catch him at it, don't you worry!*** je le punirai si je l'y prends, (ne) t'en fais pas !* ◆ **not to worry!** tant pis, ce n'est pas grave !
2 ◆ **to worry at sth** ⇒ **to worry sth vt 3**
**VT** 1 *(= make anxious)* inquiéter, tracasser ◆ **it worries me that he should believe...** cela m'inquiète qu'il puisse croire... ◆ **she worries that her son will turn out like his father** elle a peur que son fils (ne) marche sur les traces de son père ◆ **the whole business worries me to death*** j'en suis fou d'inquiétude ◆ **don't worry yourself about it** ne t'en fais pas *or* ne t'inquiète pas *or* ne te tracasse pas pour ça ◆ **don't worry your head!** ne vous mettez pas martel en tête ! ◆ **she worried herself sick over it all** elle s'est rendue malade à force de se faire du souci pour tout ça, elle s'est rongé les sangs à propos de tout ça ◆ **what's worrying you?** qu'est-ce qui te tracasse ? ; see also **worried**
2 *(= bother)* déranger ◆ **the cold doesn't worry me** le froid ne me dérange pas
3 *[dog etc]* *[+ bone, rat, ball]* prendre entre les dents et secouer, jouer avec ; *[+ sheep]* harceler ◆ **he kept worrying the loose tooth with his tongue** il n'arrêtait pas d'agacer avec sa langue la dent qui bougeait
**COMP** **worry beads NPL** ≈ komboloï *m*
**worry line* N** ride *f* *(causée par l'inquiétude)*
▸ **worry along VI** continuer à se faire du souci
▸ **worry at VT FUS** *[+ problem]* ressasser

**worrying** /ˈwʌrɪɪŋ/
**ADJ** inquiétant
**N** ◆ **worrying does no good** il ne sert à rien de se faire du souci ◆ **all this worrying has aged him** tout le souci qu'il s'est fait l'a vieilli ; → **sheep**

**worryingly** /ˈwʌrɪɪŋlɪ/ **ADV** ◆ **she is worryingly thin** elle est d'une minceur inquiétante ◆ **interest rates are worryingly high** les taux d'intérêt ont atteint des niveaux inquiétants ◆ **(more) worryingly, she hasn't phoned home yet** elle n'a pas téléphoné chez elle, ce qui est (encore plus) inquiétant

**worrywart** /ˈwʌrɪwɔːt/ **N** anxieux *m*, -euse *f*

**worse** /wɜːs/
**ADJ** (compar of **bad, ill**) 1 *(in quality)* *[news, weather, smell, result]* plus mauvais *(than* que), pire *(than* que) ◆ **your essay is worse than his** votre dissertation est pire *or* plus mauvaise que la sienne ◆ **his essay is bad but yours is worse** sa dissertation est mauvaise mais la vôtre est pire ◆ **I can't remember a worse harvest** je ne me rappelle pas une plus mauvaise récolte ◆ **I'm bad at English, but worse at maths** je suis mauvais en anglais et pire en maths ◆ **business is worse than ever** les affaires vont plus mal que jamais ◆ **it** *or* **things could be worse!** ça pourrait être pire ! ◆ **things couldn't be worse** ça ne pourrait pas aller plus mal ◆ **worse things have happened!, worse things happen at sea!*** *(hum)* on a vu pire ! ◆ **there are worse things (than being unemployed)** il y a pire (que d'être au chômage) ◆ **there's nothing worse than...** il n'y a rien de pire que... ◆ **it looks worse than it is** ça n'est pas aussi grave que ça en a l'air ◆ **worse luck!*** hélas ! ◆ **and, what's worse,...** et, qui pis est... ◆ **to get** *or* **grow worse** *[situation, conditions]* empirer, se détériorer ; *[weather, climate]* être de pire en pire, se dégrader ; *[food, smell]* être de plus en plus mauvais, être de pire en pire ; *[memory]* empirer ◆ **things will get worse before they get better** les choses ne sont pas près d'aller mieux *or* de s'améliorer ◆ **wait, it gets worse*...** attends, il y a pire... ◆ **to get worse and worse** ne faire qu'empirer ◆ **that would just make things** *or* **matters worse** cela ne ferait qu'aggraver les choses ◆ **you've only made matters** *or* **things** *or* **it worse** tu n'as fait qu'aggraver la situation *or* qu'envenimer les choses ◆ **he made matters worse (for himself) by refusing** il a aggravé son cas en refusant ◆ **and, to make matters** *or* **things worse, he...** et pour ne rien arranger, il... ; → **bad**
2 *(in behaviour)* pire ◆ **you're worse than he is!** tu es pire que lui ! ◆ **he was always arrogant, but he's even worse now** il a toujours été arrogant, mais il est encore pire maintenant ◆ **he is getting worse** il ne s'améliore pas *or* s'arrange pas
3 *(in health)* ◆ **to be worse** aller plus mal ◆ **to feel worse** se sentir moins bien *or* plus mal ◆ **to get** *or* **grow worse** aller plus mal
4 *(= more harmful)* ◆ **smoking is (even) worse for you than cholesterol** le tabac est (encore) plus mauvais *or* nocif pour la santé que le cholestérol
5 *(= more intense, serious)* *[noise, pressure, pain, stress]* pire ◆ **to get** *or* **grow worse** empirer ◆ **the rain was getting worse** la pluie s'intensifiait
6 ◆ **the worse for sth** ◆ **he's none the worse for it** il ne s'en porte pas plus mal ◆ **he's none the worse for his fall** sa chute ne lui a pas fait trop de mal ◆ **the house would be none the worse for a coat of paint** une couche de peinture ne ferait pas de mal à cette maison ◆ **it will be the worse for you if...** c'est vous qui serez perdant si... ◆ **so much the worse for him!** tant pis pour lui ! ◆ **to be the worse for drink** *(= tipsy)* être éméché ; *(= drunk)* être ivre ◆ **to look the worse for wear*** *[clothes, shoes]* être vraiment défraîchi *or* fatigué ; *[carpet]* être vraiment usé ◆ **he was (looking) somewhat the worse for wear*** il n'était pas très frais
**ADV** (compar of **badly, ill**) 1 *(in quality, behaviour)* *[sing, play]* plus mal ◆ **he did it worse than you did** il l'a fait plus mal que toi ◆ **that child behaves worse and worse** cet enfant se conduit de plus en plus mal ◆ **in spite of all those lessons, I played worse than ever** malgré toutes ces leçons, j'ai joué plus mal que jamais ◆ **you might** *or* **could do worse** vous pourriez faire pire ◆ **you might do worse than to accept** accepter n'est pas ce que vous pourriez faire de pire ◆ **worse, the food was running out** pire (encore), les vivres s'épuisaient ◆ **and, worse,...** et, qui pis est,... ◆ **now I'm worse off than before** maintenant, je suis moins bien loti qu'avant
2 *(= more intensely, seriously)* ◆ **it's raining worse than ever** il pleut plus fort que jamais ◆ **she hates me worse than before** elle me déteste encore plus qu'avant ◆ **it hurts worse than ever** ça fait plus mal que jamais ◆ **some arease were worse hit** *or* **worse affected than others** certaines régions étaient plus touchées que d'autres
3 ◆ **the worse for sth** ◆ **I like him none the worse for that** je ne l'en apprécie pas moins pour ça ◆ **I won't think any the worse of you for it** tu ne baisseras pas pour autant dans mon estime
**N** pire *m* ◆ **I have worse to tell you** je ne vous ai pas tout dit, il y a pire encore ◆ **there's worse to come** le pire est à venir ◆ **worse followed** ensuite cela a été pire ◆ **there has been a change for the worse** *(gen)* il y a eu une détérioration très nette de la situation ; *(in medical patient)* il y a eu une aggravation très nette de son état ; → **bad**

**worsen** /ˈwɜːsn/ SYN
**VI** *[situation, conditions, weather]* empirer, se détériorer, se dégrader ; *[sb's state, health]* empirer, s'aggraver ; *[illness]* s'aggraver ; *[chances of success]* diminuer, se gâter ; *[relationship]* se détériorer, se dégrader
**VT** empirer, rendre pire

**worsening** /ˈwɜːsnɪŋ/
**N** *[of situation, conditions, weather, relations, quality]* détérioration *f*, dégradation *f* ; *[of health, crisis]* aggravation *f*
**ADJ** *[situation, weather, health, quality]* qui empire, qui se détériore ; *[crisis]* qui empire

**worship** /ˈwɜːʃɪp/ SYN
**N** 1 *(Rel, also of money, success etc)* culte *m* ; *(gen: of person)* adoration *f*, culte *m* ◆ **form of worship** liturgie *f* ◆ **place of worship** *(Rel)* lieu *m* de culte ; *(Christian)* église *f* ◆ **hours of worship** *(Rel)* heures *fpl* des offices ; → **hero**
2 *(esp Brit : in titles)* ◆ **His Worship (the Mayor)** Monsieur le maire ◆ **Your Worship** *(to Mayor)* Monsieur le Maire ; *(to magistrate)* Monsieur le Juge
**VT** *(Rel)* *[+ God, idol etc]* rendre un culte à ; *(gen)* vouer un culte à ; *[+ money, success etc]* avoir le culte de ◆ **he worshipped the ground she walked on** il vénérait jusqu'au sol qu'elle foulait ◆ **she had worshipped him for years** elle lui avait voué un culte pendant des années
**VI** *(Rel)* faire ses dévotions ◆ **to worship at the altar of power/fame** avoir le culte du pouvoir/de la renommée, vouer un culte au pouvoir/à la renommée

**worshiper** /ˈwɜːʃɪpəʳ/ **N** *(US)* ⇒ **worshipper**

**worshipful** /ˈwɜːʃɪpfʊl/ **ADJ** 1 *(frm = reverential)* révérencieux *(liter)*
2 *(esp Brit : in titles)* ◆ **the Worshipful Company of Goldsmiths** l'honorable compagnie *f* des orfèvres ◆ **the Worshipful Mayor of...** Monsieur le maire de...

**worshipper, worshiper** *(US)* /ˈwɜːʃɪpəʳ/ **N** *(Rel, fig)* adorateur *m*, -trice *f* ◆ **worshippers** *(in church)* fidèles *mpl*

**worst** /wɜːst/ SYN

**ADJ** (superl of **bad** *and* of **ill**) ◆ **the worst...** le *(or* la) plus mauvais(e)..., le *(or* la) pire... ◆ **the worst film I've ever seen** le plus mauvais film que j'aie jamais vu ◆ **he was the worst student in the class** c'était le plus mauvais élève de la classe ◆ **the worst thing about men is...** ce qu'il y a de pire chez les hommes c'est que... ◆ **the worst thing about living on your own is...** ce qu'il y a de pire quand on vit seul, c'est... ◆ **come on, what's the worst thing that could happen?** allons, on a vu pire ! ◆ **that's the worst kind of arrogance** c'est la pire sorte d'arrogance ◆ **in the worst way** * *(US fig)* désespérément ◆ **of all the children, he's (the) worst** de tous les enfants, c'est le pire ◆ **it was the worst thing he ever did** c'est la pire chose qu'il ait jamais faite ◆ **it was the worst winter for 20 years** c'était l'hiver le plus rude depuis 20 ans ◆ **my worst fears were confirmed (when...)** mes pires craintes se sont confirmées (quand...) ◆ **that was his worst mistake** cela a été son erreur la plus grave *or* sa plus grave erreur ◆ **the worst victims of inflation are the old** les plus grandes victimes de l'inflation sont les personnes âgées, les personnes les plus touchées par l'inflation sont les personnes âgées

**ADV** (superl of **badly** *and* of **ill**) le plus mal ◆ **they all sing badly but he sings worst of all** ils chantent tous mal mais c'est lui qui chante le plus mal de tous ◆ **he came off worst** c'est lui qui s'en est le plus mal sorti ◆ **the worst off** le *(or* la) plus mal loti(e) ◆ **worst of all,...** pire que tout,... ◆ **that boy behaved worst of all** ce garçon a été le pire de tous ◆ **it's my leg that hurts worst of all** c'est ma jambe qui me fait le plus mal ◆ **the worst-dressed man in England** l'homme *m* le plus mal habillé d'Angleterre ◆ **the worst hit** *or* **worst affected areas** les régions *fpl* les plus touchées

**N** pire *m*, pis *m (liter)* ◆ **the worst that can happen** la pire chose *or* le pire qui puisse arriver ◆ **the worst is yet to come** il faut s'attendre à pire, on n'a pas encore vu le pire ◆ **the worst was yet to come** le pire devait arriver ensuite, on n'avait pas encore vu le pire ◆ **the worst hasn't come to the worst yet** ce pourrait encore être pire, la situation n'est pas désespérée ◆ **if the worst comes to the worst** *(Brit)*, **if worst comes to worst** *(US)* en mettant les choses au pis, même en envisageant le pire ◆ **at (the) worst** au pire ◆ **to be at its** *(or* **their) worst** *[crisis, storm, winter, epidemic]* être à son *(or* leur) paroxysme ; *[situation, conditions, relationships]* n'avoir jamais été aussi mauvais ◆ **things** *or* **matters were at their worst** les choses ne pouvaient pas aller plus mal ◆ **at the worst of the storm/epidemic** au plus fort de l'orage/de l'épidémie ◆ **the worst of it is that...** le pire c'est que... ◆ **... and that's not the worst of it!** ... et il y a pire encore ! ◆ **that's the worst of being...** (ça) c'est l'inconvénient d'être... ◆ **the worst of both worlds** tous les inconvénients à la fois ◆ **it brings out the worst in me** ça réveille en moi les pires instincts ◆ **do your worst!** vous pouvez toujours essayer ! ◆ **he feared the worst** il craignait le pire ◆ **to get the worst of it** *or* **of the bargain** * être le perdant ; → think

**VT** *(frm)* battre, avoir la supériorité sur ◆ **to be worsted** avoir le dessous

**COMP** **worst-case** **ADJ** *[hypothesis, projection, guess]* le *(or* la) plus pessimiste ◆ **the worst-case scenario** le pire qui puisse arriver, le pire scénario

**the worst off** **ADJ** le *(or* la) plus mal loti(e)

**worsted** /ˈwʊstɪd/

**N** worsted *m*

**COMP** *[suit etc]* en worsted

**wort** /wɜːt/ **N** *(for whisky)* moût *m*

**worth** /wɜːθ/ LANGUAGE IN USE 10.3 SYN

**N** [1] *(= value)* valeur *f* ◆ **what is its worth in today's money?** ça vaut combien en argent d'aujourd'hui ? ◆ **its worth in gold** sa valeur (en) or ◆ **a book/man** *etc* **of great worth** un livre/homme *etc* de grande valeur ◆ **I know his worth** je sais ce qu'il vaut ◆ **he showed his true worth** il a montré sa vraie valeur *or* ce dont il était capable

[2] *(= quantity)* ◆ **he bought £2 worth of sweets** il a acheté pour 2 livres de bonbons ◆ **50 pence worth, please** (pour) 50 pence s'il vous plaît ; → money

**ADJ** [1] *(= equal in value to)* ◆ **to be worth** valoir ◆ **the book is worth £10** le livre vaut 10 livres ◆ **it can't be worth that!** ça ne peut pas valoir autant ! ◆ **what** *or* **how much is it worth?** ça vaut combien ? ◆ **I don't know what it's worth in terms of cash** je ne sais pas combien ça vaut en argent *or* quel prix ça pourrait aller chercher ◆ **how much is the old man worth?** * à combien s'élève la fortune du vieux ? ◆ **he's worth millions** sa fortune s'élève à plusieurs millions ◆ **it's worth a great deal** ça a beaucoup de valeur, ça vaut cher ◆ **it's worth a great deal to me** ça a beaucoup de valeur pour moi ◆ **Swiss chocolate is dearer but it's worth every penny** le chocolat suisse est plus cher mais on en a pour son argent ◆ **what is his friendship worth to you?** quel prix attachez-vous à son amitié ? ◆ **it's more than my life is worth to do that** pour rien au monde je ne peux me permettre de faire cela ◆ **it's as much as my job is worth to show him that** lui montrer ça est un coup à perdre mon emploi * ◆ **it's not worth the paper it's written on** ça ne vaut pas le papier sur lequel c'est écrit ◆ **this pen is worth ten of any other make** ce stylo en vaut dix d'une autre marque ◆ **one Scotsman's worth three Englishmen** un Écossais vaut trois Anglais ◆ **tell me about it – what's it worth to you?!** * dites-moi – vous donneriez combien pour le savoir ? * ◆ **I'll give you my opinion for what it's worth** je vais vous donner mon avis, vous en ferez ce que vous voudrez ◆ **he was running/shouting for all he was worth** il courait/criait comme un perdu *or* de toutes ses forces ◆ **to try for all one is worth to do sth** faire absolument tout son possible pour faire qch

[2] *(= deserving, meriting)* ◆ **it's worth the effort** ça mérite qu'on fasse l'effort ◆ **it was well worth the trouble** ça valait la peine qu'on s'est donnée ◆ **it's not worth the time and effort involved** c'est une perte de temps et d'effort ◆ **it's worth reading/having** *etc* ça vaut la peine d'être lu/d'en avoir un *etc* ◆ **it's not worth having** ça ne vaut rien * ◆ **that's worth knowing** c'est bon à savoir ◆ **it's worth thinking about** ça mérite réflexion ◆ **it's worth going to see the film just for the photography** rien que pour la photographie le film mérite *or* vaut la peine d'être vu ◆ **if a job's worth doing, it's worth doing well** *(Prov)* si un travail vaut la peine d'être fait, autant le faire bien ◆ **it's worth it** ça vaut la peine *or* le coup * ◆ **will you go? – is it worth it?** tu iras ? – est-ce que ça en vaut la peine ? ◆ **life isn't worth living** la vie ne vaut pas la peine d'être vécue ◆ **she/it** *etc* **makes (my) life worth living** elle/cela *etc* est ma raison de vivre ◆ **the museum is worth a visit** le musée vaut la visite ◆ **it is worth while to study the text** on gagne à étudier le texte, c'est un texte qui mérite d'être étudié ◆ **it would be worth (your) while to go and see him** vous gagneriez à aller le voir ◆ **it's not worth (my) while waiting for him** je perds *(or* perdrais) mon temps à l'attendre ◆ **it's not worth while** ça ne vaut pas le coup * ◆ **it wasn't worth his while to take the job** il ne gagnait rien à accepter l'emploi, ça ne valait pas le coup * qu'il accepte *subj* l'emploi ◆ **I'll make it worth your while** * je vous récompenserai de votre peine, vous ne regretterez pas de l'avoir fait

**worthily** /ˈwɜːðɪlɪ/ **ADV** dignement

**worthiness** /ˈwɜːðɪnɪs/ **N** [1] *(= deservingness, merit)* *[of person, work, cause]* mérite *m* ; see also **airworthiness, creditworthiness**

[2] **the worthiness associated with vegetarianism/green issues** les prétendus mérites *mpl* du végétarisme/de l'écologie

**worthless** /ˈwɜːθlɪs/ SYN **ADJ** *[object, advice, asset]* qui n'a aucune valeur, sans valeur ; *[person]* bon à rien

**worthlessness** /ˈwɜːθlɪsnɪs/ **N** *[of object, advice]* absence *f* totale de valeur ; *[of effort]* inutilité *f* ; *[of person]* absence *f* totale de qualités

**worthwhile** /wɜːθˈwaɪl/ SYN **ADJ** *[visit]* qui en vaut la peine ; *[book]* qui mérite d'être lu ; *[film]* qui mérite d'être vu ; *[work, job, occupation, life, career]* utile, qui a un sens ; *[contribution]* notable ; *[cause]* louable, digne d'intérêt ◆ **he is a worthwhile person to go and see** c'est une personne qu'on gagne à aller voir ◆ **I want the money to go to someone worthwhile** je veux que l'argent aille à quelqu'un qui le mérite *or* à une personne méritante

**worthy** /ˈwɜːðɪ/ SYN

**ADJ** [1] *(= deserving, meritorious) [person]* méritant ; *[motive, aim, effort]* louable ◆ **a worthy winner** un digne gagnant ◆ **it's for a worthy cause** c'est pour une bonne *or* noble cause ◆ **to be worthy of sb/sth** être digne de qn/qch ◆ **to be worthy to do sth** être digne de faire qch, mériter de faire qch ◆ **he found a worthy opponent** *or* **an opponent worthy of him (in Jones)** il a trouvé (en Jones) un adversaire digne de lui ◆ **it is worthy of note that...** il est intéressant de remarquer que... ◆ **they have no hospital worthy of the name** il n'ont pas d'hôpital digne de ce nom ◆ **the offer is worthy of serious consideration** l'offre mérite d'être considérée sérieusement

[2] *(iro = earnest) [person]* brave *before n*

**N** *(= respectable citizen)* notable *m* ; *(hum iro)* brave homme *m*, brave femme *f* ◆ **a Victorian worthy** un notable de l'époque victorienne ◆ **the village worthies** *(hum iro)* les dignes *or* braves habitants *mpl* du village

**wot** /wɒt/

**VTI** † sais, sait ◆ **God wot** Dieu sait

**ADJ, PRON** *(Brit* ✱*)* ⇒ **what**

**Wotan** /ˈvəʊtɑːn/ **N** Wotan *m*

**wotcha** ✱ /ˈwɒtʃə/, **wotcher** ✱ /ˈwɒtʃəʳ/ **EXCL** *(Brit)* salut !

**would** /wʊd/

**MODAL AUX VB** cond of **will** (neg **would not** *often abbr to* **wouldn't**) [1] *(used to form conditional tenses)* ◆ **he would do it if you asked him** il le ferait si vous le lui demandiez ◆ **he would have done it if you had asked him** il l'aurait fait si vous le lui aviez demandé ◆ **I wondered if you'd come** je me demandais si vous viendriez *or* si vous alliez venir ◆ **I thought you'd want to know** j'ai pensé que vous aimeriez le savoir ◆ **who would have thought it?** qui l'aurait pensé ? ◆ **you'd never guess** *or* **know she had false teeth** jamais on ne croirait qu'elle a de fausses dents ◆ **so it would seem** c'est bien ce qu'il semble ◆ **you would think she had enough to do without...** on pourrait penser qu'elle a assez à faire sans...

[2] *(indicating willingness)* ◆ **I said I would do it** j'ai dit que je le ferais *or* que je voulais bien le faire ◆ **he wouldn't help me** il ne voulait pas m'aider, il n'a pas voulu m'aider ◆ **the car wouldn't start** la voiture ne voulait pas démarrer *or* n'a pas voulu * démarrer ◆ **the door wouldn't shut** la porte ne fermait pas *or* ne voulait pas * fermer ◆ **if you would come with me, I'd go to see him** si vous vouliez bien m'accompagner, j'irais le voir ◆ **what would you have me do?** que voulez-vous que je fasse ? ◆ **would you like some tea?** voulez-vous du thé ? ◆ **would you like to go for a walk?** voulez-vous faire une promenade ?, est-ce que vous aimeriez faire une promenade ? ◆ **would you please leave!** *(in requests)* voulez-vous partir, s'il vous plaît ! ◆ **would you be so kind** *or* **good as to tell him** *(frm)* auriez-vous l'amabilité *or* la gentillesse de le lui dire ◆ **would you mind closing the window please** voulez-vous fermer la fenêtre, s'il vous plaît

[3] *(indicating habit, characteristic)* ◆ **he would always read the papers before dinner** il lisait toujours *or* il avait l'habitude de lire les journaux avant le dîner ◆ **50 years ago the streets would be empty on Sundays** il y a 50 ans, les rues étaient vides le dimanche ◆ **you would go and tell her!** c'est bien de toi d'aller le lui dire ! *, il a fallu que tu ailles le lui dire ! ◆ **you would!** * c'est bien de toi ! *, ça ne m'étonne pas de toi ! ◆ **it would have to rain!** il pleut, naturellement !, évidemment il fallait qu'il pleuve !

[4] *(expressing preferences)* ◆ **I wouldn't have a vase like that in my house** je ne voudrais pas d'un vase comme ça chez moi ◆ **I would never marry in church** je ne me marierais jamais à l'église

[5] *(indicating conjecture)* ◆ **it would have been about 8 o'clock when he came** il devait être 8 heures à peu près quand il est venu, il a dû venir vers 8 heures ◆ **he'd have been about fifty if he'd lived** il aurait eu la cinquantaine s'il avait vécu ◆ **he'd be about 50, but he doesn't look it** il doit avoir dans les 50 ans, mais il ne les fait pas * ◆ **I saw him come out of the shop – when would this be?** je l'ai vu sortir du magasin – quand est-ce que c'était ?

[6] *(giving advice)* ◆ **I wouldn't worry, if I were you** à ta place, je ne m'inquiéterais pas ◆ **I would wait and see what happens first** à ta place j'attendrais de voir ce qui se passe

[7] *(subjunctive uses: liter)* ◆ **would to God she were here!** plût à Dieu qu'elle fût ici ! ◆ **would that it were not so!** si seulement cela n'était pas le cas ! ◆ **would I were younger!** si seulement j'étais plus jeune !

**would-be** ADJ ◆ **would-be poet/teacher** poète m/professeur m en puissance ; *(pej)* prétendu or soi-disant poète m/professeur m

**wouldn't** /ˈwʊdnt/ ⇒ **would not** ; → **would**

**would've** /ˈwʊdəv/ ⇒ **would have** ; → **would**

**Woulfe bottle** /wʊlf/ N *(Chem)* flacon m de Woulfe

**wound¹** /wuːnd/ SYN
N *(lit, fig)* blessure f ; *(esp Med)* plaie f ◆ **bullet/knife wound** blessure f causée par une balle/un couteau ◆ **he had three bullet wounds in his leg** il avait reçu trois balles dans la jambe ◆ **chest/head wound** blessure f or plaie f à la poitrine/tête ◆ **the wound is healing up** la plaie se cicatrise ◆ **to open** or **re-open old wounds** rouvrir de vieilles plaies ; → **lick, salt**
VT *(lit, fig)* blesser ◆ **he was wounded in the leg** il était blessé à la jambe ◆ **he had been wounded in combat** il avait été blessé au combat ◆ **the bullet wounded him in the shoulder** la balle l'a atteint or l'a blessé à l'épaule ◆ **her feelings were** or **she was wounded by this remark** elle a été blessée par cette remarque ◆ **he was deeply wounded by their disloyalty** il a été profondément blessé par leur traîtrise ; see also **wounded**

**wound²** /waʊnd/ VB (pt, ptp of **wind²**, **wind³**) ; see also **wound up**

**wounded** /ˈwuːndɪd/
ADJ *(lit, fig)* [person, pride, feelings] blessé ◆ **seriously wounded** gravement or grièvement blessé ◆ **a wounded man** un blessé ◆ **a wounded woman** une blessée ◆ **there were six dead and fifteen wounded** il y a eu six morts et quinze blessés
NPL **the wounded** les blessés mpl ; → **walking, war**

**wounding** /ˈwuːndɪŋ/ ADJ *(fig)* [remark, insult] blessant

**wound up** /ˌwaʊndˈʌp/ ADJ *(= tense)* tendu , crispé ◆ **it's silly to get so wound up about it** c'est idiot de s'énerver pour ça

**woundwort** /ˈwuːndwɜːt/ N *(= plant)* épiaire m

**wove** /wəʊv/
VB pt of **weave**
COMP **wove paper** N papier m vélin

**woven** /ˈwəʊvən/ VB ptp of **weave**

**wow*** /waʊ/
EXCL ouah !*
N ① ◆ **it's a wow!** ✝ c'est sensationnel* or terrible !*
② *(Acoustics)* pleurage m, baisse f de hauteur du son
VT *(* = make enthusiastic)* emballer*
COMP **wow factor*** [of product] capacité f à séduire ◆ **the deck gives the house its wow factor** la terrasse en bois donne à la maison un côté spectaculaire ◆ **to have a high wow factor** être extrêmement séduisant

**WP** /ˌdʌbljuːˈpiː/ ① (abbrev of **weather permitting**) si le temps le permet, si les conditions météorologiques le permettent
② (abbrev of **word processing**) → **word**
③ (abbrev of **word processor**) → **word**

**WPC** /ˌdʌbljuːpiːˈsiː/ N *(Brit)* (abbrev of **Woman Police Constable**) → **woman**

**wpm** (abbrev of **words per minute**) mots/minute

**WRAAC** /ˈdʌbljuːɑːˈdʌblərsiː/ N (abbrev of **Women's Royal Australian Army Corps**) service des auxiliaires féminines de l'armée australienne

**WRAAF** /ˌdʌbljuːɑːdʌbləˈɛf/ N (abbrev of **Women's Royal Australian Air Force**) service des auxiliaires féminines de l'armée de l'air australienne

**WRAC** /ræk/ N *(Brit)* (abbrev of **Women's Royal Army Corps**) section féminine de l'armée

**wrack¹** /ræk/ VT ⇒ **rack¹** vt

**wrack²** /ræk/ N ⇒ **rack²**

**wrack³** /ræk/ N *(= seaweed)* varech m

**WRAF** /wæf/ N *(Brit)* (abbrev of **Women's Royal Air Force**) section féminine de l'armée de l'air britannique

**wraith** /reɪθ/ N apparition f, spectre m ◆ **wraithlike** spectral

**wrangle** /ˈræŋgl/ SYN
N querelle f ◆ **legal/financial/political wrangles** querelles fpl juridiques/financières/politiques ◆ **the wrangles within the party** les conflits au sein du parti
VI se quereller ◆ **they were wrangling over** or **about who should pay** ils se querellaient pour savoir qui allait payer

**wrangler** /ˈræŋglə(r)/ N *(Cambridge Univ)* ≈ major m ; *(US = cowboy)* cow-boy m

**wrangling** /ˈræŋglɪŋ/ N *(= quarrelling)* disputes fpl

**WRANS** /ˈdʌbljuːɑːˈeɪɛnɛs/ N (abbrev of **Women's Royal Australian Naval Service**) service des auxiliaires féminines de la marine australienne

**wrap** /ræp/ SYN
N ① *(= shawl)* châle m ; *(= stole, scarf)* écharpe f ; *(= cape)* pèlerine f ; *(= housecoat etc)* peignoir m ; *(= rug, blanket)* couverture f ◆ **wraps** *(= outdoor clothes)* vêtements mpl chauds
② *(= outer covering : on parcel etc)* emballage m ◆ **to keep a scheme under wraps** ne pas dévoiler un projet ◆ **when the wraps come off** quand le voile sera levé ◆ **to take the wraps off sth** dévoiler qch
③ *(fig : Cine)* ◆ **it's a wrap*** c'est dans la boîte*
VT *(= cover)* envelopper (in dans) ; *(= pack)* [+ parcel, gift] emballer, empaqueter (in dans) ; *(= wind)* [+ tape, bandage] enrouler (round autour de) ◆ **wrap the chops in foil** *(Culin)* enveloppez les côtelettes dans du papier d'aluminium ◆ **chops wrapped in foil** côtelettes fpl en papillotes ◆ **shall I wrap it for you?** *(in gift shop)* c'est pour offrir ?, je vous fais un paquet-cadeau ? ◆ **she wrapped the child in a blanket** elle a enveloppé l'enfant dans une couverture ◆ **wrap the rug round your legs** enroulez la couverture autour de vos jambes, enveloppez vos jambes dans la couverture ◆ **he wrapped his arms round her** il l'a enlacée ◆ **he wrapped* the car round a lamppost** il s'est payé* un lampadaire ◆ **wrapped bread/cakes etc** pain m/gâteaux mpl préemballé(s) or préempaqueté(s) ◆ **the town was wrapped in mist** la brume enveloppait la ville ◆ **the whole affair was wrapped in mystery** toute l'affaire était enveloppée or entourée de mystère ; → **giftwrap**
COMP **wrap-up*** N *(US) (= summary)* résumé m ; *(= concluding event)* conclusion f, aboutissement m

▶ **wrap up**
VI ① *(= dress warmly)* s'habiller chaudement, s'emmitoufler ◆ **wrap up well!** couvrez-vous bien !
② *(Brit ‡ = be quiet)* la fermer*, la boucler‡ ◆ **wrap up!** la ferme !*, boucle-la !‡
VT SEP ① [+ object] envelopper (in dans) ; [+ parcel] emballer, empaqueter (in dans) ; [+ child, person] (in rug etc) envelopper ; (in clothes) emmitoufler ◆ **wrap yourself up well!** couvrez-vous bien !
② *(fig = conceal one's intentions)* dissimuler ◆ **he wrapped up his meaning in unintelligible jargon** il a enveloppé or noyé ce qu'il voulait dire dans un jargon tout à fait obscur ◆ **tell me straight out, don't try to wrap it up*** dis-le-moi carrément, n'essaie pas de me dorer la pilule
③ *(fig = engrossed)* ◆ **to be wrapped up in one's work** être absorbé par son travail ◆ **to be wrapped up in sb** penser constamment à qn ◆ **he is quite wrapped up in himself** il ne pense qu'à lui-même ◆ **they are wrapped up in each other** ils vivent entièrement l'un pour l'autre, ils n'ont d'yeux que l'un pour l'autre
④ *(* = conclude)* [+ deal] conclure ◆ **he hopes to wrap up his business there by Friday evening** il espère conclure or régler ce qu'il a à y faire d'ici vendredi soir ◆ **let's get all this wrapped up** finissons-en avec tout ça ◆ **he thought he had everything wrapped up** il pensait avoir tout arrangé or réglé ◆ **to wrap up the evening's news** *(esp US) (fig)* résumer les informations de la soirée
N ◆ **wrap-up** → **wrap**

**wraparound** /ˈræpəraʊnd/, **wrapover** /ˈræpəʊvə(r)/ ADJ ◆ **wraparound skirt/dress** jupe f/robe f portefeuille inv

**wrapper** /ˈræpə(r)/ SYN
N ① [of sweet, chocolate bar] papier m ; [of parcel] papier m d'emballage ; [of newspaper for post] bande f ; [of book] jaquette f, couverture f ◆ **it's the same old thing in a different wrapper*** c'est la même chose en couleurs*
② *(US = garment)* peignoir m
VT [+ book] doter d'une jaquette or couverture

**wrapping** /ˈræpɪŋ/
N [of parcel] papier m (d'emballage) ; [of sweet, chocolate] papier m
COMP **wrapping paper** N *(= brown paper)* papier m d'emballage ; *(= decorated paper)* papier m cadeau

**wraparound rear window** /ˈræpəraʊnd rɪəˈwɪndəʊ/ N lunette f arrière panoramique

**wrasse** /ræs/ N *(= fish)* labre m

**wrath** /rɒθ/ SYN N *(liter)* colère f, courroux m *(liter)*

**wrathful** /ˈrɒθfʊl/ SYN ADJ *(liter)* courroucé *(liter)*

**wrathfully** /ˈrɒθfəlɪ/ ADV *(liter)* avec courroux *(liter)*

**wrathfulness** /ˈrɒθfəlnɪs/ N *(liter)* irascibilité f

**wreak** /riːk/ VT [+ one's anger etc] assouvir (upon sb sur qn) ◆ **to wreak vengeance** or **revenge** assouvir une vengeance (on sb sur qn) ◆ **wreaking destruction along the way** détruisant tout sur son passage

**wreath** /riːθ/ SYN N (pl **wreaths** /riːðz/) [of flowers] guirlande f, couronne f ; (also **funeral wreath**) couronne f ; [of smoke] volute f, ruban m ; [of mist] nappe f ◆ **laurel wreath** couronne f de laurier ◆ **the laying of wreaths** *(= ceremony)* le dépôt de gerbes fpl au monument aux morts

**wreathe** /riːð/
VT ① *(= garland)* [+ person] couronner (with de) ; [+ window etc] orner (with de) ◆ **a valley wreathed in mist** une vallée frangée de brume ◆ **hills wreathed in cloud** collines fpl dont les sommets disparaissent dans les nuages ◆ **his face was wreathed in smiles** son visage était rayonnant
② *(= entwine)* [+ flowers] enrouler (round autour de)
VI [smoke] ◆ **to wreathe upwards** s'élever en tournoyant

**wreck** /rɛk/ SYN
N ① *(= wrecked ship)* épave f, navire m naufragé ; *(= act, event)* naufrage m ; [of plans, ambitions] effondrement m ; [of hopes] effondrement m, anéantissement m ◆ **to be saved from the wreck** réchapper du naufrage ◆ **the wreck of the Hesperus** le naufrage de l'Hesperus ◆ **sunken wrecks in the Channel** des épaves englouties au fond de la Manche ◆ **the ship was a total wreck** le navire a été entièrement perdu
② *(esp US = accident)* accident m ◆ **he was killed in a car wreck** il a été tué dans un accident de voiture
③ *(= wrecked train/plane/car etc)* train m/avion m/voiture f etc accidenté(e), épave f ; [of building] ruines fpl, décombres mpl ◆ **the car was a complete wreck** la voiture était bonne à mettre à la ferraille or à envoyer à la casse
④ *(= person)* ◆ **he was a wreck** c'était une épave ◆ **he looks a wreck** on dirait une loque, il a une mine de déterré ◆ **a wreck of humanity, a human wreck** une épave, une loque humaine
VT ① [+ ship] provoquer le naufrage de ; [+ train, plane, car] [bomb, terrorist, accident] détruire ; [driver, pilot] démolir ; [+ building] démolir ; [+ mechanism] détraquer ; [+ furniture etc] casser, démolir ◆ **to be wrecked** [ship, sailor] faire naufrage ◆ **the plane was completely wrecked** il n'est resté que des débris de l'avion ◆ **in his fury he wrecked the whole house** dans sa rage il a tout démoli or cassé dans la maison
② *(fig)* [+ marriage, friendship] briser, être la ruine de ; [+ career] briser ; [+ plans, health] ruiner ; [+ hopes, ambitions] ruiner, anéantir ; [+ negotiations, discussions] faire échouer ◆ **this wrecked his chances of success** cela a anéanti ses chances de succès ◆ **it wrecked my life** cela a brisé ma vie, ma vie en a été brisée

**wreckage** /ˈrɛkɪdʒ/ SYN N (NonC) ① *(= wrecked ship, car, plane)* épave f ; *(= pieces from this)* débris mpl ; [of building] décombres mpl ◆ **wreckage was strewn over several kilometres** les débris étaient disséminés sur plusieurs kilomètres ◆ **things look black but we must try to save** or **salvage something from the wreckage** la situation est sombre mais il faut essayer de sauver les meubles*
② *(= act)* [of ship] naufrage m ; [of train] déraillement m ; *(fig)* [of hopes, ambitions, plans] anéantissement m

**wrecked** /rɛkt/ ADJ ① [ship] naufragé ; [train, car] complètement démoli, accidenté
② [plan] anéanti
③ * [person] *(= exhausted)* vidé* ; *(= drunk)* bourré‡

**wrecker** /ˈrɛkə(r)/ N ① *(gen)* destructeur m, démolisseur m ; *(Hist: of ships)* naufrageur m

**wrecking** | **write**

2 (in salvage) (= person) sauveteur m (d'épave) ; (= boat) canot m or bateau m sauveteur ; (= truck) dépanneuse f

3 (US) (in demolition) [of buildings] démolisseur m ; [of cars] (= person) casseur m, épaviste mf ; (= business) casse f

**wrecking** /ˈrekɪŋ/

N (= act) [of ship] naufrage m ; [of train] déraillement m ; (fig) [of hopes, ambitions, plans] anéantissement m

COMP **wrecking ball** N boulet m de démolition ◆ **wrecking bar** N pied-de-biche m ◆ **wrecking crane** N (Rail) grue f de levage

**wren** /ren/ N 1 (= bird) roitelet m, troglodyte m

2 (Brit Navy) ◆ **Wren** Wren f (auxiliaire féminine de la marine royale britannique)

**wrench** /rentʃ/ SYN

N 1 (= tug) mouvement m violent de torsion ◆ **he gave the handle a wrench** il a tiré de toutes ses forces sur la poignée

2 (emotional) déchirement m ◆ **the wrench of parting** le déchirement de la séparation ◆ **it was a wrench when she saw him leave** cela a été un déchirement quand elle l'a vu partir

3 (Med) entorse f

4 (= tool) clé f anglaise or à molette ; (for car wheels) clé f en croix ◆ **to throw a wrench into the works** (US) mettre des bâtons dans les roues ◆ **to throw a wrench into the economy** porter un coup très dur à l'économie ; → **monkey**

VT 1 [+ handle etc] tirer violemment sur ◆ **to wrench sth (away) from sb** or **from sb's grasp** arracher qch des mains de qn ◆ **to wrench sth off** or **out** or **away** arracher qch ◆ **he couldn't wrench his eyes** or **gaze (away) from her** il n'arrivait pas à la quitter des yeux or du regard ◆ **she couldn't wrench her mind** or **thoughts (away) from the horrors she had seen** elle n'arrivait pas à détacher son esprit des horreurs qu'elle avait vues ◆ **if you can wrench yourself away from that computer...** si tu peux t'arracher à cet ordinateur... ◆ **he wrenched himself free** il s'est dégagé d'un mouvement brusque ◆ **to wrench a box open** ouvrir de force une boîte

2 (Med) ◆ **to wrench one's ankle** † se tordre la cheville

**wrest** /rest/ VT [+ object] arracher violemment (from sb des mains de qn) ; [+ secret, confession] arracher (from sb à qn) ; [+ power, leadership, title] ravir (liter) (from sb à qn) ◆ **he managed to wrest a living** † from the poor soil à force de travail et de persévérance, il a réussi à tirer un revenu de ce sol pauvre

**wrestle** /ˈresl/ SYN

VI lutter (corps à corps) (with sb contre qn) ; (Sport) catcher (with sb contre qn) ; (Graeco-Roman) lutter

◆ **to wrestle with** (fig) [+ problem, one's conscience, sums, device] se débattre avec ; [+ difficulties] se débattre contre, se colleter avec ; [+ temptation, illness, disease] lutter contre ◆ **the pilot wrestled with the controls** le pilote se débattait avec les commandes ◆ **she was wrestling with her suitcases** elle peinait avec ses valises, elle se débattait avec ses valises

VT [+ opponent] lutter contre ◆ **to wrestle sb to the ground** terrasser qn

N lutte f ◆ **to have a wrestle with sb** lutter avec qn

**wrestler** /ˈreslər/ N (Sport) catcheur m, -euse f ; (Graeco-Roman) lutteur m, -euse f

**wrestling** /ˈreslɪŋ/

N (Sport) catch m (Sport) ◆ **Graeco-Roman wrestling** lutte f gréco-romaine

COMP **wrestling hold** N prise f de catch or de lutte ◆ **wrestling match** N match m or rencontre f de catch or de lutte

**wrest pin** /rest/ N (Mus) cheville f d'accord

**wretch** /retʃ/ SYN N (unfortunate) pauvre diable m ; (pej) scélérat(e) m(f) (also liter), misérable mf ; (hum) affreux m, -euse f, misérable mf ◆ **he's a filthy wretch**⁎ c'est un salaud⁑ ◆ **you wretch!** misérable ! ◆ **cheeky little wretch!** petit polisson !, petit misérable !

**wretched** /ˈretʃɪd/ SYN ADJ 1 [person] (= penniless) misérable ; (= unhappy) malheureux ; [animal] malheureux ; [life, slum, conditions] misérable ◆ **in wretched poverty** dans une misère noire ◆ **the wretched plight of the refugees** la situation épouvantable des réfugiés

2 († ⁎ = dreadful) [weather, pay] minable ◆ **what wretched luck!** quelle déveine !⁎ ◆ **I was feeling wretched** (= ill) je me sentais vraiment mal ; (= unhappy) j'étais très malheureux ◆ **I feel wretched about it** (= guilty, ashamed) j'en ai vraiment honte

3 (⁎: expressing annoyance) ◆ **where did I put my wretched keys?** où est-ce que j'ai mis mes foutues⁎ clés ? ◆ **the wretched woman!** espèce de pouffiasse⁑ ◆ **that wretched man's late again!** cet imbécile est encore en retard !

**wretchedly** /ˈretʃɪdlɪ/ ADV 1 (= miserably) [live] misérablement ; [weep, apologize] misérablement, pitoyablement ; [say, explain] d'un ton pitoyable ◆ **wretchedly poor** misérable ◆ **wretchedly unhappy** terriblement malheureux ◆ **to be wretchedly paid** recevoir un salaire de misère

2 († ⁎ = dreadfully) [play, sing, treat] lamentablement

**wretchedness** /ˈretʃɪdnɪs/ N 1 (= extreme poverty) misère f ; (= unhappiness) extrême tristesse f, détresse f ; (= shamefulness) [of amount, wage, sum] caractère m dérisoire or pitoyable ; [of act, behaviour] mesquinerie f ◆ **his wretchedness at the thought of having to tell her the news** la détresse qu'il éprouvait à la pensée de devoir lui apprendre la nouvelle

2 (= poor quality) [of meal, hotel, weather] extrême médiocrité f, caractère m minable or pitoyable

**wrick** /rɪk/

VT (Brit) ◆ **to wrick one's ankle** se tordre la cheville ◆ **to wrick one's neck** attraper un torticolis

N entorse f ; (in neck) torticolis m

**wriggle** /ˈrɪgl/ SYN

N ◆ **with a wriggle he freed himself** il s'est dégagé en se tortillant or en se contorsionnant ◆ **to give a wriggle** vi

VI [worm, snake, eel] se tortiller ; [fish] frétiller ; [person] gigoter⁎, se trémousser ; (in embarrassment) se tortiller ; (squeamishly) frissonner, tressaillir ; (excitedly) frétiller ◆ **to wriggle along/down** etc avancer/descendre etc en se tortillant ◆ **the fish wriggled off the hook** le poisson a réussi à se détacher de l'hameçon, le poisson frétillait tellement qu'il s'est détaché de l'hameçon ◆ **she managed to wriggle free** elle a réussi à se dégager en se tortillant or en se contorsionnant ◆ **he wriggled through the hole in the hedge** il s'est faufilé or s'est glissé dans le trou de la haie (en se tortillant) ◆ **do stop wriggling (about)!** arrête de te trémousser or de gigoter⁎ comme ça !

VT ◆ **to wriggle one's toes/fingers** remuer or tortiller les orteils/les doigts ◆ **to wriggle one's way along** etc ⇒ **to wriggle along** vi

▶ **wriggle about, wriggle around** VI [worm, snake, eel] se tortiller ; [fish, tadpole] frétiller ; [person] gigoter⁎, se trémousser ; see also **wriggle** vi

▶ **wriggle out** VI [lit] [worm etc] sortir ; [person] se dégager ◆ **the snake wriggled out of the cage** le serpent a rampé hors de la cage ◆ **the fish wriggled out of my hand** le poisson m'a glissé des mains or m'a glissé entre les doigts

2 (fig) ◆ **to wriggle out of a difficulty** esquiver une difficulté ◆ **to wriggle out of a task/responsibility** se dérober à une tâche/responsabilité ◆ **he'll manage to wriggle out of it somehow** il trouvera un bon moyen de s'esquiver or de se défiler⁎

**wriggler** /ˈrɪglər/ N 1 ◆ **he's a dreadful wriggler** [child etc] il n'arrête pas de gigoter⁎, il ne tient jamais tranquille

2 (= mosquito larva) larve f de moustique

**wriggly** /ˈrɪglɪ/ ADJ [worm, eel, snake] qui se tortille ; [fish] frétillant ; [child] remuant, qui gigote⁎ or se trémousse

**wring** /rɪŋ/ SYN (vb: pret, ptp **wrung**)

N ◆ **to give clothes a wring** essorer des vêtements

VT 1 (= squeeze, twist) serrer, tordre ◆ **to wring a chicken's neck** tordre le cou à un poulet ◆ **if I catch you doing that, I'll wring your neck!** si je te prends à faire ça, je te tords le cou !⁎ ◆ **to wring one's hands** se tordre les mains (de désespoir) ◆ **he wrung my hand, he wrung me by the hand** il m'a serré longuement la main ◆ **a story to wring one's heart** une histoire à vous fendre le cœur

2 (also **wring out**) [+ wet clothes, rag, towel] essorer ; [+ water] extraire, exprimer (from sth de qch) ◆ **"do not wring"** (on label) « ne pas essorer » ◆ **wring a cloth out in cold water and apply to the forehead** faites une compresse avec un linge mouillé dans de l'eau froide et appliquez-la sur le front

3 (fig = extort : also **wring out**) arracher, extorquer ◆ **they wrung a confession/the truth from** or **out of him** ils lui ont arraché une confession/la vérité ◆ **he wrung £10 out of me** il m'a extorqué or soutiré 10 livres ◆ **I'll wring it out of him!** je vais lui tirer les vers du nez !, je vais le faire parler ! ◆ **they managed to wring out of him what had happened** ils sont arrivés non sans peine à lui faire dire or avouer ce qui s'était passé

▶ **wring out** VT SEP 1 ⇒ **wring** vt 2, vt 3

2 (= exhausted) ◆ **to be wrung out**⁎ être lessivé⁎ or vidé⁎

**wringer** /ˈrɪŋər/ N essoreuse f (à rouleaux) ◆ **to put sth through the wringer** essorer qch (à la machine) ◆ **to be put through the wringer**⁎ (fig) passer un mauvais quart d'heure ◆ **to put sb through the wringer** passer qn à la moulinette⁎

**wringing** /ˈrɪŋɪŋ/ ADJ (also **wringing wet**) [garment] trempé, à tordre⁎ ; [person] trempé jusqu'aux os

**wrinkle** /ˈrɪŋkl/ SYN

N 1 (on skin, fruit) ride f ; (in socks, cloth, rug etc) pli m

2 ⁎ (= tip) tuyau⁎ m ; (= good idea) combine⁑ f

VT (also **wrinkle up**) [+ skin] rider ; [+ forehead] plisser ; [+ nose] froncer ; [+ fruit] rider, ratatiner ; [+ rug, sheet] plisser, faire des plis dans

VI [sb's brow] se plisser, se contracter ; [nose] se plisser, se froncer ; [rug] faire des plis ; [socks] être en accordéon

▶ **wrinkle down** VI [socks, stockings] tomber en accordéon

▶ **wrinkle up**

VI [skirt, sweater] remonter en faisant des plis ; [rug] faire des plis ; [sb's brow, nose] se plisser

VT SEP ⇒ **wrinkle** vt

**wrinkled** /ˈrɪŋkld/ ADJ [person, skin, face, neck] ridé ; [brow, nose] plissé, froncé ; [apple] ridé, ratatiné ; [shirt, skirt, sheet, rug] qui fait des plis ; [stocking, sock] en accordéon

**wrinkly** /ˈrɪŋklɪ/

ADJ ⇒ **wrinkled**

NPL **wrinklies** (Brit pej = old people) les vioques⁑ mpl

**wrist** /rɪst/ m

N poignet m

COMP **wrist joint** N articulation f du poignet ◆ **wrist loop** N (Climbing) dragonne f ◆ **wrist rest** N repose-poignet m ◆ **wrist watch** N montre-bracelet f

**wristband** /ˈrɪstbænd/ N [of shirt] poignet m ; [of watch] bracelet m

**wristlet** /ˈrɪstlɪt/

N bracelet m (de force)

COMP **wristlet watch** N montre-bracelet f

**writ¹** /rɪt/ SYN

N (Jur) assignation m ; (for election) lettre officielle émanant du président de la Chambre des communes, demandant qu'on procède à des élections ◆ **to issue a writ against sb** assigner qn (en justice) ◆ **to issue a writ for libel against sb** assigner qn en justice pour diffamation ◆ **to serve a writ on sb, to serve sb with a writ** assigner qn

COMP **writ of attachment** N commandement m de saisie ◆ **writ of execution** N titre m exécutoire ◆ **writ of habeas corpus** N ordre m (écrit) d'habeas corpus ◆ **writ of subpoena** N assignation f or citation f (en justice) ◆ **writ of summons** N assignation f

**writ²** /rɪt/ VB 1 †† (pt, ptp of **write**)

2 (liter) ◆ **writ large** (= very obvious) en toutes lettres (fig) ; (= exaggerated) poussé à l'extrême

**writable** /ˈraɪtəbl/ ADJ (Comput) enregistrable

**write** /raɪt/ LANGUAGE IN USE 21 SYN (pret **wrote**, ptp **written**)

VT 1 (gen) écrire ; [+ list] faire, écrire ; [+ prescription, certificate] rédiger ; [+ bill, cheque] faire ◆ **did I write that?** est-ce que j'ai écrit ça, moi ? ◆ **you must print, not write your name** il ne faut pas écrire votre nom en cursive mais en caractères d'imprimerie ◆ **it is written "thou shalt not kill"** (liter) il est écrit « tu ne tueras point » ◆ **he had "policeman" written all over him**⁎ cela sautait aux yeux or crevait les yeux qu'il était de la police ◆ **that's all she wrote** *(US fig)* c'est tout ce qu'il y a à dire

[2] *[+ book, essay, letter, poem]* écrire ; *[+ music, opera]* écrire, composer ◆ **you could write a book about all that is going on here** on pourrait écrire *or* il y aurait de quoi écrire un livre sur tout ce qui se passe ici

[3] *(US = write letter to)* écrire ◆ **can you write me when you get there?** tu peux m'envoyer un mot *or* m'écrire quand tu seras arrivé ?

[4] *(Comput) [+ program, software etc]* écrire, rédiger ; → **read**

**VI** [1] *(gen)* écrire ◆ **he can read and write** il sait lire et écrire ◆ **write on both sides of the paper** écrivez des deux côtés de la feuille ◆ **as I write, I can see...** en ce moment même, je peux voir... ◆ **this pen writes well** ce stylo écrit bien

[2] *(as author)* ◆ **he had always wanted to write** il avait toujours voulu écrire *or* être écrivain ◆ **he writes for a living** il est écrivain de métier *or* de profession ◆ **he writes about social policy** il écrit sur les *or* il traite des questions de politique sociale ◆ **he writes for "The Times"** il écrit dans le « Times » ◆ **he writes on foreign policy for "The Guardian"** il écrit des articles de politique étrangère dans le « Guardian » ◆ **what shall I write about?** sur quoi est-ce que je vais écrire ?

[3] *(= correspond)* écrire *(to* à*)* ◆ **he wrote to tell us that...** il (nous) a écrit pour nous dire que... ◆ **write for our brochure** *(= send off for)* demandez notre brochure ◆ **I've written for a form** j'ai écrit pour leur demander un formulaire ; → **home**

[4] *(Comput)* ◆ **to write to a file** modifier un fichier

**COMP write-in** N *(US Pol) (= insertion of name)* inscription *f* ; *(= name itself)* nom *m* inscrit
**write-off** N → **write-off**
**write-protected** ADJ *(Comput)* protégé contre l'écriture
**write-protect notch** N *(Comput)* encoche *f* de protection contre l'écriture
**write-up** N → **write-up**

▸ **write away** VI *(= send off)* écrire *(to* à*)* ◆ **to write away for** *[+ information, application form, details]* écrire pour demander ; *[+ goods]* commander par lettre

▸ **write back** VI répondre *(par lettre)*

▸ **write down** VT SEP [1] écrire ; *(= note)* noter ; *(= put in writing)* mettre par écrit ◆ **write it down at once or you'll forget** écrivez-le *or* notez-le tout de suite sinon vous allez oublier ◆ **write all your ideas down and send them to me** mettez toutes vos idées par écrit et envoyez-les moi ◆ **it was all written down for posterity** c'était tout consigné pour la postérité

[2] *(Comm = reduce price of)* réduire le prix de

▸ **write in**

**VI** ◆ **listeners are invited to write in with their suggestions** nos auditeurs sont invités à nous envoyer leurs suggestions ◆ **a lot of people have written in to complain** beaucoup de gens nous ont écrit pour se plaindre ◆ **to write in for sth** écrire pour demander qch

**VT SEP** *[+ word, item on list etc]* insérer, ajouter ; *(US Pol) [+ candidate's name]* inscrire ◆ **to write sth in to an agreement** *or* **contract** *(at the outset)* stipuler qch dans un contrat ; *(add)* ajouter qch à un contrat

**N** ◆ **write-in** → **write**

▸ **write off**

**VI** ⇒ **write away**

**VT SEP** [1] *(= write quickly) [+ letter etc]* écrire en vitesse *or* d'une traite

[2] *[+ debt]* annuler ; *(fig)* considérer comme perdu *or* gâché, faire une croix* sur ◆ **they wrote off £20,000** ils ont passé 20 000 livres aux profits et pertes *(Comm)* ◆ **the operation was written off as a total loss** ils ont décidé de mettre un terme à l'opération qui se révélait une perte sèche ◆ **I've written off the whole thing as a dead loss** j'en ai fait mon deuil*, j'ai fait une croix dessus* ◆ **the Government can write off voters motivated by environmental issues** le gouvernement peut faire une croix sur les voix des électeurs motivés par les problèmes d'environnement ◆ **we've written off the first half of the term** nous considérons la première moitié du trimestre comme perdue *or* gâchée ◆ **he had been written off as a failure** on avait décidé qu'il ne ferait jamais rien de bon ◆ **nobody should be written off** il ne faut considérer personne comme irrécupérable ◆ **he is fed up with people writing him off because of his age** il en a assez d'être mis au rancart* à cause de son âge ◆ **his critics wrote him off as too cautious to succeed** ses détracteurs ont exclu la possibilité qu'il réussisse en raison de sa trop grande prudence ◆ **they had written off all the passengers (as dead)** ils tenaient tous les passagers pour morts ◆ **the insurance company decided to write off his car** la compagnie d'assurances a décidé que la voiture était irréparable *or* irrécupérable ◆ **he wrote his car off* in the accident** il a complètement bousillé* sa voiture dans l'accident, après l'accident, sa voiture était bonne pour la casse* ◆ **the boat was completely written off*** le bateau a été complètement détruit *or* réduit à l'état d'épave

**N** ◆ **write-off** → **write-off**

▸ **write out** VT SEP [1] *[+ one's name and address, details etc]* écrire ; *[+ list]* faire, écrire ; *[+ prescription]* rédiger ; *[+ bill, cheque]* faire

[2] *(= copy) [+ notes, essay etc]* recopier, mettre au propre ; *[+ recipe]* copier ◆ **write out the words three times each** copiez chaque mot trois fois

[3] *(TV, Rad) [+ character]* retirer (de la distribution *or* du générique) ◆ **she was written out of the series after a year** elle a cessé de figurer au générique (de la série) au bout d'un an

▸ **write up**

**VI** ⇒ **write away**

**VT SEP** [1] *[+ notes, diary]* mettre à jour ; *(= write report on) [+ happenings, developments]* faire un compte rendu de ; *(= record) (Chem etc) [+ experiment]* rédiger ; *(Archeol etc) [+ one's findings]* consigner ◆ **he wrote up the day's events in the ship's log** il a inscrit *or* consigné dans le journal de bord les événements de la journée ◆ **he wrote up his visit in a report** il a rendu compte de sa visite dans un rapport ◆ **she wrote it up for the local paper** elle en a fait le compte rendu pour le journal local

[2] *(= praise)* écrire un article élogieux (*or* une lettre élogieuse) sur

**N** ◆ **write-up** → **write-up**

**write-off** /ˈraɪtɒf/ N *(Comm)* perte *f* sèche ; *(Fin: tax)* déduction *f* fiscale ◆ **to be a write-off** *[car]* être irréparable, être bon pour la casse* ; *[project, operation]* n'avoir abouti à rien, n'avoir rien donné ◆ **the afternoon was a write-off** l'après-midi n'a été qu'une perte de temps

**writer** /ˈraɪtəʳ/ SYN

**N** [1] *(of letter, book etc)* auteur *m* ; *(as profession)* écrivain *m*, auteur *m* ◆ **the (present) writer believes...** l'auteur croit... ◆ **a thriller writer** un auteur de romans policiers ◆ **he is a writer** il est écrivain, c'est un écrivain ◆ **to be a good writer** *(of books)* être un bon écrivain, écrire bien ; *(in handwriting)* écrire bien, avoir une belle écriture ◆ **to be a bad writer** *(of books)* écrire mal, être un mauvais écrivain ; *(in handwriting)* écrire mal *or* comme un chat ; → **hack², letter**

[2] *(Comput: of program etc)* auteur *m*

**COMP writer's block** N hantise *f* de la page blanche
**writer's cramp** N crampe *f* des écrivains
**Writer to the Signet** N *(Scot Jur)* notaire *m*

**write-up** /ˈraɪtʌp/ N *(gen, also Comput)* description *f* ; *(= review) [of play etc]* compte rendu *m*, critique *f* ; *(= report) [of event etc]* compte rendu *m*, exposé *m* ◆ **there's a write-up about it in today's paper** il y a un compte rendu là-dessus dans le journal d'aujourd'hui ◆ **the play got a good write-up** la pièce a eu de bonnes critiques

**writhe** /raɪð/ SYN VI se tordre ◆ **it made him writhe** *(in pain)* cela le fit se tordre de douleur ; *(from disgust)* il en frémit de dégoût ; *(from embarrassment)* il ne savait plus où se mettre ◆ **he writhed under the insult** il frémit sous l'injure

▸ **writhe about, writhe around** VI *(in pain)* se tordre dans des convulsions ; *(to free o.s.)* se contorsionner en tous sens

**writing** /ˈraɪtɪŋ/ SYN

**N** [1] *(NonC = handwriting, sth written)* écriture *f* ◆ **there was some writing on the page** il y avait quelque chose d'écrit sur la page ◆ **I could see the writing but couldn't read it** je voyais bien qu'il y avait quelque chose d'écrit mais je n'ai pas pu le déchiffrer ◆ **I can't read your writing** je n'arrive pas à déchiffrer votre écriture ◆ **in his own writing** écrit de sa main ◆ **he has seen the writing on the wall** *(esp Brit)* il mesure la gravité de la situation ◆ **the writing is on the wall** *(esp Brit)* la catastrophe est imminente

♦ **in writing** par écrit ◆ **I'd like to have that in writing** j'aimerais avoir cela par écrit ◆ **get his permission in writing** obtenez sa permission par écrit ◆ **evidence in writing that...** preuve *f* par écrit *or* littérale que... ◆ **to put sth in writing** mettre qch par écrit

[2] *(NonC = occupation of writer)* ◆ **he devoted his life to writing** il a consacré sa vie à l'écriture ◆ **writing is his hobby** écrire est son passe-temps favori ◆ **he earns quite a lot from writing** ses écrits lui rapportent pas mal d'argent

[3] *(= output of writer)* écrits *mpl*, œuvres *fpl* ◆ **there is in his writing evidence of a desire to...** on trouve dans ses écrits la manifestation d'un désir de... ◆ **the writings of H. G. Wells** les œuvres *fpl* de H. G. Wells

[4] *(NonC = act)* ◆ **he's learning reading and writing** il apprend à lire et à écrire ◆ **writing is a skill which must be learned** écrire est un art qui s'apprend ◆ **the writing of this book took ten years** écrire ce livre a pris dix ans

**COMP writing case** N *(Brit)* écritoire *m*
**writing desk** N secrétaire *m (bureau)*
**writing pad** N bloc-notes *m*
**writing paper** N papier *m* à lettres
**writing room** N *(in hotel etc)* salon *m* d'écriture
**writing table** N bureau *m*

**written** /ˈrɪtn/

**VB** ptp of **write**

**ADJ** *[test, agreement, constitution etc]* écrit ; *[permission, confirmation]* par écrit ◆ **written evidence** *(gen, Hist)* documents *mpl* ; *(Jur)* documents *mpl* écrits ◆ **written proof** *(Jur)* preuves *fpl* écrites ◆ **her written English is excellent** son anglais est excellent à l'écrit ◆ **a written language** une langue écrite ◆ **the power of the written word** le pouvoir de l'écrit ; → **face, hand**

**WRNS** /renz/ N *(Brit)* (abbrev of **Women's Royal Naval Service**) *service des auxiliaires féminines de la marine royale*

## wrong /rɒŋ/

LANGUAGE IN USE 2.2, 12.1, 14, 18.3 SYN

1 - ADJECTIVE
2 - ADVERB
3 - NOUN
4 - TRANSITIVE VERB
5 - COMPOUNDS

### 1 - ADJECTIVE

[1] [= MISTAKEN, INCORRECT] *[guess]* erroné ; *[answer, solution, calculation, sum, musical note]* faux (fausse *f*) ◆ **the letter has the wrong date on it** ils *etc* se sont trompés de date sur la lettre ◆ **I'm in the wrong job** je ne suis pas fait pour ce travail, ce n'est pas le travail qu'il me faut ◆ **he's got the wrong kind of friends** *(also hum)* il a de mauvaises fréquentations ◆ **that's the wrong kind of plug** ce n'est pas la prise qu'il faut ◆ **she married the wrong man** elle n'a pas épousé l'homme qu'il lui fallait ◆ **you've got** *or* **picked the wrong man if you want someone to mend a fuse** vous tombez mal si vous voulez quelqu'un qui puisse réparer un fusible ◆ **you've put it back in the wrong place** vous ne l'avez pas remis à la bonne place *or* là où il fallait ◆ **it's the wrong road for Paris** ce n'est pas la bonne route pour Paris ◆ **you're on the wrong road** *or* **track** *(fig)* vous faites fausse route ◆ **to say the wrong thing** dire ce qu'il ne faut pas dire, faire un impair ◆ **he got all his sums wrong** toutes ses opérations étaient fausses ◆ **the accountant got his sums wrong*** le comptable a fait une erreur *or* s'est trompé dans ses calculs ◆ **he told me the wrong time** il ne m'a pas donné la bonne heure ◆ **it happened at the wrong time** c'est arrivé au mauvais moment ◆ **he got on the wrong train** il s'est trompé de train, il n'a pas pris le bon train ◆ **the wrong use of drugs** l'usage abusif des médicaments

♦ **to be wrong** ◆ **my clock/watch is wrong** ma pendule/ma montre n'est pas à l'heure ◆ **you're quite wrong** vous vous trompez, vous avez tort ◆ **I was wrong about him** je me suis trompé sur son compte ◆ **he was wrong in deducing that...** il a eu tort de déduire que...

♦ **to get sth wrong** ◆ **you've got your facts wrong** ce que vous avancez est faux ◆ **he got the figures wrong** il s'est trompé dans les chiffres ◆ **they got it wrong again** ils se sont encore trompés ◆ **how wrong can you get!*** *(iro)* comme on peut se tromper !

[2] [= BAD] mal *inv* ; *(= unfair)* injuste ◆ **it is wrong to lie, lying is wrong** c'est mal de mentir ◆ **it is wrong for her to have to beg, it is wrong that**

she should have to beg il est injuste qu'elle soit obligée de mendier ◆ **you were wrong to hit him, it was wrong of you to hit him** tu n'aurais pas dû le frapper, tu as eu tort de le frapper

3 [= EXCEPTIONABLE] ◆ **there's nothing wrong with hoping that...** il n'y a pas de mal à espérer que... ◆ **what's wrong with going to the cinema?** quel mal y a-t-il à aller au cinéma ? ◆ **there's nothing wrong with** or **in (doing) that** il n'y a rien à redire à cela

4 [= AMISS] qui ne va pas ◆ **something's wrong** or **there's something wrong (with it)** il y a quelque chose qui ne va pas ◆ **something's wrong** or **there's something wrong with him** il y a quelque chose qui ne va pas chez lui ◆ **something's wrong with my leg** j'ai quelque chose à la jambe ◆ **something's wrong with my watch** ma montre ne marche pas comme il faut ◆ **there's something wrong somewhere** il y a quelque chose qui cloche* là-dedans ◆ **something was very wrong** quelque chose n'allait vraiment pas ◆ **there's nothing wrong** tout va bien ◆ **nothing wrong, I hope?** tout va bien or pas d'ennuis, j'espère ? ◆ **there's nothing wrong with it** [+ theory, translation] c'est tout à fait correct ; [+ method, plan] c'est tout à fait valable ; [+ machine, car] ça marche très bien ◆ **there's nothing wrong with him** il va très bien ◆ **he's wrong in the head*** il a le cerveau dérangé or fêlé *

◆ **what's wrong?** qu'est-ce qui ne va pas ? ◆ **what's wrong with you?** qu'est-ce que tu as ? ◆ **what's wrong with your arm?** qu'est-ce que vous avez au bras ? ◆ **what's wrong with the car?** qu'est-ce qu'elle a, la voiture ?

### 2 - ADVERB

[ANSWER, GUESS] MAL ◆ **you're doing it all wrong** vous vous y prenez mal ◆ **you did wrong to refuse** vous avez eu tort de refuser ◆ **you've spelt it wrong** vous l'avez mal écrit ◆ **you thought wrong** tu t'es trompé ◆ **she took me up wrong*** elle n'a pas compris ce que je voulais dire

◆ **to get sb/sth wrong** ◆ **you've got the sum wrong** vous vous êtes trompé dans votre calcul, vous avez fait une erreur de calcul ◆ **you've got it all wrong*** (= *misunderstood*) vous n'avez rien compris ◆ **don't get me wrong*** comprends-moi bien ◆ **you've got me all wrong*** (= *misunderstood my meaning*) tu n'as rien compris à ce que je t'ai dit ; (= *misunderstood what I'm like*) tu te trompes complètement à mon sujet

◆ **to go wrong** (*in directions*) se tromper de route ; (*in calculations, negotiations etc*) faire une faute or une erreur ; (*morally*) mal tourner ; [plan] mal tourner ; [business deal etc] tomber à l'eau ; [machine, car] tomber en panne ; [clock, watch etc] se détraquer ◆ **you can't go wrong** (*in directions*) vous ne pouvez pas vous perdre or vous tromper ; (*in method etc*) c'est simple comme bonjour ; (*in choice of job, car etc*) (de toute façon) c'est un bon choix ◆ **you can't go wrong with this brand** vous ferez le bon choix en achetant cette marque ◆ **you won't go far wrong if you...** vous ne pouvez guère vous tromper si vous... ◆ **something went wrong with the gears** quelque chose s'est détraqué dans l'embrayage ◆ **something must have gone wrong** il a dû arriver quelque chose ◆ **nothing can go wrong now** tout doit marcher comme sur des roulettes maintenant ◆ **everything went wrong that day** tout est allé mal or de travers ce jour-là

### 3 - NOUN

1 [= EVIL] mal *m* ◆ **to do wrong** mal agir ◆ **he can do no wrong in her eyes** tout ce qu'il fait est bien à ses yeux or trouve grâce à ses yeux ; see also **right**

2 [= INJUSTICE] injustice *f*, tort *m* ◆ **he suffered great wrong** il a été la victime de graves injustices ◆ **to right a wrong** réparer une injustice ◆ **two wrongs don't make a right** (*Prov*) on ne répare pas une injustice par une autre (injustice) ◆ **you do me wrong in thinking** †... vous me faites tort en pensant †... ◆ **he did her wrong** † il a abusé d'elle

◆ **in the wrong** ◆ **to be in the wrong** être dans son tort, avoir tort ◆ **to put sb in the wrong** mettre qn dans son tort

### 4 - TRANSITIVE VERB

faire du tort à, faire tort à † ◆ **you wrong me if you believe...** vous êtes injuste envers moi si vous croyez... ◆ **a wronged wife** une femme trompée

### 5 - COMPOUNDS

**wrong-foot** VT (*Football, Tennis*) prendre à contre-pied ; (*Brit fig*) prendre au dépourvu
**wrong-headed** ADJ [person] buté ; [idea, view, approach] aberrant
**wrong-headedly** ADV obstinément
**wrong-headedness** N obstination *f*

**wrongdoer** /ˈrɒŋˌduːəʳ/ SYN N malfaiteur *m*, -trice *f*

**wrongdoing** /ˈrɒŋˌduːɪŋ/ N (NonC) méfaits *mpl*

**wrongful** /ˈrɒŋfʊl/ SYN
ADJ (*frm*) injustifié
COMP **wrongful arrest** N arrestation *f* arbitraire
**wrongful dismissal** N licenciement *m* abusif
**wrongful trading** N opérations *fpl* frauduleuses

**wrongfully** /ˈrɒŋfəlɪ/ ADV à tort

**wrongly** /ˈrɒŋlɪ/ ADV 1 (= *incorrectly*) [answer, guess, translate, interpret, position, insert, calculate] mal ; [spell, price, install] incorrectement ; [believe, attribute, state, accuse, convict, imprison] à tort ◆ **wrongly accused of murder/of doing sth** faussement accusé or accusé à tort de meurtre/d'avoir fait qch ◆ **the handle has been put on wrongly** le manche n'a pas été mis comme il fallait or a été mal mis ◆ **she was wrongly dressed for the occasion** sa tenue n'était pas adaptée à la circonstance ; → **rightly**

2 (= *wrongfully*) [treat] injustement

**wrongness** /ˈrɒŋnɪs/ N (= *incorrectness*) [of answer] inexactitude *f* ; (= *injustice*) injustice *f* ; (= *evil*) immoralité *f*

**wrote** /rəʊt/ VB pt of **write**

**wrought** /rɔːt/
VB archaic pret, ptp of **work** ◆ **the destruction wrought by the floods** (*liter*) les ravages provoqués par l'inondation ◆ **the damage the hurricane had wrought on Florida** les dégâts que l'ouragan avait provoqués en Floride ◆ **the changes wrought by time** les changements apportés par le temps
ADJ [silver] ouvré
COMP **wrought iron** N fer *m* forgé
**wrought-iron** ADJ [gate, decoration] en fer forgé
**wrought-ironwork** N ferronnerie *f*
**wrought-up** ADJ [person] très tendu

**wrung** /rʌŋ/ VB pt, ptp of **wring**

**WRVS** /ˌdʌbljuːɑːviːˈes/ N (*Brit*) (abbrev of **Women's Royal Voluntary Service**) service d'auxiliaires bénévoles au service de la collectivité

**wry** /raɪ/ SYN ADJ [person, smile, remark] ironique ; [wit] empreint d'ironie ◆ **to listen/look on with wry amusement** écouter/regarder d'un air amusé et narquois ◆ **a wry sense of humour** un sens de l'humour empreint d'ironie ◆ **to make a wry face** faire la grimace ◆ **a wry comedy** une comédie pleine d'ironie

**wryly** /ˈraɪlɪ/ ADV [say, think] avec ironie ◆ **to smile wryly** avoir un sourire ironique ◆ **wryly amusing** amusant et ironique

**wryneck** /ˈraɪnek/ N (= *bird*) torcol *m* fourmilier

**WS** /ˌdʌbljuːˈes/ N (*Scot Jur*) (abbrev of **Writer to the Signet**) → **writer**

**wt** abbrev of **weight**

**WTO** /ˌdʌbljuːtiːˈəʊ/ N (abbrev of **World Trade Organization**) OMC *f*

**wunderkind*** /ˈwʊndəkɪnd/ N prodige *m*

**wuss** ‡ /wʊs/ N (*esp US*) mauviette* *f*

**Wuthering Heights** /ˈwʌðərɪŋ/ N (*Literat*) ◆ **Wuthering Heights** Les Hauts de Hurlevent

**WV** abbrev of **West Virginia**

**WWI** (abbrev of **World War One**) → **world**

**WWII** (abbrev of **World War Two**) → **world**

**WWF** /ˌdʌbljuːdʌbljuːˈef/ N (abbrev of **Worldwide Fund for Nature**) WWF *m*

**WWW** /ˌdʌbljuːdʌbljuːˈdʌbljuː/ N (*Comput*) (abbrev of **World Wide Web**) ◆ **the WWW** le Web

**WY** abbrev of **Wyoming**

**Wyandotte** /ˈwaɪənˌdɒt/ N wyandotte *f*

**wych-elm** /ˈwɪtʃelm/ N orme *m* blanc or de montagne

**wynd** /waɪnd/ N (*Scot*) venelle *f*

**Wyoming** /waɪˈəʊmɪŋ/ N Wyoming *m* ◆ **in Wyoming** dans le Wyoming

**WYSIWYG** /ˈwɪzɪwɪɡ/ N (*Comput*) (abbrev of **what you see is what you get**) WYSIWYG *m*, ce que l'on voit est ce que l'on obtient, tel écran tel écrit

**wyvern** /ˈwaɪvən/ N (*Heraldry*) dragon *m*

# X

**X, x** /eks/ (vb: pret, ptp **x-ed, x'ed**)
- **N** (= letter) X, x m ; (Math, fig) x ; (at end of letter = kiss) bises fpl ; (several kisses) grosses bises fpl ◆ **X for X-ray** ≈ X comme Xavier ◆ **he signed his name with an X** il a signé d'une croix or en faisant une croix ◆ **for x years** pendant x années ◆ **Mr X** Monsieur X ◆ **X marks the spot** l'endroit est marqué d'une croix ; → **X-ray**
- **VT** marquer d'une croix
- **COMP** **x-axis** N axe m des x
- **X-certificate** ADJ (Brit Cine: formerly) classé X, ≈ interdit aux moins de 18 ans
- **X-chromosome** N chromosome m X
- **X-rated** ADJ (fig) [book, language] obscène, porno* ; (US Cine) classé X, ≈ interdit aux moins de 17 ans

**xanthene** /'zænθi:n/ N xanthène m
**xanthoma** /zæn'θəʊmə/ N xanthome m
**xanthophyll** /'zænθəʊfɪl/ N xanthophylle f
**xenogeneic** /ˌzenəʊdʒɪ'neɪɪk/ ADJ xénogénique
◆ **xenogeneic tissue graft** xénogreffe f
**xenoglossia** /ˌzenə'glɒsɪə/ N xénoglossie f
**xenograft** /'zenəʊˌgrɑːft/ N xénogreffe f
**xenon** /'zenɒn/ N xénon m
**xenophile** /'zenəfaɪl/ N xénophile mf
**xenophobe** /'zenəfəʊb/ ADJ, N xénophobe mf
**xenophobia** /ˌzenə'fəʊbɪə/ N xénophobie f
**xenophobic** /ˌzenə'fəʊbɪk/ ADJ xénophobe
**Xenophon** /'zenəfən/ N Xénophon m

**xeranthemum** /zɪə'rænθəməm/ N xéranthème m
**xeroderma** /ˌzɪərəʊ'dɜːmə/, **xerodermia** /ˌzɪərəʊ'dɜːmɪə/ N xérodermie f
**xerographic** /ˌzɪərə'græfɪk/ ADJ xérographique
**xerographically** /ˌzɪərə'græfɪkəlɪ/ ADV par xérographie
**xerography** /zɪə'rɒgrəfɪ/ N xérographie f
**xerophilous** /zɪə'rɒfɪləs/ ADJ xérophile
**xerophily** /zɪə'rɒfɪlɪ/ N caractère m xérophile
**xerophthalmia** /ˌzɪərɒf'θælmɪə/ N xérophtalmie f
**xerophyte** /'zɪərəfaɪt/ N xérophyte f
**xerophytic** /ˌzɪərə'fɪtɪk/ ADJ xérophytique
**Xerox** ® /'zɪərɒks/
- **N** (= machine) photocopieuse f ; (= reproduction) photocopie f
- **VT** (faire) photocopier, prendre or faire une photocopie de, copier*
- **VI** se faire or se laisser photocopier

**Xerxes** /'zɜːksiːz/ N Xerxès m
**xi** /zaɪ/ N xi m
**XL** /ˌek'sel/ (abbrev of **extra large**) XL
**Xmas** /'eksməs, 'krɪsməs/ N abbrev of **Christmas**
**X-ray** /'eksˌreɪ/
- **N** (= ray) rayons mpl X ; (= photograph) radiographie f, radio* f ◆ **to have an X-ray** se faire radiographier, se faire faire une radio*
- **VT** [+ limb, luggage] radiographier, faire une radio de* ; [+ person] radiographier, faire une radio à*
- **COMP** radioscopique, radiographique
- **X-ray astronomy** N radioastronomie f
- **X-ray crystallography** N radiocristallographie f
- **X-ray diagnosis** N radiodiagnostic m
- **X-ray examination** N examen m radioscopique, radio* f
- **X-ray photo, X-ray picture** N (on film) radiographie f, radio* f ; (on screen) radioscopie f, radio* f
- **X-ray star** N (Astron) radiosource f
- **X-ray treatment** N radiothérapie f

**xylem** /'zaɪləm/ N xylème m
**xylene** /'zaɪliːn/ N xylène m
**xylidine** /'zaɪlɪˌdiːn/ N xylidine f
**xylograph** /'zaɪləgrɑːf/ N xylographie f
**xylographer** /zaɪ'lɒgrəfər/ N xylographe mf
**xylographic** /ˌzaɪlə'græfɪk/ ADJ xylographique
**xylography** /zaɪ'lɒgrəfɪ/ N xylographie f
**xylol** /'zaɪlɒl/ N xylol m
**xylophagous** /zaɪ'lɒfəgəs/ ADJ xylophage
**xylophone** /'zaɪləfəʊn/ N xylophone m
**xylophonist** /zaɪ'lɒfənɪst/ N joueur m de xylophone
**xylose** /'zaɪləʊz/ N xylose m

# Y

**Y, y** /waɪ/
- **N** (= letter) Y, y m ✦ **Y for Yellow** ≃ Y comme Yvonne ✦ **Y-shaped** en (forme d')Y
- **COMP y-axis N** axe m des y
- **Y-chromosome N** chromosome m Y
- **Y-fronts** ® **NPL** (Brit) slip m (ouvert)

**Y2K** /ˌwaɪtuːˈkeɪ/ **N** (abbrev of **Year 2000**) an m 2000

**yacht** /jɒt/
- **N** (luxury motorboat) yacht m ; (with sails) voilier m
- **VI** ✦ **to go yachting** faire de la navigation de plaisance, faire du bateau
- **COMP yacht club N** yacht-club m
- **yacht race N** course f à la voile or de voile

**yachting** /ˈjɒtɪŋ/
- **N** navigation f de plaisance, voile f
- **COMP** [enthusiast] de la voile, de la navigation de plaisance ; [cruise] en yacht ; [magazine] de navigation de plaisance
- **yachting cap N** casquette f de marin
- **yachting club N** yacht-club m
- **yachting event N** ⇒ **yachting regatta**
- **the yachting fraternity N** les plaisanciers mpl
- **yachting regatta N** régate f

**yachtsman** /ˈjɒtsmən/ **N** (pl **-men**) (in race, professional) navigateur m ; (amateur) plaisancier m

**yachtswoman** /ˈjɒtswʊmən/ **N** (pl **-women**) (in race, professional) navigatrice f ; (amateur) plaisancière f

**yack*** /jæk/, **yackety-yak*** /ˈjækɪtɪˈjæk/ (pej)
- **VI** caqueter, jacasser ✦ **what are you yacking (on) about?** qu'est-ce que tu racontes ?
- **N** caquetage m

**yah*** /jɑː/
- **EXCL** ① (= yes) ouais !*
- ② (defiance) (also **yah boo**) na !
- **COMP yah-boo politics N** politique f de provocation

**yahoo** /jɑːˈhuː/ **N** butor m, rustre m

**yak¹** /jæk/ **N** (= animal) yak or yack m

**yak²** /jæk/ ⇒ **yackety-yak** ; → **yack**

**Yakuza** /jəˈkuːzə/
- **N** (= person) yakusa m pl inv
- **NPL the Yakuza** (= organization) les yakusa mpl
- **COMP Yakuza boss N** chef m yakusa

**Yale** ® /jeɪl/ (also **Yale lock**) serrure f à barillet or à cylindre

**y'all*** /jɔːl/ **PRON** (US) vous (autres)

**yam** /jæm/ **N** ① (= plant, tuber) igname f
② (US = sweet potato) patate f douce

**yammer*** /ˈjæməʳ/ **VI** jacasser

**yang** /jæŋ/ **N** (Philos) yang m

**Yangtze** /ˈjæŋksɪ/ **N** Yang-Tsê Kiang m

**Yank*** /jæŋk/ abbrev of **Yankee**
- **ADJ** amerloque‡*, ricain‡* (pej)
- **N** Amerloque‡* mf, Ricain(e)‡* m(f) (pej)

**yank** /jæŋk/ **SYN**
- **N** coup m sec, saccade f
- **VT** tirer d'un coup sec ✦ **he yanked open the door** il ouvrit la porte d'un coup sec

▸ **yank off*** **VT SEP** (= detach) arracher or extirper (d'un coup sec)

▸ **yank out*** **VT SEP** arracher or extirper (d'un coup sec)

**Yankee*** /ˈjæŋkɪ/
- **N** (Hist) Yankee mf ; (esp pej) yankee mf
- **ADJ** yankee f inv ✦ **Yankee Doodle** chanson populaire de la Révolution américaine

### YANKEE

En Europe, le terme **Yankee** désigne tout Américain, mais aux États-Unis, il est réservé aux habitants du nord du pays. Dans les États du Nord, on dit même que les seuls véritables **Yankees** sont ceux de la Nouvelle-Angleterre. Le mot a été employé pour la première fois dans la chanson « **Yankee** Doodle », écrite par un Anglais pour se moquer des Américains, mais, à l'époque de la Révolution américaine, les soldats du général Washington ont fait de cette chanson un hymne patriotique.

**yap** /jæp/ (pej)
- **VI** [dog] japper ; *[person] jacasser
- **N** jappement m

**yapping** /ˈjæpɪŋ/ (pej)
- **ADJ** [dog] jappeur ; [person] jacasseur
- **N** [of dog] jappements mpl ; [of person] jacasserie f

**yappy*** /ˈjæpɪ/ **ADJ** ✦ **a yappy little dog** un petit chien qui n'arrête pas de japper

**Yarborough** /ˈjɑːbrə/ **N** (Bridge etc) main ne contenant aucune carte supérieure au neuf

**yard¹** /jɑːd/ **N** ① yard m (91,44 cm), ≃ mètre m ✦ **one yard long** long d'un yard, ≃ long d'un mètre ✦ **20 yards away (from us)** à une vingtaine de mètres (de nous) ✦ **he can't see a yard in front of him** il ne voit pas à un mètre devant lui ✦ **to buy cloth by the yard** ≃ acheter de l'étoffe au mètre ✦ **how many yards would you like?** ≃ quel métrage désirez-vous ? ✦ **a word a yard long** un mot qui n'en finit plus ✦ **an essay yards long** une dissertation-fleuve ✦ **with a face a yard long** faisant une tête longue comme ça ✦ **sums by the yard** des calculs à n'en plus finir ✦ **to give sb the whole nine yards*** y mettre le paquet* ✦ **yard of ale** tube de verre évasé d'environ un mètre dans lequel on boit de la bière
② (Naut) vergue f

**yard²** /jɑːd/
- **N** ① [of farm, hospital, prison, school] cour f ; (surrounded by the building: in monastery, hospital) préau m ✦ **back yard** arrière-cour f ; → **farmyard**
② (= work-site) chantier m ; (for storage) dépôt m ✦ **builder's/shipbuilding yard** chantier m de construction/de construction(s) navale(s) ✦ **coal/contractor's yard** dépôt m de charbon/de matériaux de construction ; → **dockyard, goods**
③ (Brit) ✦ **the Yard, Scotland Yard** Scotland Yard m ✦ **to call in the Yard** demander l'aide de Scotland Yard
④ (US) (= garden) jardin m ; (= field) champ m

⑤ (= enclosure for animals) parc m ; → **stockyard**
- **COMP yard sale N** (US) vide-grenier m → **CAR-BOOT SALE, GARAGE SALE**

**yardage** /ˈjɑːdɪdʒ/ **N** longueur f en yards, ≃ métrage m

**yardarm** /ˈjɑːdɑːm/ **N** (Naut) les extrémités d'une vergue

**yardbird‡** /ˈjɑːdbɜːd/ **N** (US) (= soldier) bidasse m empoté* (qui est souvent de corvée) ; (= convict) taulard‡ m

**Yardie*** /ˈjɑːdɪ/ **N** (Brit) Yardie m (membre d'une organisation criminelle d'origine jamaïcaine)

**yardmaster** /ˈjɑːdmɑːstəʳ/ **N** (US Rail) chef m de triage

**yardstick** /ˈjɑːdstɪk/ **SYN N** (fig) mesure f ✦ **a yardstick of efficiency/success** un critère d'efficacité/de succès ✦ **they are trying to establish a yardstick for the level of violence** ils essaient d'établir des critères pour évaluer le niveau de violence ✦ **he had no yardstick by** or **against which to judge it** il n'avait aucun moyen de comparaison pour en juger

**yarmulke** /ˈjɑːmʊlkə/ **N** kippa f

**yarn** /jɑːn/ **SYN**
- **N** ① fil m ; (Tech: for weaving) filé m ✦ **cotton/nylon yarn** fil m de coton/de nylon ®
② (= tale) longue histoire f ; → **spin**
- **VI** raconter or débiter des histoires

**yarrow** /ˈjærəʊ/ **N** mille-feuille f, achillée f

**yashmak** /ˈjæʃmæk/ **N** litham m

**yaw** /jɔː/ **VI** (Naut) (suddenly) faire une embardée, embarder ; (gradually) dévier de la route ; [aircraft] faire un mouvement de lacet

**yawl** /jɔːl/ **N** (= sailing boat) yawl m ; (= ship's boat) yole f

**yawn** /jɔːn/
- **VI** ① [person] bâiller ✦ **to yawn with boredom** bâiller d'ennui
② [chasm etc] s'ouvrir
- **VT** ✦ **to yawn one's head off** bâiller à se décrocher la mâchoire ✦ **"no", he yawned** « non », dit-il en bâillant
- **N** bâillement m ✦ **to give a yawn** bâiller ✦ **the film is one long yawn*** ce film est ennuyeux de bout en bout ; → **stifle**

**yawning** /ˈjɔːnɪŋ/ **SYN**
- **ADJ** [chasm] béant ; [person] qui bâille
- **N** bâillements mpl

**yawp** /jɔːp/ (US)
- **N** ① (* = yelp) braillement* m ✦ **to give a yawp** brailler*
② (‡ = chatter) papotage m ✦ **to have a yawp** bavasser* (pej)
- **VI** ① (* = yelp) brailler*
② (‡ = chatter) bavasser* (pej)

**yaws** /jɔːz/ **N** (Med) pian m

**yay*** /jeɪ/ **EXCL** (= great) chouette !

**yd** abbrev of **yard**

**ye¹** /jiː/ **PERS PRON** (††, liter, dial) vous ✦ **ye gods!*** grands dieux !*, ciel ! (hum)

**ye²** †† /jiː/ DEF ART (= the) ancienne forme écrite

**yea** /jeɪ/
ADV **1** (frm = yes) oui ◆ **to say yea to sth** dire oui à qch ◆ **yea or nay** oui ou non ◆ **to refuse to say yea or nay** refuser de donner une réponse catégorique
**2** ( †† = indeed) en vérité
N oui m ◆ **the yeas and the nays** les voix fpl pour et les voix fpl contre, les oui mpl et les non mpl

**yeah*** /jeə/ PARTICLE ouais*, oui ◆ **oh yeah?** (iro) et puis quoi encore ? ◆ **yeah, (that'll be) right!** c'est ça !, tu parles !*

**year** /jɪəʳ/
N **1** an m, année f ◆ **next year** l'an m prochain, l'année f prochaine ◆ **last year** l'an m dernier, l'année f dernière ◆ **this year** cette année ◆ **they intend to complete the project when the conditions are right: this year, next year, sometime, never?** ils prévoient d'achever le projet quand les conditions seront propices : mais combien de temps faudra-t-il attendre ? ◆ **document valid one year** document m valable (pendant) un an ◆ **taking the good years with the bad** bon an mal an ◆ **a year (ago) last January** il y a eu un an au mois de janvier (dernier) ◆ **a year in January, a year next January** il y aura un an en janvier (prochain) ◆ **it costs £500 a year** cela coûte 500 livres par an ◆ **he earns £15,000 a year** il gagne 15 000 livres par an ◆ **three times a year** trois fois par an or l'an ◆ **all the year round** toute l'année ◆ **as (the) years go** (or **went**) **by** au cours or au fil des années ◆ **year in, year out** année après année ◆ **over the years** au cours or au fil des années ◆ **year by year** d'année en année ◆ **to pay by the year** payer à l'année ◆ **every year, each year** tous les ans, chaque année ◆ **every other year, every second year** tous les deux ans ◆ **year on year** (+ noun) annuel ; (+ verb) annuellement, chaque année ◆ **years (and years*) ago** il y a (bien) des années ◆ **for years together or on end*** plusieurs années de suite ◆ **they have not met for years** ils ne se sont pas vus depuis des années ◆ **I haven't laughed so much for** or **in years** ça fait des années que je n'ai pas autant ri ◆ **I haven't seen him for** or **in years** ça fait des années or des lustres* que je ne l'ai (pas) vu ◆ **it took us years* to find the restaurant** (fig) il (nous) a fallu un temps fou pour trouver le restaurant ◆ **from year to year** d'année en année ◆ **from one year to the next** d'une année à l'autre ◆ **from (one's) end to (one's) end** d'un bout de l'année à l'autre ◆ **in the year of grace** or **of Our Lord 1492** (frm) en l'an de grâce 1492 ◆ **in the year 1869** en 1869 ◆ **in the year two thousand** en l'an deux mille ◆ **a friend of 30 years' standing** un ami de 30 ans or que l'on connaît (or connaissait etc) depuis 30 ans ; → **after, donkey, New Year, old**
**2** (referring to age) ◆ **he is six years old** or **six years of age** il a six ans ◆ **in his fortieth year** dans sa quarantième année ◆ **from his earliest years** dès son âge le plus tendre ◆ **he looks old for his years** il fait or paraît plus vieux que son âge ◆ **young for his years** jeune pour son âge ◆ **she is very active for (a woman of) her years** elle est très active pour (une femme de) son âge ◆ **well on in years** d'un âge avancé ◆ **to get on in years** prendre de l'âge ◆ **to grow in years** (liter) avancer en âge ◆ **it's put years on me!** cela m'a vieilli de vingt ans !, cela m'a fait prendre un coup de vieux* ◆ **changing your hairstyle can take ten years off you** changer de coiffure peut vous rajeunir de dix ans ◆ **it's taken years off my life!** cela m'a vieilli de vingt ans ! ◆ **I feel ten years younger** j'ai l'impression d'avoir dix ans de moins or d'avoir rajeuni de dix ans
**3** (Scol, Univ) année f ◆ **he is first in his year** il est le premier de son année ◆ **she was in my year at school/university** elle était de mon année au lycée/à l'université ◆ **he's in (the) second year** (Univ) il est en deuxième année ; (secondary school) ≈ il est en cinquième ◆ **the academic year 2000/2001** l'année f universitaire 2000/2001 ◆ **the first years study French and Spanish** (Brit = pupil) ≈ les élèves de sixième étudient le français et l'espagnol
**4** (Prison) an m ◆ **he got ten years** il en a pris pour dix ans*, on l'a condamné à dix ans de prison ◆ **sentenced to 15 years' imprisonment** condamné à 15 ans de prison
**5** [of coin, stamp, wine] année f
**6** (Fin) ◆ **financial year** exercice m financier ◆ **tax year** exercice m fiscal, année f fiscale

COMP **year end** N (Comm, Fin) clôture f or fin f de l'exercice ◆ **year end report/accounts** rapport m/comptes mpl de fin d'exercice
**year head** N (Brit Scol) conseiller m, -ère f (principal(e)) d'éducation
**year-long** ADJ qui dure toute une année
**year-round** ADJ [resident, population] qui réside toute l'année ; [work] qui dure toute l'année ; [facilities] ouvert toute l'année
**year tutor** N (Brit Scol) ⇒ **year head**

**yearbook** /'jɪəbʊk/ N annuaire m (d'une université, d'un organisme etc)

**yearling** /'jɪəlɪŋ/
N animal m d'un an ; (= racehorse) yearling m
ADJ (âgé) d'un an

**yearly** /'jɪəlɪ/ SYN
ADJ annuel
ADV **1** (= every year) chaque année, tous les ans ◆ **twice yearly** deux fois par an ◆ **twice-yearly** semestriel
**2** (= per year) [produce, spend] par an

**yearn** /jɜːn/ SYN VI **1** (= feel longing) languir (for, after après), aspirer (for, after à) ◆ **to yearn for home** avoir la nostalgie de chez soi ou du pays ◆ **to yearn to do sth** avoir très envie or mourir d'envie de faire qch, aspirer à faire qch
**2** (= feel tenderness) s'attendrir, s'émouvoir (over sur)

**yearning** /'jɜːnɪŋ/
N désir m ardent or vif (for, after de ; to do sth de faire qch), envie f (for, after de ; to do sth de faire qch), aspiration f (for, after vers ; to do sth à faire qch)
ADJ [desire] vif, ardent ; [look] plein de désir or de tendresse

**yearningly** /'jɜːnɪŋlɪ/ ADV (= longingly) avec envie, avec désir ; (= tenderly) avec tendresse, tendrement

**yeast** /jiːst/
N (NonC) levure f ◆ **dried yeast** levure f déshydratée
COMP **yeast extract** N extrait m de levure de bière
**yeast infection** N candidose f

**yeasty** /'jiːstɪ/ ADJ [flavour, taste, smell] de levure ; [bread] qui sent la levure ; (= frothy) écumeux

**yec(c)h*** /jek/ EXCL (US) berk or beurk !

**yegg*** /jeg/ N (US : also **yeggman**) cambrioleur m, casseur* m

**yeh*** /jeə/ PARTICLE ⇒ **yeah**

**yell** /jel/ SYN
N hurlement m, cri m ◆ **a yell of fright** un hurlement or un cri d'effroi ◆ **a yell of pain** un hurlement or un cri de douleur ◆ **a yell of alarm/dismay** un cri d'inquiétude/de désarroi ◆ **to give** or **let out a yell** pousser un hurlement or un cri ◆ **college yell** (US Univ) ban m d'étudiants
VI (also **yell out**) hurler (with de) ◆ **to yell at sb** crier après qn ◆ **to yell with pain** hurler de douleur
VT (also **yell out**) hurler ◆ **he yelled out that he was hurt** il hurla qu'il était blessé ◆ **"stop it!", he yelled** « arrêtez ! » hurla-t-il ◆ **to yell abuse** hurler des injures

**yelling** /'jelɪŋ/
N hurlements mpl, cris mpl
ADJ hurlant

**yellow** /'jeləʊ/
ADJ **1** (in colour) [object etc] jaune ; [hair, curls] blond ◆ **to go** or **turn** or **become** or **grow yellow** devenir jaune, jaunir ; see also **noun, canary**
**2** (fig pej = cowardly) lâche ◆ **there was a yellow streak in him** il avait un côté lâche
N (also of egg) jaune m
VI jaunir
VT jaunir ◆ **paper yellowed with age** papier m jauni par le temps
COMP **yellow-bellied*** ADJ froussard, trouillard
**yellow-belly*** N (pej) froussard(e)* m(f), trouillard(e)* m(f)
**yellow brick road** N (fig) voie f du succès
**yellow card** N (Football) carton m jaune
**yellow-card** VT donner un carton jaune à ◆ **he was yellow-carded** il a reçu un carton jaune
**yellow-dog contract** N (US Hist) contrat m interdisant de se syndiquer (aujourd'hui illégal)
**yellow fever** N (Med) fièvre f jaune
**yellow flag** N (Naut) pavillon m de quarantaine
**yellow jack*** N (Naut) ⇒ **yellow flag**
**yellow jersey** N maillot m jaune
**yellow line** N (on road) ligne f jaune ◆ **double yellow lines** bandes jaunes indiquant l'interdiction de stationner
**yellow metal** N (= gold) métal m jaune ; (= brass) cuivre m jaune
**yellow ochre** N ocre f jaune
**Yellow Pages** ® NPL (Telec) pages fpl jaunes
**the yellow peril** † N (Pol) le péril jaune
**yellow press** † N (Press) presse f à sensation
**yellow rain** N pluie f jaune
**the Yellow River** N le fleuve Jaune
**the Yellow Sea** N la mer Jaune
**yellow soap** N savon m de Marseille
**yellow spot** N (Anat) tache f jaune
**yellow wagtail** N bergeronnette f flavéole

**yellowhammer** /'jeləʊˌhæməʳ/ N bruant m jaune

**yellowish** /'jeləʊɪʃ/ ADJ tirant sur le jaune, jaunâtre (pej) ◆ **yellowish brown** d'un brun tirant sur le jaune, brun jaunâtre inv (pej) ◆ **yellowish green** d'un vert tirant sur le jaune, vert jaunâtre inv (pej)

**yellowness** /'jeləʊnɪs/ N (NonC) **1** (= colour) [of object] couleur f jaune, jaune m ; [of skin] teint m jaune
**2** (* pej = cowardice) lâcheté f, trouillardise* f

**yellowy** /'jeləʊɪ/ ADJ ⇒ **yellowish**

**yelp** /jelp/
N [of animal] glapissement m ; [of person] cri m ◆ **to let out a yelp** [person] crier, [animal] glapir
VI [person] crier ; [animal] glapir

**yelping** /'jelpɪŋ/ N [of animal] glapissement m ; [of person] cri m

**Yemen** /'jemən/ N ◆ **(the) Yemen** le Yémen ◆ **North/South Yemen** le Yémen du Nord/Sud

**Yemeni** /'jemənɪ/, **Yemenite** /'jemənaɪt/
ADJ yéménite ; [ambassador, embassy] du Yémen ◆ **North/South Yemeni** yéménite or du Yémen du Nord/Sud
N Yéménite mf ◆ **North/South Yemeni** Yéménite mf du Nord/Sud

**yen¹** /jen/ N (pl inv = money) yen m

**yen²*** /jen/ N désir m intense, grande envie f (for de) ◆ **to have a yen to do sth** avoir (grande) envie de faire qch

**yenta*** /'jentə/ N (US pej) commère f

**yeoman** /'jəʊmən/ (pl **-men**)
N **1** (Hist = freeholder) franc-tenancier m
**2** (Brit Mil) cavalier m ; → **yeomanry**
COMP **yeoman farmer** N (Hist) franc-tenancier m ; (modern) propriétaire m exploitant
**Yeoman of the Guard** N (Brit) hallebardier m de la garde royale
**yeoman service** N (fig) ◆ **to do** or **give yeoman service** rendre des services inestimables

**yeomanry** /'jəʊmənrɪ/ N (NonC) **1** (Hist) (classe f des) francs-tenanciers mpl
**2** (Brit Mil) régiment m de cavalerie (volontaire)

**yeomen** /'jəʊmən/ NPL of **yeoman**

**yep*** /jep/ PARTICLE ouais*, oui

**yer*** /jɜːʳ/ PRON ⇒ **your**

**yes** /jes/
PARTICLE (answering affirmative question) oui ; (answering negative question) si ◆ **do you want some? – yes!** en voulez-vous ? – oui ! ◆ **don't you want any? – yes (I do)!** vous n'en voulez pas ? – (mais) si ! ◆ **yes of course, yes certainly** mais oui ◆ **yes and no** oui et non ◆ **oh yes, you did say that** (contradicting) si si or mais si, vous avez bien dit cela ◆ **yes?** (awaiting further reply) (ah) oui ?, et alors ? ; (answering knock at door) oui ?, entrez ! ◆ **waiter! – yes sir?** garçon ! – (oui) Monsieur ? ◆ **yes!** (in triumph) ouah ! * ; → **say**
N oui m inv ◆ **he gave a reluctant yes** il a accepté de mauvaise grâce
COMP **yes man*** N (pl **yes men**) (pej) béni-oui-oui* m inv (pej) ◆ **he's a yes man** il dit amen à tout
**yes-no question** N (Ling) question f fermée

**yeshiva(h)** /jeˈʃiːvə/, /jeˈʃiːvɔt/ N (pl **yeshiva(h)s** or **jeshivoth**) yeshiva f

**yesterday** /'jestədeɪ/
ADV **1** (lit) (= day before today) hier ◆ **it rained yesterday** il a plu hier ◆ **all (day) yesterday** toute la journée d'hier ◆ **late yesterday** dans la soirée d'hier ◆ **he arrived only yesterday** il n'est arrivé qu'hier ◆ **a week from yesterday** dans une semaine à compter d'hier ◆ **the news was announced a week ago yesterday** il y avait une semaine hier que la nouvelle avait été annoncée ◆ **I had to have it by yesterday or no la-**

**ter than yesterday** il fallait que je l'aie hier au plus tard ◆ **when do you need it by? – yesterday!** *(hum)* il vous le faut pour quand ? – hier ! *(hum)* ; → **born, day**

2 *(fig = in the past)* hier, naguère ◆ **towns which yesterday were villages** des villes qui étaient hier *or* naguère des villages

**N** 1 *(lit = day before today)* hier *m* ◆ **yesterday was the second** c'était hier le deux ◆ **yesterday was Friday** c'était hier vendredi ◆ **yesterday was very wet** il a beaucoup plu hier ◆ **yesterday was a bad day for him** la journée d'hier s'est mal passée pour lui ◆ **the day before yesterday** avant-hier *m* ◆ **where's yesterday's newspaper?** où est le journal d'hier ?

2 *(fig = the past)* hier *m*, passé *m* ◆ **the great men of yesterday** tous les grands hommes du passé *or* d'hier ◆ **all our yesterdays** *(liter)* tout notre passé

**COMP** **yesterday afternoon** **ADV** hier après-midi
**yesterday evening** **ADV** hier (au) soir
**yesterday morning** **ADV** hier matin
**yesterday week** * **ADV** *(Brit)* il y a eu huit jours hier

**yesternight** †† /ˈjestəˈnaɪt/ **N, ADV** la nuit dernière, hier soir

**yesteryear** /ˈjestəˈjɪəʳ/ **N** *(esp liter)* les années *fpl* passées ◆ **the cars/hairstyles/fashions of yesteryear** les voitures *fpl*/coiffures *fpl*/modes *fpl* d'antan

**yet** /jet/ LANGUAGE IN USE 26.3 SYN

**ADV** 1 *(= by this time : with neg)* ◆ **not yet** pas encore ◆ **they haven't (as) yet returned, they haven't returned (as) yet** ils ne sont pas encore de retour ◆ **they hadn't (as) yet managed to do it** ils n'étaient pas encore arrivés à le faire ◆ **no one has come (as) yet** personne n'est encore arrivé ◆ **no one had come (as) yet** jusqu'alors *or* jusque-là personne n'était (encore) venu ◆ **we haven't come to a decision yet** nous ne sommes pas encore parvenus à une décision ◆ **I don't think any decision has been reached as yet** je ne pense pas qu'on soit déjà parvenu à une décision ◆ **are you coming? – not just yet** est-ce que vous venez ? – pas tout de suite ◆ **don't come in (just) yet** n'entrez pas tout de suite *or* pas pour l'instant ◆ **I needn't go (just) yet** je n'ai pas besoin de partir tout de suite ◆ **that won't happen (just) yet, that won't happen (just) yet awhile(s)** * ça n'est pas pour tout de suite ◆ **you ain't seen nothing yet** * *(hum)* vous n'avez encore rien vu

2 *(= already : in questions)* déjà ◆ **have you had your lunch yet?** avez-vous déjà déjeuné ? ◆ **I wonder if he's come yet** je me demande s'il est déjà arrivé *or* s'il est arrivé maintenant ◆ **must you go just yet?** faut-il que vous partiez *subj* déjà ?

3 *(= so far : with superl)* jusqu'à présent, jusqu'ici ◆ **she's the best teacher we've had yet** c'est le meilleur professeur que nous ayons eu jusqu'à présent *or* jusqu'ici ◆ **the best book yet written** le meilleur livre qui ait jamais été écrit

4 *(= still)* encore ◆ **he may come yet** *or* **yet come** il peut encore venir ◆ **he could come yet** il pourrait encore venir ◆ **his plan may yet fail** son plan peut encore échouer ◆ **we'll make a footballer of you yet** nous finirons bien par faire un footballeur de toi ◆ **there is hope for me yet** *(gen hum)* tout n'est pas perdu pour moi ◆ **I'll speak to her yet** je finirai bien par lui parler ◆ **I'll do it yet** j'y arriverai bien quand même ◆ **he has yet to learn** il a encore à apprendre, il lui reste à apprendre ◆ **I have yet to see one** je n'en ai encore jamais vu ◆ **Mr Lea has** *or* **is yet to score** Lea n'a pas encore marqué de points ◆ **his guilt is yet to be proved** sa culpabilité reste à prouver ◆ **there were revelations yet to come** des révélations devaient encore arriver ◆ **she is yet alive** *or* **alive yet** *(liter)* elle est encore vivante, elle vit encore ◆ **for all I know he is there yet** autant que je sache il est encore *or* toujours là

5 *(= from now)* ◆ **we've got ages yet** nous avons encore plein de temps ◆ **it'll be ages yet before she's ready** il va encore lui falloir des heures pour se préparer ◆ **we'll wait for five minutes yet** nous allons attendre encore cinq minutes ◆ **it won't be dark for half an hour yet** il ne fera pas nuit avant une demi-heure ◆ **I'll be here for a (long) while yet** *or* **for a long time yet** je resterai ici encore un bon bout de temps ◆ **he won't be here for a (long) while yet** *or* **for a long time yet** il ne sera pas ici avant longtemps ◆ **for some time yet** pour encore pas mal de temps ◆ **not for some time yet** pas avant un certain temps ◆ **they have a few days yet** ils ont encore *or* il leur reste encore quelques jours ◆ **there's another bottle yet** il reste encore une bouteille

6 *(= even : with compar)* ◆ **yet more people** encore plus de gens ◆ **he wants yet more money** il veut encore plus *or* encore davantage d'argent ◆ **this week it's been work, work and yet more work** cette semaine, ça a été du travail, encore du travail et toujours plus de travail ◆ **yet louder shouts** des cris encore plus forts ◆ **these remains date back yet further** ces vestiges remontent à encore plus longtemps ◆ **the latest results were better/worse yet** les tout derniers résultats étaient encore meilleurs/pires ◆ **yet again, yet once more** une fois de plus ◆ **she was yet another victim of racism** c'était une victime de plus du racisme ◆ **another arrived and yet another** il en est arrivé un autre et encore un autre

7 *(frm)* ◆ **not he nor yet I** ni lui ni moi ◆ **I do not like him nor yet his sister** je ne les aime ni lui ni sa sœur, je ne l'aime pas et sa sœur non plus *or* et sa sœur pas davantage ◆ **they did not come nor yet (even) write** ils ne sont pas venus et ils n'ont même pas écrit

**CONJ** *(= however)* cependant, pourtant ; *(= nevertheless)* toutefois, néanmoins ◆ **(and) yet everyone liked her** (et) pourtant *or* néanmoins tout le monde l'aimait, mais tout le monde l'aimait quand même ◆ **(and) yet I like the house** (et) malgré tout *or* (et) pourtant *or* (et) néanmoins j'aime bien la maison ◆ **it's strange yet true** c'est étrange mais pourtant vrai *or* mais vrai tout de même

**yeti** /ˈjetɪ/ **N** yéti *or* yeti *m*

**yew** /juː/

**N** 1 (also **yew tree**) if *m*

2 *(= wood)* (bois *m* d')if *m*

**COMP** *[bow etc]* en bois d'if

**YHA** /ˌwaɪeɪtʃˈeɪ/ **N** *(Brit)* (abbrev of **Youth Hostels Association**) *auberges de jeunesse du pays de Galles et de l'Angleterre*, ≃ FUAJ *f*

**Yid** *‡ /jɪd/ **N** *(pej)* youpin(e) *‡ *m(f)* *(pej)*

**Yiddish** /ˈjɪdɪʃ/

**ADJ** yiddish *inv*

**N** *(= language)* yiddish *m*

**yield** /jiːld/ SYN

**N** *[of land, farm, field, tree, industry, mine]* production *f* ; *(per unit)* rendement *m* ; *[of oil well]* débit *m* ; *[of labour]* produit *m*, rendement *m* ; *[of tax]* recettes *fpl* ; *[of business, shares]* rapport *m*, rendement *m* ◆ **yield per hectare/year** *etc* rendement *m* à l'hectare/l'année *etc* ◆ **the yield of this land/orchard** *etc* **is...** ce terrain/verger *etc* produit...

**VT** 1 *(= produce, bring in) [earth, mine, oil well]* produire ; *[farm, field, land, orchard, tree]* rendre, produire, rapporter ; *[labour, industry]* produire ; *[business, investments, tax, shares]* rapporter ◆ **to yield a profit** rapporter un profit *or* un bénéfice ◆ **that land yields no return** cette terre ne rend pas ◆ **shares yielding high interest** *(Fin)* actions *fpl* à gros rendement *or* d'un bon rapport ◆ **shares yielding 10%** actions *fpl* qui rapportent 10% ◆ **to yield results** donner *or* produire des résultats ◆ **this yielded many benefits** bien des bénéfices en ont résulté

2 *(= surrender, give up) [+ ground, territory]* céder ; *[+ fortress, territory]* abandonner *(to* à) ; *[+ ownership, rights]* céder *(to* à), renoncer à *(to* en faveur de) ; *[+ control]* renoncer à *(to* en faveur de) ◆ **to yield ground to sb** *(Mil, fig)* céder du terrain à qn ◆ **to yield the floor to sb** *(fig)* laisser la parole à qn ◆ **to yield a point to sb** concéder un point à qn, céder à qn sur un point ◆ **to yield the right of way to sb** *(esp US)* céder le passage à qn ◆ **to yield obedience/thanks to sb** *(frm)* rendre obéissance/grâces à qn *(frm)*

**VI** 1 *(= give produce, bring in revenue) [farm, field, land, orchard, tree]* rendre ; *[business, investments, tax, shares]* rapporter ; *[labour, industry, mine, oil well]* produire ◆ **a field that yields well** un champ qui donne un bon rendement *or* qui rend bien ◆ **land that yields poorly** une terre qui rend peu *or* mal, une terre à faible rendement

2 *(= surrender, give in)* céder *(to* devant, à), se rendre *(to* à) ◆ **we shall never yield** nous ne céderons jamais, nous ne nous rendrons jamais ◆ **they begged him but he would not yield** ils l'ont supplié mais il n'a pas cédé *or* il ne s'est pas laissé fléchir ◆ **they yielded to us** *(Mil etc)* ils se rendirent à nous ◆ **to yield to force** céder devant la force ◆ **to yield to superior forces** céder devant *or* à des forces supérieures ◆ **to yield to superior numbers** céder au nombre ◆ **to yield to reason** se rendre à la raison ◆ **to yield to an impulse** céder à une impulsion ◆ **to yield to sb's entreaties** céder aux prières *or* instances de qn ◆ **to yield to sb's threats** céder devant les menaces de qn ◆ **to yield to sb's argument** se rendre aux raisons de qn ◆ **to yield to temptation** céder *or* succomber à la tentation ◆ **he yielded to nobody in courage** *(liter)* il ne le cédait à personne pour le courage *(liter)* ◆ **I yield to nobody in my admiration for...** personne plus que moi n'admire...

3 *(= collapse, give way) [branch, door, ice, rope]* céder ; *[beam]* céder, fléchir ; *[floor, ground]* s'affaisser ; *[bridge]* céder, s'affaisser ◆ **to yield under pressure** céder à la pression

4 *(US Driving)* céder le passage

▸ **yield up** **VT SEP** *(esp liter) [+ secrets]* livrer ◆ **to yield o.s. up to temptation** céder *or* succomber à la tentation ◆ **to yield up the ghost** rendre l'âme

**yielding** /ˈjiːldɪŋ/ SYN

**ADJ** 1 *(fig) [person]* complaisant, accommodant

2 *(lit = soft, flexible) [floor, ground, surface]* mou (molle *f*), élastique

**N** *(NonC = surrender) [of person]* soumission *f* ; *[of town, fort]* reddition *f*, capitulation *f* ; *[of right, goods]* cession *f*

**yike(s)** * /jaɪk(s)/ **EXCL** *(esp US)* mince ! *

**yin** /jɪn/ **N** *(Philos)* yin *m* ◆ **yin-yang symbol** symbole *m* du yin et du yang

**yip** /jɪp/ *(US)* ⇒ **yelp**

**yipe(s)** * /jaɪp(s)/ **EXCL** *(esp US)* ⇒ **yike(s)**

**yippee** *‡ /jɪˈpiː/ **EXCL** hourra !

**YMCA** /ˌwaɪemsiːˈeɪ/ **N** (abbrev of **Young Men's Christian Association**) YMCA *m*

**yo** *‡ /jəʊ/ **EXCL** *(esp US)* salut ! *

**yob** *‡ /ˈjɒb/ **N** *(Brit pej)* loubard * *m*

**yobbish** * /ˈjɒbɪʃ/ **ADJ** *(Brit pej) [behaviour]* de loubard * ◆ **a yobbish young man** un jeune loubard *

**yobbo** *‡ /ˈjɒbəʊ/ **N** *(Brit)* ⇒ **yob**

**yock** *‡ /jɒk/ *(US)*

**N** gros rire *m*, rire *m* gras

**VT** ◆ **to yock it up** rigoler *, s'esclaffer

**yod** /jɒd/ **N** *(Phon)* yod *m*

**yodel** /ˈjəʊdl/

**VI** jodler *or* iodler, faire des tyroliennes

**N** *(= song, call)* tyrolienne *f*

**yoga** /ˈjəʊgə/ **N** yoga *m*

**yoghurt** /ˈjəʊgət/ **N** ⇒ **yogurt**

**yogi** /ˈjəʊgɪ/ **N** (pl **yogis** *or* **yogin** /ˈjəʊgɪn/) yogi *m*

**yogic flying** /ˌjəʊgɪkˈflaɪɪŋ/ **N** *lévitation pratiquée par les adeptes d'une forme de yoga*

**yogurt** /ˈjəʊgət/

**N** yaourt *m*, yogourt *m*

**COMP** **yogurt-maker** **N** yaourtière *f*

**yo-heave-ho** /ˈjəʊˈhiːvˈhəʊ/ **EXCL** *(Naut)* oh hisse !

**yoke** /jəʊk/ SYN

**N** (pl **yokes** *or* **yoke**) 1 *(for oxen)* joug *m* ; *(for carrying pails)* palanche *f*, joug *m* ; *(on harness)* support *m* de timon

2 *(fig = dominion)* joug *m* ◆ **the yoke of slavery** le joug de l'esclavage ◆ **the communist yoke** le joug communiste ◆ **to come under the yoke of** tomber sous le joug de ◆ **to throw off** *or* **cast off the yoke** secouer le joug

3 *(pl inv = pair)* attelage *m* ◆ **a yoke of oxen** une paire de bœufs

4 *[of dress, blouse]* empiècement *m*

5 *(Constr) [of beam]* moise *f*, lien *m* ; *(Tech) [of machine parts]* bâti *m*, carcasse *f*

**VT** (also **yoke up**) *[+ oxen]* accoupler ; *[+ ox etc]* mettre au joug ; *[+ pieces of machinery]* accoupler ; *(fig :* also **yoke together**) unir ◆ **to yoke oxen (up) to the plough** atteler des bœufs à la charrue

**COMP** **yoke oxen** **NPL** bœufs *mpl* d'attelage

**yokel** /ˈjəʊkəl/ SYN **N** *(pej)* rustre *m*, péquenaud *m*

**yolk** /jəʊk/

**N** *(Culin)* jaune *m* (d'œuf) ; *(Bio)* vitellus *m*

**COMP** **yolk sac** **N** *(Bio)* membrane *f* vitelline

**Yom Kippur** /ˌjɒmkɪˈpʊəʳ/ **N** Yom Kippour *m*

**yomp** * /jɒmp/ **VI** *(Mil)* crapahuter

**yon** /jɒn/ **ADJ** *(††, liter, dial)* ⇒ **yonder adj**

**yonder** /ˈjɒndəʳ/
ADV († *or dial)* là(-bas) ◆ **up yonder** là-haut ◆ **over yonder** là-bas ◆ **down yonder** là-bas en bas
ADJ *(liter)* ce...-là, ce... là-bas ◆ **from yonder house** de cette maison-là, de cette maison là-bas

**yonks** * /jɒŋks/ NPL *(Brit)* ◆ **for yonks** très longtemps ◆ **I haven't seen him for yonks** ça fait une éternité *or* une paye * que je ne l'ai pas vu

**yoof** * /juːf/ N *(hum)* ⇒ **youth**

**yoo-hoo** * /ˈjuːˈhuː/ EXCL ohé !, hou hou !

**YOP** *(Brit) (formerly)* /jɒp/ N (abbrev of **Youth Opportunities Programme**) → **youth**

**yore** /jɔːʳ/ N *(liter)* ◆ **of yore** d'antan *(liter)*, (d')autrefois ◆ **in days of yore** au temps jadis

**Yorks** /jɔːks/ abbrev of **Yorkshire**

**Yorkshire** /ˈjɔːkʃəʳ/
N Yorkshire *m* ◆ **in Yorkshire** dans le Yorkshire
COMP **Yorkshire pudding** N *(Brit Culin) pâte à crêpe cuite qui accompagne un rôti de bœuf*
**Yorkshire terrier** N yorkshire-terrier *m*

**you** /juː/
PERS PRON [1] *(subject)* tu, vous, vous *pl* ; *(object or indirect object)* te, vous, vous *pl* ; *(stressed and after prep)* toi, vous, vous *pl* ◆ **you are very kind** vous êtes très gentil ◆ **I'll see you soon** je te *or* je vous verrai bientôt, on se voit bientôt ◆ **this book is for you** ce livre est pour toi *or* vous ◆ **she is younger than you** elle est plus jeune que toi *or* vous ◆ **you and yours** toi et les tiens, vous et les vôtres ◆ **all of you** vous tous ◆ **all you who came here** vous tous qui êtes venus ici ◆ **you who know him** toi qui le connais, vous qui le connaissez ◆ **you French** vous autres Français ◆ **you two wait here!** attendez ici, vous deux ! ◆ **now you say something** maintenant à toi *or* à vous de parler ◆ **you and I will go together** toi *or* vous et moi, nous irons ensemble ◆ **there you are!** *(= you've arrived)* te *or* vous voilà ! ◆ **there you are** *, **there you go!** * *(= have this)* voilà ! ◆ **if I were you** (si j'étais) à ta *or* votre place, si j'étais toi *or* vous ◆ **between you and me** *(lit)* entre toi *or* vous et moi ; *(= in secret)* entre nous, de toi *or* vous à moi ◆ **you fool (you)!** imbécile (que tu es) !, espèce d'imbécile ! ◆ **you darling!** tu es un amour ! ◆ **it's you** c'est toi *or* vous ◆ **I like the uniform, it's very you** * j'aime bien ton uniforme, c'est vraiment ton style *or* ça te va parfaitement ◆ **you there!** toi *or* vous là-bas ! ◆ **never you mind** * *(= don't worry)* ne t'en fais pas *, ne vous en faites pas * ; *(= it's not your business)* ça ne te *or* vous regarde pas, mêle-toi de tes *or* mêlez-vous de vos affaires ◆ **don't you go away** ne pars pas, toi !, ne partez pas, vous ! ◆ **there's a fine house for you!** en voilà une belle maison ! ◆ **that's Australia for you!** * qu'est-ce que tu veux, c'est ça l'Australie ! ◆ **sit you down** †† *(or hum)* assieds-toi, asseyez-vous
[2] *(= one, anyone) (nominative)* on ; *(accusative, dative)* vous, te ◆ **you never know, you never can tell** on ne sait jamais ◆ **you never know your (own) luck** on ne connaît jamais son bonheur *or* sa chance ◆ **you go towards the church** vous allez *or* on va vers l'église ◆ **fresh air does you good** l'air frais, ça fait du bien
COMP **you-all** * PRON *(US)* vous (autres)
**you-know-who** * N qui tu sais, qui vous savez

**you'd** /juːd/ ⇒ **you had, you would** ; → **have, would**

**you'll** /juːl/, **you will** ; → **will**

**young** /jʌŋ/ SYN
ADJ *[person, tree, country, vegetable, wine]* jeune ; *[appearance, smile]* jeune, juvénile **young grass** herbe *f* nouvelle ◆ **he is young for his age** il paraît *or* fait plus jeune que son âge ◆ **he is very young for this job** il est bien jeune pour ce poste ◆ **that dress is too young for her** cette robe fait trop jeune pour elle ◆ **children as young as seven** des enfants d'à peine sept ans ◆ **I'm not as young as I was** je ne suis plus tout(e) jeune ◆ **you're only young once** *(Prov)* jeunesse n'a qu'un temps *(Prov)* ◆ **young at heart** jeune d'esprit ◆ **to die young** mourir jeune ; → **hopeful** ◆ **to marry young** se marier jeune ◆ **he is three years younger than you** il a trois ans de moins que vous, il est votre cadet de trois ans ◆ **my younger brother** mon frère cadet ◆ **my younger sister** ma sœur cadette ◆ **the younger son of the family** le cadet de la famille ◆ **to grow** *or* **get younger** rajeunir ◆ **we're not getting any younger** nous ne rajeunissons pas ◆ **if I were younger** si j'étais plus jeune ◆ **if I were ten years younger** si j'avais dix ans de moins ◆ **young Mr Brown** le jeune M. Brown ◆ **Mr Brown the younger** *(as opposed to his father)* M. Brown fils ◆ **Pitt the Younger** le second Pitt ◆ **Pliny the Younger** Pline le Jeune ◆ **in my young days** dans ma jeunesse, dans mon jeune temps ◆ **in my younger days** quand j'étais plus jeune ◆ **they have a young family** ils ont de jeunes enfants ◆ **young France** la jeune génération en France ◆ **the young(er) generation** la jeune génération, la génération montante ◆ **young lady** *(unmarried)* jeune fille *f*, demoiselle *f* ; *(married)* jeune femme *f* ◆ **listen to me, young man** écoutez-moi, jeune homme ◆ **her young man** † son amoureux, son petit ami ◆ **the young moon** la nouvelle lune ◆ **the night is young** *(liter)* la nuit n'est pas très avancée ; (* *hum)* on a toute la nuit devant nous ◆ **he has a very young outlook** il a des idées très jeunes ◆ **young people** les jeunes *mpl* ◆ **you young hooligan!** petit *or* jeune voyou !
NPL [1] *(= people)* ◆ **young and old** les (plus) jeunes *mpl* comme les (plus) vieux *mpl*, tout le monde ◆ **the young** les jeunes *mpl* ◆ **books for the young** livres *mpl* pour les jeunes
[2] *[of animal]* petits *mpl* ◆ **cat with young** *(= pregnant)* chatte *f* pleine ; *(= with kittens)* chatte *f* et ses petits
COMP **young blood** N *(fig)* sang *m* nouveau *or* jeune
**Young Conservative** N *(Brit Pol)* jeune membre *m* du parti conservateur
**young gun** * N jeune star *f*
**young-looking** ADJ qui a *(or* avait *etc)* l'air jeune ◆ **she's very young-looking** elle a l'air *or* elle fait très jeune
**young offender** N *(Brit Jur)* jeune délinquant(e) *m(f)*
**young offenders institution** N *(Brit Jur)* centre *m* de détention pour mineurs

**youngish** /ˈjʌŋɪʃ/ ADJ assez jeune

**youngster** /ˈjʌŋstəʳ/ SYN N *(= boy)* jeune garçon *m*, jeune *m* ; *(= child)* enfant *mf*

**your** /jʊəʳ/ POSS ADJ [1] ton, ta, tes, votre, vos ◆ **your book** ton *or* votre livre ◆ **YOUR book** ton livre à toi, votre livre à vous ◆ **your table** ta *or* votre table ◆ **your friend** ton ami(e), votre ami(e) ◆ **your clothes** tes *or* vos vêtements ◆ **this is the best of your paintings** c'est ton *or* votre meilleur tableau ◆ **give me your hand** donne-moi *or* donnez-moi la main ◆ **you've broken your leg!** tu t'es cassé la jambe ! ; → **majesty, worship**
[2] *(= one's)* son, sa, ses, ton *etc*, votre *etc* ◆ **you give him your form and he gives you your pass** on lui donne son formulaire et il vous remet votre laissez-passer ◆ **exercise is good for your health** l'exercice est bon pour la santé
[3] (* *= typical)* ton *etc*, votre *etc* ◆ **so these are your country pubs?** alors c'est ça, vos bistro(t)s * de campagne ? ◆ **your ordinary** *or* **average Englishman will always prefer...** l'Anglais moyen préférera toujours...

**you're** /jʊəʳ/ ⇒ **you are** ; → **be**

**yours** /jʊəz/ POSS PRON le tien, la tienne, les tiens, les tiennes, le vôtre, la vôtre, les vôtres ◆ **this is my book and that is yours** voici mon livre et voilà le tien *or* le vôtre ◆ **this book is yours** ce livre est à toi *or* à vous, ce livre est le tien *or* le vôtre ◆ **is this poem yours?** ce poème est-il de toi *or* de vous ? ◆ **when will the house be** *or* **become yours?** quand entrerez-vous en possession de la maison ? ◆ **yours, Kenneth** *(ending letter)* bien à vous, Kenneth ◆ **yours of the 10th inst.** *(Comm)* votre honorée du 10 courant *(Comm)* ◆ **it is not yours to decide** *(frm)* ce n'est pas à vous de décider, il ne vous appartient pas de décider ◆ **yours is a specialized department** votre section est une section spécialisée ◆ **what's yours?** * *(buying drinks)* qu'est-ce que tu prends *or* vous prenez ? ; → **affectionately, ever, truly, you**
◆ **... of yours** ◆ **she is a cousin of yours** c'est une de tes *or* de vos cousines ◆ **that is no business of yours** cela ne te *or* vous regarde pas, ce n'est pas ton *or* votre affaire ◆ **it's no fault of yours** ce n'est pas de votre faute (à vous) ◆ **no advice of yours could prevent him** aucun conseil de votre part ne pouvait l'empêcher ◆ **how's that thesis of yours * getting on?** et cette thèse, comment ça avance ? * ◆ **where's that husband of yours?** * où est passé ton mari ? ◆ **that dog of yours** * *(pej)* ton *or* votre fichu * chien ◆ **that stupid son of yours** * ton *or* votre idiot de fils ◆ **that temper of yours** * ton sale caractère

**yourself** /jʊəˈself/ PERS PRON (pl **yourselves** /jʊəˈselvz/) *(reflexive: direct and indirect)* te, vous, vous *pl* ; *(after prep)* toi, vous, vous *pl* ; *(emphatic)* toi-même, vous-même, vous-mêmes *pl* ◆ **have you hurt yourself?** tu t'es fait mal ?, vous vous êtes fait mal ? ◆ **are you enjoying yourself?** tu t'amuses bien ?, vous vous amusez bien ? ◆ **were you talking to yourself?** tu te parlais à toi-même ?, tu parlais tout seul ?, vous vous parliez à vous-même ?, vous parliez tout seul ? ◆ **you never speak about yourself** tu ne parles jamais de toi, vous ne parlez jamais de vous ◆ **you yourself told me, you told me yourself** tu me l'as dit toi-même, vous me l'avez dit vous-même ◆ **you will see for yourself** tu verras toi-même, vous verrez vous-même ◆ **someone like yourself** quelqu'un comme vous ◆ **people like yourselves** des gens comme vous ◆ **how's yourself?** * et toi, comment (ça) va ? * ◆ **how are you? – fine, and yourself?** * comment vas-tu ? – très bien, et toi ? ◆ **you haven't been yourself lately** *(= not behaving normally)* tu n'es pas dans ton état normal *or* vous n'êtes pas dans votre état normal ces temps-ci ; *(= not looking well)* tu n'es pas dans ton assiette *or* vous n'êtes pas dans votre assiette ces temps-ci ; → **among(st)**
◆ **(all) by yourself** tout seul, toute seule ◆ **did you do it by yourself?** tu l'as *or* vous l'avez fait tout(e) seul(e) ? ◆ **all by yourselves** tout seuls, toutes seules

**youth** /juːθ/ SYN
N [1] *(NonC)* jeunesse *f* ◆ **in (the days of) my youth** dans ma jeunesse, au temps de ma jeunesse ◆ **in early youth** dans la première *or* prime jeunesse ◆ **he has kept his youth** il est resté jeune ◆ **he was enchanted with her youth and beauty** sa jeunesse et sa beauté l'enchantaient ◆ **youth will have its way** *or* **its fling** *(Prov)* il faut que jeunesse se passe *(Prov)* ; → **first**
[2] (pl **youths** /juːðz/) *(= young man)* jeune homme *m* ◆ **youths** jeunes gens *mpl*
NPL *(= young people)* jeunesse *f*, jeunes *mpl* ◆ **she likes working with (the) youth** elle aime travailler avec les jeunes ◆ **the youth of a country** la jeunesse d'un pays ◆ **the youth of today are very mature** les jeunes d'aujourd'hui sont très mûrs, la jeunesse aujourd'hui est très mûre
COMP de jeunes, de jeunesse
**youth club** N maison *f* de jeunes
**youth custody** N *(Brit Jur)* éducation *f* surveillée ◆ **to be sentenced to 18 months' youth custody** être condamné à 18 mois d'éducation surveillée
**youth hostel** N auberge *f* de jeunesse
**youth leader** N animateur *m*, -trice *f* de groupes de jeunes
**Youth Opportunities Programme** N *(Brit : formerly) programme en faveur de l'emploi des jeunes*
**youth orchestra** N orchestre *m* de jeunes
**youth programming** N *(TV)* émissions *fpl* pour les jeunes
**Youth Training Scheme** N *(Brit : formerly)* ≃ pacte *m* national pour l'emploi des jeunes
**youth worker** N éducateur *m*, -trice *f*

**youthful** /ˈjuːθfʊl/ SYN ADJ *[person, looks, face, skin]* jeune ; *[mistake, adventure]* de jeunesse ; *[quality, freshness, idealism, enthusiasm]* juvénile ◆ **she looks youthful** elle a l'air jeune ◆ **a youthful-looking 49-year-old** un homme/une femme de 49 ans, jeune d'allure ◆ **he's a youthful 50** il porte allégrement ses 50 ans

**youthfully** /ˈjuːθfəlɪ/ ADV ◆ **youthfully exuberant** d'une exubérance juvénile ◆ **his face was youthfully smooth** son visage était doux comme une peau de bébé

**youthfulness** /ˈjuːθfʊlnɪs/ N jeunesse *f* ◆ **youthfulness of appearance** air *m* jeune *or* de jeunesse

**you've** /juːv/ ⇒ **you have** ; → **have**

**yow** /jaʊ/ EXCL aïe !

**yowl** /jaʊl/
N *[of person, dog]* hurlement *m* ; *[of cat]* miaulement *m*
VI *[person, dog]* hurler *(with, from* de) ; *[cat]* miauler

**yowling** /ˈjaʊlɪŋ/ N *[of person, dog]* hurlements *mpl* ; *[of cat]* miaulements *mpl*

**yo-yo** /ˈjəʊjəʊ/
N (pl **yo-yos**) [1] yoyo ® *m* ◆ **prices have been up and down like a yo-yo** les prix montent et descendent sans arrêt ◆ **I've been up and down like a yo-yo all day** je n'ai fait que monter et descendre toute la journée
[2] *(US* ‡ *= fool)* ballot * *m*, poire * *f*
VI *(= fluctuate)* fluctuer (considérablement)
COMP **yo-yo dieting** N régime *m* yoyo

**yr** abbrev of **year**
**YTS** /ˌwaɪtiːˈes/ N (Brit) (abbrev of **Youth Training Scheme**) → **youth**
**ytterbium** /ɪˈtɜːbɪəm/ N ytterbium m
**yttrium** /ˈɪtrɪəm/ N yttrium m
**yuan** /juːæn/ N (pl inv) yuan m
**yucca** /ˈjʌkə/ N yucca m
**yuck** * /jʌk/ EXCL berk or beurk !, pouah !
**yucky** * /ˈjʌkɪ/ ADJ dégueulasse ‡, dégoûtant
**Yugoslav** /ˈjuːgəʊˈslɑːv/
  ADJ (gen) yougoslave ; [ambassador, embassy] de Yougoslavie
  N Yougoslave mf
**Yugoslavia** /ˈjuːgəʊˈslɑːvɪə/ N Yougoslavie f
**Yugoslavian** /ˈjuːgəʊˈslɑːvɪən/ ADJ ⇒ **Yugoslav**

**yuk** * /jʌk/ EXCL ⇒ **yuck**
**yukky** * /ˈjʌkɪ/ ADJ ⇒ **yucky**
**Yukon** /ˈjuːkɒn/
  N **(the) Yukon** le Yukon
  COMP **(the) Yukon Territory** N le (territoire de) Yukon
**Yule** /juːl/
  N († or liter) Noël m
  COMP **Yule log** N bûche f de Noël
**Yuletide** /ˈjuːltaɪd/ N († or liter) (époque f de) Noël m
**yummy** * /ˈjʌmɪ/
  ADJ [food] délicieux
  EXCL miam-miam ! *
**yum-yum** ‡ /ˈjʌmˈjʌm/ EXCL ⇒ **yummy excl**
**yup** * /jʌp/ EXCL (esp US) ouais *, oui

**yuppie** * /ˈjʌpɪ/
  N (abbrev of **young upwardly-mobile** or **urban professional**) yuppie mf
  COMP [car, clothes] de yuppie ; [bar, restaurant, area] de yuppies
  **yuppie flu** * N (pej) syndrome m de la fatigue chronique, encéphalomyélite f myalgique
**yuppiedom** * /ˈjʌpɪdəm/ N monde m or univers m des yuppies
**yuppified** * /ˈjʌpɪˌfaɪd/ ADJ [bar, restaurant, area, flat] transformé en bar (or restaurant etc) de yuppies • **he is becoming more and more yuppified** il se transforme de plus en plus en yuppie
**yuppy** * /ˈjʌpɪ/ N ⇒ **yuppie**
**YWCA** /ˌwaɪdʌbljuːsiːˈeɪ/ N (abbrev of **Young Women's Christian Association**) YWCA m

# Z

**Z, z** /zed, (US) ziː/
**N** (= letter) Z, z m ‣ **Z for Zebra** ≈ Z comme Zoé
**COMP z-axis** N axe m des z
**Z-bed** N (Brit) lit de camp
**zabaglione** /ˌzæbəˈljəʊnɪ/ N sabayon m (dessert)
**Zacharias** /ˌzækəˈraɪəs/ N Zacharie m
**zaffer, zaffre** /ˈzæfəʳ/ N safre m
**zaftig**✶ /ˈzɑːftɪk/ ADJ (US) joli et bien en chair
**Zaïre** /zɑːˈiːəʳ/ N (= country) Zaïre m ‣ **in Zaire** au Zaïre
**Zaïrean, Zaïrian** /zɑːˈiːərɪən/
**ADJ** zaïrois
**N** Zaïrois(e) m(f)
**zakuski** /zæˈkʊskɪ/ NPL (Culin) zakouski m
**Zambese, Zambezi** /zæmˈbiːzɪ/ N Zambèze m
**Zambia** /ˈzæmbɪə/ N Zambie f
**Zambian** /ˈzæmbɪən/
**ADJ** zambien
**N** Zambien(ne) m(f)
**zamia** /ˈzeɪmɪə/ N zamier m
**zaniness** /ˈzeɪnɪnɪs/ N loufoquerie f
**zany** /ˈzeɪnɪ/
**ADJ** loufoque✶
**N** (Theat Hist) bouffon m, zanni m
**Zanzibar** /ˈzænzɪbɑːʳ/ N Zanzibar
**zap**✶ /zæp/
**EXCL** paf !, vlan !
**VT** 1 (= destroy) [+ town] ravager, bombarder ; [+ person] supprimer, descendre✶
2 (= delete) [+ word, data] supprimer
3 (TV) ‣ **to zap the TV channels** zapper
4 (= send quickly) ‣ **I'll zap it out to you straight away** je vais vous l'expédier tout de suite
**VI** 1 (= move quickly) [car] foncer ‣ **we had to zap down to London** nous avons dû filer à Londres à toute vitesse ‣ **to zap along** [car] foncer ‣ **we're going to have to zap through the work to get it finished in time** il va falloir que nous mettions la gomme✶ pour finir le travail à temps ‣ **he zapped by** or **past on his motorbike** il est passé à toute allure sur sa moto
2 (TV) ‣ **to zap through the channels** zapper
**zapped**✶ /zæpt/ ADJ (= exhausted) crevé✶, vanné✶
**zapper**✶ /ˈzæpəʳ/ N (= remote control) télécommande f
**zappy**✶ /ˈzæpɪ/ ADJ [person, style] qui a du punch ; [car] rapide, qui fonce or gaze✶
**Zarathustra** /ˌzærəˈθuːstrə/ N Zarathoustra m or Zoroastre m
**Zarathustrian** /ˌzærəˈθuːstrɪən/ ADJ, N zoroastrien(ne) m(f)
**zeal** /ziːl/ SYN N (NonC) 1 (= religious fervour) zèle m, ferveur f
2 (= enthusiasm) zèle m, empressement m (for à)
‣ **in her zeal to do it** dans son empressement à le faire
**Zealand** /ˈziːlənd/ N Zélande f

**zealot** /ˈzelət/ N 1 fanatique mf, zélateur m, -trice f (liter) (for de)
2 (Jewish Hist) ‣ **Zealot** zélote m
**zealotry** /ˈzelətrɪ/ N fanatisme m
**zealous** /ˈzeləs/ ADJ [person] zélé ; [effort] diligent
‣ **he is zealous for the cause** il défend la cause avec zèle ‣ **to be zealous in doing sth** montrer de l'empressement à faire qch
**zealously** /ˈzeləslɪ/ ADV avec zèle
**zealousness** /ˈzeləsnɪs/ N zèle m
**zebra** /ˈzebrə, ˈziːbrə/ (pl **zebras** or **zebra**)
**N** zèbre m
**COMP zebra crossing** N (Brit) passage m pour piétons
**zebra stripes** NPL zébrures fpl ‣ **with zebra stripes** zébré
**zebu** /ˈziːbuː/ N zébu m
**Zechariah** /ˌzekəˈraɪə/ N ⇒ Zacharias
**zed** /zed/, **zee** (US) /ziː/ N (la lettre) z m
**Zeeman effect** /ˈziːmən/ N effet m Zeeman
**Zeitgeist** /ˈzaɪtgaɪst/ N esprit m de l'époque
**Zen** /zen/
**N** zen m
**COMP Zen Buddhism** N bouddhisme m zen
**Zen Buddhist** N bouddhiste mf zen
**zenana** /zeˈnɑːnə/ N zénana m
**Zener diode** /ˈziːnəʳ/ N diode f de Zener
**zenith** /ˈzenɪθ/ N (Astron) zénith m ; (fig) zénith m, apogée m ‣ **at the zenith of his power** à l'apogée de son pouvoir ‣ **the zenith of Perugia's influence** l'apogée de l'influence de Pérouse ‣ **with this success, he reached the zenith of his glory** avec ce succès, il a atteint l'apogée de sa gloire
**zenithal** /ˈzenɪθəl/ ADJ zénithal
**Zeno** /ˈziːnəʊ/ N Zénon m
**zeolite** /ˈziːəlaɪt/ N zéolit(h)e f
**Zephaniah** /ˌzefəˈnaɪə/ N Sophonie m
**zephyr** /ˈzefəʳ/ N zéphyr m
**zeppelin** /ˈzeplɪn/ N zeppelin m
**zero** /ˈzɪərəʊ/ (pl **zeros** or **zeroes**)
**N** 1 (= point on scale) zéro m ‣ **15 degrees below zero** 15 degrés au-dessous de zéro ‣ **his chances of success sank to zero** ses chances de réussite se réduisirent à néant or zéro ‣ **snow reduced visibility to near zero** à cause de la neige, la visibilité était quasi nulle
2 (= cipher, numeral etc) zéro m ‣ **row of zeros** série f de zéros
**COMP** [tension, voltage] nul (nulle f)
**zero altitude** N altitude f zéro ‣ **to fly at zero altitude** voler en rase-mottes, faire du rase-mottes
**zero-base** VT (US) [+ question, issue] reprendre à zéro, réexaminer point par point
**zero-emission** ADJ à taux d'émission zéro
**zero-gravity, zero-G**✶ N apesanteur f
**zero growth** N (Econ) taux m de croissance zéro, croissance f économique zéro
**zero hour** N (Mil) l'heure f H ; (fig) le moment critique or décisif

**the zero option** N (Pol) l'option f zéro
**zero point** N point m zéro
**zero population growth** N croissance f démographique nulle
**zero-rated** ADJ (for VAT) exempt de TVA, non assujetti à la TVA
**zero-rating** N exemption f de TVA, non-assujettissement m à la TVA
**zero-sum** ADJ (US) [bargaining, thinking] à somme nulle ‣ **zero-sum game** jeu m à somme nulle
**zero tolerance** N politique f d'intransigeance, tolérance f zéro
**zero-tolerance** ADJ ‣ **zero-tolerance policing** politique f de tolérance zéro
▶ **zero in** VI ‣ **to zero in on sth** (= move in on) se diriger droit vers or sur qch ; (= identify) mettre le doigt sur qch, identifier qch ; (= concentrate on) se concentrer sur qch ‣ **he zeroed in on those who...** (= criticize) il s'en est pris tout particulièrement à ceux qui...

- **ZERO**
- « Zéro » se dit **zero** en anglais américain, mais en anglais britannique, l'emploi de ce terme est réservé aux sciences et aux mathématiques (notamment pour exprimer les températures et les graduations).
- Le terme « nought » s'utilise en Grande-Bretagne dans les nombres décimaux, par exemple « nought point nought seven » pour dire « 0,07 », mais aussi dans les notations : ainsi, « nought out of ten » veut dire « 0 sur 10 ». Les Américains comme les Britanniques disent « oh » pour indiquer des numéros de carte de crédit ou de téléphone : par exemple, « oh one four one » pour « 0141 ». Dans les scores de matchs en Grande-Bretagne, on dit « nil ». « Liverpool a gagné par cinq buts à zéro » se dira ainsi « Liverpool won five nil ». L'équivalent américain est « nothing » (terme parfois employé familièrement par les Britanniques) ou, sous une forme plus familière, « zip » : « nous avons gagné par sept buts à zéro » se dira « we won seven-zip ».

**zest** /zest/ N (NonC) 1 (= gusto) entrain m ‣ **to fight with zest** combattre avec entrain ‣ **he ate it with great zest** il l'a mangé avec grand appétit ‣ **zest for life** or **living** goût m de la vie, appétit m de vivre ‣ **he lost his zest for winning** il a perdu son désir de gagner
2 (fig) saveur f, piquant m ‣ **her books are thrilling, full of zest** ses livres sont palpitants et savoureux ‣ **it adds zest to the story** cela donne une certaine saveur or du piquant à l'histoire
3 [of orange, lemon] zeste m
**zester** /ˈzestəʳ/ N zesteur m
**zestful** /ˈzestfʊl/ ADJ plein d'entrain, enthousiaste
**zestfully** /ˈzestfəlɪ/ ADV avec entrain or enthousiasme
**zesty** /ˈzestɪ/ ADJ [wine] piquant
**Zetland** /ˈzetlənd/ N (formerly) Zetland fpl
**zeugma** /ˈzjuːgmə/ N zeugma m, zeugme m

# Zeus | zymology

**Zeus** /zjuːs/ N Zeus m
**zidovudine** /zaɪˈdɒvjʊˌdiːn/ N zidovudine f
**ZIFT** /zɪft/ N (abbrev of **Zygote Intrafallopian Transfer**) fivète f
**ziggurat** /ˈzɪɡʊræt/ N ziggourat f
**zigzag** /ˈzɪɡzæɡ/
  **N** zigzag m
  **ADJ** [path, road, course, line] en zigzag ; [pattern, design] à zigzags
  **ADV** en zigzag
  **VI** zigzaguer, faire des zigzags ◆ **to zigzag along** avancer en zigzaguant ◆ **to zigzag out/through** etc sortir/traverser etc en zigzaguant
**zilch**‡ /zɪltʃ/ N que dalle‡ ◆ **these shares are worth zilch** ces actions valent que dalle‡ ◆ **Mark knows zilch about art** Mark connaît que dalle‡ à l'art
**zillion*** /ˈzɪljən/ ADJ, N (pl **zillions** or **zillion**) ◆ **a zillion dollars** des millions mpl et des millions mpl de dollars ◆ **zillions of problems, a zillion problems** des tas mpl de problèmes
**zillionaire*** /ˌzɪljəˈnɛəʳ/ N multimilliardaire mf
**Zimbabwe** /zɪmˈbɑːbwɪ/ N Zimbabwe m ◆ **in Zimbabwe** au Zimbabwe
**Zimbabwean** /zɪmˈbɑːbwɪən/
  **ADJ** zimbabwéen
  **N** Zimbabwéen(ne) m(f)
**Zimmer** ® /ˈzɪməʳ/ N (Brit : also **Zimmer frame**) déambulateur m
**zinc** /zɪŋk/
  **N** (NonC) zinc m
  **COMP** [plate, alloy] de zinc ; [roof] zingué
  **zinc blende** N blende f (de zinc)
  **zinc chloride** N chlorure m de zinc
  **zinc dust** N limaille f de zinc
  **zinc ointment** N pommade f à l'oxyde de zinc
  **zinc oxide** N oxyde m de zinc
  **zinc-plating** N zingage m
  **zinc sulphate** N sulfate m de zinc
  **zinc white** N blanc m de zinc
**zinciferous** /zɪŋˈkɪfərəs/ ADJ zincifère, zincique
**zincite** /ˈzɪŋkaɪt/ N zincite f
**zincography** /zɪŋˈkɒɡrəfɪ/ N zincographie f
**zine**\*, **'zine**\* /ziːn/ N (= magazine) magazine m ; (= fanzine) fanzine m
**zing** /zɪŋ/
  **N** 1 (= noise of bullet) sifflement m
  2 (NonC * = energy) entrain m
  **VI** [bullet, arrow] siffler ◆ **the bullet zinged past his ear** la balle lui a sifflé à l'oreille ◆ **the cars zinged past** les voitures sont passées en trombe ◆
**zinger**\* /ˈzɪŋəʳ/ N (US) 1 (= witty remark) trait m d'esprit, bon mot m
  2 (= something impressive) ◆ **it was a zinger!** c'était quelque chose !
**zinjanthropus** /zɪnˈdʒænθrəpəs/ N zinjanthrope m
**zinnia** /ˈzɪnɪə/ N zinnia m
**Zion** /ˈzaɪən/ N Sion
**Zionism** /ˈzaɪənɪzəm/ N sionisme m
**Zionist** /ˈzaɪənɪst/
  **ADJ** sioniste
  **N** sioniste mf
**zip** /zɪp/
  **N** 1 (Brit : also **zip fastener**) fermeture f éclair ®, fermeture f à glissière ◆ **pocket with a zip** poche f à fermeture éclair ®, poche f zippée
  2 (= sound of bullet) sifflement m
  3 (NonC * = energy) entrain m, élan m ◆ **put a bit of zip into it** activez-vous !

  4 (‡ = nothing) que dalle‡ ◆ **I know zip about it** je n'en sais or j'y connais que dalle‡ → **ZERO**
  **VT** 1 (= close : also **zip up**) [+ dress, bag] fermer avec une fermeture éclair ® or à glissière
  2 ◆ **she zipped open her dress/bag** elle a ouvert la fermeture éclair ® or à glissière de sa robe/de son sac
  3 (Comput) [+ file] zipper
  **VI** ◆ **to zip in/out/past/up**\* [car, person] entrer/sortir/passer/monter comme une flèche
  **COMP zip code** N (US Post) code m postal
  **zip fastener** N ⇒ **zip** noun 1
  **zip file** N (Comput) fichier m zip
  **zip gun** N (US) pistolet m rudimentaire (à ressort ou à élastique)
  **zip-on** ADJ à fermeture éclair ®
▶ **zip on**
  **VI** s'attacher avec une fermeture éclair ® or fermeture à glissière
  **VT SEP** attacher avec une fermeture éclair ® or fermeture à glissière
  **ADJ** ◆ **zip-on** → **zip**
▶ **zip up**
  **VI** → **zip** vi
  **VT SEP** ◆ **can you zip me up?** tu peux m'aider avec la fermeture éclair ® ? ; see also **zip** vt 1
**zipper** /ˈzɪpəʳ/ N (esp US) ⇒ **zip** noun 1
**zippy**‡ /ˈzɪpɪ/ ADJ [person] plein d'entrain or d'allant
**zircon** /ˈzɜːkən/ N zircon m
**zirconium** /zɜːˈkəʊnɪəm/ N zirconium m
**zit**\* /zɪt/ N bouton m
**zither** /ˈzɪðəʳ/ N cithare f
**zizz**\* /zɪz/ (Brit)
  **N** petit somme m, roupillon * m ◆ **to have a zizz** faire un petit somme
  **VI** faire un petit somme
**zloty** /ˈzlɒtɪ/ N (pl **zlotys** or **zloty**) zloty m
**zoaea** (pl **zoaeas** or **zoaeae**) /zəʊˈiːə/ N zoé f
**zodiac** /ˈzəʊdɪæk/ N zodiaque m ; → **sign**
**zodiacal** /zəʊˈdaɪəkəl/ ADJ du zodiac ◆ **zodiacal light** lumière f zodiacale
**zoea** /zəʊˈiːə/ N (pl **zoeas** or **zoeae**) /zəʊˈiːiː/ ⇒ **zoaea**
**zoftig**‡ /ˈzɒftɪɡ/ ADJ ⇒ **zaftig**
**Zohar** /ˈzəʊhɑːʳ/ N ◆ **the Zohar** le Zohar
**zombie** /ˈzɒmbɪ/ N (lit, fig) zombie m, zombi m
**zonal** /ˈzəʊnl/ ADJ zonal
**zone** /zəʊn/
  **N** 1 (gen) zone f ; (= subdivision of town) secteur m ◆ **it lies within the zone reserved for...** cela se trouve dans la zone or le secteur réservé(e) à... ; → **battle, danger, time**
  2 (US : also **postal delivery zone**) zone f (postale)
  **VT** 1 (= divide into zones) [+ area] diviser en zones ; [+ town] diviser en secteurs
  2 ◆ **this district has been zoned for industry** c'est une zone réservée à l'implantation industrielle
  **COMP zone defence, zone defense** (US) N (Sport) défense f de zone
  **zone therapy** N (Med) réflexothérapie f
**zoning** /ˈzəʊnɪŋ/ N répartition f en zones
**zonked**‡ /zɒŋkt/ ADJ (also **zonked out**) (= exhausted) vanné * ; (from drugs) défoncé * ; (US = drunk) bourré *
**zoo** /zuː/
  **N** zoo m
  **COMP zoo keeper** N gardien(ne) m(f) de zoo
**zoogeography** /ˌzəʊədʒɪˈɒɡrəfɪ/ N zoogéographie f
**zoogloea** /ˌzəʊəˈɡliːə/ N zooglée f
**zoolater** /zəʊˈɒlətəʳ/ N zoolâtre mf

**zoolatrous** /zəʊˈɒlətrəs/ ADJ zoolâtre
**zoolatry** /zəʊˈɒlətrɪ/ N zoolâtrie f
**zoological** /ˌzəʊəˈlɒdʒɪkəl/
  **ADJ** zoologique
  **COMP zoological gardens** NPL jardin m zoologique
**zoologist** /zəʊˈɒlədʒɪst/ N zoologiste mf
**zoology** /zəʊˈɒlədʒɪ/ N zoologie f
**zoom** /zuːm/
  **N** 1 (= sound) vrombissement m, bourdonnement m
  2 (= upward flight of plane) montée f en chandelle
  3 (Phot : also **zoom lens**) zoom m
  **VI** 1 [engine] vrombir, bourdonner
  2 ◆ **to zoom away/through** démarrer/traverser en trombe ◆ **the car zoomed past us** la voiture est passée en trombe *
  3 [plane] monter en chandelle
▶ **zoom in** VI faire un zoom (on sur)
▶ **zoom out** VI faire un zoom arrière
**zoomorphic** /ˌzəʊəʊˈmɔːfɪk/ ADJ zoomorphe
**zoomorphism** /ˌzəʊəˈmɔːfɪzəm/ N zoomorphisme m
**zoonosis** /zəʊˈɒnəsɪs/ N (pl **zoonoses** /zəʊˈɒnəsiːz/) zoonose f
**zoophile** /ˈzəʊəfaɪl/ N (person devoted to animals) zoophile mf
**zoophilia** /ˌzəʊəˈfɪlɪə/ N (= bestiality) zoophilie f
**zoophilic** /ˌzəʊəˈfɪlɪk/ ADJ (= devoted to animals) zoophile
**zoophilism** /zəʊˈɒfɪlɪzəm/ N zoophilie f
**zoophobia** /ˌzəʊəˈfəʊbɪə/ N zoophobie f
**zoophyte** /ˈzəʊəfaɪt/ N zoophyte m
**zooplankton** /ˌzəʊəˈplæŋktən/ N zooplancton m
**zootechnics** /ˌzəʊəˈtekniks/ N (NonC) zootechnie f
**zootomy** /zəʊˈɒtəmɪ/ N zootomie f
**zoot-suit**\* /ˈzuːtsuːt/ N costume m zazou
**zoot-suiter**\* /ˈzuːtsuːtəʳ/ N zazou m
**zorilla** /zəˈrɪlə/, **zorille** /zəˈrɪl/ N zorille f
**Zoroaster** /ˌzɒrəʊˈæstəʳ/ N Zoroastre m or Zarathoustra m
**Zoroastrian** /ˌzɒrəʊˈæstrɪən/ ADJ, N zoroastrien(ne) m(f)
**Zoroastrianism** /ˌzɒrəʊˈæstrɪənɪzəm/ N zoroastrisme m
**zouk** /zuːk/ N (Mus) zouk m
**zounds** †† /zaʊndz/ EXCL morbleu ††, ventrebleu ††
**zucchini** /zuːˈkiːnɪ/ N (pl **zucchini** or **zucchinis**) (US) courgette f
**Zuider Zee** /ˈzaɪdəˈziː/ N Zuiderzee m
**Zulu** /ˈzuːluː/
  **ADJ** zoulou f inv
  **N** 1 Zoulou mf
  2 (= language) zoulou m
**Zululand** /ˈzuːluːlænd/ N Zoulouland m ◆ **in Zululand** au Zoulouland
**Zurich** /ˈzjʊərɪk/ N Zurich ◆ **Lake Zürich** le lac de Zurich
**zwieback** /ˈzwiːbæk/ N (US) biscotte f
**Zwinglian** /ˈzwɪŋɡlɪən/ N, ADJ zwinglien(ne) m(f)
**Zwinglianism** /ˈzwɪŋɡlɪənɪzəm/ N zwinglianisme m
**Zwinglianist** /ˈzwɪŋɡlɪənɪst/ N zwinglien m
**zwitterion** /ˈtsvɪtəˌraɪən/ N zwitterion m
**zygomatic arch** /ˌzaɪɡəʊˈmætɪk/ N zygoma m
**zygomorphic** /ˌzaɪɡəʊˈmɔːfɪk/, **zygomorphous** /ˌzaɪɡəʊˈmɔːfəs/ ADJ zygomorphe
**zygote** /ˈzaɪɡəʊt/ N zygote m
**zymology** /zaɪˈmɒlədʒɪ/ N zymologie f

# MAPS
## *ATLAS*

# ENGLISH THESAURUS
## *SYNONYMES ANGLAIS*

# LANGUAGE IN USE
## *GRAMMAIRE ACTIVE*

# APPENDICES
## *ANNEXES*

# ENGLISH THESAURUS

# DICTIONNAIRE DE SYNONYMES ANGLAIS

## ABBREVIATIONS/ABRÉVIATIONS

| | | | | | |
|---:|---|---:|---|---:|---|
| **adj.** | Adjective | **Géogr.** | Geography | **Photog.** | Photography |
| **adv.** | Adverb | **Gram.** | Grammar | **Physiol.** | Physiologie |
| **Anat.** | Anatomy | **Hist.** | History | **pl.** | Plural |
| **Architect.** | Architecture | **Inf.** | Informal | **prep.** | Preposition |
| **Aust.** | Australia, Australian | **Interj.** | Interjection | **pron.** | Pronoun |
| **Biol.** | Biology | **Mil.** | Military | **S. American** | South American |
| **Bot.** | Botany | **Mus.** | Music | **Scot.** | Scotland, Scottish |
| **Brit.** | Britain, Bristish | **Myth.** | Mythology | **Sl.** | Slang |
| **Canad.** | Canada, Canadian | **n.** | Noun | **Theat.** | Theatre |
| **Cap.** | Capital letter | **Naut.** | Nautical | **U. S.** | United States, American |
| **Chem.** | Chemistry | **N. Z.** | New Zealand | | |
| **conj.** | Conjunction | **Obs.** | Obsolete | **Usu.** | Usually |
| **Esp.** | Especially | **Offens.** | Offensive | **v.** | Verb |
| **fem.** | Feminine | **Pathol.** | Pathology | **Zool.** | Zoology |
| **Fig.** | Figurative | **Philos.** | Philosophy | | |

Abbreviations used in the thesaurus (some of which may be different from those used in the French-English dictionary).

Abréviations utilisées dans le thesaurus (dont certaines peuvent être différentes de celles qui figurent dans le corps du texte anglais-français).

# A

**abandon**
- V. **1.** desert, forsake, jilt, leave, leave behind **2.** evacuate, quit, vacate, withdraw from **3.** abdicate, cede, give up, relinquish, renounce, resign, surrender, waive, yield **4.** desist, discontinue, drop, forgo, kick (*Inf.*)
- N. **5.** careless freedom, dash, recklessness, unrestraint, wantonness, wild impulse, wildness

**abandoned 1.** cast aside, cast away, cast out, derelict, deserted, discarded, dropped, forlorn, forsaken, jilted, left, neglected, outcast, rejected, relinquished, unoccupied, vacant **2.** corrupt, debauched, depraved, dissipated, dissolute, profligate, reprobate, sinful, wanton, wicked **3.** uncontrolled, uninhibited, unrestrained, wild

**abandonment 1.** dereliction, desertion, forsaking, jilting, leaving **2.** evacuation, quitting, withdrawal from **3.** abdication, cession, giving up, relinquishment, renunciation, resignation, surrender, waiver **4.** desistance, discontinuation, dropping

**abbey** cloister, convent, friary, monastery, nunnery, priory

**abbreviate** abridge, abstract, clip, compress, condense, contract, curtail, cut, digest, epitomize, précis, reduce, shorten, summarize, trim, truncate

**abbreviation** abridgement, abstract, clipping, compendium, compression, condensation, conspectus, contraction, curtailment, digest, epitome, précis, reduction, résumé, shortening, summary, synopsis, trimming, truncation

**abdicate** abandon, abjure, abnegate, cede, forgo, give up, quit, relinquish, renounce, resign, retire, step down (*Inf.*), surrender, vacate, waive, yield

**abdication** abandonment, abjuration, abnegation, cession, giving up, quitting, relinquishment, renunciation, resignation, retiral (*esp. Scot.*), retirement, surrender, waiver, yielding

**abdominal** gastric, intestinal, stomachic, stomachical, visceral

**abduct** carry off, kidnap, make off with, run away with, run off with, seize, snatch (*Sl.*)

**abet 1.** aid, assist, back, condone, connive at, help, promote, sanction, second, succour, support, sustain, uphold **2.** egg on, encourage, incite, prompt, spur, urge

**abeyance 1.** adjournment, deferral, discontinuation, inactivity, intermission, postponement, recess, reservation, suspense, suspension, waiting **2. in abeyance** hanging fire, on ice (*Inf.*), pending, shelved, suspended

**abhor** abominate, detest, execrate, hate, loathe, recoil from, regard with repugnance *or* horror, shrink from, shudder at

**abhorrent** abominable, detestable, disgusting, distasteful, execrable, hated, hateful, heinous, horrible, horrid, loathsome, obnoxious, obscene, odious, offensive, repellent, repugnant, repulsive, revolting, yucky *or* yukky (*Sl.*)

**abide 1.** accept, bear, brook, endure, put up with, stand, stomach, submit to, suffer, tolerate **2.** dwell, linger, live, lodge, reside, rest, sojourn, stay, stop, tarry, wait **3.** continue, endure, last, persist, remain, survive

**abide by 1.** acknowledge, agree to, comply with, conform to, follow, obey, observe, submit to **2.** adhere to, carry out, discharge, fulfil, hold to, keep to, persist in, stand by

**abiding** constant, continuing, durable, enduring, eternal, everlasting, fast, firm, immortal, immutable, indissoluble, lasting, permanent, persistent, persisting, steadfast, surviving, tenacious, unchanging, unending

**ability** adeptness, aptitude, capability, capacity, competence, competency, craft, dexterity, endowment, energy, expertise, expertness, facility, faculty, flair, force, gift, knack, know-how (*Inf.*), potentiality, power, proficiency, qualification, skill, talent

**abject 1.** base, contemptible, cringing, debased, degraded, despicable, dishonourable, fawning, grovelling, humiliating, ignoble, ignominious, low, mean, servile, slavish, sordid, submissive, vile, worthless **2.** deplorable, forlorn, hopeless, miserable, outcast, pitiable, wretched

**ablaze 1.** afire, aflame, alight, blazing, burning, fiery, flaming, ignited, lighted, on fire **2.** aglow, brilliant, flashing, gleaming, glowing, illuminated, incandescent, luminous, radiant, sparkling **3.** angry, aroused, enthusiastic, excited, fervent, frenzied, fuming, furious, impassioned, incensed, passionate, raging, stimulated

**able** accomplished, adept, adequate, adroit, capable, clever, competent, effective, efficient, experienced, expert, fit, fitted, gifted, highly endowed, masterful, masterly, powerful, practised, proficient, qualified, skilful, skilled, strong, talented

**able-bodied** firm, fit, hale, hardy, healthy, hearty, lusty, powerful, robust, sound, staunch, stout, strapping, strong, sturdy, vigorous

**abnormal** aberrant, anomalous, atypical, curious, deviant, eccentric, erratic, exceptional, extraordinary, irregular, monstrous, odd, oddball (*Inf.*), off-the-wall (*Sl.*), outré, peculiar, queer, singular, strange, uncommon, unexpected, unnatural, untypical, unusual, wacko (*Sl.*), weird

**abnormality** aberration, anomaly, atypicalness, bizarreness, deformity, deviation, eccentricity, exception, extraordinariness, flaw, irregularity, monstrosity, oddity, peculiarity, queerness, singularity, strangeness, uncommonness, unexpectedness, unnaturalness, untypicalness, unusualness, weirdness

**abolish** abrogate, annihilate, annul, axe (*Inf.*), blot out, cancel, destroy, do away with, eliminate, end, eradicate, expunge, exterminate, extinguish, extirpate, invalidate, nullify, obliterate, overthrow, overturn, put an end to, quash, repeal, repudiate, rescind, revoke, stamp out, subvert, suppress, terminate, vitiate, void, wipe out

**abolition** abrogation, annihilation, annulment, blotting out, cancellation, destruction, elimination, end, ending, eradication, expunction, extermination, extinction, extirpation, invalidation, nullification, obliteration, overthrow, overturning, quashing, repeal, repudiation, rescission, revocation, stamping out, subversion, suppression, termination, vitiation, voiding, wiping out, withdrawal

**abominable** abhorrent, accursed, atrocious, base, contemptible, despicable, detestable, disgusting, execrable, foul, godawful (*Sl.*), hateful, heinous, hellish, horrible, horrid, loathsome, nauseous, obnoxious, obscene, odious, repellent, reprehensible, repugnant, repulsive, revolting, terrible, vile, villainous, wretched, yucky *or* yukky (*Sl.*)

**abominate** abhor, detest, execrate, hate, loathe, recoil from, regard with repugnance, shudder at

**abomination 1.** abhorrence, antipathy, aversion, detestation, disgust, distaste, execration, hate, hatred, horror, loathing, odium, repugnance, revulsion **2.** anathema, bête noire, bugbear, curse, disgrace, evil, horror, plague, shame, torment

**aboriginal** ancient, autochthonous, earliest, first, indigenous, native, original, primary, primeval, primitive, primordial, pristine

**abound** be jammed with, be packed with, be plentiful, crowd, flourish, increase, infest, luxuriate, overflow, proliferate, superabound, swarm, swell, teem, thrive

**about**
- PREP. **1.** anent (*Scot.*), as regards, concerned with, concerning, connected with, dealing with, on, re, referring to, regarding, relating to, relative to, respecting, touching, with respect to **2.** adjacent, beside, circa (*used with dates*), close to, near, nearby **3.** around, encircling, on all sides, round, surrounding **4.** all over, over, through, throughout
- ADV. **5.** almost, approaching, approximately, around, close to, more or less, nearing, nearly, roughly **6.** from place to place, here and there, hither and thither, to and fro
- ADJ. **7.** active, around, astir, in motion, present, stirring

**above**
- PREP. **1.** atop, beyond, exceeding, higher than, on top of, over, upon
- ADV. **2.** aloft, atop, in heaven, on high, overhead
- ADJ. **3.** aforementioned, aforesaid, earlier, foregoing, preceding, previous, prior **4.** before, beyond, exceeding, prior to, superior to, surpassing

**aboveboard**
- ADV. **1.** candidly, forthrightly, frankly, honestly, honourably, openly, overtly, straightforwardly, truly, truthfully, uprightly, veraciously, without guile
- ADJ. **2.** candid, fair and square, forthright, frank, guileless, honest, honourable, kosher (*Inf.*), legitimate, on the up and up, open, overt, square, straight, straightforward, true, trustworthy, truthful, upfront (*Inf.*), upright, veracious

**abrasion 1.** (*Medical*) chafe, graze, scrape, scratch, scuff, surface injury **2.** abrading, chafing, erosion, friction, grating, rubbing, scouring, scraping, scratching, scuffing, wearing away, wearing down

**abrasive**
- ADJ. **1.** chafing, erosive, frictional, grating, rough, scraping, scratching, scratchy, scuffing **2.** annoying, biting, caustic, cutting, galling, grating, hurtful, irritating, nasty, rough, sharp, unpleasant, vitriolic
- N. **3.** abradant, burnisher, grinder, scarifier, scourer

**abreast 1.** alongside, beside, level, shoulder to shoulder, side by side **2.** acquainted, au courant, au fait, conversant, familiar, informed, in touch, knowledgeable, up to date

**abridge** abbreviate, abstract, clip, compress, concentrate, condense, contract, curtail, cut, cut down, decrease, digest, diminish, epitomize, lessen, précis, reduce, shorten, summarize, synopsize (*U.S.*), trim

**abridgement** abbreviation, abstract, compendium, condensation, conspectus, contraction, curtailment, cutting, decrease, digest, diminishing, diminution, epitome, lessening, limitation, outline, précis, reduction, restraint, restriction, résumé, shortening, summary, synopsis

**abroad 1.** beyond the sea, in foreign lands, out of the country, overseas **2.** about, at large, away, circulating, current, elsewhere, extensively, far, far and wide, forth, in circulation, out, out-of-doors, outside, publicly, widely, without

**abrupt 1.** blunt, brisk, brusque, curt, direct, discourteous, gruff, impatient, impolite, rough, rude, short, snappish, snappy, terse, unceremonious, uncivil, ungracious **2.** precipitous, sharp, sheer, steep, sudden **3.** hasty, headlong, hurried, precipitate, quick, sudden, surprising, swift, unanticipated, unexpected, unforeseen **4.** broken, disconnected, discontinuous, irregular, jerky, uneven

**abscond** bolt, clear out, decamp, disappear, do a bunk (*Brit. sl.*), do a runner (*Sl.*), escape, flee, flit (*Inf.*), fly, fly the coop (*U.S. & Canad. inf.*), make off, run off, skedaddle (*Inf.*), slip away, sneak away, steal away, take a powder (*U.S. & Canad. sl.*), take it on the lam (*U.S. & Canad. sl.*)

**absence 1.** absenteeism, nonappearance, nonattendance, truancy **2.** default, defect, deficiency, lack, need, nonexistence, omission, privation, unavailability, want **3.** absent-mindedness, abstraction, distraction, inattention, preoccupation, reverie

**absent**
- ADJ. **1.** away, elsewhere, gone, lacking, missing, nonattendant, nonexistent, not present, out, truant, unavailable, wanting **2.** absent-minded, absorbed, abstracted, bemused, blank, daydreaming, distracted, dreamy, empty, faraway, heedless, inattentive, musing, oblivious, preoccupied, unaware, unconscious, unheeding, unthinking, vacant, vague
- V. **3. absent oneself** abscond, depart, keep away, play truant, remove, slope off (*Inf.*), stay away, truant, withdraw

**absently** absent-mindedly, abstractedly, bemusedly, blankly, distractedly, dreamily, emptily, heedlessly, inattentively, obliviously, on automatic pilot, unconsciously, unheedingly, vacantly, vaguely

**absent-minded** absent, absorbed, abstracted, bemused, distracted, dreaming, dreamy, engrossed, faraway, forgetful, heedless, in a brown study, inattentive, musing, oblivious, preoccupied, unaware, unconscious, unheeding, unthinking

**absolute 1.** arrant, complete, consummate, deep-dyed (*Usu. derogatory*), downright, entire, out-and-out, outright, perfect, pure, sheer, thorough, total, unadulterated, unalloyed, unmitigated, unmixed, unqualified, utter **2.** actual, categorical, certain, conclusive, decided, decisive, definite, exact, genuine, infallible, positive, precise, sure, unambiguous, unequivocal, unquestionable **3.** absolutist, arbitrary, autarchical, autocratic, autonomous, despotic, dictatorial, full, peremptory, sovereign, supreme, tyrannical, unbounded, unconditional, unlimited, unqualified, unquestionable, unrestrained, unrestricted

**absolutely** **1.** completely, consummately, entirely, fully, perfectly, purely, thoroughly, totally, unmitigatedly, utterly, wholly **2.** actually, categorically, certainly, conclusively, decidedly, decisively, definitely, exactly, genuinely, infallibly, positively, precisely, surely, truly, unambiguously, unequivocally, unquestionably **3.** arbitrarily, autocratically, autonomously, despotically, dictatorially, fully, peremptorily, sovereignly, supremely, tyrannically, unconditionally, unquestionably, unrestrainedly, without qualification

**absolution** acquittal, amnesty, deliverance, discharge, dispensation, exculpation, exemption, exoneration, forgiveness, freeing, indulgence, liberation, mercy, pardon, release, remission, setting free, shriving, vindication

**absolutism** absoluteness, arbitrariness, autarchy, authoritarianism, autocracy, despotism, dictatorship, totalitarianism, tyranny

**absolutist** arbiter, authoritarian, autocrat, despot, dictator, totalitarian, tyrant

**absolve** acquit, clear, deliver, discharge, exculpate, excuse, exempt, exonerate, forgive, free, let off, liberate, loose, pardon, release, remit, set free, shrive, vindicate

**absorb** **1.** assimilate, consume, devour, digest, drink in, exhaust, imbibe, incorporate, ingest, osmose, receive, soak up, suck up, take in **2.** captivate, engage, engross, enwrap, fascinate, fill, fill up, fix, hold, immerse, monopolize, occupy, preoccupy, rivet

**absorbing** arresting, captivating, engrossing, fascinating, gripping, interesting, intriguing, preoccupying, riveting, spellbinding

**abstain** avoid, cease, decline, deny (oneself), desist, forbear, forgo, give up, keep from, kick *(Inf.)*, refrain, refuse, renounce, shun, stop, withhold

**abstemious** abstinent, ascetic, austere, continent, frugal, moderate, self-denying, sober, sparing, temperate

**abstention** abstaining, abstinence, avoidance, desistance, eschewal, forbearance, nonindulgence, refraining, refusal, self-control, self-denial, self-restraint

**abstinence** abstemiousness, asceticism, avoidance, continence, forbearance, moderation, refraining, self-denial, self-restraint, soberness, sobriety, teetotalism, temperance

**abstinent** abstaining, abstemious, continent, forbearing, moderate, self-controlled, selfdenying, self-restraining, sober, temperate

**abstract**
▸ ADJ. **1.** abstruse, arcane, complex, conceptual, deep, general, generalized, hypothetical, indefinite, intellectual, nonconcrete, notional, occult, philosophical, profound, recondite, separate, subtle, theoretic, theoretical, unpractical, unrealistic
▸ N. **2.** abridgement, compendium, condensation, digest, epitome, essence, outline, précis, recapitulation, résumé, summary, synopsis
▸ V. **3.** abbreviate, abridge, condense, digest, epitomize, outline, précis, shorten, summarize, synopsize *(U.S.)* **4.** detach, dissociate, extract, isolate, remove, separate, steal, take away, take out, withdraw

**abstracted** **1.** absent, absent-minded, bemused, daydreaming, dreamy, faraway, inattentive, preoccupied, remote, withdrawn, woolgathering **2.** abbreviated, abridged, condensed, digested, epitomized, shortened, summarized, synopsized *(U.S.)*

**abstraction** **1.** absence, absent-mindedness, bemusedness, dreaminess, inattention, pensiveness, preoccupation, remoteness, woolgathering **2.** concept, formula, generality, generalization, hypothesis, idea, notion, theorem, theory, thought

**abstruse** abstract, arcane, complex, dark, deep, Delphic, enigmatic, esoteric, hidden, incomprehensible, mysterious, mystical, obscure, occult, perplexing, profound, puzzling, recondite, subtle, unfathomable, vague

**absurd** crazy *(Inf.)*, daft *(Inf.)*, farcical, foolish, idiotic, illogical, inane, incongruous, irrational, laughable, ludicrous, meaningless, nonsensical, preposterous, ridiculous, senseless, silly, stupid, unreasonable

**absurdity** bêtise *(Rare)*, craziness *(Inf.)*, daftness *(Inf.)*, farce, farcicality, farcicalness, folly, foolishness, idiocy, illogicality, illogicalness, incongruity, irrationality, joke, ludicrousness, meaninglessness, nonsense, preposterousness, ridiculousness, senselessness, silliness, stupidity, unreasonableness

**abundance** **1.** affluence, ampleness, bounty, copiousness, exuberance, fullness, heap *(Inf.)*, plenitude, plenteousness, plenty, profusion **2.** affluence, big bucks *(Inf., chiefly U.S.)*, big money, fortune, megabucks *(U.S. & Canad. sl.)*, opulence, pretty penny *(Inf.)*, riches, tidy sum *(Inf.)*, wad *(U.S. & Canad. sl.)*, wealth

**abundant** ample, bounteous, bountiful, copious, exuberant, filled, full, lavish, luxuriant, overflowing, plenteous, plentiful, profuse, rank, rich, teeming, well-provided, well-supplied

**abuse**
▸ V. **1.** damage, exploit, harm, hurt, ill-treat, impose upon, injure, maltreat, manhandle, mar, misapply, misuse, oppress, spoil, take advantage of, wrong **2.** calumniate, castigate, curse, defame, disparage, insult, inveigh against, libel, malign, revile, scold, slander, smear, swear at, traduce, upbraid, vilify, vituperate
▸ N. **3.** damage, exploitation, harm, hurt, ill-treatment, imposition, injury, maltreatment, manhandling, misapplication, misuse, oppression, spoiling, wrong **4.** blame, calumniation, castigation, censure, character assassination, contumely, curses, cursing, defamation, derision, disparagement, insults, invective, libel, opprobrium, reproach, revilement, scolding, slander, swearing, tirade, traducement, upbraiding, vilification, vituperation **5.** corruption, crime, delinquency, fault, injustice, misconduct, misdeed, offence, sin, wrong, wrongdoing

**abusive** **1.** calumniating, castigating, censorious, contumelious, defamatory, derisive, disparaging, insulting, invective, libellous, maligning, offensive, opprobrious, reproachful, reviling, rude, scathing, scolding, slanderous, traducing, upbraiding, vilifying, vituperative **2.** brutal, cruel, destructive, harmful, hurtful, injurious, rough

**abysmal** bottomless, boundless, complete, deep, endless, extreme, immeasurable, incalculable, infinite, profound, thorough, unending, unfathomable, vast

**abyss** abysm, bottomless depth, chasm, crevasse, fissure, gorge, gulf, pit, void

**academic**
▸ ADJ. **1.** bookish, campus, college, collegiate, erudite, highbrow, learned, lettered, literary, scholarly, scholastic, school, studious, university **2.** abstract, conjectural, hypothetical, impractical, notional, speculative, theoretical
▸ N. **3.** academician, don, fellow, lecturer, master, professor, pupil, scholar, scholastic, schoolman, student, tutor

**accede** **1.** accept, acquiesce, admit, agree, assent, comply, concede, concur, consent, endorse, grant, own, yield **2.** assume, attain, come to, enter upon, inherit, succeed, succeed to *(as heir)*

**accelerate** advance, expedite, forward, further, hasten, hurry, pick up speed, precipitate, quicken, speed, speed up, spur, step up *(Inf.)*, stimulate

**acceleration** expedition, hastening, hurrying, quickening, speeding up, spurring, stepping up *(Inf.)*, stimulation

**accent**
▸ N. **1.** beat, cadence, emphasis, force, pitch, rhythm, stress, timbre, tonality **2.** articulation, enunciation, inflection, intonation, modulation, pronunciation, tone
▸ V. **3.** accentuate, emphasize, stress, underline, underscore

**accentuate** accent, draw attention to, emphasize, highlight, stress, underline, underscore

**accept** **1.** acquire, gain, get, have, obtain, receive, secure, take **2.** accede, acknowledge, acquiesce, admit, adopt, affirm, agree to, approve, believe, buy *(Sl.)*, concur with, consent to, cooperate with, recognize, swallow *(Inf.)* **3.** bear, bow to, brook, defer to, put up with, stand, submit to, suffer, take, yield to **4.** acknowledge, admit, assume, avow, bear, take on, undertake

**acceptable** **1.** agreeable, delightful, grateful, gratifying, pleasant, pleasing, welcome **2.** adequate, admissible, all right, fair, moderate, passable, satisfactory, so-so *(Inf.)*, standard, tolerable

**acceptance** **1.** accepting, acquiring, gaining, getting, having, obtaining, receipt, securing, taking **2.** accedence, accession, acknowledgement, acquiescence, admission, adoption, affirmation, agreement, approbation, approval, assent, belief, compliance, concession, concurrence, consensus, consent, cooperation, credence, OK *or* okay *(Inf.)*, permission, recognition, stamp *or* seal of approval **3.** deference, standing, submission, taking, yielding **4.** acknowledgement, admission, assumption, avowal, taking on, undertaking

**accepted** acceptable, acknowledged, admitted, agreed, agreed upon, approved, authorized, common, confirmed, conventional, customary, established, normal, received, recognized, regular, sanctioned, standard, timehonoured, traditional, universal, usual

**access** **1.** admission, admittance, approach, avenue, course, door, entering, entrance, entrée, entry, gateway, key, passage, passageway, path, road **2.** *(Medical)* attack, fit, onset, outburst, paroxysm

**accessibility** **1.** approachability, attainability, availability, handiness, nearness, obtainability, possibility, readiness **2.** affability, approachability, conversableness, cordiality, friendliness, informality **3.** exposedness, openness, susceptibility

**accessible** **1.** achievable, at hand, attainable, available, get-at-able *(Inf.)*, handy, near, nearby, obtainable, on hand, possible, reachable, ready **2.** affable, approachable, available, conversable, cordial, friendly, informal **3.** exposed, liable, open, subject, susceptible, vulnerable, wide-open

**accessory**
▸ N. **1.** abettor, accomplice, assistant, associate *(in crime)*, colleague, confederate, helper, partner **2.** accent, accompaniment, addition, add-on, adjunct, adornment, aid, appendage, attachment, component, convenience, decoration, extension, extra, frill, help, supplement, trim, trimming
▸ ADJ. **3.** abetting, additional, aiding, ancillary, assisting in, auxiliary, contributory, extra, secondary, subordinate, supplemental, supplementary

**accident** **1.** blow, calamity, casualty, chance, collision, crash, disaster, misadventure, mischance, misfortune, mishap, pile-up *(Inf.)* **2.** chance, fate, fluke, fortuity, fortune, hazard, luck

**accidental** adventitious, casual, chance, contingent, fortuitous, haphazard, inadvertent, incidental, inessential, nonessential, random, uncalculated, uncertain, unessential, unexpected, unforeseen, unintended, unintentional, unlooked-for, unplanned, unpremeditated, unwitting

**accidentally** adventitiously, by accident, by chance, by mistake, casually, fortuitously, haphazardly, inadvertently, incidentally, randomly, unconsciously, undesignedly, unexpectedly, unintentionally, unwittingly

**acclaim**
▸ V. **1.** applaud, approve, celebrate, cheer, clap, commend, crack up *(Inf.)*, eulogize, exalt, extol, hail, honour, laud, praise, salute, welcome
▸ N. **2.** acclamation, applause, approbation, approval, celebration, cheering, clapping, commendation, eulogizing, exaltation, honour, laudation, plaudits, praise, welcome

**acclamation** acclaim, adulation, approbation, cheer, cheering, cheers, enthusiasm, laudation, loud homage, ovation, plaudit, praise, salutation, shouting, tribute

**acclimatization** acclimation, accommodation, acculturation, adaptation, adjustment, habituation, inurement, naturalization

**acclimatize** accommodate, acculture, accustom, adapt, adjust, become seasoned to, get used to, habituate, inure, naturalize

**accommodate** **1.** billet, board, cater for, entertain, harbour, house, lodge, put up, quarter, shelter **2.** afford, aid, assist, furnish, help, oblige, provide, purvey, serve, supply **3.** accustom, adapt, adjust, comply, compose, conform, fit, harmonize, modify, reconcile, settle

**accommodating** complaisant, considerate, cooperative, friendly, helpful, hospitable, kind, obliging, polite, unselfish, willing

**accommodation** **1.** adaptation, adjustment, compliance, composition, compromise, conformity, fitting, harmony, modification, reconciliation, settlement **2.** board, digs *(Brit. inf.)*, harbouring, house, housing, lodging(s), quartering, quarters, shelter, sheltering **3.** aid, assistance, help, provision, service, supply

**accompany** **1.** attend, chaperon(e), conduct, convoy, escort, go with, squire, usher **2.** belong to, coexist with, coincide with, come with, follow, go together with, join with, occur with, supplement

**accomplice** abettor, accessory, ally, assistant, associate, coadjutor, collaborator, colleague, confederate, helper, henchman, partner

**accomplish** achieve, attain, bring about, bring off *(Inf.)*, carry out, complete, conclude, consummate, do, effect, effectuate, execute, finish, fulfil, manage, perform, produce, realize

**accomplished** **1.** achieved, attained, brought about, carried out, completed, concluded, consummated, done, effected, executed, finished, fulfilled, managed, performed, produced, realized **2.** adept, consummate, cultivated, expert, gifted, masterly, polished, practised, proficient, skilful, skilled, talented

**accomplishment** **1.** achievement, attainment, bringing about, carrying out, completion, conclusion, consummation, doing, effecting, execution, finishing, fulfilment, management, performance, production, realization **2.** achievement, act, attainment, coup, deed, exploit, feat, stroke, triumph **3.** ability, achievement, art, attainment, capability, craft, gift, proficiency, skill, talent

**accord**
- **V. 1.** agree, assent, be in tune *(Inf.)*, concur, conform, correspond, fit, harmonize, match, suit, tally **2.** allow, bestow, concede, confer, endow, give, grant, present, render, tender, vouchsafe
- **N. 3.** accordance, agreement, concert, concurrence, conformity, congruence, correspondence, harmony, rapport, sympathy, unanimity, unison

**accordance** **1.** accord, agreement, assent, concert, concurrence, conformity, congruence, correspondence, harmony, rapport, sympathy, unanimity **2.** according, allowance, bestowal, concession, conferment, conferral, endowment, gift, giving, granting, presentation, rendering, tendering

**accordingly** **1.** appropriately, correspondingly, fitly, properly, suitably **2.** as a result, consequently, ergo, hence, in consequence, so, therefore, thus

**according to** **1.** commensurate with, in proportion, in relation **2.** as believed by, as maintained by, as stated by, in the light of, on the authority of, on the report of **3.** after, after the manner of, consistent with, in accordance with, in compliance with, in conformity with, in harmony with, in keeping with, in line with, in obedience to, in step with, in the manner of, obedient to

**account**
- **N. 1.** chronicle, description, detail, explanation, history, narration, narrative, recital, record, relation, report, statement, story, tale, version **2.** *(Commerce)* balance, bill, book, books, charge, computation, inventory, invoice, ledger, reckoning, register, score, statement, tally **3.** advantage, benefit, consequence, distinction, esteem, honour, import, importance, merit, note, profit, rank, repute, significance, standing, use, value, worth **4.** basis, cause, consideration, ground, grounds, interest, motive, reason, regard, sake, score
- **V. 5.** appraise, assess, believe, calculate, compute, consider, count, deem, esteem, estimate, explain, gauge, hold, judge, rate, reckon, regard, think, value, weigh

**accountability** **1.** answerability, chargeability, culpability, liability, responsibility **2.** comprehensibility, explainability, explicability, intelligibility, understandability

**accountable** **1.** amenable, answerable, charged with, liable, obligated, obliged, responsible **2.** comprehensible, explainable, explicable, intelligible, understandable

**account for** **1.** answer for, clarify, clear up, elucidate, explain, illuminate, justify, rationalize **2.** destroy, incapacitate, kill, put out of action

**accredit** **1.** appoint, authorize, certify, commission, depute, empower, endorse, entrust, guarantee, license, recognize, sanction, vouch for **2.** ascribe, assign, attribute, credit

**accredited** appointed, authorized, certified, commissioned, deputed, deputized, empowered, endorsed, guaranteed, licensed, official, recognized, sanctioned, vouched for

**accrue** accumulate, amass, arise, be added, build up, collect, enlarge, ensue, flow, follow, grow, increase, issue, spring up

**accumulate** accrue, amass, build up, collect, cumulate, gather, grow, hoard, increase, pile up, stockpile, store

**accumulation** aggregation, augmentation, build-up, collection, conglomeration, gathering, growth, heap, hoard, increase, mass, pile, stack, stock, stockpile, store

**accuracy** accurateness, authenticity, carefulness, closeness, correctness, exactitude, exactness, faithfulness, faultlessness, fidelity, meticulousness, niceness, nicety, precision, strictness, truth, truthfulness, veracity, verity

**accurate** authentic, careful, close, correct, exact, faithful, faultless, just, meticulous, nice, precise, proper, regular, right, scrupulous, spot-on *(Brit. inf.)*, strict, true, truthful, unerring, veracious

**accurately** authentically, carefully, closely, correctly, exactly, faithfully, faultlessly, justly, meticulously, nicely, precisely, properly, regularly, rightly, scrupulously, strictly, truly, truthfully, unerringly, veraciously

**accursed** **1.** bedevilled, bewitched, condemned, cursed, damned, doomed, hopeless, ill-fated, ill-omened, jinxed, luckless, ruined, undone, unfortunate, unlucky, wretched **2.** abominable, despicable, detestable, execrable, hateful, hellish, horrible

**accusation** allegation, arraignment, attribution, charge, citation, complaint, denunciation, impeachment, imputation, incrimination, indictment, recrimination

**accuse** allege, arraign, attribute, blame, censure, charge, cite, denounce, impeach, impute, incriminate, indict, recriminate, tax

**accustom** acclimatize, acquaint, adapt, discipline, exercise, familiarize, habituate, inure, season, train

**accustomed** **1.** acclimatized, acquainted, adapted, disciplined, exercised, familiar, familiarized, given to, habituated, in the habit of, inured, seasoned, trained, used **2.** common, conventional, customary, established, everyday, expected, fixed, general, habitual, normal, ordinary, regular, routine, set, traditional, usual, wonted

**ace**
- **N. 1.** *(Cards, dice, etc.)* one, single point **2.** *(Inf.)* adept, buff *(Inf.)*, champion, dab hand *(Brit. inf.)*, expert, genius, hotshot *(Inf.)*, master, maven *(U.S.)*, star, virtuoso, whiz *(Inf.)*, winner, wizard *(Inf.)*
- **ADJ. 3.** *(Inf.)* brilliant, champion, excellent, expert, fine, great, masterly, outstanding, superb, virtuoso

**ache**
- **V. 1.** hurt, pain, pound, smart, suffer, throb, twinge **2.** agonize, eat one's heart out, grieve, mourn, sorrow, suffer **3.** covet, crave, desire, eat one's heart out over, hanker, hope, hunger, long, need, pine, thirst, yearn
- **N. 4.** hurt, pain, pang, pounding, smart, smarting, soreness, suffering, throb, throbbing **5.** anguish, grief, mourning, sorrow, suffering **6.** craving, desire, hankering, hope, hunger, longing, need, pining, thirst, yearning

**achieve** accomplish, acquire, attain, bring about, carry out, complete, consummate, do, earn, effect, execute, finish, fulfil, gain, get, obtain, perform, procure, reach, realize, win

**achievement** **1.** accomplishment, acquirement, attainment, completion, execution, fulfilment, performance, production, realization **2.** accomplishment, act, deed, effort, exploit, feat, stroke

**acid** **1.** acerb, acerbic, acetic, acidulous, acrid, biting, pungent, sharp, sour, tart, vinegarish, vinegary **2.** acerbic, biting, bitter, caustic, cutting, harsh, hurtful, mordacious, mordant, pungent, sharp, stinging, trenchant, vitriolic

**acidity** **1.** acerbity, acidulousness, acridity, acridness, bitterness, pungency, sharpness, sourness, tartness, vinegariness, vinegarishness **2.** acerbity, acridity, acridness, bitterness, causticity, causticness, harshness, hurtfulness, mordancy, pungency, sharpness, trenchancy

**acknowledge** **1.** accede, accept, acquiesce, admit, allow, concede, confess, declare, grant, own, profess, recognize, yield **2.** address, greet, hail, notice, recognize, salute **3.** answer, notice, react to, recognize, reply to, respond to, return

**acknowledged** accepted, accredited, admitted, answered, approved, conceded, confessed, declared, professed, recognized, returned

**acknowledgement** **1.** acceptance, accession, acquiescence, admission, allowing, confession, declaration, profession, realization, yielding **2.** addressing, greeting, hail, hailing, notice, recognition, salutation, salute **3.** answer, appreciation, Brownie points, credit, gratitude, reaction, recognition, reply, response, return, thanks

**acme** apex, climax, crest, crown, culmination, height, high point, optimum, peak, pinnacle, summit, top, vertex, zenith

**acquaint** advise, announce, apprise, disclose, divulge, enlighten, familiarize, inform, let (someone) know, notify, reveal, tell

**acquaintance** **1.** associate, colleague, contact **2.** association, awareness, cognizance, companionship, conversance, conversancy, experience, familiarity, fellowship, intimacy, knowledge, relationship, social contact, understanding

**acquiesce** accede, accept, agree, allow, approve, assent, bow to, comply, concur, conform, consent, give in, go along with, submit, yield

**acquiescence** acceptance, accession, agreement, approval, assent, compliance, concurrence, conformity, consent, giving in, obedience, submission, yielding

**acquire** achieve, amass, attain, buy, collect, earn, gain, gather, get, obtain, pick up, procure, realize, receive, score *(Sl.)*, secure, win

**acquisition** **1.** buy, gain, possession, prize, property, purchase **2.** achievement, acquirement, attainment, gaining, learning, obtainment, procurement, pursuit

**acquisitive** avaricious, avid, covetous, grabbing, grasping, greedy, predatory, rapacious

**acquisitiveness** avarice, avidity, avidness, covetousness, graspingness, greed, predatoriness, rapaciousness, rapacity

**acquit** **1.** absolve, clear, deliver, discharge, exculpate, exonerate, free, fulfil, liberate, release, relieve, vindicate **2.** discharge, pay, pay off, repay, satisfy, settle **3.** bear, behave, comport, conduct, perform

**acquittal** absolution, clearance, deliverance, discharge, exculpation, exoneration, freeing, liberation, release, relief, vindication

**acrid** **1.** acerb, acid, astringent, biting, bitter, burning, caustic, harsh, irritating, pungent, sharp, stinging, vitriolic **2.** acrimonious, biting, bitter, caustic, cutting, harsh, mordacious, mordant, nasty, sarcastic, sharp, trenchant, vitriolic

**acrimonious** acerbic, astringent, biting, bitter, caustic, censorious, churlish, crabbed, cutting, irascible, mordacious, mordant, peevish, petulant, pungent, rancorous, sarcastic, severe, sharp, spiteful, splenetic, tart, testy, trenchant, vitriolic

**acrimony** acerbity, asperity, astringency, bitterness, churlishness, harshness, ill will, irascibility, mordancy, peevishness, rancour, sarcasm, spleen, tartness, trenchancy, virulence

**act**
- **N. 1.** accomplishment, achievement, action, blow, deed, doing, execution, exertion, exploit, feat, move, operation, performance, step, stroke, undertaking **2.** bill, decree, edict, enactment, law, measure, ordinance, resolution, statute **3.** affectation, attitude, counterfeit, dissimulation, fake, feigning, front, performance, pose, posture, pretence, sham, show, stance **4.** performance, routine, show, sketch, turn
- **V. 5.** acquit, bear, behave, carry, carry out, comport, conduct, do, enact, execute, exert, function, go about, make, move, operate, perform, react, serve, strike, take effect, undertake, work **6.** affect, assume, counterfeit, dissimulate, feign, imitate, perform, pose, posture, pretend, put on, seem, sham **7.** act out, characterize, enact, impersonate, mime, mimic, perform, personate, personify, play, play *or* take the part of, portray, represent

**acting**
- **ADJ. 1.** interim, pro tem, provisional, substitute, surrogate, temporary
- **N. 2.** characterization, dramatics, enacting, impersonation, performance, performing, play-

ing, portrayal, portraying, stagecraft, theatre **3.** assuming, counterfeiting, dissimulation, feigning, imitating, imitation, imposture, play-acting, posing, posturing, pretence, pretending, putting on, seeming, shamming

**action** **1.** accomplishment, achievement, act, blow, deed, exercise, exertion, exploit, feat, move, operation, performance, step, stroke, undertaking **2.** activity, energy, force, liveliness, spirit, vigour, vim, vitality **3.** activity, effect, effort, exertion, force, functioning, influence, motion, movement, operation, power, process, work, working **4.** battle, combat, conflict, fighting, warfare **5.** affray, battle, clash, combat, contest, encounter, engagement, fight, fray, skirmish, sortie **6.** case, cause, lawsuit, litigation, proceeding, prosecution, suit

**activate** actuate, animate, arouse, energize, galvanize, get going, impel, initiate, kick-start, mobilize, motivate, move, prod, prompt, propel, rouse, set going, set in motion, set off, start, stimulate, stir, switch on, trigger (off), turn on

**active** **1.** acting, astir, at work, doing, effectual, functioning, in action, in force, in operation, live, moving, operative, running, stirring, working **2.** bustling, busy, engaged, full, hardworking, involved, occupied, on the go *(Inf.)*, on the move, strenuous **3.** alert, animated, diligent, energetic, industrious, lively, nimble, on the go *(Inf.)*, quick, spirited, sprightly, spry, vibrant, vigorous, vital, vivacious **4.** activist, aggressive, ambitious, assertive, committed, devoted, energetic, engaged, enterising, enthusiastic, forceful, forward, hardworking, industrious, militant, zealous

**activity** **1.** action, activeness, animation, bustle, enterprise, exercise, exertion, hurly-burly, hustle, labour, life, liveliness, motion, movement, stir, work **2.** act, avocation, deed, endeavour, enterprise, hobby, interest, job, labour, occupation, pastime, project, pursuit, scheme, task, undertaking, venture, work

**act on, act upon** **1.** act in accordance with, carry out, comply with, conform to, follow, heed, obey, yield to **2.** affect, alter, change, influence, modify, sway, transform

**actor** **1.** actress, dramatic artist, leading man, performer, play-actor, player, Thespian, tragedian, trouper **2.** agent, doer, executor, factor, functionary, operative, operator, participant, participator, performer, perpetrator, practitioner, worker

**actress** actor, dramatic artist, leading lady, performer, play-actor, player, starlet, Thespian, tragedienne, trouper

**actual** **1.** absolute, categorical, certain, concrete, corporeal, definite, factual, indisputable, indubitable, physical, positive, real, substantial, tangible, undeniable, unquestionable **2.** authentic, confirmed, genuine, real, realistic, true, truthful, verified **3.** current, existent, extant, live, living, present, present-day, prevailing

**actually** absolutely, as a matter of fact, de facto, essentially, indeed, in fact, in point of fact, in reality, in truth, literally, really, truly, veritably

**actuate** animate, arouse, cause, dispose, drive, excite, get going, impel, incite, induce, influence, inspire, instigate, motivate, move, prompt, quicken, rouse, set off, spur, stimulate, stir, urge

**act up** be naughty, carry on, cause trouble, give bother, give trouble, horse around *(Inf.)*, malfunction, mess about, misbehave, piss about *(Taboo sl.)*, piss around *(Taboo sl.)*, play up *(Brit. inf.)*

**act upon** → **act on**

**acumen** acuteness, astuteness, cleverness, discernment, ingenuity, insight, intelligence, judg(e)ment, keenness, penetration, perception, perspicacity, perspicuity, sagacity, sharpness, shrewdness, smartness, smarts *(Sl., chiefly U.S.)*, wisdom, wit

**acute** **1.** astute, canny, clever, discerning, discriminating, incisive, ingenious, insightful, intuitive, keen, observant, penetrating, perceptive, perspicacious, piercing, sensitive, sharp, smart, subtle **2.** critical, crucial, dangerous, decisive, essential, grave, important, serious, severe, sudden, urgent, vital **3.** cutting, distressing, excruciating, exquisite, fierce, harrowing, intense, overpowering, overwhelming, piercing, poignant, powerful, racking, severe, sharp, shooting, shrill, stabbing, sudden, violent **4.** cuspate, needle-shaped, peaked, pointed, sharp, sharpened

**acuteness** **1.** acuity, astuteness, canniness, cleverness, discernment, discrimination, ingenuity, insight, intuition, intuitiveness, keenness, perception, perceptiveness, perspicacity, sensitivity, sharpness, smartness, subtleness, subtlety, wit **2.** criticality, criticalness, crucialty, danger, dangerousness, decisiveness, essentiality, gravity, importance, seriousness, severity, suddenness, urgency, vitalness **3.** distressingness, exquisiteness, fierceness, intenseness, intensity, poignancy, powerfulness, severity, sharpness, shrillness, suddenness, violence **4.** pointedness, sharpness

**adamant** **1.** determined, firm, fixed, immovable, inexorable, inflexible, insistent, intransigent, obdurate, relentless, resolute, rigid, set, stiff, stubborn, unbending, uncompromising, unrelenting, unshak(e)able, unyielding **2.** adamantine, flinty, hard, impenetrable, indestructible, rock-hard, rocky, steely, stony, tough, unbreakable

**adapt** acclimatize, accommodate, adjust, alter, apply, change, comply, conform, convert, familiarize, fashion, fit, habituate, harmonize, make, match, modify, prepare, qualify, remodel, shape, suit, tailor

**adaptability** adaptableness, adjustability, alterability, changeability, compliancy, convertibility, flexibility, malleability, modifiability, plasticity, pliability, pliancy, resilience, variability, versatility

**adaptable** adjustable, alterable, changeable, compliant, conformable, convertible, easygoing, easy-oasy *(Sl.)*, flexible, malleable, modifiable, plastic, pliant, resilient, variable, versatile

**adaptation** **1.** adjustment, alteration, change, conversion, modification, refitting, remodelling, reworking, shift, transformation, variation, version **2.** acclimatization, accustomedness, familiarization, habituation, naturalization

**add** **1.** adjoin, affix, amplify, annex, append, attach, augment, enlarge by, include, increase by, supplement **2.** add up, compute, count up, reckon, sum up, total, tot up

**addendum** addition, adjunct, affix, appendage, appendix, attachment, augmentation, codicil, extension, extra, postscript, supplement

**addict** **1.** dope-fiend *(Sl.)*, fiend *(Inf.)*, freak *(Inf.)*, head *(Sl.)*, junkie *(Inf.)*, user *(Inf.)* **2.** adherent, buff *(Inf.)*, devotee, enthusiast, fan, follower, freak *(Inf.)*, nut *(Sl.)*

**addicted** absorbed, accustomed, dedicated, dependent, devoted, disposed, fond, habituated, hooked *(Sl.)*, inclined, obsessed, prone

**addiction** craving, dependence, enslavement, habit, obsession

**addition** **1.** accession, adding, adjoining, affixing, amplification, annexation, attachment, augmentation, enlargement, extension, inclusion, increasing **2.** addendum, additive, adjunct, affix, appendage, appendix, extension, extra, gain, increase, increment, supplement **3.** adding up, computation, counting up, reckoning, summation, summing up, totalling, totting up **4.** **in addition (to)** additionally, also, as well (as), besides, into the bargain, moreover, over and above, to boot, too, withal

**additional** added, add-on, affixed, appended, extra, fresh, further, increased, more, new, other, over-and-above, spare, supplementary

**address**

▸ **N. 1.** abode, domicile, dwelling, home, house, location, lodging, pad *(Sl.)*, place, residence, situation, whereabouts **2.** direction, inscription, superscription **3.** discourse, disquisition, dissertation, harangue, lecture, oration, sermon, speech, talk **4.** adroitness, art, dexterity, discretion, expertness, ingenuity, skilfulness, skill, tact

▸ **V. 5.** accost, apostrophize, approach, greet, hail, invoke, salute, speak to, talk to **6.** discourse, give a speech, give a talk, harangue, lecture, orate, sermonize, speak, spout, talk **7.** **address (oneself) to** apply (oneself) to, attend to, concentrate on, devote (oneself) to, engage in, focus on, knuckle down to, look to, take care of, take up, turn to, undertake

**adduce** advance, allege, cite, designate, mention, name, offer, present, quote

**add up** **1.** add, compute, count, count up, reckon, sum up, total, tot up **2.** amount, come to, imply, indicate, mean, reveal, signify **3.** be plausible, be reasonable, hold water, make sense, ring true, stand to reason

**adept**

▸ **ADJ. 1.** able, accomplished, adroit, dexterous, expert, masterful, masterly, practised, proficient, skilful, skilled, versed

▸ **N. 2.** buff *(Inf.)*, dab hand *(Brit. inf.)*, expert, genius, hotshot *(Inf.)*, master, maven *(U.S.)*, whiz *(Inf.)*

**adequacy** capability, commensurateness, competence, fairness, requisiteness, satisfactoriness, sufficiency, suitability, tolerability

**adequate** capable, commensurate, competent, enough, fair, passable, requisite, satisfactory, sufficient, suitable, tolerable

**adhere** **1.** attach, cement, cleave, cling, cohere, fasten, fix, glue, glue on, hold fast, paste, stick, stick fast, unite **2.** abide by, be attached, be constant, be devoted, be faithful, be loyal, be true, cleave to, cling, follow, fulfil, heed, keep, keep to, maintain, mind, obey, observe, respect, stand by, support

**adherent**

▸ **N. 1.** admirer, advocate, devotee, disciple, fan, follower, hanger-on, henchman, partisan, protagonist, sectary, supporter, upholder, votary

▸ **ADJ. 2.** adhering, adhesive, clinging, gluey, glutinous, gummy, holding, mucilaginous, sticking, sticky, tacky, tenacious

**adhesive**

▸ **ADJ. 1.** adhering, attaching, clinging, cohesive, gluey, glutinous, gummy, holding, mucilaginous, sticking, sticky, tacky, tenacious

▸ **N. 2.** cement, glue, gum, mucilage, paste

**adieu** congé, farewell, goodbye, leave-taking, parting, valediction

**adjacent** abutting, adjoining, alongside, beside, bordering, close, contiguous, near, neighbouring, next door, proximate, touching, within sniffing distance *(Inf.)*

**adjoin** abut, add, affix, annex, append, approximate, attach, border, combine, communicate with, connect, couple, impinge, interconnect, join, link, neighbour, touch, unite, verge

**adjoining** abutting, adjacent, bordering, connecting, contiguous, impinging, interconnecting, joined, joining, near, neighbouring, next door, touching, verging

**adjourn** defer, delay, discontinue, interrupt, postpone, prorogue, put off, put on the back burner *(Inf.)*, recess, stay, suspend, take a rain check on *(U.S. & Canad. inf.)*

**adjournment** deferment, deferral, delay, discontinuation, interruption, postponement, prorogation, putting off, recess, stay, suspension

**adjudge** adjudicate, allot, apportion, assign, award, decide, declare, decree, determine, distribute, judge, order, pronounce

**adjudicate** adjudge, arbitrate, decide, determine, judge, mediate, referee, settle, umpire

**adjudication** adjudg(e)ment, arbitration, conclusion, decision, determination, finding, judg(e)ment, pronouncement, ruling, settlement, verdict

**adjust** acclimatize, accommodate, accustom, adapt, alter, arrange, compose, convert, dispose, fit, fix, harmonize, make conform, measure, modify, order, reconcile, rectify, redress, regulate, remodel, set, settle, suit, tune (up)

**adjustable** adaptable, alterable, flexible, malleable, modifiable, mouldable, movable, tractable

**adjustment** **1.** adaptation, alteration, arrangement, arranging, fitting, fixing, modification, ordering, rectification, redress, regulation, remodelling, setting, tuning **2.** acclimatization, harmonization, orientation, reconciliation, settlement, settling in

**ad lib**

▸ **V. 1.** busk, extemporize, improvise, make up, speak extemporaneously, speak impromptu, speak off the cuff, vamp, wing it *(Inf.)*

▸ **ADJ. 2.** extemporaneous, extempore, extemporized, impromptu, improvised, made up, off-the-cuff *(Inf.)*, unprepared, unrehearsed

▸ **ADV. 3.** extemporaneously, extempore, impromptu, off the cuff, off the top of one's head *(Inf.)*, without preparation, without rehearsal

**administer** **1.** conduct, control, direct, govern, handle, manage, oversee, run, superintend, supervise **2.** apply, contribute, dispense, distribute, execute, give, impose, mete out, perform, provide

**administration** 1. administering, application, conduct, control, direction, dispensation, distribution, execution, governing, government, management, overseeing, performance, provision, running, superintendence, supervision 2. executive, governing body, government, management, ministry, term of office

**administrative** directorial, executive, governmental, gubernatorial (*Chiefly U.S.*), management, managerial, organizational, regulatory, supervisory

**admirable** choice, commendable, estimable, excellent, exquisite, fine, laudable, meritorious, praiseworthy, rare, sterling, superior, valuable, wonderful, worthy

**admiration** adoration, affection, amazement, appreciation, approbation, approval, astonishment, delight, esteem, pleasure, praise, regard, respect, surprise, veneration, wonder, wonderment

**admire** 1. adore, appreciate, approve, esteem, idolize, look up to, praise, prize, respect, think highly of, value, venerate, worship 2. appreciate, delight in, marvel at, take pleasure in, wonder at

**admirer** 1. beau, boyfriend, lover, suitor, sweetheart, wooer 2. adherent, buff (*Inf.*), devotee, disciple, enthusiast, fan, follower, partisan, protagonist, supporter, votary, worshipper

**admissible** acceptable, allowable, allowed, passable, permissible, permitted, tolerable, tolerated

**admission** 1. acceptance, access, admittance, entrance, entrée, entry, ingress, initiation, introduction 2. acknowledg(e)ment, admitting, affirmation, allowance, avowal, concession, confession, declaration, disclosure, divulgence, profession, revelation

**admit** 1. accept, allow, allow to enter, give access, initiate, introduce, let in, receive, take in 2. acknowledge, affirm, avow, concede, confess, declare, disclose, divulge, own, profess, reveal 3. agree, allow, grant, let, permit, recognize

**admittance** acceptance, access, admitting, allowing, entrance, entry, letting in, passage, reception

**admonish** advise, bawl out (*Inf.*), berate, carpet (*Inf.*), caution, censure, check, chew out (*U.S. & Canad. inf.*), chide, counsel, enjoin, exhort, forewarn, give a rocket (*Brit. & N.Z. inf.*), read the riot act, rebuke, reprimand, reprove, scold, tear into (*Inf.*), tear (someone) off a strip (*Brit. inf.*), tell off (*Inf.*), upbraid, warn

**admonition** advice, berating, caution, chiding, counsel, rebuke, remonstrance, reprimand, reproach, reproof, scolding, telling off (*Inf.*), upbraiding, warning

**admonitory** admonishing, advisory, cautionary, rebuking, reprimanding, reproachful, reproving, scolding, warning

**adolescence** 1. boyhood, girlhood, juvenescence, minority, teens, youth 2. boyishness, childishness, girlishness, immaturity, juvenility, puerility, youthfulness

**adolescent**
▶ ADJ. 1. boyish, girlish, growing, immature, juvenile, puerile, teenage, young, youthful
▶ N. 2. juvenile, minor, teenager, youngster, youth

**adopt** 1. accept, appropriate, approve, assume, choose, embrace, endorse, espouse, follow, maintain, ratify, select, support, take on, take over, take up 2. foster, take in

**adoption** 1. acceptance, approbation, appropriation, approval, assumption, choice, embracing, endorsement, espousal, following, maintenance, ratification, selection, support, taking on, taking over, taking up 2. adopting, fosterage, fostering, taking in

**adorable** appealing, attractive, captivating, charming, cute, darling, dear, delightful, fetching, lovable, pleasing, precious

**adoration** admiration, esteem, estimation, exaltation, glorification, honour, idolatry, idolization, love, reverence, veneration, worship, worshipping

**adore** admire, bow to, cherish, dote on, esteem, exalt, glorify, honour, idolize, love, revere, reverence, venerate, worship

**adorn** array, beautify, bedeck, deck, decorate, embellish, emblazon, enhance, enrich, festoon, garnish, grace, ornament, trim

**adornment** 1. accessory, decoration, embellishment, festoon, frill, frippery, ornament, trimming 2. beautification, decorating, decoration, embellishment, ornamentation, trimming

**adrift** 1. afloat, drifting, unanchored, unmoored 2. aimless, directionless, goalless, purposeless 3. amiss, astray, off course, wrong

**adroit** able, adept, apt, artful, clever, cunning, deft, dexterous, expert, ingenious, masterful, neat, nimble, proficient, quick-witted, skilful, skilled

**adroitness** ability, ableness, address, adeptness, aptness, artfulness, cleverness, craft, cunning, deftness, dexterity, expertise, ingeniousness, ingenuity, masterfulness, mastery, nimbleness, proficiency, quick-wittedness, skilfulness, skill

**adulation** blandishment, bootlicking (*Inf.*), extravagant flattery, fawning, fulsome praise, servile flattery, sycophancy, worship

**adult**
▶ ADJ. 1. full grown, fully developed, fully grown, grown-up, mature, of age, ripe
▶ N. 2. grown or grown-up person (man or woman), grown-up, person of mature age

**adulterate**
▶ V. 1. attenuate, bastardize, contaminate, corrupt, debase, depreciate, deteriorate, devalue, make impure, mix with, thin, vitiate, water down, weaken
▶ ADJ. 2. adulterated, attenuated, bastardized, contaminated, corrupt, debased, depreciated, deteriorated, devalued, mixed, thinned, vitiated, watered down, weakened

**adumbrate** 1. delineate, indicate, outline, silhouette, sketch, suggest 2. augur, forecast, foreshadow, foretell, portend, predict, prefigure, presage, prognosticate, prophesy 3. bedim, darken, eclipse, obfuscate, obscure, overshadow

**advance**
▶ V. 1. accelerate, bring forward, bring up, come forward, elevate, go ahead, go forward, go on, hasten, move onward, move up, press on, proceed, progress, promote, send forward, send up, speed, upgrade 2. benefit, further, grow, improve, multiply, prosper, thrive 3. adduce, allege, cite, offer, present, proffer, put forward, submit, suggest 4. increase (*price*), lend, pay beforehand, raise (*price*), supply on credit
▶ N. 5. advancement, development, forward movement, headway, inroad, onward movement, progress 6. advancement, amelioration, betterment, breakthrough, furtherance, gain, growth, improvement, progress, promotion, step 7. appreciation, credit, deposit, down payment, increase (*in price*), loan, prepayment, retainer, rise (*in price*) 8. **advances** approach, approaches, moves, overtures, proposals, proposition
▶ ADJ. 9. beforehand, early, foremost, forward, in front, leading, prior 10. **in advance** ahead, beforehand, earlier, in the forefront, in the lead, in the van, previously

**advanced** ahead, avant-garde, extreme, foremost, forward, higher, late, leading, precocious, progressive

**advancement** 1. advance, forward movement, headway, onward movement, progress 2. advance, amelioration, betterment, gain, growth, improvement, preferment, progress, promotion, rise

**advantage** aid, ascendancy, asset, assistance, avail, benefit, blessing, boon, convenience, dominance, edge, gain, good, help, interest, lead, precedence, pre-eminence, profit, service, start, superiority, sway, upper hand, use, utility, welfare

**advantageous** 1. dominant, dominating, favourable, superior 2. beneficial, convenient, expedient, helpful, of service, profitable, useful, valuable, worthwhile

**advent** appearance, approach, arrival, coming, entrance, occurrence, onset, visitation

**adventitious** accidental, casual, chance, extraneous, foreign, fortuitous, incidental, nonessential, unexpected

**adventure**
▶ N. 1. chance, contingency, enterprise, escapade, experience, exploit, hazard, incident, occurrence, risk, speculation, undertaking, venture
▶ V. 2. dare, endanger, hazard, imperil, jeopardize, risk, venture

**adventurer** 1. daredevil, hero, heroine, knight-errant, soldier of fortune, swashbuckler, traveller, venturer, voyager, wanderer 2. charlatan, fortune-hunter, gambler, mercenary, opportunist, rogue, speculator

**adventurous** adventuresome, audacious, bold, dangerous, daredevil, daring, enterprising, foolhardy, have-a-go (*Inf.*), hazardous, headstrong, intrepid, rash, reckless, risky, temerarious (*Rare*), venturesome

**adversary** antagonist, competitor, contestant, enemy, foe, opponent, opposer, rival

**adverse** antagonistic, conflicting, contrary, detrimental, disadvantageous, hostile, inexpedient, inimical, injurious, inopportune, negative, opposing, opposite, reluctant, repugnant, unfavourable, unfortunate, unfriendly, unlucky, unpropitious, unwilling

**adversity** affliction, bad luck, calamity, catastrophe, disaster, distress, hardship, hard times, ill-fortune, ill-luck, misery, misfortune, mishap, reverse, sorrow, suffering, trial, trouble, woe, wretchedness

**advertise** advise, announce, apprise, blazon, crack up (*Inf.*), declare, display, flaunt, inform, make known, notify, plug (*Inf.*), praise, proclaim, promote, promulgate, publicize, publish, puff, push (*Inf.*), tout

**advertisement** ad (*Inf.*), advert (*Brit. inf.*), announcement, bill, blurb, circular, commercial, display, notice, placard, plug (*Inf.*), poster, promotion, publicity, puff

**advice** 1. admonition, caution, counsel, guidance, help, injunction, opinion, recommendation, suggestion, view 2. information, instruction, intelligence, notice, notification, warning, word

**advisability** appropriateness, aptness, desirability, expediency, fitness, judiciousness, profitability, propriety, prudence, seemliness, soundness, suitability, wisdom

**advisable** appropriate, apt, desirable, expedient, fit, fitting, judicious, politic, profitable, proper, prudent, recommended, seemly, sensible, sound, suggested, suitable, wise

**advise** 1. admonish, caution, commend, counsel, enjoin, prescribe, recommend, suggest, urge 2. acquaint, apprise, inform, make known, notify, report, tell, warn

**adviser** aide, authority, coach, confidant, consultant, counsel, counsellor, guide, helper, lawyer, mentor, right-hand man, solicitor, teacher, tutor

**advisory** advising, consultative, counselling, helping, recommending

**advocate**
▶ V. 1. advise, argue for, campaign for, champion, countenance, defend, encourage, espouse, favour, hold a brief for (*Inf.*), justify, plead for, prescribe, press for, promote, propose, recommend, speak for, support, uphold, urge
▶ N. 2. apologist, apostle, backer, campaigner, champion, counsellor, defender, pleader, promoter, proponent, proposer, speaker, spokesman, supporter, upholder 3. (*Law*) attorney, barrister, counsel, lawyer, solicitor

**aegis** advocacy, auspices, backing, favour, guardianship, patronage, protection, shelter, sponsorship, support, wing

**affability** amiability, amicability, approachability, benevolence, benignity, civility, congeniality, cordiality, courtesy, friendliness, geniality, good humour, good nature, graciousness, kindliness, mildness, obligingness, pleasantness, sociability, urbanity, warmth

**affable** amiable, amicable, approachable, benevolent, benign, civil, congenial, cordial, courteous, friendly, genial, good-humoured, good-natured, gracious, kindly, mild, obliging, pleasant, sociable, urbane, warm

**affair** 1. activity, business, circumstance, concern, episode, event, happening, incident, interest, matter, occurrence, proceeding, project, question, subject, transaction, undertaking 2. amour, intrigue, liaison, relationship, romance

**affect** 1. act on, alter, bear upon, change, concern, impinge upon, influence, interest, involve, modify, prevail over, regard, relate to, sway, transform 2. disturb, impress, move, overcome, perturb, stir, touch, upset 3. adopt, aspire to, assume, contrive, counterfeit, feign, imitate, pretend, put on, sham, simulate

**affectation** act, affectedness, appearance, artificiality, assumed manners, façade, fakery, false display, insincerity, mannerism, pose, pretence, pretension, pretentiousness, sham, show, simulation, unnatural imitation

**affected** 1. afflicted, altered, changed, concerned, damaged, deeply moved, distressed, hurt, impaired, impressed, influenced, injured, melted, stimulated, stirred, touched, troubled, upset 2. artificial, assumed, camp (*Inf.*), conceited, contrived, counterfeit, feigned, insincere, la-di-da (*Inf.*), mannered, mincing, phoney *or* phony (*Inf.*), pompous, precious, pretended, pretentious, put-on, sham, simulated, spurious, stiff, studied, unnatural

**affecting** moving, pathetic, piteous, pitiable, pitiful, poignant, sad, saddening, touching

**affection** amity, attachment, care, desire, feeling, fondness, friendliness, good will, inclination, kindness, liking, love, passion, propensity, tenderness, warmth

**affectionate** attached, caring, devoted, doting, fond, friendly, kind, loving, tender, warm, warm-hearted

**affiliate** ally, amalgamate, annex, associate, band together, combine, confederate, connect, incorporate, join, unite

**affiliation** alliance, amalgamation, association, banding together, coalition, combination, confederation, connection, incorporation, joining, league, merging, relationship, union

**affinity** 1. alliance, analogy, closeness, compatibility, connection, correspondence, kinship, likeness, relation, relationship, resemblance, similarity 2. attraction, fondness, inclination, leaning, liking, partiality, rapport, sympathy

**affirm** assert, asseverate, attest, aver, avouch, avow, certify, confirm, declare, maintain, pronounce, ratify, state, swear, testify

**affirmation** assertion, asseveration, attestation, averment, avouchment, avowal, certification, confirmation, declaration, oath, pronouncement, ratification, statement, testimony

**affirmative** agreeing, approving, assenting, concurring, confirming, consenting, corroborative, favourable, positive

**afflict** beset, burden, distress, grieve, harass, hurt, oppress, pain, plague, rack, smite, torment, trouble, try, wound

**affliction** adversity, calamity, cross, curse, depression, disease, distress, grief, hardship, misery, misfortune, ordeal, pain, plague, scourge, sickness, sorrow, suffering, torment, trial, tribulation, trouble, woe, wretchedness

**affluence** abundance, big bucks (*Inf., chiefly U.S.*), big money, exuberance, fortune, megabucks (*U.S. & Canad. sl.*), opulence, plenty, pretty penny (*Inf.*), profusion, prosperity, riches, tidy sum (*Inf.*), wad (*U.S. & Canad. sl.*), wealth

**affluent** 1. loaded (*Sl.*), moneyed, opulent, prosperous, rich, wealthy, well-heeled (*Inf.*), well-off, well-to-do 2. abundant, copious, exuberant, plenteous, plentiful

**afford** 1. bear, spare, stand, sustain 2. bestow, furnish, give, grant, impart, offer, produce, provide, render, supply, yield

**affront**
▸ V. 1. abuse, anger, annoy, displease, insult, offend, outrage, pique, provoke, slight, vex
▸ N. 2. abuse, indignity, injury, insult, offence, outrage, provocation, slap in the face (*Inf.*), slight, slur, vexation, wrong

**aflame** 1. ablaze, afire, alight, blazing, burning, fiery, flaming, ignited, lighted, lit, on fire 2. afire, aroused, excited, fervent, impassioned, passionate, stimulated 3. aglow, flushed, inflamed, red, ruddy

**afoot** about, abroad, afloat, astir, brewing, circulating, current, going on, hatching, in preparation, in progress, in the wind, on the go (*Inf.*), operating, up (*Inf.*)

**afraid** 1. alarmed, anxious, apprehensive, cowardly, faint-hearted, fearful, frightened, intimidated, nervous, reluctant, scared, suspicious, timid, timorous 2. regretful, sorry, unhappy

**afresh** again, anew, newly, once again, once more, over again

**after** afterwards, behind, below, following, later, subsequently, succeeding, thereafter

**aftermath** after-effects, consequences, effects, end, outcome, results, sequel, upshot

**again** 1. afresh, anew, another time, once more 2. also, besides, furthermore, in addition, moreover, on the contrary, on the other hand

**against** 1. anti (*Inf.*), averse to, contra (*Inf.*), counter, hostile to, in contrast to, in defiance of, in opposition to, in the face of, opposed to, opposing, resisting, versus 2. abutting, close up to, facing, fronting, in contact with, on, opposite to, touching, upon 3. in anticipation of, in expectation of, in preparation for, in provision for

**age**
▸ N. 1. date, day(s), duration, epoch, era, generation, lifetime, period, span, time 2. advancing years, decline (*of life*), majority, maturity, old age, senescence, senility, seniority
▸ V. 3. decline, deteriorate, grow old, mature, mellow, ripen

**aged** age-old, ancient, antiquated, antique, elderly, getting on, grey, hoary, old, senescent, superannuated

**agency** 1. action, activity, auspices, efficiency, force, influence, instrumentality, intercession, intervention, means, mechanism, mediation, medium, operation, power, work 2. bureau, business, department, office, organization

**agenda** calendar, diary, list, plan, programme, schedule, timetable

**agent** 1. advocate, deputy, emissary, envoy, factor, go-between, negotiator, rep (*Inf.*), representative, substitute, surrogate 2. actor, author, doer, executor, mover, officer, operative, operator, performer, worker 3. agency, cause, force, instrument, means, power, vehicle

**aggravate** 1. exacerbate, exaggerate, heighten, increase, inflame, intensify, magnify, make worse, worsen 2. (*Inf.*) annoy, be on one's back (*Sl.*), bother, exasperate, gall, get in one's hair (*Inf.*), get on one's nerves (*Inf.*), hassle (*Inf.*), irk, irritate, nark (*Brit., Aust., & N.Z. sl.*), needle (*Inf.*), nettle, pester, piss one off (*Taboo sl.*), provoke, tease, vex

**aggravation** 1. exacerbation, exaggeration, heightening, increase, inflaming, intensification, magnification, worsening 2. (*Inf.*) annoyance, exasperation, gall, hassle (*Inf.*), irksomeness, irritation, provocation, teasing, vexation

**aggregate**
▸ V. 1. accumulate, amass, assemble, collect, combine, heap, mix, pile
▸ N. 2. accumulation, agglomeration, amount, assemblage, body, bulk, collection, combination, heap, lump, mass, mixture, pile, sum, total, whole
▸ ADJ. 3. accumulated, added, assembled, collected, collective, combined, composite, corporate, cumulative, mixed, total

**aggression** 1. assault, attack, encroachment, injury, invasion, offence, offensive, onslaught, raid 2. aggressiveness, antagonism, belligerence, destructiveness, hostility, pugnacity

**aggressive** 1. belligerent, destructive, hostile, offensive, pugnacious, quarrelsome 2. assertive, bold, dynamic, energetic, enterprising, forceful, militant, pushing, pushy (*Inf.*), vigorous, zealous

**aggressor** assailant, assaulter, attacker, invader

**aggrieved** afflicted, distressed, disturbed, harmed, hurt, ill-used, injured, peeved (*Inf.*), saddened, unhappy, woeful, wronged

**aghast** afraid, amazed, appalled, astonished, astounded, awestruck, confounded, frightened, horrified, horror-struck, shocked, startled, stunned, thunder-struck

**agile** active, acute, alert, brisk, clever, limber, lissom(e), lithe, lively, nimble, prompt, quick, quick-witted, sharp, sprightly, spry, supple, swift

**agility** activity, acuteness, alertness, briskness, cleverness, litheness, liveliness, nimbleness, promptitude, promptness, quickness, quick-wittedness, sharpness, sprightliness, spryness, suppleness, swiftness

**agitate** 1. beat, churn, convulse, disturb, rock, rouse, shake, stir, toss 2. alarm, arouse, confuse, disconcert, disquiet, distract, disturb, excite, faze, ferment, fluster, incite, inflame, perturb, rouse, ruffle, stimulate, trouble, unnerve, upset, work up, worry 3. argue, debate, discuss, dispute, examine, ventilate

**agitation** 1. churning, convulsion, disturbance, rocking, shake, shaking, stir, stirring, tossing, turbulence, upheaval 2. alarm, arousal, clamour, commotion, confusion, discomposure, disquiet, distraction, disturbance, excitement, ferment, flurry, fluster, incitement, lather (*Inf.*), outcry, stimulation, trouble, tumult, turmoil, upheaval, upset, worry 3. argument, controversy, debate, discussion, disputation, dispute, ventilation

**agitator** agent provocateur, demagogue, firebrand, inciter, instigator, rabble-rouser, revolutionary, stirrer (*Inf.*), troublemaker

**agog** avid, curious, eager, enthralled, enthusiastic, excited, expectant, impatient, in suspense, keen

**agony** affliction, anguish, distress, misery, pain, pangs, suffering, throes, torment, torture, woe

**agree** 1. accede, acquiesce, admit, allow, assent, be of the same mind, comply, concede, concur, consent, engage, grant, permit, see eye to eye, settle 2. accord, answer, chime, coincide, conform, correspond, fit, get on (together), harmonize, match, square, suit, tally

**agreeable** 1. acceptable, congenial, delightful, enjoyable, gratifying, likable *or* likeable, pleasant, pleasing, pleasurable, satisfying, to one's liking, to one's taste 2. appropriate, befitting, compatible, consistent, fitting, in keeping, proper, suitable 3. acquiescent, amenable, approving, complying, concurring, consenting, in accord, responsive, sympathetic, well-disposed, willing

**agreement** 1. accord, accordance, affinity, analogy, compatibility, compliance, concert, concord, concurrence, conformity, congruity, consistency, correspondence, harmony, similarity, suitableness, union, unison 2. arrangement, bargain, compact, contract, covenant, deal (*Inf.*), pact, settlement, treaty, understanding

**agriculture** agronomics, agronomy, cultivation, culture, farming, husbandry, tillage

**aground** ashore, beached, foundered, grounded, high and dry, on the rocks, stranded, stuck

**ahead** along, at an advantage, at the head, before, forwards, in advance, in front, in the foreground, in the lead, in the vanguard, leading, on, onwards, to the fore, winning

**aid**
▸ V. 1. abet, assist, befriend, encourage, favour, help, promote, relieve, second, serve, subsidize, succour, support, sustain
▸ N. 2. assistance, benefit, encouragement, favour, help, promotion, relief, service, succour, support 3. abettor, adjutant, aide, aide-de-camp, assistant, helper, second, supporter

**aim**
▸ V. 1. aspire, attempt, design, direct, draw a bead (on), endeavour, intend, level, mean, plan, point, propose, purpose, resolve, seek, set one's sights on, sight, strive, take aim (at), train, try, want, wish
▸ N. 2. ambition, aspiration, course, design, desire, direction, end, goal, intent, intention, mark, object, objective, plan, purpose, scheme, target, wish

**aimless** chance, directionless, erratic, frivolous, goalless, haphazard, pointless, purposeless, random, stray, undirected, unguided, unpredictable, vagrant, wayward

**air**
▸ N. 1. atmosphere, heavens, sky 2. blast, breath, breeze, draught, puff, waft, whiff, wind, zephyr 3. ambience, appearance, atmosphere, aura, bearing, character, demeanour, effect, feeling, flavour, impression, look, manner, mood, quality, style, tone, vibes (*Sl.*) 4. circulation, display, dissemination, exposure, expression, publicity, utterance, vent, ventilation 5. aria, lay, melody, song, tune
▸ V. 6. aerate, expose, freshen, ventilate 7. circulate, communicate, declare, disclose, display, disseminate, divulge, exhibit, expose, express, give vent to, make known, make public, proclaim, publicize, reveal, tell, utter, ventilate, voice

**airily** 1. animatedly, blithely, breezily, buoyantly, gaily, happily, high-spiritedly, jauntily, light-heartedly 2. daintily, delicately, ethereally, gracefully, lightly

**airiness** 1. breeziness, draughtiness, freshness, gustiness, lightness, openness, windiness 2. ethereality, immateriality, incorporeality, insubstantiality, lightness, weightlessness 3. animation, blitheness, breeziness, buoyancy, gaiety, happiness, high spirits, jauntiness, light-heartedness, lightness of heart

**airing** 1. aeration, drying, freshening, ventilation 2. excursion, jaunt, outing, promenade, stroll, walk 3. circulation, display, dissemination, exposure, expression, publicity, utterance, vent, ventilation

**airless** breathless, close, heavy, muggy, oppressive, stale, stifling, stuffy, suffocating, sultry, unventilated

**airy 1.** blowy, breezy, draughty, fresh, gusty, light, lofty, open, spacious, uncluttered, well-ventilated, windy **2.** aerial, delicate, ethereal, fanciful, flimsy, illusory, imaginary, immaterial, incorporeal, insubstantial, light, vaporous, visionary, weightless, wispy **3.** animated, blithe, buoyant, cheerful, cheery, chirpy (*Inf.*), debonair, frolicsome, gay, genial, graceful, happy, high-spirited, jaunty, light, light-hearted, lively, merry, nonchalant, sprightly, upbeat (*Inf.*)

**aisle** alley, corridor, gangway, lane, passage, passageway, path

**alarm**
- V. **1.** daunt, dismay, distress, frighten, give (someone) a turn (*Inf.*), panic, put the wind up (someone) (*Inf.*), scare, startle, terrify, unnerve **2.** alert, arouse, signal, warn
- N. **3.** anxiety, apprehension, consternation, dismay, distress, fear, fright, nervousness, panic, scare, terror, trepidation, unease, uneasiness **4.** alarm-bell, alert, bell, danger signal, distress signal, siren, tocsin, warning **5.** (*Archaic*) call to arms, summons to arms

**alarming** daunting, dismaying, distressing, disturbing, dreadful, frightening, scaring, shocking, startling, terrifying, unnerving

**alcoholic**
- ADJ. **1.** brewed, distilled, fermented, hard, inebriant, inebriating, intoxicating, spirituous, strong, vinous
- N. **2.** bibber, boozer (*Inf.*), dipsomaniac, drunk, drunkard, hard drinker, inebriate, soak (*Sl.*), sot, sponge (*Inf.*), tippler, toper, tosspot (*Inf.*), wino (*Inf.*)

**alcove** bay, bower, compartment, corner, cubbyhole, cubicle, niche, nook, recess

**alert**
- ADJ. **1.** active, agile, attentive, brisk, careful, circumspect, heedful, lively, nimble, observant, on guard, on one's toes, on the ball (*Inf.*), on the lookout, on the watch, perceptive, quick, ready, spirited, sprightly, vigilant, wary, watchful, wide-awake
- N. **2.** alarm, signal, siren, warning
- V. **3.** alarm, forewarn, inform, notify, signal, warn

**alertness** activeness, agility, attentiveness, briskness, carefulness, circumspection, heedfulness, liveliness, nimbleness, perceptiveness, promptitude, quickness, readiness, spiritedness, sprightliness, vigilance, wariness, watchfulness

**alias**
- ADV. **1.** also called, also known as, otherwise, otherwise known as
- N. **2.** assumed name, nom de guerre, nom de plume, pen name, pseudonym, stage name

**alibi** defence, excuse, explanation, justification, plea, pretext, reason

**alien**
- ADJ. **1.** adverse, conflicting, contrary, estranged, exotic, foreign, inappropriate, incompatible, incongruous, not native, not naturalized, opposed, outlandish, remote, repugnant, separated, strange, unfamiliar
- N. **2.** foreigner, newcomer, outsider, stranger

**alienate 1.** break off, disaffect, divert, divorce, estrange, make unfriendly, separate, set against, turn away, withdraw **2.** (*Law*) abalienate, convey, transfer

**alienation 1.** breaking off, disaffection, diversion, divorce, estrangement, indifference, remoteness, rupture, separation, setting against, turning away, withdrawal **2.** (*Law*) abalienation, conveyance, transfer

**alight¹** V. come down, come to rest, descend, disembark, dismount, get down, get off, land, light, perch, settle, touch down

**alight²** ADJ. **1.** ablaze, aflame, blazing, burning, fiery, flaming, flaring, ignited, lighted, lit, on fire **2.** bright, brilliant, illuminated, lit up, shining

**align 1.** arrange in line, coordinate, even, even up, line up, make parallel, order, range, regulate, straighten **2.** affiliate, agree, ally, associate, cooperate, join, side, sympathize

**alignment 1.** adjustment, arrangement, coordination, evening, evening up, line, lining up, order, ranging, regulating, sequence, straightening up **2.** affiliation, agreement, alliance, association, cooperation, sympathy, union

**alike**
- ADJ. **1.** akin, analogous, corresponding, duplicate, equal, equivalent, even, identical, parallel, resembling, similar, the same, uniform
- ADV. **2.** analogously, correspondingly, equally, evenly, identically, similarly, uniformly

**alive 1.** animate, breathing, having life, in the land of the living (*Inf.*), living, subsisting **2.** active, existent, existing, extant, functioning, in existence, in force, operative, unquenched **3.** active, alert, animated, awake, brisk, cheerful, chirpy (*Inf.*), eager, energetic, full of life, lively, quick, spirited, sprightly, spry, vigorous, vital, vivacious, zestful

**alive to** alert to, awake to, aware of, cognizant of, eager for, sensible of, sensitive to, susceptible to

**all**
- ADJ. **1.** every bit of, the complete, the entire, the sum of, the totality of, the total of, the whole of **2.** each, each and every, every, every one of, every single **3.** complete, entire, full, greatest, perfect, total, utter
- N. **4.** aggregate, entirety, everything, sum, sum total, total, total amount, totality, utmost, whole, whole amount
- ADV. **5.** altogether, completely, entirely, fully, totally, utterly, wholly

**allegation** accusation, affirmation, assertion, asseveration, averment, avowal, charge, claim, declaration, deposition, plea, profession, statement

**allege** advance, affirm, assert, asseverate, aver, avow, charge, claim, declare, depose, maintain, plead, profess, put forward, state

**alleged 1.** affirmed, asserted, averred, declared, described, designated, stated **2.** doubtful, dubious, ostensible, professed, purported, so-called, supposed, suspect, suspicious

**allegorical** emblematic, figurative, parabolic, symbolic, symbolizing

**allegory** apologue, emblem, fable, myth, parable, story, symbol, symbolism, tale

**allergic 1.** affected by, hypersensitive, sensitive, sensitized, susceptible **2.** (*Inf.*) antipathetic, averse, disinclined, hostile, loath, opposed

**allergy 1.** antipathy, hypersensitivity, sensitivity, susceptibility **2.** (*Inf.*) antipathy, aversion, disinclination, dislike, hostility, loathing, opposition

**alley** alleyway, backstreet, lane, passage, passageway, pathway, walk

**alliance** affiliation, affinity, agreement, association, coalition, combination, compact, concordat, confederacy, confederation, connection, federation, league, marriage, pact, partnership, treaty, union

**allied** affiliated, amalgamated, associated, bound, combined, confederate, connected, hand in glove (*Inf.*), in cahoots (*U.S. inf.*), in league, joined, joint, kindred, leagued, linked, married, related, unified, united, wed

**allocate** allot, apportion, appropriate, assign, budget, designate, earmark, mete, set aside, share out

**allocation** allotment, allowance, apportionment, appropriation, grant, lot, measure, portion, quota, ration, share, stint, stipend

**allot** allocate, apportion, appropriate, assign, budget, designate, earmark, mete, set aside, share out

**allotment 1.** allocation, allowance, apportionment, appropriation, grant, lot, measure, portion, quota, ration, share, stint, stipend **2.** kitchen garden, patch, plot, tract

**all-out** complete, determined, exhaustive, full, full-scale, maximum, optimum, outright, resolute, supreme, thorough, thoroughgoing, total, undivided, unlimited, unremitting, unrestrained, unstinted, utmost

**allow 1.** acknowledge, acquiesce, admit, concede, confess, grant, own **2.** approve, authorize, bear, brook, endure, give leave, let, permit, put up with (*Inf.*), sanction, stand, suffer, tolerate **3.** allocate, allot, assign, deduct, give, grant, provide, remit, spare

**allowable** acceptable, admissible, all right, appropriate, approved, permissible, sanctionable, sufferable, suitable, tolerable

**allowance 1.** allocation, allotment, amount, annuity, apportionment, grant, lot, measure, pension, portion, quota, ration, remittance, share, stint, stipend, subsidy **2.** admission, concession, sanction, sufferance, toleration **3.** concession, deduction, discount, rebate, reduction

**allow for** arrange for, consider, foresee, keep in mind, make allowances for, make concessions for, make provision for, plan for, provide for, set (something) aside for, take into account, take into consideration

**alloy**
- N. **1.** admixture, amalgam, blend, combination, composite, compound, hybrid, meld, mixture
- V. **2.** admix, amalgamate, blend, combine, compound, fuse, meld, mix **3.** adulterate, debase, devalue, diminish, impair

**all right**
- ADJ. **1.** acceptable, adequate, average, fair, OK or okay (*Inf.*), passable, satisfactory, standard, unobjectionable **2.** hale, healthy, safe, sound, unharmed, unimpaired, uninjured, well, whole
- ADV. **3.** acceptably, adequately, OK or okay (*Inf.*), passably, satisfactorily, unobjectionably, well enough

**allure**
- V. **1.** attract, beguile, cajole, captivate, charm, coax, decoy, enchant, entice, inveigle, lead on, lure, persuade, seduce, tempt, win over
- N. **2.** appeal, attraction, charm, enchantment, enticement, glamour, lure, persuasion, seductiveness, temptation

**allusion** casual remark, glance, hint, implication, indirect reference, innuendo, insinuation, intimation, mention, suggestion

**ally**
- N. **1.** abettor, accessory, accomplice, associate, coadjutor, collaborator, colleague, confederate, co-worker, friend, helper, partner
- V. **2.** affiliate, associate, band together, collaborate, combine, confederate, connect, join, join forces, league, marry, unify, unite

**almighty 1.** absolute, all-powerful, invincible, omnipotent, supreme, unlimited **2.** (*Inf.*) awful, desperate, enormous, excessive, great, intense, loud, severe, terrible

**almost** about, all but, approximately, as good as, close to, just about, nearly, not far from, not quite, on the brink of, practically, virtually, well-nigh

**alone 1.** abandoned, apart, by itself, by oneself, deserted, desolate, detached, forlorn, forsaken, isolated, lonely, lonesome, only, separate, single, single-handed, sole, solitary, unaccompanied, unaided, unassisted, unattended, uncombined, unconnected, unescorted **2.** incomparable, matchless, peerless, singular, unequalled, unique, unparalleled, unsurpassed

**aloof 1.** chilly, cold, cool, detached, distant, forbidding, formal, haughty, indifferent, remote, reserved, standoffish, supercilious, unapproachable, unfriendly, uninterested, unresponsive, unsociable, unsympathetic **2.** above, apart, at a distance, away, distanced, distant

**aloud 1.** audibly, clearly, distinctly, intelligibly, out loud, plainly **2.** clamorously, loudly, noisily, vociferously

**already** as of now, at present, before now, by now, by that time, by then, by this time, even now, heretofore, just now, previously

**also** additionally, along with, and, as well, as well as, besides, further, furthermore, in addition, including, into the bargain, moreover, on top of that, plus, to boot, too

**alter** adapt, adjust, amend, change, convert, diversify, metamorphose, modify, recast, reform, remodel, reshape, revise, shift, transform, transmute, turn, vary

**alteration** adaptation, adjustment, amendment, change, conversion, difference, diversification, metamorphosis, modification, reformation, remodelling, reshaping, revision, shift, transformation, transmutation, variance, variation

**alternate**
- V. **1.** act reciprocally, alter, change, fluctuate, follow in turn, follow one another, interchange, intersperse, oscillate, rotate, substitute, take turns, vary
- ADJ. **2.** alternating, every other, every second, interchanging, rotating **3.** alternative, another, different, second, substitute

**alternative**
- N. **1.** choice, option, other (*of two*), preference, recourse, selection, substitute

**ADJ. 2.** alternate, another, different, other, second, substitute

**alternatively** as an alternative, by way of alternative, if not, instead, on the other hand, or, otherwise

**although** albeit, despite the fact that, even if, even supposing, even though, notwithstanding, tho' *(U.S. or poetic)*, though, while

**altitude** elevation, height, loftiness, peak, summit

**altogether 1.** absolutely, completely, fully, perfectly, quite, thoroughly, totally, utterly, wholly **2.** all in all, all things considered, as a whole, collectively, generally, in general, in toto, on the whole **3.** all told, everything included, in all, in sum, in toto, taken together

**always** aye *(Scot.)*, consistently, constantly, continually, eternally, ever, everlastingly, evermore, every time, forever, in perpetuum, invariably, perpetually, repeatedly, unceasingly, without exception

**amalgamate** alloy, ally, blend, coalesce, combine, commingle, compound, fuse, incorporate, integrate, intermix, meld, merge, mingle, unite

**amalgamation** admixture, alliance, alloy, amalgam, amalgamating, blend, coalition, combination, commingling, composite, compound, fusion, incorporation, integration, joining, meld, merger, mingling, mixing, mixture, union

**amass** accumulate, aggregate, assemble, collect, compile, garner, gather, heap up, hoard, pile up, rake up, scrape together

**amateur** dabbler, dilettante, layman, nonprofessional

**amateurish** amateur, bungling, clumsy, crude, inexpert, unaccomplished, unprofessional, unskilful

**amaze** alarm, astonish, astound, bewilder, bowl over *(Inf.)*, confound, daze, dumbfound, electrify, flabbergast, shock, stagger, startle, stun, stupefy, surprise

**amazement** admiration, astonishment, bewilderment, confusion, marvel, perplexity, shock, stupefaction, surprise, wonder

**ambassador** agent, consul, deputy, diplomat, emissary, envoy, legate, minister, plenipotentiary, representative

**ambiguity** doubt, doubtfulness, dubiety, dubiousness, enigma, equivocacy, equivocality, equivocation, inconclusiveness, indefiniteness, indeterminateness, obscurity, puzzle, tergiversation, uncertainty, unclearness, vagueness

**ambiguous** cryptic, Delphic, doubtful, dubious, enigmatic, enigmatical, equivocal, inconclusive, indefinite, indeterminate, obscure, oracular, puzzling, uncertain, unclear, vague

**ambition 1.** aspiration, avidity, desire, drive, eagerness, enterprise, get-up-and-go *(Inf.)*, hankering, longing, striving, yearning, zeal **2.** aim, aspiration, desire, dream, end, goal, hope, intent, objective, purpose, wish

**ambitious 1.** aspiring, avid, desirous, driving, eager, enterprising, hopeful, intent, purposeful, striving, zealous **2.** arduous, bold, challenging, demanding, difficult, elaborate, energetic, exacting, formidable, grandiose, hard, impressive, industrious, pretentious, severe, strenuous

**amble** dawdle, meander, mosey *(Inf.)*, ramble, saunter, stroll, walk, wander

**ambush**
▶ **N. 1.** ambuscade, concealment, cover, hiding, hiding place, lying in wait, retreat, shelter, trap, waylaying
▶ **V. 2.** ambuscade, bushwhack *(U.S.)*, ensnare, surprise, trap, waylay

**amenable 1.** able to be influenced, acquiescent, agreeable, open, persuadable, responsive, susceptible, tractable **2.** accountable, answerable, chargeable, liable, responsible

**amend** alter, ameliorate, better, change, correct, enhance, fix, improve, mend, modify, rectify, reform, remedy, repair, revise

**amendment 1.** alteration, amelioration, betterment, change, correction, emendation, enhancement, improvement, mending, modification, rectification, reform, remedy, repair, revision **2.** addendum, addition, adjunct, alteration, attachment, clarification

**amends** apology, atonement, compensation, expiation, indemnity, recompense, redress, reparation, requital, restitution, restoration, satisfaction

**amenity 1.** advantage, comfort, convenience, facility, service **2.** affability, agreeableness, amiability, complaisance, courtesy, mildness, pleasantness *(of situation)*, politeness, refinement, suavity

**amiable** affable, agreeable, attractive, benign, charming, cheerful, congenial, delightful, engaging, friendly, genial, good-humoured, good-natured, kind, kindly, likable or likeable, lovable, obliging, pleasant, pleasing, sociable, sweet-tempered, winning, winsome

**amicable** amiable, brotherly, civil, cordial, courteous, fraternal, friendly, goodhumoured, harmonious, kind, kindly, neighbourly, peaceable, peaceful, polite, sociable

**amid** amidst, among, amongst, in the middle of, in the midst of, in the thick of, surrounded by

**amiss**
▶ **ADJ. 1.** awry, confused, defective, erroneous, fallacious, false, faulty, improper, inaccurate, inappropriate, incorrect, mistaken, out of order, unsuitable, untoward, wrong
▶ **ADV. 2.** as an insult, as offensive, erroneously, faultily, improperly, inappropriately, incorrectly, mistakenly, out of turn, unsuitably, wrongly

**ammunition** armaments, cartridges, explosives, materiel, munitions, powder, rounds, shells, shot, shot and shell

**amnesty** absolution, condonation, dispensation, forgiveness, general pardon, immunity, oblivion, remission *(of penalty)*, reprieve

**amok** → **amuck**

**among, amongst 1.** amid, amidst, in association with, in the middle of, in the midst of, in the thick of, midst, surrounded by, together with, with **2.** between, to each of **3.** in the class of, in the company of, in the group of, in the number of, out of **4.** by all of, by the joint action of, by the whole of, mutually, with one another

**amorous** affectionate, amatory, ardent, attached, doting, enamoured, erotic, fond, impassioned, in love, lovesick, loving, lustful, passionate, tender

**amount 1.** bulk, expanse, extent, lot, magnitude, mass, measure, number, quantity, supply, volume **2.** addition, aggregate, entirety, extent, lot, sum, sum total, total, whole **3.** full effect, full value, import, result, significance

**amount to** add up to, aggregate, become, come to, develop into, equal, grow, mean, purport, total

**ample** abounding, abundant, big, bountiful, broad, capacious, commodious, copious, enough and to spare, expansive, extensive, full, generous, great, large, lavish, liberal, plenteous, plentiful, plenty, profuse, rich, roomy, spacious, substantial, unrestricted, voluminous, wide

**amplify** augment, boost, deepen, develop, dilate, elaborate, enlarge, expand, expatiate, extend, flesh out, go into detail, heighten, increase, intensify, lengthen, magnify, raise, round out, strengthen, stretch, supplement, widen

**amply** abundantly, bountifully, capaciously, completely, copiously, extensively, fully, generously, greatly, lavishly, liberally, plenteously, plentifully, profusely, richly, substantially, thoroughly, unstintingly, well, with a blank cheque, with a free hand, without stinting

**amputate** curtail, cut off, lop, remove, separate, sever, truncate

**amuck, amok** berserk, destructively, ferociously, frenziedly, in a frenzy, insanely, madly, maniacally, murderously, savagely, uncontrollably, violently, wildly

**amuse** beguile, charm, cheer, delight, divert, enliven, entertain, gladden, gratify, interest, occupy, please, recreate, regale, tickle

**amusement 1.** beguilement, cheer, delight, diversion, enjoyment, entertainment, fun, gladdening, gratification, hilarity, interest, jollies *(Sl.)*, laughter, merriment, mirth, pleasing, pleasure, recreation, regalement, sport **2.** distraction, diversion, entertainment, game, hobby, joke, lark, pastime, prank, recreation, sport

**amusing** charming, cheerful, cheering, comical, delightful, diverting, droll, enjoyable, entertaining, facetious, funny, gladdening, gratifying, humorous, interesting, jocular, laughable, lively, merry, pleasant, pleasing, rib-tickling, witty

**anaemic** ashen, bloodless, characterless, colourless, dull, enervated, feeble, frail, infirm, pale, pallid, sickly, wan, weak

**anaesthetic**
▶ **N. 1.** analgesic, anodyne, narcotic, opiate, painkiller, sedative, soporific, stupefacient, stupefactive
▶ **ADJ. 2.** analgesic, anodyne, deadening, dulling, narcotic, numbing, opiate, pain-killing, sedative, sleep-inducing, soporific, stupefacient, stupefactive

**analogy** agreement, comparison, correlation, correspondence, equivalence, homology, likeness, parallel, relation, resemblance, similarity, similitude

**analyse 1.** assay, estimate, evaluate, examine, interpret, investigate, judge, research, test, work over **2.** anatomize, break down, consider, dissect, dissolve, divide, resolve, separate, study, think through

**analysis 1.** anatomization, anatomy, assay, breakdown, dissection, dissolution, division, enquiry, examination, investigation, perusal, resolution, scrutiny, separation, sifting, test **2.** estimation, evaluation, finding, interpretation, judg(e)ment, opinion, reasoning, study

**analytic, analytical** detailed, diagnostic, discrete, dissecting, explanatory, expository, inquiring, inquisitive, interpretative, interpretive, investigative, logical, organized, problem solving, questioning, rational, searching, studious, systematic, testing

**anarchist** insurgent, nihilist, rebel, revolutionary, terrorist

**anarchy** chaos, confusion, disorder, disorganization, lawlessness, misgovernment, misrule, rebellion, revolution, riot

**anathema** ban, condemnation, curse, damnation, denunciation, excommunication, execration, imprecation, malediction, proscription, taboo **2.** abomination, bane, bête noire, bugbear, enemy, pariah

**anathematize** abominate, ban, condemn, curse, damn, denounce, excommunicate, execrate, imprecate, proscribe

**anatomize** analyse, break down, dissect, dissolve, divide, examine, resolve, scrutinize, separate, study

**anatomy 1.** analysis, dismemberment, dissection, division, enquiry, examination, investigation, study **2.** build, composition, frame, framework, make-up, structure

**ancestor** forebear, forefather, forerunner, precursor, predecessor, progenitor

**ancestry** ancestors, antecedents, blood, derivation, descent, extraction, family, forebears, forefathers, genealogy, house, line, lineage, origin, parentage, pedigree, progenitors, race, stock

**ancient** aged, age-old, antediluvian, antiquated, antique, archaic, bygone, early, hoary, obsolete, old, olden, old-fashioned, outmoded, out-of-date, primeval, primordial, superannuated, timeworn

**ancillary** accessory, additional, auxiliary, contributory, extra, secondary, subordinate, subsidiary, supplementary

**and** along with, also, as well as, furthermore, in addition to, including, moreover, plus, together with

**anecdote** reminiscence, short story, sketch, story, tale, urban legend, yarn

**anew** afresh, again, another time, from scratch, from the beginning, once again, once more, over again

**angel 1.** archangel, cherub, divine messenger, guardian spirit, seraph, spiritual being **2.** *(Inf.)* beauty, darling, dear, dream, gem, ideal, jewel, paragon, saint, treasure

**angelic 1.** celestial, cherubic, ethereal, heavenly, seraphic **2.** adorable, beatific, beautiful, entrancing, innocent, lovely, pure, saintly, virtuous

**anger**
▶ **N. 1.** annoyance, antagonism, choler, displeasure, exasperation, fury, ill humour, ill temper, indignation, ire, irritability, irritation, outrage, passion, pique, rage, resentment, spleen, temper, vexation, wrath
▶ **V. 2.** affront, aggravate *(Inf.)*, annoy, antagonize, be on one's back *(Sl.)*, displease, enrage, exasperate, excite, fret, gall, get in one's hair

(Inf.), get on one's nerves (Inf.), hassle (Inf.), incense, infuriate, irritate, madden, nark (Brit., Aust., & N.Z. sl.), nettle, offend, outrage, pique, piss one off (Taboo sl.), provoke, rile, vex

**angle¹** N. **1.** bend, corner, crook, crotch, cusp, edge, elbow, intersection, knee, nook, point **2.** approach, aspect, outlook, perspective, point of view, position, side, slant, standpoint, viewpoint

**angle²** V. cast, fish

**angry** annoyed, antagonized, choleric, cross, displeased, enraged, exasperated, furious, hacked (off) (U.S. sl.), heated, hot, hot under the collar (Inf.), ill-tempered, incensed, indignant, infuriated, irascible, irate, ireful, irritable, irritated, mad (Inf.), nettled, outraged, passionate, piqued, pissed off (Taboo sl.), provoked, raging, resentful, riled, splenetic, tumultuous, uptight (Inf.), wrathful

**anguish** agony, distress, grief, heartache, heartbreak, misery, pain, pang, sorrow, suffering, throe, torment, torture, woe

**angular** bony, gaunt, lank, lanky, lean, macilent (Rare), rangy, rawboned, scrawny, skinny, spare

**animal**
▶ N. **1.** beast, brute, creature **2.** (Applied to a person) barbarian, beast, brute, monster, savage, wild man
▶ ADJ. **3.** bestial, bodily, brutish, carnal, fleshly, gross, physical, sensual

**animate**
▶ V. **1.** activate, embolden, encourage, energize, enliven, excite, fire, gladden, impel, incite, inspire, inspirit, instigate, invigorate, kindle, move, prod, quicken, revive, rouse, spark, spur, stimulate, stir, urge, vitalize, vivify
▶ ADJ. **2.** alive, breathing, live, living, moving **3.** gay, lively, spirited, vivacious

**animated** active, airy, ardent, brisk, buoyant, dynamic, ebullient, elated, energetic, enthusiastic, excited, fervent, gay, lively, passionate, quick, sparky, spirited, sprightly, vibrant, vigorous, vital, vivacious, vivid, zealous, zestful

**animation** action, activity, airiness, ardour, brio, briskness, buoyancy, dynamism, ebullience, elation, energy, enthusiasm, excitement, exhilaration, fervour, gaiety, high spirits, life, liveliness, passion, pep, pizzazz or pizazz (Inf.), sparkle, spirit, sprightliness, verve, vibrancy, vigour, vitality, vivacity, zeal, zest, zing (Inf.)

**animosity** acrimony, animus, antagonism, antipathy, bad blood, bitterness, enmity, hate, hatred, hostility, ill will, malevolence, malice, malignity, rancour, resentment, virulence

**annals** accounts, archives, chronicles, history, journals, memorials, records, registers

**annex 1.** add, adjoin, affix, append, attach, connect, fasten, join, subjoin, tack, unite **2.** acquire, appropriate, arrogate, conquer, expropriate, occupy, seize, take over

**annexe 1.** ell, extension, supplementary building, wing **2.** addendum, addition, adjunct, affix, appendix, attachment, supplement

**annihilate** abolish, destroy, eradicate, erase, exterminate, extinguish, extirpate, liquidate, nullify, obliterate, root out, wipe out

**annihilation** abolition, destruction, eradication, erasure, extermination, extinction, extinguishing, extirpation, liquidation, nullification, obliteration, rooting out, wiping out

**annotate** commentate, comment on, elucidate, explain, footnote, gloss, illustrate, interpret, make observations, note

**annotation** comment, commentary, elucidation, exegesis, explanation, explication, footnote, gloss, illustration, interpretation, note, observation

**announce 1.** advertise, blow wide open (Sl.), broadcast, declare, disclose, divulge, give out, intimate, make known, proclaim, promulgate, propound, publish, report, reveal, tell **2.** augur, betoken, foretell, harbinger, herald, portend, presage, signal, signify

**announcement** advertisement, broadcast, bulletin, communiqué, declaration, disclosure, divulgence, intimation, proclamation, promulgation, publication, report, revelation, statement

**announcer** anchor man, broadcaster, commentator, master of ceremonies, newscaster, news reader, reporter

**annoy** aggravate (Inf.), anger, badger, bedevil, be on one's back (Sl.), bore, bother, bug (Inf.), displease, disturb, exasperate, gall, get (Inf.), get in one's hair (Inf.), get on one's nerves (Inf.), harass, harry, hassle (Inf.), incommode, irk, irritate, madden, molest, nark (Brit., Aust., & N.Z. sl.), needle (Inf.), nettle, peeve, pester, piss one off (Taboo sl.), plague, provoke, rile, ruffle, tease, trouble, vex

**annoyance 1.** aggravation, anger, bedevilment, bother, displeasure, disturbance, exasperation, harassment, hassle (Inf.), irritation, nuisance, provocation, trouble, vexation **2.** bind (Inf.), bore, bother, drag (Inf.), gall, nuisance, pain (Inf.), pain in the arse (Taboo inf.), pain in the neck (Inf.), pest, plague, tease

**annoying** aggravating, bedevilling, boring, bothersome, displeasing, disturbing, exasperating, galling, harassing, irksome, irritating, maddening, peeving (Inf.), provoking, teasing, troublesome, vexatious

**annual** once a year, yearlong, yearly

**annually** by the year, each year, every year, once a year, per annum, per year, year after year, yearly

**annul** abolish, abrogate, cancel, countermand, declare or render null and void, invalidate, negate, nullify, obviate, recall, repeal, rescind, retract, reverse, revoke, void

**annulment** abolition, abrogation, cancellation, countermanding, invalidation, negation, nullification, recall, repeal, rescindment, rescission, retraction, reversal, revocation, voiding

**anodyne**
▶ N. **1.** analgesic, narcotic, painkiller, pain-reliever, palliative
▶ ADJ. **2.** analgesic, deadening, dulling, narcotic, numbing, pain-killing, pain-relieving, palliative

**anoint 1.** daub, embrocate, grease, oil, rub, smear, spread over **2.** anele (Archaic), bless, consecrate, hallow, sanctify

**anomalous** aberrant, abnormal, atypical, bizarre, deviating, eccentric, exceptional, incongruous, inconsistent, irregular, odd, oddball (Inf.), off-the-wall (Sl.), outré, peculiar, rare, unusual

**anomaly** aberration, abnormality, departure, deviation, eccentricity, exception, incongruity, inconsistency, irregularity, oddity, peculiarity, rarity

**anonymous 1.** incognito, innominate, nameless, unacknowledged, unattested, unauthenticated, uncredited, unidentified, unknown, unnamed, unsigned **2.** characterless, nondescript, unexceptional

**answer**
▶ N. **1.** acknowledgement, comeback, counterattack, defence, explanation, plea, reaction, refutation, rejoinder, reply, report, resolution, response, retort, return, riposte, solution, vindication
▶ V. **2.** acknowledge, explain, react, refute, rejoin, reply, resolve, respond, retort, return, solve **3.** conform, correlate, correspond, do, fill, fit, fulfil, measure up, meet, pass, qualify, satisfy, serve, suffice, suit, work

**answerable 1.** accountable, amenable, chargeable, liable, responsible, subject, to blame **2.** explainable, refutable, resolvable, solvable

**answer back** argue, be cheeky, be impertinent, cheek (Inf.), contradict, disagree, dispute, rebut, retort, talk back

**answer for 1.** be accountable for, be answerable for, be chargeable for, be liable for, be responsible for, be to blame for, take the rap for (Sl.) **2.** atone for, make amends for, pay for, suffer for

**analysis 1.** anatomization, anatomy, assay, breakdown, dissection, dissolution, division, enquiry, examination, investigation, perusal, resolution, scrutiny, separation, sifting, test **2.** estimation, evaluation, finding, interpretation, judg(e)ment, opinion, reasoning, study

**antagonism** antipathy, competition, conflict, contention, discord, dissension, friction, hostility, opposition, rivalry

**antagonist** adversary, competitor, contender, enemy, foe, opponent, opposer, rival

**antagonistic** adverse, antipathetic, at odds, at variance, averse, conflicting, contentious, hostile, ill-disposed, incompatible, in dispute, inimical, opposed, unfriendly

**antagonize 1.** aggravate (Inf.), alienate, anger, annoy, be on one's back (Sl.), disaffect, estrange, gall, get in one's hair (Inf.), get on one's nerves (Inf.), hassle (Inf.), insult, irritate, nark (Brit., Aust., & N.Z. sl.), offend, piss one off (Taboo sl.), repel, rub (someone) up the wrong way (Inf.) **2.** contend with, counteract, neutralize, oppose, struggle with, work against

**antecedent** anterior, earlier, foregoing, former, preceding, precursory, preliminary, previous, prior

**antediluvian 1.** prehistoric, primeval, primitive, primordial **2.** ancient, antiquated, antique, archaic, obsolete, old-fashioned, out-of-date, out of the ark (Inf.), passé

**anteroom** antechamber, foyer, lobby, outer room, reception room, vestibule, waiting room

**anthem 1.** canticle, chant, chorale, hymn, psalm **2.** paean, song of praise

**anthology** analects, choice, collection, compendium, compilation, digest, garland, miscellany, selection, treasury

**anticipate 1.** apprehend, await, count upon, expect, forecast, foresee, foretell, hope for, look for, look forward to, predict, prepare for **2.** antedate, beat (someone) to it (Inf.), forestall, intercept, prevent

**anticipation** apprehension, awaiting, expectancy, expectation, foresight, foretaste, forethought, hope, preconception, premonition, prescience, presentiment

**anticlimax** bathos, comedown (Inf.), disappointment, letdown

**antics** buffoonery, capers, clowning, escapades, foolishness, frolics, larks, mischief, monkey tricks, playfulness, pranks, silliness, skylarking, stunts, tomfoolery, tricks

**antidote** antitoxin, antivenin, corrective, counteragent, countermeasure, cure, neutralizer, nostrum, preventive, remedy, specific

**antipathy** abhorrence, animosity, animus, antagonism, aversion, bad blood, contrariety, disgust, dislike, distaste, enmity, hatred, hostility, ill will, incompatibility, loathing, odium, opposition, rancour, repugnance, repulsion

**antiquated 1.** antediluvian, antique, archaic, dated, obsolete, old-fashioned, old hat, outmoded, out-of-date, outworn, passé **2.** aged, ancient, elderly, hoary, old, superannuated

**antique**
▶ ADJ. **1.** aged, ancient, elderly, old, superannuated **2.** archaic, obsolete, old-fashioned, outdated **3.** antiquarian, classic, olden, vintage
▶ N. **4.** bygone, heirloom, object of virtu, relic

**antiquity 1.** age, ancientness, elderliness, old age, oldness **2.** ancient times, distant past, olden days, time immemorial **3.** antique, relic, ruin

**antiseptic**
▶ ADJ. **1.** aseptic, clean, germ-free, hygienic, pure, sanitary, sterile, uncontaminated, unpolluted
▶ N. **2.** bactericide, disinfectant, germicide, purifier

**antisocial 1.** alienated, asocial, misanthropic, reserved, retiring, uncommunicative, unfriendly, unsociable, withdrawn **2.** antagonistic, belligerent, disorderly, disruptive, hostile, menacing, rebellious

**anxiety** angst, apprehension, care, concern, disquiet, disquietude, distress, foreboding, fretfulness, misgiving, nervousness, restlessness, solicitude, suspense, tension, trepidation, unease, uneasiness, watchfulness, worry

**anxious 1.** apprehensive, careful, concerned, disquieted, distressed, disturbed, fearful, fretful, in suspense, nervous, overwrought, restless, solicitous, taut, tense, troubled, twitchy (Inf.), uneasy, unquiet (Chiefly literary), watchful, wired (Sl.), worried **2.** ardent, avid, desirous, eager, expectant, impatient, intent, itching, keen, yearning

**apart 1.** afar, alone, aloof, aside, away, by itself, by oneself, cut off, distant, distinct, divorced, excluded, independent, independently, isolated, piecemeal, separate, separated, separately, singly, to itself, to oneself, to one side **2.** asunder, in bits, in pieces, into parts, to bits, to pieces **3. apart from** aside from, besides, but, except for, excluding, not counting, other than, save

**apartment** accommodation, chambers, compartment, flat, living quarters, penthouse, quarters, room, rooms, suite

**apathetic** cold, cool, emotionless, impassive, indifferent, insensible, listless, passive, phlegmatic, sluggish, stoic, stoical, torpid, unconcerned, unemotional, unfeeling, uninterested, unmoved, unresponsive

**apathy** coldness, coolness, emotionlessness, impassibility, impassivity, indifference, inertia, insensibility, listlessness, nonchalance, passiveness, passivity, phlegm, sluggishness, stoicism, torpor, unconcern, unfeelingness, uninterestedness, unresponsiveness

**ape** affect, caricature, copy, counterfeit, echo, imitate, mimic, mirror, mock, parody, parrot

**aperture** breach, chink, cleft, crack, eye, eyelet, fissure, gap, hole, interstice, opening, orifice, passage, perforation, rent, rift, slit, slot, space, vent

**aphorism** adage, apothegm, axiom, dictum, gnome, maxim, precept, proverb, saw, saying

**apiece** each, for each, from each, individually, respectively, separately, severally, to each

**aplomb** balance, calmness, composure, confidence, coolness, equanimity, level-headedness, poise, sang-froid, self-assurance, self-confidence, self-possession, stability

**apocryphal** doubtful, dubious, equivocal, fictitious, legendary, mythical, questionable, spurious, unauthenticated, uncanonical, unsubstantiated, unverified

**apologetic** contrite, penitent, regretful, remorseful, rueful, sorry

**apologize** ask forgiveness, beg pardon, express regret, say one is sorry, say sorry

**apology** **1.** acknowledgement, confession, defence, excuse, explanation, extenuation, justification, plea, vindication **2.** caricature, excuse, imitation, makeshift, mockery, stopgap, substitute, travesty

**apostle** **1.** evangelist, herald, messenger, missionary, preacher, proselytizer **2.** advocate, champion, pioneer, propagandist, propagator, proponent

**apotheosis** deification, elevation, exaltation, glorification, idealization, idolization

**appal** alarm, astound, daunt, dishearten, dismay, frighten, harrow, horrify, intimidate, outrage, petrify, scare, shock, terrify, unnerve

**appalling** alarming, astounding, awful, daunting, dire, disheartening, dismaying, dreadful, fearful, frightening, frightful, ghastly, godawful *(Sl.)*, grim, harrowing, hellacious *(U.S. sl.)*, hideous, horrible, horrid, horrific, horrifying, intimidating, petrifying, scaring, shocking, terrible, terrifying, unnerving

**apparatus** **1.** appliance, contraption *(Inf.)*, device, equipment, gear, implements, machine, machinery, materials, means, mechanism, outfit, tackle, tools, utensils **2.** bureaucracy, chain of command, hierarchy, network, organization, setup *(Inf.)*, structure, system

**apparent** **1.** blatant, clear, conspicuous, discernible, distinct, evident, indubitable, manifest, marked, obvious, open, overt, patent, plain, understandable, unmistakable, visible **2.** ostensible, outward, seeming, specious, superficial

**apparently** it appears that, it seems that, on the face of it, ostensibly, outwardly, seemingly, speciously, superficially

**apparition** **1.** appearance, manifestation, materialization, presence, vision, visitation **2.** chimera, eidolon, ghost, phantom, revenant, shade *(Literary)*, spectre, spirit, spook *(Inf.)*, visitant, wraith

**appeal**
▸ **N. 1.** adjuration, application, entreaty, invocation, petition, plea, prayer, request, solicitation, suit, supplication **2.** allure, attraction, attractiveness, beauty, charm, engagingness, fascination, interestingness, pleasingness
▸ **V. 3.** adjure, apply, ask, beg, beseech, call, call upon, entreat, implore, petition, plead, pray, refer, request, resort to, solicit, sue, supplicate **4.** allure, attract, charm, engage, entice, fascinate, interest, invite, please, tempt

**appear** **1.** arise, arrive, attend, be present, come forth, come into sight, come into view, come out, come to light, crop up *(Inf.)*, develop, emerge, issue, loom, materialize, occur, show *(Inf.)*, show up *(Inf.)*, surface, turn out, turn up **2.** look (like *or* as if), occur, seem, strike one as **3.** be apparent, be clear, be evident, be manifest, be obvious, be patent, be plain **4.** become available, be created, be developed, be invented, be published, come into being, come into existence, come out **5.** act, be exhibited, come on, come onstage, enter, perform, play, play a part, take part

**appearance** **1.** advent, appearing, arrival, coming, debut, emergence, introduction, presence, showing up *(Inf.)*, turning up **2.** air, aspect, bearing, demeanour, expression, face, figure, form, image, look, looks, manner, mien *(Literary)* **3.** front, guise, illusion, image, impression, outward show, pretence, semblance

**appease** allay, alleviate, assuage, blunt, calm, compose, conciliate, diminish, ease, lessen, lull, mitigate, mollify, pacify, placate, quell, quench, quiet, satisfy, soften, soothe, subdue, tranquillize

**appeasement** **1.** acceding, accommodation, compromise, concession, conciliation, placation, propitiation **2.** abatement, alleviation, assuagement, blunting, easing, lessening, lulling, mitigation, mollification, pacification, quelling, quenching, quieting, satisfaction, softening, solace, soothing, tranquillization

**append** add, adjoin, affix, annex, attach, fasten, hang, join, subjoin, tack on, tag on

**appendage** **1.** accessory, addendum, addition, adjunct, affix, ancillary, annexe, appendix, appurtenance, attachment, auxiliary, supplement **2.** *(Zool.)* extremity, limb, member, projection, protuberance

**appendix** addendum, addition, add-on, adjunct, appendage, codicil, postscript, supplement

**appertain** *(Usually with* **to***)* apply, bear upon, be characteristic of, be connected, belong, be part of, be pertinent, be proper, be relevant, have to do with, inhere in, pertain, refer, relate, touch upon

**appetite** appetence, appetency, craving, demand, desire, hankering, hunger, inclination, liking, longing, passion, proclivity, propensity, relish, stomach, taste, willingness, yearning, zeal, zest

**appetizer** **1.** antipasto, canapé, cocktail, hors d'oeuvre, titbit **2.** apéritif, cocktail **3.** foretaste, sample, taste

**appetizing** appealing, delicious, inviting, mouthwatering, palatable, savoury, scrumptious *(Inf.)*, succulent, tasty, tempting

**applaud** acclaim, approve, cheer, clap, commend, compliment, crack up *(Inf.)*, encourage, eulogize, extol, laud, magnify *(Archaic)*, praise

**applause** acclaim, acclamation, accolade, approbation, approval, cheering, cheers, commendation, eulogizing, hand, hand-clapping, laudation, ovation, plaudit, praise

**appliance** apparatus, device, gadget, implement, instrument, machine, mechanism, tool

**applicable** apposite, appropriate, apropos, apt, befitting, fit, fitting, germane, pertinent, relevant, suitable, suited, to the point, to the purpose, useful

**applicant** aspirant, candidate, claimant, inquirer, petitioner, postulant, suitor, suppliant

**application** **1.** appositeness, exercise, function, germaneness, pertinence, practice, purpose, relevance, use, value **2.** appeal, claim, inquiry, petition, request, requisition, solicitation, suit **3.** assiduity, attention, attentiveness, commitment, dedication, diligence, effort, hard work, industry, perseverance, study **4.** balm, cream, dressing, emollient, lotion, ointment, poultice, salve, unguent

**apply** **1.** administer, assign, bring into play, bring to bear, carry out, employ, engage, execute, exercise, exert, implement, practise, put to use, use, utilize **2.** appertain, be applicable, be appropriate, bear upon, be fitting, be relevant, fit, pertain, refer, relate, suit **3.** anoint, bring into contact with, cover with, lay on, paint, place, put on, smear, spread on, touch to **4.** appeal, claim, inquire, make application, petition, put in, request, requisition, solicit, sue **5.** address, be assiduous, be diligent, be industrious, buckle down *(Inf.)*, commit, concentrate, dedicate, devote, direct, give, make an effort, pay attention, persevere, study, try, work hard

**appoint** **1.** allot, arrange, assign, choose, decide, designate, determine, establish, fix, set, settle **2.** assign, choose, commission, delegate, elect, install, name, nominate, select **3.** command, decree, direct, enjoin, ordain **4.** equip, fit out, furnish, provide, supply

**appointment** **1.** arrangement, assignation, consultation, date, engagement, interview, meeting, rendezvous, session, tryst *(Archaic)* **2.** allotment, assignment, choice, choosing, commissioning, delegation, designation, election, installation, naming, nomination, selection **3.** assignment, berth *(Inf.)*, job, office, place, position, post, situation, station **4.** appointee, candidate, delegate, nominee, office-holder, representative **5.** *Usually plural* accoutrements, appurtenances, equipage, fittings, fixtures, furnishings, gear, outfit, paraphernalia, trappings

**apportion** allocate, allot, assign, deal, dispense, distribute, divide, dole out, measure out, mete out, parcel out, ration out, share

**apportionment** allocation, allotment, assignment, dealing out, dispensing, distribution, division, doling out, measuring out, meting out, parcelling out, rationing out, sharing

**apposite** appertaining, applicable, appropriate, apropos, apt, befitting, fitting, germane, pertinent, proper, relevant, suitable, suited, to the point, to the purpose

**appraisal** **1.** assessment, estimate, estimation, evaluation, judg(e)ment, opinion, recce *(Sl.)*, sizing up *(Inf.)* **2.** assay, pricing, rating, reckoning, survey, valuation

**appreciable** ascertainable, clear-cut, considerable, definite, detectable, discernible, distinguishable, evident, marked, material, measurable, noticeable, obvious, perceivable, perceptible, pronounced, recognizable, significant, substantial, visible

**appreciate** **1.** be appreciative, be grateful for, be indebted, be obliged, be thankful for, give thanks for **2.** acknowledge, be alive to, be aware (cognizant, conscious) of, comprehend, estimate, know, perceive, realize, recognize, sympathize with, take account of, understand **3.** admire, cherish, enjoy, esteem, like, prize, rate highly, regard, relish, respect, savour, treasure, value **4.** enhance, gain, grow, improve, increase, inflate, raise the value of, rise

**appreciation** **1.** acknowledgement, gratefulness, gratitude, indebtedness, obligation, thankfulness, thanks **2.** admiration, appraisal, assessment, awareness, cognizance, comprehension, enjoyment, esteem, estimation, knowledge, liking, perception, realization, recognition, regard, relish, respect, responsiveness, sensitivity, sympathy, understanding, valuation **3.** enhancement, gain, growth, improvement, increase, inflation, rise **4.** acclamation, criticism, critique, notice, praise, review, tribute

**appreciative** **1.** beholden, grateful, indebted, obliged, thankful **2.** admiring, aware, cognizant, conscious, enthusiastic, in the know *(Inf.)*, knowledgeable, mindful, perceptive, pleased, regardful, respectful, responsive, sensitive, supportive, sympathetic, understanding

**apprehend** **1.** arrest, bust *(Inf.)*, capture, catch, collar *(Inf.)*, feel one's collar *(Sl.)*, lift *(Sl.)*, nab *(Inf.)*, nail *(Inf.)*, nick *(Sl., chiefly Brit.)*, pinch *(Inf.)*, run in *(Sl.)*, seize, take, take prisoner **2.** appreciate, believe, comprehend, conceive, grasp, imagine, know, perceive, realize, recognize, think, understand **3.** be afraid of, dread, fear

**apprehension** **1.** alarm, anxiety, apprehensiveness, concern, disquiet, doubt, dread, fear, foreboding, misgiving, mistrust, premonition, suspicion, trepidation, unease, uneasiness, worry **2.** arrest, capture, catching, seizure, taking **3.** awareness, comprehension, grasp, intellect, intelligence, ken, knowledge, perception, understanding **4.** belief, concept, conception, conjecture, idea, impression, notion, opinion, sentiment, thought, view

**apprehensive** afraid, alarmed, anxious, concerned, disquieted, doubtful, fearful, foreboding, mistrustful, nervous, suspicious, twitchy *(Inf.)*, uneasy, worried

**apprentice** beginner, learner, neophyte, novice, probationer, pupil, student, trainee, tyro

**approach**
▸ **V. 1.** advance, catch up, come close, come near, come to, draw near, gain on, meet, move towards, near, push forward, reach **2.** appeal to, apply to, broach the matter with, make advances to, make a proposal to, make overtures to, sound out **3.** begin, begin work on, commence, embark on, enter upon, make a start, set about, undertake **4.** approximate, be comparable to, be like, come close to, come near to, compare with, resemble
▸ **N. 5.** access, advance, advent, arrival, avenue, coming, drawing near, entrance, nearing, passage, road, way **6.** approximation, likeness, semblance **7.** *Often plural* advance, appeal, application, invitation, offer, overture, proposal, proposition **8.** attitude, course, manner,

means, method, mode, modus operandi, procedure, style, technique, way

**approachable** **1.** accessible, attainable, come-at-able *(Inf.)*, get-at-able *(Inf.)*, reachable **2.** affable, congenial, cordial, friendly, open, sociable

**appropriate**
▸ **ADJ. 1.** adapted, applicable, apposite, appurtenant, apropos, apt, becoming, befitting, belonging, congruous, correct, felicitous, fit, fitting, germane, meet *(Archaic)*, opportune, pertinent, proper, relevant, right, seemly, suitable, to the point, to the purpose, well-suited, well-timed
▸ **V. 2.** allocate, allot, apportion, assign, devote, earmark, set apart **3.** annex, arrogate, assume, commandeer, confiscate, expropriate, impound, pre-empt, seize, take, take over, take possession of, usurp **4.** embezzle, filch, misappropriate, pilfer, pocket, steal

**appropriateness** applicability, appositeness, aptness, becomingness, congruousness, correctness, felicitousness, felicity, fitness, fittingness, germaneness, opportuneness, pertinence, properness, relevance, rightness, seemliness, suitability, timeliness, well-suitedness

**appropriation** **1.** allocation, allotment, apportionment, assignment, earmarking, setting apart **2.** annexation, arrogation, assumption, commandeering, confiscation, expropriation, impoundment, pre-emption, seizure, takeover, taking, usurpation

**approval** **1.** acquiescence, agreement, assent, authorization, blessing, compliance, concurrence, confirmation, consent, countenance, endorsement, imprimatur, leave, licence, mandate, OK *or* okay *(Inf.)*, permission, ratification, recommendation, sanction, the goahead *(Inf.)*, the green light, validation **2.** acclaim, admiration, applause, appreciation, approbation, commendation, esteem, favour, good opinion, liking, praise, regard, respect

**approve** **1.** acclaim, admire, applaud, appreciate, be pleased with, commend, esteem, favour, have a good opinion of, like, praise, regard highly, respect, think highly of **2.** accede to, accept, advocate, agree to, allow, assent to, authorize, bless, concur in, confirm, consent to, countenance, endorse, give the go-ahead *(Inf.)*, give the green light, go along with, mandate, OK *or* okay *(Inf.)*, pass, permit, ratify, recommend, sanction, second, subscribe to, uphold, validate

**approximate**
▸ **ADJ. 1.** almost accurate, almost exact, close, near **2.** estimated, inexact, loose, rough **3.** analogous, close, comparable, like, near, relative, similar, verging on **4.** adjacent, bordering, close together, contiguous, near, nearby, neighbouring
▸ **V. 5.** approach, border on, come close, come near, reach, resemble, touch, verge on

**approximately** about, almost, around, circa *(used with dates)*, close to, generally, in the neighbourhood of, in the region of, in the vicinity of, just about, loosely, more or less, nearly, not far off, relatively, roughly

**approximation** **1.** conjecture, estimate, estimation, guess, guesswork, rough calculation, rough idea **2.** approach, correspondence, likeness, resemblance, semblance

**apron** pinafore, pinny *(Inf.)*

**apropos**
▸ **ADJ. 1.** applicable, apposite, appropriate, apt, befitting, belonging, correct, fit, fitting, germane, meet *(Archaic)*, opportune, pertinent, proper, related, relevant, right, seemly, suitable, to the point, to the purpose
▸ **ADV. 2.** appropriately, aptly, opportunely, pertinently, relevantly, suitably, timely, to the point, to the purpose **3.** by the bye, by the way, incidentally, in passing, parenthetically, while on the subject

**apropos of** **PREP.** in respect of, on the subject of, re, regarding, respecting, with reference to, with regard to, with respect to

**apt** **1.** applicable, apposite, appropriate, apropos, befitting, correct, fit, fitting, germane, meet *(Archaic)*, pertinent, proper, relevant, seemly, suitable, timely, to the point, to the purpose **2.** disposed, given, inclined, liable, likely, of a mind, prone, ready **3.** astute, bright, clever, expert, gifted, ingenious, intelligent, prompt, quick, sharp, skilful, smart, talented, teachable

**aptitude** **1.** bent, disposition, inclination, leaning, predilection, proclivity, proneness, propensity, tendency **2.** ability, aptness, capability, capacity, cleverness, faculty, flair, gift, giftedness, intelligence, knack, proficiency, quickness, talent **3.** applicability, appositeness, appropriateness, fitness, relevance, suitability, suitableness

**aptness** **1.** applicability, appositeness, appropriateness, becomingness, congruousness, correctness, felicitousness, felicity, fitness, fittingness, germaneness, opportuneness, pertinence, properness, relevance, rightness, seemliness, suitability, timeliness, well-suitedness **2.** aptitude, bent, disposition, inclination, leaning, liability, likelihood, likeliness, predilection, proclivity, proneness, propensity, readiness, tendency **3.** ability, capability, capacity, cleverness, faculty, fitness, flair, gift, giftedness, intelligence, knack, proficiency, quickness, suitability, talent

**arable** cultivable, farmable, fecund, fertile, fruitful, ploughable, productive, tillable

**arbiter** **1.** adjudicator, arbitrator, judge, referee, umpire **2.** authority, controller, dictator, expert, governor, lord, master, pundit, ruler

**arbitrary** **1.** capricious, chance, discretionary, erratic, fanciful, inconsistent, optional, personal, random, subjective, unreasonable, whimsical, wilful **2.** absolute, autocratic, despotic, dictatorial, dogmatic, domineering, high-handed, imperious, magisterial, overbearing, peremptory, summary, tyrannical, tyrannous, uncontrolled, unlimited, unrestrained

**arbitrate** adjudge, adjudicate, decide, determine, judge, mediate, pass judgment, referee, settle, sit in judgment, umpire

**arbitration** adjudication, arbitrament, decision, determination, judg(e)ment, settlement

**arbitrator** adjudicator, arbiter, judge, referee, umpire

**arc** arch, bend, bow, crescent, curve, half-moon

**arch**[1]
▸ **N. 1.** archway, curve, dome, span, vault **2.** arc, bend, bow, curvature, curve, hump, semicircle
▸ **V. 3.** arc, bend, bow, bridge, curve, embow, span

**arch**[2] artful, frolicsome, knowing, mischievous, pert, playful, roguish, saucy, sly, waggish, wily

**arch**[3] accomplished, chief, consummate, expert, finished, first, foremost, greatest, head, highest, lead, leading, main, major, master, preeminent, primary, principal, top

**archaic** ancient, antiquated, antique, behind the times, bygone, obsolete, old, olden *(Archaic)*, old-fashioned, old hat, outmoded, out of date, passé, primitive, superannuated

**arched** curved, domed, embowed, vaulted

**archer** bowman *(Archaic)*, toxophilite *(Formal)*

**archetype** classic, exemplar, form, ideal, model, norm, original, paradigm, pattern, prime example, prototype, standard

**architect** **1.** designer, master builder, planner **2.** author, contriver, creator, deviser, engineer, founder, instigator, inventor, maker, originator, planner, prime mover, shaper

**architecture** **1.** architectonics, building, construction, design, planning **2.** construction, design, framework, make-up, structure, style

**archives** **1.** annals, chronicles, documents, papers, records, registers, rolls **2.** museum, record office, registry, repository

**Arctic** **1.** far-northern, hyperborean, polar **2.** *(Inf.)* chilly, cold, freezing, frigid, frost-bound, frosty, frozen, gelid, glacial, icy

**ardent** avid, eager, enthusiastic, fervent, fervid, fierce, fiery, flaming, hot, hot-blooded, impassioned, intense, keen, lusty, passionate, spirited, vehement, warm, warm-blooded, zealous

**ardour** avidity, devotion, eagerness, earnestness, enthusiasm, feeling, fervour, fierceness, fire, heat, intensity, keenness, passion, spirit, vehemence, warmth, zeal

**arduous** backbreaking, burdensome, difficult, exhausting, fatiguing, formidable, gruelling, hard, harsh, heavy, laborious, onerous, painful, punishing, rigorous, severe, steep, strenuous, taxing, tiring, toilsome, tough, troublesome, trying

**area** **1.** district, domain, locality, neighbourhood, patch, plot, realm, region, sector, sphere, stretch, territory, tract, turf *(U.S. sl.)*, zone **2.** ambit, breadth, compass, expanse, extent, range, scope, size, width **3.** arena, department, domain, field, province, realm, sphere, territory **4.** part, portion, section, sector **5.** sunken space, yard

**arena** **1.** amphitheatre, bowl, coliseum, field, ground, park *(U.S. & Canad.)*, ring, stadium, stage **2.** area, battlefield, battleground, domain, field, field of conflict, lists, province, realm, scene, scope, sector, sphere, territory, theatre

**argot** cant, dialect, idiom, jargon, lingo *(Inf.)*, parlance, patois, slang, vernacular

**argue** **1.** altercate, bandy words, bicker, disagree, dispute, fall out *(Inf.)*, feud, fight, have an argument, quarrel, squabble, wrangle **2.** assert, claim, contend, controvert, debate, discuss, dispute, expostulate, hold, maintain, plead, question, reason, remonstrate **3.** convince, persuade, prevail upon, talk into, talk round **4.** demonstrate, denote, display, evince, exhibit, imply, indicate, manifest, point to, show, suggest

**argument** **1.** altercation, barney *(Inf.)*, bickering, clash, controversy, difference of opinion, disagreement, dispute, falling out *(Inf.)*, feud, fight, quarrel, row, squabble, wrangle **2.** assertion, claim, contention, debate, discussion, dispute, expostulation, plea, pleading, questioning, remonstrance, remonstration **3.** argumentation, case, defence, dialectic, ground(s), line of reasoning, logic, polemic, reason, reasoning **4.** abstract, gist, outline, plot, story, story line, subject, summary, synopsis, theme

**argumentative** **1.** belligerent, combative, contentious, contrary, disputatious, litigious, opinionated, quarrelsome **2.** contentious, controversial, disputed, polemic

**arid** **1.** barren, desert, dried up, dry, moistureless, parched, sterile, torrid, waterless **2.** boring, colourless, dreary, dry, dull, flat, jejune, lifeless, spiritless, tedious, uninspired, uninteresting, vapid

**aright** accurately, appropriately, aptly, correctly, duly, exactly, fitly, in due order, justly, properly, rightly, suitably, truly, without error

**arise** **1.** appear, begin, come into being, come to light, commence, crop up *(Inf.)*, emanate, emerge, ensue, follow, happen, issue, occur, originate, proceed, result, set in, spring, start, stem **2.** get to one's feet, get up, go up, rise, stand up, wake up **3.** ascend, climb, lift, mount, move upward, rise, soar, tower

**aristocracy** body of nobles, elite, gentry, haut monde, nobility, noblesse *(Literary)*, patricians, patriciate, peerage, ruling class, upper class, upper crust *(Inf.)*

**aristocrat** aristo *(Inf.)*, grandee, lady, lord, noble, nobleman, noblewoman, patrician, peer, peeress

**aristocratic** **1.** blue-blooded, elite, gentle *(Archaic)*, gentlemanly, highborn, lordly, noble, patrician, titled, upper-class, well-born **2.** courtly, dignified, elegant, fine, haughty, polished, refined, snobbish, stylish, well-bred

**arm**[1] **N. 1.** appendage, limb, upper limb **2.** bough, branch, department, detachment, division, extension, offshoot, projection, section, sector **3.** branch, channel, estuary, firth, inlet, sound, strait, tributary **4.** authority, command, force, might, potency, power, strength, sway

**arm**[2]
▸ **N. 1.** armaments, firearms, guns, instruments of war, ordnance, weaponry, weapons **2.** blazonry, crest, escutcheon, heraldry, insignia
▸ **V. 3.** *(Esp. with weapons)* accoutre, array, deck out, equip, furnish, issue with, outfit, provide, rig, supply **4.** mobilize, muster forces, prepare for war, take up arms **5.** brace, equip, forearm, fortify, gird one's loins, guard, make ready, outfit, prepare, prime, protect, strengthen

**Armada** fleet, flotilla, navy, squadron

**armaments** ammunition, arms, guns, materiel, munitions, ordnance, weaponry, weapons

**armed** accoutred, arrayed, carrying weapons, equipped, fitted out, forearmed, fortified, furnished, girded, guarded, in arms, prepared, primed, protected, provided, ready, rigged out, strengthened, supplied, under arms

**armistice** ceasefire, peace, suspension of hostilities, truce

**armour** armour plate, covering, protection, sheathing, shield

**armoury** ammunition dump, arms depot, arsenal, magazine, ordnance depot

**army** **1.** armed force, host *(Archaic)*, land forces, legions, military, military force, soldiers, soldiery, troops **2.** (*Fig.*) array, horde, host, multitude, pack, swarm, throng, vast number

**aroma** bouquet, fragrance, odour, perfume, redolence, savour, scent, smell

**aromatic** balmy, fragrant, odoriferous, perfumed, pungent, redolent, savoury, spicy, sweet-scented, sweet-smelling

**around**
- **PREP. 1.** about, encircling, enclosing, encompassing, environing, on all sides of, on every side of, surrounding **2.** about, approximately, circa (*used with dates*), roughly
- **ADV. 3.** about, all over, everywhere, here and there, in all directions, on all sides, throughout, to and fro **4.** at hand, close, close at hand, close by, near, nearby, nigh (*Archaic or dialect*)

**arouse** agitate, animate, awaken, call forth, enliven, excite, foment, foster, goad, incite, inflame, instigate, kindle, move, prod, provoke, quicken, rouse, sharpen, spark, spur, stimulate, stir up, summon up, waken, wake up, warm, whet, whip up

**arrange 1.** align, array, class, classify, dispose, file, form, group, line up, marshal, order, organize, position, put in order, range, rank, set out, sort, sort out (*Inf.*), systematize, tidy **2.** adjust, agree to, come to terms, compromise, construct, contrive, determine, devise, fix up, organize, plan, prepare, project, schedule, settle **3.** adapt, instrument, orchestrate, score

**arrangement 1.** alignment, array, classification, design, display, disposition, form, grouping, line-up, marshalling, order, ordering, organization, ranging, rank, setup (*Inf.*), structure, system **2.** *Often plural* adjustment, agreement, compact, compromise, construction, deal, devising, organization, plan, planning, preparation, provision, schedule, settlement, terms **3.** adaptation, instrumentation, interpretation, orchestration, score, version

**array**
- **N. 1.** arrangement, collection, display, disposition, exhibition, formation, line-up, marshalling, muster, order, parade, show, supply **2.** (*Poetic*) apparel, attire, clothes, dress, finery, garb, garments, raiment (*Archaic or poetic*), regalia
- **V. 3.** align, arrange, display, dispose, draw up, exhibit, form up, group, line up, marshal, muster, order, parade, place in order, range, set in line (*Military*), show **4.** accoutre, adorn, apparel (*Archaic*), attire, bedeck, caparison, clothe, deck, decorate, dress, equip, festoon, fit out, garb, get ready, outfit, robe, supply, wrap

**arrest**
- **V. 1.** apprehend, bust (*Inf.*), capture, catch, collar (*Inf.*), detain, feel one's collar (*Sl.*), lay hold of, lift (*Sl.*), nab (*Inf.*), nail (*Inf.*), nick (*Sl., chiefly Brit.*), pinch (*Inf.*), run in (*Sl.*), seize, take, take into custody, take prisoner **2.** block, check, delay, end, halt, hinder, hold, inhibit, interrupt, obstruct, restrain, retard, slow, stall, stay, stop, suppress **3.** absorb, catch, engage, engross, fascinate, grip, hold, intrigue, occupy
- **N. 4.** apprehension, bust (*Inf.*), capture, cop (*Sl.*), detention, seizure **5.** blockage, check, delay, end, halt, hindrance, inhibition, interruption, obstruction, restraint, stalling, stay, stoppage, suppression

**arresting** conspicuous, engaging, extraordinary, impressive, noticeable, outstanding, remarkable, striking, stunning, surprising

**arrival 1.** advent, appearance, arriving, coming, entrance, happening, occurrence, taking place **2.** arriver, caller, comer, entrant, incomer, newcomer, visitant, visitor

**arrive 1.** appear, attain, befall, come, enter, get to, happen, occur, reach, show up (*Inf.*), take place, turn up **2.** (*Inf.*) achieve recognition, become famous, make good, make it (*Inf.*), make the grade (*Inf.*), reach the top, succeed

**arrogance** bluster, conceit, conceitedness, contemptuousness, disdainfulness, haughtiness, hauteur, high-handedness, imperiousness, insolence, loftiness, lordliness, overweeningness, pomposity, pompousness, presumption, pretension, pretentiousness, pride, scornfulness, superciliousness, swagger, uppishness (*Brit. inf.*)

**arrogant** assuming, blustering, conceited, contemptuous, disdainful, haughty, high and mighty (*Inf.*), high-handed, imperious, insolent, lordly, overbearing, overweening, pompous, presumptuous, pretentious, proud, scornful, supercilious, swaggering, uppish (*Brit. inf.*)

**arrow 1.** bolt, dart, flight, quarrel, reed (*Archaic*), shaft (*Archaic*) **2.** indicator, pointer

**arsenal** ammunition dump, armoury, arms depot, magazine, ordnance depot, stock, stockpile, store, storehouse, supply

**art 1.** adroitness, aptitude, artifice (*Archaic*), artistry, craft, craftsmanship, dexterity, expertise, facility, ingenuity, knack, knowledge, mastery, method, profession, skill, trade, virtuosity **2.** artfulness, artifice, astuteness, craftiness, cunning, deceit, duplicity, guile, trickery, wiliness

**artful** adept, adroit, clever, crafty, cunning, deceitful, designing, dexterous, foxy, ingenious, intriguing, masterly, politic, proficient, resourceful, scheming, sharp, shrewd, skilful, sly, smart, subtle, tricky, wily

**article 1.** commodity, item, object, piece, substance, thing, unit **2.** composition, discourse, essay, feature, item, paper, piece, story, treatise **3.** branch, clause, count, detail, division, head, heading, item, matter, paragraph, part, particular, passage, piece, point, portion, section

**articulate**
- **ADJ. 1.** clear, coherent, comprehensible, eloquent, expressive, fluent, intelligible, lucid, meaningful, understandable, vocal, well-spoken
- **V. 2.** enounce, enunciate, express, pronounce, say, speak, state, talk, utter, verbalize, vocalize, voice **3.** connect, couple, fit together, hinge, join, joint

**artifice 1.** contrivance, device, dodge, expedient, hoax, machination, manoeuvre, ruse, stratagem, subterfuge, tactic, trick, wile **2.** artfulness, chicanery, craft, craftiness, cunning, deception, duplicity, guile, scheming, slyness, trickery **3.** adroitness, cleverness, deftness, facility, finesse, ingenuity, invention, inventiveness, skill

**artificer 1.** artisan, craftsman, mechanic **2.** architect, builder, contriver, creator, designer, deviser, inventor, maker, originator

**artificial 1.** man-made, manufactured, non-natural, plastic, synthetic **2.** bogus, counterfeit, ersatz, fake, imitation, mock, phoney *or* phony (*Inf.*), sham, simulated, specious, spurious **3.** affected, assumed, contrived, false, feigned, forced, hollow, insincere, meretricious, phoney *or* phony (*Inf.*), pretended, spurious, unnatural

**artillery** battery, big guns, cannon, cannonry, gunnery, ordnance

**artisan** artificer, craftsman, handicraftsman, journeyman, mechanic, skilled workman, technician

**artistic** aesthetic, beautiful, creative, cultivated, cultured, decorative, elegant, exquisite, graceful, imaginative, ornamental, refined, sensitive, sophisticated, stylish, tasteful

**artistry** accomplishment, art, artistic ability, brilliance, craft, craftsmanship, creativity, finesse, flair, genius, mastery, proficiency, sensibility, skill, style, talent, taste, touch, virtuosity, workmanship

**artless 1.** candid, direct, fair, frank, genuine, guileless, honest, open, plain, sincere, straightforward, true, undesigning, upfront (*Inf.*) **2.** humble, natural, plain, pure, simple, unadorned, unaffected, uncontrived, unpretentious **3.** awkward, bungling, clumsy, crude, incompetent, inept, maladroit, primitive, rude, unskilled, untalented **4.** childlike, ingenuous, innocent, jejune, naive, trustful, trusting, unsophisticated

**as**
- **CONJ. 1.** at the time that, during the time that, just as, when, while **2.** in the manner that, in the way that, like **3.** that which, what **4.** because, considering that, seeing that, since **5.** in the same manner with, in the same way that, like **6.** for instance, like, such as
- **PREP. 7.** being, in the character of, in the role of, under the name of **8. as for** as regards, in reference to, on the subject of, with reference to, with regard to, with respect to **9. as it were** in a manner of speaking, in a way, so to say, so to speak

**ascend** climb, float up, fly up, go up, lift off, mount, move up, rise, scale, slope upwards, soar, take off, tower

**ascendancy, ascendency** authority, command, control, dominance, domination, dominion, hegemony, influence, mastery, power, predominance, pre-eminence, prevalence, reign, rule, sovereignty, superiority, supremacy, sway, upper hand

**ascendant, ascendent**
- **ADJ. 1.** ascending, climbing, going upwards, mounting, rising **2.** authoritative, commanding, controlling, dominant, influential, powerful, predominant, pre-eminent, prevailing, ruling, superior, supreme, uppermost
- **N. 3. in the ascendant** ascending, climbing, commanding, dominant, dominating, flourishing, growing, increasing, mounting, on the rise, on the way up, prevailing, rising, supreme, up-and-coming, uppermost, winning

**ascent 1.** ascending, ascension, clambering, climb, climbing, mounting, rise, rising, scaling, upward movement **2.** acclivity, gradient, incline, ramp, rise, rising ground, upward slope

**ascertain** confirm, determine, discover, establish, ferret out, find out, fix, identify, learn, make certain, settle, suss (out) (*Sl.*), verify

**ascetic**
- **N. 1.** abstainer, anchorite, hermit, monk, nun, recluse, self-denier
- **ADJ. 2.** abstemious, abstinent, austere, celibate, frugal, harsh, plain, puritanical, rigorous, self-denying, self-disciplined, severe, Spartan, stern

**asceticism** abstemiousness, abstinence, austerity, celibacy, frugality, harshness, mortification of the flesh, plainness, puritanism, rigorousness, rigour, self-abnegation, self-denial, self-discipline, self-mortification

**ascribe** assign, attribute, charge, credit, impute, put down, refer, set down

**ashamed** abashed, bashful, blushing, chagrined, conscience-stricken, crestfallen, discomfited, distressed, embarrassed, guilty, humbled, humiliated, mortified, prudish, reluctant, remorseful, shamefaced, sheepish, shy, sorry

**ashore** aground, landwards, on dry land, on land, on the beach, on the shore, shorewards, to the shore

**aside**
- **ADV. 1.** alone, alongside, apart, away, beside, in isolation, in reserve, on one side, out of mind, out of the way, privately, separately, to one side, to the side
- **N. 2.** departure, digression, excursion, excursus, interpolation, interposition, parenthesis, tangent

**asinine** braindead (*Inf.*), brainless, daft (*Inf.*), dunderheaded, fatuous, foolish, goofy (*Inf.*), gormless (*Brit. inf.*), halfwitted, idiotic, imbecile, imbecilic, inane, moronic, obstinate, senseless, silly, stupid, thickheaded, thick-witted

**ask 1.** inquire, interrogate, query, question, quiz **2.** appeal, apply, beg, beseech, claim, crave, demand, entreat, implore, petition, plead, pray, request, seek, solicit, sue, supplicate **3.** bid, invite, summon

**askance 1.** awry, indirectly, obliquely, out of the corner of one's eye, sideways, with a side glance **2.** disapprovingly, distrustfully, doubtfully, dubiously, mistrustfully, sceptically, suspiciously

**askew** ADV./ADJ. aslant, awry, cockeyed (*Inf.*), crooked, crookedly, lopsided, oblique, obliquely, off-centre, skewwhiff (*Brit. inf.*), to one side

**asleep** crashed out (*Sl.*), dead to the world (*Inf.*), dormant, dozing, fast asleep, napping, sleeping, slumbering, snoozing (*Inf.*), sound asleep

**aspect 1.** air, appearance, attitude, bearing, condition, countenance, demeanour, expression, look, manner, mien (*Literary*) **2.** bearing, direction, exposure, outlook, point of view, position, prospect, scene, situation, view **3.** angle, facet, feature, side

**asperity** acerbity, acrimony, bitterness, churlishness, crabbedness, crossness, harshness, irascibility, irritability, moroseness, peevishness, roughness, ruggedness, severity, sharpness, sourness, sullenness

**asphyxiate** choke, smother, stifle, strangle, strangulate, suffocate, throttle

**aspirant**
- **N. 1.** applicant, aspirer, candidate, hopeful, postulant, seeker, suitor
- **ADJ. 2.** ambitious, aspiring, eager, endeavouring, hopeful, longing, striving, wishful

**aspiration** aim, ambition, craving, desire, dream, eagerness, endeavour, goal, hankering, hope, longing, object, objective, wish, yearning

**aspire** aim, be ambitious, be eager, crave, desire, dream, hanker, hope, long, pursue, seek, wish, yearn

**aspiring** ADJ. ambitious, aspirant, eager, endeavouring, hopeful, longing, striving, wishful, would-be

**ass** 1. donkey, jennet, moke *(Sl.)* 2. airhead *(Sl.)*, berk *(Brit. sl.)*, blockhead, bonehead *(Sl.)*, charlie *(Brit. inf.)*, coot, daftie *(Inf.)*, dickhead *(Sl.)*, dipstick *(Brit. sl.)*, divvy *(Brit. sl.)*, dolt, dope *(Inf.)*, dork *(Sl.)*, dunce, dweeb *(U.S. sl.)*, fool, fuckwit *(Taboo sl.)*, geek *(Sl.)*, gonzo *(Sl.)*, halfwit, idiot, jackass, jerk *(Sl., chiefly U.S. & Canad.)*, nerd *or* nurd *(Sl.)*, nincompoop, ninny, nitwit *(Inf.)*, numskull *or* numbskull, oaf, pillock *(Brit. sl.)*, plank *(Brit. sl.)*, plonker *(Sl.)*, prat *(Sl.)*, prick *(Derogatory sl.)*, schmuck *(U.S. sl.)*, simpleton, twerp *or* twirp *(Inf.)*, twit *(Inf., chiefly Brit.)*, wally *(Sl.)*

**assail** 1. assault, attack, belabour, beset, charge, encounter, fall upon, invade, lay into *(Inf.)*, maltreat, set about, set upon 2. abuse, berate, blast, criticize, impugn, lambast(e), malign, put down, revile, tear into *(Inf.)*, vilify

**assassin** eliminator *(Sl.)*, executioner, hatchet man *(Sl.)*, hit man *(Sl.)*, killer, liquidator, murderer, slayer

**assassinate** blow away *(Sl., chiefly U.S.)*, eliminate *(Sl.)*, hit *(Sl.)*, kill, liquidate, murder, slay, take out *(Sl.)*

**assault**
- N. 1. aggression, attack, charge, incursion, inroad, invasion, offensive, onset, onslaught, storm, storming, strike
- V. 2. assail, attack, belabour, beset, charge, fall upon, invade, lay into *(Inf.)*, set about, set upon, storm, strike at

**assay**
- V. 1. analyse, appraise, assess, evaluate, examine, inspect, investigate, prove, test, try, weigh
- N. 2. *(Archaic)* attempt, endeavour, essay, stab *(Inf.)*, try, venture 3. analysis, examination, inspection, investigation, test, trial

**assemble** 1. accumulate, amass, bring together, call together, collect, come together, congregate, convene, convoke, flock, forgather, gather, marshal, meet, muster, rally, round up, summon 2. build up, connect, construct, erect, fabricate, fit together, join, make, manufacture, piece together, put together, set up

**assembly** 1. accumulation, aggregation, assemblage, body, collection, company, conclave, conference, congregation, congress, convocation, council, crowd, diet, flock, gathering, group, house, mass, meeting, multitude, rally, synod, throng 2. building up, connecting, construction, erection, fabrication, fitting together, joining, manufacture, piecing together, putting together, setting up

**assent**
- V. 1. accede, accept, acquiesce, agree, allow, approve, comply, concur, consent, fall in with, go along with, grant, permit, sanction, subscribe
- N. 2. acceptance, accession, accord, acquiescence, agreement, approval, compliance, concurrence, consent, permission, sanction

**assert** 1. affirm, allege, asseverate, attest, aver, avouch *(Archaic)*, avow, contend, declare, maintain, predicate, profess, pronounce, state, swear 2. claim, defend, insist upon, press, put forward, stand up for, stress, uphold, vindicate 3. **assert oneself** exert one's influence, make one's presence felt, put oneself forward

**assertion** 1. affirmation, allegation, asseveration, attestation, avowal, contention, declaration, predication, profession, pronouncement, statement 2. defence, insistence, maintenance, stressing, vindication

**assertive** aggressive, confident, decided, decisive, demanding, dogmatic, domineering, emphatic, feisty *(Inf., chiefly U.S. & Canad.)*, firm, forceful, forward, insistent, overbearing, positive, pushy *(Inf.)*, self-assured, strong-willed

**assess** 1. appraise, compute, determine, estimate, evaluate, eye up, fix, gauge, judge, rate, size up *(Inf.)*, value, weigh 2. demand, evaluate, fix, impose, levy, rate, tax, value

**assessment** 1. appraisal, computation, determination, estimate, estimation, evaluation, judg(e)ment, rating, valuation 2. charge, demand, duty, evaluation, fee, impost, levy, rate, rating, tariff, tax, taxation, toll, valuation

**asset** 1. advantage, aid, benefit, blessing, boon, help, resource, service 2. *Plural* capital, estate, funds, goods, holdings, means, money, possessions, property, reserves, resources, valuables, wealth

**assiduous** attentive, constant, diligent, hardworking, indefatigable, industrious, laborious, persevering, persistent, sedulous, steady, studious, unflagging, untiring, unwearied

**assign** 1. appoint, choose, delegate, designate, name, nominate, select 2. allocate, allot, apportion, consign, distribute, give, give out, grant, make over 3. appoint, appropriate, determine, fix, set apart, stipulate 4. accredit, ascribe, attribute, put down

**assignment** 1. appointment, charge, commission, duty, job, mission, position, post, responsibility, task 2. allocation, allotment, appointment, apportionment, appropriation, ascription, assignation *(Law, chiefly Scot.)*, attribution, choice, consignment, delegation, designation, determination, distribution, giving, grant, nomination, selection, specification, stipulation

**assist** abet, aid, back, benefit, boost, collaborate, cooperate, encourage, expedite, facilitate, further, help, promote, reinforce, relieve, second, serve, succour, support, sustain, work for, work with

**assistance** abetment, aid, backing, benefit, boost, collaboration, cooperation, encouragement, furtherance, help, helping hand, promotion, reinforcement, relief, service, succour, support, sustenance

**assistant** abettor, accessory, accomplice, aide, aider, ally, associate, auxiliary, backer, coadjutor *(Rare)*, collaborator, colleague, confederate, cooperator, helper, helpmate, henchman, partner, protagonist, right-hand man, second, supporter

**associate**
- V. 1. affiliate, ally, combine, confederate, conjoin, connect, correlate, couple, identify, join, league, link, lump together, mix, pair, relate, think of together, unite, yoke 2. accompany, befriend, be friends, consort, fraternize, hang about, hang out *(Inf.)*, hobnob, mingle, mix, run around *(Inf.)*
- N. 3. ally, collaborator, colleague, companion, compeer, comrade, confederate, confrère, coworker, follower, friend, mate, partner

**association** 1. affiliation, alliance, band, clique, club, coalition, combine, company, confederacy, confederation, cooperative, corporation, federation, fraternity, group, league, order, organization, partnership, society, syndicate, union 2. affinity, companionship, comradeship, familiarity, fellowship, fraternization, friendship, intimacy, liaison, partnership, relations, relationship 3. blend, bond, combination, concomitance, connection, correlation, identification, joining, juxtaposition, linkage, linking, lumping together, mixing, mixture, pairing, relation, tie, union, yoking

**assort** arrange, array, categorize, classify, dispose, distribute, file, grade, group, range, rank, sort, type

**assorted** 1. different, diverse, diversified, heterogeneous, manifold, miscellaneous, mixed, motley, sundry, varied, variegated, various 2. arranged, arrayed, categorized, classified, disposed, filed, graded, grouped, ranged, ranked, sorted, typed

**assortment** 1. array, choice, collection, diversity, farrago, hotchpotch, jumble, medley, mélange, miscellany, mishmash, mixed bag *(Inf.)*, mixture, potpourri, salmagundi, selection, variety 2. arrangement, categorizing, classification, disposition, distribution, filing, grading, grouping, ranging, ranking, sorting, typing

**assume** 1. accept, believe, expect, fancy, guess *(Inf., chiefly U.S. & Canad.)*, imagine, infer, presume, presuppose, suppose, surmise, suspect, take for granted, think 2. adopt, affect, counterfeit, feign, imitate, impersonate, mimic, pretend to, put on, sham, simulate 3. accept, acquire, attend to, begin, don, embark upon, embrace, enter upon, put on, set about, shoulder, take on, take over, take responsibility for, take up, undertake 4. acquire, appropriate, arrogate, commandeer, expropriate, pre-empt, seize, take, take over, usurp

**assumption** 1. acceptance, belief, conjecture, expectation, fancy, guess, hypothesis, inference, postulate, postulation, premise, premiss, presumption, presupposition, supposition, surmise, suspicion, theory 2. acceptance, acquisition, adoption, embracing, entering upon, putting on, shouldering, takeover, taking on, taking up, undertaking 3. acquisition, appropriation, arrogation, expropriation, pre-empting, seizure, takeover, taking, usurpation 4. arrogance, conceit, imperiousness, presumption, pride, self-importance

**assurance** 1. affirmation, assertion, declaration, guarantee, oath, pledge, profession, promise, protestation, vow, word, word of honour 2. assertiveness, assuredness, boldness, certainty, certitude, confidence, conviction, coolness, courage, faith, firmness, nerve, poise, positiveness, security, self-confidence, self-reliance, sureness 3. arrogance, brass neck *(Brit. inf.)*, chutzpah *(U.S. & Canad. inf.)*, effrontery, gall *(Inf.)*, impudence, neck *(Inf.)*, nerve *(Inf.)*, presumption

**assure** 1. comfort, convince, embolden, encourage, hearten, persuade, reassure, soothe 2. affirm, attest, certify, confirm, declare confidently, give one's word to, guarantee, pledge, promise, swear, vow 3. clinch, complete, confirm, ensure, guarantee, make certain, make sure, seal, secure

**assured** 1. beyond doubt, clinched, confirmed, dependable, ensured, fixed, guaranteed, indubitable, irrefutable, made certain, sealed, secure, settled, sure, unquestionable 2. assertive, audacious, bold, brazen, certain, complacent, confident, overconfident, poised, positive, pushy *(Inf.)*, self-assured, self-confident, self-possessed, sure of oneself

**astonish** amaze, astound, bewilder, confound, daze, dumbfound, flabbergast *(Inf.)*, stagger, stun, stupefy, surprise

**astonishing** amazing, astounding, bewildering, breathtaking, brilliant, impressive, sensational *(Inf.)*, staggering, striking, stunning, stupefying, surprising, wondrous *(Archaic or literary)*

**astonishment** amazement, awe, bewilderment, confusion, consternation, stupefaction, surprise, wonder, wonderment

**astounding** amazing, astonishing, bewildering, breathtaking, brilliant, impressive, sensational *(Inf.)*, staggering, striking, stunning, stupefying, surprising, wondrous *(Archaic or literary)*

**astray** ADJ./ADV. 1. adrift, afield, amiss, lost, off, off course, off the mark, off the right track, off the subject 2. into error, into sin, to the bad, wrong

**astronaut** cosmonaut, spaceman, space pilot, space traveller, spacewoman

**astute** adroit, artful, bright, calculating, canny, clever, crafty, cunning, discerning, foxy, insightful, intelligent, keen, knowing, penetrating, perceptive, politic, sagacious, sharp, shrewd, sly, subtle, wily

**astuteness** acumen, adroitness, artfulness, brightness, canniness, cleverness, craftiness, cunning, discernment, foxiness, insight, intelligence, keenness, knowledge, penetration, perceptiveness, sagacity, sharpness, shrewdness, slyness, smarts *(Sl., chiefly U.S.)*, subtlety, suss *(Sl.)*, wiliness

**asylum** 1. harbour, haven, preserve, refuge, retreat, safety, sanctuary, shelter 2. *(Old-fashioned)* funny farm *(Facetious)*, hospital, institution, laughing academy *(U.S. sl.)*, loony bin *(Sl.)*, madhouse *(Inf.)*, mental hospital, nuthouse *(Sl.)*, psychiatric hospital, rubber room *(U.S. sl.)*

**atheism** disbelief, freethinking, godlessness, heathenism, infidelity, irreligion, nonbelief, paganism, scepticism, unbelief

**atheist** disbeliever, freethinker, heathen, infidel, irreligionist, nonbeliever, pagan, sceptic, unbeliever

**athlete** competitor, contender, contestant, games player, gymnast, player, runner, sportsman, sportswoman

**athletic**
- ADJ. 1. able-bodied, active, brawny, energetic, fit, herculean, husky *(Inf.)*, lusty, muscular, powerful, robust, sinewy, strapping, strong, sturdy, vigorous, well-proportioned
- PL. N. 2. contests, exercises, games of strength, gymnastics, races, sports, track and field events

**atmosphere** 1. aerosphere, air, heavens, sky 2. air, ambience, aura, character, climate, environment, feel, feeling, flavour, mood, quality, spirit, surroundings, tone, vibes (Sl.)

**atom** bit, crumb, dot, fragment, grain, iota, jot, mite, molecule, morsel, mote, particle, scintilla (Rare), scrap, shred, speck, spot, tittle, trace, whit

**atone 1.** (With **for**) answer for, compensate, do penance for, make amends for, make redress, make reparation for, make up for, pay for, recompense, redress **2.** appease, expiate, make expiation for, propitiate, reconcile, redeem

**atrocious 1.** barbaric, brutal, cruel, diabolical, fiendish, flagrant, godawful (Sl.), heinous, hellacious (U.S. sl.), infamous, infernal, inhuman, monstrous, nefarious, ruthless, savage, vicious, villainous, wicked **2.** appalling, detestable, execrable, grievous, horrible, horrifying, shocking, terrible

**atrocity 1.** abomination, act of savagery, barbarity, brutality, crime, cruelty, enormity, evil, horror, monstrosity, outrage, villainy **2.** atrociousness, barbarity, barbarousness, brutality, cruelty, enormity, fiendishness, grievousness, heinousness, horror, infamy, inhumanity, monstrousness, nefariousness, ruthlessness, savagery, shockingness, viciousness, villainousness, wickedness

**attach 1.** add, adhere, affix, annex, append, bind, connect, couple, fasten, fix, join, link, make fast, secure, stick, subjoin, tie, unite **2.** accompany, affiliate, associate, become associated with, combine, enlist, join, join forces with, latch on to, sign on with, sign up with, unite with **3.** ascribe, assign, associate, attribute, connect, impute, invest with, lay, place, put **4.** allocate, allot, appoint, assign, consign, designate, detail, earmark, second, send

**attachment 1.** adapter, bond, clamp, connection, connector, coupling, fastener, fastening, joint, junction, link, tie **2.** affection, affinity, attraction, bond, devotion, fidelity, fondness, friendship, liking, love, loyalty, partiality, possessiveness, predilection, regard, tenderness **3.** accessory, accoutrement, adapter, addition, add-on, adjunct, appendage, appurtenance, auxiliary, extension, extra, fitting, fixture, supplement, supplementary part

**attack**
▶ N. **1.** aggression, assault, charge, foray, incursion, inroad, invasion, offensive, onset, onslaught, raid, rush, strike **2.** abuse, blame, calumny, censure, character assassination, criticism, denigration, impugnment, stick (Sl.), vilification **3.** access, bout, convulsion, fit, paroxysm, seizure, spasm, spell, stroke
▶ V. **4.** assail, assault, charge, fall upon, invade, lay into (Inf.), raid, rush, set about, set upon, storm, strike (at) **5.** abuse, berate, blame, blast, censure, criticize, excoriate, impugn, lambast(e), malign, put down, revile, tear into (Inf.), vilify

**attacker** aggressor, assailant, assaulter, intruder, invader, raider

**attain** accomplish, achieve, acquire, arrive at, bring off, complete, earn, effect, fulfil, gain, get, grasp, obtain, procure, reach, realize, reap, score (Sl.), secure, win

**attainment 1.** accomplishment, achievement, acquirement, acquisition, arrival at, completion, feat, fulfilment, gaining, getting, obtaining, procurement, reaching, realization, reaping, winning **2.** ability, accomplishment, achievement, art, capability, competence, gift, mastery, proficiency, skill, talent

**attempt**
▶ N. **1.** assault, attack, bid, crack (Inf.), effort, endeavour, essay, experiment, go (Inf.), shot (Inf.), stab (Inf.), trial, try, undertaking, venture
▶ V. **2.** endeavour, essay, experiment, have a crack (go, shot, stab) (Inf.), seek, strive, tackle, take on, try, try one's hand at, undertake, venture

**attend 1.** appear, be at, be here, be present, be there, frequent, go to, haunt, make one (Archaic), put in an appearance, show oneself, show up (Inf.), turn up, visit **2.** care for, look after, mind, minister to, nurse, take care of, tend **3.** follow, hear, hearken (Archaic), heed, listen, look on, mark, mind, note, notice, observe, pay attention, pay heed, regard, take to heart, watch **4.** accompany, arise from, be associated with, be connected with, be consequent on, follow, go hand in hand with, issue from, occur with, result from **5.** (With **to**) apply oneself to, concentrate on, devote oneself to, get to work on, look after, occupy oneself with, see to, take care of **6.** accompany, chaperon(e), companion, convoy, escort, guard, squire, usher **7.** be in the service of, serve, wait upon, work for

**attendance 1.** appearance, attending, being there, presence **2.** audience, crowd, gate, house, number present, turnout

**attendant**
▶ N. **1.** aide, assistant, auxiliary, chaperon(e), companion, custodian, escort, flunky, follower, guard, guide, helper, lackey, menial, servant, steward, underling, usher, waiter
▶ ADJ. **2.** accessory, accompanying, associated, concomitant, consequent, related

**attention 1.** concentration, consideration, contemplation, deliberation, heed, heedfulness, intentness, mind, scrutiny, thinking, thought, thoughtfulness **2.** awareness, consciousness, consideration, notice, observation, recognition, regard **3.** care, concern, looking after, ministration, treatment **4.** Often plural assiduities, care, civility, compliment, consideration, courtesy, deference, gallantry, mindfulness, politeness, regard, respect, service

**attentive 1.** alert, awake, careful, concentrating, heedful, intent, listening, mindful, observant, regardful, studious, watchful **2.** accommodating, civil, conscientious, considerate, courteous, devoted, gallant, gracious, kind, obliging, polite, respectful, thoughtful

**attic** N. garret, loft

**attitude 1.** approach, disposition, frame of mind, mood, opinion, outlook, perspective, point of view, position, posture, stance, standing, view **2.** air, aspect, bearing, carriage, condition, demeanour, manner, mien (Literary), pose, position, posture, stance

**attract** allure, appeal to, bewitch, captivate, charm, decoy, draw, enchant, endear, engage, entice, fascinate, incline, induce, interest, invite, lure, pull (Inf.), tempt

**attraction** allure, appeal, attractiveness, bait, captivation, charm, come-on (Inf.), draw, enchantment, endearment, enticement, fascination, inducement, interest, invitation, lure, magnetism, pull (Inf.), temptation, temptingness

**attractive** agreeable, alluring, appealing, beautiful, captivating, charming, comely, engaging, enticing, fair, fascinating, fetching, glamorous, good-looking, gorgeous, handsome, interesting, inviting, likable or likeable, lovely, magnetic, pleasant, pleasing, prepossessing, pretty, seductive, tempting, winning, winsome

**attribute**
▶ V. **1.** apply, ascribe, assign, blame, charge, credit, impute, lay at the door of, put down to, refer, set down to, trace to
▶ N. **2.** aspect, character, characteristic, facet, feature, idiosyncrasy, indication, mark, note, peculiarity, point, property, quality, quirk, sign, symbol, trait, virtue

**auburn** chestnut-coloured, copper-coloured, henna, nutbrown, reddish-brown, russet, rust-coloured, tawny, Titian red

**audacious 1.** adventurous, bold, brave, courageous, daredevil, daring, dauntless, death-defying, enterprising, fearless, intrepid, rash, reckless, risky, valiant, venturesome **2.** assuming, brazen, cheeky, defiant, disrespectful, forward, fresh (Inf.), impertinent, impudent, insolent, pert, presumptuous, rude, sassy (U.S. inf.), shameless

**audacity 1.** adventurousness, audaciousness, boldness, bravery, courage, daring, dauntlessness, enterprise, fearlessness, front, guts (Inf.), intrepidity, nerve, rashness, recklessness, valour, venturesomeness **2.** audaciousness, brass neck (Brit. inf.), cheek, chutzpah (U.S. & Canad. inf.), defiance, disrespectfulness, effrontery, forwardness, gall (Inf.), impertinence, impudence, insolence, neck (Inf.), nerve, pertness, presumption, rudeness, shamelessness

**audible** clear, detectable, discernible, distinct, hearable, perceptible

**audience 1.** assemblage, assembly, congregation, crowd, gallery, gathering, house, listeners, onlookers, spectators, turnout, viewers **2.** devotees, fans, following, market, public **3.** consultation, hearing, interview, meeting, reception

**au fait** abreast of, au courant, clued-up (Inf.), conversant, expert, familiar, fully informed, in the know, in touch, knowledgeable, on the ball (Inf.), well-acquainted, well up

**augment** add to, amplify, boost, build up, dilate, enhance, enlarge, expand, extend, grow, heighten, increase, inflate, intensify, magnify, multiply, raise, reinforce, strengthen, swell

**augmentation** accession, addition, amplification, boost, build-up, dilation, enhancement, enlargement, expansion, extension, growth, heightening, increase, inflation, intensification, magnification, multiplication, reinforcement, rise, strengthening, swelling

**augur**
▶ N. **1.** auspex, diviner, haruspex, oracle, prophet, seer, soothsayer
▶ V. **2.** be an omen of, bespeak (Archaic), betoken, bode, foreshadow, harbinger, herald, portend, predict, prefigure, presage, promise, prophesy, signify

**augury 1.** divination, prediction, prophecy, soothsaying, sortilege **2.** auspice, forerunner, forewarning, harbinger, herald, omen, portent, precursor, presage, prognostication, promise, prophecy, sign, token, warning

**august** dignified, exalted, glorious, grand, high-ranking, imposing, impressive, kingly, lofty, magnificent, majestic, monumental, noble, regal, solemn, stately, superb

**auspice** N. **1.** Usually plural advocacy, aegis, authority, backing, care, championship, charge, control, countenance, guidance, influence, patronage, protection, sponsorship, supervision, support **2.** augury, indication, omen, portent, prognostication, prophecy, sign, token, warning

**auspicious** bright, encouraging, favourable, felicitous, fortunate, happy, hopeful, lucky, opportune, promising, propitious, prosperous, rosy, timely

**austere 1.** cold, exacting, forbidding, formal, grave, grim, hard, harsh, inflexible, rigorous, serious, severe, solemn, stern, stiff, strict, stringent, unfeeling, unrelenting **2.** abstemious, abstinent, ascetic, chaste, continent, economical, exacting, puritanical, rigid, self-denying, self-disciplined, sober, solemn, Spartan, strait-laced, strict, unrelenting **3.** bleak, economical, harsh, plain, severe, simple, spare, Spartan, stark, subdued, unadorned, unornamented

**austerity 1.** coldness, exactingness, forbiddingness, formality, gravity, grimness, hardness, harshness, inflexibility, rigour, seriousness, severity, solemnity, sternness, stiffness, strictness **2.** abstemiousness, abstinence, asceticism, chasteness, chastity, continence, economy, exactingness, puritanism, rigidity, self-denial, self-discipline, sobriety, solemnity, Spartanism, strictness **3.** economy, plainness, severity, simplicity, spareness, Spartanism, starkness

**authentic** accurate, actual, authoritative, bona fide, certain, dependable, factual, faithful, genuine, legitimate, original, pure, real, reliable, simon-pure (Rare), true, true-to-life, trustworthy, valid, veritable

**authenticity** accuracy, actuality, authoritativeness, certainty, dependability, factualness, faithfulness, genuineness, legitimacy, purity, realness, reliability, trustworthiness, truth, truthfulness, validity, veritableness, verity

**author** architect, composer, creator, designer, doer, fabricator, father, founder, framer, initiator, inventor, maker, mover, originator, parent, planner, prime mover, producer, writer

**authoritarian**
▶ ADJ. **1.** absolute, autocratic, despotic, dictatorial, disciplinarian, doctrinaire, dogmatic, domineering, harsh, imperious, rigid, severe, strict, tyrannical, unyielding
▶ N. **2.** absolutist, autocrat, despot, dictator, disciplinarian, tyrant

**authority 1.** ascendancy, charge, command, control, direction, domination, dominion, force, government, influence, jurisdiction, might, power, prerogative, right, rule, say-so, strength, supremacy, sway, weight **2. the authorities** administration, government, management, officialdom, police, powers that be, the establishment **3.** authorization, justification, licence, permission, permit, sanction, say-so, warrant **4.** arbiter, bible, connoisseur, expert, judge, master, professional, scholar, specialist, textbook **5.** attestation, avowal, declaration, evidence, profession, say-so, statement, testimony, word

**authorization** 1. ability, authority, power, right, say-so, strength 2. approval, credentials, leave, licence, permission, permit, sanction, say-so, warrant

**authorize** 1. accredit, commission, empower, enable, entitle, give authority 2. accredit, allow, approve, confirm, countenance, give authority for, give leave, license, permit, ratify, sanction, vouch for, warrant

**autocrat** absolutist, despot, dictator, tyrant

**autocratic** absolute, all-powerful, despotic, dictatorial, domineering, imperious, tyrannical, tyrannous, unlimited

**automatic** 1. automated, mechanical, mechanized, push-button, robot, self-acting, self-activating, self-moving, self-propelling, self-regulating 2. habitual, kneejerk, mechanical, perfunctory, routine, unconscious 3. instinctive, instinctual, involuntary, mechanical, natural, reflex, spontaneous, unconscious, unwilled 4. assured, certain, inescapable, inevitable, necessary, routine, unavoidable

**autonomous** free, independent, self-determining, self-governing, self-ruling, sovereign

**autonomy** freedom, home rule, independence, self-determination, self-government, self-rule, sovereignty

**autopsy** dissection, necropsy, postmortem, postmortem examination

**auxiliary**
▶ **ADJ. 1.** accessory, aiding, ancillary, assisting, back-up, emergency, fall-back, helping, reserve, secondary, subsidiary, substitute, supplementary, supporting
▶ **N. 2.** accessory, accomplice, ally, assistant, associate, companion, confederate, helper, henchman, partner, protagonist, reserve, subordinate, supporter

**available** accessible, applicable, at hand, at one's disposal, attainable, convenient, free, handy, obtainable, on hand, on tap, ready, ready for use, to hand, vacant

**avalanche** 1. landslide, landslip, snow-slide, snow-slip 2. barrage, deluge, flood, inundation, torrent

**avant-garde ADJ.** experimental, far-out (Sl.), ground-breaking, innovative, innovatory, pioneering, progressive, unconventional, way-out (Inf.)

**avaricious** acquisitive, close-fisted, covetous, grasping, greedy, mean, miserable, miserly, niggardly, parsimonious, penny-pinching, penurious, rapacious, stingy, tight-arsed (Taboo sl.), tight as a duck's arse (Taboo sl.), tight-assed (U.S. taboo sl.)

**avenge** even the score for, get even for (Inf.), hit back, punish, repay, requite, retaliate, revenge, take satisfaction for, take vengeance

**avenue** access, alley, approach, boulevard, channel, course, drive, driveway, entrance, entry, pass, passage, path, pathway, road, route, street, thoroughfare, way

**average**
▶ **N. 1.** common run, mean, medium, midpoint, norm, normal, par, rule, run, run of the mill, standard 2. **on average** as a rule, for the most part, generally, normally, typically, usually
▶ **ADJ. 3.** banal, common, commonplace, fair, general, indifferent, mediocre, middling, moderate, normal, not bad, ordinary, passable, regular, run-of-the-mill, so-so (Inf.), standard, tolerable, typical, undistinguished, unexceptional, usual 4. intermediate, mean, median, medium, middle
▶ **V. 5.** balance out to, be on average, do on average, even out to, make on average

**averse** antipathetic, backward, disinclined, hostile, ill-disposed, indisposed, inimical, loath, opposed, reluctant, unfavourable, unwilling

**aversion** abhorrence, animosity, antipathy, detestation, disgust, disinclination, dislike, distaste, hate, hatred, horror, hostility, indisposition, loathing, odium, opposition, reluctance, repugnance, repulsion, revulsion, unwillingness

**aviation** aeronautics, flight, flying, powered flight

**aviator** aeronaut, airman, flier, pilot

**avid** 1. ardent, devoted, eager, enthusiastic, fanatical, fervent, intense, keen, passionate, zealous 2. acquisitive, athirst, avaricious, covetous, grasping, greedy, hungry, insatiable, rapacious, ravenous, thirsty, voracious

**avoid** avert, body-swerve (Scot.), bypass, circumvent, dodge, duck (out of) (Inf.), elude, escape, eschew, evade, fight shy of, keep aloof from, keep away from, prevent, refrain from, shirk, shun, sidestep, steer clear of

**avoidance** body swerve (Scot.), circumvention, dodging, eluding, escape, eschewal, evasion, keeping away from, prevention, refraining, shirking, shunning, steering clear of

**avowed** acknowledged, admitted, confessed, declared, open, professed, self-proclaimed, sworn

**await** 1. abide, anticipate, expect, look for, look forward to, stay for, wait for 2. attend, be in readiness for, be in store for, be prepared for, be ready for, wait for

**awake**
▶ **V. 1.** awaken, rouse, wake, wake up 2. activate, alert, animate, arouse, awaken, call forth, enliven, excite, fan, incite, kindle, provoke, revive, stimulate, stir up, vivify
▶ **ADJ. 3.** alert, alive, aroused, attentive, awakened, aware, conscious, heedful, not sleeping, observant, on guard, on the alert, on the lookout, vigilant, wakeful, waking, watchful, wide-awake

**awaken** activate, alert, animate, arouse, awake, call forth, enliven, excite, fan, incite, kindle, provoke, revive, rouse, stimulate, stir up, vivify, wake

**awakening N.** activation, animating, arousal, awaking, birth, enlivening, incitement, kindling, provocation, revival, rousing, stimulation, stirring up, vivification, waking, waking up

**award**
▶ **V. 1.** accord, adjudge, allot, apportion, assign, bestow, confer, decree, distribute, endow, gift, give, grant, hand out, present, render
▶ **N. 2.** adjudication, allotment, bestowal, conferment, conferral, decision, decree, endowment, gift, hand-out, order, presentation, stipend 3. decoration, gift, grant, prize, trophy, verdict

**aware** acquainted, alive to, appreciative, apprised, attentive, au courant, clued-up (Inf.), cognizant, conscious, conversant, enlightened, familiar, hip (Sl.), informed, knowing, knowledgeable, mindful, sensible, sentient, wise (Sl.)

**awareness** acquaintance, appreciation, attention, cognizance, consciousness, enlightenment, familiarity, knowledge, mindfulness, perception, realization, recognition, sensibility, sentience, understanding

**away**
▶ **ADV. 1.** abroad, elsewhere, from here, from home, hence, off 2. apart, at a distance, far, remote 3. aside, out of the way, to one side 4. continuously, incessantly, interminably, relentlessly, repeatedly, uninterruptedly, unremittingly
▶ **ADJ. 5.** abroad, absent, elsewhere, gone, not at home, not here, not present, not there, out
▶ **INTERJ. 6.** beat it (Sl.), begone, be off, bugger off (Taboo sl.), fuck off (Offens. taboo sl.), get lost (Inf.), get out, go, go away, on your bike (Sl.), on your way

**awe**
▶ **N. 1.** admiration, amazement, astonishment, dread, fear, horror, respect, reverence, terror, veneration, wonder
▶ **V. 2.** amaze, astonish, cow, daunt, frighten, horrify, impress, intimidate, stun, terrify

**awe-inspiring** amazing, astonishing, awesome, breathtaking, daunting, fearsome, impressive, intimidating, magnificent, striking, stunning (Inf.), wonderful, wondrous (Archaic or literary)

**awe-struck** afraid, amazed, astonished, awed, awe-inspired, cowed, daunted, dumbfounded, fearful, frightened, horrified, impressed, intimidated, shocked, struck dumb, stunned, terrified, wonder-stricken, wonder-struck

**awful** 1. abysmal, alarming, appalling, deplorable, dire, distressing, dreadful, fearful, frightful, ghastly, godawful (Sl.), gruesome, harrowing, hellacious (U.S. sl.), hideous, horrendous, horrible, horrid, horrific, horrifying, nasty, shocking, terrible, tremendous, ugly, unpleasant, unsightly 2. (Archaic) amazing, awe-inspiring, awesome, dread, fearsome, majestic, portentous, solemn

**awfully** 1. badly, disgracefully, disreputably, dreadfully, inadequately, reprehensibly, shoddily, unforgivably, unpleasantly, wickedly, woefully, wretchedly 2. (Inf.) badly, dreadfully, exceedingly, exceptionally, excessively, extremely, greatly, immensely, quite, terribly, very, very much

**awhile** briefly, for a little while, for a moment, for a short time, for a while

**awkward** 1. all thumbs, artless, blundering, bungling, clownish, clumsy, coarse, gauche, gawky, graceless, ham-fisted, ham-handed, ill-bred, inelegant, inept, inexpert, lumbering, maladroit, oafish, rude, skill-less, stiff, uncoordinated, uncouth, ungainly, ungraceful, unpolished, unrefined, unskilful, unskilled 2. cumbersome, difficult, inconvenient, troublesome, unhandy, unmanageable, unwieldy 3. compromising, cringe-making (Brit. inf.), delicate, difficult, embarrassed, embarrassing, ill at ease, inconvenient, inopportune, painful, perplexing, sticky (Inf.), thorny, ticklish, troublesome, trying, uncomfortable, unpleasant, untimely 4. annoying, bloody-minded (Brit. inf.), difficult, disobliging, exasperating, hard to handle, intractable, irritable, perverse, prickly, stubborn, touchy, troublesome, trying, uncooperative, unhelpful, unpredictable, vexatious, vexing 5. chancy (Inf.), dangerous, difficult, hazardous, perilous, risky

**awkwardness** 1. artlessness, clownishness, clumsiness, coarseness, gaucheness, gaucherie, gawkiness, gracelessness, ill-breeding, inelegance, ineptness, inexpertness, maladroitness, oafishness, rudeness, skill-lessness, stiffness, uncoordination, uncouthness, ungainliness, unskilfulness, unskilledness 2. cumbersomeness, difficulty, inconvenience, troublesomeness, unhandiness, unmanageability, unwieldiness 3. delicacy, difficulty, discomfort, embarrassment, inconvenience, inopportuneness, painfulness, perplexingness, stickiness (Inf.), thorniness, ticklishness, unpleasantness, untimeliness 4. bloody-mindedness (Brit. inf.), difficulty, disobligingness, intractability, irritability, perversity, prickliness, stubbornness, touchiness, uncooperativeness, unhelpfulness, unpredictability 5. chanciness (Inf.), danger, difficulty, hazardousness, peril, perilousness, risk, riskiness

**axe**
▶ **N. 1.** adze, chopper, hatchet 2. **an axe to grind** grievance, personal consideration, pet subject, private ends, private purpose, ulterior motive 3. **the axe** (Inf.) cancellation, cutback, discharge, dismissal, termination, the boot (Sl.), the chop (Sl.), the (old) heave-ho (Inf.), the order of the boot (Sl.), the sack (Inf.), wind-up
▶ **V. 4.** chop, cut down, fell, hew 5. (Inf.) cancel, cut back, discharge, dismiss, dispense with, eliminate, fire (Inf.), get rid of, oust, relegate, remove, sack (Inf.), terminate, throw out, turn off (Inf.), wind up

**axiom** adage, aphorism, apophthegm, dictum, fundamental, gnome, maxim, postulate, precept, principle, truism

**axiomatic** 1. absolute, accepted, apodictic, assumed, certain, fundamental, given, granted, indubitable, manifest, presupposed, self-evident, understood, unquestioned 2. aphoristic, apophthegmatic, epigrammatic, gnomic, pithy, terse

**axis** 1. axle, centre line, pivot, shaft, spindle 2. alliance, bloc, coalition, compact, entente, league, pact

**axle** arbor, axis, mandrel, pin, pivot, rod, shaft, spindle

✦ ✦ ✦ ✦ ✦ ✦ ✦ ✦ ✦ ✦ ✦ ✦ ✦ ✦ ✦ ✦ ✦ ✦ ✦ ✦ ✦ ✦

# B

**babble**
▶ **V. 1.** blab, burble, cackle, chatter, gabble, gibber, gurgle, jabber, mumble, murmur, mutter, prate, prattle, rabbit (on) (Brit. inf.), run off at the mouth (Sl.), waffle (Inf., chiefly Brit.)
▶ **N. 2.** burble, clamour, drivel, gabble, gibberish, murmur, waffle (Inf., chiefly Brit.)

**babe** 1. ankle-biter (Aust. sl.), baby, bairn (Scot.), child, infant, nursling, rug rat (Sl.), sprog (Sl.), suckling 2. babe in arms, ingénue, innocent

**baby**
▶ **N. 1.** ankle-biter (Aust. sl.), babe, bairn (Scot.), child, infant, newborn child, rug rat (Sl.), sprog (Sl.)
▶ **ADJ. 2.** diminutive, dwarf, little, midget, mini, miniature, minute, pygmy or pigmy, small, teensy-weensy, teeny-weeny, tiny, wee

► V. 3. coddle, cosset, humour, indulge, mollycoddle, overindulge, pamper, pet, spoil, spoon-feed

**babyish** baby, childish, foolish, immature, infantile, juvenile, namby-pamby, puerile, silly, sissy, soft *(Inf.)*, spoiled

**back**

► V. 1. abet, advocate, assist, champion, countenance, encourage, endorse, espouse, favour, finance, promote, sanction, second, side with, sponsor, subsidize, support, sustain, underwrite **2.** backtrack, go back, move back, regress, retire, retreat, reverse, turn tail, withdraw

► N. 3. backside, end, far end, hind part, hindquarters, posterior, rear, reverse, stern, tail end

► ADJ. 4. end, hind, hindmost, posterior, rear, tail **5.** *(From an earlier time)* delayed, earlier, elapsed, former, overdue, past, previous **6. behind one's back** covertly, deceitfully, secretly, sneakily, surreptitiously

**backbone** **1.** *(Medical)* spinal column, spine, vertebrae, vertebral column **2.** bottle *(Brit. sl.)*, character, courage, determination, firmness, fortitude, grit, hardihood, mettle, moral fibre, nerve, pluck, resolution, resolve, stamina, steadfastness, strength of character, tenacity, toughness, will, willpower **3.** basis, foundation, mainstay, support

**back-breaking** arduous, crushing, exhausting, gruelling, hard, killing, laborious, punishing, strenuous, toilsome, wearing, wearying

**back down** accede, admit defeat, back-pedal, concede, give in, surrender, withdraw, yield

**backer** advocate, angel *(Inf.)*, benefactor, patron, promoter, second, sponsor, subscriber, supporter, underwriter, well-wisher

**backfire** boomerang, disappoint, fail, flop *(Inf.)*, miscarry, rebound, recoil

**background** breeding, circumstances, credentials, culture, education, environment, experience, grounding, history, milieu, preparation, qualifications, tradition, upbringing

**backhanded** ambiguous, double-edged, equivocal, indirect, ironic, oblique, sarcastic, sardonic, two-edged

**backing** abetment, accompaniment, advocacy, aid, assistance, championing, encouragement, endorsement, espousal, funds, grant, moral support, patronage, promotion, sanction, seconding, sponsorship, subsidy, support

**backlash** backfire, boomerang, counteraction, counterblast, kickback, reaction, recoil, repercussion, resentment, resistance, response, retaliation, retroaction

**backlog** accumulation, build-up, excess, hoard, reserve, reserves, resources, stock, supply

**back out** abandon, cancel, chicken out *(Inf.)*, cop out *(Sl.)*, give up, go back on, recant, renege, resign, retreat, withdraw

**backslide** fall from grace, go astray, go wrong, lapse, regress, relapse, renege, retrogress, revert, sin, slip, stray, weaken

**backslider** apostate, deserter, recidivist, recreant, renegade, reneger, turncoat

**back up** aid, assist, bolster, confirm, corroborate, reinforce, second, stand by, substantiate, support

**backward**

► ADJ. 1. bashful, diffident, hesitating, late, reluctant, shy, sluggish, tardy, unwilling, wavering **2.** behind, behindhand, braindead *(Inf.)*, dense, dozy *(Brit. inf.)*, dull, obtuse, retarded, slow, stupid, subnormal, underdeveloped, undeveloped

► ADV. 3. aback, behind, in reverse, rearward

**backwoods**

► ADJ. 1. agrestic, hick *(Inf., chiefly U.S. & Canad.)*, isolated, remote, rustic, uncouth

► N. 2. back of beyond, middle of nowhere, outback, sticks *(Inf.)*

**bacteria** bacilli, bugs *(Sl.)*, germs, microbes, microorganisms, pathogens, viruses

**bad** **1.** chickenshit *(U.S. sl.)*, defective, deficient, duff *(Brit. inf.)*, erroneous, fallacious, faulty, imperfect, inadequate, incorrect, inferior, of a sort *or* of sorts, pathetic, poor, poxy *(Sl.)*, substandard, unsatisfactory **2.** damaging, dangerous, deleterious, detrimental, harmful, hurtful, injurious, ruinous, unhealthy **3.** base, corrupt, criminal, delinquent, evil, immoral, mean, sinful, vile, villainous, wicked, wrong **4.** disobedient, mischievous, naughty, unruly **5.** decayed, mouldy, off, putrid, rancid, rotten, sour, spoiled **6.** disastrous, distressing, grave, harsh, painful, serious, severe, terrible **7.** ailing, diseased, ill, sick, unwell **8.** apologetic, conscience-stricken, contrite, guilty, regretful, remorseful, sad, sorry, upset **9.** adverse, discouraged, discouraging, distressed, distressing, gloomy, grim, melancholy, troubled, troubling, unfortunate, unpleasant **10. not bad** all right, average, fair, fair to middling *(Inf.)*, moderate, OK *or* okay *(Inf.)*, passable, respectable, so-so *(Inf.)*, tolerable

**badge** brand, device, emblem, identification, insignia, mark, sign, stamp, token

**badger** bend someone's ear *(Inf.)*, bully, chivvy, goad, harass, harry, hound, importune, nag, pester, plague, torment

**badly** **1.** carelessly, defectively, erroneously, faultily, imperfectly, inadequately, incorrectly, ineptly, poorly, shoddily, wrong, wrongly **2.** unfavourably, unfortunately, unsuccessfully **3.** criminally, evilly, immorally, improperly, naughtily, shamefully, unethically, wickedly **4.** acutely, deeply, desperately, exceedingly, extremely, gravely, greatly, intensely, painfully, seriously, severely

**baffle** **1.** amaze, astound, bewilder, confound, confuse, daze, disconcert, dumbfound, elude, flummox, mystify, nonplus, perplex, puzzle, stump, stun **2.** balk, check, defeat, foil, frustrate, hinder, thwart, upset

**bag** V. **1.** balloon, bulge, droop, sag, swell **2.** acquire, capture, catch, gain, get, kill, land, shoot, take, trap

**baggage** accoutrements, bags, belongings, equipment, gear, impedimenta, luggage, paraphernalia, suitcases, things

**baggy** billowing, bulging, droopy, floppy, ill-fitting, loose, oversize, roomy, sagging, seated, slack

**bail**[1] N. bond, guarantee, guaranty, pledge, security, surety, warranty

**bail**[2], **bale** V. dip, drain off, ladle, scoop

**bail out, bale out** **1.** aid, help, relieve, rescue **2.** escape, quit, retreat, withdraw

**bait**

► N. 1. allurement, attraction, bribe, decoy, enticement, inducement, lure, snare, temptation

► V. 2. aggravate *(Inf.)*, annoy, be on one's back *(Sl.)*, bother, gall, get in one's hair *(Inf.)*, get on one's nerves *(Inf.)*, harass, hassle *(Inf.)*, hound, irk, irritate, nark *(Brit., Aust., & N.Z. sl.)*, needle *(Inf.)*, persecute, piss one off *(Taboo sl.)*, provoke, tease, torment, wind up *(Brit. sl.)* **3.** allure, beguile, entice, lure, seduce, tempt

**balance**

► V. 1. level, match, parallel, poise, stabilize, steady **2.** adjust, compensate for, counteract, counterbalance, counterpoise, equalize, equate, make up for, neutralize, offset **3.** assess, compare, consider, deliberate, estimate, evaluate, weigh **4.** calculate, compute, settle, square, tally, total

► N. 5. correspondence, equilibrium, equipoise, equity, equivalence, evenness, parity, symmetry **6.** composure, equanimity, poise, self-control, self-possession, stability, steadiness **7.** difference, remainder, residue, rest, surplus

**balanced** disinterested, equitable, even-handed, fair, impartial, just, unbiased, unprejudiced

**balance sheet** account, budget, credits and debits, ledger, report, statement

**balcony** **1.** terrace, veranda(h) **2.** gallery, gods, upper circle

**bald** **1.** baldheaded, baldpated, depilated, glabrous *(Biol.)*, hairless **2.** barren, bleak, exposed, naked, stark, treeless, uncovered **3.** bare, blunt, direct, downright, forthright, outright, plain, severe, simple, straight, straightforward, unadorned, unvarnished, upfront *(Inf.)*

**balderdash** balls *(Taboo sl.)*, bilge *(Inf.)*, bosh *(Inf.)*, bull *(Sl.)*, bullshit *(Taboo sl.)*, bunk *(Inf.)*, bunkum *or* buncombe *(Chiefly U.S.)*, claptrap *(Inf.)*, cobblers *(Brit. taboo sl.)*, crap *(Sl.)*, drivel, eyewash *(Inf.)*, garbage *(Inf.)*, gibberish, guff *(Sl.)*, hogwash, hokum *(Sl., chiefly U.S. & Canad.)*, horsefeathers *(U.S. sl.)*, hot air *(Inf.)*, moonshine, nonsense, pap, piffle *(Inf.)*, poppycock *(Inf.)*, rot, rubbish, shit *(Taboo sl.)*, tommyrot, tosh *(Sl., chiefly Brit.)*, trash, tripe *(Inf.)*, twaddle

**baldness** **1.** alopecia *(Pathology)*, baldheadedness, baldpatedness, glabrousness *(Biol.)*, hairlessness **2.** barrenness, bleakness, nakedness, sparseness, starkness, treelessness **3.** austerity, bluntness, plainness, severity, simplicity, spareness

**bale** → **bail**[2]

**balk** **1.** demur, dodge, evade, flinch, hesitate, jib, recoil, refuse, resist, shirk, shrink from **2.** baffle, bar, check, counteract, defeat, disconcert, foil, forestall, frustrate, hinder, obstruct, prevent, thwart

**ball** **1.** drop, globe, globule, orb, pellet, sphere, spheroid **2.** ammunition, bullet, grapeshot, pellet, shot, slug

**ballast** balance, counterbalance, counterweight, equilibrium, sandbag, stability, stabilizer, weight

**balloon** V. belly, billow, bloat, blow up, dilate, distend, enlarge, expand, inflate, puff out, swell

**ballot** election, poll, polling, vote, voting

**ballyhoo** **1.** babble, commotion, fuss, hubbub, hue and cry, hullabaloo, noise, racket, to-do **2.** advertising, build-up, hype, promotion, propaganda, publicity

**balm** **1.** balsam, cream, embrocation, emollient, lotion, ointment, salve, unguent **2.** anodyne, comfort, consolation, curative, palliative, restorative, solace

**balmy** **1.** clement, mild, pleasant, summery, temperate **2.** *(also* **barmy***)* crackpot *(Inf.)*, crazy, daft *(Inf.)*, foolish, goofy *(Inf.)*, idiotic, insane, loony *(Sl.)*, loopy *(Inf.)*, nuts *(Sl.)*, nutty *(Sl.)*, odd, off one's trolley *(Sl.)*, out to lunch *(Inf.)*, silly, stupid, up the pole *(Inf.)*

**bamboozle** **1.** cheat, con *(Inf.)*, deceive, defraud, delude, dupe, fool, hoax, hoodwink, skin *(Sl.)*, swindle, trick **2.** baffle, befuddle, confound, confuse, mystify, perplex, puzzle, stump

**ban**

► V. 1. banish, bar, black, blackball, block, boycott, debar, disallow, disqualify, exclude, forbid, interdict, outlaw, prohibit, proscribe, restrict, suppress

► N. 2. block, boycott, censorship, embargo, interdict, interdiction, prohibition, proscription, restriction, stoppage, suppression, taboo

**banal** clichéd, cliché-ridden, commonplace, everyday, hackneyed, humdrum, mundane, old hat, ordinary, pedestrian, platitudinous, stale, stereotyped, stock, threadbare, tired, trite, unimaginative, unoriginal, vapid

**banality** bromide *(Inf.)*, cliché, commonplace, platitude, triteness, trite phrase, triviality, truism, vapidity

**band**[1] N. bandage, belt, binding, bond, chain, cord, fetter, fillet, ligature, manacle, ribbon, shackle, strap, strip, tie

**band**[2]

► N. 1. assembly, association, bevy, body, camp, clique, club, company, coterie, crew *(Inf.)*, gang, horde, party, posse *(Inf.)*, society, troop **2.** combo, ensemble, group, orchestra

► V. 3. affiliate, ally, consolidate, federate, gather, group, join, merge, unite

**bandage**

► N. 1. compress, dressing, gauze, plaster

► V. 2. bind, cover, dress, swathe

**bandit** brigand, crook, desperado, footpad, freebooter, gangster, gunman, highwayman, hijacker, marauder, outlaw, pirate, racketeer, robber, thief

**bandy**[1] V. barter, exchange, interchange, pass, shuffle, swap, throw, toss, trade

**bandy**[2] ADJ. bandy-legged, bent, bowed, bow-legged, crooked, curved

**bane** affliction, bête noire, blight, burden, calamity, curse, despair, destruction, disaster, downfall, misery, nuisance, pest, plague, ruin, scourge, torment, trial, trouble, woe

**baneful** baleful, calamitous, deadly, deleterious, destructive, disastrous, fatal, harmful, hurtful, injurious, maleficent, noxious, pernicious, pestilential, ruinous, venomous

**bang**

► N. 1. boom, burst, clang, clap, clash, detonation, explosion, peal, pop, report, shot, slam, thud, thump **2.** belt *(Inf.)*, blow, box, bump, cuff, hit, knock, punch, smack, stroke, wallop *(Inf.)*, whack

► V. 3. bash *(Inf.)*, beat, belt *(Inf.)*, bump, clatter, crash, hammer, knock, pound, pummel, rap, slam, strike, thump **4.** boom, burst, clang, detonate, drum, echo, explode, peal, resound, thump, thunder

► ADV. 5. abruptly, hard, headlong, noisily, precisely, slap, smack, straight, suddenly

**banish** **1.** deport, drive away, eject, evict, exclude, excommunicate, exile, expatriate, expel, ostracize, outlaw, shut out, transport **2.** ban, cast out, discard, dislodge, dismiss, dis-

**pel**, eliminate, eradicate, get rid of, oust, remove, shake off

**banishment** deportation, exile, expatriation, expulsion, proscription, transportation

**bankrupt** broke (Inf.), depleted, destitute, exhausted, failed, impoverished, insolvent, lacking, ruined, spent

**bankruptcy** disaster, exhaustion, failure, indebtedness, insolvency, lack, liquidation, ruin

**banner** banderole, burgee, colours, ensign, fanion, flag, gonfalon, pennant, pennon, standard, streamer

**bannister** balusters, balustrade, handrail, rail, railing

**bank**[1]
▶ N. **1.** banking, embankment, heap, mass, mound, pile, ridge **2.** brink, edge, margin, shore, side
▶ V. **3.** amass, heap, mass, mound, pile, stack **4.** camber, cant, heel, incline, pitch, slant, slope, tilt, tip

**bank**[2]
▶ N. **1.** accumulation, depository, fund, hoard, repository, reserve, reservoir, savings, stock, stockpile, store, storehouse
▶ V. **2.** deal with, deposit, keep, save, transact business with

**bank on** assume, believe in, count on, depend on, lean on, look to, rely on, trust

**banquet** dinner, feast, meal, repast, revel, treat

**banter**
▶ V. **1.** chaff, deride, jeer, jest, joke, josh (Sl., chiefly U.S. & Canad.), kid (Inf.), make fun of, rib (Inf.), ridicule, taunt, tease, twit
▶ N. **2.** badinage, chaff, chaffing, derision, jeering, jesting, joking, kidding (Inf.), mockery, persiflage, pleasantry, raillery, repartee, ribbing (Inf.), ridicule, wordplay

**baptism 1.** christening, immersion, purification, sprinkling **2.** beginning, debut, dedication, initiation, introduction, launching, rite of passage

**baptize 1.** besprinkle, cleanse, immerse, purify **2.** admit, enrol, initiate, recruit **3.** call, christen, dub, name, title

**bar**
▶ N. **1.** batten, crosspiece, paling, palisade, pole, rail, rod, shaft, stake, stick **2.** barricade, barrier, block, deterrent, hindrance, impediment, obstacle, obstruction, rail, railing, stop **3.** boozer (Brit., Aust., & N.Z. inf.), canteen, counter, inn, lounge, pub (Inf., chiefly Brit.), public house, saloon, taproom, tavern, watering hole (Facetious sl.) **4.** bench, court, courtroom, dock, law court **5.** (Law) barristers, body of lawyers, counsel, court, judg(e)ment, tribunal
▶ V. **6.** barricade, bolt, fasten, latch, lock, secure **7.** ban, black, blackball, exclude, forbid, hinder, keep out, obstruct, prevent, prohibit, restrain

**barb 1.** bristle, point, prickle, prong, quill, spike, spur, thorn **2.** affront, cut, dig, gibe, insult, rebuff, sarcasm, scoff, sneer

**barbarian**
▶ N. **1.** brute, hooligan, lout, lowbrow, ned (Sl.), ruffian, savage, vandal, yahoo **2.** bigot, boor, ignoramus, illiterate, lowbrow, philistine
▶ ADJ. **3.** boorish, crude, lowbrow, philistine, primitive, rough, uncouth, uncultivated, uncultured, unsophisticated, vulgar, wild

**barbaric 1.** primitive, rude, uncivilized, wild **2.** barbarous, boorish, brutal, coarse, crude, cruel, fierce, inhuman, savage, uncouth, vulgar

**barbarism 1.** coarseness, crudity, savagery, uncivilizedness **2.** atrocity, barbarity, enormity, outrage **3.** corruption, misusage, misuse, solecism, vulgarism

**barbarity** brutality, cruelty, inhumanity, ruthlessness, savagery, viciousness

**barbarous 1.** barbarian, brutish, primitive, rough, rude, savage, uncivilized, uncouth, wild **2.** barbaric, brutal, cruel, ferocious, heartless, inhuman, monstrous, ruthless, vicious **3.** coarse, crude, ignorant, uncultured, unlettered, unrefined, vulgar

**bare 1.** buck naked (Sl.), denuded, exposed, in the raw (Inf.), naked, naked as the day one was born (Inf.), nude, peeled, shorn, stripped, unclad, unclothed, uncovered, undressed, without a stitch on (Inf.) **2.** barren, blank, empty, lacking, mean, open, poor, scanty, scarce, unfurnished, vacant, void, wanting **3.** austere, bald, basic, cold, essential, hard, literal, plain, severe, sheer, simple, spare, spartan, stark, unadorned, unembellished, unvarnished

**barefaced 1.** audacious, bold, brash, brazen, impudent, insolent, shameless **2.** bald, blatant, flagrant, glaring, manifest, naked, obvious, open, palpable, patent, transparent, unconcealed

**barely** almost, hardly, just, only just, scarcely

**bargain**
▶ N. **1.** agreement, arrangement, business, compact, contract, convention, engagement, negotiation, pact, pledge, promise, stipulation, transaction, treaty, understanding **2.** (cheap) purchase, discount, giveaway, good buy, good deal, good value, reduction, snip (Inf.), steal (Inf.)
▶ V. **3.** agree, contract, covenant, negotiate, promise, stipulate, transact **4.** barter, buy, deal, haggle, sell, trade, traffic

**barge** canal boat, flatboat, lighter, narrow boat, scow

**barge in** break in, burst in, butt in, infringe, interrupt, intrude, muscle in (Inf.)

**barge into** bump into, cannon into, collide with, hit, push, shove

**bark**[1]
▶ N. **1.** casing, cortex (Anat., bot.), covering, crust, husk, rind, skin
▶ V. **2.** abrade, flay, rub, scrape, shave, skin, strip

**bark**[2]
▶ N./V. **1.** bay, growl, howl, snarl, woof, yap, yelp
▶ V. **2.** (Fig.) bawl, bawl at, berate, bluster, growl, shout, snap, snarl, yell

**barmy 1.** (also **balmy**) crackpot (Inf.), crazy, daft (Inf.), dippy, doolally (Sl.), foolish, goofy (Inf.), idiotic, insane, loony (Sl.), loopy (Inf.), nuts (Sl.), nutty (Sl.), odd, off one's trolley (Sl.), out to lunch (Inf.), silly, stupid, up the pole (Inf.) **2.** fermenting, foamy, frothy, spumy, yeasty

**baroque** bizarre, convoluted, elaborate, extravagant, flamboyant, florid, grotesque, ornate, overdecorated, rococo

**barracks** billet, camp, cantonment, casern, encampment, garrison, quarters

**barrage 1.** battery, bombardment, cannonade, curtain of fire, fusillade, gunfire, salvo, shelling, volley **2.** assault, attack, burst, deluge, hail, mass, onslaught, plethora, profusion, rain, storm, stream, torrent

**barren 1.** childless, infecund, infertile, sterile, unprolific **2.** arid, desert, desolate, dry, empty, unfruitful, unproductive, waste **3.** boring, dull, flat, fruitless, lacklustre, stale, uninformative, uninspiring, uninstructive, uninteresting, unrewarding, useless, vapid

**barricade**
▶ N. **1.** barrier, blockade, bulwark, fence, obstruction, palisade, rampart, stockade
▶ V. **2.** bar, block, blockade, defend, fortify, obstruct, protect, shut in

**barrier 1.** bar, barricade, block, blockade, boundary, ditch, fence, fortification, obstacle, obstruction, pale, railing, rampart, stop, wall **2.** (Fig.) check, difficulty, drawback, handicap, hindrance, hurdle, impediment, limitation, obstacle, restriction, stumbling block

**barter** bargain, exchange, haggle, sell, swap, trade, traffic

**base**[1]
▶ N. **1.** bed, bottom, foot, foundation, groundwork, pedestal, rest, stand, support **2.** basis, core, essence, essential, fundamental, heart, key, origin, principal, root, source **3.** camp, centre, headquarters, home, post, settlement, starting point, station
▶ V. **4.** build, construct, depend, derive, establish, found, ground, hinge, locate, station

**base**[2] **1.** abject, contemptible, corrupt, depraved, despicable, dishonourable, disreputable, evil, ignoble, immoral, infamous, scandalous, shameful, sordid, vile, villainous, vulgar, wicked **2.** downtrodden, grovelling, low, lowly, mean, menial, miserable, paltry, pitiful, poor, servile, slavish, sorry, subservient, worthless, wretched **3.** adulterated, alloyed, counterfeit, debased, fake, forged, fraudulent, impure, inferior, pinchbeck, spurious

**baseless** groundless, unconfirmed, uncorroborated, unfounded, ungrounded, unjustifiable, unjustified, unsubstantiated

**baseness 1.** contemptibility, degradation, depravation, depravity, despicability, disgrace, ignominy, infamy, notoriety, obloquy, turpitude **2.** lowliness, meanness, misery, poverty, servility, slavishness, subservience, vileness, worthlessness, wretchedness **3.** adulteration, debasement, fraudulence, phoneyness or phoniness (Inf.), pretence, speciousness, spuriousness

**bash**
▶ V. **1.** belt (Inf.), biff (Sl.), break, chin (Sl.), crash, crush, deck (Sl.), hit, lay one on (Sl.), punch, slosh (Brit. sl.), smash, sock (Sl.), strike, wallop (Inf.)
▶ N. **2.** attempt, crack (Inf.), go (Inf.), shot (Inf.), stab (Inf.), try

**bashful** abashed, blushing, confused, constrained, coy, diffident, easily embarrassed, nervous, overmodest, reserved, reticent, retiring, self-conscious, self-effacing, shamefaced, sheepish, shrinking, shy, timid, timorous

**basic** bog-standard (Inf.), central, elementary, essential, fundamental, indispensable, inherent, intrinsic, key, necessary, primary, radical, underlying, vital

**basically** at bottom, at heart, au fond, essentially, firstly, fundamentally, inherently, in substance, intrinsically, mostly, primarily, radically

**basics** brass tacks (Inf.), core, essentials, facts, fundamentals, hard facts, necessaries, nitty-gritty (Inf.), nuts and bolts (Inf.), practicalities, principles, rudiments

**basis 1.** base, bottom, footing, foundation, ground, groundwork, support **2.** chief ingredient, core, essential, fundamental, heart, premise, principal element, principle, theory

**bask 1.** laze, lie in, loll, lounge, relax, sunbathe, swim in, toast oneself, warm oneself **2.** delight in, enjoy, indulge oneself, luxuriate, relish, revel, savour, take pleasure, wallow

**bass** deep, deep-toned, grave, low, low-pitched, resonant, sonorous

**bastard**
▶ N. **1.** illegitimate (child), love child, natural child, whoreson (Archaic)
▶ ADJ. **2.** adulterated, baseborn, counterfeit, false, illegitimate, imperfect, impure, inferior, irregular, misbegotten, sham, spurious

**bastion** bulwark, citadel, defence, fastness, fortress, mainstay, prop, rock, stronghold, support, tower of strength

**bat** bang, hit, punch, rap, smack, strike, swat, thump, wallop (Inf.), whack

**batch** accumulation, aggregation, amount, assemblage, bunch, collection, crowd, group, lot, pack, quantity, set

**bath**
▶ N. **1.** ablution, cleansing, douche, douse, scrubbing, shower, soak, soaping, sponging, tub, wash, washing
▶ V. **2.** bathe, clean, douse, lave (Archaic), scrub down, shower, soak, soap, sponge, tub, wash

**bathe**
▶ V. **1.** cleanse, cover, dunk, flood, immerse, moisten, rinse, soak, steep, suffuse, wash, wet
▶ N. **2.** dip, dook (Scot.), swim, wash

**bathing costume** bathing suit, bikini, swimming costume, swimsuit, trunks

**bathos** anticlimax, false pathos, letdown, mawkishness, sentimentality

**baton** club, crook, mace, rod, sceptre, staff, stick, truncheon, wand

**battalion** army, brigade, company, contingent, division, force, horde, host, legion, multitude, regiment, squadron, throng

**batten**[1] board up, clamp down, cover up, fasten, fasten down, fix, nail down, secure, tighten

**batten**[2] fatten, flourish, gain, grow, increase, prosper, thrive, wax

**batter 1.** assault, bash, beat, belabour, break, buffet, clobber (Sl.), dash against, lambast(e), lash, pelt, pound, pummel, smash, smite, thrash, wallop (Inf.) **2.** bruise, crush, deface, demolish, destroy, disfigure, hurt, injure, mangle, mar, maul, ruin, shatter, shiver, total (Sl.), trash (Sl.)

**battered** beaten, beat-up (Inf.), broken-down, bruised, crushed, damaged, dilapidated, injured, ramshackle, squashed, weather-beaten

**battery 1.** chain, ring, sequence, series, set, suite **2.** assault, attack, beating, mayhem, onslaught, physical violence, thumping **3.** artillery, cannon, cannonry, gun emplacements, guns

**battle**
▶ N. **1.** action, attack, combat, encounter, engagement, fight, fray, hostilities, skirmish, war, warfare **2.** agitation, campaign, clash, conflict,

contest, controversy, crusade, debate, disagreement, dispute, head-to-head, strife, struggle
▸ V. 3. agitate, argue, clamour, combat, contend, contest, dispute, feud, fight, strive, struggle, war

**battle cry** catchword, motto, slogan, war cry, war whoop, watchword

**battlefield** battleground, combat zone, field, field of battle, front

**battleship** capital ship, gunboat, man-of-war, ship of the line, warship

**batty** barking *(Sl.)*, barking mad *(Sl.)*, barmy *(Sl.)*, bats *(Sl.)*, bonkers *(Sl., chiefly Brit.)*, cracked *(Sl.)*, crackers *(Brit. sl.)*, crackpot *(Inf.)*, cranky *(Inf.)*, crazy, daft *(Inf.)*, dotty *(Sl., chiefly Brit.)*, eccentric, insane, loony *(Sl.)*, loopy *(Inf.)*, lunatic, mad, not the full shilling *(Inf.)*, nuts *(Sl.)*, nutty *(Sl.)*, odd, oddball *(Inf.)*, off one's rocker *(Sl.)*, off one's trolley *(Sl.)*, off-the-wall *(Sl.)*, outré, out to lunch *(Inf.)*, peculiar, potty *(Brit. inf.)*, queer *(Inf.)*, screwy *(Inf.)*, touched, up the pole *(Inf.)*, wacko *(Sl.)*

**bauble** bagatelle, gewgaw, gimcrack, kickshaw, knick-knack, plaything, toy, trifle, trinket

**bawd** brothel-keeper, madam, pimp, procuress, prostitute, whore, working girl *(Facetious sl.)*

**bawdy** blue, coarse, dirty, erotic, gross, indecent, indecorous, indelicate, lascivious, lecherous, lewd, libidinous, licentious, lustful, obscene, prurient, ribald, risqué, rude, salacious, smutty, steamy *(Inf.)*, suggestive, vulgar

**bawl** 1. bellow, call, clamour, halloo, howl, roar, shout, vociferate, yell 2. blubber, cry, sob, squall, wail, weep

**bay**[1] bight, cove, gulf, inlet, natural harbour, sound

**bay**[2] alcove, compartment, embrasure, niche, nook, opening, recess

**bay**[3] 1. bark, bell, clamour, cry, growl, howl, yelp 2. **at bay** caught, cornered, trapped

**bayonet** V. impale, knife, run through, spear, stab, stick, transfix

**bazaar** 1. exchange, market, marketplace, mart 2. bring-and-buy, fair, fête, sale of work

**be** 1. be alive, breathe, exist, inhabit, live 2. befall, come about, come to pass, happen, occur, take place, transpire *(Inf.)* 3. abide, continue, endure, last, obtain, persist, prevail, remain, stand, stay, survive

**beach** coast, lido, littoral, margin, plage, sands, seaboard *(Chiefly U.S.)*, seashore, seaside, shingle, shore, strand, water's edge

**beachcomber** forager, loafer, scavenger, scrounger, tramp, vagabond, vagrant, wanderer

**beacon** beam, bonfire, flare, lighthouse, pharos, rocket, sign, signal, signal fire, smoke signal, watchtower

**bead** blob, bubble, dot, drop, droplet, globule, pellet, pill, spherule

**beak** 1. bill, mandible, neb *(Archaic or dialect)*, nib 2. nose, proboscis, snout 3. *(Naut.)* bow, prow, ram, rostrum, stem

**beam**
▸ N. 1. girder, joist, plank, rafter, spar, support, timber 2. bar, emission, gleam, glimmer, glint, glow, radiation, ray, shaft, streak, stream
▸ V. 3. broadcast, emit, glare, gleam, glitter, glow, radiate, shine, transmit 4. grin, laugh, smile

**beaming** 1. beautiful, bright, brilliant, flashing, gleaming, glistening, glittering, radiant, scintillating, shining, sparkling 2. cheerful, grinning, happy, joyful, smiling, sunny

**bear** 1. bring, carry, convey, hump *(Brit. sl.)*, move, take, tote *(Inf.)*, transport 2. cherish, entertain, exhibit, harbour, have, hold, maintain, possess, shoulder, support, sustain, uphold, weigh upon 3. abide, admit, allow, brook, endure, permit, put up with *(Inf.)*, stomach, suffer, tolerate, undergo 4. beget, breed, bring forth, develop, engender, generate, give birth to, produce, yield

**bearable** admissible, endurable, manageable, passable, sufferable, supportable, sustainable, tolerable

**beard**
▸ N. 1. bristles, five-o'clock shadow, stubble, whiskers
▸ V. 2. brave, confront, dare, defy, face, oppose, tackle

**bearded** bewhiskered, bristly, bushy, hairy, hirsute, shaggy, stubbly, unshaven, whiskered

**beardless** 1. barefaced, clean-shaven, hairless, smooth, smooth-faced 2. callow, fresh, green, immature, inexperienced

**bear down** 1. burden, compress, encumber, press down, push, strain, weigh down 2. advance on, approach, attack, close in, converge on, move in

**bearer** 1. agent, carrier, conveyor, messenger, porter, runner, servant 2. beneficiary, consignee, payee

**bearing** 1. air, aspect, attitude, behaviour, carriage, demeanour, deportment, manner, mien, posture 2. *(Naut.)* course, direction, point of compass 3. application, connection, import, pertinence, reference, relation, relevance, significance

**bearings** aim, course, direction, location, orientation, position, situation, track, way, whereabouts

**bear on** affect, appertain to, belong to, concern, involve, pertain to, refer to, relate to, touch upon

**bear out** confirm, corroborate, endorse, justify, prove, substantiate, support, uphold, vindicate

**bear up** bear the brunt, carry on, endure, grin and bear it *(Inf.)*, persevere, suffer, withstand

**bear with** be patient, forbear, make allowances, put up with *(Inf.)*, suffer, tolerate, wait

**beast** 1. animal, brute, creature 2. barbarian, brute, fiend, ghoul, monster, ogre, sadist, savage, swine

**beastly** 1. animal, barbarous, bestial, brutal, brutish, coarse, cruel, depraved, inhuman, monstrous, repulsive, sadistic, savage 2. awful, disagreeable, foul, horrid, mean, nasty, rotten, shitty *(Taboo sl.)*, terrible, unpleasant

**beat**
▸ V. 1. bang, batter, belt *(Inf.)*, break, bruise, buffet, cane, chin *(Sl.)*, clobber *(Sl.)*, cudgel, deck *(Sl.)*, drub, flog, hit, knock, lambast(e), lash, lay one on *(Sl.)*, lick *(Inf.)*, maul, pelt, pound, punch, strike, thrash, thwack, whip 2. best, blow out of the water *(Sl.)*, clobber *(Sl.)*, conquer, defeat, excel, lick *(Inf.)*, master, outdo, outrun, outstrip, overcome, overwhelm, run rings around *(Inf.)*, subdue, surpass, tank *(Sl.)*, undo, vanquish, wipe the floor with *(Inf.)* 3. fashion, forge, form, hammer, model, shape, work 4. flap, flutter, palpitate, pound, pulsate, pulse, quake, quiver, shake, throb, thump, tremble, vibrate 5. **beat it** bugger off *(Taboo sl.)*, depart, exit, fuck off *(Offens. taboo sl.)*, get lost *(Inf.)*, go away, hook it *(Sl.)*, hop it *(Sl.)*, leave, piss off *(Taboo sl.)*, scarper *(Brit. sl.)*, scram *(Inf.)*, shoo, skedaddle *(Inf.)*, vamoose *(Sl., chiefly U.S.)*
▸ N. 6. belt *(Inf.)*, blow, hit, lash, punch, shake, slap, strike, swing, thump 7. flutter, palpitation, pulsation, pulse, throb 8. accent, cadence, measure *(Prosody)*, metre, rhythm, stress, time 9. circuit, course, path, rounds, route, way
▸ ADJ. 10. *(Sl.)* clapped out *(Aust. & N.Z. inf.)*, exhausted, fatigued, tired, wearied, worn out, zonked *(Sl.)*

**beaten** 1. baffled, cowed, defeated, disappointed, disheartened, frustrated, overcome, overwhelmed, thwarted, vanquished 2. forged, formed, hammered, shaped, stamped, worked 3. much travelled, trampled, trodden, well-trodden, well-used, worn 4. blended, foamy, frothy, mixed, stirred, whipped, whisked

**beating** 1. belting *(Inf.)*, caning, chastisement, corporal punishment, flogging, pasting *(Sl.)*, slapping, smacking, thrashing, whipping 2. conquest, defeat, downfall, overthrow, pasting *(Sl.)*, rout, ruin

**beat up** assault, attack, batter, beat the living daylights out of *(Inf.)*, clobber *(Sl.)*, do over *(Brit., Aust., & N.Z. sl.)*, duff up *(Brit. sl.)*, fill in *(Brit. sl.)*, knock about *or* around, lambast(e), put the boot in *(Sl.)*, thrash

**beau** 1. admirer, boyfriend, escort, fancy man *(Sl.)*, fiancé, guy *(Inf.)*, leman *(Archaic)*, lover, suitor, swain, sweetheart 2. cavalier, coxcomb, dandy, fop, gallant, ladies' man, popinjay, swell *(Inf.)*

**beautiful** alluring, appealing, attractive, charming, comely, delightful, drop-dead *(Sl.)*, exquisite, fair, fine, glamorous, good-looking, gorgeous, graceful, handsome, lovely, pleasing, radiant, ravishing, stunning *(Inf.)*

**beautify** adorn, array, bedeck, deck, decorate, embellish, enhance, festoon, garnish, gild, glamorize, grace, ornament

**beauty** 1. allure, attractiveness, bloom, charm, comeliness, elegance, exquisiteness, fairness, glamour, grace, handsomeness, loveliness, pulchritude, seemliness, symmetry 2. belle, charmer, cracker *(Sl.)*, goddess, good-looker, lovely *(Sl.)*, stunner *(Inf.)*, Venus 3. advantage, asset, attraction, benefit, blessing, boon, excellence, feature, good thing

**because** as, by reason of, in that, on account of, owing to, since, thanks to

**beckon** 1. bid, gesticulate, gesture, motion, nod, signal, summon, wave at 2. allure, attract, call, coax, draw, entice, invite, lure, pull, tempt

**become** 1. alter to, be transformed into, change into, develop into, evolve into, grow into, mature into, metamorphose into, ripen into 2. embellish, enhance, fit, flatter, grace, harmonize, ornament, set off, suit

**becoming** 1. attractive, comely, enhancing, flattering, graceful, neat, pretty, tasteful 2. appropriate, befitting, comme il faut, compatible, congruous, decent, decorous, fit, fitting, in keeping, meet *(Archaic)*, proper, seemly, suitable, worthy

**bed**
▸ N. 1. bedstead, berth, bunk, cot, couch, divan, pallet 2. area, border, garden, patch, plot, row, strip 3. base, bottom, foundation, groundwork, substratum
▸ V. 4. base, embed, establish, fix, found, implant, insert, plant, settle, set up

**bedazzle** amaze, astound, bewilder, blind, captivate, confuse, daze, dazzle, dumbfound, enchant, overwhelm, stagger, stun

**bedclothes** bedding, bed linen, blankets, coverlets, covers, duvets, eiderdowns, pillowcases, pillows, quilts, sheets

**bed down** lie, retire, settle down, sleep, turn in *(Inf.)*

**bedeck** adorn, array, bedight *(Archaic)*, bedizen *(Archaic)*, decorate, embellish, festoon, garnish, ornament, trim

**bedevil** afflict, aggravate *(Inf.)*, annoy, be on one's back *(Sl.)*, confound, distress, fret, frustrate, get in one's hair *(Inf.)*, get on one's nerves *(Inf.)*, harass, hassle *(Inf.)*, irk, irritate, pester, plague, torment, torture, trouble, vex, worry

**bedlam** chaos, clamour, commotion, confusion, furore, hubbub, hullabaloo, madhouse *(Inf.)*, noise, pandemonium, tumult, turmoil, uproar

**bedraggled** dirty, dishevelled, disordered, drenched, dripping, messy, muddied, muddy, sodden, soiled, stained, sullied, unkempt, untidy

**bedridden** confined, confined to bed, flat on one's back, incapacitated, laid up *(Inf.)*

**bedrock** 1. bed, bottom, foundation, nadir, rock bottom, substratum, substructure 2. basics, basis, core, essentials, fundamentals, roots

**beef** 1. *(Inf.)* brawn, flesh, heftiness, muscle, physique, robustness, sinew, strength 2. *(Sl.)* complaint, criticism, dispute, grievance, gripe *(Inf.)*, grouch *(Inf.)*, grouse, grumble, objection, protest, protestation

**beefy** *(Inf.)* 1. brawny, bulky, burly, hulking, muscular, stalwart, stocky, strapping, sturdy, thickset 2. chubby, corpulent, fat, fleshy, heavy, obese, overweight, paunchy, plump, podgy, portly, pudgy, rotund

**beetle, beetling** ADJ. hanging over, jutting, leaning over, overhanging, pendent, projecting, prominent, protruding, sticking out, swelling over

**befall** bechance, betide, chance, come to pass, ensue, fall, follow, happen, materialize, occur, supervene, take place, transpire *(Inf.)*

**befitting** apposite, appropriate, becoming, fit, fitting, meet *(Archaic)*, proper, right, seemly, suitable

**before**
▸ ADV. 1. ahead, earlier, formerly, in advance, in front, previously, sooner
▸ PREP. 2. earlier than, in advance of, in front of, in the presence of, prior to

**beforehand** ahead of time, already, before, before now, earlier, in advance, in anticipation, previously, sooner

**befriend** advise, aid, assist, back, benefit, encourage, favour, help, patronize, side with, stand by, succour, support, sustain, uphold, welcome

**beg** 1. beseech, crave, desire, entreat, implore, importune, petition, plead, pray, request, solicit, supplicate 2. blag *(Sl.)*, cadge, call for alms,

**mooch** (Sl.), scrounge, seek charity, solicit charity, sponge on, touch (someone) for (Sl.) **3.** (also **beg the question**) avoid, dodge, duck (Inf.), equivocate, eschew, evade, fend off, flannel (Brit. inf.), hedge, parry, shirk, shun, sidestep

**beggar**
- N. **1.** bag lady (Chiefly U.S.), bum (Inf.), cadger, mendicant, scrounger (Inf.), sponger (Inf.), supplicant, tramp, vagrant **2.** bankrupt, down-and-out, pauper, starveling
- V. **3.** (also **beggar description**) baffle, challenge, defy, surpass

**beggarly** abject, base, contemptible, despicable, destitute, impoverished, inadequate, indigent, low, meagre, mean, miserly, needy, niggardly, pitiful, poor, poverty-stricken, stingy, vile, wretched

**begin 1.** commence, embark on, inaugurate, initiate, instigate, institute, prepare, set about, set on foot, start **2.** appear, arise, be born, come into being, come into existence, commence, crop up (Inf.), dawn, emerge, happen, originate, spring, start

**beginner** amateur, apprentice, cub, fledgling, freshman, greenhorn (Inf.), initiate, learner, neophyte, novice, recruit, starter, student, tenderfoot, trainee, tyro

**beginning 1.** birth, commencement, inauguration, inception, initiation, onset, opening, opening move, origin, outset, overture, preface, prelude, rise, rudiments, source, start, starting point **2.** embryo, fount, fountainhead, germ, root, seed

**begrudge** be jealous, be reluctant, be stingy, envy, grudge, resent

**beguile 1.** befool, cheat, deceive, delude, dupe, fool, hoodwink, impose on, mislead, trick **2.** amuse, charm, cheer, delight, distract, divert, engross, entertain, occupy, solace, tickle the fancy of

**beguiling** alluring, attractive, bewitching, captivating, charming, diverting, enchanting, entertaining, enthralling, interesting, intriguing

**behalf** account, advantage, benefit, defence, good, interest, part, profit, sake, side, support

**behave 1.** act, function, operate, perform, run, work **2.** act correctly, conduct oneself properly, mind one's manners

**behaviour 1.** actions, bearing, carriage, comportment, conduct, demeanour, deportment, manner, manners, ways **2.** action, functioning, operation, performance

**behest** bidding, charge, command, commandment, decree, dictate, direction, expressed desire, injunction, instruction, mandate, order, precept, wish

**behind**
- PREP. **1.** after, at the back of, at the rear of, following, later than **2.** at the bottom of, causing, initiating, instigating, responsible for **3.** backing, for, in agreement, on the side of, supporting
- ADV. **4.** after, afterwards, following, in the wake (of), next, subsequently **5.** behindhand, in arrears, in debt, overdue
- N. **6.** arse (Taboo sl.), ass (U.S. & Canad. taboo sl.), bottom, bum (Brit. sl.), buns (U.S. sl.), butt (U.S. & Canad. inf.), buttocks, derrière (Euphemistic), jacksy (Brit. sl.), posterior, rump, seat, tail (Inf.)

**behindhand** backward, behind time, dilatory, late, remiss, slow, tardy

**behold**
- V. **1.** check, check out (Inf.), clock (Brit. sl.), consider, contemplate, discern, eye, eyeball (U.S. sl.), get a load of (Inf.), look at, observe, perceive, recce (Sl.), regard, scan, survey, take a dekko at (Brit. sl.), view, watch, witness
- INTERJ. **2.** lo, look, mark, observe, see, watch

**beholden** bound, grateful, indebted, obligated, obliged, owing, under obligation

**beige** biscuit, buff, café au lait, camel, cinnamon, coffee, cream, ecru, fawn, khaki, mushroom, neutral, oatmeal, sand, tan

**being 1.** actuality, animation, existence, life, living, reality **2.** entity, essence, nature, soul, spirit, substance **3.** animal, beast, body, creature, human being, individual, living thing, mortal, thing

**belabour 1.** batter, beat, clobber (Sl.), flog, lambast(e), thrash, whip **2.** attack, berate, blast, castigate, censure, criticize, excoriate, flay, lambast(e), lay into (Inf.), put down, tear into (Inf.)

**belated** behindhand, behind time, delayed, late, overdue, tardy

**belch 1.** burp (Inf.), eruct, eructate, hiccup **2.** discharge, disgorge, emit, erupt, give off, gush, spew forth, vent, vomit

**beleaguered** badgered, beset, besieged, bothered, harassed, nagged, persecuted, plagued, put upon, set upon, vexed

**belief 1.** admission, assent, assurance, confidence, conviction, credit, feeling, impression, judg(e)ment, notion, opinion, persuasion, presumption, reliance, theory, trust, view **2.** credence, credo, creed, doctrine, dogma, faith, ideology, principles, tenet

**believable** acceptable, authentic, credible, creditable, imaginable, likely, plausible, possible, probable, reliable, trustworthy, verisimilar

**believe 1.** accept, be certain of, be convinced of, buy (Sl.), count on, credit, depend on, have faith in, hold, place confidence in, presume true, rely on, swallow (Inf.), swear by, trust **2.** assume, conjecture, consider, gather, guess (Inf., chiefly U.S. & Canad.), imagine, judge, maintain, postulate, presume, reckon, speculate, suppose, think

**believer** adherent, convert, devotee, disciple, follower, proselyte, protagonist, supporter, upholder, zealot

**bellow** bell, bawl, call, clamour, cry, howl, roar, scream, shout, shriek, yell

**belly**
- N. **1.** abdomen, breadbasket (Sl.), corporation (Inf.), gut, insides (Inf.), paunch, potbelly, stomach, tummy, vitals
- V. **2.** billow, bulge, fill, spread, swell, swell out

**belong 1.** (With **to**) be at the disposal of, be held by, be owned by, be the property of **2.** (With **to**) be affiliated to, be allied to, be a member of, be associated with, be included in **3.** attach to, be connected with, be fitting, be part of, fit, go with, have as a proper place, pertain to, relate to

**belonging** acceptance, affiliation, affinity, association, attachment, fellowship, inclusion, kinship, loyalty, rapport, relationship

**belongings** accoutrements, chattels, effects, gear, goods, paraphernalia, personal property, possessions, stuff, things

**beloved** admired, adored, cherished, darling, dear, dearest, loved, pet, precious, prized, revered, sweet, treasured, worshipped

**below**
- ADV. **1.** beneath, down, lower, under, underneath
- PREP. **2.** inferior, lesser, lesser than, subject, subordinate, unworthy of **3. below par** below average, imperfect, inferior, off colour, off form, poor, second-rate, unfit

**belt 1.** band, cincture, cummerbund, girdle, girth, sash, waistband **2.** (Geog.) area, district, layer, region, stretch, strip, tract, zone **3. below the belt** cowardly, foul, not playing the game (Inf.), unfair, unjust, unscrupulous, unsporting, unsportsmanlike

**bench 1.** form, pew, seat, settle, stall **2.** board, counter, table, trestle table, workbench, worktable **3.** court, courtroom, judge, judges, judiciary, magistrate, magistrates, tribunal

**bend**
- V. **1.** arc, arch, bow, buckle, contort, crouch, curve, deflect, diverge, flex, incline, incurvate, lean, stoop, swerve, turn, twist, veer, warp **2.** compel, direct, influence, mould, persuade, shape, subdue, submit, sway, yield
- N. **3.** angle, arc, arch, bow, corner, crook, curve, hook, loop, turn, twist, zigzag

**beneath**
- ADV. **1.** below, in a lower place, underneath
- PREP. **2.** below, inferior to, less than, lower than, unbefitting, underneath, unworthy of

**beneficial** advantageous, benign, expedient, favourable, gainful, healthful, helpful, profitable, salubrious, salutary, serviceable, useful, valuable, wholesome

**benefit**
- N. **1.** advantage, aid, asset, assistance, avail, betterment, blessing, boon, favour, gain, good, help, interest, profit, use
- V. **2.** advance, advantage, aid, ameliorate, assist, avail, better, enhance, further, improve, profit, promote, serve

**bent[1]** ADJ. **1.** angled, arched, bowed, crooked, curved, hunched, stooped, twisted **2.** (With **on**) determined, disposed, fixed, inclined, insistent, predisposed, resolved, set

**bent[2]** N. ability, aptitude, bag (Sl.), cup of tea (Inf.), facility, faculty, flair, forte, inclination, knack, leaning, penchant, preference, proclivity, propensity, talent, tendency

**bequeath** bestow, commit, endow, entrust, give, grant, hand down, impart, leave to by will, pass on, transmit, will

**bequest** bequeathal, bestowal, dower, endowment, estate, gift, heritage, inheritance, legacy, settlement, trust

**bereave** afflict, deprive of kindred, dispossess, divest, make destitute, strip, take away from, widow

**bereavement** affliction, death, deprivation, loss, misfortune, tribulation

**berserk** amok, ape (Sl.), apeshit (Sl.), crazy, enraged, frantic, frenzied, insane, mad, maniacal, manic, rabid, raging, uncontrollable, violent, wild

**berth**
- N. **1.** bed, billet, bunk, cot (Naut.), hammock **2.** anchorage, dock, harbour, haven, pier, port, quay, slip, wharf **3.** appointment, employment, job, living, position, post, situation
- V. **4.** (Naut.) anchor, dock, drop anchor, land, moor, tie up

**beseech** adjure, ask, beg, call upon, crave, entreat, implore, importune, petition, plead, pray, solicit, sue, supplicate

**beside 1.** abreast of, adjacent to, alongside, at the side of, close to, near, nearby, neighbouring, next door to, next to, overlooking **2. beside oneself** apoplectic, berserk, crazed, delirious, demented, deranged, desperate, distraught, frantic, frenzied, insane, mad, out of one's mind, unbalanced, uncontrolled, unhinged

**besides**
- ADV. **1.** also, as well, further, furthermore, in addition, moreover, otherwise, too, what's more
- PREP. **2.** apart from, barring, excepting, excluding, in addition to, other than, over and above, without

**besiege 1.** beleaguer, beset, blockade, confine, encircle, encompass, environ, hedge in, hem in, invest (Rare), lay siege to, shut in, surround **2.** badger, bend someone's ear (Inf.), bother, harass, harry, hassle (Inf.), hound, importune, nag, pester, plague, trouble

**besotted 1.** befuddled, bevvied (Dialect), blitzed (Sl.), blotto (Sl.), bombed (Sl.), drunk, intoxicated, legless (Inf.), lit up (Sl.), out of it (Sl.), out to it (Aust. & N.Z. sl.), paralytic (Inf.), pissed (Taboo sl.), smashed (Sl.), steamboats (Sl.), steaming (Sl.), stupefied, wasted (Sl.), wrecked (Sl.), zonked (Sl.) **2.** doting, hypnotized, infatuated, smitten, spellbound **3.** confused, foolish, muddled, witless

**best**
- ADJ. **1.** chief, finest, first, first-class, first-rate, foremost, highest, leading, most excellent, outstanding, perfect, pre-eminent, principal, superlative, supreme, unsurpassed **2.** advantageous, apt, correct, golden, most desirable, most fitting, right **3.** greatest, largest, most
- ADV. **4.** advantageously, attractively, excellently, most fortunately **5.** extremely, greatly, most deeply, most fully, most highly
- N. **6.** choice, cream, elite, favourite, finest, first, flower, pick, prime, top **7.** hardest, highest endeavour, utmost
- V. **8.** beat, blow out of the water (Sl.), conquer, defeat, get the better of, lick (Inf.), master, outclass, outdo, run rings around (Inf.), surpass, tank (Sl.), thrash, triumph over, trounce, undo, wipe the floor with (Inf.)

**bestial** animal, barbaric, barbarous, beastlike, beastly, brutal, brutish, carnal, degraded, depraved, gross, inhuman, low, savage, sensual, sordid, vile

**bestow** accord, allot, apportion, award, commit, confer, donate, entrust, give, grant, hand out, honour with, impart, lavish, present, render to

**bestride** bestraddle, bridge, dominate, extend, mount, span, step over, straddle, tower over

**bet**
- N. **1.** ante, gamble, hazard, long shot, pledge, risk, speculation, stake, venture, wager
- V. **2.** chance, gamble, hazard, pledge, punt (Chiefly Brit.), put money on, risk, speculate, stake, venture, wager

**betide** bechance, befall, chance, come to pass, crop up *(Inf.)*, ensue, happen, occur, overtake, supervene, take place, transpire *(Inf.)*

**betimes** anon, beforehand, before long, erelong *(Archaic or poetic)*, early, first thing, in good time, punctually, seasonably, soon

**betoken** augur, bespeak, bode, declare, denote, evidence, indicate, manifest, mark, portend, presage, prognosticate, promise, represent, signify, suggest, typify

**betray** **1.** be disloyal (treacherous, unfaithful), break one's promise, break with, double-cross *(Inf.)*, inform on *or* against, sell down the river *(Inf.)*, sell out *(Inf.)*, shop *(Sl., chiefly Brit.)* **2.** blurt out, disclose, divulge, evince, expose, give away, lay bare, let slip, manifest, reveal, show, tell, tell on, uncover, unmask **3.** beguile, corrupt, deceive, delude, dupe, ensnare, entrap, lead astray, mislead, undo **4.** abandon, desert, forsake, jilt, walk out on

**betrayal** **1.** deception, disloyalty, double-cross *(Inf.)*, double-dealing, duplicity, falseness, perfidy, sell-out *(Inf.)*, treachery, treason, trickery, unfaithfulness **2.** blurting out, disclosure, divulgence, giving away, revelation, telling

**better**
▸ **ADJ. 1.** bigger, excelling, finer, fitter, greater, higher quality, larger, more appropriate (desirable, expert, fitting, suitable, useful, valuable), preferable, superior, surpassing, worthier **2.** cured, fitter, fully recovered, healthier, improving, less ill, mending, more healthy, on the mend *(Inf.)*, progressing, recovering, stronger, well **3.** bigger, greater, larger, longer
▸ **ADV. 4.** in a more excellent manner, in a superior way, more advantageously (attractively, competently, completely, effectively, thoroughly), to a greater degree
▸ **V. 5.** advance, ameliorate, amend, correct, enhance, forward, further, improve, meliorate, mend, promote, raise, rectify, reform **6.** beat, cap *(Inf.)*, clobber *(Sl.)*, exceed, excel, improve on *or* upon, lick *(Inf.)*, outdo, outstrip, run rings around *(Inf.)*, surpass, top
▸ **N. 7. get the better of** beat, best, defeat, get the upper hand, outdo, outsmart *(Inf.)*, outwit, prevail over, score off, surpass, triumph over, worst

**between** amidst, among, betwixt, halfway, in the middle of, mid

**beverage** bevvy *(Dialect)*, draught, drink, libation *(Facetious)*, liquid, liquor, potable, potation, refreshment

**bevy** **1.** band, bunch *(Inf.)*, collection, company, crowd, gathering, group, pack, troupe **2.** covey, flight, flock

**bewail** bemoan, cry over, deplore, express sorrow, grieve for, keen, lament, moan, mourn, regret, repent, rue, wail, weep over

**beware** avoid, be careful (cautious, wary), guard against, heed, look out, mind, refrain from, shun, steer clear of, take heed, watch out

**bewilder** baffle, befuddle, bemuse, confound, confuse, daze, flummox, mix up, mystify, nonplus, perplex, puzzle, stupefy

**bewildered** at sea, awed, baffled, bamboozled *(Inf.)*, confused, disconcerted, dizzy, flummoxed, giddy, mystified, nonplussed, perplexed, puzzled, speechless, startled, stunned, surprised, taken aback, uncertain

**bewitch** absorb, allure, attract, beguile, captivate, charm, enchant, enrapture, entrance, fascinate, hypnotize, ravish, spellbind

**beyond** above, apart from, at a distance, away from, before, farther, out of range, out of reach, outwith *(Scot.)*, over, past, remote, superior to, yonder

**bias**
▸ **N. 1.** bent, bigotry, favouritism, inclination, intolerance, leaning, narrow-mindedness, one-sidedness, partiality, penchant, predilection, predisposition, prejudice, proclivity, proneness, propensity, tendency, turn, unfairness **2.** angle, cross, diagonal line, slant
▸ **V. 3.** distort, influence, predispose, prejudice, slant, sway, twist, warp, weight

**biased** distorted, embittered, jaundiced, one-sided, partial, predisposed, prejudiced, slanted, swayed, twisted, warped, weighted

**bicker** argue, disagree, dispute, fight, quarrel, row *(Inf.)*, scrap *(Inf.)*, spar, squabble, wrangle

**bid**
▸ **V. 1.** offer, proffer, propose, submit, tender **2.** call, greet, say, tell, wish **3.** ask, call, charge, command, desire, direct, enjoin, instruct, invite, require, solicit, summon, tell
▸ **N. 4.** advance, amount, offer, price, proposal, proposition, submission, sum, tender **5.** attempt, crack *(Inf.)*, effort, endeavour, go *(Inf.)*, stab *(Inf.)*, try, venture

**bidding** **1.** beck, behest, call, canon, charge, command, demand, direction, injunction, instruction, invitation, order, request, summons **2.** auction, offer, offers, proposal, tender

**big** **1.** bulky, burly, colossal, considerable, elephantine, enormous, extensive, gigantic, great, huge, hulking, humongous *or* humungous *(U.S. sl.)*, immense, large, mammoth, massive, ponderous, prodigious, sizable, spacious, substantial, vast, voluminous **2.** bigtime *(Inf.)*, eminent, important, influential, leading, main, major league *(Inf.)*, momentous, paramount, powerful, prime, principal, prominent, serious, significant, valuable, weighty **3.** adult, elder, grown, grown-up, mature **4.** altruistic, benevolent, generous, gracious, heroic, magnanimous, noble, princely, unselfish **5.** arrogant, boastful, bragging, conceited, haughty, inflated, pompous, pretentious, proud

**bigot** dogmatist, fanatic, persecutor, sectarian, zealot

**bigoted** biased, dogmatic, illiberal, intolerant, narrow-minded, obstinate, opinionated, prejudiced, sectarian, twisted, warped

**bigotry** bias, discrimination, dogmatism, fanaticism, ignorance, injustice, intolerance, mindlessness, narrow-mindedness, pig-ignorance *(Sl.)*, prejudice, provincialism, racialism, racism, sectarianism, sexism, unfairness

**bigwig** big cheese *(Sl., old-fashioned)*, big gun *(Inf.)*, big noise *(Inf.)*, big shot *(Inf.)*, celeb *(Inf.)*, celebrity, dignitary, heavyweight *(Inf.)*, mogul, nob *(Sl.)*, notability, notable, panjandrum, personage, somebody, VIP

**bile** anger, bitterness, churlishness, ill humour, irascibility, irritability, nastiness, peevishness, rancour, spleen

**bilious** **1.** liverish, nauseated, out of sorts, queasy, sick **2.** bad-tempered, cantankerous, crabby, cross, crotchety, edgy, grouchy *(Inf.)*, grumpy, ill-humoured, ill-tempered, irritable, nasty, peevish, ratty *(Brit. & N.Z. inf.)*, short-tempered, testy, tetchy, touchy

**bilk** bamboozle *(Inf.)*, cheat, con *(Inf.)*, cozen, deceive, defraud, do *(Sl.)*, fleece, rook *(Sl.)*, skin *(Sl.)*, stiff *(Sl.)*, swindle, trick

**bill**[1]
▸ **N. 1.** account, charges, invoice, note of charge, reckoning, score, statement, tally **2.** advertisement, broadsheet, bulletin, circular, handbill, handout, leaflet, notice, placard, playbill, poster **3.** agenda, card, catalogue, inventory, list, listing, programme, roster, schedule, syllabus **4.** measure, piece of legislation, projected law, proposal
▸ **V. 5.** charge, debit, figure, invoice, reckon, record **6.** advertise, announce, give advance notice of, post

**bill**[2] beak, mandible, neb *(Archaic or dialect)*, nib

**billet**
▸ **N. 1.** accommodation, barracks, lodging, quarters
▸ **V. 2.** accommodate, berth, quarter, station

**billow**
▸ **N. 1.** breaker, crest, roller, surge, swell, tide, wave **2.** cloud, deluge, flood, outpouring, rush, surge, wave
▸ **V. 3.** balloon, belly, puff up, rise up, roll, surge, swell

**billowy** heaving, rippling, rolling, surging, swelling, swirling, undulating, waving, wavy

**bind**
▸ **V. 1.** attach, fasten, glue, hitch, lash, paste, rope, secure, stick, strap, tie, tie up, truss, wrap **2.** compel, constrain, engage, force, necessitate, obligate, oblige, prescribe, require **3.** confine, detain, hamper, hinder, restrain, restrict **4.** bandage, cover, dress, encase, swathe, wrap **5.** border, edge, finish, hem, trim
▸ **N. 6.** *(Inf.)* bore, difficulty, dilemma, drag *(Inf.)*, hot water *(Inf.)*, nuisance, pain in the arse *(Taboo inf.)*, predicament, quandary, spot *(Inf.)*, tight spot

**binding** **ADJ.** compulsory, conclusive, imperative, indissoluble, irrevocable, mandatory, necessary, obligatory, unalterable

**binge** beano *(Brit. sl.)*, bender *(Inf.)*, blind *(Sl.)*, bout, feast, fling, jag *(Sl.)*, orgy, spree

**biography** account, curriculum vitae, CV, life, life history, life story, memoir, memoirs, profile, record

**birth** **1.** childbirth, delivery, nativity, parturition **2.** beginning, emergence, fountainhead, genesis, origin, rise, source **3.** ancestry, background, blood, breeding, derivation, descent, extraction, forebears, genealogy, line, lineage, nobility, noble extraction, parentage, pedigree, race, stock, strain

**bisect** bifurcate, cross, cut across, cut in half, cut in two, divide in two, halve, intersect, separate, split, split down the middle

**bishopric** diocese, episcopacy, episcopate, primacy, see

**bit**[1] **1.** brake, check, curb, restraint, snaffle **2. take the bit in** *or* **between one's teeth** defy, disobey, get stuck into *(Inf.)*, get to grips with, rebel, resist, revolt, run amok, rush into, set about

**bit**[2] **1.** atom, chip, crumb, fragment, grain, iota, jot, mite, morsel, mouthful, part, piece, remnant, scrap, segment, slice, small piece, speck, tittle, whit **2.** instant, jiffy *(Inf.)*, little while, minute, moment, period, second, spell, tick *(Brit. inf.)*, time

**bitchy** backbiting, catty *(Inf.)*, cruel, malicious, mean, nasty, rancorous, shrewish, snide, spiteful, venomous, vicious, vindictive, vixenish

**bite**
▸ **V. 1.** champ, chew, clamp, crunch, crush, cut, gnaw, grip, hold, masticate, nibble, nip, pierce, pinch, rend, seize, snap, tear, wound **2.** burn, corrode, eat away, eat into, erode, smart, sting, tingle, wear away
▸ **N. 3.** itch, nip, pinch, prick, smarting, sting, tooth marks, wound **4.** food, light meal, morsel, mouthful, piece, refreshment, snack, taste **5.** edge, kick *(Inf.)*, piquancy, punch *(Inf.)*, pungency, spice

**biting** **1.** bitter, blighting, cold, cutting, freezing, harsh, nipping, penetrating, piercing, sharp **2.** caustic, cutting, incisive, mordacious, mordant, sarcastic, scathing, severe, sharp, stinging, trenchant, vitriolic, withering

**bitter** **1.** acerb, acid, acrid, astringent, sharp, sour, tart, unsweetened, vinegary **2.** acrimonious, begrudging, crabbed, embittered, hostile, morose, rancorous, resentful, sore, sour, sullen, with a chip on one's shoulder **3.** calamitous, cruel, dire, distressing, galling, grievous, harsh, heartbreaking, merciless, painful, poignant, ruthless, savage, vexatious **4.** biting, fierce, freezing, intense, severe, stinging

**bitterness** **1.** acerbity, acidity, sharpness, sourness, tartness, vinegariness **2.** animosity, grudge, hostility, pique, rancour, resentment **3.** acrimoniousness, asperity, sarcasm, venom, virulence

**bizarre** abnormal, comical, curious, eccentric, extraordinary, fantastic, freakish, grotesque, ludicrous, odd, oddball *(Inf.)*, off-beat, off-the-wall *(Sl.)*, outlandish, outré, peculiar, queer, ridiculous, rum *(Brit. sl.)*, strange, unusual, wacko *(Sl.)*, way-out *(Inf.)*, weird, zany

**blab** blow wide open *(Sl.)*, blurt out, disclose, divulge, gossip, let slip, reveal, shop *(Sl., chiefly Brit.)*, sing *(Sl., chiefly U.S.)*, spill one's guts *(Sl.)*, tattle, tell, tell all, tell on

**blabber**
▸ **N. 1.** busybody, gossip, informer, rumour-monger, scandalmonger, talebearer, tattler, telltale
▸ **V. 2.** blather, blether *(Scot.)*, chatter, gab *(Inf.)*, jabber, prattle

**black**
▸ **ADJ. 1.** coal-black, dark, dusky, ebony, inky, jet, murky, pitchy, raven, sable, starless, stygian, swarthy **2.** *(Fig.)* atrocious, depressing, dismal, distressing, doleful, foreboding, funereal, gloomy, hopeless, horrible, lugubrious, mournful, ominous, sad, sombre **3.** dingy, dirty, filthy, grimy, grubby, soiled, sooty, stained **4.** angry, furious, hostile, menacing, resentful, sullen, threatening **5.** bad, evil, iniquitous, nefarious, villainous, wicked
▸ **V. 6.** ban, bar, blacklist, boycott
▸ **N. 7. in the black** in credit, in funds, solvent, without debt

**blackball** **V.** ban, bar, blacklist, debar, drum out, exclude, expel, ostracize, oust, repudiate, snub, vote against

**blacken** **1.** befoul, begrime, cloud, darken, grow black, make black, smudge, soil **2.** bad-mouth *(Sl., chiefly U.S. & Canad.)*, calumniate, decry, defame, defile, denigrate, dishonour, knock *(Inf.)*, malign, rubbish *(Inf.)*, slag (off) *(Sl.)*, slander, smear, smirch, stain, sully, taint, tarnish, traduce, vilify

**blackguard** bad egg *(Old-fashioned inf.)*, bastard *(Offensive)*, blighter *(Brit. inf.)*, bounder *(Old-fashioned Brit. sl.)*, bugger *(Taboo sl.)*, miscreant, rascal, rogue, scoundrel, scumbag *(Sl.)*, shit *(Taboo sl.)*, son-of-a-bitch *(Sl., chiefly U.S. & Canad.)*, swine, villain, wretch

**blacklist** V. ban, bar, blackball, boycott, debar, exclude, expel, ostracize, preclude, proscribe, reject, repudiate, snub, vote against

**black magic** black art, diabolism, necromancy, sorcery, voodoo, witchcraft, wizardry

**blackmail**
- N. 1. bribe, exaction, extortion, hush money *(Sl.)*, intimidation, milking, pay-off *(Inf.)*, protection *(Inf.)*, ransom, shakedown *(U.S. sl.)*, slush fund
- V. 2. bleed *(Inf.)*, bribe, coerce, compel, demand, exact, extort, force, hold to ransom, milk, squeeze, threaten

**blackness** darkness, duskiness, gloom, inkiness, melanism, murkiness, nigrescence, nigritude *(Rare)*, swarthiness

**blackout** N. 1. coma, faint, loss of consciousness, oblivion, swoon, syncope *(Pathology)*, unconsciousness 2. power cut, power failure 3. censorship, noncommunication, radio silence, secrecy, suppression, withholding news

**black out** V. 1. conceal, cover, darken, eclipse, obfuscate, shade 2. collapse, faint, flake out *(Inf.)*, lose consciousness, pass out, swoon

**black sheep** disgrace, dropout, ne'er-do-well, outcast, prodigal, renegade, reprobate, wastrel

**blame**
- N. 1. accountability, culpability, fault, guilt, incrimination, liability, onus, rap *(Sl.)*, responsibility 2. accusation, castigation, censure, charge, complaint, condemnation, criticism, recrimination, reproach, reproof, stick *(Sl.)*
- V. 3. accuse, admonish, blast, censure, charge, chide, condemn, criticize, disapprove, express disapprobation, find fault with, hold responsible, lambast(e), put down, reprehend, reproach, reprove, tax, tear into *(Inf.)*, upbraid

**blameless** above suspicion, clean, faultless, guiltless, immaculate, impeccable, innocent, in the clear, irreproachable, perfect, squeaky-clean, stainless, unblemished, unimpeachable, unoffending, unspotted, unsullied, untarnished, upright, virtuous

**blameworthy** discreditable, disreputable, indefensible, inexcusable, iniquitous, reprehensible, reproachable, shameful

**bland** 1. boring, dull, flat, humdrum, insipid, monotonous, tasteless, tedious, undistinctive, unexciting, uninspiring, uninteresting, unstimulating, vapid, weak 2. affable, amiable, congenial, courteous, debonair, friendly, gentle, gracious, smooth, suave, unemotional, urbane 3. balmy, calm, mild, mollifying, nonirritant *or* non-irritating *(Medical)*, soft, soothing, temperate

**blandishments** blarney, cajolery, coaxing, compliments, fawning, flattery, ingratiation, inveiglement, soft soap *(Inf.)*, soft words, sweet talk *(Inf.)*, wheedling, winning caresses

**blank**
- ADJ. 1. bare, clean, clear, empty, plain, spotless, uncompleted, unfilled, unmarked, void, white 2. deadpan, dull, empty, expressionless, hollow, impassive, inane, lifeless, poker-faced *(Inf.)*, vacant, vacuous, vague 3. at a loss, at sea, bewildered, confounded, confused, disconcerted, dumbfounded, flummoxed, muddled, nonplussed, uncomprehending 4. absolute, complete, outright, thorough, unqualified, utter
- N. 5. emptiness, empty space, gap, nothingness, space, tabula rasa, vacancy, vacuity, vacuum, void

**blanket**
- N. 1. afghan, cover, coverlet, rug 2. carpet, cloak, coat, coating, covering, envelope, film, layer, mantle, sheet, wrapper, wrapping
- ADJ. 3. across-the-board, all-inclusive, comprehensive, overall, sweeping, wide-ranging
- V. 4. cloak, cloud, coat, conceal, cover, eclipse, hide, mask, obscure, suppress, surround

**blare** blast, boom, clamour, clang, honk, hoot, peal, resound, roar, scream, sound out, toot, trumpet

**blarney** blandishment, cajolery, coaxing, exaggeration, flattery, honeyed words, overpraise, soft soap *(Inf.)*, spiel, sweet talk *(Inf.)*, wheedling

**blasé** apathetic, bored, cloyed, glutted, indifferent, jaded, lukewarm, nonchalant, offhand, satiated, surfeited, unconcerned, unexcited, uninterested, unmoved, weary, world-weary

**blaspheme** abuse, anathematize, curse, damn, desecrate, execrate, profane, revile, swear

**blasphemous** godless, impious, irreligious, irreverent, profane, sacrilegious, ungodly

**blasphemy** cursing, desecration, execration, impiety, impiousness, indignity *(to God)*, irreverence, profanation, profaneness, profanity, sacrilege, swearing

**blast**
- N./V. 1. blare, blow, clang, honk, peal, scream, toot, wail
- N. 2. bang, blow-up, burst, crash, detonation, discharge, eruption, explosion, outburst, salvo, volley 3. gale, gust, squall, storm, strong breeze, tempest
- V. 4. blow up, break up, burst, demolish, destroy, explode, ruin, shatter 5. blight, kill, shrivel, wither 6. attack, castigate, criticize, flay, lambast(e), put down, rail at, tear into *(Inf.)*

**blasted** blighted, desolated, destroyed, devastated, ravaged, ruined, shattered, spoiled, wasted, withered

**blast-off** N. discharge, expulsion, firing, launch, launching, lift-off, projection, shot

**blatant** 1. bald, brazen, conspicuous, flagrant, flaunting, glaring, naked, obtrusive, obvious, ostentatious, outright, overt, prominent, pronounced, sheer, unmitigated 2. clamorous, deafening, ear-splitting, harsh, loud, noisy, piercing, strident

**blaze**
- N. 1. bonfire, conflagration, fire, flame, flames 2. beam, brilliance, flare, flash, glare, gleam, glitter, glow, light, radiance 3. blast, burst, eruption, flare-up, fury, outbreak, outburst, rush, storm, torrent
- V. 4. beam, burn, fire, flame, flare, flash, glare, gleam, glow, shine 5. boil, explode, flare up, fume, seethe

**bleach** blanch, etiolate, fade, grow pale, lighten, peroxide, wash out, whiten

**bleached** achromatic, etiolated, faded, lightened, peroxided, stone-washed, washed-out

**bleak** 1. bare, barren, chilly, cold, desolate, exposed, gaunt, open, raw, unsheltered, weather-beaten, windswept, windy 2. cheerless, comfortless, depressing, discouraging, disheartening, dismal, dreary, gloomy, grim, hopeless, joyless, sombre, unpromising

**bleary** blurred, blurry, dim, fogged, foggy, fuzzy, hazy, indistinct, misty, murky, rheumy, watery

**bleed** 1. exude, flow, gush, lose blood, ooze, run, seep, shed blood, spurt, trickle, weep 2. deplete, drain, draw *or* take blood, exhaust, extort, extract, fleece, leech, milk, phlebotomize *(Medical)*, reduce, sap, squeeze 3. ache, agonize, feel for, grieve, pity, suffer, sympathize

**blemish**
- N. 1. blot, blotch, blur, defect, demerit, disfigurement, disgrace, dishonour, fault, flaw, imperfection, mark, scar, smirch, smudge, speck, spot, stain, taint
- V. 2. blot, blotch, blur, damage, deface, disfigure, flaw, impair, injure, mar, mark, smirch, smudge, spoil, spot, stain, sully, taint, tarnish

**blend**
- V. 1. amalgamate, coalesce, combine, compound, fuse, intermix, meld, merge, mingle, mix, synthesize, unite 2. complement, fit, go well, go with, harmonize, suit
- N. 3. alloy, amalgam, amalgamation, combination, composite, compound, concoction, fusion, meld, mix, mixture, synthesis, union

**bless** 1. anoint, consecrate, dedicate, exalt, extol, give thanks to, glorify, hallow, invoke happiness on, magnify, ordain, praise, sanctify, thank 2. bestow, endow, favour, give, grace, grant, provide

**blessed** 1. adored, beatified, divine, hallowed, holy, revered, sacred, sanctified 2. endowed, favoured, fortunate, granted, jammy *(Brit. sl.)*, lucky 3. blissful, contented, glad, happy, joyful, joyous

**blessedness** beatitude, bliss, blissfulness, content, felicity, happiness, heavenly joy, pleasure, sanctity, state of grace, summum bonum

**blessing** 1. benediction, benison, commendation, consecration, dedication, grace, invocation, thanksgiving 2. approbation, approval, backing, concurrence, consent, favour, good wishes, leave, permission, regard, sanction, support 3. advantage, benefit, boon, bounty, favour, gain, gift, godsend, good fortune, help, kindness, profit, service, windfall

**blight**
- N. 1. canker, decay, disease, fungus, infestation, mildew, pest, pestilence, rot 2. affliction, bane, contamination, corruption, curse, evil, plague, pollution, scourge, woe
- V. 3. blast, destroy, injure, nip in the bud, ruin, shrivel, taint with mildew, wither 4. *(Fig.)* annihilate, crush, dash, disappoint, frustrate, mar, nullify, ruin, spoil, undo, wreck

**blind**
- ADJ. 1. destitute of vision, eyeless, sightless, stone-blind, unseeing, unsighted, visionless 2. *(Fig.)* careless, heedless, ignorant, inattentive, inconsiderate, indifferent, indiscriminate, injudicious, insensitive, morally darkened, neglectful, oblivious, prejudiced, thoughtless, unaware of, unconscious of, uncritical, undiscerning, unmindful of, unobservant, unreasoning 3. hasty, impetuous, irrational, mindless, rash, reckless, senseless, uncontrollable, uncontrolled, unthinking, violent, wild 4. closed, concealed, dark, dead-end, dim, hidden, leading nowhere, obscured, obstructed, without exit
- N. 5. camouflage, cloak, cover, façade, feint, front, mask, masquerade, screen, smoke screen

**blindly** 1. aimlessly, at random, confusedly, frantically, indiscriminately, instinctively, madly, purposelessly, wildly 2. carelessly, heedlessly, impulsively, inconsiderately, passionately, recklessly, regardlessly, senselessly, thoughtlessly, unreasonably, wilfully

**blink** 1. bat, flutter, glimpse, nictate, nictitate, peer, squint, wink 2. flash, flicker, gleam, glimmer, scintillate, shine, sparkle, twinkle, wink 3. *(Fig.)* condone, connive at, disregard, ignore, overlook, pass by, turn a blind eye to 4. **on the blink** *(Sl.)* faulty, malfunctioning, not working (properly), on the fritz *(U.S. sl.)*, out of action, out of order, playing up

**bliss** beatitude, blessedness, blissfulness, ecstasy, euphoria, felicity, gladness, happiness, heaven, joy, paradise, rapture

**blissful** cock-a-hoop, delighted, ecstatic, elated, enchanted, enraptured, euphoric, happy, heavenly *(Inf.)*, in ecstasies, joyful, joyous, over the moon *(Inf.)*, rapt, rapturous

**blister** abscess, blain, bleb, boil, bubble, canker, carbuncle, cyst, furuncle *(Pathology)*, pimple, pustule, sore, swelling, ulcer, welt, wen

**blithe** 1. animated, buoyant, carefree, cheerful, cheery, chirpy *(Inf.)*, debonair, gay, genial, gladsome *(Archaic)*, happy, jaunty, light-hearted, merry, mirthful, sprightly, sunny, upbeat *(Inf.)*, vivacious 2. careless, casual, heedless, indifferent, nonchalant, thoughtless, unconcerned, untroubled

**blitz** assault, attack, blitzkrieg, bombardment, offensive, onslaught, raid, strike

**blizzard** blast, gale, snowstorm, squall, storm, tempest

**blob** ball, bead, bubble, dab, dewdrop, drop, droplet, glob, globule, lump, mass, pearl, pellet, pill

**bloc** alliance, axis, cabal, clique, coalition, combine, entente, faction, group, league, ring, schism, union, wing

**block**
- N. 1. bar, brick, cake, chunk, cube, hunk, ingot, lump, mass, piece, square 2. bar, barrier, blockage, hindrance, impediment, jam, obstacle, obstruction, occlusion, stoppage
- V. 3. bung up *(Inf.)*, choke, clog, close, obstruct, plug, stop up 4. arrest, bar, check, deter, halt, hinder, impede, obstruct, stop, thwart

**blockade** barricade, barrier, block, closure, encirclement, hindrance, impediment, obstacle, obstruction, restriction, siege, stoppage

**blockage** block, blocking, impediment, obstruction, occlusion, stoppage, stopping up

**blockhead** berk *(Brit. sl.)*, bonehead *(Sl.)*, charlie *(Brit. inf.)*, chump *(Inf.)*, coot, dickhead *(Sl.)*, dipstick *(Brit. sl.)*, divvy *(Brit. sl.)*, dolt, dork *(Sl.)*, dullard, dunce, dweeb *(U.S. sl.)*, fool, fuckwit *(Taboo sl.)*, geek *(Sl.)*, gonzo *(Sl.)*, idiot, ignoramus, jerk *(Sl., chiefly U.S. & Canad.)*, nerd *or* nurd *(Sl.)*, noodle, numskull *or* numbskull, pillock *(Brit. sl.)*, plank *(Brit. sl.)*, plonker *(Sl.)*, prat *(Sl.)*,

# blond | bond

prick (Derogatory sl.), schmuck (U.S. sl.), thickhead, twit (Inf., chiefly Brit.), wally (Sl.)

**blond, blonde** fair, fair-haired, fair-skinned, flaxen, golden-haired, light, light-coloured, light-complexioned, tow-headed

**blood** 1. gore, lifeblood, vital fluid 2. ancestry, birth, consanguinity, descendants, descent, extraction, family, kindred, kinship, lineage, noble extraction, relations 3. (Fig.) anger, disposition, feeling, passion, spirit, temper

**bloodcurdling** appalling, chilling, dreadful, fearful, frightening, hair-raising, horrendous, horrifying, scaring, spine-chilling, terrifying

**bloodless** 1. cold, languid, lifeless, listless, passionless, spiritless, torpid, unemotional, unfeeling 2. anaemic, ashen, chalky, colourless, pale, pallid, pasty, sallow, sickly, wan

**bloodshed** blood bath, bloodletting, butchery, carnage, gore, killing, massacre, murder, slaughter, slaying

**bloodthirsty** barbarous, brutal, cruel, ferocious, inhuman, murderous, ruthless, savage, vicious, warlike

**bloody** 1. bleeding, blood-soaked, blood-spattered, bloodstained, gaping, raw, unstaunched 2. cruel, ferocious, fierce, sanguinary, savage

**bloom**
- N. 1. blossom, blossoming, bud, efflorescence, flower, opening (of flowers) 2. (Fig.) beauty, blush, flourishing, flush, freshness, glow, health, heyday, lustre, perfection, prime, radiance, rosiness, vigour
- V. 3. blossom, blow, bud, burgeon, open, sprout 4. develop, fare well, flourish, grow, prosper, succeed, thrive, wax

**blossom**
- N. 1. bloom, bud, floret, flower, flowers
- V. 2. bloom, burgeon, flower 3. (Fig.) bloom, develop, flourish, grow, mature, progress, prosper, thrive

**blot**
- N. 1. blotch, mark, patch, smear, smudge, speck, splodge, spot 2. blemish, blur, defect, demerit, disgrace, fault, flaw, scar, smirch, spot, stain, taint
- V. 3. bespatter, disfigure, disgrace, mark, smirch, smudge, spoil, spot, stain, sully, tarnish 4. absorb, dry, soak up, take up 5. **blot out** cancel, darken, destroy, efface, erase, expunge, obliterate, obscure, shadow

**blow¹**
- V. 1. blast, breathe, exhale, fan, pant, puff, waft 2. flow, rush, stream, whirl 3. bear, buffet, drive, fling, flutter, sweep, waft, whirl, whisk 4. blare, mouth, pipe, play, sound, toot, trumpet, vibrate
- N. 5. blast, draught, flurry, gale, gust, puff, strong breeze, tempest, wind

**blow²** N. 1. bang, bash (Inf.), belt (Inf.), buffet, clomp (Sl.), clout (Inf.), clump (Sl.), knock, punch, rap, slosh (Brit. sl.), smack, sock (Sl.), stroke, thump, wallop (Inf.), whack 2. (Fig.) affliction, bolt from the blue, bombshell, bummer (Sl.), calamity, catastrophe, comedown (Inf.), disappointment, disaster, jolt, misfortune, reverse, setback, shock, upset

**blow out** 1. extinguish, put out, snuff 2. burst, erupt, explode, rupture, shatter

**blow over** be forgotten, cease, die down, disappear, end, finish, pass, pass away, subside, vanish

**blow up** 1. bloat, distend, enlarge, expand, fill, inflate, puff up, pump up, swell 2. blast, bomb, burst, detonate, dynamite, explode, go off, rupture, shatter 3. enlarge, enlarge on, exaggerate, heighten, magnify, overstate 4. (Inf.) become angry, become enraged, blow a fuse (Sl., chiefly U.S.), crack up (Inf.), erupt, fly off the handle (Inf.), go off the deep end (Inf.), go up the wall (Sl.), hit the roof (Inf.), lose one's temper, rage, see red (Inf.)

**bludgeon**
- N. 1. club, cosh (Brit.), cudgel, shillelagh, truncheon
- V. 2. beat, beat up, club, cosh (Brit.), cudgel, knock down, strike 3. browbeat, bulldoze (Inf.), bully, coerce, dragoon, force, hector, railroad (Inf.), steamroller

**blue** 1. azure, cerulean, cobalt, cyan, navy, sapphire, sky-coloured, ultramarine 2. (Fig.) dejected, depressed, despondent, dismal, downcast, down-hearted, down in the dumps (Inf.), fed up, gloomy, glum, low, melancholy, sad, unhappy 3. (Inf.) bawdy, dirty, indecent, lewd, naughty, near the knuckle (Inf.), obscene, risqué, smutty, vulgar

**blueprint** design, draft, layout, norm, outline, pattern, pilot scheme, plan, project, prototype, scheme, sketch

**bluff**
- V. 1. deceive, defraud, delude, fake, feign, humbug, lie, mislead, pretend, sham
- N. 2. bluster, boast, braggadocio, bragging, bravado, deceit, deception, fake, feint, fraud, humbug, idle boast, lie, mere show, pretence, sham, show, subterfuge

**blunder**
- N. 1. error, fault, inaccuracy, mistake, oversight, slip, slip-up (Inf.) 2. bloomer (Brit. inf.), boob (Brit. sl.), boo-boo (Inf.), clanger (Inf.), faux pas, gaffe, gaucherie, howler (Inf.), impropriety, indiscretion, mistake
- V. 3. bodge (Inf.), botch, bungle, err, slip up (Inf.) 4. bumble, confuse, flounder, misjudge, stumble

**blunt**
- ADJ. 1. dull, dulled, edgeless, pointless, rounded, unsharpened 2. (Fig.) bluff, brusque, discourteous, downright, explicit, forthright, frank, impolite, outspoken, plain-spoken, rude, straightforward, tactless, trenchant, uncivil, unpolished, upfront (Inf.)
- V. 3. dampen, deaden, dull, numb, soften, take the edge off, water down, weaken

**blur**
- V. 1. becloud, bedim, befog, cloud, darken, dim, fog, make hazy, make indistinct, make vague, mask, obscure, soften 2. blot, smear, smudge, spot, stain
- N. 3. blear, blurredness, cloudiness, confusion, dimness, fog, haze, indistinctness, obscurity 4. blot, smear, smudge, spot, stain

**blurred** bleary, blurry, faint, foggy, fuzzy, hazy, ill-defined, indistinct, lacking definition, misty, nebulous, out of focus, unclear, vague

**blush**
- V. 1. colour, crimson, flush, redden, turn red, turn scarlet
- N. 2. colour, flush, glow, pink tinge, reddening, rosiness, rosy tint, ruddiness

**bluster**
- V. 1. boast, brag, bulldoze, bully, domineer, hector, rant, roar, roister, storm, swagger, swell, vaunt
- N. 2. bluff, boasting, boisterousness, bombast, bragging, bravado, crowing, swagger, swaggering

**blustery** blusterous, boisterous, gusty, inclement, squally, stormy, tempestuous, violent, wild

**board**
- N. 1. panel, piece of timber, plank, slat, timber 2. daily meals, food, meals, provisions, victuals 3. advisers, advisory group, committee, conclave, council, directorate, directors, panel, trustees
- V. 4. embark, embus, enplane, enter, entrain, mount 5. accommodate, feed, house, lodge, put up, quarter, room

**boast**
- V. 1. blow one's own trumpet, bluster, brag, crow, exaggerate, puff, strut, swagger, talk big (Sl.), vaunt 2. be proud of, congratulate oneself on, exhibit, flatter oneself, possess, pride oneself on, show off
- N. 3. avowal, brag, gasconade (Rare), rodomontade (Literary), swank (Inf.), vaunt 4. gem, joy, pride, pride and joy, source of pride, treasure

**boastful** bragging, cocky, conceited, crowing, egotistical, puffed-up, swaggering, swanky (Inf.), swollen-headed, vainglorious, vaunting

**bob** bounce, duck, hop, jerk, leap, nod, oscillate, quiver, skip, waggle, weave, wobble

**bode** augur, betoken, forebode, foreshadow, foretell, forewarn, impart, omen, portend, predict, presage, prophesy, signify, threaten

**bodily**
- ADJ. 1. actual, carnal, corporal, corporeal, fleshly, material, physical, substantial, tangible
- ADV. 2. altogether, as a body, as a group, collectively, completely, en masse, entirely, fully, totally, wholly

**body** 1. build, figure, form, frame, physique, shape, torso, trunk 2. cadaver, carcass, corpse, dead body, relics, remains, stiff (Sl.) 3. being, creature, human, human being, individual, mortal, person 4. bulk, essence, main part, mass, material, matter, substance 5. association, band, bloc, collection, company, confederation, congress, corporation, society 6. crowd, horde, majority, mass, mob, multitude, throng 7. consistency, density, firmness, richness, solidity, substance

**bog** fen, marsh, marshland, mire, morass, moss (Scot. & Northern English dialect), peat bog, quagmire, slough, swamp, wetlands

**bogey** 1. apparition, bogeyman, goblin, hobgoblin, imp, spectre, spirit, spook (Inf.), sprite 2. bête noire, bugaboo, bugbear, nightmare

**boggle** 1. be alarmed (confused, surprised, taken aback), shy, stagger, startle, take fright 2. demur, dither (Chiefly Brit.), doubt, equivocate, falter, hang back, hesitate, hover, jib, shillyshally (Inf.), shrink from, vacillate, waver

**boggy** fenny, marshy, miry, muddy, oozy, quaggy, soft, spongy, swampy, waterlogged, yielding

**bogus** artificial, counterfeit, dummy, ersatz, fake, false, forged, fraudulent, imitation, phoney or phony (Inf.), pseudo (Inf.), sham, spurious

**Bohemian**
- ADJ. 1. alternative, artistic, arty (Inf.), avant-garde, eccentric, exotic, left bank, nonconformist, oddball (Inf.), offbeat, off-the-wall (Sl.), outré, unconventional, unorthodox, way-out (Inf.)
- N. 2. beatnik, dropout, hippie, iconoclast, nonconformist

**boil¹** V. 1. agitate, bubble, churn, effervesce, fizz, foam, froth, seethe 2. be angry, be indignant, blow a fuse (Sl., chiefly U.S.), crack up (Inf.), fly off the handle (Inf.), foam at the mouth (Inf.), fulminate, fume, go off the deep end (Inf.), go up the wall (Sl.), rage, rave, see red (Inf.), storm

**boil²** N. blain, blister, carbuncle, furuncle (Pathology), gathering, pustule, tumour, ulcer

**boisterous** 1. bouncy, clamorous, disorderly, impetuous, loud, noisy, obstreperous, riotous, rollicking, rowdy, rumbustious, unrestrained, unruly, uproarious, vociferous, wild 2. blustery, gusty, raging, rough, squally, stormy, tempestuous, tumultuous, turbulent

**bold** 1. adventurous, audacious, brave, courageous, daring, dauntless, enterprising, fearless, gallant, gritty, heroic, intrepid, lionhearted, valiant, valorous 2. barefaced, brash, brazen, cheeky, confident, feisty (Inf., chiefly U.S. & Canad.), forward, fresh (Inf.), impudent, insolent, pert, pushy (Inf.), rude, sassy (U.S. inf.), saucy, shameless 3. bright, colourful, conspicuous, eye-catching, flashy, forceful, lively, loud, prominent, pronounced, showy, spirited, striking, strong, vivid

**bolster** aid, assist, augment, boost, brace, buoy up, buttress, cushion, help, hold up, maintain, pillow, prop, reinforce, shore up, stay, strengthen, support

**bolt**
- N. 1. bar, catch, fastener, latch, lock, sliding bar 2. peg, pin, rivet, rod 3. bound, dart, dash, escape, flight, rush, spring, sprint 4. arrow, dart, missile, projectile, shaft, thunderbolt
- V. 5. bar, fasten, latch, lock, secure 6. cram, devour, gobble, gorge, gulp, guzzle, stuff, swallow whole, wolf 7. abscond, bound, dash, decamp, do a runner (Sl.), escape, flee, fly, fly the coop (U.S. & Canad. inf.), hurtle, jump, leap, make a break (for it), run, run for it, rush, skedaddle (Inf.), spring, sprint, take a powder (U.S. & Canad. sl.), take it on the lam (U.S. & Canad. sl.)

**bomb**
- N. 1. bombshell, charge, device, explosive, grenade, mine, missile, projectile, rocket, shell, torpedo
- V. 2. attack, blow up, bombard, destroy, shell, strafe, torpedo

**bombard** 1. assault, blast, blitz, bomb, cannonade, fire upon, open fire, pound, shell, strafe 2. assail, attack, barrage, batter, beset, besiege, harass, hound, pester

**bombardment** assault, attack, barrage, blitz, bombing, cannonade, fire, flak, fusillade, shelling, strafe

**bona fide** actual, authentic, genuine, honest, kosher (Inf.), lawful, legal, legitimate, real, true

**bond**
- N. 1. band, binding, chain, cord, fastening, fetter, ligature, link, manacle, shackle, tie 2. affiliation, affinity, attachment, connection, link, relation, tie, union 3. agreement, compact, contract, covenant, guarantee, obligation, pledge, promise, word

▸ V. 4. bind, connect, fasten, fix together, fuse, glue, gum, paste

**bonny** 1. beautiful, comely, fair, handsome, lovely, pretty, sweet 2. bouncing, buxom, chubby, fine, plump, rounded, shapely 3. blithe, cheerful, cheery, gay, joyful, merry, sunny, winsome

**bonus** benefit, bounty, commission, dividend, extra, gift, gratuity, hand-out, honorarium, icing on the cake, perk (*Brit. inf.*), plus, premium, prize, reward

**bony** angular, emaciated, gangling, gaunt, lanky, lean, macilent (*Rare*), rawboned, scrawny, skinny, thin

**book**
▸ N. 1. hardback, manual, paperback, publication, roll, scroll, textbook, title, tome, tract, volume, work 2. album, diary, exercise book, jotter, notebook, pad
▸ V. 3. arrange for, bill, charter, engage, line up, make reservations, organize, procure, programme, reserve, schedule 4. enrol, enter, insert, list, log, mark down, note, post, put down, record, register, write down

**bookish** academic, donnish, erudite, intellectual, learned, literary, pedantic, scholarly, studious, well-read

**boom**[1]
▸ V. 1. bang, blast, crash, explode, resound, reverberate, roar, roll, rumble, thunder
▸ N. 2. bang, blast, burst, clap, crash, explosion, roar, rumble, thunder

**boom**[2]
▸ V. 1. develop, expand, flourish, gain, grow, increase, intensify, prosper, spurt, strengthen, succeed, swell, thrive
▸ N. 2. advance, boost, development, expansion, gain, growth, improvement, increase, jump, push, spurt, upsurge, upswing, upturn

**boomerang** backfire, come back, come home to roost, rebound, recoil, return, reverse, ricochet

**boon**
▸ N. 1. advantage, benefaction, benefit, blessing, donation, favour, gift, godsend, grant, gratuity, hand-out, present, windfall
▸ ADJ. 2. close, intimate, special

**boorish** awkward, barbaric, bearish, churlish, clownish, coarse, crude, gross, gruff, hick (*Inf., chiefly U.S. & Canad.*), ill-bred, loutish, lubberly, oafish, rude, rustic, uncivilized, uncouth, uneducated, unrefined, vulgar

**boost**
▸ N. 1. encouragement, help, hype, improvement, praise, promotion 2. heave, hoist, lift, push, raise, shove, thrust 3. addition, expansion, improvement, increase, increment, jump, rise
▸ V. 4. advance, advertise, assist, crack up (*Inf.*), encourage, foster, further, hype, improve, inspire, plug (*Inf.*), praise, promote, support, sustain 5. elevate, heave, hoist, lift, push, raise, shove, thrust 6. add to, amplify, develop, enlarge, expand, heighten, hoick, increase, jack up, magnify, raise

**boot** V. 1. drive, drop-kick, kick, knock, punt, shove 2. (*Inf.*) dismiss, eject, expel, give the bum's rush (*Sl.*), give the heave *or* push (*Inf.*), kick out, kiss off (*Sl., chiefly U.S. & Canad.*), oust, relegate, sack (*Inf.*), show one the door, throw out, throw out on one's ear (*Inf.*)

**border**
▸ N. 1. bound, boundary, bounds, brim, brink, confine, confines, edge, flange, hem, limit, limits, lip, margin, pale, rim, skirt, verge 2. borderline, boundary, frontier, line, march
▸ V. 3. bind, decorate, edge, fringe, hem, rim, trim

**borderline** ADJ. ambivalent, doubtful, equivocal, indecisive, indefinite, indeterminate, inexact, marginal, unclassifiable

**bore**[1]
▸ V. 1. burrow, drill, gouge out, mine, penetrate, perforate, pierce, sink, tunnel
▸ N. 2. borehole, calibre, drill hole, hole, shaft, tunnel

**bore**[2]
▸ V. 1. annoy, be tedious, bother, exhaust, fatigue, jade, pall on, pester, send to sleep, tire, trouble, vex, wear out, weary, worry
▸ N. 2. bother, drag (*Inf.*), dullard, dull person, headache (*Inf.*), nuisance, pain (*Inf.*), pain in the arse (*Taboo inf.*), pain in the neck (*Inf.*), pest, tiresome person, wearisome talker, yawn (*Inf.*)

**boredom** apathy, doldrums, dullness, ennui, flatness, irksomeness, monotony, sameness, tedium, tediousness, weariness, world-weariness

**boring** dead, dull, flat, ho-hum (*Inf.*), humdrum, insipid, mind-numbing, monotonous, repetitious, routine, stale, tedious, tiresome, tiring, unexciting, uninteresting, unvaried, wearisome

**borrow** 1. blag (*Sl.*), cadge, mooch (*Sl.*), scrounge (*Inf.*), take and return, take on loan, touch (someone) for (*Sl.*), use temporarily 2. acquire, adopt, appropriate, copy, filch, imitate, obtain, pilfer, pirate, plagiarize, simulate, steal, take, use, usurp

**bosom**
▸ N. 1. breast, bust, chest 2. affections, emotions, feelings, heart, sentiments, soul, spirit, sympathies 3. centre, circle, core, midst, protection, shelter
▸ ADJ. 4. boon, cherished, close, confidential, intimate, very dear

**boss**[1]
▸ N. 1. administrator, big cheese (*Sl., old-fashioned*), chief, director, employer, executive, foreman, gaffer (*Inf., chiefly Brit.*), governor (*Inf.*), head, kingpin, leader, manager, master, Mister Big (*Sl., chiefly U.S.*), numero uno (*Inf.*), overseer, owner, superintendent, supervisor
▸ V. 2. administrate, command, control, direct, employ, manage, oversee, run, superintend, supervise, take charge

**boss**[2] knob, nub, nubble, point, protuberance, stud, tip

**bossy** arrogant, authoritarian, autocratic, despotic, dictatorial, domineering, hectoring, high-handed, imperious, lordly, overbearing, tyrannical

**botch**
▸ V. 1. balls up (*Taboo sl.*), blunder, bodge (*Inf.*), bungle, butcher, cobble, cock up (*Brit. sl.*), fuck up (*Offens. taboo sl.*), fumble, mar, mend, mess, mismanage, muff, patch, screw up (*Inf.*), spoil
▸ N. 2. balls-up (*Taboo sl.*), blunder, bungle, bungling, cock-up (*Brit. sl.*), failure, fuck-up (*Offens. taboo sl.*), fumble, hash, mess, miscarriage, pig's breakfast (*Inf.*), pig's ear (*Inf.*)

**bother**
▸ V. 1. alarm, annoy, bend someone's ear (*Inf.*), concern, dismay, distress, disturb, gall, harass, hassle (*Inf.*), inconvenience, irritate, molest, nag, nark (*Brit., Aust., & N.Z. sl.*), pester, plague, put out, trouble, upset, vex, worry
▸ N. 2. aggravation, annoyance, bustle, difficulty, flurry, fuss, gall, hassle (*Inf.*), inconvenience, irritation, molestation, nuisance, perplexity, pest, problem, strain, trouble, vexation, worry

**bothersome** aggravating, annoying, distressing, exasperating, inconvenient, irritating, tiresome, troublesome, vexatious, vexing

**bottleneck** block, blockage, congestion, hold-up, impediment, jam, obstacle, obstruction, snarl-up (*Inf., chiefly Brit.*)

**bottle up** check, contain, curb, keep back, restrict, shut in, suppress, trap

**bottom**
▸ N. 1. base, basis, bed, deepest part, depths, floor, foot, foundation, groundwork, lowest part, pedestal, support 2. lower side, sole, underneath, underside 3. arse (*Taboo sl.*), ass (*U.S. & Canad. taboo sl.*), backside, behind (*Inf.*), bum (*Brit. sl.*), buns (*U.S. sl.*), butt (*U.S. & Canad. inf.*), buttocks, derrière (*Euphemistic*), fundament, jacksy (*Brit. sl.*), posterior, rear, rear end, rump, seat, tail (*Inf.*) 4. base, basis, cause, core, essence, ground, heart, mainspring, origin, principle, root, source, substance
▸ ADJ. 5. base, basement, basic, fundamental, ground, last, lowest, undermost

**bottomless** boundless, deep, fathomless, immeasurable, inexhaustible, infinite, unfathomable, unlimited

**bounce**
▸ V. 1. bob, bound, bump, jounce, jump, leap, rebound, recoil, resile, ricochet, spring, thump 2. (*Sl.*) boot out (*Inf.*), eject, fire (*Inf.*), kick out (*Inf.*), oust, relegate, throw out
▸ N. 3. bound, elasticity, give, rebound, recoil, resilience, spring, springiness 4. animation, brio, dynamism, energy, go (*Inf.*), life, liveliness, pep, vigour, vitality, vivacity, zip (*Inf.*)

**bouncing** blooming, bonny, healthy, robust, thriving, vigorous

**bound**[1]
▸ N. 1. *Usually plural* border, boundary, confine, edge, extremity, fringe, limit, line, march, margin, pale, periphery, rim, termination, verge 2. **out of bounds** banned, barred, forbidden, off-limits (*Chiefly U.S. military*), prohibited, taboo
▸ V. 3. circumscribe, confine, define, delimit, demarcate, encircle, enclose, hem in, limit, restrain, restrict, surround, terminate

**bound**[2] V./N. bob, bounce, caper, frisk, gambol, hurdle, jump, leap, lope, pounce, prance, skip, spring, vault

**bound**[3] ADJ. 1. cased, fastened, fixed, pinioned, secured, tied, tied up 2. certain, destined, doomed, fated, sure 3. beholden, committed, compelled, constrained, duty-bound, forced, obligated, obliged, pledged, required

**boundary** barrier, border, borderline, bounds, brink, confines, edge, extremity, fringe, frontier, limits, march, margin, pale, precinct, termination, verge

**boundless** endless, illimitable, immeasurable, immense, incalculable, inexhaustible, infinite, limitless, measureless, unbounded, unconfined, unending, unlimited, untold, vast

**bountiful** 1. abundant, ample, bounteous, copious, exuberant, lavish, luxuriant, plenteous, plentiful, prolific 2. beneficent, bounteous, generous, liberal, magnanimous, munificent, open-handed, princely, prodigal, unstinting

**bouquet** 1. boutonniere, bunch of flowers, buttonhole, corsage, garland, nosegay, posy, spray, wreath 2. aroma, fragrance, perfume, redolence, savour, scent

**bourgeois** conventional, hidebound, materialistic, middle-class, traditional

**bout** 1. course, fit, period, round, run, session, spell, spree, stint, stretch, term, time, turn 2. battle, boxing match, competition, contest, encounter, engagement, fight, head-to-head, match, set-to, struggle

**bovine** dense, dozy (*Brit. inf.*), dull, slow, sluggish, stolid, stupid, thick

**bow**[1]
▸ V. 1. bend, bob, droop, genuflect, incline, make obeisance, nod, stoop 2. accept, acquiesce, comply, concede, defer, give in, kowtow, relent, submit, succumb, surrender, yield 3. cast down, conquer, crush, depress, overpower, subdue, subjugate, vanquish, weigh down
▸ N. 4. bending, bob, genuflexion, inclination, kowtow, nod, obeisance, salaam

**bow**[2] (*Naut.*) beak, fore, head, prow, stem

**bowdlerize** blue-pencil, censor, clean up, expurgate, mutilate

**bowels** 1. entrails, guts, innards (*Inf.*), insides (*Inf.*), intestines, viscera, vitals 2. belly, core, deep, depths, hold, inside, interior 3. (*Archaic*) compassion, mercifulness, mercy, pity, sympathy, tenderness

**bowl**
▸ N. 1. basin, deep dish, vessel
▸ V. 2. fling, hurl, pitch, revolve, roll, rotate, spin, throw, trundle, whirl

**bowl over** 1. amaze, astonish, astound, dumbfound, stagger, startle, stun, surprise 2. bring down, fell, floor, knock down, overthrow, overturn

**box**[1]
▸ N. 1. ark (*Dialect*), carton, case, casket, chest, container, kist (*Scot. & Northern English dialect*), pack, package, portmanteau, receptacle, trunk
▸ V. 2. pack, package, wrap

**box**[2]
▸ V. 1. exchange blows, fight, spar 2. belt (*Inf.*), buffet, butt, chin (*Sl.*), clout (*Inf.*), cuff, deck (*Sl.*), hit, lay one on (*Sl.*), punch, slap, sock (*Sl.*), strike, thwack, wallop (*Inf.*), whack
▸ N. 3. belt (*Inf.*), blow, buffet, clout (*Inf.*), cuff, punch, slap, stroke, thumping, wallop (*Inf.*)

**boxer** fighter, prizefighter, pugilist, sparrer, sparring partner

**box in** cage, confine, contain, coop up, enclose, hem in, isolate, shut in, surround, trap

**boxing** fisticuffs, prizefighting, pugilism, sparring, the fight game (*Inf.*), the ring

**boy** fellow, junior, lad, schoolboy, stripling, youngster, youth

**boycott** ban, bar, black, blackball, blacklist, embargo, exclude, ostracize, outlaw, prohibit, proscribe, refrain from, refuse, reject, spurn

**boyfriend** admirer, beau, date, follower, leman (*Archaic*), lover, man, steady, suitor, swain, sweetheart, toy boy, young man

**brace**
▸ N. 1. bolster, bracer, bracket, buttress, prop, reinforcement, stanchion, stay, strut, support, truss
▸ V. 2. bandage, bind, bolster, buttress, fasten, fortify, hold up, prop, reinforce, shove, shove

up, steady, strap, strengthen, support, tie, tighten

**bracing** brisk, chilly, cool, crisp, energizing, exhilarating, fortifying, fresh, invigorating, lively, refreshing, restorative, reviving, rousing, stimulating, tonic, vigorous

**brag** blow one's own trumpet, bluster, boast, crow, swagger, talk big *(Sl.)*, vaunt

**braggart** bigmouth *(Sl.)*, bluffer, blusterer, boaster, brag, braggadocio, bragger, hot dog *(Chiefly U.S.)*, show-off *(Inf.)*, swaggerer, swashbuckler

**braid** entwine, interlace, intertwine, interweave, lace, plait, ravel, twine, weave

**brain** brainbox, egghead *(Inf.)*, genius, highbrow, intellect, intellectual, mastermind, prodigy, pundit, sage, scholar

**brainless** braindead *(Inf.)*, foolish, idiotic, inane, inept, mindless, senseless, stupid, thoughtless, unintelligent, witless

**brainy** bright, brilliant, clever, intelligent, smart

**brake**

▸ N. **1.** check, constraint, control, curb, rein, restraint

▸ V. **2.** check, decelerate, halt, moderate, reduce speed, slacken, slow, stop

**branch** **1.** arm, bough, limb, offshoot, prong, ramification, shoot, spray, sprig **2.** chapter, department, division, local office, office, part, section, subdivision, subsection, wing

**branch out** add to, develop, diversify, enlarge, expand, extend, increase, multiply, proliferate, ramify, spread out

**brand**

▸ N. **1.** cast, class, grade, kind, make, quality, sort, species, type, variety **2.** emblem, hallmark, label, mark, marker, sign, stamp, symbol, trademark **3.** blot, disgrace, infamy, mark, reproach, slur, smirch, stain, stigma, taint

▸ V. **4.** burn, burn in, label, mark, scar, stamp **5.** censure, denounce, discredit, disgrace, expose, mark, stigmatize

**brandish** display, exhibit, flaunt, flourish, parade, raise, shake, swing, wield

**brash** **1.** audacious, foolhardy, hasty, impetuous, impulsive, indiscreet, precipitate, rash, reckless **2.** bold, brazen, cocky, forward, heedless, impertinent, impudent, insolent, pushy *(Inf.)*, rude

**brass** audacity, brass neck *(Brit. inf.)*, cheek, chutzpah *(U.S. & Canad. inf.)*, effrontery, front, gall, impertinence, impudence, insolence, neck *(Inf.)*, nerve *(Inf.)*, presumption, rudeness

**bravado** bluster, boast, boastfulness, boasting, bombast, brag, braggadocio, fanfaronade *(Rare)*, swagger, swaggering, swashbuckling, vaunting

**brave**

▸ ADJ. **1.** ballsy *(Taboo sl.)*, bold, courageous, daring, dauntless, fearless, gallant, gritty, heroic, intrepid, plucky, resolute, undaunted, valiant, valorous

▸ V. **2.** bear, beard, challenge, confront, dare, defy, endure, face, stand up to, suffer, tackle, withstand

**bravery** balls *(Taboo sl.)*, ballsiness *(Taboo sl.)*, boldness, bravura, courage, daring, dauntlessness, doughtiness, fearlessness, fortitude, gallantry, grit, guts *(Inf.)*, hardihood, hardiness, heroism, indomitability, intrepidity, mettle, pluck, pluckiness, spirit, spunk *(Inf.)*, valour

**bravura** animation, audacity, boldness, brilliance, brio, daring, dash, display, élan, energy, exhibitionism, ostentation, panache, punch *(Inf.)*, spirit, verve, vigour, virtuosity

**brawl**

▸ N. **1.** affray *(Law)*, altercation, argument, bagarre, battle, broil, clash, disorder, dispute, donnybrook, fight, fracas, fray, free-for-all *(Inf.)*, melee *or* mêlée, punch-up *(Brit. inf.)*, quarrel, row *(Inf.)*, ruckus *(Inf.)*, rumpus, scrap *(Inf.)*, scrimmage, scuffle, shindig *(Inf.)*, shindy *(Inf.)*, skirmish, squabble, tumult, uproar, wrangle

▸ V. **2.** altercate, argue, battle, dispute, fight, quarrel, row *(Inf.)*, scrap *(Inf.)*, scuffle, tussle, wrangle, wrestle

**brawn** beef *(Inf.)*, beefiness *(Inf.)*, brawniness, flesh, might, muscle, muscles, muscularity, power, robustness, strength, vigour

**brawny** athletic, beefy *(Inf.)*, bulky, burly, fleshy, hardy, hefty *(Inf.)*, herculean, husky *(Inf.)*, lusty, muscular, powerful, Ramboesque, robust, sinewy, stalwart, strapping, strong, sturdy, thewy, thickset, vigorous, well-built, well-knit

**breach** **1.** aperture, break, chasm, cleft, crack, fissure, gap, hole, opening, rent, rift, rupture, split **2.** contravention, disobedience, infraction, infringement, noncompliance, nonobservance, offence, transgression, trespass, violation **3.** alienation, difference, disaffection, disagreement, dissension, division, estrangement, falling-out *(Inf.)*, parting of the ways, quarrel, schism, separation, severance, variance

**bread** **1.** aliment, diet, fare, food, necessities, nourishment, nutriment, provisions, subsistence, sustenance, viands, victuals **2.** *(Sl.)* ackers *(Sl.)*, brass *(Northern English dialect)*, cash, dibs *(Sl.)*, dosh *(Brit. & Aust. sl.)*, dough *(Sl.)*, finance, funds, money, necessary *(Inf.)*, needful *(Inf.)*, rhino *(Brit. sl.)*, shekels *(Inf.)*, silver, spondulicks *(Sl.)*, tin *(Sl.)*

**breadth** **1.** beam *(of a ship)*, broadness, latitude, span, spread, wideness, width **2.** amplitude, area, compass, comprehensiveness, dimension, expanse, extensiveness, extent, magnitude, measure, range, reach, scale, scope, size, space, spread, sweep, vastness **3.** broad-mindedness, freedom, latitude, liberality, open-mindedness, openness, permissiveness

**break**

▸ V. **1.** batter, burst, crack, crash, demolish, destroy, disintegrate, divide, fracture, fragment, part, rend, separate, sever, shatter, shiver, smash, snap, splinter, split, tear, total *(Sl.)*, trash *(Sl.)* **2.** breach, contravene, disobey, disregard, infract *(Law)*, infringe, renege on, transgress, violate **3.** cow, cripple, demoralize, dispirit, enervate, enfeeble, impair, incapacitate, subdue, tame, undermine, weaken **4.** abandon, cut, discontinue, give up, interrupt, pause, rest, stop, suspend **5.** bust *(Inf.)*, degrade, demote, discharge, dismiss, humiliate, impoverish, make bankrupt, reduce, ruin **6.** announce, come out, disclose, divulge, impart, inform, let out, make public, proclaim, reveal, tell **7.** *(Of a record, etc.)* beat, better, cap *(Inf.)*, exceed, excel, go beyond, outdo, outstrip, surpass, top **8.** appear, burst out, come forth suddenly, emerge, erupt, happen, occur **9.** cut and run *(Inf.)*, dash, escape, flee, fly, get away, hook it *(Sl.)*, run away **10.** cushion, diminish, lessen, lighten, moderate, reduce, soften, weaken

▸ N. **11.** breach, cleft, crack, division, fissure, fracture, gap, gash, hole, opening, rent, rift, rupture, split, tear **12.** breather *(Inf.)*, entr'acte, halt, hiatus, interlude, intermission, interruption, interval, let-up *(Inf.)*, lull, pause, recess, respite, rest, suspension **13.** alienation, breach, disaffection, dispute, divergence, estrangement, rift, rupture, schism, separation, split **14.** *(Inf.)* advantage, chance, fortune, opening, opportunity, stroke of luck

**breakable** brittle, crumbly, delicate, flimsy, fragile, frail, frangible, friable

**break away** **1.** decamp, escape, flee, fly, hook it *(Sl.)*, make a break for it, make a run for it *(Inf.)*, make off, run away **2.** break with, detach, part company, secede, separate

**breakdown** **1.** collapse, crackup *(Inf.)*, disintegration, disruption, failure, mishap, stoppage **2.** analysis, categorization, classification, detailed list, diagnosis, dissection, itemization

**break down** be overcome, collapse, conk out *(Inf.)*, crack up *(Inf.)*, fail, give way, go kaput *(Inf.)*, go to pieces, seize up, stop, stop working

**break-in** breaking and entering, burglary, invasion, robbery

**break in** **1.** barge in, burst in, butt in, interfere, interject, interpose, interrupt, intervene, intrude, put one's two cents in *(U.S. sl.)* **2.** break and enter, burgle, invade, rob **3.** accustom, condition, get used to, habituate, initiate, prepare, tame, train

**break into** begin, burst into, burst out, commence, dissolve into, give way to, launch into

**break off** **1.** detach, divide, part, pull off, separate, sever, snap off, splinter **2.** cease, desist, discontinue, end, finish, halt, pause, stop, suspend, terminate

**break out** **1.** appear, arise, begin, commence, emerge, happen, occur, set in, spring up, start **2.** abscond, bolt, break loose, burst out, escape, flee, get free **3.** burst out, erupt

**breakthrough** advance, development, discovery, find, finding, gain, improvement, invention, leap, progress, quantum leap, step forward

**break-up** breakdown, breaking, crackup *(Inf.)*, disintegration, dispersal, dissolution, divorce, ending, parting, rift, separation, split, splitting, termination, wind-up

**break up** adjourn, disband, dismantle, disperse, disrupt, dissolve, divide, divorce, end, part, scatter, separate, sever, split, stop, suspend, terminate

**breakwater** groyne, jetty, mole, sea wall, spur

**breast** **1.** boob *(Sl.)*, bosom, bust, chest, front, teat, thorax, tit *(Sl.)*, udder **2.** being, conscience, core, emotions, feelings, heart, seat of the affections, sentiments, soul, thoughts

**breath** **1.** air, animation, breathing, exhalation, gasp, gulp, inhalation, pant, respiration, wheeze **2.** aroma, niff *(Brit. sl.)*, odour, smell, vapour, whiff **3.** break, breather, breathing-space, instant, moment, pause, respite, rest, second **4.** faint breeze, flutter, gust, puff, sigh, slight movement, waft, zephyr **5.** hint, murmur, suggestion, suspicion, undertone, whisper **6.** animation, energy, existence, life, lifeblood, life force, vitality

**breathe** **1.** draw in, gasp, gulp, inhale and exhale, pant, puff, respire, wheeze **2.** imbue, impart, infuse, inject, inspire, instil, transfuse **3.** articulate, express, murmur, say, sigh, utter, voice, whisper

**breathless** **1.** choking, exhausted, gasping, gulping, out of breath, panting, short-winded, spent, wheezing, winded **2.** agog, anxious, astounded, avid, eager, excited, flabbergasted *(Inf.)*, gobsmacked *(Brit. sl.)*, on tenterhooks, open-mouthed, thunderstruck, with bated breath

**breathtaking** amazing, astonishing, awe-inspiring, awesome, brilliant, exciting, heart-stirring, impressive, magnificent, moving, overwhelming, sensational, striking, stunning *(Inf.)*, thrilling, wondrous *(Archaic or literary)*

**breed**

▸ V. **1.** bear, beget, bring forth, engender, generate, hatch, multiply, originate, procreate, produce, propagate, reproduce **2.** bring up, cultivate, develop, discipline, educate, foster, instruct, nourish, nurture, raise, rear **3.** arouse, bring about, cause, create, generate, give rise to, induce, make, occasion, originate, produce, stir up

▸ N. **4.** brand, class, extraction, family, ilk, kind, line, lineage, pedigree, progeny, race, sort, species, stamp, stock, strain, type, variety

**breeding** **1.** ancestry, cultivation, development, lineage, nurture, raising, rearing, reproduction, training, upbringing **2.** civility, conduct, courtesy, cultivation, culture, gentility, manners, polish, refinement, sophistication, urbanity

**breeze**

▸ N. **1.** air, breath of wind, capful of wind, current of air, draught, flurry, gust, light wind, puff of air, waft, whiff, zephyr

▸ V. **2.** flit, glide, hurry, move briskly, pass, sail, sally, sweep, trip

**breezy** **1.** airy, blowing, blowy, blusterous, blustery, fresh, gusty, squally, windy **2.** airy, animated, blithe, buoyant, carefree, casual, cheerful, chirpy *(Inf.)*, debonair, easy-going, free and easy, genial, informal, jaunty, light, light-hearted, lively, sparkling, sparky, spirited, sprightly, sunny, upbeat *(Inf.)*, vivacious

**brevity** **1.** conciseness, concision, condensation, crispness, curtness, economy, pithiness, succinctness, terseness **2.** briefness, ephemerality, impermanence, shortness, transience, transitoriness

**brew**

▸ V. **1.** boil, ferment, infuse *(tea)*, make *(beer)*, prepare by fermentation, seethe, soak, steep, stew **2.** breed, concoct, contrive, develop, devise, excite, foment, form, gather, hatch, plan, plot, project, scheme, start, stir up

▸ N. **3.** beverage, blend, concoction, distillation, drink, fermentation, infusion, liquor, mixture, preparation

**bribe**

▸ N. **1.** allurement, backhander *(Sl.)*, boodle *(Sl., chiefly U.S.)*, corrupting gift, enticement, graft *(Inf.)*, hush money *(Sl.)*, incentive, inducement, kickback *(U.S.)*, pay-off *(Inf.)*, payola *(Inf.)*, reward for treachery, sop, sweetener *(Sl.)*

► **V. 2.** buy off, corrupt, get at, grease the palm *or* hand of *(Sl.)*, influence by gifts, lure, oil the palm of *(Inf.)*, pay off *(Inf.)*, reward, square, suborn

**bribery** buying off, corruption, graft *(Inf.)*, inducement, palm-greasing *(Sl.)*, payola *(Inf.)*, protection, subornation

**bridge**
► **N. 1.** arch, flyover, overpass, span, viaduct **2.** band, bond, connection, link, tie
► **V. 3.** arch over, attach, bind, connect, couple, cross, cross over, extend across, go over, join, link, reach across, span, traverse, unite

**bridle**
► **V. 1.** check, constrain, control, curb, govern, keep in check, master, moderate, rein, repress, restrain, subdue **2.** be indignant, bristle, draw (oneself) up, get angry, get one's back up, raise one's hackles, rear up
► **N. 3.** check, control, curb, rein, restraint, trammels

**brief**
► **ADJ. 1.** compendious, compressed, concise, crisp, curt, laconic, limited, pithy, short, succinct, terse, thumbnail, to the point **2.** ephemeral, fast, fleeting, hasty, little, momentary, quick, quickie *(Inf.)*, short, short-lived, swift, temporary, transitory **3.** abrupt, blunt, brusque, curt, sharp, short, surly
► **N. 4.** abridgement, abstract, digest, epitome, outline, précis, sketch, summary, synopsis **5.** argument, case, contention, data, defence, demonstration
► **V. 6.** advise, clue in *(Inf.)*, explain, fill in *(Inf.)*, gen up *(Brit. inf.)*, give (someone) a rundown, give (someone) the gen *(Brit. inf.)*, inform, instruct, prepare, prime, put (someone) in the picture *(Inf.)*

**briefing** conference, directions, guidance, information, instruction, instructions, meeting, preamble, preparation, priming, rundown

**briefly** abruptly, briskly, casually, concisely, cursorily, curtly, fleetingly, hastily, hurriedly, in a few words, in a nutshell, in brief, in outline, in passing, momentarily, precisely, quickly, shortly, temporarily

**brigade** band, body, camp, company, contingent, corps, crew, force, group, organization, outfit, party, squad, team, troop, unit

**bright 1.** beaming, blazing, brilliant, dazzling, effulgent, flashing, gleaming, glistening, glittering, glowing, illuminated, intense, lambent, luminous, lustrous, radiant, resplendent, scintillating, shimmering, shining, sparkling, twinkling, vivid **2.** clear, clement, cloudless, fair, limpid, lucid, pellucid, pleasant, sunny, translucent, transparent, unclouded **3.** acute, astute, aware, brainy, brilliant, clear-headed, clever, ingenious, intelligent, inventive, keen, quick, quick-witted, sharp, smart, wide-awake **4.** auspicious, encouraging, excellent, favourable, golden, good, hopeful, optimistic, palmy, promising, propitious, prosperous, rosy **5.** cheerful, chirpy *(Inf.)*, gay, genial, glad, happy, jolly, joyful, joyous, light-hearted, lively, merry, sparky, upbeat *(Inf.)*, vivacious **6.** distinguished, famous, glorious, illustrious, magnificent, outstanding, remarkable, splendid

**brighten 1.** clear up, enliven, gleam, glow, illuminate, lighten, light up, make brighter, shine **2.** become cheerful, buck up *(Inf.)*, buoy up, cheer, encourage, enliven, gladden, hearten, make happy, perk up

**brilliance, brilliancy 1.** blaze, brightness, dazzle, effulgence, gleam, glitter, intensity, luminosity, lustre, radiance, refulgence, resplendence, sheen, sparkle, vividness **2.** acuity, aptitude, braininess, cleverness, distinction, excellence, genius, giftedness, greatness, inventiveness, talent, wisdom **3.** éclat, gilt, glamour, gorgeousness, grandeur, illustriousness, magnificence, pizzazz *or* pizazz *(Inf.)*, splendour

**brilliant 1.** ablaze, bright, coruscating, dazzling, glittering, glossy, intense, luminous, lustrous, radiant, refulgent, resplendent, scintillating, shining, sparkling, vivid **2.** celebrated, eminent, exceptional, famous, glorious, illustrious, magnificent, notable, outstanding, splendid, superb **3.** accomplished, acute, astute, brainy, clever, discerning, expert, gifted, intellectual, intelligent, inventive, masterly, penetrating, profound, quick, talented

**brim**
► **N. 1.** border, brink, circumference, edge, flange, lip, margin, rim, skirt, verge
► **V. 2.** fill, fill up, hold no more, overflow, run over, spill, well over

**brimful** brimming, filled, flush, full, level with, overflowing, overfull, packed, running over

**bring 1.** accompany, bear, carry, conduct, convey, deliver, escort, fetch, gather, guide, import, lead, take, transfer, transport, usher **2.** cause, contribute to, create, effect, engender, inflict, occasion, produce, result in, wreak **3.** compel, convince, dispose, force, induce, influence, make, move, persuade, prevail on *or* upon, prompt, sway **4.** command, earn, fetch, gross, net, produce, return, sell for, yield

**bring about** accomplish, achieve, bring to pass, cause, compass, create, effect, effectuate, generate, give rise to, make happen, manage, occasion, produce, realize

**bring down** abase, cut down, drop, fell, floor, lay low, level, lower, overthrow, overturn, pull down, reduce, shoot down, undermine, upset

**bring in** accrue, bear, be worth, fetch, gross, produce, profit, realize, return, yield

**bring off** accomplish, achieve, bring home the bacon *(Inf.)*, bring to pass, carry off, carry out, crack it *(Inf.)*, cut it *(Inf.)*, discharge, execute, perform, pull off, succeed

**bring up 1.** breed, develop, educate, form, nurture, raise, rear, support, teach, train **2.** advance, allude to, broach, introduce, mention, move, propose, put forward, submit

**brink** border, boundary, brim, edge, fringe, frontier, limit, lip, margin, point, rim, skirt, threshold, verge

**brisk 1.** active, agile, alert, animated, bustling, busy, energetic, lively, nimble, no-nonsense, quick, sparky, speedy, sprightly, spry, vigorous, vivacious **2.** biting, bracing, crisp, exhilarating, fresh, invigorating, keen, nippy, refreshing, sharp, snappy, stimulating

**briskly** actively, apace, brusquely, coolly, decisively, efficiently, energetically, firmly, incisively, nimbly, pdq *(Sl.)*, posthaste, promptly, pronto *(Inf.)*, quickly, rapidly, readily, smartly, vigorously

**bristle**
► **N. 1.** barb, hair, prickle, spine, stubble, thorn, whisker
► **V. 2.** horripilate, prickle, rise, stand on end, stand up **3.** be angry, be infuriated, be maddened, bridle, flare up, get one's dander up *(Sl.)*, rage, see red, seethe, spit *(Inf.)* **4.** *(With* **with***)* abound, be alive, be thick, crawl, hum, swarm, teem

**brittle 1.** breakable, crisp, crumbling, crumbly, delicate, fragile, frail, frangible, friable, shatterable, shivery **2.** curt, edgy, irritable, nervous, prim, stiff, stilted, tense, wired *(Sl.)*

**broach 1.** approach, bring up, hint at, introduce, mention, open up, propose, raise the subject, speak of, suggest, talk of, touch on **2.** crack, draw off, open, pierce, puncture, start, tap, uncork

**broad 1.** ample, beamy *(of a ship)*, capacious, expansive, extensive, generous, large, roomy, spacious, vast, voluminous, wide, widespread **2.** all-embracing, catholic, comprehensive, encyclop(a)edic, far-reaching, general, global, inclusive, nonspecific, sweeping, undetailed, universal, unlimited, wide, wide-ranging **3.** *(also* **broad daylight***)* clear, full, obvious, open, plain, straightforward, undisguised **4.** broad-minded, liberal, open, permissive, progressive, tolerant, unbiased **5.** blue, coarse, gross, improper, indecent, indelicate, near the knuckle *(Inf.)*, unrefined, vulgar

**broadcast**
► **V. 1.** air, beam, cable, put on the air, radio, relay, show, televise, transmit **2.** advertise, announce, circulate, disseminate, make public, proclaim, promulgate, publish, report, spread
► **N. 3.** programme, show, telecast, transmission

**broaden** augment, develop, enlarge, expand, extend, fatten, increase, open up, spread, stretch, supplement, swell, widen

**broad-minded** catholic, cosmopolitan, dispassionate, flexible, free-thinking, indulgent, liberal, open-minded, permissive, responsive, tolerant, unbiased, unbigoted, undogmatic, unprejudiced

**broadside** abuse, assault, attack, battering, bombardment, censure, criticism, denunciation, diatribe, philippic, stick *(Sl.)*

**brochure** advertisement, booklet, circular, folder, handbill, hand-out, leaflet, mailshot, pamphlet

**broke** bankrupt, bust *(Inf.)*, cleaned out *(Sl.)*, dirt-poor *(Inf.)*, down and out, flat broke *(Inf.)*, impoverished, insolvent, on one's uppers, penniless, penurious, ruined, short, skint *(Brit. sl.)*, stony-broke *(Brit. sl.)*, without two pennies to rub together *(Inf.)*

**broken 1.** burst, demolished, destroyed, fractured, fragmented, rent, ruptured, separated, severed, shattered, shivered **2.** defective, exhausted, feeble, imperfect, kaput *(Inf.)*, not functioning, out of order, ruined, run-down, spent, weak **3.** disconnected, discontinuous, disturbed, erratic, fragmentary, incomplete, intermittent, interrupted, spasmodic **4.** beaten, browbeaten, crippled, crushed, defeated, demoralized, humbled, oppressed, overpowered, subdued, tamed, vanquished **5.** dishonoured, disobeyed, disregarded, forgotten, ignored, infringed, isolated, retracted, traduced, transgressed **6.** disjointed, halting, hesitating, imperfect, stammering

**broken-down** collapsed, dilapidated, in disrepair, inoperative, kaput *(Inf.)*, not functioning, not in working order, old, on the blink *(Sl.)*, on the fritz *(U.S. sl.)*, out of commission, out of order, worn out

**broken-hearted** crestfallen, desolate, despairing, devastated, disappointed, disconsolate, grief-stricken, heartbroken, heart-sick, inconsolable, miserable, mournful, prostrated, sorrowful, wretched

**broker** agent, dealer, factor, go-between, intermediary, middleman, negotiator

**bronze** brownish, chestnut, copper, copper-coloured, metallic brown, reddish-brown, reddish-tan, rust, tan

**brood**
► **V. 1.** agonize, dwell upon, eat one's heart out, fret, meditate, mope, mull over, muse, ponder, repine, ruminate, think upon **2.** cover, hatch, incubate, set, sit upon
► **N. 3.** breed, chicks, children, clutch, family, hatch, infants, issue, litter, offspring, progeny, young

**brook** beck, burn, gill *(Dialect)*, rill, rivulet, runnel *(Literary)*, stream, streamlet, watercourse

**brother 1.** blood brother, kin, kinsman, relation, relative, sibling **2.** associate, chum *(Inf.)*, cock *(Brit. inf.)*, colleague, companion, compeer, comrade, confrère, fellow member, mate, pal *(Inf.)*, partner **3.** cleric, friar, monk, regular, religious

**brotherhood 1.** brotherliness, camaraderie, companionship, comradeship, fellowship, friendliness, kinship **2.** alliance, association, clan, clique, community, coterie, fraternity, guild, league, order, society, union

**brotherly** affectionate, altruistic, amicable, benevolent, cordial, fraternal, friendly, kind, neighbourly, philanthropic, sympathetic

**brow 1.** air, appearance, aspect, bearing, countenance, eyebrow, face, forehead, front, mien, temple **2.** brim, brink, crest, crown, edge, peak, rim, summit, tip, top, verge

**browbeat** badger, bulldoze *(Inf.)*, bully, coerce, cow, domineer, dragoon, hector, intimidate, lord it over, oppress, overawe, overbear, threaten, tyrannize

**brown**
► **ADJ. 1.** auburn, bay, brick, bronze, bronzed, browned, brunette, chestnut, chocolate, coffee, dark, donkey brown, dun, dusky, fuscous, ginger, hazel, rust, sunburnt, tan, tanned, tawny, toasted, umber
► **V. 2.** cook, fry, grill, sauté, seal, sear

**browse 1.** dip into, examine cursorily, flip through, glance at, leaf through, look round, look through, peruse, scan, skim, survey **2.** crop, eat, feed, graze, nibble, pasture

**bruise**
► **V. 1.** blacken, blemish, contuse, crush, damage, deface, discolour, injure, mar, mark, pound, pulverize **2.** displease, grieve, hurt, injure, insult, offend, pain, sting, wound
► **N. 3.** black-and-blue mark, black mark, blemish, contusion, discoloration, injury, mark, swelling

**brunt** burden, force, full force, impact, pressure, shock, strain, stress, thrust, violence

**brush**[1]
► **N. 1.** besom, broom, sweeper **2.** clash, conflict, confrontation, encounter, fight, fracas, scrap *(Inf.)*, set-to *(Inf.)*, skirmish, slight engagement, spot of bother *(Inf.)*, tussle **3.** brushwood,

## brush-off | burglar

**[brush-off cont.]** bushes, copse, scrub, shrubs, thicket, undergrowth, underwood
▸ V. **4.** buff, clean, paint, polish, sweep, wash **5.** caress, contact, flick, glance, graze, kiss, scrape, stroke, sweep, touch

**brush-off** N. cold shoulder, cut, dismissal, go-by (*Sl.*), kiss-off (*Sl., chiefly U.S. & Canad.*), knockback (*Sl.*), rebuff, refusal, rejection, repudiation, repulse, slight, snub, the (old) heave-ho (*Inf.*)

**brush off** V. cold-shoulder, cut, deny, disdain, dismiss, disown, disregard, ignore, kiss off (*Sl., chiefly U.S. & Canad.*), put down, rebuff, refuse, reject, repudiate, scorn, slight, snub, spurn

**brush up** bone up on (*Inf.*), cram, go over, polish up, read up, refresh one's memory, relearn, revise, study

**brutal 1.** barbarous, bloodthirsty, cruel, ferocious, heartless, inhuman, merciless, pitiless, remorseless, ruthless, savage, uncivilized, vicious **2.** animal, beastly, bestial, brute, brutish, carnal, coarse, crude, sensual **3.** bearish, callous, gruff, harsh, impolite, insensitive, rough, rude, severe, uncivil, unfeeling, unmannerly

**brute**
▸ N. **1.** animal, beast, creature, wild animal **2.** barbarian, beast, devil, fiend, ghoul, monster, ogre, sadist, savage, swine
▸ ADJ. **3.** bodily, carnal, fleshly, instinctive, mindless, physical, senseless, unthinking **4.** bestial, coarse, depraved, gross, sensual

**bubble**
▸ N. **1.** air ball, bead, blister, blob, drop, droplet, globule, vesicle **2.** bagatelle, delusion, fantasy, illusion, toy, trifle, vanity
▸ V. **3.** boil, effervesce, fizz, foam, froth, percolate, seethe, sparkle **4.** babble, burble, gurgle, murmur, purl, ripple, trickle, trill

**bubbly 1.** carbonated, curly, effervescent, fizzy, foamy, frothy, lathery, sparkling, sudsy **2.** animated, bouncy, elated, excited, happy, lively, merry, sparky

**buccaneer** corsair, freebooter, pirate, privateer, sea-rover

**buckle**
▸ N. **1.** catch, clasp, clip, fastener, hasp **2.** bulge, contortion, distortion, kink, warp
▸ V. **3.** catch, clasp, close, fasten, hook, secure **4.** bend, bulge, cave in, collapse, contort, crumple, distort, fold, twist, warp

**buckle down** apply oneself, exert oneself, launch into, pitch in, put one's shoulder to the wheel, set to

**bud**
▸ N. **1.** embryo, germ, shoot, sprout
▸ V. **2.** burgeon, burst forth, develop, grow, pullulate, shoot, sprout

**budding** beginning, burgeoning, developing, embryonic, fledgling, flowering, germinal, growing, incipient, nascent, potential, promising

**budge 1.** dislodge, give way, inch, move, propel, push, remove, roll, shift, slide, stir **2.** bend, change, convince, give way, influence, persuade, sway, yield

**budget**
▸ N. **1.** allocation, allowance, cost, finances, financial statement, fiscal estimate, funds, means, resources
▸ V. **2.** allocate, apportion, cost, cost out, estimate, plan, ration

**buff¹**
▸ ADJ. **1.** sandy, straw, tan, yellowish, yellowish-brown
▸ N. **2. in the buff** bare, buck naked (*Sl.*), in one's birthday suit (*Inf.*), in the altogether (*Inf.*), in the raw (*Inf.*), naked, nude, unclad, unclothed, with bare skin, without a stitch on (*Inf.*)
▸ V. **3.** brush, burnish, polish, rub, shine, smooth

**buff²** (*Inf.*) addict, admirer, aficionado, connoisseur, devotee, enthusiast, expert, fan, fiend (*Inf.*), freak (*Inf.*), grandmaster, hotshot (*Inf.*), maven (*U.S.*), whiz (*Inf.*)

**buffer** bulwark, bumper, cushion, fender, intermediary, safeguard, screen, shield, shock absorber

**buffet¹**
▸ V. **1.** bang, batter, beat, box, bump, clobber (*Sl.*), cuff, flail, knock, lambast(e), pound, pummel, punch, push, rap, shove, slap, strike, thump, wallop (*Inf.*)
▸ N. **2.** bang, blow, box, bump, cuff, jolt, knock, push, rap, shove, slap, smack, thump, wallop (*Inf.*)

**buffet²** N. café, cafeteria, cold table, counter, cupboard, refreshment-counter, salad bar, sideboard, snack bar

**buffoon** clown, comedian, comic, droll, fool, harlequin, jester, joker, merry-andrew, silly billy (*Inf.*), wag

**bug**
▸ N. **1.** (*Inf.*) bacterium, disease, germ, infection, microorganism, virus **2.** craze, fad, mania, obsession, rage **3.** blemish, catch, defect, error, failing, fault, flaw, glitch, gremlin, imperfection, snarl-up (*Inf., chiefly Brit.*), virus
▸ V. **4.** (*Inf.*) aggravate (*Inf.*), annoy, badger, be on one's back (*Sl.*), bother, disturb, gall, get in one's hair (*Inf.*), get on one's nerves (*Inf.*), get on one's wick (*Brit. sl.*), harass, hassle (*Inf.*), irk, irritate, nark (*Brit., Aust., & N.Z. sl.*), needle (*Inf.*), nettle, pester, piss one off (*Taboo sl.*), plague, vex **5.** eavesdrop, listen in, spy, tap, wiretap

**bugbear** anathema, bane, bête noire, bogey, bugaboo, devil, dread, fiend, horror, nightmare, pet hate

**build**
▸ V. **1.** assemble, construct, erect, fabricate, form, make, put up, raise **2.** base, begin, constitute, establish, formulate, found, inaugurate, initiate, institute, originate, set up, start **3.** accelerate, amplify, augment, develop, enlarge, escalate, extend, improve, increase, intensify, strengthen
▸ N. **4.** body, figure, form, frame, physique, shape, structure

**building 1.** domicile, dwelling, edifice, fabric, house, pile, structure **2.** architecture, construction, erection, fabricating, raising

**build-up 1.** accumulation, development, enlargement, escalation, expansion, gain, growth, increase **2.** ballyhoo (*Inf.*), hype, plug (*Inf.*), promotion, publicity, puff **3.** accretion, accumulation, heap, load, mass, stack, stockpile, store

**built-in** essential, implicit, in-built, included, incorporated, inherent, inseparable, integral, part and parcel of

**bulge**
▸ N. **1.** bump, hump, lump, projection, protrusion, protuberance, swelling **2.** boost, increase, intensification, rise, surge
▸ V. **3.** bag, dilate, distend, enlarge, expand, project, protrude, puff out, sag, stand out, stick out, swell, swell out

**bulk**
▸ N. **1.** amplitude, bigness, dimensions, immensity, largeness, magnitude, massiveness, size, substance, volume, weight **2.** better part, body, generality, lion's share, main part, majority, major part, mass, most, nearly all, plurality, preponderance
▸ V. **3. bulk large** be important, carry weight, dominate, loom, loom large, preponderate, stand out, threaten

**bulldoze 1.** demolish, flatten, level, raze **2.** drive, force, propel, push, shove, thrust **3.** browbeat, bully, coerce, cow, dragoon, hector, intimidate, railroad (*Inf.*)

**bullet** ball, missile, pellet, projectile, shot, slug

**bulletin** account, announcement, communication, communiqué, dispatch, message, news flash, notification, report, statement

**bullish** assured, bold, confident, expectant, improving, positive, rising

**bully¹**
▸ N. **1.** big bully, browbeater, bully boy, coercer, intimidator, oppressor, persecutor, ruffian, tormentor, tough
▸ V. **2.** bluster, browbeat, bulldoze (*Inf.*), bullyrag, coerce, cow, domineer, hector, intimidate, oppress, overbear, persecute, push around (*Sl.*), ride roughshod over, swagger, terrorize, tyrannize
▸ ADJ. **3.** admirable, excellent, fine, nifty (*Inf.*), radical (*Sl.*), very good

**bully²** INTERJ. bravo, capital, good, grand, great, well done

**bulwark 1.** bastion, buttress, defence, embankment, fortification, outwork, partition, rampart, redoubt **2.** buffer, guard, mainstay, safeguard, security, support

**bump**
▸ V. **1.** bang, collide (with), crash, hit, knock, slam, smash into, strike **2.** bounce, jar, jerk, jolt, jostle, jounce, rattle, shake **3.** budge, dislodge, displace, move, remove, shift
▸ N. **4.** bang, blow, collision, crash, hit, impact, jar, jolt, knock, rap, shock, smash, thud, thump **5.** bulge, contusion, hump, knob, knot, lump, node, nodule, protuberance, swelling

**bumper** ADJ. abundant, bountiful, excellent, exceptional, jumbo (*Inf.*), massive, mega (*Sl.*), prodigal, spanking (*Inf.*), teeming, unusual, whacking (*Inf., chiefly Brit.*), whopping (*Inf.*)

**bump into** chance upon, come across, encounter, happen upon, light upon, meet, meet up with, run across, run into

**bump off** assassinate, blow away (*Sl., chiefly U.S.*), dispatch, do away with, do in (*Sl.*), eliminate, finish off, kill, knock off (*Sl.*), liquidate, murder, remove, rub out (*U.S. sl.*), take out (*Sl.*), wipe out (*Inf.*)

**bumptious** arrogant, boastful, brash, cocky, conceited, egotistic, forward, full of oneself, impudent, overbearing, overconfident, presumptuous, pushy (*Inf.*), self-assertive, showy, swaggering, vainglorious, vaunting

**bunch**
▸ N. **1.** assortment, batch, bouquet, bundle, clump, cluster, collection, heap, lot, mass, number, parcel, pile, quantity, sheaf, spray, stack, tuft **2.** band, bevy, crew (*Inf.*), crowd, flock, gang, gathering, group, knot, mob, multitude, party, posse (*Inf.*), swarm, team, troop
▸ V. **3.** assemble, bundle, cluster, collect, congregate, cram together, crowd, flock, group, herd, huddle, mass, pack

**bundle**
▸ N. **1.** accumulation, assortment, batch, bunch, collection, group, heap, mass, pile, quantity, stack **2.** bag, bale, box, carton, crate, pack, package, packet, pallet, parcel, roll
▸ V. **3.** bale, bind, fasten, pack, package, palletize, tie, tie together, tie up, truss, wrap **4.** (*With out, off, into, etc.*) hurry, hustle, push, rush, shove, throw, thrust **5.** (*With up*) clothe warmly, muffle up, swathe, wrap up

**bungle** blow (*Sl.*), blunder, bodge (*Inf.*), botch, butcher, cock up (*Brit. sl.*), foul up, fuck up (*Offens. taboo sl.*), fudge, louse up (*Sl.*), make a mess of, mar, mess up, miscalculate, mismanage, muff, ruin, screw up (*Inf.*), spoil

**bungling** awkward, blundering, botching, cack-handed (*Inf.*), clumsy, ham-fisted (*Inf.*), ham-handed (*Inf.*), incompetent, inept, maladroit, unskilful

**bunk, bunkum** balderdash, balls (*Taboo sl.*), baloney (*Inf.*), bilge (*Inf.*), bosh (*Inf.*), bullshit (*Taboo sl.*), cobblers (*Brit. taboo sl.*), crap (*Sl.*), eyewash (*Inf.*), garbage (*Inf.*), guff (*Sl.*), havers (*Scot.*), hogwash, hokum (*Sl., chiefly U.S. & Canad.*), hooey (*Inf.*), horsefeathers (*U.S. sl.*), hot air (*Inf.*), moonshine, nonsense, piffle (*Inf.*), poppycock (*Inf.*), rot, rubbish, shit (*Taboo sl.*), stuff and nonsense, tarradiddle, tomfoolery, tommyrot, tosh (*Sl., chiefly Brit.*), trash, tripe (*Inf.*), truck (*Inf.*), twaddle

**buoy**
▸ N. **1.** beacon, float, guide, marker, signal
▸ V. **2.** (*With up*) boost, cheer, cheer up, encourage, hearten, keep afloat, lift, raise, support, sustain

**buoyant 1.** afloat, floatable, floating, light, weightless **2.** animated, blithe, bouncy, breezy, bright, carefree, cheerful, chirpy (*Inf.*), debonair, genial, happy, jaunty, joyful, light-hearted, lively, peppy (*Inf.*), sparky, sunny, upbeat (*Inf.*), vivacious

**burden**
▸ N. **1.** affliction, anxiety, care, clog, encumbrance, grievance, load, millstone, obstruction, onus, responsibility, sorrow, strain, stress, trial, trouble, weight, worry **2.** (*Naut.*) cargo, freight, lading, tonnage
▸ V. **3.** bother, encumber, handicap, load, oppress, overload, overwhelm, saddle with, strain, tax, weigh down, worry

**bureau 1.** desk, writing desk **2.** agency, branch, department, division, office, service

**bureaucracy 1.** administration, authorities, civil service, corridors of power, directorate, government, ministry, officials, officialdom, the system **2.** bumbledom, officialdom, officialese, red tape, regulations

**bureaucrat** administrator, apparatchik, civil servant, functionary, mandarin, minister, office-holder, officer, official, public servant

**burglar** cat burglar, filcher, housebreaker, picklock, pilferer, robber, sneak thief, thief

**burglary** break-in, breaking and entering, filching, housebreaking, larceny, pilferage, robbery, stealing, theft, thieving

**burial** burying, entombment, exequies, funeral, inhumation, interment, obsequies, sepulture

**burlesque**
- N. **1.** caricature, mock, mockery, parody, satire, send-up (*Brit. inf.*), spoof (*Inf.*), takeoff (*Inf.*), travesty
- ADJ. **2.** caricatural, comic, farcical, hudibrastic, ironical, ludicrous, mock, mock-heroic, mocking, parodic, satirical, travestying
- V. **3.** ape, caricature, exaggerate, imitate, lampoon, make fun of, mock, parody, ridicule, satirize, send up (*Brit. inf.*), spoof (*Inf.*), take off (*Inf.*), take the piss out of (*Taboo sl.*), travesty

**burly** beefy (*Inf.*), big, brawny, bulky, hefty, hulking, muscular, powerful, Ramboesque, stocky, stout, strapping, strong, sturdy, thickset, well-built

**burn 1.** be ablaze, be on fire, blaze, flame, flare, flash, flicker, glow, smoke **2.** brand, calcine, char, ignite, incinerate, kindle, light, parch, reduce to ashes, scorch, set on fire, shrivel, singe, toast, wither **3.** bite, hurt, pain, smart, sting, tingle **4.** be excited (angry, aroused, inflamed, passionate), blaze, desire, fume, seethe, simmer, smoulder, yearn **5.** consume, eat up, expend, use

**burning 1.** blazing, fiery, flaming, flashing, gleaming, glowing, hot, illuminated, scorching, smouldering **2.** all-consuming, ardent, eager, earnest, fervent, fervid, flaming, frantic, frenzied, impassioned, intense, passionate, vehement, zealous **3.** acrid, biting, caustic, irritating, painful, piercing, prickling, pungent, reeking, smarting, stinging, tingling **4.** acute, compelling, critical, crucial, essential, important, pressing, significant, urgent, vital

**burrow**
- N. **1.** den, hole, lair, retreat, shelter, tunnel
- V. **2.** delve, dig, excavate, hollow out, scoop out, tunnel

**burst**
- V. **1.** blow up, break, crack, disintegrate, explode, fly open, fragment, puncture, rend asunder, rupture, shatter, shiver, split, tear apart **2.** barge, break, break out, erupt, gush forth, run, rush, spout
- N. **3.** bang, blast, blasting, blowout, blow-up, breach, break, crack, discharge, explosion, rupture, split **4.** eruption, fit, gush, gust, outbreak, outburst, outpouring, rush, spate, spurt, surge, torrent
- ADJ. **5.** flat, punctured, rent, ruptured, split

**bury 1.** consign to the grave, entomb, inearth, inhume, inter, lay to rest, sepulchre **2.** conceal, cover, cover up, enshroud, hide, secrete, shroud, stash (*Inf.*), stow away **3.** drive in, embed, engulf, implant, sink, submerge **4.** absorb, engage, engross, immerse, interest, occupy

**bush 1.** hedge, plant, shrub, shrubbery, thicket **2.** backwoods, brush, scrub, scrubland, the wild, woodland

**busily** actively, assiduously, briskly, carefully, diligently, earnestly, energetically, industriously, intently, purposefully, speedily, strenuously

**business 1.** calling, career, craft, employment, function, job, line, métier, occupation, profession, pursuit, trade, vocation, work **2.** company, concern, corporation, enterprise, establishment, firm, organization, venture **3.** bargaining, commerce, dealings, industry, manufacturing, merchandizing, selling, trade, trading, transaction **4.** affair, assignment, concern, duty, function, issue, matter, point, problem, question, responsibility, subject, task, topic

**businesslike** correct, efficient, matter-of-fact, methodical, orderly, organized, practical, professional, regular, routine, systematic, thorough, well-ordered, workaday

**businessman, businesswoman** capitalist, employer, entrepreneur, executive, financier, homme d'affaires, industrialist, merchant, tradesman, tycoon

**bust¹** bosom, breast, chest, torso

**bust²**
- V. **1.** break, burst, fracture, rupture **2.** bankrupt, break, crash, fail, impoverish, ruin **3.** arrest, catch, collar (*Inf.*), cop (*Sl.*), feel one's collar (*Sl.*), lift (*Sl.*), nab (*Inf.*), nail (*Inf.*), raid, search
- ADJ. **4. go bust** become insolvent, be ruined, break, fail, go bankrupt

- N. **5.** arrest, capture, cop (*Sl.*), raid, search, seizure

**bustle**
- V. **1.** beetle, bestir, dash, flutter, fuss, hasten, hurry, rush, scamper, scramble, scurry, scuttle, stir, tear
- N. **2.** activity, ado, agitation, commotion, excitement, flurry, fuss, haste, hurly-burly, hurry, pother, stir, to-do, tumult

**busy**
- ADJ. **1.** active, assiduous, brisk, diligent, employed, engaged, engrossed, hard at work, industrious, in harness, occupied, on duty, persevering, slaving, working **2.** active, energetic, exacting, full, hectic, hustling, lively, on the go (*Inf.*), restless, strenuous, tireless, tiring **3.** fussy, inquisitive, interfering, meddlesome, meddling, nosy, officious, prying, snoopy, stirring, troublesome
- V. **4.** absorb, employ, engage, engross, immerse, interest, occupy

**busybody** eavesdropper, gossip, intriguer, intruder, meddler, nosy parker (*Inf.*), pry, scandalmonger, snoop, snooper, stirrer (*Inf.*), troublemaker

**but**
- CONJ. **1.** further, however, moreover, nevertheless, on the contrary, on the other hand, still, yet **2.** bar, barring, except, excepting, excluding, notwithstanding, save, with the exception of
- ADV. **3.** just, merely, only, simply, singly, solely

**butcher**
- N. **1.** destroyer, killer, murderer, slaughterer, slayer
- V. **2.** carve, clean, cut, cut up, dress, joint, prepare, slaughter **3.** assassinate, cut down, destroy, exterminate, kill, liquidate, massacre, put to the sword, slaughter, slay **4.** bodge (*Inf.*), botch, destroy, mess up, mutilate, ruin, spoil, wreck

**butchery** blood bath, blood-letting, bloodshed, carnage, killing, massacre, mass murder, murder, slaughter

**butt¹** barrel, cask, pipe

**butt² 1.** haft, handle, hilt, shaft, shank, stock **2.** base, end, fag end (*Inf.*), foot, leftover, stub, tail, tip

**butt³** Aunt Sally, dupe, laughing stock, mark, object, point, subject, target, victim

**butt⁴**
- V./N. **1.** (*With or of the head or horns*) buck, buffet, bump, bunt, jab, knock, poke, prod, punch, push, ram, shove, thrust
- V. **2.** abut, join, jut, meet, project, protrude **3.** (*With in or into*) chip in (*Inf.*), cut in, interfere, interrupt, intrude, meddle, put one's oar in, put one's two cents in (*U.S. sl.*), stick one's nose in

**buttonhole** V. (*Fig.*) accost, bore, catch, detain in talk, grab, importune, persuade importunately, take aside, waylay

**buttress**
- N. **1.** abutment, brace, mainstay, pier, prop, reinforcement, shore, stanchion, stay, strut, support
- V. **2.** augment, back up, bolster, brace, prop, prop up, reinforce, shore, shore up, strengthen, support, sustain, uphold

**buy**
- V. **1.** acquire, get, invest in, obtain, pay for, procure, purchase, score (*Sl.*), shop for **2.** (*Often with off*) bribe, corrupt, fix (*Inf.*), grease someone's palm (*Sl.*), square, suborn
- N. **3.** acquisition, bargain, deal, purchase

**by**
- PREP. **1.** along, beside, by way of, close to, near, next to, over, past, via **2.** through, through the agency of, under the aegis of
- ADV. **3.** aside, at hand, away, beyond, close, handy, in reach, near, past, to one side

**by-and-by** before long, erelong (*Archaic or poetic*), eventually, in a while, in the course of time, one day, presently, soon

**bypass** avoid, body-swerve (*Scot.*), circumvent, depart from, detour round, deviate from, get round, go round, ignore, neglect, outflank, pass round

**bystander** eyewitness, looker-on, observer, onlooker, passer-by, spectator, viewer, watcher, witness

# C

**cab** hackney, hackney carriage, minicab, taxi, taxicab

**cabin 1.** berth, bothy, chalet, cot, cottage, crib, hovel, hut, lodge, shack, shanty, shed **2.** berth, compartment, deckhouse, quarters, room

**cabinet 1.** case, chiffonier, closet, commode, cupboard, dresser, escritoire, locker **2.** administration, assembly, council, counsellors, ministry **3.** apartment, boudoir, chamber (*Archaic*)

**cackle** babble, blather, chatter, chuckle, cluck, crow, gabble, gibber, giggle, jabber, prattle, snicker, snigger, titter

**cad** bounder (*Old-fashioned Brit. sl.*), churl, cur, dastard (*Archaic*), heel (*Sl.*), knave, rat (*Inf.*), rotter (*Sl., chiefly Brit.*), scumbag (*Sl.*)

**caddish** despicable, ill-bred, low, ungentlemanly, unmannerly

**café** cafeteria, coffee bar, coffee shop, lunchroom, restaurant, snack bar, tearoom

**cage**
- V. **1.** confine, coop up, fence in, immure, impound, imprison, incarcerate, lock up, mew, pound, restrain, shut up
- N. **2.** corral (*U.S.*), enclosure, pen, pound

**cajole** beguile, coax, decoy, dupe, entice, entrap, flatter, inveigle, lure, manoeuvre, mislead, seduce, sweet-talk (*Inf.*), tempt, wheedle

**cake**
- V. **1.** bake, cement, coagulate, congeal, consolidate, dry, encrust, harden, inspissate (*Archaic*), ossify, solidify, thicken
- N. **2.** bar, block, cube, loaf, lump, mass, slab

**calamitous** blighting, cataclysmic, catastrophic, deadly, devastating, dire, disastrous, fatal, pernicious, ruinous, tragic, woeful

**calamity** adversity, affliction, cataclysm, catastrophe, disaster, distress, downfall, hardship, misadventure, mischance, misfortune, mishap, reverse, ruin, scourge, tragedy, trial, tribulation, woe, wretchedness

**calculate 1.** adjust, compute, consider, count, determine, enumerate, estimate, figure, gauge, judge, rate, reckon, value, weigh, work out **2.** aim, design, intend, plan

**calculated** considered, deliberate, intended, intentional, planned, premeditated, purposeful

**calculating** canny, cautious, contriving, crafty, cunning, designing, devious, Machiavellian, manipulative, politic, scheming, sharp, shrewd, sly

**calculation 1.** answer, computation, estimate, estimation, figuring, forecast, judg(e)ment, reckoning, result **2.** caution, circumspection, contrivance, deliberation, discretion, foresight, forethought, planning, precaution

**calibre 1.** bore, diameter, gauge, measure **2.** (*Fig.*) ability, capacity, distinction, endowment, faculty, force, gifts, merit, parts, quality, scope, stature, strength, talent, worth

**call**
- V. **1.** announce, arouse, awaken, cry, cry out, hail, halloo, proclaim, rouse, shout, waken, yell **2.** assemble, bid, collect, contact, convene, convoke, gather, invite, muster, rally, summon **3.** give (someone) a bell (*Brit. sl.*), phone, ring up (*Inf., chiefly Brit.*), telephone **4.** christen, denominate, describe as, designate, dub, entitle, label, name, style, term **5.** announce, appoint, declare, decree, elect, ordain, order, proclaim, set apart **6.** consider, estimate, judge, regard, think
- N. **7.** cry, hail, scream, shout, signal, whoop, yell **8.** announcement, appeal, command, demand, invitation, notice, order, plea, request, ring (*Inf., chiefly Brit.*), summons, supplication, visit **9.** cause, claim, excuse, grounds, justification, need, occasion, reason, right, urge

**call for 1.** demand, entail, involve, necessitate, need, occasion, require, suggest **2.** collect, fetch, pick up, uplift (*Scot.*)

**calling** business, career, employment, life's work, line, métier, mission, occupation, profession, province, pursuit, trade, vocation, walk of life, work

**call on 1.** drop in on, look in on, look up, see, visit **2.** appeal to, ask, bid, call upon, entreat, invite, invoke, request, summon, supplicate

**callous** apathetic, case-hardened, cold, hard-bitten, hard-boiled (*Inf.*), hardened, hard-hearted, harsh, heartless, indifferent, indu-

## calm
- **ADJ. 1.** balmy, halcyon, mild, pacific, peaceful, placid, quiet, restful, serene, smooth, still, tranquil, windless **2.** collected, composed, cool, dispassionate, equable, impassive, imperturbable, relaxed, sedate, self-possessed, undisturbed, unemotional, unexcitable, unexcited, unfazed (*Inf.*), unflappable (*Inf.*), unmoved, unruffled
- **V. 3.** hush, mollify, placate, quieten, relax, soothe
- **N. 4.** calmness, hush, peace, peacefulness, quiet, repose, serenity, stillness

**calmness 1.** calm, composure, equability, hush, motionlessness, peace, peacefulness, placidity, quiet, repose, restfulness, serenity, smoothness, stillness, tranquillity **2.** composure, cool (*Sl.*), coolness, dispassion, equanimity, impassivity, imperturbability, poise, sangfroid, self-possession

## camouflage
- **N. 1.** blind, cloak, concealment, cover, deceptive markings, disguise, false appearance, front, guise, mask, masquerade, mimicry, protective colouring, screen, subterfuge
- **V. 2.** cloak, conceal, cover, disguise, hide, mask, obfuscate, obscure, screen, veil

**camp¹** bivouac, camping ground, camp site, cantonment (*Mil.*), encampment, tents

**camp²** affected, artificial, camped up (*Inf.*), campy (*Inf.*), effeminate, mannered, ostentatious, poncy (*Sl.*), posturing

**campaign** attack, crusade, drive, expedition, jihad (*Rare*), movement, offensive, operation, push

**cancel 1.** abolish, abort, abrogate, annul, blot out, call off, countermand, cross out, delete, do away with, efface, eliminate, erase, expunge, obliterate, quash, repeal, repudiate, rescind, revoke **2.** balance out, compensate for, counterbalance, make up for, neutralize, nullify, obviate, offset, redeem

**cancellation** abandoning, abandonment, abolition, annulment, deletion, elimination, quashing, repeal, revocation

**cancer** blight, canker, carcinoma (*Pathol.*), corruption, evil, growth, malignancy, pestilence, rot, sickness, tumour

**candid 1.** blunt, downright, fair, forthright, frank, free, guileless, impartial, ingenuous, just, open, outspoken, plain, sincere, straightforward, truthful, unbiased, unequivocal, unprejudiced, upfront (*Inf.*) **2.** impromptu, informal, uncontrived, unposed

**candidate** applicant, aspirant, claimant, competitor, contender, contestant, entrant, nominee, possibility, runner, solicitant, suitor

**candour** artlessness, directness, fairness, forthrightness, frankness, guilelessness, honesty, impartiality, ingenuousness, naïveté, openness, outspokenness, simplicity, sincerity, straightforwardness, truthfulness, unequivocalness

## canker
- **V. 1.** blight, consume, corrode, corrupt, embitter, envenom, inflict, poison, pollute, rot, rust, waste away
- **N. 2.** bane, blight, blister, cancer, corrosion, corruption, infection, lesion, rot, scourge, sore, ulcer

**cannon 1.** artillery piece, big gun, field gun, gun, mortar **2.** *Plural* artillery, battery, big guns, cannonry, field guns, guns, ordnance

**canny** acute, artful, astute, careful, cautious, circumspect, clever, judicious, knowing, perspicacious, prudent, sagacious, sharp, shrewd, subtle, wise, worldly-wise

**canon** catalogue, criterion, dictate, formula, list, precept, principle, regulation, roll, rule, standard, statute, yardstick

**canopy** awning, baldachin, covering, shade, sunshade, tester

**cant¹ N. 1.** affected piety, humbug, hypocrisy, insincerity, lip service, pious platitudes, pretence, pretentiousness, sanctimoniousness, sham holiness **2.** argot, jargon, lingo, slang, vernacular

**cant² V.** angle, bevel, incline, rise, slant, slope, tilt

**cantankerous** bad-tempered, captious, choleric, contrary, crabby, cranky (*U.S., Canad., & Irish inf.*), crotchety (*Inf.*), crusty, difficult, disagreeable, grouchy (*Inf.*), grumpy, ill-humoured, irascible, irritable, liverish, peevish, perverse, quarrelsome, ratty (*Brit. & N.Z. inf.*), testy, tetchy

**canter N.** amble, dogtrot, easy gait, jog, lope

**canting** hypocritical, insincere, Janus-faced, sanctimonious, two-faced

## canvass
- **V. 1.** analyse, campaign, electioneer, examine, inspect, investigate, poll, scan, scrutinize, sift, solicit, solicit votes, study, ventilate **2.** agitate, debate, discuss, dispute
- **N. 3.** examination, investigation, poll, scrutiny, survey, tally

**canyon** coulee (*U.S.*), gorge, gulch (*U.S.*), gulf, gully, ravine

**cap V.** beat, better, clobber (*Sl.*), complete, cover, crown, eclipse, exceed, excel, finish, lick (*Inf.*), outdo, outstrip, overtop, run rings around (*Inf.*), surpass, top, transcend

**capability** ability, capacity, competence, facility, faculty, means, potential, potentiality, power, proficiency, qualification(s), wherewithal

**capable** able, accomplished, adapted, adept, adequate, apt, clever, competent, efficient, experienced, fitted, gifted, intelligent, masterly, proficient, qualified, skilful, suited, susceptible, talented

**capacious** ample, broad, comfortable, commodious, comprehensive, expansive, extended, extensive, generous, liberal, roomy, sizable, spacious, substantial, vast, voluminous, wide

**capacity 1.** amplitude, compass, dimensions, extent, magnitude, range, room, scope, size, space, volume **2.** ability, aptitude, aptness, brains, capability, cleverness, competence, competency, efficiency, facility, faculty, forte, genius, gift, intelligence, power, readiness, strength **3.** appointment, function, office, position, post, province, role, service, sphere

**cape** chersonese (*Poetic*), head, headland, ness (*Archaic*), peninsula, point, promontory

## caper
- **V. 1.** bounce, bound, cavort, dance, frisk, frolic, gambol, hop, jump, leap, romp, skip, spring, trip
- **N. 2.** antic, dido (*Inf.*), escapade, gambol, high jinks, hop, jape, jest, jump, lark (*Inf.*), leap, mischief, practical joke, prank, revel, shenanigan (*Inf.*), sport, stunt

## capital
- **ADJ. 1.** cardinal, central, chief, controlling, essential, foremost, important, leading, main, major, overruling, paramount, pre-eminent, primary, prime, principal, prominent, vital **2.** excellent, fine, first, first-rate, prime, splendid, sterling, superb, world-class
- **N. 3.** assets, cash, finance, finances, financing, funds, investment(s), means, money, principal, property, resources, stock, wealth, wherewithal

**capitalism** free enterprise, laissez faire, private enterprise, private ownership

**capitulate** come to terms, give in, give up, relent, submit, succumb, surrender, yield

**capitulation** accedence, submission, surrender, yielding

**caprice** changeableness, fad, fancy, fickleness, fitfulness, freak, humour, impulse, inconstancy, notion, quirk, vagary, whim, whimsy

**capricious** changeful, crotchety (*Inf.*), erratic, fanciful, fickle, fitful, freakish, impulsive, inconstant, mercurial, odd, queer, quirky, unpredictable, variable, wayward, whimsical

**capsize** invert, keel over, overturn, tip over, turn over, turn turtle, upset

**capsule 1.** bolus, lozenge, pill, tablet, troche (*Medical*) **2.** case, pericarp (*Bot.*), pod, receptacle, seed vessel, sheath, shell, vessel

**captain** boss, chief, chieftain, commander, head, leader, master, number one (*Inf.*), officer, (senior) pilot, skipper

**captivate** absorb, allure, attract, beguile, bewitch, charm, dazzle, enamour, enchant, enrapture, enslave, ensnare, enthral, entrance, fascinate, hypnotize, infatuate, lure, mesmerize, ravish, seduce, win

## captive
- **N. 1.** bondservant, convict, detainee, hostage, internee, prisoner, prisoner of war, slave
- **ADJ. 2.** caged, confined, enslaved, ensnared, imprisoned, incarcerated, locked up, penned, restricted, subjugated

**captivity** bondage, confinement, custody, detention, durance (*Archaic*), duress, enthralment, imprisonment, incarceration, internment, restraint, servitude, slavery, thraldom, vassalage

## capture
- **V. 1.** apprehend, arrest, bag, catch, collar (*Inf.*), feel one's collar (*Sl.*), lift (*Sl.*), nab (*Inf.*), nail (*Inf.*), secure, seize, take, take into custody, take prisoner
- **N. 2.** apprehension, arrest, catch, imprisonment, seizure, taking, taking captive, trapping

**car 1.** auto (*U.S.*), automobile, jalopy (*Inf.*), machine, motor, motorcar, vehicle **2.** buffet car, cable car, coach, dining car, (railway) carriage, sleeping car, van

**carcass** body, cadaver (*Medical*), corpse, corse (*Archaic*), dead body, framework, hulk, remains, shell, skeleton

**cardinal** capital, central, chief, essential, first, foremost, fundamental, greatest, highest, important, key, leading, main, paramount, pre-eminent, primary, prime, principal

**care 1.** affliction, anxiety, burden, concern, disquiet, hardship, interest, perplexity, pressure, responsibility, solicitude, stress, tribulation, trouble, vexation, woe, worry **2.** attention, carefulness, caution, circumspection, consideration, direction, forethought, heed, management, meticulousness, pains, prudence, regard, vigilance, watchfulness **3.** charge, control, custody, guardianship, keeping, management, ministration, protection, supervision, ward

## career
- **N. 1.** calling, employment, life work, livelihood, occupation, pursuit, vocation **2.** course, passage, path, procedure, progress, race, walk
- **V. 3.** barrel (along) (*Inf., chiefly U.S. & Canad.*), bolt, burn rubber (*Inf.*), dash, hurtle, race, rush, speed, tear

**care for 1.** attend, foster, look after, mind, minister to, nurse, protect, provide for, tend, watch over **2.** be fond of, desire, enjoy, find congenial, like, love, prize, take to, want

**carefree** airy, blithe, breezy, buoyant, careless, cheerful, cheery, chirpy (*Inf.*), easy-going, happy, happy-go-lucky, insouciant, jaunty, light-hearted, lightsome (*Archaic*), radiant, sunny, untroubled

**careful 1.** accurate, attentive, cautious, chary, circumspect, conscientious, discreet, fastidious, heedful, painstaking, precise, prudent, punctilious, scrupulous, thoughtful, thrifty **2.** alert, concerned, judicious, mindful, particular, protective, solicitous, vigilant, wary, watchful

**careless 1.** absent-minded, cursory, forgetful, hasty, heedless, incautious, inconsiderate, indiscreet, negligent, perfunctory, regardless, remiss, thoughtless, unconcerned, unguarded, unmindful, unthinking **2.** inaccurate, irresponsible, lackadaisical, neglectful, offhand, slapdash, slipshod, sloppy (*Inf.*) **3.** artless, casual, nonchalant, unstudied

**carelessness** inaccuracy, inattention, inconsiderateness, indiscretion, irresponsibility, laxity, laxness, neglect, negligence, omission, remissness, slackness, sloppiness (*Inf.*), thoughtlessness

## caress
- **V. 1.** cuddle, embrace, fondle, hug, kiss, nuzzle, pet, stroke
- **N. 2.** cuddle, embrace, fondling, hug, kiss, pat, stroke

## caretaker
- **N. 1.** concierge, curator, custodian, janitor, keeper, porter, superintendent, warden, watchman
- **ADJ. 2.** holding, interim, short-term, temporary

**cargo** baggage, consignment, contents, freight, goods, lading, load, merchandise, shipment, tonnage, ware

## caricature
- **N. 1.** burlesque, cartoon, distortion, farce, lampoon, mimicry, parody, pasquinade, satire, send-up (*Brit. inf.*), takeoff (*Inf.*), travesty
- **V. 2.** burlesque, distort, lampoon, mimic, mock, parody, ridicule, satirize, send up (*Brit. inf.*), take off (*Inf.*)

**carnage** blood bath, bloodshed, butchery, havoc, holocaust, massacre, mass murder, murder, shambles, slaughter

**carnival** celebration, fair, festival, fête, fiesta, gala, holiday, jamboree, jubilee, Mardi Gras, merrymaking, revelry

**carol** canticle, canzonet, chorus, ditty, hymn, lay, noel, song, strain

**carp** beef (*Sl.*), cavil, censure, complain, criticize, find fault, hypercriticize, knock (*Inf.*), kvetch (*U.S. sl.*), nag, pick holes, quibble, reproach

**carpenter** cabinet-maker, joiner, woodworker

**carriage 1.** carrying, conveyance, conveying, delivery, freight, transport, transportation **2.** cab, coach, conveyance, vehicle **3.** (*Fig.*) air, bearing, behaviour, comportment, conduct, demeanour, deportment, gait, manner, mien, posture, presence

**carry 1.** bear, bring, conduct, convey, fetch, haul, hump (*Brit. sl.*), lift, lug, move, relay, take, tote (*Inf.*), transfer, transmit, transport **2.** accomplish, capture, effect, gain, secure, win **3.** drive, impel, influence, motivate, spur, urge **4.** bear, bolster, hold up, maintain, shoulder, stand, suffer, support, sustain, underpin, uphold **5.** broadcast, communicate, display, disseminate, give, offer, publish, release, stock

**carry on 1.** continue, endure, keep going, last, maintain, perpetuate, persevere, persist **2.** administer, manage, operate, run **3.** (*Inf.*) create (*Sl.*), make a fuss, misbehave

**carry out** accomplish, achieve, carry through, consummate, discharge, effect, execute, fulfil, implement, perform, realize

**carton** box, case, container, pack, package, packet

**cartoon** animated cartoon, animated film, animation, caricature, comic strip, lampoon, parody, satire, sketch, takeoff (*Inf.*)

**cartridge 1.** capsule, case, cassette, container, cylinder, magazine **2.** charge, round, shell

**carve** chip, chisel, cut, divide, engrave, etch, fashion, form, grave (*Archaic*), hack, hew, incise, indent, inscribe, mould, sculpt, sculpture, slash, slice, whittle

**cascade**
▶ N. **1.** avalanche, cataract, deluge, falls, flood, fountain, outpouring, shower, torrent, waterfall
▶ V. **2.** descend, flood, gush, overflow, pitch, plunge, pour, spill, surge, tumble

**case¹ 1.** circumstance(s), condition, context, contingency, dilemma, event, plight, position, predicament, situation, state **2.** example, illustration, instance, occasion, occurrence, specimen **3.** (*Law*) action, cause, dispute, lawsuit, proceedings, process, suit, trial

**case² 1.** box, cabinet, canister, capsule, carton, cartridge, casket, chest, compact, container, crate, holder, receptacle, shell, suitcase, tray, trunk **2.** capsule, casing, cover, covering, envelope, folder, integument, jacket, sheath, wrapper, wrapping

**cash** ackers (*Sl.*), banknotes, brass (*Northern English dialect*), bread (*Sl.*), bullion, charge, coin, coinage, currency, dibs (*Sl.*), dosh (*Brit. & Aust. sl.*), dough (*Sl.*), funds, money, necessary (*Inf.*), needful (*Inf.*), notes, payment, ready (*Inf.*), ready money, resources, rhino (*Brit. sl.*), shekels (*Inf.*), silver, specie, spondulicks (*Sl.*), tin (*Sl.*), wherewithal

**cashier¹** N. accountant, bank clerk, banker, bursar, clerk, purser, teller, treasurer

**cashier²** V. break, cast off, discard, discharge, dismiss, drum out, expel

**casket** ark (*Dialect*), box, case, chest, coffer, jewel box, kist (*Scot. & Northern English dialect*)

**cast**
▶ V. **1.** chuck (*Inf.*), drive, drop, fling, hurl, impel, launch, lob, pitch, project, shed, shy, sling, throw, thrust, toss **2.** bestow, deposit, diffuse, distribute, emit, give, radiate, scatter, shed, spread **3.** allot, appoint, assign, choose, name, pick, select **4.** add, calculate, compute, figure, forecast, reckon, total **5.** form, found, model, mould, set, shape
▶ N. **6.** fling, lob, throw, thrust, toss **7.** air, appearance, complexion, demeanour, look, manner, mien, semblance, shade, stamp, style, tinge, tone, turn **8.** actors, characters, company, dramatis personae, players, troupe

**cast down** deject, depress, desolate, discourage, dishearten, dispirit

**caste** class, estate, grade, lineage, order, race, rank, social order, species, station, status, stratum

**castigate** bawl out (*Inf.*), beat, berate, blast, cane, carpet (*Inf.*), censure, chasten, chastise, chew out (*U.S. & Canad. inf.*), correct, criticize, discipline, dress down (*Inf.*), excoriate, flail, flay, flog, give a rocket (*Brit. & N.Z. inf.*), haul over the coals (*Inf.*), lambast(e), lash, put down, read the riot act, rebuke, reprimand, scold, scourge, tear into (*Inf.*), tear (someone) off a strip (*Brit. inf.*), whip

**castle** chateau, citadel, donjon, fastness, fortress, keep, mansion, palace, peel, stronghold, tower

**casual 1.** accidental, chance, contingent, fortuitous, incidental, irregular, occasional, random, serendipitous, uncertain, unexpected, unforeseen, unintentional, unpremeditated **2.** apathetic, blasé, cursory, indifferent, informal, insouciant, lackadaisical, nonchalant, offhand, perfunctory, relaxed, unconcerned **3.** informal, non-dressy, sporty

**casualty 1.** loss, sufferer, victim **2.** accident, calamity, catastrophe, chance, contingency, disaster, misadventure, misfortune, mishap

**cat** feline, grimalkin, malkin (*Archaic*), moggy (*Sl.*), mouser, puss (*Inf.*), pussy (*Inf.*), tabby

**catalogue**
▶ N. **1.** directory, gazetteer, index, inventory, list, record, register, roll, roster, schedule
▶ V. **2.** accession, alphabetize, classify, file, index, inventory, list, register, tabulate

**catapult**
▶ N. **1.** ballista, sling, slingshot (*U.S.*), trebuchet
▶ V. **2.** heave, hurl, hurtle, pitch, plunge, propel, shoot, toss

**cataract 1.** cascade, deluge, downpour, falls, Niagara, rapids, torrent, waterfall **2.** (*Medical*) opacity (*of the eye*)

**catastrophe 1.** adversity, affliction, blow, bummer (*Sl.*), calamity, cataclysm, devastation, disaster, failure, fiasco, ill, meltdown (*Inf.*), mischance, misfortune, mishap, reverse, tragedy, trial, trouble **2.** conclusion, culmination, curtain, debacle, dénouement, end, finale, termination, upshot, winding-up

**catcall**
▶ V. **1.** boo, deride, gibe, give the bird to (*Inf.*), hiss, jeer, whistle
▶ N. **2.** boo, gibe, hiss, jeer, raspberry, whistle

**catch**
▶ V. **1.** apprehend, arrest, capture, clutch, ensnare, entangle, entrap, feel one's collar (*Sl.*), get, grab, grasp, grip, lay hold of, lift (*Sl.*), nab (*Inf.*), nail (*Inf.*), seize, snare, snatch, take **2.** detect, discover, expose, find out, surprise, take unawares, unmask **3.** bewitch, captivate, charm, delight, enchant, enrapture, fascinate **4.** contract, develop, get, go down with, incur, succumb to, suffer from **5.** apprehend, discern, feel, follow, get, grasp, hear, perceive, recognize, sense, take in, twig (*Brit. inf.*)
▶ N. **6.** bolt, clasp, clip, fastener, hasp, hook, hook and eye, latch, sneck, snib (*Scot.*) **7.** disadvantage, drawback, fly in the ointment, hitch, snag, stumbling block, trap, trick

**catching 1.** communicable, contagious, infectious, infective, transferable, transmittable **2.** attractive, captivating, charming, enchanting, fascinating, fetching, taking, winning

**catch on** comprehend, find out, grasp, see, see through, twig (*Brit. inf.*), understand

**catchword** byword, motto, password, refrain, slogan, watchword

**catchy** captivating, haunting, memorable, popular

**catechize** cross-examine, drill, examine, grill (*Inf.*), interrogate, question

**categorical** absolute, direct, downright, emphatic, explicit, express, positive, unambiguous, unconditional, unequivocal, unqualified, unreserved

**category** class, classification, department, division, grade, grouping, head, heading, list, order, rank, section, sort, type

**cater** furnish, outfit, provide, provision, purvey, supply, victual

**catholic** all-embracing, all-inclusive, broad-minded, charitable, comprehensive, eclectic, ecumenical, general, global, liberal, tolerant, unbigoted, universal, unsectarian, whole, wide, world-wide

**cattle** beasts, bovines, cows, kine (*Archaic*), livestock, neat (*Archaic*), stock

**catty** backbiting, bitchy (*Inf.*), ill-natured, malevolent, malicious, mean, rancorous, shrewish, snide, spiteful, venomous

**caucus** assembly, conclave, congress, convention, get-together (*Inf.*), meeting, parley, session

**cause**
▶ N. **1.** agent, beginning, creator, genesis, mainspring, maker, origin, originator, prime mover, producer, root, source, spring **2.** account, agency, aim, basis, consideration, end, grounds, incentive, inducement, motivation, motive, object, purpose, reason **3.** attempt, belief, conviction, enterprise, ideal, movement, purpose, undertaking
▶ V. **4.** begin, bring about, compel, create, effect, engender, generate, give rise to, incite, induce, lead to, motivate, occasion, precipitate, produce, provoke, result in

**caustic 1.** acrid, astringent, biting, burning, corroding, corrosive, keen, mordant, vitriolic **2.** acrimonious, cutting, mordacious, pungent, sarcastic, scathing, severe, stinging, trenchant, virulent, vitriolic

**caution**
▶ N. **1.** alertness, care, carefulness, circumspection, deliberation, discretion, forethought, heed, heedfulness, prudence, vigilance, watchfulness **2.** admonition, advice, counsel, injunction, warning
▶ V. **3.** admonish, advise, tip off, urge, warn

**cautious** alert, cagey (*Inf.*), careful, chary, circumspect, discreet, guarded, heedful, judicious, prudent, tentative, vigilant, wary, watchful

**cavalcade** array, march-past, parade, procession, spectacle, train

**cavalier**
▶ N. **1.** chevalier, equestrian, horseman, knight, royalist **2.** beau, blade (*Archaic*), escort, gallant, gentleman
▶ ADJ. **3.** arrogant, condescending, curt, disdainful, haughty, insolent, lofty, lordly, offhand, scornful, supercilious

**cavalry** horse, horsemen, mounted troops

**cave** cavern, cavity, den, grotto, hollow

**caveat** admonition, caution, warning

**cavern** cave, hollow, pothole

**cavernous 1.** concave, deep-set, hollow, sunken, yawning **2.** echoing, resonant, reverberant, sepulchral

**cavil** beef (*Sl.*), carp, censure, complain, find fault, hypercriticize, kvetch (*U.S. sl.*), object, quibble

**cavity** crater, dent, gap, hole, hollow, pit

**cease** break off, bring or come to an end, conclude, culminate, desist, die away, discontinue, end, fail, finish, halt, leave off, refrain, stay, stop, terminate

**ceaseless** constant, continual, continuous, endless, eternal, everlasting, incessant, indefatigable, interminable, never-ending, nonstop, perennial, perpetual, unending, unremitting, untiring

**cede** abandon, abdicate, allow, concede, convey, grant, hand over, make over, relinquish, renounce, resign, step down (*Inf.*), surrender, transfer, yield

**celebrate** bless, commemorate, commend, crack up (*Inf.*), drink to, eulogize, exalt, extol, glorify, honour, keep, laud, observe, perform, praise, proclaim, publicize, rejoice, reverence, solemnize, toast

**celebrated** acclaimed, distinguished, eminent, famed, famous, glorious, illustrious, lionized, notable, outstanding, popular, pre-eminent, prominent, renowned, revered, well-known

**celebration 1.** beano (*Brit. sl.*), carousal, festival, festivity, gala, jollification, jubilee, junketing, merrymaking, party, rave (*Brit. sl.*), rave-up (*Brit. sl.*), revelry **2.** anniversary, commemoration, honouring, observance, performance, remembrance, solemnization

**celebrity 1.** big name, big shot (*Inf.*), bigwig (*Inf.*), celeb (*Inf.*), dignitary, lion, luminary, megastar (*Inf.*), name, personage, personality, star, superstar, VIP **2.** distinction, éclat, eminence, fame, glory, honour, notability, popularity, pre-eminence, prestige, prominence, renown, reputation, repute, stardom

**celestial** angelic, astral, divine, elysian, empyrean (*Poetic*), eternal, ethereal, godlike, heavenly, immortal, seraphic, spiritual, sublime, supernatural

**cell 1.** cavity, chamber, compartment, cubicle, dungeon, stall **2.** caucus, coterie, group, nucleus, unit

**cement**
- v. 1. attach, bind, bond, cohere, combine, glue, gum, join, plaster, seal, solder, stick together, unite, weld
- N. 2. adhesive, binder, glue, gum, paste, plaster, sealant

**cemetery** burial ground, churchyard, God's acre, graveyard, necropolis

**censor** blue-pencil, bowdlerize, cut, expurgate

**censorious** captious, carping, cavilling, condemnatory, disapproving, disparaging, faultfinding, hypercritical, scathing, severe

**censure**
- v. 1. abuse, bawl out (Inf.), berate, blame, blast, carpet (Inf.), castigate, chew out (U.S. & Canad. inf.), chide, condemn, criticize, denounce, excoriate, give (someone) a rocket (Brit. & N.Z. inf.), lambast(e), put down, read the riot act, rebuke, reprehend, reprimand, reproach, reprove, scold, tear into (Inf.), tear (someone) off a strip (Brit. inf.), upbraid
- N. 2. blame, castigation, condemnation, criticism, disapproval, dressing down (Inf.), obloquy, rebuke, remonstrance, reprehension, reprimand, reproach, reproof, stick (Sl.), stricture

**central** chief, essential, focal, fundamental, inner, interior, key, main, mean, median, mid, middle, primary, principal

**centralize** amalgamate, compact, concentrate, concentre, condense, converge, incorporate, rationalize, streamline, unify

**centre**
- N. 1. bull's-eye, core, crux, focus, heart, hub, kernel, mid, middle, midpoint, nucleus, pivot
- v. 2. cluster, concentrate, converge, focus, revolve

**centre-piece** cynosure, epergne, focus, highlight, hub, star

**ceremonial**
- ADJ. 1. formal, liturgical, ritual, ritualistic, solemn, stately
- N. 2. ceremony, formality, rite, ritual, solemnity

**ceremonious** civil, courteous, courtly, deferential, dignified, exact, formal, precise, punctilious, ritual, solemn, starchy (Inf.), stately, stiff

**ceremony** 1. commemoration, function, observance, parade, rite, ritual, service, show, solemnities 2. ceremonial, decorum, etiquette, form, formal courtesy, formality, niceties, pomp, propriety, protocol

**certain** 1. assured, confident, convinced, positive, satisfied, sure 2. ascertained, conclusive, incontrovertible, indubitable, irrefutable, known, plain, true, undeniable, undoubted, unequivocal, unmistakable, valid 3. bound, definite, destined, fated, ineluctable, inescapable, inevitable, inexorable, sure 4. decided, definite, established, fixed, settled 5. assured, constant, dependable, reliable, stable, staunch, steady, trustworthy, unfailing, unquestionable 6. express, individual, particular, precise, special, specific

**certainty** 1. assurance, authoritativeness, certitude, confidence, conviction, faith, indubitableness, inevitability, positiveness, sureness, trust, validity 2. fact, reality, sure thing (Inf.), surety, truth

**certificate** authorization, credential(s), diploma, document, licence, testimonial, voucher, warrant

**certify** ascertain, assure, attest, authenticate, aver, avow, confirm, corroborate, declare, endorse, guarantee, notify, show, testify, validate, verify, vouch, witness

**chafe** abrade, anger, annoy, exasperate, fret, fume, gall, grate, incense, inflame, irritate, nark (Brit., Aust., & N.Z. sl.), offend, provoke, rage, rasp, rub, ruffle, scrape, scratch, vex, worry

**chaff**[1] N. dregs, glumes, hulls, husks, refuse, remains, rubbish, trash, waste

**chaff**[2]
- N. 1. badinage, banter, joking, josh (Sl., chiefly U.S. & Canad.), persiflage, raillery, teasing
- v. 2. banter, deride, jeer, josh (Sl., chiefly U.S. & Canad.), mock, rib (Inf.), ridicule, scoff, take the piss out of (Taboo sl.), taunt, tease

**chain**
- v. 1. bind, confine, enslave, fetter, gyve (Archaic), handcuff, manacle, restrain, shackle, tether, trammel, unite
- N. 2. bond, coupling, fetter, link, manacle, shackle, union 3. concatenation, progression, sequence, series, set, string, succession, train

**chairman** chairperson, chairwoman, director, master of ceremonies, president, presider, speaker, spokesman, toastmaster

**challenge**
- v. 1. accost, arouse, beard, brave, call out, claim, confront, dare, defy, demand, dispute, face off (Sl.), impugn, investigate, object to, provoke, question, require, stimulate, summon, tackle, tax, test, throw down the gauntlet, try
- N. 2. confrontation, dare, defiance, face-off (Sl.), interrogation, provocation, question, summons to contest, test, trial, ultimatum

**chamber** 1. apartment, bedroom, cavity, compartment, cubicle, enclosure, hall, hollow, room 2. assembly, council, legislative body, legislature

**champion**
- N. 1. backer, challenger, conqueror, defender, guardian, hero, nonpareil, patron, protector, title holder, upholder, victor, vindicator, warrior, winner
- v. 2. advocate, back, defend, encourage, espouse, fight for, promote, stick up for (Inf.), support, uphold

**chance**
- N. 1. liability, likelihood, occasion, odds, opening, opportunity, possibility, probability, prospect, scope, time, window 2. accident, casualty, coincidence, contingency, destiny, fate, fortuity, fortune, luck, misfortune, peril, providence 3. gamble, hazard, jeopardy, risk, speculation, uncertainty
- v. 4. befall, betide, come about, come to pass, fall out, happen, occur 5. endanger, gamble, go out on a limb, hazard, jeopardize, risk, stake, try, venture, wager
- ADJ. 6. accidental, casual, contingent, fortuitous, inadvertent, incidental, random, serendipitous, unforeseeable, unforeseen, unintentional, unlooked-for

**chancy** dangerous, dicey (Inf., chiefly Brit.), dodgy (Brit., Aust., & N.Z. sl.), hazardous, perilous, problematical, risky, speculative, uncertain

**change**
- v. 1. alter, convert, diversify, fluctuate, metamorphose, moderate, modify, mutate, reform, remodel, reorganize, restyle, shift, transform, transmute, vacillate, vary, veer 2. alternate, barter, convert, displace, exchange, interchange, remove, replace, substitute, swap (Inf.), trade, transmit
- N. 3. alteration, difference, innovation, metamorphosis, modification, mutation, permutation, revolution, transformation, transition, transmutation, vicissitude 4. conversion, exchange, interchange, substitution, trade 5. break (Inf.), departure, diversion, novelty, variation, variety

**changeable** capricious, changeful, chequered, erratic, fickle, fitful, fluid, inconstant, irregular, kaleidoscopic, labile (Chem.), mercurial, mobile, mutable, protean, shifting, temperamental, uncertain, uneven, unpredictable, unreliable, unsettled, unstable, unsteady, vacillating, variable, versatile, volatile, wavering

**changeless** abiding, consistent, constant, eternal, everlasting, fixed, immovable, immutable, permanent, perpetual, regular, reliable, resolute, settled, stationary, steadfast, steady, unalterable, unchanging, uniform, unvarying

**channel**
- N. 1. canal, chamber, conduit, duct, fluting, furrow, groove, gutter, main, passage, route, strait 2. (Fig.) approach, artery, avenue, course, means, medium, path, route, way
- v. 3. conduct, convey, direct, guide, transmit

**chant**
- N. 1. carol, chorus, melody, psalm, song
- v. 2. carol, chorus, croon, descant, intone, recite, sing, warble

**chaos** anarchy, bedlam, confusion, disorder, disorganization, entropy, lawlessness, pandemonium, tumult

**chaotic** anarchic, confused, deranged, disordered, disorganized, lawless, purposeless, rampageous, riotous, topsy-turvy, tumultuous, uncontrolled

**chap** bloke (Brit. inf.), character, cove (Sl.), customer (Inf.), dude (U.S. & Canad. inf.), fellow, guy (Inf.), individual, person, sort, type

**chaperon(e)**
- N. 1. companion, duenna, escort, governess
- v. 2. accompany, attend, escort, protect, safeguard, shepherd, watch over

**chapter** clause, division, episode, part, period, phase, section, stage, topic

**char** carbonize, cauterize, scorch, sear, singe

**character** 1. attributes, bent, calibre, cast, complexion, constitution, disposition, individuality, kidney, make-up, marked traits, nature, personality, quality, reputation, temper, temperament, type 2. honour, integrity, rectitude, strength, uprightness 3. card (Inf.), eccentric, nut (Sl.), oddball (Inf.), odd bod (Inf.), oddity, original, queer fish (Brit. inf.), wacko (Sl.) 4. cipher, device, emblem, figure, hieroglyph, letter, logo, mark, rune, sign, symbol, type 5. part, persona, portrayal, role 6. fellow, guy (Inf.), individual, person, sort, type

**characteristic**
- ADJ. 1. distinctive, distinguishing, idiosyncratic, individual, peculiar, representative, singular, special, specific, symbolic, symptomatic, typical
- N. 2. attribute, faculty, feature, idiosyncrasy, mark, peculiarity, property, quality, quirk, trait

**characterize** brand, distinguish, identify, indicate, inform, mark, represent, stamp, typify

**charade** fake, farce, pantomime, parody, pretence, travesty

**charge**
- v. 1. accuse, arraign, blame, impeach, incriminate, indict, involve
- N. 2. accusation, allegation, imputation, indictment
- v. 3. assail, assault, attack, rush, storm
- N. 4. assault, attack, onset, onslaught, rush, sortie
- v. 5. afflict, burden, commit, entrust, tax
- N. 6. burden, care, concern, custody, duty, office, responsibility, safekeeping, trust, ward 7. amount, cost, damage (Inf.), expenditure, expense, outlay, payment, price, rate
- v. 8. fill, instil, lade, load, suffuse 9. bid, command, demand, enjoin, exhort, instruct, order, require
- N. 10. canon, command, demand, dictate, direction, exhortation, injunction, instruction, mandate, order, precept

**charitable** 1. beneficent, benevolent, bountiful, eleemosynary, generous, kind, lavish, liberal, philanthropic 2. broad-minded, considerate, favourable, forgiving, gracious, humane, indulgent, kindly, lenient, magnanimous, sympathetic, tolerant, understanding

**charity** 1. alms-giving, assistance, benefaction, contributions, donations, endowment, fund, gift, hand-out, largess or largesse, philanthropy, relief 2. affection, Agape, altruism, benevolence, benignity, bountifulness, bounty, compassion, fellow feeling, generosity, goodness, good will, humanity, indulgence, love, pity, tenderheartedness

**charlatan** cheat, con man (Inf.), fake, fraud, impostor, mountebank, phoney or phony (Inf.), pretender, quack, sham, swindler

**charm**
- v. 1. absorb, allure, attract, beguile, bewitch, cajole, captivate, delight, enamour, enchant, enrapture, entrance, fascinate, mesmerize, please, ravish, win, win over
- N. 2. allure, allurement, appeal, attraction, desirability, enchantment, fascination, magic, magnetism, sorcery, spell 3. amulet, fetish, good-luck piece, lucky piece, periapt (Rare), talisman, trinket

**charming** appealing, attractive, bewitching, captivating, delectable, delightful, engaging, eye-catching, fetching, irresistible, likable or likeable, lovely, pleasant, pleasing, seductive, winning, winsome

**chart**
- N. 1. blueprint, diagram, graph, map, plan, table, tabulation
- v. 2. delineate, draft, graph, map out, outline, plot, shape, sketch

**charter**
- N. 1. bond, concession, contract, deed, document, franchise, indenture, licence, permit, prerogative, privilege, right
- v. 2. authorize, commission, employ, hire, lease, rent, sanction

**chase**
- v. 1. course, drive, drive away, expel, follow, hound, hunt, pursue, put to flight, run after, track
- N. 2. hunt, hunting, pursuit, race, venery (Archaic)

**chassis** anatomy, bodywork, frame, framework, fuselage, skeleton, substructure

**chaste** austere, decent, decorous, elegant, immaculate, incorrupt, innocent, modest, moral, neat, pure, quiet, refined, restrained, simple, unaffected, uncontaminated, undefiled, unsullied, vestal, virginal, virtuous, wholesome

**chasten** afflict, castigate, chastise, correct, cow, curb, discipline, humble, humiliate, repress, soften, subdue, tame

**chastise** beat, berate, castigate, censure, correct, discipline, flog, lash, lick *(Inf.)*, punish, scold, scourge, upbraid, whip

**chastity** celibacy, continence, innocence, maidenhood, modesty, purity, virginity, virtue

**chat**
▸ **N. 1.** chatter, chinwag *(Brit. inf.)*, confab *(Inf.)*, gossip, heart-to-heart, natter, talk, tête-à-tête
▸ **V. 2.** chatter, chew the rag *or* fat *(Sl.)*, gossip, jaw *(Sl.)*, natter, rabbit (on) *(Brit. inf.)*, talk

**chatter N./V.** babble, blather, chat, gab *(Inf.)*, gossip, jabber, natter, prate, prattle, rabbit (on) *(Brit. inf.)*, tattle, twaddle

**chatty** colloquial, familiar, friendly, gossipy, informal, newsy *(Inf.)*, talkative

**cheap 1.** bargain, cheapo *(Inf.)*, cut-price, economical, economy, inexpensive, keen, low-cost, low-priced, reasonable, reduced, sale **2.** bush-league *(Aust. & N.Z. inf.)*, chickenshit *(U.S. sl.)*, common, crappy *(Sl.)*, dime-a-dozen *(Inf.)*, inferior, paltry, piss-poor *(U.S. taboo sl.)*, poor, poxy *(Sl.)*, second-rate, shoddy, tatty, tawdry, tinhorn *(U.S. sl.)*, two-bit *(U.S. & Canad. sl.)*, worthless **3.** base, contemptible, despicable, low, mean, scurvy, sordid, vulgar

**cheapen** belittle, debase, degrade, demean, denigrate, depreciate, derogate, devalue, discredit, disparage, lower

**cheat**
▸ **V. 1.** bamboozle *(Inf.)*, beguile, bilk, con *(Inf.)*, cozen, deceive, defraud, diddle *(Inf.)*, do *(Inf.)*, double-cross *(Inf.)*, dupe, finagle *(Inf.)*, fleece, fool, gull *(Archaic)*, hoax, hoodwink, kid *(Inf.)*, mislead, rip off *(Sl.)*, skin *(Sl.)*, stiff *(Sl.)*, sting *(Inf.)*, swindle, take for a ride *(Inf.)*, take in *(Inf.)*, thwart, trick, victimize **2.** baffle, check, defeat, deprive, foil, frustrate, prevent, thwart
▸ **N. 3.** artifice, deceit, deception, fraud, imposture, rip-off *(Sl.)*, scam *(Sl.)*, sting *(Inf.)*, swindle, trickery **4.** charlatan, cheater, chiseller *(Inf.)*, con man *(Inf.)*, deceiver, dodger, double-crosser *(Inf.)*, impostor, knave *(Archaic)*, rogue, shark, sharper, swindler, trickster

**check**
▸ **V. 1.** check out *(Inf.)*, compare, confirm, enquire into, examine, inspect, investigate, look at, look over, make sure, monitor, note, probe, research, scrutinize, study, take a dekko at *(Brit. sl.)*, test, tick, verify, vet, work over **2.** arrest, bar, bridle, control, curb, delay, halt, hinder, impede, inhibit, limit, nip in the bud, obstruct, pause, rein, repress, restrain, retard, stop, thwart **3.** admonish, bawl out *(Inf.)*, blame, carpet *(Inf.)*, chew out *(U.S. & Canad. inf.)*, chide, give (someone) a rocket *(Brit. & N.Z. inf.)*, give (someone) a row *(Inf.)*, rate, read the riot act, rebuff, rebuke, reprimand, reprove, scold, tear into *(Inf.)*, tear (someone) off a strip *(Brit. inf.)*, tell off *(Inf.)*
▸ **N. 4.** examination, inspection, investigation, research, scrutiny, test **5.** constraint, control, curb, damper, hindrance, impediment, inhibition, limitation, obstacle, obstruction, rein, restraint, stoppage **6.** blow, disappointment, frustration, rejection, reverse, setback

**cheek** audacity, brass neck *(Brit. inf.)*, brazenness, chutzpah *(U.S. & Canad. inf.)*, disrespect, effrontery, front, gall *(Inf.)*, impertinence, impudence, insolence, lip *(Sl.)*, neck *(Inf.)*, nerve, sauce *(Inf.)*, temerity

**cheeky** audacious, disrespectful, fresh *(Inf.)*, forward, impertinent, impudent, insolent, insulting, lippy *(U.S. & Canad. sl.)*, pert, sassy *(U.S. inf.)*, saucy

**cheer**
▸ **V. 1.** animate, brighten, buoy up, cheer up, comfort, console, elate, elevate, encourage, enliven, exhilarate, gladden, hearten, incite, inspirit, solace, uplift, warm **2.** acclaim, applaud, clap, hail, hurrah
▸ **N. 3.** animation, buoyancy, cheerfulness, comfort, gaiety, gladness, glee, hopefulness, joy, liveliness, merriment, merry-making, mirth, optimism, solace **4.** acclamation, applause, ovation, plaudits

**cheerful** animated, blithe, bright, bucked *(Inf.)*, buoyant, cheery, chirpy *(Inf.)*, contented, enlivening, enthusiastic, gay, genial, glad, gladsome *(Archaic)*, happy, hearty, jaunty, jolly, joyful, light-hearted, lightsome *(Archaic)*, merry, optimistic, pleasant, sparkling, sprightly, sunny, upbeat *(Inf.)*

**cheerfulness** buoyancy, exuberance, gaiety, geniality, gladness, good cheer, good humour, high spirits, jauntiness, joyousness, light-heartedness

**cheering** auspicious, bright, comforting, encouraging, heartening, promising, propitious

**cheerless** austere, bleak, comfortless, dark, dejected, depressed, desolate, despondent, disconsolate, dismal, dolorous, drab, dreary, dull, forlorn, funereal, gloomy, grim, joyless, melancholy, miserable, mournful, sad, sombre, sorrowful, sullen, unhappy, woebegone, woeful

**cheer up** brighten, buck up *(Inf.)*, comfort, encourage, enliven, gladden, hearten, jolly along *(Inf.)*, perk up, rally, take heart

**cheery** breezy, carefree, cheerful, chirpy *(Inf.)*, genial, good-humoured, happy, jovial, lively, pleasant, sunny, upbeat *(Inf.)*

**chemical** compound, drug, potion, synthetic

**cherish** care for, cleave to, cling to, comfort, cosset, encourage, entertain, foster, harbour, hold dear, nourish, nurse, nurture, prize, shelter, support, sustain, treasure

**cherubic** adorable, angelic, heavenly, innocent, lovable, seraphic, sweet

**chest** ark *(Dialect)*, box, case, casket, coffer, crate, kist *(Scot. & Northern English dialect)*, strongbox, trunk

**chew 1.** bite, champ, crunch, gnaw, grind, masticate, munch **2.** *(Fig.) (Usually with* **over***)* consider, deliberate upon, meditate, mull (over), muse on, ponder, reflect upon, ruminate, weigh

**chic** elegant, fashionable, modish, sexy *(Inf.)*, smart, stylish, trendy *(Brit. inf.)*, up-to-date

**chide** admonish, bawl out *(Inf.)*, berate, blame, blast, carpet *(Inf.)*, censure, check, chew out *(U.S. & Canad. inf.)*, criticize, find fault, give (someone) a rocket *(Brit. & N.Z. inf.)*, give (someone) a row *(Inf.)*, lambast(e), lecture, put down, read the riot act, rebuke, reprehend, reprimand, reproach, reprove, scold, tear into *(Inf.)*, tear (someone) off a strip *(Brit. inf.)*, tell off *(Inf.)*, upbraid

**chief**
▸ **ADJ. 1.** big-time *(Inf.)*, capital, cardinal, central, especial, essential, foremost, grand, highest, key, leading, main, major league *(Inf.)*, most important, outstanding, paramount, predominant, pre-eminent, premier, prevailing, primary, prime, principal, superior, supreme, uppermost, vital
▸ **N. 2.** boss *(Inf.)*, captain, chieftain, commander, director, governor, head, leader, lord, manager, master, principal, ringleader, ruler, superintendent, suzerain

**chiefly** above all, especially, essentially, in general, in the main, largely, mainly, mostly, on the whole, predominantly, primarily, principally, usually

**child** ankle-biter *(Aust. sl.)*, babe, baby, bairn *(Scot.)*, brat, chit, descendant, infant, issue, juvenile, kid *(Inf.)*, little one, minor, nipper *(Inf.)*, nursling, offspring, progeny, rug rat *(Sl.)*, sprog *(Sl.)*, suckling, toddler, tot, wean *(Scot.)*, youngster

**childbirth** accouchement, child-bearing, confinement, delivery, labour, lying-in, parturition, travail

**childhood** boyhood, girlhood, immaturity, infancy, minority, schooldays, youth

**childish** boyish, foolish, frivolous, girlish, immature, infantile, juvenile, puerile, silly, simple, trifling, weak, young

**childlike** artless, credulous, guileless, ingenuous, innocent, naive, simple, trustful, trusting, unfeigned

**chill**
▸ **ADJ. 1.** biting, bleak, chilly, cold, freezing, frigid, parky *(Brit. inf.)*, raw, sharp, wintry **2.** *(Fig.)* aloof, cool, depressing, distant, frigid, hostile, stony, unfriendly, ungenial, unresponsive, unwelcoming
▸ **V. 3.** congeal, cool, freeze, refrigerate **4.** *(Fig.)* dampen, deject, depress, discourage, dishearten, dismay
▸ **N. 5.** bite, cold, coldness, coolness, crispness, frigidity, nip, rawness, sharpness

**chilly 1.** blowy, breezy, brisk, cool, crisp, draughty, fresh, nippy, parky *(Brit. inf.)*, penetrating, sharp **2.** frigid, hostile, unfriendly, unresponsive, unsympathetic, unwelcoming

**chime** boom, clang, dong, jingle, peal, ring, sound, strike, tinkle, tintinnabulate, toll

**china** ceramics, crockery, porcelain, pottery, service, tableware, ware

**chink** aperture, cleft, crack, cranny, crevice, cut, fissure, flaw, gap, opening, rift

**chip**
▸ **N. 1.** dent, flake, flaw, fragment, nick, notch, paring, scrap, scratch, shard, shaving, sliver, wafer
▸ **V. 2.** chisel, damage, gash, nick, whittle

**chip in** contribute, donate, go Dutch *(Inf.)*, interpose, interrupt, pay, subscribe

**chivalrous** bold, brave, courageous, courteous, courtly, gallant, gentlemanly, heroic, high-minded, honourable, intrepid, knightly, magnanimous, true, valiant

**chivalry** courage, courtesy, courtliness, gallantry, gentlemanliness, knight-errantry, knighthood, politeness

**chivvy** annoy, badger, bend someone's ear *(Inf.)*, bug *(Inf.)*, harass, hassle *(Inf.)*, hound, nag, pester, plague, pressure *(Inf.)*, prod, torment

**choice**
▸ **N. 1.** alternative, discrimination, election, option, pick, preference, say, selection, variety
▸ **ADJ. 2.** bad *(Sl.)*, best, crucial *(Sl.)*, dainty, def *(Sl.)*, elect, elite, excellent, exclusive, exquisite, hand-picked, nice, precious, prime, prize, rare, select, special, superior, uncommon, unusual, valuable

**choke** asphyxiate, bar, block, bung, clog, close, congest, constrict, dam, gag, obstruct, occlude, overpower, smother, stifle, stop, strangle, suffocate, suppress, throttle

**choleric** angry, bad-tempered, cross, fiery, hasty, hot, hot-tempered, ill-tempered, irascible, irritable, passionate, petulant, quick-tempered, ratty *(Brit. & N.Z. inf.)*, testy, tetchy, touchy

**choose** adopt, cull, designate, desire, elect, espouse, fix on, opt for, pick, predestine, prefer, see fit, select, settle upon, single out, take, wish

**choosy** discriminating, exacting, faddy, fastidious, finicky, fussy, particular, picky *(Inf.)*, selective

**chop**
▸ **V. 1.** axe, cleave, cut, fell, hack, hew, lop, sever, shear, slash, truncate
▸ **N. 2. the chop** *(Sl.)* dismissal, one's cards, sacking *(Inf.)*, termination, the axe *(Inf.)*, the boot *(Sl.)*, the (old) heave-ho *(Inf.)*, the order of the boot *(Sl.)*, the sack *(Inf.)*

**choppy** blustery, broken, rough, ruffled, squally, tempestuous

**chop up** cube, dice, divide, fragment, mince

**chore** burden, duty, errand, fag *(Inf.)*, job, task

**chortle** cackle, chuckle, crow, guffaw

**chorus 1.** choir, choristers, ensemble, singers, vocalists **2.** burden, refrain, response, strain **3.** accord, concert, harmony, unison

**christen** baptize, call, designate, dub, name, style, term, title

**chronic 1.** confirmed, deep-rooted, deep-seated, habitual, incessant, incurable, ineradicable, ingrained, inveterate, persistent **2.** *(Inf.)* abysmal, appalling, atrocious, awful, dreadful

**chronicle**
▸ **N. 1.** account, annals, diary, history, journal, narrative, record, register, story
▸ **V. 2.** enter, narrate, put on record, record, recount, register, relate, report, set down, tell

**chronicler** annalist, diarist, historian, historiographer, narrator, recorder, reporter, scribe

**chronological** consecutive, historical, in sequence, ordered, progressive, sequential

**chubby** buxom, flabby, fleshy, plump, podgy, portly, rotund, round, stout, tubby

**chuck** cast, discard, fling, heave, hurl, pitch, shy, sling, throw, toss

**chuckle** chortle, crow, exult, giggle, laugh, snigger, titter

**chum** cock *(Brit. inf.)*, companion, comrade, crony, friend, mate *(Inf.)*, pal *(Inf.)*

**chunk** block, dollop *(Inf.)*, hunk, lump, mass, piece, portion, slab, wad, wodge *(Brit. inf.)*

**chunky** beefy *(Inf.)*, dumpy, stocky, stubby, thickset

**churlish 1.** boorish, brusque, crabbed, harsh, ill-tempered, impolite, loutish, morose, oafish, rude, sullen, surly, uncivil, uncouth, unman-

**churlishness** nerly, vulgar **2.** close-fisted, illiberal, inhospitable, mean, miserly, niggardly, unneighbourly, unsociable

**churlishness** boorishness, crassness, crudeness, loutishness, oafishness, rudeness, surliness, uncouthness

**churn** agitate, beat, boil, convulse, foam, froth, seethe, stir up, swirl, toss

**cigarette** cancer stick (Sl.), ciggy (Inf.), coffin nail (Sl.), fag (Brit. sl.), gasper (Sl.), smoke

**cinema** big screen (Inf.), films, flicks (Sl.), motion pictures, movies, pictures

**cipher 1.** nil, nothing, nought, zero **2.** nobody, nonentity **3.** character, digit, figure, number, numeral, symbol **4.** code, cryptograph **5.** device, logo, mark, monogram

**circle**
▸ **N. 1.** band, circumference, coil, cordon, cycle, disc, globe, lap, loop, orb, perimeter, periphery, revolution, ring, round, sphere, turn **2.** area, bounds, circuit, compass, domain, enclosure, field, orbit, province, range, realm, region, scene, sphere **3.** assembly, class, clique, club, company, coterie, crowd, fellowship, fraternity, group, order, school, set, society
▸ **V. 4.** belt, circumnavigate, circumscribe, coil, compass, curve, encircle, enclose, encompass, envelop, gird, hem in, pivot, revolve, ring, rotate, surround, tour, whirl

**circuit 1.** area, compass, course, journey, lap, orbit, perambulation, revolution, round, route, tour, track **2.** boundary, bounding line, bounds, circumference, compass, district, limit, pale, range, region, tract

**circuitous** ambagious (Archaic), devious, indirect, labyrinthine, meandering, oblique, rambling, roundabout, tortuous, winding

**circulate 1.** broadcast, diffuse, disseminate, distribute, issue, make known, promulgate, propagate, publicize, publish, spread **2.** flow, gyrate, radiate, revolve, rotate

**circulation 1.** currency, dissemination, distribution, spread, transmission, vogue **2.** circling, flow, motion, rotation

**circumference** border, boundary, bounds, circuit, edge, extremity, fringe, limits, outline, pale, perimeter, periphery, rim, verge

**circumscribe** bound, confine, define, delimit, delineate, demarcate, encircle, enclose, encompass, environ, hem in, limit, mark off, restrain, restrict, straiten, surround

**circumspect** attentive, canny, careful, cautious, deliberate, discreet, discriminating, guarded, heedful, judicious, observant, politic, prudent, sagacious, sage, vigilant, wary, watchful

**circumstance** accident, condition, contingency, detail, element, event, fact, factor, happening, incident, item, occurrence, particular, position, respect, situation

**circumstances** life style, means, position, resources, situation, state, state of affairs, station, status, times

**circumstantial** conjectural, contingent, detailed, founded on circumstances, hearsay, incidental, indirect, inferential, particular, presumptive, provisional, specific

**cistern** basin, reservoir, sink, tank, vat

**citadel** bastion, fastness, fortification, fortress, keep, stronghold, tower

**citation 1.** commendation, excerpt, illustration, passage, quotation, quote, reference, source **2.** award, commendation, mention

**cite 1.** adduce, advance, allude to, enumerate, evidence, extract, mention, name, quote, specify **2.** (Law) call, subpoena, summon

**citizen** burgess, burgher, denizen, dweller, freeman, inhabitant, ratepayer, resident, subject, townsman

**city**
▸ **N. 1.** conurbation, megalopolis, metropolis, municipality
▸ **ADJ. 2.** civic, metropolitan, municipal, urban

**civic** borough, communal, community, local, municipal, public

**civil 1.** civic, domestic, home, interior, municipal, political **2.** accommodating, affable, civilized, complaisant, courteous, courtly, obliging, polished, polite, refined, urbane, well-bred, well-mannered

**civilization 1.** advancement, cultivation, culture, development, education, enlightenment, progress, refinement, sophistication **2.** community, nation, people, polity, society **3.** customs, mores, way of life

**civilize** cultivate, educate, enlighten, humanize, improve, polish, refine, sophisticate, tame

**civilized** cultured, educated, enlightened, humane, polite, sophisticated, tolerant, urbane

**claim**
▸ **V. 1.** allege, ask, assert, call for, challenge, collect, demand, exact, hold, insist, maintain, need, pick up, profess, require, take, uphold
▸ **N. 2.** affirmation, allegation, application, assertion, call, demand, petition, pretension, privilege, protestation, request, requirement, right, title

**clamber** claw, climb, scale, scrabble, scramble, shin

**clamour** agitation, babel, blare, brouhaha, commotion, din, exclamation, hubbub, hullabaloo, noise, outcry, racket, shout, shouting, uproar, vociferation

**clamp**
▸ **N. 1.** bracket, fastener, grip, press, vice
▸ **V. 2.** brace, clinch, fasten, fix, impose, make fast, secure

**clan** band, brotherhood, clique, coterie, faction, family, fraternity, gens, group, house, order, race, schism, sect, sept, set, society, sodality, tribe

**clang**
▸ **V. 1.** bong, chime, clank, clash, jangle, resound, reverberate, ring, toll
▸ **N. 2.** clangour, ding-dong, knell, reverberation

**clap 1.** acclaim, applaud, cheer **2.** bang, pat, punch, slap, strike gently, thrust, thwack, wallop (Inf.), whack

**claptrap** affectation, balls (Taboo sl.), bilge (Inf.), blarney, bombast, bosh (Inf.), bull (Sl.), bullshit (Taboo sl.), bunk (Inf.), bunkum or buncombe (Chiefly U.S.), cobblers (Brit. taboo sl.), crap (Sl.), drivel, eyewash (Inf.), flannel (Brit. inf.), garbage (Inf.), guff (Sl.), hogwash, hokum (Sl., chiefly U.S. & Canad.), horsefeathers (U.S. sl.), hot air (Inf.), humbug, insincerity, moonshine, nonsense, pap, piffle (Inf.), poppycock (Inf.), rodomontade (Literary), rot, rubbish, shit (Taboo sl.), tommyrot, tosh (Sl., chiefly Brit.), tripe (Inf.)

**clarification** elucidation, explanation, exposition, illumination, interpretation, simplification

**clarify 1.** clear up, elucidate, explain, explicate, illuminate, interpret, make plain, resolve, simplify, throw or shed light on **2.** cleanse, purify, refine

**clarity** clearness, comprehensibility, definition, explicitness, intelligibility, limpidity, lucidity, obviousness, precision, simplicity, transparency

**clash**
▸ **V. 1.** bang, clang, clank, clatter, crash, jangle, jar, rattle **2.** conflict, cross swords, feud, grapple, quarrel, war, wrangle
▸ **N. 3.** brush, collision, conflict, confrontation, difference of opinion, disagreement, fight, showdown (Inf.)

**clasp**
▸ **V. 1.** attack, clutch, concatenate, connect, embrace, enfold, fasten, grapple, grasp, grip, hold, hug, press, seize, squeeze
▸ **N. 2.** brooch, buckle, catch, clip, fastener, fastening, grip, hasp, hook, pin, press stud, snap **3.** embrace, grasp, grip, hold, hug

**class**
▸ **N. 1.** caste, category, classification, collection, denomination, department, division, genre, genus, grade, group, grouping, kind, league, order, rank, set, sort, species, sphere, stamp, status, type, value
▸ **V. 2.** brand, categorize, classify, codify, designate, grade, group, label, rank, rate

**classic**
▸ **ADJ. 1.** best, consummate, finest, first-rate, masterly, world-class **2.** archetypal, definitive, exemplary, ideal, master, model, paradigmatic, quintessential, standard **3.** characteristic, regular, standard, time-honoured, typical, usual **4.** abiding, ageless, deathless, enduring, immortal, lasting, undying
▸ **N. 5.** exemplar, masterpiece, masterwork, model, paradigm, prototype, standard

**classical 1.** chaste, elegant, harmonious, pure, refined, restrained, symmetrical, understated, well-proportioned **2.** Attic, Augustan, Grecian, Greek, Hellenic, Latin, Roman

**classification** analysis, arrangement, cataloguing, categorization, codification, grading, sorting, taxonomy

**classify** arrange, catalogue, categorize, codify, dispose, distribute, file, grade, pigeonhole, rank, sort, systematize, tabulate

**clause 1.** article, chapter, condition, paragraph, part, passage, section **2.** heading, item, point, provision, proviso, rider, specification, stipulation

**claw**
▸ **N. 1.** nail, nipper, pincer, talon, tentacle, unguis
▸ **V. 2.** dig, graze, lacerate, mangle, maul, rip, scrabble, scrape, scratch, tear

**clean**
▸ **ADJ. 1.** faultless, flawless, fresh, hygienic, immaculate, impeccable, laundered, pure, sanitary, spotless, squeaky-clean, unblemished, unsoiled, unspotted, unstained, unsullied, washed **2.** antiseptic, clarified, decontaminated, natural, purified, sterile, sterilized, unadulterated, uncontaminated, unpolluted **3.** chaste, decent, exemplary, good, honourable, impeccable, innocent, moral, pure, respectable, undefiled, upright, virtuous **4.** delicate, elegant, graceful, neat, simple, tidy, trim, uncluttered **5.** complete, conclusive, decisive, entire, final, perfect, thorough, total, unimpaired, whole
▸ **V. 6.** bath, cleanse, deodorize, disinfect, do up, dust, launder, lave, mop, purge, purify, rinse, sanitize, scour, scrub, sponge, swab, sweep, vacuum, wash, wipe

**clean-cut** chiselled, clear, definite, etched, neat, outlined, sharp, trim, well-defined

**cleanse** absolve, clean, clear, lustrate, purge, purify, rinse, scour, scrub, wash

**cleanser** detergent, disinfectant, purifier, scourer, soap, soap powder, solvent

**clear**
▸ **ADJ. 1.** bright, cloudless, fair, fine, halcyon, light, luminous, shining, sunny, unclouded, undimmed **2.** apparent, articulate, audible, blatant, coherent, comprehensible, conspicuous, definite, distinct, evident, explicit, express, incontrovertible, intelligible, lucid, manifest, obvious, palpable, patent, perceptible, plain, pronounced, recognizable, unambiguous, unequivocal, unmistakable, unquestionable **3.** empty, free, open, smooth, unhampered, unhindered, unimpeded, unlimited, unobstructed **4.** crystalline, glassy, limpid, pellucid, see-through, translucent, transparent **5.** certain, convinced, decided, definite, positive, resolved, satisfied, sure **6.** clean, guiltless, immaculate, innocent, pure, sinless, stainless, unblemished, undefiled, untarnished, untroubled
▸ **V. 7.** clean, cleanse, erase, purify, refine, sweep away, tidy (up), wipe **8.** break up, brighten, clarify, lighten **9.** absolve, acquit, excuse, exonerate, justify, vindicate **10.** emancipate, free, liberate, set free **11.** disengage, disentangle, extricate, free, loosen, open, rid, unblock, unclog, unload, unpack **12.** jump, leap, miss, pass over, vault **13.** acquire, earn, gain, make, reap, secure

**clearance 1.** authorization, consent, endorsement, go-ahead (Inf.), green light, leave, OK or okay (Inf.), permission, sanction **2.** allowance, gap, headroom, margin **3.** depopulation, emptying, evacuation, eviction, removal, unpeopling, withdrawal

**clear-cut** definite, explicit, plain, precise, specific, straightforward, unambiguous, unequivocal

**clearly** beyond doubt, distinctly, evidently, incontestably, incontrovertibly, markedly, obviously, openly, overtly, undeniably, undoubtedly

**clear out 1.** empty, exhaust, get rid of, sort, tidy up **2.** beat it (Sl.), decamp, depart, hook it (Sl.), leave, make oneself scarce, retire, slope off, take oneself off, withdraw

**clear up 1.** answer, clarify, elucidate, explain, resolve, solve, straighten out, unravel **2.** order, rearrange, tidy (up)

**cleave** crack, dissever, disunite, divide, hew, open, part, rend, rive, sever, slice, split, sunder, tear asunder

**clergy** churchmen, clergymen, clerics, ecclesiastics, first estate, holy orders, ministry, priesthood, the cloth

**clergyman** chaplain, cleric, curate, divine, father, man of God, man of the cloth, minister, padre, parson, pastor, priest, rabbi, rector, reverend (*Inf.*), vicar

**clerical** 1. ecclesiastical, pastoral, priestly, sacerdotal 2. book-keeping, clerkish, clerkly, office, secretarial, stenographic

**clever** able, adroit, apt, astute, brainy (*Inf.*), bright, canny, capable, cunning, deep, dexterous, discerning, expert, gifted, ingenious, intelligent, inventive, keen, knowing, knowledgeable, quick, quick-witted, rational, resourceful, sagacious, sensible, shrewd, skilful, smart, talented, witty

**cleverness** ability, adroitness, astuteness, brains, brightness, canniness, dexterity, flair, gift, gumption (*Brit. inf.*), ingenuity, intelligence, nous (*Brit. sl.*), quickness, quick wits, resourcefulness, sagacity, sense, sharpness, shrewdness, smartness, smarts (*Sl., chiefly U.S.*), suss (*Sl.*), talent, wit

**cliché** banality, bromide, chestnut (*Inf.*), commonplace, hackneyed phrase, old saw, platitude, stereotype, truism

**click**
▶ N./V. 1. beat, clack, snap, tick
▶ V. 2. (*Inf.*) become clear, come home (to), fall into place, make sense 3. (*Sl.*) be compatible, be on the same wavelength, feel a rapport, get on, go over, hit it off (*Inf.*), make a hit, succeed, take to each other

**client** applicant, buyer, consumer, customer, dependant, habitué, patient, patron, protégé, shopper

**clientele** business, clients, customers, following, market, patronage, regulars, trade

**cliff** bluff, crag, escarpment, face, overhang, precipice, rock face, scar, scarp

**climactic** climactical, critical, crucial, decisive, paramount, peak

**climate** 1. clime, country, region, temperature, weather 2. ambience, disposition, feeling, mood, temper, tendency, trend

**climax**
▶ N. 1. acme, apogee, crest, culmination, head, height, highlight, high spot (*Inf.*), ne plus ultra, pay-off (*Inf.*), peak, summit, top, zenith
▶ V. 2. come to a head, culminate, peak

**climb** ascend, clamber, mount, rise, scale, shin up, soar, top

**climb down** 1. descend, dismount 2. back down, eat crow (*U.S. inf.*), eat one's words, retract, retreat

**clinch** 1. assure, cap, conclude, confirm, decide, determine, seal, secure, set the seal on, settle, sew up (*Inf.*), verify 2. bolt, clamp, fasten, fix, make fast, nail, rivet, secure 3. clutch, cuddle, embrace, grasp, hug, squeeze

**cling** adhere, attach to, be true to, clasp, cleave to, clutch, embrace, fasten, grasp, grip, hug, stick, twine round

**clip¹** v. attach, fasten, fix, hold, pin, staple

**clip²**
▶ V. 1. crop, curtail, cut, cut short, dock, pare, prune, shear, shorten, snip, trim
▶ N./V. 2. (*Inf.*) belt (*Inf.*), blow, box, clout (*Inf.*), cuff, knock, punch, skelp (*Dialect*), smack, thump, wallop (*Inf.*), whack
▶ N. 3. (*Inf.*) gallop, lick (*Inf.*), rate, speed, velocity

**clique** cabal, circle, clan, coterie, crew (*Inf.*), crowd, faction, gang, group, mob, pack, posse (*Inf.*), schism, set

**cloak**
▶ V. 1. camouflage, conceal, cover, disguise, hide, mask, obscure, screen, veil
▶ N. 2. blind, cape, coat, cover, front, mantle, mask, pretext, shield, wrap

**clog**
▶ V. 1. block, burden, bung, congest, dam up, hamper, hinder, impede, jam, obstruct, occlude, shackle, stop up
▶ N. 2. burden, dead weight, drag, encumbrance, hindrance, impediment, obstruction

**close¹** 1. adjacent, adjoining, approaching, at hand, handy, hard by, imminent, impending, near, nearby, neighbouring, nigh, proximate, upcoming, within sniffing distance (*Inf.*) 2. compact, congested, cramped, cropped, crowded, dense, impenetrable, jam-packed, packed, short, solid, thick, tight 3. accurate, conscientious, exact, faithful, literal, precise, strict 4. alert, assiduous, attentive, careful, concentrated, detailed, dogged, earnest, fixed, intense, intent, keen, minute, painstaking, rigorous, searching, thorough 5. attached, confidential, dear, devoted, familiar, inseparable, intimate, loving 6. airless, confined, frowsty, fuggy, heavy, humid, muggy, oppressive, stale, stifling, stuffy, suffocating, sweltering, thick, unventilated 7. hidden, private, reticent, retired, secluded, secret, secretive, taciturn, uncommunicative, unforthcoming 8. illiberal, mean, mingy (*Brit. inf.*), miserly, near, niggardly, parsimonious, penurious, stingy, tight as a duck's arse (*Taboo sl.*), tight-fisted, ungenerous

**close²** v. 1. bar, block, bung, choke, clog, confine, cork, fill, lock, obstruct, plug, seal, secure, shut, shut up, stop up 2. axe (*Inf.*), cease, complete, conclude, culminate, discontinue, end, finish, mothball, shut down, terminate, wind up 3. come together, connect, couple, fuse, grapple, join, unite 4. cessation, completion, conclusion, culmination, denouement, end, ending, finale, finish, termination

**closed** 1. fastened, locked, out of business, out of service, sealed, shut 2. concluded, decided, ended, finished, over, resolved, settled, terminated 3. exclusive, restricted

**cloth** dry goods, fabric, material, stuff, textiles

**clothe** accoutre, apparel, array, attire, bedizen (*Archaic*), caparison, cover, deck, doll up (*Sl.*), drape, dress, endow, enwrap, equip, fit out, garb, get ready, habit, invest, outfit, rig, robe, swathe

**clothes, clothing** apparel, attire, clobber (*Brit. sl.*), costume, dress, duds (*Inf.*), ensemble, garb, garments, gear (*Inf.*), get-up (*Inf.*), glad rags (*Inf.*), habits, outfit, raiment (*Archaic or poetic*), rigout (*Inf.*), togs (*Inf.*), vestments, vesture, wardrobe, wear

**cloud**
▶ N. 1. billow, darkness, fog, gloom, haze, mist, murk, nebula, nebulosity, obscurity, vapour 2. crowd, dense mass, flock, horde, host, multitude, shower, swarm, throng
▶ V. 3. becloud, darken, dim, eclipse, obfuscate, obscure, overcast, overshadow, shade, shadow, veil 4. confuse, disorient, distort, impair, muddle

**cloudy** blurred, confused, dark, dim, dismal, dull, dusky, emulsified, gloomy, hazy, indistinct, leaden, louring *or* lowering, muddy, murky, nebulous, obscure, opaque, overcast, sombre, sullen sunless

**clown**
▶ N. 1. buffoon, comedian, dolt, fool, harlequin, jester, joker, merry-andrew, mountebank, pierrot, prankster, punchinello 2. boor, clodhopper (*Inf.*), hind (*Obsolete*), peasant, swain (*Archaic*), yahoo, yokel
▶ V. 3. act the fool, act the goat, jest, mess about, piss about (*Taboo sl.*), piss around (*Taboo sl.*)

**club**
▶ N. 1. bat, bludgeon, cosh (*Brit.*), cudgel, stick, truncheon
▶ V. 2. bash, baste, batter, beat, bludgeon, clobber (*Sl.*), clout (*Inf.*), cosh (*Brit.*), hammer, pommel (*Rare*), pummel, strike
▶ N. 3. association, circle, clique, company, fraternity, group, guild, lodge, order, set, society, sodality, union

**clue** evidence, hint, indication, inkling, intimation, lead, pointer, sign, suggestion, suspicion, tip, tip-off, trace

**clump¹** N. bunch, bundle, cluster, mass, shock

**clump²** V. bumble, clomp, lumber, plod, stamp, stomp, stump, thud, thump, tramp

**clumsy** accident-prone, awkward, blundering, bumbling, bungling, butterfingered (*Inf.*), cack-handed (*Inf.*), gauche, gawky, ham-fisted (*Inf.*), ham-handed (*Inf.*), heavy, ill-shaped, inept, inexpert, klutzy (*U.S. & Canad. sl.*), lumbering, maladroit, ponderous, uncoordinated, uncouth, ungainly, unhandy, unskilful, unwieldy

**cluster**
▶ N. 1. assemblage, batch, bunch, clump, collection, gathering, group, knot
▶ V. 2. assemble, bunch, collect, flock, gather, group

**clutch** catch (up), clasp, cling to, embrace, fasten, grab, grapple, grasp, grip, seize, snatch

**clutter**
▶ N. 1. confusion, disarray, disorder, hotchpotch, jumble, litter, mess, muddle, untidiness
▶ V. 2. litter, scatter, strew

**coach**
▶ N. 1. bus, car, carriage, charabanc, vehicle 2. handler, instructor, teacher, trainer, tutor
▶ V. 3. cram, drill, exercise, instruct, prepare, train, tutor

**coalesce** amalgamate, blend, cohere, combine, come together, commingle, commix, consolidate, fraternize, fuse, incorporate, integrate, meld, merge, mix, unite

**coalition** affiliation, alliance, amalgam, amalgamation, association, bloc, combination, compact, confederacy, confederation, conjunction, fusion, integration, league, merger, union

**coarse** 1. boorish, brutish, coarse-grained, foul-mouthed, gruff, loutish, rough, rude, uncivil 2. bawdy, earthy, immodest, impolite, improper, impure, indelicate, inelegant, mean, offensive, raunchy (*Sl.*), ribald, rude, smutty, vulgar 3. coarse-grained, crude, homespun, impure, rough-hewn, unfinished, unpolished, unprocessed, unpurified, unrefined

**coarsen** anaesthetize, blunt, callous, deaden, desensitize, dull, harden, indurate, roughen

**coarseness** bawdiness, boorishness, crudity, earthiness, indelicacy, offensiveness, poor taste, ribaldry, roughness, smut, smuttiness, uncouthness, unevenness

**coast**
▶ N. 1. beach, border, coastline, littoral, seaboard, seaside, shore, strand
▶ V. 2. cruise, drift, freewheel, get by, glide, sail, taxi

**coat**
▶ N. 1. fleece, fur, hair, hide, pelt, skin, wool 2. coating, covering, layer, overlay
▶ V. 3. Artex (*Trademark*), apply, cover, plaster, smear, spread

**coating** blanket, coat, covering, dusting, film, finish, glaze, lamination, layer, membrane, patina, sheet, skin, varnish, veneer

**coax** allure, beguile, cajole, decoy, entice, flatter, inveigle, persuade, prevail upon, softsoap (*Inf.*), soothe, sweet-talk (*Inf.*), talk into, wheedle

**cock**
▶ N. 1. chanticleer, cockerel, rooster
▶ V. 2. perk up, prick, raise, stand up

**cock-eyed** absurd, askew, asymmetrical, awry, crazy, crooked, lopsided, ludicrous, nonsensical, preposterous, skewwhiff (*Brit. inf.*), squint (*Inf.*)

**cocky** arrogant, brash, cocksure, conceited, egotistical, lordly, swaggering, swollen-headed, vain

**code** 1. cipher, cryptograph 2. canon, convention, custom, ethics, etiquette, manners, maxim, regulations, rules, system

**cogent** compelling, conclusive, convincing, effective, forceful, forcible, influential, irresistible, potent, powerful, strong, urgent, weighty

**cogitate** consider, contemplate, deliberate, meditate, mull over, muse, ponder, reflect, ruminate, think

**cogitation** consideration, contemplation, deliberation, meditation, reflection, rumination, thought

**cognate** affiliated, akin, alike, allied, analogous, associated, connected, kindred, related, similar

**cognition** apprehension, awareness, comprehension, discernment, insight, intelligence, perception, reasoning, understanding

**coherent** articulate, comprehensible, consistent, intelligible, logical, lucid, meaningful, orderly, organized, rational, reasoned, systematic

**coil** convolute, curl, entwine, loop, snake, spiral, twine, twist, wind, wreathe, writhe

**coin**
▶ V. 1. conceive, create, fabricate, forge, formulate, frame, invent, make up, mint, mould, originate, think up
▶ N. 2. cash, change, copper, dosh (*Brit. & Aust. sl.*), money, silver, specie

**coincide** 1. be concurrent, coexist, occur simultaneously, synchronize 2. accord, harmonize, match, quadrate, square, tally 3. acquiesce, agree, concur, correspond

**coincidence** 1. accident, chance, eventuality, fluke, fortuity, happy accident, luck, stroke of luck 2. concomitance, concurrence, conjunction, correlation, correspondence, synchronism

**coincidental** 1. accidental, casual, chance, fluky (*Inf.*), fortuitous, unintentional, unplanned 2. coincident, concomitant, concurrent, simultaneous, synchronous

## cold

▸ **ADJ. 1.** arctic, biting, bitter, bleak, brumal, chill, chilly, cool, freezing, frigid, frosty, frozen, gelid, harsh, icy, inclement, parky (*Brit. inf.*), raw, wintry **2.** benumbed, chilled, chilly, freezing, frozen to the marrow, numbed, shivery **3.** aloof, apathetic, cold-blooded, dead, distant, frigid, glacial, indifferent, inhospitable, lukewarm, passionless, phlegmatic, reserved, spiritless, standoffish, stony, undemonstrative, unfeeling, unmoved, unresponsive, unsympathetic

▸ **N. 4.** chill, chilliness, coldness, frigidity, frostiness, iciness, inclemency

**cold-blooded** barbarous, brutal, callous, cruel, dispassionate, heartless, inhuman, merciless, pitiless, Ramboesque, ruthless, savage, steely, stony-hearted, unemotional, unfeeling, unmoved

**cold-hearted** callous, detached, frigid, hard-hearted, harsh, heartless, indifferent, inhuman, insensitive, stony-hearted, uncaring, unfeeling, unkind, unsympathetic

**collaborate 1.** cooperate, coproduce, join forces, participate, team up, work together **2.** collude, conspire, cooperate, fraternize

**collaboration** alliance, association, concert, co-operation, partnership, teamwork

**collaborator 1.** associate, colleague, confederate, co-worker, partner, team-mate **2.** collaborationist, fraternizer, quisling, traitor, turncoat

## collapse

▸ **V. 1.** break down, cave in, come to nothing, crack up (*Inf.*), crumple, fail, faint, fall, fold, founder, give way, subside

▸ **N. 2.** breakdown, cave-in, disintegration, downfall, exhaustion, failure, faint, flop, prostration, subsidence

**collar** v. apprehend, appropriate, capture, catch, grab, lay hands on, nab (*Inf.*), nail (*Inf.*), seize

**colleague** aider, ally, assistant, associate, auxiliary, coadjutor (*Rare*), collaborator, companion, comrade, confederate, confrère, fellow worker, helper, partner, team-mate, workmate

**collect 1.** accumulate, aggregate, amass, assemble, gather, heap, hoard, save, stockpile **2.** assemble, cluster, congregate, convene, converge, flock together, rally **3.** acquire, muster, obtain, raise, secure, solicit

**collected** calm, composed, confident, cool, placid, poised, sedate, self-possessed, serene, together (*Sl.*), unfazed (*Inf.*), unperturbable, unperturbed, unruffled

**collection 1.** accumulation, anthology, compilation, congeries, heap, hoard, mass, pile, set, stockpile, store **2.** assemblage, assembly, assortment, cluster, company, congregation, convocation, crowd, gathering, group **3.** alms, contribution, offering, offertory

**collide** clash, come into collision, conflict, crash, meet head-on

**collision 1.** accident, bump, crash, impact, pile-up (*Inf.*), prang (*Inf.*), smash **2.** clash, clashing, conflict, confrontation, encounter, opposition, skirmish

**colloquial** conversational, demotic, everyday, familiar, idiomatic, informal, vernacular

**collusion** cahoots (*Inf.*), complicity, connivance, conspiracy, craft, deceit, fraudulent artifice, intrigue, secret understanding

**colonist** colonial, colonizer, frontiersman, homesteader (*U.S.*), immigrant, pioneer, planter, settler

**colonize** open up, people, pioneer, populate, settle

**colony** community, dependency, dominion, outpost, possession, province, satellite state, settlement, territory

**colossal** Brobdingnagian, elephantine, enormous, gargantuan, gigantic, ginormous (*Inf.*), herculean, huge, humongous or humungous (*U.S. sl.*), immense, mammoth, massive, monstrous, monumental, mountainous, prodigious, titanic, vast

## colour

▸ **N. 1.** colorant, coloration, complexion, dye, hue, paint, pigment, pigmentation, shade, tincture, tinge, tint **2.** animation, bloom, blush, brilliance, flush, glow, liveliness, rosiness, ruddiness, vividness **3.** (*Fig.*) appearance, disguise, excuse, façade, false show, guise, plea, pretence, pretext, semblance

▸ **V. 4.** colourwash, dye, paint, stain, tinge, tint **5.** (*Fig.*) disguise, distort, embroider, exaggerate, falsify, garble, gloss over, misrepresent, pervert, prejudice, slant, taint **6.** blush, burn, crimson, flush, go crimson, redden

**colourful 1.** bright, brilliant, Day-glo (*Trademark*), intense, jazzy (*Inf.*), kaleidoscopic, motley, multicoloured, psychedelic, rich, variegated, vibrant, vivid **2.** characterful, distinctive, graphic, interesting, lively, picturesque, rich, stimulating, unusual, vivid

**colourless 1.** achromatic, achromic, anaemic, ashen, bleached, drab, faded, neutral, sickly, wan, washed out **2.** characterless, dreary, insipid, lacklustre, tame, uninteresting, unmemorable, vacuous, vapid

**colours 1.** banner, emblem, ensign, flag, standard **2.** (*Fig.*) aspect, breed, character, identity, nature, stamp, strain

**column 1.** cavalcade, file, line, list, procession, queue, rank, row, string, train **2.** caryatid, obelisk, pilaster, pillar, post, shaft, support, upright

**columnist** correspondent, critic, editor, gossip columnist, journalist, journo (*Sl.*), reporter, reviewer

**coma** drowsiness, insensibility, lethargy, oblivion, somnolence, stupor, torpor, trance, unconsciousness

**comatose** drowsy, drugged, insensible, lethargic, sleepy, sluggish, somnolent, soporose (*Medical*), stupefied, torpid, unconscious

**comb** v. **1.** arrange, curry, dress, groom, untangle **2.** (*Of flax, wool, etc.*) card, hackle, hatchel, heckle, tease, teasel, teazle **3.** (*Fig.*) go through with a fine-tooth comb, hunt, rake, ransack, rummage, scour, screen, search, sift, sweep

## combat

▸ **N. 1.** action, battle, conflict, contest, encounter, engagement, fight, skirmish, struggle, war, warfare

▸ **V. 2.** battle, contend, contest, cope, defy, do battle with, engage, fight, oppose, resist, strive, struggle, withstand

## combatant

▸ **N. 1.** adversary, antagonist, belligerent, contender, enemy, fighter, fighting man, gladiator, opponent, serviceman, soldier, warrior

▸ **ADJ. 2.** battling, belligerent, combating, conflicting, contending, fighting, opposing, warring

**combination 1.** amalgam, amalgamation, blend, coalescence, composite, connection, meld, mix, mixture **2.** alliance, association, cabal, cartel, coalition, combine, compound, confederacy, confederation, consortium, conspiracy, federation, merger, syndicate, unification, union

**combine** amalgamate, associate, bind, blend, bond, compound, connect, cooperate, fuse, incorporate, integrate, join (together), link, marry, meld, merge, mix, pool, put together, synthesize, unify, unite

**come 1.** advance, appear, approach, arrive, become, draw near, enter, happen, materialize, move, move towards, near, occur, originate, show up (*Inf.*), turn out, turn up (*Inf.*) **2.** appear, arrive, attain, enter, materialize, reach, show up (*Inf.*), turn up (*Inf.*) **3.** fall, happen, occur, take place **4.** arise, emanate, emerge, end up, flow, issue, originate, result, turn out **5.** extend, reach **6.** be available (made, offered, on offer, produced)

**come about** arise, befall, come to pass, happen, occur, result, take place, transpire (*Inf.*)

**come across** bump into (*Inf.*), chance upon, discover, encounter, find, happen upon, hit upon, light upon, meet, notice, stumble upon, unearth

**come along** develop, improve, mend, perk up, pick up, progress, rally, recover, recuperate

**come at 1.** attain, discover, find, grasp, reach **2.** assail, assault, attack, charge, fall upon, fly at, go for, light into, rush, rush at

**comeback 1.** rally, rebound, recovery, resurgence, return, revival, triumph **2.** rejoinder, reply, response, retaliation, retort, riposte

**come back** reappear, recur, re-enter, return

**come by** acquire, get, lay hold of, obtain, procure, score (*Sl.*), secure, take possession of, win

**comedian** card (*Inf.*), clown, comic, funny man, humorist, jester, joker, laugh (*Inf.*), wag, wit

**comedown** anticlimax, blow, decline, deflation, demotion, disappointment, humiliation, letdown, reverse

**come down 1.** decline, degenerate, descend, deteriorate, fall, go downhill, reduce, worsen **2.** choose, decide, favour, recommend

**come down on** bawl out (*Inf.*), blast, carpet (*Inf.*), chew out (*U.S. & Canad. inf.*), criticize, dress down (*Inf.*), give (someone) a rocket (*Brit. & N.Z. inf.*), jump on (*Inf.*), lambast(e), put down, read the riot act, rebuke, reprimand, tear into (*Inf.*), tear (someone) off a strip (*Brit. inf.*)

**come down with** ail, be stricken with, catch, contract, fall ill, fall victim to, get, sicken, take, take sick

**comedy** chaffing, drollery, facetiousness, farce, fun, hilarity, humour, jesting, joking, light entertainment, sitcom (*Inf.*), slapstick, wisecracking, witticisms

**come forward** offer one's services, present or proffer oneself, volunteer

**come in** appear, arrive, cross the threshold, enter, finish, reach, show up (*Inf.*)

**come in for** acquire, bear the brunt of, endure, get, receive, suffer

**come off** go off, happen, occur, succeed, take place, transpire (*Inf.*)

**come out 1.** appear, be published (announced, divulged, issued, released, reported, revealed) **2.** conclude, end, result, terminate

**come out with** acknowledge, come clean, declare, disclose, divulge, lay open, own, own up, say

**come round 1.** accede, acquiesce, allow, concede, grant, mellow, relent, yield **2.** come to, rally, recover, regain consciousness, revive **3.** call, drop in, pop in, stop by, visit

**come through 1.** accomplish, achieve, prevail, succeed, triumph **2.** endure, survive, weather the storm, withstand

**come up** arise, crop up, happen, occur, rise, spring up, turn up

**comeuppance** chastening, deserts, due reward, dues, merit, punishment, recompense, requital, retribution

**come up to** admit of comparison with, approach, compare with, equal, match, measure up to, meet, resemble, rival, stand or bear comparison with

**come up with** advance, create, discover, furnish, offer, present, produce, propose, provide, submit, suggest

## comfort

▸ **V. 1.** alleviate, assuage, cheer, commiserate with, compassionate (*Archaic*), console, ease, encourage, enliven, gladden, hearten, inspirit, invigorate, reassure, refresh, relieve, solace, soothe, strengthen

▸ **N. 2.** aid, alleviation, cheer, compensation, consolation, ease, encouragement, enjoyment, help, relief, satisfaction, succour, support **3.** cosiness, creature comforts, ease, luxury, opulence, snugness, wellbeing

**comfortable 1.** adequate, agreeable, ample, commodious, convenient, cosy, delightful, easy, enjoyable, homely, loose, loose-fitting, pleasant, relaxing, restful, roomy, snug **2.** at ease, contented, gratified, happy, relaxed, serene **3.** affluent, prosperous, well-off, well-to-do

**comforting** cheering, consolatory, consoling, encouraging, heart-warming, inspiring, reassuring, soothing

**comfortless 1.** bleak, cheerless, cold, desolate, dismal, dreary **2.** disconsolate, forlorn, inconsolable, miserable, sick at heart, woebegone, wretched

## comic

▸ **ADJ. 1.** amusing, comical, droll, facetious, farcical, funny, humorous, jocular, joking, light, rich, waggish, witty

▸ **N. 2.** buffoon, clown, comedian, funny man, humorist, jester, wag, wit

**comical** absurd, amusing, comic, diverting, droll, entertaining, farcical, funny, hilarious, humorous, laughable, ludicrous, priceless, ridiculous, risible, side-splitting, silly, whimsical

## coming

▸ **ADJ. 1.** approaching, at hand, due, en route, forthcoming, future, imminent, impending, in store, in the wind, near, next, nigh, upcoming **2.** aspiring, future, promising, up-and-coming

▸ **N. 3.** accession, advent, approach, arrival

## command

▸ **V. 1.** bid, charge, compel, demand, direct, enjoin, order, require **2.** administer, control,

dominate, govern, handle, head, lead, manage, reign over, rule, supervise, sway
▶ N. 3. behest, bidding, canon, commandment, decree, demand, direction, directive, edict, fiat, injunction, instruction, mandate, order, precept, requirement, ultimatum 4. authority, charge, control, direction, domination, dominion, government, grasp, management, mastery, power, rule, supervision, sway, upper hand

**commandeer** appropriate, confiscate, expropriate, hijack, requisition, seize, sequester, sequestrate, usurp

**commander** boss, captain, chief, C in C, C.O., commander-in-chief, commanding officer, director, head, leader, officer, ruler

**commanding** 1. advantageous, controlling, decisive, dominant, dominating, superior 2. assertive, authoritative, autocratic, compelling, forceful, imposing, impressive, peremptory

**commemorate** celebrate, honour, immortalize, keep, memorialize, observe, pay tribute to, remember, salute, solemnize

**commemoration** ceremony, honouring, memorial service, observance, remembrance, tribute

**commemorative** celebratory, dedicatory, in honour, in memory, in remembrance, memorial

**commence** begin, embark on, enter upon, inaugurate, initiate, open, originate, start

**commend** 1. acclaim, applaud, approve, compliment, crack up (Inf.), eulogize, extol, praise, recommend, speak highly of 2. commit, confide, consign, deliver, entrust, hand over, yield

**commendable** admirable, creditable, deserving, estimable, exemplary, laudable, meritorious, praiseworthy, worthy

**commendation** acclaim, acclamation, approbation, approval, Brownie points, credit, encomium, encouragement, good opinion, panegyric, praise, recommendation

**commensurate** adequate, appropriate, coextensive, comparable, compatible, consistent, corresponding, due, equivalent, fit, fitting, in accord, proportionate, sufficient

**comment**
▶ v. 1. animadvert, interpose, mention, note, observe, opine, point out, remark, say, utter 2. annotate, criticize, elucidate, explain, interpret
▶ N. 3. animadversion, observation, remark, statement 4. annotation, commentary, criticism, elucidation, explanation, exposition, illustration, note

**commentary** analysis, critique, description, exegesis, explanation, narration, notes, review, treatise, voice-over

**commentator** 1. commenter, reporter, special correspondent, sportscaster 2. annotator, critic, expositor, interpreter, scholiast

**commerce** 1. business, dealing, exchange, merchandizing, trade, traffic 2. communication, dealings, intercourse, relations, socializing

**commercial** 1. business, mercantile, profit-making, sales, trade, trading 2. in demand, marketable, popular, profitable, saleable 3. exploited, materialistic, mercenary, monetary, pecuniary, profit-making, venal

**commission**
▶ N. 1. appointment, authority, charge, duty, employment, errand, function, mandate, mission, task, trust, warrant 2. allowance, brokerage, compensation, cut, fee, percentage, rake-off (Sl.), royalties 3. board, body of commissioners, commissioners, committee, delegation, deputation, representative
▶ v. 4. appoint, authorize, contract, delegate, depute, empower, engage, nominate, order, select, send

**commit** 1. carry out, do, enact, execute, perform, perpetrate 2. commend, confide, consign, deliver, deposit, engage, entrust, give, hand over 3. align, bind, compromise, endanger, make liable, obligate, pledge, rank 4. confine, imprison, put in custody

**commitment** 1. duty, engagement, liability, obligation, responsibility, tie 2. adherence, dedication, devotion, involvement, loyalty 3. assurance, guarantee, pledge, promise, undertaking, vow, word

**common** 1. average, commonplace, conventional, customary, daily, everyday, familiar, frequent, general, habitual, humdrum, obscure, ordinary, plain, regular, routine, run-of-the-mill, simple, standard, stock, usual, workaday 2. accepted, general, popular, prevailing, prevalent, universal, widespread 3. collective, communal, community, popular, public, social 4. coarse, hackneyed, inferior, low, pedestrian, plebeian, stale, trite, undistinguished, vulgar

**commonplace**
▶ ADJ. 1. banal, common, customary, everyday, humdrum, mundane, obvious, ordinary, pedestrian, stale, threadbare, trite, uninteresting, widespread, worn out
▶ N. 2. banality, cliché, platitude, truism

**common sense** good sense, gumption (Brit. inf.), horse sense, level-headedness, mother wit, native intelligence, nous (Brit. sl.), practicality, prudence, reasonableness, smarts (Sl., chiefly U.S.), sound judgment, soundness, wit

**commotion** ado, agitation, brouhaha, bustle, disorder, disturbance, excitement, ferment, furore, fuss, hubbub, hullabaloo, hurly-burly, perturbation, racket, riot, rumpus, to-do, tumult, turmoil, upheaval, uproar

**communal** collective, communistic, community, general, joint, neighbourhood, public, shared

**commune**
▶ v. 1. communicate, confer, confide in, converse, discourse, discuss, parley 2. contemplate, meditate, muse, ponder, reflect
▶ N. 3. collective, community, cooperative, kibbutz

**communicate** acquaint, announce, be in contact, be in touch, connect, convey, correspond, declare, disclose, disseminate, divulge, impart, inform, make known, pass on, phone, proclaim, publish, report, reveal, ring up (Inf., chiefly Brit.), signify, spread, transmit, unfold

**communication** 1. connection, contact, conversation, correspondence, dissemination, intercourse, link, transmission 2. announcement, disclosure, dispatch, information, intelligence, message, news, report, statement, word

**communications** 1. routes, transport, travel 2. information technology, media, publicity, public relations, telecommunications

**communicative** candid, chatty, conversable, expansive, forthcoming, frank, informative, loquacious, open, outgoing, talkative, unreserved, voluble

**communion** 1. accord, affinity, agreement, closeness, communing, concord, consensus, converse, fellowship, harmony, intercourse, participation, rapport, sympathy, togetherness, unity 2. (Church) Eucharist, Lord's Supper, Mass, Sacrament

**communiqué** announcement, bulletin, dispatch, news flash, official communication, report

**communism** Bolshevism, collectivism, Marxism, socialism, state socialism

**communist** Bolshevik, collectivist, Marxist, Red (Inf.), socialist

**community** 1. association, body politic, brotherhood, commonwealth, company, district, general public, locality, people, populace, population, public, residents, society, state 2. affinity, agreement, identity, likeness, sameness, similarity

**commute** 1. barter, exchange, interchange, substitute, switch, trade 2. (Law: of penalties, etc.) alleviate, curtail, mitigate, modify, reduce, remit, shorten, soften

**commuter**
▶ N. 1. daily traveller, straphanger (Inf.), suburbanite
▶ ADJ. 2. suburban

**compact**
▶ ADJ. 1. close, compressed, condensed, dense, firm, impenetrable, impermeable, pressed together, solid, thick 2. brief, compendious, concise, epigrammatic, laconic, pithy, pointed, succinct, terse, to the point
▶ v. 3. compress, condense, cram, pack down, stuff, tamp
▶ N. 4. agreement, alliance, arrangement, bargain, bond, concordat, contract, covenant, deal, entente, pact, stipulation, treaty, understanding

**companion** 1. accomplice, ally, associate, buddy (Inf.), colleague, comrade, confederate, consort, crony, friend, mate (Inf.), partner 2. aide, assistant, attendant, chaperon(e), duenna, escort, squire 3. complement, counterpart, fellow, match, mate, twin

**companionable** affable, congenial, conversable, convivial, cordial, familiar, friendly, genial, gregarious, neighbourly, outgoing, sociable

**companionship** amity, camaraderie, company, comradeship, conviviality, esprit de corps, fellowship, fraternity, friendship, rapport, togetherness

**company** 1. assemblage, assembly, band, bevy, body, camp, circle, collection, community, concourse, convention, coterie, crew, crowd, ensemble, gathering, group, league, party, set, throng, troop, troupe, turnout 2. association, business, concern, corporation, establishment, firm, house, partnership, syndicate 3. callers, companionship, fellowship, guests, party, presence, society, visitors

**comparable** 1. a match for, as good as, commensurate, equal, equivalent, in a class with, on a par, proportionate, tantamount 2. akin, alike, analogous, cognate, corresponding, related, similar

**comparative** approximate, by comparison, qualified, relative

**compare** 1. (With with) balance, collate, contrast, juxtapose, set against, weigh 2. (With to) correlate, equate, identify with, liken, parallel, resemble 3. (Be the equal of) approach, approximate to, bear comparison, be in the same class as, be on a par with, come up to, compete with, equal, hold a candle to, match, vie

**comparison** 1. collation, contrast, distinction, juxtaposition 2. analogy, comparability, correlation, likeness, resemblance, similarity

**compartment** 1. alcove, bay, berth, booth, carrel, carriage, cell, chamber, cubbyhole, cubicle, locker, niche, pigeonhole, section 2. area, category, department, division, section, subdivision

**compass**
▶ N. 1. area, bound, boundary, circle, circuit, circumference, enclosure, extent, field, limit, range, reach, realm, round, scope, sphere, stretch, zone
▶ v. 2. beset, besiege, blockade, circumscribe, encircle, enclose, encompass, environ, hem in, invest (Rare), surround 3. accomplish, achieve, attain, bring about, effect, execute, fulfil, perform, procure, realize

**compassion** charity, clemency, commiseration, compunction, condolence, fellow feeling, heart, humanity, kindness, mercy, pity, quarter, ruth (Archaic), soft-heartedness, sorrow, sympathy, tender-heartedness, tenderness

**compassionate** benevolent, charitable, humane, humanitarian, indulgent, kind-hearted, kindly, lenient, merciful, pitying, sympathetic, tender, tender-hearted, understanding

**compatibility** affinity, agreement, amity, concord, congeniality, empathy, harmony, like-mindedness, rapport, single-mindedness, sympathy

**compatible** accordant, adaptable, agreeable, congenial, congruent, congruous, consistent, consonant, harmonious, in harmony, in keeping, like-minded, reconcilable, suitable

**compel** bulldoze (Inf.), coerce, constrain, dragoon, drive, enforce, exact, force, hustle (Sl.), impel, make, necessitate, oblige, railroad (Inf.), restrain, squeeze, urge

**compelling** 1. cogent, conclusive, convincing, forceful, irrefutable, powerful, telling, weighty 2. enchanting, enthralling, gripping, hypnotic, irresistible, mesmeric, spellbinding 3. binding, coercive, imperative, overriding, peremptory, pressing, unavoidable, urgent

**compensate** 1. atone, indemnify, make good, make restitution, recompense, refund, reimburse, remunerate, repay, requite, reward, satisfy 2. balance, cancel (out), counteract, counterbalance, countervail, make amends, make up for, offset, redress

**compensation** amends, atonement, damages, indemnification, indemnity, meed (Archaic), payment, recompense, reimbursement, remuneration, reparation, requital, restitution, reward, satisfaction

**compete** be in the running, challenge, contend, contest, emulate, fight, pit oneself against, rival, strive, struggle, vie

**competence** ability, adequacy, appropriateness, capability, capacity, competency, craft, expertise, fitness, proficiency, skill, suitability

**competent** able, adapted, adequate, appropriate, capable, clever, endowed, equal, fit, pertinent, proficient, qualified, sufficient, suitable

**competition 1.** contention, contest, emulation, one-upmanship (*Inf.*), opposition, rivalry, strife, struggle **2.** championship, contest, event, head-to-head, puzzle, quiz, tournament **3.** challengers, field, opposition, rivals

**competitive** aggressive, ambitious, antagonistic, at odds, combative, cutthroat, dog-eat-dog, emulous, opposing, rival, vying

**competitor** adversary, antagonist, challenger, competition, contestant, emulator, opponent, opposition, rival

**compile** accumulate, amass, anthologize, collect, cull, garner, gather, marshal, organize, put together

**complacency** contentment, gratification, pleasure, satisfaction, self-satisfaction, smugness

**complacent** contented, gratified, pleased, pleased with oneself, satisfied, self-assured, self-contented, self-righteous, self-satisfied, serene, smug, unconcerned

**complain** beef (*Sl.*), bellyache (*Sl.*), bemoan, bewail, bitch (*Sl.*), bleat, carp, deplore, find fault, fuss, grieve, gripe (*Inf.*), groan, grouch (*Inf.*), grouse, growl, grumble, kick up a fuss (*Inf.*), kvetch (*U.S. sl.*), lament, moan, whine, whinge (*Inf.*)

**complaint 1.** accusation, annoyance, beef (*Sl.*), bitch (*Sl.*), charge, criticism, dissatisfaction, fault-finding, grievance, gripe (*Inf.*), grouch (*Inf.*), grouse, grumble, lament, moan, plaint, protest, remonstrance, trouble, wail **2.** affliction, ailment, disease, disorder, illness, indisposition, malady, sickness, upset

**complement**
▶ **N. 1.** companion, completion, consummation, correlative, counterpart, finishing touch, rounding-off, supplement **2.** aggregate, capacity, entirety, quota, total, totality, wholeness
▶ **V. 3.** cap (*Inf.*), complete, crown, round off, set off

**complementary** companion, completing, correlative, corresponding, fellow, interdependent, interrelating, matched, reciprocal

**complete**
▶ **ADJ. 1.** all, entire, faultless, full, intact, integral, plenary, unabridged, unbroken, undivided, unimpaired, whole **2.** accomplished, achieved, concluded, ended, finished **3.** absolute, consummate, deep-dyed (*Usu. derogatory*), dyed-in-the-wool, outright, perfect, thorough, thoroughgoing, total, utter
▶ **V. 4.** accomplish, achieve, cap, close, conclude, crown, discharge, do, end, execute, fill in, finalize, finish, fulfil, perfect, perform, realize, round off, settle, terminate, wrap up (*Inf.*)

**completely** absolutely, altogether, down to the ground, en masse, entirely, from A to Z, from beginning to end, fully, heart and soul, hook, line and sinker, in full, in toto, perfectly, quite, root and branch, solidly, thoroughly, totally, utterly, wholly

**completion** accomplishment, attainment, close, conclusion, consummation, culmination, end, expiration, finalization, fruition, fulfilment, realization

**complex**
▶ **ADJ. 1.** circuitous, complicated, convoluted, Daedalian (*Literary*), intricate, involved, knotty, labyrinthine, mingled, mixed, tangled, tortuous **2.** composite, compound, compounded, heterogeneous, manifold, multifarious, multiple
▶ **N. 3.** aggregate, composite, network, organization, scheme, structure, synthesis, system **4.** fixation, fixed idea, idée fixe, obsession, phobia, preoccupation

**complexion 1.** colour, colouring, hue, pigmentation, skin, skin tone **2.** appearance, aspect, cast, character, countenance, disposition, guise, light, look, make-up, nature, stamp

**complexity** complication, convolution, elaboration, entanglement, intricacy, involvement, multiplicity, ramification

**compliance** acquiescence, agreement, assent, complaisance, concession, concurrence, conformity, consent, deference, obedience, observance, passivity, submission, submissiveness, yielding

**complicate** confuse, entangle, interweave, involve, make intricate, muddle, ravel, snarl up

**complicated 1.** Byzantine (*of attitudes, etc.*), complex, convoluted, elaborate, interlaced, intricate, involved, labyrinthine **2.** difficult, involved, perplexing, problematic, puzzling, troublesome

**complication 1.** combination, complexity, confusion, entanglement, intricacy, mixture, web **2.** aggravation, difficulty, drawback, embarrassment, factor, obstacle, problem, snag

**complicity** abetment, collaboration, collusion, concurrence, connivance

**compliment**
▶ **N. 1.** admiration, bouquet, commendation, congratulations, courtesy, eulogy, favour, flattery, honour, praise, tribute
▶ **V. 2.** commend, congratulate, crack up (*Inf.*), extol, felicitate, flatter, laud, pay tribute to, praise, salute, sing the praises of, speak highly of, wish joy to

**complimentary 1.** appreciative, approving, commendatory, congratulatory, eulogistic, flattering, laudatory, panegyrical **2.** courtesy, donated, free, free of charge, gratis, gratuitous, honorary, on the house

**compliments** good wishes, greetings, regards, remembrances, respects, salutation

**comply** abide by, accede, accord, acquiesce, adhere to, agree to, conform to, consent to, defer, discharge, follow, fulfil, obey, observe, perform, respect, satisfy, submit, yield

**component**
▶ **N. 1.** constituent, element, ingredient, item, part, piece, unit
▶ **ADJ. 2.** composing, constituent, inherent, intrinsic

**compose 1.** build, compound, comprise, constitute, construct, fashion, form, make, make up, put together **2.** contrive, create, devise, frame, imagine, indite, invent, produce, write **3.** adjust, arrange, reconcile, regulate, resolve, settle **4.** appease, assuage, calm, collect, control, pacify, placate, quell, quiet, soothe, still, tranquillize

**composed** at ease, calm, collected, confident, cool, imperturbable, laid-back (*Inf.*), level-headed, poised, relaxed, sedate, self-possessed, serene, together (*Sl.*), tranquil, unfazed (*Inf.*), unflappable, unruffled, unworried

**composite**
▶ **ADJ. 1.** blended, combined, complex, compound, conglomerate, mixed, synthesized
▶ **N. 2.** amalgam, blend, compound, conglomerate, fusion, meld, synthesis

**composition 1.** arrangement, configuration, constitution, design, form, formation, layout, make-up, organization, structure **2.** compilation, creation, fashioning, formation, formulation, invention, making, mixture, production **3.** creation, essay, exercise, literary work, opus, piece, study, treatise, work, writing **4.** arrangement, balance, concord, consonance, harmony, placing, proportion, symmetry

**compost** humus, mulch, organic fertilizer

**composure** aplomb, calm, calmness, collectedness, cool (*Sl.*), coolness, dignity, ease, equanimity, imperturbability, placidity, poise, sang-froid, sedateness, self-assurance, self-possession, serenity, tranquillity

**compound**
▶ **V. 1.** amalgamate, blend, coalesce, combine, concoct, fuse, intermingle, meld, mingle, mix, synthesize, unite **2.** add to, aggravate, augment, complicate, exacerbate, heighten, intensify, magnify, worsen **3.** (*Used of a dispute, difference, etc.*) adjust, arrange, compose, settle
▶ **N. 4.** alloy, amalgam, blend, combination, composite, composition, conglomerate, fusion, medley, meld, mixture, synthesis
▶ **ADJ. 5.** complex, composite, conglomerate, intricate, multiple, not simple

**comprehend 1.** apprehend, assimilate, conceive, discern, fathom, grasp, know, make out, perceive, see, take in, understand **2.** comprise, contain, embody, embrace, enclose, encompass, include, involve, take in

**comprehensible** clear, coherent, conceivable, explicit, graspable, intelligible, plain, understandable, user-friendly

**comprehension 1.** conception, discernment, grasp, intelligence, judg(e)ment, knowledge, perception, realization, sense, understanding **2.** compass, domain, field, limits, province, range, reach, scope

**comprehensive** all-embracing, all-inclusive, blanket, broad, catholic, complete, encyclop(a)edic, exhaustive, extensive, full, inclusive, sweeping, thorough, umbrella, wide

**compress** abbreviate, compact, concentrate, condense, constrict, contract, cram, crowd, crush, knit, press, pucker, shorten, squash, squeeze, summarize, wedge

**compression** condensation, consolidation, constriction, crushing, pressure, squeezing, wedging

**comprise 1.** be composed of, comprehend, consist of, contain, embrace, encompass, include, take in **2.** compose, constitute, form, make up

**compromise**
▶ **V. 1.** adjust, agree, arbitrate, compose, compound, concede, give and take, go fifty-fifty (*Inf.*), meet halfway, settle, strike a balance
▶ **N. 2.** accommodation, accord, adjustment, agreement, concession, give-and-take, half measures, middle ground, settlement, trade-off
▶ **V. 3.** discredit, dishonour, embarrass, endanger, expose, hazard, imperil, implicate, jeopardize, prejudice, weaken

**compulsion 1.** coercion, constraint, demand, duress, force, obligation, pressure, urgency **2.** drive, necessity, need, obsession, preoccupation, urge

**compulsive** besetting, compelling, driving, irresistible, obsessive, overwhelming, uncontrollable, urgent

**compulsory** binding, de rigueur, forced, imperative, mandatory, obligatory, required, requisite

**compute** add up, calculate, cast up, cipher, count, enumerate, estimate, figure, figure out, measure, rate, reckon, sum, tally, total

**comrade** ally, associate, buddy (*Inf.*), cock (*Brit. inf.*), colleague, companion, compatriot, compeer, confederate, co-worker, crony, fellow, friend, mate (*Inf.*), pal (*Inf.*), partner

**concave** cupped, depressed, excavated, hollow, hollowed, incurved, indented, scooped, sunken

**conceal** bury, camouflage, cover, disguise, dissemble, hide, keep dark, keep secret, mask, obscure, screen, secrete, shelter, stash (*Inf.*)

**concealment** camouflage, cover, disguise, hideaway, hide-out, hiding, secrecy

**concede 1.** accept, acknowledge, admit, allow, confess, grant, own **2.** cede, give up, hand over, relinquish, surrender, yield

**conceit 1.** amour-propre, arrogance, complacency, egotism, narcissism, pride, self-importance, self-love, swagger, vainglory, vanity **2.** (*Archaic*) belief, fancy, fantasy, idea, image, imagination, judg(e)ment, notion, opinion, quip, thought, vagary, whim, whimsy

**conceited** arrogant, bigheaded (*Inf.*), cocky, egotistical, immodest, narcissistic, overweening, puffed up, self-important, stuck up (*Inf.*), swollen-headed, vain, vainglorious

**conceivable** believable, credible, imaginable, possible, thinkable

**conceive 1.** appreciate, apprehend, believe, comprehend, envisage, fancy, grasp, imagine, realize, suppose, understand **2.** contrive, create, design, develop, devise, form, formulate, produce, project, purpose, think up **3.** become impregnated, become pregnant

**concentrate 1.** be engrossed in, consider closely, focus attention on, give all one's attention to, put one's mind to, rack one's brains **2.** bring to bear, centre, cluster, converge, focus **3.** accumulate, cluster, collect, congregate, gather, huddle

**concentration 1.** absorption, application, heed, single-mindedness **2.** bringing to bear, centralization, centring, combination, compression, consolidation, convergence, focusing, intensification **3.** accumulation, aggregation, cluster, collection, convergence, horde, mass

**concept** abstraction, conception, conceptualization, hypothesis, idea, image, impression, notion, theory, view

**conception 1.** concept, design, idea, image, notion, plan **2.** beginning, birth, formation, inception, initiation, invention, launching, origin, outset **3.** appreciation, clue, comprehension, impression, inkling, perception, picture, understanding **4.** fertilization, germination, impregnation, insemination

**concern**
▶ **V. 1.** affect, apply to, bear on, be relevant to, interest, involve, pertain to, regard, touch
▶ **N. 2.** affair, business, charge, deportment, field, interest, involvement, job, matter, mission, occupation, responsibility, task, transaction

3. bearing, importance, interest, reference, relation, relevance
▸ V. 4. bother, disquiet, distress, disturb, make anxious, make uneasy, perturb, trouble, worry
▸ N. 5. anxiety, apprehension, attention, burden, care, consideration, disquiet, disquietude, distress, heed, responsibility, solicitude, worry 6. business, company, corporation, enterprise, establishment, firm, house, organization

**concerned** 1. active, implicated, interested, involved, mixed up, privy to 2. anxious, bothered, distressed, disturbed, exercised, troubled, uneasy, upset, worried 3. attentive, caring, interested, solicitous

**concerning** about, anent *(Scot.)*, apropos of, as regards, as to, in the matter of, on the subject of, re, regarding, relating to, respecting, touching, with reference to

**concert** N. 1. accord, agreement, concord, concordance, harmony, unanimity, union, unison 2. **in concert** concertedly, in collaboration, in league, in unison, jointly, shoulder to shoulder, together, unanimously

**concerted** agreed upon, collaborative, combined, coordinated, joint, planned, prearranged, united

**concession** 1. acknowledgement, admission, assent, confession, surrender, yielding 2. adjustment, allowance, boon, compromise, grant, indulgence, permit, privilege, sop

**conciliate** appease, disarm, mediate, mollify, pacify, placate, propitiate, reconcile, restore harmony, soothe, win over

**conciliation** appeasement, disarming, mollification, pacification, placation, propitiation, reconciliation, soothing

**conciliatory** appeasing, disarming, irenic, mollifying, pacific, peaceable, placatory, propitiative

**concise** brief, compact, compendious, compressed, condensed, epigrammatic, laconic, pithy, short, succinct, summary, synoptic, terse, to the point

**conclude** 1. bring down the curtain, cease, close, come to an end, complete, draw to a close, end, finish, round off, terminate, wind up 2. assume, decide, deduce, gather, infer, judge, reckon *(Inf.)*, sum up, suppose, surmise 3. accomplish, bring about, carry out, clinch, decide, determine, effect, establish, fix, pull off, resolve, settle, work out

**conclusion** 1. close, completion, end, finale, finish, result, termination 2. consequence, culmination, issue, outcome, result, sequel, upshot 3. agreement, conviction, decision, deduction, inference, judg(e)ment, opinion, resolution, settlement, verdict 4. **in conclusion** finally, in closing, lastly, to sum up

**conclusive** clinching, convincing, decisive, definite, definitive, final, irrefutable, ultimate, unanswerable, unarguable

**concoct** brew, contrive, cook up *(Inf.)*, design, devise, fabricate, formulate, hatch, invent, make up, manufacture, mature, plot, prepare, project, think up, trump up

**concoction** blend, brew, combination, compound, contrivance, creation, mixture, preparation

**concrete**
▸ ADJ. 1. actual, definite, explicit, factual, material, real, sensible, specific, substantial, tangible 2. calcified, compact, compressed, conglomerated, consolidated, firm, petrified, solid, solidified
▸ N. 3. cement *(Not in technical usage)*, concretion

**concubine** courtesan, kept woman, leman *(Archaic)*, mistress, odalisque, paramour

**concur** accede, accord, acquiesce, agree, approve, assent, coincide, combine, consent, cooperate, harmonize, join

**concurrent** 1. coexisting, coincident, concerted, concomitant, contemporaneous, simultaneous, synchronous 2. confluent, convergent, converging, uniting 3. agreeing, at one, compatible, consentient, consistent, cooperating, harmonious, in agreement, in rapport, likeminded, of the same mind

**concussion** clash, collision, crash, impact, jarring, jolt, jolting, shaking, shock

**condemn** 1. blame, censure, damn, denounce, disapprove, excoriate, reprehend, reproach, reprobate, reprove, upbraid 2. convict, damn, doom, pass sentence on, proscribe, sentence

**condemnation** 1. blame, censure, denouncement, denunciation, disapproval, reproach, reprobation, reproof, stricture 2. conviction, damnation, doom, judg(e)ment, proscription, sentence

**condensation** 1. abridgement, contraction, digest, précis, synopsis 2. condensate, deliquescence, distillation, liquefaction, precipitate, precipitation 3. compression, concentration, consolidation, crystallization, curtailment, reduction

**condense** 1. abbreviate, abridge, compact, compress, concentrate, contract, curtail, encapsulate, epitomize, précis, shorten, summarize 2. boil down, coagulate, concentrate, decoct, precipitate *(Chem.)*, reduce, solidify, thicken

**condescend** 1. be courteous, bend, come down off one's high horse *(Inf.)*, deign, humble *or* demean oneself, lower oneself, see fit, stoop, submit, unbend *(Inf.)*, vouchsafe 2. patronize, talk down to

**condescending** disdainful, lofty, lordly, patronizing, snobbish, snooty *(Inf.)*, supercilious, superior, toffee-nosed *(Sl., chiefly Brit.)*

**condition**
▸ N. 1. case, circumstances, plight, position, predicament, shape, situation, state, state of affairs, status quo 2. arrangement, article, demand, limitation, modification, prerequisite, provision, proviso, qualification, requirement, requisite, restriction, rider, rule, stipulation, terms 3. fettle, fitness, health, kilter, order, shape, state of health, trim 4. ailment, complaint, infirmity, malady, problem, weakness 5. caste, class, estate, grade, order, position, rank, status, stratum
▸ V. 6. accustom, adapt, educate, equip, habituate, inure, make ready, prepare, ready, tone up, train, work out

**conditional** contingent, dependent, limited, provisional, qualified, subject to, with reservations

**conditioning**
▸ N. 1. grooming, preparation, readying, training 2. accustoming, familiarization, hardening, inurement, reorientation, seasoning
▸ ADJ. 3. astringent, toning

**conditions** circumstances, environment, milieu, situation, surroundings, way of life

**condone** disregard, excuse, forgive, let pass, look the other way, make allowance for, overlook, pardon, turn a blind eye to, wink at

**conduct**
▸ N. 1. administration, control, direction, guidance, leadership, management, organization, running, supervision
▸ V. 2. administer, carry on, control, direct, govern, handle, lead, manage, organize, preside over, regulate, run, supervise 3. accompany, attend, chair, convey, escort, guide, pilot, preside over, steer, usher
▸ N. 4. attitude, bearing, behaviour, carriage, comportment, demeanour, deportment, manners, mien *(Literary)*, ways
▸ V. 5. acquit, act, behave, carry, comport, deport

**confederacy** alliance, bund, coalition, compact, confederation, conspiracy, covenant, federation, league, union

**confederate**
▸ ADJ. 1. allied, associated, combined, federal, federated, in alliance
▸ N. 2. abettor, accessory, accomplice, ally, associate, colleague, partner
▸ V. 3. ally, amalgamate, associate, band together, combine, federate, merge, unite

**confer** 1. accord, award, bestow, give, grant, hand out, present, vouchsafe 2. consult, converse, deliberate, discourse, parley, talk

**conference** colloquium, congress, consultation, convention, convocation, discussion, forum, meeting, seminar, symposium, teach-in

**confess** 1. acknowledge, admit, allow, blurt out, come clean *(Inf.)*, concede, confide, disclose, divulge, grant, make a clean breast of, own, own up, recognize, sing *(Sl., chiefly U.S.)*, spill one's guts *(Sl.)* 2. affirm, assert, attest, aver, confirm, declare, evince, manifest, profess, prove, reveal

**confession** acknowledgement, admission, avowal, disclosure, divulgence, exposure, revelation, unbosoming

**confidant, confidante** alter ego, bosom friend, close friend, crony, familiar, intimate

**confide** 1. admit, breathe, confess, disclose, divulge, impart, reveal, whisper 2. commend, commit, consign, entrust

**confidence** 1. belief, credence, dependence, faith, reliance, trust 2. aplomb, assurance, boldness, courage, firmness, nerve, self-possession, self-reliance 3. **in confidence** between you and me (and the gatepost), confidentially, in secrecy, privately

**confident** 1. certain, convinced, counting on, positive, satisfied, secure, sure 2. assured, bold, dauntless, fearless, self-assured, self-reliant

**confidential** 1. classified, hush-hush *(Inf.)*, intimate, off the record, private, privy, secret 2. faithful, familiar, trusted, trustworthy, trusty

**confidentially** behind closed doors, between ourselves, in camera, in confidence, in secret, personally, privately, sub rosa

**confine**
▸ V. 1. bind, bound, cage, circumscribe, enclose, hem in, hold back, immure, imprison, incarcerate, intern, keep, limit, repress, restrain, restrict, shut up, straiten
▸ N. 2. border, boundary, frontier, limit, precinct

**confined** 1. enclosed, limited, restricted 2. in childbed, in childbirth, lying-in

**confinement** 1. custody, detention, imprisonment, incarceration, internment, porridge *(Sl.)* 2. accouchement, childbed, childbirth, labour, lying-in, parturition, time, travail

**confines** boundaries, bounds, circumference, edge, limits, pale, precincts

**confirm** 1. assure, buttress, clinch, establish, fix, fortify, reinforce, settle, strengthen 2. approve, authenticate, bear out, corroborate, endorse, ratify, sanction, substantiate, validate, verify

**confirmation** 1. authentication, corroboration, evidence, proof, substantiation, testimony, validation, verification 2. acceptance, agreement, approval, assent, endorsement, ratification, sanction

**confirmed** chronic, dyed-in-the-wool, habitual, hardened, ingrained, inured, inveterate, long-established, rooted, seasoned

**confiscate** appropriate, commandeer, expropriate, impound, seize, sequester, sequestrate

**confiscation** appropriation, expropriation, forfeiture, impounding, seizure, sequestration, takeover

**conflict**
▸ N. 1. battle, clash, collision, combat, contention, contest, encounter, engagement, fight, fracas, head-to-head, set-to *(Inf.)*, strife, war, warfare 2. antagonism, bad blood, difference, disagreement, discord, dissension, divided loyalties, friction, hostility, interference, opposition, strife, variance
▸ V. 3. be at variance, clash, collide, combat, contend, contest, differ, disagree, fight, interfere, strive, struggle

**conflicting** antagonistic, clashing, contradictory, contrary, discordant, inconsistent, opposed, opposing, paradoxical

**conform** 1. adapt, adjust, comply, fall in with, follow, follow the crowd, obey, run with the pack, yield 2. accord, agree, assimilate, correspond, harmonize, match, square, suit, tally

**conformation** anatomy, arrangement, build, configuration, form, framework, outline, shape, structure

**conformist** N. Babbitt *(U.S.)*, conventionalist, stick-in-the-mud *(Inf.)*, traditionalist, yes man

**conformity** 1. allegiance, Babbittry *(U.S.)*, compliance, conventionality, observance, orthodoxy 2. affinity, agreement, conformance, congruity, consonance, correspondence, harmony, likeness, resemblance, similarity

**confound** 1. amaze, astonish, astound, baffle, bewilder, confuse, dumbfound, flabbergast *(Inf.)*, flummox, mix up, mystify, nonplus, perplex, startle, surprise 2. annihilate, contradict, demolish, destroy, explode, overthrow, overwhelm, refute, ruin

**confront** accost, beard, brave, bring face to face with, challenge, defy, encounter, face, face off *(Sl.)*, face up to, oppose, stand up to, tackle

**confrontation** conflict, contest, crisis, encounter, face-off *(Sl.)*, head-to-head, set-to *(Inf.)*, showdown *(Inf.)*

**confuse** 1. baffle, bemuse, bewilder, darken, faze, flummox, mystify, nonplus, obscure, perplex, puzzle 2. blend, confound, disarrange, disorder, intermingle, involve, jumble, mingle, mistake, mix up, muddle, ravel, snarl up *(Inf.)*, tangle 3. abash, addle, demoralize, discomfit, discompose, disconcert, discountenance, disorient, embarrass, fluster, mortify, nonplus, rattle (*Inf.*), shame, throw off balance, unnerve, upset

**confused** 1. at a loss, at sea, at sixes and sevens, baffled, bewildered, dazed, discombobulated (*Inf., chiefly U.S. & Canad.*), disorganized, disorientated, flummoxed, muddled, muzzy (*U.S. inf.*), nonplussed, not with it (*Inf.*), perplexed, puzzled, taken aback, thrown off balance, upset 2. at sixes and sevens, chaotic, disarranged, disarrayed, disordered, disorderly, disorganized, higgledy-piggledy (*Inf.*), hugger-mugger (*Archaic*), in disarray, jumbled, mistaken, misunderstood, mixed up, out of order, topsy-turvy, untidy

**confusing** ambiguous, baffling, complicated, contradictory, disconcerting, inconsistent, misleading, muddling, perplexing, puzzling, unclear

**confusion** 1. befuddlement, bemusement, bewilderment, disorientation, mystification, perplexity, puzzlement 2. bustle, chaos, clutter, commotion, disarrangement, disarray, disorder, disorganization, hodgepodge (*U.S.*), hotchpotch, jumble, mess, muddle, pig's breakfast (*Inf.*), shambles, state, tangle, turmoil, untidiness, upheaval 3. abashment, chagrin, demoralization, discomfiture, distraction, embarrassment, fluster, perturbation

**congenial** adapted, affable, agreeable, companionable, compatible, complaisant, favourable, fit, friendly, genial, kindly, kindred, likeminded, pleasant, pleasing, suitable, sympathetic, well-suited

**congenital** 1. constitutional, inborn, inbred, inherent, innate, natural 2. (*Inf.*) complete, deep-dyed (*Usu. derogatory*), inveterate, thorough, utter

**congested** blocked-up, clogged, crammed, crowded, jammed, overcrowded, overfilled, overflowing, packed, stuffed, stuffed-up, teeming

**congestion** bottleneck, clogging, crowding, jam, mass, overcrowding, snarl-up (*Inf., chiefly Brit.*), surfeit

**conglomerate**
▶ ADJ. 1. amassed, clustered, composite, heterogeneous, massed
▶ V. 2. accumulate, agglomerate, aggregate, cluster, coalesce, snowball
▶ N. 3. agglomerate, aggregate, multinational

**conglomeration** accumulation, aggregation, assortment, combination, composite, hotchpotch, mass, medley, miscellany, mishmash, potpourri

**congratulate** compliment, felicitate, wish joy to

**congratulations** best wishes, compliments, felicitations, good wishes, greetings

**congregate** assemble, collect, come together, concentrate, convene, converge, convoke, flock, forgather, gather, mass, meet, muster, rally, rendezvous, throng

**congregation** assembly, brethren, crowd, fellowship, flock, host, laity, multitude, parish, parishioners, throng

**congress** assembly, chamber of deputies, conclave, conference, convention, convocation, council, delegates, diet, house, legislative assembly, legislature, meeting, parliament, representatives

**conic, conical** cone-shaped, conoid, funnelshaped, pointed, pyramidal, tapered, tapering

**conjecture**
▶ V. 1. assume, fancy, guess, hypothesize, imagine, infer, suppose, surmise, suspect, theorize
▶ N. 2. assumption, conclusion, fancy, guess, guesstimate (*Inf.*), guesswork, hypothesis, inference, notion, presumption, shot in the dark, speculation, supposition, surmise, theorizing, theory

**conjugal** bridal, connubial, hymeneal, marital, married, matrimonial, nuptial, spousal, wedded

**conjunction** association, coincidence, combination, concurrence, juxtaposition, union

**conjure** 1. juggle, play tricks 2. bewitch, call upon, cast a spell, charm, enchant, fascinate, invoke, raise, rouse, summon up 3. adjure, appeal to, beg, beseech, crave, entreat, implore, importune, pray, supplicate

**conjurer, conjuror** magician, miracle-worker, sorcerer, thaumaturge (*Rare*), wizard

**conjure up** bring to mind, contrive, create, evoke, produce as by magic, recall, recollect

**connect** affix, ally, associate, cohere, combine, couple, fasten, join, link, relate, unite

**connected** 1. affiliated, akin, allied, associated, banded together, bracketed, combined, coupled, joined, linked, related, united 2. (*Of speech*) coherent, comprehensible, consecutive, intelligible

**connection** 1. alliance, association, attachment, coupling, fastening, junction, link, tie, union 2. affiliation, affinity, association, bond, commerce, communication, correlation, correspondence, intercourse, interrelation, liaison, link, marriage, relation, relationship, relevance, tie-in 3. context, frame of reference, reference 4. acquaintance, ally, associate, contact, friend, sponsor 5. kin, kindred, kinsman, kith, relation, relative

**connivance** abetment, abetting, collusion, complicity, conspiring, tacit consent

**connive** 1. cabal, collude, conspire, cook up (*Inf.*), intrigue, plot, scheme 2. (*With at*) abet, aid, be an accessory to, be a party to, be in collusion with, blink at, disregard, lend oneself to, let pass, look the other way, overlook, pass by, shut one's eyes to, turn a blind eye to, wink at

**connoisseur** aficionado, appreciator, arbiter, authority, buff (*Inf.*), cognoscente, devotee, expert, judge, maven (*U.S.*), savant, specialist, whiz (*Inf.*)

**conquer** 1. beat, blow out of the water (*Sl.*), checkmate, clobber (*Sl.*), crush, defeat, discomfit, get the better of, humble, lick (*Inf.*), master, overcome, overpower, overthrow, prevail, quell, rout, run rings around (*Inf.*), subdue, subjugate, succeed, surmount, tank (*Sl.*), triumph, undo, vanquish, wipe the floor with (*Inf.*) 2. acquire, annex, obtain, occupy, overrun, seize, win

**conqueror** champion, conquistador, defeater, hero, lord, master, subjugator, vanquisher, victor, winner

**conquest** 1. defeat, discomfiture, mastery, overthrow, pasting (*Sl.*), rout, triumph, vanquishment, victory 2. acquisition, annexation, appropriation, coup, invasion, occupation, subjection, subjugation, takeover 3. captivation, enchantment, enthralment, enticement, seduction 4. acquisition, adherent, admirer, catch, fan, feather in one's cap, follower, prize, supporter, worshipper

**conscience** 1. moral sense, principles, scruples, sense of right and wrong, still small voice 2. **in all conscience** assuredly, certainly, fairly, honestly, in truth, rightly, truly

**conscience-stricken** ashamed, compunctious, contrite, disturbed, guilty, penitent, remorseful, repentant, sorry, troubled

**conscientious** 1. careful, diligent, exact, faithful, meticulous, painstaking, particular, punctilious, thorough 2. high-minded, highprincipled, honest, honourable, incorruptible, just, moral, responsible, scrupulous, straightforward, strict, upright

**conscious** 1. alert, alive to, awake, aware, clued-up (*Inf.*), cognizant, percipient, responsive, sensible, sentient, wise to (*Sl.*) 2. calculated, deliberate, intentional, knowing, premeditated, rational, reasoning, reflective, responsible, self-conscious, studied, wilful

**consciousness** apprehension, awareness, knowledge, realization, recognition, sensibility

**consecrate** dedicate, devote, exalt, hallow, ordain, sanctify, set apart, venerate

**consecutive** chronological, following, in sequence, in turn, running, sequential, seriatim, succeeding, successive, uninterrupted

**consensus** agreement, assent, common consent, concord, concurrence, general agreement, harmony, unanimity, unity

**consent**
▶ V. 1. accede, acquiesce, agree, allow, approve, assent, comply, concede, concur, permit, yield
▶ N. 2. acquiescence, agreement, approval, assent, compliance, concession, concurrence, go-ahead (*Inf.*), OK *or* okay (*Inf.*), permission, sanction

**consequence** 1. effect, end, event, issue, outcome, repercussion, result, sequel, upshot 2. account, concern, import, importance, interest, moment, note, portent, significance, value, weight 3. bottom, distinction, eminence, notability, rank, repute, standing, status 4. **in consequence** as a result, because, following

**consequent** ensuing, following, resultant, resulting, sequential, subsequent, successive

**consequently** accordingly, ergo, hence, necessarily, subsequently, therefore, thus

**conservation** custody, economy, guardianship, husbandry, maintenance, preservation, protection, safeguarding, safekeeping, saving, upkeep

**conservative**
▶ ADJ. 1. cautious, conventional, die-hard, guarded, hidebound, middleof-the-road, moderate, quiet, reactionary, right-wing, sober, tory, traditional
▶ N. 2. middle-of-the-roader, moderate, reactionary, right-winger, stick-in-the-mud (*Inf.*), tory, traditionalist

**conservatory** glasshouse, greenhouse, hothouse

**conserve** go easy on, hoard, husband, keep, nurse, preserve, protect, save, store up, take care of, use sparingly

**consider** 1. chew over, cogitate, consult, contemplate, deliberate, discuss, examine, eye up, meditate, mull over, muse, ponder, reflect, revolve, ruminate, study, think about, turn over in one's mind, weigh, work over 2. believe, deem, hold to be, judge, rate, regard as, think 3. bear in mind, care for, keep in view, make allowance for, reckon with, regard, remember, respect, take into account

**considerable** 1. abundant, ample, appreciable, comfortable, goodly, great, large, lavish, marked, much, noticeable, plentiful, reasonable, sizable, substantial, tidy, tolerable 2. distinguished, important, influential, noteworthy, renowned, significant, venerable

**considerably** appreciably, greatly, markedly, noticeably, remarkably, significantly, substantially, very much

**considerate** attentive, charitable, circumspect, concerned, discreet, forbearing, kind, kindly, mindful, obliging, patient, tactful, thoughtful, unselfish

**consideration** 1. analysis, attention, cogitation, contemplation, deliberation, discussion, examination, perusal, reflection, regard, review, scrutiny, study, thought 2. concern, factor, issue, point 3. concern, considerateness, friendliness, kindliness, kindness, respect, solicitude, tact, thoughtfulness 4. fee, payment, perquisite, recompense, remuneration, reward, tip 5. **take into consideration** bear in mind, make allowance for, take into account, weigh

**considering** all in all, all things considered, insomuch as, in the light of, in view of

**consignment** 1. (*Act of consigning*) assignment, committal, dispatch, distribution, entrusting, handing over, relegation, sending, shipment, transmittal 2. (*Something consigned*) batch, delivery, goods, shipment

**consist** 1. (*With of*) amount to, be composed of, be made up of, comprise, contain, embody, include, incorporate, involve 2. (*With in*) be expressed by, be found *or* contained in, inhere, lie, reside

**consistent** 1. constant, dependable, persistent, regular, steady, true to type, unchanging, undeviating 2. accordant, agreeing, all of a piece, coherent, compatible, congruous, consonant, harmonious, logical

**consolation** alleviation, assuagement, cheer, comfort, ease, easement, encouragement, help, relief, solace, succour, support

**console** assuage, calm, cheer, comfort, encourage, express sympathy for, relieve, solace, soothe

**consolidate** 1. amalgamate, cement, combine, compact, condense, conjoin, federate, fuse, harden, join, solidify, thicken, unite 2. fortify, reinforce, secure, stabilize, strengthen

**consolidation** alliance, amalgamation, association, compression, condensation, federation, fortification, fusion, reinforcement, strengthening

**consort**
▶ N. 1. associate, companion, fellow, husband, partner, significant other (*U.S. inf.*), spouse (*of a reigning monarch*), wife
▶ V. 2. associate, fraternize, go around with, hang about, around *or* out with, keep company, mingle, mix 3. accord, agree, correspond, harmonize, square, tally

**conspicuous 1.** apparent, blatant, clear, discernible, easily seen, evident, manifest, noticeable, obvious, patent, perceptible, visible **2.** celebrated, distinguished, eminent, famous, illustrious, notable, outstanding, prominent, remarkable, signal, striking **3.** blatant, flagrant, flashy, garish, glaring, showy

**conspiracy** cabal, collusion, confederacy, frameup (*Sl.*), intrigue, league, machination, plot, scheme, treason

**conspirator** cabalist, conspirer, intriguer, plotter, schemer, traitor

**conspire 1.** cabal, confederate, contrive, devise, hatch treason, intrigue, machinate, manoeuvre, plot, scheme **2.** combine, concur, conduce, contribute, cooperate, tend, work together

**constancy** decision, determination, devotion, fidelity, firmness, fixedness, permanence, perseverance, regularity, resolution, stability, steadfastness, steadiness, tenacity, uniformity

**constant 1.** continual, even, firm, fixed, habitual, immovable, immutable, invariable, permanent, perpetual, regular, stable, steadfast, steady, unalterable, unbroken, uniform, unvarying **2.** ceaseless, continual, continuous, endless, eternal, everlasting, incessant, interminable, never-ending, nonstop, perpetual, persistent, relentless, sustained, uninterrupted, unrelenting, unremitting **3.** determined, dogged, persevering, resolute, unflagging, unshaken, unwavering **4.** attached, dependable, devoted, faithful, loyal, stalwart, staunch, tried-and-true, true, trustworthy, trusty, unfailing

**constantly** all the time, always, aye (*Scot.*), continually, continuously, endlessly, everlastingly, incessantly, interminably, invariably, morning, noon and night, night and day, nonstop, perpetually, persistently, relentlessly

**consternation** alarm, amazement, anxiety, awe, bewilderment, confusion, dismay, distress, dread, fear, fright, horror, panic, shock, terror, trepidation

**constituent**
▶ **ADJ. 1.** basic, component, elemental, essential, integral
▶ **N. 2.** component, element, essential, factor, ingredient, part, principle, unit **3.** elector, voter

**constitute 1.** compose, comprise, create, enact, establish, fix, form, found, make, make up, set up **2.** appoint, authorize, commission, delegate, depute, empower, name, nominate, ordain

**constitution 1.** composition, establishment, formation, organization **2.** build, character, composition, disposition, form, habit, health, make-up, nature, physique, structure, temper, temperament

**constitutional**
▶ **ADJ. 1.** congenital, inborn, inherent, intrinsic, organic **2.** chartered, statutory, vested
▶ **N. 3.** airing, stroll, turn, walk

**constrain 1.** bind, coerce, compel, drive, force, impel, necessitate, oblige, pressure, pressurize, urge **2.** chain, check, confine, constrict, curb, hem in, rein, restrain, straiten

**constrained** embarrassed, forced, guarded, inhibited, reserved, reticent, subdued, unnatural

**constraint 1.** coercion, compulsion, force, necessity, pressure, restraint **2.** bashfulness, diffidence, embarrassment, inhibition, repression, reservation, restraint, timidity **3.** check, curb, damper, deterrent, hindrance, limitation, rein, restriction

**construct** assemble, build, compose, create, design, elevate, engineer, erect, establish, fabricate, fashion, form, formulate, found, frame, make, manufacture, organize, put up, raise, set up, shape

**construction 1.** assembly, building, composition, creation, edifice, erection, fabric, fabrication, figure, form, formation, shape, structure **2.** explanation, inference, interpretation, reading, rendering

**constructive** helpful, positive, practical, productive, useful, valuable

**consult 1.** ask, ask advice of, commune, compare notes, confer, consider, debate, deliberate, interrogate, question, refer to, take counsel, turn to **2.** consider, have regard for, regard, respect, take account of, take into consideration

**consultant** adviser, authority, specialist

**consultation** appointment, conference, council, deliberation, dialogue, discussion, examination, hearing, interview, meeting, seminar, session

**consume 1.** absorb, deplete, dissipate, drain, eat up, employ, exhaust, expend, finish up, fritter away, lavish, lessen, spend, squander, use, use up, utilize, vanish, waste, wear out **2.** devour, eat, eat up, gobble (up), guzzle, polish off (*Inf.*), put away, swallow **3.** annihilate, decay, demolish, destroy, devastate, lay waste, ravage **4.** *Often passive* absorb, devour, dominate, eat up, engross, monopolize, obsess, preoccupy

**consumer** buyer, customer, purchaser, shopper, user

**consuming** absorbing, compelling, devouring, engrossing, excruciating, gripping, immoderate, overwhelming, tormenting

**consummate**
▶ **V. 1.** accomplish, achieve, carry out, compass, complete, conclude, crown, effectuate, end, finish, perfect, perform
▶ **ADJ. 2.** absolute, accomplished, complete, conspicuous, deep-dyed (*Usu. derogatory*), finished, matchless, perfect, polished, practised, skilled, superb, supreme, total, transcendent, ultimate, unqualified, utter

**consumption 1.** consuming, decay, decrease, depletion, destruction, diminution, dissipation, drain, exhaustion, expenditure, loss, use, using up, utilization, waste **2.** (*Medical*) atrophy, emaciation, phthisis, TB, tuberculosis

**contact**
▶ **N. 1.** association, communication, connection **2.** approximation, contiguity, junction, juxtaposition, touch, union **3.** acquaintance, connection
▶ **V. 4.** approach, call, communicate with, get *or* be in touch with, get hold of, phone, reach, ring (up) (*Inf., chiefly Brit.*), speak to, write to

**contagious** catching, communicable, epidemic, epizootic (*Veterinary medicine*), infectious, pestiferous, pestilential, spreading, taking (*Inf.*), transmissible

**contain 1.** accommodate, enclose, have capacity for, hold, incorporate, seat **2.** comprehend, comprise, embody, embrace, include, involve **3.** control, curb, hold back, hold in, repress, restrain, stifle

**container** holder, receptacle, repository, vessel

**contaminate** adulterate, befoul, corrupt, defile, deprave, infect, pollute, radioactivate, smirch, soil, stain, taint, tarnish, vitiate

**contamination** adulteration, contagion, corruption, decay, defilement, dirtying, filth, foulness, impurity, infection, poisoning, pollution, radioactivation, rottenness, taint

**contemplate 1.** brood over, consider, deliberate, meditate, meditate on, mull over, muse over, observe, ponder, reflect upon, revolve *or* turn over in one's mind, ruminate (upon), study **2.** behold, check out (*Inf.*), examine, eye, eye up, gaze at, inspect, recce (*Sl.*), regard, scrutinize, stare at, survey, view, weigh **3.** aspire to, consider, design, envisage, expect, foresee, have in view *or* in mind, intend, mean, plan, propose, think of

**contemplation 1.** cogitation, consideration, deliberation, meditation, musing, pondering, reflection, reverie, rumination, thought **2.** examination, gazing at, inspection, looking at, observation, recce (*Sl.*), scrutiny, survey, viewing

**contemplative** deep *or* lost in thought, in a brown study, intent, introspective, meditative, musing, pensive, rapt, reflective, ruminative, thoughtful

**contemporary**
▶ **ADJ. 1.** coetaneous (*Rare*), coeval, coexistent, coexisting, concurrent, contemporaneous, synchronous **2.** à la mode, current, happening (*Inf.*), in fashion, latest, modern, newfangled, present, present-day, recent, trendy (*Brit. inf.*), ultramodern, up-to-date, up-to-the-minute, with it (*Inf.*)
▶ **N. 3.** compeer, fellow, peer

**contempt 1.** condescension, contumely, derision, despite (*Archaic*), disdain, disregard, disrespect, mockery, neglect, scorn, slight **2.** (*A state of contempt*) disgrace, dishonour, humiliation, shame

**contemptible** abject, base, cheap, degenerate, despicable, detestable, ignominious, low, low-down (*Inf.*), mean, measly, paltry, pitiful, scurvy, shabby, shameful, vile, worthless

**contemptuous** arrogant, cavalier, condescending, contumelious, derisive, disdainful, haughty, high and mighty, insolent, insulting, scornful, sneering, supercilious, withering

**contend 1.** clash, compete, contest, cope, emulate, grapple, jostle, litigate, skirmish, strive, struggle, vie **2.** affirm, allege, argue, assert, aver, avow, debate, dispute, hold, maintain

**content**[1]
▶ **V. 1.** appease, delight, gladden, gratify, humour, indulge, mollify, placate, please, reconcile, sate, satisfy, suffice
▶ **N. 2.** comfort, contentment, ease, gratification, peace, peace of mind, pleasure, satisfaction
▶ **ADJ. 3.** agreeable, at ease, comfortable, contented, fulfilled, satisfied, willing to accept

**content**[2] **1.** burden, essence, gist, ideas, matter, meaning, significance, substance, text, thoughts **2.** capacity, load, measure, size, volume

**contented** at ease, at peace, cheerful, comfortable, complacent, content, glad, gratified, happy, pleased, satisfied, serene, thankful

**contention 1.** competition, contest, discord, dispute, dissension, enmity, feuding, hostility, rivalry, row, strife, struggle, wrangling **2.** affirmation, allegation, argument, assertion, asseveration, belief, claim, declaration, ground, idea, maintaining, opinion, position, profession, stand, thesis, view

**contentious** argumentative, bickering, captious, cavilling, combative, controversial, cross, disputatious, factious, litigious, peevish, perverse, pugnacious, quarrelsome, querulous, wrangling

**contentment** comfort, complacency, content, contentedness, ease, equanimity, fulfilment, gladness, gratification, happiness, peace, pleasure, repletion, satisfaction, serenity

**contents 1.** constituents, elements, ingredients, load **2.** chapters, divisions, subject matter, subjects, themes, topics

**contest**
▶ **N. 1.** competition, game, head-to-head, match, tournament, trial **2.** affray, altercation, battle, combat, conflict, controversy, debate, discord, dispute, encounter, fight, shock, struggle
▶ **V. 3.** compete, contend, fight, fight over, strive, vie **4.** argue, call in *or* into question, challenge, debate, dispute, doubt, litigate, object to, oppose, question

**contestant** aspirant, candidate, competitor, contender, entrant, participant, player

**context 1.** background, connection, frame of reference, framework, relation **2.** ambience, circumstances, conditions, situation

**continent** abstemious, abstinent, ascetic, austere, celibate, chaste, self-restrained, sober

**contingency** accident, chance, emergency, event, eventuality, fortuity, happening, incident, juncture, possibility, uncertainty

**contingent**
▶ **ADJ. 1.** (*With on or upon*) conditional, controlled by, dependent, subject to **2.** accidental, casual, fortuitous, haphazard, random, uncertain
▶ **N. 3.** batch, body, bunch (*Inf.*), deputation, detachment, group, mission, quota, section, set

**continual** constant, continuous, endless, eternal, everlasting, frequent, incessant, interminable, oft-repeated, perpetual, recurrent, regular, repeated, repetitive, unceasing, uninterrupted, unremitting

**continually** all the time, always, aye (*Scot.*), constantly, endlessly, eternally, everlastingly, forever, incessantly, interminably, nonstop, persistently, repeatedly

**continuation 1.** addition, extension, furtherance, postscript, sequel, supplement **2.** maintenance, perpetuation, prolongation, resumption

**continue 1.** abide, carry on, endure, last, live on, persist, remain, rest, stay, stay on, survive **2.** go on, keep at, keep on, keep the ball rolling, keep up, maintain, persevere, persist in, prolong, pursue, stick at, stick to, sustain **3.** draw out, extend, lengthen, project, prolong, reach **4.** carry on, pick up where one left off, proceed, recommence, resume, return to, take up

**continuing** enduring, in progress, lasting, ongoing, sustained

**continuity** cohesion, connection, flow, interrelationship, progression, sequence, succession, whole

**continuous** connected, constant, continued, extended, prolonged, unbroken, unceasing, undivided, uninterrupted

**contour** curve, figure, form, lines, outline, profile, relief, shape, silhouette

**contraband**
- N. 1. black-marketing, bootlegging, moonshine (U.S.), rum-running, smuggling, trafficking
- ADJ. 2. banned, black-market, bootleg, bootlegged, forbidden, hot (Inf.), illegal, illicit, interdicted, prohibited, smuggled, unlawful

**contract**
- V. 1. abbreviate, abridge, compress, condense, confine, constrict, curtail, dwindle, epitomize, knit, lessen, narrow, pucker, purse, reduce, shrink, shrivel, tighten, wither, wrinkle 2. agree, arrange, bargain, clinch, close, come to terms, commit oneself, covenant, engage, enter into, negotiate, pledge, stipulate 3. acquire, be afflicted with, catch, develop, get, go down with, incur
- N. 4. agreement, arrangement, bargain, bond, commission, commitment, compact, concordat, convention, covenant, deal (Inf.), engagement, pact, settlement, stipulation, treaty, understanding

**contraction** abbreviation, compression, constriction, diminution, drawing in, elision, narrowing, reduction, shortening, shrinkage, shrivelling, tensing, tightening

**contradict** be at variance with, belie, challenge, contravene, controvert, counter, counteract, deny, dispute, gainsay (Archaic or literary), impugn, negate, oppose, rebut

**contradiction** conflict, confutation, contravention, denial, incongruity, inconsistency, negation, opposite

**contradictory** antagonistic, antithetical, conflicting, contrary, discrepant, incompatible, inconsistent, irreconcilable, opposed, opposite, paradoxical, repugnant

**contraption** apparatus, contrivance, device, gadget, instrument, mechanism, rig

**contrary**
- ADJ. 1. adverse, antagonistic, clashing, contradictory, counter, discordant, hostile, inconsistent, inimical, opposed, opposite, paradoxical 2. awkward, balky, cantankerous, cussed (Inf.), difficult, disobliging, froward, intractable, obstinate, perverse, stroppy (Brit. sl.), thrawn (Northern English dialect), unaccommodating, wayward, wilful
- N. 3. antithesis, converse, opposite, reverse 4. on the contrary conversely, in contrast, not at all, on the other hand, quite the opposite or reverse

**contrast**
- N. 1. comparison, contrariety, difference, differentiation, disparity, dissimilarity, distinction, divergence, foil, opposition
- V. 2. compare, differ, differentiate, distinguish, oppose, set in opposition, set off

**contribute** 1. add, afford, bestow, chip in (Inf.), donate, furnish, give, provide, subscribe, supply 2. be conducive, be instrumental, be partly responsible for, conduce, help, lead, tend

**contribution** addition, bestowal, donation, gift, grant, input, offering, stipend, subscription

**contributor** 1. backer, bestower, conferrer, donor, giver, patron, subscriber, supporter 2. correspondent, freelance, freelancer, journalist, journo (Sl.), reporter

**contrite** chastened, conscience-stricken, humble, in sackcloth and ashes, penitent, regretful, remorseful, repentant, sorrowful, sorry

**contrivance** 1. artifice, design, dodge, expedient, fabrication, formation, intrigue, inventiveness, machination, measure, plan, plot, project, ruse, scheme, stratagem, trick 2. apparatus, appliance, contraption, device, equipment, gadget, gear, implement, instrument, invention, machine, mechanism

**contrive** 1. concoct, construct, create, design, devise, engineer, fabricate, frame, improvise, invent, manufacture, wangle (Inf.) 2. arrange, bring about, effect, hit upon, manage, manoeuvre, plan, plot, scheme, succeed

**contrived** artificial, elaborate, forced, laboured, overdone, planned, recherché, strained, unnatural

**control**
- V. 1. administer, boss (Inf.), call the tune, command, conduct, direct, dominate, govern, handle, have charge of, hold the purse strings, lead, manage, manipulate, oversee, pilot, reign over, rule, steer, superintend, supervise 2. bridle, check, constrain, contain, curb, hold back, limit, master, rein in, repress, restrain, subdue 3. (Used of a machine, an experiment, etc.) counteract, determine, monitor, regulate, verify
- N. 4. authority, charge, command, direction, discipline, government, guidance, jurisdiction, management, mastery, oversight, rule, superintendence, supervision, supremacy 5. brake, check, curb, limitation, regulation, restraint

**controls** console, control panel, dash, dashboard, dials, instruments

**controversial** at issue, contended, contentious, controvertible, debatable, disputable, disputed, open to question, polemic, under discussion

**controversy** altercation, argument, contention, debate, discussion, dispute, dissension, polemic, quarrel, row, squabble, strife, wrangle, wrangling

**convalescence** improvement, recovery, recuperation, rehabilitation, return to health

**convalescent** ADJ. getting better, improving, mending, on the mend, recovering, recuperating

**convene** assemble, bring together, call, come together, congregate, convoke, gather, meet, muster, rally, summon

**convenience** 1. accessibility, appropriateness, availability, fitness, handiness, opportuneness, serviceability, suitability, usefulness, utility 2. (A convenient time or situation) chance, leisure, opportunity, spare moment, spare time 3. accommodation, advantage, benefit, comfort, ease, enjoyment, satisfaction, service, use 4. (A useful device) amenity, appliance, comfort, facility, help, labour-saving device

**convenient** 1. adapted, appropriate, beneficial, commodious, fit, fitted, handy, helpful, labour-saving, opportune, seasonable, serviceable, suitable, suited, timely, useful, well-timed 2. accessible, at hand, available, close at hand, handy, just round the corner, nearby, within reach

**convent** convent school, nunnery, religious community

**convention** 1. assembly, conference, congress, convocation, council, delegates, meeting, representatives 2. code, custom, etiquette, formality, practice, propriety, protocol, tradition, usage 3. agreement, bargain, compact, concordat, contract, pact, protocol, stipulation, treaty

**conventional** 1. accepted, common, correct, customary, decorous, expected, formal, habitual, normal, ordinary, orthodox, prevailing, prevalent, proper, regular, ritual, standard, traditional, usual, wonted 2. banal, bourgeois, commonplace, hackneyed, hidebound, pedestrian, prosaic, routine, run-of-the-mill, stereotyped, unoriginal

**converge** coincide, combine, come together, concentrate, focus, gather, join, meet, merge, mingle

**conversant** (Usually with with) acquainted, au fait, experienced, familiar, knowledgeable, practised, proficient, skilled, versed, well-informed, well up in (Inf.)

**conversation** chat, chinwag (Brit. inf.), colloquy, communication, communion, confab (Inf.), confabulation, conference, converse, dialogue, discourse, discussion, exchange, gossip, intercourse, powwow, talk, tête-à-tête

**converse**
- N. 1. antithesis, contrary, obverse, opposite, other side of the coin, reverse
- ADJ. 2. contrary, counter, opposite, reverse, reversed, transposed

**conversion** 1. change, metamorphosis, transfiguration, transformation, transmogrification (Jocular), transmutation 2. adaptation, alteration, modification, reconstruction, remodelling, reorganization 3. change of heart, proselytization, rebirth, reformation, regeneration

**convert**[1] V. 1. alter, change, interchange, metamorphose, transform, transmogrify (Jocular), transmute, transpose, turn 2. adapt, apply, appropriate, modify, remodel, reorganize, restyle, revise 3. baptize, bring to God, convince, proselytize, reform, regenerate, save

**convert**[2] N. catechumen, disciple, neophyte, proselyte

**convex** bulging, gibbous, outcurved, protuberant, rounded

**convey** 1. bear, bring, carry, conduct, fetch, forward, grant, guide, move, send, support, transmit, transport 2. communicate, disclose, impart, make known, relate, reveal, tell 3. (Law) bequeath, cede, deliver, demise, devolve, grant, lease, transfer, will

**conveyance** 1. carriage, movement, transfer, transference, transmission, transport, transportation 2. transport, vehicle

**convict**
- V. 1. condemn, find guilty, imprison, pronounce guilty, sentence
- N. 2. con (Sl.), criminal, culprit, felon, jailbird, lag (Sl.), malefactor, prisoner, villain

**conviction** 1. assurance, certainty, certitude, confidence, earnestness, fervour, firmness, reliance 2. belief, creed, faith, opinion, persuasion, principle, tenet, view

**convince** assure, bring round, gain the confidence of, persuade, prevail upon, prove to, satisfy, sway, win over

**convincing** cogent, conclusive, credible, impressive, incontrovertible, likely, persuasive, plausible, powerful, probable, telling, verisimilar

**convoy**
- N. 1. armed guard, attendance, attendant, escort, guard, protection
- V. 2. accompany, attend, escort, guard, pilot, protect, shepherd, usher

**convulse** agitate, churn up, derange, disorder, disturb, shake, shatter, twist, work

**convulsion** 1. agitation, commotion, disturbance, furore, shaking, tumult, turbulence, upheaval 2. contortion, contraction, cramp, fit, paroxysm, seizure, spasm, throe (Rare), tremor

**cool**
- ADJ. 1. chilled, chilling, chilly, coldish, nippy, refreshing 2. calm, collected, composed, deliberate, dispassionate, imperturbable, laid-back (Inf.), level-headed, placid, quiet, relaxed, sedate, self-controlled, self-possessed, serene, together (Sl.), unemotional, unexcited, unfazed (Inf.), unruffled 3. aloof, apathetic, distant, frigid, incurious, indifferent, lukewarm, offhand, reserved, standoffish, uncommunicative, unconcerned, unenthusiastic, unfriendly, uninterested, unresponsive, unwelcoming 4. audacious, bold, brazen, cheeky, impertinent, impudent, presumptuous, shameless 5. (Inf.) cosmopolitan, elegant, sophisticated, urbane
- V. 6. chill, cool off, freeze, lose heat, refrigerate 7. abate, allay, assuage, calm (down), dampen, lessen, moderate, quiet, temper
- N. 8. (Sl.) calmness, composure, control, poise, self-control, self-discipline, self-possession, temper

**coop**
- N. 1. box, cage, enclosure, hutch, pen, pound
- V. 2. cage, confine, immure, impound, imprison, pen, pound, shut up

**cooperate** abet, aid, assist, collaborate, combine, concur, conduce, conspire, contribute, coordinate, go along with, help, join forces, pitch in, play ball (Inf.), pool resources, pull together, work together

**cooperation** assistance, collaboration, combined effort, concert, concurrence, esprit de corps, give-and-take, helpfulness, participation, responsiveness, teamwork, unity

**cooperative** 1. accommodating, helpful, obliging, responsive, supportive 2. coactive, collective, combined, concerted, coordinated, joint, shared, unified, united

**coordinate**
- V. 1. correlate, harmonize, integrate, match, mesh, organize, relate, synchronize, systematize
- ADJ. 2. coequal, correlative, correspondent, equal, equivalent, parallel, tantamount

**cope** 1. carry on, get by (Inf.), hold one's own, make out (Inf.), make the grade, manage, rise to the occasion, struggle through, survive 2. **cope with** contend, deal, dispatch, encounter, grapple, handle, struggle, tangle, tussle, weather, wrestle

**copious** abundant, ample, bounteous, bountiful, extensive, exuberant, full, generous, lavish, liberal, luxuriant, overflowing, plenteous, plentiful, profuse, rich, superabundant

**copy**
▶ N. **1.** archetype, carbon copy, counterfeit, duplicate, facsimile, fake, fax, forgery, image, imitation, likeness, model, pattern, photocopy, Photostat (Trademark), print, replica, replication, representation, reproduction, transcription, Xerox (Trademark)
▶ V. **2.** counterfeit, duplicate, photocopy, Photostat (Trademark), replicate, reproduce, transcribe, Xerox (Trademark) **3.** ape, echo, emulate, follow, follow suit, follow the example of, imitate, mimic, mirror, parrot, repeat, simulate

**cordial** affable, affectionate, agreeable, cheerful, congenial, earnest, friendly, genial, heartfelt, hearty, invigorating, sociable, warm, warm-hearted, welcoming, wholehearted

**cordiality** affability, amiability, friendliness, geniality, heartiness, sincerity, warmth, wholeheartedness

**cordon**
▶ N. **1.** barrier, chain, line, ring
▶ V. **2. cordon off** close off, encircle, enclose, fence off, isolate, picket, separate, surround

**core** centre, crux, essence, gist, heart, kernel, nub, nucleus, pith

**corner**
▶ N. **1.** angle, bend, crook, joint **2.** cavity, cranny, hideaway, hide-out, hidey-hole (Inf.), hole, niche, nook, recess, retreat **3.** hole (Inf.), hot water (Inf.), pickle (Inf.), predicament, spot (Inf.), tight spot
▶ V. **4.** bring to bay, run to earth, trap **5.** (also **corner the market**) dominate, engross, hog (Sl.), monopolize

**cornerstone 1.** quoin **2.** basis, bedrock, key, premise, starting point

**corny** banal, commonplace, dull, feeble, hackneyed, maudlin, mawkish, old-fashioned, old hat, sentimental, stale, stereotyped, trite

**corporal** anatomical, bodily, carnal, corporeal (Archaic), fleshly, material, physical, somatic

**corporate** allied, collaborative, collective, combined, communal, joint, merged, pooled, shared, united

**corporation 1.** association, corporate body, society **2.** civic authorities, council, municipal authorities, town council **3.** (Inf.) beer belly (Inf.), paunch, pod, pot, potbelly, spare tyre, spread (Inf.)

**corps** band, body, company, contingent, crew, detachment, division, regiment, squad, squadron, team, troop, unit

**corpse** body, cadaver, carcass, remains, stiff (Sl.)

**corpulent** beefy (Inf.), bulky, burly, fat, fattish, fleshy, large, lusty, obese, overweight, plump, portly, roly-poly, rotund, stout, tubby, well-padded

**correct**
▶ V. **1.** adjust, amend, cure, emend, improve, rectify, redress, reform, regulate, remedy, right **2.** admonish, chasten, chastise, chide, discipline, punish, reprimand, reprove
▶ ADJ. **3.** accurate, equitable, exact, faultless, flawless, just, OK or okay (Inf.), precise, regular, right, strict, true **4.** acceptable, appropriate, diplomatic, fitting, kosher (Inf.), OK or okay (Inf.), proper, seemly, standard

**correction 1.** adjustment, alteration, amendment, emendation, improvement, modification, rectification, righting **2.** admonition, castigation, chastisement, discipline, punishment, reformation, reproof

**corrective** ADJ. **1.** palliative, rehabilitative, remedial, restorative, therapeutic **2.** disciplinary, penal, punitive, reformatory

**correctly** accurately, aright, perfectly, precisely, properly, right, rightly

**correctness 1.** accuracy, exactitude, exactness, faultlessness, fidelity, preciseness, precision, regularity, truth **2.** bon ton, civility, decorum, good breeding, propriety, seemliness

**correlate** associate, compare, connect, coordinate, correspond, equate, interact, parallel, tie in

**correlation** alternation, correspondence, equivalence, interaction, interchange, interdependence, interrelationship, reciprocity

**correspond 1.** accord, agree, be consistent, coincide, complement, conform, correlate, dovetail, fit, harmonize, match, square, tally **2.** communicate, exchange letters, keep in touch, write

**correspondence 1.** agreement, analogy, coincidence, comparability, comparison, concurrence, conformity, congruity, correlation, fitness, harmony, match, relation, similarity **2.** communication, letters, mail, post, writing

**correspondent**
▶ N. **1.** letter writer, pen friend or pal **2.** contributor, gazetteer (Archaic), journalist, journo (Sl.), reporter, special correspondent
▶ ADJ. **3.** analogous, comparable, like, parallel, reciprocal, similar

**corresponding** analogous, answering, complementary, correlative, correspondent, equivalent, identical, interrelated, matching, reciprocal, similar, synonymous

**corridor** aisle, alley, hallway, passage, passageway

**corroborate** authenticate, back up, bear out, confirm, document, endorse, establish, ratify, substantiate, support, sustain, validate

**corrode** canker, consume, corrupt, deteriorate, eat away, erode, gnaw, impair, oxidize, rust, waste, wear away

**corrosive 1.** acrid, biting, caustic, consuming, corroding, erosive, virulent, vitriolic, wasting, wearing **2.** caustic, cutting, incisive, mordant, sarcastic, trenchant, venomous, vitriolic

**corrugated** channelled, creased, crinkled, fluted, furrowed, grooved, puckered, ridged, rumpled, wrinkled

**corrupt**
▶ ADJ. **1.** bent (Sl.), bribable, crooked (Inf.), dishonest, fraudulent, rotten, shady (Inf.), unethical, unprincipled, unscrupulous, venal **2.** abandoned, debased, defiled, degenerate, demoralized, depraved, dishonoured, dissolute, profligate, vicious
▶ V. **3.** bribe, buy off, debauch, demoralize, deprave, entice, fix (Inf.), grease (someone's) palm (Sl.), lure, pervert, square, suborn, subvert
▶ ADJ. **4.** adulterated, altered, contaminated, decayed, defiled, distorted, doctored, falsified, infected, polluted, putrescent, putrid, rotten, tainted
▶ V. **5.** adulterate, contaminate, debase, defile, doctor, infect, putrefy, spoil, taint, tamper with, vitiate

**corruption 1.** breach of trust, bribery, bribing, crookedness (Inf.), demoralization, dishonesty, extortion, fiddling (Inf.), fraud, fraudulency, graft (Inf.), jobbery, profiteering, shadiness, shady dealings (Inf.), unscrupulousness, venality **2.** baseness, decadence, degeneration, degradation, depravity, evil, immorality, impurity, iniquity, perversion, profligacy, sinfulness, turpitude, vice, viciousness, wickedness **3.** adulteration, debasement, decay, defilement, distortion, doctoring, falsification, foulness, infection, pollution, putrefaction, putrescence, rot, rottenness

**corset 1.** belt, bodice, corselet, foundation garment, girdle, panty girdle, stays (Rare) **2.** (Fig.) check, curb, limitation, restriction

**cosmetic** ADJ. beautifying, nonessential, superficial, surface, touching-up

**cosmic** grandiose, huge, immense, infinite, limitless, measureless, universal, vast

**cosmonaut** astronaut, spaceman, space pilot

**cosmopolitan**
▶ ADJ. **1.** broad-minded, catholic, open-minded, sophisticated, universal, urbane, well-travelled, worldly, worldly-wise
▶ N. **2.** cosmopolite, jetsetter, man or woman of the world, sophisticate

**cost**
▶ N. **1.** amount, charge, damage (Inf.), expenditure, expense, figure, outlay, payment, price, rate, worth **2.** damage, deprivation, detriment, expense, harm, hurt, injury, loss, penalty, sacrifice, suffering
▶ V. **3.** come to, command a price of, sell at, set (someone) back (Inf.) **4.** (Fig.) do disservice to, harm, hurt, injure, lose, necessitate

**costly 1.** dear, excessive, exorbitant, expensive, extortionate, highly-priced, steep (Inf.), stiff, valuable **2.** gorgeous, lavish, luxurious, opulent, precious, priceless, rich, splendid, sumptuous **3.** (Entailing loss or sacrifice) catastrophic, damaging, deleterious, disastrous, harmful, loss-making, ruinous, sacrificial

**costs 1.** budget, expenses, outgoings **2. at all costs** at any price, no matter what, regardless, without fail

**costume** apparel, attire, clothing, dress, ensemble, garb, get-up (Inf.), livery, national dress, outfit, robes, uniform

**cosy** comfortable, comfy (Inf.), cuddled up, homely, intimate, secure, sheltered, snug, snuggled down, tucked up, warm

**cottage** but-and-ben (Scot.), cabin, chalet, cot, hut, lodge, shack

**cough**
▶ N. **1.** bark, frog or tickle in one's throat, hack
▶ V. **2.** bark, clear one's throat, hack, hawk, hem

**cough up** ante up (Inf., chiefly U.S.), come across, deliver, fork out (Sl.), give up, hand over, shell out (Inf.), surrender

**council** assembly, board, cabinet, chamber, committee, conclave, conference, congress, convention, convocation, diet, governing body, house, ministry, panel, parliament, synod

**counsel**
▶ N. **1.** admonition, advice, caution, consideration, consultation, deliberation, direction, forethought, guidance, information, recommendation, suggestion, warning **2.** advocate, attorney, barrister, lawyer, legal adviser, solicitor
▶ V. **3.** admonish, advise, advocate, caution, exhort, instruct, prescribe, recommend, urge, warn

**count**
▶ V. **1.** add (up), calculate, cast up, check, compute, enumerate, estimate, number, reckon, score, tally, tot up **2.** consider, deem, esteem, impute, judge, look upon, rate, regard, think **3.** carry weight, cut any ice (Inf.), enter into consideration, matter, rate, signify, tell, weigh **4.** include, number among, take into account or consideration
▶ N. **5.** calculation, computation, enumeration, numbering, poll, reckoning, sum, tally

**countenance**
▶ N. **1.** appearance, aspect, expression, face, features, look, mien, physiognomy, visage **2.** aid, approval, assistance, backing, endorsement, favour, sanction, support
▶ V. **3.** abet, aid, approve, back, champion, condone, encourage, endorse, help, sanction, support **4.** brook, endure, put up with (Inf.), stand for (Inf.), tolerate

**counter**
▶ ADV. **1.** against, at variance with, contrarily, contrariwise, conversely, in defiance of, versus
▶ ADJ. **2.** adverse, against, conflicting, contradictory, contrary, contrasting, obverse, opposed, opposing, opposite
▶ V. **3.** answer, hit back, meet, offset, parry, resist, respond, retaliate, return, ward off

**counteract** annul, check, contravene, counterbalance, countervail, cross, defeat, foil, frustrate, hinder, invalidate, negate, neutralize, obviate, offset, oppose, resist, thwart

**counterbalance** balance, compensate, counterpoise, countervail, make up for, offset, set off

**counterfeit**
▶ V. **1.** copy, fabricate, fake, feign, forge, imitate, impersonate, pretend, sham, simulate
▶ ADJ. **2.** bogus, copied, ersatz, faked, false, feigned, forged, fraudulent, imitation, phoney or phony (Inf.), pseud (Inf.), pseudo (Inf.), sham, simulated, spurious, suppositious
▶ N. **3.** copy, fake, forgery, fraud, imitation, phoney or phony (Inf.), reproduction, sham

**countermand** annul, cancel, override, repeal, rescind, retract, reverse, revoke

**counterpart** complement, copy, correlative, duplicate, equal, fellow, match, mate, opposite number, supplement, tally, twin

**countless** endless, immeasurable, incalculable, infinite, innumerable, legion, limitless, measureless, multitudinous, myriad, numberless, uncounted, untold

**count on** or **count upon** bank on, believe (in), depend on, lean on, pin one's faith on, reckon on, rely on, take for granted, take on trust, trust

**count out** disregard, except, exclude, leave out, leave out of account, pass over

**country**
▶ N. **1.** commonwealth, kingdom, nation, people, realm, sovereign state **2.** fatherland, homeland, motherland, nationality, native land, patria **3.** land, part, region, terrain, territory **4.** citizenry, citizens, community, electors, grass roots, inhabitants, nation, people, populace, public, society, voters **5.** backwoods, boondocks (U.S. sl.), countryside, farmland, green

belt, outback (Aust. & N.Z.), outdoors, provinces, rural areas, sticks (Inf.), the back of beyond, the middle of nowhere, wide open spaces (Inf.)
▶ **ADJ. 6.** agrestic, agrarian, Arcadian, bucolic, georgic (Literary), landed, pastoral, provincial, rural, rustic

**countryman 1.** bumpkin, country dweller, farmer, hayseed (U.S. & Canad. inf.), hick (Inf., chiefly U.S. & Canad.), hind (Obsolete), husbandman, peasant, provincial, rustic, swain, yokel **2.** compatriot, fellow citizen

**countryside** country, farmland, green belt, outback (Aust. & N.Z.), outdoors, panorama, sticks (Inf.), view, wide open spaces (Inf.)

**count up** add, reckon up, sum, tally, total

**count upon** → count on

**county**
▶ **N. 1.** province, shire
▶ **ADJ. 2.** green-wellie, huntin', shootin', and fishin' (Inf.), plummy (Inf.), tweedy, upper-class, upper-crust (Inf.)

**coup** accomplishment, action, deed, exploit, feat, manoeuvre, masterstroke, stratagem, stroke, stroke of genius, stunt, tour de force

**couple**
▶ **N. 1.** brace, duo, item, pair, span (of horses or oxen), twain (Archaic), twosome
▶ **V. 2.** buckle, clasp, conjoin, connect, hitch, join, link, marry, pair, unite, wed, yoke

**coupon** card, certificate, detachable portion, slip, ticket, token, voucher

**courage** balls (Taboo sl.), ballsiness (Taboo sl.), boldness, bottle (Brit. sl.), bravery, daring, dauntlessness, fearlessness, firmness, fortitude, gallantry, grit, guts (Inf.), hardihood, heroism, intrepidity, lion-heartedness, mettle, nerve, pluck, resolution, spunk (Inf.), valour

**courageous** audacious, ballsy (Taboo sl.), bold, brave, daring, dauntless, fearless, gallant, gritty, hardy, heroic, indomitable, intrepid, lion-hearted, plucky, resolute, stalwart, stout-hearted, valiant, valorous

**course**
▶ **N. 1.** advance, advancement, continuity, development, flow, furtherance, march, movement, order, progress, progression, sequence, succession, unfolding **2.** channel, direction, line, orbit, passage, path, road, route, tack, track, trail, trajectory, way **3.** duration, lapse, passage, passing, sweep, term, time **4.** behaviour, conduct, manner, method, mode, plan, policy, procedure, programme, regimen **5.** cinder track, circuit, lap, race, racecourse, round **6.** classes, course of study, curriculum, lectures, programme, schedule, studies
▶ **V. 7.** dash, flow, gush, move apace, race, run, scud, scurry, speed, stream, surge, tumble **8.** chase, follow, hunt, pursue **9. in due course** eventually, finally, in the course of time, in the end, in time, sooner or later **10. of course** certainly, definitely, indubitably, naturally, obviously, undoubtedly, without a doubt

**court**
▶ **N. 1.** cloister, courtyard, piazza, plaza, quad (Inf.), quadrangle, square, yard **2.** hall, manor, palace **3.** attendants, cortège, entourage, retinue, royal household, suite, train **4.** bar, bench, court of justice, lawcourt, seat of judgment, tribunal **5.** addresses, attention, homage, respects, suit
▶ **V. 6.** chase, date, go (out) with, go steady with (Inf.), keep company with, make love to, pay court to, pay one's addresses to, pursue, run after, serenade, set one's cap at, sue (Archaic), take out, walk out with, woo **7.** cultivate, curry favour with, fawn upon, flatter, pander to, seek, solicit **8.** attract, bring about, incite, invite, prompt, provoke, seek

**courteous** affable, attentive, ceremonious, civil, courtly, elegant, gallant, gracious, mannerly, polished, polite, refined, respectful, urbane, well-bred, well-mannered

**courtesy 1.** affability, civility, courteousness, courtliness, elegance, gallantness, gallantry, good breeding, good manners, graciousness, polish, politeness, urbanity **2.** benevolence, consent, consideration, favour, generosity, indulgence, kindness

**courtier** attendant, follower, henchman, liegeman, pursuivant (Historical), squire, trainbearer

**courtly** affable, aristocratic, ceremonious, chivalrous, civil, decorous, dignified, elegant, flattering, formal, gallant, highbred, lordly, obliging, polished, refined, stately, urbane

**courtship** courting, engagement, keeping company, pursuit, romance, suit, wooing

**courtyard** area, enclosure, peristyle, playground, quad, quadrangle, yard

**cove** anchorage, bay, bayou, creek, firth or frith (Scot.), inlet, sound

**covenant**
▶ **N. 1.** arrangement, bargain, commitment, compact, concordat, contract, convention, pact, promise, stipulation, treaty, trust **2.** bond, deed
▶ **V. 3.** agree, bargain, contract, engage, pledge, stipulate, undertake

**cover**
▶ **V. 1.** camouflage, cloak, conceal, cover up, curtain, disguise, eclipse, enshroud, hide, hood, house, mask, obscure, screen, secrete, shade, shroud, veil
▶ **N. 2.** cloak, cover-up, disguise, façade, front, mask, pretence, screen, smoke screen, veil, window-dressing
▶ **V. 3.** defend, guard, protect, reinforce, shelter, shield, watch over
▶ **N. 4.** camouflage, concealment, defence, guard, hiding place, protection, refuge, sanctuary, shelter, shield, undergrowth, woods
▶ **V. 5.** canopy, clothe, coat, daub, dress, encase, envelop, invest, layer, mantle, overlay, overspread, put on, wrap
▶ **N. 6.** binding, canopy, cap, case, clothing, coating, covering, dress, envelope, jacket, lid, sheath, top, wrapper
▶ **V. 7.** comprehend, comprise, consider, contain, deal with, embody, embrace, encompass, examine, include, incorporate, involve, provide for, refer to, survey, take account of **8.** double for, fill in for, relieve, stand in for, substitute, take over, take the rap for (Sl.) **9.** describe, detail, investigate, narrate, recount, relate, report, tell of, write up **10.** balance, compensate, counterbalance, insure, make good, make up for, offset
▶ **N. 11.** compensation, indemnity, insurance, payment, protection, reimbursement
▶ **V. 12.** cross, pass through or over, range, travel over, traverse **13.** engulf, flood, overrun, submerge, wash over

**covering**
▶ **N. 1.** blanket, casing, clothing, coating, cover, housing, layer, overlay, protection, shelter, top, wrap, wrapper, wrapping
▶ **ADJ. 2.** accompanying, descriptive, explanatory, introductory

**cover-up** complicity, concealment, conspiracy, front, smoke screen, whitewash (Inf.)

**cover up 1.** conceal, cover one's tracks, feign ignorance, hide, hush up, keep dark, keep secret, keep silent about, keep under one's hat (Inf.), repress, stonewall, suppress, whitewash (Inf.) **2.** Artex (Trademark), coat, cover, encrust, envelop, hide, plaster, slather (U.S. sl.), swathe

**covet** aspire to, begrudge, crave, desire, envy, fancy (Inf.), hanker after, have one's eye on, long for, lust after, thirst for, yearn for

**covetous** acquisitive, avaricious, close-fisted, envious, grasping, greedy, jealous, mercenary, rapacious, yearning

**coward** caitiff (Archaic), chicken (Sl.), craven, dastard (Archaic), faint-heart, funk (Inf.), poltroon, recreant (Archaic), renegade, scaredy-cat (Inf.), skulker, sneak, wimp (Inf.), yellow-belly (Sl.)

**cowardly** abject, base, caitiff (Archaic), chicken (Sl.), chicken-hearted, chickenshit (U.S. sl.), craven, dastardly, faint-hearted, fearful, gutless (Inf.), lily-livered, pusillanimous, recreant (Archaic), scared, shrinking, soft, spineless, timorous, weak, weak-kneed (Inf.), white-livered, yellow (Inf.)

**cowboy** broncobuster (U.S.), cattleman, cowhand, cowpuncher (U.S. inf.), drover, gaucho (S. American), herder, herdsman, rancher, ranchero (U.S.), stockman, wrangler (U.S.)

**cower** cringe, crouch, draw back, fawn, flinch, grovel, quail, shrink, skulk, sneak, tremble, truckle

**coy** arch, backward, bashful, coquettish, demure, evasive, flirtatious, kittenish, modest, overmodest, prudish, reserved, retiring, self-effacing, shrinking, shy, skittish, timid

**crack**
▶ **V. 1.** break, burst, chip, chop, cleave, crackle, craze, fracture, rive, snap, splinter, split
▶ **N. 2.** breach, break, chink, chip, cleft, cranny, crevice, fissure, fracture, gap, interstice, rift
▶ **V. 3.** burst, crash, detonate, explode, pop, ring, snap

▶ **N. 4.** burst, clap, crash, explosion, pop, report, snap
▶ **V. 5.** break down, collapse, give way, go to pieces, lose control, succumb, yield
▶ **V./N. 6.** (Inf.) buffet, clip (Inf.), clout (Inf.), cuff, slap, thump, wallop (Inf.), whack
▶ **V. 7.** decipher, fathom, get the answer to, solve, work out
▶ **N. 8.** (Inf.) attempt, go (Inf.), opportunity, stab (Inf.), try **9.** (Sl.) dig, funny remark, gag (Inf.), insult, jibe, joke, quip, smart-alecky remark, wisecrack, witticism
▶ **ADJ. 10.** (Sl.) ace, choice, elite, excellent, first-class, first-rate, hand-picked, superior, world-class

**cracked 1.** broken, chipped, crazed, damaged, defective, faulty, fissured, flawed, imperfect, split **2.** (Sl.) bats (Sl.), batty (Sl.), crackbrained, crackpot (Inf.), crazy (Inf.), daft (Inf.), eccentric, insane, loony (Sl.), loopy (Inf.), nuts (Sl.), nutty (Sl.), oddball (Inf.), off one's head or nut (Sl.), off one's trolley (Sl.), off-the-wall (Sl.), out of one's mind, outré, out to lunch (Inf.), round the bend (Sl.), touched, up the pole (Inf.), wacko (Sl.)

**crack up** break down, collapse, come apart at the seams (Inf.), freak out (Inf.), go ape (Sl.), go apeshit (Sl.), go berserk, go crazy (Inf.), go off one's rocker (Sl.), go out of one's mind, go to pieces, have a breakdown, throw a wobbly (Sl.)

**cradle**
▶ **N. 1.** bassinet, cot, crib, Moses basket **2.** (Fig.) beginning, birthplace, fount, fountainhead, origin, source, spring, wellspring
▶ **V. 3.** hold, lull, nestle, nurse, rock, support **4.** nourish, nurture, tend, watch over

**craft 1.** ability, aptitude, art, artistry, cleverness, dexterity, expertise, expertness, ingenuity, knack, know-how (Inf.), skill, technique, workmanship **2.** artfulness, artifice, contrivance, craftiness, cunning, deceit, duplicity, guile, ruse, scheme, shrewdness, stratagem, subterfuge, subtlety, trickery, wiles **3.** business, calling, employment, handicraft, handiwork, line, occupation, pursuit, trade, vocation, work **4.** aircraft, barque, boat, plane, ship, spacecraft, vessel

**craftiness** artfulness, astuteness, canniness, cunning, deviousness, duplicity, foxiness, guile, shrewdness, slyness, subtlety, trickiness, wiliness

**craftsman** artificer, artisan, maker, master, skilled worker, smith, technician, wright

**craftsmanship** artistry, expertise, mastery, technique, workmanship

**crafty** artful, astute, calculating, canny, cunning, deceitful, designing, devious, duplicitous, foxy, fraudulent, guileful, insidious, knowing, scheming, sharp, shrewd, sly, subtle, tricksy, tricky, wily

**crag** aiguille, bluff, peak, pinnacle, rock, tor

**cram 1.** compact, compress, crowd, crush, fill to overflowing, force, jam, overcrowd, overfill, pack, pack in, press, ram, shove, squeeze, stuff **2.** glut, gorge, gormandize, guzzle, overeat, overfeed, pig out (Sl.), put or pack away, satiate, stuff **3.** (Inf.) bone up on (Inf.), con, grind, mug up (Sl.), revise, study, swot, swot up

**cramp**
▶ **V. 1.** check, circumscribe, clog, confine, constrain, encumber, hamper, hamstring, handicap, hinder, impede, inhibit, obstruct, restrict, shackle, stymie, thwart
▶ **N. 2.** ache, contraction, convulsion, crick, pain, pang, shooting pain, spasm, stiffness, stitch, twinge

**cramped 1.** awkward, circumscribed, closed in, confined, congested, crowded, hemmed in, jammed in, narrow, overcrowded, packed, restricted, squeezed, uncomfortable **2.** (Esp. of handwriting) crabbed, indecipherable, irregular, small

**cranky** bizarre, capricious, eccentric, erratic, freakish, freaky (Sl.), funny (Inf.), idiosyncratic, odd, oddball (Inf.), off-the-wall (Sl.), outré, peculiar, queer, quirky, rum (Brit. sl.), strange, wacko (Sl.), wacky (Sl.)

**cranny** breach, chink, cleft, crack, crevice, fissure, gap, hole, interstice, nook, opening, rift

**crash**
▶ **N. 1.** bang, boom, clang, clash, clatter, clattering, din, racket, smash, smashing, thunder
▶ **V. 2.** break, break up, dash to pieces, disintegrate, fracture, fragment, shatter, shiver, smash, splinter **3.** come a cropper (Inf.), dash, fall, fall headlong, give way, hurtle, lurch, overbalance, pitch, plunge, precipitate oneself,

sprawl, topple **4.** bang, bump (into), collide, crash-land *(an aircraft)*, drive into, have an accident, hit, hurtle into, plough into, run together, wreck
► **N. 5.** accident, bump, collision, jar, jolt, pile-up *(Inf.)*, prang *(Inf.)*, smash, smash-up, thud, thump, wreck **6.** bankruptcy, collapse, debacle, depression, downfall, failure, ruin, smash
► **V. 7.** be ruined, collapse, fail, fold, fold up, go broke *(Inf.)*, go bust *(Inf.)*, go to the wall, go under, smash
► **ADJ. 8.** *(Of a course of studies, etc.)* emergency, intensive, immediate, round-the-clock, speeded-up, telescoped, urgent

**crass** asinine, blundering, boorish, bovine, coarse, dense, doltish, gross, indelicate, insensitive, lumpish, oafish, obtuse, stupid, unrefined, witless

**crate**
► **N. 1.** box, case, container, packing case, tea chest
► **V. 2.** box, case, encase, enclose, pack, pack up

**crater** depression, dip, hollow, shell hole

**crave 1.** be dying for, cry out for *(Inf.)*, desire, eat one's heart out over, fancy *(Inf.)*, hanker after, hope for, hunger after, long for, lust after, need, pant for, pine for, require, sigh for, thirst for, want, yearn for **2.** ask, beg, beseech, entreat, implore, petition, plead for, pray for, seek, solicit, supplicate

**craving** appetite, cacoethes, desire, hankering, hope, hunger, longing, lust, thirst, urge, yearning, yen *(Inf.)*

**crawl 1.** advance slowly, creep, drag, go on all fours, inch, move at a snail's pace, move on hands and knees, pull *or* drag oneself along, slither, worm one's way, wriggle, writhe **2.** be overrun (alive, full of, lousy *(Sl.)*), swarm, teem **3.** abase oneself, brown-nose *(Taboo sl.)*, cringe, fawn, grovel, humble oneself, kiss ass *(U.S. & Canad. taboo sl.)*, pander to, toady, truckle

**craze**
► **N. 1.** enthusiasm, fad, fashion, infatuation, mania, mode, novelty, passion, preoccupation, rage, the latest *(Inf.)*, thing, trend, vogue
► **V. 2.** bewilder, confuse, dement, derange, distemper, drive mad, enrage, infatuate, inflame, madden, make insane, send crazy *or* berserk, unbalance, unhinge

**crazy 1.** *(Inf.)* a bit lacking upstairs *(Inf.)*, barking *(Sl.)*, barking mad *(Sl.)*, barmy *(Sl.)*, batty *(Sl.)*, berserk, bonkers *(Sl., chiefly Brit.)*, cracked *(Sl.)*, crackpot *(Inf.)*, crazed, cuckoo *(Inf.)*, daft *(Inf.)*, delirious, demented, deranged, idiotic, insane, loopy *(Inf.)*, lunatic, mad, mad as a hatter, mad as a March hare, maniacal, mental *(Sl.)*, not all there *(Inf.)*, not the full shilling *(Inf.)*, nuts *(Sl.)*, nutty *(Sl.)*, nutty as a fruitcake *(Sl.)*, off one's head *(Sl.)*, off one's trolley *(Sl.)*, off-the-wall *(Sl.)*, of unsound mind, out to lunch *(Inf.)*, potty *(Brit. inf.)*, round the bend *(Sl.)*, touched, unbalanced, unhinged, up the pole *(Inf.)* **2.** bizarre, eccentric, fantastic, odd, oddball *(Inf.)*, outrageous, peculiar, ridiculous, rum *(Brit. sl.)*, silly, strange, wacko *(Sl.)*, weird **3.** absurd, bird-brained *(Inf.)*, cockeyed *(Inf.)*, derisory, fatuous, foolhardy, foolish, half-baked *(Inf.)*, idiotic, ill-conceived, impracticable, imprudent, inane, inappropriate, irresponsible, ludicrous, nonsensical, potty *(Brit. inf.)*, preposterous, puerile, quixotic, senseless, short-sighted, unrealistic, unwise, unworkable, wild **4.** *(Inf.)* ardent, beside oneself, devoted, eager, enamoured, enthusiastic, fanatical, hysterical, infatuated, into *(Inf.)*, mad, passionate, smitten, very keen, wild *(Inf.)*, zealous

**creak** **V.** grate, grind, groan, rasp, scrape, scratch, screech, squeak, squeal

**cream**
► **N. 1.** cosmetic, emulsion, essence, liniment, lotion, oil, ointment, paste, salve, unguent **2.** best, crème de la crème, elite, flower, pick, prime
► **ADJ. 3.** off-white, yellowish-white

**creamy** buttery, creamed, lush, milky, oily, rich, smooth, soft, velvety

**crease**
► **V. 1.** corrugate, crimp, crinkle, crumple, double up, fold, pucker, ridge, ruck up, rumple, screw up, wrinkle
► **N. 2.** bulge, corrugation, fold, groove, line, overlap, pucker, ridge, ruck, tuck, wrinkle

**create 1.** beget, bring into being *or* existence, coin, compose, concoct, design, develop, devise, dream up *(Inf.)*, form, formulate, generate, give birth to, give life to, hatch, initiate, invent, make, originate, produce, spawn **2.** appoint, constitute, establish, found, install, invest, make, set up **3.** bring about, cause, lead to, occasion

**creation 1.** conception, formation, generation, genesis, making, procreation, siring **2.** constitution, development, establishment, formation, foundation, inception, institution, laying down, origination, production, setting up **3.** achievement, brainchild *(Inf.)*, chef d'oeuvre, concept, concoction, handiwork, invention, magnum opus, pièce de résistance, production **4.** all living things, cosmos, life, living world, natural world, nature, universe, world

**creative** artistic, clever, fertile, gifted, imaginative, ingenious, inspired, inventive, original, productive, stimulating, visionary

**creativity** cleverness, fecundity, fertility, imagination, imaginativeness, ingenuity, inspiration, inventiveness, originality, productivity, talent

**creator** architect, author, begetter, designer, father, framer, God, initiator, inventor, maker, originator, prime mover

**creature 1.** animal, beast, being, brute, critter *(U.S. dialect)*, dumb animal, living thing, lower animal, quadruped **2.** body, character, fellow, human being, individual, man, mortal, person, soul, wight *(Archaic)*, woman **3.** dependant, hanger-on, hireling, instrument *(Inf.)*, lackey, minion, puppet, retainer, tool, wretch

**credentials** attestation, authorization, card, certificate, deed, diploma, docket, letter of recommendation *or* introduction, letters of credence, licence, missive, passport, recommendation, reference(s), testament, testimonial, title, voucher, warrant

**credibility** believability, believableness, integrity, plausibility, reliability, tenability, trustworthiness

**credible 1.** believable, conceivable, imaginable, likely, plausible, possible, probable, reasonable, supposable, tenable, thinkable, verisimilar **2.** dependable, honest, reliable, sincere, trustworthy, trusty

**credit**
► **N. 1.** acclaim, acknowledgement, approval, Brownie points, commendation, fame, glory, honour, kudos, merit, praise, recognition, thanks, tribute **2.** character, clout *(Inf.)*, esteem, estimation, good name, influence, position, prestige, regard, reputation, repute, standing, status **3.** belief, confidence, credence, faith, reliance, trust **4.** *(also* **be a credit to***)* feather in one's cap, honour, source of satisfaction *or* pride **5. on credit** by deferred payment, by instalments, on account, on hirepurchase, on (the) H.P., on the slate *(Inf.)*, on tick *(Inf.)*
► **V. 6.** *(With* **with***)* accredit, ascribe to, assign to, attribute to, chalk up to *(Inf.)*, impute to, refer to **7.** accept, bank on, believe, buy *(Sl.)*, depend on, fall for, have faith in, rely on, swallow *(Inf.)*, trust

**creditable** admirable, commendable, deserving, estimable, exemplary, honourable, laudable, meritorious, praiseworthy, reputable, respectable, worthy

**credulity** blind faith, credulousness, gullibility, naïveté, silliness, simplicity, stupidity

**credulous** born yesterday *(Inf.)*, dupable, green, gullible, naive, overtrusting, trustful, uncritical, unsuspecting, unsuspicious

**creed** articles of faith, belief, canon, catechism, confession, credo, doctrine, dogma, persuasion, principles, profession *(of faith)*, tenet

**creek 1.** bay, bight, cove, firth *or* frith *(Scot.)*, inlet **2.** *(U.S., Canad., & Aust.)* bayou, brook, rivulet, runnel, stream, streamlet, tributary, watercourse

**creep**
► **V. 1.** crawl, crawl on all fours, glide, insinuate, slither, squirm, worm, wriggle, writhe **2.** approach unnoticed, skulk, slink, sneak, steal, tiptoe **3.** crawl, dawdle, drag, edge, inch, proceed at a snail's pace **4.** bootlick *(Inf.)*, brown-nose *(Taboo sl.)*, cower, cringe, fawn, grovel, kiss (someone's) ass *(U.S. & Canad. taboo sl.)*, kowtow, pander to, scrape, suck up to *(Inf.)*, toady, truckle
► **N. 5.** *(Sl.)* ass-kisser *(U.S. & Canad. taboo sl.)*, bootlicker *(Inf.)*, brown-noser *(Taboo sl.)*, sneak, sycophant, toady **6. give one the creeps** *or* **make one's flesh creep** disgust, frighten, horrify, make one flinch (quail, shrink, squirm, wince), make one's hair stand on end *(Inf.)*, repel, repulse, scare, terrify, terrorize

**creeper** climber, climbing plant, rambler, runner, trailing plant, vine *(Chiefly U.S.)*

**creepy** awful, direful, disgusting, disturbing, eerie, forbidding, frightening, ghoulish, goose-pimply *(Inf.)*, gruesome, hair-raising, horrible, macabre, menacing, nightmarish, ominous, scary *(Inf.)*, sinister, terrifying, threatening, unpleasant, weird

**crescent**
► **N. 1.** half-moon, meniscus, new moon, old moon, sickle, sickle-shape
► **ADJ. 2.** arched, bow-shaped, curved, falcate, semicircular, sickle-shaped **3.** *(Archaic)* growing, increasing, waxing

**crest 1.** apex, crown, head, height, highest point, peak, pinnacle, ridge, summit, top **2.** aigrette, caruncle *(Zoology)*, cockscomb, comb, crown, mane, panache, plume, tassel, topknot, tuft **3.** *(Heraldry)* badge, bearings, charge, device, emblem, insignia, symbol

**crestfallen** chapfallen, dejected, depressed, despondent, disappointed, disconsolate, discouraged, disheartened, downcast, downhearted, sick as a parrot *(Inf.)*

**crevice** chink, cleft, crack, cranny, fissure, fracture, gap, hole, interstice, opening, rent, rift, slit, split

**crew 1.** hands, (ship's) company, (ship's) complement **2.** company, corps, gang, party, posse, squad, team, working party **3.** *(Inf.)* assemblage, band, bunch *(Inf.)*, camp, company, crowd, gang, herd, horde, lot, mob, pack, posse *(Inf.)*, set, swarm, troop

**crib**
► **N. 1.** bassinet, bed, cot, cradle **2.** bin, box, bunker, manger, rack, stall **3.** *(Inf.)* key, translation, trot *(U.S. sl.)*
► **V. 4.** *(Inf.)* cheat, pass off as one's own work, pilfer, pirate, plagiarize, purloin, steal **5.** box up, cage, confine, coop, coop up, enclose, fence, imprison, limit, pen, rail, restrict, shut in

**crime 1.** atrocity, fault, felony, job *(Inf.)*, malfeasance, misdeed, misdemeanour, offence, outrage, transgression, trespass, unlawful act, violation, wrong **2.** corruption, delinquency, guilt, illegality, iniquity, lawbreaking, malefaction, misconduct, sin, unrighteousness, vice, villainy, wickedness, wrong, wrongdoing

**criminal**
► **N. 1.** con *(Sl.)*, con man *(Inf.)*, convict, crook *(Inf.)*, culprit, delinquent, evildoer, felon, jailbird, lag *(Sl.)*, lawbreaker, malefactor, offender, sinner, transgressor, villain
► **ADJ. 2.** bent *(Sl.)*, corrupt, crooked *(Inf.)*, culpable, felonious, illegal, illicit, immoral, indictable, iniquitous, lawless, nefarious, peccant *(Rare)*, under-the-table, unlawful, unrighteous, vicious, villainous, wicked, wrong **3.** *(Inf.)* deplorable, foolish, preposterous, ridiculous, scandalous, senseless

**cringe 1.** blench, cower, dodge, draw back, duck, flinch, quail, quiver, recoil, shrink, shy, start, tremble, wince **2.** bend, bootlick *(Inf.)*, bow, brown-nose *(Taboo sl.)*, crawl, creep, crouch, fawn, grovel, kiss ass *(U.S. & Canad. taboo sl.)*, kneel, kowtow, pander to, sneak, stoop, toady, truckle

**cripple** **V. 1.** debilitate, disable, enfeeble, hamstring, incapacitate, lame, maim, mutilate, paralyze, weaken **2.** bring to a standstill, cramp, damage, destroy, halt, impair, put out of action, ruin, spoil, vitiate

**crippled** bedridden, deformed, disabled, enfeebled, handicapped, housebound, incapacitated, laid up *(Inf.)*, lame, paralyzed

**crisis 1.** climacteric, climax, confrontation, critical point, crunch *(Inf.)*, crux, culmination, height, moment of truth, point of no return, turning point **2.** catastrophe, critical situation, dilemma, dire straits, disaster, emergency, exigency, extremity, meltdown *(Inf.)*, mess, panic stations *(Inf.)*, plight, predicament, quandary, strait, trouble

**crisp 1.** brittle, crispy, crumbly, crunchy, firm, fresh, unwilted **2.** bracing, brisk, fresh, invigorating, refreshing **3.** brief, brusque, clear, incisive, pithy, short, succinct, tart, terse **4.** clean-cut, neat, orderly, smart, snappy, spruce, tidy, trig *(Archaic or dialect)*, wellgroomed, well-pressed

**criterion** bench mark, canon, gauge, measure, norm, par, principle, proof, rule, standard, test, touchstone, yardstick

**critic** 1. analyst, arbiter, authority, commentator, connoisseur, expert, expositor, judge, pundit, reviewer 2. attacker, carper, caviller, censor, censurer, detractor, fault-finder, knocker (*Inf.*), Momus, reviler, vilifier

**critical** 1. captious, carping, cavilling, censorious, derogatory, disapproving, disparaging, fault-finding, nagging, niggling, nit-picking (*Inf.*), scathing 2. accurate, analytical, diagnostic, discerning, discriminating, fastidious, judicious, penetrating, perceptive, precise 3. all-important, crucial, dangerous, deciding, decisive, grave, hairy (*Sl.*), highpriority, momentous, perilous, pivotal, precarious, pressing, psychological, risky, serious, urgent, vital

**criticism** 1. animadversion, bad press, brickbats (*Inf.*), censure, character assassination, critical remarks, disapproval, disparagement, fault-finding, flak (*Inf.*), knocking (*Inf.*), panning (*Inf.*), slam (*Sl.*), slating (*Inf.*), stick (*Sl.*), stricture 2. analysis, appraisal, appreciation, assessment, comment, commentary, critique, elucidation, evaluation, judg(e)ment, notice, review

**criticize** 1. animadvert on *or* upon, blast, carp, censure, condemn, disapprove of, disparage, excoriate, find fault with, give (someone *or* something) a bad press, knock (*Inf.*), lambast(e), nag at, pan (*Inf.*), pass strictures upon, pick to pieces, put down, slam (*Sl.*), slate (*Inf.*), tear into (*Inf.*) 2. analyse, appraise, assess, comment upon, evaluate, give an opinion, judge, pass judgment on, review

**critique** analysis, appraisal, assessment, commentary, essay, examination, review, treatise

**croak** v. 1. caw, gasp, grunt, squawk, utter *or* speak harshly (huskily, throatily), wheeze 2. (*Inf.*) complain, groan, grouse, grumble, moan, murmur, mutter, repine 3. (*Sl.*) buy it (*U.S. sl.*), check out (*U.S. sl.*), die, expire, go belly-up (*Sl.*), hop the twig (*Inf.*), kick it (*Sl.*), kick the bucket (*Inf.*), pass away, peg it (*Inf.*), peg out (*Inf.*), perish, pop one's clogs (*Inf.*)

**crook**
▸ N. 1. (*Inf.*) cheat, chiseller (*Inf.*), criminal, knave (*Archaic*), lag (*Sl.*), racketeer, robber, rogue, shark, swindler, thief, villain
▸ V. 2. angle, bend, bow, curve, flex, hook

**crooked** 1. anfractuous, bent, bowed, crippled, curved, deformed, deviating, disfigured, distorted, hooked, irregular, meandering, misshapen, out of shape, tortuous, twisted, twisting, warped, winding, zigzag 2. angled, askew, asymmetric, at an angle, awry, lopsided, off-centre, skewwhiff (*Brit. inf.*), slanted, slanting, squint, tilted, to one side, uneven, unsymmetrical 3. (*Inf.*) bent (*Sl.*), corrupt, crafty, criminal, deceitful, dishonest, dishonourable, dubious, fraudulent, illegal, knavish, nefarious, questionable, shady (*Inf.*), shifty, treacherous, underhand, under-the-table, unlawful, unprincipled, unscrupulous

**croon** breathe, hum, purr, sing, warble

**crop**
▸ N. 1. fruits, gathering, harvest, produce, reaping, season's growth, vintage, yield
▸ V. 2. clip, curtail, cut, dock, lop, mow, pare, prune, reduce, shear, shorten, snip, top, trim 3. bring home, bring in, collect, garner, gather, harvest, mow, pick, reap 4. browse, graze, nibble

**crop up** appear, arise, emerge, happen, occur, spring up, turn up

**cross**
▸ ADJ. 1. angry, annoyed, cantankerous, captious, churlish, crotchety (*Inf.*), crusty, disagreeable, fractious, fretful, grouchy (*Inf.*), grumpy, hacked (off) (*U.S. sl.*), ill-humoured, ill-tempered, impatient, in a bad mood, irascible, irritable, liverish, out of humour, peeved (*Inf.*), peevish, pettish, petulant, pissed off (*Taboo sl.*), put out, querulous, ratty (*Brit. & N.Z. inf.*), shirty (*Sl., chiefly Brit.*), short, snappish, snappy, splenetic, sullen, surly, testy, tetchy, vexed, waspish
▸ V. 2. bridge, cut across, extend over, ford, meet, pass over, ply, span, traverse, zigzag 3. criss-cross, intersect, intertwine, lace, lie athwart of 4. blend, crossbreed, crossfertilize, cross-pollinate, hybridize, interbreed, intercross, mix, mongrelize 5. block, deny, foil, frustrate, hinder, impede, interfere, obstruct, oppose, resist, thwart
▸ N. 6. affliction, burden, grief, load, misery, misfortune, trial, tribulation, trouble, woe, worry 7. crucifix, rood 8. crossing, crossroads, intersection, junction 9. amalgam, blend, combination, crossbreed, cur, hybrid, hybridization, mixture, mongrel, mutt (*Sl.*)
▸ ADJ. 10. crosswise, intersecting, oblique, transverse 11. adverse, contrary, opposed, opposing, unfavourable 12. (*Involving an interchange*) opposite, reciprocal

**cross-examine** catechize, grill (*Inf.*), interrogate, pump, question, quiz

**cross out** *or* **cross off** blue-pencil, cancel, delete, eliminate, strike off *or* out

**crotch** crutch, groin

**crotchety** awkward, bad-tempered, cantankerous, contrary, crabby, cross, crusty, curmudgeonly, difficult, disagreeable, fractious, grumpy, irritable, liverish, obstreperous, peevish, ratty (*Brit. & N.Z. inf.*), surly, testy, tetchy

**crouch** 1. bend down, bow, duck, hunch, kneel, squat, stoop 2. abase oneself, cower, cringe, fawn, grovel, pander to, truckle

**crow** bluster, boast, brag, drool, exult, flourish, gloat, glory in, strut, swagger, triumph, vaunt

**crowd**
▸ N. 1. army, assembly, bevy, company, concourse, flock, herd, horde, host, mass, mob, multitude, pack, press, rabble, swarm, throng, troupe 2. bunch (*Inf.*), circle, clique, group, lot, set 3. attendance, audience, gate, house, spectators
▸ V. 4. cluster, congregate, cram, flock, forgather, gather, huddle, mass, muster, press, push, stream, surge, swarm, throng 5. bundle, congest, cram, pack, pile, squeeze 6. batter, butt, elbow, jostle, shove 7. **the crowd** hoi polloi, masses, mob, people, populace, proletariat, public, rabble, rank and file, riffraff, vulgar herd

**crowded** busy, congested, cramped, crushed, full, huddled, jam-packed, mobbed, overflowing, packed, populous, swarming, teeming, thronged

**crown**
▸ N. 1. chaplet, circlet, coronal (*Poetic*), coronet, diadem, tiara 2. bays, distinction, garland, honour, kudos, laurels, laurel wreath, prize, trophy 3. emperor, empress, king, monarch, monarchy, queen, rex, royalty, ruler, sovereign, sovereignty 4. acme, apex, crest, head, perfection, pinnacle, summit, tip, top, ultimate, zenith
▸ V. 5. adorn, dignify, festoon, honour, invest, reward 6. be the climax *or* culmination of, cap, complete, consummate, finish, fulfil, perfect, put the finishing touch to, round off, surmount, terminate, top 7. (*Sl.*) belt (*Inf.*), biff (*Sl.*), box, cuff, hit over the head, punch

**crucial** 1. central, critical, decisive, pivotal, psychological, searching, testing, trying 2. (*Inf.*) essential, high-priority, important, momentous, pressing, urgent, vital

**crucify** 1. execute, harrow, persecute, rack, torment, torture 2. (*Sl.*) lampoon, pan (*Inf.*), ridicule, tear to pieces, wipe the floor with (*Inf.*)

**crude** 1. boorish, coarse, crass, dirty, gross, indecent, lewd, obscene, smutty, tactless, tasteless, uncouth, vulgar 2. natural, raw, unmilled, unpolished, unprepared, unprocessed, unrefined 3. clumsy, makeshift, outline, primitive, rough, rough-hewn, rude, rudimentary, sketchy, undeveloped, unfinished, unformed, unpolished

**crudely** bluntly, clumsily, coarsely, impolitely, indecently, pulling no punches (*Inf.*), roughly, rudely, sketchily, tastelessly, vulgarly

**crudity** 1. coarseness, crudeness, impropriety, indecency, indelicacy, lewdness, loudness, lowness, obscenity, obtrusiveness, smuttiness, vulgarity 2. clumsiness, crudeness, primitiveness, roughness, rudeness

**cruel** 1. atrocious, barbarous, bitter, bloodthirsty, brutal, brutish, callous, cold-blooded, depraved, excruciating, fell (*Archaic*), ferocious, fierce, flinty, grim, hard, hard-hearted, harsh, heartless, hellish, implacable, inclement, inexorable, inhuman, inhumane, malevolent, murderous, painful, poignant, Ramboesque, ravening, raw, relentless, remorseless, sadistic, sanguinary, savage, severe, spiteful, stony-hearted, unfeeling, unkind, unnatural, vengeful, vicious 2. merciless, pitiless, ruthless, unrelenting

**cruelly** 1. barbarously, brutally, brutishly, callously, ferociously, fiercely, heartlessly, in cold blood, mercilessly, pitilessly, sadistically, savagely, spitefully, unmercifully, viciously 2. bitterly, deeply, fearfully, grievously, monstrously, mortally, severely

**cruelty** barbarity, bestiality, bloodthirstiness, brutality, brutishness, callousness, depravity, ferocity, fiendishness, hardheartedness, harshness, heartlessness, inhumanity, mercilessness, murderousness, ruthlessness, sadism, savagery, severity, spite, spitefulness, venom, viciousness

**cruise**
▸ V. 1. coast, sail, voyage 2. coast, drift, keep a steady pace, travel along
▸ N. 3. boat trip, sail, sea trip, voyage

**crumb** atom, bit, grain, mite, morsel, particle, scrap, shred, sliver, snippet, soupçon, speck

**crumble** 1. bruise, crumb, crush, fragment, granulate, grind, pound, powder, pulverize, triturate 2. break up, collapse, come to dust, decay, decompose, degenerate, deteriorate, disintegrate, fall apart, go to pieces, go to wrack and ruin, moulder, perish, tumble down

**crumple** 1. crease, crush, pucker, rumple, screw up, wrinkle 2. break down, cave in, collapse, fall, give way, go to pieces

**crunch**
▸ V. 1. champ, chew noisily, chomp, grind, masticate, munch
▸ N. 2. (*Inf.*) crisis, critical point, crux, emergency, hour of decision, moment of truth, test

**crusade** campaign, cause, drive, holy war, jihad, movement, push

**crusader** advocate, campaigner, champion, reformer

**crush**
▸ V. 1. bray, break, bruise, comminute, compress, contuse, crease, crumble, crumple, crunch, mash, pound, pulverize, rumple, smash, squeeze, wrinkle 2. conquer, extinguish, overcome, overpower, overwhelm, put down, quell, stamp out, subdue, vanquish 3. abash, browbeat, chagrin, dispose of, humiliate, mortify, put down (*Sl.*), quash, shame 4. embrace, enfold, hug, press, squeeze
▸ N. 5. crowd, huddle, jam, party

**crust** caking, coat, coating, concretion, covering, film, incrustation, layer, outside, scab, shell, skin, surface

**crusty** 1. brittle, crisp, crispy, friable, hard, short, well-baked, well-done 2. brusque, cantankerous, captious, choleric, crabby, cross, curt, gruff, ill-humoured, irritable, peevish, prickly, ratty (*Brit. & N.Z. inf.*), short, short-tempered, snappish, snarling, splenetic, surly, testy, tetchy, touchy

**cry**
▸ V. 1. bawl, bewail, blubber, boohoo, greet (*Scot. or archaic*), howl one's eyes out, keen, lament, mewl, pule, shed tears, snivel, sob, wail, weep, whimper, whine, whinge (*Inf.*), yowl
▸ N. 2. bawling, blubbering, crying, greet (*Scot. or archaic*), howl, keening, lament, lamentation, plaint (*Archaic*), snivel, snivelling, sob, sobbing, sorrowing, wailing, weep, weeping
▸ V. 3. bawl, bell, bellow, call, call out, ejaculate, exclaim, hail, halloo, holler (*Inf.*), howl, roar, scream, screech, shout, shriek, sing out, vociferate, whoop, yell
▸ N. 4. bawl, bell, bellow, call, ejaculation, exclamation, holler (*Inf.*), hoot, howl, outcry, roar, scream, screech, shriek, squawk, whoop, yell, yelp, yoo-hoo
▸ V. 5. advertise, announce, bark (*Inf.*), broadcast, bruit, hawk, noise, proclaim, promulgate, publish, trumpet
▸ N. 6. announcement, barking (*Inf.*), noising, proclamation, publication
▸ V. 7. beg, beseech, clamour, entreat, implore, plead, pray
▸ N. 8. appeal, entreaty, petition, plea, prayer, supplication

**cry down** asperse, bad-mouth (*Sl., chiefly U.S. & Canad.*), belittle, decry, denigrate, disparage, knock (*Inf.*), rubbish (*Inf.*), run down, slag (off) (*Sl.*)

**cry off** back out, beg off, cop out (*Sl.*), excuse oneself, quit, withdraw, withdraw from

**crypt** catacomb, tomb, undercroft, vault

**cub** 1. offspring, whelp, young 2. babe (*Inf.*), beginner, fledgling, greenhorn (*Inf.*), lad, learner, puppy, recruit, tenderfoot, trainee, whippersnapper, youngster

**cuddle** canoodle (*Sl.*), clasp, cosset, embrace, fondle, hug, nestle, pet, snuggle

**cuddly** buxom, cuddlesome, curvaceous, huggable, lovable, plump, soft, warm

**cudgel**
▸ N. **1.** bastinado, baton, bludgeon, club, cosh (*Brit.*), shillelagh, stick, truncheon
▸ V. **2.** bang, baste, batter, beat, bludgeon, cane, cosh (*Brit.*), drub, maul, pound, pummel, thrash, thump, thwack

**cue** catchword, hint, key, nod, prompting, reminder, sign, signal, suggestion

**cuff off the cuff** ad lib, extempore, impromptu, improvised, offhand, off the top of one's head, on the spur of the moment, spontaneous, spontaneously, unrehearsed

**cul-de-sac** blind alley, dead end

**culminate** climax, close, come to a climax, come to a head, conclude, end, end up, finish, rise to a crescendo, terminate, wind up

**culmination** acme, apex, apogee, climax, completion, conclusion, consummation, crown, crowning touch, finale, height, ne plus ultra, peak, perfection, pinnacle, punch line, summit, top, zenith

**culpable** answerable, at fault, blamable, blameworthy, censurable, found wanting, guilty, in the wrong, liable, reprehensible, sinful, to blame, wrong

**culprit** criminal, delinquent, evildoer, felon, guilty party, malefactor, miscreant, offender, person responsible, rascal, sinner, transgressor, villain, wrongdoer

**cult** **1.** body, church, clique, denomination, faction, faith, following, party, religion, school, sect **2.** admiration, craze, devotion, idolization, reverence, veneration, worship

**cultivate** **1.** bring under cultivation, farm, fertilize, harvest, plant, plough, prepare, tend, till, work **2.** ameliorate, better, bring on, cherish, civilize, develop, discipline, elevate, enrich, foster, improve, polish, promote, refine, train **3.** aid, devote oneself to, encourage, forward, foster, further, help, patronize, promote, pursue, support **4.** associate with, butter up, consort with, court, dance attendance upon, run after, seek out, seek someone's company *or* friendship, take trouble *or* pains with

**cultivation** **1.** agronomy, farming, gardening, husbandry, planting, ploughing, tillage, tilling, working **2.** breeding, civility, civilization, culture, discernment, discrimination, education, enlightenment, gentility, good taste, learning, letters, manners, polish, refinement, sophistication, taste **3.** advancement, advocacy, development, encouragement, enhancement, fostering, furtherance, help, nurture, patronage, promotion, support **4.** devotion to, pursuit, study

**cultural** artistic, broadening, civilizing, developmental, edifying, educational, educative, elevating, enlightening, enriching, humane, humanizing, liberal, liberalizing

**culture** **1.** civilization, customs, life style, mores, society, stage of development, the arts, way of life **2.** accomplishment, breeding, education, elevation, enlightenment, erudition, gentility, good taste, improvement, polish, politeness, refinement, sophistication, urbanity **3.** agriculture, agronomy, cultivation, farming, husbandry

**cultured** accomplished, advanced, educated, enlightened, erudite, genteel, highbrow, knowledgeable, polished, refined, scholarly, urbane, versed, well-bred, well-informed, well-read

**culvert** channel, conduit, drain, gutter, watercourse

**cumbersome** awkward, bulky, burdensome, clumsy, cumbrous, embarrassing, heavy, hefty (*Inf.*), incommodious, inconvenient, oppressive, unmanageable, unwieldy, weighty

**cumulative** accruing, accumulative, aggregate, amassed, collective, heaped, increasing, snowballing

**cunning**
▸ ADJ. **1.** artful, astute, canny, crafty, devious, foxy, guileful, knowing, Machiavellian, sharp, shifty, shrewd, subtle, tricky, wily
▸ N. **2.** artfulness, astuteness, craftiness, deceitfulness, deviousness, foxiness, guile, shrewdness, slyness, trickery, wiliness
▸ ADJ. **3.** adroit, deft, dexterous, imaginative, ingenious, skilful
▸ N. **4.** ability, adroitness, art, artifice, cleverness, craft, deftness, dexterity, finesse, ingenuity, skill, subtlety

**cup** beaker, cannikin, chalice, cupful, demitasse, draught, drink, goblet, potion, teacup, trophy

**cupboard** ambry (*Obsolete*), cabinet, closet, locker, press

**curb**
▸ V. **1.** bite back, bridle, check, constrain, contain, control, hinder, impede, inhibit, moderate, muzzle, repress, restrain, restrict, retard, subdue, suppress
▸ N. **2.** brake, bridle, check, control, deterrent, limitation, rein, restraint

**curdle** clot, coagulate, condense, congeal, curd, solidify, thicken, turn sour

**cure**
▸ V. **1.** alleviate, correct, ease, heal, help, make better, mend, rehabilitate, relieve, remedy, restore, restore to health
▸ N. **2.** alleviation, antidote, corrective, healing, medicine, nostrum, panacea, recovery, remedy, restorative, specific, treatment
▸ V. **3.** dry, kipper, pickle, preserve, salt, smoke

**curiosity** **1.** inquisitiveness, interest, nosiness (*Inf.*), prying, snooping (*Inf.*) **2.** celebrity, freak, marvel, novelty, oddity, phenomenon, rarity, sight, spectacle, wonder **3.** bibelot, bygone, curio, knickknack, objet d'art, trinket

**curious** **1.** inquiring, inquisitive, interested, puzzled, questioning, searching **2.** inquisitive, meddling, nosy (*Inf.*), peeping, peering, prying, snoopy (*Inf.*) **3.** bizarre, exotic, extraordinary, marvellous, mysterious, novel, odd, peculiar, puzzling, quaint, queer, rare, rum (*Brit. sl.*), singular, strange, unconventional, unexpected, unique, unorthodox, unusual, wonderful

**curl**
▸ V. **1.** bend, coil, convolute, corkscrew, crimp, crinkle, crisp, curve, entwine, frizz, loop, meander, ripple, spiral, turn, twine, twirl, twist, wind, wreathe, writhe
▸ N. **2.** coil, curlicue, kink, ringlet, spiral, twist, whorl

**curly** corkscrew, crimped, crimpy, crinkly, crisp, curled, curling, frizzy, fuzzy, kinky, permed, spiralled, waved, wavy, winding

**currency** **1.** bills, coinage, coins, dosh (*Brit. & Aust. sl.*), medium of exchange, money, notes **2.** acceptance, circulation, exposure, popularity, prevalence, publicity, transmission, vogue

**current**
▸ ADJ. **1.** accepted, circulating, common, common knowledge, customary, general, going around, in circulation, in progress, in the air, in the news, ongoing, popular, present, prevailing, prevalent, rife, topical, widespread **2.** contemporary, fashionable, happening (*Inf.*), in, in fashion, in vogue, now (*Inf.*), present-day, sexy (*Inf.*), trendy (*Brit. inf.*), up-to-date, up-to-the-minute
▸ N. **3.** course, draught, flow, jet, progression, river, stream, tide, tideway, undertow **4.** atmosphere, drift, feeling, inclination, mood, tendency, trend, undercurrent, vibes (*Sl.*)

**curse**
▸ N. **1.** blasphemy, expletive, oath, obscenity, swearing, swearword **2.** anathema, ban, denunciation, evil eye, excommunication, execration, hoodoo (*Inf.*), imprecation, jinx, malediction, malison (*Archaic*) **3.** affliction, bane, burden, calamity, cross, disaster, evil, hardship, misfortune, ordeal, plague, scourge, torment, tribulation, trouble, vexation
▸ V. **4.** be foul-mouthed, blaspheme, cuss (*Inf.*), swear, take the Lord's name in vain, turn the air blue (*Inf.*), use bad language **5.** accurse, anathematize, damn, excommunicate, execrate, fulminate, imprecate **6.** afflict, blight, burden, destroy, doom, plague, scourge, torment, trouble, vex

**cursed** **1.** accursed, bedevilled, blighted, cast out, confounded, damned, doomed, excommunicate, execrable, fey (*Scot.*), foredoomed, ill-fated, star-crossed, unholy, unsanctified, villainous **2.** abominable, damnable, detestable, devilish, fell (*Archaic*), fiendish, hateful, infamous, infernal, loathsome, odious, pernicious, pestilential, vile

**curt** abrupt, blunt, brief, brusque, concise, gruff, offhand, pithy, rude, sharp, short, snappish, succinct, summary, tart, terse, unceremonious, uncivil, ungracious

**curtail** abbreviate, abridge, contract, cut, cut back, cut short, decrease, dock, lessen, lop, pare down, reduce, retrench, shorten, trim, truncate

**curtailment** abbreviation, abridg(e)ment, contraction, cutback, cutting, cutting short, docking, retrenchment, truncation

**curtain**
▸ N. **1.** drape (*Chiefly U.S.*), hanging
▸ V. **2.** conceal, drape, hide, screen, shroud, shut off, shutter, veil

**curve**
▸ V. **1.** arc, arch, bend, bow, coil, hook, inflect, spiral, swerve, turn, twist, wind
▸ N. **2.** arc, bend, camber, curvature, halfmoon, loop, trajectory, turn

**curved** arced, arched, bent, bowed, crooked, humped, rounded, serpentine, sinuous, sweeping, turned, twisted

**cushion**
▸ N. **1.** beanbag, bolster, hassock, headrest, pad, pillow, scatter cushion, squab
▸ V. **2.** bolster, buttress, cradle, dampen, deaden, muffle, pillow, protect, soften, stifle, support, suppress

**custody** **1.** aegis, auspices, care, charge, custodianship, guardianship, keeping, observation, preservation, protection, safekeeping, supervision, trusteeship, tutelage, ward, watch **2.** arrest, confinement, detention, durance (*Archaic*), duress, imprisonment, incarceration

**custom** **1.** habit, habitude (*Rare*), manner, mode, procedure, routine, way, wont **2.** convention, etiquette, fashion, form, formality, matter of course, observance, observation, policy, practice, praxis, ritual, rule, style, tradition, unwritten law, usage, use **3.** customers, patronage, trade

**customarily** as a rule, commonly, generally, habitually, in the ordinary way, normally, ordinarily, regularly, traditionally, usually

**customary** accepted, accustomed, acknowledged, common, confirmed, conventional, established, everyday, familiar, fashionable, general, habitual, normal, ordinary, popular, regular, routine, traditional, usual, wonted

**customer** buyer, client, consumer, habitué, patron, prospect, purchaser, regular (*Inf.*), shopper

**customs** duty, import charges, tariff, taxes, toll

**cut**
▸ V. **1.** chop, cleave, divide, gash, incise, lacerate, nick, notch, penetrate, pierce, score, sever, slash, slice, slit, wound **2.** carve, chip, chisel, chop, engrave, fashion, form, inscribe, saw, sculpt, sculpture, shape, whittle **3.** clip, dock, fell, gather, hack, harvest, hew, lop, mow, pare, prune, reap, saw down, shave, trim **4.** contract, cut back, decrease, ease up on, lower, rationalize, reduce, slash, slim (down) **5.** abbreviate, abridge, condense, curtail, delete, edit out, excise, precis, shorten **6.** (*Often with* **through, off,** *or* **across**) bisect, carve, cleave, cross, dissect, divide, interrupt, intersect, part, segment, sever, slice, split, sunder **7.** avoid, cold-shoulder, freeze (someone) out (*Inf.*), grieve, hurt, ignore, insult, look straight through (someone), pain, put down, send to Coventry, slight, snub, spurn, sting, turn one's back on, wound
▸ N. **8.** gash, graze, groove, incision, laceration, nick, rent, rip, slash, slit, stroke, wound **9.** cutback, decrease, decrement, diminution, economy, fall, lowering, reduction, saving **10.** (*Inf.*) chop (*Sl.*), division, kickback (*Chiefly U.S.*), percentage, piece, portion, rake-off (*Sl.*), section, share, slice **11.** configuration, fashion, form, look, mode, shape, style **12. a cut above** (*Inf.*) better than, higher than, more efficient (capable, competent, reliable, trustworthy, useful) than, superior to **13. cut and dried** (*Inf.*) automatic, fixed, organized, prearranged, predetermined, settled, sorted out (*Inf.*)

**cutback** cut, decrease, economy, lessening, reduction, retrenchment

**cut down** **1.** fell, hew, level, lop, raze **2.** (*Sometimes with* **on**) decrease, lessen, lower, reduce **3.** blow away (*Sl., chiefly U.S.*), dispatch, kill, massacre, mow down, slaughter, slay (*Archaic*), take out (*Sl.*) **4. cut (someone) down to size** abash, humiliate, make (someone) look small, take the wind out of (someone's) sails

**cut in** break in, butt in, interpose, interrupt, intervene, intrude, move in (*Inf.*)

**cut off** **1.** disconnect, intercept, interrupt, intersect **2.** bring to an end, discontinue, halt, obstruct, suspend **3.** isolate, separate, sever **4.** disinherit, disown, renounce

**cut out** **1.** cease, delete, extract, give up, kick (*Inf.*), refrain from, remove, sever, stop **2.** (*Inf.*) displace, eliminate, exclude, oust, supersede, supplant

**cut-price** bargain, cheap, cheapo (*Inf.*), cut-rate (*Chiefly U.S.*), reduced, sale

## cut-throat

- **N. 1.** assassin, bravo, butcher, executioner, heavy (Sl.), hit man (Sl.), homicide, killer, liquidator, murderer, slayer (Archaic), thug
- **ADJ. 2.** barbarous, bloodthirsty, bloody, cruel, death-dealing, ferocious, homicidal, murderous, savage, thuggish, violent **3.** competitive, dog-eat-dog, fierce, relentless, ruthless, unprincipled

**cutting** ADJ. **1.** biting, bitter, chill, keen, numbing, penetrating, piercing, raw, sharp, stinging **2.** acid, acrimonious, barbed, bitter, caustic, hurtful, malicious, mordacious, pointed, sarcastic, sardonic, scathing, severe, trenchant, vitriolic, wounding

## cut up

- **V. 1.** carve, chop, dice, divide, mince, slice **2.** injure, knife, lacerate, slash, wound **3.** (Inf.) blast, criticize, crucify (Sl.), give (someone or something) a rough ride, lambast(e), pan (Inf.), put down, ridicule, slate (Inf.), tear into (Inf.), vilify
- **ADJ. 4.** (Inf.) agitated, dejected, desolated, distressed, disturbed, heartbroken, stricken, upset, wretched

**cycle** aeon, age, circle, era, period, phase, revolution, rotation, round (of years)

**cynic** doubter, misanthrope, misanthropist, pessimist, sceptic, scoffer

**cynical** contemptuous, derisive, distrustful, ironic, misanthropic, misanthropical, mocking, mordacious, pessimistic, sarcastic, sardonic, sceptical, scoffing, scornful, sneering, unbelieving

**cynicism** disbelief, doubt, misanthropy, pessimism, sarcasm, sardonicism, scepticism

**czar** → tsar

◆ ◆ ◆ ◆ ◆ ◆ ◆ ◆ ◆ ◆ ◆ ◆ ◆ ◆ ◆ ◆ ◆ ◆ ◆

# D

**dabble 1.** dip, guddle (Scot.), moisten, paddle, spatter, splash, sprinkle, wet **2.** dally, dip into, play at, potter, tinker, trifle (with)

**dabbler** amateur, dilettante, potterer, tinkerer, trifler

**dagger 1.** bayonet, dirk, poniard, skean, stiletto **2. at daggers drawn** at enmity, at loggerheads, at odds, at war, on bad terms, up in arms **3. look daggers** frown, glare, glower, look black, lour or lower, scowl

## daily

- **ADJ. 1.** circadian, diurnal, everyday, quotidian **2.** common, commonplace, day-to-day, everyday, ordinary, quotidian, regular, routine
- **ADV. 3.** constantly, day after day, day by day, every day, often, once a day, per diem, regularly

## dainty

- **ADJ. 1.** charming, delicate, elegant, exquisite, fine, graceful, neat, petite, pretty **2.** choice, delectable, delicious, palatable, savoury, tasty, tender, toothsome **3.** choosy, fastidious, finical, finicky, fussy, mincing, nice, particular, picky (Inf.), refined, scrupulous
- **N. 4.** bonne bouche, delicacy, fancy, sweetmeat, titbit

**dale** bottom, coomb, dell, dingle, glen, strath (Scot.), vale, valley

## dam

- **N. 1.** barrage, barrier, embankment, hindrance, obstruction, wall
- **V. 2.** barricade, block, block up, check, choke, confine, hold back, hold in, obstruct, restrict

## damage

- **N. 1.** destruction, detriment, devastation, harm, hurt, impairment, injury, loss, mischief, mutilation, suffering **2.** (Inf.) bill, charge, cost, expense, total **3.** Plural compensation, fine, indemnity, reimbursement, reparation, satisfaction
- **V. 4.** deface, harm, hurt, impair, incapacitate, injure, mar, mutilate, ruin, spoil, tamper with, undo, weaken, wreck

**damaging** deleterious, detrimental, disadvantageous, harmful, hurtful, injurious, prejudicial, ruinous

**dame** baroness, dowager, grande dame, lady, matron (Archaic), noblewoman, peeress

## damn

- **V. 1.** blast, castigate, censure, condemn, criticize, denounce, denunciate, excoriate, inveigle against, lambast(e), pan (Inf.), put down, slam (Sl.), slate (Inf.), tear into (Inf.) **2.** abuse, anathematize, blaspheme, curse, execrate, imprecate, revile, swear **3.** condemn, doom, sentence
- **N. 4.** brass farthing, hoot, iota, jot, tinker's curse or damn (Sl.), two hoots, whit **5. not give a damn** be indifferent, not care, not mind

**damnable** abominable, accursed, atrocious, culpable, cursed, despicable, detestable, execrable, hateful, horrible, offensive, wicked

**damnation** anathema, ban, condemnation, consigning to perdition, damning, denunciation, doom, excommunication, objurgation, proscription, sending to hell

**damned 1.** accursed, anathematized, condemned, doomed, infernal, lost, reprobate, unhappy **2.** (Sl.) confounded, despicable, detestable, hateful, infamous, infernal, loathsome, revolting

**damning** accusatorial, condemnatory, damnatory, dooming, implicating, implicative, incriminating

## damp

- **N. 1.** clamminess, dampness, darkness, dew, drizzle, fog, humidity, mist, moisture, muzziness, vapour
- **ADJ. 2.** clammy, dank, dewy, dripping, drizzly, humid, misty, moist, muggy, sodden, soggy, sopping, vaporous, wet
- **V. 3.** dampen, moisten, wet **4.** (Fig.) allay, check, chill, cool, curb, dash, deaden, deject, depress, diminish, discourage, dispirit, dull, inhibit, moderate, restrain, stifle
- **N. 5.** (Fig.) check, chill, cold water (Inf.), curb, damper, discouragement, gloom, restraint, wet blanket (Inf.)

**damper** chill, cloud, cold water (Inf.), curb, discouragement, gloom, hindrance, kill-joy, pall, restraint, wet blanket (Inf.)

## dance

- **V. 1.** bob up and down, caper, cut a rug (Inf.), frolic, gambol, hop, jig, prance, rock, skip, spin, sway, swing, trip, whirl
- **N. 2.** ball, dancing party, disco, discotheque, hop (Inf.), knees-up (Brit. inf.), social

**danger** endangerment, hazard, insecurity, jeopardy, menace, peril, pitfall, precariousness, risk, threat, venture, vulnerability

**dangerous** alarming, breakneck, chancy (Inf.), exposed, hairy (Sl.), hazardous, insecure, menacing, nasty, parlous (Archaic), perilous, precarious, risky, threatening, treacherous, ugly, unchancy (Scot.), unsafe, vulnerable

**dangerously 1.** alarmingly, carelessly, daringly, desperately, harmfully, hazardously, perilously, precariously, recklessly, riskily, unsafely, unsecurely **2.** critically, gravely, seriously, severely

**dangle** V. **1.** depend, flap, hang, hang down, sway, swing, trail **2.** brandish, entice, flaunt, flourish, lure, tantalize, tempt, wave

**dapper** active, brisk, chic, dainty, natty (Inf.), neat, nice, nimble, smart, soigné or soignée, spruce, spry, stylish, trig (Archaic or dialect), trim, well-groomed, well turned out

**dappled** brindled, checkered, flecked, freckled, mottled, piebald, pied, speckled, spotted, stippled, variegated

## dare

- **V. 1.** challenge, defy, goad, provoke, taunt, throw down the gauntlet **2.** adventure, brave, endanger, gamble, hazard, make bold, presume, risk, stake, venture
- **N. 3.** challenge, defiance, provocation, taunt

## daredevil

- **N. 1.** adventurer, desperado, exhibitionist, hot dog (Chiefly U.S.), madcap, show-off (Inf.), stunt man
- **ADJ. 2.** adventurous, audacious, bold, daring, death-defying, madcap, reckless

## daring

- **ADJ. 1.** adventurous, audacious, ballsy (Taboo sl.), bold, brave, daredevil, fearless, game (Inf.), have-a-go (Inf.), impulsive, intrepid, plucky, rash, reckless, valiant, venturesome
- **N. 2.** audacity, balls (Taboo sl.), ballsiness (Taboo sl.), boldness, bottle (Brit. sl.), bravery, courage, derring-do (Archaic), fearlessness, grit, guts (Inf.), intrepidity, nerve (Inf.), pluck, rashness, spirit, spunk (Inf.), temerity

## dark

- **ADJ. 1.** black, brunette, dark-skinned, dusky, ebony, sable, swarthy **2.** cloudy, darksome (Literary), dim, dingy, indistinct, murky, overcast, pitch-black, pitchy, shadowy, shady, sunless, unlit **3.** abstruse, arcane, concealed, cryptic, deep, Delphic, enigmatic, hidden, mysterious, mystic, obscure, occult, puzzling, recondite, secret **4.** bleak, cheerless, dismal, doleful, drab, gloomy, grim, joyless, morbid, morose, mournful, sombre **5.** benighted, ignorant, uncultivated, unenlightened, unlettered **6.** atrocious, damnable, evil, foul, hellish, horrible, infamous, infernal, nefarious, satanic, sinful, sinister, vile, wicked **7.** angry, dour, forbidding, frowning, glowering, glum, ominous, scowling, sulky, sullen, threatening
- **N. 8.** darkness, dimness, dusk, gloom, murk, murkiness, obscurity, semi-darkness **9.** evening, night, nightfall, night-time, twilight **10.** (Fig.) concealment, ignorance, secrecy

**darken 1.** becloud, blacken, cloud up or over, deepen, dim, eclipse, make dark, make darker, make dim, obscure, overshadow, shade, shadow **2.** become angry, become gloomy, blacken, cast a pall over, cloud, deject, depress, dispirit, grow troubled, look black, sadden

**darkness 1.** blackness, dark, dimness, dusk, duskiness, gloom, murk, murkiness, nightfall, obscurity, shade, shadiness, shadows **2.** (Fig.) blindness, concealment, ignorance, mystery, privacy, secrecy, unawareness

## darling

- **N. 1.** beloved, dear, dearest, love, sweetheart, truelove **2.** apple of one's eye, blue-eyed boy, fair-haired boy (U.S.), favourite, pet, spoilt child
- **ADJ. 3.** adored, beloved, cherished, dear, precious, treasured **4.** adorable, attractive, captivating, charming, cute, enchanting, lovely, sweet

## darn

- **V. 1.** cobble up, mend, patch, repair, sew up, stitch
- **N. 2.** invisible repair, mend, patch, reinforcement

**dart 1.** bound, dash, flash, flit, fly, race, run, rush, scoot, shoot, spring, sprint, start, tear, whistle, whiz **2.** cast, fling, hurl, launch, propel, send, shoot, sling, throw

## dash

- **V. 1.** break, crash, destroy, shatter, shiver, smash, splinter **2.** cast, fling, hurl, slam, sling, throw **3.** barrel (along) (Inf., chiefly U.S. & Canad.), bolt, bound, burn rubber (Inf.), dart, fly, haste, hasten, hurry, race, run, rush, speed, spring, sprint, tear **4.** abash, chagrin, confound, dampen, disappoint, discomfort, discourage **5.** blight, foil, frustrate, ruin, spoil, thwart, undo
- **N. 6.** bolt, dart, haste, onset, race, run, rush, sortie, sprint, spurt **7.** brio, élan, flair, flourish, panache, spirit, style, verve, vigour, vivacity **8.** bit, drop, flavour, hint, little, pinch, smack, soupçon, sprinkling, suggestion, tinge, touch

**dashing 1.** bold, daring, debonair, exuberant, gallant, lively, plucky, spirited, swashbuckling **2.** dapper, dazzling, elegant, flamboyant, jaunty, showy, smart, sporty, stylish, swish (Inf., chiefly Brit.)

**data** details, documents, dope (Inf.), facts, figures, info (Inf.), information, input, materials, statistics

## date

- **N. 1.** age, epoch, era, period, stage, time **2.** appointment, assignation, engagement, meeting, rendezvous, tryst **3.** escort, friend, partner, steady (Inf.) **4. out of date** antiquated, archaic, dated, obsolete, old, old-fashioned, passé **5. to date** now, so far, up to now, up to the present, up to this point, yet **6. up-to-date** à la mode, contemporary, current, fashionable, modern, trendy (Inf.), up-to-the-minute
- **V. 7.** assign a date to, determine the date of, fix the period of, put a date on **8.** bear a date, belong to, come from, exist from, originate in **9.** become obsolete, be dated, obsolesce, show one's age

**dated** antiquated, archaic, démodé, obsolete, old-fashioned, old hat, out, outdated, outmoded, out of date, passé, unfashionable, untrendy (Brit. inf.)

## daub

- **V. 1.** coat, cover, paint, plaster, slap on (Inf.), smear **2.** bedaub, begrime, besmear, blur, deface, dirty, grime, smirch, smudge, spatter, splatter, stain, sully
- **N. 3.** blot, blotch, smear, smirch, splodge, splotch, spot, stain

**daunt 1.** alarm, appal, cow, dismay, frighten, frighten off, intimidate, overawe, scare, subdue, terrify **2.** deter, discourage, dishearten, dispirit, put off, shake

**dauntless** bold, brave, courageous, daring, doughty, fearless, gallant, gritty, heroic, indomitable, intrepid, lion-hearted, resolute, stouthearted, undaunted, unflinching, valiant, valorous

**dawdle** dally, delay, dilly-dally (*Inf.*), fritter away, hang about, idle, lag, loaf, loiter, potter, trail, waste time

**dawn**
▶ N. **1.** aurora (*Poetic*), cockcrow, crack of dawn, dawning, daybreak, daylight, dayspring (*Poetic*), morning, sunrise, sunup
▶ V. **2.** break, brighten, gleam, glimmer, grow light, lighten
▶ N. **3.** advent, beginning, birth, dawning, emergence, genesis, inception, onset, origin, outset, rise, start, unfolding
▶ V. **4.** appear, begin, develop, emerge, initiate, open, originate, rise, unfold **5.** come into one's head, come to mind, cross one's mind, flash across one's mind, hit, occur, register (*Inf.*), strike

**day 1.** daylight, daylight hours, daytime, twenty-four hours, working day **2.** age, ascendancy, cycle, epoch, era, generation, height, heyday, period, prime, time, zenith **3.** date, particular day, point in time, set time, time **4. call it a day** (*Inf.*) end, finish, knock off (*Inf.*), leave off, pack it in (*Sl.*), pack up (*Inf.*), shut up shop, stop **5. day after day** continually, monotonously, persistently, regularly, relentlessly **6. day by day** daily, gradually, progressively, steadily

**daybreak** break of day, cockcrow, crack of dawn, dawn, dayspring (*Poetic*), first light, morning, sunrise, sunup

**daydream**
▶ N. **1.** dream, imagining, musing, reverie, stargazing, vision, woolgathering **2.** castle in the air *or* in Spain, dream, fancy, fantasy, figment of the imagination, fond hope, pipe dream, wish
▶ V. **3.** dream, envision, fancy, fantasize, hallucinate, imagine, muse, stargaze

**daydreamer** castle-builder, dreamer, fantast, pipe dreamer, visionary, Walter Mitty, wishful thinker, woolgatherer

**daylight 1.** light of day, sunlight, sunshine **2.** broad day, daylight hours, daytime **3.** full view, light of day, openness, public attention

**daze**
▶ V. **1.** benumb, numb, paralyze, shock, stun, stupefy **2.** amaze, astonish, astound, befog, bewilder, blind, confuse, dazzle, dumbfound, flabbergast (*Inf.*), flummox, nonplus, perplex, stagger, startle, surprise
▶ N. **3.** bewilderment, confusion, distraction, shock, stupor, trance, trancelike state

**dazed** at sea, baffled, bemused, bewildered, confused, disorientated, dizzy, dopey (*Sl.*), flabbergasted (*Inf.*), flummoxed, fuddled, groggy (*Inf.*), light-headed, muddled, nonplussed, numbed, perplexed, punch-drunk, shocked, staggered, stunned, stupefied, woozy (*Inf.*)

**dazzle**
▶ V. **1.** bedazzle, blind, blur, confuse, daze **2.** amaze, astonish, awe, bowl over (*Inf.*), fascinate, hypnotize, impress, overawe, overpower, overwhelm, strike dumb, stupefy
▶ N. **3.** brilliance, éclat, flash, glitter, magnificence, razzle-dazzle (*Sl.*), razzmatazz (*Sl.*), sparkle, splendour

**dazzling** brilliant, drop-dead (*Sl.*), glittering, glorious, radiant, ravishing, scintillating, sensational (*Inf.*), shining, sparkling, splendid, stunning, sublime, superb, virtuoso

**dead**
▶ ADJ. **1.** deceased, defunct, departed, extinct, gone, inanimate, late, lifeless, passed away, perished **2.** apathetic, callous, cold, dull, frigid, glassy, glazed, indifferent, inert, lukewarm, numb, paralyzed, spiritless, torpid, unresponsive, wooden **3.** barren, inactive, inoperative, not working, obsolete, stagnant, sterile, still, unemployed, unprofitable, useless **4.** boring, dead-and-alive, dull, flat, ho-hum (*Inf.*), insipid, stale, tasteless, uninteresting, vapid **5.** (*Fig.*) absolute, complete, downright, entire, outright, thorough, total, unqualified, utter **6.** (*Inf.*) dead beat (*Inf.*), exhausted, spent, tired, worn out
▶ N. **7.** depth, middle, midst
▶ ADV. **8.** absolutely, completely, directly, entirely, exactly, totally

**deaden** abate, alleviate, anaesthetize, benumb, blunt, check, cushion, damp, dampen, diminish, dull, hush, impair, lessen, muffle, mute, numb, paralyze, quieten, reduce, smother, stifle, suppress, weaken

**deadlock** cessation, dead heat, draw, full stop, halt, impasse, stalemate, standoff, standstill, tie

**deadly 1.** baleful, baneful, dangerous, death-dealing, deathly, destructive, fatal, lethal, malignant, mortal, noxious, pernicious, poisonous, venomous **2.** cruel, grim, implacable, mortal, ruthless, savage, unrelenting **3.** ashen, deathlike, deathly, ghastly, ghostly, pallid, wan, white **4.** accurate, effective, exact, on target, precise, sure, true, unerring, unfailing **5.** (*Inf.*) boring, dull, ho-hum (*Inf.*), mind-numbing, monotonous, tedious, uninteresting, wearisome

**deaf** ADJ. **1.** hard of hearing, stone deaf, without hearing **2.** indifferent, oblivious, unconcerned, unhearing, unmoved

**deafen** din, drown out, make deaf, split *or* burst the eardrums

**deafening** booming, dinning, ear-piercing, ear-splitting, intense, overpowering, piercing, resounding, ringing, thunderous

**deal**
▶ V. **1.** (*With* with) attend to, cope with, handle, manage, oversee, see to, take care of, treat **2.** (*With* with) concern, consider, treat (of) **3.** (*With* with) act, behave, conduct oneself **4.** bargain, buy and sell, do business, negotiate, sell, stock, trade, traffic, treat (with)
▶ N. **5.** (*Inf.*) agreement, arrangement, bargain, contract, pact, transaction, understanding
▶ V. **6.** allot, apportion, assign, bestow, dispense, distribute, divide, dole out, give, mete out, reward, share
▶ N. **7.** amount, degree, distribution, extent, portion, quantity, share, transaction **8.** cut and shuffle, distribution, hand, round, single game

**dealer** chandler, marketer, merchandizer, merchant, purveyor, supplier, trader, tradesman, wholesaler

**dealings** business, business relations, commerce, trade, traffic, transactions, truck

**dear**
▶ ADJ. **1.** beloved, cherished, close, darling, esteemed, familiar, favourite, intimate, precious, prized, respected, treasured **2.** at a premium, costly, expensive, high-priced, overpriced, pricey (*Inf.*)
▶ N. **3.** angel, beloved, darling, loved one, precious, treasure
▶ ADV. **4.** at a heavy cost, at a high price, at great cost, dearly

**dearly 1.** extremely, greatly, profoundly, very much **2.** affectionately, devotedly, fondly, lovingly, tenderly **3.** at a heavy cost, at a high price, at great cost, dear

**death 1.** bereavement, cessation, curtains (*Inf.*), decease, demise, departure, dissolution, dying, end, exit, expiration, loss, passing, quietus, release **2.** annihilation, destruction, downfall, eradication, extermination, extinction, finish, grave, obliteration, ruin, ruination, undoing

**deathless** eternal, everlasting, immortal, imperishable, incorruptible, timeless, undying

**deathly 1.** cadaverous, deathlike, gaunt, ghastly, grim, haggard, pale, pallid, wan **2.** deadly, extreme, fatal, intense, mortal, terrible

**debacle** catastrophe, collapse, defeat, devastation, disaster, downfall, fiasco, havoc, overthrow, reversal, rout, ruin, ruination

**debase 1.** abase, cheapen, degrade, demean, devalue, disgrace, dishonour, drag down, humble, humiliate, lower, reduce, shame **2.** adulterate, bastardize, contaminate, corrupt, defile, depreciate, impair, pollute, taint, vitiate

**debasement 1.** adulteration, contamination, depreciation, devaluation, pollution, reduction **2.** abasement, baseness, corruption, degradation, depravation, perversion

**debatable** arguable, borderline, controversial, disputable, doubtful, dubious, iffy (*Inf.*), in dispute, moot, open to question, problematical, questionable, uncertain, undecided, unsettled

**debate**
▶ V. **1.** argue, contend, contest, controvert, discuss, dispute, question, wrangle
▶ N. **2.** altercation, argument, contention, controversy, discussion, disputation, dispute, polemic, row

▶ V. **3.** cogitate, consider, deliberate, meditate upon, mull over, ponder, reflect, revolve, ruminate, weigh
▶ N. **4.** cogitation, consideration, deliberation, meditation, reflection

**debilitate** devitalize, enervate, enfeeble, exhaust, incapacitate, prostrate, relax, sap, undermine, weaken, wear out

**debility** decrepitude, enervation, enfeeblement, exhaustion, faintness, feebleness, frailty, incapacity, infirmity, languor, malaise, sickliness, weakness

**debonair** affable, buoyant, charming, cheerful, courteous, dashing, elegant, jaunty, light-hearted, refined, smooth, sprightly, suave, urbane, well-bred

**debris** bits, brash, detritus, dross, fragments, litter, pieces, remains, rubbish, rubble, ruins, waste, wreck, wreckage

**debt 1.** arrears, bill, claim, commitment, debit, due, duty, liability, obligation, score **2. in debt** accountable, beholden, in arrears, in hock (*Inf.*, *chiefly U.S.*), in the red (*Inf.*), liable, owing, responsible

**debtor** borrower, defaulter, insolvent, mortgagor

**debunk** cut down to size, deflate, disparage, expose, lampoon, mock, puncture, ridicule, show up

**début** beginning, bow, coming out, entrance, first appearance, inauguration, initiation, introduction, launching, presentation

**decadence** corruption, debasement, decay, decline, degeneration, deterioration, dissipation, dissolution, fall, perversion, retrogression

**decadent** corrupt, debased, debauched, decaying, declining, degenerate, degraded, depraved, dissolute, immoral, self-indulgent

**decapitate** behead, execute, guillotine

**decay**
▶ V. **1.** atrophy, crumble, decline, degenerate, deteriorate, disintegrate, dissolve, dwindle, moulder, shrivel, sink, spoil, wane, waste away, wear away, wither **2.** corrode, decompose, mortify, perish, putrefy, rot
▶ N. **3.** atrophy, collapse, decadence, decline, degeneracy, degeneration, deterioration, dying, fading, failing, wasting, withering **4.** caries, cariosity, decomposition, gangrene, mortification, perishing, putrefaction, putrescence, putridity, rot, rotting

**decayed** bad, carious, carrion, corroded, decomposed, perished, putrefied, putrid, rank, rotten, spoiled, wasted, withered

**decaying** crumbling, deteriorating, disintegrating, gangrenous, perishing, putrefacient, rotting, wasting away, wearing away

**decease**
▶ N. **1.** death, demise, departure, dissolution, dying, release
▶ V. **2.** buy it (*U.S. sl.*), cease, check out (*U.S. sl.*), croak (*Sl.*), die, expire, go belly-up (*Sl.*), kick it (*Sl.*), kick the bucket (*Sl.*), pass away *or* on *or* over, peg it (*Inf.*), peg out (*Inf.*), perish, pop one's clogs (*Inf.*)

**deceased** ADJ. dead, defunct, departed, expired, finished, former, gone, late, lifeless, lost

**deceit 1.** artifice, cheating, chicanery, craftiness, cunning, deceitfulness, deception, dissimulation, double-dealing, duplicity, fraud, fraudulence, guile, hypocrisy, imposition, pretence, slyness, treachery, trickery, underhandedness **2.** artifice, blind, cheat, chicanery, deception, duplicity, fake, feint, fraud, imposture, misrepresentation, pretence, ruse, scam (*Sl.*), sham, shift, sting (*Inf.*), stratagem, subterfuge, swindle, trick, wile

**deceitful** counterfeit, crafty, deceiving, deceptive, designing, dishonest, disingenuous, double-dealing, duplicitous, fallacious, false, fraudulent, guileful, hypocritical, illusory, insincere, knavish (*Archaic*), sneaky, treacherous, tricky, two-faced, underhand, untrustworthy

**deceive 1.** bamboozle (*Inf.*), beguile, betray, cheat, con (*Inf.*), cozen, delude, disappoint, double-cross (*Inf.*), dupe, ensnare, entrap, fool, hoax, hoodwink, impose upon, kid (*Inf.*), lead (someone) on (*Inf.*), mislead, outwit, pull a fast one (*Sl.*), pull the wool over (someone's) eyes, stiff (*Sl.*), sting (*Inf.*), swindle, take for a ride (*Inf.*), take in (*Inf.*), trick **2. be deceived by** be made a fool of, be taken in (by), be the dupe of, bite, fall for, fall into a trap, swallow (*Inf.*), swallow hook, line, and sinker (*Inf.*), take the bait

**decency** appropriateness, civility, correctness, courtesy, decorum, etiquette, fitness, good form, good manners, modesty, propriety, respectability, seemliness

**decent 1.** appropriate, becoming, befitting, chaste, comely, comme il faut, decorous, delicate, fit, fitting, modest, nice, polite, presentable, proper, pure, respectable, seemly, suitable **2.** acceptable, adequate, ample, average, competent, fair, passable, reasonable, satisfactory, sufficient, tolerable **3.** accommodating, courteous, friendly, generous, gracious, helpful, kind, obliging, thoughtful

**deception 1.** craftiness, cunning, deceit, deceitfulness, deceptiveness, dissimulation, duplicity, fraud, fraudulence, guile, hypocrisy, imposition, insincerity, legerdemain, treachery, trickery **2.** artifice, bluff, canard, cheat, decoy, feint, fraud, hoax, hokum (*Sl., chiefly U.S. & Canad.*), illusion, imposture, leg-pull (*Brit. inf.*), lie, pork pie (*Brit. sl.*), porky (*Brit. sl.*), ruse, sham, snare, stratagem, subterfuge, trick, wile

**deceptive** ambiguous, deceitful, delusive, dishonest, fake, fallacious, false, fraudulent, illusory, misleading, mock, specious, spurious, unreliable

**decide** adjudge, adjudicate, choose, come to a conclusion, commit oneself, conclude, decree, determine, elect, end, make a decision, make up one's mind, purpose, reach or come to a decision, resolve, settle

**decided 1.** absolute, categorical, certain, clear-cut, definite, distinct, express, indisputable, positive, pronounced, unambiguous, undeniable, undisputed, unequivocal, unquestionable **2.** assertive, decisive, deliberate, determined, emphatic, firm, resolute, strong-willed, unfaltering, unhesitating

**decidedly** absolutely, certainly, clearly, decisively, distinctly, downright, positively, unequivocally, unmistakably

**deciding** chief, conclusive, critical, crucial, decisive, determining, influential, prime, principal, significant

**decipher** construe, crack, decode, deduce, explain, figure out (*Inf.*), interpret, make out, read, reveal, solve, suss (out) (*Sl.*), understand, unfold, unravel

**decision 1.** arbitration, conclusion, finding, judg(e)ment, outcome, resolution, result, ruling, sentence, settlement, verdict **2.** decisiveness, determination, firmness, purpose, purposefulness, resoluteness, resolution, resolve, strength of mind or will

**decisive 1.** absolute, conclusive, critical, crucial, definite, definitive, fateful, final, influential, momentous, positive, significant **2.** decided, determined, firm, forceful, incisive, resolute, strong-minded, trenchant

**deck v. 1.** adorn, apparel (*Archaic*), array, attire, beautify, bedeck, bedight (*Archaic*), bedizen (*Archaic*), clothe, decorate, dress, embellish, festoon, garland, grace, ornament, trim **2. deck up** or **out** doll up (*Sl.*), get ready, prettify, pretty up, prink, rig out, tog up or out, trick out

**declaim 1.** harangue, hold forth, lecture, orate, perorate, proclaim, rant, recite, speak, spiel (*Inf.*) **2. declaim against** attack, decry, denounce, inveigh, rail

**declamation** address, harangue, lecture, oration, rant, recitation, speech, tirade

**declaration 1.** acknowledgement, affirmation, assertion, attestation, averment, avowal, deposition, disclosure, protestation, revelation, statement, testimony **2.** announcement, edict, manifesto, notification, proclamation, profession, promulgation, pronouncement, pronunciamento

**declarative, declaratory** affirmative, definite, demonstrative, enunciatory, explanatory, expository, expressive, positive

**declare 1.** affirm, announce, assert, asseverate, attest, aver, avow, certify, claim, confirm, maintain, proclaim, profess, pronounce, state, swear, testify, utter, validate **2.** confess, convey, disclose, make known, manifest, reveal, show

**decline**
▸ **v. 1.** abstain, avoid, deny, forgo, refuse, reject, say œno', send one's regrets, turn down **2.** decrease, diminish, drop, dwindle, ebb, fade, fail, fall, fall off, flag, lessen, shrink, sink, wane
▸ **N. 3.** abatement, diminution, downturn, drop, dwindling, falling off, lessening, recession, slump
▸ **V. 4.** decay, degenerate, deteriorate, droop, languish, pine, weaken, worsen
▸ **N. 5.** decay, decrepitude, degeneration, deterioration, enfeeblement, failing, senility, weakening, worsening **6.** (*Archaic*) consumption, phthisis, tuberculosis
▸ **V. 7.** descend, dip, sink, slant, slope
▸ **N. 8.** declivity, hill, incline, slope

**decompose 1.** break up, crumble, decay, fall apart, fester, putrefy, rot, spoil **2.** analyse, atomize, break down, break up, decompound, disintegrate, dissect, dissolve, distil, separate

**decomposition** atomization, breakdown, corruption, decay, disintegration, dissolution, division, putrefaction, putrescence, putridity, rot

**décor** colour scheme, decoration, furnishing style, ornamentation

**decorate 1.** adorn, beautify, bedeck, deck, embellish, enrich, festoon, grace, ornament, trim **2.** colour, do up (*Inf.*), furbish, paint, paper, renovate, wallpaper **3.** cite, honour, pin a medal on

**decoration 1.** adornment, beautification, elaboration, embellishment, enrichment, garnishing, ornamentation, trimming **2.** arabesque, bauble, cartouch(e), curlicue, falderal, festoon, flounce, flourish, frill, furbelow, garnish, ornament, scroll, spangle, trimmings, trinket **3.** award, badge, colours, emblem, garter, medal, order, ribbon, star

**decorative** adorning, arty-crafty, beautifying, enhancing, fancy, nonfunctional, ornamental, pretty

**decorous** appropriate, becoming, befitting, comely, comme il faut, correct, decent, dignified, fit, fitting, mannerly, polite, proper, refined, sedate, seemly, staid, suitable, well-behaved

**decorum** behaviour, breeding, courtliness, decency, deportment, dignity, etiquette, gentility, good grace, good manners, gravity, politeness, politesse, propriety, protocol, punctilio, respectability, seemliness

**decoy**
▸ **N. 1.** attraction, bait, ensnarement, enticement, inducement, lure, pretence, trap
▸ **V. 2.** allure, bait, deceive, ensnare, entice, entrap, inveigle, lure, seduce, tempt

**decrease**
▸ **V. 1.** abate, contract, curtail, cut down, decline, diminish, drop, dwindle, ease, fall off, lessen, lower, peter out, reduce, shrink, slacken, subside, wane
▸ **N. 2.** abatement, contraction, cutback, decline, diminution, downturn, dwindling, ebb, falling off, lessening, loss, reduction, shrinkage, subsidence

**decree**
▸ **N. 1.** act, canon, command, demand, dictum, edict, enactment, law, mandate, order, ordinance, precept, proclamation, regulation, ruling, statute
▸ **V. 2.** command, decide, demand, determine, dictate, enact, establish, lay down, ordain, order, prescribe, proclaim, pronounce, rule

**decrepit 1.** aged, crippled, debilitated, doddering, effete, feeble, frail, incapacitated, infirm, superannuated, wasted, weak **2.** antiquated, battered, beat-up (*Inf.*), broken-down, deteriorated, dilapidated, ramshackle, rickety, run-down, tumble-down, weather-beaten, worn-out

**decry** abuse, asperse, belittle, blame, blast, censure, condemn, criticize, cry down, denounce, depreciate, derogate, detract, devalue, discredit, disparage, excoriate, lambast(e), put down, rail against, run down, tear into (*Inf.*), traduce, underestimate, underrate, undervalue

**dedicate 1.** commit, devote, give over to, pledge, surrender **2.** address, assign, inscribe, offer **3.** bless, consecrate, hallow, sanctify, set apart

**dedicated** committed, devoted, enthusiastic, given over to, purposeful, single-minded, sworn, wholehearted, zealous

**dedication 1.** adherence, allegiance, commitment, devotedness, devotion, faithfulness, loyalty, single-mindedness, wholeheartedness **2.** address, inscription, message **3.** consecration, hallowing, sanctification

**deduce** conclude, derive, draw, gather, glean, infer, reason, take to mean, understand

**deduct** decrease by, knock off (*Inf.*), reduce by, remove, subtract, take away, take from, take off, take out, withdraw

**deduction 1.** assumption, conclusion, consequence, corollary, finding, inference, reasoning, result **2.** abatement, allowance, decrease, diminution, discount, reduction, subtraction, withdrawal

**deed 1.** achievement, act, action, exploit, fact, feat, performance, reality, truth **2.** (*Law*) contract, document, indenture, instrument, title, title deed, transaction

**deem** account, believe, conceive, consider, esteem, estimate, hold, imagine, judge, reckon, regard, suppose, think

**deep**
▸ **ADJ. 1.** abyssal, bottomless, broad, far, profound, unfathomable, wide, yawning **2.** abstract, abstruse, arcane, esoteric, hidden, mysterious, obscure, recondite, secret **3.** acute, discerning, learned, penetrating, sagacious, wise **4.** artful, astute, canny, cunning, designing, devious, insidious, knowing, scheming, shrewd **5.** extreme, grave, great, intense, profound, unqualified **6.** absorbed, engrossed, immersed, lost, preoccupied, rapt **7.** (*Of a colour*) dark, intense, rich, strong, vivid **8.** (*Of a sound*) bass, booming, full-toned, low, low-pitched, resonant, sonorous
▸ **N. 9.** (*Usually preceded by* the) briny (*Inf.*), high seas, main, ocean, sea **10.** culmination, dead, middle, mid point
▸ **ADV. 11.** deeply, far down, far into, late

**deepen 1.** dig out, dredge, excavate, hollow, scoop out, scrape out **2.** grow, increase, intensify, magnify, reinforce, strengthen

**deeply 1.** completely, gravely, profoundly, seriously, severely, thoroughly, to the heart, to the quick **2.** acutely, affectingly, distressingly, feelingly, intensely, mournfully, movingly, passionately, sadly

**deep-rooted** or **deep-seated** confirmed, entrenched, fixed, ineradicable, ingrained, inveterate, rooted, settled, subconscious, unconscious

**deface** blemish, deform, destroy, disfigure, impair, injure, mar, mutilate, obliterate, spoil, sully, tarnish, total (*Sl.*), trash (*Sl.*), vandalize

**de facto**
▸ **ADV. 1.** actually, in effect, in fact, in reality, really
▸ **ADJ. 2.** actual, existing, real

**defamation** aspersion, calumny, character assassination, denigration, disparagement, libel, obloquy, opprobrium, scandal, slander, slur, smear, traducement, vilification

**defamatory** abusive, calumnious, contumelious, denigrating, derogatory, disparaging, injurious, insulting, libellous, slanderous, vilifying, vituperative

**defame** asperse, bad-mouth (*Sl., chiefly U.S. & Canad.*), belie, besmirch, blacken, calumniate, cast a slur on, cast aspersions on, denigrate, detract, discredit, disgrace, dishonour, disparage, knock (*Inf.*), libel, malign, rubbish (*Inf.*), slag (off) (*Sl.*), slander, smear, speak evil of, stigmatize, traduce, vilify, vituperate

**default**
▸ **N. 1.** absence, defect, deficiency, dereliction, failure, fault, lack, lapse, neglect, nonpayment, omission, want
▸ **v. 2.** bilk, defraud, dodge, evade, fail, levant (*Brit.*), neglect, rat (*Inf.*), swindle, welsh (*Sl.*)

**defaulter** delinquent, embezzler, levanter (*Brit.*), nonpayer, offender, peculator, welsher (*Sl.*)

**defeat**
▸ **V. 1.** beat, blow out of the water (*Sl.*), clobber (*Sl.*), conquer, crush, lick (*Inf.*), master, overpower, overthrow, overwhelm, quell, repulse, rout, run rings around (*Inf.*), subdue, subjugate, tank (*Sl.*), undo, vanquish, wipe the floor with (*Inf.*) **2.** baffle, balk, confound, disappoint, discomfit, foil, frustrate, get the better of, ruin, thwart
▸ **N. 3.** beating, conquest, debacle, overthrow, pasting (*Sl.*), repulse, rout, trouncing, vanquishment **4.** disappointment, discomfiture, failure, frustration, rebuff, repulse, reverse, setback, thwarting

**defeated** balked, beaten, bested, checkmated, conquered, crushed, licked (*Inf.*), overcome, overpowered, overwhelmed, routed, thrashed, thwarted, trounced, vanquished, worsted

**defeatist**
▶ N. **1.** pessimist, prophet of doom, quitter, submitter, yielder
▶ ADJ. **2.** pessimistic

**defect**
▶ N. **1.** blemish, blotch, error, failing, fault, flaw, foible, imperfection, mistake, spot, taint, want **2.** absence, default, deficiency, frailty, inadequacy, lack, shortcoming, weakness
▶ V. **3.** abandon, apostatize, break faith, change sides, desert, go over, rebel, revolt, tergiversate, walk out on (*Inf.*)

**defection** abandonment, apostasy, backsliding, dereliction, desertion, rebellion, revolt

**defective 1.** broken, deficient, faulty, flawed, imperfect, inadequate, incomplete, insufficient, not working, out of order, scant, short **2.** abnormal, mentally deficient, retarded, subnormal

**defector** apostate, deserter, rat (*Inf.*), recreant (*Archaic*), renegade, runagate (*Archaic*), tergiversator, turncoat

**defence 1.** armament, cover, deterrence, guard, immunity, protection, resistance, safeguard, security, shelter **2.** barricade, bastion, buckler, bulwark, buttress, fastness, fortification, rampart, shield **3.** apologia, apology, argument, excuse, exoneration, explanation, extenuation, justification, plea, vindication **4.** (*Law*) alibi, case, declaration, denial, plea, pleading, rebuttal, testimony

**defenceless** endangered, exposed, helpless, naked, powerless, unarmed, unguarded, unprotected, vulnerable, wide open

**defend 1.** cover, fortify, guard, keep safe, preserve, protect, safeguard, screen, secure, shelter, shield, ward off, watch over **2.** assert, champion, endorse, espouse, justify, maintain, plead, speak up for, stand by, stand up for, stick up for (*Inf.*), support, sustain, uphold, vindicate

**defendant** appellant, defence, litigant, offender, prisoner at the bar, respondent, the accused

**defender 1.** bodyguard, escort, guard, protector **2.** advocate, champion, patron, sponsor, supporter, vindicator

**defensible 1.** holdable, impregnable, safe, secure, unassailable **2.** justifiable, pardonable, permissible, plausible, tenable, valid, vindicable

**defensive** averting, defending, on the defensive, opposing, protective, safeguarding, uptight (*Inf.*), watchful, withstanding

**defensively** at bay, in defence, in self-defence, on guard, on the defensive, suspiciously

**defer**[1] adjourn, delay, hold over, postpone, procrastinate, prorogue, protract, put off, put on ice, put on the back burner (*Inf.*), set aside, shelve, suspend, table, take a rain check on (*U.S. & Canad. inf.*)

**defer**[2] accede, bow, capitulate, comply, give in, give way to, respect, submit, yield

**deference 1.** acquiescence, capitulation, complaisance, compliance, obedience, obeisance, submission, yielding **2.** attention, civility, consideration, courtesy, esteem, homage, honour, obeisance, politeness, regard, respect, reverence, thoughtfulness, veneration

**deferential** civil, complaisant, considerate, courteous, dutiful, ingratiating, obedient, obeisant, obsequious, polite, regardful, respectful, reverential, submissive

**deferment, deferral** adjournment, delay, moratorium, postponement, putting off, stay, suspension

**defiance** challenge, confrontation, contempt, contumacy, disobedience, disregard, insolence, insubordination, opposition, provocation, rebelliousness, recalcitrance, spite

**defiant** aggressive, audacious, bold, challenging, contumacious, daring, disobedient, insolent, insubordinate, mutinous, provocative, rebellious, recalcitrant, refractory, truculent

**deficiency 1.** defect, demerit, failing, fault, flaw, frailty, imperfection, shortcoming, weakness **2.** absence, dearth, deficit, inadequacy, insufficiency, lack, scantiness, scarcity, shortage

**deficient 1.** defective, faulty, flawed, impaired, imperfect, incomplete, inferior, unsatisfactory, weak **2.** exiguous, inadequate, insufficient, lacking, meagre, pathetic, scant, scanty, scarce, short, skimpy, wanting

**deficit** arrears, default, deficiency, loss, shortage, shortfall

**define 1.** characterize, describe, designate, detail, determine, explain, expound, interpret, specify, spell out **2.** bound, circumscribe, delimit, delineate, demarcate, limit, mark out, outline

**definite 1.** clear, clear-cut, clearly defined, determined, exact, explicit, express, fixed, marked, obvious, particular, precise, specific **2.** assured, certain, decided, guaranteed, positive, settled, sure

**definitely** absolutely, beyond any doubt, categorically, certainly, clearly, decidedly, easily, far and away, finally, indubitably, obviously, plainly, positively, surely, undeniably, unequivocally, unmistakably, unquestionably, without doubt, without fail, without question

**definition 1.** clarification, description, elucidation, explanation, exposition, statement of meaning **2.** delimitation, delineation, demarcation, determination, fixing, outlining, settling **3.** clarity, contrast, distinctness, focus, precision, sharpness

**definitive** absolute, authoritative, complete, conclusive, decisive, exhaustive, final, perfect, reliable, ultimate

**deflate 1.** collapse, contract, empty, exhaust, flatten, puncture, shrink, void **2.** chasten, dash, debunk (*Inf.*), disconcert, dispirit, humble, humiliate, mortify, put down (*Sl.*), squash, take the wind out of (someone's) sails **3.** (*Economics*) decrease, depreciate, depress, devalue, diminish, reduce

**deflect** bend, deviate, diverge, glance off, ricochet, shy, sidetrack, slew, swerve, turn, turn aside, twist, veer, wind

**deflection** aberration, bend, declination, deviation, divergence, drift, refraction, swerve, veer

**deform 1.** buckle, contort, distort, gnarl, malform, mangle, misshape, twist, warp **2.** cripple, deface, disfigure, injure, maim, mar, mutilate, ruin, spoil

**deformed 1.** bent, blemished, crippled, crooked, disfigured, distorted, maimed, malformed, mangled, marred, misbegotten, misshapen **2.** depraved, gross, offensive, perverted, twisted, warped

**deformity 1.** abnormality, defect, disfigurement, distortion, irregularity, malformation, misproportion, misshapenness, ugliness **2.** corruption, depravity, grossness, hatefulness, vileness

**defraud** beguile, bilk, cheat, con (*Inf.*), cozen, delude, diddle (*Inf.*), do (*Sl.*), dupe, embezzle, fleece, gull (*Archaic*), gyp (*Sl.*), outwit, pilfer, pull a fast one on (*Inf.*), rip off (*Sl.*), rob, rook (*Sl.*), skin (*Sl.*), stiff (*Sl.*), swindle, trick

**deft** able, adept, adroit, agile, clever, dexterous, expert, handy, neat, nimble, proficient, skilful

**defunct 1.** dead, deceased, departed, extinct, gone **2.** a dead letter, bygone, expired, inoperative, invalid, nonexistent, not functioning, obsolete, out of commission

**defy 1.** beard, brave, challenge, confront, contemn, dare, despise, disregard, face, flout, hurl defiance at, provoke, scorn, slight, spurn **2.** baffle, defeat, elude, foil, frustrate, repel, repulse, resist, thwart, withstand

**degenerate**
▶ ADJ. **1.** base, corrupt, debased, debauched, decadent, degenerated, degraded, depraved, deteriorated, dissolute, fallen, immoral, low, mean, perverted, pervy (*Sl.*)
▶ V. **2.** decay, decline, decrease, deteriorate, fall off, lapse, regress, retrogress, rot, sink, slip, worsen

**degeneration** debasement, decline, degeneracy, descent, deterioration, dissipation, dissolution, regression

**degradation 1.** abasement, debasement, decadence, decline, degeneracy, degeneration, demotion, derogation, deterioration, downgrading, perversion **2.** discredit, disgrace, dishonour, humiliation, ignominy, mortification, shame

**degrade 1.** cheapen, corrupt, debase, demean, deteriorate, discredit, disgrace, dishonour, humble, humiliate, impair, injure, pervert, shame, vitiate **2.** break, cashier, demote, depose, downgrade, lower, reduce to inferior rank **3.** adulterate, dilute, doctor, mix, thin, water, water down, weaken

**degrading** cheapening, contemptible, debasing, demeaning, disgraceful, dishonourable, humiliating, infra dig (*Inf.*), lowering, shameful, undignified, unworthy

**degree 1.** class, grade, level, order, position, rank, standing, station, status **2.** division, extent, gradation, grade, interval, limit, mark, measure, notch, point, rung, scale, stage, step, unit **3.** ambit, calibre, extent, intensity, level, measure, proportion, quality, quantity, range, rate, ratio, scale, scope, severity, standard **4. by degrees** bit by bit, gently, gradually, imperceptibly, inch by inch, little by little, slowly, step by step

**deign** condescend, consent, deem worthy, lower oneself, see fit, stoop, think fit

**deity** celestial being, divine being, divinity, god, goddess, godhead, idol, immortal, supreme being

**dejected** blue, cast down, crestfallen, depressed, despondent, disconsolate, disheartened, dismal, doleful, down, downcast, downhearted, gloomy, glum, low, low-spirited, melancholy, miserable, morose, sad, sick as a parrot (*Inf.*), woebegone, wretched

**dejection** blues, depression, despair, despondency, doldrums, downheartedness, dumps (*Inf.*), gloom, gloominess, heavy-heartedness, low spirits, melancholy, sadness, sorrow, the hump (*Brit. inf.*), unhappiness

**de jure** according to the law, by right, legally, rightfully

**delay**
▶ V. **1.** defer, hold over, postpone, procrastinate, prolong, protract, put off, put on the back burner (*Inf.*), shelve, stall, suspend, table, take a rain check on (*U.S. & Canad. inf.*), temporize
▶ N. **2.** deferment, postponement, procrastination, stay, suspension
▶ V. **3.** arrest, bog down, check, detain, halt, hinder, hold back, hold up, impede, obstruct, retard, set back, slow up, stop
▶ N. **4.** check, detention, hindrance, hold-up, impediment, interruption, interval, obstruction, setback, stoppage, wait
▶ V. **5.** dawdle, dilly-dally (*Inf.*), drag, lag, linger, loiter, tarry
▶ N. **6.** dawdling, dilly-dallying (*Inf.*), lingering, loitering, tarrying

**delectable** adorable, agreeable, appetizing, charming, dainty, delicious, delightful, enjoyable, enticing, gratifying, inviting, luscious, lush, pleasant, pleasurable, satisfying, scrumptious (*Inf.*), tasty, toothsome, yummy (*Sl.*)

**delegate**
▶ N. **1.** agent, ambassador, commissioner, deputy, envoy, legate, representative, vicar
▶ V. **2.** accredit, appoint, authorize, commission, depute, designate, empower, mandate **3.** assign, consign, devolve, entrust, give, hand over, pass on, relegate, transfer

**delegation 1.** commission, contingent, deputation, embassy, envoys, legation, mission **2.** assignment, commissioning, committal, deputizing, devolution, entrustment, relegation

**delete** blot out, blue-pencil, cancel, cross out, cut out, dele, edit, edit out, efface, erase, excise, expunge, obliterate, remove, rub out, strike out

**deliberate**
▶ V. **1.** cogitate, consider, consult, debate, discuss, meditate, mull over, ponder, reflect, think, weigh
▶ ADJ. **2.** calculated, conscious, considered, designed, intentional, planned, prearranged, premeditated, purposeful, studied, thoughtful, wilful **3.** careful, cautious, circumspect, heedful, measured, methodical, ponderous, prudent, slow, thoughtful, unhurried, wary

**deliberately** by design, calculatingly, consciously, determinedly, emphatically, in cold blood, intentionally, knowingly, on purpose, pointedly, resolutely, studiously, wilfully, wittingly

**deliberation 1.** calculation, care, carefulness, caution, circumspection, cogitation, consideration, coolness, forethought, meditation, prudence, purpose, reflection, speculation, study, thought, wariness **2.** conference, consultation, debate, discussion

**delicacy 1.** accuracy, daintiness, elegance, exquisiteness, fineness, lightness, nicety, precision, subtlety **2.** debility, flimsiness, fragility, frailness, frailty, infirmity, slenderness, tenderness, weakness **3.** discrimination, fastidiousness, finesse, purity, refinement, sensibility, sensitiveness, sensitivity, tact, taste

**4.** bonne bouche, dainty, luxury, relish, savoury, titbit, treat

**delicate 1.** ailing, debilitated, flimsy, fragile, frail, sickly, slender, slight, tender, weak **2.** choice, dainty, delicious, elegant, exquisite, fine, graceful, savoury, tender **3.** faint, muted, pastel, soft, subdued, subtle **4.** accurate, deft, detailed, minute, precise, skilled **5.** considerate, diplomatic, discreet, sensitive, tactful **6.** critical, difficult, precarious, sensitive, sticky *(Inf.)*, ticklish, touchy **7.** careful, critical, discriminating, fastidious, nice, prudish, pure, refined, scrupulous, squeamish

**delicately** carefully, daintily, deftly, elegantly, exquisitely, fastidiously, finely, gracefully, lightly, precisely, sensitively, skilfully, softly, subtly, tactfully

**delicious 1.** ambrosial, appetizing, choice, dainty, delectable, luscious, mouthwatering, nectareous, palatable, savoury, scrumptious *(Inf.)*, tasty, toothsome, yummy *(Sl.)* **2.** agreeable, charming, delightful, enjoyable, entertaining, exquisite, pleasant, pleasing

**delight**
▸ **N. 1.** ecstasy, enjoyment, felicity, gladness, gratification, happiness, jollies *(Sl.)*, joy, pleasure, rapture, transport
▸ **V. 2.** amuse, charm, cheer, divert, enchant, gratify, please, ravish, rejoice, satisfy, thrill **3.** *(With* **in***)* appreciate, enjoy, feast on, glory in, indulge in, like, love, luxuriate in, relish, revel in, savour

**delighted** captivated, charmed, cock-a-hoop, ecstatic, elated, enchanted, gladdened, happy, joyous, jubilant, overjoyed, over the moon *(Inf.)*, pleased, rapt, thrilled

**delightful** agreeable, amusing, captivating, charming, congenial, delectable, enchanting, engaging, enjoyable, entertaining, fascinating, gratifying, heavenly, pleasant, pleasing, pleasurable, rapturous, ravishing, thrilling

**delinquency** crime, fault, misbehaviour, misconduct, misdeed, misdemeanour, offence, wrongdoing

**delinquent** criminal, culprit, defaulter, juvenile delinquent, lawbreaker, malefactor, miscreant, offender, villain, wrongdoer, young offender

**delirious 1.** crazy, demented, deranged, incoherent, insane, light-headed, mad, raving, unhinged **2.** beside oneself, carried away, corybantic, ecstatic, excited, frantic, frenzied, hysterical, wild

**delirium 1.** aberration, derangement, hallucination, insanity, lunacy, madness, raving **2.** ecstasy, fever, frenzy, fury, hysteria, passion, rage

**deliver 1.** bear, bring, carry, cart, convey, distribute, transport **2.** cede, commit, give up, grant, hand over, make over, relinquish, resign, surrender, transfer, turn over, yield **3.** acquit, discharge, emancipate, free, liberate, loose, ransom, redeem, release, rescue, save **4.** announce, declare, give, give forth, present, proclaim, pronounce, publish, read, utter **5.** administer, aim, deal, direct, give, inflict, launch, strike, throw **6.** discharge, dispense, feed, give forth, provide, purvey, release, supply

**deliverance** emancipation, escape, liberation, ransom, redemption, release, rescue, salvation

**delivery 1.** consignment, conveyance, dispatch, distribution, handing over, surrender, transfer, transmission, transmittal **2.** articulation, elocution, enunciation, intonation, speech, utterance **3.** *(Medical)* childbirth, confinement, labour, parturition **4.** deliverance, escape, liberation, release, rescue

**delude** bamboozle *(Inf.)*, beguile, cheat, con *(Inf.)*, cozen, deceive, dupe, fool, gull *(Archaic)*, hoax, hoodwink, impose on, kid *(Inf.)*, lead up the garden path *(Inf.)*, misguide, mislead, take in *(Inf.)*, trick

**deluge**
▸ **N. 1.** cataclysm, downpour, flood, inundation, overflowing, spate, torrent **2.** *(Fig.)* avalanche, barrage, flood, rush, spate, torrent
▸ **V. 3.** douse, drench, drown, flood, inundate, soak, submerge, swamp **4.** *(Fig.)* engulf, inundate, overload, overrun, overwhelm, swamp

**delusion** deception, error, fallacy, false impression, fancy, hallucination, illusion, misapprehension, misbelief, misconception, mistake, phantasm, self-deception

**de luxe** choice, costly, elegant, exclusive, expensive, gorgeous, grand, luxurious, opulent, palatial, plush *(Inf.)*, rich, select, special, splendid, splendiferous *(Facetious)*, sumptuous, superior

**delve** burrow, dig into, examine, explore, ferret out, investigate, look into, probe, ransack, research, rummage, search, unearth

**demagogue** agitator, firebrand, haranguer, rabble-rouser, soapbox orator

**demand**
▸ **V. 1.** ask, challenge, inquire, interrogate, question, request **2.** call for, cry out for, entail, involve, necessitate, need, require, take, want **3.** claim, exact, expect, insist on, order
▸ **N. 4.** bidding, charge, inquiry, interrogation, order, question, request, requisition **5.** call, claim, market, necessity, need, requirement, want **6. in demand** fashionable, in vogue, needed, popular, requested, sought after

**demanding 1.** challenging, difficult, exacting, exhausting, exigent, hard, taxing, tough, trying, wearing **2.** clamorous, imperious, importunate, insistent, nagging, pressing, urgent

**demarcate** define, delimit, determine, differentiate, distinguish between, fix, mark, separate

**demarcation 1.** bound, boundary, confine, enclosure, limit, margin, pale **2.** delimitation, differentiation, distinction, division, separation

**demean** abase, debase, degrade, descend, humble, lower, stoop

**demeanour** air, bearing, behaviour, carriage, comportment, conduct, deportment, manner, mien

**demented** barking *(Sl.)*, barking mad *(Sl.)*, crackbrained, crackpot *(Inf.)*, crazed, crazy, daft *(Inf.)*, deranged, distraught, dotty *(Sl., chiefly Brit.)*, foolish, frenzied, idiotic, insane, loopy *(Inf.)*, lunatic, mad, maniacal, manic, non compos mentis, not the full shilling *(Inf.)*, off one's trolley *(Sl.)*, out to lunch *(Inf.)*, unbalanced, unhinged, up the pole *(Inf.)*

**democracy** commonwealth, government by the people, representative government, republic

**democratic** autonomous, egalitarian, popular, populist, representative, republican, self-governing

**demolish 1.** bulldoze, destroy, dismantle, flatten, knock down, level, overthrow, pulverize, raze, ruin, tear down, total *(Sl.)*, trash *(Sl.)* **2.** *(Fig.)* annihilate, blow out of the water *(Sl.)*, defeat, destroy, lick *(Inf.)*, master, overthrow, overturn, tank *(Sl.)*, undo, wipe the floor with *(Inf.)*, wreck **3.** consume, devour, eat, gobble up, put away

**demolition** bulldozing, destruction, explosion, knocking down, levelling, razing, wrecking

**demon 1.** devil, evil spirit, fiend, ghoul, goblin, malignant spirit **2.** *(Fig.)* devil, fiend, ghoul, monster, rogue, villain **3.** ace *(Inf.)*, addict, fanatic, fiend, go-getter *(Inf.)*, master, wizard **4.** daemon, daimon, genius, guardian spirit, ministering angel, numen

**demonic, demoniac demoniacal 1.** devilish, diabolic, diabolical, fiendish, hellish, infernal, satanic **2.** crazed, frantic, frenetic, frenzied, furious, hectic, like one possessed, mad, maniacal, manic

**demonstrable** attestable, axiomatic, certain, evident, evincible, incontrovertible, indubitable, irrefutable, obvious, palpable, positive, provable, self-evident, undeniable, unmistakable, verifiable

**demonstrate 1.** display, establish, evidence, evince, exhibit, indicate, manifest, prove, show, testify to **2.** describe, explain, illustrate, make clear, show how, teach **3.** march, parade, picket, protest, rally

**demonstration 1.** affirmation, confirmation, display, evidence, exhibition, expression, illustration, manifestation, proof, substantiation, testimony, validation **2.** description, explanation, exposition, presentation, test, trial **3.** march, mass lobby, parade, picket, protest, rally, sit-in

**demonstrative 1.** affectionate, effusive, emotional, expansive, expressive, gushing, loving, open, unreserved, unrestrained **2.** evincive, explanatory, expository, illustrative, indicative, symptomatic

**demoralize 1.** cripple, daunt, deject, depress, disconcert, discourage, dishearten, dispirit, enfeeble, psych out *(Inf.)*, rattle *(Inf.)*, sap, shake, undermine, unnerve, weaken **2.** corrupt, debase, debauch, deprave, lower, pervert, vitiate

**demur**
▸ **V. 1.** balk, cavil, disagree, dispute, doubt, hesitate, object, pause, protest, refuse, take exception, waver
▸ **N. 2.** compunction, demurral, demurrer, dissent, hesitation, misgiving, objection, protest, qualm, scruple

**demure 1.** decorous, diffident, grave, modest, reserved, reticent, retiring, sedate, shy, sober, staid, unassuming **2.** affected, bashful, coy, priggish, prim, prissy *(Inf.)*, prudish, strait-laced

**den 1.** cave, cavern, haunt, hide-out, hole, lair, shelter **2.** cloister, cubbyhole, hideaway, retreat, sanctuary, sanctum, snuggery, study

**denial** adjuration, contradiction, disavowal, disclaimer, dismissal, dissent, negation, prohibition, rebuff, refusal, rejection, renunciation, repudiation, repulse, retraction, veto

**denigrate** asperse, bad-mouth *(Sl., chiefly U.S. & Canad.)*, belittle, besmirch, blacken, calumniate, decry, defame, disparage, impugn, knock *(Inf.)*, malign, revile, rubbish *(Inf.)*, run down, slag (off) *(Sl.)*, slander, vilify

**denigration** aspersion, backbiting, defamation, detraction, disparagement, obloquy, scandal, scurrility, slander, vilification

**denomination 1.** belief, communion, creed, persuasion, religious group, school, sect **2.** grade, size, unit, value **3.** body, category, class, classification, group **4.** appellation, designation, label, name, style, term, title

**denote** betoken, designate, express, imply, import, indicate, mark, mean, show, signify, typify

**denounce** accuse, arraign, attack, brand, castigate, censure, condemn, declaim against, decry, denunciate, excoriate, impugn, proscribe, revile, stigmatize, vilify

**dense 1.** close, close-knit, compact, compressed, condensed, heavy, impenetrable, opaque, solid, substantial, thick, thickset **2.** blockish, braindead *(Inf.)*, crass, dozy *(Brit. inf.)*, dull, obtuse, slow, slow-witted, stolid, stupid, thick, thick-witted

**density 1.** body, bulk, closeness, compactness, consistency, crowdedness, denseness, impenetrability, mass, solidity, thickness, tightness **2.** crassness, dullness, obtuseness, slowness, stolidity, stupidity, thickness

**dent**
▸ **N. 1.** chip, concavity, crater, depression, dimple, dip, hollow, impression, indentation, pit
▸ **V. 2.** depress, dint, gouge, hollow, imprint, make a dent in, make concave, press in, push in

**denude** bare, divest, expose, lay bare, strip, uncover

**deny 1.** contradict, disagree with, disprove, gainsay *(Archaic or literary)*, oppose, rebuff, rebut, refute **2.** abjure, disavow, discard, disclaim, disown, recant, renege, renounce, repudiate, retract, revoke **3.** begrudge, decline, disallow, forbid, negative, refuse, reject, turn down, veto, withhold

**deodorant** air freshener, antiperspirant, deodorizer, disinfectant, fumigant

**depart 1.** absent (oneself), decamp, disappear, escape, exit, go, go away, hook it *(Sl.)*, leave, migrate, quit, remove, retire, retreat, set forth, slope off, start out, take (one's) leave, vanish, withdraw **2.** deviate, differ, digress, diverge, stray, swerve, turn aside, vary, veer

**departed** dead, deceased, expired, late

**department 1.** district, division, province, region, sector **2.** branch, bureau, division, office, section, station, subdivision, unit **3.** area, domain, function, line, province, realm, responsibility, speciality, sphere

**departure 1.** exit, exodus, going, going away, leave-taking, leaving, removal, retirement, withdrawal **2.** abandonment, branching off, deviation, digression, divergence, variation, veering **3.** branching out, change, difference, innovation, novelty, shift

**depend 1.** bank on, build upon, calculate on, confide in, count on, lean on, reckon on, rely upon, trust in, turn to **2.** be based on, be contingent on, be determined by, be subject to, be subordinate to, hang on, hinge on, rest on, revolve around

**dependable** faithful, reliable, reputable, responsible, staunch, steady, sure, trustworthy, trusty, unfailing

**dependant** N. child, client, hanger-on, henchman, minion, minor, protégé, relative, retainer, subordinate, vassal

**dependent** ADJ. **1.** counting on, defenceless, helpless, immature, reliant, relying on, vulnerable, weak **2.** conditional, contingent, depending, determined by, liable to, relative, subject to **3.** feudal, subject, subordinate, tributary

**depict 1.** delineate, draw, illustrate, limn, outline, paint, picture, portray, render, reproduce, sculpt, sketch **2.** characterize, describe, detail, narrate, outline, sketch

**deplete** bankrupt, consume, decrease, drain, empty, evacuate, exhaust, expend, impoverish, lessen, milk, reduce, use up

**depletion** attenuation, consumption, decrease, deficiency, diminution, drain, dwindling, exhaustion, expenditure, lessening, lowering, reduction, using up

**deplorable 1.** calamitous, dire, disastrous, distressing, grievous, heartbreaking, lamentable, melancholy, miserable, pitiable, regrettable, sad, unfortunate, wretched **2.** blameworthy, disgraceful, dishonourable, disreputable, execrable, opprobrious, reprehensible, scandalous, shameful

**deplore 1.** bemoan, bewail, grieve for, lament, mourn, regret, rue, sorrow over **2.** abhor, censure, condemn, denounce, deprecate, disapprove of, excoriate, object to

**deploy** arrange, dispose, extend, position, redistribute, set out, set up, spread out, station, use, utilize

**deport 1.** banish, exile, expatriate, expel, extradite, oust **2.** Used reflexively acquit, act, bear, behave, carry, comport, conduct, hold

**deportation** banishment, eviction, exile, expatriation, expulsion, extradition, transportation

**deportment** air, appearance, aspect, bearing, behaviour, carriage, cast, comportment, conduct, demeanour, manner, mien, posture, stance

**depose 1.** break, cashier, degrade, demote, dethrone, dismiss, displace, downgrade, oust, remove from office **2.** (Law) avouch, declare, make a deposition, testify

**deposit**
▶ V. **1.** drop, lay, locate, place, precipitate, put, settle, sit down **2.** amass, bank, consign, entrust, hoard, lodge, save, store
▶ N. **3.** down payment, instalment, money (in bank), part payment, pledge, retainer, security, stake, warranty **4.** accumulation, alluvium, deposition, dregs, lees, precipitate, sediment, silt

**deposition 1.** dethronement, dismissal, displacement, ousting, removal **2.** (Law) affidavit, declaration, evidence, sworn statement, testimony

**depository** depot, repository, safe-deposit box, store, storehouse, warehouse

**depot 1.** depository, repository, storehouse, warehouse **2.** (Military) arsenal, dump **3.** bus station, garage, terminus

**deprave** brutalize, corrupt, debase, debauch, degrade, demoralize, lead astray, pervert, seduce, subvert, vitiate

**depraved** abandoned, corrupt, debased, debauched, degenerate, degraded, dissolute, evil, immoral, lascivious, lewd, licentious, perverted, pervy (Sl.), profligate, shameless, sinful, vicious, vile, wicked

**depravity** baseness, contamination, corruption, criminality, debasement, debauchery, degeneracy, depravation, evil, immorality, iniquity, profligacy, sinfulness, turpitude, vice, viciousness, vitiation, wickedness

**depreciate 1.** decrease, deflate, devaluate, devalue, lessen, lose value, lower, reduce **2.** belittle, decry, denigrate, deride, detract, disparage, look down on, ridicule, run down, scorn, sneer at, traduce, underestimate, underrate, undervalue

**depreciation 1.** deflation, depression, devaluation, drop, fall, slump **2.** belittlement, deprecation, derogation, detraction, disparagement, pejoration

**depress 1.** cast down, chill, damp, daunt, deject, desolate, discourage, dishearten, dispirit, make despondent, oppress, sadden, weigh down **2.** debilitate, devitalize, drain, enervate, exhaust, lower, sap, slow up, weaken **3.** cheapen, depreciate, devaluate, devalue, diminish, downgrade, impair, lessen, lower, reduce **4.** flatten, level, lower, press down, push down

**depressed 1.** blue, crestfallen, dejected, despondent, discouraged, dispirited, down, downcast, downhearted, down in the dumps (Inf.), fed up, glum, low, low-spirited, melancholy, moody, morose, pessimistic, sad, unhappy **2.** concave, hollow, indented, recessed, set back, sunken **3.** (Of an area, circumstances) deprived, destitute, disadvantaged, distressed, grey, needy, poor, poverty-stricken, run-down **4.** cheapened, depreciated, devalued, impaired, weakened

**depressing** black, bleak, daunting, dejecting, depressive, discouraging, disheartening, dismal, dispiriting, distressing, dreary, funereal, gloomy, harrowing, heartbreaking, hopeless, melancholy, sad, saddening, sombre

**depression 1.** dejection, despair, despondency, dolefulness, downheartedness, dumps (Inf.), gloominess, hopelessness, low spirits, melancholia, melancholy, sadness, the blues, the hump (Brit. inf.) **2.** (Commerce) dullness, economic decline, hard or bad times, inactivity, lowness, recession, slump, stagnation **3.** bowl, cavity, concavity, dent, dimple, dip, excavation, hollow, impression, indentation, pit, sag, sink, valley

**deprivation 1.** denial, deprival, dispossession, divestment, expropriation, removal, withdrawal, withholding **2.** destitution, detriment, disadvantage, distress, hardship, need, privation, want

**deprive** bereave, despoil, dispossess, divest, expropriate, rob, strip, wrest

**depth 1.** abyss, deepness, drop, extent, measure, profoundness, profundity **2.** (Fig.) astuteness, discernment, insight, penetration, profoundness, profundity, sagacity, wisdom **3.** abstruseness, complexity, obscurity, reconditeness **4.** intensity, richness, strength **5.** Often plural abyss, bowels of the earth, deepest (furthest, innermost, most intense, remotest) part, middle, midst, slough of despond **6. in depth** comprehensively, extensively, intensively, thoroughly

**deputation 1.** commission, delegates, delegation, deputies, embassy, envoys, legation **2.** appointment, assignment, commission, designation, nomination

**deputize 1.** commission, delegate, depute **2.** act for, stand in for, take the place of, understudy

**deputy**
▶ N. **1.** agent, ambassador, commissioner, delegate, legate, lieutenant, nuncio, proxy, representative, second-in-command, substitute, surrogate, vicegerent
▶ ADJ. **2.** assistant, depute (Scot.), subordinate

**derange 1.** confound, confuse, disarrange, disarray, discompose, disconcert, disorder, displace, disturb, ruffle, unsettle, upset **2.** craze, dement (Rare), drive mad, madden, make insane, unbalance, unhinge

**derelict**
▶ ADJ. **1.** abandoned, deserted, dilapidated, discarded, forsaken, neglected, ruined **2.** careless, irresponsible, lax, negligent, remiss, slack
▶ N. **3.** bag lady (Chiefly U.S.), bum (Inf.), down-and-out, good-for-nothing, ne'er-do-well, outcast, tramp, vagrant, wastrel

**dereliction 1.** delinquency, evasion, failure, faithlessness, fault, neglect, negligence, nonperformance, remissness **2.** abandonment, abdication, desertion, forsaking, relinquishment, renunciation

**deride** chaff, contemn, detract, disdain, disparage, flout, gibe, insult, jeer, knock (Inf.), mock, pooh-pooh, ridicule, scoff, scorn, sneer, take the piss out of (Taboo sl.), taunt

**derisory** contemptible, insulting, laughable, ludicrous, outrageous, preposterous, ridiculous

**derivation 1.** acquiring, deriving, extraction, getting, obtaining **2.** ancestry, basis, beginning, descent, etymology, foundation, genealogy, origin, root, source

**derivative**
▶ ADJ. **1.** acquired, borrowed, derived, inferred, obtained, procured, transmitted **2.** copied, imitative, plagiaristic, plagiarized, rehashed, secondary, second-hand, uninventive, unoriginal
▶ N. **3.** by-product, derivation, descendant, offshoot, outgrowth, spin-off

**derive 1.** collect, deduce, draw, elicit, extract, follow, gain, gather, get, glean, infer, obtain, procure, receive, trace **2.** (With from) arise, descend, emanate, flow, issue, originate, proceed, spring from, stem from

**derogatory** belittling, damaging, defamatory, depreciative, detracting, discreditable, dishonouring, disparaging, injurious, offensive, slighting, uncomplimentary, unfavourable, unflattering

**descend 1.** alight, dismount, drop, fall, go down, move down, plummet, plunge, sink, subside, tumble **2.** dip, gravitate, incline, slant, slope **3.** be handed down, be passed down, derive, issue, originate, proceed, spring **4.** abase oneself, condescend, degenerate, deteriorate, lower oneself, stoop **5.** (Often with **on**) arrive, assail, assault, attack, come in force, invade, pounce, raid, swoop

**descent 1.** coming down, drop, fall, plunge, swoop **2.** declination, declivity, dip, drop, incline, slant, slope **3.** ancestry, extraction, family tree, genealogy, heredity, lineage, origin, parentage **4.** debasement, decadence, decline, degradation, deterioration **5.** assault, attack, foray, incursion, invasion, pounce, raid, swoop

**describe 1.** characterize, define, depict, detail, explain, express, illustrate, narrate, portray, recount, relate, report, specify, tell **2.** delineate, draw, mark out, outline, trace

**description 1.** account, characterization, delineation, depiction, detail, explanation, narration, narrative, portrayal, report, representation, sketch **2.** brand, breed, category, class, genre, genus, ilk, kidney, kind, order, sort, species, type, variety

**descriptive** circumstantial, depictive, detailed, explanatory, expressive, graphic, illustrative, pictorial, picturesque, vivid

**desert**[1]
▶ N. **1.** solitude, waste, wasteland, wilderness, wilds
▶ ADJ. **2.** arid, bare, barren, desolate, infertile, lonely, solitary, uncultivated, uninhabited, unproductive, untilled, waste, wild

**desert**[2] V. abandon, abscond, betray, decamp, defect, forsake, give up, go over the hill (Military sl.), jilt, leave, leave high and dry, leave (someone) in the lurch, leave stranded, maroon, quit, rat (on) (Inf.), relinquish, renounce, resign, run out on (Inf.), strand, throw over, vacate, walk out on (Inf.)

**deserted** abandoned, bereft, cast off, derelict, desolate, empty, forlorn, forsaken, godforsaken, isolated, left in the lurch, left stranded, lonely, neglected, solitary, unfriended, unoccupied, vacant

**deserter** absconder, apostate, defector, escapee, fugitive, rat (Inf.), renegade, runaway, traitor, truant

**desertion** abandonment, absconding, apostasy, betrayal, defection, departure, dereliction, escape, evasion, flight, forsaking, relinquishment, truancy

**deserve** be entitled to, be worthy of, earn, gain, justify, merit, procure, rate, warrant, win

**deserving** commendable, estimable, laudable, meritorious, praiseworthy, righteous, worthy

**design**
▶ V. **1.** delineate, describe, draft, draw, outline, plan, sketch, trace
▶ N. **2.** blueprint, delineation, draft, drawing, model, outline, plan, scheme, sketch
▶ V. **3.** conceive, create, fabricate, fashion, invent, originate, think up
▶ N. **4.** arrangement, configuration, construction, figure, form, motif, organization, pattern, shape, style
▶ V. **5.** aim, contrive, destine, devise, intend, make, mean, plan, project, propose, purpose, scheme, tailor
▶ N. **6.** enterprise, plan, project, schema, scheme, undertaking **7.** aim, end, goal, intent, intention, meaning, object, objective, point, purport, purpose, target, view **8.** Often plural conspiracy, evil intentions, intrigue, machination, plot, scheme

**designate 1.** call, christen, dub, entitle, label, name, nominate, style, term **2.** allot, appoint, assign, choose, delegate, depute, nominate, select **3.** characterize, define, denote, describe, earmark, indicate, pinpoint, show, specify, stipulate

**designation 1.** denomination, description, epithet, label, mark, name, title **2.** appointment,

**designer** 1. architect, artificer, couturier, creator, deviser, inventor, originator, stylist 2. conniver, conspirator, intriguer, plotter, schemer

classification, delegation, indication, selection, specification

**designing** artful, astute, conniving, conspiring, crafty, crooked (Inf.), cunning, deceitful, devious, intriguing, Machiavellian, plotting, scheming, sharp, shrewd, sly, treacherous, tricky, unscrupulous, wily

**desirability** advantage, benefit, merit, profit, usefulness, value, worth

**desirable** 1. advantageous, advisable, agreeable, beneficial, covetable, eligible, enviable, good, pleasing, preferable, profitable, worthwhile 2. adorable, alluring, attractive, fascinating, fetching, glamorous, seductive, sexy (Inf.)

**desire**
▶ v. 1. aspire to, covet, crave, desiderate, fancy, hanker after, hope for, long for, set one's heart on, thirst for, want, wish for, yearn for
▶ n. 2. appetite, aspiration, craving, hankering, hope, longing, need, thirst, want, wish, yearning, yen (Inf.)
▶ v. 3. ask, entreat, importune, petition, request, solicit
▶ n. 4. appeal, entreaty, importunity, petition, request, solicitation, supplication 5. appetite, concupiscence, lasciviousness, lechery, libido, lust, lustfulness, passion

**desirous** ambitious, anxious, aspiring, avid, craving, desiring, eager, hopeful, hoping, keen, longing, ready, willing, wishing, yearning

**desist** abstain, break off, cease, discontinue, end, forbear, give over (Inf.), give up, have done with, kick (Inf.), leave off, pause, refrain from, remit, stop, suspend

**desolate**
▶ adj. 1. bare, barren, bleak, desert, dreary, godforsaken, ruined, solitary, unfrequented, uninhabited, waste, wild
▶ v. 2. depopulate, despoil, destroy, devastate, lay low, lay waste, pillage, plunder, ravage, ruin
▶ adj. 3. abandoned, bereft, cheerless, comfortless, companionless, dejected, depressing, despondent, disconsolate, dismal, downcast, forlorn, forsaken, gloomy, lonely, melancholy, miserable, wretched
▶ v. 4. daunt, deject, depress, discourage, dishearten, dismay, distress, grieve

**desolation** 1. destruction, devastation, havoc, ravages, ruin, ruination 2. barrenness, bleakness, desolateness, forlornness, isolation, loneliness, solitariness, solitude, wildness 3. anguish, dejection, despair, distress, gloom, gloominess, melancholy, misery, sadness, unhappiness, woe, wretchedness

**despair**
▶ v. 1. despond, give up, lose heart, lose hope
▶ n. 2. anguish, dejection, depression, desperation, despondency, disheartenment, gloom, hopelessness, melancholy, misery, wretchedness 3. burden, cross, hardship, ordeal, pain, trial, tribulation

**despairing** anxious, broken-hearted, dejected, depressed, desperate, despondent, disconsolate, dismal, downcast, frantic, grief-stricken, hopeless, inconsolable, melancholy, miserable, suicidal, wretched

**despatch** → dispatch

**desperado** bandit, criminal, cutthroat, gangster, gunman, heavy (Sl.), hoodlum (Chiefly U.S.), lawbreaker, mugger (Inf.), outlaw, ruffian, thug, villain

**desperate** 1. audacious, dangerous, daring, death-defying, determined, foolhardy, frantic, furious, hasty, hazardous, headstrong, impetuous, madcap, precipitate, rash, reckless, risky, violent, wild 2. acute, critical, dire, drastic, extreme, great, urgent, very grave 3. despairing, despondent, forlorn, hopeless, inconsolable, irrecoverable, irremediable, irretrievable, wretched

**desperately** 1. badly, dangerously, gravely, perilously, seriously, severely 2. appallingly, fearfully, frightfully, hopelessly, shockingly

**desperation** 1. defiance, foolhardiness, frenzy, heedlessness, impetuosity, madness, rashness, recklessness 2. agony, anguish, anxiety, despair, despondency, distraction, heartache, hopelessness, misery, pain, sorrow, torture, trouble, unhappiness, worry

**despicable** abject, base, beyond contempt, cheap, contemptible, degrading, detestable, disgraceful, disreputable, hateful, ignominious, infamous, low, mean, pitiful, reprehensible, scurvy, shameful, sordid, vile, worthless, wretched

**despise** abhor, contemn, deride, detest, disdain, disregard, flout, loathe, look down on, neglect, revile, scorn, slight, spurn, undervalue

**despite** against, even with, in contempt of, in defiance of, in spite of, in the face of, in the teeth of, notwithstanding, regardless of, undeterred by

**despoil** denude, deprive, destroy, devastate, dispossess, divest, loot, pillage, plunder, ravage, rifle, rob, strip, total (Sl.), trash (Sl.), vandalize, wreak havoc upon, wreck

**despondency** dejection, depression, despair, desperation, disconsolateness, discouragement, dispiritedness, downheartedness, gloom, hopelessness, low spirits, melancholy, misery, sadness, the hump (Brit. inf.), wretchedness

**despondent** blue, dejected, depressed, despairing, disconsolate, discouraged, disheartened, dismal, dispirited, doleful, down, downcast, downhearted, gloomy, glum, hopeless, in despair, low, low-spirited, melancholy, miserable, morose, sad, sick as a parrot (Inf.), sorrowful, woebegone, wretched

**despot** autocrat, dictator, monocrat, oppressor, tyrant

**despotic** absolute, arbitrary, arrogant, authoritarian, autocratic, dictatorial, domineering, imperious, monocratic, oppressive, tyrannical, unconstitutional

**despotism** absolutism, autarchy, autocracy, dictatorship, monocracy, oppression, totalitarianism, tyranny

**destination** 1. harbour, haven, journey's end, landing-place, resting-place, station, stop, terminus 2. aim, ambition, design, end, goal, intention, object, objective, purpose, target

**destine** allot, appoint, assign, consecrate, decree, design, devote, doom, earmark, fate, intend, mark out, ordain, predetermine, preordain, purpose, reserve

**destiny** cup, divine decree, doom, fate, fortune, karma, kismet, lot, portion

**destitute** 1. dirt-poor (Inf.), distressed, down and out, flat broke (Inf.), impecunious, impoverished, indigent, insolvent, moneyless, necessitous, needy, on one's uppers, on the breadline (Inf.), penniless, penurious, poor, poverty-stricken, short, without two pennies to rub together (Inf.) 2. bereft of, deficient in, depleted, deprived of, devoid of, drained, empty of, in need of, lacking, wanting, without

**destitution** beggary, dire straits, distress, impecuniousness, indigence, neediness, pauperism, pennilessness, penury, privation, utter poverty, want

**destroy** annihilate, blow to bits, break down, crush, demolish, desolate, devastate, dismantle, dispatch, eradicate, extinguish, extirpate, gut, kill, ravage, raze, ruin, shatter, slay, smash, torpedo, total (Sl.), trash (Sl.), waste, wipe out, wreck

**destruction** annihilation, crushing, demolition, devastation, downfall, end, eradication, extermination, extinction, havoc, liquidation, massacre, overthrow, overwhelming, ruin, ruination, shattering, slaughter, undoing, wreckage, wrecking

**destructive** 1. baleful, baneful, calamitous, cataclysmic, catastrophic, damaging, deadly, deleterious, detrimental, devastating, fatal, harmful, hurtful, injurious, lethal, maleficent, noxious, pernicious, ruinous 2. adverse, antagonistic, contrary, derogatory, discouraging, discrediting, disparaging, hostile, invalidating, negative, opposed, undermining, vicious

**detach** cut off, disconnect, disengage, disentangle, disjoin, disunite, divide, free, isolate, loosen, remove, segregate, separate, sever, tear off, unbridle, uncouple, unfasten, unhitch

**detached** 1. disconnected, discrete, disjoined, divided, free, loosened, separate, severed, unconnected 2. aloof, disinterested, dispassionate, impartial, impersonal, neutral, objective, reserved, unbiased, uncommitted, uninvolved, unprejudiced

**detachment** 1. aloofness, coolness, indifference, nonchalance, remoteness, unconcern 2. disinterestedness, fairness, impartiality, neutrality, nonpartisanship, objectivity 3. disconnection, disengagement, disjoining, separation, severing 4. (Military) body, detail, force, party, patrol, squad, task force, unit

**detail**
▶ n. 1. aspect, component, count, element, fact, factor, feature, item, particular, point, respect, specific, technicality 2. Plural fine points, minutiae, niceties, particulars, parts, trivia, trivialities 3. in detail comprehensively, exhaustively, inside out, item by item, point by point, thoroughly 4. (Military) assignment, body, detachment, duty, fatigue, force, party, squad
▶ v. 5. catalogue, delineate, depict, describe, enumerate, individualize, itemize, narrate, particularize, portray, recite, recount, rehearse, relate, specify, tabulate 6. allocate, appoint, assign, charge, commission, delegate, detach, send

**detailed** blow-by-blow, circumstantial, comprehensive, elaborate, exact, exhaustive, full, intricate, itemized, meticulous, minute, particular, particularized, specific, thorough

**detain** 1. check, delay, hinder, hold up, impede, keep, keep back, retard, slow up (or down), stay, stop 2. arrest, confine, hold, intern, restrain

**detect** 1. ascertain, catch, descry, distinguish, identify, note, notice, observe, recognize, scent, spot 2. catch, disclose, discover, expose, find, reveal, track down, uncover, unmask

**detection** discovery, exposé, exposure, ferreting out, revelation, tracking down, uncovering, unearthing, unmasking

**detective** bizzy (Sl.), C.I.D. man, constable, cop (Sl.), copper (Sl.), dick (Sl., chiefly U.S.), gumshoe (U.S. sl.), investigator, private eye, private investigator, sleuth (Inf.), tec (Sl.)

**detention** confinement, custody, delay, hindrance, holding back, imprisonment, incarceration, keeping in, porridge (Sl.), quarantine, restraint, withholding

**deter** caution, check, damp, daunt, debar, discourage, dissuade, frighten, hinder, inhibit from, intimidate, prevent, prohibit, put off, restrain, stop, talk out of

**detergent**
▶ n. 1. cleaner, cleanser
▶ adj. 2. abstergent, cleaning, cleansing, detersive, purifying

**deteriorate** 1. corrupt, debase, decline, degenerate, degrade, deprave, depreciate, go downhill (Inf.), go to pot, go to the dogs (Inf.), impair, injure, lower, slump, spoil, worsen 2. be the worse for wear (Inf.), crumble, decay, decline, decompose, disintegrate, ebb, fade, fall apart, lapse, retrogress, weaken, wear away

**deterioration** atrophy, corrosion, debasement, decline, degeneration, degradation, dégringolade, depreciation, descent, dilapidation, disintegration, downturn, drop, fall, lapse, retrogression, slump, vitiation, worsening

**determination** 1. backbone, constancy, conviction, dedication, doggedness, drive, firmness, fortitude, indomitability, perseverance, persistence, resoluteness, resolution, resolve, single-mindedness, steadfastness, tenacity, willpower 2. conclusion, decision, judg(e)ment, purpose, resolve, result, settlement, solution, verdict

**determine** 1. arbitrate, conclude, decide, end, finish, fix upon, ordain, regulate, settle, terminate 2. ascertain, certify, check, detect, discover, find out, learn, verify, work out 3. choose, decide, elect, establish, fix, make up one's mind, purpose, resolve 4. affect, condition, control, decide, dictate, direct, govern, impel, impose, incline, induce, influence, lead, modify, regulate, rule, shape

**determined** bent on, constant, dogged, firm, fixed, immovable, intent, persevering, persistent, purposeful, resolute, set on, single-minded, stalwart, steadfast, strong-minded, strong-willed, tenacious, unflinching, unwavering

**determining** conclusive, critical, crucial, deciding, decisive, definitive, essential, final, important, settling

**deterrent** n. check, curb, defensive measures, determent, discouragement, disincentive, hindrance, impediment, obstacle, restraint

**detest** abhor, abominate, despise, dislike intensely, execrate, feel aversion (disgust, hostility, repugnance) towards, hate, loathe, recoil from

**detonate** blast, blow up, discharge, explode, fulminate, set off, touch off, trigger

**detonation** bang, blast, blow-up, boom, discharge, explosion, fulmination, report

**detour** bypass, byway, circuitous route, deviation, diversion, indirect course, roundabout way

**detract 1.** devaluate, diminish, lessen, lower, reduce, take away from **2.** deflect, distract, divert, shift

**detraction** abuse, aspersion, belittlement, calumny, defamation, denigration, deprecation, disparagement, innuendo, insinuation, misrepresentation, muckraking, running down, scandalmongering, scurrility, slander, traducement, vituperation

**detractor** backbiter, belittler, defamer, denigrator, derogator *(Rare)*, disparager, muckraker, scandalmonger, slanderer, traducer

**detriment** damage, disadvantage, disservice, harm, hurt, impairment, injury, loss, mischief, prejudice

**detrimental** adverse, baleful, damaging, deleterious, destructive, disadvantageous, harmful, inimical, injurious, mischievous, pernicious, prejudicial, unfavourable

**devastate 1.** demolish, desolate, despoil, destroy, lay waste, level, pillage, plunder, ravage, raze, ruin, sack, spoil, total *(Sl.)*, trash *(Sl.)*, waste, wreck **2.** *(Inf.)* chagrin, confound, discomfit, discompose, disconcert, floor *(Inf.)*, nonplus, overpower, overwhelm, take aback

**devastating** caustic, cutting, deadly, destructive, effective, incisive, keen, mordant, overpowering, overwhelming, ravishing, sardonic, satirical, savage, stunning, trenchant, vitriolic, withering

**devastation** demolition, depredation, desolation, destruction, havoc, pillage, plunder, ravages, ruin, ruination, spoliation

**develop 1.** advance, blossom, cultivate, evolve, flourish, foster, grow, mature, progress, promote, prosper, ripen **2.** amplify, augment, broaden, dilate upon, elaborate, enlarge, expand, unfold, work out **3.** acquire, begin, breed, commence, contract, establish, form, generate, invent, originate, pick up, start **4.** be a direct result of, break out, come about, ensue, follow, happen, result

**development 1.** advance, advancement, evolution, expansion, growth, improvement, increase, maturity, progress, progression, spread, unfolding, unravelling **2.** change, circumstance, event, happening, incident, issue, occurrence, outcome, phenomenon, result, situation, turn of events, upshot

**deviant**
- **ADJ. 1.** aberrant, abnormal, bent *(Sl.)*, deviate, devious, freaky *(Sl.)*, heretical, kinky *(Sl.)*, perverse, perverted, pervy *(Sl.)*, queer *(Inf., derogatory)*, sick *(Inf.)*, twisted, warped, wayward
- **N. 2.** deviate, freak, misfit, odd type, pervert, queer *(Inf., derogatory)*

**deviate** avert, bend, deflect, depart, differ, digress, diverge, drift, err, meander, part, stray, swerve, turn, turn aside, vary, veer, wander

**deviation** aberration, alteration, change, deflection, departure, digression, discrepancy, disparity, divergence, fluctuation, inconsistency, irregularity, shift, variance, variation

**device 1.** apparatus, appliance, contraption, contrivance, gadget, gimmick, gismo *or* gizmo *(Sl., chiefly U.S. & Canad.)*, implement, instrument, invention, tool, utensil **2.** artifice, design, dodge, expedient, gambit, improvisation, manoeuvre, plan, ploy, project, purpose, ruse, scheme, shift, stratagem, strategy, stunt, trick, wile **3.** badge, colophon, crest, design, emblem, figure, insignia, logo, motif, motto, symbol, token

**devil 1.** *Sometimes cap.* Apollyon, archfiend, Beelzebub, Belial, Clootie *(Scot.)*, demon, fiend, Lucifer, Old Harry *(Inf.)*, Old Nick *(Inf.)*, Old Scratch *(Inf.)*, Prince of Darkness, Satan **2.** beast, brute, demon, fiend, ghoul, monster, ogre, rogue, savage, terror, villain **3.** imp, monkey *(Inf.)*, pickle *(Brit. inf.)*, rascal, rogue, scamp, scoundrel **4.** beggar, creature, thing, unfortunate, wretch **5.** demon, enthusiast, fiend, go-getter *(Inf.)*

**devilish** accursed, atrocious, damnable, detestable, diabolic, diabolical, execrable, fiendish, hellish, infernal, satanic, wicked

**devilry, deviltry 1.** devilment, jiggery-pokery *(Inf., chiefly Brit.)*, knavery, mischief, mischievousness, monkey-business *(Inf.)*, rascality, roguery **2.** cruelty, evil, malevolence, malice, vice, viciousness, villainy, wickedness **3.** black magic, diablerie, diabolism, sorcery

**devious 1.** calculating, crooked *(Inf.)*, deceitful, dishonest, double-dealing, evasive, indirect, insidious, insincere, not straightforward, scheming, sly, surreptitious, treacherous, tricky, underhand, wily **2.** circuitous, confusing, crooked, deviating, erratic, excursive, indirect, misleading, rambling, roundabout, tortuous, wandering

**devise** arrange, conceive, concoct, construct, contrive, design, dream up, form, formulate, frame, imagine, invent, plan, plot, prepare, project, scheme, think up, work out

**devoid** barren, bereft, deficient, denuded, destitute, empty, free from, lacking, sans *(Archaic)*, vacant, void, wanting, without

**devolution** decentralization, delegation

**devolve 1.** be transferred, commission, consign, delegate, depute, entrust, fall upon *or* to, rest with, transfer **2.** *(Law)* alienate, be handed down, convey

**devote** allot, apply, appropriate, assign, commit, concern oneself, consecrate, dedicate, enshrine, give, occupy oneself, pledge, reserve, set apart

**devoted** ardent, caring, committed, concerned, constant, dedicated, devout, faithful, fond, loving, loyal, staunch, steadfast, true

**devotee** addict, adherent, admirer, aficionado, buff *(Inf.)*, disciple, enthusiast, fan, fanatic, follower, supporter, votary

**devotion 1.** adherence, allegiance, commitment, consecration, constancy, dedication, faithfulness, fidelity, loyalty **2.** adoration, devoutness, godliness, holiness, piety, prayer, religiousness, reverence, sanctity, spirituality, worship **3.** affection, ardour, attachment, earnestness, fervour, fondness, intensity, love, passion, zeal **4.** *Plural* church service, divine office, prayers, religious observance

**devour 1.** bolt, consume, cram, dispatch, eat, gobble, gorge, gulp, guzzle, pig out on *(Sl.)*, polish off *(Inf.)*, stuff, swallow, wolf **2.** annihilate, consume, destroy, ravage, spend, waste, wipe out **3.** absorb, appreciate, be engrossed by, be preoccupied, delight in, drink in, enjoy, feast on, go through, read compulsively *or* voraciously, relish, revel in, take in

**devouring** consuming, excessive, flaming, insatiable, intense, overwhelming, passionate, powerful

**devout 1.** godly, holy, orthodox, pious, prayerful, pure, religious, reverent, saintly **2.** ardent, deep, devoted, earnest, fervent, genuine, heartfelt, intense, passionate, profound, serious, sincere, zealous

**devoutly** fervently, heart and soul, profoundly, sincerely, with all one's heart

**dexterity 1.** adroitness, artistry, craft, deftness, effortlessness, expertise, facility, finesse, handiness, knack, mastery, neatness, nimbleness, proficiency, skill, smoothness, touch **2.** ability, address, adroitness, aptitude, aptness, art, cleverness, expertness, ingenuity, readiness, skilfulness, tact

**diabolical** appalling, atrocious, damnable, difficult, disastrous, dreadful, excruciating, fiendish, hellacious *(U.S. sl.)*, hellish, nasty, outrageous, shocking, tricky, unpleasant, vile

**diagnose** analyse, determine, distinguish, identify, interpret, investigate, pinpoint, pronounce, recognize

**diagnosis 1.** analysis, examination, investigation, scrutiny **2.** conclusion, interpretation, opinion, pronouncement

**diagonal** **ADJ.** angled, cater-cornered *(U.S. inf.)*, cornerways, cross, crossways, crosswise, oblique, slanting

**diagonally** aslant, at an angle, cornerwise, crosswise, obliquely, on the bias, on the cross

**diagram** chart, drawing, figure, layout, outline, plan, representation, sketch

**dialect** accent, idiom, jargon, language, lingo *(Inf.)*, localism, patois, pronunciation, provincialism, speech, tongue, vernacular

**dialectic**
- **ADJ. 1.** analytic, argumentative, dialectical, logical, polemical, rational, rationalistic
- **N. 2.** *Often plural* argumentation, contention, discussion, disputation, logic, polemics, ratiocination, reasoning

**dialogue 1.** colloquy, communication, confabulation, conference, conversation, converse, discourse, discussion, duologue, interlocution **2.** conversation, lines, script, spoken part

**diametrical** antipodal, antithetical, conflicting, contrary, contrasting, counter, opposed, opposite

**diametrically** absolutely, completely, entirely, utterly

**diary** appointment book, chronicle, daily record, day-to-day account, engagement book, Filofax *(Trademark)*, journal

**diatribe** abuse, castigation, criticism, denunciation, disputation, harangue, invective, philippic, reviling, stream of abuse, stricture, tirade, verbal onslaught, vituperation

**dicey** chancy *(Inf.)*, dangerous, difficult, hairy *(Sl.)*, risky, ticklish, tricky

**dicky** **ADJ.** fluttery, queer, shaky, unreliable, unsound, unsteady, weak

**dictate**
- **V. 1.** read out, say, speak, transmit, utter **2.** command, decree, demand, direct, enjoin, establish, impose, lay down, ordain, order, prescribe, pronounce
- **N. 3.** behest, bidding, command, decree, demand, direction, edict, fiat, injunction, mandate, order, ordinance, requirement, statute, ultimatum, word **4.** canon, code, dictum, law, precept, principle, rule

**dictator** absolute ruler, autocrat, despot, oppressor, tyrant

**dictatorial 1.** absolute, arbitrary, autocratic, despotic, totalitarian, tyrannical, unlimited, unrestricted **2.** authoritarian, bossy *(Inf.)*, dogmatical, domineering, imperious, iron-handed, magisterial, oppressive, overbearing

**dictatorship** absolute rule, absolutism, authoritarianism, autocracy, despotism, reign of terror, totalitarianism, tyranny

**diction 1.** expression, language, phraseology, phrasing, style, usage, vocabulary, wording **2.** articulation, delivery, elocution, enunciation, fluency, inflection, intonation, pronunciation, speech

**dictionary** concordance, encyclop(a)edia, glossary, lexicon, vocabulary, wordbook

**die 1.** breathe one's last, buy it *(U.S. sl.)*, check out *(U.S. sl.)*, croak *(Sl.)*, decease, depart, expire, finish, give up the ghost, go belly-up *(Sl.)*, hop the twig *(Sl.)*, kick it *(Sl.)*, kick the bucket *(Sl.)*, pass away, peg it *(Inf.)*, peg out *(Inf.)*, perish, pop one's clogs *(Inf.)*, snuff it *(Sl.)* **2.** decay, decline, disappear, dwindle, ebb, end, fade, lapse, pass, sink, subside, vanish, wane, wilt, wither **3.** break down, fade out *or* away, fail, fizzle out, halt, lose power, peter out, run down, stop **4.** ache, be eager, desire, hunger, languish, long, pine for, swoon, yearn **5.** *(Usually with* **of***)* be overcome, collapse, succumb to

**die-hard**
- **N. 1.** fanatic, intransigent, old fogy, reactionary, stick-in-the-mud *(Inf.)*, ultraconservative, zealot
- **ADJ. 2.** dyed-in-the-wool, immovable, inflexible, intransigent, reactionary, ultraconservative, uncompromising, unreconstructed *(Chiefly U.S.)*

**diet**[1]
- **N. 1.** abstinence, dietary, fast, régime, regimen **2.** aliment, comestibles, commons, edibles, fare, food, nourishment, nutriment, provisions, rations, subsistence, sustenance, viands, victuals
- **V. 3.** abstain, eat sparingly, fast, lose weight, reduce, slim

**diet**[2] chamber, congress, convention, council, legislative assembly, legislature, meeting, parliament, sitting

**differ 1.** be dissimilar, be distinct, contradict, contrast, depart from, diverge, run counter to, stand apart, vary **2.** clash, contend, debate, demur, disagree, dispute, dissent, oppose, take issue

**difference 1.** alteration, change, contrast, deviation, differentiation, discrepancy, disparity, dissimilarity, distinction, distinctness, divergence, diversity, unlikeness, variation, variety **2.** distinction, exception, idiosyncrasy, particularity, peculiarity, singularity **3.** argument, clash, conflict, contention, contrariety, contretemps, controversy, debate, disagreement, discordance, dispute, quarrel, row, set-to *(Inf.)*, strife, tiff, wrangle **4.** balance, remainder, rest, result

**different** 1. altered, at odds, at variance, changed, clashing, contrasting, deviating, discrepant, disparate, dissimilar, divergent, diverse, inconsistent, opposed, unlike 2. another, discrete, distinct, individual, other, separate 3. assorted, divers *(Archaic)*, diverse, manifold, many, miscellaneous, multifarious, numerous, several, some, sundry, varied, various 4. another story, atypical, bizarre, distinctive, extraordinary, out of the ordinary, peculiar, rare, singular, something else, special, strange, uncommon, unconventional, unique, unusual

**differential**
► ADJ. 1. diacritical, discriminative, distinctive, distinguishing
► N. 2. amount of difference, difference, discrepancy, disparity

**differentiate** 1. contrast, discern, discriminate, distinguish, make a distinction, mark off, separate, set off *or* apart, tell apart 2. adapt, alter, change, convert, make different, modify, transform

**difficult** 1. arduous, burdensome, demanding, formidable, hard, laborious, no picnic *(Inf.)*, onerous, painful, strenuous, toilsome, uphill, wearisome 2. abstract, abstruse, baffling, complex, complicated, delicate, enigmatical, intricate, involved, knotty, obscure, perplexing, problematical, thorny, ticklish 3. demanding, fastidious, fractious, fussy, hard to please, intractable, obstreperous, perverse, refractory, rigid, tiresome, troublesome, trying, unaccommodating, unamenable, unmanageable 4. dark, full of hardship, grim, hard, straitened, tough, trying

**difficulty** 1. arduousness, awkwardness, hardship, laboriousness, labour, pain, painfulness, strain, strenuousness, tribulation 2. deep water, dilemma, distress, embarrassment, fix *(Inf.)*, hot water *(Inf.)*, jam *(Inf.)*, mess, perplexity, pickle *(Inf.)*, plight, predicament, quandary, spot *(Inf.)*, straits, tight spot, trial, trouble 3. *Often plural* complication, hassle *(Inf.)*, hindrance, hurdle, impediment, objection, obstacle, opposition, pitfall, problem, protest, snag, stumbling block

**diffidence** backwardness, bashfulness, constraint, doubt, fear, hesitancy, hesitation, humility, insecurity, lack of self-confidence, meekness, modesty, reluctance, reserve, self-consciousness, sheepishness, shyness, timidity, timidness, timorousness, unassertiveness

**diffident** backward, bashful, constrained, distrustful, doubtful, hesitant, insecure, meek, modest, reluctant, reserved, self-conscious, self-effacing, sheepish, shrinking, shy, suspicious, timid, timorous, unassertive, unassuming, unobtrusive, unsure, withdrawn

**diffuse**
► ADJ. 1. circumlocutory, copious, diffusive, digressive, discursive, long-winded, loose, maundering, meandering, prolix, rambling, vague, verbose, waffling *(Inf.)*, wordy 2. dispersed, scattered, spread out, unconcentrated
► V. 3. circulate, dispel, dispense, disperse, disseminate, dissipate, distribute, propagate, scatter, spread

**diffusion** 1. circulation, dispersal, dispersion, dissemination, dissipation, distribution, expansion, propaganda, propagation, scattering, spread 2. circuitousness, diffuseness, digressiveness, discursiveness, long-windedness, prolixity, rambling, verbiage, verbosity, wandering, wordiness

**dig**
► V. 1. break up, burrow, delve, excavate, gouge, grub, hoe, hollow out, mine, penetrate, pierce, quarry, scoop, till, tunnel, turn over 2. drive, jab, poke, prod, punch, thrust 3. delve, dig down, go into, investigate, probe, research, search 4. *(With* **out** *or* **up***)* bring to light, come across, come up with, discover, expose, extricate, find, retrieve, root *(Inf.)*, rootle, uncover, unearth 5. *(Inf.)* appreciate, enjoy, follow, groove *(Dated sl.)*, like, understand
► N. 6. jab, poke, prod, punch, thrust 7. barb, crack *(Sl.)*, cutting remark, gibe, insult, jeer, quip, sneer, taunt, wisecrack *(Inf.)*

**digest**
► V. 1. absorb, assimilate, concoct, dissolve, incorporate, macerate 2. absorb, assimilate, con, consider, contemplate, grasp, master, meditate, ponder, study, take in, understand 3. arrange, classify, codify, dispose, methodize, systematize, tabulate 4. abridge, compress, condense, reduce, shorten, summarize
► N. 5. abridgement, abstract, compendium, condensation, epitome, précis, résumé, summary, synopsis

**digestion** absorption, assimilation, conversion, incorporation, ingestion, transformation

**dig in** 1. defend, entrench, establish, fortify, maintain 2. *(Inf.)* begin, set about, start eating, tuck in *(Inf.)*

**dignified** august, decorous, distinguished, exalted, formal, grave, honourable, imposing, lofty, lordly, noble, reserved, solemn, stately, upright

**dignify** adorn, advance, aggrandize, distinguish, elevate, ennoble, exalt, glorify, grace, honour, promote, raise

**dignitary** N. bigwig *(Inf.)*, celeb *(Inf.)*, high-up *(Inf.)*, notability, notable, personage, pillar of society (the church, the state), public figure, VIP, worthy

**dignity** 1. courtliness, decorum, grandeur, gravity, hauteur, loftiness, majesty, nobility, propriety, solemnity, stateliness 2. elevation, eminence, excellence, glory, greatness, honour, importance, nobleness, rank, respectability, standing, station, status 3. amour-propre, pride, self-esteem, self-importance, self-possession, self-regard, self-respect

**digress** be diffuse, depart, deviate, diverge, drift, expatiate, get off the point *or* subject, go off at a tangent, meander, ramble, stray, turn aside, wander

**digression** apostrophe, aside, departure, detour, deviation, divergence, diversion, footnote, obiter dictum, parenthesis, straying, wandering

**dilapidated** battered, beat-up *(Inf.)*, broken-down, crumbling, decayed, decaying, decrepit, fallen in, falling apart, gone to wrack and ruin, in ruins, neglected, ramshackle, rickety, ruined, ruinous, run-down, shabby, shaky, tumbledown, uncared for, worn-out

**dilate** 1. broaden, distend, enlarge, expand, extend, puff out, stretch, swell, widen 2. amplify, be profuse, be prolix, descant, detail, develop, dwell on, enlarge, expand, expatiate, expound, spin out

**dilatory** backward, behindhand, dallying, delaying, laggard, lingering, loitering, procrastinating, putting off, slack, slow, sluggish, snail-like, tardy, tarrying, time-wasting

**dilemma** 1. difficulty, embarrassment, fix *(Inf.)*, jam *(Inf.)*, mess, perplexity, pickle *(Inf.)*, plight, predicament, problem, puzzle, quandary, spot *(Inf.)*, strait, tight corner *or* spot 2. **on the horns of a dilemma** between a rock and a hard place *(Inf.)*, between Scylla and Charybdis, between the devil and the deep blue sea

**dilettante** aesthete, amateur, dabbler, nonprofessional, trifler

**diligence** activity, application, assiduity, assiduousness, attention, attentiveness, care, constancy, earnestness, heedfulness, industry, intentness, laboriousness, perseverance, sedulousness

**diligent** active, assiduous, attentive, busy, careful, conscientious, constant, earnest, hard-working, indefatigable, industrious, laborious, painstaking, persevering, persistent, sedulous, studious, tireless

**dilly dally** dally, dawdle, delay, dither *(Chiefly Brit.)*, falter, fluctuate, hesitate, hover, linger, loiter, potter, procrastinate, shillyshally *(Inf.)*, trifle, vacillate, waver

**dilute** V. 1. adulterate, cut, make thinner, thin (out), water down, weaken 2. *(Fig.)* attenuate, decrease, diffuse, diminish, lessen, mitigate, reduce, temper, weaken

**dim**
► ADJ. 1. caliginous *(Archaic)*, cloudy, dark, darkish, dusky, grey, overcast, poorly lit, shadowy, tenebrous, unilluminated 2. bleary, blurred, faint, fuzzy, ill-defined, indistinct, obscured, shadowy, unclear 3. braindead *(Inf.)*, dense, doltish, dozy *(Brit. inf.)*, dull, dumb *(Inf.)*, obtuse, slow, slow on the uptake *(Inf.)*, stupid, thick 4. confused, hazy, imperfect, indistinct, intangible, obscure, remote, shadowy, vague 5. dingy, dull, feeble, lacklustre, muted, opaque, pale, sullied, tarnished, weak 6. dashing, depressing, discouraging, gloomy, sombre, unfavourable, unpromising 7. **take a dim view** be displeased, be sceptical, disapprove, look askance, reject, suspect, take exception, view with disfavour
► V. 8. bedim, blur, cloud, darken, dull, fade, lower, obscure, tarnish, turn down

**dimension** *Often plural* 1. amplitude, bulk, capacity, extent, measurement, proportions, size, volume 2. bigness, extent, greatness, importance, largeness, magnitude, measure, range, scale, scope

**diminish** 1. abate, contract, curtail, cut, decrease, lessen, lower, reduce, retrench, shrink, weaken 2. decline, die out, dwindle, ebb, fade away, peter out, recede, shrivel, slacken, subside, wane 3. belittle, cheapen, demean, depreciate, devalue

**diminution** abatement, contraction, curtailment, cut, cutback, decay, decline, decrease, deduction, lessening, reduction, retrenchment, weakening

**diminutive** ADJ. bantam, Lilliputian, little, midget, mini, miniature, minute, petite, pocket(-sized), pygmy *or* pigmy, small, teensy-weensy, teeny-weeny, tiny, undersized, wee

**din**
► N. 1. babel, clamour, clangour, clash, clatter, commotion, crash, hubbub, hullabaloo, noise, outcry, pandemonium, racket, row, shout, uproar
► V. 2. *(Usually with* **into***)* drum into, go on at, hammer into, inculcate, instil, instruct, teach

**dine** 1. banquet, chow down *(Sl.)*, eat, feast, lunch, sup 2. *(Often with* **on, off** *or* **upon***)* consume, eat, feed on

**dingy** bedimmed, colourless, dark, dim, dirty, discoloured, drab, dreary, dull, dusky, faded, gloomy, grimy, murky, obscure, seedy, shabby, soiled, sombre, tacky *(Inf.)*

**dinner** banquet, beanfeast *(Brit. inf.)*, blowout *(Sl.)*, collation, feast, main meal, meal, refection, repast, spread *(Inf.)*

**dip**
► V. 1. bathe, douse, duck, dunk, immerse, plunge, rinse, souse 2. decline, descend, disappear, droop, drop (down), fade, fall, lower, sag, set, sink, slope, slump, subside, tilt 3. ladle, scoop, spoon 4. *(With* **in** *or* **into***)* browse, dabble, glance at, peruse, play at, run over, sample, skim, try 5. *(With* **in** *or* **into***)* draw upon, reach into
► N. 6. douche, drenching, ducking, immersion, plunge, soaking 7. bathe, dive, plunge, swim 8. concoction, dilution, infusion, mixture, preparation, solution, suspension 9. basin, concavity, depression, hole, hollow, incline, slope 10. decline, drop, fall, lowering, sag, slip, slump

**diplomacy** 1. international negotiation, statecraft, statesmanship 2. artfulness, craft, delicacy, discretion, finesse, savoir-faire, skill, subtlety, tact

**diplomat** conciliator, go-between, mediator, moderator, negotiator, politician, public relations expert, tactician

**diplomatic** adept, discreet, polite, politic, prudent, sensitive, subtle, tactful

**dire** 1. alarming, appalling, awful, calamitous, cataclysmic, catastrophic, cruel, disastrous, godawful *(Sl.)*, horrible, horrid, ruinous, terrible, woeful 2. dismal, dreadful, fearful, gloomy, grim, ominous, portentous 3. critical, crucial, crying, desperate, drastic, exigent, extreme, pressing, urgent

**direct**
► V. 1. administer, advise, conduct, control, dispose, govern, guide, handle, lead, manage, mastermind, oversee, preside over, regulate, rule, run, superintend, supervise 2. bid, charge, command, demand, dictate, enjoin, instruct, order 3. guide, indicate, lead, point in the direction of, point the way, show 4. address, aim, cast, fix, focus, intend, level, mean, point, train, turn 5. address, label, mail, route, send, superscribe
► ADJ. 6. candid, downright, frank, honest, man-to-man, matter-of-fact, open, outspoken, plain-spoken, sincere, straight, straightforward, upfront *(Inf.)* 7. absolute, blunt, categorical, downright, explicit, express, plain, point-blank, unambiguous, unequivocal 8. nonstop, not crooked, shortest, straight, through, unbroken, undeviating, uninterrupted 9. face-to-face, first-hand, head-on, immediate, personal

**direction** 1. administration, charge, command, control, government, guidance, leadership, management, order, oversight, superintendence, supervision 2. aim, bearing, course, line, path, road, route, track, way 3. bent, bias, current, drift, end, leaning, orientation, proclivity, tack, tendency, tenor, trend **4.** address, label, mark, superscription

**directions** briefing, guidance, guidelines, indication, instructions, plan, recommendation, regulations

**directive** N. charge, command, decree, dictate, edict, fiat, imperative, injunction, instruction, mandate, notice, order, ordinance, regulation, ruling

**directly 1.** by the shortest route, exactly, in a beeline, precisely, straight, unswervingly, without deviation **2.** as soon as possible, at once, dead, due, forthwith, immediately, in a second, instantaneously, instantly, pdq (Sl.), posthaste, presently, promptly, pronto (Inf.), quickly, right away, soon, speedily, straightaway **3.** candidly, face-to-face, honestly, in person, openly, overtly, personally, plainly, point-blank, straightforwardly, truthfully, unequivocally, without prevarication

**director** administrator, boss (Inf.), chairman, chief, controller, executive, governor, head, leader, manager, organizer, principal, producer, supervisor

**dirge** coronach (Scot. & Irish), dead march, elegy, funeral song, lament, requiem, threnody

**dirt 1.** crap (Sl.), crud (Sl.), dust, excrement, filth, grime, grot (Sl.), impurity, mire, muck, mud, shit (Taboo sl.), slime, smudge, stain, tarnish **2.** clay, earth, loam, soil **3.** indecency, obscenity, pornography, sleaze, smut

**dirty**
▶ ADJ. **1.** begrimed, filthy, foul, grimy, grotty (Sl.), grubby, grungy (Sl., chiefly U.S.), messy, mucky, muddy, nasty, polluted, scuzzy (Sl., chiefly U.S.), soiled, sullied, unclean **2.** blue, indecent, obscene, off-colour, pornographic, risqué, salacious, sleazy, smutty, vulgar **3.** clouded, dark, dull, miry, muddy, not clear **4.** corrupt, crooked, dishonest, fraudulent, illegal, treacherous, unfair, unscrupulous, unsporting **5.** base, beggarly, contemptible, cowardly, despicable, ignominious, low, low-down (Inf.), mean, nasty, scurvy, shabby, sordid, squalid, vile **6.** angry, annoyed, bitter, indignant, offended, resentful, scorching **7.** (Of weather) gusty, louring or lowering, rainy, squally, stormy
▶ V. **8.** begrime, blacken, defile, foul, mess up, muddy, pollute, smear, smirch, smudge, soil, spoil, stain, sully

**disability 1.** affliction, ailment, complaint, defect, disablement, disorder, handicap, impairment, infirmity, malady **2.** disqualification, impotency, inability, incapacity, incompetency, unfitness, weakness

**disable 1.** cripple, damage, debilitate, enfeeble, hamstring, handicap, immobilize, impair, incapacitate, paralyze, prostrate, put out of action, render hors de combat, render inoperative, unfit, unman, weaken **2.** disenable, disqualify, invalidate, render or declare incapable

**disabled** bedridden, crippled, handicapped, incapacitated, infirm, lame, maimed, mangled, mutilated, paralyzed, weak, weakened, wrecked

**disadvantage 1.** damage, detriment, disservice, harm, hurt, injury, loss, prejudice **2.** Often plural burden, downside, drawback, flaw, fly in the ointment (Inf.), handicap, hardship, hindrance, impediment, inconvenience, liability, minus (Inf.), nuisance, privation, snag, trouble, weakness, weak point **3. at a disadvantage** boxed in, cornered, handicapped, in a corner, vulnerable

**disadvantageous** adverse, damaging, deleterious, detrimental, harmful, hurtful, ill-timed, inconvenient, inexpedient, injurious, inopportune, prejudicial, unfavourable

**disaffected** alienated, antagonistic, discontented, disloyal, dissatisfied, estranged, hostile, mutinous, rebellious, seditious, uncompliant, unsubmissive

**disaffection** alienation, animosity, antagonism, antipathy, aversion, breach, disagreement, discontent, dislike, disloyalty, dissatisfaction, estrangement, hostility, ill will, repugnance, resentment, unfriendliness

**disagree 1.** be discordant, be dissimilar, conflict, contradict, counter, depart, deviate, differ, diverge, run counter to, vary **2.** argue, bicker, clash, contend, contest, debate, differ (in opinion), dispute, dissent, fall out (Inf.), have words (Inf.), object, oppose, quarrel, take issue with, wrangle **3.** be injurious, bother, discomfort, distress, hurt, make ill, nauseate, sicken, trouble, upset

**disagreeable 1.** bad-tempered, brusque, churlish, contrary, cross, difficult, disobliging, ill-natured, irritable, nasty, peevish, ratty (Brit. & N.Z. inf.), rude, surly, tetchy, unfriendly, ungracious, unlikable or unlikeable, unpleasant **2.** disgusting, displeasing, distasteful, horrid, nasty, objectionable, obnoxious, offensive, repellent, repugnant, repulsive, uninviting, unpalatable, unpleasant, unsavoury, yucky or yukky (Sl.)

**disagreement 1.** difference, discrepancy, disparity, dissimilarity, dissimilitude, divergence, diversity, incompatibility, incongruity, unlikeness, variance **2.** altercation, argument, clash, conflict, debate, difference, discord, dispute, dissent, division, falling out, misunderstanding, quarrel, row, squabble, strife, wrangle **3. in disagreement** at daggers drawn, at loggerheads, at odds, at variance, disunited, in conflict, in disharmony

**disallow 1.** abjure, disavow, disclaim, dismiss, disown, rebuff, refuse, reject, repudiate **2.** ban, boycott, cancel, embargo, forbid, prohibit, proscribe, veto

**disappear 1.** abscond, be lost to view, depart, drop out of sight, ebb, escape, evanesce, fade away, flee, fly, go, pass, recede, retire, vanish from sight, wane, withdraw **2.** cease, cease to be known, die out, dissolve, end, evaporate, expire, fade, leave no trace, melt away, pass away, perish, vanish

**disappearance** departure, desertion, disappearing, disappearing trick, eclipse, evanescence, evaporation, fading, flight, going, loss, melting, passing, vanishing, vanishing point

**disappoint 1.** chagrin, dash, deceive, delude, disenchant, disgruntle, dishearten, disillusion, dismay, dissatisfy, fail, let down, sadden, vex **2.** baffle, balk, defeat, disconcert, foil, frustrate, hamper, hinder, thwart

**disappointed** balked, cast down, depressed, despondent, discontented, discouraged, disenchanted, disgruntled, disillusioned, dissatisfied, distressed, downhearted, foiled, frustrated, let down, saddened, thwarted, upset

**disappointing** depressing, disagreeable, disconcerting, discouraging, failing, inadequate, inferior, insufficient, lame, pathetic, sad, second-rate, sorry, unexpected, unhappy, unsatisfactory, unworthy, upsetting

**disappointment 1.** chagrin, discontent, discouragement, disenchantment, disillusionment, displeasure, dissatisfaction, distress, failure, frustration, ill-success, mortification, regret, unfulfilment **2.** blow, calamity, disaster, failure, fiasco, letdown, miscarriage, misfortune, setback, washout (Inf.)

**disapproval** censure, condemnation, criticism, denunciation, deprecation, disapprobation, displeasure, dissatisfaction, objection, reproach, stick (Sl.)

**disapprove 1.** (Often with **of**) blame, censure, condemn, deplore, deprecate, discountenance, dislike, find unacceptable, frown on, look down one's nose at (Inf.), object to, reject, take exception to **2.** disallow, set aside, spurn, turn down, veto

**disarmament** arms limitation, arms reduction, de-escalation, demilitarization, demobilization

**disarming** charming, irresistible, likable or likeable, persuasive, winning

**disarrange** confuse, derange, discompose, disorder, disorganize, disturb, jumble (up), mess (up), scatter, shake (up), shuffle, unsettle, untidy

**disarray 1.** confusion, discomposure, disharmony, dismay, disorder, disorderliness, disorganization, disunity, indiscipline, unruliness, upset **2.** chaos, clutter, dishevelment, hodgepodge (U.S.), hotchpotch, jumble, mess, mix-up, muddle, pig's breakfast (Inf.), shambles, state, tangle, untidiness

**disaster** accident, act of God, adversity, blow, bummer (Sl.), calamity, cataclysm, catastrophe, misadventure, mischance, misfortune, mishap, reverse, ruin, ruination, stroke, tragedy, trouble

**disastrous** adverse, calamitous, cataclysmal, cataclysmic, catastrophic, destructive, detrimental, devastating, dire, dreadful, fatal, hapless, harmful, ill-fated, ill-starred, ruinous, terrible, tragic, unfortunate, unlucky, unpropitious, untoward

**disbelief** distrust, doubt, dubiety, incredulity, mistrust, scepticism, unbelief

**disbeliever** agnostic, atheist, doubter, doubting Thomas, questioner, sceptic, scoffer

**discard** abandon, axe (Inf.), cast aside, chuck (Inf.), dispense with, dispose of, ditch (Sl.), drop, dump (Inf.), get rid of, jettison, junk (Inf.), reject, relinquish, remove, repudiate, scrap, shed, throw away or out

**discerning** acute, astute, clear-sighted, critical, discriminating, ingenious, intelligent, judicious, knowing, penetrating, perceptive, percipient, perspicacious, piercing, sagacious, sensitive, sharp, shrewd, subtle, wise

**discharge**
▶ V. **1.** absolve, acquit, allow to go, clear, exonerate, free, liberate, pardon, release, set free
▶ N. **2.** acquittal, clearance, exoneration, liberation, pardon, release, remittance
▶ V. **3.** cashier, discard, dismiss, eject, expel, fire (Inf.), give (someone) the sack (Inf.), oust, remove, sack (Inf.)
▶ N. **4.** congé, demobilization, dismissal, ejection, the boot (Sl.), the (old) heave-ho (Inf.), the order of the boot (Sl.), the sack (Inf.)
▶ V. **5.** detonate, explode, fire, let off, set off, shoot
▶ N. **6.** blast, burst, detonation, discharging, explosion, firing, fusillade, report, salvo, shot, volley
▶ V. **7.** disembogue, dispense, emit, empty, excrete, exude, give off, gush, leak, ooze, pour forth, release, void
▶ N. **8.** emission, emptying, excretion, flow, ooze, pus, secretion, seepage, suppuration, vent, voiding
▶ V. **9.** disburden, lighten, off-load, remove, unburden, unload
▶ N. **10.** disburdening, emptying, unburdening, unloading
▶ V. **11.** accomplish, carry out, do, execute, fulfil, observe, perform
▶ N. **12.** accomplishment, achievement, execution, fulfilment, observance, performance
▶ V. **13.** clear, honour, meet, pay, relieve, satisfy, settle, square up
▶ N. **14.** payment, satisfaction, settlement

**disciple** adherent, apostle, believer, catechumen, convert, devotee, follower, learner, partisan, proselyte, pupil, student, supporter, votary

**disciplinarian** authoritarian, despot, drill sergeant, hard master, martinet, stickler, strict teacher, taskmaster, tyrant

**discipline**
▶ N. **1.** drill, exercise, method, practice, regimen, regulation, training **2.** conduct, control, orderliness, regulation, restraint, self-control, strictness **3.** castigation, chastisement, correction, punishment **4.** area, branch of knowledge, course, curriculum, field of study, speciality, subject
▶ V. **5.** break in, bring up, check, control, drill, educate, exercise, form, govern, instruct, inure, prepare, regulate, restrain, train **6.** castigate, chasten, chastise, correct, penalize, punish, reprimand, reprove

**disclaim** abandon, abjure, abnegate, decline, deny, disaffirm, disallow, disavow, disown, forswear, rebut, reject, renege, renounce, repudiate, retract

**disclose 1.** blow wide open (Sl.), broadcast, communicate, confess, divulge, impart, leak, let slip, make known, make public, publish, relate, reveal, spill one's guts about (Sl.), spill the beans about (Inf.), tell, unveil, utter **2.** bring to light, discover, exhibit, expose, lay bare, reveal, show, uncover, unveil

**disclosure** acknowledgement, admission, announcement, broadcast, confession, declaration, discovery, divulgence, exposé, exposure, leak, publication, revelation, uncovering

**discolour** fade, mar, mark, rust, soil, stain, streak, tarnish, tinge

**discomfort**
▶ N. **1.** ache, annoyance, disquiet, distress, gall, hardship, hurt, inquietude, irritation, malaise, nuisance, pain, soreness, trouble, uneasiness, unpleasantness, vexation
▶ V. **2.** discomfit, discompose, disquiet, distress, disturb, embarrass, make uncomfortable

**discomposure** agitation, anxiety, confusion, discomfiture, disquiet, disquietude, distraction, disturbance, embarrassment, fluster, in-

**disconcert** | **disgusting**

quietude, malaise, nervousness, perturbation, trepidation, uneasiness

**disconcert 1.** abash, agitate, bewilder, discompose, disturb, faze, flummox, flurry, fluster, nonplus, perplex, perturb, put out of countenance, rattle (*Inf.*), ruffle, shake up (*Inf.*), take aback, throw off balance, trouble, unbalance, unnerve, unsettle, upset, worry **2.** baffle, balk, confuse, defeat, disarrange, frustrate, hinder, put off, thwart, undo

**disconcerting** alarming, awkward, baffling, bewildering, bothersome, confusing, dismaying, distracting, disturbing, embarrassing, off-putting (*Brit. inf.*), perplexing, upsetting

**disconnect** cut off, detach, disengage, divide, part, separate, sever, take apart, uncouple

**disconnected** confused, disjointed, garbled, illogical, incoherent, irrational, jumbled, mixed-up, rambling, uncoordinated, unintelligible, wandering

**disconnection** cessation, cut-off, cutting off, discontinuation, discontinuity, interruption, separation, severance, stoppage, suspension

**disconsolate** crushed, dejected, desolate, despairing, dismal, forlorn, gloomy, grief-stricken, heartbroken, hopeless, inconsolable, melancholy, miserable, sad, unhappy, woeful, wretched

**discontent** N. discontentment, displeasure, dissatisfaction, envy, fretfulness, regret, restlessness, uneasiness, unhappiness, vexation

**discontented** brassed off (*Brit. sl.*), cheesed off (*Brit. sl.*), complaining, disaffected, disgruntled, displeased, dissatisfied, exasperated, fed up, fretful, miserable, pissed off (*Taboo sl.*), unhappy, vexed, with a chip on one's shoulder (*Inf.*)

**discontinue** abandon, axe (*Inf.*), break off, cease, drop, end, finish, give up, halt, interrupt, kick (*Inf.*), leave off, pause, put an end to, quit, refrain from, stop, suspend, terminate

**discord 1.** clashing, conflict, contention, difference, disagreement, discordance, dispute, dissension, disunity, division, friction, incompatibility, lack of concord, opposition, row, rupture, strife, variance, wrangling **2.** cacophony, din, disharmony, dissonance, harshness, jangle, jarring, racket, tumult

**discordant 1.** at odds, clashing, conflicting, contradictory, contrary, different, disagreeing, divergent, incompatible, incongruous, inconsistent, opposite **2.** cacophonous, dissonant, grating, harsh, inharmonious, jangling, jarring, shrill, strident, unmelodious

**discount**
▶ V. **1.** brush off (*Sl.*), disbelieve, disregard, ignore, leave out of account, overlook, pass over **2.** deduct, lower, mark down, rebate, reduce, take off
▶ N. **3.** abatement, allowance, concession, cut, cut price, deduction, drawback, percentage (*Inf.*), rebate, reduction

**discourage 1.** abash, awe, cast down, cow, damp, dampen, dash, daunt, deject, demoralize, depress, dishearten, dismay, dispirit, frighten, intimidate, overawe, psych out (*Inf.*), put a damper on, scare, unman, unnerve **2.** check, curb, deprecate, deter, discountenance, disfavour, dissuade, divert from, hinder, inhibit, prevent, put off, restrain, talk out of, throw cold water on (*Inf.*)

**discouragement 1.** cold feet (*Inf.*), dejection, depression, despair, despondency, disappointment, discomfiture, dismay, downheartedness, hopelessness, loss of confidence, low spirits, pessimism **2.** constraint, curb, damper, deterrent, disincentive, hindrance, impediment, obstacle, opposition, rebuff, restraint, setback

**discouraging** dampening, daunting, depressing, disappointing, disheartening, dispiriting, off-putting (*Brit. inf.*), unfavourable, unpropitious

**discourse**
▶ N. **1.** chat, communication, conversation, converse, dialogue, discussion, seminar, speech, talk **2.** address, disquisition, dissertation, essay, homily, lecture, oration, sermon, speech, talk, treatise
▶ V. **3.** confer, converse, debate, declaim, discuss, expatiate, hold forth, speak, talk

**discourteous** abrupt, bad-mannered, boorish, brusque, curt, disrespectful, ill-bred, ill-mannered, impolite, insolent, offhand, rude, uncivil, uncourteous, ungentlemanly, ungracious, unmannerly

**discourtesy 1.** bad manners, disrespectfulness, ill-breeding, impertinence, impoliteness, incivility, insolence, rudeness, ungraciousness, unmannerliness **2.** affront, cold shoulder, insult, rebuff, slight, snub

**discover 1.** bring to light, come across, come upon, dig up, find, light upon, locate, turn up, uncover, unearth **2.** ascertain, descry, detect, determine, discern, disclose, espy, find out, get wise to (*Inf.*), learn, notice, perceive, realize, recognize, reveal, see, spot, suss (out) (*Sl.*), turn up, uncover **3.** conceive, contrive, design, devise, invent, originate, pioneer

**discoverer** author, explorer, founder, initiator, inventor, originator, pioneer

**discovery 1.** ascertainment, detection, disclosure, espial, exploration, finding, introduction, locating, location, origination, revelation, uncovering **2.** bonanza, breakthrough, coup, find, findings, godsend, innovation, invention, secret

**discredit**
▶ V. **1.** blame, bring into disrepute, censure, defame, degrade, detract from, disgrace, dishonour, disparage, reproach, slander, slur, smear, vilify
▶ N. **2.** aspersion, censure, disgrace, dishonour, disrepute, ignominy, ill-repute, imputation, odium, reproach, scandal, shame, slur, smear, stigma
▶ V. **3.** challenge, deny, disbelieve, discount, dispute, distrust, doubt, mistrust, question
▶ N. **4.** distrust, doubt, mistrust, question, scepticism, suspicion

**discreditable** blameworthy, degrading, disgraceful, dishonourable, humiliating, ignominious, improper, infamous, reprehensible, scandalous, shameful, unprincipled, unworthy

**discreet** careful, cautious, circumspect, considerate, diplomatic, discerning, guarded, judicious, politic, prudent, reserved, sagacious, sensible, tactful, wary

**discrepancy** conflict, contrariety, difference, disagreement, discordance, disparity, dissimilarity, dissonance, divergence, incongruity, inconsistency, variance, variation

**discretion 1.** acumen, care, carefulness, caution, circumspection, consideration, diplomacy, discernment, good sense, heedfulness, judg(e)ment, judiciousness, maturity, prudence, sagacity, tact, wariness **2.** choice, disposition, inclination, liking, mind, option, pleasure, predilection, preference, responsibility, volition, will, wish

**discretionary** arbitrary (*Law*), elective, non-mandatory, open, open to choice, optional, unrestricted

**discriminate 1.** disfavour, favour, show bias, show prejudice, single out, treat as inferior, treat differently, victimize **2.** assess, differentiate, discern, distinguish, draw a distinction, evaluate, segregate, separate, sift, tell the difference

**discriminating** acute, astute, critical, cultivated, discerning, fastidious, keen, particular, refined, selective, sensitive, tasteful

**discrimination 1.** bias, bigotry, favouritism, inequity, intolerance, prejudice, unfairness **2.** acumen, acuteness, clearness, discernment, insight, judg(e)ment, keenness, penetration, perception, refinement, sagacity, subtlety, taste

**discriminative, discriminatory 1.** biased, favouring, inequitable, one-sided, partial, partisan, preferential, prejudiced, prejudicial, unjust, weighted **2.** analytical, astute, differentiating, discerning, discriminating, perceptive, perspicacious

**discuss** argue, confer, consider, consult with, converse, debate, deliberate, examine, exchange views on, get together, go into, reason about, review, sift, talk about, thrash out, ventilate, weigh up the pros and cons

**discussion** analysis, argument, colloquy, confabulation, conference, consideration, consultation, conversation, debate, deliberation, dialogue, discourse, examination, exchange, review, scrutiny, seminar, symposium

**disdain**
▶ V. **1.** belittle, contemn, deride, despise, disregard, look down on, look down one's nose at (*Inf.*), misprize, pooh-pooh, reject, scorn, slight, sneer at, spurn, undervalue
▶ N. **2.** arrogance, contempt, contumely, derision, dislike, haughtiness, hauteur, indifference, scorn, sneering, snobbishness, superciliousness

**disdainful** aloof, arrogant, contemptuous, derisive, haughty, high and mighty (*Inf.*), hoity-toity (*Inf.*), insolent, proud, scornful, sneering, supercilious, superior

**disease 1.** affliction, ailment, complaint, condition, disorder, ill health, illness, indisposition, infection, infirmity, malady, sickness, upset **2.** (*Fig.*) blight, cancer, canker, contagion, contamination, disorder, malady, plague

**diseased** ailing, infected, rotten, sick, sickly, tainted, unhealthy, unsound, unwell, unwholesome

**disembark** alight, arrive, get off, go ashore, land, step out of

**disembodied** bodiless, ghostly, immaterial, incorporeal, intangible, phantom, spectral, spiritual, unbodied

**disenchantment** disappointment, disillusion, disillusionment, revulsion, rude awakening

**disengage 1.** disentangle, ease, extricate, free, liberate, loosen, release, set free, unbridle, unloose, untie **2.** detach, disconnect, disjoin, disunite, divide, separate, undo, withdraw

**disengaged 1.** apart, detached, free, loose, out of gear, released, separate, unattached, unconnected, uncoupled **2.** at ease, at leisure, free, not busy, uncommitted, unoccupied, vacant

**disengagement** detachment, disconnection, disentanglement, division, separation, withdrawal

**disentangle 1.** detach, disconnect, disengage, extricate, free, loose, separate, sever, unfold, unravel, unsnarl, untangle, untwist **2.** clarify, clear (up), resolve, simplify, sort out, work out

**disfavour 1.** disapprobation, disapproval, dislike, displeasure **2.** (*also* fall into disfavour) bad books (*Inf.*), discredit, disesteem, disgrace, doghouse (*Inf.*), shame, unpopularity **3.** bad turn, discourtesy, disservice

**disfigure** blemish, damage, deface, deform, disfeature, distort, injure, maim, make ugly, mar, mutilate, scar

**disfigurement** blemish, defacement, defect, deformity, distortion, impairment, injury, mutilation, scar, spot, stain

**disgrace**
▶ N. **1.** baseness, degradation, dishonour, disrepute, ignominy, infamy, odium, opprobrium, shame **2.** aspersion, blemish, blot, defamation, reproach, scandal, slur, stain, stigma **3.** contempt, discredit, disesteem, disfavour, obloquy
▶ V. **4.** abase, bring shame upon, defame, degrade, discredit, disfavour, dishonour, disparage, humiliate, reproach, shame, slur, stain, stigmatize, sully, taint

**disgraceful** blameworthy, contemptible, degrading, detestable, discreditable, dishonourable, disreputable, ignominious, infamous, low, mean, opprobrious, scandalous, shameful, shocking, unworthy

**disgruntled** annoyed, cheesed off (*Brit. sl.*), discontented, displeased, dissatisfied, grumpy, hacked (off) (*U.S. sl.*), huffy, irritated, malcontent, peeved, peevish, petulant, pissed off (*Taboo sl.*), put out, sulky, sullen, testy, vexed

**disguise**
▶ V. **1.** camouflage, cloak, conceal, cover, hide, mask, screen, secrete, shroud, veil **2.** deceive, dissemble, dissimulate, fake, falsify, fudge, gloss over, misrepresent
▶ N. **3.** camouflage, cloak, costume, cover, get-up (*Inf.*), mask, screen, veil **4.** deception, dissimulation, façade, front, pretence, semblance, trickery, veneer

**disgust**
▶ V. **1.** cause aversion, displease, fill with loathing, gross out (*U.S. sl.*), nauseate, offend, outrage, put off, repel, revolt, sicken, turn one's stomach
▶ N. **2.** abhorrence, abomination, antipathy, aversion, detestation, dislike, distaste, hatefulness, hatred, loathing, nausea, odium, repugnance, repulsion, revulsion

**disgusted** appalled, nauseated, offended, outraged, repelled, repulsed, scandalized, sick and tired of (*Inf.*), sickened, sick of (*Inf.*)

**disgusting** abominable, cringe-making (*Brit. inf.*), detestable, distasteful, foul, gross, grotty

(Sl.), hateful, loathsome, nasty, nauseating, nauseous, objectionable, obnoxious, odious, offensive, repellent, repugnant, revolting, shameless, sickening, stinking, vile, vulgar, yucky or yukky (Sl.)

**dish**
- N. **1.** bowl, plate, platter, salver **2.** fare, food, recipe
- V. **3.** (Sl.) finish, muck up (Sl.), ruin, spoil, torpedo, wreck

**dishearten** cast down, crush, damp, dampen, dash, daunt, deject, depress, deter, discourage, dismay, dispirit, put a damper on

**dishevelled** bedraggled, blowzy, disarranged, disarrayed, disordered, frowzy, hanging loose, messy, ruffled, rumpled, tousled, uncombed, unkempt, untidy

**dishonest** bent (Sl.), cheating, corrupt, crafty, crooked (Inf.), deceitful, deceiving, deceptive, designing, disreputable, double-dealing, false, fraudulent, guileful, knavish (Archaic), lying, mendacious, perfidious, shady (Inf.), swindling, treacherous, unfair, unprincipled, unscrupulous, untrustworthy, untruthful

**dishonesty** cheating, chicanery, corruption, craft, criminality, crookedness, deceit, duplicity, falsehood, falsity, fraud, fraudulence, graft (Inf.), improbity, mendacity, perfidy, sharp practice, stealing, treachery, trickery, unscrupulousness, wiliness

**dishonour**
- V. **1.** abase, blacken, corrupt, debase, debauch, defame, degrade, discredit, disgrace, shame, sully **2.** defile, deflower, pollute, rape, ravish, seduce
- N. **3.** abasement, degradation, discredit, disfavour, disgrace, disrepute, ignominy, infamy, obloquy, odium, opprobrium, reproach, scandal, shame **4.** abuse, affront, discourtesy, indignity, insult, offence, outrage, slight

**dishonourable 1.** base, contemptible, despicable, discreditable, disgraceful, ignoble, ignominious, infamous, scandalous, shameful **2.** blackguardly, corrupt, disreputable, shameless, treacherous, unprincipled, unscrupulous, untrustworthy

**dish out** allocate, distribute, dole out, hand out, inflict, mete out

**dish up** hand out, ladle, prepare, present, produce, scoop, serve, spoon

**disillusion** v. break the spell, bring down to earth, disabuse, disenchant, open the eyes of, shatter one's illusions, undeceive

**disincentive** damper, determent, deterrent, discouragement, dissuasion, impediment

**disinclination** alienation, antipathy, aversion, demur, dislike, hesitance, lack of desire, lack of enthusiasm, loathness, objection, opposition, reluctance, repugnance, resistance, unwillingness

**disinclined** antipathetic, averse, balking, hesitating, indisposed, loath, not in the mood, opposed, reluctant, resistant, unwilling

**disinfect** clean, cleanse, decontaminate, deodorize, fumigate, purify, sanitize, sterilize

**disinfectant** antiseptic, germicide, sanitizer, sterilizer

**disinherit** cut off, cut off without a penny, disown, dispossess, oust, repudiate

**disintegrate** break apart, break up, crumble, disunite, fall apart, fall to pieces, reduce to fragments, separate, shatter, splinter

**disinterest** candidness, detachment, disinterestedness, dispassionateness, equity, fairness, impartiality, justice, neutrality, unbiasedness

**disinterested** candid, detached, dispassionate, equitable, even-handed, free from self-interest, impartial, impersonal, neutral, outside, unbiased, uninvolved, unprejudiced, unselfish

**disjointed 1.** aimless, confused, disconnected, disordered, fitful, incoherent, loose, rambling, spasmodic, unconnected **2.** disconnected, dislocated, displaced, disunited, divided, separated, split

**dislike**
- N. **1.** animosity, animus, antagonism, antipathy, aversion, detestation, disapprobation, disapproval, disgust, disinclination, displeasure, distaste, enmity, hatred, hostility, loathing, odium, repugnance
- V. **2.** abhor, abominate, be averse to, despise, detest, disapprove, disfavour, disrelish, hate, have no taste or stomach for, loathe, not be able to bear or abide, object to, scorn, shun

**dislocate 1.** disorder, displace, disrupt, disturb, misplace, shift **2.** disarticulate, disconnect, disengage, disjoint, disunite, luxate (Medical), put out of joint, unhinge

**dislocation 1.** disarray, disorder, disorganization, disruption, disturbance, misplacement **2.** disarticulation, disconnection, disengagement, luxation (Medical), unhinging

**disloyal** apostate, disaffected, faithless, false, perfidious, seditious, subversive, traitorous, treacherous, treasonable, two-faced, unfaithful, unpatriotic, untrustworthy

**disloyalty** betrayal of trust, breach of trust, breaking of faith, deceitfulness, double-dealing, falseness, falsity, inconstancy, infidelity, perfidy, Punic faith, treachery, treason, unfaithfulness

**dismal** black, bleak, cheerless, dark, depressing, despondent, discouraging, dolorous, dreary, forlorn, funereal, gloomy, gruesome, lonesome, louring or lowering, lugubrious, melancholy, sad, sombre, sorrowful

**dismay**
- V. **1.** affright, alarm, appal, distress, fill with consternation, frighten, horrify, paralyze, scare, terrify, unnerve **2.** daunt, disappoint, discourage, dishearten, disillusion, dispirit, put off
- N. **3.** agitation, alarm, anxiety, apprehension, consternation, distress, dread, fear, fright, horror, panic, terror, trepidation **4.** chagrin, disappointment, discouragement, disillusionment, upset

**dismember** amputate, anatomize, cut into pieces, disjoint, dislimb, dislocate, dissect, divide, mutilate, rend, sever

**dismiss 1.** axe (Inf.), cashier, discharge, fire (Inf.), give notice to, kiss off (Sl., chiefly U.S. & Canad.), lay off, oust, remove, sack (Inf.), send packing (Inf.) **2.** disband, disperse, dissolve, free, let go, release, send away **3.** banish, discard, dispel, disregard, drop, lay aside, pooh-pooh, put out of one's mind, reject, relegate, repudiate, set aside, shelve, spurn

**dismissal 1.** adjournment, congé, end, freedom to depart, permission to go, release **2.** discharge, expulsion, kiss-off (Sl., chiefly U.S. & Canad.), marching orders (Inf.), notice, one's books or cards (Inf.), removal, the boot (Sl.), the (old) heave-ho (Inf.), the order of the boot (Sl.), the push (Sl.), the sack (Inf.)

**disobedience** indiscipline, infraction, insubordination, mutiny, noncompliance, nonobservance, recalcitrance, revolt, unruliness, waywardness

**disobedient** contrary, contumacious, defiant, disorderly, froward, insubordinate, intractable, mischievous, naughty, noncompliant, nonobservant, obstreperous, refractory, undisciplined, unruly, wayward, wilful

**disobey** contravene, defy, disregard, flout, go counter to, ignore, infringe, overstep, rebel, refuse to obey, resist, transgress, violate

**disorderly 1.** chaotic, confused, disorganized, higgledy-piggledy (Inf.), indiscriminate, irregular, jumbled, messy, shambolic (Inf.), unsystematic, untidy **2.** boisterous, disruptive, indisciplined, lawless, obstreperous, rebellious, refractory, riotous, rowdy, stormy, tumultuous, turbulent, ungovernable, unlawful, unmanageable, unruly

**disorganize** break up, confuse, derange, destroy, disarrange, discompose, disorder, disrupt, disturb, jumble, make a shambles of, muddle, turn topsy-turvy, unsettle, upset

**disown** abandon, abnegate, cast off, deny, disallow, disavow, disclaim, rebut, refuse to acknowledge or recognize, reject, renounce, repudiate, retract

**disparage** asperse, bad-mouth (Sl., chiefly U.S. & Canad.), belittle, blast, criticize, decry, defame, degrade, denigrate, deprecate, depreciate, deride, derogate, detract from, discredit, disdain, dismiss, knock (Inf.), lambast(e), malign, minimize, put down, ridicule, rubbish (Inf.), run down, scorn, slag (off) (Sl.), slander, tear into (Inf.), traduce, underestimate, underrate, undervalue, vilify

**disparagement** aspersion, belittlement, condemnation, contempt, contumely, criticism, debasement, degradation, denunciation, depreciation, derision, derogation, detraction, discredit, disdain, impairment, lessening, prejudice, reproach, ridicule, scorn, slander, underestimation

**dispassionate 1.** calm, collected, composed, cool, imperturbable, moderate, quiet, serene, sober, temperate, unemotional, unexcitable, unexcited, unfazed (Inf.), unmoved, unruffled **2.** candid, detached, disinterested, fair, impartial, impersonal, indifferent, neutral, objective, unbiased, uninvolved, unprejudiced

**dispatch, despatch**
- V. **1.** accelerate, consign, dismiss, express, forward, hasten, hurry, quicken, remit, send, transmit **2.** conclude, discharge, dispose of, expedite, finish, make short work of (Inf.), perform, settle **3.** assassinate, blow away (Sl., chiefly U.S.), bump off (Sl.), butcher, eliminate (Sl.), execute, finish off, kill, murder, put an end to, slaughter, slay, take out (Sl.)
- N. **4.** alacrity, celerity, expedition, haste, precipitateness, promptitude, promptness, quickness, rapidity, speed, swiftness **5.** account, bulletin, communication, communiqué, document, instruction, item, letter, message, missive, news, piece, report, story

**dispel** allay, banish, chase away, dismiss, disperse, dissipate, drive away, eliminate, expel, resolve, rout, scatter

**dispensable** disposable, expendable, inessential, needless, nonessential, superfluous, unnecessary, unrequired, useless

**dispensation 1.** allotment, appointment, apportionment, bestowal, conferment, consignment, dealing out, disbursement, distribution, endowment, supplying **2.** award, dole, part, portion, quota, share **3.** administration, direction, economy, management, plan, regulation, scheme, stewardship, system **4.** exception, exemption, immunity, indulgence, licence, permission, privilege, relaxation, relief, remission, reprieve

**dispense 1.** allocate, allot, apportion, assign, deal out, disburse, distribute, dole out, mete out, share **2.** measure, mix, prepare, supply **3.** administer, apply, carry out, direct, discharge, enforce, execute, implement, operate, undertake **4.** except, excuse, exempt, exonerate, let off (Inf.), release, relieve, reprieve **5.** (With **with**) abstain from, do without, forgo, give up, omit, relinquish, waive **6.** (With **with**) abolish, brush aside, cancel, dispose of, disregard, do away with, get rid of, ignore, pass over, render needless, shake off

**disperse 1.** broadcast, circulate, diffuse, disseminate, dissipate, distribute, scatter, spread, strew **2.** break up, disappear, disband, dismiss, dispel, dissolve, rout, scatter, send off, separate, vanish

**dispirited** crestfallen, dejected, depressed, despondent, discouraged, disheartened, down, downcast, gloomy, glum, in the doldrums, low, morose, sad, sick as a parrot (Inf.)

**displace 1.** derange, disarrange, disturb, misplace, move, shift, transpose **2.** cashier, depose, discard, discharge, dismiss, fire (Inf.), remove, sack (Inf.) **3.** crowd out, oust, replace, succeed, supersede, supplant, take the place of **4.** dislocate, dislodge, dispossess, eject, evict, force out, unsettle

**display**
- V. **1.** betray, demonstrate, disclose, evidence, evince, exhibit, expose, manifest, open, open to view, present, reveal, show, unveil **2.** expand, extend, model, open out, spread out, stretch out, unfold, unfurl **3.** boast, flash (Inf.), flaunt, flourish, parade, show off, vaunt
- N. **4.** array, demonstration, exhibition, exposition, exposure, manifestation, presentation, revelation, show **5.** flourish, ostentation, pageant, parade, pomp, show, spectacle

**displease** aggravate (Inf.), anger, annoy, disgust, dissatisfy, exasperate, gall, hassle (Inf.), incense, irk, irritate, nark (Brit., Aust., & N.Z. sl.), nettle, offend, pique, piss one off (Taboo sl.), provoke, put out, rile, upset, vex

**displeasure** anger, annoyance, disapprobation, disapproval, disfavour, disgruntlement, dislike, dissatisfaction, distaste, indignation, irritation, offence, pique, resentment, vexation, wrath

**disposable 1.** biodegradable, compostable, decomposable, nonreturnable, paper, throwaway **2.** at one's service, available, consumable, expendable, free for use, spendable

**disposal 1.** clearance, discarding, dumping (Inf.), ejection, jettisoning, parting with, relinquishment, removal, riddance, scrapping, throwing away **2.** arrangement, array, dispensation, disposition, distribution, grouping, placing, position **3.** assignment, bequest, bestowal, consignment, conveyance, dispensation, gift, settlement, transfer **4.** *(also* **at one's disposal***)* authority, conduct, control, determination, direction, discretion, government, management, ordering, regulation, responsibility

**dispose** **1.** adjust, arrange, array, determine, distribute, fix, group, marshal, order, place, put, range, rank, regulate, set, settle, stand **2.** actuate, adapt, bias, condition, incline, induce, influence, lead, motivate, move, predispose, prompt, tempt

**disposed** apt, given, inclined, liable, likely, of a mind to, predisposed, prone, ready, subject, tending towards

**dispose of** **1.** deal with, decide, determine, end, finish with, settle **2.** bestow, give, make over, part with, sell, transfer **3.** bin *(Inf.)*, chuck *(Inf.)*, destroy, discard, dump *(Inf.)*, get rid of, jettison, junk *(Inf.)*, scrap, throw out *or* away, unload

**disposition** **1.** character, constitution, makeup, nature, spirit, temper, temperament **2.** bent, bias, habit, inclination, leaning, predisposition, proclivity, proneness, propensity, readiness, tendency **3.** adjustment, arrangement, classification, disposal, distribution, grouping, ordering, organization, placement **4.** control, direction, disposal, management, regulation

**disproportion** asymmetry, discrepancy, disparity, imbalance, inadequacy, inequality, insufficiency, lopsidedness, unevenness, unsuitableness

**disproportionate** excessive, incommensurate, inordinate, out of proportion, too much, unbalanced, unequal, uneven, unreasonable

**disprove** confute, contradict, controvert, discredit, expose, give the lie to, invalidate, negate, prove false, rebut, refute

**disputation** argumentation, controversy, debate, dispute, dissension, polemics

**dispute**
- **V. 1.** altercate, argue, brawl, clash, contend, debate, discuss, quarrel, row, spar, squabble, wrangle **2.** challenge, contest, contradict, controvert, deny, doubt, impugn, question, rebut
- **N. 3.** altercation, argument, bagarre, brawl, conflict, disagreement, discord, disturbance, feud, friction, quarrel, shindig *(Inf.)*, shindy *(Inf.)*, strife, wrangle **4.** argument, contention, controversy, debate, discussion, dissension

**disqualification** **1.** disability, disablement, incapacitation, incapacity, unfitness **2.** debarment, disenablement, disentitlement, elimination, exclusion, incompetence, ineligibility, rejection

**disqualify** **1.** disable, incapacitate, invalidate, unfit *(Rare)* **2.** ban, debar, declare ineligible, disentitle, preclude, prohibit, rule out

**disquiet**
- **N. 1.** alarm, angst, anxiety, concern, disquietude, distress, disturbance, fear, foreboding, fretfulness, nervousness, restlessness, trepidation, trouble, uneasiness, unrest, worry
- **V. 2.** agitate, annoy, bother, concern, discompose, distress, disturb, fret, harass, hassle *(Inf.)*, incommode, make uneasy, perturb, pester, plague, trouble, unsettle, upset, vex, worry

**disquieting** annoying, bothersome, disconcerting, distressing, disturbing, harrowing, irritating, perturbing, troubling, unnerving, unsettling, upsetting, vexing, worrying

**disregard**
- **V. 1.** brush aside *or* away, discount, disobey, ignore, laugh off, leave out of account, make light of, neglect, overlook, pass over, pay no attention to, pay no heed to, take no notice of, turn a blind eye to **2.** brush off *(Sl.)*, cold-shoulder, contemn, despise, disdain, disparage, slight, snub
- **N. 3.** brushoff *(Sl.)*, contempt, disdain, disrespect, heedlessness, ignoring, inattention, indifference, neglect, negligence, oversight, slight, the cold shoulder

**disrepair** **1.** collapse, decay, deterioration, dilapidation, ruination **2. in disrepair** broken, bust *(Inf.)*, decayed, decrepit, kaput *(Inf.)*, not functioning, on the blink *(Sl.)*, out of commission, out of order, worn-out

**disreputable** **1.** base, contemptible, derogatory, discreditable, disgraceful, dishonourable, disorderly, ignominious, infamous, louche, low, mean, notorious, opprobrious, scandalous, shady *(Inf.)*, shameful, shocking, unprincipled, vicious, vile **2.** bedraggled, dilapidated, dingy, dishevelled, down at heel, scruffy, seedy, shabby, threadbare, worn

**disrepute** discredit, disesteem, disfavour, disgrace, dishonour, ignominy, ill favour, ill repute, infamy, obloquy, shame, unpopularity

**disrespect** contempt, discourtesy, dishonour, disregard, impertinence, impoliteness, impudence, incivility, insolence, irreverence, lack of respect, lese-majesty, rudeness, unmannerliness

**disrespectful** bad-mannered, cheeky, contemptuous, discourteous, ill-bred, impertinent, impolite, impudent, insolent, insulting, irreverent, misbehaved, rude, uncivil

**disrupt** **1.** agitate, confuse, disorder, disorganize, disturb, spoil, throw into disorder, upset **2.** break up *or* into, interfere with, interrupt, intrude, obstruct, unsettle, upset

**disruption** confusion, disarray, disorder, disorderliness, disturbance, interference, interruption, stoppage

**disruptive** confusing, disorderly, distracting, disturbing, obstreperous, troublemaking, troublesome, unruly, unsettling, upsetting

**dissatisfaction** annoyance, chagrin, disappointment, discomfort, discontent, dislike, dismay, displeasure, distress, exasperation, frustration, irritation, regret, resentment, unhappiness

**dissatisfied** disappointed, discontented, disgruntled, displeased, fed up, frustrated, not satisfied, unfulfilled, ungratified, unhappy, unsatisfied

**dissect** **1.** anatomize, cut up *or* apart, dismember, lay open **2.** analyse, break down, explore, inspect, investigate, research, scrutinize, study

**dissection** **1.** anatomization, anatomy, autopsy, dismemberment, necropsy, postmortem (examination) **2.** analysis, breakdown, examination, inspection, investigation, research, scrutiny

**disseminate** broadcast, circulate, diffuse, disperse, dissipate, distribute, proclaim, promulgate, propagate, publicize, publish, scatter, sow, spread

**dissemination** broadcasting, circulation, diffusion, distribution, promulgation, propagation, publication, publishing, spread

**dissension** conflict, conflict of opinion, contention, difference, disagreement, discord, discordance, dispute, dissent, friction, quarrel, row, strife, variance

**dissent**
- **V. 1.** decline, differ, disagree, object, protest, refuse, withhold assent *or* approval
- **N. 2.** difference, disagreement, discord, dissension, dissidence, nonconformity, objection, opposition, refusal, resistance

**dissenter** disputant, dissident, nonconformist, objector, protestant

**dissentient** ADJ. conflicting, differing, disagreeing, dissenting, dissident, opposing, protesting

**dissertation** critique, discourse, disquisition, essay, exposition, thesis, treatise

**disservice** bad turn, disfavour, harm, ill turn, injury, injustice, unkindness, wrong

**dissident**
- **ADJ. 1.** differing, disagreeing, discordant, dissentient, dissenting, heterodox, nonconformist, schismatic
- **N. 2.** agitator, dissenter, protestor, rebel, recusant

**dissimilar** different, disparate, divergent, diverse, heterogeneous, manifold, mismatched, not alike, not capable of comparison, not similar, unlike, unrelated, various

**dissimilarity** difference, discrepancy, disparity, dissimilitude, distinction, divergence, heterogeneity, incomparability, nonuniformity, unlikeness, unrelatedness

**dissipate** **1.** burn up, consume, deplete, expend, fritter away, indulge oneself, lavish, misspend, run through, spend, squander, waste **2.** disappear, dispel, disperse, dissolve, drive away, evaporate, scatter, vanish

**dissipated** **1.** abandoned, debauched, dissolute, intemperate, profligate, rakish, self-indulgent **2.** consumed, destroyed, exhausted, scattered, squandered, wasted

**dissipation** **1.** abandonment, debauchery, dissoluteness, drunkenness, excess, extravagance, indulgence, intemperance, lavishness, prodigality, profligacy, squandering, wantonness, waste **2.** amusement, distraction, diversion, entertainment, gratification **3.** disappearance, disintegration, dispersion, dissemination, dissolution, scattering, vanishing

**dissociate** **1.** break off, disband, disrupt, part company, quit **2.** detach, disconnect, distance, divorce, isolate, segregate, separate, set apart

**dissolute** abandoned, corrupt, debauched, degenerate, depraved, dissipated, immoral, lax, lewd, libertine, licentious, loose, profligate, rakish, unrestrained, vicious, wanton, wild

**dissolution** **1.** breaking up, disintegration, division, divorce, parting, resolution, separation **2.** death, decay, decomposition, demise, destruction, dispersal, extinction, overthrow, ruin **3.** adjournment, conclusion, disbandment, discontinuation, dismissal, end, ending, finish, suspension, termination **4.** corruption, debauchery, dissipation, intemperance, wantonness **5.** disappearance, evaporation, liquefaction, melting, solution

**dissolve** **1.** deliquesce, flux, fuse, liquefy, melt, soften, thaw **2.** crumble, decompose, diffuse, disappear, disintegrate, disperse, dissipate, dwindle, evanesce, evaporate, fade, melt away, perish, vanish, waste away **3.** axe *(Inf.)*, break up, destroy, discontinue, dismiss, end, overthrow, ruin, suspend, terminate, wind up **4.** break into *or* up, collapse, disorganize, disunite, divorce, loose, resolve into, separate, sever

**dissuade** advise against, deter, discourage, disincline, divert, expostulate, persuade not to, put off, remonstrate, talk out of, urge not to, warn

**distance**
- **N. 1.** absence, extent, gap, interval, lapse, length, range, reach, remoteness, remove, separation, space, span, stretch, width **2.** aloofness, coldness, coolness, frigidity, reserve, restraint, stiffness **3. go the distance** bring to an end, complete, finish, see through, stay the course **4. keep one's distance** avoid, be aloof (indifferent, reserved), keep (someone) at arm's length, shun **5. in the distance** afar, far away, far off, on the horizon, yonder
- **V. 6.** dissociate oneself, put in proportion, separate oneself **7.** leave behind, outdistance, outdo, outrun, outstrip, pass

**distant** **1.** abroad, afar, far, faraway, far-flung, far-off, outlying, out-of-the-way, remote, removed **2.** apart, disparate, dispersed, distinct, scattered, separate **3.** aloof, ceremonious, cold, cool, formal, haughty, reserved, restrained, reticent, standoffish, stiff, unapproachable, unfriendly, withdrawn **4.** faint, indirect, indistinct, obscure, slight, uncertain

**distaste** abhorrence, antipathy, aversion, detestation, disfavour, disgust, disinclination, dislike, displeasure, disrelish, dissatisfaction, horror, loathing, odium, repugnance, revulsion

**distasteful** abhorrent, disagreeable, displeasing, loathsome, nauseous, objectionable, obnoxious, obscene, offensive, repugnant, repulsive, undesirable, uninviting, unpalatable, unpleasant, unsavoury

**distend** balloon, bloat, bulge, dilate, enlarge, expand, increase, inflate, puff, stretch, swell, widen

**distil** condense, draw out, evaporate, express, extract, press out, purify, rectify, refine, sublimate, vaporize

**distillation** elixir, essence, extract, quintessence, spirit

**distinct** **1.** apparent, blatant, clear, clear-cut, decided, definite, evident, lucid, manifest, marked, noticeable, obvious, palpable, patent, plain, recognizable, sharp, unambiguous, unmistakable, well-defined **2.** detached, different, discrete, dissimilar, individual, separate, unconnected

**distinction** **1.** differentiation, discernment, discrimination, penetration, perception, separation **2.** contrast, difference, differential, division, separation **3.** characteristic, distinctiveness, feature, individuality, mark, particularity, peculiarity, quality **4.** account, celebrity, consequence, credit, eminence, excellence, fame, greatness, honour, importance, merit, name, note, prominence, quality, rank, renown, reputation, repute, superiority, worth

**distinctive** characteristic, different, distinguishing, extraordinary, idiosyncratic, individual, original, peculiar, singular, special, typical, uncommon, unique

**distinctly** clearly, decidedly, definitely, evidently, manifestly, markedly, noticeably, obviously, palpably, patently, plainly, precisely, sharply

**distinguish** **1.** ascertain, decide, determine, differentiate, discriminate, judge, tell apart, tell between, tell the difference **2.** categorize, characterize, classify, individualize, make distinctive, mark, separate, set apart, single out **3.** discern, know, make out, perceive, pick out, recognize, see, tell **4.** celebrate, dignify, honour, immortalize, make famous, signalize

**distinguishable** clear, conspicuous, discernible, evident, manifest, noticeable, obvious, perceptible, plain, recognizable, well-marked

**distinguished** **1.** acclaimed, celebrated, conspicuous, eminent, famed, famous, illustrious, notable, noted, renowned, well-known **2.** conspicuous, extraordinary, marked, outstanding, signal, striking

**distinguishing** characteristic, different, differentiating, distinctive, individualistic, marked, peculiar, typical

**distort** **1.** bend, buckle, contort, deform, disfigure, misshape, twist, warp, wrench, wrest **2.** bias, colour, falsify, garble, misrepresent, pervert, slant, twist

**distortion** **1.** bend, buckle, contortion, crookedness, deformity, malformation, twist, twistedness, warp **2.** bias, colouring, falsification, misrepresentation, perversion, slant

**distract** **1.** divert, draw away, sidetrack, turn aside **2.** amuse, beguile, engross, entertain, occupy **3.** agitate, bewilder, confound, confuse, derange, discompose, disconcert, disturb, harass, madden, perplex, puzzle, torment, trouble

**distracted** **1.** agitated, at sea, bemused, bewildered, confounded, confused, flustered, harassed, in a flap *(Inf.)*, perplexed, puzzled, troubled **2.** crazy, deranged, desperate, distraught, frantic, frenzied, grief-stricken, insane, mad, overwrought, raving, wild

**distracting** bewildering, bothering, confusing, disconcerting, dismaying, disturbing, off-putting *(Brit. inf.)*, perturbing

**distraction** **1.** abstraction, agitation, bewilderment, commotion, confusion, discord, disorder, disturbance **2.** amusement, beguilement, diversion, divertissement, entertainment, pastime, recreation **3.** disturbance, diversion, interference, interruption **4.** aberration, alienation, delirium, derangement, desperation, frenzy, hallucination, incoherence, insanity, mania

**distress**
- ▸ **N. 1.** affliction, agony, anguish, anxiety, desolation, discomfort, grief, heartache, misery, pain, sadness, sorrow, suffering, torment, torture, woe, worry, wretchedness **2.** adversity, calamity, destitution, difficulties, hardship, indigence, misfortune, need, poverty, privation, straits, trial, trouble
- ▸ **V. 3.** afflict, agonize, bother, disturb, grieve, harass, harrow, pain, perplex, sadden, torment, trouble, upset, worry, wound

**distressed** **1.** afflicted, agitated, anxious, distracted, distraught, saddened, tormented, troubled, upset, worried, wretched **2.** destitute, indigent, needy, poor, poverty-stricken, straitened

**distressing** affecting, afflicting, distressful, disturbing, grievous, harrowing, heart-breaking, hurtful, lamentable, nerve-racking, painful, sad, upsetting, worrying

**distribute** **1.** administer, allocate, allot, apportion, assign, deal, dispense, dispose, divide, dole out, give, measure out, mete, share **2.** circulate, convey, deliver, hand out, pass round **3.** diffuse, disperse, disseminate, scatter, spread, strew **4.** arrange, assort, categorize, class, classify, file, group

**distribution** **1.** allocation, allotment, apportionment, dispensation, division, dole, partition, sharing **2.** circulation, diffusion, dispersal, dispersion, dissemination, propagation, scattering, spreading **3.** arrangement, assortment, classification, disposition, grouping, location, organization, placement **4.** *(Commerce)* dealing, delivery, handling, mailing, marketing, trading, transport, transportation

**district** area, community, locale, locality, neighbourhood, parish, quarter, region, sector, vicinity, ward

**distrust**
- ▸ **V. 1.** be sceptical of, be suspicious of, be wary of, disbelieve, discredit, doubt, misbelieve, mistrust, question, smell a rat *(Inf.)*, suspect, wonder about
- ▸ **N. 2.** disbelief, doubt, dubiety, lack of faith, misgiving, mistrust, qualm, question, scepticism, suspicion, wariness

**disturb** **1.** bother, butt in on, disrupt, interfere with, interrupt, intrude on, pester, rouse, startle **2.** confuse, derange, disarrange, disorder, disorganize, muddle, unsettle **3.** agitate, alarm, annoy, confound, discompose, distract, distress, excite, fluster, harass, hassle *(Inf.)*, perturb, ruffle, shake, trouble, unnerve, unsettle, upset, worry

**disturbance** **1.** agitation, annoyance, bother, confusion, derangement, disorder, distraction, hindrance, interruption, intrusion, molestation, perturbation, upset **2.** bother *(Inf.)*, brawl, commotion, disorder, fracas, fray, hubbub, riot, ruckus *(Inf.)*, ruction *(Inf.)*, shindig *(Inf.)*, shindy *(Inf.)*, tumult, turmoil, upheaval, uproar

**disturbed** **1.** *(Psychiatry)* disordered, maladjusted, neurotic, troubled, unbalanced, upset **2.** agitated, anxious, apprehensive, bothered, concerned, disquieted, nervous, troubled, uneasy, upset, worried

**disturbing** agitating, alarming, disconcerting, discouraging, dismaying, disquieting, distressing, frightening, harrowing, perturbing, startling, threatening, troubling, unsettling, upsetting, worrying

**disuse** abandonment, decay, desuetude, discontinuance, idleness, neglect, non-employment, nonuse

**ditch**
- ▸ **N. 1.** channel, drain, dyke, furrow, gully, moat, trench, watercourse
- ▸ **V. 2.** dig, drain, excavate, gouge, trench **3.** *(Sl.)* abandon, axe *(Inf.)*, bin *(Inf.)*, chuck *(Inf.)*, discard, dispose of, drop, dump *(Inf.)*, get rid of, jettison, junk *(Inf.)*, scrap, throw out *or* overboard

**dither**
- ▸ **V. 1.** faff about *(Brit. inf.)*, falter, haver, hesitate, oscillate, shillyshally *(Inf.)*, swither *(Scot.)*, teeter, vacillate, waver
- ▸ **N. 2.** bother, flap *(Inf.)*, fluster, flutter, pother, stew *(Inf.)*, tiz-woz *(Inf.)*, tizzy *(Inf.)*, twitter *(Inf.)*

**dive**
- ▸ **V. 1.** descend, dip, disappear, drop, duck, fall, go underwater, jump, leap, nose-dive, pitch, plummet, plunge, submerge, swoop
- ▸ **N. 2.** dash, header *(Inf.)*, jump, leap, lunge, nose dive, plunge, spring **3.** *(Sl.)* honky-tonk *(U.S. sl.)*, joint *(Sl.)*, sleazy bar

**diverge** **1.** bifurcate, branch, divaricate, divide, fork, part, radiate, separate, split, spread **2.** be at odds, be at variance, conflict, differ, disagree, dissent **3.** depart, deviate, digress, meander, stray, turn aside, wander

**divergence** branching out, deflection, departure, deviation, difference, digression, disparity, divagation, ramification, separation, varying

**divergent** conflicting, deviating, different, differing, disagreeing, dissimilar, diverging, diverse, separate, variant

**divers** different, manifold, many, multifarious, numerous, several, some, sundry, varied, various

**diverse** **1.** assorted, diversified, manifold, miscellaneous, of every description, several, sundry, varied, various **2.** different, differing, discrete, disparate, dissimilar, distinct, divergent, separate, unlike, varying

**diversify** alter, assort, branch out, change, expand, mix, modify, spread out, transform, variegate, vary

**diversion** **1.** alteration, change, deflection, departure, detour, deviation, digression, variation **2.** amusement, beguilement, delight, distraction, divertissement, enjoyment, entertainment, game, gratification, jollies *(Sl.)*, pastime, play, pleasure, recreation, relaxation, sport

**diversity** assortment, difference, dissimilarity, distinctiveness, divergence, diverseness, diversification, heterogeneity, medley, multiplicity, range, unlikeness, variance, variegation, variety

**divert** **1.** avert, deflect, redirect, switch, turn aside **2.** amuse, beguile, delight, entertain, gratify, recreate, regale **3.** detract, distract, draw *or* lead away from, lead astray, sidetrack

**diverting** amusing, beguiling, enjoyable, entertaining, fun, humorous, pleasant

**divest** **1.** denude, disrobe, doff, remove, strip, take off, unclothe, undress **2.** deprive, despoil, dispossess, strip

**divide** **1.** bisect, cleave, cut (up), detach, disconnect, part, partition, segregate, separate, sever, shear, split, subdivide, sunder **2.** allocate, allot, apportion, deal out, dispense, distribute, divvy (up) *(Inf.)*, dole out, measure out, portion, share **3.** alienate, break up, cause to disagree, come between, disunite, estrange, set *or* pit against one another, set at variance *or* odds, sow dissension, split **4.** arrange, categorize, classify, grade, group, put in order, separate, sort

**dividend** bonus, cut *(Inf.)*, divvy *(Inf.)*, extra, gain, plus, portion, share, surplus

**divine**[1]
- ▸ **ADJ. 1.** angelic, celestial, godlike, heavenly, holy, spiritual, superhuman, supernatural **2.** consecrated, holy, religious, sacred, sanctified, spiritual **3.** beatific, blissful, exalted, mystical, rapturous, supreme, transcendent, transcendental, transmundane **4.** *(Inf.)* beautiful, excellent, glorious, marvellous, perfect, splendid, superlative, wonderful
- ▸ **N. 5.** churchman, clergyman, cleric, ecclesiastic, minister, pastor, priest, reverend

**divine**[2] **V. 1.** apprehend, conjecture, deduce, discern, foretell, guess, infer, intuit, perceive, prognosticate, suppose, surmise, suspect, understand **2.** *(Of water or minerals)* dowse

**diviner** **1.** astrologer, augur, oracle, prophet, seer, sibyl, soothsayer **2.** *(Of water or minerals)* dowser

**divinity** **1.** deity, divine nature, godhead, godhood, godliness, holiness, sanctity **2.** daemon, deity, genius, god, goddess, guardian spirit, spirit **3.** religion, religious studies, theology

**divisible** dividable, fractional, separable, splittable

**division** **1.** bisection, cutting up, detaching, dividing, partition, separation, splitting up **2.** allotment, apportionment, distribution, sharing **3.** border, boundary, demarcation, divide, divider, dividing line, partition **4.** branch, category, class, compartment, department, group, head, part, portion, section, sector, segment **5.** breach, difference of opinion, disagreement, discord, disunion, estrangement, feud, rupture, split, variance

**divisive** alienating, damaging, detrimental, discordant, disruptive, estranging, inharmonious, pernicious, troublesome, unsettling

**divorce**
- ▸ **N. 1.** annulment, breach, break, decree nisi, dissolution, disunion, rupture, separation, severance, split-up
- ▸ **V. 2.** annul, disconnect, dissociate, dissolve *(marriage)*, disunite, divide, part, separate, sever, split up, sunder

**divulge** betray, blow wide open *(Sl.)*, communicate, confess, declare, disclose, exhibit, expose, impart, leak, let slip, make known, proclaim, promulgate, publish, reveal, spill *(Inf.)*, spill one's guts about *(Sl.)*, tell, uncover

**dizzy** **1.** faint, giddy, light-headed, off balance, reeling, shaky, staggering, swimming, vertiginous, weak at the knees, wobbly, woozy *(Inf.)* **2.** at sea, befuddled, bemused, bewildered, confused, dazed, dazzled, muddled **3.** lofty, steep, vertiginous **4.** *(Inf.)* capricious, fickle, flighty, foolish, frivolous, giddy, light-headed, scatterbrained, silly

**do**
- ▸ **V. 1.** accomplish, achieve, act, carry out, complete, conclude, discharge, end, execute, perform, produce, transact, undertake, work **2.** answer, be adequate, be enough, be of use, be sufficient, pass muster, satisfy, serve, suffice, suit **3.** arrange, be responsible for, fix, get ready, look after, make, make ready, organize, prepare, see to, take on **4.** decipher, decode, figure out, puzzle out, resolve, solve, work out **5.** adapt, render, translate, transpose **6.** bear oneself, behave, carry oneself, comport oneself, conduct oneself **7.** fare, get along, get on, make out, manage, proceed **8.** bring about, cause, create, effect, produce **9.** *(Of a play, etc.)* act, give, perform, present, produce, put on **10.** *(Inf.)* cover, explore, journey through *or* around, look

at, stop in, tour, travel, visit **11.** *(Inf.)* cheat, con *(Inf.)*, cozen, deceive, defraud, diddle *(Inf.)*, dupe, fleece, hoax, skin *(Sl.)*, stiff *(Sl.)*, swindle, take (someone) for a ride *(Inf.)*, trick
▸ **N. 12.** *(Inf.)* affair, event, function, gathering, occasion, party **13. do's and don'ts** *(Inf.)* code, customs, etiquette, instructions, regulations, rules, standards

**do away with 1.** blow away *(Sl., chiefly U.S.)*, bump off *(Sl.)*, destroy, do in *(Sl.)*, exterminate, kill, liquidate, murder, slay, take out *(Sl.)* **2.** abolish, axe *(Inf.)*, chuck *(Inf.)*, discard, discontinue, eliminate, get rid of, junk *(Inf.)*, put an end to, remove

**docile** amenable, biddable, compliant, ductile, manageable, obedient, pliant, submissive, teachable *(Rare)*, tractable

**docility** amenability, biddableness, compliance, ductility, manageability, meekness, obedience, pliancy, submissiveness, tractability

**dock**
▸ **N. 1.** harbour, pier, quay, waterfront, wharf
▸ **V. 2.** anchor, berth, drop anchor, land, moor, put in, tie up **3.** *(Of spacecraft)* couple, hook up, join, link up, rendezvous, unite

**docket**
▸ **N. 1.** bill, certificate, chit, chitty, counterfoil, label, receipt, tab, tag, tally, ticket
▸ **V. 2.** catalogue, file, index, label, mark, register, tab, tag, ticket

**doctor**
▸ **N. 1.** general practitioner, GP, medic *(Inf.)*, medical practitioner, physician
▸ **V. 2.** apply medication to, give medical treatment to, treat **3.** botch, cobble, do up *(Inf.)*, fix, mend, patch up, repair **4.** alter, change, disguise, falsify, fudge, misrepresent, pervert, tamper with **5.** add to, adulterate, cut, dilute, mix with, spike, water down

**doctrinaire** **ADJ. 1.** biased, dogmatic, fanatical, inflexible, insistent, opinionated, rigid **2.** hypothetical, ideological, impractical, speculative, theoretical, unpragmatic, unrealistic

**doctrine** article, article of faith, belief, canon, concept, conviction, creed, dogma, opinion, precept, principle, teaching, tenet

**document**
▸ **N. 1.** certificate, instrument, legal form, paper, record, report
▸ **V. 2.** authenticate, back up, certify, cite, corroborate, detail, give weight to, instance, particularize, substantiate, support, validate, verify

**doddering** aged, decrepit, doddery, faltering, feeble, floundering, infirm, senile, shaky, shambling, tottery, trembly, unsteady, weak

**dodge**
▸ **V. 1.** body-swerve *(Scot.)*, dart, duck, shift, sidestep, swerve, turn aside **2.** avoid, body-swerve *(Scot.)*, deceive, elude, equivocate, evade, fend off, flannel *(Brit. inf.)*, fudge, get out of, hedge, parry, shirk, shuffle, trick
▸ **N. 3.** contrivance, device, feint, flannel *(Brit. inf.)*, machination, ploy, ruse, scheme, stratagem, subterfuge, trick, wheeze *(Brit. sl.)*, wile

**dodger** evader, shifty so-and-so, shirker, slacker, slippery one, slyboots, trickster

**doer** achiever, active person, activist, bustler, dynamo, go-getter *(Inf.)*, live wire *(Sl.)*, organizer, powerhouse *(Sl.)*, wheeler-dealer *(Inf.)*

**doff 1.** *(Of a hat)* lift, raise, remove, take off, tip, touch **2.** *(Of clothing)* cast off, discard, remove, shed, slip off, slip out of, take off, throw off, undress

**dog**
▸ **N. 1.** bitch, canine, cur, hound, man's best friend, mongrel, mutt *(Sl.)*, pooch *(Sl.)*, pup, puppy, tyke **2.** *(Inf.)* beast, blackguard, cur, heel *(Sl.)*, knave *(Archaic)*, scoundrel, villain **3. dog-eat-dog** cutthroat, ferocious, fierce, ruthless, vicious, with no holds barred **4. go to the dogs** *(Inf.)* degenerate, deteriorate, go down the drain, go to pot, go to ruin
▸ **V. 5.** haunt, hound, plague, pursue, shadow, tail *(Inf.)*, track, trail, trouble

**dogged** determined, firm, immovable, indefatigable, obstinate, persevering, persistent, pertinacious, resolute, single-minded, staunch, steadfast, steady, stiff-necked, stubborn, tenacious, unflagging, unshak(e)able, unyielding

**doggedness** bulldog tenacity, determination, endurance, obstinacy, perseverance, persistence, pertinacity, relentlessness, resolution, single-mindedness, steadfastness, steadiness, stubbornness, tenaciousness, tenacity

**dogma** article, article of faith, belief, credo, creed, doctrine, opinion, precept, principle, teachings, tenet

**dogmatic 1.** arbitrary, arrogant, assertive, categorical, dictatorial, doctrinaire, downright, emphatic, imperious, magisterial, obdurate, opinionated, overbearing, peremptory **2.** authoritative, canonical, categorical, doctrinal, ex cathedra, oracular, positive

**dogmatism** arbitrariness, arrogance, dictatorialness, imperiousness, opinionatedness, peremptoriness, positiveness, presumption

**dogsbody** drudge, general factotum, maid *or* man of all work, menial, skivvy *(Chiefly Brit.)*, slave

**do in 1.** blow away *(Sl., chiefly U.S.)*, butcher, dispatch, eliminate *(Sl.)*, execute, kill, liquidate, murder, slaughter, slay, take out *(Sl.)* **2.** exhaust, fag *(Inf.)*, fatigue, knacker *(Sl.)*, shatter *(Inf.)*, tire, wear out, weary

**doing** achievement, act, action, carrying out *or* through, deed, execution, exploit, handiwork, implementation, performance

**doings** actions, affairs, concerns, dealings, deeds, events, exploits, goings-on *(Inf.)*, handiwork, happenings, proceedings, transactions

**doldrums** apathy, blues, boredom, depression, dullness, dumps *(Inf.)*, ennui, gloom, inertia, lassitude, listlessness, malaise, stagnation, tedium, the hump *(Brit. inf.)*, torpor

**dole**
▸ **N. 1.** allowance, alms, benefit, donation, gift, grant, gratuity, modicum, parcel, pittance, portion, quota, share **2.** allocation, allotment, apportionment, dispensation, distribution, division
▸ **V. 3.** *(Usually with* **out***)* administer, allocate, allot, apportion, assign, deal, dispense, distribute, divide, give, hand out, mete, share

**dolt** ass, berk *(Brit. sl.)*, blockhead, booby, charlie *(Brit. inf.)*, chump *(Inf.)*, clot *(Brit. inf.)*, coot, dimwit *(Inf.)*, dipstick *(Brit. sl.)*, dope *(Inf.)*, dork *(Sl.)*, dullard, dunce, dweeb *(U.S. sl.)*, fool, fuckwit *(Taboo sl.)*, geek *(Sl.)*, gonzo *(Sl.)*, idiot, ignoramus, jerk *(Sl., chiefly U.S. & Canad.)*, lamebrain *(Inf.)*, nerd *or* nurd *(Sl.)*, nitwit *(Inf.)*, numskull *or* numbskull, oaf, plank *(Brit. sl.)*, plonker *(Sl.)*, prick *(Derogatory sl.)*, schmuck *(U.S. sl.)*, simpleton, thickhead, twit *(Inf., chiefly Brit.)*, wally *(Sl.)*

**domestic**
▸ **ADJ. 1.** domiciliary, family, home, household, private **2.** domesticated, home-loving, homely, housewifely, stay-at-home **3.** domesticated, house, house-trained, pet, tame, trained **4.** indigenous, internal, native, not foreign
▸ **N. 5.** char *(Inf.)*, charwoman, daily, daily help, help, maid, servant, woman *(Inf.)*

**domesticate 1.** break, gentle, house-train, tame, train **2.** acclimatize, accustom, familiarize, habituate, naturalize

**domesticated 1.** *(Of plants or animals)* broken (in), naturalized, tame, tamed **2.** *(Of people)* domestic, home-loving, homely, house-trained *(Jocular)*, housewifely

**dominant 1.** ascendant, assertive, authoritative, commanding, controlling, governing, leading, presiding, ruling, superior, supreme **2.** chief, influential, main, outstanding, paramount, predominant, pre-eminent, prevailing, prevalent, primary, principal, prominent

**dominate 1.** control, direct, domineer, govern, have the upper hand over, have the whip hand over, keep under one's thumb, lead, lead by the nose *(Inf.)*, master, monopolize, overbear, rule, tyrannize **2.** bestride, loom over, overlook, stand head and shoulders above, stand over, survey, tower above **3.** detract from, eclipse, outshine, overrule, overshadow, predominate, prevail over

**domination 1.** ascendancy, authority, command, control, influence, mastery, power, rule, superiority, supremacy, sway **2.** despotism, dictatorship, oppression, repression, subjection, subordination, suppression, tyranny

**domineer** bluster, boss around *or* about *(Inf.)*, browbeat, bully, hector, intimidate, lord (it) over, menace, overbear, ride roughshod over, swagger, threaten, tyrannize

**domineering** arrogant, authoritarian, autocratic, bossy *(Inf.)*, coercive, despotic, dictatorial, high-handed, imperious, iron-handed, magisterial, masterful, oppressive, overbearing, tyrannical

**dominion 1.** ascendancy, authority, command, control, domination, government, jurisdiction, mastery, power, rule, sovereignty, supremacy, sway **2.** country, domain, empire, kingdom, patch, province, realm, region, territory, turf *(U.S. sl.)*

**don** clothe oneself in, dress in, get into, pull on, put on, slip on *or* into

**donate** bequeath, bestow, chip in *(Inf.)*, contribute, gift, give, hand out, make a gift of, present, subscribe

**donation** alms, benefaction, boon, contribution, gift, grant, gratuity, hand-out, largess *or* largesse, offering, present, stipend, subscription

**done**
▸ **ADJ. 1.** accomplished, completed, concluded, consummated, ended, executed, finished, over, perfected, realized, terminated, through **2.** cooked, cooked enough, cooked sufficiently, cooked to a turn, ready **3.** depleted, exhausted, finished, spent, used up **4.** acceptable, conventional, de rigueur, proper **5.** *(Inf.)* cheated, conned *(Inf.)*, duped, taken for a ride *(Inf.)*, tricked
▸ **INTERJ. 6.** agreed, it's a bargain, OK *or* okay *(Inf.)*, settled, you're on *(Inf.)* **7. done for** *(Inf.)* beaten, broken, dashed, defeated, destroyed, doomed, finished, foiled, lost, ruined, undone, wrecked **8. done in** *or* **up** *(Inf.)* all in *(Sl.)*, bushed *(Inf.)*, clapped out *(Aust. & N.Z. inf.)*, dead *(Inf.)*, dead beat *(Inf.)*, dog-tired *(Inf.)*, exhausted, fagged out *(Inf.)*, knackered *(Sl.)*, on one's last legs, ready to drop, tired out, worn out, worn to a frazzle *(Inf.)*, zonked *(Sl.)* **9. have done with** be through with, desist, end relations with, finish with, give up, throw over, wash one's hands of

**donnish** bookish, erudite, formalistic, pedagogic, pedantic, precise, scholarly, scholastic

**donor** almsgiver, benefactor, contributor, donator, giver, grantor *(Law)*, philanthropist

**doom**
▸ **N. 1.** catastrophe, death, destiny, destruction, downfall, fate, fortune, lot, portion, ruin **2.** condemnation, decision, decree, judg(e)ment, sentence, verdict **3.** Armageddon, Doomsday, end of the world, Judgment Day, the Last Day, the Last Judgment, the last trump
▸ **V. 4.** condemn, consign, damn, decree, destine, foreordain, judge, predestine, preordain, sentence, threaten

**door 1.** doorway, egress, entrance, entry, exit, ingress, opening **2. lay at the door of** blame, censure, charge, hold responsible, impute to **3. out of doors** alfresco, in the air, out, outdoors, outside **4. show someone the door** ask to leave, boot out *(Inf.)*, bounce *(Sl.)*, eject, oust, show out

**dope**
▸ **N. 1.** drugs, narcotic, opiate **2.** berk *(Brit. sl.)*, blockhead, charlie *(Brit. inf.)*, coot, dickhead *(Sl.)*, dimwit *(Inf.)*, dipstick *(Brit. sl.)*, divvy *(Brit. sl.)*, dolt, dork *(Sl.)*, dunce, dweeb *(U.S. sl.)*, fool, fuckwit *(Taboo sl.)*, geek *(Sl.)*, gonzo *(Sl.)*, idiot, jerk *(Sl., chiefly U.S. & Canad.)*, lamebrain *(Inf.)*, nerd *or* nurd *(Sl.)*, nitwit *(Inf.)*, numskull *or* numbskulloaf, pillock *(Brit. sl.)*, plank *(Brit. sl.)*, plonker *(Sl.)*, prat *(Sl.)*, prick *(Derogatory sl.)*, schmuck *(U.S. sl.)*, simpleton, twit *(Inf., chiefly Brit.)*, wally *(Sl.)* **3.** details, facts, gen *(Brit. inf.)*, info *(Inf.)*, information, inside information, lowdown *(Inf.)*, news, tip
▸ **V. 4.** anaesthetize, doctor, drug, inject, knock out, narcotize, sedate, stupefy

**dormant** asleep, comatose, fallow, hibernating, inactive, inert, inoperative, latent, quiescent, sleeping, sluggish, slumbering, suspended, torpid

**dose** dosage, draught, drench, measure, portion, potion, prescription, quantity

**dot**
▸ **N. 1.** atom, circle, dab, fleck, full stop, iota, jot, mark, mite, mote, point, speck, speckle, spot **2. on the dot** exactly, on time, precisely, promptly, punctually, to the minute
▸ **V. 3.** dab, dabble, fleck, speckle, spot, sprinkle, stipple, stud

**dotage 1.** decrepitude, feebleness, imbecility, old age, second childhood, senility, weakness **2.** doting, foolish fondness, infatuation

**dote on** admire, adore, hold dear, idolize, lavish affection on, prize, treasure

**doting** adoring, devoted, fond, foolish, indulgent, lovesick

**double**
▸ ADJ. 1. binate *(Botany)*, coupled, doubled, dual, duplicate, in pairs, paired, twice, twin, twofold 2. deceitful, dishonest, false, hypocritical, insincere, Janus-faced, knavish *(Archaic)*, perfidious, treacherous, two-faced, vacillating
▸ V. 3. duplicate, enlarge, fold, grow, increase, magnify, multiply, plait, repeat
▸ N. 4. clone, copy, counterpart, dead ringer *(Sl.)*, Doppelgänger, duplicate, fellow, impersonator, lookalike, mate, replica, ringer *(Sl.)*, spitting image *(Inf.)*, twin 5. **at** *or* **on the double** at full speed, briskly, immediately, in double-quick time, pdq *(Sl.)*, posthaste, quickly, without delay

**double-cross** betray, cheat, cozen, defraud, hoodwink, mislead, swindle, trick, two-time *(Inf.)*

**double-dealer** betrayer, cheat, con man *(Inf.)*, cozen, deceiver, dissembler, double-crosser *(Inf.)*, fraud, hypocrite, rogue, swindler, traitor, two-timer *(Inf.)*

**double-dealing**
▸ N. 1. bad faith, betrayal, cheating, deceit, deception, dishonesty, duplicity, foul play, hypocrisy, mendacity, perfidy, treachery, trickery, two-timing *(Inf.)*
▸ ADJ. 2. cheating, crooked *(Inf.)*, deceitful, dishonest, duplicitous, fraudulent, hypocritical, lying, perfidious, sneaky, swindling, treacherous, tricky, two-faced, two-timing *(Inf.)*, underhanded, untrustworthy, wily

**double entendre** ambiguity, double meaning, innuendo, play on words, pun

**doubt**
▸ V. 1. discredit, distrust, fear, lack confidence in, misgive, mistrust, query, question, suspect
▸ N. 2. apprehension, disquiet, distrust, fear, incredulity, lack of faith, misgiving, mistrust, qualm, scepticism, suspicion
▸ V. 3. be dubious, be uncertain, demur, fluctuate, hesitate, scruple, vacillate, waver
▸ N. 4. dubiety, hesitancy, hesitation, indecision, irresolution, lack of conviction, suspense, uncertainty, vacillation 5. ambiguity, confusion, difficulty, dilemma, perplexity, problem, quandary 6. **no doubt** admittedly, assuredly, certainly, doubtless, doubtlessly, probably, surely

**doubter** agnostic, disbeliever, doubting Thomas, questioner, sceptic, unbeliever

**doubtful** 1. ambiguous, debatable, dodgy *(Brit., Aust., & N.Z. inf.)*, dubious, equivocal, hazardous, iffy *(Inf.)*, inconclusive, indefinite, indeterminate, obscure, precarious, problematic(al), questionable, unclear, unconfirmed, unsettled, vague 2. distrustful, hesitating, in two minds *(Inf.)*, irresolute, leery *(Sl.)*, perplexed, sceptical, suspicious, tentative, uncertain, unconvinced, undecided, unresolved, unsettled, unsure, vacillating, wavering 3. disreputable, dodgy *(Brit., Aust., & N.Z. inf.)*, dubious, questionable, shady *(Inf.)*, suspect, suspicious

**doubtless** 1. assuredly, certainly, clearly, indisputably, of course, precisely, surely, truly, undoubtedly, unquestionably, without doubt 2. apparently, most likely, ostensibly, presumably, probably, seemingly, supposedly

**dour** 1. dismal, dreary, forbidding, gloomy, grim, morose, sour, sullen, unfriendly 2. austere, hard, inflexible, obstinate, rigid, rigorous, severe, strict, uncompromising, unyielding

**dovetail** V. 1. fit, fit together, interlock, join, link, mortise, tenon, unite 2. accord, agree, coincide, conform, correspond, harmonize, match, tally

**dowdy** dingy, drab, frowzy, frumpish, frumpy, ill-dressed, old-fashioned, scrubby *(Brit. inf.)*, shabby, slovenly, tacky *(U.S. inf.)*, unfashionable

**do without** abstain from, dispense with, forgo, get along without, give up, kick *(Inf.)*, manage without

**down**
▸ ADJ. 1. blue, dejected, depressed, disheartened, dismal, downcast, low, miserable, sad, sick as a parrot *(Inf.)*, unhappy
▸ V. 2. bring down, fell, floor, knock down, overthrow, prostrate, subdue, tackle, throw, trip 3. *(Inf.)* drain, drink (down), gulp, put away, swallow, toss off
▸ N. 4. decline, descent, drop, dropping, fall, falling, reverse 5. **have a down on** *(Inf.)* be antagonistic *or* hostile to, be anti *(Inf.)*, bear a grudge towards, be contra *(Inf.)*, be prejudiced against, be set against, feel ill will towards, have it in for *(Sl.)* 6. **down with** away with, get rid of, kick out *(Inf.)*, oust, push out

**down-and-out**
▸ ADJ. 1. derelict, destitute, dirt-poor *(Inf.)*, flat broke *(Inf.)*, impoverished, penniless, ruined, short, without two pennies to rub together *(Inf.)*
▸ N. 2. bag lady *(Chiefly U.S.)*, beggar, bum *(Inf.)*, derelict, dosser *(Brit. sl.)*, loser, outcast, pauper, tramp, vagabond, vagrant

**downcast** cheerless, crestfallen, daunted, dejected, depressed, despondent, disappointed, disconsolate, discouraged, disheartened, dismal, dismayed, dispirited, miserable, sad, sick as a parrot *(Inf.)*, unhappy

**downfall** 1. breakdown, collapse, comedown, comeuppance *(Sl.)*, debacle, descent, destruction, disgrace, fall, overthrow, ruin, undoing 2. cloudburst, deluge, downpour, rainstorm

**downgrade** 1. degrade, demote, humble, lower *or* reduce in rank, take down a peg *(Inf.)* 2. decry, denigrate, detract from, disparage, run down

**downhearted** blue, chapfallen, crestfallen, dejected, depressed, despondent, discouraged, disheartened, dismayed, dispirited, downcast, low-spirited, sad, sick as a parrot *(Inf.)*, sorrowful, unhappy

**downpour** cloudburst, deluge, flood, inundation, rainstorm, torrential rain

**downright** 1. absolute, arrant, blatant, categorical, clear, complete, deep-dyed *(Usu. derogatory)*, explicit, out-and-out, outright, plain, positive, simple, thoroughgoing, total, undisguised, unequivocal, unqualified, utter 2. blunt, candid, forthright, frank, honest, open, outspoken, plain, sincere, straightforward, straight-from-the-shoulder, upfront *(Inf.)*

**down-to-earth** common-sense, hard-headed, matter-of-fact, mundane, no-nonsense, plain-spoken, practical, realistic, sane, sensible, unsentimental

**downward** ADJ. declining, descending, earthward, heading down, sliding, slipping

**doze**
▸ V. 1. catnap, drop off *(Inf.)*, drowse, kip *(Brit. sl.)*, nap, nod, nod off *(Inf.)*, sleep, sleep lightly, slumber, snooze *(Inf.)*, zizz *(Brit. inf.)*
▸ N. 2. catnap, forty winks *(Inf.)*, kip *(Brit. sl.)*, little sleep, nap, shuteye *(Sl.)*, siesta, snooze *(Inf.)*, zizz *(Brit. inf.)*

**drab** cheerless, colourless, dingy, dismal, dreary, dull, flat, gloomy, grey, lacklustre, shabby, sombre, uninspired, vapid

**draft**
▸ V. 1. compose, delineate, design, draw, draw up, formulate, outline, plan, sketch
▸ N. 2. abstract, delineation, outline, plan, preliminary form, rough, sketch, version 3. bill *(of exchange)*, cheque, order, postal order

**drag**
▸ V. 1. draw, hale, haul, lug, pull, tow, trail, tug, yank 2. crawl, creep, go slowly, inch, limp along, shamble, shuffle 3. dawdle, draggle, lag behind, linger, loiter, straggle, trail behind 4. *(With* **on** *or* **out***)* draw out, extend, keep going, lengthen, persist, prolong, protract, spin out, stretch out 5. **drag one's feet** *(Inf.)* block, hold back, obstruct, procrastinate, stall
▸ N. 6. *(Sl.)* annoyance, bore, bother, nuisance, pain *(Inf.)*, pain in the arse *(Taboo inf.)*, pest

**dragoon** V. browbeat, bully, coerce, compel, constrain, drive, force, impel, intimidate, railroad *(Inf.)*, strong-arm *(Inf.)*

**drain**
▸ V. 1. bleed, draw off, dry, empty, evacuate, milk, pump off *or* out, remove, tap, withdraw 2. consume, deplete, dissipate, empty, exhaust, sap, strain, tax, use up, weary 3. discharge, effuse, exude, flow out, leak, ooze, seep, trickle, well out 4. drink up, finish, gulp down, quaff, swallow
▸ N. 5. channel, conduit, culvert, ditch, duct, outlet, pipe, sewer, sink, trench, watercourse 6. depletion, drag, exhaustion, expenditure, reduction, sap, strain, withdrawal 7. **down the drain** gone, gone for good, lost, ruined, wasted

**drainage** bilge (water), seepage, sewage, sewerage, waste

**dram** drop, glass, measure, shot *(Inf.)*, slug, snifter *(Inf.)*, snort *(Sl.)*, tot

**drama** 1. dramatization, play, show, stage play, stage show, theatrical piece 2. acting, dramatic art, dramaturgy, stagecraft, theatre, Thespian art 3. crisis, dramatics, excitement, histrionics, scene, spectacle, theatrics, turmoil

**dramatic** 1. dramaturgic, dramaturgical, theatrical, Thespian 2. breathtaking, climactic, electrifying, emotional, exciting, melodramatic, sensational, shock-horror *(Facetious)*, startling, sudden, suspenseful, tense, thrilling 3. affecting, effective, expressive, impressive, moving, powerful, striking, vivid

**dramatist** dramaturge, playwright, screenwriter, scriptwriter

**dramatize** act, exaggerate, lay it on (thick) *(Sl.)*, make a performance of, overdo, overstate, play-act, play to the gallery

**drastic** desperate, dire, extreme, forceful, harsh, radical, severe, strong

**draught** 1. *(Of air)* current, flow, influx, movement, puff 2. dragging, drawing, haulage, pulling, traction 3. cup, dose, drench, drink, potion, quantity

**draw**
▸ V. 1. drag, haul, pull, tow, tug 2. delineate, depict, design, map out, mark out, outline, paint, portray, sketch, trace 3. deduce, derive, get, infer, make, take 4. allure, attract, bring forth, call forth, elicit, engage, entice, evoke, induce, influence, invite, persuade 5. extort, extract, pull out, take out 6. attenuate, elongate, extend, lengthen, stretch 7. breathe in, drain, inhale, inspire, puff, pull, respire, suck 8. compose, draft, formulate, frame, prepare, write 9. choose, pick, select, single out, take
▸ N. 10. *(Inf.)* attraction, enticement, lure, pull *(Inf.)* 11. dead heat, deadlock, impasse, stalemate, tie

**drawback** defect, deficiency, detriment, difficulty, disadvantage, downside, fault, flaw, fly in the ointment *(Inf.)*, handicap, hindrance, hitch, impediment, imperfection, nuisance, obstacle, snag, stumbling block, trouble

**draw back** recoil, retract, retreat, shrink, start back, withdraw

**drawing** cartoon, delineation, depiction, illustration, outline, picture, portrayal, representation, sketch, study

**drawl** V. *(Of speech sounds)* drag out, draw out, extend, lengthen, prolong, protract

**drawn** fatigued, fraught, haggard, harassed, harrowed, pinched, sapped, strained, stressed, taut, tense, tired, worn

**draw on** employ, exploit, extract, fall back on, have recourse to, make use of, rely on, take from, use

**draw out** drag out, extend, lengthen, make longer, prolong, prolongate, protract, spin out, stretch, string out

**draw up** 1. bring to a stop, halt, pull up, run in, stop, stop short 2. compose, draft, formulate, frame, prepare, write out

**dread**
▸ V. 1. anticipate with horror, cringe at, fear, have cold feet *(Inf.)*, quail, shrink from, shudder, tremble
▸ N. 2. affright, alarm, apprehension, aversion, awe, dismay, fear, fright, funk *(Inf.)*, heebie-jeebies *(Sl.)*, horror, terror, trepidation
▸ ADJ. 3. alarming, awe-inspiring, awful, dire, dreaded, dreadful, frightening, frightful, horrible, terrible, terrifying

**dreadful** alarming, appalling, awful, dire, distressing, fearful, formidable, frightful, ghastly, godawful *(Sl.)*, grievous, hellacious *(U.S. sl.)*, hideous, horrendous, horrible, monstrous, shocking, terrible, tragic, tremendous

**dream**
▸ N. 1. daydream, delusion, fantasy, hallucination, illusion, imagination, pipe dream, reverie, speculation, trance, vagary, vision 2. ambition, aspiration, design, desire, goal, hope, notion, thirst, wish 3. beauty, delight, gem, joy, marvel, pleasure, treasure
▸ V. 4. build castles in the air *or* in Spain, conjure up, daydream, envisage, fancy, fantasize, hallucinate, have dreams, imagine, stargaze, think, visualize

**dreamer** daydreamer, Don Quixote, fantasist, fantasizer, fantast, idealist, romancer, theorizer, utopian, visionary, Walter Mitty

**dreamland** cloud-cuckoo-land, cloudland, dream world, fairyland, fantasy, illusion, land of dreams, land of make-believe, land of Nod, never-never land *(Inf.)*, sleep

**dream up** concoct, contrive, cook up *(Inf.)*, create, devise, hatch, imagine, invent, spin, think up

**dreamy** **1.** airy-fairy, dreamlike, fanciful, imaginary, impractical, quixotic, speculative, surreal, vague, visionary **2.** chimerical, dreamlike, fantastic, intangible, misty, phantasmagoric, phantasmagorical, shadowy, unreal **3.** absent, abstracted, daydreaming, faraway, in a reverie, musing, pensive, preoccupied, with one's head in the clouds **4.** calming, gentle, lulling, relaxing, romantic, soothing

**dreary** **1.** bleak, cheerless, comfortless, depressing, dismal, doleful, downcast, drear, forlorn, funereal, gloomy, glum, joyless, lonely, lonesome, melancholy, mournful, sad, solitary, sombre, sorrowful, wretched **2.** boring, colourless, drab, dull, ho-hum *(Inf.)*, humdrum, lifeless, mind-numbing, monotonous, routine, tedious, uneventful, uninteresting, wearisome

**dregs** **1.** deposit, draff, dross, grounds, lees, residue, residuum, scourings, scum, sediment, trash, waste **2.** *(Sl.)* canaille, down-and-outs, good-for-nothings, outcasts, rabble, ragtag and bobtail, riffraff, scum

**drench**
▸ **V. 1.** drown, duck, flood, imbrue, inundate, saturate, soak, souse, steep, wet
▸ **N. 2.** *(Veterinary)* dose, physic, purge

**dress**
▸ **N. 1.** costume, ensemble, frock, garment, get-up *(Inf.)*, gown, outfit, rigout *(Inf.)*, robe, suit **2.** apparel, attire, clothes, clothing, costume, garb, garments, gear *(Inf.)*, guise, habiliment, raiment *(Archaic or poetic)*, togs, vestment
▸ **V. 3.** attire, change, clothe, don, garb, put on, robe, slip on *or* into **4.** adorn, apparel *(Archaic)*, array, bedeck, deck, decorate, drape, embellish, festoon, furbish, ornament, rig, trim **5.** adjust, align, arrange, comb (out), dispose, do (up), fit, get ready, groom, prepare, set, straighten **6.** bandage, bind up, plaster, treat

**dress down** bawl out *(Inf.)*, berate, carpet *(Inf.)*, castigate, chew out *(U.S. & Canad. inf.)*, give a rocket *(Brit. & N.Z. inf.)*, haul over the coals, read the riot act, rebuke, reprimand, reprove, scold, tear into *(Inf.)*, tear (someone) off a strip *(Brit. inf.)*, tell off *(Inf.)*, upbraid

**dressmaker** couturier, modiste, seamstress, sewing woman, tailor

**dress up** **1.** doll up *(Sl.)*, dress for dinner, dress formally, put on one's best bib and tucker *(Inf.)*, put on one's glad rags *(Inf.)* **2.** disguise, play-act, put on fancy dress, wear a costume **3.** beautify, do oneself up, embellish, gild, improve, titivate, trick out *or* up

**dribble** **1.** drip, drop, fall in drops, leak, ooze, run, seep, trickle **2.** drip saliva, drivel, drool, slaver, slobber

**drift**
▸ **V. 1.** be carried along, coast, float, go (aimlessly), meander, stray, waft, wander **2.** accumulate, amass, bank up, drive, gather, pile up
▸ **N. 3.** accumulation, bank, heap, mass, mound, pile **4.** course, current, direction, flow, impulse, movement, rush, sweep, trend **5.** *(Fig.)* aim, design, direction, gist, implication, import, intention, meaning, object, purport, scope, significance, tendency, tenor, thrust

**drill**
▸ **V. 1.** coach, discipline, exercise, instruct, practise, rehearse, teach, train
▸ **N. 2.** discipline, exercise, instruction, practice, preparation, repetition, training
▸ **V. 3.** bore, penetrate, perforate, pierce, puncture, sink in
▸ **N. 4.** bit, borer, boring-tool, gimlet, rotary tool

**drink**
▸ **V. 1.** absorb, drain, gulp, guzzle, imbibe, partake of, quaff, sip, suck, sup, swallow, swig *(Inf.)*, swill, toss off, wash down, wet one's whistle *(Inf.)* **2.** bend the elbow *(Inf.)*, bevvy *(Dialect)*, booze *(Inf.)*, carouse, go on a binge *or* bender *(Inf.)*, hit the bottle *(Inf.)*, indulge, pub-crawl *(Inf., chiefly Brit.)*, revel, tipple, tope, wassail
▸ **N. 3.** beverage, liquid, potion, refreshment, thirst quencher **4.** alcohol, booze *(Inf.)*, hooch *or* hootch *(Inf., chiefly U.S. & Canad.)*, liquor, spirits, the bottle *(Inf.)* **5.** cup, draught, glass, gulp, noggin, sip, snifter *(Inf.)*, swallow, swig *(Inf.)*, taste, tipple **6. the drink** *(Inf.)* the briny *(Inf.)*, the deep, the main, the ocean, the sea

**drinker** alcoholic, bibber, boozer *(Inf.)*, dipsomaniac, drunk, drunkard, guzzler, inebriate, lush *(Sl.)*, soak *(Sl.)*, sot, sponge *(Inf.)*, tippler, toper, wino *(Inf.)*

**drink in** absorb, assimilate, be all ears *(Inf.)*, be fascinated by, be rapt, hang on (someone's) words, hang on the lips of, pay attention

**drip**
▸ **V. 1.** dribble, drizzle, drop, exude, filter, plop, splash, sprinkle, trickle
▸ **N. 2.** dribble, dripping, drop, leak, trickle **3.** *(Inf.)* milksop, mummy's boy *(Inf.)*, namby-pamby, ninny, softy *(Inf.)*, weakling, weed *(Inf.)*, wet *(Brit. inf.)*

**drive**
▸ **V. 1.** herd, hurl, impel, propel, push, send, urge **2.** direct, go, guide, handle, manage, motor, operate, ride, steer, travel **3.** actuate, coerce, compel, constrain, dragoon, force, goad, harass, impel, motivate, oblige, overburden, overwork, press, prick, prod, prompt, railroad *(Inf.)*, rush, spur **4.** dash, dig, plunge, hammer, ram, sink, stab, thrust
▸ **N. 5.** excursion, hurl *(Scot.)*, jaunt, journey, outing, ride, run, spin *(Inf.)*, trip, turn **6.** action, advance, appeal, campaign, crusade, effort, push *(Inf.)*, surge **7.** ambition, effort, energy, enterprise, get-up-and-go *(Inf.)*, initiative, motivation, pep, pressure, push *(Inf.)*, igour, zip *(Inf.)*

**drive at** aim, allude to, get at, have in mind, hint at, imply, indicate, insinuate, intend, intimate, mean, refer to, signify, suggest

**drivel**
▸ **V. 1.** dribble, drool, slaver, slobber **2.** babble, blether, gab *(Inf.)*, gas *(Inf.)*, maunder, prate, ramble, waffle *(Inf., chiefly Brit.)*
▸ **N. 3.** balderdash, balls *(Taboo sl.)*, bilge *(Inf.)*, blah *(Sl.)*, bosh *(Inf.)*, bull *(Sl.)*, bullshit *(Taboo sl.)*, bunk *(Inf.)*, bunkum *or* buncombe *(Chiefly U.S.)*, cobblers *(Brit. taboo sl.)*, crap *(Sl.)*, dross, eyewash *(Inf.)*, fatuity, garbage *(Inf.)*, gibberish, guff *(Sl.)*, hogwash, hokum *(Sl., chiefly U.S. & Canad.)*, horsefeathers *(U.S. sl.)*, hot air *(Inf.)*, moonshine, nonsense, pap, piffle *(Inf.)*, poppycock *(Inf.)*, prating, rot, rubbish, shit *(Taboo sl.)*, stuff, tommyrot, tosh *(Sl., chiefly Brit.)*, tripe *(Inf.)*, twaddle, waffle *(Inf., chiefly Brit.)* **4.** saliva, slaver, slobber

**driving** compelling, dynamic, energetic, forceful, galvanic, sweeping, vigorous, violent

**drizzle**
▸ **N. 1.** fine rain, Scotch mist, smir *(Scot.)*
▸ **V. 2.** mizzle *(Dialect)*, rain, shower, spot *or* spit with rain, spray, sprinkle

**droll** amusing, clownish, comic, comical, diverting, eccentric, entertaining, farcical, funny, humorous, jocular, laughable, ludicrous, odd, oddball *(Inf.)*, off-the-wall *(Sl.)*, quaint, ridiculous, risible, waggish, whimsical

**drone**
▸ **V. 1.** buzz, hum, purr, thrum, vibrate, whirr **2.** *(Often with* **on***)* be boring, chant, drawl, intone, prose about, speak monotonously, spout, talk interminably
▸ **N. 3.** buzz, hum, murmuring, purr, thrum, vibration, whirr, whirring **4.** couch potato *(Sl.)*, idler, leech, loafer, lounger, parasite, scrounger *(Inf.)*, skiver *(Brit. sl.)*, sluggard, sponger *(Inf.)*

**droop** **1.** bend, dangle, drop, fall down, hang (down), sag, sink **2.** decline, diminish, fade, faint, flag, languish, slump, wilt, wither **3.** despond, falter, give in, give up, give way, lose heart *or* hope

**drop**
▸ **N. 1.** bead, bubble, driblet, drip, droplet, globule, pearl, tear **2.** dab, dash, mouthful, nip, pinch, shot *(Inf.)*, sip, spot, taste, tot, trace, trickle **3.** abyss, chasm, declivity, descent, fall, plunge, precipice, slope **4.** cut, decline, decrease, deterioration, downturn, fall-off, lowering, reduction, slump
▸ **V. 5.** dribble, drip, fall in drops, trickle **6.** decline, depress, descend, diminish, dive, droop, fall, lower, plummet, plunge, sink, tumble **7.** abandon, axe *(Inf.)*, cease, desert, discontinue, forsake, give up, kick *(Inf.)*, leave, quit, relinquish, remit, terminate **8.** *(Inf.)* disown, ignore, jilt, reject, renounce, repudiate, throw over **9.** *(Sometimes with* **off***)* deposit, leave, let off, set down, unload

**drop in (on)** blow in *(Inf.)*, call, call in, go and see, look in (on), look up, pop in *(Inf.)*, roll up *(Inf.)*, stop, turn up, visit

**drop off** **1.** decline, decrease, diminish, dwindle, fall off, lessen, slacken **2.** allow to alight, deliver, leave, let off, set down **3.** *(Inf.)* catnap, doze (off), drowse, fall asleep, have forty winks *(Inf.)*, nod (off), snooze *(Inf.)*

**drop out** abandon, back out, cop out *(Sl.)*, forsake, give up, leave, quit, renege, stop, withdraw

**drought** **1.** aridity, dehydration, drouth *(Scot.)*, dryness, dry spell, dry weather, parchedness **2.** dearth, deficiency, insufficiency, lack, need, scarcity, shortage, want

**drove** collection, company, crowd, flock, gathering, herd, horde, mob, multitude, press, swarm, throng

**drown** **1.** deluge, drench, engulf, flood, go down, go under, immerse, inundate, sink, submerge, swamp **2.** *(Fig.)* deaden, engulf, muffle, obliterate, overcome, overpower, overwhelm, stifle, swallow up, wipe out

**drowse**
▸ **V. 1.** be drowsy, be lethargic, be sleepy, doze, drop off *(Inf.)*, kip *(Brit. sl.)*, nap, nod, sleep, slumber, snooze *(Inf.)*, zizz *(Brit. inf.)*
▸ **N. 2.** doze, forty winks *(Inf.)*, kip *(Brit. sl.)*, nap, sleep, slumber, zizz *(Brit. inf.)*

**drowsy** **1.** comatose, dazed, dopey *(Sl.)*, dozy, drugged, half asleep, heavy, lethargic, nodding, sleepy, somnolent, tired, torpid **2.** dreamy, lulling, restful, sleepy, soothing, soporific

**drubbing** beating, clobbering *(Sl.)*, defeat, flogging, hammering *(Inf.)*, licking *(Inf.)*, pasting *(Sl.)*, pounding, pummelling, thrashing, trouncing, walloping *(Inf.)*, whipping

**drudge**
▸ **N. 1.** dogsbody *(Inf.)*, factotum, hack, maid *or* man of all work, menial, plodder, scullion *(Archaic)*, servant, skivvy *(Chiefly Brit.)*, slave, toiler, worker
▸ **V. 2.** grind *(Inf.)*, keep one's nose to the grindstone, labour, moil *(Archaic or dialect)*, plod, plug away *(Inf.)*, slave, toil, work

**drudgery** chore, donkey-work, fag *(Inf.)*, grind *(Inf.)*, hack work, hard work, labour, menial labour, skivvying *(Brit.)*, slavery, slog, sweat *(Inf.)*, sweated labour, toil

**drug**
▸ **N. 1.** medicament, medication, medicine, physic, poison, remedy **2.** dope *(Sl.)*, narcotic, opiate, stimulant
▸ **V. 3.** administer a drug, dope *(Sl.)*, dose, medicate, treat **4.** anaesthetize, deaden, knock out, numb, poison, stupefy

**drum** **V. 1.** beat, pulsate, rap, reverberate, tap, tattoo, throb **2.** *(With* **into***)* din into, drive home, hammer away, harp on, instil, reiterate

**drum up** attract, bid for, canvass, obtain, petition, round up, solicit

**drunk**
▸ **ADJ. 1.** bacchic, bevvied *(Dialect)*, blitzed *(Sl.)*, blotto *(Sl.)*, bombed *(Sl.)*, canned *(Sl.)*, drunken, flying *(Sl.)*, fu' *(Scot.)*, fuddled, half seas over *(Inf.)*, inebriated, intoxicated, legless *(Inf.)*, lit up *(Sl., chiefly U.S. & Canad.)*, loaded *(Sl., chiefly U.S. & Canad.)*, maudlin, merry *(Brit. inf.)*, muddled, out of it *(Sl.)*, out to it *(Aust. & N.Z. sl.)*, paralytic *(Inf.)*, pickled *(Inf.)*, pie-eyed *(Sl.)*, pissed *(Taboo sl.)*, plastered *(Sl.)*, sloshed *(Sl.)*, smashed *(Sl.)*, soaked *(Inf.)*, steamboats *(Sl.)*, steaming *(Sl.)*, stewed *(Sl.)*, stoned *(Sl.)*, tanked up *(Sl.)*, tiddly *(Sl., chiefly Brit.)*, tight *(Inf.)*, tipsy, tired and emotional *(Euphemistic)*, under the influence *(Inf.)*, wasted *(Sl.)*, well-oiled *(Sl.)*, wrecked *(Sl.)*, zonked *(Sl.)*
▸ **N. 2.** boozer *(Inf.)*, drunkard, inebriate, lush *(Sl.)*, soak *(Sl.)*, sot, toper, wino *(Inf.)*

**drunkard** alcoholic, carouser, dipsomaniac, drinker, drunk, lush *(Sl.)*, soak *(Sl.)*, sot, tippler, toper, wino *(Inf.)*

**drunken** **1.** bevvied *(Dialect)*, bibulous, blitzed *(Sl.)*, blotto *(Sl.)*, bombed *(Sl.)*, boozing *(Inf.)*, drunk, flying *(Sl.)*, (gin-)sodden, inebriate, intoxicated, legless *(Inf.)*, lit up *(Sl.)*, out of it *(Sl.)*, out to it *(Aust. & N.Z. sl.)*, paralytic *(Inf.)*, pissed *(Taboo sl.)*, red-nosed, smashed *(Sl.)*, sottish, steamboats *(Sl.)*, steaming *(Sl.)*, tippling, toping, under the influence *(Inf.)*, wasted *(Sl.)*, wrecked *(Sl.)*, zonked *(Sl.)* **2.** bacchanalian, bacchic, boozy *(Inf.)*, debauched, dionysian, dissipated, orgiastic, riotous, saturnalian

**drunkenness** alcoholism, bibulousness, dipsomania, inebriety, insobriety, intemperance, intoxication, sottishness, tipsiness

**dry**
▸ **ADJ. 1.** arid, barren, dehydrated, desiccated, dried up, juiceless, moistureless, parched, sapless, thirsty, torrid, waterless **2.** *(Fig.)* boring, dreary, dull, ho-hum *(Inf.)*, monotonous, plain, tedious, tiresome, uninteresting **3.** *(Fig.)* cutting, deadpan, droll, keen, low-key, quietly humorous, sarcastic, sharp, sly

**dryness** aridity, aridness, dehumidification, dehydration, drought, thirst, thirstiness

**dual** binary, coupled, double, duplex, duplicate, matched, paired, twin, twofold

**dub** 1. bestow, confer, confer knighthood upon, entitle, knight 2. call, christen, denominate, designate, label, name, nickname, style, term

**dubious** 1. doubtful, hesitant, iffy (*Inf.*), leery (*Sl.*), sceptical, uncertain, unconvinced, undecided, unsure, wavering 2. ambiguous, debatable, dodgy (*Brit., Aust., & N.Z. inf.*), doubtful, equivocal, indefinite, indeterminate, obscure, problematical, unclear, unsettled 3. dodgy (*Brit., Aust., & N.Z. inf.*), fishy (*Inf.*), questionable, shady (*Inf.*), suspect, suspicious, undependable, unreliable, untrustworthy

**duck** 1. bend, bob, bow, crouch, dodge, drop, lower, stoop 2. dip, dive, douse, dunk, immerse, plunge, mersouse, submerge, wet 3. (*Inf.*) avoid, body-swerve (*Scot.*), dodge, escape, evade, shirk, shun, sidestep

**duct** blood vessel, canal, channel, conduit, funnel, passage, pipe, tube

**dud**
▸ **N. 1.** failure, flop (*Inf.*), washout (*Inf.*)
▸ **ADJ. 2.** broken, bust (*Inf.*), duff (*Brit. inf.*), failed, inoperative, kaput (*Inf.*), not functioning, valueless, worthless

**dudgeon** 1. (*Archaic*) indignation, ire, resentment, umbrage, wrath 2. **in high dudgeon** angry, fuming, indignant, offended, resentful, vexed

**due**
▸ **ADJ. 1.** in arrears, outstanding, owed, owing, payable, unpaid 2. appropriate, becoming, bounden, deserved, fit, fitting, just, justified, merited, obligatory, proper, requisite, right, rightful, suitable, well-earned 3. adequate, ample, enough, plenty of, sufficient 4. expected, expected to arrive, scheduled
▸ **N. 5.** comeuppance (*Sl.*), deserts, merits, prerogative, privilege, right(s)
▸ **ADV. 6.** dead, direct, directly, exactly, straight, undeviatingly

**duel**
▸ **N. 1.** affair of honour, single combat 2. clash, competition, contest, encounter, engagement, fight, head-to-head, rivalry
▸ **V. 3.** clash, compete, contend, contest, fight, rival, struggle, vie with

**dues** charge, charges, contribution, fee, levy, membership fee

**duffer** blunderer, booby, bungler, clod, clot (*Brit. inf.*), galoot (*Sl., chiefly U.S.*), lubber, lummox (*Inf.*), oaf

**dull**
▸ **ADJ. 1.** braindead (*Inf.*), dense, dim, dim-witted (*Inf.*), doltish, dozy (*Brit. inf.*), obtuse, slow, stolid, stupid, thick, unintelligent 2. apathetic, blank, callous, dead, empty, heavy, indifferent, insensible, insensitive, lifeless, listless, passionless, slow, sluggish, unresponsive, unsympathetic, vacuous 3. banal, boring, commonplace, dozy, dreary, dry, flat, ho-hum (*Inf.*), humdrum, mind-numbing, monotonous, plain, prosaic, run-of-the-mill, tedious, tiresome, unimaginative, uninteresting, vapid 4. blunt, blunted, dulled, edgeless, not keen, not sharp, unsharpened 5. cloudy, dim, dismal, gloomy, leaden, opaque, overcast, turbid 6. depressed, inactive, slack, slow, sluggish, torpid, uneventful 7. drab, faded, feeble, indistinct, lacklustre, muffled, murky, muted, sombre, subdued, subfusc, toned-down
▸ **V. 8.** dampen, deject, depress, discourage, dishearten, dispirit, sadden 9. allay, alleviate, assuage, blunt, lessen, mitigate, moderate, palliate, paralyze, relieve, soften, stupefy, take the edge off 10. cloud, darken, dim, fade, obscure, stain, sully, tarnish

**dullard** blockhead, clod, dimwit (*Inf.*), dolt, dope (*Inf.*), dunce, lamebrain (*Inf.*), nitwit (*Inf.*), numskull *or* numbskull, oaf

**duly** 1. accordingly, appropriately, befittingly, correctly, decorously, deservedly, fittingly, properly, rightfully, suitably 2. at the proper time, on time, punctually

**dumb** 1. at a loss for words, inarticulate, mum, mute, silent, soundless, speechless, tonguetied, voiceless, wordless 2. (*Inf.*) asinine, braindead (*Inf.*), dense, dim-witted (*Inf.*), dozy (*Brit. inf.*), dull, foolish, obtuse, stupid, thick, unintelligent

**dumbfound, dumfound** amaze, astonish, astound, bewilder, bowl over (*Inf.*), confound, confuse, flabbergast (*Inf.*), flummox, nonplus, overwhelm, stagger, startle, stun, take aback

**dumbfounded, dumfounded** amazed, astonished, astounded, at sea, bewildered, bowled over (*Inf.*), breathless, confounded, confused, dumb, flabbergasted (*Inf.*), flummoxed, gobsmacked (*Brit. sl.*), knocked for six (*Inf.*), knocked sideways (*Inf.*), nonplussed, overcome, overwhelmed, speechless, staggered, startled, stunned, taken aback, thrown, thunderstruck

**dummy**
▸ **N. 1.** figure, form, lay figure, man(n)ikin, mannequin, model 2. copy, counterfeit, duplicate, imitation, sham, substitute 3. (*Sl.*) berk (*Brit. sl.*), blockhead, charlie (*Brit. inf.*), coot, dickhead (*Sl.*), dimwit (*Inf.*), dipstick (*Brit. sl.*), divvy (*Brit. sl.*), dolt, dork (*Sl.*), dullard, dunce, dweeb (*U.S. sl.*), fool, fuckwit (*Taboo sl.*), geek (*Sl.*), gonzo (*Sl.*), jerk (*Sl., chiefly U.S. & Canad.*), lamebrain (*Inf.*), nerd *or* nurd (*Inf.*), nitwit (*Inf.*), numskull *or* numbskull, oaf, pillock (*Brit. sl.*), plank (*Brit. sl.*), plonker (*Sl.*), prat (*Sl.*), prick (*Derogatory sl.*), schmuck (*U.S. sl.*), simpleton, wally (*Sl.*)
▸ **ADJ. 4.** artificial, bogus, fake, false, imitation, mock, phoney *or* phony (*Inf.*), sham, simulated 5. mock, practice, simulated, trial

**dump**
▸ **V. 1.** deposit, drop, fling down, let fall, throw down 2. coup (*Scot.*), discharge, dispose of, ditch (*Sl.*), empty out, get rid of, jettison, scrap, throw away *or* out, tip, unload
▸ **N. 3.** junkyard, refuse heap, rubbish heap, rubbish tip, tip 4. (*Inf.*) hole (*Inf.*), hovel, joint (*Sl.*), mess, pigsty, shack, shanty, slum

**dun** v. beset, importune, pester, plague, press, urge

**dunce** ass, blockhead, bonehead (*Sl.*), dimwit (*Inf.*), dolt, donkey, duffer (*Inf.*), dullard, dunderhead, goose (*Inf.*), halfwit, ignoramus, lamebrain (*Inf.*), loon (*Inf.*), moron, nincompoop, nitwit (*Inf.*), numskull *or* numbskull, oaf, simpleton, thickhead

**dungeon** cage, cell, donjon, lockup, oubliette, prison, vault

**duplicate**
▸ **ADJ. 1.** corresponding, identical, matched, matching, twin, twofold
▸ **N. 2.** carbon copy, clone, copy, double, facsimile, fax, likeness, lookalike, match, mate, photocopy, Photostat (*Trademark*), replica, reproduction, ringer (*Sl.*), twin, Xerox (*Trademark*)
▸ **V. 3.** clone, copy, double, echo, fax, photocopy, Photostat (*Trademark*), repeat, replicate, reproduce, Xerox (*Trademark*)

**durability** constancy, durableness, endurance, imperishability, lastingness, permanence, persistence

**durable** abiding, constant, dependable, enduring, fast, firm, fixed, hard-wearing, lasting, long-lasting, permanent, persistent, reliable, resistant, sound, stable, strong, sturdy, substantial, tough

**duress** 1. coercion, compulsion, constraint, pressure, threat 2. captivity, confinement, constraint, hardship, imprisonment, incarceration, restraint

**dusk** 1. dark, evening, eventide, gloaming (*Scot. or poetic*), nightfall, sundown, sunset, twilight 2. (*Poetic*) darkness, gloom, murk, obscurity, shade, shadowiness

**dusky** 1. dark, dark-complexioned, dark-hued, sable, swarthy 2. caliginous (*Archaic*), cloudy, crepuscular, darkish, dim, gloomy, murky, obscure, overcast, shadowy, shady, tenebrous, twilight, twilit, veiled

**dust**
▸ **N. 1.** fine fragments, grime, grit, particles, powder, powdery dirt 2. dirt, earth, ground, soil 3. (*Inf.*) commotion, disturbance, fuss, racket, row 4. **bite the dust** (*Inf.*) die, drop dead, expire, fall in battle, pass away, perish 5. **lick the dust** (*Inf.*) be servile, bootlick (*Inf.*), demean oneself, grovel, kowtow, toady 6. **throw dust in the eyes of** con (*Sl.*), confuse, deceive, fool, have (someone) on, hoodwink, mislead, take in (*Inf.*)
▸ **V. 7.** cover, dredge, powder, scatter, sift, spray, spread, sprinkle

**dusty** 1. dirty, grubby, sooty, unclean, undusted, unswept 2. chalky, crumbly, friable, granular, powdery, sandy

**dutiful** compliant, conscientious, deferential, devoted, docile, duteous (*Archaic*), filial, obedient, punctilious, respectful, reverential, submissive

**duty** 1. assignment, business, calling, charge, engagement, function, mission, obligation, office, onus, province, responsibility, role, service, task, work 2. allegiance, deference, loyalty, obedience, respect, reverence 3. customs, due, excise, impost, levy, tariff, tax, toll 4. **do duty for** stand in, substitute, take the place of 5. **be the duty of** behove (*Archaic*), be incumbent upon, belong to, be (someone's) pigeon (*Brit. inf.*), be up to (*Inf.*), devolve upon, pertain to, rest with 6. **off duty** at leisure, free, off, off work, on holiday 7. **on duty** at work, busy, engaged

**dwarf**
▸ **N. 1.** bantam, homunculus, hop-o'-my-thumb, Lilliputian, man(n)ikin, midget, pygmy *or* pigmy, Tom Thumb 2. gnome, goblin
▸ **ADJ. 3.** baby, bonsai, diminutive, dwarfed, Lilliputian, miniature, petite, pocket, small, teensy-weensy, teeny-weeny, tiny, undersized
▸ **V. 4.** dim, diminish, dominate, minimize, overshadow, tower above *or* over 5. check, cultivate by bonsai, lower, retard, stunt

**dwell** abide, establish oneself, hang out (*Inf.*), inhabit, live, lodge, quarter, remain, reside, rest, settle, sojourn, stay, stop

**dwelling** abode, domicile, dwelling house, establishment, habitation, home, house, lodging, pad (*Sl.*), quarters, residence

**dwell on** *or* **dwell upon** be engrossed in, continue, elaborate, emphasize, expatiate, harp on, linger over, tarry over

**dye**
▸ **N. 1.** colorant, colour, colouring, pigment, stain, tinge, tint
▸ **V. 2.** colour, pigment, stain, tincture, tinge, tint

**dyed-in-the-wool** complete, confirmed, deep-dyed (*Usu. derogatory*), deep-rooted, die-hard, entrenched, established, inveterate, through-and-through

**dying** at death's door, ebbing, expiring, fading, failing, final, going, in extremis, moribund, mortal, passing, perishing, sinking

**dynamic** active, driving, electric, energetic, forceful, go-ahead, go-getting (*Inf.*), highpowered, lively, magnetic, powerful, vigorous, vital, zippy (*Inf.*)

**dynasty** ascendancy, dominion, empire, government, house, régime, rule, sovereignty, sway

✦ ✦ ✦ ✦ ✦ ✦ ✦ ✦ ✦ ✦ ✦ ✦ ✦ ✦ ✦

# E

**each**
▸ **ADJ. 1.** every
▸ **PRON. 2.** each and every one, each one, every one, one and all
▸ **ADV. 3.** apiece, for each, from each, individually, per capita, per head, per person, respectively, singly, to each

**eager** agog, anxious, ardent, athirst, avid, earnest, enthusiastic, fervent, fervid, greedy, hot, hungry, impatient, intent, keen, longing, raring, vehement, yearning, zealous

**eagerness** ardour, avidity, earnestness, enthusiasm, fervour, greediness, heartiness, hunger, impatience, impetuosity, intentness, keenness, longing, thirst, vehemence, yearning, zeal

**ear** (*Fig.*) 1. attention, consideration, hearing, heed, notice, regard 2. appreciation, discrimination, musical perception, sensitivity, taste

**early**
▸ **ADJ. 1.** advanced, forward, premature, untimely 2. primeval, primitive, primordial, undeveloped, young
▸ **ADV. 3.** ahead of time, beforehand, betimes (*Archaic*), in advance, in good time, prematurely, too soon

**earn** 1. bring in, collect, draw, gain, get, gross, make, net, obtain, procure, realize, reap, receive 2. acquire, attain, be entitled to, be worthy of, deserve, merit, rate, warrant, win

**earnest**
▸ **ADJ. 1.** close, constant, determined, firm, fixed, grave, intent, resolute, resolved, serious, sincere, solemn, stable, staid, steady, thoughtful 2. ardent, devoted, eager, enthusiastic, fervent,

fervid, heartfelt, impassioned, keen, passionate, purposeful, urgent, vehement, warm, zealous
▸ **N. 3.** determination, reality, resolution, seriousness, sincerity, truth **4.** assurance, deposit, down payment, earnest money *(Law)*, foretaste, guarantee, pledge, promise, security, token

**earnings** emolument, gain, income, pay, proceeds, profits, receipts, remuneration, return, reward, salary, stipend, takings, wages

**earth** **1.** globe, orb, planet, sphere, terrestrial sphere, world **2.** clay, clod, dirt, ground, land, loam, mould, sod, soil, topsoil, turf

**earthenware** ceramics, crockery, crocks, pots, pottery, terra cotta

**earthly** **1.** mundane, sublunary, tellurian, telluric, terrene, terrestrial, worldly **2.** human, material, mortal, non-spiritual, profane, secular, temporal, worldly **3.** base, carnal, fleshly, gross, low, materialistic, physical, sensual, sordid, vile **4.** *(Inf.)* conceivable, feasible, imaginable, likely, possible, practical

**ease**
▸ **N. 1.** affluence, calmness, comfort, content, contentment, enjoyment, happiness, leisure, peace, peace of mind, quiet, quietude, relaxation, repose, rest, restfulness, serenity, tranquillity **2.** easiness, effortlessness, facility, readiness, simplicity **3.** flexibility, freedom, informality, liberty, naturalness, unaffectedness, unconstraint, unreservedness **4.** aplomb, composure, insouciance, nonchalance, poise, relaxedness
▸ **V. 5.** abate, allay, alleviate, appease, assuage, calm, comfort, disburden, lessen, lighten, mitigate, moderate, mollify, pacify, palliate, quiet, relax, relent, relieve, slacken, soothe, still, tranquillize **6.** aid, assist, expedite, facilitate, forward, further, lessen the labour of, make easier, simplify, smooth, speed up **7.** edge, guide, inch, manoeuvre, move carefully, slide, slip, squeeze, steer

**easily** **1.** comfortably, effortlessly, facilely, readily, simply, smoothly, with ease, without difficulty, without trouble **2.** absolutely, beyond question, by far, certainly, clearly, definitely, doubtlessly, far and away, indisputably, indubitably, plainly, surely, undeniably, undoubtedly, unequivocally, unquestionably, without a doubt **3.** almost certainly, probably, well

**easy** **1.** a piece of cake *(Inf.)*, a pushover *(Sl.)*, child's play *(Inf.)*, clear, easy-peasy *(Sl.)*, effortless, facile, light, no bother, not difficult, no trouble, painless, simple, smooth, straightforward, uncomplicated, undemanding **2.** calm, carefree, comfortable, contented, cushy *(Inf.)*, easeful, leisurely, peaceful, pleasant, quiet, relaxed, satisfied, serene, tranquil, undisturbed, untroubled, unworried, well-to-do **3.** flexible, indulgent, lenient, liberal, light, mild, permissive, tolerant, unburdensome, unoppressive **4.** affable, casual, easy-going, friendly, gentle, graceful, gracious, informal, laid-back *(Inf.)*, mild, natural, open, pleasant, relaxed, smooth, tolerant, unaffected, unceremonious, unconstrained, undemanding, unforced, unpretentious **5.** accommodating, amenable, biddable, compliant, docile, gullible, manageable, pliant, soft, submissive, suggestible, susceptible, tractable, trusting, yielding **6.** comfortable, gentle, leisurely, light, mild, moderate, temperate, undemanding, unexacting, unhurried

**easy-going** amenable, calm, carefree, casual, complacent, easy, easy-oasy *(Sl.)*, even-tempered, flexible, happy-go-lucky, indulgent, insouciant, laid-back *(Inf.)*, lenient, liberal, mild, moderate, nonchalant, permissive, placid, relaxed, serene, tolerant, unconcerned, uncritical, undemanding, unhurried

**eat** **1.** chew, consume, devour, gobble, ingest, munch, scoff *(Sl.)*, swallow **2.** break bread, chow down *(Sl.)*, dine, feed, have a meal, take food, take nourishment **3.** corrode, crumble, decay, dissolve, erode, rot, waste away, wear away **4. eat one's words** abjure, recant, rescind, retract, take (statement) back

**eavesdrop** bug *(Inf.)*, listen in, monitor, overhear, snoop *(Inf.)*, spy, tap

**ebb**
▸ **V. 1.** abate, fall away, fall back, flow back, go out, recede, retire, retreat, retrocede, sink, subside, wane, withdraw
▸ **N. 2.** ebb tide, going out, low tide, low water, reflux, regression, retreat, retrocession, subsidence, wane, waning, withdrawal
▸ **V. 3.** decay, decline, decrease, degenerate, deteriorate, diminish, drop, dwindle, fade away, fall away, flag, lessen, peter out, shrink, sink, slacken, weaken
▸ **N. 4.** decay, decline, decrease, degeneration, deterioration, diminution, drop, dwindling, fading away, flagging, lessening, petering out, shrinkage, sinking, slackening, weakening

**eccentric**
▸ **ADJ. 1.** aberrant, abnormal, anomalous, bizarre, capricious, erratic, freakish, idiosyncratic, irregular, odd, oddball *(Inf.)*, off-the-wall *(Sl.)*, outlandish, outré, peculiar, queer *(Inf.)*, quirky, rum *(Brit. sl.)*, singular, strange, uncommon, unconventional, wacko *(Sl.)*, weird, whimsical
▸ **N. 2.** card *(Inf.)*, case *(Inf.)*, character *(Inf.)*, crank *(Inf.)*, freak *(Inf.)*, kook *(U.S. & Canad. inf.)*, nonconformist, nut *(Sl.)*, oddball *(Inf.)*, odd fish *(Inf.)*, oddity, queer fish *(Brit. inf.)*, rum customer *(Brit. sl.)*, screwball *(Sl., chiefly U.S. & Canad.)*, wacko *(Sl.)*, weirdo *or* weirdie *(Inf.)*

**eccentricity** aberration, abnormality, anomaly, bizarreness, caprice, capriciousness, foible, freakishness, idiosyncrasy, irregularity, nonconformity, oddity, oddness, outlandishness, peculiarity, queerness *(Inf.)*, quirk, singularity, strangeness, unconventionality, waywardness, weirdness, whimsicality, whimsicalness

**ecclesiastic**
▸ **N. 1.** churchman, clergyman, cleric, divine, holy man, man of the cloth, minister, parson, pastor, priest
▸ **ADJ. 2.** *(also* **ecclesiastical***)* church, churchly, clerical, divine, holy, pastoral, priestly, religious, spiritual

**echo**
▸ **V. 1.** repeat, resound, reverberate **2.** ape, copy, imitate, mirror, parallel, parrot, recall, reflect, reiterate, reproduce, resemble, ring, second
▸ **N. 3.** answer, repetition, reverberation **4.** copy, imitation, mirror image, parallel, reflection, reiteration, reproduction, ringing **5.** allusion, evocation, hint, intimation, memory, reminder, suggestion, trace **6.** *Often plural* aftereffect, aftermath, consequence, repercussion

**eclipse**
▸ **V. 1.** blot out, cloud, darken, dim, extinguish, obscure, overshadow, shroud, veil **2.** exceed, excel, outdo, outshine, surpass, transcend
▸ **N. 3.** darkening, dimming, extinction, obscuration, occultation, shading **4.** decline, diminution, failure, fall, loss

**economic** **1.** business, commercial, financial, industrial, mercantile, trade **2.** moneymaking, productive, profitable, profit-making, remunerative, solvent, viable **3.** bread-and-butter *(Inf.)*, budgetary, financial, fiscal, material, monetary, pecuniary **4.** *(Inf.) (also* **economical***)* cheap, fair, inexpensive, low, low-priced, modest, reasonable

**economical** **1.** cost-effective, efficient, money-saving, sparing, time-saving, unwasteful, work-saving **2.** careful, economizing, frugal, prudent, saving, scrimping, sparing, thrifty **3.** *(also* **economic***)* cheap, fair, inexpensive, low, low-priced, modest, reasonable

**economize** be economical, be frugal, be sparing, cut back, husband, retrench, save, scrimp, tighten one's belt

**economy** frugality, husbandry, parsimony, providence, prudence, restraint, retrenchment, saving, sparingness, thrift, thriftiness

**ecstasy** bliss, delight, elation, enthusiasm, euphoria, exaltation, fervour, frenzy, joy, rapture, ravishment, rhapsody, seventh heaven, trance, transport

**ecstatic** blissful, cock-a-hoop, delirious, elated, enraptured, enthusiastic, entranced, euphoric, fervent, frenzied, in exaltation, in transports of delight, joyful, joyous, on cloud nine *(Inf.)*, overjoyed, over the moon *(Inf.)*, rapturous, rhapsodic, transported

**eddy**
▸ **N. 1.** counter-current, counterflow, swirl, tideway, undertow, vortex, whirlpool
▸ **V. 2.** swirl, whirl

**edge**
▸ **N. 1.** border, bound, boundary, brim, brink, contour, flange, fringe, limit, line, lip, margin, outline, perimeter, periphery, rim, side, threshold, verge **2.** acuteness, animation, bite, effectiveness, force, incisiveness, interest, keenness, point, pungency, sharpness, sting, urgency, zest **3.** advantage, ascendancy, dominance, lead, superiority, upper hand **4. on edge** apprehensive, eager, edgy, excited, ill at ease, impatient, irritable, keyed up, nervous, on tenterhooks, tense, tetchy, twitchy *(Inf.)*, uptight *(Inf.)*, wired *(Sl.)*
▸ **V. 5.** bind, border, fringe, hem, rim, shape, trim **6.** creep, ease, inch, sidle, steal, work, worm **7.** hone, sharpen, strop, whet

**edgy** anxious, ill at ease, irascible, irritable, keyed up, nervous, nervy *(Brit. inf.)*, on edge, restive, tense, tetchy, touchy, twitchy *(Inf.)*, uptight *(Inf.)*, wired *(Sl.)*

**edible** comestible *(Rare)*, digestible, eatable, esculent, fit to eat, good, harmless, palatable, wholesome

**edict** act, canon, command, decree, demand, dictate, dictum, enactment, fiat, injunction, law, mandate, manifesto, order, ordinance, proclamation, pronouncement, pronunciamento, regulation, ruling, statute, ukase *(Rare)*

**edifice** building, construction, erection, fabric *(Rare)*, habitation, house, pile, structure

**edify** educate, elevate, enlighten, guide, improve, inform, instruct, nurture, school, teach, uplift

**edit** **1.** adapt, annotate, censor, check, condense, correct, emend, polish, redact, rephrase, revise, rewrite **2.** assemble, compose, put together, rearrange, reorder, select

**edition** copy, impression, issue, number, printing, programme *(TV, Radio)*, version, volume

**educate** civilize, coach, cultivate, develop, discipline, drill, edify, enlighten, exercise, foster, improve, indoctrinate, inform, instruct, mature, rear, school, teach, train, tutor

**educated** **1.** coached, informed, instructed, nurtured, schooled, taught, tutored **2.** civilized, cultivated, cultured, enlightened, experienced, informed, knowledgeable, learned, lettered, literary, polished, refined, tasteful

**education** breeding, civilization, coaching, cultivation, culture, development, discipline, drilling, edification, enlightenment, erudition, improvement, indoctrination, instruction, knowledge, nurture, scholarship, schooling, teaching, training, tuition, tutoring

**educational** cultural, didactic, edifying, educative, enlightening, heuristic, improving, informative, instructive

**educative** didactic, edifying, educational, enlightening, heuristic, improving, informative, instructive

**eerie** awesome, creepy *(Inf.)*, eldritch *(Poetic)*, fearful, frightening, ghostly, mysterious, scary *(Inf.)*, spectral, spooky *(Inf.)*, strange, uncanny, unearthly, uneasy, weird

**efface** **1.** annihilate, blot out, cancel, cross out, delete, destroy, dim, eradicate, erase, excise, expunge, extirpate, obliterate, raze, rub out, wipe out **2.** *(Of oneself)* be modest (bashful, diffident, retiring, timid, unassertive), humble, lower, make inconspicuous, withdraw

**effect**
▸ **N. 1.** aftermath, conclusion, consequence, event, fruit, issue, outcome, result, upshot **2.** clout *(Inf.)*, effectiveness, efficacy, efficiency, fact, force, influence, power, reality, strength, use, validity, vigour, weight **3.** drift, essence, impact, import, impression, meaning, purport, purpose, sense, significance, tenor **4.** action, enforcement, execution, force, implementation, operation **5. in effect** actually, effectively, essentially, for practical purposes, in actuality, in fact, in reality, in truth, really, to all intents and purposes, virtually **6. take effect** become operative, begin, come into force, produce results, work
▸ **V. 7.** accomplish, achieve, actuate, bring about, carry out, cause, complete, consummate, create, effectuate, execute, fulfil, give rise to, initiate, make, perform, produce

**effective** **1.** able, active, adequate, capable, competent, effectual, efficacious, efficient, energetic, operative, productive, serviceable, useful **2.** cogent, compelling, convincing, emphatic, forceful, forcible, impressive, moving, persuasive, potent, powerful, striking, telling **3.** active, actual, current, in effect, in execution, in force, in operation, operative, real

**effectiveness** bottom, capability, clout *(Inf.)*, cogency, effect, efficacy, efficiency, force, influence, potency, power, strength, success, use, validity, vigour, weight

**effects** belongings, chattels, furniture, gear, goods, movables, paraphernalia, possessions, property, things, trappings

**effeminacy** delicacy, femininity, softness, tenderness, unmanliness, weakness, womanishness, womanliness

**effeminate** camp (Inf.), delicate, feminine, poofy (Sl.), sissy, soft, tender, unmanly, weak, wimpish or wimpy (Inf.), womanish, womanlike, womanly

**effervesce** bubble, ferment, fizz, foam, froth, sparkle

**effervescence** 1. bubbling, ferment, fermentation, fizz, foam, foaming, froth, frothing, sparkle 2. animation, brio, buoyancy, ebullience, enthusiasm, excitedness, excitement, exhilaration, exuberance, gaiety, high spirits, liveliness, pizzazz or pizazz (Inf.), vim (Sl.), vitality, vivacity, zing (Inf.)

**effervescent** 1. bubbling, bubbly, carbonated, fermenting, fizzing, fizzy, foaming, foamy, frothing, frothy, sparkling 2. animated, bubbly, buoyant, ebullient, enthusiastic, excited, exhilarated, exuberant, gay, in high spirits, irrepressible, lively, merry, vital, vivacious, zingy (Inf.)

**effete** 1. corrupt, debased, decadent, decayed, decrepit, degenerate, dissipated, enervated, enfeebled, feeble, ineffectual, overrefined, spoiled, weak 2. burnt out, drained, enervated, exhausted, played out, spent, used up, wasted, worn out 3. barren, fruitless, infecund, infertile, sterile, unfruitful, unproductive, unprolific

**efficacious** active, adequate, capable, competent, effective, effectual, efficient, energetic, operative, potent, powerful, productive, serviceable, successful, useful

**efficacy** ability, capability, competence, effect, effectiveness, efficaciousness, efficiency, energy, force, influence, potency, power, strength, success, use, vigour, virtue, weight

**efficiency** ability, adeptness, capability, competence, economy, effectiveness, efficacy, power, productivity, proficiency, readiness, skilfulness, skill

**efficient** able, adept, businesslike, capable, competent, economic, effective, effectual, organized, powerful, productive, proficient, ready, skilful, well-organized, workmanlike

**effigy** dummy, figure, guy, icon, idol, image, likeness, picture, portrait, representation, statue

**effluent**
▶ N. 1. effluvium, pollutant, sewage, waste 2. discharge, effluence, efflux, emanation, emission, exhalation, flow, issue, outflow, outpouring
▶ ADJ. 3. discharged, emanating, emitted, outflowing

**effort** 1. application, endeavour, energy, exertion, force, labour, pains, power, strain, stress, stretch, striving, struggle, toil, travail (Literary), trouble, work 2. attempt, endeavour, essay, go (Inf.), shot (Inf.), stab (Inf.), try 3. accomplishment, achievement, act, creation, deed, feat, job, product, production

**effortless** easy, easy-peasy (Sl.), facile, painless, simple, smooth, uncomplicated, undemanding, untroublesome

**effusion** 1. discharge, effluence, efflux, emission, gush, issue, outflow, outpouring, shedding, stream 2. address, outpouring, speech, talk, utterance, writing

**effusive** demonstrative, ebullient, enthusiastic, expansive, extravagant, exuberant, free-flowing, fulsome, gushing, lavish, overflowing, profuse, talkative, unreserved, unrestrained, wordy

**egg on** encourage, exhort, goad, incite, prod, prompt, push, spur, urge

**egocentric** egoistic, egoistical, egotistic, egotistical, self-centred, selfish

**egoism** egocentricity, egomania, egotism, narcissism, self-absorption, self-centredness, self-importance, self-interest, selfishness, self-love, self-regard, self-seeking

**egoist** egomaniac, egotist, narcissist, selfseeker

**egoistic, egoistical** egocentric, egomaniacal, egotistic, egotistical, full of oneself, narcissistic, self-absorbed, self-centred, self-important, self-seeking

**egotism** conceitedness, egocentricity, egoism, egomania, narcissism, self-admiration, self-centredness, self-conceit, self-esteem, self-importance, self-love, self-praise, superiority, vainglory, vanity

**egotist** bighead (Inf.), blowhard (Inf.), boaster, braggadocio, braggart, egoist, egomaniac, self-admirer, swaggerer

**egotistic, egotistical** boasting, bragging, conceited, egocentric, egoistic, egoistical, egomaniacal, full of oneself, narcissistic, opinionated, self-admiring, self-centred, self-important, superior, vain, vainglorious

**egress** departure, emergence, escape, exit, exodus, issue, outlet, passage out, vent, way out, withdrawal

**eject** 1. cast out, discharge, disgorge, emit, expel, spew, spout, throw out, vomit 2. banish, boot out (Inf.), bounce (Sl.), deport, dispossess, drive out, evacuate, evict, exile, expel, give the bum's rush (Sl.), oust, relegate, remove, show one the door, throw out, throw out on one's ear (Inf.), turn out 3. discharge, dislodge, dismiss, fire (Inf.), get rid of, kick out (Inf.), oust, sack (Inf.), throw out

**ejection** 1. casting out, disgorgement, expulsion, spouting, throwing out 2. banishment, deportation, dispossession, evacuation, eviction, exile, expulsion, ouster (Law), removal 3. discharge, dislodgement, dismissal, firing (Inf.), sacking (Inf.), the boot (Sl.), the sack (Inf.)

**eke out** 1. be economical with, be frugal with, be sparing with, economize on, husband, stretch out 2. add to, enlarge, increase, make up (with), supplement

**elaborate**
▶ ADJ. 1. careful, detailed, exact, intricate, laboured, minute, painstaking, perfected, precise, skilful, studied, thorough 2. complex, complicated, decorated, detailed, extravagant, fancy, fussy, involved, ornamented, ornate, ostentatious, showy
▶ V. 3. add detail, amplify, complicate, decorate, develop, devise, embellish, enhance, enlarge, expand (upon), flesh out, garnish, improve, ornament, polish, produce, refine, work out

**elapse** glide by, go, go by, lapse, pass, pass by, roll by, roll on, slip away, slip by

**elastic** 1. ductile, flexible, plastic, pliable, pliant, resilient, rubbery, springy, stretchable, stretchy, supple, tensile, yielding 2. accommodating, adaptable, adjustable, complaisant, compliant, flexible, supple, tolerant, variable, yielding 3. bouncy, buoyant, irrepressible, resilient

**elated** animated, blissful, cheered, cock-a-hoop, delighted, ecstatic, elevated, euphoric, excited, exhilarated, exultant, gleeful, in high spirits, joyful, joyous, jubilant, overjoyed, over the moon (Inf.), proud, puffed up, rapt, roused

**elation** bliss, delight, ecstasy, euphoria, exaltation, exhilaration, exultation, glee, high spirits, joy, joyfulness, joyousness, jubilation, rapture

**elbow**
▶ N. 1. angle, bend, corner, joint, turn 2. **at one's elbow** at hand, close by, handy, near, to hand, within reach 3. **out at elbow(s)** beggarly, down at heel, impoverished, in rags, ragged, seedy, shabby, tattered 4. **rub elbows with** associate, fraternize, hang out (Inf.), hobnob, mingle, mix, socialize 5. **up to the elbows** absorbed, busy, engaged, engrossed, immersed, occupied, tied up, up to the ears, wrapped up
▶ V. 6. bump, crowd, hustle, jostle, knock, nudge, push, shoulder, shove

**elbow room** freedom, latitude, leeway, play, room, scope, space

**elder**
▶ ADJ. 1. ancient, earlier born, first-born, older, senior
▶ N. 2. older person, senior 3. (Presbyterianism) church official, office bearer, presbyter

**elect**
▶ V. 1. appoint, choose, decide upon, designate, determine, opt for, pick, pick out, prefer, select, settle on, vote
▶ ADJ. 2. choice, chosen, elite, hand-picked, picked, preferred, select, selected

**election** appointment, choice, choosing, decision, determination, judg(e)ment, preference, selection, vote, voting

**elector** chooser, constituent, selector, voter

**electric** (Fig.) charged, dynamic, exciting, rousing, stimulating, stirring, tense, thrilling

**electrify** (Fig.) amaze, animate, astonish, astound, excite, fire, galvanize, invigorate, jolt, rouse, shock, startle, stimulate, stir, take one's breath away, thrill

**elegance, elegancy** 1. beauty, courtliness, dignity, exquisiteness, gentility, grace, gracefulness, grandeur, luxury, polish, politeness, refinement, sumptuousness 2. discernment, distinction, propriety, style, taste

**elegant** 1. à la mode, artistic, beautiful, chic, choice, comely, courtly, cultivated, delicate, exquisite, fashionable, fine, genteel, graceful, handsome, luxurious, modish, nice, polished, refined, stylish, sumptuous, tasteful 2. appropriate, apt, clever, effective, ingenious, neat, simple

**elegy** coronach (Scot. & Irish), dirge, keen, lament, plaint (Archaic), requiem, threnody

**element** 1. basis, component, constituent, essential factor, factor, feature, hint, ingredient, member, part, section, subdivision, trace, unit 2. domain, environment, field, habitat, medium, milieu, sphere

**elementary** 1. clear, easy, facile, plain, rudimentary, simple, straightforward, uncomplicated 2. basic, bog-standard (Inf.), elemental, fundamental, initial, introductory, original, primary, rudimentary

**elements** 1. basics, essentials, foundations, fundamentals, principles, rudiments 2. atmospheric conditions, atmospheric forces, powers of nature, weather

**elevate** 1. heighten, hoist, lift, lift up, raise, uplift, upraise 2. advance, aggrandize, exalt, prefer, promote, upgrade 3. animate, boost, brighten, buoy up, cheer, elate, excite, exhilarate, hearten, lift up, perk up, raise, rouse, uplift 4. augment, boost, heighten, increase, intensify, magnify, swell

**elevated** 1. dignified, exalted, grand, high, high-flown, high-minded, inflated, lofty, noble, sublime 2. animated, bright, cheerful, cheery, elated, excited, exhilarated, gleeful, in high spirits, overjoyed

**elevation** 1. altitude, height 2. acclivity, eminence, height, hill, hillock, mountain, rise, rising ground 3. exaltedness, grandeur, loftiness, nobility, nobleness, sublimity 4. advancement, aggrandizement, exaltation, preferment, promotion, upgrading

**elicit** bring forth, bring out, bring to light, call forth, cause, derive, draw out, educe, evoke, evolve, exact, extort, extract, give rise to, obtain, wrest

**eligible** acceptable, appropriate, desirable, fit, preferable, proper, qualified, suitable, suited, worthy

**eliminate** 1. cut out, dispose of, do away with, eradicate, exterminate, get rid of, remove, stamp out, take out 2. axe (Inf.), dispense with, disregard, drop, eject, exclude, expel, ignore, knock out, leave out, omit, put out, reject, throw out 3. (Sl.) annihilate, blow away (Sl., chiefly U.S.), bump off (Sl.), kill, liquidate, murder, rub out (U.S. sl.), slay, take out (Sl.), terminate, waste (Inf.)

**elite**
▶ N. 1. aristocracy, best, cream, crème de la crème, elect, flower, gentry, high society, nobility, pick, upper class
▶ ADJ. 2. aristocratic, best, choice, crack (Sl.), elect, exclusive, first-class, noble, pick, selected, upper-class

**elocution** articulation, declamation, delivery, diction, enunciation, oratory, pronunciation, public speaking, rhetoric, speech, speechmaking, utterance, voice production

**elongate** draw out, extend, lengthen, make longer, prolong, protract, stretch

**elope** abscond, bolt, decamp, disappear, escape, leave, run away, run off, slip away, steal away

**eloquence** expression, expressiveness, fluency, forcefulness, oratory, persuasiveness, rhetoric, way with words

**eloquent** 1. articulate, fluent, forceful, graceful, moving, persuasive, silver-tongued, stirring, well-expressed 2. expressive, meaningful, pregnant, revealing, suggestive, telling, vivid

**elsewhere** abroad, absent, away, hence (Archaic), in or to another place, not here, not present, somewhere else

**elucidate** annotate, clarify, clear up, explain, explicate, expound, gloss, illuminate, illustrate, interpret, make plain, shed or throw light upon, spell out, unfold

**elucidation** annotation, clarification, comment, commentary, explanation, explication, exposition, gloss, illumination, illustration, interpretation

**elude 1.** avoid, body-swerve (*Scot.*), circumvent, dodge, duck (*Inf.*), escape, evade, flee, get away from, outrun, shirk, shun **2.** baffle, be beyond (someone), confound, escape, foil, frustrate, puzzle, stump, thwart

**elusive 1.** difficult to catch, shifty, slippery, tricky **2.** baffling, fleeting, indefinable, intangible, puzzling, subtle, transient, transitory **3.** ambiguous, deceitful, deceptive, elusory, equivocal, evasive, fallacious, fraudulent, illusory, misleading, oracular, unspecific

**emaciated** atrophied, attenuate, attenuated, cadaverous, gaunt, haggard, lank, lean, macilent (*Rare*), meagre, pinched, scrawny, skeletal, thin, undernourished, wasted

**emaciation** atrophy, attenuation, gauntness, haggardness, leanness, meagreness, scrawniness, thinness, wasting away

**emanate 1.** arise, come forth, derive, emerge, flow, issue, originate, proceed, spring, stem **2.** discharge, emit, exhale, give off, give out, issue, radiate, send forth

**emanation 1.** arising, derivation, emergence, flow, origination, proceeding **2.** discharge, effluent, efflux, effusion, emission, exhalation, radiation

**emancipate** deliver, discharge, disencumber, disenthral, enfranchise, free, liberate, manumit, release, set free, unbridle, unchain, unfetter, unshackle

**emancipation** deliverance, discharge, enfranchisement, freedom, liberation, liberty, manumission, release

**embalm 1.** mummify, preserve **2.** (*Of memories*) cherish, consecrate, conserve, enshrine, immortalize, store, treasure **3.** (*Poetic*) make fragrant, perfume, scent

**embargo**
▶ N. **1.** ban, bar, barrier, block, blockage, boycott, check, hindrance, impediment, interdict, interdiction, prohibition, proscription, restraint, restriction, stoppage
▶ V. **2.** ban, bar, block, boycott, check, impede, interdict, prohibit, proscribe, restrict, stop

**embark 1.** board ship, go aboard, put on board, take on board, take ship **2.** (*With* **on** *or* **upon**) begin, broach, commence, engage, enter, initiate, launch, plunge into, set about, set out, start, take up, undertake

**embarrass** abash, chagrin, confuse, discomfit, discompose, disconcert, discountenance, distress, faze, fluster, mortify, put out of countenance, shame, show up (*Inf.*)

**embarrassing** awkward, blush-making, compromising, cringe-making (*Brit. inf.*), discomfiting, disconcerting, distressing, humiliating, mortifying, sensitive, shameful, shaming, touchy, tricky, uncomfortable

**embarrassment 1.** awkwardness, bashfulness, chagrin, confusion, discomfiture, discomposure, distress, humiliation, mortification, self-consciousness, shame, showing up (*Inf.*) **2.** bind (*Inf.*), difficulty, mess, pickle (*Inf.*), predicament, scrape (*Inf.*) **3.** excess, overabundance, superabundance, superfluity, surfeit, surplus

**embellish** adorn, beautify, bedeck, deck, decorate, dress up, elaborate, embroider, enhance, enrich, exaggerate, festoon, garnish, gild, grace, ornament, tart up (*Sl.*), varnish

**embellishment** adornment, decoration, elaboration, embroidery, enhancement, enrichment, exaggeration, gilding, ornament, ornamentation, trimming

**embezzle** abstract, appropriate, defalcate (*Law*), filch, have one's hand in the till (*Inf.*), misapply, misappropriate, misuse, peculate, pilfer, purloin, rip off (*Sl.*), steal

**embezzlement** abstraction, appropriation, defalcation (*Law*), filching, fraud, larceny, misapplication, misappropriation, misuse, peculation, pilferage, pilfering, purloining, stealing, theft, thieving

**embitter 1.** alienate, anger, disaffect, disillusion, envenom, make bitter *or* resentful, poison, sour **2.** aggravate, exacerbate, exasperate, worsen

**emblazon 1.** adorn, blazon, colour, decorate, embellish, illuminate, ornament, paint **2.** crack up (*Inf.*), extol, glorify, laud (*Literary*), praise, proclaim, publicize, publish, trumpet

**emblem** badge, crest, device, figure, image, insignia, mark, representation, sigil (*Rare*), sign, symbol, token, type

**embodiment 1.** bodying forth, epitome, example, exemplar, exemplification, expression, incarnation, incorporation, manifestation, personification, realization, reification, representation, symbol, type **2.** bringing together, codification, collection, combination, comprehension, concentration, consolidation, inclusion, incorporation, integration, organization, systematization

**embolden** animate, cheer, encourage, fire, hearten, inflame, inspirit, invigorate, nerve, reassure, rouse, stimulate, stir, strengthen, vitalize

**embrace**
▶ V. **1.** clasp, cuddle, encircle, enfold, grasp, hold, hug, seize, squeeze, take *or* hold in one's arms **2.** accept, adopt, avail oneself of, espouse, grab, make use of, receive, seize, take up, welcome **3.** comprehend, comprise, contain, cover, deal with, embody, enclose, encompass, include, involve, provide for, subsume, take in, take into account
▶ N. **4.** canoodle (*Sl.*), clasp, clinch (*Sl.*), cuddle, hug, squeeze

**embroil** complicate, compromise, confound, confuse, disorder, disturb, encumber, enmesh, ensnare, entangle, implicate, incriminate, involve, mire, mix up, muddle, perplex, trouble

**embryo** beginning, germ, nucleus, root, rudiment

**emend** amend, correct, edit, improve, rectify, redact, revise

**emendation** amendment, correction, editing, improvement, rectification, redaction, revision

**emerge 1.** appear, arise, become visible, come forth, come into view, come out, come up, emanate, issue, proceed, rise, spring up, surface **2.** become apparent, become known, come out, come to light, crop up, develop, materialize, transpire, turn up

**emergence** advent, apparition, appearance, arrival, coming, dawn, development, disclosure, emanation, issue, materialization, rise

**emergency** crisis, danger, difficulty, exigency, extremity, necessity, panic stations (*Inf.*), pass, pinch, plight, predicament, quandary, scrape (*Inf.*), strait

**emigrate** migrate, move, move abroad, remove

**emigration** departure, exodus, migration, removal

**eminence 1.** celebrity, dignity, distinction, esteem, fame, greatness, illustriousness, importance, notability, note, pre-eminence, prestige, prominence, rank, renown, reputation, repute, superiority **2.** elevation, height, high ground, hill, hillock, knoll, rise, summit

**eminent** big-time (*Inf.*), celebrated, conspicuous, distinguished, elevated, esteemed, exalted, famous, grand, great, high, high-ranking, illustrious, important, major league (*Inf.*), notable, noted, noteworthy, outstanding, paramount, pre-eminent, prestigious, prominent, renowned, signal, superior, well-known

**eminently** conspicuously, exceedingly, exceptionally, extremely, greatly, highly, notably, outstandingly, prominently, remarkably, signally, strikingly, surpassingly, well

**emission** diffusion, discharge, ejaculation, ejection, emanation, exhalation, exudation, issuance, issue, radiation, shedding, transmission, utterance, venting

**emit** breathe forth, cast out, diffuse, discharge, eject, emanate, exhale, exude, give off, give out, give vent to, issue, radiate, send forth, send out, shed, throw out, transmit, utter, vent

**emolument** benefit, compensation, earnings, fee, gain, hire, pay, payment, profits, recompense, remuneration, return, reward, salary, stipend, wages

**emotion** agitation, ardour, excitement, feeling, fervour, passion, perturbation, sensation, sentiment, vehemence, warmth

**emotional 1.** demonstrative, excitable, feeling, hot-blooded, passionate, responsive, sensitive, sentimental, susceptible, temperamental, tender, warm **2.** affecting, emotive, exciting, heart-warming, moving, pathetic, poignant, sentimental, stirring, tear-jerking (*Inf.*), thrilling, touching **3.** ardent, enthusiastic, fervent, fervid, fiery, flaming, heated, impassioned, passionate, roused, stirred, zealous

**emotive 1.** argumentative, controversial, delicate, sensitive, touchy **2.** affecting, emotional, exciting, heart-warming, moving, pathetic, poignant, sentimental, stirring, tear-jerking (*Inf.*), thrilling, touching **3.** ardent, emotional, enthusiastic, fervent, fervid, fiery, heated, impassioned, passionate, roused, stirred, zealous

**emphasis** accent, accentuation, attention, decidedness, force, importance, impressiveness, insistence, intensity, moment, positiveness, power, pre-eminence, priority, prominence, significance, strength, stress, underscoring, weight

**emphasize** accent, accentuate, dwell on, give priority to, highlight, insist on, lay stress on, play up, press home, put the accent on, stress, underline, underscore, weight

**emphatic** absolute, categorical, certain, decided, definite, direct, distinct, earnest, energetic, forceful, forcible, important, impressive, insistent, marked, momentous, positive, powerful, pronounced, resounding, significant, striking, strong, telling, unequivocal, unmistakable, vigorous

**empire 1.** commonwealth, domain, imperium (*Rare*), kingdom, realm **2.** authority, command, control, dominion, government, power, rule, sovereignty, supremacy, sway

**empiric, empirical** experiential, experimental, first-hand, observed, practical, pragmatic

**emplacement 1.** location, lodg(e)ment, platform, position, site, situation, station **2.** placement, placing, positioning, putting in place, setting up, stationing

**employ**
▶ V. **1.** commission, engage, enlist, hire, retain, take on **2.** engage, fill, keep busy, make use of, occupy, spend, take up, use up **3.** apply, bring to bear, exercise, exert, make use of, ply, put to use, use, utilize
▶ N. **4.** employment, engagement, hire, service

**employee** hand, job-holder, staff member, wage-earner, worker, workman

**employer** boss (*Inf.*), business, company, establishment, firm, gaffer (*Inf., chiefly Brit.*), organization, outfit (*Inf.*), owner, patron, proprietor

**employment 1.** engagement, enlistment, hire, retaining, taking on **2.** application, exercise, exertion, use, utilization **3.** avocation (*Archaic*), business, calling, craft, employ, job, line, métier, occupation, profession, pursuit, service, trade, vocation, work

**emporium** bazaar, market, mart, shop, store, warehouse

**empower** allow, authorize, commission, delegate, enable, entitle, license, permit, qualify, sanction, warrant

**emptiness 1.** bareness, blankness, desertedness, desolation, destitution, vacancy, vacuum, void, waste **2.** aimlessness, banality, barrenness, frivolity, futility, hollowness, inanity, ineffectiveness, meaninglessness, purposelessness, senselessness, silliness, unreality, unsatisfactoriness, unsubstantiality, vainness, valuelessness, vanity, worthlessness **3.** cheapness, hollowness, idleness, insincerity, triviality, trivialness **4.** absentness, blankness, expressionlessness, unintelligence, vacancy, vacantness, vacuity, vacuousness **5.** (*Inf.*) desire, hunger, ravening

**empty**
▶ ADJ. **1.** bare, blank, clear, deserted, desolate, destitute, hollow, unfurnished, uninhabited, unoccupied, untenanted, vacant, void, waste **2.** aimless, banal, bootless, frivolous, fruitless, futile, hollow, inane, ineffective, meaningless, purposeless, senseless, silly, unreal, unsatisfactory, unsubstantial, vain, valueless, worthless **3.** cheap, hollow, idle, insincere, trivial **4.** absent, blank, expressionless, unintelligent, vacant, vacuous **5.** (*Inf.*) famished, hungry, ravenous, starving (*Inf.*), unfed, unfilled
▶ V. **6.** clear, consume, deplete, discharge, drain, dump, evacuate, exhaust, gut, pour out, unburden, unload, use up, vacate, void

**empty-headed** brainless, dizzy (*Inf.*), featherbrained, flighty, frivolous, giddy, goofy (*Inf.*), harebrained, inane, scatterbrained, silly, skittish, vacuous

**enable** allow, authorize, capacitate, commission, empower, entitle, facilitate, fit, license, permit, prepare, qualify, sanction, warrant

**enact 1.** authorize, command, decree, establish, legislate, ordain, order, pass, proclaim, ratify, sanction **2.** act, act out, appear as, depict, per-

**enactment** 1. authorization, command, commandment, decree, dictate, edict, law, legislation, order, ordinance, proclamation, ratification, regulation, statute 2. acting, depiction, performance, personation, play-acting, playing, portrayal, representation

**enamoured** bewitched, captivated, charmed, crazy about (Inf.), enchanted, enraptured, entranced, fascinated, fond, infatuated, in love, nuts on or about (Sl.), smitten, swept off one's feet, taken, wild about (Inf.)

**encampment** base, bivouac, camp, camping ground, campsite, cantonment, quarters, tents

**encapsulate, incapsulate** abridge, compress, condense, digest, epitomize, précis, summarize, sum up

**enchant** beguile, bewitch, captivate, cast a spell on, charm, delight, enamour, enrapture, enthral, fascinate, hypnotize, mesmerize, ravish, spellbind

**enchanter** conjurer, magician, magus, necromancer, sorcerer, spellbinder, warlock, witch, wizard

**enchanting** alluring, appealing, attractive, bewitching, captivating, charming, delightful, endearing, entrancing, fascinating, lovely, pleasant, ravishing, winsome

**enchantment** 1. allure, allurement, beguilement, bliss, charm, delight, fascination, hypnotism, mesmerism, rapture, ravishment, transport 2. charm, conjuration, incantation, magic, necromancy, sorcery, spell, witchcraft, wizardry

**enchantress** 1. conjurer, lamia, magician, necromancer, sorceress, spellbinder, witch 2. charmer, femme fatale, seductress, siren, vamp (Inf.)

**enclose, inclose** 1. bound, circumscribe, cover, encase, encircle, encompass, environ, fence, hedge, hem in, impound, pen, pound, shut in, wall in, wrap 2. include, insert, put in, send with 3. comprehend, contain, embrace, hold, include, incorporate

**encompass** 1. circle, circumscribe, encircle, enclose, envelop, environ, girdle, hem in, ring, surround 2. bring about, cause, contrive, devise, effect, manage 3. admit, comprehend, comprise, contain, cover, embody, embrace, hold, include, incorporate, involve, subsume, take in

**encounter**
▸ V. 1. bump into (Inf.), chance upon, come upon, confront, experience, face, happen on or upon, meet, run across, run into (Inf.) 2. attack, clash with, combat, come into conflict with, contend, cross swords with, do battle with, engage, face off (Sl.), fight, grapple with, strive, struggle
▸ N. 3. brush, confrontation, meeting, rendezvous 4. action, battle, clash, collision, combat, conflict, contest, dispute, engagement, face-off (Sl.), fight, head-to-head, run-in (Inf.), set to (Inf.), skirmish

**encourage** 1. animate, buoy up, cheer, comfort, console, embolden, hearten, incite, inspire, inspirit, rally, reassure, rouse, stimulate 2. abet, advance, advocate, aid, boost, egg on, favour, forward, foster, further, help, promote, prompt, spur, strengthen, succour, support, urge

**encouragement** advocacy, aid, boost, cheer, consolation, favour, help, incitement, inspiration, inspiritment, promotion, reassurance, security blanket (Inf.), stimulation, stimulus, succour, support, urging

**encouraging** bright, cheerful, cheering, comforting, good, heartening, hopeful, promising, reassuring, rosy, satisfactory, stimulating

**encroach** appropriate, arrogate, impinge, infringe, intrude, invade, make inroads, overstep, trench, trespass, usurp

**encroachment** appropriation, arrogation, impingement, incursion, infringement, inroad, intrusion, invasion, trespass, usurpation, violation

**encumber** burden, clog, cramp, embarrass, hamper, handicap, hinder, impede, incommode, inconvenience, make difficult, obstruct, oppress, overload, retard, saddle, slow down, trammel, weigh down

**encumbrance** burden, clog, difficulty, drag, embarrassment, handicap, hindrance, impediment, inconvenience, liability, load, millstone, obstacle, obstruction

**end**
▸ N. 1. bound, boundary, edge, extent, extreme, extremity, limit, point, terminus, tip 2. attainment, cessation, close, closure, completion, conclusion, consequence, consummation, culmination, denouement, ending, expiration, expiry, finale, finish, issue, outcome, resolution, result, sequel, stop, termination, upshot, wind-up 3. aim, aspiration, design, drift, goal, intent, intention, object, objective, point, purpose, reason 4. part, piece, portion, responsibility, share, side 5. bit, butt, fragment, leftover, oddment, remainder, remnant, scrap, stub, tag end, tail end 6. annihilation, death, demise, destruction, dissolution, doom, extermination, extinction, ruin, ruination 7. **the end** (Sl.) beyond endurance, insufferable, intolerable, the final blow, the last straw, the limit (Inf.), the worst, too much (Inf.), unbearable, unendurable
▸ V. 8. axe (Inf.), bring to an end, cease, close, complete, conclude, culminate, dissolve, expire, finish, resolve, stop, terminate, wind up 9. abolish, annihilate, destroy, exterminate, extinguish, kill, put to death, ruin

**endanger** compromise, hazard, imperil, jeopardize, put at risk, put in danger, risk, threaten

**endear** attach, attract, bind, captivate, charm, engage, win

**endearing** adorable, attractive, captivating, charming, cute, engaging, lovable, sweet, winning, winsome

**endearment** 1. affectionate utterance, loving word, sweet nothing 2. affection, attachment, fondness, love

**endeavour**
▸ N. 1. aim, attempt, crack (Inf.), effort, enterprise, essay, go (Inf.), shot (Inf.), stab (Inf.), trial, try, undertaking, venture
▸ V. 2. aim, aspire, attempt, bend over backwards (Inf.), break one's neck (Inf.), bust a gut (Inf.), do one's best, do one's damnedest (Inf.), essay, give it one's all (Inf.), give it one's best shot (Inf.), go for broke (Sl.), go for it (Inf.), have a go (crack, shot, stab) (Inf.), knock oneself out (Inf.), labour, make an all-out effort (Inf.), make an effort, rupture oneself (Inf.), strive, struggle, take pains, try, undertake

**ending** catastrophe, cessation, close, completion, conclusion, consummation, culmination, denouement, end, finale, finish, resolution, termination, wind-up

**endless** 1. boundless, ceaseless, constant, continual, eternal, everlasting, immortal, incessant, infinite, interminable, limitless, measureless, perpetual, unbounded, unbroken, undying, unending, uninterrupted, unlimited 2. interminable, monotonous, overlong 3. continuous, unbroken, undivided, whole

**endorse, indorse** 1. advocate, affirm, approve, authorize, back, champion, confirm, espouse, favour, prescribe, promote, ratify, recommend, sanction, subscribe to, support, sustain, vouch for, warrant 2. countersign, sign, superscribe, undersign

**endorsement, indorsement** 1. comment, countersignature, qualification, signature, superscription 2. advocacy, affirmation, approbation, approval, authorization, backing, championship, confirmation, espousal, favour, fiat, O.K. or okay (Inf.), promotion, ratification, recommendation, sanction, seal of approval, subscription to, support, warrant

**endow** award, bequeath, bestow, confer, donate, endue, enrich, favour, finance, fund, furnish, give, grant, invest, leave, make over, provide, purvey, settle on, supply, will

**endowment** 1. award, benefaction, bequest, bestowal, boon, donation, fund, gift, grant, hand-out, income, largess or largesse, legacy, presentation, property, provision, revenue, stipend 2. Often plural ability, aptitude, attribute, capability, capacity, faculty, flair, genius, gift, power, qualification, quality, talent

**end up** 1. become eventually, finish as, finish up, pan out (Inf.), turn out to be 2. arrive finally, come to a halt, fetch up (Inf.), finish up, stop, wind up

**endurable** acceptable, bearable, sufferable, supportable, sustainable, tolerable

**endurance** 1. bearing, fortitude, patience, perseverance, persistence, pertinacity, resignation, resolution, stamina, staying power, strength, submission, sufferance, tenacity, toleration 2. continuation, continuity, durability, duration, immutability, lastingness, longevity, permanence, stability

**endure** 1. bear, brave, cope with, experience, go through, stand, stick it out (Inf.), suffer, support, sustain, take it (Inf.), thole (Scot.), undergo, weather, withstand 2. abide, allow, bear, brook, countenance, permit, put up with, stand, stick (Sl.), stomach, submit to, suffer, swallow, take patiently, tolerate 3. abide, be durable, continue, hold, last, live, live on, persist, prevail, remain, stand, stay, survive, wear well

**enduring** abiding, continuing, durable, eternal, firm, immortal, immovable, imperishable, lasting, living, long-lasting, perennial, permanent, persistent, persisting, prevailing, remaining, steadfast, steady, surviving, unfaltering, unwavering

**enemy** adversary, antagonist, competitor, foe, opponent, rival, the opposition, the other side

**energetic** active, animated, brisk, dynamic, forceful, forcible, high-powered, indefatigable, lively, potent, powerful, spirited, strenuous, strong, tireless, vigorous, zippy (Inf.)

**energy** activity, animation, ardour, brio, drive, efficiency, élan, exertion, fire, force, forcefulness, get-up-and-go (Inf.), go (Inf.), intensity, life, liveliness, pep, pluck, power, spirit, stamina, strength, strenuousness, verve, vigour, vim (Sl.), vitality, vivacity, zeal, zest, zip (Inf.)

**enfold, infold** clasp, embrace, enclose, encompass, envelop, enwrap, fold, hold, hug, shroud, swathe, wrap, wrap up

**enforce** administer, apply, carry out, coerce, compel, constrain, exact, execute, implement, impose, insist on, oblige, prosecute, put in force, put into effect, reinforce, require, urge

**enforced** compelled, compulsory, constrained, dictated, imposed, involuntary, necessary, ordained, prescribed, required, unavoidable, unwilling

**enforcement** 1. administration, application, carrying out, exaction, execution, implementation, imposition, prosecution, reinforcement 2. coercion, compulsion, constraint, insistence, obligation, pressure, requirement

**enfranchise** 1. give the vote to, grant suffrage to, grant the franchise to, grant voting rights to 2. emancipate, free, liberate, manumit, release, set free

**enfranchisement** 1. giving the vote, granting suffrage or the franchise, granting voting rights 2. emancipation, freedom, freeing, liberating, liberation, manumission, release, setting free

**engage** 1. appoint, commission, employ, enlist, enrol, hire, retain, take on 2. bespeak, book, charter, hire, lease, prearrange, rent, reserve, secure 3. absorb, busy, engross, grip, involve, occupy, preoccupy, tie up 4. allure, arrest, attach, attract, captivate, catch, charm, draw, enamour, enchant, fascinate, fix, gain, win 5. embark on, enter into, join, partake, participate, practise, set about, take part, undertake 6. affiance, agree, betroth (Archaic), bind, commit, contract, covenant, guarantee, obligate, oblige, pledge, promise, undertake, vouch, vow 7. (Military) assail, attack, combat, come to close quarters with, encounter, face off (Sl.), fall on, fight with, give battle to, join battle with, meet, take on 8. activate, apply, bring into operation, energize, set going, switch on 9. dovetail, interact, interconnect, interlock, join, mesh

**engaged** 1. affianced, betrothed (Archaic), pledged, promised, spoken for 2. absorbed, busy, committed, employed, engrossed, in use, involved, occupied, preoccupied, tied up, unavailable

**engagement** 1. assurance, betrothal, bond, compact, contract, oath, obligation, pact, pledge, promise, troth (Archaic), undertaking, vow, word 2. appointment, arrangement, commitment, date, meeting 3. commission, employment, gig (Inf.), job, post, situation, stint, work 4. action, battle, combat, conflict, confrontation, contest, encounter, face-off (Sl.), fight

**engaging** agreeable, appealing, attractive, captivating, charming, enchanting, fascinating, fetching (Inf.), likable or likeable, lovable, pleasant, pleasing, winning, winsome

**engender** 1. beget, breed, bring about, cause, create, excite, foment, generate, give rise to, hatch, incite, induce, instigate, lead to, make, occasion, precipitate, produce, provoke **2.** beget, breed, bring forth, father, generate, give birth to, procreate, propagate, sire, spawn

**engine** **1.** machine, mechanism, motor **2.** agency, agent, apparatus, appliance, contrivance, device, implement, instrument, means, tool, weapon

**engineer**
▸ **N. 1.** architect, contriver, designer, deviser, director, inventor, manager, manipulator, originator, planner, schemer
▸ **V. 2.** bring about, cause, concoct, contrive, control, create, devise, effect, encompass, finagle *(Inf.)*, manage, manoeuvre, mastermind, originate, plan, plot, scheme, wangle *(Inf.)*

**engrave** **1.** carve, chase, chisel, cut, enchase *(Rare)*, etch, grave *(Archaic)*, inscribe **2.** impress, imprint, print **3.** embed, fix, impress, imprint, infix, ingrain, lodge

**engraving** **1.** carving, chasing, chiselling, cutting, dry point, enchasing *(Rare)*, etching, inscribing, inscription **2.** block, carving, etching, inscription, plate, woodcut **3.** etching, impression, print

**engross** **1.** absorb, arrest, engage, engulf, hold, immerse, involve, occupy, preoccupy **2.** corner, monopolize, sew up *(U.S.)*

**engrossing** absorbing, captivating, compelling, enthralling, fascinating, gripping, interesting, intriguing, riveting

**enhance** add to, augment, boost, complement, elevate, embellish, exalt, heighten, improve, increase, intensify, lift, magnify, raise, reinforce, strengthen, swell

**enigma** conundrum, mystery, problem, puzzle, riddle, teaser

**enigmatic, enigmatical** ambiguous, cryptic, Delphic, doubtful, equivocal, incomprehensible, indecipherable, inexplicable, inscrutable, mysterious, obscure, oracular, perplexing, puzzling, recondite, sphinxlike, uncertain, unfathomable, unintelligible

**enjoin** **1.** advise, bid, call upon, charge, command, counsel, demand, direct, instruct, order, prescribe, require, urge, warn **2.** *(Law)* ban, bar, disallow, forbid, interdict, place an injunction on, preclude, prohibit, proscribe, restrain

**enjoy** **1.** appreciate, be entertained by, be pleased with, delight in, like, rejoice in, relish, revel in, take joy in, take pleasure in *or* from **2.** be blessed *or* favoured with, experience, have, have the benefit of, have the use of, own, possess, reap the benefits of, use **3. enjoy oneself** have a ball *(Inf.)*, have a good time, have fun, make merry

**enjoyable** agreeable, amusing, delectable, delicious, delightful, entertaining, gratifying, pleasant, pleasing, pleasurable, satisfying, to one's liking

**enjoyment** **1.** amusement, delectation, delight, diversion, entertainment, fun, gladness, gratification, gusto, happiness, indulgence, joy, pleasure, recreation, relish, satisfaction, zest **2.** advantage, benefit, exercise, ownership, possession, use

**enlarge** **1.** add to, amplify, augment, blow up *(Inf.)*, broaden, diffuse, dilate, distend, elongate, expand, extend, grow, heighten, increase, inflate, lengthen, magnify, make *or* grow larger, multiply, stretch, swell, wax, widen **2.** amplify, descant, develop, dilate, elaborate, expand, expatiate, give details

**enlighten** advise, apprise, cause to understand, civilize, counsel, edify, educate, inform, instruct, make aware, teach

**enlightened** aware, broad-minded, civilized, cultivated, educated, informed, knowledgeable, liberal, literate, open-minded, reasonable, refined, sophisticated

**enlightenment** awareness, broad-mindedness, civilization, comprehension, cultivation, edification, education, information, insight, instruction, knowledge, learning, literacy, open-mindedness, refinement, sophistication, teaching, understanding, wisdom

**enlist** engage, enrol, enter (into), gather, join, join up, muster, obtain, procure, recruit, register, secure, sign up, volunteer

**enliven** animate, brighten, buoy up, cheer, cheer up, excite, exhilarate, fire, gladden, hearten, inspire, inspirit, invigorate, pep up, perk up, quicken, rouse, spark, stimulate, vitalize, vivify, wake up

**enmity** acrimony, animosity, animus, antagonism, antipathy, aversion, bad blood, bitterness, hate, hatred, hostility, ill will, malevolence, malice, malignity, rancour, spite, venom

**ennoble** aggrandize, dignify, elevate, enhance, exalt, glorify, honour, magnify, raise

**enormity** **1.** atrociousness, atrocity, depravity, disgrace, evilness, heinousness, monstrousness, nefariousness, outrageousness, turpitude, viciousness, vileness, villainy, wickedness **2.** abomination, atrocity, crime, disgrace, evil, horror, monstrosity, outrage, villainy **3.** *(Inf.)* enormousness, greatness, hugeness, immensity, magnitude, massiveness, vastness

**enormous** **1.** astronomic, Brobdingnagian, colossal, elephantine, excessive, gargantuan, gigantic, gross, huge, humongous *or* humungous *(U.S. sl.)*, immense, jumbo *(Inf.)*, mammoth, massive, monstrous, mountainous, prodigious, titanic, tremendous, vast **2.** *(Archaic)* abominable, atrocious, depraved, disgraceful, evil, heinous, monstrous, nefarious, odious, outrageous, vicious, vile, villainous, wicked

**enough**
▸ **ADJ. 1.** abundant, adequate, ample, plenty, sufficient
▸ **N. 2.** abundance, adequacy, ample supply, plenty, right amount, sufficiency
▸ **ADV. 3.** abundantly, adequately, amply, fairly, moderately, passably, reasonably, satisfactorily, sufficiently, tolerably

**enquire** **1.** ask, query, question, request information, seek information **2.** *(also* **inquire***)* conduct an inquiry, examine, explore, inspect, investigate, look into, make inquiry, probe, research, scrutinize, search

**enquiry** **1.** query, question **2.** *(also* **inquiry***)* examination, exploration, inquest, inspection, investigation, probe, research, scrutiny, search, study, survey

**enrage** aggravate *(Inf.)*, anger, exasperate, gall, incense, incite, inflame, infuriate, irritate, madden, make one's blood boil, make one see red *(Inf.)*, nark *(Brit., Aust., & N.Z. sl.)*, provoke

**enrich** **1.** make rich, make wealthy **2.** aggrandize, ameliorate, augment, cultivate, develop, endow, enhance, improve, refine, supplement **3.** adorn, decorate, embellish, grace, ornament

**enrol** **1.** chronicle, inscribe, list, note, record **2.** accept, admit, engage, enlist, join up, matriculate, recruit, register, sign up *or* on, take on

**enrolment** acceptance, admission, engagement, enlistment, matriculation, recruitment, registration

**ensemble**
▸ **N. 1.** aggregate, assemblage, collection, entirety, set, sum, total, totality, whole, whole thing **2.** costume, get-up *(Inf.)*, outfit, suit **3.** band, cast, chorus, company, group, supporting cast, troupe
▸ **ADV. 4.** all at once, all together, as a group, as a whole, at once, at the same time, en masse, in concert

**enshrine** apotheosize, cherish, consecrate, dedicate, embalm, exalt, hallow, preserve, revere, sanctify, treasure

**ensign** badge, banner, colours, flag, jack, pennant, pennon, standard, streamer

**enslave** bind, dominate, enchain, enthral, reduce to slavery, subjugate, yoke

**ensue** arise, attend, be consequent on, befall, come after, come next, come to pass *(Archaic)*, derive, flow, follow, issue, proceed, result, stem, succeed, supervene, turn out *or* up

**ensure, insure** **1.** certify, confirm, effect, guarantee, make certain, make sure, secure, warrant **2.** guard, make safe, protect, safeguard, secure

**entail** bring about, call for, cause, demand, encompass, give rise to, impose, involve, lead to, necessitate, occasion, require, result in

**entangle** **1.** catch, compromise, embroil, enmesh, ensnare, entrap, foul, implicate, involve, knot, mat, mix up, ravel, snag, snare, tangle, trammel, trap **2.** bewilder, complicate, confuse, jumble, mix up, muddle, perplex, puzzle, snarl, twist

**entanglement** **1.** complication, confusion, ensnarement, entrapment, imbroglio *(Obsolete)*, involvement, jumble, knot, mesh, mess, mix-up, muddle, snare, snarl-up *(Inf., chiefly Brit.)*, tangle, toils, trap **2.** difficulty, embarrassment, imbroglio, involvement, liaison, predicament, tie

**enter** **1.** arrive, come *or* go in *or* into, insert, introduce, make an entrance, pass into, penetrate, pierce **2.** become a member of, begin, commence, commit oneself to, embark upon, enlist, enrol, join, participate in, set about, set out on, sign up, start, take part in, take up **3.** inscribe, list, log, note, record, register, set down, take down **4.** offer, present, proffer, put forward, register, submit, tender

**enterprise** **1.** adventure, effort, endeavour, essay, operation, plan, programme, project, undertaking, venture **2.** activity, adventurousness, alertness, audacity, boldness, daring, dash, drive, eagerness, energy, enthusiasm, get-up-and-go *(Inf.)*, gumption *(Inf.)*, initiative, pep, push *(Inf.)*, readiness, resource, resourcefulness, spirit, vigour, zeal **3.** business, company, concern, establishment, firm, operation

**enterprising** active, adventurous, alert, audacious, bold, daring, dashing, eager, energetic, enthusiastic, go-ahead, intrepid, keen, ready, resourceful, spirited, stirring, up-and-coming, venturesome, vigorous, zealous

**entertain** **1.** amuse, charm, cheer, delight, divert, occupy, please, recreate *(Rare)*, regale **2.** accommodate, be host to, harbour, have company, have guests *or* visitors, lodge, put up, show hospitality to, treat **3.** cherish, cogitate on, conceive, consider, contemplate, foster, harbour, hold, imagine, keep in mind, maintain, muse over, ponder, support, think about, think over

**entertaining** amusing, charming, cheering, delightful, diverting, funny, humorous, interesting, pleasant, pleasing, pleasurable, recreative *(Rare)*, witty

**entertainment** amusement, cheer, distraction, diversion, enjoyment, fun, good time, leisure activity, pastime, play, pleasure, recreation, satisfaction, sport, treat

**enthral(l)** absorb, beguile, captivate, charm, enchant, enrapture, entrance, fascinate, grip, hold spellbound, hypnotize, intrigue, mesmerize, ravish, rivet, spellbind

**enthralling** beguiling, captivating, charming, compelling, compulsive, enchanting, entrancing, fascinating, gripping, hypnotizing, intriguing, mesmerizing, riveting, spellbinding

**enthusiasm** **1.** ardour, avidity, devotion, eagerness, earnestness, excitement, fervour, frenzy, interest, keenness, passion, relish, vehemence, warmth, zeal, zest **2.** craze, fad *(Inf.)*, hobby, hobbyhorse, interest, mania, passion, rage

**enthusiast** admirer, aficionado, buff *(Inf.)*, devotee, fan, fanatic, fiend *(Inf.)*, follower, freak *(Inf.)*, lover, supporter, zealot

**enthusiastic** ardent, avid, devoted, eager, earnest, ebullient, excited, exuberant, fervent, fervid, forceful, hearty, keen, lively, passionate, spirited, unqualified, unstinting, vehement, vigorous, warm, wholehearted, zealous

**entice** allure, attract, beguile, cajole, coax, decoy, draw, inveigle, lead on, lure, persuade, prevail on, seduce, tempt, wheedle

**entire** **1.** complete, full, gross, total, whole **2.** absolute, full, outright, thorough, total, undiminished, unmitigated, unreserved, unrestricted **3.** intact, perfect, sound, unbroken, undamaged, unmarked, unmarred, whole, without a scratch **4.** continuous, integrated, unbroken, undivided, unified

**entirely** **1.** absolutely, altogether, completely, fully, in every respect, perfectly, thoroughly, totally, unreservedly, utterly, wholly, without exception, without reservation **2.** exclusively, only, solely

**entirety** **1.** absoluteness, completeness, fullness, totality, undividedness, unity, wholeness **2.** aggregate, sum, total, unity, whole

**entitle** **1.** accredit, allow, authorize, empower, enable, enfranchise, fit for, license, make eligible, permit, qualify for, warrant **2.** call, characterize, christen, denominate, designate, dub, label, name, style, term, title

**entity** **1.** being, body, creature, existence, individual, object, organism, presence, quantity, substance, thing **2.** essence, essential nature, quiddity *(Philosophy)*, quintessence, real nature

**entourage** **1.** associates, attendants, companions, company, cortège, court, escort, followers, following, retainers, retinue, staff, suite, train **2.** ambience, environment, environs, milieu, surroundings

**entrails** bowels, guts, innards *(Inf.)*, insides *(Inf.)*, intestines, offal, viscera

**entrance¹** N. **1.** access, avenue, door, doorway, entry, gate, ingress, inlet, opening, passage, portal, way in **2.** appearance, arrival, coming in, entry, ingress, introduction **3.** access, admission, admittance, entrée, entry, ingress, permission to enter **4.** beginning, commencement, debut, initiation, introduction, outset, start

**entrance²** V. **1.** absorb, bewitch, captivate, charm, delight, enchant, enrapture, enthral, fascinate, gladden, ravish, spellbind, transport **2.** hypnotize, mesmerize, put in a trance

**entrant 1.** beginner, convert, initiate, neophyte, newcomer, new member, novice, probationer, tyro **2.** candidate, competitor, contestant, entry, participant, player

**entreaty** appeal, earnest request, exhortation, importunity, petition, plea, prayer, request, solicitation, suit, supplication

**entrench, intrench 1.** construct defences, dig in, dig trenches, fortify **2.** anchor, dig in, embed, ensconce, establish, fix, implant, ingrain, install, lodge, plant, root, seat, set, settle **3.** encroach, impinge, infringe, interlope, intrude, make inroads, trespass

**entrenched, intrenched** deep-rooted, deep-seated, firm, fixed, indelible, ineradicable, ingrained, rooted, set, unshak(e)able, well-established

**entrust, intrust** assign, authorize, charge, commend, commit, confide, consign, delegate, deliver, give custody of, hand over, invest, trust, turn over

**entry 1.** appearance, coming in, entering, entrance, initiation, introduction **2.** access, avenue, door, doorway, entrance, gate, ingress, inlet, opening, passage, passageway, portal, way in **3.** access, admission, entrance, entrée, free passage, permission to enter **4.** account, item, jotting, listing, memo, memorandum, minute, note, record, registration **5.** attempt, candidate, competitor, contestant, effort, entrant, participant, player, submission

**entwine, intwine** braid, embrace, encircle, entwist (Archaic), interlace, intertwine, interweave, knit, plait, ravel, surround, twine, twist, weave, wind

**enumerate 1.** cite, detail, itemize, list, mention, name, quote, recapitulate, recite, recount, rehearse, relate, specify, spell out, tell **2.** add up, calculate, compute, count, number, reckon, sum up, tally, total

**enunciate 1.** articulate, enounce, pronounce, say, sound, speak, utter, vocalize, voice **2.** declare, proclaim, promulgate, pronounce, propound, publish, state

**envelop** blanket, cloak, conceal, cover, embrace, encase, encircle, enclose, encompass, enfold, engulf, enwrap, hide, obscure, sheathe, shroud, surround, swaddle, swathe, veil, wrap

**envelope** case, casing, coating, cover, covering, jacket, sheath, shell, skin, wrapper, wrapping

**enviable** advantageous, blessed, covetable, desirable, favoured, fortunate, lucky, much to be desired, privileged

**envious** begrudging, covetous, green-eyed, green with envy, grudging, jaundiced, jealous, malicious, resentful, spiteful

**environment** atmosphere, background, conditions, context, domain, element, habitat, locale, medium, milieu, scene, setting, situation, surroundings, territory

**environs** district, locality, neighbourhood, outskirts, precincts, purlieus, suburbs, surrounding area, vicinity

**envisage 1.** conceive (of), conceptualize, contemplate, fancy, imagine, picture, think up, visualize **2.** anticipate, envision, foresee, predict, see

**envision** anticipate, conceive of, contemplate, envisage, foresee, predict, see, visualize

**envoy** agent, ambassador, courier, delegate, deputy, diplomat, emissary, intermediary, legate, messenger, minister, plenipotentiary, representative

**envy**
▶ N. **1.** covetousness, enviousness, grudge, hatred, ill will, jealousy, malice, malignity, resentfulness, resentment, spite, the greeneyed monster (Inf.)
▶ V. **2.** be envious (of), begrudge, be jealous (of), covet, grudge, resent

**ephemeral** brief, evanescent, fleeting, flitting, fugacious, fugitive, impermanent, momentary, passing, short, short-lived, temporary, transient, transitory

**epicure 1.** bon vivant, epicurean, foodie, gastronome, gourmet **2.** glutton, gourmand, hedonist, sensualist, sybarite, voluptuary

**epicurean**
▶ ADJ. **1.** gluttonous, gourmandizing, hedonistic, libertine, luscious, lush, luxurious, pleasure-seeking, self-indulgent, sensual, sybaritic, voluptuous
▶ N. **2.** bon vivant, epicure, foodie, gastronome, gourmet

**epidemic**
▶ ADJ. **1.** general, pandemic, prevailing, prevalent, rampant, rife, sweeping, wide-ranging, widespread
▶ N. **2.** contagion, growth, outbreak, plague, rash, spread, upsurge, wave

**epigram** aphorism, bon mot, quip, witticism

**epilogue** afterword, coda, concluding speech, conclusion, postscript

**episode 1.** adventure, affair, business, circumstance, escapade, event, experience, happening, incident, matter, occurrence **2.** chapter, instalment, part, passage, scene, section

**epistle** communication, letter, message, missive, note

**epithet** appellation, description, designation, moniker or monicker (Sl.), name, nickname, sobriquet, tag, title

**epitome 1.** archetype, embodiment, essence, exemplar, norm, personification, quintessence, representation, type, typical example **2.** abbreviation, abridgement, abstract, compendium, condensation, conspectus, contraction, digest, précis, résumé, summary, syllabus, synopsis

**epitomize 1.** embody, exemplify, illustrate, incarnate, personify, represent, symbolize, typify **2.** abbreviate, abridge, abstract, condense, contract, curtail, cut, encapsulate, précis, reduce, shorten, summarize, synopsize

**epoch** age, date, era, period, time

**equable 1.** agreeable, calm, composed, easygoing, even-tempered, imperturbable, level-headed, placid, serene, temperate, unexcitable, unfazed (Inf.), unflappable (Inf.), unruffled **2.** consistent, constant, even, regular, smooth, stable, steady, temperate, tranquil, unchanging, uniform, unvarying

**equal**
▶ ADJ. **1.** alike, commensurate, equivalent, identical, like, one and the same, proportionate, tantamount, the same, uniform **2.** balanced, corresponding, egalitarian, even, evenly balanced, evenly matched, evenly proportioned, fifty-fifty (Inf.), level pegging (Brit. inf.), matched, regular, symmetrical, uniform, unvarying **3.** able, adequate, capable, competent, fit, good enough, ready, strong enough, suitable, up to **4.** egalitarian, equable, even-handed, fair, impartial, just, unbiased
▶ N. **5.** brother, compeer, counterpart, equivalent, fellow, match, mate, parallel, peer, rival, twin
▶ V. **6.** agree with, amount to, balance, be equal to, be even with, be level with, be tantamount to, come up to, correspond to, equalize, equate, even, level, match, parallel, rival, square with, tally with, tie with

**equality** balance, coequality, correspondence, egalitarianism, equal opportunity, equatability, equivalence, evenness, fairness, identity, likeness, parity, sameness, similarity, uniformity

**equalize** balance, equal, equate, even up, level, make equal, match, regularize, smooth, square, standardize

**equate** agree, balance, be commensurate, compare, correspond with or to, equalize, liken, make or be equal, match, offset, pair, parallel, square, tally, think of together

**equation** agreement, balancing, comparison, correspondence, equality, equalization, equating, equivalence, likeness, match, pairing, parallel

**equestrian**
▶ ADJ. **1.** in the saddle, mounted, on horseback
▶ N. **2.** cavalier (Archaic), horseman, knight, rider

**equilibrium 1.** balance, counterpoise, equipoise, evenness, rest, stability, steadiness, symmetry **2.** calm, calmness, collectedness, composure, coolness, equanimity, poise, self-possession, serenity, stability, steadiness

**equip** accoutre, arm, array, attire, deck out, dress, endow, fit out, fit up, furnish, kit out, outfit, prepare, provide, rig, stock, supply

**equipment** accoutrements, apparatus, appurtenances, baggage, equipage, furnishings, furniture, gear, materiel, outfit, paraphernalia, rig, stuff, supplies, tackle, tools

**equitable** candid, disinterested, dispassionate, due, even-handed, fair, honest, impartial, just, nondiscriminatory, proper, proportionate, reasonable, right, rightful, unbiased, unprejudiced

**equity** disinterestedness, equitableness, even-handedness, fair-mindedness, fairness, fair play, honesty, impartiality, integrity, justice, reasonableness, rectitude, righteousness, uprightness

**equivalence** agreement, alikeness, conformity, correspondence, equality, evenness, identity, interchangeableness, likeness, match, parallel, parity, sameness, similarity, synonymy

**equivalent**
▶ ADJ. **1.** alike, commensurate, comparable, correspondent, corresponding, equal, even, homologous, interchangeable, of a kind, same, similar, synonymous, tantamount
▶ N. **2.** correspondent, counterpart, equal, match, opposite number, parallel, peer, twin

**equivocal** ambiguous, ambivalent, doubtful, dubious, evasive, indefinite, indeterminate, misleading, oblique, obscure, oracular, prevaricating, questionable, suspicious, uncertain, vague

**era** aeon, age, cycle, date, day or days, epoch, generation, period, stage, time

**eradicate** abolish, annihilate, deracinate, destroy, efface, eliminate, erase, excise, expunge, exterminate, extinguish, extirpate, obliterate, remove, root out, stamp out, uproot, weed out, wipe out

**eradication** abolition, annihilation, deracination, destruction, effacement, elimination, erasure, expunction, extermination, extinction, extirpation, obliteration, removal

**erase** blot, cancel, delete, efface, excise, expunge, obliterate, remove, rub out, scratch out, wipe out

**erect**
▶ ADJ. **1.** elevated, firm, perpendicular, pricked-up, raised, rigid, standing, stiff, straight, upright, vertical
▶ V. **2.** build, construct, elevate, lift, mount, pitch, put up, raise, rear, set up, stand up **3.** create, establish, form, found, initiate, institute, organize, set up

**erection 1.** assembly, building, construction, creation, elevation, establishment, fabrication, manufacture **2.** building, construction, edifice, pile, structure

**erode** abrade, consume, corrode, destroy, deteriorate, disintegrate, eat away, grind down, spoil, wear down or away

**erosion** abrasion, attrition, consumption, corrasion, corrosion, destruction, deterioration, disintegration, eating away, grinding down, spoiling, wear, wearing down or away

**erotic** amatory, aphrodisiac, carnal, erogenous, lustful, rousing, seductive, sensual, sexy (Inf.), steamy (Inf.), stimulating, suggestive, titillating, voluptuous

**err 1.** be inaccurate, be incorrect, be in error, blunder, go astray, go wrong, make a mistake, misapprehend, miscalculate, misjudge, mistake, slip up (Inf.) **2.** be out of order, deviate, do wrong, fall, go astray, lapse, misbehave, offend, sin, transgress, trespass

**errand** charge, commission, job, message, mission, task

**erratic 1.** aberrant, abnormal, capricious, changeable, desultory, eccentric, fitful, inconsistent, inconstant, irregular, shifting, uneven, unpredictable, unreliable, unstable, variable, wayward **2.** directionless, meandering, planetary, wandering

**erroneous** amiss, fallacious, false, faulty, flawed, inaccurate, incorrect, inexact, invalid, mistaken, spurious, unfounded, unsound, untrue, wrong

**error 1.** bloomer (Brit. inf.), blunder, boner (Sl.), boob (Brit. sl.), delusion, erratum, fallacy, fault, flaw, howler (Inf.), inaccuracy, misapprehension, miscalculation, misconception, mistake, oversight, slip, solecism **2.** delinquency, deviation, fault, lapse, misdeed, offence, sin, transgression, trespass, wrong, wrongdoing

**erstwhile** bygone, ex *(Inf.)*, former, late, old, once, one-time, past, previous, quondam, sometime

**erudite** cultivated, cultured, educated, knowledgeable, learned, lettered, literate, scholarly, well-educated, well-read

**erupt** **1.** be ejected, belch forth, blow up, break out, burst forth, burst into, burst out, discharge, explode, flare up, gush, pour forth, spew forth *or* out, spit out, spout, throw off, vent, vomit **2.** *(Medical)* appear, break out

**eruption** **1.** discharge, ejection, explosion, flare-up, outbreak, outburst, sally, venting **2.** *(Medical)* inflammation, outbreak, rash

**escalate** amplify, ascend, be increased, enlarge, expand, extend, grow, heighten, increase, intensify, magnify, mount, raise, rise, step up

**escapade** adventure, antic, caper, fling, lark *(Inf.)*, mischief, prank, romp, scrape *(Inf.)*, spree, stunt, trick

**escape**
- ▸ **V. 1.** abscond, bolt, break free *or* out, decamp, do a bunk *(Brit. sl.)*, do a runner *(Sl.)*, flee, fly, fly the coop *(U.S. & Canad. inf.)*, get away, hook it *(Sl.)*, make *or* effect one's escape, make one's getaway, run away *or* off, skedaddle *(Inf.)*, skip, slip away, take a powder *(U.S. & Canad. sl.)*, take it on the lam *(U.S. & Canad. sl.)*
- ▸ **N. 2.** bolt, break, break-out, decampment, flight, getaway
- ▸ **V. 3.** avoid, body-swerve *(Scot.)*, circumvent, dodge, duck, elude, evade, pass, shun, slip
- ▸ **N. 4.** avoidance, circumvention, elusion, evasion
- ▸ **V. 5.** discharge, drain, emanate, exude, flow, gush, issue, leak, pour forth, seep, spurt
- ▸ **N. 6.** discharge, drain, effluence, efflux, emanation, emission, gush, leak, leakage, outflow, outpour, seepage, spurt
- ▸ **V. 7.** baffle, be beyond (someone), be forgotten by, elude, puzzle, stump
- ▸ **N. 8.** distraction, diversion, pastime, recreation, relief

**escort**
- ▸ **N. 1.** bodyguard, company, convoy, cortège, entourage, guard, protection, retinue, safeguard, train **2.** attendant, beau, chaperon(e), companion, guide, partner, protector, squire *(Rare)*
- ▸ **V. 3.** accompany, chaperon(e), conduct, convoy, guard, guide, lead, partner, protect, shepherd, squire, usher

**especial** **1.** chief, distinguished, exceptional, extraordinary, marked, notable, noteworthy, outstanding, principal, signal, special, uncommon, unusual **2.** exclusive, express, individual, particular, peculiar, personal, private, singular, special, specific, unique

**especially** **1.** chiefly, conspicuously, exceptionally, extraordinarily, largely, mainly, markedly, notably, outstandingly, principally, remarkably, signally, specially, strikingly, supremely, uncommonly, unusually **2.** exclusively, expressly, particularly, peculiarly, singularly, specifically, uniquely

**espionage** counter-intelligence, intelligence, spying, surveillance, undercover work

**espousal** **1.** adoption, advocacy, backing, championing, championship, defence, embracing, maintenance, promotion, support, taking up **2.** *(Archaic)* affiancing, betrothal, betrothing *(Archaic)*, engagement, espousing *(Archaic)*, marriage, nuptials, plighting, wedding

**espouse** **1.** adopt, advocate, back, champion, defend, embrace, maintain, promote, stand up for, support, take up **2.** *(Archaic)* betroth *(Archaic)*, marry, take as spouse, take to wife, wed

**essay** article, composition, discourse, disquisition, dissertation, paper, piece, tract, treatise

**essence** **1.** being, core, crux, entity, heart, kernel, life, lifeblood, meaning, nature, pith, principle, quiddity, quintessence, significance, soul, spirit, substance **2.** concentrate, distillate, elixir, extract, spirits, tincture **3.** *(Rare)* cologne, fragrance, perfume, scent **4. in essence** basically, essentially, fundamentally, in effect, in substance, in the main, materially, substantially, to all intents and purposes, virtually **5. of the essence** crucial, essential, indispensable, of the utmost importance, vital, vitally important

**essential**
- ▸ **ADJ. 1.** crucial, important, indispensable, necessary, needed, requisite, vital **2.** basic, cardinal, constitutional, elemental, elementary, fundamental, inherent, innate, intrinsic, key, main, principal, radical **3.** absolute, complete, ideal, perfect, quintessential **4.** concentrated, distilled, extracted, rectified, refined, volatile
- ▸ **N. 5.** basic, fundamental, must, necessity, prerequisite, principle, requisite, rudiment, sine qua non, vital part

**establish** **1.** base, constitute, create, decree, enact, ensconce, entrench, fix, form, found, ground, implant, inaugurate, install, institute, organize, plant, root, secure, settle, set up, start **2.** authenticate, certify, confirm, corroborate, demonstrate, prove, ratify, show, substantiate, validate, verify

**establishment** **1.** creation, enactment, formation, foundation, founding, inauguration, installation, institution, organization, setting up **2.** business, company, concern, corporation, enterprise, firm, house, institute, institution, organization, outfit *(Inf.)*, setup *(Inf.)*, structure, system **3.** building, factory, house, office, plant, quarters **4.** abode, domicile, dwelling, home, house, household, pad *(Sl.)*, residence **5. the Establishment** established order, institutionalized authority, ruling class, the powers that be, the system

**estate** **1.** area, demesne, domain, holdings, lands, manor, property **2.** *(Property law)* assets, belongings, effects, fortune, goods, possessions, property, wealth **3.** caste, class, order, rank **4.** condition, lot, period, place, position, quality, rank, situation, standing, state, station, status

**esteem**
- ▸ **V. 1.** admire, be fond of, cherish, honour, like, love, prize, regard highly, respect, revere, reverence, think highly of, treasure, value, venerate **2.** *(Formal)* account, believe, calculate, consider, deem, estimate, hold, judge, rate, reckon, regard, think, view
- ▸ **N. 3.** admiration, Brownie points, consideration, credit, estimation, good opinion, honour, regard, respect, reverence, veneration

**estimate**
- ▸ **V. 1.** appraise, assess, calculate roughly, evaluate, gauge, guess, judge, number, reckon, value **2.** assess, believe, conjecture, consider, form an opinion, guess, judge, rank, rate, reckon, surmise, think
- ▸ **N. 3.** appraisal, appraisement, approximate calculation, assessment, evaluation, guess, guesstimate *(Inf.)*, judg(e)ment, reckoning, valuation **4.** appraisal, appraisement, assessment, belief, conjecture, educated guess, estimation, judg(e)ment, opinion, surmise, thought(s)

**estimation** **1.** appraisal, appreciation, assessment, belief, consideration, considered opinion, estimate, evaluation, judg(e)ment, opinion, view **2.** admiration, Brownie points, credit, esteem, good opinion, honour, regard, respect, reverence, veneration

**estrange** alienate, antagonize, disaffect, disunite, divide, drive apart, lose *or* destroy the affection of, make hostile, part, separate, set at odds, withdraw, withhold

**estrangement** alienation, antagonization, breach, break-up, disaffection, dissociation, disunity, division, hostility, parting, separation, split, withdrawal, withholding

**estuary** creek, firth, fjord, inlet, mouth

**et cetera** and others, and so forth, and so on, and the like, and the rest, et al.

**etch** carve, corrode, cut, eat into, engrave, furrow, impress, imprint, incise, ingrain, inscribe, stamp

**etching** carving, engraving, impression, imprint, inscription, print

**eternal** **1.** abiding, ceaseless, constant, deathless, endless, everlasting, immortal, infinite, interminable, never-ending, perennial, perpetual, sempiternal *(Literary)*, timeless, unceasing, undying, unending, unremitting, without end **2.** deathless, enduring, everlasting, immortal, immutable, imperishable, indestructible, lasting, permanent

**eternity** **1.** age, ages, endlessness, for ever, immortality, infinitude, infinity, perpetuity, timelessness, time without end **2.** *(Theology)* heaven, paradise, the afterlife, the hereafter, the next world

**ethical** conscientious, correct, decent, fair, fitting, good, honest, honourable, just, moral, principled, proper, right, righteous, upright, virtuous

**ethics** conscience, moral code, morality, moral philosophy, moral values, principles, rules of conduct, standards

**ethnic** cultural, folk, indigenous, national, native, racial, traditional

**etiquette** civility, code, convention, courtesy, customs, decorum, formalities, good *or* proper behaviour, manners, politeness, politesse, propriety, protocol, rules, usage

**eulogy** acclaim, acclamation, accolade, applause, commendation, compliment, encomium, exaltation, glorification, laudation, paean, panegyric, plaudit, praise, tribute

**euphoria** bliss, ecstasy, elation, exaltation, exhilaration, exultation, glee, high spirits, intoxication, joy, joyousness, jubilation, rapture, transport

**evacuate** **1.** abandon, clear, decamp, depart, desert, forsake, leave, move out, pull out, quit, relinquish, remove, vacate, withdraw **2.** crap *(Taboo sl.)*, defecate, discharge, eject, eliminate, empty, excrete, expel, shit *(Taboo sl.)*, void

**evade** **1.** avoid, body-swerve *(Scot.)*, circumvent, decline, dodge, duck, elude, escape, escape the clutches of, eschew, get away from, shirk, shun, sidestep, steer clear of **2.** balk, circumvent, cop out *(Sl.)*, equivocate, fence, fend off, flannel *(Brit. inf.)*, fudge, hedge, parry, prevaricate, quibble, waffle *(Inf., chiefly Brit.)*

**evaluate** appraise, assay, assess, calculate, estimate, gauge, judge, rank, rate, reckon, size up *(Inf.)*, value, weigh

**evaluation** appraisal, assessment, calculation, estimate, estimation, judg(e)ment, opinion, rating, valuation

**evanescent** brief, ephemeral, fading, fleeting, fugacious, fugitive, impermanent, momentary, passing, short-lived, transient, transitory, vanishing

**evangelical, evangelistic** crusading, missionary, propagandizing, proselytizing, zealous

**evaporate** **1.** dehydrate, desiccate, dry, dry up, vaporize **2.** dematerialize, disappear, dispel, disperse, dissipate, dissolve, evanesce, fade, fade away, melt, melt away, vanish

**evaporation** **1.** dehydration, desiccation, drying, drying up, vaporization **2.** dematerialization, disappearance, dispelling, dispersal, dissipation, dissolution, evanescence, fading, fading away, melting, melting away, vanishing

**evasion** artifice, avoidance, circumvention, cop-out *(Sl.)*, cunning, dodge, elusion, equivocation, escape, evasiveness, excuse, fudging, obliqueness, pretext, prevarication, ruse, shift, shirking, shuffling, sophism, sophistry, subterfuge, trickery, waffle *(Inf., chiefly Brit.)*

**evasive** cagey *(Inf.)*, casuistic, casuistical, cunning, deceitful, deceptive, devious, dissembling, elusive, elusory, equivocating, indirect, misleading, oblique, prevaricating, shifty, shuffling, slippery, sophistical, tricky

**eve** **1.** day before, night before, vigil **2.** brink, edge, point, threshold, verge

**even**
- ▸ **ADJ. 1.** flat, flush, horizontal, level, parallel, plane, plumb, smooth, steady, straight, true, uniform **2.** constant, metrical, regular, smooth, steady, unbroken, uniform, uninterrupted, unvarying, unwavering **3.** calm, composed, cool, equable, equanimous, even-tempered, imperturbable, peaceful, placid, serene, stable, steady, tranquil, undisturbed, unexcitable, unruffled, well-balanced **4.** coequal, commensurate, comparable, drawn, equal, equalized, equally balanced, fifty-fifty *(Inf.)*, identical, level, level pegging *(Brit. inf.)*, like, matching, neck and neck, on a par, parallel, similar, square, the same, tied, uniform **5.** balanced, disinterested, dispassionate, equitable, fair, fair and square, impartial, just, unbiased, unprejudiced **6. get even (with)** *(Inf.)* be revenged *or* revenge oneself, even the score, give tit for tat, pay back, reciprocate, repay, requite, return like for like, settle the score, take an eye for an eye, take vengeance
- ▸ **ADV. 7.** all the more, much, still, yet **8.** despite, disregarding, in spite of, notwithstanding **9. even as** at the same time as, at the time that, during the time that, exactly as, just as, while, whilst **10. even so** all the same, be that as it may, despite (that), however, in spite of (that), nevertheless, nonetheless, notwithstanding (that), still, yet
- ▸ **V. 11.** *(Often followed by* **out** *or* **up***)* align, balance, become level, equal, equalize, flatten, level,

match, regularize, smooth, square, stabilize, steady **12. even the score** be revenged or revenge oneself, equalize, get even (Inf.), give tit for tat, pay (someone) back, reciprocate, repay, requite, return like for like, settle the score, take an eye for an eye, take vengeance

**even-handed** balanced, disinterested, equitable, fair, fair and square, impartial, just, unbiased, unprejudiced

**event 1.** adventure, affair, business, circumstance, escapade, episode, experience, fact, happening, incident, matter, milestone, occasion, occurrence **2.** conclusion, consequence, effect, end, issue, outcome, result, termination, upshot **3.** bout, competition, contest, game, tournament **4. at all events** at any rate, come what may, in any case, in any event, regardless, whatever happens

**even-tempered** calm, composed, cool, cool-headed, equable, imperturbable, level-headed, peaceful, placid, serene, steady, tranquil, unexcitable, unruffled

**eventful** active, busy, consequential, critical, crucial, decisive, dramatic, exciting, fateful, full, historic, important, lively, memorable, momentous, notable, noteworthy, remarkable, significant

**eventual** concluding, consequent, ensuing, final, future, later, overall, prospective, resulting, ultimate

**eventuality** case, chance, contingency, event, likelihood, possibility, probability

**eventually** after all, at the end of the day, finally, in the course of time, in the end, in the long run, one day, some day, some time, sooner or later, ultimately, when all is said and done

**ever 1.** at all, at any time (period, point), by any chance, in any case, on any occasion **2.** always, at all times, aye (Scot.), constantly, continually, endlessly, eternally, everlastingly, evermore, for ever, incessantly, perpetually, relentlessly, to the end of time, unceasingly, unendingly

**everlasting 1.** abiding, deathless, endless, eternal, immortal, imperishable, indestructible, infinite, interminable, never-ending, perpetual, timeless, undying **2.** ceaseless, constant, continual, continuous, endless, incessant, interminable, never-ending, unceasing, uninterrupted, unremitting

**evermore** always, eternally, ever, for ever, in perpetuum, to the end of time

**every** all, each, each one, the whole number

**everybody** all and sundry, each one, each person, everyone, every person, one and all, the whole world

**everyday 1.** daily, quotidian **2.** accustomed, banal, common, common or garden (Inf.), commonplace, conventional, customary, dull, familiar, frequent, habitual, informal, mundane, ordinary, routine, run-of-the-mill, stock, unexceptional, unimaginative, usual, wonted, workaday

**everyone** all and sundry, each one, each person, everybody, every person, one and all, the whole world

**everything** all, each thing, the aggregate, the entirety, the lot, the sum, the total, the whole caboodle (Inf.), the whole lot

**everywhere** all around, all over, far and wide or near, high and low, in each place, in every place, omnipresent, the world over, to or in all places, ubiquitous, ubiquitously

**evict** boot out (Inf.), chuck out (Inf.), dislodge, dispossess, eject, expel, kick out (Inf.), oust, put out, remove, show the door (to), throw on to the streets, throw out, turf out (Inf.), turn out

**evidence**
▸ N. **1.** affirmation, attestation, averment, confirmation, corroboration, data, declaration, demonstration, deposition, grounds, indication, manifestation, mark, proof, sign, substantiation, testimony, token, witness
▸ V. **2.** demonstrate, denote, display, evince, exhibit, indicate, manifest, prove, reveal, show, signify, testify to, witness

**evident** apparent, blatant, clear, conspicuous, incontestable, incontrovertible, indisputable, manifest, noticeable, obvious, palpable, patent, perceptible, plain, tangible, unmistakable, visible

**evidently 1.** clearly, doubtless, doubtlessly, incontestably, incontrovertibly, indisputably, manifestly, obviously, patently, plainly, undoubtedly, unmistakably, without question **2.** apparently, it seems, it would seem, ostensibly, outwardly, seemingly, to all appearances

**evil**
▸ ADJ. **1.** bad, base, corrupt, depraved, heinous, immoral, iniquitous, maleficent, malevolent, malicious, malignant, nefarious, reprobate, sinful, vicious, vile, villainous, wicked, wrong
▸ N. **2.** badness, baseness, corruption, curse, depravity, heinousness, immorality, iniquity, maleficence, malignity, sin, sinfulness, turpitude, vice, viciousness, villainy, wickedness, wrong, wrongdoing
▸ ADJ. **3.** baneful (Archaic), calamitous, catastrophic, deleterious, destructive, detrimental, dire, disastrous, harmful, hurtful, inauspicious, injurious, mischievous, painful, pernicious, ruinous, sorrowful, unfortunate, unlucky, woeful
▸ N. **4.** affliction, calamity, catastrophe, disaster, harm, hurt, ill, injury, mischief, misery, misfortune, pain, ruin, sorrow, suffering, woe
▸ ADJ. **5.** foul, mephitic, noxious, offensive, pestilential, putrid, unpleasant, vile

**evoke 1.** arouse, awaken, call, excite, give rise to, induce, recall, rekindle, stimulate, stir up, summon up **2.** call forth, educe (Rare), elicit, produce, provoke **3.** arouse, call, call forth, conjure up, invoke, raise, summon

**evolution** development, enlargement, evolvement, expansion, growth, increase, maturation, progress, progression, unfolding, unrolling, working out

**evolve** develop, disclose, educe, elaborate, enlarge, expand, grow, increase, mature, open, progress, unfold, unroll, work out

**exact**
▸ ADJ. **1.** accurate, careful, correct, definite, explicit, express, faithful, faultless, identical, literal, methodical, orderly, particular, precise, right, specific, true, unequivocal, unerring, veracious, very **2.** careful, exacting, meticulous, painstaking, punctilious, rigorous, scrupulous, severe, strict
▸ V. **3.** call for, claim, command, compel, demand, extort, extract, force, impose, insist upon, require, squeeze, wrest, wring

**exacting** demanding, difficult, hard, harsh, imperious, oppressive, painstaking, rigid, rigorous, severe, stern, strict, stringent, taxing, tough, unsparing

**exactly**
▸ ADV. **1.** accurately, carefully, correctly, definitely, explicitly, faithfully, faultlessly, literally, methodically, precisely, rigorously, scrupulously, severely, strictly, truly, truthfully, unequivocally, unerringly, veraciously **2.** absolutely, bang, explicitly, expressly, indeed, in every respect, just, particularly, precisely, quite, specifically **3. not exactly** (Ironical) by no means, certainly not, hardly, in no manner, in no way, not at all, not by any means, not quite, not really
▸ INTERJ. **4.** absolutely, assuredly, as you say, certainly, indeed, just so, of course, precisely, quite, quite so, spot-on (Brit. inf.), truly

**exactness** accuracy, carefulness, correctness, exactitude, faithfulness, faultlessness, nicety, orderliness, painstakingness, preciseness, precision, promptitude, regularity, rigorousness, rigour, scrupulousness, strictness, truth, unequivocalness, veracity

**exaggerate** amplify, embellish, embroider, emphasize, enlarge, exalt, hyperbolize, inflate, lay it on thick (Inf.), magnify, make a federal case of (U.S. inf.), make a production (out) of (Inf.), overdo, overemphasize, overestimate, overstate

**exaggerated** amplified, exalted, excessive, extravagant, highly coloured, hyped, hyperbolic, inflated, overblown, overdone, overestimated, overstated, over the top (Inf.), pretentious, tall (Inf.)

**exaggeration** amplification, embellishment, emphasis, enlargement, exaltation, excess, extravagance, hyperbole, inflation, magnification, overemphasis, overestimation, overstatement, pretension, pretentiousness

**exalt 1.** advance, aggrandize, dignify, elevate, ennoble, honour, promote, raise, upgrade **2.** acclaim, apotheosize, applaud, bless, crack up (Inf.), extol, glorify, idolize, laud, magnify (Archaic), pay homage to, pay tribute to, praise, reverence, set on a pedestal, worship **3.** animate, arouse, electrify, elevate, excite, fire the imagination (of), heighten, inspire, inspirit, stimulate, uplift **4.** delight, elate, exhilarate, fill with joy, thrill

**exaltation 1.** advancement, aggrandizement, dignity, elevation, eminence, ennoblement, grandeur, high rank, honour, loftiness, prestige, promotion, rise, upgrading **2.** acclaim, acclamation, apotheosis, applause, blessing, extolment, glorification, glory, homage, idolization, laudation, lionization, magnification, panegyric, plaudits, praise, reverence, tribute, worship **3.** animation, elevation, excitement, inspiration, stimulation, uplift **4.** bliss, delight, ecstasy, elation, exhilaration, exultation, joy, joyousness, jubilation, rapture, transport

**exalted 1.** august, dignified, elevated, eminent, grand, high, high-ranking, honoured, lofty, prestigious **2.** elevated, high-minded, ideal, intellectual, lofty, noble, sublime, superior, uplifting **3.** (Inf.) elevated, exaggerated, excessive, inflated, overblown, pretentious **4.** animated, blissful, cock-a-hoop, ecstatic, elated, elevated, excited, exhilarated, exultant, in high spirits, in seventh heaven, inspired, inspirited, joyous, jubilant, on cloud nine (Inf.), over the moon (Inf.), rapturous, stimulated, transported, uplifted

**examination** analysis, assay, catechism, checkup, exploration, inquiry, inquisition, inspection, interrogation, investigation, observation, perusal, probe, questioning, quiz, recce (Sl.), research, review, scrutiny, search, study, survey, test, trial

**examine 1.** analyse, appraise, assay, check, check out, consider, explore, go over or through, inspect, investigate, look over, peruse, ponder, pore over, probe, recce (Sl.), research, review, scan, scrutinize, sift, study, survey, take stock of, test, vet, weigh, work over **2.** catechize, cross-examine, grill (Inf.), inquire, interrogate, question, quiz

**example 1.** case, case in point, exemplification, illustration, instance, sample, specimen **2.** archetype, exemplar, ideal, illustration, model, norm, paradigm, paragon, pattern, precedent, prototype, standard **3.** admonition, caution, lesson, warning **4. for example** as an illustration, by way of illustration, eg, exempli gratia, for instance, to cite an instance, to illustrate

**exasperate** aggravate (Inf.), anger, annoy, bug (Inf.), embitter, enrage, exacerbate, excite, gall, get (Inf.), get in one's hair (Inf.), get on one's nerves (Inf.), hassle (Inf.), incense, inflame, infuriate, irk, irritate, madden, nark (Brit., Aust., & N.Z. sl.), needle (Inf.), nettle, peeve (Inf.), pique, piss one off (Taboo sl.), provoke, rankle, rile (Inf.), rouse, try the patience of, vex

**exasperation** aggravation (Inf.), anger, annoyance, exacerbation, fury, ire (Literary), irritation, passion, pique, provocation, rage, vexation, wrath

**excavate** burrow, cut, delve, dig, dig out, dig up, gouge, hollow, mine, quarry, scoop, trench, tunnel, uncover, unearth

**excavation** burrow, cavity, cut, cutting, dig, diggings, ditch, dugout, hole, hollow, mine, pit, quarry, shaft, trench, trough

**exceed 1.** beat, be superior to, better, cap (Inf.), eclipse, excel, go beyond, outdistance, outdo, outreach, outrun, outshine, outstrip, overtake, pass, run rings around (Inf.), surmount, surpass, top, transcend **2.** go beyond the bounds of, go over the limit of, go over the top, overstep

**exceedingly** enormously, especially, exceptionally, excessively, extraordinarily, extremely, greatly, highly, hugely, inordinately, superlatively, surpassingly, unusually, vastly, very

**excel 1.** beat, be superior, better, cap (Inf.), eclipse, exceed, go beyond, outdo, outrival, outshine, pass, run rings around (Inf.), surmount, surpass, top, transcend **2.** be good, be master of, be proficient, be skilful, be talented, predominate, shine, show talent, take precedence

**excellence** distinction, eminence, fineness, goodness, greatness, high quality, merit, perfection, pre-eminence, purity, superiority, supremacy, transcendence, virtue, worth

**excellent** A1 or A-one (Inf.), admirable, boffo (Sl.), brill (Inf.), brilliant, capital, champion, chillin' (U.S. sl.), choice, cracking (Brit. inf.), crucial (Sl.), def (Sl.), distinguished, estimable, exemplary, exquisite, fine, first-class, first-rate, good, great, jim-dandy (Sl.), mean (Sl.), mega (Sl.), meritorious, notable, noted, outstanding, prime, select, sovereign, sterling, superb, superior, superlative, tiptop, top-notch *(Inf.)*, topping *(Brit. sl.)*, world-class, worthy

**except**
▸ PREP. **1.** *(also* **except for***)* apart from, bar, barring, besides, but, excepting, excluding, exclusive of, omitting, other than, save *(Archaic)*, saving, with the exception of
▸ V. **2.** ban, bar, disallow, exclude, leave out, omit, pass over, reject, rule out

**exception** **1.** debarment, disallowment, excepting, exclusion, leaving out, omission, passing over, rejection **2.** anomaly, departure, deviation, freak, inconsistency, irregularity, oddity, peculiarity, quirk, special case **3. take exception** be offended, be resentful, demur, disagree, object, quibble, take offence, take umbrage

**exceptional** **1.** aberrant, abnormal, anomalous, atypical, deviant, extraordinary, inconsistent, irregular, odd, peculiar, rare, singular, special, strange, uncommon, unusual **2.** excellent, extraordinary, marvellous, notable, outstanding, phenomenal, prodigious, remarkable, special, superior

**excess**
▸ N. **1.** glut, leftover, overabundance, overdose, overflow, overload, plethora, remainder, superabundance, superfluity, surfeit, surplus, too much **2.** debauchery, dissipation, dissoluteness, exorbitance, extravagance, immoderation, intemperance, overindulgence, prodigality, unrestraint
▸ ADJ. **3.** extra, leftover, redundant, remaining, residual, spare, superfluous, surplus

**excessive** disproportionate, enormous, exaggerated, exorbitant, extravagant, extreme, immoderate, inordinate, intemperate, needless, OTT *(Sl.)*, overdone, overmuch, over the top *(Sl.)*, prodigal, profligate, superfluous, too much, unconscionable, undue, unreasonable

**exchange**
▸ V. **1.** bandy, barter, change, commute, convert into, interchange, reciprocate, swap *(Inf.)*, switch, trade, truck
▸ N. **2.** barter, dealing, interchange, quid pro quo, reciprocity, substitution, swap *(Inf.)*, switch, tit for tat, trade, traffic, truck **3.** Bourse, market

**excitable** edgy, emotional, hasty, highly strung, hot-headed, hot-tempered, irascible, mercurial, nervous, passionate, quick-tempered, sensitive, susceptible, temperamental, testy, touchy, uptight *(Inf.)*, violent, volatile

**excite** agitate, animate, arouse, awaken, discompose, disturb, electrify, elicit, evoke, fire, foment, galvanize, incite, inflame, inspire, instigate, kindle, move, provoke, quicken, rouse, stimulate, stir up, thrill, titillate, waken, whet

**excited** aflame, agitated, animated, aroused, awakened, discomposed, disturbed, enthusiastic, feverish, flurried, high *(Inf.)*, hot and bothered *(Inf.)*, moved, nervous, overwrought, roused, stimulated, stirred, thrilled, tumultuous, wild, worked up

**excitement** **1.** action, activity, ado, adventure, agitation, animation, commotion, discomposure, elation, enthusiasm, ferment, fever, flurry, furore, heat, kicks *(Inf.)*, passion, perturbation, thrill, tumult, warmth **2.** impulse, incitement, instigation, motivation, motive, provocation, stimulation, stimulus, urge

**exciting** dramatic, electrifying, exhilarating, inspiring, intoxicating, moving, provocative, rip-roaring *(Inf.)*, rousing, sensational, sexy *(Inf.)*, stimulating, stirring, thrilling, titillating

**exclaim** call, call out, cry, cry out, declare, ejaculate, proclaim, shout, utter, vociferate, yell

**exclamation** call, cry, ejaculation, expletive, interjection, outcry, shout, utterance, vociferation, yell

**exclude** **1.** ban, bar, black, blackball, boycott, debar, disallow, embargo, forbid, interdict, keep out, ostracize, prohibit, proscribe, refuse, shut out, veto **2.** count out, eliminate, except, ignore, leave out, omit, pass over, preclude, reject, repudiate, rule out, set aside **3.** bounce *(Sl.)*, drive out, eject, evict, expel, force out, get rid of, oust, remove, throw out

**exclusion** **1.** ban, bar, boycott, debarment, embargo, forbiddance, interdict, nonadmission, preclusion, prohibition, proscription, refusal, veto **2.** elimination, exception, omission, rejection, repudiation **3.** eviction, expulsion, removal

**exclusive** **1.** absolute, complete, entire, full, only, private, single, sole, total, undivided, unique, unshared, whole **2.** aristocratic, chic, choice, clannish, classy *(Sl.)*, cliquish, closed, discriminative, elegant, fashionable, high-toned, limited, narrow, posh *(Inf., chiefly Brit.)*, private, restricted, restrictive, ritzy *(Sl.)*, select, selfish, snobbish, swish *(Inf., chiefly Brit.)*, top-drawer, up-market **3.** confined, limited, peculiar, restricted, unique **4.** debarring, except for, excepting, excluding, leaving aside, not counting, omitting, restricting, ruling out

**excommunicate** anathematize, ban, banish, cast out, denounce, eject, exclude, expel, proscribe, remove, repudiate, unchurch

**excruciating** acute, agonizing, burning, exquisite, extreme, harrowing, insufferable, intense, piercing, racking, searing, severe, tormenting, torturous, unbearable, unendurable, violent

**excursion** **1.** airing, day trip, expedition, jaunt, journey, outing, pleasure trip, ramble, tour, trip **2.** detour, deviation, digression, episode, excursus, wandering

**excusable** allowable, defensible, forgivable, justifiable, minor, pardonable, permissible, slight, understandable, venial, warrantable

**excuse**
▸ V. **1.** absolve, acquit, bear with, exculpate, exonerate, extenuate, forgive, indulge, make allowances for, overlook, pardon, pass over, tolerate, turn a blind eye to, wink at **2.** apologize for, condone, defend, explain, justify, mitigate, vindicate **3.** absolve, discharge, exempt, free, let off, liberate, release, relieve, spare
▸ N. **4.** apology, defence, explanation, grounds, justification, mitigation, plea, pretext, reason, vindication **5.** cop-out *(Sl.)*, disguise, evasion, expedient, makeshift, pretence, pretext, semblance, shift, subterfuge **6.** *(Inf.)* apology, makeshift, mockery, substitute, travesty

**execrate** abhor, abominate, anathematize, condemn, curse, damn, denounce, deplore, despise, detest, excoriate, hate, imprecate, loathe, revile, slam *(Sl.)*, vilify

**execration** abhorrence, abomination, anathema, condemnation, contempt, curse, damnation, detestation, excoriation, hate, hatred, imprecation, loathing, malediction, odium, vilification

**execute** **1.** behead, electrocute, guillotine, hang, kill, put to death, shoot **2.** accomplish, achieve, administer, bring off, carry out, complete, consummate, discharge, do, effect, enact, enforce, finish, fulfil, implement, perform, prosecute, put into effect, realize, render **3.** *(Law)* deliver, seal, serve, sign, validate

**execution** **1.** accomplishment, achievement, administration, carrying out, completion, consummation, discharge, effect, enactment, enforcement, implementation, operation, performance, prosecution, realization, rendering **2.** capital punishment, hanging, killing **3.** delivery, manner, mode, performance, rendition, style, technique **4.** *(Law)* warrant, writ

**executioner** **1.** hangman, headsman **2.** assassin, exterminator, hit man *(Sl.)*, killer, liquidator, murderer, slayer

**executive**
▸ N. **1.** administrator, director, manager, official **2.** administration, directorate, directors, government, hierarchy, leadership, management
▸ ADJ. **3.** administrative, controlling, decision-making, directing, governing, managerial

**exemplary** **1.** admirable, commendable, correct, estimable, excellent, fine, good, honourable, ideal, laudable, meritorious, model, praiseworthy, punctilious, sterling **2.** admonitory, cautionary, monitory, warning **3.** characteristic, illustrative, representative, typical

**exemplify** demonstrate, depict, display, embody, evidence, exhibit, illustrate, instance, manifest, represent, serve as an example of, show

**exempt**
▸ V. **1.** absolve, discharge, except, excuse, exonerate, free, grant immunity, let off, liberate, release, relieve, spare
▸ ADJ. **2.** absolved, clear, discharged, excepted, excused, favoured, free, immune, liberated, not liable, not subject, privileged, released, spared

**exemption** absolution, discharge, dispensation, exception, exoneration, freedom, immunity, privilege, release

**exercise**
▸ V. **1.** apply, bring to bear, employ, enjoy, exert, practise, put to use, use, utilize, wield **2.** discipline, drill, habituate, inure, practise, train, work out **3.** afflict, agitate, annoy, burden, distress, disturb, occupy, pain, perturb, preoccupy, trouble, try, vex, worry
▸ N. **4.** action, activity, discipline, drill, drilling, effort, labour, toil, training, work, work-out **5.** accomplishment, application, discharge, employment, enjoyment, exertion, fulfilment, implementation, practice, use, utilization **6.** drill, lesson, practice, problem, schooling, schoolwork, task, work

**exert** **1.** bring into play, bring to bear, employ, exercise, expend, make use of, put forth, use, utilize, wield **2. exert oneself** apply oneself, bend over backwards *(Inf.)*, break one's neck *(Inf.)*, bust a gut *(Inf.)*, do one's best, do one's damnedest *(Inf.)*, endeavour, give it one's all *(Inf.)*, give it one's best shot *(Inf.)*, go for broke *(Sl.)*, go for it *(Inf.)*, knock oneself out *(Inf.)*, labour, make an all-out effort *(Inf.)*, make an effort, rupture oneself *(Inf.)*, spare no effort, strain, strive, struggle, toil, try hard, work

**exertion** action, application, attempt, effort, employment, endeavour, exercise, industry, labour, pains, strain, stretch, struggle, toil, travail *(Literary)*, trial, use, utilization

**exhaust** **1.** bankrupt, cripple, debilitate, disable, drain, enervate, enfeeble, fatigue, impoverish, prostrate, sap, tire, tire out, weaken, wear out **2.** consume, deplete, dissipate, expend, finish, run through, spend, squander, use up, waste **3.** drain, dry, empty, strain, void **4.** be emitted, discharge, emanate, escape, issue

**exhausted** **1.** all in *(Sl.)*, beat *(Sl.)*, clapped out *(Aust. & N.Z. inf.)*, crippled, dead *(Inf.)*, dead beat *(Inf.)*, dead tired, debilitated, disabled, dog-tired *(Inf.)*, done in *(Inf.)*, drained, enervated, enfeebled, fatigued, jaded, knackered *(Sl.)*, out on one's feet *(Inf.)*, prostrated, ready to drop, sapped, spent, tired out, wasted, weak, worn out, zonked *(Sl.)* **2.** at an end, consumed, depleted, dissipated, done, expended, finished, gone, spent, squandered, used up, wasted **3.** bare, drained, dry, empty, void

**exhausting** arduous, backbreaking, crippling, debilitating, difficult, draining, enervating, fatiguing, gruelling, hard, laborious, punishing, sapping, strenuous, taxing, testing, tiring

**exhaustion** **1.** debilitation, enervation, fatigue, feebleness, lassitude, prostration, tiredness, weariness **2.** consumption, depletion, emptying

**exhaustive** all-embracing, all-inclusive, all-out *(Inf.)*, complete, comprehensive, encyclop(a)edic, extensive, far-reaching, full, full-scale, in-depth, intensive, sweeping, thorough, thoroughgoing, total

**exhibit**
▸ V. **1.** air, demonstrate, disclose, display, evidence, evince, expose, express, flaunt, indicate, make clear *or* plain, manifest, offer, parade, present, put on view, reveal, show
▸ N. **2.** display, exhibition, illustration, model, show

**exhibition** airing, demonstration, display, exhibit, expo *(Inf.)*, exposition, fair, manifestation, performance, presentation, representation, show, showing, spectacle

**exhilarating** breathtaking, cheering, enlivening, exalting, exciting, exhilarant, exhilarative, exhilaratory, gladdening, invigorating, stimulating, thrilling, vitalizing

**exhort** admonish, advise, beseech, bid, call upon, caution, counsel, encourage, enjoin, entreat, goad, incite, persuade, press, prompt, spur, urge, warn

**exhortation** admonition, advice, beseeching, bidding, caution, counsel, encouragement, enjoinder *(Rare)*, entreaty, goading, incitement, lecture, persuasion, sermon, urging, warning

**exhume** dig up, disentomb, disinter, unbury, unearth

**exigence, exigency** **1.** acuteness, constraint, criticalness, demandingness, difficulty, distress, emergency, imperativeness, necessity, needfulness, pressingness, pressure, stress, urgency **2.** constraint, demand, necessity, need, requirement, wont **3.** crisis, difficulty, emergency, extremity, fix *(Inf.)*, hardship, jam *(Inf.)*, juncture, panic stations *(Inf.)*, pass, pickle *(Inf.)*, pinch, plight, predicament, quandary, scrape *(Inf.)*, strait

### exile
- N. 1. banishment, deportation, expatriation, expulsion, ostracism, proscription, separation 2. deportee, émigré, expatriate, outcast, refugee
- V. 3. banish, deport, drive out, eject, expatriate, expel, ostracize, oust, proscribe

**exist** 1. abide, be, be extant, be living, be present, breathe, continue, endure, happen, last, live, obtain, occur, prevail, remain, stand, survive 2. eke out a living, get along or by, stay alive, subsist, survive

**existence** 1. actuality, animation, being, breath, continuance, continuation, duration, endurance, life, subsistence, survival 2. being, creature, entity, thing 3. creation, life, reality, the world

**existent** abiding, around, current, enduring, existing, extant, in existence, living, obtaining, present, prevailing, remaining, standing, surviving

### exit
- N. 1. door, egress, gate, outlet, passage out, vent, way out 2. adieu, departure, evacuation, exodus, farewell, going, goodbye, leave-taking, retirement, retreat, withdrawal 3. death, decease, demise, expiry, passing away
- V. 4. bid farewell, depart, go away, go offstage (Theatre), go out, issue, leave, retire, retreat, say goodbye, take one's leave, withdraw

**exodus** departure, evacuation, exit, flight, going out, leaving, migration, retirement, retreat, withdrawal

**exonerate** 1. absolve, acquit, clear, discharge, dismiss, exculpate, excuse, justify, pardon, vindicate 2. discharge, dismiss, except, excuse, exempt, free, let off, liberate, release, relieve

**exorbitant** enormous, excessive, extortionate, extravagant, extreme, immoderate, inordinate, outrageous, preposterous, ridiculous, unconscionable, undue, unreasonable, unwarranted

**exorcise** adjure, cast out, deliver (from), drive out, expel, purify

**exorcism** adjuration, casting out, deliverance, driving out, expulsion, purification

**exotic** 1. alien, external, extraneous, extrinsic, foreign, imported, introduced, naturalized, not native 2. bizarre, colourful, curious, different, extraordinary, fascinating, glamorous, mysterious, outlandish, peculiar, strange, striking, unfamiliar, unusual

**expand** 1. amplify, augment, bloat, blow up, broaden, develop, dilate, distend, enlarge, extend, fatten, fill out, grow, heighten, increase, inflate, lengthen, magnify, multiply, prolong, protract, swell, thicken, wax, widen 2. diffuse, open (out), outspread, spread (out), stretch (out), unfold, unfurl, unravel, unroll 3. amplify, develop, dilate, elaborate, embellish, enlarge, expatiate, expound, flesh out, go into detail

**expanse** area, breadth, extent, field, plain, range, space, stretch, sweep, tract

**expansion** amplification, augmentation, development, diffusion, dilatation, distension, enlargement, expanse, growth, increase, inflation, magnification, multiplication, opening out, spread, swelling, unfolding, unfurling

**expansive** 1. dilating, distending, elastic, enlargeable, expanding, extendable, inflatable, stretching, stretchy, swelling 2. all-embracing, broad, comprehensive, extensive, far-reaching, inclusive, thorough, voluminous, wide, wide-ranging, widespread 3. affable, communicative, easy, effusive, free, friendly, garrulous, genial, loquacious, open, outgoing, sociable, talkative, unreserved, warm

**expatiate** amplify, descant, develop, dilate, dwell on, elaborate, embellish, enlarge, expound, go into detail

### expatriate
- ADJ. 1. banished, emigrant, émigré, exiled, refugee
- N. 2. emigrant, émigré, exile
- V. 3. banish, exile, expel, ostracize, proscribe

**expect** 1. assume, believe, calculate, conjecture, forecast, foresee, imagine, presume, reckon, suppose, surmise, think, trust 2. anticipate, await, bargain for, contemplate, envisage, hope for, look ahead to, look for, look forward to, predict, watch for 3. call for, count on, demand, insist on, look for, rely upon, require, want, wish

**expectancy** 1. anticipation, assumption, belief, conjecture, expectation, hope, looking forward, prediction, presumption, probability, supposition, surmise, suspense, waiting 2. likelihood, outlook, prospect

**expectant** 1. anticipating, anxious, apprehensive, awaiting, eager, expecting, hopeful, in suspense, ready, watchful 2. enceinte, expecting (Inf.), gravid, pregnant

**expectation** 1. assumption, assurance, belief, calculation, confidence, conjecture, forecast, likelihood, presumption, probability, supposition, surmise, trust 2. anticipation, apprehension, chance, expectancy, fear, hope, looking forward, outlook, possibility, prediction, promise, prospect, suspense 3. demand, insistence, reliance, requirement, trust, want, wish

**expedience, expediency** 1. advantageousness, advisability, appropriateness, aptness, benefit, convenience, desirability, effectiveness, fitness, helpfulness, judiciousness, meetness, practicality, pragmatism, profitability, properness, propriety, prudence, suitability, usefulness, utilitarianism, utility 2. contrivance, device, expedient, makeshift, manoeuvre, means, measure, method, resort, resource, scheme, shift, stopgap, stratagem, substitute

### expedient
- ADJ. 1. advantageous, advisable, appropriate, beneficial, convenient, desirable, effective, fit, helpful, judicious, meet, opportune, politic, practical, pragmatic, profitable, proper, prudent, suitable, useful, utilitarian, worthwhile
- N. 2. contrivance, device, expediency, makeshift, manoeuvre, means, measure, method, resort, resource, scheme, shift, stopgap, stratagem, substitute

**expedite** accelerate, advance, assist, dispatch, facilitate, forward, hasten, hurry, precipitate, press, promote, quicken, rush, speed (up), urge

**expedition** 1. enterprise, excursion, exploration, journey, mission, quest, safari, tour, trek, trip, undertaking, voyage 2. company, crew, explorers, team, travellers, voyagers, wayfarers 3. alacrity, celerity, dispatch, expeditiousness, haste, hurry, promptness, quickness, rapidity, readiness, speed, swiftness

**expel** 1. belch, cast out, discharge, dislodge, drive out, eject, remove, spew, throw out 2. ban, banish, bar, black, blackball, discharge, dismiss, drum out, evict, exclude, exile, expatriate, give the bum's rush (Sl.), oust, proscribe, relegate, send packing, show one the door, throw out, throw out on one's ear (Inf.), turf out (Inf.)

**expend** consume, disburse, dissipate, employ, exhaust, fork out (Sl.), go through, lay out (Inf.), pay out, shell out (Inf.), spend, use (up)

**expendable** dispensable, inessential, nonessential, replaceable, unimportant, unnecessary

**expenditure** application, charge, consumption, cost, disbursement, expense, outgoings, outlay, output, payment, spending, use

**expense** charge, consumption, cost, disbursement, expenditure, loss, outlay, output, payment, sacrifice, spending, toll, use

**expensive** costly, dear, excessive, exorbitant, extravagant, high-priced, inordinate, lavish, overpriced, rich, steep (Inf.), stiff

### experience
- N. 1. contact, doing, evidence, exposure, familiarity, involvement, know-how (Inf.), knowledge, observation, participation, practice, proof, training, trial, understanding 2. adventure, affair, encounter, episode, event, happening, incident, occurrence, ordeal, test, trial
- V. 3. apprehend, become familiar with, behold, encounter, endure, face, feel, go through, have, know, live through, meet, observe, participate in, perceive, sample, sense, suffer, sustain, taste, try, undergo

**experienced** 1. accomplished, adept, capable, competent, expert, familiar, knowledgeable, master, practised, professional, qualified, seasoned, skilful, tested, trained, tried, veteran, well-versed 2. knowing, mature, sophisticated, wise, worldly, worldly-wise

### experiment
- N. 1. assay, attempt, examination, experimentation, investigation, procedure, proof, research, test, trial, trial and error, trial run, venture
- V. 2. assay, examine, investigate, put to the test, research, sample, test, try, verify

**experimental** empirical, exploratory, pilot, preliminary, probationary, provisional, speculative, tentative, test, trial, trial-and-error

### expert
- N. 1. ace (Inf.), adept, authority, buff (Inf.), connoisseur, dab hand (Brit. inf.), hotshot (Inf.), master, maven (U.S.), past master, pro (Inf.), professional, specialist, virtuoso, whiz (Inf.), wizard
- ADJ. 2. able, adept, adroit, apt, clever, deft, dexterous, experienced, facile, handy, knowledgeable, master, masterly, practised, professional, proficient, qualified, skilful, skilled, trained, virtuoso

**expertise** ableness, adroitness, aptness, cleverness, command, craft, deftness, dexterity, expertness, facility, judg(e)ment, knack, know-how (Inf.), knowledge, masterliness, mastery, proficiency, skilfulness, skill

**expertness** ableness, adroitness, aptness, command, craft, deftness, dexterity, expertise, facility, judg(e)ment, know-how (Inf.), knowledge, masterliness, mastery, proficiency, skilfulness, skill

**expire** 1. cease, close, come to an end, conclude, end, finish, lapse, run out, stop, terminate 2. breathe out, emit, exhale, expel 3. buy it (U.S. sl.), check out (U.S. sl.), croak (Sl.), decease, depart, die, go belly-up (Sl.), kick it (Sl.), kick the bucket (Inf.), pass away or on, peg it (Inf.), peg out (Inf.), perish, pop one's clogs (Inf.)

**explain** 1. clarify, clear up, define, demonstrate, describe, disclose, elucidate, explicate (Formal), expound, illustrate, interpret, make clear or plain, resolve, solve, teach, unfold 2. account for, excuse, give an explanation for, give a reason for, justify

**explanation** 1. clarification, definition, demonstration, description, elucidation, explication, exposition, illustration, interpretation, resolution 2. account, answer, cause, excuse, justification, meaning, mitigation, motive, reason, sense, significance, vindication

**explanatory** demonstrative, descriptive, elucidatory, explicative, expository, illuminative, illustrative, interpretive, justifying

**explicit** absolute, categorical, certain, clear, definite, direct, distinct, exact, express, frank, open, outspoken, patent, plain, positive, precise, specific, stated, straightforward, unambiguous, unequivocal, unqualified, unreserved, upfront (Inf.)

**explode** 1. blow up, burst, detonate, discharge, erupt, go off, set off, shatter, shiver 2. belie, debunk, discredit, disprove, give the lie to, invalidate, refute, repudiate

### exploit
- N. 1. accomplishment, achievement, adventure, attainment, deed, escapade, feat, stunt
- V. 2. abuse, impose upon, manipulate, milk, misuse, play on or upon, take advantage of 3. capitalize on, cash in on (Inf.), make capital out of, make use of, profit by or from, put to use, turn to account, use, use to advantage, utilize

**exploration** 1. analysis, examination, inquiry, inspection, investigation, probe, research, scrutiny, search, study 2. expedition, recce (Sl.), reconnaissance, survey, tour, travel, trip

**exploratory** analytic, experimental, fact-finding, investigative, probing, searching, trial

**explore** 1. analyse, examine, inquire into, inspect, investigate, look into, probe, prospect, research, scrutinize, search, work over 2. case (Sl.), have or take a look around, range over, recce (Sl.), reconnoitre, scout, survey, tour, travel, traverse

**explosion** 1. bang, blast, burst, clap, crack, detonation, discharge, outburst, report 2. eruption, fit, outbreak, outburst, paroxysm

**explosive** 1. unstable, volatile 2. fiery, stormy, touchy, vehement, violent 3. charged, dangerous, hazardous, overwrought, perilous, tense, ugly

**exponent** 1. advocate, backer, champion, defender, promoter, propagandist, proponent, spokesman, spokeswoman, supporter, upholder 2. commentator, demonstrator, elucidator, expositor, expounder, illustrator, interpreter 3. example, exemplar, illustration, indication, model, norm, sample, specimen, type 4. executant, interpreter, performer, player, presenter

**expose** 1. display, exhibit, manifest, present, put on view, reveal, show, uncover, unveil 2. air, betray, blow wide open (Sl.), bring to light, denounce, detect, disclose, divulge, lay bare, let out, make known, reveal, show up, smoke out, uncover, unearth, unmask **3.** endanger, hazard, imperil, jeopardize, lay open, leave open, make vulnerable, risk, subject **4.** (*With* **to**) acquaint with, bring into contact with, familiarize with, introduce to, make conversant with

**exposed 1.** bare, exhibited, laid bare, made manifest, made public, on display, on show, on view, revealed, shown, unconcealed, uncovered, unveiled **2.** open, open to the elements, unprotected, unsheltered **3.** in danger, in peril, laid bare, laid open, left open, liable, open, susceptible, vulnerable

**exposition 1.** account, commentary, critique, description, elucidation, exegesis, explanation, explication, illustration, interpretation, presentation **2.** demonstration, display, exhibition, expo (*Inf.*), fair, presentation, show

**expostulate** argue (with), dissuade, protest, reason (with), remonstrate (with)

**exposure 1.** baring, display, exhibition, manifestation, presentation, publicity, revelation, showing, uncovering, unveiling **2.** airing, betrayal, denunciation, detection, disclosure, divulgence, divulging, exposé, revelation, unmasking **3.** danger, hazard, jeopardy, risk, vulnerability **4.** acquaintance, contact, conversancy, experience, familiarity, introduction, knowledge **5.** aspect, frontage, location, outlook, position, setting, view

**expound** describe, elucidate, explain, explicate (*Formal*), illustrate, interpret, set forth, spell out, unfold

**express**
▶ **V. 1.** articulate, assert, asseverate, communicate, couch, declare, enunciate, phrase, pronounce, put, put across, put into words, say, speak, state, tell, utter, verbalize, voice, word **2.** bespeak, convey, denote, depict, designate, disclose, divulge, embody, evince, exhibit, indicate, intimate, make known, manifest, represent, reveal, show, signify, stand for, symbolize, testify **3.** extract, force out, press out, squeeze out
▶ **ADJ. 4.** accurate, categorical, certain, clear, definite, direct, distinct, exact, explicit, outright, plain, pointed, precise, unambiguous **5.** clearcut, especial, particular, singular, special **6.** direct, fast, high-speed, nonstop, quick, quickie (*Inf.*), rapid, speedy, swift

**expression 1.** announcement, assertion, asseveration, communication, declaration, enunciation, mention, pronouncement, speaking, statement, utterance, verbalization, voicing **2.** demonstration, embodiment, exhibition, indication, manifestation, representation, show, sign, symbol, token **3.** air, appearance, aspect, countenance, face, look, mien (*Literary*) **4.** choice of words, delivery, diction, emphasis, execution, intonation, language, phraseology, phrasing, speech, style, wording **5.** idiom, locution, phrase, remark, set phrase, term, turn of phrase, word

**expressive 1.** eloquent, emphatic, energetic, forcible, lively, mobile, moving, poignant, striking, strong, sympathetic, telling, vivid **2.** allusive, demonstrative, indicative, meaningful, pointed, pregnant, revealing, significant, suggestive, thoughtful

**expressly 1.** especially, exactly, intentionally, on purpose, particularly, precisely, purposely, specially, specifically **2.** absolutely, categorically, clearly, decidedly, definitely, distinctly, explicitly, in no uncertain terms, manifestly, outright, plainly, pointedly, positively, unambiguously, unequivocally, unmistakably

**expropriate** appropriate, arrogate, assume, commandeer, confiscate, impound, requisition, seize, take, take over

**expulsion** banishment, debarment, discharge, dislodg(e)ment, dismissal, ejection, eviction, exclusion, exile, expatriation, extrusion, proscription, removal

**expurgate** blue-pencil, bowdlerize, censor, clean up (*Inf.*), cut, purge, purify

**exquisite 1.** beautiful, dainty, delicate, elegant, fine, lovely, precious **2.** attractive, beautiful, charming, comely, lovely, pleasing, striking **3.** admirable, choice, consummate, delicious, excellent, fine, flawless, incomparable, matchless, outstanding, peerless, perfect, rare, select, splendid, superb, superlative **4.** appreciative, consummate, cultivated, discerning, discriminating, fastidious, impeccable, meticulous,

polished, refined, selective, sensitive **5.** acute, excruciating, intense, keen, piercing, poignant, sharp

**extempore** ADV./ADJ. ad lib, extemporaneous, extemporary, freely, impromptu, improvised, offhand, off the cuff (*Inf.*), off the top of one's head, on the spot, spontaneously, unplanned, unpremeditated, unprepared

**extemporize** ad-lib, busk, improvise, make up, play (it) by ear, vamp, wing it (*Inf.*)

**extend 1.** carry on, continue, drag out, draw out, elongate, lengthen, make longer, prolong, protract, spin out, spread out, stretch, unfurl, unroll **2.** carry on, continue, go on, last, take **3.** amount to, attain, go as far as, reach, spread **4.** add to, amplify, augment, broaden, develop, dilate, enhance, enlarge, expand, increase, spread, supplement, widen **5.** advance, bestow, confer, give, grant, hold out, impart, offer, present, proffer, put forth, reach out, stretch out, yield

**extended 1.** continued, drawn-out, elongated, enlarged, lengthened, long, prolonged, protracted, spread (out), stretched out, unfolded, unfurled, unrolled **2.** broad, comprehensive, enlarged, expanded, extensive, far-reaching, large-scale, sweeping, thorough, wide, widespread **3.** conferred, outstretched, proffered, stretched out

**extension 1.** amplification, augmentation, broadening, continuation, delay, development, dilatation, distension, elongation, enlargement, expansion, extent, increase, lengthening, postponement, prolongation, protraction, spread, stretching, widening **2.** addendum, addition, adjunct, add-on, annexe, appendage, appendix, branch, ell, supplement, wing

**extensive** all-inclusive, broad, capacious, commodious, comprehensive, expanded, extended, far-flung, far-reaching, general, great, huge, humongous *or* humungous (*U.S. sl.*), large, large-scale, lengthy, long, pervasive, prevalent, protracted, spacious, sweeping, thorough, universal, vast, voluminous, wholesale, wide, widespread

**extent 1.** ambit, bounds, compass, play, range, reach, scope, sphere, sweep **2.** amount, amplitude, area, breadth, bulk, degree, duration, expanse, expansion, length, magnitude, measure, quantity, size, stretch, term, time, volume, width

**exterior**
▶ **N. 1.** appearance, aspect, coating, covering, façade, face, finish, outside, shell, skin, surface
▶ **ADJ. 2.** external, outer, outermost, outside, outward, superficial, surface **3.** alien, exotic, external, extraneous, extrinsic, foreign, outside

**exterminate** abolish, annihilate, destroy, eliminate, eradicate, extirpate

**external 1.** apparent, exterior, outer, outermost, outside, outward, superficial, surface, visible **2.** alien, exotic, exterior, extramural, extraneous, extrinsic, foreign, independent, outside

**extinct 1.** dead, defunct, gone, lost, vanished **2.** doused, extinguished, inactive, out, quenched, snuffed out **3.** abolished, defunct, ended, obsolete, terminated, void

**extinction** abolition, annihilation, death, destruction, dying out, eradication, excision, extermination, extirpation, obliteration, oblivion

**extinguish 1.** blow out, douse, put out, quench, smother, snuff out, stifle **2.** abolish, annihilate, destroy, eliminate, end, eradicate, erase, expunge, exterminate, extirpate, kill, obscure, remove, suppress, wipe out

**extol** acclaim, applaud, celebrate, commend, crack up (*Inf.*), cry up, eulogize, exalt, glorify, laud, magnify (*Archaic*), panegyrize, pay tribute to, praise, sing the praises of

**extort** blackmail, bleed (*Inf.*), bully, coerce, exact, extract, force, squeeze, wrest, wring

**extortion 1.** blackmail, coercion, compulsion, demand, exaction, force, oppression, rapacity, shakedown (*U.S. sl.*) **2.** enormity, exorbitance, expensiveness, overcharging

**extortionate 1.** excessive, exorbitant, extravagant, immoderate, inflated, inordinate, outrageous, preposterous, sky-high, unreasonable **2.** blood-sucking (*Inf.*), exacting, grasping, hard, harsh, oppressive, rapacious, rigorous, severe, usurious

**extra**
▶ **ADJ. 1.** accessory, added, additional, add-on, ancillary, auxiliary, fresh, further, more, new, other, supplemental, supplementary **2.** excess, extraneous, inessential, leftover, needless, redundant, reserve, spare, supererogatory, superfluous, supernumerary, surplus, unnecessary, unneeded, unused
▶ **N. 3.** accessory, addendum, addition, add-on, adjunct, affix, appendage, appurtenance, attachment, bonus, complement, extension, supernumerary, supplement
▶ **ADV. 4.** especially, exceptionally, extraordinarily, extremely, particularly, remarkably, uncommonly, unusually

**extract**
▶ **V. 1.** draw, extirpate, pluck out, pull, pull out, remove, take out, uproot, withdraw **2.** bring out, derive, draw, elicit, evoke, exact, gather, get, glean, obtain, reap, wrest, wring **3.** deduce, derive, develop, educe, elicit, evolve **4.** distil, draw out, express, obtain, press out, separate out, squeeze, take out **5.** abstract, choose, cite, copy out, cull, cut out, quote, select
▶ **N. 6.** concentrate, decoction, distillate, distillation, essence, juice **7.** abstract, citation, clipping, cutting, excerpt, passage, quotation, selection

**extraction 1.** drawing, extirpation, pulling, removal, taking out, uprooting, withdrawal **2.** derivation, distillation, separation **3.** ancestry, birth, blood, derivation, descent, family, lineage, origin, parentage, pedigree, race, stock

**extraneous 1.** accidental, additional, adventitious, extra, incidental, inessential, needless, nonessential, peripheral, redundant, superfluous, supplementary, unessential, unnecessary, unneeded **2.** beside the point, immaterial, impertinent, inadmissible, inapplicable, inapposite, inappropriate, inapt, irrelevant, off the subject, unconnected, unrelated **3.** adventitious, alien, exotic, external, extrinsic, foreign, out of place, strange

**extraordinary** amazing, bizarre, curious, exceptional, fantastic, marvellous, notable, odd, outstanding, particular, peculiar, phenomenal, rare, remarkable, singular, special, strange, surprising, uncommon, unfamiliar, unheard-of, unique, unprecedented, unusual, unwonted, weird, wonderful, wondrous (*Archaic or literary*)

**extravagance 1.** improvidence, lavishness, overspending, prodigality, profligacy, profusion, squandering, waste, wastefulness **2.** absurdity, dissipation, exaggeration, excess, exorbitance, folly, immoderation, outrageousness, preposterousness, recklessness, unreasonableness, unrestraint, wildness

**extravagant 1.** excessive, improvident, imprudent, lavish, prodigal, profligate, spendthrift, wasteful **2.** absurd, exaggerated, excessive, exorbitant, fanciful, fantastic, foolish, immoderate, inordinate, OTT (*Sl.*), outrageous, over the top (*Sl.*), preposterous, reckless, unreasonable, unrestrained, wild **3.** fancy, flamboyant, flashy, garish, gaudy, grandiose, ornate, ostentatious, pretentious, showy **4.** costly, excessive, exorbitant, expensive, extortionate, inordinate, overpriced, steep (*Inf.*), unreasonable

**extreme**
▶ **ADJ. 1.** acute, great, greatest, high, highest, intense, maximum, severe, supreme, ultimate, utmost, uttermost, worst **2.** downright, egregious, exaggerated, exceptional, excessive, extraordinary, extravagant, fanatical, immoderate, inordinate, intemperate, OTT (*Sl.*), out-and-out, outrageous, over the top (*Sl.*), radical, remarkable, sheer, uncommon, unconventional, unreasonable, unusual, utter, zealous **3.** dire, Draconian, drastic, harsh, radical, rigid, severe, stern, strict, unbending, uncompromising **4.** faraway, far-off, farthest, final, last, most distant, outermost, remotest, terminal, ultimate, utmost, uttermost
▶ **N. 5.** acme, apex, apogee, boundary, climax, consummation, depth, edge, end, excess, extremity, height, limit, maximum, minimum, nadir, pinnacle, pole, termination, top, ultimate, zenith

**extremely** acutely, awfully (*Inf.*), exceedingly, exceptionally, excessively, extraordinarily, greatly, highly, inordinately, intensely, markedly, quite, severely, terribly, to or in the extreme, ultra, uncommonly, unusually, utterly, very

**extremist** die-hard, fanatic, radical, ultra, zealot

**extremity 1.** acme, apex, apogee, border, bound, boundary, brim, brink, edge, end, extreme, frontier, limit, margin, maximum, minimum, nadir, pinnacle, pole, rim, terminal, termination, terminus, tip, top, ultimate, verge, zenith **2.** acuteness, climax, consummation, depth, excess, height **3.** adversity, crisis, dire straits, disaster, emergency, exigency, hardship, pinch, plight, setback, trouble **4.** *Plural* fingers and toes, hands and feet, limbs

**extricate** clear, deliver, disembarrass, disengage, disentangle, free, get out, get (someone) off the hook (*Sl.*), liberate, release, relieve, remove, rescue, withdraw, wriggle out of

**exuberance 1.** animation, brio, buoyancy, cheerfulness, eagerness, ebullience, effervescence, energy, enthusiasm, excitement, exhilaration, high spirits, life, liveliness, pep, spirit, sprightliness, vigour, vitality, vivacity, zest **2.** effusiveness, exaggeration, excessiveness, fulsomeness, lavishness, prodigality, superfluity **3.** abundance, copiousness, lavishness, lushness, luxuriance, plenitude, profusion, rankness, richness, superabundance, teemingness

**exuberant 1.** animated, buoyant, cheerful, chirpy (*Inf.*), eager, ebullient, effervescent, elated, energetic, enthusiastic, excited, exhilarated, full of life, high-spirited, in high spirits, lively, sparkling, spirited, sprightly, upbeat (*Inf.*), vigorous, vivacious, zestful **2.** effusive, exaggerated, excessive, fulsome, lavish, overdone, prodigal, superfluous **3.** abundant, copious, lavish, lush, luxuriant, overflowing, plenteous, plentiful, profuse, rank, rich, superabundant, teeming

**exult 1.** be delighted, be elated, be in high spirits, be joyful, be jubilant, be overjoyed, celebrate, jubilate, jump for joy, make merry, rejoice **2.** boast, brag, crow, drool, gloat, glory (in), revel, take delight in, taunt, triumph, vaunt

**exultant** cock-a-hoop, delighted, elated, exulting, flushed, gleeful, joyful, joyous, jubilant, overjoyed, over the moon (*Inf.*), rapt, rejoicing, revelling, transported, triumphant

**exultation 1.** celebration, delight, elation, glee, high spirits, joy, joyousness, jubilation, merriness, rejoicing, transport **2.** boasting, bragging, crowing, gloating, glory, glorying, revelling, triumph

**eye**
▸ N. **1.** eyeball, optic (*Inf.*), orb (*Poetic*), peeper (*Sl.*) **2.** appreciation, discernment, discrimination, judg(e)ment, perception, recognition, taste **3.** *Often plural* belief, judg(e)ment, mind, opinion, point of view, viewpoint **4. keep an** or **one's eye on** guard, keep in view, keep tabs on (*Inf.*), keep under surveillance, look after, look out for, monitor, observe, pay attention to, regard, scrutinize, supervise, survey, watch, watch over **5. an eye for an eye** justice, reprisal, requital, retaliation, retribution, revenge, vengeance **6. lay, clap** or **set eyes on** behold, come across, encounter, meet, notice, observe, run into, see **7. see eye to eye** accord, agree, back, be in unison, coincide, concur, fall in, get on, go along, harmonize, jibe (*Inf.*), subscribe to **8. up to one's eyes** busy, caught up, engaged, flooded out, fully occupied, inundated, overwhelmed, up to here, up to one's elbows, wrapped up in
▸ V. **9.** check, check out (*Inf.*), clock (*Brit. sl.*), contemplate, eyeball (*U.S. sl.*), gaze at, get a load of (*Inf.*), glance at, have or take a look at, inspect, look at, peruse, recce (*Sl.*), regard, scan, scrutinize, stare at, study, survey, take a dekko at (*Brit. sl.*), view, watch **10.** eye up, give (someone) the (glad) eye, leer at, make eyes at, ogle

**eyesight** observation, perception, range of vision, sight, vision

**eyesore** atrocity, blemish, blight, blot, disfigurement, disgrace, horror, mess, monstrosity, sight (*Inf.*), ugliness

**eyewitness** bystander, looker-on, observer, onlooker, passer-by, spectator, viewer, watcher, witness

❖❖❖❖❖❖❖❖❖❖❖❖❖❖❖❖❖❖❖❖❖❖

# F

❖❖❖❖❖❖❖❖❖❖❖❖❖❖❖❖❖❖❖❖❖❖

**fable 1.** allegory, apologue, legend, myth, parable, story, tale **2.** fabrication, fairy story (*Inf.*), falsehood, fantasy, fib, fiction, figment, invention, lie, romance, tall story (*Inf.*), untruth, urban legend, white lie, yarn (*Inf.*)

**fabric 1.** cloth, material, stuff, textile, web **2.** constitution, construction, foundations, framework, infrastructure, make-up, organization, structure

**fabricate 1.** assemble, build, construct, erect, fashion, form, frame, make, manufacture, shape **2.** coin, concoct, devise, fake, falsify, feign, forge, form, invent, make up, trump up

**fabrication 1.** assemblage, assembly, building, construction, erection, manufacture, production **2.** cock-and-bull story (*Inf.*), concoction, fable, fairy story (*Inf.*), fake, falsehood, fiction, figment, forgery, invention, lie, pork pie (*Brit. sl.*), porky (*Brit. sl.*), myth, untruth

**fabulous 1.** amazing, astounding, breathtaking, fictitious, immense, inconceivable, incredible, legendary, phenomenal, unbelievable **2.** (*Inf.*) brilliant, fantastic (*Inf.*), magic (*Inf.*), marvellous, out-of-this-world (*Inf.*), sensational (*Inf.*), spectacular, superb, wonderful **3.** apocryphal, fantastic, fictitious, imaginary, invented, legendary, made-up, mythical, unreal

**façade** appearance, exterior, face, front, frontage, guise, mask, pretence, semblance, show, veneer

**face**
▸ N. **1.** clock (*Brit. sl.*), countenance, dial (*Brit. sl.*), features, kisser (*Sl.*), lineaments, mug (*Sl.*), phiz or phizog (*Sl.*), physiognomy, visage **2.** appearance, aspect, expression, frown, grimace, look, moue, pout, scowl, smirk **3.** air, appearance, disguise, display, exterior, façade, front, mask, pretence, semblance, show **4.** authority, dignity, honour, image, prestige, reputation, self-respect, standing, status **5.** (*Inf.*) assurance, audacity, boldness, brass neck (*Brit. inf.*), cheek (*Inf.*), chutzpah (*U.S. & Canad. inf.*), confidence, effrontery, front, gall (*Inf.*), impudence, neck (*Inf.*), nerve, presumption, sauce (*Inf.*) **6.** aspect, cover, exterior, facet, front, outside, right side, side, surface **7. face to face** à deux, confronting, eyeball to eyeball, in confrontation, opposite, tête-à-tête, vis-à-vis **8. fly in the face of** act in defiance of, defy, disobey, go against, oppose, rebel against, snap one's fingers at (*Inf.*) **9. on the face of it** apparently, at first sight, seemingly, to all appearances, to the eye **10. pull** (or **make) a long face** frown, grimace, knit one's brows, look black (disapproving, displeased, put out, stern), lour or lower, pout, scowl, sulk **11. show one's face** approach, be seen, come, put in or make an appearance, show up (*Inf.*), turn up **12. to one's face** directly, in one's presence, openly, straight
▸ V. **13.** be confronted by, brave, come up against, confront, cope with, deal with, defy, encounter, experience, face off (*Sl.*), meet, oppose, tackle **14.** be opposite, front onto, give towards or onto, look onto, overlook **15.** clad, coat, cover, dress, finish, level, line, overlay, sheathe, surface, veneer

**facet** angle, aspect, face, part, phase, plane, side, slant, surface

**facetious** amusing, comical, droll, flippant, frivolous, funny, humorous, jesting, jocose, jocular, merry, playful, pleasant, tongue in cheek, unserious, waggish, witty

**face up to** accept, acknowledge, come to terms with, confront, cope with, deal with, meet head-on, tackle

**facile 1.** adept, adroit, dexterous, easy, effortless, fluent, light, proficient, quick, ready, simple, skilful, smooth, uncomplicated **2.** cursory, glib, hasty, shallow, slick, superficial

**facilitate** assist the progress of, ease, expedite, forward, further, help, make easy, promote, smooth the path of, speed up

**facility 1.** ability, adroitness, craft, dexterity, ease, efficiency, effortlessness, expertness, fluency, gift, knack, proficiency, quickness, readiness, skilfulness, skill, smoothness, talent **2.** *Often plural* advantage, aid, amenity, appliance, convenience, equipment, means, opportunity, resource

**facing**
▸ ADJ. **1.** fronting, opposite, partnering
▸ N. **2.** cladding, coating, façade, false front, front, overlay, plaster, reinforcement, revetment, stucco, surface, trimming, veneer

**facsimile** carbon, carbon copy, copy, duplicate, fax (*Trademark*), photocopy, Photostat (*Trademark*), print, replica, reproduction, transcript, Xerox (*Trademark*)

**fact 1.** act, deed, event, fait accompli, happening, incident, occurrence, performance **2.** actuality, certainty, gospel (truth), naked truth, reality, truth **3.** circumstance, detail, feature, item, particular, point, specific **4. in fact** actually, indeed, in point of fact, in reality, in truth, really, truly

**faction 1.** bloc, cabal, camp, caucus, clique, coalition, combination, confederacy, contingent, coterie, division, gang, ginger group, group, junta, lobby, minority, party, pressure group, schism, section, sector, set, splinter group **2.** conflict, disagreement, discord, disharmony, dissension, disunity, division, divisiveness, friction, infighting, rebellion, sedition, strife, tumult, turbulence

**factious** conflicting, contentious, disputatious, dissident, divisive, insurrectionary, litigious, malcontent, mutinous, partisan, rebellious, refractory, rival, sectarian, seditious, troublemaking, tumultuous, turbulent, warring

**factor 1.** aspect, cause, circumstance, component, consideration, determinant, element, influence, item, part, point, thing **2.** (*Scot.*) agent, deputy, estate manager, middleman, reeve, steward

**factory** manufactory (*Obsolete*), mill, plant, works

**factotum** Girl Friday, handyman, jack of all trades, Man Friday, man of all work, odd job man

**facts** data, details, gen (*Brit. inf.*), info (*Inf.*), information, the lowdown (*Inf.*), the score (*Inf.*), the whole story

**factual** accurate, authentic, circumstantial, close, correct, credible, exact, faithful, genuine, literal, matter-of-fact, objective, precise, real, sure, true, true-to-life, unadorned, unbiased, veritable

**faculties** capabilities, intelligence, powers, reason, senses, wits

**faculty 1.** ability, adroitness, aptitude, bent, capability, capacity, cleverness, dexterity, facility, gift, knack, power, propensity, readiness, skill, talent, turn **2.** branch of learning, department, discipline, profession, school, teaching staff (*Chiefly U.S.*) **3.** authorization, licence, prerogative, privilege, right

**fad** affectation, craze, fancy, fashion, mania, mode, rage, trend, vogue, whim

**fade 1.** blanch, bleach, blench, dim, discolour, dull, grow dim, lose colour, lose lustre, pale, wash out **2.** decline, die away, die out, dim, disappear, disperse, dissolve, droop, dwindle, ebb, etiolate, evanesce, fail, fall, flag, languish, melt away, perish, shrivel, vanish, vanish into thin air, wane, waste away, wilt, wither

**faded** bleached, dim, discoloured, dull, etiolated, indistinct, lustreless, pale, washed out

**faeces** bodily waste, droppings, dung, excrement, excreta, ordure, stools

**fail 1.** be defeated, be found lacking or wanting, be in vain, be unsuccessful, break down, come a cropper (*Inf.*), come to grief, come to naught, come to nothing, fall, fall short, fall short of, fall through, fizzle out (*Inf.*), flop (*Inf.*), founder, go astray, go belly-up (*Sl.*), go down, go down like a lead balloon (*Inf.*), go up in smoke, meet with disaster, miscarry, misfire, miss, not make the grade (*Inf.*), run aground, turn out badly **2.** abandon, break one's word, desert, disappoint, forget, forsake, let down, neglect, omit **3.** be on one's last legs (*Inf.*), cease, conk out (*Inf.*), cut out, decline, die, disappear, droop, dwindle, fade, give out, give up, gutter, languish, peter out, sicken, sink, stop working, wane, weaken **4.** become insolvent, close down, crash, fold (*Inf.*), go bankrupt, go broke (*Inf.*), go bust (*Inf.*), go into receivership, go out of business, go to the wall, go under, smash **5. without fail** conscientiously, constantly, dependably, like clockwork, punctually, regularly, religiously, without exception

**failing**
▸ N. **1.** blemish, blind spot, defect, deficiency, drawback, error, failure, fault, flaw, foible,

frailty, imperfection, lapse, miscarriage, misfortune, shortcoming, weakness
▶ PREP. 2. in default of, in the absence of, lacking

**failure** 1. abortion, breakdown, collapse, defeat, downfall, fiasco, frustration, lack of success, miscarriage, overthrow, wreck 2. black sheep, dead duck (Sl.), disappointment, dud (Inf.), flop (Inf.), incompetent, loser, ne'er-do-well, no-good, no-hoper (Chiefly Aust.), nonstarter, washout (Inf.) 3. default, deficiency, dereliction, neglect, negligence, nonobservance, nonperformance, nonsuccess, omission, remissness, shortcoming, stoppage 4. breakdown, decay, decline, deterioration, failing, loss 5. bankruptcy, crash, downfall, folding (Inf.), insolvency, ruin

**faint**
▶ ADJ. 1. bleached, delicate, dim, distant, dull, faded, faltering, feeble, hazy, hushed, ill-defined, indistinct, light, low, muffled, muted, soft, subdued, thin, vague, whispered 2. feeble, remote, slight, unenthusiastic, weak 3. dizzy, drooping, enervated, exhausted, faltering, fatigued, giddy, languid, lethargic, light-headed, muzzy, vertiginous, weak, woozy (Inf.) 4. fainthearted, lily-livered, spiritless, timid, timorous
▶ V. 5. black out, collapse, fade, fail, flake out (Inf.), keel over (Inf.), languish, lose consciousness, pass out, swoon (Literary), weaken
▶ N. 6. blackout, collapse, swoon (Literary), syncope (Pathology), unconsciousness

**fainthearted** chickenshit (U.S. sl.), cowardly, diffident, half-arsed, half-assed (U.S. & Canad. sl.), half-hearted, irresolute, spineless, timid, timorous, weak, yellow

**faintly** 1. feebly, in a whisper, indistinctly, softly, weakly 2. a little, dimly, slightly, somewhat

**fair¹** ADJ. 1. above board, according to the rules, clean, disinterested, dispassionate, equal, equitable, even-handed, honest, honourable, impartial, just, lawful, legitimate, objective, on the level (Inf.), proper, square, trustworthy, unbiased, unprejudiced, upright 2. blond, blonde, fair-haired, flaxen-haired, light, light-complexioned, tow-haired, towheaded 3. adequate, all right, average, decent, mediocre, middling, moderate, not bad, OK or okay (Inf.), passable, reasonable, respectable, satisfactory, so-so (Inf.), tolerable 4. beauteous, beautiful, bonny, comely, handsome, lovely, pretty, well-favoured 5. bright, clear, clement, cloudless, dry, favourable, fine, sunny, sunshiny, unclouded

**fair²** N. bazaar, carnival, expo (Inf.), exposition, festival, fête, gala, market, show

**fairly** 1. adequately, moderately, pretty well, quite, rather, reasonably, somewhat, tolerably 2. deservedly, equitably, honestly, impartially, justly, objectively, properly, without fear or favour 3. absolutely, in a manner of speaking, positively, really, veritably

**fair-minded** disinterested, even-handed, impartial, just, open-minded, unbiased, unprejudiced

**fairness** decency, disinterestedness, equitableness, equity, impartiality, justice, legitimacy, rightfulness, uprightness

**fairy** brownie, elf, hob, leprechaun, peri, pixie, Robin Goodfellow, sprite

**fairy tale** or **fairy story** 1. folk tale, romance 2. cock-and-bull story (Inf.), fabrication, fantasy, fiction, invention, lie, pork pie (Brit. sl.), porky (Brit. sl.), tall story, untruth

**faith** 1. assurance, confidence, conviction, credence, credit, dependence, reliance, trust 2. belief, church, communion, creed, denomination, dogma, persuasion, religion 3. allegiance, constancy, faithfulness, fealty, fidelity, loyalty, troth (Archaic), truth, truthfulness 4. (also **keep faith, in good faith**) honour, pledge, promise, sincerity, vow, word, word of honour

**faithful** 1. attached, constant, dependable, devoted, immovable, loyal, reliable, staunch, steadfast, true, true-blue, trusty, truthful, unswerving, unwavering 2. accurate, close, exact, just, precise, strict, true 3. **the faithful** adherents, believers, brethren, communicants, congregation, followers, the elect

**faithfulness** 1. adherence, constancy, dependability, devotion, fealty, fidelity, loyalty, trustworthiness 2. accuracy, closeness, exactness, justice, strictness, truth

**faithless** disloyal, doubting, false, false-hearted, fickle, inconstant, perfidious, recreant (Archaic), traitorous, treacherous, unbelieving, unfaithful, unreliable, untrue, untrustworthy, untruthful

**faithlessness** betrayal, disloyalty, fickleness, inconstancy, infidelity, perfidy, treachery, unfaithfulness

**fake**
▶ V. 1. affect, assume, copy, counterfeit, fabricate, feign, forge, pretend, put on, sham, simulate
▶ N. 2. charlatan, copy, forgery, fraud, hoax, imitation, impostor, mountebank, phoney or phony (Inf.), reproduction, sham
▶ ADJ. 3. affected, artificial, assumed, counterfeit, false, forged, imitation, mock, phoney or phony (Inf.), pinchbeck, pseudo (Inf.), reproduction, sham

**fall**
▶ V. 1. be precipitated, cascade, collapse, crash, descend, dive, drop, drop down, go head over heels, keel over, nose-dive, pitch, plummet, plunge, settle, sink, stumble, subside, topple, trip, trip over, tumble 2. abate, become lower, decline, decrease, depreciate, diminish, drop, dwindle, ebb, fall off, flag, go down, lessen, slump, subside 3. be overthrown, be taken, capitulate, give in or up, give way, go out of office, pass into enemy hands, resign, succumb, surrender, yield 4. be a casualty, be killed, be lost, be slain, die, meet one's end, perish 5. become, befall, chance, come about, come to pass, fall out, happen, occur, take place 6. **fall foul of** brush with, come into conflict with, cross swords with, have trouble with, make an enemy of 7. **fall in love (with)** become attached to, become enamoured of, become fond of, become infatuated (with), be smitten by, conceive an affection for, fall (for), lose one's heart (to), take a fancy to 8. fall away, incline, incline downwards, slope 9. backslide, err, go astray, lapse, offend, sin, transgress, trespass, yield to temptation
▶ N. 10. descent, dive, drop, nose dive, plummet, plunge, slip, spill, tumble 11. cut, decline, decrease, diminution, dip, drop, dwindling, falling off, lessening, lowering, reduction, slump 12. capitulation, collapse, death, defeat, destruction, downfall, failure, overthrow, resignation, ruin, surrender 13. declivity, descent, downgrade, incline, slant, slope 14. degradation, failure, lapse, sin, slip, transgression

**fallacy** casuistry, deceit, deception, delusion, error, falsehood, faultiness, flaw, illusion, inconsistency, misapprehension, misconception, mistake, sophism, sophistry, untruth

**fall apart** break up, crumble, disband, disintegrate, disperse, dissolve, fall to bits, go or come to pieces, lose cohesion, shatter

**fall back on** call upon, employ, have recourse to, make use of, press into service, resort to

**fall behind** be in arrears, drop back, get left behind, lag, lose one's place, trail

**fall down** disappoint, fail, fail to make the grade, fall short, go wrong, prove unsuccessful

**fallen** ADJ. 1. collapsed, decayed, flat, on the ground, ruinous, sunken 2. disgraced, dishonoured, immoral, loose, lost, ruined, shamed, sinful, unchaste 3. dead, killed, lost, perished, slain, slaughtered

**fallible** erring, frail, ignorant, imperfect, mortal, prone to error, uncertain, weak

**fall in** cave in, collapse, come down about one's ears, sink

**falling-off** N. deceleration, decline, decrease, deterioration, downward trend, drop, slackening, slowing down, slump, waning, worsening

**fall in with** accept, agree with, assent, concur with, cooperate with, go along with, support

**fall out** 1. altercate, argue, clash, differ, disagree, fight, quarrel, squabble 2. chance, come to pass, happen, occur, pan out (Inf.), result, take place, turn out

**fallow** dormant, idle, inactive, inert, resting, uncultivated, undeveloped, unplanted, untilled, unused

**fall through** come to nothing, fail, fizzle out (Inf.), miscarry

**false** 1. concocted, erroneous, faulty, fictitious, improper, inaccurate, incorrect, inexact, invalid, mistaken, unfounded, unreal, wrong 2. lying, mendacious, truthless, unreliable, unsound, untrue, untrustworthy, untruthful 3. artificial, bogus, counterfeit, ersatz, fake, feigned, forged, imitation, mock, pretended, sham, simulated, spurious, synthetic 4. deceitful, deceiving, deceptive, delusive, fallacious, fraudulent, hypocritical, misleading, trumped up 5. dishonest, dishonourable, disloyal, double-dealing, duplicitous, faithless, false-hearted, hypocritical, perfidious, treacherous, treasonable, two-faced, unfaithful, untrustworthy 6. **play (someone) false** betray, cheat, deceive, double-cross, give the Judas kiss to, sell down the river (Inf.), stab in the back

**falsehood** 1. deceit, deception, dishonesty, dissimulation, inveracity (Rare), mendacity, perjury, prevarication, untruthfulness 2. fabrication, fib, fiction, lie, misstatement, pork pie (Brit. sl.), porky (Brit. sl.), story, untruth

**falsification** adulteration, deceit, dissimulation, distortion, forgery, misrepresentation, perversion, tampering with

**falsify** alter, belie, cook (Sl.), counterfeit, distort, doctor, fake, forge, garble, misrepresent, misstate, pervert, tamper with

**falter** break, hesitate, shake, speak haltingly, stammer, stumble, stutter, totter, tremble, vacillate, waver

**faltering** broken, hesitant, irresolute, stammering, tentative, timid, uncertain, weak

**fame** celebrity, credit, eminence, glory, honour, illustriousness, name, prominence, public esteem, renown, reputation, repute, stardom

**familiar** 1. accustomed, common, common or garden (Inf.), conventional, customary, domestic, everyday, frequent, household, mundane, ordinary, recognizable, repeated, routine, stock, well-known 2. **familiar with** abreast of, acquainted with, at home with, au courant, au fait, aware of, conscious of, conversant with, introduced, knowledgeable, no stranger to, on speaking terms with, versed in, well up in 3. amicable, buddy-buddy (Sl., chiefly U.S. & Canad.), chummy (Inf.), close, confidential, cordial, easy, free, free-and-easy, friendly, hail-fellow-well-met, informal, intimate, near, open, palsy-walsy (Inf.), relaxed, unceremonious, unconstrained, unreserved 4. bold, disrespectful, forward, impudent, intrusive, overfree, presuming, presumptuous

**familiarity** 1. acquaintance, acquaintanceship, awareness, experience, grasp, understanding 2. absence of reserve, closeness, ease, fellowship, freedom, friendliness, friendship, informality, intimacy, naturalness, openness, sociability, unceremoniousness 3. boldness, disrespect, forwardness, liberties, liberty, presumption

**familiarize** accustom, bring into common use, coach, get to know (about), habituate, instruct, inure, make conversant, make used to, prime, school, season, train

**family** 1. brood, children, descendants, folk (Inf.), household, issue, kin, kindred, kinsfolk, kinsmen, kith and kin, ménage, offspring, one's nearest and dearest, one's own flesh and blood, people, progeny, relations, relatives 2. ancestors, ancestry, birth, blood, clan, descent, dynasty, extraction, forebears, forefathers, genealogy, house, line, lineage, parentage, pedigree, race, sept, stemma, stirps, strain, tribe 3. class, classification, genre, group, kind, network, subdivision, system

**family tree** ancestry, extraction, genealogy, line, lineage, line of descent, pedigree, stemma, stirps

**famine** dearth, destitution, hunger, scarcity, starvation

**famous** acclaimed, celebrated, conspicuous, distinguished, eminent, excellent, far-famed, glorious, honoured, illustrious, legendary, lionized, much-publicized, notable, noted, prominent, remarkable, renowned, signal, well-known

**fan¹**
▶ V. 1. (Often fig.) add fuel to the flames, agitate, arouse, enkindle, excite, impassion, increase, provoke, rouse, stimulate, stir up, whip up, work up 2. air-condition, air-cool, blow, cool, refresh, ventilate, winnow (Rare)
▶ N. 3. air conditioner, blade, blower, propeller, punkah (In India), vane, ventilator

**fan²** adherent, admirer, aficionado, buff (Inf.), devotee, enthusiast, fiend (Inf.), follower, freak (Inf.), groupie (Sl.), lover, rooter (U.S.), supporter, zealot

**fanatic** N. activist, addict, bigot, buff (Inf.), devotee, enthusiast, extremist, militant, visionary, zealot

**fanatical** bigoted, burning, enthusiastic, extreme, fervent, frenzied, immoderate, mad, obsessive, overenthusiastic, passionate, rabid, visionary, wild, zealous

**fanciful** capricious, chimerical, curious, extravagant, fabulous, fairy-tale, fantastic, ideal, imaginary, imaginative, mythical, poetic, romantic, unreal, visionary, whimsical, wild

**fancy**
▸ **V. 1.** be inclined to think, believe, conceive, conjecture, guess (*Inf., chiefly U.S. & Canad.*), imagine, infer, reckon, suppose, surmise, think, think likely **2.** be attracted to, crave, desire, dream of, hanker after, have a yen for, hope for, long for, relish, thirst for, wish for, would like, yearn for **3.** (*Inf.*) be attracted to, be captivated by, desire, favour, go for, have an eye for, like, lust after, prefer, take a liking to, take to
▸ **N. 4.** caprice, desire, humour, idea, impulse, inclination, notion, thought, urge, whim **5.** fondness, hankering, inclination, liking, partiality, predilection, preference, relish, thirst **6.** conception, image, imagination, impression **7.** chimera, daydream, delusion, dream, fantasy, nightmare, phantasm, vision
▸ **ADJ. 8.** baroque, decorated, decorative, elaborate, elegant, embellished, extravagant, fanciful, intricate, ornamental, ornamented, ornate **9.** capricious, chimerical, delusive, fanciful, fantastic, far-fetched, illusory, whimsical

**fanfare** ballyhoo, fanfaronade, flourish, trump (*Archaic*), trumpet call, tucket (*Archaic*)

**fantastic 1.** comical, eccentric, exotic, fanciful, freakish, grotesque, imaginative, odd, oddball (*Inf.*), off-the-wall (*Sl.*), outlandish, outré, peculiar, phantasmagorical, quaint, queer, rococo, strange, unreal, weird, whimsical **2.** ambitious, chimerical, extravagant, far-fetched, grandiose, illusory, ludicrous, ridiculous, unrealistic, visionary, wild **3.** absurd, capricious, implausible, incredible, irrational, mad, preposterous, unlikely **4.** (*Inf.*) enormous, extreme, great, overwhelming, severe, tremendous **5.** (*Inf.*) boffo (*Sl.*), brill (*Inf.*), chillin' (*U.S. sl.*), cracking (*Brit. inf.*), crucial (*Sl.*), def (*Sl.*), excellent, first-rate, jim-dandy (*Sl.*), marvellous, mean (*Sl.*), mega (*Sl.*), out of this world (*Inf.*), sensational (*Inf.*), sovereign, superb, topping (*Brit. sl.*), wonderful, world-class

**fantasy, phantasy 1.** creativity, fancy, imagination, invention, originality **2.** apparition, daydream, delusion, dream, fancy, figment of the imagination, flight of fancy, hallucination, illusion, mirage, nightmare, pipe dream, reverie, vision

**far**
▸ **ADV. 1.** afar, a good way, a great distance, a long way, deep, miles **2.** considerably, decidedly, extremely, greatly, incomparably, much, very much **3. by far** by a long chalk (*Inf.*), by a long shot, by a long way, easily, far and away, immeasurably, incomparably, to a great degree, very much **4. far and wide** broadly, everywhere, extensively, far and near, here, there, and everywhere, widely, worldwide **5. so far** thus far, to date, until now, up to now, up to the present
▸ **ADJ. 6.** distant, faraway, far-flung, far-off, far-removed, long, outlying, out-of-the-way, remote, removed

**faraway 1.** beyond the horizon, distant, far, far-flung, far-off, far-removed, outlying, remote **2.** absent, abstracted, distant, dreamy, lost

**farce 1.** broad comedy, buffoonery, burlesque, comedy, satire, slapstick **2.** absurdity, joke, mockery, nonsense, parody, ridiculousness, sham, travesty

**farcical** absurd, amusing, comic, custard-pie, derisory, diverting, droll, funny, laughable, ludicrous, nonsensical, preposterous, ridiculous, risible, slapstick

**fare**
▸ **N. 1.** charge, passage money, price, ticket money, transport cost **2.** passenger, pick-up (*Inf.*), traveller **3.** commons, diet, eatables, feed, food, meals, menu, nosebag (*Sl.*), provisions, rations, sustenance, table, tack (*Inf.*), victuals, vittles (*Obs. or dialect*)
▸ **V. 4.** do, get along, get on, make out, manage, prosper **5.** *Used impersonally* go, happen, pan out (*Inf.*), proceed, turn out

**farewell** adieu, adieux *or* adieus, departure, goodbye, leave-taking, parting, sendoff (*Inf.*), valediction

**far-fetched** doubtful, dubious, fantastic, hard to swallow (*Inf.*), implausible, improbable, incredible, preposterous, strained, unbelievable, unconvincing, unlikely, unnatural, unrealistic

**farm**
▸ **N. 1.** acreage, acres, croft (*Scot.*), farmstead, grange, holding, homestead, land, plantation, ranch (*Chiefly North American*), smallholding, station (*Aust. & N.Z.*)
▸ **V. 2.** bring under cultivation, cultivate, operate, plant, practise husbandry, till the soil, work

**farmer** agriculturist, agronomist, husbandman, smallholder, yeoman

**farming** agriculture, agronomy, husbandry

**far-reaching** broad, extensive, important, momentous, pervasive, significant, sweeping, widespread

**far-sighted** acute, canny, cautious, discerning, farseeing, judicious, politic, prescient, provident, prudent, sage, shrewd, wise

**fascinate** absorb, allure, beguile, bewitch, captivate, charm, delight, enamour, enchant, engross, enrapture, enravish, enthral, entrance, hold spellbound, hypnotize, infatuate, intrigue, mesmerize, ravish, rivet, spellbind, transfix

**fascinated** absorbed, beguiled, bewitched, captivated, charmed, engrossed, enthralled, entranced, hooked on, hypnotized, infatuated, smitten, spellbound, under a spell

**fascinating** alluring, bewitching, captivating, compelling, enchanting, engaging, engrossing, enticing, gripping, intriguing, irresistible, ravishing, riveting, seductive

**fascination** allure, attraction, charm, enchantment, glamour, lure, magic, magnetism, pull, sorcery, spell

**fashion**
▸ **N. 1.** convention, craze, custom, fad, latest, latest style, look, mode, prevailing taste, rage, style, trend, usage, vogue **2.** attitude, demeanour, manner, method, mode, style, way **3.** appearance, configuration, cut, figure, form, guise (*Archaic*), line, make, model, mould, pattern, shape, stamp **4.** description, kind, sort, stamp, type **5.** beau monde, fashionable society, high society, jet set **6. after a fashion** in a manner of speaking, in a way, moderately, somehow, somehow or other, to a degree, to some extent
▸ **V. 7.** construct, contrive, create, design, forge, form, make, manufacture, mould, shape, work **8.** accommodate, adapt, adjust, fit, suit, tailor

**fashionable** à la mode, all the go (*Inf.*), all the rage, chic, cool (*Sl.*), current, customary, genteel, happening (*Inf.*), hip (*Sl.*), in (*Inf.*), in vogue, latest, modern, modish, popular, prevailing, smart, stylish, trendsetting, trendy (*Brit. inf.*), up-to-date, up-to-the-minute, usual, voguish (*Inf.*), with it (*Inf.*)

**fast**
▸ **ADJ. 1.** accelerated, brisk, fleet, flying, hasty, hurried, mercurial, nippy (*Brit. inf.*), quick, quickie (*Inf.*), rapid, speedy, swift, winged
▸ **ADV. 2.** apace, hastily, hell for leather (*Inf.*), hotfoot, hurriedly, in haste, like a bat out of hell (*Sl.*), like a flash, like a shot (*Inf.*), pdq (*Sl.*), posthaste, presto, quickly, rapidly, speedily, swiftly, with all haste
▸ **ADJ. 3.** close, constant, fastened, firm, fixed, fortified, immovable, impregnable, lasting, loyal, permanent, secure, sound, stalwart, staunch, steadfast, tight, unwavering
▸ **ADV. 4.** deeply, firmly, fixedly, securely, soundly, tightly
▸ **ADJ. 5.** dissipated, dissolute, extravagant, gadabout (*Inf.*), giddy, immoral, intemperate, licentious, loose, profligate, promiscuous, rakish, reckless, self-indulgent, wanton, wild
▸ **ADV. 6.** extravagantly, intemperately, loosely, promiscuously, rakishly, recklessly, wildly **7. pull a fast one** bamboozle (*Inf.*), cheat, con (*Inf.*), deceive, defraud, hoodwink, put one over on (*Inf.*), swindle, take advantage of, take for a ride (*Inf.*), trick

**fasten 1.** affix, anchor, attach, bind, bolt, chain, connect, fix, grip, join, lace, link, lock, make fast, make firm, seal, secure, tie, unite **2.** (*Fig.*) aim, bend, concentrate, direct, fix, focus, rivet

**fat**
▸ **ADJ. 1.** beefy (*Inf.*), broad in the beam (*Inf.*), corpulent, elephantine, fleshy, gross, heavy, obese, overweight, plump, podgy, portly, roly-poly, rotund, solid, stout, tubby **2.** adipose, fatty, greasy, lipid, oily, oleaginous, suety **3.** affluent, cushy (*Sl.*), fertile, flourishing, fruitful, jammy (*Brit. sl.*), lucrative, lush, productive, profitable, prosperous, remunerative, rich, thriving
▸ **N. 4.** adipose tissue, beef (*Inf.*), blubber, bulk, cellulite, corpulence, fatness, flab, flesh, obesity, overweight, paunch, weight problem

**fatal 1.** deadly, destructive, final, incurable, killing, lethal, malignant, mortal, pernicious, terminal **2.** baleful, baneful, calamitous, catastrophic, disastrous, lethal, ruinous **3.** critical, crucial, decisive, destined, determining, doomed, fateful, final, foreordained, inevitable, predestined

**fatality** casualty, deadliness, death, disaster, fatal accident, lethalness, loss, mortality

**fate 1.** chance, destiny, divine will, fortune, kismet, nemesis, predestination, providence, weird (*Archaic*) **2.** cup, fortune, horoscope, lot, portion, stars **3.** end, future, issue, outcome, upshot **4.** death, destruction, doom, downfall, end, ruin

**fated** destined, doomed, foreordained, ineluctable, inescapable, inevitable, marked down, predestined, pre-elected, preordained, sure, written

**fateful 1.** critical, crucial, decisive, important, portentous, significant **2.** deadly, destructive, disastrous, fatal, lethal, ominous, ruinous

**father**
▸ **N. 1.** begetter, dad (*Inf.*), daddy (*Inf.*), governor (*Inf.*), old boy (*Inf.*), old man (*Inf.*), pa (*Inf.*), papa (*Old-fashioned inf.*), pater, paterfamilias, patriarch, pop (*Inf.*), sire **2.** ancestor, forebear, forefather, predecessor, progenitor **3.** architect, author, creator, founder, inventor, maker, originator, prime mover **4.** city father, elder, leader, patriarch, patron, senator **5.** abbé, confessor, curé, padre (*Inf.*), pastor, priest
▸ **V. 6.** beget, get, procreate, sire **7.** create, engender, establish, found, institute, invent, originate

**fatherland** homeland, land of one's birth, land of one's fathers, motherland, native land, old country

**fatherly** affectionate, benevolent, benign, forbearing, indulgent, kind, kindly, paternal, patriarchal, protective, supportive, tender

**fathom 1.** divine, estimate, gauge, measure, penetrate, plumb, probe, sound **2.** comprehend, get to the bottom of, grasp, interpret, understand

**fatigue**
▸ **V. 1.** drain, drain of energy, exhaust, fag (out) (*Inf.*), jade, knacker (*Sl.*), overtire, poop (*Inf.*), take it out of (*Inf.*), tire, weaken, wear out, weary, whack (*Brit. inf.*)
▸ **N. 2.** debility, ennui, heaviness, languor, lethargy, listlessness, overtiredness, tiredness

**fatten 1.** broaden, coarsen, expand, gain weight, grow fat, put on weight, spread, swell, thicken, thrive **2.** (*Often with* up) bloat, build up, cram, distend, feed, feed up, nourish, overfeed, stuff

**fatuous** absurd, asinine, brainless, dense, dull, foolish, idiotic, inane, ludicrous, lunatic, mindless, moronic, puerile, silly, stupid, vacuous, weak-minded, witless

**fault**
▸ **N. 1.** blemish, defect, deficiency, demerit, drawback, failing, flaw, imperfection, infirmity, lack, shortcoming, snag, weakness, weak point **2.** blunder, boob (*Brit. sl.*), error, error of judgment, inaccuracy, indiscretion, lapse, mistake, negligence, offence, omission, oversight, slip, slip-up **3.** accountability, culpability, liability, responsibility **4.** delinquency, frailty, lapse, misconduct, misdeed, misdemeanour, offence, peccadillo, sin, transgression, trespass, wrong **5. at fault** answerable, blamable, culpable, guilty, in the wrong, responsible, to blame **6. find fault with** carp at, complain, criticize, pick holes in, pull to pieces, quibble, take to task **7. to a fault** excessively, immoderately, in the extreme, needlessly, out of all proportion, overly (*U.S.*), overmuch, preposterously, ridiculously, unduly
▸ **V. 8.** blame, call to account, censure, criticize, find fault with, find lacking, hold (someone) accountable (responsible, to blame), impugn

**fault-finding**
▸ **N. 1.** , carping, hairsplitting, nagging, niggling, nit-picking (*Inf.*)
▸ **ADJ. 2.** captious, carping, censorious, critical, hypercritical, pettifogging

**faultless 1.** accurate, classic, correct, exemplary, faithful, flawless, foolproof, impeccable, model, perfect, unblemished **2.** above reproach, blameless, guiltless, immaculate, impeccable, innocent, irreproachable, pure, sinless, spotless, stainless, unblemished, unspotted, unsullied

**faulty** bad, blemished, broken, damaged, defective, erroneous, fallacious, flawed, impaired, imperfect, imprecise, inaccurate, incorrect, invalid, malfunctioning, not working, out of order, unsound, weak, wrong

**faux pas** bloomer *(Brit. inf.)*, blunder, boob *(Brit. sl.)*, breach of etiquette, clanger *(Inf.)*, gaffe, gaucherie, impropriety, indiscretion, solecism

**favour**

► **N. 1.** approbation, approval, backing, bias, championship, espousal, esteem, favouritism, friendliness, good opinion, good will, grace, kindness, kind regard, partiality, patronage, promotion, support **2.** benefit, boon, courtesy, good turn, indulgence, kindness, obligement *(Scot. or Archaic)*, service **3. in favour of** all for *(Inf.)*, backing, for, on the side of, pro, supporting, to the benefit of **4.** gift, keepsake, love-token, memento, present, souvenir, token **5.** badge, decoration, knot, ribbons, rosette

► **V. 6.** be partial to, esteem, have in one's good books, indulge, pamper, pull strings for *(Inf.)*, reward, side with, smile upon, spoil, treat with partiality, value **7.** advocate, approve, back, be in favour of, champion, choose, commend, countenance, encourage, espouse, fancy, incline towards, like, opt for, patronize, prefer, single out, support **8.** abet, accommodate, advance, aid, assist, befriend, do a kindness to, facilitate, help, oblige, promote, succour **9.** *(Inf.)* be the image *or* picture of, look like, resemble, take after **10.** ease, extenuate, spare

**favourable 1.** advantageous, appropriate, auspicious, beneficial, convenient, encouraging, fair, fit, good, helpful, hopeful, opportune, promising, propitious, suitable, timely **2.** affirmative, agreeable, amicable, approving, benign, encouraging, enthusiastic, friendly, kind, positive, reassuring, sympathetic, understanding, welcoming, well-disposed

**favourably 1.** advantageously, auspiciously, conveniently, fortunately, opportunely, profitably, to one's advantage, well **2.** agreeably, approvingly, enthusiastically, genially, graciously, helpfully, in a kindly manner, positively, with approval (approbation, cordiality), without prejudice

**favourite**

► **ADJ. 1.** best-loved, choice, dearest, esteemed, favoured, preferred

► **N. 2.** beloved, blue-eyed boy *(Inf.)*, choice, darling, dear, idol, pet, pick, preference, teacher's pet, the apple of one's eye

**favouritism** bias, jobs for the boys *(Inf.)*, nepotism, one-sidedness, partiality, partisanship, preference, preferential treatment

**fawn**[1] **ADJ.** beige, buff, greyish-brown, neutral

**fawn**[2] **V.** *(Often with* **on** *or* **upon***)* be obsequious, be servile, bow and scrape, brown-nose *(Taboo sl.)*, court, crawl, creep, cringe, curry favour, dance attendance, flatter, grovel, ingratiate oneself, kiss ass *(U S. & Canad. taboo sl.)*, kneel, kowtow, lick (someone's) boots, pander to, pay court, toady, truckle

**fawning** abject, bootlicking *(Inf.)*, bowing and scraping, crawling, cringing, deferential, flattering, grovelling, obsequious, prostrate, servile, slavish, sycophantic

**fear**

► **N. 1.** alarm, apprehensiveness, awe, blue funk *(Inf.)*, consternation, cravenness, dismay, dread, fright, horror, panic, qualms, terror, timidity, tremors, trepidation **2.** bête noire, bogey, bugbear, horror, nightmare, phobia, spectre **3.** agitation, anxiety, apprehension, concern, disquietude, distress, doubt, foreboding(s), misgiving(s), solicitude, suspicion, unease, uneasiness, worry **4.** awe, reverence, veneration, wonder

► **V. 5.** apprehend, be apprehensive (afraid, frightened, scared), be in a blue funk *(Inf.)*, dare not, dread, have a horror of, have a phobia about, have butterflies in one's stomach *(Inf.)*, have qualms, live in dread of, shake in one's shoes, shudder at, take fright, tremble at **6.** anticipate, apprehend, be afraid, expect, foresee, suspect **7.** *(With* **for***)* be anxious (concerned, distressed) about, be disquieted over, feel concern for, tremble for, worry about **8.** respect, revere, reverence, stand in awe of, venerate

**fearful 1.** afraid, alarmed, anxious, apprehensive, diffident, faint-hearted, frightened, hellacious *(U.S. sl.)*, hesitant, intimidated, jittery *(Inf.)*, jumpy, nervous, nervy *(Brit. inf.)*, panicky, pusillanimous, scared, shrinking, tense, timid, timorous, uneasy, wired *(Sl.)* **2.** appalling, atrocious, awful, dire, distressing, dreadful, frightful, ghastly, grievous, grim, gruesome, hair-raising, harrowing, hideous, horrendous, horrible, horrific, monstrous, shocking, terrible, unspeakable

**fearfully 1.** apprehensively, diffidently, in fear and trembling, nervously, timidly, timorously, uneasily, with many misgivings *or* forebodings, with one's heart in one's mouth **2.** awfully, exceedingly, excessively, frightfully, terribly, tremendously, very

**fearless** ballsy *(Taboo sl.)*, bold, brave, confident, courageous, daring, dauntless, doughty, gallant, game *(Inf.)*, gutsy *(Sl.)*, heroic, indomitable, intrepid, lion-hearted, plucky, unabashed, unafraid, undaunted, unflinching, valiant, valorous

**fearlessness** balls *(Taboo sl.)*, ballsiness *(Taboo sl.)*, boldness, bravery, confidence, courage, dauntlessness, guts *(Inf.)*, indomitability, intrepidity, lion-heartedness, nerve, pluckiness

**fearsome** alarming, appalling, awe-inspiring, awesome, awful, baleful, daunting, dismaying, formidable, frightening, hair-raising, hellacious *(U.S. sl.)*, horrendous, horrifying, menacing, unnerving

**feasibility** expediency, practicability, usefulness, viability, workability

**feasible** achievable, attainable, likely, possible, practicable, realizable, reasonable, viable, workable

**feast**

► **N. 1.** banquet, barbecue, beanfeast *(Brit. inf.)*, beano *(Brit. sl.)*, blowout *(Sl.)*, carousal, carouse, dinner, entertainment, festive board, jollification, junket, repast, revels, slap-up meal *(Brit. inf.)*, spread *(Inf.)*, treat **2.** celebration, festival, fête, gala day, holiday, holy day, saint's day **3.** delight, enjoyment, gratification, pleasure, treat

► **V. 4.** eat one's fill, eat to one's heart's content, fare sumptuously, gorge, gormandize, indulge, overindulge, pig out *(Sl.)*, stuff, stuff one's face *(Sl.)*, wine and dine **5.** entertain, hold a reception for, kill the fatted calf for, regale, treat, wine and dine **6.** delight, gladden, gratify, rejoice, thrill

**feat** accomplishment, achievement, act, attainment, deed, exploit, performance

**feathery** downy, feathered, fluffy, plumate *or* plumose *(Bot. & Zool.)*, plumed, plumy, wispy

**feature**

► **N. 1.** aspect, attribute, characteristic, facet, factor, hallmark, mark, peculiarity, point, property, quality, trait **2.** attraction, crowd puller *(Inf.)*, draw, highlight, innovation, main item, special, special attraction, speciality, specialty **3.** article, column, comment, item, piece, report, story

► **V. 4.** accentuate, call attention to, emphasize, give prominence to, give the full works *(Sl.)*, headline, play up, present, promote, set off, spotlight, star

**features** countenance, face, lineaments, physiognomy

**feckless** aimless, feeble, futile, hopeless, incompetent, ineffectual, irresponsible, shiftless, useless, weak, worthless

**federate V.** amalgamate, associate, combine, confederate, integrate, syndicate, unify, unite

**federation** alliance, amalgamation, association, Bund, coalition, combination, confederacy, copartnership, entente, federacy, league, syndicate, union

**fed up (with)** annoyed, blue, bored, brassed off *(Brit. sl.)*, browned-off *(Inf.)*, depressed, discontented, dismal, dissatisfied, down, gloomy, glum, hacked (off) *(U.S. sl.)*, pissed off *(Taboo sl.)*, sick and tired of *(Inf.)*, tired of, weary of

**fee** account, bill, charge, compensation, emolument, hire, honorarium, meed *(Archaic)*, pay, payment, recompense, remuneration, reward, toll

**feeble 1.** debilitated, delicate, doddering, effete, enervated, enfeebled, etiolated, exhausted, failing, faint, frail, infirm, languid, powerless, puny, shilpit *(Scot.)*, sickly, weak, weakened, weedy *(Inf.)* **2.** flat, flimsy, inadequate, incompetent, indecisive, ineffective, ineffectual, inefficient, insignificant, insufficient, lame, paltry, pathetic, poor, slight, tame, thin, unconvincing, weak

**feeble-minded** addle-pated, bone-headed *(Sl.)*, braindead *(Inf.)*, deficient, dim-witted *(Inf.)*, dozy *(Brit. inf.)*, dull, dumb *(Inf.)*, half-witted, idiotic, imbecilic, lacking, moronic, obtuse, retarded, simple, slow on the uptake, slow-witted, soft in the head *(Inf.)*, stupid, vacant, weak-minded

**feebleness 1.** debility, delicacy, effeteness, enervation, etiolation, exhaustion, frailness, frailty, incapacity, infirmity, lack of strength, languor, lassitude, sickliness, weakness **2.** flimsiness, inadequacy, incompetence, indecisiveness, ineffectualness, insignificance, insufficiency, lameness, weakness

**feed**

► **V. 1.** cater for, nourish, provide for, provision, supply, sustain, victual, wine and dine **2.** *(Sometimes with* **on***)* devour, eat, exist on, fare, graze, live on, nurture, partake of, pasture, subsist, take nourishment **3.** augment, bolster, encourage, foster, fuel, minister to, strengthen, supply

► **N. 4.** fodder, food, forage, pasturage, provender, silage **5.** *(Inf.)* feast, meal, nosh *(Sl.)*, nosh-up *(Brit. sl.)*, repast, spread *(Inf.)*, tuck-in *(Inf.)*

**feel**

► **V. 1.** caress, finger, fondle, handle, manipulate, maul, paw, run one's hands over, stroke, touch **2.** be aware of, be sensible of, endure, enjoy, experience, go through, have, have a sensation of, know, notice, observe, perceive, suffer, take to heart, undergo **3.** explore, fumble, grope, sound, test, try **4.** be convinced, feel in one's bones, have a hunch, have the impression, intuit, sense **5.** believe, be of the opinion that, consider, deem, hold, judge, think **6.** appear, resemble, seem, strike one as **7.** *(With* **for***)* be moved by, be sorry for, bleed for, commiserate, compassionate, condole with, empathize, feel compassion for, pity, sympathize with **8. feel like** could do with, desire, fancy, feel inclined, feel the need for, feel up to, have the inclination, want

► **N. 9.** finish, surface, texture, touch **10.** air, ambience, atmosphere, feeling, impression, quality, sense, vibes *(Sl.)*

**feeler 1.** antenna, tentacle, whisker **2.** advance, approach, probe, trial balloon

**feeling 1.** feel, perception, sensation, sense, sense of touch, touch **2.** apprehension, consciousness, hunch, idea, impression, inkling, notion, presentiment, sense, suspicion **3.** affection, ardour, emotion, fervour, fondness, heat, intensity, passion, sentiment, sentimentality, warmth **4.** appreciation, compassion, concern, empathy, pity, sensibility, sensitivity, sympathy, understanding **5.** inclination, instinct, opinion, point of view, view **6.** air, ambience, atmosphere, aura, feel, mood, quality, vibes *(Sl.)* **7. bad feeling** anger, dislike, distrust, enmity, hostility, upset

**feelings** ego, emotions, self-esteem, sensitivities, susceptibilities

**feline 1.** catlike, leonine **2.** graceful, sinuous, sleek, slinky, smooth, stealthy

**fell V.** cut, cut down, demolish, flatten, floor, hew, knock down, level, prostrate, raze, strike down

**fellow**

► **N. 1.** bloke *(Brit. inf.)*, boy, chap *(Inf.)*, character, customer *(Inf.)*, guy *(Inf.)*, individual, man, person, punter *(Inf.)* **2.** associate, colleague, companion, compeer, comrade, co-worker, equal, friend, member, partner, peer **3.** brother, counterpart, double, duplicate, match, mate, twin

► **ADJ. 4.** affiliated, akin, allied, associate, associated, co-, like, related, similar

**fellowship 1.** amity, brotherhood, camaraderie, communion, companionability, companionship, familiarity, fraternization, intercourse, intimacy, kindliness, sociability **2.** association, brotherhood, club, fraternity, guild, league, order, sisterhood, society, sodality

**feminine 1.** delicate, gentle, girlish, graceful, ladylike, modest, soft, tender, womanly **2.** camp *(Inf.)*, effeminate, effete, unmanly, unmasculine, weak, womanish

**fen** bog, holm *(Dialect)*, marsh, morass, moss *(Scot.)*, quagmire, slough, swamp

**fence**

► **N. 1.** barbed wire, barricade, barrier, defence, guard, hedge, paling, palisade, railings, ram-

part, shield, stockade, wall **2. on the fence** between two stools, irresolute, uncertain, uncommitted, undecided, vacillating
► **V. 3.** *(Often with* **in** *or* **off***)* bound, circumscribe, confine, coop, defend, encircle, enclose, fortify, guard, hedge, impound, pen, pound, protect, restrict, secure, separate, surround **4.** beat about the bush, cavil, dodge, equivocate, evade, flannel *(Brit. inf.)*, hedge, parry, prevaricate, quibble, shift, stonewall, tergiversate

**fencing** *(Fig.)* beating about the bush, double talk, equivocation, evasiveness, hedging, parrying, prevarication, quibbling, stonewalling, tergiversation, weasel words *(Inf., chiefly U.S.)*

**ferment**
► **V. 1.** boil, brew, bubble, concoct, effervesce, foam, froth, heat, leaven, rise, seethe, work
► **N. 2.** bacteria, barm, fermentation agent, leaven, leavening, mother, mother-of-vinegar, yeast
► **V. 3.** *(Fig.)* agitate, boil, excite, fester, foment, heat, incite, inflame, provoke, rouse, seethe, smoulder, stir up
► **N. 4.** *(Fig.)* agitation, brouhaha, commotion, disruption, excitement, fever, frenzy, furore, glow, heat, hubbub, imbroglio, state of unrest, stew, stir, tumult, turbulence, turmoil, unrest, uproar

**ferocious 1.** feral, fierce, predatory, rapacious, ravening, savage, violent, wild **2.** barbaric, barbarous, bloodthirsty, brutal, brutish, cruel, merciless, pitiless, relentless, ruthless, tigerish, vicious

**ferocity** barbarity, bloodthirstiness, brutality, cruelty, ferociousness, fierceness, inhumanity, rapacity, ruthlessness, savageness, savagery, viciousness, wildness

**ferret out** bring to light, dig up, disclose, discover, drive out, elicit, get at, nose out, root out, run to earth, search out, smell out, trace, track down, unearth

**ferry**
► **N. 1.** ferryboat, packet, packet boat
► **V. 2.** carry, chauffeur, convey, run, ship, shuttle, transport

**fertile** abundant, fat, fecund, flowering, flowing with milk and honey, fruit-bearing, fruitful, generative, luxuriant, plenteous, plentiful, productive, prolific, rich, teeming, yielding

**fertility** abundance, fecundity, fruitfulness, luxuriance, productiveness, richness

**fertilize 1.** fecundate, fructify, impregnate, inseminate, make fruitful, make pregnant, pollinate **2.** compost, dress, enrich, feed, manure, mulch, top-dress

**fertilizer** compost, dressing, dung, guano, manure, marl

**fervent, fervid** animated, ardent, devout, eager, earnest, ecstatic, emotional, enthusiastic, excited, fiery, flaming, heartfelt, impassioned, intense, perfervid *(Literary)*, vehement, warm, zealous

**fervour** animation, ardour, eagerness, earnestness, enthusiasm, excitement, fervency, intensity, passion, vehemence, warmth, zeal

**festival 1.** anniversary, commemoration, feast, fête, fiesta, holiday, holy day, saint's day **2.** carnival, celebration, entertainment, festivities, fête, field day, gala, jubilee, treat

**festive** back-slapping, carnival, celebratory, cheery, Christmassy, convivial, festal, gala, gay, gleeful, happy, hearty, holiday, jolly, jovial, joyful, joyous, jubilant, light-hearted, merry, mirthful, sportive

**festivity 1.** amusement, conviviality, fun, gaiety, jollification, joviality, joyfulness, merriment, merrymaking, mirth, pleasure, revelry, sport **2.** *Often plural* beano *(Brit. sl.)*, carousal, celebration, entertainment, festival, festive event, festive proceedings, fun and games, jollification, party, rave *(Brit. sl.)*, rave-up *(Brit. sl.)*

**festoon**
► **N. 1.** chaplet, garland, lei, swag, swathe, wreath
► **V. 2.** array, bedeck, beribbon, deck, decorate, drape, garland, hang, swathe, wreathe

**fetch 1.** bring, carry, conduct, convey, deliver, escort, get, go for, lead, obtain, retrieve, transport **2.** draw forth, elicit, give rise to, produce **3.** bring in, earn, go for, make, realize, sell for, yield

**fetching** alluring, attractive, captivating, charming, cute, enchanting, enticing, fascinating, intriguing, sweet, taking, winsome

**fête, fete**
► **N. 1.** bazaar, fair, festival, gala, garden party, sale of work
► **V. 2.** bring out the red carpet for (someone), entertain regally, hold a reception for (someone), honour, kill the fatted calf for (someone), lionize, make much of, treat, wine and dine

**fetish 1.** amulet, cult object, talisman **2.** fixation, idée fixe, mania, obsession, thing *(Inf.)*

**feud**
► **N. 1.** argument, bad blood, bickering, broil, conflict, contention, disagreement, discord, dissension, enmity, estrangement, faction, falling out, grudge, hostility, quarrel, row, rivalry, strife, vendetta
► **V. 2.** be at daggers drawn, be at odds, bicker, brawl, clash, contend, dispute, duel, fall out, quarrel, row, squabble, war

**fever** *(Fig.)* agitation, delirium, ecstasy, excitement, ferment, fervour, flush, frenzy, heat, intensity, passion, restlessness, turmoil, unrest

**feverish 1.** burning, febrile, fevered, flaming, flushed, hectic, hot, inflamed, pyretic *(Medical)* **2.** agitated, desperate, distracted, excited, frantic, frenetic, frenzied, impatient, obsessive, overwrought, restless

**few**
► **ADJ. 1.** hardly any, inconsiderable, infrequent, insufficient, meagre, negligible, not many, rare, scant, scanty, scarce, scarcely any, scattered, sparse, sporadic, thin **2. few and far between** at great intervals, hard to come by, infrequent, in short supply, irregular, rare, scarce, scattered, seldom met with, uncommon, unusual, widely spaced
► **PRON. 3.** handful, scarcely any, scattering, small number, some

**fiancé, fiancée** betrothed, intended, prospective spouse, wife- *or* husband-to-be

**fiasco** balls-up *(Taboo sl.)*, catastrophe, cock-up *(Brit. sl.)*, debacle, disaster, failure, flap *(Inf.)*, fuck-up *(Offens. taboo sl.)*, mess, rout, ruin, washout *(Inf.)*

**fib N.** fiction, lie, pork pie *(Brit. sl.)*, porky *(Brit. sl.)*, prevarication, story, untruth, white lie, whopper *(Inf.)*

**fibre 1.** fibril, filament, pile, staple, strand, texture, thread, wisp **2.** *(Fig.)* essence, nature, quality, spirit, substance **3.** *(Fig.)* *(also* **moral fibre***)* resolution, stamina, strength, strength of character, toughness

**fickle** blowing hot and cold, capricious, changeable, faithless, fitful, flighty, inconstant, irresolute, mercurial, mutable, quicksilver, temperamental, unfaithful, unpredictable, unstable, unsteady, vacillating, variable, volatile

**fickleness** capriciousness, fitfulness, flightiness, inconstancy, mutability, unfaithfulness, unpredictability, unsteadiness, volatility

**fiction 1.** fable, fantasy, legend, myth, novel, romance, story, storytelling, tale, urban legend, work of imagination, yarn *(Inf.)* **2.** cock and bull story *(Inf.)*, concoction, fabrication, falsehood, fancy, fantasy, figment of the imagination, imagination, improvisation, invention, lie, pork pie *(Brit. sl.)*, porky *(Brit. sl.)*, tall story, untruth

**fictional** imaginary, invented, legendary, made-up, nonexistent, unreal

**fictitious** apocryphal, artificial, assumed, bogus, counterfeit, fabricated, false, fanciful, feigned, imaginary, imagined, improvised, invented, made-up, make-believe, mythical, spurious, unreal, untrue

**fiddle**
► **V. 1.** *(Often with* **with***)* fidget, finger, interfere with, mess about *or* around, play, tamper with, tinker, toy, trifle **2.** *(Inf.)* cheat, cook the books *(Inf.)*, diddle *(Inf.)*, finagle *(Inf.)*, fix, gerrymander, graft *(Inf.)*, manoeuvre, racketeer, sting *(Inf.)*, swindle, wangle *(Inf.)*
► **N. 3.** violin **4. fit as a fiddle** blooming, hale and hearty, healthy, in fine fettle, in good form, in good shape, in rude health, in the pink, sound, strong **5.** *(Inf.)* fix, fraud, graft *(Inf.)*, piece of sharp practice, racket, scam *(Sl.)*, sting *(Inf.)*, swindle, wangle *(Inf.)*

**fiddling** futile, insignificant, nickel-and-dime *(U.S. sl.)*, pettifogging, petty, trifling, trivial

**fidelity 1.** allegiance, constancy, dependability, devotedness, devotion, faith, faithfulness, fealty, integrity, lealty *(Archaic or Scot.)*, loyalty, staunchness, troth *(Archaic)*, true-heartedness, trustworthiness **2.** accuracy, adherence, closeness, correspondence, exactitude, exactness, faithfulness, preciseness, precision, scrupulousness

**fidget**
► **V. 1.** be like a cat on hot bricks *(Inf.)*, bustle, chafe, fiddle *(Inf.)*, fret, jiggle, jitter *(Inf.)*, move restlessly, squirm, twitch, worry
► **N. 2.** *(Usually* **the fidgets***)* fidgetiness, jitters *(Inf.)*, nervousness, restlessness, unease, uneasiness

**fidgety** impatient, jerky, jittery *(Inf.)*, jumpy, nervous, on edge, restive, restless, twitchy *(Inf.)*, uneasy

**field**
► **N. 1.** grassland, green, greensward *(Archaic or literary)*, lea *(Poetic)*, mead *(Archaic)*, meadow, pasture **2.** applicants, candidates, competition, competitors, contestants, entrants, possibilities, runners **3.** area, bailiwick, bounds, confines, department, discipline, domain, environment, limits, line, metier, pale, province, purview, range, scope, speciality, specialty, sphere of influence (activity, interest, study), territory
► **V. 4.** catch, pick up, retrieve, return, stop **5.** *(Fig.)* deal with, deflect, handle, turn aside

**fiend 1.** demon, devil, evil spirit, hellhound **2.** barbarian, beast, brute, degenerate, ghoul, monster, ogre, savage **3.** *(Inf.)* addict, enthusiast, fanatic, freak *(Inf.)*, maniac

**fiendish** accursed, atrocious, black-hearted, cruel, demoniac, devilish, diabolical, hellish, implacable, infernal, inhuman, malevolent, malicious, malignant, monstrous, satanic, savage, ungodly, unspeakable, wicked

**fierce 1.** baleful, barbarous, brutal, cruel, dangerous, fell *(Archaic)*, feral, ferocious, fiery, menacing, murderous, passionate, savage, threatening, tigerish, truculent, uncontrollable, untamed, vicious, wild **2.** blustery, boisterous, furious, howling, inclement, powerful, raging, stormy, strong, tempestuous, tumultuous, uncontrollable, violent **3.** cutthroat, intense, keen, relentless, strong

**fiercely** ferociously, frenziedly, furiously, in a frenzy, like cat and dog, menacingly, passionately, savagely, tempestuously, tigerishly, tooth and nail, uncontrolledly, viciously, with bared teeth, with no holds barred

**fight**
► **V. 1.** assault, battle, bear arms against, box, brawl, carry on war, clash, close, combat, come to blows, conflict, contend, cross swords, do battle, engage, engage in hostilities, exchange blows, feud, go to war, grapple, joust, row, scrap *(Inf.)*, spar, struggle, take the field, take up arms against, tilt, tussle, wage war, war, wrestle **2.** contest, defy, dispute, make a stand against, oppose, resist, stand up to, strive, struggle, withstand **3.** argue, bicker, dispute, fall out *(Inf.)*, squabble, wrangle **4.** carry on, conduct, engage in, prosecute, wage **5. fight shy of** avoid, duck out of *(Inf.)*, keep aloof from, keep at arm's length, shun, steer clear of
► **N. 6.** action, affray *(Law)*, altercation, bagarre, battle, bout, brawl, brush, clash, combat, conflict, contest, dispute, dissension, dogfight, duel, encounter, engagement, exchange of blows, fracas, fray, free-for-all *(Inf.)*, head-to-head, hostilities, joust, melee *or* mêlée, passage of arms, riot, row, rumble *(U.S. & N.Z. sl.)*, scrap *(Inf.)*, scrimmage, scuffle, set-to *(Inf.)*, shindig *(Inf.)*, shindy *(Inf.)*, skirmish, sparring match, struggle, tussle, war **7.** *(Fig.)* belligerence, gameness, mettle, militancy, pluck, resistance, spirit, will to resist

**fight back 1.** defend oneself, give tit for tat, hit back, put up a fight, reply, resist, retaliate **2.** bottle up, contain, control, curb, hold back, hold in check, restrain

**fight down** bottle up, control, curb, hold back, repress, restrain, suppress

**fighter 1.** fighting man, man-at-arms, soldier, warrior **2.** boxer, bruiser *(Inf.)*, prize fighter, pugilist **3.** antagonist, battler, belligerent, combatant, contender, contestant, disputant, militant

**fighting**
► **ADJ. 1.** aggressive, argumentative, bellicose, belligerent, combative, contentious, disputatious, hawkish, martial, militant, pugnacious, sabre-rattling, truculent, warlike
► **N. 2.** battle, bloodshed, blows struck, combat, conflict, hostilities, warfare

**fight off** beat off, keep *or* hold at bay, repel, repress, repulse, resist, stave off, ward off

**figure**
► N. 1. character, cipher, digit, number, numeral, symbol 2. amount, cost, price, sum, total, value 3. form, outline, shadow, shape, silhouette 4. body, build, chassis (*Sl.*), frame, physique, proportions, shape, torso 5. depiction, design, device, diagram, drawing, emblem, illustration, motif, pattern, representation, sketch 6. celebrity, character, dignitary, force, leader, notability, notable, personage, personality, presence, somebody, worthy
► V. 7. (*Often with* **up**) add, calculate, compute, count, reckon, sum, tally, tot up, work out 8. (*Usually with* **in**) act, appear, be conspicuous, be featured, be included, be mentioned, contribute to, feature, have a place in, play a part 9. **it figures** it follows, it goes without saying, it is to be expected

**figurehead** cipher, dummy, front man (*Inf.*), leader in name only, man of straw, mouthpiece, name, nonentity, puppet, straw man (*Chiefly U.S.*), titular *or* nominal head, token

**figure out** 1. calculate, compute, reckon, work out 2. comprehend, decipher, fathom, make head or tail of (*Inf.*), make out, resolve, see, suss (out) (*Sl.*), understand

**filament** cilium (*Biol. & Zool.*), fibre, fibril, pile, staple, strand, string, thread, wire, wisp

**filch** abstract, cabbage (*Brit. sl.*), crib (*Inf.*), embezzle, half-inch (*Old-fashioned sl.*), lift (*Inf.*), misappropriate, nick (*Sl., chiefly Brit.*), pilfer, pinch (*Inf.*), purloin, rip off (*Sl.*), snaffle (*Brit. inf.*), steal, swipe (*Sl.*), take, thieve, walk off with

**file**[1] V. abrade, burnish, furbish, polish, rasp, refine, rub, rub down, scrape, shape, smooth

**file**[2]
► N. 1. case, data, documents, dossier, folder, information, portfolio
► V. 2. document, enter, pigeonhole, put in place, record, register, slot in (*Inf.*)

**file**[3]
► N. 1. column, line, list, queue, row, string
► V. 2. march, parade, troop

**filibuster**
► N. 1. (*Chiefly U.S., with reference to legislation*) delay, hindrance, obstruction, postponement, procrastination
► V. 2. (*Chiefly U.S., with reference to legislation*) delay, hinder, obstruct, prevent, procrastinate, put off
► N. 3. adventurer, buccaneer, corsair, freebooter, pirate, sea robber, sea rover, soldier of fortune

**fill** 1. brim over, cram, crowd, furnish, glut, gorge, inflate, pack, pervade, replenish, sate, satiate, satisfy, stock, store, stuff, supply, swell 2. charge, imbue, impregnate, overspread, pervade, saturate, suffuse 3. block, bung, close, cork, plug, seal, stop 4. assign, carry out, discharge, engage, execute, fulfil, hold, occupy, officiate, perform, take up 5. **one's fill** all one wants, ample, a sufficiency, enough, plenty, sufficient

**fill in** 1. answer, complete, fill out (*U.S.*), fill up 2. (*Inf.*) acquaint, apprise, bring up to date, give the facts *or* background, inform, put wise (*Sl.*) 3. deputize, replace, represent, stand in, sub, substitute, take the place of

**filling**
► N. 1. contents, filler, innards (*Inf.*), inside, insides, padding, stuffing, wadding
► ADJ. 2. ample, heavy, satisfying, square, substantial

**film**
► N. 1. coat, coating, covering, dusting, gauze, integument, layer, membrane, pellicle, scum, skin, tissue 2. blur, cloud, haze, haziness, mist, mistiness, opacity, veil 3. flick (*Sl.*), motion picture, movie (*U.S. inf.*)
► V. 4. photograph, shoot, take, video, videotape 5. (*Often with* **over**) blear, blur, cloud, dull, haze, mist, veil

**filmy** 1. chiffon, cobwebby, delicate, diaphanous, fine, finespun, flimsy, floaty, fragile, gauzy, gossamer, insubstantial, seethrough, sheer, transparent 2. bleared, bleary, blurred, blurry, cloudy, dim, hazy, membranous, milky, misty, opalescent, opaque, pearly

**filter**
► V. 1. clarify, filtrate, purify, refine, screen, sieve, sift, strain, winnow 2. (*Often with* **through** *or* **out**) dribble, escape, exude, leach, leak, ooze, penetrate, percolate, seep, trickle, well
► N. 3. gauze, membrane, mesh, riddle, sieve, strainer

**filth** 1. carrion, contamination, crap (*Sl.*), crud (*Sl.*), defilement, dirt, dung, excrement, excreta, faeces, filthiness, foul matter, foulness, garbage, grime, grot (*Sl.*), muck, nastiness, ordure, pollution, putrefaction, putrescence, refuse, sewage, shit (*Taboo sl.*), slime, sludge, squalor, uncleanness 2. corruption, dirtymindedness, impurity, indecency, obscenity, pornography, smut, vileness, vulgarity

**filthy** 1. dirty, faecal, feculent, foul, nasty, polluted, putrid, scummy, scuzzy (*Sl., chiefly U.S.*), slimy, squalid, unclean, vile 2. begrimed, black, blackened, grimy, grubby, miry, mucky, muddy, mud-encrusted, scuzzy (*Sl., chiefly U.S.*), smoky, sooty, unwashed 3. bawdy, coarse, corrupt, depraved, dirty-minded, foul, foul-mouthed, impure, indecent, lewd, licentious, obscene, pornographic, smutty, suggestive 4. base, contemptible, despicable, low, mean, offensive, scurvy, vicious, vile

**final** 1. closing, concluding, end, eventual, last, last-minute, latest, terminal, terminating, ultimate 2. absolute, conclusive, decided, decisive, definite, definitive, determinate, finished, incontrovertible, irrevocable, settled

**finale** climax, close, conclusion, crowning glory, culmination, dénouement, epilogue, finis, last act

**finality** certitude, conclusiveness, decidedness, decisiveness, definiteness, inevitableness, irrevocability, resolution, unavoidability

**finalize** agree, clinch, complete, conclude, decide, settle, sew up (*Inf.*), tie up, work out, wrap up (*Inf.*)

**finally** 1. at last, at length, at long last, at the last, at the last moment, eventually, in the end, in the long run, lastly, ultimately, when all is said and done 2. in conclusion, in summary, to conclude 3. beyond the shadow of a doubt, completely, conclusively, convincingly, decisively, for all time, for ever, for good, inescapably, inexorably, irrevocably, once and for all, permanently

**finance**
► N. 1. accounts, banking, business, commerce, economics, financial affairs, investment, money, money management
► V. 2. back, bankroll (*U.S.*), float, fund, guarantee, pay for, provide security for, set up in business, subsidize, support, underwrite

**financial** budgeting, economic, fiscal, monetary, money, pecuniary

**find**
► V. 1. catch sight of, chance upon, come across, come up with, descry, discover, encounter, espy, expose, ferret out, hit upon, lay one's hand on, light upon, locate, meet, recognize, run to earth, spot, stumble upon, track down, turn up, uncover, unearth 2. achieve, acquire, attain, earn, gain, get, obtain, procure, win 3. get back, recover, regain, repossess, retrieve 4. arrive at, ascertain, become aware, detect, discover, experience, learn, note, notice, observe, perceive, realise, remark 5. be responsible for, bring, contribute, cough up (*Inf.*), furnish, provide, purvey, supply
► N. 6. acquisition, asset, bargain, catch, discovery, good buy

**find out** 1. detect, discover, learn, note, observe, perceive, realize 2. bring to light, catch, detect, disclose, expose, reveal, rumble (*Brit. inf.*), suss (out) (*Sl.*), uncover, unmask

**fine**[1]
► V. 1. amerce (*Archaic*), mulct, penalize, punish
► N. 2. amercement (*Obsolete*), damages, forfeit, penalty, punishment

**fine**[2] ADJ. 1. accomplished, admirable, beautiful, choice, excellent, exceptional, exquisite, first-class, first-rate, great, magnificent, masterly, ornate, outstanding, rare, select, showy, skilful, splendid, sterling, superior, supreme, world-class 2. balmy, bright, clear, clement, cloudless, dry, fair, pleasant, sunny 3. dainty, delicate, elegant, expensive, exquisite, fragile, quality 4. abstruse, acute, critical, discriminating, fastidious, hairsplitting, intelligent, keen, minute, nice, precise, quick, refined, sensitive, sharp, subtle, tasteful, tenuous 5. delicate, diaphanous, fine-grained, flimsy, gauzy, gossamer, light, lightweight, powdered, powdery, pulverized, sheer, slender, small, thin 6. clear, pure, refined, solid, sterling, unadulterated, unalloyed, unpolluted 7. attractive, bonny, good-looking, handsome, lovely, smart, striking, stylish, well-favoured 8. acceptable, agreeable, all right, convenient, good, hunky-dory (*Inf.*), OK *or* okay (*Inf.*), satisfactory, suitable 9. brilliant, cutting, honed, keen, polished, razor-sharp, sharp

**finery** best bib and tucker (*Inf.*), decorations, frippery, gear (*Inf.*), gewgaws, glad rags (*Inf.*), ornaments, showiness, splendour, Sunday best, trappings, trinkets

**finesse**
► N. 1. adeptness, adroitness, artfulness, cleverness, craft, delicacy, diplomacy, discretion, know-how (*Inf.*), polish, quickness, savoir-faire, skill, sophistication, subtlety, tact 2. artifice, bluff, feint, manoeuvre, ruse, stratagem, trick, wile
► V. 3. bluff, manipulate, manoeuvre

**finger** V. 1. feel, fiddle with (*Inf.*), handle, manipulate, maul, meddle with, paw (*Inf.*), play about with, touch, toy with 2. **put one's finger on** bring to mind, discover, find out, hit the nail on the head, hit upon, identify, indicate, locate, pin down, place, recall, remember

**finish**
► V. 1. accomplish, achieve, bring to a close *or* conclusion, carry through, cease, close, complete, conclude, culminate, deal with, discharge, do, end, execute, finalize, fulfil, get done, get out of the way, make short work of, put the finishing touch(es) to, round off, settle, stop, terminate, wind up, wrap up (*Inf.*) 2. (*Sometimes with* **up** *or* **off**) consume, deplete, devour, dispatch, dispose of, drain, drink, eat, empty, exhaust, expend, spend, use, use up 3. (*Often with* **off**) administer *or* give the coup de grâce, annihilate, best, bring down, defeat, destroy, dispose of, drive to the wall, exterminate, get rid of, kill, overcome, overpower, put an end to, rout, ruin, worst
► N. 4. cessation, close, closing, completion, conclusion, culmination, dénouement, end, ending, finale, last stage(s), termination, winding up (*Inf.*), wind-up 5. annihilation, bankruptcy, curtains (*Inf.*), death, defeat, end, end of the road, liquidation, ruin
► V. 6. elaborate, perfect, polish, refine
► N. 7. cultivation, culture, elaboration, perfection, polish, refinement, sophistication
► V. 8. coat, face, gild, lacquer, polish, smooth off, stain, texture, veneer, wax
► N. 9. appearance, grain, lustre, patina, polish, shine, smoothness, surface, texture

**finished** 1. accomplished, classic, consummate, cultivated, elegant, expert, flawless, impeccable, masterly, perfected, polished, professional, proficient, refined, skilled, smooth, urbane 2. accomplished, achieved, closed, complete, completed, concluded, done, ended, entire, final, finalized, full, in the past, over, over and done with, sewed up (*Inf.*), shut, terminated, through, tied up, wrapped up (*Inf.*) 3. done, drained, empty, exhausted, gone, played out (*Inf.*), spent, used up 4. bankrupt, defeated, devastated, done for (*Inf.*), doomed, gone, liquidated, lost, ruined, through, undone, washed up (*Inf., chiefly U.S.*), wiped out, wound up, wrecked

**finite** bounded, circumscribed, conditioned, delimited, demarcated, limited, restricted, subject to limitations, terminable

**fire**
► N. 1. blaze, combustion, conflagration, flames, inferno 2. barrage, bombardment, cannonade, flak, fusillade, hail, salvo, shelling, sniping, volley 3. (*Fig.*) animation, ardour, brio, burning passion, dash, eagerness, élan, enthusiasm, excitement, fervency, fervour, force, heat, impetuosity, intensity, life, light, lustre, passion, pizzazz *or* pizazz (*Inf.*), radiance, scintillation, sparkle, spirit, splendour, verve, vigour, virtuosity, vivacity 4. **hanging fire** delayed, in abeyance, pending, postponed, put back, put off, shelved, suspended, undecided 5. **on fire** ablaze, aflame, alight, blazing, burning, fiery, flaming, in flames ardent, eager, enthusiastic, excited, inspired, passionate
► V. 6. enkindle, ignite, kindle, light, put a match to, set ablaze, set aflame, set alight, set fire to, set on fire 7. detonate, discharge, eject, explode, hurl, launch, let off, loose, pull the trigger, set off, shell, shoot, touch off 8. (*Fig.*) animate, arouse, electrify, enliven, excite, galvanize, impassion, incite, inflame, inspire, inspirit, irritate, quicken, rouse, stir 9. (*Inf.*) cashier, discharge, dismiss, give marching orders, kiss off (*Sl., chiefly U.S. & Canad.*), make redundant, sack (*Inf.*), show the door

**firebrand** *(Fig.)* agitator, demagogue, fomenter, incendiary, instigator, rabble-rouser, soapbox orator, tub-thumper

**fireworks** **1.** illuminations, pyrotechnics **2.** *(Fig.)* fit of rage, hysterics, paroxysms, rage, rows, storm, temper, trouble, uproar

**firm[1]** **N.** association, business, company, concern, conglomerate, corporation, enterprise, house, organization, outfit *(Inf.)*, partnership

**firm[2]** **ADJ. 1.** close-grained, compact, compressed, concentrated, congealed, dense, hard, inelastic, inflexible, jelled, jellified, rigid, set, solid, solidified, stiff, unyielding **2.** anchored, braced, cemented, embedded, fast, fastened, fixed, immovable, motionless, riveted, robust, rooted, secure, secured, stable, stationary, steady, strong, sturdy, taut, tight, unfluctuating, unmoving, unshak(e)able **3.** adamant, constant, definite, fixed, immovable, inflexible, obdurate, resolute, resolved, set on, settled, stalwart, staunch, steadfast, strict, true, unalterable, unbending, unfaltering, unflinching, unshak(e)able, unshaken, unswerving, unwavering, unyielding

**firmly** **1.** enduringly, immovably, like a rock, motionlessly, securely, steadily, tightly, unflinchingly, unshakably **2.** determinedly, resolutely, staunchly, steadfastly, strictly, through thick and thin, unchangeably, unwaveringly, with a rod of iron, with decision

**firmness** **1.** compactness, density, fixedness, hardness, inelasticity, inflexibility, resistance, rigidity, solidity, stiffness **2.** immovability, soundness, stability, steadiness, strength, tautness, tensile strength, tension, tightness **3.** constancy, fixedness, fixity of purpose, inflexibility, obduracy, resolution, resolve, staunchness, steadfastness, strength of will, strictness

**first**
- **ADJ. 1.** chief, foremost, head, highest, leading, pre-eminent, prime, principal, ruling **2.** earliest, initial, introductory, maiden, opening, original, premier, primeval, primitive, primordial, pristine **3.** basic, cardinal, elementary, fundamental, key, primary, rudimentary
- **ADV. 4.** at the beginning, at the outset, before all else, beforehand, firstly, initially, in the first place, to begin with, to start with
- **N. 5.** *(also* **from the first***)* beginning, commencement, inception, introduction, outset, start, starting point, word œgo' *(Inf.)*

**first-hand** direct, straight from the horse's mouth

**first-rate** admirable, A1 *or* A-one *(Inf.)*, boffo *(Sl.)*, brill *(Inf.)*, chillin' *(U.S. sl.)*, crack *(Sl.)*, cracking *(Brit. inf.)*, crucial *(Sl.)*, def *(Sl.)*, elite, excellent, exceptional, exclusive, first class, jim-dandy *(Sl.)*, mean *(Sl.)*, mega *(Sl.)*, outstanding, prime, second to none, sovereign, superb, superlative, tiptop, top, topnotch *(Inf.)*, topping *(Brit. sl.)*, tops *(Sl.)*, world-class

**fish out** extract, extricate, find, haul out, produce, pull out

**fishy** **1.** *(Inf.)* dodgy *(Brit., Aust., & N.Z. inf.)*, doubtful, dubious, funny *(Inf.)*, implausible, improbable, odd, queer, questionable, rum *(Brit. sl.)*, suspect, suspicious, unlikely **2.** blank, deadpan, dull, expressionless, glassy, glassy-eyed, inexpressive, lacklustre, lifeless, vacant, wooden **3.** fishlike, piscatorial, piscatory, piscine

**fissure** breach, break, chink, cleavage, cleft, crack, cranny, crevice, fault, fracture, gap, hole, interstice, opening, rent, rift, rupture, slit, split

**fit[1]**
- **ADJ. 1.** able, adapted, adequate, apposite, appropriate, apt, becoming, capable, competent, convenient, correct, deserving, equipped, expedient, fitted, fitting, good enough, meet *(Archaic)*, prepared, proper, qualified, ready, right, seemly, suitable, trained, well-suited, worthy **2.** able-bodied, hale, healthy, in good condition, in good shape, in good trim, robust, strapping, toned up, trim, well
- **V. 3.** accord, agree, be consonant, belong, concur, conform, correspond, dovetail, go, interlock, join, match, meet, suit, tally **4.** *(Often with* **out** *or* **up***)* accommodate, accoutre, arm, equip, fit out, kit out, outfit, prepare, provide, rig out **5.** adapt, adjust, alter, arrange, dispose, fashion, modify, place, position, shape

**fit[2]** **N. 1.** attack, bout, convulsion, paroxysm, seizure, spasm **2.** caprice, fancy, humour, mood, whim **3.** bout, burst, outbreak, outburst, spell **4. by fits and starts** erratically, fitfully, intermittently, irregularly, on and off, spasmodically, sporadically, unsystematically

**fitful** broken, desultory, disturbed, erratic, flickering, fluctuating, haphazard, impulsive, inconstant, intermittent, irregular, spasmodic, sporadic, uneven, unstable, variable

**fitfully** desultorily, erratically, in fits and starts, in snatches, intermittently, interruptedly, irregularly, off and on, spasmodically, sporadically

**fitness** **1.** adaptation, applicability, appropriateness, aptness, competence, eligibility, pertinence, preparedness, propriety, qualifications, readiness, seemliness, suitability **2.** good condition, good health, health, robustness, strength, vigour

**fitted** **1.** adapted, cut out for, equipped, fit, qualified, right, suitable, tailor-made **2.** *(Often with* **with***)* accoutred, appointed, armed, equipped, furnished, outfitted, provided, rigged out, set up, supplied **3.** built-in, permanent

**fitting**
- **ADJ. 1.** apposite, appropriate, becoming, comme il faut, correct, decent, decorous, desirable, meet *(Archaic)*, proper, right, seemly, suitable
- **N. 2.** accessory, attachment, component, connection, part, piece, unit

**fix**
- **V. 1.** anchor, embed, establish, implant, install, locate, place, plant, position, root, set, settle **2.** attach, bind, cement, connect, couple, fasten, glue, link, make fast, pin, secure, stick, tie **3.** agree on, appoint, arrange, arrive at, conclude, decide, define, determine, establish, limit, name, resolve, set, settle, specify **4.** adjust, correct, mend, patch up, put to rights, regulate, repair, see to, sort **5.** congeal, consolidate, harden, rigidify, set, solidify, stiffen, thicken **6.** direct, focus, level at, rivet **7.** *(Inf.)* bribe, fiddle *(Inf.)*, influence, manipulate, manoeuvre, pull strings *(Inf.)*, rig **8.** *(Sl.)* cook (someone's) goose *(Inf.)*, get even with *(Inf.)*, get revenge on, pay back, settle (someone's) hash *(Inf.)*, sort (someone) out *(Inf.)*, take retribution on, wreak vengeance on
- **N. 9.** *(Inf.)* difficult situation, difficulty, dilemma, embarrassment, hole *(Sl.)*, hot water *(Inf.)*, jam *(Inf.)*, mess, pickle *(Inf.)*, plight, predicament, quandary, spot *(Inf.)*, ticklish situation, tight spot

**fixation** complex, hang-up *(Inf.)*, idée fixe, infatuation, mania, obsession, preoccupation, thing *(Inf.)*

**fixed** **1.** anchored, attached, established, immovable, made fast, permanent, rigid, rooted, secure, set **2.** intent, level, resolute, steady, unbending, unblinking, undeviating, unflinching, unwavering **3.** agreed, arranged, decided, definite, established, planned, resolved, settled **4.** going, in working order, mended, put right, repaired, sorted **5.** *(Inf.)* framed, manipulated, packed, put-up, rigged

**fix up** **1.** agree on, arrange, fix, organize, plan, settle, sort out **2.** *(Often with* **with***)* accommodate, arrange for, bring about, furnish, lay on, provide

**fizz** bubble, effervesce, fizzle, froth, hiss, sparkle, sputter

**fizzle out** abort, collapse, come to nothing, die away, end in disappointment, fail, fall through, fold *(Inf.)*, miss the mark, peter out

**fizzy** bubbling, bubbly, carbonated, effervescent, gassy, sparkling

**flag[1]**
- **N. 1.** banderole, banner, colours, ensign, gonfalon, jack, pennant, pennon, standard, streamer
- **V. 2.** *(Sometimes with* **down***)* hail, salute, signal, warn, wave **3.** docket, indicate, label, mark, note, tab

**flag[2]** **V.** abate, decline, die, droop, ebb, fade, fail, faint, fall, fall off, feel the pace, languish, peter out, pine, sag, sink, slump, succumb, taper off, wane, weaken, weary, wilt

**flagrant** arrant, atrocious, awful, barefaced, blatant, bold, brazen, crying, dreadful, egregious, enormous, flagitious, flaunting, glaring, heinous, immodest, infamous, notorious, open, ostentatious, out-and-out, outrageous, scandalous, shameless, undisguised

**flail** **V.** beat, thrash, thresh, windmill

**flair** **1.** ability, accomplishment, aptitude, faculty, feel, genius, gift, knack, mastery, talent **2.** chic, dash, discernment, elegance, panache, style, stylishness, taste

**flake**
- **N. 1.** disk, lamina, layer, peeling, scale, shaving, sliver, squama *(Biol.)*, wafer
- **V. 2.** blister, chip, desquamate, peel (off), scale (off)

**flamboyant** **1.** actorly, baroque, camp *(Inf.)*, elaborate, extravagant, florid, ornate, ostentatious, over the top *(Inf.)*, rich, rococo, showy, theatrical **2.** brilliant, colourful, dashing, dazzling, exciting, glamorous, glitzy *(Sl.)*, swashbuckling

**flame**
- **V. 1.** blaze, burn, flare, flash, glare, glow, shine
- **N. 2.** blaze, brightness, fire, light **3.** *(Fig.)* affection, ardour, enthusiasm, fervency, fervour, fire, intensity, keenness, passion, warmth **4.** *(Inf.)* beau, beloved, boyfriend, girlfriend, heart-throb *(Brit.)*, ladylove, lover, sweetheart

**flame-proof** fire-resistant, incombustible, nonflammable, non-inflammable

**flaming** **1.** ablaze, afire, blazing, brilliant, burning, fiery, glowing, ignited, in flames, raging, red, red-hot **2.** angry, ardent, aroused, frenzied, hot, impassioned, intense, raging, scintillating, vehement, vivid

**flank**
- **N. 1.** ham, haunch, hip, loin, quarter, side, thigh **2.** side, wing
- **V. 3.** border, bound, edge, fringe, line, screen, skirt, wall

**flap**
- **V. 1.** agitate, beat, flail, flutter, shake, swing, swish, thrash, thresh, vibrate, wag, wave
- **N. 2.** bang, banging, beating, flutter, shaking, swinging, swish, waving
- **V. 3.** *(Inf.)* dither *(Chiefly Brit.)*, fuss, panic
- **N. 4.** *(Inf.)* agitation, commotion, fluster, panic, state *(Inf.)*, stew *(Inf.)*, sweat *(Inf.)*, tizzy *(Inf.)*, twitter *(Inf.)* **5.** apron, cover, fly, fold, lapel, lappet, overlap, skirt, tab, tail

**flare**
- **V. 1.** blaze, burn up, dazzle, flicker, flutter, glare, waver **2.** *(Often with* **out***)* broaden, spread out, widen
- **N. 3.** blaze, burst, dazzle, flame, flash, flicker, glare

**flare up** blaze, blow one's top *(Inf.)*, boil over, break out, explode, fire up, fly off the handle *(Inf.)*, lose control, lose one's cool *(Inf.)*, lose one's temper, throw a tantrum

**flash**
- **V. 1.** blaze, coruscate, flare, flicker, glare, gleam, glint, glisten, glitter, light, scintillate, shimmer, sparkle, twinkle
- **N. 2.** blaze, burst, coruscation, dazzle, flare, flicker, gleam, ray, scintillation, shaft, shimmer, spark, sparkle, streak, twinkle
- **V. 3.** barrel (along) *(Inf., chiefly U.S. & Canad.)*, bolt, burn rubber *(Inf.)*, dart, dash, fly, race, shoot, speed, sprint, streak, sweep, whistle, zoom
- **N. 4.** instant, jiffy *(Inf.)*, moment, second, shake, split second, trice, twinkling, twinkling of an eye, two shakes of a lamb's tail *(Inf.)*
- **V. 5.** display, exhibit, expose, flaunt, flourish, show
- **N. 6.** burst, demonstration, display, manifestation, outburst, show, sign, touch
- **ADJ. 7.** *(Inf.)* cheap, glamorous, naff *(Brit. sl.)*, ostentatious, tacky *(Inf.)*, tasteless, vulgar

**flashy** brash, cheap, cheap and nasty, flamboyant, flaunting, garish, gaudy, glittery, glitzy *(Sl.)*, in poor taste, jazzy *(Inf.)*, loud, meretricious, naff *(Brit. sl.)*, ostentatious, over the top *(Inf.)*, showy, snazzy *(Inf.)*, tacky *(Inf.)*, tasteless, tawdry, tinselly

**flat[1]**
- **ADJ. 1.** even, horizontal, level, levelled, low, planar, plane, smooth, unbroken **2.** laid low, lying full length, outstretched, prone, prostrate, reclining, recumbent, supine **3.** boring, dead, dull, flavourless, ho-hum *(Inf.)*, insipid, jejune, lacklustre, lifeless, monotonous, pointless, prosaic, spiritless, stale, tedious, uninteresting, vapid, watery, weak **4.** absolute, categorical, direct, downright, explicit, final, fixed, out-and-out, peremptory, plain, positive, straight, unconditional, unequivocal, unmistakable, unqualified **5.** blown out, burst, collapsed, deflated, empty, punctured
- **N. 6.** *Often plural* lowland, marsh, mud flat, plain, shallow, shoal, strand, swamp
- **ADV. 7.** absolutely, categorically, completely, exactly, point blank, precisely, utterly **8. flat out**

all out, at full gallop, at full speed, at full tilt, for all one is worth, hell for leather *(Inf.)*, post-haste, under full steam

**flat**[2] apartment, rooms

**flatly** absolutely, categorically, completely, positively, unhesitatingly

**flatness** **1.** evenness, horizontality, levelness, smoothness, uniformity **2.** dullness, emptiness, insipidity, monotony, staleness, tedium, vapidity

**flatten** **1.** compress, even out, iron out, level, plaster, raze, roll, smooth off, squash, trample **2.** bowl over, crush, fell, floor, knock down, knock off one's feet, prostrate, subdue

**flatter** **1.** blandish, butter up, cajole, compliment, court, fawn, flannel *(Brit. inf.)*, humour, inveigle, lay it on (thick) *(Sl.)*, pander to, praise, puff, soft-soap *(Inf.)*, sweet-talk *(Inf.)*, wheedle **2.** become, do something for, enhance, set off, show to advantage, suit

**flattering** **1.** becoming, effective, enhancing, kind, well-chosen **2.** adulatory, complimentary, fawning, fulsome, gratifying, honeyed, honey-tongued, ingratiating, laudatory, sugary

**flattery** adulation, blandishment, blarney, cajolery, false praise, fawning, flannel *(Brit. inf.)*, fulsomeness, honeyed words, obsequiousness, servility, soft-soap *(Inf.)*, sweet-talk *(Inf.)*, sycophancy, toadyism

**flavour**
- N. **1.** aroma, essence, extract, flavouring, odour, piquancy, relish, savour, seasoning, smack, tang, taste, zest, zing *(Inf.)* **2.** aspect, character, essence, feel, feeling, property, quality, soupçon, stamp, style, suggestion, tinge, tone, touch
- V. **3.** ginger up, imbue, infuse, lace, leaven, season, spice

**flavouring** essence, extract, spirit, tincture, zest

**flaw** **1.** blemish, defect, disfigurement, failing, fault, imperfection, scar, speck, spot, weakness, weak spot **2.** breach, break, cleft, crack, crevice, fissure, fracture, rent, rift, scission, split, tear

**flawed** blemished, broken, chipped, cracked, damaged, defective, erroneous, faulty, imperfect, unsound

**flawless** **1.** faultless, impeccable, perfect, spotless, unblemished, unsullied **2.** intact, sound, unbroken, undamaged, whole

**flee** abscond, avoid, beat a hasty retreat, bolt, cut and run *(Inf.)*, decamp, depart, do a runner *(Sl.)*, escape, fly, fly the coop *(U.S. & Canad. inf.)*, get away, hook it *(Sl.)*, leave, make a quick exit, make off, make oneself scarce *(Inf.)*, make one's escape, make one's getaway, run away, scarper *(Brit. sl.)*, shun, skedaddle *(Inf.)*, slope off, split *(Sl.)*, take a powder *(U.S. & Canad. sl.)*, take flight, take it on the lam *(U.S. & Canad. sl.)*, take off *(Inf.)*, take to one's heels, vanish

**fleece** **1.** *(Fig.)* bleed *(Inf.)*, cheat, con *(Inf.)*, cozen, defraud, despoil, diddle *(Inf.)*, mulct, overcharge, plunder, rifle, rip off *(Sl.)*, rob, rook *(Sl.)*, skin *(Sl.)*, soak *(U.S. & Canad. sl.)*, steal, stiff *(Sl.)*, swindle, take for a ride *(Inf.)*, take to the cleaners *(Sl.)* **2.** clip, shear

**fleet** N. argosy, armada, flotilla, naval force, navy, sea power, squadron, task force, vessels, warships

**fleeting** brief, ephemeral, evanescent, flitting, flying, fugacious, fugitive, here today, gone tomorrow, momentary, passing, short, short-lived, temporary, transient, transitory

**flesh** **1.** beef *(Inf.)*, body, brawn, fat, fatness, food, meat, tissue, weight **2.** animality, body, carnality, flesh and blood, human nature, physicality, physical nature, sensuality **3.** homo sapiens, humankind, human race, living creatures, man, mankind, mortality, people, race, stock, world **4. one's own flesh and blood** blood, family, kin, kindred, kinsfolk, kith and kin, relations, relatives

**flex** V. angle, bend, contract, crook, curve, tighten

**flexibility** adaptability, adjustability, complaisance, elasticity, give *(Inf.)*, pliability, pliancy, resilience, springiness, tensility

**flexible** **1.** bendable, ductile, elastic, limber, lissom(e), lithe, mouldable, plastic, pliable, pliant, springy, stretchy, supple, tensile, whippy, willowy, yielding **2.** adaptable, adjustable, discretionary, open, variable **3.** amenable, biddable, complaisant, compliant, docile, gentle, manageable, responsive, tractable

**flick**
- V. **1.** dab, fillip, flip, hit, jab, peck, rap, strike, tap, touch **2.** *(With* **through***)* browse, flip, glance, skim, skip, thumb
- N. **3.** fillip, flip, jab, peck, rap, tap, touch

**flicker**
- V. **1.** flare, flash, glimmer, gutter, shimmer, sparkle, twinkle **2.** flutter, quiver, vibrate, waver
- N. **3.** flare, flash, gleam, glimmer, spark **4.** atom, breath, drop, glimmer, iota, spark, trace, vestige

**flickering** fitful, guttering, twinkling, unsteady, wavering

**flight**[1] **1.** flying, mounting, soaring, winging **2.** *(Of air travel)* journey, trip, voyage **3.** aerial navigation, aeronautics, air transport, aviation, flying **4.** cloud, flock, formation, squadron, swarm, unit, wing

**flight**[2] **1.** departure, escape, exit, exodus, fleeing, getaway, retreat, running away **2. put to flight** chase off, disperse, drive off, rout, scare off, scatter, send packing, stampede **3. take (to) flight** abscond, beat a retreat, bolt, decamp, do a bunk *(Brit. sl.)*, do a runner *(Sl.)*, flee, fly the coop *(U.S. & Canad. inf.)*, light out *(Inf.)*, make a hasty retreat, run away *or* off, skedaddle *(Inf.)*, take a powder *(U.S. & Canad. sl.)*, take it on the lam *(U.S. & Canad. sl.)*, withdraw hastily

**flimsy** **1.** delicate, fragile, frail, gimcrack, insubstantial, makeshift, rickety, shaky, shallow, slight, superficial, unsubstantial **2.** chiffon, gauzy, gossamer, light, sheer, thin, transparent **3.** feeble, frivolous, implausible, inadequate, pathetic, poor, thin, transparent, trivial, unconvincing, unsatisfactory, weak

**flinch** baulk, blench, cower, cringe, draw back, duck, flee, quail, recoil, retreat, shirk, shrink, shy away, start, swerve, wince, withdraw

**fling**
- V. **1.** cast, catapult, chuck *(Inf.)*, heave, hurl, jerk, let fly, lob *(Inf.)*, pitch, precipitate, propel, send, shy, sling, throw, toss
- N. **2.** cast, lob, pitch, shot, throw, toss **3.** bash, beano *(Brit. sl.)*, binge *(Inf.)*, bit of fun, good time, indulgence, party, rave *(Brit. sl.)*, rave-up *(Brit. sl.)*, spree **4.** attempt, bash *(Inf.)*, crack *(Inf.)*, gamble, go *(Inf.)*, shot *(Inf.)*, stab *(Inf.)*, trial, try, venture, whirl *(Inf.)*

**flip** V./N. cast, flick, jerk, pitch, snap, spin, throw, toss, twist

**flippancy** cheek *(Inf.)*, cheekiness, disrespectfulness, frivolity, impertinence, irreverence, levity, pertness, sauciness

**flippant** cheeky, disrespectful, flip *(Inf.)*, frivolous, glib, impertinent, impudent, irreverent, offhand, pert, rude, saucy, superficial

**flirt**
- V. **1.** chat up *(Inf.)*, coquet, dally, lead on, make advances, make eyes at, philander **2.** *(Usually with* **with***)* consider, dabble in, entertain, expose oneself to, give a thought to, play with, toy with, trifle with
- N. **3.** coquette, heart-breaker, philanderer, tease, trifler, wanton

**flirtation** coquetry, dalliance, intrigue, philandering, teasing, toying, trifling

**flirtatious** amorous, arch, come-hither, come-on *(Inf.)*, coquettish, coy, enticing, flirty, provocative, sportive, teasing

**float** V. **1.** be *or* lie on the surface, be buoyant, displace water, hang, hover, poise, rest on water, stay afloat **2.** bob, drift, glide, move gently, sail, slide, slip along **3.** get going, launch, promote, push off, set up

**floating** **1.** afloat, buoyant, buoyed up, nonsubmersible, ocean-going, sailing, swimming, unsinkable **2.** fluctuating, free, migratory, movable, unattached, uncommitted, unfixed, variable, wandering

**flock**
- V. **1.** collect, congregate, converge, crowd, gather, group, herd, huddle, mass, throng, troop
- N. **2.** colony, drove, flight, gaggle, herd, skein **3.** assembly, bevy, collection, company, congregation, convoy, crowd, gathering, group, herd, host, mass, multitude, throng

**flog** **1.** beat, castigate, chastise, flagellate, flay, lambast(e), lash, scourge, thrash, trounce, whack, whip **2.** drive, oppress, overexert, overtax, overwork, punish, push, strain, tax

**flogging** beating, caning, flagellation, hiding *(Inf.)*, horsewhipping, lashing, scourging, thrashing, trouncing, whipping

**flood**
- V. **1.** brim over, deluge, drown, immerse, inundate, overflow, pour over, submerge, swamp **2.** engulf, flow, gush, overwhelm, rush, surge, swarm, sweep **3.** choke, fill, glut, oversupply, saturate
- N. **4.** deluge, downpour, flash flood, freshet, inundation, overflow, spate, tide, torrent **5.** abundance, flow, glut, multitude, outpouring, profusion, rush, stream, torrent

**floor**
- N. **1.** level, stage, storey, tier
- V. **2.** *(Fig.)* baffle, beat, bewilder, bowl over *(Inf.)*, bring up short, confound, conquer, defeat, discomfit, disconcert, dumbfound, faze, knock down, nonplus, overthrow, perplex, prostrate, puzzle, stump, throw *(Inf.)*

**flop**
- V. **1.** collapse, dangle, droop, drop, fall, hang limply, sag, slump, topple, tumble **2.** *(Inf.)* bomb *(U.S. & Canad. sl.)*, close, come to nothing, fail, fall flat, fall short, fold *(Inf.)*, founder, go belly-up *(Sl.)*, go down like a lead balloon *(Inf.)*, misfire
- N. **3.** *(Inf.)* cockup *(Brit. sl.)*, debacle, disaster, failure, fiasco, loser, nonstarter, washout *(Inf.)*

**floral** flower-patterned, flowery

**florid** **1.** blowzy, flushed, high-coloured, high-complexioned, rubicund, ruddy **2.** baroque, busy, embellished, euphuistic, figurative, flamboyant, flowery, fussy, grandiloquent, high-flown, ornate, overelaborate

**flotsam** debris, detritus, jetsam, junk, odds and ends, sweepings, wreckage

**flounder** V. be in the dark, blunder, fumble, grope, muddle, plunge, struggle, stumble, thrash, toss, tumble, wallow

**flourish**
- V. **1.** bear fruit, be in one's prime, be successful, be vigorous, bloom, blossom, boom, burgeon, develop, do well, flower, get ahead, get on, go great guns *(Sl.)*, go up in the world, grow, grow fat, increase, prosper, succeed, thrive **2.** brandish, display, flaunt, flutter, shake, sweep, swing, swish, twirl, vaunt, wag, wave, wield
- N. **3.** brandishing, dash, display, fanfare, parade, shaking, show, showy gesture, twirling, wave **4.** curlicue, decoration, embellishment, ornamentation, plume, sweep

**flourishing** blooming, burgeoning, doing well, going strong, in the pink, in top form, lush, luxuriant, mushrooming, on the up and up *(Inf.)*, prospering, rampant, successful, thriving

**flout** defy, deride, gibe at, insult, jeer at, laugh in the face of, mock, outrage, ridicule, scoff at, scorn, scout *(Archaic)*, show contempt for, sneer at, spurn, take the piss out of *(Taboo sl.)*, taunt, treat with disdain

**flow**
- V. **1.** circulate, course, glide, gush, move, pour, purl, ripple, roll, run, rush, slide, surge, sweep, swirl, whirl **2.** cascade, deluge, flood, inundate, issue, overflow, pour, run, run out, spew, spill, spurt, squirt, stream, teem, well forth **3.** arise, emanate, emerge, issue, pour, proceed, result, spring
- N. **4.** course, current, drift, flood, flux, gush, issue, outflow, outpouring, spate, stream, tide, tideway, undertow **5.** abundance, deluge, effusion, emanation, outflow, outpouring, plenty, plethora, succession, train

**flower**
- N. **1.** bloom, blossom, efflorescence **2.** *(Fig.)* best, choicest part, cream, elite, freshness, greatest *or* finest point, height, pick, vigour
- V. **3.** bloom, blossom, blow, burgeon, effloresce, flourish, mature, open, unfold

**flowering** ADJ. abloom, blooming, blossoming, florescent, in bloom, in blossom, in flower, open, out, ready

**flowery** baroque, embellished, euphuistic, fancy, figurative, florid, high-flown, ornate, overwrought, rhetorical

**flowing** **1.** falling, gushing, rolling, rushing, smooth, streaming, sweeping **2.** continuous, cursive, easy, fluent, smooth, unbroken, uninterrupted **3.** abounding, brimming over, flooded, full, overrun, prolific, rich, teeming

**fluctuate** alter, alternate, change, ebb and flow, go up and down, hesitate, oscillate, rise and fall, seesaw, shift, swing, undulate, vacillate, vary, veer, waver

**fluctuation** alternation, change, fickleness, inconstancy, instability, oscillation, shift, swing, unsteadiness, vacillation, variation, wavering

**fluency** articulateness, assurance, command, control, ease, facility, glibness, readiness, slickness, smoothness, volubility

**fluent** articulate, easy, effortless, facile, flowing, glib, natural, ready, smooth, smooth-spoken, voluble, well-versed

**fluff**
- ▸ **N. 1.** down, dust, dustball, fuzz, lint, nap, oose *(Scot.)*, pile
- ▸ **V. 2.** *(Inf.)* bungle, cock up *(Brit. sl.)*, foul up *(Inf.)*, fuck up *(Offens. taboo sl.)*, make a mess off, mess up *(Inf.)*, muddle, screw up *(Inf.)*, spoil

**fluid**
- ▸ **ADJ. 1.** aqueous, flowing, in solution, liquefied, liquid, melted, molten, running, runny, watery **2.** adaptable, adjustable, changeable, flexible, floating, fluctuating, indefinite, mercurial, mobile, mutable, protean, shifting **3.** easy, elegant, feline, flowing, graceful, sinuous, smooth
- ▸ **N. 4.** liquid, liquor, solution

**flurry**
- ▸ **N. 1.** *(Fig.)* ado, agitation, bustle, commotion, disturbance, excitement, ferment, flap, fluster, flutter, furore, fuss, hurry, stir, to-do, tumult, whirl **2.** flaw, gust, squall **3.** burst, outbreak, spell, spurt
- ▸ **V. 4.** agitate, bewilder, bother, bustle, confuse, disconcert, disturb, faze, fluster, flutter, fuss, hassle *(Inf.)*, hurry, hustle, rattle *(Inf.)*, ruffle, unnerve, unsettle, upset

**flush**[1]
- ▸ **V. 1.** blush, burn, colour, colour up, crimson, flame, glow, go red, redden, suffuse
- ▸ **N. 2.** bloom, blush, colour, freshness, glow, redness, rosiness
- ▸ **V. 3.** cleanse, douche, drench, eject, expel, flood, hose down, rinse out, swab, syringe, wash out

**flush**[2]
- ▸ **ADJ. 1.** even, flat, level, plane, square, true **2.** abundant, affluent, full, generous, lavish, liberal, overflowing, prodigal **3.** *(Inf.)* in funds, in the money *(Inf.)*, moneyed, rich, rolling *(Sl.)*, wealthy, well-heeled *(Inf.)*, well-off, well-supplied
- ▸ **ADV. 4.** even with, hard against, in contact with, level with, squarely, touching

**flushed 1.** blushing, burning, crimson, embarrassed, feverish, glowing, hot, red, rosy, rubicund, ruddy **2.** *(Often with* **with***)* ablaze, animated, aroused, elated, enthused, excited, exhilarated, high *(Inf.)*, inspired, intoxicated, thrilled

**fluster**
- ▸ **V. 1.** agitate, bother, bustle, confound, confuse, disturb, excite, flurry, hassle *(Inf.)*, heat, hurry, make nervous, perturb, rattle *(Inf.)*, ruffle, throw off balance, unnerve, upset
- ▸ **N. 2.** agitation, bustle, commotion, disturbance, dither *(Chiefly Brit.)*, flap *(Inf.)*, flurry, flutter, furore, perturbation, ruffle, state *(Inf.)*, turmoil

**flutter**
- ▸ **V. 1.** agitate, bat, beat, flap, flicker, flit, flitter, fluctuate, hover, palpitate, quiver, ripple, ruffle, shiver, tremble, vibrate, waver
- ▸ **N. 2.** palpitation, quiver, quivering, shiver, shudder, tremble, tremor, twitching, vibration **3.** agitation, commotion, confusion, dither *(Chiefly Brit.)*, excitement, flurry, fluster, perturbation, state *(Inf.)*, state of nervous excitement, tremble, tumult

**fly** **V. 1.** flit, flutter, hover, mount, sail, soar, take to the air, take wing, wing **2.** aviate, be at the controls, control, manoeuvre, operate, pilot **3.** display, flap, float, flutter, show, wave **4.** elapse, flit, glide, pass, pass swiftly, roll on, run its course, slip away **5.** barrel (along) *(Inf., chiefly U.S. & Canad.)*, be off like a shot *(Inf.)*, bolt, burn rubber *(Inf.)*, career, dart, dash, hare *(Brit. inf.)*, hasten, hurry, race, rush, scamper, scoot, shoot, speed, sprint, tear, whiz *(Inf.)*, zoom **6.** abscond, avoid, beat a retreat, clear out *(Inf.)*, cut and run *(Inf.)*, decamp, disappear, do a runner *(Sl.)*, escape, flee, fly the coop *(U.S. & Canad. inf.)*, get away, hasten away, hightail *(Inf., chiefly U.S.)*, light out *(Inf.)*, make a getaway, make a quick exit, make one's escape, run, run for it, run from, show a clean pair of heels, shun, skedaddle *(Inf.)*, take a powder *(U.S. & Canad. sl.)*, take flight, take it on the lam *(U.S. & Canad. sl.)*, take off, take to one's heels **7. fly in the ointment** difficulty, drawback, flaw, hitch, problem, rub, small problem, snag **8. fly off the handle** blow one's top, explode, flip one's lid *(Sl.)*, fly into a rage, have a tantrum, hit *or* go through the roof *(Inf.)*, let fly *(Inf.)*, lose one's cool *(Sl.)*, lose one's temper **9. let fly** burst forth, give free reign, keep nothing back, lash out, let (someone) have it, lose one's temper, tear into *(Inf.)*, vent cast, chuck *(Inf.)*, fire, fling, heave, hurl, hurtle, launch, let off, lob *(Inf.)*, shoot, sling, throw

**fly-by-night** **ADJ. 1.** cowboy *(Inf.)*, dubious, questionable, shady, undependable, unreliable, untrustworthy **2.** brief, here today, gone tomorrow, impermanent, short-lived

**flying** **ADJ. 1.** brief, fleeting, fugacious, hasty, hurried, rushed, short-lived, transitory **2.** express, fast, fleet, mercurial, mobile, rapid, speedy, winged **3.** airborne, flapping, floating, fluttering, gliding, hovering, in the air, soaring, streaming, volitant, waving, wind-borne, winging

**foam**
- ▸ **N. 1.** bubbles, froth, head, lather, spray, spume, suds
- ▸ **V. 2.** boil, bubble, effervesce, fizz, froth, lather

**focus**
- ▸ **N. 1.** bull's eye, centre, centre of activity, centre of attraction, core, cynosure, focal point, headquarters, heart, hub, meeting place, target **2. in focus** clear, distinct, sharp-edged, sharply defined **3. out of focus** blurred, fuzzy, ill-defined, indistinct, muzzy, unclear
- ▸ **V. 4.** aim, bring to bear, centre, concentrate, converge, direct, fix, join, meet, pinpoint, rivet, spotlight, zero in *(Inf.)*, zoom in

**foe** adversary, antagonist, enemy, foeman *(Archaic)*, opponent, rival

**fog**
- ▸ **N. 1.** gloom, miasma, mist, murk, murkiness, peasouper *(Inf.)*, smog **2.** *(Fig.)* blindness, confusion, daze, haze, mist, obscurity, perplexity, stupor, trance
- ▸ **V. 3.** becloud, bedim, befuddle, bewilder, blind, cloud, confuse, darken, daze, dim, muddle, obfuscate, obscure, perplex, stupefy **4.** cloud, mist over *or* up, steam up

**foggy 1.** blurred, brumous *(Rare)*, cloudy, dim, grey, hazy, indistinct, misty, murky, nebulous, obscure, smoggy, soupy, vaporous **2.** *(Fig.)* befuddled, bewildered, clouded, cloudy, confused, dark, dazed, dim, indistinct, muddled, obscure, stupefied, stupid, unclear, vague

**foil** **V.** baffle, balk, check, checkmate, circumvent, counter, defeat, disappoint, elude, frustrate, nip in the bud, nullify, outwit, put a spoke in (someone's) wheel *(Brit.)*, stop, thwart

**foist** fob off, get rid of, impose, insert, insinuate, interpolate, introduce, palm off, pass off, put over, sneak in, unload

**fold**
- ▸ **V. 1.** bend, crease, crumple, dog-ear, double, double over, gather, intertwine, overlap, pleat, tuck, turn under
- ▸ **N. 2.** bend, crease, double thickness, folded portion, furrow, knife-edge, layer, overlap, pleat, turn, wrinkle
- ▸ **V. 3.** do up, enclose, enfold, entwine, envelop, wrap, wrap up **4.** *(Inf.)* be ruined, close, collapse, crash, fail, go bankrupt, go belly-up *(Sl.)*, go bust *(Inf.)*, go down like a lead balloon *(Inf.)*, go to the wall, go under, shut down

**folder** binder, envelope, file, portfolio

**folk** clan, ethnic group, family, kin, kindred, people, race, tribe

**follow 1.** come after, come next, step into the shoes of, succeed, supersede, supplant, take the place of **2.** chase, dog, hound, hunt, pursue, run after, shadow, stalk, tail *(Inf.)*, track, trail **3.** accompany, attend, bring up the rear, come *or* go with, come after, escort, tag along, tread on the heels of **4.** act in accordance with, be guided by, comply, conform, give allegiance to, heed, mind, note, obey, observe, regard, watch **5.** appreciate, catch, catch on *(Inf.)*, comprehend, fathom, get, get the picture, grasp, keep up with, realize, see, take in, understand **6.** arise, be consequent, develop, emanate, ensue, flow, issue, proceed, result, spring, supervene **7.** adopt, copy, emulate, imitate, live up to, pattern oneself upon, take as example **8.** be a devotee *or* supporter of, be devoted to, be interested in, cultivate, keep abreast of, support

**follower 1.** adherent, admirer, apostle, backer, believer, convert, devotee, disciple, fan, fancier, habitué, henchman, partisan, protagonist, pupil, representative, supporter, votary, worshipper **2.** attendant, companion, hanger-on, helper, henchman, lackey, minion, retainer *(History)*, sidekick *(Sl.)*

**following**
- ▸ **ADJ. 1.** coming, consequent, consequential, ensuing, later, next, specified, subsequent, succeeding, successive
- ▸ **N. 2.** audience, circle, clientele, coterie, entourage, fans, patronage, public, retinue, suite, support, supporters, train

**follow up 1.** check out, find out about, investigate, look into, make inquiries, pursue, research **2.** consolidate, continue, make sure, reinforce

**folly** absurdity, bêtise *(Rare)*, daftness *(Inf.)*, fatuity, foolishness, idiocy, imbecility, imprudence, indiscretion, irrationality, lunacy, madness, nonsense, preposterousness, rashness, recklessness, silliness, stupidity

**fond 1.** *(With* **of***)* addicted to, attached to, enamoured of, have a liking (fancy, taste, soft spot) for, hooked on, into *(Inf.)*, keen on, partial to, predisposed towards **2.** adoring, affectionate, amorous, caring, devoted, doting, indulgent, loving, tender, warm **3.** absurd, credulous, deluded, delusive, delusory, empty, foolish, indiscreet, naive, overoptimistic, vain

**fondle** caress, cuddle, dandle, pat, pet, stroke

**fondly 1.** affectionately, dearly, indulgently, lovingly, possessively, tenderly, with affection **2.** credulously, foolishly, naively, stupidly, vainly

**fondness 1.** attachment, fancy, liking, love, partiality, penchant, predilection, preference, soft spot, susceptibility, taste, weakness **2.** affection, attachment, devotion, kindness, love, tenderness

**food 1.** aliment, board, bread, chow *(Inf.)*, comestibles, commons, cooking, cuisine, diet, eatables *(Sl.)*, eats *(Sl.)*, edibles, fare, feed, foodstuffs, grub *(Sl.)*, larder, meat, menu, nosebag *(Sl.)*, nosh *(Sl.)*, nourishment, nutriment, nutrition, pabulum *(Rare)*, provender, provisions, rations, refreshment, scoff *(Sl.)*, stores, subsistence, sustenance, table, tack *(Inf.)*, tuck *(Inf.)*, viands, victuals, vittles *(Obs. or dialect)* **2.** *(Cattle, etc.)* feed, fodder, forage, provender

**fool**
- ▸ **N. 1.** ass, berk *(Brit. sl.)*, bird-brain *(Inf.)*, blockhead, bonehead *(Sl.)*, charlie *(Brit. inf.)*, chump *(Inf.)*, clodpate *(Archaic)*, clot *(Brit. inf.)*, coot, dickhead *(Sl.)*, dimwit *(Inf.)*, dipstick *(Brit. sl.)*, divvy *(Brit. sl.)*, dolt, dope *(Inf.)*, dork *(Sl.)*, dunce, dunderhead, dweeb *(U.S. sl.)*, fathead *(Inf.)*, fuckwit *(Taboo sl.)*, geek *(Sl.)*, gonzo *(Sl.)*, goose *(Inf.)*, halfwit, idiot, ignoramus, illiterate, imbecile *(Inf.)*, jackass, jerk *(Sl., chiefly U.S. & Canad.)*, lamebrain *(Inf.)*, loon, mooncalf, moron, nerd *or* nurd *(Sl.)*, nincompoop, ninny, nit *(Inf.)*, nitwit *(Inf.)*, numskull *or* numbskull, oaf, pillock *(Brit. sl.)*, plank *(Brit. sl.)*, plonker *(Sl.)*, prat *(Sl.)*, prick *(Derogatory sl.)*, sap *(Sl.)*, schmuck *(U.S. sl.)*, silly, simpleton, twerp *or* twirp *(Inf.)*, twit *(Inf., chiefly Brit.)*, wally *(Sl.)* **2.** butt, chump *(Inf.)*, dupe, easy mark *(Inf.)*, fall guy *(Inf.)*, greenhorn *(Inf.)*, gull *(Archaic)*, laughing stock, mug *(Brit. sl.)*, stooge *(Sl.)*, sucker *(Sl.)* **3.** buffoon, clown, comic, harlequin, jester, merry-andrew, motley, pierrot, punchinello **4. act** *or* **play the fool** act up, be silly, cavort, clown, cut capers, frolic, lark about *(Inf.)*, mess about, piss about *(Taboo sl.)*, piss around *(Taboo sl.)*, play the goat, show off *(Inf.)*
- ▸ **V. 5.** bamboozle, beguile, bluff, cheat, con *(Inf.)*, deceive, delude, dupe, gull *(Archaic)*, have (someone) on, hoax, hoodwink, kid *(Inf.)*, make a fool of, mislead, play a trick on, put one over on *(Inf.)*, stiff *(Sl.)*, take in, trick **6.** act the fool, cut capers, feign, jest, joke, kid *(Inf.)*, make believe, piss about *(Taboo sl.)*, piss around *(Taboo sl.)*, pretend, tease **7.** *(With* **with, around with,** *or* **about with***)* fiddle *(Inf.)*, meddle, mess, monkey, piss about *(Taboo sl.)*, piss around *(Taboo sl.)*, play, tamper, toy, trifle

**foolery** antics, capers, carry-on *(Inf., chiefly Brit.)*, childishness, clowning, folly, fooling, horseplay, larks, mischief, monkey tricks *(Inf.)*, nonsense, practical jokes, pranks, shenanigans *(Inf.)*, silliness, tomfoolery

**foolhardy** adventurous, bold, hot-headed, impetuous, imprudent, incautious, irresponsible, madcap, precipitate, rash, reckless, temerarious, venturesome, venturous

**foolish 1.** absurd, asinine, ill-advised, ill-considered, ill-judged, imprudent, inane, incautious, indiscreet, injudicious, nonsensical, senseless, short-sighted, silly, unintelligent, unreasonable, unwise **2.** braindead *(Inf.)*, brainless, crackpot *(Inf.)*, crazy, daft *(Inf.)*, doltish, fatuous, goofy *(Inf.)*, half-baked *(Inf.)*, half-witted, harebrained, idiotic, imbecilic, inane, loopy *(Inf.)*, ludicrous, mad, moronic, potty *(Brit. inf.)*, ridiculous, senseless, silly, simple, stupid, weak, witless

**foolishly** absurdly, idiotically, ill-advisedly, imprudently, incautiously, indiscreetly, injudiciously, like a fool, mistakenly, short-sightedly, stupidly, unwisely, without due consideration

**foolishness 1.** absurdity, bêtise *(Rare)*, folly, idiocy, imprudence, inanity, indiscretion, irresponsibility, silliness, stupidity, weakness **2.** bunk *(Inf.)*, bunkum *or* buncombe *(Chiefly U.S.)*, carrying-on *(Inf., chiefly Brit.)*, claptrap *(Inf.)*, foolery, nonsense, rigmarole, rubbish

**foolproof** certain, guaranteed, infallible, never-failing, safe, sure-fire *(Inf.)*, unassailable, unbreakable

**footing 1.** basis, establishment, foot-hold, foundation, ground, groundwork, installation, settlement **2.** condition, grade, position, rank, relations, relationship, standing, state, status, terms

**footling** fiddling, fussy, hairsplitting, immaterial, insignificant, irrelevant, minor, nickel-and-dime *(U.S. sl.)*, niggly, petty, pointless, silly, time-wasting, trifling, trivial, unimportant

**footstep 1.** footfall, step, tread **2.** footmark, footprint, trace, track

**forage**
- **N. 1.** *(Cattle, etc.)* feed, fodder, food, foodstuffs, provender
- **V. 2.** cast about, explore, hunt, look round, plunder, raid, ransack, rummage, scavenge, scour, scrounge *(Inf.)*, search, seek

**forbear** abstain, avoid, cease, decline, desist, eschew, hold back, keep from, omit, pause, refrain, resist the temptation to, restrain oneself, stop, withhold

**forbearance 1.** indulgence, leniency, lenity, longanimity *(Rare)*, long-suffering, mildness, moderation, patience, resignation, restraint, self-control, temperance, tolerance **2.** abstinence, avoidance, refraining

**forbearing** clement, easy, forgiving, indulgent, lenient, long-suffering, merciful, mild, moderate, patient, tolerant

**forbid** ban, debar, disallow, exclude, hinder, inhibit, interdict, outlaw, preclude, prohibit, proscribe, rule out, veto

**forbidden** banned, outlawed, out of bounds, prohibited, proscribed, taboo, verboten, vetoed

**forbidding 1.** abhorrent, disagreeable, odious, offensive, off-putting *(Brit. inf.)*, repellent, repulsive **2.** baleful, daunting, foreboding, frightening, grim, hostile, menacing, ominous, sinister, threatening, unfriendly

**force**
- **N. 1.** dynamism, energy, impact, impulse, life, might, momentum, muscle, potency, power, pressure, stimulus, strength, stress, vigour **2.** arm-twisting *(Inf.)*, coercion, compulsion, constraint, duress, enforcement, pressure, violence **3.** bite, cogency, effect, effectiveness, efficacy, influence, persuasiveness, power, punch *(Inf.)*, strength, validity, weight **4.** drive, emphasis, fierceness, intensity, persistence, vehemence, vigour **5.** army, battalion, body, corps, detachment, division, host, legion, patrol, regiment, squad, squadron, troop, unit **6. in force** binding, current, effective, in operation, on the statute book, operative, valid, working all together, in full strength, in great numbers
- **V. 7.** bring pressure to bear upon, coerce, compel, constrain, dragoon, drive, impel, impose, make, necessitate, obligate, oblige, overcome, press, press-gang, pressure, pressurize, put the squeeze on *(Inf.)*, railroad *(Inf.)*, strong-arm *(Inf.)*, urge **8.** blast, break open, prise, propel, push, thrust, use violence on, wrench, wrest **9.** drag, exact, extort, wring

**forced 1.** compulsory, conscripted, enforced, involuntary, mandatory, obligatory, slave, unwilling **2.** affected, artificial, contrived, false, insincere, laboured, stiff, strained, unnatural, wooden

**forceful** cogent, compelling, convincing, dynamic, effective, persuasive, pithy, potent, powerful, telling, vigorous, weighty

**forcible 1.** active, cogent, compelling, effective, efficient, energetic, forceful, impressive, mighty, potent, powerful, strong, telling, valid, weighty **2.** aggressive, armed, coercive, compulsory, drastic, violent

**forcibly** against one's will, by force, by main force, compulsorily, under compulsion, under protest, willy-nilly

**forebear** ancestor, father, forefather, forerunner, predecessor, progenitor

**forebode** augur, betoken, foreshadow, foreshow, foretell, foretoken, forewarn, indicate, portend, predict, presage, prognosticate, promise, vaticinate *(Rare)*, warn of

**foreboding 1.** anxiety, apprehension, apprehensiveness, chill, dread, fear, misgiving, premonition, presentiment **2.** augury, foreshadowing, foretoken, omen, portent, prediction, presage, prognostication, sign, token, warning

**forecast**
- **V. 1.** anticipate, augur, calculate, divine, estimate, foresee, foretell, plan, predict, prognosticate, prophesy, vaticinate *(Rare)*
- **N. 2.** anticipation, conjecture, foresight, forethought, guess, outlook, planning, prediction, prognosis, projection, prophecy

**forefather** ancestor, father, forebear, forerunner, predecessor, primogenitor, procreator, progenitor

**forego** → **forgo**

**foregoing** above, antecedent, anterior, former, preceding, previous, prior

**foreground** centre, forefront, front, limelight, prominence

**foreign 1.** alien, borrowed, distant, exotic, external, imported, outlandish, outside, overseas, remote, strange, unfamiliar, unknown **2.** extraneous, extrinsic, incongruous, irrelevant, unassimilable, uncharacteristic, unrelated

**foreigner** alien, immigrant, incomer, newcomer, outlander, stranger

**foremost** chief, first, front, headmost, highest, inaugural, initial, leading, paramount, preeminent, primary, prime, principal, supreme

**forerunner 1.** ancestor, announcer, envoy, forebear, foregoer, harbinger, herald, precursor, predecessor, progenitor, prototype **2.** augury, foretoken, indication, omen, portent, premonition, prognostic, sign, token

**foresee** anticipate, divine, envisage, forebode, forecast, foretell, predict, prophesy, vaticinate *(Rare)*

**foreshadow** adumbrate, augur, betoken, bode, forebode, imply, indicate, portend, predict, prefigure, presage, promise, prophesy, signal

**foresight** anticipation, care, caution, circumspection, far-sightedness, forethought, precaution, premeditation, preparedness, prescience, prevision *(Rare)*, provision, prudence

**forestry** arboriculture, dendrology *(Bot.)*, silviculture, woodcraft, woodmanship

**foretell** adumbrate, augur, bode, forebode, forecast, foreshadow, foreshow, forewarn, portend, predict, presage, prognosticate, prophesy, signify, soothsay, vaticinate *(Rare)*

**forethought** anticipation, far-sightedness, foresight, precaution, providence, provision, prudence

**forever 1.** always, evermore, for all time, for good and all *(Inf.)*, for keeps, in perpetuity, till Doomsday, till the cows come home *(Inf.)*, till the end of time, world without end **2.** all the time, constantly, continually, endlessly, eternally, everlastingly, incessantly, interminably, perpetually, unremittingly

**forewarn** admonish, advise, alert, apprise, caution, dissuade, give fair warning, put on guard, put on the qui vive, tip off

**foreword** introduction, preamble, preface, preliminary, prolegomenon, prologue

**forfeit**
- **N. 1.** amercement *(Obsolete)*, damages, fine, forfeiture, loss, mulct, penalty
- **V. 2.** be deprived of, be stripped of, give up, lose, relinquish, renounce, surrender

**forfeiture** confiscation, giving up, loss, relinquishment, sequestration *(Law)*, surrender

**forge V. 1.** construct, contrive, create, devise, fabricate, fashion, form, frame, hammer out, invent, make, mould, shape, work **2.** coin, copy, counterfeit, fake, falsify, feign, imitate

**forger** coiner, counterfeiter, falsifier

**forgery 1.** coining, counterfeiting, falsification, fraudulence, fraudulent imitation **2.** counterfeit, fake, falsification, imitation, phoney *or* phony *(Inf.)*, sham

**forget 1.** consign to oblivion, dismiss from one's mind, let bygones be bygones, let slip from the memory **2.** leave behind, lose sight of, omit, overlook

**forgetful** absent-minded, apt to forget, careless, dreamy, heedless, inattentive, lax, neglectful, negligent, oblivious, slapdash, slipshod, unmindful

**forgetfulness** absent-mindedness, abstraction, carelessness, dreaminess, heedlessness, inattention, lapse of memory, laxity, laxness, oblivion, obliviousness, woolgathering

**forgive** absolve, accept (someone's) apology, acquit, bear no malice, condone, excuse, exonerate, let bygones be bygones, let off *(Inf.)*, pardon, remit

**forgiveness** absolution, acquittal, amnesty, condonation, exoneration, mercy, overlooking, pardon, remission

**forgiving** clement, compassionate, forbearing, humane, lenient, magnanimous, merciful, mild, soft-hearted, tolerant

**forgo, forego** abandon, abjure, cede, do without, give up, kick *(Inf.)*, leave alone *or* out, relinquish, renounce, resign, sacrifice, surrender, waive, yield

**forgotten** blotted out, buried, bygone, consigned to oblivion, gone (clean) out of one's mind, left behind *or* out, lost, obliterated, omitted, past, past recall, unremembered

**fork V.** bifurcate, branch, branch off, diverge, divide, go separate ways, part, split

**forked** angled, bifurcate(d), branched, branching, divided, pronged, split, tined, zigzag

**forlorn** abandoned, bereft, cheerless, comfortless, deserted, desolate, destitute, disconsolate, forgotten, forsaken, friendless, helpless, homeless, hopeless, lonely, lost, miserable, pathetic, pitiable, pitiful, unhappy, woebegone, wretched

**form**[1] **V. 1.** assemble, bring about, build, concoct, construct, contrive, create, devise, establish, fabricate, fashion, forge, found, invent, make, manufacture, model, mould, produce, put together, set up, shape, stamp **2.** arrange, combine, design, dispose, draw up, frame, organize, pattern, plan, think up **3.** accumulate, appear, become visible, come into being, crystallize, grow, materialize, rise, settle, show up *(Inf.)*, take shape **4.** acquire, contract, cultivate, develop, get into *(Inf.)*, pick up **5.** compose, comprise, constitute, make, make up, serve as **6.** bring up, discipline, educate, instruct, rear, school, teach, train

**form**[2] **N. 1.** appearance, cast, configuration, construction, cut, fashion, formation, model, mould, pattern, shape, stamp, structure **2.** anatomy, being, body, build, figure, frame, outline, person, physique, shape, silhouette **3.** arrangement, character, description, design, guise, kind, manifestation, manner, method, mode, order, practice, semblance, sort, species, stamp, style, system, type, variety, way **4.** format, framework, harmony, order, orderliness, organization, plan, proportion, structure, symmetry **5.** condition, fettle, fitness, good condition, good spirits, health, shape, trim **6. off form** below par, not in the pink *(Inf.)*, not up to the mark, out of condition, stale, under the weather *(Inf.)*, unfit **7.** behaviour, ceremony, conduct, convention, custom, done thing, etiquette, formality, manners, procedure, protocol, ritual, rule **8.** application, document, paper, sheet **9.** class, grade, rank

**formal 1.** approved, ceremonial, explicit, express, fixed, lawful, legal, methodical, official, prescribed, pro forma, regular, rigid, ritualistic, set, solemn, strict **2.** affected, aloof, ceremonious, conventional, correct, exact, precise, prim, punctilious, reserved, starched, stiff, unbending

**formality 1.** ceremony, convention, conventionality, custom, form, gesture, matter of form, procedure, red tape, rite, ritual **2.** ceremoniousness, correctness, decorum, etiquette, politesse, protocol, punctilio

**formation 1.** accumulation, compilation, composition, constitution, crystallization, development, establishment, evolution, forming, generation, genesis, manufacture, organization, production **2.** arrangement, configuration, design, disposition, figure, grouping, pattern, rank, structure

**formative** **1.** impressionable, malleable, mouldable, pliant, sensitive, susceptible **2.** determinative, developmental, influential, moulding, shaping

**former** **1.** antecedent, anterior, ci-devant, earlier, erstwhile, ex-, late, one-time, previous, prior, quondam, whilom *(Archaic)* **2.** ancient, bygone, departed, long ago, long gone, of yore, old, old-time, past **3.** above, aforementioned, aforesaid, first mentioned, foregoing, preceding

**formerly** aforetime *(Archaic)*, already, at one time, before, heretofore, lately, once, previously

**formidable** **1.** appalling, baleful, dangerous, daunting, dismaying, dreadful, fearful, frightful, horrible, intimidating, menacing, shocking, terrifying, threatening **2.** arduous, challenging, colossal, difficult, mammoth, onerous, overwhelming, staggering, toilsome **3.** awesome, great, impressive, indomitable, mighty, powerful, puissant, redoubtable, terrific, tremendous

**formula** **1.** form of words, formulary, rite, ritual, rubric **2.** blueprint, method, modus operandi, precept, prescription, principle, procedure, recipe, rule, way

**formulate** **1.** codify, define, detail, express, frame, give form to, particularize, set down, specify, systematize **2.** coin, develop, devise, evolve, forge, invent, map out, originate, plan, work out

**forsake** **1.** abandon, cast off, desert, disown, jettison, jilt, leave, leave in the lurch, quit, repudiate, throw over **2.** abdicate, forgo, forswear, give up, have done with, kick *(Inf.)*, relinquish, renounce, set aside, surrender, turn one's back on, yield

**forsaken** abandoned, cast off, deserted, destitute, disowned, forlorn, friendless, ignored, isolated, jilted, left behind, left in the lurch, lonely, marooned, outcast, solitary

**fort** **1.** blockhouse, camp, castle, citadel, fastness, fortification, fortress, garrison, redoubt, station, stronghold **2. hold the fort** carry on, keep things moving, keep things on an even keel, maintain the status quo, stand in, take over the reins

**forte** gift, long suit *(Inf.)*, métier, speciality, strength, strong point, talent

**forth** ahead, away, forward, into the open, onward, out, out of concealment, outward

**forthcoming** **1.** approaching, coming, expected, future, imminent, impending, prospective, upcoming **2.** accessible, at hand, available, in evidence, obtainable, on tap *(Inf.)*, ready **3.** chatty, communicative, expansive, free, informative, open, sociable, talkative, unreserved

**forthright** above-board, blunt, candid, direct, downright, frank, open, outspoken, plain-spoken, straightforward, straight from the shoulder *(Inf.)*, upfront *(Inf.)*

**forthwith** at once, directly, immediately, instantly, quickly, right away, straightaway, tout de suite, without delay

**fortification** **1.** bastion, bulwark, castle, citadel, defence, fastness, fort, fortress, keep, protection, stronghold **2.** embattlement, reinforcement, strengthening

**fortify** **1.** augment, brace, buttress, embattle, garrison, protect, reinforce, secure, shore up, strengthen, support **2.** brace, cheer, confirm, embolden, encourage, hearten, invigorate, reassure, stiffen, strengthen, sustain

**fortitude** backbone, braveness, courage, dauntlessness, determination, endurance, fearlessness, firmness, grit, guts *(Inf.)*, hardihood, intrepidity, patience, perseverance, pluck, resolution, staying power, stoutheartedness, strength, strength of mind, valour

**fortress** castle, citadel, fastness, fort, redoubt, stronghold

**fortunate** **1.** born with a silver spoon in one's mouth, bright, favoured, golden, happy, having a charmed life, in luck, jammy *(Brit. sl.)*, lucky, prosperous, rosy, sitting pretty *(Inf.)*, successful, well-off **2.** advantageous, auspicious, convenient, encouraging, expedient, favourable, felicitous, fortuitous, helpful, opportune, profitable, promising, propitious, providential, timely

**fortunately** by a happy chance, by good luck, happily, luckily, providentially

**fortune** **1.** affluence, big bucks *(Inf., chiefly U.S.)*, big money, gold mine, megabucks *(U.S. & Canad. sl.)*, opulence, possessions, pretty penny *(Inf.)*, property, prosperity, riches, tidy sum *(Inf.)*, treasure, wad *(U.S. & Canad. sl.)*, wealth **2.** accident, chance, contingency, destiny, fate, fortuity, hap *(Archaic)*, hazard, kismet, luck, providence **3.** *Often plural* adventures, circumstances, destiny, doom, expectation, experience(s), history, life, lot, portion, star, success **4.** bomb *(Brit. sl.)*, bundle *(Sl.)*, king's ransom, mint, packet *(Sl.)*, pile *(Inf.)*, wealth

**forward**

▸ ADJ. **1.** advanced, advancing, early, forward-looking, onward, precocious, premature, progressive, well-developed **2.** advance, first, fore, foremost, front, head, leading **3.** assuming, bare-faced, bold, brash, brass-necked *(Brit. inf.)*, brazen, brazen-faced, cheeky, confident, familiar, fresh *(Inf.)*, impertinent, impudent, overassertive, overweening, pert, presuming, presumptuous, pushy *(Inf.)*, sassy *(U.S. inf.)*

▸ ADV. **4.** *(also* **forwards***)* ahead, forth, on, onward **5.** into consideration, into prominence, into the open, into view, out, to light, to the fore, to the surface

▸ V. **6.** advance, aid, assist, back, encourage, expedite, favour, foster, further, hasten, help, hurry, promote, speed, support **7.** *(Commerce)* dispatch, freight, post, route, send, send on, ship, transmit

**forward-looking** dynamic, enlightened, enterprising, go-ahead, go-getting *(Inf.)*, liberal, modern, progressive, reforming

**forwardness** boldness, brashness, brazenness, cheek *(Inf.)*, cheekiness, chutzpah *(U.S. & Canad. inf.)*, impertinence, impudence, overconfidence, pertness, presumption

**foster** **1.** cultivate, encourage, feed, foment, nurture, promote, stimulate, support, uphold **2.** bring up, mother, nurse, raise, rear, take care of **3.** accommodate, cherish, entertain, harbour, nourish, sustain

**foul**

▸ ADJ. **1.** contaminated, dirty, disgusting, fetid, filthy, grotty *(Sl.)*, grungy *(Sl., chiefly U.S.)*, impure, loathsome, malodorous, mephitic, nasty, nauseating, noisome, offensive, olid, polluted, putrid, rank, repulsive, revolting, rotten, scuzzy *(Sl., chiefly U.S.)*, squalid, stinking, sullied, tainted, unclean, yucky *or* yukky *(Sl.)* **2.** abusive, blasphemous, blue, coarse, dirty, filthy, foul-mouthed, gross, indecent, lewd, low, obscene, profane, scatological, scurrilous, smutty, vulgar **3.** abhorrent, abominable, base, despicable, detestable, disgraceful, dishonourable, egregious, hateful, heinous, infamous, iniquitous, nefarious, notorious, offensive, scandalous, shameful, shitty *(Taboo sl.)*, vicious, vile, wicked **4.** crooked, dirty, dishonest, fraudulent, inequitable, shady *(Inf.)*, underhand, unfair, unjust, unscrupulous, unsportsmanlike **5.** bad, blustery, disagreeable, foggy, murky, rainy, rough, stormy, wet, wild

▸ V. **6.** begrime, besmear, besmirch, contaminate, defile, dirty, pollute, smear, smirch, soil, stain, sully, taint **7.** block, catch, choke, clog, ensnare, entangle, jam, snarl, twist

**found** **1.** bring into being, constitute, construct, create, endow, erect, establish, fix, inaugurate, institute, organize, originate, plant, raise, settle, set up, start **2.** base, bottom, build, ground, rest, root, sustain

**foundation** **1.** base, basis, bedrock, bottom, footing, groundwork, substructure, underpinning **2.** endowment, establishment, inauguration, institution, organization, setting up, settlement

**founder**[1] N. architect, author, beginner, benefactor, builder, constructor, designer, establisher, father, framer, generator, initiator, institutor, inventor, maker, organizer, originator, patriarch

**founder**[2]

▸ V. **1.** be lost, go down, go to the bottom, sink, submerge **2.** *(Fig.)* abort, break down, collapse, come to grief, come to nothing, fail, fall through, go belly-up *(Sl.)*, go down like a lead balloon *(Inf.)*, miscarry, misfire **3.** collapse, fall, go lame, lurch, sprawl, stagger, stumble, trip

**foundling** orphan, outcast, stray, waif

**fountain** **1.** font, fount, jet, reservoir, spout, spray, spring, well **2.** *(Fig.)* beginning, cause, commencement, derivation, fount, fountainhead, genesis, origin, rise, source, wellhead, wellspring

**foxy** artful, astute, canny, crafty, cunning, devious, guileful, knowing, sharp, shrewd, sly, tricky, wily

**foyer** antechamber, anteroom, entrance hall, lobby, reception area, vestibule

**fracas** affray *(Law)*, aggro *(Sl.)*, bagarre, brawl, disturbance, donnybrook, fight, free-for-all *(Inf.)*, melee *or* mêlée, quarrel, riot, row, rumpus, scrimmage, scuffle, shindig *(Inf.)*, shindy *(Inf.)*, skirmish, trouble, uproar

**fractious** awkward, captious, crabby, cross, fretful, froward, grouchy *(Inf.)*, irritable, peevish, pettish, petulant, querulous, ratty *(Brit. & N.Z. inf.)*, recalcitrant, refractory, testy, tetchy, touchy, unruly

**fracture**

▸ N. **1.** breach, break, cleft, crack, fissure, gap, opening, rent, rift, rupture, schism, split

▸ V. **2.** break, crack, rupture, splinter, split

**fragile** breakable, brittle, dainty, delicate, feeble, fine, flimsy, frail, frangible, infirm, slight, weak

**fragment**

▸ N. **1.** bit, chip, fraction, morsel, oddment, part, particle, piece, portion, remnant, scrap, shiver, sliver

▸ V. **2.** break, break up, come apart, come to pieces, crumble, disintegrate, disunite, divide, shatter, shiver, splinter, split, split up

**fragmentary** bitty, broken, disconnected, discrete, disjointed, incoherent, incomplete, partial, piecemeal, scattered, scrappy, sketchy, unsystematic

**fragrance** aroma, balm, bouquet, fragrancy, perfume, redolence, scent, smell, sweet odour

**fragrant** ambrosial, aromatic, balmy, odoriferous, odorous, perfumed, redolent, sweet-scented, sweet-smelling

**frail** breakable, brittle, decrepit, delicate, feeble, flimsy, fragile, frangible, infirm, insubstantial, puny, slight, tender, unsound, vulnerable, weak, wispy

**frailty** **1.** fallibility, feebleness, frailness, infirmity, peccability, puniness, susceptibility, weakness **2.** blemish, defect, deficiency, failing, fault, flaw, foible, imperfection, peccadillo, shortcoming, vice, weak point

**frame**

▸ V. **1.** assemble, build, constitute, construct, fabricate, fashion, forge, form, institute, invent, make, manufacture, model, mould, put together, set up **2.** block out, compose, conceive, concoct, contrive, cook up, devise, draft, draw up, form, formulate, hatch, map out, plan, shape, sketch **3.** case, enclose, mount, surround

▸ N. **4.** casing, construction, fabric, form, framework, scheme, shell, structure, system **5.** anatomy, body, build, carcass, morphology, physique, skeleton **6.** mount, mounting, setting **7. frame of mind** attitude, disposition, fettle, humour, mood, outlook, spirit, state, temper

**frame-up** fabrication, fit-up *(Sl.)*, put-up job, trumped-up charge

**framework** core, fabric, foundation, frame, frame of reference, groundwork, plan, schema, shell, skeleton, structure, the bare bones

**franchise** authorization, charter, exemption, freedom, immunity, prerogative, privilege, right, suffrage, vote

**frank** artless, blunt, candid, direct, downright, forthright, free, honest, ingenuous, open, outright, outspoken, plain, plain-spoken, sincere, straightforward, straight from the shoulder *(Inf.)*, transparent, truthful, unconcealed, undisguised, unreserved, unrestricted, upfront *(Inf.)*

**frankly** **1.** candidly, honestly, in truth, to be honest **2.** bluntly, directly, freely, openly, overtly, plainly, straight, without reserve

**frankness** absence of reserve, bluntness, candour, forthrightness, ingenuousness, openness, outspokenness, plain speaking, truthfulness

**frantic** at one's wits' end, berserk, beside oneself, desperate, distracted, distraught, fraught *(Inf.)*, frenetic, frenzied, furious, hectic, mad, overwrought, raging, raving, uptight *(Inf.)*, wild

**fraternity** association, brotherhood, camaraderie, circle, clan, club, companionship, company, comradeship, fellowship, guild, kinship, league, order, set, sodality, union

**fraternize** associate, concur, consort, cooperate, go around with, hang out *(Inf.)*, hobnob, keep company, mingle, mix, socialize, sympathize, unite

**fraud** **1.** artifice, canard, cheat, chicane, chicanery, craft, deceit, deception, double-dealing, duplicity, guile, hoax, humbug, imposture, scam *(Sl.)*, sharp practice, spuriousness, sting *(Inf.)*, stratagems, swindling, treachery, trickery **2.** bluffer, charlatan, cheat, counterfeit, double-dealer, fake, forgery, hoax, hoaxer, impostor, mountebank, phoney *or* phony *(Inf.)*, pretender, quack, sham, swindler

**fraudulent** counterfeit, crafty, criminal, crooked *(Inf.)*, deceitful, deceptive, dishonest, double-dealing, duplicitous, false, knavish, phoney *or* phony *(Inf.)*, sham, spurious, swindling, treacherous

**fray** V. become threadbare, chafe, fret, rub, wear, wear away, wear thin

**freak**

▸ N. **1.** aberration, abnormality, abortion, anomaly, grotesque, malformation, monster, monstrosity, mutant, oddity, queer fish *(Brit. inf.)*, rara avis, sport *(Biol.)*, teratism, weirdo *or* weirdie *(Inf.)* **2.** caprice, crotchet, fad, fancy, folly, humour, irregularity, quirk, turn, twist, vagary, whim, whimsy **3.** *(Sl.)* addict, aficionado, buff *(Inf.)*, devotee, enthusiast, fan, fanatic, fiend *(Inf.)*, nut *(Sl.)*

▸ ADJ. **4.** aberrant, abnormal, atypical, bizarre, erratic, exceptional, fluky *(Inf.)*, fortuitous, odd, queer, unaccountable, unexpected, unforeseen, unparalleled, unpredictable, unusual

**free**

▸ ADJ. **1.** buckshee *(Brit. sl.)*, complimentary, for free *(Inf.)*, for nothing, free of charge, gratis, gratuitous, on the house, unpaid, without charge **2.** at large, at liberty, footloose, independent, liberated, loose, off the hook *(Sl.)*, on the loose, uncommitted, unconstrained, unengaged, unfettered, unrestrained **3.** able, allowed, clear, disengaged, loose, open, permitted, unattached, unengaged, unhampered, unimpeded, unobstructed, unregulated, unrestricted, untrammelled **4.** *(With* **of***)* above, beyond, deficient in, devoid of, exempt from, immune to, lacking (in), not liable to, safe from, sans *(Archaic)*, unaffected by, unencumbered by, untouched by, without **5.** autarchic, autonomous, democratic, emancipated, independent, self-governing, self-ruling, sovereign **6.** at leisure, available, empty, extra, idle, not tied down, spare, unemployed, uninhabited, unoccupied, unused, vacant **7.** casual, easy, familiar, forward, frank, free and easy, informal, laid-back *(Inf.)*, lax, liberal, loose, natural, open, relaxed, spontaneous, unbidden, unceremonious, unconstrained, unforced, uninhibited **8.** big *(Inf.)*, bounteous, bountiful, charitable, eager, generous, hospitable, lavish, liberal, munificent, open-handed, prodigal, unsparing, unstinting, willing **9. free and easy** casual, easy-going, informal, laid-back *(Inf.)*, lax, lenient, liberal, relaxed, tolerant, unceremonious

▸ ADV. **10.** at no cost, for love, gratis, without charge **11.** abundantly, copiously, freely, idly, loosely

▸ V. **12.** deliver, discharge, disenthrall, emancipate, let go, let out, liberate, loose, manumit, release, set at liberty, set free, turn loose, unbridle, uncage, unchain, unfetter, unleash, untie **13.** clear, cut loose, deliver, disengage, disentangle, exempt, extricate, ransom, redeem, relieve, rescue, rid, unburden, undo, unshackle

**freedom** **1.** autonomy, deliverance, emancipation, home rule, independence, liberty, manumission, release, self-government **2.** exemption, immunity, impunity, privilege **3.** ability, blank cheque, carte blanche, discretion, elbowroom, facility, flexibility, free rein, latitude, leeway, licence, opportunity, play, power, range, scope **4.** abandon, candour, directness, ease, familiarity, frankness, informality, ingenuousness, lack of restraint *or* reserve, openness, unconstraint **5.** boldness, brazenness, disrespect, forwardness, impertinence, laxity, licence, overfamiliarity, presumption

**free-for-all** affray *(Law)*, bagarre, brawl, donnybrook, dust-up *(Inf.)*, fight, fracas, melee *or* mêlée, riot, row, scrimmage, shindig *(Inf.)*, shindy *(Inf.)*

**freely** **1.** of one's own accord, of one's own free will, spontaneously, voluntarily, willingly, without prompting **2.** candidly, frankly, openly, plainly, unreservedly, without reserve **3.** as you please, unchallenged, without let or hindrance, without restraint **4.** abundantly, amply, bountifully, copiously, extravagantly, lavishly, liberally, like water, open-handedly, unstintingly, with a free hand **5.** cleanly, easily, loosely, readily, smoothly

**freethinker** agnostic, deist, doubter, infidel, sceptic, unbeliever

**freeze** **1.** benumb, chill, congeal, glaciate, harden, ice over *or* up, stiffen **2.** fix, hold up, inhibit, peg, stop, suspend

**freezing** arctic, biting, bitter, chill, chilled, cutting, frost-bound, frosty, glacial, icy, numbing, parky *(Brit. inf.)*, penetrating, polar, raw, Siberian, wintry

**freight** N. **1.** carriage, conveyance, shipment, transportation **2.** bales, bulk, burden, cargo, consignment, contents, goods, haul, lading, load, merchandise, payload, tonnage

**French** Gallic

**frenzy** **1.** aberration, agitation, delirium, derangement, distraction, fury, hysteria, insanity, lunacy, madness, mania, paroxysm, passion, rage, seizure, transport, turmoil **2.** bout, burst, convulsion, fit, outburst, paroxysm, spasm

**frequency** constancy, frequentness, periodicity, prevalence, recurrence, repetition

**frequent**

▸ ADJ. **1.** common, constant, continual, customary, everyday, familiar, habitual, incessant, numerous, persistent, recurrent, recurring, reiterated, repeated, usual

▸ V. **2.** attend, be a regular customer of, be found at, hang out at *(Inf.)*, haunt, patronize, resort, visit

**frequently** commonly, customarily, habitually, many a time, many times, much, not infrequently, oft *(Archaic or poetic)*, often, oftentimes *(Archaic)*, over and over again, repeatedly, thick and fast, very often

**fresh** **1.** different, latest, modern, modernistic, new, new-fangled, novel, original, recent, this season's, unconventional, unusual, up-to-date **2.** added, additional, auxiliary, extra, further, more, other, renewed, supplementary **3.** bracing, bright, brisk, clean, clear, cool, crisp, invigorating, pure, refreshing, spanking, sparkling, stiff, sweet, unpolluted **4.** alert, bouncing, bright, bright-eyed and bushy-tailed *(Inf.)*, chipper *(Inf.)*, energetic, full of vim and vigour *(Inf.)*, invigorated, keen, like a new man, lively, refreshed, rested, restored, revived, sprightly, spry, vigorous, vital **5.** blooming, clear, fair, florid, glowing, good, hardy, healthy, rosy, ruddy, wholesome **6.** dewy, undimmed, unfaded, unwearied, unwithered, verdant, vivid, young **7.** artless, callow, green, inexperienced, natural, new, raw, uncultivated, untrained, untried, youthful **8.** crude, green, natural, raw, uncured, undried, unprocessed, unsalted **9.** *(Inf.)* bold, brazen, cheeky, disrespectful, familiar, flip *(Inf.)*, forward, impudent, insolent, pert, presumptuous, sassy *(U.S. inf.)*, saucy, smart-alecky *(Inf.)*

**freshen** **1.** enliven, freshen up, liven up, refresh, restore, revitalize, rouse, spruce up, titivate **2.** air, purify, ventilate

**freshness** **1.** innovativeness, inventiveness, newness, novelty, originality **2.** bloom, brightness, cleanness, clearness, dewiness, glow, shine, sparkle, vigour, wholesomeness

**fret** **1.** affront, agonize, anguish, annoy, brood, chagrin, goad, grieve, harass, irritate, lose sleep over, provoke, ruffle, torment, upset *or* distress oneself, worry **2.** agitate, bother, distress, disturb, gall, irk, nag, nettle, peeve *(Inf.)*, pique, rankle with, rile, trouble, vex

**fretful** captious, complaining, cross, crotchety *(Inf.)*, edgy, fractious, irritable, out of sorts, peevish, petulant, querulous, ratty *(Brit. & N.Z. inf.)*, short-tempered, splenetic, testy, tetchy, touchy, uneasy

**friction** **1.** abrasion, attrition, chafing, erosion, fretting, grating, irritation, rasping, resistance, rubbing, scraping, wearing away **2.** animosity, antagonism, bad blood, bad feeling, bickering, conflict, disagreement, discontent, discord, disharmony, dispute, dissension, hostility, incompatibility, opposition, resentment, rivalry, wrangling

**friend** **1.** Achates, alter ego, boon companion, bosom friend, buddy *(Inf.)*, china *(Brit. sl.)*, chum *(Inf.)*, cock *(Brit. inf.)*, companion, comrade, confidant, crony, familiar, intimate, mate *(Inf.)*, pal, partner, playmate, soul mate **2.** adherent, advocate, ally, associate, backer, benefactor, partisan, patron, protagonist, supporter, well-wisher

**friendless** abandoned, alienated, all alone, alone, cut off, deserted, estranged, forlorn, forsaken, isolated, lonely, lonesome, ostracized, shunned, solitary, unattached, with no one to turn to, without a friend in the world, without ties

**friendliness** affability, amiability, companionability, congeniality, conviviality, geniality, kindliness, mateyness *or* matiness *(Brit. inf.)*, neighbourliness, open arms, sociability, warmth

**friendly** affable, affectionate, amiable, amicable, attached, attentive, auspicious, beneficial, benevolent, benign, buddy-buddy *(Sl., chiefly U.S. & Canad.)*, chummy *(Inf.)*, close, clubby, companionable, comradely, conciliatory, confiding, convivial, cordial, familiar, favourable, fond, fraternal, genial, good, helpful, intimate, kind, kindly, matey *or* maty *(Brit. inf.)*, neighbourly, on good terms, on visiting terms, outgoing, palsy-walsy *(Inf.)*, peaceable, propitious, receptive, sociable, sympathetic, thick *(Inf.)*, welcoming, well-disposed

**friendship** affection, affinity, alliance, amity, attachment, benevolence, closeness, concord, familiarity, fondness, friendliness, good-fellowship, good will, harmony, intimacy, love, rapport, regard

**fright** **1.** alarm, apprehension, (blue) funk *(Inf.)*, cold sweat, consternation, dismay, dread, fear, fear and trembling, horror, panic, quaking, scare, shock, terror, the shivers, trepidation **2.** *(Inf.)* eyesore, frump, mess *(Inf.)*, scarecrow, sight *(Inf.)*

**frighten** affright *(Archaic)*, alarm, appal, cow, daunt, dismay, freeze one's blood, intimidate, make one's blood run cold, make one's hair stand on end *(Inf.)*, make (someone) jump out of his skin *(Inf.)*, petrify, put the wind up (someone) *(Inf.)*, scare, scare (someone) stiff, scare the living daylights out of (someone) *(Inf.)*, shock, startle, terrify, terrorize, throw into a fright, throw into a panic, unman, unnerve

**frightened** abashed, affrighted *(Archaic)*, afraid, alarmed, cowed, dismayed, frozen, in a cold sweat, in a panic, in fear and trepidation, numb with fear, panicky, petrified, scared, scared shitless *(Taboo sl.)*, scared stiff, shit-scared *(Taboo sl.)*, startled, terrified, terrorized, terror-stricken, unnerved

**frightening** alarming, appalling, baleful, bloodcurdling, daunting, dismaying, dreadful, fearful, fearsome, hair-raising, horrifying, intimidating, menacing, scary *(Inf.)*, shocking, spooky *(Inf.)*, terrifying, unnerving

**frightful** **1.** alarming, appalling, awful, dire, dread, dreadful, fearful, ghastly, godawful *(Sl.)*, grim, grisly, gruesome, harrowing, hellacious *(U.S. sl.)*, hideous, horrendous, horrible, horrid, lurid, macabre, petrifying, shocking, terrible, terrifying, traumatic, unnerving, unspeakable **2.** annoying, awful, disagreeable, dreadful, extreme, great, insufferable, terrible, terrific, unpleasant

**frigid** **1.** arctic, chill, cold, cool, frost-bound, frosty, frozen, gelid, glacial, hyperboreal, icy, Siberian, wintry **2.** aloof, austere, cold-hearted, forbidding, formal, icy, lifeless, passionless, passive, repellent, rigid, stiff, unapproachable, unbending, unfeeling, unloving, unresponsive

**frigidity** aloofness, austerity, chill, cold-heartedness, coldness, frostiness, iciness, impassivity, lack of response, lifelessness, passivity, touch-me-not attitude, unapproachability, unresponsiveness, wintriness

**frills** additions, affectation(s), bits and pieces, decoration(s), dressing up, embellishment(s), extras, fanciness, fandangles, finery, frilliness, frippery, fuss, gewgaws, jazz *(Sl.)*, mannerisms, nonsense, ornamentation, ostentation, superfluities, tomfoolery, trimmings

**fringe**

▸ N. **1.** binding, border, edging, hem, tassel, trimming **2.** borderline, edge, limits, march, marches, margin, outskirts, perimeter, periphery

▸ ADJ. **3.** unconventional, unofficial, unorthodox

▸ V. **4.** border, edge, enclose, skirt, surround, trim

**frisk** **1.** bounce, caper, cavort, curvet, dance, frolic, gambol, hop, jump, play, prance, rollick, romp, skip, sport, trip **2.** *(Inf.)* check, inspect, run over, search, shake down *(U.S. sl.)*

**frisky** bouncy, coltish, frolicsome, full of beans *(Inf.)*, full of joie de vivre, high-spirited, in high spirits, kittenish, lively, playful, rollicking, romping, spirited, sportive

**fritter (away)** dally away, dissipate, fool away, idle (away), misspend, run through, spend like water, squander, waste

**frivolity** childishness, flightiness, flippancy, flummery, folly, frivolousness, fun, gaiety, giddiness, jest, levity, light-heartedness, lightness, nonsense, puerility, shallowness, silliness, superficiality, trifling, triviality

**frivolous 1.** childish, dizzy, empty-headed, flighty, flip *(Inf.)*, flippant, foolish, giddy, idle, ill-considered, juvenile, light-minded, nonserious, puerile, silly, superficial **2.** extravagant, footling *(Inf.)*, impractical, light, minor, nickel-and-dime *(U.S. sl.)*, niggling, paltry, peripheral, petty, pointless, shallow, trifling, trivial, unimportant

**frizzle** crisp, fry, hiss, roast, scorch, sizzle, sputter

**frolic**

- **V. 1.** caper, cavort, cut capers, frisk, gambol, lark, make merry, play, rollick, romp, sport
- **N. 2.** antic, escapade, gambado, gambol, game, lark, prank, revel, romp, spree **3.** amusement, drollery, fun, fun and games, gaiety, high jinks, merriment, skylarking *(Inf.)*, sport

**frolicsome** coltish, frisky, gay, kittenish, lively, merry, playful, rollicking, sportive, sprightly, wanton *(Archaic)*

**front**

- **N. 1.** anterior, exterior, façade, face, facing, foreground, forepart, frontage, obverse **2.** beginning, fore, forefront, front line, head, lead, top, van, vanguard **3.** air, appearance, aspect, bearing, countenance, demeanour, expression, exterior, face, manner, mien, show **4.** blind, cover, cover-up, disguise, façade, mask, pretext, show **5. in front** ahead, before, first, in advance, in the lead, in the van, leading, preceding, to the fore
- **ADJ. 6.** first, foremost, head, headmost, lead, leading, topmost
- **V. 7.** face (onto), look over *or* onto, overlook

**frontier** borderland, borderline, bound, boundary, confines, edge, limit, marches, perimeter, verge

**frost** freeze, freeze-up, hoarfrost, Jack Frost, rime

**frosty 1.** chilly, cold, frozen, hoar *(Rare)*, ice-capped, icicled, icy, parky *(Brit. inf.)*, rimy, wintry **2.** discouraging, frigid, off-putting *(Brit. inf.)*, standoffish, unenthusiastic, unfriendly, unwelcoming

**froth**

- **N. 1.** bubbles, effervescence, foam, head, lather, scum, spume, suds
- **V. 2.** bubble over, come to a head, effervesce, fizz, foam, lather

**frothy 1.** foaming, foamy, spumescent, spumous, spumy, sudsy **2.** *(Fig.)* empty, frilly, frivolous, light, petty, slight, trifling, trivial, trumpery, unnecessary, unsubstantial, vain

**frown 1.** give a dirty look, glare, glower, knit one's brows, look daggers, lour *or* lower, scowl **2.** *(With* **on** *or* **upon***)* disapprove of, discountenance, discourage, dislike, look askance at, not take kindly to, show disapproval *or* displeasure, take a dim view of, view with disfavour

**frowsty** close, fuggy, fusty, ill-smelling, musty, stale, stuffy

**frozen 1.** arctic, chilled, chilled to the marrow, frigid, frosted, icebound, ice-cold, ice-covered, icy, numb **2.** fixed, pegged *(of prices)*, petrified, rooted, stock-still, stopped, suspended, turned to stone

**frugal** abstemious, careful, cheeseparing, economical, meagre, niggardly, parsimonious, penny-wise, provident, prudent, saving, sparing, thrifty

**fruit 1.** crop, harvest, produce, product, yield **2.** advantage, benefit, consequence, effect, outcome, profit, result, return, reward

**fruitful 1.** fecund, fertile, fructiferous **2.** abundant, copious, flush, plenteous, plentiful, productive, profuse, prolific, rich, spawning **3.** advantageous, beneficial, effective, gainful, productive, profitable, rewarding, successful, useful, well-spent, worthwhile

**fruition** actualization, attainment, completion, consummation, enjoyment, fulfilment, materialization, maturation, maturity, perfection, realization, ripeness

**fruitless** abortive, barren, bootless, futile, idle, ineffectual, in vain, pointless, profitless, to no avail, to no effect, unavailing, unfruitful, unproductive, unprofitable, unprolific, unsuccessful, useless, vain

**fruity 1.** full, mellow, resonant, rich **2.** *(Inf.)* bawdy, blue, hot, indecent, indelicate, juicy, near the knuckle *(Inf.)*, racy, ripe, risqué, salacious, sexy, smutty, spicy *(Inf.)*, suggestive, titillating, vulgar

**frustrate 1.** baffle, balk, block, check, circumvent, confront, counter, defeat, disappoint, foil, forestall, inhibit, neutralize, nullify, render null and void, stymie, thwart **2.** depress, discourage, dishearten

**frustrated** carrying a chip on one's shoulder *(Inf.)*, disappointed, discontented, discouraged, disheartened, embittered, foiled, irked, resentful, sick as a parrot *(Inf.)*

**frustration 1.** blocking, circumvention, contravention, curbing, failure, foiling, nonfulfilment, nonsuccess, obstruction, thwarting **2.** annoyance, disappointment, dissatisfaction, grievance, irritation, resentment, vexation

**fuddled** bevvied *(Dialect)*, blitzed *(Sl.)*, blotto *(Sl.)*, bombed *(Sl.)*, confused, drunk, flying *(Sl.)*, inebriated, intoxicated, legless *(Inf.)*, lit up *(Sl.)*, muddled, muzzy, out of it *(Sl.)*, out to it *(Aust. & N.Z. sl.)*, paralytic *(Inf.)*, pissed *(Taboo sl.)*, smashed *(Sl.)*, sozzled *(Inf.)*, steamboats *(Sl.)*, steaming *(Sl.)*, stupefied, tipsy, wasted *(Sl.)*, woozy *(Inf.)*, wrecked *(Sl.)*, zonked *(Sl.)*

**fuddy-duddy N.** back number *(Inf.)*, conservative, dinosaur, dodo *(Inf.)*, fossil, museum piece, (old) fogy, square *(Inf.)*, stick-in-the-mud *(Inf.)*, stuffed shirt *(Inf.)*

**fudge V.** avoid, cook *(Sl.)*, dodge, equivocate, evade, fake, falsify, flannel *(Brit. inf.)*, hedge, misrepresent, patch up, shuffle, slant, stall

**fuel**

- **N. 1.** *(Fig.)* ammunition, encouragement, fodder, food, incitement, material, means, nourishment, provocation
- **V. 2.** charge, fan, feed, fire, incite, inflame, nourish, stoke up, sustain

**fugitive**

- **N. 1.** deserter, escapee, refugee, runagate *(Archaic)*, runaway
- **ADJ. 2.** brief, ephemeral, evanescent, fleeing, fleeting, flitting, flying, fugacious, momentary, passing, short, short-lived, temporary, transient, transitory, unstable

**fulfil** accomplish, achieve, answer, bring to completion, carry out, complete, comply with, conclude, conform to, discharge, effect, execute, fill, finish, keep, meet, obey, observe, perfect, perform, realise, satisfy

**fulfilment** accomplishment, achievement, attainment, carrying out *or* through, completion, consummation, crowning, discharge, discharging, effecting, end, implementation, observance, perfection, realization

**full 1.** brimful, brimming, complete, entire, filled, gorged, intact, loaded, replete, sated, satiated, satisfied, saturated, stocked, sufficient **2.** abundant, adequate, all-inclusive, ample, broad, comprehensive, copious, detailed, exhaustive, extensive, generous, maximum, plenary, plenteous, plentiful, thorough, unabridged **3.** chock-a-block, chock-full, crammed, crowded, in use, jammed, occupied, packed, taken **4.** clear, deep, distinct, loud, resonant, rich, rounded **5.** baggy, balloonlike, buxom, capacious, curvaceous, large, loose, plump, puffy, rounded, voluminous, voluptuous **6. in full** completely, in its entirety, in total, in toto, without exception **7. to the full** completely, entirely, fully, thoroughly, to the utmost, without reservation

**full-blooded** ballsy *(Taboo sl.)*, gutsy *(Sl.)*, hearty, lusty, mettlesome, red-blooded, vigorous, virile

**full-bodied** fruity, full-flavoured, heady, heavy, mellow, redolent, rich, strong, well-matured

**full-grown** adult, developed, full-fledged, grown-up, in one's prime, marriageable, mature, nubile, of age, ripe

**fullness 1.** abundance, adequateness, ampleness, copiousness, fill, glut, plenty, profusion, repletion, satiety, saturation, sufficiency **2.** broadness, completeness, comprehensiveness, entirety, extensiveness, plenitude, totality, vastness, wealth, wholeness **3.** clearness, loudness, resonance, richness, strength **4.** curvaceousness, dilation, distension, enlargement, roundness, swelling, tumescence, voluptuousness

**full-scale** all-encompassing, all-out, comprehensive, exhaustive, extensive, full-dress, in-depth, major, proper, sweeping, thorough, thoroughgoing, wide-ranging

**fully 1.** absolutely, altogether, completely, entirely, every inch, from first to last, heart and soul, in all respects, intimately, perfectly, positively, thoroughly, totally, utterly, wholly **2.** abundantly, adequately, amply, comprehensively, enough, plentifully, satisfactorily, sufficiently **3.** at least, quite, without (any) exaggeration, without a word of a lie *(Inf.)*

**fully-fledged** experienced, mature, professional, proficient, qualified, senior, time-served, trained

**fulsome** adulatory, cloying, excessive, extravagant, fawning, gross, immoderate, ingratiating, inordinate, insincere, nauseating, overdone, saccharine, sickening, smarmy *(Brit. inf.)*, sycophantic, unctuous

**fumble 1.** bumble, feel around, flounder, grope, paw *(Inf.)*, scrabble **2.** bodge *(Inf.)*, botch, bungle, cock up *(Brit. sl.)*, fuck up *(Offens. taboo sl.)*, make a hash of *(Inf.)*, mess up, misfield, mishandle, mismanage, muff, spoil

**fume** *(Fig.)*

- **V. 1.** blow a fuse *(Sl., chiefly U.S.)*, boil, chafe, champ at the bit *(Inf.)*, crack up *(Inf.)*, fly off the handle *(Inf.)*, get hot under the collar *(Inf.)*, get steamed up about *(Sl.)*, go off the deep end *(Inf.)*, go up the wall *(Sl.)*, rage, rant, rave, see red *(Inf.)*, seethe, smoulder, storm
- **N. 2.** agitation, dither *(Chiefly Brit.)*, fit, fret, fury, passion, rage, stew *(Inf.)*, storm

**fumes** effluvium, exhalation, exhaust, gas, haze, miasma, pollution, reek, smog, smoke, stench, vapour

**fumigate** clean out *or* up, cleanse, disinfect, purify, sanitize, sterilize

**fun**

- **N. 1.** amusement, cheer, distraction, diversion, enjoyment, entertainment, frolic, gaiety, good time, high jinks, jollification, jollity, joy, junketing, living it up, merriment, merrymaking, mirth, pleasure, recreation, romp, sport, treat, whoopee *(Inf.)* **2.** buffoonery, clowning, foolery, game, horseplay, jesting, jocularity, joking, nonsense, play, playfulness, skylarking *(Inf.)*, sport, teasing, tomfoolery **3. in** *or* **for fun** facetiously, for a joke, for a laugh, in jest, jokingly, light-heartedly, mischievously, playfully, roguishly, teasingly, tongue in cheek, with a gleam *or* twinkle in one's eye, with a straight face **4. make fun of** deride, hold up to ridicule, lampoon, laugh at, make a fool of, make game of, make sport of, make the butt of, mock, parody, poke fun at, rag, rib *(Inf.)*, ridicule, satirize, scoff at, send up *(Brit. inf.)*, sneer at, take off, take the piss out of *(Taboo sl.)*, taunt
- **ADJ. 5.** amusing, convivial, diverting, enjoyable, entertaining, lively, witty

**function**

- **N. 1.** activity, business, capacity, charge, concern, duty, employment, exercise, job, mission, occupation, office, operation, part, post, province, purpose, raison d'être, responsibility, role, situation, task
- **V. 2.** act, act the part of, behave, be in commission, be in operation *or* action, be in running order, do duty, go, officiate, operate, perform, run, serve, serve one's turn, work
- **N. 3.** affair, do *(Inf.)*, gathering, reception, social occasion

**functional** hard-wearing, operative, practical, serviceable, useful, utilitarian, utility, working

**fund**

- **N. 1.** capital, endowment, fall-back, foundation, kitty, pool, reserve, stock, store, supply **2.** hoard, mine, repository, reserve, reservoir, source, storehouse, treasury, vein
- **V. 3.** capitalize, endow, finance, float, pay for, promote, stake, subsidize, support

**fundamental**

- **ADJ. 1.** basic, bog-standard *(Inf.)*, cardinal, central, constitutional, crucial, elementary, essential, first, important, indispensable, integral, intrinsic, key, necessary, organic, primary, prime, principal, radical, rudimentary, underlying, vital

**fundamentally** | **gang**

- **N. 2.** axiom, basic, cornerstone, essential, first principle, law, principle, rudiment, rule, sine qua non

**fundamentally** at bottom, at heart, basically, essentially, intrinsically, primarily, radically

**funeral** burial, inhumation, interment, obsequies

**funnel** v. channel, conduct, convey, direct, filter, move, pass, pour

**funny**
- **ADJ. 1.** absurd, amusing, a scream (card, caution) (*Inf.*), comic, comical, diverting, droll, entertaining, facetious, farcical, hilarious, humorous, jocose, jocular, jolly, killing (*Inf.*), laughable, ludicrous, rich, ridiculous, riotous, risible, side-splitting, silly, slapstick, waggish, witty **2.** curious, dubious, mysterious, odd, peculiar, perplexing, puzzling, queer, remarkable, rum (*Brit. sl.*), strange, suspicious, unusual, weird
- **N. 3.** (*Inf.*) crack (*Sl.*), jest, joke, play on words, pun, quip, wisecrack, witticism

**furious 1.** angry, beside oneself, boiling, cross, enraged, frantic, frenzied, fuming, incensed, infuriated, in high dudgeon, livid (*Inf.*), mad, maddened, on the warpath (*Inf.*), raging, up in arms, wrathful, wroth (*Archaic*) **2.** agitated, boisterous, fierce, impetuous, intense, savage, stormy, tempestuous, tumultuous, turbulent, ungovernable, unrestrained, vehement, violent, wild

**furnish 1.** appoint, decorate, equip, fit (out, up), outfit, provide, provision, purvey, rig, stock, store, supply **2.** afford, bestow, endow, give, grant, hand out, offer, present, provide, reveal, supply

**furniture** appliances, appointments, chattels, effects, equipment, fittings, furnishings, goods, household goods, movable property, movables, possessions, things (*Inf.*)

**furore 1.** commotion, disturbance, excitement, flap (*Inf.*), frenzy, fury, hullabaloo, outburst, outcry, stir, to-do, uproar **2.** craze, enthusiasm, mania, rage

**further**
- **ADJ. 1.** additional, extra, fresh, more, new, other, supplementary
- **ADV. 2.** additionally, also, as well as, besides, furthermore, in addition, moreover, on top of, over and above, to boot, what's more, yet
- **V. 3.** advance, aid, assist, champion, contribute to, encourage, expedite, facilitate, forward, foster, hasten, help, lend support to, patronize, plug (*Inf.*), promote, push, speed, succour, work for

**furtherance** advancement, advocacy, backing, boosting, carrying-out, championship, promotion, prosecution, pursuit

**furthest** extreme, farthest, furthermost, most distant, outermost, outmost, remotest, ultimate, uttermost

**furtive** clandestine, cloaked, conspiratorial, covert, hidden, secret, secretive, skulking, slinking, sly, sneaking, sneaky, stealthy, surreptitious, underhand, under-the-table

**fury 1.** anger, frenzy, impetuosity, ire, madness, passion, rage, wrath **2.** ferocity, fierceness, force, intensity, power, savagery, severity, tempestuousness, turbulence, vehemence, violence **3.** bacchante, hag, hellcat, shrew, spitfire, termagant, virago, vixen

**fuss**
- **N. 1.** ado, agitation, bother, bustle, commotion, confusion, excitement, fidget, flap (*Inf.*), flurry, fluster, flutter, hurry, palaver, pother, stir, storm in a teacup (*Brit.*), to-do, upset, worry **2.** altercation, argument, bother, complaint, difficulty, display, furore, hassle (*Inf.*), objection, row, squabble, trouble, unrest, upset
- **V. 3.** bustle, chafe, fidget, flap (*Inf.*), fret, fume, get in a stew (*Inf.*), get worked up, labour over, make a meal of (*Inf.*), make a thing of (*Inf.*), niggle, take pains, worry

**fussy 1.** choosy (*Inf.*), dainty, difficult, discriminating, exacting, faddish, faddy, fastidious, finicky, hard to please, nit-picking (*Inf.*), old-maidish, old womanish, overparticular, particular, pernickety, picky (*Inf.*), squeamish **2.** busy, cluttered, overdecorated, overelaborate, overembellished, overworked, rococo

**futile 1.** abortive, barren, bootless, empty, forlorn, fruitless, hollow, ineffectual, in vain, nugatory, profitless, sterile, to no avail, unavailing, unproductive, unprofitable, unsuccessful, useless, vain, valueless, worthless **2.** idle, pointless, trifling, trivial, unimportant

**futility 1.** bootlessness, emptiness, fruitlessness, hollowness, ineffectiveness, uselessness **2.** pointlessness, triviality, unimportance, vanity

**future**
- **N. 1.** expectation, hereafter, outlook, prospect, time to come
- **ADJ. 2.** approaching, coming, destined, eventual, expected, fated, forthcoming, impending, in the offing, later, prospective, subsequent, to be, to come, ultimate, unborn

# G

**gadabout** gallivanter, pleasure-seeker, rambler, rover, wanderer

**gadget** appliance, contraption (*Inf.*), contrivance, device, gimmick, gizmo (*Sl., chiefly U.S.*), instrument, invention, novelty, thing, tool

**gaffe** bloomer (*Inf.*), blunder, boob (*Brit. sl.*), boo-boo (*Inf.*), clanger (*Inf.*), faux pas, gaucherie, howler, indiscretion, mistake, slip, solecism

**gaffer 1.** granddad, greybeard, old boy (*Inf.*), old fellow, old man, old-timer (*U.S.*) **2.** (*Inf.*) boss (*Inf.*), foreman, ganger, manager, overseer, superintendent, supervisor

**gag**
- **V. 1.** curb, muffle, muzzle, quiet, silence, stifle, still, stop up, suppress, throttle **2.** (*Sl.*) barf (*Sl.*), disgorge, heave, puke (*Sl.*), retch, spew, throw up (*Inf.*), vomit **3.** (*Sl.*) choke, gasp, pant, struggle for breath **4.** crack (*Sl.*), funny (*Inf.*), hoax, jest, joke, wisecrack (*Inf.*), witticism

**gaiety 1.** animation, blitheness, blithesomeness (*Literary*), cheerfulness, effervescence, elation, exhilaration, glee, good humour, high spirits, hilarity, joie de vivre, jollity, joviality, joyousness, light-heartedness, liveliness, merriment, mirth, sprightliness, vivacity **2.** celebration, conviviality, festivity, fun, jollification, merrymaking, revelry, revels **3.** brightness, brilliance, colour, colourfulness, gaudiness, glitter, show, showiness, sparkle

**gaily 1.** blithely, cheerfully, gleefully, happily, joyfully, light-heartedly, merrily **2.** brightly, brilliantly, colourfully, flamboyantly, flashily, gaudily, showily

**gain**
- **V. 1.** achieve, acquire, advance, attain, bag, build up, capture, collect, enlist, gather, get, glean, harvest, improve, increase, net, obtain, pick up, procure, profit, realize, reap, score (*Sl.*), secure, win, win over **2.** acquire, bring in, clear, earn, get, make, net, obtain, produce, realize, win, yield **3.** (*Usually with* **on**) approach, catch up with, close with, get nearer, narrow the gap, overtake draw *or* pull away from, get farther away, leave behind, outdistance, recede, widen the gap **4.** arrive at, attain, come to, get to, reach **5. gain time** delay, procrastinate, stall, temporize, use delaying tactics
- **N. 6.** accretion, achievement, acquisition, advance, advancement, advantage, attainment, benefit, dividend, earnings, emolument, growth, headway, improvement, income, increase, increment, lucre, proceeds, produce, profit, progress, return, rise, winnings, yield

**gains** booty, earnings, gainings, pickings, prize, proceeds, profits, revenue, takings, winnings

**gainsay** contradict, contravene, controvert, deny, disaffirm, disagree with, dispute, rebut, retract

**gait** bearing, carriage, pace, step, stride, tread, walk

**gala**
- **N. 1.** beano (*Brit. sl.*), carnival, celebration, festival, festivity, fête, jamboree, pageant, party, rave (*Brit. sl.*), rave-up (*Brit. sl.*)
- **ADJ. 2.** celebratory, convivial, festal, festive, gay, jovial, joyful, merry

**gale 1.** blast, cyclone, hurricane, squall, storm, tempest, tornado, typhoon **2.** (*Inf.*) burst, eruption, explosion, fit, howl, outbreak, outburst, peal, shout, shriek

**gall**[1] **1.** (*Inf.*) brass (*Inf.*), brass neck (*Brit. inf.*), brazenness, cheek (*Inf.*), chutzpah (*U.S. & Canad. inf.*), effrontery, impertinence, impudence, insolence, neck (*Inf.*), nerve (*Inf.*), sauciness **2.** acrimony, animosity, animus, antipathy, bad blood, bile, bitterness, enmity, hostility, malevolence, malice, malignity, rancour, sourness, spite, spleen, venom

**gall**[2]
- **N. 1.** abrasion, chafe, excoriation, raw spot, scrape, sore, sore spot, wound **2.** aggravation (*Inf.*), annoyance, bother, botheration (*Inf.*), exasperation, harassment, irritant, irritation, nuisance, pest, provocation, vexation
- **V. 3.** abrade, bark, chafe, excoriate, fret, graze, irritate, rub raw, scrape, skin **4.** aggravate (*Inf.*), annoy, be on one's back (*Sl.*), bother, exasperate, fret, get in one's hair (*Inf.*), get on one's nerves (*Inf.*), harass, hassle (*Inf.*), irk, irritate, nag, nark (*Brit., Aust., & N.Z. sl.*), nettle, peeve (*Inf.*), pester, piss one off (*Taboo sl.*), plague, provoke, rankle, rile (*Inf.*), rub up the wrong way, ruffle, vex

**gallant**
- **ADJ. 1.** bold, brave, courageous, daring, dashing, dauntless, doughty, fearless, game (*Inf.*), heroic, high-spirited, honourable, intrepid, lion-hearted, manful, manly, mettlesome, noble, plucky, valiant, valorous **2.** attentive, chivalrous, courteous, courtly, gentlemanly, gracious, magnanimous, noble, polite **3.** august, dignified, elegant, glorious, grand, imposing, lofty, magnificent, noble, splendid, stately
- **N. 4.** admirer, beau, boyfriend, escort, leman (*Archaic*), lover, paramour, suitor, wooer **5.** beau, blade (*Archaic*), buck (*Inf.*), dandy, fop, ladies' man, lady-killer (*Inf.*), man about town, man of fashion **6.** adventurer, cavalier, champion, daredevil, hero, knight, man of mettle, preux chevalier

**gallantry 1.** audacity, boldness, bravery, courage, courageousness, daring, dauntlessness, derring-do (*Archaic*), fearlessness, heroism, intrepidity, manliness, mettle, nerve, pluck, prowess, spirit, valiance, valour **2.** attentiveness, chivalry, courteousness, courtesy, courtliness, elegance, gentlemanliness, graciousness, nobility, politeness

**galling** aggravating (*Inf.*), annoying, bitter, bothersome, exasperating, harassing, humiliating, irksome, irritating, nettlesome, plaguing, provoking, rankling, vexatious, vexing

**gallop** barrel (along) (*Inf., chiefly U.S. & Canad.*), bolt, career, dart, dash, fly, hasten, hie (*Archaic*), hurry, race, run, rush, scud, shoot, speed, sprint, tear along, zoom

**galore** à gogo (*Inf.*), all over the place, aplenty, everywhere, in abundance, in great quantity, in numbers, in profusion, to spare

**galvanize** arouse, awaken, electrify, excite, fire, inspire, invigorate, kick-start, jolt, move, prod, provoke, quicken, shock, spur, startle, stimulate, stir, thrill, vitalize, wake

**gamble**
- **V. 1.** back, bet, game, have a flutter (*Inf.*), lay *or* make a bet, play, punt, stake, try one's luck, wager **2.** back, chance, hazard, put one's faith *or* trust in, risk, speculate, stake, stick one's neck out (*Inf.*), take a chance, venture
- **N. 3.** chance, leap in the dark, lottery, risk, speculation, uncertainty, venture **4.** bet, flutter (*Inf.*), punt, wager

**gambol**
- **V. 1.** caper, cavort, curvet, cut a caper, frisk, frolic, hop, jump, prance, rollick, skip
- **N. 2.** antic, caper, frolic, gambado, hop, jump, prance, skip, spring

**game**
- **N. 1.** amusement, distraction, diversion, entertainment, frolic, fun, jest, joke, lark, merriment, pastime, play, recreation, romp, sport **2.** competition, contest, event, head-to-head, match, meeting, round, tournament **3.** adventure, business, enterprise, line, occupation, plan, proceeding, scheme, undertaking **4.** chase, prey, quarry, wild animals **5.** (*Inf.*) design, device, plan, plot, ploy, scheme, stratagem, strategy, tactic, trick **6. make (a) game of** deride, make a fool of, make a laughing stock, make fun of, make sport of, mock, poke fun at, ridicule, send up (*Brit. inf.*)
- **ADJ. 7.** ballsy (*Taboo sl.*), bold, brave, courageous, dauntless, dogged, fearless, feisty (*Inf., chiefly U.S. & Canad.*), gallant, gritty, have-a-go (*Inf.*), heroic, intrepid, persevering, persistent, plucky, resolute, spirited, unflinching, valiant, valorous **8.** desirous, disposed, eager, inclined, interested, prepared, ready, willing

**gamut** area, catalogue, compass, field, range, scale, scope, series, sweep

**gang** band, bevy, camp, circle, clique, club, company, coterie, crew (*Inf.*), crowd, group, herd, horde, lot, mob, pack, party, posse *(Sl.)*, ring, set, shift, squad, team, troupe

**gangling, gangly** angular, awkward, lanky, loose-jointed, rangy, rawboned, skinny, spindly, tall

**gangster** bandit, brigand, crook *(Inf.)*, desperado, gang member, heavy *(Sl.)*, hood *(U.S. sl.)*, hoodlum *(Chiefly U.S.)*, mobster *(U.S. sl.)*, racketeer, robber, ruffian, thug, tough

**gaol(er)** → **jail(er)**

**gap 1.** blank, breach, break, chink, cleft, crack, cranny, crevice, discontinuity, divide, entr'acte, hiatus, hole, interlude, intermission, interruption, interstice, interval, lacuna, lull, opening, pause, recess, rent, respite, rift, space, vacuity, void **2.** difference, disagreement, disparity, divergence, inconsistency

**gape 1.** gawk, gawp *(Brit. sl.)*, goggle, stare, wonder **2.** crack, open, split, yawn

**gaping** broad, cavernous, great, open, vast, wide, wide open, yawning

**garbage 1.** bits and pieces, debris, detritus, junk, litter, odds and ends, rubbish, scraps **2.** dreck *(Sl., chiefly U.S.)*, dross, filth, muck, offal, refuse, rubbish, scourings, slops, sweepings, swill, trash *(Chiefly U.S.)*, waste **3.** balderdash, balls *(Taboo sl.)*, bilge *(Inf.)*, bosh *(Inf.)*, bull *(Sl.)*, bullshit *(Taboo sl.)*, bunkum *or* buncombe *(Chiefly U.S.)*, claptrap *(Inf.)*, cobblers *(Brit. taboo sl.)*, codswallop *(Brit. sl.)*, crap *(Sl.)*, drivel, eyewash *(Inf.)*, flapdoodle *(Sl.)*, garbage *(Chiefly U.S.)*, gibberish, guff *(Sl.)*, havers *(Scot.)*, hogwash, hokum *(Sl., chiefly U.S. & Canad.)*, horsefeathers *(U.S. sl.)*, hot air *(Inf.)*, moonshine, nonsense, pap, piffle *(Inf.)*, poppycock *(Inf.)*, rot, shit *(Taboo sl.)*, stuff and nonsense, tommyrot, tosh *(Inf.)*, tripe *(Inf.)*, twaddle

**garble 1.** confuse, jumble, mix up **2.** corrupt, distort, doctor, falsify, misinterpret, misquote, misreport, misrepresent, misstate, mistranslate, mutilate, pervert, slant, tamper with, twist

**garish** brash, brassy, brummagem, cheap, flash *(Inf.)*, flashy, flaunting, gaudy, glaring, glittering, loud, meretricious, naff *(Brit. sl.)*, raffish, showy, tacky *(Inf.)*, tasteless, tawdry, vulgar

**garland**
- **N. 1.** bays, chaplet, coronal, crown, festoon, honours, laurels, wreath
- **V. 2.** adorn, crown, deck, festoon, wreathe

**garner**
- **V. 1.** accumulate, amass, assemble, collect, deposit, gather, hoard, husband, lay in *or* up, put by, reserve, save, stockpile, store, stow away, treasure
- **N. 2.** *(Literary)* depository, granary, store, storehouse, vault

**garnish**
- **V. 1.** adorn, beautify, bedeck, deck, decorate, embellish, enhance, festoon, grace, ornament, set off, trim
- **N. 2.** adornment, decoration, embellishment, enhancement, festoon, garniture, ornament, ornamentation, trim, trimming

**garrison**
- **N. 1.** armed force, command, detachment, troops, unit **2.** base, camp, encampment, fort, fortification, fortress, post, station, stronghold
- **V. 3.** assign, mount, position, post, put on duty, station **4.** defend, guard, man, occupy, protect, supply with troops

**garrulous 1.** babbling, chattering, chatty, effusive, gabby *(Inf.)*, glib, gossiping, gushing, loquacious, mouthy, prating, prattling, talkative, verbose, voluble **2.** diffuse, gassy *(Sl.)*, long-winded, prolix, prosy, verbose, windy, wordy

**gash**
- **V. 1.** cleave, cut, gouge, incise, lacerate, rend, slash, slit, split, tear, wound
- **N. 2.** cleft, cut, gouge, incision, laceration, rent, slash, slit, split, tear, wound

**gasp**
- **V. 1.** blow, catch one's breath, choke, fight for breath, gulp, pant, puff
- **N. 2.** blow, ejaculation, exclamation, gulp, pant, puff

**gate** access, barrier, door, doorway, egress, entrance, exit, gateway, opening, passage, port *(Scot.)*, portal

**gather 1.** accumulate, amass, assemble, bring *or* get together, collect, congregate, convene, flock, forgather, garner, group, heap, hoard, marshal, mass, muster, pile up, round up, stack up, stockpile **2.** assume, be led to believe, conclude, deduce, draw, hear, infer, learn, make, surmise, understand **3.** clasp, draw, embrace, enfold, hold, hug **4.** crop, cull, garner, glean, harvest, pick, pluck, reap, select **5.** build, deepen, enlarge, expand, grow, heighten, increase, intensify, rise, swell, thicken, wax **6.** fold, pleat, pucker, ruffle, shirr, tuck

**gathering 1.** assemblage, assembly, company, conclave, concourse, congregation, congress, convention, convocation, crowd, flock, get-together *(Inf.)*, group, knot, meeting, muster, party, rally, throng, turnout **2.** accumulation, acquisition, aggregate, collecting, collection, concentration, gain, heap, hoard, mass, pile, procuring, roundup, stock, stockpile **3.** *(Inf.)* abscess, boil, carbuncle, pimple, pustule, sore, spot, tumour, ulcer

**gauche** awkward, clumsy, graceless, ignorant, ill-bred, ill-mannered, inelegant, inept, insensitive, lacking in social graces, maladroit, tactless, uncultured, unpolished, unsophisticated

**gaudy** brash, bright, brilliant, brummagem, flash *(Inf.)*, flashy, florid, garish, gay, glaring, loud, meretricious, naff *(Brit. sl.)*, ostentatious, raffish, showy, tacky *(Inf.)*, tasteless, tawdry, vulgar

**gauge**
- **V. 1.** ascertain, calculate, check, compute, count, determine, measure, weigh **2.** adjudge, appraise, assess, estimate, evaluate, guess, judge, rate, reckon, value
- **N. 3.** basis, criterion, example, exemplar, guide, guideline, indicator, measure, meter, model, par, pattern, rule, sample, standard, test, touchstone, yardstick **4.** bore, capacity, degree, depth, extent, height, magnitude, measure, scope, size, span, thickness, width

**gaunt 1.** angular, attenuated, bony, cadaverous, emaciated, haggard, lank, lean, macilent *(Rare)*, meagre, pinched, rawboned, scraggy, scrawny, skeletal, skinny, spare, thin, wasted **2.** bare, bleak, desolate, dismal, dreary, forbidding, forlorn, grim, harsh

**gawky** awkward, clownish, clumsy, gauche, loutish, lumbering, lumpish, maladroit, oafish, uncouth, ungainly

**gay**
- **ADJ. 1.** homosexual, lesbian, poofy *(Offens. sl.)*, queer *(Offens. sl.)* **2.** animated, blithe, carefree, cheerful, debonair, glad, gleeful, happy, hilarious, insouciant, jolly, jovial, joyful, joyous, light-hearted, lively, merry, sparkling, sunny, vivacious **3.** bright, brilliant, colourful, flamboyant, flashy, fresh, garish, gaudy, rich, showy, vivid **4.** convivial, festive, frivolous, frolicsome, fun-loving, gamesome, merry, playful, pleasure-seeking, rakish, rollicking, sportive, waggish
- **N. 5.** dyke *(Offens. sl.)*, faggot *(U.S. offens. sl.)*, fairy *(Offens. sl.)*, homosexual, invert, lesbian, poof *(Offens. sl.)*, queer *(Offens. sl.)*

**gaze**
- **V. 1.** contemplate, eyeball *(U.S. sl.)*, gape, look, look fixedly, regard, stare, view, watch, wonder
- **N. 2.** fixed look, look, stare

**gazette** journal, newspaper, news-sheet, organ, paper, periodical

**gear**
- **N. 1.** cog, cogwheel, gearwheel, toothed wheel **2.** cogs, gearing, machinery, mechanism, works **3.** accessories, accoutrements, apparatus, equipment, harness, instruments, outfit, paraphernalia, rigging, supplies, tackle, tools, trappings **4.** baggage, belongings, effects, kit, luggage, stuff, things **5.** *(Sl.)* apparel, array, attire, clothes, clothing, costume, dress, garb, garments, habit, outfit, rigout *(Inf.)*, togs, wear
- **V. 6.** adapt, adjust, equip, fit, rig, suit, tailor

**gelatinous** gluey, glutinous, gummy, jelly-like, mucilaginous, sticky, viscid, viscous

**gelid** arctic, chilly, cold, freezing, frigid, frosty, frozen, glacial, ice-cold, icy, polar

**gem 1.** jewel, precious stone, semiprecious stone, stone **2.** flower, jewel, masterpiece, pearl, pick, prize, treasure

**genealogy** ancestry, blood line, derivation, descent, extraction, family tree, line, lineage, pedigree, progeniture, stemma, stirps, stock, strain

**general 1.** accepted, broad, common, extensive, popular, prevailing, prevalent, public, universal, widespread **2.** accustomed, conventional, customary, everyday, habitual, normal, ordinary, regular, typical, usual **3.** approximate, ill-defined, imprecise, inaccurate, indefinite, inexact, loose, undetailed, unspecific, vague **4.** across-the-board, all-inclusive, blanket, broad, catholic, collective, comprehensive, encyclop(a)edic, generic, indiscriminate, miscellaneous, panoramic, sweeping, total, universal

**generality 1.** abstract principle, generalization, loose statement, sweeping statement, vague notion **2.** acceptedness, commonness, extensiveness, popularity, prevalence, universality **3.** approximateness, impreciseness, indefiniteness, inexactness, lack of detail, looseness, vagueness **4.** breadth, catholicity, comprehensiveness, miscellaneity, sweepingness, universality

**generally 1.** almost always, as a rule, by and large, conventionally, customarily, for the most part, habitually, in most cases, largely, mainly, normally, on average, on the whole, ordinarily, regularly, typically, usually **2.** commonly, extensively, popularly, publicly, universally, widely **3.** approximately, broadly, chiefly, for the most part, in the main, largely, mainly, mostly, on the whole, predominantly, principally

**generate** beget, breed, bring about, cause, create, engender, form, give rise to, initiate, make, originate, procreate, produce, propagate, spawn, whip up

**generation 1.** begetting, breeding, creation, engenderment, formation, genesis, origination, procreation, production, propagation, reproduction **2.** age group, breed, crop **3.** age, day, days, epoch, era, period, time, times

**generic** all-encompassing, blanket, collective, common, comprehensive, general, inclusive, sweeping, universal, wide

**generosity 1.** beneficence, benevolence, bounteousness, bounty, charity, kindness, largess *or* largesse, liberality, munificence, open-handedness **2.** disinterestedness, goodness, high-mindedness, magnanimity, nobleness, unselfishness

**generous 1.** beneficent, benevolent, bounteous, bountiful, charitable, free, hospitable, kind, lavish, liberal, munificent, open-handed, princely, prodigal, ungrudging, unstinting **2.** big-hearted, disinterested, good, high-minded, lofty, magnanimous, noble, unselfish **3.** abundant, ample, copious, full, lavish, liberal, overflowing, plentiful, rich, unstinting

**genesis** beginning, birth, commencement, creation, dawn, engendering, formation, generation, inception, origin, outset, propagation, root, source, start

**genial** affable, agreeable, amiable, cheerful, cheery, congenial, convivial, cordial, easygoing, enlivening, friendly, glad, good-natured, happy, hearty, jolly, jovial, joyous, kind, kindly, merry, pleasant, sunny, warm, warm-hearted

**geniality** affability, agreeableness, amiability, cheerfulness, cheeriness, congenialness, conviviality, cordiality, friendliness, gladness, good cheer, good nature, happiness, heartiness, jollity, joviality, joy, joyousness, kindliness, kindness, mirth, pleasantness, sunniness, warm-heartedness, warmth

**genius 1.** adept, buff *(Inf.)*, brain *(Inf.)*, brainbox, expert, hotshot *(Inf.)*, intellect *(Inf.)*, maestro, master, master-hand, mastermind, maven *(U.S.)*, virtuoso, whiz *(Inf.)* **2.** ability, aptitude, bent, brilliance, capacity, creative power, endowment, faculty, flair, gift, inclination, knack, propensity, talent, turn

**genteel** aristocratic, civil, courteous, courtly, cultivated, cultured, elegant, fashionable, formal, gentlemanly, ladylike, mannerly, polished, polite, refined, respectable, sophisticated, stylish, urbane, well-bred, well-mannered

**gentility 1.** breeding, civility, courtesy, courtliness, cultivation, culture, decorum, elegance, etiquette, formality, good breeding, good manners, mannerliness, polish, politeness, propriety, refinement, respectability, sophistication, urbanity **2.** blue blood, gentle birth, good family, high birth, nobility, rank **3.** aristocracy, elite, gentlefolk, gentry, nobility, nobles, ruling class, upper class

**gentle 1.** amiable, benign, bland, compassionate, dove-like, humane, kind, kindly, lenient, meek, merciful, mild, pacific, peaceful, placid, quiet, soft, sweet-tempered, tender **2.** balmy, calm, clement, easy, light, low, mild, moderate, muted, placid, quiet, serene, slight, smooth, soft, soothing, temperate, tranquil, untroubled **3.** easy, gradual, imperceptible, light, mild, moderate, slight, slow **4.** biddable, broken, docile, manageable, placid, tame, tractable **5.** (*Archaic*) aristocratic, civil, courteous, cultured, elegant, genteel, gentlemanlike, gentlemanly, high-born, ladylike, noble, polished, polite, refined, upper-class, well-born, well-bred

**gentlemanly** civil, civilized, courteous, cultivated, debonair, gallant, genteel, gentlemanlike, honourable, mannerly, noble, obliging, polished, polite, refined, reputable, suave, urbane, well-bred, well-mannered

**genuine 1.** actual, authentic, bona fide, honest, legitimate, natural, original, pure, real, sound, sterling, true, unadulterated, unalloyed, veritable **2.** artless, candid, earnest, frank, heartfelt, honest, sincere, unaffected, unfeigned

**germ 1.** bacterium, bug (*Inf.*), microbe, microorganism, virus **2.** beginning, bud, cause, embryo, origin, root, rudiment, seed, source, spark **3.** bud, egg, embryo, nucleus, ovule, ovum, seed, spore, sprout

**germane** akin, allied, apposite, appropriate, apropos, apt, cognate, connected, fitting, kindred, material, pertinent, proper, related, relevant, suitable, to the point *or* purpose

**germinate** bud, develop, generate, grow, originate, pullulate, shoot, sprout, swell, vegetate

**gestation** development, evolution, incubation, maturation, pregnancy, ripening

**gesticulate** gesture, indicate, make a sign, motion, sign, signal, wave

**gesture**
▸ N. **1.** action, gesticulation, indication, motion, sign, signal
▸ V. **2.** gesticulate, indicate, motion, sign, signal, wave

**get 1.** achieve, acquire, attain, bag, bring, come by, come into possession of, earn, fall heir to, fetch, gain, glean, inherit, make, net, obtain, pick up, procure, realize, reap, receive, score (*Sl.*), secure, succeed to, win **2.** be afflicted with, become infected with, be smitten by, catch, come down with, contract, fall victim to, take **3.** arrest, capture, collar (*Inf.*), grab, lay hold of, nab (*Inf.*), nail (*Inf.*), seize, take, trap **4.** become, come to be, grow, turn, wax **5.** catch, comprehend, fathom, follow, hear, notice, perceive, see, suss (out) (*Sl.*), take in, understand, work out **6.** arrive, come, make it (*Inf.*), reach **7.** arrange, contrive, fix, manage, succeed, wangle (*Inf.*) **8.** coax, convince, induce, influence, persuade, prevail upon, sway, talk into, wheedle, win over **9.** communicate with, contact, get in touch with, reach **10.** (*Inf.*) affect, arouse, excite, have an effect on, impress, move, stimulate, stir, touch **11.** (*Inf.*) annoy, bother, bug (*Inf.*), gall, get (someone's) goat (*Sl.*), irk, irritate, nark (*Brit., Aust., & N.Z. sl.*), pique, rub (someone) up the wrong way, upset, vex **12.** baffle, confound, mystify, nonplus, perplex, puzzle, stump

**get across 1.** cross, ford, negotiate, pass over, traverse **2.** bring home to, communicate, convey, get (something) through to, impart, make clear *or* understood, put over, transmit

**get ahead 1.** advance, be successful, cut it (*Inf.*), do well, flourish, get on, make good, progress, prosper, succeed, thrive **2.** excel, leave behind, outdo, outmanoeuvre, overtake, surpass

**get along 1.** agree, be compatible, be friendly, get on, harmonize, hit it off (*Inf.*) **2.** cope, develop, fare, get by (*Inf.*), make out (*Inf.*), manage, progress, shift **3.** be off, depart, go, go away, leave, move off, slope off

**get at 1.** acquire, attain, come to grips with, gain access to, get, get hold of, reach **2.** hint, imply, intend, lead up to, mean, suggest **3.** annoy, attack, be on one's back (*Sl.*), blame, carp, criticize, find fault with, hassle (*Inf.*), irritate, nag, nark (*Brit., Aust., & N.Z. sl.*), pick on, taunt **4.** bribe, buy off, corrupt, influence, suborn, tamper with

**getaway** break, break-out, decampment, escape, flight

**get away** abscond, break free, break out, decamp, depart, disappear, escape, flee, leave, make good one's escape, slope off

**get back 1.** recoup, recover, regain, repossess, retrieve **2.** arrive home, come back *or* home, return, revert, revisit **3.** (*With* **at**) be avenged, get even with, give tit for tat, hit back, retaliate, settle the score with, take vengeance on

**get by 1.** circumvent, get ahead of, go around, go past, overtake, pass, round **2.** (*Inf.*) contrive, cope, exist, fare, get along, make both ends meet, manage, subsist, survive

**get down 1.** alight, bring down, climb down, descend, disembark, dismount, get off, lower, step down **2.** bring down, depress, dishearten, dispirit

**get in** alight, appear, arrive, collect, come, embark, enter, include, infiltrate, insert, interpose, land, mount, penetrate

**get off 1.** alight, depart, descend, disembark, dismount, escape, exit, leave **2.** detach, remove, shed, take off

**get on 1.** ascend, board, climb, embark, mount **2.** advance, cope, cut it (*Inf.*), fare, get along, make out (*Inf.*), manage, progress, prosper, succeed **3.** agree, be compatible, be friendly, concur, get along, harmonize, hit it off (*Inf.*)

**get out** alight, break out, clear out (*Inf.*), decamp, escape, evacuate, extricate oneself, free oneself, leave, vacate, withdraw

**get over 1.** cross, ford, get across, pass, pass over, surmount, traverse **2.** come round, get better, mend, pull through, rally, recover from, revive, survive **3.** defeat, get the better of, master, overcome, shake off **4.** communicate, convey, get *or* put across, impart, make clear *or* understood

**get round 1.** bypass, circumvent, edge, evade, outmanoeuvre, skirt **2.** (*Inf.*) cajole, coax, convert, persuade, prevail upon, talk round, wheedle, win over

**get together** accumulate, assemble, collect, congregate, convene, converge, gather, join, meet, muster, rally, unite

**get up** arise, ascend, climb, increase, mount, rise, scale, stand

**ghastly** ashen, cadaverous, deathlike, deathly pale, dreadful, frightful, godawful (*Sl.*), grim, grisly, gruesome, hideous, horrendous, horrible, horrid, livid, loathsome, pale, pallid, repellent, shocking, spectral, terrible, terrifying, wan

**ghost 1.** apparition, eidolon, manes, phantasm, phantom, revenant, shade (*Literary*), soul, spectre, spirit, spook (*Inf.*), wraith **2.** glimmer, hint, possibility, semblance, shadow, suggestion, trace

**ghostly** eerie, ghostlike, illusory, insubstantial, phantasmal, phantom, spectral, spooky (*Inf.*), supernatural, uncanny, unearthly, weird, wraithlike

**giant**
▸ N. **1.** behemoth, colossus, Hercules, leviathan, monster, ogre, titan
▸ ADJ. **2.** Brobdingnagian, colossal, elephantine, enormous, gargantuan, gigantic, huge, humongous *or* humungous (*U.S. sl.*), immense, jumbo (*Inf.*), large, mammoth, monstrous, prodigious, titanic, vast

**gibberish** babble, balderdash, balls (*Taboo sl.*), bilge (*Inf.*), blather, bosh (*Inf.*), bull (*Sl.*), bullshit (*Taboo sl.*), bunkum *or* buncombe (*Chiefly U.S.*), cobblers (*Brit. taboo sl.*), crap (*Sl.*), double talk, drivel, eyewash (*Inf.*), gabble, garbage (*Inf.*), gobbledegook (*Inf.*), guff (*Sl.*), hogwash, hokum (*Sl., chiefly U.S. & Canad.*), horsefeathers (*U.S. sl.*), hot air (*Inf.*), jabber, jargon, moonshine, mumbo jumbo, nonsense, pap, piffle (*Inf.*), poppycock (*Inf.*), prattle, shit (*Taboo sl.*), tommyrot, tosh (*Sl., chiefly Brit.*), tripe (*Inf.*), twaddle, yammer (*Inf.*)

**gibe, jibe**
▸ V. **1.** deride, flout, jeer, make fun of, mock, poke fun at, ridicule, scoff, scorn, sneer, take the piss out of (*Sl.*), taunt, twit
▸ N. **2.** barb, crack (*Sl.*), cutting remark, derision, dig, jeer, mockery, ridicule, sarcasm, scoffing, sneer, taunt

**giddiness** dizziness, faintness, light-headedness, vertigo

**giddy 1.** dizzy, dizzying, faint, light-headed, reeling, unsteady, vertiginous **2.** capricious, careless, changeable, changeful, erratic, fickle, flighty, frivolous, heedless, impulsive, inconstant, irresolute, irresponsible, reckless, scatterbrained, silly, thoughtless, unbalanced, unstable, unsteady, vacillating, volatile, wild

**gift 1.** benefaction, bequest, bonus, boon, bounty, contribution, donation, grant, gratuity, hand-out, largess *or* largesse, legacy, offering, present **2.** ability, aptitude, attribute, bent, capability, capacity, endowment, faculty, flair, genius, knack, power, talent, turn

**gifted** able, accomplished, adroit, brilliant, capable, clever, expert, ingenious, intelligent, masterly, skilled, talented

**gigantic** Brobdingnagian, colossal, Cyclopean, elephantine, enormous, gargantuan, giant, herculean, huge, humongous *or* humungous (*U.S. sl.*), immense, mammoth, monstrous, prodigious, stupendous, titanic, tremendous, vast

**giggle** V./N. cackle, chortle, chuckle, laugh, snigger, tee-hee, titter, twitter

**gild** adorn, beautify, bedeck, brighten, coat, deck, dress up, embellish, embroider, enhance, enrich, garnish, grace, ornament

**gimmick** contrivance, device, dodge, gadget, gambit, gizmo (*Sl., chiefly U.S.*), ploy, scheme, stratagem, stunt, trick

**gingerly**
▸ ADV. **1.** carefully, cautiously, charily, circumspectly, daintily, delicately, fastidiously, hesitantly, reluctantly, squeamishly, suspiciously, timidly, warily
▸ ADJ. **2.** careful, cautious, chary, circumspect, dainty, delicate, fastidious, hesitant, reluctant, squeamish, suspicious, timid, wary

**gipsy** Bohemian, nomad, rambler, roamer, Romany, rover, traveller, vagabond, vagrant, wanderer

**gird 1.** belt, bind, girdle **2.** blockade, encircle, enclose, encompass, enfold, engird, environ, hem in, pen, ring, surround **3.** brace, fortify, make ready, prepare, ready, steel

**girdle**
▸ N. **1.** band, belt, cincture, cummerbund, fillet, sash, waistband
▸ V. **2.** bind, bound, encircle, enclose, encompass, engird, environ, gird, hem, ring, surround

**girl** bird (*Sl.*), chick (*Sl.*), colleen (*Irish*), damsel (*Archaic*), daughter, female child, lass, lassie (*Inf.*), maid (*Archaic*), maiden (*Archaic*), miss, wench

**girth** bulk, circumference, measure, size

**gist** core, drift, essence, force, idea, import, marrow, meaning, nub, pith, point, quintessence, sense, significance, substance

**give 1.** accord, administer, allow, award, bestow, commit, confer, consign, contribute, deliver, donate, entrust, furnish, grant, hand over *or* out, make over, permit, present, provide, purvey, supply, vouchsafe **2.** announce, be a source of, communicate, emit, impart, issue, notify, pronounce, publish, render, transmit, utter **3.** demonstrate, display, evidence, indicate, manifest, offer, proffer, provide, set forth, show **4.** allow, cede, concede, devote, grant, hand over, lend, relinquish, surrender, yield **5.** cause, do, engender, lead, make, occasion, perform, produce **6.** bend, break, collapse, fall, recede, retire, sink

**give away** betray, disclose, divulge, expose, inform on, leak, let out, let slip, shop (*Sl., chiefly Brit.*), reveal, uncover

**give in** admit defeat, capitulate, collapse, comply, concede, quit, submit, succumb, surrender, yield

**given** addicted, apt, disposed, inclined, liable, likely, prone

**give off** discharge, emit, exhale, exude, produce, release, send out, smell of, throw out, vent

**give out 1.** discharge, emit, exhale, exude, produce, release, send out, smell of, throw out, vent **2.** announce, broadcast, communicate, disseminate, impart, make known, notify, publish, transmit, utter

**give up** abandon, capitulate, cease, cede, cut out, desist, despair, forswear, hand over, kick (*Inf.*), leave off, quit, relinquish, renounce, resign, step down (*Inf.*), stop, surrender, throw in the towel, waive

**glad 1.** blithesome (*Literary*), cheerful, chuffed (*Sl.*), contented, delighted, gay, gleeful, gratified, happy, jocund, jovial, joyful, overjoyed, pleased, willing **2.** animated, cheerful, cheering, cheery, delightful, felicitous, gratifying, joyous, merry, pleasant, pleasing

**gladden** cheer, delight, elate, enliven, exhilarate, gratify, hearten, please, rejoice

**gladly** cheerfully, freely, gaily, gleefully, happily, jovially, joyfully, joyously, lief (*Rare*), merrily, readily, willingly, with (a) good grace, with pleasure

**gladness** animation, blitheness, cheerfulness, delight, felicity, gaiety, glee, happiness, high spirits, hilarity, jollity, joy, joyousness, mirth, pleasure

**glamorous** alluring, attractive, beautiful, bewitching, captivating, charming, dazzling, elegant, enchanting, entrancing, exciting, fascinating, glittering, glitzy (*Sl.*), glossy, lovely, prestigious, smart

**glamour** allure, appeal, attraction, beauty, bewitchment, charm, enchantment, fascination, magnetism, prestige, ravishment, witchery

**glance**
- V. 1. check, check out (*Inf.*), clock (*Brit. inf.*), gaze, glimpse, look, peek, peep, scan, take a dekko at (*Brit. sl.*), view 2. flash, gleam, glimmer, glint, glisten, glitter, reflect, shimmer, shine, twinkle 3. bounce, brush, graze, rebound, ricochet, skim 4. (*With* **over, through,** *etc*) browse, dip into, flip through, leaf through, riffle through, run over *or* through, scan, skim through, thumb through
- N. 5. brief look, butcher's (*Brit. sl.*), dekko (*Sl.*), gander (*Inf.*), glimpse, look, peek, peep, quick look, shufti (*Brit. sl.*), squint, view 6. flash, gleam, glimmer, glint, reflection, sparkle, twinkle 7. allusion, passing mention, reference

**glare**
- V. 1. frown, give a dirty look, glower, look daggers, lour *or* lower, scowl, stare angrily 2. blaze, dazzle, flame, flare
- N. 3. angry stare, black look, dirty look, frown, glower, lour *or* lower, scowl 4. blaze, brilliance, dazzle, flame, flare, glow 5. flashiness, floridness, gaudiness, loudness, meretriciousness, showiness, tawdriness

**glaring** 1. audacious, blatant, conspicuous, egregious, flagrant, gross, manifest, obvious, open, outrageous, outstanding, overt, patent, rank, unconcealed, visible 2. blazing, bright, dazzling, florid, garish, glowing, loud

**glassy** 1. clear, glossy, icy, shiny, slick, slippery, smooth, transparent 2. blank, cold, dazed, dull, empty, expressionless, fixed, glazed, lifeless, vacant

**glaze**
- V. 1. burnish, coat, enamel, furbish, gloss, lacquer, polish, varnish
- N. 2. coat, enamel, finish, gloss, lacquer, lustre, patina, polish, shine, varnish

**gleam**
- N. 1. beam, flash, glimmer, glow, ray, sparkle 2. brightness, brilliance, coruscation, flash, gloss, lustre, sheen, splendour 3. flicker, glimmer, hint, inkling, ray, suggestion, trace
- V. 4. coruscate, flare, flash, glance, glimmer, glint, glisten, glitter, glow, scintillate, shimmer, shine, sparkle

**glee** cheerfulness, delight, elation, exhilaration, exuberance, exultation, fun, gaiety, gladness, hilarity, jocularity, jollity, joviality, joy, joyfulness, joyousness, liveliness, merriment, mirth, sprightliness, triumph, verve

**gleeful** cheerful, chirpy (*Inf.*), cock-a-hoop, delighted, elated, exuberant, exultant, gay, gratified, happy, jocund, jovial, joyful, joyous, jubilant, merry, mirthful, overjoyed, over the moon (*Inf.*), pleased, rapt, triumphant

**glib** artful, easy, fast-talking, fluent, garrulous, insincere, plausible, quick, ready, slick, slippery, smooth, smooth-tongued, suave, talkative, voluble

**glide** coast, drift, float, flow, fly, roll, run, sail, skate, skim, slide, slip, soar

**glimmer**
- V. 1. blink, flicker, gleam, glisten, glitter, glow, shimmer, shine, sparkle, twinkle
- N. 2. blink, flicker, gleam, glow, ray, shimmer, sparkle, twinkle 3. flicker, gleam, grain, hint, inkling, ray, suggestion, trace

**glimpse**
- N. 1. brief view, butcher's (*Brit. sl.*), gander (*Inf.*), glance, look, peek, peep, quick look, shufti (*Brit. sl.*), sight, sighting, squint
- V. 2. catch sight of, clock (*Brit. inf.*), descry, espy, sight, spot, spy, view

**glint**
- V. 1. flash, gleam, glimmer, glitter, shine, sparkle, twinkle
- N. 2. flash, gleam, glimmer, glitter, shine, sparkle, twinkle, twinkling

**glisten** coruscate, flash, glance, glare, gleam, glimmer, glint, glitter, scintillate, shimmer, shine, sparkle, twinkle

**glitter**
- V. 1. coruscate, flare, flash, glare, gleam, glimmer, glint, glisten, scintillate, shimmer, shine, sparkle, twinkle
- N. 2. beam, brightness, brilliance, flash, glare, gleam, lustre, radiance, scintillation, sheen, shimmer, shine, sparkle 3. display, gaudiness, gilt, glamour, pageantry, show, showiness, splendour, tinsel

**gloat** crow, drool, exult, glory, relish, revel in, rub it in (*Inf.*), triumph, vaunt

**global** 1. international, pandemic, planetary, universal, world, worldwide 2. all-encompassing, all-inclusive, all-out, comprehensive, encyclop(a)edic, exhaustive, general, thorough, total, unbounded, unlimited

**globe** ball, earth, orb, planet, round, sphere, world

**globule** bead, bubble, drop, droplet, particle, pearl, pellet

**gloom** 1. blackness, cloud, cloudiness, dark, darkness, dimness, dullness, dusk, duskiness, gloominess, murk, murkiness, obscurity, shade, shadow, twilight 2. blues, dejection, depression, desolation, despair, despondency, downheartedness, low spirits, melancholy, misery, sadness, sorrow, the hump (*Brit. inf.*), unhappiness, woe

**gloomy** 1. black, crepuscular, dark, dim, dismal, dreary, dull, dusky, murky, obscure, overcast, shadowy, sombre, Stygian, tenebrous 2. bad, black, cheerless, comfortless, depressing, disheartening, dismal, dispiriting, dreary, funereal, joyless, sad, saddening, sombre 3. blue, chapfallen, cheerless, crestfallen, dejected, despondent, dismal, dispirited, down, downcast, downhearted, down in the dumps (*Inf.*), down in the mouth, glum, in low spirits, melancholy, miserable, moody, morose, pessimistic, sad, saturnine, sullen

**glorify** 1. add lustre to, adorn, aggrandize, augment, dignify, elevate, enhance, ennoble, illuminate, immortalize, lift up, magnify, raise 2. adore, apotheosize, beatify, bless, canonize, deify, enshrine, exalt, honour, idolize, pay homage to, revere, sanctify, venerate, worship 3. celebrate, crack up (*Inf.*), cry up (*Inf.*), eulogize, extol, hymn, laud, lionize, magnify, panegyrize, praise, sing *or* sound the praises of

**glorious** 1. celebrated, distinguished, elevated, eminent, excellent, famed, famous, grand, honoured, illustrious, magnificent, majestic, noble, noted, renowned, sublime, triumphant 2. beautiful, bright, brilliant, dazzling, divine, effulgent, gorgeous, radiant, resplendent, shining, splendid, splendiferous (*Facetious*), superb 3. (*Inf.*) delightful, enjoyable, excellent, fine, gorgeous, great, heavenly (*Inf.*), marvellous, pleasurable, splendid, splendiferous (*Facetious*), wonderful

**glory**
- N. 1. celebrity, dignity, distinction, eminence, exaltation, fame, honour, illustriousness, immortality, kudos, praise, prestige, renown 2. adoration, benediction, blessing, gratitude, homage, laudation, praise, thanksgiving, veneration, worship 3. éclat, grandeur, greatness, magnificence, majesty, nobility, pageantry, pomp, splendour, sublimity, triumph 4. beauty, brilliance, effulgence, gorgeousness, lustre, radiance, resplendence
- V. 5. boast, crow, drool, exult, gloat, pride oneself, relish, revel, take delight, triumph

**gloss**[1]
- N. 1. brightness, brilliance, burnish, gleam, lustre, polish, sheen, shine, varnish, veneer 2. appearance, façade, front, mask, semblance, show, surface
- V. 3. burnish, finish, furbish, glaze, lacquer, polish, shine, varnish, veneer 4. camouflage, conceal, cover up, disguise, hide, mask, smooth over, veil, whitewash (*Inf.*)

**gloss**[2]
- N. 1. annotation, comment, commentary, elucidation, explanation, footnote, interpretation, note, scholium, translation
- V. 2. annotate, comment, construe, elucidate, explain, interpret, translate

**glossy** bright, brilliant, burnished, glassy, glazed, lustrous, polished, sheeny, shining, shiny, silken, silky, sleek, smooth

**glow**
- N. 1. burning, gleam, glimmer, incandescence, lambency, light, luminosity, phosphorescence 2. brightness, brilliance, effulgence, radiance, splendour, vividness 3. ardour, earnestness, enthusiasm, excitement, fervour, gusto, impetuosity, intensity, passion, vehemence, warmth 4. bloom, blush, flush, reddening, rosiness
- V. 5. brighten, burn, gleam, glimmer, redden, shine, smoulder 6. be suffused, blush, colour, fill, flush, radiate, thrill, tingle

**glower**
- V. 1. frown, give a dirty look, glare, look daggers, lour *or* lower, scowl
- N. 2. angry stare, black look, dirty look, frown, glare, lour *or* lower, scowl

**glowing** 1. aglow, beaming, bright, flaming, florid, flushed, lambent, luminous, radiant, red, rich, ruddy, suffused, vibrant, vivid, warm 2. adulatory, complimentary, ecstatic, enthusiastic, eulogistic, laudatory, panegyrical, rave (*Inf.*), rhapsodic

**glue**
- N. 1. adhesive, cement, gum, mucilage, paste
- V. 2. affix, agglutinate, cement, fix, gum, paste, seal, stick

**glum** chapfallen, churlish, crabbed, crestfallen, crusty, dejected, doleful, down, gloomy, gruff, grumpy, huffy, ill-humoured, low, moody, morose, pessimistic, saturnine, sour, sulky, sullen, surly

**glut**
- N. 1. excess, overabundance, oversupply, plethora, saturation, superabundance, superfluity, surfeit, surplus
- V. 2. cram, fill, gorge, overfeed, satiate, stuff 3. choke, clog, deluge, flood, inundate, overload, oversupply, saturate

**glutton** gannet (*Sl.*), gobbler, gorger, gormandizer, gourmand, pig (*Inf.*)

**gluttony** gormandizing, gourmandism, greed, greediness, piggishness, rapacity, voraciousness, voracity

**gnarled** contorted, knotted, knotty, knurled, leathery, rough, rugged, twisted, weather-beaten, wrinkled

**gnaw** 1. bite, chew, munch, nibble, worry 2. consume, devour, eat away *or* into, erode, fret, wear away *or* down 3. distress, fret, harry, haunt, nag, plague, prey on one's mind, trouble, worry

**go**
- V. 1. advance, decamp, depart, fare (*Archaic*), journey, leave, make for, move, move out, pass, proceed, repair, set off, slope off, travel, withdraw 2. function, move, operate, perform, run, work 3. connect, extend, fit, give access, lead, reach, run, span, spread, stretch 4. avail, concur, conduce, contribute, incline, lead to, serve, tend, work towards 5. develop, eventuate, fall out, fare, happen, pan out (*Inf.*), proceed, result, turn out, work out 6. accord, agree, blend, chime, complement, correspond, fit, harmonize, match, suit 7. buy it (*U.S. sl.*), check out (*U.S. sl.*), croak (*Sl.*), die, expire, give up the ghost, go belly-up (*Sl.*), kick it (*Sl.*), kick the bucket (*Sl.*), pass away, peg it (*Inf.*), peg out (*Inf.*), perish, pop one's clogs (*Inf.*) 8. elapse, expire, flow, lapse, pass, slip away
- N. 9. attempt, bid, crack (*Inf.*), effort, essay, shot (*Inf.*), stab (*Inf.*), try, turn, whack (*Inf.*), whirl (*Inf.*) 10. (*Inf.*) activity, animation, brio, drive, energy, force, get-up-and-go (*Inf.*), life, oomph (*Inf.*), pep, spirit, verve, vigour, vitality, vivacity

**goad**
- N. 1. impetus, incentive, incitement, irritation, motivation, pressure, spur, stimulation, stimulus, urge
- V. 2. annoy, arouse, be on one's back (*Sl.*), drive, egg on, exhort, harass, hassle (*Inf.*), hound, impel, incite, instigate, irritate, lash, nark (*Brit., Aust., & N.Z. sl.*), prick, prod, prompt, propel, spur, stimulate, sting, urge, worry

**go-ahead**
- N. 1. (*Inf.*) assent, authorization, consent, green light, leave, OK or okay (*Inf.*), permission
- ADJ. 2. ambitious, enterprising, go-getting (*Inf.*), pioneering, progressive, up-and-coming

**go ahead** advance, begin, continue, go forward, go on, proceed, progress

**goal** aim, ambition, design, destination, end, intention, limit, mark, object, objective, purpose, target

**go along** 1. acquiesce, agree, assent, concur, cooperate, follow 2. accompany, carry on, escort, join, keep up, move, pass, travel

**go away** decamp, depart, exit, hook it (*Sl.*), leave, move out, recede, slope off, withdraw

**go back** **1.** retrocede, return, revert **2.** change one's mind, desert, forsake, renege, repudiate, retract

**gobble** bolt, cram, devour, gorge, gulp, guzzle, pig out on *(U.S. & Canad. sl.)*, stuff, swallow, wolf

**go-between** agent, broker, dealer, factor, intermediary, liaison, mediator, medium, middleman

**go by** **1.** elapse, exceed, flow on, move onward, pass, proceed **2.** adopt, be guided by, follow, heed, judge from, observe, take as guide

**godforsaken** abandoned, backward, bleak, deserted, desolate, dismal, dreary, forlorn, gloomy, lonely, neglected, remote, wretched

**godless** atheistic, depraved, evil, impious, irreligious, profane, ungodly, unprincipled, unrighteous, wicked

**godlike** celestial, deific, deiform, divine, heavenly, superhuman, transcendent

**godly** devout, god-fearing, good, holy, pious, religious, righteous, saintly

**go down** **1.** be beaten, collapse, decline, decrease, drop, fall, founder, go under, lose, set, sink, submerge, submit, suffer defeat **2.** be commemorated (recalled, recorded, remembered)

**godsend** blessing, boon, manna, stroke of luck, windfall

**go for** **1.** clutch at, fetch, obtain, reach, seek, stretch for **2.** admire, be attracted to, be fond of, choose, favour, hold with, like, prefer **3.** assail, assault, attack, launch oneself at, rush upon, set about *or* upon, spring upon

**go in (for)** adopt, embrace, engage in, enter, espouse, practise, pursue, take up, undertake

**go into** **1.** begin, develop, enter, participate in, undertake **2.** analyse, consider, delve into, discuss, examine, inquire into, investigate, look into, probe, pursue, research, review, scrutinize, study, work over

**golden** **1.** blond *or* blonde, bright, brilliant, flaxen, resplendent, shining, yellow **2.** best, blissful, delightful, flourishing, glorious, happy, joyful, joyous, precious, prosperous, rich, successful **3.** advantageous, auspicious, excellent, favourable, opportune, promising, propitious, rosy, valuable

**gone** **1.** elapsed, ended, finished, over, past **2.** absent, astray, away, lacking, lost, missing, vanished **3.** dead, deceased, defunct, departed, extinct, no more **4.** consumed, done, finished, spent, used up

**good**
- **ADJ.** **1.** acceptable, admirable, agreeable, bad *(Sl.)*, capital, choice, commendable, crucial *(Sl.)*, excellent, fine, first-class, first-rate, great, hunky-dory *(Inf.)*, pleasant, pleasing, positive, precious, satisfactory, splendid, super *(Inf.)*, superior, tiptop, valuable, wicked *(Sl.)*, world-class, worthy **2.** admirable, estimable, ethical, exemplary, honest, honourable, moral, praiseworthy, right, righteous, trustworthy, upright, virtuous, worthy **3.** able, accomplished, adept, adroit, capable, clever, competent, dexterous, efficient, expert, first-rate, proficient, reliable, satisfactory, serviceable, skilled, sound, suitable, talented, thorough, useful **4.** adequate, advantageous, auspicious, beneficial, convenient, favourable, fit, fitting, healthy, helpful, opportune, profitable, propitious, salubrious, salutary, suitable, useful, wholesome **5.** eatable, fit to eat, sound, uncorrupted, untainted, whole **6.** altruistic, approving, beneficent, benevolent, charitable, friendly, gracious, humane, kind, kind-hearted, kindly, merciful, obliging, well-disposed **7.** authentic, bona fide, dependable, genuine, honest, legitimate, proper, real, reliable, sound, true, trustworthy, valid **8.** decorous, dutiful, mannerly, obedient, orderly, polite, proper, seemly, well-behaved, well-mannered **9.** agreeable, cheerful, congenial, convivial, enjoyable, gratifying, happy, pleasant, pleasing, pleasurable, satisfying **10.** adequate, ample, complete, considerable, entire, extensive, full, large, long, sizable, solid, substantial, sufficient, whole **11.** best, fancy, finest, newest, nicest, precious, smartest, special, valuable **12.** *(Of weather)* balmy, bright, calm, clear, clement, cloudless, fair, halcyon, mild, sunny, sunshiny, tranquil
- **N.** **13.** advantage, avail, behalf, benefit, gain, interest, profit, service, use, usefulness, welfare, wellbeing, worth **14.** excellence, goodness, merit, morality, probity, rectitude, right, righteousness, uprightness, virtue, worth **15. for good** finally, for ever, irrevocably, never to return, once and for all, permanently, sine die

**goodbye** adieu, farewell, leave-taking, parting

**good-for-nothing**
- **N.** **1.** black sheep, idler, layabout, ne'er-do-well, profligate, rapscallion, scapegrace, skiver *(Brit. sl.)*, waster, wastrel
- **ADJ.** **2.** feckless, idle, irresponsible, useless, worthless

**good-humoured** affable, amiable, cheerful, congenial, genial, good-tempered, happy, pleasant

**good-looking** attractive, comely, fair, handsome, personable, pretty, well-favoured

**goodly** **1.** ample, considerable, large, significant, sizable, substantial, tidy *(Inf.)* **2.** agreeable, attractive, comely, desirable, elegant, fine, good-looking, graceful, handsome, personable, pleasant, pleasing, well-favoured

**good-natured** agreeable, benevolent, friendly, good-hearted, helpful, kind, kindly, tolerant, warm-hearted, well-disposed, willing to please

**goodness** **1.** excellence, merit, quality, superiority, value, worth **2.** beneficence, benevolence, friendliness, generosity, good will, graciousness, humaneness, kind-heartedness, kindliness, kindness, mercy, obligingness **3.** honesty, honour, integrity, merit, morality, probity, rectitude, righteousness, uprightness, virtue **4.** advantage, benefit, nourishment, nutrition, salubriousness, wholesomeness

**goods** **1.** appurtenances, belongings, chattels, effects, furnishings, furniture, gear, movables, paraphernalia, possessions, property, things, trappings **2.** commodities, merchandise, stock, stuff, wares

**goodwill** amity, benevolence, favour, friendliness, friendship, heartiness, kindliness, zeal

**go off** **1.** blow up, detonate, explode, fire **2.** happen, occur, take place **3.** decamp, depart, go away, hook it *(Sl.)*, leave, move out, part, quit, slope off **4.** *(Inf.)* go bad, go stale, rot

**go on** **1.** continue, endure, happen, last, occur, persist, proceed, stay **2.** blether, carry on, chatter, prattle, rabbit *(Brit. inf.)*, ramble on, waffle *(Inf., chiefly Brit.)*, witter (on) *(Inf.)*

**go out** **1.** depart, exit, leave **2.** be extinguished, die out, expire, fade out

**go over** **1.** examine, inspect, rehearse, reiterate, review, revise, study, work over **2.** peruse, read, scan, skim

**gorge**
- **N.** **1.** canyon, cleft, clough *(Dialect)*, defile, fissure, pass, ravine
- **V.** **2.** bolt, cram, devour, feed, fill, glut, gobble, gormandize, gulp, guzzle, overeat, pig out *(U.S. & Canad. sl.)*, raven, sate, satiate, stuff, surfeit, swallow, wolf

**gorgeous** **1.** beautiful, brilliant, dazzling, drop-dead *(Sl.)*, elegant, glittering, grand, luxuriant, magnificent, opulent, ravishing, resplendent, showy, splendid, splendiferous *(Facetious)*, stunning *(Inf.)*, sumptuous, superb **2.** *(Inf.)* attractive, bright, delightful, enjoyable, exquisite, fine, glorious, good, good-looking, lovely, pleasing

**gory** blood-soaked, bloodstained, bloodthirsty, bloody, ensanguined *(Literary)*, murderous, sanguinary

**gospel** **1.** certainty, fact, the last word, truth, verity **2.** credo, creed, doctrine, message, news, revelation, tidings

**gossamer** **ADJ.** airy, delicate, diaphanous, fine, flimsy, gauzy, light, sheer, silky, thin, transparent

**gossip**
- **N.** **1.** blether, chinwag *(Brit. inf.)*, chitchat, clishmaclaver *(Scot.)*, dirt *(U.S. sl.)*, gen *(Brit. inf.)*, hearsay, idle talk, jaw *(Sl.)*, latest *(Inf.)*, newsmongering *(Old-fashioned)*, prattle, scandal, small talk, tittle-tattle **2.** babbler, blatherskite, blether, busybody, chatterbox *(Inf.)*, chatterer, flibbertigibbet, gossipmonger, newsmonger *(Old-fashioned)*, prattler, quidnunc, scandalmonger, tattler, telltale
- **V.** **3.** blather, blether, chat, gabble, jaw *(Sl.)*, prate, prattle, tattle

**go through** **1.** bear, brave, endure, experience, suffer, tolerate, undergo, withstand **2.** consume, exhaust, squander, use **3.** check, examine, explore, hunt, look, search, work over

**go under** default, die, drown, fail, fold *(Inf.)*, founder, go down, sink, submerge, succumb

**govern** **1.** administer, be in power, command, conduct, control, direct, guide, handle, hold sway, lead, manage, order, oversee, pilot, reign, rule, steer, superintend, supervise **2.** bridle, check, contain, control, curb, direct, discipline, get the better of, hold in check, inhibit, master, regulate, restrain, subdue, tame **3.** decide, determine, guide, influence, rule, sway, underlie

**government** **1.** administration, authority, dominion, execution, governance, law, polity, rule, sovereignty, state, statecraft **2.** administration, executive, ministry, powers-that-be, régime **3.** authority, command, control, direction, domination, guidance, management, regulation, restraint, superintendence, supervision, sway

**governor** administrator, boss *(Inf.)*, chief, commander, comptroller, controller, director, executive, head, leader, manager, overseer, ruler, superintendent, supervisor

**go with** accompany, agree, blend, complement, concur, correspond, fit, harmonize, match, suit

**go without** abstain, be denied, be deprived of, deny oneself, do without, go short, lack, want

**gown** costume, dress, frock, garb, garment, habit, robe

**grab** bag, capture, catch (up), catch *or* take hold of, clutch, grasp, grip, latch on to, nab *(Inf.)*, nail *(Inf.)*, pluck, seize, snap up, snatch

**grace**
- **N.** **1.** attractiveness, beauty, charm, comeliness, ease, elegance, finesse, gracefulness, loveliness, pleasantness, poise, polish, refinement, shapeliness, tastefulness **2.** benefaction, beneficence, benevolence, favour, generosity, goodness, good will, kindliness, kindness **3.** breeding, consideration, cultivation, decency, decorum, etiquette, mannerliness, manners, propriety, tact **4.** charity, clemency, compassion, forgiveness, indulgence, leniency, lenity, mercy, pardon, quarter, reprieve **5.** benediction, blessing, prayer, thanks, thanksgiving
- **V.** **6.** adorn, beautify, bedeck, deck, decorate, dignify, distinguish, elevate, embellish, enhance, enrich, favour, garnish, glorify, honour, ornament, set off

**graceful** agile, beautiful, becoming, charming, comely, easy, elegant, fine, flowing, gracile *(Rare)*, natural, pleasing, smooth, symmetrical, tasteful

**gracious** accommodating, affable, amiable, beneficent, benevolent, benign, benignant, charitable, chivalrous, civil, compassionate, considerate, cordial, courteous, courtly, friendly, hospitable, indulgent, kind, kindly, lenient, loving, merciful, mild, obliging, pleasing, polite, well-mannered

**grade**
- **N.** **1.** brand, category, class, condition, degree, echelon, group, level, mark, notch, order, place, position, quality, rank, rung, size, stage, station, step **2. make the grade** *(Inf.)* come through with flying colours, come up to scratch *(Inf.)*, measure up, measure up to expectations, pass muster, prove acceptable, succeed, win through **3.** acclivity, bank, declivity, gradient, hill, incline, rise, slope
- **V.** **4.** arrange, brand, class, classify, evaluate, group, order, range, rank, rate, sort, value

**gradient** acclivity, bank, declivity, grade, hill, incline, rise, slope

**gradual** continuous, even, gentle, graduated, moderate, piecemeal, progressive, regular, slow, steady, successive, unhurried

**gradually** bit by bit, by degrees, drop by drop, evenly, gently, little by little, moderately, piece by piece, piecemeal, progressively, slowly, steadily, step by step, unhurriedly

**graduate**
- **V.** **1.** calibrate, grade, mark off, measure out, proportion, regulate **2.** arrange, classify, grade, group, order, range, rank, sort

**graft**
- **N.** **1.** bud, implant, scion, shoot, splice, sprout
- **V.** **2.** affix, implant, ingraft, insert, join, splice, transplant

**grain** **1.** cereals, corn **2.** grist, kernel, seed **3.** atom, bit, crumb, fragment, granule, iota, jot, mite, modicum, molecule, morsel, mote, ounce, particle, piece, scintilla *(Rare)*, scrap, scruple, spark, speck, suspicion, trace, whit **4.** fibre, nap, pattern, surface, texture, weave **5.** character, disposition, humour, inclination, make-up, temper

**grand** **1.** ambitious, august, dignified, elevated, eminent, exalted, fine, glorious, gorgeous, grandiose, great, haughty, illustrious, imposing, impressive, large, lofty, lordly, luxurious, magnificent, majestic, monumental, noble, opulent, ostentatious, palatial, pompous, pretentious, princely, regal, splendid, splendiferous (*Facetious*), stately, striking, sublime, sumptuous, superb **2.** admirable, excellent, fine, first-class, first-rate, great (*Inf.*), hunky-dory (*Inf.*), marvellous (*Inf.*), outstanding, smashing (*Inf.*), splendid, splendiferous (*Facetious*), super (*Inf.*), superb, terrific (*Inf.*), very good, wonderful, world-class **3.** big-time (*Inf.*), chief, head, highest, lead, leading, main, major league (*Inf.*), pre-eminent, principal, supreme

**grandeur** augustness, dignity, greatness, importance, loftiness, magnificence, majesty, nobility, pomp, splendour, state, stateliness, sublimity

**grandiose** **1.** affected, ambitious, bombastic, extravagant, flamboyant, high-flown, ostentatious, pompous, pretentious, showy **2.** ambitious, grand, imposing, impressive, lofty, magnificent, majestic, monumental, stately

**grant**
- **V. 1.** accede to, accord, acknowledge, admit, agree to, allocate, allot, allow, assign, award, bestow, cede, concede, confer, consent to, donate, give, hand out, impart, permit, present, vouchsafe, yield **2.** (*Law*) assign, convey, transfer, transmit
- **N. 3.** admission, allocation, allotment, allowance, award, benefaction, bequest, boon, bounty, concession, donation, endowment, gift, hand-out, present, stipend, subsidy

**granule** atom, crumb, fragment, grain, iota, jot, molecule, particle, scrap, speck

**graphic** **1.** clear, descriptive, detailed, explicit, expressive, forcible, illustrative, lively, lucid, picturesque, striking, telling, vivid, well-drawn **2.** delineated, diagrammatic, drawn, illustrative, pictorial, representational, seen, visible, visual

**grapple** **1.** catch, clasp, clutch, come to grips, fasten, grab, grasp, grip, hold, hug, lay *or* take hold, make fast, seize, wrestle **2.** address oneself to, attack, battle, clash, combat, confront, contend, cope, deal with, do battle, encounter, engage, face, fight, struggle, tackle, take on, tussle, wrestle

**grasp**
- **V. 1.** catch (up), clasp, clinch, clutch, grab, grapple, grip, hold, lay *or* take hold of, seize, snatch **2.** catch *or* get the drift of, catch on, comprehend, follow, get, realize, see, take in, understand
- **N. 3.** clasp, clutches, embrace, grip, hold, possession, tenure **4.** capacity, compass, control, extent, mastery, power, range, reach, scope, sway, sweep **5.** awareness, comprehension, ken, knowledge, mastery, perception, realization, understanding

**grasping** acquisitive, avaricious, close-fisted, covetous, greedy, mean, miserly, niggardly, penny-pinching (*Inf.*), rapacious, selfish, stingy, tight-arsed (*Taboo sl.*), tight as a duck's arse (*Sl.*), tight-assed (*U.S. taboo sl.*), tightfisted, usurious, venal

**grate**
- **V. 1.** mince, pulverize, shred, triturate **2.** creak, grind, rasp, rub, scrape, scratch **3.** aggravate (*Inf.*), annoy, chafe, exasperate, fret, gall, get one down, get on one's nerves (*Inf.*), irk, irritate, jar, nark (*Brit., Aust., & N.Z. sl.*), nettle, peeve, rankle, rub one up the wrong way, set one's teeth on edge, vex

**grateful** **1.** appreciative, beholden, indebted, obliged, thankful **2.** acceptable, agreeable, favourable, gratifying, nice, pleasing, refreshing, restful, satisfactory, satisfying, welcome

**gratify** cater to, delight, favour, feed, fulfil, give pleasure, gladden, humour, indulge, pander to, please, recompense, requite, satisfy, thrill

**grating** **ADJ.** annoying, disagreeable, discordant, displeasing, grinding, harsh, irksome, irritating, jarring, offensive, rasping, raucous, scraping, squeaky, strident, unpleasant, vexatious

**gratis** buckshee (*Brit. sl.*), for nothing, free, freely, free of charge, gratuitously, on the house, unpaid

**gratitude** appreciation, gratefulness, indebtedness, obligation, recognition, sense of obligation, thankfulness, thanks

**gratuitous** **1.** buckshee (*Brit. sl.*), complimentary, free, spontaneous, unasked-for, unpaid, unrewarded, voluntary **2.** assumed, baseless, causeless, groundless, irrelevant, needless, superfluous, uncalled-for, unfounded, unjustified, unmerited, unnecessary, unprovoked, unwarranted, wanton

**gratuity** baksheesh, benefaction, bonus, boon, bounty, donation, gift, largess *or* largesse, perquisite, pourboire, present, recompense, reward, tip

**grave**[1] **N.** burying place, crypt, last resting place, mausoleum, pit, sepulchre, tomb, vault

**grave**[2] **1.** dignified, dour, dull, earnest, gloomy, grim-faced, heavy, leaden, long-faced, muted, quiet, sage (*Obsolete*), sedate, serious, sober, solemn, sombre, staid, subdued, thoughtful, unsmiling **2.** acute, critical, crucial, dangerous, exigent, hazardous, important, life-and-death, momentous, of great consequence, perilous, pressing, serious, severe, significant, threatening, urgent, vital, weighty

**graveyard** boneyard (*Inf.*), burial ground, cemetery, charnel house, churchyard, God's acre (*Literary*), necropolis

**gravitate** **1.** (*With* **to** *or* **towards**) be influenced (attracted, drawn, pulled), incline, lean, move, tend **2.** be precipitated, descend, drop, fall, precipitate, settle, sink

**gravity** **1.** acuteness, consequence, exigency, hazardousness, importance, moment, momentousness, perilousness, pressingness, seriousness, severity, significance, urgency, weightiness **2.** demureness, dignity, earnestness, gloom, gravitas, grimness, reserve, sedateness, seriousness, sobriety, solemnity, thoughtfulness

**graze**
- **V. 1.** brush, glance off, kiss, rub, scrape, shave, skim, touch **2.** abrade, bark, chafe, scrape, scratch, skin
- **N. 3.** abrasion, scrape, scratch

**greasy** **1.** fatty, oily, slick, slimy, slippery **2.** fawning, glib, grovelling, ingratiating, oily, slick, smarmy (*Brit. inf.*), smooth, sycophantish, toadying, unctuous

**great** **1.** big, bulky, colossal, elephantine, enormous, extensive, gigantic, huge, humongous *or* humungous (*U.S. sl.*), immense, large, mammoth, prodigious, stupendous, tremendous, vast, voluminous **2.** extended, lengthy, long, prolonged, protracted **3.** big-time (*Inf.*), capital, chief, grand, head, lead, leading, main, major, major league (*Inf.*), paramount, primary, principal, prominent, superior **4.** considerable, decided, excessive, extravagant, extreme, grievous, high, inordinate, prodigious, pronounced, strong **5.** consequential, critical, crucial, grave, heavy, important, momentous, serious, significant, weighty **6.** celebrated, distinguished, eminent, exalted, excellent, famed, famous, glorious, illustrious, notable, noteworthy, outstanding, prominent, remarkable, renowned, superb, superlative, talented, world-class **7.** august, chivalrous, dignified, distinguished, exalted, fine, glorious, grand, heroic, high-minded, idealistic, impressive, lofty, magnanimous, noble, princely, sublime **8.** active, devoted, enthusiastic, keen, zealous **9.** able, adept, adroit, crack (*Sl.*), expert, good, masterly, proficient, skilful, skilled **10.** (*Inf.*) admirable, boffo (*Sl.*), brill (*Inf.*), chillin' (*U.S. sl.*), cracking (*Brit. inf.*), crucial (*Sl.*), def (*Inf.*), excellent, fantastic (*Inf.*), fine, first-rate, good, hunky-dory (*Inf.*), jim-dandy (*Sl.*), marvellous (*Inf.*), mean (*Sl.*), mega (*Sl.*), sovereign, superb, terrific (*Inf.*), topping (*Brit. sl.*), tremendous (*Inf.*), wonderful **11.** absolute, arrant, complete, consummate, downright, egregious, flagrant, out-and-out, perfect, positive, thoroughgoing, thundering (*Inf.*), total, unmitigated, unqualified, utter

**greatly** abundantly, by leaps and bounds, by much, considerably, enormously, exceedingly, extremely, highly, hugely, immensely, markedly, mightily, much, notably, powerfully, remarkably, tremendously, vastly, very much

**greatness** **1.** bulk, enormity, hugeness, immensity, largeness, length, magnitude, mass, prodigiousness, size, vastness **2.** amplitude, force, high degree, intensity, potency, power, strength **3.** gravity, heaviness, import, importance, moment, momentousness, seriousness, significance, urgency, weight **4.** celebrity, distinction, eminence, fame, glory, grandeur, illustriousness, lustre, note, renown **5.** chivalry, dignity, disinterestedness, generosity, grandeur, heroism, high-mindedness, idealism, loftiness, majesty, nobility, nobleness, stateliness, sublimity

**greed, greediness** **1.** edacity, esurience, gluttony, gormandizing, hunger, insatiableness, ravenousness, voracity **2.** acquisitiveness, avarice, avidity, covetousness, craving, cupidity, desire, eagerness, graspingness, longing, rapacity, selfishness

**greedy** **1.** edacious, esurient, gluttonous, gormandizing, hoggish, hungry, insatiable, piggish, ravenous, voracious **2.** acquisitive, avaricious, avid, covetous, craving, desirous, eager, grasping, hungry, impatient, rapacious, selfish

**Greek**
- **N. 1.** Hellene
- **ADJ. 2.** Hellenic

**green**
- **ADJ. 1.** blooming, budding, flourishing, fresh, grassy, leafy, new, undecayed, verdant, verdurous **2.** fresh, immature, new, raw, recent, unripe **3.** conservationist, ecological, environment-friendly, non-polluting **4.** callow, credulous, gullible, ignorant, immature, inexperienced, inexpert, ingenuous, innocent, naive, new, raw, unpolished, unpractised, unskilful, unsophisticated, untrained, unversed, wet behind the ears (*Inf.*) **5.** covetous, envious, grudging, jealous, resentful **6.** ill, nauseous, pale, sick, unhealthy, wan **7.** immature, pliable, supple, tender, undried, unseasoned, young
- **N. 8.** common, grassplot, lawn, sward, turf

**greet** accost, address, compliment, hail, meet, nod to, receive, salute, tip one's hat to, welcome

**greeting** **1.** address, hail, reception, salutation, salute, welcome **2.** *Plural* best wishes, compliments, devoirs, good wishes, regards, respects, salutations

**gregarious** affable, companionable, convivial, cordial, friendly, outgoing, sociable, social

**grey** **1.** ashen, bloodless, colourless, livid, pale, pallid, wan **2.** cheerless, cloudy, dark, depressing, dim, dismal, drab, dreary, dull, foggy, gloomy, misty, murky, overcast, sunless **3.** anonymous, characterless, colourless, dull, indistinct, neutral, unclear, unidentifiable **4.** aged, ancient, elderly, experienced, hoary, mature, old, venerable

**grief** **1.** affliction, agony, anguish, bereavement, dejection, distress, grievance, hardship, heartache, heartbreak, misery, mournfulness, mourning, pain, regret, remorse, sadness, sorrow, suffering, trial, tribulation, trouble, woe **2. come to grief** (*Inf.*) come unstuck, fail, meet with disaster, miscarry

**grievance** affliction, beef (*Sl.*), complaint, damage, distress, grief, gripe (*Inf.*), hardship, injury, injustice, protest, resentment, sorrow, trial, tribulation, trouble, unhappiness, wrong

**grieve** **1.** ache, bemoan, bewail, complain, deplore, lament, mourn, regret, rue, sorrow, suffer, wail, weep **2.** afflict, agonize, break the heart of, crush, distress, hurt, injure, make one's heart bleed, pain, sadden, wound

**grievous** **1.** afflicting, calamitous, damaging, distressing, dreadful, grave, harmful, heavy, hurtful, injurious, lamentable, oppressive, painful, severe, wounding **2.** appalling, atrocious, deplorable, dreadful, egregious, flagrant, glaring, heinous, intolerable, lamentable, monstrous, offensive, outrageous, shameful, shocking, unbearable **3.** agonized, grief-stricken, heart-rending, mournful, pitiful, sorrowful, tragic

**grim** cruel, ferocious, fierce, forbidding, formidable, frightful, ghastly, godawful (*Sl.*), grisly, gruesome, hard, harsh, hideous, horrible, horrid, implacable, merciless, morose, relentless, resolute, ruthless, severe, shocking, sinister, stern, sullen, surly, terrible, unrelenting, unyielding

**grimace**
- **N. 1.** face, frown, mouth, scowl, sneer, wry face
- **V. 2.** frown, lour *or* lower, make a face *or* faces, mouth, scowl, sneer

**grime** dirt, filth, grot (*Sl.*), smut, soot

**grimy** begrimed, besmeared, besmirched, dirty, filthy, foul, grubby, scuzzy (*Sl.*), smutty, soiled, sooty, unclean

## grind

**grind**
- V. 1. abrade, comminute, crush, granulate, grate, kibble, mill, pound, powder, pulverize, triturate 2. file, polish, sand, sharpen, smooth, whet 3. gnash, grate, grit, scrape 4. (With **down**) afflict, harass, hold down, hound, oppress, persecute, plague, trouble, tyrannize (over)
- N. 5. (Inf.) chore, drudgery, hard work, labour, sweat (Inf.), task, toil

**grip**
- N. 1. clasp, handclasp (U.S.), purchase 2. clutches, comprehension, control, domination, grasp, hold, influence, keeping, mastery, perception, possession, power, tenure, understanding 3. **come** or **get to grips (with)** close with, confront, contend with, cope with, deal with, encounter, face up to, grapple with, grasp, handle, meet, tackle, take on, undertake
- V. 4. clasp, clutch, grasp, hold, latch on to, seize, take hold of 5. absorb, catch up, compel, engross, enthral, entrance, fascinate, hold, involve, mesmerize, rivet, spellbind

**gripping** compelling, compulsive, engrossing, enthralling, entrancing, exciting, fascinating, riveting, spellbinding, thrilling, unputdownable (Inf.)

**grisly** abominable, appalling, awful, dreadful, frightful, ghastly, grim, gruesome, hellacious (U.S. sl.), hideous, horrible, horrid, macabre, shocking, sickening, terrible, terrifying

**grit**
- N. 1. dust, gravel, pebbles, sand 2. backbone, balls (Taboo sl.), courage, determination, doggedness, fortitude, gameness, guts (Inf.), hardihood, mettle, nerve, perseverance, pluck, resolution, spirit, tenacity, toughness
- V. 3. clench, gnash, grate, grind

**gritty** 1. abrasive, dusty, grainy, granular, gravelly, rasping, rough, sandy 2. ballsy (Taboo sl.), brave, courageous, determined, dogged, feisty (Inf., chiefly U.S. & Canad.), game, hardy, mettlesome, plucky, resolute, spirited, steadfast, tenacious, tough

**groan**
- N. 1. cry, moan, sigh, whine 2. (Inf.) beef (Sl.), complaint, gripe (Inf.), grouse, grumble, objection, protest
- V. 3. cry, moan, sigh, whine 4. (Inf.) beef (Sl.), bemoan, bitch (Sl.), complain, gripe (Inf.), grouse, grumble, lament, object

**groggy** befuddled, confused, dazed, dizzy, faint, muzzy, punch-drunk, reeling, shaky, staggering, stunned, stupefied, unsteady, weak, wobbly, woozy (Inf.)

**groom**
- N. 1. currier (Rare), hostler or ostler (Archaic), stableboy, stableman
- V. 2. clean, dress, get up (Inf.), preen, primp, smarten up, spruce up, tidy, turn out 3. brush, clean, curry, rub down, tend 4. coach, drill, educate, make ready, nurture, prepare, prime, ready, train

**groove** channel, cut, cutting, flute, furrow, gutter, hollow, indentation, rebate, rut, score, trench

**grope** cast about, feel, finger, fish, flounder, fumble, grabble, scrabble, search

**gross**
- ADJ. 1. big, bulky, corpulent, dense, fat, great, heavy, hulking, large, lumpish, massive, obese, overweight, thick 2. aggregate, before deductions, before tax, entire, total, whole 3. coarse, crude, improper, impure, indecent, indelicate, lewd, low, obscene, offensive, ribald, rude, sensual, smutty, unseemly, vulgar 4. apparent, arrant, blatant, downright, egregious, flagrant, glaring, grievous, heinous, manifest, obvious, outrageous, plain, rank, serious, shameful, sheer, shocking, unmitigated, unqualified, utter 5. boorish, callous, coarse, crass, dull, ignorant, imperceptive, insensitive, tasteless, uncultured, undiscriminating, unfeeling, unrefined, unsophisticated
- V. 6. bring in, earn, make, rake in (Inf.), take

**grotesque** absurd, bizarre, deformed, distorted, extravagant, fanciful, fantastic, freakish, incongruous, ludicrous, malformed, misshapen, odd, outlandish, preposterous, ridiculous, strange, unnatural, weird, whimsical

**ground**
- N. 1. clod, dirt, dry land, dust, earth, field, land, loam, mould, sod, soil, terra firma, terrain, turf 2. Often plural area, country, district, domain, estate, fields, gardens, habitat, holding, land, property, realm, terrain, territory, tract 3. Usually plural account, argument, base, basis, call, cause, excuse, factor, foundation, inducement, justification, motive, occasion, premise, pretext, rationale, reason 4. Usually plural deposit, dregs, grouts, lees, sediment, settlings 5. arena, field, park (Inf.), pitch, stadium
- V. 6. base, establish, fix, found, set, settle 7. acquaint with, coach, familiarize with, inform, initiate, instruct, prepare, teach, train, tutor

**groundless** baseless, chimerical, empty, false, idle, illusory, imaginary, unauthorized, uncalled-for, unfounded, unjustified, unprovoked, unsupported, unwarranted

**groundwork** base, basis, cornerstone, footing, foundation, fundamentals, preliminaries, preparation, spadework, underpinnings

**group**
- N. 1. aggregation, assemblage, association, band, batch, bevy, bunch, camp, category, circle, class, clique, clump, cluster, collection, company, congregation, coterie, crowd, faction, formation, gang, gathering, organization, pack, party, posse (Sl.), set, troop
- V. 2. arrange, assemble, associate, assort, bracket, class, classify, dispose, gather, marshal, order, organize, put together, range, sort 3. associate, band together, cluster, congregate, consort, fraternize, gather, get together

**grouse**
- V. 1. beef (Sl.), bellyache (Sl.), bitch (Sl.), bleat, carp, complain, find fault, gripe (Inf.), grouch (Inf.), grumble, kvetch (U.S. sl.), moan, whine, whinge (Inf.)
- N. 2. beef (Sl.), complaint, grievance, gripe (Inf.), grouch (Inf.), grumble, moan, objection, protest

**grovel** abase oneself, bootlick (Inf.), bow and scrape, brown-nose (Taboo sl.), cower, crawl, creep, cringe, crouch, demean oneself, fawn, flatter, humble oneself, kiss ass (Taboo sl.), kowtow, pander to, sneak, toady

**grow** 1. develop, enlarge, expand, extend, fill out, get bigger, get taller, heighten, increase, multiply, spread, stretch, swell, thicken, widen 2. develop, flourish, germinate, shoot, spring up, sprout, vegetate 3. arise, issue, originate, spring, stem 4. advance, expand, flourish, improve, progress, prosper, succeed, thrive 5. become, come to be, develop (into), get, turn, wax 6. breed, cultivate, farm, nurture, produce, propagate, raise

**grown-up**
- ADJ. 1. adult, fully-grown, mature, of age
- N. 2. adult, man, woman

**growth** 1. aggrandizement, augmentation, development, enlargement, evolution, expansion, extension, growing, heightening, increase, multiplication, proliferation, stretching, thickening, widening 2. crop, cultivation, development, germination, produce, production, shooting, sprouting, vegetation 3. advance, advancement, expansion, improvement, progress, prosperity, rise, success 4. (Medicine) excrescence, lump, tumour

**grub**
- V. 1. burrow, dig up, probe, pull up, root (Inf.), rootle (Brit.), search for, uproot 2. ferret, forage, hunt, rummage, scour, search, uncover, unearth 3. drudge, grind (Inf.), labour, plod, slave, slog, sweat, toil
- N. 4. caterpillar, larva, maggot 5. (Sl.) eats (Sl.), feed, food, nosebag (Sl.), nosh (Sl.), rations, sustenance, tack (Inf.), victuals, vittles (Obs. or dialect)

**grubby** besmeared, dirty, filthy, frowzy, grimy, manky (Scot. dialect), mean, messy, mucky, scruffy, scuzzy (Sl.), seedy, shabby, slovenly, smutty, soiled, sordid, squalid, unkempt, untidy, unwashed

**grudge**
- N. 1. animosity, animus, antipathy, aversion, bitterness, dislike, enmity, grievance, hard feelings, hate, ill will, malevolence, malice, pique, rancour, resentment, spite, venom
- V. 2. begrudge, be reluctant, complain, covet, envy, hold back, mind, resent, stint

**gruelling** arduous, backbreaking, brutal, crushing, demanding, difficult, exhausting, fatiguing, fierce, grinding, hard, harsh, laborious, punishing, severe, stiff, strenuous, taxing, tiring, trying

**gruesome** abominable, awful, fearful, ghastly, grim, grisly, hellacious (U.S. sl.), hideous, horrendous, horrible, horrid, horrific, horrifying, loathsome, macabre, obscene, repugnant, repulsive, shocking, spine-chilling, terrible

**gruff** 1. bad-tempered, bearish, blunt, brusque, churlish, crabbed, crusty, curt, discourteous, grouchy (Inf.), grumpy, ill-humoured, ill-natured, impolite, rough, rude, sour, sullen, surly, uncivil, ungracious, unmannerly 2. croaking, guttural, harsh, hoarse, husky, low, rasping, rough, throaty

**grumble**
- V. 1. beef (Sl.), bellyache (Sl.), bitch (Sl.), bleat, carp, complain, find fault, gripe (Inf.), grouch (Inf.), grouse, kvetch (U.S. sl.), moan, repine, whine, whinge (Inf.) 2. growl, gurgle, murmur, mutter, roar, rumble
- N. 3. beef (Sl.), complaint, grievance, gripe (Inf.), grouch (Inf.), grouse, moan, objection, protest 4. growl, gurgle, murmur, muttering, roar, rumble

**guarantee**
- N. 1. assurance, bond, certainty, collateral, covenant, earnest, guaranty, pledge, promise, security, surety, undertaking, warranty, word, word of honour
- V. 2. answer for, assure, certify, ensure, insure, maintain, make certain, pledge, promise, protect, secure, stand behind, swear, vouch for, warrant

**guard**
- V. 1. cover, defend, escort, keep, mind, oversee, patrol, police, preserve, protect, safeguard, save, screen, secure, shelter, shield, supervise, tend, watch, watch over
- N. 2. custodian, defender, lookout, picket, protector, sentinel, sentry, warder, watch, watchman 3. convoy, escort, patrol 4. buffer, bulwark, bumper, defence, pad, protection, rampart, safeguard, screen, security, shield 5. attention, care, caution, heed, vigilance, wariness, watchfulness 6. **off (one's) guard** napping, unprepared, unready, unwary, with one's defences down 7. **on (one's) guard** alert, cautious, circumspect, on the alert, on the lookout, on the qui vive, prepared, ready, vigilant, wary, watchful

**guarded** cagey (Inf.), careful, cautious, circumspect, discreet, leery (Sl.), noncommittal, prudent, reserved, restrained, reticent, suspicious, wary

**guardian** attendant, champion, curator, custodian, defender, escort, guard, keeper, preserver, protector, trustee, warden, warder

**guerrilla** freedom fighter, irregular, member of the underground or resistance, partisan, underground fighter

**guess**
- V. 1. conjecture, estimate, fathom, hypothesize, penetrate, predict, solve, speculate, work out 2. believe, conjecture, dare say, deem, divine, fancy, hazard, imagine, judge, reckon, suppose, surmise, suspect, think
- N. 3. conjecture, feeling, hypothesis, judg(e-)ment, notion, prediction, reckoning, speculation, supposition, surmise, suspicion, theory

**guesswork** conjecture, estimation, presumption, speculation, supposition, surmise, suspicion, theory

**guest** boarder, caller, company, lodger, visitant, visitor

**guidance** advice, auspices, conduct, control, counsel, counselling, direction, government, help, instruction, intelligence, leadership, management, teaching

**guide**
- V. 1. accompany, attend, conduct, convoy, direct, escort, lead, pilot, shepherd, show the way, steer, usher 2. command, control, direct, handle, manage, manoeuvre, steer 3. advise, counsel, educate, govern, influence, instruct, oversee, regulate, rule, superintend, supervise, sway, teach, train
- N. 4. adviser, attendant, chaperon(e), cicerone, conductor, controller, counsellor, director, dragoman, escort, leader, mentor, monitor, pilot, steersman, teacher, usher 5. criterion, example, exemplar, ideal, inspiration, lodestar, master, model, par, paradigm, standard 6. beacon, clue, guiding light, key, landmark, lodestar, mark, marker, pointer, sign, signal, signpost 7. catalogue, directory, guidebook, handbook, instructions, key, manual, vade mecum

**guild** association, brotherhood, club, company, corporation, fellowship, fraternity, league, lodge, order, organization, society, union

**guile** art, artfulness, artifice, cleverness, craft, craftiness, cunning, deceit, deception, duplicity, gamesmanship (Inf.), knavery, ruse, sharp

**guilt** 1. blame, blameworthiness, criminality, culpability, delinquency, guiltiness, iniquity, misconduct, responsibility, sinfulness, wickedness, wrong, wrongdoing 2. bad conscience, contrition, disgrace, dishonour, guiltiness, guilty conscience, infamy, regret, remorse, self-condemnation, self-reproach, shame, stigma

**guiltless** blameless, clean (Sl.), clear, immaculate, impeccable, innocent, irreproachable, pure, sinless, spotless, squeaky-clean, unimpeachable, unsullied, untainted, untarnished

**guilty** 1. at fault, blameworthy, convicted, criminal, culpable, delinquent, erring, evil, felonious, iniquitous, offending, reprehensible, responsible, sinful, to blame, wicked, wrong 2. ashamed, conscience-stricken, contrite, hangdog, regretful, remorseful, rueful, shamefaced, sheepish, sorry

**gulf** 1. bay, bight, sea inlet 2. abyss, breach, chasm, cleft, gap, opening, rent, rift, separation, split, void, whirlpool

**gullibility** credulity, innocence, naïveté, simplicity, trustingness

**gullible** born yesterday, credulous, easily taken in, foolish, green, innocent, naive, silly, simple, trusting, unsceptical, unsophisticated, unsuspecting

**gully** channel, ditch, gutter, watercourse

**gulp**
▶ v. 1. bolt, devour, gobble, guzzle, knock back (Inf.), quaff, swallow, swig (Inf.), swill, toss off, wolf 2. choke, gasp, stifle, swallow
▶ n. 3. draught, mouthful, swallow, swig (Inf.)

**gum**
▶ n. 1. adhesive, cement, exudate, glue, mucilage, paste, resin
▶ v. 2. affix, cement, clog, glue, paste, stick, stiffen

**gumption** ability, acumen, astuteness, cleverness, common sense, discernment, enterprise, get-up-and-go (Inf.), horse sense, initiative, mother wit, nous (Brit. sl.), resourcefulness, sagacity, savvy (Sl.), shrewdness, spirit, wit(s)

**gunman** assassin, bandit, bravo, desperado, gangster, gunslinger (U.S. sl.), heavy (Sl.), hit man (Sl.), killer, mobster (U.S. sl.), murderer, terrorist, thug

**gurgle**
▶ v. 1. babble, bubble, burble, crow, lap, murmur, plash, purl, ripple, splash
▶ n. 2. babble, murmur, purl, ripple

**guru** authority, guiding light, leader, maharishi, mahatma, master, mentor, sage, swami, teacher, tutor

**gush**
▶ v. 1. burst, cascade, flood, flow, issue, jet, pour, run, rush, spout, spurt, stream 2. babble, blather, chatter, effervesce, effuse, enthuse, jabber, overstate, spout
▶ n. 3. burst, cascade, flood, flow, issue, jet, outburst, outflow, rush, spout, spurt, stream, torrent 4. babble, blather, chatter, effusion, exuberance

**gust**
▶ n. 1. blast, blow, breeze, flurry, gale, puff, rush, squall 2. burst, eruption, explosion, fit, gale, outburst, paroxysm, passion, storm, surge
▶ v. 3. blast, blow, puff, squall

**gusto** appetite, appreciation, brio, delight, enjoyment, enthusiasm, exhilaration, fervour, liking, pleasure, relish, savour, verve, zeal, zest

**gut**
▶ n. 1. Often plural belly, bowels, entrails, innards (Inf.), insides (Inf.), intestines, inwards, paunch, stomach, viscera 2. Plural (Inf.) audacity, backbone, boldness, bottle (Sl.), courage, daring, forcefulness, grit, hardihood, mettle, nerve, pluck, spirit, spunk (Inf.), willpower
▶ v. 3. clean, disembowel, draw, dress, eviscerate 4. clean out, despoil, empty, pillage, plunder, ransack, ravage, rifle, sack, strip
▶ adj. 5. (Inf.) basic, deep-seated, emotional, heartfelt, innate, instinctive, intuitive, involuntary, natural, spontaneous, unthinking, visceral

**gutter** channel, conduit, ditch, drain, duct, pipe, sluice, trench, trough, tube

**guttural** deep, gravelly, gruff, hoarse, husky, low, rasping, rough, thick, throaty

**guy**
▶ n. 1. (Inf.) bloke (Brit. inf.), cat (Sl.), chap, fellow, lad, man, person, youth
▶ v. 2. caricature, make (a) game of, make fun of, mock, poke fun at, rib (Inf.), ridicule, send up (Brit inf.), take off (Inf.), take the piss out of (Sl.)

**guzzle** bolt, carouse, cram, devour, drink, gobble, gorge, gormandize, knock back (Inf.), pig out (U.S. & Canad. sl.), quaff, stuff (oneself), swill, tope, wolf

✦✦✦✦✦✦✦✦✦✦✦✦✦✦✦✦✦✦✦✦✦✦

# H

**habit**
▶ n. 1. bent, custom, disposition, manner, mannerism, practice, proclivity, propensity, quirk, tendency, way 2. convention, custom, mode, practice, routine, rule, second nature, tradition, usage, wont 3. constitution, disposition, frame of mind, make-up, nature 4. addiction, dependence, fixation, obsession, weakness 5. apparel, dress, garb, garment, habiliment, riding dress
▶ v. 6. array, attire, clothe, dress, equip

**habitation** 1. abode, domicile, dwelling, dwelling house, home, house, living quarters, lodging, pad (Sl.), quarters, residence 2. inhabitance, inhabitancy, occupancy, occupation, tenancy

**habitual** 1. accustomed, common, customary, familiar, fixed, natural, normal, ordinary, regular, routine, standard, traditional, usual, wonted 2. chronic, confirmed, constant, established, frequent, hardened, ingrained, inveterate, persistent, recurrent

**habituate** acclimatize, accustom, break in, condition, discipline, familiarize, harden, inure, make used to, school, season, train

**hack¹**
▶ v. 1. chop, cut, gash, hew, kick, lacerate, mangle, mutilate, notch, slash
▶ n. 2. chop, cut, gash, notch, slash
▶ v./n. 3. (Inf.) bark, cough, rasp

**hack²**
▶ adj. 1. banal, mediocre, pedestrian, poor, stereotyped, tired, undistinguished, uninspired, unoriginal
▶ n. 2. Grub Street writer, literary hack, penny-a-liner, scribbler 3. drudge, plodder, slave 4. crock, hired horse, horse, jade, nag, poor old tired horse

**hackneyed** banal, clichéd, common, commonplace, overworked, pedestrian, played out (Inf.), run-of-the-mill, stale, stereotyped, stock, threadbare, timeworn, tired, trite, unoriginal, worn-out

**hag** ballbreaker (Sl.), beldam (Archaic), crone, fury, harridan, Jezebel, shrew, termagant, virago, vixen, witch

**haggard** careworn, drawn, emaciated, gaunt, ghastly, hollow-eyed, pinched, shrunken, thin, wan, wasted, wrinkled

**haggle** 1. bargain, barter, beat down, chaffer, dicker (Chiefly U.S.), higgle, palter 2. bicker, dispute, quarrel, squabble, wrangle

**hail¹** (Fig.)
▶ n. 1. barrage, bombardment, pelting, rain, shower, storm, volley
▶ v. 2. barrage, batter, beat down upon, bombard, pelt, rain, rain down on, shower, storm, volley

**hail²** 1. acclaim, acknowledge, applaud, cheer, exalt, glorify, greet, honour, salute, welcome 2. accost, address, call, flag down, halloo, shout to, signal to, sing out, speak to, wave down 3. (With from) be a native of, be born in, come from, originate in

**hair** 1. head of hair, locks, mane, mop, shock, tresses 2. **by a hair** by a fraction of an inch, by a hair's-breadth, by a narrow margin, by a split second, by a whisker, by the skin of one's teeth 3. **get in one's hair** aggravate (Inf.), annoy, exasperate, be on one's back (Sl.), get on one's nerves (Inf.), harass, hassle (Inf.), irritate, nark (Brit., Aust., & N.Z. sl.), pester, piss one off (Taboo sl.), plague 4. **let one's hair down** chill out (Sl., chiefly U.S.), let it all hang out (Inf.), let off steam (Inf.), let oneself go, relax, veg out (Sl., chiefly U.S.) 5. **not turn a hair** keep one's cool (Sl.), keep one's head (Inf.), not bat an eyelid, remain calm 6. **split hairs** cavil, find fault, overrefine, pettifog, quibble

**hair-raising** alarming, bloodcurdling, breathtaking, creepy, exciting, frightening, horrifying, petrifying, scary, shocking, spine-chilling, startling, terrifying, thrilling

**hair's breadth**
▶ n. 1. fraction, hair, jot, narrow margin, whisker
▶ adj. 2. close, hazardous, narrow

**hair-splitting** adj. captious, carping, cavilling, fault-finding, fine, finicky, nice, niggling, nitpicking (Inf.), overrefined, pettifogging, quibbling, subtle

**hairy** 1. bearded, bewhiskered, bushy, fleecy, furry, hirsute, pileous (Biol.), pilose (Biol.), shaggy, stubbly, unshaven, woolly 2. (Sl.) dangerous, difficult, hazardous, perilous, risky, scaring

**halcyon** 1. calm, gentle, mild, pacific, peaceful, placid, quiet, serene, still, tranquil, undisturbed, unruffled 2. (Fig.) carefree, flourishing, golden, happy, palmy, prosperous

**hale** able-bodied, blooming, fit, flourishing, healthy, hearty, in fine fettle, in the pink, robust, sound, strong, vigorous, well

**half**
▶ n. 1. bisection, division, equal part, fifty per cent, fraction, hemisphere, portion, section
▶ adj. 2. divided, fractional, halved, incomplete, limited, moderate, partial
▶ adv. 3. after a fashion, all but, barely, inadequately, incompletely, in part, partially, partly, pretty nearly, slightly 4. **by half** considerably, excessively, very much

**half-baked** 1. brainless, crackpot (Inf.), crazy, foolish, harebrained, inane, loopy (Inf.), senseless, silly, stupid 2. ill-conceived, ill-judged, impractical, poorly planned, short-sighted, unformed, unthought out or through

**half-hearted** apathetic, cool, half-arsed, half-assed (U.S. & Canad. sl.), indifferent, lacklustre, listless, lukewarm, neutral, passive, perfunctory, spiritless, tame, unenthusiastic, uninterested

**halfway**
▶ adv. 1. midway, to or in the middle, to the midpoint 2. incompletely, moderately, nearly, partially, partly, rather 3. **meet halfway** accommodate, come to terms, compromise, concede, give and take, strike a balance, trade off
▶ adj. 4. central, equidistant, intermediate, mid, middle, midway 5. imperfect, incomplete, moderate, partial, part-way

**halfwit** airhead (Sl.), berk (Brit. sl.), charlie (Brit. inf.), coot, dickhead (Sl.), dimwit (Inf.), dipstick (Brit. sl.), divvy (Brit. sl.), dolt, dork (Sl.), dullard, dunce, dunderhead, dweeb (U.S. sl.), fool, fuckwit (Taboo sl.), geek (Sl.), gonzo (Sl.), idiot, imbecile (Inf.), jerk (Sl., chiefly U.S. & Canad.), lamebrain (Inf.), mental defective, moron, nerd or nurd (Sl.), nitwit (Inf.), numskull or numbskull, oaf, pillock (Brit. sl.), plank (Brit. sl.), plonker (Sl.), prat (Sl.), prick (Derogatory sl.), schmuck (U.S. sl.), simpleton, twit (Inf., chiefly Brit.), wally (Sl.)

**halfwitted** addle-brained, barmy (Sl.), batty (Sl.), crazy, doltish, dull, dull-witted, feebleminded, flaky (U.S. sl.), foolish, goofy (Inf.), idiotic, moronic, nerdish or nurdish (Sl.), obtuse, silly, simple, simple-minded, stupid

**hall** 1. corridor, entrance hall, entry, foyer, hallway, lobby, passage, passageway, vestibule 2. assembly room, auditorium, chamber, concert hall, meeting place

**hallmark** 1. authentication, device, endorsement, mark, seal, sign, signet, stamp, symbol 2. badge, emblem, indication, sure sign, telltale sign

**hallucination** aberration, apparition, delusion, dream, fantasy, figment of the imagination, illusion, mirage, phantasmagoria, vision

**halo** aura, aureole or aureola, corona, halation (Photog.), nimbus, radiance, ring of light

**halt¹**
▶ v. 1. break off, call it a day, cease, close down, come to an end, desist, draw up, pull up, rest, stand still, stop, wait 2. arrest, block, bring to an end, check, curb, cut short, end, hold back, impede, obstruct, staunch, stem, terminate
▶ n. 3. arrest, break, close, end, impasse, interruption, pause, stand, standstill, stop, stoppage, termination

**halt²**
▶ v. 1. be defective, falter, hobble, limp, stumble 2. be unsure, boggle, dither (Chiefly Brit.), haver,

hesitate, pause, stammer, swither *(Scot.)*, think twice, waver
► **ADJ. 3.** *(Archaic)* crippled, lame, limping

**halting** awkward, faltering, hesitant, imperfect, laboured, stammering, stumbling, stuttering

**halve**
► **V. 1.** bisect, cut in half, divide equally, reduce by fifty per cent, share equally, split in two
► **N. 2.** *Plural* **by halves** imperfectly, incompletely, scrappily, skimpily

**hammer** V. **1.** bang, beat, drive, hit, knock, lambast(e), strike, tap **2.** beat out, fashion, forge, form, make, shape **3.** *(Often with* **into***)* din into, drive home, drub into, drum into, grind into, impress upon, instruct, repeat **4.** *(Often with* **away (at)***)* beaver away *(Brit. inf.)*, drudge, grind, keep on, peg away *(Chiefly Brit.)*, persevere, persist, plug away *(Inf.)*, pound away, stick at, work **5.** *(Inf.)* beat, blow out of the water *(Sl.)*, clobber *(Sl.)*, defeat, drub, lick *(Inf.)*, master, run rings around *(Inf.)*, slate *(Inf.)*, tank *(Sl.)*, thrash, trounce, undo, wipe the floor with *(Inf.)*, worst

**hammer out** accomplish, bring about, come to a conclusion, complete, excogitate, finish, form a resolution, make a decision, negotiate, produce, settle, sort out, thrash out, work out

**hamper** V. bind, cramp, curb, embarrass, encumber, entangle, fetter, frustrate, hamstring, handicap, hinder, hold up, impede, interfere with, obstruct, prevent, restrain, restrict, slow down, thwart, trammel

**hand**
► **N. 1.** fist, hook, meathook *(Sl.)*, mitt *(Sl.)*, palm, paw *(Inf.)* **2.** agency, direction, influence, part, participation, share **3.** aid, assistance, help, support **4.** artificer, artisan, craftsman, employee, hired man, labourer, operative, worker, workman **5.** calligraphy, chirography, handwriting, longhand, penmanship, script **6.** clap, ovation, round of applause **7.** ability, art, artistry, skill **8. at** *or* **on hand** approaching, available, close, handy, imminent, near, nearby, on tap *(Inf.)*, ready, within reach **9. from hand to mouth** by necessity, improvidently, in poverty, insecurely, on the breadline *(Inf.)*, precariously, uncertainly **10. hand in glove** allied, in cahoots *(Inf.)*, in league, in partnership **11. hand over fist** by leaps and bounds, easily, steadily, swiftly **12. in hand** in order, receiving attention, under control available for use, in reserve, put by, ready
► **V. 13.** deliver, hand over, pass **14.** aid, assist, conduct, convey, give, guide, help, lead, present, transmit

**handbook** Baedeker, guide, guidebook, instruction book, manual, vade mecum

**handcuff**
► **V. 1.** fetter, manacle, shackle
► **N. 2.** *Plural* bracelets *(Sl.)*, cuffs *(Inf.)*, fetters, manacles, shackles

**hand down** *or* **hand on** bequeath, give, grant, pass on *or* down, transfer, will

**handful** few, small number, small quantity, smattering, sprinkling

**handicap**
► **N. 1.** barrier, block, disadvantage, drawback, encumbrance, hindrance, impediment, limitation, millstone, obstacle, restriction, shortcoming, stumbling block **2.** advantage, edge, head start, odds, penalty, upper hand **3.** defect, disability, impairment
► **V. 4.** burden, encumber, hamper, hamstring, hinder, hold back, impede, limit, place at a disadvantage, restrict, retard

**handicraft** art, artisanship, craft, craftsmanship, handiwork, skill, workmanship

**handiwork 1.** craft, handicraft, handwork **2.** achievement, artefact, creation, design, invention, product, production, result

**handle**
► **N. 1.** grip, haft, handgrip, helve, hilt, knob, stock
► **V. 2.** feel, finger, fondle, grasp, hold, maul, paw *(Inf.)*, pick up, poke, touch **3.** control, direct, guide, manage, manipulate, manoeuvre, operate, steer, use, wield **4.** administer, conduct, cope with, deal with, manage, supervise, take care of, treat **5.** discourse, discuss, treat **6.** carry, deal in, market, sell, stock, trade, traffic in

**handling** administration, approach, conduct, direction, management, manipulation, running, treatment

**hand on** → **hand down**

**hand-out 1.** alms, charity, dole **2.** bulletin, circular, free sample, leaflet, literature *(Inf.)*, mailshot, press release

**hand out** deal out, disburse, dish out *(Inf.)*, dispense, disseminate, distribute, give out, mete

**hand over** deliver, donate, fork out *or* up *(Sl.)*, present, release, surrender, transfer, turn over, yield

**hand-picked** choice, chosen, elect, elite, recherché, select, selected

**handsome 1.** admirable, attractive, becoming, comely, dishy *(Inf., chiefly Brit.)*, elegant, fine, good-looking, gorgeous, graceful, majestic, personable, stately, well-proportioned **2.** abundant, ample, bountiful, considerable, generous, gracious, large, liberal, magnanimous, plentiful, sizable

**handsomely** abundantly, amply, bountifully, generously, liberally, magnanimously, munificently, plentifully, richly

**handwriting** calligraphy, chirography, fist, hand, longhand, penmanship, scrawl, script

**handy 1.** accessible, at *or* on hand, available, close, convenient, near, nearby, within reach **2.** convenient, easy to use, helpful, manageable, neat, practical, serviceable, useful, user-friendly **3.** adept, adroit, clever, deft, dexterous, expert, nimble, proficient, ready, skilful, skilled

**hang**
► **V. 1.** be pendent, dangle, depend, droop, incline, suspend **2.** execute, gibbet, send to the gallows, string up *(Inf.)* **3.** adhere, cling, hold, rest, stick **4.** attach, cover, deck, decorate, drape, fasten, fix, furnish **5.** be poised, drift, float, hover, remain, swing **6.** bend downward, bend forward, bow, dangle, drop, incline, lean over, let droop, loll, lower, sag, trail **7. hang fire** be slow, be suspended, delay, hang back, procrastinate, stall, stick, vacillate
► **N. 8. get the hang of** comprehend, get the knack *or* technique, grasp, understand

**hang about** *or* **hang around 1.** dally, linger, loiter, roam, tarry, waste time **2.** associate with, frequent, hang out *(Inf.)*, haunt, resort

**hang back** be backward, be reluctant, demur, hesitate, hold back, recoil

**hangdog** ADJ. abject, browbeaten, cowed, cringing, defeated, downcast, furtive, guilty, shamefaced, sneaking, wretched

**hanger-on** dependant, follower, freeloader *(Sl.)*, lackey, leech, ligger *(Sl.)*, minion, parasite, sponger *(Inf.)*, sycophant

**hanging** ADJ. **1.** dangling, drooping, flapping, flopping, floppy, loose, pendent, suspended, swinging, unattached, unsupported **2.** undecided, unresolved, unsettled, up in the air *(Inf.)* **3.** beetle, beetling, jutting, overhanging, projecting, prominent

**hang on 1.** carry on, continue, endure, go on, hold on, hold out, persevere, persist, remain **2.** cling, clutch, grasp, grip, hold fast **3.** be conditional upon, be contingent on, be dependent on, be determined by, depend on, hinge, rest, turn on **4.** *(also* **hang onto***)* *(also* **hang upon***)* be rapt, give ear, listen attentively **5.** *(Inf.)* hold on, hold the line, remain, stop, wait

**hangover** aftereffects, crapulence, head *(Inf.)*, morning after *(Inf.)*

**hang-up** block, difficulty, inhibition, obsession, preoccupation, problem, thing *(Inf.)*

**hank** coil, length, loop, piece, roll, skein

**hanker** *(With* **for** *or* **after***)* covet, crave, desire, eat one's heart out over, hope, hunger, itch, long, lust, pine, thirst, want, wish, yearn, yen *(Inf.)*

**hankering** craving, desire, hope, hunger, itch, longing, pining, thirst, urge, wish, yearning, yen *(Inf.)*

**haphazard 1.** accidental, arbitrary, chance, fluky *(Inf.)*, random **2.** aimless, careless, casual, disorderly, disorganized, hit or miss *(Inf.)*, indiscriminate, slapdash, slipshod, unmethodical, unsystematic

**happen 1.** appear, arise, come about, come off *(Inf.)*, come to pass, crop up *(Inf.)*, develop, ensue, eventuate, follow, materialize, occur, present itself, result, take place, transpire *(Inf.)* **2.** become of, befall, betide **3.** chance, fall out, have the fortune to be, pan out *(Inf.)*, supervene, turn out

**happening** accident, adventure, affair, case, chance, episode, escapade, event, experience, incident, occasion, occurrence, phenomenon, proceeding, scene

**happily 1.** agreeably, contentedly, delightedly, enthusiastically, freely, gladly, heartily, lief *(Rare)*, willingly, with pleasure **2.** blithely, cheerfully, gaily, gleefully, joyfully, joyously, merrily **3.** auspiciously, favourably, fortunately, luckily, opportunely, propitiously, providentially, seasonably **4.** appropriately, aptly, felicitously, gracefully, successfully

**happiness** beatitude, blessedness, bliss, cheer, cheerfulness, cheeriness, contentment, delight, ecstasy, elation, enjoyment, exuberance, felicity, gaiety, gladness, high spirits, joy, jubilation, light-heartedness, merriment, pleasure, prosperity, satisfaction, wellbeing

**happy 1.** blessed, blest, blissful, blithe, cheerful, cock-a-hoop, content, contented, delighted, ecstatic, elated, glad, gratified, jolly, joyful, joyous, jubilant, merry, overjoyed, over the moon *(Inf.)*, pleased, rapt, sunny, thrilled, walking on air *(Inf.)* **2.** advantageous, appropriate, apt, auspicious, befitting, convenient, enviable, favourable, felicitous, fortunate, lucky, opportune, promising, propitious, satisfactory, seasonable, successful, timely, well-timed

**happy-go-lucky** blithe, carefree, casual, devil-may-care, easy-going, heedless, improvident, insouciant, irresponsible, light-hearted, nonchalant, unconcerned, untroubled

**harangue**
► **N. 1.** address, declamation, diatribe, exhortation, lecture, oration, philippic, screed, speech, spiel *(Inf.)*, tirade
► **V. 2.** address, declaim, exhort, hold forth, lecture, rant, spout *(Inf.)*

**harass** annoy, badger, bait, beleaguer, be on one's back *(Sl.)*, bother, chivvy *(Brit.)*, devil *(Inf.)*, disturb, exasperate, exhaust, fatigue, harry, hassle *(Inf.)*, hound, perplex, persecute, pester, plague, tease, tire, torment, trouble, vex, weary, worry

**harassed** careworn, distraught, harried, hassled *(Inf.)*, plagued, strained, tormented, troubled, under pressure, under stress, vexed, worried

**harassment** aggravation *(Inf.)*, annoyance, badgering, bedevilment, bother, hassle *(Inf.)*, irritation, molestation, nuisance, persecution, pestering, torment, trouble, vexation

**harbour**
► **N. 1.** anchorage, destination, haven, port **2.** asylum, covert, haven, refuge, retreat, sanctuary, sanctum, security, shelter
► **V. 3.** conceal, hide, lodge, protect, provide refuge, relieve, secrete, shelter, shield **4.** believe, brood over, cherish, cling to, entertain, foster, hold, imagine, maintain, nurse, nurture, retain

**hard**
► **ADJ. 1.** compact, dense, firm, impenetrable, inflexible, rigid, rocklike, solid, stiff, stony, strong, tough, unyielding **2.** arduous, backbreaking, burdensome, exacting, exhausting, fatiguing, formidable, Herculean, laborious, rigorous, strenuous, toilsome, tough, uphill, wearying **3.** baffling, complex, complicated, difficult, intricate, involved, knotty, perplexing, puzzling, tangled, thorny, unfathomable **4.** callous, cold, cruel, exacting, grim, hard-hearted, harsh, implacable, obdurate, pitiless, ruthless, severe, stern, strict, stubborn, unfeeling, unjust, unkind, unrelenting, unsparing, unsympathetic **5.** calamitous, dark, disagreeable, disastrous, distressing, grievous, grim, intolerable, painful, unpleasant **6.** driving, fierce, forceful, heavy, powerful, strong, violent **7.** *(Of feelings or words)* acrimonious, angry, antagonistic, bitter, hostile, rancorous, resentful **8.** *(Of truth or facts)* actual, bare, cold, definite, indisputable, plain, undeniable, unvarnished, verified
► **ADV. 9.** energetically, fiercely, forcefully, forcibly, heavily, intensely, powerfully, severely, sharply, strongly, vigorously, violently, with all one's might, with might and main **10.** assiduously, determinedly, diligently, doggedly, earnestly, industriously, intently, persistently, steadily, strenuously, untiringly **11.** agonizingly, badly, distressingly, harshly, laboriously, painfully, roughly, severely, with difficulty **12.** bitterly, hardly, keenly, rancorously, reluctantly, resentfully, slowly, sorely

**hard-and-fast** binding, immutable, incontrovertible, inflexible, invariable, rigid, set, strict, stringent, unalterable

**hard-bitten** *or* **hard-boiled** case-hardened, cynical, down-to-earth, hard-headed, hard-nosed *(Inf.)*, matter-of-fact, practical, realistic, shrewd, tough, unsentimental

**hard-core** **1.** dedicated, die-hard, dyed-in-the-wool, extreme, intransigent, obstinate, rigid, staunch, steadfast **2.** explicit, obscene

**harden** **1.** anneal, bake, cake, freeze, set, solidify, stiffen **2.** brace, buttress, fortify, gird, indurate, nerve, reinforce, steel, strengthen, toughen **3.** accustom, brutalize, case-harden, habituate, inure, season, train

**hardened** **1.** chronic, fixed, habitual, incorrigible, inveterate, irredeemable, reprobate, set, shameless **2.** accustomed, habituated, inured, seasoned, toughened

**hard-headed** astute, cool, hard-boiled *(Inf.)*, level-headed, practical, pragmatic, realistic, sensible, shrewd, tough, unsentimental

**hard-hearted** callous, cold, cruel, hard, heartless, indifferent, inhuman, insensitive, intolerant, merciless, pitiless, stony, uncaring, unfeeling, unkind, unsympathetic

**hard-hitting** critical, no holds barred, pulling no punches, strongly worded, tough, uncompromising, unsparing, vigorous

**hardiness** boldness, courage, fortitude, intrepidity, resilience, resolution, robustness, ruggedness, sturdiness, toughness, valour

**hard-line** definite, inflexible, intransigent, tough, uncompromising, undeviating, unyielding

**hardly** almost not, barely, by no means, faintly, infrequently, just, not at all, not quite, no way, only, only just, scarcely, with difficulty

**hardship** adversity, affliction, austerity, burden, calamity, destitution, difficulty, fatigue, grievance, labour, misery, misfortune, need, oppression, persecution, privation, suffering, toil, torment, trial, tribulation, trouble, want

**hard-up** bankrupt, broke *(Inf.)*, bust *(Inf.)*, cleaned out *(Sl.)*, dirt-poor *(Inf.)*, down and out, flat broke *(Inf.)*, impecunious, impoverished, in the red *(Inf.)*, on one's uppers *(Inf.)*, out of pocket, penniless, poor, short, short of cash *or* funds, skint *(Brit. sl.)*, without two pennies to rub together *(Inf.)*

**hard-wearing** durable, resilient, rugged, stout, strong, tough, well-made

**hard-working** assiduous, busy, conscientious, diligent, energetic, indefatigable, industrious, sedulous, zealous

**hardy** **1.** firm, fit, hale, healthy, hearty, in fine fettle, lusty, robust, rugged, sound, stalwart, stout, strong, sturdy, tough, vigorous **2.** bold, brave, courageous, daring, feisty *(Inf., chiefly U.S. & Canad.)*, gritty, heroic, intrepid, manly, plucky, resolute, stouthearted, valiant, valorous **3.** audacious, brazen, foolhardy, headstrong, impudent, rash, reckless

**hark back** look back, recall, recollect, regress, remember, revert, think back

**harlot** call girl, fallen woman, hussy, loose woman, pro *(Sl.)*, prostitute, scrubber *(Brit. & Aust. sl.)*, slag *(Brit. sl.)*, streetwalker, strumpet, tart *(Inf.)*, tramp *(Sl.)*, whore, working girl *(Facetious sl.)*

**harm**
► **N. 1.** abuse, damage, detriment, disservice, hurt, ill, impairment, injury, loss, mischief, misfortune **2.** evil, immorality, iniquity, sin, sinfulness, vice, wickedness, wrong
► **V. 3.** abuse, blemish, damage, hurt, ill-treat, ill-use, impair, injure, maltreat, mar, molest, ruin, spoil, wound

**harmful** baleful, baneful, damaging, deleterious, destructive, detrimental, disadvantageous, evil, hurtful, injurious, maleficent, noxious, pernicious

**harmless** gentle, innocent, innocuous, innoxious, inoffensive, nontoxic, not dangerous, safe, unobjectionable

**harmonious** **1.** agreeable, compatible, concordant, congruous, consonant, coordinated, correspondent, dulcet, euphonic, euphonious, harmonic, harmonizing, matching, mellifluous, melodious, musical, sweet-sounding, symphonious *(Literary)*, tuneful **2.** agreeable, amicable, compatible, concordant, congenial, cordial, en rapport, fraternal, friendly, in accord, in harmony, in unison, of one mind, sympathetic

**harmonize** accord, adapt, agree, arrange, attune, be in unison, be of one mind, blend, chime with, cohere, compose, coordinate, correspond, match, reconcile, suit, tally, tone in with

**harmony** **1.** accord, agreement, amicability, amity, assent, compatibility, concord, conformity, consensus, cooperation, friendship, good will, like-mindedness, peace, rapport, sympathy, unanimity, understanding, unity **2.** balance, compatibility, concord, congruity, consistency, consonance, coordination, correspondence, fitness, parallelism, suitability, symmetry **3.** euphony, melodiousness, melody, tune, tunefulness, unison

**harness**
► **N. 1.** equipment, gear, tack, tackle, trappings **2. in harness** active, at work, busy, in action, working
► **V. 3.** couple, hitch up, put in harness, saddle, yoke **4.** apply, channel, control, employ, exploit, make productive, mobilize, render useful, turn to account, utilize

**harp** *(With* **on** *or* **upon***)* dwell on, go on, labour, press, reiterate, renew, repeat

**harrowing** agonizing, alarming, chilling, distressing, disturbing, excruciating, frightening, heartbreaking, heart-rending, nerve-racking, painful, racking, scaring, terrifying, tormenting, traumatic

**harry** **1.** annoy, badger, bedevil, be on one's back *(Sl.)*, bother, chivvy, disturb, fret, get in one's hair *(Inf.)*, harass, hassle *(Inf.)*, molest, persecute, pester, plague, tease, torment, trouble, vex, worry **2.** depredate *(Rare)*, despoil, devastate, pillage, plunder, raid, ravage, rob, sack

**harsh** **1.** coarse, croaking, crude, discordant, dissonant, glaring, grating, guttural, jarring, rasping, raucous, rough, strident, unmelodious **2.** abusive, austere, bitter, bleak, brutal, comfortless, cruel, dour, Draconian, drastic, grim, hard, pitiless, punitive, relentless, ruthless, severe, sharp, Spartan, stern, stringent, unfeeling, unkind, unpleasant, unrelenting

**harshly** brutally, cruelly, grimly, roughly, severely, sharply, sternly, strictly

**harshness** acerbity, acrimony, asperity, austerity, bitterness, brutality, churlishness, coarseness, crudity, hardness, ill-temper, rigour, roughness, severity, sourness, sternness

**harvest**
► **N. 1.** harvesting, harvest-time, ingathering, reaping **2.** crop, produce, yield **3.** *(Fig.)* consequence, effect, fruition, product, result, return
► **V. 4.** gather, mow, pick, pluck, reap **5.** accumulate, acquire, amass, collect, garner

**hash** **1.** balls-up *(Taboo sl.)*, cock-up *(Brit. sl.)*, confusion, fuck-up *(Offens. taboo sl.)*, hodgepodge *(U.S.)*, hotchpotch, jumble, mess, mishmash, mix-up, muddle, pig's breakfast *(Inf.)*, pig's ear *(Inf.)*, shambles, state **2. make a hash of** *(Inf.)* bodge *(Inf.)*, botch, bungle, cock up *(Brit. sl.)*, fuck up *(Offens. taboo sl.)*, jumble, mess up, mishandle, mismanage, mix, muddle

**hassle**
► **N. 1.** altercation, argument, bickering, disagreement, dispute, fight, quarrel, row, squabble, tussle, wrangle **2.** bother, difficulty, inconvenience, problem, struggle, trial, trouble, upset
► **V. 3.** annoy, badger, be on one's back *(Sl.)*, bother, bug *(Inf.)*, get in one's hair *(Inf.)*, get on one's nerves *(Inf.)*, harass, harry, hound, pester

**haste** **1.** alacrity, briskness, celerity, dispatch, expedition, fleetness, nimbleness, promptitude, quickness, rapidity, rapidness, speed, swiftness, urgency, velocity **2.** bustle, hastiness, helter-skelter, hurry, hustle, impetuosity, precipitateness, rashness, recklessness, rush

**hasten** **1.** barrel (along) *(Inf., chiefly U.S. & Canad.)*, beetle, bolt, burn rubber *(Inf.)*, dash, fly, haste, hurry (up), make haste, race, run, rush, scurry, scuttle, speed, sprint, step on it *(Inf.)*, tear (along) **2.** accelerate, advance, dispatch, expedite, goad, hurry (up), precipitate, press, push forward, quicken, speed (up), step up *(Inf.)*, urge

**hastily** **1.** apace, double-quick, fast, hotfoot, pdq *(Sl.)*, posthaste, promptly, pronto *(Inf.)*, quickly, rapidly, speedily, straightaway **2.** heedlessly, hurriedly, impetuously, impulsively, on the spur of the moment, precipitately, rashly, recklessly, too quickly

**hasty** **1.** brisk, eager, expeditious, fast, fleet, hurried, prompt, rapid, speedy, swift, urgent **2.** brief, cursory, fleeting, passing, perfunctory, rushed, short, superficial **3.** foolhardy, headlong, heedless, impetuous, impulsive, indiscreet, precipitate, rash, reckless, thoughtless, unduly quick **4.** brusque, excited, fiery, hot-headed, hot-tempered, impatient, irascible, irritable, passionate, quick-tempered, snappy

**hatch** **1.** breed, bring forth, brood, incubate **2.** *(Fig.)* conceive, concoct, contrive, cook up *(Inf.)*, design, devise, dream up *(Inf.)*, manufacture, plan, plot, project, scheme, think up, trump up

**hatchet man** assassin, bravo, calumniator, cut-throat, debunker, defamer, destroyer, detractor, gunman, heavy *(Sl.)*, hired assassin, hit man *(Sl.)*, killer, murderer, smear campaigner, thug, traducer

**hate**
► **V. 1.** abhor, abominate, be hostile to, be repelled by, be sick of, despise, detest, dislike, execrate, have an aversion to, loathe, recoil from **2.** be loath, be reluctant, be sorry, be unwilling, dislike, feel disinclined, have no stomach for, shrink from
► **N. 3.** abhorrence, abomination, animosity, animus, antagonism, antipathy, aversion, detestation, dislike, enmity, execration, hatred, hostility, loathing, odium

**hateful** abhorrent, abominable, despicable, detestable, disgusting, execrable, forbidding, foul, heinous, horrible, loathsome, obnoxious, obscene, odious, offensive, repellent, repugnant, repulsive, revolting, vile

**hatred** abomination, animosity, animus, antagonism, antipathy, aversion, detestation, dislike, enmity, execration, hate, ill will, odium, repugnance, revulsion

**haughty** arrogant, assuming, conceited, contemptuous, disdainful, high, high and mighty *(Inf.)*, hoity-toity *(Inf.)*, imperious, lofty, overweening, proud, scornful, snobbish, snooty *(Inf.)*, stuck-up *(Inf.)*, supercilious, uppish *(Brit. inf.)*

**haul**
► **V. 1.** drag, draw, hale, heave, lug, pull, tow, trail, tug **2.** carry, cart, convey, hump *(Brit. sl.)*, move, transport
► **N. 3.** drag, heave, pull, tug **4.** booty, catch, find, gain, harvest, loot, spoils, takings, yield

**haunt**
► **V. 1.** visit, walk **2.** beset, come back, obsess, plague, possess, prey on, recur, stay with, torment, trouble, weigh on **3.** frequent, hang around *or* about, repair, resort, visit
► **N. 4.** den, gathering place, hangout *(Inf.)*, meeting place, rendezvous, resort, stamping ground

**haunted** **1.** cursed, eerie, ghostly, jinxed, possessed, spooky *(Inf.)* **2.** obsessed, plagued, preoccupied, tormented, troubled, worried

**haunting** disturbing, eerie, evocative, indelible, nostalgic, persistent, poignant, recurrent, recurring, unforgettable

**have** **1.** hold, keep, obtain, occupy, own, possess, retain **2.** accept, acquire, gain, get, obtain, procure, receive, secure, take **3.** comprehend, comprise, contain, embody, include, take in **4.** endure, enjoy, experience, feel, meet with, suffer, sustain, undergo **5.** *(Sl.)* cheat, deceive, dupe, fool, outwit, stiff *(Sl.)*, swindle, take in *(Inf.)*, trick **6.** *(Usually* **have to***)* be bound, be compelled, be forced, be obliged, have got to, must, ought, should **7.** allow, consider, entertain, permit, put up with *(Inf.)*, think about, tolerate **8.** bear, beget, bring forth, bring into the world, deliver, give birth to **9. have had it** *(Inf.)* be defeated, be exhausted, be finished, be out, be past it *(Inf.)*, be pooped *(U.S. sl.)*, be stonkered *(Sl.)*

**haven** **1.** anchorage, harbour, port, roads *(Nautical)* **2.** *(Fig.)* asylum, refuge, retreat, sanctuary, sanctum, shelter

**have on** **1.** be clothed in, be dressed in, wear **2.** be committed to, be engaged to, have on the agenda, have planned **3.** *(Of a person)* deceive, kid *(Inf.)*, play a joke on, tease, trick, wind up *(Brit. sl.)*

**havoc** **1.** carnage, damage, desolation, despoliation, destruction, devastation, rack and ruin, ravages, ruin, slaughter, waste, wreck **2.** *(Inf.)* chaos, confusion, disorder, disruption, mayhem, shambles **3. play havoc (with)** bring into chaos, confuse, demolish, destroy, devastate, disorganize, disrupt, wreck

**hawk** **V. 1.** bark *(Inf.)*, cry, market, peddle, sell, tout *(Inf.)*, vend **2.** *(Often with* **about***)* bandy about *(Inf.)*, bruit about, buzz, noise abroad, put about, retail, rumour

**hazardous** **1.** dangerous, dicey *(Inf., chiefly Brit.)*, difficult, fraught with danger, hairy *(Sl.)*, insecure, perilous, precarious, risky, unsafe

**2.** chancy *(Inf.)*, haphazard, precarious, uncertain, unpredictable

**haze** cloud, dimness, film, fog, mist, obscurity, smog, smokiness, steam, vapour

**hazy** **1.** blurry, cloudy, dim, dull, faint, foggy, misty, nebulous, obscure, overcast, smoky, veiled **2.** *(Fig.)* fuzzy, ill-defined, indefinite, indistinct, loose, muddled, muzzy, nebulous, uncertain, unclear, vague

**head**
- ▸ **N. 1.** bean *(U.S. & Canad. sl.)*, conk *(Sl.)*, cranium, crown, loaf *(Sl.)*, noddle *(Inf., chiefly Brit.)*, noggin, nut *(Sl.)*, pate, skull **2.** boss *(Inf.)*, captain, chief, chieftain, commander, director, headmaster, headmistress, head teacher, leader, manager, master, principal, superintendent, supervisor **3.** apex, crest, crown, height, peak, pitch, summit, tip, top, vertex **4.** cutting edge, first place, fore, forefront, front, van, vanguard **5.** beginning, commencement, origin, rise, source, start **6.** ability, aptitude, brain, brains *(Inf.)*, capacity, faculty, flair, intellect, intelligence, mentality, mind, talent, thought, understanding **7.** branch, category, class, department, division, heading, section, subject, topic **8.** climax, conclusion, crisis, culmination, end, turning point **9.** *(Geog.)* cape, foreland, headland, point, promontory **10. go to one's head** dizzy, excite, intoxicate, make conceited, puff up **11. head over heels** completely, intensely, thoroughly, uncontrollably, utterly, wholeheartedly **12. put (our, their, *etc*) heads together** *(Inf.)* confab *(Inf.)*, confabulate, confer, consult, deliberate, discuss, palaver, powwow, talk over
- ▸ **ADJ. 13.** arch, chief, first, foremost, front, highest, leading, main, pre-eminent, premier, prime, principal, supreme, topmost
- ▸ **V. 14.** be *or* go first, cap, crown, lead, lead the way, precede, top **15.** be in charge of, command, control, direct, govern, guide, lead, manage, rule, run, supervise **16.** *(Often with* **for***)* aim, go to, make a beeline for, make for, point, set off for, set out, start towards, steer, turn

**headache** **1.** cephalalgia *(Medical)*, head *(Inf.)*, migraine, neuralgia **2.** *(Inf.)* bane, bother, inconvenience, nuisance, problem, trouble, vexation, worry

**headfirst**
- ▸ **ADJ./ADV. 1.** diving, headlong, head-on
- ▸ **ADV. 2.** carelessly, hastily, head over heels, precipitately, rashly, recklessly

**heading** **1.** caption, headline, name, rubric, title **2.** category, class, division, section

**headlong**
- ▸ **ADJ./ADV. 1.** headfirst, headforemost, head-on
- ▸ **ADJ. 2.** breakneck, dangerous, hasty, impetuous, impulsive, inconsiderate, precipitate, reckless, thoughtless
- ▸ **ADV. 3.** hastily, heedlessly, helter-skelter, hurriedly, pell-mell, precipitately, rashly, thoughtlessly, wildly

**head off** **1.** block off, cut off, deflect, divert, intercept, interpose, intervene **2.** avert, fend off, forestall, parry, prevent, stop, ward off

**headstrong** contrary, foolhardy, froward, heedless, imprudent, impulsive, intractable, mulish, obstinate, perverse, pig-headed, rash, reckless, self-willed, stiff-necked, stubborn, ungovernable, unruly, wilful

**headway** **1.** advance, improvement, progress, progression, way **2. make headway** advance, come *or* get on, cover ground, develop, gain, gain ground, make strides, progress

**heady** **1.** inebriating, intoxicating, potent, spirituous, strong **2.** exciting, exhilarating, intoxicating, overwhelming, stimulating, thrilling **3.** hasty, impetuous, impulsive, inconsiderate, precipitate, rash, reckless, thoughtless

**heal** **1.** cure, make well, mend, regenerate, remedy, restore, treat **2.** alleviate, ameliorate, compose, conciliate, harmonize, patch up, reconcile, settle, soothe

**healing** **1.** analeptic, curative, medicinal, remedial, restorative, restoring, sanative, therapeutic **2.** assuaging, comforting, emollient, gentle, lenitive, mild, mitigative, palliative, soothing

**health** **1.** fitness, good condition, haleness, healthiness, robustness, salubrity, soundness, strength, vigour, wellbeing **2.** condition, constitution, fettle, form, shape, state, tone

**healthy** **1.** active, blooming, fit, flourishing, hale, hale and hearty, hardy, hearty, in fine feather, in fine fettle, in fine form, in good condition, in good shape *(Inf.)*, in the pink, physically fit, robust, sound, strong, sturdy, vigorous, well **2.** beneficial, bracing, good for one, healthful, health-giving, hygienic, invigorating, nourishing, nutritious, salubrious, salutary, wholesome

**heap**
- ▸ **N. 1.** accumulation, aggregation, collection, hoard, lot, mass, mound, mountain, pile, stack, stockpile, store **2.** *Often plural (Inf.)* abundance, a lot, great deal, lashings *(Brit. inf.)*, load(s) *(Inf.)*, lots *(Inf.)*, mass, mint, ocean(s), oodles *(Inf.)*, plenty, pot(s) *(Inf.)*, quantities, stack(s), tons
- ▸ **V. 3.** accumulate, amass, augment, bank, collect, gather, hoard, increase, mound, pile, stack, stockpile, store **4.** assign, bestow, burden, confer, load, shower upon

**hear** **1.** attend, be all ears *(Inf.)*, catch, eavesdrop, give attention, hark, hearken *(Archaic)*, heed, listen in, listen to, overhear **2.** ascertain, be informed, be told of, discover, find out, gather, get wind of *(Inf.)*, hear tell *(Dialect)*, learn, pick up, understand **3.** *(Law)* examine, investigate, judge, try

**hearing** **1.** audition, auditory, ear, perception **2.** audience, audition, chance to speak, interview **3.** auditory range, earshot, hearing distance, range, reach, sound **4.** industrial tribunal, inquiry, investigation, review, trial

**hearsay** buzz, dirt *(U.S. sl.)*, gossip, grapevine *(Inf.)*, idle talk, mere talk, on dit, report, rumour, scuttlebutt *(Sl., chiefly U.S.)*, talk, talk of the town, tittle-tattle, word of mouth

**heart** **1.** character, disposition, emotion, feeling, inclination, nature, sentiment, soul, sympathy, temperament **2.** affection, benevolence, compassion, concern, humanity, love, pity, tenderness, understanding **3.** balls *(Taboo sl.)*, boldness, bravery, courage, fortitude, guts *(Inf.)*, mettle, mind, nerve, pluck, purpose, resolution, spirit, spunk *(Inf.)*, will **4.** central part, centre, core, crux, essence, hub, kernel, marrow, middle, nucleus, pith, quintessence, root **5. at heart** au fond, basically, essentially, fundamentally, in essence, in reality, really, truly **6. by heart** by memory, by rote, off pat, parrot-fashion *(Inf.)*, pat, word for word **7. eat one's heart out** agonize, brood, grieve, mope, mourn, pine, regret, repine, sorrow **8. from (the bottom of) one's heart** deeply, devoutly, fervently, heart and soul, heartily, sincerely, with all one's heart **9. heart and soul** absolutely, completely, devotedly, entirely, gladly, wholeheartedly **10. take heart** be comforted, be encouraged, be heartened, brighten up, buck up *(Inf.)*, cheer up, perk up, revive

**heartbreaking** agonizing, bitter, desolating, disappointing, distressing, grievous, harrowing, heart-rending, pitiful, poignant, sad, tragic

**heartbroken** brokenhearted, crestfallen, crushed, dejected, desolate, despondent, disappointed, disconsolate, disheartened, dismal, dispirited, downcast, grieved, heartsick, miserable, sick as a parrot *(Inf.)*

**heartfelt** ardent, cordial, deep, devout, earnest, fervent, genuine, hearty, honest, profound, sincere, unfeigned, warm, wholehearted

**heartily** **1.** cordially, deeply, feelingly, genuinely, profoundly, sincerely, unfeignedly, warmly **2.** eagerly, earnestly, enthusiastically, resolutely, vigorously, zealously **3.** absolutely, completely, thoroughly, totally, very

**heartless** brutal, callous, cold, cold-blooded, cold-hearted, cruel, hard, hardhearted, harsh, inhuman, merciless, pitiless, uncaring, unfeeling, unkind

**heartrending** affecting, distressing, harrowing, heartbreaking, moving, pathetic, piteous, pitiful, poignant, sad, tragic

**heart-to-heart**
- ▸ **ADJ. 1.** candid, intimate, open, personal, sincere, unreserved
- ▸ **N. 2.** cosy chat, tête-à-tête

**heartwarming** **1.** gratifying, pleasing, rewarding, satisfying **2.** affecting, cheering, encouraging, heartening, moving, touching, warming

**hearty** **1.** affable, ardent, back-slapping, cordial, eager, ebullient, effusive, enthusiastic, friendly, generous, genial, jovial, unreserved, warm **2.** earnest, genuine, heartfelt, honest, real, sincere, true, unfeigned, wholehearted **3.** active, energetic, hale, hardy, healthy, robust, sound, strong, vigorous, well **4.** ample, filling, nourishing, sizable, solid, square, substantial

**heat**
- ▸ **N. 1.** calefaction, fever, fieriness, high temperature, hotness, hot spell, sultriness, swelter, torridity, warmness, warmth **2.** *(Fig.)* agitation, ardour, earnestness, excitement, fervour, fever, fury, impetuosity, intensity, passion, vehemence, violence, warmth, zeal
- ▸ **V. 3.** become warm, chafe, flush, glow, grow hot, make hot, reheat, warm up **4.** animate, excite, impassion, inflame, inspirit, rouse, stimulate, stir, warm

**heated** angry, bitter, excited, fierce, fiery, frenzied, furious, impassioned, intense, passionate, raging, stormy, tempestuous, vehement, violent

**heathen**
- ▸ **N. 1.** idolater, idolatress, infidel, pagan, unbeliever **2.** barbarian, philistine, savage
- ▸ **ADJ. 3.** godless, heathenish, idolatrous, infidel, irreligious, pagan **4.** barbaric, philistine, savage, uncivilized, unenlightened

**heave** **1.** drag (up), elevate, haul (up), heft *(Inf.)*, hoist, lever, lift, pull (up), raise, tug **2.** cast, fling, hurl, pitch, send, sling, throw, toss **3.** breathe heavily, groan, puff, sigh, sob, suspire *(Archaic)*, utter wearily **4.** billow, breathe, dilate, exhale, expand, palpitate, pant, rise, surge, swell, throb **5.** barf *(U.S. sl.)*, be sick, chuck (up) *(Sl., chiefly U.S.)*, chunder *(Sl., chiefly Aust.)*, do a technicolour yawn *(Sl.)*, gag, retch, spew, throw up *(Inf.)*, toss one's cookies *(U.S. sl.)*, upchuck *(U.S. sl.)*, vomit

**heaven** **1.** abode of God, bliss, Elysium *or* Elysian fields *(Greek myth)*, happy hunting ground *(Amerind legend)*, hereafter, life everlasting, life to come, next world, nirvana *(Buddhism, Hinduism)*, paradise, Valhalla *(Norse myth)*, Zion *(Christianity)* **2.** *Usually plural* empyrean *(Poetic)*, ether, firmament, sky, welkin *(Archaic)* **3.** *(Fig.)* bliss, dreamland, ecstasy, enchantment, felicity, happiness, paradise, rapture, seventh heaven, sheer bliss, transport, utopia

**heavenly** **1.** *(Inf.)* alluring, beautiful, blissful, delightful, divine *(Inf.)*, entrancing, exquisite, glorious, lovely, rapturous, ravishing, sublime, wonderful **2.** angelic, beatific, blessed, blest, celestial, cherubic, divine, empyrean *(Poetic)*, extraterrestrial, godlike, holy, immortal, paradisaical, seraphic, superhuman, supernal *(Literary)*, supernatural

**heavily** **1.** awkwardly, clumsily, ponderously, weightily **2.** laboriously, painfully, with difficulty **3.** completely, decisively, roundly, thoroughly, utterly **4.** dejectedly, dully, gloomily, sluggishly, woodenly **5.** closely, compactly, densely, fast, hard, thick, thickly **6.** deep, deeply, profoundly, sound, soundly **7.** a great deal, considerably, copiously, excessively, frequently, to excess, very much

**heaviness** **1.** gravity, heftiness, ponderousness, weight **2.** arduousness, burdensomeness, grievousness, onerousness, oppressiveness, severity, weightiness **3.** deadness, dullness, languor, lassitude, numbness, sluggishness, torpor **4.** dejection, depression, despondency, gloom, gloominess, glumness, melancholy, sadness, seriousness

**heavy** **1.** bulky, hefty, massive, ponderous, portly, weighty **2.** burdensome, difficult, grievous, hard, harsh, intolerable, laborious, onerous, oppressive, severe, tedious, vexatious, wearisome **3.** apathetic, drowsy, dull, inactive, indolent, inert, listless, slow, sluggish, stupid, torpid, wooden **4.** crestfallen, dejected, depressed, despondent, disconsolate, downcast, gloomy, grieving, melancholy, sad, sorrowful **5.** complex, deep, difficult, grave, profound, serious, solemn, weighty **6.** abundant, considerable, copious, excessive, large, profuse **7.** burdened, encumbered, laden, loaded, oppressed, weighted **8.** boisterous, rough, stormy, tempestuous, turbulent, violent, wild **9.** dull, gloomy, leaden, louring *or* lowering, overcast

**heavy-handed** **1.** awkward, bungling, clumsy, graceless, ham-fisted *(Inf.)*, ham-handed *(Inf.)*, inept, inexpert, like a bull in a china shop *(Inf.)*, maladroit, unhandy **2.** bungling, inconsiderate, insensitive, tactless, thoughtless **3.** autocratic, domineering, harsh, oppressive, overbearing

**heckle** bait, barrack *(Inf.)*, boo, disrupt, interrupt, jeer, pester, shout down, taunt

**hectic** animated, boisterous, chaotic, excited, fevered, feverish, flurrying, flustering, frantic, frenetic, frenzied, furious, heated, riotous, rumbustious, tumultuous, turbulent, wild

**hector** bluster, boast, browbeat, bully, bullyrag, harass, huff and puff, intimidate, menace, provoke, ride roughshod over, roister, threaten, worry

**hedge**
▸ N. **1.** hedgerow, quickset **2.** barrier, boundary, screen, windbreak **3.** compensation, counterbalance, guard, insurance cover, protection
▸ V. **4.** border, edge, enclose, fence, surround **5.** block, confine, hem in (about, around), hinder, obstruct, restrict **6.** beg the question, be noncommittal, dodge, duck, equivocate, evade, flannel (*Brit. inf.*), prevaricate, pussyfoot (*Inf.*), quibble, sidestep, temporize, waffle (*Inf., chiefly Brit.*) **7.** cover, fortify, guard, insure, protect, safeguard, shield

**heed**
▸ N. **1.** attention, care, caution, consideration, ear, heedfulness, mind, note, notice, regard, respect, thought, watchfulness
▸ V. **2.** attend, bear in mind, be guided by, consider, follow, give ear to, listen to, mark, mind, note, obey, observe, pay attention to, regard, take notice of, take to heart

**heedless** careless, foolhardy, imprudent, inattentive, incautious, neglectful, negligent, oblivious, precipitate, rash, reckless, thoughtless, unmindful, unobservant, unthinking

**heel**[1] N. **1.** crust, end, remainder, rump, stub, stump **2.** (*Sl.*) blackguard, bounder (*Old-fashioned Brit. sl.*), cad (*Brit inf.*), cocksucker (*Taboo sl.*), rotter (*Sl., chiefly Brit.*), scally (*Northwest English dialect*), scoundrel, scumbag (*Sl.*), swine **3. down at heel** dowdy, impoverished, out at elbows, run-down, seedy, shabby, slipshod, slovenly, worn **4. take to one's heels** escape, flee, hook it, *Sl.*, run away *or* off, show a clean pair of heels, skedaddle (*Inf.*), take flight, vamoose (*Sl., chiefly U.S.*) **5. well-heeled** affluent, flush (*Inf.*), moneyed, prosperous, rich, wealthy, well-off, well-to-do

**heel**[2] cant, careen, incline, keel over, lean over, list, tilt

**hefty 1.** beefy (*Inf.*), big, brawny, burly, hulking, husky (*Inf.*), massive, muscular, Ramboesque, robust, strapping, strong **2.** forceful, heavy, powerful, thumping (*Sl.*), vigorous **3.** ample, awkward, bulky, colossal, cumbersome, heavy, large, massive, ponderous, substantial, tremendous, unwieldy, weighty

**height 1.** altitude, elevation, highness, loftiness, stature, tallness **2.** apex, apogee, crest, crown, elevation, hill, mountain, peak, pinnacle, summit, top, vertex, zenith **3.** acme, dignity, eminence, exaltation, grandeur, loftiness, prominence **4.** climax, culmination, extremity, limit, maximum, ne plus ultra, ultimate, utmost degree, uttermost

**heighten 1.** add to, aggravate, amplify, augment, enhance, improve, increase, intensify, magnify, sharpen, strengthen **2.** elevate, enhance, ennoble, exalt, magnify, raise, uplift

**heir** beneficiary, heiress (*Fem.*), inheritor, inheritress *or* inheritrix (*Fem.*), next in line, scion, successor

**hell 1.** Abaddon, abode of the damned, abyss, Acheron (*Greek myth*), bottomless pit, fire and brimstone, Gehenna (*New Testament, Judaism*), Hades (*Greek myth*), hellfire, infernal regions, inferno, lower world, nether world, Tartarus (*Greek myth*), underworld **2.** affliction, agony, anguish, martyrdom, misery, nightmare, ordeal, suffering, torment, trial, wretchedness **3. hell for leather** at the double, full-tilt, headlong, hotfoot, hurriedly, like a bat out of hell (*Sl.*), pell-mell, posthaste, quickly, speedily, swiftly

**hellish 1.** damnable, damned, demoniacal, devilish, diabolical, fiendish, infernal **2.** abominable, accursed, atrocious, barbarous, cruel, detestable, execrable, inhuman, monstrous, nefarious, vicious, wicked

**helm 1.** (*Nautical*) rudder, steering gear, tiller, wheel **2.** (*Fig.*) command, control, direction, leadership, rule **3. at the helm** at the wheel, directing, in charge, in command, in control, in the driving seat, in the saddle

**help**
▸ V. **1.** abet, aid, assist, back, befriend, cooperate, encourage, lend a hand, promote, relieve, save, second, serve, stand by, succour, support **2.** alleviate, ameliorate, cure, ease, facilitate, heal, improve, mitigate, relieve, remedy, restore **3.** abstain, avoid, control, eschew, forbear, hinder, keep from, prevent, refrain from, resist, shun, withstand
▸ N. **4.** advice, aid, assistance, avail, benefit, cooperation, guidance, helping hand, promotion, service, support, use, utility **5.** assistant, employee, hand, helper, worker **6.** balm, corrective, cure, relief, remedy, restorative, salve, succour

**helper** abettor, adjutant, aide, aider, ally, assistant, attendant, auxiliary, coadjutor, collaborator, colleague, deputy, helpmate, henchman, mate, partner, protagonist, right-hand man, second, subsidiary, supporter

**helpful 1.** advantageous, beneficial, constructive, favourable, fortunate, practical, productive, profitable, serviceable, timely, useful **2.** accommodating, beneficent, benevolent, caring, considerate, cooperative, friendly, kind, neighbourly, supportive, sympathetic

**helping** N. dollop (*Inf.*), piece, plateful, portion, ration, serving

**helpless 1.** abandoned, defenceless, dependent, destitute, exposed, forlorn, unprotected, vulnerable **2.** debilitated, disabled, feeble, impotent, incapable, incompetent, infirm, paralyzed, powerless, unfit, weak

**helter-skelter**
▸ ADV. **1.** carelessly, hastily, headlong, hurriedly, pell-mell, rashly, recklessly, wildly
▸ ADJ. **2.** anyhow, confused, disordered, haphazard, higgledy-piggledy (*Inf.*), hit-or-miss, jumbled, muddled, random, topsy-turvy

**hem**
▸ N. **1.** border, edge, fringe, margin, trimming
▸ V. **2.** (*Usually with* in) beset, border, circumscribe, confine, edge, enclose, environ, hedge in, restrict, shut in, skirt, surround

**hence** ergo, for this reason, on that account, therefore, thus

**henceforth** from now on, from this day forward, hence, hereafter, hereinafter, in the future

**henpecked** browbeaten, bullied, cringing, dominated, led by the nose, meek, subject, subjugated, timid, treated like dirt

**herald**
▸ N. **1.** bearer of tidings, crier, messenger **2.** forerunner, harbinger, indication, omen, precursor, sign, signal, token
▸ V. **3.** advertise, announce, broadcast, proclaim, publicize, publish, trumpet **4.** foretoken, harbinger, indicate, pave the way, portend, precede, presage, promise, show, usher in

**herd**
▸ N. **1.** assemblage, collection, crowd, crush, drove, flock, horde, mass, mob, multitude, press, swarm, throng **2.** mob, populace, rabble, riffraff, the hoi polloi, the masses, the plebs
▸ V. **3.** assemble, associate, collect, congregate, flock, gather, huddle, muster, rally **4.** drive, force, goad, guide, lead, shepherd, spur

**hereafter**
▸ ADV. **1.** after this, from now on, hence, henceforth, henceforward, in future
▸ N. **2.** afterlife, future life, life after death, next world, the beyond

**hereditary 1.** family, genetic, inborn, inbred, inheritable, transmissible **2.** ancestral, bequeathed, handed down, inherited, patrimonial, traditional, transmitted, willed

**heredity** congenital traits, constitution, genetic make-up, genetics, inheritance

**heresy** apostasy, dissidence, error, heterodoxy, iconoclasm, impiety, revisionism, schism, unorthodoxy

**heretic** apostate, dissenter, dissident, nonconformist, renegade, revisionist, schismatic, sectarian, separatist

**heretical** freethinking, heterodox, iconoclastic, idolatrous, impious, revisionist, schismatic, unorthodox

**heritage** bequest, birthright, endowment, estate, inheritance, legacy, lot, patrimony, portion, share, tradition

**hermit** anchoret, anchorite, eremite, monk, recluse, solitary, stylite

**hero 1.** celeb (*Inf.*), celebrity, champion, conqueror, exemplar, great man, heart-throb (*Brit.*), idol, man of the hour, megastar (*Inf.*), popular figure, star, superstar, victor **2.** lead actor, leading man, male lead, principal male character, protagonist

**heroic 1.** bold, brave, courageous, daring, dauntless, doughty, fearless, gallant, intrepid, lion-hearted, stouthearted, undaunted, valiant, valorous **2.** classical, Homeric, legendary, mythological **3.** classic, elevated, epic, exaggerated, extravagant, grand, grandiose, high-flown, inflated

**heroine 1.** celeb (*Inf.*), celebrity, goddess, ideal, megastar (*Inf.*), woman of the hour **2.** diva, female lead, lead actress, leading lady, prima donna, principal female character, protagonist

**heroism** boldness, bravery, courage, courageousness, daring, fearlessness, fortitude, gallantry, intrepidity, prowess, spirit, valour

**hero-worship** admiration, adoration, adulation, idealization, idolization, putting on a pedestal, veneration

**hesitant** diffident, doubtful, half-arsed, half-assed (*U.S. & Canad. sl.*), half-hearted, halting, hanging back, hesitating, irresolute, lacking confidence, reluctant, sceptical, shy, timid, uncertain, unsure, vacillating, wavering

**hesitate 1.** be uncertain, delay, dither (*Chiefly Brit.*), doubt, haver (*Brit.*), pause, shillyshally (*Inf.*), swither (*Scot.*), vacillate, wait, waver **2.** balk, be reluctant, be unwilling, boggle, demur, hang back, scruple, shrink from, think twice **3.** falter, fumble, hem and haw, stammer, stumble, stutter

**hesitation 1.** delay, doubt, dubiety, hesitancy, indecision, irresolution, uncertainty, vacillation **2.** demurral, misgiving(s), qualm(s), reluctance, scruple(s), unwillingness **3.** faltering, fumbling, hemming and hawing, stammering, stumbling, stuttering

**hew 1.** axe, chop, cut, hack, lop, split **2.** carve, fashion, form, make, model, sculpt, sculpture, shape, smooth

**heyday** bloom, flowering, pink, prime, prime of life, salad days

**hiatus** aperture, blank, breach, break, chasm, discontinuity, entr'acte, gap, interruption, interval, lacuna, lapse, opening, respite, rift, space

**hidden** abstruse, clandestine, close, concealed, covered, covert, cryptic, dark, hermetic, hermetical, masked, mysterious, mystic, mystical, obscure, occult, recondite, secret, shrouded, ulterior, unrevealed, unseen, veiled

**hide**[1] **1.** cache, conceal, go into hiding, go to ground, go underground, hole up, lie low, secrete, stash (*Inf.*), take cover **2.** blot out, bury, camouflage, cloak, conceal, cover, disguise, eclipse, mask, obscure, screen, shelter, shroud, veil **3.** hush up, keep secret, suppress, withhold

**hide**[2] fell, pelt, skin

**hidebound** brassbound, conventional, narrow, narrow-minded, rigid, set, set in one's ways, strait-laced, ultraconservative

**hideous 1.** ghastly, grim, grisly, grotesque, gruesome, monstrous, repulsive, revolting, ugly, unsightly **2.** abominable, appalling, awful, detestable, disgusting, dreadful, godawful (*Sl.*), horrendous, horrible, horrid, loathsome, macabre, obscene, odious, shocking, sickening, terrible, terrifying

**hideout** den, hideaway, hiding place, lair, secret place, shelter

**hiding** N. beating, caning, drubbing, flogging, larruping (*Brit. dialect*), lathering (*Inf.*), licking (*Inf.*), spanking, tanning (*Sl.*), thrashing, walloping (*Inf.*), whaling, whipping

**hierarchy** grading, pecking order, ranking

**hieroglyphic** ADJ. enigmatical, figurative, indecipherable, obscure, runic, symbolical

**high**
▸ ADJ. **1.** elevated, lofty, soaring, steep, tall, towering **2.** excessive, extraordinary, extreme, great, intensified, sharp, strong **3.** arch, big-time (*Inf.*), chief, consequential, distinguished, eminent, exalted, important, influential, leading, major league (*Inf.*), notable, powerful, prominent, ruling, significant, superior **4.** arrogant, boastful, bragging, despotic, domineering, haughty, lofty, lordly, ostentatious, overbearing, proud, tyrannical, vainglorious **5.** capital, extreme, grave, important, serious **6.** boisterous, bouncy (*Inf.*), cheerful, elated, excited, exhilarated, exuberant, joyful, light-hearted, merry, strong, tumultuous, turbulent **7.** (*Inf.*) delirious, euphoric, freaked out (*Inf.*), hyped up (*Sl.*), inebriated, intoxicated, on a trip (*Inf.*), spaced out (*Sl.*), stoned (*Sl.*), tripping (*Inf.*), turned on (*Sl.*), zonked (*Sl.*) **8.** costly, dear, exorbitant, expensive, high-priced, steep (*Inf.*), stiff **9.** acute, high-pitched, penetrating, piercing, piping, sharp, shrill, soprano, strident, treble **10.** extravagant, grand, lavish, luxurious, rich **11.** gamy, niffy (*Brit. sl.*), pongy (*Brit. inf.*), strong-flavoured, tainted, whiffy (*Brit. sl.*)

**12. high and dry** abandoned, bereft, destitute, helpless, stranded **13. high and low** all over, everywhere, exhaustively, far and wide, in every nook and cranny **14. high and mighty** (*Inf.*) arrogant, cavalier, conceited, disdainful, haughty, imperious, overbearing, self-important, snobbish, stuck-up (*Inf.*), superior
▶ **ADV. 15.** aloft, at great height, far up, way up
▶ **N. 16.** apex, crest, height, peak, record level, summit, top **17.** (*Inf.*) delirium, ecstasy, euphoria, intoxication, trip (*Inf.*)

**highbrow**
▶ **N. 1.** aesthete, Brahmin (*U.S.*), brain (*Inf.*), brainbox (*Sl.*), egghead (*Inf.*), intellectual, mastermind, savant, scholar
▶ **ADJ. 2.** bookish, brainy (*Inf.*), cultivated, cultured, deep, highbrowed, intellectual, sophisticated

**high-class** A1 *or* A-one (*Inf.*), choice, classy (*Sl.*), elite, exclusive, first-rate, high-quality, high-toned, posh (*Inf., chiefly Brit.*), ritzy (*Sl.*), select, superior, swish (*Inf., chiefly Brit.*), tip-top, top-drawer, top-flight, tops (*Sl.*), U (*Brit. inf.*), up-market, upper-class

**high-flown** elaborate, exaggerated, extravagant, florid, grandiose, high-falutin (*Inf.*), inflated, lofty, magniloquent, overblown, pretentious

**high-handed** arbitrary, autocratic, bossy (*Inf.*), despotic, dictatorial, domineering, imperious, inconsiderate, oppressive, overbearing, peremptory, self-willed, tyrannical, wilful

**highland** N. heights, hill country, hills, mesa, mountainous region, plateau, tableland, uplands

**highlight**
▶ **N. 1.** best part, climax, feature, focal point, focus, high point, high spot, main feature, memorable part, peak
▶ **V. 2.** accent, accentuate, bring to the fore, emphasize, feature, focus attention on, give prominence to, play up, set off, show up, spotlight, stress, underline

**highly 1.** decidedly, eminently, exceptionally, extraordinarily, extremely, greatly, immensely, supremely, tremendously, vastly, very, very much **2.** appreciatively, approvingly, enthusiastically, favourably, warmly, well

**high-minded** elevated, ethical, fair, good, honourable, idealistic, magnanimous, moral, noble, principled, pure, righteous, upright, virtuous, worthy

**high-powered** aggressive, driving, dynamic, effective, energetic, enterprising, fast-track, forceful, go-ahead, go-getting (*Inf.*), highly capable, vigorous

**high-pressure** (*Of salesmanship*) aggressive, bludgeoning, coercive, compelling, forceful, high-powered, importunate, insistent, intensive, persistent, persuasive, pushy (*Inf.*)

**high-sounding** affected, artificial, bombastic, extravagant, flamboyant, florid, grandiloquent, grandiose, high-flown, imposing, magniloquent, ostentatious, overblown, pompous, pretentious, stilted, strained

**high-speed** brisk, express, fast, hotted-up (*Inf.*), quick, rapid, souped-up (*Inf.*), streamlined, swift

**high-spirited** animated, boisterous, bold, bouncy, daring, dashing, ebullient, effervescent, energetic, exuberant, frolicsome, full of life, fun-loving, gallant, lively, mettlesome, sparky, spirited, spunky (*Inf.*), vibrant, vital, vivacious

**high spirits** abandon, boisterousness, exhilaration, exuberance, good cheer, hilarity, joie de vivre, rare good humour

**high-strung** easily upset, edgy, excitable, irascible, irritable, nervous, nervy (*Brit. inf.*), neurotic, restless, sensitive, stressed, taut, temperamental, tense, tetchy, twitchy (*Inf.*), wired (*Sl.*)

**hijack** commandeer, expropriate, seize, skyjack, take over

**hike**
▶ **V. 1.** back-pack, hoof it (*Sl.*), leg it (*Inf.*), ramble, tramp, walk **2.** (*Usually with* **up**) hitch up, jack up, lift, pull up, raise
▶ **N. 3.** journey on foot, march, ramble, tramp, trek, walk

**hilarious** amusing, comical, convivial, entertaining, exhilarated, funny, gay, happy, humorous, jolly, jovial, joyful, joyous, merry, mirthful, noisy, rollicking, side-splitting, uproarious

**hilarity** amusement, boisterousness, cheerfulness, conviviality, exhilaration, exuberance, gaiety, glee, high spirits, jollification, jollity, joviality, joyousness, laughter, levity, merriment, mirth

**hill 1.** brae (*Scot.*), down (*Archaic*), elevation, eminence, fell, height, hillock, hilltop, knoll, mound, mount, prominence, tor **2.** drift, heap, hummock, mound, pile, stack **3.** acclivity, brae (*Scot.*), climb, gradient, incline, rise, slope

**hillock** barrow, hummock, knap (*Dialect*), knoll, monticule, mound, tump (*Western Brit. dialect*)

**hilt 1.** grip, haft, handgrip, handle, helve **2. to the hilt** completely, entirely, fully, totally, wholly

**hind** after, back, caudal (*Anat.*), hinder, posterior, rear

**hinder** arrest, block, check, debar, delay, deter, encumber, frustrate, hamper, hamstring, handicap, hold up *or* back, impede, interrupt, obstruct, oppose, prevent, retard, slow down, stop, stymie, thwart, trammel

**hindmost** concluding, final, furthest, furthest behind, last, most remote, rearmost, terminal, trailing, ultimate

**hindrance** bar, barrier, block, check, deterrent, difficulty, drag, drawback, encumbrance, handicap, hitch, impediment, interruption, limitation, obstacle, obstruction, restraint, restriction, snag, stoppage, stumbling block, trammel

**hinge** v. be contingent, be subject to, depend, hang, pivot, rest, revolve around, turn

**hint**
▶ **N. 1.** allusion, clue, implication, indication, inkling, innuendo, insinuation, intimation, mention, reminder, suggestion, tip-off, word to the wise **2.** advice, help, pointer, suggestion, tip, wrinkle (*Inf.*) **3.** breath, dash, soupçon, speck, suggestion, suspicion, taste, tinge, touch, trace, undertone, whiff, whisper
▶ **V. 4.** allude, cue, imply, indicate, insinuate, intimate, let it be known, mention, prompt, suggest, tip off

**hippie** beatnik, bohemian, dropout, flower child

**hire**
▶ **V. 1.** appoint, commission, employ, engage, sign up, take on **2.** charter, engage, lease, let, rent
▶ **N. 3.** charge, cost, fee, price, rent, rental

**hiss**
▶ **N. 1.** buzz, hissing, sibilance, sibilation **2.** boo, catcall, contempt, derision, jeer, raspberry
▶ **V. 3.** rasp, shrill, sibilate, wheeze, whirr, whistle, whiz **4.** blow a raspberry, boo, catcall, condemn, damn, decry, deride, hoot, jeer, mock, revile, ridicule

**historian** annalist, biographer, chronicler, historiographer, recorder

**historic** celebrated, consequential, epoch-making, extraordinary, famous, momentous, notable, outstanding, red-letter, remarkable, significant

**historical** actual, archival, attested, authentic, chronicled, documented, factual, real, verifiable

**history 1.** account, annals, autobiography, biography, chronicle, memoirs, narration, narrative, recapitulation, recital, record, relation, saga, story **2.** ancient history, antiquity, bygone times, days of old, days of yore, olden days, the good old days, the old days, the past, yesterday, yesteryear

**hit**
▶ **V. 1.** bang, bash (*Inf.*), batter, beat, belt (*Inf.*), chin (*Sl.*), clip (*Inf.*), clobber (*Sl.*), clout (*Inf.*), cuff, deck (*Sl.*), flog, knock, lambast(e), lay one on (*Sl.*), lob, punch, slap, smack, smite (*Archaic*), sock (*Sl.*), strike, swat, thump, wallop (*Inf.*), whack **2.** bang into, bump, clash with, collide with, crash against, meet head-on, run into, smash into **3.** accomplish, achieve, arrive at, attain, gain, reach, secure, strike, touch **4.** affect, damage, devastate, impinge on, influence, leave a mark on, make an impact *or* impression on, move, overwhelm, touch
▶ **N. 5.** belt (*Inf.*), blow, bump, clash, clout (*Inf.*), collision, cuff, impact, knock, rap, shot, slap, smack, stroke, swipe (*Inf.*), wallop (*Inf.*) **6.** (*Inf.*) sellout, sensation, smash (*Inf.*), success, triumph, winner

**hitch**
▶ **V. 1.** attach, connect, couple, fasten, harness, join, make fast, tether, tie, unite, yoke **2.** (*Often with* **up**) hoick, jerk, pull, tug, yank **3.** (*Inf.*) hitchhike, thumb a lift
▶ **N. 4.** catch, check, delay, difficulty, drawback, hassle (*Inf.*), hindrance, hold-up, impediment, mishap, obstacle, problem, snag, stoppage, trouble

**hither** close, closer, here, near, nearer, nigh (*Archaic*), over here, to this place

**hitherto** heretofore, previously, so far, thus far, till now, until now, up to now

**hit off 1.** capture, catch, impersonate, mimic, represent, take off (*Inf.*) **2. hit it off** (*Inf.*) be on good terms, click (*Sl.*), get on (well) with, take to, warm to

**hit on** *or* **hit upon** arrive at, chance upon, come upon, discover, guess, invent, light upon, realize, strike upon, stumble on, think up

**hit-or-miss** aimless, casual, cursory, disorganized, haphazard, indiscriminate, perfunctory, random, undirected, uneven

**hit out (at)** assail, attack, castigate, condemn, denounce, inveigh against, lash out, rail against, strike out at

**hoard**
▶ **N. 1.** accumulation, cache, fall-back, fund, heap, mass, pile, reserve, stockpile, store, supply, treasure-trove
▶ **V. 2.** accumulate, amass, buy up, cache, collect, deposit, garner, gather, hive, lay up, put away, put by, save, stash away (*Inf.*), stockpile, store, treasure

**hoarder** collector, magpie (*Brit.*), miser, niggard, saver, squirrel (*Inf.*), tight-arse (*Taboo sl.*), tight-ass (*U.S. taboo sl.*)

**hoarse** croaky, discordant, grating, gravelly, growling, gruff, guttural, harsh, husky, rasping, raucous, rough, throaty

**hoary 1.** frosty, grey, grey-haired, grizzled, hoar, silvery, white, white-haired **2.** aged, ancient, antiquated, antique, old, venerable

**hoax**
▶ **N. 1.** canard, cheat, con (*Inf.*), deception, fast one (*Inf.*), fraud, imposture, joke, practical joke, prank, ruse, spoof (*Inf.*), swindle, trick
▶ **V. 2.** bamboozle (*Inf.*), befool, bluff, con (*Sl.*), deceive, delude, dupe, fool, gammon (*Brit. inf.*), gull (*Archaic*), hoodwink, hornswoggle (*Sl.*), kid (*Inf.*), swindle, take in (*Inf.*), take (someone) for a ride (*Inf.*), trick, wind up (*Brit. sl.*)

**hobby** diversion, favourite occupation, (leisure) activity, leisure pursuit, pastime, relaxation, sideline

**hobnob** associate, consort, fraternize, hang about, hang out (*Inf.*), keep company, mingle, mix, socialize

**hoi polloi** admass, canaille, commonalty, riffraff, the (common) herd, the common people, the great unwashed (*Inf. & derogatory*), the lower orders, the masses, the plebs, the populace, the proles (*Derogatory sl., chiefly Brit.*), the proletariat, the rabble, the third estate, the underclass

**hoist**
▶ **V. 1.** elevate, erect, heave, lift, raise, rear, upraise
▶ **N. 2.** crane, elevator, lift, tackle, winch

**hold**
▶ **V. 1.** have, keep, maintain, occupy, own, possess, retain **2.** adhere, clasp, cleave, clinch, cling, clutch, cradle, embrace, enfold, grasp, grip, stick **3.** arrest, bind, check, confine, curb, detain, impound, imprison, pound, restrain, stay, stop, suspend **4.** assume, believe, consider, deem, entertain, esteem, judge, maintain, presume, reckon, regard, think, view **5.** continue, endure, last, persevere, persist, remain, resist, stay, wear **6.** assemble, call, carry on, celebrate, conduct, convene, have, officiate at, preside over, run, solemnize **7.** bear, brace, carry, prop, shoulder, support, sustain, take **8.** accommodate, comprise, contain, have a capacity for, seat, take **9.** apply, be in force, be the case, exist, hold good, operate, remain true, remain valid, stand up **10. hold one's own** do well, hold fast, hold out, keep one's head above water, keep pace, keep up, maintain one's position, stand firm, stand one's ground, stay put, stick to one's guns (*Inf.*)
▶ **N. 11.** clasp, clutch, grasp, grip **12.** anchorage, foothold, footing, leverage, prop, purchase, stay, support, vantage **13.** ascendancy, authority, clout (*Inf.*), control, dominance, dominion, influence, mastery, pull (*Inf.*), sway

**hold back 1.** check, control, curb, inhibit, rein, repress, restrain, suppress **2.** desist, forbear, keep back, refuse, withhold

**holder** **1.** bearer, custodian, incumbent, keeper, occupant, owner, possessor, proprietor, purchaser **2.** case, container, cover, housing, receptacle, sheath

**hold forth** declaim, descant, discourse, go on, harangue, lecture, orate, preach, speak, speechify, spiel *(Inf.)*, spout *(Inf.)*

**hold off** **1.** avoid, defer, delay, keep from, postpone, put off, refrain **2.** fend off, keep off, rebuff, repel, repulse, stave off

**hold out** **1.** extend, give, offer, present, proffer **2.** carry on, continue, endure, hang on, last, persevere, persist, stand fast, withstand

**hold over** adjourn, defer, delay, postpone, put off, suspend, waive

**hold-up** **1.** bottleneck, delay, difficulty, hitch, obstruction, setback, snag, stoppage, traffic jam, trouble, wait **2.** burglary, mugging *(Inf.)*, robbery, steaming *(Inf.)*, stick-up *(Sl., chiefly U.S.)*, theft

**hold up** **1.** delay, detain, hinder, impede, retard, set back, slow down, stop **2.** bolster, brace, buttress, jack up, prop, shore up, support, sustain **3.** mug *(Inf.)*, rob, stick up *(Sl., chiefly U.S.)*, waylay **4.** display, exhibit, flaunt, present, show **5.** bear up, endure, last, survive, wear

**hold with** agree to *or* with, approve of, be in favour of, countenance, subscribe to, support, take kindly to

**hole** **1.** aperture, breach, break, crack, fissure, gap, opening, orifice, outlet, perforation, puncture, rent, split, tear, vent **2.** cave, cavern, cavity, chamber, depression, excavation, hollow, pit, pocket, scoop, shaft **3.** burrow, covert, den, earth, lair, nest, retreat, shelter **4.** *(Inf.)* dive *(Sl.)*, dump *(Inf.)*, hovel, joint *(Sl.)*, slum **5.** *(Inf.)* cell, dungeon, oubliette, prison **6.** defect, discrepancy, error, fallacy, fault, flaw, inconsistency, loophole **7.** *(Sl.)* dilemma, fix *(Inf.)*, hot water *(Inf.)*, imbroglio, jam *(Inf.)*, mess, predicament, quandary, scrape *(Inf.)*, spot *(Inf.)*, tangle, tight spot **8. pick holes in** asperse, bad-mouth *(Sl., chiefly U.S. & Canad.)*, cavil, crab *(Inf.)*, criticize, denigrate, disparage, disprove, find fault, knock *(Inf.)*, niggle, pull to pieces, put down, rubbish *(Inf.)*, run down, slag (off) *(Sl.)*, slate *(Inf.)*

**holiday** **1.** break, leave, recess, time off, vacation **2.** anniversary, bank holiday, celebration, feast, festival, festivity, fête, gala, public holiday, saint's day

**holier-than-thou** goody-goody *(Inf.)*, pietistic, pietistical, priggish, religiose, sanctimonious, self-righteous, self-satisfied, smug, squeaky-clean, unctuous

**holiness** blessedness, devoutness, divinity, godliness, piety, purity, religiousness, righteousness, sacredness, saintliness, sanctity, spirituality, virtuousness

**hollow**

▸ ADJ. **1.** empty, not solid, unfilled, vacant, void **2.** cavernous, concave, deep-set, depressed, indented, sunken **3.** deep, dull, expressionless, flat, low, muffled, muted, reverberant, rumbling, sepulchral, toneless **4.** empty, fruitless, futile, meaningless, pointless, Pyrrhic, specious, unavailing, useless, vain, worthless **5.** empty, famished, hungry, ravenous, starved **6.** artificial, cynical, deceitful, faithless, false, flimsy, hollow-hearted, hypocritical, insincere, treacherous, unsound, weak **7. beat (someone) hollow** *(Inf.)* defeat, hammer *(Inf.)*, outdo, overcome, rout, thrash, trounce, worst

▸ N. **8.** basin, bowl, cave, cavern, cavity, concavity, crater, cup, den, dent, depression, dimple, excavation, hole, indentation, pit, trough **9.** bottom, dale, dell, dingle, glen, valley

▸ V. **10.** channel, dig, dish, excavate, furrow, gouge, groove, pit, scoop

**holocaust** annihilation, carnage, conflagration, destruction, devastation, fire, genocide, inferno, massacre, mass murder

**holy** **1.** devout, divine, faithful, god-fearing, godly, hallowed, pious, pure, religious, righteous, saintly, sublime, virtuous **2.** blessed, consecrated, dedicated, hallowed, sacred, sacrosanct, sanctified, venerable, venerated

**home**

▸ N. **1.** abode, domicile, dwelling, dwelling place, habitation, house, pad *(Sl.)*, residence **2.** birthplace, family, fireside, hearth, homestead, home town, household **3.** abode, element, environment, habitat, habitation, haunt, home ground, range, stamping ground, territory **4. at home** available, in, present at ease, comfortable, familiar, relaxed entertaining, giving a party, having guests, receiving *As a noun* party, reception, soirée **5. at home in, on,** *or* **with** conversant with, familiar with, knowledgeable, proficient, skilled, well-versed **6. bring home to** drive home, emphasize, impress upon, make clear, press home

▸ ADJ. **7.** central, domestic, familiar, family, household, inland, internal, local, national, native

**homeland** country of origin, fatherland, mother country, motherland, native land

**homeless**

▸ ADJ. **1.** abandoned, destitute, displaced, dispossessed, down-and-out, exiled, forlorn, forsaken, outcast, unsettled

▸ N. **2. the homeless** dossers *(Brit. sl.)*, squatters, vagrants

**homelike** cheerful, comfortable, cosy, easy, familiar, homy, informal, intimate, relaxing, snug

**homely** comfortable, comfy *(Inf.)*, cosy, domestic, downhome *(Sl., chiefly U.S.)*, everyday, familiar, friendly, homelike, homespun, homy, informal, modest, natural, ordinary, plain, simple, unaffected, unassuming, unpretentious, welcoming

**homespun** artless, coarse, homely, homemade, inelegant, plain, rough, rude, rustic, unpolished, unsophisticated

**homicidal** deadly, death-dealing, lethal, maniacal, mortal, murderous

**homicide** **1.** bloodshed, killing, manslaughter, murder, slaying **2.** killer, murderer, slayer

**homogeneity** analogousness, comparability, consistency, correspondence, identicalness, oneness, sameness, similarity, uniformity

**homogeneous** akin, alike, analogous, cognate, comparable, consistent, identical, kindred, similar, uniform, unvarying

**homosexual** ADJ. bent *(Sl.)*, camp *(Inf.)*, gay, homoerotic, lesbian, queer *(Inf., derogatory)*, sapphic

**honest** **1.** conscientious, decent, ethical, high-minded, honourable, law-abiding, reliable, reputable, scrupulous, trustworthy, trusty, truthful, upright, veracious, virtuous **2.** above board, authentic, bona fide, genuine, honest to goodness, on the level *(Inf.)*, on the up and up, proper, real, straight, true **3.** equitable, fair, fair and square, impartial, just **4.** candid, direct, forthright, frank, ingenuous, open, outright, plain, sincere, straightforward, undisguised, unfeigned, upfront *(Inf.)*

**honestly** **1.** by fair means, cleanly, ethically, honourably, in good faith, lawfully, legally, legitimately, on the level *(Inf.)*, with clean hands **2.** candidly, frankly, in all sincerity, in plain English, plainly, straight (out), to one's face, truthfully

**honesty** **1.** faithfulness, fidelity, honour, incorruptibility, integrity, morality, probity, rectitude, reputability, scrupulousness, straightness, trustworthiness, truthfulness, uprightness, veracity, virtue **2.** bluntness, candour, equity, even-handedness, fairness, frankness, genuineness, openness, outspokenness, plainness, sincerity, straightforwardness

**honorary** complimentary, ex officio, formal, honoris causa, in name *or* title only, nominal, titular, unofficial, unpaid

**honour**

▸ N. **1.** credit, dignity, distinction, elevation, eminence, esteem, fame, glory, high standing, prestige, rank, renown, reputation, repute **2.** acclaim, accolade, adoration, Brownie points, commendation, deference, homage, kudos, praise, recognition, regard, respect, reverence, tribute, veneration **3.** decency, fairness, goodness, honesty, integrity, morality, principles, probity, rectitude, righteousness, trustworthiness, uprightness **4.** compliment, credit, favour, pleasure, privilege, source of pride *or* satisfaction **5.** chastity, innocence, modesty, purity, virginity, virtue

▸ V. **6.** admire, adore, appreciate, esteem, exalt, glorify, hallow, prize, respect, revere, reverence, value, venerate, worship **7.** be as good as *(Inf.)*, be faithful to, be true to, carry out, discharge, fulfil, keep, live up to, observe **8.** acclaim, celebrate, commemorate, commend, compliment, crack up *(Inf.)*, decorate, dignify, exalt, glorify, laud, lionize, praise **9.** accept, acknowledge, cash, clear, credit, pass, pay, take

**honourable** **1.** ethical, fair, high-minded, honest, just, moral, principled, true, trustworthy, trusty, upright, upstanding, virtuous **2.** distinguished, eminent, great, illustrious, noble, notable, noted, prestigious, renowned, venerable **3.** creditable, estimable, proper, reputable, respectable, respected, right, righteous, virtuous

**honours** adornments, awards, decorations, dignities, distinctions, laurels, titles

**hoodwink** bamboozle *(Inf.)*, befool, cheat, con *(Inf.)*, cozen, deceive, delude, dupe, fool, gull *(Archaic)*, hoax, impose, kid *(Inf.)*, lead up the garden path *(Inf.)*, mislead, pull a fast one on *(Inf.)*, rook *(Sl.)*, swindle, trick

**hook**

▸ N. **1.** catch, clasp, fastener, hasp, holder, link, lock, peg **2.** noose, snare, springe, trap **3. by hook or by crook** by any means, by fair means or foul, somehow, somehow or other, someway **4. hook, line, and sinker** *(Inf.)* completely, entirely, thoroughly, through and through, totally, utterly, wholly **5. off the hook** *(Sl.)* acquitted, cleared, exonerated, in the clear, let off, under no obligation, vindicated

▸ V. **6.** catch, clasp, fasten, fix, hasp, secure **7.** catch, enmesh, ensnare, entrap, snare, trap

**hooligan** casual, lager lout, delinquent, hoodlum *(Chiefly U.S.)*, ned *(Sl.)*, rowdy, ruffian, tough, vandal, yob *or* yobbo *(Brit. sl.)*

**hoop** band, circlet, girdle, loop, ring, wheel

**hoot**

▸ N. **1.** call, cry, toot **2.** boo, catcall, hiss, jeer, yell **3.** *(Inf.)* card *(Inf.)*, caution *(Inf.)*, laugh *(Inf.)*, scream *(Inf.)*

▸ V. **4.** boo, catcall, condemn, decry, denounce, execrate, hiss, howl down, jeer, yell at **5.** cry, scream, shout, shriek, toot, whoop, yell

**hop**

▸ V. **1.** bound, caper, dance, jump, leap, skip, spring, vault, trip

▸ N. **2.** bounce, bound, jump, leap, skip, spring, step, vault

**hope**

▸ N. **1.** ambition, anticipation, assumption, belief, confidence, desire, dream, expectancy, expectation, faith, longing

▸ V. **2.** anticipate, aspire, await, believe, contemplate, count on, desire, expect, foresee, long, look forward to, rely, trust

**hopeful** **1.** anticipating, assured, buoyant, confident, expectant, looking forward to, optimistic, sanguine **2.** auspicious, bright, cheerful, encouraging, heartening, promising, propitious, reassuring, rosy

**hopefully** **1.** confidently, expectantly, optimistically, sanguinely **2.** *(Inf.)* all being well, conceivably, expectedly, feasibly, probably

**hopeless** **1.** defeatist, dejected, demoralized, despairing, desperate, despondent, disconsolate, downhearted, forlorn, in despair, pessimistic, woebegone **2.** helpless, incurable, irremediable, irreparable, irreversible, lost, past remedy, remediless **3.** forlorn, futile, impossible, impracticable, pointless, unachievable, unattainable, useless, vain **4.** *(Inf.)* inadequate, incompetent, ineffectual, inferior, no good, pathetic, poor, useless *(Inf.)*

**horde** band, crew, crowd, drove, gang, host, mob, multitude, pack, press, swarm, throng, troop

**horizon** **1.** field of vision, skyline, vista **2.** ambit, compass, ken, perspective, prospect, purview, range, realm, scope, sphere, stretch

**horrible** **1.** abhorrent, abominable, appalling, awful, dreadful, fearful, frightful, ghastly, grim, grisly, gruesome, heinous, hellacious *(U.S. sl.)*, hideous, horrid, loathsome, obscene, repulsive, revolting, shameful, shocking, terrible, terrifying **2.** *(Inf.)* awful, beastly *(Inf.)*, cruel, disagreeable, dreadful, ghastly *(Inf.)*, horrid, mean, nasty, terrible, unkind, unpleasant

**horrid** **1.** awful, disagreeable, disgusting, dreadful, horrible, nasty, obscene, offensive, terrible, unpleasant, yucky *or* yukky *(Sl.)* **2.** abominable, alarming, appalling, formidable, frightening, hair-raising, harrowing, hideous, horrific, odious, repulsive, revolting, shocking, terrifying, terrorizing **3.** *(Inf.)* beastly *(Inf.)*, cruel, mean, nasty, unkind

**horrify** **1.** affright, alarm, frighten, intimidate, petrify, scare, terrify, terrorize **2.** appal, disgust, dismay, gross out *(U.S. sl.)*, outrage, shock, sicken

**horror** **1.** alarm, apprehension, awe, consternation, dismay, dread, fear, fright, panic, terror **2.** abhorrence, abomination, antipathy, aver-

**horror-struck** or **horror-stricken** aghast, appalled, awe-struck, frightened to death, horrified, petrified, scared out of one's wits, shocked

sion, detestation, disgust, hatred, loathing, odium, repugnance, revulsion

**horseman** cavalier, cavalryman, dragoon, equestrian, horse-soldier, rider

**horseplay** buffoonery, clowning, fooling around, high jinks, pranks, romping, rough-and-tumble, roughhousing (Sl.), skylarking (Inf.)

**horse-sense** common sense, gumption (Brit. inf.), judg(e)ment, mother wit, nous (Brit. sl.), practicality

**hospitable 1.** amicable, bountiful, cordial, friendly, generous, genial, gracious, kind, liberal, sociable, welcoming **2.** accessible, amenable, open-minded, receptive, responsive, tolerant

**hospitality** cheer, conviviality, cordiality, friendliness, heartiness, hospitableness, neighbourliness, sociability, warmth, welcome

**host¹**
▸ **N. 1.** entertainer, innkeeper, landlord, master of ceremonies, proprietor **2.** anchor man, compere (Brit.), presenter
▸ **V. 3.** compere (Brit.), front (Inf.), introduce, present

**host²** army, array, drove, horde, legion, multitude, myriad, swarm, throng

**hostage** captive, gage, pawn, pledge, prisoner, security, surety

**hostile 1.** antagonistic, anti (Inf.), bellicose, belligerent, contrary, ill-disposed, inimical, malevolent, opposed, opposite, rancorous, unkind, warlike **2.** adverse, alien, inhospitable, unfriendly, unpropitious, unsympathetic, unwelcoming

**hostilities** conflict, fighting, state of war, war, warfare

**hostility** abhorrence, animosity, animus, antagonism, antipathy, aversion, detestation, enmity, hatred, ill will, malevolence, malice, opposition, resentment, unfriendliness

**hot 1.** blistering, boiling, burning, fiery, flaming, heated, piping hot, roasting, scalding, scorching, searing, steaming, sultry, sweltering, torrid, warm **2.** acrid, biting, peppery, piquant, pungent, sharp, spicy **3.** (Fig.) animated, ardent, excited, fervent, fervid, fierce, fiery, flaming, impetuous, inflamed, intense, irascible, lustful, passionate, raging, stormy, touchy, vehement, violent **4.** fresh, just out, latest, new, recent, up to the minute **5.** approved, favoured, in demand, in vogue, popular, sought-after **6.** close, following closely, in hot pursuit, near

**hot air** blather, blether, bombast, bosh (Inf.), bunkum or buncombe (Chiefly U.S.), claptrap (Inf.), empty talk, gas (Inf.), guff (Sl.), rant, tall talk (Inf.), verbiage, wind

**hotbed** breeding ground, den, forcing house, nest, nursery, seedbed

**hot-blooded** ardent, excitable, fervent, fiery, heated, impulsive, passionate, rash, spirited, temperamental, wild

**hotchpotch** conglomeration, farrago, gallimaufry, hash, hodgepodge (U.S.), jumble, medley, mélange, mess, miscellany, mishmash, mixture, olio, olla podrida, potpourri

**hotfoot** hastily, helter-skelter, hurriedly, pell-mell, posthaste, quickly, speedily

**hothead** daredevil, desperado, hotspur, madcap, tearaway

**hound** V. **1.** chase, drive, give chase, hunt, hunt down, pursue **2.** badger, goad, harass, harry, impel, persecute, pester, prod, provoke

**house**
▸ **N. 1.** abode, building, domicile, dwelling, edifice, habitation, home, homestead, pad (Sl.), residence **2.** family, household, ménage **3.** ancestry, clan, dynasty, family tree, kindred, line, lineage, race, tribe **4.** business, company, concern, establishment, firm, organization, outfit (Inf.), partnership **5.** assembly, Commons, legislative body, parliament **6.** hotel, inn, public house, tavern **7. on the house** for nothing, free, gratis, without expense
▸ **V. 8.** accommodate, billet, board, domicile, harbour, lodge, put up, quarter, take in **9.** contain, cover, keep, protect, sheathe, shelter, store

**household**
▸ **N. 1.** family, home, house, ménage
▸ **ADJ. 2.** domestic, domiciliary, family, ordinary, plain

**householder** homeowner, occupant, resident, tenant

**housekeeping** home economy, homemaking (U.S.), housecraft, household management, housewifery

**housing 1.** accommodation, dwellings, homes, houses **2.** case, casing, container, cover, covering, enclosure, sheath

**hovel** cabin, den, hole, hut, shack, shanty, shed

**hover 1.** be suspended, drift, float, flutter, fly, hang, poise **2.** hang about, linger, wait nearby **3.** alternate, dither (Chiefly Brit.), falter, fluctuate, haver (Brit.), oscillate, pause, seesaw, swither (Scot. dialect), vacillate, waver

**however** after all, anyhow, be that as it may, but, even though, nevertheless, nonetheless, notwithstanding, on the other hand, still, though, yet

**howl**
▸ **N. 1.** bawl, bay, bell, bellow, clamour, cry, groan, hoot, outcry, roar, scream, shriek, ululation, wail, yelp, yowl
▸ **V. 2.** bawl, bell, bellow, cry, cry out, lament, quest (used of hounds), roar, scream, shout, shriek, ululate, wail, weep, yell, yelp

**howler** bloomer (Brit. inf.), blunder, boner (Sl.), boob (Brit. sl.), booboo (Inf.), bull (Sl.), clanger (Inf.), error, malapropism, mistake, schoolboy howler

**hub** centre, core, focal point, focus, heart, middle, nerve centre, pivot

**huddle**
▸ **N. 1.** confusion, crowd, disorder, heap, jumble, mass, mess, muddle **2.** (Inf.) confab (Inf.), conference, discussion, meeting, powwow
▸ **V. 3.** cluster, converge, crowd, flock, gather, press, throng **4.** crouch, cuddle, curl up, hunch up, make oneself small, nestle, snuggle

**hue 1.** colour, dye, shade, tincture, tinge, tint, tone **2.** aspect, cast, complexion, light

**hue and cry** brouhaha, clamour, furore, hullabaloo, much ado, outcry, ruction (Inf.), rumpus, uproar

**hug**
▸ **V. 1.** clasp, cuddle, embrace, enfold, hold close, squeeze, take in one's arms **2.** cling to, follow closely, keep close, stay near **3.** cherish, cling, hold onto, nurse, retain
▸ **N. 4.** bear hug, clasp, clinch (Sl.), embrace, squeeze

**huge** Brobdingnagian, bulky, colossal, elephantine, enormous, extensive, gargantuan, giant, gigantic, ginormous (Inf.), great, humongous or humungous (U.S. sl.), immense, jumbo (Inf.), large, mammoth, massive, mega (Sl.), monumental, mountainous, prodigious, stupendous, titanic, tremendous, vast

**hulk 1.** derelict, frame, hull, shell, shipwreck, wreck **2.** lout, lubber, lump (Inf.), oaf

**hull**
▸ **N. 1.** body, casing, covering, frame, framework, skeleton **2.** husk, peel, pod, rind, shell, shuck, skin
▸ **V. 3.** husk, peel, shell, shuck, skin, trim

**hum 1.** bombinate or bombilate (Literary), buzz, croon, drone, mumble, murmur, purr, sing, throb, thrum, vibrate, whir **2.** be active, be busy, bustle, buzz, move, pulsate, pulse, stir, vibrate

**human**
▸ **ADJ. 1.** anthropoid, fleshly, manlike, mortal **2.** approachable, compassionate, considerate, fallible, forgivable, humane, kind, kindly, natural, understandable, understanding, vulnerable
▸ **N. 3.** body, child, creature, human being, individual, man, mortal, person, soul, wight (Archaic), woman

**humane** benevolent, benign, charitable, clement, compassionate, forbearing, forgiving, gentle, good, good-natured, kind, kindhearted, kindly, lenient, merciful, mild, sympathetic, tender, understanding

**humanitarian**
▸ **ADJ. 1.** altruistic, beneficent, benevolent, charitable, compassionate, humane, philanthropic, public-spirited
▸ **N. 2.** altruist, benefactor, Good Samaritan, philanthropist

**humanitarianism** beneficence, benevolence, charity, generosity, good will, humanism, philanthropy

**humanity 1.** flesh, Homo sapiens, humankind, human race, man, mankind, men, mortality, people **2.** human nature, humanness, mortality **3.** benevolence, benignity, brotherly love, charity, compassion, fellow feeling, kind-heartedness, kindness, mercy, philanthropy, sympathy, tenderness, tolerance, understanding

**humanize** civilize, cultivate, educate, enlighten, improve, mellow, polish, reclaim, refine, soften, tame

**humble**
▸ **ADJ. 1.** meek, modest, self-effacing, submissive, unassuming, unostentatious, unpretentious **2.** common, commonplace, insignificant, low, low-born, lowly, mean, modest, obscure, ordinary, plebeian, poor, simple, undistinguished, unimportant, unpretentious **3.** courteous, deferential, obliging, obsequious, polite, respectful, servile, subservient
▸ **V. 4.** abase, abash, break, bring down, chagrin, chasten, crush, debase, degrade, demean, disgrace, humiliate, lower, mortify, put down (Sl.), reduce, shame, sink, subdue, take down a peg (Inf.) **5. humble oneself** abase oneself, eat crow (U.S. inf.), eat humble pie, go on bended knee, grovel, swallow one's pride

**humbug**
▸ **N. 1.** bluff, canard, cheat, deceit, deception, dodge, feint, fraud, hoax, imposition, imposture, ruse, sham, swindle, trick, trickery, wile **2.** charlatan, cheat, con man (Inf.), faker, fraud, impostor, phoney or phony (Inf.), quack, swindler, trickster **3.** baloney (Inf.), cant, charlatanry, claptrap (Inf.), eyewash (Inf.), gammon (Brit. inf.), hypocrisy, nonsense, quackery, rubbish
▸ **V. 4.** bamboozle (Inf.), befool, beguile, cheat, con (Inf.), cozen, deceive, delude, dupe, fool, gull (Archaic), hoax, hoodwink, impose, mislead, swindle, take in (Inf.), trick

**humdrum** banal, boring, commonplace, dreary, dull, ho-hum (Inf.), mind-numbing, monotonous, mundane, ordinary, repetitious, routine, tedious, tiresome, uneventful, uninteresting, unvaried, wearisome

**humid** clammy, damp, dank, moist, muggy, steamy, sticky, sultry, watery, wet

**humidity** clamminess, damp, dampness, dankness, dew, humidness, moistness, moisture, mugginess, sogginess, wetness

**humiliate** abase, abash, bring low, chagrin, chasten, crush, debase, degrade, discomfit, disgrace, embarrass, humble, make (someone) eat humble pie, mortify, put down (Sl.), shame, subdue, take down a peg (Inf.)

**humiliating** cringe-making (Brit. inf.), crushing, degrading, disgracing, embarrassing, humbling, ignominious, mortifying, shaming

**humiliation** abasement, affront, chagrin, condescension, degradation, disgrace, dishonour, embarrassment, humbling, ignominy, indignity, loss of face, mortification, put-down, resignation, self-abasement, shame, submission, submissiveness

**humility** diffidence, humbleness, lack of pride, lowliness, meekness, modesty, self-abasement, servility, submissiveness, unpretentiousness

**humorist** card (Inf.), comedian, comic, eccentric, funny man, jester, joker, wag, wit

**humorous** amusing, comic, comical, droll, entertaining, facetious, farcical, funny, hilarious, jocose, jocular, laughable, ludicrous, merry, playful, pleasant, side-splitting, waggish, whimsical, witty

**humour**
▸ **N. 1.** amusement, comedy, drollery, facetiousness, fun, funniness, jocularity, ludicrousness, wit **2.** comedy, farce, gags (Inf.), jesting, jests, jokes, joking, pleasantry, wisecracks (Inf.), wit, witticisms, wittiness **3.** disposition, frame of mind, mood, spirits, temper **4.** bent, bias, fancy, freak, mood, propensity, quirk, vagary, whim
▸ **V. 5.** accommodate, cosset, favour, feed, flatter, go along with, gratify, indulge, mollify, pamper, pander to, spoil

**hump**
▸ **N. 1.** bulge, bump, hunch, knob, lump, mound, projection, protrusion, protuberance, swelling **2. the hump** (Brit. inf.) megrims (Rare), the

blues, the doldrums, the dumps (Inf.), the grumps (Inf.), the mopes, the sulks
▶ v. 3. arch, curve, form a hump, hunch, lift, tense 4. (Sl.) carry, heave, hoist, lug, shoulder

**hunch**
▶ N. 1. feeling, idea, impression, inkling, intuition, premonition, presentiment, suspicion
▶ v. 2. arch, bend, crouch, curve, draw in, huddle, hump, squat, stoop, tense

**hunchback** crookback (Rare), crouch-back (Archaic), humpback, kyphosis (Pathol.), Quasimodo

**hunger**
▶ N. 1. appetite, emptiness, esurience, famine, hungriness, ravenousness, starvation, voracity 2. appetence, appetite, craving, desire, greediness, itch, lust, thirst, yearning, yen (Inf.)
▶ v. 3. crave, desire, hanker, hope, itch, long, pine, starve, thirst, want, wish, yearn

**hungry** 1. empty, famished, famishing, hollow, peckish (Inf., chiefly Brit.), ravenous, sharp-set, starved, starving, voracious 2. athirst, avid, covetous, craving, desirous, eager, greedy, keen, yearning

**hunk** block, chunk, gobbet, lump, mass, piece, slab, wedge, wodge (Brit. inf.)

**hunt**
▶ v. 1. chase, gun for, hound, pursue, stalk, track, trail 2. ferret about, forage, go in quest of, look, look high and low, rummage through, scour, search, seek, try to find
▶ N. 3. chase, hunting, investigation, pursuit, quest, search

**hurdle** N. 1. barricade, barrier, block, fence, hedge, wall 2. barrier, block, complication, difficulty, handicap, hindrance, impediment, obstacle, obstruction, snag, stumbling block

**hurl** cast, chuck (Inf.), fire, fling, heave, launch, let fly, pitch, project, propel, send, shy, sling, throw, toss

**hurly-burly** bedlam, brouhaha, chaos, commotion, confusion, disorder, furore, hubbub, pandemonium, tumult, turbulence, turmoil, upheaval, uproar

**hurricane** cyclone, gale, storm, tempest, tornado, twister (U.S. inf.), typhoon, willy-willy (Aust.), windstorm

**hurried** breakneck, brief, cursory, hasty, hectic, perfunctory, precipitate, quick, quickie (Inf.), rushed, short, slapdash, speedy, superficial, swift

**hurry**
▶ v. 1. barrel (along) (Inf., chiefly U.S. & Canad.), burn rubber (Inf.), dash, fly, get a move on (Inf.), lose no time, make haste, rush, scoot, scurry, step on it (Inf.) 2. accelerate, expedite, goad, hasten, hustle, push on, quicken, speed (up), urge
▶ N. 3. bustle, celerity, commotion, dispatch, expedition, flurry, haste, precipitation, promptitude, quickness, rush, speed, urgency

**hurt**
▶ v. 1. bruise, damage, disable, harm, impair, injure, mar, spoil, wound 2. ache, be sore, be tender, burn, pain, smart, sting, throb 3. afflict, aggrieve, annoy, cut to the quick, distress, grieve, pain, sadden, sting, upset, wound
▶ N. 4. discomfort, distress, pain, pang, soreness, suffering 5. bruise, sore, wound 6. damage, detriment, disadvantage, harm, injury, loss, mischief, wrong
▶ ADJ. 7. bruised, cut, damaged, grazed, harmed, injured, scarred, scraped, scratched, wounded 8. aggrieved, crushed, injured, miffed (Inf.), offended, pained, piqued, rueful, sad, wounded

**hurtful** cruel, cutting, damaging, destructive, detrimental, disadvantageous, distressing, harmful, injurious, maleficent, malicious, mean, mischievous, nasty, pernicious, prejudicial, spiteful, unkind, upsetting, wounding

**husband** v. budget, conserve, economize, hoard, manage thriftily, save, store, use sparingly

**husbandry** 1. agriculture, agronomy, cultivation, farming, land management, tillage 2. careful management, economy, frugality, good housekeeping, thrift

**hush**
▶ v. 1. mute, muzzle, quieten, shush, silence, still, suppress 2. allay, appease, calm, compose, mollify, soothe
▶ N. 3. calm, peace, peacefulness, quiet, silence, still (Poetic), stillness, tranquillity

**hush-hush** classified, confidential, restricted, secret, top-secret

**husk** bark, chaff, covering, glume, hull, rind, shuck

**huskiness** dryness, harshness, hoarseness, raspingness, roughness

**husky** 1. croaking, croaky, gruff, guttural, harsh, hoarse, rasping, raucous, rough, throaty 2. (Inf.) beefy (Inf.), brawny, burly, hefty, muscular, powerful, Ramboesque, rugged, stocky, strapping, thickset

**hustle** bustle, crowd, elbow, force, haste, hasten, hurry, impel, jog, jostle, push, rush, shove, thrust

**hut** cabin, den, hovel, lean-to, refuge, shanty, shed, shelter

**hybrid** N. amalgam, composite, compound, cross, crossbreed, half-blood, half-breed, mixture, mongrel, mule

**hygiene** cleanliness, hygienics, sanitary measures, sanitation

**hygienic** aseptic, clean, disinfected, germ-free, healthy, pure, salutary, sanitary, sterile

**hype** ballyhoo (Inf.), brouhaha, build-up, plugging (Inf.), promotion, publicity, puffing, racket, razzmatazz (Sl.)

**hyperbole** amplification, enlargement, exaggeration, magnification, overstatement

**hypercritical** captious, carping, cavilling, censorious, fault-finding, finicky, fussy, hairsplitting, niggling, overcritical, overexacting, overscrupulous, pernickety (Inf.), strict

**hypnotic** mesmeric, mesmerizing, narcotic, opiate, sleep-inducing, somniferous, soothing, soporific, spellbinding

**hypnotize** 1. mesmerize, put in a trance, put to sleep 2. absorb, entrance, fascinate, magnetize, spellbind

**hypocrisy** cant, deceit, deceitfulness, deception, dissembling, duplicity, falsity, imposture, insincerity, pharisaism, phariseeism, phoneyness or phoniness (Inf.), pretence, sanctimoniousness, speciousness, two-facedness

**hypocrite** charlatan, deceiver, dissembler, fraud, Holy Willie, impostor, Pecksniff, pharisee, phoney or phony (Inf.), pretender, Tartuffe, whited sepulchre

**hypocritical** canting, deceitful, deceptive, dissembling, duplicitous, false, fraudulent, hollow, insincere, Janus-faced, pharisaical, phoney or phony (Inf.), sanctimonious, specious, spurious, two-faced

**hypothesis** assumption, postulate, premise, premiss, proposition, supposition, theory, thesis

**hypothetical** academic, assumed, conjectural, imaginary, putative, speculative, supposed, theoretical

**hysteria** agitation, delirium, frenzy, hysterics, madness, panic, unreason

**hysterical** 1. berserk, beside oneself, convulsive, crazed, distracted, distraught, frantic, frenzied, mad, overwrought, raving, uncontrollable 2. (Inf.) comical, farcical, hilarious, screaming, side-splitting, uproarious, wildly funny

✦ ✦ ✦ ✦ ✦ ✦ ✦ ✦ ✦ ✦ ✦ ✦ ✦ ✦ ✦ ✦ ✦ ✦ ✦ ✦ ✦

# I

**ice** 1. **break the ice** begin, initiate the proceedings, kick off (Inf.), lead the way, make a start, start or set the ball rolling (Inf.), take the plunge (Inf.) 2. **on thin ice** at risk, in jeopardy, open to attack, out on a limb, sticking one's neck out (Inf.), unsafe, vulnerable

**ice-cold** arctic, biting, bitter, chilled to the bone or marrow, freezing, frozen, glacial, icy, raw, refrigerated, shivering

**icy** 1. arctic, biting, bitter, chill, chilling, chilly, cold, freezing, frost-bound, frosty, frozen over, ice-cold, parky (Brit. inf.), raw 2. glacial, glassy, like a sheet of glass, rimy, slippery, slippy (Inf. or dialect) 3. (Fig.) aloof, cold, distant, forbidding, frigid, frosty, glacial, hostile, indifferent, steely, stony, unfriendly, unwelcoming

**idea** 1. abstraction, concept, conception, conclusion, fancy, impression, judg(e)ment, perception, thought, understanding 2. belief, conviction, doctrine, interpretation, notion, opinion, teaching, view, viewpoint 3. approximation, clue, estimate, guess, hint, impression, inkling, intimation, notion, suspicion 4. aim, end, import, intention, meaning, object, objective, plan, purpose, raison d'être, reason, sense,

significance 5. design, hypothesis, plan, recommendation, scheme, solution, suggestion, theory 6. archetype, essence, form, pattern

**ideal**
▶ N. 1. archetype, criterion, epitome, example, exemplar, last word, model, nonpareil, paradigm, paragon, pattern, perfection, prototype, standard, standard of perfection 2. Often plural moral value, principle, standard
▶ ADJ. 3. archetypal, classic, complete, consummate, model, optimal, perfect, quintessential, supreme 4. abstract, conceptual, hypothetical, intellectual, mental, notional, theoretical, transcendental 5. fanciful, imaginary, impractical, ivory-tower, unattainable, unreal, Utopian, visionary

**idealist** N. dreamer, romantic, Utopian, visionary

**idealistic** impracticable, optimistic, perfectionist, quixotic, romantic, starry-eyed, Utopian, visionary

**ideally** all things being equal, if one had one's way, in a perfect world, under the best of circumstances

**identical** alike, corresponding, duplicate, equal, equivalent, indistinguishable, interchangeable, like, matching, selfsame, the same, twin

**identification** 1. cataloguing, classifying, establishment of identity, labelling, naming, pinpointing, recognition 2. association, connection, empathy, fellow feeling, involvement, rapport, relationship, sympathy 3. credentials, ID, identity card, letters of introduction, papers

**identify** 1. catalogue, classify, diagnose, flag, label, make out, name, pick out, pinpoint, place, put one's finger on (Inf.), recognize, single out, spot, tag 2. (Often with **with**) ally, associate, empathize, feel for, put in the same category, put oneself in the place or shoes of, relate to, respond to, see through another's eyes, think of in connection (with)

**identity** 1. distinctiveness, existence, individuality, oneness, particularity, personality, self, selfhood, singularity, uniqueness 2. accord, correspondence, empathy, rapport, sameness, unanimity, unity

**idiocy** abject stupidity, asininity, cretinism, fatuity, fatuousness, foolishness, imbecility, inanity, insanity, lunacy, senselessness, tomfoolery

**idiom** 1. expression, locution, phrase, set phrase, turn of phrase 2. jargon, language, mode of expression, parlance, style, talk, usage, vernacular

**idiomatic** dialectal, native, vernacular

**idiosyncrasy** affectation, characteristic, eccentricity, habit, mannerism, oddity, peculiarity, personal trait, quirk, singularity, trick

**idiot** airhead (Sl.), ass, berk (Brit. sl.), blockhead, booby, charlie (Brit. inf.), coot, cretin, dickhead (Sl.), dimwit (Inf.), dipstick (Brit. sl.), divvy (Brit. sl.), dork (Sl.), dunderhead, dweeb (U.S. sl.), fool, fuckwit (Taboo sl.), geek (Sl.), gonzo (Sl.), halfwit, imbecile, jerk (Sl., chiefly U.S. & Canad.), lamebrain (Inf.), mooncalf, moron, nerd or nurd (Sl.), nincompoop, nitwit (Inf.), numskull or numbskull, oaf, pillock (Brit. sl.), plank (Brit. sl.), plonker (Sl.), prat (Sl.), prick (Derogatory sl.), schmuck (U.S. sl.), simpleton, twit (Inf., chiefly Brit.), wally (Sl.)

**idiotic** asinine, braindead (Inf.), crackpot (Inf.), crazy, daft (Inf.), dumb (Inf.), fatuous, foolhardy, foolish, halfwitted, harebrained, imbecile, imbecilic, inane, insane, loopy (Inf.), lunatic, moronic, senseless, stupid, unintelligent

**idle**
▶ ADJ. 1. dead, empty, gathering dust, inactive, jobless, mothballed, out of action or operation, out of work, redundant, stationary, ticking over, unemployed, unoccupied, unused, vacant 2. indolent, lackadaisical, lazy, shiftless, slothful, sluggish 3. frivolous, insignificant, irrelevant, nugatory, superficial, trivial, unhelpful, unnecessary 4. abortive, bootless, fruitless, futile, groundless, ineffective, of no avail, otiose, pointless, unavailing, unproductive, unsuccessful, useless, vain, worthless
▶ v. 5. (Often with **away**) dally, dawdle, fool, fritter away, hang out (Inf.), kill time, laze, loiter, lounge, potter, waste, while 6. bob off (Brit. sl.), coast, drift, mark time, shirk, sit back and do nothing, skive (Brit. sl.), slack, slow down, take it easy, vegetate, veg out (Sl.)

**idleness** 1. inaction, inactivity, leisure, time on one's hands, unemployment 2. hibernation, inertia, laziness, shiftlessness, sloth, sluggishness, torpor, vegetating **3.** dilly-dallying *(Inf.)*, lazing, loafing, pottering, skiving *(Brit. sl.)*, time-wasting, trifling

**idling** ADJ. dawdling, drifting, loafing, pottering, resting, resting on one's oars, taking it easy, ticking over

**idol** **1.** deity, god, graven image, image, pagan symbol **2.** *(Fig.)* beloved, darling, favourite, hero, pet, pin-up *(Sl.)*, superstar

**idolater** **1.** heathen, idol-worshipper, pagan **2.** admirer, adorer, devotee, idolizer, votary, worshipper

**idolatry** adoration, adulation, apotheosis, deification, exaltation, glorification, hero worship, idolizing

**idolize** admire, adore, apotheosize, bow down before, deify, dote upon, exalt, glorify, hero-worship, look up to, love, revere, reverence, venerate, worship, worship to excess

**if**
- CONJ. **1.** admitting, allowing, assuming, granting, in case, on condition that, on the assumption that, provided, providing, supposing, though, whenever, wherever, whether
- N. **2.** condition, doubt, hesitation, stipulation, uncertainty

**ignite** burn, burst into flames, catch fire, fire, flare up, inflame, kindle, light, put a match to *(Inf.)*, set alight, set fire to, take fire, touch off

**ignominious** abject, despicable, discreditable, disgraceful, dishonourable, disreputable, humiliating, indecorous, inglorious, mortifying, scandalous, shameful, sorry, undignified

**ignominy** bad odour, contempt, discredit, disgrace, dishonour, disrepute, humiliation, infamy, mortification, obloquy, odium, opprobrium, reproach, shame, stigma

**ignorance** **1.** greenness, inexperience, innocence, nescience *(Literary)*, oblivion, unawareness, unconsciousness, unfamiliarity **2.** benightedness, blindness, illiteracy, lack of education, mental darkness, unenlightenment, unintelligence

**ignorant** **1.** benighted, blind to, inexperienced, innocent, in the dark about, oblivious, unaware, unconscious, unenlightened, uninformed, uninitiated, unknowing, unschooled, unwitting **2.** green, illiterate, naive, unaware, uncultivated, uneducated, unknowledgeable, unlearned, unlettered, unread, untaught, untrained, untutored **3.** crass, crude, gross, half-baked *(Inf.)*, insensitive, rude, shallow, superficial, uncomprehending, unscholarly

**ignore** be oblivious to, bury one's head in the sand, cold-shoulder, cut *(Inf.)*, discount, disregard, give the cold shoulder to, neglect, overlook, pass over, pay no attention to, reject, send (someone) to Coventry, shut one's eyes to, take no notice of, turn a blind eye to, turn a deaf ear to, turn one's back on

**ill**
- ADJ. **1.** ailing, dicky *(Brit. inf.)*, diseased, funny *(Inf.)*, indisposed, infirm, laid up *(Inf.)*, not up to snuff *(Inf.)*, off-colour, on the sick list *(Inf.)*, out of sorts *(Inf.)*, poorly *(Inf.)*, queasy, queer, seedy *(Inf.)*, sick, under the weather *(Inf.)*, unhealthy, unwell, valetudinarian **2.** bad, damaging, deleterious, detrimental, evil, foul, harmful, iniquitous, injurious, ruinous, unfortunate, unlucky, vile, wicked, wrong **3.** acrimonious, adverse, antagonistic, cantankerous, cross, harsh, hateful, hostile, hurtful, inimical, malevolent, malicious, sullen, surly, unfriendly, unkind **4.** disturbing, foreboding, inauspicious, ominous, sinister, threatening, unfavourable, unhealthy, unlucky, unpromising, unpropitious, unwholesome
- N. **5.** affliction, hardship, harm, hurt, injury, misery, misfortune, pain, trial, tribulation, trouble, unpleasantness, woe **6.** ailment, complaint, disease, disorder, illness, indisposition, infirmity, malady, malaise, sickness **7.** abuse, badness, cruelty, damage, depravity, destruction, evil, ill usage, malice, mischief, suffering, wickedness
- ADV. **8.** badly, hard, inauspiciously, poorly, unfavourably, unfortunately, unluckily **9.** barely, by no means, hardly, insufficiently, scantily **10.** *(also* **ill-gotten***)* criminally, dishonestly, foully, fraudulently, illegally, illegitimately, illicitly, unlawfully, unscrupulously

**ill-advised** foolhardy, foolish, ill-considered, ill-judged, impolitic, imprudent, inappropriate, incautious, indiscreet, injudicious, misguided, overhasty, rash, reckless, short-sighted, thoughtless, unseemly, unwise, wrong-headed

**ill-assorted** incompatible, incongruous, inharmonious, mismatched, uncongenial, unsuited

**ill-at-ease** anxious, awkward, disquieted, disturbed, edgy, faltering, fidgety, hesitant, nervous, on edge, on pins and needles *(Inf.)*, on tenterhooks, out of place, restless, selfconscious, strange, tense, twitchy *(Inf.)*, uncomfortable, uneasy, unquiet, unrelaxed, unsettled, unsure, wired *(Sl.)*

**ill-bred** bad-mannered, boorish, churlish, coarse, crass, discourteous, ill-mannered, impolite, indelicate, rude, uncivil, uncivilized, uncouth, ungallant, ungentlemanly, unladylike, unmannerly, unrefined, vulgar

**ill-defined** blurred, dim, fuzzy, indistinct, nebulous, shadowy, unclear, vague, woolly

**ill-disposed** against, antagonistic, anti *(Inf.)*, antipathetic, averse, disobliging, down on *(Inf.)*, hostile, inimical, opposed, uncooperative, unfriendly, unwelcoming

**illegal** actionable *(Law)*, banned, black-market, bootleg, criminal, felonious, forbidden, illicit, lawless, outlawed, prohibited, proscribed, unauthorized, unconstitutional, under-the-counter, under-the-table, unlawful, unlicensed, unofficial, wrongful

**illegality** crime, criminality, felony, illegitimacy, illicitness, lawlessness, unlawfulness, wrong, wrongness

**illegible** crabbed, faint, hard to make out, hieroglyphic, indecipherable, obscure, scrawled, undecipherable, unreadable

**illegitimate** **1.** illegal, illicit, improper, unauthorized, unconstitutional, under-the-table, unlawful, unsanctioned **2.** baseborn *(Archaic)*, bastard, born on the wrong side of the blanket, born out of wedlock, fatherless, misbegotten *(Literary)*, natural, spurious *(Rare)* **3.** illogical, incorrect, invalid, spurious, unsound

**ill-fated** blighted, doomed, hapless, ill-omened, ill-starred, luckless, star-crossed, unfortunate, unhappy, unlucky

**ill-founded** baseless, empty, groundless, idle, unjustified, unproven, unreliable, unsubstantiated, unsupported

**ill-humoured** acrimonious, bad-tempered, crabbed, crabby, cross, disagreeable, grumpy, huffy, impatient, irascible, irritable, like a bear with a sore head *(Inf.)*, liverish, mardy *(Dialect)*, moody, morose, out of sorts, out of temper, petulant, ratty *(Brit. & N.Z. inf.)*, sharp, snappish, snappy, sulky, sullen, tart, testy, tetchy, thin-skinned, touchy, waspish

**illicit** **1.** black-market, bootleg, contraband, criminal, felonious, illegal, illegitimate, prohibited, unauthorized, unlawful, unlicensed **2.** clandestine, forbidden, furtive, guilty, immoral, improper, wrong

**illiteracy** benightedness, ignorance, illiterateness, lack of education

**illiterate** benighted, ignorant, uncultured, uneducated, unlettered, untaught, untutored

**ill-judged** foolish, ill-advised, ill-considered, injudicious, misguided, overhasty, rash, short-sighted, unwise, wrong-headed

**ill-mannered** badly behaved, boorish, churlish, coarse, discourteous, ill-behaved, ill-bred, impolite, insolent, loutish, rude, uncivil, uncouth, unmannerly

**ill-natured** bad-tempered, catty *(Inf.)*, churlish, crabbed, cross, cross-grained, disagreeable, disobliging, malevolent, malicious, mean, nasty, perverse, petulant, spiteful, sulky, sullen, surly, unfriendly, unkind, unpleasant

**illness** affliction, ailment, attack, complaint, disability, disease, disorder, ill health, indisposition, infirmity, malady, malaise, poor health, sickness

**illogical** absurd, fallacious, faulty, inconclusive, inconsistent, incorrect, invalid, irrational, meaningless, senseless, sophistical, specious, spurious, unreasonable, unscientific, unsound

**ill-starred** doomed, ill-fated, ill-omened, inauspicious, star-crossed, unfortunate, unhappy, unlucky

**ill-tempered** annoyed, bad-tempered, choleric, cross, curt, grumpy, ill-humoured, impatient, irascible, irritable, liverish, ratty *(Brit. & N.Z. inf.)*, sharp, spiteful, testy, tetchy, touchy

**ill-timed** awkward, inappropriate, inconvenient, inept, inopportune, unseasonable, untimely, unwelcome

**ill-treat** abuse, damage, handle roughly, harass, harm, harry, ill-use, injure, knock about *or* around, maltreat, mishandle, misuse, oppress, wrong

**ill-treatment** abuse, damage, harm, ill-use, injury, mistreatment, misuse, rough handling

**illuminate** **1.** brighten, illumine *(Literary)*, irradiate, light, light up **2.** clarify, clear up, elucidate, enlighten, explain, explicate, give insight into, instruct, interpret, make clear, shed light on **3.** adorn, decorate, illustrate, ornament

**illuminating** enlightening, explanatory, helpful, informative, instructive, revealing

**illumination** **1.** beam, brightening, brightness, light, lighting, lighting up, lights, radiance, ray **2.** awareness, clarification, edification, enlightenment, insight, inspiration, instruction, perception, revelation, understanding

**illusion** **1.** chimera, daydream, fantasy, figment of the imagination, hallucination, ignis fatuus, mirage, mockery, phantasm, semblance, will-o'-the-wisp **2.** deception, delusion, error, fallacy, false impression, fancy, misapprehension, misconception

**illusive** *or* **illusory** apparent, Barmecide, beguiling, chimerical, deceitful, deceptive, delusive, fallacious, false, hallucinatory, misleading, mistaken, seeming, sham, unreal, untrue

**illustrate** **1.** bring home, clarify, demonstrate, elucidate, emphasize, exemplify, exhibit, explain, explicate, instance, interpret, make clear, make plain, point up, show **2.** adorn, decorate, depict, draw, ornament, picture, sketch

**illustration** **1.** analogy, case, case in point, clarification, demonstration, elucidation, example, exemplification, explanation, instance, interpretation, specimen **2.** adornment, decoration, figure, picture, plate, sketch

**illustrious** brilliant, celebrated, distinguished, eminent, exalted, famed, famous, glorious, great, noble, notable, noted, prominent, remarkable, renowned, resplendent, signal, splendid

**image** **1.** appearance, effigy, figure, icon, idol, likeness, picture, portrait, reflection, representation, statue **2.** chip off the old block *(Inf.)*, counterpart, (dead) ringer *(Sl.)*, Doppelgänger, double, facsimile, replica, similitude, spit *(Inf., chiefly Brit.)*, spitting image *or* spit and image *(Inf.)* **3.** conceit, concept, conception, figure, idea, impression, mental picture, perception, trope

**imaginable** believable, comprehensible, conceivable, credible, likely, plausible, possible, supposable, thinkable, under the sun, within the bounds of possibility

**imaginary** assumed, chimerical, dreamlike, fancied, fanciful, fictional, fictitious, hallucinatory, hypothetical, ideal, illusive, illusory, imagined, invented, legendary, made-up, mythological, nonexistent, phantasmal, shadowy, supposed, suppositious, supposititious, unreal, unsubstantial, visionary

**imagination** **1.** creativity, enterprise, fancy, ingenuity, insight, inspiration, invention, inventiveness, originality, resourcefulness, vision, wit, wittiness **2.** chimera, conception, idea, ideality, illusion, image, invention, notion, supposition, unreality

**imaginative** clever, creative, dreamy, enterprising, fanciful, fantastic, ingenious, inspired, inventive, original, poetical, visionary, vivid, whimsical

**imagine** **1.** conceive, conceptualize, conjure up, create, devise, dream up *(Inf.)*, envisage, fantasize, form a mental picture of, frame, invent, picture, plan, project, scheme, see in the mind's eye, think of, think up, visualize **2.** apprehend, assume, believe, conjecture, deduce, deem, fancy, gather, guess *(Inf., chiefly U.S. & Canad.)*, infer, realize, suppose, surmise, suspect, take for granted, take it, think

**imbecile**
- N. **1.** berk *(Brit. sl.)*, bungler, charlie *(Brit. inf.)*, coot, cretin, dickhead *(Sl.)*, dipstick *(Brit. sl.)*, divvy *(Brit. sl.)*, dolt, dork *(Sl.)*, dotard, dweeb *(U.S. sl.)*, fool, fuckwit *(Taboo sl.)*, geek *(Sl.)*, gonzo *(Sl.)*, halfwit, idiot, jerk *(Sl., chiefly U.S. & Canad.)*, moron, nerd *or* nurd *(Sl.)*, numskull *or* numbskull, pillock *(Brit. sl.)*, plank *(Brit. sl.)*, plonker *(Sl.)*, prat *(Sl.)*, prick *(Derogatory sl.)*, schmuck *(U.S. sl.)*, thickhead, tosser *(Brit. sl.)*, twit *(Inf., chiefly Brit.)*, wally *(Sl.)*

**imbecility** asininity, childishness, cretinism, fatuity, foolishness, idiocy, inanity, incompetency, stupidity

**imbibe 1.** consume, drink, knock back (*Inf.*), quaff, sink (*Inf.*), suck, swallow, swig (*Inf.*) **2.** (*Literary*) absorb, acquire, assimilate, gain, gather, ingest, receive, take in

**imitate** affect, ape, burlesque, caricature, copy, counterfeit, do (*Inf.*), do an impression of, duplicate, echo, emulate, follow, follow in the footsteps of, follow suit, impersonate, mimic, mirror, mock, parody, personate, repeat, send up (*Brit. inf.*), simulate, spoof (*Inf.*), take a leaf out of (someone's) book, take off (*Inf.*), travesty

**imitation**
▸ **N. 1.** aping, copy, counterfeit, counterfeiting, duplication, echoing, likeness, mimicry, resemblance, simulation **2.** fake, forgery, impersonation, impression, mockery, parody, reflection, replica, reproduction, sham, substitution, takeoff (*Inf.*), travesty
▸ **ADJ. 3.** artificial, dummy, ersatz, man-made, mock, phoney *or* phony (*Inf.*), pseudo (*Inf.*), repro, reproduction, sham, simulated, synthetic

**imitative** copied, copycat (*Inf.*), copying, derivative, echoic, mimetic, mimicking, mock, onomatopoeic, parrotlike, plagiarized, pseudo (*Inf.*), put-on, second-hand, simulated, unoriginal

**imitator** aper, copier, copycat (*Inf.*), echo, epigone (*Rare*), follower, impersonator, impressionist, mimic, parrot, shadow

**immaculate 1.** clean, impeccable, neat, neat as a new pin, spick-and-span, spruce, squeaky-clean, trim, unexceptionable **2.** above reproach, faultless, flawless, guiltless, impeccable, incorrupt, innocent, perfect, pure, sinless, spotless, squeaky-clean, stainless, unblemished, uncontaminated, undefiled, unpolluted, unsullied, untarnished, virtuous

**immaterial 1.** a matter of indifference, extraneous, impertinent, inapposite, inconsequential, inconsiderable, inessential, insignificant, irrelevant, of little account, of no consequence, of no importance, trifling, trivial, unimportant, unnecessary **2.** airy, disembodied, ethereal, ghostly, incorporeal, metaphysical, spiritual, unembodied, unsubstantial

**immature 1.** adolescent, crude, green, imperfect, premature, raw, undeveloped, unfinished, unfledged, unformed, unripe, unseasonable, untimely, young **2.** babyish, callow, childish, inexperienced, infantile, jejune, juvenile, puerile, wet behind the ears (*Inf.*)

**immaturity 1.** crudeness, crudity, greenness, imperfection, rawness, unpreparedness, unripeness **2.** babyishness, callowness, childishness, inexperience, juvenility, puerility

**immeasurable** bottomless, boundless, endless, illimitable, immense, incalculable, inestimable, inexhaustible, infinite, limitless, measureless, unbounded, unfathomable, unlimited, vast

**immediate 1.** instant, instantaneous **2.** adjacent, close, contiguous, direct, near, nearest, next, primary, proximate, recent **3.** actual, current, existing, extant, on hand, present, pressing, up to date, urgent

**immediately 1.** at once, before you could say Jack Robinson (*Inf.*), directly, forthwith, instantly, now, posthaste, promptly, pronto (*Inf.*), right away, right now, straight away, this instant, this very minute, tout de suite, unhesitatingly, without delay, without hesitation **2.** at first hand, closely, directly, nearly

**immemorial** age-old, ancient, archaic, fixed, long-standing, of yore, olden (*Archaic*), rooted, time-honoured, traditional

**immense** Brobdingnagian, colossal, elephantine, enormous, extensive, giant, gigantic, ginormous (*Inf.*), great, huge, humongous *or* humungous (*U.S. sl.*), illimitable, immeasurable, infinite, interminable, jumbo (*Inf.*), large, mammoth, massive, mega (*Sl.*), monstrous, monumental, prodigious, stupendous, titanic, tremendous, vast

**immensity** bulk, enormity, expanse, extent, greatness, hugeness, infinity, magnitude, massiveness, scope, size, sweep, vastness

**immersion 1.** baptism, bathe, dip, dipping, dousing, ducking, dunking, plunging, submerging **2.** (*Fig.*) absorption, concentration, involvement, preoccupation

**immigrant** incomer, newcomer, settler

**imminent** at hand, brewing, close, coming, fast-approaching, forthcoming, gathering, impending, in the air, in the offing, looming, menacing, near, nigh (*Archaic*), on the horizon, on the way, threatening, upcoming

**immobile** at a standstill, at rest, fixed, frozen, immobilized, immotile, immovable, like a statue, motionless, rigid, riveted, rooted, stable, static, stationary, stiff, still, stock-still, stolid, unmoving

**immobility** absence of movement, firmness, fixity, immovability, inertness, motionlessness, stability, steadiness, stillness

**immobilize** bring to a standstill, cripple, disable, freeze, halt, lay up (*Inf.*), paralyze, put out of action, render inoperative, stop, transfix

**immoderate** egregious, enormous, exaggerated, excessive, exorbitant, extravagant, extreme, inordinate, intemperate, OTT (*Sl.*), over the odds (*Inf.*), over the top (*Sl.*), profligate, steep (*Inf.*), uncalled-for, unconscionable, uncontrolled, undue, unjustified, unreasonable, unrestrained, unwarranted, wanton

**immodesty 1.** bawdiness, coarseness, impurity, indecorousness, indelicacy, lewdness, obscenity **2.** audacity, balls (*Taboo sl.*), boldness, brass neck (*Brit. inf.*), forwardness, gall (*Inf.*), impudence, shamelessness, temerity

**immoral** abandoned, bad, corrupt, debauched, degenerate, depraved, dishonest, dissolute, evil, impure, indecent, iniquitous, lewd, licentious, nefarious, obscene, of easy virtue, pornographic, profligate, reprobate, sinful, unchaste, unethical, unprincipled, vicious, vile, wicked, wrong

**immorality** badness, corruption, debauchery, depravity, dissoluteness, evil, iniquity, licentiousness, profligacy, sin, turpitude, vice, wickedness, wrong

**immortal**
▸ **ADJ. 1.** abiding, constant, death-defying, deathless, endless, enduring, eternal, everlasting, imperishable, incorruptible, indestructible, lasting, perennial, perpetual, sempiternal (*Literary*), timeless, undying, unfading
▸ **N. 2.** god, goddess, Olympian **3.** genius, great (*Usually plural*), hero, paragon

**immortality 1.** deathlessness, endlessness, eternity, everlasting life, incorruptibility, indestructibility, perpetuity, timelessness **2.** celebrity, fame, glorification, gloriousness, glory, greatness, renown

**immortalize** apotheosize, celebrate, commemorate, enshrine, eternalize, eternize, exalt, glorify, memorialize, perpetuate, solemnize

**immovable 1.** fast, firm, fixed, immutable, jammed, rooted, secure, set, stable, stationary, stuck, unbudgeable **2.** adamant, constant, impassive, inflexible, obdurate, resolute, steadfast, stony-hearted, unchangeable, unimpressionable, unshak(e)able, unshaken, unwavering, unyielding

**immune** clear, exempt, free, insusceptible, invulnerable, let off (*Inf.*), not affected, not liable, not subject, proof (against), protected, resistant, safe, unaffected

**immunity 1.** amnesty, charter, exemption, exoneration, franchise, freedom, indemnity, invulnerability, liberty, licence, prerogative, privilege, release, right **2.** immunization, protection, resistance

**immunize** inoculate, protect, safeguard, vaccinate

**imp** brat, demon, devil, gamin, minx, pickle (*Brit. inf.*), rascal, rogue, scamp, sprite, urchin

**impact**
▸ **N. 1.** bang, blow, bump, collision, concussion, contact, crash, force, jolt, knock, shock, smash, stroke, thump **2.** brunt, burden, consequences, effect, full force, impression, influence, meaning, power, repercussions, significance, thrust, weight
▸ **V. 3.** clash, collide, crash, crush, hit, strike

**impair** blunt, damage, debilitate, decrease, deteriorate, diminish, enervate, enfeeble, harm, hinder, injure, lessen, mar, reduce, spoil, undermine, vitiate, weaken, worsen

**impaired** damaged, defective, faulty, flawed, imperfect, unsound

**impart 1.** communicate, convey, disclose, discover, divulge, make known, pass on, relate, reveal, tell **2.** accord, afford, bestow, confer, contribute, give, grant, lend, offer, yield

**impartial** detached, disinterested, equal, equitable, even-handed, fair, just, neutral, nondiscriminating, nonpartisan, objective, open-minded, unbiased, unprejudiced, without fear or favour

**impartiality** detachment, disinterest, disinterestedness, dispassion, equality, equity, even-handedness, fairness, lack of bias, neutrality, nonpartisanship, objectivity, open-mindedness

**impassable** blocked, closed, impenetrable, obstructed, pathless, trackless, unnavigable

**impasse** blind alley (*Inf.*), dead end, deadlock, stalemate, standoff, standstill

**impassioned** animated, ardent, blazing, excited, fervent, fervid, fiery, flaming, furious, glowing, heated, inflamed, inspired, intense, passionate, rousing, stirring, vehement, violent, vivid, warm, worked up

**impatience 1.** haste, hastiness, heat, impetuosity, intolerance, irritability, irritableness, quick temper, rashness, shortness, snappiness, vehemence, violence **2.** agitation, anxiety, avidity, disquietude, eagerness, edginess, fretfulness, nervousness, restiveness, restlessness, uneasiness

**impatient 1.** abrupt, brusque, curt, demanding, edgy, hasty, hot-tempered, indignant, intolerant, irritable, quick-tempered, snappy, sudden, testy, vehement, violent **2.** agog, athirst, chafing, eager, fretful, headlong, impetuous, like a cat on hot bricks (*Inf.*), restless, straining at the leash

**impeach 1.** accuse, arraign, blame, censure, charge, criminate (*Rare*), denounce, indict, tax **2.** call into question, cast aspersions on, cast doubt on, challenge, disparage, impugn, question

**impeachment** accusation, arraignment, indictment

**impeccable** above suspicion, blameless, exact, exquisite, faultless, flawless, immaculate, incorrupt, innocent, irreproachable, perfect, precise, pure, sinless, stainless, unblemished, unerring, unimpeachable

**impecunious** broke (*Inf.*), cleaned out (*Sl.*), destitute, dirt-poor (*Inf.*), down and out, flat broke (*Inf.*), indigent, insolvent, penniless, poverty-stricken, short, skint (*Brit. sl.*), stony (*Brit. sl.*), strapped (*Sl.*), without two pennies to rub together (*Inf.*)

**impede** bar, block, brake, check, clog, curb, delay, disrupt, hamper, hinder, hold up, obstruct, restrain, retard, slow (down), stop, throw a spanner in the works (*Brit. inf.*), thwart

**impediment** bar, barrier, block, check, clog, curb, defect, difficulty, encumbrance, hindrance, obstacle, obstruction, snag, stumbling block

**impedimenta** accoutrements, baggage, belongings, effects, equipment, gear, junk (*Inf.*), luggage, movables, odds and ends, paraphernalia, possessions, stuff, things, trappings, traps

**impel** actuate, chivy, compel, constrain, drive, force, goad, incite, induce, influence, inspire, instigate, motivate, move, oblige, power, prod, prompt, propel, push, require, spur, stimulate, urge

**impending** approaching, brewing, coming, forthcoming, gathering, hovering, imminent, in the offing, looming, menacing, near, nearing, on the horizon, threatening, upcoming

**impenetrable 1.** dense, hermetic, impassable, impermeable, impervious, inviolable, solid, thick, unpierceable **2.** arcane, baffling, cabbalistic, dark, enigmatic, enigmatical, hidden, incomprehensible, indiscernible, inexplicable, inscrutable, mysterious, obscure, unfathomable, unintelligible

**imperative 1.** compulsory, crucial, essential, exigent, indispensable, insistent, obligatory, pressing, urgent, vital **2.** authoritative, autocratic, commanding, dictatorial, domineering, high-handed, imperious, lordly, magisterial, peremptory

**imperceptible** faint, fine, gradual, impalpable, inappreciable, inaudible, indiscernible, indistinguishable, infinitesimal, insensible, invisible, microscopic, minute, shadowy, slight, small, subtle, teensy-weensy, teeny-weeny, tiny, undetectable, unnoticeable

**imperceptibly** by a hair's-breadth, inappreciably, indiscernibly, invisibly, little by little, slowly, subtly, unnoticeably, unobtrusively, unseen

**imperfect** broken, damaged, defective, deficient, faulty, flawed, immature, impaired, incomplete, inexact, limited, partial, patchy, rudimentary, sketchy, undeveloped, unfinished

**imperfection** blemish, defect, deficiency, failing, fallibility, fault, flaw, foible, frailty, inadequacy, incompleteness, infirmity, insufficiency, peccadillo, scar, shortcoming, stain, taint, weakness, weak point

**imperial 1.** kingly, majestic, princely, queenly, regal, royal, sovereign **2.** august, exalted, grand, great, high, imperious, lofty, magnificent, noble, superior, supreme

**imperil** endanger, expose, hazard, jeopardize, risk

**imperishable** abiding, enduring, eternal, everlasting, immortal, indestructible, perennial, permanent, perpetual, undying, unfading, unforgettable

**impersonal** aloof, bureaucratic, businesslike, cold, detached, dispassionate, formal, inhuman, neutral, remote

**impersonate** act, ape, caricature, do (Inf.), do an impression of, enact, imitate, masquerade as, mimic, parody, pass oneself off as, personate, pose as (Inf.), take off (Inf.)

**impersonation** caricature, imitation, impression, mimicry, parody, takeoff (Inf.)

**impertinence** assurance, audacity, backchat (Inf.), boldness, brass neck (Brit. inf.), brazenness, cheek (Inf.), chutzpah (U.S. & Canad. inf.), disrespect, effrontery, forwardness, front, impudence, incivility, insolence, neck (Inf.), nerve (Inf.), pertness, presumption, rudeness, sauce (Inf.)

**impertinent 1.** bold, brazen, cheeky (Inf.), discourteous, disrespectful, flip (Inf.), forward, fresh (Inf.), impolite, impudent, insolent, interfering, lippy (U.S. & Canad. sl.), pert, presumptuous, rude, sassy (U.S. inf.), saucy (Inf.), uncivil, unmannerly **2.** inapplicable, inappropriate, incongruous, irrelevant

**imperturbable** calm, collected, complacent, composed, cool, equanimous, nerveless, sedate, self-possessed, serene, stoical, tranquil, undisturbed, unexcitable, unfazed (Inf.), unflappable (Inf.), unmoved, unruffled

**impervious 1.** hermetic, impassable, impenetrable, impermeable, imperviable, invulnerable, resistant, sealed **2.** closed to, immune, invulnerable, proof against, unaffected by, unmoved by, unreceptive, unswayable, untouched by

**impetuosity** haste, hastiness, impulsiveness, precipitancy, precipitateness, rashness, vehemence, violence

**impetuous** ardent, eager, fierce, furious, hasty, headlong, impassioned, impulsive, passionate, precipitate, rash, spontaneous, spur-of-the-moment, unbridled, unplanned, unpremeditated, unreflecting, unrestrained, unthinking, vehement, violent

**impetuously** helter-skelter, impulsively, in the heat of the moment, on the spur of the moment, passionately, rashly, recklessly, spontaneously, unthinkingly, vehemently, without thinking

**impetus 1.** catalyst, goad, impulse, impulsion, incentive, motivation, push, spur, stimulus **2.** energy, force, momentum, power

**impiety** godlessness, iniquity, irreligion, irreverence, profaneness, profanity, sacrilege, sinfulness, ungodliness, unholiness, unrighteousness, wickedness

**impinge 1.** encroach, invade, make inroads, obtrude, trespass, violate **2.** affect, bear upon, have a bearing on, influence, infringe, relate to, touch, touch upon **3.** clash, collide, dash, strike

**impious** blasphemous, godless, iniquitous, irreligious, irreverent, profane, sacrilegious, sinful, ungodly, unholy, unrighteous, wicked

**impish** devilish, elfin, mischievous, prankish, puckish, rascally, roguish, sportive, waggish

**implacable** cruel, inexorable, inflexible, intractable, merciless, pitiless, rancorous, relentless, remorseless, ruthless, unappeasable, unbending, uncompromising, unforgiving, unrelenting, unyielding

**implant 1.** inculcate, infix, infuse, inseminate, instil, sow **2.** embed, fix, graft, ingraft, insert, place, plant, root, sow

**implement**
▶ N. **1.** agent, apparatus, appliance, device, gadget, instrument, tool, utensil
▶ V. **2.** bring about, carry out, complete, effect, enforce, execute, fulfil, perform, put into action or effect, realize

**implementation** accomplishment, carrying out, discharge, effecting, enforcement, execution, fulfilment, performance, performing, realization

**implicate** associate, compromise, concern, embroil, entangle, imply, include, incriminate, inculpate, involve, mire, tie up with

**implication 1.** association, connection, entanglement, incrimination, involvement **2.** conclusion, inference, innuendo, meaning, overtone, presumption, ramification, significance, signification, suggestion

**implicit 1.** contained, implied, inferred, inherent, latent, tacit, taken for granted, undeclared, understood, unspoken **2.** absolute, constant, entire, firm, fixed, full, steadfast, total, unhesitating, unqualified, unreserved, unshak(e)able, unshaken, wholehearted

**implicitly** absolutely, completely, firmly, unconditionally, unhesitatingly, unreservedly, utterly, without reservation

**implied** hinted at, implicit, indirect, inherent, insinuated, suggested, tacit, undeclared, unexpressed, unspoken, unstated

**implore** beg, beseech, conjure, crave, entreat, go on bended knee to, importune, plead with, pray, solicit, supplicate

**imply 1.** connote, give (someone) to understand, hint, insinuate, intimate, signify, suggest **2.** betoken, denote, entail, evidence, import, include, indicate, involve, mean, point to, presuppose

**impolite** bad-mannered, boorish, churlish, discourteous, disrespectful, ill-bred, illmannered, indecorous, indelicate, insolent, loutish, rough, rude, uncivil, uncouth, ungallant, ungentlemanly, ungracious, unladylike, unmannerly, unrefined

**impoliteness** bad manners, boorishness, churlishness, discourtesy, disrespect, incivility, indelicacy, insolence, rudeness, unmannerliness

**import**
▶ N. **1.** bearing, drift, gist, implication, intention, meaning, message, purport, sense, significance, thrust **2.** bottom, consequence, importance, magnitude, moment, significance, substance, weight
▶ V. **3.** bring in, introduce, land

**importance 1.** concern, consequence, import, interest, moment, momentousness, significance, substance, value, weight **2.** bottom, distinction, eminence, esteem, influence, mark, pre-eminence, prestige, prominence, standing, status, usefulness, worth

**important 1.** far-reaching, grave, large, material, meaningful, momentous, of substance, primary, salient, serious, signal, significant, substantial, urgent, weighty **2.** big-time (Inf.), eminent, foremost, high-level, high-ranking, influential, leading, major league (Inf.), notable, noteworthy, of note, outstanding, powerful, pre-eminent, prominent, seminal **3.** (Usually with **to**) basic, essential, of concern or interest, relevant, valuable, valued

**importunate** burning, clamant, clamorous, demanding, dogged, earnest, exigent, insistent, persistent, pertinacious, pressing, solicitous, troublesome, urgent

**impose 1.** decree, establish, exact, fix, institute, introduce, lay, levy, ordain, place, promulgate, put, set **2.** appoint, charge with, dictate, enforce, enjoin, inflict, prescribe, saddle (someone) with **3.** (With **on** or **upon**) butt in, encroach, foist, force oneself, gate-crash (Inf.), horn in (Inf.), intrude, obtrude, presume, take liberties, trespass **4.** (With **on** or **upon**) abuse, exploit, play on, take advantage of, use con (Inf.), deceive, dupe, hoodwink, pull the wool over (somebody's) eyes, trick

**imposing** august, commanding, dignified, effective, grand, impressive, majestic, stately, striking

**imposition 1.** application, decree, introduction, laying on, levying, promulgation **2.** cheek (Inf.), encroachment, intrusion, liberty, presumption **3.** artifice, cheating, con (Inf.), deception, dissimulation, fraud, hoax, imposture, stratagem, trickery **4.** burden, charge, constraint, duty, levy, tax

**impossibility** hopelessness, impracticability, inability, inconceivability

**impossible 1.** beyond one, beyond the bounds of possibility, hopeless, impracticable, inconceivable, not to be thought of, out of the question, unachievable, unattainable, unobtainable, unthinkable **2.** absurd, inadmissible, insoluble, intolerable, ludicrous, outrageous, preposterous, unacceptable, unanswerable, ungovernable, unreasonable, unsuitable, unworkable

**impotence** disability, enervation, feebleness, frailty, helplessness, inability, inadequacy, incapacity, incompetence, ineffectiveness, inefficacy, inefficiency, infirmity, paralysis, powerlessness, uselessness, weakness

**impotent** disabled, emasculate, enervated, feeble, frail, helpless, incapable, incapacitated, incompetent, ineffective, infirm, nerveless, paralyzed, powerless, unable, unmanned, weak

**impoverish 1.** bankrupt, beggar, break, ruin **2.** deplete, diminish, drain, exhaust, pauperize, reduce, sap, use up, wear out

**impracticability** futility, hopelessness, impossibility, impracticality, unsuitableness, unworkability, uselessness

**impracticable 1.** impossible, out of the question, unachievable, unattainable, unfeasible, unworkable **2.** awkward, impractical, inapplicable, inconvenient, unserviceable, unsuitable, useless

**impractical 1.** impossible, impracticable, inoperable, nonviable, unrealistic, unserviceable, unworkable, visionary, wild **2.** idealistic, romantic, starry-eyed, unbusinesslike, unrealistic, visionary

**impracticality** hopelessness, impossibility, inapplicability, romanticism, unworkability

**imprecise** ambiguous, blurred round the edges, careless, equivocal, estimated, fluctuating, hazy, ill-defined, inaccurate, indefinite, indeterminate, inexact, inexplicit, loose, rough, sloppy (Inf.), vague, wide of the mark, woolly

**impregnable** immovable, impenetrable, indestructible, invincible, invulnerable, secure, strong, unassailable, unbeatable, unconquerable, unshak(e)able

**impregnate 1.** fill, imbrue (Rare), imbue, infuse, percolate, permeate, pervade, saturate, seep, soak, steep, suffuse **2.** fecundate, fertilize, fructify, get with child, inseminate, make pregnant

**impress 1.** affect, excite, grab (Inf.), influence, inspire, make an impression, move, stir, strike, sway, touch **2.** (Often with **on** or **upon**) bring home to, emphasize, fix, inculcate, instil into, stress **3.** emboss, engrave, imprint, indent, mark, print, stamp

**impression 1.** effect, feeling, impact, influence, reaction, sway **2. make an impression** arouse comment, be conspicuous, cause a stir, excite notice, find favour, make a hit (Inf.), make an impact, stand out **3.** belief, concept, conviction, fancy, feeling, funny feeling (Inf.), hunch, idea, memory, notion, opinion, recollection, sense, suspicion **4.** brand, dent, hollow, impress, imprint, indentation, mark, outline, stamp, stamping **5.** edition, imprinting, issue, printing **6.** imitation, impersonation, parody, send-up (Brit. inf.), takeoff (Inf.)

**impressionable** feeling, gullible, ingenuous, open, receptive, responsive, sensitive, suggestible, susceptible, vulnerable

**impressive** affecting, exciting, forcible, moving, powerful, stirring, striking, touching

**imprint**
▶ N. **1.** impression, indentation, mark, print, sign, stamp
▶ V. **2.** engrave, establish, etch, fix, impress, print, stamp

**imprison** confine, constrain, detain, immure, incarcerate, intern, jail, lock up, put away, put under lock and key, send down (Inf.), send to prison

**imprisonment** confinement, custody, detention, durance (Archaic), duress, incarceration, internment, porridge (Sl.)

**improbability** doubt, doubtfulness, dubiety, uncertainty, unlikelihood

**improbable** doubtful, dubious, fanciful, far-fetched, implausible, questionable, unbelievable, uncertain, unconvincing, unlikely, weak

**impromptu**
- ADJ. **1.** ad-lib, extemporaneous, extempore, extemporized, improvised, offhand, off the cuff (*Inf.*), spontaneous, unpremeditated, unprepared, unrehearsed, unscripted, unstudied
- ADV. **2.** ad lib, off the cuff (*Inf.*), off the top of one's head (*Inf.*), on the spur of the moment, spontaneously, without preparation

**improper 1.** impolite, indecent, indecorous, indelicate, off-colour, risqué, smutty, suggestive, unbecoming, unfitting, unseemly, untoward, vulgar **2.** ill-timed, inapplicable, inapposite, inappropriate, inapt, incongruous, infelicitous, inopportune, malapropos, out of place, uncalled-for, unfit, unseasonable, unsuitable, unsuited, unwarranted **3.** abnormal, erroneous, false, inaccurate, incorrect, irregular, wrong

**impropriety 1.** bad taste, immodesty, incongruity, indecency, indecorum, unsuitability, vulgarity **2.** bloomer (*Brit. inf.*), blunder, faux pas, gaffe, gaucherie, mistake, slip, solecism

**improve 1.** advance, ameliorate, amend, augment, better, correct, face-lift, help, mend, polish, rectify, touch up, upgrade **2.** develop, enhance, gain strength, increase, look up (*Inf.*), make strides, perk up, pick up, progress, rally, reform, rise, take a turn for the better (*Inf.*), take on a new lease of life (*Inf.*) **3.** convalesce, gain ground, gain strength, grow better, make progress, mend, recover, recuperate, turn the corner **4.** clean up one's act (*Inf.*), get it together (*Inf.*), get one's act together (*Inf.*), pull one's socks up (*Brit. inf.*), reform, shape up (*Inf.*), turn over a new leaf

**improvement 1.** advancement, amelioration, amendment, augmentation, betterment, correction, face-lift, gain, rectification **2.** advance, development, enhancement, furtherance, increase, progress, rally, recovery, reformation, rise, upswing

**improvisation** ad-lib, ad-libbing, expedient, extemporizing, impromptu, invention, makeshift, spontaneity

**improvise 1.** ad-lib, busk, coin, extemporize, invent, play it by ear (*Inf.*), speak off the cuff (*Inf.*), vamp, wing it (*Inf.*) **2.** concoct, contrive, devise, make do, throw together

**imprudent** careless, foolhardy, foolish, heedless, ill-advised, ill-considered, ill-judged, impolitic, improvident, incautious, inconsiderate, indiscreet, injudicious, irresponsible, overhasty, rash, reckless, temerarious, unthinking, unwise

**impudence** assurance, audacity, backchat (*Inf.*), boldness, brass neck (*Brit. inf.*), brazenness, bumptiousness, cheek (*Inf.*), chutzpah (*U.S. & Canad. inf.*), effrontery, face (*Inf.*), front, impertinence, insolence, lip (*Sl.*), neck (*Inf.*), nerve (*Inf.*), pertness, presumption, rudeness, sauciness, shamelessness

**impudent** audacious, bold, bold-faced, brazen, bumptious, cheeky (*Inf.*), cocky (*Inf.*), forward, fresh (*Inf.*), immodest, impertinent, insolent, lippy (*U.S. & Canad. sl.*), pert, presumptuous, rude, sassy (*U.S. inf.*), saucy (*Inf.*), shameless

**impulse 1.** catalyst, force, impetus, momentum, movement, pressure, push, stimulus, surge, thrust **2.** (*Fig.*) caprice, drive, feeling, incitement, inclination, influence, instinct, motive, notion, passion, resolve, urge, whim, wish

**impulsive** devil-may-care, emotional, hasty, headlong, impetuous, instinctive, intuitive, passionate, precipitate, quick, rash, spontaneous, unconsidered, unpredictable, unpremeditated

**impunity** dispensation, exemption, freedom, immunity, liberty, licence, nonliability, permission, security

**impure 1.** admixed, adulterated, alloyed, debased, mixed, unrefined **2.** contaminated, defiled, dirty, filthy, foul, infected, polluted, sullied, tainted, unclean, unwholesome, vitiated **3.** carnal, coarse, corrupt, gross, immodest, immoral, indecent, indelicate, lascivious, lewd, licentious, lustful, obscene, prurient, ribald, salacious, smutty, unchaste, unclean

**impurity 1.** admixture, adulteration, mixture **2.** befoulment, contamination, defilement, dirtiness, filth, foulness, infection, pollution, taint, uncleanness **3.** *Often plural* bits, contaminant, dirt, dross, foreign body, foreign matter, grime, marks, pollutant, scum, spots, stains **4.** carnality, coarseness, corruption, grossness, immodesty, immorality, indecency, lasciviousness, lewdness, licentiousness, obscenity, prurience, salaciousness, smuttiness, unchastity, vulgarity

**imputation** accusation, ascription, aspersion, attribution, blame, censure, charge, insinuation, reproach, slander, slur

**impute** accredit, ascribe, assign, attribute, credit, lay at the door of, refer, set down to

**inability** disability, disqualification, impotence, inadequacy, incapability, incapacity, incompetence, ineptitude, powerlessness

**inaccessible** impassable, out of reach, out of the way, remote, unapproachable, unattainable, un-get-at-able (*Inf.*), unreachable

**inaccuracy 1.** erroneousness, imprecision, incorrectness, inexactness, unfaithfulness, unreliability **2.** blunder, boob (*Brit. sl.*), corrigendum, defect, erratum, error, fault, howler (*Inf.*), literal (*Printing*), miscalculation, mistake, slip, typo (*Inf., printing*)

**inaccurate** careless, defective, discrepant, erroneous, faulty, imprecise, incorrect, in error, inexact, mistaken, out, unfaithful, unreliable, unsound, wide of the mark, wild, wrong

**inaccurately** carelessly, clumsily, imprecisely, inexactly, unfaithfully, unreliably

**inaction** dormancy, idleness, immobility, inactivity, inertia, rest, torpidity, torpor

**inactive 1.** abeyant, dormant, idle, immobile, inert, inoperative, jobless, kicking one's heels, latent, mothballed, out of service, out of work, unemployed, unoccupied, unused **2.** dull, indolent, lazy, lethargic, low-key (*Inf.*), passive, quiet, sedentary, slothful, slow, sluggish, somnolent, torpid

**inactivity 1.** dormancy, hibernation, immobility, inaction, passivity, unemployment **2.** dilatoriness, dolce far niente, dullness, heaviness, indolence, inertia, inertness, lassitude, laziness, lethargy, quiescence, sloth, sluggishness, stagnation, torpor, vegetation

**inadequacy 1.** dearth, deficiency, inadequateness, incompleteness, insufficiency, meagreness, paucity, poverty, scantiness, shortage, skimpiness **2.** defectiveness, faultiness, inability, inaptness, incapacity, incompetence, incompetency, ineffectiveness, inefficacy, unfitness, unsuitableness **3.** defect, failing, imperfection, lack, shortage, shortcoming, weakness

**inadequate 1.** defective, deficient, faulty, imperfect, incommensurate, incomplete, insubstantial, insufficient, meagre, niggardly, scant, scanty, short, sketchy, skimpy, sparse **2.** found wanting, inapt, incapable, incompetent, not up to scratch (*Inf.*), unequal, unfitted, unqualified

**inadequately** imperfectly, insufficiently, meagrely, poorly, scantily, sketchily, skimpily, sparsely, thinly

**inadmissible** immaterial, improper, inappropriate, incompetent, irrelevant, unacceptable, unallowable, unqualified, unreasonable

**inadvertently 1.** carelessly, heedlessly, in an unguarded moment, negligently, thoughtlessly, unguardedly, unthinkingly **2.** accidentally, by accident, by mistake, involuntarily, mistakenly, unintentionally, unwittingly

**inadvisable** ill-advised, impolitic, imprudent, inexpedient, injudicious, unwise

**inane** asinine, daft (*Inf.*), devoid of intelligence, empty, fatuous, frivolous, futile, goofy (*Inf.*), idiotic, imbecilic, mindless, puerile, senseless, silly, stupid, trifling, unintelligent, vacuous, vain, vapid, worthless

**inanimate** cold, dead, defunct, extinct, inactive, inert, insensate, insentient, lifeless, quiescent, soulless, spiritless

**inapplicable** inapposite, inappropriate, inapt, irrelevant, unsuitable, unsuited

**inappropriate** disproportionate, ill-fitted, ill-suited, ill-timed, improper, incongruous, malapropos, out of place, tasteless, unbecoming, unbefitting, unfit, unfitting, unseemly, unsuitable, untimely

**inapt 1.** ill-fitted, ill-suited, inapposite, inappropriate, infelicitous, unsuitable, unsuited **2.** awkward, clumsy, dull, gauche, incompetent, inept, inexpert, maladroit, slow, stupid

**inarticulate 1.** blurred, incoherent, incomprehensible, indistinct, muffled, mumbled, unclear, unintelligible **2.** dumb, mute, silent, speechless, tongue-tied, unspoken, unuttered, unvoiced, voiceless, wordless **3.** faltering, halting, hesitant, poorly spoken

**inattention** absent-mindedness, carelessness, daydreaming, disregard, forgetfulness, heedlessness, inadvertence, inattentiveness, indifference, neglect, preoccupation, thoughtlessness, woolgathering

**inattentive** absent-minded, careless, distracted, distrait, dreamy, heedless, inadvertent, neglectful, negligent, preoccupied, regardless, remiss, slapdash, slipshod, thoughtless, unheeding, unmindful, unobservant, vague

**inaudible** indistinct, low, mumbling, out of earshot, stifled, unheard

**inaugural** dedicatory, first, initial, introductory, maiden, opening

**inaugurate 1.** begin, commence, get under way, initiate, institute, introduce, kick off (*Inf.*), launch, originate, set in motion, set up, usher in **2.** induct, install, instate, invest **3.** commission, dedicate, open, ordain

**inauguration 1.** initiation, institution, launch, launching, opening, setting up **2.** induction, installation, investiture

**inauspicious** bad, black, discouraging, ill-omened, ominous, unfavourable, unfortunate, unlucky, unpromising, unpropitious, untoward

**inborn** congenital, connate, hereditary, inbred, ingrained, inherent, inherited, innate, instinctive, intuitive, native, natural

**inbred** constitutional, deep-seated, ingrained, inherent, innate, native, natural

**incalculable** boundless, countless, enormous, immense, incomputable, inestimable, infinite, innumerable, limitless, measureless, numberless, uncountable, untold, vast, without number

**incantation** abracadabra, chant, charm, conjuration, formula, hex (*U.S. & Canad. inf.*), invocation, spell

**incapable 1.** feeble, inadequate, incompetent, ineffective, inept, inexpert, insufficient, not equal to, not up to, unfit, unfitted, unqualified, weak **2.** helpless, impotent, powerless, unable, unfit **3.** (*With of*) impervious, not admitting of, not susceptible to, resistant

**incapacitate** cripple, disable, disqualify, immobilize, lay up (*Inf.*), paralyze, prostrate, put out of action (*Inf.*), scupper (*Brit. sl.*), unfit (*Rare*)

**incapacity** disqualification, feebleness, impotence, inability, inadequacy, incapability, incompetency, ineffectiveness, powerlessness, unfitness, weakness

**incapsulate** → encapsulate

**incarcerate** commit, confine, coop up, detain, gaol, immure, impound, imprison, intern, jail, lock up, put under lock and key, restrain, restrict, send down (*Brit.*), throw in jail

**incarnate 1.** in bodily form, in human form, in the flesh, made flesh **2.** embodied, personified, typified

**incarnation** avatar, bodily form, embodiment, epitome, exemplification, impersonation, manifestation, personification, type

**incautious** careless, hasty, heedless, ill-advised, ill-judged, improvident, imprudent, impulsive, inconsiderate, indiscreet, injudicious, negligent, precipitate, rash, reckless, thoughtless, unguarded, unthinking, unwary

**incautiously** imprudently, impulsively, indiscreetly, precipitately, rashly, recklessly, thoughtlessly, unthinkingly

**incendiary**
- ADJ. **1.** dissentious, inflammatory, provocative, rabble-rousing, seditious, subversive
- N. **2.** arsonist, firebug (*Inf.*), fire raiser, pyromaniac **3.** agitator, demagogue, firebrand, insurgent, rabble-rouser, revolutionary

**incense**[1] V. anger, enrage, exasperate, excite, gall, get one's hackles up, inflame, infuriate, irritate, madden, make one's blood boil (*Inf.*), make one see red (*Inf.*), make one's hackles rise, nark (*Brit., Aust., & N.Z. sl.*), provoke, raise one's hackles, rile (*Inf.*)

**incense**[2] N. aroma, balm, bouquet, fragrance, perfume, redolence, scent

**incensed** angry, cross, enraged, exasperated, fuming, furious, indignant, infuriated, irate, ireful (*Literary*), mad (*Inf.*), maddened, on the warpath (*Inf.*), steamed up (*Sl.*), up in arms, wrathful

**incentive** bait, carrot (Inf.), encouragement, enticement, goad, impetus, impulse, inducement, lure, motivation, motive, spur, stimulant, stimulus

**inception** beginning, birth, commencement, dawn, inauguration, initiation, kickoff (Inf.), origin, outset, rise, start

**incessant** ceaseless, constant, continual, continuous, endless, eternal, everlasting, interminable, never-ending, nonstop, perpetual, persistent, relentless, unbroken, unceasing, unending, unrelenting, unremitting

**incessantly** all the time, ceaselessly, constantly, continually, endlessly, eternally, everlastingly, interminably, nonstop, perpetually, persistently, without a break

**incident 1.** adventure, circumstance, episode, event, fact, happening, matter, occasion, occurrence **2.** brush, clash, commotion, confrontation, contretemps, disturbance, mishap, scene, skirmish

**incidental 1.** accidental, casual, chance, fortuitous, odd, random **2.** (With **to**) accompanying, attendant, by-the-way, concomitant, contingent, contributory, related **3.** ancillary, minor, nonessential, occasional, secondary, subordinate, subsidiary

**incidentally 1.** accidentally, by chance, casually, fortuitously **2.** by the bye, by the way, in passing, parenthetically

**incidentals** contingencies, extras, minutiae, odds and ends

**incinerate** burn up, carbonize, char, consume by fire, cremate, reduce to ashes

**incipient** beginning, commencing, developing, embryonic, inceptive, inchoate, nascent, originating, starting

**incise** carve, chisel, cut (into), engrave, etch, inscribe

**incision** cut, gash, notch, opening, slash, slit

**incisive 1.** acute, keen, penetrating, perspicacious, piercing, trenchant **2.** acid, biting, caustic, cutting, mordacious, mordant, sarcastic, sardonic, satirical, severe, sharp, vitriolic

**incisiveness 1.** keenness, penetration, perspicacity, sharpness, trenchancy **2.** acidity, pungency, sarcasm

**incite** agitate for or against, animate, drive, egg on, encourage, excite, foment, goad, impel, inflame, instigate, prod, prompt, provoke, put up to, rouse, set on, spur, stimulate, stir up, urge, whip up

**incitement** agitation, encouragement, goad, impetus, impulse, inducement, instigation, motivation, motive, prompting, provocation, spur, stimulus

**incivility** bad manners, boorishness, discourteousness, discourtesy, disrespect, ill-breeding, impoliteness, rudeness, unmannerliness

**inclemency 1.** bitterness, boisterousness, rawness, rigour, roughness, severity, storminess **2.** callousness, cruelty, harshness, mercilessness, severity, tyranny, unfeelingness

**inclement 1.** bitter, boisterous, foul, harsh, intemperate, rigorous, rough, severe, stormy, tempestuous **2.** callous, cruel, draconian, harsh, intemperate, merciless, pitiless, rigorous, severe, tyrannical, unfeeling, unmerciful

**inclination 1.** affection, aptitude, bent, bias, desire, disposition, fancy, fondness, leaning, liking, partiality, penchant, predilection, predisposition, prejudice, proclivity, proneness, propensity, stomach, taste, tendency, thirst, turn, turn of mind, wish **2.** bending, bow, bowing, nod **3.** angle, bend, bending, deviation, gradient, incline, leaning, pitch, slant, slope, tilt

**incline**
▶ v. **1.** be disposed or predisposed, bias, influence, persuade, predispose, prejudice, sway, tend, turn **2.** bend, bow, lower, nod, nutate (Rare), stoop **3.** bend, bevel, cant, deviate, diverge, heel, lean, slant, slope, tend, tilt, tip, veer
▶ N. **4.** acclivity, ascent, declivity, descent, dip, grade, gradient, ramp, rise, slope

**inclose** → **enclose**

**include 1.** comprehend, comprise, contain, cover, embody, embrace, encompass, incorporate, involve, subsume, take in, take into account **2.** add, allow for, build in, count, enter, insert, introduce, number among

**including** as well as, containing, counting, inclusive of, plus, together with, with

**inclusion** addition, incorporation, insertion

**inclusive** across-the-board, all-embracing, all in, all together, blanket, catch-all (Chiefly U.S.), comprehensive, full, general, global, in toto, overall, sweeping, umbrella, without exception

**incognito** disguised, in disguise, under an assumed name, unknown, unrecognized

**incoherence** disconnectedness, disjointedness, inarticulateness, unintelligibility

**incoherent** confused, disconnected, disjointed, disordered, inarticulate, inconsistent, jumbled, loose, muddled, rambling, stammering, stuttering, unconnected, uncoordinated, unintelligible, wandering, wild

**incombustible** fireproof, flameproof, noncombustible, nonflammable, noninflammable

**income** earnings, gains, interest, means, pay, proceeds, profits, receipts, revenue, salary, takings, wages

**incoming** approaching, arriving, entering, homeward, landing, new, returning, succeeding

**incomparable** beyond compare, inimitable, matchless, paramount, peerless, superlative, supreme, transcendent, unequalled, unmatched, unparalleled, unrivalled

**incomparably** beyond compare, by far, easily, eminently, far and away, immeasurably

**incompatibility** antagonism, conflict, discrepancy, disparateness, incongruity, inconsistency, irreconcilability, uncongeniality

**incompatible** antagonistic, antipathetic, conflicting, contradictory, discordant, discrepant, disparate, ill-assorted, incongruous, inconsistent, inconsonant, irreconcilable, mismatched, uncongenial, unsuitable, unsuited

**incompetence** inability, inadequacy, incapability, incapacity, incompetency, ineffectiveness, ineptitude, ineptness, insufficiency, skill-lessness, unfitness, uselessness

**incompetent** bungling, cowboy (Inf.), floundering, incapable, incapacitated, ineffectual, inept, inexpert, insufficient, skill-less, unable, unfit, unfitted, unskilful, useless

**incomplete** broken, defective, deficient, fragmentary, imperfect, insufficient, lacking, partial, short, unaccomplished, undeveloped, undone, unexecuted, unfinished, wanting

**incomprehensible** above one's head, all Greek to (Inf.), baffling, beyond comprehension, beyond one's grasp, enigmatic, impenetrable, inconceivable, inscrutable, mysterious, obscure, opaque, perplexing, puzzling, unfathomable, unimaginable, unintelligible, unthinkable

**inconceivable** beyond belief, impossible, incomprehensible, incredible, mind-boggling (Inf.), not to be thought of, out of the question, staggering (Inf.), unbelievable, unheard-of, unimaginable, unknowable, unthinkable

**inconclusive** ambiguous, indecisive, indeterminate, open, uncertain, unconvincing, undecided, unsettled, up in the air (Inf.), vague

**incongruity** conflict, discrepancy, disparity, inappropriateness, inaptness, incompatibility, inconsistency, inharmoniousness, unsuitability

**incongruous** absurd, conflicting, contradictory, contrary, disconsonant, discordant, extraneous, improper, inappropriate, inapt, incoherent, incompatible, inconsistent, out of keeping, out of place, unbecoming, unsuitable, unsuited

**inconsiderable** exiguous, inconsequential, insignificant, light, minor, negligible, petty, slight, small, small-time (Inf.), trifling, trivial, unimportant

**inconsiderate** careless, indelicate, insensitive, intolerant, rude, self-centred, selfish, tactless, thoughtless, uncharitable, ungracious, unkind, unthinking

**inconsistency 1.** contrariety, disagreement, discrepancy, disparity, divergence, incompatibility, incongruity, inconsonance, paradox, variance **2.** fickleness, instability, unpredictability, unreliability, unsteadiness

**inconsistent 1.** at odds, at variance, conflicting, contradictory, contrary, discordant, discrepant, incoherent, incompatible, in conflict, incongruous, inconstant, irreconcilable, out of step **2.** capricious, changeable, erratic, fickle, inconstant, irregular, uneven, unpredictable, unstable, unsteady, vagarious (Rare), variable

**inconsolable** brokenhearted, desolate, despairing, heartbroken, heartsick, prostrate with grief, sick at heart

**inconspicuous** camouflaged, hidden, insignificant, modest, muted, ordinary, plain, quiet, retiring, unassuming, unnoticeable, unobtrusive, unostentatious

**incontestable** beyond doubt, beyond question, certain, incontrovertible, indisputable, indubitable, irrefutable, self-evident, sure, undeniable, unquestionable

**incontinent 1.** unbridled, unchecked, uncontrollable, uncontrolled, ungovernable, ungoverned, unrestrained **2.** debauched, lascivious, lecherous, lewd, loose, lustful, profligate, promiscuous, unchaste, wanton

**incontrovertible** beyond dispute, certain, established, incontestable, indisputable, indubitable, irrefutable, positive, sure, undeniable, unquestionable, unshak(e)able

**inconvenience**
▶ N. **1.** annoyance, awkwardness, bother, difficulty, disadvantage, disruption, disturbance, downside, drawback, fuss, hassle (Inf.), hindrance, nuisance, trouble, uneasiness, upset, vexation **2.** awkwardness, cumbersomeness, unfitness, unhandiness, unsuitableness, untimeliness, unwieldiness
▶ v. **3.** bother, discommode, disrupt, disturb, give (someone) bother or trouble, hassle (Inf.), irk, make (someone) go out of his way, put out, put to trouble, trouble, upset

**inconvenient 1.** annoying, awkward, bothersome, disadvantageous, disturbing, embarrassing, inopportune, tiresome, troublesome, unseasonable, unsuitable, untimely, vexatious **2.** awkward, cumbersome, difficult, unhandy, unmanageable, unwieldy

**incorporate** absorb, amalgamate, assimilate, blend, coalesce, combine, consolidate, embody, fuse, include, integrate, meld, merge, mix, subsume, unite

**incorrect** erroneous, false, faulty, flawed, improper, inaccurate, inappropriate, inexact, mistaken, out, specious, unfitting, unsuitable, untrue, wide of the mark (Inf.), wrong

**incorrigible** hardened, hopeless, incurable, intractable, inveterate, irredeemable, unreformed

**incorruptibility** honesty, honour, integrity, justness, uprightness

**incorruptible 1.** above suspicion, honest, honourable, just, straight, trustworthy, unbribable, upright **2.** everlasting, imperishable, undecaying

**increase**
▶ v. **1.** add to, advance, aggrandize, amplify, augment, boost, build up, develop, dilate, enhance, enlarge, escalate, expand, extend, grow, heighten, inflate, intensify, magnify, mount, multiply, proliferate, prolong, raise, snowball, spread, step up (Inf.), strengthen, swell, wax
▶ N. **2.** addition, augmentation, boost, development, enlargement, escalation, expansion, extension, gain, growth, increment, intensification, rise, upsurge, upturn **3. on the increase** developing, escalating, expanding, growing, increasing, multiplying, on the rise, proliferating, spreading

**increasingly** more and more, progressively, to an increasing extent

**incredible 1.** absurd, beyond belief, far-fetched, implausible, impossible, improbable, inconceivable, preposterous, unbelievable, unimaginable, unthinkable **2.** (Inf.) ace (Inf.), amazing, astonishing, astounding, awe-inspiring, brilliant, def (Sl.), extraordinary, far-out (Sl.), great, marvellous, mega (Sl.), prodigious, rad (Inf.), sensational (Inf.), superhuman, wonderful

**incredulity** disbelief, distrust, doubt, scepticism, unbelief

**incredulous** disbelieving, distrustful, doubtful, doubting, dubious, mistrustful, sceptical, suspicious, unbelieving, unconvinced

**increment** accretion, accrual, accrument, addition, advancement, augmentation, enlargement, gain, increase, step (up), supplement

**incriminate** accuse, arraign, blacken the name of, blame, charge, impeach, implicate, inculpate, indict, involve, point the finger at (Inf.), stigmatize

**incumbent** binding, compulsory, mandatory, necessary, obligatory

**incur** arouse, bring (upon oneself), contract, draw, earn, expose oneself to, gain, induce, lay oneself open to, meet with, provoke

**incurable** ADJ. **1.** dyed-in-the-wool, hopeless, incorrigible, inveterate **2.** fatal, inoperable, irrecoverable, irremediable, remediless, terminal

**indebted** beholden, grateful, in debt, obligated, obliged, under an obligation

**indecency** bawdiness, coarseness, crudity, foulness, grossness, immodesty, impropriety, impurity, indecorum, indelicacy, lewdness, licentiousness, obscenity, outrageousness, pornography, smut, smuttiness, unseemliness, vileness, vulgarity

**indecent 1.** blue, coarse, crude, dirty, filthy, foul, gross, immodest, improper, impure, indelicate, lewd, licentious, pornographic, salacious, scatological, smutty, vile **2.** ill-bred, improper, in bad taste, indecorous, offensive, outrageous, tasteless, unbecoming, unseemly, vulgar

**indecipherable** crabbed, illegible, indistinguishable, unintelligible, unreadable

**indecision** ambivalence, dithering (*Chiefly Brit.*), doubt, hesitancy, hesitation, indecisiveness, irresolution, shilly-shallying (*Inf.*), uncertainty, vacillation, wavering

**indecisive 1.** dithering (*Chiefly Brit.*), doubtful, faltering, hesitating, in two minds (*Inf.*), irresolute, pussyfooting (*Inf.*), tentative, uncertain, undecided, undetermined, vacillating, wavering **2.** inconclusive, indefinite, indeterminate, unclear, undecided

**indeed** actually, certainly, doubtlessly, in point of fact, in truth, positively, really, strictly, to be sure, truly, undeniably, undoubtedly, verily (*Archaic*), veritably

**indefensible** faulty, inexcusable, insupportable, unforgivable, unjustifiable, unpardonable, untenable, unwarrantable, wrong

**indefinable** dim, hazy, impalpable, indescribable, indistinct, inexpressible, nameless, obscure, unrealized, vague

**indefinite** ambiguous, confused, doubtful, equivocal, evasive, general, ill-defined, imprecise, indeterminate, indistinct, inexact, loose, obscure, oracular, uncertain, unclear, undefined, undetermined, unfixed, unknown, unlimited, unsettled, vague

**indefinitely** ad infinitum, continually, endlessly, for ever, sine die

**indelible** enduring, indestructible, ineffaceable, ineradicable, inexpungible, inextirpable, ingrained, lasting, permanent

**indelicacy** bad taste, coarseness, crudity, grossness, immodesty, impropriety, indecency, obscenity, offensiveness, rudeness, smuttiness, suggestiveness, tastelessness, vulgarity

**indelicate** blue, coarse, crude, embarrassing, gross, immodest, improper, indecent, indecorous, low, near the knuckle (*Inf.*), obscene, off-colour, offensive, risqué, rude, suggestive, tasteless, unbecoming, unseemly, untoward, vulgar

**indemnify 1.** endorse, guarantee, insure, protect, secure, underwrite **2.** compensate, pay, reimburse, remunerate, repair, repay, requite, satisfy

**indemnity 1.** guarantee, insurance, protection, security **2.** compensation, redress, reimbursement, remuneration, reparation, requital, restitution, satisfaction **3.** (*Law*) exemption, immunity, impunity, privilege

**indent** V. **1.** ask for, order, request, requisition **2.** cut, dint, mark, nick, notch, pink, scallop, score, serrate

**independence** autarchy, autonomy, freedom, home rule, liberty, self-determination, self-government, self-reliance, self-rule, self-sufficiency, separation, sovereignty

**independent 1.** absolute, free, liberated, separate, unconnected, unconstrained, uncontrolled, unrelated **2.** autarchic, autarchical, autonomous, decontrolled, nonaligned, self-determining, self-governing, separated, sovereign **3.** bold, individualistic, liberated, self-contained, self-reliant, self-sufficient, self-supporting, unaided, unconventional

**independently** alone, autonomously, by oneself, individually, on one's own, separately, solo, unaided

**indescribable** beggaring description, beyond description, beyond words, incommunicable, indefinable, ineffable, inexpressible, unutterable

**indestructible** abiding, durable, enduring, everlasting, immortal, imperishable, incorruptible, indelible, indissoluble, lasting, nonperishable, permanent, unbreakable, unfading

**indeterminate** imprecise, inconclusive, indefinite, inexact, uncertain, undefined, undetermined, unfixed, unspecified, unstipulated, vague

**index 1.** clue, guide, indication, mark, sign, symptom, token **2.** director, forefinger, hand, indicator, needle, pointer

**indicate 1.** add up to (*Inf.*), bespeak, be symptomatic of, betoken, denote, evince, imply, manifest, point to, reveal, show, signify, suggest **2.** designate, point out, point to, specify **3.** display, express, mark, read, record, register, show

**indication** clue, evidence, explanation, forewarning, hint, index, inkling, intimation, manifestation, mark, note, omen, portent, sign, signal, suggestion, symptom, warning

**indicative** exhibitive, indicatory, indicial, pointing to, significant, suggestive, symptomatic

**indicator** display, gauge, guide, index, mark, marker, meter, pointer, sign, signal, signpost, symbol

**indictment** accusation, allegation, charge, impeachment, prosecution, summons

**indifference 1.** absence of feeling, aloofness, apathy, callousness, carelessness, coldness, coolness, detachment, disregard, heedlessness, inattention, lack of interest, negligence, nonchalance, stoicalness, unconcern **2.** disinterestedness, dispassion, equity, impartiality, neutrality, objectivity **3.** insignificance, irrelevance, triviality, unimportance

**indifferent 1.** aloof, apathetic, callous, careless, cold, cool, detached, distant, heedless, impervious, inattentive, regardless, uncaring, unconcerned, unimpressed, uninterested, unmoved, unresponsive, unsympathetic **2.** immaterial, insignificant, of no consequence, unimportant **3.** average, fair, mediocre, middling, moderate, ordinary, passable, perfunctory, so-so (*Inf.*), undistinguished, uninspired **4.** disinterested, dispassionate, equitable, impartial, neutral, nonaligned, nonpartisan, objective, unbiased, uninvolved, unprejudiced

**indigestion** dyspepsia, dyspepsy, heartburn, upset stomach

**indignant** angry, annoyed, disgruntled, exasperated, fuming (*Inf.*), furious, hacked (off) (*U.S. sl.*), heated, huffy (*Inf.*), in a huff, incensed, in high dudgeon, irate, livid (*Inf.*), mad (*Inf.*), miffed (*Inf.*), narked (*Brit., Aust., & N.Z. sl.*), peeved (*Inf.*), pissed off (*Taboo sl.*), provoked, resentful, riled, scornful, seeing red (*Inf.*), sore (*Inf.*), up in arms (*Inf.*), wrathful

**indignation** anger, exasperation, fury, ire (*Literary*), pique, rage, resentment, righteous anger, scorn, umbrage, wrath

**indignity** abuse, affront, contumely, dishonour, disrespect, humiliation, injury, insult, obloquy, opprobrium, outrage, reproach, slap in the face (*Inf.*), slight, snub

**indirect 1.** backhanded, circuitous, circumlocutory, crooked, devious, long-drawn-out, meandering, oblique, periphrastic, rambling, roundabout, tortuous, wandering, winding, zigzag **2.** ancillary, collateral, contingent, incidental, secondary, subsidiary, unintended

**indirectly** by implication, circumlocutorily, in a roundabout way, obliquely, periphrastically, second-hand

**indiscernible** hidden, impalpable, imperceptible, indistinct, indistinguishable, invisible, unapparent, undiscernible

**indiscreet** foolish, hasty, heedless, ill-advised, ill-considered, ill-judged, impolitic, imprudent, incautious, injudicious, naive, rash, reckless, tactless, undiplomatic, unthinking, unwise

**indiscretion** bloomer (*Brit. inf.*), boob (*Brit. sl.*), error, faux pas, folly, foolishness, gaffe, gaucherie, imprudence, mistake, rashness, recklessness, slip, slip of the tongue, tactlessness

**indiscriminate 1.** aimless, careless, desultory, general, hit or miss (*Inf.*), random, sweeping, uncritical, undiscriminating, unmethodical, unselective, unsystematic, wholesale **2.** chaotic, confused, haphazard, higgledy-piggledy (*Inf.*), jumbled, mingled, miscellaneous, mixed, mongrel, motley, promiscuous, undistinguishable

**indispensable** crucial, essential, imperative, key, necessary, needed, needful, requisite, vital

**indisposed 1.** ailing, confined to bed, ill, laid up (*Inf.*), on the sick list (*Inf.*), poorly (*Inf.*), sick, unwell **2.** averse, disinclined, loath, reluctant, unwilling

**indisposition 1.** ailment, ill health, illness, sickness **2.** aversion, disinclination, dislike, distaste, hesitancy, reluctance, unwillingness

**indisputable** absolute, beyond doubt, certain, evident, incontestable, incontrovertible, indubitable, irrefutable, positive, sure, unassailable, undeniable, unquestionable

**indissoluble** abiding, binding, enduring, eternal, fixed, imperishable, incorruptible, indestructible, inseparable, lasting, permanent, solid, unbreakable

**indistinct** ambiguous, bleary, blurred, confused, dim, doubtful, faint, fuzzy, hazy, ill-defined, indefinite, indeterminate, indiscernible, indistinguishable, misty, muffled, obscure, out of focus, shadowy, unclear, undefined, unintelligible, vague, weak

**indistinguishable 1.** alike, identical, like as two peas in a pod (*Inf.*), (the) same, twin **2.** imperceptible, indiscernible, invisible, obscure

**individual**
▶ ADJ. **1.** characteristic, discrete, distinct, distinctive, exclusive, identical, idiosyncratic, own, particular, peculiar, personal, personalized, proper, respective, separate, several, single, singular, special, specific, unique
▶ N. **2.** being, body (*Inf.*), character, creature, mortal, party, person, personage, soul, type, unit

**individualism** egocentricity, egoism, free-thinking, independence, originality, self-direction, self-interest, self-reliance

**individualist** freethinker, independent, loner, lone wolf, maverick, nonconformist, original

**individuality** character, discreteness, distinction, distinctiveness, originality, peculiarity, personality, separateness, singularity, uniqueness

**individually** apart, independently, one at a time, one by one, personally, separately, severally, singly

**indoctrinate** brainwash, drill, ground, imbue, initiate, instruct, school, teach, train

**indoctrination** brainwashing, drilling, grounding, inculcation, instruction, schooling, training

**indolent** fainéant, idle, inactive, inert, lackadaisical, languid, lazy, lethargic, listless, lumpish, slack, slothful, slow, sluggish, torpid, workshy

**indomitable** bold, invincible, resolute, staunch, steadfast, unbeatable, unconquerable, unflinching, untameable, unyielding

**indorse(ment)** → endorse(ment)

**indubitable** certain, evident, incontestable, incontrovertible, indisputable, irrefutable, obvious, sure, unarguable, undeniable, undoubted, unquestionable, veritable

**induce 1.** actuate, convince, draw, encourage, get, impel, incite, influence, instigate, move, persuade, press, prevail upon, prompt, talk into **2.** bring about, cause, effect, engender, generate, give rise to, lead to, occasion, produce, set in motion, set off

**inducement** attraction, bait, carrot (*Inf.*), cause, come-on (*Inf.*), consideration, encouragement, impulse, incentive, incitement, influence, lure, motive, reward, spur, stimulus, urge

**indulge 1.** cater to, feed, give way to, gratify, pander to, regale, satiate, satisfy, treat oneself to, yield to **2.** (*With in*) bask in, give free rein to, give oneself up to, luxuriate in, revel in, wallow in **3.** baby, coddle, cosset, favour, foster, give in to, go along with, humour, mollycoddle, pamper, pet, spoil

**indulgence 1.** excess, fondness, immoderation, intemperance, intemperateness, kindness, leniency, pampering, partiality, permissiveness, profligacy, profligateness, spoiling **2.** appeasement, fulfilment, gratification, satiation, satisfaction **3.** extravagance, favour, luxury, privilege, treat **4.** courtesy, forbearance, good will, patience, tolerance, understanding

**indulgent** compliant, easy-going, favourable, fond, forbearing, gentle, gratifying, kind, kindly, lenient, liberal, mild, permissive, tender, tolerant, understanding

**industrialist** baron, big businessman, boss, capitalist, captain of industry, financier, magnate, manufacturer, producer, tycoon

**industrious** active, assiduous, busy, conscientious, diligent, energetic, hard-working, laborious, persevering, persistent, productive, purposeful, sedulous, steady, tireless, zealous

**industriously** assiduously, conscientiously, diligently, doggedly, hard, like a Trojan, nose to the grindstone *(Inf.)*, perseveringly, sedulously, steadily, without slacking

**industry** **1.** business, commerce, commercial enterprise, manufacturing, production, trade **2.** activity, application, assiduity, determination, diligence, effort, labour, perseverance, persistence, tirelessness, toil, vigour, zeal

**inebriated** befuddled, bevvied *(Dialect)*, blind drunk, blitzed *(Sl.)*, blotto *(Sl.)*, bombed *(Sl.)*, drunk, flying *(Sl.)*, fou *or* fu' *(Scot.)*, half-cut *(Inf.)*, half seas over *(Inf.)*, high *(Inf.)*, high as a kite *(Inf.)*, inebriate, in one's cups, intoxicated, legless *(Inf.)*, lit up *(Sl.)*, merry *(Brit. inf.)*, out of it *(Sl.)*, out to it *(Aust. & N.Z. sl.)*, paralytic *(Inf.)*, pie-eyed *(Sl.)*, pissed *(Taboo sl.)*, plastered *(Sl.)*, smashed *(Sl.)*, sozzled *(Inf.)*, steamboats *(Sl.)*, steaming *(Sl.)*, stoned *(Sl.)*, the worse for drink, three sheets in the wind *(Inf.)*, tight *(Inf.)*, tipsy, under the influence *(Inf.)*, under the weather *(Inf.)*, wasted *(Sl.)*, wrecked *(Sl.)*, zonked *(Sl.)*

**ineffective** barren, bootless, feeble, fruitless, futile, idle, impotent, inadequate, ineffectual, inefficacious, inefficient, unavailing, unproductive, useless, vain, weak, worthless

**ineffectual** abortive, bootless, emasculate, feeble, fruitless, futile, idle, impotent, inadequate, incompetent, ineffective, inefficacious, inefficient, inept, lame, powerless, unavailing, useless, vain, weak

**inefficiency** carelessness, disorganization, incompetence, muddle, slackness, sloppiness

**inefficient** cowboy *(Inf.)*, disorganized, feeble, incapable, incompetent, ineffectual, inefficacious, inept, inexpert, slipshod, sloppy, wasteful, weak

**ineligible** disqualified, incompetent *(Law)*, objectionable, ruled out, unacceptable, undesirable, unequipped, unfit, unfitted, unqualified, unsuitable

**inept** **1.** awkward, bumbling, bungling, cack-handed *(Inf.)*, clumsy, cowboy *(Inf.)*, gauche, incompetent, inexpert, maladroit, unhandy, unskilful, unworkmanlike **2.** absurd, improper, inappropriate, inapt, infelicitous, malapropos, meaningless, out of place, pointless, ridiculous, unfit, unsuitable

**ineptitude** **1.** clumsiness, gaucheness, incapacity, incompetence, inexpertness, unfitness, unhandiness **2.** absurdity, inappropriateness, pointlessness, uselessness

**inequality** bias, difference, disparity, disproportion, diversity, imparity, irregularity, lack of balance, preferentiality, prejudice, unevenness

**inequitable** biased, discriminatory, one-sided, partial, partisan, preferential, prejudiced, unfair, unjust

**inert** dead, dormant, dull, idle, immobile, inactive, inanimate, indolent, lazy, leaden, lifeless, motionless, passive, quiescent, slack, slothful, sluggish, slumberous *(Chiefly poetic)*, static, still, torpid, unmoving, unreactive, unresponsive

**inertia** apathy, deadness, disinclination to move, drowsiness, dullness, idleness, immobility, inactivity, indolence, languor, lassitude, laziness, lethargy, listlessness, passivity, sloth, sluggishness, stillness, stupor, torpor, unresponsiveness

**inescapable** certain, destined, fated, ineluctable, ineludible *(Rare)*, inevitable, inexorable, sure, unavoidable

**inestimable** beyond price, immeasurable, incalculable, invaluable, precious, priceless, prodigious

**inevitable** assured, certain, decreed, destined, fixed, ineluctable, inescapable, inexorable, necessary, ordained, settled, sure, unavoidable, unpreventable

**inevitably** as a necessary consequence, as a result, automatically, certainly, necessarily, of necessity, perforce, surely, unavoidably, willy-nilly

**inexcusable** indefensible, inexpiable, outrageous, unforgivable, unjustifiable, unpardonable, unwarrantable

**inexhaustible** **1.** bottomless, boundless, endless, illimitable, infinite, limitless, measureless, never-ending, unbounded **2.** indefatigable, tireless, undaunted, unfailing, unflagging, untiring, unwearied, unwearying

**inexorable** adamant, cruel, hard, harsh, immovable, implacable, ineluctable, inescapable, inflexible, merciless, obdurate, pitiless, relentless, remorseless, severe, unappeasable, unbending, unrelenting, unyielding

**inexorably** implacably, inevitably, irresistibly, relentlessly, remorselessly, unrelentingly

**inexpensive** bargain, budget, cheap, economical, low-cost, low-priced, modest, reasonable

**inexperience** callowness, greenness, ignorance, newness, rawness, unexpertness, unfamiliarity

**inexperienced** amateur, callow, fresh, green, immature, new, raw, unaccustomed, unacquainted, unfamiliar, unfledged, unpractised, unschooled, unseasoned, unskilled, untrained, untried, unused, unversed, wet behind the ears *(Inf.)*

**inexpert** amateurish, awkward, bungling, cack-handed *(Inf.)*, clumsy, inept, maladroit, skill-less, unhandy, unpractised, unprofessional, unskilful, unskilled, unworkmanlike

**inexplicable** baffling, beyond comprehension, enigmatic, incomprehensible, inscrutable, insoluble, mysterious, mystifying, strange, unaccountable, unfathomable, unintelligible

**inexpressible** incommunicable, indefinable, indescribable, ineffable, unspeakable, unutterable

**inexpressive** bland, blank, cold, dead, deadpan, emotionless, empty, expressionless, impassive, inanimate, inscrutable, lifeless, stony, vacant

**inextinguishable** enduring, eternal, immortal, imperishable, indestructible, irrepressible, undying, unquenchable, unsuppressible

**inextricably** indissolubly, indistinguishably, inseparably, intricately, irretrievably, totally

**infallibility** **1.** faultlessness, impeccability, irrefutability, omniscience, perfection, supremacy, unerringness **2.** dependability, reliability, safety, sureness, trustworthiness

**infallible** **1.** faultless, impeccable, omniscient, perfect, unerring, unimpeachable **2.** certain, dependable, foolproof, reliable, sure, sure-fire *(Inf.)*, trustworthy, unbeatable, unfailing

**infamous** abominable, atrocious, base, detestable, disgraceful, dishonourable, disreputable, egregious, flagitious, hateful, heinous, ignominious, ill-famed, iniquitous, loathsome, monstrous, nefarious, notorious, odious, opprobrious, outrageous, scandalous, scurvy, shameful, shocking, vile, villainous, wicked

**infancy** **1.** babyhood, early childhood **2.** beginnings, cradle, dawn, early stages, emergence, inception, origins, outset, start

**infant**
- **N. 1.** ankle-biter *(Aust. sl.)*, babe, baby, bairn *(Scot.)*, child, little one, neonate, newborn child, rug rat *(Sl.)*, sprog *(Sl.)*, suckling, toddler, tot, wean *(Scot.)*
- **ADJ. 2.** baby, dawning, developing, early, emergent, growing, immature, initial, nascent, newborn, unfledged, young

**infantile** babyish, childish, immature, puerile, tender, weak, young

**infatuate** befool, beguile, besot, bewitch, captivate, delude, enchant, enrapture, enravish, fascinate, make a fool of, mislead, obsess, stupefy, sweep one off one's feet, turn (someone's) head

**infatuation** crush *(Inf.)*, fixation, folly, foolishness, madness, obsession, passion, thing *(Inf.)*

**infect** affect, blight, contaminate, corrupt, defile, influence, poison, pollute, spread to *or* among, taint, touch, vitiate

**infection** contagion, contamination, corruption, defilement, poison, pollution, septicity, virus

**infectious** catching, communicable, contagious, contaminating, corrupting, defiling, infective, pestilential, poisoning, polluting, spreading, transmittable, virulent, vitiating

**infer** conclude, conjecture, deduce, derive, gather, presume, read between the lines, surmise, understand

**inference** assumption, conclusion, conjecture, consequence, corollary, deduction, illation *(Rare)*, presumption, reading, surmise

**inferior**
- **ADJ. 1.** junior, lesser, lower, menial, minor, secondary, subordinate, subsidiary, under, underneath **2.** bad, bush-league *(Aust. & N.Z. inf.)*, chickenshit *(U.S. sl.)*, crappy *(Sl.)*, dime-a-dozen *(Inf.)*, duff *(Brit. inf.)*, imperfect, indifferent, low-grade, mean, mediocre, of a sort *or* of sorts, piss-poor *(Taboo sl.)*, poor, poorer, poxy *(Sl.)*, second-class, second-rate, shoddy, substandard, tinhorn *(U.S. sl.)*, two-bit *(U.S. & Canad. sl.)*, worse
- **N. 3.** junior, menial, subordinate, underling

**inferiority** **1.** badness, deficiency, imperfection, inadequacy, insignificance, meanness, mediocrity, shoddiness, unimportance, worthlessness **2.** abasement, inferior status *or* standing, lowliness, subordination, subservience

**infernal** **1.** chthonian, Hadean, hellish, lower, nether, Plutonian, Stygian, Tartarean *(Literary)*, underworld **2.** accursed, damnable, damned, demonic, devilish, diabolical, fiendish, hellish, malevolent, malicious, satanic

**infertile** barren, infecund, nonproductive, sterile, unfruitful, unproductive

**infertility** barrenness, infecundity, sterility, unfruitfulness, unproductiveness

**infest** beset, flood, invade, overrun, penetrate, permeate, ravage, swarm, throng

**infiltrate** creep in, filter through, insinuate oneself, penetrate, percolate, permeate, pervade, sneak in *(Inf.)*, work *or* worm one's way into

**infinite** absolute, all-embracing, bottomless, boundless, enormous, eternal, everlasting, illimitable, immeasurable, immense, inestimable, inexhaustible, interminable, limitless, measureless, never-ending, numberless, perpetual, stupendous, total, unbounded, uncounted, untold, vast, wide, without end, without number

**infinitesimal** atomic, inappreciable, insignificant, microscopic, minuscule, minute, negligible, teensy-weensy, teeny, teeny-weeny, tiny, unnoticeable, wee

**infinity** boundlessness, endlessness, eternity, immensity, infinitude, perpetuity, vastness

**infirm** **1.** ailing, debilitated, decrepit, doddering, doddery, enfeebled, failing, feeble, frail, lame, weak **2.** faltering, indecisive, insecure, irresolute, shaky, unsound, unstable, vacillating, wavering, weak, wobbly

**infirmity** **1.** debility, decrepitude, deficiency, feebleness, frailty, ill health, imperfection, sickliness, vulnerability **2.** ailment, defect, disorder, failing, fault, malady, sickness, weakness

**inflame** **1.** agitate, anger, arouse, embitter, enrage, exasperate, excite, fire, foment, heat, ignite, impassion, incense, infuriate, intoxicate, kindle, madden, provoke, rile, rouse, stimulate **2.** aggravate, exacerbate, exasperate, fan, increase, intensify, worsen

**inflammable** combustible, flammable, incendiary

**inflammation** burning, heat, painfulness, rash, redness, sore, soreness, tenderness

**inflammatory** anarchic, demagogic, explosive, fiery, incendiary, inflaming, instigative, insurgent, intemperate, provocative, rabble-rousing, rabid, riotous, seditious

**inflate** aerate, aggrandize, amplify, balloon, bloat, blow up, boost, dilate, distend, enlarge, escalate, exaggerate, expand, increase, puff up *or* out, pump up, swell

**inflated** bombastic, exaggerated, grandiloquent, ostentatious, overblown, swollen

**inflation** aggrandizement, blowing up, distension, enhancement, enlargement, escalation, expansion, extension, increase, intensification, puffiness, rise, spread, swelling, tumefaction

**inflection** **1.** accentuation, bend, bow, crook, curvature, intonation, modulation **2.** *(Gram.)* conjugation, declension **3.** angle, arc, arch

**inflexibility** **1.** hardness, immovability, inelasticity, rigidity, stiffness, stringency **2.** fixity, intransigence, obduracy, obstinacy, steeliness

**inflexible** **1.** adamant, brassbound, dyed-in-the-wool, firm, fixed, hard and fast, immovable, immutable, implacable, inexorable, intractable, iron, obdurate, obstinate, relentless, resolute, rigorous, set, set in one's ways, steadfast, steely, stiff-necked, strict, stringent, stubborn, unadaptable, unbending, unchangeable,

**inflict** administer, apply, deliver, exact, impose, levy, mete or deal out, visit, wreak

**infliction** 1. administration, exaction, imposition, perpetration, wreaking 2. affliction, penalty, punishment, trouble, visitation, worry

**influence**
▶ N. 1. agency, ascendancy, authority, control, credit, direction, domination, effect, guidance, magnetism, mastery, power, pressure, rule, spell, sway, weight 2. bottom, clout (Inf.), connections, good offices, hold, importance, leverage, power, prestige, pull (Inf.), weight
▶ V. 3. act or work upon, affect, arouse, bias, control, count, direct, dispose, guide, impel, impress, incite, incline, induce, instigate, lead to believe, manipulate, modify, move, persuade, predispose, prompt, rouse, sway 4. bring pressure to bear upon, carry weight with, make oneself felt, pull strings (Inf.)

**influential** authoritative, controlling, effective, efficacious, forcible, guiding, important, instrumental, leading, meaningful, momentous, moving, persuasive, potent, powerful, significant, telling, weighty

**influx** arrival, convergence, flow, incursion, inflow, inrush, inundation, invasion, rush

**infold** → enfold

**inform** 1. acquaint, advise, apprise, clue in (Inf.), communicate, enlighten, give (someone) to understand, instruct, leak to, let know, make conversant (with), notify, put (someone) in the picture (Inf.), send word to, teach, tell, tip off 2. (Often with **against** or **on**) betray, blab, blow the whistle on (Inf.), clype (Scot.), denounce, grass (Brit. sl.), incriminate, inculpate, nark (Brit., Aust., & N.Z. sl.), peach (Sl.), rat (Inf.), shop (Sl., chiefly Brit.), sing (Sl., chiefly U.S.), snitch (Sl.), spill one's guts (Sl.), squeal (Sl.), tell all, tell on (Inf.) 3. animate, characterize, illuminate, imbue, inspire, permeate, suffuse, typify

**informal** casual, colloquial, cosy, easy, familiar, natural, relaxed, simple, unceremonious, unconstrained, unofficial

**informality** casualness, ease, familiarity, lack of ceremony, naturalness, relaxation, simplicity

**information** advice, blurb, counsel, data, dope (Inf.), facts, gen (Brit. inf.), info (Inf.), inside story, instruction, intelligence, knowledge, latest (Inf.), lowdown (Inf.), material, message, news, notice, report, tidings, word

**informative** chatty, communicative, edifying, educational, enlightening, forthcoming, gossipy, illuminating, instructive, newsy, revealing

**informed** abreast, acquainted, au courant, au fait, briefed, conversant, enlightened, erudite, expert, familiar, genned up (Brit. inf.), in the know (Inf.), knowledgeable, learned, posted, primed, reliable, up, up to date, versed, well-read

**informer** accuser, betrayer, grass (Brit. sl.), Judas, nark (Brit., Aust., & N.Z. sl.), sneak, squealer (Sl.), stool pigeon

**infrequent** few and far between, occasional, rare, sporadic, uncommon, unusual

**infringe** 1. break, contravene, disobey, transgress, violate 2. (With **on** or **upon**) encroach, intrude, trespass

**infringement** breach, contravention, infraction, noncompliance, nonobservance, transgression, trespass, violation

**infuriate** anger, be like a red rag to a bull, enrage, exasperate, gall, get one's back up, get one's goat (Sl.), incense, irritate, madden, make one's blood boil, make one see red (Inf.), make one's hackles rise, nark (Brit., Aust., & N.Z. sl.), provoke, raise one's hackles, rile

**infuriating** aggravating (Inf.), annoying, exasperating, galling, irritating, maddening, mortifying, pestilential, provoking, vexatious

**ingenious** adroit, bright, brilliant, clever, crafty, creative, dexterous, fertile, inventive, masterly, original, ready, resourceful, shrewd, skilful, subtle

**ingenuity** adroitness, cleverness, faculty, flair, genius, gift, ingeniousness, inventiveness, knack, originality, resourcefulness, sharpness, shrewdness, skill, turn

**ingenuous** artless, candid, childlike, frank, guileless, honest, innocent, naive, open, plain, simple, sincere, trustful, trusting, unreserved, unsophisticated, unstudied

**ingenuousness** artlessness, candour, frankness, guilelessness, innocence, naivety, openness, trustingness, unsuspiciousness

**inglorious** discreditable, disgraceful, dishonourable, disreputable, failed, humiliating, ignoble, ignominious, infamous, obscure, shameful, unheroic, unknown, unsuccessful, unsung

**ingratiate** be a yes man, blandish, brown-nose (Taboo sl.), crawl, curry favour, fawn, flatter, get in with, get on the right side of, grovel, insinuate oneself, kiss (someone's) ass (U.S. & Canad. taboo sl.), lick (someone's) boots, pander to, play up to, rub (someone) up the right way (Inf.), seek the favour (of someone), suck up to (Inf.), toady, worm oneself into (someone's) favour

**ingratiating** bootlicking (Inf.), crawling, fawning, flattering, humble, obsequious, servile, sycophantic, timeserving, toadying, unctuous

**ingratitude** thanklessness, unappreciativeness, ungratefulness

**ingredient** component, constituent, element, part

**inhabit** abide, dwell, live, lodge, make one's home, occupy, people, populate, possess, reside, take up residence in, tenant

**inhabitant** aborigine, citizen, denizen, dweller, indigene, indweller, inmate, native, occupant, occupier, resident, tenant

**inhale** breathe in, draw in, gasp, respire, suck in

**inherent** basic, congenital, connate, essential, hereditary, inborn, inbred, inbuilt, ingrained, inherited, innate, instinctive, intrinsic, native, natural

**inherit** accede to, be bequeathed, be left, come into, fall heir to, succeed to

**inheritance** bequest, birthright, heritage, legacy, patrimony

**inhibit** arrest, bar, bridle, check, constrain, cramp (someone's) style (Inf.), curb, debar, discourage, forbid, frustrate, hinder, hold back or in, impede, obstruct, prevent, prohibit, restrain, stop

**inhibited** constrained, frustrated, guarded, repressed, reserved, reticent, self-conscious, shy, subdued, uptight (Inf.), withdrawn

**inhibition** bar, block, check, embargo, hang-up (Inf.), hindrance, interdict, mental blockage, obstacle, prohibition, reserve, restraint, restriction, reticence, self-consciousness, shyness

**inhospitable** 1. cool, uncongenial, unfriendly, ungenerous, unkind, unreceptive, unsociable, unwelcoming, xenophobic 2. bare, barren, bleak, desolate, empty, forbidding, godforsaken, hostile, lonely, sterile, unfavourable, uninhabitable

**inhuman** animal, barbaric, barbarous, bestial, brutal, cold-blooded, cruel, diabolical, fiendish, heartless, merciless, pitiless, remorseless, ruthless, savage, unfeeling, vicious

**inhumane** brutal, cruel, heartless, pitiless, uncompassionate, unfeeling, unkind, unsympathetic

**inhumanity** atrocity, barbarism, brutality, brutishness, cold-bloodedness, cold-heartedness, cruelty, hardheartedness, heartlessness, pitilessness, ruthlessness, unkindness, viciousness

**inimical** adverse, antagonistic, antipathetic, contrary, destructive, disaffected, harmful, hostile, hurtful, ill-disposed, injurious, noxious, opposed, oppugnant (Rare), pernicious, repugnant, unfavourable, unfriendly, unwelcoming

**inimitable** consummate, incomparable, matchless, nonpareil, peerless, supreme, unequalled, unexampled, unique, unmatched, unparalleled, unrivalled, unsurpassable

**iniquitous** abominable, accursed, atrocious, base, criminal, evil, heinous, immoral, infamous, nefarious, reprehensible, reprobate, sinful, unjust, unrighteous, vicious, wicked

**iniquity** abomination, baseness, crime, evil, evildoing, heinousness, infamy, injustice, misdeed, offence, sin, sinfulness, unrighteousness, wickedness, wrong, wrongdoing

**initial** ADJ. beginning, commencing, early, first, inaugural, inceptive, inchoate, incipient, introductory, opening, primary

**initially** at or in the beginning, at first, at the outset, at the start, first, firstly, in the early stages, originally, primarily, to begin with

**initiate**
▶ V. 1. begin, break the ice, commence, get under way, inaugurate, institute, kick off (Inf.), kick-start, launch, lay the foundations of, open, originate, pioneer, set going, set in motion, set the ball rolling, start 2. coach, familiarize with, indoctrinate, induct, instate, instruct, introduce, invest, teach, train
▶ N. 3. beginner, convert, entrant, learner, member, novice, probationer, proselyte, tyro

**initiation** admission, commencement, debut, enrolment, entrance, inauguration, inception, induction, installation, instatement, introduction, investiture

**initiative** 1. advantage, beginning, commencement, first move, first step, lead 2. ambition, drive, dynamism, enterprise, get-up-and-go (Inf.), inventiveness, leadership, originality, push (Inf.), resource, resourcefulness

**inject** 1. inoculate, jab (Inf.), shoot (Inf.), vaccinate 2. bring in, infuse, insert, instil, interject, introduce

**injection** 1. inoculation, jab (Inf.), shot (Inf.), vaccination, vaccine 2. dose, infusion, insertion, interjection, introduction

**injudicious** foolish, hasty, ill-advised, ill-judged, ill-timed, impolitic, imprudent, incautious, inconsiderate, indiscreet, inexpedient, rash, unthinking, unwise

**injunction** admonition, command, dictate, exhortation, instruction, mandate, order, precept, ruling

**injure** abuse, blemish, blight, break, damage, deface, disable, harm, hurt, impair, maltreat, mar, ruin, spoil, tarnish, undermine, vitiate, weaken, wound, wrong

**injured** 1. broken, disabled, hurt, lamed, undermined, weakened, wounded 2. cut to the quick, disgruntled, displeased, hurt, long-suffering, put out, reproachful, stung, unhappy, upset, wounded 3. abused, blackened, blemished, defamed, ill-treated, maligned, maltreated, offended, tarnished, vilified, wronged

**injury** abuse, damage, detriment, disservice, evil, grievance, harm, hurt, ill, injustice, mischief, ruin, wound, wrong

**injustice** bias, discrimination, favouritism, inequality, inequity, iniquity, one-sidedness, oppression, partiality, partisanship, prejudice, unfairness, unjustness, unlawfulness, wrong

**inkling** clue, conception, faintest or foggiest idea, glimmering, hint, idea, indication, intimation, notion, suggestion, suspicion, whisper

**inland** ADJ. domestic, interior, internal, upcountry

**inlet** arm (of the sea), bay, bight, cove, creek, entrance, firth or frith (Scot.), ingress, passage, sea loch (Scot.)

**inmost** or **innermost** basic, buried, central, deep, deepest, essential, intimate, personal, private, secret

**innate** congenital, connate, constitutional, essential, inborn, inbred, indigenous, ingrained, inherent, inherited, instinctive, intrinsic, intuitive, native, natural

**inner** 1. central, essential, inside, interior, internal, intestinal, inward, middle 2. esoteric, hidden, intimate, personal, private, repressed, secret, unrevealed 3. emotional, mental, psychological, spiritual

**innermost** → inmost

**innkeeper** host, hostess, hotelier, landlady, landlord, mine host, publican

**innocence** 1. blamelessness, chastity, clean hands, guiltlessness, incorruptibility, probity, purity, righteousness, sinlessness, stainlessness, uprightness, virginity, virtue 2. harmlessness, innocuousness, innoxiousness, inoffensiveness 3. artlessness, credulousness, freshness, guilelessness, gullibility, inexperience, ingenuousness, naïveté, simplicity, unsophistication, unworldliness 4. ignorance, lack of knowledge, nescience (Literary), unawareness, unfamiliarity

**innocent**
▶ ADJ. 1. blameless, clear, faultless, guiltless, honest, in the clear, not guilty, uninvolved, unoffending 2. chaste, immaculate, impeccable, incorrupt, pristine, pure, righteous, sinless, spotless, stainless, unblemished, unsullied, upright, virgin, virginal 3. (With **of**) clear of, empty of, free from, ignorant, lacking, nescient, unacquainted with, unaware, unfamiliar with, untouched by 4. harmless, innocuous,

inoffensive, unmalicious, unobjectionable, well-intentioned, well-meant **5.** artless, childlike, credulous, frank, guileless, gullible, ingenuous, naive, open, simple, unsuspicious, unworldly, wet behind the ears *(Inf.)*
▸ **N. 6.** babe (in arms) *(Inf.)*, child, greenhorn *(Inf.)*, ingénue *(fem.)*

**innovation** alteration, change, departure, introduction, modernism, modernization, newness, novelty, variation

**innuendo** aspersion, hint, implication, imputation, insinuation, intimation, overtone, suggestion, whisper

**innumerable** beyond number, countless, incalculable, infinite, many, multitudinous, myriad, numberless, numerous, unnumbered, untold

**inoffensive** harmless, humble, innocent, innocuous, innoxious, mild, neutral, nonprovocative, peaceable, quiet, retiring, unobjectionable, unobtrusive, unoffending

**inoperative** broken, broken-down, defective, hors de combat, ineffective, ineffectual, inefficacious, invalid, nonactive, null and void, on the fritz *(U.S. sl.)*, out of action, out of commission, out of order, out of service, unserviceable, unworkable, useless

**inopportune** ill-chosen, ill-timed, inappropriate, inauspicious, inconvenient, malapropos, mistimed, unfavourable, unfortunate, unpropitious, unseasonable, unsuitable, untimely

**inordinate** disproportionate, excessive, exorbitant, extravagant, immoderate, intemperate, preposterous, unconscionable, undue, unreasonable, unrestrained, unwarranted

**inorganic** artificial, chemical, man-made, mineral

**inquest** inquiry, inquisition, investigation, probe

**inquire 1.** examine, explore, inspect, investigate, look into, make inquiries, probe, research, scrutinize, search **2.** *(also* **enquire***)* ask, query, question, request information, seek information

**inquiring** analytical, curious, doubtful, inquisitive, interested, investigative, nosy *(Inf.)*, outward-looking, probing, questioning, searching, wondering

**inquiry 1.** examination, exploration, inquest, interrogation, investigation, probe, research, scrutiny, search, study, survey **2.** *(also* **enquiry***)* query, question

**inquisition** cross-examination, examination, grilling *(Inf.)*, inquest, inquiry, investigation, question, quizzing, third degree *(Inf.)*

**inquisitive** curious, inquiring, intrusive, nosy *(Inf.)*, nosy-parkering *(Inf.)*, peering, probing, prying, questioning, scrutinizing, snooping *(Inf.)*, snoopy *(Inf.)*

**inroad 1.** advance, encroachment, foray, incursion, intrusion, invasion, irruption, onslaught, raid **2. make inroads upon** consume, eat away, eat up *or* into, encroach upon, use up

**insane 1.** barking *(Sl.)*, barking mad *(Sl.)*, crackpot *(Inf.)*, crazed, crazy, demented, deranged, loopy *(Inf.)*, mad, mentally disordered, mentally ill, non compos mentis, not the full shilling *(Inf.)*, off one's trolley *(Sl.)*, of unsound mind, out of one's mind, out to lunch *(Inf.)*, unhinged, up the pole *(Inf.)* **2.** barking *(Sl.)*, barking mad *(Sl.)*, barmy *(Sl.)*, batty *(Sl.)*, bonkers *(Sl., chiefly Brit.)*, cracked *(Sl.)*, crackers *(Brit. sl.)*, cuckoo *(Inf.)*, loony *(Sl.)*, loopy *(Inf.)*, mental *(Sl.)*, nuts *(Sl.)*, nutty *(Sl.)*, off one's chump *(Sl.)*, off one's head *(Sl.)*, off one's nut *(Sl.)*, off one's rocker *(Sl.)*, round the bend *(Inf.)*, round the twist *(Inf.)*, screwy *(Inf.)* **3.** bizarre, daft *(Inf.)*, fatuous, foolish, idiotic, impractical, inane, irrational, irresponsible, lunatic, preposterous, senseless, stupid

**insanitary** contaminated, dirtied, dirty, disease-ridden, feculent, filthy, impure, infected, infested, insalubrious, noxious, polluted, unclean, unhealthy, unhygienic

**insanity 1.** aberration, craziness, delirium, dementia, frenzy, madness, mental derangement, mental disorder, mental illness **2.** folly, irresponsibility, lunacy, preposterousness, senselessness, stupidity

**insatiable** gluttonous, greedy, insatiate, intemperate, quenchless, rapacious, ravenous, unappeasable, unquenchable, voracious

**inscribe 1.** carve, cut, engrave, etch, impress, imprint **2.** engross, enlist, enrol, enter, record, register, write **3.** address, dedicate

**inscription** dedication, engraving, label, legend, lettering, saying, words

**inscrutable 1.** blank, deadpan, enigmatic, impenetrable, poker-faced *(Inf.)*, sphinxlike, unreadable **2.** hidden, incomprehensible, inexplicable, mysterious, undiscoverable, unexplainable, unfathomable, unintelligible

**insecure 1.** afraid, anxious, uncertain, unconfident, unsure **2.** dangerous, defenceless, exposed, hazardous, ill-protected, open to attack, perilous, unguarded, unprotected, unsafe, unshielded, vulnerable **3.** built upon sand, flimsy, frail, insubstantial, loose, on thin ice, precarious, rickety, rocky, shaky, unreliable, unsound, unstable, unsteady, weak, wobbly

**insecurity 1.** anxiety, fear, uncertainty, unsureness, worry **2.** danger, defencelessness, hazard, peril, risk, uncertainty, vulnerability, weakness **3.** dubiety, frailness, instability, precariousness, shakiness, uncertainty, unreliability, unsteadiness, weakness

**insensibility 1.** apathy, callousness, dullness, indifference, inertia, insensitivity, lethargy, thoughtlessness, torpor **2.** inertness, numbness, unconsciousness

**insensible 1.** anaesthetized, benumbed, dull, inert, insensate, numbed, senseless, stupid, torpid **2.** apathetic, callous, cold, deaf, hardhearted, impassive, impervious, indifferent, oblivious, unaffected, unaware, unconscious, unfeeling, unmindful, unmoved, unresponsive, unsusceptible, untouched **3.** imperceivable, imperceptible, minuscule, negligible, unnoticeable

**insensitive 1.** callous, crass, hardened, imperceptive, indifferent, obtuse, tactless, thick-skinned, tough, uncaring, unconcerned, unfeeling, unresponsive, unsusceptible **2.** *(With* **to***)* dead to, immune to, impervious to, nonreactive, proof against, unaffected by, unmoved by

**inseparable 1.** conjoined, inalienable, indissoluble, indivisible, inseverable **2.** bosom, close, devoted, intimate

**insert** embed, enter, implant, infix, interject, interpolate, interpose, introduce, place, pop in *(Inf.)*, put, set, stick in, tuck in, work in

**insertion** addition, implant, inclusion, insert, inset, interpolation, introduction, supplement

**inside**
▸ **N. 1.** contents, inner part, interior **2.** *Often plural (Inf.)* belly, bowels, entrails, gut, guts, innards *(Inf.)*, internal organs, stomach, viscera, vitals
▸ **ADV. 3.** indoors, under cover, within
▸ **ADJ. 4.** inner, innermost, interior, internal, intramural, inward **5.** classified, confidential, esoteric, exclusive, internal, limited, private, restricted, secret

**insidious** artful, crafty, crooked, cunning, deceitful, deceptive, designing, disingenuous, duplicitous, guileful, intriguing, Machiavellian, slick, sly, smooth, sneaking, stealthy, subtle, surreptitious, treacherous, tricky, wily

**insight** acumen, awareness, comprehension, discernment, intuition, intuitiveness, judg(e)ment, observation, penetration, perception, perspicacity, understanding, vision

**insignia** badge, crest, decoration, distinguishing mark, earmark, emblem, ensign, symbol

**insignificance** immateriality, inconsequence, irrelevance, meaninglessness, negligibility, paltriness, pettiness, triviality, unimportance, worthlessness

**insignificant** flimsy, immaterial, inconsequential, inconsiderable, irrelevant, meagre, meaningless, measly, minor, negligible, nickel-and-dime *(U.S. sl.)*, nondescript, nonessential, not worth mentioning, nugatory, of no account (consequence, moment), paltry, petty, scanty, trifling, trivial, unimportant, unsubstantial

**insincere** deceitful, deceptive, devious, dishonest, disingenuous, dissembling, dissimulating, double-dealing, duplicitous, evasive, faithless, false, hollow, hypocritical, Janus-faced, lying, mendacious, perfidious, pretended, two-faced, unfaithful, untrue, untruthful

**insincerity** deceitfulness, deviousness, dishonesty, disingenuousness, dissimulation, duplicity, faithlessness, hypocrisy, lip service, mendacity, perfidy, pretence, untruthfulness

**insinuate 1.** allude, hint, imply, indicate, intimate, suggest **2.** infiltrate, infuse, inject, instil, introduce **3.** curry favour, get in with, ingratiate, worm *or* work one's way in

**insinuation 1.** allusion, aspersion, hint, implication, innuendo, slur, suggestion **2.** infiltration, infusion, ingratiating, injection, instillation, introduction

**insipid 1.** anaemic, banal, bland, characterless, colourless, drab, dry, dull, flat, ho-hum *(Inf.)*, jejune, lifeless, limp, pointless, prosaic, prosy, spiritless, stale, stupid, tame, tedious, trite, unimaginative, uninteresting, vapid, weak, wearisome, wishy-washy *(Inf.)* **2.** bland, flavourless, savourless, tasteless, unappetizing, watered down, watery, wishy-washy *(Inf.)*

**insipidity, insipidness 1.** banality, colourlessness, dullness, flatness, lack of imagination, pointlessness, staleness, tameness, tediousness, triteness, uninterestingness, vapidity **2.** blandness, flavourlessness, lack of flavour, tastelessness

**insist 1.** be firm, brook no refusal, demand, lay down the law, not take no for an answer, persist, press (someone), require, stand firm, stand one's ground, take *or* make a stand, urge **2.** assert, asseverate, aver, claim, contend, hold, maintain, reiterate, repeat, swear, urge, vow

**insistence** assertion, contention, demands, emphasis, importunity, insistency, persistence, pressing, reiteration, stress, urging

**insistent** demanding, dogged, emphatic, exigent, forceful, importunate, incessant, peremptory, persevering, persistent, pressing, unrelenting, urgent

**insolence** abuse, audacity, backchat *(Inf.)*, boldness, cheek *(Inf.)*, chutzpah *(U.S. & Canad. inf.)*, contemptuousness, contumely, disrespect, effrontery, front, gall *(Inf.)*, impertinence, impudence, incivility, insubordination, offensiveness, pertness, rudeness, sauce *(Inf.)*, uncivility

**insolent** abusive, bold, brazen-faced, contemptuous, fresh *(Inf.)*, impertinent, impudent, insubordinate, insulting, pert, rude, saucy, uncivil

**insoluble** baffling, impenetrable, indecipherable, inexplicable, mysterious, mystifying, obscure, unaccountable, unfathomable, unsolvable

**insolvency** bankruptcy, failure, liquidation, ruin

**insolvent** bankrupt, broke *(Inf.)*, failed, gone bust *(Inf.)*, gone to the wall, in queer street *(Inf.)*, in receivership, in the hands of the receivers, on the rocks *(Inf.)*, ruined

**insomnia** sleeplessness, wakefulness

**inspect** audit, check, check out *(Inf.)*, examine, eyeball *(U.S. sl.)*, give (something *or* someone) the once-over *(Inf.)*, go over *or* through, investigate, look over, oversee, recce *(Sl.)*, research, scan, scrutinize, search, superintend, supervise, survey, take a dekko at *(Brit. sl.)*, vet, work over

**inspection** check, checkup, examination, investigation, look-over, once-over *(Inf.)*, recce *(Sl.)*, review, scan, scrutiny, search, superintendence, supervision, surveillance, survey

**inspector** censor, checker, critic, examiner, investigator, overseer, scrutineer, scrutinizer, superintendent, supervisor

**inspiration 1.** arousal, awakening, encouragement, influence, muse, spur, stimulus **2.** afflatus, creativity, elevation, enthusiasm, exaltation, genius, illumination, insight, revelation, stimulation

**inspire 1.** animate, be responsible for, encourage, enliven, fire *or* touch the imagination of, galvanize, hearten, imbue, influence, infuse, inspirit, instil, rouse, spark off, spur, stimulate **2.** arouse, enkindle, excite, give rise to, produce, quicken, rouse, stir

**inspired 1.** brilliant, dazzling, enthralling, exciting, impressive, memorable, of genius, outstanding, superlative, thrilling, wonderful **2.** *(Of a guess)* instinctive, instinctual, intuitive **3.** aroused, elated, enthused, exalted, exhilarated, galvanized, possessed, stimulated, stirred up, uplifted

**inspiring** affecting, encouraging, exciting, exhilarating, heartening, moving, rousing, stimulating, stirring, uplifting

**instability** capriciousness, changeableness, disequilibrium, fickleness, fitfulness, fluctuation, fluidity, frailty, imbalance, impermanence, inconstancy, insecurity, irresolution, mutability, oscillation, precariousness, restlessness, shakiness, transience, unpredictability, unsteadiness, vacillation, variability, volatility, wavering, weakness

**instal, install 1.** fix, lay, lodge, place, position, put in, set up, station **2.** establish, inaugurate, induct, instate, institute, introduce, invest, set up **3.** ensconce, position, settle

**installation 1.** establishment, fitting, instalment, placing, positioning, setting up **2.** inauguration, induction, instatement, investiture **3.** equipment, machinery, plant, system **4.** *(Military)* base, establishment, post, station

**instalment** chapter, division, episode, part, portion, repayment, section

**instance**
▶ **N. 1.** case, case in point, example, illustration, occasion, occurrence, precedent, situation, time **2.** application, behest, demand, entreaty, importunity, impulse, incitement, insistence, instigation, pressure, prompting, request, solicitation, urging
▶ **V. 3.** adduce, cite, mention, name, quote, specify

**instant**
▶ **N. 1.** flash, jiffy *(Inf.)*, moment, second, shake *(Inf.)*, split second, tick *(Brit. inf.)*, trice, twinkling, twinkling of an eye *(Inf.)*, two shakes of a lamb's tail *(Inf.)* **2. on the instant** forthwith, immediately, instantly, now, right away, without delay **3.** juncture, moment, occasion, point, time
▶ **ADJ. 4.** direct, immediate, instantaneous, on-the-spot, prompt, quick, quickie *(Inf.)*, split-second, urgent **5.** convenience, fast, precooked, ready-mixed **6.** burning, exigent, imperative, importunate, pressing, urgent

**instantaneous** direct, immediate, instant, on-the-spot

**instantaneously** at once, forthwith, immediately, in a fraction of a second, instantly, in the same breath, in the twinkling of an eye *(Inf.)*, like greased lightning *(Inf.)*, on the instant, on the spot, posthaste, promptly, pronto *(Inf.)*, quick as lightning, straight away, then and there

**instantly** at once, directly, forthwith, immediately, instantaneously, instanter *(Law)*, now, on the spot, posthaste, pronto *(Inf.)*, right away, right now, straight away, there and then, this minute, tout de suite, without delay

**instead 1.** alternatively, in lieu, in preference, on second thoughts, preferably, rather **2.** *(With of)* as an alternative or equivalent to, in lieu of, in place of, rather than

**instigate** actuate, bring about, encourage, foment, get going, impel, incite, influence, initiate, kick-start, kindle, move, persuade, prod, prompt, provoke, rouse, set off, set on, spur, start, stimulate, stir up, trigger, urge, whip up

**instigation** behest, bidding, encouragement, incentive, incitement, prompting, urging

**instigator** agitator, firebrand, fomenter, goad, incendiary, inciter, leader, mischief-maker, motivator, prime mover, ringleader, spur, stirrer *(Inf.)*, troublemaker

**instil, instill** engender, engraft, imbue, implant, impress, inculcate, infix, infuse, insinuate, introduce

**instinct** aptitude, faculty, feeling, gift, gut feeling *(Inf.)*, gut reaction *(Inf.)*, impulse, intuition, knack, natural inclination, predisposition, proclivity, sixth sense, talent, tendency, urge

**instinctive** automatic, inborn, inherent, innate, instinctual, intuitional, intuitive, involuntary, mechanical, native, natural, reflex, spontaneous, unlearned, unpremeditated, unthinking, visceral

**instinctively** automatically, by instinct, intuitively, involuntarily, naturally, without thinking

**institute**
▶ **V. 1.** appoint, begin, bring into being, commence, constitute, enact, establish, fix, found, induct, initiate, install, introduce, invest, launch, ordain, organize, originate, pioneer, put into operation, set in motion, settle, set up, start
▶ **N. 2.** academy, association, college, conservatory, foundation, guild, institution, school, seat of learning, seminary, society **3.** custom, decree, doctrine, dogma, edict, law, maxim, precedent, precept, principle, regulation, rule, tenet

**institution 1.** constitution, creation, enactment, establishment, formation, foundation, initiation, introduction, investiture, investment, organization **2.** academy, college, establishment, foundation, hospital, institute, school, seminary, society, university **3.** convention, custom, fixture, law, practice, ritual, rule, tradition

**institutional 1.** accepted, bureaucratic, conventional, established, establishment *(Inf.)*, formal, organized, orthodox, societal **2.** cheerless, clinical, cold, drab, dreary, dull, forbidding, formal, impersonal, monotonous, regimented, routine, uniform, unwelcoming

**instruct 1.** bid, charge, command, canon, direct, enjoin, order, tell **2.** coach, discipline, drill, educate, enlighten, ground, guide, inform, school, teach, train, tutor **3.** acquaint, advise, apprise, brief, counsel, inform, notify, tell

**instruction 1.** apprenticeship, coaching, discipline, drilling, education, enlightenment, grounding, guidance, information, lesson(s), preparation, schooling, teaching, training, tuition, tutelage **2.** briefing, command, demand, direction, directive, injunction, mandate, order, ruling

**instructions** advice, directions, guidance, information, key, orders, recommendations, rules

**instructive** cautionary, didactic, edifying, educational, enlightening, helpful, illuminating, informative, instructional, revealing, useful

**instructor** adviser, coach, demonstrator, exponent, guide, handler, master, mentor, mistress, pedagogue, preceptor *(Rare)*, schoolmaster, schoolmistress, teacher, trainer, tutor

**instrument 1.** apparatus, appliance, contraption *(Inf.)*, contrivance, device, gadget, implement, mechanism, tool, utensil **2.** agency, agent, channel, factor, force, means, mechanism, medium, organ, vehicle **3.** *(Inf.)* cat's-paw, dupe, pawn, puppet, tool

**instrumental** active, assisting, auxiliary, conducive, contributory, helpful, helping, influential, involved, of help or service, subsidiary, useful

**insubordinate** contumacious, defiant, disobedient, disorderly, fractious, insurgent, mutinous, rebellious, recalcitrant, refractory, riotous, seditious, turbulent, undisciplined, ungovernable, unruly

**insubordination** defiance, disobedience, indiscipline, insurrection, mutinousness, mutiny, rebellion, recalcitrance, revolt, riotousness, sedition, ungovernability

**insufferable** detestable, dreadful, enough to test the patience of a saint, enough to try the patience of Job, impossible, insupportable, intolerable, more than flesh and blood can stand, outrageous, past bearing, too much, unbearable, unendurable, unspeakable

**insufficient** deficient, inadequate, incapable, incommensurate, incompetent, lacking, scant, short, unfitted, unqualified

**insular** *(Fig.)* blinkered, circumscribed, closed, contracted, cut off, illiberal, inward-looking, isolated, limited, narrow, narrow-minded, parish-pump, parochial, petty, prejudiced, provincial

**insulate** *(Fig.)* close off, cocoon, cushion, cut off, isolate, protect, sequester, shield, wrap up in cotton wool

**insult**
▶ **N. 1.** abuse, affront, aspersion, contumely, indignity, insolence, offence, outrage, put-down, rudeness, slap in the face *(Inf.)*, slight, snub
▶ **V. 2.** abuse, affront, call names, give offence to, injure, miscall *(Dialect)*, offend, outrage, put down, revile, slag (off) *(Sl.)*, slander, slight, snub

**insulting** abusive, affronting, contemptuous, degrading, disparaging, insolent, offensive, rude, scurrilous, slighting

**insuperable** impassable, insurmountable, invincible, unconquerable

**insupportable**
▶ **V. 1.** insufferable, intolerable, past bearing, unbearable, unendurable
▶ **N. 2.** indefensible, unjustifiable, untenable

**insurance** assurance, cover, coverage, guarantee, indemnification, indemnity, protection, provision, safeguard, security, something to fall back on *(Inf.)*, warranty

**insure** assure, cover, guarantee, indemnify, underwrite, warrant

**insurgent**
▶ **N. 1.** insurrectionist, mutineer, rebel, resister, revolter, revolutionary, revolutionist, rioter

▶ **ADJ. 2.** disobedient, insubordinate, insurrectionary, mutinous, rebellious, revolting, revolutionary, riotous, seditious

**insurmountable** hopeless, impassable, impossible, insuperable, invincible, overwhelming, unconquerable

**insurrection** coup, insurgency, mutiny, putsch, rebellion, revolt, revolution, riot, rising, sedition, uprising

**intact** all in one piece, complete, entire, perfect, scatheless, sound, together, unbroken, undamaged, undefiled, unharmed, unhurt, unimpaired, uninjured, unscathed, untouched, unviolated, virgin, whole

**integral 1.** basic, component, constituent, elemental, essential, fundamental, indispensable, intrinsic, necessary, requisite **2.** complete, entire, full, intact, undivided, whole

**integrate** accommodate, amalgamate, assimilate, blend, coalesce, combine, fuse, harmonize, incorporate, intermix, join, knit, meld, merge, mesh, unite

**integration** amalgamation, assimilation, blending, combining, commingling, fusing, harmony, incorporation, mixing, unification

**integrity 1.** candour, goodness, honesty, honour, incorruptibility, principle, probity, purity, rectitude, righteousness, uprightness, virtue **2.** coherence, cohesion, completeness, soundness, unity, wholeness

**intellect 1.** brains *(Inf.)*, intelligence, judg(e)ment, mind, reason, sense, understanding **2.** *(Inf.)* brain *(Inf.)*, egghead *(Inf.)*, genius, intellectual, intelligence, mind, thinker

**intellectual**
▶ **ADJ. 1.** bookish, cerebral, highbrow, intelligent, mental, rational, scholarly, studious, thoughtful
▶ **N. 2.** academic, egghead *(Inf.)*, highbrow, thinker

**intelligence 1.** acumen, alertness, aptitude, brain power, brains *(Inf.)*, brightness, capacity, cleverness, comprehension, discernment, grey matter *(Inf.)*, intellect, mind, nous *(Brit. sl.)*, penetration, perception, quickness, reason, smarts *(Sl., chiefly U.S.)*, understanding **2.** advice, data, disclosure, facts, findings, gen *(Brit. inf.)*, information, knowledge, low-down *(Inf.)*, news, notice, notification, report, rumour, tidings, tip-off, word

**intelligent** acute, alert, apt, brainy *(Inf.)*, bright, clever, discerning, enlightened, instructed, knowing, penetrating, perspicacious, quick, quick-witted, rational, sharp, smart, thinking, well-informed

**intelligentsia** eggheads *(Inf.)*, highbrows, illuminati, intellectuals, literati, masterminds, the learned

**intelligibility** clarity, clearness, comprehensibility, distinctness, explicitness, lucidity, plainness, precision, simplicity

**intelligible** clear, comprehensible, distinct, lucid, open, plain, understandable

**intemperate** excessive, extravagant, extreme, immoderate, incontinent, inordinate, intoxicated, OTT *(Sl.)*, over the top *(Sl.)*, passionate, prodigal, profligate, self-indulgent, severe, tempestuous, unbridled, uncontrollable, ungovernable, unrestrained, violent, wild

**intend 1.** aim, be resolved or determined, contemplate, determine, have in mind or view, mean, meditate, plan, propose, purpose, scheme **2.** *(Often with for)* aim, consign, design, destine, earmark, mark out, mean, set apart

**intense 1.** acute, agonizing, close, concentrated, deep, drastic, excessive, exquisite, extreme, fierce, forceful, great, harsh, intensive, powerful, profound, protracted, severe, strained, unqualified **2.** ardent, burning, consuming, eager, earnest, energetic, fanatical, fervent, fervid, fierce, flaming, forcible, heightened, impassioned, keen, passionate, speaking, vehement

**intensely** deeply, extremely, fiercely, passionately, profoundly, strongly

**intensify** add fuel to the flames *(Inf.)*, add to, aggravate, augment, boost, concentrate, deepen, emphasize, enhance, escalate, exacerbate, heighten, increase, magnify, quicken, redouble, reinforce, set off, sharpen, step up *(Inf.)*, strengthen, whet

**intensity** ardour, concentration, depth, earnestness, emotion, energy, excess, extremity, fanaticism, fervency, fervour, fierceness, fire, force, intenseness, keenness, passion, potency, power, severity, strain, strength, tension, vehemence, vigour

**intensive** all-out, comprehensive, concentrated, demanding, exhaustive, in-depth, thorough, thoroughgoing

**intent**
► ADJ. **1.** absorbed, alert, attentive, committed, concentrated, determined, eager, earnest, engrossed, fixed, industrious, intense, occupied, piercing, preoccupied, rapt, resolute, resolved, steadfast, steady, watchful, wrapped up **2.** bent, hellbent *(Inf.)*, set
► N. **3.** aim, design, end, goal, intention, meaning, object, objective, plan, purpose **4. to all intents and purposes** as good as, practically, virtually

**intention** aim, design, end, end in view, goal, idea, intent, meaning, object, objective, point, purpose, scope, target, view

**intentional** calculated, deliberate, designed, done on purpose, intended, meant, planned, prearranged, preconcerted, premeditated, purposed, studied, wilful

**intentionally** by design, deliberately, designedly, on purpose, wilfully

**intently** attentively, closely, fixedly, hard, keenly, searchingly, steadily, watchfully

**inter** bury, entomb, inhume, inurn, lay to rest, sepulchre

**intercede** advocate, arbitrate, interpose, intervene, mediate, plead, speak

**intercept** arrest, block, catch, check, cut off, deflect, head off, interrupt, obstruct, seize, stop, take

**intercession** advocacy, entreaty, good offices, intervention, mediation, plea, pleading, prayer, solicitation, supplication

**interchange**
► V. **1.** alternate, bandy, barter, exchange, reciprocate, swap *(Inf.)*, switch, trade
► N. **2.** alternation, crossfire, exchange, give and take, intersection, junction, reciprocation

**interchangeable** commutable, equivalent, exchangeable, identical, reciprocal, synonymous, the same, transposable

**intercourse 1.** association, commerce, communication, communion, connection, contact, converse, correspondence, dealings, intercommunication, trade, traffic, truck **2.** carnal knowledge, coition, coitus, congress, copulation, intimacy, nookie *(Sl.)*, rumpy-pumpy *(Sl.)*, sex *(Inf.)*, sexual act, sexual intercourse, sexual relations, the other *(Inf.)*

**interest**
► N. **1.** affection, attention, attentiveness, attraction, concern, curiosity, notice, regard, suspicion, sympathy **2.** concern, consequence, importance, moment, note, relevance, significance, weight **3.** activity, diversion, hobby, leisure activity, pastime, preoccupation, pursuit, relaxation **4.** advantage, benefit, gain, good, profit **5. in the interest of** for the sake of, on behalf of, on the part of, profitable to, to the advantage of **6.** authority, claim, commitment, influence, investment, involvement, participation, portion, right, share, stake **7.** *Often plural* affair, business, care, concern, matter
► V. **8.** amuse, arouse one's curiosity, attract, divert, engross, fascinate, hold the attention of, intrigue, move, touch **9.** affect, concern, engage, involve

**interested 1.** affected, attentive, attracted, curious, drawn, excited, fascinated, intent, into *(Inf.)*, keen, moved, responsive, stimulated **2.** biased, concerned, implicated, involved, partial, partisan, predisposed, prejudiced

**interesting** absorbing, amusing, appealing, attractive, compelling, curious, engaging, engrossing, entertaining, gripping, intriguing, pleasing, provocative, stimulating, suspicious, thought-provoking, unusual

**interfere 1.** butt in, get involved, intermeddle, intervene, intrude, meddle, poke one's nose in *(Inf.)*, put one's two cents in *(U.S. sl.)*, stick one's oar in *(Inf.)*, tamper **2.** *(Often with* **with***)* be a drag upon *(Inf.)*, block, clash, collide, conflict, cramp, frustrate, get in the way of, hamper, handicap, hinder, impede, inhibit, obstruct, trammel

**interference 1.** intermeddling, intervention, intrusion, meddlesomeness, meddling, prying **2.** clashing, collision, conflict, impedance, obstruction, opposition

**interim**
► ADJ. **1.** acting, caretaker, improvised, intervening, makeshift, pro tem, provisional, stopgap, temporary
► N. **2.** entr'acte, interregnum, interval, meantime, meanwhile, respite

**interior**
► ADJ. **1.** inner, inside, internal, inward **2.** *(Geog.)* central, inland, remote, upcountry **3.** *(Politics)* domestic, home **4.** hidden, inner, intimate, mental, personal, private, secret, spiritual
► N. **5.** bosom, centre, contents, core, heart, innards *(Inf.)*, inside **6.** *(Geog.)* centre, heartland, upcountry

**interjection** cry, ejaculation, exclamation, interpolation, interposition

**interloper** gate-crasher *(Inf.)*, intermeddler, intruder, meddler, trespasser, uninvited guest, unwanted visitor

**interlude** break, breathing space, delay, entr'acte, episode, halt, hiatus, intermission, interval, pause, respite, rest, spell, stop, stoppage, wait

**intermediary** N. agent, broker, entrepreneur, go-between, mediator, middleman

**intermediate** halfway, in-between *(Inf.)*, intermediary, interposed, intervening, mean, mid, middle, midway, transitional

**interment** burial, burying, funeral, inhumation, sepulture

**interminable** boundless, ceaseless, dragging, endless, everlasting, immeasurable, infinite, limitless, long, long-drawn-out, long-winded, never-ending, perpetual, protracted, unbounded, unlimited, wearisome

**intermingle** amalgamate, blend, combine, commingle, commix, fuse, interlace, intermix, interweave, meld, merge, mix

**intermission** break, cessation, entr'acte, interlude, interruption, interval, let-up *(Inf.)*, lull, pause, recess, respite, rest, stop, stoppage, suspense, suspension

**intermittent** broken, discontinuous, fitful, irregular, occasional, periodic, punctuated, recurrent, recurring, spasmodic, sporadic, stop-go *(Inf.)*

**intern** confine, detain, hold, hold in custody

**internal 1.** inner, inside, interior, intimate, private, subjective **2.** civic, domestic, home, in-house, intramural

**international** cosmopolitan, ecumenical *(Rare)*, global, intercontinental, universal, worldwide

**interpolate** add, insert, intercalate, introduce

**interpolation** addition, aside, insert, insertion, intercalation, interjection, introduction

**interpose 1.** come *or* place between, intercede, interfere, intermediate, intervene, intrude, mediate, step in **2.** insert, interject, interrupt (with), introduce, put forth

**interpret** adapt, clarify, construe, decipher, decode, define, elucidate, explain, explicate, expound, make sense of, paraphrase, read, render, solve, spell out, take, throw light on, translate, understand

**interpretation** analysis, clarification, construction, diagnosis, elucidation, exegesis, explanation, explication, exposition, meaning, performance, portrayal, reading, rendering, rendition, sense, signification, translation, understanding, version

**interpreter** annotator, commentator, exponent, scholiast, translator

**interrogate** ask, catechize, cross-examine, cross-question, enquire, examine, give (someone) the third degree *(Inf.)*, grill *(Inf.)*, inquire, investigate, pump, put the screws on *(Inf.)*, question, quiz

**interrogation** cross-examination, cross-questioning, enquiry, examination, grilling *(Inf.)*, inquiry, inquisition, probing, questioning, third degree *(Inf.)*

**interrogative** curious, inquiring, inquisitive, inquisitorial, questioning, quizzical

**interrupt** barge in *(Inf.)*, break, break in, break off, break (someone's) train of thought, butt in, check, cut, cut off, cut short, delay, disconnect, discontinue, disjoin, disturb, disunite, divide, heckle, hinder, hold up, interfere (with), intrude, lay aside, obstruct, punctuate, separate, sever, stay, stop, suspend

**interruption** break, cessation, disconnection, discontinuance, disruption, dissolution, disturbance, disuniting, division, halt, hiatus, hindrance, hitch, impediment, intrusion, obstacle, obstruction, pause, separation, severance, stop, stoppage, suspension

**intersect** bisect, crisscross, cross, cut, cut across, divide, meet

**intersection** crossing, crossroads, interchange, junction

**interval** break, delay, distance, entr'acte, gap, hiatus, interim, interlude, intermission, meantime, meanwhile, opening, pause, period, playtime, respite, rest, season, space, spell, term, time, wait

**intervene 1.** arbitrate, intercede, interfere, interpose oneself, intrude, involve oneself, mediate, put one's two cents in *(U.S. sl.)*, step in *(Inf.)*, take a hand *(Inf.)* **2.** befall, come to pass, ensue, happen, occur, succeed, supervene, take place

**intervention** agency, intercession, interference, interposition, intrusion, mediation

**interview**
► N. **1.** audience, conference, consultation, dialogue, evaluation, meeting, oral (examination), press conference, talk
► V. **2.** examine, interrogate, question, sound out, talk to

**interviewer** examiner, interlocutor, interrogator, investigator, questioner, reporter

**intestinal** abdominal, coeliac, duodenal, gut *(Inf.)*, inner, stomachic, visceral

**intimacy** closeness, confidence, confidentiality, familiarity, fraternization, understanding

**intimate**
► ADJ. **1.** bosom, cherished, close, confidential, dear, friendly, near, nearest and dearest, thick *(Inf.)*, warm **2.** confidential, personal, private, privy, secret **3.** deep, detailed, exhaustive, experienced, first-hand, immediate, in-depth, penetrating, personal, profound, thorough **4.** comfy *(Inf.)*, cosy, friendly, informal, snug, tête-à-tête, warm
► N. **5.** bosom friend, buddy *(Inf.)*, china *(Brit. sl.)*, chum *(Inf.)*, close friend, cock *(Brit. inf.)*, comrade, confidant, confidante, (constant) companion, crony, familiar, friend, mate *(Inf.)*, mucker *(Brit. sl.)*, pal
► V. **6.** allude, announce, communicate, declare, drop a hint, give (someone) to understand, hint, impart, imply, indicate, insinuate, let it be known, make known, remind, state, suggest, tip (someone) the wink *(Brit. inf.)*, warn

**intimately 1.** affectionately, closely, confidentially, confidingly, familiarly, personally, tenderly, very well, warmly **2.** fully, in detail, inside out, thoroughly, through and through, to the core, very well

**intimation 1.** allusion, hint, indication, inkling, insinuation, reminder, suggestion, warning **2.** announcement, communication, declaration, notice

**intimidate** affright *(Archaic)*, alarm, appal, browbeat, bully, coerce, cow, daunt, dishearten, dismay, dispirit, frighten, lean on *(Inf.)*, overawe, scare, scare off *(Inf.)*, subdue, terrify, terrorize, threaten, twist someone's arm *(Inf.)*

**intimidation** arm-twisting *(Inf.)*, browbeating, bullying, coercion, fear, menaces, pressure, terror, terrorization, threat(s)

**intolerable** beyond bearing, excruciating, impossible, insufferable, insupportable, more than flesh and blood can stand, not to be borne, painful, unbearable, unendurable

**intolerance** bigotry, chauvinism, discrimination, dogmatism, fanaticism, illiberality, impatience, jingoism, narrow-mindedness, narrowness, prejudice, racialism, racism, xenophobia

**intolerant** bigoted, chauvinistic, dictatorial, dogmatic, fanatical, illiberal, impatient, narrow, narrow-minded, one-sided, prejudiced, racialist, racist, small-minded, uncharitable, xenophobic

**intone** chant, croon, intonate, recite, sing

**intoxicate 1.** addle, befuddle, fuddle, go to one's head, inebriate, put (someone) under the table *(Inf.)*, stupefy **2.** *(Fig.)* elate, excite, exhilarate, inflame, make one's head spin, stimulate

**intoxicated 1.** bevvied *(Dialect)*, blitzed *(Sl.)*, blotto *(Sl.)*, bombed *(Sl.)*, canned *(Sl.)*, cut *(Brit. sl.)*, drunk, drunken, flying *(Sl.)*, fuddled, half seas over *(Brit. inf.)*, high *(Inf.)*, inebriated, in one's cups *(Inf.)*, legless *(Inf.)*, lit up *(Sl.)*, out of it *(Sl.)*, out to it *(Aust. & N.Z. sl.)*, paralytic *(Inf.)*, pissed *(Taboo sl.)*, plastered *(Sl.)*, smashed *(Sl.)*, sozzled *(Inf.)*, steamboats *(Sl.)*, steaming *(Sl.)*, stewed *(Sl.)*, stiff *(Sl.)*, stoned *(Sl.)*, the worse for

**drink**, three sheets in the wind (Inf.), tight (Inf.), tipsy, under the influence, wasted (Sl.), wrecked (Sl.), zonked (Sl.) **2.** (Fig.) dizzy, elated, enraptured, euphoric, excited, exhilarated, high (Inf.), infatuated, sent (Sl.), stimulated

**intoxicating 1.** alcoholic, inebriant, intoxicant, spirituous, strong **2.** (Fig.) exciting, exhilarating, heady, sexy (Inf.), stimulating, thrilling

**intoxication 1.** drunkenness, inebriation, inebriety, insobriety, tipsiness **2.** (Fig.) delirium, elation, euphoria, exaltation, excitement, exhilaration, infatuation

**intransigent** hardline, immovable, intractable, obdurate, obstinate, stiff-necked, stubborn, tenacious, tough, unbending, unbudgeable, uncompromising, unyielding

**intrench** → entrench

**intrepid** audacious, bold, brave, courageous, daring, dauntless, doughty, fearless, gallant, game (Inf.), have-a-go (Inf.), heroic, lionhearted, nerveless, plucky, resolute, stalwart, stouthearted, unafraid, undaunted, unflinching, valiant, valorous

**intricacy** complexity, complication, convolutions, elaborateness, entanglement, intricateness, involution, involvement, knottiness, obscurity

**intricate** baroque, Byzantine, complex, complicated, convoluted, daedal (Literary), difficult, elaborate, fancy, involved, knotty, labyrinthine, obscure, perplexing, rococo, sophisticated, tangled, tortuous

**intrigue**
▶ V. **1.** arouse the curiosity of, attract, charm, fascinate, interest, pique, rivet, tickle one's fancy, titillate **2.** connive, conspire, machinate, manoeuvre, plot, scheme
▶ N. **3.** cabal, chicanery, collusion, conspiracy, double-dealing, knavery, machination, manipulation, manoeuvre, plot, ruse, scheme, sharp practice, stratagem, trickery, wile **4.** affair, amour, intimacy, liaison, romance

**intriguing** beguiling, compelling, diverting, exciting, fascinating, interesting, tantalizing, titillating

**intrinsic** basic, built-in, central, congenital, constitutional, elemental, essential, fundamental, genuine, inborn, inbred, inherent, native, natural, radical, real, true, underlying

**introduce 1.** acquaint, do the honours, familiarize, make known, make the introduction, present **2.** begin, bring in, commence, establish, found, inaugurate, initiate, institute, launch, organize, pioneer, set up, start, usher in **3.** advance, air, bring up, broach, moot, offer, propose, put forward, recommend, set forth, submit, suggest, ventilate **4.** announce, lead into, lead off, open, preface **5.** add, inject, insert, interpolate, interpose, put in, throw in (Inf.)

**introduction 1.** baptism, debut, establishment, first acquaintance, inauguration, induction, initiation, institution, launch, pioneering, presentation **2.** commencement, exordium, foreword, intro (Inf.), lead-in, opening, opening passage, opening remarks, overture, preamble, preface, preliminaries, prelude, proem, prolegomena, prolegomenon, prologue **3.** addition, insertion, interpolation

**introductory** early, elementary, first, inaugural, initial, initiatory, opening, precursory, prefatory, preliminary, preparatory, starting

**introspective** brooding, contemplative, inner-directed, introverted, inward-looking, meditative, pensive, subjective

**introverted** indrawn, inner-directed, introspective, inward-looking, self-centred, selfcontained, withdrawn

**intrude** butt in, encroach, infringe, interfere, interrupt, meddle, obtrude, push in, put one's two cents in (U.S. sl.), thrust oneself in or forward, trespass, violate

**intruder** burglar, gate-crasher (Inf.), infiltrator, interloper, invader, prowler, raider, snooper (Inf.), squatter, thief, trespasser

**intrusion** encroachment, infringement, interference, interruption, invasion, trespass, violation

**intrusive** disturbing, forward, impertinent, importunate, interfering, invasive, meddlesome, nosy (Inf.), officious, presumptuous, pushy (Inf.), uncalled-for, unwanted

**intrust** → entrust

**intuition** discernment, hunch, insight, instinct, perception, presentiment, sixth sense

**intuitive** innate, instinctive, instinctual, involuntary, spontaneous, unreflecting, untaught

**intwine** → entwine

**inundate** deluge, drown, engulf, flood, glut, immerse, overflow, overrun, overwhelm, submerge, swamp

**invade 1.** assail, assault, attack, burst in, descend upon, encroach, infringe, make inroads, occupy, raid, violate **2.** infect, infest, overrun, overspread, penetrate, permeate, pervade, swarm over

**invader** aggressor, alien, attacker, looter, plunderer, raider, trespasser

**invalid**¹
▶ ADJ. **1.** ailing, bedridden, disabled, feeble, frail, ill, infirm, poorly (Inf.), sick, sickly, valetudinarian, weak
▶ N. **2.** convalescent, patient, valetudinarian

**invalid**² ADJ. baseless, fallacious, false, ill-founded, illogical, inoperative, irrational, not binding, nugatory, null, null and void, unfounded, unscientific, unsound, untrue, void, worthless

**invalidate** abrogate, annul, cancel, nullify, overrule, overthrow, quash, render null and void, rescind, undermine, undo, weaken

**invaluable** beyond price, costly, inestimable, precious, priceless, valuable

**invariable** changeless, consistent, constant, fixed, immutable, inflexible, regular, rigid, set, unalterable, unchangeable, unchanging, unfailing, uniform, unvarying, unwavering

**invariably** always, consistently, customarily, day in, day out, ever, every time, habitually, inevitably, on every occasion, perpetually, regularly, unfailingly, without exception

**invasion 1.** aggression, assault, attack, foray, incursion, inroad, irruption, offensive, onslaught, raid **2.** breach, encroachment, infiltration, infraction, infringement, intrusion, overstepping, usurpation, violation

**invective** abuse, berating, billingsgate, castigation, censure, contumely, denunciation, diatribe, obloquy, philippic(s), reproach, revilement, sarcasm, tirade, tongue-lashing, vilification, vituperation

**invent 1.** coin, come up with (Inf.), conceive, contrive, create, design, devise, discover, dream up (Inf.), formulate, imagine, improvise, originate, think up **2.** concoct, cook up (Inf.), fabricate, feign, forge, make up, manufacture, trump up

**invention 1.** brainchild (Inf.), contraption, contrivance, creation, design, development, device, discovery, gadget, instrument **2.** coinage, creativeness, creativity, genius, imagination, ingenuity, inspiration, inventiveness, originality, resourcefulness **3.** deceit, fabrication, fake, falsehood, fantasy, fib (Inf.), fiction, figment or product of (someone's) imagination, forgery, lie, prevarication, sham, story, tall story (Inf.), untruth, yarn

**inventive** creative, fertile, gifted, groundbreaking, imaginative, ingenious, innovative, inspired, original, resourceful

**inventor** architect, author, coiner, creator, designer, father, framer, maker, originator

**inventory** N. account, catalogue, file, list, record, register, roll, roster, schedule, stock book

**inverse** ADJ. contrary, converse, inverted, opposite, reverse, reversed, transposed

**inversion** antipode, antithesis, contraposition, contrariety, contrary, opposite, reversal, transposal, transposition

**invert** capsize, introvert, intussuscept (Pathol.), invaginate (Pathol.), overset, overturn, reverse, transpose, turn inside out, turn turtle, turn upside down, upset, upturn

**invest 1.** advance, devote, lay out, put in, sink, spend **2.** endow, endue, provide, supply **3.** authorize, charge, empower, license, sanction, vest **4.** adopt, consecrate, enthrone, establish, inaugurate, induct, install, ordain **5.** (Mil.) beleaguer, beset, besiege, enclose, lay siege to, surround **6.** (Archaic) array, bedeck, bedizen (Archaic), clothe, deck, drape, dress, robe

**investigate** consider, enquire into, examine, explore, go into, inquire into, inspect, look into, make enquiries, probe, put to the test, recce (Sl.), research, scrutinize, search, sift, study, work over

**investigation** analysis, enquiry, examination, exploration, fact finding, hearing, inquest, inquiry, inspection, probe, recce (Sl.), research, review, scrutiny, search, study, survey

**investigator** dick (Sl., chiefly U.S.), examiner, gumshoe (U.S. sl.), inquirer, (private) detective, private eye (Inf.), researcher, reviewer, sleuth or sleuthhound (Inf.)

**investiture** admission, enthronement, inauguration, induction, installation, instatement, investing, investment, ordination

**investment 1.** asset, investing, speculation, transaction, venture **2.** ante (Inf.), contribution, stake **3.** (Mil.) beleaguering, besieging, blockading, siege, surrounding

**inveterate** chronic, confirmed, deep-dyed (Usu. derogatory), deep-rooted, deep-seated, dyed-in-the-wool, entrenched, established, habitual, hard-core, hardened, incorrigible, incurable, ineradicable, ingrained, long-standing, obstinate

**invidious** discriminatory, envious (Obsolete), hateful, obnoxious, odious, offensive, repugnant, slighting, undesirable

**invigorate** animate, brace, buck up (Inf.), energize, enliven, exhilarate, fortify, freshen (up), galvanize, harden, liven up, nerve, pep up, perk up, put new heart into, quicken, refresh, rejuvenate, revitalize, stimulate, strengthen

**invincible** impregnable, indestructible, indomitable, inseparable, insuperable, invulnerable, unassailable, unbeatable, unconquerable, unsurmountable, unyielding

**inviolable** hallowed, holy, inalienable, sacred, sacrosanct, unalterable

**inviolate** entire, intact, pure, sacred, stainless, unbroken, undefiled, undisturbed, unhurt, unpolluted, unstained, unsullied, untouched, virgin, whole

**invisible 1.** imperceptible, indiscernible, out of sight, unperceivable, unseen **2.** concealed, disguised, hidden, inappreciable, inconspicuous, infinitesimal, microscopic

**invitation 1.** asking, begging, bidding, call, invite (Inf.), request, solicitation, summons, supplication **2.** allurement, challenge, come-on (Inf.), coquetry, enticement, glad eye (Inf.), incitement, inducement, open door, overture, provocation, temptation

**invite 1.** ask, beg, bid, call, request, request the pleasure of (someone's) company, solicit, summon **2.** allure, ask for (Inf.), attract, bring on, court, draw, encourage, entice, lead, leave the door open to, provoke, solicit, tempt, welcome

**inviting** alluring, appealing, attractive, beguiling, captivating, delightful, engaging, enticing, fascinating, intriguing, magnetic, mouth-watering, pleasing, seductive, tempting, warm, welcoming, winning

**invocation** appeal, beseeching, entreaty, petition, prayer, supplication

**invoke 1.** adjure, appeal to, beg, beseech, call upon, conjure, entreat, implore, petition, pray, solicit, supplicate **2.** apply, call in, have recourse to, implement, initiate, put into effect, resort to, use

**involuntary 1.** compulsory, forced, obligatory, reluctant, unwilling **2.** automatic, blind, conditioned, instinctive, instinctual, reflex, spontaneous, unconscious, uncontrolled, unintentional, unthinking

**involve 1.** entail, imply, mean, necessitate, presuppose, require **2.** affect, associate, compromise, concern, connect, draw in, implicate, incriminate, inculpate, mix up (Inf.), touch **3.** comprehend, comprise, contain, cover, embrace, include, incorporate, number among, take in **4.** absorb, bind, commit, engage, engross, grip, hold, preoccupy, rivet, wrap up **5.** complicate, embroil, enmesh, entangle, link, mire, mix up, snarl up, tangle

**involved 1.** Byzantine, complex, complicated, confusing, convoluted, difficult, elaborate, intricate, knotty, labyrinthine, sophisticated, tangled, tortuous **2.** caught (up), concerned, implicated, in on (Inf.), mixed up in or with, occupied, participating, taking part

**involvement 1.** association, commitment, concern, connection, dedication, interest, participation, responsibility **2.** complexity, complication, difficulty, embarrassment, entanglement, imbroglio, intricacy, problem, ramification

**invulnerable** impenetrable, indestructible, insusceptible, invincible, proof against, safe, secure, unassailable

**inward** ADJ. **1.** entering, inbound, incoming, inflowing, ingoing, inpouring, penetrating **2.** confidential, hidden, inmost, inner, innermost, inside, interior, internal, personal, private, privy, secret

**inwardly** at heart, deep down, in one's head, in one's inmost heart, inside, privately, secretly, to oneself, within

**Irish** green, Hibernian

**irksome** aggravating, annoying, boring, bothersome, burdensome, disagreeable, exasperating, irritating, tedious, tiresome, troublesome, uninteresting, unwelcome, vexatious, vexing, wearisome

**iron** ADJ. **1.** chalybeate, ferric, ferrous, irony **2.** (Fig.) adamant, cruel, hard, heavy, immovable, implacable, indomitable, inflexible, obdurate, rigid, robust, steel, steely, strong, tough, unbending, unyielding

**ironic, ironical 1.** double-edged, mocking, mordacious, sarcastic, sardonic, satirical, scoffing, sneering, wry **2.** incongruous, paradoxical

**iron out** clear up, eliminate, eradicate, erase, expedite, get rid of, harmonize, put right, reconcile, resolve, settle, simplify, smooth over, sort out, straighten out, unravel

**irons** bonds, chains, fetters, gyves (Archaic), manacles, shackles

**irony 1.** mockery, sarcasm, satire **2.** contrariness, incongruity, paradox

**irrational 1.** absurd, crackpot (Inf.), crazy, foolish, illogical, injudicious, loopy (Inf.), nonsensical, preposterous, silly, unreasonable, unreasoning, unsound, unthinking, unwise **2.** aberrant, brainless, crazy, demented, insane, mindless, muddle-headed, raving, senseless, unstable, wild

**irrationality** absurdity, brainlessness, illogicality, insanity, lack of judgment, lunacy, madness, preposterousness, senselessness, unreasonableness, unsoundness

**irreconcilable 1.** hardline, implacable, inexorable, inflexible, intransigent, unappeasable, uncompromising **2.** clashing, conflicting, diametrically opposed, incompatible, incongruous, inconsistent, opposed

**irrecoverable** gone for ever, irreclaimable, irredeemable, irremediable, irreparable, irretrievable, lost, unregainable, unsalvageable, unsavable

**irrefutable** apodeictic, apodictic, beyond question, certain, incontestable, incontrovertible, indisputable, indubitable, invincible, irrefragable, irresistible, sure, unanswerable, unassailable, undeniable, unquestionable

**irregular**
▸ ADJ. **1.** desultory, disconnected, eccentric, erratic, fitful, fluctuating, fragmentary, haphazard, inconstant, intermittent, nonuniform, occasional, out of order, patchy, random, shifting, spasmodic, sporadic, uncertain, uneven, unmethodical, unpunctual, unsteady, unsystematic, variable, wavering **2.** abnormal, anomalous, capricious, disorderly, eccentric, exceptional, extraordinary, immoderate, improper, inappropriate, inordinate, odd, peculiar, queer, quirky, rum (Brit. sl.), unconventional, unofficial, unorthodox, unsuitable, unusual **3.** asymmetrical, broken, bumpy, craggy, crooked, elliptic, elliptical, holey, jagged, lopsided, lumpy, pitted, ragged, rough, serrated, unequal, uneven, unsymmetrical
▸ N. **4.** guerrilla, partisan, volunteer

**irregularity 1.** asymmetry, bumpiness, crookedness, jaggedness, lack of symmetry, lopsidedness, lumpiness, patchiness, raggedness, roughness, spottiness, unevenness **2.** aberration, abnormality, anomaly, breach, deviation, eccentricity, freak, malfunction, malpractice, oddity, peculiarity, singularity, unconventionality, unorthodoxy **3.** confusion, desultoriness, disorderliness, disorganization, haphazardness, lack of method, randomness, uncertainty, unpunctuality, unsteadiness

**irrelevance, irrelevancy** inappositeness, inappropriateness, inaptness, inconsequence, non sequitur

**irrelevant** beside the point, extraneous, immaterial, impertinent, inapplicable, inapposite, inappropriate, inapt, inconsequent, neither here nor there, unconnected, unrelated

**irreparable** beyond repair, incurable, irrecoverable, irremediable, irreplaceable, irretrievable, irreversible

**irreplaceable** indispensable, invaluable, priceless, unique, vital

**irrepressible** boisterous, bubbling over, buoyant, ebullient, effervescent, insuppressible, uncontainable, uncontrollable, unmanageable, unquenchable, unrestrainable, unstoppable

**irreproachable** beyond reproach, blameless, faultless, guiltless, impeccable, inculpable, innocent, irreprehensible, irreprovable, perfect, pure, unblemished, unimpeachable

**irresistible 1.** compelling, imperative, overmastering, overpowering, overwhelming, potent, urgent **2.** ineluctable, inescapable, inevitable, inexorable, unavoidable **3.** alluring, beckoning, enchanting, fascinating, ravishing, seductive, tempting

**irresolute** doubtful, fickle, half-arsed, half-assed (U.S. & Canad. sl.), half-hearted, hesitant, hesitating, indecisive, infirm, in two minds, tentative, undecided, undetermined, unsettled, unstable, unsteady, vacillating, wavering, weak

**irrespective of** apart from, despite, discounting, in spite of, notwithstanding, regardless of, without reference to, without regard to

**irresponsible** careless, featherbrained, flighty, giddy, harebrained, harum-scarum, illconsidered, immature, reckless, scatter-brained, shiftless, thoughtless, undependable, unreliable, untrustworthy, wild

**irreverence** cheek (Inf.), cheekiness (Inf.), chutzpah (U.S. & Canad. inf.), derision, disrespect, flippancy, impertinence, impudence, lack of respect, mockery, sauce (Inf.)

**irreverent** cheeky (Inf.), contemptuous, derisive, disrespectful, flip (Inf.), flippant, fresh (Inf.), iconoclastic, impertinent, impious, impudent, mocking, sassy (U.S. inf.), saucy, tonguein-cheek

**irreversible** final, incurable, irreparable, irrevocable, unalterable

**irrevocable** changeless, fated, fixed, immutable, invariable, irremediable, irretrievable, irreversible, predestined, predetermined, settled, unalterable, unchangeable, unreversible

**irrigate** flood, inundate, moisten, water, wet

**irritability** bad temper, ill humour, impatience, irascibility, peevishness, petulance, prickliness, testiness, tetchiness, touchiness

**irritable** bad-tempered, cantankerous, choleric, crabbed, crabby, cross, crotchety (Inf.), dyspeptic, edgy, exasperated, fiery, fretful, hasty, hot, ill-humoured, ill-tempered, irascible, narky (Brit. sl.), out of humour, oversensitive, peevish, petulant, prickly, ratty (Brit. & N.Z. inf.), snappish, snappy, snarling, tense, testy, tetchy, touchy

**irritate 1.** aggravate (Inf.), anger, annoy, bother, drive one up the wall (Sl.), enrage, exasperate, fret, gall, get in one's hair (Inf.), get one's back up, get one's hackles up, get on one's nerves (Inf.), harass, incense, inflame, infuriate, nark (Brit., Aust., & N.Z. sl.), needle (Inf.), nettle, offend, pester, piss one off (Taboo sl.), provoke, raise one's hackles, rankle with, rub up the wrong way (Inf.), ruffle, try one's patience, vex **2.** aggravate, chafe, fret, inflame, intensify, pain, rub

**irritating** aggravating (Inf.), annoying, displeasing, disquieting, disturbing, galling, infuriating, irksome, maddening, nagging, pestilential, provoking, thorny, troublesome, trying, upsetting, vexatious, worrisome

**irritation 1.** anger, annoyance, crossness, displeasure, exasperation, ill humour, ill temper, impatience, indignation, irritability, resentment, shortness, snappiness, testiness, vexation, wrath **2.** aggravation (Inf.), annoyance, drag (Inf.), gall, goad, irritant, nuisance, pain (Inf.), pain in the arse (Taboo inf.), pain in the neck (Inf.), pest, provocation, tease, thorn in one's flesh

**isolate** cut off, detach, disconnect, divorce, insulate, quarantine, segregate, separate, sequester, set apart

**isolated 1.** backwoods, hidden, incommunicado, in the middle of nowhere, lonely, off the beaten track, outlying, out-of-the-way, remote, retired, secluded, unfrequented **2.** abnormal, anomalous, exceptional, freak, random, single, solitary, special, unique, unrelated, untypical, unusual

**isolation** aloofness, detachment, disconnection, exile, insularity, insulation, loneliness, quarantine, remoteness, retirement, seclusion, segregation, self-sufficiency, separation, solitude, withdrawal

**issue**
▸ N. **1.** affair, argument, concern, controversy, matter, matter of contention, point, point in question, problem, question, subject, topic **2. at issue** at variance, controversial, in disagreement, in dispute, to be decided, under discussion, unsettled **3. take issue** challenge, disagree, dispute, object, oppose, raise an objection, take exception **4.** conclusion, consequence, culmination, effect, end, finale, outcome, pay-off (Inf.), result, termination, upshot **5.** copy, edition, impression, instalment, number, printing **6.** circulation, delivery, dispersion, dissemination, distribution, granting, issuance, issuing, publication, sending out, supply, supplying **7.** children, descendants, heirs, offspring, progeny, scions, seed (Chiefly biblical)
▸ V. **8.** announce, broadcast, circulate, deliver, distribute, emit, give out, promulgate, publish, put in circulation, put out, release **9.** arise, be a consequence of, come forth, emanate, emerge, flow, originate, proceed, rise, spring, stem

**itch**
▸ V. **1.** crawl, irritate, prickle, tickle, tingle **2.** ache, burn, crave, hanker, hunger, long, lust, pant, pine, yearn
▸ N. **3.** irritation, itchiness, prickling, tingling **4.** craving, desire, hankering, hunger, longing, lust, passion, restlessness, yearning, yen (Inf.)

**itching** agog, aquiver, atremble, avid, burning, consumed with curiosity, eager, impatient, inquisitive, longing, mad keen (Inf.), raring, spoiling for

**itchy** eager, edgy, fidgety, impatient, restive, restless, unsettled

**item 1.** article, aspect, component, consideration, detail, entry, matter, particular, point, thing **2.** account, article, bulletin, dispatch, feature, note, notice, paragraph, piece, report

**itemize** count, detail, document, enumerate, instance, inventory, list, number, particularize, record, set out, specify

**itinerant** ADJ. ambulatory, Gypsy, journeying, migratory, nomadic, peripatetic, roaming, roving, travelling, unsettled, vagabond, vagrant, wandering, wayfaring

**itinerary 1.** circuit, journey, line, programme, route, schedule, timetable, tour **2.** Baedeker, guide, guidebook

**ivory tower** cloister, refuge, remoteness, retreat, sanctum, seclusion, splendid isolation, unreality, world of one's own

# J

**jab** V./N. dig, lunge, nudge, poke, prod, punch, stab, tap, thrust

**jacket** case, casing, coat, covering, envelope, folder, sheath, skin, wrapper, wrapping

**jackpot** award, bonanza, kitty, pool, pot, prize, reward, winnings

**jack up 1.** elevate, heave, hoist, lift, lift up, raise, rear **2.** accelerate, augment, boost, escalate, increase, inflate, put up, raise

**jade** harridan, hussy, nag, shrew, slattern, slut, trollop, vixen, wench

**jaded 1.** clapped out (Aust. & N.Z. inf.), exhausted, fagged (out) (Inf.), fatigued, spent, tired, tired-out, weary, zonked (Sl.) **2.** bored, cloyed, dulled, glutted, gorged, sated, satiated, surfeited, tired

**jagged** barbed, broken, cleft, craggy, denticulate, indented, notched, pointed, ragged, ridged, rough, serrated, snaggy, spiked, toothed, uneven

**jail, gaol**
▸ N. **1.** borstal, brig (Chiefly U.S.), can (Sl.), clink (Sl.), cooler (Sl.), inside (Sl.), jailhouse (Southern U.S.), jug (Sl.), lockup, nick (Brit. sl.), penitentiary (U.S.), poky or pokey (U.S. & Canad. sl.), prison, quod (Sl.), reformatory, slammer (Sl.), stir (Sl.)
▸ V. **2.** confine, detain, immure, impound, imprison, incarcerate, lock up, send down

**jailer, gaoler** captor, guard, keeper, screw (Sl.), turnkey (Archaic), warden, warder

**jam**
- V. **1.** cram, crowd, crush, force, pack, press, ram, squeeze, stuff, throng, wedge **2.** block, cease, clog, congest, halt, obstruct, stall, stick
- N. **3.** crowd, crush, horde, mass, mob, multitude, pack, press, swarm, throng **4.** bind, dilemma, fix (*Inf.*), hole (*Sl.*), hot water, pickle (*Inf.*), plight, predicament, quandary, scrape (*Inf.*), spot (*Inf.*), strait, tight spot, trouble

**jamboree** beano (*Brit. sl.*), carnival, carousal, carouse, celebration, festival, festivity, fête, frolic, jubilee, merriment, party, rave (*Brit. sl.*), rave-up (*Brit. sl.*), revelry, spree

**jangle**
- V. **1.** chime, clank, clash, clatter, jingle, rattle, vibrate
- N. **2.** cacophony, clang, clangour, clash, din, dissonance, jar, racket, rattle, reverberation

**janitor** caretaker, concierge, custodian, doorkeeper, porter

**jar¹**
- V. **1.** bicker, clash, contend, disagree, interfere, oppose, quarrel, wrangle **2.** agitate, convulse, disturb, grate, irritate, jolt, offend, rasp, rattle (*Inf.*), rock, shake, vibrate **3.** annoy, clash, discompose, gall, get on one's nerves (*Inf.*), grate, grind, irk, irritate, nark (*Brit., Aust., & N.Z. sl.*), nettle, piss one off (*Taboo sl.*)
- N. **4.** agitation, altercation, bickering, disagreement, discord, grating, irritation, jolt, quarrel, rasping, wrangling

**jar²** amphora, carafe, container, crock, flagon, jug, pitcher, pot, receptacle, urn, vase, vessel

**jargon 1.** argot, cant, dialect, idiom, lingo (*Inf.*), parlance, patois, slang, tongue, usage **2.** balderdash, bunkum *or* buncombe (*Chiefly U.S.*), drivel, gabble, gibberish, gobbledegook, mumbo jumbo, nonsense, palaver, rigmarole, twaddle

**jaundiced 1.** cynical, preconceived, sceptical **2.** biased, bigoted, bitter, distorted, envious, hostile, jealous, partial, prejudiced, resentful, spiteful, suspicious

**jaunt** airing, excursion, expedition, outing, promenade, ramble, stroll, tour, trip

**jaunty** airy, breezy, buoyant, carefree, dapper, gay, high-spirited, lively, perky, self-confident, showy, smart, sparky, sprightly, spruce, trim

**jaw**
- V. **1.** babble, chat, chatter, gossip, lecture, spout, talk **2.** abuse, censure, criticize, revile, scold
- N. **3.** chat, chinwag (*Brit. inf.*), conversation, gabfest (*Inf., chiefly U.S. & Canad.*), gossip, natter, talk

**jaws** abyss, aperture, entrance, gates, ingress, maw, mouth, opening, orifice

**jazz up** animate, enhance, enliven, heighten, improve

**jealous 1.** covetous, desirous, emulous, envious, green, green-eyed, grudging, intolerant, invidious, resentful, rival **2.** anxious, apprehensive, attentive, guarded, mistrustful, protective, solicitous, suspicious, vigilant, wary, watchful, zealous

**jealousy** covetousness, distrust, envy, heart-burning, ill-will, mistrust, possessiveness, resentment, spite, suspicion

**jeer**
- V. **1.** banter, barrack, cock a snook at (*Brit.*), contemn (*Formal*), deride, flout, gibe, heckle, hector, knock (*Inf.*), mock, ridicule, scoff, sneer, taunt
- N. **2.** abuse, aspersion, boo, catcall, derision, gibe, hiss, hoot, obloquy, ridicule, scoff, sneer, taunt

**jeopardize** chance, endanger, expose, gamble, hazard, imperil, risk, stake, venture

**jeopardy** danger, endangerment, exposure, hazard, insecurity, liability, peril, pitfall, precariousness, risk, venture, vulnerability

**jeremiad** complaint, groan, keen, lament, lamentation, moan, plaint, wail

**jerk** V./N. jolt, lurch, pull, throw, thrust, tug, tweak, twitch, wrench, yank

**jerky** bouncy, bumpy, convulsive, fitful, jolting, jumpy, rough, shaky, spasmodic, tremulous, twitchy, uncontrolled

**jerry-built** cheap, defective, faulty, flimsy, ramshackle, rickety, shabby, slipshod, thrown together, unsubstantial

**jest**
- N. **1.** banter, bon mot, crack (*Sl.*), fun, gag (*Inf.*), hoax, jape, joke, josh (*Sl., chiefly U.S. & Canad.*), play, pleasantry, prank, quip, sally, sport, wisecrack (*Inf.*), witticism
- V. **2.** banter, chaff, deride, gibe, jeer, joke, josh (*Sl., chiefly U.S. & Canad.*), kid (*Inf.*), mock, quip, scoff, sneer, tease

**jester 1.** comedian, comic, humorist, joker, quipster, wag, wit **2.** buffoon, clown, fool, harlequin, madcap, mummer, pantaloon, prankster, zany

**jet¹**
- N. **1.** flow, fountain, gush, spout, spray, spring, stream **2.** atomizer, nose, nozzle, rose, spout, sprayer, sprinkler
- V. **3.** flow, gush, issue, rush, shoot, spew, spout, squirt, stream, surge **4.** fly, soar, zoom

**jet²** ADJ. black, coal-black, ebony, inky, pitch-black, raven, sable

**jettison** abandon, discard, dump, eject, expel, heave, scrap, throw overboard, unload

**jetty** breakwater, dock, groyne, mole, pier, quay, wharf

**jewel 1.** brilliant, gemstone, ornament, precious stone, rock (*Sl.*), sparkler (*Inf.*), trinket **2.** charm, find, gem, humdinger (*Sl.*), masterpiece, paragon, pearl, prize, rarity, treasure, wonder

**jewellery** finery, gems, jewels, ornaments, precious stones, regalia, treasure, trinkets

**Jezebel** harlot, harridan, hussy, jade, virago, wanton, witch

**jib** balk, recoil, refuse, retreat, shrink, stop short

**jibe** → **gibe**

**jig** V. bob, bounce, caper, jiggle, jounce, prance, shake, skip, twitch, wiggle, wobble

**jingle**
- V. **1.** chime, clatter, clink, jangle, rattle, ring, tinkle, tintinnabulate
- N. **2.** clang, clangour, clink, rattle, reverberation, ringing, tinkle **3.** chorus, ditty, doggerel, limerick, melody, song, tune

**jinx**
- N. **1.** black magic, curse, evil eye, hex (*U.S. & Canad. inf.*), hoodoo (*Inf.*), nemesis, plague, voodoo
- V. **2.** bewitch, curse, hex (*U.S. & Canad. inf.*)

**jitters** anxiety, fidgets, heebie-jeebies (*Sl.*), nerves, nervousness, tenseness, the shakes (*Inf.*), the willies (*Inf.*)

**jittery** agitated, anxious, fidgety, hyper (*Inf.*), jumpy, nervous, quivering, shaky, trembling, twitchy (*Inf.*), wired (*Sl.*)

**job 1.** affair, assignment, charge, chore, concern, contribution, duty, enterprise, errand, function, pursuit, responsibility, role, stint, task, undertaking, venture, work **2.** activity, business, calling, capacity, career, craft, employment, function, livelihood, métier, occupation, office, position, post, profession, situation, trade, vocation **3.** allotment, assignment, batch, commission, consignment, contract, lot, output, piece, portion, product, share

**jobless** idle, inactive, out of work, unemployed, unoccupied

**jockey** V. **1.** bamboozle, cheat, con (*Inf.*), deceive, dupe, fool, hoax, hoodwink, trick **2.** cajole, engineer, finagle (*Inf.*), ingratiate, insinuate, manage, manipulate, manoeuvre, negotiate, trim, wheedle

**jocular** amusing, comical, droll, facetious, frolicsome, funny, humorous, jesting, jocose, jocund, joking, jolly, jovial, playful, roguish, sportive, teasing, waggish, whimsical, witty

**jog 1.** activate, arouse, nudge, prod, prompt, push, remind, shake, stimulate, stir, suggest **2.** bounce, jar, jerk, jiggle, joggle, jolt, jostle, jounce, rock, shake **3.** canter, dogtrot, lope, run, trot **4.** lumber, plod, traipse (*Inf.*), tramp, trudge

**join 1.** accompany, add, adhere, annex, append, attack, cement, combine, connect, couple, fasten, knit, link, marry, splice, tie, unite, yoke **2.** affiliate with, associate with, enlist, enrol, enter, sign up **3.** adjoin, border, border on, butt, conjoin, extend, meet, reach, touch, verge on

**joint**
- N. **1.** articulation, connection, hinge, intersection, junction, juncture, knot, nexus, node, seam, union
- ADJ. **2.** collective, combined, communal, concerted, consolidated, cooperative, joined, mutual, shared, united
- V. **3.** connect, couple, fasten, fit, join, unite **4.** carve, cut up, dismember, dissect, divide, segment, sever, sunder

**jointly** as one, collectively, in common, in conjunction, in league, in partnership, mutually, together, unitedly

**joke**
- N. **1.** frolic, fun, gag (*Inf.*), jape, jest, josh (*Sl., chiefly U.S. & Canad.*), lark, play, prank, pun, quip, quirk, sally, sport, whimsy, wisecrack (*Inf.*), witticism, yarn **2.** buffoon, butt, clown, laughing stock, simpleton, target
- V. **3.** banter, chaff, deride, frolic, gambol, jest, josh (*Sl., chiefly U.S. & Canad.*), kid (*Inf.*), mock, quip, ridicule, taunt, tease, wind up (*Brit. sl.*)

**joker** buffoon, clown, comedian, comic, humorist, jester, kidder (*Inf.*), prankster, trickster, wag, wit

**jolly** blithesome, carefree, cheerful, chirpy (*Inf.*), convivial, festive, frolicsome, funny, gay, genial, gladsome (*Archaic*), hilarious, jocund, jovial, joyful, joyous, jubilant, merry, mirthful, playful, sportive, sprightly, upbeat (*Inf.*)

**jolt**
- V. **1.** jar, jerk, jog, jostle, knock, push, shake, shove **2.** astonish, discompose, disturb, perturb, stagger, startle, stun, surprise, upset
- N. **3.** bump, jar, jerk, jog, jump, lurch, quiver, shake, start **4.** blow, bolt from the blue, bombshell, reversal, setback, shock, surprise, thunderbolt

**jostle** bump, butt, crowd, elbow, hustle, jog, joggle, jolt, press, push, scramble, shake, shove, squeeze, throng, thrust

**journal 1.** chronicle, daily, gazette, magazine, monthly, newspaper, paper, periodical, record, register, review, tabloid, weekly **2.** chronicle, commonplace book, daybook, diary, log, record

**journalist** broadcaster, columnist, commentator, contributor, correspondent, hack, journo (*Sl.*), newsman, newspaperman, pressman, reporter, scribe (*Inf.*), stringer

**journey**
- N. **1.** excursion, expedition, jaunt, odyssey, outing, passage, peregrination, pilgrimage, progress, ramble, tour, travel, trek, trip, voyage
- V. **2.** fare, fly, go, peregrinate, proceed, ramble, range, roam, rove, tour, travel, traverse, trek, voyage, wander, wend

**jovial** airy, animated, blithe, buoyant, cheery, convivial, cordial, gay, glad, happy, hilarious, jocose, jocund, jolly, jubilant, merry, mirthful

**joy 1.** bliss, delight, ecstasy, elation, exaltation, exultation, felicity, festivity, gaiety, gladness, glee, hilarity, pleasure, rapture, ravishment, satisfaction, transport **2.** charm, delight, gem, jewel, pride, prize, treasure, treat, wonder

**joyful** blithesome, cock-a-hoop, delighted, elated, enraptured, glad, gladsome (*Archaic*), gratified, happy, jocund, jolly, jovial, jubilant, light-hearted, merry, over the moon (*Inf.*), pleased, rapt, satisfied

**joyless** cheerless, dejected, depressed, dismal, dispirited, downcast, dreary, gloomy, miserable, sad, unhappy

**joyous** cheerful, festive, heartening, joyful, merry, rapturous

**jubilant** cock-a-hoop, elated, enraptured, euphoric, excited, exuberant, exultant, glad, joyous, overjoyed, over the moon (*Inf.*), rejoicing, rhapsodic, thrilled, triumphal, triumphant

**jubilation** celebration, ecstasy, elation, excitement, exultation, festivity, jamboree, joy, jubilee, triumph

**jubilee** carnival, celebration, festival, festivity, fête, gala, holiday

**judge**
- N. **1.** adjudicator, arbiter, arbitrator, moderator, referee, umpire **2.** appraiser, arbiter, assessor, authority, connoisseur, critic, evaluator, expert **3.** beak (*Brit. sl.*), justice, magistrate
- V. **4.** adjudge, adjudicate, arbitrate, ascertain, conclude, decide, determine, discern, distinguish, mediate, referee, umpire **5.** appraise, appreciate, assess, consider, criticize, esteem, estimate, evaluate, examine, rate, review, value **6.** adjudge, condemn, decree, doom, find, pass sentence, pronounce sentence, rule, sentence, sit, try

**judg(e)ment 1.** acumen, common sense, discernment, discrimination, intelligence, penetration, percipience, perspicacity, prudence, sagacity, sense, shrewdness, smarts (*Sl., chiefly U.S.*), taste, understanding, wisdom **2.** arbitration, award, conclusion, decision, decree, determination, finding, order, result, ruling, sentence, verdict **3.** appraisal, assessment, belief, conviction, deduction, diagnosis, estimate, finding, opinion, valuation, view **4.** damna-

**judicial** 1. judiciary, juridical, legal, official 2. discriminating, distinguished, impartial, judgelike, magisterial, magistral

**judicious** acute, astute, careful, cautious, circumspect, considered, diplomatic, discerning, discreet, discriminating, enlightened, expedient, informed, politic, prudent, rational, reasonable, sagacious, sage, sane, sapient, sensible, shrewd, skilful, sober, sound, thoughtful, well-advised, well-judged, wise

**jug** carafe, container, crock, ewer, jar, pitcher, urn, vessel

**juggle** alter, change, disguise, doctor (*Inf.*), falsify, fix (*Inf.*), manipulate, manoeuvre, misrepresent, modify, tamper with

**juice** extract, fluid, liquid, liquor, nectar, sap, secretion, serum

**juicy** 1. lush, moist, sappy, succulent, watery 2. colourful, interesting, provocative, racy, risqué, sensational, spicy (*Inf.*), suggestive, vivid

**jumble**
▸ **v. 1.** confound, confuse, disarrange, dishevel, disorder, disorganize, entangle, mistake, mix, muddle, ravel, shuffle, tangle
▸ **N. 2.** chaos, clutter, confusion, disarrangement, disarray, disorder, farrago, gallimaufry, hodgepodge, hotchpotch (*U.S.*), litter, medley, mélange, mess, miscellany, mishmash, mixture, muddle, pig's breakfast (*Inf.*)

**jumbo** elephantine, giant, gigantic, ginormous (*Inf.*), huge, humongous *or* humungous (*U.S. sl.*), immense, large, mega (*Inf.*), oversized

**jump**
▸ **v. 1.** bounce, bound, caper, clear, gambol, hop, hurdle, leap, skip, spring, vault 2. flinch, jerk, recoil, start, wince 3. avoid, digress, evade, miss, omit, overshoot, skip, switch 4. advance, ascend, boost, escalate, gain, hike, increase, mount, rise, surge
▸ **N. 5.** bound, buck, caper, hop, leap, skip, spring, vault 6. barricade, barrier, fence, hurdle, impediment, obstacle, rail 7. breach, break, gap, hiatus, interruption, lacuna, space 8. advance, augmentation, boost, increase, increment, rise, upsurge, upturn 9. jar, jerk, jolt, lurch, shock, start, swerve, twitch, wrench

**jumper** jersey, pullover, sweater, woolly

**jumpy** agitated, anxious, apprehensive, fidgety, hyper (*Inf.*), jittery (*Inf.*), nervous, on edge, restless, shaky, tense, timorous, twitchy (*Inf.*), wired (*Sl.*)

**junction** alliance, combination, connection, coupling, joint, juncture, linking, seam, union

**juncture** 1. conjuncture, contingency, crisis, crux, emergency, exigency, moment, occasion, point, predicament, strait, time 2. bond, connection, convergence, edge, intersection, junction, link, seam, weld

**junior** inferior, lesser, lower, minor, secondary, subordinate, younger

**junk** clutter, debris, dreck (*Sl., chiefly U.S.*), leavings, litter, oddments, odds and ends, refuse, rubbish, rummage, scrap, trash, waste

**jurisdiction** 1. authority, command, control, dominion, influence, power, prerogative, rule, say, sway 2. area, bounds, circuit, compass, district, dominion, field, orbit, province, range, scope, sphere, zone

**just¹** ADV. 1. absolutely, completely, entirely, exactly, perfectly, precisely 2. hardly, lately, only now, recently, scarcely 3. at most, but, merely, no more than, nothing but, only, simply, solely

**just²** ADJ. 1. blameless, conscientious, decent, equitable, fair, fairminded, good, honest, honourable, impartial, lawful, pure, right, righteous, unbiased, upright, virtuous 2. accurate, correct, exact, faithful, normal, precise, proper, regular, sound, true 3. appropriate, apt, condign, deserved, due, fitting, justified, legitimate, merited, proper, reasonable, rightful, suitable, well-deserved

**justice** 1. equity, fairness, honesty, impartiality, integrity, justness, law, legality, legitimacy, reasonableness, rectitude, right 2. amends, compensation, correction, penalty, recompense, redress, reparation 3. judge, magistrate

**justifiable** acceptable, defensible, excusable, fit, lawful, legitimate, proper, reasonable, right, sound, tenable, understandable, valid, vindicable, warrantable, well-founded

**justification** 1. absolution, apology, approval, defence, exculpation, excuse, exoneration, explanation, extenuation, plea, rationalization, vindication 2. basis, defence, grounds, plea, reason, warrant

**justify** absolve, acquit, approve, confirm, defend, establish, exculpate, excuse, exonerate, explain, legalize, legitimize, maintain, substantiate, support, sustain, uphold, validate, vindicate, warrant

**justly** accurately, correctly, equally, equitably, fairly, honestly, impartially, lawfully, properly

**jut** bulge, extend, impend, overhang, poke, project, protrude, stick out

**juvenile**
▸ **N. 1.** adolescent, boy, child, girl, infant, minor, youth
▸ **ADJ. 2.** babyish, boyish, callow, childish, girlish, immature, inexperienced, infantile, jejune, puerile, undeveloped, unsophisticated, young, youthful

**juxtaposition** adjacency, closeness, contact, contiguity, nearness, propinquity, proximity, vicinity

✦✦✦✦✦✦✦✦✦✦✦✦✦✦✦✦✦✦✦✦✦

# K

**keen** 1. ardent, avid, devoted to, eager, earnest, ebullient, enthusiastic, fervid, fierce, fond of, impassioned, intense, into (*Inf.*), zealous 2. acid, acute, biting, caustic, cutting, edged, finely honed, incisive, penetrating, piercing, pointed, razorlike, sardonic, satirical, sharp, tart, trenchant, vitriolic 3. astute, brilliant, canny, clever, discerning, discriminating, perceptive, perspicacious, quick, sagacious, sapient, sensitive, shrewd, wise

**keenness** 1. ardour, avidity, avidness, diligence, eagerness, earnestness, ebullience, enthusiasm, fervour, impatience, intensity, passion, zeal, zest 2. acerbity, harshness, incisiveness, mordancy, penetration, pungency, rigour, severity, sharpness, sternness, trenchancy, unkindness, virulence 3. astuteness, canniness, cleverness, discernment, insight, sagacity, sapience, sensitivity, shrewdness, wisdom

**keep**
▸ **v. 1.** conserve, control, hold, maintain, possess, preserve, retain 2. accumulate, amass, carry, deal in, deposit, furnish, garner, heap, hold, pile, place, stack, stock, store, trade in 3. care for, defend, guard, look after, maintain, manage, mind, operate, protect, safeguard, shelter, shield, tend, watch over 4. board, feed, foster, maintain, nourish, nurture, provide for, provision, subsidize, support, sustain, victual 5. accompany, associate with, consort with, fraternize with 6. arrest, block, check, constrain, control, curb, delay, detain, deter, hamper, hamstring, hinder, hold, hold back, impede, inhibit, keep back, limit, obstruct, prevent, restrain, retard, shackle, stall, withhold 7. adhere to, celebrate, commemorate, comply with, fulfil, hold, honour, obey, observe, perform, respect, ritualize, solemnize
▸ **N. 8.** board, food, livelihood, living, maintenance, means, nourishment, subsistence, support 9. castle, citadel, donjon, dungeon, fastness, stronghold, tower

**keep at** be steadfast, carry on, complete, continue, drudge, endure, finish, grind, labour, last, maintain, persevere, persist, remain, slave, stay, stick, toil

**keep back** 1. check, constrain, control, curb, delay, hold back, limit, prohibit, restrain, restrict, retard, withhold 2. censor, conceal, hide, reserve, suppress, withhold

**keeper** attendant, caretaker, curator, custodian, defender, gaoler, governor, guard, guardian, jailer, overseer, preserver, steward, superintendent, warden, warder

**keeping** 1. aegis, auspices, care, charge, custody, guardianship, keep, maintenance, patronage, possession, protection, safekeeping, trust 2. accord, agreement, balance, compliance, conformity, congruity, consistency, correspondence, harmony, observance, proportion

**keep on** carry on, continue, endure, last, persevere, persist, prolong, remain

**keepsake** emblem, favour, memento, relic, remembrance, reminder, souvenir, symbol, token

**keep up** balance, compete, contend, continue, emulate, keep pace, maintain, match, persevere, preserve, rival, sustain, vie

**keg** barrel, cask, drum, firkin, hogshead, tun, vat

**kernel** core, essence, germ, gist, grain, marrow, nub, pith, seed, substance

**key**
▸ **N. 1.** latchkey, opener 2. (*Fig.*) answer, clue, cue, explanation, guide, indicator, interpretation, lead, means, pointer, sign, solution, translation
▸ **ADJ. 3.** basic, chief, crucial, decisive, essential, fundamental, important, leading, main, major, pivotal, principal

**keynote** centre, core, essence, gist, heart, kernel, marrow, pith, substance, theme

**kick**
▸ **v. 1.** boot, punt 2. (*Fig.*) complain, gripe (*Inf.*), grumble, object, oppose, protest, rebel, resist, spurn 3. (*Inf.*) abandon, desist from, give up, leave off, quit, stop
▸ **N. 4.** force, intensity, pep, power, punch, pungency, snap (*Inf.*), sparkle, strength, tang, verve, vitality, zest 5. buzz (*Sl.*), enjoyment, excitement, fun, gratification, jollies (*Sl.*), pleasure, stimulation, thrill

**kick-off** N. beginning, commencement, opening, outset, start

**kick off** v. begin, commence, get under way, initiate, kick-start, open, start

**kick out** discharge, dismiss, eject, evict, expel, kiss off (*Sl., chiefly U.S. & Canad.*), get rid of, give the bum's rush (*Sl.*), oust, reject, remove, sack (*Inf.*), show one the door, throw out on one's ear (*Inf.*), toss out

**kid**
▸ **N. 1.** ankle-biter (*Aust. sl.*), baby, bairn, boy, child, girl, infant, lad, lass, little one, rug rat (*Sl.*), sprog (*Sl.*), stripling, teenager, tot, youngster, youth
▸ **v. 2.** bamboozle, beguile, cozen, delude, fool, gull (*Archaic*), hoax, hoodwink, jest, joke, mock, plague, pretend, rag (*Brit.*), ridicule, tease, trick, wind up (*Brit. sl.*)

**kidnap** abduct, capture, hijack, hold to ransom, remove, seize, steal

**kill** 1. annihilate, assassinate, blow away (*Sl., chiefly U.S.*), bump off (*Sl.*), butcher, destroy, dispatch, do away with, do in (*Sl.*), eradicate, execute, exterminate, extirpate, knock off (*Sl.*), liquidate, massacre, murder, neutralize, obliterate, slaughter, slay, take out (*Sl.*), take (someone's) life, waste (*Inf.*) 2. (*Fig.*) cancel, cease, deaden, defeat, extinguish, halt, quash, quell, ruin, scotch, smother, stifle, still, stop, suppress, veto

**killer** assassin, butcher, cutthroat, destroyer, executioner, exterminator, gunman, hit man (*Sl.*), liquidator, murderer, slaughterer, slayer

**killing**
▸ **N. 1.** bloodshed, carnage, execution, extermination, fatality, homicide, manslaughter, massacre, murder, slaughter, slaying 2. (*Inf.*) bomb (*Sl.*), bonanza, cleanup (*Inf.*), coup, gain, profit, success, windfall
▸ **ADJ. 3.** deadly, death-dealing, deathly, fatal, lethal, mortal, murderous 4. (*Inf.*) debilitating, enervating, exhausting, fatiguing, punishing, tiring 5. (*Inf.*) absurd, amusing, comical, hilarious, ludicrous, uproarious

**killjoy** dampener, damper, spoilsport, wet blanket (*Inf.*)

**kin**
▸ **N. 1.** affinity, blood, connection, consanguinity, extraction, kinship, lineage, relationship, stock 2. connections, family, kindred, kinsfolk, kinsmen, kith, people, relations, relatives
▸ **ADJ. 3.** akin, allied, close, cognate, consanguine, consanguineous, kindred, near, related

**kind**
▸ **N. 1.** brand, breed, class, family, genus, ilk, race, set, sort, species, stamp, variety 2. character, description, essence, habit, manner, mould, nature, persuasion, sort, style, temperament, type
▸ **ADJ. 3.** affectionate, amiable, amicable, beneficent, benevolent, benign, bounteous, charitable, clement, compassionate, congenial, considerate, cordial, courteous, friendly, generous, gentle, good, gracious, humane, indulgent, kind-hearted, kindly, lenient, loving, mild, neighbourly, obliging, philanthropic, propitious, sympathetic, tender-hearted, thoughtful, understanding

**kind-hearted** altruistic, amicable, compassionate, considerate, generous, good-natured, gracious, helpful, humane, kind, sympathetic, tender-hearted

**kindle 1.** fire, ignite, inflame, light, set fire to **2.** (Fig.) agitate, animate, arouse, awaken, bestir, enkindle, exasperate, excite, foment, incite, induce, inflame, inspire, provoke, rouse, sharpen, stimulate, stir, thrill

**kindliness** amiability, beneficence, benevolence, benignity, charity, compassion, friendliness, gentleness, humanity, kind-heartedness, kindness, sympathy

**kindly**
▶ ADJ. **1.** affable, beneficial, benevolent, benign, compassionate, cordial, favourable, genial, gentle, good-natured, hearty, helpful, kind, mild, pleasant, polite, sympathetic, warm
▶ ADV. **2.** agreeably, cordially, graciously, politely, tenderly, thoughtfully

**kindness 1.** affection, amiability, beneficence, benevolence, charity, clemency, compassion, decency, fellow-feeling, generosity, gentleness, goodness, good will, grace, hospitality, humanity, indulgence, kindliness, magnanimity, patience, philanthropy, tenderness, tolerance, understanding **2.** aid, assistance, benefaction, bounty, favour, generosity, good deed, help, service

**kindred**
▶ N. **1.** affinity, consanguinity, relationship **2.** connections, family, flesh, kin, kinsfolk, kinsmen, lineage, relations, relatives
▶ ADJ. **3.** affiliated, akin, allied, cognate, congenial, corresponding, kin, like, matching, related, similar

**king** crowned head, emperor, majesty, monarch, overlord, prince, ruler, sovereign

**kingdom 1.** dominion, dynasty, empire, monarchy, realm, reign, sovereignty **2.** commonwealth, county, division, nation, province, state, territory, tract **3.** area, domain, field, province, sphere, territory

**kink 1.** bend, coil, corkscrew, crimp, entanglement, frizz, knot, tangle, twist, wrinkle **2.** cramp, crick, pang, pinch, spasm, stab, tweak, twinge **3.** complication, defect, difficulty, flaw, hitch, imperfection, knot, tangle **4.** crotchet, eccentricity, fetish, foible, idiosyncrasy, quirk, singularity, vagary, whim

**kinky 1.** bizarre, eccentric, odd, oddball (Inf.), off-the-wall (Sl.), outlandish, outré, peculiar, queer, quirky, strange, unconventional, wacko (Sl.), weird **2.** degenerated, depraved, deviant, licentious, perverted, pervy (Sl.), unnatural, warped **3.** coiled, crimped, curled, curly, frizzled, frizzy, tangled, twisted

**kinship 1.** blood relationship, consanguinity, kin, relation, ties of blood **2.** affinity, alliance, association, bearing, connection, correspondence, relationship, similarity

**kinsman** blood relative, fellow clansman, fellow tribesman, relation, relative

**kiosk** bookstall, booth, counter, newsstand, stall, stand

**kiss**
▶ V. **1.** buss (Archaic), canoodle (Sl.), greet, neck (Inf.), osculate, peck (Inf.), salute, smooch (Inf.) **2.** brush, caress, glance, graze, scrape, touch
▶ N. **3.** buss (Archaic), osculation, peck (Inf.), smacker (Sl.)

**kit** accoutrements, apparatus, effects, equipment, gear, impedimenta, implements, instruments, outfit, paraphernalia, provisions, rig, supplies, tackle, tools, trappings, utensils

**kitchen** cookhouse, galley, kitchenette

**knack** ability, adroitness, aptitude, bent, capacity, dexterity, expertise, expertness, facility, flair, forte, genius, gift, handiness, ingenuity, propensity, quickness, skilfulness, skill, talent, trick

**knave** blackguard, bounder (Old-fashioned Brit. sl.), cheat, cocksucker (Taboo sl.), rapscallion, rascal, reprobate, rogue, rotter (Sl., chiefly Brit.), scally (Northwest English dialect), scallywag (Inf.), scamp, scapegrace, scoundrel, scumbag (Sl.), swindler, varlet (Archaic), villain

**knavery** chicanery, corruption, deceit, deception, dishonesty, double-dealing, duplicity, fraud, imposture, roguery, trickery, villainy

**knead** blend, form, manipulate, massage, mould, press, rub, shape, squeeze, stroke, work

**kneel** bow, bow down, curtsey, curtsy, genuflect, get down on one's knees, kowtow, make obeisance, stoop

**knell**
▶ V. **1.** announce, chime, herald, peal, resound, ring, sound, toll
▶ N. **2.** chime, peal, ringing, sound, toll

**knickers** bloomers, briefs, drawers, panties, smalls, underwear

**knick-knack** bagatelle, bauble, bibelot, bric-a-brac, gewgaw, gimcrack, kickshaw, plaything, trifle, trinket

**knife**
▶ N. **1.** blade, cutter, cutting tool
▶ V. **2.** cut, impale, lacerate, pierce, slash, stab, wound

**knit 1.** affix, ally, bind, connect, contract, fasten, heal, interlace, intertwine, join, link, loop, mend, secure, tie, unite, weave **2.** crease, furrow, knot, wrinkle, pucker

**knob** boss, bulk, bump, bunch, hump, knot, knurl, lump, nub, projection, protrusion, protuberance, snag, stud, swell, swelling, tumour

**knock**
▶ V. **1.** belt (Inf.), buffet, chin (Sl.), clap, cuff, deck (Sl.), hit, lay one on (Sl.), punch, rap, slap, smack, smite (Archaic), strike, thump, thwack
▶ N. **2.** belt (Inf.), blow, box, clip, clout (Inf.), cuff, hammering, rap, slap, smack, thump
▶ V. **3.** (Inf.) abuse, asperse, belittle, carp, cavil, censure, condemn, criticize, deprecate, disparage, find fault, lambast(e), run down, slag (off) (Sl.), slam (Sl.)
▶ N. **4.** blame, censure, condemnation, criticism, defeat, failure, heat (Sl., chiefly U.S. & Canad.), rebuff, rejection, reversal, setback, slagging (off) (Sl.), stick (Sl.), stricture

**knock about** or **knock around 1.** ramble, range, roam, rove, traipse, travel, wander **2.** abuse, batter, beat up (Inf.), bruise, buffet, clobber (Sl.), damage, hit, hurt, lambast(e), maltreat, manhandle, maul, mistreat, strike, wound

**knock down** batter, clout (Inf.), demolish, destroy, fell, floor, level, pound, raze, smash, wallop (Inf.), wreck

**knock off 1.** clock off, clock out, complete, conclude, finish, stop work, terminate **2.** blag (Sl.), cabbage (Brit. sl.), filch, nick (Sl., chiefly Brit.), pilfer, pinch, purloin, rob, steal, thieve **3.** assassinate, blow away (Sl., chiefly U.S.), bump off (Sl.), do away with, do in (Sl.), kill, liquidate, murder, slay, take out (Sl.), waste (Inf.)

**knockout 1.** coup de grâce, kayo (Sl.), KO or K.O. (Sl.) **2.** hit, sensation, smash, smash-hit, stunner (Inf.), success, triumph, winner

**knot**
▶ V. **1.** bind, complicate, entangle, knit, loop, secure, tether, tie, weave
▶ N. **2.** bond, bow, braid, connection, joint, ligature, loop, rosette, tie **3.** aggregation, bunch, clump, cluster, collection, heap, mass, pile, tuft **4.** assemblage, band, circle, clique, company, crew (Inf.), crowd, gang, group, mob, pack, set, squad

**know 1.** apprehend, comprehend, experience, fathom, feel certain, ken (Scot.), learn, notice, perceive, realize, recognize, see, undergo, understand **2.** associate with, be acquainted with, be familiar with, fraternize with, have dealings with, have knowledge of, recognize **3.** differentiate, discern, distinguish, identify, make out, perceive, recognize, see, tell

**know-how** ability, adroitness, aptitude, capability, craft, dexterity, experience, expertise, faculty, flair, ingenuity, knack, knowledge, proficiency, savoir-faire, skill, talent

**knowing 1.** astute, clever, clued-up (Inf.), competent, discerning, experienced, expert, intelligent, qualified, skilful, well-informed **2.** acute, cunning, eloquent, expressive, meaningful, perceptive, sagacious, shrewd, significant **3.** aware, conscious, deliberate, intended, intentional

**knowingly** consciously, deliberately, intentionally, on purpose, purposely, wilfully, wittingly

**knowledge 1.** education, enlightenment, erudition, instruction, intelligence, learning, scholarship, schooling, science, tuition, wisdom **2.** ability, apprehension, cognition, comprehension, consciousness, discernment, grasp, judg(e)ment, recognition, understanding **3.** acquaintance, cognizance, familiarity, information, intimacy, notice

**knowledgeable 1.** acquainted, au courant, au fait, aware, clued-up (Inf.), cognizant, conscious, conversant, experienced, familiar, in the know (Inf.), understanding, well-informed **2.** educated, erudite, intelligent, learned, lettered, scholarly

**known** acknowledged, admitted, avowed, celebrated, common, confessed, familiar, famous, manifest, noted, obvious, patent, plain, popular, published, recognized, well-known

**knuckle under** v. accede, acquiesce, capitulate, give in, give way, submit, succumb, surrender, yield

# L

**label**
▶ N. **1.** docket (Chiefly Brit.), flag, marker, sticker, tag, tally, ticket **2.** characterization, classification, description, epithet **3.** brand, company, mark, trademark
▶ V. **4.** docket (Chiefly Brit.), flag, mark, stamp, sticker, tag, tally **5.** brand, call, characterize, class, classify, define, describe, designate, identify, name

**labour**
▶ N. **1.** industry, toil, work **2.** employees, hands, labourers, workers, work force, workmen **3.** donkey-work, drudgery, effort, exertion, grind (Inf.), industry, pains, painstaking, sweat (Inf.), toil, travail **4.** chore, job, task, undertaking **5.** childbirth, contractions, delivery, labour pains, pains, parturition, throes, travail
▶ V. **6.** drudge, endeavour, grind (Inf.), peg along or away (Chiefly Brit.), plod, plug along or away (Inf.), slave, strive, struggle, sweat (Inf.), toil, travail, work **7.** (Usually with **under**) be a victim of, be burdened by, be disadvantaged, suffer **8.** dwell on, elaborate, make a federal case of (U.S. inf.), make a production (out) of (Inf.), overdo, overemphasize, strain **9.** (Of a ship) heave, pitch, roll, toss

**laboured 1.** awkward, difficult, forced, heavy, stiff, strained **2.** affected, contrived, overdone, overwrought, ponderous, studied, unnatural

**labourer** blue-collar worker, drudge, hand, labouring man, manual worker, navvy (Brit. inf.), unskilled worker, worker, working man, workman

**labyrinth** coil, complexity, complication, convolution, entanglement, intricacy, jungle, knotty problem, maze, perplexity, puzzle, riddle, snarl, tangle, windings

**lace**
▶ N. **1.** filigree, netting, openwork, tatting **2.** bootlace, cord, shoelace, string, thong, tie
▶ V. **3.** attach, bind, close, do up, fasten, intertwine, interweave, thread, tie, twine **4.** add to, fortify, mix in, spike

**lacerate 1.** claw, cut, gash, jag, maim, mangle, rend, rip, slash, tear, wound **2.** (Fig.) afflict, distress, harrow, rend, torment, torture, wound

**lachrymose** crying, dolorous, lugubrious, mournful, sad, tearful, weeping, weepy (Inf.), woeful

**lack**
▶ N. **1.** absence, dearth, deficiency, deprivation, destitution, insufficiency, need, privation, scantiness, scarcity, shortage, shortcoming, shortness, want
▶ V. **2.** be deficient in, be short of, be without, miss, need, require, want

**lackadaisical 1.** apathetic, dull, enervated, half-arsed, half-assed (U.S. & Canad. sl.), half-hearted, indifferent, languid, languorous, lethargic, limp, listless, spiritless **2.** abstracted, dreamy, idle, indolent, inert, lazy

**lackey 1.** ass-kisser (U.S. & Canad. taboo sl.), brown-noser (Taboo sl.), creature, fawner, flatterer, flunky, hanger-on, instrument, menial, minion, parasite, pawn, sycophant, toady, tool, yes man **2.** attendant, flunky, footman, manservant, valet, varlet (Archaic)

**lacking** defective, deficient, flawed, impaired, inadequate, minus (Inf.), missing, needing, sans (Archaic), wanting, without

**lacklustre** boring, dim, drab, dry, dull, flat, leaden, lifeless, lustreless, muted, prosaic, sombre, unimaginative, uninspired, vapid

**laconic** brief, compact, concise, crisp, curt, pithy, sententious, short, succinct, terse, to the point

**lad** boy, chap (Inf.), fellow, guy (Inf.), juvenile, kid (Inf.), laddie (Scot.), schoolboy, shaver (Inf.), stripling, youngster, youth

**laden** burdened, charged, encumbered, fraught, full, hampered, loaded, oppressed, taxed, weighed down, weighted

**ladykiller** Casanova, Don Juan, heartbreaker, ladies' man, libertine, Lothario, philanderer, rake, roué, wolf (Inf.), womanizer

**ladylike** courtly, cultured, decorous, elegant, genteel, modest, polite, proper, refined, respectable, well-bred

**lag 1.** be behind, dawdle, delay, drag (behind), drag one's feet (Inf.), hang back, idle, linger, loiter, saunter, straggle, tarry, trail **2.** decrease, diminish, ebb, fail, fall off, flag, lose strength, slacken, wane

**laggard** dawdler, idler, lingerer, loafer, loiterer, lounger, saunterer, skiver (Brit. sl.), slowcoach (Brit. inf.), slowpoke (U.S. & Canad. inf.), sluggard, snail, straggler

**laid-back** at ease, casual, easy-going, easy-oasy (Sl.), free and easy, relaxed, together (Sl.), unflappable (Inf.), unhurried

**lair 1.** burrow, den, earth, form, hole, nest, resting place **2.** (Inf.) den, hide-out, refuge, retreat, sanctuary

**lame 1.** crippled, defective, disabled, game, halt (Archaic), handicapped, hobbling, limping **2.** (Fig.) feeble, flimsy, inadequate, insufficient, pathetic, poor, thin, unconvincing, unsatisfactory, weak

**lament**
▶ V. **1.** bemoan, bewail, complain, deplore, grieve, mourn, regret, sorrow, wail, weep
▶ N. **2.** complaint, keening, lamentation, moan, moaning, plaint, ululation, wail, wailing **3.** coronach (Scot. & Irish), dirge, elegy, monody, requiem, threnody

**lamentable 1.** deplorable, distressing, grievous, harrowing, mournful, regrettable, sorrowful, tragic, unfortunate, woeful **2.** low, meagre, mean, miserable, pitiful, poor, unsatisfactory, wretched

**lamentation** dirge, grief, grieving, keening, lament, moan, mourning, plaint, sobbing, sorrow, ululation, wailing, weeping

**lampoon**
▶ N. **1.** burlesque, caricature, parody, pasquinade, satire, send-up (Brit. inf.), skit, squib, takeoff (Inf.)
▶ V. **2.** burlesque, caricature, make fun of, mock, parody, pasquinade, ridicule, satirize, send up (Brit. inf.), squib, take off (Inf.)

**land**
▶ N. **1.** dry land, earth, ground, terra firma **2.** dirt, ground, loam, soil **3.** countryside, farming, farmland, rural districts **4.** acres, estate, grounds, property, real property, realty **5.** country, district, fatherland, motherland, nation, province, region, territory, tract
▶ V. **6.** alight, arrive, berth, come to rest, debark, disembark, dock, touch down **7.** (Sometimes with up) arrive, bring, carry, cause, end up, lead, turn up, wind up **8.** (Inf.) acquire, gain, get, obtain, score (Sl.), secure, win

**landlord 1.** host, hotelier, hotel-keeper, innkeeper **2.** freeholder, lessor, owner, proprietor

**landmark 1.** feature, monument **2.** crisis, milestone, turning point, watershed **3.** benchmark, boundary, cairn, milepost, signpost

**landscape** countryside, outlook, panorama, prospect, scene, scenery, view, vista

**landslide**
▶ N. **1.** avalanche, landslip, rockfall
▶ ADJ. **2.** decisive, overwhelming, runaway

**language 1.** communication, conversation, discourse, expression, interchange, parlance, speech, talk, utterance, verbalization, vocalization **2.** argot, cant, dialect, idiom, jargon, lingo (Inf.), lingua franca, patois, speech, terminology, tongue, vernacular, vocabulary **3.** diction, expression, phraseology, phrasing, style, wording

**languid 1.** drooping, faint, feeble, languorous, limp, pining, sickly, weak, weary **2.** indifferent, lackadaisical, languorous, lazy, listless, spiritless, unenthusiastic, uninterested **3.** dull, heavy, inactive, inert, lethargic, sluggish, torpid

**languish 1.** decline, droop, fade, fail, faint, flag, sicken, waste, weaken, wilt, wither **2.** (Often with for) desire, eat one's heart out over, hanker, hunger, long, pine, sigh, want, yearn **3.** be abandoned, be disregarded, be neglected, rot, suffer, waste away **4.** brood, despond, grieve, repine, sorrow

**languishing 1.** declining, deteriorating, drooping, droopy, fading, failing, flagging, sickening, sinking, wasting away, weak, weakening, wilting, withering **2.** dreamy, longing, lovelorn, lovesick, melancholic, nostalgic, pensive, pining, soulful, tender, wistful, woebegone, yearning

**lank 1.** dull, lifeless, limp, long, lustreless, straggling **2.** attenuated, emaciated, gaunt, lanky, lean, rawboned, scraggy, scrawny, skinny, slender, slim, spare, thin

**lanky** angular, bony, gangling, gaunt, loose-jointed, rangy, rawboned, scraggy, scrawny, spare, tall, thin, weedy (Inf.)

**lap¹** circle, circuit, course, distance, loop, orbit, round, tour

**lap²** **1.** gurgle, plash, purl, ripple, slap, splash, swish, wash **2.** drink, lick, sip, sup

**lap³** cover, enfold, envelop, fold, swaddle, swathe, turn, twist, wrap

**lapse**
▶ N. **1.** error, failing, fault, indiscretion, mistake, negligence, omission, oversight, slip **2.** break, gap, intermission, interruption, interval, lull, passage, pause **3.** backsliding, decline, descent, deterioration, drop, fall, relapse
▶ V. **4.** decline, degenerate, deteriorate, drop, fail, fall, sink, slide, slip **5.** become obsolete, become void, end, expire, run out, stop, terminate

**lapsed 1.** discontinued, ended, expired, finished, invalid, out of date, run out, unrenewed **2.** backsliding, lacking faith, nonpractising

**large 1.** big, bulky, colossal, considerable, elephantine, enormous, giant, gigantic, ginormous (Inf.), goodly, great, huge, humongous or humungous (U.S. sl.), immense, jumbo (Inf.), king-size, man-size, massive, mega (Sl.), monumental, sizable, substantial, tidy (Inf.), vast **2.** abundant, ample, broad, capacious, comprehensive, copious, extensive, full, generous, grand, grandiose, liberal, plentiful, roomy, spacious, sweeping, wide **3. at large** at liberty, free, on the loose, on the run, roaming, unconfined as a whole, chiefly, generally, in general, in the main, mainly at length, considerably, exhaustively, greatly, in full detail

**largely** as a rule, by and large, chiefly, considerably, extensively, generally, mainly, mostly, predominantly, primarily, principally, to a great extent, widely

**large-scale** broad, extensive, far-reaching, global, sweeping, vast, wholesale, wide, wide-ranging

**largesse 1.** alms-giving, benefaction, bounty, charity, generosity, liberality, munificence, open-handedness, philanthropy **2.** bequest, bounty, donation, endowment, gift, grant, present

**lark**
▶ N. **1.** antic, caper, escapade, fling, frolic, fun, gambol, game, jape, mischief, prank, revel, rollick, romp, skylark, spree
▶ V. **2.** caper, cavort, cut capers, frolic, gambol, have fun, make mischief, play, rollick, romp, sport

**lash**
▶ N. **1.** blow, hit, stripe, stroke, swipe (Inf.)
▶ V. **2.** beat, birch, chastise, flagellate, flog, horsewhip, lam (Sl.), lambast(e), scourge, thrash, whip **3.** beat, buffet, dash, drum, hammer, hit, knock, lambast(e), larrup (Dialect), pound, punch, smack, strike **4.** attack, belabour, berate, blast, castigate, censure, criticize, flay, lambast(e), lampoon, put down, ridicule, satirize, scold, tear into (Inf.), upbraid **5.** bind, fasten, join, make fast, rope, secure, strap, tie

**lass** bird (Sl.), chick (Sl.), colleen (Irish), damsel, girl, lassie (Inf.), maid, maiden, miss, schoolgirl, wench (Facetious), young woman

**last¹**
▶ ADJ. **1.** aftermost, at the end, hindmost, rearmost **2.** latest, most recent **3.** closing, concluding, extreme, final, furthest, remotest, terminal, ultimate, utmost
▶ ADV. **4.** after, behind, bringing up the rear, in or at the end, in the rear
▶ N. **5.** close, completion, conclusion, end, ending, finale, finish, termination **6. at last** at length, eventually, finally, in conclusion, in the end, ultimately

**last²** v. abide, carry on, continue, endure, hold on, hold out, keep, keep on, persist, remain, stand up, survive, wear

**last-ditch** all-out (Inf.), desperate, final, frantic, heroic, straining, struggling

**lasting** abiding, continuing, deep-rooted, durable, enduring, eternal, indelible, lifelong, long-standing, long-term, perennial, permanent, perpetual, unceasing, undying, unending

**lastly** after all, all in all, at last, finally, in conclusion, in the end, to conclude, to sum up, ultimately

**latch**
▶ N. **1.** bar, bolt, catch, clamp, fastening, hasp, hook, lock, sneck (Dialect)
▶ V. **2.** bar, bolt, fasten, lock, make fast, secure, sneck (Dialect)

**late**
▶ ADJ. **1.** behind, behindhand, belated, delayed, last-minute, overdue, slow, tardy, unpunctual **2.** advanced, fresh, modern, new, recent **3.** dead, deceased, defunct, departed, ex-, former, old, past, preceding, previous
▶ ADV. **4.** at the last minute, behindhand, behind time, belatedly, dilatorily, slowly, tardily, unpunctually

**lately** in recent times, just now, latterly, not long ago, of late, recently

**lateness** advanced hour, belatedness, delay, late date, retardation, tardiness, unpunctuality

**later** ADV. after, afterwards, by and by, in a while, in time, later on, next, subsequently, thereafter

**lateral** edgeways, flanking, side, sideward, sideways

**latest** ADJ. current, fashionable, happening (Inf.), in, modern, most recent, newest, now, up-to-date, up-to-the-minute, with it (Inf.)

**lather**
▶ N. **1.** bubbles, foam, froth, soap, soapsuds, suds **2.** (Inf.) dither (Chiefly Brit.), fever, flap (Inf.), fluster, fuss, pother, state (Inf.), stew (Inf.), sweat, tizzy (Inf.), twitter (Inf.)
▶ V. **3.** foam, froth, soap **4.** (Inf.) beat, cane, drub, flog, lambast(e), strike, thrash, whip

**latitude 1.** breadth, compass, extent, range, reach, room, scope, space, span, spread, sweep, width **2.** elbowroom, freedom, indulgence, laxity, leeway, liberty, licence, play, unrestrictedness

**latter** closing, concluding, last, last-mentioned, later, latest, modern, recent, second

**latterly** hitherto, lately, of late, recently

**lattice** fretwork, grating, grid, grille, latticework, mesh, network, openwork, reticulation, tracery, trellis, web

**laudable** admirable, commendable, creditable, estimable, excellent, meritorious, of note, praiseworthy, worthy

**laudatory** acclamatory, adulatory, approbatory, approving, commendatory, complimentary, eulogistic, panegyrical

**laugh**
▶ V. **1.** be convulsed (Inf.), be in stitches, bust a gut (Inf.), chortle, chuckle, crack up (Inf.), crease up (Inf.), giggle, guffaw, roar with laughter, snigger, split one's sides, titter **2. laugh at** belittle, deride, jeer, lampoon, make a mock of, make fun of, mock, ridicule, scoff at, take the mickey (out of) (Inf.), taunt
▶ N. **3.** belly laugh (Inf.), chortle, chuckle, giggle, guffaw, roar or shriek of laughter, snigger, titter **4.** (Inf.) card (Inf.), caution (Inf.), clown, comedian, comic, entertainer, hoot (Inf.), humorist, joke, lark, scream (Inf.), wag, wit

**laughable 1.** absurd, derisive, derisory, ludicrous, nonsensical, preposterous, ridiculous, worthy of scorn **2.** amusing, comical, diverting, droll, farcical, funny, hilarious, humorous, mirthful, risible

**laugh off** brush aside, dismiss, disregard, ignore, minimize, pooh-pooh, shrug off

**laughter 1.** cachinnation, chortling, chuckling, giggling, guffawing, laughing, tittering **2.** amusement, glee, hilarity, merriment, mirth

**launch 1.** cast, discharge, dispatch, fire, project, propel, send off, set afloat, set in motion, throw **2.** begin, embark upon, inaugurate, initiate, instigate, introduce, open, start

**laurels** acclaim, awards, bays, Brownie points, commendation, credit, distinction, fame, glory, honour, kudos, praise, prestige, recognition, renown, reward

**lavatory** bathroom, bog (Sl.), can (U.S. & Canad. sl.), cloakroom (Brit.), crapper (Taboo sl.), Gents, head(s) *(Nautical sl.)*, john *(Sl., chiefly U.S. & Canad.)*, khazi *(Sl.)*, Ladies, latrine, little boy's room *(Inf.)*, little girl's room *(Inf.)*, loo *(Brit. inf.)*, pissoir, powder room, (public) convenience, toilet, washroom, water closet, W.C.

**lavish**
▸ **ADJ. 1.** abundant, copious, exuberant, lush, luxuriant, opulent, plentiful, profuse, prolific, sumptuous **2.** bountiful, effusive, free, generous, liberal, munificent, open-handed, unstinting **3.** exaggerated, excessive, extravagant, immoderate, improvident, intemperate, prodigal, thriftless, unreasonable, unrestrained, wasteful, wild
▸ **V. 4.** deluge, dissipate, expend, heap, pour, shower, spend, squander, waste

**law 1.** charter, code, constitution, jurisprudence **2.** act, canon, code, command, commandment, covenant, decree, demand, edict, enactment, order, ordinance, rule, statute **3.** axiom, canon, criterion, formula, precept, principle, regulation, standard **4. lay down the law** dictate, dogmatize, emphasize, pontificate

**law-abiding** compliant, dutiful, good, honest, honourable, lawful, obedient, orderly, peaceable, peaceful

**lawbreaker** convict, criminal, crook *(Inf.)*, culprit, delinquent, felon *(Formerly criminal law)*, miscreant, offender, sinner, transgressor, trespasser, violater, villain, wrongdoer

**lawful** allowable, authorized, constitutional, just, legal, legalized, legitimate, licit, permissible, proper, rightful, valid, warranted

**lawless** anarchic, chaotic, disorderly, insubordinate, insurgent, mutinous, rebellious, reckless, riotous, seditious, ungoverned, unrestrained, unruly, wild

**lawsuit** action, argument, case, cause, contest, dispute, industrial tribunal, litigation, proceedings, prosecution, suit, trial

**lawyer** advocate, attorney, barrister, counsel, counsellor, legal adviser, solicitor

**lax 1.** careless, casual, easy-going, easy-oasy *(Sl.)*, lenient, neglectful, negligent, overindulgent, remiss, slack, slapdash, slipshod **2.** broad, general, imprecise, inaccurate, indefinite, inexact, nonspecific, shapeless, vague **3.** flabby, flaccid, loose, slack, soft, yielding

**lay[1] 1.** deposit, establish, leave, place, plant, posit, put, set, set down, settle, spread **2.** arrange, dispose, locate, organize, position, set out **3.** bear, deposit, produce **4.** advance, bring forward, lodge, offer, present, put forward, submit **5.** allocate, allot, ascribe, assign, attribute, charge, impute **6.** concoct, contrive, design, devise, hatch, plan, plot, prepare, work out **7.** apply, assess, burden, charge, encumber, impose, saddle, tax **8.** bet, gamble, give odds, hazard, risk, stake, wager **9.** allay, alleviate, appease, assuage, calm, quiet, relieve, soothe, still, suppress **10. lay bare** disclose, divulge, explain, expose, reveal, show, unveil **11. lay hands on** acquire, get, get hold of, grab, grasp, seize assault, attack, beat up, lay into *(Inf.)*, set on discover, find, unearth *(Christianity)* bless, confirm, consecrate, ordain **12. lay hold of** get, get hold of, grab, grasp, grip, seize, snatch

**lay[2] 1.** laic, laical, nonclerical, secular **2.** amateur, inexpert, nonprofessional, nonspecialist

**layabout** beachcomber, couch potato *(Sl.)*, good-for-nothing, idler, laggard, loafer, lounger, ne'er-do-well, shirker, skiver *(Brit. sl.)*, slubberdegullion *(Archaic)*, vagrant, wastrel

**lay aside** abandon, cast aside, dismiss, postpone, put aside, put off, reject, shelve

**lay down 1.** discard, drop, give, give up, relinquish, surrender, yield **2.** affirm, assume, establish, formulate, ordain, postulate, prescribe, stipulate

**layer 1.** bed, ply, row, seam, stratum, thickness, tier **2.** blanket, coat, coating, cover, covering, film, mantle, sheet

**lay in** accumulate, amass, build up, collect, hoard, stockpile, stock up, store (up)

**lay into** assail, attack, belabour, hit out at, lambast(e), let fly at, pitch into *(Inf.)*, set about

**layman** amateur, lay person, nonprofessional, outsider

**lay-off** discharge, dismissal, unemployment

**lay off 1.** discharge, dismiss, drop, let go, make redundant, oust, pay off **2.** *(Inf.)* cease, desist, give it a rest *(Inf.)*, give over *(Inf.)*, give up, leave alone, leave off, let up, quit, stop

**lay on 1.** cater (for), furnish, give, provide, purvey, supply **2. lay it on** *(Sl.)* butter up, exaggerate, flatter, overdo it, overpraise, soft-soap *(Inf.)*

**layout** arrangement, design, draft, formation, geography, outline, plan

**lay out 1.** arrange, design, display, exhibit, plan, spread out **2.** *(Inf.)* disburse, expend, fork out *(Sl.)*, invest, pay, shell out *(Inf.)*, spend **3.** *(Inf.)* kayo *(Sl.)*, knock for six *(Inf.)*, knock out, knock unconscious, KO *or* K.O. *(Sl.)*

**laziness** dilatoriness, do-nothingness, faineance, faineancy, idleness, inactivity, indolence, lackadaisicalness, slackness, sloth, slothfulness, slowness, sluggishness, tardiness

**lazy 1.** idle, inactive, indolent, inert, remiss, shiftless, slack, slothful, slow, workshy **2.** drowsy, languid, languorous, lethargic, sleepy, slow-moving, sluggish, somnolent, torpid

**leach** drain, extract, filter, filtrate, lixiviate *(Chem.)*, percolate, seep, strain

**lead**
▸ **V. 1.** conduct, escort, guide, pilot, precede, show the way, steer, usher **2.** cause, dispose, draw, incline, induce, influence, persuade, prevail, prompt **3.** command, direct, govern, head, manage, preside over, supervise **4.** be ahead (of), blaze a trail, come first, exceed, excel, outdo, outstrip, surpass, transcend **5.** experience, have, live, pass, spend, undergo **6.** bring on, cause, conduce, contribute, produce, result in, serve, tend
▸ **N. 7.** advance, advantage, cutting edge, edge, first place, margin, precedence, primacy, priority, start, supremacy, van, vanguard **8.** direction, example, guidance, leadership, model **9.** clue, guide, hint, indication, suggestion, tip, trace **10.** leading role, principal, protagonist, star part, title role
▸ **ADJ. 11.** chief, first, foremost, head, leading, main, most important, premier, primary, prime, principal

**leader** bellwether, boss *(Inf.)*, captain, chief, chieftain, commander, conductor, counsellor, director, guide, head, number one, principal, ringleader, ruler, superior

**leadership 1.** administration, direction, directorship, domination, guidance, management, running, superintendency **2.** authority, command, control, influence, initiative, pre-eminence, supremacy, sway

**leading** chief, dominant, first, foremost, governing, greatest, highest, main, number one, outstanding, pre-eminent, primary, principal, ruling, superior

**lead on** beguile, deceive, draw on, entice, inveigle, lure, seduce, string along *(Inf.)*, tempt

**lead up to** approach, intimate, introduce, make advances, make overtures, pave the way, prepare for, prepare the way, work round to

**leaf**
▸ **N. 1.** blade, bract, flag, foliole, frond, needle, pad **2.** folio, page, sheet **3. turn over a new leaf** amend, begin anew, change, change one's ways, improve, reform
▸ **V. 4.** bud, green, put out leaves, turn green **5.** browse, flip, glance, riffle, skim, thumb (through)

**leaflet** advert *(Brit. inf.)*, bill, booklet, brochure, circular, handbill, mailshot, pamphlet

**league**
▸ **N. 1.** alliance, association, band, coalition, combination, combine, compact, confederacy, confederation, consortium, federation, fellowship, fraternity, group, guild, order, partnership, union **2.** ability group, category, class, level **3. in league (with)** allied, collaborating, hand in glove, in cahoots *(Inf.)*, leagued
▸ **V. 4.** ally, amalgamate, associate, band, collaborate, combine, confederate, join forces, unite

**leak**
▸ **N. 1.** aperture, chink, crack, crevice, fissure, hole, opening, puncture **2.** drip, leakage, leaking, oozing, percolation, seepage **3.** disclosure, divulgence
▸ **V. 4.** discharge, drip, escape, exude, ooze, pass, percolate, seep, spill, trickle **5.** blow wide open *(Sl.)*, disclose, divulge, give away, let slip, let the cat out of the bag, make known, make public, pass on, reveal, spill the beans *(Inf.)*, tell

**leaky** cracked, holey, leaking, not watertight, perforated, porous, punctured, split, waterlogged

**lean[1]** **V. 1.** be supported, prop, recline, repose, rest **2.** bend, heel, incline, slant, slope, tilt, tip **3.** be disposed to, be prone to, favour, gravitate towards, have a propensity, prefer, tend **4.** confide, count on, depend, have faith in, rely, trust

**lean[2]** **ADJ. 1.** angular, bony, emaciated, gaunt, lank, macilent *(Rare)*, rangy, scraggy, scrawny, skinny, slender, slim, spare, thin, unfatty, wiry **2.** bare, barren, inadequate, infertile, meagre, pitiful, poor, scanty, sparse, unfruitful, unproductive

**leaning** aptitude, bent, bias, disposition, inclination, liking, partiality, penchant, predilection, proclivity, proneness, propensity, taste, tendency

**leap**
▸ **V. 1.** bounce, bound, caper, cavort, frisk, gambol, hop, jump, skip, spring **2.** *(Fig.)* arrive at, come to, form hastily, hasten, hurry, jump, reach, rush **3.** clear, jump (over), vault **4.** advance, become prominent, escalate, gain attention, increase, rocket, soar, surge
▸ **N. 5.** bound, caper, frisk, hop, jump, skip, spring, vault **6.** escalation, increase, rise, surge, upsurge, upswing

**learn 1.** acquire, attain, become able, grasp, imbibe, master, pick up **2.** commit to memory, con *(Archaic)*, get off pat, get (something) word-perfect, learn by heart, memorize **3.** ascertain, detect, determine, discern, discover, find out, gain, gather, hear, suss (out) *(Sl.)*, understand

**learned** academic, cultured, erudite, experienced, expert, highbrow, intellectual, lettered, literate, scholarly, skilled, versed, well-informed, well-read

**learner 1.** apprentice, beginner, neophyte, novice, tyro **2.** disciple, pupil, scholar, student, trainee

**learning** acquirements, attainments, culture, education, erudition, information, knowledge, letters, literature, lore, research, scholarship, schooling, study, tuition, wisdom

**lease** V. charter, hire, let, loan, rent

**leash**
▸ **N. 1.** lead, rein, tether **2.** check, control, curb, hold, restraint
▸ **V. 3.** fasten, secure, tether, tie up **4.** check, control, curb, hold back, restrain, suppress

**least** feeblest, fewest, last, lowest, meanest, minimum, minutest, poorest, slightest, smallest, tiniest

**leathery** coriaceous, durable, hard, hardened, leatherlike, leathern *(Archaic)*, rough, rugged, tough, wrinkled

**leave**
▸ **V. 1.** abandon, abscond, decamp, depart, desert, disappear, do a bunk *(Brit. sl.)*, exit, flit *(Inf.)*, forsake, go, go away, hook it *(Sl.)*, move, pull out, quit, relinquish, retire, set out, slope off, take off *(Inf.)*, withdraw **2.** forget, lay down, leave behind, mislay **3.** cause, deposit, generate, produce, result in **4.** abandon, cease, desert, desist, drop, evacuate, forbear, give up, refrain, relinquish, renounce, stop, surrender **5.** allot, assign, cede, commit, consign, entrust, give over, refer **6.** bequeath, demise, devise *(Law)*, hand down, transmit, will
▸ **N. 7.** allowance, authorization, concession, consent, dispensation, freedom, liberty, permission, sanction **8.** furlough, holiday, leave of absence, sabbatical, time off, vacation **9.** adieu, departure, farewell, goodbye, leave-taking, parting, retirement, withdrawal

**leaven**
▸ **N. 1.** barm, ferment, leavening, yeast **2.** *(Fig.)* catalyst, influence, inspiration
▸ **V. 3.** ferment, lighten, raise, work **4.** *(Fig.)* elevate, imbue, inspire, permeate, pervade, quicken, stimulate, suffuse

**leave off** abstain, break off, cease, desist, discontinue, end, give over *(Inf.)*, give up, halt, kick *(Inf.)*, knock off *(Inf.)*, refrain, stop

**leave out** bar, cast aside, count out, disregard, except, exclude, ignore, neglect, omit, overlook, reject

**leavings** bits, dregs, fragments, leftovers, orts *(Archaic or dialect)*, pieces, refuse, remains, remnants, residue, scraps, spoil, sweepings, waste

**lecherous** carnal, concupiscent, goatish *(Archaic or literary)*, lascivious, lewd, libidinous, licentious, lubricious *(U.S. sl.)*, lubricous, lustful, prurient, randy *(Inf., chiefly Brit.)*, raunchy *(Sl.)*, ruttish, salacious, unchaste, wanton

**lechery** carnality, concupiscence, debauchery, lasciviousness, lecherousness, leching *(Inf.)*, lewdness, libertinism, libidinousness, licentiousness, lubricity, lust, lustfulness, profligacy, prurience, rakishness, randiness (*Inf.*, *chiefly Brit.*), salaciousness, sensuality, wantonness, womanizing

### lecture
- **N. 1.** address, discourse, disquisition, harangue, instruction, lesson, speech, talk
- **V. 2.** address, discourse, expound, give a talk, harangue, hold forth, speak, spout, talk, teach
- **N. 3.** castigation, censure, chiding, dressing-down (*Inf.*), going-over (*Inf.*), heat (*Sl., chiefly U.S. & Canad.*), rebuke, reprimand, reproof, scolding, talking-to (*Inf.*), telling off (*Inf.*), wigging (*Brit. sl.*)
- **V. 4.** admonish, bawl out (*Inf.*), berate, carpet (*Inf.*), castigate, censure, chew out (*U.S. & Canad. inf.*), chide, give a rocket (*Brit. & N.Z. inf.*), rate, read the riot act, reprimand, reprove, scold, tear into (*Inf.*), tear (someone) off a strip (*Brit. inf.*), tell off (*Inf.*)

**ledge** mantle, projection, ridge, shelf, sill, step

**leer** N./V. drool, eye, gloat, goggle, grin, ogle, smirk, squint, stare, wink

**lees** deposit, dregs, grounds, precipitate, refuse, sediment, settlings

**leeway** elbowroom, latitude, margin, play, room, scope, space

**left** ADJ. **1.** larboard (*Nautical*), left-hand, port, sinistral **2.** (*Of politics*) leftist, left-wing, liberal, progressive, radical, socialist

**left-handed 1.** awkward, cack-handed (*Inf.*), careless, clumsy, fumbling, gauche, maladroit **2.** ambiguous, backhanded, double-edged, enigmatic, equivocal, indirect, ironic, sardonic

### leftover
- **N. 1.** legacy, remainder, residue, surplus, survivor **2.** *Plural* leavings, oddments, odds and ends, remains, remnants, scraps
- **ADJ. 3.** excess, extra, remaining, surplus, uneaten, unused, unwanted

### leg
- **N. 1.** limb, lower limb, member, pin (*Inf.*), stump (*Inf.*) **2.** brace, prop, support, upright **3.** lap, part, portion, section, segment, stage, stretch **4. a leg up** assistance, boost, help, helping hand, push, support **5. not have a leg to stand on** (*Inf.*) be defenceless, be full of holes, be illogical, be invalid, be undermined, be vulnerable, lack support **6. on one's (its) last legs** about to break down, about to collapse, at death's door, dying, exhausted, failing, giving up the ghost, worn out **7. pull someone's leg** (*Inf.*) chaff, deceive, fool, kid (*Inf.*), make fun of, tease, trick, wind up (*Brit. sl.*) **8. shake a leg** (*Sl.*) get a move on (*Inf.*), get cracking (*Inf.*), hasten, hurry, look lively (*Inf.*), rush, stir one's stumps boogie (*Sl.*), dance, get down (*Inf., chiefly U.S.*), hoof it (*Sl.*), trip the light fantastic **9. stretch one's legs** exercise, go for a walk, move about, promenade, stroll, take a walk, take the air
- **V. 10. leg it** (*Inf.*) go on foot, hotfoot, hurry, run, skedaddle (*Inf.*), walk

**legacy 1.** bequest, devise (*Law*), estate, gift, heirloom, inheritance **2.** birthright, endowment, heritage, inheritance, patrimony, throwback, tradition

**legal 1.** allowable, allowed, authorized, constitutional, lawful, legalized, legitimate, licit, permissible, proper, rightful, sanctioned, valid **2.** forensic, judicial, juridical

**legality** accordance with the law, admissibleness, lawfulness, legitimacy, permissibility, rightfulness, validity

**legalize** allow, approve, authorize, decriminalize, legitimate, legitimatize, license, permit, sanction, validate

**legation** consulate, delegation, diplomatic mission, embassy, envoys, ministry, representation

**legend 1.** fable, fiction, folk tale, myth, narrative, saga, story, tale, urban legend **2.** celeb (*Inf.*), celebrity, luminary, marvel, megastar (*Inf.*), phenomenon, prodigy, spectacle, wonder **3.** caption, device, inscription, motto **4.** cipher, code, key, table of symbols

**legendary 1.** apocryphal, fabled, fabulous, fanciful, fictitious, mythical, romantic, storied, traditional **2.** celebrated, famed, famous, illustrious, immortal, renowned, well-known

**legibility** clarity, decipherability, ease of reading, legibleness, neatness, plainness, readability, readableness

**legible** clear, decipherable, distinct, easily read, easy to read, neat, plain, readable

### legion
- **N. 1.** army, brigade, company, division, force, troop **2.** drove, horde, host, mass, multitude, myriad, number, throng
- **ADJ. 3.** countless, multitudinous, myriad, numberless, numerous, very many

**legislate** codify, constitute, enact, establish, make laws, ordain, pass laws, prescribe, put in force

**legislation 1.** codification, enactment, lawmaking, prescription, regulation **2.** act, bill, charter, law, measure, regulation, ruling, statute

**legislative** ADJ. congressional, judicial, juridical, jurisdictive, lawgiving, lawmaking, ordaining, parliamentary

**legislator** lawgiver, lawmaker, parliamentarian

**legislature** assembly, chamber, congress, diet, house, lawmaking body, parliament, senate

### legitimate
- **ADJ. 1.** acknowledged, authentic, authorized, genuine, kosher (*Inf.*), lawful, legal, legit (*Sl.*), licit, proper, real, rightful, sanctioned, statutory, true **2.** admissible, correct, just, justifiable, logical, reasonable, sensible, valid, warranted, well-founded
- **V. 3.** authorize, legalize, legitimatize, legitimize, permit, pronounce lawful, sanction

**legitimize** authorize, legalize, legitimate, permit, pronounce lawful, sanction

**leisure 1.** breathing space, ease, freedom, free time, holiday, liberty, opportunity, pause, quiet, recreation, relaxation, respite, rest, retirement, spare moments, spare time, time off, vacation **2. at leisure** available, free, not booked up, on holiday, unengaged, unoccupied (*also* **at one's leisure**) at an unhurried pace, at one's convenience, deliberately, in one's own (good) time, unhurriedly, when it suits one, when one gets round to it (*Inf.*), without hurry

### leisurely
- **ADJ. 1.** comfortable, easy, gentle, laid-back (*Inf.*), lazy, relaxed, restful, slow, unhurried
- **ADV. 2.** at one's convenience, at one's leisure, comfortably, deliberately, easily, indolently, lazily, lingeringly, slowly, unhurriedly, without haste

**lend 1.** accommodate one with, advance, loan **2.** add, afford, bestow, confer, contribute, furnish, give, grant, hand out, impart, present, provide, supply **3. lend an ear** give ear, hearken (*Archaic*), heed, listen, take notice **4. lend a hand** aid, assist, give a (helping) hand, help, help out **5. lend itself to** be adaptable, be appropriate, be serviceable, fit, present opportunities of, suit **6. lend oneself to** agree, consent, cooperate, countenance, espouse, support

**length 1.** (*Of linear extent*) distance, extent, longitude, measure, reach, span **2.** (*Of time*) duration, period, space, span, stretch, term **3.** measure, piece, portion, section, segment **4.** elongation, extensiveness, lengthiness, protractedness **5. at length** completely, fully, in depth, in detail, thoroughly, to the full for ages, for a long time, for hours, interminably at last, at long last, eventually, finally, in the end

**lengthen** continue, draw out, elongate, expand, extend, increase, make longer, prolong, protract, spin out, stretch

**lengthy** diffuse, drawn-out, extended, interminable, lengthened, long, long-drawn-out, long-winded, overlong, prolix, prolonged, protracted, tedious, verbose, very long

**lenience, leniency** clemency, compassion, forbearance, gentleness, indulgence, lenity, mercy, mildness, moderation, pity, quarter, tenderness, tolerance

**lenient** clement, compassionate, forbearing, forgiving, gentle, indulgent, kind, merciful, mild, sparing, tender, tolerant

### lesbian
- **N. 1.** butch (*Sl.*), dyke (*Sl.*), sapphist, tribade
- **ADJ. 2.** butch (*Sl.*), gay, homosexual, sapphic, tribadic

### less
- **ADJ. 1.** shorter, slighter, smaller **2.** inferior, minor, secondary, subordinate
- **ADV. 3.** barely, little, meagrely, to a smaller extent
- **PREP. 4.** excepting, lacking, minus, subtracting, without

**lessen** abate, abridge, contract, curtail, decrease, de-escalate, degrade, die down, diminish, dwindle, ease, erode, grow less, impair, lighten, lower, minimize, moderate, narrow, reduce, relax, shrink, slacken, slow down, weaken, wind down

**lessening** abatement, contraction, curtailment, decline, decrease, de-escalation, diminution, dwindling, ebbing, erosion, let-up (*Inf.*), minimization, moderation, petering out, reduction, shrinkage, slackening, slowing down, waning, weakening

**lesser** inferior, less important, lower, minor, secondary, slighter, subordinate, under-

**lesson 1.** class, coaching, instruction, period, schooling, teaching, tutoring **2.** assignment, drill, exercise, homework, lecture, practice, reading, recitation, task **3.** deterrent, example, exemplar, message, model, moral, precept **4.** admonition, censure, chiding, punishment, rebuke, reprimand, reproof, scolding, warning

**let¹** V. **1.** allow, authorize, entitle, give leave, give permission, give the go-ahead (green light, OK or okay) (*Inf.*), grant, permit, sanction, suffer (*Archaic*), tolerate, warrant **2.** hire, lease, rent **3.** allow, cause, enable, grant, make, permit

**let²** N. constraint, hindrance, impediment, interference, obstacle, obstruction, prohibition, restriction

**let-down** anticlimax, bitter pill, blow, comedown (*Inf.*), disappointment, disgruntlement, disillusionment, frustration, setback, washout (*Inf.*)

**let down** disappoint, disenchant, disillusion, dissatisfy, fail, fall short, leave in the lurch, leave stranded

**lethal** baneful, dangerous, deadly, deathly, destructive, devastating, fatal, mortal, murderous, noxious, pernicious, poisonous, virulent

**lethargic** apathetic, comatose, debilitated, drowsy, dull, enervated, heavy, inactive, indifferent, inert, languid, lazy, listless, sleepy, slothful, slow, sluggish, somnolent, stupefied, torpid

**lethargy** apathy, drowsiness, dullness, hebetude (*Rare*), inaction, indifference, inertia, languor, lassitude, listlessness, sleepiness, sloth, slowness, sluggishness, stupor, torpidity, torpor

**let in** admit, allow to enter, give access to, greet, include, incorporate, receive, take in, welcome

**let off 1.** detonate, discharge, emit, explode, exude, fire, give off, leak, release **2.** absolve, discharge, dispense, excuse, exempt, exonerate, forgive, pardon, release, spare

**let out 1.** emit, give vent to, produce **2.** discharge, free, let go, liberate, release **3.** betray, blow wide open (*Sl.*), disclose, leak, let fall, let slip, make known, reveal

**letter 1.** character, sign, symbol **2.** acknowledgement, answer, billet (*Archaic*), communication, dispatch, epistle, line, message, missive, note, reply **3. to the letter** accurately, exactly, literally, precisely, strictly, word for word

**letters** belles-lettres, culture, erudition, humanities, learning, literature, scholarship

**let-up** abatement, break, cessation, interval, lessening, lull, pause, recess, remission, respite, slackening

**let up** abate, decrease, diminish, ease (up), moderate, relax, slacken, stop, subside

### level
- **ADJ. 1.** consistent, even, flat, horizontal, plain, plane, smooth, uniform **2.** aligned, balanced, commensurate, comparable, equal, equivalent, even, flush, in line, neck and neck, on a line, on a par, proportionate **3.** calm, equable, even, even-tempered, stable, steady
- **V. 4.** even off *or* out, flatten, make flat, plane, smooth **5.** bulldoze, demolish, destroy, devastate, equalize, flatten, knock down, lay low, pull down, raze, smooth, tear down, wreck **6.** aim, beam, direct, focus, point, train **7.** (*Inf.*) be above board, be frank, be honest, be open, be straightforward, be up front (*Sl.*), come clean (*Inf.*), keep nothing back
- **N. 8.** altitude, elevation, height, vertical position **9.** achievement, degree, grade, position, rank, stage, standard, standing, status **10.** bed, floor, layer, storey, stratum, zone **11.** flat surface, horizontal, plain, plane **12. on the level** (*Inf.*) above board, fair, genuine, honest, open, sincere, square, straight, straightforward, up front (*Sl.*)

**level-headed** balanced, calm, collected, composed, cool, dependable, even-tempered, reasonable, sane, self-possessed, sensible, steady, together (Sl.), unflappable (Inf.)

**lever**
▸ N. **1.** bar, crowbar, handle, handspike, jemmy
▸ V. **2.** force, jemmy, move, prise, pry (U.S.), purchase, raise

**leverage** ascendancy, authority, clout (Inf.), influence, pull (Inf.), purchasing power, rank, weight

**levity** buoyancy, facetiousness, fickleness, flightiness, flippancy, frivolity, giddiness, light-heartedness, light-mindedness, silliness, skittishness, triviality

**levy**
▸ V. **1.** charge, collect, demand, exact, gather, impose, tax **2.** call, call up, conscript, mobilize, muster, press, raise, summon
▸ N. **3.** assessment, collection, exaction, gathering, imposition **4.** assessment, duty, excise, fee, imposition, impost, tariff, tax, toll

**lewd** bawdy, blue, dirty, impure, indecent, lascivious, libidinous, licentious, loose, lustful, obscene, pornographic, profligate, salacious, smutty, unchaste, vile, vulgar, wanton, wicked

**lewdness** bawdiness, carnality, crudity, debauchery, depravity, impurity, indecency, lasciviousness, lechery, licentiousness, lubricity, obscenity, pornography, profligacy, salaciousness, smut, smuttiness, unchastity, vulgarity, wantonness

**liability 1.** accountability, answerability, culpability, duty, obligation, onus, responsibility **2.** arrear, debit, debt, indebtedness, obligation **3.** burden, disadvantage, drag, drawback, encumbrance, handicap, hindrance, impediment, inconvenience, millstone, minus (Inf.), nuisance **4.** likelihood, probability, proneness, susceptibility, tendency

**liable 1.** accountable, amenable, answerable, bound, chargeable, obligated, responsible **2.** exposed, open, subject, susceptible, vulnerable **3.** apt, disposed, inclined, likely, prone, tending **4. render oneself liable to** expose oneself to, incur, lay oneself open to, run the risk of

**liaison 1.** communication, connection, contact, go-between, hook-up, interchange, intermediary **2.** affair, amour, entanglement, illicit romance, intrigue, love affair, romance

**liar** fabricator, falsifier, fibber, perjurer, prevaricator, storyteller (Inf.)

**libel**
▸ N. **1.** aspersion, calumny, defamation, denigration, obloquy, slander, smear, vituperation
▸ V. **2.** blacken, calumniate, defame, derogate, drag (someone's) name through the mud, malign, revile, slander, slur, smear, traduce, vilify

**libellous** aspersive, calumniatory, calumnious, defamatory, derogatory, false, injurious, malicious, maligning, scurrilous, slanderous, traducing, untrue, vilifying, vituperative

**liberal 1.** advanced, humanistic, latitudinarian, libertarian, progressive, radical, reformist, right-on (Inf.) **2.** altruistic, beneficent, bounteous, bountiful, charitable, free-handed, generous, kind, open-handed, open-hearted, prodigal, unstinting **3.** advanced, broadminded, catholic, enlightened, high-minded, humanitarian, indulgent, magnanimous, permissive, right-on (Inf.), tolerant, unbiased, unbigoted, unprejudiced **4.** abundant, ample, bountiful, copious, handsome, lavish, munificent, plentiful, profuse, rich **5.** broad, flexible, free, general, inexact, lenient, loose, not close, not literal, not strict

**liberality 1.** altruism, beneficence, benevolence, bounty, charity, free-handedness, generosity, kindness, largess or largesse, munificence, open-handedness, philanthropy **2.** breadth, broad-mindedness, candour, catholicity, impartiality, latitude, liberalism, libertarianism, magnanimity, permissiveness, progressivism, toleration

**liberalize** ameliorate, broaden, ease, expand, extend, loosen, mitigate, moderate, modify, relax, slacken, soften, stretch

**liberate** deliver, discharge, disenthral, emancipate, free, let loose, let out, manumit, redeem, release, rescue, set free

**liberation** deliverance, emancipation, enfranchisement, freedom, freeing, liberating, liberty, manumission, redemption, release, unfettering, unshackling

**liberator** deliverer, emancipator, freer, manumitter, redeemer, rescuer, saviour

**libertine**
▸ N. **1.** debauchee, lech or letch (Inf.), lecher, loose liver, profligate, rake, reprobate, roué, seducer, sensualist, voluptuary, womanizer
▸ ADJ. **2.** abandoned, corrupt, debauched, decadent, degenerate, depraved, dissolute, immoral, licentious, profligate, rakish, reprobate, voluptuous, wanton

**liberty 1.** autonomy, emancipation, freedom, immunity, independence, liberation, release, self-determination, sovereignty **2.** authorization, with a blank cheque, carte blanche, dispensation, exemption, franchise, freedom, leave, licence, permission, prerogative, privilege, right, sanction **3.** Often plural disrespect, familiarity, forwardness, impertinence, impropriety, impudence, insolence, overfamiliarity, presumption, presumptuousness **4. at liberty** free, not confined, on the loose, unlimited, unoccupied, unrestricted

**libidinous** carnal, concupiscent, debauched, impure, incontinent, lascivious, lecherous, lickerish (Archaic), loose, lustful, prurient, randy (Inf., chiefly Brit.), ruttish, salacious, sensual, unchaste, wanton, wicked

**licence** N. **1.** authority, authorization, carte blanche, certificate, charter, dispensation, entitlement, exemption, immunity, leave, liberty, permission, permit, privilege, right, warrant **2.** freedom, independence, latitude, liberty, self-determination **3.** abandon, anarchy, disorder, excess, immoderation, impropriety, indulgence, irresponsibility, lawlessness, laxity, profligacy, unruliness

**license** V. accredit, allow, authorize, certify, commission, empower, entitle, permit, sanction, warrant

**licentious** abandoned, debauched, disorderly, dissolute, immoral, impure, lascivious, lax, lewd, libertine, libidinous, lubricious, lubricous, lustful, profligate, promiscuous, sensual, uncontrollable, uncontrolled, uncurbed, unruly, wanton

**licentiousness** abandon, debauchery, dissipation, dissoluteness, lechery, lewdness, libertinism, libidinousness, lubricity, lust, lustfulness, profligacy, promiscuity, prurience, salaciousness, salacity, wantonness

**lick**
▸ V. **1.** brush, lap, taste, tongue, touch, wash **2.** (Of flames) dart, flick, flicker, ignite, kindle, play over, ripple, touch **3.** (Inf.) blow out of the water (Sl.), clobber (Sl.), defeat, master, overcome, rout, run rings around (Inf.), tank (Sl.), trounce, undo, vanquish, wipe the floor with (Inf.) beat, clobber (Sl.), flog, lambast(e), slap, spank, strike, thrash, wallop (Inf.) beat, best, blow out of the water (Sl.), clobber (Sl.), excel, outdo, outstrip, run rings around (Inf.), surpass, tank (Sl.), top, wipe the floor with (Inf.)
▸ N. **4.** bit, brush, dab, little, sample, speck, stroke, taste, touch **5.** (Inf.) clip (Inf.), pace, rate, speed

**licking 1.** beating, drubbing, flogging, hiding (Inf.), spanking, tanning (Sl.), thrashing, whipping **2.** beating, defeat, drubbing, pasting (Sl.), trouncing

**lie¹** ▸ V. **1.** be prone, be prostrate, be recumbent, be supine, couch, loll, lounge, recline, repose, rest, sprawl, stretch out **2.** be, be buried, be found, be interred, be located, belong, be placed, be situated, exist, extend, remain **3.** (Usually with **on** or **upon**) burden, oppress, press, rest, weigh **4.** (Usually with **in**) be present, consist, dwell, exist, inhere, pertain **5. lie low** conceal oneself, go to earth, go underground, hide, hide away, hide out, hole up, keep a low profile, keep out of sight, lurk, skulk, take cover

**lie²**
▸ V. **1.** dissimulate, equivocate, fabricate, falsify, fib, forswear oneself, invent, misrepresent, perjure, prevaricate, tell a lie, tell untruths
▸ N. **2.** deceit, fabrication, falsehood, falsification, falsity, fib, fiction, invention, mendacity, pork pie (Brit. sl.), porky (Brit. sl.), prevarication, untruth, white lie

**life 1.** animation, being, breath, entity, growth, sentience, viability, vitality **2.** being, career, continuance, course, duration, existence, lifetime, span, time **3.** human, human being, individual, mortal, person, soul **4.** autobiography, biography, career, confessions, history, life story, memoirs, story **5.** behaviour, conduct, life style, way of life **6.** the human condition, the times, the world, this mortal coil, trials and tribulations, vicissitudes **7.** activity, animation, brio, energy, get-up-and-go (Inf.), go (Inf.), high spirits, liveliness, oomph (Inf.), pep, sparkle, spirit, verve, vigour, vitality, vivacity, zest **8.** animating spirit, élan vital, essence, heart, lifeblood, soul, spirit, vital spark **9.** creatures, living beings, living things, organisms, wildlife **10. come to life** awaken, become animate, revive, rouse, show signs of life **11. for dear life** (Inf.) desperately, for all one is worth, intensely, quickly, urgently, vigorously

**lifeless 1.** cold, dead, deceased, defunct, extinct, inanimate, inert **2.** bare, barren, desert, empty, sterile, uninhabited, unproductive, waste **3.** cold, colourless, dull, flat, heavy, hollow, lacklustre, lethargic, listless, passive, pointless, slow, sluggish, spent, spiritless, static, stiff, torpid, wooden **4.** comatose, dead to the world (Inf.), in a faint, inert, insensate, insensible, out cold, out for six, unconscious

**lifelike** authentic, exact, faithful, graphic, natural, photographic, real, realistic, true-to-life, undistorted, vivid

**lifelong** constant, deep-rooted, enduring, for all one's life, for life, lasting, lifetime, long-lasting, long-standing, perennial, permanent, persistent

**lifetime** all one's born days, career, course, day(s), existence, life span, one's natural life, period, span, time

**lift**
▸ V. **1.** bear aloft, buoy up, draw up, elevate, heft (Inf.), hoist, pick up, raise, raise high, rear, upheave, uplift, upraise **2.** advance, ameliorate, boost, dignify, elevate, enhance, exalt, improve, promote, raise, upgrade **3.** annul, cancel, countermand, end, relax, remove, rescind, revoke, stop, terminate **4.** ascend, be dispelled, climb, disappear, disperse, dissipate, mount, rise, vanish **5.** (Inf.) appropriate, blag (Sl.), cabbage (Brit. sl.), copy, crib (Inf.), half-inch (Old-fashioned sl.), nick (Sl., chiefly Brit.), pilfer, pinch (Inf.), pirate, plagiarize, pocket, purloin, steal, take, thieve
▸ N. **6.** car ride, drive, ride, run, transport **7.** boost, encouragement, fillip, pick-me-up, reassurance, shot in the arm (Inf.), uplift **8.** elevator (Chiefly U.S.)

**light¹**
▸ N. **1.** blaze, brightness, brilliance, effulgence, flash, glare, gleam, glint, glow, illumination, incandescence, lambency, luminescence, luminosity, lustre, phosphorescence, radiance, ray, refulgence, scintillation, shine, sparkle **2.** beacon, bulb, candle, flare, lamp, lantern, lighthouse, star, taper, torch, windowpane **3.** broad day, cockcrow, dawn, daybreak, daylight, daytime, morn (Poetic), morning, sun, sunbeam, sunrise, sunshine **4.** (Fig.) angle, approach, aspect, attitude, context, interpretation, point of view, slant, vantage point, viewpoint **5.** awareness, comprehension, elucidation, explanation, illustration, information, insight, knowledge, understanding **6.** example, exemplar, guiding light, model, paragon, shining example **7.** flame, lighter, match **8. bring to light** disclose, discover, expose, reveal, show, uncover, unearth, unveil **9. come to light** appear, be disclosed, be discovered, be revealed, come out, transpire, turn up **10. in (the) light of** bearing in mind, because of, considering, in view of, taking into account, with knowledge of **11. shed** or **throw light on** clarify, clear up, elucidate, explain, simplify
▸ ADJ. **12.** aglow, bright, brilliant, glowing, illuminated, luminous, lustrous, shining, sunny, well-lighted, well-lit **13.** bleached, blond, faded, fair, light-hued, light-toned, pale, pastel
▸ V. **14.** fire, ignite, inflame, kindle, set a match to **15.** brighten, clarify, floodlight, flood with light, illuminate, illumine, irradiate, lighten, light up, put on, switch on, turn on **16.** animate, brighten, cheer, irradiate, lighten

**light²** ADJ. **1.** airy, buoyant, delicate, easy, flimsy, imponderous, insubstantial, lightsome, lightweight, portable, slight, underweight **2.** faint, gentle, indistinct, mild, moderate, slight, soft, weak **3.** inconsequential, inconsiderable, insignificant, minute, scanty, slight, small, thin, tiny, trifling, trivial, unsubstantial, wee **4.** cushy (Inf.), easy, effortless, manageable, moderate, simple, undemanding, unexacting, untaxing **5.** agile, airy, graceful, light-footed, lithe, nimble, sprightly, sylphlike **6.** amusing, diverting, entertaining, frivolous, funny, gay, humorous, light-hearted, pleasing, superficial, trifling, trivial, witty **7.** airy, animated, blithe, carefree, cheerful, cheery, fickle, frivolous, gay, lively, merry, sunny **8.** dizzy, giddy, light-headed, reeling, unsteady, volatile **9.** digestible, frugal, modest, not heavy, not rich, restricted, small **10.** crumbly, friable, loose, porous, sandy, spongy

**light³** v. **1.** alight, land, perch, settle **2.** (*With* **on** *or* **upon**) chance, come across, discover, encounter, find, happen upon, hit upon, stumble on

**lighten¹** become light, brighten, flash, gleam, illuminate, irradiate, light up, make bright, shine

**lighten²** **1.** disburden, ease, make lighter, reduce in weight, unload **2.** allay, alleviate, ameliorate, assuage, ease, facilitate, lessen, mitigate, reduce, relieve **3.** brighten, buoy up, cheer, elate, encourage, gladden, hearten, inspire, lift, perk up, revive

**light-fingered** crafty, crooked (*Inf.*), dishonest, furtive, pilfering, pinching (*Inf.*), shifty, sly, stealing, thieving, underhand

**light-headed 1.** bird-brained (*Inf.*), featherbrained, fickle, flighty, flippant, foolish, frivolous, giddy, inane, rattlebrained (*Sl.*), shallow, silly, superficial, trifling **2.** delirious, dizzy, faint, giddy, hazy, vertiginous, woozy (*Inf.*)

**light-hearted** blithe, blithesome (*Literary*), bright, carefree, cheerful, chirpy (*Inf.*), effervescent, frolicsome, gay, genial, glad, gleeful, happy-go-lucky, insouciant, jocund, jolly, jovial, joyful, joyous, merry, playful, sunny, untroubled, upbeat (*Inf.*)

**lightless** caliginous (*Archaic*), dark, dim, dusky, gloomy, inky, jet black, murky, pitch-black, pitch-dark, pitchy, Stygian, sunless, tenebrous, unilluminated, unlighted, unlit

**lightly 1.** airily, delicately, faintly, gently, gingerly, slightly, softly, timidly **2.** moderately, sparingly, sparsely, thinly **3.** easily, effortlessly, readily, simply **4.** breezily, carelessly, flippantly, frivolously, heedlessly, indifferently, slightingly, thoughtlessly

**lightweight** ADJ. inconsequential, insignificant, nickel-and-dime (*U.S. sl.*), of no account, paltry, petty, slight, trifling, trivial, unimportant, worthless

**likable, likeable** agreeable, amiable, appealing, attractive, charming, engaging, friendly, genial, nice, pleasant, pleasing, sympathetic, winning, winsome

**like¹**
▶ ADJ. **1.** akin, alike, allied, analogous, approximating, cognate, corresponding, equivalent, identical, parallel, relating, resembling, same, similar
▶ N. **2.** counterpart, equal, fellow, match, parallel, twin

**like²**
▶ V. **1.** adore (*Inf.*), be fond of, be keen on, be partial to, delight in, dig (*Sl.*), enjoy, go for, love, relish, revel in **2.** admire, appreciate, approve, cherish, esteem, hold dear, prize, take a shine to (*Inf.*), take to **3.** care to, choose, choose to, desire, fancy, feel inclined, prefer, select, want, wish
▶ N. **4.** *Usually plural* cup of tea (*Inf.*), favourite, liking, partiality, predilection, preference

**likelihood** chance, good chance, liability, likeliness, possibility, probability, prospect, reasonableness, strong possibility

**likely**
▶ ADJ. **1.** anticipated, apt, disposed, expected, in a fair way, inclined, liable, on the cards, possible, probable, prone, tending, to be expected **2. be** *or* **seem likely** be in the running for, bid fair, incline towards, promise, stand a good chance, suggest, tend **3.** believable, credible, feasible, plausible, reasonable, verisimilar **4.** acceptable, agreeable, appropriate, befitting, fit, pleasing, proper, qualified, suitable **5.** fair, favourite, hopeful, odds-on, promising, up-and-coming
▶ ADV. **6.** doubtlessly, in all probability, like as not (*Inf.*), like enough (*Inf.*), no doubt, presumably, probably

**liken** compare, equate, juxtapose, match, parallel, relate, set beside

**likeness 1.** affinity, correspondence, resemblance, similarity, similitude **2.** copy, counterpart, delineation, depiction, effigy, facsimile, image, model, photograph, picture, portrait, replica, representation, reproduction, study **3.** appearance, form, guise, semblance

**liking** affection, affinity, appreciation, attraction, bent, bias, desire, fondness, inclination, love, partiality, penchant, predilection, preference, proneness, propensity, soft spot, stomach, taste, tendency, thirst, weakness

**limb 1.** appendage, arm, extension, extremity, leg, member, part, wing **2.** bough, branch, offshoot, projection, spur

**limelight** attention, celebrity, fame, glare of publicity, prominence, public eye, publicity, public notice, recognition, stardom, the spotlight

**limit**
▶ N. **1.** bound, breaking point, cutoff point, deadline, end, end point, furthest bound, greatest extent, termination, the bitter end, ultimate, utmost **2.** *Often plural* border, boundary, confines, edge, end, extent, frontier, pale, perimeter, periphery, precinct **3.** ceiling, check, curb, limitation, maximum, obstruction, restraint, restriction **4. the limit** (*Inf.*) enough, it (*Inf.*), the end, the last straw
▶ V. **5.** bound, check, circumscribe, confine, curb, delimit, demarcate, fix, hem in, hinder, ration, restrain, restrict, specify, straiten

**limitation** block, check, condition, constraint, control, curb, disadvantage, drawback, impediment, obstruction, qualification, reservation, restraint, restriction, snag

**limited 1.** bounded, checked, circumscribed, confined, constrained, controlled, curbed, defined, finite, fixed, hampered, hemmed in, restricted **2.** cramped, diminished, inadequate, insufficient, minimal, narrow, reduced, restricted, scant, short, unsatisfactory

**limitless** boundless, countless, endless, illimitable, immeasurable, immense, inexhaustible, infinite, measureless, never-ending, numberless, unbounded, uncalculable, undefined, unending, unlimited, untold, vast

**limp¹** ADJ. **1.** drooping, flabby, flaccid, flexible, floppy, lax, limber, loose, pliable, relaxed, slack, soft **2.** debilitated, enervated, exhausted, lethargic, spent, tired, weak, worn out

**limp²**
▶ V. **1.** falter, halt (*Archaic*), hobble, hop, shamble, shuffle
▶ N. **2.** hobble, lameness

**line¹**
▶ N. **1.** band, bar, channel, dash, groove, mark, rule, score, scratch, streak, stripe, stroke, underline **2.** crease, crow's foot, furrow, mark, wrinkle **3.** border, borderline, boundary, demarcation, edge, frontier, limit, mark **4.** configuration, contour, features, figure, outline, profile, silhouette **5.** cable, cord, filament, rope, strand, string, thread, wire, wisp **6.** axis, course, direction, path, route, track, trajectory **7.** approach, avenue, belief, course, course of action, ideology, method, policy, position, practice, procedure, scheme, system **8.** activity, area, bag (*Sl.*), business, calling, department, employment, field, forte, interest, job, occupation, profession, province, pursuit, specialization, trade, vocation **9.** column, crocodile (*Brit.*), file, procession, queue, rank, row, sequence, series **10.** ancestry, breed, family, lineage, race, stock, strain, succession **11.** card, letter, message, note, postcard, report, word **12.** clue, hint, indication, information, lead **13.** (*Military*) disposition, firing line, formation, front, front line, position, trenches **14. draw the line** lay down the law, object, prohibit, put one's foot down, restrict, set a limit **15. in line** in alignment, in a row, plumb, straight, true in accord, in agreement, in conformity, in harmony, in step **16. in line for** a candidate for, being considered for, due for, in the running for, next in succession to, on the short list for
▶ V. **17.** crease, cut, draw, furrow, inscribe, mark, rule, score, trace, underline **18.** border, bound, edge, fringe, rank, rim, skirt, verge

**line²** v. ceil, cover, face, fill, interline

**lineaments** configuration, countenance, face, features, line, outline, phiz *or* phizog (*Sl., chiefly Brit.*), physiognomy, trait, visage

**line-up** arrangement, array, row, selection, team

**line up 1.** fall in, form ranks, queue up **2.** assemble, come up with, lay on, obtain, organize, prepare, procure, produce, secure **3.** align, arrange, array, marshal, order, range, regiment, straighten

**linger 1.** hang around, loiter, remain, stay, stop, tarry, wait **2.** dally, dawdle, delay, idle, lag, procrastinate, take one's time **3.** cling to life, die slowly, hang on, last, survive **4.** abide, continue, endure, persist, remain, stay

**lingering** dragging, long-drawn-out, persistent, protracted, remaining, slow

**link**
▶ N. **1.** component, constituent, division, element, member, part, piece **2.** affiliation, affinity, association, attachment, bond, connection, joint, knot, liaison, relationship, tie, tie-up, vinculum
▶ V. **3.** attach, bind, connect, couple, fasten, join, tie, unite, yoke **4.** associate, bracket, connect, identify, relate

**lion** (*Fig.*) **1.** brave man, champion, conqueror, fighter, hero, warrior **2.** big name, celeb (*Inf.*), celebrity, idol, luminary, megastar (*Inf.*), notable, prodigy, star, superstar, VIP, wonder **3. beard the lion in his den** brave, confront, court destruction, defy danger, face, stand up to, tempt providence

**lip 1.** brim, brink, edge, flange, margin, rim **2.** (*Sl.*) backchat (*Inf.*), cheek (*Inf.*), effrontery, impertinence, insolence, rudeness, sauce (*Inf.*) **3.** (*Music*) control, embouchure **4. smack** *or* **lick one's lips** anticipate, delight in, drool over, enjoy, gloat over, relish, savour, slaver over

**liquid**
▶ N. **1.** fluid, juice, liquor, solution
▶ ADJ. **2.** aqueous, flowing, fluid, liquefied, melted, molten, running, runny, thawed, wet **3.** bright, brilliant, clear, limpid, shining, translucent, transparent **4.** dulcet, fluent, mellifluent, mellifluous, melting, smooth, soft, sweet **5.** (*Of assets*) convertible, negotiable

**liquidate 1.** clear, discharge, honour, pay, pay off, settle, square **2.** abolish, annul, cancel, dissolve, terminate **3.** cash, convert to cash, realize, sell off, sell up **4.** annihilate, blow away (*Sl., chiefly U.S.*), bump off (*Sl.*), destroy, dispatch, do away with, do in (*Sl.*), eliminate, exterminate, finish off, get rid of, kill, murder, remove, rub out (*U.S. sl.*), silence, take out (*Sl.*), wipe out (*Inf.*)

**liquor 1.** alcohol, booze (*Inf.*), drink, grog, hard stuff (*Inf.*), hooch *or* hootch (*Inf., chiefly U.S. & Canad.*), intoxicant, juice (*Inf.*), spirits, strong drink **2.** broth, extract, gravy, infusion, juice, liquid, stock

**list¹**
▶ N. **1.** catalogue, directory, file, index, inventory, invoice, leet (*Scot.*), listing, record, register, roll, schedule, series, syllabus, tabulation, tally
▶ V. **2.** bill, book, catalogue, enrol, enter, enumerate, file, index, itemize, note, record, register, schedule, set down, tabulate, write down

**list²**
▶ V. **1.** cant, careen, heel, heel over, incline, lean, tilt, tip
▶ N. **2.** cant, leaning, slant, tilt

**listen 1.** attend, be all ears, be attentive, give ear, hang on (someone's) words, hark, hear, hearken (*Archaic*), keep one's ears open, lend an ear, pin back one's ears (*Inf.*), prick up one's ears **2.** concentrate, do as one is told, give heed to, heed, mind, obey, observe, pay attention, take notice

**listless** apathetic, enervated, heavy, impassive, inattentive, indifferent, indolent, inert, languid, languishing, lethargic, lifeless, limp, lymphatic, mopish, sluggish, spiritless, supine, torpid, vacant

**literacy** ability, articulacy, articulateness, cultivation, education, knowledge, learning, proficiency, scholarship

**literal 1.** accurate, close, exact, faithful, strict, verbatim, word for word **2.** boring, colourless, down-to-earth, dull, factual, matter-of-fact, prosaic, prosy, unimaginative, uninspired **3.** actual, bona fide, genuine, gospel, plain, real, simple, true, unexaggerated, unvarnished

**literally** actually, exactly, faithfully, plainly, precisely, really, simply, strictly, to the letter, truly, verbatim, word for word

**literary** bookish, erudite, formal, learned, lettered, literate, scholarly, well-read

**literate** cultivated, cultured, educated, erudite, informed, knowledgeable, learned, lettered, scholarly, well-informed, well-read

**literature 1.** belles-lettres, letters, lore, writings, written works **2.** brochure, information, leaflet, mailshot, pamphlet

**lithe** flexible, limber, lissom(e), loose-jointed, loose-limbed, pliable, pliant, supple

**litigant** claimant, contestant, disputant, litigator, party, plaintiff

**litigate** contest at law, file a suit, go to court, go to law, institute legal proceedings, press charges, prosecute, sue

**litigation** action, case, contending, disputing, lawsuit, process, prosecution

**litigious** argumentative, belligerent, contentious, disputatious, quarrelsome

**litter**
- N. **1.** debris, detritus, fragments, garbage (*Chiefly U.S.*), grot (*Sl.*), muck, refuse, rubbish, shreds **2.** clutter, confusion, disarray, disorder, jumble, mess, scatter, untidiness **3.** brood, family, offspring, progeny, young **4.** bedding, couch, floor cover, mulch, straw-bed **5.** palanquin, stretcher
- V. **6.** clutter, derange, disarrange, disorder, mess up, scatter, strew

**little¹** ADJ. **1.** diminutive, dwarf, elfin, infinitesimal, Lilliputian, mini, miniature, minute, petite, pygmy or pigmy, short, slender, small, teensy-weensy, teeny-weeny, tiny, wee **2.** babyish, immature, infant, junior, undeveloped, young **3.** brief, fleeting, hasty, passing, short, short-lived **4.** inconsiderable, insignificant, minor, negligible, paltry, trifling, trivial, unimportant **5.** base, cheap, illiberal, mean, narrow-minded, petty, small-minded

**little²**
- ADV. **1.** hardly any, insufficient, meagre, measly, scant, skimpy, small, sparse **2.** barely, hardly, not much, not quite, only just **3.** hardly ever, not often, rarely, scarcely, seldom **4. little by little** bit by bit, by degrees, gradually, imperceptibly, piecemeal, progressively, slowly, step by step
- N. **5.** bit, dab, dash, fragment, hint, modicum, particle, pinch, small amount, snippet, speck, spot, tad (*Inf., chiefly U.S.*), taste, touch, trace, trifle

**live¹** V. **1.** be, be alive, breathe, draw breath, exist, have life **2.** be permanent, be remembered, last, persist, prevail, remain alive **3.** (*Sometimes with* in) abide, dwell, hang out (*Inf.*), inhabit, lodge, occupy, reside, settle, stay (*Chiefly Scot.*) **4.** abide, continue, earn a living, endure, fare, feed, get along, lead, make ends meet, pass, remain, subsist, support oneself, survive **5.** be happy, enjoy life, flourish, luxuriate, make the most of life, prosper, thrive **6. live it up** (*Inf.*) celebrate, enjoy oneself, have a ball (*Inf.*), have fun, make whoopee (*Inf.*), paint the town red, push the boat out (*Brit. inf.*), revel

**live²** ADJ. **1.** alive, animate, breathing, existent, living, quick (*Archaic*), vital **2.** active, burning, controversial, current, hot, pertinent, pressing, prevalent, topical, unsettled, vital **3.** (*Inf.*) active, alert, brisk, dynamic, earnest, energetic, lively, sparky, vigorous, vivid, wide-awake **4.** active, alight, blazing, burning, connected, glowing, hot, ignited, smouldering, switched on

**livelihood** employment, job, living, maintenance, means, (means of) support, occupation, (source of) income, subsistence, sustenance, work

**liveliness** activity, animation, boisterousness, brio, briskness, dynamism, energy, gaiety, quickness, smartness, spirit, sprightliness, vitality, vivacity

**lively 1.** active, agile, alert, brisk, chipper (*Inf.*), chirpy (*Inf.*), energetic, full of pep (*Inf.*), keen, nimble, perky, quick, sprightly, spry, vigorous **2.** animated, blithe, blithesome, cheerful, chirpy (*Inf.*), frisky, frolicsome, gay, merry, sparkling, sparky, spirited, upbeat (*Inf.*), vivacious **3.** astir, bustling, busy, buzzing, crowded, eventful, moving, stirring **4.** bright, colourful, exciting, forceful, invigorating, racy, refreshing, stimulating, vivid

**liven** animate, brighten, buck up (*Inf.*), enliven, hot up (*Inf.*), pep up, perk up, put life into, rouse, stir, vitalize, vivify

**liverish 1.** bilious, queasy, sick **2.** crotchety (*Inf.*), crusty, disagreeable, fratchy (*Inf.*), grumpy, ill-humoured, irascible, irritable, peevish, ratty (*Brit. & N.Z. inf.*), snappy, splenetic, tetchy

**livery** attire, clothing, costume, dress, garb, raiment (*Archaic or poetic*), regalia, suit, uniform, vestments

**livid 1.** angry, black-and-blue, bruised, contused, discoloured, purple **2.** ashen, blanched, bloodless, doughy, greyish, leaden, pale, pallid, pasty, wan, waxen **3.** (*Inf.*) angry, beside oneself, boiling, cross, enraged, exasperated, fuming, furious, incensed, indignant, infuriated, mad (*Inf.*), outraged

**living**
- ADJ. **1.** active, alive, animated, breathing, existing, in the land of the living (*Inf.*), lively, quick (*Archaic*), strong, vigorous, vital **2.** active, contemporary, continuing, current, developing, extant, in use, ongoing, operative, persisting
- N. **3.** animation, being, existence, existing, life, subsistence **4.** life style, mode of living, way of life **5.** job, livelihood, maintenance, (means of) support, occupation, (source of) income, subsistence, sustenance, work **6.** (*Church of England*) benefice, incumbency, stipend **7. the living** flesh and blood, the quick (*Archaic*)

**load**
- N. **1.** bale, cargo, consignment, freight, lading, shipment **2.** affliction, burden, encumbrance, incubus, millstone, onus, oppression, pressure, trouble, weight, worry
- V. **3.** cram, fill, freight, heap, lade, pack, pile, stack, stuff **4.** burden, encumber, hamper, oppress, saddle with, trouble, weigh down, worry **5.** (*Of firearms*) charge, make ready, prepare to fire, prime **6. load the dice** fix, rig, set up

**loaded 1.** burdened, charged, freighted, full, laden, weighted **2.** biased, distorted, weighted **3.** artful, insidious, manipulative, prejudicial, tricky **4.** at the ready, charged, primed, ready to shoot or fire **5.** (*Sl.*) affluent, flush (*Inf.*), moneyed, rich, rolling (*Sl.*), wealthy, well-heeled (*Inf.*), well off, well-to-do

**loaf** N. **1.** block, cake, cube, lump, slab **2.** (*Sl.*) block (*Inf.*), chump (*Brit. sl.*), gumption (*Brit. inf.*), head, noddle (*Inf., chiefly Brit.*), nous (*Brit. sl.*), sense

**loan**
- N. **1.** accommodation, advance, allowance, credit, mortgage, touch (*Sl.*)
- V. **2.** accommodate, advance, allow, credit, lend, let out

**loath, loth** against, averse, backward, counter, disinclined, indisposed, opposed, reluctant, resisting, unwilling

**loathing** abhorrence, abomination, antipathy, aversion, detestation, disgust, execration, hatred, horror, odium, repugnance, repulsion, revulsion

**loathsome** abhorrent, abominable, detestable, disgusting, execrable, hateful, horrible, nasty, nauseating, obnoxious, obscene, odious, offensive, repugnant, repulsive, revolting, vile, yucky or yukky (*Sl.*)

**lobby**
- N. **1.** corridor, entrance hall, foyer, hall, hallway, passage, passageway, porch, vestibule **2.** pressure group
- V. **3.** bring pressure to bear, campaign for, exert influence, influence, persuade, press for, pressure, promote, pull strings (*Brit. inf.*), push for, solicit votes, urge

**local**
- ADJ. **1.** community, district, neighbourhood, parish, provincial, regional **2.** confined, limited, narrow, parish pump, parochial, provincial, restricted, small-town
- N. **3.** character (*Inf.*), inhabitant, local yokel (*Disparaging*), native, resident

**locality 1.** area, district, neck of the woods (*Inf.*), neighbourhood, region, vicinity **2.** locale, location, place, position, scene, setting, site, spot

**localize 1.** circumscribe, concentrate, confine, contain, delimit, delimitate, limit, restrain, restrict **2.** ascribe, assign, narrow down, pinpoint, specify

**locate 1.** come across, detect, discover, find, lay one's hands on, pin down, pinpoint, run to earth, track down, unearth **2.** establish, fix, place, put, seat, set, settle, situate

**location** bearings, locale, locus, place, point, position, site, situation, spot, venue, whereabouts

**lock¹**
- N. **1.** bolt, clasp, fastening, padlock
- V. **2.** bolt, close, fasten, latch, seal, secure, shut, sneck (*Dialect*) **3.** clench, engage, entangle, entwine, join, link, mesh, unite **4.** clasp, clutch, embrace, encircle, enclose, grapple, grasp, hug, press

**lock²** curl, ringlet, strand, tress, tuft

**lock out** ban, bar, debar, exclude, keep out, refuse admittance to, shut out

**lock-up** can (*Sl.*), cell, cooler (*Sl.*), gaol, jail, jug (*Sl.*), police cell

**lock up** cage, confine, detain, imprison, incarcerate, jail, put behind bars, shut up

**lodge**
- N. **1.** cabin, chalet, cottage, gatehouse, house, hunting lodge, hut, shelter **2.** assemblage, association, branch, chapter, club, group, society **3.** den, haunt, lair, retreat
- V. **4.** accommodate, billet, board, entertain, harbour, put up, quarter, room, shelter, sojourn, stay, stop **5.** become fixed, catch, come to rest, imbed, implant, stick **6.** deposit, file, lay, place, put, put on record, register, set, submit

**lodger** boarder, guest, paying guest, P.G., resident, roomer, tenant

**lodging** Often plural abode, accommodation, apartments, boarding, digs (*Brit. inf.*), dwelling, habitation, quarters, residence, rooms, shelter

**lofty 1.** elevated, high, raised, sky-high, soaring, tall, towering **2.** dignified, distinguished, elevated, exalted, grand, illustrious, imposing, majestic, noble, renowned, stately, sublime, superior **3.** arrogant, condescending, disdainful, haughty, high and mighty (*Inf.*), lordly, patronizing, proud, snooty (*Inf.*), supercilious, toffee-nosed (*Sl., chiefly Brit.*)

**log**
- N. **1.** block, bole, chunk, piece of timber, stump, trunk
- V. **2.** chop, cut, fell, hew
- N. **3.** account, chart, daybook, journal, listing, logbook, record, tally
- V. **4.** book, chart, make a note of, note, record, register, report, set down, tally

**loggerheads: at loggerheads** at daggers drawn, at each other's throats, at enmity, at odds, estranged, feuding, in dispute, opposed, quarrelling

**logic 1.** argumentation, deduction, dialectics, ratiocination, science of reasoning, syllogistic reasoning **2.** good reason, good sense, reason, sense, sound judgment **3.** chain of thought, coherence, connection, link, rationale, relationship

**logical 1.** clear, cogent, coherent, consistent, deducible, pertinent, rational, reasonable, relevant, sound, valid, well-organized **2.** judicious, most likely, necessary, obvious, plausible, reasonable, sensible, wise

**loiter** dally, dawdle, delay, dilly-dally (*Inf.*), hang about *or* around, idle, lag, linger, loaf, loll, saunter, skulk, stroll

**loll 1.** flop, lean, loaf, lounge, recline, relax, slouch, slump, sprawl **2.** dangle, droop, drop, flap, flop, hang, hang loosely, sag

**lone** by oneself, deserted, isolated, lonesome, one, only, separate, separated, single, sole, solitary, unaccompanied

**loneliness** aloneness, desertedness, desolation, dreariness, forlornness, isolation, lonesomeness, seclusion, solitariness, solitude

**lonely 1.** abandoned, destitute, estranged, forlorn, forsaken, friendless, lonesome, outcast **2.** alone, apart, by oneself, companionless, isolated, lone, single, solitary, withdrawn **3.** deserted, desolate, godforsaken, isolated, off the beaten track (*Inf.*), out-of-the-way, remote, secluded, sequestered, solitary, unfrequented, uninhabited

**long¹** ADJ. **1.** elongated, expanded, extended, extensive, far-reaching, lengthy, spread out, stretched **2.** dragging, interminable, late, lengthy, lingering, long-drawn-out, prolonged, protracted, slow, sustained, tardy

**long²** V. covet, crave, desire, dream of, eat one's heart out over, hanker, hunger, itch, lust, pine, want, wish, yearn

**longing**
- N. **1.** ambition, aspiration, coveting, craving, desire, hankering, hope, hungering, itch, thirst, urge, wish, yearning, yen (*Inf.*)
- ADJ. **2.** anxious, ardent, avid, craving, desirous, eager, hungry, languishing, pining, wishful, wistful, yearning

**long-lived** enduring, full of years, longevous, long-lasting, old as Methuselah

**long-standing** abiding, enduring, established, fixed, hallowed by time, long-established, long-lasting, long-lived, time-honoured

**long-suffering** easygoing, forbearing, forgiving, patient, resigned, stoical, tolerant, uncomplaining

**long-winded** diffuse, discursive, garrulous, lengthy, long-drawn-out, overlong, prolix, prolonged, rambling, repetitious, tedious, verbose, wordy

**look**
► V. **1.** behold *(Archaic)*, check, check out *(Inf.)*, clock *(Brit. sl.)*, consider, contemplate, examine, eye, eyeball *(U.S. sl.)*, feast one's eyes upon, gaze, get a load of *(Inf.)*, glance, inspect, observe, peep, recce *(Sl.)*, regard, scan, scrutinize, see, study, survey, take a dekko at *(Brit. sl.)*, take a gander at *(Inf.)*, view, watch **2.** appear, display, evidence, exhibit, look like, make clear, manifest, present, seem, seem to be, show, strike one as **3.** face, front, front on, give onto, overlook **4.** anticipate, await, expect, hope, reckon on **5.** forage, hunt, search, seek **6.** gape, gawk, gawp *(Brit. sl.)*, glower, goggle, rubberneck *(Sl.)*, ogle, stare **7. look like** be the image of, favour, make one think of, put one in mind of, remind one of, resemble, take after
► N. **8.** butcher's *(Brit. sl.)*, examination, eyeful *(Inf.)*, gander *(Inf.)*, gaze, glance, glimpse, inspection, look-see *(Sl.)*, observation, once-over *(Inf.)*, peek, recce *(Sl.)*, review, shufti *(Brit. sl.)*, sight, squint *(Inf.)*, survey, view **9.** air, appearance, aspect, bearing, cast, complexion, countenance, demeanour, effect, expression, face, fashion, guise, manner, mien *(Literary)*, semblance

**look after** attend to, care for, guard, keep an eye on, mind, nurse, protect, sit with, supervise, take care of, take charge of, tend, watch

**look down on** *or* **look down upon** contemn, despise, disdain, hold in contempt, look down one's nose at *(Inf.)*, misprize, scorn, sneer, spurn, treat with contempt, turn one's nose up (at) *(Inf.)*

**look forward to** anticipate, await, count on, count the days until, expect, hope for, long for, look for, wait for

**look into** check out, delve into, examine, explore, follow up, go into, inquire about, inspect, investigate, look over, make enquiries, make inquiries, probe, research, scrutinize, study

**look-out 1.** guard, qui vive, readiness, vigil, watch **2.** guard, sentinel, sentry, vedette *(Military)*, watchman **3.** beacon, citadel, observation post, observatory, post, tower, watchtower **4.** *(Inf.)* business, concern, funeral *(Inf.)*, pigeon *(Brit. inf.)*, worry **5.** chances, future, likelihood, outlook, prospect, view

**look out** be alert, be careful, be on guard, be on the qui vive, be vigilant, beware, keep an eye out, keep one's eyes open (peeled, skinned), pay attention, watch out

**look over** cast an eye over, check, check out *(Inf.)*, examine, eyeball *(U.S. sl.)*, flick through, inspect, look through, monitor, peruse, scan, take a dekko at *(Brit. sl.)*, view, work over

**look up 1.** find, hunt for, research, search for, seek out, track down **2.** ameliorate, come along, get better, improve, perk up, pick up, progress, shape up *(Inf.)*, show improvement **3.** *(With* **to***)* admire, defer to, esteem, have a high opinion of, honour, regard highly, respect, revere **4.** call (on), drop in on *(Inf.)*, go to see, look in on, pay a visit to, visit

**loom 1.** appear, become visible, be imminent, bulk, emerge, hover, impend, menace, take shape, threaten **2.** dominate, hang over, mount, overhang, overshadow, overtop, rise, soar, tower

**loop**
► N. **1.** bend, circle, coil, convolution, curl, curve, eyelet, hoop, kink, loophole, noose, ring, spiral, twirl, twist, whorl
► V. **2.** bend, braid, circle, coil, connect, curl, curve round, encircle, fold, join, knot, roll, spiral, turn, twist, wind round

**loophole 1.** aperture, knothole, opening, slot **2.** *(Fig.)* avoidance, escape, evasion, excuse, let-out, means of escape, plea, pretence, pretext, subterfuge

**loose**
► ADJ. **1.** floating, free, insecure, movable, released, unattached, unbound, unconfined, unfastened, unfettered, unrestricted, unsecured, untied, wobbly **2.** baggy, easy, hanging, loosened, not fitting, not tight, relaxed, slack, slackened, sloppy **3.** diffuse, disconnected, disordered, ill-defined, imprecise, inaccurate, indefinite, indistinct, inexact, rambling, random, vague **4.** abandoned, debauched, disreputable, dissipated, dissolute, fast, immoral, lewd, libertine, licentious, profligate, promiscuous, unchaste, wanton **5.** careless, heedless, imprudent, lax, negligent, rash, thoughtless, unmindful
► V. **6.** detach, disconnect, disengage, ease, free, let go, liberate, loosen, release, set free, slacken, unbind, unbridle, undo, unfasten, unleash, unloose, untie

**loosen 1.** detach, let out, separate, slacken, unbind, undo, unloose, unstick, untie, work free, work loose **2.** deliver, free, let go, liberate, release, set free **3.** *(Often with* **up***)* ease up *or* off, go easy *(Inf.)*, lessen, let up, lighten up *(Sl.)*, mitigate, moderate, relax, soften, weaken

**loot**
► N. **1.** booty, goods, haul, plunder, prize, spoils, swag *(Sl.)*
► V. **2.** despoil, pillage, plunder, raid, ransack, ravage, rifle, rob, sack

**lop-sided** askew, asymmetrical, awry, cock-eyed, crooked, disproportionate, off balance, one-sided, out of shape, out of true, skewwhiff *(Brit. inf.)*, squint, tilting, unbalanced, unequal, uneven, warped

**Lord, Our** *or* **The** Christ, God, Jehovah, Jesus Christ, the Almighty

**lord 1.** commander, governor, king, leader, liege, master, monarch, overlord, potentate, prince, ruler, seigneur, sovereign, superior **2.** earl, noble, nobleman, peer, viscount **3. lord it over** act big *(Sl.)*, be overbearing, boss around *(Inf.)*, domineer, order around, play the lord, pull rank, put on airs, swagger

**lordly 1.** arrogant, condescending, despotic, dictatorial, disdainful, domineering, haughty, high and mighty *(Inf.)*, high-handed, hoity-toity *(Inf.)*, imperious, lofty, overbearing, patronizing, proud, stuck-up *(Inf.)*, supercilious, toffee-nosed *(Sl., chiefly Brit.)*, tyrannical **2.** aristocratic, dignified, exalted, gracious, grand, imperial, lofty, majestic, noble, princely, regal, stately

**lore 1.** beliefs, doctrine, experience, folk-wisdom, mythos, saws, sayings, teaching, traditional wisdom, traditions, wisdom **2.** erudition, knowhow *(Inf.)*, knowledge, learning, letters, scholarship

**lose 1.** be deprived of, displace, drop, fail to keep, forget, mislay, misplace, miss, suffer loss **2.** capitulate, default, fail, fall short, forfeit, lose out on *(Inf.)*, miss, pass up *(Inf.)*, yield **3.** be defeated, be the loser, be worsted, come a cropper *(Inf.)*, come to grief, get the worst of, lose out, suffer defeat, take a licking *(Inf.)* **4.** consume, deplete, dissipate, drain, exhaust, expend, lavish, misspend, squander, use up, waste **5.** confuse, miss, stray from, wander from **6.** lap, leave behind, outdistance, outrun, outstrip, overtake, pass **7.** dodge, duck, elude, escape, evade, give someone the slip, shake off, slip away, throw off

**loser** also-ran, dud *(Inf.)*, failure, flop *(Inf.)*, lemon *(Sl.)*, no-hoper *(Aust. sl.)*, underdog, washout *(Inf.)*

**loss 1.** bereavement, deprivation, disappearance, drain, failure, forfeiture, losing, misfortune, mislaying, privation, squandering, waste **2.** cost, damage, defeat, destruction, detriment, disadvantage, harm, hurt, impairment, injury, ruin **3.** *Plural* casualties, dead, death toll, fatalities, number killed (captured, injured, missing, wounded) **4.** *Sometimes plural* debit, debt, deficiency, deficit, depletion, losings, shrinkage **5. at a loss** at one's wits' end, baffled, bewildered, confused, helpless, nonplussed, perplexed, puzzled, stuck *(Inf.)*, stumped

**lost 1.** disappeared, forfeited, mislaid, misplaced, missed, missing, strayed, vanished, wayward **2.** adrift, astray, at sea, disoriented, off-course, off-track **3.** baffled, bewildered, clueless *(Sl.)*, confused, helpless, ignorant, mystified, perplexed, puzzled **4.** abolished, annihilated, demolished, destroyed, devastated, eradicated, exterminated, obliterated, perished, ruined, wasted, wiped out, wrecked **5.** absent, absorbed, abstracted, distracted, dreamy, engrossed, entranced, preoccupied, rapt, spellbound, taken up **6.** consumed, dissipated, frittered away, misapplied, misdirected, misspent, misused, squandered, wasted **7.** bygone, dead, extinct, forgotten, gone, lapsed, obsolete, out-of-date, past, unremembered **8.** abandoned, corrupt, damned, depraved, dissolute, fallen, irreclaimable, licentious, profligate, unchaste, wanton

**lot 1.** assortment, batch, bunch *(Inf.)*, collection, consignment, crowd, group, quantity, set **2.** accident, chance, destiny, doom, fate, fortune, hazard, plight, portion **3.** allowance, cut *(Inf.)*, parcel, part, percentage, piece, portion, quota, ration, share **4. a lot** *or* **lots** abundance, a great deal, heap(s), large amount, load(s) *(Inf.)*, masses *(Inf.)*, numbers, ocean(s), oodles *(Inf.)*, piles *(Inf.)*, plenty, quantities, reams *(Inf.)*, scores, stack(s) **5. draw lots** choose, cut for aces, cut straws *(Inf.)*, decide, pick, select, spin a coin, toss up **6. throw in one's lot with** ally *or* align oneself with, join, join forces with, join fortunes with, make common cause with, support

**loth** → **loath**

**lotion** balm, cream, embrocation, liniment, salve, solution

**lottery 1.** draw, raffle, sweepstake **2.** chance, gamble, hazard, risk, toss-up *(Inf.)*, venture

**loud 1.** blaring, blatant, boisterous, booming, clamorous, deafening, ear-piercing, ear-splitting, forte *(Music)*, high-sounding, noisy, obstreperous, piercing, resounding, rowdy, sonorous, stentorian, strident, strong, thundering, tumultuous, turbulent, vehement, vociferous **2.** *(Fig.)* brash, brassy, flamboyant, flashy, garish, gaudy, glaring, lurid, naff *(Brit. sl.)*, ostentatious, showy, tacky *(Inf.)*, tasteless, tawdry, vulgar **3.** brash, brazen, coarse, crass, crude, loud-mouthed *(Inf.)*, offensive, raucous, vulgar

**loudly** at full volume, at the top of one's voice, clamorously, deafeningly, fortissimo *(Music)*, lustily, noisily, shrilly, uproariously, vehemently, vigorously, vociferously

**lounge** V. **1.** laze, lie about, loaf, loiter, loll, recline, relax, saunter, sprawl, take it easy **2.** dawdle, fritter time away, hang out *(Inf.)*, idle, kill time, pass time idly, potter, veg out *(Sl., chiefly U.S.)*, waste time

**lout** bear, boor, bumpkin, churl, clod, clumsy idiot, dolt, gawk, lubber, lummox *(Inf.)*, ned *(Sl.)*, oaf, yahoo, yob *or* yobbo *(Brit. sl.)*

**lovable** adorable, amiable, attractive, captivating, charming, cuddly, cute, delightful, enchanting, endearing, engaging, fetching *(Inf.)*, likable *or* likeable, lovely, pleasing, sweet, winning, winsome

**love**
► V. **1.** adore, adulate, be attached to, be in love with, cherish, dote on, have affection for, hold dear, idolize, prize, think the world of, treasure, worship **2.** appreciate, delight in, desire, enjoy, fancy, have a weakness for, like, relish, savour, take pleasure in **3.** canoodle *(Sl.)*, caress, cuddle, embrace, fondle, kiss, neck *(Inf.)*, pet
► N. **4.** adoration, adulation, affection, amity, ardour, attachment, devotion, fondness, friendship, infatuation, liking, passion, rapture, regard, tenderness, warmth **5.** delight, devotion, enjoyment, fondness, inclination, liking, partiality, relish, soft spot, taste, weakness **6.** angel, beloved, darling, dear, dearest, dear one, inamorata, inamorato, leman *(Archaic)*, loved one, lover, sweet, sweetheart, truelove **7. for love** for nothing, freely, free of charge, gratis, pleasurably, without payment **8. for love or money** by any means, ever, under any conditions **9. in love** besotted, charmed, enamoured, enraptured, infatuated, smitten **10. fall in love (with)** bestow one's affections on, be taken with, fall for, lose one's heart (to), take a shine to *(Inf.)*

**love affair 1.** affair, affaire de coeur, amour, intrigue, liaison, relationship, romance **2.** appreciation, devotion, enthusiasm, love, mania, passion

**lovely 1.** admirable, adorable, amiable, attractive, beautiful, charming, comely, exquisite, graceful, handsome, pretty, sweet, winning **2.** agreeable, captivating, delightful, enchanting, engaging, enjoyable, gratifying, nice, pleasant, pleasing

**lover** admirer, beau, beloved, boyfriend, fancy man *(Sl.)*, fancy woman *(Sl.)*, fiancé, fiancée, flame *(Inf.)*, girlfriend, inamorata, inamorato, leman *(Archaic)*, mistress, paramour, suitor, swain *(Archaic)*, sweetheart, toy boy

**loving** affectionate, amorous, ardent, cordial, dear, demonstrative, devoted, doting, fond, friendly, kind, solicitous, tender, warm, warm-hearted

**low 1.** fubsy *(Archaic or dialect)*, little, short, small, squat, stunted **2.** deep, depressed, ground-level, low-lying, shallow, subsided, sunken **3.** depleted, insignificant, little, meagre, measly, paltry, reduced, scant, small, sparse, trifling **4.** deficient, inadequate, inferior, low-grade, mediocre, pathetic, poor, puny, second-rate, shoddy, substandard, worthless **5.** coarse, common, crude, disgraceful, dishonourable, disreputable, gross, ill-bred, obscene, rough, rude, unbecoming, undignified, unrefined, vulgar **6.** humble, lowborn, lowly, meek, obscure, plain, plebeian, poor, simple, unpretentious **7.** blue, brassed off *(Brit. sl.)*, dejected, depressed, despondent, disheartened, dismal, down, downcast, down in the dumps *(Inf.)*, fed up, forlorn, gloomy, glum, miserable, morose, sad, sick as a parrot *(Inf.)*, unhappy **8.** debilitated, dying, exhausted, feeble, frail, ill, prostrate, reduced, sinking, stricken, weak **9.** gentle, hushed, muffled, muted, quiet, soft, subdued, whispered **10.** cheap, economical, inexpensive, moderate, modest, reasonable **11.** abject, base, contemptible, dastardly, degraded, depraved, despicable, ignoble, mean, menial, nasty, scurvy, servile, sordid, unworthy, vile, vulgar

**low-down** *(Inf.)* dope *(Inf.)*, gen *(Brit. inf.)*, info *(Inf.)*, information, inside story, intelligence

**lower**[1] **1.** inferior, junior, lesser, low-level, minor, secondary, second-class, smaller, subordinate, under **2.** curtailed, decreased, diminished, lessened, pared down, reduced

**lower**[2] **1.** depress, drop, fall, let down, make lower, sink, submerge, take down **2.** abase, belittle, condescend, debase, degrade, deign, demean, devalue, disgrace, downgrade, humble, humiliate, stoop **3.** abate, curtail, cut, decrease, diminish, lessen, minimize, moderate, prune, reduce, slash **4.** soften, tone down

**lower**[3] **1.** be brewing, blacken, cloud up *or* over, darken, loom, menace, threaten **2.** frown, give a dirty look, glare, glower, look daggers, look sullen, scowl

**low-grade** bad, bush-league *(Aust. & N.Z. inf.)*, chickenshit *(U.S. sl.)*, dime-a-dozen *(Inf.)*, duff *(Inf.)*, inferior, not good enough, not up to snuff *(Inf.)*, of a sort *or* of sorts, piss-poor *(Taboo sl.)*, poor, poxy *(Sl.)*, second-rate, substandard, tinhorn *(U.S. sl.)*, two-bit *(U.S. & Canad. sl.)*

**low-key** low-pitched, muffled, muted, played down, quiet, restrained, subdued, toned down, understated

**lowly** **1.** ignoble, inferior, lowborn, mean, obscure, plebeian, proletarian, subordinate **2.** docile, dutiful, gentle, humble, meek, mild, modest, submissive, unassuming **3.** average, common, homespun, modest, ordinary, plain, poor, simple, unpretentious

**low-spirited** apathetic, blue, brassed off *(Brit. sl.)*, dejected, depressed, despondent, dismal, down, down-hearted, down in the dumps *(Inf.)*, fed up, gloomy, heavy-hearted, low, miserable, moody, sad, unhappy

**loyal** attached, constant, dependable, devoted, dutiful, faithful, immovable, patriotic, staunch, steadfast, tried and true, true, true-blue, true-hearted, trustworthy, trusty, unswerving, unwavering

**loyalty** allegiance, constancy, dependability, devotion, faithfulness, fealty, fidelity, patriotism, reliability, staunchness, steadfastness, troth *(Archaic)*, true-heartedness, trueness, trustiness, trustworthiness

**lubricate** grease, make slippery, make smooth, oil, oil the wheels, smear, smooth the way

**lucid** **1.** clear, clear-cut, comprehensible, crystal clear, distinct, evident, explicit, intelligible, limpid, obvious, pellucid, plain, transparent **2.** beaming, bright, brilliant, effulgent, gleaming, luminous, radiant, resplendent, shining **3.** clear, crystalline, diaphanous, glassy, limpid, pellucid, pure, translucent, transparent **4.** all there, clear-headed, compos mentis, in one's right mind, rational, reasonable, sane, sensible, sober, sound

**luck** **1.** accident, chance, destiny, fate, fortuity, fortune, hap *(Archaic)*, hazard **2.** advantage, blessing, break *(Inf.)*, fluke, godsend, good fortune, good luck, prosperity, serendipity, stroke, success, windfall

**luckily** **1.** favourably, fortunately, happily, opportunely, propitiously, providentially **2.** as it chanced, as luck would have it, by chance, fortuitously

**luckless** calamitous, cursed, disastrous, doomed, hapless, hopeless, ill-fated, ill-starred, jinxed, star-crossed, unfortunate, unhappy, unlucky, unpropitious, unsuccessful

**lucky** **1.** advantageous, blessed, charmed, favoured, fortunate, jammy *(Brit. sl.)*, prosperous, serendipitous, successful **2.** adventitious, auspicious, fortuitous, opportune, propitious, providential, timely

**lucrative** advantageous, fat, fruitful, gainful, high-income, money-making, paying, productive, profitable, remunerative, well-paid

**lucre** gain, mammon, money, pelf, profit, riches, spoils, wealth

**ludicrous** absurd, burlesque, comic, comical, crazy, droll, farcical, funny, incongruous, laughable, nonsensical, odd, outlandish, preposterous, ridiculous, silly, zany

**luggage** baggage, bags, cases, gear, impedimenta, paraphernalia, suitcases, things, trunks

**lugubrious** dirgelike, dismal, doleful, dreary, funereal, gloomy, melancholy, morose, mournful, sad, serious, sombre, sorrowful, woebegone, woeful

**lukewarm** **1.** blood-warm, tepid, warm **2.** *(Fig.)* apathetic, cold, cool, half-arsed, half-assed *(U.S. & Canad. sl.)*, half-hearted, indifferent, laodicean, phlegmatic, unconcerned, unenthusiastic, uninterested, unresponsive

**lull**
- **V.** **1.** allay, calm, compose, hush, lullaby, pacify, quell, quiet, rock to sleep, soothe, still, subdue, tranquillize **2.** abate, cease, decrease, diminish, dwindle, ease off, let up, moderate, quieten down, slacken, subside, wane
- **N.** **3.** calm, calmness, hush, let-up *(Inf.)*, pause, quiet, respite, silence, stillness, tranquillity

**lullaby** berceuse, cradlesong

**lumber**[1]
- **N.** **1.** castoffs, clutter, discards, jumble, junk, refuse, rubbish, trash, trumpery, white elephants
- **V.** **2.** *(Brit. sl.)* burden, encumber, impose upon, land, load, saddle

**lumber**[2] **V.** clump, lump along, plod, shamble, shuffle, stump, trudge, trundle, waddle

**lumbering** awkward, blundering, bovine, bumbling, clumsy, elephantine, heavy, heavy-footed, hulking, lubberly, overgrown, ponderous, ungainly, unwieldy

**luminous** **1.** bright, brilliant, glowing, illuminated, lighted, lit, luminescent, lustrous, radiant, resplendent, shining, vivid **2.** clear, evident, intelligible, lucid, obvious, perspicuous, plain, transparent

**lump**[1]
- **N.** **1.** ball, bunch, cake, chunk, clod, cluster, dab, gob, gobbet, group, hunk, mass, nugget, piece, spot, wedge **2.** bulge, bump, growth, hump, protrusion, protuberance, swelling, tumescence, tumour
- **V.** **3.** agglutinate, aggregate, batch, bunch, coalesce, collect, combine, conglomerate, consolidate, group, mass, pool, unite

**lump**[2] **V.** bear, brook, endure, put up with, stand, suffer, take, thole *(Northern English dialect)*, tolerate

**lunacy** **1.** dementia, derangement, idiocy, insanity, madness, mania, psychosis **2.** aberration, absurdity, craziness, folly, foolhardiness, foolishness, idiocy, imbecility, madness, senselessness, stupidity, tomfoolery

**lunatic**
- **ADJ.** **1.** barking *(Sl.)*, barking mad *(Sl.)*, barmy *(Sl.)*, bonkers *(Sl., chiefly Brit.)*, crackbrained, crackpot *(Inf.)*, crazy, daft, demented, deranged, insane, irrational, loopy *(Inf.)*, mad, maniacal, not the full shilling *(Inf.)*, nuts *(Sl.)*, off one's trolley *(Sl.)*, out to lunch *(Inf.)*, psychotic, unhinged, up the pole *(Inf.)*
- **N.** **2.** headbanger *(Inf.)*, headcase *(Inf.)*, loony *(Sl.)*, madman, maniac, nut *(Sl.)*, nutcase *(Sl.)*, nutter *(Brit. sl.)*, psychopath

**lunge**
- **N.** **1.** charge, cut, jab, pass, pounce, spring, stab, swing, swipe *(Inf.)*, thrust
- **V.** **2.** bound, charge, cut, dash, dive, fall upon, hit at, jab, leap, pitch into *(Inf.)*, plunge, poke, pounce, set upon, stab, strike at, thrust

**lure**
- **V.** **1.** allure, attract, beckon, decoy, draw, ensnare, entice, inveigle, invite, lead on, seduce, tempt
- **N.** **2.** allurement, attraction, bait, carrot *(Inf.)*, come-on *(Inf.)*, decoy, enticement, inducement, magnet, siren song, temptation

**lurid** **1.** exaggerated, graphic, melodramatic, sensational, shock-horror *(Facetious)*, shocking, startling, unrestrained, vivid, yellow *(of journalism)* **2.** disgusting, ghastly, gory, grim, grisly, gruesome, macabre, revolting, savage, violent **3.** ashen, ghastly, pale, pallid, sallow, wan **4.** bloody, fiery, flaming, glaring, glowering, intense, livid, overbright, sanguine

**lurk** conceal oneself, crouch, go furtively, hide, lie in wait, move with stealth, prowl, skulk, slink, sneak, snoop

**luscious** appetizing, delectable, delicious, honeyed, juicy, mouth-watering, palatable, rich, savoury, scrumptious *(Inf.)*, succulent, sweet, toothsome, yummy *(Sl.)*

**lush** **1.** abundant, dense, flourishing, green, lavish, overgrown, prolific, rank, teeming, verdant **2.** fresh, juicy, ripe, succulent, tender **3.** elaborate, extravagant, grand, lavish, luxurious, opulent, ornate, palatial, plush *(Inf.)*, ritzy *(Sl.)*, sumptuous

**lust**
- **N.** **1.** carnality, concupiscence, lasciviousness, lechery, lewdness, libido, licentiousness, pruriency, randiness *(Inf., chiefly Brit.)*, salaciousness, sensuality, the hots *(Sl.)*, wantonness **2.** appetence, appetite, avidity, covetousness, craving, cupidity, desire, greed, longing, passion, thirst
- **V.** **3.** be consumed with desire for, covet, crave, desire, hunger for *or* after, lech after *(Inf.)*, need, slaver over, want, yearn

**lustre** **1.** burnish, gleam, glint, glitter, gloss, glow, sheen, shimmer, shine, sparkle **2.** brightness, brilliance, dazzle, lambency, luminousness, radiance, resplendence **3.** distinction, fame, glory, honour, illustriousness, prestige, renown

**lusty** brawny, energetic, hale, healthy, hearty, in fine fettle, powerful, Ramboesque, red-blooded *(Inf.)*, robust, rugged, stalwart, stout, strapping, strong, sturdy, vigorous, virile

**luxurious** **1.** comfortable, costly, de luxe, expensive, lavish, magnificent, opulent, plush *(Inf.)*, rich, ritzy *(Sl.)*, splendid, sumptuous, well-appointed **2.** epicurean, pampered, pleasure-loving, self-indulgent, sensual, sybaritic, voluptuous

**luxury** **1.** affluence, hedonism, opulence, richness, splendour, sumptuousness, voluptuousness **2.** bliss, comfort, delight, enjoyment, gratification, indulgence, pleasure, satisfaction, wellbeing **3.** extra, extravagance, frill, indulgence, nonessential, treat

**lying**
- **N.** **1.** deceit, dishonesty, dissimulation, double-dealing, duplicity, fabrication, falsity, fibbing, guile, mendacity, perjury, prevarication, untruthfulness
- **ADJ.** **2.** deceitful, dishonest, dissembling, double-dealing, false, guileful, mendacious, perfidious, treacherous, two-faced, untruthful

**lyric**
- **ADJ.** **1.** *(Of poetry)* expressive, lyrical, melodic, musical, songlike **2.** *(Of a voice)* clear, dulcet, flowing, graceful, light, silvery
- **N.** **3.** *Plural* book, libretto, text, the words, words of a song

**lyrical** carried away, ecstatic, effusive, emotional, enthusiastic, expressive, impassioned, inspired, poetic, rapturous, rhapsodic

# M

**macabre** cadaverous, deathlike, deathly, dreadful, eerie, frightening, frightful, ghastly, ghostly, ghoulish, grim, grisly, gruesome, hideous, horrid, morbid, unearthly, weird

**machine** **1.** apparatus, appliance, contraption, contrivance, device, engine, instrument, mechanism, tool **2.** agency, machinery, organization, party, setup *(Inf.)*, structure, system **3.** *(Fig.)* agent, automaton, mechanical man, puppet, robot, zombie

**machinery** **1.** apparatus, equipment, gear, instruments, mechanism, tackle, tools, works **2.** agency, channels, machine, organization, procedure, structure, system

**mad** **1.** aberrant, bananas *(Sl.)*, barking *(Sl.)*, barking mad *(Sl.)*, barmy *(Sl.)*, batty *(Sl.)*, bonkers *(Sl., chiefly Brit.)*, crackers *(Brit. sl.)*, crackpot *(Inf.)*, crazed, crazy *(Inf.)*, cuckoo *(Inf.)*, delirious, demented, deranged, distracted, flaky *(U.S. sl.)*, frantic, frenzied, insane, loony *(Sl.)*, loopy *(Inf.)*, lunatic, mental *(Sl.)*, non compos mentis, not the full shilling *(Inf.)*, nuts *(Sl.)*, nutty *(Sl.)*, off one's chump *(Sl.)*, off one's head *(Sl.)*, off one's nut *(Sl.)*, off one's rocker *(Sl.)*, off one's trolley *(Sl.)*, of unsound mind, out of one's mind, out to lunch *(Inf.)*, psychotic, rabid, raving, round the bend *(Brit. sl.)*, round the twist *(Brit. sl.)*, screwy *(Inf.)*, unbalanced, unhinged, unstable, up the pole *(Inf.)* **2.** absurd, asinine, daft *(Inf.)*, foolhardy, foolish, imprudent, inane, irrational, ludicrous, nonsensical, preposterous, senseless, unreasonable, unsafe, unsound, wild **3.** *(Inf.)* angry, ape *(Sl.)*, apeshit *(Sl.)*, berserk, cross, enraged, exasperated, fuming, furious, in a wax *(Inf., chiefly Brit.)*, incensed, infuriated, irate, irritated, livid *(Inf.)*, raging, resentful, seeing red *(Inf.)*, wild, wrathful **4.** ardent, avid, crazy, daft *(Inf.)*, devoted, dotty *(Sl., chiefly Brit.)*, enamoured, enthusiastic, fanatical, fond, hooked, impassioned, infatuated, in love with, keen, nuts *(Sl.)*, wild, zealous **5.** abandoned, agitated, boisterous, ebullient, energetic, excited, frenetic, frenzied, gay, riotous, uncontrolled, unrestrained, wild **6. like mad** *(Inf.)* energetitically, enthusiastically, excitedly, furiously, madly, quickly, rapidly, speedily, unrestrainedly, violently, wildly, with might and main

**madden** aggravate *(Inf.)*, annoy, craze, derange, drive one crazy (off one's head *(Sl.)*, out of one's mind, round the bend *(Brit. sl.)*, round the twist *(Brit. sl.)*, to distraction) *(Inf.)*, enrage, exasperate, gall, get one's hackles up, incense, inflame, infuriate, irritate, make one's blood boil, make one see red *(Inf.)*, make one's hackles rise, nark *(Brit., Aust., & N.Z. sl.)*, piss one off *(Taboo sl.)*, provoke, raise one's hackles, unhinge, upset, vex

**made-up** fabricated, false, fictional, imaginary, invented, make-believe, mythical, specious, trumped-up, unreal, untrue

**madly** **1.** crazily, deliriously, dementedly, distractedly, frantically, frenziedly, hysterically, insanely, rabidly **2.** absurdly, foolishly, irrationally, ludicrously, nonsensically, senselessly, unreasonably, wildly **3.** energetically, excitedly, furiously, hastily, hotfoot, hurriedly, like mad *(Inf.)*, quickly, rapidly, recklessly, speedily, violently, wildly **4.** *(Inf.)* desperately, devotedly, exceedingly, excessively, extremely, intensely, passionately, to distraction

**madman** *or* **madwoman** headbanger *(Inf.)*, headcase *(Inf.)*, loony *(Sl.)*, lunatic, maniac, mental case *(Sl.)*, nut *(Sl.)*, nutcase *(Sl.)*, nutter *(Brit. sl.)*, psycho *(Sl.)*, psychopath, psychotic

**madness** **1.** aberration, craziness, delusion, dementia, derangement, distraction, insanity, lunacy, mania, mental illness, psychopathy, psychosis **2.** absurdity, daftness *(Inf.)*, folly, foolhardiness, foolishness, idiocy, nonsense, preposterousness, wildness **3.** anger, exasperation, frenzy, fury, ire, rage, raving, wildness, wrath **4.** ardour, craze, enthusiasm, fanaticism, fondness, infatuation, keenness, passion, rage, zeal **5.** abandon, agitation, excitement, frenzy, furore, intoxication, riot, unrestraint, uproar

**magazine** **1.** journal, pamphlet, paper, periodical **2.** ammunition dump, arsenal, depot, powder room *(Obsolete)*, store, storehouse, warehouse

**magic**
- ▸ **N. 1.** black art, enchantment, necromancy, occultism, sorcery, sortilege, spell, theurgy, witchcraft, wizardry **2.** conjuring, hocus-pocus, illusion, jiggery-pokery *(Inf., chiefly Brit.)*, jugglery, legerdemain, prestidigitation, sleight of hand, trickery **3.** allurement, charm, enchantment, fascination, glamour, magnetism, power
- ▸ **ADJ. 4.** *(also* **magical**) bewitching, charismatic, charming, enchanting, entrancing, fascinating, magnetic, marvellous, miraculous, sorcerous, spellbinding

**magician** **1.** archimage *(Rare)*, conjurer, conjuror, enchanter, enchantress, illusionist, necromancer, sorcerer, thaumaturge *(Rare)*, theurgist, warlock, witch, wizard **2.** genius, marvel, miracle-worker, spellbinder, virtuoso, wizard, wonder-worker

**magisterial** arrogant, assertive, authoritative, bossy *(Inf.)*, commanding, dictatorial, domineering, high-handed, imperious, lordly, masterful, overbearing, peremptory

**magistrate** bailie *(Scot.)*, J.P., judge, justice, justice of the peace, provost *(Scot.)*

**magnanimity** beneficence, big-heartedness, bountifulness, charitableness, generosity, high-mindedness, largess *or* largesse, munificence, nobility, open-handedness, selflessness, unselfishness

**magnanimous** beneficent, big, big-hearted, bountiful, charitable, free, generous, great-hearted, handsome, high-minded, kind, kindly, munificent, noble, open-handed, selfless, ungrudging, unselfish, unstinting

**magnate** **1.** baron, big cheese *(Sl., old-fashioned)*, big noise *(Inf.)*, big shot *(Inf.)*, big wheel *(Sl.)*, bigwig *(Inf.)*, captain of industry, chief, fat cat *(Sl., chiefly U.S.)*, leader, mogul, Mister Big *(Sl., chiefly U.S.)*, nabob *(Inf.)*, notable, plutocrat, tycoon, VIP **2.** aristo *(Inf.)*, aristocrat, baron, bashaw, grandee, magnifico, merchant, noble, notable, personage, prince

**magnetic** alluring, attractive, captivating, charismatic, charming, enchanting, entrancing, fascinating, hypnotic, irresistible, mesmerizing, seductive

**magnetism** allure, appeal, attraction, attractiveness, captivatingness, charisma, charm, draw, drawing power, enchantment, fascination, hypnotism, magic, mesmerism, power, pull, seductiveness, spell

**magnification** aggrandizement, amplification, augmentation, blow-up *(Inf.)*, boost, build-up, deepening, dilation, enhancement, enlargement, exaggeration, expansion, heightening, increase, inflation, intensification

**magnificence** brilliance, éclat, glory, gorgeousness, grandeur, luxuriousness, luxury, majesty, nobility, opulence, pomp, resplendence, splendour, stateliness, sublimity, sumptuousness

**magnificent** august, brilliant, elegant, elevated, exalted, excellent, fine, glorious, gorgeous, grand, grandiose, imposing, impressive, lavish, luxurious, majestic, noble, opulent, outstanding, princely, regal, resplendent, rich, splendid, splendiferous *(Facetious)*, stately, striking, sublime, sumptuous, superb, superior, transcendent

**magnify** **1.** aggrandize, amplify, augment, blow up *(Inf.)*, boost, build up, deepen, dilate, enlarge, expand, heighten, increase, intensify **2.** aggravate, blow up, blow up out of all proportion, dramatize, enhance, exaggerate, inflate, make a federal case of *(U.S. inf.)*, make a mountain out of a molehill, make a production (out) of *(Inf.)*, overdo, overemphasize, overestimate, overplay, overrate, overstate

**magnitude** **1.** consequence, eminence, grandeur, greatness, importance, mark, moment, note, significance, weight **2.** amount, amplitude, bigness, bulk, capacity, dimensions, enormity, expanse, extent, hugeness, immensity, intensity, largeness, mass, measure, proportions, quantity, size, space, strength, vastness, volume

**maid** **1.** damsel, girl, lass, lassie *(Inf.)*, maiden, miss, nymph *(Poetic)*, wench **2.** abigail *(Archaic)*, handmaiden *(Archaic)*, housemaid, maidservant, servant, serving-maid

**maiden**
- ▸ **N. 1.** damsel, girl, lass, lassie *(Inf.)*, maid, miss, nymph *(Poetic)*, virgin, wench
- ▸ **ADJ. 2.** chaste, intact, pure, undefiled, unmarried, unwed, virgin, virginal **3.** first, inaugural, initial, initiatory, introductory **4.** fresh, new, unbroached, untapped, untried, unused

**maidenly** chaste, decent, decorous, demure, gentle, girlish, modest, pure, reserved, undefiled, unsullied, vestal, virginal, virtuous

**mail**
- ▸ **N. 1.** correspondence, letters, packages, parcels, post **2.** post, postal service, postal system
- ▸ **V. 3.** dispatch, forward, post, send, send by mail *or* post

**maim** cripple, disable, hamstring, hurt, impair, incapacitate, injure, lame, mangle, mar, mutilate, put out of action, wound

**main**
- ▸ **ADJ. 1.** capital, cardinal, central, chief, critical, crucial, essential, foremost, head, leading, necessary, outstanding, paramount, particular, predominant, pre-eminent, premier, primary, prime, principal, special, supreme, vital **2.** absolute, brute, direct, downright, entire, mere, pure, sheer, undisguised, utmost, utter
- ▸ **N. 3.** cable, channel, conduit, duct, line, pipe **4.** effort, force, might, potency, power, puissance, strength **5. in** (*or* **for**) **the main** for the most part, generally, in general, mainly, mostly, on the whole

**mainly** above all, chiefly, first and foremost, for the most part, generally, in general, in the main, largely, mostly, most of all, on the whole, overall, predominantly, primarily, principally, substantially, to the greatest extent, usually

**mainstay** anchor, backbone, bulwark, buttress, chief support, linchpin, pillar, prop

**maintain** **1.** care for, carry on, conserve, continue, finance, keep, keep up, look after, nurture, perpetuate, preserve, prolong, provide, retain, supply, support, sustain, take care of, uphold **2.** affirm, allege, assert, asseverate, aver, avow, claim, contend, declare, hold, insist, profess, state **3.** advocate, argue for, back, champion, defend, fight for, justify, plead for, stand by, take up the cudgels for, uphold, vindicate

**maintenance** **1.** care, carrying-on, conservation, continuance, continuation, keeping, nurture, perpetuation, preservation, prolongation, provision, repairs, retainment, supply, support, sustainment, sustention, upkeep **2.** aliment, alimony, allowance, food, keep, livelihood, living, subsistence, support, sustenance, upkeep

**majestic** august, awesome, dignified, elevated, exalted, grand, grandiose, imperial, imposing, impressive, kingly, lofty, magnificent, monumental, noble, pompous, princely, regal, royal, splendid, splendiferous *(Facetious)*, stately, sublime, superb

**majesty** augustness, awesomeness, dignity, exaltedness, glory, grandeur, imposingness, impressiveness, kingliness, loftiness, magnificence, nobility, pomp, queenliness, royalty, splendour, state, stateliness, sublimity

**major** **1.** better, bigger, chief, elder, greater, head, higher, larger, lead, leading, main, most, senior, superior, supreme, uppermost **2.** critical, crucial, grave, great, important, mega *(Sl.)*, notable, outstanding, pre-eminent, radical, serious, significant, vital, weighty

**majority** **1.** best part, bulk, greater number, mass, more, most, plurality, preponderance, superiority **2.** adulthood, manhood, maturity, seniority, womanhood

**make**
- ▸ **V. 1.** assemble, build, compose, constitute, construct, create, fabricate, fashion, forge, form, frame, manufacture, mould, originate, produce, put together, shape, synthesize **2.** accomplish, beget, bring about, cause, create, effect, engender, generate, give rise to, lead to, occasion, produce **3.** cause, coerce, compel, constrain, dragoon, drive, force, impel, induce, oblige, press, pressurize, prevail upon, railroad *(Inf.)*, require **4.** appoint, assign, create, designate, elect, install, invest, nominate, ordain **5.** draw up, enact, establish, fix, form, frame, pass **6.** add up to, amount to, compose, constitute, embody, form, represent **7.** act, carry out, do, effect, engage in, execute, perform, practise, prosecute **8.** calculate, estimate, gauge, judge, reckon, suppose, think **9.** acquire, clear, earn, gain, get, net, obtain, realize, secure, take in, win **10.** arrive at, arrive in time for, attain, catch, get to, meet, reach **11. make it** *(Inf.)* arrive *(Inf.)*, be successful, come through, crack it *(Inf.)*, cut it *(Inf.)*, get on, get somewhere, prosper, pull through, succeed, survive
- ▸ **N. 12.** brand, build, character, composition, constitution, construction, cut, designation, form, kind, make-up, mark, model, shape, sort, structure, style, type, variety **13.** cast of mind, character, disposition, frame of mind, humour, kidney, make-up, nature, stamp, temper, temperament

**make away** **1.** abscond, beat a hasty retreat, clear out *(Inf.)*, cut and run *(Inf.)*, decamp, depart, do a runner *(Sl.)*, flee, fly, fly the coop *(U.S. & Canad. inf.)*, hook it *(Sl.)*, make off, run away *or* off, run for it *(Inf.)*, scoot, skedaddle *(Inf.)*, slope off, take a powder *(U.S. & Canad. sl.)*, take it on the lam *(U.S. & Canad. sl.)*, take to one's heels **2.** *(With* **with**) abduct, cabbage *(Brit. sl.)*, carry off, filch, kidnap, knock off *(Sl.)*, make off with, nab *(Inf.)*, nick *(Sl., chiefly Brit.)*, pilfer, pinch *(Inf.)*, purloin, steal, swipe *(Sl.)* **3.** *(With* **with**) blow away *(Sl., chiefly U.S.)*, bump off *(Sl.)*, destroy, dispose of, do away with, do in *(Sl.)*, eliminate, get rid of, kill, murder, rub out *(U.S. sl.)*

**make-believe**
- ▸ **N. 1.** charade, dream, fantasy, imagination, play-acting, pretence, unreality
- ▸ **ADJ. 2.** dream, fantasized, fantasy, imaginary, imagined, made-up, mock, pretend, pretended, sham, unreal

**make off** 1. abscond, beat a hasty retreat, bolt, clear out (Inf.), cut and run (Inf.), decamp, do a runner (Sl.), flee, fly, fly the coop (U.S. & Canad. inf.), hook it (Sl.), make away, run away or off, run for it (Inf.), skedaddle (Inf.), slope off, take a powder (U.S. & Canad. sl.), take it on the lam (U.S. & Canad. sl.), take to one's heels 2. (With **with**) abduct, cabbage (Brit. sl.), carry off, filch, kidnap, knock off (Sl.), make away with, nab (Inf.), nick (Sl., chiefly Brit.), pilfer, pinch (Inf.), purloin, run away or off with, steal, swipe (Sl.)

**make out** 1. descry, detect, discern, discover, distinguish, espy, perceive, recognize, see 2. comprehend, decipher, fathom, follow, grasp, perceive, realize, see, suss (out) (Sl.), understand, work out 3. complete, draw up, fill in or out, inscribe, write (out) 4. demonstrate, describe, prove, represent, show 5. assert, claim, let on, make as if or though, pretend 6. fare, get on, manage, prosper, succeed, thrive

**Maker** Creator, God

**maker** author, builder, constructor, director, fabricator, framer, manufacturer, producer

**makeshift**
▶ ADJ. 1. expedient, jury (Chiefly nautical), make-do, provisional, rough and ready, stopgap, substitute, temporary
▶ N. 2. expedient, shift, stopgap, substitute

**make-up** 1. cosmetics, face (Inf.), greasepaint (Theatre), maquillage, paint (Inf.), powder, war paint (Inf., humorous) 2. arrangement, assembly, composition, configuration, constitution, construction, form, format, formation, organization, structure 3. build, cast of mind, character, constitution, disposition, figure, frame of mind, make, nature, stamp, temper, temperament

**make up** 1. compose, comprise, constitute, form 2. coin, compose, concoct, construct, cook up (Inf.), create, devise, dream up, fabricate, formulate, frame, hatch, invent, manufacture, originate, trump up, write 3. complete, fill, meet, supply 4. (With **for**) atone, balance, compensate, make amends, offset, recompense, redeem, redress, requite 5. bury the hatchet, call it quits, come to terms, compose, forgive and forget, make peace, mend, reconcile, settle, shake hands 6. **make up one's mind** choose, come to a decision, decide, determine, make a decision, reach a decision, resolve, settle 7. **make up to** (Inf.) chat up (Inf.), court, curry favour with, flirt with, make overtures to, woo

**makings** 1. beginnings, capability, capacity, ingredients, materials, potentiality, potential(s), qualities 2. earnings, income, proceeds, profits, returns, revenue, takings

**maladjusted** alienated, disturbed, estranged, hung-up (Sl.), neurotic, unstable

**maladministration** blundering, bungling, corruption, dishonesty, incompetence, inefficiency, malfeasance (Law), malpractice, misgovernment, mismanagement, misrule

**malady** affliction, ailment, complaint, disease, disorder, ill, illness, indisposition, infirmity, sickness

**malcontent**
▶ ADJ. 1. disaffected, discontented, disgruntled, disgusted, dissatisfied, dissentious, factious, ill-disposed, rebellious, resentful, restive, unhappy, unsatisfied
▶ N. 2. agitator, complainer, fault-finder, grouch (Inf.), grouser, grumbler, mischief-maker, rebel, stirrer (Inf.), troublemaker

**male** manful, manlike, manly, masculine, virile

**malefactor** convict, criminal, crook (Inf.), culprit, delinquent, evildoer, felon, lawbreaker, miscreant, offender, outlaw, transgressor, villain, wrongdoer

**malevolence** hate, hatred, ill will, malice, maliciousness, malignity, rancour, spite, spitefulness, vengefulness, vindictiveness

**malevolent** baleful, evil-minded, hateful (Archaic), hostile, ill-natured, maleficent, malicious, malign, malignant, pernicious, rancorous, spiteful, vengeful, vicious, vindictive

**malformation** crookedness, deformity, distortion, misshape, misshapenness

**malfunction**
▶ V. 1. break down, develop a fault, fail, go wrong
▶ N. 2. breakdown, defect, failure, fault, flaw, glitch, impairment

**malice** animosity, animus, bad blood, bitterness, enmity, evil intent, hate, hatred, ill will, malevolence, maliciousness, malignity, rancour, spite, spitefulness, spleen, vengefulness, venom, vindictiveness

**malicious** baleful, bitchy (Inf.), bitter, catty (Inf.), evil-minded, hateful, ill-disposed, ill-natured, injurious, malevolent, malignant, mischievous, pernicious, rancorous, resentful, shrewish, spiteful, vengeful, vicious

**malign**
▶ ADJ. 1. bad, baleful, baneful, deleterious, destructive, evil, harmful, hostile, hurtful, injurious, maleficent, malevolent, malignant, pernicious, vicious, wicked
▶ V. 2. abuse, asperse, bad-mouth (Sl., chiefly U.S. & Canad.), blacken (someone's name), calumniate, defame, denigrate, derogate, disparage, do a hatchet job on (Inf.), harm, injure, knock (Inf.), libel, revile, rubbish (Inf.), run down, slag (off) (Sl.), slander, smear, speak ill of, traduce, vilify

**malignant** 1. baleful, bitter, destructive, harmful, hostile, hurtful, inimical, injurious, maleficent, malevolent, malicious, malign, of evil intent, pernicious, spiteful, vicious 2. (Medical) cancerous, dangerous, deadly, evil, fatal, irremediable, metastatic, uncontrollable, virulent

**malpractice** 1. abuse, dereliction, misbehaviour, misconduct, mismanagement, negligence 2. abuse, misdeed, offence, transgression

**maltreat** abuse, bully, damage, handle roughly, harm, hurt, ill-treat, injure, mistreat

**mammoth** Brobdingnagian, colossal, elephantine, enormous, gargantuan, giant, gigantic, ginormous (Inf.), huge, humongous or humungous (U.S. sl.), immense, jumbo (Inf.), massive, mega (Sl.), mighty, monumental, mountainous, prodigious, stupendous, titanic, vast

**man**
▶ N. 1. bloke (Brit. inf.), chap (Inf.), gentleman, guy (Inf.), male 2. adult, being, body, human, human being, individual, one, person, personage, somebody, soul 3. Homo sapiens, humanity, humankind, human race, mankind, mortals, people 4. attendant, employee, follower, hand, hireling, liegeman, manservant, retainer, servant, soldier, subject, subordinate, valet, vassal, worker, workman 5. beau, boyfriend, husband, lover, partner, significant other (U.S. inf.), spouse 6. **to a man** bar none, every one, one and all, unanimously, without exception
▶ V. 7. crew, fill, furnish with men, garrison, occupy, people, staff

**manacle**
▶ N. 1. bond, chain, fetter, gyve (Archaic), handcuff, iron, shackle, tie
▶ V. 2. bind, chain, check, clap or put in irons, confine, constrain, curb, fetter, hamper, handcuff, inhibit, put in chains, restrain, shackle, tie one's hands

**manage** 1. administer, be in charge (of), command, concert, conduct, direct, govern, handle, manipulate, oversee, preside over, rule, run, superintend, supervise 2. accomplish, arrange, bring about or off, contrive, cope with, crack it (Inf.), cut it (Inf.), deal with, effect, engineer, succeed 3. control, dominate, govern, guide, handle, influence, manipulate, operate, pilot, ply, steer, train, use, wield 4. carry on, cope, fare, get along, get by (Inf.), get on, make do, make out, muddle through, shift, survive

**manageable** amenable, compliant, controllable, convenient, docile, easy, governable, handy, submissive, tamable, tractable, user-friendly, wieldy

**management** 1. administration, board, bosses (Inf.), directorate, directors, employers, executive(s) 2. administration, care, charge, command, conduct, control, direction, governance, government, guidance, handling, manipulation, operation, rule, running, superintendence, supervision

**manager** administrator, boss (Inf.), comptroller, conductor, controller, director, executive, gaffer (Inf., chiefly Brit.), governor, head, organizer, overseer, proprietor, superintendent, supervisor

**mandate** authority, authorization, bidding, charge, command, commission, decree, directive, edict, fiat, injunction, instruction, order, precept, sanction, warrant

**mandatory** binding, compulsory, obligatory, required, requisite

**manful** bold, brave, courageous, daring, determined, gallant, hardy, heroic, indomitable, intrepid, manly, noble, powerful, resolute, stalwart, stout, stout-hearted, strong, valiant, vigorous

**manfully** boldly, bravely, courageously, desperately, determinedly, gallantly, hard, heroically, intrepidly, like a Trojan, like one possessed, like the devil, nobly, powerfully, resolutely, stalwartly, stoutly, strongly, to the best of one's ability, valiantly, vigorously, with might and main

**mangle** butcher, cripple, crush, cut, deform, destroy, disfigure, distort, hack, lacerate, maim, mar, maul, mutilate, rend, ruin, spoil, tear, total (Sl.), trash (Sl.), wreck

**mangy** dirty, grungy (Sl., chiefly U.S.), mean, moth-eaten, scabby (Inf.), scruffy, scuzzy (Sl., chiefly U.S.), seedy, shabby, shoddy, squalid

**manhandle** 1. handle roughly, knock about or around, maul, paw (Inf.), pull, push, rough up 2. carry, haul, heave, hump (Brit. sl.), lift, manoeuvre, pull, push, shove, tug

**manhood** bravery, courage, determination, firmness, fortitude, hardihood, manfulness, manliness, masculinity, maturity, mettle, resolution, spirit, strength, valour, virility

**mania** 1. aberration, craziness, delirium, dementia, derangement, disorder, frenzy, insanity, lunacy, madness 2. cacoethes, craving, craze, desire, enthusiasm, fad (Inf.), fetish, fixation, obsession, partiality, passion, preoccupation, rage, thing (Inf.)

**maniac** 1. headbanger (Inf.), headcase (Inf.), loony (Sl.), lunatic, madman, madwoman, nutcase (Sl.), nutter (Brit. sl.), psycho (Sl.), psychopath 2. enthusiast, fan, fanatic, fiend (Inf.), freak (Inf.)

**manifest**
▶ ADJ. 1. apparent, blatant, clear, conspicuous, distinct, evident, glaring, noticeable, obvious, open, palpable, patent, plain, unmistakable, visible
▶ V. 2. declare, demonstrate, display, establish, evince, exhibit, expose, express, make plain, prove, reveal, set forth, show

**manifestation** appearance, demonstration, disclosure, display, exhibition, exposure, expression, indication, instance, mark, materialization, revelation, show, sign, symptom, token

**manifold** abundant, assorted, copious, diverse, diversified, many, multifarious, multifold, multiple, multiplied, multitudinous, numerous, varied, various

**manipulate** 1. employ, handle, operate, ply, use, wield, work 2. conduct, control, direct, engineer, guide, influence, manoeuvre, negotiate, steer

**mankind** Homo sapiens, humanity, humankind, human race, man, people

**manliness** boldness, bravery, courage, fearlessness, firmness, hardihood, heroism, independence, intrepidity, machismo, manfulness, manhood, masculinity, mettle, resolution, stoutheartedness, valour, vigour, virility

**manly** bold, brave, butch (Sl.), courageous, daring, dauntless, fearless, gallant, hardy, heroic, macho, male, manful, masculine, muscular, noble, powerful, Ramboesque, red-blooded (Inf.), resolute, robust, stout-hearted, strapping, strong, valiant, valorous, vigorous, virile, well-built

**man-made** artificial, ersatz, manufactured, plastic (Sl.), synthetic

**manner** 1. air, appearance, aspect, bearing, behaviour, comportment, conduct, demeanour, deportment, look, mien (Literary), presence, tone 2. approach, custom, fashion, form, genre, habit, line, means, method, mode, practice, procedure, process, routine, style, tack, tenor, usage, way, wont 3. brand, breed, category, form, kind, nature, sort, type, variety

**manners** 1. bearing, behaviour, breeding, carriage, comportment, conduct, demeanour, deportment 2. ceremony, courtesy, decorum, etiquette, formalities, good form, polish, politeness, politesse, proprieties, protocol, refinement, social graces, the done thing

**mannered** affected, artificial, posed, pretentious, pseudo (Inf.), put-on, stilted

**mannerism** characteristic, foible, habit, idiosyncrasy, peculiarity, quirk, trait, trick

**mannerly** civil, civilized, courteous, decorous, genteel, gentlemanly, gracious, ladylike, polished, polite, refined, respectful, well-behaved, well-bred, well-mannered

## manoeuvre

- **N. 1.** action, artifice, dodge, intrigue, machination, move, movement, plan, plot, ploy, ruse, scheme, stratagem, subterfuge, tactic, trick **2.** deployment, evolution, exercise, movement, operation
- **V. 3.** contrive, devise, engineer, intrigue, machinate, manage, manipulate, plan, plot, pull strings, scheme, wangle (*Inf.*) **4.** deploy, exercise, move **5.** direct, drive, guide, handle, navigate, negotiate, pilot, steer

**mansion** abode, dwelling, habitation, hall, manor, residence, seat, villa

## mantle

- **N. 1.** (*Archaic*) cape, cloak, hood, shawl, wrap **2.** blanket, canopy, cloud, cover, covering, curtain, envelope, pall, screen, shroud, veil
- **V. 3.** blanket, cloak, cloud, cover, disguise, envelop, hide, mask, overspread, screen, shroud, veil, wrap

## manual

- **ADJ. 1.** done by hand, hand-operated, human, physical
- **N. 2.** bible, enchiridion (*Rare*), guide, guidebook, handbook, instructions, workbook

## manufacture

- **V. 1.** assemble, build, compose, construct, create, fabricate, forge, form, make, mass-produce, mould, process, produce, put together, shape, turn out **2.** concoct, cook up (*Inf.*), devise, fabricate, hatch, invent, make up, think up, trump up
- **N. 3.** assembly, construction, creation, fabrication, making, mass-production, produce, production

**manufacturer** builder, constructor, creator, fabricator, factory-owner, industrialist, maker, producer

**manure** compost, droppings, dung, excrement, fertilizer, muck, ordure

## many

- **ADJ. 1.** abundant, copious, countless, divers (*Archaic*), frequent, innumerable, manifold, multifarious, multifold, multitudinous, myriad, numerous, profuse, sundry, umpteen (*Inf.*), varied, various
- **N. 2.** a horde, a lot, a mass, a multitude, a thousand and one, heaps (*Inf.*), large numbers, lots (*Inf.*), piles (*Inf.*), plenty, scores, tons (*Inf.*), umpteen (*Inf.*) **3. the many** crowd, hoi polloi, majority, masses, multitude, people, rank and file

**mar** blemish, blight, blot, damage, deface, detract from, disfigure, harm, hurt, impair, injure, maim, mangle, mutilate, ruin, scar, spoil, stain, sully, taint, tarnish, vitiate

**maraud** despoil, forage, foray, harry, loot, pillage, plunder, raid, ransack, ravage, reive (*Dialect*), sack

**marauder** bandit, brigand, buccaneer, cateran (*Scot.*), corsair, freebooter, mosstrooper, outlaw, pillager, pirate, plunderer, raider, ravager, reiver (*Dialect*), robber

## march¹

- **V. 1.** file, footslog, pace, parade, stalk, stride, strut, tramp, tread, walk
- **N. 2.** hike, routemarch, tramp, trek, walk **3.** demo (*Inf.*), demonstration, parade, procession **4.** gait, pace, step, stride **5.** advance, development, evolution, progress, progression **6. on the march** advancing, afoot, astir, en route, marching, on one's way, on the way, proceeding, progressing, under way

**march²** borderland, borders, boundaries, confines, frontiers, limits, marchlands

**margin 1.** border, bound, boundary, brim, brink, confine, edge, limit, perimeter, periphery, rim, side, verge **2.** allowance, compass, elbowroom, extra, latitude, leeway, play, room, scope, space, surplus

**marginal 1.** bordering, borderline, on the edge, peripheral **2.** insignificant, low, minimal, minor, negligible, slight, small

**marijuana** bhang, cannabis, charas, dope (*Sl.*), ganja, grass (*Sl.*), hash (*Sl.*), hashish, hemp, kif, leaf (*Sl.*), mary jane (*U.S. sl.*), pot (*Sl.*), sinsemilla, smoke (*Inf.*), stuff (*Sl.*), tea (*U.S. sl.*), weed (*Sl.*)

**marine** maritime, nautical, naval, ocean-going, oceanic, pelagic, saltwater, sea, seafaring, seagoing, thalassic

**mariner** bluejacket, gob (*U.S. sl.*), hand, Jack Tar, matelot (*Sl., chiefly Brit.*), navigator, sailor, salt, sea dog, seafarer, seafaring man, seaman, tar

**marital** conjugal, connubial, married, matrimonial, nuptial, spousal, wedded

**maritime 1.** marine, nautical, naval, oceanic, sea, seafaring **2.** coastal, littoral, seaside

## mark

- **N. 1.** blemish, blot, blotch, bruise, dent, impression, line, nick, pock, scar, scratch, smirch, smudge, splotch, spot, stain, streak **2.** badge, blaze, brand, characteristic, device, earmark, emblem, evidence, feature, flag, hallmark, impression, incision, index, indication, label, note, print, proof, seal, sign, signet, stamp, symbol, symptom, token **3.** criterion, level, measure, norm, par, standard, yardstick **4.** aim, end, goal, object, objective, purpose, target **5.** consequence, dignity, distinction, eminence, fame, importance, influence, notability, note, notice, prestige, quality, regard, standing **6.** footmark, footprint, sign, trace, track, trail, vestige **7. make one's mark** achieve recognition, be a success, find a place in the sun, get on in the world, make a success of oneself, make good, make it (*Inf.*), make something of oneself, prosper, succeed
- **V. 8.** blemish, blot, blotch, brand, bruise, dent, impress, imprint, nick, scar, scratch, smirch, smudge, splotch, stain, streak **9.** brand, characterize, flag, identify, label, stamp **10.** betoken, denote, distinguish, evince, exemplify, illustrate, show **11.** attend, hearken (*Archaic*), mind, note, notice, observe, pay attention, pay heed, regard, remark, watch **12.** appraise, assess, correct, evaluate, grade

**marked** apparent, blatant, clear, considerable, conspicuous, decided, distinct, evident, manifest, notable, noted, noticeable, obvious, outstanding, patent, prominent, pronounced, remarkable, salient, signal, striking

**markedly** clearly, considerably, conspicuously, decidedly, distinctly, evidently, greatly, manifestly, notably, noticeably, obviously, outstandingly, patently, remarkably, signally, strikingly, to a great extent

## market

- **N. 1.** bazaar, fair, mart
- **V. 2.** offer for sale, retail, sell, vend

**marketable** in demand, merchantable, salable, sought after, vendible, wanted

**marksman** or **markswoman** crack shot (*Inf.*), deadeye (*Inf., chiefly U.S.*), dead shot (*Inf.*), good shot, sharpshooter

**maroon** abandon, cast ashore, cast away, desert, leave, leave high and dry (*Inf.*), strand

**marriage 1.** espousal, match, matrimony, nuptial rites, nuptials, wedding, wedding ceremony, wedlock **2.** alliance, amalgamation, association, confederation, coupling, link, merger, union

**married 1.** hitched (*Sl.*), joined, one, spliced (*Inf.*), united, wed, wedded **2.** conjugal, connubial, husbandly, marital, matrimonial, nuptial, spousal, wifely

**marrow** core, cream, essence, gist, heart, kernel, pith, quick, quintessence, soul, spirit, substance

**marry 1.** become man and wife, espouse, get hitched (*Sl.*), get spliced (*Inf.*), take the plunge (*Inf.*), take to wife, tie the knot (*Inf.*), walk down the aisle (*Inf.*), wed, wive (*Archaic*) **2.** ally, bond, join, knit, link, match, merge, splice, tie, unify, unite, yoke

**marsh** bog, fen, morass, moss (*Scot. & northern English dialect*), quagmire, slough, swamp

**marshal 1.** align, arrange, array, assemble, collect, deploy, dispose, draw up, gather, group, line up, muster, order, organize, rank **2.** conduct, escort, guide, lead, shepherd, usher

**marshy** boggy, fenny, miry, quaggy, spongy, swampy, waterlogged, wet

**martial** bellicose, belligerent, brave, heroic, military, soldierly, warlike

**martinet** disciplinarian, drillmaster, stickler

**martyrdom** agony, anguish, ordeal, persecution, suffering, torment, torture

## marvel

- **V. 1.** be amazed, be awed, be filled with surprise, gape, gaze, goggle, wonder
- **N. 2.** genius, miracle, phenomenon, portent, prodigy, whiz (*Inf.*), wonder

**marvellous 1.** amazing, astonishing, astounding, breathtaking, brilliant, extraordinary, miraculous, phenomenal, prodigious, remarkable, sensational (*Inf.*), singular, spectacular, stupendous, wondrous (*Archaic or literary*) **2.** difficult or hard to believe, fabulous, fantastic, implausible, improbable, incredible, surprising, unbelievable, unlikely **3.** (*Inf.*) bad (*Sl.*), boffo (*Sl.*), brill (*Inf.*), chillin' (*U.S. sl.*), colossal, cracking (*Brit. inf.*), crucial (*Sl.*), def (*Sl.*), excellent, fabulous (*Inf.*), fantastic (*Inf.*), glorious, great (*Inf.*), jim-dandy (*Sl.*), magnificent, mean (*Sl.*), mega (*Sl.*), sensational (*Inf.*), smashing (*Inf.*), splendid, sovereign, stupendous, super (*Inf.*), superb, terrific (*Inf.*), topping (*Brit. sl.*), wicked (*Inf.*), wonderful

**masculine 1.** male, manful, manlike, manly, mannish, virile **2.** bold, brave, butch (*Sl.*), gallant, hardy, macho, muscular, powerful, Ramboesque, red-blooded (*Inf.*), resolute, robust, stout-hearted, strapping, strong, vigorous, well-built

## mask

- **N. 1.** domino, false face, visor, vizard (*Archaic*) **2.** blind, camouflage, cloak, concealment, cover, cover-up, disguise, façade, front, guise, screen, semblance, show, veil, veneer
- **V. 3.** camouflage, cloak, conceal, cover, disguise, hide, obscure, screen, veil

## mass

- **N. 1.** block, chunk, concretion, hunk, lump, piece **2.** aggregate, body, collection, entirety, sum, sum total, totality, whole **3.** accumulation, aggregation, assemblage, batch, bunch, collection, combination, conglomeration, heap, load, lot, pile, quantity, stack **4.** assemblage, band, body, bunch (*Inf.*), crowd, group, horde, host, lot, mob, number, throng, troop **5.** body, bulk, greater part, lion's share, majority, preponderance **6.** bulk, dimension, greatness, magnitude, size **7. the masses** commonalty, common people, crowd, hoi polloi, multitude
- **ADJ. 8.** extensive, general, indiscriminate, large-scale, pandemic, popular, wholesale, widespread
- **V. 9.** accumulate, amass, assemble, collect, congregate, forgather, gather, mob, muster, rally, swarm, throng

## massacre

- **N. 1.** annihilation, blood bath, butchery, carnage, extermination, holocaust, killing, mass slaughter, murder, slaughter
- **V. 2.** annihilate, blow away (*Sl., chiefly U.S.*), butcher, cut to pieces, exterminate, kill, mow down, murder, slaughter, slay, take out (*Sl.*), wipe out

## massage

- **N. 1.** acupressure, kneading, manipulation, reflexology, rubbing, rub-down, shiatsu
- **V. 2.** knead, manipulate, rub, rub down

**massive** big, bulky, colossal, elephantine, enormous, extensive, gargantuan, gigantic, ginormous (*Inf.*), great, heavy, hefty, huge, hulking, humongous or humungous (*U.S. sl.*), immense, imposing, impressive, mammoth, mega (*Sl.*), monster, monumental, ponderous, solid, substantial, titanic, vast, weighty, whacking (Inf.), whopping (Inf.)

**master**
▶ N. **1.** boss (Inf.), captain, chief, commander, controller, director, employer, governor, head, lord, manager, overlord, overseer, owner, principal, ruler, skipper (Inf.), superintendent **2.** ace (Inf.), adept, dab hand (Brit. inf.), doyen, expert, genius, grandmaster, maestro, maven (U.S.), past master, pro (Inf.), virtuoso, wizard **3.** guide, guru, instructor, pedagogue, preceptor, schoolmaster, spiritual leader, swami, teacher, tutor
▶ ADJ. **4.** adept, crack (Inf.), expert, masterly, proficient, skilful, skilled **5.** chief, controlling, foremost, grand, great, leading, main, predominant, prime, principal
▶ V. **6.** acquire, become proficient in, get the hang of (Inf.), grasp, learn **7.** bridle, check, conquer, curb, defeat, lick (Inf.), overcome, overpower, quash, quell, subdue, subjugate, suppress, tame, triumph over, vanquish **8.** command, control, direct, dominate, govern, manage, regulate, rule

**masterful 1.** adept, adroit, clever, consummate, crack (Inf.), deft, dexterous, excellent, expert, exquisite, fine, finished, first-rate, masterly, skilful, skilled, superior, superlative, supreme, world-class **2.** arrogant, authoritative, bossy (Inf.), despotic, dictatorial, domineering, high-handed, imperious, magisterial, overbearing, overweening, peremptory, self-willed, tyrannical

**masterly** adept, adroit, clever, consummate, crack (Inf.), dexterous, excellent, expert, exquisite, fine, finished, first-rate, masterful, skilful, skilled, superior, superlative, supreme, world-class

**mastermind**
▶ V. **1.** be the brains behind (Inf.), conceive, devise, direct, manage, organize, plan
▶ N. **2.** architect, authority, brain(s) (Inf.), brainbox, director, engineer, genius, intellect, manager, organizer, planner, virtuoso

**masterpiece** chef d'oeuvre, classic, jewel, magnum opus, master work, pièce de résistance, tour de force

**mate**
▶ N. **1.** better half (Humorous), husband, partner, significant other (U.S. inf.), spouse, wife **2.** (Inf.) buddy (Inf.), china (Brit. sl.), chum (Inf.), cock (Brit. inf.), comrade, crony, friend, pal (Inf.) **3.** associate, colleague, companion, compeer, co-worker, fellow-worker **4.** assistant, helper, subordinate **5.** companion, double, fellow, match, twin
▶ V. **6.** breed, copulate, couple, pair **7.** marry, match, wed **8.** couple, join, match, pair, yoke

**material**
▶ N. **1.** body, constituents, element, matter, stuff, substance **2.** data, evidence, facts, information, notes, work **3.** cloth, fabric, stuff
▶ ADJ. **4.** bodily, concrete, corporeal, fleshly, non-spiritual, palpable, physical, substantial, tangible, worldly **5.** consequential, essential, grave, important, indispensable, key, meaningful, momentous, serious, significant, vital, weighty **6.** applicable, apposite, apropos, germane, pertinent, relevant

**materialize** appear, come about, come into being, come to pass, happen, occur, take place, take shape, turn up

**materially** considerably, essentially, gravely, greatly, much, seriously, significantly, substantially

**maternal** motherly

**maternity** motherhood, motherliness

**matrimonial** conjugal, connubial, hymeneal, marital, married, nuptial, spousal, wedded, wedding

**matrimony** marital rites, marriage, nuptials, wedding ceremony, wedlock

**matrix** forge, mould, origin, source, womb

**matted** knotted, tangled, tousled, uncombed

**matter**
▶ N. **1.** body, material, stuff, substance **2.** affair, business, concern, episode, event, incident, issue, occurrence, proceeding, question, situation, subject, thing, topic, transaction **3.** amount, quantity, sum **4.** argument, context, purport, sense, subject, substance, text, thesis **5.** consequence, import, importance, moment, note, significance, weight **6.** complication, difficulty, distress, problem, trouble, upset, worry **7.** (Medical) discharge, purulence, pus, secretion

▶ V. **8.** be important, be of consequence, carry weight, count, have influence, make a difference, mean something, signify

**matter-of-fact** deadpan, down-to-earth, dry, dull, emotionless, flat, lifeless, mundane, plain, prosaic, sober, unembellished, unimaginative, unsentimental, unvarnished

**mature**
▶ ADJ. **1.** adult, complete, fit, full-blown, full-grown, fully fledged, grown, grown-up, matured, mellow, of age, perfect, prepared, ready, ripe, ripened, seasoned
▶ V. **2.** age, become adult, bloom, blossom, come of age, develop, grow up, maturate, mellow, perfect, reach adulthood, ripen, season

**maturity** adulthood, completion, experience, full bloom, full growth, fullness, majority, manhood, maturation, matureness, perfection, ripeness, wisdom, womanhood

**maudlin** lachrymose, mawkish, mushy (Inf.), overemotional, sentimental, slushy (Inf.), soppy (Brit. inf.), tearful, weepy (Inf.)

**maul 1.** abuse, handle roughly, ill-treat, manhandle, molest, paw **2.** batter, beat, beat up (Inf.), claw, knock about or around, lacerate, lambast(e), mangle, pummel, rough up, thrash

**maunder 1.** dawdle, dilly-dally (Inf.), drift, idle, loaf, meander, mooch (Sl.), potter, ramble, straggle, stray, traipse (Inf.) **2.** babble, blather, blether, chatter, gabble, prattle, rabbit (on) (Brit. inf.), ramble, rattle on, waffle (Inf., chiefly Brit.), witter (Inf.)

**mawkish 1.** emotional, feeble, gushy (Inf.), maudlin, mushy (Inf.), schmaltzy (Sl.), sentimental, slushy (Inf.), soppy (Brit. inf.) **2.** disgusting, flat, foul, insipid, jejune, loathsome, nauseous, offensive, stale, vapid

**maxim** adage, aphorism, apophthegm, axiom, byword, dictum, gnome, motto, proverb, rule, saw, saying

**maximum**
▶ N. **1.** apogee, ceiling, crest, extremity, height, most, peak, pinnacle, summit, top, upper limit, utmost, uttermost, zenith
▶ ADJ. **2.** greatest, highest, maximal, most, paramount, supreme, topmost, utmost

**maybe** it could be, mayhap (Archaic), peradventure (Archaic), perchance (Archaic), perhaps, possibly

**mayhem** chaos, commotion, confusion, destruction, disorder, fracas, havoc, trouble, violence

**maze 1.** convolutions, intricacy, labyrinth, meander **2.** (Fig.) bewilderment, confusion, imbroglio, mesh, perplexity, puzzle, snarl, tangle, uncertainty, web

**meadow** field, grassland, lea (Poetic), ley, pasture

**meagre 1.** deficient, exiguous, inadequate, insubstantial, little, measly, paltry, pathetic, poor, puny, scanty, scrimpy, short, skimpy, slender, slight, small, spare, sparse **2.** bony, emaciated, gaunt, hungry, lank, lean, scraggy, scrawny, skinny, starved, thin, underfed **3.** barren, infertile, poor, unfruitful, unproductive, weak

**mean**[1] V. **1.** betoken, connote, convey, denote, drive at, express, hint at, imply, indicate, purport, represent, say, signify, spell, stand for, suggest, symbolize **2.** aim, aspire, contemplate, design, desire, have in mind, intend, plan, propose, purpose, set out, want, wish **3.** design, destine, fate, fit, make, match, predestine, preordain, suit **4.** bring about, cause, engender, entail, give rise to, involve, lead to, necessitate, produce, result in **5.** adumbrate, augur, betoken, foreshadow, foretell, herald, portend, presage, promise

**mean**[2]
▶ N. **1.** average, balance, compromise, happy medium, median, middle, middle course or way, mid-point, norm
▶ ADJ. **2.** average, intermediate, medial, median, medium, middle, middling, normal, standard

**mean**[3] ADJ. **1.** beggarly, close, mercenary, mingy (Brit. inf.), miserly, near (Inf.), niggardly, parsimonious, penny-pinching, penurious, selfish, skimpy, stingy, tight, tight-arsed (Taboo sl.), tight as a duck's arse (Taboo sl.), tight-assed (U.S. taboo sl.), tight-fisted, ungenerous **2.** bad-tempered, cantankerous, churlish, disagreeable, hostile, ill-tempered, malicious, nasty, rude, sour, unfriendly, unpleasant **3.** abject, base, callous, contemptible, degenerate, degraded, despicable, disgraceful, dishonourable, hard-hearted, ignoble, low-minded, narrow-minded, petty, scurvy, shabby, shameful, sordid, vile, wretched **4.** beggarly, contemptible, down-at-heel, grungy (Sl., chiefly U.S.), insignificant, miserable, paltry, petty, poor, run-down, scruffy, scuzzy (Sl., chiefly U.S.), seedy, shabby, sordid, squalid, tawdry, wretched **5.** base, baseborn (Archaic), common, humble, ignoble, inferior, low, lowborn, lowly, menial, modest, obscure, ordinary, plebeian, proletarian, servile, undistinguished, vulgar

**meander**
▶ V. **1.** ramble, snake, stravaig (Scot. & northern English dialect), stray, stroll, turn, wander, wind, zigzag
▶ N. **2.** bend, coil, curve, loop, turn, twist, zigzag

**meaning**
▶ N. **1.** connotation, denotation, drift, explanation, gist, implication, import, interpretation, message, purport, sense, significance, signification, substance, upshot, value **2.** aim, design, end, goal, idea, intention, object, plan, point, purpose, trend **3.** effect, efficacy, force, point, thrust, use, usefulness, validity, value, worth
▶ ADJ. **4.** eloquent, expressive, meaningful, pointed, pregnant, speaking, suggestive

**meaningful 1.** important, material, purposeful, relevant, serious, significant, useful, valid, worthwhile **2.** eloquent, expressive, meaning, pointed, pregnant, speaking, suggestive

**meaningless** aimless, empty, futile, hollow, inane, inconsequential, insignificant, insubstantial, nonsensical, nugatory, pointless, purposeless, senseless, trifling, trivial, useless, vain, valueless, worthless

**meanness 1.** minginess (Brit. inf.), miserliness, niggardliness, parsimony, penuriousness, selfishness, stinginess, tight-fistedness **2.** bad temper, cantankerousness, churlishness, disagreeableness, hostility, ill temper, malice, maliciousness, nastiness, rudeness, sourness, unfriendliness, unpleasantness **3.** abjectness, baseness, degeneracy, degradation, despicableness, disgracefulness, dishonourableness, low-mindedness, narrow-mindedness, pettiness, scurviness, shabbiness, shamefulness, sordidness, vileness, wretchedness **4.** beggarliness, contemptibleness, insignificance, paltriness, pettiness, poorness, scruffiness, seediness, shabbiness, sordidness, squalor, tawdriness, wretchedness **5.** baseness, humbleness, lowliness, obscurity, servility

**means 1.** agency, avenue, channel, course, expedient, instrument, measure, medium, method, mode, process, way **2.** affluence, capital, estate, fortune, funds, income, money, property, resources, riches, substance, wealth, wherewithal **3. by all means** absolutely, certainly, definitely, doubtlessly, of course, positively, surely **4. by means of** by dint of, by way of, through, using, utilizing, via, with the aid of **5. by no means** absolutely not, definitely not, in no way, not at all, not in the least, not in the slightest, not the least bit, no way, on no account

**meantime, meanwhile** at the same time, concurrently, for now, for the duration, for the moment, for then, in the interim, in the interval, in the intervening time, in the meantime, in the meanwhile, simultaneously

**measurable** assessable, computable, determinable, gaugeable, material, mensurable, perceptible, quantifiable, quantitative, significant

**measure**
▶ N. **1.** allotment, allowance, amount, amplitude, capacity, degree, extent, magnitude, portion, proportion, quantity, quota, range, ration, reach, scope, share, size **2.** gauge, metre, rule, scale, yardstick **3.** method, standard, system **4.** criterion, example, model, norm, par, standard, test, touchstone, yardstick **5.** bounds, control, limit, limitation, moderation, restraint **6.** act, action, course, deed, expedient, manoeuvre, means, procedure, proceeding, step **7.** act, bill, enactment, law, resolution, statute **8.** beat, cadence, foot, metre, rhythm, verse **9. for good measure** as a bonus, besides, in addition, into the bargain, to boot
▶ V. **10.** appraise, assess, calculate, calibrate, compute, determine, estimate, evaluate, gauge, judge, mark out, quantify, rate, size, sound, survey, value, weigh **11.** adapt, adjust, calculate, choose, fit, judge, tailor

**measurement 1.** appraisal, assessment, calculation, calibration, computation, estimation, evaluation, judg(e)ment, mensuration, metage, survey, valuation **2.** amount, amplitude, area, capacity, depth, dimension, extent, height, length, magnitude, size, volume, weight, width

**measure out** allot, apportion, assign, deal out, dispense, distribute, divide, dole out, issue, mete out, parcel out, pour out, share out

**measure up (to)** be adequate, be capable, be equal to, be fit, be suitable, be suited, come up to scratch *(Inf.)*, come up to standard, compare, cut the mustard *(U.S. sl.)*, equal, fit *or* fill the bill, fulfil the expectations, make the grade *(Inf.)*, match, meet, rival

**meat 1.** aliment, cheer, chow *(Inf.)*, comestibles, eats *(Sl.)*, fare, flesh, food, grub *(Sl.)*, nosh *(Sl.)*, nourishment, nutriment, provender, provisions, rations, subsistence, sustenance, viands, victuals **2.** core, essence, gist, heart, kernel, marrow, nub, nucleus, pith, point, substance

**mechanical 1.** automated, automatic, machine-driven **2.** automatic, cold, cursory, dead, emotionless, habitual, impersonal, instinctive, involuntary, lacklustre, lifeless, machine-like, matter-of-fact, perfunctory, routine, spiritless, unconscious, unfeeling, unthinking

**mechanism 1.** apparatus, appliance, contrivance, device, instrument, machine, structure, system, tool **2.** action, components, gears, innards *(Inf.)*, machinery, motor, workings, works **3.** agency, execution, functioning, means, medium, method, operation, performance, procedure, process, system, technique, workings

**meddle** butt in, interfere, intermeddle, interpose, intervene, intrude, pry, put one's oar in, put one's two cents in *(U.S. sl.)*, stick one's nose in *(Inf.)*, tamper

**mediaeval 1.** Gothic **2.** *(Inf.)* antediluvian, antiquated, antique, archaic, old-fashioned, primitive, unenlightened

**mediate** act as middleman, arbitrate, bring to an agreement, bring to terms, conciliate, intercede, interpose, intervene, make peace between, moderate, reconcile, referee, resolve, restore harmony, settle, step in *(Inf.)*, umpire

**mediator** advocate, arbiter, arbitrator, go-between, honest broker, interceder, intermediary, judge, middleman, moderator, negotiator, peacemaker, referee, umpire

**medicinal** analeptic, curative, healing, medical, remedial, restorative, roborant, sanatory, therapeutic

**medicine** cure, drug, medicament, medication, nostrum, physic, remedy

**mediocre** average, banal, commonplace, fair to middling *(Inf.)*, indifferent, inferior, insignificant, mean, medium, middling, ordinary, passable, pedestrian, run-of-the-mill, second-rate, so-so *(Inf.)*, tolerable, undistinguished, uninspired

**mediocrity 1.** commonplaceness, indifference, inferiority, insignificance, ordinariness, poorness, unimportance **2.** cipher, lightweight *(Inf.)*, nobody, nonentity, second-rater

**meditate 1.** be in a brown study, cogitate, consider, contemplate, deliberate, muse, ponder, reflect, ruminate, study, think **2.** consider, contemplate, design, devise, have in mind, intend, mull over, plan, purpose, scheme, think over

**meditation** brown study, cerebration, cogitation, concentration, contemplation, musing, pondering, reflection, reverie, ruminating, rumination, study, thought

**medium**
- ADJ. **1.** average, fair, intermediate, mean, medial, median, mediocre, middle, middling, midway
- N. **2.** average, centre, compromise, mean, middle, middle course (ground, path, way), midpoint **3.** agency, avenue, channel, form, instrument, instrumentality, means, mode, organ, vehicle, way **4.** atmosphere, conditions, element, environment, habitat, influences, milieu, setting, surroundings **5.** channeller, spiritist, spiritualist

**medley** assortment, confusion, farrago, gallimaufry, hodgepodge, hotchpotch, jumble, mélange, miscellany, mishmash, mixed bag *(Inf.)*, mixture, olio, omnium-gatherum, pastiche, patchwork, potpourri, salmagundi

**meek 1.** deferential, docile, forbearing, gentle, humble, long-suffering, mild, modest, patient, peaceful, soft, submissive, unassuming, unpretentious, yielding **2.** acquiescent, compliant, resigned, spineless, spiritless, tame, timid, unresisting, weak, weak-kneed *(Inf.)*, wimpish *or* wimpy *(Inf.)*

**meekness 1.** deference, docility, forbearance, gentleness, humbleness, humility, long-suffering, lowliness, mildness, modesty, patience, peacefulness, resignation, softness, submission, submissiveness **2.** acquiescence, compliance, resignation, spinelessness, spiritlessness, tameness, timidity, weakness

**meet 1.** bump into, chance on, come across, confront, contact, encounter, find, happen on, run across, run into **2.** abut, adjoin, come together, connect, converge, cross, intersect, join, link up, touch, unite **3.** answer, carry out, come up to, comply, cope with, discharge, equal, fulfil, gratify, handle, match, measure up, perform, satisfy **4.** assemble, collect, come together, congregate, convene, forgather, gather, muster, rally **5.** bear, encounter, endure, experience, face, go through, suffer, undergo

**meeting 1.** assignation, confrontation, encounter, engagement, introduction, rendezvous, tryst *(Archaic)* **2.** assembly, audience, company, conclave, conference, congregation, congress, convention, convocation, gathering, get-together *(Inf.)*, meet, powwow, rally, reunion, session **3.** concourse, confluence, conjunction, convergence, crossing, intersection, junction, union

**melancholy**
- N. **1.** blues, dejection, depression, despondency, gloom, gloominess, low spirits, misery, pensiveness, sadness, sorrow, the hump *(Brit. inf.)*, unhappiness, woe
- ADJ. **2.** blue, dejected, depressed, despondent, disconsolate, dismal, dispirited, doleful, down, downcast, downhearted, down in the dumps *(Inf.)*, down in the mouth, gloomy, glum, heavy-hearted, joyless, low, low-spirited, lugubrious, melancholic, miserable, moody, mournful, pensive, sad, sombre, sorrowful, unhappy, woebegone, woeful

**mellow**
- ADJ. **1.** delicate, full-flavoured, juicy, mature, perfect, rich, ripe, soft, sweet, well-matured **2.** dulcet, euphonic, full, mellifluous, melodious, rich, rounded, smooth, sweet, tuneful, well-tuned **3.** cheerful, cordial, elevated, expansive, genial, half-tipsy, happy, jolly, jovial, merry *(Brit. inf.)*, relaxed
- V. **4.** develop, improve, mature, perfect, ripen, season, soften, sweeten

**melodious** concordant, dulcet, euphonic, euphonious, harmonious, melodic, musical, silvery, sweet-sounding, sweet-toned, tuneful

**melodramatic** actressy, blood-and-thunder, extravagant, hammy *(Inf.)*, histrionic, overdramatic, overemotional, sensational, stagy, theatrical

**melody 1.** air, descant, music, refrain, song, strain, theme, tune **2.** euphony, harmony, melodiousness, music, musicality, tunefulness

**melt 1.** deliquesce, diffuse, dissolve, flux, fuse, liquefy, soften, thaw **2.** *(Often with* **away***)* disappear, disperse, dissolve, evanesce, evaporate, fade, vanish **3.** disarm, mollify, relax, soften, touch

**member 1.** associate, fellow, representative **2.** appendage, arm, component, constituent, element, extremity, leg, limb, organ, part, portion

**membership 1.** associates, body, fellows, members **2.** belonging, enrolment, fellowship, participation

**memoir** account, biography, essay, journal, life, monograph, narrative, record, register

**memoirs 1.** autobiography, diary, experiences, journals, life, life story, memories, recollections, reminiscences **2.** annals, chronicles, records, transactions

**memorable** catchy, celebrated, distinguished, extraordinary, famous, historic, illustrious, important, impressive, momentous, notable, noteworthy, remarkable, signal, significant, striking, unforgettable

**memorial**
- ADJ. **1.** commemorative, monumental
- N. **2.** cairn, memento, monument, plaque, record, remembrance, souvenir **3.** address, memorandum, petition, statement

**memorize** commit to memory, con *(Archaic)*, get by heart, learn, learn by heart, learn by rote, remember

**memory 1.** recall, recollection, remembrance, reminiscence, retention **2.** commemoration, honour, remembrance **3.** celebrity, fame, glory, name, renown, reputation, repute

**menace**
- V. **1.** alarm, bode ill, browbeat, bully, frighten, impend, intimidate, loom, lour *or* lower, terrorize, threaten, utter threats to
- N. **2.** commination, intimidation, scare, threat, warning **3.** danger, hazard, jeopardy, peril **4.** *(Inf.)* annoyance, nuisance, pest, plague, troublemaker

**menacing** alarming, baleful, dangerous, forbidding, frightening, intimidating, intimidatory, looming, louring *or* lowering, minacious, minatory, ominous, threatening

**mend**
- V. **1.** cure, darn, fix, heal, patch, rectify, refit, reform, remedy, renew, renovate, repair, restore, retouch **2.** ameliorate, amend, better, correct, emend, improve, rectify, reform, revise **3.** convalesce, get better, heal, recover, recuperate
- N. **4.** darn, patch, repair, stitch **5. on the mend** convalescent, convalescing, getting better, improving, recovering, recuperating

**mendacious** deceitful, deceptive, dishonest, duplicitous, fallacious, false, fraudulent, insincere, lying, perfidious, perjured, untrue, untruthful

**menial**
- ADJ. **1.** boring, dull, humdrum, low-status, routine, unskilled **2.** abject, base, degrading, demeaning, fawning, grovelling, humble, ignoble, ignominious, low, lowly, mean, obsequious, servile, slavish, sorry, subservient, sycophantic, vile
- N. **3.** attendant, dogsbody *(Inf.)*, domestic, drudge, flunky, labourer, lackey, serf, servant, skivvy *(Chiefly Brit.)*, slave, underling, varlet *(Archaic)*, vassal

**menstruation** catamenia *(Physiology)*, courses *(Physiology)*, flow *(Inf.)*, menses, menstrual cycle, monthly *(Inf.)*, period, the curse *(Inf.)*

**mental 1.** cerebral, intellectual **2.** deranged, disturbed, insane, lunatic, mad, mentally ill, psychiatric, psychotic, unbalanced, unstable

**mentality 1.** brainpower, brains, comprehension, grey matter *(Inf.)*, intellect, intelligence quotient, I.Q., mental age, mind, rationality, understanding, wit **2.** attitude, cast of mind, character, disposition, frame of mind, make-up, outlook, personality, psychology, turn of mind, way of thinking

**mentally** in one's head, intellectually, in the mind, inwardly, psychologically, rationally, subjectively

**mention**
- V. **1.** acknowledge, adduce, allude to, bring up, broach, call attention to, cite, communicate, declare, disclose, divulge, hint at, impart, intimate, make known, name, point out, recount, refer to, report, reveal, speak about *or* of, state, tell, touch upon **2. not to mention** as well as, besides, not counting, to say nothing of
- N. **3.** acknowledgement, citation, recognition, tribute **4.** allusion, announcement, indication, notification, observation, reference, remark

**mentor** adviser, coach, counsellor, guide, guru, instructor, teacher, tutor

**menu** bill of fare, carte du jour, tariff *(Chiefly Brit.)*

**mercantile** commercial, marketable, trade, trading

**mercenary**
- ADJ. **1.** acquisitive, avaricious, bribable, covetous, grasping, greedy, money-grubbing *(Inf.)*, sordid, venal **2.** bought, hired, paid, venal
- N. **3.** condottiere *(Hist.)*, free companion *(Hist.)*, freelance *(Hist.)*, hireling, soldier of fortune

**merchandise** N. commodities, goods, produce, products, staples, stock, stock in trade, truck, vendibles, wares

**merchandize** V. buy and sell, deal in, distribute, do business in, market, retail, sell, trade, traffic in, vend

**merchant** broker, dealer, purveyor, retailer, salesman, seller, shopkeeper, supplier, trader, tradesman, trafficker, vendor, wholesaler

**merciful** beneficent, benignant, clement, compassionate, forbearing, forgiving, generous, gracious, humane, kind, lenient, liberal, mild, pitying, soft, sparing, sympathetic, tender-hearted

**merciless** barbarous, callous, cruel, fell *(Archaic)*, hard, hard-hearted, harsh, heartless, implacable, inexorable, inhumane, pitiless, relentless, ruthless, severe, unappeasable, unfeeling, unforgiving, unmerciful, unpitying, unsparing, unsympathetic

**mercy 1.** benevolence, charity, clemency, compassion, favour, forbearance, forgiveness, grace, kindness, leniency, pity, quarter **2.** benison (Archaic), blessing, boon, godsend, piece of luck, relief **3. at the mercy of** defenceless against, exposed to, in the clutches of, in the power of, naked before, open to, prey to, subject to, threatened by, unprotected against, vulnerable to

**mere** ADJ. absolute, bare, common, complete, entire, nothing more than, plain, pure, pure and simple, sheer, simple, stark, unadulterated, unmitigated, unmixed, utter

**merge** amalgamate, be swallowed up by, become lost in, blend, coalesce, combine, consolidate, converge, fuse, incorporate, intermix, join, meet, meld, melt into, mingle, mix, tone with, unite

**merger** amalgamation, coalition, combination, consolidation, fusion, incorporation, union

**merit**
▶ N. **1.** advantage, asset, excellence, good, goodness, integrity, quality, strong point, talent, value, virtue, worth, worthiness **2.** claim, credit, desert, due, right
▶ V. **3.** be entitled to, be worthy of, deserve, earn, have a claim to, have a right to, have coming to one, incur, rate, warrant

**meritorious** admirable, commendable, creditable, deserving, excellent, exemplary, good, honourable, laudable, praiseworthy, right, righteous, virtuous, worthy

**merriment** amusement, conviviality, festivity, frolic, fun, gaiety, glee, hilarity, jocularity, jollity, joviality, laughter, levity, liveliness, merrymaking, mirth, revelry, sport

**merry 1.** blithe, blithesome, carefree, cheerful, chirpy (Inf.), convivial, festive, frolicsome, fun-loving, gay, genial, glad, gleeful, happy, jocund, jolly, joyful, joyous, light-hearted, mirthful, rollicking, sportive, upbeat (Inf.), vivacious **2.** amusing, comic, comical, facetious, funny, hilarious, humorous, jocular, mirthful **3.** (Brit. inf.) elevated (Inf.), happy, mellow, squiffy (Brit. inf.), tiddly (Sl., chiefly Brit.), tipsy **4. make merry** carouse, celebrate, enjoy oneself, feast, frolic, have a good time, have fun, make whoopee (Inf.), revel

**mesh**
▶ N. **1.** net, netting, network, plexus, reticulation, tracery, web **2.** entanglement, snare, tangle, toils, trap, web
▶ V. **3.** catch, enmesh, ensnare, entangle, net, snare, tangle, trap **4.** combine, come together, connect, coordinate, dovetail, engage, fit together, harmonize, interlock, knit

**mesmerize** absorb, captivate, enthral, entrance, fascinate, grip, hold spellbound, hypnotize, magnetize, spellbind

**mess**
▶ N. **1.** balls-up (Taboo sl.), bodge (Inf.), botch, chaos, clutter, cock-up (Brit. sl.), confusion, dirtiness, disarray, disorder, disorganization, fuck-up (Offens. taboo sl.), grot (Sl.), hash, hodgepodge (U.S.), hotchpotch, jumble, litter, mishmash, pig's breakfast (Inf.), shambles, state, turmoil, untidiness **2.** difficulty, dilemma, fine kettle of fish (Inf.), fix (Inf.), hot water (Inf.), imbroglio, jam (Inf.), mix-up, muddle, perplexity, pickle (Inf.), plight, predicament, spot (Inf.), stew (Inf.), tight spot
▶ V. **3.** (Often with **up**) befoul, besmirch, botch, bungle, clutter, cock up (Brit. sl.), dirty, disarrange, dishevel, foul, fuck up (Offens. taboo sl.), litter, make a hash of (Inf.), muck up (Brit. sl.), muddle, pollute, scramble **4.** (Often with **with**) fiddle (Inf.), interfere, meddle, play, tamper, tinker

**mess about** or **mess around 1.** amuse oneself, dabble, fool (about or around), footle (Inf.), muck about (Inf.), piss about or around (Taboo sl.), play about or around, potter, trifle **2.** fiddle (Inf.), fool (about or around), interfere, meddle, piss about or around (Taboo sl.), play about, tamper, tinker, toy

**message 1.** bulletin, communication, communiqué, dispatch, intimation, letter, memorandum, missive, note, notice, tidings, word **2.** idea, import, meaning, moral, point, purport, theme **3.** commission, errand, job, mission, task **4. get the message** catch on (Inf.), comprehend, get it, get the point, see, take the hint, twig (Brit. inf.), understand

**messenger** agent, bearer, carrier, courier, delivery boy, emissary, envoy, errand-boy, go-between, harbinger, herald, runner

**messy** chaotic, cluttered, confused, dirty, dishevelled, disordered, disorganized, grubby, littered, muddled, scuzzy (Sl., chiefly U.S.), shambolic (Inf.), sloppy (Inf.), slovenly, unkempt, untidy

**metaphor** allegory, analogy, emblem, figure of speech, image, symbol, trope

**metaphorical** allegorical, emblematic, emblematical, figurative, symbolic, tropical (Rhetoric)

**metaphysical 1.** basic, esoteric, essential, eternal, fundamental, general, ideal, intellectual, philosophical, profound, speculative, spiritual, subjective, universal **2.** abstract, abstruse, deep, high-flown, oversubtle, recondite, theoretical, transcendental **3.** immaterial, impalpable, incorporeal, intangible, spiritual, supernatural, unreal, unsubstantial

**mete** V. administer, allot, apportion, assign, deal, dispense, distribute, divide, dole, measure, parcel, portion, ration, share

**meteoric** brief, brilliant, dazzling, ephemeral, fast, flashing, fleeting, momentary, overnight, rapid, spectacular, speedy, sudden, swift, transient

**method 1.** approach, arrangement, course, fashion, form, manner, mode, modus operandi, plan, practice, procedure, process, programme, routine, rule, scheme, style, system, technique, way **2.** design, form, order, orderliness, organization, pattern, planning, purpose, regularity, structure, system

**methodical** businesslike, deliberate, disciplined, efficient, meticulous, neat, ordered, orderly, organized, painstaking, planned, precise, regular, structured, systematic, tidy, well-regulated

**meticulous** detailed, exact, fastidious, fussy, microscopic, painstaking, particular, perfectionist, precise, punctilious, scrupulous, strict, thorough

**métier 1.** calling, craft, line, occupation, profession, pursuit, trade, vocation **2.** forte, long suit (Inf.), speciality, specialty, strong point, strong suit

**metropolis** capital, city

**microbe** bacillus, bacterium, bug (Inf.), germ, microorganism, virus

**microscopic** imperceptible, infinitesimal, invisible, minuscule, minute, negligible, teensy-weensy, teeny-weeny, tiny

**midday** noon, noonday, noontide, noontime, twelve noon, twelve o'clock

**middle**
▶ ADJ. **1.** central, halfway, inner, inside, intermediate, intervening, mean, medial, median, medium, mid
▶ N. **2.** centre, focus, halfway point, heart, inside, mean, midpoint, midsection, midst, thick **3.** midriff, midsection, waist

**middleman** broker, distributor, entrepreneur, go-between, intermediary

**middling** adequate, all right, average, fair, indifferent, mediocre, medium, moderate, modest, OK or okay (Inf.), ordinary, passable, run-of-the-mill, so-so (Inf.), tolerable, unexceptional, unremarkable

**midget**
▶ N. **1.** dwarf, gnome, homuncule, homunculus, man(n)ikin, pygmy or pigmy, shrimp (Inf.), Tom Thumb
▶ ADJ. **2.** baby, dwarf, Lilliputian, little, miniature, pocket, pygmy or pigmy, small, teensy-weensy, teeny-weeny, tiny

**midnight** dead of night, middle of the night, the witching hour, twelve o'clock (at night)

**midst 1.** bosom, centre, core, depths, heart, hub, interior, middle, thick **2. in the midst of** amidst, among, during, enveloped by, in the middle of, in the thick of, surrounded by

**midway** betwixt and between, halfway, in the middle

**might 1.** ability, capability, capacity, clout (Inf.), efficacy, efficiency, energy, force, potency, power, prowess, puissance, strength, sway, valour, vigour **2. (with) might and main** as hard as one can, as hard as possible, forcefully, full blast, full force, lustily, manfully, mightily, vigorously, with all one's might or strength

**mighty 1.** doughty, forceful, hardy, indomitable, lusty, manful, potent, powerful, puissant, Ramboesque, robust, stalwart, stout, strapping, strong, sturdy, vigorous **2.** bulky, colossal, elephantine, enormous, gigantic, ginormous (Inf.), grand, great, huge, humongous or humungous (U.S. sl.), immense, large, massive, mega (Sl.), monumental, prodigious, stupendous, titanic, towering, tremendous, vast

**migrant**
▶ N. drifter, emigrant, gypsy, immigrant, itinerant, nomad, rover, tinker, transient, traveller, vagrant, wanderer
▶ ADJ. drifting, gypsy, immigrant, itinerant, migratory, nomadic, roving, shifting, transient, travelling, vagrant, wandering

**migrate** drift, emigrate, journey, move, roam, rove, shift, travel, trek, voyage, wander

**migration** emigration, journey, movement, roving, shift, travel, trek, voyage, wandering

**migratory** gypsy, itinerant, migrant, nomadic, peripatetic, roving, shifting, transient, travelling, unsettled, vagrant, wandering

**mild 1.** amiable, balmy, bland, calm, clement, compassionate, docile, easy, easy-going, easy-oasy (Sl.), equable, forbearing, forgiving, gentle, indulgent, kind, meek, mellow, merciful, moderate, pacific, peaceable, placid, pleasant, serene, smooth, soft, temperate, tender, tranquil, warm **2.** demulcent, emollient, lenitive, mollifying, soothing

**mildness** blandness, calmness, clemency, docility, forbearance, gentleness, indulgence, kindness, leniency, lenity, meekness, mellowness, moderation, placidity, smoothness, softness, temperateness, tenderness, tranquillity, warmth

**milieu** background, element, environment, locale, location, mise en scène, scene, setting, sphere, surroundings

**militant**
▶ ADJ. **1.** active, aggressive, assertive, combative, Ramboesque, vigorous **2.** belligerent, combating, contending, embattled, fighting, in arms, warring
▶ N. **3.** activist, partisan **4.** belligerent, combatant, fighter, gladiator, warrior

**military**
▶ ADJ. **1.** armed, martial, soldierlike, soldierly, warlike
▶ N. **2.** armed forces, army, forces, services

**militia** fencibles (History), National Guard (U.S.), reserve(s), Territorial Army (Brit.), trainband (History), yeomanry (History)

**milk** V. **1.** drain, draw off, express, extract, let out, press, siphon, tap **2.** bleed, drain, exploit, extract, impose on, pump, take advantage of, use, wring

**milk-and-water** feeble, innocuous, insipid, jejune, nerdy or nurdy (Sl.), vapid, weak, weedy (Inf.), wimpish or wimpy (Inf.), wishy-washy (Inf.)

**mill**
▶ N. **1.** factory, foundry, plant, shop, works **2.** crusher, grinder **3. run of the mill** average, commonplace, everyday, fair, middling, ordinary, routine, unexceptional, unremarkable
▶ V. **4.** comminute, crush, granulate, grate, grind, pound, powder, press, pulverize **5.** crowd, seethe, swarm, throng

**millstone 1.** grindstone, quernstone **2.** affliction, burden, dead weight, drag, encumbrance, load, weight

**mime**
▶ N. **1.** dumb show, gesture, mummery, pantomime
▶ V. **2.** act out, gesture, pantomime, represent, simulate

**mimic**
▶ V. **1.** ape, caricature, do (Inf.), imitate, impersonate, parody, take off (Inf.) **2.** echo, look like, mirror, resemble, simulate, take on the appearance of
▶ N. **3.** caricaturist, copycat (Inf.), imitator, impersonator, impressionist, parodist, parrot
▶ ADJ. **4.** echoic, imitation, imitative, make-believe, mimetic, mock, sham, simulated

**mince 1.** chop, crumble, cut, grind, hash **2.** diminish, euphemize, extenuate, hold back, moderate, palliate, soften, spare, tone down, weaken **3.** attitudinize, give oneself airs, ponce (Sl.), pose, posture

**mincing** affected, camp (Inf.), dainty, effeminate, foppish, lah-di-dah (Inf.), nice, niminy-piminy, poncy (Sl.), precious, pretentious, sissy

**mind**
▶ N. **1.** brain(s) (Inf.), grey matter (Inf.), intellect, intelligence, mentality, ratiocination, reason,

sense, spirit, understanding, wits **2.** memory, recollection, remembrance **3.** brain, head, imagination, psyche **4.** brain *(Inf.)*, brainbox, genius, intellect, intellectual, thinker **5.** attitude, belief, feeling, judg(e)ment, opinion, outlook, point of view, sentiment, thoughts, view, way of thinking **6.** bent, desire, disposition, fancy, inclination, intention, leaning, notion, purpose, tendency, urge, will, wish **7.** attention, concentration, thinking, thoughts **8.** judg(e)ment, marbles *(Inf.)*, mental balance, rationality, reason, sanity, senses, wits **9. in** *or* **of two minds** dithering *(Chiefly Brit.)*, hesitant, shillyshallying *(Inf.)*, swithering *(Scot.)*, uncertain, undecided, unsure, vacillating, wavering **10. make up one's mind** choose, come to a decision, decide, determine, reach a decision, resolve **11. bear** *or* **keep in mind** be cognizant of, be mindful of, remember, take note of

► **V. 12.** be affronted, be bothered, care, disapprove, dislike, look askance at, object, resent, take offence **13.** adhere to, attend, comply with, follow, heed, listen to, mark, note, notice, obey, observe, pay attention, pay heed to, regard, respect, take heed, watch **14.** be sure, ensure, make certain **15.** attend to, guard, have charge of, keep an eye on, look after, take care of, tend, watch **16.** be careful, be cautious, be on (one's) guard, be wary, take care, watch **17. never mind** disregard, do not concern yourself, don't bother, don't give (it) a second thought, forget (it), it does not matter, it's none of your business, it's nothing to do with you, pay no attention

**mindful** alert, alive to, attentive, aware, careful, chary, cognizant, conscious, heedful, regardful, respectful, sensible, thoughtful, wary, watchful

**mindless 1.** asinine, braindead *(Inf.)*, brutish, careless, foolish, forgetful, gratuitous, heedless, idiotic, imbecilic, inane, inattentive, moronic, neglectful, negligent, oblivious, obtuse, stupid, thoughtless, unintelligent, unmindful, unthinking, witless **2.** automatic, brainless, mechanical

**mind out** be careful, be on one's guard, beware, keep one's eyes open, look out, pay attention, take care, watch

**mine**

► **N. 1.** coalfield, colliery, deposit, excavation, lode, pit, shaft, vein **2.** abundance, fund, hoard, reserve, source, stock, store, supply, treasury, wealth **3.** sap, trench, tunnel

► **V. 4.** delve, dig for, dig up, excavate, extract, hew, quarry, unearth **5.** lay mines in *or* under, sow with mines **6.** sap, subvert, tunnel, undermine, weaken

**miner** coalminer, collier *(Brit.)*, pitman *(Brit.)*

**mingle 1.** alloy, blend, coalesce, combine, commingle, compound, intermingle, intermix, interweave, join, marry, meld, merge, mix, unite **2.** associate, circulate, consort, fraternize, hang about *or* around, hang out *(Inf.)*, hobnob, rub shoulders *(Inf.)*, socialize

**miniature ADJ.** baby, diminutive, dwarf, Lilliputian, little, midget, mini, minuscule, minute, pocket, pygmy *or* pigmy, reduced, scaled-down, small, teensy-weensy, teeny-weeny, tiny, toy, wee

**minimal** least, least possible, littlest, minimum, nominal, slightest, smallest, token

**minimize 1.** abbreviate, attenuate, curtail, decrease, diminish, miniaturize, prune, reduce, shrink **2.** belittle, decry, deprecate, depreciate, discount, disparage, make light *or* little of, play down, underestimate, underrate

**minimum**

► **N. 1.** bottom, depth, least, lowest, nadir, slightest

► **ADJ. 2.** least, least possible, littlest, lowest, minimal, slightest, smallest

**minion** bootlicker *(Inf.)*, creature, darling, dependant, favourite, flatterer, flunky, follower, hanger-on, henchman, hireling, lackey, lickspittle, myrmidon, parasite, pet, sycophant, toady, underling, yes man

**minister**

► **N. 1.** chaplain, churchman, clergyman, cleric, divine, ecclesiastic, padre *(Inf.)*, parson, pastor, preacher, priest, rector, vicar **2.** administrator, ambassador, cabinet member, delegate, diplomat, envoy, executive, office-holder, official, plenipotentiary **3.** agent, aide, assistant, lieutenant, servant, subordinate, underling

► **V. 4.** accommodate, administer, answer, attend, be solicitous of, cater to, pander to, serve, take care of, tend

**ministry 1.** administration, bureau, cabinet, council, department, government, office **2.** holy orders, the church, the priesthood, the pulpit

**minor** inconsequential, inconsiderable, inferior, insignificant, junior, lesser, light, negligible, nickel-and-dime *(U.S. sl.)*, paltry, petty, secondary, slight, small, smaller, subordinate, trifling, trivial, unimportant, younger

**minstrel** bard, harper, jongleur, musician, singer, songstress, troubadour

**mint**

► **N. 1.** bomb *(Brit. sl.)*, bundle *(Sl.)*, fortune, heap *(Inf.)*, King's ransom, million, packet *(Sl.)*, pile *(Inf.)*

► **ADJ. 2.** brand-new, excellent, first-class, fresh, perfect, unblemished, undamaged, untarnished

► **V. 3.** cast, coin, make, produce, punch, stamp, strike **4.** coin, construct, devise, fabricate, fashion, forge, invent, make up, produce, think up

**minute[1] N. 1.** sixtieth of an hour, sixty seconds **2.** flash, instant, jiffy *(Inf.)*, moment, second, shake *(Inf.)*, tick *(Brit. inf.)*, trice **3. any minute** any moment, any second, any time, at any time, before long, very soon **4. up to the minute** all the rage, in, latest, modish, (most) fashionable, newest, now *(Inf.)*, smart, stylish, trendiest, trendy *(Brit. inf.)*, up to date, vogue, with it *(Inf.)*

**minute[2] ADJ. 1.** diminutive, fine, infinitesimal, Lilliputian, little, microscopic, miniature, minuscule, slender, small, teensy-weensy, teeny-weeny, tiny **2.** inconsiderable, negligible, paltry, petty, picayune *(U.S.)*, piddling *(Inf.)*, puny, slight, trifling, trivial, unimportant **3.** close, critical, detailed, exact, exhaustive, meticulous, painstaking, precise, punctilious

**minutely** closely, critically, exactly, exhaustively, in detail, meticulously, painstakingly, precisely, with a fine-tooth comb

**minutes** memorandum, notes, proceedings, record(s), transactions, transcript

**minutiae** details, finer points, niceties, particulars, subtleties, trifles, trivia

**minx** baggage *(Inf., old-fashioned)*, coquette, flirt, hoyden, hussy, jade, tomboy, wanton

**miracle** marvel, phenomenon, prodigy, thaumaturgy, wonder

**miraculous** amazing, astonishing, astounding, extraordinary, incredible, inexplicable, magical, marvellous, phenomenal, preternatural, prodigious, superhuman, supernatural, thaumaturgic, unaccountable, unbelievable, wonderful, wondrous *(Archaic or literary)*

**mirage** hallucination, illusion, optical illusion, phantasm

**mire**

► **N. 1.** bog, marsh, morass, quagmire, swamp **2.** dirt, grot *(Sl.)*, muck, mud, ooze, slime **3. in the mire** encumbered, entangled, in difficulties, in trouble

► **V. 4.** bog down, flounder, sink, stick in the mud **5.** begrime, besmirch, bespatter, cake, dirty, muddy, soil **6.** catch up, enmesh, entangle, involve

**mirror**

► **N. 1.** glass, looking-glass, reflector, speculum **2.** copy, double, image, likeness, reflection, replica, representation, twin

► **V. 3.** copy, depict, echo, emulate, follow, reflect, represent, show

**mirth** amusement, cheerfulness, festivity, frolic, fun, gaiety, gladness, glee, hilarity, jocularity, jollity, joviality, joyousness, laughter, levity, merriment, merrymaking, pleasure, rejoicing, revelry, sport

**mirthful** amused, amusing, blithe, cheerful, cheery, festive, frolicsome, funny, gay, glad, gladsome *(Archaic)*, happy, hilarious, jocund, jolly, jovial, laughable, light-hearted, merry, playful, sportive, uproarious, vivacious

**misadventure** accident, bad break *(Inf.)*, bad luck, bummer *(Sl.)*, calamity, catastrophe, debacle, disaster, failure, ill fortune, ill luck, mischance, misfortune, mishap, reverse, setback

**misanthrope** cynic, egoist, egotist, mankind-hater, misanthropist

**misapprehend** get hold of the wrong end of the stick, get the wrong idea *or* impression, misconceive, misconstrue, misinterpret, misread, mistake, misunderstand

**misapprehension** delusion, error, fallacy, false belief, false impression, misconception, misconstruction, misinterpretation, misreading, mistake, misunderstanding, wrong idea *or* impression

**misappropriate** cabbage *(Brit. sl.)*, defalcate *(Law)*, embezzle, misapply, misspend, misuse, peculate, pocket, steal, swindle

**misbehave** act up *(Inf.)*, be bad, be insubordinate, be naughty, carry on *(Inf.)*, get up to mischief *(Inf.)*, muck about *(Brit. sl.)*

**misbehaviour** acting up *(Inf.)*, bad behaviour, impropriety, incivility, indiscipline, insubordination, mischief, misconduct, misdeeds, misdemeanour, monkey business *(Inf.)*, naughtiness, rudeness, shenanigans *(Inf.)*

**misbelief** delusion, error, fallacy, false belief, heresy, unorthodoxy

**miscalculate** blunder, calculate wrongly, err, get (it) wrong, go wrong, make a mistake, misjudge, overestimate, overrate, slip up, underestimate, underrate

**miscarriage 1.** miss *(Inf.)*, spontaneous abortion **2.** botch *(Inf.)*, breakdown, error, failure, misadventure, mischance, misfire, mishap, mismanagement, nonsuccess, perversion, thwarting, undoing

**miscarry 1.** abort **2.** come to grief, come to nothing, fail, fall through, gang agley *(Scot.)*, go amiss, go astray, go awry, go wrong, misfire

**miscellaneous** assorted, confused, diverse, diversified, farraginous, heterogeneous, indiscriminate, jumbled, manifold, many, mingled, mixed, motley, multifarious, multiform, promiscuous, sundry, varied, various

**miscellany** anthology, assortment, collection, diversity, farrago, gallimaufry, hotchpotch, jumble, medley, mélange, mixed bag, mixture, omnium-gatherum, potpourri, salmagundi, variety

**mischance** accident, bad break *(Inf.)*, bad luck, bummer *(Sl.)*, calamity, contretemps, disaster, ill chance, ill fortune, ill luck, infelicity, misadventure, misfortune, mishap

**mischief 1.** devilment, impishness, misbehaviour, monkey business *(Inf.)*, naughtiness, pranks, roguery, roguishness, shenanigans *(Inf.)*, trouble, waywardness **2.** devil, imp, monkey, nuisance, pest, rascal, rogue, scallywag *(Inf.)*, scamp, tyke *(Inf.)*, villain **3.** damage, detriment, disadvantage, disruption, evil, harm, hurt, injury, misfortune, trouble

**mischievous 1.** arch, bad, badly behaved, exasperating, frolicsome, impish, naughty, playful, puckish, rascally, roguish, sportive, teasing, troublesome, vexatious, wayward **2.** bad, damaging, deleterious, destructive, detrimental, evil, harmful, hurtful, injurious, malicious, malignant, pernicious, sinful, spiteful, troublesome, vicious, wicked

**misconception** delusion, error, fallacy, misapprehension, misconstruction, mistaken belief, misunderstanding, wrong end of the stick, wrong idea

**misconduct**

► **N. 1.** delinquency, dereliction, immorality, impropriety, malfeasance *(Law)*, malpractice, malversation *(Rare)*, misbehaviour, misdemeanour, mismanagement, naughtiness, rudeness, transgression, unethical behaviour, wrongdoing

► **V. 2.** behave badly, botch (up), bungle, err, make a mess of, misdirect, mismanage, sin

**misdemeanour** fault, infringement, misbehaviour, misconduct, misdeed, offence, peccadillo, transgression, trespass

**miser** cheapskate *(Inf.)*, churl *(Archaic)*, curmudgeon, hunks *(Rare)*, niggard, penny-pincher *(Inf.)*, screw *(Sl.)*, Scrooge, skinflint, tight-arse *(Taboo sl.)*, tight-ass *(U.S. taboo sl.)*, tightwad *(U.S. & Canad. sl.)*

**miserable 1.** afflicted, broken-hearted, crestfallen, dejected, depressed, desolate, despondent, disconsolate, dismal, distressed, doleful, down, downcast, down in the mouth *(Inf.)*, forlorn, gloomy, heartbroken, melancholy, mournful, sorrowful, unhappy, woebegone, wretched **2.** destitute, dirt-poor *(Inf.)*, down and out, flat broke *(Inf.)*, impoverished, indigent, meagre, needy, penniless, poor, poverty-stricken, scanty, short, without two pennies to rub together *(Inf.)* **3.** abject, bad, contemptible, deplorable, despicable, detestable, disgraceful, lamentable, low, mean, pathetic, piteous, pitiable, scurvy, shabby, shameful, sordid, sorry, squalid, vile, worthless, wretched

**miserly** avaricious, beggarly, close, close-fisted, covetous, grasping, illiberal, mean, mingy *(Brit. inf.)*, near, niggardly, parsimonious, penny-pinching *(Inf.)*, penurious, sordid, stingy, tight-arsed *(Taboo sl.)*, tight as a duck's arse *(Taboo sl.)*, tight-assed *(U.S. taboo sl.)*, tight-fisted, ungenerous

**misery** **1.** agony, anguish, depression, desolation, despair, discomfort, distress, gloom, grief, hardship, melancholy, sadness, sorrow, suffering, torment, torture, unhappiness, woe, wretchedness **2.** affliction, bitter pill *(Inf.)*, burden, calamity, catastrophe, curse, disaster, hardship, load, misfortune, ordeal, sorrow, trial, tribulation, trouble, woe **3.** destitution, indigence, need, penury, poverty, privation, sordidness, squalor, want, wretchedness **4.** *(Brit. inf.)* grouch *(Inf.)*, killjoy, moaner, pessimist, prophet of doom, sourpuss *(Inf.)*, spoilsport, wet blanket *(Inf.)*

**misfire** fail, fail to go off, fall through, go phut *(Inf.)*, go wrong, miscarry

**misfit** eccentric, fish out of water *(Inf.)*, nonconformist, oddball *(Inf.)*, square peg (in a round hole) *(Inf.)*

**misfortune** **1.** bad luck, evil fortune, hard luck, ill luck, infelicity **2.** accident, adversity, affliction, blow, bummer *(Sl.)*, calamity, disaster, evil chance, failure, hardship, harm, loss, misadventure, mischance, misery, mishap, reverse, setback, stroke of bad luck, tragedy, trial, tribulation, trouble

**misgiving** anxiety, apprehension, distrust, doubt, dubiety, hesitation, qualm, reservation, scruple, suspicion, trepidation, uncertainty, unease, worry

**misguided** deluded, erroneous, foolish, ill-advised, imprudent, injudicious, labouring under a delusion *or* misapprehension, misled, misplaced, mistaken, uncalled-for, unreasonable, unwarranted, unwise

**mishandle** bodge *(Inf.)*, botch, bungle, make a hash of *(Inf.)*, make a mess of, mess up *(Inf.)*, mismanage, muff, screw (up) *(Inf.)*

**mishap** accident, adversity, bad luck, calamity, contretemps, disaster, evil chance, evil fortune, hard luck, ill fortune, ill luck, infelicity, misadventure, mischance, misfortune

**misinform** deceive, give (someone) a bum steer *(Inf., chiefly U.S.)*, give (someone) duff gen *(Brit. inf.)*, misdirect, misguide, mislead

**misinterpret** distort, falsify, get wrong, misapprehend, misconceive, misconstrue, misjudge, misread, misrepresent, mistake, misunderstand, pervert

**misjudge** be wrong about, get the wrong idea about, miscalculate, overestimate, overrate, underestimate, underrate

**mislay** be unable to find, be unable to put *or* lay one's hand on, forget the whereabouts of, lose, lose track of, misplace, miss

**mislead** beguile, bluff, deceive, delude, fool, give (someone) a bum steer *(Inf., chiefly U.S.)*, hoodwink, lead astray, misdirect, misguide, misinform, pull the wool over (someone's) eyes *(Inf.)*, take in *(Inf.)*

**misleading** ambiguous, casuistical, confusing, deceitful, deceptive, delusive, delusory, disingenuous, evasive, false, sophistical, specious, spurious, tricky *(Inf.)*, unstraightforward

**mismanage** be incompetent, be inefficient, bodge *(Inf.)*, botch, bungle, make a hash of *(Inf.)*, make a mess of, maladminister, mess up, misconduct, misdirect, misgovern, mishandle

**misplace** **1.** be unable to find, be unable to put *or* lay one's hand on, forget the whereabouts of, lose, lose track of, misfile, mislay, miss, put in the wrong place **2.** place unwisely, place wrongly

**misprint** corrigendum, erratum, literal, mistake, printing error, typo *(Inf.)*, typographical error

**misquote** distort, falsify, garble, mangle, misreport, misrepresent, misstate, muddle, pervert, quote *or* take out of context, twist

**misrepresent** belie, disguise, distort, falsify, garble, misinterpret, misstate, pervert, twist

**misrule** **1.** bad government, maladministration, misgovernment, mismanagement **2.** anarchy, chaos, confusion, disorder, lawlessness, tumult, turmoil

**miss**[1]

▸ **V.** **1.** avoid, be late for, blunder, err, escape, evade, fail, fail to grasp, fail to notice, forego, lack, leave out, let go, let slip, lose, miscarry, mistake, omit, overlook, pass over, pass up, skip, slip, trip **2.** feel the loss of, hunger for, long for, need, pine for, want, wish, yearn for

▸ **N.** **3.** blunder, error, failure, fault, loss, mistake, omission, oversight, want

**miss**[2] damsel, girl, lass, lassie *(Inf.)*, maid, maiden, schoolgirl, spinster, young lady

**misshapen** contorted, crippled, crooked, deformed, distorted, grotesque, ill-made, ill-proportioned, malformed, twisted, ugly, ungainly, unshapely, unsightly, warped, wry

**missile** projectile, rocket, weapon

**missing** absent, astray, gone, lacking, left behind, left out, lost, mislaid, misplaced, not present, nowhere to be found, unaccounted-for, wanting

**mission** **1.** aim, assignment, business, calling, charge, commission, duty, errand, goal, job, office, operation, purpose, pursuit, quest, task, trust, undertaking, vocation, work **2.** commission, delegation, deputation, embassy, legation, ministry, task force

**missionary** apostle, converter, evangelist, preacher, propagandist, proselytizer

**missive** communication, dispatch, epistle, letter, memorandum, message, note, report

**mist**

▸ **N.** **1.** cloud, condensation, dew, drizzle, film, fog, haar *(Eastern Brit.)*, haze, smog, smur *or* smir *(Scot.)*, spray, steam, vapour

▸ **V.** **2.** becloud, befog, blur, cloud, film, fog, obscure, steam (up)

**mistake**

▸ **N.** **1.** bloomer *(Brit. inf.)*, blunder, boob *(Brit. sl.)*, boo-boo *(Inf.)*, clanger *(Inf.)*, erratum, error, error of judgment, false move, fault, faux pas, gaffe, goof *(Inf.)*, howler *(Inf.)*, inaccuracy, miscalculation, misconception, misstep, misunderstanding, oversight, slip, slip-up *(Inf.)*, solecism

▸ **V.** **2.** get wrong, misapprehend, misconceive, misconstrue, misinterpret, misjudge, misread, misunderstand **3.** accept as, confound, confuse with, misinterpret as, mix up with, take for **4.** be wide of *or* be off the mark, be wrong, blunder, boob *(Brit. sl.)*, drop a clanger *(Inf.)*, err, goof *(Inf.)*, miscalculate, misjudge, put one's foot in it *(Inf.)*, slip up *(Inf.)*

**mistaken** barking up the wrong tree *(Inf.)*, erroneous, fallacious, false, faulty, inaccurate, inappropriate, incorrect, in the wrong, labouring under a misapprehension, misguided, misinformed, misled, off target, off the mark, unfounded, unsound, wide of the mark, wrong

**mistakenly** by mistake, erroneously, fallaciously, falsely, inaccurately, inappropriately, incorrectly, in error, misguidedly, wrongly

**mistreat** abuse, brutalize, handle roughly, harm, ill-treat, ill-use, injure, knock about *or* around, maltreat, manhandle, maul, misuse, molest, rough up, wrong

**mistress** concubine, doxy *(Archaic)*, fancy woman *(Sl.)*, floozy *(Sl.)*, girlfriend, inamorata, kept woman, ladylove *(Rare)*, lover, paramour

**mistrust**

▸ **V.** **1.** apprehend, beware, be wary of, distrust, doubt, fear, have doubts about, suspect

▸ **N.** **2.** apprehension, distrust, doubt, dubiety, fear, misgiving, scepticism, suspicion, uncertainty, wariness

**mistrustful** apprehensive, cautious, chary, cynical, distrustful, doubtful, dubious, fearful, hesitant, leery *(Sl.)*, nervous, sceptical, suspicious, uncertain, wary

**misty** bleary, blurred, cloudy, dark, dim, foggy, fuzzy, hazy, indistinct, murky, nebulous, obscure, opaque, overcast, unclear, vague

**misunderstand** get (it) wrong, get the wrong end of the stick, get the wrong idea (about), misapprehend, misconceive, misconstrue, mishear, misinterpret, misjudge, misread, miss the point (of), mistake

**misunderstanding** **1.** error, false impression, misapprehension, misconception, misconstruction, misinterpretation, misjudg(e)ment, misreading, mistake, mix-up, wrong idea **2.** argument, breach, conflict, difference, difficulty, disagreement, discord, dissension, falling-out *(Inf.)*, quarrel, rift, rupture, squabble, variance

**misuse**

▸ **N.** **1.** abuse, barbarism, catachresis, corruption, desecration, dissipation, malapropism, misapplication, misemployment, misusage, perversion, profanation, solecism, squandering, waste **2.** abuse, cruel treatment, exploitation, harm, ill-treatment, ill-usage, inhumane treatment, injury, maltreatment, manhandling, mistreatment, rough handling

▸ **V.** **3.** abuse, corrupt, desecrate, dissipate, misapply, misemploy, pervert, profane, prostitute, squander, waste **4.** abuse, brutalize, exploit, handle roughly, harm, ill-treat, ill-use, injure, maltreat, manhandle, maul, mistreat, molest, wrong

**mitigate** abate, allay, appease, assuage, blunt, calm, check, diminish, dull, ease, extenuate, lessen, lighten, moderate, modify, mollify, pacify, palliate, placate, quiet, reduce the force of, remit, soften, soothe, subdue, take the edge off, temper, tone down, tranquillize, weaken

**mitigation** abatement, allaying, alleviation, assuagement, diminution, easement, extenuation, moderation, mollification, palliation, relief, remission

**mix**

▸ **V.** **1.** alloy, amalgamate, associate, blend, coalesce, combine, commingle, commix, compound, cross, fuse, incorporate, intermingle, interweave, join, jumble, meld, merge, mingle, put together, unite **2.** associate, come together, consort, fraternize, hang out *(Inf.)*, hobnob, join, mingle, socialize

▸ **N.** **3.** alloy, amalgam, assortment, blend, combination, compound, fusion, medley, meld, mixture

**mixed** **1.** alloyed, amalgamated, blended, combined, composite, compound, fused, incorporated, joint, mingled, united **2.** assorted, cosmopolitan, diverse, diversified, heterogeneous, manifold, miscellaneous, motley, varied **3.** crossbred, hybrid, interbred, interdenominational, mongrel **4.** ambivalent, equivocal, indecisive, uncertain

**mixed-up** at sea, bewildered, confused, distraught, disturbed, maladjusted, muddled, perplexed, puzzled, upset

**mixture** admixture, alloy, amalgam, amalgamation, association, assortment, blend, brew, combine, composite, compound, concoction, conglomeration, cross, fusion, hotchpotch, jumble, medley, mélange, meld, miscellany, mix, potpourri, salmagundi, union, variety

**mix-up** confusion, disorder, fankle *(Scot.)*, jumble, mess, mistake, misunderstanding, muddle, snarl-up *(Inf., chiefly Brit.)*, tangle

**mix up** **1.** blend, combine, commix, mix **2.** confound, confuse, muddle **3.** bewilder, confuse, disturb, fluster, muddle, perplex, puzzle, throw into confusion, unnerve, upset **4.** embroil, entangle, implicate, involve, rope in

**moan**

▸ **N.** **1.** groan, lament, lamentation, sigh, sob, sough, wail, whine **2.** *(Inf.)* beef *(Sl.)*, bitch *(Sl.)*, complaint, gripe *(Inf.)*, grouch *(Inf.)*, grouse, grumble, kvetch *(U.S. sl.)*, protest, whine

▸ **V.** **3.** bemoan, bewail, deplore, grieve, groan, keen, lament, mourn, sigh, sob, sough, whine **4.** *(Inf.)* beef *(Sl.)*, bitch *(Sl.)*, bleat, carp, complain, gripe *(Inf.)*, groan, grouch *(Inf.)*, grouse, grumble, moan and groan, whine, whinge *(Inf.)*

**mob**

▸ **N.** **1.** assemblage, body, collection, crowd, drove, flock, gang, gathering, herd, horde, host, mass, multitude, pack, press, swarm, throng **2.** class, company, crew *(Inf.)*, gang, group, lot, set, troop **3.** canaille, commonalty, great unwashed *(Inf. & derogatory)*, hoi polloi, masses, rabble, riffraff, scum

▸ **V.** **4.** crowd around, jostle, overrun, set upon, surround, swarm around **5.** cram into, crowd, crowd into, fill, fill to overflowing, jam, pack

**mobile** **1.** ambulatory, itinerant, locomotive, migrant, motile, movable, moving, peripatetic, portable, travelling, wandering **2.** animated, changeable, ever-changing, expressive

**mobilize** activate, animate, call to arms, call up, get *or* make ready, marshal, muster, organize, prepare, put in motion, rally, ready

**mock**

▸ **V.** **1.** chaff, deride, flout, insult, jeer, laugh at, laugh to scorn, make fun of, poke fun at, ridicule, scoff, scorn, show contempt for, sneer, take the mickey (out of) *(Inf.)*, take the piss (out of) *(Taboo sl.)*, taunt, tease, wind up *(Brit. sl.)*

2. ape, burlesque, caricature, counterfeit, do (*Inf.*), imitate, lampoon, mimic, parody, satirize, send up (*Brit. inf.*), take off (*Inf.*), travesty 3. belie, cheat, deceive, delude, disappoint, dupe, elude, fool, let down, mislead 4. defeat, defy, disappoint, foil, frustrate, thwart
▸ N. 5. banter, derision, gibe, jeering, mockery, ridicule, scorn, sneer, sneering 6. Aunt Sally (*Brit.*), butt, dupe, fool, jest, laughing stock, sport, travesty 7. counterfeit, fake, forgery, fraud, imitation, phoney *or* phony (*Inf.*), sham
▸ ADJ. 8. artificial, bogus, counterfeit, dummy, ersatz, fake, faked, false, feigned, forged, fraudulent, imitation, phoney *or* phony (*Inf.*), pretended, pseudo (*Inf.*), sham, spurious

**mockery** 1. contempt, contumely, derision, disdain, disrespect, gibes, insults, jeering, ridicule, scoffing, scorn 2. burlesque, caricature, deception, farce, imitation, lampoon, laughing stock, mimicry, parody, pretence, send-up (*Brit. inf.*), sham, spoof (*Inf.*), take-off (*Inf.*), travesty 3. apology, disappointment, farce, joke, letdown

**mocking** contemptuous, contumelious, derisive, derisory, disdainful, disrespectful, insulting, irreverent, sarcastic, sardonic, satiric, satirical, scoffing, scornful, taunting

**model**
▸ N. 1. copy, dummy, facsimile, image, imitation, miniature, mock-up, replica, representation 2. archetype, design, epitome, example, exemplar, gauge, ideal, lodestar, mould, norm, original, par, paradigm, paragon, pattern, prototype, standard, type 3. poser, sitter, subject 4. mannequin 5. configuration, design, form, kind, mark, mode, stamp, style, type, variety, version
▸ V. 6. base, carve, cast, design, fashion, form, mould, pattern, plan, sculpt, shape, stamp 7. display, show off, sport (*Inf.*), wear
▸ ADJ. 8. copy, dummy, facsimile, imitation, miniature 9. archetypal, exemplary, ideal, illustrative, paradigmatic, perfect, standard, typical

**moderate**
▸ ADJ. 1. calm, controlled, cool, deliberate, equable, gentle, judicious, limited, middle-of-the-road, mild, modest, peaceable, reasonable, restrained, sober, steady, temperate 2. average, fair, fairish, fair to middling (*Inf.*), indifferent, mediocre, medium, middling, ordinary, passable, so-so (*Inf.*), unexceptional
▸ V. 3. abate, allay, appease, assuage, calm, control, curb, decrease, diminish, ease, lessen, mitigate, modulate, pacify, play down, quiet, regulate, relax, repress, restrain, soften, soft-pedal (*Inf.*), subdue, tame, temper, tone down 4. arbitrate, chair, judge, mediate, preside, referee, take the chair

**moderately** fairly, gently, in moderation, passably, quite, rather, reasonably, slightly, somewhat, to a degree, tolerably, to some extent, within limits, within reason

**moderation** 1. calmness, composure, coolness, equanimity, fairness, judiciousness, justice, justness, mildness, moderateness, reasonableness, restraint, sedateness, temperance 2. **in moderation** moderately, within limits, within reason

**modern** contemporary, current, fresh, late, latest, neoteric (*Rare*), new, newfangled, novel, present, present-day, recent, twentieth-century, up-to-date, up-to-the-minute, with it (*Inf.*)

**modernize** bring into the twentieth century, bring up to date, face-lift, make over, rejuvenate, remake, remodel, renew, renovate, revamp, update

**modest** 1. bashful, blushing, coy, demure, diffident, discreet, humble, meek, quiet, reserved, reticent, retiring, self-conscious, self-effacing, shy, simple, unassuming, unpretentious 2. fair, limited, middling, moderate, ordinary, small, unexceptional

**modesty** bashfulness, coyness, decency, demureness, diffidence, discreetness, humbleness, humility, lack of pretension, meekness, propriety, quietness, reserve, reticence, self-effacement, shyness, simplicity, timidity, unobtrusiveness, unpretentiousness

**modification** adjustment, alteration, change, modulation, mutation, qualification, refinement, reformation, restriction, revision, variation

**modify** 1. adapt, adjust, alter, change, convert, recast, redo, refashion, reform, remodel, reorganize, reshape, revise, rework, transform, vary 2. abate, ease, lessen, limit, lower, moderate, qualify, reduce, relax, restrain, restrict, soften, temper, tone down

**mogul** baron, bashaw, big cheese (*Sl., old-fashioned*), big gun (*Inf.*), big noise (*Inf.*), big shot (*Inf.*), big wheel (*Sl.*), lord, magnate, nabob (*Inf.*), notable, personage, potentate, tycoon, VIP

**moist** clammy, damp, dampish, dank, dewy, dripping, drizzly, humid, not dry, rainy, soggy, wet, wettish

**moisten** bedew, damp, dampen, humidify, lick, moisturize, soak, water, wet

**moisture** damp, dampness, dankness, dew, humidity, liquid, perspiration, sweat, water, wateriness, wetness

**molecule** atom, iota, jot, mite, mote, particle, speck

**molest** 1. abuse, afflict, annoy, badger, beset, bother, bug (*Inf.*), disturb, harass, harry, hector, irritate, persecute, pester, plague, tease, torment, upset, vex, worry 2. abuse, accost, assail, attack, harm, hurt, ill-treat, injure, interfere with, maltreat, manhandle

**moment** 1. flash, instant, jiffy (*Inf.*), minute, no time, second, shake (*Inf.*), split second, tick (*Brit. inf.*), trice, twinkling, two shakes (*Inf.*), two shakes of a lamb's tail (*Inf.*) 2. hour, instant, juncture, point, point in time, stage, time 3. concern, consequence, gravity, import, importance, seriousness, significance, substance, value, weight, weightiness, worth

**momentarily** briefly, for a moment (little while, minute, second, short time, short while), for an instant, for the nonce, temporarily

**momentary** brief, ephemeral, evanescent, fleeting, flying, fugitive, hasty, passing, quick, short, short-lived, temporary, transitory

**momentous** consequential, critical, crucial, decisive, earth-shaking (*Inf.*), fateful, grave, historic, important, of moment, pivotal, serious, significant, vital, weighty

**momentum** drive, energy, force, impetus, power, propulsion, push, strength, thrust

**monarch** crowned head, emperor, empress, king, potentate, prince, princess, queen, ruler, sovereign

**monarchy** 1. absolutism, autocracy, despotism, kingship, monocracy, royalism, sovereignty 2. empire, kingdom, principality, realm

**monastery** abbey, cloister, convent, friary, house, nunnery, priory, religious community

**monastic** ascetic, austere, celibate, cenobitic, cloistered, cloistral, coenobitic, contemplative, conventual, eremitic, hermit-like, monachal, monkish, recluse, reclusive, secluded, sequestered, withdrawn

**monetary** budgetary, capital, cash, financial, fiscal, pecuniary

**money** 1. ackers (*Sl.*), banknotes, brass (*Northern English dialect*), bread (*Sl.*), capital, cash, coin, currency, dibs (*Sl.*), dosh (*Brit. & Aust. sl.*), dough (*Sl.*), filthy lucre (*Facetious*), funds, gelt (*Sl., chiefly U.S.*), green (*Sl.*), hard cash, legal tender, lolly (*Brit. sl.*), loot (*Inf.*), mazuma (*Sl., chiefly U.S.*), megabucks (*U.S. & Canad. sl.*), moolah (*Sl.*), necessary (*Inf.*), needful (*Inf.*), pelf (*Contemptuous*), readies (*Inf.*), rhino (*Brit. sl.*), riches, shekels (*Inf.*), silver, specie, spondulicks (*Sl.*), the ready (*Inf.*), the wherewithal, tin (*Sl.*), wealth 2. **in the money** affluent, flush (*Inf.*), in clover (*Inf.*), loaded (*Sl.*), on Easy Street (*Inf.*), prosperous, rich, rolling (*Sl.*), wealthy, well-heeled (*Inf.*), well-off, well-to-do

**moneymaking** ADJ. gainful, going, lucrative, paying, profitable, remunerative, successful, thriving

**mongrel**
▸ N. 1. bigener (*Biol.*), cross, crossbreed, half-breed, hybrid, mixed breed
▸ ADJ. 2. bastard, crossbred, half-breed, hybrid, of mixed breed

**monitor**
▸ N. 1. guide, invigilator, overseer, prefect (*Brit.*), supervisor, watchdog
▸ V. 2. check, follow, keep an eye on, keep track of, observe, oversee, record, scan, supervise, survey, watch

**monk** brother, friar (*loosely*), monastic, religious

**monkey**
▸ N. 1. primate, simian 2. devil, imp, mischief maker, pickle (*Brit. inf.*), rascal, rogue, scamp 3. (*Sl.*) ass, butt, dupe, fool, laughing stock 4. **make a monkey of** make a fool of, make (someone) a laughing stock, make fun of, make (someone) look foolish (ridiculous, silly), play a trick on, ridicule
▸ V. 5. fiddle (*Inf.*), fool, interfere, meddle, mess, play, tamper, tinker, trifle

**monkey business** 1. carry-on (*Inf., chiefly Brit.*), clowning, mischief, monkey tricks, pranks, shenanigans (*Inf.*), skylarking (*Inf.*), tomfoolery 2. chicanery, dishonesty, funny business, hanky-panky (*Inf.*), skulduggery (*Inf.*), trickery

**monolithic** colossal, giant, gigantic, huge, immovable, impenetrable, imposing, intractable, massive, monumental, solid, substantial, undifferentiated, undivided, unitary

**monologue** harangue, lecture, sermon, soliloquy, speech

**monopolize** control, corner, corner the market in, dominate, engross, exercise *or* have a monopoly of, hog (*Sl.*), keep to oneself, take over, take up

**monotonous** all the same, boring, colourless, droning, dull, flat, ho-hum (*Inf.*), humdrum, mind-numbing, plodding, repetitious, repetitive, samey (*Inf.*), soporific, tedious, tiresome, toneless, unchanging, uniform, uninflected, unvaried, wearisome

**monotony** boredom, colourlessness, dullness, flatness, humdrumness, monotonousness, repetitiveness, repetitiousness, routine, sameness, tediousness, tedium, tiresomeness, uniformity, wearisomeness

**monster**
▸ N. 1. barbarian, beast, bogeyman, brute, demon, devil, fiend, ghoul, ogre, savage, villain 2. abortion, freak, lusus naturae, miscreation, monstrosity, mutant, teratism 3. behemoth, Brobdingnagian, colossus, giant, leviathan, mammoth, titan
▸ ADJ. 4. Brobdingnagian, colossal, elephantine, enormous, gargantuan, giant, gigantic, ginormous (*Inf.*), huge, humongous *or* humungous (*U.S. sl.*), immense, jumbo (*Inf.*), mammoth, massive, mega (*Sl.*), monstrous, stupendous, titanic, tremendous

**monstrosity** 1. abortion, eyesore, freak, horror, lusus naturae, miscreation, monster, mutant, ogre, teratism 2. abnormality, atrocity, dreadfulness, evil, frightfulness, heinousness, hellishness, hideousness, horror, loathsomeness, obscenity

**monstrous** 1. abnormal, dreadful, enormous, fiendish, freakish, frightful, grotesque, gruesome, hellish, hideous, horrendous, horrible, miscreated, obscene, teratoid, terrible, unnatural 2. atrocious, cruel, devilish, diabolical, disgraceful, egregious, evil, fiendish, foul, heinous, horrifying, infamous, inhuman, intolerable, loathsome, odious, outrageous, satanic, scandalous, shocking, vicious, villainous 3. colossal, elephantine, enormous, gargantuan, giant, gigantic, ginormous (*Inf.*), great, huge, humongous *or* humungous (*U.S. sl.*), immense, mammoth, massive, mega (*Sl.*), prodigious, stupendous, titanic, towering, tremendous, vast

**month** four weeks, moon, thirty days

**monument** 1. cairn, cenotaph, commemoration, gravestone, headstone, marker, mausoleum, memorial, obelisk, pillar, shrine, statue, tombstone 2. memento, record, remembrance, reminder, testament, token, witness

**monumental** 1. awe-inspiring, awesome, classic, enduring, enormous, epoch-making, historic, immortal, important, lasting, majestic, memorable, outstanding, prodigious, significant, stupendous, unforgettable 2. commemorative, cyclopean, funerary, memorial, monolithic, statuary 3. (*Inf.*) catastrophic, colossal, egregious, gigantic, great, horrible, immense, indefensible, massive, staggering, terrible, tremendous, unforgivable, whopping (*Inf.*)

**mood** 1. disposition, frame of mind, humour, spirit, state of mind, temper, tenor, vein 2. bad temper, bate (*Brit. sl.*), blues, depression, doldrums, dumps (*Inf.*), fit of pique, grumps (*Inf.*), low spirits, melancholy, sulk, the hump (*Brit. inf.*), the sulks 3. **in the mood** disposed (towards), eager, favourable, inclined, interested, in the (right) frame of mind, keen, minded, willing

**moody** 1. angry, broody, cantankerous, crabbed, crabby, crestfallen, cross, crotchety (*Inf.*), crusty, curt, dismal, doleful, dour, downcast, down in the dumps (*Inf.*), down in the mouth (*Inf.*), frowning, gloomy, glum, huffish, huffy, ill-humoured, ill-tempered, in a huff, in the doldrums, introspective, irascible, irritable, lugubrious, melancholy, miserable, mopish, mopy, morose, offended, out of sorts (Inf.), pensive, petulant, piqued, sad, saturnine, short-tempered, splenetic, sulky, sullen, temperamental, testy, tetchy, touchy, waspish, wounded **2.** capricious, changeable, erratic, faddish, fickle, fitful, flighty, impulsive, inconstant, mercurial, temperamental, unpredictable, unstable, unsteady, volatile

**moon**
▶ N. **1.** satellite **2. once in a blue moon** almost never, hardly ever, rarely, very seldom
▶ V. **3.** daydream, idle, languish, mooch (Sl.), mope, waste time

**moor¹** fell (Brit.), heath, moorland, muir (Scot.)

**moor²** anchor, berth, dock, fasten, fix, lash, make fast, secure, tie up

**moot**
▶ ADJ. **1.** arguable, at issue, contestable, controversial, debatable, disputable, doubtful, open, open to debate, undecided, unresolved, unsettled
▶ V. **2.** bring up, broach, introduce, propose, put forward, suggest, ventilate

**mop**
▶ N. **1.** sponge, squeegee, swab **2.** mane, shock, tangle, thatch
▶ V. **3.** clean, soak up, sponge, swab, wash, wipe

**mop up 1.** clean up, mop, soak up, sponge, swab, wash, wipe **2.** (Military) account for, clean out, clear, eliminate, finish off, neutralize, pacify, round up, secure

**moral**
▶ ADJ. **1.** ethical **2.** blameless, chaste, decent, ethical, good, high-minded, honest, honourable, incorruptible, innocent, just, meritorious, noble, principled, proper, pure, right, righteous, upright, upstanding, virtuous
▶ N. **3.** lesson, meaning, message, point, significance **4.** adage, aphorism, apophthegm, epigram, gnome, maxim, motto, proverb, saw, saying

**morale** confidence, esprit de corps, heart, mettle, self-esteem, spirit, temper

**morality 1.** chastity, decency, ethicality, ethicalness, goodness, honesty, integrity, justice, principle, rectitude, righteousness, rightness, uprightness, virtue **2.** conduct, ethics, habits, ideals, manners, moral code, morals, mores, philosophy, principles, standards

**morals** behaviour, conduct, ethics, habits, integrity, manners, morality, mores, principles, scruples, standards

**moratorium** freeze, halt, postponement, respite, standstill, stay, suspension

**morbid 1.** brooding, funereal, ghoulish, gloomy, grim, melancholy, pessimistic, sick, sombre, unhealthy, unwholesome **2.** dreadful, ghastly, grisly, gruesome, hideous, horrid, macabre **3.** ailing, deadly, diseased, infected, malignant, pathological, sick, sickly, unhealthy, unsound

**more**
▶ ADJ. **1.** added, additional, extra, fresh, further, new, other, spare, supplementary
▶ ADV. **2.** better, further, longer, to a greater extent

**moreover** additionally, also, as well, besides, further, furthermore, in addition, into the bargain, likewise, to boot, too, what is more, withal (Literary)

**morgue** mortuary

**moribund 1.** at death's door, breathing one's last, doomed, dying, fading fast, failing, (having) one foot in the grave, in extremis, near death, near the end, on one's deathbed, on one's last legs **2.** at a standstill, declining, forceless, obsolescent, on its last legs, on the way out, stagnant, stagnating, standing still, waning, weak

**morning** a.m., break of day, dawn, daybreak, forenoon, morn (Poetic), morrow (Archaic), sunrise

**moron** airhead (Sl.), ass, berk (Brit. sl.), blockhead, bonehead (Sl.), charlie (Brit. inf.), coot, cretin, dickhead (Sl.), dimwit (Inf.), dipstick (Brit. sl.), divvy (Brit. sl.), dolt, dope (Inf.), dork (Sl.), dummy (Sl.), dunderhead, dweeb (U.S. sl.), fool, fuckwit (Taboo sl.), geek (Sl.), gonzo (Sl.), halfwit, idiot, imbecile, jerk (Sl., chiefly U.S. & Canad.), lamebrain (Inf.), mental defective, muttonhead (Sl.), nerd or nurd (Inf.), nitwit (Inf.), numskull or numbskull, oaf, pillock (Brit. sl.), plank (Brit. sl.), plonker (Sl.), prat (Sl.), prick (De-

rogatory sl.), schmuck (U.S. sl.), simpleton, thickhead, tosser (Brit. sl.), twit (Inf., chiefly Brit.), wally (Sl.)

**morose** blue, churlish, crabbed, crabby, cross, crusty, depressed, dour, down, down in the dumps (Inf.), gloomy, glum, grouchy (Inf.), gruff, ill-humoured, ill-natured, ill-tempered, in a bad mood, low, melancholy, miserable, moody, mournful, perverse, pessimistic, saturnine, sour, sulky, sullen, surly, taciturn

**morsel** bit, bite, crumb, fraction, fragment, grain, mouthful, nibble, part, piece, scrap, segment, slice, snack, soupçon, tad (Inf., chiefly U.S.), taste, titbit

**mortal**
▶ ADJ. **1.** corporeal, earthly, ephemeral, human, impermanent, passing, sublunary, temporal, transient, worldly **2.** deadly, death-dealing, destructive, fatal, killing, lethal, murderous, terminal **3.** bitter, deadly, implacable, irreconcilable, out-and-out, remorseless, sworn, to the death, unrelenting **4.** agonizing, awful, dire, enormous, extreme, grave, great, intense, severe, terrible
▶ N. **5.** being, body, earthling, human, human being, individual, man, person, woman

**mortality 1.** ephemerality, humanity, impermanence, temporality, transience **2.** bloodshed, carnage, death, destruction, fatality, killing, loss of life

**mortification 1.** abasement, annoyance, chagrin, discomfiture, dissatisfaction, embarrassment, humiliation, loss of face, shame, vexation **2.** abasement, chastening, control, denial, discipline, subjugation **3.** (Medical) corruption, festering, gangrene, necrosis, putrescence

**mortify 1.** abase, abash, affront, annoy, chagrin, chasten, confound, crush, deflate, disappoint, discomfit, displease, embarrass, humble, humiliate, make (someone) eat humble pie (Inf.), put down, put to shame, shame, take (someone) down a peg (Inf.), vex **2.** abase, chasten, control, deny, discipline, subdue **3.** (Of flesh) become gangrenous, corrupt, deaden, die, fester, gangrene, necrose, putrefy

**mortuary** funeral home (U.S.), funeral parlour, morgue

**mostly** above all, almost entirely, as a rule, chiefly, customarily, for the most part, generally, largely, mainly, most often, on the whole, particularly, predominantly, primarily, principally, usually

**moth-eaten** antiquated, decayed, decrepit, dilapidated, grungy (Sl., chiefly U.S.), obsolete, outdated, outworn, ragged, scuzzy (Sl., chiefly U.S.), seedy, shabby, stale, tattered, threadbare, worn-out

**mother**
▶ N. **1.** dam, ma (Inf.), mater, mom (U.S. inf.), mum (Brit. inf.), mummy (Brit. inf.), old lady (Inf.), old woman (Inf.)
▶ ADJ. **2.** connate, inborn, innate, native, natural
▶ V. **3.** bear, bring forth, drop, give birth to, produce **4.** care for, cherish, nurse, nurture, protect, raise, rear, tend **5.** baby, fuss over, indulge, pamper, spoil

**motherly** affectionate, caring, comforting, fond, gentle, kind, loving, maternal, protective, sheltering, tender, warm

**mother wit** brains, common sense, gumption (Brit. inf.), horse sense, judg(e)ment, native intelligence, savvy (Sl.), smarts (Sl., chiefly U.S.)

**motion**
▶ N. **1.** action, change, flow, kinesics, locomotion, mobility, motility, move, movement, passage, passing, progress, travel **2.** gesticulation, gesture, sign, signal, wave **3.** proposal, proposition, recommendation, submission, suggestion **4. in motion** afoot, functioning, going, in progress, moving, on the go (Inf.), on the move (Inf.), operational, travelling, under way, working
▶ V. **5.** beckon, direct, gesticulate, gesture, nod, signal, wave

**motionless** at a standstill, at rest, calm, fixed, frozen, halted, immobile, inanimate, inert, lifeless, paralyzed, standing, static, stationary, still, stock-still, transfixed, unmoved, unmoving

**motivate** actuate, arouse, bring, cause, draw, drive, get going, give incentive to, impel, induce, inspire, inspirit, instigate, lead, move, persuade, prod, prompt, provoke, set off, set on, stimulate, stir, trigger

**motivation 1.** ambition, desire, drive, hunger, inspiration, interest, wish **2.** impulse, incentive, incitement, inducement, inspiration, instigation, motive, persuasion, reason, spur, stimulus

**motive**
▶ N. **1.** cause, design, ground(s), incentive, incitement, inducement, influence, inspiration, intention, mainspring, motivation, object, occasion, purpose, rationale, reason, spur, stimulus, thinking
▶ ADJ. **2.** activating, driving, impelling, motivating, moving, operative, prompting

**motley 1.** assorted, disparate, dissimilar, diversified, heterogeneous, mingled, miscellaneous, mixed, unlike, varied **2.** multicoloured, particoloured, polychromatic, polychrome, polychromous, rainbow, variegated

**mottled** blotchy, brindled, chequered, dappled, flecked, freckled, marbled, piebald, pied, speckled, spotted, stippled, streaked, tabby, variegated

**motto** adage, byword, cry, dictum, formula, gnome, maxim, precept, proverb, rule, saw, saying, slogan, watchword

**mould¹**
▶ N. **1.** cast, die, form, matrix, pattern, shape, stamp **2.** brand, build, configuration, construction, cut, design, fashion, form, format, frame, kind, line, make, pattern, shape, stamp, structure, style **3.** calibre, character, ilk, kidney, kind, nature, quality, sort, stamp, type
▶ V. **4.** carve, cast, construct, create, fashion, forge, form, make, model, sculpt, shape, stamp, work **5.** affect, control, direct, form, influence, make, shape

**mould²** blight, fungus, mildew, mouldiness, mustiness

**mouldy** bad, blighted, decaying, fusty, mildewed, musty, rotten, rotting, spoiled, stale

**mound 1.** bing (Scot.), drift, heap, pile, stack **2.** bank, dune, embankment, hill, hillock, knoll, rise **3.** (Archaeology) barrow, tumulus **4.** bulwark, earthwork, motte (History), rampart

**mount**
▶ V. **1.** ascend, clamber up, climb, escalade, go up, make one's way up, scale **2.** bestride, climb onto, climb up on, get astride, get (up) on, jump on **3.** arise, ascend, rise, soar, tower **4.** accumulate, build, escalate, grow, increase, intensify, multiply, pile up, swell **5.** display, frame, set, set off **6.** exhibit, get up (Inf.), prepare, produce, put on, stage **7.** (Military) deliver, launch, prepare, ready, set in motion, stage **8.** emplace, fit, install, place, position, put in place, set up
▶ N. **9.** backing, base, fixture, foil, frame, mounting, setting, stand, support **10.** horse, steed (Literary)

**mountain 1.** alp, ben (Scot.), elevation, eminence, fell (Brit.), height, mount, Munro, peak **2.** abundance, heap, mass, mound, pile, stack, ton

**mountainous 1.** alpine, high, highland, rocky, soaring, steep, towering, upland **2.** daunting, enormous, gigantic, great, huge, hulking, immense, mammoth, mighty, monumental, ponderous, prodigious

**mourn** bemoan, bewail, deplore, grieve, keen, lament, miss, rue, sorrow, wail, wear black, weep

**mournful 1.** afflicting, calamitous, deplorable, distressing, grievous, harrowing, lamentable, melancholy, painful, piteous, plaintive, sad, sorrowful, tragic, unhappy, woeful **2.** brokenhearted, cheerless, desolate, disconsolate, dismal, downcast, funereal, gloomy, grief-stricken, grieving, heartbroken, heavy, heavyhearted, joyless, lugubrious, melancholy, miserable, rueful, sad, sombre, unhappy, woeful

**mourning 1.** bereavement, grief, grieving, keening, lamentation, weeping, woe **2.** black, sackcloth and ashes, weeds, widow's weeds

**mouth** N. **1.** chops (Sl.), gob (Sl., esp. Brit.), jaws, lips, maw, trap (Sl.), yap (Sl.) **2.** (Inf.) boasting, braggadocio, bragging, empty talk, gas (Inf.), hot air (Sl.), idle talk **3.** (Inf.) backchat (Inf.), cheek (Inf.), impudence, insolence, lip (Sl.), rudeness, sauce (Inf.) **4.** aperture, cavity, crevice, door, entrance, gateway, inlet, lips, opening, orifice, rim **5.** face, grimace, moue, pout, wry face **6. down in** or **at the mouth** blue, crestfallen, dejected, depressed, disheartened, dispirited, down, downcast, down in the dumps (*Inf.*), in low spirits, melancholy, miserable, sad, sick as a parrot (*Inf.*), unhappy

**mouthful** bit, bite, drop, forkful, little, morsel, sample, sip, spoonful, sup, swallow, taste

**mouthpiece** **1.** agent, delegate, representative, spokesman, spokeswoman **2.** journal, organ, periodical, publication

**movable** detachable, mobile, not fixed, portable, portative, transferable, transportable

**move**

▸ **V. 1.** advance, budge, change position, drift, go, march, proceed, progress, shift, stir, walk **2.** carry, change, shift, switch, transfer, transport, transpose **3.** change residence, flit (*Scot. & northern English dialect*), go away, leave, migrate, move house, quit, relocate, remove **4.** activate, drive, impel, motivate, operate, prod, propel, push, set going, shift, shove, start, turn **5.** actuate, affect, agitate, cause, excite, give rise to, impel, impress, incite, induce, influence, inspire, instigate, lead, make an impression on, motivate, persuade, prompt, rouse, stimulate, touch, urge **6.** advocate, propose, put forward, recommend, suggest, urge

▸ **N. 7.** act, action, deed, manoeuvre, measure, motion, movement, ploy, shift, step, stratagem, stroke, turn **8.** change of address, flit (*Scot. & northern English dialect*), flitting (*Scot. & northern English dialect*), migration, relocation, removal, shift, transfer **9. get a move on** get cracking (*Inf.*), get going, hurry (up), make haste, shake a leg (*Inf.*), speed up, step on it (*Inf.*), stir oneself **10. on the move** (*Inf.*) in transit, journeying, moving, on the road (*Inf.*), on the run, on the wing, travelling, under way, voyaging active, advancing, astir, going forward, moving, progressing, stirring, succeeding

**movement** **1.** act, action, activity, advance, agitation, change, development, displacement, exercise, flow, gesture, manoeuvre, motion, move, moving, operation, progress, progression, shift, steps, stir, stirring, transfer **2.** camp, campaign, crusade, drive, faction, front, group, grouping, organization, party **3.** current, drift, flow, swing, tendency, trend **4.** action, innards (*Inf.*), machinery, mechanism, workings, works **5.** (*Music*) division, part, passage, section **6.** beat, cadence, measure (*Prosody*), metre, pace, rhythm, swing, tempo

**moving** **1.** affecting, arousing, emotional, emotive, exciting, impelling, impressive, inspiring, pathetic, persuasive, poignant, stirring, touching **2.** mobile, motile, movable, portable, running, unfixed **3.** dynamic, impelling, inspirational, motivating, propelling, stimulating, stimulative

**mow** crop, cut, scythe, shear, trim

**mow down** blow away (*Sl., chiefly U.S.*), butcher, cut down, cut to pieces, massacre, shoot down, slaughter

**much**

▸ **ADJ. 1.** abundant, a lot of, ample, considerable, copious, great, plenteous, plenty of, sizeable, substantial

▸ **ADV. 2.** a great deal, a lot, considerably, decidedly, exceedingly, frequently, greatly, indeed, often, regularly

▸ **N. 3.** a good deal, a great deal, a lot, an appreciable amount, heaps (*Inf.*), loads (*Inf.*), lots (*Inf.*), plenty

**muck** **1.** crap (*Taboo sl.*), dung, manure, ordure, shit (*Taboo sl.*) **2.** crap (*Sl.*), crud (*Sl.*), dirt, filth, grot (*Sl.*), gunge (*Inf.*), gunk (*Inf.*), mire, mud, ooze, scum, sewage, shit (*Taboo sl.*), slime, sludge **3. make a muck of** (*Sl.*) blow (*Sl.*), botch, bungle, cock up (*Brit. sl.*), fuck up (*Offens. taboo sl.*), make a mess of, mar, mess up, muff, ruin, screw up (*Inf.*), spoil

**muck up** blow (*Sl.*), bodge (*Inf.*), botch, bungle, cock up (*Brit. sl.*), fuck up (*Offens. taboo sl.*), make a mess of, make a muck of (*Sl.*), mar, mess up, muff, ruin, screw up (*Inf.*), spoil

**mud** clay, dirt, mire, ooze, silt, slime, sludge

**muddle**

▸ **V. 1.** confuse, disarrange, disorder, disorganize, jumble, make a mess of, mess, mix up, ravel, scramble, spoil, tangle **2.** befuddle, bewilder, confound, confuse, daze, disorient, perplex, stupefy

▸ **N. 3.** chaos, clutter, confusion, daze, disarray, disorder, disorganization, fankle (*Scot.*), hodgepodge (*U.S.*), hotchpotch, jumble, mess, mix-up, perplexity, pig's breakfast (*Inf.*), plight, predicament, ravel, tangle

**muddy**

▸ **ADJ. 1.** bespattered, boggy, clarty (*Scot., & northern English dialect*), dirty, grimy, marshy, miry, mucky, mud-caked, quaggy, soiled, swampy **2.** blurred, dingy, dull, flat, lustreless, smoky, unclear, washed-out **3.** cloudy, dirty, foul, impure, opaque, turbid **4.** confused, fuzzy, hazy, indistinct, muddled, unclear, vague, woolly

▸ **V. 5.** begrime, bespatter, cloud, dirty, smear, smirch, soil

**muffle** **1.** cloak, conceal, cover, disguise, envelop, hood, mask, shroud, swaddle, swathe, wrap up **2.** deaden, dull, gag, hush, muzzle, quieten, silence, soften, stifle, suppress

**mug**

▸ **N. 1.** beaker, cup, flagon, jug, pot, tankard, toby jug **2.** charlie (*Brit. inf.*), chump (*Inf.*), gull (*Archaic*), easy *or* soft touch (*Sl.*), fool, innocent, mark (*Sl.*), muggins (*Brit. sl.*), simpleton, sucker (*Sl.*)

▸ **V. 3.** assail, assault, attack, beat up, do over (*Brit., Aust., & N.Z. sl.*), duff up (*Brit. sl.*), hold up, lay into (*Inf.*), put the boot in (*Sl.*), rob, set about *or* upon, steam (*Inf.*)

**muggy** clammy, close, damp, humid, moist, oppressive, sticky, stuffy, sultry

**mug up** bone up on (*Inf.*), burn the midnight oil (*Inf.*), cram (*Inf.*), get up (*Inf.*), study, swot (*Brit. inf.*)

**mull** consider, contemplate, deliberate, examine, meditate, muse on, ponder, reflect on, review, ruminate, study, think about, think over, turn over in one's mind, weigh

**multifarious** different, diverse, diversified, legion, manifold, many, miscellaneous, multiform, multiple, multitudinous, numerous, sundry, varied, variegated

**multiple** collective, manifold, many, multitudinous, numerous, several, sundry, various

**multiply** accumulate, augment, breed, build up, expand, extend, increase, proliferate, propagate, reproduce, spread

**multitude** **1.** army, assemblage, assembly, collection, concourse, congregation, crowd, great number, horde, host, legion, lot, lots (*Inf.*), mass, mob, myriad, sea, swarm, throng **2.** commonalty, common people, herd, hoi polloi, mob, populace, proletariat, public, rabble

**munch** champ, chew, chomp, crunch, masticate, scrunch

**mundane** **1.** banal, commonplace, day-to-day, everyday, humdrum, ordinary, prosaic, routine, workaday **2.** earthly, fleshly, human, material, mortal, secular, sublunary, temporal, terrestrial, worldly

**municipal** borough, city, civic, community, public, town, urban

**municipality** borough, burgh (*Scot.*), city, district, town, township, urban community

**munificence** beneficence, benevolence, big-heartedness, bounteousness, bounty, generosity, generousness, largess *or* largesse, liberality, magnanimousness, open-handedness, philanthropy

**munificent** beneficent, benevolent, big-hearted, bounteous, bountiful, free-handed, generous, lavish, liberal, magnanimous, open-handed, philanthropical, princely, rich, unstinting

**murder**

▸ **N. 1.** assassination, bloodshed, butchery, carnage, homicide, killing, manslaughter, massacre, slaying **2.** (*Inf.*) agony, an ordeal, a trial, danger, difficulty, hell (*Inf.*), misery, trouble

▸ **V. 3.** assassinate, blow away (*Sl., chiefly U.S.*), bump off (*Sl.*), butcher, destroy, dispatch, do in (*Inf.*), do to death, eliminate (*Sl.*), hit (*Sl.*), kill, massacre, rub out (*U.S. sl.*), slaughter, slay, take out (*Sl.*), take the life of, waste (*Inf.*) **4.** abuse, butcher, destroy, mangle, mar, misuse, ruin, spoil **5.** (*Inf.*) beat decisively, blow out of the water (*Sl.*), cream (*Sl., chiefly U.S.*), defeat utterly, drub, hammer (*Inf.*), lick (*Inf.*), make mincemeat of (*Inf.*), slaughter, tank (*Sl.*), thrash, wipe the floor with (*Inf.*)

**murderer** assassin, butcher, cutthroat, hit man (*Sl.*), homicide, killer, slaughterer, slayer

**murderous** **1.** barbarous, bloodthirsty, bloody, brutal, cruel, deadly, death-dealing, destructive, devastating, fatal, fell (*Archaic*), ferocious, internecine, lethal, sanguinary, savage, slaughterous, withering **2.** (*Inf.*) arduous, dangerous, difficult, exhausting, harrowing, hellish (*Inf.*), killing (*Inf.*), sapping, strenuous, unpleasant

**murky** cheerless, cloudy, dark, dim, dismal, dreary, dull, dusky, foggy, gloomy, grey, impenetrable, misty, nebulous, obscure, overcast

**murmur**

▸ **N. 1.** babble, buzzing, drone, humming, mumble, muttering, purr, rumble, susurrus (*Literary*), undertone, whisper, whispering

▸ **V. 2.** babble, buzz, drone, hum, mumble, mutter, purr, rumble, speak in an undertone, whisper

▸ **N. 3.** beef (*Sl.*), complaint, gripe (*Inf.*), grouse, grumble, moan (*Inf.*), word

▸ **V. 4.** beef (*Sl.*), carp, cavil, complain, gripe (*Inf.*), grouse, grumble, moan (*Inf.*)

**muscle**

▸ **N. 1.** muscle tissue, sinew, tendon, thew **2.** brawn, clout (*Inf.*), force, forcefulness, might, potency, power, stamina, strength, sturdiness, weight

▸ **V. 3. muscle in** (*Inf.*) butt in, elbow one's way in, force one's way in, impose oneself

**muscular** athletic, beefy (*Inf.*), brawny, husky (*Inf.*), lusty, powerful, powerfully built, Ramboesque, robust, sinewy, stalwart, strapping, strong, sturdy, thickset, vigorous, well-knit

**muse** be in a brown study, be lost in thought, brood, cogitate, consider, contemplate, deliberate, dream, meditate, mull over, ponder, reflect, ruminate, speculate, think, think over, weigh

**mushroom** **V.** boom, burgeon, expand, flourish, grow rapidly, increase, luxuriate, proliferate, shoot up, spread, spring up, sprout

**musical** dulcet, euphonic, euphonious, harmonious, lilting, lyrical, melodic, melodious, sweet-sounding, tuneful

**musing** **N.** absent-mindedness, abstraction, brown study, cerebration, cogitation, contemplation, day-dreaming, dreaming, introspection, meditation, reflection, reverie, rumination, thinking, woolgathering

**must** **N.** duty, essential, fundamental, imperative, necessary thing, necessity, obligation, prerequisite, requirement, requisite, sine qua non

**muster**

▸ **V. 1.** assemble, call together, call up, collect, come together, congregate, convene, convoke, enrol, gather, group, marshal, meet, mobilize, rally, round up, summon

▸ **N. 2.** assemblage, assembly, collection, concourse, congregation, convention, convocation, gathering, meeting, mobilization, rally, roundup **3. pass muster** be *or* come up to scratch, be acceptable, fill the bill (*Inf.*), make the grade, measure up, qualify

**musty** **1.** airless, dank, decayed, frowsty, fusty, mildewed, mildewy, mouldy, old, smelly, stale, stuffy **2.** ancient, antediluvian, antiquated, banal, clichéd, dull, hackneyed, hoary, moth-eaten, obsolete, old-fashioned, stale, threadbare, trite, worn-out

**mutability** alteration, change, evolution, metamorphosis, transition, variation, vicissitude

**mutable** adaptable, alterable, changeable, changing, fickle, flexible, immutable, inconsistent, inconstant, irresolute, uncertain, undependable, unreliable, unsettled, unstable, unsteady, vacillating, variable, volatile, wavering

**mute**

▸ **ADJ. 1.** aphasiac, aphasic, aphonic, dumb, mum, silent, speechless, unexpressed, unspeaking, unspoken, voiceless, wordless

▸ **V. 2.** dampen, deaden, lower, moderate, muffle, soften, soft-pedal, subdue, tone down, turn down

**mutilate** **1.** amputate, butcher, cripple, cut to pieces, cut up, damage, disable, disfigure, dismember, hack, injure, lacerate, lame, maim, mangle **2.** adulterate, bowdlerize, butcher, censor, cut, damage, distort, expurgate, hack, mar, spoil

**mutinous** bolshie (*Brit. inf.*), contumacious, disobedient, insubordinate, insurgent, rebellious, refractory, revolutionary, riotous, seditious, subversive, turbulent, ungovernable, unmanageable, unruly

**mutiny**

▸ **N. 1.** defiance, disobedience, insubordination, insurrection, rebellion, refusal to obey orders, resistance, revolt, revolution, riot, rising, strike, uprising

▸ **V. 2.** be insubordinate, defy authority, disobey, rebel, refuse to obey orders, resist, revolt, rise up, strike

**mutter** complain, grouch (*Inf.*), grouse, grumble, mumble, murmur, rumble

**mutual** common, communal, correlative, interactive, interchangeable, interchanged, joint, reciprocal, reciprocated, requited, returned, shared

**muzzle**
- N. 1. jaws, mouth, nose, snout 2. gag, guard
- V. 3. censor, choke, curb, gag, restrain, silence, stifle, suppress

**myopic** near-sighted, short-sighted

**myriad**
- ADJ. 1. a thousand and one, countless, immeasurable, incalculable, innumerable, multitudinous, untold
- N. 2. a million, army, a thousand, flood, horde, host, millions, mountain, multitude, scores, sea, swarm, thousands

**mysterious** abstruse, arcane, baffling, concealed, covert, cryptic, curious, dark, Delphic, enigmatic, furtive, hidden, impenetrable, incomprehensible, inexplicable, inscrutable, insoluble, mystical, mystifying, obscure, perplexing, puzzling, recondite, secret, secretive, sphinxlike, strange, uncanny, unfathomable, unknown, veiled, weird

**mystery** conundrum, enigma, problem, puzzle, question, riddle, secrecy, secret, teaser

**mystic, mystical** abstruse, arcane, cabalistic, cryptic, enigmatical, esoteric, hidden, inscrutable, metaphysical, mysterious, nonrational, occult, otherworldly, paranormal, preternatural, supernatural, transcendental

**mystify** baffle, bamboozle (*Inf.*), beat (*Sl.*), befog, bewilder, confound, confuse, elude, escape, flummox, nonplus, perplex, puzzle, stump

**myth** 1. allegory, fable, fairy story, fiction, folk tale, legend, parable, saga, story, tradition, urban legend 2. delusion, fancy, fantasy, figment, illusion, imagination, superstition, tall story

**mythical** 1. allegorical, chimerical, fabled, fabulous, fairy-tale, legendary, mythological, storied 2. fabricated, fanciful, fantasy, fictitious, imaginary, invented, made-up, make-believe, nonexistent, pretended, unreal, untrue

**mythology** folklore, folk tales, legend, lore, mythos, myths, stories, tradition

# N

**nadir** bottom, depths, lowest point, minimum, rock bottom, zero

**nag**[1]
- V. 1. annoy, badger, bend someone's ear (*Inf.*), be on one's back (*Sl.*), berate, chivvy, goad, harass, harry, hassle (*Inf.*), henpeck, irritate, nark (*Brit., Aust., & N.Z. sl.*), pester, plague, provoke, scold, torment, upbraid, vex, worry
- N. 2. harpy, scold, shrew, tartar, termagant, virago

**nag**[2] hack, horse, jade, plug (*U.S.*)

**nagging** continuous, critical, distressing, irritating, painful, persistent, scolding, shrewish, worrying

**nail** v. attach, beat, fasten, fix, hammer, join, pin, secure, tack

**naïve** 1. artless, candid, childlike, confiding, frank, guileless, ingenuous, innocent, jejune, natural, open, simple, trusting, unaffected, unpretentious, unsophisticated, unworldly 2. callow, credulous, gullible, green, unsuspicious

**naïveté** 1. artlessness, candour, frankness, guilelessness, inexperience, ingenuousness, innocence, naturalness, openness, simplicity 2. callowness, credulity, gullibility

**naked** 1. bare, buck naked (*Sl.*), denuded, disrobed, divested, exposed, in one's birthday suit (*Inf.*), in the altogether (*Inf.*), in the buff (*Inf.*), in the raw (*Inf.*), naked as the day one was born (*Inf.*), nude, starkers (*Inf.*), stripped, unclothed, unconcealed, uncovered, undraped, undressed, without a stitch on (*Inf.*) 2. blatant, evident, manifest, open, overt, patent, plain, simple, stark, unadorned, undisguised, unexaggerated, unmistakable, unqualified, unvarnished 3. defenceless, helpless, insecure, unarmed, unguarded, unprotected, vulnerable

**nakedness** 1. baldness, bareness, nudity, undress 2. openness, plainness, simplicity, starkness

**namby-pamby** anaemic, colourless, feeble, insipid, mawkish, prim, prissy (*Inf.*), sentimental, spineless, vapid, weak, weedy (*Inf.*), wimpish *or* wimpy (*Inf.*), wishy-washy (*Inf.*)

**name**
- N. 1. appellation, cognomen, denomination, designation, epithet, handle (*Sl.*), moniker *or* monicker (*Sl.*), nickname, sobriquet, term, title 2. distinction, eminence, esteem, fame, honour, note, praise, renown, repute 3. character, credit, reputation
- V. 4. baptize, call, christen, denominate, dub, entitle, label, style, term 5. appoint, choose, cite, classify, commission, designate, flag, identify, mention, nominate, select, specify

**nameless** 1. anonymous, innominate, undesignated, unnamed, untitled 2. incognito, obscure, undistinguished, unheard-of, unknown, unsung 3. abominable, horrible, indescribable, ineffable, inexpressible, unmentionable, unspeakable, unutterable

**namely** i.e., specifically, that is to say, to wit, viz

**nap**[1]
- V. 1. catnap, doze, drop off (*Inf.*), drowse, kip (*Brit. sl.*), nod, nod off (*Inf.*), rest, sleep, snooze (*Inf.*), zizz (*Brit. inf.*)
- N. 2. catnap, forty winks (*Inf.*), kip (*Brit. sl.*), rest, shuteye (*Sl.*), siesta, sleep, zizz (*Brit. inf.*)

**nap**[2] down, fibre, grain, pile, shag, weave

**narcissism** egotism, self-admiration, self-love, vanity

**narcotic**
- N. 1. anaesthetic, analgesic, anodyne, drug, opiate, painkiller, sedative, tranquillizer
- ADJ. 2. analgesic, calming, dulling, hypnotic, Lethean, numbing, painkilling, sedative, somnolent, soporific, stupefacient, stupefactive, stupefying

**narrate** chronicle, describe, detail, recite, recount, rehearse, relate, repeat, report, set forth, tell, unfold

**narration** description, explanation, reading, recital, rehearsal, relation, storytelling, telling, voice-over (*in film*)

**narrative** account, chronicle, detail, history, report, statement, story, tale

**narrator** annalist, author, bard, chronicler, commentator, raconteur, reciter, relater, reporter, storyteller, writer

**narrow**
- ADJ. 1. circumscribed, close, confined, constricted, contracted, cramped, incapacious, limited, meagre, near, pinched, restricted, scanty, straitened, tight 2. biased, bigoted, dogmatic, illiberal, intolerant, narrow-minded, partial, prejudiced, reactionary, small-minded 3. attenuated, fine, slender, slim, spare, tapering, thin 4. exclusive, select 5. (*Inf.*) avaricious, close (*Inf.*), mean, mercenary, niggardly, ungenerous
- V. 6. circumscribe, constrict, diminish, limit, reduce, simplify, straiten, tighten

**narrowly** 1. barely, by a whisker *or* hair's-breadth, just, only just, scarcely 2. carefully, closely, painstakingly, scrutinizingly

**narrow-minded** biased, bigoted, conservative, hidebound, illiberal, insular, intolerant, opinionated, parochial, petty, prejudiced, provincial, reactionary, short-sighted, small-minded, strait-laced

**narrows** channel, gulf, passage, sound, straits

**nastiness** 1. defilement, dirtiness, filth, filthiness, foulness, impurity, pollution, squalor, uncleanliness 2. indecency, licentiousness, obscenity, pollution, porn (*Inf.*), pornography, ribaldry, smuttiness 3. disagreeableness, malice, meanness, offensiveness, spitefulness, unpleasantness

**nasty** 1. dirty, disagreeable, disgusting, filthy, foul, grotty (*Sl.*), horrible, loathsome, malodorous, mephitic, nauseating, noisome, objectionable, obnoxious, odious, offensive, polluted, repellent, repugnant, sickening, unappetizing, unpleasant, vile, yucky *or* yukky (*Sl.*) 2. blue, foul, gross, impure, indecent, lascivious, lewd, licentious, obscene, pornographic, ribald, smutty 3. abusive, annoying, bad-tempered, despicable, disagreeable, distasteful, malicious, mean, spiteful, unpleasant, vicious, vile 4. bad, critical, dangerous, painful, serious, severe

**nation** commonwealth, community, country, people, population, race, realm, society, state, tribe

**national**
- ADJ. 1. civil, countrywide, governmental, nationwide, public, state, widespread 2. domestic, internal, social
- N. 3. citizen, inhabitant, native, resident, subject

**nationalism** allegiance, chauvinism, fealty, jingoism, loyalty, nationality, patriotism

**nationality** birth, ethnic group, nation, race

**nationwide** countrywide, general, national, overall, widespread

**native**
- ADJ. 1. built-in, congenital, endemic, hereditary, inborn, inbred, indigenous, ingrained, inherent, inherited, innate, instinctive, intrinsic, inveterate, natal, natural 2. genuine, original, real 3. domestic, home, home-grown, home-made, indigenous, local, mother, vernacular 4. aboriginal, autochthonous
- N. 5. aborigine, autochthon, citizen, countryman, dweller, inhabitant, national, resident

**natter**
- V. 1. blather, blether, chatter, gabble, gossip, jabber, jaw (*Sl.*), palaver, prate, prattle, rabbit (on) (*Brit. inf.*), talk, talk idly, witter (*Inf.*)
- N. 2. blather, blether, chat, chinwag (*Brit. inf.*), chitchat, confabulation, conversation, gab (*Inf.*), gabble, gabfest (*Inf., chiefly U.S. & Canad.*), gossip, jabber, jaw (*Sl.*), palaver, prattle, talk

**natty** chic, crucial (*Sl.*), dapper, elegant, fashionable, neat, smart, snazzy (*Inf.*), spruce, stylish, trendy (*Brit. inf.*), trim, well-dressed, well-turned-out

**natural** 1. common, everyday, legitimate, logical, normal, ordinary, regular, typical, usual 2. characteristic, congenital, essential, inborn, indigenous, inherent, innate, instinctive, intuitive, natal, native 3. artless, candid, frank, genuine, ingenuous, open, real, simple, spontaneous, unaffected, unpretentious, unsophisticated, unstudied 4. organic, plain, pure, unbleached, unmixed, unpolished, unrefined, whole

**naturalism** factualism, realism, verisimilitude

**naturalist** 1. biologist, botanist, ecologist, zoologist 2. factualist, realist

**naturalize** acclimate, acclimatize, acculturate, accustom, adapt, adopt, domesticate, enfranchise, familiarize, grant citizenship, habituate

**naturally**
- ADV. 1. as anticipated, customarily, genuinely, informally, normally, simply, spontaneously, typically, unaffectedly, unpretentiously
- INTERJ. 2. absolutely, as a matter of course, certainly, of course

**nature** 1. attributes, character, complexion, constitution, essence, features, make-up, quality, traits 2. category, description, kind, sort, species, style, type, variety 3. cosmos, creation, earth, environment, universe, world 4. disposition, humour, mood, outlook, temper, temperament 5. country, countryside, landscape, natural history, scenery

**naturist** nudist

**naughty** 1. annoying, bad, disobedient, exasperating, fractious, impish, misbehaved, mischievous, perverse, playful, refractory, roguish, sinful, teasing, wayward, wicked, worthless 2. bawdy, blue, improper, lewd, obscene, off-colour, ribald, risqué, smutty, vulgar

**nausea** 1. biliousness, qualm(s), queasiness, retching, sickness, squeamishness, vomiting 2. abhorrence, aversion, disgust, loathing, odium, repugnance, revulsion

**nauseate** disgust, gross out (*U.S. sl.*), horrify, offend, repel, repulse, revolt, sicken, turn one's stomach

**nautical** marine, maritime, naval, oceanic, seafaring, seagoing, yachting

**naval** marine, maritime, nautical, oceanic

**navel** 1. bellybutton (*Inf.*), omphalos (*Literary*), umbilicus 2. central point, centre, hub, middle

**navigable** 1. clear, negotiable, passable, traversable, unobstructed 2. controllable, dirigible, sailable, steerable

**navigate** con (*Nautical*), cross, cruise, direct, drive, guide, handle, journey, manoeuvre, pilot, plan, plot, sail, skipper, steer, voyage

**navigation** cruising, helmsmanship, pilotage, sailing, seamanship, steering, voyaging

**navigator** mariner, pilot, seaman

**navvy** ganger, labourer, worker, workman

**navy** argosy (*Archaic*), armada, fleet, flotilla, warships

**near** ADJ. 1. adjacent, adjoining, alongside, at close quarters, beside, bordering, close, close by, contiguous, nearby, neighbouring, nigh, proximate, touching, within sniffing distance (*Inf.*) 2. approaching, forthcoming, imminent, impending, in the offing, looming, near-at-hand, next, on the cards (*Inf.*), upcoming 3. akin, allied, attached, connected, dear, familiar, intimate, related 4. (*Inf.*) close-fisted, mean, miserly, niggardly, parsimonious, stingy, tightfisted, ungenerous

**nearby**
▸ ADJ. 1. adjacent, adjoining, convenient, handy, neighbouring
▸ ADV. 2. at close quarters, close at hand, not far away, proximate, within reach, within sniffing distance (*Inf.*)

**nearly** ADV. about, all but, almost, approaching, approximately, as good as, closely, just about, not quite, practically, roughly, virtually, well-nigh

**nearness** 1. accessibility, availability, closeness, contiguity, handiness, juxtaposition, propinquity, proximity, vicinity 2. immediacy, imminence 3. dearness, familiarity, intimacy 4. (*Inf.*) meanness, niggardliness, parsimony, stinginess

**near-sighted** myopic, short-sighted

**neat** 1. accurate, dainty, fastidious, methodical, nice, orderly, shipshape, smart, spick-and-span, spruce, straight, systematic, tidy, trim, uncluttered 2. adept, adroit, agile, apt, clever, deft, dexterous, efficient, effortless, elegant, expert, graceful, handy, nimble, practised, precise, skilful, stylish, well-judged 3. (*Of alcoholic drinks*) pure, straight, undiluted, unmixed

**neatly** 1. accurately, daintily, fastidiously, methodically, nicely, smartly, sprucely, systematically, tidily 2. adeptly, adroitly, agilely, aptly, cleverly, deftly, dexterously, efficiently, effortlessly, elegantly, expertly, gracefully, handily, nimbly, precisely, skilfully, stylishly

**neatness** 1. accuracy, daintiness, fastidiousness, methodicalness, niceness, nicety, orderliness, smartness, spruceness, straightness, tidiness, trimness 2. adeptness, adroitness, agility, aptness, cleverness, deftness, dexterity, efficiency, effortlessness, elegance, expertness, grace, gracefulness, handiness, nimbleness, preciseness, precision, skilfulness, skill, style, stylishness

**nebulous** ambiguous, amorphous, cloudy, confused, dim, hazy, imprecise, indefinite, indeterminate, indistinct, misty, murky, obscure, shadowy, shapeless, uncertain, unclear, unformed, vague

**necessarily** accordingly, automatically, axiomatically, by definition, certainly, compulsorily, consequently, incontrovertibly, ineluctably, inevitably, inexorably, irresistibly, naturally, nolens volens, of course, of necessity, perforce, undoubtedly, willy-nilly

**necessary** 1. compulsory, de rigueur, essential, imperative, indispensable, mandatory, needed, needful, obligatory, required, requisite, vital 2. certain, fated, inescapable, inevitable, inexorable, unavoidable

**necessitate** call for, coerce, compel, constrain, demand, entail, force, impel, make necessary, oblige, require

**necessity** 1. demand, exigency, indispensability, need, needfulness, requirement 2. desideratum, essential, fundamental, necessary, need, prerequisite, requirement, requisite, sine qua non, want 3. destitution, extremity, indigence, need, penury, poverty, privation 4. compulsion, destiny, fate, inevitability, inexorableness, obligation

**need**
▸ V. 1. call for, demand, entail, have occasion to *or* for, lack, miss, necessitate, require, want
▸ N. 2. longing, requisite, want, wish 3. deprivation, destitution, distress, extremity, impecuniousness, inadequacy, indigence, insufficiency, lack, neediness, paucity, penury, poverty, privation, shortage 4. emergency, exigency, necessity, obligation, urgency, want 5. demand, desideratum, essential, requirement, requisite

**needful** essential, indispensable, necessary, needed, required, requisite, stipulated, vital

**needle** V. aggravate (*Inf.*), annoy, bait, be on one's back (*Sl.*), gall, get in one's hair (*Inf.*), get on one's nerves (*Inf.*), goad, harass, hassle (*Inf.*), irk, irritate, nag, nark (*Brit., Aust., & N.Z. sl.*), nettle, pester, piss one off (*Taboo sl.*), prick, prod, provoke, rile, ruffle, spur, sting, taunt

**needless** causeless, dispensable, excessive, expendable, gratuitous, groundless, nonessential, pointless, redundant, superfluous, uncalled-for, undesired, unnecessary, unwanted, useless

**needlework** embroidery, fancywork, needlecraft, sewing, stitching, tailoring

**needy** deprived, destitute, dirt-poor (*Inf.*), disadvantaged, impecunious, impoverished, indigent, on the breadline (*Inf.*), penniless, poor, poverty-stricken, underprivileged

**nefarious** abominable, atrocious, base, criminal, depraved, detestable, dreadful, evil, execrable, foul, heinous, horrible, infamous, infernal, iniquitous, monstrous, odious, opprobrious, shameful, sinful, vicious, vile, villainous, wicked

**negate** 1. abrogate, annul, cancel, countermand, invalidate, neutralize, nullify, obviate, repeal, rescind, retract, reverse, revoke, void, wipe out 2. contradict, deny, disallow, disprove, gainsay (*Archaic or literary*), oppose, rebut, refute

**negation** 1. antithesis, antonym, contradiction, contrary, converse, counterpart, denial, disavowal, disclaimer, inverse, opposite, rejection, renunciation, reverse 2. opposition, proscription, refusal, repudiation, veto 3. cancellation, neutralization, nullification 4. blank, nonexistence, nothingness, nullity, vacuity, void

**negative**
▸ ADJ. 1. contradictory, contrary, denying, dissenting, opposing, recusant, refusing, rejecting, resisting 2. annulling, counteractive, invalidating, neutralizing, nullifying 3. antagonistic, colourless, contrary, cynical, gloomy, jaundiced, neutral, pessimistic, uncooperative, unenthusiastic, uninterested, unwilling, weak
▸ N. 4. contradiction, denial, refusal

**negativity** 1. contradiction, contradictoriness, contrariness, denial, dissent, opposition, recusancy, refusal, rejection, resistance 2. antagonism, colourlessness, contrariness, cynicism, gloom, neutrality, pessimism, uncooperativeness, uninterestedness, unwillingness, weakness

**neglect**
▸ V. 1. contemn, discount, disdain, disregard, ignore, leave alone, overlook, pass by, rebuff, scorn, slight, spurn 2. be remiss, evade, forget, let slide, omit, pass over, procrastinate, shirk, skimp
▸ N. 3. disdain, disregard, disrespect, heedlessness, inattention, indifference, slight, unconcern 4. carelessness, default, dereliction, failure, forgetfulness, laxity, laxness, neglectfulness, negligence, oversight, remissness, slackness, slovenliness

**neglected** 1. abandoned, derelict, overgrown 2. disregarded, unappreciated, underestimated, undervalued

**negligence** carelessness, default, dereliction, disregard, failure, forgetfulness, heedlessness, inadvertence, inattention, inattentiveness, indifference, laxity, laxness, neglect, omission, oversight, remissness, shortcoming, slackness, thoughtlessness

**negligent** careless, cursory, disregardful, forgetful, heedless, inadvertent, inattentive, indifferent, neglectful, nonchalant, offhand, regardless, remiss, slack, slapdash, slipshod, thoughtless, unmindful, unthinking

**negligible** imperceptible, inconsequential, insignificant, minor, minute, nickel-and-dime (*U.S. sl.*), petty, small, trifling, trivial, unimportant

**negotiable** debatable, discussable *or* discussible, transactional, transferable, variable

**negotiate** 1. adjudicate, arbitrate, arrange, bargain, conciliate, confer, consult, contract, deal, debate, discuss, handle, manage, mediate, parley, settle, transact, work out 2. clear, cross, get over, get past, get round, pass, pass through, surmount

**negotiation** arbitration, bargaining, debate, diplomacy, discussion, mediation, transaction, wheeling and dealing (*Inf.*)

**neighbourhood** community, confines, district, environs, locale, locality, precincts, proximity, purlieus, quarter, region, surroundings, vicinity

**neighbouring** abutting, adjacent, adjoining, bordering, connecting, contiguous, near, nearby, nearest, next, surrounding

**nerve**
▸ N. 1. balls (*Taboo sl.*), ballsiness (*Taboo sl.*), bottle (*Brit. sl.*), bravery, coolness, courage, daring, determination, endurance, energy, fearlessness, firmness, force, fortitude, gameness, grit, guts (*Inf.*), hardihood, intrepidity, mettle, might, pluck, resolution, spirit, spunk (*Inf.*), steadfastness, vigour, will 2. (*Inf.*) audacity, boldness, brass (*Inf.*), brass neck (*Brit. inf.*), brazenness, cheek (*Inf.*), chutzpah (*U.S. & Canad. inf.*), effrontery, front, gall, impertinence, impudence, insolence, neck (*Inf.*), sauce (*Inf.*), temerity
▸ V. 3. brace, embolden, encourage, fortify, hearten, invigorate, steel, strengthen

**nerve-racking** annoying, difficult, distressing, frightening, harassing, harrowing, maddening, stressful, tense, trying, worrying

**nerves** anxiety, fretfulness, heebie-jeebies (*Sl.*), imbalance, nervousness, strain, stress, tension, worry

**nervous** agitated, anxious, apprehensive, edgy, excitable, fearful, fidgety, flustered, hesitant, highly strung, hyper (*Inf.*), hysterical, jittery (*Inf.*), jumpy, nervy (*Brit. inf.*), neurotic, on edge, ruffled, shaky, tense, timid, timorous, twitchy (*Inf.*), uneasy, uptight (*Inf.*), weak, wired (*Sl.*), worried

**nervousness** agitation, anxiety, disquiet, excitability, fluster, perturbation, tension, timidity, touchiness, tremulousness, worry

**nest** 1. den, haunt, hideaway, refuge, resort, retreat, snuggery 2. breeding-ground, den, hotbed

**nest egg** cache, deposit, fall-back, fund(s), reserve, savings, store

**nestle** cuddle, curl up, huddle, nuzzle, snuggle

**nestling** 1. chick, fledgling 2. babe, babe in arms, baby, infant, suckling

**net**[1]
▸ N. 1. lacework, lattice, mesh, netting, network, openwork, reticulum, tracery, web
▸ V. 2. bag, capture, catch, enmesh, ensnare, entangle, nab (*Inf.*), trap

**net**[2], **nett**
▸ ADJ. 1. after taxes, clear, final, take-home 2. closing, conclusive, final
▸ V. 3. accumulate, bring in, clear, earn, gain, make, realize, reap

**nether** basal, below, beneath, bottom, inferior, lower, Stygian, under, underground

**nettle** aggravate (*Inf.*), annoy, chafe, exasperate, fret, gall, get on one's nerves (*Inf.*), goad, harass, hassle (*Inf.*), incense, irritate, nark (*Brit., Aust., & N.Z. sl.*), pique, piss one off (*Taboo sl.*), provoke, ruffle, sting, tease, vex

**network** arrangement, channels, circuitry, complex, convolution, grid, grill, interconnections, labyrinth, maze, mesh, net, nexus, organization, plexus, structure, system, tracks, web

**neurosis** abnormality, affliction, derangement, deviation, instability, maladjustment, mental disturbance, mental illness, obsession, phobia, psychological *or* emotional disorder

**neurotic** abnormal, anxious, compulsive, deviant, disordered, distraught, disturbed, hyper (*Inf.*), maladjusted, manic, nervous, obsessive, overwrought, twitchy (*Inf.*), unhealthy, unstable

**neuter** V. castrate, doctor (*Inf.*), dress, emasculate, fix (*Inf.*), geld, spay

**neutral** 1. disinterested, dispassionate, even-handed, impartial, indifferent, nonaligned, nonbelligerent, noncombatant, noncommittal, nonpartisan, sitting on the fence, unaligned, unbiased, uncommitted, undecided, uninvolved, unprejudiced 2. achromatic, colourless, dull, expressionless, indeterminate, indistinct, indistinguishable, intermediate, toneless, undefined

**neutrality** detachment, disinterestedness, impartiality, nonalignment, noninterference, noninterventionism, noninvolvement, nonpartisanship

**neutralize** cancel, compensate for, counteract, counterbalance, frustrate, invalidate, negate, nullify, offset, undo

**never-ending** boundless, ceaseless, constant, continual, continuous, eternal, everlasting, incessant, interminable, nonstop, perpetual, persistent, relentless, unbroken, unceasing, unchanging, uninterrupted, unremitting

**nevertheless** but, even so, (even) though, however, nonetheless, notwithstanding, regardless, still, yet

**new** **1.** advanced, all-singing, all-dancing, contemporary, current, different, fresh, happening *(Inf.)*, latest, modern, modernistic, modish, newfangled, novel, original, recent, state-of-the-art, topical, ultramodern, unfamiliar, unknown, unused, unusual, up-to-date, virgin **2.** added, extra, more, supplementary **3.** altered, changed, improved, modernized, redesigned, renewed, restored

**newcomer** alien, arrival, beginner, foreigner, immigrant, incomer, Johnny-come-lately *(Inf.)*, novice, outsider, parvenu, settler, stranger

**new-fangled** all-singing, all-dancing, contemporary, fashionable, gimmicky, modern, new, new-fashioned, novel, state-of-the-art, recent

**newly** anew, freshly, just, lately, latterly, recently

**news** account, advice, bulletin, communiqué, dirt *(U.S. sl.)*, disclosure, dispatch, exposé, gen *(Brit. inf.)*, gossip, hearsay, information, intelligence, latest *(Inf.)*, leak, news flash, release, report, revelation, rumour, scandal, statement, story, tidings, word

**next**
▸ **ADJ. 1.** consequent, ensuing, following, later, subsequent, succeeding **2.** adjacent, adjoining, closest, nearest, neighbouring
▸ **ADV. 3.** afterwards, closely, following, later, subsequently, thereafter

**nibble**
▸ **N. 1.** bite, crumb, morsel, peck, snack, soupçon, taste, titbit
▸ **V. 2.** bite, eat, gnaw, munch, nip, peck, pick at

**nice** **1.** agreeable, amiable, attractive, charming, commendable, courteous, delightful, friendly, good, kind, likable *or* likeable, pleasant, pleasurable, polite, prepossessing, refined, well-mannered **2.** dainty, fine, neat, tidy, trim **3.** accurate, careful, critical, delicate, discriminating, exact, exacting, fastidious, fine, meticulous, precise, rigorous, scrupulous, strict, subtle **4.** cultured, genteel, refined, respectable, virtuous, well-bred

**nicely** **1.** acceptably, agreeably, amiably, attractively, charmingly, commendably, courteously, delightfully, kindly, likably, pleasantly, pleasingly, pleasurably, politely, prepossessingly, well **2.** daintily, finely, neatly, tidily, trimly **3.** accurately, carefully, critically, delicately, exactingly, exactly, fastidiously, finely, meticulously, precisely, rigorously, scrupulously, strictly, subtly **4.** genteelly, respectably, virtuously

**niceness** **1.** agreeableness, amiability, attractiveness, charm, courtesy, delightfulness, friendliness, good manners, goodness, kindness, likableness *or* likeableness, pleasantness, pleasurableness, politeness, refinement **2.** daintiness, fineness, neatness, tidiness, trimness **3.** accuracy, care, carefulness, criticalness, delicacy, discrimination, exactingness, exactitude, exactness, fastidiousness, fineness, meticulosity, meticulousness, preciseness, precision, rigorousness, rigour, scrupulosity, scrupulousness, strictness, subtleness, subtlety **4.** gentility, good breeding, refinement, respectability, virtue

**nicety** **1.** accuracy, exactness, fastidiousness, finesse, meticulousness, minuteness, precision **2.** daintiness, delicacy, discrimination, distinction, nuance, refinement, subtlety

**niche** **1.** alcove, corner, hollow, nook, opening, recess **2.** calling, pigeonhole *(Inf.)*, place, position, slot *(Inf.)*, vocation

**nick** chip, cut, damage, dent, mark, notch, scar, score, scratch, snick

**nickname** diminutive, epithet, familiar name, handle *(Sl.)*, label, pet name, moniker *or* monicker *(Sl.)*, sobriquet

**niggardliness** **1.** avarice, avariciousness, closeness, covetousness, frugality, grudgingness, meanness, mercenariness, miserliness, nearness *(Inf.)*, parsimony, penuriousness, sordidness, sparingness, stinginess, thrift, tightfistedness, ungenerousness **2.** beggarliness, inadequacy, insufficiency, meagreness, meanness, miserableness, paltriness, scantiness, skimpiness, smallness, wretchedness

**niggardly** **1.** avaricious, close, covetous, frugal, grudging, mean, mercenary, miserly, near *(Inf.)*, parsimonious, penurious, Scroogelike, sordid, sparing, stinging, stingy, tight-arse *(Taboo sl.)*, tight-arsed *(Taboo sl.)*, tight as a duck's arse *(Taboo sl.)*, tight-ass *(U.S. taboo sl.)*, tight-assed *(U.S. taboo sl.)*, tightfisted, ungenerous **2.** beggarly, inadequate, insufficient, meagre, mean, measly, miserable, paltry, scant, scanty, skimpy, small, wretched

**niggle** **1.** carp, cavil, criticize, find fault, fuss **2.** annoy, irritate, rankle, worry

**niggling** **1.** cavilling, finicky, fussy, insignificant, minor, nit-picking *(Inf.)*, pettifogging, petty, picky *(Inf.)*, piddling *(Inf.)*, quibbling, trifling, unimportant **2.** gnawing, irritating, persistent, troubling, worrying

**night** dark, darkness, dead of night, hours of darkness, night-time, night watches

**nightfall** crepuscule, dusk, eve *(Archaic)*, evening, eventide, gloaming *(Scot. or poetic)*, sundown, sunset, twilight, vespers

**nightly**
▸ **ADV./ADJ. 1.** each night, every night, night after night, nights *(Inf.)*
▸ **ADV. 2.** after dark, at night, by night, in the night, nights *(Inf.)*, nocturnally
▸ **ADJ. 3.** night-time, nocturnal

**nightmare** **1.** bad dream, hallucination, incubus, succubus **2.** horror, ordeal, torment, trial, tribulation

**nil** duck, love, naught, nihil, none, nothing, zero, zilch *(Sl.)*

**nimble** active, agile, alert, brisk, deft, dexterous, lively, nippy *(Brit. inf.)*, pdq *(Sl.)*, proficient, prompt, quick, quick-witted, ready, smart, sprightly, spry, swift

**nimbly** actively, acutely, agilely, alertly, briskly, deftly, dexterously, easily, fast, fleetly, hotfoot, pdq *(Sl.)*, posthaste, proficiently, promptly, pronto *(Inf.)*, quickly, quick-wittedly, readily, sharply, smartly, speedily, spryly, swiftly

**nimbus** ambience, atmosphere, aura, aureole, cloud, corona, glow, halo, irradiation

**nincompoop** berk *(Brit. sl.)*, blockhead, charlie *(Brit. inf.)*, coot, dickhead *(Sl.)*, dimwit *(Inf.)*, dipstick *(Brit. sl.)*, divvy *(Sl.)*, dolt, dork *(Sl.)*, dunce, dweeb *(U.S. sl.)*, fool, fuckwit *(Taboo sl.)*, geek *(Sl.)*, gonzo *(Sl.)*, idiot, jerk *(Sl., chiefly U.S. & Canad.)*, lamebrain *(Inf.)*, nerd *or* nurd *(Sl.)*, ninny, nitwit *(Inf.)*, noodle, numskull *or* numbskull, oaf, pillock *(Brit. sl.)*, plank *(Brit. sl.)*, plonker *(Sl.)*, prat *(Sl.)*, prick *(Derogatory sl.)*, schmuck *(U.S. sl.)*, simpleton, twit *(Inf., chiefly Brit.)*, wally *(Sl.)*

**nip**[1] **V. 1.** bite, catch, clip, compress, grip, nibble, pinch, snag, snap, snip, squeeze, tweak, twitch **2.** check, frustrate, thwart

**nip**[2] **N.** dram, draught, drop, finger, mouthful, peg *(Brit.)*, portion, shot *(Inf.)*, sip, snifter *(Inf.)*, soupçon, sup, swallow, taste

**nipper** **1.** claw, pincer **2.** *(Inf.)* ankle-biter *(Aust. sl.)*, baby, boy, child, girl, infant, kid *(Inf.)*, little one, rug rat *(Sl.)*, sprog *(Sl.)*, tot

**nipple** boob *(Sl.)*, breast, dug, mamilla, pap, papilla, teat, tit, udder

**nippy** **1.** biting, chilly, nipping, sharp, stinging **2.** *(Brit. inf.)* active, agile, fast, nimble, pdq *(Sl.)*, quick, spry

**nitty-gritty** basics, brass tacks *(Inf.)*, core, crux, essence, essentials, facts, fundamentals, gist, heart of the matter, reality, substance

**nitwit** *(Inf.)* dickhead *(Sl.)*, dimwit *(Inf.)*, dipstick *(Brit. sl.)*, divvy *(Sl.)*, dork *(Sl.)*, dummy *(Sl.)*, fool, fuckwit *(Taboo sl.)*, geek *(Sl.)*, halfwit, lamebrain *(Inf.)*, nincompoop, ninny, oaf, plank *(Brit. sl.)*, simpleton

**nob** aristo *(Inf.)*, aristocrat, big shot *(Inf.)*, bigwig *(Inf.)*, celeb *(Inf.)*, fat cat *(Sl., chiefly U.S.)*, nabob *(Inf.)*, toff *(Brit. sl.)*, VIP

**nobble** **1.** disable, handicap, incapacitate, weaken **2.** bribe, get at, influence, intimidate, outwit, win over **3.** filch, knock off *(Sl.)*, nick *(Sl., chiefly Brit.)*, pilfer, pinch *(Inf.)*, purloin, snitch *(Sl.)*, steal, swipe *(Sl.)* **4.** get hold of, grab, take

**nobility** **1.** aristocracy, elite, high society, lords, nobles, patricians, peerage, ruling class, upper class **2.** dignity, eminence, excellence, grandeur, greatness, illustriousness, loftiness, magnificence, majesty, nobleness, stateliness, sublimity, superiority, worthiness **3.** honour, incorruptibility, integrity, uprightness, virtue

**noble**
▸ **N. 1.** aristo *(Inf.)*, aristocrat, lord, nobleman, peer
▸ **ADJ. 2.** aristocratic, blue-blooded, gentle *(Archaic)*, highborn, lordly, patrician, titled **3.** august, dignified, distinguished, elevated, eminent, excellent, grand, great, imposing, impressive, lofty, splendid, stately, superb **4.** generous, honourable, magnanimous, upright, virtuous, worthy

**nobody** **1.** no-one **2.** cipher, lightweight *(Inf.)*, menial, nonentity, nothing *(Inf.)*

**nocturnal** night, nightly, night-time, of the night

**nod**
▸ **V. 1.** acknowledge, bob, bow, dip, duck, gesture, indicate, nutate *(Rare)*, salute, signal **2.** agree, assent, concur, show agreement **3.** be sleepy, doze, droop, drowse, kip *(Brit. sl.)*, nap, sleep, slump, zizz *(Brit. inf.)*
▸ **N. 4.** acknowledgement, beck, gesture, greeting, indication, salute, sign, signal

**noise**
▸ **N. 1.** babble, blare, clamour, clatter, commotion, cry, din, fracas, hubbub, outcry, pandemonium, racket, row, sound, talk, tumult, uproar
▸ **V. 2.** advertise, bruit, circulate, gossip, publicize, repeat, report, rumour

**noiseless** hushed, inaudible, mute, muted, quiet, silent, soundless, still

**noisy** boisterous, cacophonous, chattering, clamorous, deafening, ear-splitting, loud, obstreperous, piercing, riotous, strident, tumultuous, turbulent, uproarious, vociferous

**nomad** drifter, itinerant, migrant, rambler, rover, vagabond, wanderer

**nomadic** itinerant, migrant, migratory, pastoral, peripatetic, roaming, roving, travelling, vagrant, wandering

**nom de plume** alias, assumed name, nom de guerre, pen name, pseudonym

**nomenclature** classification, codification, locution, phraseology, taxonomy, terminology, vocabulary

**nominal** **1.** formal, ostensible, pretended, professed, puppet, purported, self-styled, so-called, soi-disant, supposed, theoretical, titular **2.** inconsiderable, insignificant, minimal, small, symbolic, token, trifling, trivial

**nominate** appoint, assign, choose, commission, designate, elect, elevate, empower, name, present, propose, recommend, select, submit, suggest, term

**nomination** appointment, choice, designation, election, proposal, recommendation, selection, suggestion

**nominee** aspirant, candidate, contestant, entrant, favourite, protégé, runner

**non-aligned** impartial, neutral, uncommitted, undecided

**nonchalance** calm, composure, cool *(Sl.)*, equanimity, imperturbability, indifference, sangfroid, self-possession, unconcern

**nonchalant** airy, apathetic, blasé, calm, careless, casual, collected, cool, detached, dispassionate, indifferent, insouciant, laid-back *(Inf.)*, offhand, unconcerned, unemotional, unfazed *(Inf.)*, unperturbed

**non-combatant** civilian, neutral, nonbelligerent

**noncommittal** ambiguous, careful, cautious, circumspect, discreet, equivocal, evasive, guarded, indefinite, neutral, politic, reserved, tactful, temporizing, tentative, unrevealing, vague, wary

**non compos mentis** crazy, deranged, insane, mentally ill, of unsound mind, unbalanced, unhinged

**nonconformist** dissenter, dissentient, eccentric, heretic, iconoclast, individualist, maverick, protester, radical, rebel

**nondescript** characterless, common or garden *(Inf.)*, commonplace, dull, featureless, indeterminate, mousy, ordinary, unclassifiable, unclassified, undistinguished, unexceptional, uninspiring, uninteresting, unmemorable, unremarkable, vague

**none** bugger all *(Sl.)*, f.a. *(Brit. sl.)*, fuck all *(Taboo sl.)*, nil, nobody, no-one, no part, not a bit, not any, nothing, not one, sweet F.A. *(Brit. sl.)*, sweet Fanny Adams *(Brit. sl.)*, zero

**nonentity** cipher, lightweight *(Inf.)*, mediocrity, nobody, small fry, unimportant person

**non-essential** dispensable, excessive, expendable, extraneous, inessential, peripheral, superfluous, unimportant, unnecessary

**nonetheless** despite that, even so, however, in spite of that, nevertheless, yet

**non-existent** chimerical, fancied, fictional, hallucinatory, hypothetical, illusory, imaginary, imagined, insubstantial, legendary, missing, mythical, unreal

**nonsense** absurdity, balderdash, balls (*Taboo sl.*), bilge (*Inf.*), blather, bombast, bosh (*Inf.*), bull (*Sl.*), bullshit (*Taboo sl.*), bunk (*Inf.*), bunkum *or* buncombe (*Chiefly U.S.*), claptrap (*Inf.*), cobblers (*Brit. taboo sl.*), crap (*Sl.*), double Dutch (*Brit. inf.*), drivel, eyewash (*Inf.*), fatuity, folly, foolishness, garbage (*Inf.*), gibberish, guff (*Sl.*), hogwash, hokum (*Sl., chiefly U.S. & Canad.*), horsefeathers (*U.S. sl.*), hot air (*Inf.*), idiocy, inanity, jest, ludicrousness, moonshine, pap, piffle (*Inf.*), poppycock (*Inf.*), ridiculousness, rot, rubbish, senselessness, shit (*Taboo sl.*), silliness, stuff, stupidity, tommyrot, tosh (*Sl., chiefly Brit.*), trash, tripe (*Inf.*), twaddle, waffle (*Inf., chiefly Brit.*)

**non-stop**
- ADJ. **1.** ceaseless, constant, continuous, direct, endless, incessant, interminable, relentless, steady, unbroken, unending, unfaltering, uninterrupted, unremitting
- ADV. **2.** ceaselessly, constantly, continuously, directly, endlessly, incessantly, interminably, relentlessly, steadily, unbrokenly, unendingly, unfalteringly, uninterruptedly, unremittingly, without stopping

**nook** alcove, cavity, corner, cranny, crevice, cubbyhole, hide-out, inglenook (*Brit.*), niche, opening, recess, retreat

**noon** high noon, midday, noonday, noontide, noontime, twelve noon

**norm** average, benchmark, criterion, mean, measure, model, par, pattern, rule, standard, type, yardstick

**normal 1.** accustomed, acknowledged, average, common, conventional, habitual, natural, ordinary, popular, regular, routine, run-of-the-mill, standard, typical, usual **2.** rational, reasonable, sane, well-adjusted

**normality 1.** accustomedness, averageness, commonness, commonplaceness, conventionality, habitualness, naturalness, ordinariness, popularity, regularity, routineness, typicality, usualness **2.** adjustment, balance, rationality, reason, sanity

**normally** as a rule, commonly, habitually, ordinarily, regularly, typically, usually

**north**
- ADJ. **1.** Arctic, boreal, northerly, northern, polar
- ADV. **2.** northerly, northward(s)

**nose**
- N. **1.** beak, bill, conk (*Sl.*), hooter (*Sl.*), neb (*Archaic or dialect*), proboscis, schnozzle (*Sl., chiefly U.S.*), snitch (*Sl.*), snout (*Sl.*)
- V. **2.** detect, scent, search (for), smell, sniff **3.** ease forward, nudge, nuzzle, push, shove **4.** meddle, pry, snoop (*Inf.*)

**nosedive** dive, drop, plummet, plunge

**nosegay** bouquet, posy

**nosey** → **nosy**

**nostalgia** homesickness, longing, pining, regret, regretfulness, remembrance, reminiscence, wistfulness, yearning

**nostalgic** emotional, homesick, longing, maudlin, regretful, sentimental, wistful

**nostrum** cure, cure-all, drug, elixir, medicine, panacea, patent medicine, potion, quack medicine, remedy, sovereign cure, specific, treatment

**nosy, nosey** curious, eavesdropping, inquisitive, interfering, intrusive, meddlesome, prying, snooping (*Inf.*)

**notability 1.** celebrity, distinction, eminence, esteem, fame, renown **2.** celeb (*Inf.*), celebrity, dignitary, megastar (*Inf.*), notable, personage, VIP, worthy

**notable**
- ADJ. **1.** celebrated, conspicuous, distinguished, eminent, evident, extraordinary, famous, manifest, marked, memorable, noteworthy, noticeable, notorious, outstanding, pre-eminent, pronounced, rare, remarkable, renowned, striking, uncommon, unusual, well-known
- N. **2.** celeb (*Inf.*), celebrity, dignitary, megastar (*Inf.*), notability, personage, VIP, worthy

**notably** conspicuously, distinctly, especially, markedly, noticeably, outstandingly, particularly, remarkably, signally, strikingly, uncommonly

**notation 1.** characters, code, script, signs, symbols, system **2.** jotting, notating, note, noting, record

**notch**
- N. **1.** cleft, cut, incision, indentation, mark, nick, score **2.** (*Inf.*) cut (*Inf.*), degree, grade, level, step
- V. **3.** cut, indent, mark, nick, score, scratch

**notch up** achieve, gain, make, register, score

**note**
- N. **1.** annotation, comment, communication, epistle, gloss, jotting, letter, memo, memorandum, message, minute, record, remark, reminder **2.** indication, mark, sign, symbol, token **3.** heed, notice, observation, regard **4.** celebrity, character, consequence, distinction, eminence, fame, prestige, renown, reputation
- V. **5.** denote, designate, indicate, mark, mention, notice, observe, perceive, record, register, remark, see

**notebook** commonplace book, diary, exercise book, Filofax (*Trademark*), jotter, journal, memorandum book, notepad, record book

**noted** acclaimed, celebrated, conspicuous, distinguished, eminent, famous, illustrious, notable, notorious, prominent, recognized, renowned, well-known

**noteworthy** exceptional, extraordinary, important, notable, outstanding, remarkable, significant, unusual

**nothing** bagatelle, cipher, emptiness, naught, nobody, nonentity, nonexistence, nothingness, nought, nullity, trifle, void, zero

**nothingness 1.** nihility, nonbeing, nonexistence, nullity, oblivion **2.** insignificance, unimportance, worthlessness

**notice**
- V. **1.** detect, discern, distinguish, heed, mark, mind, note, observe, perceive, remark, see, spot
- N. **2.** cognizance, consideration, heed, interest, note, observation, regard **3.** advice, announcement, communication, instruction, intelligence, intimation, news, notification, order, warning **4.** advertisement, comment, criticism, poster, review, sign **5.** attention, civility, respect

**noticeable** appreciable, blatant, clear, conspicuous, distinct, evident, manifest, observable, obvious, perceptible, plain, striking, unmistakable

**notification** advice, alert, announcement, declaration, information, intelligence, message, notice, notifying, publication, statement, telling, warning

**notify** acquaint, advise, alert, announce, apprise, declare, inform, publish, tell, warn

**notion 1.** apprehension, belief, concept, conception, idea, impression, inkling, judg(e)ment, knowledge, opinion, sentiment, understanding, view **2.** caprice, desire, fancy, impulse, inclination, whim, wish

**notional** abstract, conceptual, fanciful, hypothetical, ideal, imaginary, speculative, theoretical, unreal, visionary

**notoriety** dishonour, disrepute, infamy, obloquy, opprobrium, scandal

**notorious 1.** dishonourable, disreputable, infamous, opprobrious, scandalous **2.** blatant, flagrant, glaring, obvious, open, overt, patent, undisputed

**notoriously 1.** dishonourably, disreputably, infamously, opprobriously, scandalously **2.** blatantly, flagrantly, glaringly, notably, obviously, openly, overtly, particularly, patently, spectacularly, undisputedly

**notwithstanding** although, despite, (even) though, however, nevertheless, nonetheless, though, yet

**nought** naught, nil, nothing, nothingness, zero

**nourish 1.** attend, feed, furnish, nurse, nurture, supply, sustain, tend **2.** comfort, cultivate, encourage, foster, maintain, promote, support

**nourishing** alimentative, beneficial, healthful, health-giving, nutritious, nutritive, wholesome

**nourishment** aliment, diet, food, nutriment, nutrition, sustenance, tack (*Inf.*), viands, victuals, vittles (*Obs. or dialect*)

**novel**
- ADJ. **1.** different, fresh, ground-breaking, innovative, new, original, rare, singular, strange, uncommon, unfamiliar, unusual
- N. **2.** fiction, narrative, romance, story, tale

**novelty 1.** freshness, innovation, newness, oddity, originality, strangeness, surprise, unfamiliarity, uniqueness **2.** bagatelle, bauble, curiosity, gadget, gewgaw, gimcrack, gimmick, knick-knack, memento, souvenir, trifle, trinket

**novice** amateur, apprentice, beginner, convert, learner, neophyte, newcomer, novitiate, probationer, proselyte, pupil, trainee, tyro

**now 1.** at once, immediately, instanter (*Law*), instantly, presently (*Scot. & U.S.*), promptly, straightaway **2.** any more, at the moment, nowadays, these days **3. now and then** *or* **again** at times, from time to time, infrequently, intermittently, occasionally, on and off, once in a while, on occasion, sometimes, sporadically

**nowadays** any more, at the moment, in this day and age, now, these days, today

**nucleus** basis, centre, core, focus, heart, kernel, nub, pivot

**nude** au naturel, bare, buck naked (*Sl.*), disrobed, exposed, in one's birthday suit (*Inf.*), in the altogether (*Inf.*), in the buff (*Inf.*), in the raw (*Inf.*), naked, naked as the day one was born (*Inf.*), starkers (*Inf.*), stark-naked, stripped, unclad, unclothed, uncovered, undraped, undressed, without a stitch on (*Inf.*)

**nudge** V. bump, dig, elbow, jog, poke, prod, push, shove, touch

**nudity** bareness, dishabille, nakedness, nudism, undress

**nugget** chunk, clump, hunk, lump, mass, piece

**nuisance** annoyance, bore, bother, drag (*Inf.*), gall, hassle (*Inf.*), inconvenience, infliction, irritation, offence, pain in the arse (*Taboo inf.*), pest, plague, problem, trouble, vexation

**null** characterless, ineffectual, inoperative, invalid, nonexistent, null and void, powerless, useless, vain, valueless, void, worthless

**nullify** abolish, abrogate, annul, bring to naught, cancel, counteract, countervail, invalidate, negate, neutralize, obviate, quash, rebut, render null and void, repeal, rescind, revoke, veto, void

**nullity** characterlessness, ineffectualness, invalidity, nonexistence, powerlessness, uselessness, valuelessness, voidness, worthlessness

**numb**
- ADJ. **1.** benumbed, dead, deadened, frozen, immobilized, insensible, insensitive, paralyzed, stupefied, torpid, unfeeling
- V. **2.** benumb, deaden, dull, freeze, immobilize, paralyze, stun, stupefy

**number**
- N. **1.** character, count, digit, figure, integer, numeral, sum, total, unit **2.** aggregate, amount, collection, company, crowd, horde, many, multitude, quantity, throng **3.** copy, edition, imprint, issue, printing
- V. **4.** account, add, calculate, compute, count, enumerate, include, reckon, tell, total

**numberless** countless, endless, infinite, innumerable, multitudinous, myriad, unnumbered, untold

**numbness** deadness, dullness, insensibility, insensitivity, paralysis, stupefaction, torpor, unfeelingness

**numeral** character, cipher, digit, figure, integer, number, symbol

**numerous** abundant, copious, many, plentiful, profuse, several

**nunnery** abbey, cloister, convent, house, monastery

**nuptials** espousal (*Archaic*), marriage, matrimony, wedding

**nurse** V. **1.** care for, look after, minister to, tend, treat **2.** breast-feed, feed, nourish, nurture, suckle, wet-nurse **3.** (*Fig.*) cherish, cultivate, encourage, foster, harbour, keep alive, preserve, promote, succour, support

**nurture**
- N. **1.** diet, food, nourishment **2.** development, discipline, education, instruction, rearing, training, upbringing
- V. **3.** feed, nourish, nurse, support, sustain, tend **4.** bring up, cultivate, develop, discipline, educate, instruct, rear, school, train

**nut** 1. kernel, pip, seed, stone 2. *(Sl.)* brain, head, mind, reason, senses 3. *(Sl.)* crackpot *(Inf.)*, crank *(Inf.)*, eccentric, headbanger *(Inf.)*, headcase *(Inf.)*, loony *(Sl.)*, lunatic, madman, maniac, nutcase *(Sl.)*, nutter *(Brit. sl.)*, oddball *(Inf.)*, psycho *(Sl.)*, wacko *(Sl.)*

**nutrition** food, nourishment, nutriment, sustenance

**nutritious** alimental, alimentative, beneficial, healthful, health-giving, invigorating, nourishing, nutritive, strengthening, wholesome

**nuts** bananas *(Sl.)*, barking *(Sl.)*, barking mad *(Sl.)*, batty *(Sl.)*, crazy *(Inf.)*, demented, deranged, eccentric, insane, irrational, loony *(Sl.)*, loopy *(Inf.)*, mad, not the full shilling *(Inf.)*, nutty *(Sl.)*, off one's trolley *(Sl.)*, out to lunch *(Inf.)*, psycho *(Sl.)*, psychopathic, up the pole *(Inf.)*

# O

**oaf** airhead *(Sl.)*, berk *(Brit. sl.)*, blockhead, bonehead *(Sl.)*, booby, brute, charlie *(Brit. inf.)*, clod, coot, dickhead *(Sl.)*, dipstick *(Brit. sl.)*, divvy *(Brit. sl.)*, dolt, dork *(Sl.)*, dullard, dummy *(Sl.)*, dunce, dweeb *(U.S. sl.)*, fool, fuckwit *(Taboo sl.)*, galoot *(Sl., chiefly U.S.)*, gawk, geek *(Sl.)*, goon, gonzo *(Sl.)*, gorilla *(Inf.)*, halfwit, idiot, imbecile, jerk *(Sl., chiefly U.S. & Canad.)*, lout, lummox *(Inf.)*, moron, nerd *or* nurd *(Sl.)*, nincompoop, nitwit *(Inf.)*, numskull *or* numbskull, pillock *(Brit. sl.)*, plank *(Brit. sl.)*, plonker *(Sl.)*, prat *(Sl.)*, sap *(Sl.)*, schmuck *(U.S. sl.)*, simpleton, twit *(Inf., chiefly Brit.)*, wally *(Sl.)*

**oafish** blockish, Boeotian, boneheaded *(Sl.)*, bovine, brutish, dense, dim, dim-witted *(Inf.)*, doltish, dozy *(Brit. inf.)*, dull, dumb *(Inf.)*, heavy, loutish, lubberly, lumbering, moronic, obtuse, slow on the uptake *(Inf.)*, stupid, thick

**oasis** *(Fig.)* haven, island, refuge, resting place, retreat, sanctuary, sanctum

**oath** 1. affirmation, avowal, bond, pledge, promise, sworn statement, vow, word 2. blasphemy, curse, cuss *(Inf.)*, expletive, imprecation, malediction, profanity, strong language, swearword

**obdurate** adamant, callous, dogged, firm, fixed, hard, hard-hearted, harsh, immovable, implacable, indurate *(Rare)*, inexorable, inflexible, iron, mulish, obstinate, perverse, pigheaded, proof against persuasion, relentless, stiff-necked, stubborn, unbending, unfeeling, unimpressible, unrelenting, unshak(e)able, unyielding

**obedience** accordance, acquiescence, agreement, compliance, conformability, deference, docility, dutifulness, duty, observance, respect, reverence, submission, submissiveness, subservience, tractability

**obedient** acquiescent, amenable, biddable, compliant, deferential, docile, duteous, dutiful, law-abiding, observant, regardful, respectful, submissive, subservient, tractable, under control, well-trained, yielding

**obelisk** column, monolith, monument, needle, pillar, shaft

**obese** corpulent, Falstaffian, fat, fleshy, gross, heavy, outsize, overweight, paunchy, plump, podgy, portly, roly-poly, rotund, stout, tubby, well-upholstered *(Inf.)*

**obesity** beef *(Inf.)*, bulk, corpulence, embonpoint, fatness, fleshiness, grossness, overweight, portliness, stoutness, tubbiness, weight problem

**obey** 1. abide by, act upon, adhere to, be ruled by, carry out, comply, conform, discharge, do what is expected, embrace, execute, follow, fulfil, heed, keep, mind, observe, perform, respond, serve 2. bow to, come to heel, do what one is told, get into line, give in, give way, knuckle under *(Inf.)*, submit, succumb, surrender (to), take orders from, toe the line, yield

**object**

► N. 1. article, body, entity, fact, item, phenomenon, reality, thing 2. aim, butt, focus, recipient, target, victim 3. design, end, end in view, end purpose, goal, idea, intent, intention, motive, objective, point, purpose, reason

► V. 4. argue against, demur, expostulate, oppose, protest, raise objections, take exception

**objection** cavil, censure, counter-argument, demur, doubt, exception, niggle *(Inf.)*, opposition, protest, remonstrance, scruple

**objectionable** abhorrent, deplorable, disagreeable, dislikable *or* dislikeable, displeasing, distasteful, exceptionable, indecorous, insufferable, intolerable, noxious, obnoxious, offensive, regrettable, repugnant, unacceptable, undesirable, unpleasant, unseemly, unsociable

**objective**

► ADJ. 1. detached, disinterested, dispassionate, equitable, even-handed, fair, impartial, impersonal, judicial, just, open-minded, unbiased, uncoloured, unemotional, uninvolved, unprejudiced

► N. 2. aim, ambition, aspiration, design, end, end in view, goal, intention, mark, object, purpose, target

**objectively** disinterestedly, dispassionately, even-handedly, impartially, with an open mind, with objectivity *or* impartiality, without fear or favour

**objectivity** detachment, disinterest, disinterestedness, dispassion, equitableness, impartiality, impersonality

**obligation** 1. accountability, accountableness, burden, charge, compulsion, duty, liability, must, onus, requirement, responsibility, trust 2. agreement, bond, commitment, contract, debt, engagement, promise, understanding 3. **under an obligation** beholden, duty-bound, grateful, honour-bound, indebted, in (someone's) debt, obligated, obliged, owing a favour, thankful

**obligatory** binding, coercive, compulsory, de rigueur, enforced, essential, imperative, mandatory, necessary, required, requisite, unavoidable

**oblige** 1. bind, coerce, compel, constrain, dragoon, force, impel, make, necessitate, obligate, railroad *(Inf.)*, require 2. accommodate, benefit, do (someone) a favour *or* a kindness, favour, gratify, indulge, please, put oneself out for, serve

**obliging** accommodating, agreeable, amiable, civil, complaisant, considerate, cooperative, courteous, eager to please, friendly, good-natured, helpful, kind, polite, willing

**oblique** 1. angled, aslant, at an angle, inclined, slanted, slanting, sloped, sloping, tilted 2. backhanded, circuitous, circumlocutory, evasive, implied, indirect, roundabout, sidelong

**obliquely** 1. aslant, aslope, at an angle, diagonally, slantwise 2. circuitously, evasively, in a roundabout manner *or* way, indirectly, not in so many words

**obliterate** annihilate, blot out, cancel, delete, destroy, destroy root and branch, efface, eradicate, erase, expunge, extirpate, root out, wipe off the face of the earth, wipe out

**obliteration** annihilation, deletion, effacement, elimination, eradication, erasure, expunction, extirpation, wiping (blotting, rooting, sponging) out

**oblivion** 1. abeyance, disregard, forgetfulness, insensibility, neglect, obliviousness, unawareness, unconsciousness, (waters of) Lethe 2. blackness, darkness, eclipse, extinction, limbo, nothingness, obscurity, void

**oblivious** blind, careless, deaf, disregardful, forgetful, heedless, ignorant, inattentive, insensible, neglectful, negligent, regardless, unaware, unconcerned, unconscious, unmindful, unobservant

**obnoxious** abhorrent, abominable, detestable, disagreeable, disgusting, dislikable *or* dislikeable, foul, hateable, hateful, horrid, insufferable, loathsome, nasty, nauseating, objectionable, obscene, odious, offensive, repellent, reprehensible, repugnant, repulsive, revolting, sickening, unpleasant

**obscene** 1. bawdy, blue, coarse, dirty, disgusting, Fescennine *(Rare)*, filthy, foul, gross, immodest, immoral, improper, impure, indecent, lewd, licentious, loose, offensive, pornographic, prurient, ribald, salacious, scabrous, shameless, smutty, suggestive, unchaste, unwholesome 2. *(Fig.)* atrocious, evil, heinous, loathsome, outrageous, shocking, sickening, vile, wicked

**obscenity** 1. bawdiness, blueness, coarseness, dirtiness, filthiness, foulness, grossness, immodesty, impurity, lewdness, licentiousness, pornography, prurience, salacity, smuttiness, suggestiveness, vileness 2. four-letter word, impropriety, indecency, indelicacy, profanity, smut, swearword, vulgarism 3. abomination, affront, atrocity, blight, evil, offence, outrage, vileness, wrong

**obscure**

► ADJ. 1. abstruse, ambiguous, arcane, concealed, confusing, cryptic, deep, Delphic, doubtful, enigmatic, esoteric, hazy, hidden, incomprehensible, indefinite, intricate, involved, mysterious, occult, opaque, recondite, unclear, vague 2. blurred, clouded, cloudy, dim, dusky, faint, gloomy, indistinct, murky, obfuscated, shadowy, shady, sombre, tenebrous, unlit, veiled 3. humble, inconspicuous, inglorious, little-known, lowly, minor, nameless, out-of-the-way, remote, undistinguished, unheard-of, unhonoured, unimportant, unknown, unnoted, unseen, unsung

► V. 4. conceal, cover, disguise, hide, muddy, obfuscate, screen, throw a veil over, veil 5. adumbrate, bedim, befog, block, block out, blur, cloak, cloud, darken, dim, dull, eclipse, mask, overshadow, shade, shroud

**obscurity** 1. abstruseness, ambiguity, complexity, impenetrableness, incomprehensibility, intricacy, reconditeness, vagueness 2. darkness, dimness, dusk, duskiness, gloom, haze, haziness, indistinctness, murkiness, shadowiness, shadows 3. inconspicuousness, ingloriousness, insignificance, lowliness, namelessness, nonrecognition, unimportance

**observable** apparent, appreciable, blatant, clear, detectable, discernible, evident, noticeable, obvious, open, patent, perceivable, perceptible, recognizable, visible

**observance** 1. adherence to, attention, carrying out, celebration, compliance, discharge, fulfilment, heeding, honouring, notice, observation, performance 2. ceremonial, ceremony, custom, fashion, form, formality, practice, rite, ritual, service, tradition

**observant** alert, attentive, eagle-eyed, heedful, mindful, obedient, perceptive, quick, sharp-eyed, submissive, vigilant, watchful, wide-awake

**observation** 1. attention, cognition, consideration, examination, experience, information, inspection, knowledge, monitoring, notice, review, scrutiny, study, surveillance, watching 2. annotation, comment, finding, note, obiter dictum, opinion, pronouncement, reflection, remark, thought, utterance

**observe** 1. detect, discern, discover, espy, note, notice, perceive, see, spot, witness 2. check, check out *(Inf.)*, clock *(Brit. sl.)*, contemplate, eyeball *(U.S. sl.)*, get a load of *(Inf.)*, keep an eye on *(Inf.)*, keep under observation, look at, monitor, pay attention to, recce *(Sl.)*, regard, scrutinize, study, survey, take a dekko at *(Brit. sl.)*, view, watch 3. animadvert, comment, declare, mention, note, opine, remark, say, state 4. abide by, adhere to, comply, conform to, follow, fulfil, heed, honour, keep, mind, obey, perform, respect 5. celebrate, commemorate, keep, remember, solemnize

**observer** beholder, bystander, commentator, eyewitness, looker-on, onlooker, spectator, spotter, viewer, watcher, witness

**obsess** bedevil, be on one's mind, be uppermost in one's thoughts, consume, dominate, engross, grip, haunt, monopolize, plague, possess, preoccupy, prey on one's mind, rule, torment

**obsession** bee in one's bonnet *(Inf.)*, complex, enthusiasm, fetish, fixation, hang-up *(Inf.)*, idée fixe, infatuation, mania, phobia, preoccupation, ruling passion, thing *(Inf.)*

**obsessive** besetting, compulsive, consuming, fixed, gripping, haunting, tormenting, unforgettable

**obsolescent** ageing, declining, dying out, not with it *(Inf.)*, on the decline, on the wane, on the way out, past its prime, waning

**obsolete** anachronistic, ancient, antediluvian, antiquated, antique, archaic, bygone, dated, démodé, discarded, disused, extinct, musty, old, old-fashioned, old hat, out, outmoded, out of date, out of fashion, out of the ark *(Inf.)*, outworn, passé, superannuated, vieux jeu

**obstacle** bar, barrier, block, check, difficulty, hindrance, hitch, hurdle, impediment, interference, interruption, obstruction, snag, stumbling block

**obstinacy** doggedness, firmness, inflexibility, intransigence, mulishness, obduracy, perseverance, persistence, pertinacity, pig-headedness, resoluteness, stubbornness, tenacity, wilfulness

**obstinate** contumacious, determined, dogged, firm, headstrong, immovable, inflexible, intractable, intransigent, mulish, opinionated, persistent, pertinacious, perverse, pig-headed, recalcitrant, refractory, self-willed, steadfast, stiff-necked, strong-minded, stubborn, tenacious, unyielding, wilful

**obstreperous** boisterous, clamorous, disorderly, loud, noisy, out of control, out of hand, rackety, rambunctious (*Inf.*), rampaging, raucous, restive, riotous, rip-roaring (*Inf.*), roistering, roisterous, rough, rowdy, stroppy (*Brit. sl.*), tempestuous, tumultuous, turbulent, uncontrolled, undisciplined, unmanageable, unruly, uproarious, vociferous, wild

**obstruct** arrest, bar, barricade, block, bring to a standstill, bung, check, choke, clog, cumber, curb, cut off, frustrate, get in the way of, hamper, hamstring, hide, hinder, hold up, impede, inhibit, interfere with, interrupt, mask, obscure, prevent, restrict, retard, shield, shut off, slow down, stop, thwart, trammel

**obstruction** bar, barricade, barrier, block, blockage, check, difficulty, hindrance, impediment, obstacle, occlusion, snag, stop, stoppage, trammel

**obstructive** awkward, blocking, delaying, hindering, inhibiting, preventative, restrictive, stalling, uncooperative, unhelpful

**obtain** **1.** achieve, acquire, attain, come by, earn, gain, get, get hold of, get one's hands on, procure, score (*Sl.*), secure **2.** be in force, be prevalent, be the case, exist, hold, prevail, stand

**obtainable** achievable, at hand, attainable, available, on tap (*Inf.*), procurable, ready, realizable, to be had

**obtrusive** **1.** forward, importunate, interfering, intrusive, meddling, nosy, officious, prying, pushy (*Inf.*) **2.** blatant, noticeable, obvious, prominent, protruding, protuberant, sticking out

**obvious** apparent, blatant, clear, clear as a bell, conspicuous, distinct, evident, indisputable, manifest, much in evidence, noticeable, open, overt, palpable, patent, perceptible, plain, plain as the nose on your face (*Inf.*), pronounced, recognizable, right under one's nose (*Inf.*), self-evident, self-explanatory, staring one in the face (*Inf.*), sticking out a mile (*Inf.*), straightforward, transparent, unconcealed, undeniable, undisguised, unmistakable, unsubtle, visible

**obviously** certainly, clearly, distinctly, manifestly, of course, palpably, patently, plainly, undeniably, unmistakably, unquestionably, without doubt

**occasion**
- **N.** **1.** chance, convenience, incident, moment, occurrence, opening, opportunity, time, window **2.** affair, celebration, event, experience, happening, occurrence **3.** call, cause, excuse, ground(s), inducement, influence, justification, motive, prompting, provocation, reason
- **V.** **4.** bring about, cause, create, effect, elicit, engender, evoke, generate, give rise to, induce, influence, inspire, lead to, move, originate, persuade, produce, prompt, provoke

**occasional** casual, desultory, incidental, infrequent, intermittent, irregular, odd, rare, sporadic, uncommon

**occasionally** at intervals, at times, (every) now and then, every so often, from time to time, irregularly, now and again, off and on, on and off, once in a while, on occasion, periodically, sometimes

**occupant** addressee, denizen, holder, incumbent, indweller, inhabitant, inmate, lessee, occupier, resident, tenant, user

**occupation** **1.** activity, business, calling, craft, employment, job, line (of work), post, profession, pursuit, trade, vocation, walk of life, work **2.** control, holding, occupancy, possession, residence, tenancy, tenure, use **3.** conquest, foreign rule, invasion, seizure, subjugation

**occupied** **1.** busy, employed, engaged, hard at it (*Inf.*), tied up (*Inf.*), working **2.** engaged, full, in use, taken, unavailable **3.** full, inhabited, lived-in, peopled, settled, tenanted

**occupy** **1.** *Often passive* absorb, amuse, busy, divert, employ, engage, engross, entertain, hold the attention of, immerse, interest, involve, keep busy *or* occupied, monopolize, preoccupy, take up, tie up **2.** be established in, be in residence in, dwell in, ensconce oneself in, establish oneself in, inhabit, live in, own, possess, reside in, stay in (*Scot.*), tenant **3.** cover, fill, hold, permeate, pervade, take up, use, utilize **4.** capture, garrison, hold, invade, keep, overrun, seize, take over, take possession of

**occur** **1.** arise, befall, betide, chance, come about, come off (*Inf.*), come to pass (*Archaic*), crop up (*Inf.*), eventuate, happen, materialize, result, take place, turn up (*Inf.*) **2.** appear, be found, be met with, be present, develop, exist, manifest itself, obtain, show itself **3.** (*With* **to**) come to mind, come to one, cross one's mind, dawn on, enter one's head, spring to mind, strike one, suggest (offer, present) itself

**occurrence** **1.** adventure, affair, circumstance, episode, event, happening, incident, instance, proceeding, transaction **2.** appearance, development, existence, manifestation, materialization

**odd** **1.** abnormal, atypical, bizarre, curious, deviant, different, eccentric, exceptional, extraordinary, fantastic, freak, freakish, freaky (*Sl.*), funny, irregular, kinky (*Inf.*), oddball (*Inf.*), off-the-wall (*Sl.*), outlandish, out of the ordinary, outré, peculiar, quaint, queer, rare, remarkable, rum (*Brit. sl.*), singular, strange, uncanny, uncommon, unconventional, unusual, wacko (*Sl.*), weird, whimsical **2.** casual, fragmentary, incidental, irregular, miscellaneous, occasional, periodic, random, seasonal, sundry, varied, various **3.** leftover, lone, remaining, single, solitary, spare, surplus, unconsumed, uneven, unmatched, unpaired

**oddity** **1.** abnormality, anomaly, eccentricity, freak, idiosyncrasy, irregularity, kink, peculiarity, phenomenon, quirk, rarity **2.** card (*Inf.*), crank (*Inf.*), fish out of water, maverick, misfit, nut (*Sl.*), oddball (*Inf.*), odd bird (*Inf.*), odd fish (*Brit. inf.*), rara avis, screwball (*Sl., chiefly U.S. & Canad.*), wacko (*Sl.*), weirdo *or* weirdie (*Inf.*) **3.** abnormality, bizarreness, eccentricity, extraordinariness, freakishness, incongruity, oddness, outlandishness, peculiarity, queerness, singularity, strangeness, unconventionality, unnaturalness

**odds** **1.** advantage, allowance, edge, lead, superiority **2.** balance, chances, likelihood, probability **3.** (*Brit.*) difference, disparity, dissimilarity, distinction **4.** **at odds** at daggers drawn, at loggerheads, at sixes and sevens, at variance, in conflict, in disagreement, in opposition to, not in keeping, on bad terms, out of line

**odds and ends** bits, bits and pieces, debris, leavings, litter, oddments, remnants, rubbish, scraps, sundry *or* miscellaneous items

**odious** abhorrent, abominable, detestable, disgusting, execrable, foul, hateful, horrible, horrid, loathsome, obnoxious, obscene, offensive, repellent, repugnant, repulsive, revolting, unpleasant, vile, yucky *or* yukky (*Sl.*)

**odour** **1.** aroma, bouquet, essence, fragrance, niff (*Brit. sl.*), perfume, redolence, scent, smell, stench, stink **2.** air, atmosphere, aura, emanation, flavour, quality, spirit

**off**
- **ADJ.** **1.** absent, cancelled, finished, gone, inoperative, postponed, unavailable **2.** bad, below par, disappointing, disheartening, displeasing, low-quality, mortifying, poor, quiet, slack, substandard, unrewarding, unsatisfactory **3.** bad, decomposed, high, mouldy, rancid, rotten, sour, turned
- **ADV.** **4.** apart, aside, away, elsewhere, out

**offbeat** bizarre, Bohemian, eccentric, far-out (*Sl.*), freaky (*Sl.*), idiosyncratic, kinky (*Inf.*), novel, oddball (*Inf.*), off-the-wall (*Sl.*), outré, rum (*Brit. sl.*), strange, uncommon, unconventional, unorthodox, unusual, wacko (*Sl.*), way-out (*Inf.*), weird

**off-colour** ill, not up to par, off form, out of sorts, peaky, peely-wally (*Scot.*), poorly (*Inf.*), queasy, run down, sick, under par, under the weather (*Inf.*), unwell, washed out

**offence** **1.** breach of conduct, crime, delinquency, fault, lapse, misdeed, misdemeanour, peccadillo, sin, transgression, trespass, wrong, wrongdoing **2.** affront, displeasure, harm, hurt, indignity, injury, injustice, insult, outrage, put-down (*Sl.*), slight, snub **3.** anger, annoyance, displeasure, hard feelings, huff, indignation, ire (*Literary*), needle (*Inf.*), pique, resentment, umbrage, wounded feelings, wrath **4.** **take offence** be disgruntled, be offended, get riled, go into a huff, resent, take the huff, take the needle (*Inf.*), take umbrage

**offend** **1.** aggravate (*Inf.*), affront, annoy, disgruntle, displease, fret, gall, give offence, hurt (someone's) feelings, insult, irritate, miff (*Inf.*), nark (*Brit., Aust., & N.Z. sl.*), outrage, pain, pique, piss one off (*Taboo sl.*), provoke, put down, put (someone's) back up, rile, slight, snub, tread on (someone's) toes (*Inf.*), upset, vex, wound **2.** be disagreeable to, disgust, gross out (*U.S. sl.*), make (someone) sick, nauseate, repel, repulse, sicken, turn (someone) off (*Inf.*)

**offender** criminal, crook, culprit, delinquent, lawbreaker, malefactor, miscreant, sinner, transgressor, villain, wrongdoer

**offensive**
- **ADJ.** **1.** abusive, annoying, detestable, discourteous, displeasing, disrespectful, embarrassing, impertinent, insolent, insulting, irritating, objectionable, rude, uncivil, unmannerly **2.** abominable, detestable, disagreeable, disgusting, grisly, loathsome, nasty, nauseating, noisome, obnoxious, odious, repellent, revolting, sickening, unpalatable, unpleasant, unsavoury, vile, yucky *or* yukky (*Sl.*) **3.** aggressive, attacking, invading
- **N.** **4.** attack, drive, onslaught, push (*Inf.*) **5.** **on the offensive** advancing, aggressive, attacking, invading, invasive, on the warpath (*Inf.*)

**offer**
- **V.** **1.** bid, extend, give, hold out, proffer, put on the market, put under the hammer, put up for sale, tender **2.** afford, furnish, make available, place at (someone's) disposal, present, provide, purvey, show **3.** advance, extend, move, propose, put forth, put forward, submit, suggest **4.** be at (someone's) service, come forward, offer one's services, volunteer
- **N.** **5.** attempt, bid, endeavour, essay, overture, proposal, proposition, submission, suggestion, tender

**offering** contribution, donation, gift, handout, oblation (*in religious contexts*), present, sacrifice, subscription, widow's mite

**offhand**
- **ADJ.** **1.** abrupt, aloof, brusque, careless, casual, cavalier, couldn't-care-less, curt, glib, informal, offhanded, perfunctory, take-it-or-leave-it (*Inf.*), unceremonious, unconcerned, uninterested
- **ADV.** **2.** ad lib, extempore, impromptu, just like that (*Inf.*), off the cuff (*Inf.*), off the top of one's head (*Inf.*), without preparation

**office** **1.** appointment, business, capacity, charge, commission, duty, employment, function, obligation, occupation, place, post, responsibility, role, service, situation, station, trust, work **2.** *Plural* advocacy, aegis, aid, auspices, backing, favour, help, intercession, intervention, mediation, patronage, recommendation, referral, support, word

**officer** agent, appointee, bureaucrat, dignitary, executive, functionary, office-holder, official, public servant, representative

**official**
- **ADJ.** **1.** accredited, authentic, authoritative, authorized, bona fide, certified, endorsed, ex cathedra, ex officio, formal, legitimate, licensed, proper, sanctioned, straight from the horse's mouth (*Inf.*)
- **N.** **2.** agent, bureaucrat, executive, functionary, office bearer, officer, representative

**officiate** chair, conduct, emcee (*Inf.*), manage, oversee, preside, serve, superintend

**officious** bustling, dictatorial, forward, impertinent, inquisitive, interfering, intrusive, meddlesome, meddling, mischievous, obtrusive, opinionated, overbusy, overzealous, pragmatical (*Rare*), pushy (*Inf.*), self-important

**offing in the offing** close at hand, coming up, hovering, imminent, in prospect, in the immediate future, in the wings, on the horizon, on the way, upcoming

**off-load** disburden, discharge, dump, get rid of, jettison, lighten, shift, take off, transfer, unburden, unload, unship

**off-putting** daunting, discomfiting, disconcerting, discouraging, dismaying, dispiriting, disturbing, formidable, frustrating, intimidating, unnerving, unsettling, upsetting

**offset**
- **V.** **1.** balance out, cancel out, compensate for, counteract, counterbalance, counterpoise, countervail, make up for, neutralize
- **N.** **2.** balance, compensation, counterbalance, counterweight, equipoise

**offshoot** adjunct, appendage, branch, by-product, development, limb, outgrowth, spin-off, sprout

**offspring** brood, child, children, descendant, descendants, family, fry, heir, heirs, issue, kids (*Inf.*), progeny, scion, seed (*Chiefly biblical*), spawn, successor, successors, young

**often** again and again, frequently, generally, many a time, much, oft (*Archaic or poetic*), oftentimes (*Archaic*), ofttimes (*Archaic*), over and over again, repeatedly, time after time, time and again

**ogre** bogey, bogeyman, bugbear, demon, devil, giant, monster, spectre

**oil** v. grease, lubricate

**ointment** balm, cerate, cream, embrocation, emollient, liniment, lotion, salve, unguent

**OK, okay**
▶ **ADJ. 1.** acceptable, accurate, adequate, all right, approved, convenient, correct, fair, fine, good, in order, middling, not bad (*Inf.*), passable, permitted, satisfactory, so-so (*Inf.*), tolerable
▶ **N. 2.** agreement, approbation, approval, assent, authorization, consent, endorsement, go-ahead (*Inf.*), green light, permission, sanction, say-so (*Inf.*), seal of approval
▶ **V. 3.** agree to, approve, authorize, consent to, endorse, entitle, give one's consent to, give the go-ahead (green light, thumbs up) to (*Inf.*), pass, rubber-stamp (*Inf.*), sanction, say yes to
▶ **INTERJ. 4.** agreed, all right, right, roger, very good, very well, yes

**old 1.** advanced in years, aged, ancient, decrepit, elderly, full of years, getting on, grey, grey-haired, grizzled, hoary, mature, over the hill (*Inf.*), past one's prime, patriarchal, senescent, senile, venerable **2.** antediluvian, antiquated, antique, cast-off, crumbling, dated, decayed, done, hackneyed, obsolete, oldfashioned, outdated, outmoded, out of date, passé, stale, superannuated, timeworn, unfashionable, unoriginal, worn-out **3.** aboriginal, antique, archaic, bygone, early, immemorial, of old, of yore, olden (*Archaic*), original, primeval, primitive, primordial, pristine, remote **4.** age-old, experienced, familiar, hardened, long-established, of long standing, practised, skilled, time-honoured, traditional, versed, veteran, vintage **5.** earlier, erstwhile, ex-, former, one-time, previous, quondam

**old age** advancing years, age, agedness, Anno Domini (*Inf.*), autumn *or* evening of one's life, declining years, dotage, senescence, senility, Third Age

**old-fashioned** ancient, antiquated, archaic, behind the times, corny (*Sl.*), dated, dead, démodé, fusty, musty, not with it (*Inf.*), obsolescent, obsolete, oldfangled, (old-)fogyish, old hat, old-time, outdated, outmoded, out of date, out of style, out of the ark (*Inf.*), passé, past, square (*Inf.*), superannuated, unfashionable

**old-time** ancient, antique, bygone, former, old-fashioned, past, vintage

**old-world** archaic, ceremonious, chivalrous, courtly, gallant, old-fashioned, picturesque, quaint, traditional

**omen** augury, foreboding, foretoken, indication, portent, premonition, presage, prognostic, prognostication, sign, straw in the wind, warning, writing on the wall

**ominous** baleful, dark, fateful, forbidding, foreboding, inauspicious, menacing, minatory, portentous, premonitory, sinister, threatening, unpromising, unpropitious

**omission** default, exclusion, failure, forgetfulness, gap, lack, leaving out, neglect, noninclusion, oversight

**omit** disregard, drop, eliminate, exclude, fail, forget, give (something) a miss (*Inf.*), leave out, leave (something) undone, let (something) slide, miss (out), neglect, overlook, pass over, skip

**omnipotence** divine right, invincibility, mastery, sovereignty, supremacy, supreme power, undisputed sway

**omnipotent** all-powerful, almighty, supreme

**once 1.** at one time, formerly, in the old days, in the past, in times gone by, in times past, long ago, once upon a time, previously **2. at once** directly, forthwith, immediately, instantly, now, right away, straight away, straightway (*Archaic*), this (very) minute, without delay, without hesitation at *or* in one go (*Inf.*), at the same time, simultaneously, together **3. once and for all** conclusively, decisively, finally, for all time, for good, for the last time, permanently, positively, with finality **4. once in a while** at intervals, at times, every now and then, from time to time, now and again, occasionally, once in a blue moon (*Inf.*), on occasion, sometimes

**one-horse** backwoods, inferior, minor, obscure, petty, quiet, sleepy, slow, small, small-time (*Inf.*), tinpot (*Brit. inf.*), unimportant

**onerous** backbreaking, burdensome, crushing, demanding, difficult, exacting, exhausting, exigent, formidable, grave, hard, heavy, laborious, oppressive, responsible, taxing, weighty

**one-sided** biased, coloured, discriminatory, inequitable, lopsided, partial, partisan, prejudiced, unequal, unfair, unjust

**one-time** erstwhile, ex-, former, late, previous, quondam, sometime

**onlooker** bystander, eyewitness, looker-on, observer, spectator, viewer, watcher, witness

**only**
▶ **ADV. 1.** at most, barely, exclusively, just, merely, purely, simply
▶ **ADJ. 2.** exclusive, individual, lone, one and only, single, sole, solitary, unique

**onomatopoeic** echoic, imitative, onomatopoetic

**onslaught** assault, attack, blitz, charge, offensive, onrush, onset

**onus** burden, liability, load, obligation, responsibility, task

**ooze**
▶ **V. 1.** bleed, discharge, drain, dribble, drip, drop, emit, escape, exude, filter, leach, leak, overflow with, percolate, seep, strain, sweat, weep
▶ **N. 2.** alluvium, mire, muck, mud, silt, slime, sludge

**opaque 1.** clouded, cloudy, dim, dull, filmy, hazy, impenetrable, lustreless, muddied, muddy, murky, obfuscated, turbid **2.** abstruse, baffling, cryptic, difficult, enigmatic, incomprehensible, obscure, unclear, unfathomable, unintelligible

**open**
▶ **ADJ. 1.** agape, ajar, expanded, extended, gaping, revealed, spread out, unbarred, unclosed, uncovered, unfastened, unfolded, unfurled, unlocked, unobstructed, unsealed, yawning **2.** airy, bare, clear, exposed, extensive, free, navigable, not built-up, passable, rolling, spacious, sweeping, uncluttered, uncrowded, unenclosed, unfenced, unsheltered, wide, wide-open **3.** accessible, available, free, general, nondiscriminatory, public, unconditional, unengaged, unoccupied, unqualified, unrestricted, vacant **4.** apparent, avowed, barefaced, blatant, clear, conspicuous, downright, evident, flagrant, frank, manifest, noticeable, obvious, overt, plain, unconcealed, undisguised, visible **5.** arguable, debatable, moot, undecided, unresolved, unsettled, up in the air, yet to be decided **6.** disinterested, free, impartial, objective, receptive, unbiased, uncommitted, unprejudiced **7.** (*With* to) an easy target for, at the mercy of, defenceless against, disposed, exposed, liable, susceptible, vulnerable **8.** artless, candid, fair, frank, guileless, honest, ingenuous, innocent, natural, sincere, transparent, unreserved **9.** filigree, fretted, holey, honeycombed, lacy, loose, openwork, porous, spongy **10.** bounteous, bountiful, generous, liberal, munificent, prodigal **11.** exposed, undefended, unfortified, unprotected
▶ **V. 12.** begin, begin business, commence, get *or* start the ball rolling, inaugurate, initiate, kick off (*Inf.*), launch, put up one's plate, set in motion, set up shop, start **13.** clear, crack, throw wide, unbar, unblock, unclose, uncork, uncover, undo, unfasten, unlock, unseal, untie, unwrap **14.** expand, spread (out), unfold, unfurl, unroll **15.** come apart, crack, rupture, separate, split **16.** disclose, divulge, exhibit, explain, lay bare, pour out, show, uncover

**open-air** alfresco, outdoor

**open-handed** bountiful, free, generous, lavish, liberal, munificent, prodigal, unstinting

**opening**
▶ **N. 1.** aperture, breach, break, chink, cleft, crack, fissure, gap, hole, interstice, orifice, perforation, rent, rupture, slot, space, split, vent **2.** break (*Inf.*), chance, look-in (*Inf.*), occasion, opportunity, place, vacancy, window **3.** beginning, birth, commencement, dawn, inauguration, inception, initiation, kickoff (*Inf.*), launch, launching, onset, opening move, outset, overture, start
▶ **ADJ. 4.** beginning, commencing, early, first, inaugural, initial, initiatory, introductory, maiden, primary

**openly 1.** candidly, face to face, forthrightly, frankly, overtly, plainly, straight from the shoulder (*Inf.*), unhesitatingly, unreservedly **2.** blatantly, brazenly, flagrantly, in full view, in public, publicly, shamelessly, unabashedly, unashamedly, wantonly, without pretence

**open-minded** broad, broad-minded, catholic, dispassionate, enlightened, free, impartial, liberal, reasonable, receptive, tolerant, unbiased, undogmatic, unprejudiced

**operate 1.** act, be in action, function, go, perform, run, work **2.** be in charge of, handle, manage, manoeuvre, use, work **3.** perform surgery

**operation 1.** action, affair, course, exercise, motion, movement, performance, procedure, process, use, working **2. in operation** effective, functioning, going, in action, in force, operative **3.** activity, agency, effect, effort, force, influence, instrumentality, manipulation **4.** affair, business, deal, enterprise, proceeding, transaction, undertaking **5.** assault, campaign, exercise, manoeuvre **6.** surgery

**operational** functional, going, in working order, operative, prepared, ready, usable, viable, workable, working

**operative**
▶ **ADJ. 1.** active, current, effective, efficient, functional, functioning, in force, in operation, operational, serviceable, standing, workable **2.** crucial, important, indicative, influential, key, relevant, significant
▶ **N. 3.** artisan, employee, hand, labourer, machinist, mechanic, worker

**operator 1.** conductor, driver, handler, mechanic, operative, practitioner, skilled employee, technician, worker **2.** administrator, contractor, dealer, director, manager, speculator, trader **3.** (*Inf.*) Machiavellian, machinator, manipulator, mover, shyster (*Sl., chiefly U.S.*), smart aleck (*Inf.*), wheeler-dealer (*Inf.*), wire-puller, worker

**opinion 1.** assessment, belief, conception, conjecture, estimation, feeling, idea, impression, judg(e)ment, mind, notion, persuasion, point of view, sentiment, theory, view **2. be of the opinion** be convinced, believe, be under the impression, conclude, consider, hold, judge, reckon, suppose, surmise, think **3. matter of opinion** debatable point, matter of judgment, moot point, open question, open to debate, up to the individual

**opinionated** adamant, biased, bigoted, bullheaded, cocksure, dictatorial, doctrinaire, dogmatic, inflexible, obdurate, obstinate, overbearing, pig-headed, prejudiced, self-assertive, single-minded, stubborn, uncompromising

**opponent** adversary, antagonist, challenger, competitor, contestant, disputant, dissentient, enemy, foe, opposer, rival, the opposition

**opportune** advantageous, appropriate, apt, auspicious, convenient, favourable, felicitous, fit, fitting, fortunate, happy, lucky, proper, propitious, seasonable, suitable, timely, well-timed

**opportunism** expediency, exploitation, Machiavellianism, making hay while the sun shines (*Inf.*), pragmatism, realism, Realpolitik, striking while the iron is hot (*Inf.*), trimming, unscrupulousness

**opportunity** break (*Inf.*), chance, convenience, hour, look-in (*Inf.*), moment, occasion, opening, scope, time, window

**oppose 1.** bar, block, check, combat, confront, contradict, counter, counterattack, defy, face, fight, fly in the face of, hinder, obstruct, prevent, resist, speak against, stand up to, take a stand against, take issue with, take on, thwart, withstand **2.** compare, contrast, counterbalance, match, pit *or* set against, play off

**opposed** against, antagonistic, anti (*Inf.*), antipathetic, antithetical, at daggers drawn, averse, clashing, conflicting, contra (*Inf.*), contrary, dissentient, hostile, incompatible, inimical, in opposition, opposing, opposite

**opposing** antagonistic, antipathetic, clashing, combatant, conflicting, contrary, enemy, hostile, incompatible, irreconcilable, opposed, opposite, rival, warring

**opposite**
▶ **ADJ. 1.** corresponding, facing, fronting **2.** adverse, antagonistic, antithetical, conflicting, contradictory, contrary, contrasted, diametrically opposed, different, differing, diverse, hos-

tile, inconsistent, inimical, irreconcilable, opposed, reverse, unlike
► **N. 3.** antithesis, contradiction, contrary, converse, inverse, reverse, the other extreme, the other side of the coin *(Inf.)*

**opposition 1.** antagonism, competition, contrariety, counteraction, disapproval, hostility, obstruction, obstructiveness, prevention, resistance, unfriendliness **2.** antagonist, competition, foe, opponent, other side, rival

**oppress 1.** afflict, burden, depress, dispirit, harass, lie *or* weigh heavy upon, sadden, take the heart out of, torment, vex **2.** abuse, crush, harry, maltreat, overpower, overwhelm, persecute, rule with an iron hand, subdue, subjugate, suppress, trample underfoot, tyrannize over, wrong

**oppression** abuse, brutality, calamity, cruelty, hardship, harshness, injury, injustice, iron hand, maltreatment, misery, persecution, severity, subjection, suffering, tyranny

**oppressive 1.** brutal, burdensome, cruel, despotic, grinding, harsh, heavy, inhuman, onerous, overbearing, overwhelming, repressive, severe, tyrannical, unjust **2.** airless, close, heavy, muggy, overpowering, stifling, stuffy, suffocating, sultry, torrid

**oppressor** autocrat, bully, despot, harrier, intimidator, iron hand, persecutor, scourge, slave-driver, taskmaster, tormentor, tyrant

**optimistic 1.** disposed to take a favourable view, idealistic, seen through rose-coloured spectacles, Utopian **2.** assured, bright, buoyant, buoyed up, cheerful, confident, encouraged, expectant, hopeful, positive, sanguine

**optimum ADJ.** A1 *or* A-one *(Inf.)*, best, choicest, flawless, highest, ideal, most favourable *or* advantageous, optimal, peak, perfect, superlative

**option** alternative, choice, election, preference, selection

**optional** discretionary, elective, extra, noncompulsory, open, possible, up to the individual, voluntary

**opulence 1.** affluence, big bucks *(Inf., chiefly U.S.)*, big money, easy circumstances, Easy Street *(Inf.)*, fortune, lavishness, luxuriance, luxury, megabucks *(U.S. & Canad. sl.)*, plenty, pretty penny *(Inf.)*, prosperity, riches, richness, sumptuousness, tidy sum *(Inf.)*, wad *(U.S. & Canad. sl.)*, wealth **2.** abundance, copiousness, cornucopia, fullness, profusion, richness, superabundance

**opulent 1.** affluent, lavish, luxurious, moneyed, prosperous, rich, sumptuous, wealthy, well-heeled *(Inf.)*, well-off, well-to-do **2.** abundant, copious, lavish, luxuriant, plentiful, profuse, prolific

**oracle 1.** augur, Cassandra, prophet, seer, sibyl, soothsayer **2.** answer, augury, divination, divine utterance, prediction, prognostication, prophecy, revelation, vision **3.** adviser, authority, guru, high priest, horse's mouth, mastermind, mentor, pundit, source, wizard

**oral** spoken, verbal, viva voce, vocal

**oration** address, declamation, discourse, harangue, homily, lecture, speech, spiel *(Inf.)*

**orator** Cicero, declaimer, lecturer, public speaker, rhetorician, speaker, spellbinder, spieler *(Inf.)*

**oratorical** bombastic, Ciceronian, declamatory, eloquent, grandiloquent, high-flown, magniloquent, rhetorical, silver-tongued, sonorous

**oratory** declamation, elocution, eloquence, grandiloquence, public speaking, rhetoric, speechifying, speech-making, spieling *(Inf.)*

**orb** ball, circle, globe, ring, round, sphere

**orbit**
► **N. 1.** circle, circumgyration, course, cycle, ellipse, path, revolution, rotation, track, trajectory **2.** *(Fig.)* ambit, compass, course, domain, influence, range, reach, scope, sphere, sphere of influence, sweep
► **V. 3.** circle, circumnavigate, encircle, revolve around

**orchestrate 1.** arrange, score **2.** arrange, concert, coordinate, integrate, organize, present, put together, set up, stage-manage

**ordain 1.** anoint, appoint, call, consecrate, destine, elect, frock, invest, nominate **2.** fate, foreordain, intend, predestine, predetermine **3.** decree, demand, dictate, enact, enjoin, establish, fix, lay down, legislate, order, prescribe, pronounce, rule, set, will

**ordeal** affliction, agony, anguish, hardship, nightmare, suffering, test, torture, trial, tribulation(s), trouble(s)

**order**
► **N. 1.** arrangement, harmony, method, neatness, orderliness, organization, pattern, plan, propriety, regularity, symmetry, system, tidiness **2.** arrangement, array, categorization, classification, codification, disposal, disposition, grouping, layout, line, line-up, ordering, placement, progression, sequence, series, setup *(Inf.)*, structure, succession **3. in order** arranged, in sequence, neat, orderly, shipshape, tidy acceptable, appropriate, called for, correct, fitting, OK *or* okay *(Inf.)*, right, suitable **4. out of order** broken, broken-down, bust *(Inf.)*, gone haywire *(Inf.)*, gone phut *(Inf.)*, in disrepair, inoperative, kaput *(Inf.)*, nonfunctional, not working, on the blink *(Sl.)*, on the fritz *(U.S. sl.)*, out of commission, U/S *(Inf.)*, wonky *(Brit. sl.)* improper, indecorous, not cricket *(Inf.)*, not done, not on *(Inf.)*, out of place, out of turn, uncalled-for, wrong **5.** calm, control, discipline, law, law and order, peace, quiet, tranquillity **6.** caste, class, degree, grade, hierarchy, pecking order *(Inf.)*, position, rank, status **7.** breed, cast, class, family, genre, genus, ilk, kind, sort, species, subclass, taxonomic group, tribe, type **8.** behest, canon, command, decree, dictate, direction, directive, injunction, instruction, law, mandate, ordinance, precept, regulation, rule, say-so *(Inf.)*, stipulation **9.** application, booking, commission, request, requisition, reservation **10.** association, brotherhood, community, company, fraternity, guild, league, lodge, organization, sect, sisterhood, society, sodality, union
► **V. 11.** adjure, bid, charge, command, decree, demand, direct, enact, enjoin, instruct, ordain, prescribe, require **12.** apply for, authorize, book, call for, contract for, engage, prescribe, request, reserve, send away for **13.** adjust, align, arrange, catalogue, class, classify, conduct, control, dispose, group, lay out, manage, marshal, neaten, organize, put to rights, regulate, set in order, sort out, systematize, tabulate, tidy

**orderly ADJ. 1.** businesslike, in apple-pie order *(Inf.)*, in order, methodical, neat, regular, scientific, shipshape, systematic, systematized, tidy, trim, well-organized, well-regulated **2.** controlled, decorous, disciplined, law-abiding, nonviolent, peaceable, quiet, restrained, well-behaved

**ordinarily** as a rule, commonly, customarily, generally, habitually, in general, in the general run (of things), in the usual way, normally, usually

**ordinary 1.** accustomed, banal, common, customary, established, everyday, habitual, humdrum, mundane, normal, prevailing, quotidian, regular, routine, settled, standard, stock, typical, usual, wonted **2.** common or garden *(Inf.)*, conventional, familiar, homespun, household, humble, modest, plain, prosaic, run-of-the-mill, simple, unmemorable, unpretentious, unremarkable, workaday **3.** average, commonplace, fair, indifferent, inferior, mean, mediocre, pedestrian, second-rate, stereotyped, undistinguished, unexceptional, uninspired, unremarkable **4. out of the ordinary** atypical, distinguished, exceptional, exciting, extraordinary, high-calibre, imaginative, important, impressive, inspired, noteworthy, outstanding, rare, remarkable, significant, special, striking, superior, uncommon, unusual

**organ 1.** device, implement, instrument, tool **2.** element, member, part, process, structure, unit **3.** agency, channel, forum, journal, means, medium, mouthpiece, newspaper, paper, periodical, publication, vehicle, voice

**organism** animal, being, body, creature, entity, living thing, structure

**organization 1.** assembling, assembly, construction, coordination, direction, disposal, formation, forming, formulation, making, management, methodology, organizing, planning, regulation, running, standardization, structuring **2.** arrangement, chemistry, composition, configuration, conformation, constitution, design, format, framework, grouping, make-up, method, organism, pattern, plan, structure, system, unity, whole **3.** association, body, combine, company, concern, confederation, consortium, corporation, federation, group, institution, league, outfit *(Inf.)*, syndicate

**organize** arrange, be responsible for, catalogue, classify, codify, constitute, construct, coordinate, dispose, establish, form, frame, get going, get together, group, lay the foundations of, lick into shape, look after, marshal, pigeonhole, put in order, put together, run, see to *(Inf.)*, set up, shape, straighten out, systematize, tabulate, take care of

**orgy 1.** bacchanal, bacchanalia, carousal, carouse, debauch, revel, revelry, Saturnalia **2.** binge *(Inf.)*, bout, excess, indulgence, overindulgence, splurge, spree, surfeit

**orientation 1.** bearings, coordination, direction, location, position, sense of direction **2.** acclimatization, adaptation, adjustment, assimilation, breaking in, familiarization, introduction, settling in

**orifice** aperture, cleft, hole, mouth, opening, perforation, pore, rent, vent

**origin 1.** base, basis, cause, derivation, fons et origo, font *(Poetic)*, fount, fountain, fountainhead, occasion, provenance, root, roots, source, spring, wellspring **2.** beginning, birth, commencement, creation, dawning, early stages, emergence, foundation, genesis, inauguration, inception, launch, origination, outset, start **3.** ancestry, beginnings, birth, descent, extraction, family, heritage, lineage, parentage, pedigree, stirps, stock

**original**
► **ADJ. 1.** aboriginal, autochthonous, commencing, earliest, early, embryonic, first, infant, initial, introductory, opening, primary, primitive, primordial, pristine, rudimentary, starting **2.** creative, fertile, fresh, ground-breaking, imaginative, ingenious, innovative, innovatory, inventive, new, novel, resourceful, seminal, unconventional, unprecedented, untried, unusual **3.** archetypal, authentic, first, first-hand, genuine, master, primary, prototypical
► **N. 4.** archetype, master, model, paradigm, pattern, precedent, prototype, standard, type **5.** anomaly, card *(Inf.)*, case *(Inf.)*, character, eccentric, nonconformist, nut *(Sl.)*, oddball *(Inf.)*, oddity, queer fish *(Brit. inf.)*, wacko *(Sl.)*, weirdo *or* weirdie *(Inf.)*

**originality** boldness, break with tradition, cleverness, creativeness, creative spirit, creativity, daring, freshness, imagination, imaginativeness, individuality, ingenuity, innovation, innovativeness, inventiveness, new ideas, newness, novelty, resourcefulness, unconventionality, unorthodoxy

**originally** at first, at the outset, at the start, by origin (birth, derivation), first, initially, in the beginning, in the first place, to begin with

**originate 1.** arise, be born, begin, come, derive, emanate, emerge, flow, issue, proceed, result, rise, spring, start, stem **2.** bring about, conceive, create, develop, discover, evolve, form, formulate, generate, give birth to, inaugurate, initiate, institute, introduce, invent, launch, pioneer, produce, set in motion, set up

**originator** architect, author, creator, father, founder, generator, innovator, inventor, maker, mother, pioneer, prime mover

**ornament**
► **N. 1.** accessory, adornment, bauble, decoration, embellishment, festoon, frill, furbelow, garnish, gewgaw, knick-knack, trimming, trinket **2.** flower, honour, jewel, leading light, pride, treasure
► **V. 3.** adorn, beautify, bedizen *(Archaic)*, brighten, deck, decorate, dress up, embellish, festoon, garnish, gild, grace, prettify, prink, trim

**ornamental** attractive, beautifying, decorative, embellishing, for show, showy

**ornamentation** adornment, decoration, elaboration, embellishment, embroidery, frills, ornateness

**ornate** aureate, baroque, beautiful, bedecked, busy, convoluted, decorated, elaborate, elegant, fancy, florid, flowery, fussy, high-wrought, ornamented, overelaborate, rococo

**orthodox** accepted, approved, conformist, conventional, correct, customary, doctrinal, established, kosher *(Inf.)*, official, received, sound, traditional, true, well-established

**orthodoxy** authenticity, authoritativeness, authority, conformism, conformity, conventionality, devotion, devoutness, faithfulness, inflexibility, received wisdom, soundness, traditionalism

**oscillate** fluctuate, seesaw, sway, swing, vacillate, vary, vibrate, waver

**oscillation** fluctuation, instability, seesawing, swing, vacillation, variation, wavering

**ossify** fossilize, freeze, harden, indurate (Rare), petrify, solidify, stiffen

**ostensible** alleged, apparent, avowed, exhibited, manifest, outward, plausible, pretended, professed, purported, seeming, so-called, specious, superficial, supposed

**ostensibly** apparently, for the ostensible purpose of, on the face of it, on the surface, professedly, seemingly, supposedly, to all intents and purposes

**ostentation** affectation, boasting, display, exhibitionism, flamboyance, flashiness, flaunting, flourish, pageantry, parade, pomp, pretension, pretentiousness, show, showiness, showing off (Inf.), swank (Inf.), vaunting, window-dressing

**ostentatious** boastful, brash, conspicuous, crass, dashing, extravagant, flamboyant, flash (Inf.), flashy, flaunted, gaudy, loud, obtrusive, pompous, pretentious, showy, swanky (Inf.), vain, vulgar

**ostracize** avoid, banish, blackball, blacklist, boycott, cast out, cold-shoulder, exclude, excommunicate, exile, expatriate, expel, give (someone) the cold shoulder, reject, send to Coventry, shun, snub

**other** ADJ. **1.** added, additional, alternative, auxiliary, extra, further, more, spare, supplementary **2.** contrasting, different, dissimilar, distinct, diverse, remaining, separate, unrelated, variant

**otherwise** ADV. **1.** if not, or else, or then **2.** any other way, contrarily, differently

**ounce** atom, crumb, drop, grain, iota, particle, scrap, shred, speck, trace, whit

**out** ADJ. **1.** impossible, not allowed, not on (Inf.), ruled out, unacceptable **2.** abroad, absent, away, elsewhere, gone, not at home, outside **3.** antiquated, behind the times, dated, dead, démodé, old-fashioned, old hat, passé, square (Inf.), unfashionable **4.** at an end, cold, dead, doused, ended, exhausted, expired, extinguished, finished, used up

**out-and-out** absolute, arrant, complete, consummate, deep-dyed (Usu. derogatory), downright, dyed-in-the-wool, outright, perfect, thoroughgoing, total, unmitigated, unqualified, utter

**outbreak** burst, epidemic, eruption, explosion, flare-up, flash, outburst, rash, spasm, upsurge

**outburst** access, attack, discharge, eruption, explosion, fit of temper, flare-up, gush, outbreak, outpouring, paroxysm, spasm, storm, surge

**outcast** N. castaway, derelict, displaced person, exile, leper, pariah, persona non grata, refugee, reprobate, untouchable, vagabond, wretch

**outclass** be a cut above (Inf.), beat, eclipse, exceed, excel, leave or put in the shade, leave standing (Inf.), outdistance, outdo, outrank, outshine, outstrip, overshadow, run rings around (Inf.), surpass

**outcome** aftereffect, aftermath, conclusion, consequence, end, end result, issue, payoff (Inf.), result, sequel, upshot

**outcry** clamour, commotion, complaint, cry, exclamation, howl, hue and cry, hullabaloo, noise, outburst, protest, scream, screech, uproar, yell

**outdated** antiquated, antique, archaic, behind the times, démodé, obsolete, old-fashioned, outmoded, out of date, out of style, passé, unfashionable

**outdistance** leave behind, leave standing (Inf.), lose, outrun, outstrip, shake off

**outdo** beat, be one up on, best, eclipse, exceed, excel, get the better of, go one better than (Inf.), outclass, outdistance, outfox, outjockey, outmanoeuvre, outshine, outsmart (Inf.), overcome, run rings around (Inf.), surpass, top, transcend

**outdoor** alfresco, open-air, out-of-door(s), outside

**outer** exposed, exterior, external, outlying, outside, outward, peripheral, remote, superficial, surface

**outfit** 
▶ N. **1.** accoutrements, clothes, costume, ensemble, garb, gear (Inf.), get-up (Inf.), kit, rigout (Inf.), suit, togs (Inf.), trappings **2.** (Inf.) clique, company, corps, coterie, crew, firm, galère, group, organization, set, setup (Inf.), squad, team, unit
▶ V. **3.** accoutre, appoint, equip, fit out, furnish, kit out, provision, stock, supply, turn out

**outfitter** clothier, costumier, couturier, dressmaker, haberdasher (U.S.), modiste, tailor

**outflow** discharge, drainage, ebb, effluence, efflux, effusion, emanation, emergence, gush, issue, jet, outfall, outpouring, rush, spout

**outgoing** **1.** departing, ex-, former, last, leaving, past, retiring, withdrawing **2.** approachable, communicative, cordial, demonstrative, easy, expansive, extrovert, friendly, genial, gregarious, informal, open, sociable, sympathetic, unreserved, warm

**outgoings** costs, expenditure, expenses, outlay, overheads

**outing** excursion, expedition, jaunt, pleasure trip, spin (Inf.), trip

**outlandish** alien, barbarous, bizarre, eccentric, exotic, fantastic, far-out (Sl.), foreign, freakish, grotesque, outré, preposterous, queer, strange, unheard-of, weird

**outlaw** 
▶ N. **1.** bandit, brigand, desperado, fugitive, highwayman, marauder, outcast, pariah, robber
▶ V. **2.** ban, banish, bar, condemn, disallow, embargo, exclude, forbid, interdict, make illegal, prohibit, proscribe, put a price on (someone's) head

**outlay** N. cost, disbursement, expenditure, expenses, investment, outgoings, spending

**outlet** **1.** avenue, channel, duct, egress, exit, means of expression, opening, orifice, release, safety valve, vent, way out **2.** market, shop, store

**outline** 
▶ N. **1.** draft, drawing, frame, framework, layout, lineament(s), plan, rough, skeleton, sketch, tracing **2.** bare facts, main features, recapitulation, résumé, rough idea, rundown, summary, synopsis, thumbnail sketch **3.** configuration, contour, delineation, figure, form, profile, shape, silhouette
▶ V. **4.** adumbrate, delineate, draft, plan, rough out, sketch (in), summarize, trace

**outlive** come through, endure beyond, live through, outlast, survive

**outlook** **1.** angle, attitude, frame of mind, perspective, point of view, slant, standpoint, viewpoint, views **2.** expectations, forecast, future, prospect **3.** aspect, panorama, prospect, scene, view, vista

**outlying** backwoods, distant, far-flung, in the middle of nowhere, outer, out-of-the-way, peripheral, provincial, remote

**outmoded** anachronistic, antediluvian, antiquated, antique, archaic, behind the times, bygone, dated, démodé, fossilized, obsolescent, obsolete, olden (Archaic), oldfangled, old-fashioned, old-time, out, out of date, out of style, outworn, passé, square (Inf.), superannuated, superseded, unfashionable, unusable

**out-of-date** antiquated, archaic, dated, discarded, elapsed, expired, extinct, invalid, lapsed, obsolete, old-fashioned, outmoded, outworn, passé, stale, superannuated, superseded, unfashionable

**out-of-the-way** **1.** distant, far-flung, inaccessible, isolated, lonely, obscure, off the beaten track, outlying, remote, secluded, unfrequented **2.** abnormal, curious, exceptional, extraordinary, odd, outlandish, out of the ordinary, peculiar, strange, uncommon, unusual

**outpourings** cascade, debouchment, deluge, effluence, efflux, effusion, emanation, flow, flux, issue, outflow, spate, spurt, stream, torrent

**output** achievement, manufacture, outturn (Rare), product, production, productivity, yield

**outrage** 
▶ N. **1.** atrocity, barbarism, enormity, evil, inhumanity **2.** abuse, affront, desecration, indignity, injury, insult, offence, profanation, rape, ravishing, shock, violation, violence **3.** anger, fury, hurt, indignation, resentment, shock, wrath
▶ V. **4.** affront, incense, infuriate, madden, make one's blood boil, offend, scandalize, shock **5.** abuse, defile, desecrate, injure, insult, maltreat, rape, ravage, ravish, violate

**outrageous** **1.** abominable, atrocious, barbaric, beastly, egregious, flagrant, heinous, horrible, infamous, inhuman, iniquitous, nefarious, scandalous, shocking, unspeakable, villainous, violent, wicked **2.** disgraceful, excessive, exorbitant, extravagant, immoderate, offensive, OTT (Sl.), over the top (Sl.), preposterous, scandalous, shocking, steep (Inf.), unreasonable

**outright**
▶ ADJ. **1.** absolute, arrant, complete, consummate, deep-dyed (Usu. derogatory), downright, out-and-out, perfect, pure, thorough, thoroughgoing, total, unconditional, undeniable, unmitigated, unqualified, utter, wholesale **2.** definite, direct, flat, straightforward, unequivocal, unqualified
▶ ADV. **3.** absolutely, completely, explicitly, openly, overtly, straightforwardly, thoroughly, to the full, without hesitation, without restraint **4.** at once, cleanly, immediately, instantaneously, instantly, on the spot, straight away, there and then, without more ado

**outset** beginning, commencement, early days, inauguration, inception, kickoff (Inf.), onset, opening, start, starting point

**outshine** be head and shoulders above, be superior to, eclipse, leave or put in the shade, outclass, outdo, outstrip, overshadow, surpass, top, transcend, upstage

**outside**
▶ ADJ. **1.** exterior, external, extramural, extraneous, extreme, out, outdoor, outer, outermost, outward, surface **2.** distant, faint, marginal, negligible, remote, slight, slim, small, unlikely
▶ N. **3.** exterior, façade, face, front, skin, surface, topside

**outsider** alien, foreigner, incomer, interloper, intruder, newcomer, nonmember, odd man out, outlander, stranger

**outskirts** borders, boundary, edge, environs, faubourgs, periphery, purlieus, suburbia, suburbs, vicinity

**outspoken** abrupt, blunt, candid, direct, downright, explicit, forthright, frank, free, free-spoken, open, plain-spoken, round, unceremonious, undissembling, unequivocal, unreserved

**outstanding** **1.** celebrated, distinguished, eminent, excellent, exceptional, great, important, impressive, meritorious, pre-eminent, special, superior, superlative, well-known **2.** arresting, conspicuous, eye-catching, marked, memorable, notable, noteworthy, prominent, salient, signal, striking **3.** due, ongoing, open, owing, payable, pending, remaining, uncollected, unpaid, unresolved, unsettled

**outward** ADJ. apparent, evident, exterior, external, noticeable, observable, obvious, ostensible, outer, outside, perceptible, superficial, surface, visible

**outwardly** apparently, as far as one can see, externally, officially, on the face of it, on the surface, ostensibly, professedly, seemingly, superficially, to all appearances, to all intents and purposes, to the eye

**outweigh** cancel (out), compensate for, eclipse, make up for, outbalance, overcome, override, predominate, preponderate, prevail over, take precedence over, tip the scales

**outwit** cheat, circumvent, deceive, defraud, dupe, get the better of, gull (Archaic), make a fool or monkey of, outfox, outjockey, outmanoeuvre, outsmart (Inf.), outthink, put one over on (Inf.), run rings round (Inf.), swindle, take in (Inf.)

**outworn** abandoned, antiquated, behind the times, defunct, discredited, disused, exhausted, hackneyed, obsolete, outdated, outmoded, out of date, overused, rejected, stale, superannuated, threadbare, tired, worn-out

**oval** ADJ. egg-shaped, ellipsoidal, elliptical, ovate, oviform, ovoid

**ovation** acclaim, acclamation, applause, cheering, cheers, clapping, laudation, plaudits, tribute

**over**
▶ ADJ. **1.** accomplished, ancient history (Inf.), at an end, by, bygone, closed, completed, concluded, done (with), ended, finished, gone, past, settled, up (Inf.)
▶ ADJ./ADV. **2.** beyond, extra, in addition, in excess, left over, remaining, superfluous, surplus, unused

▸ PREP. **3.** above, on, on top of, superior to, upon **4.** above, exceeding, in excess of, more than

▸ ADV. **5.** above, aloft, on high, overhead **6. over and above** added to, as well as, besides, in addition to, let alone, not to mention, on top of, plus **7. over and over (again)** ad nauseam, again and again, frequently, often, repeatedly, time and again

**overact** exaggerate, ham *or* ham up *(Inf.)*, overdo, overplay

**overall**

▸ ADJ. **1.** all-embracing, blanket, complete, comprehensive, general, global, inclusive, long-range, long-term, total, umbrella

▸ ADV. **2.** generally speaking, in general, in (the) large, in the long term, on the whole

**overawe** abash, alarm, browbeat, cow, daunt, frighten, intimidate, scare, terrify

**overbalance** capsize, keel over, lose one's balance, lose one's footing, overset, overturn, slip, take a tumble, tip over, topple over, tumble, turn turtle, upset

**overbearing** arrogant, autocratic, bossy *(Inf.)*, cavalier, despotic, dictatorial, dogmatic, domineering, haughty, high-handed, imperious, lordly, magisterial, officious, oppressive, overweening, peremptory, supercilious, superior, tyrannical

**overcast** clouded, clouded over, cloudy, darkened, dismal, dreary, dull, grey, hazy, leaden, louring *or* lowering, murky, sombre, sunless, threatening

**overcharge 1.** cheat, clip *(Sl.)*, diddle *(Inf.)*, do *(Sl.)*, fleece, rip off *(Sl.)*, rook *(Sl.)*, short-change, skin *(Sl.)*, sting *(Inf.)*, surcharge **2.** burden, oppress, overburden, overload, overtask, overtax, strain, surfeit **3.** *(Literary)* embellish, embroider, exaggerate, hyperbolize, lay it on thick *(Inf.)*, overstate

**overcome**

▸ V. **1.** beat, best, be victorious, blow out of the water *(Sl.)*, clobber *(Sl.)*, come out on top *(Inf.)*, conquer, crush, defeat, get the better of, lick *(Inf.)*, master, overpower, overthrow, overwhelm, prevail, render incapable (helpless, powerless), rise above, subdue, subjugate, surmount, survive, tank *(Sl.)*, triumph over, undo, vanquish, weather, wipe the floor with *(Inf.)*, worst

▸ ADJ. **2.** affected, at a loss for words, bowled over *(Inf.)*, overwhelmed, speechless, swept off one's feet, unable to continue, visibly moved

**overconfident** brash, cocksure, foolhardy, hubristic, overweening, presumptuous, riding for a fall *(Inf.)*, uppish *(Brit. inf.)*

**overcritical** captious, carping, cavilling, fault-finding, hairsplitting, hard to please, hypercritical, nit-picking *(Inf.)*, overparticular, pedantic, pernickety *(Inf.)*, picky *(Inf.)*

**overcrowded** choked, congested, crammed full, hoatching *(Scot.)*, jam-packed, like the Black Hole of Calcutta, overloaded, overpopulated, packed (out), swarming

**overdo 1.** be intemperate, belabour, carry too far, do to death *(Inf.)*, exaggerate, gild the lily, go overboard *(Inf.)*, go to extremes, lay it on thick *(Inf.)*, not know when to stop, overindulge, overplay, overreach, overstate, overuse, overwork, run riot **2. overdo it** bite off more than one can chew, burn the candle at both ends *(Inf.)*, drive oneself, fatigue, go too far, have too many irons in the fire, overburden, overload, overtax one's strength, overtire, overwork, strain *or* overstrain oneself, wear oneself out

**overdone 1.** beyond all bounds, exaggerated, excessive, fulsome, hyped, immoderate, inordinate, overelaborate, preposterous, too much, undue, unnecessary **2.** burnt, burnt to a cinder, charred, dried up, overcooked, spoiled

**overdue** behindhand, behind schedule, behind time, belated, late, long delayed, not before time *(Inf.)*, owing, tardy, unpunctual

**overeat** binge *(Inf.)*, eat like a horse *(Inf.)*, gorge, gormandize, guzzle, make a pig of oneself *(Inf.)*, overindulge, pack away *(Sl.)*, pig away *(Sl.)*, pig out *(Sl.)*, stuff, stuff oneself

**overemphasize** belabour, blow up out of all proportion, lay too much stress on, make a big thing of *(Inf.)*, make a federal case of *(U.S. inf.)*, make a mountain out of a molehill *(Inf.)*, make a production (out) of *(Inf.)*, make something out of nothing, make too much of, overdramatize, overstress

**overflow**

▸ V. **1.** bubble (brim, fall, pour, run, slop, well) over, discharge, pour out, run with, shower, spill, spray, surge **2.** cover, deluge, drown, flood, inundate, soak, submerge, swamp

▸ N. **3.** discharge, flash flood, flood, flooding, inundation, overabundance, spill, spilling over, surplus

**overhang** V. beetle, bulge, cast a shadow, extend, impend, jut, loom, project, protrude, stick out, threaten

**overhaul**

▸ V. **1.** check, do up *(Inf.)*, examine, inspect, recondition, re-examine, repair, restore, service, survey

▸ N. **2.** check, checkup, examination, going-over *(Inf.)*, inspection, reconditioning, service

▸ V. **3.** catch up with, draw level with, get ahead of, overtake, pass

**overhead**

▸ ADV. **1.** above, aloft, atop, in the sky, on high, skyward, up above, upward

▸ ADJ. **2.** aerial, overhanging, roof, upper

**overheads** burden, oncosts, operating cost(s), running cost(s)

**overheated** agitated, fiery, flaming, impassioned, inflamed, overexcited, roused

**overindulge** be immoderate *or* intemperate, drink *or* eat too much, have a binge *(Inf.)*, live it up *(Inf.)*, make a pig of oneself *(Inf.)*, overdo it, pig out *(Sl.)*

**overindulgence** excess, immoderation, intemperance, overeating, surfeit

**overjoyed** cock-a-hoop, delighted, deliriously happy, elated, euphoric, happy as a lark, in raptures, joyful, jubilant, on cloud nine *(Inf.)*, only too happy, over the moon *(Inf.)*, rapt, rapturous, thrilled, tickled pink *(Inf.)*, transported

**overlay**

▸ V. **1.** adorn, blanket, cover, inlay, laminate, ornament, overspread, superimpose, veneer

▸ N. **2.** adornment, appliqué, covering, decoration, ornamentation, veneer

**overload** burden, encumber, oppress, overburden, overcharge, overtax, saddle (with), strain, weigh down

**overlook 1.** disregard, fail to notice, forget, ignore, leave out of consideration, leave undone, miss, neglect, omit, pass, slight, slip up on **2.** blink at, condone, disregard, excuse, forgive, let bygones be bygones, let one off with, let pass, let ride, make allowances for, pardon, turn a blind eye to, wink at **3.** afford a view of, command a view of, front on to, give upon, have a view of, look over *or* out on

**overly** exceedingly, excessively, immoderately, inordinately, over, too, unduly, very much

**overpower** beat, clobber *(Sl.)*, conquer, crush, defeat, get the upper hand over, immobilize, knock out, lick *(Inf.)*, master, overcome, overthrow, overwhelm, quell, subdue, subjugate, vanquish

**overpowering** compelling, extreme, forceful, invincible, irrefutable, irresistible, nauseating, overwhelming, powerful, sickening, strong, suffocating, telling, unbearable, uncontrollable

**overrate** assess too highly, exaggerate, make too much of, overestimate, overpraise, overprize, oversell, overvalue, rate too highly, think *or* expect too much of, think too highly of

**override** annul, cancel, countermand, discount, disregard, ignore, nullify, outweigh, overrule, quash, reverse, ride roughshod over, set aside, supersede, take no account of, trample underfoot, upset, vanquish

**overriding** cardinal, compelling, determining, dominant, final, major, number one, overruling, paramount, pivotal, predominant, prevailing, primary, prime, ruling, supreme, ultimate

**overrule 1.** alter, annul, cancel, countermand, disallow, invalidate, make null and void, outvote, override, overturn, recall, repeal, rescind, reverse, revoke, rule against, set aside, veto **2.** bend to one's will, control, direct, dominate, govern, influence, prevail over, sway

**overrun 1.** cut to pieces, invade, massacre, occupy, overwhelm, put to flight, rout, swamp **2.** choke, infest, inundate, overflow, overgrow, permeate, ravage, spread like wildfire, spread over, surge over, swarm over **3.** exceed, go beyond, overshoot, run over *or* on

**overseer** boss *(Inf.)*, chief, foreman, gaffer *(Inf., chiefly Brit.)*, manager, master, super *(Inf.)*, superintendent, superior, supervisor

**overshadow 1.** dominate, dwarf, eclipse, excel, leave *or* put in the shade, outshine, outweigh, render insignificant by comparison, rise above, steal the limelight from, surpass, take precedence over, throw into the shade, tower above **2.** adumbrate, becloud, bedim, cloud, darken, dim, obfuscate, obscure, veil **3.** blight, cast a gloom upon, mar, ruin, spoil, take the edge off, take the pleasure *or* enjoyment out of, temper

**oversight 1.** blunder, carelessness, delinquency, error, fault, inattention, lapse, laxity, mistake, neglect, omission, slip **2.** administration, care, charge, control, custody, direction, handling, inspection, keeping, management, superintendence, supervision, surveillance

**overt** apparent, blatant, manifest, observable, obvious, open, patent, plain, public, unconcealed, undisguised, visible

**overtake 1.** catch up with, do better than, draw level with, get past, leave behind, outdistance, outdo, outstrip, overhaul, pass **2.** befall, catch unprepared, come upon, engulf, happen, hit, overwhelm, strike, take by surprise

**overthrow**

▸ V. **1.** abolish, beat, bring down, conquer, crush, defeat, depose, dethrone, do away with, master, oust, overcome, overpower, overwhelm, subdue, subjugate, topple, unseat, vanquish **2.** bring to ruin, demolish, destroy, knock down, level, overturn, put an end to, raze, ruin, subvert, upend, upset

▸ N. **3.** defeat, deposition, destruction, dethronement, discomfiture, disestablishment, displacement, dispossession, downfall, end, fall, ousting, prostration, rout, ruin, subjugation, subversion, suppression, undoing, unseating

**overtone** association, connotation, flavour, hint, implication, innuendo, intimation, nuance, sense, suggestion, undercurrent

**overture 1.** *Often plural* advance, approach, conciliatory move, invitation, offer, opening move, proposal, proposition, signal, tender **2.** *(Music)* introduction, opening, prelude

**overturn 1.** capsize, keel over, knock over *or* down, overbalance, reverse, spill, tip over, topple, tumble, upend, upset, upturn **2.** abolish, annul, bring down, countermand, depose, destroy, invalidate, obviate, overthrow, repeal, rescind, reverse, set aside, unseat

**overweening 1.** arrogant, cavalier, cocksure, cocky, conceited, egotistical, haughty, high and mighty *(Inf.)*, high-handed, insolent, lordly, opinionated, pompous, presumptuous, proud, self-confident, supercilious, uppish *(Brit. inf.)*, vain, vainglorious **2.** blown up out of all proportion, excessive, extravagant, immoderate

**overweight** ADJ. ample, bulky, buxom, chubby, chunky, corpulent, fat, fleshy, gross, heavy, hefty, huge, massive, obese, on the plump side, outsize, plump, podgy, portly, stout, tubby *(Inf.)*, well-padded *(Inf.)*, well-upholstered *(Inf.)*

**overwhelm 1.** bury, crush, deluge, engulf, flood, inundate, snow under, submerge, swamp **2.** bowl over *(Inf.)*, confuse, devastate, knock (someone) for six *(Inf.)*, overcome, overpower, prostrate, render speechless, stagger **3.** crush, cut to pieces, destroy, massacre, overpower, overrun, rout

**overwhelming** breathtaking, crushing, devastating, invincible, irresistible, overpowering, shattering, stunning, towering, uncontrollable, vast, vastly superior

**overwork** be a slave-driver *or* hard taskmaster to, burden, burn the midnight oil, drive into the ground, exhaust, exploit, fatigue, oppress, overstrain, overtax, overuse, prostrate, strain, sweat *(Inf.)*, wear out, weary, work one's fingers to the bone

**overwrought 1.** agitated, beside oneself, distracted, excited, frantic, in a state (tizzy *(Inf.)*, twitter *(Inf.)*) *(Inf.)*, keyed up, on edge, overexcited, overworked, stirred, strung up *(Inf.)*, tense, uptight *(Inf.)*, wired *(Sl.)*, worked up *(Inf.)*, wound up *(Inf.)* **2.** baroque, busy, contrived, florid, flowery, fussy, overdone, overelaborate, overembellished, overornate, rococo

**owe** be beholden to, be in arrears, be in debt, be obligated *or* indebted, be under an obligation to

**owing** ADJ. due, outstanding, overdue, owed, payable, unpaid, unsettled

**owing to** PREP. as a result of, because of, on account of

**own**
- ADJ. **1.** individual, particular, personal, private **2. on one's own** alone, by oneself, by one's own efforts, independently, isolated, left to one's own devices, off one's own bat, on one's tod (*Brit. sl.*), singly, (standing) on one's own two feet, unaided, unassisted **3. hold one's own** compete, keep going, keep one's end up, keep one's head above water, maintain one's position
- V. **4.** be in possession of, be responsible for, enjoy, have, hold, keep, possess, retain **5. own up (to)** admit, come clean (about) (*Inf.*), confess, make a clean breast of, tell the truth (about) **6.** acknowledge, admit, allow, allow to be valid, avow, concede, confess, disclose, go along with, grant, recognize

**owner** holder, landlord, lord, master, mistress, possessor, proprietor, proprietress, proprietrix

**ownership** dominion, possession, proprietary rights, proprietorship, right of possession, title

✦✦✦✦✦✦✦✦✦✦✦✦✦✦✦✦✦

# P

**pace**
- N. **1.** gait, measure, step, stride, tread, walk **2.** clip (*Inf.*), lick (*Inf.*), momentum, motion, movement, progress, rate, speed, tempo, time, velocity
- V. **3.** march, patrol, pound, stride, walk back and forth, walk up and down **4.** count, determine, mark out, measure, step

**pacific 1.** appeasing, conciliatory, diplomatic, irenic, pacificatory, peacemaking, placatory, propitiatory **2.** dovelike, dovish, friendly, gentle, mild, nonbelligerent, nonviolent, pacifist, peaceable, peace-loving **3.** at peace, calm, halcyon, peaceful, placid, quiet, serene, smooth, still, tranquil, unruffled

**pacifist** conchie (*Inf.*), conscientious objector, dove, passive resister, peace lover, peacemonger, peacenik (*Inf.*), satyagrahi

**pack**
- N. **1.** back pack, bale, bundle, burden, fardel (*Archaic*), kit, kitbag, knapsack, load, package, packet, parcel, rucksack, truss **2.** assemblage, band, bunch, collection, company, crew, crowd, deck, drove, flock, gang, group, herd, lot, mob, set, troop
- V. **3.** batch, bundle, burden, load, package, packet, store, stow **4.** charge, compact, compress, cram, crowd, fill, jam, mob, press, ram, stuff, tamp, throng, wedge **5.** (*With off*) bundle out, dismiss, hustle out, send someone about his business, send away, send packing (*Inf.*)

**package**
- N. **1.** box, carton, container, packet, parcel **2.** amalgamation, combination, entity, unit, whole
- V. **3.** batch, box, pack, packet, parcel (up), wrap, wrap up

**packed** brimful, chock-a-block, chock-full, congested, cram-full, crammed, crowded, filled, full, hoatching (*Scot.*), jammed, jam-packed, loaded or full to the gunwales, overflowing, overloaded, packed like sardines, seething, swarming

**packet 1.** bag, carton, container, package, parcel, poke (*Dialect*), wrapper, wrapping **2.** (*Sl.*) a bob or two (*Brit. inf.*), big bucks (*Inf., chiefly U.S.*), big money, bomb (*Brit. sl.*), bundle (*Sl.*), fortune, king's ransom (*Inf.*), lot(s), megabucks (*U.S. & Canad. sl.*), mint (*Inf.*), pile, pot(s) (*Inf.*), pretty penny (*Inf.*), tidy sum (*Inf.*), wad (*U.S. & Canad. sl.*)

**pack in 1.** attract, cram, draw, fill to capacity, squeeze in **2.** (*Brit. inf.*) cease, chuck (*Inf.*), desist, give up or over, jack in, kick (*Inf.*), leave off, stop

**pack up 1.** put away, store, tidy up **2.** (*Inf.*) call it a day (*Inf.*), finish, give up, pack in (*Brit. inf.*) **3.** break down, conk out (*Inf.*), fail, give out, stall, stop

**pact** agreement, alliance, arrangement, bargain, bond, compact, concord, concordat, contract, convention, covenant, deal, league, protocol, treaty, understanding

**pad**
- N. **1.** buffer, cushion, protection, stiffening, stuffing, wad **2.** block, jotter, notepad, tablet, writing pad **3.** foot, paw, sole **4.** (*Sl.*) apartment, flat, hang-out (*Inf.*), home, place, quarters, room
- V. **5.** cushion, fill, line, pack, protect, shape, stuff **6.** (*Often with out*) amplify, augment, eke, elaborate, fill out, flesh out, inflate, lengthen, protract, spin out, stretch

**padding 1.** filling, packing, stuffing, wadding **2.** hot air (*Inf.*), prolixity, verbiage, verbosity, waffle (*Inf., chiefly Brit.*), wordiness

**paddle**
- N. **1.** oar, scull, sweep
- V. **2.** oar, propel, pull, row, scull **3.** dabble, plash, slop, splash (about), stir, wade

**pagan**
- N. **1.** Gentile, heathen, idolater, infidel, polytheist, unbeliever
- ADJ. **2.** Gentile, heathen, heathenish, idolatrous, infidel, irreligious, polytheistic

**page¹**
- N. **1.** folio, leaf, sheet, side **2.** chapter, episode, epoch, era, event, incident, period, phase, point, stage, time
- V. **3.** foliate, number, paginate

**page²**
- N. **1.** attendant, bellboy (*U.S.*), footboy, pageboy, servant, squire
- V. **2.** announce, call, call out, preconize, seek, send for, summon

**pageant** display, extravaganza, parade, procession, ritual, show, spectacle, tableau

**pageantry** display, drama, extravagance, glamour, glitter, grandeur, magnificence, parade, pomp, show, showiness, spectacle, splash (*Inf.*), splendour, state, theatricality

**pain**
- N. **1.** ache, cramp, discomfort, hurt, irritation, pang, smarting, soreness, spasm, suffering, tenderness, throb, throe (*Rare*), trouble, twinge **2.** affliction, agony, anguish, bitterness, distress, grief, hardship, heartache, misery, suffering, torment, torture, tribulation, woe, wretchedness **3.** (*Inf.*) aggravation, annoyance, bore, bother, drag (*Inf.*), gall, headache (*Inf.*), irritation, nuisance, pain in the arse (*Taboo inf.*), pain in the neck (*Inf.*), pest, vexation
- V. **4.** ail, chafe, discomfort, harm, hurt, inflame, injure, smart, sting, throb **5.** afflict, aggrieve, agonize, cut to the quick, disquiet, distress, grieve, hurt, sadden, torment, torture, vex, worry, wound **6.** (*Inf.*) annoy, exasperate, gall, harass, irritate, nark (*Brit., Aust., & N.Z. sl.*), rile, vex

**pained** aggrieved, anguished, distressed, hurt, injured, miffed (*Inf.*), offended, reproachful, stung, unhappy, upset, worried, wounded

**painful 1.** afflictive, disagreeable, distasteful, distressing, grievous, saddening, unpleasant **2.** aching, agonizing, excruciating, harrowing, hurting, inflamed, raw, smarting, sore, tender, throbbing **3.** arduous, difficult, hard, laborious, severe, tedious, troublesome, trying, vexatious **4.** (*Inf.*) abysmal, awful, dire, dreadful, excruciating, extremely bad, godawful, terrible

**painfully** alarmingly, clearly, deplorably, distressingly, dreadfully, excessively, markedly, sadly, unfortunately, woefully

**painkiller** anaesthetic, analgesic, anodyne, drug, palliative, remedy, sedative

**painless** easy, effortless, fast, no trouble, pain-free, quick, simple, trouble-free

**pains 1.** assiduousness, bother, care, diligence, effort, industry, labour, special attention, trouble **2.** birth-pangs, childbirth, contractions, labour

**painstaking** assiduous, careful, conscientious, diligent, earnest, exacting, hard-working, industrious, meticulous, persevering, punctilious, scrupulous, sedulous, strenuous, thorough, thoroughgoing

**paint**
- N. **1.** colour, colouring, dye, emulsion, pigment, stain, tint **2.** (*Inf.*) cosmetics, face (*Inf.*), greasepaint, make-up, maquillage, war paint (*Inf.*)
- V. **3.** catch a likeness, delineate, depict, draw, figure, picture, portray, represent, sketch **4.** apply, coat, colour, cover, daub, decorate, slap on (*Inf.*) **5.** bring to life, capture, conjure up a vision, depict, describe, evoke, make one see, portray, put graphically, recount, tell vividly **6. paint the town red** (*Inf.*) carouse, celebrate, go on a binge (*Inf.*), go on a spree, go on the town, live it up (*Inf.*), make merry, make whoopee (*Inf.*), revel

**pair**
- N. **1.** brace, combination, couple, doublet, duo, match, matched set, span, twins, two of a kind, twosome, yoke
- V. **2.** bracket, couple, join, marry, match, match up, mate, pair off, put together, team, twin, wed, yoke

**palatable 1.** appetizing, delectable, delicious, luscious, mouthwatering, savoury, tasty, toothsome **2.** acceptable, agreeable, attractive, enjoyable, fair, pleasant, satisfactory

**palate 1.** appetite, heart, stomach, taste **2.** appreciation, enjoyment, gusto, liking, relish, zest

**palatial** de luxe, gorgeous, grand, grandiose, illustrious, imposing, luxurious, magnificent, majestic, opulent, plush (*Inf.*), regal, spacious, splendid, splendiferous (*Facetious*), stately, sumptuous

**pale**
- ADJ. **1.** anaemic, ashen, ashy, bleached, bloodless, colourless, faded, light, pallid, pasty, sallow, wan, washed-out, white, whitish **2.** dim, faint, feeble, inadequate, poor, thin, weak
- V. **3.** become pale, blanch, go white, lose colour, whiten **4.** decrease, dim, diminish, dull, fade, grow dull, lessen, lose lustre

**pall** v. become dull or tedious, bore, cloy, glut, jade, satiate, sicken, surfeit, tire, weary

**palm¹ 1.** hand, hook, meathook (*Sl.*), mitt (*Sl.*), paw (*Inf.*) **2. in the palm of one's hand** at one's mercy, in one's clutches (control, power) **3. grease someone's palm** (*Sl.*) bribe, buy, corrupt, fix (*Inf.*), give a backhander (*Sl.*), induce, influence, pay off (*Inf.*), square, suborn

**palm²** (*Fig.*) bays, crown, fame, glory, honour, laurels, merit, prize, success, triumph, trophy, victory

**palm off 1.** (*With on or with*) fob off, foist off, pass off **2.** (*With on*) foist on, force upon, impose upon, take advantage of, thrust upon, unload upon

**palmy** flourishing, fortunate, glorious, golden, halcyon, happy, joyous, luxurious, prosperous, thriving, triumphant

**palpable 1.** apparent, blatant, clear, conspicuous, evident, manifest, obvious, open, patent, plain, unmistakable, visible **2.** concrete, material, real, solid, substantial, tangible, touchable

**palpitate** beat, flutter, pitapat, pitter-patter, pound, pulsate, pulse, quiver, shiver, throb, tremble, vibrate

**palsied** arthritic, atonic (*Pathol.*), crippled, debilitated, disabled, helpless, paralyzed, paralytic, rheumatic, sclerotic, shaking, shaky, spastic, trembling

**paltry** base, beggarly, chickenshit (*U.S. sl.*), contemptible, crappy (*Sl.*), derisory, despicable, inconsiderable, insignificant, low, meagre, mean, measly, Mickey Mouse (*Sl.*), minor, miserable, nickel-and-dime (*U.S. sl.*), petty, picayune (*U.S.*), piddling (*Inf.*), pitiful, poor, poxy (*Sl.*), puny, slight, small, sorry, trifling, trivial, twopenny-halfpenny (*Brit. inf.*), unimportant, worthless, wretched

**pamper** baby, cater to one's every whim, coddle, cosset, fondle, gratify, humour, indulge, mollycoddle, pander to, pet, spoil

**pamphlet** booklet, brochure, circular, folder, leaflet, tract

**pan¹**
- N. **1.** container, pot, saucepan, vessel
- V. **2.** look for, search for, separate, sift out, wash **3.** (*Inf.*) blast, censure, criticize, flay, hammer (*Brit. inf.*), knock (*Inf.*), lambast(e), put down, roast (*Inf.*), rubbish (*Inf.*), slam (*Sl.*), slag (off) (*Sl.*), slate (*Inf.*), tear into (*Inf.*), throw brickbats at (*Inf.*)

**pan²** v. follow, move, scan, sweep, swing, track, traverse

**panacea** catholicon, cure-all, elixir, nostrum, sovereign remedy, universal cure

**panache** a flourish, brio, dash, élan, flair, flamboyance, spirit, style, swagger, verve

**pandemonium** babel, bedlam, chaos, clamour, commotion, confusion, din, hubbub, hue and cry, hullabaloo, racket, ruckus (*Inf.*), ruction (*Inf.*), rumpus, tumult, turmoil, uproar

**pang** ache, agony, anguish, discomfort, distress, gripe, pain, prick, spasm, stab, sting, stitch, throe (*Rare*), twinge, wrench

**panic**
- N. **1.** agitation, alarm, consternation, dismay, fear, fright, horror, hysteria, scare, terror

► V. 2. become hysterical, be terror-stricken, go to pieces, lose one's bottle *(Brit. sl.)*, lose one's nerve, overreact 3. alarm, put the wind up (someone) *(Inf.)*, scare, startle, terrify, unnerve

**panicky** afraid, agitated, distressed, fearful, frantic, frenzied, frightened, hysterical, in a flap *(Inf.)*, in a tizzy *(Inf.)*, jittery *(Inf.)*, nervous, windy *(Sl.)*, worked up, worried

**panic-stricken** *or* **panic-struck** aghast, agitated, alarmed, appalled, fearful, frenzied, frightened, frightened out of one's wits, frightened to death, horrified, horror-stricken, hysterical, in a cold sweat *(Inf.)*, panicky, petrified, scared, scared shitless *(Taboo sl.)*, scared stiff, shit-scared *(Taboo sl.)*, startled, terrified, terror-stricken, unnerved

**panoply** array, attire, dress, garb, get-up *(Inf.)*, insignia, raiment *(Archaic or poetic)*, regalia, show, trappings, turnout

**panorama** 1. bird's-eye view, prospect, scenery, scenic view, view, vista 2. overall picture, overview, perspective, survey

**panoramic** all-embracing, bird's-eye, comprehensive, extensive, far-reaching, general, inclusive, overall, scenic, sweeping, wide

**pant**
► V. 1. blow, breathe, gasp, heave, huff, palpitate, puff, throb, wheeze 2. *(Fig.)* ache, covet, crave, desire, eat one's heart out over, hanker after, hunger, long, pine, set one's heart on, sigh, thirst, want, yearn
► N. 3. gasp, huff, puff, wheeze

**pants** 1. *(Brit.)* boxer shorts, briefs, drawers, knickers, panties, underpants, Y-fronts *(Trademark)* 2. *(U.S.)* slacks, trousers

**pap** 1. baby food, mash, mush, pulp 2. drivel, rubbish, trash, trivia

**paper**
► N. 1. *Often plural* certificate, deed, documents, instrument, record 2. *Plural* archive, diaries, documents, dossier, file, letters, records 3. daily, blat, gazette, journal, news, newspaper, organ, rag *(Inf.)* 4. analysis, article, assignment, composition, critique, dissertation, essay, examination, monograph, report, script, study, thesis, treatise 5. **on paper** ideally, in the abstract, in theory, theoretically
► ADJ. 6. cardboard, disposable, flimsy, insubstantial, paper-thin, papery, thin
► V. 7. cover with paper, hang, line, paste up, wallpaper

**papery** flimsy, fragile, frail, insubstantial, light, lightweight, paperlike, paper-thin, thin

**par** N. 1. average, level, mean, median, norm, standard, usual 2. balance, equal footing, equality, equilibrium, equivalence, parity 3. **above par** excellent, exceptional, first-rate *(Inf.)*, outstanding, superior 4. **below par** below average, bush-league *(Aust. & N.Z. inf.)*, dime-a-dozen *(Inf.)*, inferior, lacking, not up to scratch *(Inf.)*, poor, second-rate, substandard, tinhorn *(U.S. sl.)*, two-bit *(U.S. & Canad. sl.)*, wanting not oneself, off colour *(Chiefly Brit.)*, off form, poorly *(Inf.)*, sick, under the weather *(Inf.)*, unfit, unhealthy 5. **par for the course** average, expected, ordinary, predictable, standard, typical, usual 6. **on a par** equal, much the same, the same, well-matched 7. **up to par** acceptable, adequate, good enough, passable, satisfactory, up to scratch *(Inf.)*, up to the mark

**parable** allegory, exemplum, fable, lesson, moral tale, story

**parade**
► N. 1. array, cavalcade, ceremony, column, march, pageant, procession, review, spectacle, train 2. array, display, exhibition, flaunting, ostentation, pomp, show, spectacle, vaunting
► V. 3. defile, march, process 4. air, brandish, display, exhibit, flaunt, make a show of, show, show off *(Inf.)*, strut, swagger, vaunt

**paradise** 1. City of God, divine abode, Elysian fields, garden of delights *(Islam)*, heaven, heavenly kingdom, Olympus *(Poetic)*, Promised Land, Zion *(Christianity)* 2. Eden, Garden of Eden 3. bliss, delight, felicity, heaven, seventh heaven, utopia

**paradox** absurdity, ambiguity, anomaly, contradiction, enigma, inconsistency, mystery, oddity, puzzle

**paradoxical** absurd, ambiguous, baffling, confounding, contradictory, enigmatic, equivocal, illogical, impossible, improbable, inconsistent, oracular, puzzling, riddling

**paragon** apotheosis, archetype, criterion, cynosure, epitome, exemplar, ideal, jewel, masterpiece, model, nonesuch *(Archaic)*, nonpareil, norm, paradigm, pattern, prototype, quintessence, standard

**paragraph** clause, item, notice, part, passage, portion, section, subdivision

**parallel**
► ADJ. 1. aligned, alongside, coextensive, equidistant, side by side 2. akin, analogous, complementary, correspondent, corresponding, like, matching, resembling, similar, uniform
► N. 3. analogue, complement, corollary, counterpart, duplicate, equal, equivalent, likeness, match, twin 4. analogy, comparison, correlation, correspondence, likeness, parallelism, resemblance, similarity
► V. 5. agree, be alike, chime with, compare, complement, conform, correlate, correspond, equal, keep pace (with), match

**paralysis** 1. immobility, palsy, paresis *(Pathol.)* 2. arrest, breakdown, halt, shutdown, stagnation, standstill, stoppage

**paralytic** ADJ. 1. crippled, disabled, immobile, immobilized, incapacitated, lame, numb, palsied, paralyzed 2. *(Inf.)* bevvied *(Dialect)*, blitzed *(Sl.)*, blotto *(Sl.)*, bombed *(Sl.)*, canned *(Sl.)*, drunk, flying *(Sl.)*, inebriated, intoxicated, legless *(Inf.)*, lit up *(Sl.)*, out of it *(Sl.)*, out to it *(Aust. & N.Z. sl.)*, pie-eyed *(Sl.)*, pissed *(Taboo sl.)*, plastered *(Sl.)*, sloshed *(Sl.)*, smashed *(Sl.)*, steamboats *(Sl.)*, steaming *(Sl.)*, stewed *(Sl.)*, stoned *(Sl.)*, tired and emotional *(Euphemistic)*, wasted *(Sl.)*, wrecked *(Sl.)*, zonked *(Sl.)*

**paralyze** 1. cripple, debilitate, disable, incapacitate, lame 2. anaesthetize, arrest, benumb, freeze, halt, immobilize, numb, petrify, stop dead, stun, stupefy, transfix

**parameter** constant, criterion, framework, guideline, limit, limitation, restriction, specification

**paramount** capital, cardinal, chief, dominant, eminent, first, foremost, main, outstanding, predominant, pre-eminent, primary, prime, principal, superior, supreme

**paraphernalia** accoutrements, apparatus, appurtenances, baggage, belongings, clobber *(Brit. sl.)*, effects, equipage, equipment, gear, impedimenta, material, stuff, tackle, things, trappings

**paraphrase**
► N. 1. interpretation, rehash, rendering, rendition, rephrasing, restatement, rewording, translation, version
► V. 2. express in other words *or* one's own words, interpret, rehash, render, rephrase, restate, reword

**parasite** bloodsucker *(Inf.)*, cadger, drone *(Brit.)*, hanger-on, leech, scrounger *(Inf.)*, sponge *(Inf.)*, sponger *(Inf.)*

**parasitic, parasitical** bloodsucking *(Inf.)*, cadging, leechlike, scrounging *(Inf.)*, sponging *(Inf.)*

**parcel**
► N. 1. bundle, carton, pack, package, packet 2. band, batch, bunch, collection, company, crew, crowd, gang, group, lot, pack 3. piece of land, plot, property, tract
► V. 4. *(Often with* **up***)* do up, pack, package, tie up, wrap 5. *(Often with* **out***)* allocate, allot, apportion, carve up, deal out, dispense, distribute, divide, dole out, mete out, portion, share out, split up

**parch** blister, burn, dehydrate, desiccate, dry up, evaporate, make thirsty, scorch, sear, shrivel, wither

**pardon**
► V. 1. absolve, acquit, amnesty, condone, exculpate, excuse, exonerate, forgive, free, let off *(Inf.)*, liberate, overlook, release, remit, reprieve
► N. 2. absolution, acquittal, allowance, amnesty, condonation, discharge, excuse, exoneration, forgiveness, grace, indulgence, mercy, release, remission, reprieve

**pardonable** allowable, condonable, excusable, forgivable, minor, not serious, permissible, understandable, venial

**parent** 1. begetter, father, guardian, mother, procreator, progenitor, sire 2. architect, author, cause, creator, forerunner, origin, originator, prototype, root, source, wellspring

**parentage** ancestry, birth, derivation, descent, extraction, family, line, lineage, origin, paternity, pedigree, race, stirps, stock

**pariah** exile, leper, outcast, outlaw, undesirable, unperson, untouchable

**parish** church, churchgoers, community, congregation, flock, fold, parishioners

**parity** 1. consistency, equality, equal terms, equivalence, par, parallelism, quits *(Inf.)*, uniformity, unity 2. affinity, agreement, analogy, conformity, congruity, correspondence, likeness, resemblance, sameness, similarity, similitude

**park**
► N. 1. estate, garden, grounds, parkland, pleasure garden, recreation ground, woodland
► V. 2. leave, manoeuvre, position, station

**parley**
► N. 1. colloquy, confab *(Inf.)*, conference, congress, council, dialogue, discussion, meeting, palaver, powwow, seminar, talk(s)
► V. 2. confabulate, confer, deliberate, discuss, negotiate, palaver, powwow, speak, talk

**parliament** 1. assembly, congress, convocation, council, diet, legislature, senate, talking shop *(Inf.)* 2. **Parliament** Houses of Parliament, Mother of Parliaments, the House, the House of Commons and the House of Lords, Westminster

**parliamentary** congressional, deliberative, governmental, lawgiving, lawmaking, legislative

**parlour** best room, drawing room, front room, lounge, reception room, sitting room

**parlous** chancy *(Inf.)*, dangerous, desperate, difficult, dire, hairy *(Sl.)*, hazardous, perilous, risky

**parochial** insular, inward-looking, limited, narrow, narrow-minded, parish-pump, petty, provincial, restricted, small-minded

**parody**
► N. 1. burlesque, caricature, imitation, lampoon, satire, send-up *(Brit. inf.)*, skit, spoof *(Inf.)*, takeoff *(Inf.)* 2. apology, caricature, farce, mockery, travesty
► V. 3. burlesque, caricature, do a takeoff of *(Inf.)*, lampoon, mimic, poke fun at, satirize, send up *(Brit. inf.)*, spoof *(Inf.)*, take off *(Inf.)*, take the piss out of *(Taboo sl.)*, travesty

**paroxysm** attack, convulsion, eruption, fit, flare-up *(Inf.)*, outburst, seizure, spasm

**parrot**
► N. 1. *(Fig.)* copycat *(Inf.)*, imitator, (little) echo, mimic 2. **parrot-fashion** *(Inf.)* by rote, mechanically, mindlessly
► V. 3. copy, echo, imitate, mimic, reiterate, repeat

**parry** 1. block, deflect, fend off, hold at bay, rebuff, repel, repulse, stave off, ward off 2. avoid, circumvent, dodge, duck *(Inf.)*, evade, fence, fight shy of, shun, sidestep

**parsimonious** cheeseparing, close, close-fisted, frugal, grasping, mean, mingy *(Brit. inf.)*, miserable, miserly, near *(Inf.)*, niggardly, penny-pinching *(Inf.)*, penurious, saving, scrimpy, skinflinty, sparing, stingy, stinting, tight-arse *(Taboo sl.)*, tight-arsed *(Taboo sl.)*, tight as a duck's arse *(Taboo sl.)*, tight-ass *(U.S. taboo sl.)*, tight-assed *(U.S. taboo sl.)*, tightfisted

**parsimony** frugality, meanness, minginess *(Brit. inf.)*, miserliness, nearness *(Inf.)*, niggardliness, penny-pinching *(Inf.)*, stinginess, tightness

**parson** churchman, clergyman, cleric, divine, ecclesiastic, incumbent, man of God, man of the cloth, minister, pastor, preacher, priest, rector, reverend *(Inf.)*, vicar

**part**
► N. 1. bit, fraction, fragment, lot, particle, piece, portion, scrap, section, sector, segment, share, slice 2. branch, component, constituent, department, division, element, ingredient, limb, member, module, organ, piece, unit 3. behalf, cause, concern, faction, interest, party, side 4. bit, business, capacity, charge, duty, function, involvement, office, place, responsibility, role, say, share, task, work 5. *(Theat.)* character, lines, role 6. *Often plural* airt *(Scot.)*, area, district, neck of the woods *(Inf.)*, neighbourhood, quarter, region, territory, vicinity 7. **for the most part** chiefly, generally, in the main, largely, mainly, mostly, on the whole, principally 8. **in good part** cheerfully, cordially, good-naturedly, well, without offence 9. **in part** a little, in some measure, partially, partly, slightly, somewhat, to a certain extent, to some degree 10. **on the part of** for the sake of, in support of, in the name of, on behalf of 11. **take part in** associate oneself with, be instrumental in, be involved in, have a hand in, join in, partake in, participate in, play a part in, put one's twopence-worth in, take a hand in

► V. 12. break, cleave, come apart, detach, disconnect, disjoin, dismantle, disunite, divide, rend, separate, sever, split, tear 13. break up, depart, go, go away, go (their) separate ways, leave, part company, quit, say goodbye, separate, split up, take one's leave, withdraw 14. **part with** abandon, discard, forgo, give up, let go of, relinquish, renounce, sacrifice, surrender, yield

**partake** 1. (*With* **in**) engage, enter into, participate, share, take part 2. (*With* **of**) consume, eat, receive, share, take 3. (*With* **of**) evince, evoke, have the quality of, show, suggest

**partial** 1. fragmentary, imperfect, incomplete, limited, uncompleted, unfinished 2. biased, discriminatory, influenced, interested, one-sided, partisan, predisposed, prejudiced, tendentious, unfair, unjust 3. **be partial to** be fond of, be keen on, be taken with, care for, have a liking (soft spot, weakness) for

**partiality** 1. bias, favouritism, partisanship, predisposition, preference, prejudice 2. affinity, bag (*Sl.*), cup of tea (*Inf.*), fondness, inclination, liking, love, penchant, predilection, predisposition, preference, proclivity, taste, weakness

**partially** fractionally, halfway, incompletely, in part, moderately, not wholly, partly, piecemeal, somewhat, to a certain extent *or* degree

**participant** associate, contributor, member, partaker, participator, party, shareholder

**participate** be a participant, be a party to, engage in, enter into, get in on the act, have a hand in, join in, partake, perform, share, take part

**participation** assistance, contribution, involvement, joining in, partaking, partnership, sharing in, taking part

**particle** atom, bit, crumb, grain, iota, jot, mite, molecule, mote, piece, scrap, shred, speck, tittle, whit

**particular**

► ADJ. 1. distinct, exact, express, peculiar, precise, special, specific 2. especial, exceptional, marked, notable, noteworthy, remarkable, singular, uncommon, unusual 3. blow-by-blow, circumstantial, detailed, itemized, minute, painstaking, precise, selective, thorough 4. choosy (*Inf.*), critical, dainty, demanding, discriminating, exacting, fastidious, finicky, fussy, meticulous, nice (*Rare*), overnice, pernickety (*Inf.*), picky (*Inf.*)

► N. 5. *Usually plural* circumstance, detail, fact, feature, item, specification 6. **in particular** distinctly, especially, exactly, expressly, particularly, specifically

**particularly** 1. decidedly, especially, exceptionally, markedly, notably, outstandingly, peculiarly, singularly, surprisingly, uncommonly, unusually 2. distinctly, especially, explicitly, expressly, in particular, specifically

**parting**

► N. 1. adieu, departure, farewell, going, goodbye, leave-taking, valediction 2. breaking, detachment, divergence, division, partition, rift, rupture, separation, split

► ADJ. 3. departing, farewell, final, last, valedictory

**partisan**

► N. 1. adherent, backer, champion, devotee, disciple, follower, stalwart, supporter, upholder, votary

► ADJ. 2. biased, factional, interested, one-sided, partial, prejudiced, sectarian, tendentious

► N. 3. guerrilla, irregular, resistance fighter, underground fighter

► ADJ. 4. guerrilla, irregular, resistance, underground

**partition**

► N. 1. dividing, division, segregation, separation, severance, splitting 2. barrier, divider, room divider, screen, wall 3. allotment, apportionment, distribution, portion, rationing out, share

► V. 4. apportion, cut up, divide, parcel out, portion, section, segment, separate, share, split up, subdivide 5. divide, fence off, screen, separate, wall off

**partly** halfway, incompletely, in part, in some measure, not fully, partially, relatively, slightly, somewhat, to a certain degree *or* extent, up to a certain point

**partner** 1. accomplice, ally, associate, bedfellow, collaborator, colleague, companion, comrade, confederate, copartner, helper, mate, participant, team-mate 2. bedfellow, consort, helpmate, her indoors (*Brit. sl.*), husband, mate, significant other (*U.S. inf.*), spouse, wife

**partnership** 1. companionship, connection, cooperation, copartnership, fellowship, interest, participation, sharing 2. alliance, association, combine, company, conglomerate, cooperative, corporation, firm, house, society, union

**party** 1. at-home, bash (*Inf.*), beano (*Brit. sl.*), celebration, do (*Inf.*), festivity, function, gathering, get-together (*Inf.*), knees-up (*Brit. inf.*), rave (*Brit. sl.*), rave-up (*Brit. sl.*), reception, shindig (*Inf.*), social, social gathering, soirée 2. band, body, bunch (*Inf.*), company, crew, detachment (*Military*), gang, gathering, group, squad, team, unit 3. alliance, association, cabal, camp, clique, coalition, combination, confederacy, coterie, faction, grouping, league, schism, set, side 4. individual, person, somebody, someone 5. (*Law*) contractor (*Law*), defendant, litigant, participant, plaintiff

**pass**

► V. 1. depart, elapse, flow, go, go by *or* past, lapse, leave, move, move onwards, proceed, roll, run 2. beat, exceed, excel, go beyond, outdistance, outdo, outstrip, surmount, surpass, transcend 3. answer, come up to scratch (*Inf.*), do, get through, graduate, pass muster, qualify, succeed, suffice, suit 4. beguile, devote, employ, experience, fill, occupy, spend, suffer, undergo, while away 5. befall, come up, develop, fall out, happen, occur, take place 6. convey, deliver, exchange, give, hand, kick, let have, reach, send, throw, transfer, transmit 7. accept, adopt, approve, authorize, decree, enact, establish, legislate, ordain, ratify, sanction, validate 8. declare, deliver, express, pronounce, utter 9. disregard, ignore, miss, neglect, not heed, omit, overlook, skip (*Inf.*) 10. crap (*Taboo sl.*), defecate, discharge, eliminate, empty, evacuate, excrete, expel, shit (*Taboo sl.*), void 11. blow over, cease, die, disappear, dissolve, dwindle, ebb, end, evaporate, expire, fade, go, melt away, terminate, vanish, wane 12. (*With* **for** *or* **as**) be accepted as, be mistaken for, be regarded as, be taken for, impersonate, serve as

► N. 13. canyon, col, defile, gap, gorge, ravine 14. authorization, identification, identity card, licence, passport, permission, permit, safe-conduct, ticket, warrant 15. (*Inf.*) advances, approach, overture, play (*Inf.*), proposition, suggestion 16. condition, juncture, pinch, plight, predicament, situation, stage, state, state of affairs, straits 17. feint, jab, lunge, push, swing, thrust

**passable** 1. acceptable, adequate, admissible, allowable, all right, average, fair, fair enough, mediocre, middling, moderate, not too bad, ordinary, presentable, so-so (*Inf.*), tolerable, unexceptional 2. clear, crossable, navigable, open, traversable, unobstructed

**passage** 1. alley, avenue, channel, course, lane, opening, path, road, route, thoroughfare, way 2. corridor, doorway, entrance, entrance hall, exit, hall, hallway, lobby, passageway, vestibule 3. clause, excerpt, extract, paragraph, piece, quotation, reading, section, sentence, text, verse 4. crossing, journey, tour, trek, trip, voyage 5. advance, change, conversion, flow, motion, movement, passing, progress, progression, transit, transition 6. allowance, authorization, freedom, permission, right, safe-conduct, visa, warrant 7. acceptance, enactment, establishment, legalization, legislation, passing, ratification

**pass away** buy it (*U.S. sl.*), check out (*U.S. sl.*), croak (*Sl.*), decease, depart (this life), die, expire, go belly-up (*Sl.*), kick it (*Sl.*), kick the bucket (*Sl.*), pass on, pass over, peg it (*Inf.*), peg out (*Inf.*), pop one's clogs (*Inf.*), shuffle off this mortal coil, snuff it (*Inf.*)

**pass by** 1. go past, leave, move past, pass 2. disregard, miss, neglect, not choose, overlook, pass over

**passenger** fare, hitchhiker, pillion rider, rider, traveller

**passer-by** bystander, onlooker, witness

**passing**

► ADJ. 1. brief, ephemeral, fleeting, momentary, short, short-lived, temporary, transient, transitory 2. casual, cursory, glancing, hasty, quick, shallow, short, slight, superficial 3. **in passing** accidentally, by the bye, by the way, en passant, incidentally, on the way

► N. 4. death, decease, demise, end, finish, loss, termination

**passion** 1. animation, ardour, eagerness, emotion, excitement, feeling, fervour, fire, heat, intensity, joy, rapture, spirit, transport, warmth, zeal, zest 2. adoration, affection, ardour, attachment, concupiscence, desire, fondness, infatuation, itch, keenness, love, lust, the hots (*Sl.*) 3. bug (*Inf.*), craving, craze, enthusiasm, fancy, fascination, idol, infatuation, mania, obsession 4. anger, fit, flare-up (*Inf.*), frenzy, fury, indignation, ire, outburst, paroxysm, rage, resentment, storm, vehemence, wrath

**passionate** 1. amorous, ardent, aroused, desirous, erotic, hot, loving, lustful, sensual, sexy (*Inf.*), steamy (*Inf.*), wanton 2. animated, ardent, eager, emotional, enthusiastic, excited, fervent, fervid, fierce, flaming, frenzied, heartfelt, impassioned, impetuous, impulsive, intense, strong, vehement, warm, wild, zealous 3. choleric, excitable, fiery, hot-headed, hot-tempered, irascible, irritable, peppery, quick-tempered, stormy, tempestuous, violent

**passive** acquiescent, compliant, docile, enduring, inactive, inert, lifeless, long-suffering, nonviolent, patient, quiescent, receptive, resigned, submissive, unassertive, uninvolved, unresisting

**pass off** 1. counterfeit, fake, feign, make a pretence of, palm off 2. come to an end, die away, disappear, fade out, vanish 3. emit, evaporate, give off, send forth, vaporize 4. be completed, go off, happen, occur, take place, turn out 5. dismiss, disregard, ignore, pass by, wink at

**pass out** 1. (*Inf.*) become unconscious, black out (*Inf.*), drop, faint, flake out (*Inf.*), keel over (*Inf.*), lose consciousness, swoon (*Literary*) 2. deal out, distribute, dole out, hand out

**pass over** discount, disregard, forget, ignore, not dwell on, omit, overlook, pass by, take no notice of

**pass up** abstain, decline, forgo, give (something) a miss (*Inf.*), ignore, let go, let slip, miss, neglect, refuse, reject

**password** countersign, key word, open sesame, signal, watchword

**past**

► ADJ. 1. accomplished, completed, done, elapsed, ended, extinct, finished, forgotten, gone, over, over and done with, spent 2. ancient, bygone, early, erstwhile, foregoing, former, late, long-ago, olden, preceding, previous, prior, quondam, recent

► N. 3. **the past** antiquity, days gone by, days of yore, former times, good old days, history, long ago, olden days, old times, times past, yesteryear (*Literary*) 4. background, experience, history, life, past life

► ADV. 5. across, beyond, by, on, over

► PREP. 6. after, beyond, farther than, later than, outside, over, subsequent to

**paste**

► N. 1. adhesive, cement, glue, gum, mucilage

► V. 2. cement, fasten, fix, glue, gum, stick

**pastel** ADJ. delicate, light, muted, pale, soft, soft-hued

**pastiche** blend, farrago, gallimaufry, hotchpotch, medley, mélange, miscellany, mixture, motley

**pastime** activity, amusement, distraction, diversion, entertainment, game, hobby, leisure, play, recreation, relaxation, sport

**pastor** churchman, clergyman, divine, ecclesiastic, minister, parson, priest, rector, vicar

**pastoral** ADJ. 1. agrestic, Arcadian, bucolic, country, georgic (*Literary*), idyllic, rural, rustic, simple 2. clerical, ecclesiastical, ministerial, priestly

**pasture** grass, grassland, grazing, grazing land, lea (*Poetic*), meadow, pasturage, shieling (*Scot.*)

**pat**

► V. 1. caress, dab, fondle, pet, slap, stroke, tap, touch

► N. 2. clap, dab, light blow, slap, stroke, tap 3. cake, dab, lump, portion, small piece

**patch**

► N. 1. piece of material, reinforcement 2. bit, scrap, shred, small piece, spot, stretch 3. area, ground, land, plot, tract

► V. 4. cover, fix, mend, reinforce, repair, sew up 5. (*With* **up**) bury the hatchet, conciliate, make friends, placate, restore, settle, settle differences, smooth

**patchwork** confusion, hash, hotchpotch, jumble, medley, mishmash, mixture, pastiche

**patchy** bitty, erratic, fitful, inconstant, irregular, random, sketchy, spotty, uneven, variable, varying

**patent**
- ADJ. **1.** apparent, blatant, clear, conspicuous, downright, evident, flagrant, glaring, indisputable, manifest, obvious, open, palpable, transparent, unconcealed, unequivocal, unmistakable
- N. **2.** copyright, invention, licence

**paternal 1.** benevolent, concerned, fatherlike, fatherly, protective, solicitous, vigilant **2.** patrilineal, patrimonial

**paternity 1.** fatherhood, fathership **2.** descent, extraction, family, lineage, parentage **3.** authorship, derivation, origin, source

**path 1.** footpath, footway, pathway, towpath, track, trail, walkway (*Chiefly U.S.*) **2.** avenue, course, direction, passage, procedure, road, route, track, walk, way

**pathetic 1.** affecting, distressing, harrowing, heartbreaking, heart-rending, melting, moving, pitiable, plaintive, poignant, sad, tender, touching **2.** deplorable, feeble, inadequate, lamentable, meagre, measly, miserable, paltry, petty, pitiful, poor, puny, sorry, wet (*Brit. inf.*), woeful **3.** (*Sl.*) chickenshit (*U.S. sl.*), crappy (*Sl.*), crummy (*Sl.*), poxy (*Sl.*), rubbishy, trashy, uninteresting, useless, worthless

**pathfinder** discoverer, explorer, guide, pioneer, scout, trailblazer

**pathos** pitiableness, pitifulness, plaintiveness, poignancy, sadness

**patience 1.** calmness, composure, cool (*Sl.*), equanimity, even temper, forbearance, imperturbability, restraint, serenity, sufferance, tolerance, toleration **2.** constancy, diligence, endurance, fortitude, long-suffering, perseverance, persistence, resignation, stoicism, submission

**patient**
- ADJ. **1.** calm, composed, enduring, long-suffering, persevering, persistent, philosophical, quiet, resigned, self-possessed, serene, stoical, submissive, uncomplaining, untiring **2.** accommodating, even-tempered, forbearing, forgiving, indulgent, lenient, mild, tolerant, understanding
- N. **3.** case, invalid, sick person, sufferer

**patriot** chauvinist, flag-waver (*Inf.*), jingo, lover of one's country, loyalist, nationalist

**patriotic** chauvinistic, flag-waving (*Inf.*), jingoistic, loyal, nationalistic

**patriotism** flag-waving (*Inf.*), jingoism, love of one's country, loyalty, nationalism

**patrol**
- N. **1.** guarding, policing, protecting, rounds, safeguarding, vigilance, watching **2.** garrison, guard, patrolman, sentinel, watch, watchman
- V. **3.** cruise, guard, inspect, keep guard, keep watch, make the rounds, police, pound, range, safeguard, walk the beat

**patron 1.** advocate, angel (*Inf.*), backer, benefactor, champion, defender, friend, guardian, helper, philanthropist, protagonist, protector, sponsor, supporter **2.** buyer, client, customer, frequenter, habitué, shopper

**patronage 1.** aid, assistance, backing, benefaction, championship, encouragement, espousal, help, promotion, sponsorship, support **2.** business, clientele, commerce, custom, trade, trading, traffic **3.** condescension, deigning, disdain, patronizing, stooping

**patronize 1.** be lofty with, look down on, talk down to, treat as inferior, treat condescendingly, treat like a child **2.** assist, back, befriend, foster, fund, help, maintain, promote, sponsor, subscribe to, support **3.** be a customer or client of, buy from, deal with, do business with, frequent, shop at, trade with

**patronizing** condescending, contemptuous, disdainful, gracious, haughty, lofty, snobbish, stooping, supercilious, superior, toffee-nosed (*Sl., chiefly Brit.*)

**patter¹**
- N. **1.** line, monologue, pitch, spiel (*Inf.*) **2.** chatter, gabble, jabber, nattering, prattle, yak (*Sl.*) **3.** argot, cant, jargon, lingo (*Inf.*), patois, slang, vernacular
- V. **4.** babble, blab, chatter, hold forth, jabber, prate, rattle off, rattle on, spiel (*Inf.*), spout (*Inf.*), tattle

**patter²**
- V. **1.** scurry, scuttle, skip, tiptoe, trip, walk lightly **2.** beat, pat, pelt, pitapat, pitter-patter, rat-a-tat, spatter, tap
- N. **3.** pattering, pitapat, pitter-patter, tapping

**pattern**
- N. **1.** arrangement, decoration, decorative design, design, device, figure, motif, ornament **2.** arrangement, method, order, orderliness, plan, sequence, system **3.** kind, shape, sort, style, type, variety **4.** design, diagram, guide, instructions, original, plan, stencil, template **5.** archetype, criterion, cynosure, example, exemplar, guide, model, norm, original, par, paradigm, paragon, prototype, sample, specimen, standard
- V. **6.** copy, emulate, follow, form, imitate, model, mould, order, shape, style **7.** decorate, design, trim

**paucity** dearth, deficiency, fewness, insufficiency, lack, meagreness, paltriness, poverty, rarity, scantiness, scarcity, shortage, slenderness, slightness, smallness, sparseness, sparsity

**paunch** abdomen, beer-belly (*Inf.*), belly, corporation (*Inf.*), pot, potbelly, spare tyre (*Brit. sl.*), spread (*Inf.*)

**pauper** bankrupt, beggar, down-and-out, have-not, indigent, insolvent, mendicant, poor person

**pause**
- V. **1.** break, cease, delay, deliberate, desist, discontinue, halt, have a breather (*Inf.*), hesitate, interrupt, rest, stop briefly, take a break, wait, waver
- N. **2.** break, breather (*Inf.*), caesura, cessation, delay, discontinuance, entr'acte, gap, halt, hesitation, interlude, intermission, interruption, interval, let-up (*Inf.*), lull, respite, rest, stay, stoppage, wait

**pave** asphalt, concrete, cover, flag, floor, macadamize, surface, tar, tile

**paw** V. grab, handle roughly, manhandle, maul, molest

**pawn¹** cat's-paw, creature, dupe, instrument, plaything, puppet, stooge (*Sl.*), tool, toy

**pawn²**
- V. **1.** deposit, gage (*Archaic*), hazard, hock (*Inf., chiefly U.S.*), mortgage, pledge, pop (*Inf.*), stake, wager
- N. **2.** assurance, bond, collateral, gage, guarantee, guaranty, pledge, security

**pay**
- V. **1.** clear, compensate, cough up (*Inf.*), discharge, foot, give, honour, liquidate, meet, offer, recompense, reimburse, remit, remunerate, render, require, reward, settle, square up **2.** be advantageous, benefit, be worthwhile, repay, serve **3.** bestow, extend, give, grant, hand out, present, proffer, render **4.** (*Often with* **for**) answer for, atone, be punished, compensate, get one's deserts, make amends, suffer, suffer the consequences **5.** bring in, produce, profit, return, yield **6.** be profitable, be remunerative, make a return, make money, provide a living **7.** avenge oneself for, get even with (*Inf.*), get revenge on, pay back, punish, reciprocate, repay, requite, settle a score
- N. **8.** allowance, compensation, earnings, emoluments, fee, hand-out, hire, income, meed (*Archaic*), payment, recompense, reimbursement, remuneration, reward, salary, stipend, takings, wages

**payable** due, mature, obligatory, outstanding, owed, owing, receivable, to be paid

**pay back 1.** get even with (*Inf.*), get one's own back, hit back, reciprocate, recompense, retaliate, settle a score **2.** refund, reimburse, repay, return, settle up, square

**payment 1.** defrayal, discharge, outlay, paying, remittance, settlement **2.** advance, deposit, instalment, portion, premium, remittance **3.** fee, hire, remuneration, reward, wage

**pay off 1.** discharge, dismiss, fire, lay off, let go, sack (*Inf.*) **2.** clear, discharge, liquidate, pay in full, settle, square **3.** be effective (profitable, successful), succeed, work **4.** get even with (*Inf.*), pay back, retaliate, settle a score **5.** (*Inf.*) bribe, buy off, corrupt, get at, grease the palm of (*Sl.*), oil (*Inf.*), suborn

**pay out 1.** cough up (*Inf.*), disburse, expend, fork out or over or up (*Sl.*), lay out (*Inf.*), shell out (*Inf.*), spend **2.** get even with (*Inf.*), pay back, retaliate, settle a score

**peace 1.** accord, agreement, amity, concord, harmony **2.** armistice, cessation of hostilities, conciliation, pacification, treaty, truce **3.** calm, composure, contentment, placidity, relaxation, repose, serenity **4.** calm, calmness, hush, peacefulness, quiet, quietude, repose, rest, silence, stillness, tranquillity

**peaceable 1.** amiable, amicable, conciliatory, dovish, friendly, gentle, inoffensive, mild, nonbelligerent, pacific, peaceful, peace-loving, placid, unwarlike **2.** balmy, calm, peaceful, quiet, restful, serene, still, tranquil, undisturbed

**peaceful 1.** amicable, at peace, free from strife, friendly, harmonious, nonviolent, on friendly or good terms, without hostility **2.** calm, gentle, placid, quiet, restful, serene, still, tranquil, undisturbed, unruffled, untroubled **3.** conciliatory, irenic, pacific, peaceable, peace-loving, placatory, unwarlike

**peacemaker** appeaser, arbitrator, conciliator, mediator, pacifier, peacemonger

**peak**
- N. **1.** aiguille, apex, brow, crest, pinnacle, point, summit, tip, top **2.** acme, apogee, climax, crown, culmination, high point, maximum point, ne plus ultra, zenith
- V. **3.** be at its height, climax, come to a head, culminate, reach its highest point, reach the zenith

**peal**
- N. **1.** blast, carillon, chime, clamour, clang, clap, crash, resounding, reverberation, ring, ringing, roar, rumble, sound, tintinnabulation
- V. **2.** chime, crack, crash, resonate, resound, reverberate, ring, roar, roll, rumble, sound, tintinnabulate, toll

**peasant 1.** churl (*Archaic*), countryman, hind (*Obsolete*), rustic, son of the soil, swain (*Archaic*) **2.** (*Inf.*) boor, churl, country bumpkin, hayseed (*U.S. & Canad. inf.*), hick (*Inf., chiefly U.S. & Canad.*), lout, provincial, yokel

**peccadillo** error, indiscretion, infraction, lapse, misdeed, misdemeanour, petty offence, slip, trifling fault

**peck** V./N. bite, dig, hit, jab, kiss, nibble, pick, poke, prick, strike, tap

**peculiar 1.** abnormal, bizarre, curious, eccentric, exceptional, extraordinary, far-out (*Sl.*), freakish, funny, odd, offbeat, off-the-wall (*Sl.*), outlandish, out-of-the-way, outré, quaint, queer, singular, strange, uncommon, unconventional, unusual, wacko (*Sl.*), weird **2.** appropriate, characteristic, distinct, distinctive, distinguishing, endemic, idiosyncratic, individual, local, particular, personal, private, restricted, special, specific, unique

**peculiarity 1.** abnormality, bizarreness, eccentricity, foible, freakishness, idiosyncrasy, mannerism, oddity, odd trait, queerness, quirk **2.** attribute, characteristic, distinctiveness, feature, mark, particularity, property, quality, singularity, speciality, trait

**pedagogue** dogmatist, dominie (*Scot.*), educator, instructor, master, mistress, pedant, schoolmaster, schoolmistress, teacher

**pedantic** abstruse, academic, bookish, didactic, donnish, erudite, formal, fussy, hairsplitting, nit-picking (*Inf.*), overnice, particular, pedagogic, picky (*Inf.*), pompous, precise, priggish, punctilious, scholastic, schoolmasterly, sententious, stilted

**pedantry** bookishness, finicality, hairsplitting, overnicety, pedagogism, pettifoggery, pomposity, punctiliousness, quibbling, sophistry, stuffiness

**peddle** flog (*Sl.*), hawk, huckster, market, push (*Inf.*), sell, sell door to door, trade, vend

**pedestal 1.** base, dado (*Architect.*), foot, foundation, mounting, pier, plinth, socle, stand, support **2. put on a pedestal** apotheosize, deify, dignify, ennoble, exalt, glorify, idealize, worship

**pedestrian**
- N. **1.** footslogger, foot-traveller, walker
- ADJ. **2.** banal, boring, commonplace, dull, flat, ho-hum (*Inf.*), humdrum, mediocre, mundane, ordinary, plodding, prosaic, run-of-the-mill, unimaginative, uninspired, uninteresting

**pedigree**
- N. **1.** ancestry, blood, breed, derivation, descent, extraction, family, family tree, genealogy, heritage, line, lineage, race, stemma, stirps, stock
- ADJ. **2.** full-blooded, purebred, thoroughbred

**peek**
▸ v. **1.** glance, keek (*Scot.*), look, peep, peer, snatch a glimpse, sneak a look, spy, squinny, take *or* have a gander (*Inf.*), take a look
▸ n. **2.** blink, butcher's (*Brit. sl.*), gander (*Inf.*), glance, glim (*Scot.*), glimpse, keek (*Scot.*), look, look-see (*Sl.*), peep, shufti (*Brit. sl.*)

**peel**
▸ v. **1.** decorticate, desquamate, flake off, pare, scale, skin, strip off
▸ n. **2.** epicarp, exocarp, peeling, rind, skin

**peep**
▸ v. **1.** keek (*Scot.*), look from hiding, look surreptitiously, peek, peer, sneak a look, spy, steal a look **2.** appear briefly, emerge, peer out, show partially
▸ n. **3.** butcher's (*Brit. sl.*), gander (*Inf.*), glim (*Scot.*), glimpse, keek (*Scot.*), look, look-see (*Sl.*), peek, shufti (*Brit. sl.*)

**peephole** aperture, chink, crack, crevice, fissure, hole, keyhole, opening, pinhole, slit, spyhole

**peer¹** v. **1.** gaze, inspect, peep, scan, scrutinize, snoop, spy, squinny, squint **2.** appear, become visible, emerge, peep out

**peer²** n. **1.** aristo (*Inf.*), aristocrat, baron, count, duke, earl, lord, marquess, marquis, noble, nobleman, viscount **2.** coequal, compeer, equal, fellow, like, match

**peerage** aristocracy, lords and ladies, nobility, peers, titled classes

**peerless** beyond compare, excellent, incomparable, matchless, nonpareil, outstanding, second to none, superlative, unequalled, unique, unmatched, unparalleled, unrivalled, unsurpassed

**peevish** acrimonious, cantankerous, captious, childish, churlish, crabbed, cross, crotchety (*Inf.*), crusty, fractious, fretful, grumpy, huffy, ill-natured, ill-tempered, irritable, liverish, pettish, petulant, querulous, ratty (*Brit. & N.Z. inf.*), short-tempered, shrewish, snappy, splenetic, sulky, sullen, surly, testy, tetchy, touchy, waspish, whingeing (*Inf.*)

**peg** v. **1.** attach, fasten, fix, join, make fast, secure **2.** (*With* **along** *or* **away**) apply oneself to, beaver away (*Brit. inf.*), keep at it, keep going, keep on, persist, plod along, plug away at (*Inf.*), stick to it, work at, work away **3.** (*Of prices, etc.*) control, fix, freeze, limit, set

**pelt** v. **1.** assail, batter, beat, belabour, bombard, cast, hurl, pepper, pummel, shower, sling, strike, thrash, throw, wallop (*Inf.*) **2.** barrel (along) (*Inf., chiefly U.S. & Canad.*), belt (*Sl.*), burn rubber (*Inf.*), career, charge, dash, hurry, run fast, rush, shoot, speed, tear, whiz (*Inf.*) **3.** bucket down (*Inf.*), pour, rain cats and dogs (*Inf.*), rain hard, teem

**pen¹** v. commit to paper, compose, draft, draw up, jot down, write

**pen²**
▸ n. **1.** cage, coop, enclosure, fold, hutch, pound, sty
▸ v. **2.** cage, confine, coop up, enclose, fence in, hedge, hem in, hurdle, impound, mew (up), pound, shut up *or* in

**penal** corrective, disciplinary, penalizing, punitive, retributive

**penalize** award a penalty against (*Sport*), correct, discipline, handicap, impose a penalty on, inflict a handicap on, punish, put at a disadvantage

**penalty** disadvantage, fine, forfeit, forfeiture, handicap, mulct, price, punishment, retribution

**penance 1.** atonement, mortification, penalty, punishment, reparation, sackcloth and ashes **2. do penance** accept punishment, atone, make amends, make reparation, mortify oneself, show contrition, suffer

**penchant** affinity, bent, bias, disposition, fondness, inclination, leaning, liking, partiality, predilection, predisposition, proclivity, proneness, propensity, taste, tendency, turn

**pending** awaiting, forthcoming, hanging fire, imminent, impending, in the balance, in the offing, undecided, undetermined, unsettled, up in the air

**penetrate 1.** bore, enter, go through, impale, perforate, pierce, prick, probe, stab **2.** diffuse, enter, get in, infiltrate, permeate, pervade, seep, suffuse **3.** (*Fig.*) affect, become clear, be understood, come across, get through to, impress, touch **4.** (*Fig.*) comprehend, decipher, discern, fathom, figure out (*Inf.*), get to the bottom of, grasp, suss (out) (*Sl.*), understand, unravel, work out

**penetrating 1.** biting, carrying, harsh, intrusive, pervasive, piercing, pungent, sharp, shrill, stinging, strong **2.** (*Fig.*) acute, astute, critical, discerning, discriminating, incisive, intelligent, keen, perceptive, perspicacious, profound, quick, sagacious, searching, sharp, sharp-witted, shrewd

**penetration 1.** entrance, entry, incision, inroad, invasion, perforation, piercing, puncturing **2.** acuteness, astuteness, discernment, insight, keenness, perception, perspicacity, sharpness, shrewdness, wit

**penitence** compunction, contrition, regret, remorse, repentance, ruefulness, self-reproach, shame, sorrow

**penitent** ADJ. abject, apologetic, atoning, conscience-stricken, contrite, regretful, remorseful, repentant, rueful, sorrowful, sorry

**penmanship** calligraphy, chirography, fist (*Inf.*), hand, handwriting, longhand, script, writing

**pen name** allonym, nom de plume, pseudonym

**pennant** banderole, banner, burgee (*Nautical*), ensign, flag, jack, pennon, streamer

**penniless** bankrupt, broke (*Inf.*), cleaned out (*Sl.*), destitute, dirt-poor (*Inf.*), down and out, flat broke (*Inf.*), impecunious, impoverished, indigent, moneyless, necessitous, needy, on one's uppers, penurious, poor, poverty-stricken, ruined, short, skint (*Brit. sl.*), stony-broke (*Brit. sl.*), strapped (*Sl.*), without a penny to one's name, without two pennies to rub together (*Inf.*)

**pension** allowance, annuity, benefit, superannuation

**pensioner** O.A.P., retired person, senior citizen

**pensive** blue (*Inf.*), cogitative, contemplative, dreamy, grave, in a brown study (*Inf.*), meditative, melancholy, mournful, musing, preoccupied, reflective, ruminative, sad, serious, sober, solemn, sorrowful, thoughtful, wistful

**pent-up** bottled up, bridled, checked, constrained, curbed, held back, inhibited, repressed, smothered, stifled, suppressed

**penury 1.** beggary, destitution, indigence, need, pauperism, poverty, privation, straitened circumstances, want **2.** dearth, deficiency, lack, paucity, scantiness, scarcity, shortage, sparseness

**people**
▸ n. **1.** human beings, humanity, humans, mankind, men and women, mortals, persons **2.** citizens, clan, community, family, folk, inhabitants, nation, population, public, race, tribe **3.** commonalty, crowd, general public, grass roots, hoi polloi, masses, mob, multitude, plebs, populace, rabble, rank and file, the herd
▸ v. **4.** colonize, inhabit, occupy, populate, settle

**pepper** v. **1.** flavour, season, spice **2.** bespeckle, dot, fleck, spatter, speck, sprinkle, stipple, stud **3.** bombard, pelt, riddle, scatter, shower

**peppery 1.** fiery, highly seasoned, hot, piquant, pungent, spicy **2.** choleric, hot-tempered, irascible, irritable, quick-tempered, snappish, testy, touchy, vitriolic, waspish **3.** astringent, biting, caustic, incisive, sarcastic, sharp, stinging, trenchant, vitriolic

**perceive 1.** be aware of, behold, descry, discern, discover, distinguish, espy, make out, note, notice, observe, recognize, remark, see, spot **2.** appreciate, apprehend, comprehend, conclude, deduce, feel, gather, get (*Inf.*), grasp, know, learn, realize, see, sense, suss (out) (*Sl.*), understand

**perceptible** apparent, appreciable, blatant, clear, conspicuous, detectable, discernible, distinct, evident, noticeable, observable, obvious, palpable, perceivable, recognizable, tangible, visible

**perception** apprehension, awareness, conception, consciousness, discernment, feeling, grasp, idea, impression, insight, notion, observation, recognition, sensation, sense, taste, understanding

**perceptive** acute, alert, astute, aware, discerning, insightful, intuitive, observant, penetrating, percipient, perspicacious, quick, responsive, sensitive, sharp

**perch**
▸ n. **1.** branch, pole, post, resting place, roost
▸ v. **2.** alight, balance, land, rest, roost, settle, sit on

**perchance** by chance, for all one knows, haply (*Archaic*), maybe, mayhap (*Archaic*), peradventure (*Archaic*), perhaps, possibly, probably

**percipient** alert, alive, astute, aware, discerning, discriminating, intelligent, penetrating, perceptive, perspicacious, quick-witted, sharp, wide-awake

**percolate** drain, drip, exude, filter, filtrate, leach, ooze, penetrate, perk (*of coffee, inf.*), permeate, pervade, seep, strain, transfuse

**percussion** blow, brunt, bump, clash, collision, concussion, crash, impact, jolt, knock, shock, smash, thump

**peremptory 1.** absolute, binding, categorical, commanding, compelling, decisive, final, imperative, incontrovertible, irrefutable, obligatory, undeniable **2.** arbitrary, assertive, authoritative, autocratic, bossy (*Inf.*), dictatorial, dogmatic, domineering, high-handed, imperious, intolerant, overbearing

**perennial 1.** abiding, chronic, constant, continual, continuing, enduring, incessant, inveterate, lasting, lifelong, persistent, recurrent, unchanging **2.** ceaseless, deathless, eternal, everlasting, immortal, imperishable, never-ending, permanent, perpetual, unceasing, undying, unfailing, uninterrupted

**perfect**
▸ ADJ. **1.** absolute, complete, completed, consummate, entire, finished, full, out-and-out, sheer, unadulterated, unalloyed, unmitigated, utter, whole **2.** blameless, clean, excellent, faultless, flawless, ideal, immaculate, impeccable, pure, splendid, spotless, sublime, superb, superlative, supreme, unblemished, unmarred, untarnished **3.** accurate, close, correct, exact, faithful, precise, right, spot-on (*Brit. inf.*), strict, true, unerring **4.** accomplished, adept, experienced, expert, finished, masterly, polished, practised, skilful, skilled
▸ v. **5.** accomplish, achieve, carry out, complete, consummate, effect, finish, fulfil, perform, realize **6.** ameliorate, cultivate, develop, elaborate, hone, improve, polish, refine

**perfection 1.** accomplishment, achievement, achieving, completion, consummation, evolution, fulfilment, realization **2.** completeness, exactness, excellence, exquisiteness, faultlessness, integrity, maturity, perfectness, precision, purity, sublimity, superiority, wholeness **3.** acme, crown, ideal, paragon

**perfectionist** formalist, precisian, precisionist, purist, stickler

**perfectly 1.** absolutely, altogether, completely, consummately, entirely, fully, quite, thoroughly, totally, utterly, wholly **2.** admirably, exquisitely, faultlessly, flawlessly, ideally, impeccably, superbly, superlatively, supremely, to perfection, wonderfully

**perfidious** corrupt, deceitful, dishonest, disloyal, double-dealing, double-faced, faithless, false, recreant (*Archaic*), traitorous, treacherous, treasonous, two-faced, unfaithful, untrustworthy

**perfidy** betrayal, deceit, disloyalty, double-dealing, duplicity, faithlessness, falsity, infidelity, perfidiousness, treachery, treason

**perforate** bore, drill, hole, honeycomb, penetrate, pierce, punch, puncture

**perform 1.** accomplish, achieve, act, bring about, carry out, complete, comply with, discharge, do, effect, execute, fulfil, function, observe, pull off, satisfy, transact, work **2.** act, appear as, depict, enact, play, present, produce, put on, render, represent, stage

**performance 1.** accomplishment, achievement, act, carrying out, completion, conduct, consummation, discharge, execution, exploit, feat, fulfilment, work **2.** acting, appearance, exhibition, gig (*Inf.*), interpretation, play, portrayal, presentation, production, representation, show **3.** action, conduct, efficiency, functioning, operation, practice, running, working **4.** (*Inf.*) act, behaviour, bother, business, carry-on (*Inf., chiefly Brit.*), fuss, pother, rigmarole, to-do

**performer** actor, actress, artiste, play-actor, player, Thespian, trouper

**perfume** aroma, attar, balminess, bouquet, cologne, essence, fragrance, incense, niff (*Brit. sl.*), odour, redolence, scent, smell, sweetness

**perfunctory** automatic, careless, cursory, heedless, inattentive, indifferent, mechanical, negligent, offhand, routine, sketchy, slipshod, slovenly, stereotyped, superficial, unconcerned, unthinking, wooden

**perhaps** as the case may be, conceivably, feasibly, for all one knows, it may be, maybe, perchance *(Archaic)*, possibly

**peril** danger, exposure, hazard, insecurity, jeopardy, menace, pitfall, risk, uncertainty, vulnerability

**perilous** chancy *(Inf.)*, dangerous, exposed, fraught with danger, hairy *(Sl.)*, hazardous, parlous *(Archaic)*, precarious, risky, threatening, unsafe, unsure, vulnerable

**perimeter** ambit, border, borderline, boundary, bounds, circumference, confines, edge, limit, margin, periphery

**period** **1.** interval, season, space, span, spell, stretch, term, time, while **2.** aeon, age, course, cycle, date, days, epoch, era, generation, season, stage, term, time, years

**periodical** **N.** journal, magazine, monthly, organ, paper, publication, quarterly, review, serial, weekly

**perish** **1.** be killed, be lost, decease, die, expire, lose one's life, pass away **2.** be destroyed, collapse, decline, disappear, fall, go under, vanish **3.** decay, decompose, disintegrate, moulder, rot, waste, wither

**perishable** decaying, decomposable, destructible, easily spoilt, liable to rot, short-lived, unstable

**perjure (oneself)** bear false witness, commit perjury, forswear, give false testimony, lie under oath, swear falsely

**perjury** bearing false witness, false oath, false statement, false swearing, forswearing, giving false testimony, lying under oath, oath breaking, violation of an oath, wilful falsehood

**permanence** constancy, continuance, continuity, dependability, durability, duration, endurance, finality, fixedness, fixity, immortality, indestructibility, lastingness, perdurability *(Rare)*, permanency, perpetuity, stability, survival

**permanent** abiding, constant, durable, enduring, eternal, everlasting, fixed, immovable, immutable, imperishable, indestructible, invariable, lasting, long-lasting, perennial, perpetual, persistent, stable, steadfast, unchanging, unfading

**permeate** charge, diffuse throughout, fill, filter through, imbue, impregnate, infiltrate, pass through, penetrate, percolate, pervade, saturate, seep through, soak through, spread throughout

**permissible** acceptable, admissible, allowable, all right, authorized, kosher *(Inf.)*, lawful, legal, legit *(Sl.)*, legitimate, licit, OK *or* okay *(Inf.)*, permitted, proper, sanctioned

**permission** allowance, approval, assent, authorization, consent, dispensation, freedom, go-ahead *(Inf.)*, green light, leave, liberty, licence, permit, sanction, sufferance, tolerance

**permissive** acquiescent, easy-going, easy-oasy *(Sl.)*, forbearing, free, indulgent, latitudinarian, lax, lenient, liberal, open-minded, tolerant

**permit**
- ▸ **V.** **1.** admit, agree, allow, authorize, consent, empower, enable, endorse, endure, entitle, give leave *or* permission, grant, let, license, own, sanction, suffer, tolerate, warrant
- ▸ **N.** **2.** authorization, liberty, licence, pass, passport, permission, sanction, warrant

**permutation** alteration, change, shift, transformation, transmutation, transposition

**pernicious** bad, baleful, baneful *(Archaic)*, damaging, dangerous, deadly, deleterious, destructive, detrimental, evil, fatal, harmful, hurtful, injurious, maleficent, malevolent, malicious, malign, malignant, noisome, noxious, offensive, pestilent, poisonous, ruinous, venomous, wicked

**pernickety** **1.** careful, carping, difficult to please, exacting, fastidious, finicky, fussy, hairsplitting, nice, nit-picking *(Inf.)*, overprecise, painstaking, particular, picky *(Inf.)*, punctilious **2.** detailed, exacting, fiddly, fine, tricky

**peroration** closing remarks, conclusion, recapitulation, recapping *(Inf.)*, reiteration, summing-up

**perpendicular** at right angles to, on end, plumb, straight, upright, vertical

**perpetrate** be responsible for, bring about, carry out, commit, do, effect, enact, execute, inflict, perform, wreak

**perpetual** **1.** abiding, endless, enduring, eternal, everlasting, immortal, infinite, lasting, never-ending, perennial, permanent, sempiternal *(Literary)*, unchanging, undying, unending **2.** ceaseless, constant, continual, continuous, endless, incessant, interminable, never-ending, perennial, persistent, recurrent, repeated, unceasing, unfailing, uninterrupted, unremitting

**perpetuate** continue, eternalize, immortalize, keep alive, keep going, keep up, maintain, preserve, sustain

**perplex** **1.** baffle, befuddle, beset, bewilder, confound, confuse, dumbfound, flummox, mix up, muddle, mystify, nonplus, puzzle, stump **2.** complicate, encumber, entangle, involve, jumble, mix up, snarl up, tangle, thicken

**perplexing** baffling, bewildering, complex, complicated, confusing, difficult, enigmatic, hard, inexplicable, intricate, involved, knotty, labyrinthine, mysterious, mystifying, paradoxical, puzzling, strange, taxing, thorny, unaccountable, weird

**perplexity** **1.** bafflement, bewilderment, confusion, incomprehension, mystification, puzzlement, stupefaction **2.** complexity, difficulty, inextricability, intricacy, involvement, obscurity **3.** difficulty, dilemma, enigma, fix *(Inf.)*, knotty problem, mystery, paradox, puzzle, snarl

**perquisite** benefit, bonus, dividend, extra, fringe benefit, icing on the cake, perk *(Brit. inf.)*, plus

**persecute** **1.** afflict, be on one's back *(Sl.)*, distress, dragoon, harass, hassle *(Inf.)*, hound, hunt, ill-treat, injure, maltreat, martyr, molest, oppress, pursue, torment, torture, victimize **2.** annoy, badger, bait, bother, pester, tease, vex, worry

**perseverance** constancy, dedication, determination, diligence, doggedness, endurance, indefatigability, persistence, pertinacity, purposefulness, resolution, sedulity, stamina, steadfastness, tenacity

**persevere** be determined *or* resolved, carry on, continue, endure, go on, hang on, hold fast, hold on *(Inf.)*, keep going, keep on *or* at, maintain, persist, plug away *(Inf.)*, pursue, remain, stand firm, stick at *or* to

**persist** **1.** be resolute, continue, hold on *(Inf.)*, insist, persevere, stand firm **2.** abide, carry on, continue, endure, keep up, last, linger, remain

**persistence** constancy, determination, diligence, doggedness, endurance, grit, indefatigability, perseverance, pertinacity, pluck, resolution, stamina, steadfastness, tenacity, tirelessness

**persistent** **1.** assiduous, determined, dogged, enduring, fixed, immovable, indefatigable, obdurate, obstinate, persevering, pertinacious, resolute, steadfast, steady, stiff-necked, stubborn, tenacious, tireless, unflagging **2.** constant, continual, continuous, endless, incessant, interminable, never-ending, perpetual, relentless, repeated, unrelenting, unremitting

**person** **1.** being, body, human, human being, individual, living soul, soul **2. in person** bodily, in the flesh, oneself, personally

**personable** affable, agreeable, amiable, attractive, charming, good-looking, handsome, likable *or* likeable, nice, pleasant, pleasing, presentable, winning

**personage** big noise *(Inf.)*, big shot *(Inf.)*, celeb *(Inf.)*, celebrity, dignitary, luminary, megastar *(Inf.)*, notable, personality, public figure, somebody, VIP, well-known person, worthy

**personal** **1.** exclusive, individual, intimate, own, particular, peculiar, private, privy, special **2.** bodily, corporal, corporeal, exterior, material, physical **3.** derogatory, disparaging, insulting, nasty, offensive, pejorative, slighting

**personality** **1.** character, disposition, identity, individuality, make-up, nature, psyche, temper, temperament, traits **2.** attraction, attractiveness, character, charisma, charm, dynamism, likableness *or* likeableness, magnetism, pleasantness **3.** celeb *(Inf.)*, celebrity, famous name, household name, megastar *(Inf.)*, notable, personage, star, well-known face, well-known person

**personally** **1.** alone, by oneself, independently, in person, in the flesh, on one's own, solely **2.** for oneself, for one's part, from one's own viewpoint, in one's own view **3.** individualistically, individually, privately, specially, subjectively

**personate** act, depict, do *(Inf.)*, enact, feign, imitate, impersonate, play-act, portray, represent

**personification** embodiment, epitome, image, incarnation, likeness, portrayal, recreation, representation, semblance

**personify** body forth, embody, epitomize, exemplify, express, image *(Rare)*, incarnate, mirror, represent, symbolize, typify

**personnel** employees, helpers, human resources, liveware, members, men and women, people, staff, workers, work force

**perspective** **1.** angle, attitude, broad view, context, frame of reference, objectivity, outlook, overview, proportion, relation, relative importance, relativity, way of looking **2.** outlook, panorama, prospect, scene, view, vista

**perspicacious** acute, alert, astute, aware, clear-sighted, clever, discerning, keen, observant, penetrating, perceptive, percipient, sagacious, sharp, sharp-witted, shrewd

**perspicacity** acumen, acuteness, discernment, discrimination, insight, keenness, penetration, perceptiveness, percipience, perspicaciousness, perspicuity, sagaciousness, sagacity, sharpness, shrewdness, smarts *(Sl., chiefly U.S.)*, suss *(Sl.)*, wit

**perspiration** exudation, moisture, sweat, wetness

**perspire** be damp, be wet, drip, exude, glow, pour with sweat, secrete, sweat, swelter

**persuade** **1.** actuate, advise, allure, bring round *(Inf.)*, coax, counsel, entice, impel, incite, induce, influence, inveigle, prevail upon, prompt, sway, talk into, urge, win over **2.** cause to believe, convert, convince, satisfy

**persuasion** **1.** blandishment, cajolery, conversion, enticement, exhortation, inducement, influencing, inveiglement, wheedling **2.** cogency, force, persuasiveness, potency, power, pull *(Inf.)* **3.** belief, certitude, conviction, credo, creed, faith, firm belief, fixed opinion, opinion, tenet, views **4.** camp, cult, denomination, faction, party, school, school of thought, sect, side

**persuasive** cogent, compelling, convincing, credible, effective, eloquent, forceful, impelling, impressive, inducing, influential, logical, moving, plausible, sound, telling, touching, valid, weighty, winning

**pertain** appertain, apply, be appropriate, bear on, befit, belong, be part of, be relevant, concern, refer, regard, relate

**pertinacious** bull-headed, determined, dogged, headstrong, inflexible, intractable, mulish, obdurate, obstinate, persevering, persistent, perverse, pig-headed, relentless, resolute, self-willed, stiff-necked, strong-willed, stubborn, tenacious, unyielding, wilful

**pertinent** admissible, ad rem, applicable, apposite, appropriate, apropos, apt, fit, fitting, germane, material, pat, proper, relevant, suitable, to the point, to the purpose

**pertness** audacity, brashness, brass *(Inf.)*, bumptiousness, cheek *(Inf.)*, cheekiness, chutzpah *(U.S. & Canad. inf.)*, cockiness, effrontery, forwardness, front, impertinence, impudence, insolence, presumption, rudeness, sauciness

**perturb** **1.** agitate, alarm, bother, discompose, disconcert, discountenance, disquiet, disturb, faze, fluster, ruffle, trouble, unnerve, unsettle, upset, vex, worry **2.** confuse, disarrange, disorder, muddle, unsettle

**perturbed** agitated, alarmed, anxious, disconcerted, disquieted, disturbed, fearful, flurried, flustered, ill at ease, nervous, restless, shaken, troubled, uncomfortable, uneasy, upset, worried

**perusal** browse, check, examination, inspection, look through, read, scrutiny, study

**peruse** browse, check, examine, inspect, look through, read, run one's eye over, scan, scrutinize, study, work over

**pervade** affect, charge, diffuse, extend, fill, imbue, infuse, overspread, penetrate, percolate, permeate, spread through, suffuse

**pervasive** common, extensive, general, inescapable, omnipresent, permeating, pervading, prevalent, rife, ubiquitous, universal, widespread

**perverse** **1.** abnormal, contradictory, contrary, delinquent, depraved, deviant, disobedient, froward, improper, incorrect, miscreant, rebellious, refractory, troublesome, unhealthy, unmanageable, unreasonable **2.** contrary, contumacious, cross-grained, dogged, headstrong, intractable, intransigent, obdurate, wilful, wrong-headed **3.** contrary, mulish, obstinate, pig-headed, stiff-necked, stubborn, unyielding, wayward **4.** cantankerous, churlish, crabbed, cross, fractious, ill-natured, ill-tempered, peevish, petulant, spiteful, stroppy *(Brit. sl.)*, surly

**perversion 1.** aberration, abnormality, debauchery, depravity, deviation, immorality, kink *(Brit. inf.)*, kinkiness *(Sl.)*, unnaturalness, vice, vitiation, wickedness **2.** corruption, distortion, falsification, misinterpretation, misrepresentation, misuse, twisting

**perversity** contradictiveness, contradictoriness, contrariness, contumacy, frowardness, intransigence, obduracy, refractoriness, waywardness, wrong-headedness

**pervert**
- **V. 1.** abuse, distort, falsify, garble, misconstrue, misinterpret, misrepresent, misuse, twist, warp **2.** corrupt, debase, debauch, degrade, deprave, desecrate, initiate, lead astray, subvert
- **N. 3.** debauchee, degenerate, deviant, weirdo *or* weirdie *(Inf.)*

**perverted** aberrant, abnormal, corrupt, debased, debauched, depraved, deviant, distorted, evil, immoral, impaired, kinky *(Sl.)*, misguided, pervy *(Sl.)*, sick, twisted, unhealthy, unnatural, vicious, vitiated, warped, wicked

**pessimism** cynicism, dejection, depression, despair, despondency, distrust, gloom, gloominess, gloomy outlook, glumness, hopelessness, melancholy, the hump *(Brit. inf.)*

**pessimist** cynic, defeatist, doomster, gloom merchant *(Inf.)*, kill-joy, melancholic, misanthrope, prophet of doom, wet blanket *(Inf.)*, worrier

**pessimistic** bleak, cynical, dark, dejected, depressed, despairing, despondent, distrustful, downhearted, fatalistic, foreboding, gloomy, glum, hopeless, melancholy, misanthropic, morose, resigned, sad

**pest 1.** annoyance, bane, bore, bother, drag *(Inf.)*, gall, irritation, nuisance, pain *(Inf.)*, pain in the arse *(Taboo inf.)*, pain in the neck *(Inf.)*, thorn in one's flesh, trial, vexation **2.** bane, blight, bug, curse, epidemic, infection, pestilence, plague, scourge

**pester** aggravate *(Inf.)*, annoy, badger, bedevil, bend someone's ear *(Inf.)*, be on one's back *(Sl.)*, bother, bug *(Inf.)*, chivvy, disturb, drive one up the wall *(Sl.)*, fret, get at, get in one's hair *(Inf.)*, get on one's nerves *(Inf.)*, harass, harry, hassle *(Inf.)*, irk, nag, pick on, plague, ride *(Inf.)*, torment, worry

**pestilence 1.** Black Death, epidemic, pandemic, plague, visitation **2.** affliction, bane, blight, cancer, canker, curse, scourge

**pestilential 1.** annoying, dangerous, deleterious, destructive, detrimental, evil, foul, harmful, hazardous, injurious, pernicious, ruinous, troublesome **2.** catching, contagious, contaminated, deadly, disease-ridden, infectious, malignant, noxious, pestiferous, poisonous, venomous

**pet**[1]
- **N. 1.** apple of one's eye, blue-eyed boy *(Inf.)*, darling, favourite, idol, jewel, treasure
- **ADJ. 2.** cherished, dearest, dear to one's heart, favoured, favourite, particular, preferred, special **3.** domesticated, house, house-broken, house-trained *(Brit.)*, tame, trained
- **V. 4.** baby, coddle, cosset, mollycoddle, pamper, spoil **5.** caress, fondle, pat, stroke **6.** *(Inf.)* canoodle *(Sl.)*, cuddle, kiss, neck *(Inf.)*, smooch *(Inf.)*, snog *(Brit. sl.)*

**pet**[2] bad mood, bate *(Brit. sl.)*, huff, ill temper, miff *(Inf.)*, paddy *(Brit. inf.)*, paddywhack *(Brit. inf.)*, pique, pout, sulk, sulks, tantrum, temper

**peter out** come to nothing, die out, dwindle, ebb, evaporate, fade, fail, give out, run dry, run out, stop, taper off, wane

**petition**
- **N. 1.** address, appeal, application, entreaty, invocation, memorial, plea, prayer, request, round robin, solicitation, suit, supplication
- **V. 2.** adjure, appeal, ask, beg, beseech, call upon, crave, entreat, plead, pray, press, solicit, sue, supplicate, urge

**petrified 1.** fossilized, ossified, rocklike **2.** aghast, appalled, dazed, dumbfounded, frozen, horrified, numb, scared shitless *(Taboo sl.)*, scared stiff, shit-scared *(Taboo sl.)*, shocked, speechless, stunned, stupefied, terrified, terror-stricken

**petrify 1.** calcify, fossilize, harden, set, solidify, turn to stone **2.** amaze, appal, astonish, astound, confound, dumbfound, horrify, immobilize, paralyze, stun, stupefy, terrify, transfix

**petty 1.** contemptible, inconsiderable, inessential, inferior, insignificant, little, measly *(Inf.)*, negligible, nickel-and-dime *(U.S. sl.)*, paltry, piddling *(Inf.)*, slight, small, trifling, trivial, unimportant **2.** cheap, grudging, mean, mean-minded, shabby, small-minded, spiteful, stingy, ungenerous **3.** inferior, junior, lesser, lower, minor, secondary, subordinate

**petulance** bad temper, crabbiness, ill humour, irritability, peevishness, pettishness, pique, pouts, querulousness, spleen, sulkiness, sullenness, waspishness

**petulant** bad-tempered, captious, cavilling, crabbed, cross, crusty, fault-finding, fretful, huffy, ill-humoured, impatient, irritable, moody, peevish, perverse, pouting, querulous, ratty *(Brit. & N.Z. inf.)*, snappish, sour, sulky, sullen, ungracious, waspish

**phantasy** → **fantasy**

**phantom 1.** apparition, eidolon, ghost, phantasm, revenant, shade *(Literary)*, spectre, spirit, spook *(Inf.)*, wraith **2.** chimera, figment, figment of the imagination, hallucination, illusion, vision

**Pharisee** canter, dissembler, dissimulator, fraud, humbug, hypocrite, phoney *or* phony *(Inf.)*, pietist, whited sepulchre

**phase** aspect, chapter, condition, development, juncture, period, point, position, stage, state, step, time

**phase out** axe *(Inf.)*, close, deactivate, dispose of gradually, ease off, eliminate, pull out, remove, replace, run down, taper off, terminate, wind down, wind up, withdraw

**phenomenal** exceptional, extraordinary, fantastic, marvellous, miraculous, notable, outstanding, prodigious, remarkable, sensational, singular, uncommon, unique, unparalleled, unusual, wondrous *(Archaic or literary)*

**phenomenon 1.** circumstance, episode, event, fact, happening, incident, occurrence **2.** exception, marvel, miracle, nonpareil, prodigy, rarity, sensation, sight, spectacle, wonder

**philander** coquet, court, dally, flirt, fool around *(Inf.)*, toy, trifle, womanize *(Inf.)*

**philanderer** Casanova, dallier, Don Juan, flirt, gallant, gay dog, ladies' man, lady-killer *(Inf.)*, Lothario, playboy, stud *(Sl.)*, trifler, wolf *(Inf.)*, womanizer *(Inf.)*

**philanthropic** alms-giving, altruistic, beneficent, benevolent, benignant, charitable, eleemosynary, gracious, humane, humanitarian, kind, kind-hearted, munificent, public-spirited

**philanthropist** alms-giver, altruist, benefactor, contributor, donor, giver, humanitarian, patron

**philanthropy** alms-giving, altruism, beneficence, benevolence, benignity, bounty, brotherly love, charitableness, charity, generosity, humanitarianism, kind-heartedness, largess *or* largesse, liberality, munificence, openhandedness, patronage, public-spiritedness

**philistine**
- **N. 1.** barbarian, boor, bourgeois, Goth, ignoramus, lout, lowbrow, vulgarian, yahoo
- **ADJ. 2.** anti-intellectual, boorish, bourgeois, crass, ignorant, lowbrow, tasteless, uncultivated, uncultured, uneducated, unrefined

**philosopher** dialectician, logician, mahatma, metaphysician, sage, seeker after truth, theorist, thinker, wise man

**philosophic, philosophical 1.** abstract, erudite, learned, logical, rational, sagacious, theoretical, thoughtful, wise **2.** calm, collected, composed, cool, impassive, imperturbable, patient, resigned, sedate, serene, stoical, tranquil, unruffled

**philosophy 1.** aesthetics, knowledge, logic, metaphysics, rationalism, reason, reasoning, thinking, thought, wisdom **2.** attitude to life, basic idea, beliefs, convictions, doctrine, ideology, principle, tenets, thinking, values, viewpoint, Weltanschauung, world-view **3.** composure, coolness, dispassion, equanimity, resignation, restraint, self-possession, serenity, stoicism

**phlegmatic** apathetic, bovine, cold, dull, frigid, heavy, impassive, indifferent, lethargic, listless, lymphatic, matter-of-fact, placid, sluggish, stoical, stolid, undemonstrative, unemotional, unfeeling

**phobia** aversion, detestation, dislike, distaste, dread, fear, hatred, horror, irrational fear, loathing, obsession, overwhelming anxiety, repulsion, revulsion, terror, thing *(Inf.)*

**phone**
- **N. 1.** blower *(Inf.)*, telephone **2.** bell *(Brit. sl.)*, buzz *(Inf.)*, call, ring *(Inf., chiefly Brit.)*, tinkle *(Brit. inf.)*
- **V. 3.** buzz *(Inf.)*, call, get on the blower *(Inf.)*, give someone a bell *(Brit. sl.)*, give someone a buzz *(Inf.)*, give someone a call, give someone a ring *(Inf., chiefly Brit.)*, give someone a tinkle *(Brit. inf.)*, make a call, ring (up) *(Inf., chiefly Brit.)*, telephone

**phoney**
- **ADJ. 1.** affected, assumed, bogus, counterfeit, ersatz, fake, false, forged, imitation, pseudo *(Inf.)*, put-on, sham, spurious, trick
- **N. 2.** counterfeit, fake, faker, forgery, fraud, humbug, impostor, pretender, pseud *(Inf.)*, sham

**photograph**
- **N. 1.** image, likeness, photo *(Inf.)*, picture, print, shot, slide, snap *(Inf.)*, snapshot, transparency
- **V. 2.** capture on film, film, get a shot of, record, shoot, snap *(Inf.)*, take, take a picture of, take (someone's) picture

**photographic** accurate, cinematic, detailed, exact, faithful, filmic, graphic, lifelike, minute, natural, pictorial, precise, realistic, retentive, visual, vivid

**phrase**
- **N. 1.** expression, group of words, idiom, locution, motto, remark, saying, tag, utterance, way of speaking
- **V. 2.** couch, express, formulate, frame, present, put, put into words, say, term, utter, voice, word

**phraseology** choice of words, diction, expression, idiom, language, parlance, phrase, phrasing, speech, style, syntax, wording

**physical 1.** bodily, carnal, corporal, corporeal, earthly, fleshly, incarnate, mortal, somatic, unspiritual **2.** material, natural, palpable, real, sensible, solid, substantial, tangible, visible

**physician** doc *(Inf.)*, doctor, doctor of medicine, general practitioner, GP, healer, M.D., medic *(Inf.)*, medical practitioner, medico *(Inf.)*, sawbones *(Sl.)*, specialist

**physique** body, build, constitution, figure, form, frame, make-up, shape, structure

**pick**
- **V. 1.** choose, decide upon, elect, fix upon, hand-pick, mark out, opt for, select, settle upon, sift out, single out, sort out **2.** collect, cull, cut, gather, harvest, pluck, pull **3.** have no appetite, nibble, peck at, play *or* toy with, push the food round the plate **4.** foment, incite, instigate, provoke, start **5.** break into, break open, crack, force, jemmy, open, prise open **6. pick one's way** be tentative, find *or* make one's way, move cautiously, tread carefully, work through
- **N. 7.** choice, choosing, decision, option, preference, selection **8.** choicest, crème de la crème, elect, elite, flower, pride, prize, the best, the cream, the tops *(Sl.)*

**picket**
- **N. 1.** pale, paling, palisade, peg, post, stake, stanchion, upright **2.** demonstrator, flying picket, picketer, protester **3.** guard, lookout, patrol, scout, sentinel, sentry, spotter, vedette *(Military)*, watch
- **V. 4.** blockade, boycott, demonstrate **5.** corral *(U.S.)*, enclose, fence, hedge in, palisade, pen in, rail in, shut in, wall in

**pickle**
- **N. 1.** *(Inf.)* bind *(Inf.)*, difficulty, dilemma, fix *(Inf.)*, hot water *(Inf.)*, jam *(Inf.)*, predicament, quandary, scrape *(Inf.)*, spot *(Inf.)*, tight spot **2.** *(Brit. inf.)* little horror, mischief, mischief maker, monkey, naughty child, rascal
- **V. 3.** cure, keep, marinade, preserve, steep

**pick-me-up** bracer *(Inf.)*, drink, pick-up *(Sl.)*, refreshment, restorative, roborant, shot in the arm *(Inf.)*, stimulant, tonic

**pick on** badger, bait, blame, bully, goad, hector, tease, torment

**pick out 1.** choose, cull, hand-pick, select, separate the sheep from the goats, single out, sort out **2.** discriminate, distinguish, make distinct, make out, notice, perceive, recognize, tell apart

**pick up** v. **1.** gather, grasp, hoist, lift, raise, take up, uplift **2.** buy, come across, find, garner, happen upon, obtain, purchase, score (Sl.) **3.** gain, gain ground, get better, improve, make a comeback (Inf.), mend, perk up, rally, recover, take a turn for the better **4.** call for, collect, get, give someone a lift, go to get, uplift (Scot.) **5.** acquire, get the hang of (Inf.), learn, master **6.** (Sl.) apprehend, arrest, bust (Inf.), collar (Inf.), do (Sl.), feel one's collar (Sl.), lift (Sl.), nab (Inf.), nail (Inf.), nick (Sl., chiefly Brit.), pinch (Inf.), pull in (Brit. sl.), run in (Sl.), take into custody

**picnic 1.** excursion, fête champêtre, outdoor meal, outing **2.** (Inf.) breeze (U.S. & Canad. inf.), cakewalk (Inf.), child's play (Inf.), cinch (Sl.), duck soup (U.S. sl.), piece of cake (Brit. inf.), pushover (Sl.), snap (Inf.), walkover (Inf.)

**pictorial** expressive, graphic, illustrated, picturesque, representational, scenic, striking, vivid

**picture**
▶ N. **1.** delineation, drawing, effigy, engraving, illustration, image, likeness, painting, photograph, portrait, portrayal, print, representation, similitude, sketch **2.** account, depiction, description, image, impression, re-creation, report **3.** carbon copy, copy, dead ringer (Sl.), double, duplicate, image, likeness, living image, lookalike, replica, ringer (Sl.), spit (Inf., chiefly Brit.), spit and image (Inf.), spitting image (Inf.), twin **4.** archetype, embodiment, epitome, essence, living example, perfect example, personification **5.** film, flick (Sl.), motion picture, movie (U.S. inf.)
▶ V. **6.** conceive of, envision, image, see, see in the mind's eye, visualize **7.** delineate, depict, describe, draw, illustrate, paint, photograph, portray, render, represent, show, sketch

**picturesque** attractive, beautiful, charming, colourful, graphic, pretty, quaint, scenic, striking, vivid

**piddling** chickenshit (U.S. sl.), crappy (Sl.), derisory, fiddling, insignificant, little, measly (Inf.), Mickey Mouse (Sl.), nickel-and-dime (U.S. sl.), paltry, petty, piffling, poxy (Sl.), puny, trifling, trivial, unimportant, useless, worthless

**piebald** black and white, brindled, dappled, flecked, mottled, pied, speckled, spotted

**piece**
▶ N. **1.** allotment, bit, chunk, division, fraction, fragment, length, morsel, mouthful, part, portion, quantity, scrap, section, segment, share, shred, slice **2.** case, example, instance, occurrence, sample, specimen, stroke **3.** article, bit (Inf.), composition, creation, item, production, study, work, work of art **4. go to pieces** break down, crack up (Inf.), crumple, disintegrate, fall apart, lose control, lose one's head **5. in pieces** broken, bust (Inf.), damaged, disintegrated, in bits, in smithereens, ruined, shattered, smashed **6. of a piece** alike, analogous, consistent, identical, of the same kind, similar, the same, uniform
▶ V. **7.** (Often with **together**) assemble, compose, fix, join, mend, patch, repair, restore, unite

**pièce de résistance** chef-d'oeuvre, jewel, masterpiece, masterwork, showpiece

**piecemeal**
▶ ADV. **1.** at intervals, bit by bit, by degrees, by fits and starts, fitfully, intermittently, little by little, partially, slowly
▶ ADJ. **2.** fragmentary, intermittent, interrupted, partial, patchy, spotty, unsystematic

**pier** N. **1.** jetty, landing place, promenade, quay, wharf **2.** buttress, column, pile, piling, pillar, post, support, upright

**pierce 1.** bore, drill, enter, impale, penetrate, perforate, prick, probe, puncture, run through, spike, stab, stick into, transfix **2.** comprehend, discern, discover, fathom, grasp, realize, see, understand **3.** (Fig.) affect, cut, cut to the quick, excite, hurt, move, pain, rouse, sting, stir, strike, thrill, touch, wound

**piercing 1.** (Usually of sound) ear-splitting, high-pitched, loud, penetrating, sharp, shattering, shrill **2.** alert, aware, keen, penetrating, perceptive, perspicacious, probing, quick-witted, searching, sharp, shrewd **3.** (Usually of weather) arctic, biting, bitter, cold, freezing, frosty, keen, nipping, nippy, numbing, raw, wintry **4.** acute, agonizing, excruciating, exquisite, fierce, intense, painful, powerful, racking, severe, sharp, shooting, stabbing

**piety** devotion, devoutness, dutifulness, duty, faith, godliness, grace, holiness, piousness, religion, reverence, sanctity, veneration

**pig 1.** boar, grunter, hog, piggy, piglet, porker, shoat, sow, swine **2.** (Inf.) animal, beast, boor, brute, glutton, greedy guts (Sl.), guzzler, hog (Inf.), slob (Sl.), sloven, swine

**pigeon 1.** bird, culver (Archaic), cushat, dove, squab **2.** (Sl.) dupe, fall guy (Inf.), gull (Archaic), mug (Brit. sl.), sitting duck, sucker (Sl.), victim **3.** (Brit. inf.) baby (Sl.), business, concern, lookout (Inf.), responsibility, worry

**pigeonhole**
▶ N. **1.** compartment, cubbyhole, cubicle, locker, niche, place, section **2.** (Inf.) category, class, classification, slot (Inf.)
▶ V. **3.** defer, file, postpone, put off, shelve **4.** catalogue, characterize, classify, codify, compartmentalize, label, slot (Inf.), sort

**pigheaded** bull-headed, contrary, cross-grained, dense, froward, inflexible, mulish, obstinate, perverse, self-willed, stiff-necked, stubborn, stupid, unyielding, wilful, wrongheaded

**pigment** colorant, colour, colouring, colouring matter, dye, dyestuff, paint, stain, tincture, tint

**pigmy** → **pygmy**

**pile¹** beam, column, foundation, pier, piling, pillar, post, support, upright

**pile²**
▶ N. **1.** accumulation, assemblage, assortment, collection, heap, hoard, mass, mound, mountain, stack, stockpile **2.** (Inf.) big bucks (Inf., chiefly U.S.), big money, bomb (Brit. sl.), fortune, megabucks (U.S. & Canad. sl.), mint, money, packet (Sl.), pot, pretty penny (Inf.), tidy sum (Inf.), wad (U.S. & Canad. sl.), wealth **3.** Often plural (Inf.) a lot, great deal, ocean, oodles (Inf.), quantity, stacks **4.** building, edifice, erection, structure
▶ V. **5.** accumulate, amass, assemble, collect, gather, heap, hoard, load up, mass, stack, store **6.** charge, crowd, crush, flock, flood, jam, pack, rush, stream

**pile³** down, fibre, filament, fur, hair, nap, plush, shag, surface

**piles** haemorrhoids

**pileup** accident, collision, crash, multiple collision, smash, smash-up (Inf.)

**pilfer** appropriate, blag (Sl.), cabbage (Brit. sl.), embezzle, filch, knock off (Sl.), lift (Inf.), nick (Sl., chiefly Brit.), pinch (Inf.), purloin, rifle, rob, snaffle (Brit. inf.), snitch (Sl.), steal, swipe (Sl.), take, thieve, walk off with

**pilgrim** crusader, hajji, palmer, traveller, wanderer, wayfarer

**pilgrimage** crusade, excursion, expedition, hajj, journey, mission, tour, trip

**pill 1.** bolus, capsule, pellet, pilule, tablet **2. the pill** oral contraceptive **3.** (Sl.) bore, drag (Inf.), nuisance, pain (Inf.), pain in the neck (Inf.), pest, trial

**pillage**
▶ V. **1.** depredate (Rare), despoil, freeboot, loot, maraud, plunder, raid, ransack, ravage, reive (Dialect), rifle, rob, sack, spoil (Archaic), spoliate, strip
▶ N. **2.** depredation, devastation, marauding, plunder, rapine, robbery, sack, spoliation **3.** booty, loot, plunder, spoils

**pillar 1.** column, pier, pilaster, piling, post, prop, shaft, stanchion, support, upright **2.** leader, leading light (Inf.), mainstay, rock, supporter, tower of strength, upholder, worthy

**pillory** v. brand, cast a slur on, denounce, expose to ridicule, heap or pour scorn on, hold up to shame, lash, show up, stigmatize

**pilot**
▶ N. **1.** airman, aviator, captain, conductor, coxswain, director, flier, guide, helmsman, leader, navigator, steersman
▶ V. **2.** conduct, control, direct, drive, fly, guide, handle, lead, manage, navigate, operate, shepherd, steer
▶ ADJ. **3.** experimental, model, test, trial

**pimple** boil, papule (Pathol.), plook (Scot.), pustule, spot, swelling, zit (Sl.)

**pin** V. **1.** affix, attach, fasten, fix, join, secure **2.** fix, hold down, hold fast, immobilize, pinion, press, restrain

**pinch**
▶ V. **1.** compress, grasp, nip, press, squeeze, tweak **2.** chafe, confine, cramp, crush, hurt, pain **3.** afflict, be stingy, distress, economize, oppress, pinch pennies, press, scrimp, skimp, spare, stint **4.** (Inf.) blag (Sl.), cabbage (Brit. sl.), filch, knock off (Sl.), lift (Inf.), nick (Sl., chiefly Brit.), pilfer, purloin, rob, snaffle (Brit. inf.), snatch, snitch (Sl.), steal, swipe (Sl.) **5.** (Inf.) apprehend, arrest, bust (Inf.), collar (Inf.), do (Sl.), feel one's collar (Sl.), lift (Sl.), nab (Inf.), nail (Inf.), nick (Sl., chiefly Brit.), pick up (Sl.), pull in (Brit. sl.), run in (Sl.), take into custody
▶ N. **6.** nip, squeeze, tweak **7.** bit, dash, jot, mite, small quantity, soupçon, speck, taste **8.** crisis, difficulty, emergency, exigency, hardship, necessity, oppression, pass, plight, predicament, pressure, strait, stress

**pinched** careworn, drawn, gaunt, haggard, peaky, starved, thin, worn

**pin down 1.** compel, constrain, force, make, press, pressurize **2.** designate, determine, home in on, identify, locate, name, pinpoint, specify **3.** bind, confine, constrain, fix, hold, hold down, immobilize, nail down, tie down

**pine 1.** (Often with **for**) ache, carry a torch for, covet, crave, desire, eat one's heart out over, hanker, hunger for, long, lust after, sigh, thirst for, wish, yearn **2.** decay, decline, droop, dwindle, fade, flag, languish, peak, sicken, sink, waste, weaken, wilt, wither

**pinion** v. bind, chain, confine, fasten, fetter, immobilize, manacle, pin down, shackle, tie

**pink**
▶ N. **1.** acme, best, height, peak, perfection, summit
▶ ADJ. **2.** flesh, flushed, reddish, rose, roseate, rosy, salmon

**pinnacle 1.** acme, apex, apogee, crest, crown, eminence, height, meridian, peak, summit, top, vertex, zenith **2.** belfry, cone, needle, obelisk, pyramid, spire, steeple

**pinpoint** define, distinguish, get a fix on, home in on, identify, locate, spot

**pint** ale, beer, jar (Brit. inf.), jug (Brit. inf.)

**pioneer**
▶ N. **1.** colonist, colonizer, explorer, frontiersman, settler **2.** developer, founder, founding father, innovator, leader, trailblazer
▶ V. **3.** create, develop, discover, establish, initiate, instigate, institute, invent, launch, lay the groundwork, map out, open up, originate, prepare, show the way, start, take the lead

**pious 1.** dedicated, devoted, devout, God-fearing, godly, holy, religious, reverent, righteous, saintly, spiritual **2.** goody-goody, holier-than-thou, hypocritical, pietistic, religiose, sanctimonious, self-righteous, unctuous

**pipe**
▶ N. **1.** conduit, conveyor, duct, hose, line, main, passage, pipeline, tube **2.** briar, clay, meerschaum **3.** fife, horn, tooter, whistle, wind instrument
▶ V. **4.** cheep, peep, play, sing, sound, tootle, trill, tweet, twitter, warble, whistle **5.** bring in, channel, conduct, convey, siphon, supply, transmit

**pipe down** belt up (Sl.), be quiet, button it (Sl.), button one's lip (Sl.), hold one's tongue, hush, put a sock in it (Brit. sl.), quieten down, shush, shut one's mouth, shut up (Inf.), silence

**pipeline 1.** conduit, conveyor, duct, line, passage, pipe, tube **2. in the pipeline** brewing, coming, getting ready, in process, in production, on the way, under way

**piquant 1.** acerb, biting, highly-seasoned, peppery, pungent, savoury, sharp, spicy, stinging, tangy, tart, with a kick (Inf.), zesty **2.** interesting, lively, provocative, racy, salty, scintillating, sparkling, spirited, stimulating

**pique**
▶ N. **1.** annoyance, displeasure, grudge, huff, hurt feelings, irritation, miff (Inf.), offence, resentment, umbrage, vexation, wounded pride
▶ V. **2.** affront, annoy, displease, gall, get (Inf.), incense, irk, irritate, miff (Inf.), mortify, nark (Brit., Aust., & N.Z. sl.), nettle, offend, peeve (Inf.), provoke, put out, put someone's nose out of joint (Inf.), rile, sting, vex, wound **3.** arouse, excite, galvanize, goad, kindle, provoke, rouse, spur, stimulate, stir, whet **4.** (With **on** or **upon**) (Of oneself) congratulate, flatter, plume, preen, pride

**piracy** buccaneering, freebooting, hijacking, infringement, plagiarism, rapine, robbery at sea, stealing, theft

**pirate**
▶ N. **1.** buccaneer, corsair, filibuster, freebooter, marauder, raider, rover, sea robber, sea rover, sea wolf **2.** cribber (Inf.), infringer, plagiarist, plagiarizer

**pit**
- N. 1. abyss, cavity, chasm, coal mine, crater, dent, depression, dimple, excavation, gulf, hole, hollow, indentation, mine, pockmark, pothole, trench
- V. 2. (Often with **against**) match, oppose, put in opposition, set against 3. dent, dint, gouge, hole, indent, mark, nick, notch, pockmark, scar

**pitch**
- V. 1. bung (Brit. sl.), cast, chuck (Inf.), fling, heave, hurl, launch, lob (Inf.), sling, throw, toss 2. erect, fix, locate, place, plant, put up, raise, settle, set up, station 3. flounder, lurch, make heavy weather, plunge, roll, toss, wallow, welter 4. dive, drop, fall headlong, stagger, topple, tumble
- N. 5. angle, cant, dip, gradient, incline, slope, steepness, tilt 6. degree, height, highest point, level, point, summit 7. harmonic, modulation, sound, timbre, tone 8. line, patter, sales talk, spiel (Inf.) 9. field of play, ground, park (U.S. & Canad.), sports field

**pitch-black** dark, ebony, inky, jet, jet-black, pitch-dark, raven, sable, unlit

**pitch in** 1. chip in (Inf.), contribute, cooperate, do one's bit, help, join in, lend a hand, participate 2. begin, fall to, get busy, get cracking (Inf.), plunge into, set about, set to, tackle

**piteous** affecting, deplorable, dismal, distressing, doleful, grievous, harrowing, heartbreaking, heart-rending, lamentable, miserable, mournful, moving, pathetic, pitiable, pitiful, plaintive, poignant, sad, sorrowful, woeful, wretched

**pitfall** 1. banana skin (Inf.), catch, danger, difficulty, drawback, hazard, peril, snag, trap 2. deadfall, downfall, pit, snare, trap

**pith** 1. core, crux, essence, gist, heart, heart of the matter, kernel, marrow, meat, nub, point, quintessence, salient point, the long and the short of it 2. consequence, depth, force, import, importance, matter, moment, power, significance, strength, substance, value, weight

**pithy** brief, cogent, compact, concise, epigrammatic, expressive, finely honed, forceful, laconic, meaningful, pointed, short, succinct, terse, to the point, trenchant

**pitiful** 1. deplorable, distressing, grievous, harrowing, heartbreaking, heart-rending, lamentable, miserable, pathetic, piteous, pitiable, sad, woeful, wretched 2. abject, base, beggarly, contemptible, despicable, dismal, inadequate, insignificant, low, mean, measly, miserable, paltry, scurvy, shabby, sorry, vile, worthless

**pitiless** brutal, callous, cold-blooded, cold-hearted, cruel, hardhearted, harsh, heartless, implacable, inexorable, inhuman, merciless, relentless, ruthless, uncaring, unfeeling, unmerciful, unsympathetic

**pittance** allowance, chicken feed (Sl.), drop, mite, modicum, peanuts (Sl.), portion, ration, slave wages, trifle

**pity**
- N. 1. charity, clemency, commiseration, compassion, condolence, fellow feeling, forbearance, kindness, mercy, quarter, sympathy, tenderness, understanding 2. bummer (Sl.), crime (Inf.), crying shame, misfortune, regret, sad thing, shame, sin 3. **take pity on** feel compassion for, forgive, have mercy on, melt, pardon, put out of one's misery, relent, reprieve, show mercy, spare
- V. 4. bleed for, commiserate with, condole with, feel for, feel sorry for, grieve for, have compassion for, sympathize with, weep for

**pivot**
- N. 1. axis, axle, fulcrum, spindle, swivel 2. centre, focal point, heart, hinge, hub, kingpin
- V. 3. revolve, rotate, spin, swivel, turn, twirl 4. be contingent, depend, hang, hinge, rely, revolve round, turn

**pixie** brownie, elf, fairy, peri, sprite

**placard** advertisement, affiche, bill, poster, public notice, sticker

**placate** appease, assuage, calm, conciliate, humour, mollify, pacify, propitiate, satisfy, soothe, win over

**place**
- N. 1. area, location, locus, point, position, site, situation, spot, station, venue, whereabouts 2. city, district, hamlet, locale, locality, neighbourhood, quarter, region, town, vicinity, village 3. grade, position, rank, station, status 4. appointment, berth (Inf.), billet (Inf.), employment, job, position, post 5. abode, apartment, domicile, dwelling, flat, home, house, manor, mansion, pad (Sl.), property, residence, seat 6. accommodation, room, space, stead 7. affair, charge, concern, duty, function, prerogative, responsibility, right, role 8. **in place of** as an alternative to, as a substitute for, in exchange for, in lieu of, instead of, taking the place of 9. **put (someone) in his place** bring down, cut down to size, humble, humiliate, make (someone) eat humble pie, make (someone) swallow his pride, mortify, take down a peg (Inf.) 10. **take place** befall, betide, come about, come to pass (Archaic), go on, happen, occur, transpire (Inf.)
- V. 11. bung (Brit. sl.), deposit, dispose, establish, fix, install, lay, locate, plant, position, put, rest, set, settle, situate, stand, station, stick (Inf.) 12. arrange, class, classify, grade, group, order, rank, sort 13. associate, identify, know, put one's finger on, recognize, remember, set in context 14. allocate, appoint, assign, charge, commission, entrust, give

**placid** calm, collected, composed, cool, equable, even, even-tempered, gentle, halcyon, imperturbable, mild, peaceful, quiet, self-possessed, serene, still, tranquil, undisturbed, unexcitable, unfazed (Inf.), unmoved, unruffled, untroubled

**plagiarize** appropriate, borrow, crib (Inf.), infringe, lift (Inf.), pirate, steal, thieve

**plague**
- N. 1. contagion, disease, epidemic, infection, pandemic, pestilence 2. (Fig.) affliction, bane, blight, calamity, cancer, curse, evil, scourge, torment, trial 3. (Inf.) aggravation (Inf.), annoyance, bother, hassle (Inf.), irritant, nuisance, pain (Inf.), pest, problem, thorn in one's flesh, vexation
- V. 4. afflict, annoy, badger, bedevil, be on one's back (Sl.), bother, disturb, fret, get in one's hair (Inf.), get on one's nerves (Inf.), harass, harry, hassle (Inf.), haunt, molest, pain, persecute, pester, tease, torment, torture, trouble, vex

**plain**
- ADJ. 1. apparent, clear, comprehensible, distinct, evident, legible, lucid, manifest, obvious, patent, transparent, unambiguous, understandable, unmistakable, visible 2. artless, blunt, candid, direct, downright, forthright, frank, guileless, honest, ingenuous, open, outspoken, sincere, straightforward, upfront (Inf.) 3. common, commonplace, everyday, frugal, homely, lowly, modest, ordinary, simple, unaffected, unpretentious, workaday 4. austere, bare, basic, discreet, modest, muted, pure, restrained, severe, simple, Spartan, stark, unadorned, unembellished, unornamented, unpatterned, unvarnished 5. ill-favoured, no oil painting (Inf.), not beautiful, not striking, ordinary, ugly, unalluring, unattractive, unlovely, unprepossessing 6. even, flat, level, plane, smooth
- N. 7. flatland, grassland, llano, lowland, mesa, open country, plateau, prairie, steppe, tableland

**plain-spoken** blunt, candid, direct, downright, explicit, forthright, frank, open, outright, outspoken, straightforward, unequivocal, upfront (Inf.)

**plaintive** disconsolate, doleful, grief-stricken, grievous, heart-rending, melancholy, mournful, pathetic, piteous, pitiful, rueful, sad, sorrowful, wistful, woebegone, woeful

**plan**
- N. 1. contrivance, design, device, idea, method, plot, procedure, programme, project, proposal, proposition, scenario, scheme, strategy, suggestion, system 2. blueprint, chart, delineation, diagram, drawing, illustration, layout, map, representation, scale drawing, sketch
- V. 3. arrange, concoct, contrive, design, devise, draft, formulate, frame, invent, organize, outline, plot, prepare, represent, scheme, think out 4. aim, contemplate, envisage, foresee, intend, mean, propose, purpose

**plane¹** aeroplane, aircraft, jet

**plane²**
- N. 1. flat surface, level surface 2. condition, degree, footing, level, position, stratum
- ADJ. 3. even, flat, flush, horizontal, level, plain, regular, smooth, uniform

**plane³** V. glide, sail, skate, skim, volplane

**plant**
- N. 1. bush, flower, herb, shrub, vegetable, weed 2. factory, foundry, mill, shop, works, yard 3. apparatus, equipment, gear, machinery
- V. 4. implant, put in the ground, scatter, seed, set out, sow, transplant 5. establish, fix, found, imbed, insert, institute, lodge, root, set, settle

**plaque** badge, brooch, cartouch(e), medal, medallion, panel, plate, slab, tablet

**plaster**
- N. 1. gypsum, mortar, plaster of Paris, stucco 2. adhesive plaster, bandage, dressing, Elastoplast (Trademark), sticking plaster
- V. 3. bedaub, besmear, coat, cover, daub, overlay, smear, spread

**plastic** ADJ. 1. compliant, docile, easily influenced, impressionable, malleable, manageable, pliable, receptive, responsive, tractable 2. ductile, fictile, flexible, mouldable, pliable, pliant, soft, supple, tensile 3. (Sl.) artificial, false, meretricious, phoney or phony (Inf.), pseudo (Inf.), sham, specious, spurious, superficial, synthetic

**plate**
- N. 1. dish, platter, trencher (Archaic) 2. course, dish, helping, portion, serving 3. layer, panel, sheet, slab 4. illustration, lithograph, print
- V. 5. anodize, coat, cover, electroplate, face, gild, laminate, nickel, overlay, platinize, silver

**plateau** 1. highland, mesa, table, tableland, upland 2. level, levelling off, stability, stage

**platform** 1. dais, podium, rostrum, stage, stand 2. manifesto, objective(s), party line, policy, principle, programme, tenet(s)

**platitude** 1. banality, bromide, cliché, commonplace, hackneyed saying, inanity, stereotype, trite remark, truism 2. banality, dullness, inanity, insipidity, triteness, triviality, vapidity, verbiage

**platitudinous** banal, clichéd, commonplace, corny (Sl.), hack, hackneyed, overworked, set, stale, stereotyped, stock, tired, trite, truistic, vapid, well-worn

**platoon** company, group, outfit (Inf.), patrol, squad, squadron, team

**platter** charger, dish, plate, salver, tray, trencher (Archaic)

**plausible** believable, colourable, conceivable, credible, fair-spoken, glib, likely, persuasive, possible, probable, reasonable, smooth, smooth-talking, smooth-tongued, specious, tenable, verisimilar

**play**
- V. 1. amuse oneself, caper, engage in games, entertain oneself, fool, frisk, frolic, gambol, have fun, revel, romp, sport, trifle 2. be in a team, challenge, compete, contend against, participate, rival, take on, take part, vie with 3. act, act the part of, execute, impersonate, perform, personate, portray, represent, take the part of 4. bet, chance, gamble, hazard, punt (Chiefly Brit.), risk, speculate, take, wager 5. **play ball** (Inf.) collaborate, cooperate, go along, play along, reciprocate, respond, show willing 6. **play by ear** ad lib, extemporize, improvise, rise to the occasion, take it as it comes 7. **play for time** delay, drag one's feet (Inf.), filibuster, hang fire, procrastinate, stall, temporize 8. **play the fool** act the goat (Inf.), clown, clown around, horse around (Inf.), lark (about) (Inf.), mess about, monkey around, skylark (Inf.) 9. **play the game** (Inf.) conform, follow the rules, go along with, keep in step, play by the rules, play fair, toe the line
- N. 10. comedy, drama, dramatic piece, entertainment, farce, masque, performance, piece, radio play, show, soap opera, stage show, television drama, tragedy 11. amusement, caper, diversion, entertainment, frolic, fun, gambol, game, jest, pastime, prank, recreation, romp, sport 12. gambling, gaming 13. action, activity, elbowroom, exercise, give (Inf.), latitude, leeway, margin, motion, movement, operation, range, room, scope, space, sweep, swing 14. action, activity, employment, function, operation, transaction, working 15. foolery, fun, humour, jest, joking, lark (Inf.), prank, sport, teasing

**play around** dally, fool around, mess around, philander, take lightly, trifle, womanize

**playboy** gay dog, ladies' man, lady-killer (Inf.), lover boy (Sl.), man about town, philanderer, pleasure seeker, rake, roué, socialite, womanizer

**play down** gloss over, make light of, make little of, minimize, set no store by, soft-pedal *(Inf.)*, underplay, underrate

**player** **1.** competitor, contestant, participant, sportsman, sportswoman, team member **2.** actor, actress, entertainer, performer, Thespian, trouper **3.** artist, instrumentalist, musician, music maker, performer, virtuoso

**playful** **1.** cheerful, coltish, frisky, frolicsome, gay, impish, joyous, kittenish, larkish *(Inf.)*, lively, merry, mischievous, puckish, rollicking, spirited, sportive, sprightly, vivacious **2.** arch, coy, flirtatious, good-natured, humorous, jesting, jokey, joking, roguish, teasing, tongue-in-cheek, waggish

**playmate** chum *(Inf.)*, companion, comrade, friend, neighbour, pal *(Inf.)*, playfellow

**play on** *or* **play upon** abuse, capitalize on, exploit, impose on, milk, profit by, take advantage of, trade on, turn to account, utilize

**plaything** amusement, bauble, game, gewgaw, gimcrack, pastime, toy, trifle, trinket

**play up** **1.** accentuate, bring to the fore, call attention to, emphasize, highlight, magnify, point up, stress, turn the spotlight on, underline **2.** *(Brit. inf.)* be painful, be sore, bother, give one gyp *(Brit. & N.Z. sl.)*, give one trouble, hurt, pain, trouble **3.** *(Brit. inf.)* be awkward, be bolshie *(Brit. inf.)*, be cussed *(Inf.)*, be disobedient, be stroppy *(Brit. sl.)*, give trouble, misbehave **4.** *(Brit. inf.)* be on the blink *(Sl.)*, be wonky *(Brit. sl.)*, malfunction, not work properly **5. play up to** *(Inf.)* bootlick *(Inf.)*, brown-nose *(Taboo sl.)*, butter up, curry favour, fawn, flatter, get in with, ingratiate oneself, kiss (someone's) ass *(U.S. & Canad. taboo sl.)*, pander to, suck up to *(Inf.)*, toady

**play upon** → **play on**

**playwright** dramatist, dramaturge, dramaturgist

**plea** **1.** appeal, begging, entreaty, intercession, overture, petition, prayer, request, suit, supplication **2.** *(Law)* action, allegation, cause, suit **3.** apology, claim, defence, excuse, explanation, extenuation, justification, pretext, vindication

**plead** **1.** appeal (to), ask, beg, beseech, crave, entreat, implore, importune, petition, request, solicit, supplicate **2.** adduce, allege, argue, assert, maintain, put forward, use as an excuse

**pleasant** **1.** acceptable, agreeable, amusing, delectable, delightful, enjoyable, fine, gratifying, lovely, nice, pleasing, pleasurable, refreshing, satisfying, welcome **2.** affable, agreeable, amiable, charming, cheerful, cheery, congenial, engaging, friendly, genial, good-humoured, likable *or* likeable, nice

**pleasantry** badinage, banter, bon mot, good-natured remark, jest, joke, josh *(Sl., chiefly U.S. & Canad.)*, quip, sally, witticism

**please** **1.** amuse, charm, cheer, content, delight, entertain, give pleasure to, gladden, gratify, humour, indulge, rejoice, satisfy, suit, tickle, tickle pink *(Inf.)* **2.** be inclined, choose, desire, like, opt, prefer, see fit, want, will, wish

**pleased** chuffed *(Brit. sl.)*, contented, delighted, euphoric, glad, gratified, happy, in high spirits, over the moon *(Inf.)*, pleased as punch *(Inf.)*, rapt, satisfied, thrilled, tickled, tickled pink *(Inf.)*

**pleasing** agreeable, amiable, amusing, attractive, charming, delightful, engaging, enjoyable, entertaining, gratifying, likable *or* likeable, pleasurable, polite, satisfying, winning

**pleasure** **1.** amusement, bliss, comfort, contentment, delectation, delight, diversion, ease, enjoyment, gladness, gratification, happiness, jollies *(Sl.)*, joy, recreation, satisfaction, solace **2.** choice, command, desire, inclination, mind, option, preference, purpose, will, wish

**plebeian**
- ADJ. **1.** base, coarse, common, ignoble, low, low-born, lower-class, mean, non-U *(Brit. inf.)*, proletarian, uncultivated, unrefined, vulgar, working-class
- N. **2.** commoner, common man, man in the street, peasant, pleb, prole *(Derogatory sl., chiefly Brit.)*, proletarian

**pledge**
- N. **1.** assurance, covenant, oath, promise, undertaking, vow, warrant, word, word of honour **2.** bail, bond, collateral, deposit, earnest, gage, guarantee, pawn, security, surety **3.** health, toast
- V. **4.** contract, engage, give one's oath (word, word of honour), promise, swear, undertake, vouch, vow **5.** bind, engage, gage *(Archaic)*, guarantee, mortgage, plight **6.** drink the health of, drink to, toast

**plentiful** **1.** abundant, ample, bounteous *(Literary)*, bountiful, complete, copious, generous, inexhaustible, infinite, lavish, liberal, overflowing, plenteous, profuse **2.** bumper, fertile, fruitful, luxuriant, plenteous, productive, prolific

**plenty** **1.** abundance, enough, fund, good deal, great deal, heap(s) *(Inf.)*, lots *(Inf.)*, mass, masses, mine, mountain(s), oodles *(Inf.)*, pile(s) *(Inf.)*, plethora, quantities, quantity, stack(s), store, sufficiency, volume **2.** abundance, affluence, copiousness, fertility, fruitfulness, luxury, opulence, plenitude, plenteousness, plentifulness, profusion, prosperity, wealth

**plethora** excess, glut, overabundance, profusion, superabundance, superfluity, surfeit, surplus

**pliable** **1.** bendable, bendy, ductile, flexible, limber, lithe, malleable, plastic, pliant, supple, tensile **2.** adaptable, compliant, docile, easily led, impressionable, influenceable, manageable, persuadable, pliant, receptive, responsive, susceptible, tractable, yielding

**pliant** **1.** bendable, bendy, ductile, flexible, lithe, plastic, pliable, supple, tensile **2.** adaptable, biddable, compliant, easily led, impressionable, influenceable, manageable, persuadable, pliable, susceptible, tractable, yielding

**plight** N. case, circumstances, condition, difficulty, dilemma, extremity, hole *(Sl.)*, hot water *(Inf.)*, jam *(Inf.)*, perplexity, pickle *(Inf.)*, predicament, scrape *(Inf.)*, situation, spot *(Inf.)*, state, straits, tight spot, trouble

**plod** **1.** clump, drag, lumber, slog, stomp *(Inf.)*, tramp, tread, trudge **2.** drudge, grind *(Inf.)*, grub, labour, peg away, persevere, plough through, plug away *(Inf.)*, slog, soldier on, toil

**plot**
- N. **1.** allotment, area, ground, lot, parcel, patch, tract **2.** cabal, conspiracy, covin *(Law)*, intrigue, machination, plan, scheme, stratagem **3.** action, narrative, outline, scenario, story, story line, subject, theme, thread
- V. **4.** cabal, collude, conspire, contrive, hatch, intrigue, machinate, manoeuvre, plan, scheme **5.** calculate, chart, compute, draft, draw, locate, map, mark, outline **6.** brew, conceive, concoct, contrive, cook up *(Inf.)*, design, devise, frame, hatch, imagine, lay, project

**plough** V. **1.** break ground, cultivate, dig, furrow, ridge, till, turn over **2.** *(Usually with* **through***)* cut, drive, flounder, forge, plod, plunge, press, push, stagger, surge, wade **3.** *(With* **into***)* bulldoze, career, crash, hurtle, plunge, shove, smash

**pluck**
- N. **1.** backbone, balls *(Taboo sl.)*, ballsiness *(Taboo sl.)*, boldness, bottle *(Brit. sl.)*, bravery, courage, determination, grit, guts *(Inf.)*, hardihood, heart, intrepidity, mettle, nerve, resolution, spirit, spunk *(Inf.)*
- V. **2.** collect, draw, gather, harvest, pick, pull out *or* off **3.** catch, clutch, jerk, pull at, snatch, tug, tweak, yank **4.** finger, pick, plunk, strum, thrum, twang

**plucky** ballsy *(Taboo sl.)*, bold, brave, courageous, daring, doughty, feisty *(Inf., chiefly U.S. & Canad.)*, game, gritty, gutsy *(Sl.)*, hardy, have-a-go *(Inf.)*, heroic, intrepid, mettlesome, spirited, spunky *(Inf.)*, undaunted, unflinching, valiant

**plug**
- N. **1.** bung, cork, spigot, stopper, stopple **2.** cake, chew, pigtail, quid, twist, wad **3.** *(Inf.)* advert *(Brit. inf.)*, advertisement, good word, hype, mention, publicity, puff, push
- V. **4.** block, bung, choke, close, cork, cover, fill, pack, seal, stop, stopper, stopple, stop up, stuff **5.** *(Inf.)* advertise, build up, hype, mention, promote, publicize, puff, push, write up **6.** *(Sl.)* blow away *(Sl., chiefly U.S.)*, gun down, pick off, pop, pot, put a bullet in, shoot **7.** *(With* **along** *or* **away***)* *(Inf.)* drudge, grind *(Inf.)*, labour, peg away, plod, slog, toil

**plum** *(Fig.)*
- N. **1.** bonus, cream, find, pick, prize, treasure
- ADJ. **2.** best, choice, first-class, prize

**plumb**
- N. **1.** lead, plumb bob, plummet, weight
- ADV. **2.** perpendicularly, up and down, vertically **3.** bang, exactly, precisely, slap, spot-on *(Brit. inf.)*
- V. **4.** delve, explore, fathom, gauge, go into, measure, penetrate, probe, search, sound, unravel

**plume**
- N. **1.** aigrette, crest, feather, pinion, quill
- V. **2.** *(With* **on** *or* **upon***)* congratulate oneself, pat oneself on the back, pique oneself, preen oneself, pride oneself

**plump** ADJ. beefy *(Inf.)*, burly, buxom, chubby, corpulent, dumpy, fat, fleshy, full, obese, podgy, portly, roly-poly, rotund, round, stout, tubby, well-covered, well-upholstered *(Inf.)*

**plunder**
- V. **1.** despoil, devastate, loot, pillage, raid, ransack, ravage, rifle, rob, sack, spoil, steal, strip
- N. **2.** booty, ill-gotten gains, loot, pillage, prey, prize, rapine, spoils, swag *(Sl.)*

**plunge**
- V. **1.** cast, descend, dip, dive, douse, drop, fall, go down, immerse, jump, nose-dive, pitch, plummet, sink, submerge, swoop, throw, tumble **2.** career, charge, dash, hurtle, lurch, rush, tear
- N. **3.** descent, dive, drop, fall, immersion, jump, submersion, swoop

**plus**
- PREP. **1.** added to, and, coupled with, with, with the addition of
- ADJ. **2.** added, additional, add-on, extra, positive, supplementary
- N. **3.** *(Inf.)* advantage, asset, benefit, bonus, extra, gain, good point, icing on the cake, perk *(Brit. inf.)*, surplus

**plutocrat** capitalist, Croesus, Dives, fat cat *(Sl., chiefly U.S.)*, magnate, millionaire, moneybags *(Sl.)*, rich man, tycoon

**ply** **1.** carry on, exercise, follow, practise, pursue, work at **2.** employ, handle, manipulate, swing, utilize, wield **3.** assail, beset, besiege, bombard, harass, importune, press, urge

**poach** appropriate, encroach, hunt *or* fish illegally, infringe, intrude, plunder, rob, steal, steal game, trespass

**pocket**
- N. **1.** bag, compartment, hollow, pouch, receptacle, sack
- ADJ. **2.** abridged, compact, concise, little, miniature, pint-size(d) *(Inf.)*, portable, potted *(Inf.)*, small
- V. **3.** appropriate, cabbage *(Brit. sl.)*, filch, help oneself to, lift *(Inf.)*, pilfer, purloin, snaffle *(Brit. inf.)*, steal, take **4.** accept, bear, brook, endure, put up with *(Inf.)*, stomach, swallow, take, tolerate

**pod** N./V. hull, husk, shell, shuck

**podgy** chubby, chunky, dumpy, fat, fleshy, fubsy *(Archaic or dialect)*, plump, roly-poly, rotund, short and fat, squat, stout, stubby, stumpy, tubby

**podium** dais, platform, rostrum, stage

**poem** lyric, ode, rhyme, song, sonnet, verse

**poet** bard, lyricist, maker *(Archaic)*, rhymer, versifier

**poetic** elegiac, lyric, lyrical, metrical, rhythmical, songlike

**poetry** metrical composition, poems, poesy *(Archaic)*, rhyme, rhyming, verse

**poignancy** **1.** emotion, emotionalism, evocativeness, feeling, pathos, piteousness, plaintiveness, sadness, sentiment, tenderness **2.** bitterness, intensity, keenness, piquancy, pungency, sharpness

**poignant** **1.** affecting, agonizing, bitter, distressing, harrowing, heartbreaking, heart-rending, intense, moving, painful, pathetic, sad, touching, upsetting **2.** acute, biting, caustic, keen, penetrating, piercing, pointed, sarcastic, severe **3.** acrid, piquant, pungent, sharp, stinging, tangy

**point**
- N. **1.** dot, full stop, mark, period, speck, stop **2.** location, place, position, site, spot, stage, station **3.** apex, end, nib, prong, sharp end, spike, spur, summit, tine, tip, top **4.** bill, cape, foreland, head, headland, ness *(Archaic)*, promontory **5.** circumstance, condition, degree, extent, position, stage **6.** instant, juncture, moment, time, very minute **7.** aim, design, end, goal, intent, intention, motive, object, objective, purpose, reason, use, usefulness, utility **8.** burden, core, crux, drift, essence, gist, heart, import, main idea, marrow, matter, meaning, nub, pith, proposition, question, subject, text, theme, thrust **9.** aspect, detail, facet, feature, instance, item, nicety, particular **10.** aspect, attribute, characteristic, peculiarity, property,

**quality**, respect, side, trait **11.** score, tally, unit **12. beside the point** immaterial, incidental, inconsequential, irrelevant, not to the purpose, off the subject, out of the way, pointless, unimportant, without connection **13. to the point** applicable, apposite, appropriate, apropos, apt, brief, fitting, germane, pertinent, pithy, pointed, relevant, short, suitable, terse
▶ V. **14.** bespeak, call attention to, denote, designate, direct, indicate, show, signify **15.** aim, bring to bear, direct, level, train **16.** barb, edge, sharpen, taper, whet

**point-blank**
▶ ADJ. **1.** abrupt, blunt, categorical, direct, downright, explicit, express, plain, straight-from-the-shoulder, unreserved
▶ ADV. **2.** bluntly, brusquely, candidly, directly, explicitly, forthrightly, frankly, openly, overtly, plainly, straight, straightforwardly

**pointed 1.** acicular, acuminate, acute, barbed, cuspidate, edged, mucronate, sharp **2.** accurate, acute, biting, cutting, incisive, keen, penetrating, pertinent, sharp, telling, trenchant

**pointer 1.** guide, hand, indicator, needle **2.** advice, caution, hint, information, recommendation, suggestion, tip, warning

**pointless** absurd, aimless, fruitless, futile, inane, ineffectual, irrelevant, meaningless, nonsensical, senseless, silly, stupid, unavailing, unproductive, unprofitable, useless, vague, vain, worthless

**point out** allude to, bring up, call attention to, identify, indicate, mention, remind, reveal, show, specify

**poise**
▶ N. **1.** aplomb, assurance, calmness, composure, cool (*Sl.*), coolness, dignity, elegance, equanimity, equilibrium, grace, presence, presence of mind, sang-froid, savoir-faire, self-possession, serenity
▶ V. **2.** balance, float, hang, hang in midair, hang suspended, hold, hover, position, support, suspend

**poison**
▶ N. **1.** bane, toxin, venom **2.** bane, blight, cancer, canker, contagion, contamination, corruption, malignancy, miasma, virus
▶ V. **3.** adulterate, contaminate, envenom, give (someone) poison, infect, kill, murder, pollute **4.** corrupt, defile, deprave, pervert, subvert, taint, undermine, vitiate, warp
▶ ADJ. **5.** deadly, lethal, poisonous, toxic, venomous

**poisonous 1.** baneful (*Archaic*), deadly, fatal, lethal, mephitic, mortal, noxious, toxic, venomous, virulent **2.** baleful, baneful (*Archaic*), corruptive, evil, malicious, noxious, pernicious, pestiferous, pestilential, vicious

**poke**
▶ V. **1.** butt, dig, elbow, hit, jab, nudge, prod, punch, push, shove, stab, stick, thrust **2.** butt in, interfere, intrude, meddle, nose, peek, poke one's nose into (*Inf.*), pry, put one's two cents in (*U.S. sl.*), snoop (*Inf.*), tamper **3. poke fun at** chaff, jeer, make a mock of, make fun of, mock, rib (*Inf.*), ridicule, send up (*Brit. inf.*), take the mickey (*Inf.*), take the piss (out of) (*Taboo sl.*), tease
▶ N. **4.** butt, dig, hit, jab, nudge, prod, punch, thrust

**poky** confined, cramped, incommodious, narrow, small, tiny

**polar 1.** Antarctic, Arctic, cold, extreme, freezing, frozen, furthest, glacial, icy, terminal **2.** beacon-like, cardinal, guiding, leading, pivotal **3.** antagonistic, antipodal, antithetical, contradictory, contrary, diametric, opposed, opposite

**pole**[1] bar, mast, post, rod, shaft, spar, staff, standard, stick

**pole**[2] **1.** antipode, extremity, limit, terminus **2. poles apart** at opposite ends of the earth, at opposite extremes, incompatible, irreconcilable, miles apart, widely separated, worlds apart

**police**
▶ N. **1.** boys in blue (*Inf.*), constabulary, fuzz (*Sl.*), law enforcement agency, police force, the law (*Inf.*), the Old Bill (*Sl.*)
▶ V. **2.** control, guard, keep in order, keep the peace, patrol, protect, regulate, watch **3.** (*Fig.*) check, monitor, observe, oversee, supervise

**policeman** bobby (*Inf.*), bogey (*Sl.*), constable, cop (*Sl.*), copper (*Sl.*), flatfoot (*Sl.*), fuzz (*Sl.*), gendarme (*Sl.*), officer, peeler (*Obsolete Brit. sl.*), pig (*Sl.*), rozzer (*Sl.*)

**policy 1.** action, approach, code, course, custom, guideline, line, plan, practice, procedure, programme, protocol, rule, scheme, stratagem, theory **2.** discretion, good sense, prudence, sagacity, shrewdness, wisdom

**polish**
▶ V. **1.** brighten, buff, burnish, clean, furbish, rub, shine, smooth, wax **2.** brush up, correct, cultivate, emend, enhance, finish, improve, perfect, refine, touch up
▶ N. **3.** brightness, brilliance, finish, glaze, gloss, lustre, sheen, smoothness, sparkle, veneer **4.** varnish, wax **5.** (*Fig.*) breeding, class (*Inf.*), elegance, finesse, finish, grace, politesse, refinement, style, suavity, urbanity

**polished 1.** bright, burnished, furbished, glassy, gleaming, glossy, shining, slippery, smooth **2.** (*Fig.*) civilized, courtly, cultivated, elegant, finished, genteel, polite, refined, sophisticated, urbane, well-bred **3.** accomplished, adept, expert, faultless, fine, flawless, impeccable, masterly, outstanding, professional, skilful, superlative

**polish off 1.** consume, down, eat up, finish, put away, shift (*Inf.*), swill, wolf **2.** blow away (*Sl., chiefly U.S.*), bump off (*Inf.*), dispose of, do away with, do in (*Sl.*), eliminate, get rid of, kill, liquidate, murder, take out (*Sl.*)

**polite 1.** affable, civil, complaisant, courteous, deferential, gracious, mannerly, obliging, respectful, well-behaved, well-mannered **2.** civilized, courtly, cultured, elegant, genteel, polished, refined, urbane, well-bred

**politic 1.** artful, astute, canny, crafty, cunning, designing, ingenious, intriguing, Machiavellian, scheming, shrewd, sly, subtle, unscrupulous **2.** advisable, diplomatic, discreet, expedient, in one's best interests, judicious, prudent, sagacious, sensible, tactful, wise

**politician** legislator, Member of Parliament, MP, office bearer, politico (*Inf., chiefly U.S.*), public servant, statesman

**politics 1.** affairs of state, civics, government, government policy, political science, polity, statecraft, statesmanship **2.** Machiavellianism, machination, power struggle, Realpolitik

**poll**
▶ N. **1.** figures, returns, tally, vote, voting **2.** ballot, canvass, census, count, Gallup Poll, (public) opinion poll, sampling, survey
▶ V. **3.** register, tally **4.** ballot, canvass, interview, question, sample, survey

**pollute 1.** adulterate, befoul, contaminate, dirty, foul, infect, make filthy, mar, poison, smirch, soil, spoil, stain, taint **2.** besmirch, corrupt, debase, debauch, defile, deprave, desecrate, dishonour, profane, sully, violate

**pollution** adulteration, contamination, corruption, defilement, dirtying, foulness, impurity, taint, uncleanness, vitiation

**pomp 1.** ceremony, éclat, flourish, grandeur, magnificence, pageant, pageantry, parade, solemnity, splendour, state **2.** display, grandiosity, ostentation, pomposity, show, vainglory

**pompous 1.** affected, arrogant, bloated, grandiose, imperious, magisterial, ostentatious, overbearing, pontifical, portentous, pretentious, puffed up, self-important, showy, supercilious, vainglorious **2.** boastful, bombastic, flatulent, fustian, grandiloquent, high-flown, inflated, magniloquent, orotund, overblown, turgid, windy

**pond** dew pond, duck pond, fish pond, lochan (*Scot.*), millpond, pool, small lake, tarn

**ponder** brood, cerebrate, cogitate, consider, contemplate, deliberate, examine, excogitate, give thought to, meditate, mull over, muse, puzzle over, reflect, ruminate, study, think, weigh

**ponderous 1.** bulky, cumbersome, cumbrous, heavy, hefty, huge, massive, unwieldy, weighty **2.** awkward, clumsy, elephantine, graceless, heavy-footed, laborious, lumbering **3.** dreary, dull, heavy, laboured, lifeless, long-winded, pedantic, pedestrian, plodding, prolix, stilted, stodgy, tedious, verbose

**pontificate** declaim, dogmatize, expound, hold forth, lay down the law, pontify, preach, pronounce, sound off

**pooh-pooh** belittle, brush aside, deride, disdain, dismiss, disregard, make little of, play down, scoff, scorn, slight, sneer, sniff at, spurn, turn up one's nose at (*Inf.*)

**pool**[1] **1.** lake, mere, pond, puddle, splash, tarn **2.** swimming bath, swimming pool

**pool**[2]
▶ N. **1.** collective, combine, consortium, group, syndicate, team, trust **2.** bank, funds, jackpot, kitty, pot, stakes
▶ V. **3.** amalgamate, combine, join forces, league, merge, put together, share

**poor 1.** badly off, broke (*Inf.*), destitute, dirt-poor (*Inf.*), down and out, flat broke (*Inf.*), hard up (*Inf.*), impecunious, impoverished, indigent, in need, in want, necessitous, needy, on one's beam-ends, on one's uppers, on the rocks, penniless, penurious, poverty-stricken, short, skint (*Brit. sl.*), stony-broke (*Brit. sl.*), without two pennies to rub together (*Inf.*) **2.** deficient, exiguous, inadequate, incomplete, insufficient, lacking, meagre, measly, miserable, niggardly, pitiable, reduced, scant, scanty, skimpy, slight, sparse, straitened **3.** below par, chickenshit (*U.S. sl.*), crappy (*Sl.*), faulty, feeble, inferior, low-grade, mediocre, piss-poor (*Taboo sl.*), poxy (*Sl.*), rotten (*Inf.*), rubbishy, second-rate, shabby, shoddy, sorry, substandard, unsatisfactory, valueless, weak, worthless **4.** bad, bare, barren, depleted, exhausted, fruitless, impoverished, infertile, sterile, unfruitful, unproductive **5.** hapless, ill-fated, luckless, miserable, pathetic, pitiable, unfortunate, unhappy, unlucky, wretched **6.** humble, insignificant, lowly, mean, modest, paltry, plain, trivial

**poorly**
▶ ADV. **1.** badly, crudely, inadequately, incompetently, inexpertly, inferiorly, insufficiently, meanly, shabbily, unsatisfactorily, unsuccessfully
▶ ADJ. **2.** (*Inf.*) ailing, below par, ill, indisposed, off colour, out of sorts, rotten (*Inf.*), seedy (*Inf.*), sick, under the weather (*Inf.*), unwell

**pop**
▶ V. **1.** bang, burst, crack, explode, go off, report, snap **2.** (*Often with* in, out, *etc*) (*Inf.*) appear, call, come *or* go suddenly, drop in (*Inf.*), leave quickly, nip in (*Brit. inf.*), nip out (*Brit. inf.*), visit **3.** (*Esp. of eyes*) bulge, protrude, stick out **4.** insert, push, put, shove, slip, stick, thrust, tuck
▶ N. **5.** bang, burst, crack, explosion, noise, report **6.** (*Inf.*) fizzy drink, lemonade, soda water, soft drink

**pope** Bishop of Rome, Holy Father, pontiff, Vicar of Christ

**populace** commonalty, crowd, general public, hoi polloi, inhabitants, Joe (and Eileen) Public (*Sl.*), Joe Six-Pack (*U.S. sl.*), masses, mob, multitude, people, rabble, throng

**popular 1.** accepted, approved, celebrated, famous, fashionable, favoured, favourite, in, in demand, in favour, liked, sought-after, well-liked **2.** common, conventional, current, general, prevailing, prevalent, public, standard, stock, ubiquitous, universal, widespread

**popularity** acceptance, acclaim, adoration, approval, celebrity, currency, esteem, fame, favour, idolization, lionization, recognition, regard, renown, reputation, repute, vogue

**popularize** disseminate, familiarize, give currency to, give mass appeal, make available to all, simplify, spread, universalize

**popularly** commonly, conventionally, customarily, generally, ordinarily, regularly, traditionally, universally, usually, widely

**populate** colonize, inhabit, live in, occupy, people, settle

**population** citizenry, community, denizens, folk, inhabitants, natives, people, populace, residents, society

**populous** crowded, heavily populated, over-populated, packed, populated, swarming, teeming, thronged

**pore**[1] N. hole, opening, orifice, outlet, stoma

**pore**[2] V. brood, contemplate, dwell on, examine, go over, peruse, ponder, read, scrutinize, study, work over

**pornographic** blue, dirty, filthy, indecent, lewd, obscene, offensive, prurient, salacious, smutty

**pornography** dirt, erotica, filth, indecency, obscenity, porn (*Inf.*), porno (*Inf.*), smut

**porous** absorbent, absorptive, penetrable, permeable, pervious, spongy

**port** (*Nautical*) anchorage, harbour, haven, roads, roadstead, seaport

**portable** compact, convenient, easily carried, handy, light, lightweight, manageable, moveable, portative

**portend** adumbrate, augur, bespeak, betoken, bode, foreshadow, foretell, foretoken, forewarn, harbinger, herald, indicate, omen, point to, predict, presage, prognosticate, promise, threaten, vaticinate *(Rare)*, warn of

**portent** augury, foreboding, foreshadowing, forewarning, harbinger, indication, omen, premonition, presage, presentiment, prognostic, prognostication, sign, threat, warning

**portentous** **1.** alarming, crucial, fateful, forbidding, important, menacing, minatory, momentous, ominous, significant, sinister, threatening **2.** amazing, astounding, awe-inspiring, extraordinary, miraculous, phenomenal, prodigious, remarkable, wondrous *(Archaic or literary)* **3.** bloated, elephantine, heavy, pompous, ponderous, pontifical, self-important, solemn

**porter** **1.** baggage attendant, bearer, carrier **2.** caretaker, concierge, doorman, gatekeeper, janitor

**portion**
- **N. 1.** bit, fraction, fragment, morsel, part, piece, scrap, section, segment **2.** allocation, allotment, allowance, division, lot, measure, parcel, quantity, quota, ration, share **3.** helping, piece, serving **4.** cup, destiny, fate, fortune, lot, luck
- **V. 5.** allocate, allot, apportion, assign, deal, distribute, divide, divvy up *(Inf.)*, dole out, parcel out, partition, share out

**portrait** **1.** image, likeness, painting, photograph, picture, portraiture, representation, sketch **2.** account, characterization, depiction, description, portrayal, profile, thumbnail sketch, vignette

**portray** **1.** delineate, depict, draw, figure, illustrate, limn, paint, picture, render, represent, sketch **2.** characterize, depict, describe, paint a mental picture of, put in words **3.** act the part of, play, represent

**portrayal** characterization, delineation, depiction, description, impersonation, interpretation, performance, picture, rendering, representation

**pose**
- **V. 1.** arrange, model, position, sit, sit for **2.** *(Often with* **as***)* feign, impersonate, masquerade as, pass oneself off as, pretend to be, profess to be, sham **3.** affect, attitudinize, posture, put on airs, show off *(Inf.)*, strike an attitude **4.** advance, posit, present, propound, put, put forward, set, state, submit
- **N. 5.** attitude, bearing, mien *(Literary)*, position, posture, stance **6.** act, affectation, air, attitudinizing, façade, front, mannerism, masquerade, posturing, pretence, role

**poser** brain-teaser *(Inf.)*, conundrum, enigma, knotty point, problem, puzzle, question, riddle, teaser, tough one, vexed question

**position**
- **N. 1.** area, bearings, locale, locality, location, place, point, post, reference, site, situation, spot, station, whereabouts **2.** arrangement, attitude, disposition, pose, posture, stance **3.** angle, attitude, belief, opinion, outlook, point of view, slant, stance, stand, standpoint, view, viewpoint **4.** circumstances, condition, pass, plight, predicament, situation, state, strait(s) **5.** caste, class, consequence, eminence, importance, place, prestige, rank, reputation, standing, station, stature, status **6.** berth *(Inf.)*, billet *(Inf.)*, capacity, duty, employment, function, job, occupation, office, place, post, role, situation
- **V. 7.** arrange, array, dispose, fix, lay out, locate, place, put, set, settle, stand, stick *(Inf.)*

**positive** **1.** absolute, actual, affirmative, categorical, certain, clear, clear-cut, conclusive, concrete, decisive, definite, direct, explicit, express, firm, incontrovertible, indisputable, real, unequivocal, unmistakable **2.** assured, certain, confident, convinced, sure **3.** assertive, cocksure, decided, dogmatic, emphatic, firm, forceful, opinionated, peremptory, resolute, stubborn **4.** beneficial, constructive, effective, efficacious, forward-looking, helpful, practical, productive, progressive, useful **5.** *(Inf.)* absolute, complete, consummate, out-and-out, perfect, rank, thorough, thoroughgoing, unmitigated, utter

**positively** absolutely, assuredly, categorically, certainly, definitely, emphatically, firmly, surely, undeniably, unequivocally, unmistakably, unquestionably, with certainty, without qualification

**possess** **1.** be blessed with, be born with, be endowed with, enjoy, have, have to one's name, hold, own **2.** acquire, control, dominate, hold, occupy, seize, take over, take possession of **3.** bewitch, consume, control, dominate, enchant, fixate, influence, mesmerize, obsess, put under a spell

**possession** **1.** control, custody, hold, occupancy, occupation, ownership, proprietorship, tenure, title **2.** *Plural* assets, belongings, chattels, effects, estate, goods and chattels, property, things, wealth **3.** colony, dominion, protectorate, province, territory

**possessive** acquisitive, controlling, covetous, dominating, domineering, grasping, jealous, overprotective, selfish

**possibility** **1.** feasibility, likelihood, plausibility, potentiality, practicability, workableness **2.** chance, hazard, hope, liability, likelihood, odds, probability, prospect, risk **3.** *Often plural* capabilities, potential, potentiality, promise, prospects, talent

**possible** **1.** conceivable, credible, hypothetical, imaginable, likely, potential **2.** attainable, doable, feasible, on *(Inf.)*, practicable, realizable, viable, within reach, workable **3.** hopeful, likely, potential, probable, promising

**possibly** **1.** God willing, haply *(Archaic)*, maybe, mayhap *(Archaic)*, peradventure *(Archaic)*, perchance *(Archaic)*, perhaps **2.** at all, by any chance, by any means, in any way

**post[1]**
- **N. 1.** column, newel, pale, palisade, picket, pillar, pole, shaft, stake, standard, stock, support, upright
- **V. 2.** advertise, affix, announce, display, make known, pin up, proclaim, promulgate, publicize, publish, put up, stick up

**post[2]**
- **N. 1.** appointment, assignment, berth *(Inf.)*, billet *(Inf.)*, employment, job, office, place, position, situation **2.** beat, place, position, station
- **V. 3.** assign, establish, locate, place, position, put, situate, station

**post[3]**
- **N. 1.** collection, delivery, mail, postal service
- **V. 2.** dispatch, mail, send, transmit **3.** advise, brief, fill in on *(Inf.)*, inform, notify, report to

**poster** advertisement, affiche, announcement, bill, notice, placard, public notice, sticker

**posterity** **1.** children, descendants, family, heirs, issue, offspring, progeny, scions, seed *(Chiefly biblical)* **2.** future, future generations, succeeding generations

**post-mortem** **N.** analysis, autopsy, dissection, examination, necropsy

**postpone** adjourn, defer, delay, hold over, put back, put off, put on the back burner *(Inf.)*, shelve, suspend, table, take a rain check on *(U.S. & Canad. inf.)*

**postponement** adjournment, deferment, deferral, delay, moratorium, respite, stay, suspension

**postscript** addition, afterthought, afterword, appendix, PS, supplement

**postulate** advance, assume, hypothesize, posit, predicate, presuppose, propose, put forward, suppose, take for granted, theorize

**posture**
- **N. 1.** attitude, bearing, carriage, disposition, mien *(Literary)*, pose, position, set, stance **2.** circumstance, condition, mode, phase, position, situation, state **3.** attitude, disposition, feeling, frame of mind, inclination, mood, outlook, point of view, stance, standpoint
- **V. 4.** affect, attitudinize, do for effect, hot-dog *(Chiefly U.S.)*, make a show, pose, put on airs, show off *(Inf.)*, try to attract attention

**potent** **1.** efficacious, forceful, mighty, powerful, puissant, strong, vigorous **2.** cogent, compelling, convincing, effective, forceful, impressive, persuasive, telling **3.** authoritative, commanding, dominant, dynamic, influential, powerful

**potential**
- **ADJ. 1.** budding, dormant, embryonic, future, hidden, inherent, latent, likely, possible, promising, undeveloped, unrealized
- **N. 2.** ability, aptitude, capability, capacity, possibility, potentiality, power, the makings, what it takes *(Inf.)*, wherewithal

**potion** brew, concoction, cup, dose, draught, elixir, mixture, philtre, tonic

**potter** dabble, fiddle *(Inf.)*, footle *(Inf.)*, fribble, fritter, mess about, poke along, tinker

**pottery** ceramics, earthenware, stoneware, terra cotta

**pouch** bag, container, pocket, poke *(Dialect)*, purse, sack

**pounce**
- **V. 1.** ambush, attack, bound onto, dash at, drop, fall upon, jump, leap at, snatch, spring, strike, swoop, take by surprise, take unawares
- **N. 2.** assault, attack, bound, jump, leap, spring, swoop

**pound[1]** **1.** batter, beat, belabour, clobber *(Sl.)*, hammer, pelt, pummel, strike, thrash, thump **2.** bray *(Dialect)*, bruise, comminute, crush, powder, pulverize, triturate **3.** din into, drub into, drum into, hammer into **4.** *(With* **out***)* bang, beat, hammer, thump **5.** clomp, march, stomp *(Inf.)*, thunder, tramp **6.** beat, palpitate, pitapat, pulsate, pulse, throb

**pound[2]** **N.** compound, enclosure, pen, yard

**pour** **1.** decant, let flow, spill, splash **2.** course, emit, flow, gush, run, rush, spew, spout, stream **3.** bucket down *(Inf.)*, come down in torrents, pelt (down), rain, rain cats and dogs *(Inf.)*, rain hard *or* heavily, sheet, teem **4.** crowd, stream, swarm, teem, throng

**pout**
- **V. 1.** glower, look petulant, look sullen, lour *or* lower, make a *moue*, mope, pull a long face, purse one's lips, sulk, turn down the corners of one's mouth
- **N. 2.** glower, long face, moue, sullen look

**poverty** **1.** beggary, destitution, distress, hand-to-mouth existence, hardship, indigence, insolvency, necessitousness, necessity, need, pauperism, pennilessness, penury, privation, want **2.** dearth, deficiency, insufficiency, lack, paucity, scarcity, shortage **3.** aridity, bareness, barrenness, deficiency, infertility, meagreness, poorness, sterility, unfruitfulness

**poverty-stricken** bankrupt, beggared, broke *(Inf.)*, destitute, dirt-poor *(Inf.)*, distressed, down and out, flat broke *(Inf.)*, impecunious, impoverished, indigent, needy, on one's beam-ends, on one's uppers, penniless, penurious, poor, short, skint *(Brit. sl.)*, stony-broke *(Brit. sl.)*, without two pennies to rub together *(Inf.)*

**powder**
- **N. 1.** dust, fine grains, loose particles, pounce, talc
- **V. 2.** crush, granulate, grind, pestle, pound, pulverize **3.** cover, dredge, dust, scatter, sprinkle, strew

**power** **1.** ability, capability, capacity, competence, competency, faculty, potential **2.** brawn, energy, force, forcefulness, intensity, might, muscle, potency, strength, vigour, weight **3.** ascendancy, authority, bottom, command, control, dominance, domination, dominion, influence, mastery, rule, sovereignty, supremacy, sway **4.** authority, authorization, licence, prerogative, privilege, right, warrant

**powerful** **1.** energetic, mighty, potent, robust, stalwart, strapping, strong, sturdy, vigorous **2.** authoritative, commanding, controlling, dominant, influential, prevailing, puissant, sovereign, supreme **3.** cogent, compelling, convincing, effective, effectual, forceful, forcible, impressive, persuasive, striking, telling, weighty

**powerfully** forcefully, forcibly, hard, mightily, strongly, vigorously, with might and main

**powerless** **1.** debilitated, disabled, etiolated, feeble, frail, helpless, impotent, incapable, incapacitated, ineffectual, infirm, paralyzed, prostrate, weak **2.** defenceless, dependent, disenfranchised, disfranchised, ineffective, subject, tied, unarmed, vulnerable

**practicability** advantage, feasibility, operability, possibility, practicality, use, usefulness, value, viability, workability

**practicable** achievable, attainable, doable, feasible, performable, possible, viable, within the realm of possibility, workable

**practical** **1.** applied, efficient, empirical, experimental, factual, functional, pragmatic, realistic, utilitarian **2.** businesslike, down-to-earth, everyday, hard-headed, matter-of-fact, mundane, ordinary, realistic, sensible, workaday **3.** doable, feasible, practicable, serviceable, sound, useful, workable **4.** accomplished, efficient, experienced, proficient, qualified, seasoned, skilled, trained, veteran, working

**practically** **1.** all but, almost, basically, close to, essentially, fundamentally, in effect, just about, nearly, to all intents and purposes, very nearly, virtually, well-nigh **2.** clearly, matter-of-factly, rationally, realistically, reasonably,

**practice** 1. custom, habit, method, mode, praxis, routine, rule, system, tradition, usage, use, usual procedure, way, wont 2. discipline, drill, exercise, preparation, rehearsal, repetition, study, training, work-out 3. action, application, effect, exercise, experience, operation, use 4. business, career, profession, vocation, work

**practise** 1. discipline, drill, exercise, go over, go through, polish, prepare, rehearse, repeat, study, train, warm up, work out 2. apply, carry out, do, follow, live up to, observe, perform, put into practice 3. carry on, engage in, ply, pursue, specialize in, undertake, work at

**practised** able, accomplished, experienced, expert, proficient, qualified, seasoned, skilled, trained, versed

**pragmatic** businesslike, down-to-earth, efficient, hard-headed, matter-of-fact, practical, realistic, sensible, utilitarian

**praise**
▶ N. 1. acclaim, acclamation, accolade, applause, approbation, approval, cheering, commendation, compliment, congratulation, encomium, eulogy, good word, kudos, laudation, ovation, panegyric, plaudit, tribute 2. adoration, devotion, glory, homage, thanks, worship
▶ V. 3. acclaim, admire, applaud, approve, cheer, compliment, congratulate, crack up (*Inf.*), cry up, eulogize, extol, honour, laud, pay tribute to, sing the praises of 4. adore, bless, exalt, give thanks to, glorify, magnify (*Archaic*), pay homage to, worship

**praiseworthy** admirable, commendable, creditable, estimable, excellent, exemplary, fine, honourable, laudable, meritorious, worthy

**prance** 1. bound, caper, cavort, dance, frisk, gambol, jump, leap, romp, skip, spring, trip 2. parade, show off (*Inf.*), stalk, strut, swagger, swank (*Inf.*)

**prank** antic, caper, escapade, frolic, jape, lark (*Inf.*), practical joke, skylarking (*Inf.*), trick

**prattle** babble, blather, blether, chatter, clack, drivel, gabble, jabber, patter, rabbit (on) (*Brit. inf.*), rattle on, run off at the mouth (*Sl.*), run on, twitter, waffle (*Inf., chiefly Brit.*), witter (*Inf.*)

**pray** 1. offer a prayer, recite the rosary, say one's prayers 2. adjure, ask, beg, beseech, call upon, crave, cry for, entreat, implore, importune, invoke, petition, plead, request, solicit, sue, supplicate, urge

**prayer** 1. communion, devotion, invocation, litany, orison, supplication 2. appeal, entreaty, petition, plea, request, suit, supplication

**preach** 1. address, deliver a sermon, evangelize, exhort, orate 2. admonish, advocate, exhort, harangue, lecture, moralize, sermonize, urge

**preacher** clergyman, evangelist, minister, missionary, parson, revivalist

**preamble** exordium, foreword, introduction, opening move, opening statement *or* remarks, overture, preface, prelude, proem, prolegomenon

**precarious** chancy (*Inf.*), dangerous, dicey (*Inf., chiefly Brit.*), dodgy (*Brit., Aust., & N.Z. inf.*), doubtful, dubious, hairy (*Sl.*), hazardous, insecure, perilous, risky, shaky, slippery, touch and go, tricky, uncertain, unreliable, unsafe, unsettled, unstable, unsteady, unsure

**precaution** 1. insurance, preventative measure, protection, provision, safeguard, safety measure 2. anticipation, care, caution, circumspection, foresight, forethought, providence, prudence, wariness

**precede** antecede, antedate, come first, forerun, go ahead of, go before, head, herald, introduce, lead, pave the way, preface, take precedence, usher

**precedence** antecedence, lead, pre-eminence, preference, primacy, priority, rank, seniority, superiority, supremacy

**precedent** N. antecedent, authority, criterion, example, exemplar, instance, model, paradigm, pattern, previous example, prototype, standard

**preceding** above, aforementioned, aforesaid, anterior, earlier, foregoing, former, past, previous, prior

**precept** 1. behest, canon, command, commandment, decree, dictum, direction, instruction, law, mandate, order, ordinance, principle, regulation, rule, statute 2. axiom, byword, dictum, guideline, maxim, motto, principle, rule, saying

**precinct** 1. bound, boundary, confine, enclosure, limit 2. area, district, quarter, section, sector, zone

**precious** 1. adored, beloved, cherished, darling, dear, dearest, favourite, idolized, loved, prized, treasured, valued 2. choice, costly, dear, expensive, exquisite, fine, high-priced, inestimable, invaluable, priceless, prized, rare, recherché, valuable 3. affected, alembicated, artificial, chichi, fastidious, overnice, overrefined, twee (*Brit. inf.*)

**precipice** bluff, brink, cliff, cliff face, crag, height, rock face, sheer drop, steep

**precipitate**
▶ V. 1. accelerate, advance, bring on, dispatch, expedite, further, hasten, hurry, press, push forward, quicken, speed up, trigger 2. cast, discharge, fling, hurl, launch, let fly, send forth, throw
▶ ADJ. 3. breakneck, headlong, plunging, rapid, rushing, swift, violent 4. frantic, harum-scarum, hasty, heedless, hurried, ill-advised, impetuous, impulsive, indiscreet, madcap, precipitous, rash, reckless 5. abrupt, brief, quick, sudden, unexpected, without warning

**precipitous** 1. abrupt, dizzy, falling sharply, high, perpendicular, sheer, steep 2. abrupt, careless, harum-scarum, hasty, heedless, hurried, ill-advised, precipitate, rash, reckless, sudden

**precise** 1. absolute, accurate, actual, clear-cut, correct, definite, exact, explicit, express, fixed, literal, particular, specific, strict, unequivocal 2. careful, ceremonious, exact, fastidious, finicky, formal, inflexible, meticulous, nice, particular, prim, punctilious, puritanical, rigid, scrupulous, stiff, strict

**precisely** absolutely, accurately, bang, correctly, exactly, just, just so, literally, neither more nor less, plumb (*Inf.*), slap (*Inf.*), smack (*Inf.*), square, squarely, strictly

**precision** accuracy, care, correctness, definiteness, exactitude, exactness, fidelity, meticulousness, nicety, particularity, preciseness, rigour

**preclude** check, debar, exclude, forestall, hinder, inhibit, make impossible, make impracticable, obviate, prevent, prohibit, put a stop to, restrain, rule out, stop

**precocious** advanced, ahead, bright, developed, forward, quick, smart

**preconception** bias, notion, preconceived idea *or* notion, predisposition, prejudice, prepossession, presumption, presupposition

**precondition** essential, must, necessity, prerequisite, requirement, sine qua non

**precursor** 1. forerunner, harbinger, herald, messenger, usher, vanguard 2. antecedent, forebear, forerunner, originator, pioneer, predecessor

**precursory** antecedent, introductory, preceding, prefatory, preliminary, preparatory, previous, prior

**predatory** 1. carnivorous, hunting, predacious, rapacious, raptorial, ravening 2. despoiling, greedy, marauding, pillaging, plundering, rapacious, ravaging, thieving, voracious, vulturine, vulturous

**predecessor** 1. antecedent, forerunner, precursor, previous (*former, prior*) job holder 2. ancestor, antecedent, forebear, forefather

**predestination** destiny, doom, election (*Theology*), fate, foreordainment, foreordination, lot, necessity, predetermination

**predestine** doom, fate, foreordain, mean, predestinate, predetermine, pre-elect, preordain

**predicament** corner, dilemma, emergency, fix (*Inf.*), hole (*Sl.*), hot water (*Inf.*), jam (*Inf.*), mess, pickle (*Inf.*), pinch, plight, quandary, scrape (*Inf.*), situation, spot (*Inf.*), state, tight spot

**predicate** 1. affirm, assert, aver, avouch, avow, contend, declare, maintain, proclaim, state 2. connote, imply, indicate, intimate, signify, suggest 3. (*With* on *or* upon) base, build, establish, found, ground, postulate, rest

**predict** augur, divine, forebode, forecast, foresee, foretell, portend, presage, prognosticate, prophesy, soothsay, vaticinate (*Rare*)

**predictable** anticipated, calculable, certain, expected, foreseeable, foreseen, likely, reliable, sure, sure-fire (*Inf.*)

**prediction** augury, divination, forecast, prognosis, prognostication, prophecy, soothsaying, sortilege

**predilection** bag (*Sl.*), bias, cup of tea (*Inf.*), fancy, fondness, inclination, leaning, liking, love, partiality, penchant, predisposition, preference, proclivity, proneness, propensity, taste, tendency, weakness

**predispose** affect, bias, dispose, incline, induce, influence, lead, make (one) of a mind to, prejudice, prepare, prime, prompt, sway

**predisposition** bent, bias, disposition, inclination, likelihood, penchant, potentiality, predilection, proclivity, proneness, propensity, susceptibility, tendency, willingness

**predominance** ascendancy, control, dominance, dominion, edge, greater number, hold, leadership, mastery, paramountcy, preponderance, supremacy, sway, upper hand, weight

**predominant** ascendant, capital, chief, controlling, dominant, important, leading, main, notable, paramount, preponderant, prevailing, prevalent, primary, prime, principal, prominent, ruling, sovereign, superior, supreme, top-priority

**predominate** be most noticeable, carry weight, get the upper hand, hold sway, outweigh, overrule, overshadow, preponderate, prevail, reign, rule, tell

**pre-eminence** distinction, excellence, paramountcy, predominance, prestige, prominence, renown, superiority, supremacy, transcendence

**pre-eminent** chief, consummate, distinguished, excellent, foremost, incomparable, matchless, outstanding, paramount, peerless, predominant, renowned, superior, supreme, transcendent, unequalled, unrivalled, unsurpassed

**pre-eminently** above all, by far, conspicuously, eminently, emphatically, exceptionally, far and away, incomparably, inimitably, matchlessly, notably, par excellence, particularly, second to none, signally, singularly, strikingly, superlatively, supremely

**pre-empt** acquire, anticipate, appropriate, arrogate, assume, seize, take over, usurp

**preen** 1. (*Of birds*) clean, plume 2. array, deck out, doll up (*Sl.*), dress up, prettify, primp, prink, spruce up, titivate, trig (*Archaic or dialect*), trim 3. **preen oneself (on)** congratulate oneself, pique oneself, plume oneself, pride oneself

**preface**
▶ N. 1. exordium, foreword, introduction, preamble, preliminary, prelude, proem, prolegomenon, prologue
▶ V. 2. begin, introduce, launch, lead up to, open, precede, prefix

**prefer** 1. adopt, be partial to, choose, desire, elect, fancy, favour, go for, incline towards, like better, opt for, pick, plump for, select, single out, wish, would rather, would sooner 2. file, lodge, place, present, press, put forward 3. advance, aggrandize, elevate, move up, promote, raise, upgrade

**preferable** best, better, choice, chosen, favoured, more desirable, more eligible, superior, worthier

**preferably** as a matter of choice, by choice, first, in *or* for preference, much rather, much sooner, rather, sooner, willingly

**preference** 1. bag (*Sl.*), choice, cup of tea (*Inf.*), desire, election, favourite, first choice, option, partiality, pick, predilection, selection, top of the list 2. advantage, favoured treatment, favouritism, first place, precedence, pride of place, priority

**preferential** advantageous, better, favoured, partial, partisan, privileged, special, superior

**preferment** advancement, dignity, elevation, exaltation, promotion, rise, upgrading

**pregnancy** gestation, gravidity

**pregnant** 1. big *or* heavy with child, enceinte, expectant, expecting (*Inf.*), gravid, in the club (*Brit. sl.*), in the family way (*Inf.*), in the pudding club (*Brit. sl.*), preggers (*Brit. inf.*), with child 2. charged, eloquent, expressive, loaded, meaningful, pointed, significant, suggestive, telling, weighty 3. creative, imaginative, inventive, original, seminal 4. abounding in, abundant, fecund, fertile, fraught, fruitful, full, productive, prolific, replete, rich in, teeming

**prehistoric** 1. earliest, early, primeval, primitive, primordial 2. ancient, antediluvian, antiquated, archaic, out of date, out of the ark (Inf.)

**prejudge** anticipate, forejudge, jump to conclusions, make a hasty assessment, presume, presuppose

**prejudice**
▶ N. 1. bias, jaundiced eye, partiality, preconceived notion, preconception, prejudg(e)ment, warp 2. bigotry, chauvinism, discrimination, injustice, intolerance, narrow-mindedness, racism, sexism, unfairness 3. damage, detriment, disadvantage, harm, hurt, impairment, loss, mischief
▶ V. 4. bias, colour, distort, influence, jaundice, poison, predispose, prepossess, slant, sway, warp 5. damage, harm, hinder, hurt, impair, injure, mar, spoil, undermine

**prejudiced** biased, bigoted, conditioned, discriminatory, influenced, intolerant, jaundiced, narrow-minded, one-sided, opinionated, partial, partisan, prepossessed, unfair

**prejudicial** counterproductive, damaging, deleterious, detrimental, disadvantageous, harmful, hurtful, inimical, injurious, undermining, unfavourable

**preliminary**
▶ ADJ. 1. exploratory, first, initial, initiatory, introductory, opening, pilot, precursory, prefatory, preparatory, prior, qualifying, test, trial
▶ N. 2. beginning, first round, foundation, groundwork, initiation, introduction, opening, overture, preamble, preface, prelims, prelude, preparation, start

**prelude** beginning, commencement, curtain-raiser, exordium, foreword, intro (Inf.), introduction, overture, preamble, preface, preliminary, preparation, proem, prolegomenon, prologue, start

**premature** 1. abortive, early, embryonic, forward, green, immature, incomplete, predeveloped, raw, undeveloped, unfledged, unripe, unseasonable, untimely 2. (Fig.) hasty, ill-considered, ill-timed, impulsive, inopportune, overhasty, precipitate, previous (Inf.), rash, too soon, untimely

**prematurely** 1. before one's time, too early, too soon, untimely 2. at half-cock, half-cocked, overhastily, precipitately, rashly, too hastily, too soon

**premeditation** deliberation, design, determination, forethought, intention, malice aforethought, planning, plotting, prearrangement, predetermination, purpose

**premier**
▶ N. 1. chancellor, head of government, PM, prime minister
▶ ADJ. 2. arch, chief, first, foremost, head, highest, leading, main, primary, prime, principal, top 3. earliest, first, inaugural, initial, original

**première** debut, first night, first performance, first showing, opening

**premises** building, establishment, place, property, site

**premiss, premise** argument, assertion, assumption, ground, hypothesis, postulate, postulation, presupposition, proposition, supposition, thesis

**premium** 1. bonus, boon, bounty, fee, percentage (Inf.), perk (Brit. inf.), perquisite, prize, recompense, remuneration, reward 2. appreciation, regard, stock, store, value 3. **at a premium** beyond one's means, costly, expensive, hard to come by, in great demand, in short supply, like gold dust, not to be had for love or money, rare, scarce, valuable

**premonition** apprehension, feeling, feeling in one's bones, foreboding, forewarning, funny feeling (Inf.), hunch, idea, intuition, misgiving, omen, portent, presage, presentiment, sign, suspicion, warning

**preoccupation** 1. absence of mind, absent-mindedness, absorption, abstraction, brown study, daydreaming, engrossment, immersion, inattentiveness, musing, oblivion, pensiveness, prepossession, reverie, woolgathering 2. bee in one's bonnet, concern, fixation, hang-up (Inf.), hobbyhorse, idée fixe, obsession, pet subject

**preparation** 1. development, getting ready, groundwork, preparing, putting in order 2. alertness, anticipation, expectation, foresight, precaution, preparedness, provision, readiness, safeguard 3. Often plural arrangement, measure, plan, provision 4. composition, compound, concoction, medicine, mixture, tincture 5. homework, prep (Inf.), revision, schoolwork, study, swotting (Brit. inf.)

**preparatory** 1. basic, elementary, introductory, opening, prefatory, preliminary, preparative, primary 2. **preparatory to** before, in advance of, in anticipation of, in preparation for, prior to

**prepare** 1. adapt, adjust, anticipate, arrange, coach, dispose, form, groom, make provision, make ready, plan, practise, prime, put in order, train, warm up 2. brace, fortify, gird, ready, steel, strengthen 3. assemble, concoct, construct, contrive, draw up, fashion, fix up, get up (Inf.), make, produce, put together, turn out 4. accoutre, equip, fit, fit out, furnish, outfit, provide, supply

**prepared** 1. all set, arranged, fit, in order, in readiness, planned, primed, ready, set 2. able, disposed, inclined, minded, of a mind, predisposed, willing

**preparedness** alertness, fitness, order, preparation, readiness

**preponderance** ascendancy, bulk, dominance, domination, dominion, extensiveness, greater numbers, greater part, lion's share, mass, power, predominance, prevalence, superiority, supremacy, sway, weight

**preponderant** ascendant, dominant, extensive, foremost, greater, important, larger, paramount, predominant, prevailing, prevalent, significant

**prepossessing** alluring, amiable, appealing, attractive, beautiful, bewitching, captivating, charming, engaging, fair, fascinating, fetching, glamorous, good-looking, handsome, inviting, likable or likeable, lovable, magnetic, pleasing, striking, taking, winning

**preposterous** absurd, asinine, bizarre, crazy, excessive, exorbitant, extravagant, extreme, foolish, impossible, incredible, insane, irrational, laughable, ludicrous, monstrous, nonsensical, out of the question, outrageous, ridiculous, senseless, shocking, unreasonable, unthinkable

**prerequisite**
▶ ADJ. 1. called for, essential, imperative, indispensable, mandatory, necessary, needful, obligatory, of the essence, required, requisite, vital
▶ N. 2. condition, essential, imperative, must, necessity, precondition, qualification, requirement, requisite, sine qua non

**prerogative** advantage, authority, birthright, choice, claim, droit, due, exemption, immunity, liberty, perquisite, privilege, right, sanction, title

**prescribe** appoint, assign, command, decree, define, dictate, direct, enjoin, establish, fix, impose, lay down, ordain, order, require, rule, set, specify, stipulate

**prescription** 1. direction, formula, instruction, recipe 2. drug, medicine, mixture, preparation, remedy

**presence** 1. attendance, being, companionship, company, existence, habitation, inhabitance, occupancy, residence 2. closeness, immediate circle, nearness, neighbourhood, propinquity, proximity, vicinity 3. air, appearance, aspect, aura, bearing, carriage, comportment, demeanour, ease, mien (Literary), personality, poise, self-assurance 4. apparition, eidolon, ghost, manifestation, revenant, shade (Literary), spectre, spirit, supernatural being, wraith

**present**
▶ ADJ. 1. contemporary, current, existent, existing, extant, immediate, instant, present-day 2. accounted for, at hand, available, here, in attendance, near, nearby, ready, there, to hand
▶ N. 3. here and now, now, present moment, the time being, this day and age, today 4. **at present** at the moment, just now, now, nowadays, right now 5. **for the present** for a while, for the moment, for the nonce, for the time being, in the meantime, not for long, provisionally, temporarily 6. benefaction, boon, bounty, donation, endowment, favour, gift, grant, gratuity, hand-out, largess or largesse, offering, prezzie (Inf.)
▶ V. 7. acquaint with, introduce, make known 8. demonstrate, display, exhibit, give, mount, put before the public, put on, show, stage 9. adduce, advance, declare, expound, extend, hold out, introduce, offer, pose, produce, proffer, put forward, raise, recount, relate, state, submit, suggest, tender 10. award, bestow, confer, donate, entrust, furnish, give, grant, hand out, hand over, offer, proffer, put at (someone's) disposal

**presentable** acceptable, becoming, decent, fit to be seen, good enough, not bad (Inf.), OK or okay (Inf.), passable, proper, respectable, satisfactory, suitable, tolerable

**presentation** 1. award, bestowal, conferral, donation, giving, investiture, offering 2. appearance, arrangement, delivery, exposition, production, rendition, staging, submission 3. demonstration, display, exhibition, performance, production, representation, show 4. coming out, debut, introduction, launch, launching, reception

**presentiment** anticipation, apprehension, expectation, fear, feeling, foreboding, forecast, forethought, hunch, intuition, misgiving, premonition, presage

**presently** anon (Archaic), before long, by and by, erelong (Archaic or poetic), in a minute, in a moment, in a short while, pretty soon (Inf.), shortly, soon

**preservation** conservation, defence, keeping, maintenance, perpetuation, protection, safeguarding, safekeeping, safety, salvation, security, storage, support, upholding

**preserve**
▶ V. 1. care for, conserve, defend, guard, keep, protect, safeguard, save, secure, shelter, shield 2. continue, keep, keep up, maintain, perpetuate, retain, sustain, uphold 3. conserve, keep, put up, save, store
▶ N. 4. area, domain, field, realm, specialism, sphere 5. Often plural confection, confiture, conserve, jam, jelly, marmalade, sweetmeat 6. game reserve, reservation, reserve, sanctuary

**preside** administer, be at the head of, be in authority, chair, conduct, control, direct, govern, head, lead, manage, officiate, run, supervise

**press**
▶ V. 1. bear down on, compress, condense, crush, depress, force down, jam, mash, push, reduce, squeeze, stuff 2. calender, finish, flatten, iron, mangle, put the creases in, smooth, steam 3. clasp, crush, embrace, encircle, enfold, fold in one's arms, hold close, hug, squeeze 4. compel, constrain, demand, enforce, enjoin, force, insist on 5. beg, entreat, exhort, implore, importune, petition, plead, pressurize, sue, supplicate, urge 6. afflict, assail, beset, besiege, disquiet, harass, plague, torment, trouble, vex, worry 7. **be pressed** be hard put, be pushed (hurried, rushed) (Inf.), be short of 8. cluster, crowd, flock, gather, hasten, herd, hurry, mill, push, rush, seethe, surge, swarm, throng
▶ N. 9. **the press** Fleet Street, fourth estate, journalism, news media, newspapers, the papers columnists, correspondents, gentlemen of the press, journalists, journos (Sl.), newsmen, photographers, pressmen, reporters 10. bunch, crowd, crush, flock, herd, horde, host, mob, multitude, pack, push (Inf.), swarm, throng 11. bustle, demand, hassle (Inf.), hurry, pressure, strain, stress, urgency

**pressing** burning, constraining, crucial, exigent, high-priority, imperative, important, importunate, serious, urgent, vital

**pressure** 1. compressing, compression, crushing, force, heaviness, squeezing, weight 2. coercion, compulsion, constraint, force, influence, obligation, power, sway 3. adversity, affliction, burden, demands, difficulty, distress, exigency, hassle (Inf.), heat, hurry, load, press, strain, stress, urgency

**prestige** authority, bottom, Brownie points, cachet, celebrity, credit, distinction, eminence, esteem, fame, honour, importance, influence, kudos, regard, renown, reputation, standing, stature, status, weight

**presumably** apparently, doubtless, doubtlessly, in all likelihood, in all probability, it would seem, likely, most likely, on the face of it, probably, seemingly

**presume** 1. assume, believe, conjecture, guess (Inf., chiefly U.S. & Canad.), infer, posit, postulate, presuppose, suppose, surmise, take for granted, take it, think 2. dare, go so far, have the audacity, make bold, make so bold, take the liberty, undertake, venture 3. bank on, count on, depend, rely, trust

**presumption** 1. assurance, audacity, boldness, brass (Inf.), brass neck (Brit. inf.), cheek (Inf.), chutzpah (U.S. & Canad. inf.), effrontery, forwardness, front, gall (Inf.), impudence, inso-

**presumptuous** arrogant, audacious, big-headed (Inf.), bold, conceited, foolhardy, forward, insolent, overconfident, overfamiliar, overweening, presuming, pushy (Inf.), rash, too big for one's boots, uppish (Brit. inf.)

**presuppose** accept, assume, consider, imply, posit, postulate, presume, suppose, take as read, take for granted, take it

**presupposition** assumption, belief, hypothesis, preconceived idea, preconception, premiss, presumption, supposition, theory

**pretence** 1. acting, charade, deceit, deception, fabrication, fakery, faking, falsehood, feigning, invention, make-believe, sham, simulation, subterfuge, trickery 2. affectation, appearance, artifice, display, façade, hokum (Sl., chiefly U.S. & Canad.), posing, posturing, pretentiousness, show, veneer 3. claim, cloak, colour, cover, excuse, façade, garb, guise, mask, masquerade, pretext, ruse, semblance, show, veil, wile

**pretend** 1. affect, allege, assume, counterfeit, dissemble, dissimulate, fake, falsify, feign, impersonate, make out, pass oneself off as, profess, put on, sham, simulate 2. act, imagine, make believe, make up, play, play the part of, suppose 3. allege, aspire, claim, lay claim, profess, purport

**pretended** alleged, avowed, bogus, counterfeit, fake, false, feigned, fictitious, imaginary, ostensible, phoney or phony (Inf.), pretend (Inf.), professed, pseudo (Inf.), purported, sham, so-called, spurious

**pretender** aspirant, claimant, claimer

**pretension** 1. aspiration, assertion, assumption, claim, demand, pretence, profession 2. affectation, airs, conceit, hypocrisy, ostentation, pomposity, pretentiousness, self-importance, show, showiness, snobbery, snobbishness, vainglory, vanity

**pretentious** affected, assuming, bombastic, conceited, exaggerated, extravagant, flaunting, grandiloquent, grandiose, highfalutin (Inf.), high-flown, high-sounding, hollow, inflated, magniloquent, mannered, ostentatious, overambitious, pompous, puffed up, showy, snobbish, specious, vainglorious

**pretext** affectation, alleged reason, appearance, cloak, cover, device, excuse, guise, mask, ploy, pretence, red herring, ruse, semblance, show, simulation, veil

**pretty**
▶ ADJ. 1. appealing, attractive, beautiful, bonny, charming, comely, cute, fair, good-looking, graceful, lovely, personable 2. bijou, dainty, delicate, elegant, fine, neat, nice, pleasing, tasteful, trim
▶ ADV. 3. (Inf.) fairly, kind of (Inf.), moderately, quite, rather, reasonably, somewhat

**prevail** 1. be victorious, carry the day, gain mastery, overcome, overrule, prove superior, succeed, triumph, win 2. abound, be current (prevalent, widespread), exist generally, obtain, predominate, preponderate 3. (Often with on or upon) bring round, convince, dispose, incline, induce, influence, persuade, prompt, sway, talk into, win over

**prevailing** 1. common, current, customary, established, fashionable, general, in style, in vogue, ordinary, popular, prevalent, set, usual, widespread 2. dominant, influential, main, operative, predominating, preponderating, principal, ruling

**prevalence** 1. acceptance, commonness, common occurrence, currency, frequency, pervasiveness, popularity, profusion, regularity, ubiquity, universality 2. ascendancy, hold, mastery, predominance, preponderance, primacy, rule, sway

**prevalent** 1. accepted, common, commonplace, current, customary, established, everyday, extensive, frequent, general, habitual, popular, rampant, rife, ubiquitous, universal, usual, widespread 2. ascendant, compelling, dominant, governing, powerful, predominant, prevailing, successful, superior

**prevaricate** beat about the bush, beg the question, cavil, deceive, dodge, equivocate, evade, flannel (Brit. inf.), give a false colour to, hedge, lie, palter, quibble, shift, shuffle, stretch the truth, tergiversate

**prevarication** cavilling, deceit, deception, equivocation, evasion, falsehood, falsification, lie, misrepresentation, pretence, quibbling, tergiversation, untruth

**prevent** anticipate, avert, avoid, balk, bar, block, check, counteract, defend against, foil, forestall, frustrate, hamper, head off, hinder, impede, inhibit, intercept, nip in the bud, obstruct, obviate, preclude, restrain, stave off, stop, thwart, ward off

**prevention** 1. anticipation, avoidance, deterrence, elimination, forestalling, obviation, precaution, preclusion, prophylaxis, safeguard, thwarting 2. bar, check, deterrence, frustration, hindrance, impediment, interruption, obstacle, obstruction, stoppage

**preventive, preventative**
▶ ADJ. 1. hampering, hindering, impeding, obstructive 2. counteractive, deterrent, inhibitory, precautionary, prophylactic, protective, shielding
▶ N. 3. block, hindrance, impediment, obstacle, obstruction 4. deterrent, neutralizer, prevention, prophylactic, protection, protective, remedy, safeguard, shield

**previous** 1. antecedent, anterior, earlier, erstwhile, ex-, foregoing, former, one-time, past, preceding, prior, quondam, sometime 2. (Inf.) ahead of oneself, precipitate, premature, too early, too soon, untimely

**previously** at one time, a while ago, before, beforehand, earlier, formerly, heretofore, hitherto, in advance, in anticipation, in days or years gone by, in the past, once, then, until now

**prey**
▶ N. 1. game, kill, quarry 2. dupe, fall guy (Inf.), mark, mug (Brit. sl.), target, victim
▶ V. 3. devour, eat, feed upon, hunt, live off, seize 4. blackmail, bleed (Inf.), bully, exploit, intimidate, take advantage of, terrorize, victimize 5. burden, distress, hang over, haunt, oppress, trouble, weigh down, weigh heavily, worry

**price**
▶ N. 1. amount, asking price, assessment, bill, charge, cost, damage (Inf.), estimate, expenditure, expense, face value, fee, figure, outlay, payment, rate, valuation, value, worth 2. consequences, cost, penalty, sacrifice, toll 3. bounty, compensation, premium, recompense, reward 4. **at any price** anyhow, cost what it may, expense no object, no matter what the cost, regardless, whatever the cost 5. **beyond price** inestimable, invaluable, of incalculable value, precious, priceless, treasured, without price
▶ V. 6. assess, cost, estimate, evaluate, put a price on, rate, value

**priceless** 1. beyond price, cherished, costly, dear, expensive, incalculable, incomparable, inestimable, invaluable, irreplaceable, precious, prized, rare, rich, treasured, worth a king's ransom 2. (Inf.) absurd, amusing, comic, droll, funny, hilarious, killing (Inf.), rib-tickling, ridiculous, riotous, side-splitting

**prick**
▶ V. 1. bore, impale, jab, lance, perforate, pierce, pink, punch, puncture, stab 2. bite, itch, prickle, smart, sting, tingle 3. cut, distress, grieve, move, pain, stab, touch, trouble, wound 4. (Usually with up) point, raise, rise, stand erect
▶ N. 5. cut, gash, hole, perforation, pinhole, puncture, wound 6. gnawing, pang, prickle, smart, spasm, sting, twinge

**prickle**
▶ N. 1. barb, needle, point, spike, spine, spur, thorn 2. chill, formication, goose flesh, paraesthesia (Medical), pins and needles (Inf.), smart, tickle, tingle, tingling
▶ V. 3. itch, smart, sting, tingle, twitch 4. jab, nick, prick, stick

**prickly** 1. barbed, brambly, briery, bristly, spiny, thorny 2. crawling, itchy, pricking, prickling, scratchy, sharp, smarting, stinging, tingling 3. bad-tempered, cantankerous, edgy, fractious, grumpy, irritable, liverish, peevish, pettish, petulant, ratty (Brit. & N.Z. inf.), shirty (Sl., chiefly Brit.), snappish, stroppy (Brit. sl.), tetchy, touchy, waspish 4. complicated, difficult, intricate, involved, knotty, thorny, ticklish, tricky, troublesome, trying

**pride**
▶ N. 1. amour-propre, dignity, honour, self-esteem, self-respect, self-worth 2. arrogance, big-headedness (Inf.), conceit, egotism, haughtiness, hauteur, hubris, loftiness, morgue, presumption, pretension, pretentiousness, self-importance, self-love, smugness, snobbery, superciliousness, vainglory, vanity 3. boast, gem, jewel, pride and joy, prize, treasure 4. delight, gratification, joy, pleasure, satisfaction 5. best, choice, cream, elite, flower, glory, pick
▶ V. 6. be proud of, boast, brag, congratulate oneself, crow, exult, flatter oneself, glory in, pique, plume, preen, revel in, take pride, vaunt

**priest** churchman, clergyman, cleric, curate, divine, ecclesiastic, father, father confessor, holy man, man of God, man of the cloth, minister, padre (Inf.), pastor, vicar

**priestly** canonical, clerical, ecclesiastic, hieratic, pastoral, priestlike, sacerdotal

**prig** goody-goody (Inf.), Holy Joe (Inf.), Holy Willie (Inf.), Mrs Grundy, old maid (Inf.), pedant, prude, puritan, stuffed shirt (Inf.)

**priggish** goody-goody (Inf.), holier-than-thou, narrow-minded, pedantic, prim, prudish, puritanical, self-righteous, self-satisfied, smug, starchy (Inf.), stiff, stuffy

**prim** demure, fastidious, formal, fussy, old-maidish (Inf.), particular, precise, priggish, prissy (Inf.), proper, prudish, puritanical, schoolmarmish (Brit. inf.), starchy (Inf.), stiff, strait-laced

**primaeval** → primeval

**prima donna** diva, leading lady, star

**primarily** 1. above all, basically, chiefly, especially, essentially, for the most part, fundamentally, generally, largely, mainly, mostly, on the whole, principally 2. at first, at or from the start, first and foremost, initially, in the beginning, in the first place, originally

**primary** 1. best, capital, cardinal, chief, dominant, first, greatest, highest, leading, main, paramount, prime, principal, top 2. aboriginal, earliest, initial, original, primal, primeval, primitive, primordial, pristine 3. basic, beginning, bog-standard (Inf.), elemental, essential, fundamental, radical, ultimate, underlying 4. elementary, introductory, rudimentary, simple

**prime**
▶ ADJ. 1. best, capital, choice, excellent, first-class, first-rate, grade A, highest, quality, select, selected, superior, top 2. basic, bog-standard (Inf.), earliest, fundamental, original, primary, underlying 3. chief, leading, main, predominant, pre-eminent, primary, principal, ruling, senior
▶ N. 4. best days, bloom, flower, full flowering, height, heyday, maturity, peak, perfection, zenith 5. beginning, morning, opening, spring, start
▶ V. 6. break in, coach, fit, get ready, groom, make ready, prepare, train 7. brief, clue in (Inf.), clue up (Inf.), fill in (Inf.), gen up (Brit. inf.), give someone the lowdown (Inf.), inform, notify, tell

**primeval, primaeval** ancient, earliest, early, first, old, original, prehistoric, primal, primitive, primordial, pristine

**primitive** 1. earliest, early, elementary, first, original, primary, primeval, primordial, pristine 2. barbarian, barbaric, crude, rough, rude, rudimentary, savage, simple, uncivilized, uncultivated, undeveloped, unrefined 3. childlike, naive, simple, undeveloped, unsophisticated, untrained, untutored

**prince** lord, monarch, potentate, ruler, sovereign

**princely** 1. bounteous, bountiful, generous, gracious, lavish, liberal, magnanimous, munificent, open-handed, rich 2. august, dignified, grand, high-born, imperial, imposing, lofty, magnificent, majestic, noble, regal, royal, sovereign, stately

**principal**
▶ ADJ. 1. capital, cardinal, chief, controlling, dominant, essential, first, foremost, highest, key, leading, main, most important, paramount, pre-eminent, primary, prime, strongest
▶ N. 2. boss (Inf.), chief, director, head, leader, master, ruler, superintendent 3. dean, director, head (Inf.), headmaster, headmistress, head teacher, master, rector 4. assets, capital, capital funds, money 5. first violin, lead, leader, star

**principally** above all, chiefly, especially, first and foremost, for the most part, in the main, largely, mainly, mostly, particularly, predominantly, primarily

**principle** **1.** assumption, axiom, canon, criterion, dictum, doctrine, dogma, ethic, formula, fundamental, golden rule, law, maxim, moral law, precept, proposition, rule, standard, truth, verity **2.** attitude, belief, code, credo, ethic, morality, opinion, tenet **3.** conscience, integrity, morals, probity, rectitude, scruples, sense of duty, sense of honour, uprightness **4. in principle** ideally, in essence, in theory, theoretically

**print**

► V. **1.** engrave, go to press, impress, imprint, issue, mark, publish, put to bed *(Inf.)*, run off, stamp

► N. **2.** book, magazine, newspaper, newsprint, periodical, printed matter, publication, typescript **3. in print** in black and white, on paper, on the streets, out, printed, published available, current, in the shops, obtainable, on the market, on the shelves **4. out of print** no longer published, o.p., unavailable, unobtainable **5.** copy, engraving, photo *(Inf.)*, photograph, picture, reproduction **6.** characters, face, font *(Chiefly U.S.)*, fount, lettering, letters, type, typeface

**priority** first concern, greater importance, precedence, pre-eminence, preference, prerogative, rank, right of way, seniority, superiority, supremacy, the lead

**priory** abbey, cloister, convent, monastery, nunnery, religious house

**prison** can *(Sl.)*, choky *(Sl.)*, clink *(Sl.)*, confinement, cooler *(Sl.)*, dungeon, gaol, glasshouse *(Military inf.)*, jail, jug *(Sl.)*, lockup, nick *(Brit. sl.)*, penal institution, penitentiary *(U.S.)*, poky *or* pokey *(U.S. & Canad. sl.)*, pound, quod *(Sl.)*, slammer *(Sl.)*, stir *(Sl.)*

**prisoner** **1.** con *(Sl.)*, convict, jailbird, lag *(Sl.)* **2.** captive, detainee, hostage, internee

**privacy** **1.** isolation, privateness, retirement, retreat, seclusion, separateness, sequestration, solitude **2.** clandestineness, concealment, confidentiality, secrecy

**private**

► ADJ. **1.** clandestine, closet, confidential, covert, hush-hush *(Inf.)*, in camera, inside, off the record, privy *(Archaic)*, secret, unofficial **2.** exclusive, individual, intimate, own, particular, personal, reserved, special **3.** independent, nonpublic **4.** concealed, isolated, not overlooked, retired, secluded, secret, separate, sequestered, solitary, withdrawn **5. in private** behind closed doors, confidentially, in camera, in secret, personally, privately

► N. **6.** enlisted man *(U.S.)*, private soldier, squaddie *or* squaddy *(Brit. sl.)*, tommy *(Brit. inf.)*, Tommy Atkins *(Brit. inf.)*

**privilege** advantage, benefit, birthright, claim, concession, due, entitlement, franchise, freedom, immunity, liberty, prerogative, right, sanction

**privileged** **1.** advantaged, elite, entitled, favoured, honoured, indulged, powerful, ruling, special **2.** allowed, empowered, exempt, free, granted, licensed, sanctioned, vested **3.** *(Of information)* confidential, exceptional, inside, not for publication, off the record, privy, special

**prize**

► N. **1.** accolade, award, honour, premium, reward, trophy **2.** haul, jackpot, purse, stakes, windfall, winnings **3.** aim, ambition, conquest, desire, gain, goal, hope **4.** booty, capture, loot, pickings, pillage, plunder, spoil(s), trophy

► ADJ. **5.** award-winning, best, champion, first-rate, outstanding, top, topnotch *(Inf.)*, winning

► V. **6.** appreciate, cherish, esteem, hold dear, regard highly, set store by, treasure, value

**probability** chance(s), expectation, liability, likelihood, likeliness, odds, presumption, prospect

**probable** apparent, credible, feasible, likely, most likely, odds-on, on the cards, ostensible, plausible, possible, presumable, presumed, reasonable, seeming, verisimilar

**probably** as likely as not, doubtless, in all likelihood, in all probability, likely, maybe, most likely, perchance *(Archaic)*, perhaps, possibly, presumably

**probation** apprenticeship, examination, initiation, novitiate, test, trial, trial period

**probe**

► V. **1.** examine, explore, go into, investigate, look into, query, research, scrutinize, search, sift, sound, test, verify, work over **2.** explore, feel around, poke, prod

► N. **3.** detection, examination, exploration, inquest, inquiry, investigation, research, scrutiny, study

**problem**

► N. **1.** can of worms *(Inf.)*, complication, difficulty, dilemma, disagreement, dispute, disputed point, doubt, hard nut to crack *(Inf.)*, point at issue, predicament, quandary, trouble **2.** brain-teaser *(Inf.)*, conundrum, enigma, poser, puzzle, question, riddle, teaser

► ADJ. **3.** delinquent, difficult, intractable, uncontrollable, unmanageable, unruly

**problematic** chancy *(Inf.)*, debatable, doubtful, dubious, enigmatic, moot, open to doubt, problematical, puzzling, questionable, tricky, uncertain, unsettled

**procedure** action, conduct, course, custom, form, formula, method, modus operandi, operation, performance, plan of action, policy, practice, process, routine, scheme, step, strategy, system, transaction

**proceed** **1.** advance, carry on, continue, get going, get on with, get under way with, go ahead, go on, make a start, move on, press on, progress, set in motion **2.** arise, come, derive, emanate, ensue, flow, follow, issue, originate, result, spring, stem

**proceeding** **1.** act, action, course of action, deed, measure, move, occurrence, procedure, process, step, undertaking, venture **2.** *Plural* account, affairs, annals, archives, business, dealings, doings, matters, minutes, records, report, transactions

**proceeds** earnings, gain, income, produce, products, profit, receipts, returns, revenue, takings, yield

**process**

► N. **1.** action, course, course of action, manner, means, measure, method, mode, operation, performance, practice, procedure, proceeding, system, transaction **2.** advance, course, development, evolution, formation, growth, movement, progress, progression, stage, step, unfolding **3.** *(Law)* action, case, suit, trial

► V. **4.** deal with, dispose of, fulfil, handle, take care of **5.** alter, convert, prepare, refine, transform, treat

**procession** **1.** cavalcade, column, cortège, file, march, motorcade, parade, train **2.** course, cycle, run, sequence, series, string, succession, train

**proclaim** advertise, affirm, announce, blaze (abroad), blazon (abroad), circulate, declare, enunciate, give out, herald, indicate, make known, profess, promulgate, publish, shout from the housetops *(Inf.)*, show, trumpet

**proclamation** announcement, declaration, decree, edict, manifesto, notice, notification, promulgation, pronouncement, pronunciamento, publication

**procrastinate** adjourn, be dilatory, dally, defer, delay, drag one's feet *(Inf.)*, gain time, play a waiting game, play for time, postpone, prolong, protract, put off, retard, stall, temporize

**procure** acquire, appropriate, buy, come by, earn, effect, find, gain, get, get hold of, lay hands on, manage to get, obtain, pick up, purchase, score *(Sl.)*, secure, win

**prod**

► V. **1.** dig, drive, elbow, jab, nudge, poke, prick, propel, push, shove **2.** egg on, goad, impel, incite, motivate, move, prompt, rouse, spur, stimulate, stir up, urge

► N. **3.** boost, dig, elbow, jab, nudge, poke, push, shove **4.** goad, poker, spur, stick **5.** boost, cue, prompt, reminder, signal, stimulus

**prodigal**

► ADJ. **1.** excessive, extravagant, immoderate, improvident, intemperate, profligate, reckless, spendthrift, squandering, wanton, wasteful **2.** bounteous, bountiful, copious, exuberant, lavish, luxuriant, profuse, sumptuous, superabundant, teeming

► N. **3.** big spender, profligate, spendthrift, squanderer, wastrel

**prodigality** **1.** abandon, dissipation, excess, extravagance, immoderation, intemperance, profligacy, recklessness, squandering, wantonness, waste, wastefulness **2.** abundance, amplitude, bounteousness, bounty, copiousness, cornucopia, exuberance, horn of plenty, lavishness, luxuriance, plenteousness, plenty, profusion, richness, sumptuousness

**prodigious** **1.** colossal, enormous, giant, gigantic, huge, immeasurable, immense, inordinate, mammoth, massive, monstrous, monumental, stupendous, tremendous, vast **2.** abnormal, amazing, astounding, exceptional, extraordinary, fabulous, fantastic *(Inf.)*, flabbergasting *(Inf.)*, impressive, marvellous, miraculous, phenomenal, remarkable, staggering, startling, striking, stupendous, unusual, wonderful

**prodigy** **1.** brainbox, child genius, genius, mastermind, talent, whiz *(Inf.)*, whiz kid *(Inf.)*, wizard, wonder child, wunderkind **2.** marvel, miracle, one in a million, phenomenon, rare bird *(Inf.)*, sensation, wonder **3.** abnormality, curiosity, freak, grotesque, monster, monstrosity, mutation, spectacle

**produce**

► V. **1.** compose, construct, create, develop, fabricate, invent, make, manufacture, originate, put together, turn out **2.** afford, bear, beget, breed, bring forth, deliver, engender, furnish, give, render, supply, yield **3.** bring about, cause, effect, generate, give rise to, make for, occasion, provoke, set off **4.** advance, bring forward, bring to light, demonstrate, exhibit, offer, present, put forward, set forth, show **5.** direct, do, exhibit, mount, present, put before the public, put on, show, stage **6.** *(Geometry)* extend, lengthen, prolong, protract

► N. **7.** crop, fruit and vegetables, greengrocery, harvest, product, yield

**producer** **1.** director, impresario, régisseur **2.** farmer, grower, maker, manufacturer

**product** **1.** artefact, commodity, concoction, creation, goods, invention, merchandise, produce, production, work **2.** consequence, effect, fruit, issue, legacy, offshoot, outcome, result, returns, spin-off, upshot, yield

**production** **1.** assembly, construction, creation, fabrication, formation, making, manufacture, manufacturing, origination, preparation, producing **2.** direction, management, presentation, staging

**productive** **1.** creative, dynamic, energetic, fecund, fertile, fruitful, generative, inventive, plentiful, producing, prolific, rich, teeming, vigorous **2.** advantageous, beneficial, constructive, effective, fruitful, gainful, gratifying, profitable, rewarding, useful, valuable, worthwhile

**productivity** abundance, mass production, output, production, productive capacity, productiveness, work rate, yield

**profane**

► ADJ. **1.** disrespectful, godless, heathen, idolatrous, impious, impure, irreligious, irreverent, pagan, sacrilegious, sinful, ungodly, wicked **2.** lay, secular, temporal, unconsecrated, unhallowed, unholy, unsanctified, worldly **3.** abusive, blasphemous, coarse, crude, filthy, foul, obscene, vulgar

► V. **4.** abuse, commit sacrilege, contaminate, debase, defile, desecrate, misuse, pervert, pollute, prostitute, violate, vitiate

**profanity** abuse, blasphemy, curse, cursing, execration, foul language, four-letter word, impiety, imprecation, irreverence, malediction, obscenity, profaneness, sacrilege, swearing, swearword

**profess** **1.** acknowledge, admit, affirm, announce, assert, asseverate, aver, avow, certify, confess, confirm, declare, maintain, own, proclaim, state, vouch **2.** act as if, allege, call oneself, claim, dissemble, fake, feign, let on, make out, pretend, purport, sham

**professed** **1.** avowed, certified, confirmed, declared, proclaimed, self-acknowledged, self-confessed **2.** alleged, apparent, ostensible, pretended, purported, self-styled, so-called, soi-disant, supposed, would-be

**professedly** **1.** allegedly, apparently, by one's own account, falsely, ostensibly, purportedly, supposedly, under the pretext of **2.** admittedly, avowedly, by open declaration, confessedly

**profession** **1.** business, calling, career, employment, line, line of work, métier, occupation, office, position, sphere, vocation, walk of life **2.** acknowledgement, affirmation, assertion, attestation, avowal, claim, confession, declaration, statement, testimony, vow

**professional**

► ADJ. **1.** ace *(Inf.)*, adept, competent, crack *(Sl.)*, efficient, experienced, expert, finished, masterly, polished, practised, proficient, qualified, skilled, slick, trained

▸ N. 2. adept, authority, buff *(Inf.)*, dab hand *(Brit. inf.)*, expert, hotshot *(Inf.)*, maestro, master, maven *(U.S.)*, past master, pro *(Inf.)*, specialist, virtuoso, whiz *(Inf.)*, wizard

**professor** don *(Brit.)*, fellow *(Brit.)*, head of faculty, prof *(Inf.)*

**proficiency** ability, accomplishment, aptitude, competence, craft, dexterity, expertise, expertness, facility, knack, know-how *(Inf.)*, mastery, skilfulness, skill, talent

**proficient** able, accomplished, adept, apt, capable, clever, competent, conversant, efficient, experienced, expert, gifted, masterly, qualified, skilful, skilled, talented, trained, versed

**profile** N. 1. contour, drawing, figure, form, outline, portrait, shape, side view, silhouette, sketch 2. biography, characterization, character sketch, sketch, thumbnail sketch, vignette 3. analysis, chart, diagram, examination, graph, review, study, survey, table

**profit**
▸ N. 1. *Often plural* bottom line, earnings, emoluments, gain, percentage *(Inf.)*, proceeds, receipts, return, revenue, surplus, takings, winnings, yield 2. advancement, advantage, avail, benefit, gain, good, interest, use, value
▸ V. 3. aid, avail, benefit, be of advantage to, better, contribute, gain, help, improve, promote, serve, stand in good stead 4. capitalize on, cash in on *(Inf.)*, exploit, learn from, make capital of, make good use of, make the most of, put to good use, rake in *(Inf.)*, reap the benefit of, take advantage of, turn to advantage *or* account, use, utilize 5. clean up *(Inf.)*, clear, earn, gain, make a good thing of *(Inf.)*, make a killing *(Inf.)*, make money

**profitable** 1. commercial, cost-effective, fruitful, gainful, lucrative, money-making, paying, remunerative, rewarding, worthwhile 2. advantageous, beneficial, economic, expedient, fruitful, productive, rewarding, serviceable, useful, valuable, worthwhile

**profiteer**
▸ N. 1. exploiter, racketeer
▸ V. 2. exploit, fleece, make a quick buck *(Sl.)*, make someone pay through the nose, overcharge, racketeer, skin *(Sl.)*, sting *(Inf.)*

**profligate**
▸ ADJ. 1. abandoned, corrupt, debauched, degenerate, depraved, dissipated, dissolute, immoral, iniquitous, libertine, licentious, loose, promiscuous, shameless, unprincipled, vicious, vitiated, wanton, wicked, wild 2. extravagant, immoderate, improvident, prodigal, reckless, spendthrift, squandering, wasteful
▸ N. 3. debauchee, degenerate, dissipater, libertine, rake, reprobate, roué 4. prodigal, spendthrift, squanderer, waster, wastrel

**profound** 1. abstruse, deep, discerning, erudite, learned, penetrating, philosophical, recondite, sagacious, sage, serious, skilled, subtle, thoughtful, weighty, wise 2. abysmal, bottomless, cavernous, deep, fathomless, yawning 3. abject, acute, deeply felt, extreme, great, heartfelt, heartrending, hearty, intense, keen, sincere 4. absolute, complete, consummate, exhaustive, extensive, extreme, far-reaching, intense, out-and-out, pronounced, thoroughgoing, total, unqualified, utter

**profoundly** abjectly, acutely, deeply, extremely, from the bottom of one's heart, greatly, heartily, intensely, keenly, seriously, sincerely, thoroughly, very

**profuse** 1. abundant, ample, bountiful, copious, luxuriant, overflowing, plentiful, prolific, teeming 2. excessive, extravagant, exuberant, fulsome, generous, immoderate, lavish, liberal, open-handed, prodigal, unstinting

**profusion** abundance, bounty, copiousness, cornucopia, excess, extravagance, exuberance, glut, lavishness, luxuriance, multitude, oversupply, plenitude, plethora, prodigality, quantity, riot, superabundance, superfluity, surplus, wealth

**progeny** breed, children, descendants, family, issue, lineage, offspring, posterity, race, scions, seed *(Chiefly biblical)*, stock, young

**programme**
▸ N. 1. agenda, curriculum, line-up, list, listing, list of players, order of events, order of the day, plan, schedule, syllabus, timetable 2. broadcast, performance, presentation, production, show 3. design, order of the day, plan, plan of action, procedure, project, scheme
▸ V. 4. arrange, bill, book, design, engage, formulate, itemize, lay on, line up, list, map out, plan, prearrange, schedule, work out

**progress**
▸ N. 1. advance, course, movement, onward course, passage, progression, way 2. advance, advancement, amelioration, betterment, breakthrough, development, gain, gaining ground, growth, headway, improvement, increase, progression, promotion, step forward 3. **in progress** being done, going on, happening, occurring, proceeding, taking place, under way
▸ V. 4. advance, come on, continue, cover ground, forge ahead, gain ground, gather way, get on, go forward, make headway, make one's way, make strides, move on, proceed, travel 5. advance, ameliorate, better, blossom, develop, gain, grow, improve, increase, mature

**progression** 1. advance, advancement, furtherance, gain, headway, movement forward, progress 2. chain, course, cycle, order, sequence, series, string, succession

**progressive** 1. accelerating, advancing, continuing, continuous, developing, escalating, growing, increasing, intensifying, ongoing 2. advanced, avant-garde, dynamic, enlightened, enterprising, forward-looking, go-ahead, liberal, modern, radical, reformist, revolutionary, up-and-coming

**prohibit** 1. ban, debar, disallow, forbid, interdict, outlaw, proscribe, veto 2. constrain, hamper, hinder, impede, make impossible, obstruct, preclude, prevent, restrict, rule out, stop

**prohibition** 1. constraint, exclusion, forbiddance, interdiction, negation, obstruction, prevention, restriction 2. ban, bar, boycott, disallowance, embargo, injunction, interdict, proscription, veto

**prohibitive** 1. forbidding, prohibiting, proscriptive, repressive, restraining, restrictive, suppressive 2. *(Esp. of prices)* beyond one's means, excessive, exorbitant, extortionate, high-priced, preposterous, sky-high, steep *(Inf.)*

**project**
▸ N. 1. activity, assignment, design, enterprise, job, occupation, plan, programme, proposal, scheme, task, undertaking, venture, work
▸ V. 2. contemplate, contrive, design, devise, draft, frame, map out, outline, plan, propose, purpose, scheme 3. cast, discharge, fling, hurl, launch, make carry, propel, shoot, throw, transmit 4. beetle, bulge, extend, jut, overhang, protrude, stand out, stick out 5. calculate, estimate, extrapolate, forecast, gauge, predetermine, predict, reckon

**projectile** bullet, missile, rocket, shell

**projection** 1. bulge, eaves, jut, ledge, overhang, protrusion, protuberance, ridge, shelf, sill 2. blueprint, diagram, map, outline, plan, representation 3. calculation, computation, estimate, estimation, extrapolation, forecast, prediction, reckoning

**proletarian**
▸ ADJ. 1. cloth-cap *(Inf.)*, common, plebeian, working-class
▸ N. 2. commoner, Joe Bloggs *(Brit. inf.)*, man of the people, plebeian, prole *(Derogatory sl., chiefly Brit.)*, worker

**proletariat** commonalty, commoners, hoi polloi, labouring classes, lower classes, lower orders, plebs, proles *(Derogatory sl., chiefly Brit.)*, the common people, the great unwashed *(Inf. & derogatory)*, the herd, the masses, the rabble, wage-earners, working class

**prolific** abundant, bountiful, copious, fecund, fertile, fruitful, generative, luxuriant, productive, profuse, rank, rich, teeming

**prologue** exordium, foreword, introduction, preamble, preface, preliminary, prelude, proem

**prolong** carry on, continue, delay, drag out, draw out, extend, lengthen, make longer, perpetuate, protract, spin out, stretch

**promenade**
▸ N. 1. boulevard, esplanade, parade, prom, public walk, walkway 2. airing, constitutional, saunter, stroll, turn, walk
▸ V. 3. perambulate, saunter, stretch one's legs, stroll, take a walk, walk 4. flaunt, parade, strut, swagger

**prominence** 1. cliff, crag, crest, elevation, headland, height, high point, hummock, mound, pinnacle, projection, promontory, rise, rising ground, spur 2. bulge, jutting, projection, protrusion, protuberance, swelling 3. conspicuousness, markedness, outstandingness, precedence, salience, specialness, top billing, weight 4. celebrity, distinction, eminence, fame, greatness, importance, name, notability, pre-eminence, prestige, rank, reputation, standing

**prominent** 1. bulging, hanging over, jutting, projecting, protruding, protrusive, protuberant, standing out 2. blatant, conspicuous, easily seen, eye-catching, in the foreground, noticeable, obtrusive, obvious, outstanding, pronounced, remarkable, salient, striking, to the fore, unmistakable 3. big-time *(Inf.)*, celebrated, chief, distinguished, eminent, famous, foremost, important, leading, main, major league *(Inf.)*, notable, noted, outstanding, popular, pre-eminent, renowned, respected, top, well-known, well-thought-of

**promiscuous** 1. abandoned, debauched, dissipated, dissolute, fast, immoral, lax, libertine, licentious, loose, of easy virtue, profligate, unbridled, unchaste, wanton, wild 2. chaotic, confused, disordered, diverse, heterogeneous, ill-assorted, indiscriminate, intermingled, intermixed, jumbled, mingled, miscellaneous, mixed, motley 3. careless, casual, haphazard, heedless, indifferent, indiscriminate, irregular, irresponsible, random, slovenly, uncontrolled, uncritical, undiscriminating, unfastidious, unselective

**promise**
▸ V. 1. assure, contract, cross one's heart, engage, give an undertaking, give one's word, guarantee, pledge, plight, stipulate, swear, take an oath, undertake, vouch, vow, warrant 2. augur, bespeak, betoken, bid fair, denote, give hope of, hint at, hold a probability, hold out hopes of, indicate, lead one to expect, look like, seem likely to, show signs of, suggest
▸ N. 3. assurance, bond, commitment, compact, covenant, engagement, guarantee, oath, pledge, undertaking, vow, word, word of honour 4. ability, aptitude, capability, capacity, flair, potential, talent

**promising** 1. auspicious, bright, encouraging, favourable, full of promise, hopeful, likely, propitious, reassuring, rosy 2. able, gifted, likely, rising, talented, up-and-coming

**promote** 1. advance, aid, assist, back, boost, contribute to, develop, encourage, forward, foster, further, help, nurture, stimulate, support 2. aggrandize, dignify, elevate, exalt, honour, kick upstairs *(Inf.)*, prefer, raise, upgrade 3. advocate, call attention to, champion, endorse, espouse, popularize, prescribe, push for, recommend, speak for, sponsor, support, urge, work for 4. advertise, beat the drum for *(Inf.)*, hype, plug *(Inf.)*, publicize, puff, push, sell

**promotion** 1. advancement, aggrandizement, elevation, ennoblement, exaltation, honour, move up, preferment, rise, upgrading 2. advancement, advocacy, backing, boosting, cultivation, development, encouragement, espousal, furtherance, progress, support 3. advertising, advertising campaign, ballyhoo *(Inf.)*, hard sell, hype, media hype, plugging *(Inf.)*, propaganda, publicity, puffery *(Inf.)*, pushing

**prompt**
▸ ADJ. 1. early, immediate, instant, instantaneous, on time, pdq *(Sl.)*, punctual, quick, rapid, speedy, swift, timely, unhesitating 2. alert, brisk, eager, efficient, expeditious, quick, ready, responsive, smart, willing
▸ ADV. 3. *(Inf.)* exactly, on the dot, promptly, punctually, sharp
▸ V. 4. cause, impel, incite, induce, inspire, instigate, motivate, move, provoke, spur, stimulate, urge 5. assist, cue, help out, jog the memory, prod, refresh the memory, remind 6. call forth, cause, elicit, evoke, give rise to, occasion, provoke
▸ N. 7. cue, help, hint, jog, jolt, prod, reminder, spur, stimulus

**promptness** alacrity, alertness, briskness, dispatch, eagerness, haste, promptitude, punctuality, quickness, readiness, speed, swiftness, willingness

**prompter** 1. autocue, idiot board *(Sl.)*, Teleprompter *(Trademark)* 2. agitator, catalyst, gadfly, inspirer, instigator, moving spirit, prime mover

**prompting** assistance, encouragement, hint, incitement, influence, jogging, persuasion, pressing, pressure, prodding, pushing, reminder, reminding, suggestion, urging

**promptly** at once, by return, directly, hotfoot, immediately, instantly, on the dot, on time, pdq *(Sl.)*, posthaste, pronto *(Inf.)*, punctually, quickly, speedily, swiftly, unhesitatingly

**promulgate** advertise, announce, broadcast, circulate, communicate, declare, decree, disseminate, issue, make known, make public, notify, proclaim, promote, publish, spread

**prone** **1.** face down, flat, horizontal, lying down, procumbent, prostrate, recumbent, supine **2.** apt, bent, disposed, given, inclined, liable, likely, predisposed, subject, susceptible, tending

**prong** point, projection, spike, tine, tip

**pronounce** **1.** accent, articulate, enunciate, say, sound, speak, stress, utter, vocalize, voice **2.** affirm, announce, assert, declare, decree, deliver, judge, proclaim

**pronounced** broad, clear, conspicuous, decided, definite, distinct, evident, marked, noticeable, obvious, striking, strong, unmistakable

**pronouncement** announcement, declaration, decree, dictum, edict, judg(e)ment, manifesto, notification, proclamation, promulgation, pronunciamento, statement

**pronunciation** accent, accentuation, articulation, diction, elocution, enunciation, inflection, intonation, speech, stress

**proof**
- **N. 1.** attestation, authentication, certification, confirmation, corroboration, demonstration, evidence, substantiation, testimony, verification **2.** *(also* **put to the proof***)* assay, examination, experiment, ordeal, scrutiny, test, trial **3.** *(Printing)* galley, galley proof, page proof, pull, slip, trial impression, trial print
- **ADJ. 4.** impenetrable, impervious, repellent, resistant, strong, tight, treated **5. be proof against** hold out against, resist, stand firm against, stand up to, withstand

**prop**
- **V. 1.** bolster, brace, buttress, hold up, maintain, shore, stay, support, sustain, truss, uphold **2.** lean, rest, set, stand
- **N. 3.** brace, buttress, mainstay, stanchion, stay, support, truss

**propaganda** advertising, agitprop, ballyhoo *(Inf.)*, brainwashing, disinformation, hype, information, newspeak, promotion, publicity

**propagate** **1.** beget, breed, engender, generate, increase, multiply, procreate, produce, proliferate, reproduce **2.** broadcast, circulate, diffuse, disseminate, make known, proclaim, promote, promulgate, publicize, publish, spread, transmit

**propagation** **1.** breeding, generation, increase, multiplication, procreation, proliferation, reproduction **2.** circulation, communication, diffusion, dissemination, distribution, promotion, promulgation, spread, spreading, transmission

**propel** drive, force, impel, launch, push, send, set in motion, shoot, shove, start, thrust

**propensity** aptness, bent, bias, disposition, inclination, leaning, liability, penchant, predisposition, proclivity, proneness, susceptibility, tendency, weakness

**proper** **1.** appropriate, apt, becoming, befitting, fit, fitting, legitimate, meet *(Archaic)*, right, suitable, suited **2.** comme il faut, decent, decorous, de rigueur, genteel, gentlemanly, ladylike, mannerly, polite, punctilious, refined, respectable, seemly **3.** accepted, accurate, conventional, correct, established, exact, formal, kosher *(Inf.)*, orthodox, precise, right **4.** characteristic, individual, own, particular, peculiar, personal, respective, special, specific

**property** **1.** assets, belongings, building(s), capital, chattels, effects, estate, goods, holdings, house(s), means, possessions, resources, riches, wealth **2.** acres, estate, freehold, holding, land, real estate, real property, realty, title **3.** ability, attribute, characteristic, feature, hallmark, idiosyncrasy, mark, peculiarity, quality, trait, virtue

**prophecy** augury, divination, forecast, foretelling, prediction, prognosis, prognostication, revelation, second sight, soothsaying, sortilege, vaticination *(Rare)*

**prophesy** augur, divine, forecast, foresee, foretell, forewarn, predict, presage, prognosticate, soothsay, vaticinate *(Rare)*

**prophet** augur, Cassandra, clairvoyant, diviner, forecaster, oracle, prognosticator, prophesier, seer, sibyl, soothsayer

**prophetic** augural, divinatory, fatidic *(Rare)*, foreshadowing, mantic, oracular, predictive, presaging, prescient, prognostic, sibylline, vatic *(Rare)*

**propitious** **1.** advantageous, auspicious, bright, encouraging, favourable, fortunate, full of promise, happy, lucky, opportune, promising, prosperous, rosy, timely **2.** benevolent, benign, favourably inclined, friendly, gracious, kind, well-disposed

**proportion** **1.** distribution, ratio, relationship, relative amount **2.** agreement, balance, congruity, correspondence, harmony, symmetry **3.** amount, cut *(Inf.)*, division, fraction, measure, part, percentage, quota, segment, share **4.** *Plural* amplitude, breadth, bulk, capacity, dimensions, expanse, extent, magnitude, measurements, range, scope, size, volume

**proportional, proportionate** balanced, commensurate, comparable, compatible, consistent, correspondent, corresponding, equitable, equivalent, even, in proportion, just

**proposal** bid, design, motion, offer, overture, plan, presentation, proffer, programme, project, proposition, recommendation, scheme, suggestion, tender, terms

**propose** **1.** advance, come up with, present, proffer, propound, put forward, submit, suggest, tender **2.** introduce, invite, name, nominate, present, put up, recommend **3.** aim, design, have every intention, have in mind, intend, mean, plan, purpose, scheme **4.** ask for someone's hand (in marriage), offer marriage, pay suit, pop the question *(Inf.)*

**proposition**
- **N. 1.** motion, plan, programme, project, proposal, recommendation, scheme, suggestion
- **V. 2.** accost, make an improper suggestion, make an indecent proposal, solicit

**propound** advance, advocate, contend, lay down, postulate, present, propose, put forward, set forth, submit, suggest

**proprietor, proprietress** deed holder, freeholder, landlady, landlord, landowner, owner, possessor, titleholder

**propriety** **1.** appropriateness, aptness, becomingness, correctness, fitness, rightness, seemliness, suitableness **2.** breeding, courtesy, decency, decorum, delicacy, etiquette, good form, good manners, manners, modesty, politeness, protocol, punctilio, rectitude, refinement, respectability, seemliness **3. the proprieties** accepted conduct, amenities, civilities, etiquette, niceties, rules of conduct, social code, social conventions, social graces, the done thing

**propulsion** drive, impetus, impulse, impulsion, momentum, motive power, power, pressure, propelling force, push, thrust

**prosaic** banal, boring, commonplace, dry, dull, everyday, flat, hackneyed, humdrum, matter-of-fact, mundane, ordinary, pedestrian, routine, stale, tame, trite, unimaginative, uninspiring, vapid, workaday

**proscribe** **1.** ban, boycott, censure, condemn, damn, denounce, doom, embargo, forbid, interdict, prohibit, reject **2.** attaint *(Archaic)*, banish, blackball, deport, exclude, excommunicate, exile, expatriate, expel, ostracize, outlaw

**prosecute** **1.** *(Law)* arraign, bring action against, bring suit against, bring to trial, do *(Sl.)*, indict, litigate, prefer charges, put in the dock, put on trial, seek redress, sue, summon, take to court, try **2.** carry on, conduct, direct, discharge, engage in, manage, perform, practise, work at **3.** carry through, continue, follow through, persevere, persist, pursue, see through

**prospect**
- **N. 1.** anticipation, calculation, contemplation, expectation, future, hope, odds, opening, outlook, plan, presumption, probability, promise, proposal, thought **2.** landscape, outlook, panorama, perspective, scene, sight, spectacle, view, vision, vista **3. in prospect** in sight, in store, in the offing, in the wind, in view, on the cards, on the horizon, planned, projected **4.** *Sometimes plural* chance, likelihood, possibility
- **V. 5.** explore, go after, look for, search, seek, survey

**prospective** about to be, anticipated, approaching, awaited, coming, destined, eventual, expected, forthcoming, future, hoped-for, imminent, intended, likely, looked-for, possible, potential, soon-to-be, -to-be, to come, upcoming

**prospectus** announcement, catalogue, conspectus, list, outline, plan, programme, scheme, syllabus, synopsis

**prosper** advance, be fortunate, bloom, do well, fare well, flourish, flower, get on, grow rich, make good, make it *(Inf.)*, progress, succeed, thrive

**prosperity** affluence, boom, ease, fortune, good fortune, good times, life of luxury, life of Riley *(Inf.)*, luxury, plenty, prosperousness, riches, success, the good life, wealth, well-being

**prosperous** **1.** blooming, booming, doing well, flourishing, fortunate, lucky, on the up and up *(Brit.)*, palmy, prospering, successful, thriving **2.** affluent, in clover *(Inf.)*, in the money *(Inf.)*, moneyed, opulent, rich, wealthy, well-heeled *(Inf.)*, well-off, well-to-do **3.** advantageous, auspicious, bright, favourable, good, profitable, promising, propitious, timely

**prostitute**
- **N. 1.** bawd *(Archaic)*, brass *(Sl.)*, call girl, camp follower, cocotte, courtesan, fallen woman, fille de joie, harlot, hooker *(U.S. sl.)*, hustler *(U.S. & Canad. sl.)*, loose woman, moll *(Sl.)*, pro *(Sl.)*, scrubber *(Brit. & Aust. sl.)*, streetwalker, strumpet, tart *(Inf.)*, trollop, white slave, whore, working girl *(Facetious sl.)*
- **V. 2.** cheapen, debase, degrade, demean, devalue, misapply, pervert, profane

**prostitution** harlotry, harlot's trade, Mrs. Warren's profession, streetwalking, the game *(Sl.)*, the oldest profession, vice, whoredom

**prostrate**
- **ADJ. 1.** abject, bowed low, flat, horizontal, kowtowing, procumbent, prone **2.** at a low ebb, dejected, depressed, desolate, drained, exhausted, fagged out *(Inf.)*, fallen, inconsolable, overcome, spent, worn out **3.** brought to one's knees, defenceless, disarmed, helpless, impotent, overwhelmed, paralyzed, powerless, reduced
- **V. 4.** *(Of oneself)* abase, bend the knee to, bow before, bow down to, cast oneself before, cringe, fall at (someone's) feet, fall on one's knees before, grovel, kneel, kowtow, submit **5.** bring low, crush, depress, disarm, lay low, overcome, overthrow, overturn, overwhelm, paralyze, reduce, ruin **6.** drain, exhaust, fag out *(Inf.)*, fatigue, sap, tire, wear out, weary

**protagonist** **1.** central character, hero, heroine, lead, leading character, principal **2.** advocate, champion, exponent, leader, mainstay, moving spirit, prime mover, standard-bearer, supporter

**protean** changeable, ever-changing, many-sided, mercurial, multiform, mutable, polymorphous, temperamental, variable, versatile, volatile

**protect** care for, chaperon(e), cover, cover up for, defend, foster, give sanctuary, guard, harbour, keep, keep safe, look after, mount *or* stand guard over, preserve, safeguard, save, screen, secure, shelter, shield, stick up for *(Inf.)*, support, take under one's wing, watch over

**protection** **1.** aegis, care, charge, custody, defence, guardianship, guarding, preservation, protecting, safeguard, safekeeping, safety, security **2.** armour, barrier, buffer, bulwark, cover, guard, refuge, safeguard, screen, shelter, shield

**protective** careful, covering, defensive, fatherly, insulating, jealous, maternal, motherly, paternal, possessive, protecting, safeguarding, sheltering, shielding, vigilant, warm, watchful

**protector** advocate, benefactor, bodyguard, champion, counsel, defender, guard, guardian, guardian angel, knight in shining armour, patron, safeguard, tower of strength

**protégé, protégée** charge, dependant, discovery, pupil, student, ward

**protest**
- **N. 1.** complaint, declaration, demur, demurral, disapproval, dissent, formal complaint, objection, outcry, protestation, remonstrance
- **V. 2.** complain, cry out, demonstrate, demur, disagree, disapprove, expostulate, express disapproval, kick (against) *(Inf.)*, object, oppose, remonstrate, say no to, take exception **3.** affirm, argue, assert, asseverate, attest, avow, contend, declare, insist, maintain, profess, testify, vow

**protestation** 1. complaint, disagreement, dissent, expostulation, objection, outcry, protest, remonstrance, remonstration 2. affirmation, asseveration, avowal, declaration, oath, pledge, profession, vow

**protester** agitator, demonstrator, dissenter, dissident, protest marcher, rebel

**protocol** 1. code of behaviour, conventions, courtesies, customs, decorum, etiquette, formalities, good form, manners, politesse, propriety, rules of conduct 2. agreement, compact, concordat, contract, convention, covenant, pact, treaty

**prototype** archetype, example, first, mock-up, model, norm, original, paradigm, pattern, precedent, standard, type

**protract** continue, drag on *or* out, draw out, extend, keep going, lengthen, prolong, spin out, stretch out

**protracted** dragged out, drawn-out, extended, interminable, lengthy, long, long-drawn-out, never-ending, overlong, prolonged, spun out, time-consuming

**protrude** bulge, come through, extend, jut, obtrude, point, pop (*of eyes*), project, shoot out, stand out, start (*from*), stick out

**protrusion** bulge, bump, hump, jut, lump, outgrowth, projection, protuberance, swelling

**protuberance** bulge, bump, excrescence, hump, knob, lump, outgrowth, process, projection, prominence, protrusion, swelling, tumour

**proud** 1. appreciative, content, contented, glad, gratified, honoured, pleased, satisfied, self-respecting, well-pleased 2. arrogant, boastful, conceited, disdainful, egotistical, haughty, high and mighty (*Inf.*), imperious, lordly, narcissistic, orgulous (*Archaic*), overbearing, presumptuous, self-important, self-satisfied, snobbish, snooty (*Inf.*), stuck-up (*Inf.*), supercilious, toffee-nosed (*Sl., chiefly Brit.*), vain 3. exalted, glorious, gratifying, illustrious, memorable, pleasing, red-letter, rewarding, satisfying 4. august, distinguished, eminent, grand, great, illustrious, imposing, magnificent, majestic, noble, splendid, stately

**prove** 1. ascertain, attest, authenticate, bear out, confirm, corroborate, demonstrate, determine, establish, evidence, evince, justify, show, show clearly, substantiate, verify 2. analyse, assay, check, examine, experiment, put to the test, put to trial, test, try 3. be found to be, come out, end up, result, turn out

**proverb** adage, aphorism, apophthegm, byword, dictum, gnome, maxim, saw, saying

**proverbial** accepted, acknowledged, archetypal, axiomatic, conventional, current, customary, famed, famous, legendary, notorious, self-evident, time-honoured, traditional, typical, unquestioned, well-known

**provide** 1. accommodate, cater, contribute, equip, furnish, outfit, provision, purvey, stock up, supply 2. add, afford, bring, give, impart, lend, present, produce, render, serve, yield 3. (*With* **for** *or* **against**) anticipate, arrange for, forearm, get ready, make arrangements, make plans, plan ahead, plan for, prepare for, take measures, take precautions 4. (*With* **for**) care for, keep, look after, maintain, support, sustain, take care of 5. determine, lay down, require, specify, state, stipulate

**provided** → providing

**providence** 1. destiny, divine intervention, fate, fortune, God's will, predestination 2. care, caution, discretion, far-sightedness, foresight, forethought, perspicacity, presence of mind, prudence

**provident** canny, careful, cautious, discreet, economical, equipped, far-seeing, far-sighted, forearmed, foresighted, frugal, prudent, sagacious, shrewd, thrifty, vigilant, well-prepared, wise

**providential** fortuitous, fortunate, happy, heaven-sent, lucky, opportune, timely, welcome

**provider** 1. benefactor, donor, giver, source, supplier 2. breadwinner, earner, mainstay, supporter, wage earner

**providing, provided** CONJ. as long as, contingent upon, given, if and only if, in case, in the event, on condition, on the assumption, subject to, upon these terms, with the proviso, with the understanding

**province** 1. colony, county, department, dependency, district, division, domain, patch, region, section, territory, tract, turf (*U.S. sl.*), zone 2. (*Fig.*) area, business, capacity, charge, concern, duty, employment, field, function, line, orbit, part, pigeon (*Brit. inf.*), post, responsibility, role, sphere, turf (*U.S. sl.*)

**provincial**
▸ ADJ. 1. country, hick (*Inf., chiefly U.S. & Canad.*), home-grown, homespun, local, rural, rustic 2. insular, inward-looking, limited, narrow, narrow-minded, parish-pump, parochial, small-minded, small-town (*U.S.*), uninformed, unsophisticated, upcountry
▸ N. 3. country cousin, hayseed (*U.S. & Canad. inf.*), hick (*Inf., chiefly U.S. & Canad.*), rustic, yokel

**provision** 1. accoutrement, catering, equipping, fitting out, furnishing, providing, supplying, victualling 2. arrangement, plan, prearrangement, precaution, preparation 3. (*Fig.*) agreement, clause, condition, demand, proviso, requirement, rider, specification, stipulation, term

**provisional** conditional, contingent, interim, limited, pro tem, provisory, qualified, stopgap, temporary, tentative, transitional

**proviso** clause, condition, limitation, provision, qualification, requirement, reservation, restriction, rider, stipulation, strings

**provocation** 1. casus belli, cause, grounds, incitement, inducement, instigation, justification, motivation, reason, stimulus 2. affront, annoyance, challenge, dare, grievance, indignity, injury, insult, offence, red rag, taunt, vexation

**provocative** 1. aggravating (*Inf.*), annoying, challenging, disturbing, galling, goading, incensing, insulting, offensive, outrageous, provoking, stimulating 2. alluring, arousing, erotic, exciting, inviting, seductive, sexy (*Inf.*), stimulating, suggestive, tantalizing, tempting

**provoke** 1. affront, aggravate (*Inf.*), anger, annoy, chafe, enrage, exasperate, gall, get in one's hair (*Inf.*), get on one's nerves (*Inf.*), hassle (*Inf.*), incense, infuriate, insult, irk, irritate, madden, make one's blood boil, nark (*Brit., Aust., & N.Z. sl.*), offend, pique, piss one off (*Taboo sl.*), put out, rile, try one's patience, vex 2. bring about, bring on *or* down, call forth, cause, draw forth, elicit, evoke, excite, fire, generate, give rise to, incite, induce, inflame, inspire, instigate, kindle, lead to, motivate, move, occasion, precipitate, produce, promote, prompt, rouse, stimulate, stir

**prow** bow(s), fore, forepart, front, head, nose, sharp end (*Jocular*), stem

**prowess** 1. ability, accomplishment, adeptness, adroitness, aptitude, attainment, command, dexterity, excellence, expertise, expertness, facility, genius, mastery, skill, talent 2. boldness, bravery, courage, daring, dauntlessness, doughtiness, fearlessness, gallantry, hardihood, heroism, intrepidity, mettle, valiance, valour

**prowl** cruise, hunt, lurk, move stealthily, nose around, patrol, range, roam, rove, scavenge, skulk, slink, sneak, stalk, steal

**proximity** adjacency, closeness, contiguity, juxtaposition, nearness, neighbourhood, propinquity, vicinity

**proxy** agent, attorney, delegate, deputy, factor, representative, substitute, surrogate

**prude** Grundy, old maid (*Inf.*), prig, puritan, schoolmarm (*Brit. inf.*)

**prudence** 1. canniness, care, caution, circumspection, common sense, discretion, good sense, heedfulness, judg(e)ment, judiciousness, sagacity, vigilance, wariness, wisdom 2. careful budgeting, economizing, economy, far-sightedness, foresight, forethought, frugality, good management, husbandry, planning, precaution, preparedness, providence, saving, thrift

**prudent** 1. canny, careful, cautious, circumspect, discerning, discreet, judicious, politic, sagacious, sage, sensible, shrewd, vigilant, wary, wise 2. canny, careful, economical, far-sighted, frugal, provident, sparing, thrifty

**prudery** Grundyism, old-maidishness (*Inf.*), overmodesty, priggishness, primness, prudishness, puritanicalness, squeamishness, starchiness (*Inf.*), strictness, stuffiness

**prudish** demure, narrow-minded, old-maidish (*Inf.*), overmodest, overnice, priggish, prim, prissy (*Inf.*), proper, puritanical, school-marmish (*Brit. inf.*), squeamish, starchy (*Inf.*), strait-laced, stuffy, Victorian

**prune** clip, cut, cut back, dock, lop, pare down, reduce, shape, shorten, snip, trim

**pry** be a busybody, be inquisitive, be nosy (*Inf.*), ferret about, interfere, intrude, meddle, nose into, peep, peer, poke, poke one's nose in *or* into (*Inf.*), snoop (*Inf.*)

**prying** curious, eavesdropping, impertinent, inquisitive, interfering, intrusive, meddlesome, meddling, nosy (*Inf.*), snooping (*Inf.*), snoopy (*Inf.*), spying

**psalm** chant, hymn, paean, song of praise

**pseudo** ADJ. artificial, bogus, counterfeit, ersatz, fake, false, imitation, mock, not genuine, phoney *or* phony (*Inf.*), pretended, quasi-, sham, spurious

**pseudonym** alias, assumed name, false name, incognito, nom de guerre, nom de plume, pen name, professional name, stage name

**psyche** anima, essential nature, individuality, inner man, innermost self, mind, personality, pneuma (*Philos.*), self, soul, spirit, subconscious, true being

**psychiatrist** analyst, headshrinker (*Sl.*), psychoanalyser, psychoanalyst, psychologist, psychotherapist, shrink (*Sl.*), therapist

**psychic** 1. clairvoyant, extrasensory, mystic, occult, preternatural, supernatural, telekinetic, telepathic 2. mental, psychogenic, psychological, spiritual

**psychological** 1. cerebral, cognitive, intellectual, mental 2. all in the mind, emotional, imaginary, irrational, psychosomatic, subconscious, subjective, unconscious, unreal

**psychology** 1. behaviourism, science of mind, study of personality 2. (*Inf.*) attitude, mental make-up, mental processes, thought processes, way of thinking, what makes one tick

**psychopath** headbanger (*Inf.*), headcase (*Inf.*), insane person, lunatic, madman, maniac, mental case (*Sl.*), nutcase (*Sl.*), nutter (*Brit. sl.*), psychotic, sociopath

**psychotic** ADJ. certifiable, demented, deranged, insane, lunatic, mad, mental (*Sl.*), non compos mentis, off one's chump (*head* (*Sl.*)), rocker (*Sl.*), trolley (*Sl.*)) (*Sl.*), psychopathic, unbalanced

**pub** *or* **public house** alehouse (*Archaic*), bar, boozer (*Brit., Aust., & N.Z. inf.*), inn, local (*Brit. inf.*), roadhouse, taproom, tavern, watering hole (*Facetious sl.*)

**puberty** adolescence, awkward age, juvenescence, pubescence, teenage, teens, young adulthood

**public**
▸ ADJ. 1. civic, civil, common, general, national, popular, social, state, universal, widespread 2. accessible, communal, community, free to all, not private, open, open to the public, unrestricted 3. acknowledged, exposed, in circulation, known, notorious, obvious, open, overt, patent, plain, published, recognized 4. important, prominent, respected, well-known
▸ N. 5. citizens, commonalty, community, country, electorate, everyone, hoi polloi, Joe (and Eileen) Public (*Sl.*), Joe Six-Pack (*U.S. sl.*), masses, multitude, nation, people, populace, population, society, voters 6. audience, buyers, clientele, followers, following, patrons, supporters, those interested, trade 7. **in public** coram populo, for all to see, in full view, openly, overtly, publicly

**publication** 1. advertisement, airing, announcement, appearance, broadcasting, declaration, disclosure, dissemination, notification, proclamation, promulgation, publishing, reporting 2. book, booklet, brochure, handbill, hardback, issue, leaflet, magazine, newspaper, pamphlet, paperback, periodical, title

**public house** → pub

**publicity** advertising, attention, ballyhoo (*Inf.*), boost, build-up, hype, plug (*Inf.*), press, promotion, public notice, puff, puffery (*Inf.*)

**publicize** advertise, beat the drum for (*Inf.*), bring to public notice, broadcast, give publicity to, hype, make known, play up, plug (*Inf.*), promote, puff, push, spotlight, spread about, write up

**public-spirited** altruistic, charitable, community-minded, generous, humanitarian, philanthropic, unselfish

**publish** 1. bring out, issue, print, produce, put out 2. advertise, announce, blow wide open (*Sl.*), broadcast, circulate, communicate, declare, disclose, distribute, divulge, impart, leak, proclaim, promulgate, publicize, reveal, spread

**pudding** afters (*Brit. inf.*), dessert, last course, pud (*Inf.*), second course, sweet

**puerile** babyish, childish, foolish, immature, inane, infantile, irresponsible, jejune, juvenile, naive, petty, ridiculous, silly, trivial, weak

**puff**

► **N. 1.** blast, breath, draught, emanation, flurry, gust, whiff **2.** drag (*Sl.*), pull, smoke **3.** bulge, bunching, swelling **4.** advertisement, commendation, favourable mention, good word, plug (*Inf.*), sales talk

► **V. 5.** blow, breathe, exhale, gasp, gulp, pant, wheeze **6.** drag (*Sl.*), draw, inhale, pull at *or* on, smoke, suck **7.** (*Usually with* **up**) bloat, dilate, distend, expand, inflate, swell **8.** crack up (*Inf.*), hype, overpraise, plug (*Inf.*), praise, promote, publicize, push

**puffed 1.** done in (*Inf.*), exhausted, gasping, out of breath, panting, short of breath, spent, winded **2. puffed up** bigheaded (*Inf.*), full of oneself, high and mighty (*Inf.*), proud, swollen-headed, too big for one's boots

**puffy** bloated, distended, enlarged, inflamed, inflated, puffed up, swollen

**pugilist** boxer, bruiser (*Inf.*), fighter, prize-fighter, pug (*Sl.*)

**pugnacious** aggressive, antagonistic, argumentative, bellicose, belligerent, choleric, combative, contentious, disputatious, hot-tempered, irascible, irritable, petulant, quarrelsome

**pull**

► **V. 1.** drag, draw, haul, jerk, tow, trail, tug, yank **2.** cull, draw out, extract, gather, pick, pluck, remove, take out, uproot, weed **3.** dislocate, rend, rip, sprain, strain, stretch, tear, wrench **4.** (*Inf.*) attract, draw, entice, lure, magnetize **5. pull apart** *or* **to pieces** attack, blast, criticize, find fault, flay, lambast(e), lay into (*Inf.*), pan (*Inf.*), pick holes in, put down, run down, slam (*Sl.*), slate (*Inf.*), tear into (*Inf.*) **6. pull oneself together** (*Inf.*) buck up (*Inf.*), get a grip on oneself, get over it, regain composure, snap out of it (*Inf.*) **7. pull strings** (*Brit. inf.*) influence, pull wires (*U.S.*), use one's influence **8. pull someone's leg** (*Inf.*) chaff, have (someone) on, joke, make fun of, poke fun at, rag, rib (*Inf.*), tease, twit, wind up (*Brit. sl.*)

► **N. 9.** jerk, tug, twitch, yank **10.** attraction, drawing power, effort, exertion, force, forcefulness, influence, lure, magnetism, power **11.** (*Inf.*) advantage, bottom, clout (*Inf.*), influence, leverage, muscle, weight **12.** drag (*Sl.*), inhalation, puff

**pull down** bulldoze, demolish, destroy, raze, remove

**pull off 1.** detach, doff, remove, rip off, tear off, wrench off **2.** accomplish, bring off, carry out, crack it (*Inf.*), cut it (*Inf.*), manage, score a success, secure one's object, succeed

**pull out** abandon, depart, evacuate, leave, quit, rat on, retreat, stop participating, withdraw

**pull through** come through, get better, get over, pull round, rally, recover, survive, weather

**pull up 1.** dig out, lift, raise, uproot **2.** brake, come to a halt, halt, reach a standstill, stop **3.** admonish, bawl out (*Inf.*), carpet (*Inf.*), castigate, chew out (*U.S. & Canad. inf.*), dress down (*Inf.*), give a rocket (*Brit. & N.Z. inf.*), read the riot act, rebuke, reprimand, reprove, take to task, tear into (*Inf.*), tear (someone) off a strip (*Brit. inf.*), tell off (*Inf.*), tick off (*Inf.*)

**pulp**

► **N. 1.** flesh, marrow, soft part **2.** mash, mush, pap, paste, pomace, semiliquid, semisolid, triturate

► **V. 3.** crush, mash, pulverize, squash, triturate

► **ADJ. 4.** cheap, lurid, mushy (*Inf.*), rubbishy, sensational, trashy

**pulse**

► **N. 1.** beat, beating, oscillation, pulsation, rhythm, stroke, throb, throbbing, vibration

► **V. 2.** beat, pulsate, throb, tick, vibrate

**pump V. 1.** (*With* **out**) bail out, drain, draw off, drive out, empty, force out, siphon **2.** (*With* **up**) blow up, dilate, inflate **3.** drive, force, inject, pour, push, send, supply **4.** cross-examine, give (someone) the third degree, grill (*Inf.*), interrogate, probe, question closely, quiz, worm out of

**pun** double entendre, equivoque, paronomasia (*Rhetoric*), play on words, quip, witticism

**punch**

► **V. 1.** bash (*Inf.*), belt (*Inf.*), biff (*Sl.*), bop (*Inf.*), box, clout (*Inf.*), hit, plug (*Sl.*), pummel, slam, slug, smash, sock (*Sl.*), strike, wallop (*Inf.*) **2.** bore, cut, drill, perforate, pierce, pink, prick, puncture, stamp

► **N. 2.** bash (*Inf.*), biff (*Sl.*), blow, bop (*Inf.*), clout (*Inf.*), hit, jab, knock, plug (*Sl.*), sock (*Sl.*), thump, wallop (*Inf.*) **3.** (*Inf.*) bite, drive, effectiveness, force, forcefulness, impact, point, verve, vigour

**punch-drunk** befuddled, confused, dazed, groggy (*Inf.*), in a daze, knocked silly, punchy (*Inf.*), reeling, slaphappy (*Inf.*), staggering, stupefied, unsteady, woozy (*Inf.*)

**punctilio 1.** exactitude, finickiness, meticulousness, particularity, precision, punctiliousness, scrupulousness, strictness **2.** convention, delicacy, distinction, fine point, formality, nicety, particular, refinement

**punctilious** careful, ceremonious, conscientious, exact, finicky, formal, fussy, meticulous, nice, particular, precise, proper, scrupulous, strict

**punctual** early, exact, in good time, on the dot, on time, precise, prompt, punctilious, seasonable, strict, timely

**punctuality** promptitude, promptness, readiness, regularity

**punctuate 1.** break, interject, interrupt, intersperse, pepper, sprinkle **2.** accentuate, emphasize, lay stress on, mark, point up, stress, underline

**puncture**

► **N. 1.** break, cut, damage, hole, leak, nick, opening, perforation, rupture, slit **2.** flat, flat tyre

► **V. 3.** bore, cut, impale, nick, penetrate, perforate, pierce, prick, rupture **4.** deflate, go down, go flat **5.** deflate, discourage, disillusion, flatten, humble, take down a peg (*Inf.*)

**pundit** buff (*Inf.*), maestro, one of the cognoscenti, (self-appointed) authority *or* expert

**pungent 1.** acerb, acid, acrid, aromatic, bitter, highly flavoured, hot, peppery, piquant, seasoned, sharp, sour, spicy, stinging, strong, tangy, tart **2.** acrimonious, acute, barbed, biting, caustic, cutting, incisive, keen, mordacious, mordant, penetrating, piercing, poignant, pointed, sarcastic, scathing, sharp, stinging, stringent, telling, trenchant, vitriolic

**punish 1.** beat, castigate, chasten, chastise, correct, discipline, flog, give a lesson to, give (someone) the works (*Sl.*), lash, penalize, rap someone's knuckles, scourge, sentence, slap someone's wrist, whip **2.** abuse, batter, give (someone) a going-over (*Inf.*), harm, hurt, injure, knock about, maltreat, manhandle, misuse, oppress, rough up

**punishable** blameworthy, chargeable, convictable, criminal, culpable, indictable

**punishing** arduous, backbreaking, burdensome, demanding, exhausting, grinding, gruelling, hard, strenuous, taxing, tiring, uphill, wearing

**punishment 1.** chastening, chastisement, comeuppance (*Sl.*), correction, discipline, just deserts, penalty, penance, punitive measures, retribution, sanction, what for (*Inf.*) **2.** (*Inf.*) abuse, beating, hard work, maltreatment, manhandling, pain, rough treatment, slave labour, torture, victimization

**punitive** in reprisal, in retaliation, punitory, retaliative, retaliatory, revengeful, vindictive

**punt**

► **V. 1.** back, bet, gamble, lay, stake, wager

► **N. 2.** bet, gamble, stake, wager **3.** backer, better, gambler, punter

**punter N. 1.** backer, better, gambler, punt (*Chiefly Brit.*) **2.** (*Inf.*) bloke (*Brit. inf.*), fellow, guy (*Inf.*), man in the street, person **3.** (*Inf.*) client, customer

**puny 1.** diminutive, dwarfish, feeble, frail, little, pint-sized (*Inf.*), pygmy *or* pigmy, sickly, stunted, tiny, underfed, undersized, undeveloped, weak, weakly **2.** inconsequential, inferior, insignificant, minor, paltry, petty, piddling (*Inf.*), trifling, trivial, worthless

**pup** *or* **puppy** (*Fig.*) braggart, cub, jackanapes, popinjay, whelp, whippersnapper, young dog

**pupil** beginner, catechumen, disciple, learner, neophyte, novice, scholar, schoolboy, schoolgirl, student, trainee, tyro

**puppet 1.** doll, marionette **2.** (*Fig.*) cat's-paw, creature, dupe, figurehead, gull (*Archaic*), instrument, mouthpiece, pawn, stooge, tool

**purchase**

► **V. 1.** acquire, buy, come by, gain, get, get hold of, invest in, make a purchase, obtain, pay for, pick up, procure, score (*Sl.*), secure, shop for **2.** achieve, attain, earn, gain, realize, win

► **N. 3.** acquisition, asset, buy, gain, investment, possession, property **4.** advantage, edge, foothold, footing, grasp, grip, hold, influence, lever, leverage, support, toehold

**pure 1.** authentic, clear, flawless, genuine, natural, neat, perfect, real, simple, straight, true, unalloyed, unmixed **2.** clean, disinfected, germ-free, immaculate, pasteurized, sanitary, spotless, squeaky-clean, sterile, sterilized, unadulterated, unblemished, uncontaminated, unpolluted, untainted, wholesome **3.** blameless, chaste, guileless, honest, immaculate, impeccable, innocent, maidenly, modest, true, uncorrupted, undefiled, unspotted, unstained, unsullied, upright, virgin, virginal, virtuous **4.** absolute, complete, mere, outright, sheer, thorough, unmitigated, unqualified, utter **5.** abstract, academic, philosophical, speculative, theoretical

**purely** absolutely, completely, entirely, exclusively, just, merely, only, plainly, simply, solely, totally, wholly

**purge**

► **V. 1.** axe (*Inf.*), clean out, dismiss, do away with, eject, eradicate, expel, exterminate, get rid of, kill, liquidate, oust, remove, rid of, rout out, sweep out, wipe out **2.** absolve, cleanse, clear, exonerate, expiate, forgive, pardon, purify, wash

► **N. 3.** cleanup, crushing, ejection, elimination, eradication, expulsion, liquidation, reign of terror, removal, suppression, witch hunt **4.** aperient (*Medical*), cathartic, dose of salts, emetic, enema, laxative, physic (*Rare*), purgative (*Medical*)

**purify 1.** clarify, clean, cleanse, decontaminate, disinfect, filter, fumigate, refine, sanitize, wash **2.** absolve, cleanse, exculpate, exonerate, lustrate, redeem, sanctify, shrive

**purist** classicist, formalist, pedant, precisian, stickler

**puritan**

► **N. 1.** fanatic, moralist, pietist, prude, rigorist, zealot

► **ADJ. 2.** ascetic, austere, hidebound, intolerant, moralistic, narrow, narrow-minded, prudish, puritanical, severe, strait-laced, strict

**puritanical** ascetic, austere, bigoted, disapproving, fanatical, forbidding, narrow, narrow-minded, prim, proper, prudish, puritan, rigid, severe, stiff, strait-laced, strict, stuffy

**purpose**

► **N. 1.** aim, design, function, idea, intention, object, point, principle, reason **2.** aim, ambition, aspiration, design, desire, end, goal, hope, intention, object, objective, plan, project, scheme, target, view, wish **3.** constancy, determination, firmness, persistence, resolution, resolve, single-mindedness, steadfastness, tenacity, will **4.** advantage, avail, benefit, effect, gain, good, outcome, profit, result, return, use, utility **5. on purpose** by design, deliberately, designedly, intentionally, knowingly, purposely, wilfully, wittingly

► **V. 6.** aim, aspire, commit oneself, contemplate, decide, design, determine, have a mind to, intend, make up one's mind, mean, meditate, plan, propose, resolve, set one's sights on, think to, work towards

**purposeless** aimless, empty, goalless, motiveless, needless, pointless, senseless, uncalled-for, unnecessary, useless, vacuous, wanton

**purposely** by design, calculatedly, consciously, deliberately, designedly, expressly, intentionally, knowingly, on purpose, wilfully, with intent

**purse**

► **N. 1.** money-bag, pouch, wallet **2.** coffers, exchequer, funds, means, money, resources, treasury, wealth, wherewithal **3.** award, gift, present, prize, reward

► **V. 4.** close, contract, knit, pout, press together, pucker, tighten, wrinkle

**pursue 1.** accompany, attend, chase, dog, follow, give chase to, go after, harass, harry, haunt, hound, hunt, hunt down, plague, run after, shadow, stalk, tail (*Inf.*), track **2.** aim for, aspire to, desire, have as one's goal, purpose, seek, strive for, try for, work towards **3.** adhere to, carry on, continue, cultivate, hold to, keep on, maintain, persevere in, persist in, proceed, see through **4.** apply oneself, carry on, conduct, engage in, perform, ply, practise, prosecute, tackle, wage, work at **5.** chase after, court, make up to (*Inf.*), pay attention to, pay court to, set one's cap at, woo

**pursuit 1.** chase, hunt, hunting, inquiry, quest, search, seeking, tracking, trail, trailing **2.** activity, hobby, interest, line, occupation, pastime, pleasure, vocation

**purview 1.** ambit, compass, confine(s), extent, field, limit, orbit, province, range, reach, scope, sphere **2.** comprehension, ken, overview, perspective, range of view, understanding

**push**
▶ **V. 1.** depress, drive, poke, press, propel, ram, shove, thrust **2.** elbow, jostle, make *or* force one's way, move, shoulder, shove, squeeze, thrust **3.** egg on, encourage, expedite, hurry, impel, incite, persuade, press, prod, speed (up), spur, urge **4.** advertise, boost, cry up, hype, make known, plug (*Inf.*), promote, propagandize, publicize, puff **5.** browbeat, coerce, constrain, dragoon, encourage, exert influence on, influence, oblige
▶ **N. 6.** butt, jolt, nudge, poke, prod, shove, thrust **7.** (*Inf.*) ambition, determination, drive, dynamism, energy, enterprise, get-up-and-go (*Inf.*), go (*Inf.*), gumption (*Inf.*), initiative, pep, vigour, vitality **8.** (*Inf.*) advance, assault, attack, charge, effort, offensive, onset, thrust **9. the push** (*Sl.*) discharge, dismissal, kiss-off (*Sl.*, *chiefly U.S. & Canad.*), marching orders (*Inf.*), one's books (*Inf.*), one's cards, the boot (*Sl.*), the (old) heave-ho (*Inf.*), the order of the boot (*Sl.*), the sack (*Inf.*)

**pushing 1.** ambitious, determined, driving, dynamic, enterprising, go-ahead, on the go, purposeful, resourceful **2.** assertive, bold, brash, bumptious, forward, impertinent, intrusive, presumptuous, pushy (*Inf.*), self-assertive

**pushover 1.** breeze (*U.S. & Canad. inf.*), cakewalk (*Inf.*), child's play (*Inf.*), cinch (*Sl.*), doddle (*Brit. sl.*), duck soup (*U.S. sl.*), picnic (*Inf.*), piece of cake (*Brit. inf.*), walkover (*Inf.*) **2.** chump (*Inf.*), easy *or* soft mark (*Inf.*), easy game (*Inf.*), mug (*Brit. sl.*), soft touch (*Sl.*), stooge (*Sl.*), sucker (*Sl.*), walkover (*Inf.*)

**pussyfoot 1.** creep, prowl, slink, steal, tiptoe, tread warily **2.** beat about the bush, be non-committal, equivocate, flannel (*Brit. inf.*), hedge, hum and haw, prevaricate, sit on the fence, tergiversate

**pustule** abscess, blister, boil, fester, gathering, pimple, ulcer, zit (*Sl.*)

**put 1.** bring, deposit, establish, fix, lay, place, position, rest, set, settle, situate **2.** commit, condemn, consign, doom, enjoin, impose, inflict, levy, subject **3.** assign, constrain, employ, force, induce, make, oblige, require, set, subject to **4.** express, phrase, pose, set, state, utter, word **5.** advance, bring forward, forward, offer, posit, present, propose, set before, submit, tender **6.** cast, fling, heave, hurl, lob, pitch, throw, toss

**put across** *or* **put over** communicate, convey, explain, get across, get through, make clear, make oneself understood, spell out

**put aside** *or* **put by 1.** cache, deposit, keep in reserve, lay by, salt away, save, squirrel away, stockpile, store, stow away **2.** bury, discount, disregard, forget, ignore

**putative** alleged, assumed, commonly believed, imputed, presumed, presumptive, reported, reputed, supposed

**put away 1.** put back, replace, return to (its) place, tidy away **2.** deposit, keep, lay in, put by, save, set aside, store away **3.** certify, commit, confine, institutionalize, lock up **4.** consume, devour, eat up, gobble, gulp down, wolf down **5.** destroy, do away with, put down, put out of its misery, put to sleep

**put by → put aside**

**put down 1.** enter, inscribe, log, record, set down, take down, transcribe, write down **2.** crush, quash, quell, repress, silence, stamp out, suppress **3.** (*With* **to**) ascribe, attribute, impute, set down **4.** destroy, do away with, put away, put out of its misery, put to sleep **5.** (*Sl.*) condemn, crush, deflate, dismiss, disparage, humiliate, mortify, reject, shame, slight, snub

**put forward** advance, introduce, move, nominate, prescribe, present, press, proffer, propose, recommend, submit, suggest, tender

**put off 1.** defer, delay, hold over, postpone, put back, put on the back burner (*Inf.*), reschedule, take a rain check on (*U.S. & Canad. inf.*) **2.** abash, confuse, discomfit, disconcert, dismay, distress, faze, nonplus, perturb, rattle (*Inf.*), throw (*Inf.*), unsettle **3.** discourage, dishearten, dissuade

**put on 1.** change into, don, dress, get dressed in, slip into **2.** affect, assume, fake, feign, make believe, play-act, pretend, sham, simulate **3.** do, mount, present, produce, show, stage **4.** add, gain, increase by **5.** back, bet, lay, place, wager

**put out 1.** anger, annoy, confound, disturb, exasperate, harass, irk, irritate, nettle, perturb, provoke, vex **2.** blow out, douse, extinguish, quench, smother, snuff out, stamp out **3.** bother, discomfit, discommode, discompose, disconcert, discountenance, disturb, embarrass, impose upon, incommode, inconvenience, put on the spot, trouble, upset **4.** bring out, broadcast, circulate, issue, make known, make public, publish, release

**put over → put across**

**putrefy** corrupt, decay, decompose, deteriorate, go bad, rot, spoil, stink, taint

**putrescent** decaying, decomposing, going bad, rotting, stinking

**putrid** bad, contaminated, corrupt, decayed, decomposed, fetid, foul, off, olid, putrefied, rancid, rank, reeking, rotten, rotting, spoiled, stinking, tainted

**put through** accomplish, achieve, bring off, carry through, conclude, do, effect, execute, manage, pull off, realize

**put up 1.** build, construct, erect, fabricate, raise **2.** accommodate, board, entertain, give one lodging, house, lodge, take in **3.** float, nominate, offer, present, propose, put forward, recommend, submit **4.** advance, give, invest, pay, pledge, provide, supply **5. put up to** egg on, encourage, goad, incite, instigate, prompt, put the idea into one's head, urge **6. put up with** (*Inf.*) abide, bear, brook, endure, lump (*Inf.*), pocket, stand, stand for, stomach, suffer, swallow, take, tolerate

**put-upon** abused, beset, exploited, harried, imposed upon, inconvenienced, overworked, put-out, saddled, taken advantage of, taken for a fool, taken for granted, troubled

**puzzle**
▶ **V. 1.** baffle, beat (*Sl.*), bewilder, confound, confuse, flummox, mystify, nonplus, perplex, stump **2.** ask oneself, brood, cudgel *or* rack one's brains, mull over, muse, ponder, study, think about, think hard, wonder **3.** (*Usually with* **out**) clear up, crack, crack the code, decipher, figure out, find the key, get it, get the answer, resolve, see, solve, sort out, suss (out) (*Sl.*), think through, unravel, work out
▶ **N. 4.** brain-teaser (*Inf.*), conundrum, enigma, labyrinth, maze, mystery, paradox, poser, problem, question, question mark, riddle, teaser **5.** bafflement, bewilderment, confusion, difficulty, dilemma, perplexity, quandary, uncertainty

**puzzled** at a loss, at sea, baffled, beaten, bewildered, clueless, confused, doubtful, flummoxed, in a fog, lost, mixed up, mystified, nonplussed, perplexed, stuck, stumped, without a clue

**puzzlement** bafflement, bewilderment, confusion, disorientation, doubt, doubtfulness, mystification, perplexity, questioning, surprise, uncertainty, wonder

**puzzling** abstruse, ambiguous, baffling, bewildering, beyond one, enigmatic, full of surprises, hard, incomprehensible, inexplicable, involved, knotty, labyrinthine, misleading, mystifying, oracular, perplexing, unaccountable, unclear, unfathomable

**pygmy, pigmy**
▶ **N. 1.** dwarf, homunculus, Lilliputian, man(n)ikin, midget, shrimp (*Inf.*), Tom Thumb **2.** cipher, lightweight (*Inf.*), mediocrity, nobody, nonentity, pipsqueak (*Inf.*), small fry
▶ **ADJ. 3.** baby, diminutive, dwarf, dwarfish, elfin, Lilliputian, midget, miniature, minuscule, pocket, pygmean, small, stunted, teensy-weensy, teeny-weeny, tiny, undersized, wee

# Q

**quack**
▶ **N. 1.** charlatan, fake, fraud, humbug, impostor, mountebank, phoney *or* phony (*Inf.*), pretender, quacksalver (*Archaic*)
▶ **ADJ. 2.** counterfeit, fake, fraudulent, phoney *or* phony (*Inf.*), pretended, sham

**quagmire 1.** bog, fen, marsh, mire, morass, quicksand, slough, swamp **2.** difficulty, dilemma, entanglement, fix (*Inf.*), imbroglio, impasse, jam (*Inf.*), muddle, pass, pickle (*Inf.*), pinch, plight, predicament, quandary, scrape (*Inf.*)

**quail** blanch, blench, cower, cringe, droop, faint, falter, flinch, have cold feet (*Inf.*), quake, recoil, shake, shrink, shudder, tremble

**quaint 1.** bizarre, curious, droll, eccentric, fanciful, fantastic, odd, old-fashioned, original, peculiar, queer, rum (*Brit. sl.*), singular, strange, unusual, whimsical **2.** antiquated, antique, artful, charming, gothic, ingenious, old-fashioned, old-world, picturesque

**quake** convulse, move, pulsate, quail, quiver, rock, shake, shiver, shudder, throb, totter, tremble, vibrate, waver, wobble

**qualification 1.** ability, accomplishment, aptitude, attribute, capability, capacity, eligibility, endowment(s), fitness, quality, skill, suitability, suitableness **2.** allowance, caveat, condition, criterion, exception, exemption, limitation, modification, objection, prerequisite, proviso, requirement, reservation, restriction, rider, stipulation

**qualified 1.** able, accomplished, adept, capable, certificated, competent, efficient, equipped, experienced, expert, fit, knowledgeable, licensed, practised, proficient, skilful, talented, trained **2.** bounded, circumscribed, conditional, confined, contingent, equivocal, guarded, limited, modified, provisional, reserved, restricted

**qualify 1.** capacitate, certify, commission, condition, empower, endow, equip, fit, ground, permit, prepare, ready, sanction, train **2.** abate, adapt, assuage, circumscribe, diminish, ease, lessen, limit, mitigate, moderate, modify, modulate, reduce, regulate, restrain, restrict, soften, temper, vary **3.** characterize, describe, designate, distinguish, modify, name

**quality 1.** aspect, attribute, characteristic, condition, feature, mark, peculiarity, property, trait **2.** character, constitution, description, essence, kind, make, nature, sort **3.** calibre, distinction, excellence, grade, merit, position, pre-eminence, rank, standing, status, superiority, value, worth **4.** (*Obsolete*) aristocracy, gentry, nobility, ruling class, upper class

**qualm 1.** anxiety, apprehension, compunction, disquiet, doubt, hesitation, misgiving, regret, reluctance, remorse, scruple, twinge *or* pang of conscience, uncertainty, uneasiness **2.** agony, attack, nausea, pang, queasiness, sickness, spasm, throe (*Rare*), twinge

**quandary** bewilderment, cleft stick, delicate situation, difficulty, dilemma, doubt, embarrassment, impasse, perplexity, plight, predicament, puzzle, strait, uncertainty

**quantity 1.** aggregate, allotment, amount, lot, number, part, portion, quota, sum, total **2.** bulk, capacity, expanse, extent, greatness, length, magnitude, mass, measure, size, volume

**quarrel**
▶ **N. 1.** affray, altercation, argument, bagarre, brawl, breach, broil, commotion, contention, controversy, difference (of opinion), disagreement, discord, disputation, dispute, dissension, dissidence, disturbance, feud, fight, fracas, fray, misunderstanding, row, scrap (*Inf.*), shindig (*Inf.*), shindy (*Inf.*), skirmish, spat, squabble, strife, tiff, tumult, vendetta, wrangle
▶ **V. 2.** altercate, argue, bicker, brawl, clash, differ, disagree, dispute, fall out (*Inf.*), fight, row, spar, squabble, wrangle **3.** carp, cavil, complain, decry, disapprove, find fault, object to, take exception to

**quarrelsome** argumentative, belligerent, cat-and-dog (*Inf.*), choleric, combative, contentious, cross, disputatious, fractious, ill-tempered, irascible, irritable, peevish, petulant, pugnacious, querulous

**quarry** aim, game, goal, objective, prey, prize, victim

**quarter**
▸ **N. 1.** area, direction, district, locality, location, neighbourhood, part, place, point, position, province, region, side, spot, station, territory, zone **2.** clemency, compassion, favour, forgiveness, leniency, mercy, pity
▸ **V. 3.** accommodate, billet, board, house, install, lodge, place, post, put up, station

**quarters** abode, accommodation, barracks, billet, cantonment *(Military)*, chambers, digs *(Brit. inf.)*, domicile, dwelling, habitation, lodging, lodgings, post, residence, rooms, shelter, station

**quash 1.** beat, crush, destroy, extinguish, extirpate, overthrow, put down, quell, quench, repress, squash, subdue, suppress **2.** annul, cancel, declare null and void, invalidate, nullify, overrule, overthrow, rescind, reverse, revoke, set aside, void

**quasi- 1.** almost, apparently, partly, seemingly, supposedly **2.** apparent, fake, mock, near, nominal, pretended, pseudo-, seeming, semi-, sham, so-called, synthetic, virtual, would-be

**quaver**
▸ **V. 1.** flicker, flutter, oscillate, pulsate, quake, quiver, shake, shudder, thrill, tremble, trill, twitter, vibrate, waver
▸ **N. 2.** break, quiver, shake, sob, throb, tremble, trembling, tremor, trill, vibration, warble

**queen 1.** consort, monarch, ruler, sovereign **2.** diva, doyenne, ideal, idol, mistress, model, perfection, prima donna, star

**queer**
▸ **ADJ. 1.** abnormal, anomalous, atypical, curious, disquieting, droll, eerie, erratic, extraordinary, funny, odd, outlandish, outré, peculiar, remarkable, rum *(Brit. sl.)*, singular, strange, uncanny, uncommon, unconventional, unnatural, unorthodox, unusual, weird **2.** doubtful, dubious, fishy *(Inf.)*, irregular, mysterious, puzzling, questionable, shady *(Inf.)*, suspicious **3.** dizzy, faint, giddy, light-headed, queasy, reeling, uneasy **4.** crazy, demented, eccentric, idiosyncratic, irrational, mad, odd, touched, unbalanced, unhinged
▸ **V. 5.** bodge *(Inf.)*, botch, endanger, harm, impair, imperil, injure, jeopardize, mar, ruin, spoil, thwart, wreck

**quell 1.** conquer, crush, defeat, extinguish, overcome, overpower, put down, quash, squelch, stamp out, stifle, subdue, suppress, vanquish **2.** allay, alleviate, appease, assuage, calm, compose, deaden, dull, mitigate, moderate, mollify, pacify, quiet, silence, soothe

**quench 1.** check, crush, destroy, douse, end, extinguish, put out, smother, snuff out, squelch, stifle, suppress **2.** allay, appease, cool, sate, satiate, satisfy, slake

**querulous** cantankerous, captious, carping, censorious, complaining, critical, cross, discontented, dissatisfied, fault-finding, fretful, grouchy *(Inf.)*, grumbling, hard to please, irascible, irritable, murmuring, peevish, petulant, plaintive, ratty *(Brit. & N.Z. inf.)*, sour, testy, tetchy, touchy, waspish, whining

**query**
▸ **V. 1.** ask, enquire, question **2.** challenge, disbelieve, dispute, distrust, doubt, mistrust, suspect
▸ **N. 3.** demand, doubt, hesitation, inquiry, objection, problem, question, reservation, scepticism, suspicion

**quest N.** adventure, crusade, enterprise, expedition, exploration, hunt, journey, mission, pilgrimage, pursuit, search, voyage

**question**
▸ **V. 1.** ask, catechize, cross-examine, enquire, examine, grill *(Inf.)*, interrogate, interview, investigate, probe, pump *(Inf.)*, quiz, sound out **2.** call into question, cast doubt upon, challenge, controvert, disbelieve, dispute, distrust, doubt, impugn, mistrust, oppose, query, suspect
▸ **N. 3.** examination, inquiry, interrogation, investigation **4.** argument, confusion, contention, controversy, debate, difficulty, dispute, doubt, dubiety, misgiving, problem, query, uncertainty **5.** issue, motion, point, point at issue, proposal, proposition, subject, theme, topic **6. in question** at issue, in doubt, open to debate, under discussion **7. out of the question** impossible, inconceivable, not to be thought of, unthinkable

**questionable** arguable, controversial, controvertible, debatable, disputable, dodgy *(Brit., Aust., & N.Z. inf.)*, doubtful, dubious, dubitable, equivocal, fishy *(Inf.)*, iffy *(Inf.)*, moot, paradoxical, problematical, shady *(Inf.)*, suspect, suspicious, uncertain, unproven, unreliable

**queue** chain, concatenation, file, line, order, progression, sequence, series, string, succession, train

**quibble**
▸ **V. 1.** carp, cavil, equivocate, evade, pretend, prevaricate, shift, split hairs
▸ **N. 2.** artifice, cavil, complaint, criticism, duplicity, equivocation, evasion, nicety, niggle, objection, pretence, prevarication, protest, quirk, shift, sophism, subterfuge, subtlety

**quick 1.** active, brief, brisk, cursory, expeditious, express, fast, fleet, hasty, headlong, hurried, pdq *(Sl.)*, perfunctory, prompt, quickie *(Inf.)*, rapid, speedy, sudden, swift **2.** agile, alert, animated, energetic, flying, keen, lively, nimble, spirited, sprightly, spry, vivacious, winged **3.** able, acute, adept, adroit, all there *(Inf.)*, apt, astute, bright, clever, deft, dexterous, discerning, intelligent, nimble-witted, perceptive, quick on the uptake *(Inf.)*, quick-witted, receptive, sharp, shrewd, skilful, smart **4.** abrupt, curt, excitable, hasty, impatient, irascible, irritable, passionate, petulant, testy, touchy **5.** *(Archaic)* alive, animate, existing, live, living, viable

**quicken 1.** accelerate, dispatch, expedite, hasten, hurry, impel, precipitate, speed **2.** activate, animate, arouse, energize, excite, galvanize, incite, inspire, invigorate, kindle, refresh, reinvigorate, resuscitate, revitalize, revive, rouse, stimulate, strengthen, vitalize, vivify

**quickly** abruptly, apace, at a rate of knots *(Inf.)*, at *or* on the double, at speed, briskly, expeditiously, fast, hastily, hell for leather *(Inf.)*, hotfoot, hurriedly, immediately, instantly, pdq *(Sl.)*, posthaste, promptly, pronto *(Inf.)*, quick, rapidly, soon, speedily, swiftly, with all speed

**quick-tempered** choleric, excitable, fiery, hot-tempered, impatient, impulsive, irascible, irritable, petulant, quarrelsome, ratty *(Brit. & N.Z. inf.)*, shrewish, splenetic, testy, tetchy, waspish

**quick-witted** alert, astute, clever, keen, perceptive, sharp, shrewd, smart

**quiescent** calm, dormant, in abeyance, inactive, latent, motionless, peaceful, placid, quiet, resting, serene, silent, smooth, still, tranquil, unagitated, undisturbed, unmoving, unruffled

**quiet**
▸ **ADJ. 1.** dumb, hushed, inaudible, low, low-pitched, noiseless, peaceful, silent, soft, soundless **2.** calm, contented, gentle, mild, motionless, pacific, peaceful, placid, restful, serene, smooth, tranquil, untroubled **3.** isolated, private, retired, secluded, secret, sequestered, undisturbed, unfrequented **4.** conservative, modest, plain, restrained, simple, sober, subdued, unassuming, unobtrusive, unpretentious **5.** collected, docile, even-tempered, gentle, imperturbable, meek, mild, phlegmatic, reserved, retiring, sedate, shy, unexcitable
▸ **N. 6.** calmness, ease, peace, quietness, repose, rest, serenity, silence, stillness, tranquillity

**quieten V.** allay, alleviate, appease, assuage, blunt, calm, compose, deaden, dull, hush, lull, mitigate, mollify, muffle, mute, palliate, quell, quiet, shush *(Inf.)*, silence, soothe, stifle, still, stop, subdue, tranquillize

**quietly 1.** confidentially, dumbly, in a low voice *or* whisper, in an undertone, inaudibly, in hushed tones, in silence, mutely, noiselessly, privately, secretly, silently, softly, without talking **2.** calmly, contentedly, dispassionately, meekly, mildly, patiently, placidly, serenely, undemonstratively **3.** coyly, demurely, diffidently, humbly, modestly, unassumingly, unobtrusively, unostentatiously, unpretentiously

**quietness** calm, calmness, hush, peace, placidity, quiescence, quiet, quietude, repose, rest, serenity, silence, still, stillness, tranquillity

**quilt** bedspread, comforter *(U.S.)*, counterpane, coverlet, duvet, eiderdown

**quip N.** badinage, bon mot, counterattack, gibe, jest, joke, pleasantry, repartee, retort, riposte, sally, wisecrack *(Inf.)*, witticism

**quirk** aberration, caprice, characteristic, eccentricity, fancy, fetish, foible, habit, idéée fixe, idiosyncrasy, kink, mannerism, oddity, peculiarity, singularity, trait, vagary, whim

**quisling** betrayer, collaborator, fifth columnist, Judas, renegade, traitor, turncoat

**quit**
▸ **V. 1.** abandon, abdicate, decamp, depart, desert, exit, forsake, go, leave, pull out, relinquish, renounce, resign, retire, step down *(Inf.)*, surrender, take off *(Inf.)*, withdraw **2.** abandon, cease, conclude, discontinue, drop, end, give up, halt, stop, suspend
▸ **ADJ. 3.** absolved, acquitted, clear, discharged, exculpated, exempt, exonerated, free, released, rid of

**quite 1.** absolutely, completely, considerably, entirely, fully, in all respects, largely, perfectly, precisely, totally, wholly, without reservation **2.** fairly, moderately, rather, reasonably, relatively, somewhat, to a certain extent, to some degree **3.** in fact, in reality, in truth, really, truly

**quiver**
▸ **V. 1.** agitate, convulse, oscillate, palpitate, pulsate, quake, quaver, shake, shiver, shudder, tremble, vibrate
▸ **N. 2.** convulsion, oscillation, palpitation, pulsation, shake, shiver, shudder, spasm, throb, tic, tremble, tremor, vibration

**quiz**
▸ **N. 1.** examination, investigation, questioning, test
▸ **V. 2.** ask, catechize, examine, grill *(Inf.)*, interrogate, investigate, pump *(Inf.)*, question

**quota** allocation, allowance, assignment, cut *(Inf.)*, part, portion, proportion, ration, share, slice, whack *(Inf.)*

**quotation 1.** citation, cutting, excerpt, extract, passage, quote *(Inf.)*, reference, selection **2.** *(Commerce)* bid price, charge, cost, estimate, figure, price, quote *(Inf.)*, rate, tender

**quote** adduce, attest, cite, detail, extract, instance, name, paraphrase, proclaim, recall, recite, recollect, refer to, repeat, retell

# R

**rabble 1.** canaille, crowd, herd, horde, mob, swarm, throng **2.** *(Derogatory)* canaille, commonalty, commoners, common people, crowd, dregs, hoi polloi, lower classes, lumpenproletariat, masses, peasantry, populace, proletariat, riffraff, scum, the great unwashed *(Inf. & derogatory)*, trash *(Chiefly U.S. & Canad.)*

**rabid 1.** hydrophobic, mad **2.** berserk, crazed, frantic, frenzied, furious, infuriated, mad, maniacal, raging, violent, wild **3.** bigoted, extreme, fanatical, fervent, intemperate, intolerant, irrational, narrow-minded, zealous

**race[1]**
▸ **N. 1.** chase, competition, contention, contest, dash, pursuit, rivalry
▸ **V. 2.** barrel (along) *(Inf., chiefly U.S. & Canad.)*, burn rubber *(Inf.)*, career, compete, contest, dart, dash, fly, gallop, hare *(Brit. inf.)*, hasten, hurry, run, run like mad *(Inf.)*, speed, tear, zoom

**race[2]** blood, breed, clan, ethnic group, family, folk, house, issue, kin, kindred, line, lineage, nation, offspring, people, progeny, seed *(Chiefly biblical)*, stock, tribe, type

**racial** ethnic, ethnological, folk, genealogical, genetic, national, tribal

**rack**
▸ **N. 1.** frame, framework, stand, structure **2.** affliction, agony, anguish, misery, pain, pang, persecution, suffering, torment, torture
▸ **V. 3.** afflict, agonize, crucify, distress, excruciate, harass, harrow, oppress, pain, torment, torture **4.** force, pull, shake, strain, stress, stretch, tear, wrench

**racket 1.** babel, ballyhoo *(Inf.)*, clamour, commotion, din, disturbance, fuss, hubbub, hullabaloo, noise, outcry, pandemonium, row, shouting, tumult, uproar **2.** criminal activity, fraud, illegal enterprise, scheme **3.** *(Sl.)* business, game *(Inf.)*, line, occupation

**racy 1.** animated, buoyant, dramatic, energetic, entertaining, exciting, exhilarating, heady, lively, sexy *(Inf.)*, sparkling, spirited, stimulating, vigorous, zestful **2.** distinctive, piquant, pungent, rich, sharp, spicy, strong, tangy, tart, tasty **3.** bawdy, blue, broad, immodest, indecent, indelicate, naughty, near the knuckle *(Inf.)*, off colour, risqué, smutty, spicy *(Inf.)*, suggestive

**radiance** **1.** brightness, brilliance, effulgence, glare, gleam, glitter, glow, incandescence, light, luminosity, lustre, resplendence, shine **2.** delight, gaiety, happiness, joy, pleasure, rapture, warmth

**radiant** **1.** beaming, bright, brilliant, effulgent, gleaming, glittering, glorious, glowing, incandescent, luminous, lustrous, resplendent, shining, sparkling, sunny **2.** beaming, beatific, blissful, delighted, ecstatic, gay, glowing, happy, joyful, joyous, rapt, rapturous

**radiate** **1.** diffuse, disseminate, emanate, emit, give off *or* out, gleam, glitter, pour, scatter, send out, shed, shine, spread **2.** branch out, diverge, issue, spread out

**radiation** emanation, emission, rays

**radical**
- **ADJ. 1.** basic, constitutional, deep-seated, essential, fundamental, innate, native, natural, organic, profound, thoroughgoing **2.** complete, drastic, entire, excessive, extreme, extremist, fanatical, revolutionary, severe, sweeping, thorough, violent
- **N. 3.** extremist, fanatic, militant, revolutionary

**raffle** draw, lottery, sweep, sweepstake

**ragbag** **1.** confusion, hotchpotch, jumble, medley, miscellany, mixture, omnium-gatherum, potpourri **2.** *(Inf.)* frump, scarecrow *(Inf.)*, scruff *(Inf.)*, slattern, sloven, slut, trollop

**rage**
- **N. 1.** agitation, anger, frenzy, fury, high dudgeon, ire, madness, mania, obsession, passion, rampage, raving, vehemence, violence, wrath **2.** craze, enthusiasm, fad *(Inf.)*, fashion, latest thing, mode, style, vogue
- **V. 3.** be beside oneself, be furious, blow a fuse *(Sl., chiefly U.S.)*, blow one's top, blow up *(Inf.)*, chafe, crack up *(Inf.)*, fly off the handle *(Inf.)*, foam at the mouth, fret, fume, go off the deep end *(Inf.)*, go up the wall *(Sl.)*, rant and rave, rave, see red *(Inf.)*, seethe, storm, throw a fit *(Inf.)* **4.** be at its height, be uncontrollable, rampage, storm, surge

**ragged** **1.** contemptible, down at heel, frayed, in holes, in rags, in tatters, mean, poor, rent, scraggy, shabby, shaggy, tattered, tatty, threadbare, torn, unkempt, worn-out **2.** crude, jagged, notched, poor, rough, rugged, serrated, uneven, unfinished **3.** broken, desultory, disorganized, fragmented, irregular, uneven

**raging** beside oneself, boiling mad *(Inf.)*, doing one's nut *(Brit. sl.)*, enraged, fit to be tied *(Sl.)*, fizzing *(Scot.)*, foaming at the mouth, frenzied, fuming, furious, incensed, infuriated, mad, raving, seething

**rags** **1.** castoffs, old clothes, tattered clothing, tatters **2. in rags** down at heel, out at elbow, ragged, seedy, shabby, tattered

**raid**
- **N. 1.** attack, break-in, descent, foray, hit-and-run attack, incursion, inroad, invasion, irruption, onset, sally, seizure, sortie, surprise attack
- **V. 2.** assault, attack, break into, descend on, fall upon, forage *(Military)*, foray, invade, pillage, plunder, reive *(Dialect)*, rifle, sack, sally forth, swoop down upon

**raider** attacker, forager *(Military)*, invader, marauder, plunderer, reiver *(Dialect)*, robber, thief

**railing** balustrade, barrier, fence, paling, rails

**rain**
- **N. 1.** cloudburst, deluge, downpour, drizzle, fall, precipitation, raindrops, rainfall, showers **2.** deluge, flood, hail, shower, spate, stream, torrent, volley
- **V. 3.** bucket down *(Inf.)*, come down in buckets *(Inf.)*, drizzle, fall, pelt (down), pour, rain cats and dogs *(Inf.)*, shower, teem **4.** deposit, drop, fall, shower, sprinkle **5.** bestow, lavish, pour, shower

**rainy** damp, drizzly, showery, wet

**raise** **1.** build, construct, elevate, erect, exalt, heave, hoist, lift, move up, promote, put up, rear, set upright, uplift **2.** advance, aggravate, amplify, augment, boost, enhance, enlarge, escalate, exaggerate, heighten, hike (up) *(Inf.)*, increase, inflate, intensify, jack up, magnify, put up, reinforce, strengthen **3.** advance, aggrandize, elevate, exalt, prefer, promote, upgrade **4.** activate, arouse, awaken, cause, evoke, excite, foment, foster, incite, instigate, kindle, motivate, provoke, rouse, set on foot, stir up, summon up, whip up **5.** bring about, cause, create, engender, give rise to, occasion, originate, produce, provoke, start **6.** advance, bring up, broach, introduce, moot, put forward, suggest **7.** assemble, collect, form, gather, get, levy, mass, mobilize, muster, obtain, rally, recruit **8.** breed, bring up, cultivate, develop, grow, nurture, produce, propagate, rear **9.** abandon, end, give up, lift, relieve, relinquish, remove, terminate

**rake**[1] **V. 1.** collect, gather, remove, scrape up **2.** break up, harrow, hoe, scour, scrape, scratch **3.** *(With* **up** *or* **together***)* assemble, collect, dig up, dredge up, gather, scrape together **4.** comb, examine, hunt, ransack, scan, scour, scrutinize, search **5.** graze, scrape, scratch **6.** enfilade, pepper, sweep

**rake**[2] **N.** debauchee, dissolute man, lech *or* letch *(Inf.)*, lecher, libertine, playboy, profligate, rakehell *(Archaic)*, roué, sensualist, voluptuary

**rakish** breezy, dapper, dashing, debonair, devil-may-care, flashy, jaunty, natty *(Inf.)*, raffish, smart, snazzy *(Inf.)*, sporty

**rally**
- **V. 1.** bring *or* come to order, reassemble, re-form, regroup, reorganize, unite
- **N. 2.** regrouping, reorganization, reunion, stand
- **V. 3.** assemble, bond together, bring *or* come together, collect, convene, gather, get together, marshal, mobilize, muster, organize, round up, summon, unite
- **N. 4.** assembly, conference, congregation, congress, convention, convocation, gathering, mass meeting, meeting, muster
- **V. 5.** come round, get better, get one's second wind, improve, perk up, pick up, pull through, recover, recuperate, regain one's strength, revive, take a turn for the better
- **N. 6.** comeback *(Inf.)*, improvement, recovery, recuperation, renewal, resurgence, revival, turn for the better

**ram** **V. 1.** butt, collide with, crash, dash, drive, force, hit, impact, run into, slam, smash, strike **2.** beat, cram, crowd, drum, force, hammer, jam, pack, pound, stuff, tamp, thrust

**ramble**
- **V. 1.** amble, drift, perambulate, peregrinate, range, roam, rove, saunter, straggle, stravaig *(Scot. & northern English dialect)*, stray, stroll, traipse *(Inf.)*, walk, wander **2.** meander, snake, twist and turn, wind, zigzag **3.** babble, chatter, digress, expatiate, maunder, rabbit (on) *(Brit. inf.)*, rattle on, run off at the mouth *(Sl.)*, waffle *(Inf., chiefly Brit.)*, wander, witter on *(Inf.)*
- **N. 4.** excursion, hike, perambulation, peregrination, roaming, roving, saunter, stroll, tour, traipse *(Inf.)*, trip, walk

**rambler** drifter, hiker, roamer, rover, stroller, walker, wanderer, wayfarer

**rambling** **1.** circuitous, desultory, diffuse, digressive, disconnected, discursive, disjointed, incoherent, irregular, long-winded, periphrastic, prolix, wordy **2.** irregular, sprawling, spreading, straggling, trailing

**ramification** **1.** branch, development, divarication, division, excrescence, extension, forking, offshoot, outgrowth, subdivision **2.** complication, consequence, development, result, sequel, upshot

**ramp** grade, gradient, incline, inclined plane, rise, slope

**rampage**
- **V. 1.** go ape *(Sl.)*, go apeshit *(Sl.)*, go berserk, rage, run amuck, run riot, run wild, storm, tear
- **N. 2.** destruction, frenzy, fury, rage, storm, tempest, tumult, uproar, violence **3. on the rampage** amuck, berserk, destructive, out of control, raging, rampant, riotous, violent, wild

**rampant** **1.** aggressive, dominant, excessive, flagrant, on the rampage, out of control, out of hand, outrageous, raging, rampaging, riotous, unbridled, uncontrollable, ungovernable, unrestrained, vehement, violent, wanton, wild **2.** epidemic, exuberant, luxuriant, prevalent, profuse, rank, rife, spreading like wildfire, unchecked, uncontrolled, unrestrained, widespread **3.** *(Heraldry)* erect, rearing, standing, upright

**rampart** barricade, bastion, breastwork, bulwark, defence, earthwork, embankment, fence, fort, fortification, guard, parapet, security, stronghold, wall

**ramshackle** broken-down, crumbling, decrepit, derelict, dilapidated, flimsy, jerry-built, rickety, shaky, tottering, tumbledown, unsafe, unsteady

**rancid** bad, fetid, foul, frowsty, fusty, musty, off, putrid, rank, rotten, sour, stale, strongs-melling, tainted

**random** **1.** accidental, adventitious, aimless, arbitrary, casual, chance, desultory, fortuitous, haphazard, hit or miss, incidental, indiscriminate, purposeless, spot, stray, unplanned, unpremeditated **2. at random** accidentally, adventitiously, aimlessly, arbitrarily, by chance, casually, haphazardly, indiscriminately, irregularly, purposelessly, randomly, unsystematically, willy-nilly

**range**
- **N. 1.** ambit, amplitude, area, bounds, compass, confines, distance, domain, extent, field, latitude, limits, orbit, pale, parameters *(Inf.)*, province, purview, radius, reach, scope, span, sphere, sweep **2.** chain, file, line, rank, row, sequence, series, string, tier **3.** assortment, class, collection, gamut, kind, lot, order, selection, series, sort, variety
- **V. 4.** align, arrange, array, dispose, draw up, line up, order **5.** arrange, bracket, catalogue, categorize, class, classify, file, grade, group, pigeonhole, rank **6.** aim, align, direct, level, point, train **7.** cruise, explore, ramble, roam, rove, straggle, stray, stroll, sweep, traverse, wander **8.** extend, fluctuate, go, reach, run, stretch, vary between

**rank**[1]
- **N. 1.** caste, class, classification, degree, dignity, division, echelon, grade, level, nobility, order, position, quality, sort, standing, station, status, stratum, type **2.** column, file, formation, group, line, range, row, series, tier
- **V. 3.** align, arrange, array, class, classify, dispose, grade, line up, locate, marshal, order, position, range, sort

**rank**[2] **1.** abundant, dense, exuberant, flourishing, lush, luxuriant, productive, profuse, strong-growing, vigorous **2.** bad, disagreeable, disgusting, fetid, foul, fusty, gamy, mephitic, musty, noisome, noxious, off, offensive, olid, pungent, putrid, rancid, revolting, stale, stinking, strong-smelling, yucky *or* yukky *(Sl.)* **3.** absolute, arrant, blatant, complete, downright, egregious, excessive, extravagant, flagrant, glaring, gross, rampant, sheer, thorough, total, undisguised, unmitigated, utter **4.** abusive, atrocious, coarse, crass, filthy, foul, gross, indecent, nasty, obscene, outrageous, scurrilous, shocking, vulgar

**rankle** anger, annoy, chafe, embitter, fester, gall, get one's goat *(Sl.)*, get on one's nerves *(Inf.)*, irk, irritate, piss one off *(Taboo sl.)*, rile

**ransack** **1.** comb, explore, go through, rake, rummage, scour, search, turn inside out **2.** despoil, gut, loot, pillage, plunder, raid, ravage, rifle, sack, strip

**ransom**
- **N. 1.** deliverance, liberation, redemption, release, rescue **2.** money, payment, payoff, price
- **V. 3.** buy (someone) out *(Inf.)*, buy the freedom of, deliver, liberate, obtain *or* pay for the release of, redeem, release, rescue, set free

**rant**
- **V. 1.** bellow, bluster, cry, declaim, rave, roar, shout, spout *(Inf.)*, vociferate, yell
- **N. 2.** bluster, bombast, diatribe, fanfaronade *(Rare)*, harangue, philippic, rhetoric, tirade, vociferation

**rapacious** avaricious, extortionate, grasping, greedy, insatiable, marauding, plundering, predatory, preying, ravenous, usurious, voracious, wolfish

**rapacity** avarice, avidity, cupidity, graspingness, greed, greediness, insatiableness, predatoriness, rapaciousness, ravenousness, usury, voraciousness, voracity, wolfishness

**rape**
- **N. 1.** outrage, ravishment, sexual assault, violation **2.** depredation, despoilment, despoliation, pillage, plundering, rapine, sack, spoliation **3.** abuse, defilement, desecration, maltreatment, perversion, violation
- **V. 4.** outrage, ravish, sexually assault, violate **5.** despoil, loot, pillage, plunder, ransack, sack, spoliate

**rapid** brisk, expeditious, express, fast, fleet, flying, hasty, hurried, pdq *(Sl.)*, precipitate, prompt, quick, quickie *(Inf.)*, speedy, swift

**rapidity** alacrity, briskness, celerity, dispatch, expedition, fleetness, haste, hurry, precipitateness, promptitude, promptness, quickness, rush, speed, speediness, swiftness, velocity

**rapidly** apace, at speed, briskly, expeditiously, fast, hastily, hotfoot, hurriedly, in a hurry, in a rush, in haste, like a shot, pdq *(Sl.)*, posthaste, precipitately, promptly, pronto *(Inf.)*, quickly, speedily, swiftly, with dispatch

**rapport** affinity, bond, empathy, harmony, interrelationship, link, relationship, sympathy, tie, understanding

**rapt 1.** absorbed, carried away, engrossed, enthralled, entranced, fascinated, gripped, held, intent, preoccupied, spellbound **2.** bewitched, blissful, captivated, charmed, delighted, ecstatic, enchanted, enraptured, rapturous, ravished, transported

**rapture** beatitude, bliss, cloud nine *(Inf.)*, delectation, delight, ecstasy, enthusiasm, euphoria, exaltation, felicity, happiness, joy, ravishment, rhapsody, seventh heaven, spell, transport

**rapturous** blissful, delighted, ecstatic, enthusiastic, euphoric, exalted, happy, in seventh heaven, joyful, joyous, on cloud nine *(Inf.)*, overjoyed, over the moon *(Inf.)*, rapt, ravished, rhapsodic, transported

**rare 1.** exceptional, few, infrequent, out of the ordinary, recherché, scarce, singular, sparse, sporadic, strange, thin on the ground, uncommon, unusual **2.** admirable, choice, excellent, exquisite, extreme, fine, great, incomparable, peerless, superb, superlative **3.** invaluable, precious, priceless, rich

**rarely 1.** almost never, hardly, hardly ever, infrequently, little, once in a blue moon, once in a while, only now and then, on rare occasions, scarcely ever, seldom **2.** exceptionally, extraordinarily, finely, notably, remarkably, singularly, uncommonly, unusually

**rarity 1.** curio, curiosity, find, gem, one-off, pearl, treasure **2.** infrequency, scarcity, shortage, singularity, sparseness, strangeness, uncommonness, unusualness **3.** choiceness, excellence, exquisiteness, fineness, incomparability, incomparableness, peerlessness, quality, superbness **4.** invaluableness, preciousness, pricelessness, richness, value, worth

**rascal** blackguard, caitiff *(Archaic)*, devil, disgrace, good-for-nothing, imp, knave *(Archaic)*, miscreant, ne'er-do-well, pickle *(Brit. inf.)*, rake, rapscallion, reprobate, rogue, scally *(Northwest English dialect)*, scallywag *(Inf.)*, scamp, scoundrel, varmint *(Inf.)*, villain, wastrel, wretch

**rash[1] 1.** eruption, outbreak **2.** epidemic, flood, outbreak, plague, series, spate, succession, wave

**rash[2]** adventurous, audacious, brash, careless, foolhardy, harebrained, harum-scarum, hasty, headlong, headstrong, heedless, helterskelter, hot-headed, ill-advised, ill-considered, impetuous, imprudent, impulsive, incautious, indiscreet, injudicious, madcap, precipitate, premature, reckless, thoughtless, unguarded, unthinking, unwary, venturesome

**rashness** adventurousness, audacity, brashness, carelessness, foolhardiness, hastiness, heedlessness, indiscretion, precipitation, recklessness, temerity, thoughtlessness

**rate**
- N. **1.** degree, percentage, proportion, ratio, relation, scale, standard **2.** charge, cost, dues, duty, fee, figure, hire, price, tariff, tax, toll **3.** gait, measure, pace, speed, tempo, time, velocity **4.** class, classification, degree, grade, position, quality, rank, rating, status, value, worth **5. at any rate** anyhow, anyway, at all events, in any case, nevertheless
- V. **6.** adjudge, appraise, assess, class, classify, consider, count, esteem, estimate, evaluate, grade, measure, rank, reckon, regard, value, weigh **7.** be entitled to, be worthy of, deserve, merit **8.** *(Sl.)* admire, esteem, respect, think highly of, value

**rather 1.** a bit, a little, fairly, kind of *(Inf.)*, moderately, pretty *(Inf.)*, quite, relatively, slightly, somewhat, sort of *(Inf.)*, to some degree, to some extent **2.** a good bit, noticeably, significantly, very **3.** instead, more readily, more willingly, preferably, sooner

**ratify** affirm, approve, authenticate, authorize, bear out, bind, certify, confirm, consent to, corroborate, endorse, establish, sanction, sign, uphold, validate

**rating** class, classification, degree, designation, estimate, evaluation, grade, order, placing, position, rank, rate, standing, status

**ratio** arrangement, correlation, correspondence, equation, fraction, percentage, proportion, rate, relation, relationship

**ration**
- N. **1.** allotment, allowance, dole, helping, measure, part, portion, provision, quota, share **2.** *Plural* commons *(Brit.)*, food, provender, provisions, stores, supplies
- V. **3.** *(With* **out***)* allocate, allot, apportion, deal, distribute, dole, give out, issue, measure out, mete, parcel out **4.** budget, conserve, control, limit, restrict, save

**rational 1.** enlightened, intelligent, judicious, logical, lucid, realistic, reasonable, sagacious, sane, sensible, sound, wise **2.** cerebral, cognitive, ratiocinative, reasoning, thinking **3.** all there *(Inf.)*, balanced, compos mentis, in one's right mind, lucid, normal, of sound mind, sane

**rationale** exposition, grounds, logic, motivation, philosophy, principle, raison d'être, reasons, theory

**rationalize 1.** account for, excuse, explain away, extenuate, justify, make allowance for, make excuses for, vindicate **2.** apply logic to, elucidate, reason out, resolve, think through **3.** make cuts, make more efficient, streamline, trim

**rattle** V. **1.** bang, clatter, jangle **2.** bounce, jar, jiggle, jolt, jounce, shake, vibrate **3.** *(With* **on***)* blether, cackle, chatter, gabble, gibber, jabber, prate, prattle, rabbit (on) *(Brit. inf.)*, run on, witter *(Inf.)*, yak (away) *(Sl.)* **4.** *(Inf.)* discomfit, discompose, disconcert, discountenance, disturb, faze, frighten, perturb, put (someone) off his stride, put (someone) out of countenance, scare, shake, upset **5.** *(With* **off***)* list, recite, reel off, rehearse, run through, spiel off *(Inf.)*

**raucous** grating, harsh, hoarse, husky, loud, noisy, rasping, rough, strident

**ravage**
- V. **1.** demolish, desolate, despoil, destroy, devastate, gut, lay waste, leave in ruins, loot, pillage, plunder, ransack, raze, ruin, sack, shatter, spoil, wreak havoc on, wreck
- N. **2.** *Often plural* damage, demolition, depredation, desolation, destruction, devastation, havoc, pillage, plunder, rapine, ruin, ruination, spoliation, waste

**rave**
- V. **1.** babble, be delirious, fume, go mad *(Inf.)*, rage, rant, roar, run amuck, splutter, storm, talk wildly, thunder **2.** *(With* **about***)* *(Inf.)* be delighted by, be mad about *(Inf.)*, be wild about *(Inf.)*, cry up, enthuse, gush, praise, rhapsodize
- N. **3.** *(Inf.)* acclaim, applause, encomium, praise **4.** *(also* **rave-up** *(Brit. sl.))* affair, bash *(Inf.)*, beano *(Brit. sl.)*, blow-out *(Sl.)*, celebration, do *(Inf.)*, party **5.** *(Brit. sl.)* craze, fad, fashion, vogue
- ADJ. **6.** *(Inf.)* ecstatic, enthusiastic, excellent, favourable, laudatory

**ravenous 1.** famished, starved, starving, very hungry **2.** avaricious, covetous, devouring, ferocious, gluttonous, grasping, greedy, insatiable, insatiate, predatory, rapacious, ravening, voracious, wolfish

**ravine** canyon, clough *(Dialect)*, defile, flume, gap *(U.S.)*, gorge, gulch *(U.S.)*, gully, linn *(Scot.)*, pass

**raving** berserk, crazed, crazy, delirious, frantic, frenzied, furious, hysterical, insane, irrational, mad, out of one's mind, rabid, raging, wild

**raw 1.** bloody *(of meat)*, fresh, natural, uncooked, undressed, unprepared **2.** basic, coarse, crude, green, natural, organic, rough, unfinished, unprocessed, unrefined, unripe, untreated **3.** abraded, chafed, grazed, open, scratched, sensitive, skinned, sore, tender **4.** callow, green, ignorant, immature, inexperienced, new, undisciplined, unpractised, unseasoned, unskilled, untrained, untried **5.** bare, blunt, brutal, candid, frank, naked, plain, realistic, unembellished, unvarnished **6.** biting, bitter, bleak, chill, chilly, cold, damp, freezing, harsh, parky *(Brit. inf.)*, piercing, unpleasant, wet

**ray 1.** bar, beam, flash, gleam, shaft **2.** flicker, glimmer, hint, indication, scintilla, spark, trace

**raze 1.** bulldoze, demolish, destroy, flatten, knock down, level, pull down, remove, ruin, tear down, throw down **2.** delete, efface, erase, excise, expunge, extinguish, extirpate, obliterate, rub out, scratch out, strike out, wipe out

**reach**
- V. **1.** arrive at, attain, get as far as, get to, land at, make **2.** contact, extend to, get (a) hold of, go as far as, grasp, stretch to, touch **3.** amount to, arrive at, attain, climb to, come to, drop, fall, move, rise, sink **4.** *(Inf.)* hand, hold out, pass, stretch **5.** communicate with, contact, establish contact with, find, get, get hold of, get in touch with, get through to, make contact with
- N. **6.** ambit, capacity, command, compass, distance, extension, extent, grasp, influence, jurisdiction, mastery, power, range, scope, spread, stretch, sweep

**react 1.** acknowledge, answer, reply, respond **2.** act, behave, conduct oneself, function, operate, proceed, work

**reaction 1.** acknowledgement, answer, feedback, reply, response **2.** compensation, counteraction, counterbalance, counterpoise, recoil **3.** conservatism, counter-revolution, obscurantism, the right

**reactionary**
- ADJ. **1.** blimpish, conservative, counter-revolutionary, obscurantist, rightist
- N. **2.** Colonel Blimp, conservative, counter-revolutionary, die-hard, obscurantist, rightist, right-winger

**read 1.** glance at, look at, peruse, pore over, refer to, run one's eye over, scan, study **2.** announce, declaim, deliver, recite, speak, utter **3.** comprehend, construe, decipher, discover, interpret, perceive the meaning of, see, understand **4.** display, indicate, record, register, show

**readily 1.** cheerfully, eagerly, freely, gladly, lief *(Rare)*, promptly, quickly, voluntarily, willingly, with good grace, with pleasure **2.** at once, easily, effortlessly, hotfoot, in no time, pdq *(Sl.)*, quickly, right away, smoothly, speedily, straight away, unhesitatingly, without delay, without demur, without difficulty, without hesitation

**readiness 1.** fitness, maturity, preparation, preparedness, ripeness **2.** aptness, eagerness, gameness *(Inf.)*, inclination, keenness, willingness **3.** adroitness, dexterity, ease, facility, handiness, promptitude, promptness, quickness, rapidity, skill **4. in readiness** all set, at *or* on hand, at the ready, fit, prepared, primed, ready, set, waiting, waiting in the wings

**reading 1.** examination, inspection, perusal, review, scrutiny, study **2.** homily, lecture, lesson, performance, recital, rendering, rendition, sermon **3.** conception, construction, grasp, impression, interpretation, treatment, understanding, version **4.** book-learning, edification, education, erudition, knowledge, learning, scholarship

**ready**
- ADJ. **1.** all set, arranged, completed, fit, in readiness, organized, prepared, primed, ripe, set **2.** agreeable, apt, disposed, eager, game *(Inf.)*, glad, happy, have-a-go *(Inf.)*, inclined, keen, minded, predisposed, prone, willing **3.** acute, adroit, alert, apt, astute, bright, clever, deft, dexterous, expert, handy, intelligent, keen, perceptive, prompt, quick, quick-witted, rapid, resourceful, sharp, skilful, smart **4.** about, close, in danger of, liable, likely, on the brink of, on the point of, on the verge of **5.** accessible, at *or* on hand, at one's fingertips, at the ready, available, close to hand, convenient, handy, near, on call, on tap *(Inf.)*, present
- N. **6. at the ready** in readiness, poised, prepared, ready for action, waiting
- V. **7.** arrange, equip, fit out, get ready, make ready, order, organize, prepare, set

**real** absolute, actual, authentic, bona fide, certain, essential, existent, factual, genuine, heartfelt, honest, intrinsic, legitimate, positive, right, rightful, sincere, true, unaffected, unfeigned, valid, veritable

**realistic 1.** businesslike, common-sense, down-to-earth, hard-headed, level-headed, matter-of-fact, practical, pragmatic, rational, real, sensible, sober, unromantic, unsentimental **2.** authentic, faithful, genuine, graphic, lifelike, natural, naturalistic, representational, true, true to life, truthful

**reality 1.** actuality, authenticity, certainty, corporeality, fact, genuineness, materiality, realism, truth, validity, verisimilitude, verity **2. in reality** actually, as a matter of fact, in actuality, in fact, in point of fact, in truth, really

**realization 1.** appreciation, apprehension, awareness, cognizance, comprehension, conception, consciousness, grasp, imagination, perception, recognition, understanding **2.** accomplishment, achievement, carrying-out, completion, consummation, effectuation, fulfilment

**realize 1.** appreciate, apprehend, be cognizant of, become aware of, become conscious of, catch on *(Inf.)*, comprehend, conceive, grasp, imagine, recognize, take in, twig *(Brit. inf.)*, understand **2.** accomplish, actualize, bring about, bring off, bring to fruition, carry out *or* through, complete, consummate, do, effect, effectuate, fulfil, incarnate, make concrete, make happen, perform, reify **3.** acquire, bring *or* take in, clear, earn, gain, get, go for, make, net, obtain, produce, sell for

**really** absolutely, actually, assuredly, categorically, certainly, genuinely, in actuality, indeed, in fact, in reality, positively, surely, truly, undoubtedly, verily, without a doubt

**reap** acquire, bring in, collect, cut, derive, gain, garner, gather, get, harvest, obtain, win

**rear**[1]
- **N. 1.** back, back end, end, rearguard, stern, tail, tail end
- **ADJ. 2.** aft, after *(Nautical)*, back, following, hind, hindmost, last, trailing

**rear**[2] **V. 1.** breed, bring up, care for, cultivate, educate, foster, grow, nurse, nurture, raise, train **2.** elevate, hoist, hold up, lift, raise, set upright **3.** build, construct, erect, fabricate, put up **4.** loom, rise, soar, tower

**reason**
- **N. 1.** apprehension, brains, comprehension, intellect, judg(e)ment, logic, mentality, mind, ratiocination, rationality, reasoning, sanity, sense(s), sound mind, soundness, understanding **2.** aim, basis, cause, design, end, goal, grounds, impetus, incentive, inducement, intention, motive, object, occasion, purpose, target, warrant, why and wherefore *(Inf.)* **3.** apologia, apology, argument, case, defence, excuse, explanation, exposition, ground, justification, rationale, vindication **4.** bounds, limits, moderation, propriety, reasonableness, sense, sensibleness, wisdom **5. in** *or* **within reason** in moderation, proper, reasonable, sensible, warrantable, within bounds, within limits
- **V. 6.** conclude, deduce, draw conclusions, infer, make out, ratiocinate, resolve, solve, syllogize, think, work out **7.** *(With* **with***)* argue, bring round *(Inf.)*, debate, dispute, dissuade, expostulate, move, persuade, prevail upon, remonstrate, show (someone) the error of his ways, talk into *or* out of, urge, win over

**reasonable 1.** advisable, arguable, believable, credible, intelligent, judicious, justifiable, logical, plausible, practical, rational, reasoned, sane, sensible, sober, sound, tenable, well-advised, well thought-out, wise **2.** acceptable, average, equitable, fair, fit, honest, inexpensive, just, moderate, modest, OK *or* okay *(Inf.)*, proper, right, tolerable, within reason

**reasoned** clear, judicious, logical, sensible, systematic, well expressed, well presented, well thought-out

**reasoning 1.** analysis, cogitation, deduction, logic, ratiocination, reason, thinking, thought **2.** argument, case, exposition, hypothesis, interpretation, proof, train of thought

**reassure** bolster, buoy up, cheer up, comfort, encourage, hearten, inspirit, put *or* set one's mind at rest, relieve (someone) of anxiety, restore confidence to

**rebel**
- **V. 1.** man the barricades, mutiny, resist, revolt, rise up, take to the streets, take up arms **2.** come out against, defy, disobey, dissent, refuse to obey **3.** flinch, recoil, show repugnance, shrink, shy away
- **N. 4.** insurgent, insurrectionary, mutineer, resistance fighter, revolutionary, revolutionist, secessionist **5.** apostate, dissenter, heretic, nonconformist, schismatic
- **ADJ. 6.** insubordinate, insurgent, insurrectionary, mutinous, rebellious, revolutionary

**rebellion 1.** insurgence, insurgency, insurrection, mutiny, resistance, revolt, revolution, rising, uprising **2.** apostasy, defiance, disobedience, dissent, heresy, insubordination, nonconformity, schism

**rebellious 1.** contumacious, defiant, disaffected, disloyal, disobedient, disorderly, insubordinate, insurgent, insurrectionary, intractable, mutinous, rebel, recalcitrant, revolutionary, seditious, turbulent, ungovernable, unruly **2.** difficult, incorrigible, obstinate, recalcitrant, refractory, resistant, unmanageable

**rebirth** new beginning, regeneration, reincarnation, renaissance, renascence, renewal, restoration, resurgence, resurrection, revitalization, revival

**rebound**
- **V. 1.** bounce, recoil, resound, return, ricochet, spring back **2.** backfire, boomerang, misfire, recoil
- **N. 3.** bounce, comeback, kickback, repercussion, return, ricochet

**rebuff**
- **V. 1.** brush off *(Sl.)*, check, cold-shoulder, cut, decline, deny, discourage, put off, refuse, reject, repulse, resist, slight, snub, spurn, turn down
- **N. 2.** brushoff *(Sl.)*, check, cold shoulder, defeat, denial, discouragement, knock-back *(Sl.)*, opposition, refusal, rejection, repulse, slight, snub, the (old) heave-ho *(Inf.)*, thumbs down

**rebuke**
- **V. 1.** admonish, bawl out *(Inf.)*, berate, blame, carpet *(Inf.)*, castigate, censure, chew out *(U.S. & Canad. inf.)*, chide, dress down *(Inf.)*, give a rocket *(Brit. & N.Z. inf.)*, haul (someone) over the coals *(Inf.)*, lecture, read the riot act, reprehend, reprimand, reproach, reprove, scold, take to task, tear into *(Inf.)*, tear (someone) off a strip *(Inf.)*, tell off *(Inf.)*, tick off *(Inf.)*, upbraid
- **N. 2.** admonition, blame, castigation, censure, dressing down *(Inf.)*, lecture, reprimand, reproach, reproof, reproval, row, telling-off *(Inf.)*, ticking-off *(Inf.)*, tongue-lashing, wigging *(Brit. sl.)*

**recalcitrant** contrary, contumacious, defiant, disobedient, insubordinate, intractable, obstinate, refractory, stubborn, uncontrollable, ungovernable, unmanageable, unruly, unwilling, wayward, wilful

**recall**
- **V. 1.** bring *or* call to mind, call *or* summon up, evoke, look *or* think back to, mind *(Dialect)*, recollect, remember, reminisce about **2.** abjure, annul, call back, call in, cancel, countermand, nullify, repeal, rescind, retract, revoke, take back, withdraw
- **N. 3.** annulment, cancellation, nullification, recision, repeal, rescindment, rescission, retraction, revocation, withdrawal **4.** memory, recollection, remembrance

**recant** abjure, apostatize, deny, disavow, disclaim, disown, forswear, recall, renege, renounce, repudiate, retract, revoke, take back, unsay, withdraw

**recapitulate** epitomize, go over again, outline, recap *(Inf.)*, recount, reiterate, repeat, restate, review, run over, run through again, summarize, sum up

**recede 1.** abate, draw back, ebb, fall back, go back, regress, retire, retreat, retrocede, retrogress, return, subside, withdraw **2.** decline, diminish, dwindle, fade, lessen, shrink, sink, wane

**receipt 1.** acknowledgement, counterfoil, proof of purchase, sales slip, stub, voucher **2.** acceptance, delivery, receiving, reception, recipience **3.** *Plural* gains, gate, income, proceeds, profits, return, takings

**receive 1.** accept, accept delivery of, acquire, be given, be in receipt of, collect, derive, get, obtain, pick up, take **2.** apprehend, be informed of, be told, gather, hear, perceive **3.** bear, be subjected to, encounter, experience, go through, meet with, suffer, sustain, undergo **4.** accommodate, admit, be at home to, entertain, greet, meet, take in, welcome

**recent** contemporary, current, fresh, happening *(Inf.)*, late, latter, latter-day, modern, new, novel, present-day, up-to-date, young

**recently** currently, freshly, lately, latterly, newly, not long ago, of late

**receptacle** container, holder, repository

**reception 1.** acceptance, admission, receipt, receiving, recipience **2.** acknowledgement, greeting, reaction, recognition, response, treatment, welcome **3.** do *(Inf.)*, entertainment, function, levee, party, soirée

**receptive 1.** alert, bright, perceptive, quick on the uptake *(Inf.)*, responsive, sensitive **2.** accessible, amenable, approachable, favourable, friendly, hospitable, interested, open, open-minded, open to suggestions, susceptible, sympathetic, welcoming

**recess 1.** alcove, bay, cavity, corner, depression, hollow, indentation, niche, nook, oriel **2.** *Plural* bowels, depths, heart, innards *(Inf.)*, innermost parts, penetralia, reaches, retreats, secret places **3.** break, cessation of business, closure, holiday, intermission, interval, respite, rest, vacation

**recession** decline, depression, downturn, drop, slump

**recipe 1.** directions, ingredients, instructions, receipt *(Obsolete)* **2.** formula, method, modus operandi, prescription, procedure, process, programme, technique

**reciprocal** alternate, complementary, correlative, corresponding, equivalent, exchanged, give-and-take, interchangeable, interdependent, mutual, reciprocative, reciprocatory

**reciprocate 1.** barter, exchange, feel in return, interchange, reply, requite, respond, return, return the compliment, swap, trade **2.** be equivalent, correspond, equal, match

**recital** account, description, detailing, enumeration, narration, narrative, performance, reading, recapitulation, recitation, rehearsal, relation, rendering, repetition, statement, story, tale, telling

**recitation** lecture, narration, passage, performance, piece, reading, recital, rendering, telling

**recite** declaim, deliver, describe, detail, do one's party piece *(Inf.)*, enumerate, itemize, narrate, perform, recapitulate, recount, rehearse, relate, repeat, speak, tell

**reckless** careless, daredevil, devil-may-care, foolhardy, harebrained, harum-scarum, hasty, headlong, heedless, ill-advised, imprudent, inattentive, incautious, indiscreet, irresponsible, madcap, mindless, negligent, overventuresome, precipitate, rash, regardless, thoughtless, wild

**reckon 1.** add up, calculate, compute, count, enumerate, figure, number, tally, total **2.** account, appraise, consider, count, deem, esteem, estimate, evaluate, gauge, hold, judge, look upon, rate, regard, think of **3.** assume, believe, be of the opinion, conjecture, expect, fancy, guess *(Inf., chiefly U.S. & Canad.)*, imagine, suppose, surmise, think **4.** *(With* **with***)* cope, deal, face, handle, settle accounts, treat **5.** *(With* **with***)* anticipate, bargain for, bear in mind, be prepared for, expect, foresee, plan for, take cognizance of, take into account **6.** *(With* **on** *or* **upon***)* bank, calculate, count, depend, hope for, rely, take for granted, trust in **7. to be reckoned with** consequential, considerable, important, influential, powerful, significant, strong, weighty

**reckoning 1.** adding, addition, calculation, computation, count, counting, estimate, summation, working **2.** account, bill, charge, due, score, settlement **3.** doom, judg(e)ment, last judgment, retribution

**reclaim** get *or* take back, recapture, recover, redeem, reform, regain, regenerate, reinstate, rescue, restore, retrieve, salvage

**recline** be recumbent, lay (something) down, lean, lie (down), loll, lounge, repose, rest, sprawl, stretch out

**recluse** anchoress, anchorite, ascetic, eremite, hermit, monk, solitary

**recognition 1.** detection, discovery, identification, recall, recollection, remembrance **2.** acceptance, acknowledgement, admission, allowance, appreciation, avowal, awareness, cognizance, concession, confession, notice, perception, realization, respect, understanding **3.** acknowledgement, appreciation, approval, gratitude, greeting, honour, salute

**recognize 1.** identify, know, know again, make out, notice, place, recall, recollect, remember, spot **2.** accept, acknowledge, admit, allow, appreciate, avow, be aware of, concede, confess, grant, own, perceive, realize, respect, see, understand **3.** acknowledge, appreciate, approve, greet, honour, salute

**recoil**
- **V. 1.** jerk back, kick, react, rebound, resile, spring back **2.** balk at, draw back, falter, flinch, quail, shrink, shy away **3.** backfire, boomerang, go wrong, misfire, rebound
- **N. 4.** backlash, kick, reaction, rebound, repercussion

**recollect** call to mind, mind *(Dialect)*, place, recall, remember, reminisce, summon up

**recollection** impression, memory, mental image, recall, remembrance, reminiscence

**recommend 1.** advance, advise, advocate, counsel, enjoin, exhort, prescribe, propose, put forward, suggest, urge **2.** approve, commend, endorse, praise, put in a good word for, speak well of, vouch for **3.** make attractive (acceptable, appealing, interesting)

**recommendation 1.** advice, counsel, proposal, suggestion, urging **2.** advocacy, approbation, approval, blessing, commendation, endorsement, favourable mention, good word, plug *(Inf.)*, praise, reference, sanction, testimonial

**reconcile** **1.** accept, accommodate, get used, make the best of, put up with *(Inf.)*, resign, submit, yield **2.** appease, bring to terms, conciliate, make peace between, pacify, placate, propitiate, re-establish friendly relations between, restore harmony between, reunite **3.** adjust, compose, harmonize, patch up, put to rights, rectify, resolve, settle, square

**reconciliation** **1.** appeasement, conciliation, détente, pacification, propitiation, rapprochement, reconcilement, reunion, understanding **2.** accommodation, adjustment, compromise, harmony, rectification, settlement

**recondite** abstruse, arcane, cabbalistic, concealed, dark, deep, difficult, esoteric, hidden, involved, mysterious, mystical, obscure, occult, profound, secret

**recondition** do up *(Inf.)*, fix up *(Inf., chiefly U.S. & Canad.)*, overhaul, remodel, renew, renovate, repair, restore, revamp

**reconnaissance** exploration, inspection, investigation, observation, patrol, recce *(Sl.)*, reconnoitring, scan, scouting, scrutiny, survey

**reconnoitre** case *(Sl.)*, explore, get the lie of the land, inspect, investigate, make a reconnaissance (of), observe, patrol, recce *(Sl.)*, scan, scout, scrutinize, see how the land lies, spy out, survey

**reconsider** change one's mind, have second thoughts, reassess, re-evaluate, re-examine, rethink, review, revise, take another look at, think again, think better of, think over, think twice

**reconstruct** **1.** reassemble, rebuild, recreate, re-establish, reform, regenerate, remake, remodel, renovate, reorganize, restore **2.** build up, build up a picture of, deduce, piece together

**record**
▸ **N. 1.** account, annals, archives, chronicle, diary, document, entry, file, journal, log, memoir, memorandum, memorial, minute, register, report **2.** documentation, evidence, memorial, remembrance, testimony, trace, witness **3.** background, career, curriculum vitae, history, performance, track record *(Inf.)* **4.** album, black disc, disc, EP, forty-five, gramophone record, LP, platter *(U.S. sl.)*, recording, release, seventy-eight, single, vinyl **5. off the record** confidential, confidentially, in confidence, in private, not for publication, private, sub rosa, under the rose, unofficial, unofficially
▸ **V. 6.** chalk up *(Inf.)*, chronicle, document, enrol, enter, inscribe, log, minute, note, preserve, put down, put on file, put on record, register, report, set down, take down, transcribe, write down **7.** contain, give evidence of, indicate, read, register, say, show **8.** cut, lay down *(Sl.)*, make a recording of, put on wax *(Inf.)*, tape, tape-record, video, video-tape, wax *(Inf.)*

**recorder** annalist, archivist, chronicler, clerk, diarist, historian, registrar, scorekeeper, scorer, scribe

**recording** cut *(Inf.)*, disc, gramophone record, record, tape, video

**recount** delineate, depict, describe, detail, enumerate, give an account of, narrate, portray, recite, rehearse, relate, repeat, report, tell, tell the story of

**recourse** alternative, appeal, choice, expedient, option, refuge, remedy, resort, resource, way out

**recover** **1.** find again, get back, make good, recapture, reclaim, recoup, redeem, regain, repair, repossess, restore, retake, retrieve, take back, win back **2.** bounce back, come round, convalesce, feel oneself again, get back on one's feet, get better, get well, heal, improve, mend, pick up, pull through, rally, recuperate, regain one's health *or* strength, revive, take a turn for the better

**recovery** **1.** convalescence, healing, improvement, mending, rally, recuperation, return to health, revival, turn for the better **2.** amelioration, betterment, improvement, rally, rehabilitation, restoration, revival, upturn **3.** recapture, reclamation, redemption, repair, repossession, restoration, retrieval

**recreation** amusement, distraction, diversion, enjoyment, entertainment, exercise, fun, hobby, leisure activity, pastime, play, pleasure, refreshment, relaxation, relief, sport

**recrimination** bickering, counterattack, countercharge, mutual accusation, name-calling, quarrel, retaliation, retort, squabbling

**recruit**
▸ **V. 1.** draft, enlist, enrol, impress, levy, mobilize, muster, raise, strengthen **2.** engage, enrol, gather, obtain, procure, proselytize, round up, take on, win (over) **3.** augment, build up, refresh, reinforce, renew, replenish, restore, strengthen, supply
▸ **N. 4.** apprentice, beginner, convert, greenhorn *(Inf.)*, helper, initiate, learner, neophyte, novice, proselyte, rookie *(Inf.)*, trainee, tyro

**rectify** **1.** adjust, amend, correct, emend, fix, improve, make good, mend, put right, redress, reform, remedy, repair, right, square **2.** *(Chem.)* distil, purify, refine, separate

**rectitude** **1.** correctness, decency, equity, goodness, honesty, honour, incorruptibility, integrity, justice, morality, principle, probity, righteousness, scrupulousness, uprightness, virtue **2.** accuracy, correctness, exactness, justice, precision, rightness, soundness, verity

**recuperate** convalesce, get back on one's feet, get better, improve, mend, pick up, recover, regain one's health

**recur** **1.** come again, come and go, come back, happen again, persist, reappear, repeat, return, revert **2.** be remembered, come back, haunt one's thoughts, return to mind, run through one's mind

**recurrent** continued, cyclical, frequent, habitual, periodic, recurring, regular, repeated, repetitive

**recycle** reclaim, reprocess, reuse, salvage, save

**red**
▸ **ADJ. 1.** cardinal, carmine, cherry, coral, crimson, gules *(Heraldry)*, maroon, pink, rose, ruby, scarlet, vermeil, vermilion, wine **2.** bay, carroty, chestnut, flame-coloured, flaming, foxy, reddish, sandy, titian **3.** blushing, embarrassed, florid, flushed, rubicund, shamefaced, suffused **4.** blooming, glowing, healthy, roseate, rosy, ruddy **5.** bloodshot, inflamed, red-rimmed **6.** bloodstained, bloody, ensanguined *(Literary)*, gory, sanguine
▸ **N. 7.** colour, redness **8. in the red** *(Inf.)* bankrupt, in arrears, in debit, in debt, in deficit, insolvent, on the rocks, overdrawn, owing money, showing a loss **9. see red** *(Inf.)* be *or* get very angry, be beside oneself with rage *(Inf.)*, become enraged, blow a fuse *(Sl., chiefly U.S.)*, blow one's top, boil, crack up *(Inf.)*, fly off the handle *(Inf.)*, go mad *(Inf.)*, go off one's head *(Sl.)*, go off the deep end *(Inf.)*, go up the wall *(Sl.)*, lose one's rag *(Sl.)*, lose one's temper, seethe

**redden** blush, colour (up), crimson, flush, go red, suffuse

**redeem** **1.** buy back, reclaim, recover, recover possession of, regain, repossess, repurchase, retrieve, win back **2.** cash (in), change, exchange, trade in **3.** abide by, acquit, adhere to, be faithful to, carry out, discharge, fulfil, hold to, keep, keep faith with, make good, meet, perform, satisfy **4.** absolve, rehabilitate, reinstate, restore to favour **5.** atone for, compensate for, defray, make amends for, make good, make up for, offset, outweigh, redress, save **6.** buy the freedom of, deliver, emancipate, extricate, free, liberate, pay the ransom of, ransom, rescue, save, set free

**redemption** **1.** reclamation, recovery, repossession, repurchase, retrieval **2.** discharge, exchange, fulfilment, performance, quid pro quo, trade-in **3.** amends, atonement, compensation, expiation, reparation **4.** deliverance, emancipation, liberation, ransom, release, rescue, salvation

**redress**
▸ **V. 1.** compensate for, make amends (reparation, restitution) for, make up for, pay for, put right, recompense for **2.** adjust, amend, balance, correct, ease, even up, mend, put right, rectify, reform, regulate, relieve, remedy, repair, restore the balance, square
▸ **N. 3.** aid, assistance, correction, cure, ease, help, justice, rectification, relief, remedy, satisfaction **4.** amends, atonement, compensation, payment, quittance, recompense, reparation, requital, restitution

**reduce** **1.** abate, abridge, contract, curtail, cut down, debase, decrease, depress, dilute, diminish, impair, lessen, lower, moderate, shorten, slow down, tone down, truncate, turn down, weaken, wind down **2.** bankrupt, break, impoverish, pauperize, ruin **3.** bring, bring to the point of, conquer, drive, force, master, overpower, subdue, vanquish **4.** be *or* go on a diet, diet, lose weight, shed weight, slenderize *(Chiefly U.S.)*, slim, trim **5.** bring down the price of, cheapen, cut, discount, lower, mark down, slash **6.** break, bring low, degrade, demote, downgrade, humble, humiliate, lower in rank, lower the status of, take down a peg *(Inf.)*

**redundant** **1.** de trop, excessive, extra, inessential, inordinate, supererogatory, superfluous, supernumerary, surplus, unnecessary, unwanted **2.** diffuse, padded, periphrastic, pleonastic, prolix, repetitious, tautological, verbose, wordy

**reek**
▸ **V. 1.** hum *(Sl.)*, pong *(Brit. inf.)*, smell, smell to high heaven, stink **2.** be characterized by, be permeated by, be redolent of **3.** *(Dialect)* fume, give off smoke *or* fumes, smoke, steam
▸ **N. 4.** effluvium, fetor, mephitis, niff *(Brit. sl.)*, odour, pong *(Brit. inf.)*, smell, stench, stink **5.** *(Dialect)* exhalation, fumes, smoke, steam, vapour

**reel** **1.** falter, lurch, pitch, rock, roll, stagger, stumble, sway, totter, waver, wobble **2.** go round and round, revolve, spin, swim, swirl, twirl, whirl

**refer** **1.** advert, allude, bring up, cite, hint, invoke, make mention of, make reference, mention, speak of, touch on **2.** direct, guide, point, recommend, send **3.** apply, consult, go, have recourse to, look up, seek information from, turn to **4.** apply, be directed to, belong, be relevant to, concern, pertain, relate **5.** accredit, ascribe, assign, attribute, credit, impute, put down to **6.** commit, consign, deliver, hand over, pass on, submit, transfer, turn over

**referee**
▸ **N. 1.** adjudicator, arbiter, arbitrator, judge, ref *(Inf.)*, umpire
▸ **V. 2.** adjudicate, arbitrate, judge, mediate, umpire

**reference** **1.** allusion, citation, mention, note, quotation, remark **2.** applicability, bearing, concern, connection, consideration, regard, relation, respect **3.** certification, character, credentials, endorsement, good word, recommendation, testimonial

**referendum** plebiscite, popular vote, public vote

**refine** **1.** clarify, cleanse, distil, filter, process, purify, rarefy **2.** civilize, cultivate, elevate, hone, improve, perfect, polish, temper

**refined** **1.** civil, civilized, courtly, cultivated, cultured, elegant, genteel, gentlemanly, gracious, ladylike, polished, polite, sophisticated, urbane, well-bred, well-mannered **2.** cultured, delicate, discerning, discriminating, exact, fastidious, fine, nice, precise, punctilious, sensitive, sublime, subtle **3.** clarified, clean, distilled, filtered, processed, pure, purified

**refinement** **1.** clarification, cleansing, distillation, filtering, processing, purification, rarefaction, rectification **2.** fine point, fine tuning, nicety, nuance, subtlety **3.** breeding, civility, civilization, courtesy, courtliness, cultivation, culture, delicacy, discrimination, elegance, fastidiousness, fineness, finesse, finish, gentility, good breeding, good manners, grace, graciousness, polish, politeness, politesse, precision, sophistication, style, taste, urbanity

**reflect** **1.** echo, give back, imitate, mirror, reproduce, return, throw back **2.** bear out, bespeak, communicate, demonstrate, display, evince, exhibit, express, indicate, manifest, reveal, show **3.** cogitate, consider, contemplate, deliberate, meditate, mull over, muse, ponder, ruminate, think, wonder

**reflection** **1.** counterpart, echo, image, mirror image **2.** cerebration, cogitation, consideration, contemplation, deliberation, idea, impression, meditation, musing, observation, opinion, perusal, pondering, rumination, study, thinking, thought, view **3.** aspersion, censure, criticism, derogation, imputation, reproach, slur

**reform**
▸ **V. 1.** ameliorate, amend, better, correct, emend, improve, mend, rebuild, reclaim, reconstitute, reconstruct, rectify, regenerate, rehabilitate, remodel, renovate, reorganize, repair, restore, revolutionize **2.** clean up one's act *(Inf.)*, get back on the straight and narrow *(Inf.)*, get it together *(Inf.)*, get one's act together *(Inf.)*, go

straight (*Inf.*), mend one's ways, pull one's socks up (*Brit. inf.*), shape up (*Inf.*), turn over a new leaf

▸ **N. 3.** amelioration, amendment, betterment, correction, improvement, rectification, rehabilitation, renovation

**refrain** **V.** abstain, avoid, cease, desist, do without, eschew, forbear, give up, kick (*Inf.*), leave off, renounce, stop

**refresh** **1.** brace, breathe new life into, cheer, cool, enliven, freshen, inspirit, reanimate, reinvigorate, rejuvenate, revitalize, revive, revivify, stimulate **2.** brush up (*Inf.*), jog, prod, prompt, renew, stimulate **3.** renew, renovate, repair, replenish, restore, top up

**refreshing** bracing, cooling, different, fresh, inspiriting, invigorating, new, novel, original, revivifying, stimulating, thirst-quenching

**refreshment** **1.** enlivenment, freshening, reanimation, renewal, renovation, repair, restoration, revival, stimulation **2.** *Plural* drinks, food and drink, snacks, titbits

**refrigerate** chill, cool, freeze, keep cold

**refuge** asylum, bolt hole, harbour, haven, hideout, protection, resort, retreat, sanctuary, security, shelter

**refugee** displaced person, émigré, escapee, exile, fugitive, runaway

**refund**

▸ **V. 1.** give back, make good, pay back, reimburse, repay, restore, return

▸ **N. 2.** reimbursement, repayment, return

**refurbish** clean up, do up (*Inf.*), fix up (*Inf., chiefly U.S. & Canad.*), mend, overhaul, re-equip, refit, remodel, renovate, repair, restore, revamp, set to rights, spruce up

**refusal** **1.** defiance, denial, knockback (*Sl.*), negation, no, rebuff, rejection, repudiation, thumbs down **2.** choice, consideration, opportunity, option

**refuse**[1] **V.** abstain, decline, deny, reject, repel, repudiate, say no, spurn, turn down, withhold

**refuse**[2] **N.** dreck (*Sl., chiefly U.S.*), dregs, dross, garbage, junk (*Inf.*), leavings, lees, litter, offscourings, rubbish, scum, sediment, sweepings, trash, waste

**refute** confute, counter, discredit, disprove, give the lie to, negate, overthrow, prove false, rebut, silence

**regain** **1.** get back, recapture, recoup, recover, redeem, repossess, retake, retrieve, take back, win back **2.** get back to, reach again, reattain, return to

**regard**

▸ **V. 1.** behold, check, check out (*Inf.*), clock (*Brit. sl.*), eye, eyeball (*U.S. sl.*), gaze at, get a load of (*Inf.*), look closely at, mark, notice, observe, remark, scrutinize, take a dekko at (*Brit. sl.*), view, watch **2.** account, adjudge, believe, consider, deem, esteem, estimate, hold, imagine, judge, look upon, rate, see, suppose, think, treat, value, view **3.** apply to, be relevant to, concern, have a bearing on, have to do with, interest, pertain to, relate to **4.** attend, heed, listen to, mind, note, pay attention to, respect, take into consideration, take notice of

▸ **N. 5.** attention, heed, interest, mind, notice **6.** account, affection, attachment, care, concern, consideration, deference, esteem, honour, love, note, reputation, repute, respect, store, sympathy, thought **7.** aspect, detail, feature, item, matter, particular, point, respect **8.** gaze, glance, look, scrutiny, stare **9.** bearing, concern, connection, reference, relation, relevance **10.** *Plural* best wishes, compliments, devoirs, good wishes, greetings, respects, salutations

**regarding** about, apropos, as regards, as to, concerning, in *or* with regard to, in re, in respect of, in the matter of, on the subject of, re, respecting, with reference to

**regardless**

▸ **ADJ. 1.** disregarding, heedless, inattentive, inconsiderate, indifferent, neglectful, negligent, rash, reckless, remiss, unconcerned, unmindful

▸ **ADV. 2.** anyway, come what may, despite everything, for all that, in any case, in spite of everything, nevertheless, no matter what, nonetheless

**regenerate** breathe new life into, change, inspirit, invigorate, reawaken, reconstruct, re-establish, reinvigorate, rejuvenate, renew, renovate, reproduce, restore, revive, revivify, uplift

**régime** administration, establishment, government, leadership, management, reign, rule, system

**regiment** **V.** bully, control, discipline, order, organize, regulate, systematize

**region** **1.** area, country, district, division, expanse, land, locality, part, patch, place, province, quarter, section, sector, territory, tract, turf (*U.S. sl.*), zone **2.** domain, field, province, realm, sphere, world **3.** area, locality, neighbourhood, range, scope, vicinity

**regional** district, local, parochial, provincial, sectional, zonal

**register**

▸ **N. 1.** annals, archives, catalogue, chronicle, diary, file, ledger, list, log, memorandum, record, roll, roster, schedule

▸ **V. 2.** catalogue, check in, chronicle, enlist, enrol, enter, inscribe, list, note, record, set down, sign on *or* up, take down **3.** be shown, bespeak, betray, display, exhibit, express, indicate, manifest, mark, read, record, reflect, reveal, say, show **4.** (*Inf.*) come home, dawn on, get through, have an effect, impress, make an impression, sink in, tell

**regress** backslide, degenerate, deteriorate, ebb, fall away *or* off, fall back, go back, lapse, lose ground, recede, relapse, retreat, retrocede, retrogress, return, revert, wane

**regret**

▸ **V. 1.** bemoan, be upset, bewail, deplore, feel remorse for, feel sorry for, grieve, lament, miss, mourn, repent, rue, weep over

▸ **N. 2.** bitterness, compunction, contrition, disappointment, grief, lamentation, pang of conscience, penitence, remorse, repentance, ruefulness, self-reproach, sorrow

**regrettable** deplorable, disappointing, distressing, ill-advised, lamentable, pitiable, sad, shameful, unfortunate, unhappy, woeful, wrong

**regular** **1.** common, commonplace, customary, daily, everyday, habitual, normal, ordinary, routine, typical, unvarying, usual **2.** consistent, constant, established, even, fixed, ordered, periodic, rhythmic, set, stated, steady, systematic, uniform **3.** dependable, efficient, formal, methodical, orderly, standardized, steady, systematic **4.** balanced, even, flat, level, smooth, straight, symmetrical, uniform **5.** approved, bona fide, classic, correct, established, formal, official, orthodox, prevailing, proper, sanctioned, standard, time-honoured, traditional

**regulate** adjust, administer, arrange, balance, conduct, control, direct, fit, govern, guide, handle, manage, moderate, modulate, monitor, order, organize, oversee, rule, run, settle, superintend, supervise, systematize, tune

**regulation**

▸ **N. 1.** adjustment, administration, arrangement, control, direction, governance, government, management, modulation, supervision, tuning **2.** commandment, decree, dictate, direction, edict, law, order, ordinance, precept, procedure, requirement, rule, standing order, statute

▸ **ADJ. 3.** customary, mandatory, normal, official, prescribed, required, standard, usual

**rehabilitate** **1.** adjust, redeem, reform, reintegrate, save **2.** clear, convert, fix up (*Inf., chiefly U.S. & Canad.*), make good, mend, rebuild, recondition, reconstitute, reconstruct, re-establish, reinstate, reinvigorate, renew, renovate, restore

**rehearsal** **1.** drill, going-over (*Inf.*), practice, practice session, preparation, reading, rehearsing, run-through **2.** account, catalogue, description, enumeration, list, narration, recital, recounting, relation, telling

**rehearse** **1.** act, drill, go over, practise, prepare, ready, recite, repeat, run through, study, train, try out **2.** delineate, depict, describe, detail, enumerate, go over, list, narrate, recite, recount, relate, review, run through, spell out, tell, trot out (*Inf.*)

**reign**

▸ **N. 1.** ascendancy, command, control, dominion, empire, hegemony, influence, monarchy, power, rule, sovereignty, supremacy, sway

▸ **V. 2.** administer, be in power, command, govern, hold sway, influence, occupy *or* sit on the throne, rule, wear the crown, wield the sceptre **3.** be rampant, be rife, be supreme, hold sway, obtain, predominate, prevail

**rein**

▸ **N. 1.** brake, bridle, check, control, curb, harness, hold, restraint, restriction **2. give (a) free rein (to)** free, give a blank cheque (to), give a free hand, give carte blanche, give (someone) his head, give way to, indulge, let go, remove restraints

▸ **V. 3.** bridle, check, control, curb, halt, hold, hold back, limit, restrain, restrict, slow down

**reincarnation** metempsychosis, rebirth, transmigration of souls

**reinforce** augment, bolster, buttress, emphasize, fortify, harden, increase, prop, shore up, stiffen, strengthen, stress, supplement, support, toughen, underline

**reinforcement** **1.** addition, amplification, augmentation, enlargement, fortification, increase, strengthening, supplement **2.** brace, buttress, prop, shore, stay, support **3.** *Plural* additional *or* fresh troops, auxiliaries, reserves, support

**reinstate** bring back, recall, re-establish, rehabilitate, replace, restore, return

**reject**

▸ **V. 1.** bin, cast aside, decline, deny, despise, disallow, discard, eliminate, exclude, jettison, jilt, rebuff, refuse, renounce, repel, repudiate, repulse, say no to, scrap, spurn, throw away *or* out, turn down, veto

▸ **N. 2.** castoff, discard, failure, flotsam, second

**rejection** brushoff (*Sl.*), denial, dismissal, elimination, exclusion, knock-back (*Sl.*), rebuff, refusal, renunciation, repudiation, the (old) heave-ho (*Inf.*), thumbs down, veto

**rejoice** be glad (happy, overjoyed), celebrate, delight, exult, glory, joy, jump for joy, make merry, revel, triumph

**rejoicing** celebration, cheer, delight, elation, exultation, festivity, gaiety, gladness, happiness, joy, jubilation, merrymaking, revelry, triumph

**relapse**

▸ **V. 1.** backslide, degenerate, fail, fall back, lapse, regress, retrogress, revert, slip back, weaken **2.** deteriorate, fade, fail, sicken, sink, weaken, worsen

▸ **N. 3.** backsliding, fall from grace, lapse, recidivism, regression, retrogression, reversion **4.** deterioration, recurrence, setback, turn for the worse, weakening, worsening

**relate** **1.** chronicle, describe, detail, give an account of, impart, narrate, present, recite, recount, rehearse, report, set forth, tell **2.** ally, associate, connect, coordinate, correlate, couple, join, link **3.** appertain, apply, bear upon, be relevant to, concern, have reference to, have to do with, pertain, refer

**related** **1.** accompanying, affiliated, agnate, akin, allied, associated, cognate, concomitant, connected, correlated, interconnected, joint, linked **2.** agnate, akin, cognate, consanguineous, kin, kindred

**relation** **1.** affiliation, affinity, consanguinity, kindred, kinship, propinquity, relationship **2.** kin, kinsman, kinswoman, relative **3.** application, bearing, bond, comparison, connection, correlation, interdependence, link, pertinence, reference, regard, similarity, tie-in **4.** account, description, narration, narrative, recital, recountal, report, story, tale

**relations** **1.** affairs, associations, communications, connections, contact, dealings, interaction, intercourse, liaison, meetings, rapport, relationship, terms **2.** clan, family, kin, kindred, kinsfolk, kinsmen, relatives, tribe

**relationship** affair, affinity, association, bond, communications, conjunction, connection, correlation, exchange, kinship, liaison, link, parallel, proportion, rapport, ratio, similarity, tie-up

**relative**

▸ **ADJ. 1.** allied, associated, comparative, connected, contingent, corresponding, dependent, proportionate, reciprocal, related, respective **2.** applicable, apposite, appropriate, appurtenant, apropos, germane, pertinent, relevant **3.** (*With* **to**) corresponding to, in proportion to, proportional to

▸ **N. 4.** connection, kinsman, kinswoman, member of one's *or* the family, relation

**relatively** comparatively, in *or* by comparison, rather, somewhat, to some extent

**relax** **1.** abate, diminish, ease, ebb, lessen, let up, loosen, lower, mitigate, moderate, reduce, relieve, slacken, weaken **2.** be *or* feel at ease, calm, chill out (Sl., chiefly U.S.), laze, let oneself go (Inf.), let one's hair down (Inf.), lighten up (Sl.), loosen up, put one's feet up, rest, soften, take it easy, take one's ease, tranquillize, unbend, unwind

**relaxation** 1. amusement, enjoyment, entertainment, fun, leisure, pleasure, recreation, refreshment, rest 2. abatement, diminution, easing, lessening, let-up (Inf.), moderation, reduction, slackening, weakening

**relay**
▶ N. 1. relief, shift, turn 2. communication, dispatch, message, transmission
▶ V. 3. broadcast, carry, communicate, hand on, pass on, send, spread, transmit

**release**
▶ V. 1. deliver, discharge, disengage, drop, emancipate, extricate, free, let go, let out, liberate, loose, manumit, set free, turn loose, unbridle, unchain, undo, unfasten, unfetter, unloose, unshackle, untie 2. absolve, acquit, dispense, excuse, exempt, exonerate, let go, let off 3. break, circulate, disseminate, distribute, issue, launch, make known, make public, present, publish, put out, unveil
▶ N. 4. acquittal, deliverance, delivery, discharge, emancipation, freedom, liberation, liberty, manumission, relief 5. absolution, acquittance, dispensation, exemption, exoneration, let-off (Inf.) 6. announcement, issue, offering, proclamation, publication

**relent** 1. acquiesce, be merciful, capitulate, change one's mind, come round, forbear, give in, give quarter, give way, have pity, melt, show mercy, soften, unbend, yield 2. die down, drop, ease, fall, let up, relax, slacken, slow, weaken

**relentless** 1. cruel, fierce, grim, hard, harsh, implacable, inexorable, inflexible, merciless, pitiless, remorseless, ruthless, uncompromising, undeviating, unforgiving, unrelenting, unstoppable, unyielding 2. incessant, nonstop, persistent, punishing, sustained, unabated, unbroken, unfaltering, unflagging, unrelenting, unrelieved, unremitting, unstoppable

**relevant** admissible, ad rem, applicable, apposite, appropriate, appurtenant, apt, fitting, germane, material, pertinent, proper, related, relative, significant, suited, to the point, to the purpose

**reliable** certain, dependable, faithful, honest, predictable, regular, reputable, responsible, safe, sound, stable, staunch, sure, tried and true, true, trustworthy, trusty, unfailing, upright

**relic** fragment, keepsake, memento, remembrance, remnant, scrap, souvenir, survival, token, trace, vestige

**relief** 1. abatement, alleviation, assuagement, balm, comfort, cure, deliverance, ease, easement, mitigation, palliation, release, remedy, solace 2. aid, assistance, help, succour, support, sustenance 3. break, breather (Inf.), diversion, let-up (Inf.), refreshment, relaxation, remission, respite, rest

**relieve** 1. abate, allay, alleviate, appease, assuage, calm, comfort, console, cure, diminish, dull, ease, mitigate, mollify, palliate, relax, salve, soften, solace, soothe 2. aid, assist, bring aid to, help, succour, support, sustain 3. give (someone) a break or rest, stand in for, substitute for, take over from, take the place of 4. deliver, discharge, disembarrass, disencumber, exempt, free, release, unburden 5. break, brighten, interrupt, let up on (Inf.), lighten, slacken, vary

**religious** 1. churchgoing, devotional, devout, divine, doctrinal, faithful, god-fearing, godly, holy, pious, pure, reverent, righteous, sacred, scriptural, sectarian, spiritual, theological 2. conscientious, exact, faithful, fastidious, meticulous, punctilious, rigid, rigorous, scrupulous, unerring, unswerving

**relish**
▶ V. 1. appreciate, delight in, enjoy, fancy, like, look forward to, luxuriate in, prefer, revel in, savour, taste
▶ N. 2. appetite, appreciation, enjoyment, fancy, fondness, gusto, liking, love, partiality, penchant, predilection, stomach, taste, zest 3. appetizer, condiment, sauce, seasoning 4. flavour, piquancy, savour, smack, spice, tang, taste, trace

**reluctance** aversion, backwardness, disinclination, dislike, disrelish, distaste, hesitancy, indisposition, loathing, repugnance, unwillingness

**reluctant** averse, backward, disinclined, grudging, hesitant, indisposed, loath, recalcitrant, slow, unenthusiastic, unwilling

**rely** bank, be confident of, be sure of, bet, count, depend, have confidence in, lean, reckon, repose trust in, swear by, trust

**remain** abide, be left, cling, continue, delay, dwell, endure, go on, last, linger, persist, prevail, rest, stand, stay, stay behind, stay put (Inf.), survive, tarry, wait

**remainder** balance, butt, dregs, excess, leavings, oddment, relic, remains, remnant, residue, residuum, rest, stub, surplus, tail end, trace, vestige(s)

**remaining** abiding, extant, lasting, left, lingering, outstanding, persisting, residual, surviving, unfinished

**remains** 1. balance, crumbs, debris, detritus, dregs, fragments, leavings, leftovers, oddments, odds and ends, pieces, relics, remainder, remnants, residue, rest, scraps, traces, vestiges 2. body, cadaver, carcass, corpse

**remark**
▶ V. 1. animadvert, comment, declare, mention, observe, pass comment, reflect, say, state 2. espy, heed, make out, mark, note, notice, observe, perceive, regard, see, take note or notice of
▶ N. 3. assertion, comment, declaration, observation, opinion, reflection, statement, thought, utterance, word 4. acknowledgement, attention, comment, consideration, heed, mention, notice, observation, recognition, regard, thought

**remarkable** conspicuous, distinguished, extraordinary, famous, impressive, miraculous, notable, noteworthy, odd, outstanding, phenomenal, pre-eminent, prominent, rare, signal, singular, strange, striking, surprising, uncommon, unusual, wonderful

**remedy**
▶ N. 1. antidote, counteractive, cure, medicament, medicine, nostrum, panacea, physic (Rare), relief, restorative, specific, therapy, treatment 2. antidote, corrective, countermeasure, panacea, redress, relief, solution
▶ V. 3. alleviate, assuage, control, cure, ease, heal, help, mitigate, palliate, relieve, restore, soothe, treat 4. ameliorate, correct, fix, put right, rectify, redress, reform, relieve, repair, set to rights, solve

**remember** bear in mind, call to mind, call up, commemorate, keep in mind, look back (on), recall, recognize, recollect, reminisce, retain, summon up, think back

**remind** awaken memories of, bring back to, bring to mind, call to mind, call up, jog one's memory, make (someone) remember, prompt, put in mind, refresh one's memory

**reminiscence** anecdote, memoir, memory, recall, recollection, reflection, remembrance, retrospection, review

**reminiscent** evocative, redolent, remindful, similar, suggestive

**remiss** careless, culpable, delinquent, derelict, dilatory, forgetful, heedless, inattentive, indifferent, lackadaisical, lax, neglectful, negligent, regardless, slack, slapdash, slipshod, sloppy (Inf.), slothful, slow, tardy, thoughtless, unmindful

**remission** 1. absolution, acquittal, amnesty, discharge, excuse, exemption, exoneration, forgiveness, indulgence, pardon, release, reprieve 2. abatement, abeyance, alleviation, amelioration, decrease, diminution, ebb, lessening, let-up (Inf.), lull, moderation, reduction, relaxation, respite, suspension

**remit**[1] 1. dispatch, forward, mail, post, send, transmit 2. cancel, desist, forbear, halt, repeal, rescind, stop 3. abate, alleviate, decrease, diminish, dwindle, ease up, fall away, mitigate, moderate, reduce, relax, sink, slacken, soften, wane, weaken 4. defer, delay, postpone, put off, put on the back burner (Inf.), shelve, suspend, take a rain check on (U.S. & Canad. inf.)

**remit**[2] authorization, brief, guidelines, instructions, orders, terms of reference

**remittance** allowance, consideration, fee, payment

**remnant** balance, bit, butt, end, fragment, hangover, leftovers, oddment, piece, remainder, remains, residue, residuum, rest, rump, scrap, shred, stub, survival, tail end, trace, vestige

**remonstrate** argue, challenge, complain, dispute, dissent, expostulate, object, protest, take exception, take issue

**remorse** anguish, bad or guilty conscience, compassion, compunction, contrition, grief, guilt, pangs of conscience, penitence, pity, regret, repentance, ruefulness, self-reproach, shame, sorrow

**remorseful** apologetic, ashamed, chastened, conscience-stricken, contrite, guilt-ridden, guilty, penitent, regretful, repentant, rueful, sad, self-reproachful, sorrowful, sorry

**remorseless** 1. inexorable, relentless, unrelenting, unremitting, unstoppable 2. callous, cruel, hard, hardhearted, harsh, implacable, inhumane, merciless, pitiless, ruthless, savage, uncompassionate, unforgiving, unmerciful

**remote** 1. backwoods, distant, far, faraway, far-off, godforsaken, inaccessible, in the middle of nowhere, isolated, lonely, off the beaten track, outlying, out-of-the-way, secluded 2. alien, extraneous, extrinsic, foreign, immaterial, irrelevant, outside, removed, unconnected, unrelated 3. doubtful, dubious, faint, implausible, inconsiderable, meagre, negligible, outside, poor, slender, slight, slim, small, unlikely 4. abstracted, aloof, cold, detached, distant, faraway, indifferent, introspective, introverted, removed, reserved, standoffish, unapproachable, uncommunicative, uninterested, uninvolved, withdrawn

**removal** 1. abstraction, dislodg(e)ment, dismissal, displacement, dispossession, ejection, elimination, eradication, erasure, expulsion, expunction, extraction, purging, stripping, subtraction, taking off, uprooting, withdrawal 2. departure, flitting (Scot. & northern English dialect), move, relocation, transfer

**remove** 1. abolish, abstract, amputate, carry off or away, delete, depose, detach, dethrone, discharge, dislodge, dismiss, displace, do away with, doff, efface, eject, eliminate, erase, excise, expel, expunge, extract, get rid of, give the bum's rush (Sl.), move, oust, purge, relegate, shed, show one the door, strike out, take away, take off, take out, throw out, throw out on one's ear (Inf.), transfer, transport, unseat, wipe out, withdraw 2. depart, flit (Scot. & northern English dialect), move, move away, quit, relocate, shift, transfer, transport, vacate 3. (Fig.) assassinate, bump off (Sl.), dispose of, do away with, do in (Sl.), eliminate, execute, get rid of, kill, liquidate, murder, take out (Sl.)

**remuneration** compensation, earnings, emolument, fee, income, indemnity, meed (Archaic), pay, payment, profit, recompense, reimbursement, reparation, repayment, retainer, return, reward, salary, stipend, wages

**remunerative** economic, gainful, lucrative, moneymaking, paying, profitable, recompensing, rewarding, rich, worthwhile

**renaissance, renascence** awakening, new birth, new dawn, reappearance, reawakening, rebirth, re-emergence, regeneration, renewal, restoration, resurgence, resurrection, revival

**render** 1. contribute, deliver, furnish, give, hand out, make available, pay, present, provide, show, submit, supply, tender, turn over, yield 2. display, evince, exhibit, manifest, show 3. exchange, give, return, swap, trade 4. cause to become, leave, make 5. act, depict, do, give, interpret, perform, play, portray, present, represent 6. construe, explain, interpret, put, reproduce, restate, transcribe, translate 7. cede, deliver, give, give up, hand over, relinquish, surrender, turn over, yield 8. give back, make restitution, pay back, repay, restore, return

**renew** begin again, breathe new life into, bring up to date, continue, extend, fix up (Inf., chiefly U.S. & Canad.), mend, modernize, overhaul, prolong, reaffirm, recommence, recreate, re-establish, refit, refresh, refurbish, regenerate, rejuvenate, renovate, reopen, repair, repeat, replace, replenish, restate, restock, restore, resume, revitalize, transform

**renounce** abandon, abdicate, abjure, abnegate, abstain from, cast off, decline, deny, discard, disclaim, disown, eschew, forgo, forsake, forswear, give up, leave off, quit, recant, reject, relinquish, renege, repudiate, resign, retract, spurn, swear off, throw off, waive, wash one's hands of

**renovate** do up (*Inf.*), fix up (*Inf., chiefly U.S. & Canad.*), modernize, overhaul, recondition, reconstitute, recreate, refit, reform, refurbish, rehabilitate, remodel, renew, repair, restore, revamp

**renowned** acclaimed, celebrated, distinguished, eminent, esteemed, famed, famous, illustrious, notable, noted, well-known

**rent¹**
▶ **N. 1.** fee, hire, lease, payment, rental, tariff
▶ **V. 2.** charter, hire, lease, let

**rent²** **1.** breach, break, chink, crack, flaw, gash, hole, opening, perforation, rip, slash, slit, split, tear **2.** breach, break, cleavage, discord, dissension, disunity, division, faction, rift, rupture, schism, split

**renunciation** abandonment, abdication, abjuration, abnegation, abstention, denial, disavowal, disclaimer, eschewal, forswearing, giving up, rejection, relinquishment, repudiation, resignation, spurning, surrender, waiver

**repair¹**
▶ **V. 1.** compensate for, fix, heal, make good, make up for, mend, patch, patch up, put back together, put right, recover, rectify, redress, renew, renovate, restore, restore to working order, retrieve, square
▶ **N. 2.** adjustment, darn, mend, overhaul, patch, restoration **3.** condition, fettle, form, nick (*Inf.*), shape (*Inf.*), state

**repair²** **1.** betake oneself, go, head for, leave for, move, remove, retire, set off for, withdraw **2.** have recourse, resort, turn

**reparation** amends, atonement, compensation, damages, indemnity, propitiation, recompense, redress, renewal, repair, requital, restitution, satisfaction

**repartee** badinage, banter, bon mot, persiflage, pleasantry, raillery, riposte, sally, wit, witticism, wittiness, wordplay

**repay** **1.** compensate, make restitution, pay back, recompense, refund, reimburse, remunerate, requite, restore, return, reward, settle up with, square **2.** avenge, even *or* settle the score with, get back at, get even with (*Inf.*), get one's own back on (*Inf.*), hit back, make reprisal, reciprocate, retaliate, return the compliment, revenge

**repeal**
▶ **V. 1.** abolish, abrogate, annul, cancel, countermand, declare null and void, invalidate, nullify, obviate, recall, rescind, reverse, revoke, set aside, withdraw
▶ **N. 2.** abolition, abrogation, annulment, cancellation, invalidation, nullification, rescinding, rescindment, rescission, revocation, withdrawal

**repeat**
▶ **V. 1.** duplicate, echo, iterate, quote, recapitulate, recite, redo, rehearse, reiterate, relate, renew, replay, reproduce, rerun, reshow, restate, retell
▶ **N. 2.** duplicate, echo, recapitulation, reiteration, repetition, replay, reproduction, rerun, reshowing

**repeatedly** again and again, frequently, many a time and oft (*Archaic or poetic*), many times, often, over and over, time after time, time and (time) again

**repel** **1.** beat off, check, confront, decline, drive off, fight, hold off, keep at arm's length, oppose, parry, put to flight, rebuff, refuse, reject, repulse, resist, ward off **2.** disgust, give one the creeps (*Inf.*), gross out (*U.S. sl.*), make one shudder, make one sick, nauseate, offend, put one off, revolt, sicken, turn one off (*Inf.*), turn one's stomach

**repellent** **1.** abhorrent, abominable, cringe-making (*Brit. inf.*), discouraging, disgusting, distasteful, hateful, horrid, loathsome, nauseating, noxious, obnoxious, obscene, odious, offensive, off-putting (*Brit. inf.*), repugnant, repulsive, revolting, sickening, yucky *or* yukky (*Sl.*) **2.** impermeable, proof, repelling, resistant

**repent** atone, be ashamed, be contrite, be sorry, deplore, feel remorse, lament, regret, relent, reproach oneself, rue, see the error of one's ways, show penitence, sorrow

**repentance** compunction, contrition, grief, guilt, penitence, regret, remorse, sackcloth and ashes, self-reproach, sorriness, sorrow

**repentant** apologetic, ashamed, chastened, contrite, penitent, regretful, remorseful, rueful, self-reproachful, sorry

**repercussion** backlash, consequence, echo, rebound, recoil, result, reverberation, sequel, side effect

**repetition** duplication, echo, iteration, reappearance, recapitulation, recital, recurrence, redundancy, rehearsal, reiteration, relation, renewal, repeat, repetitiousness, replication, restatement, return, tautology

**repetitive** boring, dull, mechanical, monotonous, recurrent, samey (*Inf.*), tedious, unchanging, unvaried

**repine** brood, complain, eat one's heart out, fret, grieve, grumble, lament, languish, moan, mope, murmur, sulk

**replace** follow, oust, put back, re-establish, reinstate, restore, stand in lieu of, substitute, succeed, supersede, supplant, supply, take over from, take the place of

**replacement** double, fill-in, proxy, stand-in, substitute, successor, surrogate, understudy

**replenish** fill, furnish, make up, provide, refill, reload, renew, replace, restock, restore, stock, supply, top up

**replete** abounding, brimful, brimming, charged, chock-full, crammed, filled, full, full to bursting, full up, glutted, gorged, jammed, jam-packed, sated, satiated, stuffed, teeming, well-provided, well-stocked

**reply**
▶ **V. 1.** acknowledge, answer, come back, counter, echo, make answer, react, reciprocate, rejoin, respond, retaliate, retort, return, riposte, write back
▶ **N. 2.** acknowledgement, answer, comeback (*Inf.*), counter, counterattack, echo, reaction, reciprocation, rejoinder, response, retaliation, retort, return, riposte

**report**
▶ **N. 1.** account, announcement, article, communication, communiqué, declaration, description, detail, dispatch, information, message, narrative, news, note, paper, piece, recital, record, relation, statement, story, summary, tale, tidings, version, word, write-up **2.** gossip, hearsay, rumour, talk **3.** character, eminence, esteem, fame, regard, reputation, repute **4.** bang, blast, boom, crack, crash, detonation, discharge, explosion, noise, reverberation, sound
▶ **V. 5.** air, announce, bring word, broadcast, circulate, communicate, cover, declare, describe, detail, document, give an account of, inform of, mention, narrate, note, notify, pass on, proclaim, publish, recite, record, recount, relate, relay, state, tell, write up **6.** appear, arrive, be present, clock in or on, come, present oneself, show up (*Inf.*), turn up

**reporter** announcer, correspondent, hack (*Derogatory*), journalist, journo (*Sl.*), newscaster, newshound (*Inf.*), newspaperman, newspaperwoman, pressman, writer

**repose**
▶ **N. 1.** ease, inactivity, peace, quiet, quietness, quietude, relaxation, respite, rest, restfulness, sleep, slumber, stillness, tranquillity **2.** aplomb, calmness, composure, dignity, equanimity, peace of mind, poise, self-possession, serenity, tranquillity
▶ **V. 3.** drowse, lay down, lie, lie down, lie upon, recline, relax, rest, rest upon, sleep, slumber, take it easy, take one's ease

**reprehensible** bad, blameworthy, censurable, condemnable, culpable, delinquent, discreditable, disgraceful, errant, erring, ignoble, objectionable, opprobrious, remiss, shameful, unworthy

**represent** **1.** act for, be, betoken, correspond to, equal, equate with, express, mean, serve as, speak for, stand for, substitute for, symbolize **2.** embody, epitomize, exemplify, personify, symbolize, typify **3.** delineate, denote, depict, describe, designate, evoke, express, illustrate, outline, picture, portray, render, reproduce, show, sketch **4.** describe as, make out to be, pass off as, pose as, pretend to be **5.** act, appear as, assume the role of, enact, exhibit, perform, play the part of, produce, put on, show, stage

**representation** **1.** account, delineation, depiction, description, illustration, image, likeness, model, narration, narrative, picture, portrait, portrayal, relation, resemblance, sketch **2.** body of representatives, committee, delegates, delegation, embassy **3.** exhibition, performance, play, production, show, sight, spectacle **4.** *Often plural* account, argument,

explanation, exposition, expostulation, remonstrance, statement

**representative**
▶ **N. 1.** agent, commercial traveller, rep, salesman, traveller **2.** archetype, embodiment, epitome, exemplar, personification, type, typical example **3.** agent, commissioner, councillor, delegate, depute (*Scot.*), deputy, member, member of parliament, MP, proxy, spokesman, spokeswoman
▶ **ADJ. 4.** archetypal, characteristic, emblematic, evocative, exemplary, illustrative, symbolic, typical **5.** chosen, delegated, elected, elective

**repress** bottle up, chasten, check, control, crush, curb, hold back, hold in, inhibit, keep in check, master, muffle, overcome, overpower, quash, quell, restrain, silence, smother, stifle, subdue, subjugate, suppress, swallow

**repression** authoritarianism, censorship, coercion, constraint, control, despotism, domination, inhibition, restraint, subjugation, suppression, tyranny

**repressive** absolute, authoritarian, coercive, despotic, dictatorial, harsh, oppressive, severe, tough, tyrannical

**reprieve**
▶ **V. 1.** grant a stay of execution to, let off the hook (*Sl.*), pardon, postpone *or* remit the punishment of **2.** abate, allay, alleviate, mitigate, palliate, relieve, respite
▶ **N. 3.** abeyance, amnesty, deferment, pardon, postponement, remission, stay of execution, suspension **4.** abatement, alleviation, let-up (*Inf.*), mitigation, palliation, relief, respite

**reprimand**
▶ **N. 1.** admonition, blame, castigation, censure, dressing-down (*Inf.*), flea in one's ear (*Inf.*), lecture, rebuke, reprehension, reproach, reproof, row, talking-to (*Inf.*), telling-off (*Inf.*), ticking-off (*Inf.*), tongue-lashing, wigging (*Brit. sl.*)
▶ **V. 2.** admonish, bawl out (*Inf.*), blame, carpet (*Inf.*), castigate, censure, check, chew out (*U.S. & Canad. inf.*), chide, dress down (*Inf.*), give a rocket (*Brit. & N.Z. inf.*), give (someone) a row (*Inf.*), haul over the coals (*Inf.*), lecture, rap over the knuckles, read the riot act, rebuke, reprehend, reproach, reprove, scold, send one away with a flea in one's ear (*Inf.*), take to task, tear into (*Inf.*), tear (someone) off a strip (*Brit. inf.*), tell off (*Inf.*), tick off (*Inf.*), tongue-lash, upbraid

**reprisal** an eye for an eye, counterstroke, requital, retaliation, retribution, revenge, vengeance

**reproach**
▶ **V. 1.** abuse, bawl out (*Inf.*), blame, blast, carpet (*Inf.*), censure, chew out (*U.S. & Canad. inf.*), chide, condemn, criticize, defame, discredit, disparage, find fault with, give a rocket (*Brit. & N.Z. inf.*), lambast(e), read the riot act, rebuke, reprehend, reprimand, reprove, scold, tear into (*Inf.*), tear (someone) off a strip (*Brit. inf.*), take to task, upbraid
▶ **N. 2.** abuse, blame, blemish, censure, condemnation, contempt, disapproval, discredit, disgrace, dishonour, disrepute, ignominy, indignity, obloquy, odium, opprobrium, scorn, shame, slight, slur, stain, stigma

**reproachful** abusive, admonitory, castigatory, censorious, condemnatory, contemptuous, critical, disappointed, disapproving, fault-finding, reproving, scolding, upbraiding

**reproduce** **1.** copy, duplicate, echo, emulate, imitate, match, mirror, parallel, print, recreate, repeat, replicate, represent, transcribe **2.** breed, generate, multiply, procreate, produce young, proliferate, propagate, spawn

**reproduction** **1.** breeding, generation, increase, multiplication, procreation, proliferation, propagation **2.** copy, duplicate, facsimile, imitation, picture, print, replica

**reproof** admonition, blame, castigation, censure, chiding, condemnation, criticism, dressing-down (*Inf.*), rebuke, reprehension, reprimand, reproach, reproval, scolding, ticking-off (*Inf.*), tongue-lashing, upbraiding

**reprove** abuse, admonish, bawl out (*Inf.*), berate, blame, carpet (*Inf.*), censure, check, chew out (*U.S. & Canad. inf.*), chide, condemn, give a rocket (*Brit. & N.Z. inf.*), read the riot act, rebuke, reprehend, reprimand, scold, take to task, tear into (*Inf.*), tear (someone) off a strip (*Brit. inf.*), tell off (*Inf.*), tick off (*Inf.*), upbraid

**repudiate** abandon, abjure, cast off, cut off, deny, desert, disavow, discard, disclaim, disown, forsake, reject, renounce, rescind, retract, reverse, revoke, turn one's back on, wash one's hands of

**repugnant** **1.** abhorrent, abominable, disgusting, distasteful, foul, hateful, horrid, loathsome, nauseating, objectionable, obnoxious, odious, offensive, repellent, revolting, sickening, vile, yucky *or* yukky *(Sl.)* **2.** adverse, antagonistic, antipathetic, averse, contradictory, hostile, incompatible, inconsistent, inimical, opposed

**repulsive** abhorrent, abominable, disagreeable, disgusting, distasteful, forbidding, foul, hateful, hideous, horrid, loathsome, nauseating, objectionable, obnoxious, obscene, odious, offensive, repellent, revolting, sickening, ugly, unpleasant, vile

**reputable** creditable, estimable, excellent, good, honourable, honoured, legitimate, of good repute, reliable, respectable, trustworthy, upright, well-thought-of, worthy

**reputation** character, credit, distinction, eminence, esteem, estimation, fame, honour, name, opinion, renown, repute, standing, stature

**repute** celebrity, distinction, eminence, esteem, estimation, fame, name, renown, reputation, standing, stature

**reputed** accounted, alleged, believed, considered, deemed, estimated, held, ostensible, putative, reckoned, regarded, rumoured, said, seeming, supposed, thought

**reputedly** allegedly, apparently, ostensibly, seemingly, supposedly

**request**
- **V. 1.** appeal for, apply for, ask (for), beg, beseech, call for, demand, desire, entreat, petition, pray, put in for, requisition, seek, solicit, sue for, supplicate
- **N. 2.** appeal, application, asking, begging, call, demand, desire, entreaty, petition, prayer, requisition, solicitation, suit, supplication

**require** **1.** crave, depend upon, desire, have need of, lack, miss, need, stand in need of, want, wish **2.** ask, beg, beseech, bid, call upon, command, compel, constrain, demand, direct, enjoin, exact, insist upon, instruct, oblige, order, request **3.** call for, demand, entail, involve, necessitate, take

**required** called for, compulsory, demanded, essential, mandatory, necessary, needed, obligatory, prescribed, recommended, requisite, set, unavoidable, vital

**requirement** demand, desideratum, essential, lack, must, necessity, need, precondition, prerequisite, qualification, requisite, sine qua non, specification, stipulation, want

**requisite**
- **ADJ. 1.** called for, essential, indispensable, mandatory, necessary, needed, needful, obligatory, prerequisite, required, vital
- **N. 2.** condition, desideratum, essential, must, necessity, need, precondition, prerequisite, requirement, sine qua non

**requisition**
- **N. 1.** application, call, demand, request, summons **2.** appropriation, commandeering, occupation, seizure, takeover
- **V. 3.** apply for, call for, demand, put in for, request **4.** appropriate, commandeer, occupy, seize, take over, take possession of

**rescue**
- **V. 1.** deliver, extricate, free, get out, liberate, recover, redeem, release, salvage, save, save the life of, set free
- **N. 2.** deliverance, extrication, liberation, recovery, redemption, release, relief, salvage, salvation, saving

**research**
- **N. 1.** analysis, delving, examination, experimentation, exploration, fact-finding, groundwork, inquiry, investigation, probe, scrutiny, study
- **V. 2.** analyse, consult the archives, do tests, examine, experiment, explore, investigate, look into, make inquiries, probe, scrutinize, study, work over

**resemblance** affinity, analogy, closeness, comparability, comparison, conformity, correspondence, counterpart, facsimile, image, kinship, likeness, parallel, parity, sameness, semblance, similarity, similitude

**resemble** bear a resemblance to, be like, be similar to, duplicate, echo, favour *(Inf.)*, look like, mirror, parallel, put one in mind of, remind one of, take after

**resent** be angry about, bear a grudge about, begrudge, be in a huff about, be offended by, dislike, feel bitter about, grudge, harbour a grudge against, have hard feelings about, object to, take amiss, take as an insult, take exception to, take offence at, take umbrage at

**resentful** aggrieved, angry, bitter, embittered, exasperated, grudging, huffish, huffy, hurt, in a huff, incensed, indignant, in high dudgeon, irate, jealous, miffed *(Inf.)*, offended, peeved *(Inf.)*, piqued, put out, revengeful, unforgiving, wounded

**resentment** anger, animosity, bitterness, displeasure, fury, grudge, huff, hurt, ill feeling, ill will, indignation, ire, irritation, malice, pique, rage, rancour, umbrage, vexation, wrath

**reservation** **1.** condition, demur, doubt, hesitancy, proviso, qualification, rider, scepticism, scruple, stipulation **2.** enclave, homeland, preserve, reserve, sanctuary, territory, tract

**reserve**
- **V. 1.** conserve, hang on to, hoard, hold, husband, keep, keep back, lay up, preserve, put by, retain, save, set aside, stockpile, store, withhold **2.** bespeak, book, engage, prearrange, preengage, retain, secure **3.** defer, delay, keep back, postpone, put off, withhold
- **N. 4.** backlog, cache, capital, fall-back, fund, hoard, reservoir, savings, stock, stockpile, store, supply **5.** park, preserve, reservation, sanctuary, tract **6.** aloofness, constraint, coolness, formality, modesty, reluctance, reservation, restraint, reticence, secretiveness, shyness, silence, taciturnity
- **ADJ. 7.** alternate, auxiliary, extra, fall-back, secondary, spare, substitute

**reserved** **1.** booked, engaged, held, kept, restricted, retained, set aside, spoken for, taken **2.** aloof, cautious, close-mouthed, cold, cool, demure, formal, modest, prim, restrained, reticent, retiring, secretive, shy, silent, standoffish, taciturn, unapproachable, uncommunicative, undemonstrative, unforthcoming, unresponsive, unsociable **3.** bound, destined, fated, intended, meant, predestined

**reservoir** **1.** basin, lake, pond, tank **2.** container, holder, receptacle, repository, store, tank **3.** accumulation, fund, pool, reserves, source, stock, stockpile, store, supply

**reside** **1.** abide, dwell, hang out *(Inf.)*, have one's home, inhabit, live, lodge, remain, settle, sojourn, stay **2.** abide, be intrinsic to, be vested, consist, dwell, exist, inhere, lie, rest with

**residence** **1.** abode, domicile, dwelling, flat, habitation, home, house, household, lodging, pad *(Sl.)*, place, quarters **2.** hall, manor, mansion, palace, seat, villa **3.** occupancy, occupation, sojourn, stay, tenancy

**resident**
- **N. 1.** citizen, denizen, indweller, inhabitant, local, lodger, occupant, tenant
- **ADJ. 2.** dwelling, inhabiting, living, local, neighbourhood, settled

**residue** balance, dregs, excess, extra, leftovers, remainder, remains, remnant, residuum, rest, surplus

**resign** **1.** abandon, abdicate, cede, forgo, forsake, give in one's notice, give up, hand over, leave, quit, relinquish, renounce, step down *(Inf.)*, surrender, turn over, vacate, yield **2. resign oneself** accept, acquiesce, bow, give in, give up, reconcile, submit, succumb, yield

**resignation** **1.** abandonment, abdication, departure, leaving, notice, relinquishment, renunciation, retirement, surrender **2.** acceptance, acquiescence, compliance, endurance, forbearing, fortitude, nonresistance, passivity, patience, submission, sufferance

**resigned** acquiescent, compliant, long-suffering, patient, stoical, subdued, submissive, unprotesting, unresisting

**resilient** **1.** bouncy, elastic, flexible, plastic, pliable, rubbery, springy, supple, whippy **2.** bouncy, buoyant, feisty *(Inf., chiefly U.S. & Canad.)*, hardy, irrepressible, quick to recover, strong, tough

**resist** **1.** battle, be proof against, check, combat, confront, contend with, counteract, countervail, curb, defy, dispute, fight back, hinder, hold out against, oppose, put up a fight (against), refuse, repel, stand up to, struggle against, thwart, weather, withstand **2.** abstain from, avoid, forbear, forgo, keep from, leave alone, prevent oneself from, refrain from, refuse, turn down

**resistance** battle, combat, contention, counteraction, defiance, fight, fighting, hindrance, impediment, intransigence, obstruction, opposition, refusal, struggle

**resistant** **1.** hard, impervious, insusceptible, proof against, strong, tough, unaffected by, unyielding **2.** antagonistic, combative, defiant, dissident, hostile, intractable, intransigent, opposed, recalcitrant, unwilling

**resolute** bold, constant, determined, dogged, firm, fixed, immovable, inflexible, obstinate, persevering, purposeful, relentless, set, stalwart, staunch, steadfast, strong-willed, stubborn, tenacious, unbending, undaunted, unflinching, unshak(e)able, unshaken, unwavering

**resolution** **1.** boldness, constancy, courage, dedication, determination, doggedness, earnestness, energy, firmness, fortitude, obstinacy, perseverance, purpose, relentlessness, resoluteness, resolve, sincerity, staunchness, staying power, steadfastness, stubbornness, tenacity, willpower **2.** aim, decision, declaration, determination, intent, intention, judg(e)ment, motion, purpose, resolve, verdict **3.** answer, end, finding, outcome, settlement, solution, solving, sorting out, unravelling, upshot, working out

**resolve**
- **V. 1.** agree, conclude, decide, design, determine, fix, intend, make up one's mind, purpose, settle, undertake **2.** answer, clear up, crack, elucidate, fathom, find the solution to, suss (out) *(Sl.)*, work out **3.** banish, clear up, dispel, explain, remove **4.** analyse, anatomize, break down, clear, disentangle, disintegrate, dissect, dissolve, liquefy, melt, reduce, separate, solve, split up, unravel **5.** alter, change, convert, metamorphose, transform, transmute
- **N. 6.** conclusion, decision, design, intention, objective, project, purpose, resolution, undertaking **7.** boldness, courage, determination, earnestness, firmness, resoluteness, resolution, steadfastness, willpower

**resort**
- **V. 1.** avail oneself of, bring into play, employ, exercise, fall back on, have recourse to, look to, make use of, turn to, use, utilize **2.** frequent, go, haunt, head for, repair, visit
- **N. 3.** haunt, holiday centre, refuge, retreat, spot, tourist centre, watering place *(Brit.)* **4.** alternative, chance, course, expedient, hope, possibility, recourse, reference

**resound** echo, fill the air, re-echo, resonate, reverberate, ring

**resounding** booming, echoing, full, powerful, resonant, reverberating, rich, ringing, sonorous, sounding, vibrant

**resource** **1.** ability, capability, cleverness, ingenuity, initiative, inventiveness, quick-wittedness, resourcefulness, talent **2.** hoard, reserve, source, stockpile, supply **3.** appliance, contrivance, course, device, expedient, means, resort

**resourceful** able, bright, capable, clever, creative, imaginative, ingenious, inventive, quick-witted, sharp, talented

**resources** assets, capital, funds, holdings, materials, means, money, property, reserves, riches, supplies, wealth, wherewithal

**respect**
- **N. 1.** admiration, appreciation, approbation, consideration, deference, esteem, estimation, honour, recognition, regard, reverence, veneration **2.** aspect, characteristic, detail, facet, feature, matter, particular, point, sense, way **3.** bearing, connection, reference, regard, relation **4.** *Plural* compliments, devoirs, good wishes, greetings, regards, salutations
- **V. 5.** admire, adore, appreciate, defer to, esteem, have a good *or* high opinion of, honour, look up to, recognize, regard, revere, reverence, set store by, show consideration for, think highly of, value, venerate **6.** abide by, adhere to, attend, comply with, follow, heed, honour, notice, obey, observe, pay attention to, regard, show consideration for

**respectable** **1.** admirable, decent, decorous, dignified, estimable, good, honest, honourable, proper, reputable, respected, upright, venerable, worthy **2.** ample, appreciable, considerable, decent, fair, fairly good, goodly, presentable, reasonable, sizable, substantial, tidy *(Inf.)*, tolerable

**respective** corresponding, individual, own, particular, personal, relevant, separate, several, specific, various

**respite** **1.** break, breather (*Inf.*), breathing space, cessation, halt, hiatus, intermission, interruption, interval, let-up (*Inf.*), lull, pause, recess, relaxation, relief, rest **2.** adjournment, delay, moratorium, postponement, reprieve, stay, suspension

**respond** acknowledge, act in response, answer, come back, counter, react, reciprocate, rejoin, reply, retort, return

**response** acknowledgement, answer, comeback (*Inf.*), counterattack, counterblast, feedback, reaction, rejoinder, reply, retort, return, riposte

**responsibility** **1.** accountability, amenability, answerability, care, charge, duty, liability, obligation, onus, trust **2.** authority, importance, power **3.** blame, burden, culpability, fault, guilt **4.** conscientiousness, dependability, level-headedness, maturity, rationality, reliability, sensibleness, soberness, stability, trustworthiness

**responsible** **1.** at the helm, carrying the can (*Inf.*), in authority, in charge, in control **2.** accountable, amenable, answerable, bound, chargeable, duty-bound, liable, subject, under obligation **3.** authoritative, decision-making, executive, high, important **4.** at fault, culpable, guilty, to blame **5.** adult, conscientious, dependable, level-headed, mature, rational, reliable, sensible, sober, sound, stable, trustworthy

**responsive** alive, awake, aware, forthcoming, impressionable, open, perceptive, quick to react, reactive, receptive, sensitive, sharp, susceptible, sympathetic

**rest**[1]
- **N. 1.** calm, doze, forty winks (*Inf.*), idleness, inactivity, kip (*Brit. sl.*), leisure, lie-down, motionlessness, nap, refreshment, relaxation, relief, repose, siesta, sleep, slumber, snooze (*Inf.*), somnolence, standstill, stillness, tranquillity, zizz (*Brit. inf.*) **2. at rest** asleep, at a standstill, at peace, calm, dead, motionless, peaceful, resting, sleeping, still, stopped, tranquil, unmoving **3.** break, breather (*Inf.*), breathing space, cessation, halt, holiday, interlude, intermission, interval, lull, pause, respite, stop, time off, vacation **4.** haven, lodging, refuge, retreat, shelter **5.** base, holder, prop, shelf, stand, support, trestle **6.** balance, excess, leftovers, others, remainder, remains, remnants, residue, residuum, rump, surplus
- **V. 7.** be at ease, be calm, doze, drowse, have a snooze (*Inf.*), have forty winks (*Inf.*), idle, kip (*Brit. sl.*), laze, lie down, lie still, nap, put one's feet up, refresh oneself, relax, sit down, sleep, slumber, snooze (*Inf.*), take a nap, take it easy, take one's ease, zizz (*Brit. inf.*) **8.** be supported, lay, lean, lie, prop, recline, repose, sit, stand, stretch out **9.** break off, cease, come to a standstill, desist, discontinue, halt, have a break, knock off (*Inf.*), stay, stop, take a breather (*Inf.*) **10.** base, be based, be founded, depend, found, hang, hinge, lie, rely, reside, turn **11.** be left, continue being, go on being, keep, remain, stay

**restful** calm, calming, comfortable, languid, pacific, peaceful, placid, quiet, relaxed, relaxing, serene, sleepy, soothing, tranquil, tranquillizing, undisturbed, unhurried

**restive** agitated, edgy, fidgety, fractious, fretful, ill at ease, impatient, jittery (*Inf.*), jumpy, nervous, on edge, recalcitrant, refractory, restless, uneasy, unquiet, unruly

**restless** **1.** active, bustling, changeable, footloose, hurried, inconstant, irresolute, moving, nomadic, roving, transient, turbulent, unsettled, unstable, unsteady, wandering **2.** agitated, anxious, disturbed, edgy, fidgeting, fidgety, fitful, fretful, ill at ease, jumpy, nervous, on edge, restive, sleepless, tossing and turning, troubled, uneasy, unquiet, unruly, unsettled, worried

**restlessness** **1.** activity, bustle, hurry, hurry-scurry, inconstancy, instability, movement, transience, turbulence, turmoil, unrest, unsettledness **2.** agitation, ants in one's pants (*Sl.*), anxiety, disquiet, disturbance, edginess, fitfulness, fretfulness, heebie-jeebies (*Sl.*), inquietude, insomnia, jitters (*Inf.*), jumpiness, nervousness, restiveness, uneasiness, worriedness

**restoration** **1.** reconstruction, recovery, refreshment, refurbishing, rehabilitation, rejuvenation, renewal, renovation, repair, revitalization, revival **2.** recovery, re-establishment, reinstallation, reinstatement, replacement, restitution, return

**restore** **1.** fix, mend, rebuild, recondition, reconstruct, recover, refurbish, rehabilitate, renew, renovate, repair, retouch, set to rights, touch up **2.** bring back to health, build up, reanimate, refresh, rejuvenate, revitalize, revive, revivify, strengthen **3.** bring back, give back, hand back, recover, re-establish, reinstate, replace, retrocede, return, send back **4.** reconstitute, re-enforce, reimpose, reinstate, reintroduce

**restrain** **1.** bridle, check, confine, constrain, contain, control, curb, curtail, debar, govern, hamper, handicap, harness, hinder, hold, hold back, inhibit, keep, keep under control, limit, muzzle, prevent, rein, repress, restrict, straiten, subdue, suppress **2.** arrest, bind, chain, confine, detain, fetter, hold, imprison, jail, lock up, manacle, pinion, tie up

**restrained** **1.** calm, controlled, mild, moderate, muted, reasonable, reticent, selfcontrolled, soft, steady, temperate, undemonstrative **2.** discreet, quiet, subdued, tasteful, unobtrusive

**restraint** **1.** coercion, command, compulsion, confines, constraint, control, curtailment, grip, hindrance, hold, inhibition, limitation, moderation, prevention, restriction, selfcontrol, self-discipline, self-possession, selfrestraint, suppression **2.** arrest, bondage, bonds, captivity, chains, confinement, detention, fetters, imprisonment, manacles, pinions, straitjacket **3.** ban, boycott, bridle, check, curb, embargo, interdict, limit, limitation, rein, taboo

**restrict** bound, circumscribe, confine, contain, cramp, demarcate, hamper, handicap, hem in, impede, inhibit, keep within bounds *or* limits, limit, regulate, restrain, straiten

**restriction** check, condition, confinement, constraint, containment, control, curb, demarcation, handicap, inhibition, limitation, regulation, restraint, rule, stipulation

**result**
- **N. 1.** conclusion, consequence, decision, development, effect, end, event, fruit, issue, outcome, product, reaction, sequel, termination, upshot
- **V. 2.** appear, arise, derive, develop, emanate, ensue, eventuate, flow, follow, happen, issue, spring, stem, turn out **3.** (*With* **in**) culminate, end, finish, pan out (*Inf.*), terminate, wind up

**resume** **1.** begin again, carry on, continue, go on, proceed, recommence, reinstitute, reopen, restart, take up *or* pick up where one left off **2.** assume again, occupy again, reoccupy, take back, take up again

**resumption** carrying on, continuation, fresh outbreak, new beginning, re-establishment, renewal, reopening, restart, resurgence

**resurrect** breathe new life into, bring back, raise from the dead, reintroduce, renew, restore to life, revive

**resurrection** comeback (*Inf.*), raising *or* rising from the dead, reappearance, rebirth, renaissance, renascence, renewal, restoration, resurgence, resuscitation, return, return from the dead, revival

**resuscitate** breathe new life into, bring round, bring to life, give artificial respiration to, give the kiss of life, quicken, reanimate, renew, rescue, restore, resurrect, revitalize, revive, revivify, save

**retain** **1.** absorb, contain, detain, grasp, grip, hang *or* hold onto, hold, hold back, hold fast, keep, keep possession of, maintain, preserve, reserve, restrain, save **2.** bear in mind, impress on the memory, keep in mind, memorize, recall, recollect, remember **3.** commission, employ, engage, hire, pay, reserve

**retainer** **1.** attendant, dependant, domestic, flunky, footman, henchman, lackey, servant, supporter, valet, vassal **2.** advance, deposit, fee

**retaliate** even the score, exact retribution, get back at, get even with (*Inf.*), get one's own back (*Inf.*), give as good as one gets (*Inf.*), give one a taste of one's own medicine, give tit for tat, hit back, make reprisal, pay one back in one's own coin, reciprocate, return like for like, strike back, take an eye for an eye, take revenge, wreak vengeance

**retaliation** an eye for an eye, a taste of one's own medicine, counterblow, counterstroke, reciprocation, repayment, reprisal, requital, retribution, revenge, tit for tat, vengeance

**retard** arrest, brake, check, clog, decelerate, defer, delay, detain, encumber, handicap, hinder, hold back *or* up, impede, obstruct, set back, slow down, stall

**reticence** quietness, reserve, restraint, secretiveness, silence, taciturnity, uncommunicativeness, unforthcomingness

**reticent** close-mouthed, mum, quiet, reserved, restrained, secretive, silent, taciturn, tight-lipped, uncommunicative, unforthcoming, unspeaking

**retire** **1.** be pensioned off, (be) put out to grass (*Inf.*), give up work, stop working **2.** absent oneself, betake oneself, depart, exit, go away, leave, remove, withdraw **3.** go to bed, go to one's room, go to sleep, hit the sack (*Sl.*), kip down (*Brit. sl.*), turn in (*Inf.*) **4.** decamp, ebb, fall back, give ground, give way, pull back, pull out, recede, retreat, withdraw

**retirement** loneliness, obscurity, privacy, retreat, seclusion, solitude, withdrawal

**retiring** bashful, coy, demure, diffident, humble, meek, modest, quiet, reclusive, reserved, reticent, self-effacing, shrinking, shy, timid, timorous, unassertive, unassuming

**retract** **1.** draw in, pull back, pull in, reel in, sheathe **2.** abjure, cancel, deny, disavow, disclaim, disown, recall, recant, renege, renounce, repeal, repudiate, rescind, reverse, revoke, take back, unsay, withdraw **3.** back out of, go back on, renege on

**retreat**
- **V. 1.** back away, depart, draw back, ebb, fall back, give ground, go back, leave, pull back, recede, recoil, retire, shrink, turn tail, withdraw
- **N. 2.** departure, ebb, evacuation, flight, retirement, withdrawal **3.** asylum, den, haunt, haven, hideaway, privacy, refuge, resort, retirement, sanctuary, seclusion, shelter

**retrench** curtail, cut, cut back, decrease, diminish, economize, husband, lessen, limit, make economies, pare, prune, reduce, save, tighten one's belt, trim

**retrenchment** contraction, cost-cutting, curtailment, cut, cutback, economy, pruning, reduction, rundown, tightening one's belt

**retribution** an eye for an eye, compensation, justice, Nemesis, punishment, reckoning, recompense, redress, repayment, reprisal, requital, retaliation, revenge, reward, satisfaction, vengeance

**retrieve** fetch back, get back, recall, recapture, recoup, recover, redeem, regain, repair, repossess, rescue, restore, salvage, save, win back

**retrospect** afterthought, hindsight, recollection, re-examination, remembrance, reminiscence, review, survey

**return**
- **V. 1.** come back, come round again, go back, reappear, rebound, recoil, recur, repair, retreat, revert, turn back **2.** carry back, convey, give back, put back, re-establish, reinstate, remit, render, replace, restore, retrocede, send, send back, take back, transmit **3.** give back, pay back, reciprocate, recompense, refund, reimburse, repay, requite **4.** bring in, earn, make, net, repay, yield **5.** answer, come back (with), communicate, rejoin, reply, respond, retort **6.** choose, elect, pick, vote in **7.** announce, arrive at, bring in, come to, deliver, render, report, submit
- **N. 8.** homecoming, reappearance, rebound, recoil, recrudescence, recurrence, retreat, reversion **9.** re-establishment, reinstatement, replacement, restoration **10.** advantage, benefit, gain, income, interest, proceeds, profit, revenue, takings, yield **11.** compensation, meed (*Archaic*), reciprocation, recompense, reimbursement, reparation, repayment, requital, retaliation, reward **12.** account, form, list, report, statement, summary **13.** answer, comeback (*Inf.*), rejoinder, reply, response, retort, riposte

**reveal** **1.** announce, betray, blow wide open (*Sl.*), broadcast, communicate, disclose, divulge, give away, give out, impart, leak, let on, let out, let slip, make known, make public, proclaim, publish, tell **2.** bare, bring to light, display, exhibit, expose to view, lay bare, manifest, open, show, uncover, unearth, unmask, unveil

**revel**
- **V. 1.** (*With* **in**) bask, crow, delight, drool, gloat, indulge, joy, lap up, luxuriate, rejoice, relish, savour, take pleasure, thrive on, wallow **2.** carouse, celebrate, go on a spree, live it up (*Inf.*), make merry, paint the town red (*Inf.*), push the

boat out (*Brit. inf.*), rave (*Brit. sl.*), roister, whoop it up (*Inf.*)
▸ **N. 3.** *Often plural* bacchanal, beano (*Brit. sl.*), carousal, carouse, celebration, debauch, festivity, gala, jollification, merrymaking, party, rave (*Brit. sl.*), rave-up (*Brit. sl.*), saturnalia, spree

**revelation** announcement, betrayal, broadcasting, communication, disclosure, discovery, display, exhibition, exposé, exposition, exposure, giveaway, leak, manifestation, news, proclamation, publication, telling, uncovering, unearthing, unveiling

**reveller** carouser, celebrator, merrymaker, partygoer, pleasure-seeker, roisterer

**revelry** beano (*Brit. sl.*), carousal, carouse, celebration, debauch, debauchery, festivity, fun, jollification, jollity, merrymaking, party, rave (*Brit. sl.*), rave-up (*Brit. sl.*), roistering, saturnalia, spree

**revenge**
▸ **N. 1.** an eye for an eye, reprisal, requital, retaliation, retribution, satisfaction, vengeance, vindictiveness
▸ **V. 2.** avenge, even the score for, get one's own back for (*Inf.*), hit back, make reprisal for, repay, requite, retaliate, take an eye for an eye for, take revenge for, vindicate

**revenue** gain, income, interest, proceeds, profits, receipts, returns, rewards, takings, yield

**reverberate** echo, rebound, recoil, re-echo, resound, ring, vibrate

**revere** adore, be in awe of, defer to, exalt, have a high opinion of, honour, look up to, put on a pedestal, respect, reverence, think highly of, venerate, worship

**reverence**
▸ **N. 1.** admiration, adoration, awe, deference, devotion, high esteem, homage, honour, respect, veneration, worship
▸ **V. 2.** admire, adore, be in awe of, hold in awe, honour, pay homage to, respect, revere, venerate, worship

**reverent** adoring, awed, decorous, deferential, devout, humble, loving, meek, pious, respectful, reverential, solemn, submissive

**reverse**
▸ **V. 1.** invert, transpose, turn back, turn over, turn round, turn upside down, upend **2.** alter, annul, cancel, change, countermand, declare null and void, invalidate, negate, obviate, overrule, overset, overthrow, overturn, quash, repeal, rescind, retract, revoke, set aside, undo, upset **3.** back, backtrack, back up, go backwards, move backwards, retreat
▸ **N. 4.** antithesis, contradiction, contrary, converse, inverse, opposite **5.** back, flip side, other side, rear, underside, verso, wrong side **6.** adversity, affliction, blow, check, defeat, disappointment, failure, hardship, misadventure, misfortune, mishap, repulse, reversal, setback, trial, vicissitude
▸ **ADJ. 7.** back to front, backward, contrary, converse, inverse, inverted, opposite

**revert** backslide, come back, go back, hark back, lapse, recur, regress, relapse, resume, return, take up where one left off

**review**
▸ **V. 1.** go over again, look at again, reassess, recapitulate, reconsider, re-evaluate, re-examine, rethink, revise, run over, take another look at, think over **2.** call to mind, look back on, recall, recollect, reflect on, remember, summon up **3.** assess, criticize, discuss, evaluate, examine, give one's opinion of, inspect, judge, read through, scrutinize, study, weigh, write a critique of
▸ **N. 4.** analysis, examination, perusal, report, scrutiny, study, survey **5.** commentary, critical assessment, criticism, critique, evaluation, judg(e)ment, notice, study **6.** journal, magazine, periodical **7.** another look, fresh look, reassessment, recapitulation, reconsideration, re-evaluation, re-examination, rethink, retrospect, revision, second look **8.** (*Military*) display, inspection, march past, parade, procession

**reviewer** arbiter, commentator, connoisseur, critic, essayist, judge

**revise 1.** alter, amend, change, correct, edit, emend, modify, reconsider, redo, re-examine, revamp, review, rework, rewrite, update **2.** go over, memorize, reread, run through, study, swot up (*Brit. inf.*)

**revision 1.** alteration, amendment, change, correction, editing, emendation, modification, re-examination, review, rewriting, updating **2.** homework, memorizing, rereading, studying, swotting (*Brit. inf.*)

**revival** awakening, quickening, reanimation, reawakening, rebirth, recrudescence, refreshment, renaissance, renascence, renewal, restoration, resurgence, resurrection, resuscitation, revitalization, revivification

**revive** animate, awaken, breathe new life into, bring back to life, bring round, cheer, come round, comfort, invigorate, quicken, rally, reanimate, recover, refresh, rekindle, renew, renovate, restore, resuscitate, revitalize, rouse, spring up again

**revoke** abolish, abrogate, annul, call back, cancel, countermand, declare null and void, disclaim, invalidate, negate, nullify, obviate, quash, recall, recant, renege, renounce, repeal, repudiate, rescind, retract, reverse, set aside, take back, withdraw

**revolt**
▸ **N. 1.** defection, insurgency, insurrection, mutiny, putsch, rebellion, revolution, rising, sedition, uprising
▸ **V. 2.** defect, mutiny, rebel, resist, rise, take to the streets, take up arms (against) **3.** disgust, give one the creeps (*Inf.*), gross out (*U.S. sl.*), make one's flesh creep, nauseate, offend, repel, repulse, shock, sicken, turn off (*Inf.*), turn one's stomach

**revolting** abhorrent, abominable, appalling, cringe-making (*Brit. inf.*), disgusting, distasteful, foul, horrible, horrid, loathsome, nasty, nauseating, nauseous, noisome, obnoxious, obscene, offensive, repellent, repugnant, repulsive, shocking, sickening, yucky *or* yukky (*Sl.*)

**revolution N. 1.** coup, coup d'état, insurgency, mutiny, putsch, rebellion, revolt, rising, uprising **2.** drastic *or* radical change, innovation, metamorphosis, reformation, sea change, shift, transformation, upheaval **3.** circle, circuit, cycle, gyration, lap, orbit, rotation, round, spin, turn, wheel, whirl

**revolutionary**
▸ **N. 1.** insurgent, insurrectionary, insurrectionist, mutineer, rebel, revolutionist
▸ **ADJ. 2.** extremist, insurgent, insurrectionary, mutinous, radical, rebel, seditious, subversive **3.** avant-garde, different, drastic, experimental, fundamental, ground-breaking, innovative, new, novel, progressive, radical, thoroughgoing

**revolve 1.** circle, go round, gyrate, orbit, rotate, spin, turn, twist, wheel, whirl **2.** consider, deliberate, meditate, mull over, ponder, reflect, ruminate, study, think about, think over, turn over (in one's mind)

**revulsion** abhorrence, abomination, aversion, detestation, disgust, distaste, loathing, odium, recoil, repugnance, repulsion

**reward**
▸ **N. 1.** benefit, bonus, bounty, compensation, gain, honour, meed (*Archaic*), merit, payment, premium, prize, profit, recompense, remuneration, repayment, requital, return, wages **2.** comeuppance (*Sl.*), desert, just deserts, punishment, requital, retribution
▸ **V. 3.** compensate, honour, make it worth one's while, pay, recompense, remunerate, repay, requite

**rewarding** advantageous, beneficial, economic, edifying, enriching, fruitful, fulfilling, gainful, gratifying, pleasing, productive, profitable, remunerative, satisfying, valuable, worthwhile

**rhetoric 1.** eloquence, oratory **2.** bombast, fustian, grandiloquence, hot air (*Inf.*), hyperbole, magniloquence, pomposity, rant, verbosity, wordiness

**rhetorical 1.** bombastic, declamatory, flamboyant, flashy, florid, flowery, grandiloquent, high-flown, high-sounding, hyperbolic, magniloquent, oratorical, pompous, pretentious, showy, silver-tongued, verbose, windy **2.** linguistic, oratorical, stylistic, verbal

**rhyme**
▸ **N. 1.** ode, poem, poetry, song, verse **2. rhyme or reason** logic, meaning, method, plan, sense
▸ **V. 3.** chime, harmonize, sound like

**rhythm** accent, beat, cadence, flow, lilt, measure (*Prosody*), metre, movement, pattern, periodicity, pulse, swing, tempo, time

**rhythmic, rhythmical** cadenced, flowing, harmonious, lilting, melodious, metrical, musical, periodic, pulsating, throbbing

**ribald** bawdy, blue, broad, coarse, earthy, filthy, gross, indecent, licentious, naughty, near the knuckle (*Inf.*), obscene, off colour, Rabelaisian, racy, raunchy (*Sl.*), risqué, rude, scurrilous, smutty, vulgar

**rich 1.** affluent, filthy rich, flush (*Inf.*), loaded (*Sl.*), made of money (*Inf.*), moneyed, opulent, propertied, prosperous, rolling (*Sl.*), stinking rich (*Inf.*), wealthy, well-heeled (*Inf.*), well-off, well-to-do **2.** abounding, full, productive, well-endowed, well-provided, well-stocked, well-supplied **3.** abounding, abundant, ample, copious, exuberant, fecund, fertile, fruitful, full, lush, luxurious, plenteous, plentiful, productive, prolific **4.** beyond price, costly, elaborate, elegant, expensive, exquisite, fine, gorgeous, lavish, palatial, precious, priceless, splendid, sumptuous, superb, valuable **5.** creamy, delicious, fatty, flavoursome, full-bodied, heavy, highly-flavoured, juicy, luscious, savoury, spicy, succulent, sweet, tasty **6.** bright, deep, gay, intense, strong, vibrant, vivid, warm **7.** deep, dulcet, full, mellifluous, mellow, resonant **8.** amusing, comical, funny, hilarious, humorous, laughable, ludicrous, ridiculous, risible, side-splitting

**riches** abundance, affluence, assets, fortune, gold, money, opulence, plenty, property, resources, richness, substance, treasure, wealth

**richly 1.** elaborately, elegantly, expensively, exquisitely, gorgeously, lavishly, luxuriously, opulently, palatially, splendidly, sumptuously **2.** amply, appropriately, fully, in full measure, properly, suitably, thoroughly, well

**rid 1.** clear, deliver, disabuse, disburden, disembarrass, disencumber, free, lighten, make free, purge, relieve, unburden **2. get rid of** dispense with, dispose of, do away with, dump, eject, eliminate, expel, give the bum's rush (*Sl.*), jettison, remove, shake off, throw away *or* out, unload, weed out

**riddle** brain-teaser (*Inf.*), Chinese puzzle, conundrum, enigma, mystery, poser, problem, puzzle, rebus, teaser

**ride**
▸ **V. 1.** control, handle, manage, sit on **2.** be borne (carried, supported), float, go, journey, move, progress, sit, travel **3.** dominate, enslave, grip, haunt, oppress, tyrannize over
▸ **N. 4.** drive, jaunt, journey, lift, outing, spin (*Inf.*), trip, whirl (*Inf.*)

**ridicule**
▸ **N. 1.** banter, chaff, derision, gibe, irony, jeer, laughter, mockery, raillery, sarcasm, satire, scorn, sneer, taunting
▸ **V. 2.** banter, caricature, chaff, deride, humiliate, jeer, lampoon, laugh at, laugh out of court, laugh to scorn, make a fool of, make fun of, make one a laughing stock, mock, parody, poke fun at, pooh-pooh, satirize, scoff, send up (*Brit. inf.*), sneer, take the mickey out of (*Inf.*), take the piss (out of) (*Taboo sl.*), taunt

**ridiculous** absurd, comical, contemptible, derisory, farcical, foolish, funny, hilarious, inane, incredible, laughable, ludicrous, nonsensical, outrageous, preposterous, risible, silly, stupid, unbelievable

**rifle V.** burgle, despoil, go through, gut, loot, pillage, plunder, ransack, rob, rummage, sack, strip

**rift 1.** breach, break, chink, cleavage, cleft, crack, cranny, crevice, fault, fissure, flaw, fracture, gap, opening, space, split **2.** alienation, breach, difference, disagreement, division, estrangement, falling out (*Inf.*), quarrel, schism, separation, split

**rig**
▸ **V. 1.** accoutre, equip, fit out, furnish, kit out, outfit, provision, supply, turn out **2.** arrange, doctor, engineer, fake, falsify, fiddle with (*Inf.*), fix (*Inf.*), gerrymander, juggle, manipulate, tamper with, trump up
▸ **N. 3.** accoutrements, apparatus, equipage, equipment, fitments, fittings, fixtures, gear, machinery, outfit, tackle

**right**
▸ **ADJ. 1.** equitable, ethical, fair, good, honest, honourable, just, lawful, moral, proper, righteous, true, upright, virtuous **2.** accurate, admissible, authentic, correct, exact, factual, genuine, precise, satisfactory, sound, spot-on (*Brit. inf.*), true, unerring, valid, veracious **3.** advantageous, appropriate, becoming, comme il faut, convenient, deserved, desirable, done, due, favourable, fit, fitting, ideal, opportune, proper, propitious, rightful, seemly, suitable

**4.** all there (*Inf.*), balanced, compos mentis, fine, fit, healthy, in good health, in the pink, lucid, normal, rational, reasonable, sane, sound, unimpaired, up to par, well **5.** conservative, reactionary, Tory **6.** absolute, complete, out-and-out, outright, pure, real, thorough, thoroughgoing, utter
▸ **ADV. 7.** accurately, aright, correctly, exactly, factually, genuinely, precisely, truly **8.** appropriately, aptly, befittingly, fittingly, properly, satisfactorily, suitably **9.** directly, immediately, instantly, promptly, quickly, straight, straightaway, without delay **10.** bang, exactly, precisely, slap-bang (*Inf.*), squarely **11.** absolutely, all the way, altogether, completely, entirely, perfectly, quite, thoroughly, totally, utterly, wholly **12.** ethically, fairly, honestly, honourably, justly, morally, properly, righteously, virtuously **13.** advantageously, beneficially, favourably, for the better, fortunately, to advantage, well
▸ **N. 14.** authority, business, claim, due, freedom, interest, liberty, licence, permission, power, prerogative, privilege, title **15.** equity, good, goodness, honour, integrity, justice, lawfulness, legality, morality, propriety, reason, rectitude, righteousness, truth, uprightness, virtue **16. by rights** equitably, in fairness, justly, properly **17. to rights** arranged, in order, straight, tidy
▸ **V. 18.** compensate for, correct, fix, put right, rectify, redress, repair, settle, set upright, sort out, straighten, vindicate

**righteous** blameless, equitable, ethical, fair, good, honest, honourable, just, law-abiding, moral, pure, squeaky-clean, upright, virtuous

**righteousness** blamelessness, equity, ethicalness, faithfulness, goodness, honesty, honour, integrity, justice, morality, probity, purity, rectitude, uprightness, virtue

**rigid** adamant, austere, exact, fixed, harsh, inflexible, intransigent, invariable, rigorous, set, severe, stern, stiff, strict, stringent, unalterable, unbending, uncompromising, undeviating, unrelenting, unyielding

**rigorous 1.** austere, challenging, demanding, exacting, firm, hard, harsh, inflexible, rigid, severe, stern, strict, stringent, tough **2.** accurate, conscientious, exact, meticulous, nice, painstaking, precise, punctilious, scrupulous, thorough **3.** bad, bleak, extreme, harsh, inclement, inhospitable, severe

**rigour 1.** asperity, austerity, firmness, hardness, hardship, harshness, inflexibility, ordeal, privation, rigidity, sternness, strictness, stringency, suffering, trial **2.** accuracy, conscientiousness, exactitude, exactness, meticulousness, preciseness, precision, punctiliousness, thoroughness

**rig out 1.** accoutre, equip, fit, furnish, kit out, outfit, set up **2.** array, attire, clothe, costume, dress, kit out

**rig up** arrange, assemble, build, cobble together, construct, erect, fix up, improvise, put together, put up, set up, throw together

**rim** border, brim, brink, circumference, edge, flange, lip, margin, verge

**rind** crust, epicarp, husk, integument, outer layer, peel, skin

**ring[1]**
▸ **N. 1.** band, circle, circuit, halo, hoop, loop, round **2.** arena, circus, enclosure, rink **3.** association, band, cabal, cartel, cell, circle, clique, combine, coterie, crew (*Inf.*), gang, group, junta, knot, mob, organization, syndicate
▸ **V. 4.** circumscribe, encircle, enclose, encompass, gird, girdle, hem in, seal off, surround

**ring[2]**
▸ **V. 1.** chime, clang, peal, resonate, resound, reverberate, sound, toll **2.** buzz (*Inf.*), call, phone, telephone
▸ **N. 3.** chime, knell, peal **4.** buzz (*Inf.*), call, phone call

**rinse**
▸ **V. 1.** bathe, clean, cleanse, dip, splash, wash, wash out, wet
▸ **N. 2.** bath, dip, splash, wash, wetting

**riot**
▸ **N. 1.** anarchy, commotion, confusion, disorder, disturbance, donnybrook, fray, lawlessness, mob violence, quarrel, row, street fighting, strife, tumult, turbulence, turmoil, upheaval, uproar **2.** boisterousness, carousal, excess, festivity, frolic, high jinks, jollification, merrymaking, revelry, romp **3.** display, extravaganza, flourish, show, splash **4. run riot** be out of control, break *or* cut loose, go wild, let oneself go, raise hell, rampage, throw off all restraint grow like weeds, grow profusely, luxuriate, spread like wildfire
▸ **V. 5.** fight in the streets, go on the rampage, raise an uproar, rampage, run riot, take to the streets **6.** carouse, cut loose, frolic, go on a binge (*Inf.*), go on a spree, make merry, paint the town red (*Inf.*), revel, roister, romp

**riotous 1.** anarchic, disorderly, insubordinate, lawless, mutinous, rampageous, rebellious, refractory, rowdy, tumultuous, ungovernable, unruly, uproarious, violent **2.** boisterous, loud, luxurious, noisy, orgiastic, rambunctious (*Inf.*), roisterous, rollicking, saturnalian, side-splitting, unrestrained, uproarious, wanton, wild

**ripe 1.** fully developed, fully grown, mature, mellow, ready, ripened, seasoned **2.** accomplished, complete, finished, in readiness, perfect, prepared, ready **3.** auspicious, favourable, ideal, opportune, right, suitable, timely

**ripen** burgeon, come of age, come to fruition, develop, get ready, grow ripe, make ripe, mature, prepare, season

**riposte**
▸ **N. 1.** answer, comeback (*Inf.*), counterattack, rejoinder, repartee, reply, response, retort, return, sally
▸ **V. 2.** answer, come back, reciprocate, rejoin, reply, respond, retort, return

**rise**
▸ **V. 1.** arise, get out of bed, get to one's feet, get up, rise and shine, stand up, surface **2.** arise, ascend, climb, enlarge, go up, grow, improve, increase, intensify, levitate, lift, mount, move up, soar, swell, wax **3.** advance, be promoted, climb the ladder, get on, get somewhere, go places (*Inf.*), progress, prosper, work one's way up **4.** appear, become apparent, crop up, emanate, emerge, eventuate, flow, happen, issue, occur, originate, spring, turn up **5.** mount the barricades, mutiny, rebel, resist, revolt, take up arms **6.** ascend, climb, get steeper, go uphill, mount, slope upwards
▸ **N. 7.** advance, ascent, climb, improvement, increase, upsurge, upswing, upturn, upward turn **8.** advancement, aggrandizement, climb, progress, promotion **9.** acclivity, ascent, elevation, hillock, incline, rising ground, upward slope **10.** increment, pay increase, raise (*U.S.*) **11. give rise to** bring about, bring on, cause, effect, produce, provoke, result in

**risk**
▸ **N. 1.** chance, danger, gamble, hazard, jeopardy, peril, pitfall, possibility, speculation, uncertainty, venture
▸ **V. 2.** chance, dare, endanger, expose to danger, gamble, hazard, imperil, jeopardize, put in jeopardy, take a chance on, venture

**risky** chancy (*Inf.*), dangerous, dicey (*Inf., chiefly Brit.*), dodgy (*Brit., Aust., & N.Z. inf.*), fraught with danger, hazardous, perilous, precarious, touch-and-go, tricky, uncertain, unsafe

**rite** act, ceremonial, ceremony, communion, custom, form, formality, liturgy, mystery, observance, ordinance, practice, procedure, ritual, sacrament, service, solemnity, usage

**ritual**
▸ **N. 1.** ceremonial, ceremony, communion, liturgy, mystery, observance, rite, sacrament, service, solemnity **2.** convention, custom, form, formality, habit, ordinance, practice, prescription, procedure, protocol, red tape, routine, stereotype, tradition, usage
▸ **ADJ. 3.** ceremonial, ceremonious, conventional, customary, formal, habitual, prescribed, procedural, routine, stereotyped

**rival**
▸ **N. 1.** adversary, antagonist, challenger, competitor, contender, contestant, emulator, opponent **2.** compeer, equal, equivalent, fellow, match, peer
▸ **ADJ. 3.** competing, competitive, conflicting, emulating, opposed, opposing
▸ **V. 4.** be a match for, bear comparison with, come up to, compare with, compete, contend, emulate, equal, match, measure up to, oppose, seek to displace, vie with

**rivalry** antagonism, competition, competitiveness, conflict, contention, contest, duel, emulation, opposition, struggle, vying

**road 1.** avenue, course, direction, highway, lane, motorway, path, pathway, roadway, route, street, thoroughfare, track, way **2.** (*Nautical*) anchorage, roadstead

**roam** drift, meander, peregrinate, prowl, ramble, range, rove, stravaig (*Scot. & northern English dialect*), stray, stroll, travel, walk, wander

**roar**
▸ **V. 1.** bawl, bay, bell, bellow, clamour, crash, cry, howl, rumble, shout, thunder, vociferate, yell **2.** bust a gut (*Inf.*), crack up (*Inf.*), guffaw, hoot, laugh heartily, split one's sides (*Inf.*)
▸ **N. 3.** bellow, clamour, crash, cry, howl, outcry, rumble, shout, thunder, yell **4.** belly laugh (*Inf.*), guffaw, hoot

**rob** bereave, burgle, cheat, con (*Inf.*), defraud, deprive, despoil, dispossess, do out of (*Inf.*), gyp (*Sl.*), hold up, loot, mug (*Inf.*), pillage, plunder, raid, ransack, rifle, rip off (*Sl.*), sack, skin (*Sl.*), steam (*Inf.*), stiff (*Sl.*), strip, swindle

**robber** bandit, brigand, burglar, cheat, con man (*Inf.*), fraud, highwayman, looter, mugger (*Inf.*), pirate, plunderer, raider, stealer, swindler, thief

**robbery** burglary, depredation, embezzlement, filching, fraud, hold-up, larceny, mugging (*Inf.*), pillage, plunder, raid, rapine, rip-off (*Sl.*), spoliation, stealing, steaming (*Inf.*), stick-up (*Sl., chiefly U.S.*), swindle, theft, thievery

**robe**
▸ **N. 1.** costume, gown, habit, vestment **2.** bathrobe, dressing gown, housecoat, negligee, peignoir, wrapper
▸ **V. 3.** apparel (*Archaic*), attire, clothe, drape, dress, garb

**robot** android, automaton, machine, mechanical man

**robust 1.** able-bodied, athletic, brawny, fit, hale, hardy, healthy, hearty, husky (*Inf.*), in fine fettle, in good health, lusty, muscular, powerful, Ramboesque, rude, rugged, sinewy, sound, staunch, stout, strapping, strong, sturdy, thickset, tough, vigorous, well **2.** boisterous, coarse, earthy, indecorous, raunchy (*Sl.*), raw, roisterous, rollicking, rough, rude, unsubtle **3.** common-sensical, down-to-earth, hard-headed, practical, pragmatic, realistic, sensible, straightforward

**rock[1] 1.** lurch, pitch, reel, roll, sway, swing, toss, wobble **2.** astonish, astound, daze, dumbfound, jar, set one back on one's heels (*Inf.*), shake, shock, stagger, stun, surprise

**rock[2] 1.** boulder, stone **2.** anchor, bulwark, cornerstone, foundation, mainstay, protection, support, tower of strength

**rocky 1.** boulder-strewn, craggy, pebbly, rough, rugged, stony **2.** adamant, firm, flinty, hard, rocklike, rugged, solid, steady, tough, unyielding

**rod** bar, baton, birch, cane, crook, dowel, mace, pole, sceptre, shaft, staff, stick, switch, wand

**rogue** blackguard, charlatan, cheat, con man (*Inf.*), crook (*Inf.*), deceiver, devil, fraud, knave (*Archaic*), mountebank, ne'er-do-well, rapscallion, rascal, reprobate, scally (*Northwest English dialect*), scamp, scoundrel, scumbag (*Sl.*), sharper, swindler, villain

**role 1.** character, impersonation, part, portrayal, representation **2.** capacity, duty, function, job, part, position, post, task

**roll**
▸ **V. 1.** elapse, flow, go past, go round, gyrate, pass, pivot, reel, revolve, rock, rotate, run, spin, swivel, trundle, turn, twirl, undulate, wheel, whirl **2.** bind, coil, curl, enfold, entwine, envelop, furl, swathe, twist, wind, wrap **3.** even, flatten, level, press, smooth, spread **4.** boom, drum, echo, grumble, resound, reverberate, roar, rumble, thunder **5.** billow, lurch, reel, rock, sway, swing, toss, tumble, wallow, welter **6.** lumber, lurch, reel, stagger, swagger, sway, waddle
▸ **N. 7.** cycle, gyration, reel, revolution, rotation, run, spin, turn, twirl, undulation, wheel, whirl **8.** ball, bobbin, cylinder, reel, scroll, spool **9.** annals, catalogue, census, chronicle, directory, index, inventory, list, record, register, roster, schedule, scroll, table **10.** billowing, lurching, pitching, rocking, rolling, swell, tossing, undulation, wallowing, waves **11.** boom, drumming, growl, grumble, resonance, reverberation, roar, rumble, thunder

**rollicking** **ADJ.** boisterous, carefree, cavorting, devil-may-care, exuberant, frisky, frolicsome, hearty, jaunty, jovial, joyous, lively, merry, playful, rip-roaring (*Inf.*), romping, spirited, sportive, sprightly, swashbuckling

**roly-poly** buxom, chubby, fat, overweight, plump, podgy, pudgy, rotund, rounded, tubby

## romance

- **N. 1.** affair, affaire (du coeur), affair of the heart, amour, attachment, intrigue, liaison, love affair, passion, relationship **2.** adventure, charm, colour, excitement, exoticness, fascination, glamour, mystery, nostalgia, sentiment **3.** fairy tale, fantasy, fiction, idyll, legend, love story, melodrama, novel, story, tale, tear-jerker (Inf.) **4.** absurdity, exaggeration, fabrication, fairy tale, falsehood, fiction, flight of fancy, invention, lie, tall story (Inf.), trumped-up story
- **V. 5.** be economical with the truth, exaggerate, fantasize, let one's imagination run away with one, lie, make up stories, stretch the truth, tell stories

## romantic

- **ADJ. 1.** amorous, fond, lovey-dovey, loving, mushy (Inf.), passionate, sentimental, sloppy (Inf.), soppy (Brit. inf.), tender **2.** charming, colourful, exciting, exotic, fascinating, glamorous, mysterious, nostalgic, picturesque **3.** dreamy, high-flown, idealistic, impractical, quixotic, starry-eyed, unrealistic, utopian, visionary, whimsical **4.** chimerical, exaggerated, extravagant, fabulous, fairy-tale, fanciful, fantastic, fictitious, idyllic, imaginary, imaginative, improbable, legendary, made-up, unrealistic, wild
- **N. 5.** Don Quixote, dreamer, idealist, romancer, sentimentalist, utopian, visionary

**rook** V. bilk, cheat, cozen, clip (Sl.), defraud, diddle (Inf.), do (Sl.), fleece, gyp (Sl.), mulct, overcharge, rip off (Sl.), skin (Sl.), stiff (Sl.), sting (Inf.), swindle

**room 1.** allowance, area, capacity, compass, elbowroom, expanse, extent, latitude, leeway, margin, play, range, scope, space, territory, volume **2.** apartment, chamber, office **3.** chance, occasion, opportunity, scope

**roomy** ample, broad, capacious, commodious, extensive, generous, large, sizable, spacious, wide

## root

- **N. 1.** radicle, radix, rhizome, stem, tuber **2.** base, beginnings, bottom, cause, core, crux, derivation, essence, foundation, fountainhead, fundamental, germ, heart, mainspring, nub, nucleus, occasion, origin, seat, seed, source, starting point **3.** Plural birthplace, cradle, family, heritage, home, origins, sense of belonging **4. root and branch** completely, entirely, finally, radically, thoroughly, totally, to the last man, utterly, wholly, without exception
- **V. 5.** anchor, become established, become settled, embed, entrench, establish, fasten, fix, ground, implant, moor, set, stick, take root

**rooted** confirmed, deep, deeply felt, deep-seated, entrenched, established, firm, fixed, ingrained, radical, rigid

**root out 1.** (also **root up**) abolish, cut out, destroy, dig up by the roots, do away with, efface, eliminate, eradicate, erase, exterminate, extirpate, get rid of, remove, tear out by the roots, uproot, weed out **2.** bring to light, dig out, discover, dredge up, produce, turn up, unearth

## rope

- **N. 1.** cable, cord, hawser, line, strand **2. the rope** capital punishment, halter, hanging, lynching, noose **3. know the ropes** be an old hand, be experienced, be knowledgeable, know all the ins and outs, know one's way around, know the score (Inf.), know what's what, know where it's at (Sl.)
- **V. 4.** bind, fasten, hitch, lash, lasso, moor, pinion, tether, tie

**rope in** drag in, engage, enlist, inveigle, involve, persuade, talk into

**roster** agenda, catalogue, inventory, list, listing, register, roll, rota, schedule, scroll, table

**rostrum** dais, platform, podium, stage

**rosy 1.** pink, red, roseate, rose-coloured **2.** blooming, blushing, flushed, fresh, glowing, healthy-looking, radiant, reddish, roseate, rubicund, ruddy **3.** auspicious, bright, cheerful, encouraging, favourable, hopeful, optimistic, promising, reassuring, roseate, rose-coloured, sunny

## rot

- **V. 1.** corrode, corrupt, crumble, decay, decompose, degenerate, deteriorate, disintegrate, fester, go bad, moulder, perish, putrefy, spoil, taint **2.** decline, degenerate, deteriorate, languish, waste away, wither away
- **N. 3.** blight, canker, corrosion, corruption, decay, decomposition, deterioration, disintegration, mould, putrefaction, putrescence **4.** balderdash, balls (Taboo sl.), bilge (Inf.), bosh (Inf.), bull (Sl.), bullshit (Taboo sl.), bunk (Inf.), bunkum or buncombe (Chiefly U.S.), claptrap (Inf.), cobblers (Brit. taboo sl.), codswallop (Brit. sl.), crap (Sl.), drivel, eyewash (Inf.), flapdoodle (Sl.), garbage (Chiefly U.S.), guff (Sl.), hogwash, hokum (Sl., chiefly U.S. & Canad.), horsefeathers (U.S. sl.), hot air (Inf.), moonshine, nonsense, pap, piffle (Inf.), poppycock (Inf.), rubbish, shit (Taboo sl.), stuff and nonsense, tommyrot, tosh (Sl., chiefly Brit.), tripe (Inf.), twaddle

**rotary** gyratory, revolving, rotating, rotational, rotatory, spinning, turning

**rotate 1.** go round, gyrate, pirouette, pivot, reel, revolve, spin, swivel, turn, wheel **2.** alternate, follow in sequence, interchange, switch, take turns

**rotation 1.** gyration, orbit, pirouette, reel, revolution, spin, spinning, turn, turning, wheel **2.** alternation, cycle, interchanging, sequence, succession, switching

**rotten 1.** bad, corroded, corrupt, crumbling, decayed, decaying, decomposed, decomposing, disintegrating, festering, fetid, foul, mouldering, mouldy, perished, putrescent, putrid, rank, sour, stinking, tainted, unsound **2.** bent (Sl.), corrupt, crooked (Inf.), deceitful, degenerate, dishonest, dishonourable, disloyal, faithless, immoral, mercenary, perfidious, treacherous, untrustworthy, venal, vicious **3.** (Inf.) base, contemptible, despicable, dirty, disagreeable, filthy, mean, nasty, scurrilous, shitty (Taboo sl.), unpleasant, vile, wicked **4.** (Inf.) bad, deplorable, disappointing, regrettable, unfortunate, unlucky **5.** (Inf.) chickenshit (U.S. sl.), crummy (Sl.), duff (Brit. inf.), ill-considered, ill-thought-out, inadequate, inferior, lousy (Sl.), low-grade, of a sort or of sorts, poor, poxy (Sl.), punk, ropy or ropey (Brit. inf.), sorry, substandard, unacceptable, unsatisfactory **6.** (Inf.) bad, below par, ill, off colour, poorly (Inf.), ropy or ropey (Brit. inf.), rough (Inf.), sick, under the weather (Inf.), unwell

**rotter** bad lot, blackguard, blighter (Brit. inf.), bounder (Old-fashioned Brit. sl.), cad (Brit. inf.), cocksucker (Taboo sl.), cur, louse (Sl.), rat (Inf.), scumbag (Sl.), stinker (Sl.), swine

**rotund 1.** bulbous, globular, orbicular, round, rounded, spherical **2.** chubby, corpulent, fat, fleshy, heavy, obese, plump, podgy, portly, roly-poly, rounded, stout, tubby **3.** full, grandiloquent, magniloquent, orotund, resonant, rich, round, sonorous

## rough

- **ADJ. 1.** broken, bumpy, craggy, irregular, jagged, rocky, rugged, stony, uneven **2.** bristly, bushy, coarse, dishevelled, disordered, fuzzy, hairy, shaggy, tangled, tousled, uncut, unshaven, unshorn **3.** agitated, boisterous, choppy, inclement, squally, stormy, tempestuous, turbulent, wild **4.** bearish, bluff, blunt, brusque, churlish, coarse, curt, discourteous, ill-bred, ill-mannered, impolite, inconsiderate, indelicate, loutish, rude, unceremonious, uncivil, uncouth, uncultured, ungracious, unmannerly, unpolished, unrefined, untutored **5.** boisterous, cruel, curt, drastic, extreme, hard, harsh, nasty, rowdy, severe, sharp, tough, unfeeling, unjust, unpleasant, violent **6.** (Inf.) below par, ill, not a hundred per cent (Inf.), off colour, poorly (Inf.), ropy or ropey (Brit. inf.), rotten (Inf.), sick, under the weather (Inf.), unwell, upset **7.** cacophonous, discordant, grating, gruff, harsh, husky, inharmonious, jarring, rasping, raucous, unmusical **8.** arduous, austere, hard, rugged, spartan, tough, uncomfortable, unpleasant, unrefined **9.** basic, crude, cursory, formless, hasty, imperfect, incomplete, quick, raw, rough-and-ready, roughhewn, rudimentary, shapeless, sketchy, unfinished, unpolished, unrefined, untutored **10.** crude, raw, rough-hewn, uncut, undressed, unhewn, unpolished, unprocessed, unwrought **11.** amorphous, approximate, estimated, foggy, general, hazy, imprecise, inexact, sketchy, vague
- **N. 12.** draft, mock-up, outline, preliminary sketch, suggestion **13.** (Inf.) bruiser, bully boy, casual, lager lout, ned (Sl.), roughneck (Sl.), rowdy, ruffian, thug, tough
- **V. 14. rough out** adumbrate, block out, delineate, draft, outline, plan, sketch, suggest **15. rough up** bash up (Inf.), batter, beat the living daylights out of (Inf.), beat up, do over (Brit., Aust., & N.Z. sl.), knock about or around, maltreat, manhandle, mistreat, thrash

## rough-and-tumble

- **N. 1.** affray (Law), brawl, donnybrook, dust-up (Inf.), fight, fracas, melee or mêlée, punch-up (Brit. inf.), roughhouse (Sl.), scrap (Inf.), scrimmage, scuffle, shindig (Inf.), shindy (Inf.), struggle
- **ADJ. 2.** boisterous, disorderly, haphazard, indisciplined, irregular, rough, rowdy, scrambled, scrambling

## round

- **ADJ. 1.** annular, ball-shaped, bowed, bulbous, circular, curved, curvilinear, cylindrical, discoid, disc-shaped, globular, orbicular, ring-shaped, rotund, rounded, spherical **2.** complete, entire, full, solid, unbroken, undivided, whole **3.** ample, bounteous, bountiful, considerable, generous, great, large, liberal, substantial **4.** ample, fleshy, full, full-fleshed, plump, roly-poly, rotund, rounded **5.** full, mellifluous, orotund, resonant, rich, rotund, sonorous **6.** blunt, candid, direct, frank, outspoken, plain, straightforward, unmodified
- **N. 7.** ball, band, circle, disc, globe, orb, ring, sphere **8.** bout, cycle, sequence, series, session, succession **9.** division, lap, level, period, session, stage, turn **10.** ambit, beat, circuit, compass, course, routine, schedule, series, tour, turn **11.** bullet, cartridge, discharge, shell, shot
- **V. 12.** bypass, circle, circumnavigate, encircle, flank, go round, skirt, turn

**roundabout** ADJ. circuitous, circumlocutory, devious, discursive, evasive, indirect, meandering, oblique, periphrastic, tortuous

**round off** bring to a close, cap, close, complete, conclude, crown, finish off, put the finishing touch to, settle

**round up** assemble, bring together, collect, drive, gather, group, herd, marshal, muster, rally

**rouse 1.** arouse, awaken, call, get up, rise, wake, wake up **2.** agitate, anger, animate, arouse, bestir, disturb, excite, exhilarate, galvanize, get going, incite, inflame, instigate, move, prod, provoke, startle, stimulate, stir, whip up

**rousing** brisk, electrifying, exciting, exhilarating, inflammatory, inspiring, lively, moving, spirited, stimulating, stirring, vigorous

## rout

- **N. 1.** beating, debacle, defeat, disorderly retreat, drubbing, headlong flight, hiding (Inf.), licking (Inf.), overthrow, overwhelming defeat, pasting (Sl.), ruin, shambles, thrashing
- **V. 2.** beat, chase, clobber (Sl.), conquer, crush, cut to pieces, defeat, destroy, dispel, drive off, drub, lick (Inf.), overpower, overthrow, put to flight, put to rout, scatter, tank (Sl.), thrash, throw back in confusion, wipe the floor with (Inf.), worst

## route

- **N. 1.** avenue, beat, circuit, course, direction, itinerary, journey, passage, path, road, round, run, way
- **V. 2.** convey, direct, dispatch, forward, send, steer

## routine

- **N. 1.** custom, formula, grind (Inf.), groove, method, order, pattern, practice, procedure, programme, usage, way, wont **2.** (Inf.) act, bit (Inf.), line, performance, piece, spiel (Inf.)
- **ADJ. 3.** conventional, customary, everyday, familiar, habitual, normal, ordinary, standard, typical, usual, wonted, workaday **4.** boring, clichéd, dull, hackneyed, humdrum, mind-numbing, predictable, run-of-the-mill, shtick (Sl.), tedious, tiresome, unimaginative, uninspired, unoriginal

**row¹** bank, column, file, line, queue, range, rank, sequence, series, string, tier

## row²

- **N. 1.** altercation, bagarre, brawl, commotion, controversy, dispute, disturbance, falling-out (Inf.), fracas, fray, fuss, noise, quarrel, racket, ruckus (Inf.), ruction (Inf.), rumpus, scrap (Inf.), shindig (Inf.), shindy (Inf.), shouting match (Inf.), slanging match (Brit.), squabble, tiff, trouble, tumult, uproar **2.** castigation, dressing-down (Inf.), flea in one's ear (Inf.), lecture, reprimand, reproof, rollicking (Brit. inf.), talking-to (Inf.), telling-off (Inf.), ticking-off (Inf.), tongue-lashing
- **V. 3.** argue, brawl, dispute, fight, scrap (Inf.), spar, squabble, wrangle

## rowdy

- **ADJ. 1.** boisterous, disorderly, loud, loutish, noisy, obstreperous, rough, unruly, uproarious, wild

► **N. 2.** brawler, casual, hooligan, lager lout, lout, ned *(Sl.)*, rough *(Inf.)*, ruffian, tearaway *(Brit.)*, tough, troublemaker, yahoo, yob *or* yobbo *(Brit. sl.)*

**royal** **1.** imperial, kinglike, kingly, monarchical, princely, queenly, regal, sovereign **2.** august, grand, impressive, magnificent, majestic, splendid, stately, superb, superior

**rub**
► **V. 1.** abrade, caress, chafe, clean, fray, grate, knead, massage, polish, scour, scrape, shine, smooth, stroke, wipe **2.** apply, put, smear, spread **3. rub up the wrong way** aggravate *(Inf.)*, anger, annoy, bug *(Inf.)*, get in one's hair *(Inf.)*, get one's goat *(Sl.)*, get on one's nerves *(Inf.)*, get under one's skin *(Inf.)*, irk, irritate, nark *(Brit., Aust., & N.Z. sl.)*, peeve *(Inf.)*, piss one off *(Taboo sl.)*, vex
► **N. 4.** caress, kneading, massage, polish, shine, stroke, wipe **5.** catch, difficulty, drawback, hindrance, hitch, impediment, obstacle, problem, snag, trouble

**rubbish** **1.** crap *(Sl.)*, debris, dreck *(Sl., chiefly U.S.)*, dregs, dross, flotsam and jetsam, garbage *(Chiefly U.S.)*, grot *(Sl.)*, junk *(Inf.)*, litter, lumber, offal, offscourings, refuse, scrap, trash, waste **2.** balderdash, balls *(Taboo sl.)*, bilge *(Inf.)*, bosh *(Inf.)*, bull *(Sl.)*, bullshit *(Taboo sl.)*, bunkum *or* buncombe *(Chiefly U.S.)*, claptrap *(Inf.)*, cobblers *(Brit. taboo sl.)*, codswallop *(Brit. sl.)*, crap *(Sl.)*, drivel, eyewash *(Inf.)*, flapdoodle *(Sl.)*, garbage *(Chiefly U.S.)*, gibberish, guff *(Sl.)*, havers *(Scot.)*, hogwash, hokum *(Sl., chiefly U.S. & Canad.)*, horsefeathers *(U.S. sl.)*, hot air *(Inf.)*, moonshine, nonsense, pap, piffle *(Inf.)*, poppycock *(Inf.)*, rot, shit *(Taboo sl.)*, stuff and nonsense, tommyrot, tosh *(Sl., chiefly Brit.)*, tripe *(Inf.)*, twaddle

**rub out** **1.** cancel, delete, efface, erase, excise, expunge, obliterate, remove, wipe out **2.** *(U.S. sl.)* assassinate, blow away *(Sl., chiefly U.S.)*, bump off *(Sl.)*, butcher, dispatch, do in *(Inf.)*, eliminate *(Sl.)*, hit *(Sl.)*, kill, knock off *(Sl.)*, murder, slaughter, slay, take out *(Sl.)*, waste *(Inf.)*

**ruddy** **1.** blooming, blushing, florid, flushed, fresh, glowing, healthy, radiant, red, reddish, rosy, rosy-cheeked, rubicund, sanguine, sunburnt **2.** crimson, pink, red, reddish, roseate, ruby, scarlet

**rude** **1.** abrupt, abusive, blunt, brusque, cheeky, churlish, curt, discourteous, disrespectful, ill-mannered, impertinent, impolite, impudent, inconsiderate, insolent, insulting, offhand, peremptory, short, uncivil, unmannerly **2.** barbarous, boorish, brutish, coarse, crude, graceless, gross, ignorant, illiterate, loutish, low, oafish, obscene, rough, savage, scurrilous, uncivilized, uncouth, uncultured, uneducated, ungracious, unpolished, unrefined, untutored, vulgar **3.** artless, crude, inartistic, inelegant, makeshift, primitive, raw, rough, rough-hewn, roughly-made, simple **4.** abrupt, harsh, sharp, startling, sudden, unpleasant, violent

**rudimentary** basic, early, elementary, embryonic, fundamental, immature, initial, introductory, primary, primitive, undeveloped, vestigial

**rudiments** basics, beginnings, elements, essentials, first principles, foundation, fundamentals

**rueful** conscience-stricken, contrite, dismal, doleful, grievous, lugubrious, melancholy, mournful, penitent, pitiable, pitiful, plaintive, regretful, remorseful, repentant, sad, self-reproachful, sorrowful, sorry, woebegone, woeful

**ruffian** bruiser *(Inf.)*, brute, bully, bully boy, casual, heavy *(Sl.)*, hoodlum, hooligan, lager lout, miscreant, ned *(Sl.)*, rascal, rogue, rough *(Inf.)*, roughneck *(Sl.)*, rowdy, scoundrel, thug, tough, villain, wretch, yardie

**ruffle** **1.** derange, disarrange, discompose, dishevel, disorder, mess up, rumple, tousle, wrinkle **2.** agitate, annoy, confuse, disconcert, disquiet, disturb, faze, fluster, harass, hassle *(Inf.)*, irritate, nettle, peeve *(Inf.)*, perturb, put out, rattle *(Inf.)*, shake up *(Inf.)*, stir, torment, trouble, unnerve, unsettle, upset, vex, worry

**rugged** **1.** broken, bumpy, craggy, difficult, irregular, jagged, ragged, rocky, rough, stark, uneven **2.** furrowed, leathery, lined, rough-hewn, strong-featured, weatherbeaten, weathered, worn, wrinkled **3.** austere, crabbed, dour, gruff, hard, harsh, rough, rude, severe, sour, stern, surly **4.** barbarous, blunt, churlish, crude, graceless, rude, uncouth, uncultured, unpolished, unrefined **5.** arduous, demanding, difficult, exacting, hard, harsh, laborious, rigorous, stern, strenuous, taxing, tough, trying, uncompromising **6.** beefy *(Inf.)*, brawny, burly, hale, hardy, husky *(Inf.)*, muscular, Ramboesque, robust, strong, sturdy, tough, vigorous, well-built

**ruin**
► **N. 1.** bankruptcy, breakdown, collapse, crackup *(Inf.)*, crash, damage, decay, defeat, destitution, destruction, devastation, disintegration, disrepair, dissolution, downfall, failure, fall, havoc, insolvency, nemesis, overthrow, ruination, subversion, the end, undoing, Waterloo, wreck, wreckage
► **V. 2.** bankrupt, break, bring down, bring to nothing, bring to ruin, crush, defeat, demolish, destroy, devastate, impoverish, lay in ruins, lay waste, overthrow, overturn, overwhelm, pauperize, raze, shatter, smash, total *(Sl.)*, trash *(Sl.)*, wreak havoc upon, wreck **3.** blow *(Sl.)*, bodge *(Inf.)*, botch, cock up *(Brit. sl.)*, damage, disfigure, fuck up *(Offens. taboo sl.)*, injure, make a mess of, mangle, mar, mess up, screw up *(Inf.)*, spoil, undo

**ruinous** **1.** baleful, baneful *(Archaic)*, calamitous, catastrophic, crippling, deadly, deleterious, destructive, devastating, dire, disastrous, extravagant, fatal, immoderate, injurious, murderous, noxious, pernicious, shattering, wasteful, withering **2.** broken-down, decrepit, derelict, dilapidated, in ruins, ramshackle, ruined

**rule**
► **N. 1.** axiom, canon, criterion, decree, dictum, direction, guide, guideline, law, maxim, order, ordinance, precept, principle, regulation, ruling, standard, tenet **2.** administration, ascendancy, authority, command, control, direction, domination, dominion, empire, government, influence, jurisdiction, leadership, mastery, power, régime, reign, supremacy, sway **3.** condition, convention, custom, form, habit, order *or* way of things, practice, procedure, routine, tradition, wont **4.** course, formula, method, policy, procedure, way **5. as a rule** customarily, for the most part, generally, mainly, normally, on the whole, ordinarily, usually
► **V. 6.** administer, be in authority, be in power, be number one *(Inf.)*, command, control, direct, dominate, govern, guide, hold sway, lead, manage, preside over, regulate, reign, wear the crown **7.** adjudge, adjudicate, decide, decree, determine, establish, find, judge, lay down, pronounce, resolve, settle **8.** be customary (pre-eminent, prevalent, superior), hold sway, obtain, predominate, preponderate, prevail

**rule out** ban, debar, dismiss, disqualify, eliminate, exclude, forbid, leave out, obviate, preclude, prevent, prohibit, proscribe, reject

**ruler** **1.** commander, controller, crowned head, emperor, empress, governor, head of state, king, leader, lord, monarch, potentate, prince, princess, queen, sovereign **2.** measure, rule, straight edge, yardstick

**ruling**
► **N. 1.** adjudication, decision, decree, finding, judg(e)ment, pronouncement, resolution, verdict
► **ADJ. 2.** commanding, controlling, dominant, governing, leading, regnant, reigning, upper **3.** chief, current, dominant, main, predominant, pre-eminent, preponderant, prevailing, prevalent, principal, regnant, supreme

**ruminate** brood, chew over, cogitate, consider, contemplate, deliberate, meditate, mull over, muse, ponder, reflect, revolve, think, turn over in one's mind, weigh

**rumour**
► **N. 1.** bruit *(Archaic)*, buzz, canard, dirt *(U.S. sl.)*, gossip, hearsay, news, report, story, talk, tidings, whisper, word
► **V. 2.** bruit, circulate, gossip, noise abroad, pass around, publish, put about, report, say, tell, whisper

**run**
► **V. 1.** barrel (along) *(Inf., chiefly U.S. & Canad.)*, bolt, career, dart, dash, gallop, hare *(Brit. inf.)*, hasten, hie, hotfoot, hurry, jog, leg it *(Inf.)*, lope, race, rush, scamper, scramble, scud, scurry, speed, sprint **2.** abscond, beat a retreat, beat it *(Sl.)*, bolt, clear out, cut and run *(Inf.)*, decamp, depart, do a runner *(Sl.)*, escape, flee, fly the coop *(U.S. & Canad. inf.)*, leg it *(Inf.)*, make a run for it, make off, scarper *(Brit. sl.)*, show a clean pair of heels, skedaddle *(Inf.)*, slope off, take a powder *(U.S. & Canad. sl.)*, take flight, take it on the lam *(U.S. & Canad. sl.)*, take off *(Inf.)*, take to one's heels **3.** course, glide, go, move, pass, roll, skim, slide **4.** bear, carry, convey, drive, give a lift to, manoeuvre, operate, propel, transport **5.** go, operate, ply **6.** function, go, operate, perform, tick, work **7.** administer, be in charge of, boss *(Inf.)*, carry on, conduct, control, coordinate, direct, handle, head, lead, look after, manage, mastermind, operate, oversee, own, regulate, superintend, supervise, take care of **8.** continue, extend, go, last, lie, proceed, range, reach, stretch **9.** cascade, discharge, flow, go, gush, issue, leak, move, pour, proceed, spill, spout, stream **10.** dissolve, fuse, go soft, liquefy, melt, turn to liquid **11.** be diffused, bleed, lose colour, mix, spread **12.** come apart, come undone, ladder, tear, unravel **13.** be current, circulate, climb, creep, go round, spread, trail **14.** display, feature, print, publish **15.** be a candidate, challenge, compete, contend, put oneself up for, stand, take part **16.** bootleg, deal in, ship, smuggle, sneak, traffic in **17. run for it** abscond, bolt, cut and run *(Inf.)*, decamp, do a bunk *(Brit. sl.)*, do a runner *(Sl.)*, escape, flee, fly, fly the coop *(U.S. & Canad. inf.)*, make a break for it, make off, scarper *(Brit. sl.)*, scram *(Inf.)*, show a clean pair of heels, skedaddle *(Inf.)*, take a powder *(U.S. & Canad. sl.)*, take flight, take it on the lam *(U.S. & Canad. sl.)*, take off
► **N. 18.** dash, gallop, jog, race, rush, sprint, spurt **19.** drive, excursion, jaunt, journey, joy ride *(Inf.)*, lift, outing, ride, round, spin *(Inf.)*, trip **20.** chain, course, cycle, passage, period, round, season, sequence, series, spell, streak, stretch, string **21.** category, class, kind, order, sort, type, variety **22.** application, demand, pressure, rush **23.** ladder, rip, snag, tear **24.** course, current, direction, drift, flow, motion, movement, passage, path, progress, stream, tendency, tenor, tide, trend, way **25.** coop, enclosure, pen **26. in the long run** at the end of the day, eventually, in the end, in the final analysis, in time, ultimately, when all is said and done **27. on the run** at liberty, escaping, fugitive, in flight, on the lam *(U.S. sl.)*, on the loose defeated, falling back, fleeing, in flight, in retreat, retreating, running away at speed, hastily, hurriedly, hurrying, in a hurry, in a rush, in haste

**run across** bump into, chance upon, come across, come upon, encounter, meet, meet with, run into

**runaway**
► **N. 1.** absconder, deserter, escapee, escaper, fugitive, refugee, truant
► **ADJ. 2.** escaped, fleeing, fugitive, loose, out of control, uncontrolled, wild **3.** easily won, easy, effortless

**run away** **1.** abscond, beat it *(Sl.)*, bolt, clear out, cut and run *(Inf.)*, decamp, do a bunk *(Brit. sl.)*, do a runner *(Sl.)*, escape, flee, fly the coop *(U.S. & Canad. inf.)*, hook it *(Sl.)*, make a run for it, run off, scarper *(Brit. sl.)*, scram *(Inf.)*, show a clean pair of heels, skedaddle *(Inf.)*, take a powder *(U.S. & Canad. sl.)*, take flight, take it on the lam *(U.S. & Canad. sl.)*, take off, take to one's heels **2.** *(With* **with***)* abduct, abscond, elope abscond, make off, pinch *(Inf.)*, run off, snatch, steal romp home, walk it *(Inf.)*, win by a mile *(Inf.)*, win easily, win hands down

**rundown** briefing, outline, précis, recap *(Inf.)*, résumé, review, run-through, sketch, summary, synopsis

**run down** **1.** curtail, cut, cut back, decrease, drop, pare down, reduce, trim **2.** debilitate, exhaust, sap the strength of, tire, undermine the health of, weaken **3.** asperse, bad-mouth *(Sl., chiefly U.S. & Canad.)*, belittle, criticize adversely, decry, defame, denigrate, disparage, knock *(Inf.)*, put down, revile, rubbish *(Inf.)*, slag (off) *(Sl.)*, speak ill of, vilify **4.** hit, knock down, knock over, run into, run over, strike

**run in** **1.** break in gently, run gently **2.** *(Sl.)* apprehend, arrest, bust *(Inf.)*, collar *(Inf.)*, feel one's collar *(Sl.)*, jail, lift *(Sl.)*, nab *(Inf.)*, nail *(Inf.)*, pick up, pinch *(Inf.)*, pull in *(Brit. sl.)*, take into custody, take to jail, throw in jail

**run into** **1.** bump into, collide with, crash into, dash against, hit, ram, strike **2.** be beset by, be confronted by, bump into, chance upon, come across, come upon, encounter, meet, meet with, run across

**runner** **1.** athlete, harrier, jogger, miler, sprinter **2.** courier, dispatch bearer, errand boy, messenger **3.** offshoot, shoot, sprig, sprout, stem, stolon *(Bot.)*, tendril

## running

**running**
- ADJ. **1.** constant, continuous, incessant, in succession, on the trot (Inf.), perpetual, together, unbroken, unceasing, uninterrupted **2.** flowing, moving, streaming
- N. **3.** administration, charge, conduct, control, coordination, direction, leadership, management, organization, regulation, superintendency, supervision **4.** functioning, maintenance, operation, performance, working **5.** competition, contention, contest

**run off 1.** bolt, clear out, cut and run (Inf.), decamp, do a runner (Sl.), escape, flee, fly the coop (U.S. & Canad. inf.), hook it (Sl.), make off, run away, scarper (Brit. sl.), show a clean pair of heels, skedaddle (Inf.), take a powder (U.S. & Canad. sl.), take flight, take it on the lam (U.S. & Canad. sl.), take to one's heels **2.** churn out (Inf.), duplicate, print, produce **3.** bleed, drain, flow away, siphon, tap **4.** (With **with**) lift (Inf.), make off, pinch (Inf.), purloin, run away, steal, swipe (Sl.) abscond, elope, run away

**run-of-the-mill** average, banal, common, commonplace, fair, mediocre, middling, modest, ordinary, passable, tolerable, undistinguished, unexceptional, unexciting, unimpressive

**run out 1.** be exhausted, cease, close, come to a close, dry up, end, expire, fail, finish, give out, peter out, terminate **2.** (With **of**) be cleaned out, be out of, exhaust one's supply of, have no more of, have none left, have no remaining **3.** (With **on**) (Inf.) abandon, desert, forsake, leave high and dry, leave holding the baby, leave in the lurch, rat (Inf.), run away from

**run over 1.** hit, knock down, knock over, run down, strike **2.** brim over, overflow, spill, spill over **3.** check, examine, go over, go through, rehearse, reiterate, review, run through, survey

**run through 1.** impale, pierce, spit, stab, stick, transfix **2.** blow (Sl.), dissipate, exhaust, fritter away, spend like water, squander, throw away, waste **3.** go over, practise, read, rehearse, run over **4.** check, examine, go through, look over, review, run over, survey

**rupture**
- N. **1.** breach, break, burst, cleavage, cleft, crack, fissure, fracture, rent, split, tear **2.** altercation, breach, break, bust-up (Inf.), contention, disagreement, disruption, dissolution, estrangement, falling-out (Inf.), feud, hostility, quarrel, rift, schism, split **3.** (Medical) hernia
- V. **4.** break, burst, cleave, crack, fracture, puncture, rend, separate, sever, split, tear **5.** break off, cause a breach, come between, disrupt, dissever, divide, split

**rural** agrarian, agrestic, agricultural, Arcadian, bucolic, countrified, country, hick (Inf., chiefly U.S. & Canad.), pastoral, rustic, sylvan, upcountry

**ruse** artifice, blind, deception, device, dodge, hoax, imposture, manoeuvre, ploy, sham, stratagem, subterfuge, trick, wile

**rush**
- V. **1.** accelerate, barrel (along) (Inf., chiefly U.S. & Canad.), bolt, burn rubber (Inf.), career, dart, dash, dispatch, expedite, fly, hasten, hotfoot, hurry, hustle, lose no time, make haste, make short work of, press, push, quicken, race, run, scramble, scurry, shoot, speed, speed up, sprint, stampede, tear
- N. **2.** charge, dash, dispatch, expedition, haste, hurry, race, scramble, speed, stampede, surge, swiftness, urgency
- V. **3.** attack, capture, charge, overcome, storm, take by storm
- N. **4.** assault, charge, onslaught, push, storm, surge
- ADJ. **5.** brisk, cursory, emergency, expeditious, fast, hasty, hurried, prompt, quick, rapid, swift, urgent

**rust**
- N. **1.** corrosion, oxidation
- V. **2.** corrode, oxidize
- N. **3.** blight, mildew, mould, must, rot
- V. **4.** atrophy, decay, decline, deteriorate, go stale, stagnate, tarnish

**rustic**
- ADJ. **1.** agrestic, Arcadian, bucolic, countrified, country, pastoral, rural, sylvan, upcountry **2.** artless, homely, homespun, plain, simple, unaffected, unpolished, unrefined, unsophisticated **3.** awkward, boorish, churlish, cloddish, clodhopping (Inf.), clownish, coarse, crude, graceless, hick (Inf., chiefly U.S. & Canad.), loutish, lumpish, maladroit, rough, uncouth, uncultured, unmannerly
- N. **4.** boor, bumpkin, clod, clodhopper (Inf.), clown, country boy, country cousin, countryman, countrywoman, hayseed (U.S. & Canad. inf.), hick (Inf., chiefly U.S. & Canad.), hillbilly, Hodge, peasant, son of the soil, swain (Archaic), yokel

**rustle**
- V. **1.** crackle, crepitate, crinkle, susurrate (Literary), swish, whish, whisper, whoosh
- N. **2.** crackle, crepitation, crinkling, susurration or susurrus (Literary), rustling, whisper

**rusty 1.** corroded, oxidized, rust-covered, rusted **2.** chestnut, coppery, reddish, reddish-brown, russet, rust-coloured **3.** cracked, creaking, croaking, croaky, hoarse **4.** ancient, antiquated, antique, dated, old-fashioned, outmoded, out of date, passé **5.** deficient, impaired, not what it was, out of practice, sluggish, stale, unpractised, weak

**rut**
- N. **1.** furrow, gouge, groove, indentation, pothole, score, track, trough, wheelmark **2.** dead end, groove, habit, humdrum existence, pattern, routine, system
- V. **3.** cut, furrow, gouge, groove, hole, indent, mark, score

**ruthless** adamant, barbarous, brutal, callous, cruel, ferocious, fierce, hard, hard-hearted, harsh, heartless, inexorable, inhuman, merciless, pitiless, relentless, remorseless, savage, severe, stern, unfeeling, unmerciful, unpitying, unrelenting, without pity

---

# S

**sabotage**
- V. **1.** cripple, damage, destroy, disable, disrupt, incapacitate, sap the foundations of, subvert, throw a spanner in the works (Brit. inf.), undermine, vandalize, wreck
- N. **2.** damage, destruction, disruption, subversion, treachery, treason, wrecking

**sack**[1]
- V. **1.** axe (Inf.), discharge, dismiss, fire (Inf.), give (someone) his books (Inf.), give (someone) his cards, give (someone) his marching orders, give (someone) the boot (Sl.), give (someone) the elbow, kick out (Inf.), kiss off (Sl., chiefly U.S. & Canad.)
- N. **2. the sack** discharge, dismissal, termination of employment, the axe (Inf.), the boot (Sl.), the chop (Brit. sl.), the (old) heave-ho (Inf.), the order of the boot (Sl.), the push (Sl.)

**sack**[2]
- V. **1.** demolish, depredate (Rare), despoil, destroy, devastate, lay waste, loot, maraud, pillage, plunder, raid, ravage, rifle, rob, ruin, spoil, strip
- N. **2.** depredation, despoliation, destruction, devastation, looting, pillage, plunder, plundering, rape, rapine, ravage, ruin, waste

**sacred 1.** blessed, consecrated, divine, hallowed, holy, revered, sanctified, venerable **2.** inviolable, inviolate, invulnerable, protected, sacrosanct, secure **3.** ecclesiastical, holy, religious, solemn

**sacrifice**
- V. **1.** forego, forfeit, give up, immolate, let go, lose, offer, offer up, surrender
- N. **2.** burnt offering, destruction, hecatomb, holocaust (Rare), immolation, loss, oblation, renunciation, surrender, votive offering

**sacrilege** blasphemy, desecration, heresy, impiety, irreverence, mockery, profanation, profaneness, profanity, violation

**sad 1.** blue, cheerless, dejected, depressed, disconsolate, dismal, doleful, down, downcast, down in the dumps (Inf.), down in the mouth (Inf.), gloomy, glum, grief-stricken, grieved, heavy-hearted, low, low-spirited, lugubrious, melancholy, mournful, pensive, sick at heart, sombre, triste (Archaic), unhappy, wistful, woebegone **2.** calamitous, dark, depressing, disastrous, dismal, grievous, harrowing, heartrending, lachrymose, moving, pathetic, pitiable, pitiful, poignant, sorry, tearful, tragic, upsetting **3.** bad, deplorable, dismal, distressing, grave, lamentable, miserable, regrettable, serious, shabby, sorry, to be deplored, unfortunate, unhappy, unsatisfactory, wretched

**sadden** aggrieve, bring tears to one's eyes, cast a gloom upon, cast down, dash, deject, depress, desolate, dispirit, distress, grieve, make blue, make one's heart bleed, upset

**saddle** V. burden, charge, encumber, load, lumber (Brit. inf.), task, tax

**sadistic** barbarous, beastly, brutal, cruel, fiendish, inhuman, perverse, perverted, ruthless, savage, vicious

**sadness** bleakness, cheerlessness, dejection, depression, despondency, dolefulness, dolour (Poetic), gloominess, grief, heavy heart, melancholy, misery, mournfulness, poignancy, sorrow, sorrowfulness, the blues, the dumps (Inf.), the hump (Brit. inf.), tragedy, unhappiness, wretchedness

**safe**
- ADJ. **1.** all right, free from harm, impregnable, in safety, intact, OK or okay (Inf.), out of danger, out of harm's way, protected, safe and sound, secure, undamaged, unharmed, unhurt, unscathed **2.** harmless, innocuous, nonpoisonous, nontoxic, pure, tame, unpolluted, wholesome **3.** cautious, circumspect, conservative, dependable, discreet, on the safe side, prudent, realistic, reliable, sure, tried and true, trustworthy, unadventurous **4.** certain, impregnable, risk-free, riskless, secure, sound
- N. **5.** coffer, deposit box, repository, safe-deposit box, strongbox, vault

**safeguard**
- V. **1.** defend, guard, look after, preserve, protect, screen, shield, watch over
- N. **2.** aegis, armour, bulwark, convoy, defence, escort, guard, protection, security, shield, surety

**safely** in one piece, in safety, safe and sound, securely, with impunity, without risk, with safety

**safety** assurance, cover, immunity, impregnability, protection, refuge, sanctuary, security, shelter

**sage**
- ADJ. **1.** acute, canny, discerning, intelligent, judicious, learned, perspicacious, politic, prudent, sagacious, sapient, sensible, wise
- N. **2.** authority, elder, expert, guru, mahatma, man of learning, master, Nestor, philosopher, pundit, savant, Solomon, Solon, wise man

**sail** V. **1.** cast or weigh anchor, embark, get under way, hoist the blue peter, put to sea, set sail **2.** captain, cruise, go by water, navigate, pilot, ride the waves, skipper, steer, voyage **3.** drift, float, fly, glide, scud, shoot, skim, skirr, soar, sweep, wing **4.** (Inf.) (With **in** or **into**) assault, attack, begin, belabour, fall upon, get going, get to work on, lambast(e), set about, tear into (Inf.)

**sailor** hearty (Inf.), Jack Tar, lascar, leatherneck (Sl.), marine, mariner, matelot (Sl., chiefly Brit.), navigator, salt, sea dog, seafarer, seafaring man, seaman, tar (Inf.)

**saintly** angelic, beatific, blameless, blessed, devout, full of good works, god-fearing, godly, holy, pious, religious, righteous, sainted, saintlike, sinless, virtuous, worthy

**sake 1.** account, advantage, behalf, benefit, consideration, gain, good, interest, profit, regard, respect, welfare, wellbeing **2.** aim, cause, end, motive, objective, principle, purpose, reason

**salary** earnings, emolument, income, pay, remuneration, stipend, wage, wages

**sale 1.** auction, deal, disposal, marketing, selling, transaction, vending **2.** buyers, consumers, customers, demand, market, outlet, purchasers **3. for sale** available, in stock, obtainable, on offer, on sale, on the market

**salient** arresting, conspicuous, important, jutting, marked, noticeable, outstanding, projecting, prominent, pronounced, protruding, remarkable, signal, striking

**sallow** anaemic, bilious, jaundiced-looking, pale, pallid, pasty, peely-wally (Scot.), sickly, unhealthy, wan, yellowish

**sally**
- V. **1.** erupt, go forth, issue, rush, set out, surge
- N. **2.** (Military) foray, incursion, offensive, raid, sortie, thrust **3.** (Fig.) bon mot, crack (Inf.), jest, joke, quip, retort, riposte, smart remark, wisecrack (Inf.), witticism **4.** escapade, excursion, frolic, jaunt, trip

**salt**
- N. **1.** flavour, relish, savour, seasoning, taste **2. with a grain** or **pinch of salt** cynically, disbelievingly, doubtfully, sceptically, suspiciously, with reservations **3.** (Fig.) Attic wit, bite, dry humour, liveliness, piquancy, punch,

pungency, sarcasm, sharpness, wit, zest, zip (Inf.) **4.** mariner, sailor, sea dog, seaman, tar (Inf.)
▶ **ADJ. 5.** brackish, briny, saline, salted, salty

**salty 1.** brackish, briny, over-salted, saline, salt, salted **2.** colourful, humorous, lively, piquant, pungent, racy, sharp, snappy (Inf.), spicy, tangy, tart, witty, zestful

**salubrious** beneficial, good for one, healthful, health-giving, healthy, invigorating, salutary, wholesome

**salutary 1.** advantageous, beneficial, good, good for one, helpful, practical, profitable, timely, useful, valuable **2.** healthful, healthy, salubrious

**salutation** address, greeting, obeisance, salute, welcome

**salute**
▶ **V. 1.** accost, acknowledge, address, doff one's cap to, greet, hail, kiss, pay one's respects to, salaam, welcome **2.** acknowledge, honour, pay tribute or homage to, present arms, recognize, take one's hat off to (Inf.)
▶ **N. 3.** address, greeting, kiss, obeisance, recognition, salaam, salutation, tribute

**salvage** V. glean, recover, redeem, rescue, restore, retrieve, save

**salvation** deliverance, escape, lifeline, preservation, redemption, rescue, restoration, saving

**same ADJ. 1.** aforementioned, aforesaid, selfsame, very **2.** alike, corresponding, duplicate, equal, equivalent, identical, indistinguishable, interchangeable, synonymous, twin **3.** changeless, consistent, constant, invariable, unaltered, unchanged, unfailing, uniform, unvarying **4. all the same** after all, anyhow, be that as it may, in any event, just the same, nevertheless, nonetheless, still immaterial, not worth mentioning, of no consequence, unimportant

**sameness** consistency, identicalness, identity, indistinguishability, lack of variety, likeness, monotony, oneness, predictability, repetition, resemblance, similarity, standardization, tedium, uniformity

**sample**
▶ **N. 1.** cross section, example, exemplification, illustration, indication, instance, model, pattern, representative, sign, specimen
▶ **V. 2.** experience, inspect, partake of, taste, test, try
▶ **ADJ. 3.** illustrative, pilot, representative, specimen, test, trial

**sanctify** absolve, anoint, bless, cleanse, consecrate, hallow, purify, set apart

**sanctimonious** canting, false, goody-goody (Inf.), holier-than-thou, hypocritical, pharisaical, pi (Brit. sl.), pietistic, pious, priggish, selfrighteous, self-satisfied, smug, Tartuffian or Tartufian, too good to be true, unctuous

**sanction**
▶ **N. 1.** allowance, approbation, approval, authority, authorization, backing, confirmation, countenance, endorsement, OK or okay (Inf.), ratification, stamp or seal of approval, support **2.** Often plural ban, boycott, coercive measures, embargo, penalty
▶ **V. 3.** allow, approve, authorize, back, countenance, endorse, entitle, lend one's name to, permit, support, vouch for **4.** confirm, ratify, warrant

**sanctity 1.** devotion, godliness, goodness, grace, holiness, piety, purity, religiousness, righteousness, sanctitude, spirituality **2.** inviolability, sacredness, solemnity

**sanctuary 1.** altar, church, Holy of Holies, sanctum, shrine, temple **2.** asylum, haven, protection, refuge, retreat, shelter **3.** conservation area, national park, nature reserve, reserve

**sane 1.** all there (Inf.), compos mentis, in one's right mind, in possession of all one's faculties, lucid, mentally sound, normal, of sound mind, rational **2.** balanced, judicious, level-headed, moderate, reasonable, sensible, sober, sound

**sanguine 1.** animated, assured, buoyant, cheerful, confident, hopeful, in good heart, lively, optimistic, spirited **2.** florid, red, rubicund, ruddy

**sanitary** clean, germ-free, healthy, hygienic, salubrious, unpolluted, wholesome

**sanity 1.** mental health, normality, rationality, reason, right mind (Inf.), saneness, stability **2.** common sense, good sense, judiciousness,

level-headedness, rationality, sense, soundness of judgment

**sap¹ N. 1.** animating force, essence, lifeblood, vital fluid **2.** (Inf.) charlie (Brit. inf.), chump (Inf.), drip (Inf.), dweeb (U.S. sl.), fool, gull (Archaic), idiot, jerk (Sl., chiefly U.S. & Canad.), muggins (Brit. sl.), nerd or nurd (Sl.), nincompoop, ninny, nitwit (Inf.), noddy, noodle, numskull or numbskull, oaf, plonker (Sl.), prat (Sl.), Simple Simon, simpleton, twit (Inf.), wally (Sl.), weakling, wet (Brit. inf.)

**sap²** V. bleed, deplete, devitalize, drain, enervate, erode, exhaust, rob, undermine, weaken, wear down

**sarcasm** bitterness, causticness, contempt, cynicism, derision, irony, mockery, mordancy, satire, scorn, sneering, venom, vitriol

**sarcastic** acerb, acerbic, acid, acrimonious, backhanded, bitchy (Inf.), biting, caustic, contemptuous, cutting, cynical, derisive, disparaging, ironical, mocking, mordacious, mordant, sardonic, sarky (Brit. inf.), satirical, sharp, sneering, taunting, vitriolic

**sardonic** bitter, cynical, derisive, dry, ironical, jeering, malevolent, malicious, malignant, mocking, mordacious, mordant, sarcastic, sneering, wry

**Satan** Apollyon, Beelzebub, Lord of the Flies, Lucifer, Mephistopheles, Old Nick (Inf.), Old Scratch (Inf.), Prince of Darkness, The Devil, The Evil One

**satanic** accursed, black, demoniac, demoniacal, demonic, devilish, diabolic, evil, fiendish, hellish, infernal, inhuman, iniquitous, malevolent, malignant, wicked

**satellite**
▶ **N. 1.** communications satellite, moon, sputnik **2.** (Fig.) attendant, dependant, follower, hanger-on, lackey, minion, parasite, retainer, sidekick (Sl.), sycophant, vassal
▶ **ADJ. 3.** (Fig.) client, dependent, puppet, subordinate, tributary, vassal

**satiate 1.** cloy, glut, gorge, jade, nauseate, overfill, stuff **2.** sate, satisfy, slake, surfeit

**satire** burlesque, caricature, irony, lampoon, parody, pasquinade, raillery, ridicule, sarcasm, send-up (Brit. inf.), skit, spoof (Inf.), takeoff (Inf.), travesty, wit

**satiric, satirical** biting, bitter, burlesque, caustic, censorious, cutting, cynical, incisive, ironical, mocking, mordacious, mordant, pungent, Rabelaisian, sarcastic, sardonic, taunting, vitriolic

**satirize** abuse, burlesque, censure, criticize, deride, hold up to ridicule, lampoon, lash, parody, pillory, ridicule, send up (Brit. inf.), take off (Inf.), travesty

**satisfaction 1.** comfort, complacency, content, contentedness, contentment, ease, enjoyment, gratification, happiness, peace of mind, pleasure, pride, repletion, satiety, well-being **2.** achievement, appeasing, assuaging, fulfilment, gratification, resolution, settlement **3.** amends, atonement, compensation, damages, indemnification, justice, recompense, redress, reimbursement, remuneration, reparation, requital, restitution, settlement, vindication

**satisfactory** acceptable, adequate, all right, average, competent, fair, good enough, passable, sufficient, suitable, up to standard, up to the mark

**satisfied** at ease, complacent, content, contented, convinced, easy in one's mind, happy, like the cat that swallowed the canary (Inf.), pacified, positive, smug, sure

**satisfy 1.** appease, assuage, content, feed, fill, gratify, indulge, mollify, pacify, pander to, please, quench, sate, satiate, slake, surfeit **2.** answer, be enough (adequate, sufficient), come up to expectations, do, fill the bill (Inf.), fulfil, meet, qualify, serve, serve the purpose, suffice **3.** assure, convince, dispel (someone's) doubts, persuade, put (someone's) mind at rest, quiet, reassure **4.** answer, comply with, discharge, fulfil, meet, pay (off), settle, square up **5.** atone, compensate, indemnify, make good, make reparation for, recompense, remunerate, requite, reward

**satisfying** cheering, convincing, filling, gratifying, pleasing, pleasurable, satisfactory

**saturate** douse, drench, drouk (Scot.), imbue, impregnate, ret (used of flax, etc.), seep, soak, souse, steep, suffuse, waterlog, wet through

**sauce N.** audacity, backchat (Inf.), brass (Inf.), brass neck (Brit. inf.), cheek (Inf.), cheekiness, disrespectfulness, front, impertinence, impudence, insolence, lip (Sl.), neck (Inf.), nerve (Inf.), rudeness

**sauciness** backchat (Inf.), brass (Inf.), brazenness, cheek (Inf.), flippancy, impertinence, impudence, insolence, lip (Sl.), pertness, rudeness, sauce (Inf.)

**saucy 1.** cheeky (Inf.), disrespectful, flip (Inf.), flippant, forward, fresh (Inf.), impertinent, impudent, insolent, lippy (U.S. & Canad. sl.), pert, presumptuous, rude, sassy (U.S. inf.), smartalecky (Inf.) **2.** dashing, gay, jaunty, natty (Inf.), perky, rakish, sporty

**saunter**
▶ **V. 1.** amble, dally, linger, loiter, meander, mosey (Inf.), ramble, roam, rove, stravaig (Scot. & northern English dialect), stroll, take a stroll, tarry, wander
▶ **N. 2.** airing, amble, breather, constitutional, perambulation, promenade, ramble, stroll, turn, walk

**savage**
▶ **ADJ. 1.** feral, rough, rugged, uncivilized, uncultivated, undomesticated, untamed, wild **2.** barbarous, beastly, bestial, bloodthirsty, bloody, brutal, brutish, cruel, devilish, diabolical, ferocious, fierce, harsh, inhuman, merciless, murderous, pitiless, ravening, ruthless, sadistic, vicious **3.** in a state of nature, nonliterate, primitive, rude, unspoilt
▶ **N. 4.** autochthon, barbarian, heathen, indigene, native, primitive **5.** barbarian, bear, boor, lout, roughneck (Sl.), yahoo, yob (Brit. sl.), yobbo (Brit. sl.) **6.** beast, brute, fiend, monster
▶ **V. 7.** attack, lacerate, mangle, maul, tear into (Inf.)

**savagery** barbarity, bestiality, bloodthirstiness, brutality, cruelty, ferocity, fierceness, inhumanity, ruthlessness, sadism, viciousness

**save 1.** bail (someone) out, come to (someone's) rescue, deliver, free, liberate, recover, redeem, rescue, salvage, set free **2.** be frugal, be thrifty, collect, economize, gather, hide away, hoard, hold, husband, keep, keep up one's sleeve (Inf.), lay by, put aside for a rainy day, put by, reserve, retrench, salt away, set aside, store, tighten one's belt (Inf.), treasure up **3.** conserve, guard, keep safe, look after, preserve, protect, safeguard, screen, shield, take care of **4.** hinder, obviate, prevent, rule out, spare

**saving**
▶ **ADJ. 1.** compensatory, extenuating, qualifying, redeeming
▶ **N. 2.** bargain, discount, economy, reduction

**savings** fall-back, fund, nest egg, provision for a rainy day, reserves, resources, store

**Saviour, Our** or **The** Christ, Jesus, Messiah, Redeemer

**saviour** defender, deliverer, friend in need, Good Samaritan, guardian, knight in shining armour, liberator, preserver, protector, redeemer, rescuer, salvation

**savoir-faire** accomplishment, address, diplomacy, discretion, finesse, poise, social graces, social know-how (Inf.), tact, urbanity

**savour**
▶ **N. 1.** flavour, piquancy, relish, smack, smell, tang, taste, zest **2.** distinctive quality, excitement, flavour, interest, salt, spice, zest
▶ **V. 3.** (Often with of) bear the hallmarks, be indicative, be suggestive, partake, show signs, smack, suggest, verge on **4.** appreciate, delight in, drool, enjoy, enjoy to the full, gloat over, like, luxuriate in, partake, relish, revel in, smack one's lips over

**savoury 1.** agreeable, appetizing, dainty, delectable, delicious, full-flavoured, good, luscious, mouthwatering, palatable, piquant, rich, scrumptious (Inf.), spicy, tangy, tasty, toothsome **2.** decent, edifying, honest, reputable, respectable, wholesome

**saw** adage, aphorism, apophthegm, axiom, byword, dictum, gnome, maxim, proverb, saying

**say**
▶ **V. 1.** add, affirm, announce, assert, asseverate, come out with (Inf.), declare, give voice or utterance to, maintain, mention, pronounce, put into words, remark, speak, state, utter, voice **2.** answer, disclose, divulge, give as one's opinion, make known, reply, respond, reveal, tell **3.** allege, bruit, claim, noise abroad, put about, report, rumour, suggest **4.** deliver, do, orate, perform, read, recite, rehearse, render, repeat **5.** assume, conjecture, dare say, estimate,

guess, hazard a guess, imagine, judge, presume, suppose, surmise **6.** communicate, convey, express, give the impression that, imply **7. go without saying** be accepted, be a matter of course, be obvious, be self-evident, be taken as read, be taken for granted, be understood **8. to say the least** at the very least, to put it mildly, without any exaggeration
▶ **N. 9.** crack (*Inf.*), turn (chance, opportunity) to speak, voice, vote **10.** authority, clout (*Inf.*), influence, power, sway, weight

**saying** adage, aphorism, apophthegm, axiom, byword, dictum, gnome, maxim, proverb, saw, slogan

**scale¹**
▶ **N. 1.** calibration, degrees, gamut, gradation, graduated system, graduation, hierarchy, ladder, pecking order (*Inf.*), progression, ranking, register, seniority system, sequence, series, spectrum, spread, steps **2.** proportion, ratio **3.** degree, extent, range, reach, scope, way
▶ **V. 4.** ascend, clamber, climb, escalade, mount, surmount **5.** adjust, proportion, prorate (*Chiefly U.S.*), regulate

**scale²** **N.** flake, lamina, layer, plate, squama (*Biol.*)

**scaly** flaky, furfuraceous (*Medical*), scabrous, scurfy, squamous *or* squamose (*Biol.*), squamulose

**scamp** devil, imp, knave (*Archaic*), mischief-maker, monkey, pickle (*Brit. inf.*), prankster, rascal, rogue, scallywag (*Inf.*), scapegrace, toe-rag (*Sl.*), tyke (*Inf.*), whippersnapper, wretch

**scamper** beetle, dart, dash, fly, hasten, hie (*Archaic*), hurry, romp, run, scoot, scurry, scuttle, sprint

**scan** check, check out (*Inf.*), clock (*Brit. sl.*), con (*Archaic*), examine, eyeball (*U.S. sl.*), get a load of (*Inf.*), glance over, investigate, look one up and down, look through, recce (*Sl.*), run one's eye over, run over, scour, scrutinize, search, size up (*Inf.*), skim, survey, sweep, take a dekko at (*Brit. sl.*), take stock of

**scandal 1.** crime, crying shame (*Inf.*), disgrace, embarrassment, offence, sin, wrongdoing **2.** calumny, defamation, detraction, discredit, disgrace, dishonour, ignominy, infamy, obloquy, offence, opprobrium, reproach, shame, stigma **3.** abuse, aspersion, backbiting, dirt, dirty linen (*Inf.*), gossip, rumours, skeleton in the cupboard, slander, talk, tattle

**scandalize** affront, appal, cause a few raised eyebrows (*Inf.*), disgust, horrify, offend, outrage, shock

**scandalous 1.** atrocious, disgraceful, disreputable, highly improper, infamous, monstrous, odious, opprobrious, outrageous, shameful, shocking, unseemly **2.** defamatory, gossiping, libellous, scurrilous, slanderous, untrue

**scant** bare, barely sufficient, deficient, inadequate, insufficient, limited, little, minimal, sparse

**scanty** bare, deficient, exiguous, inadequate, insufficient, meagre, narrow, poor, restricted, scant, short, skimpy, slender, sparing, sparse, thin

**scapegoat** fall guy (*Inf.*), whipping boy

**scar**
▶ **N. 1.** blemish, cicatrix, injury, mark, wound
▶ **V. 2.** brand, damage, disfigure, mark, traumatize

**scarce** at a premium, deficient, few, few and far between, infrequent, in short supply, insufficient, rare, seldom met with, uncommon, unusual, wanting

**scarcely 1.** barely, hardly, only just, scarce (*Archaic*) **2.** by no means, definitely not, hardly, not at all, on no account, under no circumstances

**scarcity** dearth, deficiency, infrequency, insufficiency, lack, paucity, poverty, rareness, shortage, undersupply, want

**scare**
▶ **V. 1.** affright (*Archaic*), alarm, daunt, dismay, frighten, give (someone) a fright, give (someone) a turn (*Inf.*), intimidate, panic, put the wind up (someone) (*Inf.*), shock, startle, terrify, terrorize
▶ **N. 2.** alarm, alert, fright, panic, shock, start, terror

**scared** fearful, frightened, panicky, panic-stricken, petrified, scared shitless (*Taboo sl.*), shaken, shit-scared (*Taboo sl.*), startled, terrified

**scathing** belittling, biting, brutal, caustic, critical, cutting, harsh, mordacious, mordant, sarcastic, savage, scornful, searing, trenchant, vitriolic, withering

**scatter 1.** broadcast, diffuse, disseminate, fling, litter, shower, sow, spread, sprinkle, strew **2.** disband, dispel, disperse, dissipate, disunite, put to flight, separate

**scatterbrain** bird-brain (*Inf.*), butterfly, featherbrain, flibbertigibbet, grasshopper mind, madcap

**scattering** few, handful, scatter, smatter, smattering, sprinkling

**scenario** master plan, outline, résumé, rundown, scheme, sequence of events, sketch, story line, summary, synopsis

**scene 1.** display, drama, exhibition, pageant, picture, representation, show, sight, spectacle, tableau **2.** area, locality, place, position, setting, site, situation, spot, whereabouts **3.** backdrop, background, location, mise en scène, set, setting **4.** act, division, episode, incident, part, stage **5.** carry-on (*Inf., chiefly Brit.*), commotion, confrontation, display of emotion, drama, exhibition, fuss, performance, row, tantrum, to-do, upset **6.** landscape, panorama, prospect, view, vista **7.** (*Inf.*) arena, business, environment, field of interest, milieu, world

**scenery 1.** landscape, surroundings, terrain, view, vista **2.** (*Theatre*) backdrop, décor, flats, mise en scène, set, setting, stage set

**scent**
▶ **N. 1.** aroma, bouquet, fragrance, niff (*Brit. sl.*), odour, perfume, redolence, smell **2.** spoor, track, trail
▶ **V. 3.** be on the track *or* trail of, detect, discern, get wind of (*Inf.*), nose out, recognize, sense, smell, sniff, sniff out

**sceptic** agnostic, cynic, disbeliever, doubter, doubting Thomas, Pyrrhonist, scoffer, unbeliever

**sceptical** cynical, disbelieving, doubtful, doubting, dubious, hesitating, incredulous, mistrustful, questioning, quizzical, scoffing, unbelieving, unconvinced

**scepticism** agnosticism, cynicism, disbelief, doubt, incredulity, Pyrrhonism, suspicion, unbelief

**schedule**
▶ **N. 1.** agenda, calendar, catalogue, inventory, itinerary, list, list of appointments, plan, programme, timetable
▶ **V. 2.** appoint, arrange, be due, book, organize, plan, programme, slot (*Inf.*), time

**scheme**
▶ **N. 1.** contrivance, course of action, design, device, plan, programme, project, proposal, strategy, system, tactics, theory **2.** arrangement, blueprint, chart, codification, diagram, disposition, draft, layout, outline, pattern, schedule, schema, system **3.** conspiracy, dodge, game (*Inf.*), intrigue, machinations, manoeuvre, plot, ploy, ruse, shift, stratagem, subterfuge
▶ **V. 4.** contrive, design, devise, frame, imagine, lay plans, plan, project, work out **5.** collude, conspire, intrigue, machinate, manoeuvre, plot, wheel and deal (*Inf.*)

**scheming** artful, calculating, conniving, cunning, deceitful, designing, duplicitous, foxy, Machiavellian, slippery, sly, tricky, underhand, wily

**schism** breach, break, discord, disunion, division, rift, rupture, separation, splintering, split

**scholar 1.** academic, bookworm, egghead (*Inf.*), intellectual, man of letters, savant **2.** disciple, learner, pupil, schoolboy, schoolgirl, student

**scholarly** academic, bookish, erudite, intellectual, learned, lettered, scholastic, studious, well-read

**scholarship 1.** accomplishments, attainments, book-learning, education, erudition, knowledge, learning, lore **2.** bursary, exhibition, fellowship

**scholastic 1.** academic, bookish, learned, lettered, literary, scholarly **2.** pedagogic, pedantic, precise

**school**
▶ **N. 1.** academy, alma mater, college, department, discipline, faculty, institute, institution, seminary **2.** adherents, circle, class, clique, denomination, devotees, disciples, faction, followers, following, group, pupils, schism, sect, set **3.** creed, faith, outlook, persuasion, school of thought, stamp, way of life
▶ **V. 4.** coach, discipline, drill, educate, indoctrinate, instruct, prepare, prime, train, tutor, verse

**schooling 1.** book-learning, education, formal education, teaching, tuition **2.** coaching, drill, grounding, guidance, instruction, preparation, training

**schoolteacher** dominie (*Scot.*), instructor, pedagogue, schoolmarm (*Inf.*), schoolmaster, schoolmistress

**science 1.** body of knowledge, branch of knowledge, discipline **2.** art, skill, technique

**scientific** accurate, controlled, exact, mathematical, precise, systematic

**scintillate** blaze, coruscate, flash, give off sparks, gleam, glint, glisten, glitter, sparkle, twinkle

**scintillating** animated, bright, brilliant, dazzling, ebullient, exciting, glittering, lively, sparkling, stimulating, witty

**scoff** belittle, deride, despise, flout, gibe, jeer, knock (*Inf.*), laugh at, make light of, make sport of, mock, poke fun at, pooh-pooh, revile, ridicule, scorn, scout (*Archaic*), slag (off) (*Sl.*), sneer, take the piss (out of) (*Taboo sl.*), taunt, twit

**scold**
▶ **V. 1.** bawl out (*Inf.*), berate, blame, bring (someone) to book, carpet (*Inf.*), castigate, censure, chew out (*U.S. & Canad. inf.*), chide, find fault with, give a rocket (*Brit. & N.Z. inf.*), give (someone) a dressing-down (row, talking-to) (*Inf.*), go on at, haul (someone) over the coals (*Inf.*), have (someone) on the carpet (*Inf.*), lecture, nag, rate, read the riot act, rebuke, remonstrate with, reprimand, reproach, reprove, take (someone) to task, tear into (*Inf.*), tear (someone) off a strip (*Brit. inf.*), tell off (*Inf.*), tick off (*Inf.*), upbraid, vituperate
▶ **N. 2.** nag, shrew, termagant (*Rare*), Xanthippe

**scolding** dressing-down (*Inf.*), (good) talking-to (*Inf.*), lecture, piece of one's mind, rebuke, row, telling-off (*Inf.*), ticking-off (*Inf.*), tongue-lashing, wigging (*Brit. sl.*)

**scoop**
▶ **N. 1.** dipper, ladle, spoon **2.** coup, exclusive, exposé, inside story, revelation, sensation
▶ **V. 3.** (*Often with* **up**) clear away, gather up, lift, pick up, remove, sweep up *or* away, take up **4.** bail, dig, dip, empty, excavate, gouge, hollow, ladle, scrape, shovel

**scope** ambit, area, capacity, compass, confines, elbowroom, extent, field of reference, freedom, latitude, liberty, opportunity, orbit, outlook, purview, range, reach, room, space, span, sphere

**scorch** blacken, blister, burn, char, parch, roast, sear, shrivel, singe, wither

**scorching** baking, boiling, broiling, burning, fiery, flaming, red-hot, roasting, searing, sizzling, sweltering, torrid, tropical, unbearably hot

**score**
▶ **N. 1.** grade, mark, outcome, points, record, result, total **2. the score** (*Inf.*) the facts, the reality, the setup (*Inf.*), the situation, the truth **3.** *Plural* a flock, a great number, an army, a throng, crowds, droves, hosts, hundreds, legions, lots, masses, millions, multitudes, myriads, swarms, very many **4.** account, basis, cause, ground, grounds, reason **5.** a bone to pick, grievance, grudge, injury, injustice, wrong **6. pay off old scores** avenge, get even with (*Inf.*), get one's own back (*Inf.*), give an eye for an eye, give like for like *or* tit for tat, give (someone) a taste of his own medicine, hit back, pay (someone) back (in his own coin), repay, requite, retaliate **7.** account, amount due, bill, charge, debt, obligation, reckoning, tab (*U.S. inf.*), tally, total
▶ **V. 8.** achieve, amass, chalk up (*Inf.*), gain, make, notch up (*Inf.*), win **9.** count, keep a tally of, keep count, record, register, tally **10.** crosshatch, cut, deface, gouge, graze, indent, mar, mark, nick, notch, scrape, scratch, slash **11.** (*With* **out** *or* **through**) cancel, cross out, delete, obliterate, put a line through, strike out **12.** (*Music*) adapt, arrange, orchestrate, set **13.** gain an advantage, go down well with (someone), impress, make a hit (*Inf.*), make an impact *or* impression, make a point, put oneself across, triumph

**score off** be one up on (*Inf.*), get the better of, have the laugh on, humiliate, make a fool of, make (someone) look silly, worst

**scorn**
- N. **1.** contempt, contemptuousness, contumely, derision, despite, disdain, disparagement, mockery, sarcasm, scornfulness, slight, sneer
- V. **2.** be above, consider beneath one, contemn, curl one's lip at, deride, disdain, flout, hold in contempt, look down on, make fun of, reject, scoff at, scout (*Archaic*), slight, sneer at, spurn, turn up one's nose at (*Inf.*)

**scornful** contemptuous, contumelious, defiant, derisive, disdainful, haughty, insolent, insulting, jeering, mocking, sarcastic, sardonic, scathing, scoffing, slighting, sneering, supercilious, withering

**scornfully** contemptuously, disdainfully, dismissively, scathingly, slightingly, with a sneer, with contempt, with disdain, witheringly, with lip curled

**Scots** Caledonian, Scottish

**scoundrel** asshole (*U.S. & Canad. taboo sl.*), asswipe (*U.S. & Canad. taboo sl.*), bad egg (*Old-fashioned inf.*), bastard (*Offensive*), blackguard, bugger (*Taboo sl.*), caitiff (*Archaic*), cheat, cocksucker (*Taboo sl.*), dastard (*Archaic*), good-for-nothing, heel (*Sl.*), incorrigible, knave (*Archaic*), miscreant, mother, motherfucker (*Taboo sl., chiefly U.S.*), ne'er-do-well, rascal, reprobate, rogue, rotter (*Sl., chiefly Brit.*), scally (*Northwest English dialect*), scamp, scapegrace, scumbag (*Sl.*), shit (*Taboo sl.*), son-of-a-bitch (*Sl., chiefly U.S. & Canad.*), swine, turd (*Taboo sl.*), vagabond, villain, wretch

**scour 1.** abrade, buff, burnish, clean, cleanse, flush, furbish, polish, purge, rub, scrub, wash, whiten **2.** beat, comb, forage, go over with a fine-tooth comb, hunt, look high and low, rake, ransack, search

**scourge**
- N. **1.** affliction, bane, curse, infliction, misfortune, penalty, pest, plague, punishment, terror, torment, visitation **2.** cat, cat-o'-nine-tails, lash, strap, switch, thong, whip
- V. **3.** beat, belt (*Inf.*), cane, castigate, chastise, discipline, flog, horsewhip, lash, lather (*Inf.*), leather, punish, take a strap to, tan (someone's) hide (*Sl.*), thrash, trounce, wallop (*Inf.*), whale, whip **4.** afflict, curse, excoriate, harass, plague, terrorize, torment

**scout**
- V. **1.** case (*Sl.*), check out, investigate, make a reconnaissance, nark (*Brit., Aust., & N.Z. sl.*), observe, probe, recce (*Sl.*), reconnoitre, see how the land lies, spy, spy out, survey, watch **2.** (*Often with* **out, up,** *or* **around**) cast around for, ferret out, hunt for, look for, rustle up, search for, search out, seek, track down
- N. **3.** advance guard, escort, lookout, outrider, precursor, reconnoitrer, vanguard **4.** recruiter, talent scout

**scowl**
- V. **1.** frown, glower, grimace, look daggers at, lour *or* lower
- N. **2.** black look, dirty look, frown, glower, grimace

**scramble**
- V. **1.** clamber, climb, crawl, move with difficulty, push, scrabble, struggle, swarm **2.** contend, hasten, jockey for position, jostle, look lively *or* snappy (*Inf.*), make haste, push, run, rush, strive, vie
- N. **3.** climb, trek **4.** commotion, competition, confusion, free-for-all (*Inf.*), hassle (*Inf.*), hustle, melee *or* mêlée, muddle, race, rat race, rush, struggle, tussle

**scrap¹**
- N. **1.** atom, bit, bite, crumb, fragment, grain, iota, mite, modicum, morsel, mouthful, part, particle, piece, portion, remnant, sliver, snatch, snippet, trace **2.** junk, off cuts, waste **3. on the scrap heap** discarded, ditched (*Sl.*), jettisoned, put out to grass (*Inf.*), redundant, written off **4.** *Plural* bits, leavings, leftovers, remains, scrapings
- V. **5.** abandon, break up, chuck (*Inf.*), demolish, discard, dispense with, ditch (*Sl.*), drop, get rid of, jettison, junk (*Inf.*), shed, throw away *or* out, throw on the scrapheap, toss out, trash (*Sl.*), write off

**scrap²**
- N. **1.** argument, bagarre, battle, brawl, disagreement, dispute, dust-up (*Inf.*), fight, quarrel, row, scrimmage, scuffle, set-to (*Inf.*), shindig (*Inf.*), shindy (*Inf.*), squabble, tiff, wrangle
- V. **2.** argue, barney (*Inf.*), bicker, come to blows, fall out (*Inf.*), fight, have a shouting match (*Inf.*), have words, row, spar, squabble, wrangle

**scrape**
- V. **1.** abrade, bark, graze, rub, scratch, scuff, skin **2.** grate, grind, rasp, scratch, screech, set one's teeth on edge, squeak **3.** clean, erase, file, remove, rub, scour **4.** pinch, save, scrimp, skimp, stint **5. scrape by, in,** *or* **through** barely make it, cut it fine (*Inf.*), get by (*Inf.*), have a close shave (*Inf.*), struggle
- N. **6.** (*Inf.*) awkward *or* embarrassing situation, difficulty, dilemma, distress, fix (*Inf.*), mess, plight, predicament, pretty pickle (*Inf.*), spot (*Inf.*), tight spot, trouble

**scrappy** bitty, disjointed, fragmentary, incomplete, perfunctory, piecemeal, sketchy, thrown together

**scratch**
- V. **1.** claw, cut, damage, etch, grate, graze, incise, lacerate, make a mark on, mark, rub, score, scrape **2.** annul, cancel, delete, eliminate, erase, pull out, stand down, strike off, withdraw
- N. **3.** blemish, claw mark, gash, graze, laceration, mark, scrape **4. up to scratch** acceptable, adequate, capable, competent, satisfactory, sufficient, up to snuff (*Inf.*), up to standard
- ADJ. **5.** haphazard, hastily prepared, impromptu, improvised, rough, rough-and-ready

**scrawl** doodle, scrabble, scratch, scribble, squiggle, writing

**scream**
- V. **1.** bawl, cry, holler (*Inf.*), screech, shriek, shrill, sing out, squeal, yell **2.** (*Fig.*) be conspicuous, clash, jar, shriek
- N. **3.** howl, outcry, screech, shriek, wail, yell, yelp **4.** (*Inf.*) card (*Inf.*), caution (*Inf.*), character (*Inf.*), comedian, comic, entertainer, hoot (*Inf.*), joker, laugh, riot (*Sl.*), sensation, wag, wit

**screen**
- V. **1.** cloak, conceal, cover, hide, mask, shade, shroud, shut out, veil **2.** defend, guard, protect, safeguard, shelter, shield **3.** cull, evaluate, examine, filter, gauge, grade, process, riddle, scan, sieve, sift, sort, vet **4.** broadcast, present, put on, show
- N. **5.** awning, canopy, cloak, concealment, cover, guard, hedge, mantle, shade, shelter, shield, shroud **6.** mesh, net, partition, room divider

**screw** V. **1.** tighten, turn, twist, work in **2.** contort, contract, crumple, distort, pucker, wrinkle **3.** (*Inf.*) bring pressure to bear on, coerce, constrain, force, hold a knife to (someone's) throat, oppress, pressurize, put the screws on (*Inf.*), squeeze **4.** (*Inf.*) (*Often with* **out of**) bleed, extort, extract, wrest, wring

**scribble** V. dash off, doodle, jot, pen, scratch, scrawl, write

**scribe** amanuensis, clerk, copyist, notary (*Archaic*), penman (*Rare*), scrivener (*Archaic*), secretary, writer

**script 1.** calligraphy, hand, handwriting, letters, longhand, penmanship, writing **2.** book, copy, dialogue, libretto, lines, manuscript, text, words

**Scripture** Holy Bible, Holy Scripture, Holy Writ, The Bible, The Book of Books, The Good Book, The Gospels, The Scriptures, The Word, The Word of God

**scroll** inventory, list, parchment, roll

**Scrooge** cheapskate (*Inf.*), meanie *or* meany (*Inf., chiefly Brit.*), miser, money-grubber (*Inf.*), niggard, penny-pincher (*Inf.*), skinflint, tight-arse (*Taboo sl.*), tight-ass (*U.S. taboo sl.*), tightwad (*U.S. & Canad. sl.*)

**scrounge** beg, blag (*Sl.*), bum (*Inf.*), cadge, forage for, freeload (*Sl.*), hunt around (for), mooch (*Sl.*), sorn (*Scot.*), sponge (*Inf.*), touch (someone) for (*Sl.*), wheedle

**scrounger** bum (*Inf.*), cadger, freeloader (*Sl.*), parasite, sorner (*Scot.*), sponger (*Inf.*)

**scrub** V. **1.** clean, cleanse, rub, scour **2.** (*Inf.*) abandon, abolish, call off, cancel, delete, discontinue, do away with, drop, forget about, give up

**scruffy** disreputable, draggletailed (*Archaic*), frowzy, ill-groomed, mangy, messy, ragged, run-down, scrubby (*Brit. inf.*), seedy, shabby, slatternly, sloppy (*Inf.*), slovenly, sluttish, squalid, tattered, tatty, ungroomed, unkempt, untidy

**scrupulous** careful, conscientious, exact, fastidious, honourable, meticulous, minute, moral, nice, painstaking, precise, principled, punctilious, rigorous, strict, upright

**scrutinize** analyse, dissect, examine, explore, inquire into, inspect, investigate, peruse, pore over, probe, research, scan, search, sift, study, work over

**scrutiny** analysis, close study, examination, exploration, inquiry, inspection, investigation, perusal, search, sifting, study

**scuffle**
- V. **1.** clash, come to blows, contend, exchange blows, fight, grapple, jostle, struggle, tussle
- N. **2.** affray (*Law*), bagarre, barney (*Inf.*), brawl, commotion, disturbance, fight, fray, ruck (*Sl.*), ruckus (*Inf.*), ruction (*Inf.*), rumpus, scrap (*Inf.*), scrimmage, set-to (*Inf.*), shindig (*Inf.*), shindy (*Inf.*), skirmish, tussle

**sculpture** V. carve, chisel, cut, fashion, form, hew, model, mould, sculp, sculpt, shape

**scum 1.** algae, crust, dross, film, froth, impurities, offscourings, scruff **2.** (*Fig.*) canaille, dregs of society, dross, lowest of the low, rabble, ragtag and bobtail, riffraff, rubbish, trash (*Chiefly U.S. & Canad.*)

**scurrilous** abusive, coarse, defamatory, foul, foul-mouthed, gross, indecent, infamous, insulting, low, obscene, offensive, Rabelaisian, ribald, salacious, scabrous, scandalous, slanderous, vituperative, vulgar

**scurry**
- V. **1.** beetle, dart, dash, fly, hurry, race, scamper, scoot, scud, scuttle, skim, sprint, whisk
- N. **2.** bustle, flurry, scampering, whirl

**scuttle** beetle, bustle, hare (*Brit. inf.*), hasten, hurry, run, rush, scamper, scoot, scramble, scud, scurry, scutter (*Brit. inf.*)

**sea**
- N. **1.** main, ocean, the briny (*Inf.*), the deep, the drink (*Inf.*), the waves **2.** (*Fig.*) abundance, expanse, mass, multitude, plethora, profusion, sheet, vast number **3. at sea** adrift, astray, at a loss, at sixes and sevens, baffled, bewildered, confused, disoriented, lost, mystified, puzzled, upset
- ADJ. **4.** aquatic, briny, marine, maritime, ocean, ocean-going, oceanic, pelagic, salt, saltwater, seagoing

**seafaring** marine, maritime, nautical, naval, oceanic

**seal**
- V. **1.** bung, close, cork, enclose, fasten, make airtight, plug, secure, shut, stop, stopper, stop up, waterproof **2.** assure, attest, authenticate, confirm, establish, ratify, stamp, validate **3.** clinch, conclude, consummate, finalize, settle, shake hands on (*Inf.*) **4.** (*With* **off**) board up, fence off, isolate, put out of bounds, quarantine, segregate
- N. **5.** assurance, attestation, authentication, confirmation, imprimatur, insignia, notification, ratification, stamp

**seam** N. **1.** closure, joint, suture (*Surgery*) **2.** layer, lode, stratum, vein **3.** furrow, line, ridge, scar, wrinkle

**search**
- V. **1.** cast around, check, comb, examine, explore, ferret, frisk (*Inf.*), go over with a fine-tooth comb, inquire, inspect, investigate, leave no stone unturned, look, look high and low, probe, pry, ransack, rifle through, rummage through, scour, scrutinize, seek, sift, turn inside out, turn upside down
- N. **2.** examination, exploration, going-over (*Inf.*), hunt, inquiry, inspection, investigation, pursuit, quest, researches, rummage, scrutiny **3. in search of** hunting for, in need of, in pursuit of, looking for, making enquiries concerning, on the lookout for, on the track of, seeking

**searching** ADJ. close, intent, keen, minute, penetrating, piercing, probing, quizzical, severe, sharp, thorough

**seasickness** mal de mer

**season**
- N. **1.** division, interval, juncture, occasion, opportunity, period, spell, term, time, time of year
- V. **2.** colour, enliven, flavour, lace, leaven, pep up, salt, salt and pepper, spice **3.** acclimatize, accustom, anneal, discipline, habituate, harden, inure, mature, prepare, toughen, train **4.** mitigate, moderate, qualify, temper

**seasonable** appropriate, convenient, fit, opportune, providential, suitable, timely, welcome, well-timed

**seasoned** battle-scarred, experienced, hardened, long-serving, mature, old, practised, time-served, veteran, weathered, well-versed

**seasoning** condiment, dressing, flavouring, relish, salt and pepper, sauce, spice

**seat**
- N. **1.** bench, chair, pew, settle, stall, stool, throne **2.** axis, capital, centre, cradle, headquarters, heart, hub, location, place, site, situation, source, station **3.** base, bed, bottom, cause, footing, foundation, ground, groundwork **4.** abode, ancestral hall, house, mansion, residence **5.** chair, constituency, incumbency, membership, place
- V. **6.** accommodate, cater for, contain, have room or capacity for, hold, sit, take **7.** deposit, fix, install, locate, place, set, settle, sit

**seating** accommodation, chairs, places, room, seats

**secede** apostatize, break with, disaffiliate, leave, pull out, quit, resign, retire, separate, split from, withdraw

**secluded** cloistered, cut off, isolated, lonely, off the beaten track, out-of-the-way, private, reclusive, remote, retired, sequestered, sheltered, solitary, tucked away, unfrequented

**seclusion** concealment, hiding, isolation, privacy, purdah, remoteness, retirement, retreat, shelter, solitude

**second¹**
- ADJ. **1.** following, next, subsequent, succeeding **2.** additional, alternative, extra, further, other, repeated **3.** inferior, lesser, lower, secondary, subordinate, supporting **4.** double, duplicate, reproduction, twin
- N. **5.** assistant, backer, helper, supporter
- V. **6.** advance, aid, approve, assist, back, encourage, endorse, forward, further, give moral support to, go along with, help, promote, support

**second²** N. flash, instant, jiffy (Inf.), minute, moment, sec (Inf.), split second, tick (Brit. inf.), trice, twinkling, twinkling of an eye, two shakes of a lamb's tail (Inf.)

**secondary 1.** derivative, derived, indirect, resultant, resulting, second-hand **2.** consequential, contingent, inferior, lesser, lower, minor, second-rate, subordinate, unimportant **3.** alternate, auxiliary, backup, extra, fall-back, relief, reserve, second, subsidiary, supporting

**second-class** ADJ. déclassé, indifferent, inferior, mediocre, outclassed, second-best, second-rate, undistinguished, uninspiring

**secondhand**
- ADJ. **1.** handed down, hand-me-down (Inf.), nearly new, reach-me-down (Inf.), used
- ADV. **2.** at second-hand, indirectly, on the grapevine (Inf.)

**second-in-command** depute (Scot.), deputy, number two, right-hand man, successor designate

**secondly** in the second place, next, second

**second-rate** bush-league (Aust. & N.Z. inf.), cheap, cheap and nasty (Inf.), commonplace, dime-a-dozen (Inf.), inferior, low-grade, low-quality, mediocre, piss-poor (Taboo sl.), poor, rubbishy, shoddy, substandard, tacky (Inf.), tawdry, tinhorn (U.S. sl.), two-bit (U.S. & Canad. sl.)

**secrecy 1.** concealment, confidentiality, huggermugger (Rare), mystery, privacy, retirement, seclusion, silence, solitude, surreptitiousness **2.** clandestineness, covertness, furtiveness, secretiveness, stealth

**secret**
- ADJ. **1.** backstairs, camouflaged, cloak-and-dagger, close, closet (Inf.), concealed, conspiratorial, covered, covert, disguised, furtive, hidden, hole-and-corner (Inf.), hush-hush (Inf.), reticent, shrouded, undercover, underground, under wraps, undisclosed, unknown, unpublished, unrevealed, unseen **2.** abstruse, arcane, cabbalistic, clandestine, classified, cryptic, esoteric, mysterious, occult, recondite **3.** hidden, out-of-the-way, private, retired, secluded, unfrequented, unknown **4.** close, deep, discreet, reticent, secretive, sly, stealthy, underhand
- N. **5.** code, confidence, enigma, formula, key, mystery, recipe, skeleton in the cupboard **6. in secret** behind closed doors, by stealth, huggermugger (Archaic), in camera, incognito, secretly, slyly, surreptitiously

**secretive** cagey (Inf.), clamlike, close, cryptic, deep, enigmatic, playing one's cards close to one's chest, reserved, reticent, tight-lipped, uncommunicative, unforthcoming, withdrawn

**secretly** behind closed doors, behind (someone's) back, clandestinely, confidentially, covertly, furtively, in camera, in confidence, in one's heart, in one's inmost thoughts, in secret, on the q.t. (Inf.), on the sly, privately, quietly, stealthily, surreptitiously, unobserved

**sect** camp, denomination, division, faction, group, party, schism, school, school of thought, splinter group, wing

**sectarian**
- ADJ. **1.** bigoted, clannish, cliquish, doctrinaire, dogmatic, exclusive, factional, fanatic, fanatical, hidebound, insular, limited, narrow-minded, parochial, partisan, rigid
- N. **2.** adherent, bigot, disciple, dogmatist, extremist, fanatic, partisan, true believer, zealot

**section** N. **1.** component, cross section, division, fraction, fragment, instalment, part, passage, piece, portion, sample, segment, slice, subdivision **2.** (Chiefly U.S.) area, department, district, region, sector, zone

**sector** area, category, district, division, part, quarter, region, stratum, subdivision, zone

**secular** civil, earthly, laic, laical, lay, nonspiritual, profane, state, temporal, worldly

**secure**
- ADJ. **1.** immune, impregnable, out of harm's way, protected, safe, sheltered, shielded, unassailable, undamaged, unharmed **2.** dependable, fast, fastened, firm, fixed, fortified, immovable, stable, steady, tight **3.** assured, certain, confident, easy, reassured, sure **4.** absolute, conclusive, definite, in the bag (Inf.), reliable, solid, steadfast, tried and true, well-founded
- V. **5.** acquire, come by, gain, get, get hold of, land (Inf.), make sure of, obtain, pick up, procure, score (Sl.), win possession of **6.** attach, batten down, bolt, chain, fasten, fix, lash, lock, lock up, make fast, moor, padlock, rivet, tie up **7.** assure, ensure, guarantee, insure

**security 1.** asylum, care, cover, custody, immunity, preservation, protection, refuge, retreat, safekeeping, safety, sanctuary **2.** defence, guards, precautions, protection, safeguards, safety measures, surveillance **3.** assurance, certainty, confidence, conviction, ease of mind, freedom from doubt, positiveness, reliance, sureness **4.** collateral, gage, guarantee, hostage, insurance, pawn, pledge, surety

**sedate** calm, collected, composed, cool, decorous, deliberate, demure, dignified, earnest, grave, imperturbable, middle-aged, placid, proper, quiet, seemly, serene, serious, slow-moving, sober, solemn, staid, tranquil, unflappable (Inf.), unruffled

**sedative**
- ADJ. **1.** allaying, anodyne, calmative, calming, lenitive, relaxing, sleep-inducing, soothing, soporific, tranquillizing
- N. **2.** anodyne, calmative, downer or down (Sl.), narcotic, opiate, sleeping pill, tranquillizer

**sedentary** desk, desk-bound, inactive, motionless, seated, sitting, torpid

**sediment** deposit, dregs, grounds, lees, precipitate, residuum, settlings

**sedition** agitation, disloyalty, incitement to riot, rabble-rousing, subversion, treason

**seditious** disloyal, dissident, insubordinate, mutinous, rebellious, refractory, revolutionary, subversive, treasonable

**seduce 1.** betray, corrupt, debauch, deflower, deprave, dishonour, ruin (Archaic) **2.** allure, attract, beguile, deceive, decoy, ensnare, entice, inveigle, lead astray, lure, mislead, tempt

**seduction 1.** corruption, defloration, ruin (Archaic) **2.** allure, enticement, lure, snare, temptation

**seductive** alluring, attractive, beguiling, bewitching, captivating, come-hither (Inf.), come-to-bed (Inf.), enticing, flirtatious, inviting, irresistible, provocative, ravishing, sexy (Inf.), siren, specious, tempting

**seductress** Circe, enchantress, femme fatale, Lorelei, siren, temptress, vamp (Inf.)

**see** V. **1.** behold, catch a glimpse of, catch sight of, check, check out (Inf.), clock (Brit. sl.), descry, discern, distinguish, espy, eyeball (U.S. sl.), get a load of (Sl.), glimpse, heed, identify, lay or clap eyes on (Inf.), look, make out, mark, note, notice, observe, perceive, recognize, regard, sight, spot, take a dekko at (Brit. sl.), view, witness **2.** appreciate, catch on (Inf.), comprehend, fathom, feel, follow, get, get the drift of, get the hang of (Inf.), grasp, know, make out, realize, take in, understand **3.** ascertain, determine, discover, find out, investigate, learn, make enquiries, refer to **4.** ensure, guarantee, make certain, make sure, mind, see to it, take care **5.** consider, decide, deliberate, give some thought to, judge, make up one's mind, mull over, reflect, think over **6.** confer with, consult, encounter, interview, meet, receive, run into, speak to, visit **7.** accompany, attend, escort, lead, show, usher, walk **8.** consort or associate with, court, date (Inf., chiefly U.S.), go out with, go steady with (Inf.), keep company with, walk out with (Obsolete) **9.** anticipate, divine, envisage, foresee, foretell, imagine, picture, visualize

**see about 1.** attend to, consider, deal with, give some thought to, look after, see to, take care of **2.** investigate, look into, make enquiries, research

**seed 1.** egg, egg cell, embryo, germ, grain, kernel, ovule, ovum, pip, spore **2.** beginning, germ, inkling, nucleus, source, start, suspicion **3.** (Fig.) children, descendants, heirs, issue, offspring, progeny, race, scions, spawn, successors **4. go** or **run to seed** decay, decline, degenerate, deteriorate, go downhill (Inf.), go to pieces, go to pot, go to rack and ruin, go to waste, let oneself go, retrogress

**seedy 1.** crummy (Sl.), decaying, dilapidated, down at heel, faded, grotty (Sl.), grubby, mangy, manky (Scot. dialect), old, run-down, scruffy, shabby, sleazy, slovenly, squalid, tatty, unkempt, worn **2.** (Inf.) ailing, ill, off colour, out of sorts, peely-wally (Scot.), poorly (Inf.), sickly, under the weather (Inf.), unwell

**seeing** CONJ. as, inasmuch as, in view of the fact that, since

**seek 1.** be after, follow, go gunning for, go in pursuit (quest, search) of, hunt, inquire, look for, pursue, search for **2.** aim, aspire to, attempt, endeavour, essay, have a go (Inf.), strive, try **3.** ask, beg, entreat, inquire, invite, petition, request, solicit

**seem** appear, assume, give the impression, have the or every appearance of, look, look as if, look like, look to be, pretend, sound like, strike one as being

**seemly** appropriate, becoming, befitting, comme il faut, decent, decorous, fit, fitting, in good taste, meet (Archaic), nice, proper, suitable, suited, the done thing

**see over** inspect, look round, see round, tour

**seer** augur, predictor, prophet, sibyl, soothsayer

**seesaw** V. alternate, fluctuate, go from one extreme to the other, oscillate, pitch, swing, teeter

**seethe 1.** boil, bubble, churn, ferment, fizz, foam, froth **2.** be in a state (Inf.), be livid (furious, incensed), breathe fire and slaughter, foam at the mouth, fume, get hot under the collar (Inf.), rage, see red (Inf.), simmer, storm **3.** be alive with, swarm, teem

**see through** V. **1.** be undeceived by, be wise to (Inf.), fathom, get to the bottom of, have (someone's) number (Inf.), not fall for, penetrate **2. see (something** or **someone) through** help out, keep at, persevere (with), persist, see out, stay to the bitter end, stick by, stick out (Inf.), support

**see to** arrange, attend to, be responsible for, do, look after, manage, organize, sort out, take care of, take charge of

**segment** bit, compartment, division, part, piece, portion, section, slice, wedge

**segregate** discriminate against, dissociate, isolate, separate, set apart, single out

**segregation** apartheid (in South Africa), discrimination, isolation, separation

**seize 1.** catch up, clutch, collar (Inf.), fasten, grab, grasp, grip, lay hands on, snatch, take **2.** apprehend, catch, get, grasp, nab (Inf.), nail (Inf.) **3.** abduct, annex, appropriate, arrest, capture, commandeer, confiscate, hijack, impound, take by storm, take captive, take possession of

**seizure 1.** abduction, annexation, apprehension, arrest, capture, commandeering, confiscation, grabbing, taking **2.** attack, convulsion, fit, paroxysm, spasm

**seldom** hardly ever, infrequently, not often, occasionally, once in a blue moon (Inf.), rarely, scarcely ever

**select**
- V. **1.** choose, opt for, pick, prefer, single out, sort out
- ADJ. **2.** choice, excellent, first-class, first-rate, hand-picked, picked, posh (Inf., chiefly Brit.),

**selection** 1. choice, choosing, option, pick, preference 2. anthology, assortment, choice, collection, line-up, medley, miscellany, potpourri, range, variety

**selective** careful, discerning, discriminating, discriminatory, eclectic, particular

**self-assurance** assertiveness, confidence, positiveness, self-confidence, self-possession

**self-centred** egotistic, inward looking, narcissistic, self-absorbed, selfish, self-seeking, wrapped up in oneself

**self-confidence** aplomb, confidence, high morale, nerve, poise, self-assurance, self-reliance, self-respect

**self-confident** assured, confident, fearless, poised, secure, self-assured, self-reliant, sure of oneself

**self-conscious** affected, awkward, bashful, diffident, embarrassed, ill at ease, insecure, nervous, out of countenance, shamefaced, sheepish, uncomfortable

**self-control** calmness, cool, coolness, restraint, self-discipline, self-mastery, self-restraint, strength of mind *or* will, willpower

**self-esteem** amour-propre, confidence, faith in oneself, pride, self-assurance, self-regard, self-respect, vanity

**self-evident** axiomatic, clear, incontrovertible, inescapable, manifestly *or* patently true, obvious, undeniable, written all over (something)

**self-government** autonomy, democracy, home rule, independence, self-determination, self-rule, sovereignty

**self-important** arrogant, big-headed, bumptious, cocky, conceited, overbearing, pompous, presumptuous, pushy (*Inf.*), strutting, swaggering, swollen-headed

**self-indulgence** dissipation, excess, extravagance, incontinence, intemperance, self-gratification, sensualism

**selfish** egoistic, egoistical, egotistic, egotistical, greedy, looking out for number one (*Inf.*), mean, mercenary, narrow, self-centred, self-interested, self-seeking, ungenerous

**selfless** altruistic, generous, magnanimous, self-denying, self-sacrificing, ungrudging, unselfish

**self-possessed** collected, confident, cool, cool as a cucumber (*Inf.*), poised, self-assured, sure of oneself, together (*Sl.*), unruffled

**self-reliant** able to stand on one's own two feet (*Inf.*), capable, independent, self-sufficient, self-supporting

**self-respect** amour-propre, dignity, faith in oneself, morale, one's own image, pride, self-esteem

**self-righteous** complacent, goody-goody (*Inf.*), holier-than-thou, hypocritical, pharisaic, pi (*Brit. sl.*), pietistic, pious, priggish, sanctimonious, self-satisfied, smug, superior, too good to be true

**self-sacrifice** altruism, generosity, self-abnegation, self-denial, selflessness

**self-satisfaction** complacency, contentment, ease of mind, flush of success, glow of achievement, pride, self-approbation, self-approval, smugness

**self-satisfied** complacent, flushed with success, like a cat that has swallowed the cream *or* the canary, pleased with oneself, proud of oneself, puffed up, self-congratulatory, smug, well-pleased

**self-seeking** ADJ. acquisitive, calculating, careerist, fortune-hunting, gold-digging, looking out for number one (*Inf.*), mercenary, on the make (*Sl.*), opportunistic, out for what one can get, self-interested, selfish, self-serving

**sell** 1. barter, dispose of, exchange, put up for sale, trade 2. be in the business of, deal in, handle, hawk, market, merchandise, peddle, retail, stock, trade in, traffic in, vend 3. gain acceptance for, promote, put across 4. (*Inf.*) (With on) convert to, convince of, get (someone) hooked on, persuade of, talk (someone) into, win (someone) over to 5. betray, deliver up, give up, sell down the river (*Inf.*), sell out (*Inf.*), surrender

**seller** agent, dealer, merchant, purveyor, rep, representative, retailer, salesman, saleswoman, shopkeeper, supplier, tradesman, traveller, vendor

**selling** 1. business, commercial transactions, dealing, trading, traffic 2. marketing, merchandizing, promotion, salesmanship

**sell out** 1. be out of stock of, dispose of, get rid of, run out of, sell up 2. (*Inf.*) betray, break faith with, double-cross (*Inf.*), fail, give away, play false, rat on (*Inf.*), sell down the river (*Inf.*), stab in the back

**send** 1. communicate, consign, convey, direct, dispatch, forward, remit, transmit 2. cast, deliver, fire, fling, hurl, let fly, propel, shoot 3. (*With* off, out, *etc*) broadcast, discharge, emit, exude, give off, radiate 4. (*Sl.*) charm, delight, electrify, enrapture, enthrall, excite, intoxicate, move, please, ravish, stir, thrill, titillate, turn (someone) on (*Sl.*) 5. **send (someone) packing** discharge, dismiss, give (someone) the bird (*Inf.*), give (someone) the brushoff (*Sl.*), send away, send (someone) about his *or* her business, send (someone) away with a flea in his *or* her ear (*Inf.*)

**send for** call for, demand, order, request, summon

**send-off** departure, farewell, going-away party, leave-taking, start, valediction

**senile** decrepit, doddering, doting, failing, imbecile, in one's dotage, in one's second childhood

**senior** ADJ. elder, higher ranking, major (*Brit.*), older, superior

**seniority** eldership, longer service, precedence, priority, rank, superiority

**sensation** 1. awareness, consciousness, feeling, impression, perception, sense, tingle 2. agitation, commotion, crowd puller (*Inf.*), excitement, furore, hit (*Inf.*), scandal, stir, surprise, thrill, vibes (*Sl.*), wow (*Sl., chiefly U.S.*)

**sensational** 1. amazing, astounding, breathtaking, dramatic, electrifying, exciting, hair-raising, horrifying, lurid, melodramatic, revealing, scandalous, sensationalistic, shock-horror (*Facetious*), shocking, spectacular, staggering, startling, thrilling, yellow (*of the press*) 2. (*Inf.*) boffo (*Sl.*), brill (*Inf.*), brilliant, chillin' (*U.S. sl.*), cracking (*Brit. inf.*), crucial (*Sl.*), def (*Sl.*), excellent, exceptional, fabulous (*Inf.*), first class, impressive, jim-dandy (*Sl.*), marvellous, mean (*Sl.*), mega (*Sl.*), mind-blowing (*Inf.*), out of this world (*Inf.*), smashing (*Inf.*), sovereign, superb, topping (*Brit. sl.*)

**sense**
▶ N. 1. faculty, feeling, sensation, sensibility 2. appreciation, atmosphere, aura, awareness, consciousness, feel, impression, intuition, perception, premonition, presentiment, sentiment 3. definition, denotation, drift, gist, implication, import, interpretation, meaning, message, nuance, purport, significance, signification, substance 4. *Sometimes plural* brains (*Inf.*), clear-headedness, cleverness, common sense, discernment, discrimination, gumption (*Brit. inf.*), intelligence, judg(e)ment, mother wit, nous (*Brit. sl.*), quickness, reason, sagacity, sanity, sharpness, smarts (*Sl., chiefly U.S.*), tact, understanding, wisdom, wit(s) 5. advantage, good, logic, point, purpose, reason, use, value, worth
▶ V. 6. appreciate, apprehend, be aware of, discern, divine, feel, get the impression, grasp, have a feeling in one's bones (*Inf.*), have a funny feeling (*Inf.*), have a hunch, just know, notice, observe, perceive, pick up, realize, suspect, understand

**senseless** 1. absurd, asinine, crazy, daft (*Inf.*), fatuous, foolish, goofy (*Inf.*), halfwitted, idiotic, illogical, imbecilic, inane, incongruous, inconsistent, irrational, ludicrous, mad, meaningless, mindless, moronic, nonsensical, pointless, ridiculous, silly, simple, stupid, unintelligent, unreasonable, unwise 2. anaesthetized, cold, deadened, insensate, insensible, numb, numbed, out, out cold, stunned, unconscious, unfeeling

**sensibility** 1. responsiveness, sensitiveness, sensitivity, susceptibility 2. *Often plural* emotions, feelings, moral sense, sentiments, susceptibilities 3. appreciation, awareness, delicacy, discernment, insight, intuition, perceptiveness, taste

**sensible** 1. canny, discreet, discriminating, down-to-earth, far-sighted, intelligent, judicious, matter-of-fact, practical, prudent, rational, realistic, reasonable, sagacious, sage, sane, shrewd, sober, sound, well-reasoned, well-thought-out, wise 2. (*Usually with* of) acquainted with, alive to, aware, conscious, convinced, mindful, observant, sensitive to, understanding 3. appreciable, considerable, discernable, noticeable, palpable, perceptible, significant, tangible, visible

**sensitive** 1. acute, delicate, easily affected, fine, impressionable, keen, perceptive, precise, reactive, responsive, sentient, susceptible 2. delicate, easily upset (hurt, offended), irritable, temperamental, tender, thin-skinned, touchy, umbrageous (*Rare*)

**sensitivity** delicacy, reactiveness, reactivity, receptiveness, responsiveness, sensitiveness, susceptibility

**sensual** 1. animal, bodily, carnal, epicurean, fleshly, luxurious, physical, unspiritual, voluptuous 2. erotic, lascivious, lecherous, lewd, libidinous, licentious, lustful, randy (*Inf., chiefly Brit.*), raunchy (*Sl.*), sexual, sexy (*Inf.*), steamy (*Inf.*), unchaste

**sensuality** animalism, carnality, eroticism, lasciviousness, lecherousness, lewdness, libidinousness, licentiousness, prurience, salaciousness, sexiness (*Inf.*), voluptuousness

**sensuous** epicurean, gratifying, hedonistic, lush, pleasurable, rich, sensory, sumptuous, sybaritic

**sentence**
▶ N. 1. condemnation, decision, decree, doom, judg(e)ment, order, pronouncement, ruling, verdict
▶ V. 2. condemn, doom, mete out justice to, pass judgment on, penalize

**sententious** 1. aphoristic, axiomatic, brief, compact, concise, epigrammatic, gnomic, laconic, pithy, pointed, short, succinct, terse 2. canting, judg(e)mental, moralistic, pompous, ponderous, preachifying (*Inf.*), sanctimonious

**sentiment** 1. emotion, sensibility, soft-heartedness, tender feeling, tenderness 2. *Often plural* attitude, belief, feeling, idea, judg(e)ment, opinion, persuasion, saying, thought, view, way of thinking 3. emotionalism, mawkishness, overemotionalism, romanticism, sentimentality, slush (*Inf.*)

**sentimental** corny (*Sl.*), dewy-eyed, drippy (*Inf.*), emotional, gushy (*Inf.*), impressionable, maudlin, mawkish, mushy (*Inf.*), nostalgic, overemotional, pathetic, romantic, schmaltzy (*Sl.*), simpering, sloppy (*Inf.*), slushy (*Inf.*), soft-hearted, tearful, tear-jerking (*Inf.*), tender, touching, weepy (*Inf.*)

**sentimentality** bathos, corniness (*Sl.*), emotionalism, gush (*Inf.*), mawkishness, mush (*Inf.*), nostalgia, play on the emotions, romanticism, schmaltz (*Sl.*), sloppiness (*Inf.*), slush (*Inf.*), sob stuff (*Inf.*), tenderness

**separable** detachable, distinguishable, divisible, scissile, severable

**separate**
▶ V. 1. break off, cleave, come apart, come away, come between, detach, disconnect, disentangle, disjoin, divide, keep apart, remove, sever, split, sunder, uncouple 2. discriminate between, isolate, put on one side, segregate, single out, sort out 3. bifurcate, break up, disunite, diverge, divorce, estrange, go different ways, part, part company, set at variance *or* at odds, split up
▶ ADJ. 4. detached, disconnected, discrete, disjointed, divided, divorced, isolated, unattached, unconnected 5. alone, apart, autonomous, distinct, independent, individual, particular, single, solitary

**separately** alone, apart, independently, individually, one at a time, one by one, personally, severally, singly

**separation** 1. break, detachment, disconnection, disengagement, disjunction, dissociation, disunion, division, gap, segregation, severance 2. break-up, divorce, estrangement, farewell, leave-taking, parting, rift, split, split-up

**septic** festering, infected, poisoned, pussy, putrefactive, putrefying, putrid, suppurating, toxic

**sepulchre** burial place, grave, mausoleum, sarcophagus, tomb, vault

**sequel** conclusion, consequence, continuation, development, end, follow-up, issue, outcome, payoff (*Inf.*), result, upshot

**sequence** arrangement, chain, course, cycle, order, procession, progression, series, succession

**seraphic** angelic, beatific, blissful, celestial, divine, heavenly, holy, pure, sublime

**serene** **1.** calm, composed, imperturbable, peaceful, placid, sedate, tranquil, undisturbed, unruffled, untroubled **2.** bright, clear, cloudless, fair, halcyon, unclouded

**serenity** **1.** calm, calmness, composure, peace, peacefulness, peace of mind, placidity, quietness, quietude, stillness, tranquillity **2.** brightness, clearness, fairness

**series** arrangement, chain, course, line, order, progression, run, sequence, set, string, succession, train

**serious** **1.** grave, humourless, long-faced, pensive, sedate, sober, solemn, stern, thoughtful, unsmiling **2.** deliberate, determined, earnest, genuine, honest, in earnest, resolute, resolved, sincere **3.** crucial, deep, difficult, far-reaching, fateful, grim, important, momentous, no laughing matter, of moment *or* consequence, pressing, significant, urgent, weighty, worrying **4.** acute, alarming, critical, dangerous, grave, severe

**seriously** **1.** all joking aside, earnestly, gravely, in all conscience, in earnest, no joking *(Inf.)*, sincerely, solemnly, thoughtfully, with a straight face **2.** acutely, badly, critically, dangerously, distressingly, gravely, grievously, severely, sorely

**seriousness** **1.** earnestness, gravitas, gravity, humourlessness, sedateness, sobriety, solemnity, staidness, sternness **2.** danger, gravity, importance, moment, significance, urgency, weight

**sermon** **1.** address, exhortation, homily **2.** dressing-down *(Inf.)*, harangue, lecture, talking-to *(Inf.)*

**servant** attendant, domestic, drudge, help, helper, lackey, liegeman, maid, menial, retainer, servitor *(Archaic)*, skivvy *(Chiefly Brit.)*, slave, varlet *(Archaic)*, vassal

**serve** **1.** aid, assist, attend to, be in the service of, be of assistance, be of use, help, minister to, oblige, succour, wait on, work for **2.** act, attend, complete, discharge, do, fulfil, go through, observe, officiate, pass, perform **3.** answer, answer the purpose, be acceptable, be adequate, be good enough, content, do, do duty as, do the work of, fill the bill *(Inf.)*, function as, satisfy, suffice, suit **4.** arrange, deal, deliver, dish up, distribute, handle, present, provide, purvey, set out, supply

**service**
- ▸ **N. 1.** advantage, assistance, avail, benefit, help, ministrations, supply, use, usefulness, utility **2.** check, maintenance, overhaul, servicing **3.** business, duty, employ, employment, labour, office, work **4.** ceremony, function, observance, rite, worship
- ▸ **V. 5.** check, fine tune, go over, maintain, overhaul, recondition, repair, tune (up)

**serviceable** advantageous, beneficial, convenient, dependable, durable, efficient, functional, hard-wearing, helpful, operative, practical, profitable, usable, useful, utilitarian

**session** assembly, conference, congress, discussion, get-together *(Inf.)*, hearing, meeting, period, seminar, sitting, term

**set**
- ▸ **V. 1.** aim, apply, deposit, direct, embed, fasten, fix, install, lay, locate, lodge, mount, park *(Inf.)*, place, plant, plonk, plump, position, put, rest, seat, situate, station, stick, turn **2.** agree upon, allocate, appoint, arrange, assign, conclude, decide (upon), designate, determine, establish, fix, fix up, name, ordain, regulate, resolve, schedule, settle, specify **3.** arrange, lay, make ready, prepare, spread **4.** adjust, coordinate, rectify, regulate, synchronize **5.** cake, condense, congeal, crystallize, gelatinize, harden, jell, solidify, stiffen, thicken **6.** allot, decree, impose, lay down, ordain, prescribe, specify **7.** decline, dip, disappear, go down, sink, subside, vanish
- ▸ **N. 8.** attitude, bearing, carriage, fit, hang, position, posture, turn **9.** mise-en-scène, scene, scenery, setting, stage set, stage setting **10.** band, circle, class, clique, company, coterie, crew *(Inf.)*, crowd, faction, gang, group, outfit, posse *(Inf.)*, schism, sect **11.** assemblage, assortment, batch, collection, compendium, coordinated group, kit, outfit, series
- ▸ **ADJ. 12.** agreed, appointed, arranged, customary, decided, definite, established, firm, fixed, prearranged, predetermined, prescribed, regular, scheduled, settled, usual **13.** artificial, conventional, formal, hackneyed, rehearsed, routine, standard, stereotyped, stock, traditional, unspontaneous **14.** entrenched, firm, hard and fast, hardened, hidebound, immovable, inflexible, rigid, strict, stubborn **15.** *(With* **on** *or* **upon***)* bent, determined, intent, resolute

**set about** **1.** address oneself to, attack, begin, get cracking *(Inf.)*, get down to, get to work, get weaving *(Inf.)*, make a start on, put one's shoulder to the wheel *(Inf.)*, roll up one's sleeves, sail into *(Inf.)*, set to, start, tackle, take the first step, wade into **2.** assail, assault, attack, belabour, lambast(e), mug *(Inf.)*, sail into *(Inf.)*

**set aside** **1.** keep, keep back, put on one side, reserve, save, select, separate, set apart, single out **2.** abrogate, annul, cancel, discard, dismiss, nullify, overrule, overturn, quash, reject, render null and void, repudiate, reverse

**setback** bit of trouble, blow, bummer *(Sl.)*, check, defeat, disappointment, hitch, hold-up, misfortune, rebuff, reverse, upset

**set off** **1.** depart, embark, leave, sally forth, set out, start out **2.** detonate, explode, ignite, kick-start, light, set in motion, touch off, trigger off **3.** bring out the highlights in, enhance, show off, throw into relief

**set on** assail, assault, attack, fall upon, fly at, go for, incite, instigate, let fly at, pitch into *(Inf.)*, pounce on, sail into *(Inf.)*, set about, sic, spur on, urge

**set out** **1.** arrange, array, describe, detail, display, dispose, elaborate, elucidate, exhibit, explain, expose to view, lay out, present, set forth **2.** begin, embark, get under way, hit the road *(Sl.)*, sally forth, set off, start out, take to the road

**setting** backdrop, background, context, frame, locale, location, mise en scène, mounting, perspective, scene, scenery, set, site, surround, surroundings

**settle** **1.** adjust, dispose, order, put into order, regulate, set to rights, straighten out, work out **2.** choose, clear up, complete, conclude, decide, dispose of, put an end to, reconcile, resolve **3.** *Often with on or upon* agree, appoint, arrange, choose, come to an agreement, confirm, decide, determine, establish, fix **4.** allay, calm, compose, lull, pacify, quell, quiet, quieten, reassure, relax, relieve, sedate, soothe, tranquillize **5.** alight, bed down, come to rest, descend, land, light, make oneself comfortable **6.** dwell, inhabit, live, make one's home, move to, put down roots, reside, set up home, take up residence **7.** colonize, found, people, pioneer, plant, populate **8.** acquit oneself of, clear, discharge, liquidate, pay, quit, square (up) **9.** decline, fall, sink, subside

**settlement** **1.** adjustment, agreement, arrangement, completion, conclusion, confirmation, disposition, establishment, resolution, termination, working out **2.** clearance, clearing, defrayal, discharge, liquidation, payment, satisfaction **3.** colonization, colony, community, encampment, hamlet, outpost, peopling

**settler** colonist, colonizer, frontiersman, immigrant, pioneer, planter

**set-to** argument, argy-bargy *(Brit. inf.)*, barney *(Inf.)*, brush, disagreement, dust-up *(Inf.)*, fight, fracas, quarrel, row, scrap *(Inf.)*, slanging match *(Brit.)*, spat, squabble, wrangle

**setup** arrangement, circumstances, conditions, organization, régime, structure, system

**set up** **1.** arrange, begin, compose, establish, found, initiate, install, institute, make provision for, organize, prearrange, prepare **2.** back, build up, establish, finance, promote, put some beef into *(Inf.)*, strengthen, subsidize **3.** assemble, build, construct, elevate, erect, put together, put up, raise

**set upon** ambush, assail, assault, attack, beat up, fall upon, go for, lay into *(Inf.)*, mug *(Inf.)*, put the boot in *(Sl.)*, set about, turn on

**several** **ADJ.** assorted, different, disparate, distinct, divers *(Archaic)*, diverse, indefinite, individual, manifold, many, particular, respective, single, some, sundry, various

**severe** **1.** austere, cruel, Draconian, drastic, hard, harsh, inexorable, iron-handed, oppressive, pitiless, relentless, rigid, strict, unbending, unrelenting **2.** cold, disapproving, dour, flinty, forbidding, grave, grim, serious, sober, stern, strait-laced, tight-lipped, unsmiling **3.** acute, bitter, critical, dangerous, distressing, extreme, fierce, grinding, inclement, intense, violent **4.** ascetic, austere, chaste, classic, forbidding, functional, plain, restrained, severe, simple, Spartan, unadorned, unembellished, unfussy **5.** arduous, demanding, difficult, exacting, fierce, hard, punishing, rigorous, stringent, taxing, tough, unrelenting **6.** astringent, biting, caustic, cutting, harsh, mordacious, mordant, satirical, scathing, unsparing, vitriolic

**severely** **1.** harshly, rigorously, sharply, sternly, strictly, with an iron hand, with a rod of iron **2.** acutely, badly, critically, dangerously, extremely, gravely, hard, sorely

**severity** austerity, gravity, hardness, harshness, plainness, rigour, seriousness, severeness, sternness, strictness, stringency, toughness

**sex** **1.** gender **2.** *(Inf.)* coition, coitus, copulation, fornication, going to bed (with someone), intimacy, lovemaking, nookie *(Sl.)*, rumpy-pumpy *(Sl.)*, (sexual) intercourse, sexual relations, the other *(Inf.)* **3.** desire, facts of life, libido, reproduction, sexuality, the birds and the bees *(Inf.)*

**sexual** **1.** carnal, coital, erotic, intimate, of the flesh, sensual, sexy **2.** genital, procreative, reproductive, sex, venereal

**sexuality** bodily appetites, carnality, desire, eroticism, lust, sensuality, sexiness *(Inf.)*, virility, voluptuousness

**sexy** arousing, beddable, bedroom, come-hither *(Inf.)*, cuddly, erotic, flirtatious, inviting, kissable, naughty, provocative, provoking, seductive, sensual, sensuous, slinky, suggestive, titillating, voluptuous

**shabby** **1.** dilapidated, down at heel, faded, frayed, having seen better days, mean, neglected, poor, ragged, run-down, scruffy, seedy, tattered, tatty, the worse for wear, threadbare, worn, worn-out **2.** cheap, contemptible, despicable, dirty, dishonourable, ignoble, low, low-down *(Inf.)*, mean, rotten *(Inf.)*, scurvy, shameful, shoddy, ungentlemanly, unworthy

**shade**
- ▸ **N. 1.** coolness, dimness, dusk, gloom, gloominess, obscurity, screen, semidarkness, shadiness, shadow, shadows **2. put into the shade** eclipse, make pale by comparison, outclass, outshine, overshadow **3.** blind, canopy, cover, covering, curtain, screen, shield, veil **4.** colour, hue, stain, tinge, tint, tone **5.** amount, dash, degree, difference, gradation, hint, nuance, semblance, suggestion, suspicion, trace, variety **6.** apparition, eidolon, ghost, manes, phantom, shadow, spectre, spirit
- ▸ **V. 7.** cast a shadow over, cloud, conceal, cover, darken, dim, hide, mute, obscure, protect, screen, shadow, shield, shut out the light, veil

**shadow**
- ▸ **N. 1.** cover, darkness, dimness, dusk, gathering darkness, gloaming *(Scot. or poetic)*, gloom, obscurity, protection, shade, shelter **2.** hint, suggestion, suspicion, trace **3.** eidolon, ghost, image, phantom, remnant, representation, spectre, vestige **4.** blight, cloud, gloom, sadness
- ▸ **V. 5.** cast a shadow over, darken, overhang, screen, shade, shield **6.** dog, follow, spy on, stalk, tail *(Inf.)*, trail

**shadowy** **1.** crepuscular, dark, dim, dusky, funereal, gloomy, indistinct, murky, obscure, shaded, shady, tenebrious, tenebrous **2.** dim, dreamlike, faint, ghostly, illusory, imaginary, impalpable, intangible, nebulous, obscure, phantom, spectral, undefined, unreal, unsubstantial, vague, wraithlike

**shady** **1.** bosky *(Literary)*, bowery, cool, dim, leafy, shaded, shadowy, umbrageous **2.** *(Inf.)* crooked, disreputable, dodgy *(Brit., Aust., & N.Z. inf.)*, dubious, fishy *(Inf.)*, questionable, shifty, slippery, suspect, suspicious, unethical, unscrupulous, untrustworthy

**shaft** **1.** handle, pole, rod, shank, stem, upright **2.** beam, gleam, ray, streak **3.** barb, cut, dart, gibe, sting, thrust

**shaggy** hairy, hirsute, long-haired, rough, tousled, unkempt, unshorn

**shake**
- ▸ **V. 1.** bump, fluctuate, jar, joggle, jolt, jounce, oscillate, quake, quiver, rock, shiver, shudder, sway, totter, tremble, vibrate, waver, wobble **2.** brandish, flourish, wave **3.** *(Often with* **up***)* agitate, churn, convulse, rouse, stir **4.** discompose, distress, disturb, frighten, intimidate, move, rattle *(Inf.)*, shock, unnerve, upset **5.** im-

pair, pull the rug out from under (*Inf.*), undermine, weaken
▶ **N. 6.** agitation, convulsion, disturbance, jar, jerk, jolt, jounce, pulsation, quaking, shiver, shock, shudder, trembling, tremor, vibration **7.** (*Inf.*) instant, jiffy (*Inf.*), moment, second, tick (*Brit. inf.*), trice

**shake off** dislodge, elude, get away from, get rid of, get shot of (*Sl.*), give the slip, leave behind, lose, rid oneself of, throw off

**shake up** agitate, churn (up), disturb, mix, overturn, reorganize, shock, stir (up), turn upside down, unsettle, upset

**shaky 1.** all of a quiver (*Inf.*), faltering, insecure, precarious, quivery, rickety, tottering, trembling, tremulous, unstable, unsteady, weak, wobbly **2.** dubious, iffy (*Inf.*), questionable, suspect, uncertain, undependable, unreliable, unsound, unsupported

**shallow**
▶ **ADJ. 1.** (*Fig.*) empty, flimsy, foolish, frivolous, idle, ignorant, meaningless, puerile, simple, skin-deep, slight, superficial, surface, trivial, unintelligent
▶ **N. 2.** *Often plural* bank, flat, sandbank, sand bar, shelf, shoal

**sham**
▶ **N. 1.** counterfeit, feint, forgery, fraud, hoax, humbug, imitation, impostor, imposture, phoney *or* phony (*Inf.*), pretence, pretender, pseud (*Inf.*), wolf in sheep's clothing
▶ **ADJ. 2.** artificial, bogus, counterfeit, ersatz, false, feigned, imitation, mock, phoney *or* phony (*Inf.*), pretended, pseud (*Inf.*), pseudo (*Inf.*), simulated, spurious, synthetic
▶ **V. 3.** affect, assume, counterfeit, fake, feign, imitate, play possum, pretend, put on, simulate

**shame**
▶ **N. 1.** blot, contempt, degradation, derision, discredit, disgrace, dishonour, disrepute, ill repute, infamy, obloquy, odium, opprobrium, reproach, scandal, skeleton in the cupboard, smear **2.** abashment, chagrin, compunction, embarrassment, humiliation, ignominy, loss of face, mortification, shamefacedness **3. put to shame** disgrace, eclipse, outclass, outdo, outstrip, show up, surpass
▶ **V. 4.** abash, confound, disconcert, disgrace, embarrass, humble, humiliate, mortify, reproach, ridicule, take (someone) down a peg (*Inf.*) **5.** blot, debase, defile, degrade, discredit, dishonour, smear, stain

**shameful 1.** atrocious, base, dastardly, degrading, disgraceful, dishonourable, ignominious, indecent, infamous, low, mean, outrageous, reprehensible, scandalous, unbecoming, unworthy, vile, wicked **2.** blush-making (*Inf.*), cringe-making (*Brit. inf.*), degrading, embarrassing, humiliating, mortifying, shaming

**shameless** abandoned, audacious, barefaced, brash, brazen, corrupt, depraved, dissolute, flagrant, hardened, immodest, improper, impudent, incorrigible, indecent, insolent, profligate, reprobate, unabashed, unashamed, unblushing, unprincipled, wanton

**shape**
▶ **N. 1.** build, configuration, contours, cut, figure, form, lines, make, outline, profile, silhouette **2.** frame, model, mould, pattern **3.** appearance, aspect, form, guise, likeness, semblance **4.** condition, fettle, health, kilter, state, trim
▶ **V. 5.** create, fashion, form, make, model, mould, produce **6.** accommodate, adapt, convert, define, develop, devise, frame, guide, modify, plan, prepare, regulate, remodel

**shapeless** amorphous, asymmetrical, battered, embryonic, formless, indeterminate, irregular, misshapen, nebulous, undeveloped, unstructured

**share**
▶ **V. 1.** apportion, assign, distribute, divide, go Dutch (*Inf.*), go fifty-fifty (*Inf.*), go halves, parcel out, partake, participate, receive, split, use in common
▶ **N. 2.** allotment, allowance, contribution, cut (*Inf.*), division, due, lot, part, portion, proportion, quota, ration, whack (*Inf.*)

**sharp**
▶ **ADJ. 1.** acute, cutting, honed, jagged, keen, knife-edged, knifelike, pointed, razor-sharp, serrated, sharpened, spiky **2.** abrupt, distinct, extreme, marked, sudden **3.** alert, apt, astute, bright, clever, discerning, knowing, long-headed, observant, penetrating, perceptive, quick, quick-witted, ready, subtle **4.** artful, crafty, cunning, dishonest, fly (*Sl.*), shrewd, sly, smart, unscrupulous, wily **5.** acute, distressing, excruciating, fierce, intense, painful, piercing, severe, shooting, sore, stabbing, stinging, violent **6.** clear, clear-cut, crisp, distinct, well-defined **7.** (*Inf.*) chic, classy (*Sl.*), dressy, fashionable, natty (*Inf.*), smart, snappy, stylish, trendy (*Inf.*) **8.** acerb, acrimonious, barbed, biting, bitter, caustic, cutting, harsh, hurtful, mordacious, mordant, sarcastic, sardonic, scathing, severe, trenchant, vitriolic **9.** acerb, acerbic, acetic, acid, acrid, burning, hot, piquant, pungent, sour, tart, vinegary
▶ **ADV. 10.** exactly, on the dot, on time, precisely, promptly, punctually **11.** abruptly, suddenly, unexpectedly, without warning

**sharpen** edge, grind, hone, put an edge on, strop, whet

**shatter 1.** break, burst, crack, crush, crush to smithereens, demolish, explode, implode, pulverize, shiver, smash, split **2.** blast, blight, bring to nought, demolish, destroy, disable, exhaust, impair, overturn, ruin, torpedo, wreck **3.** break (someone's) heart, crush, devastate, dumbfound, knock the stuffing out of (someone) (*Inf.*), upset

**shave** V. **1.** crop, pare, plane, shear, trim **2.** brush, graze, touch

**shed** V. **1.** afford, cast, diffuse, drop, emit, give, give forth, pour forth, radiate, scatter, shower, spill, throw **2.** cast off, discard, exuviate, moult, slough

**sheepish** abashed, ashamed, chagrined, embarrassed, foolish, mortified, self-conscious, shamefaced, silly, uncomfortable

**sheer 1.** abrupt, headlong (*Archaic*), perpendicular, precipitous, steep **2.** absolute, arrant, complete, downright, out-and-out, pure, rank, thoroughgoing, total, unadulterated, unalloyed, unmitigated, unqualified, utter **3.** (*Of fabrics*) diaphanous, fine, gauzy, gossamer, seethrough, thin, transparent

**sheet 1.** coat, film, folio, lamina, layer, leaf, membrane, overlay, pane, panel, piece, plate, slab, stratum, surface, veneer **2.** area, blanket, covering, expanse, stretch, sweep

**shell**
▶ **N. 1.** carapace, case, husk, pod
▶ **V. 2.** husk, shuck **3.** attack, barrage, blitz, bomb, bombard, strafe, strike
▶ **N. 4.** chassis, frame, framework, hull, skeleton, structure

**shelter**
▶ **V. 1.** cover, defend, guard, harbour, hide, protect, safeguard, seek refuge, shield, take in, take shelter
▶ **N. 2.** asylum, cover, covert, defence, guard, haven, protection, refuge, retreat, roof over one's head, safety, sanctuary, screen, security, shiel (*Scot.*), umbrella

**sheltered** cloistered, conventual, ensconced, hermitic, isolated, protected, quiet, reclusive, retired, screened, secluded, shaded, shielded, withdrawn

**shelve** defer, dismiss, freeze, hold in abeyance, hold over, lay aside, mothball, pigeonhole, postpone, put aside, put off, put on ice, put on the back burner (*Inf.*), suspend, table (*U.S.*), take a rain check on (*U.S. & Canad. inf.*)

**shepherd** V. conduct, convoy, guide, herd, marshal, steer, usher

**shield**
▶ **N. 1.** buckler, escutcheon (*Heraldry*), targe (*Archaic*) **2.** aegis, bulwark, cover, defence, guard, protection, rampart, safeguard, screen, shelter, ward (*Archaic*)
▶ **V. 3.** cover, defend, guard, protect, safeguard, screen, shelter, ward off

**shift**
▶ **V. 1.** alter, budge, change, displace, fluctuate, move, move around, rearrange, relocate, remove, reposition, swerve, switch, transfer, transpose, vary, veer **2.** (*also* **shift for oneself**) assume responsibility, contrive, devise, fend, get along, look after, make do, manage, plan, scheme, take care of
▶ **N. 3.** about-turn, alteration, change, displacement, fluctuation, modification, move, permutation, rearrangement, removal, shifting, switch, transfer, veering **4.** artifice, contrivance, craft, device, dodge, equivocation, evasion, expedient, move, resource, ruse, stratagem, subterfuge, trick, wile

**shifty** contriving, crafty, deceitful, devious, duplicitous, evasive, fly-by-night (*Inf.*), furtive, scheming, slippery, sly, tricky, underhand, unprincipled, untrustworthy, wily

**shimmer**
▶ **V. 1.** dance, gleam, glisten, phosphoresce, scintillate, twinkle
▶ **N. 2.** diffused light, gleam, glimmer, glow, incandescence, iridescence, lustre, phosphorescence, unsteady light

**shine**
▶ **V. 1.** beam, emit light, flash, give off light, glare, gleam, glimmer, glisten, glitter, glow, radiate, scintillate, shimmer, sparkle, twinkle **2.** be conspicuous (distinguished, outstanding, pre-eminent), excel, stand out, stand out in a crowd, star **3.** brush, buff, burnish, polish, rub up
▶ **N. 4.** brightness, glare, gleam, lambency, light, luminosity, radiance, shimmer, sparkle **5.** glaze, gloss, lustre, patina, polish, sheen

**shining 1.** beaming, bright, brilliant, effulgent, gleaming, glistening, glittering, luminous, radiant, resplendent, shimmering, sparkling **2.** (*Fig.*) brilliant, celebrated, conspicuous, distinguished, eminent, glorious, illustrious, leading, outstanding, splendid

**shiny** agleam, bright, burnished, gleaming, glistening, glossy, lustrous, nitid (*Poetic*), polished, satiny, sheeny

**shirk** avoid, bob off (*Brit. sl.*), body-swerve (*Scot.*), dodge, duck (out of) (*Inf.*), evade, get out of, scrimshank (*Brit. military sl.*), shun, sidestep, skive (*Brit. sl.*), slack

**shirker** clock-watcher, dodger, gold brick (*U.S. sl.*), idler, malingerer, quitter, scrimshanker (*Brit. military sl.*), shirk, skiver (*Brit. sl.*), slacker

**shiver** V. break, crack, fragment, shatter, smash, smash to smithereens, splinter

**shivery** chilled, chilly, cold, quaking, quivery, shaking, shuddery, trembly

**shock**
▶ **V. 1.** agitate, appal, astound, disgust, disquiet, give (someone) a turn (*Inf.*), gross out (*U.S. sl.*), horrify, jar, jolt, nauseate, numb, offend, outrage, paralyze, revolt, scandalize, shake, shake out of one's complacency, shake up (*Inf.*), sicken, stagger, stun, stupefy, traumatize, unsettle
▶ **N. 2.** blow, bolt from the blue, bombshell, breakdown, collapse, consternation, distress, disturbance, prostration, state of shock, stupefaction, stupor, trauma, turn (*Inf.*), upset **3.** blow, clash, collision, encounter, impact, jarring, jolt

**shocking** abominable, appalling, atrocious, detestable, disgraceful, disgusting, disquieting, distressing, dreadful, foul, frightful, ghastly, hellacious (*U.S. sl.*), hideous, horrible, horrifying, loathsome, monstrous, nauseating, obscene, odious, offensive, outrageous, repulsive, revolting, scandalous, sickening, stupefying, unspeakable

**shoddy** cheap-jack (*Inf.*), cheapo (*Inf.*), inferior, junky (*Inf.*), poor, rubbishy, second-rate, slipshod, tacky (*Inf.*), tatty, tawdry, trashy

**shoemaker** bootmaker, cobbler, souter (*Scot.*)

**shoot**
▶ **V. 1.** bag, blast (*Sl.*), blow away (*Sl., chiefly U.S.*), bring down, hit, kill, open fire, pick off, plug (*Sl.*), pump full of lead (*Sl.*), zap (*Sl.*) **2.** discharge, emit, fire, fling, hurl, launch, let fly, project, propel **3.** barrel (along) (*Inf., chiefly U.S. & Canad.*), bolt, burn rubber (*Inf.*), charge, dart, dash, flash, fly, hurtle, race, rush, scoot, speed, spring, streak, tear, whisk, whiz (*Inf.*)
▶ **N. 4.** branch, bud, offshoot, scion, slip, sprig, sprout, twig **5.** V. bud, burgeon, germinate, put forth new growth, sprout

**shore**
▶ **N. 1.** beach, coast, foreshore, lakeside, sands, seaboard (*Chiefly U.S.*), seashore, strand (*Poetic*), waterside
▶ **ADJ. 2.** littoral

**short**
▶ **ADJ. 1.** abridged, brief, compendious, compressed, concise, curtailed, laconic, pithy, sententious, succinct, summary, terse **2.** diminutive, dumpy, fubsy (*Archaic or dialect*), little, low, petite, small, squat, wee **3.** brief, fleeting, momentary, short-lived, short-term **4.** (*Often with* **of**) deficient, inadequate, insufficient, lacking, limited, low (on), meagre, poor, scant, scanty, scarce, short-handed, slender, slim, sparse, tight, wanting **5.** abrupt, blunt, brusque, crusty, curt, discourteous, gruff, impolite, offhand, sharp, terse, testy, uncivil **6.** direct, straight **7.** (*Of pastry*) brittle, crisp, crumbly, friable

▸ **ADV. 8.** abruptly, by surprise, suddenly, unaware, without warning **9. cut short** abbreviate, arrest, butt in, curtail, cut in on, dock, halt, interrupt, reduce, stop, terminate **10. fall short** be inadequate, disappoint, fail, fall down on *(Inf.)*, not come up to expectations *or* scratch *(Inf.)* **11. in short** briefly, in a nutshell, in a word, in essence, to come to the point, to cut a long story short, to put it briefly **12. short of** apart from, except, other than, unless deficient in, in need of, lacking, low (on), missing, wanting

**shortage** dearth, deficiency, deficit, failure, inadequacy, insufficiency, lack, leanness, paucity, poverty, scarcity, shortfall, want

**shortcoming** defect, drawback, failing, fault, flaw, foible, frailty, imperfection, weakness, weak point

**shorten** abbreviate, abridge, curtail, cut, cut back, cut down, decrease, diminish, dock, lessen, prune, reduce, trim, truncate, turn up

**short-sighted 1.** myopic, near-sighted **2.** careless, ill-advised, ill-considered, impolitic, impractical, improvident, imprudent, injudicious, unthinking

**short-staffed** below strength, short-handed, undermanned, understaffed

**short-tempered** choleric, fiery, hot-tempered, impatient, irascible, peppery, quick-tempered, ratty *(Brit. & N.Z. inf.)*, testy, touchy

**shot N. 1.** discharge, lob, pot shot, throw **2.** ball, bullet, lead, pellet, projectile, slug **3.** marksman, shooter **4.** *(Inf.)* attempt, chance, conjecture, crack *(Inf.)*, effort, endeavour, essay, go *(Inf.)*, guess, opportunity, stab *(Inf.)*, surmise, try, turn **5. by a long shot** by far, easily, far and away, indubitably, undoubtedly, without doubt by any means, in any circumstances, on any account **6. have a shot** *(Inf.)* attempt, have a go (bash *(Inf.)*, crack *(Inf.)*, stab *(Inf.)*) *(Inf.)*, tackle, try, try one's luck **7. like a shot** at once, eagerly, immediately, like a flash, quickly, unhesitatingly **8. shot in the arm** *(Inf.)* boost, encouragement, fillip, impetus, lift, stimulus

**shoulder**

▸ **N. 1. give (someone) the cold shoulder** cut *(Inf.)*, ignore, ostracize, put down, rebuff, shun, snub **2. put one's shoulder to the wheel** *(Inf.)* apply oneself, buckle down to *(Inf.)*, exert oneself, get down to, make every effort, set to work, strive **3. rub shoulders with** *(Inf.)* associate with, consort with, fraternize with, hobnob with, mix with, socialize with **4. shoulder to shoulder** as one, in cooperation, in partnership, in unity, jointly, side by side, together, united **5. straight from the shoulder** candidly, directly, frankly, man to man, outright, plainly, pulling no punches *(Inf.)*, straight, unequivocally, with no holds barred

▸ **V. 6.** accept, assume, bear, be responsible for, carry, take on, take upon oneself **7.** elbow, jostle, press, push, shove, thrust

**shout**

▸ **N. 1.** bellow, call, cry, roar, scream, yell

▸ **V. 2.** bawl, bay, bellow, call (out), cry (out), holler *(Inf.)*, hollo, raise one's voice, roar, scream, yell

**shout down** drown, drown out, overwhelm, silence

**shove V.** crowd, drive, elbow, impel, jostle, press, propel, push, shoulder, thrust

**shovel V.** convey, dredge, heap, ladle, load, move, scoop, shift, spoon, toss

**show**

▸ **V. 1.** appear, be visible, blow wide open *(Sl.)*, disclose, display, divulge, evidence, evince, exhibit, indicate, make known, manifest, present, register, reveal, testify to **2.** assert, clarify, demonstrate, elucidate, evince, explain, instruct, point out, present, prove, teach **3.** accompany, attend, conduct, escort, guide, lead **4.** accord, act with, bestow, confer, grant

▸ **N. 5.** array, demonstration, display, exhibition, expo *(Inf.)*, exposition, fair, manifestation, pageant, pageantry, parade, representation, sight, spectacle, view **6.** affectation, air, appearance, display, illusion, likeness, ostentation, parade, pose, pretence, pretext, profession, semblance **7.** entertainment, presentation, production

**showdown** breaking point, clash, climax, confrontation, crisis, culmination, dénouement, exposé, face-off *(Sl.)*, moment of truth

**shower**

▸ **N. 1.** *(Fig.)* barrage, deluge, fusillade, plethora, rain, stream, torrent, volley **2.** *(Brit. sl.)* bunch of layabouts, crew, rabble

▸ **V. 3.** deluge, heap, inundate, lavish, load, pour, rain, spray, sprinkle

**showing N. 1.** demonstration, display, exhibition, presentation, staging **2.** account of oneself, appearance, demonstration, impression, performance, show, track record **3.** evidence, representation, statement

**showman** entertainer, impresario, performer, publicist, stage manager

**show off 1.** advertise, demonstrate, display, exhibit, flaunt, parade, spread out **2.** boast, brag, hot-dog *(Chiefly U.S.)*, make a spectacle of oneself, shoot a line *(Inf.)*, swagger

**show up 1.** expose, highlight, lay bare, pinpoint, put the spotligh on, reveal, unmask **2.** appear, be conspicuous, be visible, catch the eye, leap to the eye, stand out **3.** *Inf.* embarras, let down, mortify, put to shame, shame, show in a bad light **4.** *Inf.* appear, arrive, come, make an appearance, put in an appearance, turn up

**shred N. 1.** bit, fragment, piece, rag, ribbon, scrap, sliver, snippet, tatter **2.** *(Fig.)* atom, grain, iota, jot, particle, scrap, trace, whit

**shrewd** acute, artful, astute, calculated, calculating, canny, clever, crafty, cunning, discerning, discriminating, far-seeing, far-sighted, fly *(Sl.)*, intelligent, keen, knowing, long-headed, perceptive, perspicacious, sagacious, sharp, sly, smart, wily

**shrewdly** artfully, astutely, cannily, cleverly, far-sightedly, knowingly, perceptively, perspicaciously, sagaciously, with all one's wits about one, with consummate skill

**shrewdness** acumen, acuteness, astuteness, canniness, discernment, grasp, judg(e)ment, penetration, perspicacity, quick wits, sagacity, sharpness, smartness, suss *(Sl.)*

**shriek V./N.** cry, holler, howl, scream, screech, squeal, wail, whoop, yell

**shrill** acute, ear-piercing, ear-splitting, high, high-pitched, penetrating, piercing, piping, screeching, sharp

**shrink 1.** contract, decrease, deflate, diminish, drop off, dwindle, fall off, grow smaller, lessen, narrow, shorten, shrivel, wither, wrinkle **2.** cower, cringe, draw back, flinch, hang back, quail, recoil, retire, shy away, wince, withdraw

**shrivel 1.** burn, dry (up), parch, scorch, sear **2.** dehydrate, desiccate, dwindle, shrink, wilt, wither, wizen, wrinkle

**shroud**

▸ **V. 1.** blanket, cloak, conceal, cover, envelop, hide, screen, swathe, veil

▸ **N. 2.** cerecloth, cerement, covering, grave clothes, winding sheet **3.** cloud, mantle, pall, screen, veil

**shudder**

▸ **V. 1.** convulse, quake, quiver, shake, shiver, tremble

▸ **N. 2.** convulsion, quiver, spasm, trembling, tremor

**shuffle 1.** drag, scrape, scuff, scuffle, shamble **2.** confuse, disarrange, disorder, intermix, jumble, mix, rearrange, shift **3.** *(Usually with* **off** *or* **out of***)* beat about the bush, beg the question, cavil, dodge, equivocate, evade, flannel *(Brit. inf.)*, gloss over, hedge, prevaricate, pussyfoot *(Inf.)*, quibble

**shun** avoid, body-swerve *(Scot.)*, cold-shoulder, elude, eschew, evade, fight shy of, give (someone *or* something) a wide berth, have no part in, keep away from, shy away from, steer clear of

**shut 1.** bar, close, draw to, fasten, push to, seal, secure, slam **2.** *(With* **in, out,** *etc)* cage, confine, enclose, exclude, impound, imprison, pound, wall off *or* up

**shut down** cease, cease operating, close, discontinue, halt, shut up, stop, switch off

**shut out 1.** bar, black, blackball, debar, exclude, keep out, lock out, ostracize **2.** block out, conceal, cover, hide, mask, screen, veil

**shuttle V.** alternate, commute, go back and forth, go to and fro, ply, seesaw, shunt

**shut up 1.** bottle up, box in, cage, confine, coop up, immure, imprison, incarcerate, intern, keep in **2.** *(Inf.)* be quiet, fall silent, button it *(Sl.)*, button one's lip *(Sl.)*, gag, hold one's tongue, hush, keep one's trap shut *(Sl.)*, muzzle, pipe down *(Sl.)*, put a sock in it *(Brit. sl.)*, silence

**shy**

▸ **ADJ. 1.** backward, bashful, cautious, chary, coy, diffident, distrustful, hesitant, modest, mousy, nervous, reserved, reticent, retiring, self-conscious, self-effacing, shrinking, suspicious, timid, wary

▸ **V. 2.** *(Sometimes with* **off** *or* **away***)* balk, buck, draw back, flinch, quail, rear, recoil, start, swerve, take fright, wince

**shyness** bashfulness, diffidence, lack of confidence, modesty, mousiness, nervousness, reticence, self-consciousness, timidity, timidness, timorousness

**sick 1.** green around the gills *(Inf.)*, ill, nauseated, nauseous, puking *(Sl.)*, qualmish, queasy **2.** ailing, diseased, feeble, indisposed, laid up *(Inf.)*, on the sick list *(Inf.)*, poorly *(Inf.)*, under the weather, under par *(Inf.)*, unwell, weak **3.** *(Inf.)* black, ghoulish, macabre, morbid, sadistic **4.** *(Inf.)* *(Often with* **of***)* blasé, bored, disgusted, displeased, fed up, jaded, revolted, satiated, tired, weary

**sicken 1.** disgust, gross out *(U.S. sl.)*, make one's gorge rise, nauseate, repel, revolt, turn one's stomach **2.** ail, be stricken by, contract, fall ill, go down with, show symptoms of, take sick

**sickening** cringe-making *(Brit. inf.)*, disgusting, distasteful, foul, loathsome, nauseating, nauseous, noisome, offensive, putrid, repulsive, revolting, stomach-turning *(Inf.)*, vile, yucky *or* yukky *(Sl.)*

**sickly 1.** ailing, bilious, bloodless, delicate, faint, feeble, indisposed, infirm, in poor health, lacklustre, languid, pallid, peaky, pining, unhealthy, wan, weak **2.** bilious *(Inf.)*, cloying, mawkish, nauseating, revolting *(Inf.)*, syrupy *(Inf.)*

**sickness 1.** barfing *(U.S. sl.)*, nausea, queasiness, (the) collywobbles *(Sl.)*, puking *(Sl.)*, vomiting **2.** affliction, ailment, bug *(Inf.)*, complaint, disease, disorder, illness, indisposition, infirmity, malady

**side**

▸ **N. 1.** border, boundary, division, edge, limit, margin, part, perimeter, periphery, rim, sector, verge **2.** aspect, face, facet, flank, hand, part, surface, view **3.** angle, light, opinion, point of view, position, slant, stand, standpoint, viewpoint **4.** camp, cause, faction, party, sect, team **5.** *(Brit. sl.)* airs, arrogance, insolence, pretentiousness

▸ **ADJ. 6.** flanking, lateral **7.** ancillary, incidental, indirect, lesser, marginal, minor, oblique, roundabout, secondary, subordinate, subsidiary

▸ **V. 8.** *(Usually with* **with***)* ally with, associate oneself with, befriend, favour, go along with, join with, second, support, take the part of, team up with *(Inf.)*

**sidelong ADJ.** covert, indirect, oblique, sideways

**sidestep** avoid, body-swerve *(Scot.)*, bypass, circumvent, dodge, duck *(Inf.)*, elude, evade, find a way round, skip, skirt

**sidetrack** deflect, distract, divert, lead off the subject

**sideways**

▸ **ADV. 1.** crabwise, edgeways, laterally, obliquely, sidelong, sidewards, to the side

▸ **ADJ. 2.** oblique, side, sidelong, slanted

**siesta** catnap, doze, forty winks *(Inf.)*, kip *(Brit. sl.)*, nap, rest, sleep, snooze *(Inf.)*, zizz *(Brit. inf.)*

**sieve**

▸ **N. 1.** colander, riddle, screen, sifter, strainer, tammy cloth

▸ **V. 2.** bolt, remove, riddle, separate, sift, strain

**sift 1.** bolt, filter, pan, part, riddle, separate, sieve **2.** analyse, examine, fathom, go through, investigate, pore over, probe, research, screen, scrutinize, work over

**sigh V. 1.** breathe, complain, grieve, lament, moan, sorrow, sough, suspire *(Archaic)* **2.** *(Often with* **for***)* eat one's heart out over, languish, long, mourn, pine, yearn

**sight**

▸ **N. 1.** eye, eyes, eyesight, seeing, vision **2.** appearance, apprehension, eyeshot, field of vision, ken, perception, range of vision, view, viewing, visibility **3.** display, exhibition, pageant, scene, show, spectacle, vista **4.** *(Inf.)* blot on the landscape *(Inf.)*, eyesore, fright *(Inf.)*, mess, monstrosity, spectacle **5. catch sight of** descry, espy, glimpse, recognize, spot, view

▸ **V. 6.** behold, discern, distinguish, make out, observe, perceive, see, spot

**sign**

▸ **N. 1.** clue, evidence, gesture, giveaway, hint, indication, manifestation, mark, note, proof, signal, spoor, suggestion, symptom, token, trace, vestige **2.** board, notice, placard, warning

**3.** badge, character, cipher, device, emblem, ensign, figure, logo, mark, representation, symbol **4.** augury, auspice, foreboding, forewarning, omen, portent, presage, warning, writing on the wall
▸ **V. 5.** autograph, endorse, initial, inscribe, set one's hand to, subscribe **6.** beckon, gesticulate, gesture, indicate, signal, use sign language, wave

**signal**
▸ **N. 1.** beacon, cue, flare, gesture, go-ahead *(Inf.)*, green light, indication, indicator, mark, sign, token
▸ **ADJ. 2.** conspicuous, distinguished, eminent, exceptional, extraordinary, famous, memorable, momentous, notable, noteworthy, outstanding, remarkable, significant, striking
▸ **V. 3.** beckon, communicate, gesticulate, gesture, give a sign to, indicate, motion, nod, sign, wave

**significance** **1.** force, implication(s), import, meaning, message, point, purport, sense, signification **2.** consequence, consideration, importance, impressiveness, matter, moment, relevance, weight

**significant** **1.** denoting, eloquent, expressing, expressive, indicative, knowing, meaning, meaningful, pregnant, suggestive **2.** critical, important, material, momentous, noteworthy, serious, vital, weighty

**signify** **1.** announce, be a sign of, betoken, communicate, connote, convey, denote, evidence, exhibit, express, imply, indicate, intimate, matter, mean, portend, proclaim, represent, show, stand for, suggest, symbolize **2.** *(Inf.)* be of importance *or* significance, carry weight, count, matter

**silence**
▸ **N. 1.** calm, hush, lull, noiselessness, peace, quiescence, quiet, stillness **2.** dumbness, muteness, reticence, speechlessness, taciturnity, uncommunicativeness
▸ **V. 3.** cut off, cut short, deaden, extinguish, gag, muffle, quell, quiet, quieten, stifle, still, strike dumb, subdue, suppress

**silent** **1.** hushed, muted, noiseless, quiet, soundless, still, stilly *(Poetic)* **2.** dumb, mum, mute, nonvocal, not talkative, speechless, struck dumb, taciturn, tongue-tied, uncommunicative, unspeaking, voiceless, wordless **3.** aphonic *(Phonetics)*, implicit, implied, tacit, understood, unexpressed, unpronounced, unspoken

**silently** as quietly as a mouse *(Inf.)*, dumbly, inaudibly, in silence, mutely, noiselessly, quietly, soundlessly, speechlessly, without a sound, wordlessly

**silhouette**
▸ **N. 1.** delineation, form, outline, profile, shape
▸ **V. 2.** delineate, etch, outline, stand out

**silky** silken, sleek, smooth, velvety

**silly**
▸ **ADJ. 1.** absurd, asinine, brainless, childish, dopy *(Sl.)*, dozy *(Brit. inf.)*, fatuous, foolhardy, foolish, frivolous, giddy, goofy *(Inf.)*, idiotic, immature, imprudent, inane, inappropriate, irresponsible, meaningless, pointless, preposterous, puerile, ridiculous, senseless, stupid, unwise, witless **2.** *(Inf.)* benumbed, dazed, groggy *(Inf.)*, in a daze, muzzy, stunned, stupefied
▸ **N. 3.** *(Inf.)* clot *(Brit. inf.)*, duffer *(Inf.)*, dweeb *(U.S. sl.)*, goose *(Inf.)*, ignoramus, nerd *or* nurd *(Sl.)*, ninny, nitwit *(Inf.)*, plonker *(Sl.)*, prat *(Sl.)*, silly-billy *(Inf.)*, simpleton, twit *(Inf.)*, wally *(Sl.)*

**silver**
▸ **ADJ. 1.** argent *(Poetic)*, pearly, silvered, silvery
▸ **N. 2.** silver plate, silverware

**similar** alike, analogous, close, comparable, congruous, corresponding, homogenous, homogeneous, in agreement, much the same, resembling, uniform

**similarity** affinity, agreement, analogy, closeness, comparability, concordance, congruence, correspondence, likeness, point of comparison, relation, resemblance, sameness, similitude

**similarly** by the same token, correspondingly, in like manner, likewise

**simmer** **V.** *(Fig.)* be angry (agitated, tense, uptight *(Inf.)*), boil, burn, fume, rage, see red *(Inf.)*, seethe, smart, smoulder

**simmer down** calm down, collect oneself, contain oneself, control oneself, cool off *or* down, get down off one's high horse *(Inf.)*, grow quieter, unwind *(Inf.)*

**simple** **1.** clear, easy, easy-peasy *(Sl.)*, elementary, intelligible, lucid, manageable, plain, straightforward, uncomplicated, understandable, uninvolved **2.** classic, clean, natural, plain, Spartan, unadorned, uncluttered, unembellished, unfussy **3.** elementary, pure, single, unalloyed, unblended, uncombined, undivided, unmixed **4.** artless, childlike, frank, green, guileless, ingenuous, innocent, naive, natural, simplistic, sincere, unaffected, unpretentious, unsophisticated **5.** bald, basic, direct, frank, honest, naked, plain, sincere, stark, undeniable, unvarnished **6.** homely, humble, lowly, modest, rustic, unpretentious **7.** brainless, credulous, dense, dumb *(Inf.)*, feeble, feeble-minded, foolish, half-witted, moronic, obtuse, shallow, silly, slow, stupid, thick

**simple-minded** **1.** a bit lacking *(Inf.)*, addle-brained, backward, brainless, dead from the neck up *(Inf.)*, dim-witted, feeble-minded, foolish, idiot, idiotic, moronic, retarded, simple, stupid **2.** artless, natural, unsophisticated

**simpleton** berk *(Brit. sl.)*, blockhead, booby, charlie *(Brit. inf.)*, coot, dickhead *(Sl.)*, dipstick *(Brit. sl.)*, divvy *(Brit. sl.)*, dolt, dope *(Inf.)*, dork *(Sl.)*, dullard, dunce, dweeb *(U.S. sl.)*, fool, fuckwit *(Taboo sl.)*, geek *(Sl.)*, gonzo *(Sl.)*, goose *(Inf.)*, greenhorn *(Inf.)*, idiot, imbecile *(Inf.)*, jackass, jerk *(Sl., chiefly U.S. & Canad.)*, moron, nerd *or* nurd *(Sl.)*, nincompoop, ninny, nitwit *(Inf.)*, numskull *or* numbskull, oaf, plank *(Brit. sl.)*, schmuck *(U.S. sl.)*, Simple Simon, stupid *(Inf.)*, twerp *or* twirp *(Inf.)*, twit *(Inf., chiefly Brit.)*, wally *(Sl.)*

**simplicity** **1.** absence of complications, clarity, clearness, ease, easiness, elementariness, obviousness, straightforwardness **2.** clean lines, lack of adornment, modesty, naturalness, plainness, purity, restraint **3.** artlessness, candour, directness, guilelessness, innocence, lack of sophistication, naivety, openness

**simplify** abridge, decipher, disentangle, facilitate, make intelligible, reduce to essentials, streamline

**simply** **1.** clearly, directly, easily, intelligibly, modestly, naturally, plainly, straightforwardly, unaffectedly, unpretentiously, without any elaboration **2.** just, merely, only, purely, solely **3.** absolutely, altogether, completely, really, totally, unreservedly, utterly, wholly

**simultaneous** at the same time, coincident, coinciding, concurrent, contemporaneous, synchronous

**simultaneously** all together, at the same time, concurrently, in chorus, in concert, in the same breath, in unison, together

**sin**
▸ **N. 1.** crime, damnation, error, evil, guilt, iniquity, misdeed, offence, sinfulness, transgression, trespass, ungodliness, unrighteousness, wickedness, wrong, wrongdoing
▸ **V. 2.** err, fall, fall from grace, go astray, lapse, offend, transgress, trespass *(Archaic)*

**sincere** artless, bona fide, candid, earnest, frank, genuine, guileless, heartfelt, honest, natural, no-nonsense, open, real, serious, straightforward, true, unaffected, unfeigned, upfront *(Inf.)*, wholehearted

**sincerely** earnestly, genuinely, honestly, in all sincerity, in earnest, in good faith, really, seriously, truly, wholeheartedly

**sincerity** artlessness, bona fides, candour, frankness, genuineness, good faith, guilelessness, honesty, probity, seriousness, straightforwardness, truth, wholeheartedness

**sinecure** cushy number *(Inf.)*, gravy train *(Sl.)*, money for jam *or* old rope *(Inf.)*, soft job *(Inf.)*, soft option

**sinful** bad, corrupt, criminal, depraved, erring, guilty, immoral, iniquitous, irreligious, morally wrong, ungodly, unholy, unrighteous, wicked

**sing** **1.** carol, chant, chirp, croon, make melody, pipe, trill, vocalize, warble, yodel **2.** *(Sl., chiefly U.S.)* betray, blow the whistle (on) *(Inf.)*, fink (on) *(Sl., chiefly U.S.)*, grass *(Brit. sl.)*, inform (on), peach *(Sl.)*, rat (on) *(Inf.)*, shop *(Sl., chiefly Brit.)*, spill one's guts *(Sl.)*, spill the beans *(Inf.)*, squeal *(Sl.)*, tell all, turn in *(Inf.)* **3.** buzz, hum, purr, whine, whistle

**singe** burn, char, scorch, sear

**singer** balladeer, cantor, chanteuse *(Fem.)*, chorister, crooner, minstrel, soloist, songster, songstress, troubadour, vocalist

**single**
▸ **ADJ. 1.** distinct, individual, lone, one, only, particular, separate, singular, sole, solitary, unique **2.** free, unattached, unmarried, unwed **3.** exclusive, individual, separate, simple, unblended, uncompounded, undivided, unmixed, unshared
▸ **V. 4.** *(Usually with* **out***)* choose, cull, distinguish, fix on, pick, pick on *or* out, put on one side, select, separate, set apart, winnow

**single-minded** dedicated, determined, dogged, fixed, hellbent *(Inf.)*, monomaniacal, steadfast, stubborn, tireless, undeviating, unswerving, unwavering

**singly** individually, one at a time, one by one, separately

**singular** **1.** conspicuous, eminent, exceptional, notable, noteworthy, outstanding, prodigious, rare, remarkable, uncommon, unique, unparalleled **2.** atypical, curious, eccentric, extraordinary, odd, oddball *(Inf.)*, out-of-the-way, outré, peculiar, puzzling, queer, strange, unusual, wacko *(Sl.)* **3.** individual, separate, single, sole

**sinister** baleful, dire, disquieting, evil, forbidding, injurious, malevolent, malign, malignant, menacing, ominous, threatening

**sink** **V. 1.** cave in, decline, descend, dip, disappear, droop, drop, drown, ebb, engulf, fall, founder, go down, go under, lower, merge, plummet, plunge, sag, slope, submerge, subside **2.** abate, collapse, drop, fall, lapse, relapse, retrogress, slip, slump, subside **3.** decay, decline, decrease, degenerate, depreciate, deteriorate, die, diminish, dwindle, fade, fail, flag, go downhill *(Inf.)*, lessen, weaken, worsen **4.** bore, dig, drill, drive, excavate, lay, put down **5.** be the ruin of, defeat, destroy, finish, overwhelm, ruin, scupper *(Brit. sl.)*, seal the doom of **6.** be reduced to, debase oneself, lower oneself, stoop, succumb

**sinner** evildoer, malefactor, miscreant, offender, reprobate, transgressor, trespasser *(Archaic)*, wrongdoer

**sip**
▸ **V. 1.** sample, sup, taste
▸ **N. 2.** drop, swallow, taste, thimbleful

**siren** charmer, Circe, femme fatale, Lorelei, seductress, temptress, vamp *(Inf.)*, witch

**sit** **1.** be seated, perch, rest, settle, take a seat, take the weight off one's feet **2.** assemble, be in session, convene, deliberate, meet, officiate, preside **3.** accommodate, contain, have space for, hold, seat

**site**
▸ **N. 1.** ground, location, place, plot, position, setting, spot
▸ **V. 2.** install, locate, place, position, set, situate

**sitting** **N.** congress, consultation, get-together *(Inf.)*, hearing, meeting, period, session

**situation** **1.** locale, locality, location, place, position, seat, setting, site, spot **2.** ball game *(Inf.)*, case, circumstances, condition, kettle of fish *(Inf.)*, plight, scenario, state, state of affairs, status quo, the picture *(Inf.)* **3.** rank, sphere, station, status **4.** berth *(Inf.)*, employment, job, office, place, position, post

**size** amount, bigness, bulk, dimensions, extent, greatness, hugeness, immensity, largeness, magnitude, mass, measurement(s), proportions, range, vastness, volume

**size up** appraise, assess, evaluate, eye up, get (something) taped *(Brit. inf.)*, get the measure of, take stock of

**sizzle** crackle, frizzle, fry, hiss, spit, sputter

**skeleton** *(Fig.)* bare bones, bones, draft, frame, framework, outline, sketch, structure

**sketch**
▸ **V. 1.** block out, delineate, depict, draft, draw, outline, paint, plot, portray, represent, rough out
▸ **N. 2.** delineation, design, draft, drawing, outline, plan, skeleton

**sketchy** bitty, cobbled together, crude, cursory, inadequate, incomplete, outline, perfunctory, rough, scrappy, skimpy, slight, superficial, unfinished, vague

**skilful** able, accomplished, adept, adroit, apt, clever, competent, dexterous, experienced, expert, handy, masterly, practised, professional, proficient, quick, ready, skilled, trained

**skill** ability, accomplishment, adroitness, aptitude, art, cleverness, competence, craft, dexterity, experience, expertise, expertness, facility, finesse, handiness, ingenuity, intelligence,

## skilled | slit

knack, proficiency, quickness, readiness, skilfulness, talent, technique

**skilled** able, accomplished, a dab hand at (*Brit. inf.*), experienced, expert, masterly, practised, professional, proficient, skilful, trained

**skim** 1. cream, separate 2. brush, coast, dart, float, fly, glide, sail, soar 3. (*Usually with* **through**) glance, run one's eye over, scan, skip (*Inf.*), thumb *or* leaf through

**skimp** be mean with, be niggardly, be sparing with, cut corners, pinch, scamp, scant, scrimp, stint, withhold

**skin**
▶ N. 1. fell, hide, integument, pelt, tegument 2. casing, coating, crust, film, husk, membrane, outside, peel, rind 3. **by the skin of one's teeth** by a hair's-breadth, by a narrow margin, by a whisker (*Inf.*), narrowly, only just 4. **get under one's skin** aggravate (*Inf.*), annoy, get in one's hair (*Inf.*), get on one's nerves (*Inf.*), grate on, irk, irritate, needle (*Inf.*), nettle, piss one off (*Taboo sl.*), rub up the wrong way
▶ V. 5. abrade, bark, excoriate, flay, graze, peel, scrape

**skinny** emaciated, lean, macilent (*Rare*), scraggy, skeletal, skin-and-bone (*Inf.*), thin, twiggy, undernourished

**skip** V. 1. bob, bounce, caper, cavort, dance, flit, frisk, gambol, hop, prance, trip 2. eschew, give (something) a miss, leave out, miss out, omit, pass over, skim over 3. (*Inf.*) cut (*Inf.*), dog it *or* dog off (*Dialect*), miss, play truant from, twag (*Dialect*)

**skirmish**
▶ N. 1. affair, affray (*Law*), battle, brush, clash, combat, conflict, contest, dust-up (*Inf.*), encounter, engagement, fracas, incident, scrap (*Inf.*), scrimmage, set-to (*Inf.*), spat, tussle
▶ V. 2. clash, collide, come to blows, scrap (*Inf.*), tussle

**skirt**
▶ V. 1. border, edge, flank, lie alongside 2. (*Often with* **around** *or* **round**) avoid, body-swerve (*Scot.*), bypass, circumvent, detour, evade, steer clear of
▶ N. 3. *Often plural* border, edge, fringe, hem, margin, outskirts, periphery, purlieus, rim

**skit** burlesque, parody, sketch, spoof (*Inf.*), take-off (*Inf.*), travesty, turn

**skulk** creep, lie in wait, loiter, lurk, pad, prowl, slink, sneak

**sky** N. 1. azure (*Poetic*), empyrean (*Poetic*), firmament, heavens, upper atmosphere, vault of heaven, welkin (*Archaic*) 2. **to the skies** excessively, extravagantly, fulsomely, highly, immoderately, inordinately, profusely

**slab** chunk, hunk, lump, piece, portion, slice, wedge, wodge (*Brit. inf.*)

**slack**
▶ ADJ. 1. baggy, easy, flaccid, flexible, lax, limp, loose, not taut, relaxed 2. asleep on the job (*Inf.*), easy-going, idle, inactive, inattentive, lax, lazy, neglectful, negligent, permissive, remiss, slapdash, slipshod, tardy 3. dull, inactive, quiet, slow, slow-moving, sluggish
▶ N. 4. excess, give (*Inf.*), leeway, looseness, play, room
▶ V. 5. bob off (*Brit. sl.*), dodge, flag, idle, neglect, relax, shirk, skive (*Brit. sl.*), slacken

**slacken (off)** abate, decrease, diminish, drop off, ease (off), lessen, let up, loosen, moderate, reduce, relax, release, slack off, slow down, tire

**slacker** dodger, do-nothing, gold brick (*U.S. sl.*), good-for-nothing, idler, layabout, loafer, passenger, scrimshanker (*Brit. military sl.*), shirker, skiver (*Brit. sl.*)

**slam** 1. bang, crash, dash, fling, hurl, smash, throw, thump 2. (*Sl.*) attack, blast, castigate, criticize, damn, excoriate, lambast(e), pan (*Inf.*), pillory, shoot down (*Inf.*), slate (*Inf.*), tear into (*Inf.*), vilify

**slander**
▶ N. 1. aspersion, backbiting, calumny, defamation, detraction, libel, misrepresentation, muckraking, obloquy, scandal, smear
▶ V. 2. backbite, blacken (someone's) name, calumniate, decry, defame, detract, disparage, libel, malign, muckrake, slur, traduce, vilify

**slanderous** abusive, calumnious, damaging, defamatory, libellous, malicious

**slang** V. abuse, berate, call names, hurl insults at, insult, inveigh against, malign, rail against, revile, vilify, vituperate

**slant**
▶ V. 1. angle off, bend, bevel, cant, heel, incline, lean, list, shelve, skew, slope, tilt
▶ N. 2. camber, declination, diagonal, gradient, incline, pitch, rake, ramp, slope, tilt
▶ V. 3. angle, bias, colour, distort, twist, weight
▶ N. 4. angle, attitude, bias, emphasis, leaning, one-sidedness, point of view, prejudice, viewpoint

**slanting** angled, aslant, asymmetrical, at an angle, bent, canted, cater-cornered (*U.S. inf.*), diagonal, inclined, oblique, on the bias, sideways, slanted, slantwise, sloping, tilted, tilting

**slap**
▶ N. 1. bang, blow, chin (*Sl.*), clout (*Inf.*), cuff, deck (*Sl.*), lay one on (*Sl.*), smack, spank, wallop (*Inf.*), whack 2. **a slap in the face** affront, blow, humiliation, insult, put-down, rebuff, rebuke, rejection, repulse, snub
▶ V. 3. bang, clap, clout (*Inf.*), cuff, hit, spank, strike, whack 4. (*Inf.*) daub, plaster, plonk, spread
▶ ADV. 5. (*Inf.*) bang, directly, exactly, plumb (*Inf.*), precisely, slap-bang (*Inf.*), smack (*Inf.*)

**slapdash** careless, clumsy, disorderly, haphazard, hasty, hurried, last-minute, messy, negligent, perfunctory, slipshod, sloppy (*Inf.*), slovenly, thoughtless, thrown-together, untidy

**slap down** bring to heel, put (someone) in his place, rebuke, reprimand, restrain, squash

**slash**
▶ V. 1. cut, gash, hack, lacerate, rend, rip, score, slit
▶ N. 2. cut, gash, incision, laceration, rent, rip, slit
▶ V. 3. cut, drop, lower, reduce

**slashing** aggressive, biting, brutal, ferocious, harsh, savage, searing, vicious

**slate** V. berate, blame, blast, castigate, censure, criticize, excoriate, haul over the coals (*Inf.*), lambast(e), lay into (*Inf.*), pan (*Inf.*), pitch into (*Inf.*), rail against, rap (someone's) knuckles, rebuke, roast (*Inf.*), scold, slam (*Sl.*), slang, take to task, tear into (*Inf.*), tear (someone) off a strip (*Inf.*)

**slaughter**
▶ N. 1. blood bath, bloodshed, butchery, carnage, extermination, holocaust, killing, liquidation, massacre, murder, slaying
▶ V. 2. butcher, destroy, do to death, exterminate, kill, liquidate, massacre, murder, put to the sword, slay, take out (*Sl.*) 3. (*Inf.*) blow out of the water (*Sl.*), crush, defeat, hammer (*Inf.*), lick (*Inf.*), overwhelm, rout, tank (*Sl.*), thrash, trounce, undo, vanquish, wipe the floor with (*Inf.*)

**slaughterhouse** abattoir, butchery, shambles

**slave**
▶ N. 1. bondservant, bondsman, drudge, scullion (*Archaic*), serf, servant, skivvy (*Chiefly Brit.*), slavey (*Brit. inf.*), varlet (*Archaic*), vassal, villein
▶ V. 2. drudge, grind (*Inf.*), skivvy (*Brit.*), slog, sweat, toil, work one's fingers to the bone

**slavery** bondage, captivity, enslavement, serfdom, servitude, subjugation, thraldom, thrall, vassalage

**slavish** 1. abject, base, cringing, despicable, fawning, grovelling, low, mean, menial, obsequious, servile, submissive, sycophantic 2. conventional, imitative, second-hand, unimaginative, uninspired, unoriginal

**slay** 1. annihilate, assassinate, butcher, destroy, dispatch, do away with, do in (*Sl.*), eliminate, exterminate, kill, massacre, mow down, murder, rub out (*U.S. sl.*), slaughter 2. (*Inf.*) amuse, be the death of (*Inf.*), impress, make a hit with (*Inf.*), wow (*Sl.*, chiefly U.S.)

**sleek** glossy, lustrous, shiny, smooth, well-fed, well-groomed

**sleep**
▶ V. 1. be in the land of Nod, catnap, doze, drop off (*Inf.*), drowse, hibernate, kip (*Brit. sl.*), nod off (*Inf.*), rest in the arms of Morpheus, slumber, snooze (*Inf.*), snore, take a nap, take forty winks (*Inf.*), zizz (*Brit. inf.*)
▶ N. 2. beauty sleep (*Inf.*), dormancy, doze, forty winks (*Inf.*), hibernation, kip (*Brit. sl.*), nap, repose, rest, shuteye (*Sl.*), siesta, slumber(s), snooze (*Inf.*), zizz (*Brit. inf.*)

**sleepiness** doziness, drowsiness, heaviness, lethargy, somnolence, torpor

**sleepless** 1. disturbed, insomniac, restless, unsleeping, wakeful 2. alert, unsleeping, vigilant, watchful, wide awake

**sleeplessness** insomnia, wakefulness

**sleepwalker** noctambulist, somnambulist

**sleepwalking** noctambulation, noctambulism, somnambulation, somnambulism

**sleepy** 1. drowsy, dull, heavy, inactive, lethargic, sluggish, slumbersome, somnolent, torpid 2. dull, hypnotic, inactive, quiet, sleep-inducing, slow, slumberous, somnolent, soporific

**slender** 1. lean, narrow, slight, slim, svelte, sylphlike, willowy 2. inadequate, inconsiderable, insufficient, little, meagre, scant, scanty, small, spare 3. faint, feeble, flimsy, fragile, poor, remote, slight, slim, tenuous, thin, weak

**sleuth** detective, dick (*Sl., chiefly U.S.*), gumshoe (*U.S. sl.*), private eye (*Inf.*), (private) investigator, sleuthhound (*Inf.*), tail (*Inf.*)

**slice**
▶ N. 1. cut, helping, piece, portion, segment, share, sliver, wedge
▶ V. 2. carve, cut, divide, sever

**slick**
▶ ADJ. 1. glib, meretricious, plausible, polished, smooth, sophistical, specious 2. adroit, deft, dexterous, dextrous, polished, professional, sharp, skilful
▶ V. 3. make glossy, plaster down, sleek, smarm down (*Brit. inf.*), smooth

**slide** V. 1. coast, glide, glissade, skim, slip, slither, toboggan, veer 2. **let slide** forget, gloss over, ignore, let ride, neglect, pass over, push to the back of one's mind, turn a blind eye to

**slight**
▶ ADJ. 1. feeble, inconsiderable, insignificant, insubstantial, meagre, measly, minor, modest, negligible, paltry, scanty, small, superficial, trifling, trivial, unimportant, weak 2. delicate, feeble, fragile, lightly-built, slim, small, spare
▶ V. 3. affront, cold-shoulder, despise, disdain, disparage, give offence *or* umbrage to, ignore, insult, neglect, put down, scorn, show disrespect for, snub, treat with contempt
▶ N. 4. affront, contempt, discourtesy, disdain, disregard, disrespect, inattention, indifference, insult, neglect, rebuff, slap in the face (*Inf.*), snub, (the) cold shoulder

**slightly** a little, marginally, on a small scale, somewhat, to some extent *or* degree

**slim**
▶ ADJ. 1. lean, narrow, slender, slight, svelte, sylphlike, thin, trim 2. faint, poor, remote, slender, slight
▶ V. 3. diet, lose weight, reduce, slenderize (*Chiefly U.S.*)

**slimy** 1. clammy, glutinous, miry, mucous, muddy, oozy, viscous 2. creeping, grovelling, obsequious, oily, servile, smarmy (*Brit. inf.*), soapy (*Sl.*), sycophantic, toadying, unctuous

**sling** V. 1. cast, chuck (*Inf.*), fling, heave, hurl, lob (*Inf.*), shy, throw, toss 2. dangle, hang, suspend, swing

**slink** creep, prowl, pussyfoot (*Inf.*), skulk, slip, sneak, steal

**slip**
▶ V. 1. glide, skate, slide, slither 2. fall, lose one's balance, miss *or* lose one's footing, skid, trip (over) 3. conceal, creep, hide, insinuate oneself, sneak, steal 4. (*Sometimes with* **up**) blunder, boob (*Brit. sl.*), err, go wrong, make a mistake, miscalculate, misjudge, mistake 5. break away from, break free from, disappear, escape, get away, get clear of, take French leave 6. **let slip** blurt out, come out with (*Inf.*), disclose, divulge, give away, leak, let out (*Inf.*), let the cat out of the bag, reveal
▶ N. 7. bloomer (*Brit. inf.*), blunder, boob (*Brit. sl.*), error, failure, fault, faux pas, imprudence, indiscretion, mistake, omission, oversight, slip of the tongue, slip-up (*Inf.*) 8. **give (someone) the slip** dodge, elude, escape from, evade, get away from, lose (someone), outwit, shake (someone) off

**slippery** 1. glassy, greasy, icy, lubricious (*Rare*), perilous, skiddy (*Inf.*), slippy (*Inf. or dialect*), smooth, unsafe, unstable, unsteady 2. crafty, cunning, devious, dishonest, duplicitous, evasive, false, foxy, shifty, sneaky, treacherous, tricky, two-faced, unpredictable, unreliable, untrustworthy

**slipshod** careless, casual, loose, slapdash, sloppy (*Inf.*), slovenly, unsystematic, untidy

**slit**
▶ V. 1. cut (open), gash, impale, knife, lance, pierce, rip, slash, split open
▶ N. 2. cut, fissure, gash, incision, opening, rent, split, tear

**slither** V. glide, skitter, slide, slink, slip, snake, undulate

**slog**
- V. 1. hit, hit for six, punch, slosh (*Brit. sl.*), slug, sock (*Sl.*), strike, thump, wallop (*Inf.*) 2. apply oneself to, labour, peg away at, persevere, plod, plough through, slave, toil, tramp, trek, trudge, work
- N. 3. effort, exertion, hike, labour, struggle, tramp, trek, trudge

**slogan** catch-phrase, catchword, jingle, motto, rallying cry

**slope**
- V. 1. drop away, fall, incline, lean, pitch, rise, slant, tilt
- N. 2. brae (*Scot.*), declination, declivity, descent, downgrade (*Chiefly U.S.*), gradient, inclination, incline, ramp, rise, scarp, slant, tilt
- V. 3. (*With* **off, away,** *etc*) creep, make oneself scarce, skulk, slink, slip, steal

**sloping** bevelled, cant, inclined, inclining, leaning, oblique, slanting

**sloppy** 1. sludgy, slushy, splashy, watery, wet 2. (*Inf.*) amateurish, careless, clumsy, hit-or-miss (*Inf.*), inattentive, messy, slipshod, slovenly, unkempt, untidy, weak 3. banal, gushing, mawkish, mushy (*Inf.*), overemotional, sentimental, slushy (*Inf.*), soppy (*Brit. inf.*), trite, wet (*Brit. inf.*)

**slot**
- N. 1. aperture, channel, groove, hole, slit, vent 2. (*Inf.*) niche, opening, place, position, space, time, vacancy
- V. 3. adjust, assign, fit, fit in, insert, pigeonhole

**sloth** faineance, idleness, inactivity, indolence, inertia, laziness, slackness, slothfulness, sluggishness, torpor

**slothful** do-nothing (*Inf.*), fainéant, idle, inactive, indolent, inert, lazy, skiving (*Brit. sl.*), slack, sluggish, torpid, workshy

**slouch** V. droop, loll, slump, stoop

**slovenly** careless, disorderly, heedless, loose, negligent, slack, slapdash, slatternly, slipshod, sloppy (*Inf.*), unkempt, untidy

**slow**
- ADJ. 1. creeping, dawdling, deliberate, easy, lackadaisical, laggard, lagging, lazy, leaden, leisurely, loitering, measured, plodding, ponderous, slow-moving, sluggardly, sluggish, tortoise-like, unhurried 2. backward, behind, behindhand, delayed, dilatory, late, long-delayed, tardy, unpunctual 3. gradual, lingering, long-drawn-out, prolonged, protracted, time-consuming 4. behind the times, boring, conservative, dead, dead-and-alive (*Brit.*), dull, inactive, one-horse (*Inf.*), quiet, slack, sleepy, sluggish, stagnant, tame, tedious, uneventful, uninteresting, unproductive, unprogressive, wearisome 5. blockish, bovine, braindead (*Inf.*), dense, dim, dozy (*Brit. inf.*), dull, dull-witted, dumb (*Inf.*), obtuse, retarded, slow on the uptake (*Inf.*), slow-witted, stupid, thick, unresponsive 6. (*With* **to**) averse, disinclined, hesitant, indisposed, loath, reluctant, unwilling
- V. 7. (*Often with* **up** *or* **down**) brake, check, curb, decelerate, delay, detain, handicap, hold up, lag, reduce speed, rein in, relax, restrict, retard, slacken (off), spin out

**slowly** at a snail's pace, at one's leisure, by degrees, gradually, inchmeal, in one's own (good) time, leisurely, ploddingly, steadily, taking one's time, unhurriedly, with leaden steps

**sluggish** dull, heavy, inactive, indolent, inert, lethargic, lifeless, listless, phlegmatic, slothful, slow, slow-moving, torpid, unresponsive

**sluggishness** apathy, drowsiness, dullness, heaviness, indolence, inertia, languor, lassitude, lethargy, listlessness, slothfulness, somnolence, stagnation, torpor

**slumber** V. be inactive, doze, drowse, kip (*Brit. sl.*), lie dormant, nap, repose, sleep, snooze (*Inf.*), zizz (*Brit. inf.*)

**slump**
- V. 1. collapse, crash, decline, deteriorate, fall, fall off, go downhill (*Inf.*), plummet, plunge, reach a new low, sink, slip
- N. 2. collapse, crash, decline, depreciation, depression, downturn, drop, failure, fall, falling-off, low, recession, reverse, stagnation, trough
- V. 3. bend, droop, hunch, loll, sag, slouch

**slur** N. affront, aspersion, blot, brand, calumny, discredit, disgrace, innuendo, insinuation, insult, reproach, smear, stain, stigma

**slut** drab (*Archaic*), scrubber (*Brit. & Aust. sl.*), slattern, sloven, tart, trollop

**sly**
- ADJ. 1. artful, astute, clever, conniving, covert, crafty, cunning, devious, foxy, furtive, guileful, insidious, scheming, secret, shifty, stealthy, subtle, underhand, wily 2. arch, impish, knowing, mischievous, roguish
- N. 3. **on the sly** behind (someone's) back, covertly, like a thief in the night, on the q.t. (*Inf.*), on the quiet, privately, secretly, surreptitiously, underhandedly, under the counter (*Inf.*)

**smack**
- V. 1. box, clap, cuff, hit, pat, slap, sock (*Sl.*), spank, strike, tap
- N. 2. blow, crack, slap 3. **smack in the eye** blow, rebuff, repulse, setback, slap in the face, snub
- ADV. 4. (*Inf.*) directly, exactly, plumb, point-blank, precisely, right, slap (*Inf.*), squarely, straight

**small** 1. diminutive, immature, Lilliputian, little, mini, miniature, minute, petite, pint-sized (*Inf.*), pocket-sized, puny, pygmy *or* pigmy, slight, teensy-weensy, teeny, teeny-weeny, tiny, undersized, wee, young 2. insignificant, lesser, minor, negligible, paltry, petty, trifling, trivial, unimportant 3. inadequate, inconsiderable, insufficient, limited, meagre, measly, scant, scanty 4. humble, modest, small-scale, unpretentious 5. base, grudging, illiberal, mean, narrow, petty, selfish 6. **make (someone) feel small** chagrin, disconcert, humble, humiliate, make (someone) look foolish, mortify, put down (*Sl.*), show up (*Inf.*), take down a peg or two (*Inf.*)

**small-minded** bigoted, envious, grudging, hidebound, intolerant, mean, narrow-minded, petty, rigid, ungenerous

**smart**[1] ADJ. 1. acute, adept, agile, apt, astute, bright, brisk, canny, clever, ingenious, intelligent, keen, nimble, quick, quick-witted, ready, sharp, shrewd 2. chic, elegant, fashionable, fine, modish, natty (*Inf.*), neat, snappy, spruce, stylish, trendy (*Brit. inf.*), trim, well turned-out 3. effective, impertinent, nimble-witted, pointed, ready, saucy, smart-alecky (*Inf.*), witty 4. brisk, cracking (*Inf.*), jaunty, lively, quick, spanking, spirited, vigorous

**smart**[2] V. burn, hurt, pain, sting, throb, tingle

**smash**
- V. 1. break, collide, crash, crush, demolish, disintegrate, pulverize, shatter, shiver
- N. 2. accident, collision, crash, pile-up (*Inf.*), smash-up (*Inf.*)
- V. 3. defeat, destroy, lay waste, overthrow, ruin, total (*Sl.*), trash (*Sl.*), wreck
- N. 4. collapse, defeat, destruction, disaster, downfall, failure, ruin, shattering

**smashing** boffo (*Sl.*), brill (*Inf.*), brilliant (*Inf.*), chillin' (*U.S. sl.*), cracking (*Brit. inf.*), crucial (*Sl.*), def (*Sl.*), excellent, exhilarating, fab (*Inf., chiefly Brit.*), fabulous (*Inf.*), fantastic (*Inf.*), first-class, first-rate, great (*Inf.*), jim-dandy (*Sl.*), magnificent, marvellous, mean (*Sl.*), mega (*Sl.*), out of this world (*Inf.*), sensational (*Inf.*), sovereign, stupendous, super (*Inf.*), superb, superlative, terrific (*Inf.*), topping (*Brit. sl.*), wonderful, world-class

**smattering** bit, dash, elements, modicum, rudiments, smatter, sprinkling

**smear**
- V. 1. bedaub, bedim, besmirch, blur, coat, cover, daub, dirty, patch, plaster, rub on, smirch, smudge, soil, spread over, stain, sully
- N. 2. blot, blotch, daub, smirch, smudge, splotch, streak
- V. 3. asperse, besmirch, blacken, calumniate, drag (someone's) name through the mud, malign, sully, tarnish, traduce, vilify
- N. 4. calumny, defamation, libel, mudslinging, slander, vilification, whispering campaign

**smell**
- N. 1. aroma, bouquet, fragrance, niff (*Brit. sl.*), odour, perfume, redolence, scent, whiff
- V. 2. get a whiff of, nose, scent, sniff
- N. 3. fetor, niff (*Brit. sl.*), pong (*Brit. inf.*), stench, stink
- V. 4. be malodorous, hum (*Sl.*), niff (*Brit. sl.*), pong (*Brit. inf.*), reek, stink, stink to high heaven (*Inf.*), whiff (*Brit. sl.*)

**smirk** N. grin, leer, simper, smug look, sneer

**smitten** 1. afflicted, beset, laid low, plagued, struck 2. beguiled, bewitched, bowled over (*Inf.*), captivated, charmed, enamoured, infatuated, swept off one's feet

**smoky** begrimed, black, caliginous (*Archaic*), grey, grimy, hazy, murky, reeky, smoke-darkened, sooty, thick

**smooth**
- ADJ. 1. even, flat, flush, horizontal, level, plain, plane, unwrinkled 2. glossy, polished, shiny, silky, sleek, soft, velvety 3. calm, equable, glassy, mirror-like, peaceful, serene, tranquil, undisturbed, unruffled 4. agreeable, bland, mellow, mild, pleasant, soothing 5. debonair, facile, glib, ingratiating, persuasive, silky, slick, smarmy (*Brit. inf.*), suave, unctuous, urbane 6. easy, effortless, flowing, fluent, frictionless, regular, rhythmic, steady, unbroken, uneventful, uniform, uninterrupted, untroubled, well-ordered
- V. 7. flatten, iron, level, plane, polish, press 8. allay, alleviate, appease, assuage, calm, ease, extenuate, facilitate, iron out the difficulties of, mitigate, mollify, palliate, pave the way, soften

**smoothness** 1. evenness, flushness, levelness, regularity, unbrokenness 2. silkiness, sleekness, smooth texture, softness, velvetiness 3. calmness, glassiness, placidity, serenity, stillness, unruffled surface 4. glibness, oiliness, smarminess (*Brit. inf.*), suavity, urbanity 5. ease, efficiency, effortlessness, felicity, finish, flow, fluency, polish, rhythm, slickness, smooth running

**smother**
- V. 1. choke, extinguish, snuff, stifle, strangle, suffocate 2. conceal, hide, keep back, muffle, repress, stifle, suppress 3. be swimming in, cocoon, cover, envelop, heap, inundate, overwhelm, shower, shroud, surround
- N. 4. fug (*Chiefly Brit.*), smog

**smoulder** (*Fig.*) be resentful, boil, burn, fester, fume, rage, seethe, simmer, smart under

**smug** complacent, conceited, holier-than-thou, priggish, self-opinionated, self-righteous, self-satisfied, superior

**smuggler** bootlegger, contrabandist, gentleman, moonshiner (*U.S.*), rum-runner, runner, trafficker, wrecker

**snack** bite, bite to eat, break, elevenses (*Brit. inf.*), light meal, nibble, refreshment(s), titbit

**snag**
- N. 1. catch, complication, difficulty, disadvantage, downside, drawback, hitch, inconvenience, obstacle, problem, stumbling block, the rub
- V. 2. catch, hole, rip, tear

**snap**
- V. 1. break, come apart, crack, give way, separate 2. bite, bite at, catch, grip, nip, seize, snatch 3. bark, flare out, flash, fly off the handle at (*Inf.*), growl, jump down (someone's) throat (*Inf.*), lash out at, retort, snarl, speak sharply 4. click, crackle, pop 5. **snap one's fingers at** cock a snook at (*Brit.*), defy, flout, pay no attention to, scorn, set at naught, wave two fingers at (*Sl.*) 6. **snap out of it** cheer up, get a grip on oneself, get over, liven up, perk up, pull oneself together (*Inf.*), recover
- N. 7. crackle, fillip, flick, pop 8. bite, grab, nip 9. (*Inf.*) energy, get-up-and-go (*Inf.*), go (*Inf.*), liveliness, pep, pizzazz *or* pizazz (*Inf.*), vigour, zip (*Inf.*)
- ADJ. 10. abrupt, immediate, instant, on-the-spot, sudden, unpremeditated

**snappy** 1. apt to fly off the handle (*Inf.*), cross, edgy, hasty, impatient, irritable, like a bear with a sore head (*Inf.*), quick-tempered, ratty (*Brit. & N.Z. inf.*), snappish, tart, testy, tetchy, touchy, waspish 2. chic, dapper, fashionable, modish, natty (*Inf.*), smart, stylish, trendy (*Brit. inf.*), up-to-the-minute, voguish 3. **look snappy** be quick, buck up (*Inf.*), get a move on (*Inf.*), get one's skates on, hurry (up), look lively, make haste

**snap up** avail oneself of, grab, grasp, nab (*Inf.*), pounce upon, seize, swoop down on, take advantage of

**snare**
- V. 1. catch, entrap, net, seize, springe, trap, trepan (*Archaic*), wire
- N. 2. catch, gin, net, noose, pitfall, springe, trap, wire

**snarl**[1] V. complain, growl, grumble, mumble, murmur, show its teeth (*of an animal*)

**snarl**[2] V. (*Often with* **up**) complicate, confuse, embroil, enmesh, entangle, entwine, muddle, ravel, tangle

**snarl-up** confusion, entanglement, muddle, tangle, (traffic) jam

**snatch**
▸ V. **1.** catch up, clutch, gain, grab, grasp, grip, make off with, pluck, pull, rescue, seize, take, win, wrench, wrest
▸ N. **2.** bit, fragment, part, piece, smattering, snippet, spell

**sneak**
▸ V. **1.** cower, lurk, pad, sidle, skulk, slink, slip, smuggle, spirit, steal **2.** *(Inf.)* grass on *(Brit. sl.)*, inform on, peach *(Sl.)*, shop *(Sl., chiefly Brit.)*, sing *(Sl., chiefly U.S.)*, spill one's guts *(Sl.)*, tell on *(Inf.)*, tell tales
▸ N. **3.** informer, snake in the grass, telltale
▸ ADJ. **4.** clandestine, furtive, quick, secret, stealthy, surprise

**sneaking 1.** hidden, private, secret, suppressed, unavowed, unconfessed, undivulged, unexpressed, unvoiced **2.** intuitive, nagging, niggling, persistent, uncomfortable, worrying **3.** contemptible, furtive, mean, sly, sneaky, surreptitious, two-faced, underhand

**sneer**
▸ V. **1.** curl one's lip, deride, disdain, gibe, hold in contempt, hold up to ridicule, jeer, laugh, look down on, mock, ridicule, scoff, scorn, sniff at, snigger, turn up one's nose *(Inf.)*
▸ N. **2.** derision, disdain, gibe, jeer, mockery, ridicule, scorn, snidery, snigger

**sniff** V. breathe, inhale, smell, snuff, snuffle

**snigger** giggle, laugh, smirk, sneer, snicker, titter

**snip**
▸ V. **1.** clip, crop, cut, dock, nick, nip off, notch, shave, trim
▸ N. **2.** bit, clipping, fragment, piece, scrap, shred, snippet **3.** *(Inf.)* bargain, giveaway, good buy, steal *(Inf.)*

**snivel** blubber, cry, girn *(Scot. & northern English dialect)*, gripe *(Inf.)*, grizzle *(Inf., chiefly Brit.)*, mewl, moan, sniffle, snuffle, weep, whimper, whine, whinge *(Inf.)*

**snobbery** airs, arrogance, condescension, pretension, pride, side *(Brit. sl.)*, snobbishness, snootiness *(Inf.)*, uppishness *(Brit. inf.)*

**snobbish** arrogant, condescending, high and mighty *(Inf.)*, high-hat *(Inf., chiefly U.S.)*, hoity-toity *(Inf.)*, patronizing, pretentious, snooty *(Inf.)*, stuck-up *(Inf.)*, superior, toffee-nosed *(Sl., chiefly Brit.)*, uppish *(Brit. inf.)*, uppity

**snoop** interfere, poke one's nose in *(Inf.)*, pry, spy

**snooper** busybody, meddler, nosy parker *(Inf.)*, Paul Pry, pry, snoop *(Inf.)*, stickybeak *(Aust. inf.)*

**snooze**
▸ V. **1.** catnap, doze, drop off *(Inf.)*, drowse, kip *(Brit. sl.)*, nap, nod off *(Inf.)*, take forty winks *(Inf.)*
▸ N. **2.** catnap, doze, forty winks *(Inf.)*, kip *(Brit. sl.)*, nap, siesta

**snub**
▸ V. **1.** cold-shoulder, cut *(Inf.)*, cut dead *(Inf.)*, give (someone) the brush-off *(Sl.)*, give (someone) the cold shoulder, humble, humiliate, mortify, put down, rebuff, shame, slight
▸ N. **2.** affront, brushoff *(Sl.)*, humiliation, insult, put-down, slap in the face

**snug 1.** comfortable, comfy *(Inf.)*, cosy, homely, intimate, sheltered, warm **2.** close, compact, neat, trim

**snuggle** cuddle, nestle, nuzzle

**soak** V. **1.** bathe, damp, drench, immerse, infuse, marinate *(Cookery)*, moisten, penetrate, permeate, saturate, seep, steep, wet **2.** *(With* **up***)* absorb, assimilate, drink in, take up *or* in

**soaking** drenched, dripping, droukit *or* drookit *(Scot.)*, saturated, soaked, soaked to the skin, sodden, sopping, streaming, waterlogged, wet through, wringing wet

**soar 1.** ascend, fly, mount, rise, tower, wing **2.** climb, escalate, rise, rocket, shoot up

**sob** V. bawl, blubber, boohoo, cry, greet *(Scot. or archaic)*, howl, shed tears, snivel, weep

**sober**
▸ ADJ. **1.** abstemious, abstinent, moderate, on the wagon *(Inf.)*, temperate **2.** calm, clear-headed, cold, composed, cool, dispassionate, grave, level-headed, lucid, peaceful, practical, rational, realistic, reasonable, sedate, serene, serious, solemn, sound, staid, steady, unexcited, unruffled **3.** dark, drab, plain, quiet, severe, sombre, subdued
▸ V. **4.** *(Usually with* **up***)* bring (someone) back to earth, calm down, clear one's head, come *or* bring to one's senses, give (someone) pause for thought, make (someone) stop and think

**sobriety 1.** abstemiousness, abstinence, moderation, nonindulgence, self-restraint, soberness, temperance **2.** calmness, composure, coolness, gravity, level-headedness, reasonableness, restraint, sedateness, seriousness, solemnity, staidness, steadiness

**so-called** alleged, ostensible, pretended, professed, self-styled, soi-disant, supposed

**sociability** affability, companionability, congeniality, conviviality, cordiality, friendliness, gregariousness, neighbourliness

**sociable** accessible, affable, approachable, companionable, conversable, convivial, cordial, familiar, friendly, genial, gregarious, neighbourly, outgoing, social, warm

**social**
▸ ADJ. **1.** collective, common, communal, community, general, group, organized, public, societal **2.** companionable, friendly, gregarious, neighbourly, sociable
▸ N. **3.** do *(Inf.)*, gathering, get-together *(Inf.)*, party

**socialize** be a good mixer, entertain, fraternize, get about *or* around, get together, go out, mix

**society 1.** civilization, culture, humanity, mankind, people, population, social order, the community, the general public, the public, the world at large **2.** camaraderie, companionship, company, fellowship, friendship **3.** association, brotherhood, circle, club, corporation, fellowship, fraternity, group, guild, institute, league, order, organization, sisterhood, union **4.** beau monde, elite, gentry, haut monde, high society, polite society, the country set, the nobs *(Sl.)*, the smart set, the swells *(Inf.)*, the toffs *(Brit. sl.)*, the top drawer, upper classes, upper crust *(Inf.)*

**sodden** boggy, drenched, droukit *or* drookit *(Scot.)*, marshy, miry, saturated, soaked, soggy, sopping, waterlogged

**soft 1.** creamy, cushioned, cushiony, doughy, elastic, gelatinous, pulpy, quaggy, spongy, squashy, swampy, yielding **2.** bendable, ductile *(of metals)*, elastic, flexible, impressible, malleable, mouldable, plastic, pliable, supple, tensile **3.** downy, feathery, fleecy, flowing, fluid, furry, like a baby's bottom *(Inf.)*, rounded, silky, smooth, velvety **4.** balmy, bland, caressing, delicate, diffuse, dim, dimmed, dulcet, faint, gentle, light, low, mellifluous, mellow, melodious, mild, murmured, muted, pale, pastel, pleasing, quiet, restful, shaded, soft-toned, soothing, subdued, sweet, temperate, twilight, understated, whispered **5.** compassionate, gentle, kind, pitying, sensitive, sentimental, sympathetic, tender, tenderhearted **6.** easy-going, indulgent, lax, lenient, liberal, overindulgent, permissive, spineless, weak **7.** *(Inf.)* comfortable, cushy *(Inf.)*, easy, easy-peasy *(Sl.)*, undemanding **8.** effeminate, flabby, flaccid, limp, namby-pamby, out of condition, out of training, overindulged, pampered, podgy, weak **9.** *(Inf.)* a bit lacking *(Inf.)*, daft *(Inf.)*, feeble-minded, foolish, silly, simple, soft in the head *(Inf.)*, soppy *(Brit. inf.)*

**soften** abate, allay, alleviate, appease, assuage, calm, cushion, diminish, ease, lessen, lighten, lower, melt, mitigate, moderate, modify, mollify, muffle, palliate, quell, relax, soothe, still, subdue, temper, tone down, turn down

**soften up** conciliate, disarm, melt, soft-soap *(Inf.)*, weaken, win over, work on

**soft-hearted** charitable, compassionate, generous, indulgent, kind, sentimental, sympathetic, tender, tenderhearted, warm-hearted

**soil[1]** N. **1.** clay, dirt, dust, earth, ground, loam **2.** country, land, region, terra firma

**soil[2]** V. bedraggle, befoul, begrime, besmirch, defile, dirty, foul, maculate *(Literary)*, muddy, pollute, smear, smirch, spatter, spot, stain, sully, tarnish

**solace**
▸ N. **1.** alleviation, assuagement, comfort, consolation, relief
▸ V. **2.** allay, alleviate, comfort, console, mitigate, soften, soothe

**soldier** enlisted man *(U.S.)*, fighter, GI *(U.S. inf.)*, man-at-arms, military man, redcoat, serviceman, squaddie *or* squaddy *(Brit. sl.)*, Tommy *(Brit. inf.)*, trooper, warrior

**sole** alone, exclusive, individual, one, one and only, only, single, singular, solitary

**solecism** bloomer *(Brit. inf.)*, blunder, boo-boo *(Inf.)*, breach of etiquette, cacology, faux pas, gaffe, gaucherie, impropriety, incongruity, indecorum, lapse, mistake

**solely** alone, completely, entirely, exclusively, merely, only, single-handedly, singly

**solemn 1.** earnest, glum, grave, portentous, sedate, serious, sober, staid, thoughtful **2.** august, awe-inspiring, ceremonial, ceremonious, dignified, formal, grand, grave, imposing, impressive, majestic, momentous, stately **3.** devotional, hallowed, holy, religious, reverential, ritual, sacred, sanctified, venerable

**solemnity 1.** earnestness, grandeur, gravitas, gravity, impressiveness, momentousness, portentousness, sacredness, sanctity, seriousness **2.** *Often plural* celebration, ceremonial, ceremony, formalities, observance, proceedings, rite, ritual

**solemnize** celebrate, commemorate, honour, keep, observe

**solicit** ask, beg, beseech, canvass, crave, entreat, implore, importune, petition, plead for, pray, seek, supplicate

**solicitous** anxious, apprehensive, attentive, careful, caring, concerned, eager, earnest, troubled, uneasy, worried, zealous

**solicitude** anxiety, attentiveness, care, concern, considerateness, consideration, regard, worry

**solid** ADJ. **1.** compact, concrete, dense, firm, hard, massed, stable, strong, sturdy, substantial, unshak(e)able **2.** genuine, good, pure, real, reliable, sound **3.** agreed, complete, continuous, unalloyed, unanimous, unbroken, undivided, uninterrupted, united, unmixed **4.** constant, decent, dependable, estimable, law-abiding, level-headed, reliable, sensible, serious, sober, trusty, upright, upstanding, worthy

**solidarity** accord, camaraderie, cohesion, community of interest, concordance, esprit de corps, harmony, like-mindedness, singleness of purpose, soundness, stability, team spirit, unanimity, unification, unity

**solidify** cake, coagulate, cohere, congeal, harden, jell, set

**solitary**
▸ ADJ. **1.** desolate, hidden, isolated, lonely, out-of-the-way, remote, retired, secluded, sequestered, unfrequented, unvisited **2.** alone, lone, single, sole **3.** cloistered, companionless, friendless, hermitical, lonely, lonesome, reclusive, unsociable, unsocial
▸ N. **4.** hermit, introvert, loner *(Inf.)*, lone wolf, recluse

**solitude 1.** isolation, loneliness, privacy, reclusiveness, retirement, seclusion **2.** *(Poetic)* desert, emptiness, waste, wasteland, wilderness

**solution 1.** answer, clarification, elucidation, explanation, explication, key, resolution, result, solving, unfolding, unravelling **2.** blend, compound, emulsion, mix, mixture, solvent, suspension *(Chem.)* **3.** disconnection, dissolution, liquefaction, melting

**solve** answer, clarify, clear up, crack, decipher, disentangle, elucidate, explain, expound, get to the bottom of, interpret, resolve, suss (out) *(Sl.)*, unfold, unravel, work out

**sombre** dark, dim, dismal, doleful, drab, dull, dusky, funereal, gloomy, grave, joyless, lugubrious, melancholy, mournful, obscure, sad, sepulchral, shadowy, shady, sober

**somebody** N. big noise *(Inf.)*, big shot *(Inf.)*, big wheel *(Sl.)*, bigwig *(Inf.)*, celeb *(Inf.)*, celebrity, dignitary, heavyweight *(Inf.)*, household name, luminary, megastar *(Inf.)*, name, notable, personage, person of note, public figure, star, superstar, VIP

**somehow** by fair means or foul, by hook or (by) crook, by some means or other, come hell or high water *(Inf.)*, come what may, one way or another

**sometimes** at times, every now and then, every so often, from time to time, now and again, now and then, occasionally, off and on, once in a while, on occasion

**somnolent** comatose, dozy, drowsy, half-awake, heavy-eyed, nodding off *(Inf.)*, sleepy, soporific, torpid

**song** air, anthem, ballad, canticle, canzonet, carol, chant, chorus, ditty, hymn, lay, lyric, melody, number, pop song, psalm, shanty, strain, tune

**soon** anon *(Archaic)*, any minute now, before long, betimes *(Archaic)*, erelong *(Archaic or po-*

*etic*), in a little while, in a minute, in a short time, in the near future, shortly

**soothe** allay, alleviate, appease, assuage, calm, calm down, compose, ease, hush, lull, mitigate, mollify, pacify, quiet, relieve, settle, smooth down, soften, still, tranquillize

**soothing** balsamic, calming, demulcent, easeful, emollient, lenitive, palliative, relaxing, restful

**soothsayer** augur, diviner, foreteller, prophet, seer, sibyl

**sophisticated** 1. blasé, citified, cosmopolitan, cultivated, cultured, jet-set, refined, seasoned, urbane, worldly, worldly-wise, world-weary 2. advanced, complex, complicated, delicate, elaborate, highly-developed, intricate, multifaceted, refined, subtle

**sophistication** finesse, poise, savoir-faire, savoir-vivre, urbanity, worldliness, worldly wisdom

**sophistry** casuistry, fallacy, quibble, sophism

**soporific**
▶ ADJ. 1. hypnotic, sedative, sleep-inducing, sleepy, somniferous (*Rare*), somnolent, tranquillizing
▶ N. 2. anaesthetic, hypnotic, narcotic, opiate, sedative, tranquillizer

**soppy** corny (*Sl.*), daft (*Inf.*), drippy (*Inf.*), gushy (*Inf.*), lovey-dovey, mawkish, overemotional, schmaltzy (*Sl.*), sentimental, silly, slushy (*Inf.*), soft (*Inf.*), weepy (*Inf.*)

**sorcerer** enchanter, mage (*Archaic*), magician, magus, necromancer, sorceress, warlock, witch, wizard

**sorcery** black art, black magic, charm, divination, enchantment, incantation, magic, necromancy, spell, witchcraft, witchery, wizardry

**sordid** 1. dirty, filthy, foul, mean, seamy, seedy, sleazy, slovenly, slummy, squalid, unclean, wretched 2. backstreet, base, debauched, degenerate, degraded, despicable, disreputable, low, shabby, shameful, vicious, vile 3. avaricious, corrupt, covetous, grasping, mercenary, miserly, niggardly, selfish, self-seeking, ungenerous, venal

**sore**
▶ ADJ. 1. angry, burning, chafed, inflamed, irritated, painful, raw, reddened, sensitive, smarting, tender 2. annoying, distressing, grievous, harrowing, severe, sharp, troublesome 3. acute, critical, desperate, dire, extreme, pressing, urgent 4. afflicted, aggrieved, angry, annoyed, cross, grieved, hurt, irked, irritated, pained, peeved (*Inf.*), resentful, stung, upset, vexed
▶ N. 5. abscess, boil, chafe, gathering, inflammation, ulcer

**sorrow**
▶ N. 1. affliction, anguish, distress, grief, heartache, heartbreak, misery, mourning, regret, sadness, unhappiness, woe 2. affliction, blow, bummer (*Sl.*), hardship, misfortune, trial, tribulation, trouble, woe, worry
▶ V. 3. agonize, bemoan, be sad, bewail, eat one's heart out, grieve, lament, moan, mourn, weep

**sorrowful** affecting, afflicted, dejected, depressed, disconsolate, dismal, distressing, doleful, grievous, harrowing, heartbroken, heart-rending, heavy-hearted, lamentable, lugubrious, melancholy, miserable, mournful, painful, piteous, rueful, sad, sick at heart, sorry, tearful, unhappy, woebegone, woeful, wretched

**sorry** 1. apologetic, conscience-stricken, contrite, guilt-ridden, in sackcloth and ashes, penitent, regretful, remorseful, repentant, self-reproachful, shamefaced 2. disconsolate, distressed, grieved, melancholy, mournful, sad, sorrowful, unhappy 3. commiserative, compassionate, full of pity, moved, pitying, sympathetic 4. abject, base, deplorable, dismal, distressing, mean, miserable, paltry, pathetic, piteous, pitiable, pitiful, poor, sad, shabby, vile, wretched

**sort**
▶ N. 1. brand, breed, category, character, class, denomination, description, family, genus, group, ilk, kind, make, nature, order, quality, race, species, stamp, style, type, variety 2. **out of sorts** crotchety, down in the dumps (*Inf.*), down in the mouth (*Inf.*), grouchy (*Inf.*), in low spirits, mopy, not up to par, not up to snuff (*Inf.*), off colour, poorly (*Inf.*), under the weather (*Inf.*) 3. **sort of** as it were, in part, moderately, rather, reasonably, slightly, somewhat, to some extent

▶ V. 4. arrange, assort, catalogue, categorize, choose, class, classify, distribute, divide, file, grade, group, order, put in order, rank, select, separate, systematize, tabulate

**sort out** 1. clarify, clear up, organize, put *or* get straight, resolve, tidy up 2. pick out, put on one side, segregate, select, separate, sift

**soul** 1. animating principle, essence, intellect, life, mind, psyche, reason, spirit, vital force 2. being, body, creature, individual, man, mortal, person, woman 3. embodiment, epitome, essence, incarnation, personification, quintessence, type 4. animation, ardour, courage, energy, feeling, fervour, force, inspiration, nobility, vitality, vivacity

**sound**¹
▶ N. 1. din, noise, report, resonance, reverberation, tone, voice 2. drift, idea, implication(s), impression, look, tenor 3. earshot, hearing, range
▶ V. 4. echo, resonate, resound, reverberate 5. appear, give the impression of, look, seem, strike one as being 6. announce, articulate, declare, enunciate, express, pronounce, signal, utter

**sound**² ADJ. 1. complete, entire, firm, fit, hale, hale and hearty, healthy, intact, perfect, robust, solid, sturdy, substantial, undamaged, unhurt, unimpaired, uninjured, vigorous, well-constructed, whole 2. correct, fair, just, level-headed, logical, orthodox, proper, prudent, rational, reasonable, reliable, responsible, right, right-thinking, sensible, true, trustworthy, valid, well-founded, well-grounded, wise 3. established, orthodox, proven, recognized, reliable, reputable, safe, secure, solid, solvent, stable, tried-and-true 4. deep, peaceful, unbroken, undisturbed, untroubled

**sound**³ V. 1. fathom, plumb, probe 2. examine, inspect, investigate, test

**sour**
▶ ADJ. 1. acerb, acetic, acid, acidulated, bitter, pungent, sharp, tart, unpleasant 2. bad, curdled, fermented, gone off, rancid, turned, unsavoury, unwholesome 3. acrid, acrimonious, churlish, crabbed, cynical, disagreeable, discontented, embittered, grouchy (*Inf.*), grudging, ill-natured, ill-tempered, jaundiced, peevish, tart, ungenerous, waspish
▶ V. 4. alienate, disenchant, embitter, envenom, exacerbate, exasperate, turn off (*Inf.*)

**source** 1. author, begetter, beginning, cause, commencement, derivation, fount, fountainhead, origin, originator, rise, spring, well-spring 2. authority, informant

**souse** drench, dunk, immerse, marinate (*Cookery*), pickle, soak, steep

**souvenir** keepsake, memento, relic, remembrancer (*Archaic*), reminder, token

**sovereign**
▶ N. 1. chief, emperor, empress, king, monarch, potentate, prince, queen, ruler, shah, supreme ruler, tsar
▶ ADJ. 2. absolute, chief, dominant, imperial, kingly, monarchal, paramount, predominant, principal, queenly, regal, royal, ruling, supreme, unlimited 3. effectual, efficacious, efficient, excellent

**sovereignty** ascendancy, domination, kingship, primacy, supremacy, supreme power, suzerainty, sway

**sow** broadcast, disseminate, implant, inseminate, lodge, plant, scatter, seed

**space** 1. amplitude, capacity, elbowroom, expanse, extension, extent, leeway, margin, play, room, scope, spaciousness, volume 2. blank, distance, gap, interval, lacuna, omission 3. duration, interval, period, span, time, while 4. accommodation, berth, place, seat

**spaceman** *or* **spacewoman** astronaut, cosmonaut

**spacious** ample, broad, capacious, comfortable, commodious, expansive, extensive, huge, large, roomy, sizable, uncrowded, vast

**spadework** donkey-work, groundwork, labour, preparation

**span**
▶ N. 1. amount, distance, extent, length, reach, spread, stretch 2. duration, period, spell, term
▶ V. 3. arch across, bridge, cover, cross, extend across, link, range over, traverse, vault

**spank** V. belt (*Inf.*), cuff, give (someone) a hiding (*Inf.*), put (someone) over one's knee, slap, slipper (*Inf.*), smack, tan (*Sl.*), wallop (*Inf.*), whack

**spar** V. argue, bicker, dispute, exchange blows, fall out (*Inf.*), have a tiff, lead a cat-and-dog life, row, scrap (*Inf.*), skirmish, spat (*U.S.*), squabble, wrangle, wrestle

**spare**
▶ ADJ. 1. additional, emergency, extra, free, going begging, in excess, in reserve, leftover, odd, over, superfluous, supernumerary, surplus, unoccupied, unused, unwanted 2. gaunt, lank, lean, macilent (*Rare*), meagre, slender, slight, slim, wiry 3. economical, frugal, meagre, modest, scanty, sparing 4. **go spare** (*Brit. sl.*) become angry (distracted, distraught, enraged, mad (*Inf.*), upset), blow one's top (*Inf.*), do one's nut (*Brit. sl.*), go mental (*Sl.*), go up the wall (*Sl.*), have *or* throw a fit (*Inf.*)
▶ V. 5. afford, allow, bestow, dispense with, do without, give, grant, let (someone) have, manage without, part with, relinquish 6. be merciful to, deal leniently with, go easy on (*Inf.*), have mercy on, leave, let off (*Inf.*), pardon, refrain from, release, relieve from, save from

**sparing** careful, chary, cost-conscious, economical, frugal, money-conscious, prudent, saving, thrifty

**spark**
▶ N. 1. flare, flash, flicker, gleam, glint, scintillation, spit 2. atom, hint, jot, scintilla, scrap, trace, vestige
▶ V. 3. (*Often with* off) animate, excite, inspire, kick-start, kindle, precipitate, prod, provoke, rouse, set in motion, set off, start, stimulate, stir, touch off, trigger (off)

**sparkle**
▶ V. 1. beam, coruscate, dance, flash, gleam, glint, glisten, glister (*Archaic*), glitter, glow, scintillate, shimmer, shine, spark, twinkle, wink 2. bubble, effervesce, fizz, fizzle
▶ N. 3. brilliance, coruscation, dazzle, flash, flicker, gleam, glint, radiance, spark, twinkle 4. animation, brio, dash, élan, gaiety, life, panache, spirit, vim (*Sl.*), vitality, vivacity, zip (*Inf.*)

**Spartan** 1. abstemious, ascetic, austere, bleak, disciplined, extreme, frugal, plain, rigorous, self-denying, severe, stern, strict, stringent 2. bold, brave, courageous, daring, dauntless, doughty, fearless, hardy, heroic, intrepid, resolute, unflinching, valorous

**spasm** 1. contraction, convulsion, paroxysm, throe (*Rare*), twitch 2. access, burst, eruption, fit, frenzy, outburst, seizure

**spasmodic** convulsive, erratic, fitful, intermittent, irregular, jerky, sporadic

**spate** deluge, flood, flow, outpouring, rush, torrent

**speak** 1. articulate, communicate, converse, discourse, enunciate, express, make known, pronounce, say, state, talk, tell, utter, voice 2. address, argue, declaim, deliver an address, descant, discourse, harangue, hold forth, lecture, plead, speechify, spiel (*Inf.*), spout 3. (*With of*) advert to, allude to, comment on, deal with, discuss, make reference to, mention, refer to

**speaker** lecturer, mouthpiece, orator, public speaker, spieler (*Inf.*), spokesman, spokesperson, spokeswoman, word-spinner

**speaking** ADJ. eloquent, expressive, moving, noticeable, striking

**speak out** *or* **speak up** 1. make oneself heard, say it loud and clear, speak loudly 2. have one's say, make one's position plain, sound off, speak one's mind, stand up and be counted

**spearhead** V. be in the van, blaze the trail, head, initiate, launch, lay the first stone, lead, lead the way, pioneer, set in motion, set off

**special** 1. distinguished, especial, exceptional, extraordinary, festive, gala, important, memorable, momentous, out of the ordinary, red-letter, significant, uncommon, unique, unusual 2. appropriate, certain, characteristic, distinctive, especial, individual, particular, peculiar, precise, specialized, specific 3. chief, main, major, particular, primary

**specialist** N. authority, buff (*Inf.*), connoisseur, consultant, expert, hotshot (*Inf.*), master, maven (*U.S.*), professional, whiz (*Inf.*)

**speciality** bag, claim to fame, distinctive *or* distinguishing feature, forte, métier, pièce de résistance, special, specialty

**species** breed, category, class, collection, description, genus, group, kind, sort, type, variety

**specific** ADJ. 1. clear-cut, definite, exact, explicit, express, limited, particular, precise, unambiguous, unequivocal **2.** characteristic, distinguishing, especial, peculiar, special

**specification** condition, detail, item, particular, qualification, requirement, stipulation

**specify** be specific about, cite, define, designate, detail, enumerate, indicate, individualize, itemize, mention, name, particularize, spell out, stipulate

**specimen** copy, embodiment, example, exemplar, exemplification, exhibit, individual, instance, model, pattern, proof, representative, sample, type

**specious** casuistic, deceptive, fallacious, misleading, plausible, sophistic, sophistical, unsound

**speck 1.** blemish, blot, defect, dot, fault, flaw, fleck, mark, mote, speckle, spot, stain **2.** atom, bit, dot, grain, iota, jot, mite, modicum, particle, shred, tittle, whit

**speckled** brindled, dappled, dotted, flecked, freckled, mottled, speckledy, spotted, spotty, sprinkled, stippled

**spectacle 1.** display, event, exhibition, extravaganza, pageant, parade, performance, show, sight **2.** curiosity, laughing stock, marvel, phenomenon, scene, sight, wonder

**spectacular**

- ADJ. **1.** breathtaking, daring, dazzling, dramatic, eye-catching, fantastic *(Inf.)*, grand, impressive, magnificent, marked, remarkable, sensational, splendid, staggering, striking, stunning *(Inf.)*
- N. **2.** display, extravaganza, show, spectacle

**spectator** beholder, bystander, eyewitness, looker-on, observer, onlooker, viewer, watcher, witness

**speculate 1.** cogitate, conjecture, consider, contemplate, deliberate, hypothesize, meditate, muse, scheme, suppose, surmise, theorize, wonder **2.** gamble, have a flutter *(Inf.)*, hazard, play the market, risk, take a chance with, venture

**speculation 1.** conjecture, consideration, contemplation, deliberation, guess, guesswork, hypothesis, opinion, supposition, surmise, theory **2.** gamble, gambling, hazard, risk

**speculative 1.** abstract, academic, conjectural, hypothetical, notional, suppositional, tentative, theoretical **2.** chancy *(Inf.)*, dicey *(Inf., chiefly Brit.)*, hazardous, risky, uncertain, unpredictable

**speech 1.** communication, conversation, dialogue, discussion, intercourse, talk **2.** address, discourse, disquisition, harangue, homily, lecture, oration, spiel *(Inf.)* **3.** articulation, dialect, diction, enunciation, idiom, jargon, language, lingo *(Inf.)*, parlance, tongue, utterance, voice

**speechless 1.** dumb, inarticulate, mum, mute, silent, tongue-tied, unable to get a word out *(Inf.)*, wordless **2.** *(Fig.)* aghast, amazed, astounded, dazed, dumbfounded, dumbstruck, shocked, thunderstruck

**speed**

- N. **1.** acceleration, celerity, expedition, fleetness, haste, hurry, momentum, pace, precipitation, quickness, rapidity, rush, swiftness, velocity
- V. **2.** barrel (along) *(Inf., chiefly U.S. & Canad.)*, belt (along) *(Sl.)*, bomb (along), bowl along, burn rubber *(Inf.)*, career, dispatch, exceed the speed limit, expedite, flash, gallop, get a move on *(Inf.)*, go hell for leather *(Inf.)*, go like a bat out of hell *(Sl.)*, go like the wind, hasten, hurry, lose no time, make haste, press on, put one's foot down *(Inf.)*, quicken, race, rush, sprint, step on it *(Inf.)*, tear, urge, zoom **3.** advance, aid, assist, boost, expedite, facilitate, further, help, impel, promote

**speed up** accelerate, gather momentum, get moving, get under way, increase, increase the tempo, open up the throttle, put one's foot down *(Inf.)*, put on speed

**speedy** expeditious, express, fast, fleet, fleet of foot, hasty, headlong, hurried, immediate, nimble, pdq *(Sl.)*, precipitate, prompt, quick, quickie *(Inf.)*, rapid, summary, swift, winged

**spell[1]** N. **1.** abracadabra, charm, conjuration, exorcism, incantation, sorcery, witchery **2.** allure, bewitchment, enchantment, fascination, glamour, magic, trance

**spell[2]** N. bout, course, interval, patch, period, season, stint, stretch, term, time, tour of duty, turn

**spell[3]** V. amount to, augur, herald, imply, indicate, mean, point to, portend, presage, promise, signify, suggest

**spellbound** bemused, bewitched, captivated, charmed, enthralled, entranced, fascinated, gripped, hooked, mesmerized, possessed, rapt, transfixed, transported, under a spell

**spelling** orthography

**spell out 1.** clarify, elucidate, explicate, make clear *or* plain, make explicit, specify **2.** discern, make out, puzzle out

**spend 1.** disburse, expend, fork out *(Sl.)*, lay out, pay out, shell out *(Inf.)*, splash out *(Brit. inf.)* **2.** blow *(Sl.)*, consume, deplete, dispense, dissipate, drain, empty, exhaust, fritter away, run through, squander, use up, waste **3.** apply, bestow, concentrate, devote, employ, exert, invest, lavish, put in, use **4.** fill, occupy, pass, while away

**spendthrift**

- N. **1.** big spender, prodigal, profligate, spender, squanderer, waster, wastrel
- ADJ. **2.** extravagant, improvident, prodigal, profligate, wasteful

**spent** ADJ. **1.** all in *(Sl.)*, burnt out, bushed *(Inf.)*, clapped out *(Aust. & N.Z. inf.)*, dead beat *(Inf.)*, debilitated, dog-tired *(Inf.)*, done in *or* up *(Inf.)*, drained, exhausted, fagged (out) *(Inf.)*, knackered *(Sl.)*, played out *(Inf.)*, prostrate, ready to drop *(Inf.)*, shattered *(Inf.)*, tired out, weakened, wearied, weary, whacked *(Brit. inf.)*, worn out, zonked *(Inf.)* **2.** consumed, expended, finished, gone, used up

**sphere 1.** ball, circle, globe, globule, orb **2.** capacity, compass, department, domain, employment, field, function, pale, patch, province, range, rank, realm, scope, station, stratum, territory, turf *(U.S. sl.)*, walk of life

**spherical** globe-shaped, globular, orbicular, rotund, round

**spice** N. **1.** relish, savour, seasoning **2.** colour, excitement, gusto, kick *(Inf.)*, pep, piquancy, tang, zap *(Sl.)*, zest, zip *(Inf.)*

**spike**

- N. **1.** barb, point, prong, spine
- V. **2.** impale, spear, spit, stick **3.** block, foil, frustrate, render ineffective, thwart

**spill**

- V. **1.** discharge, disgorge, overflow, overturn, scatter, shed, slop over, spill *or* run over, throw off, upset **2. spill the beans** *(Inf.)* betray a secret, blab, blow the gaff *(Brit. sl.)*, give the game away, grass *(Brit. sl.)*, inform, let the cat out of the bag, shop *(Sl., chiefly Brit.)*, sing *(Sl., chiefly U.S.)*, spill one's guts *(Sl.)*, split *(Sl.)*, squeal *(Sl.)*, talk out of turn, tattle, tell all
- N. **3.** *(Inf.)* accident, cropper *(Inf.)*, fall, tumble

**spin**

- V. **1.** birl *(Scot.)*, gyrate, pirouette, reel, revolve, rotate, turn, twirl, twist, wheel, whirl **2.** concoct, develop, invent, narrate, recount, relate, tell, unfold **3.** be giddy, be in a whirl, grow dizzy, reel, swim, whirl
- N. **4.** gyration, revolution, roll, twist, whirl **5. (flat) spin** *(Inf.)* agitation, commotion, flap *(Inf.)*, panic, state *(Inf.)*, tiz-woz *(Inf.)*, tizzy *(Inf.)* **6.** *(Inf.)* drive, hurl *(Scot.)*, joy ride *(Inf.)*, ride, turn, whirl

**spine 1.** backbone, spinal column, vertebrae, vertebral column **2.** barb, needle, quill, rachis, ray, spike, spur

**spine-chilling** bloodcurdling, eerie, frightening, hair-raising, horrifying, scary *(Inf.)*, spooky *(Inf.)*, terrifying

**spineless** chickenshit *(U.S. sl.)*, cowardly, fainthearted, feeble, gutless *(Inf.)*, inadequate, ineffective, irresolute, lily-livered, soft, spiritless, squeamish, submissive, vacillating, weak, weak-kneed *(Inf.)*, weak-willed, without a will of one's own, yellow *(Inf.)*

**spin out** amplify, delay, drag out, draw out, extend, lengthen, pad out, prolong, prolongate, protract

**spiral**

- ADJ. **1.** circular, cochlear, cochleate *(Biol.)*, coiled, corkscrew, helical, scrolled, voluted, whorled, winding
- N. **2.** coil, corkscrew, curlicue, gyre *(Literary)*, helix, screw, volute, whorl

**spirit**

- N. **1.** air, breath, life, life force, psyche, soul, vital spark **2.** attitude, character, complexion, disposition, essence, humour, outlook, quality, temper, temperament **3.** animation, ardour, backbone, balls *(Taboo sl.)*, ballsiness *(Taboo sl.)*, brio, courage, dauntlessness, earnestness, energy, enterprise, enthusiasm, fire, force, gameness, grit, guts *(Inf.)*, life, liveliness, mettle, resolution, sparkle, spunk *(Inf.)*, stoutheartedness, vigour, warmth, zest **4.** motivation, resolution, resolve, will, willpower **5.** atmosphere, feeling, gist, humour, tenor, tone **6.** essence, intent, intention, meaning, purport, purpose, sense, substance **7.** *Plural* feelings, frame of mind, humour, mood, morale **8.** apparition, eidolon, ghost, phantom, shade *(Literary)*, shadow, spectre, spook *(Inf.)*, sprite, vision
- V. **9.** *(With* **away** *or* **off***)* abduct, abstract, carry, convey, make away with, purloin, remove, seize, snaffle *(Brit. inf.)*, steal, whisk

**spirited** active, animated, ardent, bold, courageous, energetic, feisty *(Inf., chiefly U.S. & Canad.)*, game, have-a-go *(Inf.)*, high-spirited, lively, mettlesome, plucky, sparkling, sprightly, spunky *(Inf.)*, vigorous, vivacious

**spiritual** devotional, divine, ethereal, ghostly, holy, immaterial, incorporeal, nonmaterial, otherworldly, pure, religious, sacred

**spit**

- V. **1.** discharge, eject, expectorate, hiss, spew, splutter, sputter, throw out
- N. **2.** dribble, drool, saliva, slaver, spittle, sputum

**spite**

- N. **1.** animosity, bitchiness *(Sl.)*, gall, grudge, hate, hatred, ill will, malevolence, malice, malignity, pique, rancour, spitefulness, spleen, venom **2. in spite of** despite, (even) though, in defiance of, notwithstanding, regardless of
- V. **3.** annoy, discomfit, gall, harm, hurt, injure, needle *(Inf.)*, nettle, offend, pique, provoke, put out, put (someone's) nose out of joint *(Inf.)*, vex

**spiteful** barbed, bitchy *(Inf.)*, catty *(Inf.)*, cruel, ill-disposed, ill-natured, malevolent, malicious, malignant, nasty, rancorous, shrewish, snide, splenetic, venomous, vindictive

**splash**

- V. **1.** bespatter, shower, slop, slosh *(Inf.)*, spatter, splodge, spray, spread, sprinkle, squirt, strew, wet **2.** bathe, dabble, paddle, plunge, wade, wallow **3.** batter, break, buffet, dash, plash, plop, smack, strike, surge, wash **4.** blazon, broadcast, flaunt, headline, plaster, publicize, tout, trumpet
- N. **5.** burst, dash, patch, spattering, splodge, touch **6.** *(Inf.)* display, effect, impact, sensation, splurge, stir **7. make a splash** be ostentatious, cause a stir, cut a dash, go overboard *(Inf.)*, go to town, splurge

**splash out** be extravagant, lash out *(Inf.)*, push the boat out *(Brit. inf.)*, spare no expense, spend, splurge

**spleen** acrimony, anger, animosity, animus, bad temper, bile, bitterness, gall, hatred, hostility, ill humour, ill will, malevolence, malice, malignity, peevishness, pique, rancour, resentment, spite, spitefulness, venom, vindictiveness, wrath

**splendid 1.** admirable, brilliant, exceptional, glorious, grand, heroic, illustrious, magnificent, outstanding, rare, remarkable, renowned, sterling, sublime, superb, supreme **2.** costly, dazzling, gorgeous, imposing, impressive, lavish, luxurious, magnificent, ornate, resplendent, rich, splendiferous *(Facetious)*, sumptuous, superb **3.** boffo *(Sl.)*, brill *(Inf.)*, chillin' *(U.S. sl.)*, cracking *(Brit. inf.)*, crucial *(Sl.)*, def *(Sl.)*, excellent, fantastic *(Inf.)*, fine, first-class, glorious, great *(Inf.)*, marvellous, mean *(Sl.)*, mega *(Sl.)*, sovereign, topping *(Brit. sl.)*, wonderful **4.** beaming, bright, brilliant, glittering, glowing, lustrous, radiant, refulgent

**splendour** brightness, brilliance, ceremony, dazzle, display, éclat, effulgence, glory, gorgeousness, grandeur, lustre, magnificence, majesty, pomp, radiance, refulgence, renown, resplendence, richness, show, solemnity, spectacle, stateliness, sumptuousness

**splice** V. braid, entwine, graft, interlace, intertwine, intertwist, interweave, join, knit, marry, mesh, plait, unite, wed, yoke

**splinter**

- N. **1.** chip, flake, fragment, needle, paring, shaving, sliver
- V. **2.** break into smithereens, disintegrate, fracture, shatter, shiver, split

**split**

- V. **1.** bifurcate, branch, break, break up, burst, cleave, come apart, come undone, crack, dis-

band, disunite, diverge, fork, gape, give way, go separate ways, open, part, pull apart, rend, rip, separate, slash, slit, snap, splinter **2.** allocate, allot, apportion, carve up, distribute, divide, divvy up *(Inf.)*, dole out, halve, parcel out, partition, share out, slice up **3.** *(With* **on***)* *(Sl.)* betray, give away, grass *(Brit. sl.)*, inform on, peach *(Sl.)*, shop *(Sl., chiefly Brit.)*, sing *(Sl., chiefly U.S.)*, spill one's guts *(Sl.)*, squeal *(Sl.)*
▸ **N. 4.** breach, crack, damage, division, fissure, gap, rent, rip, separation, slash, slit, tear **5.** breach, break, break-up, difference, discord, disruption, dissension, disunion, divergence, division, estrangement, partition, rift, rupture, schism
▸ **ADJ. 6.** ambivalent, bisected, broken, cleft, cracked, divided, dual, fractured, ruptured, twofold

**split up** break up, disband, divorce, go separate ways, part, part company, separate

**spoil** **V. 1.** blemish, blow *(Sl.)*, damage, debase, deface, destroy, disfigure, harm, impair, injure, mar, mess up, ruin, scar, total *(Sl.)*, trash *(Sl.)*, undo, upset, wreck **2.** baby, cocker *(Rare)*, coddle, cosset, indulge, kill with kindness, mollycoddle, overindulge, pamper, spoon-feed **3.** addle, become tainted, curdle, decay, decompose, go bad, go off *(Brit. inf.)*, mildew, putrefy, rot, turn **4. spoiling for** bent upon, desirous of, eager for, enthusiastic about, keen to, looking for, out to get *(Inf.)*, raring to

**spoilsport** damper, dog in the manger, kill-joy, misery *(Brit. inf.)*, party-pooper *(U.S. sl.)*, wet blanket *(Inf.)*

**spoken** expressed, oral, phonetic, put into words, said, told, unwritten, uttered, verbal, viva voce, voiced, by word of mouth

**spongy** absorbent, cushioned, cushiony, elastic, light, porous, springy

**sponsor**
▸ **N. 1.** angel *(Inf.)*, backer, godparent, guarantor, patron, promoter
▸ **V. 2.** back, finance, fund, guarantee, lend one's name to, patronize, promote, put up the money for, subsidize

**spontaneous** extempore, free, impromptu, impulsive, instinctive, natural, unbidden, uncompelled, unconstrained, unforced, unpremeditated, unprompted, voluntary, willing

**spontaneously** extempore, freely, impromptu, impulsively, instinctively, off one's own bat, off the cuff *(Inf.)*, of one's own accord, on impulse, quite unprompted, voluntarily

**sporadic** infrequent, intermittent, irregular, isolated, occasional, on and off, random, scattered, spasmodic

**sport**
▸ **N. 1.** amusement, diversion, entertainment, exercise, game, pastime, physical activity, play, recreation **2.** badinage, banter, frolic, fun, jest, joking, josh *(Sl., chiefly U.S. & Canad.)*, kidding *(Inf.)*, merriment, mirth, raillery, teasing **3.** buffoon, butt, derision, fair game, game, laughing stock, mockery, plaything, ridicule
▸ **V. 4.** *(With* **with***)* amuse oneself, dally, flirt, fool, play, take advantage of, toy, treat lightly *or* cavalierly, trifle **5.** *(Inf.)* display, exhibit, show off, wear **6.** caper, disport, frolic, gambol, play, romp

**sporting** fair, game *(Inf.)*, gentlemanly, sportsman-like

**spot**
▸ **N. 1.** blemish, blot, blotch, daub, discoloration, flaw, mark, pimple, plook *(Scot.)*, pustule, scar, smudge, speck, speckle, stain, taint, zit *(Sl.)* **2.** locality, location, place, point, position, scene, site, situation **3.** *(Inf.)* bit, little, morsel, splash **4.** *(Inf.)* difficulty, hot water *(Inf.)*, mess, plight, predicament, quandary, tight spot, trouble
▸ **V. 5.** catch sight of, descry, detect, discern, espy, identify, make out, observe, pick out, recognize, see, sight **6.** besmirch, blot, dirty, dot, fleck, mark, mottle, scar, smirch, soil, spatter, speckle, splodge, splotch, stain, sully, taint, tarnish

**spotless** above reproach, blameless, chaste, clean, faultless, flawless, gleaming, immaculate, impeccable, innocent, irreproachable, pure, shining, snowy, unblemished, unimpeachable, unstained, unsullied, untarnished, virgin, virginal, white

**spotlight** *(Fig.)*
▸ **V. 1.** accentuate, draw attention to, feature, focus attention on, give prominence to, highlight, illuminate, point up, throw into relief
▸ **N. 2.** attention, fame, interest, limelight, notoriety, public attention, public eye

**spotted** dappled, dotted, flecked, mottled, pied, polka-dot, specked, speckled

**spouse** better half *(Humorous)*, companion, consort, helpmate, her indoors *(Brit. sl.)*, husband, mate, partner, significant other *(U.S. inf.)*, wife

**spout** **V. 1.** discharge, emit, erupt, gush, jet, shoot, spray, spurt, squirt, stream, surge **2.** *(Inf.)* declaim, expatiate, go on *(Inf.)*, hold forth, orate, pontificate, rabbit (on) *(Brit. inf.)*, ramble (on), rant, speechify, spiel *(Inf.)*, talk

**sprawl** **V.** flop, loll, lounge, ramble, slouch, slump, spread, straggle, trail

**spray[1]**
▸ **V. 1.** atomize, diffuse, scatter, shower, sprinkle
▸ **N. 2.** drizzle, droplets, fine mist, moisture, spindrift, spoondrift **3.** aerosol, atomizer, sprinkler

**spray[2]** **N.** bough, branch, corsage, floral arrangement, shoot, sprig

**spread**
▸ **V. 1.** be displayed, bloat, broaden, dilate, expand, extend, fan out, open, open out, sprawl, stretch, swell, unfold, unfurl, unroll, widen **2.** escalate, multiply, mushroom, proliferate **3.** advertise, blazon, broadcast, bruit, cast, circulate, cover, diffuse, disseminate, distribute, make known, make public, proclaim, promulgate, propagate, publicize, publish, radiate, scatter, shed, strew, transmit **4.** arrange, array, cover, furnish, lay, prepare, set
▸ **N. 5.** advance, advancement, development, diffusion, dispersion, dissemination, escalation, expansion, increase, proliferation, spreading, suffusion, transmission **6.** compass, extent, period, reach, span, stretch, sweep, term **7.** *(Inf.)* array, banquet, blowout *(Sl.)*, feast, repast

**spree** bacchanalia, beano *(Brit. sl.)*, bender *(Inf.)*, binge *(Inf.)*, carousal, carouse, debauch, fling, jag *(Sl.)*, junketing, orgy, revel, splurge

**sprightly** active, agile, airy, alert, animated, blithe, brisk, cheerful, energetic, frolicsome, gay, jaunty, joyous, lively, nimble, perky, playful, spirited, sportive, spry, vivacious

**spring**
▸ **V. 1.** bounce, bound, hop, jump, leap, rebound, recoil, vault **2.** *(Often with* **from***)* arise, be derived, be descended, come, derive, descend, emanate, emerge, grow, issue, originate, proceed, start, stem **3.** *(With* **up***)* appear, burgeon, come into existence *or* being, develop, mushroom, shoot up
▸ **N. 4.** bound, buck, hop, jump, leap, saltation, vault **5.** bounce, bounciness, buoyancy, elasticity, flexibility, give *(Inf.)*, recoil, resilience, springiness **6.** beginning, cause, fount, fountainhead, origin, root, source, well, wellspring
▸ **ADJ. 7.** *(Of the season)* springlike, vernal

**sprinkle** **V.** dredge, dust, pepper, powder, scatter, shower, spray, strew

**sprinkling** admixture, dash, dusting, few, handful, scatter, scattering, smattering, sprinkle

**sprint** **V.** barrel (along) *(Inf., chiefly U.S. & Canad.)*, dart, dash, go at top speed, hare *(Brit. inf.)*, hotfoot, put on a burst of speed, race, scamper, shoot, tear, whiz *(Inf.)*

**sprite** apparition, brownie, dryad, elf, fairy, goblin, imp, leprechaun, naiad, nymph, Oceanid *(Greek myth.)*, peri, pixie, spirit, sylph

**sprout** **V.** bud, develop, germinate, grow, push, shoot, spring, vegetate

**spruce** as if one had just stepped out of a bandbox, dainty, dapper, elegant, natty *(Inf.)*, neat, smart, soigné *or* soignée, trig *(Archaic or dialect)*, trim, well-groomed, well turned out

**spry** active, agile, alert, brisk, nimble, nippy *(Brit. inf.)*, quick, ready, sprightly, supple

**spur**
▸ **V. 1.** animate, drive, goad, impel, incite, press, prick, prod, prompt, stimulate, urge
▸ **N. 2.** goad, prick, rowel **3.** impetus, impulse, incentive, incitement, inducement, motive, stimulus **4. on the spur of the moment** impetuously, impromptu, impulsively, on impulse, on the spot, unpremeditatedly, unthinkingly, without planning, without thinking

**spurious** artificial, bogus, contrived, counterfeit, deceitful, ersatz, fake, false, feigned, forged, imitation, mock, phoney *or* phony *(Inf.)*, pretended, pseudo *(Inf.)*, sham, simulated, specious, unauthentic

**spurn** cold-shoulder, contemn, despise, disdain, disregard, put down, rebuff, reject, repulse, scorn, slight, snub, turn one's nose up at *(Inf.)*

**spurt**
▸ **V. 1.** burst, erupt, gush, jet, shoot, spew, squirt, surge
▸ **N. 2.** access, burst, fit, rush, spate, surge

**spy**
▸ **N. 1.** double agent, fifth columnist, foreign agent, mole, nark *(Brit., Aust., & N.Z. sl.)*, secret agent, secret service agent, undercover agent
▸ **V. 2.** *(Usually with* **on***)* follow, keep under surveillance, keep watch on, shadow, tail *(Inf.)*, trail, watch **3.** catch sight of, descry, espy, glimpse, notice, observe, set eyes on, spot

**spying** **N.** espionage, secret service

**squabble**
▸ **V. 1.** argue, bicker, brawl, clash, dispute, fall out *(Inf.)*, fight, have words, quarrel, row, scrap *(Inf.)*, spar, wrangle
▸ **N. 2.** argument, bagarre, barney *(Inf.)*, difference of opinion, disagreement, dispute, fight, row, scrap *(Inf.)*, set-to *(Inf.)*, spat, tiff

**squad** band, company, crew, force, gang, group, team, troop

**squalid** broken-down, decayed, dirty, disgusting, fetid, filthy, foul, low, nasty, poverty-stricken, repulsive, run-down, seedy, sleazy, slovenly, slummy, sordid, unclean, yucky *or* yukky *(Sl.)*

**squalor** decay, filth, foulness, meanness, sleaziness, slumminess, squalidness, wretchedness

**squander** be prodigal with, blow *(Sl.)*, consume, dissipate, expend, fritter away, frivol away, lavish, misspend, misuse, run through, scatter, spend, spend like water, throw away, waste

**square** *(Fig.)*
▸ **V. 1.** *(Often with* **with***)* accord, agree, conform, correspond, fit, harmonize, match, reconcile, tally **2.** *(Sometimes with* **up***)* balance, clear (up), discharge, liquidate, make even, pay off, quit, satisfy, settle **3.** accommodate, adapt, adjust, align, even up, level, regulate, suit, tailor, true (up) **4.** *(Sl.)* bribe, buy off, corrupt, fix *(Inf.)*, rig, suborn
▸ **ADJ.. 5.** aboveboard, decent, equitable, ethical, fair, fair and square, genuine, honest, just, kosher *(Inf.)*, on the level *(Inf.)*, on the up and up, straight, straightforward, upfront *(Inf.)*, upright **6.** *(Inf.)* behind the times, bourgeois, conservative, conventional, oldfashioned, out of date, straight *(Sl.)*, straitlaced, stuffy
▸ **N. 7.** *(Inf.)* antediluvian, back number *(Inf.)*, conservative, die-hard, dinosaur, fuddy-duddy *(Inf.)*, old buffer *(Brit. inf.)*, (old) fogy, stick-in-the-mud *(Inf.)*, traditionalist

**squash** **V. 1.** compress, crush, distort, flatten, mash, pound, press, pulp, smash, stamp on, trample down **2.** annihilate, crush, humiliate, put down *(Sl.)*, put (someone) in his *(or* her) place, quash, quell, silence, sit on *(Inf.)*, suppress

**squawk** **V. 1.** cackle, crow, cry, hoot, screech, yelp **2.** *(Inf.)* complain, kick up a fuss *(Inf.)*, protest, raise Cain *(Sl.)*, squeal *(Inf., chiefly Brit.)*

**squeak** **V.** peep, pipe, shrill, squeal, whine, yelp

**squeal**
▸ **N. 1.** scream, screech, shriek, wail, yell, yelp, yowl
▸ **V. 2.** scream, screech, shout, shriek, shrill, wail, yelp **3.** *(Sl.)* betray, blab, grass *(Brit. sl.)*, inform on, peach *(Sl.)*, rat on *(Inf.)*, sell (someone) down the river *(Inf.)*, shop *(Sl., chiefly Brit.)*, sing *(Sl., chiefly U.S.)*, snitch *(Sl.)*, spill one's guts *(Sl.)*, tell all **4.** *(Inf.)* complain, kick up a fuss *(Inf.)*, moan, protest, squawk *(Inf.)*

**squeamish** **1.** delicate, fastidious, finicky, nice *(Rare)*, particular, prissy *(Inf.)*, prudish, punctilious, scrupulous, strait-laced **2.** nauseous, qualmish, queasy, queer, sick, sickish

**squeeze**
▸ **V. 1.** clutch, compress, crush, grip, nip, pinch, press, squash, wring **2.** cram, crowd, force, jam, jostle, pack, press, ram, stuff, thrust, wedge **3.** clasp, cuddle, embrace, enfold, hold tight, hug **4.** bleed *(Inf.)*, bring pressure to bear on, extort, lean on *(Inf.)*, milk, oppress, pressurize, put the screws on *(Inf.)*, put the squeeze on *(Inf.)*, wrest
▸ **N. 5.** clasp, embrace, handclasp, hold, hug **6.** congestion, crowd, crush, jam, press, squash

**squire** **V.** accompany, attend, companion, escort

**squirm** agonize, fidget, flounder, shift, twist, wiggle, wriggle, writhe

## stab

- **v. 1.** bayonet, cut, gore, impale, injure, jab, knife, pierce, puncture, run through, spear, stick, thrust, transfix, wound **2. stab in the back** betray, break faith with, deceive, do the dirty on (*Brit. sl.*), double-cross (*Inf.*), give the Judas kiss to, inform on, let down, play false, sell, sell out (*Inf.*), slander
- **N. 3.** gash, incision, jab, puncture, rent, thrust, wound **4.** ache, pang, prick, twinge **5. make a stab at** attempt, endeavour, essay, give it one's best shot (*Inf.*), have a go (crack (*Inf.*), shot (*Inf.*), stab (*Inf.*)) (*Inf.*), try, try one's hand at, venture

**stability** constancy, durability, firmness, permanence, solidity, soundness, steadfastness, steadiness, strength

**stable** abiding, constant, deep-rooted, durable, enduring, established, fast, firm, fixed, immovable, immutable, invariable, lasting, permanent, reliable, secure, sound, staunch, steadfast, steady, strong, sturdy, sure, unalterable, unchangeable, unwavering, well-founded

## stack

- **N. 1.** clamp (*Brit. agriculture*), cock, heap, hoard, load, mass, mound, mountain, pile
- **v. 2.** accumulate, amass, assemble, bank up, heap up, load, pile, stockpile

**staff¹** employees, lecturers, officers, organization, personnel, teachers, team, workers, work force

**staff²** cane, crook, pole, prop, rod, sceptre, stave, wand

## stage

- **N. 1.** division, juncture, lap, leg, length, level, period, phase, point, step
- **v. 2.** arrange, do, engineer, give, lay on, mount, orchestrate, organize, perform, play, present, produce, put on

**stagger v. 1.** falter, hesitate, lurch, reel, sway, teeter, totter, vacillate, waver, wobble **2.** amaze, astonish, astound, bowl over (*Inf.*), confound, dumbfound, flabbergast, give (someone) a shock, nonplus, overwhelm, shake, shock, strike (someone) dumb, stun, stupefy, surprise, take (someone) aback, take (someone's) breath away, throw off balance **3.** alternate, overlap, step, zigzag

**stagnant** brackish, motionless, quiet, sluggish, stale, standing, still

**stagnate** decay, decline, deteriorate, fester, go to seed, idle, languish, lie fallow, rot, rust, stand still, vegetate

**staid** calm, composed, decorous, demure, grave, quiet, sedate, self-restrained, serious, sober, solemn, steady

## stain

- **v. 1.** blemish, blot, colour, dirty, discolour, dye, mark, smirch, soil, spot, tarnish, tinge **2.** besmirch, blacken, contaminate, corrupt, defile, deprave, disgrace, drag through the mud, sully, taint
- **N. 3.** blemish, blot, discoloration, dye, smirch, spot, tint **4.** blemish, blot on the escutcheon, disgrace, dishonour, infamy, reproach, shame, slur, stigma

## stake

- **N. 1.** pale, paling, palisade, picket, pole, post, spike, stave, stick **2.** ante, bet, chance, hazard, peril, pledge, risk, venture, wager **3.** claim, concern, interest, investment, involvement, share
- **v. 4.** brace, prop, secure, support, tether, tie up **5.** (*Often with* **out**) define, delimit, demarcate, lay claim to, mark out, outline, reserve **6.** bet, chance, gamble, hazard, imperil, jeopardize, pledge, put on, risk, venture, wager

**stale 1.** decayed, dry, faded, fetid, flat, fusty, hard, insipid, musty, old, sour, stagnant, tasteless **2.** antiquated, banal, cliché-ridden, common, commonplace, drab, effete, flat, hackneyed, insipid, old hat, overused, platitudinous, repetitious, stereotyped, threadbare, trite, unoriginal, worn-out

**stalk v. 1.** creep up on, follow, haunt, hunt, pursue, shadow, tail (*Inf.*), track **2.** flounce, march, pace, stride, strut

**stalwart** athletic, beefy (*Inf.*), brawny, daring, dependable, hefty (*Inf.*), husky (*Inf.*), indomitable, intrepid, lusty, manly, muscular, redoubtable, robust, rugged, sinewy, staunch, stout, strapping, strong, sturdy, valiant, vigorous

**stamina** energy, force, grit, indefatigability, lustiness, power, power of endurance, resilience, resistance, staying power, strength, vigour

**stammer v.** falter, hem and haw, hesitate, pause, splutter, stumble, stutter

## stamp

- **v. 1.** beat, crush, trample **2.** engrave, fix, impress, imprint, inscribe, mark, mould, print **3.** betray, brand, categorize, exhibit, identify, label, mark, pronounce, reveal, show to be, typecast
- **N. 4.** brand, cast, earmark, hallmark, imprint, mark, mould, signature **5.** breed, cast, character, cut, description, fashion, form, kind, sort, type

**stampede N.** charge, flight, rout, rush, scattering

**stamp out** crush, destroy, eliminate, eradicate, extinguish, extirpate, put down, put out, quell, quench, scotch, suppress

**stance 1.** bearing, carriage, deportment, posture **2.** attitude, position, stand, standpoint, viewpoint

## stand

- **v. 1.** be upright, be vertical, erect, mount, place, position, put, rank, rise, set **2.** be in force, belong, be situated or located, be valid, continue, exist, halt, hold, obtain, pause, prevail, remain, rest, stay, stop **3.** abide, allow, bear, brook, cope with, countenance, endure, experience, handle, put up with (*Inf.*), stomach, submit to, suffer, support, sustain, take, thole (*Dialect*), tolerate, undergo, wear (*Brit. sl.*), weather, withstand
- **N. 4.** halt, rest, standstill, stay, stop, stopover **5.** attitude, determination, firm stand, opinion, position, stance, standpoint **6.** base, booth, bracket, dais, frame, grandstand, place, platform, rack, rank, stage, staging, stall, stance (*Chiefly Scot.*), support, table

## standard

- **N. 1.** average, benchmark, canon, criterion, example, gauge, grade, guide, guideline, measure, model, norm, par, pattern, principle, requirement, rule, sample, specification, touchstone, type, yardstick **2.** banner, colours, ensign, flag, pennant, pennon, streamer **3.** *Often plural* code of honour, ethics, ideals, moral principles, morals, principles
- **ADJ. 4.** accepted, average, basic, customary, normal, orthodox, popular, prevailing, regular, set, staple, stock, typical, usual **5.** approved, authoritative, classic, definitive, established, official, recognized

**standardize** assimilate, bring into line, institutionalize, mass-produce, regiment, stereotype

**stand by 1.** back, befriend, be loyal to, champion, defend, stick up for (*Inf.*), support, take (someone's) part, uphold **2.** be prepared, wait, wait in the wings

**stand for 1.** betoken, denote, exemplify, indicate, mean, represent, signify, symbolize **2.** (*Inf.*) bear, brook, endure, lie down under (*Inf.*), put up with, suffer, tolerate, wear (*Brit. inf.*)

## standing

- **N. 1.** condition, credit, eminence, estimation, footing, position, rank, reputation, repute, station, status **2.** continuance, duration, existence, experience
- **ADJ. 3.** fixed, lasting, permanent, perpetual, regular, repeated **4.** erect, perpendicular, rampant (*Heraldry*), upended, upright, vertical

**stand out** attract attention, be highlighted, be prominent (conspicuous, distinct, obvious, striking), be thrown into relief, bulk large, catch the eye, leap to the eye, project, stare one in the face (*Inf.*), stick out a mile (*Inf.*)

**standpoint** angle, point of view, position, post, stance, station, vantage point, viewpoint

**stand up for** champion, come to the defence of, defend, side with, stick up for (*Inf.*), support, uphold

## star

- **N. 1.** celeb (*Inf.*), celebrity, draw, idol, lead, leading man or lady, luminary, main attraction, megastar (*Inf.*), name
- **ADJ. 2.** brilliant, celebrated, illustrious, leading, major, paramount, principal, prominent, talented, well-known

**stare v.** gape, gawk, gawp (*Brit. sl.*), gaze, goggle, look, ogle, rubberneck (*Sl.*), watch

## stark

- **ADJ. 1.** absolute, arrant, bald, bare, blunt, consummate, downright, entire, flagrant, out-and-out, palpable, patent, pure, sheer, simple, unalloyed, unmitigated, utter **2.** austere, bare, barren, bleak, cold, depressing, desolate, drear (*Literary*), dreary, forsaken, godforsaken, grim, hard, harsh, plain, severe, solitary, unadorned
- **ADV. 3.** absolutely, altogether, clean, completely, entirely, quite, utterly, wholly

## start

- **v. 1.** appear, arise, begin, come into being, come into existence, commence, depart, first see the light of day, get on the road, get under way, go ahead, hit the road (*Inf.*), issue, leave, originate, pitch in (*Inf.*), sally forth, set off, set out **2.** activate, embark upon, engender, enter upon, get going, initiate, instigate, kick off (*Inf.*), kick-start, make a beginning, open, originate, put one's hand to the plough (*Inf.*), set about, set in motion, start the ball rolling, take the first step, take the plunge (*Inf.*), trigger, turn on **3.** begin, create, establish, father, found, inaugurate, initiate, institute, introduce, launch, lay the foundations of, pioneer, set up **4.** blench, flinch, jerk, jump, recoil, shy, twitch
- **N. 5.** beginning, birth, commencement, dawn, first step(s), foundation, inauguration, inception, initiation, kickoff (*Inf.*), onset, opening, opening move, outset **6.** advantage, edge, head start, lead **7.** backing, break (*Inf.*), chance, helping hand, introduction, opening, opportunity, sponsorship **8.** convulsion, jar, jump, spasm, twitch

**startle** agitate, alarm, amaze, astonish, astound, frighten, give (someone) a turn (*Inf.*), make (someone) jump, scare, shock, surprise, take (someone) aback

**startling** alarming, astonishing, astounding, extraordinary, shocking, staggering, sudden, surprising, unexpected, unforeseen

**starving** faint from lack of food, famished, hungering, hungry, ravenous, ready to eat a horse (*Inf.*), sharp-set, starved

## state

- **v. 1.** affirm, articulate, assert, asseverate, aver, declare, enumerate, explain, expound, express, present, propound, put, report, say, specify, utter, voice
- **N. 2.** case, category, circumstances, condition, mode, pass, plight, position, predicament, shape, situation, state of affairs **3.** attitude, frame of mind, humour, mood, spirits **4.** ceremony, dignity, display, glory, grandeur, majesty, pomp, splendour, style **5.** (*Inf.*) bother, flap (*Inf.*), panic, pother, tiz-woz (*Inf.*), tizzy (*Inf.*) **6. in a state** (*Inf.*) agitated, all steamed up (*Sl.*), anxious, distressed, disturbed, flustered, het up, panic-stricken, ruffled, upset, uptight (*Inf.*) **7.** body politic, commonwealth, country, federation, government, kingdom, land, nation, republic, territory

**stately** august, ceremonious, deliberate, dignified, elegant, grand, imperial, imposing, impressive, lofty, majestic, measured, noble, pompous, regal, royal, solemn

**statement** account, announcement, communication, communiqué, declaration, explanation, proclamation, recital, relation, report, testimony, utterance

**static** changeless, constant, fixed, immobile, inert, motionless, stagnant, stationary, still, unmoving, unvarying

## station

- **N. 1.** base, depot, headquarters, location, place, position, post, seat, situation **2.** appointment, business, calling, employment, grade, occupation, position, post, rank, situation, sphere, standing, status
- **v. 3.** assign, establish, fix, garrison, install, locate, post, set

**stationary** at a standstill, fixed, inert, moored, motionless, parked, standing, static, stockstill, unmoving

**status** condition, consequence, degree, distinction, eminence, grade, position, prestige, rank, standing

## stay

- **v. 1.** abide, continue, delay, establish oneself, halt, hang around (*Inf.*), hover, linger, loiter, pause, put down roots, remain, reside, settle, sojourn, stand, stay put, stop, tarry, wait **2.** (*Often with* **at**) be accommodated at, lodge, put up at, sojourn, visit **3.** adjourn, defer, discontinue, hold in abeyance, hold over, prorogue, put off, suspend **4.** (*Archaic*) arrest, check, curb, delay, detain, hinder, hold, impede, obstruct, prevent
- **N. 5.** holiday, sojourn, stop, stopover, visit **6.** deferment, delay, halt, pause, postponement, remission, reprieve, stopping, suspension

**steadfast** constant, dedicated, dependable, established, faithful, fast, firm, fixed, immovable, intent, loyal, persevering, reliable, resolute, single-minded, stable, stalwart, staunch, steady, unfaltering, unflinching, unswerving, unwavering

**steady**
▶ ADJ. **1.** firm, fixed, immovable, safe, stable, substantial, unchangeable, uniform **2.** balanced, calm, dependable, equable, having both feet on the ground, imperturbable, level-headed, reliable, sedate, sensible, serene, serious-minded, settled, sober, staid, staunch, steadfast **3.** ceaseless, confirmed, consistent, constant, continuous, even, faithful, habitual, incessant, nonstop, persistent, regular, rhythmic, unbroken, unfaltering, unfluctuating, uninterrupted, unremitting, unvarying, unwavering
▶ V. **4.** balance, brace, secure, stabilize, support **5.** compose *or* calm oneself, cool down, sober (up), get a grip on oneself

**steal 1.** appropriate, be light-fingered, blag (*Sl.*), cabbage (*Brit. sl.*), embezzle, filch, half-inch (*Old-fashioned sl.*), heist (*U.S. sl.*), lift (*Inf.*), misappropriate, nick (*Sl.*, *chiefly Brit.*), peculate, pilfer, pinch (*Inf.*), pirate, plagiarize, poach, prig (*Brit. sl.*), purloin, shoplift, snitch (*Sl.*), swipe (*Sl.*), take, thieve, walk *or* make off with **2.** creep, flit, insinuate oneself, slink, slip, sneak, tiptoe

**stealing** embezzlement, larceny, misappropriation, pilferage, pilfering, plagiarism, robbery, shoplifting, theft, thievery, thieving

**stealth** furtiveness, secrecy, slyness, sneakiness, stealthiness, surreptitiousness, unobtrusiveness

**stealthy** clandestine, covert, furtive, secret, secretive, skulking, sly, sneaking, sneaky, surreptitious, underhand

**steep** ADJ. **1.** abrupt, headlong, precipitous, sheer **2.** (*Inf.*) excessive, exorbitant, extortionate, extreme, high, overpriced, stiff, uncalled-for, unreasonable

**steer 1.** administer, be in the driver's seat, conduct, control, direct, govern, guide, handle, pilot **2. steer clear of** avoid, body-swerve (*Scot.*), circumvent, eschew, evade, give a wide berth to, sheer off, shun

**stem**[1] v. bring to a standstill, check, contain, curb, dam, hold back, oppose, resist, restrain, stanch, staunch, stay (*Archaic*), stop, withstand

**stem**[2]
▶ N. **1.** axis, branch, peduncle, shoot, stalk, stock, trunk
▶ V. **2.** (*Usually with* **from**) arise, be caused (bred, brought about, generated) by, derive, develop, emanate, flow, issue, originate

**step**
▶ N. **1.** footfall, footprint, footstep, gait, impression, pace, print, stride, trace, track, walk **2.** act, action, deed, expedient, manoeuvre, means, measure, move, procedure, proceeding **3. take steps** act, intervene, move in, prepare, take action, take measures, take the initiative **4.** advance, advancement, move, phase, point, process, progression, stage **5.** degree, level, rank, remove **6.** doorstep, round, rung, stair, tread **7. in step** coinciding, conforming, in harmony (agreement, conformity, unison), in line **8. out of step** erratic, incongruous, in disagreement, out of harmony, out of line, out of phase, pulling different ways **9. watch one's step** be discreet (canny, careful, cautious), be on one's guard, have one's wits about one, look out, mind how one goes, mind one's p's and q's, take care, take heed, tread carefully
▶ V. **10.** move, pace, tread, walk

**step in** become involved, chip in (*Inf.*), intercede, intervene, take action, take a hand

**step up** accelerate, augment, boost, escalate, increase, intensify, raise, speed up, up

**stereotype**
▶ N. **1.** formula, mould, pattern, received idea
▶ V. **2.** categorize, conventionalize, dub, pigeonhole, standardize, take to be, typecast

**sterile 1.** abortive, bare, barren, dry, empty, fruitless, infecund, unfruitful, unproductive, unprofitable, unprolific **2.** antiseptic, aseptic, disinfected, germ-free, sterilized

**sterilize** autoclave, disinfect, fumigate, purify

**sterling** authentic, excellent, fine, first-class, genuine, pure, real, sound, standard, substantial, superlative, true

**stern** austere, authoritarian, bitter, cruel, drastic, flinty, forbidding, frowning, grim, hard, harsh, inflexible, relentless, rigid, rigorous, serious, severe, steely, strict, unrelenting, unsparing, unyielding

**stick**
▶ N. **1.** baton, birch, cane, crook, pole, rod, sceptre, staff, stake, switch, twig, wand **2.** (*Inf.*) dinosaur, fuddy-duddy (*Inf.*), (old) fogy, pain (*Inf.*), prig, stick-in-the-mud (*Inf.*) **3.** (*Brit. sl.*) abuse, blame, criticism, flak (*Inf.*), hostility, punishment
▶ V. **4.** adhere, affix, attach, bind, bond, cement, cleave, cling, fasten, fix, fuse, glue, hold, hold on, join, paste, weld **5.** dig, gore, insert, jab, penetrate, pierce, pin, poke, prod, puncture, spear, stab, thrust, transfix **6.** (*With* **out, up**, *etc*) bulge, extend, jut, obtrude, poke, project, protrude, show **7.** (*Inf.*) deposit, drop, fix, install, lay, place, plant, plonk, position, put, set, store, stuff **8.** be bogged down, become immobilized, be embedded, catch, clog, come to a standstill, jam, lodge, snag, stop **9.** linger, persist, remain, stay **10.** (*Sl.*) abide, bear up under, endure, get on with, stand, stomach, take, tolerate **11. stick it out** (*Inf.*) bear, endure, grin and bear it (*Inf.*), last out, put up with (*Inf.*), see it through, see through to the bitter end, soldier on, take it (*Inf.*), weather **12. stick up for** (*Inf.*) champion, defend, stand up for, support, take the part *or* side of, uphold

**sticky 1.** adhesive, claggy (*Dialect*), clinging, gluey, glutinous, gooey (*Inf.*), gummy, syrupy, tacky, tenacious, viscid, viscous **2.** (*Inf.*) awkward, delicate, difficult, discomforting, embarrassing, hairy (*Sl.*), nasty, painful, thorny, tricky, unpleasant **3.** clammy, close, humid, muggy, oppressive, sultry, sweltering

**stiff 1.** brittle, firm, hard, hardened, inelastic, inflexible, rigid, solid, solidified, taut, tense, tight, unbending, unyielding **2.** artificial, austere, ceremonious, chilly, cold, constrained, forced, formal, laboured, mannered, pompous, priggish, prim, punctilious, standoffish, starchy (*Inf.*), stilted, uneasy, unnatural, unrelaxed, wooden **3.** arthritic, awkward, clumsy, creaky (*Inf.*), crude, graceless, inelegant, jerky, rheumaticky (*Inf.*), ungainly, ungraceful, unsupple **4.** arduous, difficult, exacting, fatiguing, formidable, hard, laborious, tough, trying, uphill **5.** austere, cruel, drastic, extreme, great, hard, harsh, heavy, inexorable, oppressive, pitiless, rigorous, severe, sharp, strict, stringent **6.** brisk, fresh, powerful, strong, vigorous

**stiffen** brace, coagulate, congeal, crystallize, harden, jell, reinforce, set, solidify, starch, tauten, tense, thicken

**stifle 1.** asphyxiate, choke, smother, strangle, suffocate **2.** check, choke back, cover up, curb, extinguish, hush, muffle, prevent, repress, restrain, silence, smother, stop, suppress

**still**
▶ ADJ. **1.** at rest, calm, hushed, inert, lifeless, motionless, noiseless, pacific, peaceful, placid, quiet, restful, serene, silent, smooth, stationary, stilly (*Poetic*), tranquil, undisturbed, unruffled, unstirring
▶ V. **2.** allay, alleviate, appease, calm, hush, lull, pacify, quiet, quieten, settle, silence, smooth, smooth over, soothe, subdue, tranquillize
▶ CONJ. **3.** but, for all that, however, nevertheless, notwithstanding, yet
▶ N. **4.** (*Poetic*) hush, peace, quiet, silence, stillness, tranquillity

**stilted** artificial, bombastic, constrained, forced, grandiloquent, high-flown, high-sounding, inflated, laboured, pedantic, pompous, pretentious, stiff, unnatural, wooden

**stimulant** analeptic, bracer (*Inf.*), energizer, excitant, pep pill (*Inf.*), pick-me-up (*Inf.*), restorative, reviver, tonic, upper (*Sl.*)

**stimulate** animate, arouse, encourage, fan, fire, foment, goad, impel, incite, inflame, instigate, prod, prompt, provoke, quicken, rouse, spur, turn on (*Sl.*), urge, whet

**stimulating** exciting, exhilarating, galvanic, inspiring, intriguing, provocative, provoking, rousing, stirring, thought-provoking

**stimulus** encouragement, fillip, goad, incentive, incitement, inducement, provocation, shot in the arm (*Inf.*), spur

**sting** v. **1.** burn, hurt, pain, smart, tingle, wound **2.** anger, gall, incense, inflame, infuriate, nettle, pique, provoke, rile **3.** (*Inf.*) cheat, defraud, do (*Sl.*), fleece, overcharge, rip off (*Sl.*), skin (*Sl.*), stiff (*Sl.*), swindle, take for a ride (*Inf.*)

**stint**
▶ N. **1.** assignment, bit, period, quota, share, shift, spell, stretch, term, time, tour, turn

▶ V. **2.** begrudge, be sparing (frugal, mean, mingy (*Brit. inf.*), parsimonious), economize, hold back, save, scrimp, skimp on, spoil the ship for a ha'porth of tar, withhold

**stipulate** agree, contract, covenant, engage, guarantee, insist upon, lay down, lay down *or* impose conditions, make a point of, pledge, postulate, promise, require, settle, specify

**stipulation** agreement, clause, condition, contract, engagement, precondition, prerequisite, provision, proviso, qualification, requirement, restriction, rider, settlement, sine qua non, specification, term

**stir**
▶ V. **1.** agitate, beat, disturb, flutter, mix, move, quiver, rustle, shake, tremble **2.** (*Often with* **up**) animate, arouse, awaken, excite, incite, inflame, instigate, kindle, prod, prompt, provoke, quicken, raise, rouse, spur, stimulate, urge **3.** affect, electrify, excite, fire, inspire, move, thrill, touch **4.** bestir, be up and about (*Inf.*), budge, exert oneself, get a move on (*Inf.*), get moving, hasten, look lively (*Inf.*), make an effort, mill about, move, shake a leg (*Inf.*)
▶ N. **5.** activity, ado, agitation, bustle, commotion, disorder, disturbance, excitement, ferment, flurry, fuss, movement, to-do, tumult, uproar

**stirring** animating, dramatic, emotive, exciting, exhilarating, heady, impassioned, inspiring, intoxicating, lively, moving, rousing, spirited, stimulating, thrilling

**stock**
▶ N. **1.** array, assets, assortment, cache, choice, commodities, fund, goods, hoard, inventory, merchandise, range, reserve, reservoir, selection, stockpile, store, supply, variety, wares **2.** (*Animals*) beasts, cattle, domestic animals, flocks, herds, horses, livestock, sheep **3.** ancestry, background, breed, descent, extraction, family, forebears, house, line, lineage, line of descent, parentage, pedigree, race, strain, type, variety **4.** (*Money*) capital, funds, investment, property **5. take stock** appraise, estimate, review the situation, see how the land lies, size up (*Inf.*), weigh up
▶ ADJ. **6.** banal, basic, commonplace, conventional, customary, formal, hackneyed, ordinary, overused, regular, routine, run-of-the-mill, set, standard, staple, stereotyped, traditional, trite, usual, worn-out
▶ V. **7.** deal in, handle, keep, sell, supply, trade in **8.** (*With* **up**) accumulate, amass, buy up, gather, hoard, lay in, put away, replenish, save, store (up), supply **9.** equip, fill, fit out, furnish, kit out, provide with, provision, supply

**stocky** chunky, dumpy, mesomorphic, solid, stubby, stumpy, sturdy, thickset

**stodgy 1.** filling, heavy, leaden, starchy, substantial **2.** boring, dull, dull as ditchwater, formal, fuddy-duddy (*Inf.*), heavy going, ho-hum, laboured, staid, stuffy, tedious, turgid, unexciting, unimaginative, uninspired

**stoical** calm, cool, dispassionate, impassive, imperturbable, indifferent, long-suffering, philosophic, phlegmatic, resigned, stoic, stolid

**stoicism** acceptance, calmness, dispassion, fatalism, forbearance, fortitude, impassivity, imperturbability, indifference, long-suffering, patience, resignation, stolidity

**stolid** apathetic, bovine, doltish, dozy (*Brit. inf.*), dull, heavy, lumpish, obtuse, slow, stupid, unemotional, wooden

**stomach**
▶ N. **1.** abdomen, belly, breadbasket (*Sl.*), gut (*Inf.*), inside(s) (*Inf.*), paunch, pot, potbelly, spare tyre (*Inf.*), tummy (*Inf.*) **2.** appetite, desire, inclination, mind, relish, taste
▶ V. **3.** abide, bear, endure, put up with (*Inf.*), reconcile *or* resign oneself to, submit to, suffer, swallow, take, tolerate

**stony** (*Fig.*) adamant, blank, callous, chilly, expressionless, frigid, hard, harsh, heartless, hostile, icy, indifferent, inexorable, merciless, obdurate, pitiless, unfeeling, unforgiving, unresponsive

**stoop**
▶ V. **1.** be bowed *or* round-shouldered, bend, bow, crouch, descend, duck, hunch, incline, kneel, lean, squat **2.** (*Often with* **to**) condescend, deign, demean oneself, descend, lower oneself, resort, sink, vouchsafe
▶ N. **3.** bad posture, droop, round-shoulderedness, sag, slouch, slump

## stop

- **V. 1.** axe (Inf.), be over, break off, bring or come to a halt, bring or come to a standstill, call it a day (Inf.), cease, come to an end, conclude, cut out (Inf.), cut short, desist, discontinue, draw up, end, finish, halt, leave off, pack in (Brit. inf.), pause, peter out, pull up, put an end to, quit, refrain, run down, run its course, shut down, stall, terminate **2.** arrest, bar, block, break, bung, check, close, forestall, frustrate, hinder, hold back, impede, intercept, interrupt, obstruct, plug, prevent, rein in, repress, restrain, seal, silence, staunch, stem, suspend **3.** break one's journey, lodge, put up, rest, sojourn, stay, tarry
- **N. 4.** cessation, conclusion, discontinuation, end, finish, halt, standstill **5.** break, rest, sojourn, stay, stopover, visit **6.** bar, block, break, check, control, hindrance, impediment, plug, stoppage **7.** depot, destination, halt, stage, station, termination, terminus

## stopgap

- **N. 1.** improvisation, makeshift, resort, shift, substitute, temporary expedient
- **ADJ. 2.** emergency, impromptu, improvised, makeshift, provisional, rough-and-ready, temporary

## stoppage
**1.** abeyance, arrest, close, closure, cutoff, deduction, discontinuance, halt, hindrance, lay-off, shutdown, standstill, stopping **2.** blockage, check, curtailment, interruption, obstruction, occlusion, stopping up

## store

- **V. 1.** accumulate, deposit, garner, hoard, husband, keep, keep in reserve, lay by or in, lock away, put aside, put aside for a rainy day, put by, put in storage, reserve, salt away, save, stash (Inf.), stock, stockpile
- **N. 2.** abundance, accumulation, cache, fund, hoard, lot, mine, plenty, plethora, provision, quantity, reserve, reservoir, stock, stockpile, supply, wealth **3.** chain store, department store, emporium, market, mart, outlet, shop, supermarket **4.** depository, repository, storehouse, storeroom, warehouse **5. set store by** appreciate, esteem, hold in high regard, prize, think highly of, value

## storm

- **N. 1.** blast, blizzard, cyclone, gale, gust, hurricane, squall, tempest, tornado, whirlwind **2.** (Fig.) agitation, anger, clamour, commotion, disturbance, furore, hubbub, outbreak, outburst, outcry, passion, roar, row, rumpus, stir, strife, tumult, turmoil, violence
- **V. 3.** assail, assault, beset, charge, rush, take by storm
- **N. 4.** assault, attack, blitz, blitzkrieg, offensive, onset, onslaught, rush
- **V. 5.** bluster, complain, fly off the handle (Inf.), fume, rage, rant, rave, scold, thunder **6.** flounce, fly, rush, stalk, stamp, stomp (Inf.)

## stormy
blustering, blustery, boisterous, dirty, foul, gusty, inclement, raging, rough, squally, tempestuous, turbulent, wild, windy

## story
**1.** account, anecdote, chronicle, fictional account, history, legend, narration, narrative, novel, recital, record, relation, romance, tale, urban legend, version, yarn **2.** (Inf.) falsehood, fib, fiction, lie, pork pie (Brit. sl.), porky (Brit. sl.), untruth, white lie **3.** article, feature, news, news item, report, scoop

## stout
**1.** big, bulky, burly, corpulent, fat, fleshy, heavy, obese, on the large or heavy side, overweight, plump, portly, rotund, substantial, tubby **2.** able-bodied, athletic, beefy (Inf.), brawny, hardy, hulking, husky (Inf.), lusty, muscular, robust, stalwart, strapping, strong, sturdy, substantial, thickset, tough, vigorous **3.** bold, brave, courageous, dauntless, doughty, fearless, gallant, intrepid, lion-hearted, manly, plucky, resolute, valiant, valorous

## straggle
drift, lag, loiter, ramble, range, roam, rove, spread, stray, string out, trail, wander

## straight

- **ADJ. 1.** direct, near, short, undeviating, unswerving **2.** aligned, erect, even, horizontal, in line, level, perpendicular, plumb, right, smooth, square, true, upright, vertical **3.** blunt, candid, downright, forthright, frank, honest, outright, plain, point-blank, straightforward, unqualified, upfront (Inf.) **4.** above board, accurate, authentic, decent, equitable, fair, fair and square, honest, honourable, just, law-abiding, reliable, respectable, trustworthy, upright **5.** arranged, in order, neat, orderly, organized, put to rights, shipshape, sorted out, tidy **6.** consecutive, continuous, nonstop, running, solid, successive, sustained, through, uninterrupted, unrelieved **7.** (Sl.) bourgeois, conservative, conventional, orthodox, square (Inf.), traditional **8.** neat, pure, unadulterated, undiluted, unmixed
- **ADV. 9.** as the crow flies, at once, directly, immediately, instantly **10.** candidly, frankly, honestly, in plain English, point-blank, pulling no punches (Inf.), with no holds barred

## straighten
arrange, neaten, order, put in order, set or put to rights, smarten up, spruce up, tidy (up)

## straighten out
become clear, clear up, correct, disentangle, put right, rectify, regularize, resolve, settle, sort out, unsnarl, work out

## straightforward
**1.** above board, candid, direct, forthright, genuine, guileless, honest, open, sincere, truthful, upfront (Inf.) **2.** clear-cut, easy, easy-peasy (Sl.), elementary, routine, simple, uncomplicated, undemanding

## strain¹

- **V. 1.** distend, draw tight, extend, stretch, tauten, tighten **2.** drive, exert, fatigue, injure, overexert, overtax, overwork, pull, push to the limit, sprain, tax, tear, tire, twist, weaken, wrench **3.** bend over backwards (Inf.), break one's neck (Inf.), bust a gut (Inf.), do one's damnedest (Inf.), endeavour, give it one's all (Inf.), give it one's best shot (Inf.), go all out for (Inf.), go for broke (Sl.), go for it (Inf.), knock oneself out (Inf.), labour, make an all-out effort (Inf.), make a supreme effort, rupture oneself (Inf.), strive, struggle **4.** filter, percolate, purify, riddle, screen, seep, separate, sieve, sift
- **N. 5.** effort, exertion, force, injury, pull, sprain, struggle, tautness, tension, tensity (Rare), wrench **6.** anxiety, burden, pressure, stress, tension **7.** Often plural air, lay, measure (Poetic), melody, song, theme, tune

## strain²
**N. 1.** ancestry, blood, descent, extraction, family, lineage, pedigree, race, stock **2.** streak, suggestion, suspicion, tendency, trace, trait **3.** humour, manner, spirit, style, temper, tone, vein, way

## strained
artificial, awkward, constrained, difficult, embarrassed, false, forced, laboured, put on, self-conscious, stiff, tense, uncomfortable, uneasy, unnatural, unrelaxed

## strait-laced
moralistic, narrow, narrow-minded, of the old school, old-maidish (Inf.), overscrupulous, prim, proper, prudish, puritanical, strict, Victorian

## straits
**N.** Sometimes singular **1.** crisis, difficulty, dilemma, distress, embarrassment, emergency, extremity, hardship, hole (Sl.), mess, panic stations (Inf.), pass, perplexity, plight, predicament, pretty or fine kettle of fish (Inf.) **2.** channel, narrows, sound

## strand
**N.** fibre, filament, length, lock, rope, string, thread, tress, twist, wisp

## strange
**1.** abnormal, astonishing, bizarre, curious, eccentric, exceptional, extraordinary, fantastic, funny, irregular, marvellous, mystifying, odd, oddball (Inf.), off-the-wall (Sl.), out-of-the-way, outré, peculiar, perplexing, queer, rare, remarkable, rum (Brit. sl.), singular, unaccountable, uncanny, uncommon, unheard of, weird, wonderful **2.** alien, exotic, foreign, new, novel, outside one's experience, remote, unexplored, unfamiliar, unknown, untried **3.** (Often with to) a stranger to, ignorant of, inexperienced, new to, unaccustomed, unpractised, unseasoned, unused, unversed in **4.** awkward, bewildered, disoriented, ill at ease, lost, out of place, uncomfortable

## stranger
alien, foreigner, guest, incomer, new arrival, newcomer, outlander, unknown, visitor

## strangle
**1.** asphyxiate, choke, garrotte, smother, strangulate, suffocate, throttle **2.** gag, inhibit, repress, stifle, suppress

## strap

- **N. 1.** belt, leash, thong, tie
- **V. 2.** bind, buckle, fasten, lash, secure, tie, truss **3.** beat, belt (Inf.), flog, lash, scourge, whip

## stratagem
artifice, device, dodge, feint, intrigue, manoeuvre, plan, plot, ploy, ruse, scheme, subterfuge, trick, wile

## strategic
**1.** cardinal, critical, crucial, decisive, important, key, vital **2.** calculated, deliberate, diplomatic, planned, politic, tactical

## strategy
approach, grand design, manoeuvring, plan, planning, policy, procedure, programme, scheme

## stray

- **V. 1.** deviate, digress, diverge, get off the point, get sidetracked, go off at a tangent, ramble **2.** be abandoned or lost, drift, err, go astray, lose one's way, meander, range, roam, rove, straggle, wander
- **ADJ. 3.** abandoned, homeless, lost, roaming, vagrant **4.** accidental, chance, erratic, freak, odd, random, scattered

## streak

- **N. 1.** band, layer, line, slash, smear, strip, stripe, stroke, vein **2.** dash, element, strain, touch, trace, vein
- **V. 3.** band, daub, fleck, slash, smear, striate, stripe **4.** barrel (along) (Inf., chiefly U.S. & Canad.), burn rubber (Inf.), dart, flash, fly, hurtle, move like greased lightning (Inf.), speed, sprint, sweep, tear, whistle, whiz (Inf.), zoom

## stream

- **N. 1.** bayou, beck, brook, burn, course, creek (U.S.), current, drift, flow, freshet, outpouring, rill, river, rivulet, run, rush, surge, tide, tideway, torrent, tributary, undertow
- **V. 2.** cascade, course, emit, flood, flow, glide, gush, issue, pour, run, shed, spill, spout

## streamlined
efficient, modernized, organized, rationalized, sleek, slick, smooth, smooth-running, time-saving, well-run

## street
**1.** avenue, boulevard, lane, road, roadway, row, terrace, thoroughfare **2. (right) up one's street** acceptable, compatible, congenial, familiar, one's cup of tea (Inf.), pleasing, suitable, to one's liking, to one's taste

## strength
**1.** backbone, brawn, brawniness, courage, firmness, fortitude, health, lustiness, might, muscle, robustness, sinew, stamina, stoutness, sturdiness, toughness **2.** cogency, concentration, effectiveness, efficacy, energy, force, intensity, potency, power, resolution, spirit, vehemence, vigour, virtue (Archaic) **3.** advantage, anchor, asset, mainstay, security, strong point, succour, tower of strength

## strengthen
**1.** animate, brace up, consolidate, encourage, fortify, give new energy to, harden, hearten, invigorate, nerve, nourish, rejuvenate, restore, stiffen, toughen **2.** augment, bolster, brace, build up, buttress, confirm, corroborate, enhance, establish, give a boost to, harden, heighten, increase, intensify, justify, reinforce, steel, substantiate, support

## strenuous
**1.** arduous, demanding, exhausting, hard, Herculean, laborious, taxing, toilsome, tough, tough going, unrelaxing, uphill **2.** active, bold, determined, eager, earnest, energetic, persistent, resolute, spirited, strong, tireless, vigorous, zealous

## stress

- **N. 1.** emphasis, force, importance, significance, urgency, weight **2.** anxiety, burden, hassle (Inf.), nervous tension, oppression, pressure, strain, tautness, tension, trauma, worry **3.** accent, accentuation, beat, emphasis
- **V. 4.** accentuate, belabour, dwell on, emphasize, harp on, lay emphasis upon, point up, repeat, rub in, underline, underscore

## stretch

- **V. 1.** cover, extend, put forth, reach, spread, unfold, unroll **2.** distend, draw out, elongate, expand, inflate, lengthen, pull, pull out of shape, rack, strain, swell, tighten
- **N. 3.** area, distance, expanse, extent, spread, sweep, tract **4.** bit, period, run, space, spell, stint, term, time

## strict
**1.** austere, authoritarian, firm, harsh, no-nonsense, rigid, rigorous, severe, stern, stringent **2.** accurate, close, exact, faithful, meticulous, particular, precise, religious, scrupulous, true **3.** absolute, complete, perfect, total, utter

## strident
clamorous, clashing, discordant, grating, harsh, jangling, jarring, rasping, raucous, screeching, shrill, stridulant, stridulous, unmusical, vociferous

## strife
animosity, battle, bickering, clash, clashes, combat, conflict, contention, contest, controversy, discord, dissension, friction, quarrel, rivalry, row, squabbling, struggle, warfare, wrangling

## strike
**V. 1.** bang, beat, box, buffet, chastise, chin (Sl.), clobber (Sl.), clout (Inf.), clump (Sl.), cuff, deck (Sl.), hammer, hit, knock, lambast(e), lay a finger on (Inf.), lay one on (Sl.), pound, punch, punish, slap, smack, smite, sock (Sl.), thump, wallop (Inf.) **2.** be in collision with, bump into, clash, collide with, come into contact with, dash, hit, knock into, run into, smash into, touch **3.** drive, force, hit, impel, thrust **4.** affect,

come to, come to the mind of, dawn on *or* upon, hit, impress, make an impact on, occur to, reach, register *(Inf.)*, seem **5.** *(Sometimes with* **upon***)* come upon *or* across, discover, encounter, find, happen *or* chance upon, hit upon, light upon, reach, stumble upon *or* across, turn up, uncover, unearth **6.** affect, assail, assault, attack, deal a blow to, devastate, fall upon, hit, invade, set upon, smite **7.** achieve, arrange, arrive at, attain, effect, reach **8.** down tools, mutiny, revolt, walk out

**striking** astonishing, conspicuous, dazzling, drop-dead *(Sl.)*, extraordinary, forcible, impressive, memorable, noticeable, out of the ordinary, outstanding, stunning *(Inf.)*, wonderful

**string**
▸ **N. 1.** cord, fibre, twine **2.** chain, file, line, procession, queue, row, sequence, series, strand, succession
▸ **V. 3.** festoon, hang, link, loop, sling, stretch, suspend, thread **4.** *(With* **out***)* disperse, extend, fan out, lengthen, protract, space out, spread out, straggle

**stringent** binding, demanding, exacting, inflexible, rigid, rigorous, severe, strict, tight, tough

**strings** *(Fig.)* catches *(Inf.)*, complications, conditions, obligations, prerequisites, provisos, qualifications, requirements, riders, stipulations

**strip**
▸ **N. 1.** band, belt, bit, fillet, piece, ribbon, shred, slip, swathe, tongue
▸ **V. 2.** bare, denude, deprive, despoil, dismantle, divest, empty, gut, lay bare, loot, peel, pillage, plunder, ransack, rob, sack, skin, spoil **3.** disrobe, unclothe, uncover, undress

**stripling** adolescent, boy, fledgling, hobbledehoy *(Archaic)*, lad, shaver *(Inf.)*, young fellow, youngster, youth

**strive** attempt, bend over backwards *(Inf.)*, break one's neck *(Inf.)*, bust a gut *(Inf.)*, compete, contend, do all one can, do one's best, do one's damnedest *(Inf.)*, do one's utmost, endeavour, exert oneself, fight, give it one's all *(Inf.)*, give it one's best shot *(Inf.)*, go all out *(Inf.)*, go for broke *(Sl.)*, go for it *(Inf.)*, knock oneself out *(Inf.)*, labour, leave no stone unturned, make an all-out effort *(Inf.)*, make every effort, rupture oneself *(Inf.)*, strain, struggle, toil, try, try hard

**stroke**
▸ **N. 1.** accomplishment, achievement, blow, feat, flourish, hit, knock, move, movement, pat, rap, thump **2.** apoplexy, attack, collapse, fit, seizure, shock
▸ **V. 3.** caress, fondle, pat, pet, rub

**stroll**
▸ **V. 1.** amble, make one's way, mooch *(Sl.)*, mosey *(Inf.)*, promenade, ramble, saunter, stooge *(Sl.)*, stretch one's legs, take a turn, toddle, wander
▸ **N. 2.** airing, breath of air, constitutional, excursion, promenade, ramble, turn, walk

**strong 1.** athletic, beefy *(Inf.)*, brawny, burly, capable, hale, hardy, healthy, Herculean, lusty, muscular, powerful, robust, sinewy, sound, stalwart, stout, strapping, sturdy, tough, virile **2.** aggressive, brave, courageous, determined, feisty *(Inf., chiefly U.S. & Canad.)*, firm in spirit, forceful, hard as nails, hard-nosed *(Inf.)*, high-powered, plucky, resilient, resolute, resourceful, self-assertive, steadfast, stouthearted, tenacious, tough, unyielding **3.** acute, dedicated, deep, deep-rooted, eager, fervent, fervid, fierce, firm, intense, keen, severe, staunch, vehement, violent, zealous **4.** clear, clear-cut, cogent, compelling, convincing, distinct, effective, formidable, great, marked, overpowering, persuasive, potent, redoubtable, sound, telling, trenchant, unmistakable, urgent, weighty, well-established, well-founded **5.** Draconian, drastic, extreme, forceful, severe **6.** durable, hard-wearing, heavy-duty, on a firm foundation, reinforced, sturdy, substantial, well-armed, wellbuilt, well-protected **7.** bold, bright, brilliant, dazzling, glaring, loud, stark **8.** biting, concentrated, heady, highly-flavoured, highlyseasoned, hot, intoxicating, piquant, pungent, pure, sharp, spicy, undiluted

**stronghold** bastion, bulwark, castle, citadel, fastness, fort, fortress, keep, refuge

**strong-minded** determined, firm, independent, iron-willed, resolute, strong-willed, unbending, uncompromising

**structure**
▸ **N. 1.** arrangement, configuration, conformation, construction, design, fabric, form, formation, interrelation of parts, make, make-up, organization **2.** building, construction, edifice, erection, pile
▸ **V. 3.** arrange, assemble, build up, design, organize, put together, shape

**struggle**
▸ **V. 1.** bend over backwards *(Inf.)*, break one's neck *(Inf.)*, bust a gut *(Inf.)*, do one's damnedest *(Inf.)*, exert oneself, give it one's all *(Inf.)*, give it one's best shot *(Inf.)*, go all out *(Inf.)*, go for broke *(Sl.)*, go for it *(Inf.)*, knock oneself out *(Inf.)*, labour, make an all-out effort *(Inf.)*, make every effort, rupture oneself *(Inf.)*, strain, strive, toil, work, work like a Trojan
▸ **N. 2.** effort, exertion, grind *(Inf.)*, labour, long haul, pains, scramble, toil, work
▸ **V. 3.** battle, compete, contend, fight, grapple, lock horns, scuffle, wrestle
▸ **N. 4.** battle, brush, clash, combat, conflict, contest, encounter, hostilities, skirmish, strife, tussle

**strut** **V.** parade, peacock, prance, stalk, swagger

**stub** **N.** butt, counterfoil, dog-end *(Inf.)*, end, fag end *(Inf.)*, remnant, stump, tail, tail end

**stubborn** bull-headed, contumacious, cross-grained, dogged, dour, fixed, headstrong, inflexible, intractable, mulish, obdurate, obstinate, opinionated, persistent, pig-headed, recalcitrant, refractory, self-willed, stiff-necked, tenacious, unbending, unmanageable, unshak(e)able, unyielding, wilful

**stuck 1.** cemented, fast, fastened, firm, fixed, glued, joined **2.** *(Inf.)* at a loss, at a standstill, at one's wits' end, baffled, beaten, bereft of ideas, nonplussed, stumped, up against a brick wall *(Inf.)* **3.** *(Sl.)* *(With* **on***)* crazy about, for, *or* over *(Inf.)*, enthusiastic about, hung up on *(Sl.)*, infatuated, keen, mad, obsessed with, wild about *(Inf.)* **4. get stuck into** *(Inf.)* get down to, make a start on, set about, tackle

**stud** **V.** bejewel, bespangle, dot, fleck, ornament, spangle, speckle, spot, sprinkle

**student** apprentice, disciple, learner, observer, pupil, scholar, trainee, undergraduate

**studied** calculated, conscious, deliberate, intentional, planned, premeditated, purposeful, well-considered, wilful

**studio** atelier, workshop

**studious** academic, assiduous, attentive, bookish, careful, diligent, eager, earnest, hard-working, intellectual, meditative, reflective, scholarly, sedulous, serious, thoughtful

**study**
▸ **V. 1.** apply oneself (to), bone up on *(Inf.)*, burn the midnight oil, cogitate, con *(Archaic)*, consider, contemplate, cram *(Inf.)*, examine, go into, hammer away at, learn, lucubrate *(Rare)*, meditate, mug up *(Brit. sl.)*, ponder, pore over, read, read up, swot (up) *(Brit. inf.)* **2.** analyse, deliberate, examine, investigate, look into, peruse, research, scrutinize, survey, work over
▸ **N. 3.** academic work, application, book work, cramming *(Inf.)*, learning, lessons, reading, research, school work, swotting *(Brit. inf.)*, thought **4.** analysis, attention, cogitation, consideration, contemplation, examination, inquiry, inspection, investigation, perusal, review, scrutiny, survey

**stuff**
▸ **V. 1.** compress, cram, crowd, fill, force, jam, load, pack, pad, push, ram, shove, squeeze, stow, wedge **2.** gobble, gorge, gormandize, guzzle, make a pig of oneself *(Inf.)*, overindulge, pig out *(Sl.)*, sate, satiate
▸ **N. 3.** belongings, bits and pieces, clobber *(Brit. sl.)*, effects, equipment, gear, goods and chattels, impedimenta, junk, kit, luggage, materials, objects, paraphernalia, possessions, tackle, things, trappings **4.** cloth, fabric, material, raw material, textile **5.** essence, matter, pith, quintessence, staple, substance **6.** balderdash, baloney *(Inf.)*, bosh *(Inf.)*, bunk *(Inf.)*, bunkum, claptrap *(Inf.)*, foolishness, humbug, nonsense, poppycock *(Inf.)*, rot, rubbish, stuff and nonsense, tommyrot, tripe *(Inf.)*, twaddle, verbiage

**stuffing 1.** filler, kapok, packing, quilting, wadding **2.** farce, farcemeat, forcemeat

**stuffy 1.** airless, close, fetid, frowsty, fuggy, heavy, muggy, oppressive, stale, stifling, suffocating, sultry, unventilated **2.** conventional, deadly, dreary, dull, fusty, humourless, musty, old-fashioned, old-fogyish, pompous, priggish, prim, prim and proper, staid, stilted, stodgy, strait-laced, uninteresting

**stumble 1.** blunder about, come a cropper *(Inf.)*, fall, falter, flounder, hesitate, lose one's balance, lurch, reel, slip, stagger, trip **2.** *(With* **on** *or* **upon***)* blunder upon, chance upon, come across, discover, encounter, find, happen upon, light upon, run across, turn up **3.** falter, fluff *(Inf.)*, stammer, stutter

**stump** **V. 1.** baffle, bewilder, bring (someone) up short, confound, confuse, dumbfound, flummox, foil, mystify, nonplus, outwit, perplex, puzzle, stop, stymie **2.** clomp, clump, lumber, plod, stamp, stomp *(Inf.)*, trudge

**stump up** chip in *(Inf.)*, come across with *(Inf.)*, contribute, cough up *(Inf.)*, donate, fork out *(Sl.)*, hand over, pay, shell out *(Inf.)*

**stun** *(Fig.)* amaze, astonish, astound, bewilder, confound, confuse, daze, dumbfound, flabbergast *(Inf.)*, hit (someone) like a ton of bricks *(Inf.)*, knock out, knock (someone) for six *(Inf.)*, overcome, overpower, shock, stagger, strike (someone) dumb, stupefy, take (someone's) breath away

**stunned** *(Fig.)* astounded, at a loss for words, bowled over *(Inf.)*, dazed, devastated, dumbfounded, flabbergasted *(Inf.)*, gobsmacked *(Brit. sl.)*, numb, shocked, staggered, struck dumb

**stunning** beautiful, brilliant, dazzling, devastating *(Inf.)*, drop-dead *(Sl.)*, gorgeous, great *(Inf.)*, heavenly, impressive, lovely, marvellous, out of this world *(Inf.)*, ravishing, remarkable, sensational *(Inf.)*, smashing *(Inf.)*, spectacular, striking, wonderful

**stunt** **N.** act, deed, exploit, feat, feature, gest *(Archaic)*, tour de force, trick

**stunted** diminutive, dwarfed, dwarfish, little, small, tiny, undersized

**stupefaction** amazement, astonishment, awe, wonder, wonderment

**stupefy** amaze, astound, bewilder, confound, daze, dumbfound, knock senseless, numb, shock, stagger, stun

**stupendous** amazing, astounding, breathtaking, brilliant, colossal, enormous, fabulous *(Inf.)*, fantastic *(Inf.)*, gigantic, huge, marvellous, mega *(Sl.)*, mind-blowing *(Inf.)*, mind-boggling *(Inf.)*, out of this world *(Inf.)*, overwhelming, phenomenal, prodigious, sensational *(Inf.)*, staggering, stunning *(Inf.)*, superb, surpassing belief, surprising, tremendous *(Inf.)*, vast, wonderful, wondrous *(Archaic or literary)*

**stupid 1.** Boeotian, braindead *(Inf.)*, brainless, cretinous, deficient, dense, dim, doltish, dopey *(Inf.)*, dozy *(Brit. inf.)*, dull, dumb *(Inf.)*, foolish, gullible, half-witted, moronic, naive, obtuse, simple, simple-minded, slow, slow on the uptake *(Inf.)*, slow-witted, sluggish, stolid, thick, thickheaded, unintelligent, witless, wooden-headed *(Inf.)* **2.** asinine, crackbrained, daft *(Inf.)*, futile, half-baked *(Inf.)*, idiotic, ill-advised, imbecilic, inane, indiscreet, irrelevant, irresponsible, laughable, ludicrous, meaningless, mindless, nonsensical, pointless, puerile, rash, senseless, short-sighted, trivial, unintelligent, unthinking **3.** dazed, groggy, in a daze, insensate, punch-drunk, semiconscious, senseless, stunned, stupefied

**stupidity 1.** asininity, brainlessness, denseness, dimness, dopiness *(Sl.)*, doziness *(Brit. inf.)*, dullness, dumbness *(Inf.)*, feeble-mindedness, imbecility, lack of brain, lack of intelligence, naivety, obtuseness, puerility, simplicity, slowness, thickheadedness, thickness **2.** absurdity, bêtise *(Rare)*, fatuity, fatuousness, folly, foolhardiness, foolishness, futility, idiocy, impracticality, inanity, indiscretion, ineptitude, irresponsibility, ludicrousness, lunacy, madness, pointlessness, rashness, senselessness, silliness

**sturdy** athletic, brawny, built to last, determined, durable, firm, flourishing, hardy, hearty, lusty, muscular, powerful, resolute, robust, secure, solid, stalwart, staunch, steadfast, stouthearted, substantial, thickset, vigorous, well-built, well-made

**stutter** **V.** falter, hesitate, speak haltingly, splutter, stammer, stumble

**style**
▸ **N. 1.** cut, design, form, hand, manner, technique **2.** fashion, mode, rage, trend, vogue **3.** approach, custom, manner, method, mode, way **4.** bon ton, chic, cosmopolitanism, dash, dressiness *(Inf.)*, élan, elegance, fashionableness, flair, grace, panache, polish, refinement,

savoir-faire, smartness, sophistication, stylishness, taste, urbanity **5.** affluence, comfort, ease, elegance, gracious living, grandeur, luxury **6.** appearance, category, characteristic, genre, kind, pattern, sort, spirit, strain, tenor, tone, type, variety **7.** diction, expression, mode of expression, phraseology, phrasing, treatment, turn of phrase, vein, wording
▸ **V. 8.** adapt, arrange, cut, design, dress, fashion, shape, tailor **9.** address, call, christen, denominate, designate, dub, entitle, label, name, term

**stylish** à la mode, chic, classy *(Sl.)*, dapper, dressy *(Inf.)*, fashionable, in fashion, in vogue, modish, natty *(Inf.)*, polished, smart, snappy, snazzy *(Inf.)*, trendy *(Brit. inf.)*, urbane, voguish, well turned-out

**subconscious** **ADJ.** hidden, inner, innermost, intuitive, latent, repressed, subliminal, suppressed

**subdue** **1.** beat down, break, conquer, control, crush, defeat, discipline, gain ascendancy over, get the better of, get the upper hand over, get under control, humble, master, overcome, overpower, overrun, put down, quell, tame, trample, triumph over, vanquish **2.** check, control, mellow, moderate, quieten down, repress, soften, suppress, tone down

**subdued** **1.** chastened, crestfallen, dejected, downcast, down in the mouth, grave, out of spirits, quiet, repentant, repressed, restrained, sad, sadder and wiser, serious, sobered, solemn **2.** dim, hushed, low-key, muted, quiet, shaded, sober, soft, subtle, toned down, unobtrusive

**subject**
▸ **N. 1.** affair, business, field of enquiry *or* reference, issue, matter, object, point, question, subject matter, substance, theme, topic **2.** case, client, guinea pig *(Inf.)*, participant, patient, victim **3.** citizen, dependant, liegeman, national, subordinate, vassal
▸ **ADJ. 4.** at the mercy of, disposed, exposed, in danger of, liable, open, prone, susceptible, vulnerable **5.** conditional, contingent, dependent **6.** answerable, bound by, captive, dependent, enslaved, inferior, obedient, satellite, subjugated, submissive, subordinate, subservient
▸ **V. 7.** expose, lay open, make liable, put through, submit, treat

**subjective** biased, emotional, idiosyncratic, instinctive, intuitive, nonobjective, personal, prejudiced

**sublime** elevated, eminent, exalted, glorious, grand, great, high, imposing, lofty, magnificent, majestic, noble, transcendent

**submerge** deluge, dip, drown, duck, dunk, engulf, flood, immerse, inundate, overflow, overwhelm, plunge, sink, swamp

**submission** **1.** acquiescence, assent, capitulation, giving in, surrender, yielding **2.** compliance, deference, docility, meekness, obedience, passivity, resignation, submissiveness, tractability, unassertiveness **3.** argument, contention, proposal **4.** entry, handing in, presentation, submitting, tendering

**submissive** abject, accommodating, acquiescent, amenable, biddable, bootlicking *(Inf.)*, compliant, deferential, docile, dutiful, humble, ingratiating, lowly, malleable, meek, obedient, obeisant, obsequious, passive, patient, pliant, resigned, subdued, tractable, uncomplaining, unresisting, yielding

**submit** **1.** accede, acquiesce, agree, bend, bow, capitulate, comply, defer, endure, give in, hoist the white flag, knuckle under, lay down arms, put up with *(Inf.)*, resign oneself, stoop, succumb, surrender, throw in the sponge, toe the line, tolerate, yield **2.** commit, hand in, present, proffer, put forward, refer, table, tender **3.** advance, argue, assert, claim, contend, move, propose, propound, put, state, suggest, volunteer

**subordinate**
▸ **ADJ. 1.** dependent, inferior, junior, lesser, lower, minor, secondary, subject, subservient **2.** ancillary, auxiliary, subsidiary, supplementary
▸ **N. 3.** aide, assistant, attendant, dependant, inferior, junior, second, subaltern, underling

**subordination** inferior *or* secondary status, inferiority, servitude, subjection, submission

**subscribe** **1.** chip in *(Inf.)*, contribute, donate, give, offer, pledge, promise **2.** acquiesce, advocate, agree, consent, countenance, endorse, support

**subscription** annual payment, contribution, donation, dues, gift, membership fee, offering

**subsequent** after, consequent, consequential, ensuing, following, later, succeeding, successive

**subsequently** afterwards, at a later date, consequently, in the aftermath (of), in the end, later

**subside** **1.** abate, decrease, de-escalate, diminish, dwindle, ease, ebb, lessen, let up, level off, melt away, moderate, peter out, quieten, recede, slacken, wane **2.** cave in, collapse, decline, descend, drop, ebb, lower, settle, sink

**subsidence** **1.** decline, descent, ebb, settlement, settling, sinking **2.** abatement, decrease, de-escalation, diminution, easing off, lessening, slackening

**subsidiary** aiding, ancillary, assistant, auxiliary, contributory, cooperative, helpful, lesser, minor, secondary, serviceable, subordinate, subservient, supplemental, supplementary, useful

**subsidize** finance, fund, promote, put up the money for, sponsor, support, underwrite

**subsidy** aid, allowance, assistance, contribution, financial aid, grant, help, stipend, subvention, support

**subsist** be, continue, eke out an existence, endure, exist, keep going, last, live, make ends meet, remain, stay alive, survive, sustain oneself

**subsistence** aliment, existence, food, keep, livelihood, living, maintenance, provision, rations, support, survival, sustenance, upkeep, victuals

**substance** **1.** body, element, fabric, material, stuff, texture **2.** burden, essence, gist, gravamen *(Law)*, import, main point, matter, meaning, pith, significance, subject, sum and substance, theme **3.** actuality, concreteness, entity, force, reality **4.** affluence, assets, estate, means, property, resources, wealth

**substantial** **1.** ample, big, considerable, generous, goodly, important, large, significant, sizable, tidy *(Inf.)*, worthwhile **2.** bulky, durable, firm, hefty, massive, solid, sound, stout, strong, sturdy, well-built **3.** actual, existent, material, positive, real, true, valid, weighty

**substantially** essentially, in essence, in essentials, in substance, in the main, largely, materially, to a large extent

**substantiate** affirm, attest to, authenticate, bear out, confirm, corroborate, establish, prove, support, validate, verify

**substitute**
▸ **V. 1.** change, commute, exchange, interchange, replace, swap *(Inf.)*, switch **2.** *(With* **for***)* act for, be in place of, cover for, deputize, double for, fill in for, hold the fort for, relieve, stand in for, take over
▸ **N. 3.** agent, depute *(Scot.)*, deputy, equivalent, expedient, locum, locum tenens, makeshift, proxy, relief, replacement, representative, reserve, stand-by, stopgap, sub, supply, surrogate, temp *(Inf.)*, temporary
▸ **ADJ. 4.** acting, additional, alternative, fall-back, proxy, replacement, reserve, second, surrogate, temporary

**substitution** change, exchange, interchange, replacement, swap *(Inf.)*, switch

**subterfuge** artifice, deception, deviousness, dodge, duplicity, evasion, excuse, machination, manoeuvre, ploy, pretence, pretext, quibble, ruse, shift, stall, stratagem, trick

**subtle** **1.** deep, delicate, discriminating, ingenious, nice, penetrating, profound, refined, sophisticated **2.** delicate, faint, implied, indirect, insinuated, slight, understated **3.** artful, astute, crafty, cunning, designing, devious, intriguing, keen, Machiavellian, scheming, shrewd, sly, wily

**subtlety** **1.** acumen, acuteness, cleverness, delicacy, discernment, fine point, intricacy, nicety, refinement, sagacity, skill, sophistication **2.** discernment, discrimination, finesse, penetration **3.** artfulness, astuteness, craftiness, cunning, deviousness, guile, slyness, wiliness

**subtract** deduct, detract, diminish, remove, take away, take from, take off, withdraw

**suburbs** dormitory area *(Brit.)*, environs, faubourgs, neighbourhood, outskirts, precincts, purlieus, residential areas, suburbia

**subversive**
▸ **ADJ. 1.** destructive, incendiary, inflammatory, insurrectionary, overthrowing, perversive, riotous, seditious, treasonous, underground, undermining
▸ **N. 2.** deviationist, dissident, fifth columnist, insurrectionary, quisling, saboteur, seditionary, seditionist, terrorist, traitor

**subvert** **1.** demolish, destroy, invalidate, overturn, raze, ruin, sabotage, undermine, upset, wreck **2.** confound, contaminate, corrupt, debase, demoralize, deprave, pervert, poison, vitiate

**succeed** **1.** arrive *(Inf.)*, be successful, come off *(Inf.)*, crack it *(Inf.)*, cut it *(Inf.)*, do all right for oneself *(Inf.)*, do the trick *(Inf.)*, flourish, gain one's end, get to the top, make good, make it *(Inf.)*, prosper, thrive, triumph, turn out well, work **2.** be subsequent, come next, ensue, follow, result, supervene **3.** *(Usually with* **to***)* accede, assume the office of, come into, come into possession of, enter upon, inherit, replace, take over

**succeeding** ensuing, following, next, subsequent, successive

**success** **1.** ascendancy, eminence, fame, favourable outcome, fortune, happiness, hit *(Inf.)*, luck, prosperity, triumph **2.** best seller, big name, celebrity, hit *(Inf.)*, market leader, megastar *(Inf.)*, sensation, smash hit *(Inf.)*, somebody, star, VIP, winner

**successful** acknowledged, at the top of the tree, best-selling, booming, efficacious, favourable, flourishing, fortunate, fruitful, lucky, lucrative, moneymaking, out in front *(Inf.)*, paying, profitable, prosperous, rewarding, thriving, top, unbeaten, victorious, wealthy

**successfully** famously *(Inf.)*, favourably, in triumph, swimmingly, victoriously, well, with flying colours

**succession** **1.** chain, continuation, course, cycle, flow, order, procession, progression, run, sequence, series, train **2. in succession** consecutively, one after the other, one behind the other, on the trot *(Inf.)*, running, successively **3.** accession, assumption, elevation, entering upon, inheritance, taking over **4.** descendants, descent, line, lineage, race

**successive** consecutive, following, in a row, in succession, sequent, succeeding

**succinct** brief, compact, compendious, concise, condensed, gnomic, in a few well-chosen words, laconic, pithy, summary, terse, to the point

**succour**
▸ **V. 1.** aid, assist, befriend, comfort, encourage, foster, give aid and encouragement to, help, minister to, nurse, relieve, render assistance to, support
▸ **N. 2.** aid, assistance, comfort, help, relief, support

**succulent** juicy, luscious, lush, mellow, moist, mouthwatering, rich

**succumb** capitulate, die, fall, fall victim to, give in, give way, go under, knuckle under, submit, surrender, yield

**sucker** butt, cat's paw, dupe, easy game *or* mark *(Inf.)*, fool, mug *(Brit. sl.)*, nerd *or* nurd *(Sl.)*, pushover *(Sl.)*, sap *(Sl.)*, sitting duck *(Inf.)*, victim

**sudden** abrupt, hasty, hurried, impulsive, quick, rapid, rash, swift, unexpected, unforeseen, unusual

**suddenly** abruptly, all at once, all of a sudden, on the spur of the moment, out of the blue *(Inf.)*, unexpectedly, without warning

**sue** **1.** *(Law)* bring an action against (someone), charge, have the law on (someone) *(Inf.)*, indict, institute legal proceedings against (someone), prefer charges against (someone), prosecute, summon, take (someone) to court **2.** appeal for, beg, beseech, entreat, petition, plead, solicit, supplicate

**suffer** **1.** ache, agonize, be affected, be in pain, be racked, feel wretched, go through a lot *(Inf.)*, grieve, have a thin *or* bad time, hurt **2.** bear, endure, experience, feel, go through, put up with *(Inf.)*, support, sustain, tolerate, undergo **3.** appear in a poor light, be handicapped, be impaired, deteriorate, fall off, show to disadvantage **4.** *(Archaic)* allow, let, permit

**suffering** **N.** affliction, agony, anguish, discomfort, distress, hardship, martyrdom, misery, ordeal, pain, torment, torture

**suffice** answer, be sufficient (adequate, enough), content, do, fill the bill *(Inf.)*, meet requirements, satisfy, serve

**sufficient** adequate, competent, enough, enow *(Archaic)*, satisfactory

**suffocate** asphyxiate, choke, smother, stifle, strangle

**suffuse** bathe, cover, flood, imbue, infuse, mantle, overspread, permeate, pervade, spread over, steep, transfuse

**suggest** **1.** advise, advocate, move, offer a suggestion, prescribe, propose, put forward, recommend **2.** bring to mind, connote, evoke, put one in mind of **3.** hint, imply, indicate, insinuate, intimate, lead one to believe

**suggestion** **1.** motion, plan, proposal, proposition, recommendation **2.** breath, hint, indication, insinuation, intimation, suspicion, trace, whisper

**suggestive** **1.** *(With* **of***)* evocative, expressive, indicative, redolent, reminiscent **2.** bawdy, blue, immodest, improper, indecent, indelicate, off colour, provocative, prurient, racy, ribald, risqué, rude, smutty, spicy *(Inf.)*, titillating, unseemly

**suit**
- **V. 1.** agree, agree with, answer, be acceptable to, become, befit, be seemly, conform to, correspond, do, go with, gratify, harmonize, match, please, satisfy, tally **2.** accommodate, adapt, adjust, fashion, fit, modify, proportion, tailor
- **N. 3.** addresses, appeal, attentions, courtship, entreaty, invocation, petition, prayer, request **4.** *(Law)* action, case, cause, industrial tribunal, lawsuit, proceeding, prosecution, trial **5.** clothing, costume, dress, ensemble, habit, outfit **6. follow suit** accord with, copy, emulate, run with the herd, take one's cue from

**suitability** appropriateness, aptness, fitness, opportuneness, rightness, timeliness

**suitable** acceptable, applicable, apposite, appropriate, apt, becoming, befitting, convenient, cut out for, due, fit, fitting, in character, in keeping, opportune, pertinent, proper, relevant, right, satisfactory, seemly, suited

**suite** **1.** apartment, collection, furniture, rooms, series, set **2.** attendants, entourage, escort, followers, retainers, retinue, train

**suitor** admirer, beau, follower *(Obsolete)*, swain *(Archaic)*, wooer, young man

**sulk** be in a huff, be put out, brood, have the hump *(Brit. inf.)*, look sullen, pout

**sulky** aloof, churlish, cross, disgruntled, huffy, ill-humoured, in the sulks, moody, morose, perverse, petulant, put out, querulous, resentful, sullen, vexed

**sullen** brooding, cheerless, cross, dismal, dull, gloomy, glowering, heavy, moody, morose, obstinate, out of humour, perverse, silent, sombre, sour, stubborn, surly, unsociable

**sultry** **1.** close, hot, humid, muggy, oppressive, sticky, stifling, stuffy, sweltering **2.** amorous, come-hither *(Inf.)*, erotic, passionate, provocative, seductive, sensual, sexy *(Inf.)*, voluptuous

**sum** aggregate, amount, entirety, quantity, reckoning, score, sum total, tally, total, totality, whole

**summarily** arbitrarily, at short notice, expeditiously, forthwith, immediately, on the spot, peremptorily, promptly, speedily, swiftly, without delay, without wasting words

**summarize** abridge, condense, encapsulate, epitomize, give a rundown of, give the main points of, outline, précis, put in a nutshell, review, sum up

**summary**
- **N. 1.** abridgement, abstract, compendium, digest, epitome, essence, extract, outline, précis, recapitulation, résumé, review, rundown, summing-up, synopsis
- **ADJ. 2.** arbitrary, brief, compact, compendious, concise, condensed, cursory, hasty, laconic, perfunctory, pithy, succinct

**summit** acme, apex, crest, crown, crowning point, culmination, head, height, peak, pinnacle, top, zenith

**summon** **1.** arouse, assemble, bid, call, call together, cite, convene, convoke, invite, rally, rouse, send for **2.** *(Often with* **up***)* call into action, draw on, gather, invoke, mobilize, muster

**sumptuous** costly, dear, de luxe, expensive, extravagant, gorgeous, grand, lavish, luxurious, magnificent, opulent, plush *(Inf.)*, posh *(Inf., chiefly Brit.)*, rich, ritzy *(Sl.)*, splendid, splendiferous *(Facetious)*, superb

**sum up** **1.** close, conclude, put in a nutshell, recapitulate, review, summarize **2.** estimate, form an opinion of, get the measure of, size up *(Inf.)*

**sun**
- **N. 1.** daystar *(Poetic)*, eye of heaven, Helios *(Greek myth)*, Phoebus *(Greek myth)*, Phoebus Apollo *(Greek myth)*, Sol *(Roman myth)*
- **V. 2.** bake, bask, sunbathe, tan

**sunburnt** bronzed, brown, brown as a berry, burnt, like a lobster, peeling, red, ruddy, scarlet, tanned

**sundry** assorted, different, divers *(Archaic)*, miscellaneous, several, some, varied, various

**sunken** **1.** concave, drawn, haggard, hollow, hollowed **2.** at a lower level, below ground, buried, depressed, immersed, lower, recessed, submerged

**sunless** bleak, cheerless, cloudy, dark, depressing, gloomy, grey, hazy, overcast, sombre

**sunny** **1.** bright, brilliant, clear, fine, luminous, radiant, summery, sunlit, sunshiny, unclouded, without a cloud in the sky **2.** *(Fig.)* beaming, blithe, buoyant, cheerful, cheery, chirpy *(Inf.)*, genial, happy, joyful, lighthearted, optimistic, pleasant, smiling

**sunrise** aurora *(Poetic)*, break of day, cockcrow, dawn, daybreak, daylight, dayspring *(Poetic)*, sunup

**sunset** close of (the) day, dusk, eventide, gloaming *(Scot. or poetic)*, nightfall, sundown

**superb** admirable, boffo *(Sl.)*, breathtaking, brill *(Inf.)*, chillin' *(U.S. sl.)*, choice, excellent, exquisite, fine, first-rate, gorgeous, grand, magnificent, marvellous, mega *(Sl.)*, of the first water, splendid, splendiferous *(Facetious)*, superior, topping *(Brit. sl.)*, unrivalled, world-class

**supercilious** arrogant, condescending, contemptuous, disdainful, haughty, high and mighty *(Inf.)*, hoity-toity *(Inf.)*, imperious, insolent, lofty, lordly, overbearing, patronizing, proud, scornful, snooty *(Inf.)*, stuck-up *(Inf.)*, toffee-nosed *(Sl., chiefly Brit.)*, uppish *(Brit. inf.)*, vainglorious

**superficial** **1.** exterior, external, on the surface, peripheral, shallow, skin-deep, slight, surface **2.** casual, cosmetic, cursory, desultory, hasty, hurried, inattentive, nodding, passing, perfunctory, sketchy, slapdash **3.** empty, empty-headed, frivolous, lightweight, shallow, silly, trivial **4.** apparent, evident, ostensible, outward, seeming

**superficiality** emptiness, lack of depth, lack of substance, shallowness, triviality

**superficially** apparently, at first glance, externally, on the surface, ostensibly, to the casual eye

**superfluous** excess, excessive, extra, in excess, left over, needless, on one's hands, pleonastic *(Rhetoric)*, redundant, remaining, residuary, spare, superabundant, supererogatory, supernumerary, surplus, surplus to requirements, uncalled-for, unnecessary, unneeded, unrequired

**superhuman** **1.** herculean, heroic, phenomenal, prodigious, stupendous, valiant **2.** divine, paranormal, preternatural, supernatural

**superintend** administer, control, direct, handle, inspect, look after, manage, overlook, oversee, run, supervise

**superintendence** care, charge, control, direction, government, guidance, inspection, management, supervision, surveillance

**superintendent** administrator, chief, conductor, controller, director, governor, inspector, manager, overseer, supervisor

**superior**
- **ADJ. 1.** better, grander, greater, higher, more advanced (expert, extensive, skilful), paramount, predominant, preferred, prevailing, surpassing, unrivalled **2.** a cut above *(Inf.)*, admirable, choice, de luxe, distinguished, excellent, exceptional, exclusive, fine, first-class, first-rate, good, good quality, high calibre, high-class, of the first order, world-class **3.** airy, condescending, disdainful, haughty, lofty, lordly, patronizing, pretentious, snobbish, stuck-up *(Inf.)*, supercilious
- **N. 4.** boss *(Inf.)*, chief, director, manager, principal, senior, supervisor

**superiority** advantage, ascendancy, excellence, lead, predominance, pre-eminence, preponderance, prevalence, supremacy

**superlative** **ADJ.** consummate, crack *(Sl.)*, excellent, greatest, highest, magnificent, matchless, of the first water, of the highest order, outstanding, peerless, supreme, surpassing, transcendent, unparalleled, unrivalled, unsurpassed

**supernatural** abnormal, dark, ghostly, hidden, miraculous, mysterious, mystic, occult, paranormal, phantom, preternatural, psychic, spectral, supranatural, uncanny, unearthly, unnatural

**supervise** administer, be on duty at, be responsible for, conduct, control, direct, handle, have *or* be in charge of, inspect, keep an eye on, look after, manage, oversee, preside over, run, superintend

**supervision** administration, auspices, care, charge, control, direction, guidance, instruction, management, oversight, stewardship, superintendence, surveillance

**supervisor** administrator, boss *(Inf.)*, chief, foreman, gaffer *(Inf., chiefly Brit.)*, inspector, manager, overseer, steward, superintendent

**supervisory** administrative, executive, managerial, overseeing, superintendent

**supplant** displace, oust, overthrow, remove, replace, supersede, take over, take the place of, undermine, unseat

**supple** bending, elastic, flexible, limber, lissom(e), lithe, loose-limbed, plastic, pliable, pliant

**supplement**
- **N. 1.** added feature, addendum, addition, add-on, appendix, codicil, complement, extra, insert, postscript, pull-out, sequel
- **V. 2.** add, augment, complement, extend, fill out, reinforce, supply, top up

**supplementary** accompanying, additional, add-on, ancillary, auxiliary, complementary, extra, secondary, supplemental

**suppliant**
- **ADJ. 1.** begging, beseeching, craving, entreating, imploring, importunate, on bended knee
- **N. 2.** applicant, petitioner, suitor, supplicant

**supplication** appeal, entreaty, invocation, petition, plea, pleading, prayer, request, solicitation, suit

**supply**
- **V. 1.** afford, cater to *or* for, come up with, contribute, endow, fill, furnish, give, grant, minister, outfit, produce, provide, purvey, replenish, satisfy, stock, store, victual, yield
- **N. 2.** cache, fund, hoard, quantity, reserve, reservoir, source, stock, stockpile, store **3.** *Usually plural* equipment, food, foodstuff, items, materials, necessities, provender, provisions, rations, stores

**support**
- **V. 1.** bear, bolster, brace, buttress, carry, hold, hold up, prop, reinforce, shore up, sustain, underpin, uphold **2.** be a source of strength to, buoy up, cherish, encourage, finance, foster, fund, keep, look after, maintain, nourish, provide for, strengthen, subsidize, succour, sustain, take care of, underwrite **3.** advocate, aid, assist, back, boost (someone's) morale, champion, defend, espouse, forward, go along with, help, promote, second, side with, stand behind, stand up for, stick up for *(Inf.)*, take (someone's) part, take up the cudgels for, uphold **4.** attest to, authenticate, bear out, confirm, corroborate, document, endorse, lend credence to, substantiate, verify **5.** bear, brook, countenance, endure, put up with *(Inf.)*, stand (for), stomach, submit, suffer, thole *(Dialect)*, tolerate, undergo
- **N. 6.** abutment, back, brace, foundation, lining, pillar, post, prop, shore, stanchion, stay, stiffener, underpinning **7.** aid, approval, assistance, backing, blessing, championship, comfort, encouragement, espousal, friendship, furtherance, help, loyalty, moral support, patronage, promotion, protection, relief, succour, sustenance **8.** keep, livelihood, maintenance, subsistence, sustenance, upkeep **9.** backbone, backer, comforter, mainstay, prop, second, stay, supporter, tower of strength

**supporter** adherent, advocate, ally, apologist, champion, co-worker, defender, fan, follower, friend, helper, henchman, patron, protagonist, sponsor, upholder, well-wisher

**suppose** **1.** assume, calculate *(U.S. dialect)*, conjecture, dare say, expect, guess *(Inf., chiefly U.S. & Canad.)*, imagine, infer, judge, opine, presume, presuppose, surmise, take as read, take for granted, think **2.** believe, conceive, conclude, conjecture, consider, fancy, hypothesize, imagine, postulate, pretend

**supposed** **1.** accepted, alleged, assumed, hypothetical, presumed, presupposed, professed, putative, reputed, rumoured **2.** *(With* **to***)* expected, meant, obliged, ought, required

**supposedly** allegedly, at a guess, avowedly, by all accounts, hypothetically, ostensibly, presumably, professedly, purportedly, theoretically

**supposition** conjecture, doubt, guess, guesswork, hypothesis, idea, notion, postulate, presumption, speculation, surmise, theory

**suppress 1.** beat down, check, clamp down on, conquer, crack down on, crush, drive underground, extinguish, overpower, overthrow, put an end to, quash, quell, quench, snuff out, stamp out, stop, subdue, trample on **2.** censor, conceal, contain, cover up, curb, hold in *or* back, hold in check, keep secret, muffle, muzzle, repress, restrain, silence, smother, stifle, withhold

**suppression** check, clampdown, crackdown, crushing, dissolution, elimination, extinction, inhibition, prohibition, quashing, smothering, termination

**supremacy** absolute rule, ascendancy, dominance, domination, dominion, lordship, mastery, paramountcy, predominance, pre-eminence, primacy, sovereignty, supreme authority, sway

**supreme** cardinal, chief, crowning, culminating, extreme, final, first, foremost, greatest, head, highest, incomparable, leading, matchless, paramount, peerless, predominant, pre-eminent, prevailing, prime, principal, sovereign, superlative, surpassing, top, ultimate, unsurpassed, utmost

**sure 1.** assured, certain, clear, confident, convinced, decided, definite, free from doubt, persuaded, positive, satisfied **2.** accurate, dependable, effective, foolproof, honest, indisputable, infallible, never-failing, precise, reliable, sure-fire (*Inf.*), tried and true, trustworthy, trusty, undeniable, undoubted, unerring, unfailing, unmistakable, well-proven **3.** assured, bound, guaranteed, ineluctable, inescapable, inevitable, irrevocable **4.** fast, firm, fixed, safe, secure, solid, stable, staunch, steady

**surely** assuredly, beyond the shadow of a doubt, certainly, come what may, definitely, doubtlessly, for certain, indubitably, inevitably, inexorably, undoubtedly, unquestionably, without doubt, without fail

**surface**
▶ **N. 1.** covering, exterior, façade, face, facet, outside, plane, side, skin, superficies (*Rare*), top, veneer **2. on the surface** apparently, at first glance, ostensibly, outwardly, superficially, to all appearances, to the casual eye
▶ **ADJ. 3.** apparent, exterior, external, outward, superficial
▶ **V. 4.** appear, come to light, come up, crop up (*Inf.*), emerge, materialize, rise, transpire

**surfeit**
▶ **N. 1.** excess, glut, overindulgence, plethora, satiety, superabundance, superfluity
▶ **V. 2.** cram, fill, glut, gorge, overfeed, overfill, satiate, stuff

**surge**
▶ **V. 1.** billow, eddy, gush, heave, rise, roll, rush, swell, swirl, tower, undulate, well forth
▶ **N. 2.** billow, breaker, efflux, flood, flow, gush, intensification, outpouring, roller, rush, swell, uprush, upsurge, wave

**surly** bearish, brusque, churlish, crabbed, cross, crusty, curmudgeonly, grouchy (*Inf.*), gruff, ill-natured, morose, perverse, sulky, sullen, testy, uncivil, ungracious

**surmise**
▶ **V. 1.** come to the conclusion, conclude, conjecture, consider, deduce, fancy, guess, hazard a guess, imagine, infer, opine, presume, speculate, suppose, suspect
▶ **N. 2.** assumption, conclusion, conjecture, deduction, guess, hypothesis, idea, inference, notion, possibility, presumption, speculation, supposition, suspicion, thought

**surmount** conquer, exceed, master, overcome, overpower, overtop, pass, prevail over, surpass, triumph over, vanquish

**surpass** beat, best, eclipse, exceed, excel, go one better than (*Inf.*), outdo, outshine, outstrip, override, overshadow, top, tower above, transcend

**surpassing** exceptional, extraordinary, incomparable, matchless, outstanding, phenomenal, rare, supreme, transcendent, unrivalled

**surplus**
▶ **N. 1.** balance, excess, remainder, residue, superabundance, superfluity, surfeit

▶ **ADJ. 2.** excess, extra, in excess, left over, odd, remaining, spare, superfluous, unused

**surprise**
▶ **V. 1.** amaze, astonish, astound, bewilder, bowl over (*Inf.*), confuse, disconcert, flabbergast (*Inf.*), leave open-mouthed, nonplus, stagger, stun, take aback **2.** burst in on, catch in the act *or* red-handed, catch napping, catch unawares *or* off-guard, come down on like a bolt from the blue, discover, spring upon, startle
▶ **N. 3.** amazement, astonishment, bewilderment, incredulity, stupefaction, wonder **4.** bolt from the blue, bombshell, eye-opener (*Inf.*), jolt, revelation, shock, start (*Inf.*)

**surprised** amazed, astonished, at a loss, caught on the hop (*Brit. inf.*), caught on the wrong foot (*Inf.*), disconcerted, incredulous, nonplussed, open-mouthed, speechless, startled, taken aback, taken by surprise, thunderstruck, unable to believe one's eyes

**surprising** amazing, astonishing, astounding, extraordinary, incredible, marvellous, remarkable, staggering, startling, unexpected, unlooked-for, unusual, wonderful

**surrender**
▶ **V. 1.** abandon, cede, concede, deliver up, forego, give up, part with, relinquish, renounce, resign, waive, yield **2.** capitulate, give in, give oneself up, give way, lay down arms, quit, show the white flag, submit, succumb, throw in the towel, yield
▶ **N. 3.** capitulation, delivery, relinquishment, renunciation, resignation, submission, yielding

**surreptitious** clandestine, covert, fraudulent, furtive, secret, sly, sneaking, stealthy, unauthorized, underhand, veiled

**surround 1.** close in on, encircle, enclose, encompass, envelop, environ, fence in, girdle, hem in, ring **2.** (*Military*) besiege, invest (*Rare*), lay siege to

**surrounding** nearby, neighbouring

**surroundings** background, environment, environs, location, milieu, neighbourhood, setting

**surveillance** care, control, direction, inspection, observation, scrutiny, superintendence, supervision, vigilance, watch

**survey**
▶ **V. 1.** contemplate, examine, eye up, inspect, look over, observe, recce (*Sl.*), reconnoitre, research, review, scan, scrutinize, study, supervise, view **2.** appraise, assess, estimate, eye up, measure, plan, plot, prospect, size up, take stock of, triangulate
▶ **N. 3.** examination, inquiry, inspection, overview, perusal, random sample, review, scrutiny, study

**survive** be extant, endure, exist, hold out, keep body and soul together (*Inf.*), last, live, live on, outlast, outlive, pull through, remain alive, subsist

**susceptibility** liability, predisposition, proneness, propensity, responsiveness, sensitivity, suggestibility, vulnerability, weakness

**susceptible 1.** (*Usually with* **to**) disposed, given, inclined, liable, open, predisposed, prone, subject, vulnerable **2.** alive to, easily moved, impressionable, receptive, responsive, sensitive, suggestible, tender

**suspect**
▶ **V. 1.** distrust, doubt, harbour suspicions about, have one's doubts about, mistrust, smell a rat (*Inf.*) **2.** believe, conclude, conjecture, consider, fancy, feel, guess, have a sneaking suspicion, hazard a guess, speculate, suppose, surmise, think probable
▶ **ADJ. 3.** dodgy (*Brit., Aust., &* N.Z. *inf.*), doubtful, dubious, fishy (*Inf.*), iffy (*Inf.*), open to suspicion, questionable

**suspend 1.** append, attach, dangle, hang, swing **2.** adjourn, arrest, cease, cut short, debar, defer, delay, discontinue, hold off, interrupt, lay aside, pigeonhole, postpone, put off, shelve, stay, withhold

**suspense 1.** anticipation, anxiety, apprehension, doubt, expectancy, expectation, indecision, insecurity, irresolution, tension, uncertainty, wavering **2. in suspense** anxious, in an agony of doubt, keyed up, on edge, on tenterhooks

**suspension** abeyance, adjournment, break, breaking off, deferment, delay, disbarment, discontinuation, interruption, moratorium, postponement, remission, respite, stay

**suspicion 1.** bad vibes (*Sl.*), chariness, distrust, doubt, dubiety, funny feeling (*Inf.*), jealousy, lack of confidence, misgiving, mistrust, qualm, scepticism, wariness **2. above suspicion** above reproach, blameless, honourable, like Caesar's wife, pure, sinless, unimpeachable, virtuous **3.** conjecture, guess, gut feeling (*Inf.*), hunch, idea, impression, notion, supposition, surmise **4.** glimmer, hint, shade, shadow, soupçon, strain, streak, suggestion, tinge, touch, trace

**suspicious 1.** apprehensive, distrustful, doubtful, jealous, leery (*Sl.*), mistrustful, sceptical, suspecting, unbelieving, wary **2.** dodgy (*Brit., Aust., &* N.Z. *inf.*), doubtful, dubious, fishy (*Inf.*), funny, irregular, of doubtful honesty, open to doubt *or* misconstruction, queer, questionable, shady (*Inf.*), suspect

**sustain 1.** bear, carry, keep from falling, keep up, support, uphold **2.** bear, bear up under, endure, experience, feel, suffer, undergo, withstand **3.** aid, assist, comfort, foster, help, keep alive, nourish, nurture, provide for, relieve **4.** approve, confirm, continue, keep alive, keep going, keep up, maintain, prolong, protract, ratify **5.** endorse, uphold, validate, verify

**sustenance 1.** aliment, comestibles, daily bread, eatables, edibles, food, nourishment, provender, provisions, rations, refection, refreshments, victuals **2.** livelihood, maintenance, subsistence, support

**swagger**
▶ **V. 1.** bluster, boast, brag, bully, gasconade (*Rare*), hector, hot-dog (*Chiefly U.S.*), parade, prance, show off (*Inf.*), strut, swank (*Inf.*)
▶ **N. 2.** arrogance, bluster, braggadocio, display, gasconade (*Rare*), ostentation, pomposity, show, showing off (*Inf.*), swank (*Inf.*), swashbuckling

**swallow V. 1.** absorb, consume, devour, down (*Inf.*), drink, eat, gulp, ingest, swig (*Inf.*), swill, wash down **2.** (*Often with* **up**) absorb, assimilate, consume, engulf, envelop, overrun, overwhelm, use up, waste **3.** choke back, hold in, repress **4.** (*Inf.*) accept, believe, buy (*Sl.*), fall for

**swamp**
▶ **N. 1.** bog, everglade(s) (*U.S.*), fen, marsh, mire, morass, moss (*Scot. & northern English dialect*), quagmire, slough
▶ **V. 2.** capsize, drench, engulf, flood, inundate, overwhelm, sink, submerge, swallow up, upset, wash over, waterlog **3.** beset, besiege, deluge, flood, inundate, overload, overwhelm, snow under

**swampy** boggy, fenny, marish (*Obsolete*), marshy, miry, quaggy, waterlogged, wet

**swap, swop** v. bandy, barter, exchange, interchange, switch, trade, traffic

**swarm**
▶ **N. 1.** army, bevy, concourse, crowd, drove, flock, herd, horde, host, mass, multitude, myriad, shoal, throng
▶ **V. 2.** congregate, crowd, flock, mass, stream, throng **3.** (*With* **with**) abound, be alive (infested, overrun), bristle, crawl, teem

**swarthy** black, brown, dark, dark-complexioned, dark-skinned, dusky, swart (*Archaic*), tawny

**swashbuckling** bold, daredevil, dashing, flamboyant, gallant, mettlesome, roisterous, spirited, swaggering

**swastika** fylfot

**swathe** bandage, bind, bundle up, cloak, drape, envelop, enwrap, fold, furl, lap, muffle up, sheathe, shroud, swaddle, wrap

**sway**
▶ **V. 1.** bend, fluctuate, incline, lean, lurch, oscillate, rock, roll, swing, wave **2.** affect, control, direct, dominate, govern, guide, induce, influence, persuade, prevail on, win over
▶ **N. 3.** ascendency, authority, clout (*Inf.*), command, control, dominion, government, influence, jurisdiction, power, predominance, rule, sovereignty **4. hold sway** predominate, prevail, reign, rule, run

**swear 1.** affirm, assert, asseverate, attest, avow, declare, depose, give one's word, pledge oneself, promise, state under oath, take an oath, testify, vow, warrant **2.** be foul-mouthed, blaspheme, curse, cuss (*Inf.*), imprecate, take the Lord's name in vain, turn the air blue (*Inf.*), utter profanities **3.** (*With* **by**) depend on, have confidence in, rely on, trust

**sweat**
▶ **N. 1.** diaphoresis (*Medical*), exudation, perspiration, sudor (*Medical*) **2.** (*Inf.*) agitation, anxiety, distress, flap (*Inf.*), panic, strain, worry **3.** (*Inf.*)

backbreaking task, chore, drudgery, effort, labour, toil
▶ **v. 4.** break out in a sweat, exude moisture, glow, perspire **5.** (*Inf.*) agonize, be on pins and needles (*Inf.*), be on tenterhooks, chafe, fret, lose sleep over, suffer, torture oneself, worry **6. sweat it out** (*Inf.*) endure, see (something) through, stay the course, stick it out (*Inf.*)

**sweaty** clammy, drenched (bathed, soaked) in perspiration, glowing, perspiring, sticky, sweating

**sweep**
▶ **v. 1.** brush, clean, clear, remove **2.** career, flounce, fly, glance, glide, hurtle, pass, sail, scud, skim, tear, zoom
▶ **n. 3.** arc, bend, curve, gesture, move, movement, stroke, swing **4.** compass, extent, range, scope, span, stretch, vista **5.** draw, lottery, raffle, sweepstake

**sweeping 1.** all-embracing, all-inclusive, bird's-eye, broad, comprehensive, extensive, global, radical, thoroughgoing, wide, wide-ranging **2.** across-the-board, blanket, exaggerated, indiscriminate, overdrawn, overstated, unqualified, wholesale

**sweet**
▶ **adj. 1.** cloying, honeyed, luscious, melting, saccharine, sugary, sweetened, syrupy, toothsome, treacly **2.** affectionate, agreeable, amiable, appealing, attractive, beautiful, charming, cute, delightful, engaging, fair, gentle, kind, likable *or* likeable, lovable, sweet-tempered, taking, tender, unselfish, winning, winsome **3.** beloved, cherished, darling, dear, dearest, pet, precious, treasured **4.** aromatic, balmy, clean, fragrant, fresh, new, perfumed, pure, redolent, sweet-smelling, wholesome **5.** dulcet, euphonic, euphonious, harmonious, mellow, melodious, musical, silver-toned, silvery, soft, sweet-sounding, tuneful **6. sweet on** enamoured of, gone on (*Sl.*), head over heels in love with, infatuated by, in love with, keen on, obsessed *or* bewitched by, taken with, wild *or* mad about (*Inf.*)
▶ **n. 7.** afters (*Brit. inf.*), dessert, pudding, sweet course **8.** *Usually plural* bonbon, candy (*U.S.*), confectionery, sweetie, sweetmeats

**sweeten 1.** honey, sugar, sugar-coat **2.** alleviate, appease, mollify, pacify, soften up, soothe, sugar the pill

**sweetheart** admirer, beau, beloved, boyfriend, darling, dear, flame (*Inf.*), follower (*Obsolete*), girlfriend, inamorata, inamorato, leman (*Archaic*), love, lover, steady (*Inf.*), suitor, swain (*Archaic*), sweetie (*Inf.*), truelove, valentine

**swell**
▶ **v. 1.** balloon, become bloated *or* distended, become larger, be inflated, belly, billow, bloat, bulge, dilate, distend, enlarge, expand, extend, fatten, grow, increase, protrude, puff up, rise, round out, tumefy, well up **2.** add to, aggravate, augment, enhance, heighten, intensify, mount, surge
▶ **n. 3.** billow, rise, surge, undulation, wave **4.** (*Inf.*) beau, blade (*Archaic*), cockscomb (*Inf.*), dandy, fashion plate, fop, nob (*Sl.*), toff (*Brit. sl.*)
▶ **adj. 5.** (*Inf.*) de luxe, exclusive, fashionable, grand, plush *or* plushy (*Inf.*), posh (*Inf., chiefly Brit.*), ritzy (*Sl.*), smart, stylish

**swelling n.** blister, bruise, bulge, bump, dilation, distension, enlargement, inflammation, lump, protuberance, puffiness, tumescence

**swerve v.** bend, deflect, depart from, deviate, diverge, incline, sheer off, shift, skew, stray, swing, turn, turn aside, veer, wander, wind

**swift** abrupt, expeditious, express, fast, fleet, fleet-footed, flying, hurried, nimble, nippy (*Brit. inf.*), pdq (*Sl.*), prompt, quick, quickie (*Inf.*), rapid, ready, short, short-lived, spanking, speedy, sudden, winged

**swiftly** apace, as fast as one's legs can carry one, (at) full tilt, double-quick, fast, hotfoot, hurriedly, in less than no time, nippily (*Brit. inf.*), posthaste, promptly, pronto (*Inf.*), rapidly, speedily, without losing time

**swiftness** alacrity, celerity, dispatch, expedition, fleetness, promptness, quickness, rapidity, speed, speediness, velocity

**swill**
▶ **v. 1.** bend the elbow (*Inf.*), bevvy (*Dialect*), consume, drain, drink (down), gulp, guzzle, imbibe, pour down one's gullet, quaff, swallow, swig (*Inf.*), toss off **2.** (*Often with* **out**) drench, flush, rinse, sluice, wash down, wash out
▶ **n. 3.** hogwash, mash, mush, pigswill, scourings, slops, waste

**swindle**
▶ **v. 1.** bamboozle (*Inf.*), bilk (of), cheat, con, cozen, deceive, defraud, diddle (*Inf.*), do (*Sl.*), dupe, fleece, hornswoggle (*Sl.*), overcharge, pull a fast one (on someone) (*Inf.*), put one over on (someone) (*Inf.*), rip (someone) off (*Sl.*), rook (*Sl.*), skin (*Sl.*), stiff (*Sl.*), sting (*Inf.*), take (someone) for a ride (*Inf.*), take to the cleaners (*Inf.*), trick
▶ **n. 2.** con trick (*Inf.*), deceit, deception, double-dealing, fiddle (*Brit. inf.*), fraud, imposition, knavery, racket, rip-off (*Sl.*), roguery, scam (*Sl.*), sharp practice, sting (*Inf.*), swizz (*Brit. inf.*), swizzle (*Brit. inf.*), trickery

**swindler** charlatan, cheat, chiseller (*Inf.*), confidence man, con man (*Inf.*), fraud, impostor, knave (*Archaic*), mountebank, rascal, rogue, rook (*Sl.*), shark, sharper, trickster

**swing**
▶ **v. 1.** be pendent, be suspended, dangle, hang, move back and forth, suspend **2.** fluctuate, oscillate, rock, sway, vary, veer, vibrate, wave **3.** (*Usually with* **round**) curve, pivot, rotate, swivel, turn, turn on one's heel, wheel
▶ **n. 4.** fluctuation, oscillation, stroke, sway, swaying, vibration **5. in full swing** animated, at its height, lively, on the go (*Inf.*), under way

**swinging** dynamic, fashionable, full of go *or* pep (*Inf.*), groovy (*Dated sl.*), happening (*Inf.*), hip (*Sl.*), in the swim (*Inf.*), lively, trendy (*Brit. inf.*), up-to-date, up to the minute, with it (*Inf.*)

**swirl v.** agitate, boil, churn, eddy, spin, surge, twirl, twist, whirl

**switch**
▶ **v. 1.** change, change course, deflect, deviate, divert, exchange, interchange, rearrange, replace by, shift, substitute, swap (*Inf.*), trade, turn aside
▶ **n. 2.** about-turn, alteration, change, change of direction, exchange, reversal, shift, substitution, swap (*Inf.*)
▶ **v. 3.** lash, swish, twitch, wave, whip

**swollen** bloated, distended, dropsical, edematous, enlarged, inflamed, oedematous, puffed up, puffy, tumescent, tumid

**swoop**
▶ **v. 1.** descend, dive, pounce, rush, stoop, sweep
▶ **n. 2.** descent, drop, lunge, plunge, pounce, rush, stoop, sweep

**swop** → **swap**

**sword 1.** blade, brand (*Archaic*), trusty steel **2. cross swords** argue, come to blows, dispute, fight, spar, wrangle **3. the sword** aggression, arms, butchery, death, massacre, military might, murder, slaying, violence, war

**syllabus** course of study, curriculum

**symbol** badge, emblem, figure, image, logo, mark, representation, sign, token, type

**symbolic, symbolical** allegorical, emblematic, figurative, representative, significant, token, typical

**symbolize** betoken, body forth, connote, denote, exemplify, mean, personify, represent, signify, stand for, typify

**symmetrical** balanced, in proportion, proportional, regular, well-proportioned

**symmetry** agreement, balance, correspondence, evenness, form, harmony, order, proportion, regularity

**sympathetic 1.** affectionate, caring, commiserating, compassionate, concerned, condoling, feeling, interested, kind, kindly, pitying, responsive, supportive, tender, understanding, warm, warm-hearted **2.** (*Often with* **to**) agreeable, approving, encouraging, favourably disposed, friendly, in sympathy with, pro, well-disposed **3.** agreeable, appreciative, companionable, compatible, congenial, friendly, like-minded, responsive, well-intentioned

**sympathetically** appreciatively, feelingly, kindly, perceptively, responsively, sensitively, understandingly, warm-heartedly, warmly, with compassion, with feeling, with interest

**sympathize 1.** bleed for, commiserate, condole, empathize, feel for, feel one's heart go out to, grieve with, have compassion, offer consolation, pity, share another's sorrow **2.** agree, be in accord, be in sympathy, go along with, identify with, side with, understand

**sympathizer** condoler, fellow traveller, partisan, protagonist, supporter, well-wisher

**sympathy 1.** commiseration, compassion, condolence(s), empathy, pity, tenderness, thoughtfulness, understanding **2.** affinity, agreement, congeniality, correspondence, fellow feeling, harmony, rapport, union, warmth

**symptom** expression, indication, mark, note, sign, syndrome, token, warning

**symptomatic** characteristic, indicative, suggestive

**synthesis 1.** amalgamation, coalescence, combination, integration, unification, welding **2.** amalgam, blend, combination, composite, compound, fusion, meld, union

**synthetic** artificial, ersatz, fake, man-made, manufactured, mock, pseudo (*Inf.*), sham, simulated

**system 1.** arrangement, classification, combination, coordination, organization, scheme, setup (*Inf.*), structure **2.** fixed order, frame of reference, method, methodology, modus operandi, practice, procedure, routine, technique, theory, usage **3.** definite plan, logical process, method, methodicalness, orderliness, regularity, systematization

**systematic** businesslike, efficient, methodical, orderly, organized, precise, standardized, systematized, well-ordered

✦ ✦ ✦ ✦ ✦ ✦ ✦ ✦ ✦ ✦ ✦ ✦ ✦ ✦ ✦ ✦ ✦ ✦ ✦ ✦

# T

**table**
▶ **n. 1.** bench, board, counter, slab, stand **2.** board, diet, fare, food, spread (*Inf.*), victuals **3.** flat, flatland, mesa, plain, plateau, tableland **4.** agenda, catalogue, chart, diagram, digest, graph, index, inventory, list, plan, record, register, roll, schedule, synopsis, tabulation
▶ **v. 5.** enter, move, propose, put forward, submit, suggest

**tableau** picture, representation, scene, spectacle

**taboo**
▶ **adj. 1.** anathema, banned, beyond the pale, disapproved of, forbidden, frowned on, not allowed, not permitted, outlawed, prohibited, proscribed, ruled out, unacceptable, unmentionable, unthinkable
▶ **n. 2.** anathema, ban, disapproval, interdict, prohibition, proscription, restriction

**tabulate** arrange, catalogue, categorize, chart, classify, codify, index, list, order, range, systematize, tabularize

**tacit** implicit, implied, inferred, silent, taken for granted, undeclared, understood, unexpressed, unspoken, unstated, wordless

**taciturn** aloof, antisocial, close-lipped, cold, distant, dumb, mute, quiet, reserved, reticent, silent, tight-lipped, uncommunicative, unforthcoming, withdrawn

**tack**
▶ **n. 1.** drawing pin, nail, pin, staple, thumbtack (*U.S.*), tintack **2.** approach, bearing, course, direction, heading, line, method, path, plan, procedure, tactic, way
▶ **v. 3.** affix, attach, fasten, fix, nail, pin, staple **4.** baste, stitch **5.** add, annex, append, attach, tag

**tackle**
▶ **n. 1.** accoutrements, apparatus, equipment, gear, implements, outfit, paraphernalia, rig, rigging, tools, trappings **2.** block, challenge, stop
▶ **v. 3.** apply oneself to, attempt, begin, come *or* get to grips with, deal with, embark upon, engage in, essay, get stuck into (*Inf.*), have a go at (*Inf.*), have a stab at (*Inf.*), set about, take on, try, turn one's hand to, undertake, wade into **4.** block, bring down, challenge, clutch, confront, grab, grasp, halt, intercept, seize, stop, take hold of, throw

**tact** address, adroitness, consideration, delicacy, diplomacy, discretion, finesse, judg(e)ment, perception, savoir-faire, sensitivity, skill, thoughtfulness, understanding

**tactful** careful, considerate, delicate, diplomatic, discreet, judicious, perceptive, polished, polite, politic, prudent, sensitive, subtle, thoughtful, understanding

**tactic 1.** approach, course, device, line, manoeuvre, means, method, move, ploy, policy, scheme, stratagem, tack, trick, way **2.** *Plural* campaign, generalship, manoeuvres, plans, strategy

**tactical** adroit, artful, clever, cunning, diplomatic, foxy, politic, shrewd, skilful, smart, strategic

**tactician** brain (*Inf.*), campaigner, coordinator, director, general, mastermind, planner, strategist

**tactless** blundering, boorish, careless, clumsy, discourteous, gauche, harsh, impolite, impolitic, imprudent, inconsiderate, indelicate, indiscreet, inept, injudicious, insensitive, maladroit, rough, rude, sharp, thoughtless, uncivil, undiplomatic, unfeeling, unkind, unsubtle

**tail**
▸ N. **1.** appendage, conclusion, empennage, end, extremity, rear end, tailpiece, train **2.** file, line, queue, tailback, train **3.** *(Of hair)* braid, pigtail, plait, ponytail, tress **4.** *(Inf.)* arse (*Taboo sl.*), ass (*U.S. & Canad. taboo sl.*), backside (*Inf.*), behind (*Inf.*), bottom, bum (*Brit. sl.*), buns (*U.S. sl.*), butt (*U.S. & Canad. inf.*), buttocks, croup, derrière (*Euphemistic*), jacksy (*Brit. sl.*), posterior, rear (*Inf.*), rear end, rump **5. turn tail** cut and run, escape, flee, hook it (*Sl.*), make off, retreat, run away, run for it (*Inf.*), run off, scarper (*Brit. sl.*), show a clean pair of heels, skedaddle (*Inf.*), take off (*Inf.*), take to one's heels
▸ V. **6.** *(Inf.)* dog the footsteps of, follow, keep an eye on, shadow, stalk, track, trail

**tail away** *or* **tail off** decrease, die out, drop, dwindle, fade, fall away, peter out, wane

**tailor**
▸ N. **1.** clothier, costumier, couturier, dressmaker, garment maker, outfitter, seamstress
▸ V. **2.** accommodate, adapt, adjust, alter, convert, cut, fashion, fit, modify, mould, shape, style, suit

**taint**
▸ V. **1.** adulterate, blight, contaminate, corrupt, dirty, foul, infect, poison, pollute, soil, spoil **2.** besmirch, blacken, blemish, blot, brand, damage, defile, disgrace, dishonour, muddy, ruin, shame, smear, smirch, stain, stigmatize, sully, tarnish, vitiate
▸ N. **3.** black mark, blemish, blot, blot on one's escutcheon, defect, demerit, disgrace, dishonour, fault, flaw, shame, smear, smirch, spot, stain, stigma **4.** contagion, contamination, infection, pollution

**take**
▸ V. **1.** abduct, acquire, arrest, capture, carry off, catch, clutch, ensnare, entrap, gain possession of, get, get hold of, grasp, grip, have, help oneself to, lay hold of, obtain, receive, secure, seize, win **2.** abstract, appropriate, blag (*Sl.*), cabbage (*Brit. sl.*), carry off, filch, misappropriate, nick (*Sl., chiefly Brit.*), pinch (*Inf.*), pocket, purloin, run off with, steal, swipe (*Sl.*), walk off with **3.** book, buy, engage, hire, lease, pay for, pick, purchase, rent, reserve, select **4.** abide, bear, brave, brook, endure, go through, pocket, put up with (*Inf.*), stand, stomach, submit to, suffer, swallow, thole (*Scot.*), tolerate, undergo, weather, withstand **5.** consume, drink, eat, imbibe, ingest, inhale, swallow **6.** accept, adopt, assume, enter upon, undertake **7.** do, effect, execute, have, make, perform **8.** assume, believe, consider, deem, hold, interpret as, perceive, presume, receive, regard, see as, think of as, understand **9.** be efficacious, do the trick (*Inf.*), have effect, operate, succeed, work **10.** bear, bring, carry, cart, convey, ferry, fetch, haul, tote (*Inf.*), transport **11.** accompany, bring, conduct, convoy, escort, guide, lead, usher **12.** attract, become popular, captivate, charm, delight, enchant, fascinate, please, win favour **13.** call for, demand, necessitate, need, require **14.** deduct, eliminate, remove, subtract **15.** accept, accommodate, contain, have room for, hold **16.** *(Sl.)* bilk, cheat, con (*Inf.*), deceive, defraud, do (*Sl.*), dupe, fiddle (*Inf.*), gull (*Archaic*), pull a fast one on (*Inf.*), stiff (*Sl.*), swindle
▸ N. **17.** catch, gate, haul, proceeds, profits, receipts, return, revenue, takings, yield

**take back** **1.** disavow, disclaim, recant, renege, renounce, retract, unsay, withdraw **2.** get back, recapture, reclaim, reconquer, regain, repossess, retake **3.** accept back, exchange, give one a refund for

**take down** **1.** make a note of, minute, note, put on record, record, set down, transcribe, write down **2.** depress, drop, haul down, let down, lower, pull down, remove, take off **3.** demolish, disassemble, dismantle, level, raze, take apart, take to pieces, tear down **4.** deflate, humble, humiliate, mortify, put down (*Sl.*)

**take in** **1.** absorb, assimilate, comprehend, digest, grasp, understand **2.** comprise, contain, cover, embrace, encompass, include **3.** accommodate, admit, let in, receive **4.** *(Inf.)* bilk, cheat, con (*Inf.*), cozen, deceive, do (*Sl.*), dupe, fool, gull (*Archaic*), hoodwink, mislead, pull the wool over (someone's) eyes (*Inf.*), stiff (*Sl.*), swindle, trick

**takeoff** **1.** departure, launch, liftoff **2.** *(Inf.)* caricature, imitation, lampoon, mocking, parody, satire, send-up (*Brit. inf.*), spoof (*Inf.*), travesty

**take off** **1.** discard, divest oneself of, doff, drop, peel off, remove, strip off **2.** become airborne, leave the ground, lift off, take to the air **3.** *(Inf.)* abscond, beat it (*Sl.*), decamp, depart, disappear, go, hit the road (*Sl.*), hook it (*Sl.*), leave, set out, slope off, split (*Sl.*), strike out **4.** *(Inf.)* caricature, hit off, imitate, lampoon, mimic, mock, parody, satirize, send up (*Brit. inf.*), spoof (*Inf.*), take the piss (out of) (*Taboo sl.*), travesty

**take on** **1.** employ, engage, enlist, enrol, hire, retain **2.** acquire, assume, come to have **3.** accept, address oneself to, agree to do, have a go at (*Inf.*), tackle, undertake **4.** compete against, contend with, enter the lists against, face, fight, match oneself against, oppose, pit oneself against, vie with **5.** *(Inf.)* break down, get excited, get upset, give way, make a fuss

**take over** assume control of, become leader of, come to power, gain control of, succeed to, take command of

**take to** **1.** flee to, head for, make for, man, run for **2.** become friendly, be pleased by, be taken with, conceive an affection for, get on with, like, warm to **3.** have recourse to, make a habit of, resort to

**take up** **1.** adopt, assume, become involved in, engage in, start **2.** begin again, carry on, continue, follow on, go on, pick up, proceed, recommence, restart, resume **3.** absorb, consume, cover, extend over, fill, occupy, use up

**taking**
▸ ADJ. **1.** attractive, beguiling, captivating, charming, compelling, delightful, enchanting, engaging, fascinating, fetching (*Inf.*), intriguing, likable *or* likeable, pleasing, prepossessing, winning **2.** *(Inf.)* catching, contagious, infectious
▸ N. **3.** *Plural* earnings, gain, gate, income, pickings, proceeds, profits, receipts, returns, revenue, take, yield

**tale** **1.** account, anecdote, conte, fable, fiction, legend, narration, narrative, novel, relation, report, romance, saga, short story, spiel (*Inf.*), story, urban legend, yarn (*Inf.*) **2.** cock-and-bull story (*Inf.*), fabrication, falsehood, fib, lie, rigmarole, rumour, spiel (*Inf.*), tall story (*Inf.*), untruth

**talent** ability, aptitude, bent, capacity, endowment, faculty, flair, forte, genius, gift, knack, parts, power

**talented** able, artistic, brilliant, gifted, well-endowed

**talk**
▸ V. **1.** articulate, chat, chatter, communicate, converse, crack (*Scot.*), express oneself, gab (*Inf.*), give voice to, gossip, natter, prate, prattle, rap (*Sl.*), say, speak, spout, utter, verbalize, witter (*Inf.*) **2.** chew the rag *or* fat (*Sl.*), confabulate, confer, have a confab (*Inf.*), hold discussions, negotiate, palaver, parley **3.** blab, crack, give the game away, grass (*Brit. sl.*), inform, reveal information, shop (*Sl., chiefly Brit.*), sing (*Sl., chiefly U.S.*), spill one's guts (*Sl.*), spill the beans (*Inf.*), squeak (*Inf.*), squeal (*Sl.*), tell all
▸ N. **4.** address, discourse, disquisition, dissertation, harangue, lecture, oration, sermon, speech **5.** blather, blether, chat, chatter, chitchat, conversation, crack (*Scot.*), gab (*Inf.*), gossip, hearsay, jaw (*Sl.*), natter, rap (*Sl.*), rumour, tittle-tattle **6.** colloquy, conclave, confab (*Inf.*), confabulation, conference, congress, consultation, dialogue, discussion, meeting, negotiation, palaver, parley, seminar, symposium **7.** argot, dialect, jargon, language, lingo (*Inf.*), patois, slang, speech, words

**talkative** big-mouthed (*Sl.*), chatty, effusive, gabby (*Inf.*), garrulous, gossipy, long-winded, loquacious, mouthy, prolix, verbose, voluble, wordy

**talker** chatterbox, conversationalist, lecturer, orator, speaker, speechmaker

**talking-to** criticism, dressing-down (*Inf.*), lecture, rap on the knuckles, rebuke, reprimand, reproach, reproof, row, scolding, slating (*Inf.*), telling-off (*Inf.*), ticking-off (*Inf.*), wigging (*Brit. sl.*)

**tall** **1.** big, elevated, giant, high, lanky, lofty, soaring, towering **2.** *(Inf.)* absurd, embellished, exaggerated, far-fetched, implausible, incredible, overblown, preposterous, steep (*Brit. inf.*), unbelievable **3.** *(Inf.)* demanding, difficult, exorbitant, hard, unreasonable, well-nigh impossible

**tally**
▸ V. **1.** accord, agree, coincide, concur, conform, correspond, fit, harmonize, jibe (*Inf.*), match, parallel, square, suit **2.** compute, count up, keep score, mark, reckon, record, register, total
▸ N. **3.** count, mark, reckoning, record, running total, score, total **4.** counterfoil, counterpart, duplicate, match, mate, stub

**tame**
▸ ADJ. **1.** amenable, broken, cultivated, disciplined, docile, domesticated, gentle, obedient, tractable **2.** fearless, unafraid, used to human contact **3.** compliant, docile, manageable, meek, obedient, spiritless, subdued, submissive, unresisting **4.** bland, boring, dull, flat, humdrum, insipid, lifeless, prosaic, tedious, unexciting, uninspiring, uninteresting, vapid, wearisome
▸ V. **5.** break in, domesticate, gentle, house-train, make tame, pacify, train **6.** break the spirit of, bridle, bring to heel, conquer, curb, discipline, enslave, humble, master, repress, subdue, subjugate, suppress **7.** mitigate, mute, soften, soft-pedal (*Inf.*), subdue, temper, tone down, water down

**tamper** **1.** alter, damage, fiddle (*Inf.*), fool about (*Inf.*), interfere, intrude, meddle, mess about, monkey around, muck about (*Brit. sl.*), poke one's nose into (*Inf.*), tinker **2.** bribe, corrupt, fix (*Inf.*), get at, influence, manipulate, rig

**tangible** actual, concrete, corporeal, definite, discernible, evident, manifest, material, objective, palpable, perceptible, physical, positive, real, solid, substantial, tactile, touchable

**tangle**
▸ N. **1.** coil, confusion, entanglement, jam, jungle, knot, mass, mat, mesh, ravel, snarl, twist, web **2.** complication, entanglement, fix (*Inf.*), imbroglio, labyrinth, maze, mess, mix-up
▸ V. **3.** coil, confuse, entangle, interlace, interlock, intertwist, interweave, jam, kink, knot, mat, mesh, ravel, snarl, twist **4.** *(Often with* **with**) come into conflict, come up against, contend, contest, cross swords, dispute, lock horns **5.** catch, drag into, embroil, enmesh, ensnare, entangle, entrap, implicate, involve

**tantalize** baffle, balk, disappoint, entice, frustrate, keep (someone) hanging on, lead on, make (someone's) mouth water, provoke, taunt, tease, thwart, titillate, torment, torture

**tantamount** as good as, commensurate, equal, equivalent, synonymous, the same as

**tantrum** bate (*Brit. sl.*), fit, flare-up, hysterics, ill humour, outburst, paddy (*Brit. inf.*), paroxysm, storm, temper, wax (*Inf., chiefly Brit.*)

**tap[1]**
▸ N. **1.** faucet (*U.S.*), spigot, spout, stopcock, valve **2.** bung, plug, spile, stopper **3.** bug (*Inf.*), listening device **4. on tap** (*Inf.*) at hand, available, in reserve, on hand, ready on draught
▸ V. **5.** bleed, broach, drain, draw off, open, pierce, siphon off, unplug **6.** draw on, exploit, make use of, milk, mine, put to use, turn to account, use, utilize **7.** bug (*Inf.*), eavesdrop on, listen in on

**tap[2]**
▸ V. **1.** beat, drum, knock, pat, rap, strike, touch
▸ N. **2.** beat, knock, light blow, pat, rap, touch

**tape**
▸ N. **1.** band, ribbon, strip
▸ V. **2.** bind, seal, secure, stick, wrap **3.** record, tape-record, video

**taper** **1.** come to a point, narrow, thin **2.** *(With* **off**) decrease, die away, die out, dwindle, fade, lessen, reduce, subside, thin out, wane, weaken, wind down

**target** **1.** aim, ambition, bull's-eye, end, goal, intention, mark, object, objective **2.** butt, quarry, scapegoat, victim

**tariff** **1.** assessment, duty, excise, impost, levy, rate, tax, toll **2.** bill of fare, charges, menu, price list, schedule

**tarnish**
▸ V. **1.** befoul, blacken, blemish, blot, darken, dim, discolour, drag through the mud, dull, lose lustre *or* shine, rust, smirch, soil, spot, stain, sully, taint
▸ N. **2.** blackening, black mark, blemish, blot, discoloration, rust, smirch, spot, stain, taint

**tarry** abide, bide, dally, dawdle, delay, dwell, hang around (Inf.), linger, lodge, loiter, lose time, pause, remain, rest, sojourn, stay, take one's time, wait

**tart¹ 1.** acerb, acid, acidulous, astringent, bitter, piquant, pungent, sharp, sour, tangy, vinegary **2.** acrimonious, astringent, barbed, biting, caustic, crusty, cutting, harsh, mordacious, mordant, nasty, scathing, sharp, short, snappish, testy, trenchant, vitriolic, wounding

**tart² 1.** pastry, pie, tartlet **2.** call girl, fallen woman, fille de joie, floozy (Sl.), harlot, hooker (U.S. sl.), loose woman, prostitute, scrubber (Brit. & Aust. sl.), slag (Brit. sl.), slut, street walker, strumpet, trollop, whore, woman of easy virtue, working girl (Facetious sl.)

**task**
▶ N. **1.** assignment, business, charge, chore, duty, employment, enterprise, exercise, job, labour, mission, occupation, toil, undertaking, work **2. take to task** bawl out (Inf.), blame, blast, carpet (Inf.), censure, chew out (U.S. & Canad. inf.), criticize, give a rocket (Brit. & N.Z. inf.), lambast(e), lecture, read the riot act, reprimand, reproach, reprove, scold, tear into (Inf.), tear (someone) off a strip (Brit. inf.), tell off (Inf.), upbraid
▶ V. **3.** assign to, charge, entrust **4.** burden, exhaust, load, lumber (Brit. inf.), oppress, overload, push, saddle, strain, tax, test, weary

**taste**
▶ N. **1.** flavour, relish, savour, smack, tang **2.** bit, bite, dash, drop, morsel, mouthful, nip, sample, sip, soupçon, spoonful, swallow, titbit, touch **3.** appetite, bent, desire, fancy, fondness, inclination, leaning, liking, palate, partiality, penchant, predilection, preference, relish **4.** appreciation, cultivation, culture, discernment, discrimination, elegance, grace, judg(e)ment, perception, polish, refinement, sophistication, style **5.** correctness, decorum, delicacy, discretion, nicety, politeness, propriety, restraint, tact, tactfulness
▶ V. **6.** differentiate, discern, distinguish, perceive **7.** assay, nibble, relish, sample, savour, sip, test, try **8.** have a flavour of, savour of, smack **9.** come up against, encounter, experience, feel, have knowledge of, know, meet with, partake of, undergo

**tasteful** aesthetically pleasing, artistic, beautiful, charming, cultivated, cultured, delicate, discriminating, elegant, exquisite, fastidious, graceful, handsome, harmonious, in good taste, polished, refined, restrained, smart, stylish

**tasteless 1.** bland, boring, dull, flat, flavourless, insipid, mild, stale, tame, thin, uninspired, uninteresting, vapid, watered-down, weak **2.** cheap, coarse, crass, crude, flashy, garish, gaudy, graceless, gross, impolite, improper, indecorous, indelicate, indiscreet, inelegant, low, naff (Brit. sl.), rude, tacky (Inf.), tactless, tawdry, uncouth, unseemly, vulgar

**tasty** appetizing, delectable, delicious, flavourful, flavoursome, full-flavoured, good-tasting, luscious, palatable, sapid, savoury, scrumptious (Inf.), toothsome, yummy (Sl.)

**taunt**
▶ V. **1.** deride, flout, gibe, guy (Inf.), insult, jeer, mock, provoke, reproach, revile, ridicule, sneer, take the piss (out of) (Taboo sl.), tease, torment, twit, upbraid
▶ N. **2.** barb, censure, cut, derision, dig, gibe, insult, jeer, provocation, reproach, ridicule, sarcasm, teasing

**taut 1.** flexed, rigid, strained, stressed, stretched, tense, tight **2.** (Nautical) in good order, neat, orderly, shipshape, spruce, tidy, tight, trim, well-ordered, well-regulated

**tavern** alehouse (Archaic), bar, boozer (Brit., Aust. & N.Z. inf.), hostelry, inn, pub (Inf., chiefly Brit.), public house, taproom, watering hole (Facetious sl.)

**tawdry** brummagem, cheap, cheap-jack (Inf.), flashy, gaudy, gimcrack, glittering, meretricious, naff (Brit. sl.), plastic (Sl.), raffish, showy, tacky (Inf.), tasteless, tatty, tinsel, tinselly, vulgar

**tax**
▶ N. **1.** assessment, charge, contribution, customs, duty, excise, imposition, impost, levy, rate, tariff, tithe, toll, tribute **2.** burden, demand, drain, load, pressure, strain, weight
▶ V. **3.** assess, charge, demand, exact, extract, impose, levy a tax on, rate, tithe **4.** burden, drain, enervate, exhaust, load, make heavy demands on, overburden, push, put pressure on, sap, strain, stretch, task, try, weaken, wear out, weary, weigh heavily on **5.** accuse, arraign, blame, charge, impeach, impugn, incriminate, lay at one's door

**taxing** burdensome, demanding, enervating, exacting, heavy, onerous, punishing, sapping, stressful, tiring, tough, trying, wearing, wearisome

**teach** advise, coach, demonstrate, direct, discipline, drill, edify, educate, enlighten, give lessons in, guide, impart, implant, inculcate, inform, instil, instruct, school, show, train, tutor

**teacher** coach, dominie (Scot.), don, educator, guide, guru, handler, instructor, lecturer, master, mentor, mistress, pedagogue, professor, schoolmaster, schoolmistress, schoolteacher, trainer, tutor

**team**
▶ N. **1.** band, body, bunch, company, crew, gang, group, line-up, posse (Inf.), set, side, squad, troupe **2.** pair, span, yoke
▶ V. **3.** (Often with **up**) band together, cooperate, couple, get together, join, link, unite, work together, yoke

**tear**
▶ V. **1.** claw, divide, lacerate, mangle, mutilate, pull apart, rend, rip, rive, run, rupture, scratch, sever, shred, split, sunder **2.** barrel (along) (Inf., chiefly U.S. & Canad.), belt (Sl.), bolt, burn rubber (Inf.), career, charge, dart, dash, fly, gallop, hurry, race, run, rush, shoot, speed, sprint, zoom **3.** grab, pluck, pull, rip, seize, snatch, wrench, wrest, yank
▶ N. **4.** hole, laceration, mutilation, rent, rip, run, rupture, scratch, split

**tearful 1.** blubbering, crying, in tears, lachrymose, sobbing, weeping, weepy (Inf.), whimpering **2.** distressing, dolorous, harrowing, lamentable, mournful, pathetic, pitiable, pitiful, poignant, sad, sorrowful, upsetting, woeful

**tears 1.** blubbering, crying, distress, lamentation, mourning, pain, regret, sadness, sobbing, sorrow, wailing, weeping, whimpering, woe **2. in tears** blubbering, crying, distressed, sobbing, visibly moved, weeping, whimpering

**tease** aggravate (Inf.), annoy, badger, bait, bedevil, bother, chaff, gibe, goad, guy (Inf.), lead on, mock, needle (Inf.), pester, plague (Inf.), provoke, rag, rib (Inf.), ridicule, take the piss (out of) (Taboo sl.), tantalize, taunt, torment, twit, vex, wind up (Brit. sl.), worry

**technique 1.** approach, course, fashion, manner, means, method, mode, modus operandi, procedure, style, system, way **2.** address, adroitness, art, artistry, craft, craftsmanship, delivery, execution, facility, knack, know-how (Inf.), performance, proficiency, skill, touch

**tedious** annoying, banal, boring, deadly dull, drab, dreary, dreich (Scot.), dull, fatiguing, ho-hum (Inf.), humdrum, irksome, laborious, lifeless, long-drawn-out, mind-numbing, monotonous, prosaic, prosy, soporific, tiring, unexciting, uninteresting, vapid, wearisome

**tedium** banality, boredom, deadness, drabness, dreariness, dullness, ennui, lifelessness, monotony, routine, sameness, tediousness, the doldrums

**teem** abound, be abundant, bear, be crawling with, be full of, be prolific, brim, bristle, burst at the seams, overflow, produce, pullulate, swarm

**teeming** abundant, alive, brimful, brimming, bristling, bursting, chock-a-block, chock-full, crawling, fruitful, full, numerous, overflowing, packed, replete, swarming, thick

**teenager** adolescent, boy, girl, juvenile, minor, youth

**teetotaller** abstainer, nondrinker, Rechabite

**telegram** cable, radiogram, telegraph, telex, wire (Inf.)

**telegraph**
▶ N. **1.** tape machine (Stock Exchange), teleprinter, telex **2.** cable, radiogram, telegram, telex, wire (Inf.)
▶ V. **3.** cable, send, telex, transmit, wire (Inf.)

**telepathy** mind-reading, sixth sense, thought transference

**telephone**
▶ N. **1.** blower (Inf.), handset, line, phone
▶ V. **2.** buzz (Inf.), call, call up, dial, get on the blower (Inf.), give (someone) a bell (Brit. sl.), give (someone) a buzz (Inf.), give (someone) a call, give (someone) a ring (Inf., chiefly Brit.), give someone a tinkle (Brit. inf.), phone, put a call through to, ring (Inf., chiefly Brit.)

**telescope**
▶ N. **1.** glass, spyglass
▶ V. **2.** concertina, crush, squash **3.** abbreviate, abridge, capsulize, compress, condense, consolidate, contract, curtail, cut, shorten, shrink, tighten, trim, truncate

**television** gogglebox (Brit. sl.), idiot box (Sl.), receiver, small screen (Inf.), telly (Brit. inf.), the box (Brit. inf.), the tube (Sl.), TV, TV set

**tell** V. **1.** acquaint, announce, apprise, communicate, confess, disclose, divulge, express, impart, inform, let know, make known, mention, notify, proclaim, reveal, say, speak, state, utter **2.** authorize, bid, call upon, command, direct, enjoin, instruct, order, require, summon **3.** chronicle, depict, describe, give an account of, narrate, portray, recount, rehearse, relate, report **4.** comprehend, discern, discover, make out, see, understand **5.** differentiate, discern, discriminate, distinguish, identify **6.** carry weight, count, have or take effect, have force, make its presence felt, register, take its toll, weigh **7.** calculate, compute, count, enumerate, number, reckon, tally

**telling** considerable, decisive, effective, effectual, forceful, forcible, impressive, influential, marked, potent, powerful, significant, solid, striking, trenchant, weighty

**temper**
▶ N. **1.** attitude, character, constitution, disposition, frame of mind, humour, mind, mood, nature, temperament, tenor, vein **2.** bad mood, bate (Brit. sl.), fit of pique, fury, gall, paddy (Brit. inf.), passion, rage, tantrum, wax (Inf., chiefly Brit.) **3.** anger, annoyance, heat, hot-headedness, ill humour, irascibility, irritability, irritation, passion, peevishness, petulance, resentment, surliness **4.** calm, calmness, composure, cool (Sl.), coolness, equanimity, good humour, moderation, self-control, tranquillity
▶ V. **5.** abate, admix, allay, assuage, calm, lessen, mitigate, moderate, mollify, palliate, restrain, soften, soft-pedal (Inf.), soothe, tone down **6.** anneal, harden, strengthen, toughen

**temperament 1.** bent, cast of mind, character, complexion, constitution, disposition, frame of mind, humour, make-up, mettle, nature, outlook, personality, quality, soul, spirit, stamp, temper, tendencies, tendency **2.** anger, excitability, explosiveness, hot-headedness, impatience, mercurialness, moodiness, moods, petulance, volatility

**temperamental 1.** capricious, easily upset, emotional, erratic, excitable, explosive, fiery, highly strung, hot-headed, hypersensitive, impatient, irritable, mercurial, moody, neurotic, passionate, petulant, sensitive, touchy, volatile **2.** congenital, constitutional, inborn, ingrained, inherent, innate, natural **3.** erratic, inconsistent, inconstant, undependable, unpredictable, unreliable

**temperance 1.** continence, discretion, forbearance, moderation, restraint, self-control, self-discipline, self-restraint **2.** abstemiousness, abstinence, prohibition, sobriety, teetotalism

**temperate 1.** agreeable, balmy, calm, clement, cool, fair, gentle, mild, moderate, pleasant, soft **2.** calm, composed, dispassionate, equable, even-tempered, mild, moderate, reasonable, self-controlled, self-restrained, sensible, stable **3.** abstemious, abstinent, continent, moderate, sober

**tempest 1.** cyclone, gale, hurricane, squall, storm, tornado, typhoon **2.** commotion, disturbance, ferment, furore, storm, tumult, upheaval, uproar

**tempestuous 1.** agitated, blustery, boisterous, breezy, gusty, inclement, raging, squally, stormy, turbulent, windy **2.** agitated, boisterous, emotional, excited, feverish, flaming, furious, heated, hysterical, impassioned, intense, passionate, stormy, turbulent, uncontrolled, violent, wild

**temple** church, holy place, place of worship, sanctuary, shrine

**temporarily** briefly, fleetingly, for a little while, for a moment, for a short time, for a short while, for the moment, for the nonce, for the time being, momentarily, pro tem

**temporary** brief, ephemeral, evanescent, fleeting, fugacious, fugitive, here today and gone tomorrow, impermanent, interim, momentary, passing, pro tem, pro tempore, provisional, short-lived, transient, transitory

**tempt** 1. allure, appeal to, attract, coax, decoy, draw, entice, inveigle, invite, lead on, lure, make one's mouth water, seduce, tantalize, whet the appetite of, woo 2. bait, dare, fly in the face of, provoke, risk, test, try

**temptation** allurement, appeal, attraction, attractiveness, bait, blandishments, coaxing, come-on (*Inf.*), decoy, draw, enticement, inducement, invitation, lure, pull, seduction, snare, tantalization

**tempting** alluring, appetizing, attractive, enticing, inviting, mouthwatering, seductive, tantalizing

**tenable** arguable, believable, defendable, defensible, justifiable, maintainable, plausible, rational, reasonable, sound, viable

**tenacious** 1. clinging, fast, firm, forceful, immovable, iron, strong, tight, unshak(e)able 2. retentive, unforgetful 3. adamant, determined, dogged, firm, immovable, inflexible, intransigent, obdurate, obstinate, persistent, pertinacious, resolute, staunch, steadfast, stiff-necked, strong-willed, stubborn, sure, unswerving, unyielding 4. coherent, cohesive, solid, strong, tough 5. adhesive, clinging, gluey, glutinous, mucilaginous, sticky

**tenacity** 1. fastness, firmness, force, forcefulness, power, strength 2. firm grasp, retention, retentiveness 3. application, determination, diligence, doggedness, firmness, inflexibility, intransigence, obduracy, obstinacy, perseverance, persistence, pertinacity, resoluteness, resolution, resolve, staunchness, steadfastness, strength of purpose, strength of will, stubbornness 4. coherence, cohesiveness, solidity, solidness, strength, toughness 5. adhesiveness, clingingness, stickiness

**tenancy** 1. holding, lease, occupancy, occupation, possession, renting, residence 2. incumbency, period of office, tenure, time in office

**tenant** holder, inhabitant, leaseholder, lessee, occupant, occupier, renter, resident

**tend**[1] attend, care for, cater to, control, cultivate, feed, guard, handle, keep, keep an eye on, look after, maintain, manage, minister to, nurse, nurture, protect, see to, serve, take care of, wait on, watch, watch over

**tend**[2] 1. be apt, be biased, be disposed, be inclined, be liable, be likely, gravitate, have a leaning, have an inclination, have a tendency, incline, lean, trend 2. aim, bear, be conducive, conduce, contribute, go, head, influence, lead, make for, move, point

**tendency** 1. bent, disposition, inclination, leaning, liability, partiality, penchant, predilection, predisposition, proclivity, proneness, propensity, readiness, susceptibility 2. bearing, bias, course, direction, drift, drive, heading, movement, purport, tenor, trend, turning

**tender**[1]
▶ V. 1. extend, give, hand in, offer, present, proffer, propose, put forward, submit, suggest, volunteer

▶ N. 2. bid, estimate, offer, proffer, proposal, submission, suggestion 3. currency, medium, money, payment, specie

**tender**[2] 1. breakable, delicate, feeble, fragile, frail, soft, weak 2. callow, green, immature, impressionable, inexperienced, new, raw, sensitive, unripe, vulnerable, wet behind the ears (*Inf.*), young, youthful 3. affectionate, amorous, benevolent, caring, compassionate, considerate, fond, gentle, humane, kind, loving, merciful, pitiful, sentimental, softhearted, sympathetic, tenderhearted, warm, warmhearted 4. emotional, evocative, moving, poignant, romantic, touching 5. complicated, dangerous, difficult, risky, sensitive, ticklish, touchy, tricky 6. aching, acute, bruised, inflamed, irritated, painful, raw, sensitive, smarting, sore

**tenderness** 1. delicateness, feebleness, fragility, frailness, sensitiveness, sensitivity, softness, vulnerability, weakness 2. callowness, greenness, immaturity, impressionableness, inexperience, newness, rawness, sensitivity, vulnerability, youth, youthfulness 3. affection, amorousness, attachment, benevolence, care, compassion, consideration, devotion, fondness, gentleness, humaneness, humanity, kindness, liking, love, mercy, pity, sentimentality, softheartedness, sympathy, tenderheartedness, warm-heartedness, warmth 4. ache, aching, bruising, inflammation, irritation, pain, painfulness, rawness, sensitiveness, sensitivity, smart, soreness

**tense**
▶ ADJ. 1. rigid, strained, stretched, taut, tight 2. anxious, apprehensive, edgy, fidgety, jittery (*Inf.*), jumpy, keyed up, nervous, on edge, overwrought, restless, strained, strung up (*Inf.*), twitchy (*Inf.*), under pressure, uptight (*Inf.*), wired (*Sl.*), wound up (*Inf.*), wrought up 3. exciting, moving, nerve-racking, stressful, worrying

▶ V. 4. brace, flex, strain, stretch, tauten, tighten

**tension** 1. pressure, rigidity, stiffness, straining, stress, stretching, tautness, tightness 2. anxiety, apprehension, edginess, hostility, ill feeling, nervousness, pressure, restlessness, strain, stress, suspense, the jitters (*Inf.*), unease

**tentative** 1. conjectural, experimental, indefinite, provisional, speculative, unconfirmed, unsettled 2. backward, cautious, diffident, doubtful, faltering, hesitant, timid, uncertain, undecided, unsure

**tepid** 1. lukewarm, slightly warm, warmish 2. apathetic, cool, half-arsed, half-assed (*U.S. & Canad. sl.*), half-hearted, indifferent, lukewarm, unenthusiastic

**term**
▶ N. 1. appellation, denomination, designation, expression, locution, name, phrase, title, word 2. duration, interval, period, season, space, span, spell, time, while 3. course, session 4. bound, boundary, close, conclusion, confine, culmination, end, finish, fruition, limit, terminus

▶ V. 5. call, denominate, designate, dub, entitle, label, name, style

**terminal**
▶ ADJ. 1. bounding, concluding, extreme, final, last, limiting, ultimate, utmost 2. deadly, fatal, incurable, killing, lethal, mortal

▶ N. 3. boundary, end, extremity, limit, termination, terminus 4. depot, end of the line, station, terminus

**terminate** abort, axe (*Inf.*), bring *or* come to an end, cease, close, complete, conclude, cut off, discontinue, end, expire, finish, issue, lapse, put an end to, result, run out, stop, wind up

**termination** abortion, cessation, close, completion, conclusion, consequence, cut-off point, discontinuation, effect, end, ending, expiry, finale, finis, finish, issue, result, wind-up

**terminology** argot, cant, jargon, language, lingo (*Inf.*), nomenclature, patois, phraseology, terms, vocabulary

**terminus** 1. boundary, close, end, extremity, final point, goal, limit, target, termination 2. depot, end of the line, garage, last stop, station

**terms** 1. language, manner of speaking, phraseology, terminology 2. conditions, particulars, premises (*Law*), provisions, provisos, qualifications, specifications, stipulations 3. charges, fee, payment, price, rates 4. footing, position, relations, relationship, standing, status 5. **come to terms** be reconciled, come to an agreement, come to an understanding, conclude agreement, learn to live with, reach acceptance, reach agreement

**terrible** 1. bad, dangerous, desperate, extreme, serious, severe 2. (*Inf.*) abhorrent, abysmal, awful, bad, beastly (*Inf.*), dire, dreadful, duff (*Brit. inf.*), foul, frightful, godawful (*Sl.*), hateful, hideous, loathsome, obnoxious, obscene, odious, offensive, poor, repulsive, revolting, rotten (*Inf.*), shitty (*Taboo sl.*), unpleasant, vile 3. appalling, awful, dread, dreaded, dreadful, fearful, frightful, gruesome, harrowing, hellacious (*U.S. sl.*), horrendous, horrible, horrid, horrifying, monstrous, shocking, terrifying, unspeakable

**terribly** awfully (*Inf.*), decidedly, desperately, exceedingly, extremely, gravely, greatly, much, seriously, thoroughly, very

**terrific** 1. awesome, awful, dreadful, enormous, excessive, extreme, fearful, fierce, gigantic, great, harsh, horrific, huge, intense, monstrous, severe, terrible, tremendous 2. (*Inf.*) ace (*Inf.*), amazing, boffo (*Sl.*), breathtaking, brill (*Inf.*), brilliant, chillin' (*U.S. sl.*), cracking (*Brit. inf.*), excellent, fabulous (*Inf.*), fantastic (*Inf.*), fine, great (*Inf.*), jim-dandy (*Sl.*), magnificent, marvellous, mean (*Sl.*), outstanding, sensational (*Inf.*), smashing (*Inf.*), sovereign, stupendous, super (*Inf.*), superb, topping (*Brit. sl.*), very good, wonderful

**terrify** alarm, appal, awe, dismay, fill with terror, frighten, frighten out of one's wits, horrify, intimidate, make one's blood run cold, make one's flesh creep, make one's hair stand on end, petrify, put the fear of God into, scare, scare to death, shock, terrorize

**territory** area, bailiwick, country, district, domain, land, patch, province, region, sector, state, terrain, tract, turf (*U.S. sl.*), zone

**terror** 1. alarm, anxiety, awe, consternation, dismay, dread, fear, fear and trembling, fright, horror, intimidation, panic, shock 2. bogeyman, bugbear, devil, fiend, monster, scourge

**terrorize** 1. browbeat, bully, coerce, intimidate, menace, oppress, strong-arm (*Inf.*), threaten 2. alarm, appal, awe, dismay, fill with terror, frighten, frighten out of one's wits, horrify, inspire panic in, intimidate, make one's blood run cold, make one's flesh creep, make one's hair stand on end, petrify, put the fear of God into, scare, scare to death, shock, strike terror into, terrify

**terse** 1. aphoristic, brief, clipped, compact, concise, condensed, crisp, elliptical, epigrammatic, gnomic, incisive, laconic, neat, pithy, sententious, short, succinct, summary, to the point 2. abrupt, brusque, curt, short, snappy

**test**
▶ V. 1. analyse, assay, assess, check, examine, experiment, investigate, prove, put to the proof, put to the test, research, try, try out, verify, work over

▶ N. 2. analysis, assessment, attempt, catechism, check, evaluation, examination, investigation, ordeal, probation, proof, research, trial

**testament** 1. last wishes, will 2. attestation, demonstration, earnest, evidence, exemplification, proof, testimony, tribute, witness

**testify** affirm, assert, asseverate, attest, bear witness, certify, corroborate, declare, depone (*Scots Law*), depose (*Law*), evince, give testimony, show, state, swear, vouch, witness

**testimonial** certificate, character, commendation, credential, endorsement, recommendation, reference, tribute

**testimony** 1. affidavit, affirmation, attestation, avowal, confirmation, corroboration, declaration, deposition, evidence, information, profession, statement, submission, witness 2. corroboration, demonstration, evidence, indication, manifestation, proof, support, verification

**text** 1. body, contents, main body, matter 2. wording, words 3. (*Bible*) paragraph, passage, sentence, verse 4. argument, matter, motif, subject, theme, topic 5. reader, reference book, source, textbook

**texture** character, composition, consistency, constitution, fabric, feel, grain, make, quality, structure, surface, tissue, weave

**thank** express gratitude, say thank you, show gratitude, show one's appreciation

**thankful** appreciative, beholden, grateful, indebted, obliged, pleased, relieved

**thankless** 1. fruitless, unappreciated, unprofitable, unrequited, unrewarding, useless 2. inconsiderate, unappreciative, ungracious, ungrateful, unmindful, unthankful

**thanks** 1. acknowledgement, appreciation, Brownie points, credit, gratefulness, gratitude, recognition, thanksgiving 2. **thanks to** as a result of, because of, by reason of, due to, owing to, through

**thaw** defrost, dissolve, liquefy, melt, soften, unfreeze, warm

**theatrical** 1. dramatic, dramaturgic, melodramatic, scenic, Thespian 2. actorly, actressy, affected, artificial, camp (*Inf.*), ceremonious, dramatic, exaggerated, hammy (*Inf.*), histrionic, mannered, ostentatious, overdone, pompous, showy, stagy, stilted, unreal

**theft** embezzlement, fraud, larceny, pilfering, purloining, rip-off (*Sl.*), robbery, stealing, swindling, thievery, thieving

**theme** 1. argument, burden, idea, keynote, matter, subject, subject matter, text, thesis, topic 2. leitmotiv, motif, recurrent image, unifying idea 3. composition, dissertation, essay, exercise, paper

**theological** divine, doctrinal, ecclesiastical, religious

**theorem** deduction, dictum, formula, hypothesis, principle, proposition, rule, statement

**theoretical** abstract, academic, conjectural, hypothetical, ideal, impractical, notional, pure, speculative

**theory** 1. assumption, conjecture, guess, hypothesis, presumption, speculation, supposition, surmise, thesis **2.** philosophy, plan, proposal, scheme, system

**therapeutic** ameliorative, analeptic, beneficial, corrective, curative, good, healing, remedial, restorative, salubrious, salutary, sanative

**therapy** cure, healing, remedial treatment, remedy, treatment

**therefore** accordingly, as a result, consequently, ergo, for that reason, hence, so, then, thence, thus, whence

**thesis** **1.** composition, disquisition, dissertation, essay, monograph, paper, treatise **2.** contention, hypothesis, idea, line of argument, opinion, proposal, proposition, theory, view **3.** area, subject, theme, topic **4.** assumption, postulate, premise, proposition, statement, supposition, surmise

**thick**
► ADJ. **1.** broad, bulky, deep, fat, solid, substantial, wide **2.** close, clotted, coagulated, compact, concentrated, condensed, crowded, deep, dense, heavy, impenetrable, opaque **3.** abundant, brimming, bristling, bursting, chock-a-block, chock-full, covered, crawling, frequent, full, numerous, packed, replete, swarming, teeming **4.** blockheaded, braindead *(Inf.)*, brainless, dense, dim-witted *(Inf.)*, dopey *(Inf.)*, dozy *(Brit. inf.)*, dull, insensitive, moronic, obtuse, slow, slow-witted, stupid, thickheaded **5.** dense, heavy, impenetrable, soupy **6.** distorted, guttural, hoarse, husky, inarticulate, indistinct, throaty **7.** broad, decided, distinct, marked, pronounced, rich, strong **8.** *(Inf.)* buddy-buddy *(Sl., chiefly U.S. & Canad.)*, chummy *(Inf.)*, close, confidential, devoted, familiar, friendly, hand in glove, inseparable, intimate, matey *or* maty *(Brit. inf.)*, on good terms, pally *(Inf.)*, palsy-walsy *(Inf.)*, well in *(Inf.)* **9. a bit thick** excessive, over the score *(Inf.)*, too much, unfair, unjust, unreasonable
► N. **10.** centre, heart, middle, midst

**thicken** cake, clot, coagulate, condense, congeal, deepen, gel, inspissate *(Archaic)*, jell, set

**thickset** **1.** beefy *(Inf.)*, brawny, bulky, burly, heavy, muscular, powerfully built, stocky, strong, stubby, sturdy, well-built **2.** closely packed, dense, densely planted, solid, thick

**thick-skinned** callous, case-hardened, hard-boiled *(Inf.)*, hardened, impervious, insensitive, stolid, tough, unfeeling, unsusceptible

**thief** bandit, burglar, cheat, cracksman *(Sl.)*, crook *(Inf.)*, embezzler, housebreaker, larcenist, mugger *(Inf.)*, pickpocket, pilferer, plunderer, purloiner, robber, shoplifter, stealer, swindler

**thieve** blag *(Sl.)*, cabbage *(Brit. sl.)*, cheat, embezzle, filch, half-inch *(Old-fashioned sl.)*, knock off *(Sl.)*, lift *(Inf.)*, misappropriate, nick *(Sl., chiefly Brit.)*, peculate, pilfer, pinch *(Inf.)*, plunder, poach, purloin, rip off *(Sl.)*, rob, run off with, snitch *(Sl.)*, steal, swindle, swipe *(Sl.)*

**thin**
► ADJ. **1.** attenuate, attenuated, fine, narrow, threadlike **2.** delicate, diaphanous, filmy, fine, flimsy, gossamer, see-through, sheer, translucent, transparent, unsubstantial **3.** bony, emaciated, lank, lanky, lean, light, macilent *(Rare)*, meagre, scraggy, scrawny, skeletal, skinny, slender, slight, slim, spare, spindly, thin as a rake, undernourished, underweight **4.** deficient, meagre, scanty, scarce, scattered, skimpy, sparse, wispy **5.** dilute, diluted, rarefied, runny, watery, weak, wishy-washy *(Inf.)* **6.** feeble, flimsy, inadequate, insufficient, lame, poor, scant, scanty, shallow, slight, superficial, unconvincing, unsubstantial, weak
► V. **7.** attenuate, cut back, dilute, diminish, emaciate, prune, rarefy, reduce, refine, trim, water down, weaken, weed out

**thing** **1.** affair, article, being, body, circumstance, concept, entity, fact, matter, object, part, portion, something, substance **2.** act, deed, event, eventuality, feat, happening, incident, occurrence, phenomenon, proceeding **3.** apparatus, contrivance, device, gadget, implement, instrument, machine, means, mechanism, tool **4.** aspect, detail, facet, factor, feature, item, particular, point, statement, thought **5.** *Plural* baggage, belongings, bits and pieces, clobber *(Brit. sl.)*, clothes, effects, equipment, gear, goods, impedimenta, luggage, odds and ends, paraphernalia, possessions, stuff **6.** *(Inf.)* attitude, bee in one's bonnet, fetish, fixation, hang-up *(Inf.)*, idée fixe, mania, obsession, phobia, preoccupation, quirk

**think**
► V. **1.** believe, conceive, conclude, consider, deem, determine, esteem, estimate, guess *(Inf., chiefly U.S. & Canad.)*, hold, imagine, judge, reckon, regard, suppose, surmise **2.** brood, cerebrate, chew over *(Inf.)*, cogitate, consider, contemplate, deliberate, have in mind, meditate, mull over, muse, ponder, reason, reflect, revolve, ruminate, turn over in one's mind, weigh up **3.** call to mind, recall, recollect, remember **4.** anticipate, envisage, expect, foresee, imagine, plan for, presume, suppose **5. think better of** change one's mind about, decide against, go back on, have second thoughts about, reconsider, repent, think again, think twice about **6. think much of** admire, attach importance to, esteem, have a high opinion of, hold in high regard, rate *(Sl.)*, respect, set store by, think highly of, value **7. think nothing of** consider unimportant, have no compunction about, have no hesitation about, regard as routine, set no store by, take in one's stride
► N. **8.** assessment, consideration, contemplation, deliberation, look, reflection

**thinker** brain *(Inf.)*, intellect *(Inf.)*, mahatma, mastermind, philosopher, sage, theorist, wise man

**thinking**
► N. **1.** assessment, conclusions, conjecture, idea, judg(e)ment, opinion, outlook, philosophy, position, reasoning, theory, thoughts, view
► ADJ. **2.** contemplative, cultured, intelligent, meditative, philosophical, ratiocinative, rational, reasoning, reflective, sophisticated, thoughtful

**think over** chew over *(Inf.)*, consider, consider the pros and cons of, contemplate, give thought to, mull over, ponder, reflect upon, turn over in one's mind, weigh up

**think up** come up with, concoct, contrive, create, devise, dream up, imagine, improvise, invent, manufacture, trump up, visualize

**thin-skinned** easily hurt, hypersensitive, quick to take offence, sensitive, soft, susceptible, tender, touchy, vulnerable

**third-rate** bad, cheap-jack, chickenshit *(U.S. sl.)*, duff *(Brit. inf.)*, indifferent, inferior, low-grade, mediocre, of a sort *or* of sorts, poor, poor-quality, ropy *or* ropey *(Brit. inf.)*, shoddy

**thirst** N. **1.** craving to drink, drought, dryness, thirstiness **2.** appetite, craving, desire, eagerness, hankering, hunger, keenness, longing, lust, passion, yearning, yen *(Inf.)*

**thirsty** **1.** arid, dehydrated, dry, parched **2.** athirst, avid, burning, craving, desirous, dying, eager, greedy, hankering, hungry, itching, longing, lusting, thirsting, yearning

**thorn** **1.** barb, prickle, spike, spine **2.** affliction, annoyance, bane, bother, curse, hassle *(Inf.)*, irritant, irritation, nuisance, pest, plague, scourge, torment, torture, trouble

**thorny** **1.** barbed, bristling with thorns, bristly, pointed, prickly, sharp, spiky, spinous, spiny **2.** awkward, difficult, harassing, hard, irksome, problematic(al), sticky *(Inf.)*, ticklish, tough, troublesome, trying, unpleasant, upsetting, vexatious, worrying

**thorough** *or* **thoroughgoing** **1.** all-embracing, all-inclusive, assiduous, careful, complete, comprehensive, conscientious, efficient, exhaustive, full, in-depth, intensive, leaving no stone unturned, meticulous, painstaking, scrupulous, sweeping **2.** absolute, arrant, complete, deep-dyed *(Usu. derogatory)*, downright, entire, out-and-out, outright, perfect, pure, sheer, total, unmitigated, unqualified, utter

**thoroughbred** ADJ. blood, full-blooded, of unmixed stock, pedigree, pure-blooded, purebred

**thoroughfare** access, avenue, highway, passage, passageway, road, roadway, street, way

**thoroughgoing** → **thorough**

**thoroughly** **1.** assiduously, carefully, completely, comprehensively, conscientiously, efficiently, exhaustively, from top to bottom, fully, inside out, intensively, leaving no stone unturned, meticulously, painstakingly, scrupulously, sweepingly, through and through, throughout **2.** absolutely, completely, downright, entirely, perfectly, quite, totally, to the full, utterly, without reservation

**though**
► CONJ. **1.** albeit, allowing, although, despite the fact that, even if, even supposing, even though, granted, notwithstanding, tho' *(U.S. or poetic)*, while
► ADV. **2.** all the same, for all that, however, nevertheless, nonetheless, notwithstanding, still, yet

**thought** **1.** brainwork, cerebration, cogitation, consideration, contemplation, deliberation, introspection, meditation, musing, reflection, regard, rumination, thinking **2.** assessment, belief, concept, conception, conclusion, conjecture, conviction, estimation, idea, judg(e)ment, notion, opinion, thinking, view **3.** attention, consideration, heed, regard, scrutiny, study **4.** aim, design, idea, intention, notion, object, plan, purpose **5.** anticipation, aspiration, dream, expectation, hope, prospect **6.** dash, jot, little, small amount, soupçon, touch, trifle, whisker *(Inf.)* **7.** anxiety, attentiveness, care, compassion, concern, kindness, regard, solicitude, sympathy, thoughtfulness

**thoughtful** **1.** attentive, caring, considerate, helpful, kind, kindly, solicitous, unselfish **2.** astute, canny, careful, cautious, circumspect, deliberate, discreet, heedful, mindful, prudent, wary, well thought-out **3.** contemplative, deliberative, in a brown study, introspective, lost in thought, meditative, musing, pensive, rapt, reflective, ruminative, serious, studious, thinking, wistful

**thoughtless** **1.** impolite, inconsiderate, indiscreet, insensitive, rude, selfish, tactless, uncaring, undiplomatic, unkind **2.** absent-minded, careless, foolish, heedless, ill-considered, imprudent, inadvertent, inattentive, injudicious, mindless, neglectful, negligent, rash, reckless, regardless, remiss, silly, slapdash, slipshod, stupid, unmindful, unobservant, unthinking

**thrash** **1.** beat, belt *(Inf.)*, birch, cane, chastise, clobber *(Sl.)*, drub, flagellate, flog, give (someone) a (good) hiding *(Inf.)*, hide *(Inf.)*, horsewhip, lambast(e), leather, lick *(Inf.)*, paste *(Sl.)*, punish, scourge, spank, take a stick to, tan *(Sl.)*, whip **2.** beat, beat (someone) hollow *(Brit. inf.)*, blow out of the water *(Sl.)*, clobber *(Sl.)*, crush, defeat, drub, hammer *(Inf.)*, lick *(Inf.)*, maul, overwhelm, paste *(Sl.)*, rout, run rings around *(Inf.)*, slaughter *(Inf.)*, tank *(Sl.)*, trounce, wipe the floor with *(Inf.)* **3.** flail, heave, jerk, plunge, squirm, thresh, toss, toss and turn, writhe

**thrashing** **1.** beating, belting *(Inf.)*, caning, chastisement, drubbing, flogging, hiding *(Inf.)*, lashing, pasting *(Sl.)*, punishment, tanning *(Sl.)*, whipping **2.** beating, defeat, drubbing, hammering *(Inf.)*, hiding *(Inf.)*, mauling, pasting *(Sl.)*, rout, trouncing

**thrash out** argue out, debate, discuss, have out, resolve, settle, solve, talk over

**thread**
► N. **1.** cotton, fibre, filament, line, strand, string, yarn **2.** course, direction, drift, motif, plot, story line, strain, tenor, theme, train of thought
► V. **3.** ease, inch, loop, meander, pass, pick (one's way), squeeze through, string, wind

**threadbare** **1.** down at heel, frayed, old, ragged, scruffy, shabby, tattered, tatty, used, worn, worn-out **2.** clichéd, cliché-ridden, common, commonplace, conventional, corny *(Sl.)*, familiar, hackneyed, overused, stale, stereotyped, stock, tired, trite, well-worn

**threat** **1.** commination, intimidatory remark, menace, threatening remark, warning **2.** foreboding, foreshadowing, omen, portent, presage, warning, writing on the wall **3.** danger, hazard, menace, peril, risk

**threaten** **1.** endanger, imperil, jeopardize, put at risk, put in jeopardy **2.** be imminent, be in the air, be in the offing, forebode, foreshadow, hang over, impend, loom over, portend, presage, warn **3.** browbeat, bully, cow, intimidate, lean on *(Sl.)*, make threats to, menace, pressurize, terrorize, warn

**threatening** **1.** bullying, cautionary, comminatory, intimidatory, menacing, minatory, terrorizing, warning **2.** baleful, forbidding, grim, inauspicious, ominous, sinister

**threesome** triad, trilogy, trine, trinity, trio, triple, triplet, triplex, triptych, triumvirate, triune, troika

**threshold** **1.** door, doorsill, doorstep, doorway, entrance, sill **2.** beginning, brink, dawn, inception, opening, outset, start, starting point, verge **3.** lower limit, minimum

**thrift** carefulness, economy, frugality, good husbandry, parsimony, prudence, saving, thriftiness

**thrifty** careful, economical, frugal, parsimonious, provident, prudent, saving, sparing

**thrill**
▸ N. 1. adventure, buzz *(Sl.)*, charge *(Sl.)*, flush of excitement, glow, kick *(Inf.)*, pleasure, sensation, stimulation, tingle, titillation **2.** flutter, fluttering, quiver, shudder, throb, tremble, tremor, vibration
▸ V. 3. arouse, electrify, excite, flush, get a charge *(Sl.)*, get a kick *(Inf.)*, glow, move, send *(Sl.)*, stimulate, stir, tingle, titillate **4.** flutter, quake, quiver, shake, shudder, throb, tremble, vibrate

**thrilling** **1.** electrifying, exciting, gripping, hair-raising, rip-roaring *(Inf.)*, riveting, rousing, sensational, sexy *(Inf.)*, stimulating, stirring **2.** quaking, shaking, shivering, shuddering, trembling, vibrating

**thrive** advance, bloom, boom, burgeon, develop, do well, flourish, get on, grow, grow rich, increase, prosper, succeed, wax

**thriving** blooming, booming, burgeoning, developing, doing well, flourishing, going strong, growing, healthy, prosperous, successful, wealthy, well

**throb**
▸ V. 1. beat, palpitate, pound, pulsate, pulse, thump, vibrate
▸ N. 2. beat, palpitation, pounding, pulsating, pulse, thump, thumping, vibration

**throng**
▸ N. 1. assemblage, concourse, congregation, crowd, crush, horde, host, jam, mass, mob, multitude, pack, press, swarm
▸ V. 2. bunch, congregate, converge, cram, crowd, fill, flock, hem in, herd, jam, mill around, pack, press, swarm around, troop

**throttle** V. 1. choke, garrotte, strangle, strangulate **2.** control, gag, inhibit, silence, stifle, suppress

**through**
▸ PREP. 1. between, by, from end to end of, from one side to the other of, in and out of, past **2.** as a consequence *or* result of, because of, by means of, by virtue of, by way of, using, via, with the help of **3.** during, in, in the middle of, throughout **4.** *(With* **with***)* at the end of, done, finished, having completed, having had enough of
▸ ADJ. 5. completed, done, ended, finished, terminated, washed up *(Inf.)*
▸ ADV. 6. **through and through** altogether, completely, entirely, fully, thoroughly, totally, to the core, unreservedly, utterly, wholly

**throughout** all over, all the time, all through, during the whole of, everywhere, for the duration of, from beginning to end, from end to end, from start to finish, from the start, over the length and breadth of, right through, the whole time, through the whole of

**throw**
▸ V. 1. cast, chuck *(Inf.)*, fling, heave, hurl, launch, lob *(Inf.)*, pitch, project, propel, put, send, shy, sling, toss **2.** *(Inf.)* astonish, baffle, confound, confuse, disconcert, dumbfound, faze, put one off one's stroke, throw off, throw one off one's stride, throw out **3.** bring down, dislodge, fell, floor, hurl to the ground, overturn, unseat, upset
▸ N. 4. cast, fling, heave, lob *(Inf.)*, pitch, projection, put, shy, sling, toss **5.** *(Inf.)* attempt, chance, essay, gamble, hazard, try, venture, wager

**throw away** **1.** axe *(Inf.)*, bin *(Inf.)*, cast off, chuck *(Inf.)*, discard, dispense with, dispose of, ditch *(Sl.)*, dump *(Inf.)*, get rid of, jettison, junk *(Inf.)*, reject, scrap, throw out **2.** blow *(Sl.)*, fail to exploit, fritter away, lose, make poor use of, squander, waste

**throw off** **1.** abandon, cast off, discard, drop, free oneself of, rid oneself of, shake off **2.** elude, escape from, evade, get away from, give (someone) the slip, leave behind, lose, outdistance, outrun, shake off, show a clean pair of heels to **3.** confuse, disconcert, disturb, faze, put one off one's stroke, throw *(Inf.)*, throw one off one's stride, unsettle, upset

**throw out** **1.** bin *(Inf.)*, cast off, chuck *(Inf.)*, discard, dismiss, dispense with, ditch *(Sl.)*, dump *(Inf.)*, eject, evict, expel, get rid of, give the bum's rush *(Sl.)*, jettison, junk *(Inf.)*, kick out *(Inf.)*, kiss off *(Sl., chiefly U.S. & Canad.)*, oust, reject, relegate, scrap, show one the door, throw away, turf out *(Brit. inf.)*, turn down **2.** confuse, disconcert, disturb, put one off one's stroke, throw *(Inf.)*, throw one off one's stride, unsettle, upset **3.** diffuse, disseminate, emit, give off, put forth, radiate

**thrust**
▸ V. 1. butt, drive, elbow *or* shoulder one's way, force, impel, jam, plunge, poke, press, prod, propel, push, ram, shove, urge **2.** jab, lunge, pierce, stab, stick
▸ N. 3. drive, lunge, poke, prod, push, shove, stab **4.** impetus, momentum, motive force, motive power, propulsive force

**thud** N./V. clonk, clump, clunk, crash, knock, smack, thump, wallop *(Inf.)*

**thug** assassin, bandit, bruiser *(Inf.)*, bully boy, cutthroat, gangster, heavy *(Sl.)*, hooligan, killer, mugger *(Inf.)*, murderer, robber, ruffian, tough

**thumb**
▸ N. 1. pollex **2. all thumbs** butterfingered *(Inf.)*, cack-handed *(Inf.)*, clumsy, ham-fisted *(Inf.)*, inept, maladroit **3. thumbs down** disapproval, negation, no, rebuff, refusal, rejection **4. thumbs up** acceptance, affirmation, approval, encouragement, go-ahead *(Inf.)*, green light, OK *or* okay *(Inf.)*, yes
▸ V. 5. hitch *(Inf.)*, hitchhike **6.** *(Often with* **through***)* browse through, flick through, flip through, glance at, leaf through, riffle through, run one's eye over, scan the pages of, skim through, turn over **7.** dog-ear, finger, handle, mark **8. thumb one's nose at** be contemptuous of, cock a snook at, deride, flout, jeer at, laugh at, laugh in the face of, mock, ridicule, show contempt for, show disrespect to

**thump**
▸ N. 1. bang, blow, clout *(Inf.)*, clunk, crash, knock, punch, rap, smack, thud, thwack, wallop *(Inf.)*, whack
▸ V. 2. bang, batter, beat, belabour, chin *(Sl.)*, clobber *(Sl.)*, clout *(Inf.)*, crash, deck *(Sl.)*, hit, knock, lambast(e), lay one on *(Sl.)*, pound, punch, rap, smack, strike, thrash, throb, thud, thwack, wallop *(Inf.)*, whack

**thumping** colossal, elephantine, enormous, excessive, exorbitant, gargantuan, gigantic, great, huge, humongous *or* humungous *(U.S. sl.)*, impressive, mammoth, massive, monumental, terrific, thundering *(Sl.)*, titanic, tremendous, whopping *(Inf.)*

**thunder**
▸ N. 1. boom, booming, cracking, crash, crashing, detonation, explosion, pealing, rumble, rumbling
▸ V. 2. blast, boom, clap, crack, crash, detonate, explode, peal, resound, reverberate, roar, rumble **3.** bark, bellow, declaim, roar, shout, yell **4.** curse, denounce, fulminate, rail, threaten, utter threats

**thunderous** booming, deafening, ear-splitting, loud, noisy, resounding, roaring, tumultuous

**thunderstruck** aghast, amazed, astonished, astounded, bowled over *(Inf.)*, dazed, dumbfounded, flabbergasted *(Inf.)*, floored *(Inf.)*, flummoxed, gobsmacked *(Brit. sl.)*, knocked for six *(Inf.)*, left speechless, nonplussed, open-mouthed, paralyzed, petrified, rooted to the spot, shocked, staggered, struck dumb, stunned, taken aback

**thus** **1.** as follows, in this fashion (manner, way), like so, like this, so, to such a degree **2.** accordingly, consequently, ergo, for this reason, hence, on that account, so, then, therefore

**thwart** baffle, balk, check, defeat, foil, frustrate, hinder, impede, obstruct, oppose, outwit, prevent, stop, stymie

**tick**[1]
▸ N. 1. clack, click, clicking, tap, tapping, ticktock **2.** *(Brit. inf.)* flash, half a mo *(Brit. inf.)*, instant, jiffy *(Inf.)*, minute, moment, sec *(Inf.)*, second, shake *(Inf.)*, split second, trice, twinkling, two shakes of a lamb's tail *(Inf.)* **3.** dash, mark, stroke
▸ V. 4. clack, click, tap, ticktock **5.** check off, choose, indicate, mark, mark off, select **6. what makes someone tick** drive, motivation, motive, raison d'être

**tick**[2] account, credit, deferred payment, the slate *(Brit. inf.)*

**ticket** **1.** card, certificate, coupon, pass, slip, token, voucher **2.** card, docket, label, marker, slip, sticker, tab, tag

**tickle** *(Fig.)* amuse, delight, divert, entertain, excite, gratify, please, thrill, titillate

**ticklish** awkward, critical, delicate, difficult, nice, risky, sensitive, thorny, touchy, tricky, uncertain, unstable, unsteady

**tick off** **1.** check off, mark off, put a tick at **2.** *(Inf.)* bawl out *(Inf.)*, berate, carpet *(Inf.)*, censure, chew out *(U.S. & Canad. inf.)*, chide, give a rocket *(Brit. & N.Z. inf.)*, haul over the coals *(Inf.)*, lecture, read the riot act, rebuke, reprimand, reproach, reprove, scold, take to task, tear into *(Inf.)*, tear (someone) off a strip *(Brit. inf.)*, tell off *(Inf.)*, upbraid

**tide** **1.** course, current, ebb, flow, stream, tideway, undertow **2.** course, current, direction, drift, movement, tendency, trend

**tide over** aid, assist, bridge the gap, help, keep one going, keep one's head above water, keep the wolf from the door, see one through

**tidings** advice, bulletin, communication, gen *(Brit. inf.)*, greetings, information, intelligence, latest *(Inf.)*, message, news, report, word

**tidy**
▸ ADJ. 1. businesslike, clean, cleanly, methodical, neat, ordered, orderly, shipshape, spick-and-span, spruce, systematic, trig *(Archaic or dialect)*, trim, well-groomed, well-kept, well-ordered **2.** *(Inf.)* ample, considerable, fair, generous, good, goodly, handsome, healthy, large, largish, respectable, sizable, substantial
▸ V. 3. clean, groom, neaten, order, put in order, put in trim, put to rights, spruce up, straighten

**tie**
▸ V. 1. attach, bind, connect, fasten, interlace, join, knot, lash, link, make fast, moor, rope, secure, tether, truss, unite **2.** bind, confine, hamper, hinder, hold, limit, restrain, restrict **3.** be even, be neck and neck, draw, equal, match
▸ N. 4. band, bond, connection, cord, fastening, fetter, joint, knot, ligature, link, rope, string **5.** affiliation, affinity, allegiance, bond, commitment, connection, duty, kinship, liaison, obligation, relationship **6.** encumbrance, hindrance, limitation, restraint, restriction **7.** dead heat, deadlock, draw, stalemate **8.** *(Brit.)* contest, fixture, game, match

**tier** bank, echelon, file, layer, level, line, order, rank, row, series, storey, stratum

**tie up** **1.** attach, bind, pinion, restrain, tether, truss **2.** lash, make fast, moor, rope, secure **3.** engage, engross, keep busy, occupy **4.** bring to a close, conclude, end, finish off, settle, terminate, wind up, wrap up *(Inf.)*

**tight** **1.** close, close-fitting, compact, constricted, cramped, fast, firm, fixed, narrow, rigid, secure, snug, stiff, stretched, taut, tense **2.** hermetic, impervious, proof, sealed, sound, watertight **3.** harsh, inflexible, rigid, rigorous, severe, stern, strict, stringent, tough, uncompromising, unyielding **4.** close, grasping, mean, miserly, niggardly, parsimonious, penurious, sparing, stingy, tight-arse *(Taboo sl.)*, tight-arsed *(Taboo sl.)*, tight as a duck's arse *(Taboo sl.)*, tight-ass *(U.S. taboo sl.)*, tight-assed *(U.S. taboo sl.)*, tightfisted **5.** dangerous, difficult, hazardous, perilous, precarious, problematic, sticky *(Inf.)*, ticklish, tough, tricky, troublesome, worrisome **6.** close, even, evenly-balanced, near, well-matched **7.** *(Inf.)* bevvied *(Dialect)*, blitzed *(Sl.)*, blotto *(Sl.)*, bombed *(Sl.)*, drunk, flying *(Sl.)*, half cut *(Brit. sl.)*, half seas over *(Brit. inf.)*, inebriated, in one's cups, intoxicated, legless *(Inf.)*, lit up *(Sl.)*, out of it *(Sl.)*, out to it *(Aust. & N.Z. sl.)*, paralytic *(Inf.)*, pickled *(Inf.)*, pie-eyed *(Sl.)*, pissed *(Taboo sl.)*, plastered *(Sl.)*, smashed *(Sl.)*, sozzled *(Inf.)*, steamboats *(Sl.)*, steaming *(Sl.)*, stewed *(Sl.)*, stoned *(Sl.)*, three sheets in the wind *(Sl.)*, tiddly *(Sl., chiefly Brit.)*, tipsy, under the influence *(Inf.)*, wasted *(Sl.)*, wrecked *(Sl.)*, zonked *(Sl.)*

**tighten** close, constrict, cramp, fasten, fix, narrow, rigidify, screw, secure, squeeze, stiffen, stretch, tauten, tense

**till**[1] cash box, cash drawer, cash register

**till**[2] cultivate, dig, plough, turn over, work

**tilt**
▸ V. 1. cant, heel, incline, lean, list, slant, slope, tip **2.** attack, break a lance, clash, contend, cross swords, duel, encounter, fight, joust, overthrow, spar
▸ N. 3. angle, cant, inclination, incline, list, pitch, slant, slope **4.** *(Medieval history)* clash, combat, duel, encounter, fight, joust, lists, set-to *(Inf.)*, tournament, tourney **5. (at) full tilt** for dear life, full force, full speed, headlong, like a bat out of hell *(Sl.)*, like the clappers *(Brit. inf.)*

**timber** beams, boards, forest, logs, planks, trees, wood

**time**
▸ N. 1. age, chronology, date, duration, epoch, era, generation, hour, interval, period, season, space, span, spell, stretch, term, while **2.** instance, juncture, occasion, point, stage **3.** allotted span, day, duration, life, life span, lifetime,

season 4. heyday, hour, peak 5. (Mus.) beat, measure, metre, rhythm, tempo 6. **all the time** always, at all times, constantly, continually, continuously, ever, for the duration, perpetually, throughout 7. **at one time** for a while, formerly, hitherto, once, once upon a time, previously all at once, at the same time, simultaneously, together 8. **at times** every now and then, every so often, from time to time, now and then, occasionally, once in a while, on occasion, sometimes 9. **behind the times** antiquated, dated, obsolete, old-fashioned, old hat, outdated, outmoded, out of date, out of fashion, out of style, passé, square (Inf.) 10. **for the time being** for now, for the moment, for the nonce, for the present, in the meantime, meanwhile, pro tem, temporarily 11. **from time to time** at times, every now and then, every so often, now and then, occasionally, once in a while, on occasion, sometimes 12. **in good time** early, on time, with time to spare quickly, rapidly, speedily, swiftly, with dispatch 13. **in no time** apace, before one knows it, before you can say Jack Robinson, in an instant, in a trice (flash, jiffy (Inf.), moment), in two shakes of a lamb's tail (Inf.), quickly, rapidly, speedily, swiftly 14. **in time** at the appointed time, early, in good time, on schedule, on time, with time to spare by and by, eventually, one day, someday, sooner or later, ultimately 15. **on time** in good time, on the dot, punctually 16. **time and again** frequently, many times, often, on many occasions, over and over again, repeatedly, time after time

▶ V. 17. clock, control, count, judge, measure, regulate, schedule, set

**timeless** abiding, ageless, ceaseless, changeless, deathless, endless, enduring, eternal, everlasting, immortal, immutable, imperishable, indestructible, lasting, permanent, persistent, undying

**timely** appropriate, at the right time, convenient, judicious, opportune, prompt, propitious, punctual, seasonable, suitable, well-timed

**timetable** agenda, calendar, curriculum, diary, list, order of the day, programme, schedule

**timid** afraid, apprehensive, bashful, cowardly, coy, diffident, faint-hearted, fearful, irresolute, modest, mousy, nervous, pusillanimous, retiring, shrinking, shy, timorous

**timorous** afraid, apprehensive, bashful, cowardly, coy, diffident, faint-hearted, fearful, frightened, irresolute, mousy, nervous, pusillanimous, retiring, shrinking, shy, timid, trembling

**tinge**
▶ N. 1. cast, colour, dye, shade, stain, tincture, tint, wash 2. bit, dash, drop, pinch, smack, smattering, soupçon, sprinkling, suggestion, touch, trace
▶ V. 3. colour, dye, imbue, shade, stain, suffuse, tinge, tint

**tingle**
▶ V. 1. have goose pimples, itch, prickle, sting, tickle
▶ N. 2. goose pimples, itch, itching, pins and needles (Inf.), prickling, quiver, shiver, stinging, thrill, tickle, tickling

**tinker** V. dabble, fiddle (Inf.), meddle, mess about, monkey, muck about (Brit. sl.), play, potter, toy

**tint**
▶ N. 1. cast, colour, hue, shade, tone 2. dye, rinse, stain, tincture, tinge, wash 3. hint, shade, suggestion, tinge, touch, trace
▶ V. 4. colour, dye, rinse, stain, tincture, tinge 5. affect, colour, influence, taint, tinge

**tiny** diminutive, dwarfish, infinitesimal, insignificant, Lilliputian, little, microscopic, mini, miniature, minute, negligible, petite, pint-sized (Inf.), puny, pygmy or pigmy, slight, small, teensy-weensy, teeny-weeny, trifling, wee

**tip¹**
▶ N. 1. apex, cap, crown, end, extremity, head, peak, point, summit, top
▶ V. 2. cap, crown, finish, surmount, top

**tip²**
▶ N. 1. baksheesh, gift, gratuity, perquisite, pourboire 2. (also **tip-off**) clue, forecast, gen (Brit. inf.), hint, information, inside information, pointer, suggestion, warning, word, word of advice

▶ V. 3. remunerate, reward 4. (also **tip off**) advise, caution, forewarn, give a clue, give a hint, suggest, tip (someone) the wink (Brit. inf.), warn

**tip³**
▶ V. 1. cant, capsize, incline, lean, list, overturn, slant, spill, tilt, topple over, upend, upset 2. (Brit.) ditch (Sl.), dump, empty, pour out, unload
▶ N. 3. (Brit.) dump, midden (Dialect), refuse heap, rubbish heap

**tipple**
▶ V. 1. bend the elbow (Inf.), bevvy (Dialect), drink, imbibe, indulge (Inf.), quaff, swig, take a drink, tope
▶ N. 2. alcohol, booze (Inf.), drink, John Barleycorn, liquor, poison (Inf.)

**tire** 1. drain, droop, enervate, exhaust, fag (Inf.), fail, fatigue, flag, jade, knacker (Sl.), sink, take it out of (Inf.), wear down, wear out, weary, whack (Brit. inf.) 2. aggravate (Inf.), annoy, bore, exasperate, get on one's nerves (Inf.), harass, hassle (Inf.), irk, irritate, piss one off (Taboo sl.), weary

**tired** 1. all in (Sl.), asleep or dead on one's feet (Inf.), clapped out (Aust. & N.Z. inf.), dead beat (Inf.), dog-tired (Inf.), done in (Inf.), drained, drooping, drowsy, enervated, exhausted, fagged (Inf.), fatigued, flagging, jaded, knackered (Sl.), ready to drop, sleepy, spent, weary, whacked (Brit. inf.), worn out, zonked (Sl.) 2. (With **of**) annoyed with, bored with, exasperated by, fed up with, irked by, irritated by, pissed off with (Taboo sl.), sick of, weary of 3. clichéd, conventional, corny (Sl.), familiar, hackneyed, old, outworn, stale, stock, threadbare, trite, well-worn

**tireless** determined, energetic, indefatigable, industrious, resolute, unflagging, untiring, unwearied, vigorous

**tiresome** annoying, boring, dull, exasperating, flat, irksome, irritating, laborious, monotonous, tedious, trying, uninteresting, vexatious, wearing, wearisome

**tiring** arduous, demanding, enervative, exacting, exhausting, fatiguing, laborious, strenuous, tough, wearing, wearying

**tissue** 1. fabric, gauze, mesh, structure, stuff, texture, web 2. paper, paper handkerchief, wrapping paper 3. accumulation, chain, collection, combination, concatenation, conglomeration, fabrication, mass, network, pack, series, web

**titbit** bonne bouche, choice item, dainty, delicacy, goody, juicy bit, morsel, scrap, snack, treat

**title**
▶ N. 1. caption, heading, inscription, label, legend, name, style 2. appellation, denomination, designation, epithet, handle (Sl.), moniker or monicker (Sl.), name, nickname, nom de plume, pseudonym, sobriquet, term 3. championship, crown, laurels 4. claim, entitlement, ownership, prerogative, privilege, right
▶ V. 5. call, designate, label, name, style, term

**titter** chortle (Inf.), chuckle, giggle, laugh, snigger, te-hee, tee-hee

**toady**
▶ N. 1. apple polisher (U.S. sl.), ass-kisser (U.S. & Canad. taboo sl.), bootlicker (Inf.), brown-noser (Taboo sl.), crawler (Sl.), creep (Sl.), fawner, flatterer, flunkey, groveller, hanger-on, jackal, lackey, lickspittle, minion, parasite, spaniel, sycophant, truckler, yes man
▶ V. 2. be obsequious to, bow and scrape, brown-nose (Taboo sl.), butter up, crawl, creep, cringe, curry favour with, fawn on, flatter, grovel, kiss (someone's) ass (U.S. & Canad. taboo sl.), kiss the feet of, kowtow to, lick (someone's) boots, pander to, suck up to (Inf.)

**toast**
▶ N. 1. compliment, drink, health, pledge, salutation, salute, tribute 2. darling, favourite, heroine
▶ V. 3. drink to, drink (to) the health of, pledge, salute 4. brown, grill, heat, roast, warm

**together**
▶ ADV. 1. as a group, as one, cheek by jowl, closely, collectively, hand in glove, hand in hand, in a body, in concert, in cooperation, in unison, jointly, mutually, shoulder to shoulder, side by side 2. all at once, as one, at one fell swoop, at the same time, concurrently, contemporaneously, en masse, in unison, simultaneously, with one accord 3. consecutively, continuously, in a row, in succession, one after the other, on end, successively, without a break,

without interruption 4. (Inf.) arranged, fixed, ordered, organized, settled, sorted out, straight, to rights
▶ ADJ. 5. (Sl.) calm, composed, cool, stable, well-adjusted, well-balanced, well-organized

**toil**
▶ N. 1. application, donkey-work, drudgery, effort, elbow grease (Inf.), exertion, graft (Inf.), hard work, industry, labour, pains, slog, sweat, travail
▶ V. 2. bend over backwards (Inf.), break one's neck (Inf.), bust a gut (Inf.), do one's damnedest (Inf.), drag oneself, drudge, give it one's all (Inf.), give it one's best shot (Inf.), go for broke (Sl.), go for it (Inf.), graft (Inf.), grind (Inf.), grub, knock oneself out (Inf.), labour, make an all-out effort (Inf.), push oneself, rupture oneself (Inf.), slave, slog, strive, struggle, sweat (Inf.), work, work like a dog, work like a Trojan, work one's fingers to the bone

**toilet** 1. ablutions (Military inf.), bathroom, bog (Sl.), can (U.S. & Canad. sl.), closet, convenience, crapper (Taboo sl.), gents (Brit. inf.), john (Sl., chiefly U.S. & Canad.), khazi (Sl.), ladies' room, latrine, lavatory, little boy's room (Inf.), little girl's room (Inf.), loo (Brit. inf.), outhouse, pissoir, powder room, privy, urinal, washroom, water closet, W.C. 2. ablutions, bathing, dressing, grooming, toilette

**token**
▶ N. 1. badge, clue, demonstration, earnest, evidence, expression, index, indication, manifestation, mark, note, proof, representation, sign, symbol, warning 2. keepsake, memento, memorial, remembrance, reminder, souvenir
▶ ADJ. 3. hollow, minimal, nominal, perfunctory, superficial, symbolic

**tolerable** 1. acceptable, allowable, bearable, endurable, sufferable, supportable 2. acceptable, adequate, all right, average, fair, fairly good, fair to middling, good enough, indifferent, mediocre, middling, not bad (Inf.), OK or okay (Inf.), ordinary, passable, run-of-the-mill, so-so (Inf.), unexceptional

**tolerance** 1. broad-mindedness, charity, forbearance, indulgence, lenity, magnanimity, open-mindedness, patience, permissiveness, sufferance, sympathy 2. endurance, fortitude, hardiness, resilience, resistance, stamina, staying power, toughness 3. fluctuation, play, swing, variation

**tolerant** 1. broad-minded, catholic, charitable, fair, forbearing, latitudinarian, liberal, long-suffering, magnanimous, open-minded, patient, sympathetic, unbigoted, understanding, unprejudiced 2. complaisant, easy-going, easy-oasy (Sl.), free and easy, indulgent, kind-hearted, lax, lenient, permissive, soft

**tolerate** abide, accept, admit, allow, bear, brook, condone, countenance, endure, indulge, permit, pocket, put up with (Inf.), receive, sanction, stand, stomach, submit to, suffer, swallow, take, thole (Scot.), turn a blind eye to, undergo, wink at

**toleration** 1. acceptance, allowance, condonation, endurance, indulgence, permissiveness, sanction, sufferance 2. freedom of conscience, freedom of worship, religious freedom

**toll¹** 1. assessment, charge, customs, demand, duty, fee, impost, levy, payment, rate, tariff, tax, tribute 2. cost, damage, inroad, loss, penalty

**toll²**
▶ V. 1. chime, clang, knell, peal, ring, sound, strike 2. announce, call, signal, summon, warn
▶ N. 3. chime, clang, knell, peal, ring, ringing, tolling

**tomb** burial chamber, catacomb, crypt, grave, mausoleum, sarcophagus, sepulchre, vault

**tombstone** gravestone, headstone, marker, memorial, monument

**tome** book, title, volume, work

**tomfoolery** 1. buffoonery, childishness, clowning, fooling around (Inf.), foolishness, horseplay, idiocy, larks (Inf.), messing around (Inf.), shenanigans (Inf.), silliness, skylarking (Inf.), stupidity 2. balderdash, baloney (Inf.), bilge (Inf.), bosh (Inf.), bunk (Inf.), bunkum or buncombe (Chiefly U.S.), claptrap (Inf.), hogwash, hooey (Sl.), inanity, nonsense, poppycock (Inf.), rot, rubbish, stuff and nonsense, tommyrot, tosh (Sl., chiefly Brit.), trash, twaddle

**tone**
▶ N. 1. accent, emphasis, force, inflection, intonation, modulation, pitch, strength, stress, timbre, tonality, volume 2. air, approach, aspect,

attitude, character, drift, effect, feel, frame, grain, manner, mood, note, quality, spirit, style, temper, tenor, vein **3.** cast, colour, hue, shade, tinge, tint

▸ **V. 4.** blend, go well with, harmonize, match, suit

**tone down** dampen, dim, mitigate, moderate, modulate, play down, reduce, restrain, soften, soft-pedal *(Inf.)*, subdue, temper

**tongue** **1.** argot, dialect, idiom, language, lingo *(Inf.)*, parlance, patois, speech, talk, vernacular **2.** articulation, speech, utterance, verbal expression, voice

**tongue-tied** at a loss for words, dumb, dumbstruck, inarticulate, mute, speechless, struck dumb

**tonic** analeptic, boost, bracer *(Inf.)*, cordial, fillip, livener, pick-me-up *(Inf.)*, refresher, restorative, roborant, shot in the arm *(Inf.)*, stimulant

**too** **1.** also, as well, besides, further, in addition, into the bargain, likewise, moreover, to boot **2.** excessively, exorbitantly, extremely, immoderately, inordinately, over-, overly, unduly, unreasonably, very

**tool**

▸ **N. 1.** apparatus, appliance, contraption, contrivance, device, gadget, implement, instrument, machine, utensil **2.** agency, agent, intermediary, means, medium, vehicle, wherewithal **3.** cat's-paw, creature, dupe, flunkey, hireling, jackal, lackey, minion, pawn, puppet, stooge *(Sl.)*

▸ **V. 4.** chase, cut, decorate, ornament, shape, work

**top**

▸ **N. 1.** acme, apex, apogee, crest, crown, culmination, head, height, high point, meridian, peak, pinnacle, summit, vertex, zenith **2.** cap, cork, cover, lid, stopper **3.** first place, head, highest rank, lead **4.** **blow one's top** *(Inf.)* blow up *(Inf.)*, do one's nut *(Brit. sl.)*, explode, fly into a temper, fly off the handle *(Inf.)*, go spare *(Brit. sl.)*, have a fit *(Inf.)*, lose one's temper, see red *(Inf.)*, throw a tantrum **5.** **over the top** a bit much *(Inf.)*, excessive, going too far, immoderate, inordinate, over the limit, too much, uncalled-for

▸ **ADJ. 6.** best, chief, crack *(Inf.)*, crowning, culminating, dominant, elite, finest, first, foremost, greatest, head, highest, lead, leading, pre-eminent, prime, principal, ruling, sovereign, superior, topmost, upper, uppermost

▸ **V. 7.** cap, cover, crown, finish, garnish, roof, tip **8.** ascend, climb, crest, reach the top of, scale, surmount **9.** be first, be in charge of, command, head, lead, rule **10.** beat, best, better, eclipse, exceed, excel, go beyond, outdo, outshine, outstrip, surpass, transcend

**topic** issue, matter, point, question, subject, subject matter, text, theme, thesis

**topical** **1.** contemporary, current, newsworthy, popular, up-to-date, up-to-the-minute **2.** local, parochial, regional, restricted

**topmost** dominant, foremost, highest, leading, loftiest, paramount, principal, supreme, top, upper, uppermost

**topple** **1.** capsize, collapse, fall, fall headlong, fall over, keel over, knock down, knock over, overbalance, overturn, tip over, totter, tumble, upset **2.** bring down, bring low, oust, overthrow, overturn, unseat

**topsy-turvy** chaotic, confused, disarranged, disorderly, disorganized, inside-out, jumbled, messy, mixed-up, untidy, upside-down

**torment**

▸ **V. 1.** afflict, agonize, crucify, distress, excruciate, harrow, pain, rack, torture **2.** aggravate *(Inf.)*, annoy, bedevil, bother, chivvy, devil *(Inf.)*, harass, harry, hassle *(Inf.)*, hound, irritate, nag, persecute, pester, plague, provoke, tease, trouble, vex, worry

▸ **N. 3.** agony, anguish, distress, hell, misery, pain, suffering, torture **4.** affliction, annoyance, bane, bother, harassment, hassle *(Inf.)*, irritation, nag, nagging, nuisance, pain in the neck *(Inf.)*, persecution, pest, plague, provocation, scourge, thorn in one's flesh, trouble, vexation, worry

**torn** **ADJ. 1.** cut, lacerated, ragged, rent, ripped, slit, split **2.** divided, in two minds *(Inf.)*, irresolute, split, uncertain, undecided, unsure, vacillating, wavering

**tornado** cyclone, gale, hurricane, squall, storm, tempest, twister *(U.S. inf.)*, typhoon, whirlwind, windstorm

**torpor** accidie, acedia, apathy, dormancy, drowsiness, dullness, inactivity, inanition, indolence, inertia, inertness, languor, laziness, lethargy, listlessness, numbness, passivity, sloth, sluggishness, somnolence, stagnancy, stupor, torpidity

**torrent** cascade, deluge, downpour, effusion, flood, flow, gush, outburst, rush, spate, stream, tide

**tortuous** **1.** bent, circuitous, convoluted, crooked, curved, indirect, mazy, meandering, serpentine, sinuous, twisted, twisting, winding, zigzag **2.** ambiguous, complicated, convoluted, cunning, deceptive, devious, indirect, involved, mazy, misleading, roundabout, tricky

**torture**

▸ **V. 1.** afflict, agonize, crucify, distress, excruciate, harrow, lacerate, martyr, pain, persecute, put on the rack, rack, torment

▸ **N. 2.** affliction, agony, anguish, distress, hell, laceration, martyrdom, misery, pain, pang(s), persecution, rack, suffering, torment

**toss**

▸ **V. 1.** cast, chuck *(Inf.)*, fling, flip, hurl, launch, lob *(Inf.)*, pitch, project, propel, shy, sling, throw **2.** agitate, disturb, jiggle, joggle, jolt, rock, roll, shake, thrash, tumble, wriggle, writhe **3.** heave, labour, lurch, pitch, roll, wallow

▸ **N. 4.** cast, fling, lob *(Inf.)*, pitch, shy, throw

**tot**[1] **N. 1.** ankle-biter *(Aust. sl.)*, baby, child, infant, little one, mite, rug rat *(Sl.)*, sprog *(Sl.)*, toddler, wean *(Scot.)* **2.** dram, finger, measure, nip, shot *(Inf.)*, slug, snifter *(Inf.)*, toothful

**tot**[2] **V.** add up, calculate, count up, reckon, sum (up), tally, total

**total**

▸ **N. 1.** aggregate, all, amount, entirety, full amount, mass, sum, totality, whole

▸ **ADJ. 2.** absolute, all-out, arrant, complete, comprehensive, consummate, deep-dyed *(Usu. derogatory)*, downright, entire, full, gross, integral, out-and-out, outright, perfect, sheer, sweeping, thorough, thoroughgoing, unconditional, undisputed, undivided, unmitigated, unqualified, utter, whole

▸ **V. 3.** add up, amount to, come to, mount up to, reach, reckon, sum up, tot up

**totalitarian** authoritarian, despotic, dictatorial, monolithic, one-party, oppressive, tyrannous, undemocratic

**totally** absolutely, completely, comprehensively, consummately, entirely, fully, perfectly, quite, thoroughly, unconditionally, unmitigatedly, utterly, wholeheartedly, wholly

**totter** falter, lurch, quiver, reel, rock, shake, stagger, stumble, sway, teeter, tremble, walk unsteadily, waver

**touch**

▸ **N. 1.** feel, feeling, handling, palpation, physical contact, tactility **2.** blow, brush, caress, contact, fondling, hit, pat, push, stroke, tap **3.** bit, dash, detail, drop, hint, intimation, jot, pinch, smack, small amount, smattering, soupçon, speck, spot, suggestion, suspicion, taste, tincture, tinge, trace, whiff **4.** direction, effect, hand, influence **5.** approach, characteristic, handiwork, manner, method, style, technique, trademark, way **6.** ability, adroitness, art, artistry, command, craft, deftness, facility, flair, knack, mastery, skill, virtuosity **7.** acquaintance, awareness, communication, contact, correspondence, familiarity, understanding

▸ **V. 8.** brush, caress, contact, feel, finger, fondle, graze, handle, hit, lay a finger on, palpate, pat, push, strike, stroke, tap **9.** abut, adjoin, be in contact, border, brush, come together, contact, converge, graze, impinge upon, meet **10.** affect, disturb, get through to, get to *(Inf.)*, have an effect on, impress, influence, inspire, make an impression on, mark, melt, move, soften, stir, strike, upset **11.** be a party to, concern oneself with, consume, deal with, drink, eat, get involved in, handle, have to do with, partake of, use, utilize **12.** *(With* **on***)* allude to, bring in, cover, deal with, mention, refer to, speak of **13.** bear upon, concern, have to do with, interest, pertain to, regard **14.** be a match for, be in the same league as, be on a par with, come near, come up to, compare with, equal, hold a candle to *(Inf.)*, match, parallel, rival **15.** arrive at, attain, come to, reach

**touchiness** bad temper, crabbedness, fretfulness, grouchiness *(Inf.)*, irascibility, irritability, peevishness, pettishness, petulance, surliness, testiness, tetchiness, ticklishness

**touching** affecting, emotive, heartbreaking, melting, moving, pathetic, piteous, pitiable, pitiful, poignant, sad, stirring, tender

**touchstone** criterion, gauge, measure, norm, par, standard, yardstick

**touch up** **1.** finish off, perfect, put the finishing touches to, round off **2.** brush up, enhance, fake (up), falsify, give a face-lift to, gloss over, improve, patch up, polish up, renovate, retouch, revamp, titivate, whitewash *(Inf.)*

**touchy** bad-tempered, captious, crabbed, cross, easily offended, grouchy *(Inf.)*, grumpy, irascible, irritable, oversensitive, peevish, pettish, petulant, querulous, quick-tempered, ratty *(Brit. & N.Z. inf.)*, splenetic, surly, testy, tetchy, thin-skinned, ticklish

**tough**

▸ **ADJ. 1.** cohesive, durable, firm, hard, inflexible, leathery, resilient, resistant, rigid, rugged, solid, stiff, strong, sturdy, tenacious **2.** brawny, fit, hard as nails, hardened, hardy, resilient, seasoned, stalwart, stout, strapping, strong, sturdy, vigorous **3.** hard-bitten, pugnacious, rough, ruffianly, ruthless, vicious, violent **4.** adamant, callous, exacting, firm, hard, hard-boiled *(Inf.)*, hard-nosed *(Inf.)*, inflexible, intractable, merciless, obdurate, obstinate, refractory, resolute, severe, stern, strict, stubborn, unbending, unforgiving, unyielding **5.** arduous, baffling, difficult, exacting, exhausting, hard, intractable, irksome, knotty, laborious, perplexing, puzzling, strenuous, thorny, troublesome, uphill **6.** *(Inf.)* bad, hard cheese *(Brit. sl.)*, hard lines *(Brit. inf.)*, hard luck, lamentable, regrettable, too bad *(Inf.)*, unfortunate, unlucky

▸ **N. 7.** bravo, bruiser *(Inf.)*, brute, bully, bully boy, heavy *(Sl.)*, hooligan, rough *(Inf.)*, roughneck *(Sl.)*, rowdy, ruffian, thug

**tour**

▸ **N. 1.** excursion, expedition, jaunt, journey, outing, peregrination, progress, trip **2.** circuit, course, round

▸ **V. 3.** explore, go on the road, go round, holiday in, journey, sightsee, travel round, travel through, visit

**tourist** excursionist, globetrotter, holiday-maker, journeyer, sightseer, traveller, tripper, voyager

**tournament** **1.** competition, contest, event, match, meeting, series **2.** *(Medieval)* joust, the lists, tourney

**tow** **V.** drag, draw, haul, lug, pull, trail, trawl, tug

**towards** **1.** en route for, for, in the direction of, in the vicinity of, on the road to, on the way to, to **2.** about, concerning, for, regarding, with regard to, with respect to **3.** almost, close to, coming up to, getting on for, just before, nearing, nearly, not quite, shortly before

**tower**

▸ **N. 1.** belfry, column, obelisk, pillar, skyscraper, steeple, turret **2.** castle, citadel, fort, fortification, fortress, keep, refuge, stronghold

▸ **V. 3.** ascend, be head and shoulders above, dominate, exceed, loom, mount, overlook, overtop, rear, rise, soar, surpass, top, transcend

**toxic** baneful *(Archaic)*, deadly, harmful, lethal, noxious, pernicious, pestilential, poisonous, septic

**toy**

▸ **N. 1.** doll, game, plaything **2.** bauble, gewgaw, knick-knack, trifle, trinket

▸ **V. 3.** amuse oneself, dally, fiddle *(Inf.)*, flirt, fool (about *or* around), play, sport, trifle, wanton

**trace**

▸ **N. 1.** evidence, indication, mark, record, relic, remains, remnant, sign, survival, token, vestige **2.** bit, dash, drop, hint, iota, jot, shadow, soupçon, suggestion, suspicion, tincture, tinge, touch, trifle, whiff **3.** footmark, footprint, footstep, path, slot, spoor, track, trail

▸ **V. 4.** ascertain, detect, determine, discover, ferret out, find, follow, hunt down, pursue, search for, seek, shadow, stalk, track, trail, unearth **5.** chart, copy, delineate, depict, draw, map, mark out, outline, record, show, sketch

**track**

▸ **N. 1.** footmark, footprint, footstep, mark, path, scent, slipstream, slot, spoor, trace, trail, wake **2.** course, flight path, line, orbit, path, pathway, road, track, trajectory, way **3.** line, permanent way, rail, rails **4.** **keep track of** follow, keep an eye on, keep in sight, keep in touch

with, keep up to date with, keep up with, monitor, oversee, watch **5. lose track of** lose, lose sight of, misplace
▸ v. **6.** chase, dog, follow, follow the trail of, hunt down, pursue, shadow, stalk, tail (*Inf.*), trace, trail

**track down** apprehend, bring to light, capture, catch, dig up, discover, expose, ferret out, find, hunt down, run to earth, sniff out, trace, unearth

**tracks 1.** footprints, impressions, imprints, tyremarks, tyreprints, wheelmarks **2. make tracks** beat it (*Sl.*), depart, disappear, get going, get moving, go, head off, hit the road (*Sl.*), leave, set out, split (*Sl.*), take off (*Inf.*) **3. stop in one's tracks** bring to a standstill, freeze, immobilize, petrify, rivet to the spot, stop dead, transfix

**tract¹** area, district, estate, expanse, extent, lot, plot, quarter, region, stretch, territory, zone

**tract²** booklet, brochure, disquisition, dissertation, essay, homily, leaflet, monograph, pamphlet, tractate, treatise

**tractable 1.** amenable, biddable, compliant, controllable, docile, governable, manageable, obedient, persuadable, submissive, tame, willing, yielding **2.** ductile, fictile, malleable, plastic, pliable, pliant, tensile, tractile, workable

**traction** adhesion, drag, draught, drawing, friction, grip, haulage, pull, pulling, purchase, resistance

**trade**
▸ N. **1.** barter, business, buying and selling, commerce, dealing, exchange, traffic, transactions, truck **2.** avocation, business, calling, craft, employment, job, line, line of work, métier, occupation, profession, pursuit, skill **3.** deal, exchange, interchange, swap **4.** clientele, custom, customers, market, patrons, public
▸ v. **5.** bargain, barter, buy and sell, deal, do business, exchange, have dealings, peddle, traffic, transact, truck **6.** barter, exchange, swap, switch

**trader** broker, buyer, dealer, marketer, merchandizer, merchant, purveyor, seller, supplier

**tradesman 1.** dealer, merchant, purveyor, retailer, seller, shopkeeper, supplier, vendor **2.** artisan, craftsman, journeyman, skilled worker, workman

**tradition** convention, custom, customs, established practice, folklore, habit, institution, lore, praxis, ritual, unwritten law, usage

**traditional** accustomed, ancestral, conventional, customary, established, fixed, folk, historic, long-established, old, oral, time-honoured, transmitted, unwritten, usual

**traffic**
▸ N. **1.** coming and going, freight, movement, passengers, transport, transportation, vehicles **2.** barter, business, buying and selling, commerce, communication, dealing, dealings, doings, exchange, intercourse, peddling, relations, trade, truck
▸ v. **3.** bargain, barter, buy and sell, deal, do business, exchange, have dealings, have transactions, market, peddle, trade, truck

**tragedy** adversity, affliction, bummer (*Sl.*), calamity, catastrophe, disaster, grievous blow, misfortune

**tragic** anguished, appalling, awful, calamitous, catastrophic, deadly, dire, disastrous, dismal, doleful, dreadful, fatal, grievous, heartbreaking, heart-rending, ill-fated, ill-starred, lamentable, miserable, mournful, pathetic, pitiable, ruinous, sad, shocking, sorrowful, unfortunate, woeful, wretched

**trail**
▸ v. **1.** dangle, drag, draw, hang down, haul, pull, stream, tow **2.** chase, follow, hunt, pursue, shadow, stalk, tail (*Inf.*), trace, track **3.** bring up the rear, dawdle, drag oneself, fall behind, follow, hang back, lag, linger, loiter, straggle, traipse (*Inf.*) **4.** dangle, droop, extend, hang, straggle
▸ N. **5.** footprints, footsteps, mark, marks, path, scent, slipstream, spoor, trace, track, wake **6.** beaten track, footpath, path, road, route, track, way **7.** appendage, stream, tail, train

**train**
▸ v. **1.** coach, discipline, drill, educate, guide, improve, instruct, prepare, rear, rehearse, school, teach, tutor **2.** exercise, improve, prepare, work out **3.** aim, bring to bear, direct, focus, level, line up, point

▸ N. **4.** chain, concatenation, course, order, progression, sequence, series, set, string, succession **5.** caravan, column, convoy, file, procession **6.** appendage, tail, trail **7.** attendants, cortège, court, entourage, followers, following, household, retinue, staff, suite

**trainer** coach, handler

**training 1.** coaching, discipline, education, grounding, guidance, instruction, schooling, teaching, tuition, tutelage, upbringing **2.** body building, exercise, practice, preparation, working-out

**trait** attribute, characteristic, feature, idiosyncrasy, lineament, mannerism, peculiarity, quality, quirk

**traitor** apostate, back-stabber, betrayer, deceiver, defector, deserter, double-crosser (*Inf.*), fifth columnist, informer, Judas, miscreant, quisling, rebel, renegade, snake in the grass (*Inf.*), turncoat

**trajectory** course, flight, flight path, line, path, route, track

**tramp**
▸ v. **1.** footslog, hike, march, ramble, range, roam, rove, slog, trek, walk, yomp **2.** march, plod, stamp, stump, toil, traipse (*Inf.*), trudge, walk heavily **3.** crush, stamp, stomp (*Inf.*), trample, tread, walk over
▸ N. **4.** bag lady (*Chiefly U.S.*), bum (*Inf.*), derelict, dosser (*Brit. sl.*), down-and-out, drifter, hobo (*Chiefly U.S.*), vagabond, vagrant **5.** hike, march, ramble, slog, trek **6.** footfall, footstep, stamp, tread

**trample 1.** crush, flatten, run over, squash, stamp, tread, walk over **2.** do violence to, encroach upon, hurt, infringe, ride roughshod over, show no consideration for, violate

**trance** abstraction, daze, dream, ecstasy, hypnotic state, muse, rapture, reverie, spell, stupor, unconsciousness

**tranquil** at peace, calm, composed, cool, pacific, peaceful, placid, quiet, restful, sedate, serene, still, undisturbed, unexcited, unperturbed, unruffled, untroubled

**tranquillity** ataraxia, calm, calmness, composure, coolness, equanimity, hush, imperturbability, peace, peacefulness, placidity, quiet, quietness, quietude, repose, rest, restfulness, sedateness, serenity, stillness

**tranquillize** calm, compose, lull, pacify, quell, quiet, relax, sedate, settle one's nerves, soothe

**tranquillizer** barbiturate, bromide, downer (*Sl.*), opiate, red (*Sl.*), sedative

**transact** accomplish, carry on, carry out, conclude, conduct, discharge, do, enact, execute, handle, manage, negotiate, perform, prosecute, see to, settle, take care of

**transaction 1.** action, affair, bargain, business, coup, deal, deed, enterprise, event, matter, negotiation, occurrence, proceeding, undertaking **2.** *Plural* affairs, annals, doings, goings-on (*Inf.*), minutes, proceedings, record

**transcend** eclipse, exceed, excel, go above, go beyond, leave behind, leave in the shade (*Inf.*), outdo, outrival, outshine, outstrip, outvie, overstep, rise above, surpass

**transcendent** consummate, exceeding, extraordinary, incomparable, matchless, peerless, pre-eminent, second to none, sublime, superior, transcendental, unequalled, unique, unparalleled, unrivalled

**transcribe 1.** copy out, engross, note, reproduce, rewrite, set out, take down, transfer, write out **2.** interpret, render, translate, transliterate **3.** record, tape, tape-record

**transcript** carbon, carbon copy, copy, duplicate, manuscript, note, notes, record, reproduction, transcription, translation, transliteration, version

**transfer**
▸ v. **1.** carry, change, consign, convey, displace, hand over, make over, move, pass on, relocate, remove, shift, translate, transmit, transplant, transport, transpose, turn over
▸ N. **2.** change, displacement, handover, move, relocation, removal, shift, transference, translation, transmission, transposition

**transfix 1.** engross, fascinate, halt *or* stop in one's tracks, hold, hypnotize, mesmerize, paralyze, petrify, rivet the attention of, root to the spot, spellbind, stop dead, stun **2.** fix, impale, pierce, puncture, run through, skewer, spear, spit, transpierce

**transform** alter, change, convert, make over, metamorphose, reconstruct, remodel, renew,

revolutionize, transfigure, translate, transmogrify (*Jocular*), transmute

**transformation** alteration, change, conversion, metamorphosis, radical change, renewal, revolution, revolutionary change, sea change, transfiguration, transmogrification (*Jocular*), transmutation

**transgress** be out of order, break, break the law, contravene, defy, disobey, do *or* go wrong, encroach, err, exceed, fall from grace, go astray, go beyond, infringe, lapse, misbehave, offend, overstep, sin, trespass, violate

**transgression** breach, contravention, crime, encroachment, error, fault, infraction, infringement, iniquity, lapse, misbehaviour, misdeed, misdemeanour, offence, peccadillo, sin, trespass, violation, wrong, wrongdoing

**transgressor** criminal, culprit, delinquent, evildoer, felon, lawbreaker, malefactor, miscreant, offender, sinner, trespasser, villain, wrongdoer

**transient** brief, ephemeral, evanescent, fleeting, flying, fugacious, fugitive, here today and gone tomorrow, impermanent, momentary, passing, short, short-lived, short-term, temporary, transitory

**transit**
▸ N. **1.** carriage, conveyance, crossing, motion, movement, passage, portage, shipment, transfer, transport, transportation, travel, traverse **2.** alteration, change, changeover, conversion, shift, transition **3. in transit** during passage, en route, on the journey, on the move, on the road, on the way, while travelling
▸ v. **4.** cross, journey, move, pass, travel, traverse

**transition** alteration, change, changeover, conversion, development, evolution, flux, metamorphosis, metastasis, passage, passing, progression, shift, transit, transmutation, upheaval

**transitional** changing, developmental, fluid, intermediate, passing, provisional, temporary, transitionary, unsettled

**transitory** brief, ephemeral, evanescent, fleeting, flying, fugacious, here today and gone tomorrow, impermanent, momentary, passing, short, short-lived, short-term, temporary, transient

**translate 1.** construe, convert, decipher, decode, interpret, paraphrase, render, transcribe, transliterate **2.** elucidate, explain, make clear, paraphrase, put in plain English, simplify, spell out, state in layman's language **3.** alter, change, convert, metamorphose, transfigure, transform, transmute, turn **4.** carry, convey, move, remove, send, transfer, transplant, transport, transpose

**translation 1.** construction, decoding, gloss, interpretation, paraphrase, rendering, rendition, transcription, transliteration, version **2.** elucidation, explanation, paraphrase, rephrasing, rewording, simplification **3.** alteration, change, conversion, metamorphosis, transfiguration, transformation, transmutation **4.** conveyance, move, removal, transference, transposition

**translator** interpreter, linguist, metaphrast, paraphrast

**transmission 1.** carriage, communication, conveyance, diffusion, dispatch, dissemination, remission, sending, shipment, spread, transfer, transference, transport **2.** broadcasting, dissemination, putting out, relaying, sending, showing **3.** broadcast, programme, show

**transmit 1.** bear, carry, communicate, convey, diffuse, dispatch, disseminate, forward, hand down, hand on, impart, pass on, remit, send, spread, take, transfer, transport **2.** broadcast, disseminate, put on the air, radio, relay, send, send out

**transparency 1.** clarity, clearness, diaphaneity, diaphanousness, filminess, gauziness, limpidity, limpidness, pellucidity, pellucidness, sheerness, translucence, translucency, transparence **2.** apparentness, distinctness, explicitness, obviousness, patentness, perspicuousness, plainness, unambiguousness, visibility **3.** candidness, directness, forthrightness, frankness, openness, straightforwardness **4.** photograph, slide

**transparent 1.** clear, crystal clear, crystalline, diaphanous, filmy, gauzy, limpid, lucent, lucid, pellucid, seethrough, sheer, translucent, transpicuous **2.** apparent, as plain as the nose on one's face (*Inf.*), distinct, easy, evident, explicit, manifest, obvious, patent, perspicuous,

**transpire** 1. (Inf.) arise, befall, chance, come about, come to pass (Archaic), happen, occur, take place, turn up 2. become known, be disclosed, be discovered, be made public, come out, come to light, emerge

**transplant** displace, relocate, remove, resettle, shift, transfer, uproot

**transport**
▶ V. 1. bear, bring, carry, convey, fetch, haul, move, remove, run, ship, take, transfer 2. banish, deport, exile, sentence to transportation 3. captivate, carry away, delight, electrify, enchant, enrapture, entrance, move, ravish, spellbind
▶ N. 4. conveyance, transportation, vehicle 5. carriage, conveyance, removal, shipment, shipping, transference, transportation 6. cloud nine (Inf.), enchantment, euphoria, heaven, rapture, seventh heaven 7. bliss, delight, ecstasy, happiness, ravishment

**transpose** alter, change, exchange, interchange, move, rearrange, relocate, reorder, shift, substitute, swap (Inf.), switch, transfer

**transverse** athwart, crossways, crosswise, diagonal, oblique

**trap**
▶ N. 1. ambush, gin, net, noose, pitfall, snare, springe, toils 2. ambush, artifice, deception, device, ruse, stratagem, subterfuge, trick, wile
▶ V. 3. catch, corner, enmesh, ensnare, entrap, snare, take 4. ambush, beguile, deceive, dupe, ensnare, inveigle, trick

**trappings** accoutrements, adornments, decorations, dress, equipment, finery, fittings, fixtures, fripperies, furnishings, gear, livery, ornaments, panoply, paraphernalia, raiment (Archaic or poetic), things, trimmings

**trash** 1. balderdash, balls (Taboo sl.), bilge (Inf.), bosh (Inf.), bull (Sl.), bullshit (Taboo sl.), bunkum or buncombe (Chiefly U.S.), cobblers (Brit. taboo sl.), crap (Sl.), drivel, eyewash (Inf.), foolish talk, garbage (Inf.), guff (Sl.), hogwash, hokum (Sl., chiefly U.S. & Canad.), horsefeathers (U.S. sl.), hot air (Inf.), inanity, moonshine, nonsense, pap, piffle (Inf.), poppycock (Inf.), rot, rubbish, shit (Taboo sl.), tommyrot, tosh (Sl., chiefly Brit.), tripe (Inf.), trumpery, twaddle 2. dreck (Sl., chiefly U.S.), dregs, dross, garbage, junk (Inf.), litter, offscourings, refuse, rubbish, sweepings, waste

**trashy** brummagem, catchpenny, cheap, cheapjack (Inf.), chickenshit (U.S. sl.), crappy (Sl.), flimsy, inferior, meretricious, of a sort or of sorts, poxy (Sl.), rubbishy, shabby, shoddy, tawdry, thrown together, tinsel, worthless

**traumatic** agonizing, damaging, disturbing, hurtful, injurious, painful, scarring, shocking, upsetting, wounding

**travel**
▶ V. 1. cross, go, journey, make a journey, make one's way, move, proceed, progress, ramble, roam, rove, take a trip, tour, traverse, trek, voyage, walk, wander, wend 2. be transmitted, carry, get through, move
▶ N. 3. Usually plural excursion, expedition, globetrotting, journey, movement, passage, peregrination, ramble, tour, touring, trip, voyage, walk, wandering

**traveller** 1. excursionist, explorer, globetrotter, gypsy, hiker, holiday-maker, journeyer, migrant, nomad, passenger, tourist, tripper, voyager, wanderer, wayfarer 2. agent, commercial traveller, rep, representative, salesman, travelling salesman

**travelling** ADJ. itinerant, migrant, migratory, mobile, moving, nomadic, peripatetic, restless, roaming, roving, touring, unsettled, wandering, wayfaring

**traverse** 1. bridge, cover, cross, cut across, go across, go over, make one's way across, negotiate, pass over, ply, range, roam, span, travel over, wander 2. balk, contravene, counter, counteract, deny, frustrate, go against, hinder, impede, obstruct, oppose, thwart 3. check, consider, examine, eye, inspect, investigate, look into, look over, pore over, range over, review, scan, scrutinize, study

**travesty**
▶ N. 1. burlesque, caricature, distortion, lampoon, mockery, parody, perversion, send-up (Brit. inf.), sham, spoof (Inf.), takeoff (Inf.)
▶ V. 2. burlesque, caricature, deride, distort, lampoon, make a mockery of, make fun of, mock, parody, pervert, ridicule, send up (Brit. inf.), sham, spoof (Inf.), take off (Inf.)

**treacherous** 1. deceitful, disloyal, double-crossing (Inf.), double-dealing, duplicitous, faithless, false, perfidious, recreant (Archaic), traitorous, treasonable, unfaithful, unreliable, untrue, untrustworthy 2. dangerous, deceptive, hazardous, icy, perilous, precarious, risky, slippery, slippy (Inf. or dialect), tricky, unreliable, unsafe, unstable

**treachery** betrayal, disloyalty, double-cross (Inf.), double-dealing, duplicity, faithlessness, infidelity, perfidiousness, perfidy, stab in the back, treason

**tread**
▶ V. 1. hike, march, pace, plod, stamp, step, stride, tramp, trudge, walk 2. crush underfoot, squash, trample 3. bear down, crush, oppress, quell, repress, ride roughshod over, subdue, subjugate, suppress 4. tread on someone's toes affront, annoy, bruise, disgruntle, get someone's back up, hurt, hurt someone's feelings, infringe, injure, irk, offend, vex
▶ N. 5. footfall, footstep, gait, pace, step, stride, walk

**treason** disaffection, disloyalty, duplicity, lese-majesty, mutiny, perfidy, sedition, subversion, traitorousness, treachery

**treasonable** disloyal, false, mutinous, perfidious, seditious, subversive, traitorous, treacherous, treasonous

**treasure**
▶ N. 1. cash, fortune, funds, gold, jewels, money, riches, valuables, wealth 2. apple of one's eye, darling, gem, jewel, nonpareil, paragon, pearl, precious, pride and joy, prize
▶ V. 3. adore, cherish, dote upon, esteem, hold dear, idolize, love, prize, revere, value, venerate, worship 4. accumulate, cache, collect, garner, hoard, husband, lay up, salt away, save, stash (away) (Inf.), store up

**treasury** 1. bank, cache, hoard, repository, store, storehouse, vault 2. assets, capital, coffers, exchequer, finances, funds, money, resources, revenues

**treat**
▶ N. 1. banquet, celebration, entertainment, feast, gift, party, refreshment 2. delight, enjoyment, fun, gratification, joy, pleasure, satisfaction, surprise, thrill
▶ V. 3. act towards, behave towards, consider, deal with, handle, look upon, manage, regard, use 4. apply treatment to, attend to, care for, doctor, medicate, nurse 5. buy for, entertain, feast, foot or pay the bill, give, lay on, pay for, provide, regale, stand (Inf.), take out, wine and dine 6. be concerned with, contain, deal with, discourse upon, discuss, go into, touch upon 7. bargain, come to terms, confer, have talks, make terms, negotiate, parley

**treatise** disquisition, dissertation, essay, exposition, monograph, pamphlet, paper, study, thesis, tract, work, writing

**treatment** 1. care, cure, healing, medication, medicine, remedy, surgery, therapy 2. action towards, behaviour towards, conduct, dealing, handling, management, manipulation, reception, usage

**treaty** agreement, alliance, bargain, bond, compact, concordat, contract, convention, covenant, entente, pact

**trek**
▶ N. 1. expedition, footslog, hike, journey, long haul, march, odyssey, safari, slog, tramp
▶ V. 2. footslog, hike, journey, march, plod, range, roam, rove, slog, traipse (Inf.), tramp, trudge, yomp

**tremble**
▶ V. 1. oscillate, quake, quiver, rock, shake, shake in one's shoes, shiver, shudder, teeter, totter, vibrate, wobble
▶ N. 2. oscillation, quake, quiver, shake, shiver, shudder, tremor, vibration, wobble

**tremendous** 1. appalling, awesome, awful, colossal, deafening, dreadful, enormous, fearful, formidable, frightful, gargantuan, gigantic, great, huge, immense, mammoth, monstrous, prodigious, stupendous, terrible, terrific, titanic, towering, vast, whopping (Inf.) 2. (Inf.) ace (Inf.), amazing, boffo (Sl.), brill (Inf.), brilliant, chillin' (U.S. sl.), cracking (Brit. inf.), excellent, exceptional, extraordinary, fabulous (Inf.), fantastic (Inf.), great, incredible, jim-dandy (Sl.), marvellous, mean (Sl.), sensational (Inf.), sovereign, super (Inf.), terrific (Inf.), topping (Brit. sl.), wonderful

**tremor** 1. agitation, quaking, quaver, quiver, quivering, shake, shaking, shiver, tremble, trembling, trepidation, vibration, wobble 2. earthquake, quake (Inf.), shock

**trench** channel, cut, ditch, drain, earthwork, entrenchment, excavation, fosse, furrow, gutter, pit, trough, waterway

**trenchant** 1. acerbic, acid, acidulous, acute, astringent, biting, caustic, cutting, hurtful, incisive, keen, mordacious, mordant, penetrating, piquant, pointed, pungent, sarcastic, scathing, severe, sharp, tart, vitriolic 2. driving, effective, effectual, emphatic, energetic, forceful, potent, powerful, strong, vigorous 3. clear, clear-cut, crisp, distinct, distinctly defined, explicit, salient, unequivocal, well-defined

**trend**
▶ N. 1. bias, course, current, direction, drift, flow, inclination, leaning, tendency 2. craze, fad (Inf.), fashion, look, mode, rage, style, thing, vogue
▶ V. 3. bend, flow, head, incline, lean, run, stretch, swing, tend, turn, veer

**trepidation** agitation, alarm, anxiety, apprehension, blue funk (Inf.), butterflies (Inf.), cold feet (Inf.), cold sweat (Inf.), consternation, dismay, disquiet, disturbance, dread, emotion, excitement, fear, fright, jitters (Inf.), nervousness, palpitation, perturbation, quivering, shaking, the heebie-jeebies (Sl.), trembling, tremor, uneasiness, worry

**trespass**
▶ V. 1. encroach, infringe, intrude, invade, obtrude, poach 2. (Archaic) offend, sin, transgress, violate, wrong
▶ N. 3. encroachment, infringement, intrusion, invasion, poaching, unlawful entry, wrongful entry 4. breach, crime, delinquency, error, evildoing, fault, infraction, iniquity, injury, misbehaviour, misconduct, misdeed, misdemeanour, offence, sin, transgression, wrongdoing

**trespasser** 1. infringer, interloper, intruder, invader, poacher, unwelcome visitor 2. (Archaic) criminal, delinquent, evildoer, malefactor, offender, sinner, transgressor, wrongdoer

**tress** braid, curl, lock, pigtail, plait, ringlet

**triad** threesome, trilogy, trine, trinity, trio, triple, triplet, triptych, triumvirate, triune

**trial**
▶ N. 1. assay, audition, check, dry run (Inf.), examination, experience, experiment, probation, proof, test, testing, test-run 2. contest, hearing, industrial tribunal, judicial examination, litigation, tribunal 3. attempt, crack (Inf.), effort, endeavour, go (Inf.), shot (Inf.), stab (Inf.), try, venture, whack (Inf.) 4. adversity, affliction, burden, cross to bear, distress, grief, hardship, hard times, load, misery, ordeal, pain, suffering, tribulation, trouble, unhappiness, vexation, woe, wretchedness 5. bane, bother, drag (Inf.), hassle (Inf.), irritation, nuisance, pain in the arse (Taboo inf.), pain in the neck (Inf.), pest, plague (Inf.), thorn in one's flesh, vexation
▶ ADJ. 6. experimental, exploratory, pilot, probationary, provisional, testing

**tribe** blood, caste, clan, class, division, dynasty, ethnic group, family, gens, house, people, race, seed (Chiefly biblical), sept, stock

**tribulation** adversity, affliction, bad luck, blow, bummer (Sl.), burden, care, cross to bear, curse, distress, grief, hardship, hassle (Inf.), heartache, ill fortune, misery, misfortune, ordeal, pain, reverse, sorrow, suffering, trial, trouble, unhappiness, vexation, woe, worry, wretchedness

**tribunal** bar, bench, court, hearing, industrial tribunal, judgment seat, judicial examination, trial

**tribute** 1. accolade, acknowledgement, applause, commendation, compliment, encomium, esteem, eulogy, gift, gratitude, honour, laudation, panegyric, praise, recognition, respect, testimonial 2. charge, contribution, customs, duty, excise, homage, impost, offering, payment, ransom, subsidy, tax, toll

**trick**
▶ N. 1. artifice, canard, con (Sl.), deceit, deception, device, dodge, feint, fraud, gimmick, hoax, imposition, imposture, manoeuvre, ploy, ruse, scam (Sl.), sting (Inf.), stratagem, subterfuge, swindle, trap, wile 2. antic, cantrip (Scot.), caper, device, feat, frolic, gag (Inf.), gambol, jape,

joke, juggle, legerdemain, leg-pull (*Brit. inf.*), practical joke, prank, put-on (*Sl.*), sleight of hand, stunt **3.** art, command, craft, device, expertise, gift, hang (*Inf.*), knack, know-how (*Inf.*), secret, skill, technique **4.** characteristic, crotchet, foible, habit, idiosyncrasy, mannerism, peculiarity, practice, quirk, trait **5. do the trick** (*Inf.*) be effective *or* effectual, have effect, produce the desired result, work
▸ **V. 6.** bamboozle (*Inf.*), cheat, con (*Inf.*), deceive, defraud, delude, dupe, fool, gull (*Archaic*), have (someone) on, hoax, hoodwink, impose upon, kid (*Inf.*), mislead, pull the wool over (someone's) eyes, put one over on (someone) (*Inf.*), stiff (*Sl.*), sting (*Inf.*), swindle, take in (*Inf.*), trap

**trickery** cheating, chicanery, con (*Inf.*), deceit, deception, dishonesty, double-dealing, fraud, funny business, guile, hanky-panky (*Inf.*), hoax, hokum (*Sl., chiefly U.S. & Canad.*), imposture, jiggery-pokery (*Inf., chiefly Brit.*), monkey business (*Inf.*), pretence, skulduggery (*Inf.*), swindling

**trickle**
▸ **V. 1.** crawl, creep, dribble, drip, drop, exude, ooze, percolate, run, seep, stream
▸ **N. 2.** dribble, drip, seepage

**tricky 1.** complicated, delicate, difficult, knotty, problematic, risky, sticky (*Inf.*), thorny, ticklish, touch-and-go **2.** artful, crafty, cunning, deceitful, deceptive, devious, foxy, scheming, slippery, sly, subtle, wily

**trifle**
▸ **N. 1.** bagatelle, bauble, child's play (*Inf.*), gewgaw, knick-knack, nothing, plaything, toy, triviality **2.** bit, dash, drop, jot, little, pinch, spot, touch, trace
▸ **V. 3.** amuse oneself, coquet, dally, dawdle, flirt, fritter, idle, mess about, palter, play, toy, wanton, waste, waste time

**trifling** empty, footling (*Inf.*), frivolous, idle, inconsiderable, insignificant, measly, minuscule, negligible, nickel-and-dime (*U.S. sl.*), paltry, petty, piddling (*Inf.*), puny, shallow, silly, slight, small, tiny, trivial, unimportant, valueless, worthless

**trigger** **V.** activate, bring about, cause, elicit, generate, give rise to, produce, prompt, provoke, set in motion, set off, spark off, start

**trim**
▸ **ADJ. 1.** compact, dapper, natty (*Inf.*), neat, nice, orderly, shipshape, smart, soigné *or* soignée, spick-and-span, spruce, tidy, trig (*Archaic or dialect*), well-groomed, well-ordered, well turned-out **2.** fit, shapely, sleek, slender, slim, streamlined, svelte, willowy
▸ **V. 3.** barber, clip, crop, curtail, cut, cut back, dock, even up, lop, pare, prune, shave, shear, tidy **4.** adorn, array, beautify, bedeck, deck out, decorate, dress, embellish, embroider, garnish, ornament, trick out **5.** adjust, arrange, balance, distribute, order, prepare, settle
▸ **N. 6.** adornment, border, decoration, edging, embellishment, frill, fringe, garnish, ornamentation, piping, trimming **7.** condition, fettle, fitness, form, health, order, repair, shape (*Inf.*), situation, state **8.** clipping, crop, cut, pruning, shave, shearing, tidying up, trimming **9.** array, attire, dress, equipment, gear, trappings

**trimming 1.** adornment, border, braid, decoration, edging, embellishment, festoon, frill, fringe, garnish, ornamentation, piping **2.** *Plural* accessories, accompaniments, appurtenances, extras, frills, garnish, ornaments, paraphernalia, trappings **3.** *Plural* brash, clippings, cuttings, ends, parings, shavings

**trinity** threesome, triad, trilogy, trine, trio, triple, triplet, triptych, triumvirate, triune

**trinket** bagatelle, bauble, bibelot, gewgaw, gimcrack, kickshaw, knick-knack, nothing, ornament, piece of bric-a-brac, toy, trifle

**trio** threesome, triad, trilogy, trine, trinity, triple, triplet, triptych, triumvirate, triune

**trip**
▸ **N. 1.** errand, excursion, expedition, foray, jaunt, journey, outing, ramble, run, tour, travel, voyage **2.** bloomer (*Brit. inf.*), blunder, boob (*Brit. sl.*), error, fall, false move, false step, faux pas, indiscretion, lapse, misstep, slip, stumble
▸ **V. 3.** blunder, boob (*Brit. sl.*), err, fall, go wrong, lapse, lose one's balance, lose one's footing, make a false move, make a faux pas, miscalculate, misstep, slip, slip up (*Inf.*), stumble, tumble **4.** catch out, confuse, disconcert, put off one's stride, throw off, trap, unsettle **5.** go, ramble, tour, travel, voyage **6.** caper, dance, flit, frisk, gambol, hop, skip, spring, tread lightly **7.** (*Inf.*) get high (*Inf.*), get stoned (*Sl.*), take drugs, turn on (*Sl.*) **8.** activate, engage, flip, pull, release, set off, switch on, throw, turn on

**tripe** balderdash, balls (*Taboo sl.*), bilge (*Inf.*), bosh (*Inf.*), bull (*Sl.*), bullshit (*Taboo sl.*), bunkum *or* buncombe (*Chiefly U.S.*), claptrap (*Inf.*), cobblers (*Brit. taboo sl.*), crap (*Sl.*), drivel, eyewash (*Inf.*), foolish talk, garbage (*Inf.*), guff (*Sl.*), hogwash, hokum (*Sl., chiefly U.S. & Canad.*), horsefeathers (*U.S. sl.*), hot air (*Inf.*), inanity, moonshine, nonsense, pap, piffle (*Inf.*), poppycock (*Inf.*), rot, rubbish, shit (*Taboo sl.*), tommyrot, tosh (*Sl., chiefly Brit.*), trash, trumpery, twaddle

**triple**
▸ **ADJ. 1.** threefold, three times as much, three-way, tripartite
▸ **N. 2.** threesome, triad, trilogy, trine, trinity, trio, triplet, triumvirate, triune
▸ **V. 3.** increase threefold, treble, triplicate

**triplet** threesome, triad, trilogy, trine, trinity, trio, triple, triumvirate, triune

**tripper** excursionist, holiday-maker, journeyer, sightseer, tourist, voyager

**trite** banal, bromidic, clichéd, common, commonplace, corny (*Sl.*), dull, hack, hackneyed, ordinary, pedestrian, routine, run-of-the-mill, stale, stereotyped, stock, threadbare, tired, uninspired, unoriginal, worn

**triumph**
▸ **N. 1.** elation, exultation, happiness, joy, jubilation, pride, rejoicing **2.** accomplishment, achievement, ascendancy, attainment, conquest, coup, feat, hit (*Inf.*), mastery, sensation, smash (*Inf.*), smash-hit (*Inf.*), success, tour de force, victory, walkover (*Inf.*)
▸ **V. 3.** (*Often with* **over**) best, carry the day, come out on top (*Inf.*), dominate, flourish, get the better of, overcome, overwhelm, prevail, prosper, subdue, succeed, take the honours, thrive, vanquish, win **4.** celebrate, crow, drool, exult, gloat, glory, jubilate, rejoice, revel, swagger

**triumphant** boastful, celebratory, cock-a-hoop, conquering, dominant, elated, exultant, glorious, jubilant, proud, rejoicing, successful, swaggering, triumphal, undefeated, victorious, winning

**trivia** details, minutiae, petty details, trifles, trivialities

**trivial** chickenshit (*U.S. sl.*), commonplace, everyday, frivolous, incidental, inconsequential, inconsiderable, insignificant, little, meaningless, minor, negligible, nickel-and-dime (*U.S. sl.*), paltry, petty, puny, slight, small, trifling, trite, unimportant, valueless, worthless

**triviality 1.** frivolity, inconsequentiality, insignificance, littleness, meaninglessness, negligibility, paltriness, pettiness, slightness, smallness, triteness, unimportance, valuelessness, worthlessness **2.** detail, no big thing, no great matter, nothing, petty detail, technicality, trifle

**troop**
▸ **N. 1.** assemblage, band, bevy, body, bunch (*Inf.*), company, contingent, crew (*Inf.*), crowd, drove, flock, gang, gathering, group, herd, horde, multitude, pack, posse (*Inf.*), squad, swarm, team, throng, unit **2.** *Plural* armed forces, army, fighting men, men, military, servicemen, soldiers, soldiery
▸ **V. 3.** crowd, flock, march, parade, stream, swarm, throng, traipse (*Inf.*)

**trophy** award, bays, booty, cup, laurels, memento, prize, souvenir, spoils

**tropical** hot, humid, lush, steamy, stifling, sultry, sweltering, torrid

**trot**
▸ **V. 1.** canter, go briskly, jog, lope, run, scamper
▸ **N. 2.** brisk pace, canter, jog, lope, run **3. on the trot** (*Inf.*) consecutively, in a row, in succession, one after the other, without break, without interruption

**trot out** bring forward, bring up, come out with, drag up, exhibit, recite, rehearse, reiterate, relate, repeat

**trouble**
▸ **N. 1.** agitation, annoyance, anxiety, bummer (*Sl.*), disquiet, distress, grief, hardship, hassle (*Inf.*), heartache, irritation, misfortune, pain, sorrow, suffering, torment, tribulation, vexation, woe, worry **2.** agitation, bother (*Inf.*), commotion, discontent, discord, disorder, dissatisfaction, disturbance, hassle (*Inf.*), row, strife, tumult, unrest **3.** ailment, complaint, defect, disability, disease, disorder, failure, illness, malfunction, upset **4.** bother, concern, danger, difficulty, dilemma, dire straits, hassle (*Inf.*), hot water (*Inf.*), mess, nuisance, pest, pickle (*Inf.*), predicament, problem, scrape (*Inf.*), spot (*Inf.*), tight spot **5.** attention, bother, care, effort, exertion, inconvenience, labour, pains, struggle, thought, work
▸ **V. 6.** afflict, agitate, annoy, bother, discompose, disconcert, disquiet, distress, disturb, faze, fret, grieve, harass, hassle (*Inf.*), inconvenience, pain, perplex, perturb, pester, plague, sadden, torment, upset, vex, worry **7.** be concerned, bother, burden, discomfort, discommode, disturb, impose upon, incommode, inconvenience, put out **8.** exert oneself, go to the effort of, make an effort, take pains, take the time

**troublemaker** agent provocateur, agitator, firebrand, incendiary, instigator, meddler, mischief-maker, rabble-rouser, stirrer (*Inf.*), stormy petrel

**troublesome 1.** annoying, arduous, bothersome, burdensome, demanding, difficult, harassing, hard, importunate, inconvenient, irksome, irritating, laborious, oppressive, pestilential, plaguy (*Inf.*), taxing, tiresome, tricky, trying, upsetting, vexatious, wearisome, worrisome, worrying **2.** disorderly, insubordinate, rebellious, recalcitrant, refractory, rowdy, turbulent, uncooperative, undisciplined, unruly, violent

**trough 1.** crib, manger, water trough **2.** canal, channel, depression, ditch, duct, flume, furrow, gully, gutter, trench, watercourse

**trounce** beat, blow out of the water (*Sl.*), clobber (*Sl.*), crush, defeat heavily *or* utterly, drub, give a hiding (*Inf.*), give a pasting (*Sl.*), hammer (*Inf.*), lick (*Inf.*), make mincemeat of, overwhelm, paste (*Sl.*), rout, run rings around (*Inf.*), slaughter (*Inf.*), tank (*Sl.*), thrash, walk over (*Inf.*), wipe the floor with (*Inf.*)

**troupe** band, cast, company

**trouper** actor, artiste, entertainer, performer, player, theatrical, thespian

**truancy** absence, absence without leave, malingering, shirking, skiving (*Brit. sl.*)

**truant**
▸ **N. 1.** absentee, delinquent, deserter, dodger, malingerer, runaway, shirker, skiver (*Brit. sl.*), straggler
▸ **ADJ. 2.** absent, absent without leave, AWOL, missing, skiving (*Brit. sl.*)
▸ **V. 3.** absent oneself, bob off (*Brit. sl.*), desert, dodge, go missing, malinger, play truant, run away, shirk, skive (*Brit. sl.*), twag (*Dialect*)

**truce** armistice, break, ceasefire, cessation, cessation of hostilities, intermission, interval, let-up (*Inf.*), lull, moratorium, peace, respite, rest, stay, treaty

**truck**
▸ **N. 1.** commercial goods, commodities, goods, merchandise, stock, stuff, wares **2.** barter, business, buying and selling, commerce, communication, connection, contact, dealings, exchange, relations, trade, traffic
▸ **V. 3.** bargain, barter, buy and sell, deal, do business, exchange, have dealings, negotiate, swap, trade, traffic, transact business

**truculent** aggressive, antagonistic, bad-tempered, bellicose, belligerent, combative, contentious, cross, defiant, fierce, hostile, ill-tempered, itching *or* spoiling for a fight (*Inf.*), obstreperous, pugnacious, scrappy (*Inf.*), sullen, violent

**trudge**
▸ **V. 1.** clump, drag oneself, footslog, hike, lumber, march, plod, slog, stump, traipse (*Inf.*), tramp, trek, walk heavily, yomp
▸ **N. 2.** footslog, haul, hike, march, slog, traipse (*Inf.*), tramp, trek, yomp

**true**
▸ **ADJ. 1.** accurate, actual, authentic, bona fide, correct, exact, factual, genuine, legitimate, natural, precise, pure, real, right, truthful, valid, veracious, veritable **2.** confirmed, constant, dedicated, devoted, dutiful, faithful, fast, firm, honest, honourable, loyal, pure, reliable, sincere, staunch, steady, true-blue, trustworthy, trusty, unswerving, upright **3.** accurate, correct, exact, on target, perfect, precise, proper, spot-on (*Brit. inf.*), unerring
▸ **ADV. 4.** honestly, rightly, truthfully, veraciously, veritably **5.** accurately, correctly, on target, perfectly, precisely, properly, unerringly **6. come true** become reality, be granted, be realized, come to pass, happen, occur

**truism** axiom, bromide, cliché, commonplace, platitude, stock phrase, trite saying

**truly 1.** accurately, authentically, beyond doubt, beyond question, correctly, exactly, factually, genuinely, in actuality, in fact, in reality, in truth, legitimately, precisely, really, rightly, truthfully, veraciously, veritably, without a doubt **2.** confirmedly, constantly, devotedly, dutifully, faithfully, firmly, honestly, honourably, loyally, sincerely, staunchly, steadily, with all one's heart, with dedication, with devotion **3.** exceptionally, extremely, greatly, indeed, of course, really, to be sure, verily, very

**trumpery**
- N. **1.** balderdash, balls (*Taboo sl.*), bilge (*Inf.*), bosh (*Inf.*), bull (*Sl.*), bullshit (*Taboo sl.*), bunkum *or* buncombe (*Chiefly U.S.*), claptrap (*Inf.*), cobblers (*Brit. taboo sl.*), crap (*Sl.*), drivel, eyewash (*Inf.*), foolishness, foolish talk, garbage (*Inf.*), guff (*Sl.*), hogwash, hokum (*Sl., chiefly U.S. & Canad.*), horsefeathers (*U.S. sl.*), hot air (*Inf.*), idiocy, inanity, moonshine, nonsense, pap, piffle (*Inf.*), poppycock (*Inf.*), rot, rubbish, shit (*Taboo sl.*), stuff, tommyrot, tosh (*Sl., chiefly Brit.*), trash, tripe (*Inf.*), twaddle **2.** bagatelle, bauble, gewgaw, kickshaw, knick-knack, toy, trifle, trinket
- ADJ. **3.** brummagem, cheap, flashy, meretricious, nasty, rubbishy, shabby, shoddy, tawdry, trashy, trifling, useless, valueless, worthless

**trumpet**
- N. **1.** bugle, clarion, horn **2.** bay, bellow, call, cry, roar **3. blow one's own trumpet** boast, brag, crow, sing one's own praises, vaunt
- V. **4.** advertise, announce, broadcast, crack up (*Inf.*), extol, noise abroad, proclaim, publish, shout from the rooftops, sound loudly, tout (*Inf.*)

**trump up** concoct, contrive, cook up (*Inf.*), create, fabricate, fake, invent, make up, manufacture

**truncate** abbreviate, clip, crop, curtail, cut, cut short, dock, lop, pare, prune, shorten, trim

**truncheon** baton, club, cudgel, staff

**trunk 1.** bole, stalk, stem, stock **2.** body, torso **3.** proboscis, snout **4.** bin, box, case, casket, chest, coffer, crate, kist (*Scot. & northern English dialect*), locker, portmanteau

**truss**
- V. **1.** bind, bundle, fasten, make fast, pack, pinion, secure, strap, tether, tie
- N. **2.** beam, brace, buttress, joist, prop, shore, stanchion, stay, strut, support **3.** (*Medical*) bandage, support **4.** bale, bundle, package, packet

**trust**
- N. **1.** assurance, belief, certainty, certitude, confidence, conviction, credence, credit, expectation, faith, hope, reliance **2.** duty, obligation, responsibility **3.** care, charge, custody, guard, guardianship, protection, safekeeping, trusteeship
- V. **4.** assume, believe, expect, hope, presume, suppose, surmise, think likely **5.** bank on, believe, count on, depend on, have faith in, lean on, pin one's faith on, place confidence in, place one's trust in, place reliance on, rely upon, swear by, take at face value **6.** assign, command, commit, confide, consign, delegate, entrust, give, put into the hands of, sign over, turn over

**trustful, trusting** confiding, credulous, gullible, innocent, naive, optimistic, simple, unguarded, unsuspecting, unsuspicious, unwary

**trustworthy** dependable, ethical, honest, honourable, level-headed, mature, principled, reliable, reputable, responsible, righteous, sensible, staunch, steadfast, to be trusted, true, trusty, truthful, upright

**trusty** dependable, faithful, firm, honest, reliable, responsible, solid, staunch, steady, straightforward, strong, true, trustworthy, upright

**truth 1.** accuracy, actuality, exactness, fact, factuality, factualness, genuineness, legitimacy, precision, reality, truthfulness, validity, veracity, verity **2.** candour, constancy, dedication, devotion, dutifulness, faith, faithfulness, fidelity, frankness, honesty, integrity, loyalty, naturalism, realism, uprightness **3.** axiom, certainty, fact, law, maxim, proven principle, reality, truism, verity

**truthful** accurate, candid, correct, exact, faithful, forthright, frank, honest, literal, naturalistic, plain-spoken, precise, realistic, reliable, sincere, straight, straightforward, true, trustworthy, upfront (*Inf.*), veracious, veritable

**try**
- V. **1.** aim, attempt, bend over backwards (*Inf.*), break one's neck (*Inf.*), bust a gut (*Inf.*), do one's best, do one's damnedest (*Inf.*), endeavour, essay, exert oneself, give it one's all (*Inf.*), give it one's best shot (*Inf.*), go for broke (*Sl.*), go for it (*Inf.*), have a go (crack (*Inf.*), shot (*Inf.*), stab (*Inf.*), whack (*Inf.*)) (*Inf.*), knock oneself out (*Inf.*), make an all-out effort (*Inf.*), make an attempt, make an effort, rupture oneself (*Inf.*), seek, strive, struggle, undertake **2.** appraise, check out, evaluate, examine, experiment, inspect, investigate, prove, put to the test, sample, taste, test **3.** afflict, annoy, inconvenience, irk, irritate, pain, plague, strain, stress, tax, tire, trouble, upset, vex, weary **4.** adjudge, adjudicate, examine, hear
- N. **5.** attempt, crack (*Inf.*), effort, endeavour, essay, go (*Inf.*), shot (*Inf.*), stab (*Inf.*), whack (*Inf.*) **6.** appraisal, evaluation, experiment, inspection, sample, taste, test, trial

**trying** aggravating (*Inf.*), annoying, arduous, bothersome, difficult, exasperating, fatiguing, hard, irksome, irritating, stressful, taxing, tiresome, tough, troublesome, upsetting, vexing, wearisome

**try out** appraise, check out, evaluate, experiment with, inspect, put into practice, put to the test, sample, taste, test

**tsar, czar** autocrat, despot, emperor, head, leader, overlord, ruler, sovereign, tyrant

**tuck**
- V. **1.** fold, gather, insert, push
- N. **2.** fold, gather, pinch, pleat **3.** (*Inf.*) comestibles, eats (*Sl.*), food, grub (*Sl.*), nosebag (*Sl.*), nosh (*Sl.*), scoff (*Sl.*), tack (*Inf.*), victuals, vittles (*Obs. or dialect*)

**tuck in 1.** bed down, enfold, fold under, make snug, put to bed, swaddle, wrap up **2.** chow down (*Sl.*), eat heartily, get stuck in (*Inf.*)

**tug**
- V. **1.** drag, draw, haul, heave, jerk, lug, pull, tow, wrench, yank
- N. **2.** drag, haul, heave, jerk, pull, tow, traction, wrench, yank

**tuition** education, instruction, lessons, schooling, teaching, training, tutelage, tutoring

**tumble**
- V. **1.** drop, fall, fall end over end, fall headlong, fall head over heels, flop, lose one's footing, pitch, plummet, roll, stumble, topple, toss, trip up
- N. **2.** collapse, drop, fall, flop, headlong fall, plunge, roll, spill, stumble, toss, trip

**tumbledown** crumbling, decrepit, dilapidated, disintegrating, falling to pieces, ramshackle, rickety, ruined, shaky, tottering

**tumour** cancer, carcinoma (*Pathol.*), growth, lump, neoplasm (*Medical*), sarcoma (*Medical*), swelling

**tumult** ado, affray (*Law*), agitation, altercation, bedlam, brawl, brouhaha, clamour, commotion, din, disorder, disturbance, excitement, fracas, hubbub, hullabaloo, outbreak, pandemonium, quarrel, racket, riot, row, ruction (*Inf.*), stir, stramash (*Scot.*), strife, turmoil, unrest, upheaval, uproar

**tumultuous** agitated, boisterous, clamorous, confused, disorderly, disturbed, excited, fierce, hectic, irregular, lawless, noisy, obstreperous, passionate, raging, restless, riotous, rowdy, rumbustious, stormy, turbulent, unrestrained, unruly, uproarious, violent, vociferous, wild

**tune**
- N. **1.** air, melody, melody line, motif, song, strain, theme **2.** agreement, concert, concord, consonance, euphony, harmony, pitch, sympathy, unison **3.** attitude, demeanour, disposition, frame of mind, mood **4. call the tune** be in charge (command, control), call the shots (*Sl.*), command, dictate, govern, lead, rule, rule the roost **5. change one's tune** change one's mind, do an about-face, have a change of heart, reconsider, take a different tack, think again
- V. **6.** adapt, adjust, attune, bring into harmony, harmonize, pitch, regulate

**tuneful** catchy, consonant (*Music*), easy on the ear (*Inf.*), euphonic, euphonious, harmonious, mellifluous, melodic, melodious, musical, pleasant, symphonic

**tuneless** atonal, cacophonous, clashing, discordant, dissonant, harsh, unmelodic, unmelodious, unmusical

**tunnel**
- N. **1.** burrow, channel, hole, passage, passageway, shaft, subway, underpass
- V. **2.** burrow, dig, dig one's way, excavate, mine, penetrate, scoop out, undermine

**turbulence** agitation, boiling, commotion, confusion, disorder, instability, pandemonium, roughness, storm, tumult, turmoil, unrest, upheaval

**turbulent 1.** agitated, blustery, boiling, choppy, confused, disordered, foaming, furious, raging, rough, tempestuous, tumultuous, unsettled, unstable **2.** agitated, anarchic, boisterous, disorderly, insubordinate, lawless, mutinous, obstreperous, rebellious, refractory, riotous, rowdy, seditious, tumultuous, unbridled, undisciplined, ungovernable, unruly, uproarious, violent, wild

**turf 1.** clod, divot, grass, green, sod, sward **2. the turf** horse-racing, racecourse, racetrack, racing, the flat

**turmoil** agitation, bedlam, brouhaha, bustle, chaos, commotion, confusion, disarray, disorder, disturbance, ferment, flurry, hubbub, noise, pandemonium, row, stir, strife, trouble, tumult, turbulence, upheaval, uproar, violence

**turn**
- V. **1.** circle, go round, gyrate, move in a circle, pivot, revolve, roll, rotate, spin, swivel, twirl, twist, wheel, whirl **2.** change course, change position, go back, move, return, reverse, shift, swerve, switch, veer, wheel **3.** arc, come round, corner, go round, negotiate, pass, pass around, take a bend **4.** adapt, alter, become, change, convert, divert, fashion, fit, form, metamorphose, mould, mutate, remodel, shape, transfigure, transform, transmute **5.** become rancid, curdle, go bad, go off (*Brit. inf.*), go sour, make rancid, sour, spoil, taint **6.** appeal, apply, approach, go, have recourse, look, resort **7.** nauseate, sicken, upset **8.** apostatize, bring round (*Inf.*), change one's mind, change sides, defect, desert, go over, influence, persuade, prejudice, prevail upon, renege, retract, talk into **9.** construct, deliver, execute, fashion, frame, make, mould, perform, shape, write **10. turn tail** beat a hasty retreat, bolt, cut and run (*Inf.*), flee, hook it (*Sl.*), run away, run off, show a clean pair of heels, take off (*Inf.*), take to one's heels
- N. **11.** bend, change, circle, curve, cycle, gyration, pivot, reversal, revolution, rotation, spin, swing, turning, twist, whirl **12.** bias, direction, drift, heading, tendency, trend **13.** bend, change of course, change of direction, curve, departure, deviation, shift **14.** chance, crack (*Inf.*), fling, go, opportunity, period, round, shift, shot (*Inf.*), spell, stint, succession, time, try, whack (*Inf.*) **15.** airing, circuit, constitutional, drive, excursion, jaunt, outing, promenade, ride, saunter, spin (*Inf.*), stroll, walk **16.** affinity, aptitude, bent, bias, flair, gift, inclination, knack, leaning, propensity, talent **17.** cast, fashion, form, format, guise, makeup, manner, mode, mould, shape, style, way **18.** act, action, deed, favour, gesture, service **19.** bend, distortion, twist, warp **20.** (*Inf.*) fright, scare, shock, start, surprise **21. by turns** alternately, in succession, one after another, reciprocally, turn and turn about **22. to a turn** correctly, exactly, just right, perfectly, precisely

**turn down 1.** diminish, lessen, lower, muffle, mute, quieten, reduce the volume of, soften **2.** abstain from, decline, rebuff, refuse, reject, repudiate, say no to, spurn, throw out

**turn in 1.** go to bed, go to sleep, hit the sack (*Sl.*), retire for the night **2.** deliver, give back, give up, hand in, hand over, return, submit, surrender, tender

**turning** bend, crossroads, curve, junction, side road, turn, turn-off

**turning point** change, climacteric, crisis, critical moment, crossroads, crux, decisive moment, moment of decision, moment of truth

**turn off 1.** branch off, change direction, depart from, deviate, leave, quit, take another road, take a side road **2.** cut out, kill, put out, shut down, stop, switch off, turn out, unplug **3.** (*Inf.*) alienate, bore, disenchant, disgust, displease, gross out (*U.S. sl.*), irritate, lose one's interest, nauseate, offend, put off, repel, sicken

**turn on 1.** activate, energize, ignite, kick-start, put on, set in motion, start, start up, switch on **2.** balance, be contingent on, be decided by, depend, hang, hinge, pivot, rest **3.** assail, assault, attack, fall on, lose one's temper with, round on 4. (Sl.) arouse, arouse one's desire, attract, excite, please, stimulate, thrill, titillate, work up 5. (Sl.) get high (Inf.), get stoned (Sl.), take drugs, trip (Inf.) 6. (Sl.) expose, get one started with, inform, initiate, introduce, show

**turn out** 1. put out, switch off, turn off, unplug 2. bring out, fabricate, finish, make, manufacture, process, produce, put out 3. axe (Inf.), banish, cashier, cast out, deport, discharge, dismiss, dispossess, drive out, drum out, evict, expel, fire (Inf.), give one the sack (Inf.), give the bum's rush (Sl.), kick out (Inf.), kiss off (Sl., chiefly U.S. & Canad.), oust, put out, relegate, sack (Inf.), show one the door, throw out, turf out (Brit. inf.), unseat 4. clean out, clear, discharge, empty, take out the contents of 5. become, come about, come to be, come to light, crop up (Inf.), develop, emerge, end up, eventuate, evolve, happen, prove to be, result, transpire (Inf.), work out 6. accoutre, apparel (Archaic), attire, clothe, dress, fit, outfit, rig out 7. appear, assemble, attend, be present, come, gather, go, put in an appearance, show up (Inf.), turn up

**turnover** 1. business, flow, output, outturn (Rare), production, productivity, volume, yield 2. change, coming and going, movement, replacement

**turn up** 1. appear, arrive, attend, come, put in an appearance, show (Inf.), show one's face, show up (Inf.) 2. appear, become known, be found, bring to light, come to light, come to pass, come up with, crop up (Inf.), dig up, disclose, discover, expose, find, pop up, reveal, transpire, unearth 3. amplify, boost, enhance, increase, increase the volume of, intensify, make louder, raise

**tussle**
- v. 1. battle, brawl, contend, fight, grapple, scrap (Inf.), scuffle, struggle, vie, wrestle
- N. 2. bagarre, battle, bout, brawl, competition, conflict, contention, contest, fight, fracas, fray, punch-up (Brit. inf.), scrap (Inf.), scrimmage, scuffle, set-to (Inf.), shindig (Inf.), shindy (Inf.), struggle

**tutor**
- N. 1. coach, educator, governor, guardian, guide, guru, instructor, lecturer, master, mentor, preceptor, schoolmaster, teacher
- v. 2. coach, direct, discipline, drill, edify, educate, guide, instruct, lecture, school, teach, train

**tutorial**
- N. 1. individual instruction, lesson, seminar
- ADJ. 2. coaching, guiding, instructional, teaching

**tweak** v./N. jerk, nip, pinch, pull, squeeze, twist, twitch

**twig** branch, offshoot, shoot, spray, sprig, stick, withe

**twilight**
- N. 1. dimness, dusk, evening, gloaming (Scot. or poetic), half-light, sundown, sunset 2. decline, ebb, last phase
- ADJ. 3. crepuscular, darkening, dim, evening 4. declining, dying, ebbing, final, last

**twin**
- N. 1. clone, corollary, counterpart, double, duplicate, fellow, likeness, lookalike, match, mate, ringer (Sl.)
- ADJ. 2. corresponding, double, dual, duplicate, geminate, identical, matched, matching, paired, parallel, twofold
- v. 3. couple, join, link, match, pair, yoke

**twine**
- N. 1. cord, string, yarn 2. coil, convolution, interlacing, twist, whorl 3. knot, snarl, tangle
- v. 4. braid, entwine, interlace, interweave, knit, plait, splice, twist, twist together, weave 5. bend, coil, curl, encircle, loop, meander, spiral, surround, twist, wind, wrap, wreathe

**twinge** bite, gripe, pain, pang, pinch, prick, sharp pain, spasm, stab, stitch, throb, throe (Rare), tic, tweak, twist, twitch

**twinkling** 1. blink, coruscation, flash, flashing, flicker, gleam, glimmer, glistening, glittering, scintillation, shimmer, shining, sparkle, twinkle, wink 2. flash, instant, jiffy (Inf.), moment, second, shake (Inf.), split second, tick (Brit. inf.), trice, twinkle, two shakes of a lamb's tail (Inf.)

**twirl**
- v. 1. gyrate, pirouette, pivot, revolve, rotate, spin, turn, turn on one's heel, twiddle, twist, wheel, whirl, wind
- N. 2. gyration, pirouette, revolution, rotation, spin, turn, twist, wheel, whirl 3. coil, spiral, twist

**twist**
- v. 1. coil, corkscrew, curl, encircle, entwine, intertwine, screw, spin, swivel, twine, weave, wind, wrap, wreathe, wring 2. contort, distort, screw up 3. rick, sprain, turn, wrench 4. alter, change, distort, falsify, garble, misquote, misrepresent, pervert, warp 5. squirm, wriggle, writhe 6. **twist someone's arm** bully, coerce, force, persuade, pressurize, talk into
- N. 7. coil, curl, spin, swivel, twine, wind 8. braid, coil, curl, hank, plug, quid, roll 9. change, development, revelation, slant, surprise, turn, variation 10. arc, bend, convolution, curve, meander, turn, undulation, zigzag 11. defect, deformation, distortion, flaw, imperfection, kink, warp 12. jerk, pull, sprain, turn, wrench 13. aberration, bent, characteristic, crotchet, eccentricity, fault, foible, idiosyncrasy, oddity, peculiarity, proclivity, quirk, trait 14. confusion, entanglement, kink, knot, mess, mix-up, snarl, tangle 15. **round the twist** (Brit. sl.) barmy (Sl.), batty (Sl.), bonkers (Sl., chiefly Brit.), crazy, cuckoo (Inf.), daft (Inf.), insane, loopy (Inf.), mad, not all there, not right in the head, nuts (Sl.), nutty (Sl.), nutty as a fruitcake (Sl.), off one's rocker (Sl.), off one's trolley (Sl.), out to lunch (Inf.), up the pole (Inf.)

**twister** cheat, chiseller (Inf.), con man (Inf.), crook (Inf.), deceiver, fraud, rogue, swindler, trickster

**twit** airhead (Sl.), ass, berk (Brit. sl.), blockhead, charlie (Brit. inf.), chump (Inf.), clown, dickhead (Sl.), dipstick (Brit. sl.), divvy (Brit. sl.), dope (Inf.), dork (Sl.), dweeb (U.S. sl.), fool, fuckwit (Taboo sl.), geek (Sl.), gonzo (Sl.), halfwit, idiot, jerk (Sl., chiefly U.S. & Canad.), juggins (Brit. inf.), nerd or nurd (Sl.), nincompoop, ninny, nitwit (Inf.), numskull or numbskull, oaf, pillock (Brit. sl.), plank (Brit. sl.), plonker (Sl.), prat (Sl.), prick (Derogatory sl.), schmuck (U.S. sl.), silly-billy (Inf.), simpleton, twerp or twirp (Inf.), wally (Sl.)

**twitch**
- v. 1. blink, flutter, jerk, jump, pluck, pull, snatch, squirm, tug, yank
- N. 2. blink, flutter, jerk, jump, pull, spasm, tic, tremor, twinge

**two-edged** ambiguous, ambivalent, backhanded, double-edged, equivocal

**two-faced** deceitful, deceiving, dissembling, double-dealing, duplicitous, false, hypocritical, insincere, Janus-faced, perfidious, treacherous, untrustworthy

**tycoon** baron, big cheese (Sl., old-fashioned), big noise (Inf.), capitalist, captain of industry, fat cat (Sl., chiefly U.S.), financier, industrialist, magnate, merchant prince, mogul, plutocrat, potentate, wealthy businessman

**type** 1. breed, category, class, classification, form, genre, group, ilk, kidney, kind, order, sort, species, stamp, strain, subdivision, variety 2. case, characters, face, fount, print, printing 3. archetype, epitome, essence, example, exemplar, model, norm, original, paradigm, pattern, personification, prototype, quintessence, specimen, standard

**typhoon** cyclone, squall, storm, tempest, tornado, tropical storm

**typical** archetypal, average, characteristic, classic, conventional, essential, illustrative, in character, indicative, in keeping, model, normal, orthodox, representative, standard, stock, true to type, usual

**typify** characterize, embody, epitomize, exemplify, illustrate, incarnate, personify, represent, sum up, symbolize

**tyrannical** absolute, arbitrary, authoritarian, autocratic, coercive, cruel, despotic, dictatorial, domineering, high-handed, imperious, inhuman, magisterial, oppressive, overbearing, overweening, peremptory, severe, tyrannous, unjust, unreasonable

**tyranny** absolutism, authoritarianism, autocracy, coercion, cruelty, despotism, dictatorship, harsh discipline, high-handedness, imperiousness, oppression, peremptoriness, reign of terror, unreasonableness, high-handedness

**tyrant** absolutist, authoritarian, autocrat, bully, despot, dictator, Hitler, martinet, oppressor, slave-driver

**tyro** apprentice, beginner, catechumen, greenhorn (Inf.), initiate, learner, neophyte, novice, novitiate, pupil, student, trainee

# U

**ubiquitous** all-over, ever-present, everywhere, omnipresent, pervasive, universal

**ugly** 1. hard-favoured, hard-featured, homely (Chiefly U.S.), ill-favoured, misshapen, no oil painting (Inf.), not much to look at, plain, unattractive, unlovely, unprepossessing, unsightly 2. disagreeable, disgusting, distasteful, frightful, hideous, horrid, monstrous, objectionable, obscene, offensive, repugnant, repulsive, revolting, shocking, terrible, unpleasant, vile 3. baleful, dangerous, forbidding, menacing, ominous, sinister, threatening 4. angry, bad-tempered, dark, evil, malevolent, nasty, spiteful, sullen, surly

**ulcer** abscess, boil, fester, gathering, gumboil, peptic ulcer, pustule, sore

**ulterior** concealed, covert, hidden, personal, secondary, secret, selfish, undisclosed, unexpressed

**ultimate**
- ADJ. 1. conclusive, decisive, end, eventual, extreme, final, furthest, last, terminal 2. extreme, greatest, highest, maximum, most significant, paramount, superlative, supreme, topmost, utmost 3. basic, elemental, fundamental, primary, radical
- N. 4. culmination, epitome, extreme, greatest, height, peak, perfection, summit, the last word

**ultimately** after all, at last, basically, eventually, finally, fundamentally, in due time, in the end, sooner or later

**umbrage** anger, chagrin, displeasure, grudge, high dudgeon, huff, indignation, offence, pique, resentment, sense of injury

**umbrella** 1. brolly (Brit. inf.), gamp (Brit. inf.) 2. aegis, agency, cover, patronage, protection

**umpire**
- N. 1. adjudicator, arbiter, arbitrator, judge, moderator, ref (Inf.), referee
- v. 2. adjudicate, arbitrate, call (Sport), judge, mediate, moderate, referee

**unabashed** blatant, bold, brazen, confident, unawed, unblushing, unconcerned, undaunted, undismayed, unembarrassed

**unable** impotent, inadequate, incapable, ineffectual, no good, not able, not equal to, not up to, powerless, unfit, unfitted, unqualified

**unabridged** complete, full-length, uncondensed, uncut, unexpurgated, unshortened, whole

**unacceptable** disagreeable, displeasing, distasteful, improper, inadmissible, insupportable, objectionable, offensive, undesirable, unpleasant, unsatisfactory, unwelcome

**unaccompanied** a cappella (Music), alone, by oneself, lone, on one's own, solo, unescorted

**unaccountable** 1. baffling, incomprehensible, inexplicable, inscrutable, mysterious, odd, peculiar, puzzling, strange, unexplainable, unfathomable, unintelligible 2. astonishing, extraordinary, uncommon, unheard-of, unusual, unwonted 3. clear, exempt, free, not answerable, not responsible, unliable

**unaccustomed** 1. (With to) a newcomer to, a novice at, green, inexperienced, not given to, not used to, unfamiliar with, unpractised, unused to, unversed in 2. new, out of the ordinary, remarkable, special, strange, surprising, uncommon, unexpected, unfamiliar, unprecedented, unusual, unwonted

**unaffected** 1. artless, genuine, honest, ingenuous, naive, natural, plain, simple, sincere, straightforward, unassuming, unpretentious, unsophisticated, unspoilt, unstudied, without airs 2. aloof, impervious, not influenced, proof, unaltered, unchanged, unimpressed, unmoved, unresponsive, unstirred, untouched

**unafraid** confident, daring, dauntless, fearless, intrepid, unfearing, unshak(e)able

**unalterable** fixed, fixed as the laws of the Medes and the Persians, immovable, immutable, invariable, permanent, steadfast, unchangeable, unchanging

**unanimity** accord, agreement, assent, chorus, concert, concord, concurrence, consensus, harmony, like-mindedness, one mind, unison, unity

**unanimous** agreed, agreeing, at one, common, concerted, concordant, harmonious, in agreement, in complete accord, like-minded, of one mind, united

**unanimously** by common consent, nem. con., unitedly, unopposed, with one accord, without exception, without opposition

**unanswerable** **1.** absolute, conclusive, incontestable, incontrovertible, indisputable, irrefutable, unarguable, undeniable **2.** insoluble, insolvable, unascertainable, unexplainable, unresolvable

**unanswered** disputed, ignored, in doubt, open, undecided, undenied, unnoticed, unrefuted, unresolved, unsettled, up in the air, vexed

**unappetizing** distasteful, insipid, off-putting (*Brit. inf.*), tasteless, unappealing, unattractive, uninteresting, uninviting, unpalatable, unpleasant, unsavoury, vapid

**unapproachable** **1.** aloof, chilly, cool, distant, frigid, offish (*Inf.*), remote, reserved, standoffish, unfriendly, unsociable, withdrawn **2.** inaccessible, out of reach, out-of-the-way, remote, un-get-at-able (*Inf.*), unreachable

**unarmed** assailable, defenceless, exposed, helpless, open, open to attack, unarmoured, unprotected, weak, weaponless, without arms

**unasked** **1.** gratuitous, spontaneous, unbidden, undemanded, undesired, uninvited, unprompted, unrequested, unsought, unwanted **2.** off one's own bat, of one's own accord, voluntarily, without prompting

**unassailable** **1.** impregnable, invincible, invulnerable, secure, well-defended **2.** absolute, conclusive, incontestable, incontrovertible, indisputable, irrefutable, positive, proven, sound, undeniable

**unassuming** diffident, humble, meek, modest, quiet, reserved, retiring, self-effacing, simple, unassertive, unobtrusive, unostentatious, unpretentious

**unattached** **1.** autonomous, free, independent, nonaligned, unaffiliated, uncommitted **2.** a free agent, available, by oneself, footloose and fancy-free, not spoken for, on one's own, single, unengaged, unmarried

**unattended** **1.** abandoned, disregarded, ignored, left alone, not cared for, unguarded, unwatched **2.** alone, on one's own, unaccompanied, unescorted

**unauthorized** illegal, unapproved, unconstitutional, under-the-table, unlawful, unofficial, unsanctioned, unwarranted

**unavailing** abortive, bootless, fruitless, futile, idle, ineffective, ineffectual, of no avail, pointless, to no purpose, unproductive, unsuccessful, useless, vain

**unavoidable** bound to happen, certain, compulsory, fated, ineluctable, inescapable, inevitable, inexorable, necessary, obligatory, sure

**unaware** heedless, ignorant, incognizant, oblivious, unconscious, unenlightened, uninformed, unknowing, unmindful, unsuspecting

**unawares** **1.** aback, abruptly, by surprise, off guard, on the hop (*Brit. inf.*), suddenly, unexpectedly, unprepared, without warning **2.** accidentally, by accident, by mistake, inadvertently, mistakenly, unconsciously, unintentionally, unknowingly, unwittingly

**unbalanced** **1.** asymmetrical, irregular, lopsided, not balanced, shaky, unequal, uneven, unstable, unsymmetrical, wobbly **2.** barking (*Sl.*), barking mad (*Sl.*), crazy, demented, deranged, disturbed, eccentric, erratic, insane, irrational, loopy (*Inf.*), lunatic, mad, non compos mentis, not all there, not the full shilling (*Inf.*), off one's trolley (*Sl.*), out to lunch (*Inf.*), touched, unhinged, unsound, unstable, up the pole (*Inf.*) **3.** biased, inequitable, one-sided, partial, partisan, prejudiced, unfair, unjust

**unbearable** insufferable, insupportable, intolerable, oppressive, too much (*Inf.*), unacceptable, unendurable

**unbeatable** indomitable, invincible, more than a match for, unconquerable, unstoppable, unsurpassable

**unbeaten** **1.** triumphant, unbowed, undefeated, unsubdued, unsurpassed, unvanquished, victorious, winning **2.** new, untouched, untried, untrodden, virgin

**unbecoming** **1.** ill-suited, inappropriate, incongruous, unattractive, unbefitting, unfit, unflattering, unsightly, unsuitable, unsuited **2.** discreditable, improper, indecorous, indelicate, offensive, tasteless, unseemly

**unbelief** atheism, disbelief, distrust, doubt, incredulity, scepticism

**unbelievable** astonishing, beyond belief, far-fetched, implausible, impossible, improbable, inconceivable, incredible, outlandish, preposterous, questionable, staggering, unconvincing, unimaginable, unthinkable

**unbeliever** agnostic, atheist, disbeliever, doubting Thomas, infidel, sceptic

**unbending** **1.** aloof, distant, formal, inflexible, reserved, rigid, stiff, uptight (*Inf.*) **2.** firm, hard-line, intractable, resolute, severe, strict, stubborn, tough, uncompromising, unyielding

**unbiased** disinterested, dispassionate, equitable, even-handed, fair, impartial, just, neutral, objective, open-minded, unprejudiced

**unbidden** **1.** free, spontaneous, unforced, unprompted, voluntary, willing **2.** unasked, uninvited, unwanted, unwelcome

**unbind** free, loosen, release, set free, unbridle, unchain, undo, unfasten, unfetter, unloose, unshackle, untie, unyoke

**unblemished** flawless, immaculate, impeccable, perfect, pure, spotless, unflawed, unspotted, unstained, unsullied, untarnished

**unborn** **1.** awaited, embryonic, expected, in utero **2.** coming, future, hereafter, latter, subsequent, to come

**unbounded** absolute, boundless, endless, immeasurable, infinite, lavish, limitless, unbridled, unchecked, unconstrained, uncontrolled, unlimited, unrestrained, vast

**unbreakable** armoured, durable, indestructible, infrangible, lasting, nonbreakable, resistant, rugged, shatterproof, solid, strong, toughened

**unbridled** excessive, intemperate, licentious, rampant, riotous, unchecked, unconstrained, uncontrolled, uncurbed, ungovernable, ungoverned, unrestrained, unruly, violent, wanton

**unbroken** **1.** complete, entire, intact, solid, total, unimpaired, whole **2.** ceaseless, constant, continuous, endless, incessant, progressive, serried, successive, uninterrupted, unremitting **3.** deep, fast, profound, sound, undisturbed, unruffled, untroubled **4.** unbowed, unsubdued, untamed

**unburden** **1.** disburden, discharge, disencumber, ease the load, empty, lighten, relieve, unload **2.** come clean (*Inf.*), confess, confide, disclose, get (something) off one's chest (*Inf.*), lay bare, make a clean breast of, reveal, spill one's guts about (*Sl.*), tell all, unbosom

**uncalled-for** gratuitous, inappropriate, needless, undeserved, unjust, unjustified, unnecessary, unprovoked, unwarranted, unwelcome

**uncanny** **1.** creepy (*Inf.*), eerie, eldritch (*Poetic*), mysterious, preternatural, queer, spooky (*Inf.*), strange, supernatural, unearthly, unnatural, weird **2.** astonishing, astounding, exceptional, extraordinary, fantastic, incredible, inspired, miraculous, prodigious, remarkable, singular, unheard-of, unusual

**unceasing** ceaseless, constant, continual, continuing, continuous, endless, incessant, never-ending, nonstop, perpetual, persistent, unending, unfailing, unremitting

**uncertain** **1.** ambiguous, chancy, conjectural, doubtful, iffy (*Inf.*), incalculable, indefinite, indeterminate, indistinct, questionable, risky, speculative, undetermined, unforeseeable, unpredictable **2.** ambivalent, doubtful, dubious, hazy, in two minds, irresolute, unclear, unconfirmed, undecided, undetermined, unfixed, unresolved, unsettled, unsure, up in the air, vacillating, vague **3.** changeable, erratic, fitful, hesitant, iffy (*Inf.*), inconstant, insecure, irregular, precarious, unpredictable, unreliable, vacillating, variable, wavering

**uncertainty** ambiguity, bewilderment, confusion, dilemma, doubt, dubiety, hesitancy, hesitation, inconclusiveness, indecision, irresolution, lack of confidence, misgiving, mystification, perplexity, puzzlement, qualm, quandary, scepticism, state of suspense, unpredictability, vagueness

**unchangeable** changeless, constant, fixed, immovable, immutable, inevitable, invariable, irreversible, permanent, stable, steadfast, strong, unalterable

**unchanging** abiding, changeless, constant, continuing, enduring, eternal, immutable, imperishable, lasting, permanent, perpetual, unchanged, unfading, unvarying

**uncharitable** cruel, hardhearted, insensitive, mean, merciless, stingy, unchristian, unfeeling, unforgiving, unfriendly, ungenerous, unkind, unsympathetic

**uncharted** not mapped, strange, undiscovered, unexplored, unfamiliar, unknown, unplumbed, virgin

**uncivil** bad-mannered, bearish, boorish, brusque, churlish, discourteous, disrespectful, gruff, ill-bred, ill-mannered, impolite, rude, surly, uncouth, unmannerly

**uncivilized** **1.** barbarian, barbaric, barbarous, illiterate, primitive, savage, wild **2.** beyond the pale, boorish, brutish, churlish, coarse, gross, philistine, uncouth, uncultivated, uncultured, uneducated, unmannered, unpolished, unsophisticated, vulgar

**unclean** contaminated, corrupt, defiled, dirty, evil, filthy, foul, impure, nasty, polluted, scuzzy (*Sl., chiefly U.S.*), soiled, spotted, stained, sullied, tainted

**uncomfortable** **1.** awkward, causing discomfort, cramped, disagreeable, hard, ill-fitting, incommodious, irritating, painful, rough, troublesome **2.** awkward, confused, discomfited, disquieted, distressed, disturbed, embarrassed, ill at ease, out of place, self-conscious, troubled, uneasy

**uncommitted** floating, free, free-floating, neutral, nonaligned, nonpartisan, not involved, (sitting) on the fence, unattached, uninvolved

**uncommon** **1.** bizarre, curious, few and far between, infrequent, novel, odd, out of the ordinary, peculiar, queer, rare, scarce, singular, strange, unfamiliar, unusual **2.** distinctive, exceptional, extraordinary, incomparable, inimitable, notable, noteworthy, outstanding, rare, remarkable, singular, special, superior, unparalleled, unprecedented

**uncommonly** **1.** hardly ever, infrequently, not often, occasionally, only now and then, rarely, scarcely ever, seldom **2.** exceptionally, extremely, particularly, peculiarly, remarkably, strangely, unusually, very

**uncommunicative** close, curt, guarded, reserved, reticent, retiring, secretive, short, shy, silent, taciturn, tight-lipped, unforthcoming, unresponsive, unsociable, withdrawn

**uncompromising** decided, die-hard, firm, hard-line, inexorable, inflexible, intransigent, obdurate, obstinate, rigid, steadfast, stiff-necked, strict, stubborn, tough, unbending, unyielding

**unconcern** aloofness, apathy, detachment, indifference, insouciance, lack of interest, nonchalance, remoteness, uninterestedness

**unconcerned** **1.** aloof, apathetic, cool, detached, dispassionate, distant, incurious, indifferent, oblivious, uninterested, uninvolved, unmoved, unsympathetic **2.** blithe, callous, carefree, careless, easy, insouciant, nonchalant, not bothered, relaxed, serene, unperturbed, unruffled, untroubled, unworried

**unconditional** absolute, arrant, categorical, complete, downright, entire, explicit, full, out-and-out, outright, plenary, positive, thoroughgoing, total, unlimited, unqualified, unreserved, unrestricted, utter

**uncongenial** antagonistic, antipathetic, disagreeable, discordant, displeasing, distasteful, incompatible, not one's cup of tea (*Inf.*), unharmonious, uninviting, unpleasant, unsuited, unsympathetic

**unconnected** **1.** detached, disconnected, divided, independent, separate **2.** disconnected, disjointed, illogical, incoherent, irrelevant, meaningless, nonsensical, not related, unrelated

**unconquerable** **1.** indomitable, invincible, unbeatable, undefeatable, unyielding **2.** enduring, ingrained, innate, insurmountable, inveterate, irrepressible, irresistible, overpowering

**unconscionable** **1.** amoral, criminal, unethical, unfair, unjust, unprincipled, unscrupulous **2.** excessive, exorbitant, extravagant, extreme, immoderate, inordinate, outrageous, preposterous, unreasonable

**unconscious** **1.** blacked out (*Inf.*), comatose, dead to the world (*Inf.*), insensible, knocked out, numb, out, out cold, senseless, stunned **2.** blind to, deaf to, heedless, ignorant, in ignorance, lost to, oblivious, unaware, unknowing, unmindful, unsuspecting **3.** accidental, inad-

**uncontrollable** beside oneself, carried away, frantic, furious, irrepressible, irresistible, like one possessed, mad, strong, ungovernable, unmanageable, unruly, violent, wild

**uncontrolled** boisterous, furious, lacking self-control, out of control, out of hand, rampant, riotous, running wild, unbridled, unchecked, uncurbed, undisciplined, ungoverned, unrestrained, unruly, unsubmissive, untrammelled, violent

**unconventional** atypical, bizarre, bohemian, different, eccentric, far-out (*Sl.*), freakish, idiosyncratic, individual, individualistic, informal, irregular, nonconformist, odd, oddball (*Inf.*), offbeat, off-the-wall (*Sl.*), original, out of the ordinary, outré, uncustomary, unorthodox, unusual, wacko (*Sl.*), way-out (*Inf.*)

**unconvincing** dubious, feeble, fishy (*Inf.*), flimsy, hard to believe, implausible, improbable, inconclusive, lame, questionable, specious, suspect, thin, unlikely, unpersuasive, weak

**uncoordinated** all thumbs, awkward, bumbling, bungling, butterfingered (*Inf.*), clodhopping (*Inf.*), clumsy, graceless, heavy-footed, inept, lumbering, maladroit, ungainly, ungraceful

**uncounted** countless, infinite, innumerable, legion, multitudinous, myriad, numberless, unnumbered, untold

**uncouth** awkward, barbaric, boorish, clownish, clumsy, coarse, crude, gawky, graceless, gross, ill-mannered, loutish, lubberly, oafish, rough, rude, rustic, uncivilized, uncultivated, ungainly, unrefined, unseemly, vulgar

**uncover 1.** bare, lay open, lift the lid, open, show, strip, take the wraps off, unwrap **2.** blow wide open (*Sl.*), bring to light, disclose, discover, divulge, expose, lay bare, make known, reveal, unearth, unmask

**uncritical** easily pleased, indiscriminate, undiscerning, undiscriminating, unexacting, unfussy, unperceptive, unselective, unthinking

**undeceive** be honest with, correct, disabuse, disillusion, enlighten, open (someone's) eyes (to), put (someone) right, set (someone) straight, shatter (someone's) illusions

**undecided 1.** ambivalent, dithering (*Chiefly Brit.*), doubtful, dubious, hesitant, in two minds, irresolute, swithering (*Scot.*), torn, uncertain, uncommitted, unsure, wavering **2.** debatable, iffy (*Inf.*), indefinite, in the balance, moot, open, pending, tentative, unconcluded, undetermined, unsettled, up in the air, vague

**undefended** defenceless, exposed, naked, open to attack, unarmed, unfortified, unguarded, unprotected, vulnerable, wide open

**undefiled** chaste, clean, clear, flawless, immaculate, impeccable, pure, sinless, spotless, squeaky-clean, unblemished, unsoiled, unspotted, unstained, unsullied, virginal

**undefined 1.** formless, hazy, indefinite, indistinct, shadowy, tenuous, vague **2.** imprecise, indeterminate, inexact, unclear, unexplained, unspecified

**undemonstrative** aloof, cold, contained, distant, formal, impassive, reserved, restrained, reticent, stiff, stolid, unaffectionate, uncommunicative, unemotional, unresponsive, withdrawn

**undeniable** beyond (a) doubt, beyond question, certain, clear, evident, incontestable, incontrovertible, indisputable, indubitable, irrefutable, manifest, obvious, patent, proven, sound, sure, unassailable, undoubted, unquestionable

**under**
▶ PREP. **1.** below, beneath, on the bottom of, underneath **2.** directed by, governed by, inferior to, junior to, reporting to, secondary to, subject to, subordinate to, subservient to **3.** belonging to, comprised in, included in, subsumed under
▶ ADV. **4.** below, beneath, down, downward, lower, to the bottom

**underclothes** lingerie, smalls (*Inf.*), underclothing, undergarments, underlinen, underthings, underwear, undies (*Inf.*), unmentionables (*Humorous*)

**undercover** clandestine, concealed, confidential, covert, hidden, hush-hush (*Inf.*), intelligence, private, secret, spy, surreptitious, underground

**undercurrent 1.** crosscurrent, rip, rip current, riptide, tideway, underflow, undertow **2.** atmosphere, aura, drift, feeling, flavour, hidden feeling, hint, murmur, overtone, sense, suggestion, tendency, tenor, tinge, trend, undertone, vibes (*Sl.*), vibrations

**undercut 1.** sacrifice, sell at a loss, sell cheaply, undercharge, underprice, undersell **2.** cut away, cut out, excavate, gouge out, hollow out, mine, undermine

**underdog** fall guy (*Inf.*), little fellow (*Inf.*), loser, victim, weaker party

**underestimate** belittle, hold cheap, minimize, miscalculate, misprize, not do justice to, rate too low, sell short (*Inf.*), set no store by, think too little of, underrate, undervalue

**undergo** bear, be subjected to, endure, experience, go through, stand, submit to, suffer, sustain, weather, withstand

**underground**
▶ ADJ. **1.** below ground, below the surface, buried, covered, subterranean **2.** clandestine, concealed, covert, hidden, secret, surreptitious, undercover **3.** alternative, avant-garde, experimental, radical, revolutionary, subversive
▶ N. **the underground 4.** the metro, the subway, the tube (*Brit.*) **5.** partisans, the Maquis, the Resistance

**undergrowth** bracken, brambles, briars, brush, brushwood, scrub, underbrush, underbush, underwood

**underhand** clandestine, crafty, crooked (*Inf.*), deceitful, deceptive, devious, dishonest, dishonourable, fraudulent, furtive, secret, secretive, sly, sneaky, stealthy, surreptitious, treacherous, underhanded, unethical, unscrupulous

**underline 1.** italicize, mark, rule a line under, underscore **2.** accentuate, bring home, call or draw attention to, emphasize, give emphasis to, highlight, point up, stress

**underling** flunky, hireling, inferior, lackey, menial, minion, nonentity, retainer, servant, slave, subordinate, understrapper

**underlying 1.** concealed, hidden, latent, lurking, veiled **2.** basal, basic, elementary, essential, fundamental, intrinsic, primary, prime, radical, root

**undermine 1.** dig out, eat away at, erode, excavate, mine, tunnel, undercut, wear away **2.** debilitate, disable, impair, sabotage, sap, subvert, threaten, weaken

**underprivileged** badly off, deprived, destitute, disadvantaged, impoverished, in need, in want, needy, poor

**underrate** belittle, discount, disparage, fail to appreciate, misprize, not do justice to, set (too) little store by, underestimate, undervalue

**undersized** atrophied, dwarfish, miniature, pygmy *or* pigmy, runtish, runty, small, squat, stunted, teensy-weensy, teeny-weeny, tiny, underdeveloped, underweight

**understand 1.** appreciate, apprehend, be aware, catch on (*Inf.*), comprehend, conceive, cotton on (*Inf.*), discern, fathom, follow, get, get the hang of (*Inf.*), get to the bottom of, grasp, know, make head or tail of (*Inf.*), make out, penetrate, perceive, realize, recognize, savvy (*Sl.*), see, take in, tumble to (*Inf.*), twig (*Brit. inf.*) **2.** assume, be informed, believe, conclude, gather, hear, learn, presume, suppose, take it, think **3.** accept, appreciate, be able to see, commiserate, show compassion for, sympathize with, tolerate

**understanding**
▶ N. **1.** appreciation, awareness, comprehension, discernment, grasp, insight, intelligence, judg(e)ment, knowledge, penetration, perception, sense **2.** belief, conclusion, estimation, idea, interpretation, judg(e)ment, notion, opinion, perception, view, viewpoint **3.** accord, agreement, common view, gentlemen's agreement, meeting of minds, pact
▶ ADJ. **4.** accepting, compassionate, considerate, discerning, forbearing, forgiving, kind, kindly, patient, perceptive, responsive, sensitive, sympathetic, tolerant

**understood 1.** implicit, implied, inferred, tacit, unspoken, unstated **2.** accepted, assumed, axiomatic, presumed, taken for granted

**understudy** N. double, fill-in, replacement, reserve, stand-in, sub, substitute

**undertake 1.** agree, bargain, commit oneself, contract, covenant, engage, guarantee, pledge, promise, stipulate, take upon oneself **2.** attempt, begin, commence, embark on, endeavour, enter upon, set about, tackle, take on, try

**undertaker** funeral director, mortician (*U.S.*)

**undertaking 1.** affair, attempt, business, effort, endeavour, enterprise, game, operation, project, task, venture **2.** assurance, commitment, pledge, promise, solemn word, vow, word, word of honour

**undertone 1.** low tone, murmur, subdued voice, whisper **2.** atmosphere, feeling, flavour, hint, suggestion, tinge, touch, trace, undercurrent, vibes (*Sl.*)

**undervalue** depreciate, hold cheap, look down on, make light of, minimize, misjudge, misprize, set no store by, underestimate, underrate

**underwater** submarine, submerged, sunken, undersea

**underwear** lingerie, smalls (*Inf.*), underclothes, underclothing, undergarments, underlinen, underthings, undies (*Inf.*), unmentionables (*Humorous*)

**underweight** emaciated, half-starved, puny, skin and bone (*Inf.*), skinny, undernourished, undersized

**underworld 1.** criminal element, criminals, gangland (*Inf.*), gangsters, organized crime **2.** abode of the dead, Hades, hell, infernal region, nether regions, nether world, the inferno

**underwrite 1.** back, finance, fund, guarantee, insure, provide security, sponsor, subsidize **2.** countersign, endorse, initial, sign, subscribe **3.** agree to, approve, consent, OK *or* okay (*Inf.*), sanction

**undesirable** disagreeable, disliked, distasteful, dreaded, objectionable, obnoxious, offensive, out of place, repugnant, (to be) avoided, unacceptable, unattractive, unpleasing, unpopular, unsavoury, unsuitable, unwanted, unwelcome, unwished-for

**undeveloped** embryonic, immature, inchoate, in embryo, latent, potential, primordial (*Biol.*)

**undignified** beneath one, beneath one's dignity, improper, inappropriate, indecorous, inelegant, infra dig (*Inf.*), lacking dignity, unbecoming, ungentlemanly, unladylike, unrefined, unseemly, unsuitable

**undisciplined** disobedient, erratic, fitful, obstreperous, uncontrolled, unpredictable, unreliable, unrestrained, unruly, unschooled, unsteady, unsystematic, untrained, wayward, wild, wilful

**undisguised** blatant, complete, evident, explicit, genuine, manifest, obvious, open, out-and-out, overt, patent, thoroughgoing, transparent, unconcealed, unfeigned, unmistakable, utter, wholehearted

**undisputed** accepted, acknowledged, beyond question, certain, conclusive, freely admitted, incontestable, incontrovertible, indisputable, irrefutable, not disputed, recognized, sure, unchallenged, uncontested, undeniable, undoubted, unquestioned

**undistinguished** commonplace, everyday, indifferent, mediocre, no great shakes (*Inf.*), nothing to write home about (*Inf.*), ordinary, pedestrian, prosaic, run-of-the-mill, so-so (*Inf.*), unexceptional, unexciting, unimpressive, unremarkable

**undisturbed 1.** not moved, quiet, uninterrupted, untouched, without interruption **2.** calm, collected, composed, equable, even, motionless, placid, sedate, serene, tranquil, unagitated, unbothered, unfazed (*Inf.*), unperturbed, unruffled, untroubled

**undivided** combined, complete, concentrated, concerted, entire, exclusive, full, solid, thorough, unanimous, undistracted, united, whole, wholehearted

**undo 1.** disengage, disentangle, loose, loosen, open, unbutton, unfasten, unlock, untie, unwrap **2.** annul, cancel, invalidate, neutralize, nullify, offset, reverse, wipe out **3.** bring to naught, defeat, destroy, impoverish, invalidate, mar, overturn, quash, ruin, shatter, subvert, undermine, upset, wreck

**undoing 1.** collapse, defeat, destruction, disgrace, downfall, humiliation, overthrow, overturn, reversal, ruin, ruination, shame **2.** affliction, blight, curse, fatal flaw, misfortune, the last straw, trial, trouble, weakness

**undone** incomplete, left, neglected, not completed, not done, omitted, outstanding, passed over, unattended to, unfinished, unfulfilled, unperformed

**undoubted** acknowledged, certain, definite, evident, incontrovertible, indisputable, indubitable, obvious, sure, undisputed, unquestionable, unquestioned

**undoubtedly** assuredly, beyond a shadow of (a) doubt, beyond question, certainly, definitely, doubtless, of course, surely, undeniably, unmistakably, unquestionably, without doubt

**undreamed-of** astonishing, inconceivable, incredible, miraculous, undreamt, unexpected, unforeseen, unheard-of, unimagined, unsuspected, unthought-of

**undress**
▸ V. 1. disrobe, divest oneself of, peel off *(Sl.)*, shed, strip, take off one's clothes
▸ N. 2. disarray, dishabille, nakedness, nudity

**undue** disproportionate, excessive, extravagant, extreme, immoderate, improper, inordinate, intemperate, needless, overmuch, too great, too much, uncalled-for, undeserved, unnecessary, unseemly, unwarranted

**unduly** disproportionately, excessively, extravagantly, immoderately, improperly, inordinately, out of all proportion, overly, overmuch, unjustifiably, unnecessarily, unreasonably

**undying** constant, continuing, deathless, eternal, everlasting, immortal, imperishable, indestructible, inextinguishable, infinite, perennial, permanent, perpetual, sempiternal *(Literary)*, undiminished, unending, unfading

**unearth** 1. dig up, disinter, dredge up, excavate, exhume 2. bring to light, discover, expose, ferret out, find, reveal, root up, turn up, uncover

**unearthly** 1. eerie, eldritch *(Poetic)*, ghostly, haunted, nightmarish, phantom, spectral, spooky *(Inf.)*, strange, uncanny, weird 2. ethereal, heavenly, not of this world, preternatural, sublime, supernatural 3. abnormal, absurd, extraordinary, ridiculous, strange, ungodly *(Inf.)*, unholy *(Inf.)*, unreasonable

**uneasiness** agitation, alarm, anxiety, apprehension, apprehensiveness, disquiet, doubt, dubiety, misgiving, nervousness, perturbation, qualms, suspicion, trepidation, worry

**uneasy** 1. agitated, anxious, apprehensive, discomposed, disturbed, edgy, ill at ease, impatient, jittery *(Inf.)*, nervous, on edge, perturbed, restive, restless, troubled, twitchy *(Inf.)*, uncomfortable, unsettled, upset, wired *(Sl.)*, worried 2. awkward, constrained, insecure, precarious, shaky, strained, tense, uncomfortable, unstable 3. bothering, dismaying, disquieting, disturbing, troubling, upsetting, worrying

**uneconomic** loss-making, nonpaying, nonprofit-making, nonviable, unprofitable

**uneducated** 1. ignorant, illiterate, unlettered, unread, unschooled, untaught 2. benighted, lowbrow, uncultivated, uncultured

**unemotional** apathetic, cold, cool, impassive, indifferent, listless, passionless, phlegmatic, reserved, undemonstrative, unexcitable, unfeeling, unimpressionable, unresponsive

**unemployed** idle, jobless, laid off, on the dole *(Brit. inf.)*, out of a job, out of work, redundant, resting *(of an actor)*, workless

**unending** ceaseless, constant, continual, endless, eternal, everlasting, incessant, interminable, never-ending, perpetual, unceasing, unremitting

**unendurable** insufferable, insupportable, intolerable, more than flesh and blood can stand, unbearable

**unenthusiastic** apathetic, blasé, bored, half-arsed, half-assed *(U.S. & Canad. sl.)*, halfhearted, indifferent, lukewarm, neutral, nonchalant, unimpressed, uninterested, unmoved, unresponsive

**unenviable** disagreeable, painful, thankless, uncomfortable, undesirable, unpleasant

**unequal** 1. different, differing, disparate, dissimilar, not uniform, unlike, unmatched, variable, varying 2. *(With* **to***)* found wanting, inadequate, insufficient, not up to 3. asymmetrical, disproportionate, ill-matched, irregular, unbalanced, uneven

**unequalled** beyond compare, incomparable, inimitable, matchless, nonpareil, paramount, peerless, pre-eminent, second to none, supreme, transcendent, unmatched, unparalleled, unrivalled, unsurpassed, without equal

**unequivocal** absolute, certain, clear, clear-cut, decisive, definite, direct, evident, explicit, incontrovertible, indubitable, manifest, plain, positive, straight, unambiguous, uncontestable, unmistakable

**unethical** dirty, dishonest, dishonourable, disreputable, illegal, immoral, improper, shady *(Inf.)*, underhand, under-the-table, unfair, unprincipled, unprofessional, unscrupulous, wrong

**uneven** 1. bumpy, not flat, not level, not smooth, rough 2. broken, changeable, fitful, fluctuating, intermittent, irregular, jerky, patchy, spasmodic, unsteady, variable 3. asymmetrical, lopsided, not parallel, odd, out of true, unbalanced 4. disparate, ill-matched, one-sided, unequal, unfair

**uneventful** boring, commonplace, dull, ho-hum *(Inf.)*, humdrum, monotonous, ordinary, quiet, routine, tedious, unexceptional, unexciting, uninteresting, unmemorable, unremarkable, unvaried

**unexceptional** common or garden *(Inf.)*, commonplace, conventional, insignificant, mediocre, normal, ordinary, pedestrian, run-of-the-mill, undistinguished, unimpressive, unremarkable, usual

**unexpected** abrupt, accidental, astonishing, chance, fortuitous, not bargained for, out of the blue, startling, sudden, surprising, unanticipated, unforeseen, unlooked-for, unpredictable

**unfailing** 1. bottomless, boundless, ceaseless, continual, continuous, endless, inexhaustible, never-failing, persistent, unflagging, unlimited 2. certain, constant, dependable, faithful, infallible, loyal, reliable, staunch, steadfast, sure, tried and true, true

**unfair** 1. arbitrary, biased, bigoted, discriminatory, inequitable, one-sided, partial, partisan, prejudiced, unjust 2. crooked *(Inf.)*, dishonest, dishonourable, uncalled-for, unethical, unprincipled, unscrupulous, unsporting, unwarranted, wrongful

**unfaithful** 1. deceitful, disloyal, faithless, false, false-hearted, perfidious, recreant *(Archaic)*, traitorous, treacherous, treasonable, unreliable, untrustworthy 2. adulterous, faithless, fickle, inconstant, two-timing *(Inf.)*, unchaste, untrue 3. distorted, erroneous, imperfect, imprecise, inaccurate, inexact, unreliable, untrustworthy

**unfamiliar** 1. alien, curious, different, little known, new, novel, out-of-the-way, strange, unaccustomed, uncommon, unknown, unusual 2. *(With* **with***)* a stranger to, inexperienced in, unaccustomed to, unacquainted, unconversant, uninformed about, uninitiated in, unpractised in, unskilled at, unversed in

**unfashionable** antiquated, behind the times, dated, obsolete, old-fashioned, old hat, out, outmoded, out of date, out of fashion, passé, square *(Inf.)*, unpopular

**unfasten** detach, disconnect, let go, loosen, open, separate, uncouple, undo, unlace, unlock, untie

**unfathomable** 1. bottomless, immeasurable, unmeasured, unplumbed, unsounded 2. abstruse, baffling, deep, esoteric, impenetrable, incomprehensible, indecipherable, inexplicable, profound, unknowable

**unfavourable** 1. adverse, bad, contrary, disadvantageous, hostile, ill-suited, infelicitous, inimical, low, negative, poor, unfortunate, unfriendly, unsuited 2. inauspicious, inopportune, ominous, threatening, unlucky, unpromising, unpropitious, unseasonable, untimely, untoward

**unfeeling** 1. apathetic, callous, cold, cruel, hardened, hardhearted, heartless, inhuman, insensitive, pitiless, stony, uncaring, unsympathetic 2. insensate, insensible, numb, sensationless

**unfinished** 1. deficient, half-done, imperfect, incomplete, in the making, lacking, unaccomplished, uncompleted, undone, unfulfilled, wanting 2. bare, crude, natural, raw, rough, sketchy, unpolished, unrefined, unvarnished

**unfit** 1. ill-equipped, inadequate, incapable, incompetent, ineligible, no good, not cut out for, not equal to, not up to, unprepared, unqualified, untrained, useless 2. ill-adapted, inadequate, inappropriate, ineffective, not designed, not fit, unsuitable, unsuited, useless 3. debilitated, decrepit, feeble, flabby, in poor condition, out of kelter, out of shape, out of trim, unhealthy

**unflappable** calm, collected, composed, cool, impassive, imperturbable, level-headed, not given to worry, self-possessed, unfazed *(Inf.)*, unruffled

**unflattering** 1. blunt, candid, critical, honest, uncomplimentary, warts and all 2. not shown in the best light, not shown to advantage, plain, unattractive, unbecoming, unprepossessing

**unflinching** bold, constant, determined, firm, immovable, resolute, stalwart, staunch, steadfast, steady, unfaltering, unshaken, unshrinking, unswerving, unwavering

**unfold** 1. disentangle, expand, flatten, open, spread out, straighten, stretch out, undo, unfurl, unravel, unroll, unwrap 2. *(Fig.)* clarify, describe, disclose, divulge, explain, illustrate, make known, present, reveal, show, uncover 3. bear fruit, blossom, develop, evolve, expand, grow, mature

**unforeseen** abrupt, accidental, out of the blue, startling, sudden, surprise, surprising, unanticipated, unexpected, unlooked-for, unpredicted

**unforgettable** exceptional, extraordinary, fixed in the mind, impressive, memorable, never to be forgotten, notable, striking

**unforgivable** deplorable, disgraceful, indefensible, inexcusable, shameful, unjustifiable, unpardonable, unwarrantable

**unfortunate** 1. adverse, calamitous, disastrous, ill-fated, ill-starred, inopportune, ruinous, unfavourable, untoward 2. cursed, doomed, hapless, hopeless, luckless, out of luck, poor, star-crossed, unhappy, unlucky, unprosperous, unsuccessful, wretched 3. deplorable, ill-advised, inappropriate, infelicitous, lamentable, regrettable, unbecoming, unsuitable

**unfounded** baseless, fabricated, false, groundless, idle, spurious, trumped up, unjustified, unproven, unsubstantiated, vain, without basis, without foundation

**unfrequented** deserted, godforsaken, isolated, lone, lonely, off the beaten track, remote, sequestered, solitary, uninhabited, unvisited

**unfriendly** 1. aloof, antagonistic, chilly, cold, disagreeable, distant, hostile, ill-disposed, inhospitable, not on speaking terms, quarrelsome, sour, surly, uncongenial, unneighbourly, unsociable 2. alien, hostile, inauspicious, inhospitable, inimical, unfavourable, unpropitious

**unfruitful** barren, fruitless, infecund, infertile, sterile, unproductive, unprofitable, unprolific, unrewarding

**ungainly** awkward, clumsy, gangling, gawky, inelegant, loutish, lubberly, lumbering, slouching, uncoordinated, uncouth, ungraceful

**ungodly** 1. blasphemous, corrupt, depraved, godless, immoral, impious, irreligious, profane, sinful, vile, wicked 2. *(Inf.)* dreadful, horrendous, intolerable, outrageous, unearthly, unholy *(Inf.)*, unreasonable, unseemly

**ungovernable** rebellious, refractory, uncontrollable, unmanageable, unrestrainable, unruly, wild

**ungracious** bad-mannered, churlish, discourteous, ill-bred, impolite, offhand, rude, uncivil, unmannerly

**ungrateful** heedless, ingrate *(Archaic)*, selfish, thankless, unappreciative, unmindful, unthankful

**unguarded** 1. careless, foolhardy, heedless, ill-considered, impolitic, imprudent, incautious, indiscreet, rash, thoughtless, uncircumspect, undiplomatic, unthinking, unwary 2. defenceless, open to attack, undefended, unpatrolled, unprotected, vulnerable 3. artless, candid, direct, frank, guileless, open, straightforward

**unhappy** 1. blue, crestfallen, dejected, depressed, despondent, disconsolate, dispirited, down, downcast, gloomy, long-faced, melancholy, miserable, mournful, sad, sorrowful 2. cursed, hapless, ill-fated, ill-omened, luckless, unfortunate, unlucky, wretched 3. awkward, clumsy, gauche, ill-advised, ill-timed, inappropriate, inept, infelicitous, injudicious, malapropos, tactless, unsuitable, untactful

**unharmed** in one piece *(Inf.)*, intact, safe, safe and sound, sound, undamaged, unhurt, uninjured, unscarred, unscathed, untouched, whole, without a scratch

**unhealthy 1.** ailing, delicate, feeble, frail, infirm, in poor health, invalid, poorly (*Inf.*), sick, sickly, unsound, unwell, weak **2.** deleterious, detrimental, harmful, insalubrious, insanitary, noisome, noxious, unwholesome **3.** bad, baneful (*Archaic*), corrupt, corrupting, degrading, demoralizing, morbid, negative, undesirable

**unheard-of 1.** little known, obscure, undiscovered, unfamiliar, unknown, unregarded, unremarked, unsung **2.** inconceivable, never before encountered, new, novel, singular, unbelievable, undreamed of, unexampled, unique, unprecedented, unusual **3.** disgraceful, extreme, offensive, outlandish, outrageous, preposterous, shocking, unacceptable, unthinkable

**unhesitating 1.** implicit, resolute, steadfast, unfaltering, unquestioning, unreserved, unswerving, unwavering, wholehearted **2.** immediate, instant, instantaneous, prompt, ready, without delay

**unhinge 1.** confound, confuse, craze, derange, disorder, distemper (*Archaic*), drive out of one's mind, madden, unbalance, unsettle **2.** detach, disconnect, disjoint, dislodge, remove

**unholy 1.** base, corrupt, depraved, dishonest, evil, heinous, immoral, iniquitous, irreligious, profane, sinful, ungodly, vile, wicked **2.** (*Inf.*) appalling, awful, dreadful, horrendous, outrageous, shocking, unearthly, ungodly (*Inf.*), unnatural, unreasonable

**unhoped-for** beyond one's wildest dreams, incredible, like a dream come true, out of the blue, surprising, unanticipated, unbelievable, undreamed of, unexpected, unimaginable, unlooked-for

**unhurried** calm, deliberate, easy, easy-going, leisurely, sedate, slow, slow and steady, slow-paced

**unidentified** anonymous, mysterious, nameless, unclassified, unfamiliar, unknown, unmarked, unnamed, unrecognized, unrevealed

**unification** alliance, amalgamation, coalescence, coalition, combination, confederation, federation, fusion, merger, union, uniting

**uniform**
▸ **N. 1.** costume, dress, garb, habit, livery, outfit, regalia, regimentals, suit
▸ **ADJ. 2.** consistent, constant, equable, even, regular, smooth, unbroken, unchanging, undeviating, unvarying **3.** alike, equal, identical, like, same, selfsame, similar

**uniformity 1.** constancy, evenness, homogeneity, invariability, regularity, sameness, similarity **2.** drabness, dullness, flatness, lack of diversity, monotony, sameness, tedium

**unify** amalgamate, bind, bring together, combine, confederate, consolidate, federate, fuse, join, merge, unite

**unimaginable** beyond one's wildest dreams, fantastic, impossible, inconceivable, incredible, indescribable, ineffable, mind-boggling (*Inf.*), unbelievable, unheard-of, unthinkable

**unimaginative** banal, barren, commonplace, derivative, dry, dull, hackneyed, lifeless, matter-of-fact, ordinary, pedestrian, predictable, prosaic, routine, tame, uncreative, uninspired, unoriginal, unromantic, usual

**unimpeachable** above reproach, beyond criticism, beyond question, blameless, faultless, impeccable, irreproachable, perfect, unassailable, unblemished, unchallengeable, unexceptionable, unquestionable

**unimportant** immaterial, inconsequential, insignificant, irrelevant, low-ranking, minor, nickel-and-dime (*U.S. sl.*), not worth mentioning, nugatory, of no account, of no consequence, of no moment, paltry, petty, slight, trifling, trivial, worthless

**uninhabited** abandoned, barren, desert, deserted, desolate, empty, unoccupied, unpopulated, unsettled, untenanted, vacant, waste

**uninhibited 1.** candid, frank, free, free and easy, informal, instinctive, liberated, natural, open, relaxed, spontaneous, unrepressed, unreserved, unselfconscious **2.** free, unbridled, unchecked, unconstrained, uncontrolled, uncurbed, unrestrained, unrestricted

**uninspired** banal, commonplace, dull, humdrum, indifferent, ordinary, prosaic, stale, stock, unexciting, unimaginative, uninspiring, uninteresting, unoriginal

**unintelligent** braindead (*Inf.*), brainless, dense, dozy (*Brit. inf.*), dull, empty-headed, foolish, gormless (*Brit. inf.*), obtuse, slow, stupid, thick, unreasoning, unthinking

**unintelligible** double Dutch (*Brit. inf.*), illegible, inarticulate, incoherent, incomprehensible, indecipherable, indistinct, jumbled, meaningless, muddled, unfathomable

**unintentional** accidental, casual, fortuitous, inadvertent, involuntary, unconscious, undesigned, unintended, unpremeditated, unthinking, unwitting

**uninterested** apathetic, blasé, bored, distant, impassive, incurious, indifferent, listless, unconcerned, uninvolved, unresponsive

**uninteresting** boring, commonplace, drab, dreary, dry, dull, flat, ho-hum (*Inf.*), humdrum, mind-numbing, monotonous, tedious, tiresome, unenjoyable, uneventful, unexciting, uninspiring, wearisome

**uninterrupted** constant, continual, continuous, nonstop, peaceful, steady, sustained, unbroken, undisturbed, unending

**uninvited** not asked, not invited, unasked, unbidden, unwanted, unwelcome

**uninviting** disagreeable, offensive, off-putting (*Brit. inf.*), repellent, repulsive, unappealing, unappetizing, unattractive, undesirable, unpleasant, untempting, unwelcoming

**union 1.** amalgam, amalgamation, blend, combination, conjunction, fusion, junction, mixture, synthesis, uniting **2.** alliance, association, Bund, coalition, confederacy, confederation, federation, league **3.** accord, agreement, concord, concurrence, harmony, unanimity, unison, unity **4.** coition, coitus, copulation, coupling, intercourse, marriage, matrimony, nookie (*Sl.*), rumpy-pumpy (*Sl.*), the other (*Inf.*), wedlock

**unique 1.** lone, one and only, only, single, solitary, sui generis **2.** incomparable, inimitable, matchless, nonpareil, peerless, unequalled, unexampled, unmatched, unparalleled, unrivalled, without equal

**unison** accord, accordance, agreement, concert, concord, cooperation, harmony, unanimity, unity

**unit 1.** assembly, detachment, entity, group, section, system, whole **2.** component, constituent, element, item, member, module, part, piece, portion, section, segment **3.** measure, measurement, module, quantity

**unite 1.** amalgamate, blend, coalesce, combine, confederate, consolidate, couple, fuse, incorporate, join, link, marry, meld, merge, unify, wed **2.** ally, associate, band, close ranks, club together, cooperate, join forces, join together, league, pool, pull together

**united 1.** affiliated, allied, banded together, collective, combined, concerted, in partnership, leagued, pooled, unified **2.** agreed, in accord, in agreement, like-minded, of like mind, of one mind, of the same opinion, one, unanimous

**unity 1.** entity, integrity, oneness, singleness, undividedness, unification, union, wholeness **2.** accord, agreement, assent, concord, concurrence, consensus, harmony, peace, solidarity, unanimity, unison

**universal** all-embracing, catholic, common, ecumenical, entire, general, omnipresent, total, unlimited, whole, widespread, worldwide

**universality** all-inclusiveness, completeness, comprehensiveness, entirety, generality, generalization, totality, ubiquity

**universally** always, everywhere, in all cases, in every instance, invariably, uniformly, without exception

**universe** cosmos, creation, everything, macrocosm, nature, the natural world

**unjust** biased, inequitable, one-sided, partial, partisan, prejudiced, undeserved, unfair, unjustified, unmerited, wrong, wrongful

**unjustifiable** indefensible, inexcusable, outrageous, unacceptable, unforgivable, unjust, unpardonable, unwarrantable, wrong

**unkind** cruel, hardhearted, harsh, inconsiderate, inhuman, insensitive, malicious, mean, nasty, spiteful, thoughtless, uncaring, uncharitable, unchristian, unfeeling, unfriendly, unsympathetic

**unknown 1.** alien, concealed, dark, hidden, mysterious, new, secret, strange, unrecognized, unrevealed, untold **2.** anonymous, nameless, uncharted, undiscovered, unexplored, unidentified, unnamed **3.** humble, little known, obscure, undistinguished, unfamiliar, unheard-of, unrenowned, unsung

**unlamented** unbemoaned, unbewailed, undeplored, unmissed, unmourned, unregretted, unwept

**unlawful** actionable, against the law, banned, criminal, forbidden, illegal, illegitimate, illicit, outlawed, prohibited, unauthorized, under-the-table, unlicensed

**unlettered** ignorant, illiterate, uneducated, unlearned, unschooled, untaught, untutored

**unlike** contrasted, different, dissimilar, distinct, divergent, diverse, ill-matched, incompatible, not alike, opposite, unequal, unrelated

**unlikely 1.** doubtful, faint, improbable, not likely, remote, slight, unimaginable **2.** implausible, incredible, questionable, unbelievable, unconvincing

**unlimited 1.** boundless, countless, endless, extensive, great, illimitable, immeasurable, immense, incalculable, infinite, limitless, unbounded, vast **2.** absolute, all-encompassing, complete, full, total, unconditional, unconstrained, unfettered, unqualified, unrestricted

**unload** disburden, discharge, dump, empty, lighten, off-load, relieve, unburden, unlade, unpack

**unlock** free, let loose, open, release, unbar, unbolt, undo, unfasten, unlatch

**unlooked-for** chance, fortuitous, out of the blue, surprise, surprising, unanticipated, undreamed of, unexpected, unforeseen, unhoped-for, unpredicted, unthought-of

**unloved** disliked, forsaken, loveless, neglected, rejected, spurned, uncared-for, uncherished, unpopular, unwanted

**unlucky 1.** cursed, disastrous, hapless, luckless, miserable, unfortunate, unhappy, unsuccessful, wretched **2.** doomed, ill-fated, ill-omened, ill-starred, inauspicious, ominous, unfavourable, untimely

**unmanageable 1.** awkward, bulky, cumbersome, difficult to handle, inconvenient, unhandy, unwieldy **2.** difficult, fractious, intractable, obstreperous, out of hand, refractory, stroppy (*Brit. sl.*), uncontrollable, unruly, wild

**unmannerly** badly behaved, bad-mannered, discourteous, disrespectful, ill-bred, ill-mannered, impolite, misbehaved, rude, uncivil, uncouth

**unmarried** bachelor, celibate, maiden, single, unattached, unwed, unwedded, virgin

**unmask** bare, bring to light, disclose, discover, expose, lay bare, reveal, show up, uncloak, uncover, unveil

**unmatched** beyond compare, consummate, incomparable, matchless, paramount, peerless, second to none, supreme, unequalled, unparalleled, unrivalled, unsurpassed

**unmentionable** disgraceful, disreputable, forbidden, frowned on, immodest, indecent, obscene, scandalous, shameful, shocking, taboo, unspeakable, unutterable

**unmerciful** brutal, cruel, hard, heartless, implacable, merciless, pitiless, relentless, remorseless, ruthless, uncaring, unfeeling, unsparing

**unmindful** careless, forgetful, heedless, inattentive, indifferent, lax, neglectful, negligent, oblivious, remiss, slack, unheeding

**unmistakable** blatant, certain, clear, conspicuous, decided, distinct, evident, glaring, indisputable, manifest, obvious, palpable, patent, plain, positive, pronounced, sure, unambiguous, unequivocal

**unmitigated 1.** grim, harsh, intense, oppressive, persistent, relentless, unabated, unalleviated, unbroken, undiminished, unmodified, unqualified, unredeemed, unrelieved **2.** absolute, arrant, complete, consummate, deep-dyed (*Usu. derogatory*), downright, out-and-out, outright, perfect, rank, sheer, thorough, thoroughgoing, utter

**unmoved 1.** fast, firm, in place, in position, steady, unchanged, untouched **2.** cold, dry-eyed, impassive, indifferent, unaffected, unfeeling, unimpressed, unresponsive, unstirred, untouched **3.** determined, firm, inflexible, resolute, resolved, steadfast, undeviating, unshaken, unwavering

**unnatural 1.** aberrant, abnormal, anomalous, irregular, odd, perverse, perverted, unusual **2.** bizarre, extraordinary, freakish, outlandish, queer, strange, supernatural, unaccountable, uncanny **3.** affected, artificial, assumed, contrived, factitious, false, feigned, forced, insincere, laboured, mannered, phoney or phony (Inf.), self-conscious, stagy, stiff, stilted, strained, studied, theatrical **4.** brutal, callous, cold-blooded, evil, fiendish, heartless, inhuman, monstrous, ruthless, savage, unfeeling, wicked

**unnecessary** dispensable, expendable, inessential, needless, nonessential, redundant, supererogatory, superfluous, surplus to requirements, uncalled-for, unneeded, unrequired, useless

**unnerve** confound, daunt, demoralize, disarm, disconcert, discourage, dishearten, dismay, dispirit, faze, fluster, frighten, intimidate, psych out (Inf.), rattle (Inf.), shake, throw off balance, unhinge, unman, upset

**unnoticed** disregarded, ignored, neglected, overlooked, undiscovered, unheeded, unobserved, unperceived, unrecognized, unremarked, unseen

**unobtrusive** humble, inconspicuous, keeping a low profile, low-key, meek, modest, quiet, restrained, retiring, self-effacing, subdued, unassuming, unnoticeable, unostentatious, unpretentious

**unoccupied 1.** empty, tenantless, uninhabited, untenanted, vacant **2.** at leisure, disengaged, idle, inactive, unemployed

**unofficial** informal, personal, private, unauthorized, unconfirmed, wildcat

**unorthodox** abnormal, heterodox, irregular, off-the-wall (Sl.), unconventional, uncustomary, unusual, unwonted

**unpaid 1.** due, not discharged, outstanding, overdue, owing, payable, unsettled **2.** honorary, unsalaried, voluntary

**unpalatable** bitter, disagreeable, displeasing, distasteful, horrid, offensive, repugnant, unappetizing, unattractive, uneatable, unpleasant, unsavoury

**unparalleled** beyond compare, consummate, exceptional, incomparable, matchless, peerless, rare, singular, superlative, unequalled, unique, unmatched, unprecedented, unrivalled, unsurpassed, without equal

**unpardonable** deplorable, disgraceful, indefensible, inexcusable, outrageous, scandalous, shameful, unforgivable, unjustifiable

**unperturbed** calm, collected, composed, cool, placid, poised, self-possessed, tranquil, undismayed, unfazed (Inf.), unflustered, unruffled, untroubled, unworried

**unpleasant** abhorrent, bad, disagreeable, displeasing, distasteful, horrid, ill-natured, irksome, nasty, objectionable, obnoxious, repulsive, troublesome, unattractive, unlikable or unlikeable, unlovely, unpalatable

**unpopular** avoided, detested, disliked, not sought out, out in the cold, out of favour, rejected, shunned, unattractive, undesirable, unloved, unwanted, unwelcome

**unprecedented** abnormal, exceptional, extraordinary, freakish, new, novel, original, remarkable, singular, unexampled, unheard-of, unparalleled, unrivalled, unusual

**unpredictable** chance, changeable, doubtful, erratic, fickle, fluky (Inf.), iffy (Inf.), inconstant, random, unforeseeable, unreliable, unstable, variable

**unprejudiced** balanced, even-handed, fair, fair-minded, impartial, just, nonpartisan, objective, open-minded, unbiased, uninfluenced

**unpremeditated** extempore, impromptu, impulsive, offhand, off the cuff (Inf.), spontaneous, spur-of-the-moment, unplanned, unprepared

**unprepared 1.** half-baked (Inf.), ill-considered, incomplete, not thought out, unfinished, unplanned **2.** caught napping, caught on the hop (Brit. inf.), surprised, taken aback, taken off guard, unaware, unready, unsuspecting **3.** ad-lib, extemporaneous, improvised, off the cuff (Inf.), spontaneous

**unpretentious** homely, honest, humble, modest, plain, simple, straightforward, unaffected, unassuming, unimposing, unobtrusive, unostentatious, unspoiled

**unprincipled** amoral, corrupt, crooked, deceitful, devious, dishonest, immoral, tricky, unconscionable, underhand, unethical, unprofessional, unscrupulous

**unproductive 1.** bootless, fruitless, futile, idle, ineffective, inefficacious, otiose, unavailing, unprofitable, unremunerative, unrewarding, useless, vain, valueless, worthless **2.** barren, dry, fruitless, sterile, unprolific

**unprofessional 1.** improper, lax, negligent, unethical, unfitting, unprincipled, unseemly, unworthy **2.** amateur, amateurish, cowboy (Inf.), incompetent, inefficient, inexperienced, inexpert, slapdash, slipshod, untrained

**unpromising** adverse, discouraging, doubtful, gloomy, inauspicious, infelicitous, ominous, unfavourable, unpropitious

**unprotected** defenceless, exposed, helpless, naked, open, open to attack, pregnable, unarmed, undefended, unguarded, unsheltered, unshielded, vulnerable

**unqualified 1.** ill-equipped, incapable, incompetent, ineligible, not equal to, not up to, unfit, unprepared **2.** categorical, downright, outright, unconditional, unmitigated, unreserved, unrestricted, without reservation **3.** absolute, arrant, complete, consummate, deep-dyed (Usu. derogatory), downright, out-and-out, outright, thorough, thoroughgoing, total, utter

**unquestionable** absolute, beyond a shadow of doubt, certain, clear, conclusive, definite, faultless, flawless, incontestable, incontrovertible, indisputable, indubitable, irrefutable, manifest, patent, perfect, self-evident, sure, undeniable, unequivocal, unmistakable

**unravel 1.** disentangle, extricate, free, separate, straighten out, undo, unknot, untangle, unwind **2.** clear up, explain, figure out (Inf.), get straight, get to the bottom of, interpret, make out, puzzle out, resolve, solve, suss (out) (Sl.), work out

**unreadable 1.** crabbed, illegible, undecipherable **2.** badly written, dry as dust, heavy going, turgid

**unreal 1.** chimerical, dreamlike, fabulous, fanciful, fictitious, illusory, imaginary, make-believe, phantasmagoric, storybook, visionary **2.** hypothetical, immaterial, impalpable, insubstantial, intangible, mythical, nebulous **3.** artificial, fake, false, insincere, mock, ostensible, pretended, seeming, sham

**unrealistic 1.** half-baked (Inf.), impracticable, impractical, improbable, quixotic, romantic, starry-eyed, theoretical, unworkable **2.** non-naturalistic, unauthentic, unlifelike, unreal

**unreasonable 1.** excessive, exorbitant, extortionate, extravagant, immoderate, steep (Inf.), too great, uncalled-for, undue, unfair, unjust, unwarranted **2.** arbitrary, biased, blinkered, capricious, erratic, headstrong, inconsistent, opinionated, quirky **3.** absurd, far-fetched, foolish, illogical, irrational, mad, nonsensical, preposterous, senseless, silly, stupid

**unrefined 1.** crude, raw, unfinished, unpolished, unpurified, untreated **2.** boorish, coarse, inelegant, rude, uncultured, unsophisticated, vulgar

**unrelated 1.** different, dissimilar, not kin, not kindred, not related, unconnected, unlike **2.** beside the point, extraneous, inapplicable, inappropriate, irrelevant, not germane, unassociated, unconnected

**unreliable 1.** disreputable, irresponsible, not conscientious, treacherous, undependable, unstable, untrustworthy **2.** deceptive, delusive, erroneous, fake, fallible, false, implausible, inaccurate, mistaken, specious, uncertain, unconvincing, unsound

**unrepentant** abandoned, callous, hardened, impenitent, incorrigible, not contrite, obdurate, shameless, unregenerate, unremorseful, unrepenting

**unreserved 1.** demonstrative, extrovert, forthright, frank, free, open, open-hearted, outgoing, outspoken, uninhibited, unrestrained, unreticent **2.** absolute, complete, entire, full, total, unconditional, unlimited, unqualified, wholehearted, without reservation

**unresolved** doubtful, moot, open to question, pending, problematical, unanswered, undecided, undetermined, unsettled, unsolved, up in the air, vague, yet to be decided

**unrest 1.** agitation, disaffection, discontent, discord, dissatisfaction, dissension, protest, rebellion, sedition, strife, tumult, turmoil, upheaval **2.** agitation, anxiety, disquiet, distress, perturbation, restlessness, trepidation, uneasiness, worry

**unrestrained** abandoned, boisterous, free, immoderate, inordinate, intemperate, natural, unbounded, unbridled, unchecked, uncon-strained, uncontrolled, unhindered, uninhibited, unrepressed

**unrestricted 1.** absolute, free, free-for-all (Inf.), freewheeling (Inf.), open, unbounded, uncircumscribed, unhindered, unlimited, unregulated **2.** clear, open, public, unobstructed, unopposed

**unrivalled** beyond compare, incomparable, matchless, nonpareil, peerless, supreme, unequalled, unexcelled, unmatched, unparalleled, unsurpassed, without equal

**unruly** disobedient, disorderly, fractious, headstrong, insubordinate, intractable, lawless, mutinous, obstreperous, rebellious, refractory, riotous, rowdy, turbulent, uncontrollable, ungovernable, unmanageable, wayward, wild, wilful

**unsafe** dangerous, hazardous, insecure, perilous, precarious, risky, threatening, treacherous, uncertain, unreliable, unsound, unstable

**unsaid** left to the imagination, tacit, undeclared, unexpressed, unspoken, unstated, unuttered, unvoiced

**unsatisfactory** deficient, disappointing, displeasing, inadequate, insufficient, mediocre, not good enough, not up to par, not up to scratch (Inf.), pathetic, poor, unacceptable, unsuitable, unworthy, weak

**unsavoury 1.** distasteful, nasty, objectionable, obnoxious, offensive, repellent, repugnant, repulsive, revolting, unpleasant **2.** disagreeable, distasteful, nauseating, sickening, unappetizing, unpalatable

**unscrupulous** conscienceless, corrupt, crooked (Inf.), dishonest, dishonourable, exploitative, immoral, improper, knavish, roguish, ruthless, unconscientious, unconscionable, unethical, unprincipled

**unseat 1.** throw, unhorse, unsaddle **2.** depose, dethrone, discharge, dismiss, displace, oust, overthrow, remove

**unseemly** discreditable, disreputable, improper, inappropriate, indecorous, indelicate, in poor taste, out of keeping, out of place, unbecoming, unbefitting, undignified, unrefined, unsuitable

**unseen** concealed, hidden, invisible, lurking, obscure, undetected, unnoticed, unobserved, unobtrusive, unperceived, veiled

**unselfish** altruistic, charitable, devoted, disinterested, generous, humanitarian, kind, liberal, magnanimous, noble, self-denying, selfless, self-sacrificing

**unsettle** agitate, bother, confuse, discompose, disconcert, disorder, disturb, faze, fluster, perturb, rattle (Inf.), ruffle, throw (Inf.), throw into confusion (disorder, uproar), throw off balance, trouble, unbalance, unnerve, upset

**unsettled 1.** disorderly, insecure, shaky, unstable, unsteady **2.** changeable, changing, inconstant, uncertain, unpredictable, variable **3.** agitated, anxious, confused, disturbed, flustered, on edge, perturbed, restive, restless, shaken, tense, troubled, uneasy, unnerved, wired (Sl.) **4.** debatable, doubtful, moot, open, undecided, undetermined, unresolved **5.** due, in arrears, outstanding, owing, payable, pending **6.** uninhabited, unoccupied, unpeopled, unpopulated

**unshak(e)able** absolute, constant, firm, fixed, immovable, resolute, staunch, steadfast, sure, unassailable, unswerving, unwavering, well-founded

**unshaken** calm, collected, composed, impassive, unaffected, unalarmed, undaunted, undismayed, undisturbed, unfazed (Inf.), unmoved, unperturbed, unruffled

**unsightly** disagreeable, hideous, horrid, repulsive, revolting (Inf.), ugly, unattractive, unpleasant, unprepossessing

**unskilled** amateurish, cowboy (Inf.), inexperienced, uneducated, unprofessional, unqualified, untalented, untrained

**unsociable** chilly, cold, distant, hostile, inhospitable, introverted, reclusive, retiring, standoffish, uncongenial, unforthcoming, unfriendly, unneighbourly, unsocial, withdrawn

**unsolicited** free-will, gratuitous, spontaneous, unasked for, uncalled-for, unforced, uninvited, unrequested, unsought, unwelcome, voluntary, volunteered

**unsophisticated 1.** artless, childlike, guileless, inexperienced, ingenuous, innocent, naive, natural, unaffected, untutored, unworldly **2.** plain, simple, straightforward, uncomplex, uncomplicated, uninvolved, unrefined, unspecialized **3.** genuine, not artificial, pure, unadulterated

**unsound 1.** ailing, defective, delicate, deranged, diseased, frail, ill, in poor health, unbalanced, unhealthy, unhinged, unstable, unwell, weak **2.** defective, erroneous, fallacious, false, faulty, flawed, ill-founded, illogical, invalid, shaky, specious, unreliable, weak **3.** flimsy, insecure, not solid, rickety, shaky, tottering, unreliable, unsafe, unstable, unsteady, wobbly

**unspeakable 1.** beyond description, beyond words, inconceivable, indescribable, ineffable, inexpressible, overwhelming, unbelievable, unimaginable, unutterable, wonderful **2.** abominable, appalling, awful, bad, dreadful, evil, execrable, frightful, heinous, hellacious (*U.S. sl.*), horrible, loathsome, monstrous, odious, repellent, shocking, too horrible for words

**unspoiled, unspoilt 1.** intact, perfect, preserved, unaffected, unblemished, unchanged, undamaged, unharmed, unimpaired, untouched **2.** artless, innocent, natural, unaffected, unassuming, unstudied, wholesome

**unspoken 1.** assumed, implicit, implied, left to the imagination, not put into words, not spelt out, tacit, taken for granted, undeclared, understood, unexpressed, unspoken, unstated **2.** mute, silent, unsaid, unuttered, voiceless, wordless

**unstable 1.** insecure, not fixed, precarious, rickety, risky, shaky, tottering, unsettled, unsteady, wobbly **2.** capricious, changeable, erratic, fitful, fluctuating, inconsistent, inconstant, irrational, temperamental, unpredictable, unsteady, untrustworthy, vacillating, variable, volatile

**unsteady 1.** infirm, insecure, precarious, reeling, rickety, shaky, tottering, treacherous, unsafe, unstable, wobbly **2.** changeable, erratic, flickering, flighty, fluctuating, inconstant, irregular, temperamental, unreliable, unsettled, vacillating, variable, volatile, wavering

**unsubstantial 1.** airy, flimsy, fragile, frail, inadequate, light, slight, thin **2.** erroneous, full of holes, ill-founded, superficial, tenuous, unsound, unsupported, weak **3.** dreamlike, fanciful, illusory, imaginary, immaterial, impalpable, visionary

**unsubstantiated** open to question, unattested, unconfirmed, uncorroborated, unestablished, unproven, unsupported

**unsuccessful 1.** abortive, bootless, failed, fruitless, futile, ineffective, unavailing, unproductive, useless, vain **2.** balked, defeated, foiled, frustrated, hapless, ill-starred, losing, luckless, unfortunate, unlucky

**unsuitable** improper, inapposite, inappropriate, inapt, incompatible, incongruous, ineligible, infelicitous, out of character, out of keeping, out of place, unacceptable, unbecoming, unbefitting, unfitting, unseasonable, unseemly, unsuited

**unsure 1.** insecure, lacking in confidence, unassured, unconfident **2.** distrustful, doubtful, dubious, hesitant, in a quandary, irresolute, mistrustful, sceptical, suspicious, unconvinced, undecided

**unsurpassed** consummate, exceptional, incomparable, matchless, nonpareil, paramount, peerless, second to none, superlative, supreme, transcendent, unequalled, unexcelled, unparalleled, unrivalled, without an equal

**unsuspecting** confiding, credulous, gullible, inexperienced, ingenuous, innocent, naive, off guard, trustful, trusting, unconscious, unsuspicious, unwarned, unwary

**unswerving** constant, dedicated, devoted, direct, firm, resolute, single-minded, staunch, steadfast, steady, true, undeviating, unfaltering, unflagging, untiring, unwavering

**unsympathetic** apathetic, callous, cold, compassionless (*Rare*), cruel, hard, harsh, heartless, indifferent, insensitive, soulless, stony-hearted, uncompassionate, unconcerned, unfeeling, unkind, unmoved, unpitying, unresponsive

**untamed** barbarous, feral, fierce, not broken in, savage, unbroken, uncontrollable, undomesticated, untameable, wild

**untangle** clear up, disentangle, explain, extricate, solve, straighten out, unravel, unsnarl

**untenable** fallacious, flawed, groundless, illogical, indefensible, insupportable, shaky, unreasonable, unsound, unsustainable, weak

**unthinkable 1.** absurd, illogical, impossible, improbable, not on (*Inf.*), out of the question, preposterous, unlikely, unreasonable **2.** beyond belief, beyond the bounds of possibility, implausible, inconceivable, incredible, insupportable, unbelievable, unimaginable

**unthinking 1.** blundering, inconsiderate, insensitive, rude, selfish, tactless, thoughtless, undiplomatic **2.** careless, heedless, impulsive, inadvertent, instinctive, mechanical, negligent, oblivious, rash, senseless, unconscious, unmindful, vacant, witless

**untidy** bedraggled, chaotic, cluttered, disarrayed, disorderly, higgledy-piggledy (*Inf.*), jumbled, littered, messy, muddled, muddly, mussy (*U.S. inf.*), rumpled, shambolic, slatternly, slipshod, sloppy (*Inf.*), slovenly, topsy-turvy, unkempt

**untie** free, loosen, release, unbind, unbridle, undo, unfasten, unknot, unlace

**untimely** awkward, badly timed, early, ill-timed, inappropriate, inauspicious, inconvenient, inopportune, mistimed, premature, unfortunate, unseasonable, unsuitable

**untiring** constant, dedicated, determined, devoted, dogged, incessant, indefatigable, patient, persevering, persistent, staunch, steady, tireless, unfaltering, unflagging, unremitting, unwearied

**untold 1.** indescribable, inexpressible, undreamed of, unimaginable, unspeakable, unthinkable, unutterable **2.** countless, incalculable, innumerable, measureless, myriad, numberless, uncountable, uncounted, unnumbered **3.** hidden, private, secret, undisclosed, unknown, unpublished, unrecounted, unrelated, unrevealed

**untouched 1.** intact, safe and sound, undamaged, unharmed, unhurt, uninjured, unscathed, without a scratch **2.** dry-eyed, indifferent, unaffected, unconcerned, unimpressed, unmoved, unstirred

**untoward 1.** annoying, awkward, disastrous, ill-timed, inconvenient, inimical, irritating, troublesome, unfortunate, vexatious **2.** adverse, contrary, inauspicious, inopportune, unfavourable, unlucky, untimely **3.** improper, inappropriate, indecorous, out of place, unbecoming, unfitting, unseemly, unsuitable

**untrained** amateur, green, inexperienced, raw, uneducated, unpractised, unqualified, unschooled, unskilled, untaught, untutored

**untroubled** calm, composed, cool, peaceful, placid, sedate, serene, steady, tranquil, unagitated, unconcerned, undisturbed, unfazed (*Inf.*), unflappable (*Inf.*), unflustered, unperturbed, unruffled, unstirred, unworried

**untrue 1.** deceptive, dishonest, erroneous, fallacious, false, inaccurate, incorrect, lying, misleading, mistaken, sham, spurious, untruthful, wrong **2.** deceitful, disloyal, faithless, false, forsworn, inconstant, perfidious, traitorous, treacherous, two-faced, unfaithful, untrustworthy **3.** deviant, distorted, inaccurate, off, out of line, out of true, wide

**untrustworthy** capricious, deceitful, devious, dishonest, disloyal, fair-weather, faithless, false, fickle, fly-by-night (*Inf.*), not to be depended on, slippery, treacherous, tricky, two-faced, undependable, unfaithful, unreliable, untrue, untrusty

**untruth 1.** deceitfulness, duplicity, falsity, inveracity (*Rare*), lying, mendacity, perjury, truthlessness, untruthfulness **2.** deceit, fabrication, falsehood, falsification, fib, fiction, lie, pork pie (*Brit. sl.*), porky (*Brit. sl.*), prevarication, story, tale, trick, whopper (*Inf.*)

**untruthful** crooked (*Inf.*), deceitful, deceptive, dishonest, dissembling, false, fibbing, hypocritical, lying, mendacious

**unusual** abnormal, atypical, bizarre, curious, different, exceptional, extraordinary, notable, odd, out of the ordinary, phenomenal, queer, rare, remarkable, singular, strange, surprising, uncommon, unconventional, unexpected, unfamiliar, unwonted

**unutterable** beyond words, extreme, indescribable, ineffable, overwhelming, unimaginable, unspeakable

**unvarnished** bare, candid, frank, honest, naked, plain, pure, pure and simple, simple, sincere, stark, straightforward, unadorned, unembellished

**unveil** bare, bring to light, disclose, divulge, expose, lay bare, lay open, make known, make public, reveal, uncover

**unwanted** de trop, going begging, outcast, rejected, superfluous, surplus to requirements, unasked, undesired, uninvited, unneeded, unsolicited, unwelcome, useless

**unwarranted** gratuitous, groundless, indefensible, inexcusable, uncalled-for, unjust, unjustified, unprovoked, unreasonable, wrong

**unwary** careless, hasty, heedless, imprudent, incautious, indiscreet, rash, reckless, thoughtless, uncircumspect, unguarded, unwatchful

**unwavering** consistent, dedicated, determined, immovable, resolute, single-minded, staunch, steadfast, steady, undeviating, unfaltering, unflagging, unshak(e)able, unshaken, unswerving, untiring

**unwelcome 1.** excluded, rejected, unacceptable, undesirable, uninvited, unpopular, unwanted, unwished for **2.** disagreeable, displeasing, distasteful, thankless, undesirable, unpleasant

**unwell** ailing, ill, indisposed, in poor health, off colour, out of sorts, poorly (*Inf.*), sick, sickly, under the weather (*Inf.*), unhealthy

**unwholesome 1.** deleterious, harmful, insalubrious, junk (*Inf.*), noxious, poisonous, tainted, unhealthy, unnourishing **2.** bad, corrupting, degrading, demoralizing, depraving, evil, immoral, maleficent, perverting, wicked **3.** anaemic, pale, pallid, pasty, sickly, wan

**unwieldy 1.** awkward, burdensome, cumbersome, inconvenient, unhandy, unmanageable **2.** bulky, clumsy, hefty, massive, ponderous, ungainly, weighty

**unwilling** averse, demurring, disinclined, grudging, indisposed, laggard (*Rare*), loath, not in the mood, opposed, reluctant, resistant, unenthusiastic

**unwind 1.** disentangle, slacken, uncoil, undo, unravel, unreel, unroll, untwine, untwist **2.** calm down, let oneself go, loosen up, quieten down, relax, sit back, slow down, take a break, take it easy, wind down

**unwise** asinine, foolhardy, foolish, ill-advised, ill-considered, ill-judged, impolitic, improvident, imprudent, inadvisable, inane, indiscreet, injudicious, irresponsible, rash, reckless, senseless, short-sighted, silly, stupid

**unwitting 1.** ignorant, innocent, unaware, unconscious, unknowing, unsuspecting **2.** accidental, chance, inadvertent, involuntary, undesigned, unintended, unintentional, unmeant, unplanned

**unworldly 1.** abstract, celestial, metaphysical, nonmaterialistic, religious, spiritual, transcendental **2.** green, idealistic, inexperienced, innocent, naive, raw, trusting, unsophisticated **3.** ethereal, extraterrestrial, otherworldly, unearthly

**unworthy 1.** (*With of*) beneath the dignity of, improper, inappropriate, out of character, out of place, unbecoming, unbefitting, unfitting, unseemly, unsuitable **2.** base, contemptible, degrading, discreditable, disgraceful, dishonourable, disreputable, ignoble, shameful **3.** ineligible, not deserving of, not fit for, not good enough, not worth, undeserving

**unwritten 1.** oral, unrecorded, vocal, word-of-mouth **2.** accepted, conventional, customary, tacit, traditional, understood, unformulated

**unyielding** adamant, determined, firm, hardline, immovable, inexorable, inflexible, intractable, obdurate, obstinate, relentless, resolute, rigid, staunch, steadfast, stiff-necked, stubborn, tough, unbending, uncompromising, unwavering

**upbringing** breeding, bringing-up, care, cultivation, education, nurture, raising, rearing, tending, training

**upgrade** advance, ameliorate, better, elevate, enhance, improve, promote, raise

**upheaval** cataclysm, disorder, disruption, disturbance, eruption, overthrow, revolution, turmoil, violent change

**uphill** ADJ. **1.** ascending, climbing, mounting, rising **2.** arduous, difficult, exhausting, gruelling, hard, laborious, punishing, Sisyphean, strenuous, taxing, tough, wearisome

**uphold** advocate, aid, back, champion, defend, encourage, endorse, hold to, justify, maintain, promote, stand by, stick up for *(Inf.)*, support, sustain, vindicate

**upkeep** **1.** conservation, keep, maintenance, preservation, repair, running, subsistence, support, sustenance **2.** expenditure, expenses, oncosts *(Brit.)*, operating costs, outlay, overheads, running costs

**uplift**
▸ **V. 1.** elevate, heave, hoist, lift up, raise **2.** advance, ameliorate, better, civilize, cultivate, edify, improve, inspire, raise, refine, upgrade
▸ **N. 3.** advancement, betterment, cultivation, edification, enhancement, enlightenment, enrichment, improvement, refinement

**upper** **1.** high, higher, loftier, top, topmost **2.** elevated, eminent, greater, important, superior

**upper-class** aristocratic, blue-blooded, highborn, high-class, noble, patrician, top-drawer, well-bred

**uppermost** **1.** highest, loftiest, most elevated, top, topmost, upmost **2.** chief, dominant, foremost, greatest, leading, main, paramount, predominant, pre-eminent, primary, principal, supreme

**uppish** affected, arrogant, cocky, conceited, high and mighty *(Inf.)*, hoity-toity *(Inf.)*, overweening, presumptuous, putting on airs, self-important, snobbish, stuck-up *(Inf.)*, supercilious, toffee-nosed *(Sl., chiefly Brit.)*, uppity *(Inf.)*

**upright** **1.** erect, on end, perpendicular, straight, vertical **2.** *(Fig.)* above board, conscientious, ethical, faithful, good, high-minded, honest, honourable, incorruptible, just, principled, righteous, straightforward, true, trustworthy, unimpeachable, virtuous

**uprising** disturbance, insurgence, insurrection, mutiny, outbreak, putsch, rebellion, revolt, revolution, rising, upheaval

**uproar** bagarre, brawl, brouhaha, clamour, commotion, confusion, din, furore, hubbub, hullabaloo, hurly-burly, mayhem, noise, outcry, pandemonium, racket, riot, ruckus *(Inf.)*, ruction *(Inf.)*, rumpus, turbulence, turmoil

**uproarious** **1.** clamorous, confused, disorderly, loud, noisy, riotous, rowdy, tempestuous, tumultuous, turbulent, wild **2.** convulsive *(Inf.)*, hilarious, hysterical, killing *(Inf.)*, rib-tickling, rip-roaring *(Inf.)*, screamingly funny, side-splitting, very funny **3.** boisterous, gleeful, loud, rollicking, unrestrained

**upset**
▸ **V. 1.** capsize, knock over, overturn, spill, tip over, topple over **2.** change, disorder, disorganize, disturb, mess up, mix up, put out of order, spoil, turn topsy-turvy **3.** agitate, bother, discompose, disconcert, dismay, disquiet, distress, disturb, faze, fluster, grieve, hassle *(Inf.)*, perturb, ruffle, throw (someone) off balance, trouble, unnerve **4.** be victorious over, conquer, defeat, get the better of, overcome, overthrow, triumph over, win against the odds
▸ **N. 5.** defeat, reverse, shake-up *(Inf.)*, sudden change, surprise **6.** bug *(Inf.)*, complaint, disorder, disturbance, illness, indisposition, malady, queasiness, sickness **7.** agitation, bother, discomposure, disquiet, distress, disturbance, hassle *(Inf.)*, shock, trouble, worry
▸ **ADJ. 8.** capsized, overturned, spilled, tipped over, toppled, tumbled, upside down **9.** disordered, disturbed, gippy *(Sl.)*, ill, poorly *(Inf.)*, queasy, sick **10.** agitated, bothered, confused, disconcerted, dismayed, disquieted, distressed, disturbed, frantic, grieved, hassled *(Inf.)*, hurt, overwrought, put out, ruffled, troubled, worried **11.** at sixes and sevens, chaotic, confused, disarrayed, disordered, in disarray *or* disorder, messed up, muddled, topsy-turvy **12.** beaten, conquered, defeated, overcome, overthrown, vanquished

**upshot** conclusion, consequence, culmination, end, end result, event, finale, issue, outcome, payoff *(Inf.)*, result, sequel

**upside down** **1.** bottom up, inverted, on its head, overturned, upturned, wrong side up **2.** *(Inf.)* chaotic, confused, disordered, higgledy-piggledy *(Inf.)*, in confusion (chaos, disarray, disorder), jumbled, muddled, topsy-turvy

**upstanding** **1.** ethical, good, honest, honourable, incorruptible, moral, principled, true, trustworthy, upright **2.** firm, hale and hearty, hardy, healthy, robust, stalwart, strong, sturdy, upright, vigorous

**upstart** arriviste, nobody, nouveau riche, parvenu, social climber, status seeker

**up-to-date** all the rage, current, fashionable, happening *(Inf.)*, in, in vogue, modern, newest, now *(Inf.)*, stylish, trendy *(Brit. inf.)*, up-to-the-minute, with it *(Inf.)*

**urban** city, civic, inner-city, metropolitan, municipal, oppidan *(Rare)*, town

**urbane** civil, civilized, cosmopolitan, courteous, cultivated, cultured, debonair, elegant, mannerly, polished, refined, smooth, sophisticated, suave, well-bred, well-mannered

**urbanity** charm, civility, courtesy, culture, elegance, grace, mannerliness, polish, refinement, sophistication, suavity, worldliness

**urchin** brat, gamin, guttersnipe, mudlark *(Sl.)*, ragamuffin, street Arab, waif, young rogue

**urge**
▸ **V. 1.** appeal to, beg, beseech, entreat, exhort, implore, plead, press, solicit **2.** advise, advocate, champion, counsel, insist on, push for, recommend, support **3.** compel, constrain, drive, egg on, encourage, force, goad, hasten, impel, incite, induce, instigate, press, prompt, propel, push, spur, stimulate
▸ **N. 4.** compulsion, desire, drive, fancy, impulse, itch, longing, thirst, wish, yearning, yen *(Inf.)*

**urgency** exigency, extremity, gravity, hurry, imperativeness, importance, importunity, necessity, need, pressure, seriousness, stress

**urgent** **1.** compelling, critical, crucial, immediate, imperative, important, instant, not to be delayed, pressing, top-priority **2.** clamorous, earnest, importunate, insistent, intense, persistent, persuasive

**urinate** leak *(Sl.)*, make water, micturate, pass water, pee *(Sl.)*, piddle *(Inf.)*, piss *(Taboo sl.)*, spend a penny *(Brit. inf.)*, tinkle *(Brit. inf.)*, wee *(Inf.)*, wee-wee *(Inf.)*

**usable** at one's disposal, available, current, fit for use, functional, in running order, practical, ready for use, serviceable, utilizable, valid, working

**usage** **1.** control, employment, handling, management, operation, regulation, running, treatment, use **2.** convention, custom, form, habit, matter of course, method, mode, practice, procedure, régime, routine, rule, tradition, wont

**use**
▸ **V. 1.** apply, avail oneself of, bring into play, employ, exercise, exert, find a use for, make use of, operate, ply, practise, profit by, put to use, turn to account, utilize, wield, work **2.** act towards, behave towards, deal with, exploit, handle, manipulate, misuse, take advantage of, treat **3.** consume, exhaust, expend, run through, spend, waste
▸ **N. 4.** application, employment, exercise, handling, operation, practice, service, treatment, usage, wear and tear **5.** advantage, application, avail, benefit, good, help, mileage *(Inf.)*, point, profit, service, usefulness, utility, value, worth **6.** custom, habit, practice, usage, way, wont **7.** call, cause, end, necessity, need, object, occasion, point, purpose, reason

**used** cast-off, hand-me-down *(Inf.)*, nearly new, not new, reach-me-down *(Inf.)*, second-hand, shopsoiled, worn

**useful** advantageous, all-purpose, beneficial, effective, fruitful, general-purpose, helpful, of help, of service, of use, practical, profitable, salutary, serviceable, valuable, worthwhile

**useless** **1.** bootless, disadvantageous, fruitless, futile, hopeless, idle, impractical, ineffective, ineffectual, of no use, pointless, profitless, unavailing, unproductive, unworkable, vain, valueless, worthless **2.** *(Inf.)* hopeless, incompetent, ineffectual, inept, no good, stupid, weak

**use up** absorb, burn up, consume, deplete, devour, drain, exhaust, finish, fritter away, run through, squander, swallow up, waste

**usher**
▸ **N. 1.** attendant, doorkeeper, escort, guide, usherette
▸ **V. 2.** conduct, direct, escort, guide, lead, pilot, show in *or* out, steer **3.** *(Usually with* **in***)* bring in, herald, inaugurate, initiate, introduce, launch, open the door to, pave the way for, precede, ring in

**usual** accustomed, common, constant, customary, everyday, expected, familiar, fixed, general, habitual, normal, ordinary, regular, routine, standard, stock, typical, wonted

**usually** as a rule, as is the custom, as is usual, by and large, commonly, for the most part, generally, habitually, in the main, mainly, mostly, most often, normally, on the whole, ordinarily, regularly, routinely

**utility** advantageousness, avail, benefit, convenience, efficacy, fitness, point, practicality, profit, service, serviceableness, use, usefulness

**utilize** appropriate, avail oneself of, employ, have recourse to, make the most of, make use of, profit by, put to use, resort to, take advantage of, turn to account, use

**utmost**
▸ **ADJ. 1.** chief, extreme, greatest, highest, maximum, paramount, pre-eminent, supreme **2.** extreme, farthest, final, last, most distant, outermost, remotest, uttermost
▸ **N. 3.** best, greatest, hardest, highest, most

**utter**[1] **ADJ.** absolute, arrant, complete, consummate, deep-dyed *(Usu. derogatory)*, downright, entire, out-and-out, outright, perfect, sheer, stark, thorough, thoroughgoing, total, unmitigated, unqualified

**utter**[2]
▸ **V. 1.** articulate, enunciate, express, pronounce, put into words, say, speak, verbalize, vocalize, voice **2.** declare, divulge, give expression to, make known, proclaim, promulgate, publish, reveal, state

**utterly** absolutely, completely, entirely, extremely, fully, perfectly, thoroughly, totally, to the core, wholly

# V

**vacancy** **1.** job, opening, opportunity, position, post, room, situation **2.** absent-mindedness, abstraction, blankness, inanity, inattentiveness, incomprehension, incuriousness, lack of interest, vacuousness **3.** emptiness, gap, space, vacuum, void

**vacant** **1.** available, disengaged, empty, free, idle, not in use, to let, unemployed, unengaged, unfilled, unoccupied, untenanted, void **2.** absent-minded, abstracted, blank, dreaming, dreamy, expressionless, idle, inane, incurious, thoughtless, unthinking, vacuous

**vacuum** emptiness, free space, gap, nothingness, space, vacuity, void

**vagabond**
▸ **N. 1.** bag lady *(Chiefly U.S.)*, beggar, bum *(Inf.)*, down-and-out, hobo *(U.S.)*, itinerant, knight of the road, migrant, nomad, outcast, rascal, rover, tramp, vagrant, wanderer, wayfarer
▸ **ADJ. 2.** destitute, down and out, drifting, fly-by-night *(Inf.)*, footloose, homeless, idle, itinerant, journeying, nomadic, rootless, roving, shiftless, vagrant, wandering

**vagrant**
▸ **N. 1.** bag lady *(Chiefly U.S.)*, beggar, bird of passage, bum *(Inf.)*, hobo *(U.S.)*, itinerant, person of no fixed address, rolling stone, tramp, wanderer
▸ **ADJ. 2.** itinerant, nomadic, roaming, rootless, roving, unsettled, vagabond

**vague** amorphous, blurred, dim, doubtful, fuzzy, generalized, hazy, ill-defined, imprecise, indefinite, indeterminate, indistinct, lax, loose, nebulous, obscure, shadowy, uncertain, unclear, unknown, unspecified, woolly

**vaguely** absent-mindedly, dimly, evasively, imprecisely, in a general way, obscurely, slightly, through a glass darkly, vacantly

**vagueness** ambiguity, impreciseness, inexactitude, lack of preciseness, looseness, obscurity, undecidedness, woolliness

**vain** **1.** arrogant, bigheaded *(Inf.)*, cocky, conceited, egotistical, inflated, narcissistic, ostentatious, overweening, peacockish, pleased with oneself, proud, self-important, stuck-up *(Inf.)*, swaggering, swanky *(Inf.)*, swollen-headed *(Inf.)*, vainglorious **2.** abortive, empty, fruitless, futile, hollow, idle, nugatory, pointless, senseless, time-wasting, trifling, trivial, unavailing, unimportant, unproductive, unprofitable, useless, worthless **3. be vain** have a high opinion of oneself, have a swelled head *(Inf.)*, have one's head turned, think a lot of oneself, think oneself it *(Inf.)*, think oneself the cat's whiskers *or* pyjamas *(Sl.)* **4. in vain** bootless, fruitless(ly), ineffectual(ly), to no avail, to no purpose, unsuccessful(ly), useless(ly), vain(ly), wasted, without success

**valedictory** **ADJ.** farewell, final, parting

**valiant** bold, brave, courageous, dauntless, doughty, fearless, gallant, heroic, indomitable, intrepid, lion-hearted, plucky, redoubtable, stouthearted, valorous, worthy

**valid** **1.** acceptable, binding, cogent, conclusive, convincing, efficacious, efficient, good, just, logical, powerful, sound, substantial, telling, weighty, well-founded, well-grounded **2.** authentic, bona fide, genuine, in force, lawful, legal, legally binding, legitimate, official

**validity** **1.** cogency, force, foundation, grounds, point, power, soundness, strength, substance, weight **2.** authority, lawfulness, legality, legitimacy, right

**valley** coomb, cwm *(Welsh)*, dale, dell, depression, dingle, glen, hollow, strath *(Scot.)*, vale

**valuable**
- **ADJ. 1.** costly, dear, expensive, high-priced, precious **2.** beneficial, cherished, esteemed, estimable, held dear, helpful, important, prized, profitable, serviceable, treasured, useful, valued, worthwhile, worthy
- **N. 3.** *Usually plural* heirloom, treasure(s)

**value**
- **N. 1.** cost, equivalent, market price, monetary worth, rate **2.** advantage, benefit, desirability, help, importance, merit, profit, serviceableness, significance, use, usefulness, utility, worth **3.** *Plural* code of behaviour, ethics, (moral) standards, principles
- **V. 4.** account, appraise, assess, compute, estimate, evaluate, price, put a price on, rate, set at, survey **5.** appreciate, cherish, esteem, hold dear, hold in high regard *or* esteem, prize, regard highly, respect, set store by, treasure

**valued** cherished, dear, esteemed, highly regarded, loved, prized, treasured

**valueless** miserable, no good, of no earthly use, of no value, unsaleable, useless, worthless

**vanguard** advance guard, cutting edge, forefront, forerunners, front, front line, front rank, leaders, spearhead, trailblazers, trendsetters, van

**vanish** become invisible, be lost to sight, die out, disappear, disappear from sight *or* from the face of the earth, dissolve, evanesce, evaporate, exit, fade (away), melt (away)

**vanity** **1.** affected ways, airs, arrogance, bigheadedness *(Inf.)*, conceit, conceitedness, egotism, narcissism, ostentation, pretension, pride, self-admiration, self-love, showing off *(Inf.)*, swollen-headedness *(Inf.)*, vainglory **2.** emptiness, frivolity, fruitlessness, futility, hollowness, inanity, pointlessness, profitlessness, triviality, unproductiveness, unreality, unsubstantiality, uselessness, worthlessness

**vanquish** beat, blow out of the water *(Sl.)*, clobber *(Sl.)*, conquer, crush, defeat, get the upper hand over, lick *(Inf.)*, master, overcome, overpower, overwhelm, put down, put to flight, put to rout, quell, reduce, repress, rout, run rings around *(Inf.)*, subdue, subjugate, tank *(Sl.)*, triumph over, undo, wipe the floor with *(Inf.)*

**vapour** breath, dampness, exhalation, fog, fumes, haze, miasma, mist, smoke, steam

**variable** capricious, chameleonic, changeable, fickle, fitful, flexible, fluctuating, inconstant, mercurial, mutable, protean, shifting, temperamental, uneven, unstable, unsteady, vacillating, wavering

**variance** **1.** difference, difference of opinion, disagreement, discord, discrepancy, dissension, dissent, divergence, inconsistency, lack of harmony, strife, variation **2. at variance** at loggerheads, at odds, at sixes and sevens *(Inf.)*, conflicting, in disagreement, in opposition, out of harmony, out of line

**variant**
- **ADJ. 1.** alternative, derived, different, divergent, exceptional, modified
- **N. 2.** alternative, derived form, development, modification, sport *(Biol.)*, variation

**variation** alteration, break in routine, change, departure, departure from the norm, deviation, difference, discrepancy, diversification, diversity, innovation, modification, novelty, variety

**varied** assorted, different, diverse, heterogeneous, manifold, miscellaneous, mixed, motley, sundry, various

**variety** **1.** change, difference, discrepancy, diversification, diversity, many-sidedness, multifariousness, variation **2.** array, assortment, collection, cross section, intermixture, medley, miscellany, mixture, multiplicity, range **3.** brand, breed, category, class, kind, make, order, sort, species, strain, type

**various** assorted, different, differing, disparate, distinct, divers *(Archaic)*, diverse, diversified, heterogeneous, manifold, many, many-sided, miscellaneous, several, sundry, varied, variegated

**varnish** **V.** adorn, decorate, embellish, gild, glaze, gloss, japan, lacquer, polish, shellac

**vary** alter, alternate, be unlike, change, depart, differ, disagree, diverge, diversify, fluctuate, intermix, modify, permutate, reorder, transform

**varying** changing, different, distinct, distinguishable, diverse, fluctuating, inconsistent

**vast** astronomical, boundless, colossal, elephantine, enormous, extensive, gigantic, ginormous *(Inf.)*, great, huge, humongous *or* humungous *(U.S. sl.)*, illimitable, immeasurable, immense, limitless, mammoth, massive, measureless, mega *(Sl.)*, monstrous, monumental, never-ending, prodigious, sweeping, tremendous, unbounded, unlimited, vasty *(Archaic)*, voluminous, wide

**vault**[1]
- **N. 1.** arch, ceiling, roof, span **2.** catacomb, cellar, crypt, mausoleum, tomb, undercroft **3.** depository, repository, strongroom
- **V. 4.** arch, bend, bow, curve, overarch, span

**vault**[2] **V.** bound, clear, hurdle, jump, leap, spring

**vaunt** boast about, brag about, crow about, exult in, flaunt, give oneself airs about, make a display of, make much of, parade, prate about, show off, talk big about *(Inf.)*

**veer** be deflected, change, change course, change direction, sheer, shift, swerve, tack, turn

**vegetate** **1.** be inert, deteriorate, exist, go to seed, idle, languish, loaf, moulder, stagnate, veg out *(Sl., chiefly U.S.)* **2.** burgeon, germinate, grow, shoot, spring, sprout, swell

**vehemence** ardour, eagerness, earnestness, emphasis, energy, enthusiasm, fervency, fervour, fire, force, forcefulness, heat, impetuosity, intensity, keenness, passion, verve, vigour, violence, warmth, zeal

**vehement** ardent, eager, earnest, emphatic, enthusiastic, fervent, fervid, fierce, flaming, forceful, forcible, impassioned, impetuous, intense, passionate, powerful, strong, violent, zealous

**vehicle** *(Fig.)*apparatus, channel, means, means of expression, mechanism, medium, organ

**veil**
- **V. 1.** cloak, conceal, cover, dim, disguise, hide, mantle, mask, obscure, screen, shield
- **N. 2.** blind, cloak, cover, curtain, disguise, film, mask, screen, shade, shroud

**veiled** concealed, covert, disguised, hinted at, implied, masked, suppressed

**vein** **1.** blood vessel, course, current, lode, seam, stratum, streak, stripe **2.** dash, hint, strain, streak, thread, trait **3.** attitude, bent, character, faculty, humour, mode, mood, note, style, temper, tenor, tone, turn

**venal** bent *(Sl.)*, corrupt, corruptible, crooked *(Inf.)*, dishonourable, grafting *(Inf.)*, mercenary, prostituted, purchasable, rapacious, simoniacal, sordid, unprincipled

**vendetta** bad blood, blood feud, feud, quarrel

**veneer** **N.** *(Fig.)* appearance, façade, false front, finish, front, gloss, guise, mask, pretence, semblance, show

**venerable** august, esteemed, grave, honoured, respected, revered, reverenced, sage, sedate, wise, worshipped

**venerate** adore, esteem, hold in awe, honour, look up to, respect, revere, reverence, worship

**veneration** adoration, awe, deference, esteem, respect, reverence, worship

**vengeance** **1.** an eye for an eye, avenging, lex talionis, reprisal, requital, retaliation, retribution, revenge, settling of scores **2. with a vengeance** forcefully, furiously, vehemently, violently and no mistake, extremely, greatly, to the full, to the utmost, with no holds barred

**venial** allowable, excusable, forgivable, insignificant, minor, pardonable, slight, trivial

**venom** **1.** bane, poison, toxin **2.** acidity, acrimony, bitterness, gall, grudge, hate, ill will, malevolence, malice, maliciousness, malignity, rancour, spite, spitefulness, spleen, virulence

**venomous** **1.** baneful *(Archaic)*, envenomed, mephitic, noxious, poison, poisonous, toxic, virulent **2.** baleful, hostile, malicious, malignant, rancorous, savage, spiteful, vicious, vindictive, virulent

**vent**
- **N. 1.** aperture, duct, hole, opening, orifice, outlet, split
- **V. 2.** air, come out with, discharge, emit, empty, express, give expression to, give vent to, pour out, release, utter, voice

**ventilate** *(Fig.)* air, bring out into the open, broadcast, debate, discuss, examine, make known, scrutinize, sift, talk about

**venture**
- **V. 1.** chance, endanger, hazard, imperil, jeopardize, put in jeopardy, risk, speculate, stake, wager **2.** advance, dare, dare say, hazard, make bold, presume, stick one's neck out *(Inf.)*, take the liberty, volunteer **3.** *(With* **out, forth,** *etc)* embark on, go, plunge into, set out
- **N. 4.** adventure, chance, endeavour, enterprise, fling, gamble, hazard, jeopardy, project, risk, speculation, undertaking

**verbal** literal, oral, spoken, unwritten, verbatim, word-of-mouth

**verbally** by word of mouth, orally

**verbatim** exactly, precisely, to the letter, word for word

**verbose** circumlocutory, diffuse, garrulous, long-winded, periphrastic, pleonastic, prolix, tautological, windy, wordy

**verbosity** garrulity, logorrhoea, long-windedness, loquaciousness, prolixity, rambling, verbiage, verboseness, windiness, wordiness

**verdict** adjudication, conclusion, decision, finding, judg(e)ment, opinion, sentence

**verge**
- **N. 1.** border, boundary, brim, brink, edge, extreme, limit, lip, margin, roadside, threshold
- **V. 2.** approach, border, come near

**verification** authentication, confirmation, corroboration, proof, substantiation, validation

**verify** attest, attest to, authenticate, bear out, check, confirm, corroborate, prove, substantiate, support, validate

**vernacular**
- **ADJ. 1.** colloquial, common, indigenous, informal, local, mother, native, popular, vulgar
- **N. 2.** argot, cant, dialect, idiom, jargon, native language, parlance, patois, speech, vulgar tongue

**versatile** adaptable, adjustable, all-purpose, all-round, flexible, functional, handy, manysided, multifaceted, protean, resourceful, variable

**versed** accomplished, acquainted, competent, conversant, experienced, familiar, knowledgeable, practised, proficient, qualified, seasoned, skilled, well informed, well up in *(Inf.)*

**version** **1.** account, adaptation, exercise, interpretation, portrayal, reading, rendering, side, translation **2.** design, form, kind, model, style, type, variant

**vertical** erect, on end, perpendicular, upright

**vertigo** dizziness, giddiness, light-headedness, loss of equilibrium, swimming of the head

**verve** animation, brio, dash, élan, energy, enthusiasm, force, get-up-and-go *(Inf.)*, gusto, life, liveliness, pep, punch *(Inf.)*, sparkle, spirit, vigour, vim *(Sl.)*, vitality, vivacity, zeal, zip *(Inf.)*

**very**
- **ADV. 1.** absolutely, acutely, awfully *(Inf.)*, decidedly, deeply, eminently, exceedingly, excessively, extremely, greatly, highly, jolly *(Brit.)*, noticeably, particularly, profoundly, really, remarkably, superlatively, surpassingly, terribly, truly, uncommonly, unusually, wonderfully
- **ADJ. 2.** actual, appropriate, exact, express, identical, perfect, precise, real, same, selfsame, unqualified **3.** bare, mere, plain, pure, sheer, simple

**vessel** **1.** barque *(Poetic)*, boat, craft, ship **2.** container, pot, receptacle, utensil

**vest** **V. 1.** *(With* **in** *or* **with***)* authorize, be devolved upon, bestow, confer, consign, empower, endow, entrust, furnish, invest, lodge, place, put in the hands of, settle **2.** apparel, bedeck, clothe, cover, dress, envelop, garb, robe

**vestibule** anteroom, entrance hall, foyer, hall, lobby, porch, portico

**vestige** evidence, glimmer, hint, indication, relic, remainder, remains, remnant, residue, scrap, sign, suspicion, token, trace, track

**vet** **V.** appraise, check, check out, examine, give (someone *or* something) the once-over *(Inf.)*, investigate, look over, pass under review, review, scan, scrutinize, size up *(Inf.)*

**veteran**
▸ **N. 1.** master, old hand, old stager, old-timer, past master, past mistress, pro *(Inf.)*, trouper, warhorse *(Inf.)*
▸ **ADJ. 2.** adept, battle-scarred, expert, long-serving, old, proficient, seasoned

**veto**
▸ **V. 1.** ban, boycott, disallow, forbid, give the thumbs down to, interdict, kill *(Inf.)*, negative, prohibit, put the kibosh on *(Sl.)*, refuse permission, reject, rule out, turn down
▸ **N. 2.** ban, boycott, embargo, interdict, nonconsent, prohibition

**vex** afflict, aggravate *(Inf.)*, agitate, annoy, bother, bug *(Inf.)*, displease, distress, disturb, exasperate, fret, gall, get on one's nerves *(Inf.)*, grate on, harass, hassle *(Inf.)*, irritate, molest, nark *(Brit., Aust., & N.Z. sl.)*, needle *(Inf.)*, nettle, offend, peeve *(Inf.)*, perplex, pester, pique, plague, provoke, put out, rile, tease, torment, trouble, upset, worry

**vexation** **1.** aggravation *(Inf.)*, annoyance, displeasure, dissatisfaction, exasperation, frustration, irritation, pique **2.** bother, difficulty, hassle *(Inf.)*, headache *(Inf.)*, irritant, misfortune, nuisance, problem, thorn in one's flesh, trouble, upset, worry

**vexatious** afflicting, aggravating *(Inf.)*, annoying, bothersome, burdensome, disagreeable, disappointing, distressing, exasperating, harassing, irksome, irritating, nagging, plaguy *(Archaic)*, provoking, teasing, tormenting, troublesome, trying, unpleasant, upsetting, worrisome, worrying

**vexed** **1.** afflicted, aggravated *(Inf.)*, agitated, annoyed, bothered, confused, displeased, distressed, disturbed, exasperated, fed up, hacked (off) *(U.S. sl.)*, harassed, irritated, miffed *(Inf.)*, nettled, out of countenance, peeved *(Inf.)*, perplexed, pissed off *(Taboo sl.)*, provoked, put out, riled, ruffled, tormented, troubled, upset, worried **2.** contested, controversial, disputed, moot, much debated

**viable** applicable, feasible, operable, practicable, usable, within the bounds of possibility, workable

**vibrant** **1.** aquiver, oscillating, palpitating, pulsating, quivering, trembling **2.** alive, animated, colourful, dynamic, electrifying, full of pep *(Inf.)*, responsive, sensitive, sparkling, spirited, vivacious, vivid

**vibrate** fluctuate, judder *(Inf.)*, oscillate, pulsate, pulse, quiver, resonate, reverberate, shake, shiver, sway, swing, throb, tremble, undulate

**vibration** juddering *(Inf.)*, oscillation, pulsation, pulse, quiver, resonance, reverberation, shaking, throb, throbbing, trembling, tremor

**vice** **1.** corruption, degeneracy, depravity, evil, evildoing, immorality, iniquity, profligacy, sin, turpitude, venality, wickedness **2.** blemish, defect, failing, fault, imperfection, shortcoming, weakness

**vicinity** area, district, environs, locality, neck of the woods *(Inf.)*, neighbourhood, precincts, propinquity, proximity, purlieus

**vicious** **1.** abandoned, abhorrent, atrocious, bad, barbarous, corrupt, cruel, dangerous, debased, degenerate, degraded, depraved, diabolical, ferocious, fiendish, foul, heinous, immoral, infamous, monstrous, profligate, savage, sinful, unprincipled, vile, violent, wicked, worthless, wrong **2.** backbiting, bitchy *(Inf.)*, cruel, defamatory, malicious, mean, rancorous, slanderous, spiteful, venomous, vindictive

**viciousness** **1.** badness, corruption, cruelty, depravity, ferocity, immorality, profligacy, savagery, wickedness **2.** bitchiness *(Sl.)*, malice, rancour, spite, spitefulness, venom

**victim** **1.** casualty, fatality, injured party, martyr, sacrifice, scapegoat, sufferer **2.** dupe, easy prey, fall guy *(Inf.)*, gull *(Archaic)*, innocent, patsy *(Sl., chiefly U.S. & Canad.)*, sitting duck *(Inf.)*, sitting target, sucker *(Sl.)*

**victimize** **1.** discriminate against, have a down on (someone) *(Inf.)*, have it in for (someone) *(Inf.)*, have one's knife into (someone), persecute, pick on **2.** cheat, deceive, defraud, dupe, exploit, fool, gull *(Archaic)*, hoodwink, prey on, swindle, take advantage of, use

**victor** champ *(Inf.)*, champion, conquering hero, conqueror, first, prizewinner, top dog *(Inf.)*, vanquisher, winner

**victorious** champion, conquering, first, prizewinning, successful, triumphant, vanquishing, winning

**victory** conquest, laurels, mastery, success, superiority, the palm, the prize, triumph, win

**victuals** bread, comestibles, eatables, eats *(Sl.)*, edibles, food, grub *(Sl.)*, meat, nosebag *(Sl.)*, nosh *(Sl.)*, provisions, rations, stores, supplies, tack *(Inf.)*, viands, vittles *(Obsolete)*

**view**
▸ **N. 1.** aspect, landscape, outlook, panorama, perspective, picture, prospect, scene, spectacle, vista **2.** range *or* field of vision, sight, vision **3.** *Sometimes plural* attitude, belief, conviction, feeling, impression, judg(e)ment, notion, opinion, point of view, sentiment, thought, way of thinking **4.** contemplation, display, examination, inspection, look, recce *(Sl.)*, scan, scrutiny, sight, survey, viewing **5. with a view to** in order to, in the hope of, so as to, with the aim *or* intention of
▸ **V. 6.** behold, check, check out *(Inf.)*, clock *(Brit. sl.)*, contemplate, examine, explore, eye, eyeball *(U.S. sl.)*, gaze at, get a load of *(Inf.)*, inspect, look at, observe, recce *(Sl.)*, regard, scan, spectate, stare at, survey, take a dekko at *(Brit. sl.)*, watch, witness **7.** consider, deem, judge, look on, regard, think about

**viewer** observer, one of an audience, onlooker, spectator, TV watcher, watcher

**viewpoint** angle, frame of reference, perspective, point of view, position, slant, stance, standpoint, vantage point, way of thinking

**vigilant** alert, Argus-eyed, attentive, careful, cautious, circumspect, keeping one's eyes peeled *or* skinned *(Inf.)*, on one's guard, on one's toes, on the alert, on the lookout, on the qui vive, on the watch, sleepless, unsleeping, wakeful, watchful, wide awake

**vigorous** active, brisk, dynamic, effective, efficient, energetic, enterprising, flourishing, forceful, forcible, full of energy, hale, hale and hearty, hardy, healthy, intense, lively, lusty, powerful, Ramboesque, red-blooded, robust, sound, spanking, spirited, strenuous, strong, virile, vital, zippy *(Inf.)*

**vigorously** all out, eagerly, energetically, forcefully, hammer and tongs, hard, like mad *(Sl.)*, lustily, strenuously, strongly, with a vengeance, with might and main

**vigour** activity, animation, balls *(Taboo sl.)*, brio, dash, dynamism, energy, force, forcefulness, gusto, health, liveliness, might, oomph *(Inf.)*, pep, power, punch *(Inf.)*, robustness, snap *(Inf.)*, soundness, spirit, strength, verve, vim *(Sl.)*, virility, vitality, zip *(Inf.)*

**vile** **1.** abandoned, abject, appalling, bad, base, coarse, contemptible, corrupt, debased, degenerate, degrading, depraved, despicable, disgraceful, evil, humiliating, ignoble, impure, loathsome, low, mean, miserable, nefarious, perverted, shocking, sinful, ugly, vicious, vulgar, wicked, worthless, wretched **2.** disgusting, foul, horrid, loathsome, nasty, nauseating, noxious, obscene, offensive, repellent, repugnant, repulsive, revolting, sickening, yucky *or* yukky *(Sl.)*

**vilify** abuse, asperse, bad-mouth *(Sl., chiefly U.S. & Canad.)*, berate, calumniate, debase, decry, defame, denigrate, disparage, knock *(Inf.)*, malign, pull to pieces *(Inf.)*, revile, rubbish *(Inf.)*, run down, slag (off) *(Sl.)*, slander, smear, speak ill of, traduce, vilipend *(Rare)*, vituperate

**villain** **1.** blackguard, caitiff *(Archaic)*, criminal, evildoer, knave *(Archaic)*, libertine, malefactor, miscreant, profligate, rapscallion, reprobate, rogue, scoundrel, wretch **2.** antihero, baddy *(Inf.)* **3.** devil, monkey, rascal, rogue, scallywag *(Inf.)*, scamp

**villainous** atrocious, bad, base, blackguardly, criminal, cruel, debased, degenerate, depraved, detestable, diabolical, evil, fiendish, hateful, heinous, ignoble, infamous, inhuman, mean, nefarious, outrageous, ruffianly, scoundrelly, sinful, terrible, thievish, vicious, vile, wicked

**villainy** atrocity, baseness, crime, criminality, delinquency, depravity, devilry, iniquity, knavery, rascality, sin, turpitude, vice, wickedness

**vindicate** **1.** absolve, acquit, clear, defend, do justice to, exculpate, excuse, exonerate, free from blame, justify, rehabilitate **2.** advocate, assert, establish, maintain, support, uphold

**vindication** apology, assertion, defence, exculpating, exculpation, excuse, exoneration, justification, maintenance, plea, rehabilitation, substantiation, support

**vindictive** full of spleen, implacable, malicious, malignant, rancorous, relentless, resentful, revengeful, spiteful, unforgiving, unrelenting, vengeful, venomous

**vintage**
▸ **N. 1.** collection, crop, epoch, era, generation, harvest, origin, year
▸ **ADJ. 2.** best, choice, classic, mature, prime, rare, ripe, select, superior, venerable

**violate** **1.** break, contravene, disobey, disregard, encroach upon, infract, infringe, transgress **2.** abuse, assault, befoul, debauch, defile, desecrate, dishonour, invade, outrage, pollute, profane, rape, ravish

**violation** **1.** abuse, breach, contravention, encroachment, infraction, infringement, transgression, trespass **2.** defilement, desecration, profanation, sacrilege, spoliation

**violence** **1.** bestiality, bloodshed, bloodthirstiness, brutality, brute force, cruelty, destructiveness, ferocity, fierceness, fighting, force, frenzy, fury, murderousness, passion, rough handling, savagery, strong-arm tactics *(Inf.)*, terrorism, thuggery, vehemence, wildness **2.** boisterousness, power, raging, roughness, storminess, tumult, turbulence, wildness **3.** abandon, acuteness, fervour, force, harshness, intensity, severity, sharpness, vehemence

**violent** **1.** berserk, bloodthirsty, brutal, cruel, destructive, fiery, flaming, forcible, furious, headstrong, homicidal, hot-headed, impetuous, intemperate, maddened, maniacal, murderous, passionate, powerful, raging, Ramboesque, riotous, rough, savage, strong, tempestuous, uncontrollable, ungovernable, unrestrained, vehement, vicious, wild **2.** blustery, boisterous, devastating, full of force, gale force, powerful, raging, ruinous, strong, tempestuous, tumultuous, turbulent, wild **3.** acute, agonizing, biting, excruciating, extreme, harsh, inordinate, intense, outrageous, painful, severe, sharp

**virgin**
▸ **N. 1.** damsel *(Archaic)*, girl, maid *(Archaic)*, maiden *(Archaic)*, vestal, virgo intacta
▸ **ADJ. 2.** chaste, fresh, immaculate, maidenly, modest, new, pristine, pure, snowy, uncorrupted, undefiled, unsullied, untouched, unused, vestal, virginal

**virile** forceful, lusty, macho, male, manlike, manly, masculine, potent, Ramboesque, red-blooded, robust, strong, vigorous

**virility** machismo, manhood, masculinity, potency, vigour

**virtual** essential, implicit, implied, in all but name, indirect, potential, practical, tacit, unacknowledged

**virtually** as good as, effectually, for all practical purposes, in all but name, in effect, in essence, nearly, practically, to all intents and purposes

**virtue** **1.** ethicalness, excellence, goodness, high-mindedness, incorruptibility, integrity, justice, morality, probity, quality, rectitude, righteousness, uprightness, worth, worthiness **2.** advantage, asset, attribute, credit, good point, good quality, merit, plus *(Inf.)*, strength **3.** chastity, honour, innocence, morality, purity, virginity **4. by virtue of** as a result of, by dint of, by reason of, in view of, on account of, owing to, thanks to

**virtuosity** brilliance, craft, éclat, expertise, finish, flair, mastery, panache, polish, skill

**virtuoso**
▸ **N. 1.** artist, genius, grandmaster, maestro, magician, master, master hand, maven *(U.S.)*
▸ **ADJ. 2.** bravura *(Music)*, brilliant, dazzling, masterly

**virtuous** **1.** blameless, ethical, excellent, exemplary, good, high-principled, honest, honourable, incorruptible, moral, praiseworthy, pure, righteous, squeaky-clean, upright, worthy **2.** celibate, chaste, clean-living, innocent, pure, spotless, virginal

**virulent** **1.** baneful *(Archaic)*, deadly, infective, injurious, lethal, malignant, pernicious, poisonous, septic, toxic, venomous **2.** acrimonious, bitter, envenomed, hostile, malevolent, malicious, rancorous, resentful, spiteful, splenetic, venomous, vicious, vindictive

**visible** anywhere to be seen, apparent, clear, conspicuous, detectable, discernible, discoverable, distinguishable, evident, in sight, in view, manifest, not hidden, noticeable, observable, obvious, palpable, patent, perceivable,

**vision** **1.** eyes, eyesight, perception, seeing, sight, view **2.** breadth of view, discernment, farsightedness, foresight, imagination, insight, intuition, penetration, prescience **3.** castle in the air, concept, conception, daydream, dream, fantasy, idea, ideal, image, mental picture, pipe dream **4.** apparition, chimera, delusion, eidolon, ghost, hallucination, illusion, mirage, phantasm, phantom, revelation, spectre, wraith **5.** dream, feast for the eyes, perfect picture, picture, sight, sight for sore eyes, spectacle

**visionary**
▶ ADJ. **1.** dreaming, dreamy, idealistic, quixotic, romantic, starry-eyed, with one's head in the clouds **2.** chimerical, delusory, fanciful, fantastic, ideal, idealized, illusory, imaginary, impractical, prophetic, speculative, unreal, unrealistic, unworkable, utopian
▶ N. **3.** daydreamer, Don Quixote, dreamer, enthusiast (*Archaic*), idealist, mystic, prophet, romantic, seer, theorist, utopian, zealot

**visit**
▶ V. **1.** be the guest of, call in, call on, drop in on (*Inf.*), go to see, inspect, look (someone) up, pay a call on, pop in (*Inf.*), stay at, stay with, stop by, take in (*Inf.*) **2.** afflict, assail, attack, befall, descend upon, haunt, smite, trouble **3.** (*With on or upon*) bring down upon, execute, impose, inflict, wreak
▶ N. **4.** call, sojourn, stay, stop

**visitation** **1.** examination, inspection, visit **2.** bane, blight, calamity, cataclysm, catastrophe, disaster, infliction, ordeal, punishment, scourge, trial

**visitor** caller, company, guest, visitant

**visual** **1.** ocular, optic, optical **2.** discernible, observable, perceptible, visible

**visualize** conceive of, conjure up a mental picture of, envisage, imagine, picture, see in the mind's eye

**vital** **1.** basic, cardinal, essential, fundamental, imperative, indispensable, necessary, radical, requisite **2.** critical, crucial, decisive, important, key, life-or-death, significant, urgent **3.** animated, dynamic, energetic, forceful, full of the joy of living, lively, sparky, spirited, vibrant, vigorous, vivacious, zestful **4.** alive, animate, generative, invigorative, life-giving, live, living, quickening

**vitality** animation, brio, energy, exuberance, go (*Inf.*), life, liveliness, lustiness, pep, robustness, sparkle, stamina, strength, vigour, vim (*Sl.*), vivaciousness, vivacity

**vitriolic** (*Fig.*)acerbic, acid, bitchy (*Inf.*), bitter, caustic, destructive, dripping with malice, envenomed, sardonic, scathing, venomous, virulent, withering

**vituperation** abuse, billingsgate, blame, castigation, censure, fault-finding, flak (*Inf.*), invective, obloquy, rebuke, reprimand, reproach, scurrility, tongue-lashing, vilification

**vivacious** animated, bubbling, cheerful, chirpy (*Inf.*), ebullient, effervescent, frolicsome, full of life, gay, high-spirited, jolly, light-hearted, lively, merry, scintillating, sparkling, sparky, spirited, sportive, sprightly, upbeat (*Inf.*), vital

**vivacity** animation, brio, ebullience, effervescence, energy, gaiety, high spirits, life, liveliness, pep, quickness, sparkle, spirit, sprightliness

**vivid** **1.** bright, brilliant, clear, colourful, glowing, intense, rich **2.** distinct, dramatic, graphic, highly-coloured, lifelike, memorable, powerful, realistic, sharp, sharply-etched, stirring, strong, telling, true to life **3.** active, animated, dynamic, energetic, expressive, flamboyant, lively, quick, spirited, striking, strong, vigorous

**vixen** (*Fig.*)ballbreaker (*Sl.*), fury, harpy, harridan, hellcat, scold, shrew, spitfire, termagant (*Rare*), virago, Xanthippe

**vocabulary** dictionary, glossary, language, lexicon, wordbook, word hoard, words, word stock

**vocal** ADJ. **1.** articulate, articulated, oral, put into words, said, spoken, uttered, voiced **2.** articulate, blunt, clamorous, eloquent, expressive, forthright, frank, free-spoken, noisy, outspoken, plain-spoken, strident, vociferous

**vocation** business, calling, career, employment, job, life's work, life work, métier, mission, office, post, profession, pursuit, role, trade

**vociferous** clamant, clamorous, loud, loudmouthed (*Inf.*), noisy, obstreperous, outspoken, ranting, shouting, strident, uproarious, vehement, vocal

**vogue**
▶ N. **1.** craze, custom, dernier cri, fashion, last word, mode, style, the latest, the rage, the thing (*Inf.*), trend, way **2.** acceptance, currency, fashionableness, favour, popularity, prevalence, usage, use
▶ ADJ. **3.** fashionable, in, modish, now (*Inf.*), popular, prevalent, trendy (*Brit. inf.*), up-to-the-minute, voguish, with it (*Inf.*)

**voice**
▶ N. **1.** articulation, language, power of speech, sound, tone, utterance, words **2.** decision, expression, part, say, view, vote, will, wish **3.** agency, instrument, medium, mouthpiece, organ, spokesman, spokesperson, spokeswoman, vehicle
▶ V. **4.** air, articulate, assert, come out with (*Inf.*), declare, divulge, enunciate, express, give expression or utterance to, put into words, say, utter, ventilate

**void**
▶ ADJ. **1.** bare, clear, drained, emptied, empty, free, tenantless, unfilled, unoccupied, vacant **2.** (*With of*) destitute, devoid, lacking, without **3.** dead, ineffective, ineffectual, inoperative, invalid, nonviable, nugatory, null and void, unenforceable, useless, vain, worthless
▶ N. **4.** blank, blankness, emptiness, gap, lack, opening, space, vacuity, vacuum, want
▶ V. **5.** discharge, drain, eject, eliminate (*Physiol.*), emit, empty, evacuate **6.** abnegate, cancel, invalidate, nullify, rescind

**volatile** airy, changeable, erratic, explosive, fickle, flighty, gay, giddy, inconstant, lively, mercurial, sprightly, temperamental, unsettled, unstable, unsteady, up and down (*Inf.*), variable, whimsical

**volition** choice, choosing, determination, discretion, election, free will, option, preference, purpose, resolution, will

**volley** N. barrage, blast, bombardment, burst, cannonade, discharge, explosion, fusillade, hail, salvo, shower

**volubility** fluency, garrulity, gift of the gab, glibness, loquaciousness, loquacity

**voluble** articulate, blessed with the gift of the gab, fluent, forthcoming, glib, loquacious, talkative

**volume** **1.** aggregate, amount, body, bulk, capacity, compass, cubic content, dimensions, mass, quantity, total **2.** book, publication, title, tome, treatise

**voluminous** ample, big, billowing, bulky, capacious, cavernous, copious, full, large, massive, prolific, roomy, vast

**voluntarily** by choice, freely, lief (*Rare*), of one's own accord, of one's own free will, on one's own initiative, willingly, without being asked, without prompting

**voluntary** discretional, discretionary, free, gratuitous, honorary, intended, intentional, optional, spontaneous, uncompelled, unconstrained, unforced, unpaid, volunteer, willing

**volunteer** V. advance, let oneself in for (*Inf.*), need no invitation, offer, offer one's services, present, proffer, propose, put forward, put oneself at (someone's) disposal, step forward, suggest, tender

**voluptuous** **1.** epicurean, hedonistic, licentious, luxurious, pleasure-loving, self-indulgent, sensual, sybaritic **2.** ample, buxom, curvaceous (*Inf.*), enticing, erotic, full-bosomed, provocative, seductive, shapely, well-stacked (*Brit. sl.*)

**voluptuousness** carnality, curvaceousness (*Inf.*), licentiousness, opulence, seductiveness, sensuality, shapeliness

**vomit** V. barf (*U.S. sl.*), belch forth, be sick, bring up, chuck (up) (*Sl., chiefly U.S.*), chunder (*Sl., chiefly Aust.*), disgorge, do a technicolour yawn (*Sl.*), eject, emit, heave, puke (*Sl.*), regurgitate, retch, sick up (*Inf.*), spew out or up, throw up (*Inf.*), toss one's cookies (*U.S. sl.*), upchuck (*U.S. sl.*)

**voracious** avid, devouring, gluttonous, greedy, hungry, insatiable, omnivorous, prodigious, rapacious, ravening, ravenous, uncontrolled, unquenchable

**vote**
▶ N. **1.** ballot, franchise, plebiscite, poll, referendum, right to vote, show of hands, suffrage
▶ V. **2.** ballot, cast one's vote, elect, go to the polls, opt, return **3.** (*Inf.*) declare, judge, pronounce, propose, recommend, suggest

**vouch** (*Usually with for*) affirm, answer for, assert, asseverate, attest to, back, certify, confirm, give assurance of, go bail for, guarantee, stand witness, support, swear to, uphold

**vouchsafe** accord, cede, condescend to give, confer, deign, favour (someone) with, grant, yield

**vow**
▶ V. **1.** affirm, consecrate, dedicate, devote, pledge, promise, swear, undertake solemnly
▶ N. **2.** oath, pledge, promise, troth (*Archaic*)

**voyage** N. crossing, cruise, journey, passage, travels, trip

**vulgar** **1.** blue, boorish, cheap and nasty, coarse, common, crude, dirty, flashy, gaudy, gross, ill-bred, impolite, improper, indecent, indecorous, indelicate, low, nasty, naughty, off colour, ribald, risqué, rude, suggestive, tasteless, tawdry, uncouth, unmannerly, unrefined **2.** general, native, ordinary, unrefined, vernacular

**vulgarity** bad taste, coarseness, crudeness, crudity, gaudiness, grossness, indecorum, indelicacy, lack of refinement, ribaldry, rudeness, suggestiveness, tastelessness, tawdriness

**vulnerable** accessible, assailable, defenceless, exposed, open to attack, sensitive, susceptible, tender, thin-skinned, unprotected, weak, wide open

# W

**wad** ball, block, bundle, chunk, hunk, lump, mass, plug, roll

**wadding** filler, lining, packing, padding, stuffing

**waddle** rock, shuffle, sway, toddle, totter, wobble

**wade** **1.** ford, paddle, splash, walk through **2.** (*With through*) drudge, labour, peg away, plough through, toil, work one's way **3.** (*With in or into*) assail, attack, get stuck in (*Inf.*), go for, launch oneself at, light into (*Inf.*), set about, tackle, tear into (*Inf.*)

**waffle**
▶ V. **1.** blather, jabber, prate, prattle, rabbit (on) (*Brit. inf.*), verbalize, witter on (*Inf.*)
▶ N. **2.** blather, jabber, padding, prating, prattle, prolixity, verbiage, verbosity, wordiness

**waft**
▶ V. **1.** bear, be carried, carry, convey, drift, float, ride, transmit, transport
▶ N. **2.** breath, breeze, current, draught, puff, whiff

**wag**
▶ V. **1.** bob, flutter, nod, oscillate, quiver, rock, shake, stir, vibrate, waggle, wave, wiggle
▶ N. **2.** bob, flutter, nod, oscillation, quiver, shake, toss, vibration, waggle, wave, wiggle

**wage**
▶ N. **1.** (*also* **wages**) allowance, compensation, earnings, emolument, fee, hire, pay, payment, recompense, remuneration, reward, stipend
▶ V. **2.** carry on, conduct, engage in, practise, proceed with, prosecute, pursue, undertake

**wager**
▶ N. **1.** bet, flutter (*Brit. inf.*), gamble, pledge, punt (*Chiefly Brit.*), stake, venture
▶ V. **2.** bet, chance, gamble, hazard, lay, pledge, punt (*Chiefly Brit.*), put on, risk, speculate, stake, venture

**waggle**
▶ V. **1.** flutter, oscillate, shake, wag, wave, wiggle, wobble
▶ N. **2.** flutter, oscillation, shake, wag, wave, wiggle, wobble

**waif** foundling, orphan, stray

**wail**
▶ V. **1.** bawl, bemoan, bewail, cry, deplore, grieve, howl, keen, lament, ululate, weep, yowl
▶ N. **2.** complaint, cry, grief, howl, keen, lament, lamentation, moan, ululation, weeping, yowl

**wait**
▶ V. **1.** abide, bide one's time, cool one's heels, dally, delay, hang fire, hold back, hold on (*Inf.*), linger, mark time, pause, remain, rest, stand by, stay, tarry

**N. 2.** delay, entr'acte, halt, hold-up, interval, pause, rest, stay

**waiter, waitress** attendant, server, steward, stewardess

**wait on** *or* **wait upon** attend, minister to, serve, tend

**waive** abandon, defer, dispense with, forgo, give up, postpone, put off, refrain from, relinquish, remit, renounce, resign, set aside, surrender

**waiver** abandonment, abdication, disclaimer, giving up, relinquishment, remission, renunciation, resignation, setting aside, surrender

**wake**[1] aftermath, backwash, path, slipstream, track, trail, train, wash, waves

**wake**[2]
▶ **V. 1.** arise, awake, awaken, bestir, come to, get up, rouse, rouse from sleep, stir **2.** activate, animate, arouse, awaken, enliven, excite, fire, galvanize, kindle, provoke, quicken, rouse, stimulate, stir up
▶ **N. 3.** deathwatch, funeral, vigil, watch

**wakeful 1.** insomniac, restless, sleepless, unsleeping **2.** alert, alive, attentive, heedful, observant, on guard, on the alert, on the lookout, on the qui vive, unsleeping, vigilant, wary, watchful

**waken** activate, animate, arouse, awake, awaken, be roused, come awake, come to, enliven, fire, galvanize, get up, kindle, quicken, rouse, stimulate, stir

**walk**
▶ **V. 1.** advance, amble, foot it, go, go by shanks's pony (*Inf.*), go on foot, hike, hoof it (*Sl.*), march, move, pace, perambulate, promenade, saunter, step, stride, stroll, traipse (*Inf.*), tramp, travel on foot, trek, trudge **2.** accompany, convoy, escort, take
▶ **N. 3.** constitutional, hike, march, perambulation, promenade, ramble, saunter, stroll, traipse (*Inf.*), tramp, trek, trudge, turn **4.** carriage, gait, manner of walking, pace, step, stride **5.** aisle, alley, avenue, esplanade, footpath, lane, path, pathway, pavement, promenade, sidewalk, trail **6.** area, arena, calling, career, course, field, line, métier, profession, sphere, trade, vocation

**walker** footslogger, hiker, pedestrian, rambler, wayfarer

**walkout** industrial action, protest, stoppage, strike

**walk out 1.** flounce out, get up and go, leave suddenly, storm out, take off (*Inf.*) **2.** down tools, go on strike, stop work, strike, take industrial action, withdraw one's labour **3.** (*With* **on**) abandon, chuck (*Inf.*), desert, forsake, jilt, leave, leave in the lurch, pack in (*Inf.*), run away from, throw over

**walkover** breeze (*U.S. & Canad. inf.*), cakewalk (*Inf.*), child's play (*Inf.*), cinch (*Sl.*), doddle (*Brit. sl.*), duck soup (*U.S. sl.*), easy victory, picnic (*Inf.*), piece of cake (*Inf.*), pushover (*Sl.*), snap (*Inf.*)

**wall 1.** divider, enclosure, panel, partition, screen **2.** barricade, breastwork, bulwark, embankment, fortification, palisade, parapet, rampart, stockade **3.** barrier, block, fence, hedge, impediment, obstacle, obstruction **4. go to the wall** (*Inf.*) be ruined, collapse, fail, fall, go bust (*Inf.*), go under **5. drive up the wall** (*Sl.*) aggravate (*Inf.*), annoy, dement, derange, drive crazy (*Inf.*), drive insane, exasperate, get on one's nerves (*Inf.*), infuriate, irritate, madden, piss one off (*Taboo sl.*), send off one's head (*Sl.*), try

**wallet** case, holder, notecase, pocketbook, pouch, purse

**wallow 1.** lie, roll about, splash around, tumble, welter **2.** flounder, lurch, stagger, stumble, wade **3.** bask, delight, glory, indulge oneself, luxuriate, relish, revel, take pleasure

**wan 1.** anaemic, ashen, bloodless, cadaverous, colourless, discoloured, ghastly, livid, pale, pallid, pasty, sickly, washed out, waxen, wheyfaced, white **2.** dim, faint, feeble, pale, weak

**wand** baton, rod, sprig, stick, twig, withe, withy

**wander**
▶ **V. 1.** cruise, drift, knock about *or* around, meander, mooch around (*Sl.*), peregrinate, ramble, range, roam, rove, straggle, stravaig (*Scot. & northern English dialect*), stray, stroll, traipse (*Inf.*) **2.** depart, deviate, digress, divagate (*Rare*), diverge, err, get lost, go astray, go off at a tangent, go off course, lapse, lose concentration, lose one's train of thought, lose one's way, swerve, veer **3.** babble, be delirious, be incoherent, ramble, rave, speak incoherently, talk nonsense
▶ **N. 4.** cruise, excursion, meander, peregrination, ramble, traipse (*Inf.*)

**wanderer** bird of passage, drifter, gypsy, itinerant, nomad, rambler, ranger, rolling stone, rover, stroller, traveller, vagabond, vagrant, voyager

**wandering** drifting, homeless, itinerant, migratory, nomadic, peripatetic, rambling, rootless, roving, strolling, travelling, vagabond, vagrant, voyaging, wayfaring

**wane**
▶ **V. 1.** abate, atrophy, decline, decrease, die out, dim, diminish, draw to a close, drop, dwindle, ebb, fade, fade away, fail, lessen, sink, subside, taper off, weaken, wind down, wither
▶ **N. 2.** abatement, atrophy, decay, declension, decrease, diminution, drop, dwindling, ebb, fading, failure, fall, falling off, lessening, sinking, subsidence, tapering off, withering **3. on the wane** at its lowest ebb, declining, dropping, dwindling, dying out, ebbing, fading, lessening, obsolescent, on its last legs, on the decline, on the way out, subsiding, tapering off, weakening, withering

**want**
▶ **V. 1.** covet, crave, desire, eat one's heart out over, feel a need for, hanker after, have a fancy for, have a yen for (*Inf.*), hope for, hunger for, long for, need, pine for, require, thirst for, wish, yearn for **2.** be able to do with, be deficient in, be short of, be without, call for, demand, fall short in, have need of, lack, miss, need, require, stand in need of
▶ **N. 3.** appetite, craving, demand, desire, fancy, hankering, hunger, longing, necessity, need, requirement, thirst, wish, yearning, yen (*Inf.*) **4.** absence, dearth, default, deficiency, famine, insufficiency, lack, paucity, scantiness, scarcity, shortage **5.** destitution, indigence, need, neediness, pauperism, penury, poverty, privation

**wanting 1.** absent, incomplete, lacking, less, missing, short, shy **2.** defective, deficient, disappointing, faulty, imperfect, inadequate, inferior, leaving much to be desired, not good enough, not up to expectations, not up to par, patchy, poor, sketchy, substandard, unsound

**wanton**
▶ **ADJ. 1.** abandoned, dissipated, dissolute, fast, immoral, lecherous, lewd, libertine, libidinous, licentious, loose, lustful, of easy virtue, promiscuous, rakish, shameless, unchaste **2.** arbitrary, cruel, evil, gratuitous, groundless, malevolent, malicious, motiveless, needless, senseless, spiteful, uncalled-for, unjustifiable, unjustified, unprovoked, vicious, wicked, wilful **3.** careless, devil-may-care, extravagant, heedless, immoderate, intemperate, lavish, outrageous, rash, reckless, unrestrained, wild
▶ **N. 4.** Casanova, debauchee, Don Juan, gigolo, harlot, lech *or* letch (*Inf.*), lecher, libertine, loose woman, profligate, prostitute, rake, roué, scrubber (*Brit. & Aust. sl.*), slag (*Brit. sl.*), slut, strumpet, tart (*Inf.*), trollop, voluptuary, whore, woman of easy virtue
▶ **V. 5.** debauch, dissipate, revel, riot, sleep around (*Inf.*), wench (*Archaic*), whore **6.** fritter away, misspend, squander, throw away, waste

**war**
▶ **N. 1.** armed conflict, battle, bloodshed, combat, conflict, contention, contest, enmity, fighting, hostilities, hostility, strife, struggle, warfare
▶ **V. 2.** battle, campaign against, carry on hostilities, clash, combat, conduct a war, contend, contest, fight, make war, strive, struggle, take up arms, wage war

**war cry** battle cry, rallying cry, slogan, war whoop

**ward 1.** area, district, division, precinct, quarter, zone **2.** apartment, cubicle, room **3.** charge, dependant, minor, protégé, pupil **4.** care, charge, custody, guardianship, keeping, protection, safekeeping

**warden** administrator, caretaker, curator, custodian, guardian, janitor, keeper, ranger, steward, superintendent, warder, watchman

**warder, wardress** custodian, gaoler, guard, jailer, keeper, prison officer, screw (*Sl.*), turnkey (*Archaic*)

**ward off** avert, avoid, beat off, block, deflect, fend off, forestall, keep at arm's length, keep at bay, parry, repel, stave off, thwart, turn aside, turn away

**wardrobe 1.** closet, clothes cupboard, clothespress **2.** apparel, attire, clothes, collection of clothes, outfit

**warehouse** depository, depot, stockroom, store, storehouse

**wares** commodities, goods, lines, manufactures, merchandise, produce, products, stock, stuff

**warfare** armed conflict, armed struggle, arms, battle, blows, campaigning, clash of arms, combat, conflict, contest, discord, fighting, hostilities, passage of arms, strategy, strife, struggle, war

**warily** cagily (*Inf.*), carefully, cautiously, charily, circumspectly, distrustfully, gingerly, guardedly, suspiciously, vigilantly, watchfully, with care

**wariness** alertness, attention, caginess (*Inf.*), care, carefulness, caution, circumspection, discretion, distrust, foresight, heedfulness, mindfulness, prudence, suspicion, vigilance, watchfulness

**warlike** aggressive, bellicose, belligerent, bloodthirsty, combative, hawkish, hostile, inimical, jingoistic, martial, militaristic, military, pugnacious, sabre-rattling, unfriendly, warmongering

**warm**
▶ **ADJ. 1.** balmy, heated, lukewarm, moderately hot, pleasant, sunny, tepid, thermal **2.** affable, affectionate, amiable, amorous, cheerful, congenial, cordial, friendly, genial, happy, hearty, hospitable, kindly, likable *or* likeable, loving, pleasant, tender **3.** animated, ardent, cordial, earnest, effusive, emotional, enthusiastic, excited, fervent, glowing, heated, intense, keen, lively, passionate, spirited, stormy, vehement, vigorous, violent, zealous **4.** irascible, irritable, passionate, quick, sensitive, short, touchy **5.** (*Inf.*) dangerous, disagreeable, hazardous, perilous, tricky, uncomfortable, unpleasant
▶ **V. 6.** heat, heat up, melt, thaw, warm up **7.** animate, awaken, excite, get going, interest, make enthusiastic, put some life into, rouse, stimulate, stir, turn on (*Sl.*)

**warm-blooded** ardent, earnest, emotional, enthusiastic, excitable, fervent, impetuous, lively, passionate, rash, spirited, vivacious

**warm-hearted** affectionate, compassionate, cordial, generous, kind-hearted, kindly, loving, sympathetic, tender, tender-hearted

**warmonger** belligerent, hawk, jingo, militarist, sabre-rattler

**warmth 1.** heat, hotness, warmness **2.** animation, ardour, eagerness, earnestness, effusiveness, enthusiasm, excitement, fervency, fervour, fire, heat, intensity, passion, spirit, transport, vehemence, vigour, violence, zeal, zest **3.** affability, affection, amorousness, cheerfulness, cordiality, happiness, heartiness, hospitableness, kindliness, love, tenderness

**warn** admonish, advise, alert, apprise, caution, forewarn, give fair warning, give notice, inform, make (someone) aware, notify, put one on one's guard, summon, tip off

**warning**
▶ **N. 1.** admonition, advice, alarm, alert, augury, caution, caveat, foretoken, hint, notice, notification, omen, premonition, presage, sign, signal, threat, tip, tip-off, token, word, word to the wise
▶ **ADJ. 2.** admonitory, cautionary, monitory, ominous, premonitory, threatening

**warrant**
▶ **N. 1.** assurance, authority, authorization, carte blanche, commission, guarantee, licence, permission, permit, pledge, sanction, security, warranty
▶ **V. 2.** affirm, answer for, assure, attest, avouch, certify, declare, guarantee, pledge, secure, stand behind, underwrite, uphold, vouch for **3.** approve, authorize, call for, commission, demand, deserve, empower, entail, entitle, excuse, give ground for, justify, license, necessitate, permit, require, sanction

**warrantable** accountable, allowable, defensible, justifiable, lawful, necessary, permissible, proper, reasonable, right

**warrior** champion, combatant, fighter, fighting man, gladiator, man-at-arms, soldier

**wary** alert, attentive, cagey (*Inf.*), careful, cautious, chary, circumspect, distrustful, guarded, heedful, leery (*Sl.*), on one's guard, on the lookout, on the qui vive, prudent, suspicious, vigilant, watchful, wide-awake

**wash**
▸ V. 1. bath, bathe, clean, cleanse, launder, moisten, rinse, scrub, shampoo, shower, wet 2. (*With* **away**) bear away, carry off, erode, move, sweep away, wash off 3. (*Inf.*) bear scrutiny, be convincing, be plausible, carry weight, hold up, hold water, stand up, stick 4. **wash one's hands of** abandon, accept no responsibility for, give up on, have nothing to do with, leave to one's own devices
▸ N. 5. ablution, bath, bathe, cleaning, cleansing, laundering, rinse, scrub, shampoo, shower, washing 6. ebb and flow, flow, roll, surge, sweep, swell, wave 7. coat, coating, film, layer, overlay, screen, stain, suffusion

**wash-out** 1. disappointment, disaster, dud (*Inf.*), failure, fiasco, flop (*Inf.*), mess 2. failure, incompetent, loser

**waspish** bad-tempered, cantankerous, captious, crabbed, crabby, cross, crotchety (*Inf.*), fretful, grumpy, ill-tempered, irascible, irritable, liverish, peevish, peppery, pettish, petulant, ratty (*Brit. & N.Z. inf.*), snappish, splenetic, testy, tetchy, touchy, waxy (*Inf., chiefly Brit.*)

**waste**
▸ V. 1. blow (*Sl.*), dissipate, fritter away, frivol away (*Inf.*), lavish, misuse, run through, squander, throw away 2. atrophy, consume, corrode, crumble, debilitate, decay, decline, deplete, disable, drain, dwindle, eat away, ebb, emaciate, enfeeble, exhaust, fade, gnaw, perish, sap the strength of, sink, undermine, wane, wear out, wither 3. despoil, destroy, devastate, lay waste, pillage, rape, ravage, raze, ruin, sack, spoil, total (*Sl.*), trash (*Sl.*), undo, wreak havoc upon
▸ N. 4. dissipation, expenditure, extravagance, frittering away, loss, lost opportunity, misapplication, misuse, prodigality, squandering, unthriftiness, wastefulness 5. desolation, destruction, devastation, havoc, ravage, ruin 6. debris, dregs, dross, garbage, leavings, leftovers, litter, offal, offscourings, refuse, rubbish, scrap, sweepings, trash 7. desert, solitude, void, wasteland, wild, wilderness
▸ ADJ. 8. leftover, superfluous, supernumerary, unused, unwanted, useless, worthless 9. bare, barren, desolate, devastated, dismal, dreary, empty, uncultivated, uninhabited, unproductive, wild 10. **lay waste** depredate (*Rare*), despoil, destroy, devastate, pillage, rape, ravage, raze, ruin, sack, spoil, wreak havoc upon

**wasteful** extravagant, improvident, lavish, prodigal, profligate, ruinous, spendthrift, thriftless, uneconomical, unthrifty

**wastrel** 1. prodigal, profligate, spendthrift, squanderer 2. drone, good-for-nothing, idler, layabout, loafer, loser, malingerer, ne'er-do-well, shirker, skiver (*Brit. sl.*), waster

**watch**
▸ V. 1. check, check out (*Inf.*), clock (*Brit. sl.*), contemplate, eye, eyeball (*U.S. sl.*), gaze at, get a load of (*Inf.*), look, look at, look on, mark, note, observe, pay attention, peer at, regard, see, stare at, take a dekko at (*Brit. sl.*), view 2. attend, be on the alert, be on the lookout, be vigilant, be wary, be watchful, keep an eye open (*Inf.*), look out, take heed, wait 3. guard, keep, look after, mind, protect, superintend, take care of, tend
▸ N. 4. chronometer, clock, pocket watch, timepiece, wristwatch 5. alertness, attention, eye, heed, inspection, lookout, notice, observation, supervision, surveillance, vigil, vigilance, watchfulness

**watchdog** 1. guard dog 2. custodian, guardian, inspector, monitor, protector, scrutineer

**watcher** looker-on, lookout, observer, onlooker, spectator, spy, viewer, witness

**watchful** alert, attentive, circumspect, guarded, heedful, observant, on one's guard, on the lookout, on the qui vive, on the watch, suspicious, vigilant, wary, wide awake

**watchman** caretaker, custodian, guard, security guard, security man

**watch out** be alert, be careful, be on one's guard, be on the alert, be on (the) watch, be vigilant, be watchful, have a care, keep a sharp lookout, keep a weather eye open, keep one's eyes open, keep one's eyes peeled *or* skinned (*Inf.*), look out, mind out, watch oneself

**water**
▸ N. 1. Adam's ale *or* wine, aqua, $H_2O$ 2. **hold water** bear examination *or* scrutiny, be credible (logical, sound), make sense, pass the test, ring true, work 3. **of the first water** excellent, of the best, of the best quality, of the finest quality, of the highest degree, of the highest grade
▸ V. 4. damp, dampen, douse, drench, flood, hose, irrigate, moisten, soak, souse, spray, sprinkle 5. add water to, adulterate, dilute, put water in, thin, water down, weaken

**water down** 1. add water to, adulterate, dilute, put water in, thin, water, weaken 2. adulterate, mitigate, qualify, soften, tone down, weaken

**waterfall** cascade, cataract, chute, fall, force (*Northern English dialect*), linn (*Scot.*)

**watertight** 1. sound, waterproof 2. airtight, firm, flawless, foolproof, impregnable, incontrovertible, sound, unassailable

**watery** 1. aqueous, damp, fluid, humid, liquid, marshy, moist, soggy, squelchy, wet 2. rheumy, tear-filled, tearful, weepy 3. adulterated, dilute, diluted, flavourless, insipid, runny, tasteless, thin, washy, watered-down, waterish, weak, wishy-washy (*Inf.*)

**wave**
▸ V. 1. brandish, flap, flourish, flutter, move to and fro, oscillate, quiver, ripple, shake, stir, sway, swing, undulate, wag, waver, wield 2. beckon, direct, gesticulate, gesture, indicate, sign, signal
▸ N. 3. billow, breaker, comber, ridge, ripple, roller, sea surf, swell, undulation, unevenness 4. current, drift, flood, ground swell, movement, outbreak, rash, rush, stream, surge, sweep, tendency, trend, upsurge

**waver** 1. be indecisive, be irresolute, be unable to decide, be unable to make up one's mind, blow hot and cold (*Inf.*), dither (*Chiefly Brit.*), falter, fluctuate, hesitate, hum and haw, seesaw, shillyshally (*Inf.*), swither (*Scot.*), vacillate 2. flicker, fluctuate, quiver, reel, shake, sway, totter, tremble, undulate, vary, wave, weave, wobble

**wax** V. become fuller, become larger, develop, dilate, enlarge, expand, fill out, get bigger, grow, increase, magnify, mount, rise, swell

**way** 1. approach, course of action, fashion, manner, means, method, mode, plan, practice, procedure, process, scheme, system, technique 2. access, avenue, channel, course, direction, highway, lane, path, pathway, road, route, street, thoroughfare, track, trail 3. elbowroom, opening, room, space 4. distance, journey, length, stretch, trail 5. advance, approach, journey, march, passage, progress 6. characteristic, conduct, custom, habit, idiosyncrasy, manner, nature, personality, practice, style, trait, usage, wont 7. aspect, detail, feature, particular, point, respect, sense 8. aim, ambition, choice, demand, desire, goal, pleasure, will, wish 9. (*Inf.*) circumstance, condition, fettle, shape (*Inf.*), situation, state, status 10. forward motion, headway, movement, passage, progress 11. **by the way** by the bye, en passant, incidentally, in parenthesis, in passing 12. **give way** break down, cave in, collapse, crack, crumple, fall, fall to pieces, give, go to pieces, subside accede, acknowledge defeat, acquiesce, back down, concede, make concessions, withdraw, yield 13. **under way** afoot, begun, going, in motion, in progress, moving, on the go (*Inf.*), on the move, started

**wayfarer** bird of passage, globetrotter, Gypsy, itinerant, journeyer, nomad, rover, traveller, trekker, voyager, walker, wanderer

**wayward** capricious, changeable, contrary, contumacious, cross-grained, disobedient, erratic, fickle, flighty, froward, headstrong, inconstant, incorrigible, insubordinate, intractable, mulish, obdurate, obstinate, perverse, rebellious, refractory, self-willed, stubborn, undependable, ungovernable, unmanageable, unpredictable, unruly, wilful

**weak** 1. anaemic, debilitated, decrepit, delicate, effete, enervated, exhausted, faint, feeble, fragile, frail, infirm, languid, puny, shaky, sickly, spent, tender, unsound, unsteady, wasted, weakly 2. cowardly, impotent, indecisive, ineffectual, infirm, irresolute, namby-pamby, pathetic, powerless, soft, spineless, timorous, weak-kneed (*Inf.*) 3. distant, dull, faint, imperceptible, low, muffled, poor, quiet, slight, small, soft 4. deficient, faulty, inadequate, lacking, pathetic, poor, substandard, under-strength, wanting 5. feeble, flimsy, hollow, inconclusive, invalid, lame, pathetic, shallow, slight, unconvincing, unsatisfactory 6. defenceless, exposed, helpless, unguarded, unprotected, unsafe, untenable, vulnerable, wide open 7. diluted, insipid, milk-and-water, runny, tasteless, thin, under-strength, waterish, watery, wishy-washy (*Inf.*)

**weaken** 1. abate, debilitate, depress, diminish, droop, dwindle, ease up, enervate, fade, fail, flag, give way, impair, invalidate, lessen, lower, mitigate, moderate, reduce, sap, sap the strength of, soften up, temper, tire, undermine, wane 2. adulterate, cut, debase, dilute, thin, thin out, water down

**weakling** coward, doormat (*Sl.*), drip (*Inf.*), jellyfish (*Inf.*), jessie (*Scot. sl.*), milksop, mouse, sissy, wet (*Brit. inf.*), wimp (*Inf.*)

**weakness** 1. debility, decrepitude, enervation, faintness, feebleness, fragility, frailty, impotence, infirmity, irresolution, powerlessness, vulnerability 2. Achilles heel, blemish, chink in one's armour, defect, deficiency, failing, fault, flaw, imperfection, lack, shortcoming 3. fondness, inclination, liking, partiality, passion, penchant, predilection, proclivity, proneness, soft spot

**wealth** 1. affluence, assets, big bucks (*Inf., chiefly U.S.*), big money, capital, cash, estate, fortune, funds, goods, lucre, means, megabucks (*U.S. & Canad. sl.*), money, opulence, pelf, possessions, pretty penny (*Inf.*), property, prosperity, resources, riches, substance, tidy sum (*Inf.*), wad (*U.S. & Canad. sl.*) 2. abundance, bounty, copiousness, cornucopia, fullness, plenitude, plenty, profusion, richness, store

**wealthy** affluent, comfortable, filthy rich, flush (*Inf.*), in the money (*Inf.*), loaded (*Sl.*), made of money (*Inf.*), moneyed, on Easy Street (*Inf.*), opulent, prosperous, quids in (*Sl.*), rich, rolling in it (*Sl.*), stinking rich (*Sl.*), well-heeled (*Inf.*), well-off, well-to-do

**wear**
▸ V. 1. bear, be clothed in, be dressed in, carry, clothe oneself, don, dress in, have on, put on, sport (*Inf.*) 2. display, exhibit, fly, show 3. abrade, consume, corrode, deteriorate, erode, fray, grind, impair, rub, use, wash away, waste 4. bear up, be durable, endure, hold up, last, stand up 5. annoy, drain, enervate, exasperate, fatigue, get on one's nerves (*Inf.*), harass, irk, pester, tax, undermine, vex, weaken, weary 6. (*Brit. sl.*) accept, allow, brook, countenance, fall for, permit, put up with (*Inf.*), stand for, stomach, swallow (*Inf.*), take
▸ N. 7. employment, mileage (*Inf.*), service, use, usefulness, utility 8. apparel, attire, clothes, costume, dress, garb, garments, gear (*Inf.*), habit, outfit, things 9. abrasion, attrition, corrosion, damage, depreciation, deterioration, erosion, friction, use, wear and tear

**wear down** 1. abrade, be consumed, consume, corrode, erode, grind down, rub away 2. chip away at (*Inf.*), fight a war of attrition against, overcome gradually, reduce, undermine

**weariness** drowsiness, enervation, exhaustion, fatigue, languor, lassitude, lethargy, listlessness, prostration, tiredness

**wearing** exasperating, exhausting, fatiguing, irksome, oppressive, taxing, tiresome, tiring, trying, wearisome

**wearisome** annoying, boring, bothersome, burdensome, dull, exasperating, exhausting, fatiguing, humdrum, irksome, mind-numbing, monotonous, oppressive, pestilential, prosaic, tedious, troublesome, trying, uninteresting, vexatious, wearing

**wear off** 1. abate, decrease, diminish, disappear, dwindle, ebb, fade, lose effect, lose strength, peter out, subside, wane, weaken 2. abrade, disappear, efface, fade, rub away

**wear out** 1. become useless, become worn, consume, deteriorate, erode, fray, impair, use up, wear through 2. enervate, exhaust, fag out (*Inf.*), fatigue, frazzle (*Inf.*), knacker (*Sl.*), prostrate, sap, tire, weary

**weary**
▸ ADJ. 1. all in (*Sl.*), asleep *or* dead on one's feet (*Inf.*), clapped out (*Aust. & N.Z. inf.*), dead beat (*Inf.*), dog-tired (*Inf.*), done in (*Inf.*), drained, drooping, drowsy, enervated, exhausted, fagged (*Inf.*), fatigued, flagging, jaded, knackered (*Sl.*), ready to drop, sleepy, spent, tired, wearied, whacked (*Brit. inf.*), worn out, zonked (*Sl.*) 2. arduous, enervative, irksome, laborious,

taxing, tiresome, tiring, wearing, wearisome **3.** bored, browned-off *(Inf.)*, discontented, fed up, impatient, indifferent, jaded, sick *(Inf.)*, sick and tired *(Inf.)*
▸ **V. 4.** burden, debilitate, drain, droop, enervate, fade, fag *(Inf.)*, fail, fatigue, grow tired, sap, take it out of *(Inf.)*, tax, tire, tire out, wear out **5.** annoy, become bored, bore, exasperate, have had enough, irk, jade, make discontented, plague, sicken, try the patience of, vex

**weather**
▸ **N. 1.** climate, conditions **2. under the weather** ailing, below par, ill, indisposed, nauseous, not well, off-colour, out of sorts, poorly *(Inf.)*, seedy *(Inf.)*, sick crapulent, crapulous, drunk, flying *(Sl.)*, groggy *(Inf.)*, hung over *(Inf.)*, inebriated, intoxicated, one over the eight *(Sl.)*, the worse for drink, three sheets in the wind *(Inf.)*, under the influence *(Inf.)*
▸ **V. 3.** expose, harden, season, toughen **4.** bear up against, brave, come through, endure, get through, live through, make it *(Inf.)*, overcome, pull through, resist, ride out, rise above, stand, stick it out *(Inf.)*, suffer, surmount, survive, withstand

**weave 1.** blend, braid, entwine, fuse, incorporate, interlace, intermingle, intertwine, introduce, knit, mat, merge, plait, twist, unite **2.** build, construct, contrive, create, fabricate, make, make up, put together, spin **3.** crisscross, move in and out, weave one's way, wind, zigzag **4. get weaving** *(Inf.)* get a move on, get going, get one's finger out *(Brit. inf.)*, get under way, hurry, make a start, shake a leg *(Sl.)*, start

**web 1.** cobweb, spider's web **2.** interlacing, lattice, mesh, net, netting, network, screen, tangle, toils, weave, webbing

**wed 1.** become man and wife, be married to, espouse, get hitched *(Sl.)*, get married, join, make one, marry, splice *(Inf.)*, take as one's husband, take as one's wife, take to wife, tie the knot *(Inf.)*, unite **2.** ally, blend, coalesce, combine, commingle, dedicate, fuse, interweave, join, link, marry, merge, unify, unite, yoke

**wedding** espousals, marriage, marriage ceremony, nuptial rite, nuptials, wedlock

**wedge**
▸ **N. 1.** block, chock, chunk, lump, wodge *(Brit. inf.)*
▸ **V. 2.** block, cram, crowd, force, jam, lodge, pack, ram, split, squeeze, stuff, thrust

**wedlock** marriage, matrimony

**weed out** dispense with, eliminate, eradicate, extirpate, get rid of, remove, root out, separate out, shed, uproot

**weekly** by the week, every week, hebdomadal, hebdomadally, hebdomadary, once a week

**weep** bemoan, bewail, blub *(Sl.)*, blubber, boohoo, complain, cry, greet *(Scot. or archaic)*, keen, lament, moan, mourn, shed tears, snivel, sob, ululate, whimper, whinge *(Inf.)*

**weigh 1.** have a weight of, measure the weight of, put on the scales, tip the scales at *(Inf.)* **2.** apportion, deal out, dole out, measure **3.** consider, contemplate, deliberate upon, evaluate, examine, eye up, give thought to, meditate upon, mull over, ponder, reflect upon, study, think over **4.** be influential, carry weight, count, cut any ice *(Inf.)*, have influence, impress, matter, tell **5.** bear down, burden, oppress, prey

**weigh down** bear down, burden, depress, get down, oppress, overburden, overload, press down, trouble, weigh upon, worry

**weight**
▸ **N. 1.** avoirdupois, burden, gravity, heaviness, heft *(Inf.)*, load, mass, poundage, pressure, tonnage **2.** ballast, heavy object, load, mass **3.** burden, load, millstone, oppression, pressure, strain **4.** greatest force, main force, onus, preponderance **5.** authority, bottom, clout *(Inf.)*, consequence, consideration, efficacy, emphasis, impact, import, importance, influence, moment, persuasiveness, power, significance, substance, value
▸ **V. 6.** add weight to, ballast, charge, freight, increase the load on, increase the weight of, load, make heavier **7.** burden, encumber, handicap, impede, oppress, overburden, weigh down **8.** bias, load, unbalance

**weighty 1.** burdensome, cumbersome, dense, heavy, hefty *(Inf.)*, massive, ponderous **2.** consequential, considerable, critical, crucial, forcible, grave, important, momentous, portentous, serious, significant, solemn, substantial **3.** backbreaking, burdensome, crushing, demanding, difficult, exacting, onerous, oppressive, taxing, worrisome, worrying

**weird** bizarre, creepy *(Inf.)*, eerie, eldritch *(Poetic)*, far-out *(Sl.)*, freakish, ghostly, grotesque, mysterious, odd, outlandish, queer, spooky *(Inf.)*, strange, supernatural, uncanny, unearthly, unnatural

**welcome**
▸ **ADJ. 1.** acceptable, accepted, agreeable, appreciated, delightful, desirable, gladly received, gratifying, pleasant, pleasing, pleasurable, refreshing, wanted **2.** at home, free, invited, under no obligation
▸ **N. 3.** acceptance, entertainment, greeting, hospitality, reception, salutation
▸ **V. 4.** accept gladly, bid welcome, embrace, greet, hail, meet, offer hospitality to, receive, receive with open arms, roll out the red carpet for, usher in

**welfare** advantage, benefit, good, happiness, health, interest, profit, prosperity, success, wellbeing

**well**[1]
▸ **N. 1.** fount, fountain, pool, source, spring, waterhole **2.** bore, hole, pit, shaft **3.** fount, mine, repository, source, wellspring
▸ **V. 4.** exude, flow, gush, jet, ooze, pour, rise, run, seep, spout, spring, spurt, stream, surge, trickle

**well**[2]
▸ **ADV. 1.** agreeably, capitally, famously *(Inf.)*, happily, in a satisfactory manner, nicely, pleasantly, satisfactorily, smoothly, splendidly, successfully **2.** ably, adeptly, adequately, admirably, conscientiously, correctly, effectively, efficiently, expertly, proficiently, properly, skilfully, with skill **3.** accurately, attentively, carefully, closely **4.** comfortably, flourishingly, prosperously **5.** correctly, easily, fairly, fittingly, in all fairness, justly, properly, readily, rightly, suitably **6.** closely, completely, deeply, fully, intimately, personally, profoundly, thoroughly **7.** approvingly, favourably, glowingly, graciously, highly, kindly, warmly **8.** abundantly, amply, completely, considerably, fully, greatly, heartily, highly, substantially, sufficiently, thoroughly, very much **9. as well** also, besides, in addition, into the bargain, to boot, too **10. as well as** along with, at the same time as, in addition to, including, over and above
▸ **ADJ. 11.** able-bodied, fit, hale, healthy, hearty, in fine fettle, in good health, robust, sound, strong, up to par **12.** advisable, agreeable, bright, fine, fitting, flourishing, fortunate, good, happy, lucky, pleasing, profitable, proper, prudent, right, satisfactory, thriving, useful

**well-balanced 1.** graceful, harmonious, proportional, symmetrical, well-proportioned **2.** judicious, level-headed, rational, reasonable, sane, sensible, sober, sound, together *(Sl.)*, well-adjusted

**well-bred 1.** aristocratic, blue-blooded, gentle, highborn, noble, patrician, well-born **2.** civil, courteous, courtly, cultivated, cultured, gallant, genteel, gentlemanly, ladylike, mannerly, polished, polite, refined, sophisticated, urbane, well-brought-up, well-mannered

**well-fed 1.** healthy, in good condition, well-nourished **2.** chubby, fat, fleshy, plump, podgy, portly, rotund, rounded, stout

**well-groomed** dapper, neat, smart, soigné *or* soignée, spruce, tidy, trim, well-dressed, well turned out

**well-known** celebrated, familiar, famous, illustrious, notable, noted, popular, renowned, widely known

**well-nigh** all but, almost, just about, more or less, nearly, next to, practically, virtually

**well-off 1.** comfortable, flourishing, fortunate, lucky, successful, thriving **2.** affluent, comfortable, flush *(Inf.)*, loaded *(Sl.)*, moneyed, prosperous, rich, wealthy, well-heeled *(Inf.)*, well-to-do

**well-to-do** affluent, comfortable, flush *(Inf.)*, loaded *(Sl.)*, moneyed, prosperous, rich, wealthy, well-heeled *(Inf.)*, well-off

**wet**
▸ **ADJ. 1.** aqueous, damp, dank, drenched, dripping, humid, moist, moistened, saturated, soaked, soaking, sodden, soggy, sopping, waterlogged, watery, wringing wet **2.** clammy, dank, drizzling, humid, misty, pouring, raining, rainy, showery, teeming **3.** *(Brit. inf.)* effete, feeble, foolish, ineffectual, irresolute, namby-pamby, nerdy *or* nurdy *(Sl.)*, silly, soft, spineless, timorous, weak, weedy *(Inf.)* **4. wet behind the ears** *(Inf.)* born yesterday, callow, green, immature, inexperienced, innocent, naive, new, raw
▸ **N. 5.** clamminess, condensation, damp, dampness, humidity, liquid, moisture, water, wetness **6.** damp weather, drizzle, rain, rains, rainy season, rainy weather **7.** *(Brit. inf.)* drip *(Inf.)*, milksop, weakling, weed *(Inf.)*, wimp *(Inf.)*
▸ **V. 8.** damp, dampen, dip, douse, drench, humidify, irrigate, moisten, saturate, soak, splash, spray, sprinkle, steep, water

**wharf** dock, jetty, landing stage, pier, quay

**wheedle** butter up, cajole, charm, coax, court, draw, entice, flatter, inveigle, persuade, talk into, worm

**wheel**
▸ **N. 1.** circle, gyration, pivot, revolution, roll, rotation, spin, turn, twirl, whirl **2. at the wheel** at the helm, driving, in charge, in command, in control, in the driving seat, steering
▸ **V. 3.** circle, gyrate, orbit, pirouette, revolve, roll, rotate, spin, swing, swivel, turn, twirl, whirl

**wheeze**
▸ **V. 1.** breathe roughly, catch one's breath, cough, gasp, hiss, rasp, whistle
▸ **N. 2.** cough, gasp, hiss, rasp, whistle **3.** *(Brit. sl.)* expedient, idea, plan, ploy, ruse, scheme, stunt, trick, wrinkle *(Inf.)* **4.** *(Inf.)* anecdote, chestnut *(Inf.)*, crack *(Sl.)*, gag *(Inf.)*, joke, old joke, one-liner *(Sl.)*, story

**whereabouts** location, position, site, situation

**wherewithal** capital, equipment, essentials, funds, means, money, ready *(Inf.)*, ready money, resources, supplies

**whet 1.** edge, file, grind, hone, sharpen, strop **2.** animate, arouse, awaken, enhance, excite, incite, increase, kindle, pique, provoke, quicken, rouse, stimulate, stir

**whiff**
▸ **N. 1.** aroma, blast, breath, draught, gust, hint, niff *(Brit. sl.)*, odour, puff, scent, smell, sniff
▸ **V. 2.** breathe, inhale, puff, smell, smoke, sniff, waft **3.** *(Brit. sl.)* hum *(Sl.)*, niff *(Brit. sl.)*, pong *(Brit. inf.)*, reek, stink

**whim** caprice, conceit, craze, crotchet, fad *(Inf.)*, fancy, freak, humour, impulse, notion, passing thought, quirk, sport, sudden notion, urge, vagary, whimsy

**whimper**
▸ **V. 1.** blub *(Sl.)*, blubber, cry, grizzle *(Inf., chiefly Brit.)*, mewl, moan, pule, snivel, sob, weep, whine, whinge *(Inf.)*
▸ **N. 2.** moan, snivel, sob, whine

**whimsical** capricious, chimerical, crotchety, curious, droll, eccentric, fanciful, fantastic, fantastical, freakish, funny, mischievous, odd, peculiar, playful, quaint, queer, singular, unusual, waggish, weird

**whine**
▸ **N. 1.** cry, moan, plaintive cry, sob, wail, whimper **2.** beef *(Sl.)*, complaint, gripe *(Inf.)*, grouch *(Inf.)*, grouse, grumble, moan
▸ **V. 3.** beef *(Sl.)*, bellyache *(Sl.)*, bleat, carp, complain, cry, gripe *(Inf.)*, grizzle *(Inf., chiefly Brit.)*, grouch *(Inf.)*, grouse, grumble, kvetch *(U.S. sl.)*, moan, sob, wail, whimper, whinge *(Inf.)*

**whip**
▸ **V. 1.** beat, birch, cane, castigate, flagellate, flog, give a hiding *(Inf.)*, lambast(e), lash, leather, lick *(Inf.)*, punish, scourge, spank, strap, switch, tan *(Sl.)*, thrash **2.** exhibit, flash, jerk, produce, pull, remove, seize, show, snatch, whisk **3.** *(Inf.)* dart, dash, dive, flit, flounce, fly, rush, shoot, tear, whisk **4.** *(Inf.)* beat, best, blow out of the water *(Sl.)*, clobber *(Sl.)*, conquer, defeat, drub, hammer *(Inf.)*, lick *(Inf.)*, outdo, overcome, overpower, overwhelm, rout, run rings around *(Inf.)*, take apart *(Sl.)*, thrash, trounce, wipe the floor with *(Inf.)*, worst **5.** agitate, compel, drive, foment, goad, hound, incite, instigate, prick, prod, provoke, push, spur, stir, urge, work up **6.** beat, whisk
▸ **N. 7.** birch, bullwhip, cane, cat-o'-nine-tails, crop, horsewhip, knout, lash, rawhide, riding crop, scourge, switch, thong

**whipping** beating, birching, caning, castigation, flagellation, flogging, hiding *(Inf.)*, lashing, leathering, punishment, spanking, tanning *(Sl.)*, the strap, thrashing

**whirl**
▸ **V. 1.** circle, gyrate, pirouette, pivot, reel, revolve, roll, rotate, spin, swirl, turn, twirl, twist, wheel **2.** feel dizzy, reel, spin
▸ **N. 3.** birl *(Scot.)*, circle, gyration, pirouette, reel, revolution, roll, rotation, spin, swirl, turn,

twirl, twist, wheel **4.** confusion, daze, dither (*Chiefly Brit.*), flurry, giddiness, spin **5.** flurry, merry-go-round, round, series, succession **6.** agitation, bustle, commotion, confusion, flurry, hurly-burly, stir, tumult, uproar **7. give (something) a whirl** (*Inf.*) attempt, have a bash (crack (*Inf.*), go (*Inf.*), shot (*Inf.*), stab (*Inf.*), whack (*Inf.*)) (*Inf.*), try

**whirlwind**
▸ **N. 1.** dust devil, tornado, waterspout
▸ **ADJ. 2.** hasty, headlong, impetuous, impulsive, lightning, quick, quickie (*Inf.*), rapid, rash, short, speedy, swift

**whisk**
▸ **V. 1.** brush, flick, sweep, whip, wipe **2.** barrel (along) (*Inf., chiefly U.S. & Canad.*), burn rubber (*Inf.*), dart, dash, fly, hasten, hurry, race, rush, shoot, speed, sweep, tear **3.** beat, fluff up, whip
▸ **N. 4.** brush, flick, sweep, whip, wipe **5.** beater

**whisky** barley-bree (*Scot.*), bourbon, John Barleycorn, malt, rye, Scotch, usquebaugh

**whisper**
▸ **V. 1.** breathe, murmur, say softly, speak in hushed tones, utter under the breath **2.** gossip, hint, insinuate, intimate, murmur, spread rumours **3.** hiss, murmur, rustle, sigh, sough, susurrate (*Literary*), swish
▸ **N. 4.** hushed tone, low voice, murmur, soft voice, undertone **5.** hiss, murmur, rustle, sigh, sighing, soughing, susurration *or* susurrus (*Literary*), swish **6.** breath, fraction, hint, shadow, suggestion, suspicion, tinge, trace, whiff **7.** (*Inf.*) buzz, dirt (*U.S. sl.*), gossip, innuendo, insinuation, report, rumour, word

**white 1.** ashen, bloodless, ghastly, grey, pale, pallid, pasty, wan, waxen, wheyfaced **2.** grey, grizzled, hoary, silver, snowy **3.** clean, immaculate, impeccable, innocent, pure, spotless, squeaky-clean, stainless, unblemished, unsullied

**white-collar** clerical, executive, nonmanual, office, professional, salaried

**whiten** blanch, bleach, blench, etiolate, fade, go white, pale, turn pale

**whitewash**
▸ **N. 1.** camouflage, concealment, cover-up, deception, extenuation
▸ **V. 2.** camouflage, conceal, cover up, extenuate, gloss over, make light of, suppress

**whole**
▸ **ADJ. 1.** complete, entire, full, in one piece, integral, total, unabridged, uncut, undivided **2.** faultless, flawless, good, in one piece, intact, inviolate, mint, perfect, sound, unbroken, undamaged, unharmed, unhurt, unimpaired, uninjured, unmutilated, unscathed, untouched **3.** able-bodied, better, cured, fit, hale, healed, healthy, in fine fettle, in good health, recovered, robust, sound, strong, well
▸ **ADV. 4.** in one, in one piece
▸ **N. 5.** aggregate, all, everything, lot, sum total, the entire amount, total **6.** ensemble, entirety, entity, fullness, piece, totality, unit, unity **7. on the whole** all in all, all things considered, by and large, taking everything into consideration as a rule, for the most part, generally, in the main, in general, mostly, predominantly

**wholehearted** committed, complete, dedicated, determined, devoted, earnest, emphatic, enthusiastic, genuine, heartfelt, hearty, real, sincere, true, unfeigned, unqualified, unreserved, unstinting, warm, zealous

**wholesale**
▸ **ADJ. 1.** all-inclusive, broad, comprehensive, extensive, far-reaching, indiscriminate, mass, sweeping, wide-ranging
▸ **ADV. 2.** all at once, comprehensively, extensively, indiscriminately, on a large scale, without exception

**wholesome 1.** beneficial, good, healthful, health-giving, healthy, helpful, hygienic, invigorating, nourishing, nutritious, salubrious, salutary, sanitary, strengthening **2.** clean, decent, edifying, ethical, exemplary, honourable, improving, innocent, moral, nice, pure, respectable, righteous, squeaky-clean, uplifting, virtuous, worthy

**wholly 1.** all, altogether, completely, comprehensively, entirely, fully, heart and soul, in every respect, one hundred per cent (*Inf.*), perfectly, thoroughly, totally, utterly **2.** exclusively, only, solely, without exception

**whore**
▸ **N. 1.** brass (*Sl.*), call girl, cocotte, courtesan, demimondaine, demirep (*Rare*), fallen woman, fille de joie, harlot, hooker (*U.S. sl.*), hustler (*U.S. & Canad. sl.*), lady of the night, loose woman, prostitute, scrubber (*Brit. & Aust. sl.*), slag (*Brit. sl.*), streetwalker, strumpet, tart (*Inf.*), trollop, woman of easy virtue, woman of ill repute, working girl (*Facetious sl.*)
▸ **V. 2.** be on the game (*Sl.*), hustle (*U.S. & Canad. sl.*), prostitute oneself, sell one's body, sell oneself, solicit, walk the streets **3.** fornicate, lech *or* letch (*Inf.*), sleep around (*Inf.*), wanton, wench (*Archaic*), womanize

**wicked 1.** abandoned, abominable, amoral, atrocious, bad, black-hearted, corrupt, debased, depraved, devilish, dissolute, egregious, evil, fiendish, flagitious, foul, guilty, heinous, immoral, impious, iniquitous, irreligious, maleficent, nefarious, scandalous, shameful, sinful, unprincipled, unrighteous, vicious, vile, villainous, worthless **2.** arch, impish, incorrigible, mischievous, naughty, rascally, roguish **3.** acute, agonizing, awful, crashing, destructive, dreadful, fearful, fierce, harmful, injurious, intense, mighty, painful, severe, terrible **4.** bothersome, difficult, distressing, galling, offensive, troublesome, trying, unpleasant **5.** (*Sl.*) adept, adroit, deft, expert, masterly, mighty, outstanding, powerful, skilful, strong

**wide**
▸ **ADJ. 1.** ample, broad, catholic, comprehensive, distended, encyclop(a)edic, expanded, expansive, extensive, far-reaching, general, immense, inclusive, large, sweeping, vast **2.** away, distant, off, off course, off target, remote **3.** dilated, distended, expanded, fully open, outspread, outstretched **4.** ample, baggy, capacious, commodious, full, loose, roomy, spacious
▸ **ADV. 5.** as far as possible, completely, fully, right out, to the furthest extent **6.** astray, nowhere near, off course, off target, off the mark, out

**wide-awake 1.** conscious, fully awake, roused, wakened **2.** alert, aware, heedful, keen, observant, on one's toes, on the alert, on the ball (*Inf.*), on the qui vive, vigilant, wary, watchful

**wide-eyed** credulous, green, impressionable, ingenuous, innocent, naive, simple, trusting, unsophisticated, unsuspicious, wet behind the ears (*Inf.*)

**widen** broaden, dilate, enlarge, expand, extend, open out *or* up, open wide, spread, stretch

**widespread** broad, common, epidemic, extensive, far-flung, far-reaching, general, pervasive, popular, prevalent, rife, sweeping, universal, wholesale

**width** breadth, compass, diameter, extent, girth, measure, range, reach, scope, span, thickness, wideness

**wield 1.** brandish, employ, flourish, handle, manage, manipulate, ply, swing, use **2.** apply, be possessed of, command, control, exercise, exert, have, have at one's disposal, hold, maintain, make use of, manage, possess, put to use, utilize

**wife** better half (*Humorous*), bride, helpmate, helpmeet, her indoors (*Brit. sl.*), little woman (*Inf.*), mate, old lady (*Inf.*), old woman (*Inf.*), partner, significant other (*U.S. inf.*), spouse, (the) missis *or* missus (*Inf.*), woman (*Inf.*)

**wild**
▸ **ADJ. 1.** feral, ferocious, fierce, savage, unbroken, undomesticated, untamed **2.** free, indigenous, native, natural, uncultivated **3.** desert, deserted, desolate, empty, godforsaken, trackless, uncivilized, uncultivated, uninhabited, unpopulated, virgin **4.** barbaric, barbarous, brutish, ferocious, fierce, primitive, rude, savage, uncivilized **5.** boisterous, chaotic, disorderly, impetuous, lawless, noisy, riotous, rough, rowdy, self-willed, turbulent, unbridled, uncontrolled, undisciplined, unfettered, ungovernable, unmanageable, unrestrained, unruly, uproarious, violent, wayward **6.** blustery, choppy, furious, howling, intense, raging, rough, tempestuous, violent **7.** dishevelled, disordered, straggly, tousled, unkempt, untidy, windblown **8.** at one's wits' end, berserk, beside oneself, crazed, crazy, delirious, demented, excited, frantic, frenzied, hysterical, irrational, mad, maniacal, rabid, raving **9.** extravagant, fantastic, flighty, foolhardy, foolish, giddy, ill-considered, impracticable, imprudent, madcap, outrageous, preposterous, rash, reckless **10.** (*Inf.*) agog, avid, crazy (*Inf.*), daft (*Inf.*), eager, enthusiastic, excited, mad (*Inf.*), nuts (*Sl.*), potty (*Brit. inf.*)
▸ **ADV. 11. run wild** grow unchecked, ramble, spread, straggle abandon all restraint, cut loose, go on the rampage, kick over the traces, rampage, run free, run riot, stray
▸ **N. 12.** *Often plural* back of beyond (*Inf.*), desert, middle of nowhere (*Inf.*), uninhabited area, wasteland, wilderness

**wilderness 1.** desert, jungle, waste, wasteland, wild **2.** clutter, confused mass, confusion, congeries, jumble, maze, muddle, tangle, welter

**wildlife** flora and fauna

**wile 1.** artfulness, artifice, cheating, chicanery, craft, craftiness, cunning, fraud, guile, slyness, trickery **2.** *Usually plural* artifice, contrivance, device, dodge, imposition, lure, manoeuvre, ploy, ruse, stratagem, subterfuge, trick

**wilful 1.** adamant, bull-headed, determined, dogged, froward, headstrong, inflexible, intractable, intransigent, mulish, obdurate, obstinate, persistent, perverse, pig-headed, refractory, self-willed, stiff-necked, stubborn, uncompromising, unyielding **2.** conscious, deliberate, intended, intentional, purposeful, volitional, voluntary, willed

**will**
▸ **N. 1.** choice, decision, determination, discretion, option, prerogative, volition **2.** declaration, last wishes, testament **3.** choice, decision, decree, desire, fancy, inclination, mind, pleasure, preference, wish **4.** aim, determination, intention, purpose, resolution, resolve, willpower **5.** attitude, disposition, feeling **6. at will** as one pleases, as one thinks fit, as one wishes, at one's desire (discretion, inclination, pleasure, whim, wish)
▸ **V. 7.** bid, bring about, cause, command, decree, determine, direct, effect, ordain, order, resolve **8.** choose, desire, elect, opt, prefer, see fit, want, wish **9.** bequeath, confer, give, leave, pass on, transfer

**willing** agreeable, amenable, compliant, consenting, content, desirous, disposed, eager, enthusiastic, favourable, game (*Inf.*), happy, inclined, in favour, in the mood, nothing loath, pleased, prepared, ready, so-minded

**willingly** by choice, cheerfully, eagerly, freely, gladly, happily, of one's own accord, of one's own free will, readily, voluntarily, with all one's heart, without hesitation, with pleasure

**willingness** agreeableness, agreement, consent, desire, disposition, enthusiasm, favour, good will, inclination, volition, will, wish

**willpower** determination, drive, firmness of purpose *or* will, fixity of purpose, force *or* strength of will, grit, resolution, resolve, self-control, self-discipline, single-mindedness

**wilt 1.** become limp *or* flaccid, droop, sag, shrivel, wither **2.** diminish, dwindle, ebb, fade, fail, flag, languish, lose courage, melt away, sag, sink, wane, weaken, wither

**wily** arch, artful, astute, cagey (*Inf.*), crafty, crooked, cunning, deceitful, deceptive, designing, fly (*Sl.*), foxy, guileful, intriguing, scheming, sharp, shifty, shrewd, sly, tricky, underhand

**win**
▸ **V. 1.** achieve first place, achieve mastery, be victorious, carry all before one, carry the day, come first, conquer, finish first, gain victory, overcome, prevail, succeed, take the prize, triumph **2.** accomplish, achieve, acquire, attain, bag (*Inf.*), catch, collect, come away with, earn, gain, get, net, obtain, pick up, procure, receive, secure **3.** (*Often with* **over**) allure, attract, bring *or* talk round, carry, charm, convert, convince, disarm, induce, influence, persuade, prevail upon, sway
▸ **N. 4.** (*Inf.*) conquest, success, triumph, victory

**wince**
▸ **V. 1.** blench, cower, cringe, draw back, flinch, quail, recoil, shrink, start
▸ **N. 2.** cringe, flinch, start

**wind**[1] **1. N.** air, air-current, blast, breath, breeze, current of air, draught, gust, zephyr **2.** (*Inf.*) clue, hint, inkling, intimation, notice, report, rumour, suggestion, tidings, warning, whisper **3.** babble, blather, bluster, boasting, empty talk, gab (*Inf.*), hot air, humbug, idle talk, talk, verbalizing **4.** breath, puff, respiration **5.** (*Inf.*) flatulence, flatus, gas **6. get** *or* **have the wind up** (*Inf.*) be afraid (alarmed, frightened, scared), fear, take fright **7. in the wind** about to happen, approaching, close at hand, coming, imminent, impending, in the offing, near, on the cards *(Inf.)*, on the way **8. put the wind up** *(Inf.)* alarm, discourage, frighten, frighten off, scare, scare off

**wind**[2]
▸ V. **1.** coil, curl, encircle, furl, loop, reel, roll, spiral, turn around, twine, twist, wreathe **2.** bend, curve, deviate, meander, ramble, snake, turn, twist, zigzag
▸ N. **3.** bend, curve, meander, turn, twist, zigzag

**windfall** bonanza, find, godsend, jackpot, manna from heaven, stroke of luck

**winding**
▸ N. **1.** bend, convolution, curve, meander, turn, twist, undulation
▸ ADJ. **2.** anfractuous, bending, circuitous, convoluted, crooked, curving, flexuous, indirect, meandering, roundabout, serpentine, sinuous, spiral, tortuous, turning, twisting

**wind up 1.** bring to a close, close, close down, conclude, end, finalize, finish, liquidate, settle, terminate, tie up the loose ends *(Inf.)*, wrap up **2.** *(Inf.)* excite, make nervous, make tense, put on edge, work up **3.** *(Inf.)* be left, end one's days, end up, find oneself, finish up

**windy 1.** blowy, blustering, blustery, boisterous, breezy, gusty, inclement, squally, stormy, tempestuous, wild, windswept **2.** boastful, bombastic, diffuse, empty, garrulous, longwinded, loquacious, meandering, pompous, prolix, rambling, turgid, verbose, wordy **3.** *(Sl.)* afraid, chicken *(Sl.)*, chickenshit *(U.S. sl.)*, cowardly, fearful, frightened, nervous, scared, timid

**wing**
▸ N. **1.** organ of flight, pennon *(Poetic)*, pinion *(Poetic)* **2.** arm, branch, cabal, circle, clique, coterie, faction, group, grouping, schism, section, segment, set, side **3.** adjunct, annexe, ell, extension
▸ V. **4.** fly, glide, soar **5.** fleet, fly, hasten, hurry, race, speed, zoom **6.** clip, hit, nick, wound

**wink**
▸ V. **1.** bat, blink, flutter, nictate, nictitate **2.** flash, gleam, glimmer, sparkle, twinkle
▸ N. **3.** blink, flutter, nictation **4.** flash, gleam, glimmering, sparkle, twinkle **5.** instant, jiffy *(Inf.)*, moment, second, split second, twinkling

**winner** champ *(Inf.)*, champion, conquering hero, conqueror, first, master, vanquisher, victor

**winning 1.** alluring, amiable, attractive, bewitching, captivating, charming, cute, delectable, delightful, disarming, enchanting, endearing, engaging, fascinating, fetching, likable *or* likeable, lovely, pleasing, prepossessing, sweet, taking, winsome **2.** conquering, successful, triumphant, victorious

**winnings** booty, gains, prize(s), proceeds, profits, spoils, takings

**winnow** comb, cull, divide, fan, part, screen, select, separate, separate the wheat from the chaff, sift, sort out

**wintry 1.** brumal, chilly, cold, freezing, frosty, frozen, harsh, hibernal, hiemal, icy, snowy **2.** bleak, cheerless, cold, desolate, dismal

**wipe**
▸ V. **1.** brush, clean, dry, dust, mop, rub, sponge, swab **2.** clean off, erase, get rid of, remove, rub off, take away, take off
▸ N. **3.** brush, lick, rub, swab

**wipe out** annihilate, blot out, blow away *(Sl., chiefly U.S.)*, destroy, efface, eradicate, erase, expunge, exterminate, extirpate, kill to the last man, massacre, obliterate, take out *(Sl.)*

**wiry 1.** lean, sinewy, strong, tough **2.** bristly, kinky, stiff

**wisdom** astuteness, circumspection, comprehension, discernment, enlightenment, erudition, foresight, insight, intelligence, judg(e)ment, judiciousness, knowledge, learning, penetration, prudence, reason, sagacity, sapience, sense, smarts *(Sl., chiefly U.S.)*, sound judgment, understanding

**wise 1.** aware, clever, clued-up *(Inf.)*, discerning, enlightened, erudite, informed, intelligent, judicious, knowing, perceptive, politic, prudent, rational, reasonable, sagacious, sage, sapient, sensible, shrewd, sound, understanding, well-advised, well-informed **2. put wise** *(Sl.)* alert, apprise, clue in *or* up *(Inf.)*, inform, let (someone) into the secret, notify, tell, tip off, warn

**wisecrack**
▸ N. **1.** barb, funny *(Inf.)*, gag *(Inf.)*, jest, jibe, joke, pithy remark, quip, sardonic remark, smart remark, witticism
▸ V. **2.** be facetious, jest, jibe, joke, quip, tell jokes

**wish**
▸ V. **1.** aspire, covet, crave, desiderate, desire, hanker, hope, hunger, long, need, set one's heart on, sigh for, thirst, want, yearn **2.** bid, greet with **3.** ask, bid, command, desire, direct, instruct, order, require
▸ N. **4.** aspiration, desire, hankering, hope, hunger, inclination, intention, liking, longing, thirst, urge, want, whim, will, yearning **5.** bidding, command, desire, order, request, will

**wistful** contemplative, disconsolate, dreaming, dreamy, forlorn, longing, meditative, melancholy, mournful, musing, pensive, reflective, sad, thoughtful, yearning

**wit 1.** badinage, banter, drollery, facetiousness, fun, humour, jocularity, levity, pleasantry, raillery, repartee, wordplay **2.** card *(Inf.)*, comedian, epigrammatist, farceur, humorist, joker, punster, wag **3.** acumen, brains, cleverness, common sense, comprehension, discernment, ingenuity, insight, intellect, judg(e)ment, mind, nous *(Brit. sl.)*, perception, practical intelligence, reason, sense, smarts *(Sl., chiefly U.S.)*, understanding, wisdom

**witch** crone, enchantress, magician, necromancer, occultist, sorceress

**witchcraft** enchantment, incantation, magic, necromancy, occultism, sorcery, sortilege, spell, the black art, the occult, voodoo, witchery, witching, wizardry

**withdraw 1.** draw back, draw out, extract, pull out, remove, take away, take off **2.** abjure, disavow, disclaim, recall, recant, rescind, retract, revoke, take back, unsay **3.** absent oneself, back out, cop out *(Sl.)*, depart, detach oneself, disengage, drop out, fall back, go, leave, make oneself scarce *(Inf.)*, pull back, pull out, retire, retreat, secede

**withdrawal 1.** extraction, removal **2.** abjuration, disavowal, disclaimer, recall, recantation, repudiation, rescission, retraction, revocation **3.** departure, disengagement, exit, exodus, retirement, retreat, secession

**withdrawn 1.** aloof, detached, distant, introverted, quiet, reserved, retiring, shrinking, shy, silent, taciturn, timorous, uncommunicative, unforthcoming **2.** hidden, isolated, out-of-the-way, private, remote, secluded, solitary

**wither 1.** blast, blight, decay, decline, desiccate, disintegrate, droop, dry, fade, languish, perish, shrink, shrivel, wane, waste, wilt **2.** abash, blast, humiliate, mortify, put down, shame, snub

**withering 1.** blasting, blighting, devastating, humiliating, hurtful, mortifying, scornful, snubbing **2.** deadly, death-dealing, destructive, devastating, killing, murderous, slaughterous

**withhold 1.** check, conceal, deduct, hide, hold back, keep, keep back, keep secret, refuse, repress, reserve, resist, restrain, retain, sit on *(Inf.)*, suppress **2.** *(With* **from***)* forbear, keep oneself, refrain, stop oneself

**withstand 1.** bear, brave, combat, confront, cope with, defy, endure, face, grapple with, hold off, hold out against, oppose, put up with *(Inf.)*, resist, stand up to, suffer, take, take on, thwart, tolerate, weather **2.** endure, hold *or* stand one's ground, hold out, remain firm, stand, stand fast, stand firm

**witness**
▸ N. **1.** beholder, bystander, eyewitness, looker-on, observer, onlooker, spectator, viewer, watcher **2.** attestant, corroborator, deponent, testifier **3. bear witness** depone, depose, give evidence, give testimony, testify attest to, bear out, be evidence of, be proof of, betoken, confirm, constitute proof of, corroborate, demonstrate, evince, prove, show, testify to, vouch for
▸ V. **4.** attend, be present at, look on, mark, note, notice, observe, perceive, see, view, watch **5.** attest, authenticate, bear out, bear witness, confirm, corroborate, depone, depose, give evidence, give testimony, testify **6.** countersign, endorse, sign

**witticism** bon mot, clever remark, epigram, one-liner *(Sl.)*, play on words, pleasantry, pun, quip, repartee, riposte, sally, witty remark

**wits 1.** acumen, astuteness, brains *(Inf.)*, cleverness, comprehension, faculties, ingenuity, intelligence, judg(e)ment, nous *(Brit. sl.)*, reason, sense, smarts *(Sl., chiefly U.S.)*, understanding **2. at one's wits' end** at a loss, at the end of one's tether, baffled, bewildered, in despair, lost, stuck *(Inf.)*, stumped

**witty** amusing, brilliant, clever, droll, epigrammatic, facetious, fanciful, funny, gay, humorous, ingenious, jocular, lively, original, piquant, sparkling, waggish, whimsical

**wizard 1.** conjurer, enchanter, mage *(Archaic)*, magician, magus, necromancer, occultist, shaman, sorcerer, thaumaturge *(Rare)*, warlock, witch **2.** ace *(Inf.)*, adept, buff *(Inf.)*, expert, genius, hotshot *(Inf.)*, maestro, master, maven *(U.S.)*, prodigy, star, virtuoso, whiz *(Inf.)*, whizz kid *(Inf.)*, wiz *(Inf.)*

**wizened** dried up, gnarled, lined, sere *(Archaic)*, shrivelled, shrunken, withered, worn, wrinkled

**wobble**
▸ V. **1.** quake, rock, seesaw, shake, sway, teeter, totter, tremble, vibrate, waver **2.** be unable to make up one's mind, be undecided, dither *(Chiefly Brit.)*, fluctuate, hesitate, shillyshally *(Inf.)*, swither *(Scot.)*, vacillate, waver
▸ N. **3.** quaking, shake, tremble, tremor, unsteadiness, vibration

**woe** adversity, affliction, agony, anguish, burden, curse, dejection, depression, disaster, distress, gloom, grief, hardship, heartache, heartbreak, melancholy, misery, misfortune, pain, sadness, sorrow, suffering, trial, tribulation, trouble, unhappiness, wretchedness

**woeful 1.** afflicted, agonized, anguished, calamitous, catastrophic, cruel, deplorable, disastrous, disconsolate, dismal, distressing, doleful, dreadful, gloomy, grieving, grievous, harrowing, heartbreaking, heart-rending, lamentable, miserable, mournful, pathetic, piteous, pitiable, pitiful, plaintive, sad, sorrowful, tragic, unhappy, wretched **2.** abysmal, appalling, awful, bad, deplorable, disappointing, disgraceful, dreadful, duff *(Brit. inf.)*, feeble, godawful *(Sl.)*, hopeless, inadequate, lousy *(Sl.)*, mean, miserable, paltry, pathetic, pitiable, pitiful, poor, rotten *(Inf.)*, shitty *(Taboo sl.)*, shocking, sorry, terrible, wretched

**wolf**
▸ N. **1.** *(Fig.)* devil, fiend, killer, mercenary, pirate, predator, robber, savage, shark **2.** *(Inf.)* Casanova, Don Juan, lady-killer, lech *or* letch *(Inf.)*, lecher, Lothario, philanderer, seducer, womanizer
▸ V. **3.** *(With* **down***)* bolt, cram, devour, gobble, gollop, gorge, gulp, pack away *(Inf.)*, pig out *(Sl.)*, scoff *(Sl.)*, stuff

**woman 1.** bird *(Sl.)*, chick *(Sl.)*, dame *(Sl.)*, female, gal *(Sl.)*, girl, lady, lass, lassie *(Inf.)*, maid *(Archaic)*, maiden *(Archaic)*, miss, she, wench *(Facetious)* **2.** chambermaid, char *(Inf.)*, charwoman, domestic, female servant, handmaiden, housekeeper, lady-in-waiting, maid, maidservant **3.** *(Inf.)* bride, girl, girlfriend, ladylove, mate, mistress, old lady *(Inf.)*, partner, significant other *(U.S. inf.)*, spouse, sweetheart, wife

**womanizer** Casanova, Don Juan, lady-killer, lech *or* letch *(Inf.)*, lecher, Lothario, philanderer, seducer, wolf *(Inf.)*

**womanly** female, feminine, ladylike, matronly, motherly, tender, warm

**wonder**
▸ N. **1.** admiration, amazement, astonishment, awe, bewilderment, curiosity, fascination, stupefaction, surprise, wonderment **2.** curiosity, marvel, miracle, nonpareil, phenomenon, portent, prodigy, rarity, sight, spectacle, wonderment
▸ V. **3.** ask oneself, be curious, be inquisitive, conjecture, cudgel one's brains *(Inf.)*, doubt, inquire, meditate, ponder, puzzle, query, question, speculate, think **4.** be amazed (astonished, awed, dumbstruck), be flabbergasted *(Inf.)*, boggle, gape, gawk, marvel, stand amazed, stare

**wonderful 1.** amazing, astonishing, astounding, awe-inspiring, awesome, extraordinary, fantastic, incredible, marvellous, miraculous, odd, peculiar, phenomenal, remarkable, staggering, startling, strange, surprising, unheard-of, wondrous *(Archaic or literary)* **2.** ace *(Inf.)*, admirable, boffo *(Sl.)*, brill *(Inf.)*, brilliant, chillin' *(U.S. sl.)*, cracking *(Brit. inf.)*, excellent, fabulous *(Inf.)*, fantastic *(Inf.)*, great *(Inf.)*, jim-dandy *(Sl.)*, magnificent, marvellous, mean *(Sl.)*, outstanding, sensational *(Inf.)*, smashing *(Inf.)*, sovereign, stupendous, super *(Inf.)*, superb, terrific, tiptop, topping (*Brit. sl.*), tremendous

**woo** chase, court, cultivate, importune, pay court to, pay one's addresses to, pay suit to, press one's suit with, pursue, seek after, seek the hand of, seek to win, solicit the good will of, spark (*Rare*)

**wood** **1.** (*also* **woods**) coppice, copse, forest, grove, thicket, trees, woodland **2. out of the wood(s)** clear, home and dry (*Brit. sl.*), in the clear, out of danger, safe, safe and sound, secure **3.** planks, timber

**wooded** forested, sylvan (*Poetic*), timbered, tree-clad, tree-covered, woody

**wooden** **1.** ligneous, made of wood, of wood, timber, woody **2.** awkward, clumsy, gauche, gawky, graceless, inelegant, maladroit, rigid, stiff, ungainly **3.** blank, colourless, deadpan, dull, emotionless, empty, expressionless, glassy, lifeless, spiritless, unemotional, unresponsive, vacant **4.** inflexible, obstinate, rigid, stiff, unbending, unyielding **5.** dense, dim, dim-witted (*Inf.*), dozy (*Brit. inf.*), dull, dull-witted, obtuse, slow, stupid, thick, witless, woodenheaded (*Inf.*) **6.** dull, muffled

**wool** **1.** fleece, hair, yarn **2. dyed in the wool** confirmed, diehard, fixed, hardened, inflexible, inveterate, settled, unchangeable, uncompromising, unshak(e)able **3. pull the wool over someone's eyes** bamboozle (*Inf.*), con (*Sl.*), deceive, delude, dupe, fool, hoodwink, kid (*Inf.*), lead (someone) up the garden path (*Inf.*), pull a fast one (on someone) (*Inf.*), put one over on (*Sl.*), take in (*Inf.*), trick

**woolly** ADJ. **1.** fleecy, flocculent, hairy, made of wool, shaggy, woollen **2.** blurred, clouded, confused, foggy, fuzzy, hazy, ill-defined, indefinite, indistinct, muddled, nebulous, unclear, vague

**word**

► N. **1.** brief conversation, chat, chitchat, colloquy, confab (*Inf.*), confabulation, consultation, discussion, talk, tête-à-tête **2.** brief statement, comment, declaration, expression, remark, utterance **3.** expression, locution, name, term, vocable **4.** account, advice, bulletin, communication, communiqué, dispatch, gen (*Brit. inf.*), information, intelligence, intimation, latest (*Inf.*), message, news, notice, report, tidings **5.** command, go-ahead (*Inf.*), green light, order, signal **6.** affirmation, assertion, assurance, guarantee, oath, parole, pledge, promise, solemn oath, solemn word, undertaking, vow, word of honour **7.** bidding, command, commandment, decree, edict, mandate, order, ukase (*Rare*), will **8.** countersign, password, slogan, watchword **9. in a word** briefly, concisely, in a nutshell, in short, succinctly, to put it briefly, to sum up

► V. **10.** couch, express, phrase, put, say, state, utter

**wordplay** punning, puns, repartee, wit, witticisms

**words** **1.** lyrics, text **2.** altercation, angry exchange, angry speech, argument, barney (*Inf.*), bickering, disagreement, dispute, falling-out (*Inf.*), quarrel, row, run-in (*Inf.*), set-to (*Inf.*), squabble

**wordy** diffuse, discursive, garrulous, long-winded, loquacious, pleonastic, prolix, rambling, verbose, windy

**work**

► N. **1.** drudgery, effort, elbow grease (*Facetious*), exertion, grind (*Inf.*), industry, labour, slog, sweat, toil, travail (*Literary*) **2.** business, calling, craft, duty, employment, job, line, livelihood, métier, occupation, office, profession, pursuit, trade **3.** assignment, chore, commission, duty, job, stint, task, undertaking **4.** achievement, composition, creation, handiwork, oeuvre, opus, performance, piece, production **5.** art, craft, skill, workmanship **6. out of work** idle, jobless, on the dole (*Brit. inf.*), on the street, out of a job, unemployed

► V. **7.** drudge, exert oneself, labour, peg away, slave, slog (away), sweat, toil **8.** be employed, be in work, do business, earn a living, have a job **9.** act, control, direct, drive, handle, manage, manipulate, move, operate, ply, use, wield **10.** function, go, operate, perform, run **11.** cultivate, dig, farm, till **12.** fashion, form, handle, knead, make, manipulate, mould, process, shape **13.** be agitated, convulse, move, twitch, writhe **14.** (*Often with* **up**) arouse, excite, move, prompt, provoke, rouse, stir **15.** accomplish, achieve, bring about, carry out, cause, contrive, create, effect, encompass, execute, implement **16.** force, make one's way, manoeuvre, move, progress **17.** (*Inf.*) arrange, bring off, contrive, exploit, fiddle (*Inf.*), fix (*Inf.*), handle, manipulate, pull off, swing (*Inf.*)

**workable** doable, feasible, possible, practicable, practical, viable

**workaday** common, commonplace, everyday, familiar, humdrum, mundane, ordinary, practical, prosaic, routine, run-of-the-mill

**worker** artisan, craftsman, employee, hand, labourer, proletarian, tradesman, wage earner, working man, working woman, workman

**working**

► N. **1.** action, functioning, manner, method, mode of operation, operation, running **2.** *Plural* diggings, excavations, mine, pit, quarry, shaft

► ADJ. **3.** active, employed, in a job, in work, labouring **4.** functioning, going, operative, running **5.** effective, practical, useful, viable

**workman** artificer, artisan, craftsman, employee, hand, journeyman, labourer, mechanic, operative, tradesman, worker

**workmanlike, workmanly** adept, careful, efficient, expert, masterly, painstaking, professional, proficient, satisfactory, skilful, skilled, thorough

**workmanship** art, artistry, craft, craftsmanship, execution, expertise, handicraft, handiwork, manufacture, skill, technique, work

**work out** **1.** accomplish, achieve, attain, win **2.** calculate, clear up, figure out, find out, puzzle out, resolve, solve, suss (out) (*Sl.*) **3.** arrange, construct, contrive, develop, devise, elaborate, evolve, form, formulate, plan, put together **4.** be effective, flourish, go as planned, go well, prosper, prove satisfactory, succeed **5.** come out, develop, evolve, go, happen, pan out (*Inf.*), result, turn out **6.** do exercises, drill, exercise, practise, train, warm up **7.** add up to, amount to, come to, reach, reach a total of

**works** **1.** factory, mill, plant, shop, workshop **2.** canon, oeuvre, output, productions, writings **3.** actions, acts, deeds, doings **4.** action, guts (*Inf.*), innards (*Inf.*), insides (*Inf.*), machinery, mechanism, movement, moving parts, parts, workings

**workshop** **1.** atelier, factory, mill, plant, shop, studio, workroom, works **2.** class, discussion group, seminar, study group

**work up** agitate, animate, arouse, enkindle, excite, foment, generate, get (someone) all steamed up (*Sl.*), incite, inflame, instigate, move, rouse, spur, stir up, wind up (*Inf.*)

**world** **1.** earth, earthly sphere, globe **2.** everybody, everyone, humanity, humankind, human race, man, mankind, men, the public, the race of man **3.** cosmos, creation, existence, life, nature, universe **4.** heavenly body, planet, star **5.** area, domain, environment, field, kingdom, province, realm, sphere, system **6.** age, days, epoch, era, period, times **7. for all the world** exactly, in every respect, in every way, just as if, just like, precisely, to all intents and purposes **8. on top of the world** (*Inf.*) beside oneself with joy, cock-a-hoop, ecstatic, elated, exultant, happy, in raptures, on cloud nine (*Inf.*), overjoyed, over the moon (*Inf.*) **9. out of this world** (*Inf.*) excellent, fabulous (*Inf.*), fantastic (*Inf.*), great (*Inf.*), incredible, indescribable, marvellous, superb, unbelievable, wonderful

**worldly** **1.** carnal, earthly, fleshly, lay, mundane, physical, profane, secular, sublunary, temporal, terrestrial **2.** avaricious, covetous, grasping, greedy, materialistic, selfish, worldly-minded **3.** blasé, cosmopolitan, experienced, knowing, politic, sophisticated, urbane, well versed in the ways of the world, worldly-wise

**world-wide** general, global, international, omnipresent, pandemic, ubiquitous, universal

**worn** **1.** frayed, ragged, shabby, shiny, tattered, tatty, the worse for wear, threadbare **2.** careworn, drawn, haggard, lined, pinched, wizened **3.** exhausted, fatigued, jaded, played-out (*Inf.*), spent, tired, tired out, wearied, weary, worn-out

**worn-out** **1.** broken-down, clapped out (*Brit., Aust., & N.Z. inf.*), decrepit, done, frayed, moth-eaten, on its last legs, ragged, run-down, shabby, tattered, tatty, threadbare, used, used-up, useless, worn **2.** all in (*Sl.*), clapped out (*Aust. & N.Z. inf.*), dead *or* out on one's feet (*Inf.*), dog-tired (*Inf.*), done in (*Inf.*), exhausted, fatigued, fit to drop, jiggered (*Dialect*), knackered (*Sl.*), played-out, prostrate, spent, tired, tired out, weary, zonked (*Sl.*)

**worried** afraid, anxious, apprehensive, bothered, concerned, distracted, distraught, distressed, disturbed, fearful, fretful, frightened, ill at ease, nervous, on edge, overwrought, perturbed, tense, tormented, troubled, uneasy, unquiet, upset, wired (*Sl.*)

**worry**

► V. **1.** agonize, annoy, badger, be anxious, bother, brood, disquiet, distress, disturb, feel uneasy, fret, harass, harry, hassle (*Inf.*), hector, importune, irritate, make anxious, perturb, pester, plague, tantalize, tease, torment, trouble, unsettle, upset, vex **2.** attack, bite, gnaw at, go for, harass, harry, kill, lacerate, savage, tear

► N. **3.** annoyance, bother, care, hassle (*Inf.*), irritation, pest, plague, problem, torment, trial, trouble, vexation **4.** annoyance, anxiety, apprehension, care, concern, disturbance, fear, irritation, misery, misgiving, perplexity, torment, trepidation, trouble, unease, vexation, woe

**worsen** aggravate, damage, decay, decline, degenerate, deteriorate, exacerbate, get worse, go downhill (*Inf.*), go from bad to worse, retrogress, sink, take a turn for the worse

**worship**

► V. **1.** adore, adulate, deify, exalt, glorify, honour, idolize, laud, love, praise, pray to, put on a pedestal, respect, revere, reverence, venerate

► N. **2.** adoration, adulation, deification, devotion, exaltation, glorification, glory, homage, honour, laudation, love, praise, prayer(s), regard, respect, reverence

**worst** V. beat, best, blow out of the water (*Sl.*), clobber (*Sl.*), conquer, crush, defeat, gain the advantage over, get the better of, lick (*Inf.*), master, overcome, overpower, overthrow, run rings around (*Inf.*), subdue, subjugate, undo, vanquish, wipe the floor with (*Inf.*)

**worth** **1.** aid, assistance, avail, benefit, credit, desert(s), estimation, excellence, goodness, help, importance, merit, quality, usefulness, utility, value, virtue, worthiness **2.** cost, price, rate, valuation, value

**worthless** **1.** chickenshit (*U.S. sl.*), futile, ineffectual, insignificant, inutile, meaningless, measly, miserable, nickel-and-dime (*U.S. sl.*), no use, nugatory, paltry, pointless, poor, poxy (*Sl.*), rubbishy, trashy, trifling, trivial, unavailing, unimportant, unusable, useless, valueless, wretched **2.** abandoned, abject, base, contemptible, depraved, despicable, good-for-nothing, ignoble, useless, vile

**worthwhile** beneficial, constructive, expedient, gainful, good, helpful, justifiable, productive, profitable, useful, valuable, worthy

**worthy**

► ADJ. **1.** admirable, commendable, creditable, decent, dependable, deserving, estimable, excellent, good, honest, honourable, laudable, meritorious, praiseworthy, reliable, reputable, respectable, righteous, upright, valuable, virtuous, worthwhile

► N. **2.** big shot (*Inf.*), bigwig (*Inf.*), dignitary, luminary, notable, personage

**wound**

► N. **1.** cut, damage, gash, harm, hurt, injury, laceration, lesion, slash **2.** anguish, distress, grief, heartbreak, injury, insult, offence, pain, pang, sense of loss, shock, slight, torment, torture, trauma

► V. **3.** cut, damage, gash, harm, hit, hurt, injure, irritate, lacerate, pierce, slash, wing **4.** annoy, cut (someone) to the quick, distress, grieve, hurt, hurt the feelings of, mortify, offend, pain, shock, sting, traumatize

**wrangle**

► V. **1.** altercate, argue, bicker, brawl, contend, disagree, dispute, fall out (*Inf.*), fight, have words, quarrel, row, scrap, spar, squabble

► N. **2.** altercation, angry exchange, argy-bargy (*Brit. inf.*), bagarre, barney (*Inf.*), bickering, brawl, clash, contest, controversy, dispute, falling-out (*Inf.*), quarrel, row, set-to (*Inf.*), slanging match (*Brit.*), squabble, tiff

**wrap**

► V. **1.** absorb, bind, bundle up, cloak, cover, encase, enclose, enfold, envelop, fold, immerse, muffle, pack, package, roll up, sheathe, shroud, surround, swathe, wind

► N. **2.** cape, cloak, mantle, shawl, stole

**wrapper** case, cover, envelope, jacket, packaging, paper, sheath, sleeve, wrapping

**wrap up** 1. bundle up, enclose, enwrap, gift-wrap, pack, package 2. dress warmly, muffle up, put warm clothes on, wear something warm 3. (*Sl.*) be quiet, be silent, button it (*Sl.*), button one's lip (*Sl.*), hold one's tongue, put a sock in it (*Brit. sl.*), shut one's face (*Brit. sl.*), shut one's mouth (*Sl.*), shut one's trap (*Sl.*), shut up 4. (*Inf.*) bring to a close, conclude, end, finish off, polish off, round off, terminate, tidy up, wind up

**wrath** anger, choler, displeasure, exasperation, fury, indignation, ire, irritation, passion, rage, resentment, temper

**wrathful** angry, beside oneself with rage, displeased, enraged, furious, incensed, infuriated, irate, on the warpath (*Inf.*), raging, wroth (*Archaic*)

**wreath** band, chaplet, coronet, crown, festoon, garland, loop, ring

**wreathe** adorn, coil, crown, encircle, enfold, entwine, envelop, enwrap, festoon, intertwine, interweave, surround, twine, twist, wind, wrap, writhe

**wreck**
▶ V. 1. blow (*Sl.*), break, cock up (*Brit. sl.*), dash to pieces, demolish, destroy, devastate, fuck up (*Offens. taboo sl.*), mar, play havoc with, ravage, ruin, screw up (*Inf.*), shatter, smash, spoil, total (*Sl.*), trash (*Sl.*), undo 2. founder, go *or* run aground, run onto the rocks, shipwreck, strand
▶ N. 3. derelict, hulk, shipwreck, sunken vessel 4. desolation, destruction, devastation, disruption, mess, overthrow, ruin, undoing

**wreckage** debris, fragments, hulk, pieces, remains, rubble, ruin, wrack

**wrench**
▶ V. 1. force, jerk, pull, rip, tear, tug, twist, wrest, wring, yank 2. distort, rick, sprain, strain
▶ N. 3. jerk, pull, rip, tug, twist, yank 4. sprain, strain, twist 5. ache, blow, pain, pang, shock, upheaval, uprooting 6. adjustable spanner, shifting spanner, spanner

**wrestle** battle, combat, contend, fight, grapple, scuffle, strive, struggle, tussle

**wretch** 1. asshole (*U.S. & Canad. taboo sl.*), asswipe (*U.S. & Canad. taboo sl.*), bad egg (*Old-fashioned inf.*), bastard (*Offensive*), blackguard, bugger (*Taboo sl.*), cocksucker (*Taboo sl.*), cur, good-for-nothing, miscreant, mother (*Taboo sl., chiefly U.S.*), motherfucker (*Taboo sl., chiefly U.S.*), outcast, profligate, rascal, rat (*Inf.*), rogue, rotter (*Sl., chiefly Brit.*), ruffian, scoundrel, scumbag (*Sl.*), shit (*Taboo sl.*), son-of-a-bitch (*Sl., chiefly U.S. & Canad.*), swine, turd (*Taboo sl.*), vagabond, villain, worm 2. poor thing, unfortunate

**wretched** 1. abject, brokenhearted, cheerless, comfortless, crestfallen, dejected, deplorable, depressed, disconsolate, dismal, distressed, doleful, downcast, forlorn, funereal, gloomy, hapless, hopeless, melancholy, miserable, pathetic, pitiable, pitiful, poor, sorry, unfortunate, unhappy, woebegone, woeful, worthless 2. calamitous, deplorable, inferior, miserable, paltry, pathetic, poor, sorry, worthless 3. base, contemptible, crappy (*Sl.*), despicable, low, low-down (*Inf.*), mean, paltry, poxy (*Sl.*), scurvy, shabby, shameful, vile

**wriggle**
▶ V. 1. jerk, jiggle, squirm, turn, twist, wag, waggle, wiggle, writhe 2. crawl, slink, snake, twist and turn, worm, zigzag 3. crawl, dodge, extricate oneself, manoeuvre, sneak, talk one's way out, worm
▶ N. 4. jerk, jiggle, squirm, turn, twist, wag, waggle, wiggle

**wring** 1. coerce, extort, extract, force, screw, squeeze, twist, wrench, wrest 2. distress, hurt, lacerate, pain, pierce, rack, rend, stab, tear at, wound

**wrinkle** N.
▶ N. 1. corrugation, crease, crinkle, crow's-foot, crumple, fold, furrow, gather, line, pucker, rumple 2. device, dodge, gimmick, idea, plan, ploy, ruse, scheme, stunt, tip, trick, wheeze (*Brit. sl.*)
▶ V. 3. corrugate, crease, crinkle, crumple, fold, furrow, gather, line, pucker, ruck, rumple

**writ** court order, decree, document, summons

**write** author (*Nonstandard*), commit to paper, compose, copy, correspond, create, draft, draw up, indite, inscribe, jot down, pen, put down in black and white, put in writing, record, scribble, set down, take down, tell, transcribe

**write off** 1. cancel, cross out, disregard, forget about, give up for lost, score out, shelve 2. (*Inf.*) crash, damage beyond repair, destroy, smash up, total (*Sl.*), trash (*Sl.*), wreck

**writer** author, columnist, essayist, hack, littérateur, man of letters, novelist, penman, penny-a-liner (*Rare*), penpusher, scribbler, scribe, wordsmith

**writhe** contort, distort, jerk, squirm, struggle, thrash, thresh, toss, twist, wiggle, wriggle

**writing** 1. calligraphy, chirography, hand, handwriting, penmanship, print, scrawl, scribble, script 2. book, composition, document, letter, opus, publication, title, work 3. belles-lettres, letters, literature

**wrong**
▶ ADJ. 1. erroneous, fallacious, false, faulty, inaccurate, incorrect, in error, mistaken, off beam (*Inf.*), off target, out, unsound, untrue, wide of the mark 2. bad, blameworthy, criminal, crooked, dishonest, dishonourable, evil, felonious, illegal, illicit, immoral, iniquitous, reprehensible, sinful, under-the-table, unethical, unfair, unjust, unlawful, wicked, wrongful 3. funny, improper, inappropriate, inapt, incongruous, incorrect, indecorous, infelicitous, malapropos, not done, unacceptable, unbecoming, unconventional, undesirable, unfitting, unhappy, unseemly, unsuitable 4. amiss, askew, awry, defective, faulty, not working, out of commission, out of order 5. inside, inverse, opposite, reverse
▶ ADV. 6. amiss, askew, astray, awry, badly, erroneously, inaccurately, incorrectly, mistakenly, wrongly 7. **go wrong** come to grief (*Inf.*), come to nothing, fail, fall through, flop (*Inf.*), miscarry, misfire boob (*Brit. sl.*), err, go astray, make a mistake, slip up (*Inf.*) break down, cease to function, conk out (*Inf.*), fail, go kaput (*Inf.*), go on the blink (*Sl.*), go phut (*Inf.*), malfunction, misfire err, fall from grace, go astray, go off the straight and narrow (*Inf.*), go to the bad, lapse, sin
▶ N. 8. abuse, bad *or* evil deed, crime, error, grievance, immorality, inequity, infraction, infringement, iniquity, injury, injustice, misdeed, offence, sin, sinfulness, transgression, trespass, unfairness, wickedness 9. **in the wrong** at fault, blameworthy, guilty, in error, mistaken, off beam (*Inf.*), off course, off target, to be blamed
▶ V. 10. abuse, cheat, discredit, dishonour, harm, hurt, ill-treat, ill-use, impose upon, injure, malign, maltreat, misrepresent, mistreat, oppress, take advantage of

**wrongdoer** criminal, culprit, delinquent, evildoer, lawbreaker, malefactor, miscreant, offender, sinner, transgressor, trespasser (*Archaic*), villain

**wrongful** blameworthy, criminal, dishonest, dishonourable, evil, felonious, illegal, illegitimate, illicit, immoral, improper, reprehensible, under-the-table, unethical, unfair, unjust, unlawful, wicked

**wry** 1. askew, aslant, awry, contorted, crooked, deformed, distorted, off the level, skewwhiff (*Brit. inf.*), twisted, uneven, warped 2. droll, dry, ironic, mocking, mordacious, pawky (*Scot.*), sarcastic, sardonic

# Y

**yank** V./N. hitch, jerk, pull, snatch, tug, wrench

**yardstick** benchmark, criterion, gauge, measure, par, standard, touchstone

**yarn** N. 1. fibre, thread 2. (*Inf.*) anecdote, cock-and-bull story (*Inf.*), fable, story, tale, tall story

**yawning** cavernous, chasmal, gaping, vast, wide, wide-open

**yearly** annual, annually, every year, once a year, per annum

**yearn** ache, covet, crave, desire, eat one's heart out over, hanker, have a yen for (*Inf.*), hunger, itch, languish, long, lust, pant, pine, set one's heart upon

**yell**
▶ V. 1. bawl, holler (*Inf.*), howl, scream, screech, shout, shriek, squeal
▶ N. 2. cry, howl, scream, screech, shriek, whoop

**yet** 1. as yet, so far, thus far, until now, up to now 2. however, nevertheless, notwithstanding, still 3. additionally, as well, besides, further, in addition, into the bargain, moreover, over and above, still, to boot 4. already, just now, now, right now, so soon

**yield**
▶ V. 1. afford, bear, bring forth, bring in, earn, furnish, generate, give, net, pay, produce, provide, return, supply
▶ N. 2. crop, earnings, harvest, income, output, produce, profit, return, revenue, takings
▶ V. 3. abandon, abdicate, admit defeat, bow, capitulate, cave in (*Inf.*), cede, cry quits, give in, give up the struggle, give way, knuckle under, lay down one's arms, part with, raise the white flag, relinquish, resign, resign oneself, submit, succumb, surrender, throw in the towel 4. accede, agree, allow, bow, comply, concede, consent, go along with, grant, permit

**yielding** 1. accommodating, acquiescent, biddable, compliant, docile, easy, flexible, obedient, pliant, submissive, tractable 2. elastic, pliable, quaggy, resilient, soft, spongy, springy, supple, unresisting

**yoke**
▶ N. 1. bond, chain, coupling, ligament, link, tie 2. bondage, burden, enslavement, helotry, oppression, serfdom, service, servility, servitude, slavery, thraldom, vassalage
▶ V. 3. bracket, connect, couple, harness, hitch, join, link, tie, unite

**yokel** boor, bucolic, clodhopper (*Inf.*), (country) bumpkin, country cousin, countryman, hayseed (*U.S. & Canad. inf.*), hick (*Inf., chiefly U.S. & Canad.*), hillbilly, hind (*Obsolete*), peasant (*Inf.*), rustic

**young**
▶ ADJ. 1. adolescent, callow, green, growing, immature, infant, in the springtime of life, junior, juvenile, little, unfledged, youthful 2. at an early stage, early, fledgling, new, newish, not far advanced, recent, undeveloped
▶ N. 3. babies, brood, family, issue, litter, little ones, offspring, progeny

**youngster** boy, cub, girl, juvenile, kid (*Inf.*), lad, lass, pup (*Inf., chiefly Brit.*), teenager, teenybopper (*Sl.*), urchin, young adult, young hopeful, young person, young shaver (*Inf.*), young'un (*Inf.*), youth

**youth** 1. adolescence, boyhood, early life, girlhood, immaturity, juvenescence, salad days, young days 2. adolescent, boy, kid (*Inf.*), lad, shaveling (*Archaic*), stripling, teenager, young man, young shaver (*Inf.*), youngster 3. teenagers, the rising generation, the young, younger generation, young people

**youthful** 1. boyish, childish, girlish, immature, inexperienced, juvenile, pubescent, puerile, young 2. active, fresh, spry, vigorous, young at heart, young looking

# Z

**zeal** ardour, devotion, eagerness, earnestness, enthusiasm, fanaticism, fervency, fervour, fire, gusto, keenness, militancy, passion, spirit, verve, warmth, zest

**zealot** bigot, enthusiast, extremist, fanatic, fiend (*Inf.*), maniac, militant

**zealous** afire, ardent, burning, devoted, eager, earnest, enthusiastic, fanatical, fervent, fervid, impassioned, keen, militant, passionate, rabid, spirited

**zenith** acme, apex, apogee, climax, crest, height, high noon, high point, meridian, peak, pinnacle, summit, top, vertex

**zero** 1. cipher, naught, nil, nothing, nought 2. bottom, lowest point *or* ebb, nadir, nothing, rock bottom

**zero hour** appointed hour, crisis, moment of decision, moment of truth, turning point, vital moment

**zest** 1. appetite, delectation, enjoyment, gusto, keenness, relish, zeal, zing (*Inf.*) 2. charm, flavour, interest, kick (*Inf.*), piquancy, pungency, relish, savour, smack, spice, tang, taste

**zone** area, belt, district, region, section, sector, sphere

# LANGUAGE IN USE
# GRAMMAIRE ACTIVE

---

### Contents / Sommaire

1 Suggestions
2 Advice
3 Offers
4 Requests
5 Comparisons
6 Opinion
7 Likes, Dislikes and Preferences
8 Intentions and Desires
9 Permission
10 Obligation
11 Agreement
12 Disagreement
13 Approval
14 Disapproval
15 Certainty, Probability, Possibility and Capability
16 Doubt, Improbability, Impossibility and Incapability
17 Explanations
18 Apologies
19 Job Applications
20 Commercial Correspondence
21 General Correspondence
22 Thanks
23 Best Wishes
24 Announcements
25 Invitations
26 Essay Writing
27 The Telephone

---

**THIS LANGUAGE IN USE** supplement is divided into 27 topics, providing thousands of structures to facilitate self-expression and communication in French.

Using a key word in the message you wish to convey as a starting point, **Language in Use** shows you other possible ways of expressing the same message and provides you with a repertoire from which to choose the most appropriate formulation for the situation you are dealing with. The core translation which follows each phrase acts as a point of reference rather than as a direct equivalent and we have also provided guidance as to whether a phrase should be used in a familiar or formal context, whether it expresses the message directly or indirectly, or in a tentative or assertive manner.

**Language in Use** has been compiled using our vast linguistic databases of contemporary French and English. The examples have been selected from a wide variety of different sources: fiction and non-fiction, magazines and newspapers, business and personal correspondence, and spoken material gathered from real-life conversations and radio and television programmes. This means you can always be sure that the phrases and grammatical structures you choose are idiomatic and up-to-date.

Several hundred dictionary entries are linked to **Language in Use** by means of cross-references which show the topic number and section in **Language in Use** where that dictionary entry occurs. This linking of the main text with **Language in Use** allows you to navigate directly from a single-concept word in the dictionary to further, more diverse means of expression in context.

**LA GRAMMAIRE ACTIVE** ROBERT & COLLINS est divisée en 27 chapitres qui présentent plusieurs milliers de structures syntaxiques couvrant l'essentiel des besoins de communication entre francophones et anglophones.

Elle permet de s'exprimer directement dans la langue étrangère au lieu de procéder à la traduction à partir du mot ou de la locution, tels qu'ils figurent dans la partie dictionnaire. L'usager part ici d'un thème de réflexion ou du message qu'il cherche à communiquer et trouve dans le chapitre concerné un vaste éventail de possibilités d'expression dans la langue étrangère. De brèves indications dans sa langue maternelle, dont la fonction n'est pas de traduire mais de servir de points de repère, l'informeront sur le registre (familier ou soutenu) ou la nature (hésitante ou assurée, directe ou indirecte) du message.

Les exemples de la **Grammaire active** ont été tirés d'une très vaste base de données informatisée en langue française et en langue anglaise. Ces exemples ont été sélectionnés dans un grand nombre de sources différentes, allant de la littérature à la correspondance personnelle, en passant par les magazines, les journaux, ainsi que la langue parlée telle qu'on l'entend à la télévision et à la radio. Ils garantissent ainsi l'authenticité absolue des structures grammaticales et des expressions idiomatiques qui sont proposées.

Plusieurs centaines de mots-clés du dictionnaire sont suivis d'un renvoi vers la **Grammaire active.** Ces renvois mentionnent les numéros de chapitres concernés et avertissent l'usager qu'il trouvera dans le recueil d'expressions grammaticales des possibilités d'expression supplémentaires qui complètent l'information contenue dans les articles bilingues.

# 1 SUGGESTIONS

## 1.1 Making suggestions

**Tentatively**

- **Si je peux me permettre une suggestion** je crois qu'il faudrait ...
    = if I may make a **suggestion**
- **À votre place**, je me renseignerais
    = if I were you
- **Si j'étais vous**, je resterais
    = if I were you
- **À mon avis,** il faudrait les inviter
    = in my **opinion**
- **Personnellement**, j'en parlerais à ses parents
    = **personally** (speaking)

**More assertively**

- **Vous pourriez** remettre cela à plus tard
    = you **could**
- **Rien ne vous empêche de** profiter des soldes
    = there's nothing to stop you
- **Essayez quand même de** lui en parler
    = still, try to
- **Vous feriez mieux de** prendre vos vacances en septembre
    = you'd do **better** to
- **Vous auriez intérêt à** prendre l'avion à Genève
    = you'd be **well-advised** to
- **Vous feriez bien d'**aller voir sur place
    = you'd do **well** to
- **N'oubliez pas de** répondre à sa lettre
    = don't **forget** to
- **Vous devriez** appeler un médecin
    = you **ought** to
- **Je propose que** nous nous mett**ions** (subj) au travail tout de suite
    = I **suggest** that
- **Voici mes suggestions :** présenter le projet au Conseil, ...
    = my **suggestions** are (as follows):
- **Je suggère que vous** commenc**iez** (subj) immédiatement (formal)
    = I **suggest** that you

**Using direct questions**

- **Est-ce que vous avez songé à** faire appel à un entraîneur ?
    = have you **thought** of
- **Avez-vous pensé à** reprendre vos études ?
    = have you **thought** of
- **Que diriez-vous d'**un bon repas ?
    = what would you **say** to
- **Est-ce que cela ne vous tente pas de** partir en Italie ?
    = doesn't the **idea** of ... tempt you?
- **Puis-je faire une suggestion ?** Il me semble que ... (formal)
    = can I make a **suggestion**?

**In an impersonal way**

**Tentatively**

- **Et si** on se passait un film ? (spoken)
    = how about
- **Peut-être faudrait-il** discuter de ce problème
    = **perhaps** we **should**
- **Il vaudrait peut-être mieux** en rester là
    = **perhaps** it would be **better** to
- **Pourquoi ne pas** lui téléphoner ?
    = why not
- **Ce ne serait pas une mauvaise idée de** revendre la maison
    = it wouldn't be a bad **idea** to

- **On pourrait** adopter une autre méthode
    = we **could**

**More assertively**

- **Il serait souhaitable de** conserver cette procédure de vote
    = it would be **desirable** to
- **Il serait préférable de ne pas** trop attendre
    = it would be **preferable** not to
- **Il serait bon de** réunir le Conseil
    = it would be a good **idea** to
- **Ce serait une excellente idée de** rediffuser ce document
    = it would be an excellent **idea** to
- **Il n'y a qu'à** lui demander son avis
    = all you have to do is
- **Il conviendrait de** contacter l'entreprise dès maintenant (formal)
    = it would be **advisable** to

## 1.2 Asking for suggestions

- **Qu'est-ce que tu ferais à ma place ?**
    = what would you do if you were me?
- **Comment procéderais-tu** or **t'y prendrais-tu ?**
    = how would you proceed?
- **Qu'est-ce que vous proposez** pour résoudre ce problème ?
    = what do you **suggest**
- **Avez-vous une idée de** ce que l'on pourrait faire ?
    = have you any **ideas** about
- **Que fait-on dans ces cas-là ?**
    = what does one do in such cases?
- **Peut-être avez-vous une meilleure solution ?**
    = **perhaps** you have a **better solution**?

# 2 ADVICE

## 2.1 Asking for advice

- **À ma place que feriez-vous ?**
    = if you were me, what would you do?
- **Que fait-on dans ces cas-là ?**
    = what does one do in such cases?
- **Que me conseillez-vous de faire ?**
    = what do you **advise** me to do?
- **Que dois-je faire** dans l'immédiat ?
    = what do I have to do
- **J'aimerais avoir votre opinion sur** ce dossier
    = I'd like your **opinion** on
- **Quel est votre avis sur** le droit d'ingérence humanitaire ?
    = what is your **opinion** on
- **Je voudrais vous demander conseil : pensez-vous que je devrais** offrir des fleurs à notre hôtesse ?
    = I'd like your **advice**: do you think I **should**
- **Je vous serais très reconnaissant de bien vouloir me conseiller sur** la marche à suivre (formal, written style)
    = I **should** be most **grateful** for your **advice** on

## 2.2 Giving advice

- Fais comme si de rien n'était, **c'est ce que tu as de mieux à faire** (spoken)
    = it's the **best** thing you can do
- **Moi, je trouve que tu devrais** carrément déménager (spoken)
    = I **think** you **should**
- **Un conseil :** il faut découvrir cet endroit le matin quand la ville s'éveille
    = a word of **advice:**
- **Tu as (tout) intérêt à** t'y prendre aussitôt que possible
    = you'd be well-**advised** to
- Si vous vivez une passion, au moins taisez-la. **Surtout ne** l'écrivez **pas**
    = whatever you do, don't

## 3 - offers

- **Si j'ai un conseil à vous donner, c'est de** ne pas trop tarder à renvoyer ces papiers
  = if I could give you one piece of **advice**, it would be to
- **Vous auriez tort de ne pas** en profiter
  = you'd be quite **wrong** not to
- **Je trouve que tu devrais** essayer de passer ton permis de conduire
  = I **think** you **should**
- **À mon avis tu devrais** te montrer plus enthousiaste
  = in my **opinion**, you **should**
- **À votre place, je** me renseigner**ais auprès de l'association des parents d'élèves**
  = if I were you, I'd
- **Si j'étais vous, je** téléphoner**ais sans plus tarder**
  = if I were you, I'd
- **Je ne saurais trop vous recommander d'**être discret à ce sujet
  = I cannot **advise** you strongly enough to

More tentatively

- **Pourquoi ne pas** téléphoner à Martine ? Ça lui ferait plaisir
  = **why not**
- **Est-ce que tu as pensé à** un cours de recyclage ?
  = have you **thought** of
- **Ce ne serait pas une mauvaise idée de** partir avant l'heure de pointe
  = it wouldn't be a bad **idea** to
- **Vous feriez mieux de** vous adresser à un autre musée
  = you'd do **better** to
- Nous n'avons plus de 45 mais **vous pourriez peut-être** essayer du 44
  = **perhaps** you **could**
- **Je me demande si vous ne devriez pas** attendre quelques jours
  = I **wonder** if you **should perhaps**
- **Il est déconseillé de** se promener du côté du port après la tombée de la nuit
  = it is **inadvisable** to
- **Il serait peut-être bon de** changer de ton à défaut de changer de politique
  = **perhaps** it would be a good **idea** to
- **Il nous semble peu prudent d'**engager des fonds aussi importants dans cette affaire
  = it doesn't seem very **wise** to us
- **Il serait judicieux de** publier ce document avant la fin de l'année
  = it would be **wise** to
- **Puis-je me permettre de suggérer que** vous chang**iez** (subj) d'itinéraire au retour ?
  = may I **suggest** that you

### 2.3 Giving warnings

- **Méfiez-vous de** ces faux amis
  = **beware** of
- **Si vous ne** réservez **pas** maintenant, **vous courez le risque de** ne pas avoir de billet
  = if you don't ... you run the **risk** of
- **Tu vas avoir des ennuis** de santé **si** tu continues à fumer autant
  = you're going to have problems if
- **Je vous préviens :** interdiction de stationner entre 13 et 16 heures, sinon gare au PV
  = I am **warning** you:
- **Je vous préviens que** je ne vous accorderai pas un jour de délai
  = I **warn** you that
- **Je vous avertis que** je commence à en avoir assez de vos absences répétées
  = I **warn** you that
- **Ce serait de la folie de** s'engager dans cette direction
  = it would be madness to

- **Si vous** ne vou ez pas vous allier, **très bien, mais** ne venez pas vous plaindre de ce qui vous arrivera
  = if you ... (that's) fine, but

## 3 OFFERS

### 3.1 Direct offers

- **Je ferais volontiers** ce voyage avec toi
  = I'd **gladly**
- **Je suis prêt à** poursuivre le travail commencé avec lui
  = I'm **prepared** to
- **Je peux** passer vous prendre chez vous, **si vous voulez**
  = I **can** ... if you want
- **Je pourrais** venir étudier la question sur place
  = I **could**
- **N'hésitez pas à** nous poser des questions
  = don't **hesitate** to
- **Laissez-moi au moins** payer les fleurs !
  = at **least let** me

### 3.2 Indirect offers

- **Je serais (très) heureux de** vous rendre ce service
  = I'd be very **happy** to
- **Cela me ferait très plaisir de** vous emmener
  = it would be a **pleasure** to
- **Je ne demande pas mieux que de** participer à ce projet
  = I'd be only too **happy** to
- **Nous pourrions peut-être** déjeuner ensemble
  = **perhaps** we **could**

### 3.3 Using direct questions

- **Cela te dirait de** visiter la Maison Blanche ?
  = how would you **like** to
- **Et si je** pass**ais l'aspirateur** ?
  = what if I
- **Est-ce que je peux** vous renseigner ?
  = **can** I
- **Est-ce que vous voulez que j'aille** (subj) vous chercher un journal ?
  = do you **want** me to go
- **Voudriez-vous que** nous avanc**ions** (subj) la réunion ?
  = would you **like** us to
- **Puis-je** vous être ut le ?
  = **can** I
- **Souhaitez-vous que nous** poursuiv**ions** (subj) les expériences en cours ?
  = do you **want** us to
- **Aimeriez-vous que je** m'en charge (subj) pour vous ?
  = would you **like** me to

##  REQUESTS

Tentatively

- **Est-ce que cela vous dérangerait beaucoup de** me céder votre place ?
  = would you **mind** awfully
- **Est-ce que cela vous ennuierait beaucoup de** me déposer chez moi ?
  = would you **mind** terribly
- **Cela me rendrait service si vous pouviez** me le prêter
  = it would be of **help** (to me) if you could
- **Cela m'arrangerait si vous pouviez** payer tout de suite
  = it would **suit** me (nicely) if you could

- **Nous aimerions** connaître vos heures d'ouverture
  = we would **like** to
- **Nous souhaiterions** clarifier quelques détails *(formal)*
  = we **wish** to
- **Puis-je vous demander de (bien vouloir)** me fournir quelques renseignements ? *(formal)*
  = **can** I **ask** you, please, to
- **Je voudrais** connaître les horaires des trains suivants
  = I'd **like** to

> More assertively

- **Est-ce que vous pourriez** nous donner un mode d'emploi ?
  = **could** you
- **Est-ce que vous pouvez** nous donner un exemple de prix ?
  = **can** you
- **Je dois vous demander de** procéder à une enquête
  = I must **ask** you to
- **Nous comptons sur vous pour** terminer ce travail rapidement
  = we are **counting** on you to
- **J'insiste pour que** le rapport **soit** *(subj)* substantiel et motivé
  = I **insist** on ... being

> In writing

- **Vous serait-il possible de** me dire où il faut s'adresser ?
  = **could** you **possibly**
- **Auriez-vous l'amabilité de** nous transmettre le texte ?
  = would you be so **kind** as to
- **Seriez-vous assez aimable pour** m'indiquer la marche à suivre ?
  = would you be so **kind** as to
- **Je vous remercie de bien vouloir** me faire parvenir ces renseignements
  = I would **appreciate** it if you would
- **Je vous prie de bien vouloir** attendre avant de remettre votre rapport
  = **please**
- **Je vous serais reconnaissant de bien vouloir** leur envoyer ce document
  = I would be **grateful** if you would
- **Je vous saurais gré de bien vouloir** rectifier cette erreur
  = I should be **grateful** if you would
- **Nous vous serions obligés de bien vouloir** nous faire part de vos décisions
  = we should be **obliged** if you would
- **Veuillez avoir l'obligeance de** remplir ces formulaires
  = please be so **kind** as to
- **Vous êtes prié de bien vouloir** régulariser votre situation
  = we **request** that you

---

# 5     COMPARISONS

## 5.1 Objective comparisons

- Cette nouvelle structure offrirait, **par comparaison avec** l'ancienne, souplesse et personnalisation de la gestion
  = by **comparison** with
- Quant au poisson, il offre, **en comparaison de** la viande, l'intérêt d'être peu gras
  = by **comparison** with
- ... un chiffre non négligeable, **comparé à** l'investissement initial
  = **compared** with
- C'est tout de même un pays riche **si on le compare à** l'ensemble du monde
  = if one **compares** it with
- Il y a des événements **bien plus** tragiques **que de** perdre une finale de Coupe d'Europe
  = **much more** ... than

- La progression, **par rapport à** l'année précédente, est importante
  = **compared** to
- Sa nouvelle maison **ressemble à** l'ancienne mais en moins grand
  = **resembles**
- **Cela fait penser à** du marbre mais en plus brillant
  = it **reminds** one of
- C'est un jardin qui peut, **par constraste avec** l'agitation environnante, évoquer ceux de Kyoto
  = when **contrasted** with
- Cet appartement donne sur un joli jardin **tandis que** *or* **alors que** l'autre donne sur une cour
  = **whereas**

## 5.2 Making favourable/unfavourable comparisons

- Ce vin **est de très loin supérieur à** l'autre
  = is by far **superior** to
- Ce fromage **est bien supérieur à** celui que vous venez de goûter
  = is far **superior** to
- **Je préfère** le sud de la France **à** la Bretagne pour ce qui est du climat
  = I **prefer** ... to
- L'élève **dépasse** le maître
  = **surpasses**
- Le film **est loin d'être aussi** intéressant **que** le roman dont on l'a tiré
  = is far from being as ... as
- Cette nouvelle adaptation du roman **est loin de valoir** la version en noir et blanc réalisée en 1939
  = is a long way from **equalling**
- Les danseurs d'aujourd'hui **n'arrivent pas à la cheville de** ceux des années 30
  = can't hold a candle to

## 5.3 Comparing similar things

- **On a souvent comparé** Eugène Delacroix **à** Victor Hugo
  = ... has often been **compared** to ...
- La presse locale n'a pas hésité à **faire un rapprochement entre** le limogeage du ministre de la justice **et** cet assassinat
  = make the **connection** between ... and
- Le camp militaire qui se trouve à l'entrée de la ville est **comparativement** peu peuplé
  = **comparatively**
- La composition des images **rappelle** très souvent les tableaux des peintres préraphaélites anglais
  = **recalls**
- Tous les deux se sont retrouvés sur un banc d'assises, **mais la ressemblance s'arrête là**
  = but that's where the **similarity** ends
- Leurs taux de scolarisation **sont comparables à** ceux des pays développés
  = are **comparable** with
- Nous avons trouvé un fromage **qui est l'équivalent** grec **de** la mozarella
  = which is the **equivalent** of
- Cette somme **correspond à** six mois de salaire
  = **corresponds** to
- Ces deux articles **valent pratiquement le même prix**
  = cost practically the **same**
- Un peuple qui n'a pas de mémoire n'a pas d'avenir. **Il en est de même des** formations politiques
  = the **same** is true of
- C'est plus ou moins la même chose
  = it's more or less the **same** thing
- Cela revient au même
  = it **amounts** to the **same** thing

### 5.4 Comparing dissimilar things

- **Ce qui distingue** notre langue **des** langues anciennes et modernes, **c'est** l'ordre et la construction de la phrase
   = what **distinguishes** ... from ... is
- **Ce qui différencie** les cafés arabica **des** robusta, **c'est** leur teneur en caféine
   = what **distinguishes** ... from ... is
- **Il n'y a aucune comparaison possible entre** l'équipement des deux armées
   = there is no possible **comparison** to be drawn between
- **On ne peut pas comparer** la situation de quelqu'un qui vit à la campagne **à** celle d'un banlieusard
   = you can't **compare** ... with
- Ces vignerons vivent de productions à faible rendement **qui n'ont rien de comparable avec** celles des Charentes
   = which are in no way **comparable** to
- Leur motivation, leur travail **ne se ressemblent vraiment en rien** mais ils ont en commun le fait d'être anglais
   = have really nothing in **common**

## 6  OPINION

### 6.1 Asking for opinions

*Tentatively*

- **J'aimerais connaître votre avis** or **votre opinion sur** ce problème
   = I'd like (to know) your **opinion** on
- **Je voudrais savoir ce que vous pensez de** son travail
   = I'd like to know what you **think** of
- **J'aimerais connaître votre réaction face à** ce brusque changement
   = I'd like (to know) your **reaction** to
- **Est-ce que vous pourriez me donner votre avis** or **votre opinion sur** cette émission ?
   = could you give me your **opinion** on
- **Pourriez-vous me dire ce que vous pensez de** leur politique ?
   = could you tell me what you **think** of

*More directly*

- **À votre avis** or **Selon vous**, faut-il donner plus de liberté aux jeunes ?
   = in your **opinion**
- **Est-ce que vous avez une opinion sur** la publicité ?
   = do you have any **opinion** on
- **Quelle est votre opinion sur** la situation internationale ?
   = what's your **opinion** on
- **Que pensez-vous de** sa façon d'agir ?
   = what do you **think** of

### 6.2 Expressing opinions

- **Il me semble que** vous vous trompez
   = I **think**
- **J'ai l'impression que** ses parents ne la comprennent pas
   = I have a **feeling**
- **Je suppose que** vous n'avez pas besoin de mes conseils
   = I **suppose**
- **J'imagine que** ce n'est pas très facile
   = I **imagine**
- **Si vous voulez mon opinion**, cette décision n'est pas raisonnable
   = if you want my **opinion**
- **Je ne peux pas m'empêcher de penser que** c'est délibéré
   = I can't help **thinking**
- **Sans vouloir vous contredire, il me semble que** nous nous rapprochons d'une solution
   = without wishing to contradict you, it **seems** to me that
- **Je dois dire que** je ne suis pas satisfait
   = I must **say** that

*More directly*

- **Je crains qu'il ne soit** (subj) trop tard maintenant
   = I **fear** that it is
- **À mon avis** il n'a pas changé
   = in my **opinion**
- **Selon moi** or **D'après moi** or **Pour moi,** il a fait une erreur
   = in my **view**
- **Personnellement**, je ne le soutiendrai pas
   = **personally**
- **En ce qui me concerne** or **Pour ma part** or **Quant à moi**, je suis content de son travail
   = as far as I am **concerned** or for my part
- **Je pense** or **Je crois que** ce sera possible
   = I **think** or **believe**
- **J'estime qu'**il faut reprendre cette discussion
   = I **think**
- **Je trouve que** le racisme est criminel
   = I **think**
- **Je considère que** cette réforme est une amélioration
   = I **feel**
- Il faut changer radicalement le système. **C'est du moins mon opinion**
   = at least that is my **opinion**

*With more conviction*

- **Je suis sûr que** nous pouvons trouver une solution
   = I am **sure**
- **Je suis certain qu'**il est tout à fait sincère
   = I am **certain**
- **Je suis persuadé qu'**il y a d'autres solutions
   = I am **convinced**
- **Je suis convaincu que** nous pouvons réussir
   = I am **convinced**

### 6.3 Avoiding expressing one's opinion

- **Il est difficile de** débattre de ces questions
   = it is **difficult** to
- **Je préférerais ne pas avoir à me prononcer** là-dessus
   = I'd rather not **comment**
- **Il m'est difficile de donner un avis (définitif) sur** ce point
   = I find it **difficult** to **express** a (definite) **opinion** on
- **Je n'ai pas d'opinion bien précise à** ce sujet
   = I have no definite **opinion** on
- **Je n'ai jamais vraiment réfléchi à** ce problème
   = I have never really thought about
- **Je ne me suis jamais vraiment posé la question**
   = I have never really asked myself that **question**
- **Je ne me le suis jamais demandé**
   = I have never thought about it
- **Je ne suis pas à même de dire s'**il a eu raison
   = I am not in a **position** to say whether
- **Tout dépend de** ce que vous entendez par là
   = it all **depends** on

## 7  LIKES, DISLIKES AND PREFERENCES

### 7.1 Asking what someone likes

- **Qu'est-ce que vous aimez le plus** or **préférez** : la mer ou la montagne ?
   = which do you **like better** or **prefer**
- **Est-ce que vous aimeriez** faire une partie de tennis cet après-midi ?
   = would you **like** to

- **Est-ce que cela vous plaît de** vivre en ville ?
  = do you **like**
- **Est-ce que cela vous plairait** or **ferait plaisir d'**aller à cette exposition ?
  = would you **like** to

### 7.2 Saying what you like

- **Cela ne me déplaît pas d'**être seule, je ne m'ennuie jamais
  = I don't **dislike**
- **J'aime que** les choses **soient** *(subj)* à leur place
  = I **like** ... to be
- **J'éprouve du plaisir à** marcher dans les vagues
  = I take **pleasure** in
- La visite de la cathédrale **m'a beaucoup plu**
  = I **liked** ... very much
- **Ce que j'aime par-dessus tout, c'est** une soirée entre amis
  = what I **like most** of all is
- **Pour moi, rien ne vaut** un grand verre d'eau fraîche pour se désaltérer
  = as far as I'm concerned, there's nothing **like**
- **Rien de tel qu'**une bonne soirée au théâtre !
  = there's nothing **like**

### 7.3 Saying what you dislike

- **Je n'ai aucun plaisir à** travailler dans de telles conditions
  = I don't find it at all **pleasant** to
- Sa façon d'agir **ne me plaît pas du tout**
  = I don't **like** ... at all
- **Il m'est pénible de** me trouver à côté de cet homme qui a fait tant de mal à ma famille
  = I find it hard to
- Sa façon de parler **me déplaît au plus haut point**
  = I **dislike** ... intensely
- **J'ai horreur de** la médiocrité
  = I **loathe**
- **Je ne peux pas supporter qu'**on me ment**e** *(subj)*
  = I can't **stand**
- **Ce que je déteste le plus, c'est d'**attendre le bus sous la pluie
  = what I **hate** most is

### 7.4 Saying what you prefer

- **J'aime autant que** nous y all**ions** *(subj)* ensemble
  = I'd **rather**
- Les critiques ne m'émeuvent pas mais **je préférerais** les recevoir directement plutôt que de façon anonyme
  = I'd **prefer** to
- Vendredi **me conviendrait mieux** *(formal)*
  = would **suit** me **better**
- **Cela m'arrangerait que** vous ven**iez** *(subj)* plutôt vendredi
  = it would **suit** me **better** if
- **Je préfère** créer du nouveau **plutôt que de** modifier de l'ancien
  = I **prefer** to ... than to
- **Ce que je préfère chez** Matisse, **ce sont** ses dessins, les encres, les fusains
  = what I **like best** about ... are
- La lecture est **une de mes** activités **favorites** or **préférées**
  = one of my **favourite**

### 7.5 Expressing indifference

- Cette idée **ne m'emballe pas**
  = I'm not **thrilled** by
- **Ça m'est égal**
  = it's all the **same** to me
- **C'est comme vous voudrez**
  = as you **wish**

- Une beauté classique **me laisse froid**
  = leaves me **cold**
- **Cela n'a pas la moindre importance**
  = it doesn't **matter** in the **least**
- **Je n'ai pas de préférence**
  = I have no **preference** either way
- **Peu importe**
  = I don't **mind**

## 8 INTENTIONS AND DESIRES

### 8.1 Asking what someone intends to do

- **Qu'est-ce que vous comptez faire** pour mettre un terme à leurs difficultés ?
  = what are you **planning** to do
- **Qu'est-ce que vous envisagez de faire** pour les aider ?
  = what are you **thinking** of doing
- **Qu'allez-vous faire** dans les prochains mois ?
  = what are you going to do
- **Quelles sont vos intentions** à son égard ?
  = what do you **intend** to do
- **Avez-vous l'intention de** faire de nouvelles propositions ?
  = do you **intend** to
- **Est-ce que vous pensez** retravailler ensemble ?
  = are you **thinking** of
- **Comptez-vous** faire un reportage ?
  = are you **planning** to
- **J'aimerais savoir ce que vous comptez** obtenir
  = I would **like** to know what you **intend** to

### 8.2 Saying what someone intends or wants to do

Tentatively

- **Il songe à** poursuivre ses études
  = he is **thinking** of
- **J'envisage de** simplifier les procédures
  = I am **thinking** of
- **Il projette de** restaurer un vieux château
  = he is **planning** to
- **Nous nous proposons de** publier des textes intégraux de romans étrangers
  = we **intend** to
- **Nous prévoyons de** partir en voyage le mois prochain
  = we are **planning** to
- **Je voudrais** m'entretenir avec lui le plus rapidement possible
  = I would **like** to
- **J'ai l'intention de** porter plainte
  = I **intend** to

More assertively

- **Je désire** faire connaître mes opinions
  = I **wish** to
- **Je veux** monter mon propre cabinet
  = I **want** to
- **J'ai décidé de** faire appel de ce jugement
  = I have **decided** to
- **Nous sommes (bien) décidés à** prendre des décisions radicales
  = we have (definitely) made up our **minds** to
- **Il est résolu à** apporter son soutien financier
  = he is **determined** to
- **Elle a pris la résolution de** coopérer davantage
  = she has made up her **mind** to
- **Nous voulons à tout prix** trouver du travail
  = we **want** to ... at all **costs**
- **Je vais** passer quelques semaines en Albanie
  = I am going to

## 8.3 Saying what someone does not intend or want to do

- **Elle n'envisage pas de** s'arrêter là
 = she is not **thinking** of
- **Nous ne comptons pas** rester ici longtemps
 = we don't **intend** to
- **Il n'est pas dans mes intentions de** démissionner
 = it is not my **intention** to
- **Je n'ai pas l'intention** or **la moindre intention de** faire un effort financier
 = I have no or not the slightest **intention** of
- **Nous ne voulons pas** dormir ici
 = we do not **want** to
- **Je suis (bien) décidé à ne pas** me laisser faire
 = I firmly **intend** not to
- **Je refuse de** mettre le nez dehors par ce froid
 = I **refuse** to
- **Il n'est pas question que** je vende (subj) la voiture
 = there is no **question** of
- **Je m'oppose formellement à ce que nous** y all**ions** (subj)
 = I am totally **opposed** to our

## 8.4 Saying what someone would like to do

- **J'ai envie d'**aller au cinéma ce soir
 = I **feel** like
- **Nous aurions aimé** pouvoir le féliciter nous-mêmes
 = we would have **liked** to
- **J'aimerais** écrire un livre
 = I would **like** to
- **Je voudrais** réaliser un second film
 = I would **like** to
- **Je voudrais que** l'entrée **soit** (subj) repeinte avant Noël
 = I would **like** ... to be
- **Il souhaiterait** développer les contrats avec les entreprises
 = he would **like** to
- **Il est à souhaiter qu'il** dispose (subj) de moyens suffisants
 = it is to be **hoped** that he
- **Je forme le souhait que** les liens entre nos deux associations se développent (subj) (formal)
 = it is my **desire** that
- **Il faut espérer que** tout se déroulera comme prévu
 = it is to be **hoped** that
- **Elle rêve de** faire du cinéma
 = she **dreams** of

# 9 PERMISSION

## 9.1 Asking for permission

- **Est-ce qu'on peut** or **peut-on fumer** dans ce bureau ?
 = is smoking **allowed**?
- **Est-ce que vous accepteriez que** je vous raccompagne (subj) ?
 = would you **allow** me to
- **Est-ce que je pourrais** me faire photographier avec vous ?
 = **could** I
- **Je voulais vous demander si je pourrais** arriver un peu plus tard demain matin
 = I wanted to **ask** you if I could
- **J'espère que cela ne vous ennuiera pas si** je change quelques détails dans ce compte rendu
 = I hope you won't **mind** if I
- **J'aimerais bien** participer au stage, **si cela ne vous dérange pas**
 = I'd like to ... if you don't **mind**
- À ce sujet, **puis-je vous demander de** m'accorder une petite entrevue ?
 = **may** I **ask** you to
- **Voyez-vous un inconvénient à ce que** ces productions **soient** (subj) subventionnées sur fonds publics ?
 = do you have any **objection** to ... being
- **Nous serait-il possible de** vous inviter à ce festival en novembre ?
 = **may** we

## 9.2 Giving permission

- **Vous pouvez** utiliser la photocopieuse, **si vous voulez**
 = you **can** ... if you want
- **Je n'y vois pas d'inconvénient**
 = I have nothing **against** it
- **Je vous permets de** partir une heure plus tôt
 = I'll **allow** you to
- **Je vous autorise à** partir plus tôt
 = you have my **permission** to
- **Je vous en prie, faites comme vous jugez nécessaire**
 = please do what you feel you need to
- **Je consens à ce que** vous lui en parl**iez** (subj) directement
 = I give you my **permission** to

## 9.3 Refusing permission

- **Il n'en est pas question**
 = there is no **question** of it
- **Vous ne pouvez pas** voir le directeur sans rendez-vous
 = you **can't**
- **Je ne vous permets pas de** or **ne vous autorise pas à** photographier l'usine
 = I cannot **allow** you to or give you permission to
- **Je préférerais que vous ne** lui en parl**iez** (subj) **pas**
 = I'd prefer you not to
- **Je refuse catégoriquement de vous laisser** partir
 = I absolutely **refuse** to **let** you
- **Je vous interdis formellement de** communiquer avec nos concurrents
 = I positively **forbid** you to
- **Je regrette de ne pouvoir consentir à** ce projet
 = I regret that I cannot **consent** to
- **Je m'oppose absolument à ce que nous** leur expédi**ions** (subj) cette commande sans garantie
 = I am totally **opposed** to our
- **Je crains d'être dans l'obligation de vous décevoir** (formal)
 = I am afraid I must disappoint you

## 9.4 Saying that permission has been granted

- **Ils le laissent** boire du café bien qu'il n'ait (subj) que trois ans
 = they **let** him
- **On m'a permis de** régler la machine à laver en plusieurs versements
 = they've **allowed** me to
- **Il m'a dit que je pouvais** prendre sa voiture
 = he said I **could**
- **On permet** or **autorise** une marge d'erreur
 = ... is **permissible**

## 9.5 Saying that permission has been refused

- **Défense d'entrer** or **Entrée interdite**
 = no entry
- **Il m'est interdit** or **défendu de** boire de l'alcool
 = I have been **forbidden** to
- **L'alcool m'est interdit**
 = I am **forbidden** ...
- ... le dimanche, jour où **il est défendu de** s'occuper à rien de sérieux
 = it is **forbidden** to
- Mon médecin **m'interdit de** fumer
 = **forbids** me to

- ◆ **Il est formellement interdit de** parler au conducteur
  = ... is strictly **forbidden**
- ◆ **Vous ne devez en aucun cas** ouvrir la porte
  = on no account must you

## 10   OBLIGATION

### 10.1   Saying what someone must do

- ◆ **On demande que** les patients **soient** *(subj)* à l'heure
  = ... are **requested** to be
- ◆ **Il faut que** le travail **soit** *(subj)* terminé vendredi
  = ... **must** be
- ◆ Le financement **doit être** assuré par d'autres ressources
  = ... **must** be
- ◆ **Il faut (absolument)** faire quelque chose
  = you (really) **must**
- ◆ **Il est obligatoire de** réserver pour prendre le TGV
  = ... is **obligatory**
- ◆ **Il est indispensable de** trouver d'urgence une solution
  = it is **essential** to
- ◆ **On exige que** les candidats **aient** *(subj)* de solides connaissances en algèbre
  = ... are **required** to have
- ◆ **Cela m'oblige à** *or* **me force à** venir tous les jours
  = I **have** to ... because of that
- ◆ **Vous êtes obligé de** venir
  = you **have** to
- ◆ **Je suis forcé de** partir pour Londres
  = I am **forced** to
- ◆ **Vous prendrez** deux de ces comprimés chaque matin
  = (you must) take
- ◆ **Vous devez (impérativement)** payer vos impôts pour le quinze
  = you (really) **must**
- ◆ **Il est indispensable que** vos lecteurs en **soient** *(subj)* informés
  = it is **essential** that ... are
- ◆ **Je ne peux faire autrement que d'**accepter
  = I have no **choice** but to
- ◆ **Je n'ai pas le choix**
  = I have no **choice**

More formally

- ◆ **Elle s'est trouvée obligée de** rester deux heures de plus
  = she was **obliged** to
- ◆ **Il s'est vu contraint de** suivre un traitement médical intensif
  = he was **compelled** to
- ◆ **Il me faut** leur donner les mesures de l'appartement
  = I **have** to
- ◆ **Je me vois dans l'obligation de** solliciter un nouveau prêt *(written)*
  = I am **obliged** to
- ◆ **J'ai le devoir de** *or* **Il est de mon devoir de** vous informer que votre demande a été rejetée *(written)*
  = it is my **duty** to

### 10.2   Enquiring if one is obliged to do something

- ◆ **Est-ce qu'on doit** consulter un spécialiste avant de suivre un régime ?
  = **must** one
- ◆ **Est-ce qu'il faut** s'en tenir à ce document ?
  = does one **have** to
- ◆ **Est-ce que j'ai vraiment besoin de** prendre un parapluie ?
  = do I really **need** to
- ◆ **Est-ce que je suis obligé** *or* **forcé de** venir avec vous ?
  = do I **have** to
- ◆ **Faut-il vraiment que je** cho**isisse** *(subj)* un nouveau nom ?
  = do I really **have** to

- ◆ **Est-il nécessaire de** faire autant de bruit pour si peu ?
  = does one **have** to
- ◆ **Est-il obligatoire de** présenter sa carte d'identité ?
  = does one **have** to

### 10.3   Saying what someone is not obliged to do

- ◆ **On n'a pas besoin de** crier pour se faire entendre
  = one doesn't **have** to
- ◆ **Il n'est pas obligatoire d'**avoir ses papiers d'identité sur soi
  = it is not **compulsory** to
- ◆ **Il n'est pas nécessaire de** téléphoner pour confirmer
  = it is not **necessary** to
- ◆ **Il n'est pas indispensable de** suivre la recette traditionnelle
  = it is not **essential** to
- ◆ **Ce n'est pas la peine de** traduire tout le premier chapitre
  = it is not **worth**
- ◆ **Vous n'êtes pas obligé** *or* **forcé d'**aller voir un médecin
  = you don't **have** to
- ◆ **Je ne vous oblige pas à** y aller
  = I am not **forcing** you to
- ◆ **Ne vous sentez pas obligé de** venir la voir
  = do not feel **obliged** to
- ◆ **Je ne vous demande pas de** faire des photocopies toute la journée
  = I am not asking you to

### 10.4   Saying what someone must not do

- ◆ **On n'a pas le droit de** fumer dans les lieux publics
  = ... is not **allowed**
- ◆ **Il est interdit** or **défendu de** conduire sans permis
  = ... is **forbidden**
- ◆ **Il ne faut pas** être agressif
  = you **mustn't**
- ◆ **Nous ne tolérerons** aucun retard
  = we will not **tolerate**
- ◆ **Vous ne pouvez pas** vous absenter plus de trois jours par mois
  = you cannot
- ◆ **Je ne vous permets pas de** me parler sur ce ton
  = I will not **allow** you to
- ◆ **Je t'interdis** *or* **Je te défends d'**y aller seul
  = I **forbid** you to
- ◆ **Surtout ne** lui en parlez **pas**
  = whatever you do, do not

## 11   AGREEMENT

### 11.1   Agreeing with a statement

- ◆ **Vous avez bien** *or* **entièrement raison**
  = you are quite or absolutely **right**
- ◆ **Je suis entièrement de votre avis**
  = I **agree** with you entirely
- ◆ **Je suis entièrement d'accord** (avec vous)
  = I entirely **agree**
- ◆ Dans l'ensemble, **nous sommes d'accord avec** l'orientation du projet
  = we **agree** with
- ◆ **Nous sommes du même avis que vous sur** ce point
  = we **feel** the **same** as you on
- ◆ **Je partage votre inquiétude sur** les risques d'une guerre commerciale
  = I **share** your concern over
- ◆ **Je partage votre enthousiasme pour** les possibilités offertes par les nouvelles technologies de communication
  = I **share** your enthusiasm for
- ◆ **Je conviens que** c'est là un discours difficile
  = I **admit** that

## 12 - disagreement

- **Je comprends très bien que** tu **aies** (subj) pitié de Laura
  = I fully **understand** that
- **Je vous accorde que** les hommes politiques valent beaucoup mieux que leur image électorale
  = I **concede** that
- **Comme vous l'avez fait remarquer, il est vrai** or **exact que** nous n'avons pas toutes les données nécessaires
  = as you **pointed** out, it is **true** that
- **Je ne puis que vous donner raison**
  = I cannot but **agree** with you

### 11.2 Agreeing to a proposal

- **C'est une bonne idée**
  = it's a good **idea**
- **Je trouve que tu as raison de** prendre tes congés maintenant
  = I think you're **right** to
- **Je suis d'accord pour que vous** y all**iez** (subj) à pied
  = I **agree** that you should
- **J'accepte** la proposition du commissaire
  = I **accept**
- **J'accepte de** consulter un expert, comme vous l'avez suggéré
  = I **agree** to
- Votre proposition **nous plaît beaucoup**
  = we **like** ... very much
- La coopération des deux entreprises, **c'est exactement ce dont nous avons besoin**
  = is **exactly** what we need
- **Nous donnons notre accord à** la réfection des locaux
  = we **agree** to
- **Il est entendu que** la nouvelle taxe sera appliquée de façon dégressive
  = it is **agreed** that
- **Je ne manquerai pas d'**appuyer votre demande
  = I shall not **fail** to
- **Je suis heureux d'apporter mon soutien à** cette proposition
  = I am **happy** to **support**
- **Je souscris à** beaucoup de ces analyses et propositions
  = I **subscribe** to

### 11.3 Agreeing to a request

- **Je serai enchanté** or **ravi d'**aller chercher votre tante à la gare
  = I shall be **delighted** to
- La date retenue **me convient parfaitement**
  = **suits** me perfectly
- **Je suis prêt à** aller déjeuner en sa compagnie à sa sortie de prison
  = I am **prepared** to
- **Je** quitter**ai donc** l'appartement le 22, **comme vous me l'avez demandé**
  = I shall ..., then, ... as you requested
- **Il est entendu que** les négociations couvriront les questions en suspens
  = it is **agreed** that

In writing

- **J'accepte avec grand plaisir** votre aimable invitation
  = I have great **pleasure** in **accepting**
- **C'est avec grand plaisir que j'accepte** votre aimable invitation
  = it is with great **pleasure** that I **accept**
- Nous prenons bonne note de votre commande, **que nous honorerons dans les plus brefs délais**
  = which we will process as quickly as possible
- **Je tiens à vous assurer que je suivrai vos instructions à la lettre**
  = be **assured** that I will follow your instructions to the letter

- **Nous essayerons de nous conformer à vos désirs**
  = we shall endeavour to meet your requirements

## 12 DISAGREEMENT

### 12.1 Disagreeing with a statement

- **Je suis désolé** or **Je suis navré de** devoir vous contredire
  = I am **sorry** to
- **Je ne partage pas votre point de vue** là-dessus
  = I do not **share** your point of view
- **Je ne suis pas d'accord avec** cette manière de voir
  = I do not **agree** with
- **Je vois les choses (tout à fait) différemment**
  = I see things (quite) differently

More assertively

- **C'est faux**
  = it's **wrong**
- **Vous vous trompez**
  = you are **mistaken**
- **Vous faites erreur**
  = you are **mistaken**
- **Vous avez tort de** refuser
  = you are **wrong** to
- **Je rejette (totalement)** cette idée
  = I (totally) **reject**
- **Je suis contre** la violence sous toutes ses formes
  = I'm **against**
- **Je suis (catégoriquement) opposé à** une idée négative de l'Europe
  = I am (categorically) **opposed** to
- **Je ne peux pas accepter** cette condamnation globale
  = I cannot **accept**
- **Je n'admets pas que** l'on me **dise** (subj) pour qui je dois voter
  = I will not **allow** ... to tell
- **Je nie (catégoriquement)** l'avoir jamais rencontré
  = I (categorically) **deny**

### 12.2 Disagreeing with a proposal

- **Il n'est plus possible de** travailler comme avant
  = it is no longer **possible** to
- **Il est impossible de** fixer un calendrier précis
  = it is **impossible** to
- **Je ne suis pas d'accord avec** ces changements
  = I do not **agree** with
- **Je ne suis pas d'accord pour que** le problème **soit** (subj) posé en ces termes
  = I do not **agree** that ... should be
- **Je crains fort de ne pouvoir approuver** cette décision (written)
  = I am afraid I cannot **approve**

More assertively

- **Je ne peux pas accepter** les actions brutales et précipitées
  = I cannot **accept**
- **Je suis contre** le protectionnisme
  = I am **against**
- **Je suis opposé à** toute censure
  = I am **opposed** to
- **Je refuse** son licenciement
  = I **refuse** to allow
- **Je refuse qu'**on diffuse (subj) cette séquence
  = I **refuse** to allow
- **Il est hors de question que** je le leur **dise** (subj)
  = it is out of the **question** that ... should tell
- **Je mettrai mon veto à** ce projet
  = I shall **veto**

## 12.3 Refusing a request

**Tentatively**

- **Je ne pourrai malheureusement pas** jouer ce soir
    = **unfortunately**, I won't **be able to**
- **Il m'est difficile de** procéder à une estimation
    = I find it **difficult** to
- **Je ne suis pas en mesure de** prendre de nouveaux engagements
    = I'm not in a **position** to

**More assertively**

- **Il est hors de question que nous** accept**ions** *(subj)*
    = it is out of the **question** that we should
- **Je refuse de** les faire travailler pour rien
    = I **refuse** to
- **Je n'accepterai pas d'**assumer cette responsabilité
    = I will not **agree** to

**In writing**

- **Il m'est (vraiment) impossible de** répondre à votre demande
    = it is (really) **impossible** for me to
- **Je dois malheureusement décliner** votre invitation
    = **unfortunately**, I must **decline**
- **Nous avons le regret de vous informer que** vous ne pourrez assister au procès
    = we **regret to inform you that** you will be **unable** to
- **Nous regrettons de ne pouvoir** donner suite à votre requête
    = we **regret** that we are **unable** to
- **Je regrette sincèrement de ne pas être en mesure d'**apporter les garanties réclamées
    = I sincerely **regret** that I am not in a **position** to
- **Je suis au regret de ne pouvoir** appuyer votre demande
    = I **regret** that I am **unable** to

## 13  APPROVAL

- **Quelle excellente idée !**
    = what an **excellent** idea!
- **Vous avez bien fait de** laisser vos bagages à la consigne de la gare
    = you were **right** to
- **J'ai bien aimé** la mise en scène de la pièce
    = I **liked**
- La mise en scène de la pièce **m'a beaucoup plu**
    = I **liked** ... very much
- **J'ai beaucoup apprécié** la gentillesse avec laquelle il a proposé de nous aider
    = I greatly **appreciated**
- Je pense que cette initiative de l'administration **est une très bonne chose**
    = is a very good thing
- **Je trouve que vous avez raison de** souligner cette différence
    = I think you are **right** to
- **Je trouve que vous n'avez pas tort de** chercher à étendre la gamme de vos produits
    = I think you are not wrong in
- **Nous sommes favorables à** la création d'emplois et au développement de l'activité portuaire
    = we are **favourable** to
- **Nous sommes en faveur d'**une solution négociée
    = we are in **favour** of

- **Le plus grand mérite de** ce petit livre pratique **est de** donner pour chaque cas des adresses utiles
    = the greatest **merit** of ... is to

**More formally**

- Tout renfort **est le bienvenu**
    = is **welcome**
- De nombreuses voix se sont, **à juste titre**, élevées pour protester contre cette scandaleuse manipulation
    = **rightly**
- Mon voisin de table reproche **avec raison** aux meilleures maisons de servir du thé en sachet
    = **rightly**
- **On ne peut qu'admirer** l'art avec lequel Oscar Wilde a mis en scène son destin
    = one cannot but **admire**
- **J'approuve sans réserve** les mesures prises par le ministre de l'Économie
    = I **approve** unreservedly
- **Nous apportons notre soutien aux** mesures prises par le secrétaire général des Nations unies
    = we give our **support** to

## 14  DISAPPROVAL

- **Tu n'aurais pas dû** lui parler sur ce ton
    = you shouldn't have
- **Vous auriez mieux fait de** partir sans rien dire
    = you would have done better to
- **Je désapprouve** toute discrimination, qu'elle frappe les femmes ou les minorités
    = I **disapprove** of
- **Je trouve qu'il a eu tort d'**emprunter tant d'argent
    = I feel he was **wrong** to
- **Je condamne** quiconque s'y oppose
    = I **condemn**
- **Je ne supporte pas** une telle arrogance
    = I can't **stand**
- **Je ne comprends pas comment on peut** fermer les yeux sur ce problème
    = I don't understand how people can
- **Je déplore** son manque de sérieux
    = I **deplore**
- **Je suis profondément déçu par** son attitude désinvolte
    = I am deeply **disappointed** by
- **Je proteste contre** la façon dont nous avons été traités
    = I **protest** against
- **Je suis farouchement opposé à** ce projet
    = I am fiercely **opposed to**
- **Je suis consterné d'apprendre que** personne n'est allé vous chercher à l'*aéroport*
    = I am **dismayed** to hear that
- Cette idée **me déplaît profondément**
    = I **dislike** ... intensely
- **On ne peut que regretter** une telle légèreté
    = ... is only to be **regretted**
- **Il est dommage que** nul ne se **soit** *(subj)* demandé si cet organisme ne pouvait pas continuer à travailler en province
    = it is a **pity** that
- **Il est regrettable que** cet aspect essentiel de la recherche **soit** *(subj)* à ce point délaissé par l'industrie pharmaceutique
    = it is **regrettable** that
- **De quel droit** la presse s'érige-t-elle en censeur ?
    = what gives ... the right to
- La qualité de ce produit **laisse à désirer**
    = leaves a lot to be desired

# 15 CERTAINTY, PROBABILITY, POSSIBILITY AND CAPABILITY

## 15.1 Expressing certainty

[In an impersonal way]

- **Il est certain que** les discusssions ont été longues et parfois délicates
  = it is **certain** that
- **Il est évident que** la situation est loin d'être simple
  = **evidently**
- **Il ne fait aucun doute que** les gâteaux allégés vont connaître un réel succès
  = there is no **doubt** that
- **Il est indéniable que** nous vivons une période de moindre croissance
  = it is **undeniably** true that
- **Il est incontestable que** le président a, en la matière, un rôle important à jouer
  = ... **unquestionably** has
- **Il faut bien reconnaître que** nous utilisons souvent les locutions sans en connaître l'histoire ou le sens exact
  = one must **recognize** that
- **Il faut bien admettre que** le texte, là encore, n'est pas très clair
  = it has to be **admitted** that
- **De toute évidence**, on pourrait dépenser moins pour soigner aussi bien
  = quite **obviously**
- **Le doute n'est plus permis :** la reprise ne se manifestera pas à temps
  = there is no longer any **doubt:**
- **Il n'y a aucun doute** : il a réussi à avoir ce qu'il voulait, mais à quel prix ...
  = there is no **doubt** about it
- **Il va sans dire que** nous vous livrerons dès que possible
  = it goes without saying that

[More directly]

- **Je suis sûr** or **certain que** le facteur est déjà passé
  = I am **sure** or **certain** that
- Je suis **sûr** or **certain d**'avoir rangé cette facture dans ce tiroir
  = I am **sure** or **certain** that
- **J'ai la certitude qu**'il nous a menti
  = I am **certain** that
- **Je suis persuadé qu**'un changement d'air lui ferait le plus grand bien
  = I am **convinced** that

## 15.2 Expressing probability

- **Il est probable que** les résultats ne seront pas affichés avant demain matin
  = **probably**
- Les résultats ne seront **probablement** pas affichés avant demain matin
  = **probably**
- **Il a dû** tomber en panne or Il est **sans doute** tombé en panne
  = he **must** have
- **Vous devriez** recevoir ce chèque sous peu
  = you **should**
- Ce chèque **devrait** vous parvenir sous peu
  = **should**
- **On dirait que** le temps va changer
  = it looks as though
- **Je pense** prendre quelques jours de congé la semaine prochaine
  = I am thinking of
- **Il est bien possible qu**'il n'**ait** (subj) jamais reçu cette lettre
  = it is quite **possible** that
- **Il se pourrait bien qu**'il y **ait** (subj) des retards à cause de la grève
  = it is quite **possible** that
- **Il me semble que** l'on voit moins de boucheries chevalines à Paris
  = it **strikes** me that
- Il a changé de voiture, **paraît-il** or **à ce qu'il paraît**
  = it **seems**
- **Tout semble indiquer qu**'il s'agit des salariés qui manifestaient hier
  = everything **seems** to indicate that

## 15.3 Expressing possibility

- Il s'agit **peut-être** d'une erreur
  = **perhaps**
- **Il est peut-être** déjà trop tard pour téléphoner
  = **perhaps** it's
- **Peut-être qu'il est** déjà trop tard pour téléphoner
  = **maybe** it's
- La situation **peut** changer du jour au lendemain
  = **can**
- **Est-il possible qu'**il **ait** (subj) été arrêté sans que personne n'en ait rien su ?
  = is it **possible** that
- **Il n'est pas impossible qu'**il **ait** (subj) changé d'avis
  = it is not **impossible** that
- **Il se peut que nous** pass**ions** (subj) par Paris au retour
  = we **might**
- **Il se pourrait très bien qu'il** décide (subj) un jour de tout quitter
  = he **may** well

## 15.4 Expressing capability

- **Savez-vous** vous servir de la nouvelle machine ?
  = do you know how to
- **Il sait** nager
  = he **can**
- **Je comprends** le français
  = I **understand**
- **Je vois** un grand mur blanc
  = I **can** see
- **Je peux** investir jusqu'à mille francs
  = I **can**
- **J'arrive à** aller la voir deux ou trois fois par semaine
  = I **manage** to
- **Je peux tout juste** le comprendre
  = I **can** just
- Les candidats doivent **être capables de** traduire des textes scientifiques
  = be **capable** of
- **Il m'est possible de** me libérer pour 17 heures
  = I **could**
- **Nous sommes à même de** proposer des prix très bas
  = we are in a **position** to

# 16 DOUBT, IMPROBABILITY, IMPOSSIBILITY AND INCAPABILITY

## 16.1 Expressing doubt

[In an impersonal way]

- **On ne sait pas exactement** ce qui se passe durant ce processus
  = we don't **know exactly**
- Les traductions récentes **ne sont pas forcément** les meilleures
  = are not **necessarily**
- **Il n'est pas sûr qu'**elle or **Il n'est pas certain qu'**elle **soit** (subj) malade
  = we don't **know** for **sure** that

- **On ne sait pas au juste** qui a inventé cette façon de s'habiller
  = we don't **know exactly**
- **Le doute subsiste quant au** nombre exact des victimes
  = some **doubt** remains as to
- **Rien ne permet de penser qu**'il soit (*subj*) un mafieux
  = one has no **cause** to think that ... is

More directly

- **Je ne suis pas sûr** or **Je ne suis pas certain qu**'il y ait (*subj*) du monde ce soir
  = I am not **sure** or **certain** whether
- **Je ne suis pas sûr d**'avoir or **Je ne suis pas certain d**'avoir raison
  = I am not **sure** or **certain** if
- **Nous nous demandons si** nous devons accepter leurs propositions
  = we **wonder** if
- **Je doute fort qu**'ils t'aient (*subj*) cru
  = I very much **doubt** whether
- **Je doute de** sa sincérité
  = I **question**
- **Je doute de** l'avoir jamais vu
  = I **doubt** if
- **Nous sommes encore dans l'incertitude quant à** l'application de cet accord
  = we are still **uncertain** as to

### 16.2 Expressing improbability

- **Cela m'étonnerait que** l'on vous réponde (*subj*)
  = it would **surprise** me if
- **Elles ne risquent pas d**'avoir le prix Nobel d'économie
  = they are not **likely** to
- **Il ne changera probablement pas** d'avis
  = **probably** not
- **Il y a peu de chances que** ce programme soit (*subj*) réalisé
  = there is not much **chance** of
- **Il est peu probable qu**'il ait (*subj*) changé d'avis
  = it is **unlikely** that
- **Il serait étonnant que** ces déclarations soient (*subj*) entendues
  = it would be **surprising** if
- **Il ne semble pas que** les médecins lui aient (*subj*) administré des calmants
  = it does not **look** as if
- **Il n'est guère probable que** les négociations aboutissent (*subj*)
  = it is hardly **likely** that
- **Il est douteux que** ma proposition soit (*subj*) retenue
  = it is **doubtful** whether
- **Je crains fort que** nous n'arrivions (*subj*) pas à nous entendre
  = I very much **fear** that

### 16.3 Expressing impossibility

- **Il n'est pas possible que** or **Il est impossible que** les renseignements soient (*subj*) faux
  = it is not **possible** that or it is **impossible** that
- **Il n'y a aucune chance que** nous terminions (*subj*) cette traduction à temps
  = there is no **chance** of
- **Nous n'avons aucune chance de** trouver un emploi
  = we have no **chance** of
- **Le trajet n'est pas faisable** en voiture
  = **cannot** be done
- **Il ne peut s'agir de** la même personne
  = it **cannot** be
- **Il m'est impossible de** m'absenter la semaine prochaine
  = it is **impossible** for me to

- **Il est absolument exclu que** nous équilibrions (*subj*) nos comptes
  = it is absolutely out of the **question** that
- **Je suis malheureusement dans l'impossibilité de** tenir mes engagements
  = unfortunately, I am **unable** to

### 16.4 Expressing incapability

- **Je ne peux pas** tout contrôler
  = I **cannot**
- **Il ne sait pas** présenter les plats
  = he does not **know** how to
- **Je ne sais pas comment** la décrire
  = I do not **know** how to
- **Je n'arrive pas à** or **Je ne parviens pas à** trouver une explication
  = I **cannot** (**manage** to)
- **Il est incapable de** prendre une décision
  = he is **incapable** of
- **Il n'a pas les aptitudes requises pour** ce travail
  = he does not have the necessary **aptitude** for
- **Il m'est impossible de** jouer ce rôle
  = it is **impossible** for me to
- **Je suis dans l'impossibilité de** répondre
  = I am **unable** to

---

## 17 EXPLANATIONS

### 17.1 Emphasizing the reason for something

- C'est un endroit à la mode **à cause du** marché aux puces qui s'y est installé
  = **because** of
- Ils ont réussi à s'en sortir **grâce à** leur dynamisme
  = **thanks** to
- Je n'en ai pas parlé **parce que** le temps me manque
  = **because**
- Je suis très inquiet **car** nous n'avons pas commencé à discuter des solutions
  = **as**
- **Comme** il se faisait tard, elle a pris un taxi
  = **as**
- Le marché des changes est délocalisé, **puisque** les échanges se font par terminaux informatiques
  = **since**
- **Étant donné qu**'il or **Puisqu**'il n'est pas là, je dois faire son travail à sa place
  = **given** that or **since**
- **Vu** or **Étant donné** la situation actuelle, on ne peut pas espérer d'amélioration prochaine
  = **given**
- J'ai commencé à jouer du rock à seize ans. **Voilà pourquoi** je m'implique dans ce que je joue
  = that's **why**
- **La raison de son refus** or **La raison pour laquelle il a refusé, c'est qu**'il doit partir ce soir
  = the **reason** for his refusal or that he refused is that
- **C'est pour cette raison que** j'ai accepté d'y aller
  = it is for this **reason** that
- C'est la hausse du dollar qui **a provoqué** cette crise
  = has **brought** about

More formally

- Il était absent **pour raisons de** santé
  = for ... **reasons**
- Le vol AF232 a été retardé **en raison des** conditions météorologiques
  = **owing** to

# 18 - apologies

- Les importations ont progressé **par suite de** l'ouverture des frontières
  = as a **result** of
- **C'est grâce à** l'émission **qu'**il a pu être identifié
  = it was **thanks** to ... that
- La bataille risque de s'arrêter **faute de** munitions
  = for **lack** of
- Le drame **vient de ce qu'**elle s'est habituée à vivre au-dessus de ses moyens
  = is the **result** of
- La violence **provient de** cette mise en scène brutale
  = **comes** from
- Son engagement politique **tient à** une philosophie
  = **stems** from
- L'affaire **remonte à** la plainte d'un automobiliste
  = **goes back** to
- Le retard **est lié à** des problèmes techniques
  = is **linked** to
- **Il attribue** ce résultat **à** la flexibilité du marché du travail
  = he **attributes** ... to
- **Étant donné que** les chiffres sont approximatifs, on ne peut se fier à ces résultats
  = **given** that

## 17.2 Emphasizing the result of something

- Je dois partir ce soir ; **je ne pourrai donc pas** venir avec vous samedi
  = **so** I won't be able to
- Le débat sur ce chapitre n'est pas achevé, **si bien que** les négociations ont de sérieuses chances de se poursuivre
  = **so much so** that
- Les erreurs de conception se sont accumulées, **de telle sorte que** le projet a pris un sérieux retard
  = **so much so** that
- Le sol de cette dépression est entièrement argileux, **par conséquent** imperméable
  = **consequently**
- Cette législation **a eu pour conséquence** d'encourager les mères à rester célibataires
  = has **resulted** in
- La haine **résulte de** l'incompréhension
  = is the **result** of
- Les grèves ont été nombreuses ces derniers mois ; **il en résulte que** la production a diminué dans ce secteur
  = as a **result**

---

## 18 APOLOGIES

### 18.1 Apologizing for one's actions

- **Excusez-moi d'**arriver en retard
  = **sorry** I
- **Pardonnez-moi de** dire une autre banalité
  = **excuse** me for
- **Je suis désolé qu'**on vous **ait** *(subj)* dérangé pour rien
  = I'm **sorry**
- **Je suis vraiment navré de** ce malentendu
  = I'm really **sorry** about
- **Je regrette de** vous contredire **mais** ce mot est bien d'origine espagnole
  = I'm **sorry** to ... but
- **Je reconnais que** ce rapport contient un certain nombre de termes inutilement agressifs
  = I **admit** that
- **Je vous prie d'excuser** le décousu de cette lettre
  = please **excuse**
- **Veuillez m'excuser de** vous déranger ainsi
  = please **excuse** me for

- **Soyez assuré que** cet incident ne se reproduira pas
  = let me **assure** you that
- **Nous tenons à vous présenter nos excuses pour** les difficultés que vous avez rencontrées
  = we wish to **apologize** for

### 18.2 Apologizing for being unable to do something

- **Je suis vraiment désolé de ne pas pouvoir** vous fournir immédiatement ces renseignements
  = I'm really **sorry** I can't
- **Il m'est malheureusement impossible d'**arriver avant 8 heures
  = **unfortunately**, it's **impossible** for me to
- **Je regrette infiniment mais** ce document ne peut être consulté que sur place
  = I am terribly **sorry** but
- **Nous regrettons de ne pouvoir** faire suite à votre demande *(written)*
  = we **regret** that we are **unable** to
- **J'ai le regret de ne pouvoir** accepter votre aimable invitation *(written)*
  = I **regret** that I am **unable** to
- **Nous sommes au regret de** vous informer que vous ne serez pas autorisé à assister au procès *(written)*
  = we **regret** to

### 18.3 Admitting responsibility

- Je me rends compte que **je n'aurais jamais dû** laisser la porte ouverte
  = I **should never have**
- Je reconnais que **j'ai eu tort de** lui communiquer votre adresse
  = I **admit** that I was **wrong** to
- **Si seulement je ne** leur **avais pas** déjà promis que nous passerions nos vacances avec eux !
  = if only I hadn't
- **J'accepte l'entière responsabilité de** cette affaire
  = I **accept** full **responsibility** for

### 18.4 Disclaiming responsibility

- **Je t'assure que je n'ai pas fait exprès de** déchirer la couverture de ce livre
  = I assure you I didn't ... on **purpose**
- **J'avais cru bien faire en** expédiant immédiatement ce chèque
  = I thought I was doing the right thing by
- **J'essayais simplement de** vous éviter des problèmes
  = I was simply trying to
- **Je suis sûr que vous comprendrez les raisons qui nous ont poussés à** augmenter nos tarifs
  = I'm sure you will understand the reasons we had to
- **Je ne voulais pas vous ennuyer** avec tous ces détails
  = I didn't want to trouble you
- **Je vous assure que je ne pouvais pas faire autrement**
  = I (can) assure you I could not do otherwise
- **J'avais pourtant cru comprendre que** je pouvais me garer devant la maison
  = but I thought
- **Vous comprendrez, j'espère, que** nous ne sommes pas responsables de ce retard qui est dû à la grève de la poste
  = I trust you will understand that
- **Permettez-moi au moins de vous expliquer** ...
  = at least allow me to **explain**

Jane FELDON
179 Curzon Road
London N10 4EA

Service du Personnel
International Bank
18, rue La Boétie
75008 Paris

Paris, le 20 mai 2002

Messieurs[1],

Suite à votre annonce dans *The Guardian* de ce jour, je vous propose ma candidature au poste de cambiste.

Vous verrez dans mon CV ci-joint que je viens d'obtenir mon diplôme de gestion, grâce auquel j'ai pu suivre un stage de six semaines au bureau des changes de la Bradley's Bank à Londres. Je ne doute pas que cette expérience et mon excellente connaissance des langues européennes me donnent précisément le profil requis par le poste à pourvoir au sein de l'International Bank. Par ailleurs, j'envisage très sérieusement de poursuivre ma carrière dans le milieu bancaire, et ce, particulièrement en France où je pourrai mettre à profit ma connaissance du français.

N'hésitez pas à me contacter pour de plus amples renseignements. Je suis à votre disposition pour un entretien dès que vous le souhaiterez.

Je vous prie de croire, Messieurs, à l'assurance de mes salutations distinguées,

*Jane Feldon*

Jane Feldon

P. J. : CV

---

[1] *This address is appropriate if you are writing to a company. However, if you are writing to the holder of a particular post, you should write:*

**Monsieur le Directeur
des Ressources humaines
International Bank
18, rue La Boétie
75008 Paris**

*In this case, you should begin your letter with:*
**Monsieur le Directeur
des Ressources humaines,**
*and repeat this in the closing formula instead of* **Messieurs.**

*If you know the name of the person, you should write:*
**Monsieur Jean-Bertrand Raynaud
Directeur des Ressources humaines
International Bank** *etc.*

*Your letter should then begin:*
**Monsieur, ...** *or* **Madame, ...**

*See sections* 20 - 21 *for more information on letter writing.*

---

## 19   JOB APPLICATIONS

### 19.1 Starting the letter

- **Je me réfère à votre annonce** parue aujourd'hui dans le Quotidien du Midi, et **vous serais reconnaissant de bien vouloir m'envoyer des renseignements plus complets** sur ce poste, ainsi qu'un dossier de candidature
  = with **reference** to your **advertisement** ... I would be **grateful** if you would send me **further information**

- **Votre annonce** parue dans La Gazette Alsacienne **a retenu toute mon attention et je me permets de poser ma candidature pour le poste d**'ingénieur que vous offrez
  = I saw your **advertisement** ... and would like to **apply** for the **post** of

- Je souhaite vivement travailler en France pendant les vacances universitaires et **vous serais très reconnaissant de me faire savoir s'il me serait possible d'obtenir un emploi** dans votre société
  = I would be most **grateful** if you could tell me if there is any **possibility** of **work**

### 19.2 Detailing your experience and giving your reasons for applying

- **J'ai travaillé pendant trois ans comme** secrétaire de direction pour une société parisienne **et je maîtrise** divers traitements de texte et tableurs
  = I **worked** for three years as ... and have a good command of

- **Je travaille depuis cinq ans** dans une société d'import-export de New York, **ce qui m'a permis d'acquérir une connaissance approfondie des** techniques de vente et du marché américain
  = I have been **working** for five years ..., during which time I have acquired in-depth **knowledge** of

- **Je parle couramment anglais, j'ai de bonnes connaissances en allemand et je lis le suédois**
  = I speak fluent English, good German and have a reading **knowledge** of Swedish

- **Mon salaire actuel est de ... par an et j'ai cinq semaines de congés payés**
  = my current **salary** is ... per annum with five weeks' paid leave

## CURRICULUM VITAE

**GASTIN Sylvie**

29, rue La Quintinie
75015 Paris
01 45 33 09 85 (répondeur)
Nationalité française
26 ans, mariée, 1 enfant

**FORMATION**[1]
- **1997** : Diplôme de secrétaire bilingue, délivré par l'École de commerce de Poitiers
- **1996** : Licence de langues étrangères appliquées (anglais et italien), Université de Poitiers - mention bien
- **1992** : Baccalauréat (langues) - mention assez bien

**EXPÉRIENCE PROFESSIONNELLE**
- **depuis 10/03/99** : Adjointe au Directeur du service Exportation, Agriventes, La Rochelle
- **08/10/97 - 30/01/99** : Secrétaire de direction, France-Exportations, Cognac

**AUTRES RENSEIGNEMENTS**
- **Langues étrangères :** anglais (courant), italien (courant), espagnol (notions)
- **Stage d'informatique** dans le cadre de la formation continue, 1999
- Nombreux voyages aux États-Unis et en Italie
- Permis de conduire

[1] *People with British or American qualifications applying for jobs in a French-speaking country might use some form of wording such as* équivalence baccalauréat *(3 A-levels),* équivalence licence de lettres *(BA Hons) etc.*

---

- **Je suis désireux de travailler en France afin de perfectionner** mes connaissances en français **et d'acquérir** une certaine expérience de l'hôtellerie
  = I **wish to work** in France in order to perfect ... and to acquire

- **Un intérêt très vif pour** le domaine des télécommunications m'incite à poser ma candidature **pour** ce poste
  = I have a **keen interest** in ..., which is why I **wish to apply for**

- **Ma formation de** comptable **et mon expérience de** la gestion des stocks **m'incitent à penser que je suis à même de vous assurer une collaboration efficace pour ce poste**
  = I believe that my **training** as ... and my **experience** in ... make me particularly **suited** to this **position**

### 19.3 Closing the letter

- **Je serai disponible à partir de** la fin du mois d'avril
  = I will be **available** from

- **Je demeure à votre entière disposition pour toute information complémentaire**
  = I would be delighted to supply any further **information** you may require

- **Je serai heureux de vous rencontrer lors d'un entretien** à la date qui vous conviendra
  = I will be happy to **attend** an **interview**

- **Je vous remercie dès à présent de** l'attention que vous voudrez bien porter à ma candidature
  = thank you in **advance** for

- **Dans l'attente de votre réponse**, je vous prie d'agréer, Monsieur le Directeur, l'expression de mes salutations distinguées
  = I look forward to hearing from you

### 19.4 Asking for and giving references

- Monsieur Jean Legrand sollicite un emploi de réceptionniste dans notre hôtel et il a donné votre nom comme référence. **Nous vous serions reconnaissants de bien vouloir nous faire savoir si vous le recommandez pour ce poste**
  = we should be **grateful** if you could let us know if you would **recommend** him for this **position**

- **Votre réponse sera considérée comme strictement confidentielle**
  = your reply will be treated in the strictest **confidence**

## LA MAISON RUSTIQUE
FABRICATION DE MOBILIER
ZONE INDUSTRIELLE DE DAMPIERRE
B.P. 531 — 17015 DAMPIERRE CEDEX
TÉL: 05 06 28 42 37

V/Réf. - HL/SA 50746
N/Réf. - MB/AL 16064
Objet : envoi de documentation

Cuisines d'hier et d'aujourd'hui
3, place du Petit-Marché
16042 Nimeuil

Dampierre, le 3 novembre 2000

Messieurs,

Nous vous remercions de votre lettre du 30 octobre, ainsi que de votre demande de renseignements concernant notre gamme de sièges de cuisine.

Nous vous prions de trouver ci-joint une documentation complète, accompagnée de nos tarifs. Toutefois, nous nous permettons d'attirer votre attention sur nos nouveaux modèles « Saintonge », qui semblent convenir particulièrement à vos besoins. Ces modèles sont actuellement offerts à des prix très avantageux.

Nous nous tenons à votre entière disposition pour toute demande de renseignements supplémentaires et vous prions d'agréer, Messieurs, l'assurance de nos sentiments dévoués.

Le Directeur commercial

*Jean Leclerc*

Jean Leclerc

PJ : 1 documentation complète

---

- **C'est avec grand plaisir que je vous recommande** Madame Marion Lebrun pour le poste de responsable du logement
    = I can warmly **recommend**

### 19.5 Accepting and refusing

- Je vous remercie de votre lettre du 19 mars et **serai très heureux de me rendre à vos bureaux**, avenue Parmentier, **pour un entretien** le 12 mai à 15 heures
    = I will be glad to **attend** for **interview** at your offices

- **J'ai le plaisir de vous confirmer que j'accepte le poste** d'expert-comptable que vous m'offrez
    = I have pleasure in **confirming** my **acceptance** of the **post**

- Votre offre m'intéresse très vivement mais je souhaiterais **renégocier le salaire** que vous proposez avant de donner une réponse définitive
    = I am very interested in your **offer** but I would like to **renegotiate** the salary

- Après examen très attentif de votre offre, je me vois malheureusement dans l'obligation de la décliner
    = after giving it very careful **consideration**, I regret that I must **decline** your **offer**

## 20 COMMERCIAL CORRESPONDENCE

### 20.1 Making an enquiry

- **Nous avons remarqué dans votre annonce parue dans** le numéro de février de "Campagnes de France" **que** vous produisez une gamme d'articles de pêche
    = we note from your **advertisement** in ... that

- **Nous vous serions reconnaissants de** nous adresser *or* faire parvenir une documentation complète sur cette gamme, y compris vos tarifs actuels, les remises consenties et vos délais de livraison
    = we should be **grateful** if you would

### 20.2 Replying to an enquiry

- **Suite à votre demande, nous avons le plaisir de** vous adresser notre dernier catalogue
    = **further** to your **request**, we have **pleasure** in

- **En réponse à** votre lettre du 10 juin, **veuillez trouver ci-joint** une documentation sur notre gamme de produits ainsi que notre liste de prix qui sont fermes jusqu'au 31 août
    = in **reply** to ..., please find **enclosed**

**Maison Duquesnois**
Porcelaine et Orfèvrerie
14 rue Montpensier—84000 Poitiers

Madame Marianne Legrand
3, chemin des Princesses
16010 Granbourg

Poitiers, le 27 mai 2001

Madame,

Nous vous remercions de votre lettre du 21 mai, qui a retenu notre meilleure attention.

Malheureusement, nous ne suivons plus le modèle qui vous intéresse, et sommes donc au regret de ne pouvoir vous satisfaire.

Nous vous prions d'agréer, Madame, l'assurance de nos sentiments respectueux.

Le Directeur

*Gérard Marquet*

Gérard Marquet

---

• **Si vous désirez** des renseignements plus précis, **n'hésitez pas à nous contacter**
= if you require ..., please do not hesitate to contact us

### 20.3 Placing an order

• **Je vous remercie de** votre documentation et **vous serais obligé de** m'expédier les articles suivants dans les plus brefs délais
= **thank** you for ... I should be **grateful** if you would

• **Veuillez trouver ci-joint** un bon de commande pour 500 articles Réf PS788
= please find **enclosed**

• **Nous espérons que vous voudrez bien** nous consentir la remise de 10 % pour grosses quantités qui figure dans vos tarifs
= we **trust** you will

• **Cette commande tient compte de** la remise de 10 % que vous consentez sur les commandes en gros
= this **order** takes into account

### 20.4 Delivery

• **Nous vous remercions de votre commande** en date du 10 mai **que nous exécuterons dans les plus brefs délais**
= thank you for your order ..., which will be **dispatched** as soon as possible

• **Nous procéderons à l'expédition de votre commande dès que possible**
= we shall **deliver** your order as soon as possible

• **Nos délais de livraison sont de** cinq semaines à partir de la date de réception de la commande
= our **delivery** times are

• **En raison d'**une pénurie de matières premières, **nous regrettons de ne pouvoir vous livrer avant** fin avril
= owing to ... we **regret** that we are unable to **deliver** your order before

### 20.5 Complaining

• **Nous n'avons pas encore reçu livraison de** la commande que nous avons passée le 20 mars dernier (voir bon de commande n° 3496)
= we have not yet had **delivery** of

- **Nous tenons à vous signaler que** les articles que vous nous avez livrés ne sont pas de la qualité habituelle
  = **we wish to draw it to your attention that**

- **Malheureusement,** les marchandises ont été endommagées en transit
  = **unfortunately**

- Les dix articles livrés **correspondent à** la référence LS59 de votre catalogue **et non à** la référence LS58 que nous avons commandée
  = **correspond to** ... **and not to** ...

### 20.6 Payment

- **Veuillez trouver ci-joint notre facture** d'un montant de ... relative à cet envoi
  = **please find enclosed our invoice**

- Nous vous serions reconnaissants de nous faire parvenir cette somme dans les meilleurs délais
  = we should be **grateful** if you would **remit payment** of this **sum** at your earliest convenience

- Vous trouverez ci-joint un chèque d'un montant de ... en règlement de votre facture n° HM307
  = please find **enclosed** a cheque for (the **sum** of)

- Nous vous serions obligés de nous accorder un délai de paiement de 30 jours supplémentaires
  = we should be **obliged** if you would extend the **payment due** date by 30 days

- J'ai été très surpris de constater que vous me facturez chaque article 39F **au lieu des** 35F mentionnés dans votre catalogue
  = I was very surprised to note that you had **invoiced** me ... **instead of**

- Nous regrettons de devoir vous signaler une erreur qui s'est glissée dans votre facture
  = we regret to have to point out that there has been an error in your **invoice**

---

## 21 GENERAL CORRESPONDENCE

### 21.1 Starting a letter

To a friend or acquaintance

- **Je te remercie de** ta lettre qui est arrivée ce matin
  = **thanks** for

- **J'ai été très contente d'avoir de tes nouvelles**
  = it was lovely to **hear** from you

- **Je suis désolé de ne pas vous avoir répondu plus vite** : je suis actuellement débordé de travail et n'ai que peu de moments de loisirs
  = (I'm) sorry I didn't **reply** earlier

- **Voilà bien longtemps que je ne vous ai pas donné de nouvelles.** C'est pourquoi je vous envoie un petit mot rapide
  = it's been ages since I was last in touch

In formal correspondence

- **Je vous serais reconnaissant de** me faire savoir si vous avez en librairie un roman intitulé ...
  = I would be **grateful** if you would

- **Je vous prie de** m'envoyer quatre exemplaires de votre numéro 310 et je joins à cette lettre un chèque d'un montant de ...
  = **please**

- **Suite à** notre conversation téléphonique de ce matin, **je vous écris pour** vous demander de bien vouloir m'expédier ...
  = **further** to ..., I am **writing** to

- **Ayant appris que** vous organisez des stages de voile, **je vous serais reconnaissant de me faire savoir** s'il vous reste des places pour débutants début juillet
  = I believe that ... and I would be **grateful** if you would let me know

### 21.2 Ending a letter (before the closing formulae)

- **Embrasse** Jérôme et Laure pour moi
  = **love** to

- Paul **vous embrasse** tous les deux
  = sends his **love** to

- **Dis bonjour à** Françoise pour moi
  = say **hello** to

- **Ecris-moi** si tu trouves une petite minute
  = **write** to me

- **N'oublie pas de nous donner de tes nouvelles** de temps en temps
  = don't forget to give us your news

- **N'hésitez pas à m'écrire** si je peux vous être utile
  = do not **hesitate** to **write** to me

- **Transmettez,** s'il vous plaît, **mes amitiés à** votre sœur
  = give my **regards** to

- Hélène **me charge de vous transmettre ses amitiés**
  = asked me to give you her **regards**

- **Veuillez transmettre mon meilleur souvenir à** votre mère
  = please give my best **regards** to

### 21.3 Enquiring about and booking accommodation

- **Je vous serais reconnaissant de bien vouloir** m'envoyer les tarifs de vos chambres
  = I would be **grateful** if you would

- **Je désirerais** retenir une chambre avec douche
  = I wish to

- **Je voudrais** retenir une chambre pour deux personnes ainsi qu'une chambre à deux lits pour mes enfants
  = I would like to

- **Veuillez me faire savoir**, par retour du courrier si possible, **si** vous avez une chambre pour une personne en demi-pension pour la semaine du 4 au 11 juillet
  = please let me know ... if

- **Veuillez m'indiquer** le montant des arrhes que je dois verser pour la réservation
  = please **advise**

- **Veuillez confirmer** par télécopie la réservation suivante : une chambre à deux lits ...
  = please **confirm**

- **Il est possible que nous** arrivions (subj) à une heure tardive
  = we might

- **Nous devrions normalement** arriver en début de soirée
  = we should

### 21.4 Confirming and cancelling a booking

- **Je vous confirme par ce courrier** ma réservation
  = this is to **confirm**

- Pour des raisons indépendantes de ma volonté, **je me vois contraint d'annuler** la réservation que j'avais faite au nom de ... pour la semaine du 4 au 11 juillet
  = I am obliged to **cancel**

- **Je vous serais reconnaissant de bien vouloir reporter ma réservation du** 3 septembre **au** 7 septembre
  = I would be **grateful** if you would **change** my **booking** from ... to

> *Strasbourg, le 15 mars 2002*
>
> Chère Laurence,
>
> Un grand merci pour le livre sur les poissons d'Europe que tu m'as envoyé. C'est exactement le type d'ouvrage qu'il me fallait : il devrait m'aider énormément dans mes recherches de traductions. Je ferai en sorte de te le rendre lors de mon passage à Angers courant juin, si du moins tu n'en as pas besoin d'ici là.
>
> Es-tu toujours d'accord pour louer un bateau cet été ? Je te donnerai bientôt un coup de fil pour en parler.
>
> Grosses bises,

## Standard opening and closing formulae

| Opening Formulae | Closing Formulae |
|---|---|
| **Used when the person is not personally known to you** | |
| Monsieur,<br>Madame,<br><br>Mademoiselle, | Je vous prie de croire, (...) à l'assurance de mes salutations distinguées.<br><br>**used by a man only**<br>Veuillez agréer, (...), l'expression de mes sentiments les meilleurs.<br><br>**man to woman only**<br>Je vous prie d'accepter, (...), l'expression de mes respectueux hommages. |
| **Used when the person is known to you personally** | |
| Cher Monsieur,<br>Chère Madame,<br>Chère Mademoiselle, | Croyez, (...), à l'expression de mes sentiments les meilleurs. |

## To acquaintances and friends

| Opening Formulae | Closing Formulae |
|---|---|
| **Still fairly formal** | |
| Cher Monsieur,<br>Chère Madame,<br>Chère Mademoiselle, | Recevez, je vous prie, mes meilleures amitiés.<br>Je vous envoie mes bien amicales pensées.<br>Je vous adresse à tous deux mon très amical souvenir. |
| **Fairly informal: "tu" or "vous" forms could be used** | |
| Cher Patrick,<br>Chère Sylvie,<br>Chers Chantal et Jean-Claude, | Bien amicalement<br>Cordialement<br>Amitiés |

*Orléans, le 23 février 2001*

*Chers Sophie et Daniel,*

*Voilà un bon moment que nous ne nous sommes pas vus : comment allez-vous ?*

*Je vous écris en fait pour vous demander un renseignement. En effet, nous avons l'intention de passer une semaine dans le Vaucluse en août et je me suis rappelé l'enthousiasme avec lequel vous parliez du gîte que vous aviez loué à Carpentras deux années de suite. Pourriez-vous m'en donner les coordonnées pour que je puisse éventuellement faire une réservation ?*

*J'espère que tout va bien à Brest et que nous nous reverrons bientôt.*

*Bien amicalement,*

*Anne-Laure*

## To close friends and family

| Opening Formulae | Closing Formulae |
| --- | --- |
| | *"tu" or "vous" can be used, though "tu" is more likely in all these expressions.* |
| Cher Franck, | Je t'embrasse bien affectueusement |
| Chère tante Jacqueline, | Bien à toi |
| Mon cher Jean, | Bien des choses à tous |
| Ma très chère Ingrid, | Bons baisers |
| Chers grands-parents, | À bientôt |
| Mon cher cousin, | Salut ! |

## Writing to a firm or an institution (see also [20])

| Opening Formulae | Closing Formulae |
| --- | --- |
| Messieurs, *(to a firm)* | Je vous prie d'agréer, (...), l'assurance de mes sentiments distingués. |
| Monsieur, *(to a man)* | Veuillez accepter, (...), l'expression de mes sentiments distingués. |
| Madame, *(to a woman)* | |

## To a person in an important position

| Opening Formulae | Closing Formulae |
| --- | --- |
| | **Very formal** |
| Monsieur le Directeur (*or* le Maire *etc*) | Je vous prie d'agréer, (...) l'assurance de ma considération distinguée |
| Madame le Professeur (*or* le Consul *etc*) | **or, used by a man only :** de mes sentiments respectueux *or* de mes sentiments dévoués. |
| | **Used only if the person is well known to you** |
| Cher Monsieur, Chère Madame, | Veuillez croire, (...), à l'assurance de mes sentiments les meilleurs. |
| | Je vous prie d'accepter, (...) l'expression de mes salutations distinguées. |
| | **or, used by a man only :** de mes sentiments distingués. |
| Cher collègue, Chère collègue, *(to someone in the same profession)* | **or, used by a man only :** Croyez, (...), à l'assurance de mes sentiments les meilleurs. |

# 22 THANKS

- **Merci de** m'avoir fait confiance
  = **thank** you for
- **C'est vraiment très gentil de votre part de** nous avoir invités
  = it is really very **kind** of you to
- **Je vous remercie de** m'avoir réservé une place
  = **thank** you for
- **Remercie-le** de ma part **pour** son accueil
  = **thank** him ... for
- **Je ne sais comment vous remercier de** votre aide
  = I don't know how to **thank** you for
- **Je vous écris pour vous remercier de tout cœur d'**avoir pensé à nous
  = I am writing to express my **heartfelt thanks** for
- **Transmettez mes remerciements à** vos collègues
  = please **thank**
- **Nous vous sommes extrêmement reconnaissants d'**être venu
  = we are extremely **grateful** to you for
- **Je vous adresse mes plus vifs remerciements pour** ...
  = my most **sincere thanks** for ...
- **Je tiens à vous exprimer notre gratitude pour** le soutien que vous nous avez apporté
  = I wish to express our **gratitude** for

# 23 BEST WISHES

## 23.1 General expressions (used on special occasions only)

- **Meilleurs vœux** + *such expressions as* "de bonheur", "à l'occasion de votre départ en retraite", "de prompt rétablissement", "de réussite", *etc*
  = **best** wishes
- **Tous mes vœux** + *such expressions as* "de bonheur", "à l'occasion de votre départ en retraite", "de prompt rétablissement", "de réussite", *etc*
  = my **best** wishes
- **Je vous présente mes meilleurs vœux** à l'occasion de
  = I send you my **best** wishes
- **Transmettez-lui tous mes vœux de** ...
  = give him my **best** wishes for ...
- **Je vous souhaite de passer d'excellentes vacances**
  = I **hope** you have an excellent holiday
- **J'espère (de tout cœur) que vous ferez bon voyage**
  = I (really) **hope** you have a good trip

## 23.2 Season's greetings

NB: in France cards are usually sent for New Year rather than Christmas, and may be sent in the first few weeks of January

- **Joyeux Noël et Bonne Année !**
  = **Merry Christmas** and (a) **Happy New Year!**
- **Joyeuses fêtes !**
  = **Season's** Greetings!
- **Bonne et heureuse année !**
  = **Happy New Year!**
- **Paul et moi vous adressons tous nos vœux pour la nouvelle année** (*used at New Year only*)
  = send you our **best wishes** for the **New Year**
- **Je vous présente mes meilleurs vœux pour 2002**
  = I **wish** you all the **best** for 2002

## 23.3 Birthday greetings

- **Bon** *or* **Joyeux anniversaire !**
  = **Happy Birthday!**
- **Je vous souhaite un bon** *or* **un (très) joyeux anniversaire**
  = I **wish** you a (very) **happy birthday**

## 23.4 Get well wishes

- **J'ai été désolé d'apprendre que vous êtes souffrant et vous adresse tous mes vœux de prompt rétablissement**
  = I **wish** you all the **best** for a **speedy recovery**
- **Je vous souhaite** de tout cœur **un prompt rétablissement**
  = I **wish** you a **speedy recovery**
- **J'espère** de tout cœur **que vous serez très bientôt rétabli**
  = I **hope** you will be **better** soon

## 23.5 Wishing someone luck

- **Je vous adresse tous mes vœux de succès** dans votre nouvelle entreprise
  = I **wish** you every **success**
- **Je vous souhaite tout le succès que vous méritez** dans votre nouvelle carrière
  = I **wish** you all the **success** you rightly deserve
- **Je te souhaite bonne chance**, de notre part à tous, pour tes examens
  = I **wish** you good **luck**

## 23.6 Congratulations

- **Toutes mes félicitations pour** ton succès au permis de conduire
  = my **congratulations** on
- **Je vous félicite de tout cœur pour** votre succès
  = warmest **congratulations** on
- **Je vous adresse mes plus sincères félicitations pour** la réussite de votre projet
  = my most **sincere congratulations** on
- **Je tiens à te dire combien je suis heureux que** tu **aies** (*subj*) obtenu ce poste
  = I want you to know how **happy** I am that
- **Je vous écris pour vous dire que je me réjouis de votre succès**
  = I am **delighted** about your **success**

# 24 ANNOUNCEMENTS

## 24.1 Announcing a birth

- Claude et Anne-Marie Bernard **ont la joie de vous annoncer la naissance de** Maud, le 21 mars 2001 à Toulon
  = are **happy** to **announce** the **birth** of
- **J'ai le plaisir de t'annoncer que** Marie et Jean-Paul ont eu un petit garçon le 4 avril. Ils l'ont appelé Vincent. Tout s'est bien passé et la famille est ravie
  = I am delighted to tell you that

... and responding

- **Nous vous félicitons de l'heureuse arrivée de** Thérèse et souhaitons au bébé santé et prospérité
  = **congratulations** on the **arrival** of
- David et moi **sommes heureux d'apprendre la naissance de** Vincent et espérons faire bientôt sa connaissance
  = were delighted to learn of the **birth** of

## 24.2 Announcing an engagement

- Monsieur et Madame Simon **sont heureux d'annoncer les fiançailles de** leur fille Élodie avec M. Thomas Corbel
  = are pleased to **announce** the **engagement** of

- Élodie et Thomas **viennent d'annoncer leurs fiançailles.** Ils n'ont pas encore fixé la date du mariage mais nous nous réjouissons tous de leur bonheur
  = have just got **engaged**

[... and responding]

- **Nous nous réjouissons avec vous des fiançailles d'**Élodie et de Thomas. Transmettez tous nos vœux de bonheur aux jeunes fiancés
  = we are as delighted as you are about the **engagement** of

- **C'est avec beaucoup de joie que j'ai appris vos fiançailles avec** Thomas. Je vous adresse à tous deux mes vœux de bonheur les plus sincères
  = I was very **happy** to learn of your **engagement** to

## 24.3 Announcing a marriage

- Monsieur et Madame André Kervella **ont l'honneur de vous faire part du mariage de** leur fille Isabelle avec M. Christian Minguy
  = are **happy** to **announce** the **marriage** of

- **J'ai la joie de t'annoncer qu'**Isabelle et Christian **se sont mariés** samedi dernier. La cérémonie a eu lieu à l'église de Lanvéoc
  = I am pleased to tell you that ... got **married**

[... and responding]

- Monsieur et Madame Paul Gestin **félicitent** Monsieur et Madame André Kervella **à l'occasion du prochain mariage de** leur fille Isabelle
  = would like to **congratulate** ... on the **marriage** of ...

- **Nous présentons toutes nos félicitations aux jeunes mariés et leur souhaitons beaucoup de bonheur et de prospérité**
  = our **congratulations** and best **wishes** for happiness and prosperity to the young couple

- J'ai été très heureuse d'apprendre par ta lettre le mariage de Laetitia et de Yann. **Je leur souhaite tout le bonheur possible**
  = I **wish** them every possible **happiness**

## 24.4 Announcing a death

- M. et Mme Pierre Desmas et leurs enfants **ont la douleur de vous faire part du décès de** Mme Joseph Benard née Marie-Anne Chevalier
  = **regret** to **announce** the **death** of

- **Nous avons la grande tristesse de vous faire part du décès de** notre mère, survenu soudainement le 8 septembre. Le service religieux et l'inhumation ont eu lieu dans la plus stricte intimité
  = it is with deep **sorrow** that we **announce** the **death** of

- **C'est avec beaucoup de peine que je t'écris pour t'annoncer que** mon père est décédé la semaine dernière
  = I am very **sad** to have to write and tell you that

[... and responding]

- **J'ai été bouleversé d'apprendre** la disparition de ta sœur
  = I was terribly **upset** to hear about ...

- **Je tiens à te dire combien je pense à toi en ces moments douloureux**
  = I'd like you to know that I am **thinking** of you at this **sad** time

- Monsieur et Madame Paul Lambert **vous prient d'accepter l'expression de leur plus profonde sympathie et vous adressent leurs plus sincères condoléances à l'occasion du deuil** qui vient de vous frapper (formal)
  = send their deepest **sympathy** and offer you their most sincere **condolences** on your **loss**

## 24.5 Announcing a change of address

- **Nous vous prions de bien vouloir noter que notre nouvelle adresse sera,** à partir du 10 décembre 2001 : 10 rue Colbert, 29200 Brest
  = we wish to **inform** you that our new **address** will be

# 25  INVITATIONS

## 25.1 Formal invitations

- Madame Paul Lambert et Madame Michel Potet **recevront après la cérémonie religieuse** au Relais des Glycines, route de Marleroy, Fontanes. RSVP
  = **request** the **pleasure** of your **company** afterwards

- Les éditions Roget **ont le plaisir de vous inviter à** un cocktail à l'occasion de la sortie du premier livre de la collection Espoir, le lundi 9 août à partir de 18 h 30
  = have **pleasure** in **inviting** you to

- Monsieur et Madame André Bureau **prient Madame Labadie de leur faire le plaisir de venir dîner le** mercredi 27 octobre à 20 heures
  = **request** the **pleasure** of the **company** of Mme Labadie at dinner on

- **Pour les 20 ans de sa fille Joséphine, Madame Gérard Lamarche recevra chez elle,** le 24 novembre à partir de 19 h
  = Madame Gérard Lamarche has **pleasure** in **inviting** you to **celebrate** her daughter Josephine's 20th birthday

[... and responding]

- Monsieur Pierre Quentin **regrette profondément de ne pouvoir assister au** vin d'honneur organisé à l'occasion du mariage de Paul et Nathalie, d'autres obligations ne lui permettant pas de quitter Paris
  = very much **regrets** that he cannot **attend**

- Mademoiselle Charlotte Leblanc **accepte avec grand plaisir de se rendre au** cocktail organisé le 9 août par les éditions Roget
  = has great **pleasure** in **accepting** your **invitation** to

- Madame Jeanne Labadie **remercie** Monsieur et Madame André Bureau **pour leur aimable invitation à** dîner **qu'elle accepte avec le plus grand plaisir/qu'elle regrette vivement de ne pouvoir accepter** en raison d'un autre engagement
  = **thanks** ... for their **kind invitation**, which she is **delighted** to **accept**/deeply **regrets** she is **unable** to **accept**

- Monsieur Jacques Dalbret **assistera avec plaisir à** la réception organisée à l'occasion des 20 ans de Joséphine
  = will be **happy** to **attend**

## 25.2 Less formal invitations

- **Est-ce que cela te dirait d'**aller passer la journée à Nantes ? (spoken)
  = would you **like** to

- Pour fêter les fiançailles de Geneviève et de Xavier, nous organisons une réception à l'Hôtel de France, à Saint-Martin le 2 septembre à 20 heures et **serions très heureux si vous pouviez vous joindre à nous**
  = would be **delighted** if you could **join** us

- Michèle et Philippe doivent venir déjeuner dimanche prochain et **nous espérons que vous pourrez être des nôtres**
  = we **hope** you can **join** us

- Lorsque vous passerez à Lyon, **vous nous feriez très plaisir si vous pouviez nous consacrer une soirée** pour que nous dînions ensemble
  = we would be **delighted** if you could spend an evening with us

## 26 - essay writing

- Nous projetons de passer le mois de juillet à Montpellier et **serions très heureux de vous y accueillir** quelques jours
= we would be very **happy** to have you

### ... and responding

#### Accepting

- **Je vous remercie de** votre aimable invitation **et me fais une joie de venir** à votre réception
= **thank** you for ... I am looking forward to coming
- **Je viendrai avec plaisir** déjeuner avec vous dimanche prochain
= I will be **happy** to come
- Nous pensons passer le week-end de la Pentecôte à Lyon et **nous vous téléphonerons pour essayer de vous voir**
= we will call you to see if we can meet up
- Votre invitation à Montpellier **nous a fait très plaisir et nous espérons passer un week-end avec vous** vers le 14 juillet
= we were **delighted** to receive your **invitation** ... and **hope** to spend a weekend with you

#### Declining

- **C'est très gentil à vous de m'inviter** pour votre soirée de samedi, **mais je me vois malheureusement obligé de refuser**, car j'ai déjà accepté une invitation pour ce soir-là
= it was very kind of you to **invite** me ... but I am afraid I have to **decline**
- **J'aimerais beaucoup passer un week-end chez vous, mais malheureusement,** aucune des dates que vous me proposez ne me convient
= I would love to spend a weekend with you but **unfortunately**
- **Malheureusement, je ne peux pas me libérer** le mois prochain. Peut-être pourrions-nous nous voir en octobre ?
= **unfortunately**, I can't get away

## 26  ESSAY WRITING

### 26.1  The broad outline of the essay

#### Introductory remarks

- **Tout le monde s'accorde à penser que** le chômage est un des principaux maux de notre société. **Il convient donc d'examiner** les mesures qui pourraient être prises pour le combattre
= everyone **agrees** that ... So we should **examine**
- Peut-on lire l'œuvre d'un philosophe quand on sait qu'il a été nazi ? **Telle est la question soulevée par** l'article de ...
= such is the **question raised** by
- **Il est bien connu que** la voiture pollue. **La question est de savoir si** nous pourrions un jour nous passer de ce mode de transport
= it is a well-known **fact** that ... The **question** is whether
- Les adolescents d'aujourd'hui ne lisent pas beaucoup. **Ceci est interprété tantôt comme** une crise passagère, **tantôt comme** un signe du déclin du message imprimé
= some **interpret** this as ..., others as ...
- **Nous vivons dans un monde où** la paix est constamment menacée
= we live in a world in which
- **Un problème souvent évoqué** or **dont il est souvent question est celui de** la corruption des milieux d'affaires
= a much-discussed **problem** is that of
- **L'histoire nous fournit de nombreux exemples de** génies incompris à leur époque puis reconnus par la postérité
= history provides us with countless **examples** of
- **Cette question est depuis longtemps au cœur du** débat sur l'éducation
= this **question** has long been at the **heart** of

#### Developing the argument

- **La première constatation qui s'impose, c'est que** le roman va au-delà d'une simple enquête policière
= the first **point** to note is that
- **Prenons comme point de départ** le rôle que le gouvernement a joué dans l'élaboration de ces programmes
= **let** us take ... as a **starting point**
- **En premier lieu, examinons** ce qui fait obstacle à la paix
= **firstly, let** us **examine**
- **Il serait utile d'examiner** la façon dont l'auteur a abouti à ces conclusions
= it would be useful to **examine**
- **Il convient tout d'abord de se pencher sur** les circonstances de la parution de ce livre
= it is worth first of all turning one's **attention** to
- **Selon l'auteur**, la psychanalyse **ne serait pas** un obstacle à la créativité
= **according** to the author ... isn't
- **Il est significatif que** ce conflit **soit** (*subj*) le produit d'une politique africaine moderne
= it is **significant** that ... is
- **Pour illustrer** l'association lucrative des vedettes de sport et des grandes entreprises, **il suffit de prendre un exemple**
= in order to **illustrate** ... we only need to take an **example**
- Un second exemple **marque l'importance de** ce thème
= **underlines** the importance of
- Un examen des origines de la laïcité **nous permettra peut-être de mieux comprendre** les bases de ce conflit
= will perhaps **allow** us better to understand

#### The other side of the argument

- **Après avoir étudié** la progression de l'action, **considérons maintenant** le style
= after **studying** ... let us now **consider**
- **Il faut maintenant s'interroger sur** la motivation de l'auteur dans le choix du contexte historique
= one must now **question**
- **Venons-en maintenant à** l'analyse des retombées politiques
= now **let** us come to
- **Ce qui vaut pour** le héros **s'applique également aux** personnages secondaires
= what goes for ... **applies equally** to
- **Il convient maintenant d'analyser** les arguments de ceux qui préconisent une législation plus stricte
= it is worth now **analyzing**
- Le principe de laïcité de l'enseignement est-il compatible avec le port de certains signes religieux ? **C'est ce que nous allons étudier dans la seconde partie de cette analyse**
= ... is what we are going to study in the second part of this **analysis**
- **Plus encore que** la pollution, **c'est** le bruit qui provoque la colère de nombreux citadins
= even more than ... it is
- **On pourrait objecter que** l'œuvre littéraire n'est pas séparable de son contexte
= one could **object** that

#### The balanced view

- **Au terme de cette analyse, il faut cependant faire remarquer que** le chômage n'est pas le seul facteur en cause. **Il faudrait également examiner** ...
= at the end of this **analysis**, it is, however, necessary to **point** out that ... It is **equally** necessary to **examine**
- **Mais le meilleur moyen de** limiter la pollution, **c'est encore d'**examiner comment on pourrait réduire les transports routiers
= but the best way of ... is to

- **Enfin, il faut nous poser cette question** : la famine est-elle vraiment une fatalité ?
  = **finally**, we must ask ourselves whether

### In conclusion

- **Quelles conclusions tirer de cette analyse ?**
  = what **conclusions** can be drawn from this **analysis**?

- **Le problème se résume donc à ceci :** dans un monde dominé par l'audiovisuel, le théâtre a-t-il encore une chance de survivre ?
  = the **problem**, then, **boils** down to this:

- L'expérience des dix dernières années **prouve** or **démontre que** le travail des organisations bénévoles n'est pas vain mais qu'il ne suffit pas
  = **proves** or **demonstrates** that

- **En dernière analyse**, c'est l'identité personnelle dans ce qu'elle a de plus secret qui est menacée
  = in the final **analysis**

- **En somme**, c'est la singularité du style qui constitue l'originalité profonde de l'auteur
  = in **short**

- **En définitive**, les réformateurs devraient mieux prendre en compte les leçons des expériences passées
  = when all is **said** and done

## 26.2 Constructing a paragraph

### Assessing an idea

- **On peut avancer** plusieurs arguments différents
  = one can **put** forward

- **Plusieurs arguments viennent renforcer** cette idée
  = there are several **arguments in support** of

- **Examinons** les origines du problème **ainsi que** certaines des solutions suggérées
  = let us **examine** ... as well as

- **On peut noter** or **mentionner en passant que** l'auteur ne fait jamais allusion à ce problème
  = it may be **noted** or **mentioned** in passing that

- **Sans nous appesantir** or **nous attarder sur les détails, notons toutefois que** le rôle du Conseil de l'ordre a été déterminant
  = without dwelling on the details, let us **note, however,** that

- **Comme nous le verrons plus en détail par la suite**, ce sont surtout les personnages secondaires qui font progresser l'action
  = as we shall see in more detail later

- **Nous reviendrons plus loin sur cette question, mais signalons déjà** l'absence totale d'émotion dans ce passage
  = we shall come back to this **question** later, but let us **point** out at this stage

- **Avant d'aborder** la question du style, **mentionnons brièvement** le choix des métaphores
  = before **tackling** ... let us **mention** briefly

### Establishing parallels

- **D'une part**, il y a des problèmes financiers et **d'autre part**, il y a des problèmes humains
  = on the one **hand** ... on the other (**hand**)

- Les préjugés anticommunistes **d'un côté**, anticapitalistes **de l'autre** ne sont pas morts
  = on the one **hand** ... on the other (**hand**)

- **Les premiers** disposent du pouvoir. **Les seconds** font la grève
  = the **former** ... the **latter** ...

- L'Éducation nationale fait l'objet de critiques continuelles et **il en va de même pour** la Sécurité sociale
  = the **same** is true of

- **De même que** les étudiants se demandent à quoi leurs études vont leur servir, **de même,** les professeurs s'interrogent sur leur rôle
  = in the **same** way that ... so, too ...

- **Nous ne pouvons dissocier** ce facteur **de** la décision mentionnée plus haut
  = we cannot **dissociate** ... from

- **Nous reprenons ainsi une idée suggérée antérieurement**
  = thus, we are again taking up an idea suggested earlier

### Adding or detailing

- **De plus**, il s'agit là d'un progrès tout à fait remarquable
  = what is **more**

- **En outre**, il faut noter que les employés sont mal payés
  = **furthermore**

- Il faut **également** dire que le népotisme est parfois encouragé par les entreprises elles-mêmes
  = **equally**

- **Ajoutons à cela** or **Il faut ajouter à cela** or **À cela s'ajoute** un sens remarquable du détail
  = let us **add** to this or **added** to this

- **À cet égard** or **À ce propos**, il faut noter une détérioration dans la qualité de l'enseignement
  = in this respect or in this connection

- **De même**, on pourrait suggérer que le style de l'auteur manque d'originalité
  = by the **same token**

- **D'ailleurs**, la Russie veut croire que sa contribution permettrait de rendre le système plus efficace
  = **moreover**

- **Pour ce qui est des** personnages secondaires, ils sont, eux aussi, remarquablement vivants
  = as for the

- **En ce qui concerne** la pollution chimique, il faut reconnaître qu'elle constitue aussi un grave danger
  = as far as ... is **concerned**

- **Quant aux** émissions sportives, elles suivent toujours le même modèle précis
  = as for the

- Plusieurs catégories professionnelles ont été oubliées, **notamment** or **parmi lesquelles** les employés de bureaux et les réceptionnistes
  = **notably** or including

- **Ces enfants** d'origine étrangère **connaissent** parfois **de graves problèmes** de scolarité, **problèmes qui** doivent retenir toute l'attention des enseignants
  = these children ... have serious problems ..., which

### Enumerating

- Différentes formules sont offertes au client : voyage à forfait **ou bien** hébergement chez l'habitant, **ou encore** demi-pension, **ou enfin** camping dans un village de vacances
  = or ... or even ... or **finally**

- Faut-il inclure dans les statistiques les handicapés ? **Ou bien** doit-on exclure les jeunes ? **Ou encore** est-il nécessaire d'analyser le mode de vie en plus des revenus ?
  = or ... or even ...

- **Du** parti communiste **à** l'extrême droite, **tous** sont d'accord pour condamner cet acte de terrorisme
  = from ... to ..., all ...

- **Parmi** ces grands auteurs, on peut citer **(tout) d'abord** Racine, **ensuite** Corneille, **enfin** Molière
  = amongst ... first (of all) ... then ... and **finally**

- **En premier lieu**, il convient d'examiner attentivement chaque offre, **puis** il faut sélectionner les plus intéressantes **et, en dernier lieu,** entrer en contact avec les différents candidats
  = in the first **instance** ... then ... and **finally**

- Ceci est dû essentiellement à trois facteurs : **premièrement**, l'originalité du projet, **deuxièmement**, la rapidité avec laquelle il a été réalisé, **troisièmement**, la faiblesse des coûts
  = **firstly** ... **secondly** ... **thirdly**

## 26 - essay writing

### Opposing

- Nombreux sont les régimes autoritaires qui ont bénéficié à l'origine du soutien de la majorité de la population. **Néanmoins**, ces régimes ont mal vieilli
  = **nevertheless**
- Ces éléments militent en faveur de l'apparition de plusieurs conventions collectives dans les milieux sportifs. **Cependant**, chacun le pressent : les enjeux ne sont pas que sociaux
  = **however**
- **Malgré** ses airs d'enfant de chœur, cet homme fut un redoutable chef de guerre
  = **despite**
- **Malgré tout**, il est impossible de nier que le système néerlandais est coûteux
  = **despite** everything
- **En dépit de** ces maladresses, le spectacle possède un charme indéniable
  = **despite**

### Introducing one's own point of view

- **À mon avis** or **Selon moi** or **D'après moi**, ce chapitre est le meilleur du livre
  = in my **opinion**
- **En ce qui me concerne** or **Pour ma part**, je déplore l'évolution actuelle de la politique sociale
  = as far as I am **concerned**
- **Personnellement**, ce qui me frappe le plus dans cette affaire, c'est que l'origine de ces fonds est encore inexpliquée
  = **personally**
- **Je suis d'avis que** la télévision a un effet néfaste sur l'éducation des enfants
  = I am of the **opinion** that
- **Je soutiens qu**'on n'a jamais répondu clairement aux questions posées
  = I **maintain** that
- **Je pense que** l'auteur fait ici preuve d'ironie
  = I **think**

### Introducing someone else's point of view

- **Selon l'auteur** or **D'après l'auteur**, le motif principal du crime est la jalousie
  = **according** to the author
- **Comme le soulignent** les experts, il est nécessaire de réduire les coûts de production de 7 %
  = as ... **stress**
- **Comme le laisse entendre** l'auteur, certains détails n'ont pas été révélés au public
  = as ... gives us to understand
- Le budget du ministère est, **dit-il** or **affirme-t-il**, conforme aux prévisions
  = he **says** or affirms
- **Il dit/pense/croit/affirme/déclare que** ce système présente de nombreux avantages
  = he **says/thinks/believes/maintains/declares** that
- L'auteur **attire notre attention sur** l'ampleur de ce changement
  = draws our **attention** to
- **Il nous rappelle** les bouleversements qui ont suivi ce projet de loi
  = he **reminds** us of
- **Il insiste sur le fait que/souligne que/soutient que** ces rivalités internes sont la principale cause de l'échec du mouvement
  = he insists on the fact that/**stresses** that/**maintains** that
- **Elle prétend que** ce travail ne nécessite aucune recherche
  = she **claims** that
- **Il voudrait nous faire croire que** cette rébellion n'a eu aucune conséquence grave
  = he would have us **believe** that
- **Selon la version officielle**, l'épidémie est maintenant endiguée
  = **according** to the official version

### Introducing an example

- **Prenons le cas de** Louis dans "le Nœud de vipères"
  = (let us) take the **case** of
- **Il suffit de prendre pour exemple** le cinéma muet des années vingt
  = one needs only take as an **example**
- Le cas de l'agroalimentaire **en est un exemple frappant**
  = is a striking **example** of this
- L'augmentation de la délinquance **illustre bien** les conséquences de cette crise chez les jeunes
  = is a good **illustration** of

### Introducing a quotation or source

- **Selon** or **D'après** les auteurs du rapport, "l'important n'est pas de nourrir l'Afrique mais de la faire reverdir"
  = **according** to
- "La raison du plus fort est toujours la meilleure", **constate/affirme/observe** La Fontaine
  = **notes**/**asserts**/**observes**
- **Comme l'a fait remarquer** le président, "la croissance économique dépend du taux d'investissement"
  = **as** ... pointed out
- Chénier **avait écrit** : "l'art ne fait que des vers, le cœur seul est poète" et Musset **reprend la même idée lorsqu'il dit** : "Ah, frappe-toi le cœur, c'est là qu'est le génie"
  = had written: ... echoes the **same** idea when he says:
- **Selon les paroles de** Duhamel, "le romancier est l'historien du présent"
  = in the **words** of
- Dans un article récemment publié dans le journal "Le Temps", **nous trouvons cette remarque de** Gordon Thomas : "..."
  = we find this remark by
- Dans son étude sur le folklore vendéen, Jean Dumur **observe** ...
  = **observes**

### Concluding

- **De toute façon**, nous sommes au pied du mur
  = in any case
- **Bref** or **En un mot**, il refuse de se prononcer
  = **basically** or in a **word**
- **En somme**, il faut nuancer cette affirmation
  = in **short**
- Il convient de signaler, **pour conclure**, l'exceptionnelle qualité des textes retenus
  = in **conclusion**
- **En définitive**, ce dont le monde a besoin c'est d'un style de vie et de consommation plus sobre
  = when all is **said** and done

## 26.3 The mechanics of the argument

### Stating facts

- **Il est exact que** les trains arrivent en général à l'heure, sauf quand il gèle
  = it is **true** that
- **On constate** chez les cadres une forte motivation
  = ... is **noticeable**
- **On observe** un repli sur les valeurs sûres
  = ... can be **observed**
- **On peut noter que** l'essentiel des dépenses de santé est financé par des cotisations sociales
  = we can **see** that
- Ce mode de calcul des rémunérations **fait l'objet de** négociations entre patronat et syndicats
  = is the **object** of
- **Il s'agit d'**une mesure de défense prise face à une initiative jugée hostile
  = it is a
- **Rappelons les faits**. Victoria l'Américaine débarque à Londres en 1970 et réussit rapidement à s'imposer sur la scène musicale
  = let's **recall** the **facts**

- Le New York Times **rapporte que** l'islam est la religion qui connaît aujourd'hui la plus forte croissance aux États-Unis
  = **reports** that

### Making a supposition

- Si on trouve ces fossiles à l'intérieur des terres, **on peut supposer que** jadis la mer recouvrait cette région
  = one can **assume** that

- **Il est peu probable que** la diminution de l'ensoleillement dans la région **ait** (*subj*) eu des conséquences sur la croissance des plantes
  = it is **unlikely** that

- **Il pourrait y avoir** une guerre commerciale si nous n'instaurons pas le libre accès aux marchés
  = there **could** be

- Dans les milieux diplomatiques, **on évoque la possibilité d'**un durcissement de l'embargo
  = there is **mention** of the **possibility** of

- L'ampleur des destructions **permet de penser que** d'énormes quantités d'essence ont pris feu
  = **leads** us to **think** that

- Le film **laisse supposer que** tout peut devenir spectacle
  = would have one **suppose** that

### Expressing a certainty

- **Il est certain que** le chômage contribue à alimenter l'exclusion
  = it is **certain** that

- **Il est évident que** toutes les régions devront jouer leur rôle sur le plan national
  = it is **obvious** that

- La partie la plus originale de son livre réside **incontestablement** dans son analyse des arts populaires
  = **indisputably**

- Il existe **indéniablement** un art de penser, de vivre, qui est commun à toute l'Europe
  = **undoubtedly**

- **Il est indéniable que** c'est un problème
  = it cannot be **denied** that

- **Tout le monde s'accorde à penser que** le conflit est loin d'être fini
  = everyone **agrees** that

- **Il ne fait aucun doute qu'**il a du talent
  = there is no **doubt** that

- **Il est clair que** cette maison est inhabitée depuis des mois
  = **clearly**

### Expressing doubt

- **Il semble que** quelqu'un a essayé d'entrer par la fenêtre
  = it **seems** that

- **Il est possible** *or* **Il se peut que** je me **sois** (*subj*) trompé
  = it is **possible** that

- **Peut-être** est-ce *or* C'*est* **peut-être** une meilleure idée
  = **perhaps**

- L'auteur s'est **sans doute** inspiré de contes orientaux
  = **probably**

- Les rebelles **se seraient regroupés** près de la ville, **ce qui expliquerait** la psychose de peur qui prévalait encore
  = **allegedly** regrouped ..., which would **explain**

- Chaque témoignage **remet en question** ce qui paraissait établi quelques minutes plus tôt
  = **calls** back into **question**

### Conceding a point

- Écrire un texte sans la lettre "e" semble une gageure impossible. **C'est pourtant** la règle qu'il s'impose pour tout un roman
  = and **yet** it is

- Les héritiers ont du mal à se mettre d'accord. Ils sont **toutefois** unanimes sur un point : la propriété restera dans la famille
  = **however**

- **Bien qu'**étudiés *or* **Quoique** étudiés depuis de nombreuses années, les cyclones tropicaux comportent encore beaucoup d'inconnues
  = **though**

- **Bien que** quelques blindés **aient** (*subj*) pris position dans la ville, la situation est restée relativement calme
  = **although**

- On ne sait pas grand-chose de son enfance. **Toujours est-il qu'**il entre en apprentissage alors qu'il n'a pas quinze ans
  = the **fact** remains that

- **Quel que soit** (*subj*) le style retenu pour la mise en scène, l'atmosphère de la pièce est toujours un peu lugubre
  = **whatever**

- **On ne peut nier que** l'intrigue **soit** (*subj*) quelque peu échevelée
  = it cannot be **denied** that

- **Le moins que l'on puisse** (*subj*) **dire est qu'**entre les principales organisations professionnelles agricoles, le courant ne passait pas
  = the **least** one can say is that

- Ces faits sont **sans doute** vrais, **mais** restent quand même peu crédibles
  = no **doubt** ... but

- **Certes** un encart publicitaire coûte très cher, **mais** il permet de mieux vendre
  = **certainly** ... but

- **Tout en reconnaissant que** les grands ensembles ont permis de loger des milliers de sans-abri, **il faut néanmoins admettre que** les conditions de vie y sont souvent déplorables
  = while **recognizing** that ... one must, **however**, **admit** that

- La mort de ce coureur automobile, **pour** tragique **qu'**elle **soit** (*subj*), donne à réfléchir sur ce qui pousse certains à risquer leur vie
  = ... **though** it may be

- Si on supposait depuis longtemps qu'il y avait eu corruption, **ce n'est que récemment que** les archives ont confirmé ces suppositions
  = it is only recently that

### Emphasizing particular points

- **Il convient de souligner** l'importance de ces recherches
  = it is **worth stressing**

- **Il faut bien préciser que** ce produit est commercialisé depuis des années
  = it is **important** to **point** out that

- **C'est à ce niveau qu'**il faut chercher des solutions
  = it is at this level that

- **C'est une question de** temps et non pas d'argent
  = it is a **question** of

- Ce dossier délicat **met en lumière** les oppositions entre la nécessaire maîtrise des dépenses de santé et la diffusion souhaitable des progrès thérapeutiques
  = **brings** to **light**

- Peu de gens ont vu cette émission, **d'autant plus qu'**elle est passée tard le soir
  = **especially since**

- Il est important de se faire vacciner contre le tétanos, **à plus forte raison lorsque** l'on manipule régulièrement des objets rouillés
  = and all the **more so** when

- **Bien loin de** renier ses origines, il n'avait jamais rompu ses liens avec sa patrie
  = **far from**

- Quel choc pour les spectateurs ! **Non (pas) que** le film **soit** (*subj*) sanglant, **mais** son crescendo est redoutable
  = not that ... is ... but

- **Non seulement** les objectifs ont été atteints, **mais** ils ont été dépassés
  = not only ... but

- Ce plat délicieux, facile à préparer, économique **qui plus est**, a tout pour nous séduire
  = and **moreover**

## 26 - essay writing

- **J'irais même jusqu'à dire que** c'est un chef-d'œuvre
    = I would even go **so** far as to say that
- **N'oublions pas que**, sur Terre, la gravité pilote absolument tous les phénomènes
    = let us not **forget** that
- De l'enthousiasme : **voilà précisément ce qui** leur fait défaut
    = that's **precisely** what

### Moderating a statement

- **Sans vouloir critiquer** cette façon de procéder, **il semble cependant qu'**une autre méthode pourrait avoir de meilleurs résultats
    = I have no wish to **criticize** ... but it **seems** that
- L'auteur a certainement raison **dans l'ensemble, mais certains détails mériteraient d'être revus**
    = ... on the **whole**, but some details require to be reviewed
- **Une mise au point serait souhaitable**
    = some clarification would be desirable
- **Sans attacher trop d'importance à ces détails, il semble pourtant qu'**une révision du texte serait utile
    = without wishing to attach too much **importance** to these details, I do **think** that
- **Il serait injuste de** reprocher à l'auteur son manque d'expérience
    = it would be unfair to
- "La sévérité de la presse est à la mesure de la démocratie." Certains philosophes **nuancent** ces propos en précisant que ...
    = **qualify**
- **Il faut néanmoins nuancer** l'affirmation selon laquelle l'Europe serait exagérément protectionniste
    = one has, **nevertheless**, to **qualify**

### Indicating agreement

- Beaucoup de gens s'inquiètent de l'évolution du chômage, et **effectivement** or **en effet**, la situation est préoccupante
    = **indeed**
- **Il faut reconnaître que** les résultats sont décevants
    = one has to **recognize**
- Sa description de l'événement **est exacte en tous points**
    = is accurate on all **points**
- L'explication qu'il en donne **est tout à fait convaincante**
    = is totally **convincing**
- **Comme le suggère** l'auteur, il semble indispensable d'améliorer la qualité des formations et des diplômes
    = **as** ... suggests
- **Tout semble effectivement indiquer qu'**à trente ans, les surdoués ont été rattrapés par les autres
    = everything **seems** to indicate that
- **Il serait vain de le nier :** nous allons devoir faire face à une concurrence nouvelle
    = it would be pointless to **deny** it
- **Rien n'est plus vrai que** cette description de l'exil
    = there is nothing more accurate than

### Indicating disagreement

#### Tentatively

- Je me sens tenu de **formuler quelques réserves**
    = **express** some **reservations**
- **Je formulerais quelques objections**
    = I would **express** some **objections**
- Cette affirmation **me semble contestable**
    = seems **debatable** to me
- **Bien que** son raisonnement **soit** (subj) intéressant, **je ne partage pas** le point de vue de l'auteur
    = although ... is ..., I do not **share**
- **Quand bien même** disposerait-on d'un vaccin efficace, celui-ci ne pourrait, sans grosses difficultés, être administré sur l'ensemble de la planète
    = even if

- À tous ceux qui critiquent la publicité, **on peut répondre** or **répliquer que** c'est un nouveau genre artistique
    = one can **reply** that
- **On voit mal comment** les élèves pourraient bénéficier de cette mesure
    = it is hard to **see** how

#### More assertively

- Cette explication **ne mérite pas d'être retenue**
    = does not deserve to be **accepted**
- Ces faits **sont en contradiction avec** la version officielle
    = **contradict**
- **Elle réfute l'argument selon lequel** la cause principale des défaillances est la fragilité financière des entreprises
    = she **refutes** the **argument** that
- L'auteur **commet une grave erreur** en laissant entendre qu'un accord avait été conclu
    = makes a serious **mistake**
- Quand on dit que la catastrophe a fait 2 000 victimes, **on est très loin de la vérité**
    = one is very far from the **truth**
- **Je m'inscris en faux** or **Je m'élève** or **Je m'insurge contre** cette version des faits
    = I **protest** against
- **Il ne saurait être question de** procéder à de nouvelles élections
    = there can be no **question** of
- **Il est impossible d'accepter** ce point de vue
    = it is **impossible** to **accept**
- **On ne saurait approuver** cette idée qui témoigne d'un manque de réflexion
    = one couldn't **approve** of

### Indicating approval

- **Heureusement,** l'auteur nous précise plus loin que ce n'est pas le cas
    = **fortunately**
- **On comprend fort bien que** les jeunes **aient** (subj) réagi ainsi
    = it is perfectly **understandable** that
- **La meilleure solution serait effectivement de** réviser entièrement le projet
    = the best **solution** would, in fact, be to
- Les responsables de l'enquête **ont raison d'**insister sur ce point
    = are **right** to
- L'auteur souligne ce détail **à juste titre** or **avec raison**
    = **rightly**
- **Il était grand temps que** ces règles **soient** (subj) corrigées
    = it was high time that ... were
- **Enfin** un ouvrage qui traite en profondeur le problème du chômage
    = at last
- Ce livre **est le bienvenu** car il traite d'un sujet jamais abordé jusqu'ici
    = is **welcome**

### Indicating disapproval

- **Il est regrettable que** l'auteur **ait** (subj) négligé cet aspect du problème
    = it is **regrettable** that
- **Il serait vraiment dommage qu'**une découverte aussi importante ne **soit** (subj) pas reconnue à sa juste valeur
    = it would be a great **pity** if
- **Malheureusement,** cette étude est très inégale
    = **unfortunately**
- **On peut s'étonner de** la rapidité avec laquelle la réforme a été appliquée
    = one may well be **surprised** at
- Les habitants **condamnent** or **critiquent** ce projet d'autoroute
    = **condemn** or **criticize**
- **Ils reprochent aux** autorités or **Ils accusent** les autorités de ne pas les avoir consultés
    = they accuse

### Making a correction

- **En réalité** or **En fait**, il ne s'agit pas du tout d'une fiction
  = in **reality** or in actual **fact**
- **Il ne s'agit pas à proprement parler de** commerce, mais plutôt de troc
  = it is not, **strictly** speaking, a **question** of
- **Pour rétablir les faits**, je dirai que …
  = to **re-establish** the **facts**
- Bouderaient-ils leurs pays d'accueil ? **Il semble plutôt qu**'ils les connaissent mal
  = it **seems** more **likely** that
- Dira-t-on qu'il est ambitieux ? **Le mot est faible. Aussi le qualifiera-t-on plus justement d**'arriviste
  = that's too weak a word … **so** he would more **properly** be **called**

### Indicating the reason for something

- Cette situation **résulte d'un malentendu**
  = … is the **result** of
- **Plus qu'à** ses idées politiques, sa popularité **tient à** ses dons d'acteur
  = … is **due** more to … than to
- **C'est pour cette raison que** tout retour en arrière est impossible
  = it is for this **reason** that
- Le vieux château sera réparé : **en effet**, il constitue l'un des meilleurs exemples de l'architecture du XVIIe siècle
  = **because**
- On ne peut se fier à ces résultats, **étant donné que** or **attendu que** les chiffres sont approximatifs
  = **seeing** that
- **S'il** a accepté, **c'est** certainement **qu**'on a fait pression sur lui
  = if he …, it is … **because**
- **Cela expliquerait** la baisse des ventes en février
  = this would **explain**

### Indicating the consequences of something

- Cette décision **a eu d'heureuses conséquences/a eu des conséquences néfastes**
  = had positive/disastrous **consequences**
- Sa nomination **a eu pour conséquence de** créer un mécontentement considérable au sein de l'organisation
  = **resulted** in
- Il était très mécontent de l'évolution de la politique salariale, **aussi a-t-il** donné sa démission
  = and **so** he
- La fermeture de l'usine **entraînera** or **provoquera** or **aura pour résultat** une augmentation du chômage dans la région
  = will **bring** about or **result** in
- Les compagnies aériennes ont augmenté leurs tarifs, **d'où** une diminution du nombre des passagers
  = **hence**
- Le nombre de postes sera réduit à trois, **ce qui implique** or **ce qui signifie** le départ de quatre employés
  = which **means**
- Le héros n'apparaissant pas dans ce chapitre, **il s'ensuit que** les personnages secondaires occupent le premier plan
  = it **follows** that
- **Ainsi**, la personnalité du héros se révèle beaucoup plus complexe qu'elle ne le semblait au premier abord
  = **thus**

### Contrasting or comparing

- **Certains** parlent de la faillite de l'école. **À l'inverse, d'autres** proclament les progrès du système éducatif
  = some (people) …. **conversely**, others …
- **Les uns** se proclament pour la démocratie, **les autres** vantent les bienfaits d'un régime autoritaire
  = some (people) …, others …

- **Il dépasse** de loin tous ses concurrents
  = he **outstrips**
- Son deuxième roman **est bien inférieur à** son premier
  = is grossly **inferior** to
- **Il n'arrive pas à la cheville de** son rival
  = … is head and shoulders above
- **Comparée à** ses concurrents mondiaux de l'ingénierie, l'entreprise affiche désormais l'un des plus jolis bilans de la profession
  = **compared** to
- **Par rapport à** ses concurrents, cette entreprise est défavorisée
  = **compared** with
- **Il n'y a pas de comparaison possible entre** ces deux œuvres
  = there is no **possible comparison** to be drawn between

---

## 27 THE TELEPHONE

### 27.1 Getting a number

- **Je voudrais le 01 843 46 09 37 12, s'il vous plaît,** (zéro un huit cent quarante-trois quarante-six zéro-neuf trente-sept douze)
  = Could you get me 01843 46093712, please? (o-one-eight-four-three four-six-o-nine-three-seven-one-two)
- **Pourriez-vous me passer les renseignements, s'il vous plaît ?**
  = Could you give me **directory** enquiries (Brit) or **directory** assistance (US), please?
- **Je voudrais le numéro de la société Europost, 20 rue de la Marelle, à Pierrefitte**
  = Can you give me the **number** of Europost, 20 rue de la Marelle, Pierrefitte?
- **Quel est l'indicatif pour la Martinique ?**
  = What is the **code** for Martinique?
- **Comment est-ce que je peux téléphoner à l'extérieur ?**
  = How do I make an outside **call** or How do I get an outside **line**?
- **Quel numéro dois-je faire pour l'horloge parlante ?**
  = What do I **dial** to get the speaking clock?
- **Je n'ai pas trouvé le numéro dans l'annuaire**
  = It's not in the book
- **Si vous téléphonez de France en Angleterre, ne faites pas le zéro**
  = You omit the « o » when **dialling** England from France

### 27.2 When your number answers

- **Pourriez-vous me passer le poste 516, s'il vous plaît ?**
  = Could I have or Can you give me **extension** 516?
- **Je suis bien chez M. Lambert ?**
  = Is that Mr Lambert's **phone**?
- **Je voudrais parler à M. Wolff, s'il vous plaît** or **Pourrais-je parler à M. Wolff, s'il vous plaît ?**
  = Could I speak to Mr Wolff, please? or I'd like to speak to Mr Wolff, please or Is Mr Wolff there?
- **Pourriez-vous me passer le docteur Henderson, s'il vous plaît ?**
  = Could you put me through to Dr Henderson, please?
- **Qui est à l'appareil ?**
  = Who's speaking?
- **Je rappellerai dans une demi-heure**
  = I'll **call** back in half an hour
- **Pourrais-je laisser mon numéro pour qu'elle me rappelle ?**
  = Could I leave my **number** for her to call me back?

## 27 - the telephone

- Je vous appelle d'une cabine téléphonique or Je téléphone d'une cabine
  = I'm **ringing** from a callbox (Brit) or I'm calling from a pay station (US)
- J'appelle or Je téléphone d'Angleterre
  = I'm **phoning** from England
- Pourriez-vous lui demander de me rappeler quand il rentrera ?
  = Would you ask him to ring me when he gets back?

### 27.3 Answering the telephone

- Allô, c'est Anne à l'appareil
  = Hello, this is Anne speaking
- (C'est Anne à l'appareil ?) **Elle-même**
  = (Is that Anne?) Speaking
- Voulez-vous laisser un message ?
  = Would you like to leave a **message**?
- Puis-je lui transmettre un message ?
  = Can I take a **message**?
- Ne quittez pas
  = **Hold** the **line**, please
- Je vous rappelle
  = I'll **call** you back
- Vous êtes en communication avec un répondeur automatique
  = This is a **recorded message**
- Veuillez laisser votre message après le bip sonore
  = Please speak after the tone or after the beep

### 27.4 The switchboard operator speaks

- Grand Hôtel, bonjour or à votre service
  = Grand Hotel, can I help you?
- Qui est à l'appareil ?
  = Who's **calling**, please?
- C'est de la part de qui ?
  = Who shall I say is **calling**?
- Est-ce que vous connaissez le numéro du poste ?
  = Do you know his **extension number**?
- Je vous le passe
  = I am **connecting** you or putting you through now
- J'ai quelqu'un en ligne de Tokyo qui demande Mme Thomas
  = I have a **call** from Tokyo for Mrs Thomas
- J'ai Mlle Martin à l'appareil
  = I've got Miss Martin on the **line** for you
- Le docteur Roberts est déjà en ligne
  = Dr Roberts' **line** is busy
- Désolé de vous faire attendre
  = Sorry to keep you waiting
- Ça ne répond pas
  = There's no **reply**
- Vous êtes en ligne avec le service des ventes
  = You're through to our Sales Department

### 27.5 The operator speaks

- Quel numéro demandez-vous ?
  = What **number** do you want or What **number** are you calling?
- D'où appelez-vous ?
  = Where are you **calling** from?
- Pourriez-vous répéter le numéro, s'il vous plaît ?
  = Would you **repeat** the **number**, please?

- Raccrochez et renouvelez votre appel or Raccrochez et recomposez le numéro
  = Replace the handset and dial again
- M. Campbell vous appelle en PCV d'Amsterdam. Est-ce que vous acceptez la communication ?
  = There's a Mr Campbell **calling** you from Amsterdam. He wishes you to pay for the call. Will you accept it?
- Vous êtes en ligne
  = Go ahead, **caller**
- (Directory Enquiries) Il n'y a pas d'abonné à ce nom
  = (aux Renseignements) There's no listing under that name
- Désolé, leur numéro est sur la liste rouge
  = They're **ex-directory** (Brit) or **unlisted** (US)
- Le 01 45 77 57 84 ne répond pas
  = There's no **reply** from 01 45 77 57 84
- Ne quittez pas
  = Hold the line, please
- Par suite de l'encombrement des lignes, votre appel ne peut aboutir. Veuillez rappeler ultérieurement
  = All **lines** to Bristol are **engaged** - please try later
- J'essaie d'obtenir votre correspondant
  = I'm trying it for you now
- Ça sonne
  = It's **ringing** or **Ringing** for you now
- La ligne est occupée
  = The line is **engaged** (Brit) or **busy** (US)
- Il n'y a pas d'abonné au numéro que vous avez demandé (recorded message)
  = The number you have **dialled** has not been recognized (message enregistré)
- Le numéro de votre correspondant n'est plus attribué. Veuillez consulter l'annuaire ou votre centre de renseignements
  = The **number** you have **dialled** no longer exists. Please consult the **directory** (message enregistré)
- Le numéro de votre correspondant a changé. Veuillez composer désormais le 02 33 42 21 70 (recorded message)
  = The **number** you have **dialled** has been changed. Please **dial** 0233422170 (message enregistré)
- Toutes les lignes de votre correspondant sont occupées. Veuillez rappeler ultérieurement (recorded message)
  = The **number** you are **calling** is **engaged** (Brit) ou **busy** (US). Please try again later

### 27.6 Different types of call

- C'est une communication locale
  = It's a local **call**
- C'est une communication interurbaine
  = This is a long-distance **call**
- Je voudrais appeler l'étranger
  = I want to make an international call
- Je voudrais appeler Londres en PCV (NB : system no longer exists in France)
  = I want to make a **reverse** charge call to a London **number** (Brit) or I want to **call** a London number **collect** (US)
- Je voudrais être réveillé à 7 h 30 demain matin?
  = I'd like an alarm **call** for 7.30 tomorrow morning

### 27.7 In case of difficulty

- Je n'arrive pas à avoir le numéro
  = I can't get through (at all)
- Leur téléphone est en dérangement
  = Their **phone** is out of **order**

- **On nous a coupés** *or* **La communication a été coupée**
  - = We were cut off
- **J'ai dû faire un faux numéro**
  - = I must have **dialled** the wrong **number**
- **Il y a quelqu'un d'autre sur la ligne**
  - = We've got a **crossed line**
- **J'ai appelé plusieurs fois, mais ça ne répond pas**
  - = I've **called** them several times with no **reply**

- **Vous m'avez donné un faux numéro**
  - = You gave me a wrong **number**

- **On ne m'a pas donné le bon poste** *or* **On s'est trompé de poste**
  - = I got the wrong **extension**

- **La ligne est très mauvaise**
  - = This is a very bad **line**

# APPENDICES
# ANNEXES

**CONTENTS**

THE ENGLISH VERB

NUMBERS, TIME
AND DATES

WEIGHTS, MEASURES
AND TEMPERATURES

**SOMMAIRE**

LE VERBE ANGLAIS

NOMBRES, HEURES
ET DATES

POIDS, MESURES
ET TEMPÉRATURES

# THE ENGLISH VERB

L'anglais comprend de nombreux verbes forts ou irréguliers (dont nous donnons la liste ci-dessous, § 7) ainsi que de nombreuses variantes orthographiques (voir au § 8), mais à chacun des temps la conjugaison reste la même pour toutes les personnes sauf pour la troisième personne du singulier au présent de l'indicatif.

Les notes qui suivent se proposent de résumer la structure et les formes du verbe anglais.

## 1 LE MODE INDICATIF

| | | | |
|---|---|---|---|
| **PRÉSENT** | FORMATION | | Le présent de l'indicatif a la même forme que l'infinitif présent à toutes les personnes sauf à la troisième personne du singulier, à laquelle vient s'ajouter un *s*, ex. : *he sells*. |
| | verbes se terminant par une sifflante ou une chuintante | | Dans les cas où l'infinitif se termine par une sifflante ou une chuintante on intercale un *e*,<br>ex. : *he kisses, he buzzes, he rushes, he touches*. |
| | verbes se terminant par consonne + y | | Les verbes qui se terminent en consonne + *y* changent cet *y* en *ies* à la troisième personne du singulier,<br>ex. : *he tries, he pities, he satisfies*.<br>REMARQUE. Là où le *y* est précédé d'une voyelle, on applique la règle générale, ex. : *pray — he prays, annoy — she annoys*. |
| | formes irrégulières | | Le verbe *to be* a des formes irrégulières pour toutes les personnes : *I am, you are, he is, we are, you are, they are*.<br>Trois autres verbes ont une forme irrégulière à la troisième personne du singulier :<br>    *do*    *he does*<br>    *have*    *he has*<br>    *go*    *he goes* |
| **IMPARFAIT**<br>**PASSÉ SIMPLE**<br>**PARTICIPE PASSÉ** | FORMATION | | L'imparfait, le passé simple et le participe passé ont, en anglais, la même forme. On les construit en ajoutant *ed* au radical de l'infinitif,<br>ex. : *paint — I painted — painted*. |
| | verbes se terminant par un *e* muet | | On ajoute *d* à l'infinitif des verbes qui se terminent par un *e* muet,<br>ex. : *bare — I bared — bared, move — I moved — moved, revise — I revised — revised*. |
| | verbes irréguliers | | Pour les verbes irréguliers, voir la liste ci-dessous, § 7. |
| **TEMPS COMPOSÉS**<br>ou **PASSÉS** | FORMATION | | Les temps composés du passé se forment à l'aide de l'auxiliaire *to have* suivi du participe passé. |
| | PASSÉ COMPOSÉ | | Présent de *to have* + participe passé.<br>ex. : *I have painted*. |
| | PLUS-QUE-PARFAIT | | Passé de *to have* + participe passé,<br>ex. : *I had painted*. |
| **FUTUR** | FUTUR SIMPLE | | Le futur se forme à l'aide de *will* suivi de l'infinitif,<br>ex. : *I will do it*.<br>Dans la langue soignée, on utilise *shall* à la première personne du singulier et du pluriel,<br>ex. : *we shall see to it*. |
| | FUTUR ANTÉRIEUR | | L'auxiliaire *to have* accompagné de *will* (ou de *shall* dans la langue soignée) et du participe passé du verbe conjugué s'emploie pour le futur antérieur,<br>ex. : *I will have finished*. |
| **FORME PROGRESSIVE** | | | Il existe également en anglais, au mode indicatif, une forme progressive qui se forme avec l'auxiliaire *to be*, conjugué au temps approprié et suivi du participe présent,<br>ex. : *I am waiting, we were hoping, they will be leaving, they would still have been waiting, I had been painting all day*.<br>Ce système diffère dans une certaine mesure du système français, qui a parfois comme équivalent la formule « être en train de » suivie de l'infinitif. |

## 2 LE CONDITIONNEL

| | |
|---|---|
| PRÉSENT | Le conditionnel se forme à l'aide de *would* suivi de l'infinitif,<br>ex. : *I would go.*<br>Dans la langue soignée, ou utilise *should* à la première personne du singulier et du pluriel,<br>ex. : *we should see it.* |
| PASSÉ | L'auxiliaire *to have* accompagné de *would* (ou de *should* dans la langue soignée) et du participe passé du verbe conjugué s'emploie pour le conditionnel passé,<br>ex. : *I would have paid.* |

## 3 LE MODE SUBJONCTIF

| | |
|---|---|
| PRÉSENT | Au présent et à toutes les personnes, le subjonctif a la même forme que l'infinitif,<br>ex. : *(that) I go, (that) she go* etc. |
| IMPARFAIT | À l'imparfait, *to be* est l'unique verbe qui ait une forme irrégulière. Cette forme est *were* pour toutes les personnes :<br>ex. : *(that) I were, (that) we were* etc. |
| Emploi | Le subjonctif est peu utilisé en anglais. Il faut cependant noter que le subjonctif s'emploie obligatoirement en anglais dans : *if I were you, were I to attempt it* (l'emploi de *was* étant considéré comme incorrect dans ces expressions, ainsi que dans d'autres expressions analogues).<br>Le subjonctif se rencontre aussi dans l'expression figée *so be it* et dans le langage juridique ou officiel, ex. : *it is agreed that nothing be done, it was resolved that the pier be painted* (quoique *should be done* et *should be painted* soient également corrects). |

## 4 LE MODE IMPÉRATIF

| | |
|---|---|
| FORMATION | Il n'y a qu'une forme de l'impératif, qui est en fait celle de l'infinitif,<br>ex. : *tell me, come here, don't do that.* |

## 5 LE GÉRONDIF ET LE PARTICIPE PRÉSENT

| | |
|---|---|
| FORMATION | Le gérondif et le participe présent ont la même forme en anglais. Ils s'obtiennent en ajoutant la désinence *-ing* au radical de l'infinitif, ex. : *washing, sending, passing.*<br>Pour les variantes orthographiques voir paragraphe 8. |

## 6 LA VOIX PASSIVE

| | |
|---|---|
| FORMATION | La voix passive se forme exactement comme en français avec le temps approprié du verbe *to be* et le participe passé :<br>ex. : *we are forced to, he was killed, they had been injured,*<br>*the company will be taken over,*<br>*it ought to have been rebuilt, were it to be agreed.* |

## 7 VERBES FORTS OU IRRÉGULIERS

| INFINITIF | PRÉTÉRIT | PARTICIPE PASSÉ | INFINITIF | PRÉTÉRIT | PARTICIPE PASSÉ |
|---|---|---|---|---|---|
| abide | abode or abided | abode or abided | feel | felt | felt |
| arise | arose | arisen | fight | fought | fought |
| awake | awoke or awaked | awoken or awaked | find | found | found |
| be | was, were | been | flee | fled | fled |
| bear[1] | bore | borne | fling | flung | flung |
| beat | beat | beaten | fly | flew | flown |
| become | became | become | forbid | forbad(e) | forbidden |
| beget | begot, begat†† | begotten | forget | forgot | forgotten |
| begin | began | begun | forsake | forsook | forsaken |
| bend | bent | bent | freeze | froze | frozen |
| beseech | besought | besought | get | got | got, (US) gotten |
| bet | bet or betted | bet or betted | gild | gilded | gilded or gilt |
| bid | bade or bid | bid or bidden | gird | girded or girt | girded or girt |
| bind | bound | bound | give | gave | given |
| bite | bit | bitten | go | went | gone |
| bleed | bled | bled | grind | ground | ground |
| blow[1] | blew | blown | grow | grew | grown |
| break | broke | broken | hang | hung, (Jur) hanged | hung, (Jur) hanged |
| breed | bred | bred | have | had | had |
| bring | brought | brought | hear | heard | heard |
| build | built | built | heave | heaved, (Naut) hove | heaved, (Naut) hove |
| burn | burned or burnt | burned or burnt | hew | hewed | hewed or hewn |
| burst | burst | burst | hide | hid | hidden |
| buy | bought | bought | hit | hit | hit |
| can[1] | could | – | hold | held | held |
| cast | cast | cast | hurt | hurt | hurt |
| catch | caught | caught | keep | kept | kept |
| chide | chid | chidden or chid | kneel | knelt | knelt |
| choose | chose | chosen | know | knew | known |
| cleave[1] (fendre) | clove or cleft | cloven or cleft | lade | laded | laden |
| cling | clung | clung | lay | laid | laid |
| come | came | come | lead | led | led |
| cost | cost or costed | cost or costed | lean | leaned or leant | leaned or leant |
| creep | crept | crept | leap | leaped or leapt | leaped or leapt |
| cut | cut | cut | learn | learned or learnt | learned or learnt |
| deal | dealt | dealt | leave | left | left |
| dig | dug | dug | lend | lent | lent |
| dive | dived, (US) dove | dived | let | let | let |
| do | did | done | lie[1] | lay | lain |
| draw | drew | drawn | light[1+3] | lit or lighted | lit or lighted |
| dream | dreamed or dreamt | dreamed or dreamt | lose | lost | lost |
| drink | drank | drunk | make | made | made |
| drive | drove | driven | may | might | – |
| dwell | dwelled or dwelt | dwelled or dwelt | mean | meant | meant |
| eat | ate | eaten | meet | met | met |
| fall | fell | fallen | mow | mowed | mown or mowed |
| feed | fed | fed | | | |

| INFINITIF | PRÉTÉRIT | PARTICIPE PASSÉ | INFINITIF | PRÉTÉRIT | PARTICIPE PASSÉ |
|---|---|---|---|---|---|
| pay | paid | paid | spell[3] | spelled or spelt | spelled or spelt |
| put | put | put | spend | spent | spent |
| quit | quit or quitted | quit or quitted | spill | spilled or spilt | spilled or spilt |
| read [ri:d] | read [red] | read [red] | spin | spun or span†† | spun |
| rend | rent | rent | spit | spat | spat |
| rid | rid | rid | split | split | split |
| ride | rode | ridden | spoil | spoiled or spoilt | spoiled or spoilt |
| ring[2] | rang | rung | spread | spread | spread |
| rise | rose | risen | spring | sprang | sprung |
| run | ran | run | stand | stood | stood |
| saw | sawed | sawed or sawn | stave | stove or staved | stove or staved |
| say | said | said | steal | stole | stolen |
| see | saw | seen | stick | stuck | stuck |
| seek | sought | sought | sting | stung | stung |
| sell | sold | sold | stink | stank | stunk |
| send | sent | sent | strew | strewed | strewed or strewn |
| set | set | set | stride | strode | stridden |
| sew | sewed | sewed or sewn | strike | struck | struck |
| shake | shook | shaken | string | strung | strung |
| shave | shaved | shaved or shaven | strive | strove | striven |
| shear | sheared | sheared or shorn | swear | swore | sworn |
| shed | shed | shed | sweep | swept | swept |
| shine | shone | shone | swell | swelled | swollen |
| shoe | shod | shod | swim | swam | swum |
| shoot | shot | shot | swing | swung | swung |
| show | showed | shown or showed | take | took | taken |
| shrink | shrank | shrunk | teach | taught | taught |
| shut | shut | shut | tear | tore | torn |
| sing | sang | sung | tell | told | told |
| sink | sank | sunk | think | thought | thought |
| sit | sat | sat | thrive | throve or thrived | thriven or thrived |
| slay | slew | slain | throw | threw | thrown |
| sleep | slept | slept | thrust | thrust | thrust |
| slide | slid | slid | tread | trod | trodden |
| sling | slung | slung | wake | woke or waked | woken or waked |
| slink | slunk | slunk | wear | wore | worn |
| slit | slit | slit | weave | wove or weaved | woven or weaved |
| smell | smelled or smelt | smelled or smelt | weep | wept | wept |
| | | | win | won | won |
| smite | smote | smitten | wind [2+3] | wound | wound |
| sow | sowed | sowed or sown | wring | wrung | wrung |
| speak | spoke | spoken | write | wrote | written |
| speed | speeded or sped | speeded or sped | | | |

REMARQUE. Ne sont pas compris dans cette liste les verbes formés avec un préfixe. Pour leur conjugaison, se référer au verbe de base, ex. : pour *forbear* voir *bear*, pour *understand* voir *stand*.

## 8 VERBES FAIBLES PRÉSENTANT DES VARIANTES ORTHOGRAPHIQUES

| TERMINAISON DES VERBES À L'INFINITIF | VARIANTE ORTHOGRAPHIQUE AU PARTICIPE PASSÉ ET AU GÉRONDIF | EXEMPLE | | |
|---|---|---|---|---|
| | | INFINITIF | PARTICIPE PASSÉ | GÉRONDIF |
| Les verbes se terminant par une seule consonne précédée d'une seule voyelle accentuée | redoublent la consonne devant la désinence *ed* ou *ing* | sob<br>wed<br>lag<br>control<br>dim<br>tan<br>tap<br>prefer<br>pat | sobbed<br>wedded<br>lagged<br>controlled<br>dimmed<br>tanned<br>tapped<br>preferred<br>patted | sobbing<br>wedding<br>lagging<br>controlling<br>dimming<br>tanning<br>tapping<br>preferring<br>patting |
| | | (En revanche *to cook* devient *cooked – cooking* parce qu'il comporte une voyelle longue, et *fear* qui comporte une diphtongue donne *feared – fearing*.) | | |
| Les verbes qui se terminent en *c* | changent le *c* en *ck* devant les désinences *ed* et *ing*. | frolic<br>traffic | frolicked<br>trafficked | frolicking<br>trafficking |
| Les verbes terminés par la consonne *l* ou *p* précédée d'une voyelle non accentuée | redoublent la consonne au participe passé et au gérondif en anglais britannique, mais restent inchangés en anglais américain. | grovel<br><br>travel<br><br>worship | (Brit) grovelled<br>(US) groveled<br>(Brit) travelled<br>(US) traveled<br>(Brit) worshipped<br>(US) worshiped | (Brit) grovelling<br>(US) groveling<br>(Brit) travelling<br>(US) traveling<br>(Brit) worshipping<br>(US) worshiping |
| | | N.B. La même différence existe entre les formes substantivées de ces verbes :<br>(Brit) traveller worshipper<br>(US) traveler worshiper | | |
| Lorsque le verbe se termine par un *e* muet, | le *e* muet disparaît en faveur de la désinence *ed* ou *ing*. | invite<br>rake<br>smile<br>move | invited<br>raked<br>smiled<br>moved | inviting<br>raking<br>smiling<br>moving |
| | | (Le *e* muet se conserve toutefois dans les verbes *dye*, *singe*, etc. et dans une série peu nombreuse de verbes se terminant en *oe* : *dyeing, singeing, hoeing*.) | | |
| Si le verbe se termine en *y*, | le *y* devient *ied* pour former le prétérit et le participe passé. | worry<br><br>pity<br><br>falsify<br><br>try | worried – worried<br>pitied – pitied<br>falsified – falsified<br>tried – tried | Le gérondif de ces verbes est parfaitement régulier, ex. : *worrying, trying,* etc. |
| Gérondif des verbes monosyllabiques *die, lie, vie* | | | | dying, lying, vying. |

## 9 VERBES ANGLAIS À PARTICULE

**VI**      verbe intransitif, ex. : ▶ blow off dans *his hat blew off*.

**VT SEP**      verbe transitif séparable, ex. : ▶ blow off dans *the wind blew off his hat* ou *the wind blew his hat off*. Le complément d'objet du verbe peut se mettre soit après la particule, soit entre les deux éléments du verbe en les séparant. Cette dernière structure est d'ailleurs obligatoire lorsque le complément d'objet est un pronom : *the wind blew it off*.

**VT FUS**      verbe transitif fusionné, ex. : ▶ admit to dans *he admitted to the theft*. Le complément d'objet ne peut jamais s'intercaler entre les deux éléments du verbe, même lorsqu'il s'agit d'un pronom : *he admitted to it*.

REMARQUE. Pour beaucoup de verbes qui indiquent un mouvement ou une direction, les verbes à particule correspondants n'ont pas été dissociés de l'article principal, car ils peuvent être déduits des illustrations fournies. Ainsi, à partir de

crawl /krɔːl/ **VI** 1 *[animals]* ramper, se glisser ; *[person]* se traîner, ramper ♦ **to** ~ **in/out** *etc* entrer/sortir *etc* en rampant *or* à quatre pattes

vous pouvez construire : *to crawl across* (traverser en rampant), *to crawl down* (descendre en rampant), etc.

**NUMBERS, TIME AND DATES**

## 1 CARDINAL AND ORDINAL NUMBERS
## NOMBRES CARDINAUX ET ORDINAUX

| Cardinal numbers | | Les nombres cardinaux | Ordinal numbers | Les nombres ordinaux |
|---|---|---|---|---|
| nought | 0 | zéro | | |
| one | 1 | (m) un, (f) une | first | (m) premier, (f) -ière |
| two | 2 | deux | second | deuxième |
| three | 3 | trois | third | troisième |
| four | 4 | quatre | fourth | quatrième |
| five | 5 | cinq | fifth | cinquième |
| six | 6 | six | sixth | sixième |
| seven | 7 | sept | seventh | septième |
| eight | 8 | huit | eighth | huitième |
| nine | 9 | neuf | ninth | neuvième |
| ten | 10 | dix | tenth | dixième |
| eleven | 11 | onze | eleventh | onzième |
| twelve | 12 | douze | twelfth | douzième |
| thirteen | 13 | treize | thirteenth | treizième |
| fourteen | 14 | quatorze | fourteenth | quatorzième |
| fifteen | 15 | quinze | fifteenth | quinzième |
| sixteen | 16 | seize | sixteenth | seizième |
| seventeen | 17 | dix-sept | seventeenth | dix-septième |
| eighteen | 18 | dix-huit | eighteenth | dix-huitième |
| nineteen | 19 | dix-neuf | nineteenth | dix-neuvième |
| twenty | 20 | vingt | twentieth | vingtième |
| twenty-one | 21 | vingt et un | twenty-first | vingt et unième |
| twenty-two | 22 | vingt-deux | twenty-second | vingt-deuxième |
| twenty-three | 23 | vingt-trois | | |
| thirty | 30 | trente | thirtieth | trentième |
| thirty-one | 31 | trente et un | thirty-first | trente et unième |
| thirty-two | 32 | trente-deux | | |
| forty | 40 | quarante | fortieth | quarantième |
| fifty | 50 | cinquante | fiftieth | cinquantième |
| sixty | 60 | soixante | sixtieth | soixantième |
| seventy | 70 | soixante-dix | seventieth | soixante-dixième |
| eighty | 80 | quatre-vingt(s) | eightieth | quatre-vingtième |
| ninety | 90 | quatre-vingt-dix | ninetieth | quatre-vingt-dixième |
| ninety-nine | 99 | quatre-vingt-dix-neuf | | |
| a (or one) hundred | 100 | cent | hundredth | centième |
| a hundred and one | 101 | cent un | hundred and first | cent unième |
| a hundred and two | 102 | cent deux | | |
| a hundred and ten | 110 | cent dix | hundred and tenth | cent dixième |
| a hundred and eighty-two | 182 | cent quatre-vingt-deux | | |

# NOMBRES, HEURES ET DATES

| Cardinal numbers | | Les nombres cardinaux | Ordinal numbers | Les nombres ordinaux |
|---|---|---|---|---|
| two hundred | 200 | deux cents | two hundredth | deux centième |
| two hundred and one | 201 | deux cent un | | |
| two hundred and two | 202 | deux cent deux | | |
| three hundred | 300 | trois cents | three hundredth | trois centième |
| four hundred | 400 | quatre cents | four hundredth | quatre centième |
| five hundred | 500 | cinq cents | five hundredth | cinq centième |
| six hundred | 600 | six cents | six hundredth | six centième |
| seven hundred | 700 | sept cents | seven hundredth | sept centième |
| eight hundred | 800 | huit cents | eight hundredth | huit centième |
| nine hundred | 900 | neuf cents | nine hundredth | neuf centième |
| a (or one) thousand | 1,000 French 1 000 | mille | thousandth | millième |
| a thousand and one | 1,001 French 1 001 | mille un | | |
| a thousand and two | 1,002 French 1 002 | mille deux | | |
| two thousand | 2,000 French 2 000 | deux mille | two thousandth | deux millième |
| ten thousand | 10,000 French 10 000 | dix mille | | |
| a (or one) hundred thousand | 100,000 French 100 000 | cent mille | | |
| a (or one million) (see note **b**) | 1,000,000 French 1 000 000 | un million (voir note **b**) | millionth | millionième |
| two million | 2,000,000 French 2 000 000 | deux millions | two millionth | deux millionième |

NOTES ON USAGE OF THE CARDINAL NUMBERS

[a] To divide the larger numbers clearly, a space is used in French where English places a comma:
    English 1,000    French 1 000
    English 2,304,770    French 2 304 770
(This does not apply to dates: see below.)

[b] **1 000 000**: In French, the word *million* is a noun, so the numeral takes *de* when there is a following noun:
    *un million de fiches*
    *trois millions de maisons détruites*

[c] **One**, and the other numbers ending in *one*, agree in French with the noun (stated or implied):
    *une maison, un employé, il y a cent une personnes.*

REMARQUES SUR LES NOMBRES CARDINAUX

[a] Alors qu'un espace est utilisé en français pour séparer les centaines des milliers, l'anglais utilise la virgule à cet effet :
    français 1 000    anglais 1,000
    français 2 304 770    anglais 2,304,770
(Cette règle ne s'applique pas aux dates. Voir ci-après.)

[b] En anglais, le mot *million* (ainsi que *mille* et *cent*) n'est pas suivi de *of* lorsqu'il accompagne un nom :
    *a million people,*
    *a hundred houses,*
    *a thousand people.*

NOTES ON USAGE OF THE ORDINAL NUMBERS
REMARQUES SUR LES NOMBRES ORDINAUX

[a] **Abbreviations**: English 1st, 2nd, 3rd, 4th, 5th, etc.
French (m) 1$^{er}$, (f) 1$^{re}$, 2$^{e}$, 3$^{e}$, 4$^{e}$, 5$^{e}$ and so on.

[b] **First**, and the other numbers ending in *first*, agree in French with the noun (stated or implied):
*La première maison, le premier employé, la cent unième personne*

[c] See also the notes on dates, below.
*Voir aussi ci-après le paragraphe concernant les dates.*

# NUMBERS, TIME AND DATES

## 2 FRACTIONS / LES FRACTIONS

| FRACTIONS | | LES FRACTIONS |
|---|---|---|
| one half, a half | $\frac{1}{2}$ | (m) un demi, (f) une demie |
| one and a half helpings | $1\frac{1}{2}$ | une portion et demie |
| two and a half kilos | $2\frac{1}{2}$ | deux kilos et demi |
| one third, a third | $\frac{1}{3}$ | un tiers |
| two thirds | $\frac{2}{3}$ | deux tiers |
| one quarter, a quarter | $\frac{1}{4}$ | un quart |
| three quarters | $\frac{3}{4}$ | trois quarts |
| one sixth, a sixth | $\frac{1}{6}$ | un sixième |
| five and five sixths | $5\frac{5}{6}$ | cinq et cinq sixièmes |
| one twelfth, a twelfth | $\frac{1}{12}$ | un douzième |
| seven twelfths | $\frac{7}{12}$ | sept douzièmes |
| one hundredth, a hundredth | $\frac{1}{100}$ | un centième |
| one thousandth, a thousandth | $\frac{1}{1000}$ | un millième |

## 3 DECIMALS / LES DÉCIMALES

In French, a comma is written where English uses a point:

Alors que le français utilise la virgule pour séparer les entiers des décimales, le point est utilisé en anglais à cet effet :

| English/anglais | | French/français |
|---|---|---|
| 3.56 (three point five six) | = | 3,56 (trois virgule cinquante-six) |
| .07 (point nought seven) | = | 0,07 (zéro virgule zéro sept) |

## 4 NOMENCLATURE / NUMÉRATION

3,684 is a four-digit number
It contains 4 units, 8 tens, 6 hundreds and 3 thousands
The decimal .234 contains 2 tenths, 3 hundredths and 4 thousandths

3 684 est un nombre à quatre chiffres.
4 est le chiffre des unités, 8 celui des dizaines, 6 celui des centaines et 3 celui des milliers
le nombre décimal 0,234 contient 2 dixièmes, 3 centièmes et 4 millièmes

## 5 PERCENTAGES / LES POURCENTAGES

$2\frac{1}{2}$ % two and a half per cent

18% of the people here are over 65
Production has risen by 8 %
(See also the main text of the dictionary.)

Deux et demi pour cent

Ici dix-huit pour cent des gens ont plus de soixante-cinq ans.
La production s'est accrue de huit pour cent
(Voir aussi dans le corps du dictionnaire.)

## 6 SIGNS / LES SIGNES

| | | |
|---|---|---|
| addition sign | + | signe plus, signe de l'addition |
| plus sign (e.g. + 7 = plus seven) | + | signe plus (ex.: + 7 = plus sept) |
| subtraction sign | − | signe moins, signe de la soustraction |
| minus sign (e.g. − 3 = minus three) | − | signe moins (ex.: − 3 = moins trois) |
| multiplication sign | × | signe de la multiplication |
| division sign | ÷ | signe de la division |
| square root sign | $\sqrt{\phantom{x}}$ | signe de la racine carrée |
| infinity | ∞ | symbole de l'infini |
| sign of identity, is equal to | ≡ | signe d'identité |
| sign of equality, equals | = | signe d'égalité |
| is approximately equal to | ≈ | signe d'équivalence |
| sign of inequality, is not equal to | ≠ | signe de non-égalité |
| is greater than | > | est plus grand que |
| is less than | < | est plus petit que |

## 7 CALCULATION / LE CALCUL

$8 + 6 = 14$ eight and (or plus) six are (or make) fourteen

$15 − 3 = 12$ fifteen take away (or fifteen minus) three equals twelve, three from fifteen leaves twelve

$3 \times 3 = 9$ three threes are nine, three times three is nine

$32 \div 8 = 4$ thirty-two divided by eight is (or equals) four

$3^2 = 9$ three squared is nine

$2^5 = 32$ two to the power of five (or to the fifth) is (or equals) thirty-two

$\sqrt{16} = 4$ the square root of sixteen is four

huit et (ou plus) six font (ou égalent) quatorze

trois ôté de quinze égale douze, quinze moins trois égale douze

trois fois trois égale neuf, trois multiplié par trois égale neuf

trente-deux divisé par huit égale quatre

trois au carré égale neuf

deux à la puissance cinq égale trente-deux

la racine carré de seize ($\sqrt{16}$) est quatre

## 8  TIME    L'HEURE

| | |
|---|---|
| 2 hours 33 minutes and 14 seconds | deux heures trente-trois minutes et quatorze secondes |
| half an hour | une demi-heure |
| a quarter of an hour | un quart d'heure |
| three quarters of an hour | trois quarts d'heure |
| what's the time? | quelle heure est-il ? |
| what time do you make it? | quelle heure avez-vous ? |
| have you the right time? | avez-vous l'heure exacte ? |
| I make it 2.20 | d'après ma montre il est 2 h 20 |
| my watch says 3.37 | il est 3 h 37 à ma montre |
| it's 1 o'clock | il est une heure |
| it's 2 o'clock | il est deux heures |
| it's 5 past 4 | il est quatre heures cinq |
| it's 10 to 6 | il est six heures moins dix |
| it's half past 8 | il est huit heures et demie |
| it's a quarter past 9 | il est neuf heures et quart |
| it's a quarter to 2 | il est deux heures moins le quart |
| at 10 a.m. | à dix heures du matin |
| at 4 p.m. | à quatre heures de l'après-midi |
| at 11 p.m. | à onze heures du soir |
| at exactly 3 o'clock, at 3 sharp, at 3 on the dot | à trois heures exactement, à trois heures précises |
| the train leaves at 19.32 | le train part à dix-neuf heures trente-deux |
| (at) what time does it start? | à quelle heure est-ce que cela commence ? |
| it is just after 3 | il est trois heures passées |
| it is nearly 9 | il est presque neuf heures |
| about 8 o'clock | aux environs de huit heures |
| at (or by) 6 o'clock at the latest | à six heures au plus tard |
| have it ready for 5 o'clock | tiens-le prêt pour 5 heures |
| it is full each night from 7 to 9 | c'est plein chaque soir de 7 à 9 |
| "closed from 1.30 to 4.30" | « fermé de 13 h 30 à 16 h 30 » |
| until 8 o'clock | jusqu'à huit heures |
| it would be about 11 | il était environ 11 heures, il devait être environ 11 heures |
| it would have been about 10 | il devait être environ dix heures |
| at midnight | à minuit |
| before midday, before noon | avant midi |

## 9 DATES — LES DATES

| | |
|---|---|
| NB The days of the week and the months start with a small letter in French: lundi, mardi, février, mars. | N.B. Les jours de la semaine et les mois prennent une majuscule en anglais : Monday, Tuesday, February, March. |
| the 1st of July, 1 July | le 1$^{er}$ juillet |
| the 2nd of May, 2 May | le 2 mai |
| on 21 June, on the 21st (of) June | le 21 juin |
| on Monday | lundi |
| he comes on Mondays | il vient le lundi |
| "closed on Fridays" | « fermé le vendredi » |
| he lends it to me from Monday to Friday | il me le prête du lundi au vendredi |
| from the 14th to the 18th | du 14 au 18 |
| what's the date?, what date is it today? | quelle est la date d'aujourd'hui ?, quel jour sommes-nous aujourd'hui ? |
| today's the 12th | (aujourd'hui) nous sommes le 12 |
| one Thursday in October | un jeudi en octobre |
| about the 4th of July, about 4 July | aux environs du 4 juillet |
| 1978 nineteen (hundred and) seventy-eight | mille neuf cent soixante-dix-huit, dix-neuf cent soixante-dix-huit |
| 4 BC, BC 4 | 4 av. J.-C. |
| 70 AD, AD 70 | 70 apr. J.-C. |
| in the 13th century | au XIII$^e$ siècle |
| in (or during) the 1930s | dans (ou pendant) les années 30 |
| in 1940 something | en 1940 et quelques |
| HEADING OF LETTERS: 19 May 2003 (See also the main text of the dictionary.) | EN-TÊTE DE LETTRES : le 19 mai 2003 (Voir aussi dans le corps du dictionnaire.) |

# WEIGHTS, MEASURES AND TEMPERATURES

# POIDS, MESURES ET TEMPÉRATURES

**NOTES**

**1. Metric system**

Measures formed with the following prefixes are mostly omitted:

**REMARQUES**

**1. Le système métrique**

La plupart des mesures formées à partir des préfixes suivants ont été omises :

| | | | |
|---|---|---|---|
| *deca-* | 10 times | 10 fois | *déca-* |
| *hecto-* | 100 times | 100 fois | *hecto-* |
| *kilo-* | 1,000 times | 1 000 fois | *kilo-* |
| *deci-* | one tenth | un dixième | *déci-* |
| *centi-* | one hundredth | un centième | *centi-* |
| *milli-* | one thousandth | un millième | *milli-* |

**2. US measures**

In the US, the same system as that which applies in Great Britain is used for the most part; the main differences are mentioned below.

**2. Mesures US**

Les mesures britanniques sont valables pour les USA dans la majeure partie des cas. Les principales différences sont énumérées ci-après.

**3. The numerical notations of measures**

Numerical equivalents are shown in standard English notation when they are translations of French measures and in standard French notation when they are translations of English measures:
e.g. 1 millimetre (millimètre) = 0.03937 inch
should be read in French as 0,03937 pouce.
e.g. 1 inch (pouce) = 2,54 centimètres
should be read in English as 2.54 centimetres.

**3. Notation graphique des équivalences de mesures**

Les équivalences sont notées en anglais lorsqu'elles traduisent des mesures françaises et en français lorsqu'elles se rapportent à des mesures anglaises :
ex. 1 millimetre (millimètre) = 0.03937 inch
doit se lire en français 0,03937 pouce.
ex. 1 inch (pouce) = 2,54 centimètres
doit se lire en anglais 2.54 centimetres.

## 1 LINEAR MEASURES – MESURES DE LONGUEUR

| | | | | | |
|---|---|---|---|---|---|
| **metric system** / **système métrique** | 1 millimetre<br>US millimeter | (millimètre) | | **mm** | 0.03937 inch |
| | 1 centimetre<br>US centimeter | (centimètre) | | **cm** | 0.3937 inch |
| | 1 metre<br>US meter | (mètre) | | **m** | 39.37 inches<br>= 1.094 yards |
| | 1 kilometre<br>US kilometer | (kilomètre) | | **km** | 0.6214 mile (5/8 mile) |
| **French non-metric measures** / **mesures françaises non métriques** | 1 nautical mile<br>1 knot | 1 mille marin<br>1 nœud | | | = 1 852 mètres<br>= 1 mille/heure |
| **British system** / **système britannique** | 1 inch | (pouce) | | **in** | 2,54 centimètres |
| | 1 foot | (pied) | = 12 inches | **ft** | 30,48 centimètres |
| | 1 yard | (yard) | = 3 feet | **yd** | 91,44 centimètres |
| | 1 furlong | | = 220 yards | | 201,17 mètres |
| | 1 mile | (mile) | = 1,760 yards | **m** ou **ml** | 1,609 kilomètre |
| **surveyors' measures** / **mesures d'arpentage** | 1 link | | = 7.92 inches | | = 20,12 centimètres |
| | 1 rod<br>(or pole, perch) | | = 25 links | | = 5,029 mètres |
| | 1 chain | | = 22 yards<br>= 4 rods | | = 20,12 mètres |

## 2 SQUARE MEASURES – MESURES DE SUPERFICIE

| | | | | | |
|---|---|---|---|---|---|
| **metric system** / **système métrique** | 1 square centimetre<br>US square centimeter | (centimètre carré) | | **cm²** | 0.155 square inch |
| | 1 square metre<br>US square meter | (mètre carré) | | **m²** | 10.764 square feet<br>= 1.196 square yards |
| | 1 square kilometre<br>US square kilometer | (kilomètre carré) | | **km²** | 0.3861 square mile<br>= 247.1 acres |
| | 1 are | (are) | = 100 square metres | **a** | 119.6 square yards |
| | 1 hectare | (hectare) | = 100 ares | **ha** | 2.471 acres |
| **British system** / **système britannique** | 1 square inch | (pouce carré) | | **in²** | 6,45 cm² |
| | 1 square foot | (pied carré) | = 144 square inches | **ft²** | 929,03 cm² |
| | 1 square yard | (yard carré) | = 9 square feet | **yd²** | 0,836 m² |
| | 1 square rod | | = 30.25 square yards | | 25,29 m² |
| | 1 acre | | = 4,840 square yards | **a** | 40,47 ares |
| | 1 square mile | (mile carré) | = 640 acres | **m²** ou **ml²** | 2,59 km² |

## 3 CUBIC MEASURES — MESURES DE VOLUME

| metric system / système | | | | | |
|---|---|---|---|---|---|
| | 1 cubic centimetre<br>US cubic centimeter | (centimètre cube) | | **cm³** | 0.061 cubic inch |
| | 1 cubic metre<br>US cubic meter | (mètre cube) | | **m³** | 35.315 cubic feet<br>1.308 cubic yards |

| British system / système britannique | | | | | |
|---|---|---|---|---|---|
| | 1 cubic inch | | | **in³** | 16,387 cm³ |
| | 1 cubic foot | (pied cube) | = 1,728 cubic inches | **ft³** | 0,028 m³ |
| | 1 cubic yard | (yard cube) | = 27 cubic feet | **yd³** | 0,765 m³ |
| | 1 register ton | (tonne) | = 100 cubic feet | | 2,832 m³ |

## 4 MEASURES OF CAPACITY — MESURES DE CAPACITÉ

| metric system / système | | | | | Brit | US |
|---|---|---|---|---|---|---|
| | 1 litre | (litre) | = 1,000 cubic centimetres | **1** | 1.76 pints | 2.12 pints |
| | 1 stere | (stère) | = 1 cubic metre | **st** | 1.308 cubic yards | |
| | | | | = | 0.22 gallon | 0.26 gallon |

| British system / système britannique | | | | | | US measures / mesures US | | |
|---|---|---|---|---|---|---|---|---|
| **(a) liquid / pour liquides** | 1 gill | | | = | 0,142 litre | 1 US liquid gill | | = 0,118 litre |
| | 1 pint | (pinte) | = 4 gills | **pt** | 0,57 litre | 1 US liquid pint | = 4 gills | = 0,473 litre |
| | 1 quart | | = 2 pints | **qt** | 1,136 litres | 1 US liquid quart | = 2 pints | = 0,946 litre |
| | 1 gallon | (gallon) | = 4 quarts | **g** ou **gal**<br>ou **gall** | 4,546 litres | 1 US gallon | = 4 quarts | = 3,785 litres |
| **(b) dry / pour matières sèches** | 1 peck | = 2 gallons | = | | 9,087 litres | 1 US dry pint | | = 0,550 litre |
| | 1 bushel | = 4 pecks | = | | 36,36 litres | 1 US dry quart | = 2 dry pints | = 1,1 litre |
| | 1 quarter | = 8 bushels | = | | 290,94 litres | 1 US peck | = 8 dry quarts | = 8,81 litres |
| | | | | | | 1 US bushel | = 4 pecks | = 35,24 litres |

## 5  WEIGHTS — POIDS

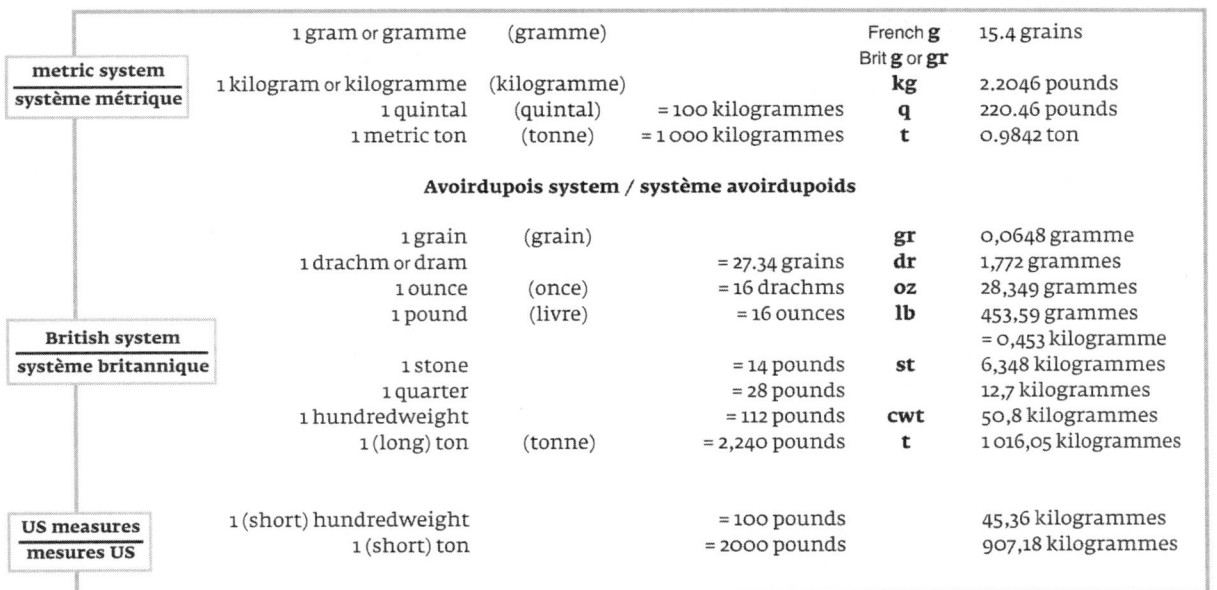

## 6  TEMPERATURES — TEMPÉRATURES

$$59°F = (59 - 32) \times \frac{5}{9} = 15°C$$

A rough-and-ready way of converting centigrade to Fahrenheit and vice versa: start from the fact that

**10°C = 50°F**

thereafter for every 5°C add 9°F.

Thus:

15°C = (10 + 5) = (50 + 9) = 59°F
68°F = (50 + 9 + 9)
     = (10 + 5 + 5) = 20°C

$$20°C = (20 \times \frac{9}{5}) + 32 = 68°F$$

Une manière rapide de convertir les centigrades en Fahrenheit et vice versa : en prenant pour base

**10°C = 50°F**

5°C équivalent à 9°F.

Ainsi :

15°C = (10 + 5) = (50 + 9) = 59°F
68°F = (50 + 9 + 9)
     = (10 + 5 + 5) = 20°C

## CONTENTS / TABLE DES MATIÈRES

| | | |
|---:|:---:|:---|
| Introduction | VIII-IX | Introduction |
| Using the Dictionary | X-XXVII | Guide d'utilisation |
| Abbreviations | XXVIII-XXIX | Abréviations |
| Pronunciation | XXX-XXXII | Prononciation |
| ENGLISH-FRENCH DICTIONARY | 1-1138 | DICTIONNAIRE ANGLAIS-FRANÇAIS |
| ENGLISH THESAURUS | 1141-1378 | SYNONYMES ANGLAIS |
| Language in use: a grammar of communication in French and English | 1379-1410 | Grammaire active de l'anglais et du français |
| APPENDICES | | ANNEXES |
| The English verb | 1412 | Le verbe anglais |
| Numbers, time and dates | 1418 | Nombres, heures et dates |
| Weights, measures and temperatures | 1424 | Poids, mesures et températures |

# FRENCH-SPEAKING COUNTRIES

- 🟩 French-speaking countries (where French is the only official language)
  *Pays francophones (où le français est seule langue officielle)*
- 🟨 Multilingual countries where French is one of the official languages
  *Pays multilingues où le français est une des langues officielles*
-  French-speaking area
  *Zone francophone*
-  French-speaking community in a non-French-speaking country
  *Communauté francophone dans un pays de langue étrangère*